宋書　南齊書

梁書　陳書

魏書　北齊書

周書

上海古籍出版社
上海書店

宋書

宋書目錄

梁　沈　約　撰

宋書卷一

梁　沈　約　撰

本紀第一

武帝上

高祖武皇帝諱裕字德輿小名寄奴彭城縣綏里人漢高帝弟楚元王交之後也交生紅懿侯富富生宗正辟彊辟彊生陽城繆侯德德生陽城節侯安民安民生陽城釐侯慶忌慶忌生陽城肅侯岑岑生宗正平平生東武城令某某生東萊太守景景生明經洽洽生博士弘弘生琅邪都尉悝悝生魏定襄太守某某生邪城令亮亮生晉北平太守膺膺生相國掾熙熙生開封令旭孫旭孫生混始過江居晉陵郡丹徒縣之京口里官至武原令混生東安太守靖靖生郡功曹翹是爲皇考高祖以晉哀帝興寧元年歲次癸亥三月壬寅夜生及長身長七尺六寸風骨奇特家貧有大志不治廉隅事繼毋以孝謹稱初爲冠軍孫無終司馬安帝隆安三年十一月妖賊孫恩作亂於會稽晉朝衞將軍闕　謝琰前將軍劉牢之東討牢之請高祖參府軍事十二月牢之至吳而賊緣道屯結牢之命高祖與數十人覘賊遠近會遇賊至衆數千人高祖便進與戰所將人多死而戰意方厲手奮長刀所殺傷甚衆牢之子敬宣疑高祖淹久恐爲賊所困乃輕騎尋之既而衆騎竝至賊乃奔退斬獲千餘人推鋒而進平山陰恩遁還入海四年五月恩復入會稽殺衞將軍謝琰十一月劉牢之復率衆東征恩退走牢之屯上虞使高祖戍句章城句章城既卑小戰士不盈數百人高祖常被堅執銳爲士卒先每戰輒摧鋒陷陣賊乃退還浹口于時東伐諸帥御軍無律士卒暴掠甚爲百姓所苦唯高祖法令明整所至莫不親賴焉五年春孫恩頻攻句章高祖屢摧破之恩復走入海三月恩北出海鹽高祖追而翼之築城于海鹽故治賊日來攻城城內兵力甚弱高祖乃選敢死之士數百人咸脫甲冑執短兵竝皷譟而出賊震懼奪氣因其懼而奔之竝棄甲散走斬其大帥姚盛雖連戰尅勝然衆寡不敵高祖獨深慮之一夜偃旗匿衆若已遁者明晨開門使羸疾數人登城賊遙問劉諱所在曰夜已走矣賊信之乃率衆大上高祖乘其懈怠奮擊大破之恩知城不可下乃進向滬瀆高祖復棄城追之海鹽令鮑陋遣子嗣之以吳兵一千請爲前驅高祖曰賊兵甚精吳人不習戰若前驅失利必敗我軍可在後爲聲援不從是夜高祖多設伏兵兼置旗皷然一處不過數人明日賊率衆萬餘迎戰前驅既交諸伏皆出舉旗鳴皷賊謂四面有軍乃退嗣之追奔爲賊所沒高祖且戰且退賊盛所領死傷且盡高祖慮不免至向伏兵處乃止令左右脫取死人衣賊謂當走反停疑猶有伏高祖因呼更戰氣色甚猛賊衆以爲然乃引軍去高祖徐歸然後散兵稍集五月孫恩破滬瀆殺吳國內史袁山松死者四千人是月高祖復破賊於婁縣六月恩乘勝浮海奄至丹徒戰士十餘萬劉牢之猶屯山陰京邑震動高祖倍道兼行與賊俱至于時衆力既寡加以步遠疲勞而丹徒守軍莫有鬬志恩率衆數萬皷譟登蒜山居民皆荷檐而立高祖率所領奔擊大破之投巘赴水死者甚衆恩以皷排音敗自載僅得還船雖被摧破猶恃其衆力徑向京師樓船高大值風不得進旬日乃至白石尋知劉牢之已還朝廷有備遂走向鬱洲八月以高祖爲建武將軍下邳太守領水軍追恩至鬱洲復大破恩恩南走十一月高祖追恩於滬瀆及海鹽又破之三戰竝大獲俘馘以萬數恩自是饑饉疾疫死者大半自浹口奔臨海元興元年正月驃騎將軍司馬元顯西伐荊州刺史桓玄玄亦率荊楚大衆下討元顯元顯遣鎮北將軍劉牢之拒之高祖參其軍事次溧洲玄至高祖請擊之不許將遣子敬宣詣玄請和高祖與牢之甥東海何無忌竝固請不從遂遣敬宣詣玄玄尅京邑殺元顯以牢之爲會稽內史懼而告高祖曰便奪我兵禍其至矣今當北就高雅於廣陵舉事卿能從我去乎答曰將軍以勁卒數萬望風降服彼新得志威震天下三軍人情都已去矣廣陵豈可得至邪諱當反覆還京口耳牢之叛走自縊死何無忌謂高祖曰我將何之高祖曰鎮北去必不免卿可隨我還京口桓玄必能守節北面我當與卿事之不然與卿圖之今方是玄矯情任算之日必將用我輩也桓玄從兄修以撫軍鎮丹徒以高祖爲中兵

參軍軍郡如故孫恩自奔敗之後徒旅漸散懼生見獲乃於臨海投水死餘衆推恩妹夫盧循爲主桓玄欲且緝寧東土以循爲永嘉太守循雖受命而寇暴不已五月玄復遣高祖東征時循自臨海入東陽二年正月玄復遣高祖破循於東陽循奔永嘉復追破之斬其大帥張士道追討至于晉安循浮海南走六月加高祖彭城內史桓玄爲楚王將謀篡盜玄從兄衞將軍謙屏人問高祖曰楚王勳德隆重四海歸懷朝廷之情咸謂宜有揖讓卿意以爲何如高祖既志欲圖玄乃遜辭答曰楚王宣武之子勳德蓋世晉室微弱民望久移乘運禪代有何不可謙喜曰卿謂可爾便當是眞可爾十二月桓玄纂帝位遷天子於尋陽桓脩入朝高祖從至京邑玄見高祖謂司徒王謐曰昨見劉裕風骨不恒蓋人傑也每遊集輒引接慇懃贈賜甚厚高祖愈惡之或說玄曰劉諱龍行虎步視瞻不凡恐不爲人下宜蚤爲其所玄曰我方欲平蕩中原非劉裕莫可付以大事關隴平定然後當別議之耳玄乃下詔曰劉諱以寡制衆屢摧妖鋒泛海窮追十殄其八諸將力戰多被重創自元帥以下至于將士竝宜論賞以叙勳烈先是高祖東征盧循何無忌隨至山陰勸於會稽舉義高祖以爲玄未據極位且會稽遙遠事濟爲難俟其纂逆事著徐於京口圖之不憂不尅至是桓脩還京高祖託以金創疾動不堪步從乃與無忌同船共還建興復之計於是與弟道規沛郡劉毅平昌孟昶任城魏詠之高平檀憑之琅邪諸葛長民太原王元德隴西辛扈興東莞童厚之竝同義謀時桓脩弟弘爲征虜將軍青州刺史鎭廣陵道規爲弘中兵參軍昶爲州主簿乃命毅潛往就昶聚徒於江北謀起兵殺弘長民爲豫州刺史刁逵左軍府參軍謀據歷陽相應元德厚之謀於京邑聚衆攻玄竝尅期齊發三年二月己丑朔乙卯高祖託以遊獵與無忌等收集義徒凡同謀何無忌魏詠之詠之弟欣之順之檀憑之憑之從子韶弟祗隆與叔道濟道濟從兄範之高祖弟道憐劉毅毅從弟藩孟昶昶族弟懷玉河內向彌管義之陳留周安穆臨淮劉蔚從弟珪之東莞臧熹從弟寶符從子穆生童茂宗陳郡周道民漁陽田演譙國范淸等二十七人願從者百餘人丙辰詰旦城開無忌服傳詔服稱詔居前義衆馳入齊聲大呼吏士驚散莫敢動卽斬脩以徇高祖哭甚慟厚加殯斂孟昶勸弘其日出獵未明開門出獵人昶道規毅等率壯士五六十人因開門直入弘方噉粥卽斬之因收衆濟江義軍初尅京城脩司馬刁弘率文武佐吏來赴高祖登城謂之曰郭江州已奉乘輿反正於尋陽我等竝被密詔誅除逆黨同會今日賊玄之首已當梟於大航矣諸君非大晉之臣乎今來欲何爲弘等信之收衆而退毅既至高祖命誅弘毅兄邁先在京師事未發數日高祖遣同謀周安穆報之使爲內應邁外雖酬許內甚震懼安穆見其惶駭慮事必泄乃馳歸時玄以邁爲竟陵太守邁不知所爲便下船欲之郡是夜玄與邁書曰北府人情云何卿近見劉諱何所道邁謂玄已知其謀晨起白之玄驚懼封邁爲重安侯既而嫌邁不執安穆使得逃去乃殺之誅元德扈興厚之等召桓謙卞範之等謀拒高祖謙等曰亟遣兵擊之玄曰不然彼兵速銳計出萬死若行遣水軍不足相抗如有蹉跌則彼氣成而吾事敗矣不如屯大衆於覆舟山以待之彼空行二百里無所措手銳氣已挫既至忽見大軍必驚懼駭愕我案兵堅陣勿與交鋒彼求戰不得自然走散此計之上也謙等固請乃遣頓丘太守吳甫之右衞將軍皇甫敷北拒義軍玄自聞軍起憂懼無復爲計或曰劉諱等衆力甚弱豈辦之有成陛下何慮之甚玄曰劉諱足爲一世之雄劉毅家無擔石之儲樗蒱一擲百萬何無忌劉牢之甥酷似其舅共舉大事何謂無成衆推高祖爲盟主移檄京邑曰夫治亂相因理不常泰狡焉肆虐或値聖明自我大晉陽九屢構隆安以來難結皇室忠臣碎於虎口貞良斃於豺狼逆臣桓玄陵虐人鬼阻兵荆郢肆暴都邑天未亡難凶力繁興踰年之間遂傾皇祚主上播越流幸非所神器沉淪七廟毀墜夏后之羅浞殪有漢之遭莽卓方之於玄未足爲喩自玄篡逆于今歷年亢旱彌時民無生氣加以士庶疲於轉輸文武困於造築父子乖離室家分散豈唯大東有杼軸之悲摽梅有傾筐之怨而已哉仰觀天文俯察人事此而能久孰有可亡凡在有心誰不扼腕諱等所以叩心泣血不遑啓處者也是故夕寐宵興援獎忠烈潛搆崎嶇險過履虎輔國將軍劉毅廣武將軍何無忌鎭北主簿孟昶兗州主簿魏詠之寧遠將軍劉道規龍驤將軍劉藩振威將軍檀憑之等忠烈斷金精貫白日荷戈奮袂志在畢命益州刺史毛璩萬里齊契掃定荆楚江州刺史郭昶之奉迎主上宮于尋陽鎭北參軍王元德等竝率部曲保據石頭揚武將軍諸葛長民收集義士已據歷陽征虜參軍庾賾之等潛相連結以爲內應同力協規所在蜂起卽日斬僞徐州刺史安城王脩青州刺史弘首義衆既集文武爭先咸謂不有一統則事無以輯諱辭不獲已遂總軍要庶上憑祖宗之靈下罄義夫之力翦馘逋逆蕩淸京輦公侯諸君或世樹忠貞或身荷爵寵而竝俛眉猾豎自効莫由顧瞻周道寧不弔乎今日之舉良其會也諱以虛薄才非古人接勢於已替之機受任於既頹之運丹誠未宣感慨憤躍望霄漢以永懷眄山川以增厲授檄之日神馳賊廷以孟昶爲長史總攝後事檀憑之爲司馬百姓願從者千餘人三月戊午朔遇吳甫之於江乘甫之玄驍將也其兵甚銳高祖躬執長刀大呼以衝之衆皆披靡卽斬甫之進至羅落橋皇甫敷率數千人逆戰寧遠將軍檀憑之與高祖各御一隊憑之戰敗見殺其衆退散高祖進戰彌厲前後奮擊應時摧破卽斬敷首初高祖與何無忌等共建大謀有善相者相高祖及無忌等竝當大貴其應甚近惟云憑之無相高祖與無忌密相謂曰吾等既爲同舟理無偏異吾徒皆咸富貴則檀不應獨殊深不解相者之言至是而憑之戰死高祖知其事必捷玄聞敷等竝沒愈懼使桓謙屯東陵卞範之屯覆舟山西衆合二萬己未旦義軍食畢棄其餘糧進至覆舟山東使丐士張旗幟於山上以爲疑兵玄又遣武騎將軍庾禕之配以精卒利器助謙等高祖躬先士卒以奔之將士皆殊死戰無不一當百呼聲動天地時東北風急因命縱火烟燄張天鼓譟之音震京邑謙等諸軍一時土崩玄始雖遣軍置陣而走意已決別使領軍將軍殷仲文具舟於石頭仍將子姪浮江南走庚申高祖鎭石頭城立留臺總百官焚桓溫神主於宣陽門外造晉新主立于太廟遣諸將帥追玄尚書王假率百官奉迎乘輿司徒王謐與衆議推高祖領揚州固辭乃以謐爲錄尚書事領揚州刺史於是推高祖爲使持節都督揚徐兗豫青冀幽并八州諸軍事領軍將軍徐州刺史先是朝廷承晉氏亂政百司縱弛桓玄雖欲釐整而衆莫從之高祖以身範物先以威禁內外百官皆肅然奉職二三日間風俗頓改且桓玄雖以雄豪見推而一朝便有極位晉氏四方牧守及在朝大臣盡心伏事臣主之分定矣高祖位微於朝衆無一旅奮臂草萊之中倡大義以復皇祚由是王謐等諸人時衆民望莫不愧而憚焉諸葛長民失期不得發刁逵執送之未至而玄敗玄經尋陽江州刺史郭昶之備乘輿法物資之玄收略得二千餘人挾天子走江陵冠軍將軍劉毅輔國將軍何無忌振武將軍劉道規率諸軍追討尚書左僕射王愉愉子荆州刺史綏等江左冠族綏少有重名以高祖起自布衣甚相凌忽綏桓氏甥亦有自疑之志高祖悉誅之四月奉武陵王遵爲大將軍承制大赦天下唯桓玄一祖後不在赦例初高祖家貧嘗負刁逵社錢三萬經時無以還逵執錄甚嚴王謐造逵見之密以錢代還由是得釋高祖名微位薄盛流皆不與相知唯謐交焉桓玄將篡謐手解安帝璽紱爲玄佐命功臣及義旗建衆竝謂謐宜誅唯高祖保持之劉毅嘗因朝會問謐璽紱所在謐益懼及王愉父子誅謐從弟諶謂謐曰王駒無罪而義旗誅之此是翦除勝己以絕民望兄既桓氏黨附名位如此欲求免得乎駒愉小字也謐懼奔于曲阿高祖牋白大將軍深相保謐迎還復位光祿勳丁承之左衞將軍褚粲游擊將軍司馬秀役使官人爲御史中丞王禎之所糾察謝牋言辭怨憤承之造司宜藏高祖與大將軍牋白粲等備位大臣所懷必盡執憲不允自應據理陳訴而橫興怨忿歸咎有司宜加裁當以淸風軌竝免官桓玄兄子韶聚衆向歷陽高祖命輔國將軍諸葛長民擊走之無忌道規破玄大將鄭鈴等于桑落洲衆軍進據尋陽加高祖都督江州諸軍事玄既還荆郢大聚兵衆召水軍造樓船器械率衆二萬挾天子發江陵浮江東下與冠軍將軍劉毅等相遇於崢嶸洲衆驚下擊大破之玄棄衆復挾天子還復江陵玄黨殷仲文奉晉二皇后還京師玄至江陵因西走南郡太守王騰之荆州別駕王康產奉天子入南郡府初征虜將軍益州刺史毛璩遣從孫祐之與參軍費恬送弟喪州下有衆二百璩弟子脩之時爲玄屯騎校尉誘玄以入蜀至枚回洲恬與祐之迎射之益州督護馮遷斬玄首傳京師又斬玄子昇於江陵市初玄敗於崢嶸洲義軍以爲大事已定追躡不速玄死幾一旬衆軍猶不至玄從子振逃於華容之浦中招聚逆黨數千人晨襲江陵城居民競出赴之騰之康產皆被殺桓謙先匿於沮川亦聚衆以應振爲玄舉哀立喪廷謙率衆官奉璽綬于安帝無忌道規既至江陵與桓振戰于靈溪玄黨馮該又設伏于楊林義軍奔敗退還尋陽兗州刺史辛禺懷貳會北青州刺史劉該反禺求征該次淮陰又反禺長史羊穆之斬禺傳首京師十月高祖領青州刺史甲仗百人入殿劉毅諸軍復進至夏口毅攻魯城道規攻偃月壘皆拔之十二月諸軍進平巴陵義熙元年正月毅等至江津破桓謙桓振江陵平天子反正三月天子至自江陵詔曰古稱大者天地其次君臣所以列貫三辰神人代序諒理本於造昧而運周於萬

業故盈否時襲四靈通其變王道或昧貞賢拯其危天命所以永固人心所以攸穆雖夏周中傾賴靡申之績恭倫載竊實二代是維或乘資藉號或業隆異世猶詩書以之休詠記策用爲美談未有因心撫民而誠發理應援神器於己淪若在今之盛者也朕以寡昧遭家不造越自遘閔屬當屯極逆臣桓玄乘釁縱慝窮凶恣虐滔天猾夏遂誣罔人神肆其篡亂祖宗之基旣湮七廟之饗胥殄若墜淵谷未足斯譬皇度有晉天縱英哲使持節都督揚徐兗豫青冀幽幷江九州諸軍事鎭軍將軍徐青二州刺史忠誠天亮神武命世用能貞明協契義夫饗臻故順聲一唱二溟卷波英風振路宸居淸翳暨冠軍將軍毅輔國將軍無忌振武將軍道規舟旗遄邁而元凶傳首回戈疊揮則荆漢霧廓俾宣元之祚永固於嵩岱傾基重造再集於朕躬宗廟歆七百之祐皇基融載新之命念功惟德永言銘懷固己道冠開闢獨絕終古書契以來未之前聞矣雖則功高靡尚理至難文而崇庸命德哲王攸先者將以弘道制治深關盛衰故伊望膺殊命之錫桓文饗備物之禮況宏徵不世顧邈百代者宜極名器之隆以光大國之盛而鎭軍謙虛自衷誠旨屢顯朕重逆仲父乃所以愈彰德美也鎭軍可進位侍中車騎將軍都督中外諸軍事使持節徐青二州刺史如故顯祚大邦啓茲疆宇高祖固讓加錄尚書事又不受屢請歸藩天子不許遣百僚敦勸又親幸公第高祖惶懼詣闕陳請天子不能奪是月旋鎭丹徒天子重遣大使敦勸又不受乃改授都督荆司梁益寧雍涼七州幷前十六州諸軍事本官如故於是受命解青州加領兗州刺史盧循浮海破廣州獲刺史吳隱之卽以循爲廣州刺史以其同黨徐道覆爲始興相二年三月督交廣二州十月高祖上言曰昔天禍皇室巨狡縱篡臣等義惟舊隸豫蒙國恩仰契信順之符俯厲人臣之憤雖社稷之靈抑亦事由衆濟其翼獎忠勳之佐文武畢力之士敷執在己之謙用虧國體之大輒攝衆軍先上同謀起義始平京口廣陵二城臣及撫軍將軍毅等二百七十二人幷後赴義出都緣道大戰所餘一千五百六十六人又輔國將軍長民故給事中王元德等十人各一千八百四十八人乞正封賞其西征衆軍須論集續上於是尚書奏封唱義謀主鎭軍將軍諱豫章郡公食邑萬戶賜絹三萬匹其餘封賞各有差鎭軍府佐吏降故太傅謝安府一等十一月天子重申前令加高祖侍中進號車騎將軍開府儀同三司固讓詔遣百僚敦勸三年二月高祖還京師將詣廷尉天子先詔獄官不得受詣闕陳讓乃見聽旋于丹徒閏月府將駱氷謀作亂將被執單騎走追斬之誅氷父永嘉太守球球本東陽郡史孫恩之亂起義於長山故見擢用初桓玄之敗以桓冲忠貞署其孫肩至是氷謀以肩爲主與東陽太守殷仲文潛相連結乃誅仲文及仲文二弟凡桓玄餘黨至是皆誅夷天子遣兼大常葛籍授公策曰有扈滔天夷羿乘釁亂節干紀實撓皇極賊臣桓玄怙寵肆逆乃摧傾華霍倒拔嵩岱五嶽旣夷六地易所公命世英縱藏器待時因心資敬誓雪國恥慨憤陵夷誠發宵寐旣而歲月屢遷神器己遠忠孝幽寄實貫三靈爾乃介石勝機宣契畢舉訴蒼天以爲正揮義旅而一驅奔鋒數百勢烈激電百萬不能抗限制路日直植城遂使衡鯨潰流暴鱗奔漢廟勝遠加重氛載滌二儀廓淸三光反照事遂永代功高開闢理微稱謂義感朕心若夫道爲身濟猶槃厥爵況乃誠德俱深勳冠天人者乎是用建茲邦國永祚山河言念載懷匪云足報往欽哉俾屏余一人長弼皇晉流風垂祚暉烈無窮其降承嘉策對敭朕命十二月司徒錄尚書揚州刺史王謐薨四年正月徵公入輔授侍中車騎將軍開府儀同三司揚州刺史錄尚書徐兗二州刺史如故表解兗州先是遣冠軍劉敬宣伐蜀賊譙縱無功而返九月以敬宣挫退遜位不許乃降爲中軍將軍開府如故初僞燕主鮮卑慕容德僭號於青州德死兄子超襲位前後屢爲邊患五年二月大掠淮北執陽平太守劉千載濟南太守趙元驅略千餘家三月公抗表北討以丹陽尹孟昶監中軍留府事四月舟師發京都泝淮入泗五月至下邳留船艦輜重步軍進瑯邪所過皆築城留守鮮卑梁父莒城二戍並奔走慕容超聞王師將至其大將公孫五樓說超宜斷據大峴刈除粟苗堅壁淸野以待之彼僑軍無資求戰不得旬月之間折棰以笞之耳超不從曰彼遠來疲勞勢不能久但當引令過峴我以鐵騎踐之不憂不破也豈有預芟苗稼先自蹙弱邪初公將行議者以爲賊聞大軍遠出必不敢戰若不斷大峴當堅守廣固刈粟清野以絕三軍之資非唯難以有功將不能自反公曰我揣之熟矣鮮卑貪不及遠計進利剋獲退惜粟苗謂我孤軍遠入不能持久不過進據臨朐退守廣固我一得入峴則人無退心驅必死之衆向懷貳之虜何憂不剋彼不能淸野固守爲諸君保之公旣入峴舉手指天曰吾事濟矣六月慕容超遣五樓及廣寧王賀賴盧先據臨朐城旣聞大軍至留羸老守廣固乃悉出臨朐有巨蔑水去城四十里超告五樓曰急往據之晉軍得水則難擊也五樓馳進龍驤將軍孟龍符領騎居前奔往爭之五樓乃退衆軍步進有車四千兩分車爲兩翼方軌徐行車悉張幔御者執矟又以輕騎爲遊軍軍令嚴肅行伍齊整未及臨朐數里賊鐵騎萬餘前後交至公命兗州刺史劉藩弟幷州刺史道憐諮議參軍劉敬宣陶延壽參軍劉懷玉愼仲道索邈等齊力擊之日向昃公遣諮議參軍檀韶直趨臨朐韶率建威將軍向彌參軍胡藩馳往卽日陷城斬其牙旗悉虜超輜重超聞臨朐已拔引衆走公親鼓之賊乃大破超遁還廣固獲超馬僞輦玉璽豹尾等送于京師斬其大將段暉等十餘人其餘斬獲千計明日大軍進廣固卽屠大城超退保小城於是設長圍守之圍高三丈外穿三重塹停江淮轉輸館穀於齊土撫納降附華戎歡悅援才授爵因而任之七月詔加公北青冀二州刺史超大將垣遵遵弟苗並率衆歸順公方治攻具城上人曰汝不得張綱何能爲也綱者超僞尚書郎其人有巧思會超遣綱稱藩於姚興乞師請救興僞許之而實憚公不敢遣綱從長安還泰山太守申宣執送之乃升綱於樓上以示城內城內莫不失色於是使綱大治攻具超求救不獲綱反見虜轉憂懼乃請稱藩求割大峴爲界獻馬千疋不聽圍之轉急河北居民荷戈負糧至者日以千數錄事參軍劉穆之有經略才具公以爲謀主動止必諮焉時姚興遣使告公云慕容見與隣好又以窮告急今當遣鐵騎十萬逕據洛陽晉軍若不退者便當遣鐵騎長驅而進公呼興使答曰語汝姚興我定燕之後息甲三年當平關洛今能自送便可速來穆之聞有羌使馳入而公發遣已去以興所言幷答具語穆之穆之尤公曰常日事無大小必賜與謀之此宜善詳之云何卒爾便答公所答興言未能威敵正足怒彼耳若燕未可拔羌救奄至不審何以待之公笑曰此是兵機非卿所解故不語耳夫兵貴神速彼若審能遣救必畏我知寧容先遣信命此是其見我伐燕內已懷懼自張之辭耳九月進公太尉中書監固讓僞徐州刺史段宏先奔索虜十月河北歸順張綱治攻具成設諸奇巧飛樓木幔之屬莫不畢備城上火石弓矢無所用之六年二月丁亥屠廣固超踰城走征虜賊曹喬胥獲之殺其亡命以下納口萬餘馬二千疋送超京師斬于建康市公之北伐也徐道覆仍有闚闟之志勸盧循乘虛而出循不從道覆乃至番禺說循曰本住嶺外豈以理極於此正以劉公難與爲敵故也今方頓兵堅城之下未有旋日以此思歸死士掩襲何劉之徒如反掌耳不乘此機而保一日之安若平齊之後小息甲養衆不過一二年間必璽書徵君若劉公自率衆至豫章遣銳師過嶺雖復將軍神武恐必不能當也今日之機萬不可失旣剋都邑傾其根本劉公雖還無能爲也循從之乃率衆過嶺是月寇南康廬陵豫章諸郡守皆委任奔走于時平齊問未至卽馳使徵公公之初剋齊也欲停鎭下邳淸盪河洛旣而被徵使至卽日班師鎭南將軍何無忌與徐道覆戰于豫章敗績無忌被害內外震駭朝廷欲奉乘輿北走就公尋知賊定未至人情小安公至下邳以船運輜重自率精銳步歸至山陽聞無忌被害則慮京邑失守乃卷甲兼行與數十人至淮上問行旅以朝廷消息人曰賊尚未至劉公若還便無所憂也公大喜單船過江逕至京口衆乃大安四月癸未公至京師解嚴息甲撫軍將軍劉毅抗表南征公與毅書曰吾往習擊妖賊曉其變態新獲姧利其鋒不可輕宜須裝嚴畢與弟同舉又遣毅從弟藩往止之毅不從舟師二萬發自姑孰循之初下也使道覆向尋陽自寇湘中諸郡荆州刺史道規遣軍至長沙爲循所敗逕至巴陵將向江陵道覆聞毅上馳使報循曰毅兵衆甚盛成敗事係之於此宜幷力摧之若此克捷天下無復事矣根本旣定不憂上面不平也循卽日發巴陵與道覆連旗而下別有八艚艦九枚起四層高十二丈公以南藩覆沒表送章綬詔不聽五月劉毅敗績于桑落洲棄船步走餘衆不得去者皆爲賊所擒初循至尋陽聞公己還不信也旣破毅乃審凱入之問並相視失色循欲退還尋陽進平江陵據二州以抗朝廷道覆謂宜乘勝徑進固爭之疑議多日乃見從毅敗問至內外洶擾于時北師始還多創痍疾病京師戰士不盈數千賊旣破江豫二鎭戰士十餘萬舟車百里不絕奔敗還者並聲其雄盛孟昶諸葛長民懼寇漸逼欲擁天子過江公不聽昶固請不止公曰今重鎭外傾彊寇內逼人情危駭莫有固志若一旦遷動便自瓦解土崩江北亦豈可得至設令得至不過延日月耳今兵士雖少自足以一戰若其克濟則臣主同休苟厄運必至我當以死衛社稷橫尸廟門遂其由來以身許國之志不能遠竄於草間求活也我旣決矣卿勿復言昶恐其不濟乃爲表曰臣諱北討衆並不同唯臣贊諱行計致使彊賊乘間社稷危逼臣之辠也今謹

引分以謝天下封表畢乃仰藥而死於是大開賞募投身赴義者一同登京城之科發居民治石頭城建牙誠嚴時議者謂宜分兵守諸津要公以爲賊衆我寡若分兵屯則測人虛實且一處失利則沮三軍之心今聚衆石頭隨宜應赴既令賊無以測多少又於衆力不分若徒旅轉集徐更論之耳移屯石頭乃柵淮斷查浦既而羣賊大至公策之曰賊若於新亭直進其鋒不可當宜且回避勝負之事未可量也若回泊西岸此成擒耳道覆欲自新亭白石焚舟而上循多疑少決每欲以萬全爲慮謂道覆曰大軍未至孟昶便望風自裁大勢言之自當計日潰亂今決勝負於一朝既非必定之道且殺傷士卒不如按兵待之公于時登石頭城以望循軍初見引向新亭公顧左右失色既而回泊蔡洲道覆猶欲上循禁之自是衆軍轉集脩治越城築查浦藥園廷尉三壘皆聚以實衆冠軍將軍劉敬宣屯北郊輔國將軍孟懷玉屯丹陽郡西建武將軍王仲德屯越城廣武將軍劉默屯建陽門外使寧朔將軍索邈領鮮卑具裝虎班突騎千餘匹皆被練五色自淮北至于新亭賊並聚觀咸畏憚之然猶冀京邑及三吳有應之者遣十餘艦來拔石頭柵公命神弩射之發輒摧陷循乃止不復攻柵設伏兵於南岸使羸老悉乘舟艦向白石公憂其從白石步上乃率劉毅諸葛長民北出拒之留參軍徐赤特戍南岸命堅守勿動公既去賊焚查浦步上赤特軍戰敗死沒有百餘人赤特棄餘衆單舸濟淮賊遂率數萬屯丹陽郡公率諸軍馳歸衆憂賊過咸謂公當徑還拒戰公先分軍還石頭衆莫之曉解甲息士洗浴飲食之乃出列陳於南塘以赤特違處分斬之命參軍諸葛叔度朱齡石率勁勇千餘人過淮羣賊數千皆長刀矛鋋精甲曜日奮躍爭進齡石所領多鮮卑善步稍並結陳以待之賊短兵弗能抗死傷者數百人乃退走會日暮衆亦歸劉毅之敗豫州主簿袁興國反叛據歷陽以應賊瑯邪內史魏順之遣將謝寶討斬之興國司馬襲寶順之不救而退公怒斬之順之詠之之弟也於是功臣震懾莫敢不用命六月更授公太尉中書監加黃鉞受黃鉞餘固辭以司馬庾悅爲建威將軍江州刺史自東陽出豫章七月庚申羣賊自蔡洲南走還屯尋陽遣輔國將軍王仲德廣川太守劉鍾河間太守蒯恩追之公還東府大治水軍皆大艦重樓高者十餘丈盧循遣其大將荀林寇江陵桓謙先於江陵奔羌又自羌入蜀僞主譙縱以爲荊州刺史謙及譙道福率軍二萬出寇江陵適與林會相去百餘里荊州刺史道規斬謙于枝江破林於江津追至竹町斬之初循之走也公知其必寇江陵登遣淮陵內史索邈領馬軍步道援荊州又遣建威將軍孫季高率衆三千自海道襲番禺江州刺史庾悅至五畝嶠賊遣千餘人據斷嶠道悅前驅鄱陽太守虞丘進攻破之公治兵大辦十月率兗州刺史劉藩寧朔將軍檀韶等舟師南伐以後將軍劉毅監太尉留守府後事皆委焉是月徐道覆率衆三萬寇江陵荊州刺史道規又大破之斬首萬餘級道覆走還盆口初公之遣索邈也邈在道爲賊所斷道覆敗後方達自循東下江陵斷絕京邑之問傳者皆云已沒及邈至方知循走循初自蔡洲南走留其親黨范崇民五千人高艦百餘戍南陵王仲德等聞大軍且至乃進攻之十一月大破崇民軍焚其舟艦收其散卒循廣州守兵不以海道爲防是月建威將軍孫季高乘海奄至而城池峻整兵猶數千季高焚賊舟艦悉力而上四面攻之即日屠其城循父以輕舟奔始興季高撫其舊民戮其親黨勒兵謹守初公之遣季高也衆咸以海道艱遠必至爲難且分徹見力二三非要公不從勑季高曰大軍十二月之交必破妖虜卿今時當至廣州傾其巢窟令賊奔走之日無所歸投季高受命而行如期剋捷循方治兵旅舟艦設諸攻備公欲御以長筭乃屯軍雷池賊揚聲不攻雷池當乘流逕下公知其欲戰且慮賊戰敗或於京江入海遣王仲德以水艦二百於吉陽下斷之十二月循道覆率衆數萬方艦而下前後相抗莫見舳艫之際公悉出輕利鬭艦躬提幡鼓命衆軍齊力擊之又上步騎於西岸右軍參軍庾樂生乘艦不進斬而徇之於是衆軍並踊騰爭先軍中多萬鈞神弩所至莫不摧陷公中流蹙之因風水之勢賊艦悉泊西岸上軍先備火具乃投火焚之煙燄張天賊衆大敗追奔至夜乃歸循等還尋陽初分遣步軍莫不疑恠及燒賊艦衆乃悅服召王仲德請還爲前驅留輔國將軍孟懷玉守雷池循聞大軍上欲走向豫章乃悉力柵斷左里大軍至左里將戰公所執麾竿折幡沉水衆並恠懼公歡笑曰往年覆舟之戰幡竿亦折今者復然賊必破矣即攻柵而進循兵雖殊死戰弗能禁諸軍乘勝奔之循單舸走所殺及投水死凡萬餘人納其降附宥其逼略遣劉藩孟懷玉輕軍追之循收散卒尚有數千人逕還廣州道覆還保始興公旋自左里天子遣侍中黃門勞師于行所

宋書卷一考證

武帝紀上彭城縣綏里人○諸本同南史綏下有輿字

臣承蒼按劉延孫傳劉氏在彭城者分爲三里帝室居綏輿里南史劉康祖傳作綏輿里輿二字相近未知孰是宋胡三省通鑑註又作綏德里誤也

晉朝衛將軍闕謝琰○晉書謝琰爲衛將軍與下句前將軍劉牢之書法正是一例並無闕文因諸本多同姑仍其舊

諱當反復還京口耳○反復通鑑作反服注謂反初服也應從通鑑

或說元曰劉諱龍行虎步視瞻不凡○南史此乃桓元妻劉氏之語視瞻一本作瞻視

非劉裕莫可付以大事○本紀內凡遇帝名皆以諱字代之此獨出裕字似未畫一但諸本皆同或者因此處乃追述桓元之語特用變例未可知也

尚書王假率百官奉迎乘輿○假南史作嘏

由是王謐等諸人時衆民望○汲古閣衆作失民作人

衆驚下擊大破之○驚當作軍下當作進

與參軍費恬送弟喪州下○州下南史作下州

宋書卷二

梁　沈約　撰

本紀第二

武帝中

七年正月己未振旅于京師改授大將軍揚州牧給班劍二十人本官悉如故固辭免南北征伐戰亡者並列上賻贈戶喪未反遣主師迎接致還本土二月盧循至番禺爲孫季高所破收餘衆南走劉藩孟懷玉斬徐道覆于始興晉自中興以來治綱大弛權門并兼彊弱相凌百姓流離不得保其產業桓玄頗欲釐改竟不能行公既作輔大示軌則豪彊肅然遠近知禁至是會稽餘姚虞亮復藏匿亡命千餘人公誅亮免會稽內史司馬休之天子又申前命公固辭於是改授太尉中書監乃受命奉送黃鉞解冀州交州刺史杜慧度斬盧循傳首京師先是諸州郡所遣秀才孝廉多非其人公表天子申明舊制依舊策試征西將軍荊州刺史道規疾患求歸八年四月改授豫州刺史以後將軍豫州刺史劉毅代之毅與公俱舉大義興復晉室自謂京城廣陵功業足以相抗雖權事推公而心不服也毅既有雄才大志厚自矜許朝士素望者多歸之與尚書僕射謝混丹陽尹郗僧施並深相結及西鎮江陵豫州舊府多割以自隨請僧施爲南蠻校尉既知毅不能居下終爲異端密圖之毅至西稱疾篤表求從弟兗州刺史藩以爲副貳僞許焉九月藩入朝公命收藩及謝混並於獄賜死自表討毅又假黃鉞率諸軍西征以前鎮軍將軍司馬休之爲平西將軍荊州刺史兗州刺史道憐鎮丹徒豫州刺史諸葛長民監太尉留府事加太尉司馬丹陽尹劉穆之建威將軍配以實力壬午發自京師遣參軍王鎮惡龍驤將軍蒯恩前襲江陵十月鎮惡剋江陵毅及黨與皆伏誅十一月己卯公至江陵下書曰夫去弊拯民必存簡恕捨網脩綱雖煩易理江荊彫殘刑政多闕頃年事故綏撫未週遂令百姓疲匱歲月滋甚財傷役困慮不幸生凋殘之餘而不減舊刻剝徵求不循政道宰莅之司或非良幹未能菲躬儉苟求盈給積習生常漸不知改近因戎役來涉二州踐境親民愈見其瘼思欲振其所急卹其所苦凡租稅調役悉宜以見戶爲正州郡縣屯田池塞諸非軍國所資利入守宰者今一切除之州郡縣吏皆依尚書定制實戶置臺調癸卯梓材庚子皮毛可悉停省別量所出巴陵均折度支依舊兵運原五歲刑已下凡所質錄賊家餘口亦悉原放以荊州十郡爲湘州公乃進督以西陽太守朱齡石爲益州刺史率衆伐蜀進公太傅揚州牧加羽葆鼓吹班劒二十人九年二月乙丑公至自江陵初諸葛長民貪淫驕橫爲士民所患苦公以其同大義優容之劉毅既誅長民謂所親曰昔年醢彭越今年誅韓信禍其至矣將謀作亂公克期至京邑而每淹留不進公卿以下頻日奉候於新亭長民亦驟出既而公輕舟密至已還東府矣長民到門引前卻人閑語凡平生於長民所不盡者皆與及之長民甚說已密命左右壯士丁旿等自幔後出於坐拉焉長民墜牀又於地毆之死於牀側輿尸付廷尉并誅其弟黎民旿驍勇有氣力時人爲之語曰勿跋扈付丁旿先是山湖川澤皆爲豪彊所專小民薪採漁釣皆責稅直至是禁斷之時民居未一公表曰臣聞先王制治九土攸序分境畫疆各安其居在昔盛世人無遷業故井田之制三代以隆秦革斯政漢遂不改富彊兼并於是爲弊然九服弗擾所託成舊在漢西京大遷田景之族以實關中即以三輔爲鄉閭不復係之於齊楚自永嘉播越爰託淮海朝有匡復之筭民復思本之心經畧之圖日不暇給是以寧民綏治猶有未遑及至大司馬桓溫以民無定本傷治爲深庚戌土斷以一其業

于時財阜國豐實由於此自茲迄今彌歷年載畫一之制漸用頹弛雜居流寓閭伍弗脩王化所以未純民瘼所以猶在臣荷重任恥責實深自非改調解張無以濟治夫人情滯常難與慮始所謂父母之邦以爲桑梓者誠以生焉終焉敬愛所託耳今所居累世墳壟成行敬恭之誠豈不與事而至請準庚戌土斷之科庶子本所弘稍與事著然後率之以仁義鼓之以威武超大江而跨黃河撫九州而復舊土則戀本之志乃速由於當年在始暫勤要終所以能易伏惟陛下垂矜萬民憐其所失永懷鴻鴈之詩思隆中興之業既委臣以國重期臣以寧濟若所啓合允請付外施行於是依界土斷唯徐兗青三州居晉陵者不在斷例諸流寓郡縣多被併省以公領鎮西將軍豫州刺史公固讓太傅州牧及班劒奉還黃鉞七月朱齡石平蜀斬僞蜀王譙縱傳首京師九月封公次子義眞爲桂陽縣公以賞平齊及定盧循也天子重申前命授公太傅揚州牧加羽葆鼓吹班劒二十人將吏百餘敦勸乃受羽葆鼓吹班劒餘固辭十年息民簡役築東府起府舍平西將軍荆州刺史司馬休之宗室之重又得江漢人心公疑其有異志而休之兄子譙王文思在京師招集輕俠公執文思送還休之令自爲其所休之表廢文思并與公書陳謝十一年正月公收休之子文寶兄子文祖並於獄賜死率衆軍西討復加黃鉞領荆州刺史辛巳發京師以中軍將軍道憐監留府事休之上表自陳曰臣聞運不常一治亂代有陽九既謝圮終則泰昔篡臣肆逆皇綱絶紐十世未改鼎祚再隆大尉臣諱威武明斷首建義旗除蕩元凶皇居反正布衣匹夫匡復社稷南剿盧循北定廣固千載以來功無與等由是四海歸美朝野推崇既位窮台牧權傾人主不能以道處功恃寵驕溢自以酬賞既極便情在無上刑戮逆濫政用暴苛問鼎之迹日彰人臣之禮頓缺陛下四時膳御觸事縣空宮省供奉十不一在皇后寢疾之際湯藥不周手與家書多所求告皆是朝士共所聞見莫不傷懷憤歎口不敢言前揚州刺史元顯第五息法興桓玄之釁逃遠於外王路既開始得歸本太傅之胤絶而復興凡在有懷誰不感慶諱吞噬之心不避輕重以法興聰敏明慧必爲民望所歸芳蘭既茂內懷憎惡乃妄扇異言無罪即戮大司馬臣德文及王妃公主情計切逼並狼狽請命逆肆禍毒暫不矜許究酷之痛感動行路自以地卑位重荷恩崇大乃以庶孽與德文嫡婚致茲非偶寔由威逼故衞將軍劉毅右將軍劉藩前將軍諸葛長民尚書僕射謝混南蠻校尉郗僧施或盛勳德胄令望在身皆社稷輔弼協讚所寄無罪無辜一旦夷滅猜忍之性終古所希臣自惟門戶衰破賴之獲存皇家所重終古難匹是以公私歸憑事盡祗順再授荆州輒苦陳告自以才弱位隆不宜久荷分陝屢求解任必不見聽前經攜侍老母半家俱西凡諸子姪悉留京輦臣兄子譙王文思雖年少常人粗免咎悔性好交遊未知防遠羣醜交構爲其風聲諱遂翦戮人士遠送文思臣順其此旨表送章節請廢文思改襲大宗遣息文寶送女東歸自謂推誠奉順理不過此豈意諱包藏禍心遂見討伐加惡文思構生罪釁羣小之言遠近噂𠴲而臣純愚闇信必謂不然尋臣府司馬張茂度狼狽東歸南平太守檀範之復以此月三日委郡叛逆尋有審問東軍已上諱今此舉非有怨憎正以臣王室之幹位居藩岳時賢既盡唯臣獨存規以翦滅成其篡殺鎮北將軍臣宗之青州刺史臣敬宣並是諱所深忌憚欲以次除蕩然後傾移天日於事可易今荆雍義徒不召而集子來之衆其會如林豈臣無德所能綏致蓋七廟之靈理貫幽顯輒授文思振武將軍南郡太守宗之子竟陵太守魯軌進號輔國將軍臣今與宗之親御大衆出據江津案甲抗威臨宜應赴今絳旗所指唯諱兄弟父子而已須剋蕩寇逆尋續馳聞由臣輕弱致諱陵橫上慚俯愧無以厝顏休之府錄事參軍韓延之故吏也有幹用才能公未至江陵密使與之書曰文思事源遠近所知去秋遣康之送還司馬軍者推至公之極也而了不遜愧又無表疏文思經正不反此是天地之不容吾受命西討止其父子而已彼土僑舊爲所驅逼一無所問往年郗僧施謝邵任集之等交構積歲專爲劉毅謀主所以至此卿等諸人一時逼迫本無纖釁吾處懷期物自有由來今在近路正是諸人歸身之日若大軍登道交鋒接刃蘭艾吾誠不分故具示意并示同懷諸人延之報曰承親率戎馬遠履西畿闔境士庶莫不惶駭何者莫知師出之名故也今辱來疏始知以譙王前事良增歎息司馬平西體國忠貞款愛待物當於古人中求耳以君公有匡復之勳家國蒙賴推德委誠每事詢仰譙王往以微事見劾猶自表遜位況以大過而當嘿然邪但康之前言有所不盡故重使胡道諮白所懷道未及反已奏表廢之所不盡者命耳推寄相與之懷正當如此有何不可便興兵戈自義旗秉權以來四方方伯誰敢不先相諮疇而逕表天子邪譙王爲宰相所責又表廢之經正何歸表使何因可謂欲加之罪其無辭乎劉諱足下海內之人誰不見足下此心而復欲欺誑國士天地所不容在彼不在此矣來示言處懷期物自有由來今伐人之君啗人以利眞可謂處懷期物自有由來者矣劉藩死於閶闔之內諸葛斃於左右之手甘言詫方伯襲之以輕兵遂使席上靡款懷之士闔外無自信諸侯以是爲得筭良可恥也貴府將佐及朝廷賢德寄性命以過日心企太平久矣吾誠鄙劣嘗聞道於君子以平西之至德寧可無授命之臣乎未能自投虎口比迹郗任之徒明矣假令天長喪亂九流渾濁當與臧洪遊於地下不復多言公視書歎息以示諸佐曰事人當如此三月軍次江陵初雍州刺史魯宗之常慮不爲公所容與休之相結至是率其子竟陵太守軌會于江陵江夏太守劉虔之邀之軍敗見殺公命彭城內史徐逵之參軍王允之出江夏口復爲軌所敗並沒將公軍泊馬頭即日率衆軍濟江躬督諸將登岸莫不奮踊爭先休之衆潰與軌等奔襄陽江陵平加領南蠻校尉將拜値四廢日佐史鄭鮮之褚叔度王弘傅亮白遷日不許下書曰此州積弊事故相仍民疲田蕪杼軸空匱加以舊章乖昧事役頻苦童耄奪養老稺服戎空戶從役或越紼應召每永懷民瘼宵分忘寢誠宜蠲除苛政弘茲簡惠庶令凋風弊政與事而新寧一之化成於朞月荆雍二州西局蠻府吏及軍人年十二以還六十以上及扶養孤幼單丁大艱悉仰遣之窮獨不能存者給其長賑府州久勳將吏依勞銓序并除今年租稅四月公復率衆進討至襄陽休之奔羌天子復重申前命授太傅揚州牧劒履上殿入朝不趨贊拜不名加前部羽葆鼓吹置左右長史司馬從事中郎四人封公第三子義隆爲北彭城縣公以中軍將軍道憐爲荆州刺史八月甲子公至自江陵奉還黃鉞固辭太傅州牧前部羽葆鼓吹其餘受命朝議以公道尊勳重不宜復施敬護軍既加殊禮奏事不復稱名以世子爲兗州刺史十二年正月詔公依舊辟士加領平北將軍兗州刺史增都督南秦凡二十二州公以平北文武寡少不宜別置於是罷平北府以併大府以世子爲豫州刺史三月加公中外大都督初公平齊仍有定關洛之意値盧循侵逼故其事不諧荆雍既平方謀外略會羌主姚興死子泓立兄弟相殺關中擾亂公乃戒嚴北討加領征西將軍司豫二州刺史以世子爲徐兗二州刺史下書曰吾倡大義首自本州克復皇祚遂建勳烈外夷勍敵內淸姦宄皆邦人州黨竭誠盡力之效也情若風霜義貫金石今當奉辭西旆有事關河弱嗣叨蒙復忝今授情事纏綿可謂深矣頃軍國務殷刑辟未息眷言懷之能不多歎其犯皐繫五歲以還可一原遣文武勞滿未蒙榮轉者便隨班序報公受中外都督及司州並辭大司馬琅邪王禮敬朝議從之公欲以義聲懷遠奉琅邪王北伐五月羌僞黃門侍郎尹沖率兄弟歸順又加公北雍州刺史前部羽葆鼓吹增班劒爲四十人解中書監八月丁巳率大衆發京師以世子爲中軍將軍監太尉留府事尚書右僕射劉穆之爲左僕射領監軍中軍二府軍司入居東府總攝內外九月公次于彭城加領徐州刺史先是遣冠軍將軍檀道濟龍驤將軍王鎭惡步向許洛羌緣道屯守皆望風降服僞兗州刺史韋華先據倉垣亦率衆歸順公又遣北兗州刺史王仲德先以水軍入河仲德破索虜於東郡涼城進平滑臺十月衆軍至洛陽圍金墉泓弟僞平南將軍洸請降送于京師脩復晉五陵置守衞天子詔曰夫嵩岱配極則乾道增輝藩嶽作屏則帝王成務是以夏殷資昆彭之伯有周倚齊晉之輔鑒諸前典儀刑萬代翼治扶危靡不由此太尉公命世天縱齊聖廣淵明燭四方道光宇宙爰自闕　初廼則投慭王國妖蛩孔熾則功存社稷固以四維是荷萬邦攸賴者矣暨桓玄僭逆傾蕩四海公深秉大節靈武霆震弘濟朕躬再造王室每惟勳德銘于厥心遂北淸海岱南夷百越荆雍稽服庸蜀順軌剋黜方難式遏寇虐及阿衡王猷班序內外仰典絕風傍嗣逸業秉禮以整俗遵王以垂訓聲教遠被無思不洽爰暨木居海處之酋被髮彫題之長莫不忘其陋險九譯來庭此蓋播諸徽策靡究其詳者也曩者永嘉不綱諸夏幅裂終古帝居淪胥戎虜永言園陵率土同慕公明發遐慨撫機電征親董侯伯稜威致討旗旝首塗則八表響震偏師先路則多壘雲徹舊都載清五陵復禮百城屈膝千落影從自篇籍所載生民以來勳德懋功未有若此之盛者也昔周呂佐叡聖之主因三分之形把旄仗鉞一時指麾皆大啓疆宇跨州兼國其在桓文方茲尤儉然亦顯被寵章光錫殊品況乃獨絕百代顧邈前烈者哉朕每弘鑒古訓思遵令圖以公深秉沖挹用闕大禮天人引領于茲歷載況今禹迹齊軌九隩同文司勳抗策普天增佇遂公高挹大猷國章三靈眷屬朕實祗懼便宜顯荅羣望允崇盛典其進位相國摠百揆揚州牧封十郡爲宋公備九錫之禮加璽綬

遠遊冠位在諸侯王上加相國綠綟綬策曰朕以寡昧仰續洪基夷羿乘釁蕩覆王室越在南鄙遷于九江宗祀絶饗人神無位提挈羣凶寄命江滸則我祖宗之業奄墜于地七百之祚翦焉既傾若涉淵海罔知攸濟天未絶晉誕育英輔振厥弛維再造區物興亡繼絶俾昏作明元勳至德朕實賴焉今將授公典策其敬聽朕命乃者桓玄肆僭滔天泯夏拔本塞源顛倒六位庶僚侻眉四方莫卬公精貫朝日氣凌霄漢奮其靈武大殲羣慝剋復皇邑奉帝歆神此公之節始於勤王者也授律羣后泝流長鶩薄伐崢嶸獻捷南郢大憝折首羣逆畢夷三光旋采舊物反正此又公之功也出藩入輔弘茲保弼阜財利用繁殖生民編戶歲滋疆宇日啓導德明刑四境有截此又公之功也鮮卑負衆僭盜三齊狼噬冀青虔劉沂岱介恃遐阻仍爲邊毒公蒐乘秣駟負入遠疆銜櫓四臨萬雉俱潰竊號之虜顯戮司寇拓土三千申威龍漠此又公之功也盧循妖凶伺隙五嶺乘虛肆逆侵覆江豫旍拂寰內矢及王城朝野喪沮莫有固志家獻徙卜之計國議遷都之規公乘轅南濟義形于色嶷然內湛覩嶮若夷攄畧運奇英謨不世殺寇窮屻喪旗宵遁俾我畿甸拯於將墜此又公之功也追奔逐北揚旍江濆偏旅浮海指日遄至番禺之功俘級萬數左里之捷魚潰鳥散元凶遠迸傳首萬里海南肅清荒服來款此又公之功也劉毅叛渙負釁西夏陵上罔主志肆奸暴附麗協黨扇蕩王畿公御軌以刑消之不日倉兕電泝神兵風掃罪人斯得荊衡清晏此又公之功也譙縱怙亂寇竊一隅王化阻閡三巴淪溺公指命偏師授以良圖凌波浮湍致届井絡僭豎伏鑕梁岷革偃此又公之功也馬休督宗阻兵內侮驅率二方連旗稱亂公投袂星言研其上畧江津之師勢踰風電廻旆沔川寔繁震懾二叛奔迸荊雍來蘇玄澤浸育溫風潛被此又公之功也永嘉不競四夷擅華五都幅裂山陵幽辱祖宗懷没世之憤遺氓有匪風之思公遠齊伊宰納隍之仁近同小白滅亡之恥鞠旅陳師赫然大號分命羣帥北徇司兗許鄭風靡鞏洛載清僞牧逆藩交臂請罪百年榛穢一朝掃濟此又公之功也公有康宇內之勳重之以明德爰初發迹則奇謨冠古電擊彊妖則鋒無前對聿寧東畿大造黔首若乃草昧經綸化融於歲計扶危靜亂道固於苞桑舜方正位納之軌度蠲削煩苛較若畫一淳風美化盈塞宇宙是以絶域獻琛遐夷納貢王畧所宣九服率從雖文命之東漸西被咎繇之邁于種德何以尚茲朕聞先王之宰世也庸勳尊賢建侯胙土褒以寵章崇其徽物所以協輔皇家永隆藩屏故曲阜光啓遂荒徐宅營丘表海四履有聞其在襄王亦賴匡霸又命晉文備物光錫惟公道冠前烈勳高振古而殊典未加朕甚愓焉今進授相國以徐州之彭城沛蘭陵下邳淮陽山陽廣陵兗州之高平魯泰山十郡封公爲宋公錫茲玄土苴以白茅爰定爾居用建冢社昔晉鄭啓藩入作卿士周邵保傅出總二南內外之重公實兼之命使持節太尉尚書左僕射晉寧縣五等男湛授相國印綬宋公璽紱使持節兼司空散騎常侍尚書陽遂鄉侯泰授宋公茅土金虎符第一至第十左竹使符第一至第十左相國位無不總禮絶朝班居常之名宜與事革其相國總百揆去錄尚書之號上送所假節侍中中外都督太傅太尉印綬豫章公印策進揚州牧領征西將軍司豫北徐雍四州刺史如故公紀綱禮度萬國是式秉介蹈方罔有遷志是以錫公大輅戎輅各一玄牡二駟公抑末敦本務農重積采蘩寔殷稼穡惟阜是用錫公袞冕之服赤舄副焉公閑邪納正移風改俗陶鈞品物如樂之和是用錫公軒縣之樂六佾之舞公宣美王化導揚休風華夷企踵遠人胥萃是用錫公朱戶以居公官方任能網羅幽滯九皐辭野髦士盈朝是用錫公納陛以登公當軸處中率下以義式遏寇讎清除苛慝是用錫公虎賁之士三百人公明罰恤刑庶獄詳允放命干紀罔有攸縱是用錫公鈇鉞各一公龍驤鳳矯咫尺八紘括囊四海折衝無外是用錫公彤弓一彤矢百盧弓十盧矢千公溫恭孝思致虔禋祀忠肅之志儀刑萬方是用錫公秬鬯一卣圭瓚副焉宋國置丞相以下一遵舊儀欽哉其祗服往命茂對天休簡恤庶邦敬敷顯德以終我高祖之嘉命置宋國侍中黃門侍郎尚書左丞相隨大使奉迎枹罕虜乞佛熾槃遣使詣公求效力討羌拜西平將軍河南公十三年正月公以舟師進討留彭城公義隆鎮彭城軍次留城經張良廟令曰夫盛德不泯義在祀典微管之歎撫事彌深張子房道亞黃中照鄰殆庶風雲言感蔚爲帝師大拯横流夷項定漢固以參軌伊望冠德如仁若乃神交圯上道契商洛顯晦之間窈然難究源流淵浩莫測其端矣塗次舊沛佇駕留城靈廟荒殘遺象陳昧撫迹懷人慨然永歎過大梁者或佇想於夷門遊九原者亦流連於隨會可改構榱桷修飾丹青蘋蘩行潦以時致薦以紓懷古之情用存不刊之烈天子追贈公祖爲太常父爲左光祿大夫讓不受二月冠軍將軍檀道濟等次潼關三月庚辰大軍入河索虜步騎十萬營據河津公命諸軍濟河擊破之公至洛陽七月至陝城龍驤將軍王鎮惡伐木爲舟自河浮渭八月扶風太守沈田子大破姚泓於藍田王鎮惡剋長安生擒泓九月公至長安長安豐稔帑藏盈積公先收其彝器渾儀土圭之屬獻于京師其餘珍寶珠玉以班賜將帥執送姚泓斬于建康市謁漢高帝陵大會文武於未央殿十月天子詔曰朕聞先王之莅天下也上則大寶以尊德下則建侯以褒功是以成勳告就文命有玄圭之錫四海來王姬旦饗龜蒙之封夫翼聖宣績輔德弘猷禮窮元賞寵章希世況明保沖昧獨運陶鈞者哉朕以不德遭家多難雲雷作屯夷羿竊命失位京邑遂播蠻荊艱難旱約制命凶醜相國宋公天縱睿聖命世應期誠貫三靈大節宏發拯朕窮於巢幕廻靈命於已崩固已道窮北面暉格八表者矣及外積全國之勳內累戡黎之伐芟夷彊妖之始蘊崇奸猾之源顯仁藏用之道六府孔脩之績莫不雲行雨施能事必舉諒已方軌於三五不容於典策者爲自永嘉喪師綿踰十紀五都分崩然正朔時暨唯三秦懸隔未之暫賓至令羌虜襲亂淫名三世資百二之易守恃函谷之可關廟筭韜畧不謀之日久矣公命世撫運闡曜威靈內研諸侯之慮外致上天之罰故能倉兕甫訓則許鄭風偃鉦鉞未指則瀍洛霧披俾舊闕元陽復集萬國之軫東京父老重覩司隸之章俾朕負扆高拱而保大洪烈是用遠鑒前典延帥羣謀敬授殊錫光啓疆宇乘馬之制有陋舊章徽稱之美未窮上爵豈足以顯報懋功允塞民望藩輔王畿長轡六合者乎寔以公每秉謙德卑不可踰難進之道以寵爲戚是故降損盛制且有後命也自茲迄今洪勳彌劭稜威九河魏趙底服廻轅崤潼連城氷泮遂長驅灞滻懸旍龍門逆虜姚泓係頸就擒百稔梗穢滌於崇朝祖宗遺憤雪於一旦涉禹之迹方行天下至于海外罔有不服功固萬世其寧惟永豈金石雅頌所能讚揚寔可以告於神明勒銘嵩岱者已朕又聞之周道方遠則鸑鷟鳴岐二南播德則麟騶呈瑞自公大號初發爰暨告成靈祥炳煥不可勝紀豈伊素雉遠至嘉禾近歸而已哉朕每仰鑒玄應俯察人謀進惟道勳退惟國典豈得遂公沖挹而久蘊盛策便宜敬行大禮允副幽顯之望其進宋公爵爲王以徐州之海陵東安北琅邪北東莞北東海北譙北梁豫州之汝南北潁川北南頓凡十郡益宋國其相國揚州牧領征西將軍司豫北徐雍四州刺史如故十一月前將軍劉穆之卒以司馬徐羨之代掌留任大事昔所決於穆之者皆悉以諮公欲息駕長安經畧趙魏會穆之卒乃歸十二月庚子發自長安以桂陽公義眞爲安西將軍雍州刺史留腹心將佐以輔之閏月公自洛入河開汴渠以歸十四年正月壬戌公至彭城解嚴息甲以輔國將軍劉遵考爲并州刺史領河東太守鎮蒲坂公解司州領徐冀二州刺史固讓進爵六月受相國宋公九錫之命令曰孤以寡薄負荷殊重守位奉藩危溢是懼朝恩隆泰委美推功遂方軌齊晉擬議國典雖亮誠守分十稔于今而成命弗迴百辟胥暨內外庶僚敦勉周至藉運來之功參休明之迹乘非薄之資同盛德之事監寐永言未知攸託隆祚之始思覃斯慶其赦國內殊死以下今月二十三日昧爽以前悉皆原宥鰥寡孤獨不能自存者人賜粟五斛府州刑罪亦同蕩然其餘詳依舊準詔崇豫章公太夫人爲宋公太妃世子爲中軍將軍副貳相國府以太尉軍諮祭酒孔季恭爲宋國尚書令青州刺史檀祗爲領軍將軍相國左長史王弘爲尚書僕射其餘百官悉依天朝之制又詔宋國所封十郡之外悉得除用先是安西中兵參軍沈田子殺安西司馬王鎮惡諸將軍復殺安西長史王脩關中亂十月公遣右將軍朱齡石代安西將軍桂陽公義眞爲雍州刺史義眞既還爲佛佛虜所追大敗僅以身免諸將帥及齡石並没領軍檀祗卒以中軍司馬檀道濟爲中領軍十二月天子崩大司馬琅邪王卽帝位元熙元年正月詔遣大使徵公入輔又申前命進公爵爲王以徐州之海陵東海北譙北梁豫州之新蔡兗州之北陳留司州之陳郡汝南潁川滎陽十郡增宋國七月乃受命赦國內五歲刑以下遷都壽陽以尚書劉懷愼爲北徐州刺史鎮彭城九月解揚州十二月天子命王冕十有二旒建天子旌旗出警入蹕乘金根車駕六馬備五時副車置旄頭雲罕樂舞八佾設鍾簴宮縣進王太妃爲太后王妃爲王后世子爲太子王子王孫爵命之號一如舊儀

二年四月徵王入輔六月至京師晉帝禪位于王詔曰夫天造草昧樹之司牧所以陶鈞三極統天施化故大道之行選賢與能隆替無常期禪代非一族貫之百王由來尚矣晉道陵遲仍世多故爰暨元興禍難既積至三光貿位冠履易所安皇播越宗祀墮泯則我宜元之祚永墜于地顧瞻區域蕪焉已傾相國宋王天縱聖德

靈武秀世一匡頽運再造區夏固以興滅繼絕舟航淪溺矣若夫仰在璿璣旁穆七政薄伐不庭開復疆宇遂乃三俘僞主開滌五都雕題卉服之鄉龍荒朔漠之長莫不廻首朝陽沐浴玄澤故四靈効瑞川岳啓圖嘉祥雜遝休應炳著玄象表革命之期華裔注樂推之願代德之符著乎幽顯瞻烏爰止允集明哲夫豈延康有歸咸熙告謝而已哉昔火德既微魏祖底績黃運不競三后肆勤故天之歷數寔有攸在朕雖庸闇昧於大道永鑒廢興爲日已久念四代之高義稽天人之至望予其遜位別宮歸禪于宋一依唐虞漢魏故事詔草既成送呈天子使書之天子卽便操筆謂左右曰桓玄之時天命已改重爲劉公所延將二十載今日之事本所甘心甲子策曰咨爾宋王夫玄古權輿悠哉邈矣其詳靡得而聞爰自書契降逮三五莫不以上聖君四海止戈定大業然則帝王者宰物之通器君道者天下之至公昔在上葉深鑒玆道是以天祿既終唐虞弗得傳其嗣符命來格舜禹不獲全其謙所以經緯三才澄序彝化作範振古垂風萬葉莫尚於玆自是厥後歷代彌劭漢旣嗣德於放勛魏亦方軌於重華諒以協謀乎人鬼而以百姓爲心者也昔我祖宗欽明辰居其極而明晦代序盈虧有期翦商兆禍非唯一世曾是弗剋矧伊在今天之所廢有自來矣唯王體上聖之姿苞二儀之德明齊日月道合四時乃者社稷傾覆王拯而存之中原蕪梗又濟而復之自負固不賓干紀放命肆逆滔天竊據萬里靡不潤之以風雨震之以雷霆九伐之道既敷八法之化自理豈伊博施於民濟斯黔庶固以義洽四海道威八荒者矣至於上天垂象四靈効徵圖讖之文既明人神之望已改百工歌於朝庶民頌于野億兆抃踊傾佇惟新自非百姓樂推天命攸集豈伊在予所得獨專是用仰祇皇靈俯順羣議敬禪神器授帝位于爾躬大祚告窮天祿永終於戲王其允執其中敬遵典訓副率土之嘉願恢洪業於無窮時膺休祐以答三靈之眷望又璽書曰蓋聞天生蒸民樹之以君帝皇寄世實公四海崇替係於勳德升降存乎其人故有國必亡卜年著其數代謝無常聖哲握其符昔在上世三聖係軌疇咨四嶽以弘揖讓惟先王之有作永垂範於無窮及劉氏致禪寔堯是法有魏告終亦憲玆典我世祖所以撫歸運而順人事乘利見而定天保者也而道不常泰戎夷亂華喪我洛京蕩國江表仍遘否運淪沒相因逮于元興遂傾宗祀幸賴神武光天大節宏發匡復我社稷重造我國家惟王聖德欽明則天光大應期誕載明保王室內紓國難外播宏略誅大憝於漢陽逋僭盜於沂渚澄氛西岷肅清南越再靜江湘拓定樊沔若乃永懷區宇思一聲教王師首路則伊洛澄流稜威靖潼則華嶽褰霧僞酋銜璧咸陽卽序雖彝器所銘詩書所詠庸勳之盛莫之與二也遂偃武脩文誕敷德政八統以馭萬民九職以刑邦國思兼三王以施四事故能信著幽顯義感殊方自歷世所賓舟車所暨靡不謳歌仁德抃舞來庭朕每敬惟道勳永察符運天之歷數實在爾躬是以五緯升度屢示除舊之迹三光協數必昭布新之祥圖讖禎瑞皎然斯在加以龍顔英特天授殊姿君人之表煥如日月傳稱惟天爲大惟堯則之詩云有命自天命此文王夫或躍在淵者終饗九五之位勳格天地者必膺大寶之業昔土德告沴傳祚于我有晉今歷運改卜永終于玆亦以金德而傳于宋仰四代之休義鑒明昏之定期詢于羣公爰逮庶尹咸曰休哉罔違朕志今遣使持節兼太保散騎常侍光祿大夫澹兼太尉尚書宣範奉皇帝璽綬受終之禮一如唐虞漢魏故事王其允答人神君臨萬國時膺靈祉酬于上天之眷命王奉表陳讓晉帝已遜琅邪王第表不獲通於是陳留王虔嗣等二百七十人及宋臺羣臣並上表勸進上猶不許太史令駱達陳天文符瑞數十條羣臣又固請王乃從之

宋書卷二考證

武帝紀中遣主師迎接致還本土○主一本誤王師一本作帥

或非良幹未能菲躬儉○躬下當有節字或儉下脫一用字

休之府錄事參軍韓延之故吏也○一本延之下有公之二字文意更明

劉藩死於閶闔之內○闔通鑑作閣

爰曁木居海處之酋○酋監本訛首今改正

再造區物○物南史作寓

宋書卷三

梁　沈　約　撰

本紀第三

武帝下

永初元年夏六月丁卯設壇於南郊卽皇帝位柴燎告天策曰皇帝臣諱敢用玄牡昭告皇天后帝晉帝以卜世告終歷數有歸欽若景運以命于諱夫樹君宰世天下爲公德充帝王樂推攸集越俶唐虞降暨漢魏靡不以上哲格文祖元勳陟帝位故能大拯黔首垂訓無窮晉自東遷四維不振宰輔憑依爲日已久難棘隆安禍成元興遂至帝主遷播宗祀堙滅諱雖地非齊晉衆無一旅仰憤時難俯悼橫流投袂一援則皇祀克復及危而能持顚而能扶姦宄具殲僭僞必滅誠興廢有期否終有數至於大造晉室撥亂濟民因藉時來實尸其重加以殊俗慕義重譯來庭正朔所暨咸服聲教至乃三靈垂象山川告祥人神協祉歲月滋著是以羣公卿士億兆夷人僉曰皇靈降鑒於上晉朝款誠於下天命不可以久淹宸極不可以暫曠遂逼羣議恭玆大禮猥以寡德託於兆民之上雖仰畏天威略是小節顧深永懷祗懼若霣敬簡元辰升壇受禪告類上帝用酬萬國之情克隆天保永祚于有宋惟明靈是饗禮畢備法駕幸建康宮臨太極前殿詔曰夫世代迭興承天統極雖遭遇異塗因革殊事若乃功濟區宇道振生民興廢所階異世一揆朕以寡薄屬當艱運藉否終之期因士民之力用獲拯溺匡世撥亂安國寧民業未半古功參曩烈晉氏以多難仍遘歷運已移欽若前王憲章令軌用集大命于朕躬惟德匪嗣辭不獲申遂祗順三靈饗玆景祚燔柴于南郊受終于文祖猥當與能之期爰集樂推之運嘉祚肇開隆慶惟始思俾休嘉惠玆兆庶其大赦天下改晉元熙二年爲永初元年賜民爵二級鰥寡孤獨不能自存者人穀五斛逋租宿債勿復收其有犯鄉論清議贓汙淫盜一皆蕩滌洗除與之更始長徒之身特皆原遣亡官失爵禁錮奪勞一依舊準封晉帝爲零陵王全食一郡載天子旌旗乘五時副車行晉正朔郊祀天地禮樂制度皆用晉典上書不爲表答表勿稱詔追尊皇考爲孝穆皇帝皇妣爲穆皇后尊王太后爲皇太后詔曰夫微禹之感歎深後昆盛德必祀道隆百世晉氏封爵咸隨運改至於德參微管勳濟蒼生愛人懷樹猶或勿翦雖在異代義無泯絕降殺之儀一依前典可降始興公封始興縣公廬陵公封柴桑縣公各千戶始安公封荔浦縣侯長沙公封醴陵縣侯康樂公可卽封縣侯各五百戶以奉晉故丞相王導太傅謝安大將軍溫嶠太司馬陶侃車騎將軍謝玄之祀其宣力義熙豫同艱難者一依本秩無所減降封晉臨川王司馬寶爲西豐縣侯食邑千戶庚午以司空道憐爲太尉封長沙王追封司徒道規爲臨川王尚書僕射徐羨之加鎮軍將軍右衞將軍謝晦爲中領軍宋國領軍檀道濟爲護軍將軍中領軍劉義欣爲青州刺史立南郡公義慶爲臨川王又詔曰夫銘功紀勞有國之要典愼終追舊在心之所隆自大業創基十有七載世路迍邅戎車歲動自東徂西靡有寧日實賴將帥竭心文武盡効寧內拓外迄用有成威靈遠著寇逆消蕩遂當揖讓之禮猥饗天人之祚念功簡勞無忘鑒寐凡厥誠勤宜同國慶其酬賞復除之科以時論舉戰亡之身厚加復贈乙亥立桂陽公義眞爲廬陵王彭城公義隆爲宜都王第四皇子義康爲彭城王丁丑詔曰古之王者巡狩省方躬覽民物搜揚幽隱拯災卹患用能風澤遐被遠至邇安朕以寡闇道謝前哲因受終之期託兆庶之上鑒寐屬慮思求民瘼才弱事艱若無津濟夕惕永念心馳遐域可遣大使分行四方旌賢舉善問所疾苦其有獄訟虧濫政刑乖愆傷化擾治未允民聽者皆當具以事聞萬事之宜無失厥中暢朝廷乃眷之旨宣下民壅隔之情戊寅詔曰百官事殷俸薄祿不代耕雖國儲未豐要令公私周濟諸供納昔減半者可悉復舊六軍見祿粗可不在此例其餘官寮或自本俸素少者亦量增之己卯改晉泰始歷爲永初歷秋七月丁亥原放劫賊餘口沒在臺府者諸徙家竝聽還本土又運舟材及運船不復下諸郡輸出悉委都水別量臺府所須皆別遣主帥與民和市卽時裨直不復責租民求辦又停廢虜車牛不得以官威假借又以市稅繁苦優量減降從征關洛殞身戰場幽沒不反者贍賜其家己丑陳留王曹虔嗣薨辛卯復置五校三將官增殿中將軍員二十人餘在員外戊戌後將軍雍州刺史趙倫之進號安北將軍征虜將軍北徐州刺史劉懷愼進號平北將軍征西大將軍開府儀同三司楊盛進號車騎大將軍甲辰鎮西將軍李歆進號征西將軍平西將軍乞佛熾盤進號安西大將軍征東將軍高句驪王高璉進號征東大將軍鎮東將軍百濟王扶餘映進號鎮東大將軍置東宮冗從僕射旅賁中郎將官戊申遷神主於太廟車駕親奉壬子詔曰往者軍國務殷事有權制刼科峻重施之一時

今王道維新政和法簡可一除之還遵舊條反叛淫盜三犯補冶士本謂一事三犯終無悛革主者頃多并數衆事合而爲三甚違立制之旨普更申明八月戊午西中郞將荆州刺史宜都王諱進號鎭西將軍辛酉開亡叛赦限內首出蠲租布二年先有資狀黃籍猶存者聽復本注諸舊郡縣以北爲名者悉除寓立於南者聽以南爲號又制有無故自殘傷者補冶士實由政刑煩苛民不堪命可除此條罷靑州幷兗州戊辰詔曰彭沛下邳三郡首事所基情義繾綣事由情奬古今所同彭城桑梓本鄕加隆攸在優復之制宜同豐沛其沛郡下邳可復租布三十年辛未追謚妃臧氏爲敬皇后癸酉立王太子爲皇太子乙亥詔曰朕承歷受終猥饗天命荷積善之祚藉士民之力率由令範先后祇嚴宣訓七廟肇建情敬無違加以儲宮備禮皇基彌固國慶家禮爰集旬日豈予一人獨荷茲慶其見刑罪無輕重可悉原赦限百日以今爲始先因軍事所發奴僮各還本主若死亡及勳勞破免亦依限還直閏月壬午朔詔曰晉世帝后及藩王諸陵守衞宜便置格其名賢先哲見優前代或立德著節或寧亂庇民墳塋未遠並宜洒掃主者具條以聞丁酉特進左光祿大夫孔季恭加開府儀同三司辛丑詔曰主者處案雖多所諮詳若衆官命議宜令明審自頃或總稱參詳於文漫略自今有厝意者皆當指名其人所見不同依舊繼啓又詔曰諸處冬使或遣或不事役宜省可悉停唯元正大慶不在其例郡縣遺冬使詣州及都督府亦停之九月壬子朔置東宮殿中將軍十人員外十二人壬申置都官尚書冬十月辛卯改晉所用王肅祥禫二十六月儀依鄭玄二十七月而後除十二月辛巳朔車駕臨延賢堂聽訟

二年春正月辛酉車駕祠南郊大赦天下丙寅斷金銀塗以揚州刺史盧陵王義眞爲司徒以尚書僕射鎭軍將軍徐羨之爲尚書令揚州刺史丙子南康揭陽蠻反郡縣討破之己卯禁喪事用銅釘罷會稽郡府二月己丑車駕幸延賢堂策試諸州郡秀才孝廉揚州秀才顧練豫州秀才殷朗所對稱旨並以爲著作佐郎戊申制中二千石加公田一頃三月乙丑初限荆州府置將不得過二千人吏不得過一萬人州置將不得過五百人吏不得過五千人兵士不在此限夏四月己卯朔詔曰淫祠惑民費財前典所絕可並下在所除諸房廟其先賢及以勳德立祠者不在此例戊申車駕於華林園聽訟己亥以左衞將軍王仲德爲冀州刺史五月己酉置東宮屯騎步兵翊軍三校尉官甲戌車駕又幸華林園聽訟六月壬寅詔曰杖罰雖有舊科然職務殷碎推坐相尋若皆有其實則體所不堪文行而已又非設罰之意可籌量觕爲中否之格車駕又於華林園聽訟甲辰制諸署敕吏四品以下又府署所得輒罰者聽統府寺行四十杖秋七月己巳地震八月壬辰車駕又於華林園聽訟九月己丑零陵王薨車駕三朝率百僚擧哀于朝堂一依魏明帝服山陽公故事太尉持節監護葬以晉禮冬十月丁酉詔曰兵制峻重務在得宜役身死叛輒考傍親流遷彌廣未見其極遂令冠帶之倫淪陷非所宜革以弘泰去其密科自今犯罪充兵合擧戶從役者便付營押領其有戶統及謫止一身者不得復侵濫服親以相連染己亥以涼州胡大師沮渠蒙遜爲鎭軍大將軍開府儀同三司涼州刺史癸卯車駕於延賢堂聽訟以員外散騎常侍應襲爲寧州刺史

三年春正月甲辰朔詔刑罰無輕重悉皆原降壬子以前冀州刺史王仲德爲徐州刺史癸丑以尚書令揚州刺史徐羨之爲司空錄尚書事刺史如故撫軍將軍江州刺史王弘進號衞將軍開府儀同三司太子詹事傅亮爲尚書僕射中領軍謝晦爲領軍將軍乙卯以輔國將軍毛德爲司州刺史乙丑詔曰古之建國教學爲先弘風訓世莫尚於此發蒙啓滯咸必由之故爰自盛王迄于近代莫不敦崇學藝修建庠序自昔多故戎馬在郊旌旗卷舒日不暇給遂令學校荒廢講誦蔑聞軍旅日陳俎豆藏器訓誘之風將墜于地後生大懼於墻面故老竊歎於子衿此國風所以永思小雅所以懷古今王略遠届華域載淸仰風之士日月以冀便宜博延冑子陶獎童蒙選備儒官弘振國學主者考詳舊典以時施行二月丁丑詔曰豫州南臨江滸北接河洛民荒境曠轉輸艱遠撫莅之宜各有其便淮西諸郡可立爲豫州自淮以東爲南豫州以豫州刺史彭城王義康爲南豫州刺史征虜將軍劉粹爲豫州刺史又分荆州十郡還立湘州左衞將軍張紀爲湘州刺史戊寅以徐州之梁還屬豫州三月上不豫太尉長沙王道憐司空徐羨之尚書僕射傅亮領軍將軍謝晦護軍將軍檀道濟並入侍醫藥羣臣請祈禱神祇上不許唯使侍中謝方明以疾告廟而已丁未以司徒盧陵王義眞爲車騎將軍開府儀同三司南豫州刺史上疾瘳己未大赦天下時秦雝流戶悉南入梁州庚申送綜絹萬匹荆雝州運米委州刺史隨宜賦給辛酉亡命刁彌攻京城得入太尉留府司馬陸仲元討斬之夏四月乙亥封仇池公楊盛爲武都王平南將軍楊撫進號安南將軍丁亥以車騎司馬徐琰爲兗州刺史庚寅左光祿大夫開府儀同三司孔季恭薨五月上疾甚召太子誡之曰檀道濟雖有幹略而無遠志非如兄韶有難御之氣也徐羨之傅亮當無異圖謝晦數從征伐頗識機變若有同異必此人也小郤可以會稽江州處之又爲手詔曰朝廷不須復有別府宰相帶揚州可置甲士千人若大臣中任要宜有爪牙以備不祥人者可以臺見隊給之有征討悉配以臺見軍隊行還復舊後世若有幼主朝事一委宰相母后不煩臨朝仗旣不許入臺殿門要重人可詳給班劒癸亥上崩于西殿時六十七秋七月己酉葬丹陽建康縣蔣山初寧陵上淸簡寡欲嚴整有法度未嘗視珠玉輿馬之飾後庭無紈綺絲竹之音寧州嘗獻虎魄枕光色甚麗時將北征以虎魄治金創上大悅命擣碎分付諸將平關中得姚興從女有盛寵以之廢事謝晦諫卽時遣出財帛皆在外府內無私藏宋臺旣建有司奏東西堂施局脚牀銀塗釘上不許使用直脚牀釘用鐵諸主出適遣送不過二十萬無錦繡金玉內外奉禁莫不節儉性尤簡易常著連齒木履好出神虎門逍遙左右從者不過十餘人時徐羨之住西州嘗幸羨之便步出西掖門羽儀絡驛追隨已出西明門矣諸子旦問起居入閤脫公服止著裙帽如家人之禮孝武大明中壞上所居陰室於其處起玉燭殿與羣臣觀之牀頭有土鄣壁上葛燈籠麻繩拂侍中袁顗盛稱上儉素之德孝武不答獨曰田舍公得此以爲過矣故能光有天下克成大業者焉

史臣曰漢氏載祀四百比胙隆周雖復四海橫潰而民繫劉氏惵惵黔首未有遷奉之心魏武直以兵威服衆故能坐移天歷鼎運雖改而民未忘漢及魏室衰孤怨非結下晉藉宰輔之柄因皇族之微世擅重權用基王業至於宋祖受命義越前模晉自社廟南遷祿去王室朝權國命遞歸台輔君道雖存主威久謝桓溫雄才蓋世勳高一時移鼎之業已成天人之望將改自斯以後晉道彌昏道子開其禍端元顯成其末釁桓玄藉運乘時加以先父之業因基革命人無異心高祖地非桓文衆無一旅曾不浹旬夷凶翦暴祀晉配天不失舊物誅內淸外功格區宇至於鍾石變聲柴天改物民已去晉異於延康之初功實靜亂又殊咸熙之末所以恭皇高遜殆均釋負若夫樂推所歸謳歌所集魏晉采其名高祖收其實矣盛哉

宋書卷三考證

武帝紀下性尤簡易常著連齒木履○履一本作屐

史臣論元顯成其末釁○末釁一本作釁末

高祖收其實矣盛哉○諸本此下並注闕字今觀文義本無闕文從南本刪

宋書卷四

梁　沈約　撰

本紀第四

少帝

少帝諱義符小字車兵武帝長子也母曰張夫人晉義熙二年生於京口武帝晚無男及帝生甚悅年十歲拜豫章公世子帝有旅力善騎射解音律宋臺建拜宋世子元熙元年進爲宋太子武帝受禪立爲皇太子永初三年五月癸亥武帝崩是日太子卽皇帝位大赦尊皇太后曰太皇太后六月壬申以尚書僕射傅亮爲中書監司空徐羨之領軍將軍謝晦及亮輔政戊子太尉長沙王道憐薨秋九月丁未有司奏武皇帝配南郊武敬皇后配北郊冬十一月戊午有星孛於營室十二月庚戌魏軍克滑臺明年春正月己亥朔大赦改元爲景平元年文武進位二等辛巳祀南郊虜將達奚卯破金墉進圍虎牢毛德祖擊虜敗之虜退而復合拓跋木末又遣平安公涉歸寇靑州癸卯河南郡失守乙卯有星孛于東壁二月丁丑太皇太后崩沮渠蒙遜吐谷渾阿豺並遣使朝貢庚辰爵蒙遜爲大將軍封河西王以阿豺爲安西將軍沙州刺史封澆河公辛未富陽人孫法光反寇山陰會稽太守褚談遣山陰令陸劭討敗之三月壬寅孝懿皇后祔葬於興寧陵是月高麗國遣使朝貢甲子豫州刺史劉粹遣軍襲許昌殺虜潁州太守庚龍乙丑虜騎寇高平初虜自河北之敗請修和親及聞高祖崩因復侵擾河洛之地騷然矣夏四月檀道濟北征次臨朐焚虜攻具乙未魏軍克虎牢執司州刺史毛德祖以歸秋七月癸酉尊所生張夫人爲皇太后丁丑以旱詔赦五歲以下罪人冬十月己未有星孛於氐指尾貫攝提向大角仲月在危季月掃天倉而後滅是歲魏主拓跋嗣薨子燾立十二月丙寅省寧州之江陽犍爲

安上三郡合爲宋昌郡

二年春正月癸巳朔日有蝕之廢南豫州刺史廬陵王義眞爲庶人徙新安郡乙未以皇弟義恭爲冠軍將軍南豫州刺史乙巳大風天有五色雲占者以爲有兵高麗國遣使貢獻執政使使者誅義眞於新安夏五月江州刺史檀道濟揚州刺史王弘入朝帝居處所爲多過失乙酉皇太后令曰王室不造天禍未悔先帝創業弗永棄世登遐義符長嗣屬當天位不謂窮凶極悖一至於此大行在殯宇內哀惶幸災肆於悖詞喜容表於在感至乃徵召樂府鳩集伶官優倡管弦靡不備奏珍羞甘膳有加平日採擇媵御產子就宮靦然無作醜聲四達及懿后崩背重加天罰親與左右執紼歌呼推排梓宮抃掌笑謔殿省備聞加復日夜媟狎羣小慢戲興造千計費用萬端帑藏空虛人力殫盡刑罰苛虐幽囚日增居帝王之位好皂隸之役處萬乘之尊悅廝養之事親執鞭撲毆擊無辜以爲笑樂穿池築觀朝成暮毀徵發工匠疲極兆民遠近歎嗟人神怨怒社稷將墜豈可復嗣守洪業君臨萬邦今廢爲營陽王一依漢昌邑晉海西故事奉迎鎭西將軍宜都王義隆入纂皇統始徐羨之傅亮將廢帝諷王弘檀道濟求赴國訃弘等來朝使中書舍人邢安泰潘盛爲內應是旦道濟謝晦領兵居前羨之等隨後因東掖門開入自雲龍門盛等先戒宿衞莫有禦者時帝於華林園爲列肆親自酤賣又開瀆聚土以象破岡埭與左右引船唱呼以爲歡樂夕游天泉池卽龍舟而寢其朝未興兵士進殺二侍者於帝側傷帝指扶出東閤就收璽紱羣臣拜辭送於東宮遂幽于吳郡是日赦死罪以下太后令奉還璽紱檀道濟入守朝堂六月癸丑徐羨之等使中書舍人邢安泰弒帝於金昌亭帝有勇力不卽受制突走出昌門追以門關踣之致殞時年十九

宋書卷四考證

少帝紀突走出昌門追以門關踣之○關一本作開者誤

宋書卷五

梁　沈　約　撰

本紀第五

文帝

太祖文皇帝諱義隆小字車兒武帝第三子也晉安帝義熙三年生於京口盧循之難上年四歲高祖使諮議參軍劉粹輔上鎭京城十一年封彭城縣公高祖伐羌至彭城將進路板上行冠軍將軍留守晉朝加授使持節監徐兗青冀四州諸軍事徐州刺史將軍如故關中平定高祖還彭城又授監司州豫州之淮西兗州之陳留諸軍事前將軍司州刺史持節如故將鎭洛陽仍改授都督荆益寧雍梁秦六州豫州之河南廣平揚州之義成松滋四郡諸軍事西中郎將荆州刺史持節如故永初元年封宜都王食邑三千戶進督北秦并前七州進號鎭西將軍給鼓吹一部又進督湘州是歲入朝時年十四長七尺五寸博涉經史善隸書景平二年七月中少帝廢百官備法駕奉迎入奉皇統行臺至江陵進璽紱侍中臣琇散騎常侍臣凝之中書監尚書令護軍將軍建成縣公臣亮左衞將軍臣景仁給事中游擊將軍龍鄉縣侯臣隆越騎校尉都亭侯臣綱給事黃門侍郎臣孔璩之散騎侍郎臣劉思考員外散騎侍郎臣潘盛中書侍郎臣何尚之羽林監封陽縣開國侯臣蕭思話長兼尚書左丞德陽縣侯臣孫康吏部郎中騎都尉臣張茂度儀曹郎中臣徐長琳倉部郎中臣庾俊之都官郎中臣袁洵等上表曰臣聞否泰相革數窮則變天道所以不諂卜世所以靈長乃者運距陵夷王室艱晦九服之命靡所適歸高祖之業將墜于地賴基厚德深人神同奬社稷以寧有生獲乂伏惟陛下君德自然聖明在御孝悌著於家邦風猷宣於蕃牧是以徵祥雜沓符瑞爗燁宗廟神靈乃睠西顧萬邦黎獻望景託生臣等忝荷朝列豫充將命復集休明之運再覩太平之業行臺至止瞻望城闕不勝喜說鳧藻之情謹詣門拜表以聞上答曰皇運艱弊數鍾屯夷仰惟崇基感尋國故永慕厥躬悲慨交集賴七百祚永股肱忠賢故能休否以泰天人式序猥以不德謬降大命顧己兢悸何以克堪輒當暫歸朝廷展哀陵寢并與賢彥申寫所懷望體其心勿爲辭費府州佐史竝稱臣請題牓諸門一依宮省上不許甲戌發江陵八月丙申車駕至京城丁酉謁初寧陵還於中堂卽皇帝位

元嘉元年秋八月丁酉大赦天下改景平二年爲元嘉元年文武賜位二等逋租宿債勿復收庚子以行撫軍將軍荆州刺史謝晦爲撫軍將軍荆州刺史癸卯司空錄尚書事揚州刺史徐羨之進位司徒衞將軍江州刺史王弘進位司空中書監護軍將軍傅亮加左光祿大夫開府儀同三司撫軍將軍荆州刺史謝晦進號衞將軍鎭北將軍南兗州刺史檀道濟進號征北將軍甲辰追尊所生胡婕妤爲皇太后諡曰章后衞將軍南徐州刺史彭城王義康進號驃騎將軍冠軍將軍南豫州刺史義恭進號撫軍將軍封江夏王立第六皇弟義宣爲竟陵王第七皇弟義季爲衡陽王戊申以豫州刺史劉粹爲雍州刺史驍騎將軍管義之爲豫州刺史南蠻校尉到彥之爲中領軍己酉減荆湘二州今年稅布之半九月丙子立妃袁氏爲皇后

二年春正月丙寅司徒徐羨之尚書令傅亮奉表歸政上始親覽車駕祠南郊大赦天下三月乙丑左將軍徐州刺史王仲德進號安北將軍夏五月戊寅特進謝澹卒秋八月甲申以關中流民出漢川置京兆扶風馮翊等郡乙酉驃騎將軍南徐州刺史彭城王義康爲開府儀同三司新除司空王弘爲車騎大將軍開府儀同三司以右軍長史江恒爲廣州刺史冬十一月癸酉以前將軍楊玄爲征西將軍北秦州刺史

三年春正月丙寅司徒錄尚書事揚州刺史徐羨之尚書令護軍將軍左光祿大夫傅亮有罪伏誅遣中領軍到彥之征北將軍檀道濟討荆州刺史謝晦上親率六師西征大赦天下丁卯以車騎大將軍江州刺史王弘爲司徒錄尚書事揚州刺史驃騎將軍南徐州刺史彭城王義康改爲荆州刺史撫軍將軍南豫州刺史江夏王義恭改爲南徐州刺史己巳以前護軍將軍趙倫之爲鎭軍將軍閏月丙戌皇子劭生二月乙卯繫囚見徒一皆原赦戊午以金紫光祿大夫王敬弘爲尚書左僕射豫章太守鄭鮮之爲尚書右僕射建安太守潘城有罪伏誅庚申特進范泰加光祿大夫是日車駕發京師戊辰到彥之檀道濟大破謝晦於隱磯丙子車駕自蕪湖反旆己卯擒晦於延頭送京師伏誅三月辛巳車駕還宮夏五月乙未以征北將軍南兗州刺史檀道濟爲征南大將軍江州刺史中領軍到彥之爲南豫州刺史戊戌以後將軍長沙王義欣爲南兗州刺史乙巳驃騎大將軍涼州牧大沮渠蒙遜改爲車騎大將軍詔曰夫哲王宰世廣達四聰猶巡嶽省方採風觀政所以情僞必審幽遐罔滯王澤無擁九皋有聞者也朕以寡薄猥纂洪緒雖永念治道志存昧旦願言傳巖發想宵寐而丘園之秀藏器未臻物情民隱尚隔視聽乃眷區域輟寢忘食今氛祲祛蕩宇內寧晏旌賢弘化於是乎始可遣大使巡行四方其宰守稱職之良閭閻一介之善詳悉列奏勿或有遺若刑獄不卹政治乖謬傷民害教者具以事聞其高年鰥寡幼孤六疾不能自存者可與郡縣優量賑給博採輿誦廣納嘉謀務盡銜命之旨俾若朕親覽焉丙午車駕臨延賢堂聽訟六月己未以鎭軍將軍趙倫之爲左光祿大夫領軍將軍丙寅車駕又於延賢堂聽訟丙子又聽訟以右衞王華爲中護軍冬十一月戊寅以梁南秦二州刺史吉翰爲益州刺史驃騎參軍劉道產爲梁南秦二州刺史己亥以南蠻校尉劉遵考爲雍州刺史十二月癸丑以中書侍郎蕭思話爲青州刺史壬戌前吳郡太守徐佩之謀反及黨與皆伏誅

四年春正月乙亥朔曲赦都邑百里內辛巳車駕親祠南郊二月乙卯行幸丹徒謁京陵三月丙子詔曰丹徒桑梓綢繆大業攸始踐境永懷觸感罔極昔漢章南巡加恩元氏況情義二三有兼曩日思播遺澤酬慰士民其蠲此縣今年租布五歲刑以下皆悉原遣登城三戰及大將家隨宜隱卹丁亥車駕還宮戊子尚書右僕射鄭鮮之卒壬寅禁斷夏至日五絲命縷之屬富陽令諸葛闡之之議也夏四月庚戌以廷尉王徽之爲交州刺史五月壬午中護軍王華卒京師疾疫甲午遣使存問給醫藥死者若無家屬賜以棺器六月癸卯朔日有蝕之庚申以金紫光祿大夫殷穆爲護軍將軍

五年春正月乙亥詔曰朕恭承洪業臨饗四海風化未弘治道多昧求之人事寤寐惟憂加頃陰陽違序旱疫成患仰惟災戒責深在予思所以側身剋念議獄詳刑上答天譴下恤民瘼羣后百司其各獻讜言指陳得失勿有所諱甲申車駕臨玄武館閱武戊子京邑大火遣使巡慰賑賜夏四月己亥以南蠻校尉蕭摹之爲湘州刺史戊午以始興太守徐豁爲廣州刺史五月己卯以湘州刺史張邵爲雍州刺史六月庚戌司徒王弘降爲衞將軍開府儀同三司京邑大水己卯遣使檢行賑贍以江夏內史程道惠爲廣州刺史秋八月壬戌特進左光祿大夫范泰卒冬十月甲辰車駕於延賢堂聽訟閏月癸未以右軍司馬劉德武爲豫州刺史辛卯安陸公相周籍之爲寧州刺史十二月庚寅左光祿大夫領軍將軍趙倫之卒是歲天竺國遣使獻方物

六年春正月辛丑，車駕親祠南郊癸丑以驃騎將軍荆州刺史彭城王義康爲司徒錄尚書事領平北將軍徐州刺史三月丁巳立皇子劭爲皇太子戊午大赦天下賜文武位一等辛酉以左衞將軍殷景仁爲中領軍夏四月癸亥以尚書左僕射王敬弘爲尚書令丹陽尹臨川王義慶爲尚書左僕射吏部尚書江夷爲尚書右僕射五月壬辰朔日有蝕之癸巳以新除尚書令王敬弘爲特進左光祿大夫甲午以撫軍司馬劉道濟爲益州刺史乙卯於雍州置馮翊郡七月己酉以尚書左丞孔默之爲廣州刺史是月百濟王遣使獻方物九月戊午於秦州置隴西宋康二郡冬十月壬申中領軍殷景仁丁艱去職十一月己丑朔日有蝕之十二月丁亥河南國西河王遣使獻方物

七年春正月癸巳以吐谷渾慕容璝爲征西將軍沙州刺史是月倭國王遣使獻方物三月戊子遣右將軍到彥之北伐水軍入河甲午以前征虜司馬沖爲司州刺史甲寅以前中領軍殷景仁爲領軍將軍夏四月癸未訶羅單國遣使獻方物六月己卯以冠軍將軍氐楊難當爲秦州刺史秋七月戊子索虜碻磝戍棄城走丙申以平北諮議參軍甄法護爲梁南秦二州刺史戊戌索虜滑臺戍棄城走甲寅林邑國訶羅佗國師子國遣使獻方物冬十月甲寅罷南豫州并豫州以左將軍竟陵王義宣爲徐州刺史戊午立錢署鑄四銖錢戊寅金墉城爲索虜所陷十一月癸未虎牢城復爲索虜所陷壬辰遣征南大將軍檀道濟北討右將軍到彥之自滑臺奔退十二月辛酉以南兗州刺史長沙王義欣爲豫州刺史司徒司馬吉翰爲司州刺史乙亥京邑火延燒太社北墻兗州刺史竺靈秀有罪伏誅

八年春正月庚寅於交州復立珠崖郡癸巳以左軍將軍申宣爲兗州刺史丁酉征南大將軍檀道濟破索虜於東壽張二月乙卯以平北司馬韋朗爲青州刺史戊午以尚書右僕射江夷爲湘州刺史辛酉滑臺爲索虜所陷癸酉征南大將軍檀道濟引軍還丁丑青州刺史蕭思話棄城走以太子右衞率劉遵考爲南兗州刺史二月甲申車駕於延賢堂聽訟戊申詔曰自頃軍役殷興國用增廣資儲不給百度尚繁宜存簡約以應事實內外可通共詳思務令節儉夏四月甲寅以衡陽王師阮萬齡爲湘州刺史乙卯以後軍參軍徐遵之爲兗州刺史六月乙丑大赦天下己卯割江南及揚州晉陵郡屬南徐州江北屬兗州以徐州刺史竟陵王義宣爲南兗州刺史司徒司馬吉翰爲徐州刺史閏月庚子詔曰自頃農桑惰業遊食者衆荒萊不闢督課無聞一時水旱便有罄匱不深存務本豐給靡因郡守賦政方畿縣宰親民之主宜思奬訓導以良規咸使肆力地無遺利耕蠶樹藝各盡其力若有力田殊衆歲竟條名列上揚州旱乙巳遣侍御史省獄訟申調役丙午以左軍諮議參軍劉道產爲雍州刺史秋八月甲辰臨川王義慶解尚書僕射丁未割豫州秦郡屬南兗州冬十二月罷湘州還并荆州

九年春三月庚戌衞將軍王弘進位太保加中書監丁巳征南大將軍江州刺史檀道濟進位司空夏四月乙亥以護軍將軍殷穆爲特進右光祿大夫建昌縣公到彥之爲護軍將軍五月壬申中書監錄尚書事衞將軍揚州刺史王弘薨六月甲戌以左軍諮議參軍申宣爲青州刺史分青州置冀州戊寅司徒南徐州刺史彭城王義康改領揚州刺史己卯以司徒參軍崔諲爲冀州刺史壬午以吐谷渾慕容延爲平東將軍吐谷渾拾虔爲平北將軍吐渾輝伐爲鎮軍將軍癸未詔曰益梁交廣境域幽遐治宜物情或多偏擁可更遣大使巡求民瘼置積射彊弩將軍官乙未以征西將軍沙州刺史吐谷渾慕容璝爲征西大將軍西秦河二州刺史隴西王北秦州刺史氐楊難當加號征西將軍壬寅以撫軍將軍荆州刺史江夏王義恭爲征北將軍開府儀同三司南兗州刺史前將軍臨川王義慶爲平西將軍荆州刺史南兗州刺史竟陵王義宣爲中書監中軍將軍征虜將軍衡陽王義季爲南徐州刺史秋七月戊辰以尚書王仲德爲鎮北將軍徐州刺史庚午以領軍將軍殷景仁爲尚書僕射太子詹事劉湛爲領軍將軍壬申河南國西河王遣使獻方物九月妖賊趙廣寇益州陷沒郡縣州府討平之冬十一月壬子以少府甄法崇爲益州刺史癸丑於廣州立宋康郡十二月甲戌以右軍參軍李秀之爲交州刺史庚寅立第五皇子紹爲廬陵王江夏王義恭子朗爲南豐縣王

十年春正月甲寅竟陵王義宣改封南譙王鎮北將軍徐州刺史王仲德加領兗州刺史淮南太守段宏爲青州刺史己未大赦天下孤老六疾不能自存者人賜穀五斛後將軍豫州刺史長沙王義欣進號鎮軍將軍夏四月戊戌青州刺史段宏加冀州刺史封陽縣侯蕭思話爲梁南秦二州刺史五月林邑王遣使獻方物六月乙亥以前青州刺史韋朗爲廣州刺史闍婆州訶羅單國遣使獻方物秋七月戊戌曲赦益梁秦三州於益州立宋寧宋興二郡八月丁丑於青州立太原郡辛巳護軍將軍到彥之卒冬十一月氐楊難當寇漢川丁未梁州刺史甄法護棄城走難當據有梁州

十一年春正月亡命馬大玄羣黨數百人寇秦梁州郡討平之二月癸酉以交阯太守李耽之爲交州刺史夏四月梁秦二州刺史蕭思話破氐楊難當梁州平五月丁卯曲赦梁南秦二州劒閣北戊寅以大沮渠茂虔爲征西大將軍涼州刺史是月京邑大水六月丁未省魏郡是歲林邑國扶南國訶羅單國遣使獻方物

十二年春正月辛酉大赦天下辛未車駕親祠南郊癸酉封黃龍國主馮弘爲燕王夏四月乙酉尚書僕射殷景仁加中護軍丙辰詔曰周宗以寧寔由多士漢室之隆亦資得人朕寐寤樂賢爲日已久而俊哲難階明揚莫効用令遺才在野管庫虛朝永懷前載慙德深矣夫舉爾所知宣尼之篤訓貢士任官先代之成準便可宣敕內外各有薦舉當依方銓引以觀厥用是夜京邑地震六月丹陽淮南吳興義興大水京邑乘船己酉以徐豫南兗三州會稽宣城二郡米數百萬斛賜五郡遭水民是月斷酒師子國遣使獻方物秋七月乙酉闍婆娑達國扶南國並遣使獻方物八月壬申於益州立南晉壽新巴西三郡乙亥原遭水郡諸逋負九月蜀郡賊張尋爲寇冬十一月以右軍行參軍苟道覆爲交州刺史

十三年春正月癸丑上有疾不朝會三月己未司空江州刺史檀道濟有罪伏誅庚申大赦天下以中軍將軍南譙王義宣爲鎮南將軍江州刺史夏五月戊辰鎮北將軍徐兗二州刺史王仲德進號鎮北大將軍庚辰以征北司馬王方俳爲兗州刺史六月高麗國武都王遣使獻方物秋七月己未零陵王太妃薨追崇爲晉皇后葬以晉禮八月庚寅尚書僕射中護軍殷景仁改爲護軍將軍九月癸丑立第二皇子濬爲始興王第三皇子諱爲武陵王

十四年春正月辛卯車駕親祠南郊大赦天下文武賜位一等孤老六疾不能自存者人賜穀五斛二月壬子以步兵校尉劉道眞爲梁南秦二州刺史夏四月丁未以輔國將軍周籍之爲益州刺史秋八月戊午以尚書金部郎中徐森之爲交州刺史冬十二月辛酉停賀雪河南國西河王訶羅單國並遣使獻方物

十五年春正月丁未以平東將軍吐谷渾慕容延爲鎮西將軍秦河二州刺史夏四月甲辰燕王年遣使獻方物立皇太子妃殷氏賜王公以下各有差己巳以倭國王珍爲安東將軍五月己丑特進右光祿大夫殷穆卒辛卯鎮北大將軍徐州刺史王仲德卒壬辰以右衞將軍劉遵考爲徐兗二州刺史秋七月辛未地震甲戌以陳南頓二郡太守徐循爲寧州刺史八月辛丑以左衞將軍趙伯符爲徐兗二州刺史甲寅以始興內史陸徽爲廣州刺史丁巳以兗州刺史王方俳爲青冀二州刺史是歲武都王河南國高麗國倭國扶南國林邑國並遣使獻方物

十六年春正月戊寅車駕於北郊閱武庚寅司徒錄尚書事揚州刺史彭城王義康進位大將軍領司徒餘如故征北將軍開府儀同三司南兗州刺史江夏王義恭進位司空刺史如故特進左光祿大夫王敬弘開府儀同三司癸巳復分荆州置湘州二月己亥以南徐州刺史衡陽王義季爲安西將軍荆州刺史丁未以始興王濬爲湘州刺史癸亥割梁州之巴西梓潼南宕梁南漢中南秦州之南安懷寧凡六郡屬益州分長沙江夏郡立巴陵郡屬湘州夏四月丁巳以鎮南將軍江州刺史南譙王義宣爲征北將軍南徐州刺史平西將軍臨川王義慶爲衞將軍江州刺史六月己酉隴西吐谷渾慕容延改封河南王癸丑以吐谷渾拾寅爲平西將軍吐谷渾繁䞆爲撫軍將軍秋八月庚子立第四皇子鑠爲南平王閏月乙未鎮軍將軍豫州刺史長沙王義欣薨戊戌復分豫州之淮南爲南豫州癸卯以左衞將軍劉遵考爲豫州刺史戊申以湘州刺史始興王濬爲南豫州刺史武陵王諱爲湘州刺史冬十二月乙亥皇太子冠大赦天下是歲武都王河南王林邑國高麗國並遣使獻方物

十七年夏四月戊午朔日有蝕之五月癸巳領軍將軍劉湛母憂去職秋七月壬寅以征虜諮議參軍杜驥爲青州刺史壬子皇后袁氏崩八月徐兗青冀四州大水己未遣使檢行賑䘏九月壬子葬元皇后於長寧陵冬十月戊午前丹陽尹劉湛有罪及同黨伏誅大赦天下文武賜爵一級以大將軍領司徒錄尚書揚州刺史彭城王義康爲江州刺史大將軍如故以司空南兗州刺史江夏王義恭爲司徒錄尚書事戊寅衞將軍臨川王義慶以本號爲南兗州刺史尚書僕射護軍將軍殷景仁爲揚州刺史僕射如故十一月丙戌以尚書劉義融爲領軍將軍秘書監徐湛之爲中護軍丁亥詔曰前所給揚南徐二州百姓田糧種子兗兩豫青徐諸州比年

所寬租穀應督入者悉除半今半有不收處都原之凡諸逋債優量申減又州郡估稅所在市調多有煩刻山澤之利猶或禁斷役召之品遂及稚弱諸如此比傷治害民自今咸依法令務盡優允如有不便卽依事別言不得苟趣一時以乖隱卹之旨主者明加宣下稱朕意焉癸丑尚書僕射揚州刺史殷景仁卒十二月癸亥以光祿大夫王球爲尚書僕射戊辰以南豫州刺史始興王濬爲揚州刺史湘州刺史武陵王諱爲南豫州刺史南平王鑠爲湘州刺史是歲武都王河南王百濟國遣使獻方物

十八年春二月乙卯以豫章太守庾登之爲江州刺史夏五月壬申衞將軍南兗州刺史臨川王義慶征北將軍南徐州刺史南譙王義宣竝開府儀同三司癸巳於交州置宋熙郡是月沔水泛溢六月戊辰遣使巡行賑贍辛未領軍將軍劉義融卒秋七月戊戌以徐兗二州刺史趙伯符爲領軍將軍冬十月辛亥以巴東建平二郡太守臧質爲徐兗二州刺史乙卯省南徐州之南燕濮陽南廣平郡十一月戊子尚書僕射王球卒己亥以丹陽尹孟顗爲尚書僕射氐楊難當又寇漢川十二月癸亥遣龍驤將軍裴方明與梁秦二州刺史劉眞道討之十二月晉寧太守爨松子反叛寧州刺史徐循討平之是歲肅特國高麗國蘇靡黎國林邑國竝遣使獻方物

十九年正月乙巳詔曰夫所因者本聖哲之遠教本立化成敎學之爲貴故詔以三德崇以四術用能納諸義方致之軌度盛王祖世咸必由之永初受命憲章弘遠將陶鈞庶品混一殊風有詔典司大啓庠序而頻遘屯夷未及脩建永瞻前猷思敷鴻烈今方隅乂寧戎夏慕嚮廣訓胄子實維時務便可式遵成規闡揚景業夏四月甲戌以久疾愈始奉初祠大赦天下五月庚寅梁秦二州刺史劉眞道龍驤將軍裴方明破氐楊難當仇池平閏月京邑雨水丁巳遣使巡行賑卹六月壬午以大沮渠無諱爲征西大將軍涼州刺史秋七月以梁秦二州刺史劉眞道爲雍州刺史龍驤將軍裴方明爲梁南秦二州刺史甲戌晦日有蝕之冬十月甲申芮芮國遣使獻方物己亥以晉寧太守周萬歲爲寧州刺史十二月丙申詔曰胄子始集學業方興自微言泯絕逝將千祀感事思人意有慨然奉聖之胤可速議繼襲於先廟地特爲營造依舊給祠直令四時饗祀闕里往經寇亂黌校殘毀并下魯郡脩復學舍採召生徒昔之賢哲及一介之善猶或衞其丘壟禁其芻牧況尼父德表生民功被百代而墳塋荒蕪荆棘弗翦可蠲墓側數戶以掌洒掃魯郡上民孔景等五戶居近孔子墓側蠲其課役供給洒掃并種松柏六百株是歲婆皇國遣使獻方物

二十年春正月於臺城東西開萬春千秋二門二月甲戌江州刺史庾登之爲中護軍庚申以廣陵王紹爲江州刺史仇池爲索虜所沒甲申車駕於白下閱武三月辛亥安西將軍荆州刺史衡陽王義季進號征西大將軍以巴西梓潼二郡太守申坦爲梁南秦二州刺史夏四月甲午立第六皇子誕爲廣陵王五月癸丑中護軍庾登之卒秋七月癸丑以揚文德爲征西將軍北秦州刺史封武都王辛酉以南蠻校尉蕭思話爲雍州刺史甲子前雍州刺史劉眞道梁南秦二州刺史裴方明有罪下獄死八月癸未以廷尉陶愍祖爲廣州刺史冬十二月庚午以始興內史檀和之爲交州刺史壬午詔曰國以民爲本民以食爲天故一夫輟稼饑者必及倉廩旣實禮節以興自頃在所貧罄家無宿積賦役暫偏則人懷愁墊歲或不稔而病乏比室誠由政德弗孚以臻斯弊抑亦耕桑未廣地利多遺宰守微化道之方甿庶忘勤分之義永言弘濟明發載懷雖制令亟下終莫懲勸而坐望滋殖庸可致乎有司其班宣舊條務盡敦課遊食之徒咸令附業考覈勤惰行其誅賞觀察能殿嚴加黜陟古者躬耕帝籍敬供粢盛仰瞻前王思遵令典便可量處千畝考卜元辰朕當親率百辟致禮郊甸庶幾誠素將被斯民是歲河西國高麗國百濟國倭國竝遣使獻方物是歲諸州郡水旱傷稼民大饑遣使開倉賑卹給賜糧種

二十一年春正月己亥南徐南豫州揚州之浙江西竝禁酒大赦天下諸逋債在十九年以前一切原除去歲失收者嚋量申減尤弊之處遣使就郡縣隨宜賑卹凡欲附農而種糧匱乏者竝加給貸營千畝諸統司役人賜布各有差戊午衞將軍臨川王義慶薨辛酉以太子詹事劉義宗爲南兗州刺史二月庚午以領軍將軍趙伯符爲豫州刺史己丑司徒錄尚書事江夏王義恭進位太尉領司徒庚寅以右衞將軍沈演之爲中領軍辛卯立第七皇子宏爲建平王甲午以廣陵王誕爲南兗州刺史夏四月晉陵延陵民徐耕以米千斛助卹饑民五月壬戌以尚書何尚之爲中護軍諮議參軍劉道錫爲廣州刺史六月連雨水丁亥詔曰霖雨彌日水淹爲患百姓積儉易致乏匱二縣官長及營署部司各隨統檢實給其柴米必使周悉秋七月丁酉揚州刺史始興王濬加中軍將軍南豫州刺史武陵王贊加撫軍將軍乙巳詔曰比年穀稼傷損淫亢成災亦由播殖之宜尚有未盡南徐兗豫及揚州浙江西屬郡自今悉督種麥以助闕乏速運彭城下邳郡見種委刺史貸給徐豫土多稻田而民間專務陸作可符二鎭履行舊陂相率脩立并課墾闢使及來年凡諸州郡皆令盡勤地利勸導播殖蠶桑麻紵各盡其方不得但奉行公文而已八月戊辰征西大將軍荆州刺史衡陽王義季爲征北大將軍開府儀同三司南兗州刺史征北將軍徐州刺史南譙王義宣爲車騎將軍荆州刺史南兗州刺史廣陵王誕爲南徐州刺史九月甲辰以大沮渠安周爲征西將軍涼州刺史封河西王冬十月己卯以左軍將軍徐瓊爲兗州刺史大將軍參軍申恬爲冀州刺史

二十二年春正月辛卯朔改用御史中丞何承天元嘉新歷壬辰撫軍將軍南豫州刺史武陵王諱改爲雍州刺史湘州刺史南平王鑠爲南豫州刺史二月辛巳以侍中王僧朗爲湘州刺史甲戌立第八皇子禕爲東海王第九皇子昶爲義陽王夏六月辛巳以南豫州刺史南平王鑠爲豫州刺史秋七月己未以尚書僕射孟顗爲尚書左僕射中護軍何尚之爲尚書右僕射雍州刺史武陵王諱討緣沔蠻移一萬四千餘口於京師乙酉征北大將軍南兗州刺史衡陽王義季改爲徐州刺史九月乙未開酒禁冬十月起湖熟廢田千頃十二月乙未太子詹事范曄謀反及黨與皆伏誅丁酉免大將軍彭城王義康爲庶人庚戌以前豫州刺史趙伯符爲護軍將軍

二十三年春正月丁巳以長沙內史陸徽爲益州刺史庚申尚書左僕射孟顗去職遷漢州流民於沔次二月癸卯以左衞將軍劉義賓爲南兗州刺史三月索虜寇兗豫青冀刺史申恬破之夏四月丁未大赦天下六月癸未朔日有蝕之交州刺史檀和之伐林邑國剋之秋七月辛未以散騎常侍杜坦爲青州刺史八月癸卯揭陽赭賊攻建安郡燔燒城府九月己卯車駕幸國子學策試諸生答問凡五十九人冬十月戊子詔曰庠序興立累載胄子肄業有成近親策試觀濟濟之美緬想洙泗永懷在昔諸生答問多可採覽教授之官竝宜沾賚賜帛各有差十二月丁酉以龍驤司馬蕭景憲爲交州刺史是歲大有年築北堤立玄武湖築景陽山於華林園

二十四年春正月甲戌大赦天下文武賜位一等繫囚降宥諸逋負寬減各有差孤老六疾不能自存人賜穀五斛蠲建康秣陵二縣今年田租之半三月壬申護軍將軍趙伯符遷職夏四月甲戌青州刺史杜坦加冀州刺史六月京邑疫癘丙戌使郡縣及營署部司普加履行給以醫藥是月以貨貴制大錢一當兩秋七月乙卯以林邑所獲金銀寶物班賚各有差八月乙未征北大將軍徐州刺史衡陽王義季薨癸卯以南兗州刺史劉義賓爲徐州刺史九月己未以中領軍沈演之爲領軍將軍辛未以太子詹事徐湛之爲南兗州刺史冬十月壬午豫章胡誕世反殺太守桓隆之前交州刺史檀和之南還至豫章因討平之壬辰以建平王宏爲中護軍十一月甲寅立第十皇子渾爲汝陰王

二十五年春正月戊辰詔曰比者冰雪經旬薪粒貴踊貧弊之室多有窘罄可檢行京邑二縣及營署賜以柴米二月庚寅詔曰安不忘虞經世之所同治兵教戰有國之恒典故服訓明恥然後少長知禁頃戎政雖脩而號令未審今宣武場始成便可剋日大習衆軍當因校獵肄武講事閏月己酉大蒐于宣武場三月庚辰車駕校獵夏四月乙巳新作閶闔廣莫二門改先廣莫門曰承明開陽曰津陽乙卯以撫軍將軍雍州刺史武陵王諱爲安北將軍徐州刺史癸亥以右衞將軍蕭思話爲雍州刺史五月己卯罷大錢當兩六月庚戌零陵王司馬元瑜薨庚申安北將軍徐州刺史武陵王諱加兗州刺史丙寅車騎將軍荆州刺史南譙王義宣進位司空秋七月壬午左光祿大夫王敬弘薨八月己酉以撫軍參軍劉秀之爲梁南秦二州刺史甲子立第十一皇子諱爲淮南王九月辛未以尚書右僕射何尚之爲尚書左僕射領軍將軍沈演之遷職吳興太守劉遵考爲領軍將軍

二十六年春正月辛巳車駕親祠南郊二月己亥車駕陸道幸丹徒謁京陵三月丁巳詔曰朕違北京二十餘載雖云密邇瞻塗莫從今因四表無塵時和歲稔復獲拜奉舊塋展罔極之思饗讌故老申追遠之懷固以義兼於桑梓情加於過沛永言慷慨感慰實深宜聿宣仁惠覃被率土其大赦天下復丹徒縣僑舊今歲租布之半行所經縣蠲田租之半二千石官長竝勤勞王務宜有沾錫登城三戰及大將戰亡墜没之家老病單弱者普加贍卹遣使巡行百姓問所疾苦孤老鰥寡六疾不能自存者人賜穀五斛遣使祭晉故司空忠肅公何無

忌之墓乙丑申南北沛下邳三郡復又詔曰京口肇祚自古著符近代衿帶江山表裏華甸經塗四達利盡淮海城邑高明土風淳壹苞總形勝實唯名都故能光宅靈心克昌帝業頃年岳牧遷回軍民徙散廛里廬宇不逮往日皇基舊鄉地兼蕃重宜令殷阜式崇形望可募諸州樂移者數千家給以田宅并蠲復五月丙寅詔曰吾生於此城及盧循肆亂害流茲境先帝以桑梓根本實同休戚復以棠稚猥同艱難情義纏綿夷險兼備舊物遺蹤猶存心目歲月不居逝踰三紀時人故老與運零落眷惟旣往倍深感歎可搜訪于時士庶文武今尚存者具以名聞人身已亡而子孫見在優量賜賚之車駕水路發丹徒壬午至京師丙戌婆皇國壬辰婆達國並遣使獻方物秋七月辛未以江州刺史盧陵王紹爲南徐州刺史廣陵王誕爲雍州刺史八月己酉以中護軍建平王宏爲江州刺史癸丑以南豐王朗爲湘州刺史冬十月廣陵王誕改封隨郡王甲辰以中軍將軍揚州刺史始興王濬爲征北將軍開府儀同三司南徐兗二州刺史南徐州刺史盧陵王紹爲揚州刺史

二十七年春正月辛未制交寧二州假板郡縣俸祿聽依臺除辛卯百濟國遣使獻方物二月辛丑右將軍豫州刺史南平王鑠進號平西將軍辛巳索虜寇汝南諸郡陳頓二郡太守鄭琨汝陽潁川二郡太守郭道隱委守走索虜攻懸瓠城行汝南郡事陳憲拒之以軍興減百官俸三分之一三月乙丑淮南太守諸葛闡求減俸祿同內百官於是州及郡縣丞尉並悉同減戊寅罷國子學乙酉以新除吏部尚書蕭思話爲護軍將軍夏四月壬子安北將軍徐兗二州刺史武陵王贊降號鎮軍將軍六月丁酉侍中蕭斌爲青冀二州刺史秋七月庚午遣寧朔將軍王玄謨北伐太尉江夏王義恭出次彭城總統諸軍乙亥索虜碻磝戍委城走冬閏月癸亥玄謨攻滑臺不克爲虜所敗退還碻磝辛未雍州刺史隨王誕遣軍攻弘農城克之丙戌又克關城十一月戊子索虜陷鄒山魯陽平二郡太守崔邪利沒甲午隨王誕所遣軍又攻陝城克之癸卯左軍將軍劉康祖於壽陽尉武戍與虜戰敗見殺丁未大赦天下十二月戊午內外戒嚴乙丑冗從僕射胡崇之太子積弩將軍臧澄之建威將軍毛熙祚於盱眙與虜戰敗並見殺庚午虜僞主率大衆至瓜步壬午內外戒嚴

二十八年春正月丙戌朔以寇逼不朝會丁亥索虜自瓜步退走丁酉攻圍盱眙城是月寧朔將軍王玄謨自碻磝退還歷下二月丙辰索虜自盱眙奔走癸酉詔曰玁狁孔熾難及數州睠言念之瘖寐興悼凶羯痍挫迸跡遠奔彫傷之民宜時振理凡遭寇賊郡縣令還復居業封屍掩骼賑贍饑流東作方始務盡勸課貸給之宜事從優厚其流寓江淮者並聽卽屬并蠲復稅調甲戌太尉領司徒江夏王義恭降爲驃騎將軍開府儀同三司辛巳鎮軍將軍徐兗二州刺史武陵王諱降號北中郎將壬午車駕幸瓜步是日解嚴三月乙酉車駕還宮壬辰征北將軍始興王濬解南兗州庚子以輔國將軍臧質爲雍州刺史戊申徐州刺史武陵王諱爲南兗州刺史甲寅護軍將軍蕭思話爲撫軍將軍徐兗二州刺史夏四月癸酉婆達國遣使獻方物索虜僞寧南將軍魯爽中書郎魯秀歸順戊寅以爽爲司州刺史五月乙酉亡命司馬順則自號齊王據梁鄒城丁巳婆皇國戊戌河南王並遣使獻方物己巳驃騎將軍江夏王義恭領南兗州刺史戊申以尚書左僕射何尚之爲尚書令太子詹事徐湛之爲尚書僕射護軍將軍壬子以後將軍隨王誕爲安南將軍廣州刺史六月壬戌以北中郎將武陵王諱爲江州刺史以振武將軍秦郡太守劉興祖爲青冀二州刺史秋七月甲辰安東將軍倭王倭濟進號安東大將軍八月癸亥梁鄒平斬司馬順則冬十月癸亥高麗國遣使獻方物十一月壬寅曲赦二兗徐豫青冀六州是冬徙彭城流民於瓜步淮西流民於姑熟合萬許家

二十九年春正月甲午詔曰經寇六州居業未能仍値災涝饑困荐臻可速符諸鎮優量救卹今農事行興務盡地利若須田種隨宜給之二月庚申虜帥拓跋燾死庚午立第十二皇子休仁爲建安王夏四月戊午訶羅單國遣使獻方物以驃騎參軍張永爲冀州刺史五月甲午罷湘州并荆州以始興臨賀始安三郡屬廣州丙申詔曰惡稔身滅戎醜常數虜窮凶著於自昔未勞資斧已伏天誅子孫相殘親黨離貳關洛僞帥並懷內款河朔遺民注誠請効拯溺蕩穢今其會也可符驃騎司空二府各部分所統東西應接歸義建績者隨勞酬奬是月京邑雨水六月己酉遣部司巡行賜樵米給船撫軍將軍蕭思話率衆北伐以征北從事中郎劉瑀爲益州刺史秋七月壬辰汝陰王渾改封武昌王淮陽王諱改封湘東王丁酉省大司農太子僕廷尉監官八月丁卯蕭思話攻碻磝不拔退還九月丁亥以平西將軍吐谷渾拾寅爲安西將軍秦河二州刺史己丑撫軍將軍徐兗二州刺史蕭思話加冀州刺史兗州如故冬十月癸亥司州刺史魯爽攻虎牢不拔退還十一月壬寅揚州刺史盧陵王紹薨十二月辛未以驃騎將軍南兗州刺史江夏王義恭爲大將軍南徐州刺史錄尚書事如故

三十年春正月戊寅以司空荆州刺史南譙王義宣爲司徒中軍將軍揚州刺史以南兗州并南徐州庚辰以領軍將軍劉遵考爲平西將軍豫州刺史壬午以征北將軍南徐州刺史始興王濬爲衞將軍荆州刺史戊子江州刺史武陵王諱統衆軍伐西陽蠻癸巳以豫州刺史南平王鑠爲撫軍將軍領軍將軍青徐州饑二月壬子遣運部賑卹甲子上崩于含章殿時年四十七謚曰景皇帝廟曰中宗三月癸巳葬長寧陵世祖踐祚追改謚及廟號

史臣曰太祖幼年特秀顧無保傅之嚴而天授和敏之姿自稟君人之德及正位南面歷年長久綱維備舉條禁明密罰有恒科爵無濫品故能內淸外晏四海謐如也昔漢氏東京常稱建武永平故事自茲厥後亦每以元嘉爲言斯固盛矣授將遣師乖分閫之命才謝光武而遙制兵略至於攻日戰時莫不仰聽成旨雖覆師喪旅將非韓白而延寇蹙境抑此之由及至言漏衾衽難結商豎雖禍生非慮蓋亦有以而然也嗚呼哀哉

宋書卷五考證

文帝紀以吐谷渾慕容延爲平東將軍○平東各本皆訛東平今據下文十五年作平東將軍及鮮卑傳改正慕容延鮮卑傳作慕延

以大沮渠茂虔爲征西大將軍凉州刺史○茂虔魏書作牧犍

婆皇國遣使獻方物○婆夷蠻傳作媻皇監本誤黃許愼說文有媻字徐鉉云媻俗作婆若婆皇國屢獻方物自文帝十七年以後其字皆作皇不應此年獨用黃字今改正

豫章胡誕世反○誕諸本皆訛延今據彭城王義康傳及胡藩傳改正

安不忘虞經世之所同○虞一本作危

當因按獵隸武講事○隸當作肄

史臣論難結商豎○商一本作凶

宋書卷六

梁　沈約　撰

本紀第六

孝武帝

世祖孝武皇帝諱駿字休龍小字道民文帝第三子也元嘉七年秋八月庚午生十二年立爲武陵王食邑二千戶十六年都督湘州諸軍事征虜將軍湘州刺史領石頭戍事十七年遷使持節都督南豫豫司雍并五州諸軍事南豫州刺史將軍如故猶戍石頭二十一年加督秦州進號撫軍將軍明年徙都督雍梁南北秦四州荆州之襄陽竟陵南陽順陽新野隨六郡諸軍事寧蠻校尉雍州刺史持節將軍如故自晉氏江左以來襄陽未有皇子重鎭時太祖欲經略關河故有此授尋給鼓吹一部二十五年改授都督南兗徐兗青冀幽六州豫州之梁郡諸軍事安北將軍徐州刺史持節如故北鎭彭城尋領兗州刺史始興王濬爲南兗州上解督南兗二十七年坐汝陽戰敗降號鎭軍將軍又以索虜南侵降爲北中郎將二十八年進督南兗州南兗州刺史當鎭山陽尋遷都督江州荆州之江夏豫州之西陽晉熙新蔡四郡諸軍事南中郎將江州刺史持節如故時緣江蠻爲寇太祖遣太子步兵校尉沈慶之等伐之使上總統衆軍三十年正月上出次西陽之五洲會元凶弒逆以上爲征南將軍加散騎常侍上率衆入討荆州刺史南譙王義宣雍州刺史臧質並舉義兵四月辛酉上次溧洲癸亥冠軍將軍柳元景前鋒至新亭修建營壘甲子賊劭親率衆攻元景大敗退走丙寅上次江寧丁卯大將軍江夏王義恭來奔奉表上尊號戊辰上至于新亭己巳卽皇帝位大赦天下文武賜爵一等從軍者二等贓汚淸議悉皆盪除高年鰥寡孤幼六疾不能自存人賜穀五斛逋租宿債勿復收長徒之身優量降宥崇改太祖號謚以大將軍江夏王義恭爲大尉錄尚書六條事南徐州刺史庚午以荆州刺史南譙王義宣爲中書監丞相錄尚書六條事揚州刺史安東將軍隨王誕爲衞將軍開府儀同三司荆州刺史雍州刺史臧質爲車騎將軍開府儀同三司江州刺史征虜將軍沈慶之爲領軍將軍撫軍將軍兗冀二州刺史蕭思話爲尚書左僕射壬申以征虜將軍王僧達爲尚書右僕射攺新亭爲中興亭五月甲戌輔國將軍申坦克京城乙亥輔國將軍朱修之克東府丙申克定京邑劭及始興王濬諸同逆並伏誅庚辰詔曰天步艱難國道用否雖基

構永固而氣數時愆朕以眇身奄承皇業奉壽歷命鑒寐震懷萬邦風政人治之本咸念陵替若疚在心可分遣大使巡省方俗是日解嚴辛巳車駕幸東府城甲申尊所生路淑媛爲皇太后乙酉立妃王氏爲皇后戊子以左衞將軍柳元景爲雍州刺史壬辰以太尉江夏王義恭爲太傅領大司馬甲午曲赦京邑二百里內并蠲今年租稅戊戌以撫軍將軍南平王鑠爲司空建平王宏爲尚書左僕射東海王禕爲撫軍將軍新除尚書左僕射蕭思話還職六月壬寅以驃騎參軍垣護之爲冀州刺史甲辰以山陽太守申恬爲青州刺史丙午車駕還宮初置殿門及上閤屯兵以江夏內史朱修之爲平西將軍雍州刺史御史中丞王曇生爲廣州刺史戊申以新除雍州刺史柳元景爲護軍將軍己酉以司州刺史魯爽爲南豫州刺史庚戌以梁南秦二州刺史劉秀之爲益州刺史太尉司馬龐秀之爲梁南秦二州刺史衞軍司馬徐遺寶爲兗州刺史寧朔將軍王玄謨爲徐州刺史衞將軍隨王誕進號驃騎大將軍尚書右僕射王僧達遷職丹陽尹褚湛之爲尚書右僕射丙辰以侍中南譙王世子恢爲湘州刺史丁亥詔曰興王立訓務弘治節輔臣佐時勤獻政要仰惟聖規每存茲道猥以眇躬屬承景業闡揚遺澤無廢厥心夫量入爲出邦有恒典而經給之宜多違常度兵役糜耗府藏散減外內衆供未加損約非所以聿遵先旨敬奉遺圖自今諸可薄已厚民去煩從簡者悉宜施行以稱朕意庚申詔有司論功班賞各有差辛酉安西將軍西秦河二州刺史吐谷渾拾寅進號鎮西大將軍開府儀同三司庚午還分南徐立南兗州辛未改封南譙王義宣爲南郡王隨王誕爲竟陵王義宣次子宜陽侯愷爲宜陽縣王閏月壬申以領軍將軍沈慶之爲鎮軍將軍南兗州刺史癸酉以護軍將軍柳元景爲領軍將軍丙子遣兼散騎常侍樂詢等十五人巡行風俗甲申蠲尋陽西陽郡租布三年甲午丞相南郡王義宣改爲荊湘二州刺史驃騎大將軍荊州刺史竟陵王誕改爲揚州刺史南蠻校尉王僧達爲護軍將軍是月罷衞尉官秋七月辛丑朔日有蝕之甲寅詔曰世道未夷惟憂在國夫使羣善畢舉固非一才所議況以寡德屬衰薄之期夙宵寅想永懷待旦王公卿士凡有嘉謀善政可以維風訓俗咸達乃誠無或依隱辛酉詔曰百姓勞弊傜賦尚繁言念未乂宜崇約損凡用非軍國宜悉停功可省細作并尚方雕文靡巧金銀塗飾事不關實嚴爲之禁供御服膳減除遊侈水陸捕採各順時日官私交市務令優衷其江海田池公家規固者詳所開弛貴戚競利悉皆禁絕戊戌以右衞將軍宗慤爲廣州刺史己巳司空南平王鑠薨八月辛未武皇帝舊役軍身嘗在齋內人身猶存者普賜解戶乙亥尚書左僕射建平王宏加中書監中軍將軍丁亥以沛郡太守垣閬爲寧州刺史撫軍司馬費沈爲梁南秦二州刺史甲午護軍將軍王僧達遷職九月丁巳以前尚書劉義綦爲中護軍壬戌新亭戰亡者復同京城劭黨南海太守蕭簡據廣州反丁卯輔國將軍鄧琬討平之冬十月癸未車駕於閱武堂聽訟十一月丙午以左軍將軍魯秀爲司州刺史丙辰停臺省衆官朔望問訊丙寅高麗國遣使獻方物十二月甲戌省都水臺罷都水使者官置水衡令官癸未以將置東宮省太子率更令步兵翊軍校尉旅賁中郎將冗從僕射左右積弩將軍官中庶子中舍人庶子舍人洗馬各減舊員之半

孝建元年春正月己亥朔車駕親祠南郊改元大赦天下壬寅以丹陽尹蕭思話爲安北將軍徐州刺史甲辰護軍將軍劉義綦遷職以尚書令何尚之爲左光祿大夫護軍將軍戊申詔曰首食尚農經邦本務貢士察行寧朝當道內難甫康政訓未洽衣食有仍耗之弊選造無觀國之美昔衞文勤民高宗恭默卒能收賢巖穴大殷季年朕每側席疚懷無忘鑒寐凡諸守蒞親民之官可詳申舊條勸盡地利力田善蓄者在所具以名聞褒甄之科精爲其格四方秀孝非才勿舉獻答允值卽就銓擢若止無可採猶賜除署若有不堪酬奉虛竊榮薦遣還田里加以禁錮尚書百官之元本庶績之樞機丞郞列曹局司有在而頃事無巨細悉歸令僕非所以衆材成構羣能濟業者也可更明體制咸責厥成糾覈勤惰嚴施賞罰壬戌更鑄四銖錢丙寅立皇子子業爲皇太子賜天下爲父後者爵一級孝子順孫義夫節婦粟帛各有差是月起正光殿二月庚午豫州刺史魯爽車騎將軍江州刺史臧質丞相荊州刺史南郡王義宣兗州刺史徐遺寶舉兵反乙亥撫軍將軍東海王禕遷職己卯領軍將軍柳元景加撫軍將軍壬午曲赦豫州辛卯左衞將軍王玄謨爲豫州刺史癸巳玄謨進據梁山丙申以安北司馬夏侯祖歡爲兗州刺史三月癸亥內外戒嚴辛丑以安北將軍徐州刺史蕭思話爲安南將軍江州刺史撫軍將軍柳元景卽本號爲雍州刺史癸卯以太子左衞率龐秀之爲徐州刺史徐遺寶爲夏侯祖歡所破棄衆走丙寅以輔國長史明胤爲冀州刺史夏四月戊辰以後將軍劉義綦爲湘州刺史甲申以平西將軍雍州刺史朱修之爲安西將軍荊州刺史丙戌鎮軍將軍南兗州刺史沈慶之大破魯爽於歷陽之小峴斬爽癸巳進慶之號鎮北大將軍封第十六皇弟休倩爲東平王未拜薨五月甲寅義宣等攻梁山王玄謨大破之己未解嚴癸亥以吳興太守劉延孫爲尚書右僕射六月戊辰臧質走至武昌爲人所斬傳首京師甲戌撫軍將軍柳元景進號撫軍大將軍鎮北大將軍沈慶之並開府儀同三司丙子以征西將軍武昌王渾爲雍州刺史癸未分揚州立東揚州分荊湘江豫州立郢州罷南蠻校尉戊子省錄尚書事庚寅義宣於江陵賜死秋七月丙申朔日有蝕之丙辰大赦天下文武賜爵一級逋租宿債勿復收辛酉於雍州立建昌郡以會稽太守義陽王昶爲東揚州刺史八月庚午撫軍大將軍柳元景復爲領軍將軍本號如故壬申以游擊將軍垣護之爲徐州刺史壬辰以安西司馬梁坦爲梁南秦二州刺史九月丙申以彊弩將軍尹懷順爲寧州刺史丁酉左光祿大夫何尚之解護軍將軍甲辰加尚之特進丙午以安南將軍江州刺史蕭思話爲鎮西將軍郢州刺史冬十月戊寅詔曰仲尼體天降德維周興漢經緯三極冠冕百王爰自前代咸加襃述典司失人用闕宗祀先朝遠存遺範有詔繕立世故妨道事未克就國難頻深忠勇奮厲實憑聖義大教所敦永惟兼懷無忘待旦可開建廟制同諸侯之禮詳擇爽塏厚給祭秩丁亥以秘書監東海王禕爲撫軍將軍江州刺史於郢州立安陸郡十一月癸卯復立都水臺置都水使者官是歲始課南徐州僑民租

二年正月壬寅以冠軍將軍湘東王諱爲中護軍二月己丑婆皇國遣使獻方物丙寅以鎮北大將軍南兗州刺史沈慶之爲左光祿大夫開府儀同三司辛巳以尚書右僕射劉延孫爲南兗州刺史三月辛亥以吳興太守劉遵考爲湘州刺史壬子以行征西將軍楊文智爲征西將軍北秦州刺史夏四月壬申河南國遣使獻方物壬午以豫章太守檀和之爲豫州刺史五月戊戌以湘州刺史劉遵考爲尚書右僕射前軍司馬垣閬爲交州刺史庚子以輔國將軍申坦爲徐兗二州刺史癸卯以右衞將軍顧覬之爲湘州刺史丁未以金紫光祿大夫王偃爲右光祿大夫六月甲子以國哀除釋大赦天下庚辰以曲江縣侯王玄謨爲豫州刺史秋七月癸巳立第十三皇弟休祐爲山陽王第十四皇弟休茂爲海陵王第十五皇弟休業爲鄱陽王戊戌鎮西將軍蕭思話卒己酉以益州刺史劉秀之爲郢州刺史槃槃國遣使獻方物甲寅以義興太守到元度爲益州刺史八月庚申雝州刺史武昌王渾有辠廢爲庶人自殺辛酉以南兗州刺史劉延孫爲鎮軍將軍雝州刺史斤陁利國遣使獻方物三吳民饑癸酉詔所在賑貸丙子詔曰諸苑禁制綿遠有妨肆業可詳所開弛假與貧民壬午以新除豫州刺史王玄謨爲青冀二州刺史青州刺史申恬爲豫州刺史甲申以右衞將軍檀和之爲南兗州刺史九月丁亥車駕於軍武場閱武庚戌詔曰國道再屯艱虞畢集朕雖寡德終膺鴻慶惟新之祉寔深百王而惠宥之令未殊常渥永言勤慮寤寐載懷在朕受命之前凡以辠徙放悉聽還本犯釁之門尚有存者子弟可隨才署吏冬十月壬午太傅江夏王義恭領揚州刺史驃騎大將軍揚州刺史竟陵王誕爲司空南徐州刺史中書監尚書左僕射中軍將軍建平王宏爲尚書令將軍如故十月戊子中護軍湘東王諱遷職鎮軍將軍劉延孫爲護軍將軍青冀二州刺史王玄謨爲雍州刺史甲午以大司馬垣護之爲青冀二州刺史辛亥高麗國遣使獻方物十二月癸亥以前交州刺史蕭景憲爲交州刺史

三年春正月庚寅立第十八皇弟休範爲順陽王第十九皇弟休若爲巴陵王戊戌立第二皇子子尚爲西陽王辛丑車駕親祠南郊壬子立皇太子妃何氏甲寅大赦天下二月癸亥右光祿大夫王偃卒甲子以廣州刺史宗慤爲平西將軍豫州刺史丁卯以新除御史中丞王翼爲廣州刺史丁丑始制朔望臨西堂接羣下受奏事壬午內外官有田在近道聽遣所給吏僮附業三月癸丑以西陽王子尚爲南兗州刺史閏月戊午尚書右僕射劉遵考遷職癸酉鄱陽王休業薨庚辰停元嘉三十年以前兵工考剔夏五月辛酉制荊徐兗豫雍青冀七州統內家有馬一匹者蠲復一丁壬戌以右衞將軍劉瑀爲益州刺史六月上於華林園聽訟秋七月太傅江夏王義恭解揚州丙子以南兗州刺史西陽王子尚爲揚州刺史秘書監建安王休仁爲南兗州刺史八月戊戌以北軍中郎諮議參軍費淹爲交州刺史丁未以尚書吏部王琨爲廣州刺史九月壬戌以丹陽尹劉遵考爲尚書左僕射冬十月癸未以尋陽太守張悅爲益州刺史丙午太傅江夏王義恭進位太宰領司徒丁未

領軍將軍柳元景加驃騎將軍尚書令建平王宏加中書監衞將軍撫軍將軍江州刺史東海王禕進號平南將軍十一月癸丑淮南太守袁景有辠棄市十二月丙午以侍中孔靈符爲郢州刺史

大明元年春正月辛亥朔改元大赦天下賜高年孤疾粟帛各有差庚午護軍將軍劉延孫遷職右衞將軍湘東王諱爲中護軍京邑雨水辛未遣使檢行賜以樵米二月己亥復親民職公田索虜寇兖州三月壬戌制大臣加班劒者不得入宮城門梁州獠求內屬立懷漢郡夏四月京邑疾疫丙申遣使按行賜給醫藥死而無收斂者官爲斂埋庚子省湘州宋建郡并臨賀五月吳興義興大水民饑乙卯遣使開倉賑卹癸酉於華林園聽訟乙亥以左衞將軍沈曇慶爲徐州刺史輔國將軍梁瑾葱爲河州刺史宕昌王六月己卯以前太子步兵校尉劉祗子歆繼南豐王朗辛巳以長水校尉山陽王休祐爲東揚州刺史丁亥休祐改爲湘州刺史以丹陽尹顏竣爲東揚州刺史秋七月辛未土斷雝州諸僑郡縣八月戊戌於兖州立陽平郡壬寅於華林園聽訟甲辰司空南徐州刺史竟陵王誕改爲南兖州刺史太子詹事劉延孫爲鎮軍將軍南徐州刺史冬十月丙申詔曰旒纊之道有孚於結繩日昃之勤已切於姬后況世弊教淺歲月澆季朕雖劬力寓內未明求衣而識狹前王務廣昔代永言菲德其愧良深朝咨野怨自達者寡惠民利公所昧寔衆自今百辟庶尹下民賤隸有懷誠抱志擁鬱衡閭失理負謗未聞朝聽者皆聽躬自申奏小大以聞朕因聽政之日親對覽焉甲辰以百濟王餘慶爲鎮東大將軍十二月丁亥順陽王休範改封桂陽王戊戌於華林園聽訟

二年春正月辛亥車駕祀南郊壬子詔曰去歲東土多經水災春務已及宜加優課糧種所須以時貸給丙辰復郡縣田秩并九親祿俸壬戌詔曰先帝靈命初興龍飛西楚歲紀浸遠感往纏心奉迎文武情深常隸思弘殊澤以申永懷吏身可賜爵一級軍戶免爲平民二月丙子詔曰政道未著俗弊尚深豪侈兼并貧弱困窘存闕衣裳沒無斂櫬朕甚傷之其明敕守宰勤加存卹賻贈之科速爲條品乙酉以金紫光祿大夫褚湛之爲尚書左僕射丙戌中書監尚書令衞將軍建平王宏以本號開府儀同三司中書監如故丁酉驃騎將軍柳元景以本號開府儀同三司甲辰散騎常侍義陽王昶爲中軍將軍三月丁未中書監尚書令衞將軍建平王宏薨乙卯以田農要月大官停殺牛丁卯上於華林園聽訟癸酉以寧朔將軍劉季之爲司州刺史夏四月甲申立皇子子綏爲安陸王甲午以海陵王休茂爲雍州刺史辛丑地震五月戊申復西陽郡六月戊寅增置吏部尚書一人省五兵尚書丁亥左光祿大夫何尚之加開府儀同三司戊子以金紫光祿大夫羊玄保爲右光祿大夫丙申詔曰往因師旅多有逋亡或連山染逆懼致軍憲或辭役憚勞苟免刑罰雖約法從簡務思弘宥恩令驟下而逃伏猶多豈習愚爲性狃惡難反將在所長吏宣導乖方可普加寬申咸與更始秋七月甲辰彭城民高闍等謀反伏誅癸亥以右衞將軍顏師伯爲青冀二州刺史八月乙酉河南王遣使獻方物丙戌中書令王僧達有罪下獄死己丑以彊弩將軍杜叔文爲寧州刺史交州刺史費淹爲廣州刺史南海太守垣閬爲交州刺史甲午以寧朔將軍沈僧榮爲兖州刺史九月癸卯於華林園聽訟壬戌以寧朔將軍劉道隆爲徐州刺史襄陽大水遣使通行賑贍庚午置武衞將軍武騎常侍官冬十月甲午以中軍將軍義陽王昶爲江州刺史乙未高麗國遣使獻方物十一月壬子揚州刺史西陽王子尚加撫軍將軍十二月己亥諸王及妃主庶姓位從公者喪事聽設凶門餘悉斷閏月庚子詔曰夫山處巖居不以魚鼈爲禮頃歲多虞軍調繁切違方設賦本濟一時而主者玩習遂爲常典杶榦瑤琨任土作貢積羽羣輕終致深弊永言弘革無替朕心凡寰衞貢職山淵採捕皆當詳辨產殖考順歲時勿使牽課虛懸睽忤氣序庶簡約之風有孚於品性惠敏之訓無漏於幽仄庚申上於華林園聽訟壬戌林邑國遣使獻方物是冬索虜寇青州刺史顏師伯頻大破之

三年春正月丁亥割豫州梁郡屬徐州己丑以驃騎將軍領軍將軍柳元景爲尚書令尚書右僕射劉遵考爲領軍將軍丙申婆皇國遣使獻方物二月乙卯以揚州所統六郡爲王畿以東揚州隸揚州時欲立司隸校尉以元凶已立乃止撫軍將軍揚州刺史西陽王子尚徙爲揚州刺史甲子復置廷尉監官荊州饑三月甲申原田租布各有差庚寅以義興太守垣閬爲兖州刺史壬辰中護軍湘東王諱遷職以中書令東海王禕爲衞將軍護軍將軍癸巳太宰江夏王義恭加中書監夏四月癸卯上於華林園聽訟丙午以建寧太守苻仲子爲寧州刺史乙卯司空南兖州刺史竟陵王誕有罪貶爵誕不受命據廣陵城反殺兖州刺史垣閬以始興公沈慶之爲車騎大將軍開府儀同三司南兖州刺史討誕甲子上親御六師車駕出頓宣武堂司州刺史劉季之反叛徐州刺史劉道隆討斬之秋七月己巳尅廣陵城斬誕悉誅城內男丁以女口爲軍賞是日解嚴辛未大赦天下尚方長徒奚官奴婢老疾者悉原放孝子順孫義夫節婦賜粟帛各有差王畿下貧之家與近行頓所由並蠲租一年丙子以丹陽尹劉秀之爲尚書右僕射丙戌分淮南北復置二豫州以新除車騎大將軍開府儀同三司南兖州刺史沈慶之爲司空刺史如故戊子以衞將軍護軍將軍東海王禕爲南豫州刺史衞將軍如故江州刺史義陽王昶爲護軍將軍冠軍將軍桂陽王休範爲江州刺史癸巳以前左衞將軍王玄謨爲郢州刺史八月丙申詔曰近北討文武於軍亡沒或殞身矢石或癘疾死亡並盡勤王事而斂槥卑薄可普更賻給務令豐厚己酉以車騎長史庾深之爲豫州刺史甲子詔曰昔姬道方凝刑法斯厝漢德初明犴圄用簡良由上一其道下淳其性今民澆俗薄誠淺僞深重以寡德弗能心化故知方者尠趣辟寔繁向因巡覽見二尚方徒隸嬰金屨校既有矜復加國慶民和獨隔凱澤益以慙焉可詳所原宥九月己巳詔曰夫五辟三刺自古所難巧法深文在季彌甚故沿情察訟魯師致捷市獄勿擾漢史飛聲廷尉遠邇疑讞平決攸歸而一蹈幽圄動逾時歲民嬰其困吏容其私自今囚至辭具並即以聞朕當悉詳斷庶無留獄若繁文滯劾證逮遐廣必須親察以盡情狀自後依舊聽訟壬辰於玄武湖北立上林苑冬十月丁酉詔曰古者薦鞠青壇聿祈多慶分繭玄郊以供純服來歲可使六宮妃嬪修親桑之禮庚子鎮軍將軍南徐州刺史劉延孫進號車騎將軍戊申河西國遣使獻方物庚戌以河西王大沮渠安周爲征虜將軍涼州刺史十一月己巳高麗國遣使獻方物肅愼國重譯獻楛矢石砮西域獻舞馬十二月戊午上於華林園聽訟辛酉置謁者僕射官

四年春正月辛未車駕祠南郊甲戌宕昌王奉表獻方物乙亥車駕躬耕藉田大赦天下尚方徒繫及逋租宿債大明元年以前一皆原除力田之民隨才敘用孝悌義順賜爵一級孤老貧疾人穀十斛藉田職司優沾普賚百姓乏糧種隨宜貸給吏宣勸有章者詳加褒進壬午以北中郎司馬柳叔仁爲梁南秦二州刺史左將軍荊州刺史朱修之進號鎮軍將軍庚寅立第三皇子子勛爲晉安王第六皇子子房爲尋陽王第七皇子子頊爲歷陽王第八皇子子鸞爲襄陽王二月庚子侍中建安王休仁爲湘州刺史己未以員外散騎侍郎費景緒爲寧州刺史三月甲子以冠軍將軍巴陵王休若爲徐州刺史丁卯以安陸王子綏爲郢州刺史癸酉以徐州刺史劉道隆爲青冀二州刺史索虜寇北陰平孔堤太守楊歸子擊破之甲申皇后親桑于西郊夏四月癸卯以南瑯邪隸王畿丙午詔曰昔紩衣御寓貶甘示節土簋臨天飭儉昭度朕綈帛之念無忘于懷雖深詔有司省游務實而歲用兼積年量虛廣豈以捐豐從損允稱約心四時供限可詳減太半庶裘絺順典有偃民華纂組傷工無競壚市辛酉詔曰都邑節氣未調癘疫猶衆言念民瘼情有矜傷可遣使存問并給醫藥其死亡者隨宜卹贍五月庚辰於華林園聽訟乙酉以徐州之梁郡還屬豫州丙戌尚書左僕射褚湛之卒以撫軍長史劉思考爲益州刺史庚寅以南下邳併南彭城郡秋七月甲戌左光祿大夫開府儀同三司何尚之薨八月壬寅宕昌王遣使獻方物己酉以晉安王子勛爲南兖州刺史雍州大水甲寅遣軍部賑給九月辛未以冠軍將軍垣護之爲豫州刺史甲申上於華林園聽訟丁亥改封襄陽王子鸞爲新安王冬十月庚寅遣新除司空沈慶之討沿江蠻壬辰制郡縣減祿並先充公限十一月戊辰改細作署令爲左右御府令丙戌復置大司農官十二月乙未上於華林園聽訟辛巳車駕幸廷尉寺凡囚繫咸悉原遣索虜遣使請和丁未車駕幸建康縣原放獄囚倭國遣使獻方物

五年春正月丁卯以宕昌王梁唐子爲河州刺史二月癸巳車駕閱武詔曰昔人稱人道何先於兵爲首雖淹紀勿用忘之必危朕以聽覽餘閒因時講事坐作有儀進退無爽軍幢以下普量班錫頃化弗能孚而民未知禁逭役違調起觸刑綱凡諸逃亡在今昧爽以前悉皆原赦已滯囹圄者釋還本役其逋負在大明三年以前一賜原停自此以還鰥貧疾老詳所申減伐蠻之家蠲租稅之半近籍改新制在所承用殊謬寔多可普更符下聽以今爲始若先已犯制亦同蕩然甲寅加右光祿大夫羊玄保特進夏四月癸巳改封西陽王子尚爲豫章王丙申加尚書令柳元景左光祿大夫開府儀同三司戊戌詔曰南徐兖二州去歲水潦傷年民多困窶逋租未入者可申至秋登丙午雍州刺史海陵王休茂殺司馬庾深之舉兵反義成太守薛繼考討斬之甲寅以第九皇子子仁爲雍州刺史五月癸亥制帝室朞親朝

官非祿官者月給錢十萬丙辰車駕幸閱武堂聽訟六月丙午以護軍將軍義陽王昶爲中軍將軍壬子分廣陵置沛郡省東平郡并廣陵秋七月丙辰詔曰雨水猥降街衢泛溢可遣使巡行窮弊之家賜以薪粟丁卯高麗國遣使獻方物庚午曲赦雍州八月戊子立第九皇子子仁爲永嘉王第十一皇子子眞爲始安王以北中郎參軍費伯弘爲寧州刺史己丑詔曰自靈命初基聖圖重遠參正樂職感神明之應崇殖禮囿奮至德之光聲寔同和文以均節化調其俗物性其情故臨經式奠煥乎炳發道喪世屯學落年永獄訟微衰息之術百姓忘退素之方今息警夷嶂恬波河渚棧山航海鄕風慕義化民成俗茲時篤矣來歲可修葺庠序旌延國胄庚寅制方鎭所假白板郡縣年限依臺除食祿三分之一不給送故衞將軍東海王禕以本號開府儀同三司九月甲寅朔日有食之丁卯行幸琅邪郡囚繫悉原遣甲戌移南豫州治淮南于湖縣丁丑以冠軍將軍尋陽王子房爲南豫州刺史閏月戊子皇太子妃何氏薨丙申初立馳道自閶闔門至于朱雀門又自承明門至于玄武湖壬寅改封歷陽王子頊爲臨海王冬十月甲寅以車騎將軍南徐州刺史劉延孫爲尚書左僕射領護軍將軍尚書右僕射劉秀之爲安北將軍雝州刺史以冠軍將軍臨海王子頊爲廣州刺史乙卯以東中郎將新安王子鸞爲南徐州刺史十一月壬辰詔曰王畿內奉京師外表衆夏民殷務廣宜思簡惠可遣尚書就加詳檢并與守宰平治庶獄其有疑滯具以狀聞丁酉增置少府丞一人十二月壬申以領軍將軍劉遵考爲尚書右僕射甲戌制天下民戶歲輸布四疋庚辰以太常王玄謨爲北平將軍徐州刺史

六年春正月己丑湘州刺史建安王休仁加平南將軍辛卯車駕親祠南郊是日又宗祀明堂大赦天下孝子順孫義夫悌弟賜爵一級慈姑節婦及孤老六疾賜帛五匹穀十斛下四方旌賞茂異其有懷眞抱素志行清白恬退自守不交當世或識通古今才經軍國奉公廉直高譽在民具以名奏乙未置五官中郎將左右中郎將官二月乙卯復百官祿三月庚寅立第十三皇子子元爲邵陵王壬寅以倭國王世子興爲安東將軍乙巳改豫州南梁郡爲淮南郡舊淮南郡并宣城丁未輔國將軍征虜長史廣陵太守沈懷文有辠下獄死四月庚申原除南兗州大明三年以前逋租新作大航門五月丙戌置凌室修藏冰之禮壬寅太宰江夏王義恭解領司徒六月辛酉尚書右僕射護軍將軍劉延孫卒秋七月庚辰以荆州刺史朱修之爲領軍將軍廣州刺史臨海王子頊爲荆州刺史甲申地震戊子以輔國將軍王翼之爲廣州刺史辛卯以西陽太守檀翼之爲交州刺史乙未立第十九皇子子雲爲晉陵王八月癸亥原除雍州大明四年以前逋租乙亥置清臺令九月戊寅制沙門致敬人主戊子以前金紫光祿大夫宗慤爲中護軍乙未尚書右僕射劉遵考爲尚書左僕射丹陽尹王僧朗爲尚書右僕射冬十月丁巳以山陽王休祐子士弘繼鄱陽哀王休業上林苑內民庶丘墓欲還合葬者勿禁十一月己卯陳留王曹虔秀薨辛巳以尚書令柳元景爲司空尚書令如故

七年春正月癸未詔曰春蒐之禮著自周令講事之語書于魯史所以昭宣德度示民軌則今歲稔氣榮中外寧晏當因農隙葺是舊章可克日於玄武湖大閱水師并巡江右講武校獵丁亥以尚書右僕射王僧朗爲太常衞將軍顏師伯爲尚書右僕射己丑以尚書令柳元景爲驃騎大將軍開府儀同三司庚寅以南兗州刺史晉安王子勛爲江州刺史癸巳割吳郡屬南徐州二月甲寅車駕巡南豫南兗二州丙辰詔曰江漢楚望咸秩周禋禮九疑於盛唐祀蓬萊於渤海皆前載流訓列聖遺式霍山是曰南嶽實維國鎭韞靈呈瑞肇光宋道朕駐蹕于野有事岐陽瞻睇風雲徘徊以想可遣使奠祭丁巳車駕校獵于歷陽之烏江己未車駕登烏江縣六合山庚申割歷陽秦郡置臨江郡壬寅詔曰朕受天慶命十一年於茲矣憑七廟之靈獲上帝之力禮橫四海威震八荒方巡三湘而奠衡嶽次九河而檢云岱今恢覽功成省風畿表觀民六合蒐校長洲騰沙飛礫平嶽盪海鼖晉合序鐃鉦協節獻禽如禮饁獸傾郊敬舉王公之觴廣納士民之壽八風循通卿雲叢聚盡天罄瑞率宇竭歡思散大極之泉以福無方之外可大赦天下行幸所無出今歲租布其逋租餘債勿復收賜民爵一級女子百戶牛酒刺守邑宰及民夫從蒐者普加洽賚又詔曰朕弱年操製出牧司雍承政宣風荐歷年紀國步中阻治戎江甸雖夷情義寔繫子懷今或練蒐訓旅涉茲境閭故邑耆舊在目罕存年世未遠殲亡太半撫迹惟事傾慨兼著太宗燕故晉陽洽恩世祖流仁濟畿暘澤永言往猷思廣前賚可蠲歷陽郡租輸三年遣使巡慰問民疾苦鰥寡孤老六疾不能自存者厚賜粟帛高年加以羊酒凡一介之善隨才銓貫前國名臣及府州佐吏量所沾錫人身已往施及子孫壬申車駕還宮夏四月甲寅以領軍將軍朱修之爲特進丙辰以尚書湘東王諱爲領軍將軍甲子詔曰自非臨軍戰陳一不得專殺其辠甚重辟者皆如舊先上須報有司嚴加聽察犯者以殺人辠論五月乙亥撫軍將軍揚州刺史豫章王子尚進號車騎將軍輔國將軍始安王子眞爲廣州刺史丙子詔曰自今刺史守宰動民興軍皆須手詔施行惟邊隅外警及姦釁內發變起倉卒者不從此例六月甲辰以北中郎司馬柳元怙爲梁南秦二州刺史戊申芮芮國高麗國遣使獻方物戊辰以秦郡太守劉德願爲豫州刺史七月乙亥征東大將軍高麗王高璉進號車騎大將軍開府儀同三司秋七月丙申詔曰前詔江海田池與民共利歷歲未久浸以弛替名山大川往往占固有司嚴加檢糾申明舊制八月丁巳詔曰昔匹婦含怨山燋北鄙孀妻哀慟臺傾東國良以誠之所動在微必著感之所震雖厚必崩朕臨察九野志深待旦弗能使爛然成章各如其節遂令炎精損河陽偏不施歲云不稔咎寔朕由大官供膳宜從貶撤近道刑獄當親料省其王畿內及神州所統可遣尚書與所在共訊畿外諸州委之刺史并訊省律令思存利民其考讁貿襲在大明七年以前一切勿治尤弊之家開倉賑給乙丑立第十六皇子子孟爲淮南王第十八皇子子產爲臨賀王車駕幸建康秣陵縣訊獄囚九月乙卯詔曰近炎精亢序苗稼多傷今二麥未晚甘澤頻降可下東境郡勤課墾殖尤弊之家量貸麥種戊子詔曰昔周王驤迹寔窮四瀆漢帝鸞軫夙徧五嶽是皆所以上對幽靈下理民土自天昌替馭臨宮創圖禮代天鬱世貿典毁皇家造宋日月重光璇璣得序五星順命而戎車歲動陳詩義闕朕聿含五光奄一天下思盡寶戒之規以塞謀危之路當沿時省方觀察風俗外詳考舊典以副側席之懷庚寅南徐州刺史新安王子鸞兼司徒乙未車駕幸廷尉訊獄囚丙申立第十七皇子子嗣爲東平王冬十月壬寅太子冠賜王公以下帛各有差戊申車駕巡南豫州詔曰朕巡幸所經先見百年者及孤寡老疾並賜粟帛獄繫刑罪並親聽訟其士庶或怨鬱危滯受抑吏司或隱約潔立負擯州里皆聽進朕前面自陳訴若忠信孝義力田殖穀一介之能一藝之美悉加旌賞雖秋澤頻降而夏旱嬰弊可即開行倉並加賑賜癸丑行幸江寧縣訊獄囚車騎將軍揚州刺史豫章王子尚加開府儀同三司癸亥衞將軍開府儀同三司東海王禕爲司空中軍將軍義陽王昶加開府儀同三司丙寅詔曰賞慶刑威奄國彝軌黜幽升明關寓恒憲故採言聆風式覩侈質貶爵加地於是乎在今類帝宜社親巡江甸因觀嶽守躬求民瘼思弘明試之典以申考績之義行幸所經莅民之職功宜於德即加甄賞若廢務亂民隨愆議罰主者詳察以聞己巳車駕校獵於姑孰十一月丙子曲赦南豫州殊死以下巡幸所經詳減今歲田租乙酉詔遣祭晉大司馬桓溫征西將軍毛璩墓上於行所訊溧陽永世丹陽縣囚癸巳車駕習水軍於梁山有白爵二集華蓋有司奏改大明七年爲神爵元年詔不許乙未原放行獄徒繫東諸郡大獄壬寅遣使開倉貸卹聽受雜物當租十二月丙午行幸歷陽甲寅大赦天下南豫州別署敕繫長徒一切原散其兵期考襲讁戍悉停歷陽郡女子百戶牛酒高年孤疾賜帛十匹蠲郡租十年己未太宰江夏王義恭加尚書令於博望梁山立雙闕癸亥車駕至自歷陽

八年春正月甲戌詔曰東境去歲不稔宜廣商貨遠近販鬻米者可停道中雜稅其以仗自防悉勿禁癸未安北將軍雍州刺史劉秀之卒戊子以平南將軍湘州刺史建安王休仁爲安南將軍江州刺史晉安王子勛爲鎭軍將軍雍州刺史徐州刺史新安王子鸞爲撫軍將軍領司徒刺史如故輔國將軍江夏王世子伯禽爲湘州刺史二月辛丑特進朱修之卒壬寅詔曰去歲東境偏旱田畝失收使命來者多至乏絕或下窮流穴頓伏街巷朕甚閔之可出倉米付建康秣陵二縣隨宜贍恤若温拯不時以至捐棄者嚴加糾劾乙巳以鎭軍將軍湘東王諱爲鎭北將軍徐州刺史平北將軍徐州刺史王玄謨爲領軍將軍夏閏五月辛丑以前御史中丞蕭惠開爲青冀二州刺史壬寅太宰江夏王義恭領太尉特進右光祿大夫羊玄保卒庚申帝崩於玉燭殿時年三十五秋七月丙午葬丹陽秣陵縣巖山景寧陵

史臣曰役己以利天下堯舜之心也利己以及萬物中主之志也盡民命以自養桀紂之行也觀大明之世其將盡民命乎雖有周公之才之美猶終之以亂何益哉

宋書卷六考證

孝武帝紀以寧朔將軍劉季之爲司州刺史○季監本誤秀臣永蒼按秀之遷寧朔將軍益州刺史在孝建之初大明二年以寧朔將軍爲司州刺史次年反叛被誅特以字形相近遂致訛舛今改正

雍州刺史海陵王休茂殺司馬庾深之舉兵反義成太守薛繼考討斬之○臣承蒼按休茂傳薛繼考乃爲休茂盡力之人此於帝紀忽以討休茂之功歸之何一書之中互相悖謬至此南史載參軍尹元慶起義討之傳首建鄴殆是其實

宋書卷七

梁　沈　約　撰

本紀第七

前廢帝

前廢帝諱子業小字法師孝武帝長子也元嘉二十六年正月甲申生世祖鎮尋陽子業留京邑三十年世祖入伐元凶被囚侍中下省將見害者數矣卒得無恙世祖踐祚立爲皇太子始未之東宮中庶子二率並入直永福省大明二年出東宮四年講孝經於崇正殿七年加元服八年閏五月庚申世祖崩其日太子卽皇帝位大赦天下太宰江夏王義恭解尚書令加中書監驃騎大將軍柳元景加尚書令甲子置錄尚書太宰江夏王義恭錄尚書事驃騎大將軍柳元景加開府儀同三司丹陽尹永嘉王子仁爲南豫州刺史六月辛未詔曰朕以眇身夙紹洪業敬御天威欽對靈命仰尊凝緒日鑒前圖寔可以拱默守成詒風長世而寶位告始萬寓改屬惟德弗明昧于大道思宣睿範引茲簡恤可具詢執事詳訪民隱凡曲令密文繁而作治關市僦稅事施一時而姦吏舞文妄興威福加以氣緯舛互偏頗滋甚宜其寬傜輕憲以救民切御府諸署事不須廣雕文篆刻無施於今悉宜并省以酬氓願藩王貿貨壹皆禁斷外便具條以聞戊寅以豫州之淮南郡復爲南梁郡復分宣城還置淮南郡庚辰以南海太守袁曇遠爲廣州刺史秋七月己亥鎮軍將軍雍州刺史晉安王子勛改爲江州刺史中護軍宗慤爲安西將軍雍州刺史鎮北將軍徐州刺史湘東王諱爲護軍將軍中軍將軍義陽王昶爲征北將軍徐州刺史庚戌婆皇國遣使獻方物崇皇太后曰太皇太后皇后曰皇太后乙卯罷南北二馳道孝建以來所改制度還依元嘉丙辰追崇獻妃爲獻皇后乙丑撫軍將軍南徐州刺史新安王子鸞解領司徒八月丁卯領軍將軍王玄謨爲鎮北將軍南徐州刺史新安王子鸞爲青冀二州刺史己巳以青冀二州刺史蕭惠開爲益州刺史己未皇太后崩京師雨水庚子遣御史與官長隨宜賑卹九月辛丑護軍將軍湘東王諱爲領軍將軍癸卯以尚書左僕射劉遵考爲特進右光祿大夫乙卯文穆皇后祔葬景寧陵冬十月甲戌太常建安王休仁爲護軍將軍戊寅輔國將軍宋越爲司州刺史庚辰原除揚南徐州大明七年逋租十二月乙酉以尚書右僕射顏師伯爲尚書左僕射壬辰以王畿諸郡爲揚州以揚州爲東揚州癸巳以車騎將軍揚州刺史豫章王子尚爲司徒揚州刺史去歲及是歲東諸郡大旱甚者米一升數百京邑亦至百餘餓死者十有六七孝建以來又立錢署鑄錢百姓因此盜鑄錢轉僞小商貨不行

永光元年春正月乙未朔改元大赦天下乙巳省諸州臺傳戊午以領軍將軍湘東王諱爲衞將軍南豫州刺史護軍將軍建安王休仁爲領軍將軍秘書監山陽王休祐爲豫州刺史左衞將軍桂陽王休範爲中護軍南豫州刺史尋陽王子房爲東揚州刺史二月丁丑減州郡縣田租之半庚寅鑄二銖錢三月甲辰罷臨江郡五月己亥割郢州隨郡屬雍州丙午以後軍司馬張牧爲交州刺史八月己巳左軍長史劉道隆爲梁南秦二州刺史乙亥安西將軍雍州刺史宗慤卒壬午衞將軍豫州刺史湘東王諱改爲雍州刺史尚書令驃騎大將軍柳元景加南豫州刺史秋八月辛酉越騎校尉戴法興有罪賜死庚午以尚書左僕射顏師伯爲尚書僕射吏部尚書王景文爲尚書右僕射癸酉帝自率宿衞兵誅太宰江夏王義恭尚書令驃騎大將軍柳元景尚書僕射顏師伯廷尉劉德願改元爲景和元年文武賜位二等以領軍將軍建安王休仁爲安西將軍雍州刺史衞將軍湘東王諱還爲南豫州刺史甲戌司徒揚州刺史豫章王子尚領尚書令射聲校尉沈文秀爲青州刺史左軍司馬崔道固爲冀州刺史乙亥詔曰昔凝神佇逸磻溪讚道湛慮思才傅巖毗化朕位御三極風澄萬寓賚鈇電斷正卯斯戮思所以仰宣遺烈俯弘景祚每結夢庖鼎瞻言板築有劬日昃無忘昧旦可甄訪郡國招聘閭部其有孝性忠節幽居遯棲信誠義行廉正表俗文敏博識幹事治民務加旌舉隨才引擢庶官克順彝倫咸叙主者精加詳括稱朕意焉以始興公沈慶之爲太尉鎮北將軍青冀二州刺史王玄謨爲領軍將軍庚辰以石頭城爲長樂宮東府城爲未央宮罷東揚州幷揚州甲申以北邸爲建章宮南第爲長楊宮以冠軍將軍邵陵王子元爲湘州刺史丙戌原除吳興義興晉陵瑯邪五郡大明八年以前逋租己丑復立南北二馳道九月癸巳車駕幸湖熟奏鼓吹戊戌車駕還宮庚子以南兗州刺史永嘉王子仁爲南徐州刺史丹陽尹始安王子眞爲南兗州刺史辛丑撫軍將軍南徐州刺史新安王子鸞免爲庶人賜死丙午以兗州刺史薛安都爲平北將軍徐州刺史丁未衞將軍湘東王諱加開府儀同三司特進右光祿大夫劉遵考爲安西將軍南豫州刺史寧朔將軍殷孝祖爲兗州刺史戊申以前梁南秦二州刺史柳元怙復爲梁南秦二州刺史己酉車駕討征北將軍徐州刺史義陽王昶內外戒嚴昶奔于索虜辛亥右將軍豫州刺史山陽王休祐進號鎮西大將軍甲寅以安西長史袁顗爲雍州刺史戊午以左民尚書劉思考爲益州刺史是日解嚴車駕幸瓜步開百姓鑄錢冬十月癸亥曲赦徐州丙寅車駕還宮以建安王休仁爲護軍將軍己卯東陽太守王藻下獄死以宮人謝貴嬪爲夫人加虎賁鞁戟鸞輅龍旂出警入蹕實新蔡公主也乙酉以鎮北大將軍豫州刺史山陽王休祐爲鎮軍大將軍開府儀同三司十一月壬辰寧朔將軍何邁下獄死新除太尉沈慶之薨壬寅立皇后路氏四廂奏樂赦揚南徐二州護軍將軍建安王休仁加特進左光祿大夫中護軍桂陽王休範遷職丁未皇子生少府劉勝之子也大赦天下贓汙淫盜悉皆原除賜爲父後者爵一級壬子以特進左光祿大夫護軍將軍建安王休仁爲驃騎大將軍開府儀同三司戊午南平王敬猷廬陵王敬先安南侯敬淵並賜死時帝凶悖日甚誅殺相繼內外百司不保首領先是訛言云湘中出天子帝將南巡荆湘二州以厭之先欲誅諸叔然後發引太宗與左右阮佃夫王道隆李道兒密結帝左右壽寂之姜產之等十一人謀共廢帝戊午夜帝於華林園竹林堂射鬼時巫覡云此堂有鬼故帝自射之壽寂之懷刀直入姜產之爲副帝欲走寂之追而殞之時年十七太皇太后令曰司徒領護軍八座子業雖曰嫡長少稟凶毒不仁不孝著自髫齔孝武棄世屬當辰歷自梓宮在殯喜容靦然天罰重離歡恣滋甚逼以內外維持忍虐未露而凶慘難抑一旦肆禍遂縱戮上宰殄害輔臣子鸞兄弟先帝鍾愛含怨旣往枉加屠酷昶茂親作扞橫相徵討新蔡公主逼離夫族幽置深宮詭云薨殞襄事甫爾喪禮頓釋昏酣長夜庶事傾遺朝賢舊勳棄若遺土管絃不輟珍羞備膳詈辱祖考以爲戲謔行游莫止淫縱無度肆宴園林規圖發掘誅剪無辜籍略婦女建樹僞豎莫知誰息拜嬪立后慶過恒典宗室密戚遇若婢僕鞭捶陵曳無復尊卑南平一門特鍾其酷反天滅理顯暴萬端苛罰酷令終無紀極夏桀殷辛未足以譬闔朝業業人不自保百姓遑遑手足靡厝行穢禽獸罪盈三千高祖之業將泯七廟之享幾絕吾老疾沈篤每規禍鴆憂煎漏刻氣命無幾開闢以降所未嘗聞遠近思奮十室而九衞將軍湘東王體自太祖天縱英聖文皇鍾愛寵冠列藩吾早識神睿特兼常禮潛運宏規義士投袂獨夫旣殞懸首白旗社稷再興宗祏永固人鬼屬心大命允集且勳德高邈大業攸歸宜遵漢晉纂承皇極主者詳舊典以時奉行未亡人餘年不幸嬰此百艱永尋情事雖存若殞當復柰何當復柰何葬廢帝丹陽秣陵縣南郊壇西帝幼而狷急在東宮每爲世祖所責世祖西巡子業啓參承起居書迹不謹上詰讓之子業啓事陳謝上又答曰書不長進此是一條耳聞汝素都懈怠狷戾日甚何以頑固乃爾邪初踐阼受璽紱悖然無哀容始猶難諸大臣及戴法興等旣殺法興諸大臣莫不震懾於是又誅羣公元凱以下皆被毆捶牽曳內外危懼殿省騷然初太后疾篤遣呼帝帝曰病人間多鬼可畏那可往太后怒語侍者將刀來破我腹那得生如此寧馨兒及太后崩後數日帝夢太后謂之曰汝不孝不仁本無人君之相子尚愚悖如此亦非運胙所及孝武險虐滅道怨結人神兒子雖多並無天命大運所歸應還文帝之子其後湘東王紹位果文帝子也故帝聚諸叔京邑慮在外爲患山陰公主淫恣過度謂帝曰妾與陛下雖男女有殊俱託體先帝陛下六宮萬數而妾唯駙馬一人事不均平一何至此帝乃爲主置面首左右三十人進爵會稽郡長公主秩同郡王侯湯沐邑二千戶給鼓吹一部加班劍二十人帝每出與朝臣常共陪輦主以吏部郎褚淵兒美就帝請以自侍帝許之淵侍主十日備見逼迫誓死不回遂得免帝所幸閹人華願兒官至散騎常侍加將軍帶郡帝少好講書頗識古事自造世祖誅及雜篇章往往有辭采以魏武帝有發丘中郎將摸金校尉乃置此二官以建安王休祐領之其餘事迹分見諸列傳

史臣曰廢帝之事行著于篇若夫武王數殷紂之釁不能絓其萬一霍光書昌邑之過未足舉其毫釐假以中

才之君有一于此足以釁社殘宗汚宮豬廟況總斯惡以萃一人之體乎其得亡亦爲幸矣

宋書卷七考證

前廢帝紀二月丁丑減州郡縣田租之半○租監本訛祿今改正

以尚書左僕射顔師伯爲尚書僕射○一本上尚書下無左字下尚書下有左字　臣承蒼按二本俱誤據師伯傳當云以尚書右僕射顔師伯爲尚書左僕射下文云王景文爲尚書右僕射替師伯之任也

丁未皇子生少府劉勝之子也○劉勝南史作劉曚符瑞志大明七年有尋陽太守劉曚或卽其人

其後湘東王紹位果文帝子也故帝聚諸叔京邑慮在外爲患○臣承蒼按上二句當在故帝聚諸叔二句下

宋書卷八

梁　沈約　撰

本紀第八

明帝

太宗明皇帝諱彧字休炳小字榮期文帝第十一子也元嘉十六年十月戊寅生二十五年封淮陽王食邑二千戶二十九年改封湘東王元凶弒立以爲驍騎將軍加給事中世祖踐阼爲秘書監遷冠軍將軍南蘭陵下邳二郡太守領石頭戍事孝建元年徙爲南彭城東海二郡太守將軍如故鎭京口其年徵爲中護軍二年遷侍中領遊擊將軍三年徙衞尉侍中如故又爲左衞將軍衞尉如故大明元年轉中護軍衞尉如故三年爲都官尚書領遊擊將軍衞尉如故七年遷領軍將軍八年出爲使持節都督徐兖二州豫州之梁郡諸軍事鎭北將軍徐州刺史給鼓吹一部其年徵爲侍中護軍將軍未拜復爲領軍將軍侍中如故永光元年又出爲使持節散騎常侍都督南豫豫司江四州揚州之宣城諸軍事衞將軍南豫州刺史鎭姑熟又徙爲都督雍梁南北秦四州郢州之竟陵諸軍事寧蠻校尉雍州刺史持節常侍將軍如故未拜復本位尋以本號開府儀同三司廢帝景和末上入朝被留停都廢帝誅害宰輔殺戮大臣恒慮有圖之者疑畏諸父並拘之殿內遇上無禮事在文諸王傳遂收上付廷尉一宿被原將加禍害者前後非一既而害上意定明旦便應就禍上先已與腹心阮佃夫李道兒等密共合謀于時廢帝左右常慮禍及人人有異志唯有直閤將軍宋越譚金童太一等數人爲其腹心並虓虎有幹力在殿省久衆並畏服之故莫敢動是夕越等並外宿佃夫道兒因結壽寂之等殞廢帝於後堂十一月二十九日夜也事定上未知所爲建安王休仁便稱臣奉引升西堂登御坐召見諸大臣于時事起倉卒上失履跣至西堂猶著烏帽坐定休仁呼主衣以白帽代之令備羽儀雖未卽位凡衆事悉稱令書施行己未司徒揚州刺史豫章王子尚山陰公主並賜死宋越譚金童太一謀反伏誅十二月庚申朔令書以司空東海王禕爲中書監太尉鎭軍將軍江州刺史晉安王子勛進號車騎將軍開府儀同三司癸亥以新除驍騎大將軍建安王休仁爲司徒尚書令揚州刺史鎭軍將軍開府儀同三司山陽王休祐進號驍騎大將軍荊州刺史崇憲衞尉桂陽王休範爲鎭北將軍南徐州刺史乙丑改封安陸王子綏爲江夏王

泰始元年冬十二月丙寅上卽皇帝位詔曰高祖武皇帝德洞四瀛化綿九服太祖文皇帝以大明定基世祖孝武皇帝以下武寧亂日月所照梯山航海風雨所均削衽襲帶所以業固盛漢聲溢隆周子業凶嚚自天忍悖成性人面獸心見於齠日反道敗德著自比年其狎侮五常怠棄三正矯誣上天毒流下國寔開闢所未有書契所未聞再羅遏密而無一日之哀齊斬在躬方深北里之樂虎兕難匣憑河必彰遂誅滅上宰窮釁逆之酷虐害國輔究孥戮之刑子鸞同生以昔憾殄殪敬猷兄弟以睚眦殲夷徵逼義陽將加屠膾陵辱戚藩楷楚妃主奪立左右竊子置儲肆酗于朝宣淫于國事穢東陵行汙飛走積釁罔極日月滋深比遂圖犯玄宮志窺題湊將肆梟獍之禍騁商頓之心又欲鴆毒崇憲虐加諸父事均宮闈聲遍國都鳴梟小豎莫不寵暱朝廷忠誠必加戮挫收掩之旨虓虎結轍掠奪之使白刃相望百僚危氣首領無有全地萬姓崩心妻子不復相保所以鬼哭山鳴星鉤血降神器殆於馭索景祚危於綴旒朕假寐凝憂泣血待旦慮大宋之基於焉而泯武文之業將墜于淵賴七廟之靈藉八百之慶巨猾斯殄鴻沴時褰皇綱絕而復紐天緯缺而更張猥以寡薄屬承乾統上緝三光之重俯顧庶民之艱業業矜矜若履冰谷思與億兆同此維新可大赦天下改景和元年爲泰始元年賜民爵二級鰥寡孤獨不能自存者穀人五斛逋租宿債勿復收犯鄉論淸議贓汙淫盜並悉洗除長徒之身特賜原遣亡官失爵禁錮舊勞一依舊典其昏制謬封並皆刊削己巳以安西將軍南豫州刺史劉遵考爲特進右光祿大夫輔國將軍歷陽南譙二郡太守建平王景素爲南豫州刺史庚午以荊州刺史臨海王子項爲鎭軍將軍徐州刺史永嘉王子仁爲中軍將軍左衞將軍劉道隆爲中護軍辛未改封臨賀王子産爲南平王晉熙王子輿爲廬陵王壬申以尚書左僕射王景文爲尚書僕射新除中護軍劉道隆卒壬午詔曰朕戡亂寧民屬膺景祚鴻制初造革道惟新而國故頻罹仁澤偏壅每鑒寐疚心罔識攸濟巡方問俗弘政所先可分遣大使廣求民瘼考守宰之良採衡閭之善若獄犴淹枉傷民害教者具以事聞鰥寡孤獨癃殘六疾不能自存者郡縣優量賑給貞婦孝子高行力田許悉條奏務詢輿誦廣納嘉謀每盡皇華之旨俾若朕親覽焉乙亥追尊所生沈婕妤曰宣皇太后後軍將軍垣閎爲司州刺史前右將軍長史殷琰爲豫州刺史丙子詔曰皇室多故糜費滋廣且久歲不登公私歉弊方刻意從儉弘濟時艱政道未孚慨愧兼積大官供膳可詳所減撤尚方御府雕文篆刻無益之物一皆蠲省務存簡約以稱朕心戊寅崇憲太后爲崇憲皇太后立皇后王氏鎭軍將軍江州刺史晉安王子勛舉兵反鎭軍長史鄧琬爲其謀主雍州刺史袁顗率衆赴之辛巳驃騎大將軍前荊州刺史山陽王休祐改爲江州刺史荊州刺史臨海王子項卽留本任加領軍將軍王玄謨鎭軍將軍壬午車駕謁太廟甲申後將軍郢州刺史安陸王子綏進號征南將軍右將軍會稽太守尋陽王子房進號安東將軍前將軍荊州刺史臨海王子項進號平西將軍子綏子房子項並不受命舉兵同逆戊子新除中軍將軍永嘉王子仁爲護軍將軍

二年春正月己丑朔以軍事不朝會庚寅以金紫光祿大夫王僧朗爲左光祿大夫開府儀同三司壬辰驃騎大將軍江州刺史山陽王休祐改爲南豫州刺史鎭歷陽鎭軍將軍領軍將軍王玄謨爲車騎將軍江州刺史平北將軍徐州刺史薛安都進號安北將軍安都亦不受命癸巳以左衞將軍巴陵王休若爲鎭東將軍新除安東將軍尋陽王子房爲撫軍將軍司徒左長史袁愍孫爲領軍將軍甲午中外戒嚴司徒建安王休仁都督征討諸軍事統衆軍南討以青州刺史劉祗爲南兖州刺史丙申以征虜司馬申令孫爲徐州刺史義陽內史龐孟虬爲司州刺史申令孫及豫州刺史殷琰青州刺史沈文秀冀州刺史崔道固湘州行事何慧文廣州刺史袁曇遠益州刺史蕭惠開梁州刺史柳元怙並同叛逆兖州刺史殷孝祖入衞京都仍遣孝祖前鋒南伐甲辰加孝祖撫軍將軍丙午車駕親御六師出頓中興堂辛亥驃騎大將軍南豫州刺史山陽王休祐改爲豫州刺史統衆軍西討吳郡太守顧琛吳興太守王曇生義興太守劉延熙晉陵太守袁標山陽太守程天祚並舉兵反鎭東將軍巴陵王休若統衆軍東討壬子崇憲皇太后崩是日軍主任農夫劉懷珍平定義興永世縣民史逸宗據縣爲逆殿中將軍陸攸之討平之丙辰以新除左光祿大夫開府儀同三司王僧朗爲特進左光祿大夫如故二月乙丑僧朗卒尚書僕射王景文父憂去職曲赦吳吳興義興晉陵四郡吏部尚書蔡興宗爲尚書左僕射吳興太守張永右軍將軍齊王東討平晉陵癸未曲赦浙江東五郡丁亥鎭東將軍巴陵王休若進號衞將軍建武將軍吳喜公率諸軍破賊於吳吳興會稽平定三郡同逆皆伏誅輔國將軍齊王前鋒北討輔國將軍劉勔前鋒南討賊劉胡領衆四萬據赭圻三月庚寅撫軍將軍沈攸之代爲南討前鋒賊衆稍盛袁顗頓鵲尾聯營迄至濃湖衆十餘萬壬辰以新除太子詹事張永爲青冀二州刺史丙申鎭北將軍南徐州刺史桂陽王休範總統北討諸軍事丁酉以尚書劉思考爲徐州刺史戊戌貶尋陽王子房爵爲松滋縣侯乙巳以奉朝請鄭黑爲司州刺史辛亥鎭北將軍南徐州刺史桂陽王休範領南兖州刺史壬子斷新錢專用古錢癸丑原赦揚南徐二州四繫凡逋亡一無所問夏四月壬午以散騎侍郎明僧暠爲青州刺史五月壬辰以輔國將軍沈攸之爲雍州刺史丁酉曲赦豫州丁未新除尚書僕射王景文爲中軍將軍以青冀二州刺史張永爲鎭軍將軍庚戌以寧朔將軍劉乘民爲冀州刺史甲寅葬崇憲皇太后於攸寧陵冠軍將軍益州刺史蕭惠開進號平西將軍六月辛酉鎭軍將軍張永領徐州刺史京師雨水丁卯遣殿中將軍檢行賜卹以左軍將軍垣恭祖爲梁南秦二州刺史秋七月己丑鎭北將軍南徐兖二州刺史桂陽王休範進號征北大將軍辛卯鎭軍將軍徐州刺史張永改爲南兖州刺史丁酉以攸

池太守楊僧副爲北秦州刺史武都王壬寅以男子時朗之爲北豫州刺史乙巳龍驤將軍劉道符平山陽辛亥又以義軍主鄭叔舉爲北豫州刺史鎮軍將軍南兗州刺史張永復領徐州刺史甲寅復以冀州刺史崔道固爲徐州刺史八月己卯司徒建安王休仁率衆軍大破賊斬僞尚書僕射袁顗進討江郢荆雍湘五州平定之晉安王子勛安陸王子綏臨海王子頊邵陵王子元並賜死同黨皆伏誅諸將軍帥封賞各有差甲申以護軍將軍永嘉王子仁爲平南將軍湘州刺史九月乙酉曲赦江郢荆雍湘五州守宰不得離職壬辰驃騎大將軍豫州刺史山陽王休祐改爲荆州刺史分豫州立南豫州癸巳六軍解嚴大赦天下賜民爵一級甲午以中軍將軍王景文爲安南將軍江州刺史戊戌以車騎將軍江州刺史王玄謨爲左光祿大夫開府儀同三司護軍將軍庚子以建安王休仁世子伯融爲豫州刺史辛丑衛將軍巴陵王休若卽本號爲雍州刺史雍州刺史沈攸之爲郢州刺史庚戌以太子左衛率建平王景素爲南兗州刺史十月乙卯永嘉王子仁始安王子真淮南王子孟南平王子產廬陵王子輿松滋侯子房並賜死丁卯以郢州刺史沈攸之爲中領軍與張永俱北討庚午以吳郡太守顧覬之爲湘州刺史戊寅立皇子昱爲皇太子曲赦揚徐二州以輔國將軍劉勔爲廣州刺史左軍將軍張世爲豫州刺史十一月甲申以安成太守劉襲爲郢州刺史壬辰詔曰治崇簡易化疾繁後遠闕隆替明著軌跡者也朕拯斯墜運屬此屯極仍之以凋耗因之以師旅而識昧前王務艱昔代俾夫舊賦既繁爲費彌廣鑒寐萬務每思弘革方欲緩繇優調愛民爲先有司詳加寬惠更立科品其方物職貢各順土宜出獻納貢敬依時令凡諸蠹俗妨民之事趣末違本之業雕華靡麗奇器異技並嚴加裁斷務歸要實左右尚方御府諸署供御制造咸存儉約庶淳風至敎微遵太古阜財興讓少敦季俗又詔曰矢機詢政立敎之攸本舉賢聘逸弘化之所基故負鼎進策般代以康釋釣作輔周祚斯乂朕甫承大業訓道未敷雖側席忠規佇夢巖築而良圖莫薦奇士弗聞永鑒通古無忘宵寐今藩隅克晏敷化維始屢懷存治實望箴闕王公卿尹羣僚庶官其有嘉謀直獻匡俗濟時咸切事陳奏無或依隱若乃林澤貞栖丘園耿潔博洽古今敦崇孝讓四方在任可明書搜揚具卽以聞隨就褒立以建平王景素子延年爲新安王以新除左光祿大夫開府儀同三司王玄謨爲車騎將軍南豫州刺史丙申制使東土經荒流散並各還本蠲衆調二年十二月己未以尚書金部郎劉善明爲冀州刺史乙丑詔曰近衆藩稱亂多染疊科或誠係本朝事緣逼迫混同證錮良以悵然夫天道尚仁德刑並用雷霆時至雲雨必解朕眷言靜念思弘風澤凡應禁削皆從原蕩其文武堪能隨才銓用辛未以新除廣州刺史劉勔爲益州刺史前巴西梓潼二郡太守費混爲廣州刺史劉勔克壽陽豫州平辛巳以輔國將軍劉靈道爲梁南秦二州刺史薛安都要引索虜張永沈攸之大敗於是遂失淮北四州及豫州淮西地

三年春正月庚子以農役將興太官停宰牛癸卯曲赦豫南豫二州衛將軍巴陵王休若降號鎮西將軍閏月庚午京師大雨雪遣使巡行賑賜各有差戊寅以游擊將軍垣閎爲益州刺史二月甲申以御史中丞羊希爲廣州刺史是日車駕爲戰亡將士舉哀己丑以鎮西司馬劉亮爲梁南秦二州刺史索虜寇汝陰太守張景遠擊破之丙申曲赦青冀二州三月丙子以尚書左僕射蔡興宗爲安西將軍郢州刺史戊寅以冠軍將軍王玄載爲徐州刺史寧朔將軍崔平爲兗州刺史夏四月癸巳以前司州刺史鄭黑爲司州刺史乙未冠軍將軍北秦州刺史楊僧嗣進號征西將軍庚子立桂陽王休範第二子德嗣爲廬陵王立侍中劉韞第二子銑爲南豐王丙午安西將軍蔡興宗降號平西將軍五月丙辰宣太后崇寧陵禁內墳屋瘞遷徙者給葬直蠲復家丁戊午以車騎將軍南豫州刺史王玄謨爲左光祿大夫開府儀同三司辛酉罷南豫州幷豫州壬戌以太子詹事袁粲爲尚書僕射六月乙酉以侍中劉韞爲湘州刺史秋七月壬子以左光祿大夫開府儀同三司王玄謨爲特進左光祿大夫護軍將軍薛安都子伯令略據雍州四郡刺史巴陵王休若討斬之八月丁酉詔曰古者衡虞置制蝝蚳不收川澤產育登器進御所以繁阜民財養遂生德頃商販逐末競早爭新折未實之果收豪家之利籠非膳之翼爲戲童之資豈所以還風尚本捐華務實宜修道布仁以革斯蠹自今鱗介羽毛肴核衆品非時月可採器味所須可一皆禁斷嚴爲科制壬寅以中領軍沈攸之行南兗州刺史率衆北討癸卯詔曰法網之用期世而行寬惠之道因時而布況朕尚德戢亂依仁馭俗宜每就弘簡以隆至治而頻罹兵革繇賦未休軍民巧僞興事甚多蹈刑入憲諒非一科至乃假名戎伍竊爵私庭因戰散亡託懼逃役且往諸淪逼雖經累宥逋竄之黨猶爲實繁宵言永懷良兼矜疚思所以重播至澤覃被區宇可大赦天下加新除左光祿大夫王玄謨車騎將軍丙午遣吏部尚書褚淵慰勞緣淮將帥隨宜量賜戊申以新除右衛將軍劉勔爲豫州刺史九月癸丑鎮西將軍雍州刺史巴陵王休若進號衛將軍平西將軍郢州刺史蔡興宗進號安西將軍乙卯以越騎校尉周寧民爲兗州刺史戊午以皇后六宮以下雜衣千領金釵千枚班賜北征將士庚申前將軍兼冀州刺史崔道固進號平北將軍甲子曲赦徐兗青冀四州冬十月壬午改封新安王延年爲始平王戊子芮芮國遣使獻方物辛丑復郡縣公田鎮西大將軍西秦河二州刺史吐谷渾拾寅進號征西大將軍十一月立建安王休仁第二子伯猷爲江夏王改封義陽王昶爲晉熙王乙卯分徐州置東徐州以輔國將軍張讜爲刺史高麗國百濟國遣使獻方物十二月庚辰以寧朔將軍劉休賓爲兗州刺史

四年春正月己未車駕親祠南郊大赦天下庚午衛將軍巴陵王休若降號左將軍乙亥零陵王司馬勗薨二月辛丑以前龍驤將軍常珍奇爲平北將軍司州刺史珍奇子超越爲北冀州刺史乙巳右光祿大夫車騎將軍護軍將軍王玄謨薨三月己未以游擊將軍劉懷珍爲東徐州刺史戊辰以軍司馬劉靈遺爲梁南秦二州刺史譙南太守孫奉伯爲交州刺史交州人李長仁據州叛妖賊攻廣州殺刺史羊希龍驤將軍陳伯紹討平之夏四月己卯復減郡縣田租之半東海王禕改封廬江王山陽王休祐改封晉平王改晉安郡爲晉平郡辛丑芮芮國及河南王並遣使獻方物甲辰以豫章太守張辯爲廣州刺史五月乙未曲赦廣州癸亥以行雝州刺史巴陵王休若行湘州刺史會稽太守張永爲雝州刺史湘州刺史劉韞爲南兗州刺史秋七月乙巳朔以吳郡太守王琨爲中領軍丙辰始平王延年薨己未以侍中劉襲爲中護軍庚申以驍騎將軍齊王爲南兗州刺史八月戊子以南康相劉勃爲交州刺史辛卯分青州置東青州以輔國將軍沈文靖爲東青州刺史丁酉安南將軍江州刺史王景文進號鎮南將軍九月丙辰以驃騎長史張悅爲雝州刺史戊辰詔曰夫愆有小大憲隨寬猛故五刑殊用三典異施而降辟次網便暨鉗撻求之法科差品滋遠朕務存欽卹每有矜貸尋翔制科罪輕重同之大辟卽事原情未爲詳衷自今凡竊執官仗拒戰邏司或攻剽亭寺及害吏民者凡此諸條悉依舊制五人以下相逼奪者可特賜黥刖投畀四遠仍用代殺方古爲優全命長戶施同造物庶簡惠之化有孚羣萌好生之德無漏幽品庚午曲赦揚南徐兗豫四州冬十月癸酉朔日有蝕之發諸州兵北討南康建安安成宣城四郡昔不同南逆並不在徵發之例甲戌割揚州之義興郡屬南徐州

五年春正月癸亥車駕躬耕籍田大赦天下賜力田爵一級二月丙申分豫州揚州立南豫州以太尉廬江王禕爲車騎將軍開府儀同三司南豫州刺史三月乙卯於南豫州立南義陽郡丙寅車駕幸中堂聽訟己巳河南王遣使獻方物夏四月辛未割雝州隨郡屬郢州乙西割豫州義陽郡屬郢州郢州西陽郡屬豫州戊子以寧朔將軍崔公烈爲兗州刺史戊戌新除給事黃門侍郎杜幼文爲梁南秦二州刺史六月辛未晉平王休祐子宣曜爲南平王壬申以安西將軍郢州刺史蔡興宗爲鎮東將軍癸酉以左衛將軍沈攸之爲郢州刺史以軍興已來百官斷俸並給生食丁丑車騎將軍南豫州刺史廬江王禕免官爵戊寅以左將軍行湘州刺史巴陵王休若爲征南將軍湘州刺史壬午罷南豫州丙戌以新除給事黃門侍郎劉亮爲益州刺史秋七月己酉以輔國將軍王亮爲徐州刺史東莞太守陳伯紹爲交州刺史甲寅以山陽太守李靈謙爲兗州刺史壬戌改輔國將軍爲輔師將軍八月己丑以右將軍行豫州刺史劉勔爲平西將軍豫州刺史壬辰以海陵太守劉崇智爲冀州刺史九月甲寅立長沙王纂子延之爲始平王戊午中領軍王琨遷職己未詔曰夫箕穎之操振古所貴沖素之風哲王攸重朕屬橫流之會接難晦之辰龕暴剪亂日不暇給今雖關隴猶霧區縣澄氛偃武修文於是乎在思崇廉恥用靜馳薄固已物色載懷寢興竚歎其有貞栖隱約自事衡樊鑿坯遺榮負釣辭聘志恬江海行高塵俗者在所精加搜括時以名聞將賁園矜德茂昭厥禮羣司各舉所知以時授爵乙丑以新除平西將軍豫州刺史劉勔爲中領軍冬十月丁卯朔日有蝕之十一月丁未索虜遣使獻方物閏月戊子驃騎大將軍荆州刺史晉平王休祐以本號爲南徐州刺史征南將軍湘州刺史巴陵王休若爲征西將軍荆州刺史輔師將軍孟陽爲兗州刺史義陽太守呂安國爲司州刺史十二月戊戌司徒建安王休仁解揚州刺史己未以征北大將軍南徐州刺史桂陽王休範爲中書監中將軍揚州刺史吳興太守建平王景素爲湘州刺史

輔師將軍建安王世子融爲廣州刺史庚申分荆益州五郡置三巴校尉

六年春正月乙亥初制間二年一祭南郊間一年一祭明堂二月壬寅司徒建安王休仁爲太尉領司徒癸丑皇太子納妃甲寅大赦天下巧注從軍不在赦例班賜各有差三月乙亥中護軍劉襲卒丁丑以太子詹事張永爲護軍將軍夏四月癸亥立第六皇子燮爲晉熙王五月丁丑以前軍將軍陳肩宗爲徐州刺史丁亥以冠軍將軍吐谷渾拾虔爲平西將軍戊子奉朝請孔玉爲寧州刺史六月己亥以第五皇子智井繼東平沖王休倩庚子以侍中劉韞爲撫軍將軍雍州刺史前將軍郢州刺史沈攸之進號鎮軍將軍揚州刺史桂陽王休範爲征南大將軍江州刺史癸卯以鎮南將軍江州刺史王景文爲尚書左僕射揚州刺史尚書僕射袁粲爲尚書右僕射己未改臨賀郡爲臨慶郡追改東平王休倩爲臨慶沖王七月丙戌第五皇子智井薨九月乙丑中領軍劉勔加平北將軍戊寅立總明觀徵學士以充之置東觀祭酒癸未以第八皇子智渙繼臨慶沖王休倩冬十月辛卯立第九皇子贊爲武陵王乙巳以前右軍馬詵爲北雍州刺史己酉車駕幸東堂聽訟十一月己巳高麗國遣使獻方物十二月癸巳以邊難未息制父母陷異域悉使婚宦戊戌以始興郡爲宋安郡丙辰護軍將軍張永遷職

七年春正月甲戌置散騎奏舉郎二月癸巳征南大將軍荆州刺史巴陵王休若進號征西大將軍開府儀同三司戊戌置百梁隴蘇永寧安昌富昌南流郡又分廣交州三郡合九郡立越州己亥以前將軍劉康爲平東將軍妖寇宋逸攻合肥殺汝陰太守王穆之郡縣討平之甲寅驃騎大將軍開府儀同三司南徐州刺史晉平王休祐薨戊午以征西大將軍荆州刺史巴陵王休若爲征北大將軍南徐州刺史湘州刺史建平王景素爲荆州刺史三月辛酉索虜遣使獻方物壬戌芮芮國遣使奉獻夏四月辛丑減天下死罪一等凡敕繫悉遣之甲辰於南兖州置新平郡癸丑金紫光祿大夫張永領護軍五月戊午司徒建安王休仁有罪自殺辛酉以寧朔長史孫超之爲廣州刺史尚書左僕射揚州刺史王景文以刺史領中書監庚午以尚書右僕射袁粲爲尚書令新除吏部尚書褚淵爲尚書左僕射辛未監吳郡王僧虔行湘州刺史丙戌追免晉平王休祐爲庶人六月丁酉以征南大將軍江州刺史桂陽王休範爲驃騎大將軍南徐州刺史征北大將軍巴陵王休若爲車騎大將軍江州刺史甲辰芮芮國遣使獻方物秋七月丁巳罷散騎奏舉郎乙丑新除車騎大將軍江州刺史巴陵王休若薨桂陽王休範以新除驃騎大將軍還爲江州庚午以第三皇子準爲撫軍將軍辛未以太子詹事劉秉爲南徐州刺史戊寅以寧朔將軍沈懷明爲南兖州刺史乙酉於冀州置西海郡八月戊子第八皇子躋繼江夏文獻王義恭庚寅以疾愈大赦天下冀州刺史劉崇智加青州刺史戊戌立第三皇子準爲安成王九月辛未以越騎校尉周寧民爲徐州刺史冬十月戊午百濟國遣使獻方物十二月丁酉分豫州南兖州立南豫州以歷陽太守王玄載爲南豫州刺史

泰豫元年春正月甲寅朔上有疾不朝會以疾患未痊故改元賜孤老貧疾粟帛各有差戊午皇太子會萬國於東宮并受貢計二月辛丑以給事黃門侍郎王瞻爲司州刺史三月癸丑朔林邑國遣使獻方物己未中書監揚州刺史王景文卒夏四月辛卯以撫軍司馬蔡那爲益州刺史癸巳以右衞將軍張興爲雍州刺史己亥上大漸驃騎大將軍江州刺史桂陽王休範進位司空尚書右僕射褚淵爲護軍將軍中領軍劉勔加尚書右僕射鎮東將軍蔡興宗爲征西將軍開府儀同三司荆州刺史鎮軍將軍郢州刺史沈攸之進號安西將軍詔曰朕自臨御億兆仍屬戎寇雖每存弘化而惠弗覃遠軍國凋弊刑訟未息今大漸維危載深矜歎可緩徭優調去繁就約因改之宜詳有簡衷務以愛民爲先以宜朕遺意袁粲褚淵劉勔蔡興宗沈攸之同被顧命是日上崩于景福殿時年三十四五月戊寅葬臨沂縣莫府山高寧陵帝少而和令風姿端雅早失所生養於太后宮內大明世諸弟多被猜忌唯上見親常侍路太后醫藥好讀書愛文義在藩時撰江左以來文章志又續衞瓘所注論語二卷行於世及卽大位四方反叛以寬仁待物諸軍帥有父兄子弟同逆者並授以禁兵委任不易故衆爲之用莫不盡力平定天下逆黨多被全其有才能者並見授用有如舊臣才學之士多蒙引進參侍文籍應對左右於華林園芳堂講周易常自臨聽末年好鬼神多忌諱言語文書有禍敗凶喪及疑似之言應回避者數百千品有犯必加辠戮改騧邊爲瓜亦以騧字似禍字故也以南苑借張永云且給三百年期訖更啓其事類皆如此宣陽門民間謂之白門上以白門之名不祥甚諱之尚書右丞江謐嘗誤犯上變色曰白汝家門謐稽顙謝久之方釋太后停屍漆牀先出東宮上嘗幸宮見之怒甚免中庶子官職局以之坐者數十人內外常慮犯觸人不自保宮內禁忌尤甚移牀治壁必先祭土神使文士爲文詞祝策如大祭饗泰始泰豫之際更忍虐好殺左右失旨忤意往往有斮刳斷截者時經略淮泗軍旅不息荒弊積久府藏空竭內外百官並日料祿奉而上奢費過度務爲彫侈每所造制必爲正御三十副御次副又各三十須一物輒造九十枚天下騷然民不堪命其餘事迹別見衆篇親近讒慝翦落皇枝宋氏之業自此衰矣

史臣曰聖人立法垂制所以必稱先王蓋由遺訓餘風足以貽之來世也太祖負扆南面實有君人之懿焉經國之義雖弘而隆家之道不足彭城王照不窺古本無卓爾之姿徒見昆弟之義未識君臣之禮冀以此家情行之國道主猜而猶犯恩薄而未悟致以呵訓之微行遂成滅親之大禍開端樹隙垂之後人雖天倫之重義殊凡戚而中人以下情由恩變至於易衣而出分苦而食與夫別宮異門形疎事隔者宜有降矣太宗因易隙之情據已行之典翦落洪枝願不待慮既而本根無庇幼主孤立神器以勢弱傾移靈命隨樂推回改斯蓋履霜有漸堅冰自至所從來遠也

宋書卷八考證

明帝紀以尚書左僕射王景文爲尚書僕射○南史無尚書左僕射五字考前廢帝紀及王景文傳當云以尚書右僕射王景文爲尚書左僕射

晉安王子勛舉兵反鎮軍長史鄧琬爲其謀主○鄧琬諸本皆作劉琬臣承蒼按子勛傳及鄧琬傳爲子勛謀主乃鎮軍長史鄧琬並無劉琬之名今從南史改正

尚書僕射王景文父憂去職○下文蔡興宗爲尚書左僕射此尚書下亦當有左字

以仇池太守楊僧嗣爲北秦州刺史武都王○僧嗣南史作僧嗣臣承蒼按氐胡傳泰始二年所封正是僧嗣乃元和之從弟也當從南史

以吳郡太守顧顗之爲湘州刺史○列傳載顗之事多作覬之臣承蒼按顗覬二字音義各殊晉周顗字伯仁覬之亦字偉仁似當以顗爲是而本傳作覬通鑑從之或又作凱作愷未知孰是並著之以俟考者

左軍將軍張世爲豫州刺史○臣承蒼按張興世本單名世太宗益爲興世此在泰始二年尚未益興字故仍書原名

立桂陽王休範第二子德副爲廬陵王○桂陽王傳休範第三子名德嗣今作德副誤也封廬陵王事傳不載

立侍中劉韞第二子銑爲南豐王○南史稱劉韞第三子誤

以右衞將軍張興爲雍州刺史○臣承蒼按張興事他處不見張興世傳興世於泰始五年轉左衞將軍泰豫元年爲雍州刺史與此紀合其爲誤脫世字無疑

宋書卷九

梁　沈　約　撰

本紀第九

後廢帝

廢帝諱昱字德融小字慧震明帝長子也大明七年正月辛丑生於衞尉府太宗諸子在孕皆以周易筮之卽以所得之卦爲小字故帝字慧震其餘皇子亦如之泰始二年立爲皇太子三年始制太子改名昱安車乘象輅六年出東宮又制太子元正朝賀服袞冕九章衣泰豫元年四月己亥太宗崩庚子太子卽皇帝位大赦天下尚書令袁粲護軍將軍褚淵共輔朝政乙巳以護軍將軍張永爲右光祿大夫撫軍將軍安成王爲揚州刺史己酉特進右光祿大夫劉遵考改爲左光祿大夫五月丁巳以吳興太守張岱爲益州刺史戊辰緣江戍兵老疾者悉聽還班劒依舊入殿六月壬辰詔曰夫興王經制實先民隱方求廣敎刑於四維朕以埶耿夙膺寶歷永言民政未接聽覽眷言乃顧無忘鑒寐可遣大使分行四方觀採風謠問其疾苦有咈民法不便俗者悉各條奏若守宰威恩可紀廉勤允著依事騰聞如獄訟誣枉識事紕繆情公存私害民利已者無或隱昧廣納芻輿之議博求獻藝之規巡省之道務令精洽深簡行識俾若朕親覽焉又詔曰夫寢夢期賢往誥垂美物色求良前書稱盛朕以沖昧嗣膺寶業思仰述聖猷勉弘政道興言多士常想得人可普下牧守廣加搜採其有孝友聞族義讓光閭或匿名屠釣隱身耕牧足以整厲澆風扶益淳化者凡厥一善咸無遺逸虛輪佇帛俟聞嘉薦京師雨水詔賑卹二縣貧民乙巳尊皇后曰皇太后立皇后江氏秋七月戊辰崇拜帝所生陳貴妃爲皇太妃閏月丁亥罷宋安郡還屬廣興己丑割南豫州南汝陰郡屬西豫州廬江郡屬豫州甲辰以新除

征西將軍開府儀同三司荊州刺史蔡興宗爲中書監光祿大夫安西將軍郢州刺史沈攸之爲鎮西將軍荊州刺史南徐州刺史劉秉爲平西將軍郢州刺史新除太常建平王景素爲鎮軍將軍南徐州刺史八月戊午新除中書監左光祿大夫開府儀同三司蔡興宗薨冬十月辛卯撫軍將軍劉韞有罪免官辛未護軍將軍褚淵母憂去職十一月巳亥新除平西將軍郢州刺史劉秉爲尚書左僕射辛丑護軍將軍褚淵還攝本任芮芮國高麗國遣使獻方物十二月索虜寇義陽丁巳司州刺史王瞻擊破之

元徽元年春正月戊寅朔改元大赦天下壬寅詔曰夫緩法昭恩裁風茂典蠲憲貸告訓俗彝義朕臨馭宸樞夤制氓寓式存寬簡思孚矜惠今開元肆宥萬品惟新凡兹流斥宜均弘洗自元年以前貽罪徙放者悉聽還本土二月乙亥以晉熙王燮爲郢州刺史三月丙申以撫軍長史何恢爲廣州刺史婆利國遣使獻方物戊戌以前淮南太守劉靈遺爲南豫州刺史夏五月辛卯以輔師將軍李安民爲司州刺史丙申河南王遣使獻方物六月壬子以越州刺史陳伯紹爲交州刺史乙卯特進左光祿大夫劉遵考卒壽陽大水己未遣殿中將軍賑卹慰勞丙寅以左軍將軍孟次陽爲兗州刺史秋七月丁丑散騎常侍顧長康長水校尉何翌之表上所撰諫林上自虞舜下及晉武凡十二卷八月辛亥詔曰分方正俗著自虞冊川谷異制煥乎姬典故井遂有辨閭伍無雜用能七教克宣八政斯序雖綿代殊軌沿革異儀或民懷遷俗或國尚興徙漢陽列燕代之豪關西熾齊楚之族並通籍新邑即居成舊洎金行委御禮樂南移中州黎庶襁負揚越聖武造運道一閎區貽長世之規申土斷之制而夷險相因盈晦遞襲歲饉凋流戎役惰散違鄉寓境漸至繁積宜式遵鴻軌以爲永憲庶阜俗昌民反風定保夷胥山之險澄瀚海之波括河圖於九服振玉軔於五都矣秘書丞王儉表上所撰七志三十卷京師旱甲寅詔曰比亢序愆度留熏耀晷有傷秋稼方貽民瘼朕以恥疚未弘政道囹圄尚繁枉滯猶積夕厲晨矜每惻于懷尚書令可與執法以下就訊衆獄使寃訟洗遂困弊昭蘇頒下州郡咸令無壅癸亥鎮軍將軍南徐州刺史建平王景素進號鎮北將軍庚午陳留王曹銑薨九月壬午詔曰國賦氓稅蓋有恒品往屬戎難務先軍實徵課之宜或乖昔准湘江二州糧運偏積調役既繁庶徒彌擾因循權政容有未革民單力弊歲月愈甚永言矜歎情兼宵寐可遣使到所明加詳察其輸違舊令役非公限者並即蠲改具條以聞丁亥立衡陽王嶷子伯玉爲南平王冬十月壬子以撫軍司馬王玄載爲梁南秦二州刺史癸酉割南兗州之鍾離豫州之馬頭又分秦郡梁郡歷陽置新昌郡立徐州十一月丙子以散騎常侍垣閎爲徐州刺史丁丑尚書令袁粲母喪去職十二月癸卯朔日有蝕之乙巳司空江州刺史桂陽王休範進位太尉尚書令袁粲還攝本任加號衞將軍癸亥立前建安王世子伯融爲始安縣王丙寅河南王遣使獻方物

二年春正月庚子以右光祿大夫張永爲征北將軍南兗州刺史二月己巳加護軍將軍褚淵中軍將軍三月癸酉以左衞將軍王寬爲南豫州刺史夏四月癸亥詔曰頃列爵叙勳銓榮酬義條流積廣又各淹闕歲往事留理至逋壅在所參差多違甄飭賞未均洽每疚厥心可悉依舊准並下注職五月壬子太尉江州刺史桂陽王休範舉兵反庚寅內外戒嚴加中領軍劉勔鎮軍將軍加右衞將軍齊王平南將軍前鋒南討出屯新亭征北將軍張永屯白下前南兗州刺史沈懷明戍石頭衞將軍袁粲中軍將軍褚淵入衞殿省壬辰賊奄至攻新亭壘齊王拒擊大破之越騎校尉張敬兒斬休範賊黨杜黑蠡丁文豪分軍向朱雀航劉勔拒賊敗績力戰死之右軍將軍王道隆奔走遇害張永潰於白下沈懷明自石頭奔散戊午撫軍典籤茅恬開東府納賊賊入屯中堂羽林監陳顯達擊大破之丙申張敬兒等破賊於宜陽門莊嚴寺小市進平東府城梟擒羣賊賞賜封爵各有差丁酉詔京邑二縣埋藏所殺賊并戰亡者復同京城是日解嚴大赦天下文武賜位一等戊戌原除江州逋債其有課非常調役爲民蠹者悉皆蠲停詔曰頃國賦多騫公儲罕給近治戎雖淺而軍費已多廩藏虛罄難用馭遠宜矯革淫長務在節儉其供奉服御悉就減撤雕文靡麗廢而勿修凡諸游費一皆禁斷外可詳爲科格荊州刺史沈攸之南徐州刺史建平王景素郢州刺史晉熙王燮湘州刺史王僧虔雍州刺史張興世並舉義兵赴京師己亥以第七皇弟友爲江州刺史芮芮國遣使獻方物六月庚子以平南將軍齊王爲中領軍鎮軍將軍南兗州刺史癸卯晉熙王燮遣軍尅尋陽江州平戊申以淮南太守任農夫爲豫州刺史右將軍南豫州刺史王寬進號平西將軍壬戌改輔師將軍還爲輔國秋七月庚辰立第七皇弟友爲邵陵王辛巳以撫軍司馬孟次陽爲兗州刺史乙酉鎮西將軍荊州刺史沈攸之進號征西大將軍鎮北將軍徐州刺史建平王景素進號征北將軍並開府儀同三司征虜將軍郢州刺史晉熙王燮進號安西將軍前將軍湘州刺史王僧虔進號平南將軍八月辛酉以征虜行參軍劉延祖爲寧州刺史九月壬辰以遊擊將軍呂安國爲兗州刺史丁酉以尚書令新除衞將軍袁粲爲中書監即本號開府儀同三司領司徒加護軍將軍褚淵尚書令撫軍將軍揚州刺史安成王進號車騎將軍冬十月庚申以新除侍中王蘊爲湘州刺史甲子以遊擊將軍陳顯達爲廣州刺史十一月丙戌御加元服大赦天下賜民男子爵一級爲父後及三老孝悌力田者爵二級鰥寡孤獨篤癃不能自存者穀五斛年八十以上加帛一匹大酺五日賜王公以下各有差十二月癸亥立第八皇弟躋爲江夏王第九皇弟贊爲武陵王

三年春正月辛巳車駕親祠南郊明堂三月丙寅河南王遣使獻方物己巳以車騎將軍張敬兒爲雍州刺史其日京師大水遣尚書郎官長檢行賑賜閏月戊戌詔曰頃民俗滋弊國度未殷歲時屢騫編戶不給且邊虞尚警徭費彌繁永言夕惕寢興增疚思弘豐耗之制以惇約素之風庶偫蓄拯民以康治道大官珍膳御府麗服諸所供擬一皆減撤可詳爲其格務從簡衷夏四月遣尚書郎到諸州檢括民戶窮老尤貧者蠲除課調丁壯猶有生業隨宜寬申貲財足以充限者督令洗畢丙戌車駕幸中堂聽訟六月癸未北國使至兼司徒袁粲尚書令褚淵並固讓秋七月庚戌以粲爲尚書令壬戌以給事黃門侍郎劉懷珍爲豫州刺史八月庚子加護軍將軍褚淵中書監九月丙辰征西大將軍河南王吐谷渾拾寅進號車騎大將軍冬十月丙戌高麗國遣使獻方物十二月乙丑以冠軍將軍姚道和爲司州刺史

四年春正月己亥車駕躬耕籍田大赦天下賜力田爵一級貸貧民糧種壬子以梁南秦二州刺史王玄載爲益州刺史二月壬戌以步兵校尉范栢年爲梁南秦二州刺史丁卯加金紫光祿大夫王琨特進夏五月以寧朔將軍武都王楊文度爲北秦州刺史乙未尚書右丞虞玩之表陳時事曰天府虛散垂三十年江荊諸州稅調本少自頃以來軍募多乏其穀帛所入折供文武豫兗司徐開口待哺西北戎將裸身求衣委輸京都益爲寡薄天府所資唯有淮海民荒財單不及曩日而國度引費四倍元嘉二衞臺坊人力五不餘一都水材官朽散十不兩存備豫都庫材竹俱盡東西二埇甎瓦雙匱敕令給賜悉仰交市尚書省舍日就傾頹第宅府署類多穿毀視不遑救知不暇及尋所入定調用恒不周旣無儲畜理至空盡積弊累耗鍾於今日昔歲奉敕課以揚徐衆逋凡入米穀六十萬斛錢五千餘萬布絹五萬匹雜物在外賴此相贍故得推移即今所懸轉多興用漸廣深懼供奉頓闕軍器輟功將士飢怨百官騫祿署府謝雕麗之器土木停緹紫之容國戚無以贍勳求無以給如愚管所慮不月則歲矣經國遠謀臣所不敢言朝夕祗勤心存於匪懈起伏震遽事屬昌聞伏願陛下留須史之鑒垂永代之計發不世之詔施必行之典則氓祇齊懽高卑同泰帝優詔答之庚戌以驍騎將軍曹欣之爲徐州刺史六月乙亥加鎮軍將軍齊王尚書左僕射秋七月戊子征北將軍南徐州刺史建平王景素據京城反己丑內外纂嚴遣驍騎將軍任農夫領軍將軍黃回北討鎮軍將軍齊王總統衆軍曲赦南徐州始安王伯融都鄉侯伯猷賜死辛卯豫州刺史段佛榮統前鋒馬步衆軍甲午軍主左軍將軍張保戰敗見殺黃回等至京城與景素諸軍戰連破之乙未尅京城斬景素同逆皆伏誅其日解嚴丙申大赦天下封賞各有差原京邑二縣元年以前逋調辛丑以武陵王贊爲南徐州刺史八月丁卯立第十皇弟翽爲南陽王第十一皇弟嵩爲新興王第十二皇弟禧爲始建王庚午以給事黃門侍郎阮佃夫爲南豫州刺史乙酉以行青冀二州刺史劉善明爲青冀二州刺史九月丁亥割郢州之隨郡屬司州戊子驍騎將軍高道慶有罪賜死己丑車騎將軍揚州刺史安成王進號驃騎大將軍開府儀同三司安西將軍郢州刺史晉熙王燮進號征西將軍冬十月辛酉以吏部尚書王僧虔爲尚書右僕射宕昌王梁彌機爲安西將軍河涼二州刺史丙寅中書監護軍將軍褚淵母憂去職十一月庚戌詔攝本任

五年春二月壬申以建寧太守柳和爲寧州刺史四月甲戌豫州刺史阮佃夫步兵校尉申伯宗朱幼謀廢立佃夫幼下獄死伯宗伏誅五月己亥以左軍將軍沈景德爲交州刺史驃騎將軍全景文爲南豫州刺史丙午以屯騎校尉孫曇瓘爲越州刺史六月甲戌誅司徒左長史沈勃散騎常侍杜幼文遊擊將軍孫超之長水校尉杜叔文大赦天下七月戊子夜帝殞於仁壽殿時年十五己丑皇太后令曰衞將軍領軍中書監八座昱以冢嫡嗣登皇統庶其體識日弘社稷有寄豈意窮凶極

悖自幼而長善無細而不違惡有大而必蹈前後訓誘常加隱蔽險戾難移日月滋甚棄冠毀冕長襲戎衣犬馬是狎鷹隼是愛皁歷軒殿之中韝紲宸扆之側至乃單騎遠郊獨宿深野手揮矛鋋躬行刳斮白刃爲弄器斬害爲恒務捨交戟之衞委天畢之儀趍步闤闠酣謌壚肆宵遊忘返宴寢營舍奪人子女掠人財物方筴所不書振古所未聞沈勃儒士孫超功臣幼文兄弟並豫勳効四人無罪一朝同戮飛鏃鼓劒孩稚無遺屠裂肝腸以爲戲謔投骸江流以爲懽笑又淫費無度帑藏空竭橫賦關河專充別蓄黔首嗷嗷厝生無所吾與其所生每厲以義方遂謀酖毒將騁凶忿沈憂假日慮不終朝自昔辛癸爰及幽厲方之於此未譬萬分民怨既深神怒已積七廟阽危四海褫氣廢昏立明前代令範況透滅義反道天人所棄疊深牧野理絕桐宮故密令蕭領軍潛運明略幽顯協規普天同泰驃騎大將軍安成王體自太宗天挺淹叡風神凝遠德映在田地隆親茂皇歷攸歸億兆係心含生屬望宜光奉祖宗臨享萬國便依舊典以時奉行未亡人追往傷懷永言感絕太后又令曰昱窮凶極暴自取灰滅雖曰罪招能無傷悼棄同品庶顧所不忍可特追封蒼梧郡王葬丹陽秣陵縣郊壇西初昱在東宮年五六歲時始就書學而惰業好嬉戲主師不能禁好緣漆帳竿去地丈餘如此者半食久乃下年漸長喜怒乖節左右有失旨者輒手加撲打徒跣蹲踞以此爲常主師以白太宗上輒敕昱所生嚴加捶訓及嗣位內畏太后外憚諸大臣猶未得肆志自加元服變態轉興內外稍無以制三年秋冬間便好出遊行太妃每乘青篾車隨相檢攝昱漸自放恣太妃不復能禁單將左右棄部伍或十里二十里或入市里或往營署日暮乃歸四年春夏此行彌數自京城尅定意志轉驕於是無日不出與左右人解僧智張五兒恒相馳逐夜出開承明門夕去晨反晨出暮歸從者並執鋋矛行人男女及犬馬牛驢值無免者民間擾懼晝日不敢開門道上行人殆絕常著小袴褶未嘗服衣冠或有忤意輒加以虐刑有白梃數十枚各有名號鍼椎鑿鋸之徒不離左右嘗以鐵椎椎人陰破左右人見之有斂眉者昱大怒令此人袒胛正立以矛刺胛洞過於耀靈殿上養驢數十頭所自乘馬養於御牀側先是民間訛言謂太宗不男陳太妃本李道兒妾道路之言或云道兒子也昱每出入去來常自稱劉統或自號李將軍與右衛翼輦營女子私通每從之遊持數千錢供酒肉之費阮佃夫腹心人張羊爲佃夫所委信佃夫敗叛走後捕得昱自於承明門以車轢殺之杜延載沈勃杜幼文孫超皆躬運矛鋋手自臠割執幼文兄叔文於玄武湖北昱馳馬執矟自往刺之制露車一乘其上施蓬乘以出入從者不過數十人羽儀追之恒不及又各慮禍亦不敢追尋唯整部伍別在一處瞻望而已凡諸鄙事過目則能鍛鍊金銀裁衣作帽莫不精絕未嘗吹篪執管便韻天性好殺以此爲懽一日無事輒慘慘不樂內外百司人不自保殿省憂遑夕不及旦齊王順天人之心潛圖廢立與直閤將軍王敬則謀之七月七日昱乘露車從二百許人無復鹵簿羽儀往青園尼寺晚至新安寺就曇度道人飲酒醉夕扶還於仁壽殿東阿氈幄中臥時昱出入無恒省內諸閤夜皆不閉且羣下畏相逢值無敢出者宿衞並逃避內外無相禁攝王敬則先結昱左右楊玉夫楊萬年呂欣之湯成之陳奉伯張石留羅僧智鍾千載嚴道福雷道賜戴耶祖許啓威元寶盛道泰鍾千秋王天寶公上延孫俞成錢道寶馬敬之陳寶直吳璩之劉印魯唐天寶俞孫等二十五人謀共取昱其夕敬則出外玉夫見昱醉熟無所知乃與萬年同入氈幄內以昱防身刀斬之奉伯提昱首依常行法稱敕開承明門出以首與敬則馳至領軍府以首呈齊王王乃戎服率左右數十人稱行還開承明門入昱他夕每開門門者震慴不敢視至是弗之疑齊王既入曉乃奉太后令奉迎安成王

史臣曰喪國亡家之主雖適末同途發軫或異也前廢帝卑遊褻幸皆龍駕帝飾傳警清路蒼梧王則藏璽懷紱魚服忘反危冠短服匹馬孤征至於殞身覆祚其理若一嬀夏之隆質文異尚亡國之道其亦然乎

宋書卷九考證

後廢帝紀張敬兒等破賊於宜陽門莊嚴寺○宜一本作宣鄱陽王傳亦作宣

豫州刺史段佛榮統前鋒馬步衆軍○段諸本俱訛殷或誤爲殷今據建平王傳改正

晉熙王燮進號征西將軍○征西一本作鎭西與晉熙王傳合當從之

宋書卷十

梁　沈約　撰

本紀第十

順帝

順皇帝諱準字仲謀小字智觀明帝第三子也泰始五年七月癸丑生七年封安成王食邑三千戶仍拜撫軍將軍置佐史廢帝卽位爲揚州刺史元徽二年進號車騎將軍都督揚南豫二州諸軍事給鼓吹一部刺史如故四年又進號驃騎大將軍開府儀同三司班劒三十人都督刺史如故元徽五年七月戊子夜廢帝殞奉迎王入居朝堂壬辰卽皇帝位昇明元年改元大赦天下賜文武位二等甲午鎭軍將軍齊王出鎭東城輔政作相丙申詔曰露臺息構義光漢德雉裘焚制事隆晉道故以檢奢軌化敎儉馭俗頃甸服未靜師旅連年委蓄屢空勞斂莫偃而丹雘之飾糜耗難訾寶賂之費徵賦靡計今車服儀制實宜約損使徽章有序勿得侈溢可罷省御府二署凡工麗彫鏤傷風毀治一皆禁斷庶永昭憲則弘茲始政征西大將軍荆州刺史沈攸之進號車騎大將軍開府儀同三司尚書左僕射中領軍鎭軍將軍南兗州刺史齊王爲司空錄尚書事驃騎大將軍刺史如故中書令衞將軍開府儀同三司撫軍將軍劉秉爲尚書令加中軍將軍安西將軍郢州刺史晉熙王燮爲撫軍將軍揚州刺史南陽王翽爲郢州刺史辛丑尚書右僕射王僧虔爲尚書僕射右衞將軍劉韞爲中領軍金紫光祿大夫王琨爲右光祿大夫給司空齊王錢五百萬布五千匹癸卯車駕謁太廟丙午以安西參軍明慶符爲青冀二州刺史武陵王贊爲郢州刺史新除郢州刺史南陽王翽爲湘州刺史司空南兗州刺史齊王改領南徐州刺史征虜將軍李安民爲南兗州刺史雍州大水八月壬子遣使賑郵蠲除稅調以驃騎長史劉澄之爲南豫州刺史山陽太守于天寶新吳縣子秦立有辠下獄死戊午改平準署辛酉以宣城太守李靈謙爲兗州刺史癸亥司空袁粲鎭石頭丁卯原除元年以前逋調復郡縣祿田戊辰崇拜帝所生陳昭華爲皇太妃庚午司空長史謝朏衞軍長史江斅中書侍郞褚炫武陵王文學劉俁入直殿省參侍文義齊王固讓司空庚辰以爲驃騎大將軍開府儀同三司九月己丑詔曰昔聖王旣沒淳風已衰龜書永湮龍圖長秘故三代之末德刑相擾世淪物競道阤人詖然猶正士比轂奇才接軫朕襲運金樞纂靈瑤極負扆巡政日晏忘疲永言興替望古盈慮姬夏典載猶傳緗帙漢魏餘文布在方冊故元封興茂才之制地節栩獨行之品振維務本存乎得人今可宜下州郡搜揚幽仄標采鄉邑薦名薦上朕將親覽甄其茂異庶野無遺彥永激遐芬己酉廬陵王暠薨冬十一月己酉倭國遣使獻方物丙午員外散騎侍郎胡羨生行越州刺史以交州刺史沈景德爲廣州刺史十二月丁巳以驍騎將軍王廣之爲徐州刺史車騎大將軍荆州刺史沈攸之舉兵反丁卯錄公齊王入守朝堂侍中蕭嶷鎭東府戊辰內外纂嚴己巳以郢州刺史武陵王贊爲安西將軍荆州刺史征虜將軍雍州刺史張敬兒進號鎭軍將軍右衞將軍黃回爲平西將軍郢州刺史督諸軍前鋒南討征虜將軍呂安國爲湘州刺史都官尚書王寬加平西將軍庚午新除左衞將軍齊王世子奉新除撫軍將軍揚州刺史晉熙王燮鎭尋陽之盆城壬申以驍騎將軍周槃龍爲廣州刺史是日司徒袁粲據石頭反尚書令劉秉黃門侍郎劉述冠軍王蘊率衆赴之黃回及輔國將軍孫曇瓘屯騎校尉王宜興輔國將軍任候伯左軍將軍彭文之密相響應中領軍劉韞直閤將軍卜伯興在殿內同謀錄公齊王誅韞等於省內軍主蘇烈王天生薛道淵戴僧靜等陷石頭斬粲於城內秉述蘊踰城走追擒之並伏誅其餘無所問豫州刺史劉懷珍雍州刺史張敬兒廣州刺史陳顯達並舉義兵司州刺史姚道和梁州刺史范栢年湘州行事庾佩玉擁衆懷貳甲戌大赦天下乙亥以尚書僕射王僧虔爲尚書左僕射新除中書令王延之爲尚書右僕射吳郡太守劉遐據郡反輔國將軍張瓌討斬之閏月辛巳屯騎校尉王宜與有辠伏誅癸巳沈攸之攻圍郢城前軍長史柳世隆固守攸之弟登之作亂於吳興吳興太守沈文秀討斬之己亥內外戒嚴假錄公齊王黃鉞辛丑寧朔將軍北秦州刺史武都王楊文慶進號征西將軍乙巳錄公齊王出頓新亭二年春正月沈攸之遣將公孫方平據西陽辛酉建寧太守張謨擊破之丁卯沈攸之自郢城奔散己巳華容縣民斬送之左將軍豫州刺史劉懷珍進號平南將軍辛未鎭軍將軍雍州刺史張敬兒克江陵斬攸之子光琰荆州平同逆皆伏誅丙子解嚴以新除侍中柳世隆爲尚書右僕射是日錄公齊王旋鎭東府丁丑以江州刺史邵陵王友爲安南將軍豫州刺史左衞將軍齊王世子爲江州刺史侍中蕭嶷爲領軍鎭軍將軍雍州刺史張敬兒進號征西將軍平西將軍郢州刺史黃回進

號鎭西將軍二月庚辰以尚書左僕射王僧虔爲尚書令尚書右僕射王延之爲尚書左僕射癸未錄公齊王加授太尉衞將軍褚淵爲中書監司空甲申曲赦荆州丙戌撫軍將軍揚州刺史晉熙王燮進號中軍將軍開府儀同三司戊子蠲雝州緣沔居民前被水災者租布三年辛卯郢州刺史新除鎭南將軍黄回爲鎭北將軍南兗州刺史南兗州刺史李安民爲郢州刺史癸巳以山陰令傅琰爲益州刺史丙申左軍將軍彭文之有辠下獄死行湘州事任候伯殺前湘州行事庾佩玉傳首京邑三月庚戌以廣州刺史周槃龍爲司州刺史輔國將軍劉悛爲廣州刺史丙子給太尉齊王羽葆鼓吹夏四月己卯以游擊將軍垣崇祖爲兗州刺史辛卯新除鎭北將軍南兗州刺史黄回有辠賜死甲午輔國將軍淮南宣城二郡太守蕭映行南兗州刺史五月戊午倭國王武遣使獻方物以武爲安東大將軍輔國將軍行湘州事任候伯有辠伏誅六月己丑以前新會太守趙超民爲交州刺史丁酉以輔國將軍楊文弘爲北秦州刺史封武都王八月辛卯太尉齊王表斷奇飾麗服凡十有四條乙未以江州刺史齊王世子爲領軍將軍撫軍將軍丙申以領軍蕭嶷爲江州刺史九月乙巳朔日有蝕之丙午加太尉齊王黄鉞都督中外諸軍事太傅領揚州牧劒履上殿入朝不趨贊拜不名置左右長史司馬從事中郎掾屬各四人中軍將軍揚州刺史晉熙王燮爲司徒戊申行南兗州刺史蕭映爲南兗州刺史甲寅給太傅齊王三望車己未芮芮國遣使獻方物癸酉武陵內史張澹有辠下獄死冬十月丁丑寧朔將軍淮南宣城二郡太守蕭晃爲豫州刺史孫曇瓘先逃亡己卯擒獲伏誅壬寅立皇后謝氏減死辠一等五歲刑以下悉原十二月壬子立故武昌太守劉琨息頒爲南豐縣王癸亥臨澧侯劉晃謀反晃及黨與皆伏誅甲子改封南陽王翽爲隨郡王改隨陽郡十二月丙戌皇后見于太廟戊子高麗國遣使獻方物

三年春正月甲辰以江州刺史蕭嶷爲鎭西將軍荆州刺史尚書左僕射王延之爲安南將軍江州刺史安西長史蕭順之爲郢州刺史乙卯太傅齊王表諸負官物質役者悉原除辛亥以驍騎將軍王玄邈爲梁南秦二州刺史領軍將軍撫軍將軍齊王世子加尚書僕射進號中軍大將軍開府儀同三司丙辰加太傅齊王前部羽葆鼓吹丁巳詔太傅府依舊辟召以征西將軍雝州刺史張敬兒爲護軍將軍新除給事黄門侍郎蕭諱爲雝州刺史二月丙子安南將軍南豫州刺史邵陵王友薨三月癸卯朔日有蝕之甲辰崇太傅爲相國總百揆封十郡爲齊公備九錫之禮加璽紱遠游冠位在諸王上加相國綠綟綬其驃騎大將軍揚州牧南徐州刺史如故丙午以中軍大將軍諱爲南豫州刺史齊公世子副貳相國綠綟綬庚戌臨川王綽謀反綽及黨與皆伏誅丁巳以齊國初建給錢五百萬布五千匹絹千匹夏四月壬申進齊公爵爲齊王增封十郡甲戌安西將軍武陵王贊薨丙戌命齊王冕十有二旒建天子旌旗出警入蹕乘金根車駕六馬備五時副車置旄頭雲罕樂儛八佾設鍾虡宮縣進世子爲太子王子王女王孫爵命之號壹如舊儀辛卯天祿永終禪位于齊壬辰帝遜位于東邸既而遷居丹陽宮齊王踐阼封帝爲汝陰王待以不臣之禮行宋正朔上書不爲表答表不爲詔建元元年五月己未殂于丹陽宮時年十三謚曰順帝六月乙酉葬于遂寧陵

史臣曰聖王膺籙自非接亂承微則天歷不至也自三五以來受命之主莫不乘淪亡之極然後符樂推之運水德遷謝其來久矣豈止於區區汝陰揖禪而已哉

宋書卷十考證

順帝紀武陵王文學劉俟入直殿省○俟一本作候

宋書卷十一

梁　沈約　撰

志第一

律志序

左史記言右史記事事則春秋是也言則尚書是也至於楚書鄭志晉乘楚杌之篇皆所以昭述前史俾不泯於後司馬遷制一家之言始區別名題至乎禮儀刑政有所不盡乃於紀傳之外剏立八書片文隻事鴻纖備舉班氏因之靡違前式網羅一代條流遂廣律歷禮樂其名不變以天官爲天文改封禪爲郊祀易貨殖平準之稱革河渠溝洫之名綴孫卿之辭以述刑法采孟軻之書用序食貨劉向洪範始自春秋劉歆七略儒墨異部朱贛博采風謠尤爲詳洽固並因仍以爲三志而禮樂疏簡所漏者多典章事數百不記一天文雖爲該舉而不言天形致使三天之說紛然莫辨是故蔡邕於朔方上書謂宜載述者也漢興接秦坑儒之後典墳殘缺耆生碩老常以亡逸爲慮劉歆七略固之藝文蓋爲此也河自龍門東注橫被中國每漂決所漸寄重災深堤築之功勞役天下且關洛高塏地少川源是故鎬酆潦潏咸入禮典漳滏鄭白之饒溝渠沾溉之利皆民命所祖國以爲天溝洫立志亦其宜也世殊事改於今可得而略竊以班氏律歷前事已詳自楊偉改創景初而魏書闕志及元嘉重造新法大明博議回改自魏至宋宜入今書班固禮樂郊祀馬彪祭祀禮儀蔡邕朝會董巴輿服並各立志夫禮之所苞其用非一郊祭朝饗匪云別事旗章服物非禮而何今總而裁之同謂禮志刑法食貨前說已該隨流派別附之紀傳樂經殘缺其來已遠班氏所述止抄舉樂記馬彪後書又不備續至於八音衆器並不見書雖略見世本所闕猶衆爰及雅鄭謳謠之節一皆屏落曾無槩見郊廟樂章每隨世改雅聲舊典咸有遺文又案今鼓吹鐃歌雖有章曲樂人傳習口相師祖所務者聲不先訓以義今樂府鐃歌校漢魏舊曲曲名時同文字永異尋文求義無一可了不知今之鐃章何代曲也今志自郊廟以下凡諸樂章非淫哇之辭並皆詳載天文五行自馬彪以後無復記錄何書自黄初之始徐志肇義熙之元今以魏接漢式遵何氏然則自漢高帝五年之首冬暨宋順帝昇明二年之孟夏二辰六沴甲子無差聖帝哲王咸有瑞命之紀蓋所以神明寶位幽贊禎符欲使逐鹿弭謀窺覬不作握河括地綠文赤字之書言之詳矣爰逮道至天而甘露下德洞地而醴泉出金芝玄秬之祥朱草白烏之瑞斯固不可誣也若夫衰世德爽而嘉應不息斯固天道茫昧難以數推亦由明主居上而震蝕之災不弭百靈咸順而懸象之應獨違今立符瑞志以補前史之闕地理參差事難該辨魏晉以來遷徙百計一郡分爲四五一縣割成兩三或昨屬荆豫今隸司兗朝爲零桂之士夕爲廬九之民去來紛擾無暫止息版籍爲之渾淆職方所以不能記自戎狄內偪有晉東遷中土遺氓播徙江外幽并冀雝兗豫青徐之境幽淪寇逆自扶莫而裹足奉首免身於荆越者百郡千城流寓比室人佇鴻鴈之歌士蓄懷本之念莫不各樹邦邑思復舊井既而民單戶約不可獨建故魏邦而有韓邑齊縣而有趙民且省置交加日回月徙寄寓遷流迄無定託邦名邑號難或詳書大宋受命重啓邊隙淮北五州翦爲寇境其或奔亡播遷復立郡縣斯則元嘉泰始同名異實今以班固馬彪二志晉宋起居凡諸記註悉加推討隨條辨析使悉該詳百官置省備有前說尋源討流於事爲易元嘉中東海何承天受詔纂宋書其志十五篇以續馬彪漢志其證引該博者卽而因之亦由班固馬遷共爲一家者也其有漏闕及何氏後事備加搜采隨就補綴爲溯流浩漫非孤學所盡足蹇途遙豈短策能運雖斟酌前史備覩妍媸而愛嗜異情取捨殊意每含毫握簡杼軸忘飡終亦不足與班左並馳董南齊轡庶爲後之君子削藁而已焉

黄帝使伶倫自大夏之西阮隃之陰取竹之嶰谷生其竅厚均者斷兩節間而吹之以爲黄鍾之宮制十二管以聽鳳鳴以定律呂夫聲有清濁故協以宮商形有長短故檢以丈尺器有大小故定以斛斗質有輕重故平以鈞石故虞書曰乃同律度量衡然則律呂宮商之所由生也夫樂有器有文有情有官鍾鼓干戚樂之器也屈伸舒疾樂之文也論倫無患樂之情也欣喜歡愛樂之官也是以君子反情以和志廣樂以成教故能情深而文明氣盛而化神和順積中而英華發外故曰樂者心之動也聲者樂之象也周禮曰乃奏黄鍾歌大呂舞雲門以祀天神乃奏太蔟歌應鍾舞咸池以祭地祇四望闕山川先祖各有其樂又曰圜鍾爲宮黄鍾爲徵姑洗爲羽雷鼓雷鼗孤竹之管雲和之琴瑟雲門之舞冬日至於地上之圜丘奏之若樂六變則天神皆降可得而禮矣地祇人鬼禮亦如之其可以感物興化若此之深也道始於一一生二二生三三而九故黄鍾之數六分而爲雌雄十二鍾鍾以三成故置一而三之凡積分十七萬七千一百四十七爲黄鍾之實故黄鍾位子主十一月下生林鍾林鍾之數五十四主六月上生太蔟太蔟之數七十二主正月下生南呂南呂之數四十八主八月上生姑洗姑洗之數六十四主三月下生應鍾應鍾之數四十三主十月上生蕤賓蕤賓之數五十七主五月上生大呂大呂之數七十六主十二月下生夷則夷則之數五十一主七月上生夾鍾夾鍾之數六十七主二月下生無射無射之數四十五主九月上生中呂中呂之數六十主四月極不生極不生鍾律不能復相生宮生徵徵

生商商生羽羽生角角生姑洗姑洗生應鍾不比於正音故爲和(姑洗三月應鍾十月不與正音比故爲和和徒聲也)應鍾生蕤賓蕤賓不比於正音故爲繆(繆音相干也周律故有繆和爲武王伐紂七音)日冬至音比林鍾浸以濁日夏至音比黃鍾浸以清以十二月律應二十四時甲子中呂之徵也丙子夾鍾之羽也戊子黃鍾之宮也庚子無射之商也壬子夷則之角也古人爲度量輕重皆生乎天道黃鍾之律長九寸物以三生三三九三九二十七故幅廣二尺七寸古之制也音以八相生故人長八尺尋自倍故八尺而爲尋有形即有聲音之數五以五乘八五八四十尺爲匹匹者中人之度也一匹爲制秋分而禾穗定(穗禾穗芒也)穗定而禾孰律之數十二故十二穗而當一粟十粟而當一寸律以當辰音以當日日之數十故十寸而爲尺十尺爲丈其以爲重十二粟而當一分十二分而當一銖十二銖而當半兩衡有左右因而倍之故二十四銖而當一兩天有四時以成一歲因而四之四四十六故十六兩而一斤三月而一時三十日一月故三十斤而爲一鈞四時而一歲故四鈞而一石其爲音也一律而生五音十二律而爲六十音因而六之六六三十六故三百六十音以當一歲之日故律歷之數天地之道也下生者倍以三除之上生者四以三除之楊子雲曰聲生於日(謂甲己爲角乙庚爲商丙辛爲徵丁壬爲羽戊癸爲宮)律生於辰(謂子爲黃鍾丑爲大呂之屬)聲以情質(質正也各以其行本情爲正也)律以和聲(當以律管鍾均和其清濁之聲)聲律相協而八音生(協和)宮商角徵羽謂之五聲金石匏革絲竹土木謂之八音聲和音諧是謂五樂夫陰陽和則景至律氣應則灰除是故天子常以冬夏至御前殿合八能之士陳八音聽樂均度晷景候鍾律權土炭效陰陽冬至陽氣應則樂均清景長極黃鍾通土炭輕而衡卬夏至陰氣應則樂均濁景短極蕤賓通土炭重而衡低進退於先後五日之中八能各以候狀聞太史令封上効則和否則占候氣之法爲室三重戶閉塗釁周密布緹幔室中以木爲案每律各一內庳外高從其方位加律其上以葭莩灰布其內端案歷而候之氣至者吹去散人及風所動者其灰聚殿中候用玉律十二唯二至乃候取弘農宜陽縣金門山竹爲灰三代陵遲音律失度漢興北平侯張蒼始定律歷孝武之世置協律之官元帝時郎中京房知五音六十律之數受學於小黃令焦延壽其下生上生終於中呂而十二律畢矣中呂上生執始執始下生去滅終於南事而六十律畢矣夫十二律之變至於六十猶八卦之變至於六十四也宓羲作易紀陽氣之初以爲律法建日冬至之聲以黃鍾爲宮太蔟爲商姑洗爲角林鍾爲徵南呂爲羽應鍾爲變宮蕤賓爲變徵此聲氣之元五音之正也故各統一日其餘以次運行當日者各自爲宮而商角徵羽以類從焉禮運篇曰五聲六律十二管還相爲宮此之謂也以六十律分一朞之日黃鍾自冬至始及冬至而復陰陽寒燠風雨之占於是生焉房又曰竹聲不可以度調故作準以定數準之狀如瑟長丈而十三弦隱間九尺以應黃鍾之律九寸中央一弦下有畫分寸以爲六十律清濁之節房言律詳其術施行於史官候部用之續漢志具載其律準度數

漢章帝元和元年待詔候鍾律殷彤上言官無曉六十律以準調音者故待詔嚴嵩具以準法教子男宣願召宣補學官主調樂器詔曰嵩子學審曉律別其族協其聲者審試不得依託父學以聾爲聰聲微妙獨非莫知獨是莫曉以律錯吹能知命十二律不失一乃爲能傳嵩學耳試宣十二律其二中其四不中其六不知何律宣遂罷自此律家莫能爲準靈帝熹平六年東觀召典律者太子舍人張光等問準意光等不知歸閱舊藏乃得其器形制如房書猶不能定其絃緩急音不可以書曉人知之者欲教而無從心達者體知而無師故史官能辨清濁者遂絕其可以相傳者唯候氣而已

	舊律度	新律度	舊律分	新律分（新律小分十三十六）
黃鍾	九寸	九寸	十七萬七千一百四十七	十七萬七千一百四十七
林鍾	六寸	六寸一氂	十一萬八千九十八	十一萬八千二百九十六 二十五
太蔟	八寸	八寸二氂	十五萬七千四百六十四	十五萬七千八百六十一 十四
南呂	五寸二分三氂少強	五寸三分六氂少強	十萬四千九百七十六	十萬五千五百七十二 三
姑洗	七寸一分一氂強	七寸一分五氂少強	十三萬九千九百六十八	十四萬七百六十二 二十八
應鍾	四寸七分	四寸七分九氂強	九萬三千三百一十二	九萬四千三百五十七
蕤賓	六寸三分二氂強	六寸三分八氂少強	十二萬四千四三十六	十二萬五千六八六
大呂	八寸四分二氂大強	八寸四分九氂大強	十六萬五千八百八十八	十六萬七千二百七十八 三十一
夷則	五寸六分一氂大強	五寸七分弱	十一萬五百九十二	十一萬二千一百八十一 二十
夾鍾	七寸四分九氂少強	七寸五分八氂	十四萬七千四百五十六	十四萬九千二百四十九
無射	四寸九分九氂半強	五寸九氂半	九萬八千三百四	十萬二百九十三 十四
中呂	六寸六分六氂弱	六寸七分七氂	十三萬一千七十二	十三萬三千二百五十七 二十五
黃鍾	八寸八分八氂弱	九寸	十七萬四千七百六十二(三分之二分二千四百八十四三分之一)	十七萬七千一百四十七

論曰律呂相生皆三分而損益之先儒推十二律從子至亥每三之凡十七萬七千一百四十七而三約之是爲上生故漢志云三分損一下生林鍾三分益一上生太蔟無射既上生中呂則中呂又當上生黃鍾然後五聲六律十二管還相爲宮今上生不及黃鍾實二千三百八十四九約實一千九百六十八爲一分此則不周九寸之律一分有奇豈得還爲宮乎凡三分益一爲上生三分損一爲下生此其大略猶周天斗分四分之一耳京房不思此意比十二律微有所增方引而伸之中呂上生執始執始下生去滅至於南事爲六十律竟復不合彌益其疎班氏所志未能通律呂本源徒訓角爲觸徵爲祉陽氣施種於黃鍾如斯之屬空煩其文而爲辭費又推九六欲符劉歆三統之數假託非類以飾其說皆孟堅之妄矣

蔡邕從朔方上書云前漢志但載十律不及六十六律尺寸相生司馬彪皆已志之漢末亡失雅樂黃初中鑄工柴玉巧有意思形器之中多所造作協律都尉杜夔令玉鑄鍾其聲清濁多不如法數毀改作玉甚厭之謂夔清濁任意更相訴白於魏王魏王取玉所鑄鍾雜錯更試然後知夔爲精於是罪玉及諸子皆爲養馬士晉泰始十年中書監荀勗中書令張華出御府銅竹律二十五具部太樂郎劉秀等校試其三具與杜夔及左延年律法同其二十二具視其銘題尺寸是笛律也問協律中郎將列和辭昔魏明帝時令和承受笛聲以作此律欲使學者別居一坊歌詠講習依此律調至於都合樂時但識其尺寸之名則絲竹歌詠皆得均合歌聲濁者用長笛長律歌聲清者用短笛短律凡絃歌調張清濁之制不依笛尺寸名之則不可知也勗等奏昔先王之作樂也以振風蕩俗饗神佐賢必協律呂之和以節八音之用是故郊祀朝宴用之有制歌奏分敘清濁有宜故曰五聲十二律還相爲宮此經傳記籍可得而知者也如和對辭笛之長短無所象則率意而作不由曲度考以正律皆不相應吹其聲均多不諧合又辭先師傳笛別其清濁直以長短工人裁制舊不依律是爲作笛無法而知寫笛造律又令琴瑟歌詠從之爲正非所以稽古先哲垂憲於後者也謹條牒諸律問和意狀如左及依典制用十二律造笛像十二枚聲均調和器用便利講肄彈擊必合律呂況乎宴饗萬國奏之廟堂者哉雖伶夔曠遠至音難精猶宜形古昔以求厥衷合於經禮於制爲詳若可施用請更部笛工選竹造作太樂樂府施行平議諸杜夔左延年律可皆留其御府笛正聲下徵各一具皆銘題作者姓名其餘無所施用還付御府毀奏可勗又問和作笛爲可依十二律作十二笛令一孔依一律然後乃以爲樂不和辭太樂東廂長笛正聲已長四尺二寸令當復取其下徵之聲於法聲濁者笛當長計其尺寸乃五尺有餘和昔日作之不可吹也又笛諸孔雖不校試意謂不能得一孔輒應一律也案太樂四尺二寸笛正聲均應蕤賓以十二律還相爲宮推法下徵之孔當應律大呂大呂笛長二尺六寸有奇不得長五尺餘令太樂郎劉秀鄧昊等依律作大呂笛以示和又吹七律一孔一校聲皆相應然後令郝生鼓筝宋同吹笛以爲雜引相和諸曲和乃辭曰自和父祖漢世以來笛家相傳不知此法而令調均與律相應實非所及也郝生魯基种整朱夏皆與和同又問和笛有六孔及其體中之空爲七和爲能盡名其宮商角徵不孔調與不調以檢知和辭先師相傳吹笛但以作曲相語爲某曲當與某指初不知七孔盡應何聲也若當作笛其仰尚方笛工依案舊像訖但吹取鳴者初不復校其諸孔調與不調也案周禮調樂金石有一定之聲是故造鍾磬者先依律調之然後施於廂懸作樂之時諸音皆受鍾磬之均即爲悉應律也至於饗宴殿堂之上無廂懸鍾磬以笛有一定調故諸絃歌皆從笛爲正是爲笛猶鍾磬宜必合於律呂如和所對直以意造率短一寸七孔聲均不知其皆應何律調與不調無以檢正唯取竹之鳴者爲無法制輒部郎劉秀鄧昊(缺)魏邵等與笛工參共作笛工人造其形律者定其聲然後器象有制音均和協又問和若不知律呂之義作樂音均高下清濁之調當以何名之和辭每合樂時隨歌者聲之清濁用笛有長短假令聲濁者用三尺二笛因名曰此三尺二調也聲清者用二尺九笛因名曰此二

尺九調也漢魏相傳施行皆然案周禮奏六樂乃奏黃鍾歌大呂乃奏太蔟歌應鍾皆以律呂之義紀歌奏清濁而和所稱以二尺三尺爲名雖漢魏用之俗而不典部郎劉秀鄧昊等以律作笛三尺一寸者應無射之律若宜用長笛執樂者曰請奏無射周語曰無射所以宣布哲人之令德示民軌儀也二尺八寸四分四氂應黃鍾之律若宜用短笛執樂者曰請奏黃鍾周語曰黃鍾所以宣養六氣九德也是則歌奏之義當合經禮考之古典於制爲雅書曰予欲聞六律五聲八音在治忽始周禮載六律六同禮記又曰五聲十二律還相爲宮劉歆班固纂律歷志亦紀十二律唯京房始創六十律至章帝時其法已亡蔡邕雖追古作其言亦曰今無能爲者依案古典及今音家所用六十律者無施於樂謹依典記以五聲十二律還相爲宮之法制十二笛象記注圖側如別省圖不如視笛之了故復重作蕤賓伏孔笛其制云黃鍾之笛正聲應黃鍾下徵應林鍾長二尺八寸四分四氂有奇（周語曰黃鍾所以宣養六氣九德也主聲調法以黃鍾爲宮則姑洗爲角翕笛之聲應姑洗故以四角之長爲黃鍾之笛也其宮聲正而不倍故曰正聲）正聲調法黃鍾爲宮（第一孔）應鍾爲變宮（第二孔）南呂爲羽（第三孔）林鍾爲徵（第四孔）蕤賓爲變徵（第五附孔）姑洗爲角（笛體中聲）太蔟爲商（笛後出孔也商聲濁於角當在角下而角聲以在體中故上其商孔令在宮上清於宮也然則宮商正也餘聲皆倍也是故從宮以下孔轉下轉濁也此章說笛孔上下大律之名也下章說律呂相生笛之制也）正聲調法黃鍾爲宮（作黃鍾之笛將求宮孔以姑洗及黃鍾律從笛首下度之盡二律之長而爲孔則得宮聲也）宮生徵黃鍾生林鍾也（以林鍾之律從宮孔下度之盡律作孔則得徵聲）徵生商林鍾生太蔟也（以太蔟律從徵孔上度之盡律以爲孔則得商聲也）商生羽太蔟生南呂也（以南呂律從商孔下度之盡律爲孔則得羽聲也）羽生角南呂生姑洗也（以姑洗律從羽孔上行度之盡律而爲孔則得角聲也然則出於商孔之上吹笛者左手所不及也從羽孔下行度之盡律而爲孔亦得角聲出於附孔之下則吹者右手所不逮也故不作角孔推而下之復倍其均是以角聲在笛體中古之制也音家舊法雖一倍再倍但令均同適足爲唱和之聲無害於曲均故也周語曰匏竹利制議宜謂便於事用從宜者也）角生變宮姑洗生應鍾也（上句所謂當爲角孔而出商上者墨點識之以應律也從此點下行度之盡律爲孔則得變宮之聲也）變宮生變徵應鍾生蕤賓也（以蕤賓律從變宮下度之盡律爲孔則得變徵之聲十二笛之制名以其宮爲主相生之法或倍或半其便事用例皆一者也）下徵調法林鍾爲宮（第四孔也本正聲黃鍾之徵徵清當在宮上用笛之宜倍令濁下故曰下徵下徵更爲宮者記所謂五聲十二律還相爲宮者也然則正聲調清下徵調濁也）南呂爲商（第三孔本正聲黃鍾之羽今爲下徵之商）應鍾爲角（第二孔本正聲黃鍾之變宮今爲下徵之角也）黃鍾爲變徵（下徵之調林鍾爲宮大呂當變徵而黃鍾笛本無大呂之聲故假用黃鍾以爲變徵也假用之法當爲變徵之聲則俱發黃鍾及太蔟應鍾三孔黃鍾濁而太蔟清大呂律在二律之間俱發三孔而微礚磯之則得大呂變徵之聲矣諸笛下徵調求變徵之法皆如此）太蔟爲徵（笛後出孔也本正聲之商今爲下徵之徵）姑洗爲羽（笛體中翕聲也本正聲之角今爲下徵之羽也）蕤賓爲變宮（附孔是也本正聲之變徵也今爲下徵之變宮也然則正聲之調孔轉下轉濁下徵之調孔轉上轉清也）清角之調以姑洗爲宮（即是笛體中翕聲也於正聲爲角於下徵爲羽清角之調乃以爲宮而哨吹令清故曰清角唯得爲宛詩謠俗之曲不合雅樂也）蕤賓爲商（正也）林鍾爲角（非正也）南呂爲變徵（非正也）應鍾爲徵（正也）黃鍾爲羽（非正也）太蔟爲變宮（非正也清角之調唯宮商及徵與律相應餘四聲非正者皆濁一律哨吹令清假而用之其例一也）凡笛體用角律其長者八之（蕤賓林鍾也）短者四之（其餘十笛皆四也）空中實容長者十六（短笛竹宜受八律之黍也若長短大小不合於此或器用不便聲均法度之齊等也然笛竹率上大下小不能均齊必不得已取其聲均合）三宮（一曰正聲二曰下徵三曰清角）二十一變也（宮有七聲錯綜用之故二十一變也諸笛例皆一也）伏孔四所以便事用也（一曰正角出於商上者也二曰倍角近笛下者也三曰變宮近於宮孔倍令下者也四曰變徵遠於徵孔倍令高者也或倍或半或四分一取則於琴徵也四者皆不作其孔而取其度以應進退上下之法所以協聲均便事用也其本孔隱而不見故曰伏孔）

大呂之笛正聲應大呂下徵應夷則長二尺六寸六分三氂有奇（周語曰元間大呂助宣物也）

太蔟之笛正聲應太蔟下徵應南呂長二尺五寸三分一氂有奇（周語曰太蔟所以金奏贊陽出滯也）

夾鍾之笛正聲應夾鍾下徵應無射長二尺四寸（周語曰二間夾鍾出四隙之細也）

姑洗之笛正聲應姑洗下徵應應鍾長二尺二寸三分三氂有奇（周語曰三間中呂宮中氣也）

蕤賓之笛正聲應蕤賓下徵應大呂長三尺九寸九分五氂有奇（周語曰蕤賓所以安靜神人獻酬交酢變宮近孔故陪半令下便於用也林鍾亦如之）

林鍾之笛正聲應林鍾下徵應太蔟長三尺七寸九分七氂有奇（周語曰四間林鍾和展百事俾莫不任肅純恪）

夷則之笛正聲應夷則下徵應夾鍾長三尺六寸（周語曰夷則所以詠歌九州平民無貳也變宮之法亦如蕤賓體用四角故四分益一也）

南呂之笛正聲應南呂下徵應姑洗長三尺三寸七分（周語曰五間南呂贊陽秀也）

無射之笛正聲應無射下徵應中呂長三尺二寸（周語曰無射所以宣布哲人之令德示民軌儀也）

應鍾之笛正聲應應鍾下徵應蕤賓長五尺九寸九分六氂有奇（周語曰六間應鍾均利器用俾應復也）

勗又以魏杜夔所制律呂檢校太樂總章鼓吹八音與律乖錯始知後漢至魏尺度漸長於古四分有餘夔依爲律呂故致失韻及部佐著作郎劉恭依周禮更積黍起度以鑄新律既成募求古器得周時玉律比之不差毫氂又漢世故鍾以律命之不叩而自應初勗行道逢趙郡商人縣鐸於牛其聲甚韻至是搜得此鐸以調律呂焉

晉武帝以勗律與周漢器合乃施用之散騎侍郎阮咸譏其聲高非興國之音咸亡後掘地得古銅尺果長勗尺四分時人咸服其妙

元康中裴頠以爲醫方民命之急而稱兩不與古同爲害特重宜因此改治權衡不見省

黃鍾箱笛晉時三尺八寸元嘉九年太樂令鍾宗之減爲三尺七寸十四年治書令史奚縱又減五分爲三尺六寸五分（列和云東箱長笛四尺二寸也）太蔟箱笛晉時三尺七寸宗之減爲三尺三寸七分縱又減一寸一分爲三尺二寸六分姑洗箱笛晉時三尺五寸宗之減爲二尺九寸七分縱又減五分爲二尺九寸二分蕤賓箱笛晉時二尺九寸宗之減爲二尺六寸縱又減二分爲二尺五寸八分

宋書卷十一考證

律志序版籥爲之渾淆職方所以不能記○以字疑衍

黃帝使伶倫自大夏之西阮隃之陰○漢書作昆侖之陰

猶宜形古昔以求厥衷○形當作型

宋書卷十二

梁　沈　約　撰

志第二

歷上

夫天地之所貴者生也萬物之所尊者人也役智窮神無幽不察是以動作云爲皆應天地之象古先聖哲擬辰極制渾儀夫陰陽二氣陶育羣品精象所寄是爲日月羣生之性章爲五才五才之靈五星是也歷所以擬天行而序七耀紀萬國而授人時黃帝使大撓造六甲容成制歷象羲和占日常儀占月少昊氏有鳳鳥之瑞以鳥名官而鳳鳥氏司歷顓頊之代南正重司天北正黎司地堯復育重黎之後使治舊職分命羲和欽若昊天故虞書曰朞三百有六旬六日以閏月定四時成歲其後授舜曰天之歷數在爾躬舜亦以命禹爰及殷周二代皆揃業革制而服色從之順其時氣以應天道萬物羣生蒙其利澤三王既謝史職廢官故孔子正春秋以明司歷之過秦兼天下自以爲水德以十月爲正服色上黑漢興襲秦正朔北平侯張蒼首言律歷之事以顓頊歷比於六歷所失差近施用至武帝元封七年太中大夫公孫卿壺遂太史令司馬遷等言歷紀廢壞宜改正朔易服色所以明受之於天也乃詔遂等造漢歷選鄧平長樂司馬可及人間治歷者二十餘人方士唐都分天部洛下閎運算轉歷其法積八十一寸則一日之分也閎與鄧平所治同於是皆觀星度日月行更以筭推如閎平法一月之日二十九日八十一分日之四十三詔遷用鄧平所造八十一分律歷以平爲太史丞至元鳳三年太史令張壽王上書以爲元年用黃帝調歷令陰陽不調更歷之過詔下主歷使者鮮于妄人與治歷大司農中丞麻光等二十餘人雜候晦朔弦望二十四氣又詔丞相御史大將軍右將軍史各一人雜候上林淸臺課諸疏密凡十一家起三年盡五年壽王課疏遠又漢元年不用黃帝調歷劾壽王逆天地大不敬詔勿劾復候盡六年太初歷第一壽王歷乃太史官殷歷也壽王再劾不服竟下吏至孝成時劉向總六歷列是非作五紀論向子歆作三統歷以說春秋屬辭比事雖盡精巧非其實也班固謂之密要故漢歷志述之校之何承天等六家之歷雖六元不同分章或異至今所差或三日或二日數時考其遠近率皆六國及秦時人所造其術斗分多上不可檢於春秋下不驗於漢魏雖復假稱帝王祇足以惑時人耳

光武建武八年太僕朱浮上言歷紀不正宜當改治時所差尚微未遑考正明帝永平中待詔楊岑張盛景防等典治歷但改易加時弦望未能綜校歷元也至元和二年太初失天益遠宿度相覺浸多候者皆知日宿差五度冬至之日在斗二十一度晦朔弦望先天一日章帝召治歷編訢李梵等綜核意狀遂下詔書稱春秋保乾圖曰三百年斗歷改憲史官用太初鄧平術有餘分一在三百年之域行度轉差浸以繆錯璇璣不正文象不稽冬至之日日在斗二十二度先立春一日則四分之立春日也而以折獄斷大刑於氣已逆用望平和蓋亦遠矣今改行四分以遵堯順孔奉天之文同心敬授儻獲咸熙於是四分法施行黃帝以來諸歷以爲冬至在牽牛初者皆黜焉和帝永元十四年待詔太史霍融上言官漏刻率九日增減一刻不與天相應或時差至二刻半不如夏歷密其年十一月甲寅詔曰漏所以節時分定昏明昏明長短起於日去極遠近日道周圜不可以計率分官漏九日增減一刻違失其實以晷景爲刻密近有驗今下晷景漏刻四十八箭其二十四氣日所在并黃道去極晷景漏刻昏明中星並列載於續漢律歷志安帝延光三年中謁者亶誦上書言當用甲寅

元河南梁豐云當復用太初尚書郎張衡周興皆審歷數難誦豐或不能對或云失誤衡等參案儀注考往校今以爲九道法最密詔下公卿詳議太尉愷等參議太初過天一度月以晦見西方元和改從四分四分雖密於太初復不正皆不可用甲寅元與天相應合圖讖可施行議者不同尚書令忠上奏天之歷數不可任疑從虛以非易是亶等遂寢靈帝熹平四年五官郎中馮光沛相上計掾陳晃等言歷元不正故盜賊爲害歷當以甲寅爲元不用庚申乙本庚申元經緯明文詔下三府與儒林明道術者詳議羣臣會司徒府集議議郎蔡邕曰歷數精微術無常是漢興承秦歷用顓頊元用乙卯百有二歲孝武皇帝始改太初元用丁丑行之百八十九歲孝章帝改從四分元用庚申今光等以庚申爲非甲寅爲是按歷法黃帝顓頊夏殷周魯各自有元光晃所援則殷曆元也昔始用太初丁丑之後六家紛錯爭訟是非張壽王挾甲寅元以非漢歷雜候清臺課在下第太初效驗無所漏失是則雖非圖讖之元而有效於前者也及用四分以來考之行度密於太初是又新元有效於今者也故延光中亶誦亦非四分言當用甲寅元公卿參議竟不施行且三光之行遲速進退不必若一故有古今之術今術之不能上通於古亦猶古術不能下通於今也又光晃以考靈耀爲本二十八宿度數至日所在錯異不可參校元和二年用至今九十二歲而光晃言陰陽不和姦臣盜賊皆元之咎元和詔書文備義著非羣臣議者所能變易三公從邕議以光晃不敬正鬼薪法詔書勿治辠

何承天曰夫歷數之術若心所不達雖復通人前識無救其爲敝也是以多歷年歲未能有定四分於天出三百年而盈一日積代不悟徒云建歷之本必先立元假言讖緯遂關治亂此之爲蔽亦已甚矣劉歆三統法尤復疏闊方於四分六千餘年又益一日揚雄心惑其說采爲太玄班固謂之最密著於漢志司馬彪因曰自太初元年始用三統歷施行百有餘年曾不憶劉歆之生不逮太初二三君子言歷幾乎不知而妄言歟

光和中穀城門候劉洪始悟四分於天疏闊更以五百八十九爲紀法百四十五爲斗分造乾象法又制遲疾歷以步月行方於太初四分轉精微矣魏文帝黃初中太史丞韓翊以爲乾象減斗分太過後當先天造黃初歷以四千八百八十三爲紀法一千二百五爲斗分其後尚書令陳羣奏以爲歷數難明前代通儒多共紛爭黃初之元以四分歷久遠疏闊大魏受命宜正歷明時韓翊首建黃初猶恐不審故以乾象互相參校歷三年更相是非舍本即末爭長短而疑尺丈竟無時而決按三公議皆綜盡曲理殊塗同歸欲使效之璿璣各盡其法一年之間得失足定合於事宜奏可明帝時尚書郎楊偉制景初歷施用至於晉宋古之爲歷者鄧平能修舊制新劉洪始減四分又定月行遲疾楊偉斟酌兩端以立多少之衷因朔積分設差以推合朔月蝕此三人漢魏之善歷者然而洪之遲疾不可以檢春秋偉之五星大乖於後代斯則洪用心尚疏偉拘於同出上元壬辰故也

魏明帝景初元年改定歷數以建丑之月爲正改其年三月爲孟夏四月其孟仲季月雖與正歲不同至於郊祀迎氣祭祠烝嘗巡狩蒐田分至啓閉班宣時令皆以建寅爲正三年正月帝崩復用夏正楊偉表曰臣攬載籍斷考歷數時以紀農月以紀事其所由來遐而尚矣乃自少昊則玄鳥司分顓頊帝嚳則重黎司天唐帝虞舜則義和掌日三代因之則世有日官日官司歷則頒之諸侯諸侯受之則頒於境內夏后之代羲和湎淫廢時亂日則書載胤征由此觀之審農時而重人事者歷代然也逮至周室既衰戰國橫騖告朔之羊廢而不紹登臺之禮滅而不遵閏分乖次而不識孟陬失紀而莫悟大火猶西流而怪蟄蟲之不藏也是時也天子不協時司歷不書日諸侯不受職日御不分朔人事不恤廢棄農時仲尼之撥亂於春秋託褒貶糾正司歷失閏則譏而書之登臺頒朔則謂之有禮自此以降暨於秦漢乃復以孟冬爲歲首閏爲後九月中節乖錯時月紕繆加時後天蝕不在朔累載相久而不革也至武帝元封七年始乃寤其繆焉於是改正朔更歷數使大才通人造太初歷校中朔所差以正閏分課中星得度以考疏密以建寅之月爲正朔以黃鍾之月爲歷初其歷斗分太多後遂疏闊至元和二年復用四分歷施而行之至於今日考察日蝕率常在晦是則斗分太多故先密後疏而不可用也是以臣前以制典餘日推考天路稽之前典驗之食朔詳而精之更建密歷則不先不後古今中天以昔在唐帝協日正時允釐百工咸熙庶績也欲使當今國之典禮凡百制度皆韜合往古郁然備足乃改正朔更歷數以大呂之月爲歲首以建子之月爲歷初臣以爲昔在帝代則法曰顓頊曩自軒轅則歷曰黃帝暨至漢之孝武革正朔更歷數改元曰太初因名太初歷今改元爲景初宜曰景初歷臣之所建景初歷法數則約要施用則近密治之則省功學之則易知雖復使研桑心筭隸首運籌重黎司晷羲和察景以考天路步驗日月究極精微盡術數之極者皆未如臣如此之妙也是以累代歷數皆疏而不密自黃帝以來改革不已

壬辰元以來至景初元年丁巳歲積四千四十六筭上

此元以天正建子黃鍾之月爲歷初元首之歲夜半甲子朔旦冬至

元法萬一千五十八

紀法千八百四十三

紀月二萬二千七百九十五

章歲十九

章月二百三十五

章閏七

通數十三萬四千六百三十

日法四千五百五十九

餘數九千六百七十

周天六十七萬三千一百五十

紀日歲中十二

氣法十二

没分六萬七千二百一十五

没法九百六十七

月周二萬四千六百三十八

通法四十七

會通七十九萬一百二十

朔望合數六萬七千三百一十五

入交限數七十二萬二千七百九十五

通周十二萬五千六百二十一

周日日餘二千五百二十八

周虛二千三十一

斗分四百五十五

甲子紀第一

紀首合朔月在日道裏

交會差率四十一萬二千九百一十九

遲疾差率十萬三千九百四十七

甲戌紀第二

紀首合朔月在日道裏

交會差率五十一萬六千五百二十九

遲疾差率七萬三千七百六十七

甲申紀第三

紀首合朔月在日道裏

交會差率六十二萬一百三十九

遲疾差率四萬三千五百八十七

甲午紀第四

紀首合朔月在日道裏

交會差率七十二萬三千七百四十九

遲疾差率一萬三千四百七

甲辰紀第五

紀首合朔月在日道裏

交會差率三萬七千二百四十九

遲疾差率一十萬八千八百四十八

甲寅紀第六

紀首合朔月在日道裏

交會差率十四萬八百五十九

遲疾差率七萬八千六百六十八

交會紀差十萬三千六百一十求其數之所生者置一紀積月以通數乘之會通去之所去之餘紀差之數也以之轉加前紀則得後紀加之未滿會通者則紀首之歲天正合朔月在日道裏滿去之則月在日道表加表滿在裏加裏滿在表

遲疾紀差三萬一百八十求其數之所生者置一紀積月以通數乘之通周去之餘以減通周所減之餘紀差之數也以之轉減前紀則得後紀不足減者加通周求次元紀差率轉減前元甲寅紀差率餘則次元甲子紀差率也求次紀如上法也

推朔積月術曰置壬辰元以來盡所求年外所求以紀法除之所得算外所入紀第也餘則入紀年數年以章月乘之如章歲而一爲積月不盡爲閏餘閏餘十二以上其年有閏閏月以無中氣爲正

推朔術曰以通數乘積月爲朔積分如日法而一爲積日不盡爲小餘以六十去積日餘爲大餘大餘命以紀筭外所求年天正十一月朔日也

求次月加大餘二十九小餘二千四百一十九小餘滿日法從大餘命如前次月朔日也小餘二千一百四十以上其月大也

推弦望加朔大餘七小餘千七百四十四小分一小分滿二從小餘小餘滿日法從大餘大餘滿六十去之餘命以紀筭外上弦日也又加得望下弦後月朔其月蝕望者定小餘如所近中節間限限數以下者筭上爲日

望在中節前後各四日以還者視限數望在中節前後各五日以上者視間限

推二十四氣術曰置所入紀年外所求以餘數乘之滿紀法爲大餘不盡爲小餘大餘滿六十去之餘命以紀筭外天正十一月冬至日也

求次氣加大餘十五小餘四百二小分十一小分滿氣法從小餘滿紀法從大餘命如前次氣日也

推閏月術曰以閏餘減章歲餘以歲中乘之滿章閏得一月餘滿半法以上亦得一月數從天正十一月起筭外閏月也閏有進退以無中氣御之

大雪十一月節　限數千二百四十二　間限千二百四十八

冬至十一月中　限數千二百五十四　間限千二百四十五

小寒十二月節　限數千二百三十五　間限千二百二十四

大寒十二月中　限數千二百一十三　間限千一百九十二

立春正月節　限數千一百七十二　間限千一百三十七

雨水正月中　限數千一百一十二　間限千九十三

驚蟄二月節　限數千六十五　間限千二十五

春分二月中　限數千八　間限九百七十九

清明三月節　限數九百五十一　間限九百二十五

穀雨三月中　限數九百　間限八百七十九

立夏四月節　限數八百五十七　間限八百四十

小滿四月中　限數八百二十二　間限八百一十三

芒種五月節　限數八百　間限七百九十九

夏至五月中　限數七百九十八　間限八百

小暑六月節　限數八百五　間限八百一十五

大暑六月中　限數八百二十五　間限八百四十二

立秋七月節　限數八百五十九　間限八百八十三

處暑七月中　限數九百七　間限九百三十五

白露八月節　限數九百六十二　間限九百九十二

秋分八月中　限數千二十一　間限千五十一

寒露九月節　限數千八十　間限千一百七

霜降九月中　限數千一百三十三　間限千一百五十七

立冬十月節　限數千一百八十　間限千一百九十八

小雪十月中　限數千二百一十五　間限千二百二十九

推没滅術曰因冬至積日有小餘者加積一以没分乘之以没法除之所得爲大餘不盡爲小餘大餘滿六十去之餘命以紀筭外即去年冬至後没日也

求次没加大餘六十九小餘五百九十二小餘滿没法得一從大餘命如前小餘盡爲滅也

推五行用事日立春立夏立秋立冬者即木火金水始用事日也各減其大餘十八小餘四百八十三小分六餘命以紀筭外各四立之前土用事日也大餘不足減者加六十小餘不足減者減大餘一加紀法小分不足減者減小餘一加氣法　推卦用事日因冬至大餘六其小餘坎卦用事日也加小餘萬九十一滿元法從大餘即中孚用事日也

求次卦各加大餘六小餘九百六十七其四正各因其中日六其小餘

推日度術曰以紀法乘朔積日滿周天去之餘以紀法除之所得爲度不盡爲分命度從牛前五起宿次除之不滿宿則天正十一月朔夜半日所在度及分也

求次日日加一度分不加經斗除斗分分少退一度

推月度術曰以月周乘朔積日滿周天去之餘以紀法除之所得爲度不盡爲分命如上法則天正十一月朔夜半月所在度及分也

求次月小月加度二十二分八百六大月又加一日度十三分六百七十九分滿紀法得一度則次月朔夜半月所在度及分也其冬下旬夕在張心署也

推合朔度術曰以章歲乘朔小餘滿通法爲大分不盡爲小分以大分從朔夜半日度分滿紀法從度命如前則天正十一月合朔日月所共合度也

求次月加度二十九大分九百七十七小分四十二小分滿通法從大分大分滿紀法從度經斗除其分則次月合朔日月所共合度也

推弦望日所在度加合朔度七大分七百五小分十微分一微分滿二從小分小分滿通法從大分大分滿紀法從度命如前則上弦日所在度也又加得望下弦後月合也

推弦望月所在度加合朔度九十八大分千二百七十九小分三十四數滿命如前即上弦月所在度也又加得望下弦後月合也

推日月昏明度術曰日以紀法月以月周乘所近節氣夜漏二百而一爲明分日以減紀法月以減月周餘爲昏分各以加夜半如法爲度

推合朔交會月蝕術曰置所入紀朔積分以所入紀交會差率之數加之以會通去之餘則所求年天正十一月合朔去交度分也以通數加之滿會通去之餘則次月合朔去交度分也以朔望合數各加其月合朔去交度分滿會通去之餘則各其月望去交度分也朔望去交分加朔望合數以下入交限數以上者朔則交會望則月蝕

推合朔交會月蝕月在日道表裏術曰置所入紀朔積分以所入紀下交會差率之數加之倍會通去之餘不滿會通者紀首表天正合朔月在表紀首裏天正合朔月在裏滿會通去之表在裏裏在表

求次月以通數加之滿會通去之加裏滿在表加表滿在裏先交會後月蝕者朔在表則望在裏朔在裏則望在表先月蝕後交會者看食月朔在裏則望在表朔在表則望在裏交會月蝕如朔望會數以下則前交後會如入交限數以上則前會後交其前交後會近於限數者則豫伺之前月前會後交近於限數者則後伺之後月（闕）求去交度術曰其前交後會者今去交度分如日法而一所得則却去交度也其前會後交者以去交度分減會通餘如日法而一所得則前去交度餘皆度分也去交度十五以上雖交不蝕也十以下是蝕十以上虧蝕微少光晷相及而已虧之多少以十五爲法

求日蝕虧起角術曰其月在外道先交後會者虧蝕西南角起先會後交者虧蝕東南角起其月在內道先交後會者虧食西北角起先會後交者虧食東北角起虧食分多少如上以十五爲法會交中者蝕盡月蝕在日之衝虧角與上反也

	月行遲疾度	損益率	盈縮積分	月行分
一日	十四度十四分	益二十六	盈一初	二百八十
二日	十四度十一分	益二十三	盈積分一十一萬八千五百三十四	二百七十七
三日	十四度八分	益二十	盈積分二十二萬三千三百九十一	二百七十四
四日	十四度五分	益十七	盈積分三十一萬四千五百七十一	二百七十
五日	十四度一分	益十三	盈積分三十九萬二千七十四	二百六十七
六日	十三度十四分	益七	盈積分四十五萬一千三百四十一	二百六十一
七日	十三度七分	損	盈積分四十八萬三千二百五十四	二百五十四
八日	十三度一分	損六	盈積分四十八萬三千二百五十四	二百四十八
九日	十二度十六分	損十	盈積分四十五萬五千九百	二百四十四
十日	十二度十三分	損十三	盈積分四十一萬三百一十	二百四十一
十一日	十二度十一分	損十五	盈積分三十五萬一千四十三	二百三十九
十二日	十二度八分	損十八	盈積分二十八萬二千六百五十八	二百三十六
十三日	十二度五分	損二十一	盈積分二十萬五百九十六	二百三十三
十四日	十二度三分	損二十三	盈積分十萬四千八百五十七	二百三十一
十五日	十二度五分	益二十一	縮初	二百三十三
十六日	十二度七分	益十九	縮積分九萬五千七百三十九	二百三十五
十七日	十二度九分	益十七	縮積分十八萬二千三百六十	二百三十七
十八日	十二度十二分	益十四	縮積分二十五萬九千八百六十三	二百四十
十九日	十二度十五分	益十一	縮積分三十二萬三千六百八十九	二百四十三
二十日	十二度十八分	益八	縮積分三十七萬三千八百三十八	二百四十六

二十一日　十三度三分　益四　縮積分四十一
萬三百一十
二百五十
二十二日　十三度七分　損　縮積分四十二
萬八千五百四十六
二百五十四
二十三日　十三度十二分　損五　縮積分四十二
萬八千五百四十六
二百五十九
二十四日　十三度十八分　損十一　縮積分四十萬
五千七百五十一
二百六十五
二十五日　十四度五分　損十七　縮積分三十五
萬五千六百二
二百七十一
二十六日　十四度十一分　損二十三　縮積分二十七
萬八千六十九
二百七十七
二十七日　十四度十一分　損二十四　縮積分十七萬
三千二百四十二
二百七十八
周日　十四度十三分有小分六百二十六　損五十五有小分六百二十六
縮積分六萬三千八百二十六
二百七十九有小分六百二十六

推合朔交會月蝕入遲疾歷術曰置所入紀朔積分以所入紀下遲疾差率之數加之以通周去之餘滿日法得一日不盡爲日餘命日筭外則所求年天正十一月合朔入歷日也

求次月加一日餘四千四百五十求望加十四日日餘三千四百八十九日餘滿日法成日日滿二十七去之又除餘如周日餘日餘不足除者減一日加周虛

推合朔交會月蝕定大小餘以入歷日乘所入歷損益率以損益縮積分爲定積分以章歲減所入歷月行分餘以除之所得以盈減縮加本小餘加之滿日法者交會加時在後日減之不足者交會加時在前日月蝕者隨定大小餘爲日加時入歷在周日者以周日日餘乘縮積分爲定積分以率損乘入歷日餘又以周日日餘乘之以周日日度小分并之以損定積分餘爲後定積分以章歲減周日月行分餘以周日日餘乘之以周日度小分并之以除後定積分所得以加本小餘如上法

推加時以十二乘定小餘滿日法得一辰數從子起算外則朔望加時所在辰也有餘不盡者四之如日法而一爲少二爲半三爲太又有餘者三之如日法而一爲强半法以上排成之不滿半法廢弃之以强并少爲少强并半爲半强并太爲太强得二强者爲少弱以之并少爲半弱以之并半爲太弱以之并太爲一辰弱以所在辰命之則各得其少太半及强弱也其月蝕望在中節前後四日以還者視限數五日以上者視間限定小餘如閒限數以下者以算上爲日

斗二十六分四百五十五
牛八
女十二
虛十
危十七
室十六
壁九
北方九十八度分四百五十五
奎十六
婁十二
胃十四
昴十一
畢十六
觜二
參九
西方八十度
井三十三
鬼四
柳十五
星七
張十八
翼十八
軫十七
南方百一十二度
角十二
亢九
氐十五
房五
心五
尾十八
箕十一
東方七十五度

中節日所在度
日行黃道去極度
日中晷景
晝漏刻
夜漏刻
昏中星
明中星

冬至十一月中斗二十一少
百一十五度
丈三尺
四十五
五十五
奎六弱
亢二少强

小寒十二月節女二少
百一十三强
丈二尺三寸
四十五分八
五十四分二
婁五半强
氐七强

大寒十二月中虛女半强
百一十太弱
丈一尺
四十六分八
五十三分二
胃十一太强
心半

立春正月節危十太弱
百六少弱
九尺六寸
四十八分六
五十一分四
畢五少弱
尾七半弱

雨水正月中室八太强
百一强
七尺九寸五分
五十分八
四十九分二
參六半弱
箕半弱

驚蟄二月節壁八强
九十五强
六尺五寸
五十三分三
四十六分七
井十七少弱
斗初少

春分二月中奎十四少强
八十九少强
五尺二寸五分
五十五分八
四十四分二
鬼四
斗十一弱

清明三月節胃一半
八十三少弱
四尺一寸五分
五十八分三
四十一分七
星四太
斗二十一半

穀雨三月中昴二太
七十七太强
三尺二寸
六十分五
三十九分五
張十七
牛六半

立夏四月節畢六太
七十三少弱
二尺五寸二分
六十二分四
三十七分六
翼十七太
女十少弱

小滿四月中參四少弱

六十九太
尺九寸分八
六十三分九
三十六分
角太弱
危太弱
芒種五月節井十半弱
六十七少弱
尺六寸分八
六十四分九
三十五分一
亢五太
危十四強
夏至五月中井二十五半強
六十七強
尺五寸
六十五
三十五
氐十二少弱
室十二強
小暑六月節柳二太強
六十七太強
尺七寸
六十四分七
三十五分三
尾一太強
奎二太強
大暑六月中星四強
七十
二尺
六十三分八
三十六分二
尾十五半強
婁三太
立秋七月節張十二少
七十三半強
二尺五寸分五
六十二分三
三十七分七
箕九太強

胃九太弱
處暑七月中翼九半
七十八半強
三尺三寸分三
六十分二
三十九分八
斗十少
畢三太
白露八月節軫六太
八十四少強
四尺三寸分五
五十七分八
四十二分二
斗二十一強
參五少強
秋分八月中角五弱
九十半強
五尺五寸分二
五十五分二
四十四分八
牛五少
井十六少強
寒露九月節亢八半弱
九十六太強
六尺八寸分五
五十二分六
四十七分四
女七太
鬼三少強
霜降九月中氐十四少強
百二少強
八尺四寸
五十分三
四十九分七
虛六太
星三太
立冬十月節尾四半強
百七少強
丈八寸分三
四十八分二

五十一分八
危八強
張十五太強
小雪十月中箕一太強
百一十一弱
丈一尺四寸
四十六分七
五十三分三
室三半強
翼十五太
大雪十一月節斗六
百一十三太強
丈二尺五寸分六
四十五分三
五十四分五
壁半強
軫十五少強

右中節二十四氣如術求之得冬至十一月中也加之得次月節加節得其月中中星以日所在爲正置所求年二十四氣小餘四之如法得一爲少不盡少三之如法爲強所以減其節氣昏明中星各定

推五星術

五星者木曰歲星火曰熒惑土曰塡星金曰太白水曰辰星凡五星之行有遲有疾有留有逆曩自開闢淸濁始分則日月五星聚於星紀發自星紀竝而行天遲疾留逆互相逮及星與日會同宿共度則謂之合從合至合之日則謂之終各以一終之日與一歲之日通分相約終而率之歲數歲則謂之合終歲數歲終則謂之合終合數二率既定則法數生焉以章歲乘合數爲合月法以紀法乘合數爲日度法以章月乘歲數爲合月分如合月法爲合月數合月之餘爲月餘以通數乘合月數如日法而一爲大餘以六十去大餘餘爲星合朔大餘之餘爲朔小餘以通數乘月餘以合月法乘朔小餘并之以日法乘合月法除之所得星合入月日數也餘以朔通法約之爲入月日以朔小餘減日法餘爲朔虛分以歷斗分乘合數爲星度斗分木火土各以合數減歲數餘以周天乘之如日度法而一所得則行星度數也餘則度餘金水以周天乘歲數如日度法而一所得則行星度數也餘則度餘

木合終歲數千二百五十五
合終合數千一百四十九
合月法二萬一千八百三十一
日度法二百一十一萬七千六百七
合月數十三
月餘萬一千一百二十二
朔大餘二十三
朔小餘四千九十三
入月日十五
日餘百九十九萬五千六百六十四
朔虛分四百六十六
斗分五十二萬二千七百九十五
行星度三十三
度餘百四十七萬二千八百
火合終歲數五千一百五
合終合數二千三百八十八
合月法四萬五千三百七十二
日度法四百四十萬一千八十四
合月數二十六
月餘二萬三
朔大餘四十七
朔小餘三千六百二十七
入月日十三
日餘三百五十八萬五千二百三十
朔虛分九百三十二
斗分百八萬六千五百四十
行星度五十
度餘百四十一萬二千一百五十
土合終歲數三千九百四十三
合終合數三千八百九
合月法七萬二千三百七十一
日度法七百一萬九千九百八十七
合月數十二
月餘五萬八千一百五十三
朔大餘五十四
朔小餘千六百七十四
入月日二十四
日餘六十七萬五千三百六十四
朔虛分二千八百八十五
斗分百七十三萬三千九十五
行星度十二

度餘五百九十六萬二千二百五十六
金合終歲數千九百七
合終合數二千三百八十五
合月法四萬五千三百一十五
日度法四百三十九萬五千五百五十五
合月數九
月餘四萬三百一十
朔大餘二十五
朔小餘三千五百三十五
入月日二十七
日餘十九萬四千九百九十
朔虛分千二十四
斗分百八萬五千一百七十五
行星度二百九十二
度餘十九萬四千九百九十
水合終歲數一千八百七十
合終合數萬一千七百八十九
合月法二十二萬三千九百九十一
日度法二千一百七十二萬七千一百二十七
合月數一
月餘二十一萬五千四百五十九
朔大餘二十九
朔小餘二千四百一十九
入月日二十八
日餘二千三十四萬千二百六十一
朔虛分二千一百四十
斗分五百三十六萬三千九百九十五
行星度五十七
度餘二千三十四萬四千二百六十一

推五星術曰置壬辰元以來盡所求年以合終合數乘之滿合終歲數得一名積合不盡名合餘以合終合數減合餘得一者星合往年得二者合前往年無所得合其年餘以減合終合數爲度分金水積合偶爲晨奇爲夕

推五星合月以月數月餘各乘積合餘滿合月法從月爲積月不盡爲月餘以紀月除積月所得算外所入紀也餘爲入紀月副以章閏乘之滿章月得一爲閏以減入紀月餘以歲中去之餘爲入歲月命以天正起算外星合月也其在閏交際以朔御之

推合月朔以通數乘入紀月滿日法得一爲積日不盡爲小餘以六十去積日餘爲大餘命以所入紀算外星合朔日也

推入月日以通數乘月餘合月法乘朔小餘并之通法約之所得滿日度法得一則星合入月日也不滿爲日餘命日以朔算外入月日也

推星合度以周天乘度分滿日度法得一爲度不盡爲餘命以牛前五度起算外星所合度也

求後合月以月數加入歲月以餘加月餘餘滿合月法得一月月不滿歲中卽在其年滿去之有閏計焉餘爲後年再滿在後二年金水加晨得夕加夕得晨也

求後合朔以朔大小餘數加合朔月大小餘其月餘上成月者又加大餘二十九小餘一千四百一十九小餘滿日法從大餘命如前法

求後入月日以月日日餘加入月日及餘餘滿日度法得一其前合朔小餘滿其虛分者去一日後小餘滿二千四百一十九以上去二十九日不滿去三十日其餘則後合入月日命以朔求後合度以度數及分如前合宿次命之

木晨與日合伏順十六日九十九萬七千八百三十二分行星二度百七十九萬五千二百三十八分而晨見東方在日後順疾日行五十七分之十一五十七日行十一度順遲日行九分五十七日行九度而留不行二十七日而旋逆日行七分之一八十四日退十二度而復留二十七日復遲日行九分五十七日行九度而復順疾日行十一分五十七日行十一度在日前夕伏西方順十六日九十九萬七千八百三十二分行星二度百七十九萬五千二百三十八分而與日合凡一終三百九十八日百九十九萬五千六百六十四分行星三十三度百四十七萬二千八百六十九分

火晨與日合伏七十二日百七十九萬二千六百一十五分行星五十六度百二十四萬九千三百四十五分而晨見東方在日後順日行二十三分之十四百八十四日行百一十二度更順遲日行十二分九十二日行四十八度而留不行十一日而旋逆日行六十二分之十七六十二日退十七度而復留十一日復順遲日行十二分九十二日行四十八度而復疾日行十四分百八十四日行百一十二度在日前夕伏西方順七十二日百七十九萬二千六百一十五分行星五十六度百二十四萬九千三百四十五分而與日合凡一終七百八十日三百三十八萬五千二百三十分行星四百一十五度二百四十九萬八千六百九十分

土晨與日合伏十九日三百八十四萬七千六百七十五分半行星二度六百四十九萬一千一百二十一分半而晨見東方在日後順行百七十二分之十三八十六日行六度半而留不行三十二日半而旋逆日行十七分之一百二日退六度而復留不行三十二日半復順日行十三分八十六日行六度半在日前夕伏西方順十九日三百八十四萬七千六百七十五分半行星二度六百四十九萬一千一百二十一分半而與日合凡一終三百七十八日六十七萬五千三百六十四分行星十二度五百九十六萬二千二百五十六分

金晨與日合伏六日退四度而晨見東方在日後逆遲日行五分之三十日退六度留不行七日而旋順遲日行四十五分之三十三四十五日行三十三度而順疾日行一度九十一分之十四九十一日行百五度而順益疾日行一度九十一分之二十一九十一日行百一十二度在日後而晨伏東方順四十二日十九萬四千九百九十分而與日合一合二百九十二日十九萬四千九百九十分行星如之

金夕與日合伏順四十二日十九萬四千九百九十分行星五十二度十九萬四千九百九十分而夕見西方在日前順疾日行一度九十一分之二十一九十一日行百一十二度而更順遲日行一度十四分九十一日行百五度而順益遲日行四十五分之三十三四十五日行三十三度而留不行七日而旋逆日行五分之三十日退六度在日前夕伏西方逆六日退四度而與日合凡再合一終五百八十四日三十八萬九千九百八十分行星如之

水晨與日合伏十一日退七度而晨見東方在日後逆疾一日退一度而留不行一日而旋順遲日行八分之七八日行七度而順疾日行一度十八分之四十八日行二十二度在日後晨伏東方順十八日二千三十四萬四千二百六十一分行星三十六度二千三十四萬四千二百六十一分而與日合凡一合五十七日二千三十四萬四千二百六十一分行星如之

水夕與日合伏十八日二千三十四萬四千二百六十一分行星三十六度二千三十四萬四千二百六十一分而夕見西方在日前順疾日行一度十八分之四十八日行二十二度而更順遲日行八分之七八日行七度而留不行一日而旋逆一日退一度在日前夕伏西方逆十一日退七度而與日合凡再合一終百一十五日千八百九十六萬一千三百九十五分行星如之

五星歷步術以法伏日度餘加星合日度餘滿日度法得一從全命如之前得星見日及度餘也以星行分母乘見度分如日度法得一分不盡半法以上亦得一而日加所行分分滿其母得一度逆順母不同以當行之母乘故分如故母而一當行分也留者承前逆則減之伏不盡度除斗分以行母爲率分有損益前後相御

凡五星行天遲疾留逆雖大率有常至犯守逆順難以術推月之行天猶有遲疾況五星乎唯日之行天有常進退有率不遲不疾不外不內人君德也

求木合終歲數法以木日度法乘一木終之日內分周天除之卽得也

求木合終合數法以木日度法乘周天滿紀法所得復以周天除之卽得五星皆放此也

魏黃初元年十一月小己卯蔀首己亥歲十一月己卯朔旦冬至臣偉上

劉氏在蜀不見改歷當是仍用漢四分法吳中書令闞澤受劉洪乾象法於東萊徐岳字公河故孫氏用乾象歷至於吳亡

晉武帝泰始元年有司奏王者祖氣而奉其闕終晉於五行之次應尚金金生於巳事於酉終於丑宜祖以酉日臘以丑日改景初歷爲泰始歷奏可

史臣按鄒衍五德周爲火行衍生在周時不容不知周氏行運且周之爲歷年八百秦氏卽有周之建國也周之火木其事易詳且五德更王唯有二家之說鄒衍以相勝立體劉向以相生爲義據以爲言不得出此二家者假使卽劉向之說周爲木行秦氏代周改其行運若不相勝則克木者金相生則本實生火秦氏乃稱水德理非謬然斯則劉氏所證爲不值矣臣以爲張蒼雖是漢臣生與周接司秦柱下備覩圖書且秦雖滅學不廢術數則有周遺文雖不畢在據漢水行事非虛作賈誼取秦云漢土德蓋以是漢代秦詳論二說各有其義張蒼則以漢水勝周火廢秦不班五德賈誼則以漢土勝秦水以秦爲一代論秦漢雖殊而周爲火一也然則相勝之義於事爲長若同蒼黜秦則漢水魏土晉木宋金若同賈誼取秦則漢土魏木晉金宋火也難者云漢高斷蛇而神母夜哭云赤帝子殺白帝子然則漢非火而何斯又不然矣漢若爲火則當云赤帝不宜云赤帝子

也白帝子又何義況乎蓋由漢是土德土生乎火秦是水德水生乎金斯則漢以土爲赤帝子秦以水德爲白帝子也難者又曰向云五德相勝今復云土爲赤帝子何也答曰五行自有相勝之義自有相生之義不得以相勝廢相生相生廢相勝也相勝者以土勝水耳相生者土自火子義豈相關崔寔四人月令曰祖者道神黃帝之子曰累祖好遠遊死道路故祀以爲道神合祖賦序曰漢用丙午魏用丁未晉用孟月之酉曰莫識祖之所由說者云祈請道神謂之祖有事於道者君子行役則列之於中路喪者將遷則稱名於階庭或云百代遠祖名謚彫滅墳塋不復存於銘表游魂不得託於廟祧故以初歲良辰建華蓋揚綵旌將以招靈爽庶衆祖之來憑云爾

晉江左時侍中平原劉智推三百年斗歷改憲以爲四分法三百年而減一日以百五十爲度法三十七爲斗分飾以浮說以扶其理江左中領軍琅邪王朔之以其上元歲在甲子善其術欲以九萬七千歲之甲子爲開闢之始何承天云悼於立意者也景初日中晷景卽用漢四分法是以漸就乖差其推五星則甚疎闊晉江左以來更用乾象五星法以代之猶有前却

宋太祖頗好歷數太子率更令何承天私撰新法元嘉二十年上表曰臣授性頑惰少所關解自昔幼年頗好歷數躭情注意迄於白首臣亡舅故祕書監徐廣素善其事有旣往七曜歷每記其得失自太和至泰元之末四十許年臣因比歲考校至今又四十載故其疎密差會皆可知也夫圓極常動七曜運行離合去來雖有定勢以新故相涉自然有毫末之差連日累歲積微成著是以虞書著欽若之典周易明治歷之訓言當順天以求合非爲合以驗天也漢代雜候淸臺以昏明中星課日所在雖不可見月盈則蝕必當其衝以月推日則躔次可知焉捨易而不爲役心於難事此臣所不解也堯典云日永星火以正仲夏今季夏則火中又宵中星虛以殷仲秋今季秋則虛中爾來二千七百餘年以中星檢之所差二十七八度則堯冬至日在須女十度左右也漢之太初歷冬至在牽牛初後漢四分及魏景初法同在斗二十一臣以月蝕檢之則景初今之冬至應在斗十七又史官受詔以土圭測景考校二至差三日有餘從來積歲及交州所上檢其增減亦相符驗然則今之二至非天之二至也天之南日在斗十三四矣此則十九年七閏數微多差復改法易章則用算滋繁宜當隨時遷革以取其合案後漢志春分日長秋分日短差過半刻壽二分在二至之間而有長短因識春分近夏至故長秋分近冬至故短也楊偉不悟卽用之上歷表云自古及今凡諸歷數皆未能並已之妙何此不曉亦何以云是故臣更建元嘉歷以六百八爲一紀半之爲度法七十五爲室分以建寅之月爲歲首雨水爲氣初以諸法閏餘一之歲爲章首冬至從上三日五時日之所在移舊四度又月有遲疾合朔月蝕不在朔望亦非歷意也故元嘉皆以盈縮定其小餘以正朔望之日伏惟陛下允迪聖哲先天不違劬勞庶政寅亮鴻業究淵思於往籍探妙旨於未聞窮神知化罔不該覽是以愚臣欣遇盛明効其管穴伏願以臣所上元嘉法下史官考其疎密若謬有可採庶或補正闕謬以備萬分詔曰何承天所陳殊有理據可付外詳之太史令錢樂之兼丞嚴粲奏曰太子率更令領國子博士何承天表更改元嘉歷法以月蝕檢今冬至日在斗十七以土圭測影知冬至已差三日詔使付外檢署以元嘉十一年被勑使考月蝕土圭測影檢署由來用偉景初法冬至之日日在斗二十一度少檢十一年七月十六日望月蝕加時在卯到十五日四更二唱丑初始蝕到四唱蝕既在營室十五度末景初其日日在軫三度以月蝕所衝考之其日日應在翼十五度半又到十三年十二月十六日望月蝕加時在酉到亥初始食到一更三唱蝕既在鬼四度景初其日日在女三以衝考之其日日應在牛六度半又到十四年十二月十六日望月蝕加時在戌之半到二更四唱亥末始蝕到三更一唱食既在井三十八度景初其日日在斗二十五以衝考之其日日應在斗二十二度半到十五年五月十五日望月蝕加時在戌其日月始生而已蝕光已生四分之一格在斗十六度許景初其日日在井二十四考取其衝其日日應在井二十又到十七年九月十六日望月蝕加時在子之少到十五日未二更一唱始蝕到三唱蝕十五分之十二格在昴一度半景初其日在房二以衝考之則其日日在氐十三度半凡此五蝕以月衝一百八十二度半考之冬至之日日並不在斗二十一度少並在斗十七度半間悉如承天所上又去十一年起以土圭測景其年景初法十一月七日冬至前後陰不見影到十二年十一月十八日冬至其十五日影極長到十三年十一月二十九日冬至其二十六日影極長到十四年十一月十一日冬至其前後並陰不見到十五年十一月二十一日冬至十八日影極長到十六年十一月二日冬至其十月二十九日影極長到十七年十一月十三日冬至其十日影極長到十八年十一月二十五日冬至二十一日影極長到十九年十一月六日冬至其三日影極長到二十年十一月十六日冬至其前後陰不見影尋校前後以影極長爲冬至並差三日以月蝕檢日所在已差四度土圭測影冬至又差三日今之冬至乃在斗十四間又如承天所上又承天法每月朔望及弦皆定大小餘於推交會時刻雖審皆用盈縮則月有頻三大頻二小比舊法殊爲異舊日蝕不唯在朔亦有在晦及二日公羊傳所謂或失之前或失之後愚謂此一條自宜仍舊員外散騎郎皮延宗又難承天若晦朔定大小餘紀首值盈則退一日便應以故歲之晦爲新紀之首承天乃改新法依舊術不復每月定大小餘如延宗所難太史所上有司奏治歷改憲經國盛典爰及漢魏屢有變革良由術無常是取協當時方今皇猷載暉舊域光被誠應綜覈晷度以播維新承天歷術合可施用宋二十二年普用元嘉歷詔可

宋書卷十二考證

歷志上甲寅紀第六交會差率十四萬八百五十九〇監本率下誤注闕字今從南本删

滿氣法從小餘滿紀法從大餘〇滿紀下監本脫法字今從南本增入

推卦用事日〇此條當提起另作一行

其冬下旬夕在張心暑也〇臣永祚按句內必有誤字今莫可考

推合朔交會月蝕入遲疾歷術以通周去之〇周諸本俱訛界今改正

清明注胃一半〇監本脫半字今增入

小滿危太弱〇危監本誤作亢今改正

以日所在爲正〇正監本訛作求今改正

伏不盡度〇盡監本訛作書今改正

泰氏乃稱水德理非謬然斯則劉氏所證爲不値矣〇臣永祚按値當作直

賈誼取泰云漢土德蓋以是漢代泰〇蓋諸本皆訛益今改正以字當在是字下

七十五爲室分〇臣永祚按室分卽元嘉歷法所云度起室二也

宋書卷十三

梁　沈　約　撰

志第三

歷下

元嘉歷法

上元庚辰甲子紀首至太甲元年癸亥三千五百二十三年至元嘉二十年癸未五千七百三年算外

元法三千六百四十八

章歲十九　紀法六百八　章月二百三十五

紀月七千五百二十　章閏七　紀日二十二萬二千七十　度分七十五　度法三百四

氣法二十四　餘數一千五百九十五

歲中十二　日法七百五十二　没餘三十六

通數二萬二千二百七　通法四十七

没法三百一十九

月周四千六十四　周天十一萬一千二十五

通周二萬七百二十一　周日日餘四百一十七

周虛三百三十五　會數一百六十

交限數八百五十九　會月九百二十九

朔望合數八十

甲子紀第一　遲疾差一萬七千六百六十三　交會差八百七十七

甲戌紀第二　遲疾差三千四十三　交會差二百七十九

甲申紀第三　遲疾差九千一百四十四　交會差六百二十一

甲午紀第四　遲疾差一萬五千二百四十五　交會差二十二

甲辰紀第五　遲疾差六百二十五　交會差三百六十三

甲寅紀第六　遲疾差六千七百二十六　交會差七百四

推入紀法置上元庚辰盡所求年以元法除之不滿元法以紀法除之餘不滿紀法入紀年也滿法去之得後紀入甲午紀壬辰歲來至今元嘉二十年歲在癸未二百三十一年算外

推積月術置入紀年數算外以章月乘之如章歲爲積月不盡爲閏餘閏餘十二以上其年閏

推朔術以通數乘積月爲朔積分滿日法爲積日不盡爲小餘以六旬去積日不盡爲大餘命以紀算外所求年正月朔日也

求次月加大餘二十九小餘三百九十九小餘滿日法從大餘卽次月朔也小餘三百五十三以上其月大也

推弦望法加朔大餘七小餘二百八十七小分三小分滿四從小餘小餘滿日法從大餘命如前上弦日也又加之得望又加之得下弦

推二十四氣術置入紀年算外以餘數乘之滿度法三

百四爲積沒不盡爲小餘以六旬去積沒不盡爲大餘命以紀算外所求年雨水日也求次氣加大餘十五小餘六十六小分十一小分滿氣法從小餘小餘滿度法從大餘次氣日也（雨水在十六日以後者如法減之得立春）

推閏月法以閏餘減章歲餘以歲中乘之滿章閏得一數從正月起閏所在也閏有進退以無中氣御之

節氣	限數	間數
立春正月節	一百九十四	一百九十
雨水正月中	一百八十六	一百八十二
驚蟄二月節	一百七十七	一百七十二
春分二月中	一百六十七	一百六十二
清明三月節	一百五十八	一百五十四
穀雨三月中	一百四十九	一百四十五
立夏四月節	一百四十二	一百三十九
小滿四月中	一百三十六	一百三十四
芒種五月節	一百三十三	一百三十二
夏至五月中	一百三十一	一百三十二
小暑六月節	一百三十三	一百三十四
大暑六月中	一百三十六	一百三十九
立秋七月節	一百四十二	一百四十五
處暑七月中	一百四十九	一百五十三
白露八月節	一百五十七	一百六十二
秋分八月中	一百六十七	一百七十二
寒露九月節	一百七十七	一百八十二
霜降九月中	一百八十六	一百九十
立冬十月節	一百九十四	一百九十七
小雪十月中	二百	二百三
大雪十一月節	二百五	二百六
冬至十一月中	二百七	二百六
小寒十二月節	二百五	二百三
大寒十二月中	二百	一百九十七

推沒滅術因雨水積以沒餘乘之滿沒法爲大餘不盡爲小餘如前所求年爲雨水前沒日也求次沒加大餘六十九小餘一百九十六滿沒法從大餘命如前雨水後沒日也（雨水前沒多在故歲常有五沒官以沒正之一年常有五沒或六沒小餘盡爲滅日也）雨水小餘三十九以還雨水六旬後乃有推土用事法置立春大小餘小分之數減大餘十八小餘七十九小分十八命以紀算外立春前土用事日也大餘不足加六十小餘不足減減大餘一加度法而後減之立夏立冬求土用事皆如上法

推日所在度法以度法乘朔積度不盡爲分命度起室二次宿除之算外正月朔夜半日在度及分也求次日日加一度經室去度分

推月所在度法以月周乘朔積日周天去之餘滿度法爲積度不盡爲分命度如前正月朔夜半月所在及度分求次月小月加度二十二分一百三十三大月加度三十五分二百四十五分滿度法成一度命如前次月朔月所在度及分也歷先月法以十六除月行分爲大分如所入遲疾加之經室去度分

推合朔月食術置所求年積月以會數（一百六十）乘之以所入交會紀差（二十二）加之滿會月去之餘則其年正月朔去交分也求次月以會數加之滿會月去之求望加合數朔望去交分如合數以下交限數以上朔則交會望則月食

推入遲疾歷法置所求年朔積分所入遲疾差（一萬五千二百四十五）加之滿通周去之餘滿日得一日不盡爲日餘命日算外所求年正月朔入歷求次月加一日日餘七百三十四求望加十四日日餘五百七十五半餘滿日法成一日日滿二十七去之除日餘如周日日餘不足減減一日加周虛（日滿二十七而日餘不滿周日日餘爲損周日滿去之爲入歷一日）

推合朔月食定大小餘法以入歷日餘乘入歷下損益率（入一日益二十五是也）以損益盈縮積分（値損則損之値益則益之）爲定積分以入歷日餘乘列差滿日法盈減縮加差法爲定差法以除定積分所得減加本朔望小餘（値盈則減縮則加之）爲定小餘加之滿日法合朔月食進一日減之不足減者加日法而後減之則退一日値周日者用周日定數

推加時以十二乘定小餘滿日法得一辰數從子起算外則朔望加時所在辰也有餘者四之滿日法得一爲少二爲半三爲太又有餘者三之滿日法得一爲強半法以上排成一不滿半法棄之以強并少爲少強并半爲半強并太爲太強得二者爲小弱以并少爲半弱以并半爲太弱以并太爲一辰弱以所在辰名之

推合朔月食加時滿刻法各以百刻乘定小餘如日法而一不盡什之求分先除夜漏之半卽晝漏加時刻及分也晝漏盡又入夜漏在中節前後四日以還者視限數在中節前後五日以上者視間限數月食加時定小餘不滿限數間數者皆以算上爲日

月行遲疾度	損益率	盈縮積分	列差差法
一日十四度十三分	益二十五	盈二	二百六十
二日十四度十一分	益二十三	盈萬八千八百二	二百五十八
三日十四度八分	益二十	盈三萬六千九十六 四分	二百五十五
四日十四度四分	益十六	盈五萬一千一百三十六 五	二百五十一
五日十三度十八分	益十一	盈六萬三千一百六十八 五	二百四十六
六日十三度十三分	益六	盈七萬一千四百四十六	二百四十一
七日十三度七分	益	盈七萬五千九百五十二 五	二百三十五
八日十三度三分	損五	盈七萬五千九百五十二 四	一百三十
九日十二度十七分	損九	盈七萬二千一百九十二 三	二百二十六
十日十二度十四分	損十二	盈六萬五千四百二十四 三	二百二十三
十一日十二度十一分	損十五	盈五萬六千四百三	二百二十
十二日十二度八分	損十八	盈四萬五千一百二十二	二百一十七
十三日十二度六分	損二十	盈三萬一千五百八十四 二	二百一十五
十四日十二度四分	損二十二	盈一萬六千五百四十四 二	二百一十三
十五日十二度二分	益二十四	縮一	二百一十一
十六日十二度四分	益二十二	縮一萬八千四十八 二	二百一十三
十七日十二度六分	益二十	縮三萬四千五百九十二 三	二百一十五
十八日十二度九分	益十七	縮四萬九千六百三十二 五	二百一十八
十九日十二度十四分	益十二	縮六萬二千四百一十六 六	二百二十三
二十日十三度二分	益六	縮七萬一千四百四十六	二百二十九
二十一日十三度七分	益	縮七萬五千九百五十二 五	二百三十五
二十二日十三度十二分	損五	縮七萬五千九百五十二 四	二百四十
二十三日十三度十六分	損九	縮七萬二千一百九十二 四	二百四十四
二十四日十四度一分	損十三	縮六萬五千四百二十四 四	二百四十八
二十五日十四度五分	損十七	縮五萬六千四百八十八 三	二百五十二
二十六日十四度八分	損二十	縮四萬二千八百六十四 三	二百五十五
二十七日十四度十一分	損二十三	縮二萬七千八百二十四 二	二百五十八
周日十四度十三分小分一百三	損二十五（定損二百二十四）	縮一萬五百二十八（定備九萬三千四百八）	二百六十（定意差法千三百九）

推合朔度以章歲乘朔小餘滿通法爲大分不盡爲小分以大分從朔夜半日日分滿度命如前正月朔日合朔所在共合度也

求次月加度二十九大分一百六十一小分十四小分滿通法從大分大分滿度法從度經室除度分求望加十四度大分二百三十二小分三十半（求望月所在加日度一百八十二分一百八十九小分二十三半）

二十四氣日所度		日中晷影	晝漏刻	夜漏刻	昏中星	明中星
雨水	室一太強	八尺二寸八分	五十五分	四十九五分	觜一少強	尾十一強
驚蟄	壁一強	六尺七寸二分	五十二九分	四十七一分	井九半強	箕四少弱
春分	奎七少強	五尺三寸九分	五十五五分	四十四五分	井二十九半強	斗四弱
清明	婁六半	四尺二寸五分	五十八	四十二	柳十二太	斗十四半
穀雨	胃九太弱	三尺二寸五分	六十三分	三十九七分	張十	斗二十五半
立夏	昴十一弱	二尺五寸	六十二三分	四十七七分	翼十太弱	女三少
小滿	畢十五少弱	一尺九寸七分	六十三九分	三十六一分		

軫十弱 虛二弱
芒種井三半弱 一尺六寸九分 六十四八分 三十五一分
角十太弱 危七弱
夏至井十入 一尺五寸 六十五 三十五
氐五少弱 室五少強
小暑鬼一弱 一尺六寸九分 六十四八分 三十五二分
房四太弱 壁六大弱
大暑柳十二弱 一尺九寸七分 六十三九分 三十六一分
尾八太弱 奎十二太弱
立秋張五半強 二尺五寸 六十二三分 三十七七分
箕三 胃二大弱
處暑翼二半 三尺二寸五分 六十三分 三十九三分
斗三半 昴七太弱
白露翼十七太弱 四尺二寸五分 五十八 四十二
斗十四半弱 畢十六半弱
秋分軫十五 五尺三寸九分 五十五五分 四十四五分
斗二十五少強 井九少強
寒露亢一少 六尺七寸二分 五十二九分 四十七一分
牛八半強 井二十九弱
霜降氐七半 八尺二寸八分 五十五分 四十九五分
女十一半弱 柳十一半強
立冬心二半弱 九尺九寸一分 四十八四分 五十一六分
危二弱 張八太弱
小雪尾十一太強 一丈一尺三寸四分 四十六七分 五十三三分
危十三半強 翼八太強
大雪箕十 一丈二尺四寸八分 四十五六分 五十四四分
室九半強 軫八少強
冬至斗十四 一丈三尺 四十五 五十五
壁八太強 角七少強
小寒牛三半強 一丈二尺四寸八分 四十五六分 五十四四分
奎十五少 亢九
大寒女十半強 一丈一尺三寸四分 四十六七分 五十三三分
胃四半強 氐十三太強
立春危四 九尺九寸一分 四十八四分 五十一六分
昴九少 心四強

推五星法

合歲 合數 日度法 室分
木三百四十四 三百一十五 九萬五千七百六十
二萬三千六百二十五
火四百五十九 二百一十五 六萬五千三百六十
一萬六千一百二十五
土三百八十三 三百七十 十萬二千四百八十
二萬七千七百五十
金二百六十七 一百六十七 五萬七百六十八
一萬二千五百二十五
水七十九 二百四十九 七萬五千六百九十六
一萬八千六百七十五

木後元丙戌 晉咸和元年 至元嘉二十年
癸未百十八年算上
火後元乙亥 元嘉十二年 至元嘉二十年
癸未九年算上
土後元甲戌 元嘉十一年 至元嘉二十年
癸未十年算上
金後元甲申 晉太元九年 至元嘉二十年
癸未六十年算上
水後元乙丑 元嘉二年 至元嘉二十年
癸未十九年算上

推五星法各設其元至所年算上以合數乘之滿合歲爲積合不盡曰合餘多者以合數除之得一星合往年得二合前往年不滿合數其年木土金則有往年合火有前往年合水一年三合或四合也以合餘減合數爲度分水度分滿合歲則去之也以周天十一萬一千三十五乘度分滿日度法爲積度不盡日度餘命度以室二算外星合所在度也以合數乘其年內雨水小餘并度餘爲日餘滿日度法從積度爲日命以雨水算外星合日也求星見日法以法伏日及餘木則十六日及金是也加星合日及餘滿日度法成一日命如前星見日也求星見度法以法伏度及餘木則二度及餘是也加星合度及餘滿日度法成一度命如前所見日也以星行分母木則二十三見也乘見度餘滿日度法得一分乃日加所行分木順日行四分滿其母成一度逆順母不同木逆分母七也當各乘度餘留者承前逆則減之伏不盡度經室去分不足減者破全度五星室分各異若在行分各依室分去之

木初與日合伏十六日日餘四萬一千七百八十行二度餘七萬七千八百四十七半晨見東方去日十三度半強順日行二十三分之四一百一十五日行二十度留不行二十六日而逆日行七分之一八十四日退十二度又留二十六日順一百一十五日行二十度夕伏西方日度餘如初與日合一終三百九十八日日餘八萬三千五百六十行星三十三度餘五萬九千九百三十五

火初與日合伏七十一日日餘二萬四千八百一十半行五十四度度餘四萬九千四百三十晨見東方去日十七度半強順疾日行七分之五一百八日半行七十七度半小遲日行七分之四一百二十六日行七十二度而大遲日行七分之二四十二日行十二度留不行十二日而遲日行十分之三六十日退十八度又留十二日順遲四十二日行十二度小疾一百二十六日行七十二度一百八日半行七十七度半夕伏西方日度餘如初與日合一終七百七十九日日餘四萬九千六百二十五行星四百一十四度餘三萬三千五百除一周定四十九度一萬七千三百七十五缺

土初與日合伏十八日日餘四千四百八十二半行二度度餘四萬六千八百四十七半晨見東方去日十五度半強順日行十二分之一八十四日行七度留不行三十六日而逆日行十七分之一一百二日退六度又留三十六日順八十四日行七度夕伏西方日度餘如初與日合一終三百七十八日日餘八千九百六十五行星十二度度餘九萬三千六百九十五

金初與日合伏四十一日日餘四萬九千六百八十四半行半五十一度度餘四萬九千六百八十四半見西方去日十度順疾日行一度十三分之三九十一日行一百十二度而小遲日行一度十三分之二九十一日行一百五度又大遲日行十五分之十一四十五日行三十三度留不行八日而遲日行三分之二九日退六度伏西方伏六日退四度而與日合又六日退四度晨見東方逆九日退六度又留八日順四十五日行三十三度小疾九十一日行一百五度大疾九十一日行百一十二度晨伏東方日度餘如初與日合一終五百八十三日日餘四萬八千六百一除一周行星定二百一十八度度餘三萬六千七十六一合二百九十一日餘四萬九千六百八十四半行星如之

水初與日合伏十七日日餘七萬一千二百一十半行三十四度度餘七萬一千二百一十半見西方去日中七度順疾日行一度三分之一十八日行二十四度而遲日行七分之五七日行五度留不行四日夕伏西方伏十一日退六度而與日合又十一日退六度而晨見東方留四日順遲七日行五度疾十八日行二十四度晨伏東方日度餘如初與日合一終一百一十五日日餘六萬六千七百二十五行星如之一合五十七日日餘七萬一千二百一十半行星亦如之盈加縮減十六除月行分日法除盈縮分以減度分盈加縮減

推卦因雨水大小餘加大餘六小餘三百一十九小餘滿三千六百四十八成日日滿二十七日餘不足加減不加周虛

元嘉二十年承天奏上尚書今既改用元嘉曆漏刻與先不同宜應改革按景初曆春分日長秋分日短相承所用漏刻冬至後晝漏率長於冬至前且長短增減進退無漸非唯先法不精亦各傳寫謬誤今二至二分各據其正則至之前後無復差異更增損舊刻參以晷影删定爲經改用二十五箭請臺勑漏郎將考驗施用從之前世諸儒依圖緯云月行有九道故畫作九規更相交錯檢其行次遲疾換易不得順度劉向論九道云青道二出黃道東白道二出黃道西黑道二出北赤道二出南又去立春春分東從青道立夏夏至南從赤道秋白冬黑各隨其方按日行黃道陽路也月者陰精不由陽路故或出其外或入其內出入去黃道不得過六度入十三日有奇而出出亦十三日有奇而入凡二十七日而一入一出矣交於黃道之上與日相掩則蝕焉漢世劉洪推檢月行作陰陽曆法元嘉二十年太祖使著作令史吳癸依洪法制新術令太史施用之

元嘉曆月行陰陽法

陰陽歷	損益率	兼數
一日	益十七	初
二日前限餘六百六十五微分一千七百三十八	益十六	十七
三日	益十五	三十三
四日	益十二	四十八
五日	益八	六十
六日	益四	六十八
七日	益一	七十二
八日	損二	七十三
九日	損六	七十一
十日	損十	六十五
十一日	損十三	五十五
十二日	損十五	四十二
十三日後限餘二千一十九微分一千七十九	損十六	二十七

分日二千六百八十五半損十六大大者五千三百七十一分之三千四百七十二十一歷周五萬五千五百一十七半

差率一萬一百九十 微分法一千八百七十八

推入陰陽歷術日以會月去入紀積月餘以會數乘之以所入紀交會差加之周天乘之滿微分法爲大分不盡爲微分大分滿周天去之餘不滿歷周者爲入陽歷

餘皆如月周得一日算外所求年正月合朔入歷也不盡爲日餘

求次月加二日日餘一千三百三十一微分一千五百九十八如法成日日滿十三去之除日餘如分日陰陽歷竟平入端入歷在前限餘前後限餘者月行中道

求朔弦望定數各置入遲疾歷盈縮定積分以章歲乘之差法除之所得滿通法爲大分不盡以微分法乘之如法爲微分盈減縮加陰陽日餘盈不足以月周進退日而定以定日餘乘損益兼數爲時如定數

推夜半入歷以差率朔小餘如微分法得一以減入歷餘不足加月周而減之卻一日卻得分日如其分半微分爲小餘卽朔日夜半入歷歷餘小分也

求次日加一日日餘十六小分三百二十小分如會從餘餘滿月周去之又加一日歷竟下日餘滿分日去之于入歷初也不滿分日者値之加餘一千二百九十四小分七百八十九半爲入次歷

求夜半定日以朔小餘減入遲疾歷日餘不足一日郄得周日加餘四百一十七卽月夜半入歷日及餘也以日餘乘損益率盈縮積分爲定積分滿通法爲大分不盡以會月乘之如法爲小分以盈加縮減入陰陽日餘盈不足進退日而定也以定日餘乘損益率如月周以損益兼數爲夜半定數

求昏明數以損益率乘所近節氣夜漏二百而一爲明以減損益率爲昏而以損益夜半數爲昏明定數也

求月去黃道度置加時若昏明定數以十二除之爲度其餘三而一爲少不盡爲强二少弱也所得爲月去黃道度

大明六年南徐州從事史祖沖之上表曰古歷疎舛頗不精密羣氏糾紛莫審其要何承天所奏意存改革而置法簡略今已乖遠以臣校之三覩厥謬日月所在差覺三度二至晷影幾失一日五星見伏至差四旬留逆進退或移兩宿分至乖失則節閏非正宿度違天則伺察無準臣生屬聖辰逮在昌運敢率愚瞽更刱新歷謹立改易之意有二設法之情有三改者其一以舊法一章十九歲有七閏閏數爲多經二百年輒差一日節閏旣移則應改法歷紀屢遷寔由此條今改章法三百九十一年有一百四十四閏令卻合周漢則將來永用無復差動其二以堯典云日短星昴以正仲冬以此推之唐代冬至日在今宿之左五十許度漢代之初卽用秦歷冬至日在牽牛六度漢武改立太初歷冬至日在牛初後漢四分法冬至日在斗二十二晉時姜岌以月蝕檢日知冬至在斗十七今參以中星課以蝕望冬至之日在斗十一通而計之未盈百載所差二度舊法並令冬至日有定處天數旣差則七曜宿度漸與歷舛乖謬旣著輒應改制僅合一時莫能通遠遷革不已又由此條今令冬至所在歲歲微差卻檢漢注並皆審密將來久用無煩屢改又設法者其一以子爲辰首位在正北爻應初九斗氣之端虛爲北方列宿之中元氣肇初宜在此次前儒虞喜備論其義今歷上元日度發自虛一其二以日辰之號甲子爲先歷法設元應在此歲而黃帝以來世代所用凡十一歷上元之歲莫値此名今歷上元歲在甲子其三以上元之歲歷中衆條並應以此爲始而景初歷交會遲疾亦置紀差裁合朔氣而已條序紛互不及古意今設法日月五緯交會遲疾悉以上元歲首爲始則合璧之曜信而有徵連珠之暉於是乎在羣流共源寔精古法若夫測以定形據以實效縣象著明尺表之驗可推動氣幽微寸管之候不忒今臣所立易以取信但深練始終大存整密革新變舊有約有繁用約之條理不自懼用繁之意顧非謬然何者夫紀閏參差數各有分分之爲體非細不密臣是用深惜毫氂以全求妙之準不辭積累以成永定之制非爲思而莫悟知而不改也竊恐讚有然否每崇遠而隨近論有是非或貴耳而遺目所以竭其管穴俯洗同異之嫌披心日月仰希葵藿之照若臣所上萬一可采伏願頒宜羣司賜垂詳究庶陳錙銖少增盛典

歷法

上元甲子至宋大明七年癸卯五萬一千九百三十九年算外元法五十九萬二千三百六十五紀法三萬九千四百九十一

章歲三百九十一

章月四千八百三十六　章閏一百四十四

閏法十二　月法十一萬六千三百二十一

日法三千九百三十九　餘數二十萬七千四百四十四

歲餘九千五百八十九

沒分三百六十萬五千九百五十一

沒法五萬一千七百六十一

周天一千四百四十二萬四千六百六十四

虛分萬四百四十九　行分法二十二

小分法一千七百一十七

通周七十二萬六千八百一十

會周七十一萬七千七百七十七

通法二萬六千三百七十七　差率三十九

推朔術置入上元年數算外以章月乘之滿章歲爲積月不盡爲閏餘閏餘二百四十七以上其年有閏以月法乘積月滿日法爲積日不盡爲小餘六旬去積日不盡爲大餘大餘命以甲子算外所求年天正十一月朔也小餘千八百四十九以上其月大

求次月加大餘二十九小餘二千九十餘滿日法從大餘大餘滿六旬去之命如前次月朔也

求弦望加朔大餘七小餘千五百七小分一小分滿四從小餘小餘滿日法從大餘命如前上弦日也又加得望又加得下弦又加得後月朔也

推閏術以閏餘減章歲餘滿閏法得一月命以天正算外閏所在也閏有進退以無中氣爲正

推二十四氣術置入上元年數算外以餘數乘之滿紀法爲積日不盡爲小餘六旬去積日不盡爲大餘大餘命以甲子算外天正十一月冬至日也

求次氣加大餘十五小餘八千六百二十六小分五小分滿六從小餘小餘滿紀法從大餘命如前次氣日也

求土用事加冬至大餘二十七小餘萬五千五百二十八季冬土用事日也又加大餘九十一小餘萬二千二百七十次土用事日也

推沒術以九十乘冬至小餘以減沒分滿沒法爲日不盡爲日餘命日以冬至算外沒日也

求次沒加日六十九日餘三萬四千四百四十二餘滿沒法從日次沒日也日餘盡爲滅

推日所在度術以紀法乘朔積日爲度實周天去之餘滿紀法爲積度不盡爲度餘命以虛一次宿除之算外天正十一月朔夜半日所在度也

求次月大月加度三十小月加度二十九入虛去度分

求行分以小分法除度餘所得爲行分不盡爲小分小分滿法從行分行分滿法從度

求次日加一度入虛去行分六小分百四十七

推月所在度術以朔小餘乘百二十四爲度餘又以朔小餘乘八百六十爲微分微分滿月法從度度餘滿紀法爲度以減朔夜半日所在則月所在度

求次月大月加度三十五度餘三萬一千八百三十四微分七萬七千九百六十七小月加度二十二度餘萬七千二百六十一微分六萬三千七百三十六入虛去度也

遲疾歷	月行度	損益率	盈縮積分	差法
一日	十四行分十三	益七十	盈初	五千三百四
二日	十四十一	益六十五	盈百八十四萬二千三百一十六	五千二百七十
三日	十四八	益五十七	盈三百五十五萬七百六	五千二百一十九
四日	十四四	益四十七	盈五百五萬八千三百	五千一百五十一
五日	十三二十一	益三十四	盈六百二十九萬七千八百五十七	五千六十六
六日	十三十七	益二十二	盈七百二十萬二千六百九十一	四千九百八十一
七日	十三十一	益六	盈七百七十七萬二千二百一十一	四千八百七十九
八日	十三五	損九	盈七百九十四萬九百五十二	四千七百七十七
九日	十二二十二	損二十四	盈七百七十萬七千四百一十五	四千六百七十五
十日	十二十六	損三十九	盈七百七萬二千一百	四千五百七十三
十一日	十二十一	損五十二	盈六百三萬五千七	四千四百八十八
十二日	十二八	損六十	盈四百六十六萬三千一百	四千四百三十七
十三日	十二六	損六十五	盈三百九萬三百三	

			四千四百三
十四日十二 四	損七十	盈百三十八萬三千五百八十	四千三百六十九
十五日十二 五	益六十七	縮四十五萬七千六十九	四千三百八十六
十六日十二 七	益六十二	縮二百二十三萬七千七百五十五	四千四百二十
十七日十二 十	益五十五	縮三百八十七萬五十四	四千四百七十一
十八日十二 十四	益四十四	縮五百三十一萬九千三百八十五	四千五百三十九
十九日十二 十九	益三十二	縮六百四十八萬四百四	四千六百二十四
二十日十三 一	益十九	縮七百三十一萬六千六百八	
二十一日十三 七	益四	縮七百八十一萬七千九百九十六	四千八百一十一
二十二日十三 十三	損十一	縮七百九十一萬七千六百七	四千九百一十三
二十三日十三 十九	損二十七	縮七百六十一萬五千四百四十	五千一十五
二十四日十四 一	損三十九	縮六百九十萬一千四百九十五	五千一百
二十五日十四 十六	損五十二	縮五百八十七萬二千七百三十五	五千一百八十五
二十六日十四 十	損六十二	縮四百四十九萬九千一百五十九	五千二百五十三
二十七日十四 十二	損六十七	縮二百八十五萬七千七百三十二	五千二百八十七
二十八日十四 十日	損七十四	縮百八萬二千三百七十九	五千三百三十一

推入遲疾歷術以通法乘朔積日爲通實通周去之餘滿通法爲日不盡爲日餘命日算外天正十一月朔夜半入歷日也

求次月大月加二日小月加一日日餘皆萬一千七百四十六歷滿二十七日日餘萬四千六百三十一則去之

求次日加一日求日所在定度以夜半入歷日餘乘損益率以損益盈縮積分如差率而一所得滿紀法爲度不盡爲度餘以盈加縮減平行度及餘爲定度益之或滿法損之或不足以紀法進退求度行分如上法求次日如所入遲疾加之虛去分如上法

陰陽歷	損益率	兼數
一日	益十六	初
二日	益十五	十六
三日	益十四	三十一
四日	益十二	四十五
五日	益九	五十七
六日	益五	六十六
七日	益一	七十一
八日	損二	七十二
九日	損六	七十
十日	損十	六十四
十一日	損十三	五十四
十二日	損十五	四十一
十三日	損十六	二十六
十四日	損十六	十

推入陰陽歷術置通實以會周去之不滿交數三十五萬八千八百八十八半爲朔入陽歷分各去之爲朔入陰歷分各滿通法得一日不盡爲日餘命日算外天正十一月朔夜半入歷日也

求次月大月加二日小月加一日日餘皆二萬七百七十九歷滿十三日日餘萬五千九百八十七半則去之陽竟入陰陰竟入陽

求次日加一日求朔望差以二千二十九乘朔小餘滿三百三爲日餘不盡倍之爲小分則朔差數也加一十四日日餘二萬一百八十六小分百二十五小分滿六百六從日餘日餘滿通法爲日卽望差數也又加之後月朔也

求合朔月食置朔望夜半入陰陽歷日及餘有半者去之置小分三百三以差數加之小分滿六百六從日餘日餘滿通法從日日滿一歷去之命日算外則朔望加時入歷也朔望加時入歷一日日餘四千一百九十八小分四百二十八以下十二日日餘萬一千七百八十八小分四百八十一以上朔則交會望則月食

求合朔月食定大小餘令差數日餘加夜半入遲疾歷餘日餘滿通法從日則朔望加時入歷也以入歷餘乘損益率以損益盈縮積分如差法而一以盈減縮加本朔望小餘爲定小餘益之或滿法損之或不足以日法進退日

求合朔月食加時以十二乘定小餘滿日法得一辰命以子算外加時所在辰也有餘者四之滿日法得一爲少二爲半三爲太又有餘者三之滿日法得一爲强以强并少爲少强并半爲半强并太爲太强得二者爲少弱以并太爲一辰弱以前辰名之

求月去日道度置入陰陽歷餘乘損益率如通法而一以損益兼數爲定定數十二而一爲度不盡三而一爲少半太又不盡者一爲强二爲少弱則月去日道數也

陽歷在表陰歷在裏

二十四氣	日中影	晝漏刻	夜漏刻	昏中星度	明中星度
冬至	一丈三尺	四十五	五十五	二百八十三 行分八	八十二 行分二十一
小寒	一丈二尺四寸三分	四十五 六	五十四 四分	二百八十二 六	八十四
大寒	一丈一尺二寸	四十六 七	五十三 三	二百八十 六	八十六 一
立春	九尺八寸	四十八 四	五十一 六	二百七十七 三	八十九 三
雨水	八尺一寸七分	五十 五	四十九 五	二百七十三 十	九十三
驚蟄	六尺六寸七分	五十二 九	四十七 一	二百六十八 二十	九十七
春分	五尺三寸七分	五十五 五	四十四 五	二百六十四 三	百二 三
清明	四尺二寸五分	五十八 一	四十一 九	二百五十九 八	百六 二十
穀雨	三尺二寸六分	六十 四	三十九 六	二百五十四 四	百十一 二
立夏	二尺五寸三分	六十二 四	三十七 六	二百五十一 十一	百十四 十八
小滿	一尺九寸九分	六十三 九	三十六 一	二百四十八 十七	百十七 十二
芒種	一尺六寸九分	六十四 八	三十五 二	二百四十七 二	百十九 四
夏至	一尺五寸	六十五	三十五	二百四十六 十七	百十九 十二
小暑	一尺六寸九分	六十四 八分	三十五 二	二百四十七 二	百十九 四
大暑	一尺九寸九分	六十三 九	三十六 一	二百四十八 十七	百十七 十二
立秋	二尺五寸三分	六十二 四	三十七 六	二百五十一 十一	百十四 十八
處暑	三尺二寸六分	六十 四	三十九 六	二百五十四 四	百十一 三
白露	四尺二寸五分	五十八 一	四十一 九	二百五十九 八	百六 二十一
秋分	五尺三寸七分	五十五 五	四十四 五	二百六十四 三	百二 三
寒露	六尺六寸七分	五十二 九	四十七 一	二百六十八 二十	九十七 九
霜降	八尺一寸七分	五十 五	四十九 五	二百七十三 七	九十三
立冬	九尺八寸	四十八 四	五十一 六	二百七十七 三	八十九 二
小雪	一丈一尺一寸	四十六 七	五十三 二	二百八十 六	八十六 一
大雪	一丈二尺四寸三分	四十五 六	五十四 四	二百八十二 六	八十四

求昏明中星各以度數如夜半日所在則中星度也

推五星術

木率千五百七十五萬三千八十二

火率三千八十萬四千一百九十六

土率千四百九十三萬三百五十四

金率二千三百六萬一十四

水率四百五十七萬六千二百四

推五星術置度實各以率去之餘以減率其餘如紀法而一爲入歲日不盡爲日餘命以天正朔算外星合日

求星合度以入歲日及餘從天正朔日積度及餘滿紀法從度滿三百六十餘度分則去之命以虛一算外星合所在度也

求星見日以術伏日及餘加星合日及餘餘滿紀法從日命如前見日也

求星見度術以伏度及餘加星合度及餘餘滿紀法從度入虛去度分命如前星見度也

行五星法以小分法除度餘所得爲行分不盡爲小分及日加所行分滿法從度留者因前逆則減之伏不盡度從行入虛去行分六小分百四十七逆行出虛則加之

木初與日合伏十六日餘萬七千八百三十二行二度度餘三萬七千五百四晨見東方從日行四分百一十二日(行十九度十一分)留二十八日逆日行三分八十六日(退十一度五分)又留二十八日從日行四分百一十二日夕伏西方日度餘如初一終三百九十八日日餘三萬五千六百六十四行三十三度度餘二萬五千二百一十五

火初與日合伏七十二日日餘六百八行五十五度度餘二萬八千八百六十五晨見東方從疾日行十七分九十二日(行六十八度)小遲日行十四分九十二日(行五十六度)大遲日行九分九十二日(行三十六度)留十日逆日行六分六十四日(退十六度十六)又留十日從遲日行九分九十二日小疾日行十四分九十二日大疾日行十七分九十二日夕伏西方日度餘如初一終七百八十日日餘千二百一十六行四百一十四度度餘三萬二百五十八除一周定行四十九度度餘萬九千八百九

土初與日合伏十七日日餘千三百七十八行一度度餘萬九千三百三十三晨見東方順日行二分八十四日(行七度七分)留三十三日行逆日行一分百一十日(退四度十八分)又留三十三日從日行二分八十四日夕伏西方日度餘如初一終三百七十八日日餘二千七百五十六行十二度度餘三萬一千七百九十八

金初與日合伏三十九日餘三萬八千一百二十六行四十九度度餘三萬八千一百二十六夕見西方從疾日行一度五分九十二日(行百十二度)小遲日行一度四分九十二日(行百八度)大遲日行十七分四十五日(行三十三度六分)留九日遲日行十六分(退六度六分)夕伏西方伏五日退五度而與日合又五日退五度而晨見東方逆日行十六分九日留九日從日遲日行十七分四十五日小疾日行一度四分九十二日大疾日行一度五分九十二日晨伏東方日度餘如初一終五百八十三日日餘三萬六千七百六十一行星如之除一周定行二百十八度度餘二萬六千三百一十三合二百九十一日日餘三萬八千一百二十六行星亦如之

水初與日合伏十四日日餘三萬七千一百十五行三十度度餘三萬七千一百一十五夕見西方從疾日行一度六分二十三日(行二十九度)遲日行二十分八日(行六度二十二分)留二日逆日行十一分二日(退二十二分)夕伏西方伏八日退八度而與日合又八日退八度晨見東方逆日行十一分二日留二日從遲日行二十分八日疾日行一度六分二十三日晨伏東方日度餘如初一終百一十五日日餘三萬四千七百三十九行星如之一合五十七日日餘三萬七千一百一十五行星亦如之

上元之歲歲在甲子天正甲子朔夜半冬至日月五星聚于虛度之初陰陽遲疾並自此始世祖下之有司使內外博議時人少解歷數竟無異同之辯唯太子旅賁中郎將戴法興議以爲三精數微五緯會始自非深推測窮識晷變豈能刊古革今轉正圭宿案沖之所議每有違舛竊以愚見隨事辨問案沖之新推歷術今冬至所在歲歲微差臣法興議夫二至發斂南北之極日有恒度而宿無改位古歷冬至皆在建星戰國橫騖史官喪紀爰及漢初格候莫審後雜覘知在南斗二十二度元和所用卽與古歷相符也逮至景初而終無毫忒書云日短星昴以正仲冬直以月維四仲則中宿常在衞陽羲和所以正時取其萬世不易也沖之以爲唐代冬至日在今宿之左五十許度遂虛加度分空撤天路其置法所在近違半次則四十五年九月率移一度在詩七月流火此夏正建申之時也定之方中又小雪之節也若冬至審差則幽公火流晷長一尺五寸楚宮之作晝漏五十三刻此詭之甚也仲尼曰丘聞之火伏而後蟄者畢今火猶西流司歷過也就如沖之所誤則星無定次封有差方名號之正古今必殊典誥之音代不通軌堯之開閉今成建除今之壽星乃周之鶉尾卽時東壁已非玄武軫星頓屬蒼龍誣天背經乃至於此沖之又改章法三百九十一年有一百四十四閏臣法興議夫日有緩急故斗有闊狹古人制章立爲中格年積十九常有七閏晷或虛盈此不可革沖之削閏壞章倍減餘數則一百三十九年二月於四分之科頓少一日七千四百二十九年輒失一閏夫日少則先時閏失則事悖竊聞時以作事事以厚生以此乃生人之大本歷數之所先愚恐非沖之淺慮妄可穿鑿沖之又命上元日度發自虛一云虛爲北方列宿之中臣法興議沖之既云冬至歲差又謂虛爲北中舍形責影未足爲迷何者凡在天非日不明居地以斗而辯借令冬至在虛則黃道彌遠東北當爲黃鍾之宮室壁應屬玄枵之位虛宿豈得復爲北中乎曲使分至屢遷而星次不改招搖易繩而律呂仍往則七政不以璣衡致齊建時亦非攝提所紀不知五行何居六屬安託沖之又令上元年在甲子臣法興議夫置元設紀各有所尚或據文於圖讖或取效於當時沖之云羣氏糾紛莫審其會昔黃帝辛卯日月不過顓頊乙卯四時不忒景初壬辰晦無差光元嘉庚辰朔無錯景豈非承天者乎沖之苟存甲子可謂爲合以求天也沖之又令日月五緯交會遲疾悉以上元爲始臣法興議夫交會之元則食旣可求遲疾之際非凡夫所測昔賈逵略見其差劉洪儁著其術至於疏密之數莫究其極且五緯所居有時盈縮卽如歲星在軫見超七辰術家旣追算以會今則往之與來斷可知矣景初所以紀首置差元嘉兼又各設後元者其並省功於實用不虛推以爲煩也沖之旣違天於改易又設法以遂情愚謂此治歷之大過也臣法興議日有八行各成一道月有一道離爲九行左交右疾倍半相違其一終之理日數宜同沖之通同與會周相覺九千四十其陰陽七十九周有奇遲疾不及一匝此則當縮反盈應損更益沖之隨法興所難辯折之曰臣少銳愚尚專功數術搜練古今博采沈奧唐篇夏典莫不揆量周正漢朔咸加該驗罄策籌之思究疏密之辨至若立員舊誤張衡述而弗改漢時斛銘劉歆詭謬其數此則算氏之劇疵也乾象之弦望定數景初之交度周日匪謂測候不精遂乃乘除翻謬斯又歷家之甚失也及鄭玄闞澤王蕃劉徽並綜數藝而每多疏舛臣昔以暇日撰正衆謬理據炳然易可詳密此臣以俯信偏識不虛推古人者也按何承天歷二至先天閏移一月五星見伏或違四旬列差妄設當益反損皆前術之乖遠臣歷所改定也旣沿波以討其源刪滯以暢其要能使躔次上通晷管下合反以譏詆不其惜乎尋法興所議六條並不造理難之關楗謹陳其目其一日度歲差前法所略臣據經史辨正此數而法興設難徵引詩書三事皆謬其二臣校晷景改舊章法法興立難不能有詰直云恐非淺慮所可穿鑿其三次改方移臣無此法求術意誤橫生嫌貶其四歷上元年甲子術體明整則苟合可疑其五臣其歷七曜咸始上元無隙可乘復云非凡夫所測其六遲疾陰陽法興所未解誤謂兩率日數宜同凡此衆條或援謬目譏或空加抑絕未聞折正之談厭心之論也謹隨詰洗釋依源徵對仰照天暉敢罄管穴法興議曰夫二至發斂南北之極日有恒度而宿無改位故古歷冬至皆在建星沖之曰周漢之際疇人喪業曲技競設圖緯寔繁或借號帝王以崇其大或假名聖賢以神其說是以讖記多虛桓譚知其矯妄古歷舛雜杜預疑其非直按五紀論黃帝歷有四法顓頊夏周並有二術詭異紛然則孰識其正此古歷可疑之據一也夏歷七曜西行特違衆法劉向以爲後人所造此可疑之據二也殷歷日法九百四十而乾鑿度云殷歷以八十一爲日法若易緯非差殷歷必妄此可疑之據三也顓頊歷元歲在乙卯而命歷序云此術設元歲在甲寅此可疑之據四也春秋書食有日朔者凡二十六其所據歷非周則魯以周歷考之檢其朔日失二十五魯歷校之又失十三二歷並乖則必有一僞此可疑之據五也古之六術並同四分四分之法久則後天以食檢之經三百年輒差一日古歷課今其甚疏者朔後天過二日有餘以此推之古術之作皆在漢初周末理不得遠且却校春秋朔並先天此則非三代以前之明徵矣此可疑之據六也尋律歷志前漢冬至日在斗牛之際度在建星其勢相鄰自非帝者有造則儀漏或闕豈能窮密盡微纖毫不失建星之說未足證矣法興議曰戰國橫騖史官喪紀爰及漢初格候莫審後雜覘知在南斗二十二度元和所用卽與古歷相符也逮至景初終無毫忒沖之曰古術訛雜其詳闕聞乙卯之歷秦代所用必有効於當時故其言可徵也漢武改創檢課詳備正儀審漏事在前史測星辨度理無乖遠今議者所是不實見所非徒爲虛妄辨彼駭此旣非通談運今背古所誣誠多偏據一說未若兼今之爲長也景初之法寔錯五緯今則在衡日至晷已移日蓋略治朔望無事檢候是以晷漏昏明並卽元和二分異景尚不知革日度微差宜其謬矣法興議曰書云日短星昴以正仲冬直以月推四仲則中宿常在衞陽羲和所以正時取其萬代不易也沖之以爲唐代冬至日在今宿之左五十許度遂虛加度分空撤天路沖之曰書以四星昏中審分至者據人君南面而言也且南北之正其詳易准流見之勢中

天爲極先儒注述其義僉同而法興以爲書說四星皆在衞陽之位自在巳地進失向方退非始見迂迴經文以就所執違訓詭情此則甚矣捨午稱巳午上非無星也必據中宿餘宿豈復不足以正時若謂舉中語兼七列者觜參尙隱則不得言昴星雖見當云伏矣奎婁已見復不得言伏見缺不得以爲辭則名將何附若中宿之通非允當寔謹檢經旨直云星昴不自衞陽衞陽無自顯之義此談何因而立苟理無所依則可愚辭成說曾泉桑野皆爲明證分至之辨竟在何日循復再三竊深歎息法興議曰其置法所在近違半次則四十五年九月率移一度沖之曰元和日度法興所是唯徵古歷在建星以今考之臣法冬至亦在此宿斗二十二了無顯證而虛貶臣歷乖差半次此愚情之所駭也又年數之餘有十一月而議云九月涉數每乖皆此類也月盈則食必在日衝以檢日則宿度可辨請據效以課疏密按太史註紀元嘉十三年十二月十六日中夜月蝕盡在鬼四度以衝計之日當在牛六依法興議日在女七又十四年五月十五日丁夜月蝕盡在斗二十六度以衝計之日當在井三十依法興議日日在柳二又二十八年八月十五日丁夜月蝕在奎十一度以衝計之日當在角二依法興議日日在角十二又大明三年九月十五日乙夜月蝕盡在胃宿之末以衝計之日當在氐十二依法興議日日在心二凡此四蝕皆與臣法符同纖毫不爽而法興所據頓差十度違衝移宿顯然易覩故知天數漸差則當式遵以爲典事驗昭晳豈得信古而疑今法興議曰在詩七月流火此夏正建申之時也定之方中又小雪之節也若冬至審差則豳公火流晷長一尺五寸楚宮之作晝漏五十三刻此詭之甚也沖之曰臣按此議三條皆謬詩稱流火蓋略舉西移之中以爲驚寒之候流之爲言非始動之辭也就如始說冬至日度在斗二十二則火星之中當在大暑之前豈隣建申之限此專自攻糾非謂矯失夏小正五月昏大火中此復在衞陽之地乎又謂臣所立法楚宮之作在九月初按詩傳箋皆謂定之方中者室辟昏中形四方也然則中天之正當在室之八度臣歷推之元年立冬後四日此度昏中乃自十月之初又非寒露之日也議者之意蓋誤以周世爲堯時度差五十故致此謬小雪之節自信之談非有明文可據也法興議曰仲尼曰丘聞之火伏而後蟄者畢今火猶西流司歷過也就如沖之所誤則星無定次卦有差方名號之正古今必殊典誥之音時不通軌堯之開閉今成建除今之壽星乃周之鶉尾也卽時東壁已非玄武軫星頓屬蒼龍誣天背經乃至於此沖之曰臣以爲辰極居中而列曜貞觀羣像殊體而陰陽區別故羽介咸陳則水火有位蒼素齊設則東西可準非以日之所在定其名號也何以明之夫陽爻初九氣始正北玄武七列虛當子位若圓儀辨方以日爲主冬至所舍當在玄枵而今之南極乃處東維違體失中其義何附若南北以冬夏稟稱則卯酉以生殺定號豈得春躔義方秋麗仁域名舛理乖若此之反哉因茲以言固知天以列宿分方而不在於四時景緯環序日不獨守故轍矣至於中星見伏記籍每以審時者蓋以歷數難詳而天驗易顯各據一代所合以爲簡易之政也亦猶夏禮未通商典濩容豈襲韶節誠天人之道同差則蘇之典因代而推移矣月位稱建諒以氣之所本名隨實著非謂斗杓所指近校漢時已差半次審斗節時其效安在或義非經訓依以成說將緯候多詭僞辭間設乎次隨方名義合宿體分至雖遷而厥位不改豈謂龍火貿處金水亂列名號乖殊之議抑未詳究至如壁非玄武軫屬蒼龍瞻度察晷實效咸然元嘉歷法壽星之初亦在翼限參校晉注顯驗甚衆天數差移百有餘載議者誠能馳辭騁辯令南極非冬至望不在衞則此談乃可守耳若使日遷次留則無事屢嫌乃臣歷之良證非難者所宜列也尋臣所執必據經史遠考唐典近徵漢籍讖記碎言不敢依述竊謂循經之論也月蝕檢日度事驗昭著史注詳論文存禁閣斯又稽天之說也堯典四星並在衞陽今之日度遠準元和誣背之誚寔此之謂法興議曰夫日有緩急故斗有闊狹古人制章立爲中格年積十九常有七閏晷或盈虛此不可革沖之創閏壞章倍減餘數則一百三十九年二月於四分之科頓少一日七千四百二十九年輒失一閏夫日少則先時閏失則事悖竊聞時以作事事以厚生此乃生民之所本曆數之所先愚恐非沖之淺慮妄可穿鑿沖之曰按後漢書及乾象說四分歷法雖分章設蔀朔自元和而晷儀衆數定於嘉平三年四分志立冬中影長一丈立春中影九尺六寸尋冬至南極日晷最長二氣去至日數既同則中影應等而前長後短頓差四寸此歷景冬至後天之驗也二氣中影日差九分半弱進退均調略無盈縮以率計之二氣各退二日十二刻則晷影之數立冬更短立春更長並差二寸二氣中影俱長九尺八寸矣卽立冬立春之正日也以此推之歷置冬至後天亦二日十二刻也嘉平三年時歷丁丑冬至加時正在日中以二日十二刻減之天定以乙亥冬至加時在夜半後三十八刻又臣測景歷紀躬辨分寸銅表堅剛暴潤不動光晷明潔纖毫儘然據大明五年十月十日影一丈七寸七分半十一月二十五日一丈八寸一分太二十六日一丈七寸五分彊折取其中則中天冬至應在十一月三日求其蚤晚令後二日影相減則一日差率也倍之爲法前二日減以百刻乘之爲實以法除實得冬至加時在夜半後三十一刻在元嘉歷後一日天數之正也量檢竟年則數減均同異歲相課則遠近應率臣因此驗考正章法今以臣歷推之刻如前竊謂至密永爲定式尋古歷法並同四分四分之數久則後天經三百年朔差一日是以漢載四百食率在晦魏代已來遂革斯法世莫之非者誠有效於天也章歲十九其疏尤甚同出前術非見經典而議云此法自古數不可移若古法雖疏永當循用謬論誠立則法興復欲施四分於當今矣理容然乎臣所未譬也若謂今所革朔違舛失衷者未聞顯據有以矯奪臣法也元嘉歷術減閏餘二直以襲舊分麤故進退未合至於棄盈求正非爲乖理就如議意率不可易則分無增損承天置法復爲違謬節氣蚤晚當循景初二至差三日曾不覺其非橫謂臣歷爲失知日少之先時未悟增月之甚惑也誠未覩天驗豈測歷數之要生民之本諒非率意所斷矣又法興始云窮識晷變可以刊舊今復謂晷數盈虛不可爲准互自違伐罔識所依若推步不得准天功絕於心目未詳歷紀何因而立案春秋以來千有餘載以食檢朔曾無差失此則日行有恒之明徵也且臣考影彌年窮察毫微課驗以前合若符契孟子以爲千歲之日至可坐而知斯言實矣日有緩急未見其證浮辭虛貶竊非所懼法興議曰沖之既云冬至歲差又謂虛爲北中捨形責影未足爲迷何者凡在天非日不明居地以斗而辨借令冬至在虛則黃道彌遠東北當爲黃鍾之宮室壁應屬玄枵之位虛宿豈得復爲北中乎曲使分至屢遷而星次不改招搖易繩而律呂仍往則七政不以璣衡致齊建時亦非攝提所紀不知五行何居六屬安託沖之曰此條所嫌前牒已詳次改方移虛非中位繁辭廣證自搆紛惑皆議者所謬誤非臣法之違設也七政致齊寔謂天儀鄭王唱述厥訓明允雖有異說蓋非實義法興議曰夫置元設紀各有所尙或據文於圖讖或取效於當時沖之之云羣氏糾紛莫審其會昔黃帝辛卯日月不過顓頊乙卯四時不忒景初壬辰晦無差光元嘉庚辰朔無錯景豈非承天者乎沖之苟存甲子可謂爲合以求天也沖之曰夫歷存效密不容殊尙合讖乖說訓義非所取雖驗當時不能通遠又臣所未安也元値始名體明理正未詳辛卯之說何依古術詭謬事在前牒溺名喪實殆非索隱之謂也若以歷合一時理無久用元在所會非有定歲者今以效明之夏殷以前載籍淪逸春秋漢史咸書日蝕正朔詳審顯然可徵以臣歷檢之數皆協同誠無虛設循密而至千載無殊則雖遠可知矣備閱曩法疏越寔多或朔差三日氣移七晨未聞可以下通於今者也元在乙丑前說以爲非正今値甲子議者復疑其苟合無名之歲自昔無之則推先者將何從乎歷紀之作幾於息矣夫爲合必有不合願聞顯據以覈理實法興曰夫交會之元則蝕既可求遲疾之際非凡夫所測昔賈逵略見其差劉洪粗著其術至於疏密之數莫究其極且五緯所居有時盈縮卽如歲星在軫見超七辰術家既追算以會今則往之與來斷可知矣景初所以紀首置差元嘉兼又各設後元者其並省功於實用不虛推以爲煩也沖之既違天於改易文設法以遂情愚謂此治歷之大過也沖之曰遲疾之率非出神怪有形可檢有數可推劉賈能述則可累功以求密矣議又云五緯所居有時盈縮歲星在軫見超七辰謂應年移一辰也案歲星之運年恒過次行天七帀輒超一位代以求之歷凡十法並合一時此數咸同史注所記天驗又符此則盈次之行自其定准非爲衍度濫徙頓過其衝也若審由盈縮豈得常疾無遲夫甄耀測象者必料分析度考往驗來准以實見據以經史曲辯碎說類多浮詭甘石之書互爲矛盾今以一句之經誣一字之謬堅執偏論以罔正理此愚情之所未厭也算自近始衆法可同但景初之二差承天之元寔以奇偶不協故數無盡同爲遺前設後以從省易夫建言倡論豈尙矯異蓋令實以文顯言勢可極也稽元曩歲羣數咸始斯誠術體理不可容譏而議者以爲過謬之大者然則元嘉置元雖七率舛陳而猶紀協甲子氣朔俱終此又過謬之小者也必當虛立上元假稱歷始歲違名初日避辰首閏餘朔分月緯七率並不得有盡乃爲允衷之製乎設法情寔謂意之所安改易違天未覩理之譏者也法興曰日有八行合成一道月有一道離爲九行左交右疾倍半相違其一終之理日數宜同沖之通同與會周相覺九千四十

其陰陽七十九周有奇遲疾不及一匝此則當縮反盈應損更益沖之曰此議雖游漫無據然言迹可檢按以日八行譬月九道此爲月行之軌當循一轍環帀於天理無差動也然則交會之際當有定所豈容或斗或牛同麗一度去極應等安得南北無常若日月非例則八行之說是衍文邪左交右疾語甚未分爲交與疾對爲舍交卽疾若舍交卽疾卽交在平率入歷七日及二十一日是也値交蝕旣當在盈縮之極豈得損益或多或少若交與疾對則在交之衝當爲遲疾之始豈得入歷或深或淺倍半相違新故所同復摽此句欲以何明臣覽歷書古今略備至如此說所未前聞遠乖舊準近背天數求之愚情竊所深惑尋遲疾陰陽不相生故交會加時進退無常昔術著之久矣前儒言之詳矣而法興云日數同竊謂議者未曉此意乖謬自著無假驟辯旣云盈縮失衷復不備記其數或自嫌所執故汎略其說乎又以全爲率當互因其分法與所列二數皆誤或以八十爲七十九當縮反盈應損更益此條之謂矣總檢其議豈但臣歷不密又謂何承天法乖謬彌甚若臣歷宜棄則承天術益不可用法興所見旣審則應革刱至非景極望非日衡凡諸新說必有妙辯乎時法興爲世祖所寵天下畏其權旣立異議論者皆附之唯中書舍人巢尚之是沖之之術執據宜用上愛奇慕古欲用沖之新法時大明八年也故須明年改元因此改歷未及施用而宮車晏駕也

宋書卷十三考證

歷志下日法七百五十二○臣承祚按周日日餘與周虛竝卽日法與景初同而數不同大抵元嘉設數減於景初

求次月加大餘二十九○加監本誤作如今改正

不滿限數間數者皆以筭上爲日○監本脫限字今增

二十四氣日所度○臣承祚按所下疑脫一在字

昴九注少○少字下監本有一四字衍文今刪

晨見東方去日十五度半强○監本日字誤在度字下今改正

十八日行二十四度○監本脫日行二字今增

請臺勅漏郎將考驗施用從之○勅諸本俱訛勒今改正

元法五十九萬二千三百六十五○二千監本誤作三千今改正

宋書卷十四

梁　沈約　撰

志第四

禮一

夫有國有家者禮儀之用尚矣然而歷代損益每有不同非務相改隨時之宜故也漢文以人情季薄國喪革三年之紀光武以中興崇儉七廟有共堂之制魏祖以侈惑宜矯終歛去襲稱之數晉武以丘郊不異二至幷南北之祀互相卽襲以訖于今豈三代之典不存哉取其應時之變而已且閔子譏古禮退而致事叔孫創漢制化流後昆由此言之任己而不師古秦氏以之致亡師古而不適用王莽所以身滅然則漢魏以來各揆古今之中以通一代之儀司馬彪集後漢衆注以爲禮儀志校其行事已與前漢頗不同矣況三國鼎峙歷晉至宋時代移改各隨事立自漢末剝亂舊章乖弛魏初則王粲衞覬典定衆儀蜀朝則孟光許慈創理制度晉始則荀顗鄭沖詳定晉禮江左則荀崧刁協緝理乖紊其間名儒通學諸所論敘往往新出非可悉載今抄魏氏以後經國誕章以備此志云

魏文帝雖受禪于漢而以夏數爲得天故黃初元年詔曰孔子稱行夏之時乘殷之輅服周之冕樂則韶舞此聖人集羣代之美事爲後王制法也傳曰夏數爲得天朕承唐虞之美至於正朔當依虞夏故事若殊徽號異器械制禮樂易服色用牲幣自當隨土德之數每四時之季月服黃十八日臘以丑牲用白其飾節旄自當赤但節幡黃耳其餘郊祀天地朝會四時之服宜如漢制宗廟所服一如周禮尚書令桓階等奏據三正周復之義國家承漢氏人正之後當受之以地正犧牲宜用白今從漢十三月正則犧牲不得獨改今新建皇統宜稽古典先代以從天命而告朔犧牲壹皆不改非所以明革命之義也詔曰服色如所奏其餘宜如虞承唐但臘日用丑耳此亦聖人之制也明帝卽位便有改正朔之意朝議多異同故持疑不決久乃下詔曰黃初以來諸儒共論正朔或以改之爲宜或以不改爲是意取駮異于今未決朕在東宮時聞之意常以爲夫子作春秋通三統爲後王法正朔各從色不同因襲自五帝三王以下或父子相繼同體異德或納大麓受終文祖或壽干戈從天行誅雖遭遇異時步驟不同然未有不改正朔用服色表明文物以章受命之符也由此言之何必以不改爲是邪於是公卿以下博議侍中高堂隆議曰按自古有文章以來帝王之興受禪之與干戈皆改正朔所以明天道定民心也易曰革元亨利貞有孚改命吉湯武革命應乎天從乎人其義曰水火更用事猶王者必改正朔易服色也易通卦驗曰王者必改正朔易服色以應天地三氣三色書曰若稽古帝舜曰重華建皇授政改朔初高陽氏以十一月爲正薦玉以赤繒高辛氏以十三月爲正薦玉以白繒尚書傳曰舜定鐘石論人聲乃及鳥獸咸變於前故更四時改堯正詩曰一之日觱發二之日栗烈三之日于耜傳曰一之日周正月二之日殷正月三之日夏正月詩推度灾曰如有繼周而王者雖百世可知以前檢後文質相因法度相改三而復者正色也二而復者文質也以前檢後謂軒轅高辛夏后氏漢皆以十三月爲正少昊有唐有殷皆以十二月爲正高陽有虞有周皆以十一月爲正後雖百世皆以前代三而復也禮大傳曰聖人南面而治天下必正度量考文章改正朔易服色殊徽號樂稽耀嘉曰禹將受位天意大變迅風雷雨以明將去虞而適夏也是以舜禹雖繼平受禪猶制禮樂改正朔以應天從民夏以十三月爲正法物之始其色尚黑殷以十二月爲正法物之牙其色尚白周以十一月爲正法物之萌其色尚赤能察其類能正其本則嶽瀆致雲雨四時和五稼成麟鳳翔集春秋十七年夏六月甲子朔日有蝕之傳曰當夏四月是謂孟夏春秋元命苞曰王者受命昭然明於天地之理故必移居處更稱號改正朔易服色以明天命聖人之寶質文再而改窮明相承周則復始正朔改則天命顯凡典籍所記不盡於此略舉大較亦足以明也太尉司馬懿尚書僕射衞臻尚書薛悌中書監劉放中書侍郎刁幹博士秦靜趙怡中候中詔季岐以爲宜改侍中繆襲散騎常侍王肅尚書郎魏衡太子舍人黃缺以爲不宜改青龍五年山茌縣言黃龍見帝乃詔三公曰昔在庖犧繼天而王始據木德爲羣代首自茲以降服物氏號開元著統者旣膺受命歷數之期握皇靈遷興之運承天改物序其綱紀雖炎黃少昊顓頊高辛唐虞夏后世系相襲同氣共祖猶豫昭顯所受之運著明天人去就之符無不革易制度更定禮樂延羣后班瑞信使之煥炳可述于後也至于正朔之事當明示變改以彰異代曷疑其不然哉文皇帝踐阼之初庶事草創遂襲漢正不革其統朕在東宮及臻在位每覽書籍之林揔公卿之議夫言三統相變者有明文云虞夏相因者無其言也歷志曰天統之正在子物萌而赤地統之正在丑物化而白人統之正在寅物成而黑但含生氣以微成著故太極運三辰五星於上元氣轉三統五行於下登降周旋終則又始言天地與人所以相通也仲尼以大聖之才祖述堯舜範章文武制作春秋論究人事以貫百王之則故於三微之月每月稱王以明三正迭相爲首夫祖述堯舜以論三正則其明義豈使近在殷周而已乎朕以眇身繼承洪緒旣不能紹上聖之遺風揚先帝之休德又使王教之弛者不張帝典之闕者未補亹亹之德不著亦惡可已乎今推三統之次魏得地統當以建丑之月爲正考之羣藝厥義彰矣改青龍五年春三月爲景初元年孟夏四月服色尚黃犧牲用白戎事乘黑首之白馬建太赤之旗朝會建大白之旗春秋冬孟仲季月雖與歲不同至於郊祀迎氣礿祀烝嘗巡狩蒐田分至啓閉班宣時令中氣晚早敬授民事諸若此者皆以正歲斗建爲節此歷數之序乃上與先聖合符同契重規疊矩者也今遵其義庶可以顯祖考大造之基崇有魏惟新之命於戲王公羣后百辟卿士靖康厥職帥意無怠以永天休司徒露布咸使聞知稱朕意焉案服色尚黃據土行也犧牲旂旗一用殷禮行殷之時故也周禮巾車職建大赤以朝大白以卽戎此則周以正色之旗朝以先代之旗卽戎魏用殷禮變周之制故建大白朝大赤卽戎也明帝又詔曰以建寅之月爲正者其牲用玄以建丑之月爲正者其牲用白以建子之月爲正者其牲用騂此爲牲色各從其正不隨所祀之陰陽也祭天不嫌於用玄則祭地不得獨疑於用白也天地用牲得無不宜異邪更議於是議者各有引據無適可從又詔曰諸議所依據各參錯若陽祀用騂陰祀用黝復云祭天用玄祭地用黃如此用牲之義未爲通也天地至尊用牲當同以所尚之色不得專以陰陽爲別也今祭皇皇帝天皇皇后地天地郊明堂宗廟皆宜同其別祭五郊各隨方色祭日月星辰之類用騂社稷山川之屬用玄此則尊卑方色陰陽衆義暢矣三年正月帝崩齊王卽位是年十二月尚書盧毓奏烈祖明皇帝以今年正日棄離萬國禮忌日不樂甲乙之謂也烈祖明皇帝建丑之月棄天下臣妾之情於此正日有甚甲乙今若以建丑正朝四方會羣臣設盛樂不合於禮博士樂祥議正日旦受朝貢羣臣奉贄後五日乃大宴會作樂太尉屬朱誕議今因宜改之際還修舊則元首建寅於制爲便大將軍屬劉肇議宜過正一日乃朝賀大會明令天下知崩亡之日不朝也詔

曰省奏事五內斷絕奈何奈何烈祖明帝以正日棄天下每與皇太后念此日至心有剝裂不可以此日朝羣辟受慶賀也月二日會又非故也聽當還夏正月雖違先帝通三統之義斯亦子孫哀慘永懷又夏正朔得天數者其以建寅之月爲歲首

晉武帝太始二年九月羣公奏唐堯舜禹不以易胙改制至於湯武各推行數宣尼荅爲邦之問則曰行夏之時輅冕之制通爲百代之言蓋期於從政濟治不繫於行運也今大晉繼三皇之蹤踵舜禹之迹應天從民受禪有魏宜一用前代正朔服色皆如有虞遵唐故事於義爲弘奏可孫盛曰仍舊非也且晉爲金行服色尚赤考之天道其違甚矣及宋受禪亦如魏晉故事

魏明帝初司空王朗議古者有年數無年號漢初猶然或有世而改有中元後元元改彌數中後之號不足故更假取美名非古也述春秋之事曰隱公元年則簡而易知載漢世之事曰建元元年則後不見宜若古稱元而已明帝不從乃詔曰先帝卽位之元則有延康之號受禪之初亦有黃初之稱今名年可也於是尚書奏易曰乾道變化各正性命保合大和乃利貞首出庶物萬國咸寧宜爲大和元年詔缺七字　周之五禮其五爲嘉嘉缺二字春秋左氏傳曰晉侯問襄公年季武子對曰會于沙隨之歲寡君以生晉侯曰十二年矣是謂一終一星終也國君十五而生子冠而生子禮也君可以冠矣大夫盍爲冠具武子對曰君冠必以祼享之禮行之以金石之樂節之以先君之祧處之今君在行未可具也請及兄弟之國而假備焉晉侯許諾還及衛冠于成公之廟假鐘磬焉禮也賈服說皆以爲人君禮十二而冠也古尚書說武王崩成王年十三推武王以庚辰歲崩周公以壬午歲出居東以癸未歲反禮周公冠成王命史祝辭辭告也是除喪冠也周公居東未反成王冠弁以開金縢之書時十六矣是成王年十五服除周公冠之而後出也按禮傳之文則天子諸侯近十二遠十五必冠矣周禮雖有服冕之數而無天子冠文儀禮云公侯之有冠禮夏末造之王鄭皆以爲夏末上下相亂篡弒由生故作公侯冠禮則明無天子冠禮之審也大夫又無冠禮古者五十而後爵何大夫冠禮之有周人年五十而有賢才則試以大夫之事猶行士禮也故筮日筮賓冠於阼以著代醮於客位三加彌尊皆士禮耳然漢氏以來天子諸侯頗采其議志曰儀從冠禮是也漢順帝冠又兼用曹褒新禮褒新禮今不存禮儀志又云乘輿初加緇布進賢次爵弁武弁次通天皆於高廟王公以下初加進賢而已按此文始冠緇布從古制也冠於宗廟是也魏天子冠一加其說曰士禮三加加有成也至於天子諸侯無加數之文者將以踐阼臨民尊極德備豈得復與士同此言非也夫以聖人之才猶三十而立況十二之年未及志學便謂德成無所勸勉非理實也魏氏太子再加皇子王公世子乃三加孫毓以爲一加再加皆非也禮詞曰令月吉日又以歲之正以月之令魯襄公冠以冬漢惠帝冠以三月明無定月也後漢以來帝加元服咸以正月晉咸寧二年秋閏九月遣使冠汝南王柬此則晉禮亦有非必歲首也禮冠於廟魏以來不復在廟然晉武惠冠太子皆卽廟見斯亦擬在廟之儀也晉穆帝孝武將冠先以幣告廟訖又廟見也

晉惠帝之爲太子將冠也武帝臨軒使兼司徒高陽王珪加冠兼光祿勳屯騎校尉華廙贊冠江左諸帝將冠金石宿設百僚陪位又豫於殿上鋪大牀御府令奉冕幘簪導衮服以授侍中常侍太尉加幘太保加冕將加冕太尉跪讀祝文曰令月吉日始加元服皇帝穆穆思弘衮職欽若昊天六合是式率遵祖考永永無極眉壽惟祺介茲景福加冕訖侍中繫玄紞侍中脫絳紗服加衮服冠事畢太保率羣臣奉觴上壽王公以下三稱萬歲乃退按儀注一加幘冕而已

宋冠皇太子及蕃王亦一加也官有其注晉武帝太始十年南宮王承年十五依舊應冠有司議奏禮十五成童國君十五而生子以明可冠之宜又漢魏遣使冠諸王非古典於是制諸王十五冠不復加命元嘉十一年營道侯將冠詔曰營道侯義綦可克日冠外詳舊施行何楨冠儀約制及王堪私撰冠儀亦皆家人之可遵用者也

魏齊王正始四年立皇后甄氏其儀不存晉武帝咸寧二年臨軒遣太尉賈充策立后楊氏納悼后也因大赦賜王公以下各有差百僚上禮太康八年有司奏昏禮納徵大昏用玄纁束帛加珪馬二駟王侯玄纁束帛加璧乘馬大夫用玄纁束帛加羊古者以皮馬爲庭實天子加穀珪諸侯加大璋可依周禮改璧用璋其羊鴈酒米玄纁如故諸侯昏禮加納采吉期迎各帛五匹及納徵馬四匹皆令夫家自備唯璋官爲具之尚書朱整議按魏氏故事王娶妃公主嫁之禮天子諸侯以皮馬爲庭實天子加以穀珪諸侯加以大璋漢高后制聘后黃金二百斤馬十二匹夫人金五十斤馬四匹魏聘后王娶妃公主嫁之禮用絹百九十匹晉興故事用絹三百匹詔曰公主嫁由夫氏不宜皆爲備物賜錢使足而已唯給璋餘如故事成帝咸康二年臨軒遣使兼太保領軍將軍諸葛恢兼太尉護軍將軍孔愉六禮備物拜皇后杜氏卽日入宮帝御太極殿羣臣畢賀非禮也王者昏禮禮無其制春秋祭公逆王后于紀穀梁左氏說與公羊又不同而漢魏遺事闕略者衆晉武惠納后江左又無復儀注故成帝將納杜后太常華恒始與博士參定其儀據杜預左氏傳說主婚是供其婚禮之幣而已又周靈王求婚於齊齊侯問於晏桓子桓子對曰夫婦所生若而人姑姊妹則稱先守某公之遺女若而人此則天子之命自得下達臣下之荅徑自上通先儒以爲丘明詳錄其事蓋爲王者婚娶之禮也故成帝臨軒遣使稱制拜后然其儀注又不具存康帝建元元年納后褚氏而儀注陛者不設旄頭殿中御史奏今迎皇后依昔成恭皇后入宮御物而儀注至尊衮冕升殿旄頭不設求量處又案昔迎恭皇后唯作青龍旂其餘皆卽御物今當臨軒遣使而立五牛旂旗旄頭畢罕並出卽用故至今闕詔曰所以正法服升太極者以敬其始故備其禮也今云何更闕所重而撤法物邪又恭后神主入廟先帝詔后禮宜有降不宜建五牛旗而今猶復設之邪既不設五旗則旄頭畢罕之器易具也又詔曰舊制既難準且於今而備亦非宜府庫之儲唯當以供軍國之費耳法服儀飾粗令舉其餘兼副雜器停之及至穆帝升平元年將納皇后何氏太常王彪之始更大引經傳及諸故事以正其禮深非公羊婚禮不稱主人之義又曰王者之於四海無非臣妾雖復父兄之親師友之賢皆純臣也夫崇三綱之始以定乾坤之儀安有天父之尊而稱臣下之命以納伉儷安有臣下之卑而稱天父之名以行大禮遠尋古禮無王者此制近求史籍無王者此比於情不安於義不通案咸寧二年納悼皇后時弘訓太后母臨天下而無命戚屬之臣爲武皇父兄主婚之文又考大晉已行之事咸寧故事不稱父兄師友則咸康華恒所上合於舊也臣愚謂今納后儀制宜一依咸康故事於是從之華恒所定六禮云宜依漢舊及大晉已行之制此恒猶識前事故王彪之多從咸康由此也惟以取婦之家三日不舉樂而咸康羣臣賀爲失禮故但依咸寧上禮不復賀也其告廟六禮版文等儀皆彪之所定也詳推有典制其納采版文璽書曰皇帝咨前太尉參軍何琦渾元資始肇經人倫爰及夫婦以奉天地宗廟社稷謀于公卿咸以宜率由舊典今使使持節太常彪之宗正綜以禮納采主人曰皇帝嘉命訪婚陋族備數采擇臣從祖弟故散騎侍郎準之遺女未閑教訓衣履若而人欽承舊章肅奉典制前太尉參軍都鄉侯糞土臣何琦稽首再拜承制詔次問名版文曰皇帝曰咨某官某姓兩儀配合承天統物正位于內必俟令族重申舊典今使使持節太常某宗正某以禮問名主人曰皇帝嘉命使者某到重宣中詔問臣名族臣族女父母所生先臣故光祿大夫雩婁侯禎之遺玄孫先臣故豫州刺史關中侯惲之曾孫先臣安豐太守關中侯叡之孫先臣故散騎侍郎準之遺女外出自先臣故尚書左丞胄之外曾孫先臣故侍中關內侯夷之外孫女年十七欽承舊章肅奉典制次納吉版文曰皇帝曰咨某官某姓人謀龜從僉曰貞吉敬從典禮今使持節太常某宗正某以禮納吉主人曰皇帝嘉命使者某重宣中詔太卜元吉臣陋族卑鄙憂懼不堪欽承舊章肅奉典制次納徵版文皇帝曰咨某官某姓之女有母儀之德窈窕之姿如山如河宜奉宗廟永承天祚以玄纁皮帛馬羊錢璧以章典禮今使使持節司徒某太常某以禮納徵主人曰皇帝嘉命降婚卑陋崇以上公寵以典禮備物典策欽承舊章肅奉典制次請期版文皇帝曰咨某官某姓謀于公卿大筮元龜罔有不臧率遵典禮今使使持節太常某宗正某以禮請期主人曰皇帝嘉命使某重宣中詔吉日惟某可迎臣欽承舊章肅奉典制次迎版文皇帝曰咨某官某姓歲吉月令吉日惟某率禮以迎今使使持節太保某太尉某以迎主人曰皇帝嘉命使者某重宣中詔令月吉辰備禮以迎上公宗卿兼至副介近臣百兩臣螻蟻之族猥承大禮憂懼戰悸欽承舊章肅奉典制其稽首承詔皆如初荅

孝武納王皇后其禮亦如之其納采問名納吉請期迎皆用白鴈白羊各一頭酒米各十二斛唯納徵羊一頭玄纁用帛三匹絳二匹絹二百匹虎皮二枚錢二百萬玉璧一枚馬六頭酒米各十二斛鄭玄所謂五鴈六禮也其珪馬之制備物之數校太康所奏又有不同官有其注古者昏冠皆有醮鄭氏醮文三首具存宋文帝元嘉十五年四月皇太子納妃六禮文與納后不異百官上禮其月壬戌於太極殿西堂敘宴二宮隊主副司徒征北鎮南三府佐揚兗江三州綱彭城江夏南譙始興武陵廬陵南豐七國侍郎以上諸二千石在都邑者並

豫會又詔今小會可停妓樂時有臨川曹太妃服明帝泰始五年十一月有司奏按晉江左以來太子昏納徵禮用玉一虎皮二未詳何所準況或者虎取其威猛有彬炳玉以象德而有潤栗珪璋既玉之美者豹皮義兼炳蔚熊羆亦昏禮吉徵以類取象亦宜並用未詳何以遺文晉氏江左禮物多闕後代因襲未遑研考今法章徽儀方將大備宜憲範經籍稽諸舊典今皇太子昏納徵禮合用珪璋豹皮熊羆皮與不下禮官詳依經記更正若應用者爲各用一爲應用兩博士裴昭明議案周禮納徵玄纁束帛儷皮鄭玄注云束帛以儀注以虎皮二太元中公主納徵以虎豹皮各一具豈謂婚禮不辨王公之序故取虎豹皮以尊革其事乎虎豹雖文而徵禮所不用熊羆吉祥而婚典所不及珪璋雖美或爲用各異今帝道弘明徽則光闡儲皇聘納宜準經誥凡諸僻謬並合詳裁雖禮代不同文質或異而鄭爲儒宗既有明說守文淺見蓋有惟疑兼太常丞孫詵議以爲聘幣之典損益惟義歷代行事取制士婚若珪璋之用實均璧品采豹之彰義齊虎文熊羆表祥繁衍攸寄今儲后崇聘禮先訓遠皮玉之美宜盡暉備禮稱束帛儷皮則珪璋數合同璧熊羆文豹各應用二長兼國子博士虞龢議案儀禮納徵直云玄纁束帛雜皮而已禮記郊特牲云虎豹皮與玉璧非虛作也則虎豹之皮居然用兩珪璧宜仍舊各一也參詵龢二議不異今加珪璋各一豹熊羆皮各二以龢議爲允詔可

晉武帝太始十年將聘拜三夫人九嬪有司奏禮皇后聘以穀珪無妾媵禮贄之制詔曰拜授可依魏氏故事於是臨軒使使持節兼太常拜夫人兼御史中丞拜九嬪

漢魏之禮公主居第尚公主者來第成婚司空王朗以爲不可其後乃革

凡遣大使拜皇后三公及冠皇太子及拜蕃王帝皆臨軒其儀太樂令宿設金石四廂之樂於殿前漏上二刻侍中侍臣冗從僕射中謁者節騎郎虎賁旄頭遮列五牛旗皆入虎賁中郎將羽林監分陛端門內侍御史謁者各一人監端門廷尉監平分陛東西中華門漏上三刻殿中侍御史奏開殿之殿門南止車門宣陽城門軍校侍中散騎常侍給事黃門侍郎散騎侍郎升殿夾御座尚書令以下應階者以次入治禮引大鴻臚入陳九賓漏上四刻侍中奏外辦皇帝服袞冕之服升太極殿臨軒南面謁者前北面一拜跪奏大鴻臚臣某稽首言羣臣就位謹具侍中稱制曰可謁者贊拜在位皆再拜大鴻臚稱臣一拜仰奏請行事侍中稱制曰可鴻臚舉手曰可行事謁者引護當使者當拜者入就拜位四廂樂作將拜樂止禮畢出官有其注舊時歲旦常設葦茭桃梗磔雞於宮及百寺門以禳惡氣漢儀則仲夏之月設之有桃卯無磔雞案明帝大修禳禮故何晏禳祭據雞牲供禳釁之事磔雞宜起於魏也桃卯本漢所以輔卯金又宜魏所除也但未詳改仲夏在歲旦之所起耳宋皆省而諸郡縣此禮往往猶存上代聘享之禮雖頗見經傳然首尾不全叔孫通傳載通所制漢元會儀綱紀粗舉施於今又未周備也魏國初建事多兼闕故黃初三年始奉璧朝賀何承天云魏元會儀無存者案何禎許都賦曰元正大饗壇彼西南旗幕峨峨檐宇弘深王沈正會賦又曰華幄映於飛雲朱幕張于前庭絙青帷於兩階象紫極之崢嶸延百辟于和門等尊卑而奉璋此則大饗悉在城外不在宮內也臣案魏司空王朗奏事曰故事正月朔賀殿下設兩百華鐙對於二階之間端門設庭燎火炬端門外設五尺三尺鐙月照星明雖夜猶晝矣如此則不在城外也何王二賦本不在洛京何云許都賦時在許昌也王賦又云朝四國於東巡亦賦許昌正會也晉武帝世更定元會注今有咸寧注是也傅玄元會賦曰考夏后之遺訓綜殷周之典藝采秦漢之舊儀定元正之嘉會此則兼採衆代可知矣咸寧注先正一日守宮宿設王公卿校便坐於端門外大樂鼓吹又宿設四廂樂及牛馬帷閣於殿前夜漏未盡十刻羣臣集到庭燎起火上賀謁報又賀皇后還從雲龍東中華門入謁詣東閤下便坐漏未盡七刻羣司乘車與百官及受贄郎下至計吏皆入詣陛部立其陛衞者如臨軒儀漏未盡五刻謁者僕射大鴻臚各奏羣臣就位定漏盡侍中奏外辦皇帝出鐘鼓作百官皆拜伏太常導皇帝升御座鐘鼓止百官起大鴻臚跪奏請朝賀治禮郎讚皇帝延王登大鴻臚跪讚蕃王臣某等奉白璧各一再拜賀太常報王悉登謁者引上殿當御座皇帝興王再拜皇帝坐復再拜跪置璧御座前復再拜成禮訖謁者引下殿還故位治禮郎引公特進匈奴南單于子金紫將軍當大鴻臚西中二千石二千石千石六百石當大行令西皆北面伏大鴻臚跪讚太尉中二千石等奉璧皮帛羔鴈雉再拜賀太常讚皇帝延君登禮引公至金紫將軍上殿當御座皇帝興皆再拜皇帝坐又再拜跪置璧皮帛御座前復再拜成禮訖讚者引下殿還故位王公置璧成禮時大行令並讚殿下中二千石以下同成禮訖以贄授贄郎郎以璧帛付謁者羔鴈雉付太官太樂令跪奏雅樂以次作樂乘黃令乃出車皇帝罷入百官皆坐晝漏上水六刻諸蠻夷胡客以次入皆再拜訖坐御入三刻又出鐘鼓作謁者僕射跪奏請羣臣上御謁者引王公至二千石上殿千石六百石停本位謁者引王詣尊酌壽尊跪授侍中侍中跪置御座前王還自酌置位前謁者跪奏蕃王臣某等奉觴再拜上千萬歲壽侍中曰觴已上百官伏稱萬歲四廂樂作百官再拜已飲又再拜謁者引諸王等還本位陛者傳就席羣臣皆跪諾侍中中書令尚書令各於殿上上壽酒登歌樂升太官令又行御酒御酒升階太官令跪授侍郎侍郎跪進御座前乃行百官酒太樂令跪奏奏登歌三終乃降太官令跪請御飯到陛羣臣皆起太官令持羹跪授司徒持飯跪授大司農尚食持案並授侍郎侍郎跪進御座前羣臣就席太樂令跪奏食舉樂太官行百官飯案遍食畢太樂令跪奏請進儛儛以次作鼓吹令又前跪奏請以次進衆伎乃召諸郡計吏前授敕戒於階下宴樂畢謁者一人跪奏請罷退鐘鼓作羣臣北面再拜出江左更隨事立位大體亦無異也宋有天下多仍舊儀所損益可知矣

晉江左注皇太子出會者則在三恪下王公上宋文帝元嘉十一年升在三恪上

魏制蕃王不得朝覲明帝時有朝者皆由特恩不得以爲常晉太始中有司奏諸侯之國其王公以下入朝者四方各爲二番三歲而周周則更始若臨時有解却在明年來朝之後更滿三歲乃復不得從本數朝禮執璧如舊朝之制不朝之歲各遣卿奉聘奏可江左王侯不之國其有授任居外則同方伯刺史二千石之禮亦無朝聘之制此禮遂廢

正旦元會設白虎樽於殿庭樽蓋上施白虎若有能獻直言者則發此樽飲酒案禮記知悼子卒未葬平公飲酒師曠李調侍鼓鐘杜蕢自外來聞鐘聲曰安在曰在寢杜蕢入寢歷階而升酌曰曠飲斯又酌曰調飲斯又酌堂上北面坐飲之降趨而出平公呼而進之曰蕢曩者爾心或開予是以不與爾言爾飲曠何也曰子卯不樂知悼子在堂斯其爲子卯也大矣曠也太師也不以詔是以飲之也爾飲調何也曰調也君之褻臣也爲一飲一食忘君之疾是以飲之也爾飲何也曰蕢也宰夫唯刀匕是供又敢與知防是以飲也平公曰寡人亦有過焉酌而飲寡人杜蕢洗而揚觶公謂侍者曰如我死則必無廢斯爵至于今既畢獻斯揚觶謂之杜舉白虎樽蓋杜舉之遺式也畫爲虎宜是後代所加欲令言者猛如虎無所忌憚也

漢以高帝十月定秦旦爲歲首至武帝雖改用夏正然朔猶常饗會如元正之儀魏晉則冬至日受萬國及百寮稱賀因小會其儀亞於歲旦晉有其注宋永初元年八月詔曰慶冬使或遣不役宜省今可悉停唯元正大慶不得廢耳郡縣遣冬使詣州及都督府者亦宜同停孫權始都武昌及建業不立郊兆至末年太元元年十一月祭南郊其地今秣陵縣南十餘里郊中是也晉氏南遷立南郊於巳地非禮所謂陽位之義也宋武大明三年九月尚書右丞徐爰議郊祀之位遠古蔑聞禮記燔柴於大壇祭天也兆於南郊就陽位也漢初甘泉河東禋埋易位終亦徙於長安南北光武紹祚定二郊洛陽南北晉氏過江悉在北及郊兆之議紛然不一又南出道狹未議開闡遂於東南巳地創立丘壇皇宋受命因而弗改且居民之中非邑外之謂今聖圖重造舊章畢新南驛開塗陽路修遠謂宜移郊正午以定天位博士司馬興之傅郁太常丞陸澄並同爰議乃移郊兆於秣陵牛頭山西正在宮之午地世祖崩前廢帝卽位以郊舊地爲吉祥移還本處北郊晉成帝世始立本在覆舟山南宋太祖以其地爲樂游苑移於山西北後以其地爲北湖移於湖塘西北其地卑下泥濕又移於白石邨東其地又以爲湖乃移於鍾山北京道西與南郊相對後罷白石東湖北郊還舊處南郊皇帝散齋七日致齋三日官掌清者亦如之致齋之朝御太極殿幄坐著絳紗褠黑介幘通天金博山冠先郊日未晡五刻夕牲公卿京兆尹衆官悉壇東就位太祝史牽牲入到榜稟犧令跪白請省牲舉手曰腯太祝令繞牲舉手曰充太祝令牽牲詣庖以二陶豆酌毛血其一奠皇天神座前其一奠太祖神座前郊之日未明八刻太祝令進饌施饌牲用繭栗二頭羣神用牛一頭醴用秬鬯藉用白茅玄酒一器器用匏陶以瓦樽盛酒瓦圩斟酒璧用蒼玉蒯席各二不設茵蓐古者席藁晉江左用蒯車駕出百官應齋及從駕填街先置者各隨申攝從事上水一刻御服龍袞平天冠升金根車到壇東門外博士太常引入到黑攢太祝令跪執匏陶酒以灌地皇帝再拜興羣臣皆再拜伏治禮曰興博士太常引皇帝至南階脫舄升壇詣罍盥黃門侍郎洗爵跪授皇帝執樽郎授爵

酌秬鬯授皇帝跪奠皇天神座前再拜興次詣太祖配天神座前執爵跪奠如皇天之禮南面北向一拜伏太祝令各酌福酒合置一爵中跪進皇帝再拜伏飲福酒訖博士太常引帝從東階下還南階謁者引太常升壇亞獻謁者又引光祿升壇終獻訖各降階還本位太祝送神跪執匏陶酒以灌地興直南行出壝門治禮舉手白羣臣皆再拜伏皇帝盤治禮曰興博士跪曰祠事畢就燎博士太常引皇帝就燎位當壇東階皇帝南向立太祝令以案奉玉璧牲體爵酒黍飯諸饌物登柴壇施設之治禮舉手曰可燎三人持火炬上火發太祝令等各下壇壇東西各二十人以炬投壇火半柴傾博士仰白事畢皇帝出便坐解嚴天子有故則三公行事而太尉初獻其亞獻猶終獻太常光祿勳也北郊齋夕牲進執及乘輿百官到壇三獻悉如南郊之禮唯事訖太祝令牲玉饌物詣埳置牲上訖又以一牲覆其上治禮舉手曰可霾二十人俱時下土填埳欲半博士仰白事畢帝出自魏以來多使三公行事乘輿罕出矣魏及晉初儀注雖不具存所損益漢制可知也江左以後官有其注

魏文帝詔曰漢氏不拜日於東郊而旦夕常於殿下東面拜日煩褻似家人之事非事天郊神之道也黃初二年正月乙亥朝日于東門之外按禮天子以春分朝日於東秋分夕月於西今正月非其時也漢郊祀志帝郊泰畤平旦出行宮東向揖日其夕西向揖月此為即用郊日不俟二分也明帝太和元年二月丁亥朔朝日于東郊八月己丑夕月于西郊此古禮也白虎通王者父天母地兄日姊月此其義也尚書太傳迎日之詞曰維某年某月上日明光于上下勤施于四方旁作穆穆維予一人某敬拜迎日于郊與時郎陳融奏東郊頌與時亦行此禮也晉武帝太康二年有司奏春分依舊車駕朝日寒溫未適可不親出詔曰禮儀宜有常如所奏與故太尉所撰不同復為無定制間者方難未平故每從所奏今戎事弭息唯此為大案此詔帝復為親朝日也此後廢

殷祠皇帝散齋七日致齋三日百官清者亦如致齋之日御太極殿幄坐著絳紗襮黑介幘通天金博山冠祠之日車駕出百官應齋從駕留守填街先置者各依宜攝從事上水一刻皇帝著平冕龍袞之服升金根車到廟北門訖治禮謁者各引太樂太常光祿勳三公等皆入在位皇帝降車入廟脫舄盥及洗爵訖升殿初獻奠爵樂奏太祝令跪讀祝文訖進奠神座前皇帝還本位博士引太尉亞獻訖謁者又引光祿勳終獻凡禘祫大祭則神主悉出廟堂為昭穆以安坐不復停室也晉氏又有陰室四殤治禮引陰室以次奠爵于饌前其功臣配饗者設坐於庭謁者奠爵于饌前皇帝不親祠則三公行事而太尉初獻太常亞獻光祿勳終獻也四時祭祀亦皆於將祭必先夕牲其儀如郊晉武帝太始七年四月帝將親祠車駕夕牲而儀注還不拜詔問其故博士奏歷代相承如此帝曰非致敬宗廟之禮也於是實拜而還遂以為制太康中有司奏議十一月一日合朔奠冬烝夕牲同日可有司行事詔曰夕牲而令有司行事非也改擇上旬他日案此則武帝夕牲必躬臨拜而江左以來復止也晉元帝建武元年十月辛卯即晉王位行天子殷祭之禮非常之事也孝武太元十一年九月皇女亡及應烝祠中書侍郎范甯奏案喪服傳有死宮中者三月不舉祭不別長幼之與貴賤也皇女雖在嬰孩臣竊以為疑於是尚書奏使三公行事昔漢靈帝世立春尚齋迎氣東郊尚書左丞歐殺陌使於南書寺於是詔書曰議郎蔡邕博士任敏問可齋祠不得無不宜邕等對曰按上帝之祠無所為廢宮室至大陌使至微日又寬可齋無疑甯非不知有此議然不從也魏及晉初祭儀雖不具存江左則備矣官有其注

祠大社帝太稷常以歲二月八月二社日祠之太祝令夕牲進孰如郊廟儀司空太常大司農三獻也官有其注周禮王親祭漢以來有司行事

漢安帝元初六年立宗祠於國西北城亥地祠儀比泰社日月將交會太史上合朔尚書先事三日宣攝內外戒嚴摯虞決疑曰凡救蝕者皆著赤幘以助陽也日將蝕天子素服避正殿內外嚴警太史登靈臺伺候日變更伐鼓於門聞鼓音侍臣皆著赤幘帶劍入侍三臺令史以上皆各持劍立其戶前衛尉卿馳繞宮伺察守備周而復始日復常乃皆罷魯昭公十七年六月朔日有蝕之祝史請所由叔孫昭子曰日有蝕天子不舉樂伐鼓於社諸侯用幣於社伐鼓於朝禮也又以赤絲為繩繫社祝史陳辭以責之社句龍之神天子之上公故責之合朔官有其注昔漢建安中將王會而太史上言正旦當日蝕朝士疑會不共詣尚書令荀文若諮之時廣平計吏劉邵在坐曰梓慎禆竈古之良史猶占水火錯失天時禮諸侯旅見天子入門不得終禮者四日蝕在一然則聖人垂制不為變異豫廢朝禮者或災消異伏或推術謬誤也文若及衆人咸喜而從之遂朝會如舊日亦不蝕劭由此顯名魏史美而書之魏高貴鄉公正元二年三月朔太史奏日蝕而不蝕晉文王時為大將軍大推史官不驗之負史官荅曰合朔之時或有日掩月或有月掩日月掩日則蔽障日體使光景有虧故謂之日蝕日掩月則日於月上過謂之陰不侵陽雖交無變日月相掩必食之理無術以知是以嘗禘郊社日蝕則接祭是亦前代史官不能審蝕也自漢故事以為日蝕必當於交每至其時申警百官以備日變故甲寅詔有備蝕之制無考負之法古來黃帝顓頊夏殷周魯六歷皆無推日蝕法但有考課疏密而已負坐之條由本無術可課非司事之罪乃止晉武帝咸寧三年四年並以正旦合朔却元會改魏故事也晉元帝天興元年四月合朔中書侍郎孔愉奏曰春秋日有蝕之天子伐鼓于社攻諸陰也諸侯伐鼓於朝臣自攻也案尚書符若日有變便伐鼓於諸門有違舊典詔曰所陳有正義輒敕外改之至康帝建元元年太史上元日合朔朝士復疑應却會與否庾冰輔政寫劉劭議以示八坐于時有謂劭為不得禮意荀文若從之是勝人之一失故蔡謨遂著議非之曰劭論災消異伏又以慎竈猶有錯失太史上言亦不必審其理誠然也而云聖人垂制不為變異豫廢朝禮此則謬矣災祥之發所以譴告人君王者所重誡故素服廢樂退避正寢百官降物用幣伐鼓躬親而救之夫敬誡之事與其疑而廢之寧慎而行之故孔子老聃助葬於巷黨以喪不見星行故日蝕而止柩曰安知其不見星也今史官言當蝕亦安知其不蝕乎夫子老聃豫行見星之防而劭廢之是棄聖賢之成規也魯桓公壬申有災而以乙亥嘗祭春秋譏之災事既過猶退懼未已故廢宗廟之祭況聞天眚將至行慶樂之會於禮乖矣禮記所云諸侯入門不得終禮者謂日官不豫言諸侯既入見蝕乃知耳非先聞當蝕而朝會不廢也劭此可謂失其義指劉劭所執者禮記也夫子老聃巷黨之事亦禮記所言復違而反之進退無據荀令所善漢朝所從遂使此言至今見稱莫知其謬後來君子將擬以為式故正之云爾於是冰從衆議遂以却會至永和中殷浩輔政又欲從劉劭議不却會王彪之據咸寧建元故事又曰禮云諸侯旅見天子不得終禮而廢者四自謂卒暴有之非為存其事而徵幸史官推術繆錯故不豫廢朝禮也於是又從彪之相承至今

耕籍之禮尚矣漢文帝修之及昭帝幼即大位耕於鉤盾弄田明帝永平十五年二月東巡耕於下邳章帝元和三年正月北巡耕於懷縣魏三祖皆親耕籍晉武帝太始四年有司奏始耕祠先農可有司行事詔曰夫民之大事在祀與農是以古之聖王躬耕帝籍以供郊廟之粢盛且以訓化天下近代以來耕籍止於數步中空有慕古之名曾無供祀訓農之實而有百官車徒之費今修千畝之制當與羣公卿士躬稼穡之艱難以帥天下主者詳具其制并下河南處田地於東郊之南洛水之北平良中水者若無官田隨宜便換不得侵民人也自此之後其事便廢史注載多有闕止元哀二帝將修耕籍賀循等所上注及裵憲為胡中所定儀又未詳允元嘉二十年太祖將親耕以其久廢使何承天撰定儀注史學生山謙之已私鳩集因以奏聞乃下詔曰國以民為本民以食為天一夫輟耕饑者必及倉廩既實禮節以興自頃在所貧耗家無宿積陰陽暫偏則人懷愁墊年或不稔而病乏比室誠由政德未孚以臻斯弊抑亦耕桑未廣地利多遺宰守微化道之方氓庶忘勤分之義永言弘濟明發載懷雖制令亟下終莫懲勸而坐望滋殖庸可致乎有司其班宣舊條務盡敦課遊食之徒咸令附業考覈勤惰行其誅賞觀察能殿嚴加黜陟古者從時脈土以訓農功躬耕帝籍敬供粢盛仰瞻前王思遵令典便可量處千畝考上元辰朕當親率百辟致禮郊甸庶幾誠素獎被斯民於是斟酌衆條造定圖注先立春九日尚書宣攝內外各使隨局從事司空大農京尹令尉度宮之辰地八里之外整制千畝開阡陌立先農壇於中阡西陌南御耕壇於中阡東陌北將耕宿設青幕于耕壇之上皇后帥六宮之人生穜稑之種付籍田令耕日太祝以一太牢告祠先農悉如祠帝社之儀孟春之月擇上辛後吉亥日御乘耕根三蓋車駕蒼駟青旂著通天冠青幘朝服青袞帶佩蒼玉蕃王以下至六百石皆衣青唯三臺武衛不耕不改服章車駕出衆事如郊廟之儀車駕至籍田侍中跪奏尊降車臨壇大司農跪奏先農已享請皇帝親耕太史令讚曰皇帝親耕三推三反於是羣臣以次耕王公五等開國諸侯五推五反孤卿大夫七推七反士九推九反籍田令率其屬耕竟畝灑種即耰禮畢魏氏雖天子耕籍其蕃鎮諸侯並闕百畝之禮晉武帝末有司奏古諸侯耕籍百畝躬秉耒耜以奉社稷宗廟以勸率農功今諸王治國宜修耕籍之義然未施行宋太祖東耕後乃班下州郡縣悉備其禮焉

周禮王后帥內外命婦蠶於北郊漢則東郊非古也魏則北郊依周禮也晉則西郊宜是與藉田對其方也魏文帝黃初七年正月命中宮蠶于北郊按韋誕后蠶頌則于時漢注已亡更考撰其儀也及至晉氏先蠶多采魏法晉武帝太康六年散騎常侍華嶠奏先王之制天子諸侯親耕千畝后夫人躬蠶桑今陛下以聖明至仁修先王之緒皇后體資生之德合配乾之義而教道未先蠶禮尚闕以爲宜依古式備斯盛典詔曰古者天子親籍以供粢盛后夫人躬蠶以備祭服所以聿遵孝敬明教示訓也今籍田有制而蠶禮不修中間務多未暇崇備今天下無事宜修禮以示四海其詳依古典及近代故事以參今宜明年施行於是使侍中袁粲草定其儀皇后采桑壇在蠶室西帷宮中門之外桑林在其東先蠶壇在宮外門之外而東南取民妻六人爲蠶母蠶將生擇吉日皇后著十二笄依漢魏故事衣青衣乘油蓋雲母安車駕六馬女尚書著貂蟬佩璽陪乘載筐鉤公主三夫人九嬪世婦諸太妃公太夫人公夫人及縣鄉君郡公侯特進夫人外世婦命婦皆步搖衣青各載筐鉤從蠶桑前一日蠶官生蠶著薄上桑日太祝令以一太宰祠先蠶皇后至西郊升壇公主以下陪列壇東皇后東面躬桑采三條諸妃公主各采五條縣鄉君以下各采九條悉以桑授蠶母還蠶室事訖皇后還便坐公主以下以次就位設饗賜絹各有差宋孝武大明四年又修此禮

漢獻帝建安二十二年魏國作泮宮于鄴城南魏文帝黃初五年立太學於洛陽齊王正始中劉馥上疏曰黃初以來崇立太學二十餘年而成者蓋寡由博士選輕諸生避役高門子弟恥非其倫故學者雖有其名而無其實雖設其教而無其功宜高選博士取行爲人表經任人師者掌教國子依遵古法使二千石以上子孫年從十五皆入太學明制黜陟陳榮辱之路不從晉武帝太始八年有司奏太學生七千餘人才任四品聽留詔已試經者留之其餘遣還郡國大臣子弟堪受教者令入學咸寧二年起國子學蓋周禮國之貴遊子弟所謂國子受教於師氏者也太康五年修作明堂辟雝靈臺孫休永安元年詔曰古者建國教學爲先所以導世治性爲時養器也自建興以來時事多故吏民頗以目前趨務棄本就末不循古道夫所尚不淳則傷化敗俗其按舊置學官立五經博士覈取應選加其寵祿科見史之中及將吏子弟有志好者各令就業一歲課試差其品第加以位賞使見之者樂其榮聞之者羨其譽以淳王化以隆風俗於是立學元帝爲晉王建武初驃騎將軍王導上疏夫治化之本在於正人倫人倫之正存乎設庠序庠序設而五教明則德化洽通彝倫攸敘有恥且格也父子兄弟夫婦長幼之序順而君臣之義固矣易所謂正家而天下定者也故聖王蒙以養正少而教之使化沾肌骨習以成性有若自然日遷善遠罪而不自知行成德立然後裁之以位雖王之嫡子猶與國子齒使知道而後貴其取才用士咸先本之于學故周禮鄉大夫獻賢能之書于王王拜而受之所以尊道而貴士也人知士之所貴由乎道存則退而修其身修其身以及其家正家以及於鄉學於鄉以登於朝反本復始各求諸己敦素之業著浮僞之道息教使然也故以之事君則忠用之莅下則仁卽孟軻所謂未有仁而遺其親義而後其君者也自頃皇綱失統禮教陵替頌聲不興于今二紀傳曰三年不爲禮禮必壞三年不爲樂樂必崩而況如此其久者乎先進漸忘揖讓之容後生唯聞金革之響干戈日尋俎豆不設先王之道彌遠華僞之風遂滋非所以習民靖俗端本抑末之謂也殿下以命世之資屬當傾危之運禮樂征伐翼成中興將滌穢蕩瑕撥亂反正誠宜經綸稽古建明學校闡揚六蓺以訓後生使文武之道墜而復興方今小雅盡廢戎虜扇熾節義陵遲國恥未雪忠臣義士所以扼腕拊心禮樂政刑當竝陳以俱濟者也苟禮義膠固純風載洽則化之所陶者廣而德之所被者大義之所屬者深而威之所震者遠矣由斯而進則可朝服濟河使帝典闕而復補王綱弛而更張饕餮改情獸心革面揖讓而蠻夷服緩帶而天下從得乎其道者豈難也哉故有虞舞干戚而三苗化魯僖作泮宮而淮夷平桓文之霸皆先教而後戰今若聿遵前典興復教道使朝之子弟竝入于學立德出身者咸習之而後通德路開而僞塗塞則其化不肅而成不嚴而治矣選明博修禮之士以爲之師隆教貴道化成俗定莫尚於斯也散騎常侍戴邈又上表曰臣聞天道之所運莫大於陰陽帝王之至務莫重於禮學是以古之建國教學爲先國有明堂辟雝之制鄉有庠序黌校之儀皆所以抽導幽滯啓廣才思蓋以六四有困蒙之吝君子大養正之功也昔仲尼列國之大夫耳興禮修學於洙泗之間四方髦俊斐然向風受業身通者七十餘人自兹以來千載寂漠豈天下小於魯國賢哲乏於曩時厲與不厲故也自頃遺無妄之禍社稷有綴旒之危寇羯飲馬於長江凶狡虎步於萬里遂使神州蕭條鞠爲茂草四海之內人跡不交霸主有旰食之憂黎民懷荼毒之痛戎首交并于中原何遽籩豆之事哉然三年不爲禮禮必壞三年不爲樂樂必崩況曠載累紀如此之久邪今末進後生目不覩揖讓升降之禮耳不聞鐘鼓管弦之音文章散滅胡馬之足圖讖無復子遺於世此蓋聖達之所深悼有識之所咨嗟也夫治世尚文遭亂尚武文武迭用久長之道譬之天地昏明之術自古以來未有不由之者也今以天下未壹非興禮學之時此言似是而非夫儒道深奧不可倉卒而成古之俊又必三年而通一經比須寇賊清夷天下平泰然後修之則功成事定誰與制禮作樂者哉又貴遊之子未必有斬將搴旗之才亦未有從軍征戍之役不及盛年講肄道義使明珠加瑩磨之功荊隨發采琢之美不亦良乎愚以世喪道久民情玩於所習純風日去華競日彰猶火之消膏而莫之覺也今天地造始萬物權輿聖朝以神武之德值革命之運蕩近世之流弊繼千載之絕軌篤道崇儒創立大業明主唱之於上宰輔篤之於下夫上之所好下必有過之者焉是故雙劍之節崇而飛白之俗成挾琴之容飾而赴曲之和作君子之德風小人之德草實在所以感之而已臣以闇淺不能遠識格言謂宜以三時之隙漸就經始太興初議欲修立學校唯周易王氏尚書鄭氏古文孔氏毛詩周官禮記論語孝經鄭氏春秋左傳杜氏服氏各置博士一人其儀禮公羊穀梁及鄭易皆省不置博士太常荀崧上疏曰臣聞孔子有云才難不其然乎自喪亂以來經學尤寡儒有席上之珎然後能弘明道訓今處學則闕朝廷之秀仕朝則廢儒學之美昔咸寧太康元康永嘉之中侍中常侍黃門之深博道奧通洽古今行爲世表者領國子博士一則應對殿堂奉酬顧問二則叅訓門子以弘儒學三則祠儀二曹及太常之職以得藉用質疑今皇朝中興美隆往初宜憲章令軌祖述前典世祖武皇帝聖德欽明應運登禪受終于魏崇儒興學治致升平經始明堂營建辟雍告朔班政鄉飲大射西閣東序圖書禁籍臺省有宗廟太府金墉故事太學有石經古文先儒典訓賈馬鄭杜服孔王何顏尹之徒章句傳注衆家之學置博士十九人九州之中師徒相傳學士如林猶是選張華劉寔居太常之官以重儒教傳稱孔子沒而微言絕七十子終而大義乖自頃中夏殄瘁講誦遏密斯文之道將墜于地陛下聖哲龍飛闡弘祖烈申命儒術恢崇道教樂正雅頌於是乎在江揚二州先漸聲教學士遺文於今爲盛然方之疇昔猶千之一也臣學不章句才不弘道階緣光寵遂忝非服方之華寔儒風邈遠思竭駑駘庶增萬分顧斯道隆於百代之上搢紳詠於千載之下伏聞節省之制皆三分置二博士舊員十有九人今五經合九人準古計今猶未中半九人以外猶宜增四願陛下萬機餘暇時垂省覽周易一經有鄭玄注其書根源誠可深惜宜爲鄭易博士一人儀禮一經所謂曲禮鄭玄於禮特明皆有證據宜置鄭儀禮博士一人春秋公羊其書精隱明於斷獄宜置博士一人穀梁簡約隱要宜存於世置博士一人昔周之衰下陵上替臣弒其君子弒其父上無天子下無方伯善者誰賞惡者誰罰綱紀亂矣孔子懼而作春秋諸侯諱妬懼犯時禁是以微辭妙旨義不顯明故曰知我者其唯春秋罪我者其唯春秋時左丘明子夏造膝親受無不精究孔子既沒微言將絕於是丘明退撰所聞而爲之傳其書善禮多膏腴美辭張本繼末以發明經意信多奇偉學者好之儒者稱公羊高親受子夏立於漢朝辭義清儁斷決明審多可採用董仲舒之所善也穀梁赤師徒相傳暫立於漢時劉向父子漢之名儒猶執一家莫肯相從其書文清約諸所發明或是左氏公羊所不載亦足有所訂正是以三傳竝行於先代通才未能孱今去聖久遠斯文將墜與其過廢寧過而立也臣以爲三傳雖同一春秋而發端異趣案如三家異同之說義則戰爭之場辭亦劍戟之鋒於理不可得共博士宜各置一人以傳其學元帝詔曰崧表如此皆經國大務而爲治所由息馬投戈猶可講藝今雖日不暇給豈忘本而道存邪可共博議之有司奏宜如崧表詔曰穀梁膚淺不足立博士餘如所奏會王敦之難事不施行成帝咸康三年國子祭酒袁瓌太常馮懷又上疏曰臣聞先王之教也崇典訓明禮學以示後生道萬物之性暢爲善之道也宗周既興文史載煥端委治於南蠻頌聲逸於四海故延州入聘聞雅音而嘆咨韓起適魯觀易象而歎息何者立人之道於此爲首也孔子恂恂道化洙泗孟軻皇皇誨誘無倦是以仁義之聲于今猶存禮讓之風千載未泯疇昔陵替喪亂屢臻儒林之教暫頹庠序之禮有闕國學索然墳卷莫啓有心之徒抱志無由昔魏武身親介冑務在武功猶尚息鞌披覽投戈吟詠以爲世之所須者治之本宜崇況今陛下以聖明臨朝百官以虔恭莅事朝野無虞江外靜謐如之何

泱泱之風漢焉無聞洋洋之美墜於聖世乎古人有言詩書義之府禮樂德之則實宜留心經籍闡明學義使諷頌之音盈於京室味道之賢典謨是詠豈不盛哉疏奏帝有感焉由是議立國學徵集生徒而世尚莊老莫肯用心儒訓穆帝永和八年殷浩西征以軍興罷遣由此遂廢征西將軍庾亮在武昌開置學官教曰人情重交而輕財好逸而惡勞學業致苦而祿答未厚由捷徑者多故莫肯用心洙泗邈遠風雅彌替後生放任不復憲章典謨臨官宰政者務目前之治不能閑以典誥遂令詩書荒塵頌聲寂漠仰瞻俯省能弗歎慨自胡夷交侵殆三十年矣而未革面嚮風者豈威武之用盡抑文教未洽不足綏之邪昔魯秉周禮齊不敢侮范會崇典晉國以治楚魏之君皆阻帶山河憑城據漢國富民殷而不能保其強大吳起屈完所以為歎也由此言之禮義之固孰與金城湯池季路稱攝乎大國之間加之以師旅因之以饑饉為之三年猶欲行其義方況今江表晏然王道隆盛而不能弘敷禮樂敦明庠序其何以訓彝倫而來遠人乎魏武帝於馳騖之時以馬上為家逮于建安之末風塵未弭然猶留心遠覽大學興業所謂顛沛必於是眞通才也今使三時既務五教並修軍旅已整俎豆無廢豈非兼善者哉便處分安學校處所籌量起立講舍參佐大將子弟悉令入學吾家子弟亦令受業四府博學識義通涉文學經綸者建儒林祭酒使班同三署厚其供給皆妙選邦彥必有其宜者以充此舉近臨川臨賀二郡並求修復學校可下聽之若非束修之流禮教所不及而欲階緣免役者不得為生明為條制令法清而人貴又繕造禮器俎豆之屬將行大射之禮亮尋薨又廢孝武帝太元元年尚書謝石又陳之曰立人之道曰仁與義翼善輔性唯禮與學雖理出自然必須誘導故洙泗闡弘道之風詩書垂軌教之典敦詩悅禮王化以斯而隆甄陶九流羣生於是乎穆世不常治道亦時亡光武投戈而習誦魏武息馬以修學懼墜斯文若此之至也大晉受命值世多阻雖聖化日融而王道未備庠序之業或廢或興遂令陶鑄闕日用之功民性靡素緣之益亹亹玄緒翳焉莫抽臣所以遠尋伏念寤寐永歎者也今皇威遐震戎車方靜將灑玄風於四區導斯民於至德豈可不弘敷禮樂使煥乎可觀請興復國學以訓冑子班下州郡普修鄉校雕琢琳琅和寶必至大啓羣蒙茂茲成德匪懈于事必由之以通則人競其業道隆學備矣烈宗納其言其年選公卿二千石子弟為生增造廟屋一百五十五間而品課無章士君子恥與其列國子祭酒殷茂言之曰臣聞弘化正俗存乎禮教輔性成德必資於學先王所以陶鑄天下津梁萬物閑邪納善潛被於日用者也故能疏通玄理窮綜幽微一貫古今彌綸治化且夫子稱回以好學為本七十希仰以善誘歸宗雅頌之音流詠千載聖賢之淵範哲王所同風自大晉中興肇基江左崇明學校修建庠序公卿子弟並入國學尋值多故訓業不終陛下以聖德玄一思隆前美順通居方導達物性興復儒肆僉與後生自學建彌年而功無可名憚業避役就存者無幾或假託親疾眞偽難知聲實渾亂莫此之甚臣聞舊制國子生皆冠族華冑比列皇儲而中者混雜蘭艾遂令人情恥之子貢去朔之餼羊仲尼猶愛其禮況名實兼喪面牆一世者乎若以當今急病未遑斯典權宜停廢者別一理也若其不然宜依舊準竊謂羣臣內外清官子姪普應入學制以程課令者見生或年在扞格方圓殊趣宜聽其去就各從所安所上謬合乞付外參議烈宗下詔褒納又不施行朝廷及草萊之人有志於學者莫不發憤歎息清河人李遼又上表曰臣聞教者治化之本人倫之始所以誘達羣方進德興仁譬諸土石陶冶成器雖復百王殊禮質文參差至於斯道其用不爽自中華湮沒闕里荒毀先王之澤寢聖賢之風絕自此迄今將及百年造化有靈否終以泰河濟夷徙海岱清通黎庶蒙蘇鳧藻奮化而典訓弗敷雅頌寂蔑久凋之俗大弊未改非演迪斯文緝熙宏猷將何以光贊時邕克隆盛化哉事有如賒而實急此之謂也亡父先臣回綏集邦邑歸誠本朝以太元十年遣臣奉表路經闕里過覲孔廟庭宇傾頓軌式頹弛萬世宗匠忽焉淪廢仰瞻俯慨不覺涕流既達京輦表求興復聖祀修建講學至十四年十一月十七日奉被明詔采臣鄙議敕下兗州魯郡準舊營飾故尚書令謝石令臣所須列上又出家布薄助興立故鎮北將軍譙王恬版臣行北魯縣令賜許供遣二臣薨徂成規不遂陛下體唐堯文思之美訪宣尼善誘之勤矜荒餘之凋昧愍聲教之未浹愚謂可重符兗州刺史遂成舊廟蠲復數戶以供掃灑并賜給六經講立庠序延請宿學廣集後進使油然入道發剖琢之功運仁義以征伐敷道德以服遠何招而不懷何柔而不從所為者微所弘甚大臣自致身輦轂于今八稔違親轉積夙夜匪寧振武將軍何澹之今震扞三齊臣當隨反裴回天邑感戀罔極乞臣表付外參議又不見省

宋高祖受命詔有司立學未就而崩太祖元嘉二十年復立國子學二十七年廢

魏高貴鄉公甘露二年車駕親率羣司行養老之禮於太學於是王祥為三老鄭小同為五更今無其注然漢禮具存也

晉武帝太始六年十二月帝臨辟雍行鄉飲酒之禮詔曰禮儀之廢久矣乃今復講肄舊典賜太常絹百匹丞博士及學生牛酒咸寧三年惠帝元康九年復行其禮

魏齊王正始中齊王每講經使太常釋奠先聖先師於辟雍弗躬親晉惠帝明帝之為太子及愍懷太子講經竟並親釋奠於太學太子進爵於先師中庶子進爵於顏淵元帝詔曰吾識太子此事祠訖便請王公以下者昔在洛時嘗豫清坐也成穆孝武三年亦皆親釋奠孝武時以太學在水南縣遠有司議依升平元年於中堂權立行太學于時無復國子生有司奏應須二學生百二十八人太學生取見人六十國子生權銓大臣子孫六十人事訖罷奏可釋奠禮畢會百官六品以上元嘉二十二年太子釋奠采晉故事官有其注祭畢太祖親臨學宴會太子以下悉豫

兵者守國之備孔子曰以不教民戰是謂棄之兵凶事不可空設因蒐狩而習之凡師出曰治兵入曰振旅皆戰陳之事辨鼓鐸鐲鐃之用以教坐作進退疾徐疏數之節遂以蒐田獻禽以祭社仲夏教茇舍如振旅之陳遂以苗田如蒐之法獻禽以享礿仲秋教治兵如振旅之陳遂以獮田如蒐之法致禽以祀方仲冬教大閱遂以狩田獻禽以享烝蒐者蒐索取其不孕者也苗者為苗除害而已獮者殺也從秋氣所殺多也狩者冬物畢成獲則取之無所擇也漢儀立秋日郊禮畢始揚威武斬牲於郊以薦陵廟名曰貙劉其儀乘輿御戎路白馬朱鬣躬執弩射牲太宰令以獲車送陵廟於是乘輿還宮遣使以束帛賜武官肄孫吳兵法戰陳之儀率以為常至獻帝建安二十一年魏國有司奏古四時講武皆於農隙漢西京承秦制三時不講唯十月都試今兵革未偃士民習素可無四時講武但以立秋擇吉日大朝車騎號曰治兵上合禮名下承漢制奏可是冬治兵魏王親金鼓以令進退

延康元年魏文帝為魏王是年六月立秋治兵于東郊公卿相儀王御華蓋親令金鼓之節

明帝太和元年十月治兵于東郊晉武帝太始四年九年咸寧元年大康四年六年冬皆自臨宣武觀大習眾軍然不自令進退也自惠帝以後其禮遂廢

元帝太興四年詔左右衛及諸營教習依大習儀作鴈羽仗成帝咸和中詔內外諸軍戲兵於南郊之場故其地因名鬬場自後藩鎮桓庾諸方伯往往閱習然朝廷無事焉太祖在位依故事肄習眾軍兼用漢魏之禮其後以時講武於宣武堂元嘉二十五年閏二月大蒐於宣武場主冑奉詔列奏申攝克日校獵百官備辦設行宮殿便坐武帳於幕府山南岡設王公百官便坐幔省如常儀設南北左右四行旌門建獲旗以表獲車殿中郎一人典獲車主者二人收禽吏二十四人配獲車備獲車十二兩校獵之官著袴褶有帶武冠者脫冠者上纓二品以上擁刀備槊麾幡三品以下帶刀皆騎乘將領部曲先獵一日遣屯布圍領軍將軍一人督右甄護軍一人督左甄大司馬一人居中董正諸軍悉受節度殿中郎率獲車部曲在司馬之後尚書僕射都官尚書五兵尚書左右丞都官諸曹郎都令史都官諸曹令史幹蘭臺治書侍御史令史諸曹令史幹督攝糺司校獵非違至日會於宣武場列為重圍設留守填街位於雲龍門外內官道南以西為上設從官位於雲龍門內大官階北小官階南以西為上設先置官位於行止車門外內官道西外官道東以北為上設先置官還位於廣莫門外道之東西以南為上校獵日平旦正直侍中嚴上水一刻奏搥一鼓為一嚴上水二刻奏搥二鼓為再嚴殿中侍御史奏開東中華雲龍門引仗為小駕鹵簿百官非校獵之官著朱服集列廣莫門外應還省者還省留守填街後部從官就位前部從官依鹵簿先置官先行上水三刻奏搥三鼓為三嚴上水四刻奏外辦正次直侍中散騎常侍給事黃門侍郎軍校劍履進夾上閤正直侍郎負璽通事令史帶龜印中書之印上水五刻皇帝出著黑介幘單衣乘輦正直侍中負璽陪乘不帶劍殿中侍御史督攝黃麾以內次直侍中次直黃門侍郎護駕在前又次直侍中佩信璽行璽與正直黃門侍郎從護駕在後不鳴鼓角不得諠譁以次引出警蹕如常儀車駕出贊陛者再拜皇太子入守車駕將至威儀倡引先置前部從官就位再拜車駕至行殿前回輦正直侍中跪奏降輦次直侍中稱制曰可正直侍中俛伏起皇帝降輦登御坐侍臣升殿直衛鈒戟虎賁毛頭文衣鶡尾以次列階正直侍中奏解嚴先置從駕百官還便坐幔省帝若躬親射禽變御戎服內外從官以

及虎賁悉變服如校獵儀鈒戟抽鞘以備武衞黃麾內外從入圍裏列置部曲廣張甄圍旗鼓相望銜枚而進甄周圍會督甄令史奔騎號法施令春禽懷孕蒐而不射鳥獸之肉不登於俎不射皮革齒牙骨角毛羽不登於器不射甄會大司馬鳴鼓蹙圍衆軍鼓譟響角至武場止大司馬屯北旌門二甄帥屯左右旌門殿中中郎率獲車部曲入次北旌門內之右皇帝從南旌門入射禽謁者以獲車收載還陳於獲旗北王公以下以次射禽各送詣獲旗下付收禽主者事畢大司馬鳴鼓解圍復屯殿中郎率其屬收禽以實獲車充庖厨列言統曹正厨置尊酒俎肉于中逵以犒饗校獵衆軍至晡正直侍中量宜奏嚴從官還著朱服鈒戟復鞘再嚴先置官先還三嚴後二刻正直侍中奏外辦皇帝著黑介幘單衣正次直侍中散騎常侍給事黃門侍郎軍校進夾御坐正直侍中跪奏還宮次直侍郎稱制曰可正直侍中俛伏起乘輿登輦還衞從如常儀大司馬鳴鼓散屯以次就舍車駕將至威儀唱引留守填街先置前部從官就位再拜車駕至殿前回輦正直侍中跪奏降輦次直侍中稱制曰可正直侍中俛伏起乘輿降入正直次直侍中散騎常侍給事黃門侍郎散騎侍郎軍校從至閤亦如常儀正直侍中奏解嚴內外百官拜表問訊如常儀訖罷

宋書卷十四考證

禮志一周之五禮其五爲嘉嘉（缺二字）○臣承荐按此下三條皆言冠禮周之五禮四字當提起另作一行所缺之字疑是冠禮二字

舊時歲旦○臣承荐按自此至往往猶存是襍禮當另爲一條諸本皆誤

上代聘享之禮○臣承荐按自此句起亦當另爲一條

其亞獻猶終獻太常光祿勳也○猶字當移在終獻二字之下

太祝令牲玉饌物詣坫○等繹文義令字下當有一奉字

考上元辰○文帝紀上作卜

猶是選張華劉寔居太常之官以重儒教○猶當作由

殿中郎率獲車部曲在司馬之後○獲諸本訛穫臣承荐按上文言殿中郎一人典獲車此當作獲

殿中中郎率獲車部曲入次北旌門內之右○獲諸本並訛穫今從南本改正

宋書卷十五

梁　沈　約　撰

志第五

禮二

古者天子巡狩之禮布在方策至秦漢巡幸或以厭望氣之祥或以希神仙之應煩擾之役多非舊典唯後漢諸帝頗有古禮焉魏文帝値參分初創方隅事多皇輿亟動畧無寧歲蓋應時之務又非舊章也明帝凡三東巡所過存問高年恤人疾苦或賜穀帛有古巡幸之風焉齊王正始元年巡洛陽賜高年力田各有差晉武帝大始四年詔刺史二千石長吏曰古之王者以歲時巡狩方嶽其次則二伯述職不然則行人巡省撣人誦志故雖幽遐側微心無擁隔人情上通上指遠喻至于鰥寡罔不得所用垂風遺烈休聲猶存朕在位累載如臨深泉夙興夕惕明發不寐坐而待旦思四方水旱災眚爲之怛然勤躬約己欲令事事當宜常恐衆吏用情誠心未著萬機兼猥慮有不周政刑失謬而弗獲備覽百姓有過在予一人惟歲之不易未遑卜征巡省之事人之未乂其何以恤之今使使持節侍中副給事黃門侍郎銜命四出周行天下親見刺史二千石長吏申喻朕心懇誠至意訪求得失損益諸宜觀省政治問人間患苦周典有之曰其萬人利害爲一書其禮俗政事敎治刑禁之逆順爲一書其悖逆暴亂作慝犯令爲一書其札喪凶荒厄貧爲一書其康樂和親安平爲一書每國辨異之以反命於王以周知天下之故斯舊章前訓今率由之還具條奏俾朕昭然鑒于幽遠若親行焉大夫君子其各悉乃心各敬乃事嘉謀令圖苦言至戒與使者盡之無所隱諱方將虛心以俟其勉哉勗之稱朕意焉摯虞新禮議曰魏氏無巡狩故事新禮則巡狩方岳柴望告至設壝宮如禮諸侯之覲者擯及執贄皆如朝儀而不建其旗臣虞案覲禮諸侯覲天子各建其旗章所以殊爵命示等威詩稱君子至止言觀其旂宜定新禮建旗如舊禮然終晉世巡狩廢矣

宋武帝永初元年詔遣大使分行四方舉善旌賢問其疾苦元嘉四年二月己卯太祖東巡丁卯至丹徒己巳告覲園陵三月甲戌幸丹徒離宮升京城北顧乙亥饗父老舊勳于丹徒行宮加賜衣裳各有差蠲丹徒縣其年租布之半繫囚見徒五歲刑以下悉皆原遣登城三戰及先大將軍并貴泥關頭敗没餘口老疾單孤又諸戰亡家不能自存者並隨宜隱恤二十六年二月己亥上東巡辛丑幸京城辛亥謁二陵丁巳會舊京故老萬餘人往還饗勞孤疾勤勞之家咸蒙卹賚發赦令蠲徭役其時皇太子監國有司奏儀注

某曹關某事云云被令儀宜如是請爲牋如左謹關

　右署衆官如常儀

尚書僕射尚書左右丞某甲死罪死罪某事云云參議以爲宜如是事諾奉行某年月日某曹上

　右牋儀準於啓事年月右方關門下位及尚書官署其言選事者依舊不經它官

太常主者寺押某署令某甲辭言某事云云求告報如所稱詳檢相應今聽如所上處事諾明詳旨申勤依承不得有虧符到奉行年月日起尚書某曹

　右符儀

某曹關太常甲乙啓辭押某署令某甲上言某事云云請臺告報如所稱主者詳檢相應請聽如所上事諾別符申攝奉行謹關

　年月日

　右關事儀準於黃案年月日右方關門下位年月下左方下附列尚書衆官署其尚書名下應云奏者今言關餘皆如黃案式

某曹關司徒長史王甲啓辭押某州刺史丙丁解騰某郡縣令長李乙書言某事云云請臺告報如所稱尚書某甲參議以爲所論正如法令報聽如所上請爲令書如左謹關

　右關門下位及尚書署如上儀

司徒長史王甲啓辭押某州刺史丙丁解騰某郡縣令長李乙書言某事云云州府緣案允値請臺告報

　年月日尚書令某甲上

　建康宮無令稱僕射

令日下司徒令報聽如某所上某宜攝行如故事文書如千里驛行

　年月朔日甲子尚書令某甲下無令稱僕射

司徒承書從事到上起某曹

　右外上事內處報下令書儀

某曹關某事云云令如是請爲令書如右謹關

　右關署如前式

令司徒某事云云令如是某下所屬奉行如故事文書如千里驛行

　年月日子下起某曹

　右令書自內出下外儀

令書前某官某甲令以甲爲某官如故事

　右令書板文準於詔事板文

　年月日侍御史某甲受

　尚書下云云奏行如故事

　右以準尚書勅儀　起某曹

　右並白紙書凡內外應關牋之事一準此爲儀其經宮臣者依臣禮

拜刺史二千石誡敕文曰制詔云云某動靜屢聞

　右若拜詔書除者如舊文其拜令書除者令代制詔餘如常儀辭關板文云某官糞土臣及某甲臨官稽首再拜辭制曰右除糞土及稽首云某官某甲再拜辭以令曰代制曰某官宮臣者稱臣

皇太子夜開諸門墨令銀字棨傳令信

太史每歲上某年歷先立春立夏大暑立秋立冬常讀五時令皇帝所服各隨五時之色帝升御坐尚書令以下就席位尚書三公郎以令著鍒案上奉以入就席伏讀訖賜酒一卮官有其注傳咸曰立秋一日白路光於紫庭白旂陳於玉階然則其日旂路皆白也

晉成帝咸和五年六月丁未有司奏讀秋令兼侍中散騎侍郎荀奕兼黃門侍郎散騎侍郎曹宇駁曰尚書三公曹奏讀秋令儀注新荒以來舊典未備臣等參議光祿大夫臣華恒議武皇帝以秋夏盛暑常闕不讀令在春冬不廢也夫先王所以從時讀令者蓋後天而奉天時正服尊嚴之所重今服章多闕如比熱隆赫臣等謂可如恒議依故事闕而不讀詔可六年三月有司奏今月十六日立夏案五年六月三十日門下駁依武皇夏闕讀令今正服漸備四時讀令是祗述天和隆赫之道謂今故宜讀夏令奏可宋文帝元嘉六年六月辛酉朔駙馬都尉奉朝請徐道娛上表曰謹案晉博士曹弘之議立秋御讀令上應著緗幘遂改用素相承至今臣淺學管見竊有惟疑伏尋禮記月令王者四時之服正見駕蒼龍載赤旂衣白衣服黑玉季夏則黃文極於此無白冠則某履某舄也且幘又非古服出自後代上附於冠下不屬衣冠固不革而幘豈容異色愚謂應恒與冠同色不宜隨節變綵士令在近謹以上聞如或可採乞付外詳議大學博士荀萬秋議伏尋幘非古者冠冕之服禮無其文案蔡邕獨斷云幘是古卑賤供事不冠人所服又董仲舒止雨書曰其執事皆赤幘知並不冠之服也漢元始用衆臣率從故司馬彪輿服志曰尚書幘名曰納言迎氣五郊各如其色從章服也自兹相承迄

于有晉大宋受命禮制因循斯既歷代成準謂宜仍舊有司奏謹案道媄啓事以土令在近謂幘不宜變萬秋雖云幘宜仍舊而不明無讀土令之文今書舊事于左魏臺雜訪曰前後但見讀春夏秋冬四時令至於服黃之時獨闕不讀今不解其故

魏明帝景初元年十二月二十一日散騎常侍領太史令高堂隆上言曰黃於五行中央土也王四季各十八日土生於火故於火用事之末服黃三季則否其令則隨四時不以五行爲分也是以服黃無令其後太祖常謂土令三公郎每讀時令皇帝臨軒百僚備位多震悚失常儀宋唯世祖世劉勰太宗世謝緯爲三公郎善於其事人主及公卿並屬目稱歎勰見宗室傳緯謝綜弟也舊說後漢有郭虞者有三女以三月上辰產二女上巳產一女二日之中而三女並亡俗以爲大忌至此月此日不敢止家皆於東流水上爲祈禳自潔濯謂之禊祠分流行觴遂成曲水史臣案周禮女巫掌歲時祓除釁浴如今三月上巳如水上之類也釁浴謂以香薰草藥沐浴也韓詩曰鄭國之俗三月上巳之溱洧兩水之上招魂續魄秉蘭草拂不祥此則其來甚久非起郭虞之遺風今世之度水也月令暮春天子始乘舟蔡邕章句曰陽氣和暖鮪魚時至將取以薦寢廟故因是乘舟禊於名川也論語暮春浴乎沂自上及下古有此禮今三月上巳祓於水濱蓋出此也邕之言然張衡南都賦祓於陽濱又是也或用秋漢書八月祓於霸上劉楨魯都賦素秋二七天漢指隅人胥祓除國子水嬉又是用七月十四日也自魏以後但用三日不以巳也

魏明帝天淵池南設流杯石溝燕羣臣晉海西鍾山後流杯曲水延百僚皆其事也官人循之至今

漢文帝始革三年喪制臨終詔曰天下吏民臨三日皆釋服無禁取婦嫁女祠祀飲酒食肉其當給喪事者無既經帶無過三寸當臨者皆旦夕各十五舉音服大紅十五日小紅十四日纖七日而釋服文帝以己亥崩乙巳葬其間凡七日自是之後天下遵令無復三年之禮案尸子禹治水爲喪法曰毀必杖哀必三年是則水不救也故使死於陵者葬於陵死於澤者葬於澤桐棺三寸制喪三日然則聖人之於急病必爲權制也但漢文治致升平四海寧宴廢禮開薄非也宣帝地節四年詔曰今百姓或遭衰絰凶災而吏徭事不得葬傷孝子心自今諸有大父母父母喪者勿徭事得收斂送終盡其子道至成帝時丞相翟方進事父母孝謹每終既葬三十六日除服視事自以爲身備漢相不敢踰國家典章然而原涉行父喪三年顯名天下河間惠王行母喪三年詔書褒稱以爲宗室儀表薛脩服母喪三年而兄宣曰人少能行之遂兄弟不同宜卒以此獲譏於世是則喪禮見貴常存矣至漢平帝崩王莽欲眩惑天下示忠孝使六百石以上皆服喪三年及莽母死但服天子弔諸侯之服一弔再會而已而令子新都侯宇服喪三年及元后崩莽乃自服三年之禮事皆姦妄天下疾之漢安帝初長吏多避事棄官乃令自非父母服不得去職是後吏又守職居官不行三年喪服其後又開長吏以下告寧言事者或以爲刺史二千石宜同此制帝從之建元元年尚書孟布奏宜復如建武永平故事絕刺史二千石告寧及父母喪服又從之至桓帝永興二年復令刺史二千石行三年服永壽二年又使中常侍以下行三年服至延熹元年又皆絕之

後漢世諸帝不豫並告泰山弘農盧江常山潁川南陽河東東郡廣陵太守禱祠五岳四瀆遣司徒分詣郊廟社稷魏武臨終遺令曰天下尚未安定未得遵古百官臨殿中者十五舉音葬畢便除服其將兵屯戍者不得離部帝以正月庚子崩辛丑卽殯是月丁卯葬葬畢反告是爲不踰月也諸葛亮受劉備遺詔既崩羣臣發喪滿三日除服到葬復如禮其郡國太守相都尉縣令長三日便除服此則魏蜀喪制又並異於漢也孫權令諸居任遭三年之喪皆須交代乃去然多犯者嘉禾六年使羣臣議立制胡綜以爲宜定大辟之科又使代未至不得告告者抵罪顧雍等同綜議從之其後吳令孟仁聞喪輒去陸遜陳其素得減死一等自此遂絕晉宣帝崩文景並從權制及文帝崩國內行服三日武帝亦遵漢魏之典既葬除喪然猶深衣素冠降席撤膳太宰司馬孚太傅鄭沖太保王祥太尉何曾司徒領中領軍司馬望司空荀顗車騎將軍賈充尚書令裴秀尚書僕射武陔都護大將軍郭建侍中郭綏中書監荀勗中軍將軍羊祜等奏曰臣聞禮典軌度豐殺隨時虞夏商周咸不相襲蓋有由也大晉紹承漢魏有革有因期於足以興化致治而已故未皆得返情素同規上古也陛下既已俯遵漢魏降喪之典以濟時務而躬蹈大孝情過乎哀素冠深衣降席撤膳雖武丁行之於殷世曾閔履之於布衣未足以喻方今荊蠻未夷庶政未乂萬機事殷動勞神慮豈遑全遂聖旨以從至情加歲時變易期運忽過山陵彌遠攀慕永絕臣等以爲陛下宜回慮割情以康時濟治輒敕御府易服內省改坐太官復膳諸所施行皆如舊制詔曰每感念幽冥而不得終苴絰於草土以存此痛況當食稻衣錦誠傀然激切其心非所以相解也吾本諸生家傳禮來久何心一旦便易此情於所天相從已多可試省孔子答宰我之言無事紛紜也言及悲剝奈何奈何孚等重奏伏讀明詔感以悲懷輒思仲尼所以抑宰我之問聖恩所以不能已已甚深甚篤然今以干戈未戢武事未偃萬機至重天下至衆陛下以萬乘之尊履布衣之禮服麤席藁水飲疏食殷憂內盈毀悴外表而躬勤萬機坐而待旦降心接下仄不遑食所以勞力者如斯之甚是以臣等悚息不寧誠懼神氣用損以疚大事輒勑有司改坐復常率由舊典惟陛下察納愚款以慰皇太后之心又詔曰重覽奏議益以悲剝不能自勝奈何奈何三年之喪自古達禮誠聖人稱心立衷明恕而行也神靈日遠無所告訴雖薄於情食旨服美朕更所不堪也不宜反覆重傷其心言用斷絕奈何奈何帝遂以此禮終三年後居太后之喪亦如之泰始二年八月詔書曰此上旬先帝棄天下日也便以周年吾煢煢當復何時壹得敍人子情邪思慕煩毒欲詣陵瞻侍以盡哀憤主者奏行備太宰司馬孚尚書令裴秀尚書僕射武陔等奏陛下至孝蒸蒸哀思罔極衰麻雖除毀顇過禮疏食麤服有損神和今雖秋節尚有餘暑謁見山陵悲感摧傷羣下竊用悚息平議以爲宜惟遠體降抑聖情以慰萬國詔曰孤煢忽爾日月已周痛慕摧感永無逮及欲奉瞻山陵以敍哀憤體氣自佳其又已涼便當行不得如所奏也主者便具行備又詔曰昔者哀適三十日便爲梓宮所棄遂離衰絰感痛豈可勝言顧漢文不使天下盡哀亦先帝至謙之志是以自割不以副諸君子有三年之愛而身體廓然當見山陵何心而無服其以衰絰行孚等重奏臣聞上古喪期無數後世乃有年月之漸漢文帝隨時之義制爲短喪傳之於後陛下以社稷宗廟之重萬方億兆之故既從權制釋降衰麻羣臣庶僚吉服今者謁陵以敍哀慕若加衰絰近臣期服當復受制進退無當不敢奉詔詔日亦知不在此麻布耳然人子情思爲欲令哀喪之物在身蓋近情也羣臣自當案舊制期服之義非先帝意也孚等又奏臣聞聖人制作必從時宜故五帝殊樂三王異禮此古今所以不同質文所以迭用也陛下隨時之宜既降心克已俯就權制既除衰麻而行心喪之禮今復制服義無所依若君服而臣不服雖先帝厚恩亦未之敢安也參量平議宜如前奏臣等敢固以請詔曰患情不能企及耳衣服何在諸君勤勤之至豈苟相違泰始四年皇太后崩有司奏前代故事倚廬中施白縑帳蓐素牀以布巾裹凷草軺輦板輿細犢車皆施縑裏詔不聽但令以布衣車而已其餘居喪之制一如禮文有司又奏大行皇太后當以四月二十五日安厝故事虞著衰服既虞而除其內外官寮皆就朝晡臨位御除服訖各還所次除衰服詔曰夫三年之喪天下之達禮也受終身之愛而無數年之報奈何葬而便卽吉情所不忍也有司又奏世有險易道有洿隆所遇之時異誠有由然非忽禮也方今戎馬未散王事至殷更須聽斷以熙庶績昔周康王始登翼室猶戴冕臨朝降於漢魏既葬除釋諒闇之禮自遠代而廢矣惟陛下割高宗之制從當時之宜敢固以請詔曰覽省奏事益增感剝夫三年之喪所以盡情致禮葬已便除所不堪也當敍吾哀懷言用斷絕奈何奈何有司又固請詔曰不能篤孝勿以毀傷爲憂也誠知衣服末事耳然今思存草土率常以吉奪之乃所以重傷至心非見念也每代禮典質文皆不同此身何爲限以近制使達喪闕然乎羣臣又固請帝流涕久之乃許文帝崇陽陵先開一日遣侍臣侍梓宮又遣將軍校尉當直尉中監各一人將殿中將軍以下及先帝時左右常給使詣陵宿衞文明皇后闕及武元楊后崩天下將吏發哀三日止

泰始元年詔諸將吏二千石以下遭三年喪聽歸終寧庶人復除傜役

太康七年大鴻臚鄭默母喪既葬當依舊攝職固陳不起於是始制大臣得終喪三年然元康中陳準傅咸之徒猶以權奪不得終禮自茲至今往往以爲成比也晉文帝之崩也羊祜謂傅玄曰三年之喪自天子達漢文除之毀禮傷義今上有曾閔之性實行喪禮喪禮實行何爲除服若因此守先王之法不亦善乎玄曰漢文以末世淺薄不能復行國君之喪故因而除之數百年一旦復古恐難行也祜曰且使主上遂服猶爲善乎玄曰若上不除而臣下除此爲但有父子無復君臣三綱之道虧矣習鑿齒曰傅玄知無君臣之傷教而不知兼無父子爲重豈不蔽哉且漢廢君臣之喪不降父子之服故四海黎庶莫不盡情於其親三綱之道二服恒用於私室而王者獨盡廢之豈所以孝治天下乎詩云猷之未遠其傅玄之謂也

泰始十年武元楊皇后崩博士張靖議太子宜依漢文

權制割情除服博士陳逵議太子宜令服重尚書僕射盧欽尚書魏舒杜預奏諒闇之制乃因自古是以高宗無服喪之文唯稱不言而已漢文限三十六日魏氏以既虞爲斷皇太子與國爲體理宜釋服博士段暢承述預旨推引禮傳以成其說既卒哭太子及三夫人以下皆隨御除服自漢文用權禮無復闕禁歷代遵用之至晉孝武崩太傅錄尚書會稽王道子議山陵之後通婚嫁不得作樂以一朞爲限宋高祖崩葬畢吏民至于宮掖悉通樂唯殿內禁

宋武帝永初元年黃門侍郎王準之議鄭玄喪制二十七月而終學者多云得禮晉初用王肅議祥禫共月遂以爲制江左以來唯晉朝施用搢紳之士猶多遵玄議宜使朝野一體詔可

晉惠帝永康元年愍懷太子薨帝依禮服長子三年羣臣服齊衰朞

晉孝武太元三十一年孝武帝崩李太后制三年之制

宋武帝永初三年武帝崩蕭太后制三年之服

晉惠帝太安元年三月皇太孫尚薨有司奏御服齊衰朞詔通議散騎常侍謝衡以爲諸侯之太子誓與未誓尊卑體殊喪服亡爲嫡子長殤謂未誓也已誓則不殤也中書令卞粹曰太子始生故已尊重不待命誓若衡議已誓不殤則元服之子當斬衰三年未誓而殤則雖十九當大功九月誓與未誓其爲升降也微斬與大功其爲輕重也遠而今注云諸侯不降嫡殤重嫌於無以大功爲重嫡之服大功爲重嫡之服則雖誓無復有三年之理明矣男能奉衛社稷女能奉婦道各以可成之年而有已成之事故可無殤非孩亂之謂也謂殤後者尊之如父猶無所加而止殤服況以天子之尊爲無服之殤行成人之制邪凡諸宜重之殤皆士大夫不加服而令至尊獨居其重未之前聞也博士蔡克同粹祕書監摯虞議太子初生舉以成人之禮則殤理除矣太孫亦體君重由位成而服全非以年也天子無服殤之儀絕朞故也於是御史以上皆服齊衰

晉康帝建元元年正月晦成恭杜皇后周忌有司奏至尊朞年應改服詔曰君親名教之重也權制出於近代耳於是素服如舊非漢魏之典

晉孝武太元元年崇德太后褚氏崩后於帝爲從嫂或疑其服太學博士徐藻議資父事君而敬同又禮傳其夫屬乎父道者妻皆母道也則夫屬君道妻亦后道矣服后宜以資母之義魯譏逆祀以明尊尊今上躬奉康穆哀后及靖后之祀致敬同於所天豈可敬之以君道而服廢於本親謂應服齊衰朞於是帝制朞服

晉安帝隆安四年太皇太后李氏崩尚書祠部郎徐廣議太皇太后名位允正體同皇極理制備盡情禮彌申陽秋之義母以子貴既稱夫人禮服從正故成風顯夫人之號昭公服三年之喪子於父之所生體尊義重且禮祖不厭孫宜遂服無屈而緣情立制若嫌明文不存則疑斯從重謂應同於爲祖母後齊衰朞永安皇后無服但一舉哀百官亦一朞詔可

宋文帝元嘉十七年七月壬子元皇后崩兼司徒給事中劉溫持節監喪神虎門設凶門柏歷至西上閤皇太子於東宮崇正殿及永福省並設廬諸皇子未有府第者於西廨設廬

元嘉十七年元皇后崩皇太子心喪三年禮心喪者有禫無禫禮無成文世或兩行皇太子心喪畢詔使博議有司奏喪禮有禫以祥變有漸不宜便除卽吉故其間服以綅縞也心喪已經十三月大祥十五月禫變除禮畢餘一朞不應復有禫宜下以爲永制詔可

孝武孝建三年三月有司奏故散騎常侍右光祿大夫開府儀同三司義陽王師王偃喪逝至尊爲服緦三月成服仍卽公除至三月竟未詳當除服與不又皇后依朝制服心喪行喪三十日公除至祖葬日臨喪當著何服又舊事皇后心喪服終除之日更還著未公除時服然後就除未詳今皇后除心制日當依舊更服爲但釋心制中所著布素而已勒禮官處正太學博士王膺之議尊卑殊制輕重有級五服雖同降厭則異禮天子止降旁親外舅緦麻本在服例但衰絰不可以臨朝饗故有公除之議雖釋衰襲冕尚有緦月之制愚謂至尊服三月既竟猶宜除釋又議吉凶異容情禮相稱皇后一月之限雖過二功之服已釋哀喪所極莫深於尸柩親見之重不可以無服案周禮爲兄弟既除喪以及其葬也反服其服輕喪雖除猶齋衰以臨葬舉輕明重則其理可知也愚謂王右光祿祖葬之日皇后宜反齊衰又議喪禮卽遠變除漸輕情與日殺服隨時改權禮既行服制已變豈容終除之日而更重服乎案晉太始三年武帝以朞除之月欲反重服拜陵頻詔勤勤思申棘心于時朝議譬執亦遂不果愚謂皇后終除之日不宜還著重服直當釋除布素而已太常丞朱膺之議凡云公除非全除之稱今朝臣私服亦有公除猶自窮其本制府之云晉武拜陵不遂反服此時是權制既除衰麻不可以重制耳與公除不同愚謂皇后除心制日宜如舊反服未公除時服以申創巨之情餘同膺之議國子助教蘇瑋生議案三日成服卽除及皇后行喪三十日禮無其文若竝謂之公除則可粗相依准凡諸公除之設蓋以王制奪禮葬及祥除皆宜反服未有服之於前不除於後雖有齊斬重制猶爲功緦除喪夫公除蹔奪豈可遂以卽吉邪愚謂至尊三月服竟故應依禮除釋皇后臨祖及一周祥除竝宜反服齊衰尚書令中軍將軍建平王宏議謂至尊緦制終止舉哀而已不須釋服餘同朱膺之議前祠部郎中周景遠議權事變禮五服俱革緦麻輕制不容獨異謂至尊既已公除至三月竟不復有除釋之義其餘同朱膺之議重加研詳以宏議爲允詔可

大明二年正月有司奏故右光祿大夫王偃喪依格皇后服朞心喪三年應再周來二月晦檢元嘉十九年舊事武康公主出適二十五月心制終盡從禮卽吉昔國哀再周孝建二年二月其月末諸公主心制終則應從吉于時猶心禫素衣二十七月乃除二事不同領曹郎朱膺之議詳尋禮文心喪不應再禫皇代考驗已爲定制元嘉季年禍難深酷聖心天至喪紀過哀是以出適公主還同在室卽情變禮非革舊章今皇后二月晦宜依元嘉十九年制釋素卽吉以文帝元嘉十五年皇太子妃祖父右光祿大夫殷和喪變除之禮儀同皇后

晉孝武太元十五年淑媛陳氏卒皇太子所生也有司參詳母以子貴贈淑媛爲夫人置家令典喪事太子前衞率徐邈議喪服傳稱與尊者爲體則不服其私親又君父所不服子亦不敢服故王公妾子服其所生母練冠麻衣既葬而除非五服之常則謂之無服從之

宋孝武大明五年閏月皇太子妃薨樟木爲櫬號曰樟宮載以龍輴造陵於龍山置大匠卿斷草司空告后土謂葬曰山塋祔文元皇后廟之陰室在正堂後壁之外北向御服大功九月設位太極東宮堂殿中監黃門侍郎僕射並從服從服者御服衰乃從服他日則否宮臣服齊衰三月其居宮者處寧假

大明五年閏月有司奏依禮皇太后服太子妃小功五月皇后大功九月右丞徐爰參議宮人從服者若二御哭臨應著衰時從服者悉著衰非其日如常儀太子既有妃朞服詔見之日還著公服若至尊非哭臨日幸東宮太子見亦如之宮臣見至尊皆著朱衣

大明五年閏月有司奏皇太子妃薨至尊皇后並服大功九月皇太后小功五月未詳二御何當得作鼓吹及樂博士司馬興之議案禮齊衰大功之喪三月不從政今臨軒拜授則人君之大典今古既異賒促不同愚謂皇太子妃祔廟之後便可臨軒作樂及鼓吹右丞徐爰議皇太子妃雖未山塋臨軒拜官舊不爲礙樟棺在殯應縣而不作祔後三御樂宜使學官擬禮上與之又議案禮大功至則辟琴瑟誠無自奏之理但王者體大理絕凡庶故漢文既葬悉皆復吉唯縣而不樂以此表哀今准其輕重倂其降殺則下流大功不容撤樂終服夫金石賓饗之禮簫管警塗之衞實人君之盛典當陽之威飾固亦不可久廢於朝又禮無天王服嫡婦之文直後學推貴嫡之義耳既已制服成喪虛縣終窆亦足以甄崇冢正標明禮歸矣爰參議皇太子朞服內不合作樂及鼓吹

明帝泰始中陳貴妃父金寶卒貴妃制服三十日滿公除晉穆帝時東海國言哀王薨踰年嗣王乃來繼不復追服羣臣皆已反吉國妃亦宜同除詔曰朝廷所以從權制者以王事奪之非爲變禮也婦人傳重義大若從權制義將安託於是國妃終三年之制孫盛曰廢三年之禮開偷薄之源漢魏失之大者也今若以丈夫宜奪以王事婦人可終本服是爲吉凶之儀雜陳於宮寢緜素之制乖異於內外無乃情禮俱違哀樂失所乎蕃國寡務宜如聖典可無疑矣

宋文帝元嘉四年八月太傅長沙景王神主隨子南兗州刺史義興鎭廣陵備所加殊禮下船及至鎭入行廟大司馬臨川烈武王神主隨子荊州刺史義慶江陵亦如之

元嘉二十三年七月白衣領御史中丞何承天奏尚書刺海鹽公主所生母蔣美人喪海鹽公主先離婚今應成服撰儀注參詳宜下二學禮官博士議公主所服輕重太學博士顧雅議今既咸用士禮便宜同齊衰削杖布帶疏屨朞禮畢心喪三年博士周野王議又云今諸王公主咸用士禮譙王衡陽王爲所生太妃皆居重服則公主情禮亦宜家中朞服爲允其博士庾邃之顏測殷明王淵之四人同雅議何惔王羅雲二人同野王議如所上臺案今之諸王雖行士禮是施於傍親及自已以下至於爲帝王所厭猶一依古典又永初三年九月符脩儀亡廣德三主以餘尊所厭猶服大功海鹽公主體自宸極上厭至尊豈得遂服臺據經傳正文并引事例依源責失而博士顧雅周野王等捍不肯怙方稱

自有宋以來皇子蕃王皆無厭降同之士禮著於故事緦功之服不廢於末戚顧獨貶於所生是申其所輕奪其所重奪其所重豈緣情之謂臺伏尋聖朝受終於晉凡所施行莫不上稽禮文兼用晉事又太元中晉恭帝時爲皇子服其所生陳氏練冠縓緣此則前代施行故事謹依禮文者也又廣德三公主爲所生母符脩儀服大功此先君餘尊之所厭者也元嘉十三年第七皇子不服曹婕妤止於麻衣此厭乎至尊者也博士既不據古又不依今背違施行見事而多作浮辭自衞乃云五帝之時三王之季又言長子去斬衰除禫杖皆是古禮不少今世博士雖復引此諸條無救於失又詰臺云蕃國得遂其私情此義出何經記臣案南譙衡陽太妃並受朝命爲國小君是以二王得遂其服豈可爲美人比例尊蕃王得遂者聖朝之所許也皇子公主不得申者由有厭而然也臺登重更責失制不得過十日而復不訓答旣被催攝二三日甫輸怙辭雖理屈事窮猶闇義恥服臣闇喪紀有制禮之大經降殺攸宜家國舊典古之諸侯衆子猶以尊厭況在王室而欲同之士庶此之舛謬不俟言而顯太常統寺曾不研却所謂同乎失者亦未得之宜加裁正弘明國典謹案太學博士顧雅國子助教周野王博士王羅雲顏測殷明何惔王淵之前博士遷員外散騎侍郎庾邃之等咸蒙抽飾備位前疑既不謹守舊文又不審據前准遂上背經典下違故事率意妄作自造禮章太常臣敬叔位居宗伯問禮所司騰述往反了無研却混同茲失亦宜及咎請以見事並免今所居官解野王領國子助教雅野王初立議乖舛中執捍愆失未違十日之限雖起一事合成三愆羅雲掌押捍失三人加禁固五年詔叔敬白衣領職餘如奏

元嘉二十九年南平王鑠所生母吳淑儀薨依禮無服麻衣練冠既葬而除有司奏古者與尊者爲體不得服其私親而比世諸侯咸用士禮五服之內悉皆成服於其所生反不得遂於是皇子皆申母服

孝武帝孝建元年六月己巳有司奏故第十六皇弟休倩薨天年始及殤追贈諡東平沖王服制未有成准輒下禮官詳議太學博士陸澄議案禮有成人道則不爲殤今既追胙土宇遠崇封秩圭黻備典成孰大焉典文式昭殤名去矣夫典文垂式元服表身猶以免孺子之制全丈夫之義安有名須爵首而可服以殤禮有司尋澄議無明證却使秉正更上澄重議竊謂贈之爲義所以追加名器故贈公者便成公贈卿者便成卿贈之以王得不爲王乎然則有在生而封或既没而爵俱受帝命不爲吉凶殊典同備文物豈以存亡異數今璽策咸秩是成人之禮羣后臨哀非下殤之制若喪用成人親以殤服末學含疑未之或辨敢求詳衷如所稱左丞臣羊希參議尋澄議既無畫然前例不合准據案禮子不殤父臣不殤君君父至尊臣子恩重不得以幼年而降又曰尊同則服其親服推此文旨旁親自宜服殤所不殤者唯施臣子而已詔可

孝建元年六月湘東國刺稱國大妃以去三十年閏六月二十八日薨未詳周忌當在六月爲取七月勒禮官議正博士丘邁之議案吳商議閏月亡者應以本正之月爲忌謂正閏論雖各有所執商議爲允宜以今六月爲忌左僕射建平王宏謂邁之議不可准據案晉世及皇代以來閏月亡者以閏之後月祥宜以來七月爲祥忌及大明元年二月有司又奏太常鄱陽哀王去年閏三月十八日薨今爲何月末祥除下禮官議正博士傅休議尋三禮喪遇閏月數者數閏歲數者没閏閏在期內故也鄱陽哀王去年閏三月薨月次節物則定是四月之分應以今年四月末爲祥晉元明二帝並以閏二月崩以閏後月祥先代成准則是今比太常丞庾蔚之議禮正月存親故有忌日之感四時既已變人情亦已衰故有二祥之殺是則祥忌皆以同月爲議而閏亡者明年必無其月不可以無其月而不祥忌故必宜用閏所附之月閏月附正公羊明議故班固以閏九月爲後九月月名既不殊天時亦不異若用閏之後月則春夏乖革節候亦舛設有人以閏臘月亡者若用閏後月爲祥忌則祥忌應在後年正月祥涉三載既失周朞之議冬亡而春忌又乖致感之本譬人年末三十日亡明年末月小若以去年二十九日親尚存則應用後年正朝爲忌此必不然則閏亡可知也通關並同蔚之議三月末祥

大明五年七月有司奏故永陽縣開國侯劉叔子夭喪年始四歲傍親服制有疑太學博士虞龢領軍長史周景遠司馬朱膺之前太常丞庾蔚之等議並云宜同成人之服東平沖王服殤實由追贈異於已受茅土博士司馬興之議應同東平殤服左丞荀萬秋等參議南面君國繼體承家雖則佩觿未關成人得君父名也不容服殤故云臣不殤君子不殤父推此則知傍親故依殤制東平沖王已經前議若升仕朝列則爲大成故鄱陽哀王追贈太常親戚不降愚謂下殤以上身居封爵宜同成人年在無服之殤以登官爲斷今永陽國臣自應全服至於傍親宜從殤禮詔景遠議爲允

後廢帝元徽二年七月有司奏第七皇弟訓養母鄭修容喪未詳服制下禮官正議太學博士周山文議案庶母慈已者小功五月鄭玄云其使養之命不爲母子亦服庶母慈己之服愚謂第七皇弟宜從小功之制參議並同漢魏廢帝喪親三年之制而魏世或爲舊君服三年者至晉泰始四年尚書何禎奏故辟舉綱紀吏不計違適皆反服舊君齊衰三月於是詔書下其奏所適無貴賤悉同依古典

魏武以正月崩魏文以其年七月設伎樂百戲是魏不以喪廢樂也晉武帝以來國有大喪未除正會亦廢樂大安元年太子喪未除正會亦廢樂穆帝永和中爲中原山陵未脩復頻年會輒廢樂是時太后臨朝后父褚裒薨元會又廢樂

宋世孝武太元六年爲皇后王氏喪亦廢樂宋大喪則廢樂

漢獻帝建安末魏武帝作終令曰古之葬者必在瘠薄之地其規西原上爲壽陵因高爲基不封不樹周禮冢人掌公墓之地凡諸侯居左右以前卿大夫居後漢制亦謂之陪陵其公卿大臣列將有功者宜陪壽陵其廣爲兆域使足相容魏武以送終制衣服四篋題識其上春秋冬夏日有不諱隨時以斂金珥珠玉銅鐵之物一不得送文帝遵奉無所增加及受禪刻金璽追加尊號不敢開埏乃爲石室藏璽埏首示陵中無金銀諸物也漢禮明器甚多自是皆省矣

文帝黃初三年又自作終制禮國君卽位爲椑存不忘亡也壽陵因山爲體無封無樹無立寢殿造園邑通神道夫葬者藏也欲人之不能見也禮不墓祭欲存亡之不黷也皇后及貴人以下不隨王之國者有終没皆葬澗西前又已表其處矣此詔藏之宗廟副在尚書祕書王府明帝亦遵奉之明帝性雖崇奢然未遽營陵墓也

晉宣帝豫自於首陽山爲土藏不墳不樹作顧命終制斂以時服不設明器文景皆謹奉成命無所加焉

景帝崩喪事制度又依宣帝故事武帝泰始四年文明王皇后崩將合葬開崇陽陵使太尉司馬望奉祭進皇帝密璽綬於便房神坐魏氏金璽此又儉矣

泰始二年詔曰昔舜葬蒼梧農不易畝禹葬會稽市不改肆上惟祖考清簡之旨外欲移陵十里內居人一切停之江左元明崇儉且百度草創山陵奉終省約備矣

成帝咸康七年杜后崩詔外官五日一入臨內官旦一入而已過葬虞祭禮畢止有司奏大行皇后陵所作凶門柏歷門號顯陽端門詔曰門如何處凶門柏歷大爲煩費停之案蔡謨說以二瓦器盛死者之祭繫於木表以葦席置於庭中近南名爲重今之凶門是其象也禮既虞而作主今未葬未有主故以重當之禮稱爲主道此其義也范堅又曰凶門非古古有懸重形似凶門後人出之門外以表喪俗遂行之薄帳卽古弔幕之類也是時又詔曰重壤之下豈宜崇飾無用陵中唯潔掃而已有司又奏依舊選公卿以下六品子弟六十人爲挽郎詔又停之

孝武帝太元四年九月皇后王氏崩詔曰終事唯從儉速又詔遠近不得遣山陵使有司奏選挽郎二十四人詔停

宋文帝元嘉十七年元皇后崩詔亦停選挽郎漢儀五供畢則上陵歲歲以爲常魏則無定禮齊王在位九載始一謁高平陵而曹爽誅其後遂廢終魏世

晉宣帝遺詔子弟羣官皆不得謁陵於是景文遵旨至武帝猶再謁崇陽陵一謁峻平陵然遂不敢謁高原陵至惠帝復止也逮江左初元帝崩後諸公始有謁陵辭陵之事蓋由眷同友執率情而舉非洛京之舊也成帝時中宮亦年年拜陵議者以爲非禮於是遂止以爲永制至穆帝時褚太后臨朝又拜陵帝幼故也至孝武崩驃騎將軍司馬道子命曰今雖權制釋服至於朔望諸節自應展情陵所以一周爲斷於是至陵變服單衣帢煩瀆無準非禮意也至安帝元興元年尚書左僕射桓謙奏曰百僚拜陵起於中興非晉舊典積習生常遂爲近法尋武皇帝詔乃不使人主諸王拜陵豈唯百僚謂宜遵奉於是施行及義熙初又復江左之舊

宋明帝又斷羣臣初拜謁陵而辭如故自元嘉以來每歲正月輿駕必謁初寧陵復漢儀也世祖太宗亦每歲拜初寧長寧陵

漢以後天下送死奢靡多作石室石獸碑銘等物建安十年魏武帝以天下雕弊下令不得厚葬又禁立碑魏高貴鄉公甘露二年大將軍參軍太原王倫卒倫兄俊作表德論以述倫遺美云祗畏王典不得爲銘乃撰錄行事就刊於墓之陰云爾此則碑禁尚嚴也此後復弛替

晉武帝咸寧四年又詔曰此石獸碑表既私褒美興長虛僞傷財害人莫大於此一禁斷之其犯者雖會赦令

皆當毀壞至元帝大興元年有司奏故驃騎府主簿故恩營葬舊君顧榮求立碑詔特聽立自是後禁又漸頹大臣長吏人皆私立義熙中尚書祠部郎中裴松之又議禁斷於是至今

順帝昇明三年四月壬辰御臨軒遣使奉璽綬禪位於齊王懸而不樂

宋明帝泰始二年九月有司奏皇太子所生陳貴妃禮秩既同儲宮未詳宮臣及朝臣並有敬不妃主在內相見又應何儀博士王慶緒議百僚內外禮敬貴妃應與皇太子同其東朝臣隸理歸臣節太常丞虞愿等同慶緒尚書令建安王休仁議稱禮云妾既不得體君班秩視子爲序母以子貴經著明文內外致敬貴妃誠如慶緒議天子姬嬪不容通音介於外雖義可致虔不應有牋表參詳休仁議爲允詔可

泰豫元年後廢帝卽位崇所生陳貴妃爲皇太妃有司奏皇太妃位亞尊極未詳國親舉哀格當一同皇太后爲有降異又於本親朞以下當猶服與不前曹郎王燮之議案喪服傳妾服君之黨得與女君同如此皇太妃服宗與太后無異但太后既以尊降無服太妃儀不應殊故悉不服也討本情舉哀其禮不異又禮諸侯絕朞皇太后雖云不居尊極不容輕於諸侯謂本親朞以下一無所服有慘自宜舉哀親疏二儀準之太后兼太常丞司馬燮之議禮妾服君之庶子及女君之黨皆謂大夫士耳妾名雖總而班有貴賤三夫人九嬪位視公卿大夫猶有貴妾而況天子諸侯之妾爲他妾之子無服既不服他妾之子豈容服君及女君餘親況皇太后妃貴亞相極禮絕羣后崇輝盛典有踰東儲尚不服朞太妃豈應有異若本親有慘舉哀之儀宜仰則太后參議以燮之議爲允太妃於國親無服故宜緣情爲諸王公主於至尊是朞服者反其太妃王妃三夫人九嬪各舉哀

宋孝武帝孝建三年八月戊子有司奏雲杜國解稱國子檀和之所生親王求除太夫人檢無國子除太夫人先例法又無科下禮官議正太學博士孫豁之議春秋母以子貴王雖爲妾是和之所生案五等之例鄭伯許男同號夫人國子體例王合如國所生太常丞庾蔚之議母以子貴雖春秋明義古今異制因革不同自頃代以來所生蒙榮唯有諸王既是王者之嬪御故宜見尊於蕃國若功高勳重列爲公侯亦有拜太夫人之禮凡此皆朝恩曲降非國之所求子男妾母未有前比祠部郎中朱膺之議以爲子不得爵父母而春秋有母以子貴當謂傳國君母本先公嬪媵所因藉有由故也始封之身所不得同若殊績重勳恩所特賜時或有之不由司存所議參議以蔚之爲允詔可

大明二年六月有司奏凡侯伯子男世子喪無嗣求進次息爲世子檢無其例下禮官議正博士孫武議案晉濟北侯荀勗長子連卒以次子輯拜世子先代成準宜爲今例博士傅郁議禮記微子立衍商禮斯行仲子舍孫姬典攸貶歷代遵循靡替于舊今胙土之君在而世子卒厥嗣未育非孫之謂愚以爲次子有子自宜紹爲世孫若其未也無容遠搜輕屬承綱繼體傳之有由父在立子允稱情典曹郎諸葛雅之議案春秋傳云世子死有母弟則弟無則立長年均則賢義均則卜古之制也今長子早卒無嗣進立次息以爲世子取諸左氏理義無違又孫武所據晉濟北侯荀勗長子卒立次子亦近代成例依文采比竊所允安謂宜開許以爲永制參議爲允詔可

大明十二年十一月有司奏興平國解稱國子袁愍孫母王氏應除太夫人檢無國母除太夫人例下禮官議正太學博士司馬興之議案禮下國卿大夫之妻皆命天子以斯而推則子男之母不容獨異博士程彥議以爲五等雖差而承家事等公侯之母崇號得從子男於親尊秩宜顯故春秋之義母以子貴固知從子尊與國均也彥參議以興之議爲允除王氏爲興平縣開國子太夫人詔可

大明四年九月有司奏陳留國王曹虔季長兄虔嗣早卒季襲封之後生子銑以繼虔嗣今依例應拜世子未詳應以銑爲世子爲應立次子錯太學博士王溫之江長議並爲應以銑爲正嗣太常陸澄議立錯右丞徐爰議謂禮後太宗以其不可乏祀諸侯世及春秋成義虔嗣承家傳爵身爲國王雖薨沒無子猶列昭穆立後之日便應卽纂國統于時既無承繼虔季以次襲紹虔嗣既列廟饗故自與出數而遷豈容烝嘗無闕橫取他子爲嗣爲人胥嗣又應恭祀先父案禮文公子不得禰諸侯虔嗣無緣降廟既寢銑本長息宜還爲虔季世子詔如爰議

宋文帝元嘉十三年七月有司奏御史中丞劉式之議每至出行未知制與何官分道應有舊科法唯稱中丞專道傳詔荷信詔喚衆官應詔者行得制令無分別他官之文既無盡然定則準承有疑謂皇太子正議東儲不宜與衆同例中丞應與分道揚州刺史丹陽尹建康令並是京輦土地之主或檢校非違或赴救水火事應神速不宜稽駐亦合分道又尋六門則爲行馬之內且禁衞非違並由二衞及領軍未詳京尹建康令門內之徒及公事亦得與中丞分道與有其准參舊儀告報參詳所宜分道聽如臺所上其六門內既非州郡縣部界則不合依門外其尚書令二僕射所應分道亦悉與中丞同

孝武帝大明六年五月詔立凌室藏冰有司奏季冬之月冰壯之時凌室長率山虞及輿隸取冰於深山窮谷涸陰沍寒之處以納于凌陰務令周密無泄其氣先以黑牡秬黍祭司寒於凌室之北仲春之月春分之日以黑羔秬黍祭司寒啓冰室先薦寢廟二廟夏祠用鑑盛冰室一鑑以禦溫氣蠅蚋三御殿及太官膳羞並以鑑供冰自春分立秋有臣妾喪詔贈祕器自立夏至立秋不限稱數以周喪事繕制夷盤隨冰借給凌室在樂游苑內置長一人保舉吏二人三公黃閤前史無其義史臣按禮記士韠與天子同公侯大夫則異鄭玄注士賤與君同不嫌也夫朱門洞啓當陽之正色也三公之與天子禮秩相亞故黃其閤以示謙不敢斥天子蓋是漢來制也張超與陳公箋拜黃閤將有日月是也

史臣按今朝士詣三公尚書丞郎詣令僕射尚書並門外下車履度門閫乃納屐漢世朝臣見三公並拜丞郎見八座皆持板揖事在漢儀及漢舊儀然則並有敬也陳蕃爲光祿勳范滂爲主事以公儀詣蕃執板入閤至坐蕃不奪滂板滂投板振衣而去郭泰責蕃曰以階級言之滂宜有敬以類數推之至閤宜省然後敬止在門其來久矣

宋書卷十五考證

禮志二司徒長史王申○王汲古閣本誤壬又王申一本作王申後一條同

皇太子夜開諸門墨令銀字棨傳令信○一本無信字

伏讀明詔感以悲懷輒思仲尼所以抑宰我上問聖思所以不能已已甚深甚篤○臣承耆按上字當作之字之問二字屬上句聖思二字屬下句

文明皇后闕及武元楊后○尋繹文義此不應有闕字

進皇帝密璽綬於便房神坐○密當作蜜

三公黃閤前史無其義○此當另爲一條諸本皆與上相連

宋書卷十六

梁　沈約　撰

志第六

禮三

國之大事在祀與戎自書契經典咸崇其義而聖人之德莫大於嚴父者也故司馬遷著封禪書班固備郊祀志上紀皇王正祀下錄郡國百神司馬彪又著祭祀志以續終漢中興以後其舊制誕章粲然弘備自茲以降又有異同故復撰次云爾

漢獻帝延康元年十一月己丑詔公卿告祠高廟遣兼御史大夫張音奉皇帝璽綬策書禪帝位于魏是時魏文帝繼王位南巡在潁陰有司乃爲壇於潁陰之繁陽故城庚午登壇魏相國華歆跪受璽紱以進於王既受畢降壇視燎成禮而返未有祖配之事魏文帝黃初二年正月郊祀天地明堂是時魏都洛京而神祇兆域明堂靈臺皆因漢舊事四年七月帝將東巡以大軍當出使太常以一特牛告祠南郊自後以爲常及文帝崩太尉鍾繇告諡南郊皆是有事於郊也

明帝太和元年正月丁未郊祀武皇帝以配天宗祀文皇帝於明堂以配上帝是時二漢郊禋之制具存魏所損益可知也

四年八月帝東巡過繁昌使執金吾臧霸行太尉事以特牛祠受禪壇後漢紀章帝詔高邑祠卽位壇此雖前代已行之事然爲壇以祀天而壇非神也今無事於上帝而致祀於虛壇未詳所據也

景初元年十月乙卯始營洛陽南委粟山爲圓丘詔曰蓋帝王受命莫不恭承天地以彰神明尊祀世統以昭功德故先代之典既著則禘郊祖宗之制備也昔漢氏之初承秦滅學之後採摭殘缺以備郊祀自甘泉后土雍宮五時神祇兆位多不經見並以興廢無常一彼一此四百餘年廢無禘禮古代之所更立者遂有闕焉曹氏世系出自有虞氏今祀圓丘以始祖帝舜配號圓丘曰皇皇帝天方丘所祭曰皇皇后地以舜妃伊氏配天郊所祭曰皇天之神以太祖武皇帝配地郊所祭曰皇地之祇以武宣皇后配宗祀皇考高祖文皇帝於明堂以配上帝十二月壬子冬至始祀皇皇帝天于圓丘以始祖有虞帝舜配自正始以後終魏世不復郊祀

孫權初稱尊號於武昌祭南郊告天文曰皇帝臣孫權敢用玄牡昭告皇皇后帝漢饗國二十有四世歷年四百三十行氣數終祿祚運盡普天弛絕率土分崩孽臣

曹丕遂奪神器丕子叡繼世作慝竊名亂制權生於東郊遭值期運承乾秉戎志在拯世奉辭行罰舉足爲民羣臣將相州郡百城執事之人咸以爲天意已去於漢漢氏已終於天皇帝位虛郊祀無主休徵嘉瑞前後雜沓歷數在躬不得不受權畏天命敢不敬從謹擇元日登壇柴燎卽皇帝位唯爾有神饗之左右有吳永綏天極其後自以居非中土不復脩設中年羣臣奏議宜脩郊祀權曰郊祀當於中土今非其所重奏曰普天之下莫非王土王者以天下爲家昔周文武郊於酆鎬非必中土權曰武王伐紂卽阼於鎬京而郊其所也文王未爲天子立郊於酆見何經典復奏曰伏見漢書郊祀志匡衡奏徙甘泉河東郊於長安言文王郊於酆權曰文王德性謙讓處諸侯之位明未郊也經傳無明文由匡衡俗儒意說非典籍正義不可用也虞喜志林曰吳主糾駮郊祀追貶匡衡凡在見者莫不慨然稱善也何承天曰案權建號繼天而郊享有闕固非也末年雖一南郊而遂無北郊之禮環氏吳紀權思崇嚴父配天之義追上父堅尊號爲吳始祖如此說則權末年所郊堅配天也權卒後三嗣主終吳世不郊祀則權不享配帝之禮矣

劉備章武元年卽皇帝位設壇建安二十六年夏四月丙午皇帝臣備敢用玄牡昭告皇天上帝后土神祇漢有天下歷數無疆曩者王莽篡盜光武皇帝震怒致誅社稷復享今曹操阻兵安忍子丕載其凶逆竊居神器羣臣將士以爲社稷墮廢備宜脩之嗣武二祖龔行天罰備惟否德懼忝帝位詢于庶民外及蠻夷君長僉曰天命不可以不答祖業不可以久替四海不可以無主率土式望在備一人備畏天之威又懼漢邦將湮于地謹擇元日與百寮登壇受皇帝璽綬脩燔瘞告類于大神惟大神尚饗祚于漢家永綏四海

章武二年十月詔丞相諸葛亮營南北郊于成都

魏元帝咸熙二年十二月甲子使持節侍中太保鄭沖兼太尉司隸校尉李憙奉皇帝璽綬策書禪帝位于晉丙寅晉設壇場于南郊柴燎告類未有祖配其文曰皇帝臣炎敢用玄牡明告于皇皇后帝魏帝稽協皇運紹天明命以命炎曰昔者唐堯禪位虞舜虞舜又以禪禹邁德垂訓多歷年載暨漢德既衰太祖武皇帝撥亂濟民扶翼劉氏又用受禪于漢粵在魏室仍世多故幾於顛墜實賴有晉匡拯之德用獲保厥肆祀弘濟于艱難此則晉之有大造于魏也誕惟四方之民罔不祇順開國建侯宜禮明刑廓清梁岷苞懷揚越函夏興仁八紘同軌遐邇馳義祥瑞屢臻天人協應無思不服肆予憲章三后用集大命于茲炎惟德不嗣辭不獲命於是羣公卿士百辟庶僚黎獻陪隸暨于百蠻君長僉曰皇天鑒下求民之瘼既有成命固非克讓所得距違天序不可以無統人神不可以曠主炎虔奉皇運畏天之威敢不欽承休命敬簡元辰升壇受禪告類上帝以永答民望敷佑萬國惟明德是饗

泰始二年正月詔曰有司前奏郊祀權用魏禮朕不慮改作之難今便爲永制衆議紛互遂不時定不得以時供饗神祀配以祖考日夕歎企貶食忘安其便郊祀時羣臣又議五帝卽天也五氣時異故殊其號雖名有五其實一神明堂南郊宜除五帝之坐五郊改五精之號皆同稱昊天上帝各設一坐而已北郊又除先后配祀帝悉從之二月丁丑郊祀宣皇帝以配天宗祀文皇帝於明堂以配上帝是年十一月有司又議奏古者丘郊不異宜并圓丘方澤於南北郊更脩治壇兆其二至之祀合於二郊帝又從之一如宣帝所用王肅議也是月庚寅冬至帝親祠圓丘於南郊自是後圓丘方澤不別立至今矣太康十年十月乃更詔曰孝經郊祀后稷以配天宗祀文王於明堂以配上帝而周官云祀天旅上帝又曰祀地旅四望四望非地則明堂上帝不得爲天也往者衆議除明堂五帝位考之禮文正經不通且詩敘曰文武之功起於后稷故推以配天焉宣帝以神武始業既已配天復以先帝配天於義亦不安其復明堂及南郊五帝位晉武帝太康三年正月帝親郊祀皇太子皇弟皇子悉侍祠非前典也

愍帝都長安未及立郊廟而敗

元帝中興江南太興元年始更立郊兆其制度皆太常賀循依據漢晉之舊也三月辛卯帝親郊祀饗配之禮一依武帝始郊故事初尚書令刁協國子祭酒杜夷議宜須旋都洛邑乃脩之司徒荀組據漢獻帝居許卽便立郊自宜於此脩奉驃騎王導僕射荀崧太常華恒中書侍郎庾亮皆同組議事遂施行按元帝紹命中興依漢氏故事宜享明堂宗祀之禮江左不立明堂故闕焉

明帝太寧三年七月始詔立北郊未及建而帝崩故成帝咸和八年正月追述前旨於覆舟山南立之是月辛未祀北郊始以宣穆張皇后配地魏氏故事非晉舊也

康帝建元元年正月將北郊有疑議太常顧和表曰太始中合二至之祀於二郊北郊之月古無明文或以夏至或同用陽復漢光武正月辛未始建北郊此則與南郊同月及中興草創百度從簡合北郊於一丘憲章未備權用斯禮蓋時宜也至咸和中議別立北郊同用正月魏承後漢正月祭天以地配而稱周禮三王之郊一用夏正於是從和議是月辛未南郊辛巳北郊帝皆親奉

安帝元興三年三月宋高祖討桓玄走之己卯告義功于南郊是年帝蒙塵江陵未返其明年應郊朝議以爲依周禮宗伯攝職三公行事尚書左丞王納之獨曰既殯郊祀自是天子當陽有君存焉稟命而行何所辨也齊之興否豈如今日之比乎議者又云今宜郊故是承制所得命三公行事又郊天極尊唯一而已故非天子不祀也庶人以上莫不蒸嘗嫡子居外庶子執事禮文炳然未有不親受命而可祭天者又武皇受禪用二月郊元帝中興以三月郊今郊時未過日望輿駕無爲欲速而無據使皇輿旋返更不得親奉遂從納之議

晉恭帝元熙二年五月遣使奉策禪帝位于宋永初元年六月丁卯設壇南郊受皇帝璽紱柴燎告類策曰皇帝臣諱敢用玄牡昭告皇皇后帝晉帝以卜世告終歷數有歸欽若景運以命于諱夫樹君司民天下爲公德充帝王樂推攸集越俶唐虞降暨漢魏靡不以上哲格文祖元勳陟帝位故能大拯黔黎垂訓無窮晉自東遷四維弗樹宰輔焉依爲日已久難棘隆安禍成元興遂至帝王遷播宗祀湮滅諱雖地非齊晉衆無一旅仰憤時難俯悼橫流投袂一麾則皇祚剋復及危而能持顛而能扶姦宄具殲僭僞必滅誠否終必泰興廢有期至於撥亂濟民大造晉室因藉時運以尸其勞加以殊俗慕義重譯來款正朔所暨咸服聲敎至乃三靈垂象山川告祥人神和協歲月茲著是以羣公卿士億兆夷人僉曰皇帝降鑒於上晉朝款誠於下天命不可以久淹宸極不可以暫曠遂逼羣議恭茲大禮猥以寡德託于兆民之上雖仰畏天威畧是小節顧深永懷祇懼若厲敬簡元日升壇受禪告類上帝用酬萬國之嘉望克隆天保永祚于有宋惟明靈是饗

永初元年皇太子拜告南北郊

永初二年正月上辛上親郊祀

文帝元嘉三年車駕西征謝晦幣告二郊

孝武帝孝建元年六月癸巳八座奏劉義宣臧質干時犯順滔天作戾連結淮岱謀危社稷質反之始戒嚴之日二郊廟社皆已遍陳其義宣爲逆未經同告輿駕將發醜徒冰消質旣梟懸義宣禽獲二寇俱殄並宜昭告檢元嘉三年討謝晦之始普告二郊太廟賊旣平蕩唯告太廟太社不告二郊禮官博議太學博士徐宏孫勃陸澄議禮無不報始旣遍告今賊已禽不應不同國子助教蘇瑋生議案王制天子巡狩歸假于祖禰又曾子問諸侯適天子告于祖奠于禰命祝史告于社稷宗廟山川告用牲幣反亦如之諸侯相見反必告于祖禰乃命祝史告至于前所告者又云天子諸侯將出必以幣帛皮圭告于祖禰反必告至天子諸侯雖事有小大其禮畧鈞告出告至理不得殊鄭云出入禮同其義甚明天子出征類于上帝推前所告者歸必告至則宜告郊不復容疑元嘉三年唯告廟社未詳其義或當以禮記唯云歸假祖禰而無告郊之辭果立此義彌所未達夫禮記殘缺之書本無備體折簡敗字多所闕畧正應推例求意不可動必徵文天子反行告社亦無成記何故告郊獨當致嫌但出入必告蓋孝敬之心旣以告歸爲義本非獻捷之禮今輿駕竟未出宮無容有告至之文若陳告不行之禮則爲未有前准愚謂祝史致辭以昭誠信苟其義舛於禮自可從實而闕臣等參議以應告爲允宜並用牲告南北二郊太廟太社依舊公卿行事詔可

孝建二年正月庚寅有司奏今月十五日南郊尋舊儀廟祠至尊親奉以太尉亞獻南郊親奉以太常亞獻又廟祠行事之始以酒灌地送神則不灌而郊初灌同之於廟送神又灌議儀不同於事有疑輒下禮官詳正太學博士王祀之議案周禮大宗伯佐王保國以吉禮事鬼神祇禋祀昊天則今太常是也以郊天太常亞獻又周禮外宗云王后不與則贊宗伯鄭玄云后不與祭宗伯攝其事又說云君執圭瓚裸尸大宗伯執璋瓚亞獻中代以來后不廟祭則應依禮大宗伯攝亞獻也而今以太尉亞獻鄭注禮月令云三王有司馬無太尉太尉秦官也蓋世代彌久宗廟崇敬攝后事重故以上公亞獻又議履時之思情深於霜露室戶之感有懷於容聲不知神之所在求之不以一處鄭注儀禮有司云天子諸侯祭於祊而繹繹又祭也今廟祠闕送神之祼將移祭於祊繹明在於留神未得而殺禮郊廟祭殊故灌送有異太常丞朱膺之議案周禮大宗伯使掌典禮以事神爲上職總祭祀而昊天爲首今太常卽宗伯也又尋袁山松漢百官志云郊祀之事太尉掌亞獻光祿掌三獻太常每祭祀先奏其禮儀及行事掌贊天子無掌獻

事如儀志漢亞獻之事專由上可不由秩宗貴官也今宗廟太尉亞獻光祿三獻則漢儀也又賀循制太尉由東南道升壇明此官必預郊祭古禮雖由宗伯然世有因革上司亞獻漢儀所行愚謂郊祀禮重宜同宗廟且太常旣掌贊天子事不容兼又尋灌事禮記曰祭求諸陰陽之義也殷人先求諸陽樂三闋然後迎牲則殷人後灌也周人先求諸陰灌用鬯達於淵泉旣灌然後迎牲則周人先灌也此謂廟祭非謂郊祠案周禮天官凡祭祀贊王祼將之事鄭注云祼者灌也唯人道宗廟有灌天地大神至尊不灌而郊未始有灌於禮未詳淵儒注義炳然明審謂今之有灌相承爲失則宜無灌通關八座丞郎博士並同膺之議尚書令建平王宏重參議謂膺之議爲允詔可

大明二年正月丙午朔有司奏今月六日南郊輿駕親奉至時或雨魏世値雨高堂隆謂應更用後辛晉時旣出遇雨顧和亦云宜更告徐禪云晉武之世或用丙或用巳或用庚使禮官議正幷詳若得遷日應更告廟與不博士王燮之議稱遇雨遷郊則先代成議禮傳所記辛日有徵郊特牲曰郊之用辛也周之始郊日以至鄭玄注曰三王之郊一用夏正用辛者取其齋戒自新也又月令曰乃擇元日祈穀于上帝注曰元日謂上辛郊祭天也又春秋載郊有二成十七年九月辛丑郊公羊曰曷用郊用正月上辛哀元年四月辛巳郊穀梁曰自正月至于三月郊之時也以十二月下辛卜正月上辛如不從以正月下辛卜二月上辛如不從以二月下辛卜三月上辛以斯明之則郊祭之禮未有不用辛日者也晉氏或丙或巳或庚並有別議武帝以十二月丙寅南郊受禪斯則不得用辛也又泰始二年十一月己卯始幷圓丘方澤二至之祀合於二郊三年十一月庚寅冬至祠天郊于圓丘是猶用圓丘之禮非專祈穀之祭故又不得用辛也今之郊饗旣行夏時雖得遷却謂宜猶必用辛也徐禪所據或爲未宜又案郊特牲曰受命于祖廟作龜于禰宮鄭玄注曰受命謂告退而卜也則告義在郊非爲告日今日雖有遷而郊禮不異愚謂不宜重告曹郎朱膺之議案先儒論郊其議不一周禮有冬至日圓丘之祭月令孟春有祈穀于上帝鄭氏說圓丘祀昊天上帝以帝嚳配所謂禘也祈穀祀五精之帝以后稷配所謂郊也二祭異時其神不同諸儒云圓丘之祭以后稷配取其所在名之曰郊以形體言之謂之圓丘名雖有二其實一祭晉武捨鄭而從諸儒是以郊用冬至日旣以至日理無常辛然則晉代中原不用辛日郊如徐禪議也江左以來皆用正月當以傳云三王之郊各以其正晉不改正朔行夏之時故因以首歲不以冬日皆用上辛近代成典也夫祭之禮過時不舉今在孟春郊時未過値雨遷日於禮無違旣以告日而以事不從禋祀重敬謂宜更告高堂隆云九日南郊十日北郊是爲北郊可不以辛也尚書何偃議鄭玄注禮記引易說三王之郊一用夏正周禮凡國大事多用正歲左傳又啓蟄而郊則鄭之此說誠有據矣衆家異議或云三王各用其正郊天此蓋曲學之辯於禮無取固知穀梁三春皆可郊之月眞所謂膚淺也然用辛之說莫不必同晉郊庚巳參差未見前徵愚謂宜從晉遷郊依禮用辛燮之以受命作龜知告不在日學之密也右丞徐爰議以爲郊禮用辛有礙遷日禮官祠曹考詳已備何偃據禮不應重告愚情所同尋告郊剋辰於今宜改告事而已次辛十日居然展齋養牲在滌無緣三月謂毛血告牷之後雖有事礙便應有司行事不容遷郊衆議不同參議宜依經遇雨遷用後辛不重告若殺牲薦血之後値雨則有司行事詔可

明帝泰始二年十一月辛酉詔曰朕載新寶命仍離多難戎車遄駕經畧務殷禋告雖備弗獲親禮今九服旣康百祀咸秩宜聿遵前典郊謁上帝有司奏檢未有先准黃門侍郎徐爰議虞稱肆類殷述昭告蓋以創世成功德盛業遠開統肇基必享上帝漢魏以來聿遵斯典高祖武皇帝克伐僞楚晉安帝尚在江陵卽於京師告義功于郊兆伏惟太始應符神武英斷王赫出討戎戒淹時雖司奉弗虧親謁尚闕謹尋晉武郊以二月晉元禋以三月有非常之慶必有非常之典不得拘以常祀限以正月上辛愚謂宜下史官考擇十一月嘉吉車駕親郊奉謁昊天上帝高祖武皇帝配饗其餘祔食不關今祭尚書令建安王休仁等同爰議參議爲允詔可

泰始六年五月乙亥詔曰古禮王者每歲郊享爰及明堂自晉以來間年一郊明堂同日質文詳畧疏數有分自今可間二年一郊間歲一明堂外可詳議有司奏前兼曹郎虞愿議郊祭宗祀俱主天神而同日殷薦於義爲黷明詔使圓丘報功三載一享明堂配帝間歲昭薦詳辰酌衷實允懋典緣諮參議並同曹郎王延秀重議改革之宜實如聖旨前虞愿議蓋是仰述而已未顯後例謹尋自初郊間二載明堂間一年第二郊與第三明堂還復同歲愿謂自始郊明堂以後宜各間二年以斯相推長得異歲通關八座同延秀議後廢帝元徽二年十月丁巳有司奏郊祀明堂還復同日間年一脩

漢文帝初祭地祇於渭陽以高帝配武帝立后土祠於汾陰亦以高帝配漢氏以太祖兼配天地則未以后配地也王莽作相引周禮享先妣爲配北郊夏至祭后土以高后配自此始也光武建武中不立北郊故后地之祇常配食天壇山川羣望皆在營內凡一千五百一十四神中元年建北郊使司空馮魴告高廟以薄后代呂后配地江左初未立北壇地祇衆神共在天郊也晉成帝立二郊天郊則六十二神五帝之佐日月五星二十八宿文昌北斗三台司命軒轅后土太一天一太微鉤陳北極雨師雷電司空風伯老人六十二神也地郊則四十四神五嶽四望四海四瀆五湖五帝之佐沂山嶽山白山霍山醫無閭山蔣山松江會稽山錢唐江先農凡四十四也江南諸小山蓋江左所立猶如漢西京關中小水皆有祭秩也二郊所秩官有其注

宋武帝永初三年九月司空羨之尚書令亮等奏曰臣聞崇德明祀百王之令典憲章天人自昔之所同雖因革殊時質文異世所以本情篤教其揆一也伏惟高祖武皇帝允協靈祇有命自天弘日靜之勤立蒸民之極帝遷明德光宅八表太和宜被玄化遐通陛下以聖哲嗣徽道孚萬國祭禮久廢思光鴻烈饗帝嚴親今實宜之高祖武皇帝宜配天郊至於地祇之配雖禮無明文先代舊章每所因循魏晉故典足爲前式謂武敬皇后宜配北郊蓋述懷以追孝躋聖敬於無窮對越兩儀允洽幽顯者也明年孟春有事於二郊請宜撰內外詳依舊典詔可

晉武帝太康二年冬有司奏三年正月立春祠時日尚寒可有司行事詔曰郊祀禮典所重中間以軍國多事臨時有所妨廢故每從奏可自今方外事簡唯此爲大親奉禋享固常典也成帝祠南郊遇雨侍中顧和啓宜還更剋日詔可漢明帝據月令有五郊迎氣服色之禮因采元始中故事兆五郊于洛陽祭其帝與神車服各順方色魏晉依之江左以來未遑脩建

宋孝武大明五年四月庚子詔曰昔文德在周明堂崇祀高烈惟漢汶邑斯尊所以職祭罔愆氣令斯正鴻名稱首濟世飛聲朕皇考太祖文皇帝功耀洞元聖靈昭俗內穆四門仁濟羣品外薄八荒威憺殊俗南腦勁越西髗剛戎裁禮興稼穡之根張樂協四氣之紀匡飾墳序引無題之外旌延寶臣盡盛德之範訓深劭農政高刑厝萬物捸通百神薦社動協天度下沿地德故精緯上靈動殖下瑞諸侯軌道河潒海夷朕仰憑洪烈入子萬姓皇天降祐迄將一紀思奉揚休德永播無窮便可詳考姬典經始明堂宗祀先靈式配上帝誠敬克展幽顯咸秩惟懷永遠感慕崩心有司奏伏尋明堂辟雍制無定文經記參差傳說乖舛名儒通哲各事所見或以爲名異實同或以爲名實皆異自漢暨晉莫之能辨周書云淸廟明堂路寢同制鄭玄注禮儀生於斯諸儒又云明堂在國之陽丙巳之地三里之內至於屋宇堂个戶牖達向世代湮緬難得該詳晉侍中裴頠西都碩學考詳前載未能制定以爲尊祖配天其義明著廟宇之制理據未分直可爲殿以崇嚴祀其餘雜碎一皆除之參詳鄭玄之注差有準據裴頠之奏竊謂可安國學之南地實丙巳爽塏平暢足以營建其墻宇規範宜擬則太廟唯十有二間以應朞數依漢汶上圖儀設五帝位太祖文皇帝對饗祭皇天上帝雖爲差降至於三載恭祀理不容異自郊徂宮亦宜共日禮記郊以特牲詩稱明堂羊牛吉蠲雖同質文殊典且郊有燔柴堂無禋燎則鼎俎彝簋一依廟禮班行百司搜材簡工權置起部尚書將作大匠量物商程剋今秋繕立乃依顧議但作大殿屋雕畫而已無古三十六戶七十二牖之制六年正月南郊還世祖親奉明堂祠祭五時之帝以文皇帝配是用鄭玄議也官有其注

大明五年九月甲子有司奏南郊祭用三牛廟四時祠六室用二牛明堂肇建祠五帝太祖文皇帝配未詳祭用幾牛太學博士司馬興之議案鄭玄注禮記大傳稱孝經郊祀后稷以配天配靈威仰也宗祀文王於明堂以配上帝配五帝也夫五帝司方位殊功一牲牢之用理無差降太祖文皇帝躬成天地則道兼覆載左右羣生則化洽四氣祖宗之稱不足彰無窮之美金石之音未能播勳烈之盛故明堂聿脩聖心所以昭玄極洪配宗廟先儒所以得禮情愚管所見謂宜用六牛博士虞龢議祀帝之名雖五而所生之實當一五德之帝迭有休王各有所司故有五室宗祀所主要隨其王而饗焉主一配一合用二牛祠部郎顏奐議祀之爲義並五帝以爲言帝雖云五牲牢之用謂不應過郊祭廟祀宜用二牛

明帝泰始七年十月庚子有司奏來年正月十八日祠明堂尋舊南郊與明堂同日並告太廟未審今祀明堂復告與不祠部郎王延秀議案鄭玄云郊者祭天之名

上帝者天之別名也神無二主故明堂異處以避后稷謹尋郊宗二祀既名殊實同至於應告不容有異守尚書令袁粲等並同延秀議

魏明帝世中護軍蔣濟奏曰夫帝王大禮巡狩爲先昭祖揚禰封禪爲首是以自古革命受符未有不蹈梁父登泰山刊無竟之名紀天人之際者也故司馬相如謂有文以來七十二君或從所繇於前謹遺跡於後太史公曰主上有聖明而不宣布有司之過也然則元功懿德不刊山梁之石無以顯帝王之功布生民不朽之觀也語曰當君而歎堯舜之美譬猶人子對厥所生譽他人之父今大魏振前王之弊亂拯流遁之艱危接千載之衰緒百世之廢始自武文至于聖躬所以參成天地之道綱維人神之化上天報應嘉瑞顯祥以比往古其優衍豐隆無所取喻至於歷世迄今未發大禮雖志在掃盡殘盜蕩滌餘穢未遑斯事若爾三苗堀彊於江海大舜當廢東巡之儀徐夷跳梁於淮泗周成當止岱嶽之禮也且昔歲破吳虜於江漢今茲屠蜀賊於隴右其震蕩內潰在不復淹就當探其窟穴無累於封禪之事也此儀久廢非倉卒所定宜下公卿廣纂其禮卜年考時昭告上帝以副天下之望臣待罪軍旅不勝大願冒死以聞詔曰聞濟斯言使吾汗出流足自開闢以來封禪者七十餘君爾故太史公曰雖有受命之君而功有不洽是以中間曠遠者千有餘年近數百載其儀闕不可得記吾何德之脩敢庶茲乎濟豈謂世無管仲以吾有桓公登泰山之志乎吾不敢欺天也濟之所言華則華矣非助我者也公卿侍中尚書常侍省之而已勿復有所議亦不須答詔也帝雖拒濟議而實使高堂隆草封禪之儀以天下未一不欲便行大禮會隆卒故不行

晉武帝平吳混一區宇太康元年九月庚寅尚書令衞瓘尚書左僕射山濤魏舒尚書劉寔張華等奏曰聖德隆茂光被四表諸夏乂清幽荒率從神策廟算席卷吳越孫皓稽顙六合爲家巍巍之功格于天地宜同古典勒封東嶽告三府太常爲儀制瓘等又奏臣聞肇自生民則有后辟載祀之數莫之能紀立德濟世揮揚仁風以登封泰山者七十有四家其謚號可知者十有四焉沈淪寂寞曾無遺聲者不可勝記自黃帝以來古傳昧略唐虞以來典謨炳著三王代興體業繼襲周道既沒秦氏承之至于漢魏而質文未復大晉之德始自重黎實佐顓頊至于夏商世序天地其在于周不失其緒金德將升世濟明聖外平蜀漢海內歸心武功之盛實由文德至于陛下受命踐祚弘建大業羣生仰流唯獨江湖沅湘之表凶桀負固歷代不賓神謀獨斷命將出討兵威暫加數旬蕩定羈其鯨鯢赦其罪逆雲覆雨施八方來同聲教所被達于四極雖黃軒之征大禹遠畧周之奕世何以尚今若夫玄石素文底號前載象以姓表言以事告河圖洛書之徵不是過也加以騶虞麟趾衆瑞並臻昔夏殷以丕崇爲祥周武以烏魚爲美咸曰休哉然符瑞之應備物之盛未有若今之富者也宜宣大典禮中嶽封泰山禪梁父發德號明至尊享天休篤黎庶勒千載之表播流後之聲俾百代之下莫不興起斯帝王之盛業天人之至望也詔曰今逋寇雖殄外則障塞有警內則民黎未康此盛德之事所未議也瓘等又奏今東漸于海西被流沙大漠之陰日南北戶莫不通屬茫茫禹跡今實過之則天人之道已周巍巍之功已著宜有事梁父脩禮地祇登封泰山致誠上帝以答人神之願乞如前奏詔曰今陰陽未和政刑未當百姓未得其所豈可勒功告成邪瓘又奏臣聞處帝王之位者必有歷運之期天命之應濟生民之大功者必有盛德之容告成之典無不可誣有不可讓自古道也而明詔謙沖屢辭其禮雖盛德攸在推而未居夫三公職典天地實掌民物國之大事取議於此漢氏封禪非是官也不在其事臣等前奏蓋陳祖考之功天命又應陛下之德合同四海述古考今宜循此禮至於剋定歲月須五府上議然後奏聞請寫詔及奏如前下議詔曰雖蕩清江表皆臨事者之勞何足以告成方望羣后思隆大化以寧區夏百姓獲乂與之休息此朕日夜之望無所復下諸府矣勿復爲煩瓘等又奏臣聞唐虞二代濟世弘功之君莫不仰答天心俯協民志登介丘履梁父未有辭爲者蓋不可讓也今陛下勳高百王德無與二茂績宏規巍巍之業固非臣等所能究論而聖旨勞謙屢自抑損時至弗應推美不居闕皇代之上儀塞神祇之款望使大晉之典謨不同風於三五臣等誠不敢奉詔請如前奏施行詔曰方當共弘治道以康庶績且俟他年無復紛紜也

太康元年冬王公有司又奏自古聖明光宅四海封禪名山著於史籍作者七十四君矣舜禹之有天下巡狩四嶽躬行其道易著觀民省方禮有升中于天詩頌陟其高山皆載在方策文王爲西伯以服事殷周公以魯蕃列于諸侯或享于岐山或有事泰山徒以聖德猶得爲其事自是以來功薄而僭其義者不可勝言號謚不泯以至于今況高祖宣皇帝肇開王業海內有截世宗景皇帝濟以大功輯寧區夏太祖文皇帝受命造晉蕩定蜀漢陛下應期龍興混壹六合澤被羣生威震無外昔漢氏失統吳蜀鼎峙兵興以來近將百年地險俗殊民望絕塞以爲分外其日久矣大業之隆重光四葉不羈之寇二世而平非聰明神武先天弗違孰能巍巍其有成功若茲者歟臣等幸以千載得遭運會親奉大化目覩太平至公之美誰與爲讓宜祖述先朝憲章古昔勒功岱嶽登封告成弘禮樂之制正三雍之典揚名萬世以顯祖宗是以不勝大願敢昧死以聞請告太常具禮儀上復詔曰所議誠前烈之盛事也方今未可以爾便報絕之

宋太祖在位長久有意封禪遣使履行泰山舊道詔學士山謙之草封禪儀注其後索虜南寇六州荒毀其意乃息

世祖大明元年十一月戊申太宰江夏王義恭表曰惟皇天崇稱大道始行揖讓迄于有晉雖聿脩前緒而跡淪言廢蔑記於竹素者焉可單書紹乾維建徽號流風聲被絲管自無懷以來可傳而不朽者七十有四君罔仁厚而道減鮮義澆而德宣鍾律之先曠世綿絕難得而聞丘索著明者尚有遺炳故易稱先天弗違後天奉時蓋陶唐姚姒商姬之主莫不由斯道也是以風化大洽光熙于後炎漢二帝亦踵曩則因百姓之心聽輿人之頌龍駕帝服鏤玉梁甫昌言明稱告成上靈況大宋表祥唐虞受終素德山龍啓符金玉顯瑞異采騰於軫墟紫煙藹於邦甸錫晃兆九五之徵文豹赴天歷之會誠二祖之幽慶聖后之寘休道冠軒堯惠深亭毒而猶執沖約未言封禪之事四海竊以悉焉臣聞惟皇配極惟帝祀天故能上稽乾式照臨黔首協和穹昊膺茲多福高祖武皇帝明並日月光振八區拯已溺之晉濟橫流之世撥亂寧民應天受命鴻徽洽于海表威稜震乎沙外太祖文皇帝體聖履仁述業興禮正樂頌作象歷明達通於神祇玄澤被乎上下仁孝命世叡武英挺遭運屯否三才湮滅迺龍飛五洲鳳翔九江身先八百之期斷出人鬼之表慶煙應高牙之建風耀符發迹之辰親翦凶逆躬清昏壒天地革始夫婦更造豈與彼承業繼緒拓復禹跡車一其軌書罔異文者同年而議哉今龍麟已至鳳凰已儀比李已實靈茅已茂雕氣降霧於宮榭珍露呈味於禁林嘉禾積穗於殿甍連理合榦於園籞皆耀質離宮植根蘭囿至夫霜毫玄文素翮赬羽泉河山嶽之瑞草木金石之祥方畿憬塗之謡抗驛絕祖之奏彪炳雜沓粤不可勝言太平之應茲焉富矣宜其從天人之誠遵先王之則備萬乘整法駕脩封泰山瘞玉岱趾延喬松於東序詔韓岐於西廂麾天閽使啓闢謁紫宮朝太一奏鈞天詠雲門贊揚幽奧超聲前古豈不盛哉伏願時命宗伯具茲典度詔曰太宰表如此昔之盛王永保鴻名常爲稱首由斯道矣朕遭家多難入纂絕業德薄勳淺鑒寐崩愧頊麟鳳表禎茅禾兼瑞雖符祥顯見悉乎猶深庶仰述先志拓清中寓禮祇謁神朕將試哉四年四月辛亥有司奏曰臣聞崇號建極必觀俗以樹教正位居體必採世以立言是以重代列聖咸由厥道玄勳上烈融章未分鳴光委緒歇而罔臧若其顯謚畧騰軌則系綴聲采徵畧闡聽爰洎姬漢風流尚存遺芬餘榮綿映紀緯雖年絕世祀代革精華可得騰金綵奏玉潤鏤迹以燻今鐫德以麗遠而四望埋禋歌之禮日觀殖脩封之容豈非神明之業難崇功基之迹易泯自茲以降訖于季末莫不欲英弘徽位詳固洪聲豈徒深默脩文淵幽馭世而已諒以滕非虛奏書匪妄埋擊雨恕神淳廞復樹安得紫壇肅祇竹宮載竚散火投郊流星奔座寶緯初基厭靈命歷德振殖維功濟淪象玄浸紛流華液幽潤規存永馭思詳樹遠太祖文皇帝以啓遘泰運景望震凝采樂調風集禮宣度祖宗相映軌迹重暉聖上韞籙蕃河竚翔衡漢金波掩照華耀停明運動時來躍飛風舉澄氛海岱開景中區歇神還靈頹天重耀儲正凝位於兼明袞獻蕃華於元列故以祥映昌基緊發篆素重以班朝待典飾令詳儀纂綜淪蕪捜騰委逸奏玉郊宮禋珪玄畤景集天廟脉壤祥農節至昕陽川丘風禮綱威巡駐表綏中甸史流其詠民挹其風於是涵迹視陰振聲威響歷代之渠沇 闕 望內安侯之長賢王入侍殊生詭氣奉俗還鄉羽族卉儀懷音革狀邊帛絕書權光殖燭天岱發靈宗河開寶崇丘淪鼎振采泗淵雲皇王嶽摛藻 闕 漢井角卽音栖翔禁籞衮甲霜味翩舞川肆榮泉流鏡後昭河源故以波沸外關雲蒸內澤若其雪趾青毳玄文朱綵日月郊甸擇木弄音重以榮露騰軒蕭雲掩閣鎬穎孳萌稼華淵禁山輿竚衡雲鶼竦翼海鰈泳流江茅吐蔭校書之列仰筆以飾辭濟代之蕃獻邑以待禮豈非神䆘氣昌物瑞雲照蕭軒龜軫 闕 泉渟芳太宰江夏王臣義恭虫道遵英抽奇麗古該潤圖史施詳闕載表以功懋往初德耀炎昊升文中岱登牒天關耀冠榮名摛振聲號而

道謙稱首禮以虛挹將使玄祇鈌觀幽瑞乖期梁甫無盛德之容介丘靡聲聞之響加窮泉之野獻八代之騁交木之鄉莫絕金之楛肅靈重表珍符兼旣伏惟陛下謨詳淵載衍屬休章依徵聖靈潤色聲業諷辰稽古肅齊訾列儒僚展采禮官相儀懸鞉動音洪鍾竦節陽路整衛正逵清禁於是繢環佩端玉藻鳴鳳竚律騰駕流文間綵比象之容昭明紀數之服㩁綽天陣容藻神行翠蓋懷陰羽華列照乃詔聯事掌祭賓客贊儀金支宿縣鏞石潤響命五神以相列闢九關以集靈警衛兵而開雲先雨祇以灑路霞凝生闕煙起成宮臺冠丹光壇浮素靄爾乃臨中壇備盛禮天降祥錫壽固皇根谷動神音山傳稱響然後辨年問老陳詩觀俗歸薦告神奉遺清廟光美之盛彰乎萬古淵祥之烈溢乎無窮豈不盛歟臣等生接昌辰肅懋明世東敎管聞未足言道且章志湮微代往淪絕拘採遺文辨明訓誥 闕 遣訪鄒魯草滕書瘞玉之禮具竦石繩金之儀和芝潤瑛鐫璽乾封慢弗軌屬上嶽燀當王則謹奉儀注以聞詔曰天生神物昔王稱愧況在寡德敢當鴻貺今文軌未一可停此奏

漢獻帝建安十八年五月以河北十郡封魏武帝爲魏公是年七月始建宗廟于鄴自以諸侯禮立五廟也後雖進爵爲王無所改易延康元年文帝繼王位七月追尊皇祖爲太王丁夫人曰太王后黃初元年十一月受禪又追尊太王曰太皇帝皇考武王曰武皇帝明帝太和三年六月又追尊高祖大長秋曰高皇夫人吳氏曰高皇后並在鄴廟廟所祠則文帝之高祖處士曾祖高皇祖太皇帝共一廟考太祖武皇帝特一廟百世不毀然則所祠止於親廟四室也至明帝太和三年十一月洛京廟成則以親盡遷處士主置園邑使令丞奉薦而使行太傅太常韓曁行太廟宗正曹恪持節迎高皇以下神主共一廟猶爲四室而已至景初元年六月羣公有司始更奏定七廟之制曰大魏三聖相承以成帝業武皇帝肇建洪基撥亂夷險爲魏太祖文皇帝繼天革命應期受禪爲魏高祖上集成大命清定華夏興制禮樂宜爲魏烈祖更於太祖廟北爲二祧其左爲文帝廟號曰高祖昭祧其右擬明帝號曰烈祖穆祧三祖之廟萬世不毀其餘四廟親盡迭遷一如周后稷文武廟祧之禮孫盛魏氏春秋曰夫謚以表行廟以存容皆於旣歿然後著焉所以原始要終以示百世者也未有當年而逆制祖宗未終而豫自尊顯昔華樂以厚斂致譏周人以豫凶違禮魏之羣司於是乎失正矣文帝甄后賜死故不列廟明帝卽位有司奏請追謚曰文昭皇后使司空王朗持節奉策告祠于陵三公又奏曰自古周人歸祖后稷又特立廟以祀姜嫄今文昭皇后之於後嗣聖德至化豈有量哉夫以皇家世妣之尊神靈遷化而無寢廟以承享祀非以報顯德昭孝敬也稽之古制宜依周禮先妣別立寢廟奏可以太和元年二月立廟於鄴四月洛邑初營宗廟掘地得玉璽方一寸九分其文曰天子羨思慈親明帝爲之改容以太牢告廟至景初元年十二月已未有司又奏文昭皇后廟京師永傳享祀樂舞與祖廟同廢鄴廟

魏文帝黃初二年六月以洛京宗廟未成乃祠武帝於建始殿親執饋奠如家人禮何承天曰案禮將營宮室宗廟爲先庶人無廟故祭於寢帝者行之非禮甚矣

漢獻帝延康元年七月魏文帝幸譙親祠譙陵此漢禮也漢氏諸陵皆有園寢者承秦所爲也說者以爲古前廟後寢以象人君前有朝後有寢也廟以藏主四時祭祀寢有衣冠象生之具以薦新秦始出寢起於墓側漢因弗改陵上稱寢殿象生之具古寢之意也及魏武帝葬高陵有司依漢立陵上祭殿至文帝黃初三年乃詔曰先帝躬履節儉遺詔省約子以述父爲孝臣以繫事爲忠古不墓祭皆設於廟高陵上殿屋皆毀壞車馬還廏衣服藏府以從先帝儉德之志及文帝自作終制又曰壽陵無立寢殿造園邑自後至今陵寢遂絕

孫權不立七廟以父堅嘗爲長沙太守長沙臨湘縣立堅廟而已權旣不親祠直是依後漢奉南頓故事使太守祠也堅廟又見尊曰始祖廟而不在京師又以民人所發吳芮冢材爲屋未之前聞也於建鄴立兄長沙桓王策廟於朱爵橋南權疾太子所禱卽策廟也權卒子亮代立明年正月於宮東立權廟曰太祖廟旣不在宮南又無昭穆之序及孫晧初立追尊父和曰文皇帝晧先封烏程侯卽改葬和於烏程西山號曰明陵置園邑二百家於烏程立陵寢使縣令丞四時奉祀寶鼎元年遂於烏程分置吳興郡使太守執事有司奏又言宜立廟京邑寶鼎二年遂更營建號曰淸廟遣守丞相孟仁太常姚信等備官僚中軍步騎以靈輿法駕迎神主於明陵親引仁拜送於庭比仁還中吏手詔日夜相繼奉問神靈起居動止巫覡言見和被服顏色如平日晧悲喜悉召公卿尚書詣闕下受賜靈輿當至使丞相陸凱奉三牲祭於近郊晧於金城外露宿明日望拜於東門之外又拜廟薦饗比七日三祭倡伎晝夜娛樂有司奏祭不欲數數則黷宜以禮斷情然後止

劉備章武元年四月建尊號於成都是月立宗廟祫祭高祖已下備紹世而起亦未辨繼何帝爲禰亦無祖宗之號劉禪面縛北地王諶哭於昭烈之廟此則備廟別立也

魏元帝咸熙元年增封晉文帝進爵爲王追命舞陽宣文侯爲晉宣王忠武侯爲晉景王是年八月文帝崩謚曰文王武帝太始元年十二月丙寅受禪丁卯追尊皇祖宣王爲宣皇帝伯考景王爲景皇帝考文王爲文皇帝宣王妃張氏爲宣穆皇后景王夫人羊氏爲景皇后二年正月有司奏天子七廟宜如禮營建帝重其役詔宜權立一廟於是羣臣奏議上古清廟一宮尊遠神祇逮至周室制爲七廟以辨宗祧聖旨深弘遠跡上世敦崇唐虞舍七廟之繁華遵一宮之尊遠昔舜承堯禪受終文祖遂陟帝位蓋三十載正月元日又格于文祖此則虞氏不改唐廟因仍舊宮可依有虞氏故事卽用魏廟奏可於是追祭征西將軍豫章府君潁川府君京兆府君與宣皇帝景皇帝文皇帝爲三昭三穆是時宣皇未升太祖虛位所以祠六世與景帝爲七廟其禮則據王肅說也七月又詔曰主者前奏就魏舊廟誠亦有準然於祇奉神明情猶未安宜更營造崇正永制於是改創宗廟十一月追尊景帝夫人夏侯氏爲景懷皇后

太康元年靈壽公主脩麗祔于太廟周漢未有其準魏明帝則別立廟晉又異魏也六月因廟陷當改治羣臣又議奏曰古者七廟異所自宜如禮詔又曰古雖七廟自近代以來皆一廟七室於禮無廢於情爲敘亦隨時之宜也其便仍舊至十年乃更改築於宣陽門內窮壯極麗然坎位之制猶如初爾廟成帝率百官遷神主于新廟自征西以下車服導從皆如帝者之儀摯虞之議也至世祖武皇帝崩則遷征西及惠帝崩又遷豫章而惠帝世愍懷太子太子二子哀太孫臧沖太孫尚並祔廟元帝世懷帝殤太子又祔廟號爲陰室四殤懷帝初又策謚武帝楊后曰武悼皇后改葬峻陽陵側別立弘訓宮不列於廟元帝旣卽尊位上繼武帝於禮爲禰如漢光武上繼元帝故事也是時西京神主湮滅虜庭江左建廟皆更新造尋以登懷帝之主又遷潁川位雖七室其實五世蓋從刁協以兄弟爲世數故也于時百度草創舊禮未備三祖毀主權居別室太興三年將登愍帝之主於是乃定更制還復豫章潁川二主于昭穆之位以同惠帝嗣武帝故事而惠懷愍三帝自從春秋尊尊之義在廟不替也至元帝崩則豫章復遷然元帝神位猶在愍帝之下故有坎室者十也至明帝崩而潁川又遷猶十室也于時續廣太廟故三遷主並還西儲名之曰祧以準遠廟成帝咸和三年蘇峻覆亂京都溫嶠等入伐立行廟於白石告元帝先后曰逆臣蘇峻傾覆社稷毀棄三正汙辱海內臣亮等手刃戎首龔行天罰惟中宗元皇帝肅祖明皇帝明穆皇后之靈降鑒有罪剿絕其命翦此羣兇以安宗廟臣等雖隕首摧軀猶生之年咸康七年五月始作武悼皇后神主祔于廟配饗世祖成帝崩而康帝承統以兄弟一世故不遷京兆始十一室也康帝崩京兆遷入西儲同謂之祧如前三祖遷主之禮故正室猶十一也穆帝崩而哀帝海西並爲兄弟無所登降咸安之初簡文皇帝上繼元皇帝世秩登進於是潁川京兆二主復還昭穆之位至簡文崩潁川又遷孝武皇帝太元十六年改作太廟殿正室十六間東西儲各一間合十八間棟高八丈四尺堂基長三十九丈一尺廣十丈一尺堂集方石庭以塼尊備法駕遷神主于行廟征西至京兆四主及太子太孫各用其位之儀服四主不從帝者之儀是與太康異也諸主旣入廟設脯醢之奠及新廟成帝主還室又設脯醢之奠十九年二月追尊簡文母會稽太妃鄭氏爲簡文皇帝宣太后立廟太廟道西及孝武崩京兆又遷如穆帝之世四祧故事安帝隆安四年以孝武母簡文李太后帝母宣德陳太后祔于宣鄭太后之廟

元興三年三月宗廟神主在尋陽已立新主于太廟權告義事四月輔國將軍何無忌奉送神主還丙子百官拜迎于石頭戊寅入廟安帝崩未及禘而天祿終焉

宋武帝初受晉命爲宋王建宗廟於彭城依魏晉故事立一廟初祠高祖開封府君曾祖武原府君皇祖東安府君皇考處士府君武敬臧后從諸侯五廟之禮也旣卽尊位乃增祠七世右北平府君六世相國掾府君爲七廟永初初追尊皇考處士爲孝穆皇帝皇妣趙氏爲穆皇后三年孝懿蕭皇后崩又祔廟高祖崩神主升廟猶從昭穆之序如魏晉之制虛太祖之位也廟殿亦不改構又如晉初之因魏也文帝元嘉初追尊所生胡婕妤爲章皇太后立廟西晉宣太后地孝武昭太后明帝宣太后並祔章太后廟

晉元帝大興三年正月乙卯詔曰吾雖上繼世祖然於懷愍皇帝皆北面稱臣今祠太廟不親執觴酌而令有

司行事於情禮不安可依禮更處太常華恒議今聖上繼武皇帝宜準漢世祖故事不親執觴爵又曰今上承繼武帝而廟之昭穆四世而已前太常賀循博士傅純以爲惠懷及愍宜別立廟然臣愚謂廟室當以客主爲限無拘常數殷世有二祖二宗若拘七室則當祭禰而已推此論之宜還復豫章潁川全祠七廟之禮驃騎長史溫嶠議凡言兄弟不相入廟既非禮文且光武奮劍振起不策名於孝平豫神其事以應九世之讖又古不共廟故別立焉今上以策名而言殊於光武之事躬奉烝嘗於經既正於情又安矣太常恒欲還二府君以全七世嶠謂是宜驃騎將軍王導從嶠議嶠又曰其非子者可直言皇帝敢告某皇帝又若以一帝爲一世則不祭禰反不及庶人於是帝從嶠議悉施用之孫盛晉春秋曰陽秋傳云臣子一例也雖繼君位不以後尊降廢前敬昔僖上嗣莊公以友于長幼而外之爲逆準之古義明詔是也

穆帝永和二年七月有司奏十月殷祭京兆府君當遷祧室昔征西豫章潁川三府君毀主中興之初權居天府在廟門之西咸康中太常馮懷表續奉還於西儲夾室謂之爲祧疑亦非禮今京兆遷入是爲四世遠祖長在太祖之上昔周室太祖世遠故遷有所歸今晉廟宜皇爲主而四祖居之是屈祖就孫也殷祫在上是代太祖也領司徒蔡謨議四府君宜改築別室若未展者當入就太廟之室人莫敢卑其祖文武不先不窋殷祭之日征西東面處宣皇之上其後遷廟之主藏於征西之祧祭薦不絕護軍將軍馮懷表議禮無廟者爲壇以祭可別立室藏之至殷禘則祭于壇也輔國將軍譙王司馬無忌等議諸儒謂太王王季遷主藏於文武之祧如此府君遷主宜在宣皇帝廟中然今無寢室宜變通而改築又殷祫太廟征西東面尚書郎孫綽與無忌議同曰太祖雖位始九五而道以從暢贊人爵之尊篤天倫之道所以成教本而光百代也尚書郎徐禪議禮去祧爲壇去壇爲墠歲祫則祭之今四祖遷主可藏之石室有禱則祭於壇墠又遣禪至會稽訪處士虞喜喜答曰漢世韋玄成等以毀主瘞於園魏朝議者云應埋兩階之間且神主本在太廟若今別室而祭則不如永藏又四君無追號之禮益明應毀而無祭於是撫軍將軍會稽王司馬昱尚書劉劭等奏四祖同居西祧藏主石室禘祫乃祭如先朝舊儀時陳留范宣兄子問此禮宣答曰舜廟所祭皆是庶人其後世遠而毀不居舜上不序昭穆今四君號猶依本非以功德致禮也若依虞主之瘞則猶藏子孫之所若依夏主之埋則又非本廟之階宜思其變別築一室親未盡則禘祫處宣帝之上親盡則無緣下就子孫之列其後太常劉遐等同蔡謨議博士張憑議或疑陳於太祖者皆其後毀主憑案古議無別前後之文也禹不先鯀則遷主居太祖之上亦可無疑矣安帝義熙九年四月將殷祭詔博議遷毀之禮大司馬琅邪王司馬德文議太始之初虛太祖之位而緣情流遠上及征西故世盡則宜毀而宣皇帝正太祖之位又漢光武帝移十一帝主於洛邑則毀主不設理可推矣宜從范宣之言築別室以居四府君之主永藏而不祀也大司農徐廣議四府君嘗處廟室之首歆率土之祭若薶之幽壤於情理未必咸盡謂可遷藏西儲以爲遠祧而禘饗永絕也太尉咨議參軍袁豹議仍舊無革殷祠猶及四府君情理爲允祠部郎臧燾議四府君之主享祀禮廢則亦神所不依宜同虞主之瘞薶矣時高祖輔晉與大司馬議同須後殷祀行事改制

晉孝武帝太元十二年五月壬戌詔曰昔建太廟每事從儉約思與率土致力備禮又太祖虛位明堂未建郊祀國之大事而稽古之制闕然便可詳議祠部郎徐邈議圓丘郊祀經典無二宣皇帝嘗辨斯義而檢以聖典爰及中興備加研極以定南北二郊誠非異學所可輕改也謂仍舊爲安武皇帝建廟六世三昭三穆宣皇帝剏基之主實惟太祖親則王考四廟在上未及遷世故權虛東向之位也兄弟相及義非二世故當今廟祀世數未足而欲太祖正位則違事七之義矣又禮曰庶子王亦禘祖立廟蓋謂支胤授位則親近必復京兆府君於今六世宜復立此室則宣皇未在六世之上須前世既遷乃太祖位定爾京兆遷毀宜藏主於石室雖禘祫猶弗及何者傳稱毀主升合乎太祖升者自下之名不謂可降尊就卑也太子太孫陰室四主儲嗣之重升祔皇祖所配之廟世遠應遷然後從食之孫與之俱毀明堂圓方之制綱領已舉不宜闕配帝之祀且王者以天下爲家未必一邦故周平光武無廢於二京也周公宗祀文王漢明配以世祖自非惟新之考孰配上帝邈又曰明堂所配之神積疑莫辨按易殷薦上帝以配祖考祖考同配則上帝亦爲天而嚴父之義顯周禮旅上帝者有故告天與郊祀常禮同用四圭故並言之若上帝者五帝經文何不言祀天旅五帝祀地旅四望乎人帝之與天帝雖天人之通謂然五方不可言上帝諸侯不可言大君也書無全證而義容彼此故太始太康二紀之間興廢迭用矣侍中車胤議又曰明堂之制既其難詳且樂主於和禮主於敬故質文不同音器亦殊既茅茨廣廈不一其度何必守其形範而不知弘本順民乎九服咸寧河朔無塵然後明堂辟雍可崇而脩之中書令王珉意與胤同太常孔注議太始開元所以上祭四府君誠以世數尚近可得饗祠非若殷周先世王迹所因也向使京兆爾時在七世之外自當不祭此四王推此知既毀之後則殷禘所絕矣吏部郎王忱議明堂則天象地儀觀之大宜俟皇居反舊然後脩之驃騎將軍會稽王司馬道子尚書令謝石意同忱議於是奉行一無所改

晉安帝義熙二年六月白衣領尚書左僕射孔安國啓云元興三年夏應殷祠昔年三月皇輿旋軫其年四月夏應殷而太常博士徐乾等議云應用孟秋臺尋校自泰和四年相承皆用冬夏乾等既伏應孟冬回復追明孟秋非失御史中丞范泰議今雖既祔之後得以烝嘗而無殷薦之比太元二十一年十月應殷烈宗以其年九月崩至隆安三年國家大吉乃脩殷事又禮有喪則廢吉祭祭新主於寢今不設別寢既祔祭於廟故四時烝嘗以寄追遠之思三年一禘以習昭穆之序義本各異三年喪畢則合食太祖遇時則殷無取於限三十月也當是內臺常以限月成舊就如所言有喪可殷隆安之初果以喪而廢矣月數少多復遲速失中至於應寢而脩意所未譬安國又啓范泰云今既祔遂祭於廟故四時烝嘗如泰此言殷與烝嘗其本不同既祔之後可親烝嘗而不得親殷也太常劉瑾云章后喪未一周不應祭臣尋升平五年五月穆皇帝崩其年七月山陵十月殷興寧三月二月哀皇帝崩泰和元年五月海西夫人庾氏薨時爲皇后七月葬十月殷此在哀皇再周之內庾夫人既葬之後二殷策文見在廟又文皇太后以隆安四年七月崩陛下追述先旨躬服重制五年十月殷再周之內不以廢事今以小君之哀而泰更謂不得行大禮臣尋永和十年至今五十餘載用三十月輒殷皆見於注記是依禮五年再殷而泰所言非真難臣乃以聖朝所用遲速失中泰爲憲司自應明審是非羣臣所啓不允即當責失奏彈而暋墮稽停遂非忘舊請免泰瑾官丁巳詔皆白衣領職於是博士徐乾皆免官初元興三年四月不得殷祠進用十月計常限則義熙三年冬又當殷若更起端則應用來年四月領司徒王謐丹陽尹孟昶議有非常之慶必有非常之禮殷祭舊准不差蓋施於經常爾至於義熙之慶經古莫二雖曰旋幸理同受命愚謂理運惟新於是乎始宜用四月中領軍謝混太常劉瑾議殷無定日考時致敬且禮意尚簡去年十月祠雖於日有差而情典允備宜仍以爲正太學博士徐乾議三年一祫五年一禘經傳記籍不見補殷之文員外散騎侍郎領著作郎徐廣議尋先事海西公泰和六年十月殷祠孝武皇帝寧康二年十月殷祠若依常去前三十月則應用四月也于時蓋當有故而遷在冬但未詳其事太元元年十月殷祠依常三十月則應用二年四月也是追計辛未歲十月來合六十月而再殷何邵甫注公羊傳云祫從先君來積數爲限自僖八年至文二年知爲祫祭如此履端居始承源成流領會之節遠因宗本也昔年有故推遷非其常度寧康太元前事可依雖年有曠近之異然追計之理同矣愚謂從復常次者以推歸正之道也左丞劉潤之等議太元元年四月應殷而禮官墮失建用十月本非正期不應即以失爲始也宜以反初四月爲始當用三年十月尚書奏從王謐議以元年十月爲始也

宋孝武帝孝建元年十二月戊子有司奏依舊今元年十月是殷祠之月領曹郎范泰參議依永初三年例須再周之外殷祭尋再周來二年三月若以四月殷則猶在禫內下禮官議正國子助教蘇瑋生議案禮三年喪畢然後祫於太祖又云三年不祭唯天地社稷越紼行事且不禫卽祭見譏春秋求之古禮喪服未終固無裸享之義自漢文以來一從權制宗廟朝聘莫不皆吉雖祥禫空存無綅縞之變烝嘗薦祀不異平日殷祠禮既弗殊豈獨以心憂爲礙太學博士徐宏議三年之喪雖從權制再祥周變猶服縞素未爲純吉無容以祭謂來四月未宜便殷十月則允太常丞臣朱膺之議虞禮云中月而禫是月也吉祭猶未配謂二十七月既禫祭當四時之祭日則未以其妃配哀未忘也推此而言未禫不得祭也又春秋閔公二年吉禘于莊公鄭玄云閔公心懼於難務自尊成以厭其禍凡二十二月而除喪又不禫云又不禫明禫內不得禘也案王肅等言於魏朝云今權宜存古禮俟畢三年舊說三年喪畢遇禘則禘遇祫則祫鄭玄云禘以孟夏祫以孟秋今相承用十月如宏所上公羊之文如爲有疑亦以魯閔設服因言喪之紀制爾何必全許素冠可吉禘縱公羊異說官以禮爲正亦求量宜郎中周景遠參議永初三年九月十

日奏傅亮議權制卽吉御世宜爾宗廟大禮宜依古典則是皇宋開代成準謂博士徐宏太常丞朱膺之議用來年十月殷祠爲允詔可

宋殷祭皆卽吉乃行大明七年二月辛亥有司奏四月應殷祠若事中未得爲得用孟秋與不領軍長史周景遠議案禮記云天子祫禘祫嘗祫烝依如禮文則夏秋冬三時皆殷不唯用冬夏也晉義熙初僕射孔安國啓議自泰和四年相承殷祭皆用冬夏安國又啓永和十年至今五十餘年用三十月輒殷祠博士徐乾據禮難安國乾又引晉咸康六年七月殷祠是不專用冬夏于時晉朝雖不從乾議然乾據禮及咸康故事安國無以奪之今若以來四月未得殷祠遷用孟秋於禮無違參議據禮有證謂用孟秋爲允詔可

晉武帝咸寧五年十一月己酉弘訓羊太后崩宗廟廢一時之祀天地明堂去樂且不上胙升平五年十月己卯殷祠以穆帝崩後不作樂初永嘉中散騎常侍江統議曰陽秋之義去樂卒事是爲吉祭有廢樂也故升平末行之其後太常江逌表穆帝山陵之後十月殷祭從太常丘夷等議撤樂逌尋詳今行漢制無特祀之別旣入廟吉禘何疑於樂

史臣曰闇樂不怡故申情於遏密至於諒闇奪服慮政事之荒廢是以乘權通以設變量輕重而降屈若夫奏音之與寢聲非有損益於機務縱復回疑於兩端固宜緣恩而從戚矣宋世國有故廟祠皆懸而不樂

宋書卷十六考證

禮志三若其顯謚署牓執則系綴聲采徽署聞聽○二署字可疑南本譌下無署字義亦不可通

祠部郎臧燾議四府君之主○燾諸本皆訛壽今據南史臧燾傳改正

宋書卷十七

梁　沈　約　撰

志第七

禮四

宋文帝元嘉三年五月庚午以誅徐羡之等讐恥已雪幣告太廟

元嘉三年十二月甲寅西征謝晦告太廟太社晦平車駕旋軫又告

元嘉六年七月太學博士徐道娛上議曰伏見太廟烝嘗儀注皇帝行事畢出便坐三公已上獻太祝送神于門然後至尊還拜百官贊拜乃退謹尋清廟之道所以肅安神也禮曰廟者貌也神靈所馮依也事亡如存若常在也旣不應有送神之文自陳豆薦俎車駕至止竝弗奉迎夫不迎而送送而後辭闇短之情實用未達按時人私祠誠皆迎送由於無廟庶感降來格因心立意非王者之禮也儀禮雖太祝迎尸于門此乃延尸之儀豈是敬神之典恐於禮有疑謹以議上有司奏下禮官詳判博士江邃議在始不逆明在廟也卒事而送節孝思也若不送而辭是舍親也辭而後送是遣神也故孝子不忍違其親又不忍遣神是以祝史送神以成烝嘗之義博士賀道期議樂以迎來哀以送往祭統迎牲而不迎尸詩云鐘鼓送尸鄭云尸神象也與今儀注不迎而後送若合符契博士荀萬秋議古之事尸與今之事神其義一也周禮尸出送于廟門拜尸不顧詩云鐘鼓送尸則送神之義其來久矣記曰迎牲而不迎尸別嫌也尸在門外則疑於臣入廟中則全於君君在門外則疑於君入廟則全於臣是故不出者明君臣之義邃等三人謂舊儀爲是唯博士陳珉同道娛議參詳邃等議雖未盡然皆依擬經禮道娛珉所據難從今衆議不一宜遵舊體詔可

元嘉六年九月太學博士徐道娛上議曰祠部下十月三日殷祠十二日烝祀謹按禘祫之禮三年一五年再公羊所謂五年再殷祭也在四時之間周禮所謂凡四時之間禮也蓋歷歲節月無定天子諸侯先後弗同禮稱天子祫嘗諸侯烝祫有田則祭無田則薦鄭注天子先祫然後時祭諸侯先時祭然後祫有田者旣祭又薦新祭以首時薦以仲月然則大祭四祀其月各異天子以孟月殷仲月烝諸侯孟月嘗仲月祫也春秋僖公八年秋七月禘文公二年八月大事于太廟穀梁傳曰著祫嘗也昭公十五年二月有事于武宮左傳曰禮也又周禮仲冬享烝月令季秋嘗稻晉春烝曲沃齊十月嘗太公此竝孟仲區別不共之明文矣凡祭必先卜日用丁巳如不從進卜遠日卜未吉豈容二事推期而往理尤可知尋殷烝祀重祭薦禮輕輕尚異月重寧反同且祭不欲數數則瀆今隔旬頻享恐於禮爲煩自經緯墳誥都無一月兩獻先儒舊說皆云殊朔晉代相承未審其原國事之重莫大乎祀愚管膚淺竊以惟疑請詳告下議寢不報

元嘉七年四月乙丑有司奏曰禮喪服傳云有死於宮中者則爲之三月不擧祭今禮祀旣戒而掖庭有故下太常依禮詳正太學博士江邃袁朗徐道娛陳珉等議參互不同殿中曹郎中領祠部謝元議以爲遵依禮傳使有司行事於義爲安輒重參詳宗廟敬重饗祀精明雖聖情罔極必在親奉然苟曰有疑則情以禮屈無所稱述於義有據請聽如元所上詔可

元嘉十年十二月癸酉太祝令徐閏刺署典宗廟社稷祠祀薦五牲牛羊豕鷄竝用雄其一種市買由來送雌竊聞周景王時賓起見雄鷄自斷其尾曰鷄憚犧不祥今何以用雌求下禮官詳正勒太學依禮詳據博士徐道娛等議稱案禮孟春之月是月也犧牲無用牝如此是春月不用雌爾秋冬無禁雄雞斷尾自可是春月太常丞司馬操議尋月令孟春命祀山林川澤犧牲無用牝若如學議春祠三牲以下便應一時俱改以從月令何以偏在一雞重更勒太學議答博士徐道娛等又議稱凡宗祀牲牝不一前惟月令不用牝者蓋明在春必雄秋冬可雌非以山林同宗廟也四牲不改在雞偏異相承來久義或有由誠非末學所能詳究求詳議告報如所稱令參詳閏所稱粗有證據宜如所上自今改用雄雞

孝武帝孝建三年五月丁巳詔以第四皇子出紹江夏王太子叡爲後有司奏皇子出後檢未有告廟先例輒勒二學禮官議正應告與不告者爲告幾室太學博士傅休議禮無皇子出後告廟明文晉太康四年封北海王寔紹廣漢殤王後告于太廟漢初帝各異廟故告不必同自漢明帝以來乃共堂各室魏晉依之今旣共堂若獨告一室而闕諸室則于情未安太常丞庾亮之議案禮大事則告祖禰小事則特告禰今皇子出嗣宜告禰廟祠部朱膺之議以爲有事告廟蓋國之常典今皇子出紹事非常均愚以爲宜告賀循云古禮異廟唯謁一室是也旣皆共廟而闕於諸帝於情未安謂循言爲允宜在皆告兼右丞殿中郎徐爰議以爲國之大事必告祖禰皇子出嗣不得謂小昔第五皇子承統廬陵備告七廟參議以爰議爲允詔可

大明元年六月巳卯朔詔以前太子步兵校尉祗男歆紹南豐王朗有司奏朗先嗣營陽告廟臨軒檢繼體爲舊不告廟臨軒下禮官議正太學博士王燮之議南豐昔別開土宇以紹營陽義同始封故有臨軒告廟之禮今歆奉詔出嗣則成繼體先爵猶存事是傳襲不應告廟臨軒祠部郎朱膺之議南豐王嗣爵封已絶聖恩垂矜特詔繼茅土復申義同始封爲之告廟臨軒殿中郎徐爰議營陽繼體皇基身亡封絶恩詔追封錫以一城旣始啓建茅土故宜臨軒告廟今歆繼後南豐彼此俱爲列國長沙南豐自應各告其祖豈關太廟事非始封不合臨軒同博士王燮之議參詳爰議爲允詔可

大明三年六月乙丑有司奏來七月十五日嘗祠太廟章皇太后廟輿駕親奉而乘輿辭廟親戎太子合親祠與不且今月二十四日第八皇女夭案禮宮中有故三月不擧祭皇太子入住上宮於事有疑下禮官議正太學博士司馬興之議竊惟國之大事在祀與戎皇太子有撫軍之道而無專御之義戎旣如之祀亦宜然案祭統夫祭之道孫爲王父尸又云祭有昭穆所以別父子太子監國雖不攝至於宗廟則昭穆實存謂事不可亂又云有故則使人准此二三太子無奉祀之道又皇女夭札則實同宮一體之哀理不得異設令得祀令猶無親奉之義博士郁議案春秋太子奉社稷之粢盛長子主器出可守宗廟以爲祭主易象明文監國之重居然親祭皇女夭札時旣同宮三月廢祭於禮宜停二議不同尚書參議宜以郁議爲允詔可

大明三年十一月乙丑朔有司奏四時廟祠吉日已定遇雨及擧哀舊停親奉以有司行事先下使禮官博議於禮爲得遷日與不博士江長議禮記祭統君之祭也有故則使人而君不失其儀鄭玄云君雖不親祭禮無闕君德不損愚以爲有故則必使人者明無遷移之文苟有司充事謂不宜改日太常丞陸澄議案周禮宗伯之職若王不與祭祀則攝位鄭君曰王有故行其祭事也臣以爲此謂在致齊祭事盡備神不可瀆齊不可久而王有佗故則使有司攝焉晉太始七年四月世祖將親祠于太廟庚戌車駕夕牲辛亥雨有司行事此雖非人故蓋亦天祲也求之古禮未乖周制案禮記孔子荅曾子當祭而日蝕太廟火如牲至未殺則廢然則祭非無可廢之道也但權所爲之輕重耳日蝕廟火變之甚者故乃牲至尚猶可廢推此而降可以理尋今散齊之內未及致齊而有輕哀甚雨日時展事可以延敬不愆義情無傷正典改擇令日夫何以疑愚謂散齊而有擧哀若雨可更遷日唯入致齊及日月逼晚者乃使有司行事耳又前代司空顧和啓南郊車駕已出遇雨宜遷日更郊事見施用郊之與廟其敬可均至日猶遷況散齊邪殿中郎殷淡議曾子問日蝕太廟火牲未殺則廢縱有故則使人清廟敬重郊禋禮大故廟焚日蝕許以可遷輕哀微故事不合改是以鼷鼠食牛改卜非禮晉

世祖有司行事顧司空之改郊月既不見其當時之宜此不足爲准愚謂日蝕廟火天譴之變廼可遷日至於舉哀小故不宜改辰衆議不同參議既有理據且晉氏遷郊宋初遷祠竝有成准謂孟月散齊之中遇雨及舉輕哀宜擇吉更遷無定限數唯入致齊及侵仲月節者使有司行事詔可

大明五年十月甲寅有司奏今月八日烝祠二廟公卿行事有皇太子獻妃服前太常丞庾蔚之議禮所以有喪廢祭由祭必有樂皇太子以元嫡之重故主上服妃不以尊降既正服大功愚謂不應祭有故三公行事是得祭之辰非今之比卿卒猶不繹況於太子妃乎博士司馬興之議夫緦則不祭禮之大經卿卒不繹春秋明義又尋魏代平原公主薨高堂隆議不應三月廢祠而猶云殯葬之間權廢事改吉芬馥享祠尋此語意非使有司此無服之喪尚以未葬爲廢況皇太子妃及大功未祔者邪上尋禮文下准前代不得烝祠領軍長史周景遠議案禮緦不祭大功廢祠理不俟言今皇太子故妃既未山塋未從權制則應依禮廢烝嘗至尊以大功之服於禮不得親奉非有故之謂亦不使公卿行事右丞徐爰議以爲禮緦不祭蓋惟通議大夫以尊貴降絕及其有服不容復異祭統云君有故使人可者謂於禮應祭君不得齊祭不可闕故使臣下攝奉不謂君不應祭有司行事也晉咸寧四年景獻皇后崩晉武帝伯母宗廟廢一時之祀雖名號尊崇粗可依准今太子妃至尊正服大功非有故之比既未山塋謂烝祠宜廢尋蔚之等議指歸不殊闕烝爲允過卒哭祔廟一依常典詔可

大明七年二月丙辰有司奏鑾輿巡蒐江左講武校獵獲肉先薦太廟章太后廟并設醢酒公卿行事及獻妃陰室室長行事太學博士虞龢議檢周禮四時講武獻牲各有所施振旅春蒐則以祭社茇舍夏苗則以享礿治兵秋獮則以祀方大閱冬狩則以享烝案漢祭祀志唯立秋之日白郊事畢始揚威武名曰貙劉乘輿入圃躬執弩以射牲以鹿麛太宰令謁者各一人載獲車馳送陵廟然則春田薦廟未有先准兼太常丞庾蔚之議龢所言是蒐狩不失其時此禮久廢今時龢表晏講武教人又虔供乾豆先薦二廟禮情俱允社主土神司空土官故祭社使司空行事太廟宜使上公參議蒐狩之禮四時異議禮有損益時代不同今既無復四方之祭三殺之儀曠廢來久禽獲牲物面傷翦毛未成禽不獻太宰令謁者擇上殺奉送先薦廟社二廟依舊以太尉行事詔可

明帝泰豫元年七月庚申有司奏七月嘗祠至尊諒闇之內爲親奉與不使下禮官通議伏尋三年之制自天子達漢文愍秦餘之弊於是制爲權典魏晉以來卒哭而祔則就吉案禮記王制三年不祭唯祭天地社稷爲越紼而行事鄭玄云唯不敢以卑廢尊也范宣難杜預段暢所以闕宗廟祭者皆人理所奉哀戚之情同於生者譙周祭志稱禮身有喪則不爲吉祭緦麻之喪於祖考有服者則亦不祭爲神不饗也尋宮中有故雖在無服亦廢祭三月有喪不祭如或非若三年之內必宜親奉者則應禘序昭穆而今必須免喪然後禘祫故知未祭之意當似可思起居注晉武有二喪兩朞之中竝不自祠亦近代前事也伏惟至尊孝越姬文情深明發公服雖釋純哀內纏推訪典例則未應親奉有司祇應祭不爲曠仰思從敬竊謂爲允臣等參議甚有明證宜如所上詔可

後廢帝元徽二年十月丙寅有司奏至尊親祠太廟文皇帝太后之日孝武皇帝及昭穆太后雖親非正統而嘗經北面未詳應親執爵與不下禮官議太學博士周山文議案禮尊者尊統上卑者尊統下孝武皇帝於至尊雖親非正統而祖宗之號列于七廟愚謂親奉之日應執觴爵昭皇太后既親非禮正宜使三公行事博士顏燮等四人同山文兼太常丞韓賁議晉景帝之於世祖肅祖之於孝武皆傍尊也親執觴杓今孝武皇帝於至尊親爲伯父功列祖宗奉祠之日謂宜親執按昭皇太后於主上親無名秩情則疏遠庶母在我猶子祭孫止況伯父之庶母愚謂昭后觴爵可付之有司前左丞孫緬議晉世祖宗祠顯宗烈宗肅祖竝是晉帝之伯今朝明準而初無有司行事之禮愚謂主上親執孝武皇帝觴爵有悵情敬昭皇太后君母之貴見尊一時而與章宜二廟同饗閟宮非唯不躬奉廼宜議其毀替請且依舊三公行事詔緬議爲允

宋孝武帝孝建元年十月戊辰有司奏章皇太后廟毀置之禮二品官議者六百六十三人太傅江夏王義恭以爲經籍殘僞訓傳異門諒言之者罔一故求之者尠究是以六宗之辯舛於兼儒迭毀之論亂於羣學章皇太后誕神啓聖禮備中興慶流胙胤德光義遠宜長代崇芬奕葉垂則豈得降侔通倫反遵常典夫議者成疑寔傍紀傳知一爽二莫窮書旨按禮記不代祭爰及慈毋罝辭令有所施穀梁於孫止別主立祭則親執虔祀事異前志將由大君之宜其職彌重人極之貴其數特中且漢代鴻風遂登配祔晉氏明規咸留薦祀遠考史策近因闇見未應毀之於義爲長所據公羊祇足堅秉安可以貴等帝王祭從士庶緣情訪制顛越滋甚謂應同七廟六代乃毀六百三十六人同義恭不毀散騎侍郎王法施等二十七人議應毀領曹郎中周景遠重參議義恭等不毀議爲允詔可

大明二年二月庚寅有司奏皇代殷祭無事於章后廟高堂隆議魏文思后依周姜嫄廟禘祫及徐邈答晉宣太后殷薦舊事使禮官議正博士孫武議按禮記祭法置都立邑設廟祧壇墠而祭之乃爲親疏多少之數是故王立七廟遠廟爲祧鄭云天子遷廟之主昭穆合藏於祧中祫乃祭之王制曰祫禘鄭云祫合也合先君之主於祖廟而祭之謂之祫三年而夏禘五年而秋祫謂之五年再殷祭又禘大祭也春秋文公二年大事于太廟傳曰毀廟之主陳于太祖未毀廟之主皆升合食太廟傳曰合族以食序以昭穆祭統曰有事于太廟則羣昭羣穆咸在不失其倫今殷祠是合食太祖而序昭穆章太后既屈於上不列正廟若迎主入太廟既不敢配列於正序又未聞於昭穆之外別立爲位若徐邈議今殷祠就別廟奉薦則乖禘祫大祭合食序昭穆之義邈云陰室四殤不同祫就祭此亦其義也喪服小記殤與無後從祖祔食祭法王下祭殤鄭玄云祭適殤於廟之奧謂之陰厭既從祖食於廟奧是殤有位於奧非就祭別宮之謂今章太后廟四時饗薦雖不於孫止若太廟禘祫獨祭別宮與四時烝嘗不異則非禘大祭之義又無取於祫合食之文謂不宜與太廟同殷祭之禮高堂隆答魏文思后依姜嫄廟禘祫又不辨祫之義而改祫大饗蓋有由而然耳守文淺學懼乖禮衷博士王燮之議按禘小祫大禮無正文求之情例如有推尋祫之爲名雖在合食而祭典之重於此爲大夫以孝饗親尊愛罔極既殷薦太祖亦致盛祀於小廟譬有事於尊者可以及卑故高堂隆所謂獨以祫故而祭之也是以魏之文思晉之宣后雖並不序於太廟而猶均禘於姜嫄其意如此又徐邈所引四殤不祫就而祭之以爲別饗之例斯其證矣愚謂章皇太后廟亦宜殷薦太常丞孫緬議以爲祫祭之名義在合食守經據古孫武爲詳竊尋小廟之禮肇自近魏晉之所行足爲前準高堂隆以祫而祭有附情敬徐邈引就祭四殤以證別饗孫武據殤祔於祖謂廟有殤位尋事雖同廟而祭非合食且七廟同宮始自後漢禮之祭殤各祔厭祖既豫祫則必異廟而祭愚謂章廟殷薦推此可知祠部朱膺之議閟宮之祀高堂隆趙怡並云周人祫嚳俱祫祭之魏晉二代取則奉薦名儒達禮無相譏非不嘗不忘率由舊章愚意同王燮之孫緬議詔曰章皇太后追尊極號禮同七廟豈容獨闕殷薦隔茲盛祠閟宮遙祫既行有周魏晉從饗式範無替宜述附前典以宣情敬

明帝泰始二年正月孝武昭太后崩五月甲寅有司奏晉太元中始正太后尊號徐邈議廟制自是以來著爲通典今昭皇太后於至尊無親正特制義服祔廟之禮宜下禮官詳議博士王畧太常丞虞愿議正名存義有國之徽典臣子一例史傳之明文今昭皇太后正位母儀尊號允著祔廟之禮宜備彝則母以子貴事炳聖文孝武之祀既百代不毀則昭后之祔無緣有虧愚謂神主應入章后廟又宜依晉元皇帝之於愍帝安帝之於永安后祭祀之日不親執觴爵使有司行事時太宗宣太后已祔章太后廟長兼儀曹郎虞龢議以爲春秋之義庶母雖名同崇號而實異正嫡是以猶考別宮而公子主其祀今昭皇太后既非所生益無親奉之理周禮宗伯職云若王不與祭則攝位然則宜使有司行其禮事又婦人無常秩各以夫氏爲定夫亡以子爲次昭皇太后卽正位在前宣太后追尊在後以從序而言宜躋新禰于上參詳龢議爲允詔可

泰始二年六月丁丑有司奏來七月嘗祀二廟依舊車駕親奉孝武皇帝至尊親進觴爵及拜伏又昭皇太后室應拜及祝文稱皇帝諱又皇后今月二十五日虔見於禰拜孝武皇帝昭皇太后竝無明文下禮官議正太學博士劉緄議尋晉元北面稱臣於愍帝烝嘗奉薦亦使有司行事且兄弟不相爲後著於晉史以此而推孝武之室至尊無容親進觴爵拜伏其日親進章皇太后廟經昭皇太后室過前議既使有司行事謂不應進拜昭皇太后正號久定登列廟祀詳尋祝文宜稱皇帝諱案禮婦無見兄之典昭后位居傍尊致虔之儀理不容備孝武昭后二室牲薦宜闕太常丞虞愿議夫烝嘗之禮事存繼嗣故傍尊雖近弟姪弗祀君道雖高臣無祭典按晉景帝之於武帝屬居伯父武帝至祭之日猶進觴爵今上既纂祠文皇於孝武室謂宜進拜而已觴爵使有司行事按禮過墓則軾過祀則下凡在神祇尚或致恭況昭太后母臨四海至尊親曾北面兄母有敬謂

宜進拜祝文宜稱皇帝諱尋皇后廟見之禮本修虔爲義今於孝武論其嫂叔則無通問之典語其尊卑亦無相見之義又皇后登御之初昭后猶正位在宮敬謁之道久已前備愚謂孝武昭太后二室並不復薦告參議以愿議爲允詔可

後廢帝元徽二年十月壬寅有司奏昭太后廟毁置下禮官詳議太常丞韓賁議按君母之尊義發春秋庶後饗薦無間周典七廟承統猶親盡則毁況伯之所生而無服代祭積之前代未見其準都令史殷匪子議昭皇太后不係於祖宗進退宜毁議者云妾祔於妾祖姑祔既必告毁不容異應告章皇太后一室按記云妾祔於妾祖姑無妾祖姑則易牲而祔於女君可也始章太后於昭太后論昭穆而言則非妾祖姑又非女君於義不當伏尋昭太后名位允極昔初祔之始自上祔於趙后即安于西廟竝皆幣告諸室古者大事必告又云每事必告禮牲幣雜用檢魏晉以來互有不同元嘉十六年下禮官辨正太學博士殷靈祚議稱吉事用牲凶事用幣自茲而後吉凶爲判已是一代之成典今事雖不全凶亦未近吉故宜依舊以幣徧告二廟又尋昭太后毁主無義陳列於太祖博士欲依虞主瘞於廟兩階之間按階間本以瘞告幣瘞虞主之所昔虞喜云依五經典議以毁主祔於虞主瘞於廟之北牆最爲可據昭太后神主毁之瘞之後上室不可不虛置太后僾應上下升之既升之頃又應設脯醢以安神今禮官所議謬畧未周遂毁事大請廣詳訪左僕射劉康等七人同匪子左丞王諶重參議謂以幣徧告二廟瘞毁主於北牆宣太后上室仍設脯醢以安神匪子議爲允詔可

魏明帝太和三年詔曰禮王后無嗣擇建支子以繼大宗則當纂正統而奉公義何得顧私親哉漢宣繼昭帝後加悼考以皇號哀帝以外蕃援立而董宏等稱引亡秦或誤朝議遂尊恭皇立廟京師又寵蕃妾使比長信僭差無禮人神弗佑非皐師丹忠正之諫用致丁傅焚如之禍自是之後相踵行之其令公卿有司深以前代爲誡後嗣萬一有由諸侯入奉大統則當明爲人後之義敢爲佞邪導諛君上妄建非正之號謂考爲皇稱妣爲后則股肱大臣誅之無赦其書金策藏之宗廟著于令典是後高貴常道援立皆不外尊也晉愍帝建興四年司徒梁芬議追尊之禮帝既不從而左僕射索綝等亦稱引魏制以爲不可故追贈吳王爲太保而已元帝大興二年有司言琅邪恭王宜稱皇考賀循議云禮典之義子不敢以已爵加其父號帝又從之二漢此典棄矣

魏明帝有愛女曰淑涉三月而夭帝痛之甚追封謚爲平原懿公主葬於南陵立廟京師無前典非禮也

宋孝武帝孝建元年七月辛酉有司奏東平沖王年稚無後唯殤服五月雖不殤君應有主祭而國是追贈又無其臣未詳毁靈立廟爲當宅祔與不輒下禮官詳議大學博士臣徐宏議王既無後追贈無臣殤服既竟靈僾合毁記曰殤與無後者從祖祔食又曰士大夫不得祔於諸侯祔於祖之爲士大夫者按諸侯不得祔於天子沖王則宜祔諸祖之廟爲王者應祔長沙景王廟詔可

大明四年丁巳有司奏安陸國土雖建而奠爵之所未及營立四時薦饗故祔江夏之廟宣王所生夫人當應祠不太學博士傅郁議應廢祭右丞徐爰議按禮慈母妾母不代祭鄭玄注以其非正故傳曰子祭孫止又云爲慈母後者爲祖庶母可也注稱緣爲慈母後之義父妾無子亦可命已庶子爲之後也考尋斯義父母妾之祭不必唯子江夏宣王太子體自元宰道戚之肩遭時不幸聖上矜悼降出皇愛嗣承嶽緒光啓大蕃屬國爲祖始王夫人載育明懿則一國之正上無所厭哀敬得申既未獲祔享江夏又不從祭安陸即事求情愚以爲宜依祖母有爲後之義謂合列祀于廟二議不同參議以爰議爲允詔可

大明六年十月丙寅有司奏故晉陵孝王子雲未有嗣安廟後三日國臣從權制除釋朔望周忌應還臨與不祭之日誰爲主太常丞庾蔚之議既葬三日國臣從權制除而釋靈筵猶存朔望及朞忌諸臣宜還臨哭變服衣帢使上卿主祭王既未有後又無三年服者朞親服除之而國尚存僾宜立廟爲國之始祖服除之日神主暫祔食祖廟諸王不得祖天子宜祔從祖國廟還居新廟之室未有嗣之前四時饗薦常使上卿主之左丞徐爰參議以蔚之議爲允詔可

大明七年正月庚子有司奏故宣貴妃加殊禮未詳應立廟與不太學博士虞龢議曲禮云天子有后有夫人檀弓云舜葬蒼梧三妃未之從昏義云后之立六宮有三夫人然則三妃即三夫人也后之有三妃猶天子之有三公也按周禮三公八命諸侯七命三公既尊於列國諸侯三妃亦貴於庶邦夫人據春秋傳仲子非魯惠元嫡尚得考彼別宮今貴妃是秩天之崇班理應立此新廟左丞徐爰議宜貴妃既加殊命禮絕五宮考之古典顯有成據廟堂克構宜選將作大匠參詳以龢爰議爲允詔可

大明七年三月戊戌有司奏新安王服宜貴妃齊衰朞十一月練十三月縞十五月禫心喪三年未詳宜貴妃祔廟應在何時入廟之日當先有祔但入新廟而已若在大祥及禫中入廟者遇四時便祭不新安王在心制中得親奉祭不太學博士虞龢議春秋傳云祔而作主烝嘗禘於廟嘗爲吉祭之名大祥及禫未得入廟應在禫除之後也新安王心喪之內若遇時節便應吉祭於廟親奉亦在無嫌祔之爲言以後亡者祔於先廟也小記云諸侯不得祔於天子今貴妃爵視諸侯居然不得祔於先后又別考新宮無所宜祔且卒哭之後益無祔理左丞徐爰議以禮有損益古今異儀雖云卒哭而祔祔而作主時之諸侯皆禫終入廟且麻衣縓緣革服於元嘉苦經變除申情於皇宋況宣貴妃誕育叡蕃葬加殊禮靈筵廬位皆主之哲王考宮朔祀不得闕之朝廷謂禫除之後宜親執奠爵之禮若有故三卿行事貴妃上厭皇姑下絕列國無所應祔參議龢議大體與爰不異宜以爰議爲允詔可

大明七年十一月癸未有司奏晉陵國刺孝王廟依廬陵平王等國例一歲五祭二國以王三卿主祭應同有服之例與不博士顏僧道議禮記云所祭者亡服則不祭今晉陵王於衡陽小功宜依二國同廢太常丞庾蔚之議緦不祭者據主爲言也晉陵雖未有嗣宜依有嗣致服依闕祭之限衡陽爲族伯緦麻則應祭三月兼左丞徐爰議嗣王未立將來承眉未知疏近豈宜空計服屬以虧祭敬參議以爰議爲允詔可

大明八年正月壬辰有司奏故齊敬王子羽將來立後未詳便應作主立廟爲須有後之日未立廟者爲於何處祭祀游擊將軍徐爰議以爲國無後於制除罷始封之君寔是存承嗣皇子追贈則爲始祖臣不殤君事著前準豈容虛闕烝嘗以俟有後謂立廟作主三卿主祭依舊通關博議以爰議爲允令便立廟廟成作主依晉陵王近例先暫祔廬陵孝獻王廟祭竟神主即還新廟未立後之前常使國上卿主祭

禮云共工氏之霸九州其子句龍曰后土能平九土故土以爲社周以甲日祭之用日之始也社所以神地之道地載萬物天垂象取財於地取法於天是以尊天而親地教人美報焉家主中霤而國主社示本也故言報本反始烈山氏之有天下其子曰農能殖百穀其裔曰柱佐顓頊爲稷官主農事周棄係之法施於人故祀以爲稷禮王爲羣姓立社曰太社王自爲立社曰王社故國有二社而稷亦有二也漢魏則有官社無稷故常二社一稷也晉初仍魏無所增損至太康九年改建宗廟而社稷壇與廟俱徙乃詔曰社實一神其并二社之禮於是車騎司馬傅咸表曰祭法二社各有其義天子尊事郊廟故冕而躬耕也者所以重孝享之粢盛致殷薦於上帝也穀梁傳曰天子親耕以供粢盛親耕謂自報自爲立社者爲籍而報也國以人爲本人以穀爲命故又爲百姓立社而祈報焉事異報殊此社之所以有二也王景侯之論王社亦謂春祈籍田秋而報之也其論太社則曰王者布下圻內爲百姓立之謂之太社不自立之於京師也景侯此論據祭法大夫以下成羣立社曰置社景侯解曰今之里社是也景侯解祭法則以置社爲人間之社矣而别論復以太社爲人間之社未曉此旨也太社天子爲人而祀故稱天子社郊特牲曰天子太社必受霜露風雨夫以羣姓之衆王者通爲立社故稱太社若夫置社其數不一蓋以里所爲名左氏傳盟于清丘之社是也人間之社既已不稱太矣若復不立之京都當安所立乎祭法又曰王爲羣姓立七祀自爲立七祀言自爲者自爲而祀也爲羣姓者爲羣姓而祀也太社與七祀其文正等說者窮此因云墳籍但有五祀無七祀也按祭五祀國之大祀七者小祀周禮所云祭凡小祀則墨冕之屬也景侯解大厲曰如周杜伯鬼有所歸乃不爲厲今云無二社者稱景侯祭法不謂無二則曰口傳無其文也夫以景侯之明擬議而後爲解而欲以口論除明文如此非但二社當是思惟景侯之後解亦未易除也前被敕尚書召誥社于新邑唯一太牢不二社之明義也按郊特牲曰社稷太牢必援一牢之文以明社之無二則稷無牲矣說者則曰舉社以明稷何獨不可舉一以明二國之大事在祀與戎若有過而除之不若過而存之況存之有義而除之無據乎周禮封人掌設社壝無稷字今帝社無稷蓋出於此然國主社稷故經傳動稱社稷周禮王祭稷則絺冕此王社有稷之文也封人設壝之無稷字說者以爲畧文從可知也謂宜仍舊立二社而加立帝社之稷時成粲議稱景侯論太社不立京都欲破鄭氏學咸重表以爲如粲之論景侯之解文以此壞大雅云乃立冢土毛公解曰冢土太社也景侯解詩即用此說禹貢惟土五色景

侯解曰王者取五色土爲太社封四方諸侯各割其方色王者覆四方也如此太社復爲立京都也不知此論從何出而與解乖上違經記明文下壞景侯之解臣雖頑蔽少長學問不能黙已謹復續上劉寔與咸同詔曰社實一神而相襲二位衆議不同何必改作其使仍舊一如魏制至元帝建武元年又依洛京立二社一稷其太社之祝曰地德普施惠存無疆乃建太社保佑萬邦悠悠四海咸賴嘉祥其帝社之祝曰坤德厚載王畿是保乃建帝社以神地道明祝惟辰景福來造禮左宗廟右社稷歷代遵之故洛京社稷在廟之右而江左又然也吳時宮東門雩門疑吳社亦在宮東與其廟同所也宋仍舊無所改作

魏氏三祖皆親耕藉此則先農無廢享也其禮無異聞宜從漢儀執事告祠以太牢晉武哀帝竝欲藉田而不遂儀注亦闕略

宋文帝元嘉二十一年春親耕乃立先農壇於藉田中阡西陌南高四尺方二丈爲四出陛陛廣五尺外加埒去阡陌各二十丈車駕未到司空大司農率太祝令及衆執事質明以一太牢告祠祭器用祭社稷器祠畢班餘胙於奉祠者舊典先農又常列於郊祭云漢儀皇后親桑東郊苑中蠶室祭蠶神曰苑窳婦人寓氏公主祠用少牢晉武帝太康九年楊皇后躬桑于西郊祀先蠶壇高一丈方二丈爲四出陛陛廣五尺在採桑壇東南帷宮之外去帷宮十丈皇后未到太祝令質明以一太牢告祠謁者一人監祠畢徹饌班餘胙於從桑及奉祠者

魏文帝黃初二年六月庚子初禮五嶽四瀆咸秩羣祀瘞沈珪璋六年七月帝以舟軍入淮九月壬戌遣使者沈璧于淮禮也

魏明帝太和四年八月帝東巡遣使者以特牛祠中嶽禮也

魏元帝咸熙元年帝行幸長安遣使者以璧幣禮華山禮也

晉穆帝升平中何琦論修五嶽祠曰唐虞之制天子五載一巡狩省時之方柴燎五嶽望于山川徧于羣神故曰因名山升中于天所以昭告神祇饗報功德是以災厲不作而風雨寒暑以時降逮三代年數雖殊而其禮不易五嶽視三公四瀆視諸侯著在經記所謂有其舉之莫敢廢也及秦漢都西京涇渭長水雖不在祀典以近咸陽故盡得比大川之祠而正立之禮可以闕哉自永嘉之亂神州傾覆玆事替矣唯灊之天柱在王畧之內舊臺選百石吏卒以奉其職中興之際未有官守廬江郡常遣大吏兼假四時禱賽春釋寒而冬請冰咸和迄今已復隳替計今非典之祠可謂非一考其正名則淫昏之鬼推其糜費則四人之蠹而山川大神更爲簡闕禮俗頹紊人神雜擾公以奔蹙漸以滋繁良由頃國家多難日不暇給草建廢滯事有未遑今元憝已殲宜修舊典嶽瀆之域風教所被來蘇之人咸蒙德澤而神祇禋祀未之或甄巡狩柴燎其廢尚矣崇明前典將俟皇輿北旋稽古憲章大釐制度其五嶽四瀆宜遵修之處但俎豆牲牢祝嘏文辭舊章靡記可令禮官作式歸諸誠簡以達明德馨香如斯而已其諸妖孽可俱依法令先去其甚俾邪正不瀆不見省

宋孝武帝大明七年六月丙辰有司奏詔奠祭霍山未審應奉使何官用何牲饌進奠之日又用何器殿中郎丘景先議修祀川嶽道光列代差秩珪璋義昭聯冊但業曠中葉儀漏典文尋姬典事繼宗伯漢載持節侍祠血祭霾沈經垂明範酒脯牢具悉有詳例又名山著珪幣之異大冢有嘗禾之加山海祠霍山以太牢告玉此準酌記傳其可言者也今皇風緬暢輝祀通嶽愚謂宜使以太常持節牲以太牢之具羞用酒脯時穀禮以赤璋纁幣又鬯人之職凡山川四方用蜃則盛酒當以蠡桮其餘器用無所取說按郊望山瀆以質表誠器尚陶匏藉以茅席近可依準山川以兆宜爲壇域參議景先議爲允令以兼太常持節奉使牲用太牢加以璋幣器用陶匏時不復用蜃宜同郊祀以爵獻凡肴饌種數一依社祭爲允詔可

晉武帝咸寧二年春久旱四月丁巳詔曰諸旱處廣加祈請五月庚午始祈雨于社稷山川六月戊子獲澍雨此雩禜舊典也

太康三年四月十年二月又如之是後修之至今

魏文帝黃初二年正月詔曰昔仲尼資大聖之才懷帝王之器當衰周之末無受命之運乃退考五代之禮修素王之事因魯史而制春秋就太師而正雅頌俾千載之後莫不宗其文以述作仰其聖以成謀玆可謂命世大聖億載之師表者也以遭天下大亂百祀墮廢舊居之廟毀而不修褒成之後絕而莫繼闕里不聞講頌之聲四時不覩烝嘗之位斯豈所謂崇化報功盛德百代必祀者哉其以議郎孔羨爲宗聖侯邑百戶奉孔子祀命魯郡修舊廟置百戶吏卒以守衛之

晉武帝太始三年十一月改封宗聖侯孔震爲奉聖亭侯又詔太學及魯國四時備三牲以祀孔子

明帝太寧三年詔給事奉聖亭侯孔亭四時祠孔子祭直如太始故事亭五代孫繼之博塞無度常以祭直顧進替慢不祀宋文帝元嘉八年有司奏奪爵至十九年又授孔隱之兄子熙先謀逆又失爵二十八年更以孔惠雲爲奉聖侯後有重疾失爵孝武大明二年又以孔邁爲奉聖侯邁卒子莽嗣有辠失爵

魏齊王正始二年三月帝講論語通五年五月講尚書通七年十二月講禮通竝使太常釋奠以太牢祀孔子於辟雝以顏淵配

晉武帝太始七年皇太子講孝經通咸寧三年講詩通太康三年講論語通元帝太興三年皇太子講論語通太子竝親釋奠以太牢祠孔子以顏淵配成帝咸康元年帝講詩通穆帝升平元年三月帝講孝經通孝武寧康三年七月帝講孝經通竝釋奠如故事

穆帝孝武竝權以中堂爲太學

宋文帝元嘉二十二年四月皇太子講孝經通釋奠國子學如晉故事

漢東海王恭薨明帝出幸津門亭發哀魏時會喪及使者弔祭用博士杜希議皆去玄冠加以布巾

魏武帝少時漢太尉橋玄獨先禮異焉故建安中遣使祠以太牢

文帝黃初六年十二月過梁郡又以太牢祠之黃初二年正月帝校獵至原陵遣使者以太牢祠漢世祖

宋文帝元嘉二十五年四月丙辰車駕行幸江寧經司徒劉穆之墓遣使致祭焉

孝武帝大明三年二月戊申行幸藉田經左光祿大夫袁湛墓遣使致祭

大明五年庚午車駕行幸經司空殷景仁墓遣使致祭

大明七年十一月南巡乙酉遣使祭晉司馬桓温征西將軍毛璩墓

劉禪景耀六年詔爲丞相諸葛亮立廟於沔陽先是所居各請立廟不許百姓遂私祭之而言事者或以爲可立於京師乃從人意皆不納步兵校尉習隆中書侍郎向允等言於禪曰昔周人懷邵伯之美甘棠爲之不伐越王思范蠡之功鑄金以存其象自漢興以來小善小德而圖形立廟者多矣況亮德範遐邇勳蓋季世興王室之不壞實斯人是賴而烝嘗止於私門廟象闕而莫立百姓巷祭戎夷野祀非所以存德念功述追在昔也今若盡從人心則瀆而無典建之京師又逼宗廟此聖懷所以惟疑也愚以爲宜因近其墓立之於沔陽使屬所以時賜祭凡其故臣欲奉祠者皆限至廟斷其私祀以崇正禮於是從之何承天曰周禮凡有功者祭於大烝故後代遵之以元勳配饗允等曾不是式禪又從之竝非禮也

漢時城陽國人以劉章有功於漢爲之立祠青州諸郡轉相放效濟南尤盛至魏武帝爲濟南相皆毀絕之及秉大政普加除翦世之淫祀遂絕至文帝黃初五年十一月詔曰先王制祀所以昭孝事祖大則郊社其次宗廟三辰五行名山川澤非此族也不在祀典叔代衰亂崇信巫史至乃宮殿之內戶牖之間無不沃酹甚矣其惑也自今其敢設非禮之祭巫祝之言皆以執左道論著于令明帝青龍元年又詔郡國山川不在祀典者勿祠

晉武帝太始元年十二月詔昔聖帝明王修五嶽四瀆名山川澤各有定制所以報陰陽之功而當幽明之道故也然以道莅天下者其鬼不神其神不傷人也故史薦而無媿詞是以其人敬慎幽冥而淫祀不作末代信道不篤僭禮瀆神縱欲祈請曾不敬而遠之徒偷以其幸妖妄相扇舍正爲邪故魏朝疾之其按舊禮具爲之制使功著於人者必有其報而妖淫之鬼不亂其間二年正月有司奏春分祠厲殃及禳祠詔曰不在祀典除之

宋武帝永初二年普禁淫祀由是蔣子文祠以下普皆毀絕孝武孝建初更修起蔣山祠所在山川漸皆修復明帝立九州廟於雞籠山大聚羣神蔣侯宋代稍加爵位至相國大都督中外諸軍事加殊禮鍾山王蘇侯驃騎大將軍四方諸神咸加爵秩

漢安帝元初四年詔曰月令仲秋養衰老授几杖行糜鬻方今八月按比方時郡縣多不奉行雖有糜鬻糠秕泥土相和半不可飲食按此詔漢時猶依月令施政事也

宋書卷十七考證

禮志四大明三年十一月乙丑朔○三年一本作二年

辛亥雨有司行事此雖非人故盎亦天祾也○祾與禝通

能平九土故土以爲社○下土字當作祀文見禮記

宋書卷十八

梁　沈約　撰

志第八

禮五

秦滅禮學事多違古漢初崇簡不存改作車服之儀多因秦舊至明帝始乃修復先典司馬彪輿服志詳之矣魏代唯作指南車其餘雖累有改易不足相變晉立服制令辨定衆儀徐廣車服注畧明事旨竝行於今者也故復敘列以通數代典事

上古聖人見轉蓬始爲輪輪何可載因爲輿任重致遠流運無極後代聖人觀北斗魁方杓曲攜龍角爲帝車曲其輈以便駕系本云奚仲始作車案庖羲畫八卦而爲大輿服牛乘馬以利天下奚仲乃夏之車正安得始造乎系本之言非也車服以庸著在唐典夏建旌旗以表貴賤周有六職百工居其一焉一器而羣工致其巧車最居多明堂記曰鸞車有虞氏之路也大路殷路也乘路周路也殷有山車之瑞謂桑根車殷人制爲大路禮緯曰山車垂句句曲也言不揉治而自曲也周之五路則有玉金象革木五者之飾備於考工記輿方法地蓋員象天輻以象日月二十八弓以象列宿玉金象者飾車諸末因爲名也革者漆革木者漆木也玉路建大常以祀金路建大旂以賓象路建大赤以朝革路建大白以戎木路建大麾以田黑色夏所尚也秦閱三代之車獨取殷制古曰桑根車秦曰金根車也漢氏因秦之舊亦爲乘輿所謂乘殷之路者也禮論輿駕議曰周則玉輅最尊漢之金根亦周之玉路也漢制乘輿金根車輪皆朱斑重轂兩轄飛軨轂外復有轂施轄其外復設轄施銅貫其中東京賦曰重輪二轄疏轂飛軨飛軨以赤油爲之廣八寸長注地繫軸頭謂之飛軨也金金薄繆龍爲輿倚較較在箱上檳文畫藩藩箱也文虎伏軾龍首銜軛鸞雀立衡檳文畫轅翠羽蓋黃裏所謂黃屋也金華施橑末建太常十二旒畫日月升龍駕六黑馬施十二鸞金爲叉髦插以翟尾又加犛牛尾大如斗置左騑馬軛上所謂左纛輿也路如周玉路之制應劭漢官鹵簿圖乘輿大駕則御鳳皇車以金根爲副又五色安車五色立車名五乘建龍旂駕四馬施八鸞餘如金根之制猶周金路也其車各如方色所謂五時副車俗謂爲五帝車也江左則闕矣白馬者朱其鬣安車者坐乘又有建華蓋九重甘泉鹵簿者道車五乘游車九乘在乘輿車前又有象車最在前試橋道晉江左駕猶有之凡婦人車皆坐乘故周禮王后有安車而王無也漢制乘輿乃有之天子所御駕六其餘副車皆駕四案書稱朽索御六馬逸禮王度記曰天子駕六諸侯駕五卿駕四大夫三士二庶人一楚平王駕白馬梁惠王以安車駕三送淳于髡大夫之儀周禮四馬爲乘毛詩天子至大夫同駕四士駕二袁盎諫漢文馳六飛魏時天子亦駕六晉先蠶儀皇后安車駕六以兩轅安車駕五爲副江左以來相承無六駕四而已宋孝武大明三年使尚書左丞荀萬秋造五路禮圖金路通赤旗無蓋改造依擬金根而赤漆檳畫玉飾諸末建青旂十有二旒駕玄馬四施羽葆蓋以祀卽以金根爲金路建大青旂十有二旒駕玄馬四羽葆蓋以賓象革木路周官輿服志禮圖並不載其形叚並依擬玉路漆檳畫羽葆蓋象飾諸末建立赤旂十有二旒以視朝革路建赤旂十有二旒以卽戎木路建赤麾以田象革駕玄木駕赤四馬舊有大事法駕出五路各有所主不俱出也大明中始制五路俱出親耕耤田乘三蓋車一名芝車又名耕根車置耒耜於軾上戎車立乘夏曰鉤車殷曰寅車周曰元戎建牙麾邪注之載金鼓羽幢置甲弩於軾上

獵車輞轆輪畫繆龍繞之一名蹋猪車魏文帝改曰蹋虎車

指南車其始周公所作以送荒外遠使地域平漫迷於東西造立此車使常知南北鬼谷子云鄭人取玉必載司南爲其不惑也至於秦漢其制無聞後漢張衡始復創造漢末喪亂其器不存魏高堂隆秦朗皆博聞之士爭論於朝云無指南車記者虛說明帝青龍中令博士馬鈞更造之而車成晉亂復亡石虎使解飛姚興使令狐生又造焉安帝義熙十三年宋武帝平長安始得此車其制如鼓車設木人於車上舉手指南車雖回轉所指不移大駕鹵簿最先啓行此車戎狄所制機數不精雖曰指南多不審正回曲步驟猶須人功正之范陽人祖沖之有巧思常謂宜更構造宋順帝升明末齊王爲相命造之焉車成使撫軍丹陽尹王僧虔御史中丞劉休試之其制甚精百屈千回未嘗移變晉代又有指南舟索虜拓跋燾使工人郭善明造指南車彌年不就扶風人馬岳又造垂成善明酖殺之

記里車未詳所由來亦高祖定三秦所獲制如指南其上有鼓車行一里木人輒擊一槌大駕鹵簿以次指南

輦車周禮王后五路之甲者也后宮中從容所乘非王車也漢制乘輿御之或使人輓或駕果下馬漢成帝欲與班婕妤同輦是也後漢陰就外戚驕貴亦輦井丹譏之曰昔桀乘人車豈此邪然則輦夏后氏末代所造也井丹譏陰就乘人而不云借上豈貴臣亦得乘之乎未知何代去其輪傳玄子曰夏曰余車殷曰胡奴周曰輜車輜車卽輦也魏晉御小出常乘馬亦多乘輿車輿車今之小輿

犢車輧車之流也漢諸侯貧者乃乘之其後轉見貴孫權云車中八牛卽犢車也江左御出又載儲偫之物漢代賤輜車而貴輜軿魏晉賤輜軿而貴軺車又有追鋒車去小車蓋加通幰如軺車而駕馬又以雲母飾犢車謂之雲母車臣下不得乘時以賜王公晉氏又有四望車今制亦存又漢制唯賈人不得乘馬車其餘皆乘之矣除吏赤蓋杠餘則青蓋杠云

周禮王后亦有五路重翟厭翟安車翟車輦車凡五也漢制太皇太后皇太后皇后法駕乘重翟羽蓋金根車駕青交路青帷裳檳畫轅黃金塗五末蓋爪施金華駕三馬左右騑其法駕則紫罽軿車按字林軿車有衣蔽無後轅其有後轅者謂之輜應劭漢官明帝永平七年光烈陰皇后葬魂車鸞路青羽蓋駕駟馬旂九斿前有方相鳳皇車大將軍妻參乘太僕妻御女騎夾轂此前漢舊制也

晉先蠶儀注皇后乘油畫雲母安車駕六騩馬騩淺黑色也油畫兩轅安車駕五騩馬爲副公主油畫安車駕三三夫人青交路安車駕三皆以紫絳罽軿車駕三爲副九嬪世婦軿車駕二宮人輜車駕一王妃公侯特進夫人封君皂交路安車駕三

漢制貴人公主王妃封君油軿皆駕二右騑而已漢制太子皇子皆安車朱斑輪倚虎較伏鹿軾黑檳文畫藩青蓋金華施橑末黑檳文畫轅金塗五末皇子爲王錫以此乘故曰王青蓋車皆左右騑駕五旂旂九斿畫降龍皇孫乘綠車亦駕三魏晉之制太子及諸王皆駕四晉元帝大興三年太子釋奠詔曰未有高車可乘安車高車卽立乘車也公及列侯安車朱斑輪倚鹿較伏熊軾黑藩者謂之軒皂繒蓋駕二右騑王公旂八斿侯七斿卿五斿皆降龍公卿中二千石二千石郊陵法駕出皆大車立乘駕四後導從大車駕二右騑也出乘安車其去位致仕皆賜安車四馬中二千石皆皂蓋朱藩銅五末駕二右騑晉令王公之太子攝命治國者安車駕三旂七斿其侯太子五斿

傳賜故事三公安車駕三特進駕二卿一漢制公列侯中二千石二千石夫人會廟及蠶各乘其夫之安車右騑加皂交路帷裳非公會則乘漆布輜軿銅五末晉武帝太康四年詔依漢故事給九卿朝車駕及安車各一乘傳賜故事尚書令軺車黑耳後戶僕射但後戶無耳中書監令如僕射

漢制乘輿御大駕公卿奉引太僕大將軍參乘備千乘萬騎屬車八十一乘古者諸侯貳車九乘秦滅九國兼其車服故八十一乘也漢遵弗改漢都長安時祠天於甘泉用之都洛陽上原陵又用之大喪又用之法駕則河南尹洛陽令奉引奉車郎御侍中參乘屬車三十六乘凡屬車皆皂蓋赤裏後漢祠天郊用法駕祠宗廟用小駕小駕減損副車也前驅有九游雲罕皮軒鸞旗車皆大夫載之鸞旗者編羽旄列繫幢傍也金鉦黃鉞黃門鼓車乘輿之後有屬車尚書御史載之最後一車懸豹尾豹尾以前比於省中每出警蹕清道建五旗太僕奉駕條上鹵簿尚書郎侍御史令史皆執注以督整車騎所謂護駕也春秋上陵尤省於小駕直事尚書一人從其餘令史以下皆從行所謂先置也薛綜東京賦注以雲罕九斿爲旌旗別名亦不辨其形案魏命晉王建天子旌旗置旄頭雲罕是知雲罕非旌旗也徐廣車服注以爲九游游車九乘雲罕疑是畢罕詩敘曰齊侯田獵畢弋百姓苦之畢罕大施遊獵遂爲行飾乎潘岳籍田賦先敘五路九旗次言瓊鈒雲罕若罕爲旗則岳不應類句於九旗之下又以其物匹鈒戟宜是今畢網明矣此說爲得之皮軒以虎皮爲軒也徐又引淮南子軍正執豹皮以制正其衆禮記前有士師則載虎皮乘輿豹尾亦其義類乎五旗者五色各一旗以木牛承其下徐又云木牛蓋取其負重而安穩也五旗繼罕卽禮記德車結旌不盡飾也戎事乃散之又武車綏旌垂舒之也史臣案今結旌綏旌同而德車武車之所不建又木牛之義亦未灼然可曉又案周禮辨載法物莫不詳究然無相風畢網旄頭之屬此非古制明矣何承天謂戰國並爭師旅數出懸烏之設務察風祲宜是秦矣晉武嘗問侍臣旄頭何義彭推對曰秦國有奇怪觸山截水無不崩潰唯畏旄頭故虎士服之則秦制也張華曰有是言而事不經臣謂壯士之怒髮踊衝冠義取於此摯虞決疑無所是非也徐爰曰彭張之說各言意義無所承據案天文畢昴之中謂之天街故車駕以畢罕前引畢方昴員因其象星經昴一名旄頭故使執之者冠皮毛之冠也

輕車古之戰車也輪輿洞朱不巾不蓋建矛戟幢麾置弩於軾上駕二射聲校尉司馬吏士載以次屬車

漢儀曰出稱警入稱蹕說者云車駕出則應稱警入則應稱蹕也而今俱唱之史臣以爲警者警戒也蹕者止行也今從乘輿而出者並警戒以備非常也從外而入乘輿相干者蹕而止之也董巴司馬彪云諸侯王遮迾出入稱警設蹕

武剛車有巾有蓋在前爲先驅又在輕車之後爲殿也駕一史記衞青征匈奴以武剛車爲營是也

漢制大行載轀輬車四輪其飾如金根加施組連璧交絡四角金龍首銜璧垂五采析羽流蘇前後雲氣畫帷裳檀文畫曲蕃長與車等太僕御駕六白駱馬以黑藥灼其身爲虎文謂之布施馬既下馬斥賣車藏城北祕宮今則馬不虎文不斥賣車則毀也自漢霍光晉安平齊王賈充王導謝安宋江夏王葬以殊禮者皆大輅黃屋載轀輬車

晉令曰乘傳出使遭喪以上卽自表聞聽得白服乘騾車到副使攝事徐廣車服注傳聞騾車者犢車裝而馬車轅也又車無蓋者曰科車晉武帝時護軍將軍羊琇乘羊車司隸校尉劉毅奏彈之詔曰羊車雖無制猶非素者所服江左來無禁也

舊有充庭之制臨軒大會陳乘輿車輦旌鼓於殿庭張衡東京賦云龍路充庭鸞旗拂霓晉江左廢絕宋孝武大明中修復

上古寢處皮毛未有制度後代聖人見鳥獸毛羽及其文章與草木華采之色因染絲綵以作衣裳爲玄黃之服以法乾坤上下之儀觀鳥獸冠胡之形制冠冕纓蕤之飾虞氏作績采章彌文夏后崇約猶美黻冕咎繇陳謨則稱五服五章皆後王所不得異也周監二代典制詳密故弁師掌六冕司服掌六服設擬等差各有其序禮記冠義曰冠者禮之始事之重者也太古布冠齊則緇之夏曰毋追殷曰章甫周曰委貌此皆三代常所闕周之祭冕繅采備飾故夫子曰服周之冕以盡美稱之至秦以戰國卽天子位滅去古制郊祭之服皆以袀玄至漢明帝始採周官禮記尚書諸儒說還備袞冕之服魏明帝以公卿袞衣黼黻之文擬於至尊復損略之晉以來無改更也天子禮郊廟則黑介幘平冕今所謂平項冠也皁表朱綠裏廣七寸長尺二寸垂珠十二旒以組爲纓衣皁上絳下前三幅後四幅衣畫而裳繡爲日月星辰山龍華蟲藻火粉米黼黻之象凡十二章也素帶廣四寸朱裏以朱綠裨飾其側中衣以絳緣其領袖赤皮蔽厀蔽厀古之韍也絳袴襪赤舄未元服者空頂介幘其釋奠先聖則皁紗裙絳中衣絳袴袜黑舄其臨軒亦袞冕也其朝服通天冠高九寸金博山顏黑介幘絳紗裙皁緣中衣其拜陵黑介幘⿱戔衣單衣其雜服有青赤黃白緗黑色介幘五色紗裙五梁進賢冠遠遊冠平上幘武冠其素服白帢單衣漢儀立秋日獵服緗幘晉哀帝初博士曹弘之等議立秋御讀令不應緗幘求改用素詔從之宋文帝元嘉六年奉朝請徐道娛表不應素幘詔門下詳議帝執宜如舊遂不改

進賢冠前高七寸後高三寸長八寸梁數隨貴賤古之緇布冠也文儒者之所服上公卿初祭於郊廟皆平冕王公八旒卿七旒以組爲纓色如其綬王公衣山龍以下九章也卿衣華蟲以下七章也行鄉射禮則公卿委貌冠以皁絹爲之形如覆杯與皮弁同制長七寸高四寸衣黑而裳素其中衣以皁緣領袖其執事之人皮弁以鹿皮爲之

武冠昔惠文冠本趙服也一名大冠凡侍臣則加貂蟬應劭漢官曰說者以金取堅剛百鍊不耗蟬居高食絜目在腋下貂內勁悍而外溫潤此因物生義非其實也其實趙武靈王變胡而秦滅趙以其君冠賜侍臣故秦漢以來侍臣有貂蟬也徐廣車服注稱其意曰北土寒涼本以貂皮暖額附施於冠因遂變成首飾乎侍中左貂常侍右貂

法冠本楚服也一名柱後一名獬豸說者云獬豸獸知曲直以角觸不正者也秦滅楚以其君冠賜法官

謁者高山冠本齊服也一名側注冠秦滅齊以其君冠賜謁者魏明帝以其形似通天遠遊乃毀變之

樊噲冠廣九寸制似平冕殿門衞士服之漢將樊噲常持鐵楯鴻門之會項羽欲害漢王乃裂裳以苞楯戴入見羽漢承秦制冠有十三種魏晉以來不盡施用今志其施用者也

幘者古賤人不冠者之服也漢元帝額有壯髮始引幘服之王莽頂禿又加其屋也漢注曰冠進賢者宜長耳今介幘也冠惠文者宜短耳今平巾幘也知時各隨所宜後遂因冠爲別介幘服文吏平上服武官也童子幘無屋者示未成人也又有納言幘後收又一重方三寸又有赤幘騎吏武吏乘輿鼓吹所服救日蝕文武官皆免冠著赤幘對朝服示威武也宋乘輿鼓吹黑幘武冠漢制祀事五郊天子與執事所服各如方色百官不執事者自服常服以從常服絳衣也

魏祕書監秦靜曰漢氏承秦改六冕之制俱玄冠絳衣而已晉名曰五時朝服有四時朝服又有朝服

凡兵事總謂之戎尚書云一戎衣而天下定周禮革路以卽戎又曰兵事韋弁服以韎韋爲弁又以爲衣裳春秋左傳戎服將事又云晉郤至衣韎韋之跗注先儒云韎絳色今時伍伯衣說者云五霸兵戰猶有綬紱冠纓漫胡則戎服非袴褶之制未詳所起近代車駕親戎中外戒嚴之服無定色冠黑帽綴紫摽摽以繒爲之長四寸廣一寸腰有絡帶以代鞶革中官紫摽外官絳摽又有纂嚴戎服而不綴摽行留文武悉同其畋獵巡幸則唯從官戎服帶鞶革文官不下纓武官脫冠宋文帝元嘉中巡幸蒐狩皆如之救宮廟水火亦如之

漢制太后入廟祭神服紺上皁下親蠶青上縹下皆深衣深衣卽單衣也首飾翦氂幗

漢制皇后謁廟服紺上皁下親蠶青上縹下首飾假髻步搖八雀九華加以翡翠晉先蠶儀注皇后十二鏌步搖大手髻衣純青之衣帶綬佩今皇后謁廟服袿襡大衣謂之褘衣公主三夫人大手髻七鏌蔽髻九嬪及公夫人五鏌世婦三鏌公主會見大手髻其長公主得有步搖公主封君以上皆帶綬以采爲緄帶各如其綬色公特進列侯夫人卿校世婦二千石命婦年長者紺繒佐祭則皁絹上下助蠶則青絹上下自皇后至二千石命婦皆以蠶衣爲朝服

劉向曰古者天子至于士王后至于命婦必佩玉尊卑各有其制禮記曰天子佩白玉而玄組綬公侯山玄玉而朱組綬卿大夫水蒼玉而緇組綬士佩瓀玟而縕組綬縕赤黃色綬者所貫佩相承受也上下施韍如蔽厀貴賤亦各有殊五霸之後戰兵不息佩非兵器韍非戰儀於是解去佩韍留其繫璲而已秦乃以采組連結於璲轉相結受謂之綬漢承用之至明帝始復制佩而漢末又亡絕魏侍中王粲識其形乃復造焉今之佩粲所制也皇后至命婦所佩古制不存今與外同制秦組綬仍又施之

漢制自天子至于百官無不佩刀司馬彪志具有其制漢高祖爲泗水亭長拔劒斬白蛇雋不疑云劒者君子武備張衡東京賦紆黃組腰干將然則自人君至士人又帶劒也自晉代以來始以木劒代刃劒

乘輿六璽秦制也漢舊儀曰皇帝行璽皇帝之璽皇帝信璽天子行璽天子之璽天子信璽此則漢遵秦也初高祖入關得秦始皇藍田玉璽螭虎紐文曰受天之命皇帝壽昌高祖佩之後代名曰傳國璽與斬白蛇劒俱爲乘輿所寶傳國璽魏晉至今不廢斬白蛇劒晉惠帝武庫火燒之今亡晉懷帝沒胡傳國璽沒於劉聰後又屬石勒及石勒弟石虎死胡亂晉穆帝代乃還天府虞喜志林曰傳國璽自在六璽之外天子凡七璽也漢注曰璽印也自秦以前臣下皆以金玉爲印龍虎紐唯所好秦以來以璽爲稱又獨以玉臣下莫得用漢制皇帝黃赤綬四采黃赤縹紺皇后金璽綬亦如之於禮士綬之色如此後代變古也吳無刻玉工以金爲璽孫皓造金璽六枚是也又有麟鳳龜龍璽馳馬鴨頭雜印今代則闕也

皇太子金璽龜紐纁朱綬四采赤黃縹紺給五時朝服遠遊冠亦有三梁進賢冠佩瑜玉

諸王金璽龜紐纁朱綬四采赤黃縹紺給五時朝服遠遊冠亦有三梁進賢冠佩山玄玉

郡公金章玄朱綬給五時朝服進賢三梁冠佩山玄玉太宰太傅太保丞相司徒司空金章紫綬給五時朝服進賢三梁冠佩山玄玉相國則綠綟綬三采綠紫紺綟草名也其色綠大司馬大將軍太尉凡將軍位從公者金章紫綬給五時朝服武冠佩山玄玉郡侯金章青朱綬給五時朝服進賢三梁冠佩水蒼玉

驃騎車騎將軍凡諸將軍加大者征鎭安平中軍鎭軍撫軍前左右後將軍征虜冠軍輔國龍驤將軍金章紫綬給五時朝服武冠水蒼玉

貴嬪夫人貴人金章文曰貴嬪夫人貴人之章紫綬佩于寘玉

淑妃淑媛淑儀修華修容修儀婕妤容華充華銀印文曰淑妃淑媛淑儀修華修容修儀婕妤容華充華之印青綬佩五采瓔玉

皇太子妃金璽龜紐纁朱綬佩瑜玉

諸王太妃諸長公主公主封君金印紫綬佩山玄玉

諸王太子金印紫綬五時朝服進賢兩梁冠佩山玄玉

郡公侯太夫人銀印青綬佩水蒼玉

郡公侯太子銀印青綬給五時朝服進賢兩梁冠佩水蒼玉

侍中散騎常侍及中常侍給五時朝服武冠貂蟬侍中左右常侍皆佩水蒼玉

尚書令僕射銅印墨綬給五時朝服納言幘進賢兩梁冠佩水蒼玉

尚書給五時朝服納言幘進賢兩梁冠佩水蒼玉

中書監令祕書監銅印墨綬給五時朝服進賢兩梁冠佩水蒼玉

光祿大夫卿尹太子保傅大長秋太子詹事銀章青綬給五時朝服進賢兩梁冠佩水蒼玉

衞尉則武冠衞尉江左不置宋孝武孝建初始置不檢晉服制止以九卿皆文冠及進賢兩梁冠非舊也

司隸校尉武尉左右衞中堅中壘驍騎遊擊前軍左軍右軍後軍寧朔建威振威奮威揚威廣威建武振武奮武揚武廣武左右積弩彊弩諸將軍監軍銀章青綬給五時朝服武冠佩水蒼玉

領軍護軍城門五營校尉東南西北中郎將銀印青綬給五時朝服武冠佩水蒼玉

縣鄉亭侯金印紫綬朝服進賢三梁冠

鷹揚折衝輕車揚烈威遠寧遠虎威材官伏波凌江諸將軍銀章青綬給五時朝服武冠

奮武護軍安夷撫軍護軍軍州郡國都尉奉車駙馬騎都尉諸護軍將兵助郡都尉水衡典虞牧官典牧都尉度支中郎將校尉都尉司監都尉材官校尉王國中尉宜和伊吾都尉監淮南津都尉銀印青綬五時朝服武冠

州刺史銅印墨綬給絳朝服進賢兩梁冠

御史中丞都水使者銅印墨綬給五時朝服進賢兩梁冠佩水蒼玉

謁者僕射銅印墨綬給四時朝服高山冠佩水蒼玉

諸軍司馬銀章青綬朝服武冠

給事中黃門侍郎散騎侍郎太子中庶子庶子給五時朝服武冠

中書侍郎給五時朝服進賢一梁冠

冗從僕射太子衞率銅印墨綬給五時朝服武冠

虎賁中郎將羽林監銅印墨綬給四時朝服武冠其在陛列及備鹵簿鶡尾絳紗縠單衣鶡鳥似雞出上黨爲鳥彊猛鬭不死不止復著鶡尾

北軍中候殿中監銅印墨綬給四時朝服武冠

護匈奴中郎將護羌戎蠻越烏丸西域戊巳校尉銅印青綬朝服武冠

郡國太守相內史銀章青綬朝服進賢兩梁冠江左止單衣幘其加中二千石者依卿尹

牙門將銀章青綬朝服武冠

騎都督守銀印青綬朝服武冠

尚書左右丞祕書丞銅印黃綬朝服進賢一梁冠

尚書祕書郎太子中舍人洗馬舍人朝服進賢一梁冠

黃沙治書侍御史銀印墨綬朝服法冠

侍御史朝服法冠

關內關中名號侯金印紫綬朝服進賢兩梁冠

諸博士給皂朝服進賢兩梁冠佩水蒼玉

公府長史諸卿尹丞諸縣署令秩千石者銅印墨綬朝服進賢兩梁冠江左公府長史無朝服縣令止單衣幘宋後廢帝元徽四年司徒右長史王儉議公府長史應服朝服曰春秋國語云貌者情之華服者心之文巖廊盛禮衣冠爲大是故軍國異容內外殊序而自頃承用每有乖違府職掌人數四方是則臣居毗佐志在當官永言先典載懷夕惕按晉令公府長史官品第六銅印墨綬朝服進賢兩梁冠掾屬官品第七朝服進賢一梁冠晉官表注亦與令同而今長史掾屬但著朱服而已此則公違明文積習成謬謂宜依舊制長史兩梁冠掾屬一梁冠竝同備朝服中單韋舃率由舊章若所上蒙允并請班司徒二府及諸儀同三府通爲永準又尋舊事司徒公府領步兵者職僚悉同降朝不領兵者主簿祭酒中單韋舃竝備令史以下唯著玄衣今府既開公謹遵此制其或有署臺位者玄服爲宜按令稱諸有兼官皆從重官之例尋內官爲重其署臺位者悉宜著位之服不在玄服之例若署諸卿寺位兼府職者雖三品而卿寺爲卑則宜依公府玄衣之制服章事重禮儀所先請臺詳服議曹郎中沈俁之議曰制珪象德損替因時裁服象功施用隨代車旗變於商周冠佩革於秦漢豈必殊代襲容改尚沿物哉夫邊貂假幸侍之首賤幘登尊極之顏一適時用便隆後制況朱裳以朝緇傾百祀韋舃不加浩然惟舊服爲定章事成永則其儉之所秉會非古訓青素相因代有損益何事棄盛宋之典法追往晉之積典變改空煩謂不宜革儉又上議曰自頃服章多闕有違前準近議依令文被報不宜改革又稱左丞劉議按令文凡有朝服今多闕亡然則文存服損非唯鉉佐用捨既久即爲舊章如下旨伏尋皇宋受終每因晉舊制律令條章同規在昔若事有宜必合懲改則當上關詔書下由朝議縣諸日月垂則後昆豈得因外府之乖謬以爲盛宋之典典用晉氏之律令而謂其儀爲積法哉順違從失非所望於高議申明舊典何改革之可論又左丞引令史之闕服以爲鉉佐之明比夫名位不同禮數異等令史從省或有權宜達官簡略爲失彌重又主簿祭酒備服於王庭長史掾屬朱衣以就列於是倫比自成矛盾此而可忍孰不可安將引令以遵舊臺據失以爲例研詳符旨良所未譬當官而行何彊之有制令昭然守以無二俁之又議雲火從物沿損異儀帝樂五殊王禮三變豈獨大宋造命必咸仍於晉舊哉夫宗社疑文庭廟闕典或上降制書下協朝議何乃鉉府佐屬裳黻稍改白虎之詔斷宣室之疇咨乎又許令史之從省咎達官之簡略律苟可遵固無辨於貴賤規若必等亦何關於權宜一用一舍彌增其滯且佐非韋舃之職吏本朝服之官凡在班列罔不如一此蓋前令違而遂改今制允而長用也爵異服殊寧會矛盾之譬討論疑制焉取彊弱之辨府執既革之餘文臺據永行之成典良有期於無固非所望於行迷參詳竝同儉議遂寢

諸軍長史諸卿尹丞獄丞太子保傅詹事丞郡國太守相內史丞長史諸縣署令長相關谷長王公侯諸署令長司理治書公主家僕銅印墨綬朝服進賢一梁冠江左太子保傅卿尹詹事丞皂朝服郡丞縣令長止單衣幘

公車司馬太史太醫太官御府內省令太子諸署令僕門大夫陵令銅印墨綬朝服進賢一梁冠太子率更家令僕銅印墨綬給五時朝服進賢兩梁冠

黃門諸署令僕長銅印墨綬四時朝服進賢一梁冠

黃門冗從僕射監太子寺人監銅印墨綬給四時朝服武冠

公府司馬諸軍城門五營校尉司馬護匈奴中郎將護羌戎夷蠻越烏丸戊巳校尉長史司馬銅印墨綬朝服武冠江左公府司馬無朝服餘止單衣幘

廷尉正監平銅印墨綬給皂零辟朝服法冠

王郡公侯郎中令大農銅印青綬朝服進賢兩梁冠

北軍中候丞銅印黃綬朝服進賢一梁冠

太子常從虎賁督督校督司馬虎賁督銅印墨綬朝服武冠

殿中將軍銀章青綬四時朝服武冠宋末不復給章綬

水衡典虞牧官典牧材官州郡國都尉司馬銅印墨綬朝服武冠

諸謁者朝服高山冠

門下中書通事舍人令史門下主事令史給四時朝服武冠

尚書典事都水使者參事散騎集書中書尚書令史門下散騎中書尚書令史錄尚書中書監令僕省事史祕書著作治書主書主璽主譜令史蘭臺殿中蘭臺謁者都水使者令史書令史朝服進賢一梁冠江左凡令史無朝服

節騎郎朝服武冠其在陛列及備鹵簿著鶡尾絳紗縠單衣

殿中中郎將校尉都尉黃門中郎將校尉殿中太醫校尉都尉銀印青綬四時朝服武冠

關外侯銀印青綬朝服進賢兩梁冠

左右都候闕闔司馬城門候銅印墨綬朝服武冠

王郡公侯中尉[illegible]印墨綬朝服武冠

部曲督護司馬史部曲將銅印朝服武冠司馬史假墨綬

太中中散諫議大夫議郎郎中舍人朝服進賢一梁冠秩千石者兩梁

城門令史朝服武冠江左凡令史無朝服

諸門僕射佐史東宮門吏皂零辟朝服僕射東宮門吏郤非冠佐史進賢冠

宮內游徼亭長皂零辟朝服武冠

太醫校尉都尉總章協律中郎將校尉都尉銀印青綬朝服武冠

小黃門給四時朝服武冠

黃門謁者給四時朝服進賢一梁冠朝賀通謁時著高山冠

黃門諸署史給四時朝服武冠

中黃門黃門諸署從官寺人給四時科單衣武冠

殿中司馬及守陵者殿中太醫司馬銅印墨綬給四時朝服武冠

太醫司馬銅印朝服武冠

總章監鼓吹監司律司馬銅印墨綬朝服鼓吹監總章協律司馬武冠總章監司律司馬進賢一梁冠

諸縣署丞太子諸署丞王公侯諸署及公主家丞銅印黃綬朝服進賢一梁冠

太醫丞銅印朝服進賢一梁冠

黃門諸署丞銅印黃綬給四時朝服進賢一梁冠

黃門稱長園監銅印黃綬給四時朝服武冠

諸縣尉關谷塞護道尉銅印黃綬朝服武冠江左止單衣幘

洛陽卿有秩十銅印青綬朝服進賢一梁冠

宣威將軍以下至裨將軍銅印朝服武冠其以此官爲

刺史郡守若萬人司馬虎賁督以上及司馬史者皆假青綬

平虜武猛中郎將尉都尉銀印朝服武冠其以此官爲千人司馬虎賁督以上及司馬史者皆假青綬

別部司馬軍假司馬銀印朝服武冠

圖像都匠行水中郎將校尉都尉銀印青綬朝服武冠若非以工伎巧能特加此官者羽林長郎佩武猛都尉以上印者假青綬別部司馬以下假墨綬朝服武冠其長郎壯士武弁冠在陛列及鹵簿服絳縠單衣

陛下甲僕射主事吏將騎廷上五牛旗假使虎賁在陛列及備鹵簿服錦文衣武冠鶡尾陛長假銅印墨綬旄頭

羽林在陛列及備鹵簿服絳科單衣上著韋畫要襦假旄頭

轝輦跡禽前驅由基彊弩司馬守陵虎賁佩武猛都尉以上印者假青綬別部司馬以下假墨綬守陵虎賁給絳科單衣武冠

殿中宂從虎賁殿中虎賁及守陵者持鈒戟宂從虎賁佩武猛都尉以下印者假青綬別部司馬以下假墨綬絳科單衣武冠

持椎斧武騎虎賁五騎傳詔虎賁殿中羽林及守陵者太官尚食虎賁稱飯宰人諸宮尚食虎賁佩武猛都尉以上印者假青綬別部司馬以下假墨綬給絳褠武冠其在陛列及備鹵簿五騎虎賁服錦文衣鶡尾宰人服離支衣

黃門鼓吹及釘官僕射黃門鼓吹史主事諸官鼓吹尚書廊下都坐門下守閤殿中威儀騶虎賁常直殿黃雲龍門者門下左右部虎賁羽林騶給傳事者諸導騶門下中書守閤給絳褠武冠南書門下虎賁羽林騶蘭臺五曹節藏射廊下守閤威儀發符騶都水使者黃沙廊下守閤謁者錄事威儀騶河隄謁者騶諸官謁者騶絳褠武冠給其衣服自如故事大誰士皂科單衣樊噲冠衞士墨布褠却敵冠凡此前衆職江左多不備又多闕朝服諸應給朝服佩玉而不在京都者朝服非護烏丸羌夷戎蠻諸校尉以上及刺史西域戊已校尉皆不給佩玉其來朝會權時假給會罷輸還凡應朝服者而官不給聽自具之諸假印綬而官不給鞶囊者得自具作其但假印不假綬者不得佩綬

鞶古制也漢代著鞶囊者側在腰間或謂之傍囊或謂之綬囊然則以此囊盛綬也或盛或散各有其時乎

朝服一具冠幘各一絳緋袍皂緣中單衣領袖各一領革帶袷袴各一舃袜各一量簪導飾自副四時朝服者加絳絹黃緋青緋皂緋袍單衣各一領五時朝服者加給白絹袍單衣一領

諸受朝服單衣七丈二尺科單衣及褠五丈二尺中衣絹五丈緣皂一丈八尺領袖練一匹一尺絹七尺五寸給袴練一丈四尺縑二丈袜布三尺單衣及褠袷帶縑各一段長七尺江左止給絹各有差宋元嘉末斷不復給至今山鹿豽杜豽白豽施毛狐白領黃豹斑白鼲子渠搜裘步搖八鑷蔽結多服蟬明中櫂白叉諸織成衣帽錦帳純金銀器雲母從廣一寸以上物者皆爲禁物

諸在官品令第二品以上其非禁物皆得服之第三品以下加不得服三鑷以上蔽結爵叉假眞珠翡翠校飾纓佩雜采衣栝文綺齊繡黼鏑離袿袍第六品以下加不得服金鑷綾錦錦繡七緣綺貂豽裘金叉鐶鉺及以金校飾器物張絳帳第八品以下加不得服羅紈綺縠雜色眞文騎士卒百工人加不得服大絳紫襈假結眞珠璫珥犀瑇瑁越疊以銀飾器物張帳乘犢車履色無過緑青白奴婢衣食客加不得服白幘蒨絳金黃銀叉鐶鈴鏑鉺履色無過純青諸去官及罷卒不祿物故家人所服皆得從故官之例諸王皆不得私作禁物及罽碧校鞍珠玉金銀錯刻鏤彫飾無用之物

天子坐漆牀居朱屋史臣按左傳丹桓宮之楹何休注公羊亦有朱屋以居所從來久矣漆牀亦當是漢代舊儀而漢儀不載尋所以必朱必漆者其理有可言焉夫珍木嘉樹其品非一莫不植根深岨致之未易藉地廣之費因人多之力則役苦費深爲敝滋重是以上古聖王采椽不斲斲之則懼刻桷彫楹莫知其限也哲人縣鑑徵遠杜漸防萌知采椽不愜後代之心不斲不爲將來之用故加朱施漆以傳厥後散木凡材皆可入用遠採幽旨將在斯乎

殿屋之爲員淵方井兼植荷華者以厭火祥也古者貴賤皆執笏其有事則搢之於腰帶所謂搢紳之士者搢笏而垂紳帶也紳垂三尺笏者有事則書之故常簪筆今之白筆是其遺象三臺五省二品文官簪之王公侯伯子男卿尹及武冠不簪加內侍位者乃簪之手板則古笏矣尚書令僕射尚書手板頭復有白筆以紫皮裹之名笏朝服肩上有紫生袷囊綴之朝服外俗呼曰紫荷或云漢代以盛奏事負荷以行未詳也

魏文帝黃初三年詔賜漢太尉楊彪几杖待以客禮延請之日使挾杖入朝又令著鹿皮冠彪辭讓不聽乃使服布單衣皮弁以見傅玄子曰漢末王公名士多委王服以幅巾爲雅是以袁紹崔鈞之徒雖爲將帥皆著縑巾

魏武以天下凶荒資財乏匱擬古皮弁裁縑帛以爲帢合乎簡易隨時之義以色別其貴賤本施軍飾非爲國容也徐爰曰俗說帢本未有歧荀文若巾之行觸樹枝成歧謂之爲善因而弗改通以爲慶弔服巾以葛爲之形如帢而橫著之古尊卑共服也故漢末妖賊以黃爲巾時謂之黃巾賊今國子太學生冠之服單衣以爲朝服執一卷經以代手板居士野人皆服巾焉

徐爰曰帽名猶冠也義取於蒙覆其首其本纚也古者有冠無幘冠下有纚以繒爲之後世施幘於冠因裁纚爲帽自乘輿宴居下至庶人無爵者皆服之史臣案晉成帝咸和九年制聽尚書八座丞郎門下三省侍郎乘車白帢低幘出入掖門又二宮直宮著烏紗帢然則士人宴居皆著帢矣而江左時野人已著帽士人亦往往而然但其頂員耳後乃高其屋云

古者人君有朝服有祭服有宴服有弔服弔服皮弁疑衰今以單衣黑幘爲宴會服拜陵亦如之以單衣帢爲弔服修敬尊秩亦服之也單衣古之深衣也今單衣裁製與深衣同唯絹帶爲異深衣絹帽以居喪單衣素帢以施吉

晉武帝太始三年詔太宰安平王孚服侍中之服賜大司馬義陽王望袞冕之服四年又詔趙樂安燕王服散騎常侍之服十年賜彭城王袞冕之服

僞楚桓玄將篡亦加安帝母弟太宰瑯邪王袞冕服宋興以來王公貴臣加侍中散騎常侍乃得服貂璫也

宋孝武孝建元年丞相南郡王義宣二年雝州刺史武昌王渾又有異圖世祖嫌侯王彊盛欲加減削其年十月己未大司馬江夏王義恭驃騎大將軍竟陵王誕表改革諸王車服制度凡九條表在義恭傳上因諷有司更增廣條目奏曰車服以庸虞書茂典名器慎假春秋明誡是以尚方所制禁嚴漢律諸侯竊服雖親必辠自頃以來下僭彌盛器服裝飾樂舞音容通于王公達于衆庶上下無辨人志靡一今表之所陳寔允禮度九條之格猶有未盡謹共附益凡二十四條聽事不得南向坐施帳并藩國官正冬不得跣登國殿及夾侍國師傳令及油戟公主王妃傳令不得朱服輿不得重杠鄣扇不得雉尾劍不得鹿盧形槊毦不得孔雀白鷺夾轂隊不得絳䙰平乘誕馬不得過二匹胡伎不得綵衣舞伎正冬著袿衣不得莊面蔽花正冬會不得鞞舞杯柈舞長蹻伎䟐舒丸劍博山伎緣大橦伎五案伎自非正冬會奏舞曲不得舞諸妃主不得著袞帶信幡非臺省官悉用絳郡縣內史相及封內官長於其封君既非在三罷官則不復追敬不合稱臣正宜上下官敬而已諸鎮常行車前後不得過六隊白直夾轂不在其限刀不得過銅爲裝諸王女封縣主諸王子孫襲封王王之妃及封侯者夫人行並不得鹵簿諸王子繼體爲王者婚姻吉凶悉依諸國公侯之禮不得同皇帝皇子車輿不得油幢軺車不在其限平乘舫皆平兩頭作露平形不得擬像龍舟悉不得朱油帳鏁不得作五花及豎笱形若先有器物者悉輸送臺臧書到後二十日期若有竊玩犯禁者及統司無舉糾並臨時議罪詔可

車前五百者卿行旅從五百人爲一旅漢氏一統故去其人留其名也

宋孝武孝建二年十一月乙巳有司奏侍中祭酒何偃議自今臨軒乘輿法服燾華蓋登殿宜依廟齋以夾御侍中常侍夾扶上殿及應爲王公輿又夾扶畢還本位求詳議曹郎中徐爰參議宜如省所稱以爲永准詔可

孝建三年五月壬戌有司奏案漢胡廣蔡邕並云古者諸侯貳車九乘秦滅六國兼其車服故王者大駕屬車八十一乘尚書御史乘之最後一車懸豹尾法駕則三十六乘檢晉江左逮至于今乘輿出行副車相承五乘尚書令建平王宏參議八十一乘義兼九國三十六乘無所准並不出經典自邕廣傳說又是從官所乘非帝者副車正數江左五乘儉不中禮案周官云上公九命貳車九乘侯伯七命車七乘子男五命車五乘然則帝王十二乘詔可

大明元年九月丁未朔有司奏未有皇太后出行副車定數下禮官議正博士王燮之議周禮后六服五路之數悉與王同則副車之制不應獨異又記云古者后立六宮三夫人九嬪二十七世婦八十一御妻以聽天下之內治天子立六官三公九卿二十七大夫八十一元士以聽天下之外治鄭注云后象王立六宮而居之亦正寢一燕寢五推所立每與王同禮無降亦明矣皇太后既禮均至極彌不應殊謂並應同十二乘通關爲允詔可

大明四年正月戊辰尚書左丞荀萬秋奏耤田儀注皇帝冠通天冠朱紘青介幘衣青紗袍侍中陪乘奉車郎

乘轝案漢輿服志曰通天冠乘輿常服也若斯豈可以常服降千畝邪禮記曰昔者天子爲藉千畝冕而朱紘躬秉耒耜鄭玄注周官司服異服同冕尊故也時服雖變冕制不改又潘岳藉田賦云常伯陪乘太僕秉轡推此輿駕藉田宜冠冕璪十二旒朱紘黑介幘衣青紗袍常伯陪乘太僕秉轡宜改儀注一遵二禮以爲定儀詔可

大明四年正月己卯有司奏南郊親奉儀注皇帝初著平天冠火龍黼黻之服還變通天冠絳紗袍廟祠親奉舊儀皇帝初服與郊不異而還變著黑介幘單衣郎事乖體謂宜同郊還亦變著通天冠絳紗袍又舊儀乘金根車今五路既備依禮玉路以祀亦宜改金根車爲玉路詔可

大明六年八月壬戌有司奏漢注儀大駕鹵簿公卿奉引大將軍參乘太僕御法駕侍中參乘奉車郎御晉氏江左大駕未立故郊祀用法駕宗廟以小駕至於儀服二駕不異拜陵御服單衣幘百官陪從朱衣而已亦謂之小駕名實乖舛考尋前記大駕上陵北郊周禮宗廟於昊天有降宜以大駕郊祀法駕祠廟小駕上陵如爲從序今改祠廟爲法駕鹵簿其軍幢多少臨時配之至尊乘玉路以金路象路革路木路小輦輪御軺衣書等車爲副其餘竝如常儀詔可

大明七年十二月甲寅輿駕巡南豫兗二州冕服御玉路辭二廟改服通天冠御木路建大麾備春蒐之典

明帝泰始四年五月甲戌尚書令建安王休仁參議天子之子與士齒讓達於辟雝無生而貴者也既命而尊禮同上公周制五等車服相涉公降王者一等而已王以金路賜同姓諸侯象及革木以賜異姓侯伯在朝卿士亦準斯禮按如此制則東宮應乘金路自晉武過江禮儀疏舛王公以下車服卑雜唯有東宮禮秩崇異上次辰極下絕侯王而皇太子乘石山安車義不見經事無所出禮所謂金玉路者正以金玉飾輅諸末耳左右前後同以漆畫奏改周輅制爲金根通以金薄周匝四面漢魏二晉因循莫改逮于大明始備五輅金玉二制並類金根造次瞻覩殆無差别若錫之東儲於禮嫌重非所以崇峻陛級表示等威且春秋之義降下以兩臣子之義且從謙約謂東宮車服宜降天子二等驂駕四馬乘象輅降龍碧旂九葉進不斥尊退不逼下沿古酌時於禮爲衷詔可

泰始四年八月甲寅詔曰車服之飾象數是遵故盛皇留範列聖垂制朕近改定五路酌古代今修成六服沿時變禮所施之事各有條敘便可付外載之典章朕以大冕純玉繅玄衣黃裳乘玉輅郊祀天宗祀明堂又以法冕五綵繅玄衣絳裳乘金路祀太廟元正大會諸侯又以飾冠冕四綵繅紫衣紅裳乘象輅小會宴饗餞送諸侯臨軒會王公又以肅冕三綵繅朱衣裳乘革路征伐不賓講武校獵又以宏冕二綵繒青衣裳乘木路耕稼饗國子又以通天冠朱紗袍爲聽政之服

泰始六年正月戊辰有司奏被敕皇太子正朝駕合著衮冕九章衣不儀曹郎丘仲起議案周禮公自衮冕以下鄭注衮冕以至卿大夫之玄冕皆其朝聘天子之服也伏尋古之上公尚得服衮以朝皇太子以儲副之尊率土瞻仰愚謂宜式遵盛典服衮冕九旒以朝賀兼左丞陸澄議服冕以朝實著經典秦除六冕之制至漢明帝始與諸儒還備古章自魏晉以來宗廟行禮之外不欲令臣下服衮冕故位公者每加侍官今皇太子承乾作副禮絕羣后宜遵聖王之盛典革近代之陋制臣等參議依禮皇太子元正朝賀應服衮冕九章衣以仲起議爲允撰載儀注詔可

後廢帝即位尊所生陳貴妃爲皇太妃輿服一如晉孝武太妃故事唯省五牛旗及赤旂

宋書卷十八考證

禮志五皇子爲王錫以此乘故曰王青蓋車○故曰下王字監本訛五今改正

古者貴賤皆執笏其有事則搢之於腰帶○諸本皆連上文此當另爲一條

又二宮直宮著烏紗帢○直宮一本作直官者是

宋書卷十九

梁　沈約　撰

志第九

樂一

易曰先王作樂崇德殷薦之上帝以配祖考自黃帝至于三代名稱不同周衰凋缺又爲鄭衞所亂魏文侯雖好古然猶昏睡於古樂於是淫聲熾而雅音廢矣及秦焚典籍樂經用亡漢興樂家有制氏但能記其鏗鏘鼓舞而不能言其義周存六代之樂至秦唯餘韶武而已始皇改周舞曰五行漢高祖改韶舞曰文始以示不相襲也又造武德舞舞人悉執干戚以象天下樂已行武以除亂也故高祖廟奏武德文始五行之舞周又有房中之樂秦改曰壽人其聲楚聲也漢高好之孝惠改曰安世高祖又作昭容樂禮容樂昭容生於武德禮容生於文始五行也漢初又有嘉至樂叔孫通因秦樂人制宗廟迎神之樂也文帝又自造四時舞以明天下之安和蓋樂先王之樂者明有法也樂已所自作者明有制也孝景采武德舞作昭德舞薦之太宗之廟孝宣采昭德舞爲盛德舞薦之世宗之廟漢諸帝奏文始四時五行之舞焉武帝時河間獻王與毛生等共采周官及諸子言樂事者以著樂記獻八佾之舞與制氏不相殊其內史中丞王定傳之以授常山王禹禹成帝時爲謁者數言其義獻記二十四卷劉向校書得二十三篇然竟不用也至明帝初東平憲王蒼總定公卿之議曰宗廟宜各奏樂不應相襲所以明功德也承文始五行武德爲大武之舞又制舞歌一章薦之光武之廟漢末大亂衆樂淪缺魏武平荊州獲杜夔善八音常爲漢雅樂郎尤悉樂事於是以爲軍謀祭酒使刱定雅樂時又有鄧靜尹商善訓雅樂哥師尹胡能哥宗廟郊祀之曲舞師馮肅服養曉知先代諸舞夔悉總領之遠考經籍近采故事魏復先代古樂自夔始也而左延年等妙善鄭聲惟夔好古存正焉文帝黃初二年改漢巴渝舞曰昭武舞改宗廟安世樂曰正世樂嘉至樂曰迎靈樂武德樂曰武頌樂昭容樂曰昭業樂雲翹舞曰鳳翔舞育命舞曰靈應舞武德舞曰武頌舞文始舞曰大韶舞五行舞曰大武舞其衆哥詩多即前代之舊唯魏國初建使王粲改作登哥及安世巴渝詩而已明帝太和初詔曰禮樂之作所以類物表庸而不忘其本者也凡音樂以舞爲主自黃帝雲門以下至於周大武皆太廟舞名也然則其所司之官皆曰太樂所以總領諸物不可以一物名武皇帝廟樂未稱其議定廟樂及舞舞者所執綴兆之制聲哥之詩務令詳備樂官自如故爲太樂太樂漢舊名後漢依讖改太予樂官至是改復舊於是公卿奏曰臣聞德盛而化隆者則樂舞足以象其形容音聲足以發其哥詠故薦之郊廟而鬼神享其和用之朝廷則君臣樂其度使四海之內徧知至德之盛而光煇日新者禮樂之謂也故先王殷薦上帝以配祖考蓋當其時而制之矣周之末世上去唐虞幾二千年韶箾南籥武象之樂風聲遺烈皆可得而論也由斯言之禮樂之事弗可以已今太祖武皇帝樂宜曰武始之樂武神武也武又跡也言神武之始又王跡所起也高祖文皇帝樂宜曰咸熙之舞咸皆也熙興也言應受命之運天下由之皆興也至於羣臣述德論功建定烈祖之稱而未制樂舞非所以昭德紀功夫哥以詠德舞以象事於文文武爲斌兼秉文武聖德所以章明也臣等謹制樂舞名章斌之舞昔簫韶九奏親於虞帝之庭武象大武亦振於文武之阼特以顯其德教著其成功天下被服其光煇習詠其風聲者也自漢高祖文帝各逮其時而爲武德四時之舞上考前代制作之宜以當今成業之美播揚弘烈莫盛於章斌焉樂志曰鐘磬干戚所以祭先王之廟又所以獻酬酳酢也在宗廟之中君臣莫不致敬族長之中長幼無不從和故仲尼答賓牟賈之問曰周道四達禮樂交通傳云魯有禘樂賓祭用之此皆祭禮大享通用盛樂之明文也今有事於天地宗廟則此三舞宜竝以爲薦享及臨朝大享亦宜舞之然後乃合古制事神訓民之道關於萬世其義益明又臣等思惟三舞宜有總名可名大鈞之樂鈞平也言大魏三世同功以至隆平也於名爲美於義爲當尚書奏宜如所上帝初不許制章斌之樂三請乃許之於是尚書又奏祀圜丘以下武始舞者平冕黑介幘玄衣裳白領袖絳領袖中衣絳合幅袴絳絑黑韋鞮咸熙舞者冠委貌其餘服如前章斌舞者與武始咸熙舞者同服奏於朝庭則武始舞者武冠赤介幘生絳袍單衣絳領袖皂領袖中衣虎文畫合幅袴白布絑黑韋鞮咸熙舞者進賢冠黑介幘生黃袍單衣白合幅袴其餘服如前奏可史臣案武始咸熙二舞冠制不同而云章斌與武始咸熙同服不知服何冠也侍中繆襲又奏安世哥本漢時哥名今詩哥非往詩之文則宜變改案周禮注云安世樂猶周房中之樂也是以往昔議者以房中哥后妃之德所以風天下正夫婦宜改安世之名曰正始之樂自魏國初建故侍中王粲所作登哥安世詩專以思詠神靈及說神靈鑒享之意襲後又依哥省讀漢安世哥詠亦說高張四縣神來燕享嘉薦令儀永受厥福無有二南后妃風化天下之言今思惟往者謂房中爲后妃之哥者恐失其意方祭祀娛神登堂哥先祖功德下堂哥詠燕享無事哥后妃之化也自宜依其事以名其樂哥改安世哥曰享神哥奏可案文帝已改安世爲正始而襲至是又改安世爲享神未詳其義王粲所造安世詩今亡襲又奏曰文昭皇后廟置四縣之樂當銘顯其均奏次第依太祖廟之名號曰昭廟之具樂尚書奏曰禮婦人繼夫

之爵同牢配食者樂不異文昭皇后今雖別廟至於宮縣樂器音均宜如襲議奏可散騎常侍王肅議曰王者各以其禮制事天地今說者據周官單文爲經國大體懼其局而不知弘也漢武帝東巡封禪還祠太一于甘泉祭后土于汾陰皆盡用其樂言盡用者爲盡用宮縣之樂也天地之性貴質者蓋謂其器之不文爾不謂庶物當復減之也禮天子宮縣舞八佾今祀圓丘方澤宜以天子制設宮縣之樂八佾之舞衞臻繆襲左延年等咸同肅議奏可肅又議曰說者以爲周家祀天唯舞雲門祭地唯舞咸池宗廟唯舞大武似失其義矣周禮賓客皆作備樂左傳王子頹享五大夫樂及徧舞六代之樂也然則一會之日具作六代樂矣天地宗廟事之大者賓客燕會比之爲細王制曰庶羞不踰牲燕衣不踰祭服可以燕樂而踰天地宗廟之樂乎周官以六律六呂五聲八音六舞大合樂以致鬼神以和邦國以諧萬民以安賓客以說遠人夫六律六呂五聲八音皆一時而作之至於六舞獨分擘而用之所以不厭人心也又周官韎師掌教韎樂祭祀則帥其屬而舞之大享亦如之韎東夷之樂也又鞮鞻氏掌四夷之樂與其聲哥祭祀則吹而哥之燕亦如之四夷之樂乃入宗廟先代之典獨不得用大享及燕日如之者明古今夷夏之樂皆主之於宗廟而後播及其餘也夫作先王樂者貴能包而用之納四夷之樂者美德廣之所及也高皇大皇帝太祖高祖文昭廟皆宜兼用先代及武始太鈞之舞有司奏宜如肅議奏可肅私造宗廟詩頌十二篇不被哥晉武帝太始二年改制郊廟哥其樂舞亦仍舊也漢光武平隴蜀增廣郊祀高皇帝配食樂奏青陽朱明西皓玄冥雲翹育命之舞北郊及祀明堂並奏樂如南郊迎時氣五郊春哥青陽夏哥朱明並舞雲翹之舞秋哥西皓冬哥玄冥並舞育命之舞季夏哥朱明兼舞二舞章帝元和二年宗廟樂故事食舉有鹿鳴承元氣二曲三年自作詩四篇一曰思齊皇姚二曰六騏驎三曰竭肅雝四曰陟叱根合前六曲以爲宗廟食舉加宗廟食舉重來上陵二曲合八曲爲上陵食舉減宗廟食舉承元氣一曲加惟天之命天之歷數二曲合七曲爲殿中御食飯舉又漢太樂食舉十三曲一曰鹿鳴二曰重來三曰初造四曰俠安五曰歸來六曰遠期七曰有所思八曰明星九曰清涼十曰涉大海十一曰大置酒十二曰承元氣十三曰海淡淡魏氏及晉荀勗傅玄並爲哥辭魏時以遠期承元氣海淡淡三曲多不通利省之魏雅樂四曲一曰鹿鳴後改曰於赫詠武帝二曰騶虞後改曰巍巍詠文帝三曰伐檀後省除四曰文王後改曰洋洋詠明帝騶虞伐檀文王並左延年改其聲正旦大會太尉奉璧羣后行禮東廂雅樂郎作者是也今謂之行禮曲姑洗廂所奏按鹿鳴本以宴樂爲體無當於朝享往時之失也晉武太始五年尚書奏使太僕傅玄中書監荀勗黃門侍郎張華各造正旦行禮及王公上壽酒食舉樂哥詩詔又使中書郎成公綏亦作張華表曰按魏上壽食舉詩及漢氏所施用其文句長短不齊未皆合古蓋以依詠弦節本有因循而識樂知音足以制聲度曲法用率非凡近所能改二代三京襲而不變雖詩章詞異興廢隨時至其韻逗曲折皆繫於舊有由然也是以一皆因就不敢有所改易荀勗則曰魏氏哥詩或二言或三言或四言或五言與古詩不類以問司律中郎將陳頎頎曰被之金石未必皆當故勗造晉哥皆爲四言唯王公上壽酒一篇爲三言五言此則華勗所明異旨也九年荀勗遂典知樂事使郭夏宋識等造正德大豫之舞而勗及傅玄張華又各造此舞哥詩勗作新律笛十二枚散騎常侍阮咸譏新律聲高高近哀思不合中和勗以其異已出咸爲始平相晉又改魏昭武舞曰宣武舞羽籥舞曰宣文舞咸寧元年詔定祖宗之號而廟樂同用正德大豫之舞至江左初立宗廟尚書下太常祭祀所用樂名太常賀循答云魏氏增損漢樂以爲一代之禮未審大晉樂名所以爲異遭離喪亂舊典不存然此諸樂皆和之以鐘律文之以五聲詠之於哥詞陳之於舞列宮縣在下琴瑟在堂八音迭奏雅樂並作登哥下管各有常詠周人之舊也自漢氏以來依放此禮自造新詩而已舊京荒廢今既散亡音韻曲折又無識者則於今難以意言于時以無雅樂器及伶人省太樂并鼓吹令是後頗得登哥食舉之樂猶有未備明帝太寧末又詔阮孚等增益之成帝咸和中乃復置太樂官鳩習遺逸而尚未有金石也初荀勗既以新律造二舞又更修正鐘磬事未竟而勗薨惠帝元康三年詔其子黃門侍郎藩修定金石以施郊廟尋值喪亂遺聲舊制莫有記者庾亮爲荊州與謝尚共爲朝廷修雅樂亮尋薨庾翼桓温專事軍旅樂器在庫遂至朽壞焉晉氏之亂也樂人悉沒戎虜及胡亡鄴下樂人頗有來者謝尚時爲尚書僕射因之以具鐘磬太元中破苻堅又獲樂工楊蜀等閑練舊樂於是四廂金石始備焉宋文帝元嘉九年大樂令鐘宗之更調金石十四年治書令史奚縱又改之語在律歷志晉世曹毗王珣等亦增造宗廟哥詩然郊祀遂不設樂何承天曰世咸傳吳朝無雅樂案孫晧迎父喪明陵唯云倡伎晝夜不息則無金石登哥可知矣承天曰或云今之神絃孫氏以爲宗廟登哥也史臣案陸機孫權誄肆夏在廟雲翹承機不容虛設此言又韋昭孫休世上鼓吹鐃哥十二曲表曰當付樂官善哥者習哥然則吳朝非無樂官善哥者乃能以哥辭被絲管寧容止以神絃爲廟樂而已乎宋武帝永初元年七月有司奏皇朝肇建廟祀設雅樂太常鄭鮮之等八十八人各撰立新哥黃門侍郎王韶之所撰哥辭七首並合施用詔可十二月有司又奏依舊正旦設樂參詳屬三省改太樂諸哥舞詩黃門侍郎王韶之立三十二章合用教試日近宜逆誦習輒申攝施行詔可又改正德舞曰前舞太豫舞曰後舞元嘉十八年九月有司奏二郊宜奏登哥又議宗廟舞事錄尚書江夏王義恭等十二人立議同未及列奏值軍興事寢二十二年南郊始設登哥詔御史中丞顏延之造哥詩廟舞猶闕孝建二年九月甲午有司奏前殿中曹郎荀萬秋議按禮祭天地有樂者爲降神也故易曰雷出地奮豫先王以作樂崇德殷薦之上帝以配祖考周官曰作樂於圜丘之上天神皆降作樂於方澤之中地祇皆出又曰乃奏黃鐘哥大呂舞雲門以祀天神乃奏大蔟哥應鐘舞咸池以祀地祇由斯而言以樂祭天地其來尚矣今郊享闕樂竊以爲疑祭統曰夫祭有三重焉獻之屬莫重於祼聲莫重於升哥舞莫重於武宿夜此周道也至於秦奏五行魏舞咸熙皆以用享爰逮晉氏泰始之初傅玄作晉郊廟哥詩三十二篇元康中荀藩受詔成父勗業金石四縣用之郊廟是則相承郊廟有樂之證也今廟祠登哥雖奏而象舞未陳懼闕備禮夫聖王經世異代同風雖損益或殊降殺迭運未嘗不執古御今同規合矩方兹休明在辰文物大備禮儀遺逸罔不具舉而況出祇降神輟樂於郊祭昭德舞功有闕於廟享謂郊廟宜設備樂於是使內外博議驃騎大將軍竟陵王誕等五十一人並同萬秋議尚書左僕射建平王宏議以爲聖王之德雖同刱制之禮或異樂不相沿禮無因襲自寶命開基皇符在運業富前王風通振古朝儀國章並循先代自後晉東遷日不暇給雖大典略備遺闕尚多至於樂號廟禮未該往正今帝德再昌大孝御寓宜討定禮本以昭來葉尋舜樂稱韶漢改文始周樂大武秦華五行眷夫祖有功而宗有德故漢高祖廟樂稱武德太宗廟樂曰昭德魏制武始舞武廟制咸熙舞文廟則祖宗之廟別有樂名晉氏之樂正德大豫及宋不更名直爲前後二舞依據昔代義舛事乖今宜釐改權稱以凱容爲韶舞宣烈爲武舞祖宗廟樂總以德爲名若廟非不毀則樂無別稱猶漢高文武咸有嘉號惠景二主樂無餘名章皇太后廟依諸儒議唯奏文樂何休杜預范甯注初獻六羽並不言佾者佾則干在其中明婦人無武事也郊祀之樂無復別名仍同宗廟而已尋諸漢志永至等樂各有義況宜仍舊不改宋及東晉太祝唯送神而不迎神近議者或云廟以居神恒如在也不應有迎送之事意以爲並乖其衷立廟居靈四時致享以申孝思之情夫神升降無常何必恒安所處故祭義云樂以迎來哀以送往鄭注云迎來而樂樂親之來送往而哀哀親之返其享否不可知也尚書曰祖考來格詩云神保遹歸注曰歸於天地也此並言神有去來則有送迎明矣即周肆夏之名備迎送之樂古以尸象神故儀禮祝有迎尸送尸近代雖無尸豈可闕迎送之禮又傅玄有迎神送神哥辭明江左不迎非舊典也散騎常侍丹陽尹建城縣開國侯顏竣議以爲德業殊稱則干羽異容時無沿制故物有損益至於禮失道朁稱習忘反中興釐運視聽所革先代繆章宜見刊正郊之有樂蓋生周易周官歷代著議莫不援准夫掃地而祭器用陶匏唯質與誠以章天德文物之備理固不然周官曰國有故則旅上帝及四望又曰四圭有邸以祀天旅上帝兩圭有邸以祀地旅四望四望非地則知上帝非天孝經云郊祀后稷以配天宗祀文王於明堂以配上帝則豫之作樂非郊天也大司樂職奏黃鍾哥大呂舞雲門以祀天神鄭注天神五帝及日月星辰也王者以夏正月祀其所受命之帝於南郊則二至之祀又非天地考之眾經郊祀有樂未見明證宗廟之禮事炳載籍爰自漢元迄乎有晉雖時或更制大抵相因爲不襲名號而已今樂曲淪滅知音世希改作之事臣聞其語正德大豫禮容具存宜殊其徽號飾而用之以正德爲宣化之舞大豫爲興和之舞庶足以光表世烈悅被後昆前漢祖宗廟處各異主名既革舞號亦殊今七廟合食庭殿共所舞蹈之容不得廟有別制後漢東平王蒼已議之矣又王肅韓祇以王者德廣無外六代四夷之舞金石絲竹之樂宜備奏宗廟愚謂蒼肅祇議合於典禮適於當今左僕射建平王宏又議竣據周禮孝經天與上帝連文重出故謂上帝非天則易之作樂非

爲祭天也按易稱先王以作樂崇德殷薦之上帝以配祖考尚書云肆類于上帝春秋傳曰告昊天上帝凡上帝之言無非天也天尊不可以一稱故或謂昊天或謂上帝或謂昊天上帝不得以天有數稱便謂上帝非天徐邈推周禮國有故則旅上帝以知禮天旅上帝同是祭天言禮天者謂常祀也旅上帝者有故而祭也孝經稱嚴父莫大於配天故云郊祀后稷以配天宗祀文王於明堂以配上帝既天爲議則上帝猶天益明也不欲使二天文同故變上帝爾周禮祀天之言再見故鄭注以前天神爲五帝後冬至所祭爲昊天竣又云二至之祀又非天地未知天地竟應以何時致享記云埽地而祭器用陶匏旨明所用質素無害以樂降神萬秋謂郊宜有樂事有典據竣又云東平王蒼以爲前漢諸祖別廟是以祖宗之廟可得各有舞樂至於祫祭始祖之廟則專用始祖之舞故謂後漢諸祖共廟同庭雖有祖宗不宜入別舞此誠一家之意而未統適時之變也後漢從儉故諸祖共廟猶以異室存別室之禮晉氏以來登哥誦美諸室繼作至於祖宗樂舞何獨不可迭奏荀所詠者殊雖復共庭亦非嫌也魏三祖各有舞樂豈復是異廟邪衆議並同宏祠南郊迎神奏肆夏皇帝初登壇奏登哥初獻奏凱容宣烈之舞送神奏肆夏祠廟迎神奏肆夏皇帝入廟門奏永至皇帝詣東壁奏登哥初獻奏凱容宣烈之舞終獻奏永安送神奏肆夏詔可孝建二年十月辛未有司又奏郊廟舞樂皇帝親奉初登壇及入廟詣東壁並奏登哥不及三公行事左僕射建平王宏重參議公卿行事亦宜奏登哥有司又奏元會及二廟齋祠登哥伎舊並於殿庭設作尋廟祠依新儀注登哥人上殿弦管在下今元會登哥人亦上殿弦管在下並詔可文帝章太后廟未有樂章孝武大明中使尚書左丞殷淡造新哥明帝又自造昭太后宣太后哥詩

後漢正月旦天子臨德陽殿受朝賀舍利從西方來戲於殿前激水化成比目魚跳躍嗽水作霧翳日畢又化成黃龍長八九丈出水游戲炫耀日光以兩大絲繩繫兩柱頭相去數丈兩倡女對舞行於繩上相逢切肩而不傾

魏晉訖江左猶有夏育扛鼎巨象行乳神龜抃舞背負靈岳桂樹白雪畫地成川之樂焉

晉成帝咸康七年散騎侍郎顧臻表曰臣聞聖王制樂贊揚治道養以仁義防其邪淫上享宗廟下訓黎民體五行之正音協八風以陶氣以宮聲正方而好義角聲堅齊而率禮弦哥鐘鼓金石之作備矣故通神至化有率舞之感移風改俗致和樂之極末世之伎設禮外之觀逆行連倒頭足入筥之屬皮肩外剝肝心內摧敦彼行葦猶謂勿踐矧伊生民而不惻愴加以四海朝覲言觀帝庭耳聆雅頌之聲目覩威儀之序足以蹋天頭以履地反兩儀之順傷彝倫之大方今夷狄對岸外御爲急兵食七升忘身赴難過泰之戲日稟五斗方埽神州經略中甸若此之事不可示遠宜下太常纂備雅樂簫韶九成惟新於盛運功德頌聲永著于來葉此乃詩所以燕及皇天克昌厥後者也雜伎而傷人者皆宜除之流簡儉之德邁康哉之詠清風既行民應如草此之謂也愚管之誠惟垂采察於是除高絙紫鹿跂行鼈食及齊王捲衣笮兒等樂又減其稟其後復高絙紫鹿焉

宋文帝元嘉十三年司徒彭城王義康於東府正會依舊給伎總章工馮大列相承給諸王伎十四種其舞伎三十六人太常傅隆以爲未詳此人數所由唯杜預注左傳佾舞云諸侯六六三十六人常以爲非夫舞者所以節八音者也八音克諧然後成樂故必以八八爲例自天子至士降殺以兩兩者減其二列爾預以爲一列又減二人至士止餘四人豈復成樂按服虔注傳云天子八八諸侯六八大夫四八士二八其義甚允今諸王不復舞佾其總章舞伎卽古之女樂也殿庭八八諸王則應六八理例坦然又春秋鄭伯納晉悼公女樂二八晉以一八賜魏絳此樂以八人爲列之證也若如議者唯天子八則鄭應納晉二六晉應賜絳一六也自天子至士其文物典章尊卑差級莫不以兩未有諸侯既降二列又列輒減二人近降太半非唯八音不具於兩義亦乖杜氏之謬可見矣國典事大宜令詳正事不施行

民之生莫有知其始也含靈抱智以生天地之間夫喜怒哀樂之情好得惡失之性不學而能不知所以然而然者也怒則爭鬭喜則詠哥夫哥者固樂之始也詠哥不足乃手之舞之足之蹈之然則舞又哥之次也詠哥舞蹈所以宣其喜心喜而無節則流淫莫反故聖人以五聲和其性以八音節其流而故謂之樂能移風易俗平心正體焉昔有娀氏有二女居九成之臺天帝使鷰夜往二女覆以玉筐既而發視之鷰遺二卵五色北飛不反二女作哥始爲北音禹省南土嵞山之女令其妾候禹於嵞山之陽女乃作哥始爲南音夏后孔甲田於東陽萯山天大風晦冥迷入民室主人方乳或曰后來是良日也必大吉或曰不勝之子必有殃后乃取以歸曰以爲余子誰敢殃之後析橑斧破斷其足孔甲曰嗚呼有命矣乃作破斧之哥始爲東音周昭王南征殞於漢中王右辛餘靡長且多力振王北濟周公乃封之西翟徙宅西河追思故處作哥始爲西音此蓋四方之哥也黃帝帝堯之世王化下洽民樂無事故因擊壤之歡慶雲之瑞民因以作哥其後風衰雅缺而沃淫靡漫之聲起周衰有秦青者善謳而薛談學謳於秦青未窮青之伎而辭歸青餞之於郊乃撫節悲歌聲震林木響遏行雲薛談遂留不去以卒其業又有韓娥者東之齊至雝門匱糧乃鬻歌假食既而去餘響繞梁三日不絕左右謂其人不去也過逆旅逆旅人辱之韓娥因曼聲哀哭一里老幼悲愁垂涕相對三日不食遽而追之韓娥還復爲曼聲長哥一里老幼喜躍抃舞不能自禁忘向之悲也乃厚賂遣之故雝門之人善哥哭效韓娥之遺聲衞人王豹處淇川善謳河西之民皆化之齊人綿駒居高唐善哥齊之右地亦傳其業前漢有虞公者善哥能令梁上塵起若斯之類並徒哥也爾雅曰徒哥曰謠凡樂章古詞今之存者並漢世街陌謠謳江南可采蓮烏生十五子白頭吟之屬是也吳哥雜曲並出江東晉宋以來稍有增廣

子夜哥者有女子名子夜造此聲晉孝武太元中琅邪王軻之家有鬼哥子夜殷允爲豫章時豫章僑人庾僧度家亦有鬼哥子夜殷允爲豫章亦是太元中則子夜是此時以前人也

鳳將雛哥者舊曲也應璩百一詩云爲作陌上桑反言鳳將雛然則鳳將雛其來久矣將由譌變以至於此乎

前溪哥者晉車騎將軍沈玩所制

阿子及歡聞哥者晉穆帝升平初哥畢輒呼阿子汝聞不語在五行志後人演其聲以爲二曲

團扇哥者晉中書令王珉與嫂婢有情愛好甚篤嫂捶撻婢過苦婢素善哥而珉好捉白團扇故制此哥

督護哥者彭城內史徐逵之爲魯軌所殺宋高祖使府內直督護丁旿收斂殯霾之逵之妻高祖長女也呼旿至閤下自問斂送之事每問輒歎息曰丁督護其聲哀切後人因其聲廣其曲焉

懊憹哥者晉隆安初民間譌謠之曲語在五行志宋少帝更制新哥太祖常謂之中朝曲

六變諸曲皆因事制哥

長史變者司徒左長史王廞臨敗所制

讀曲哥者民間爲彭城王義康所作也其哥云死辠劉領軍誤殺劉第四是也凡此諸曲始皆徒哥既而被之弦管又有因弦管金石造哥以被之魏世三調哥詞之類是也

古者天子聽政使公卿大夫獻詩耆艾修之而後王斟酌焉秦漢闕采詩之官哥詠多因前代與時事既不相應且無以垂示後昆漢武帝雖頗造新哥然不以光揚祖考崇述正德爲先但多詠祭祀見事及其祥瑞而已商周雅頌之體闕焉

鞞舞未詳所起然漢代已施於燕享矣傅毅張衡所賦皆其事也曹植鞞舞哥序曰漢靈帝西園故事有李堅者能鞞舞遭亂西隨段煨先帝聞其舊有技召之堅既中廢兼古曲多謬誤異代之文未必相襲故依前曲改作新哥五篇不敢充之黃門近以成下國之陋樂焉晉鞞舞哥亦五篇又鐸舞哥一篇幡舞哥一篇鼓舞伎六曲並陳於元會今幡鼓哥詞猶存舞並闕鞞舞卽今之鞞扇舞也又云晉初有桮槃舞公莫舞史臣按桮槃今之齊世寧也張衡舞賦云歷七槃而縱躡王粲七釋云七槃陳於廣庭近世文士顏延之云遞間關於槃扇鮑昭云七槃起長袖皆以七槃爲舞也搜神記云晉太康中天下爲晉世寧舞矜手以接桮柈反覆之此則漢世唯有柈舞而晉加之以桮反覆之也

公莫舞今之巾舞也相傳云項莊劒舞項伯以袖隔之使不得害漢高祖且語莊云公莫古人相呼曰公云莫害漢王也今之用巾蓋像項伯衣袖之遺式按琴操有公莫渡河曲然則其聲所從來已久俗云項伯非也

江左初又有拂舞舊云拂舞吳舞檢其哥非吳詞也皆陳於殿庭揚泓拂舞序曰自到江南見白符舞或言白鳧鳩舞云有此來數十年察其詞旨乃是吳人患孫皓虐政思屬晉也又有白紵舞按舞詞有巾袍之言紵本吳地所出宜是吳舞也晉俳哥又云皎皎白緒節節爲雙吳音呼緒爲紵疑白紵卽白緒鞞舞故二八桓玄將卽眞太樂遺衆伎尚書殿中郞袁明子啓增滿八佾相承不復革宋明帝自改舞曲哥詞并詔近臣虞龢並作又有西傖羌胡諸雜舞隨王誕在襄陽造襄陽樂南平穆王爲豫州造壽陽樂荊州刺史沈攸之又造西烏飛哥曲並列於樂官哥詞多淫哇不典正

前世樂飲酒酣必起自舞詩云屢舞僊僊是也宴樂必舞但不宜屢爾譏在屢舞不譏舞也漢武帝樂飲長沙定王舞又是也魏晉已來尤重以舞相屬所屬者代起舞猶若飲酒以桮相屬也謝安舞以屬桓嗣是也近世

以來此風絕矣孝武大明中以鞞拂雜舞合之鐘石施於殿庭順帝昇明二年尚書令王僧虔上表言之并論三調哥曰臣聞風雅之作由來尚矣大者繫乎興衰其次者著於率舞在於心而木石感鏗鏘奏而國俗移故鄭相出郊辯聲知戚延陵入聘觀樂知風是則音不妄起曲豈徒奏哥倡既設休戚已徵清濁是均山琴自應斯乃天地之靈和升降之明節今帝道四達禮樂交通誠非寡陋所敢裁酌伏以三古缺聞六代潛響舞詠與日月偕湮精靈與風雲俱滅追餘操而長懷撫遺器而太息此則然矣夫鐘縣之器以雅爲用凱容之制八佾爲體故羽籥擊拊以相諧應季氏獲誚將在於此今總章舊佾二八之流袿服既殊曲律亦異推今校古皎然可知又哥鍾一肆克諧女樂以哥爲稱非雅器也大明中卽以宮縣合和鞞拂節數雖會慮乖雅體將來知音或譏聖世若謂鍾舞已諧不欲廢罷別立哥鍾以調羽佾止於別宴不關朝享四縣所奏謹依雅則斯則舊樂前典不墜於地臣昔已制哥磬猶在樂官具以副鍾配成一部卽義沿理如或可安又今之清商實猶銅雀魏氏三祖風流可懷京洛相高江左彌重諒以金縣干戚事絕於斯而情變聽改稍復零落十數年間亡者將半自頃家競新哇人尚謠俗務在噍危不顧律紀流宕無涯未知所極排斥典正崇長煩淫士有等差無故不可以去禮樂有攸序長幼不可以共聞故諠醜之製日盛於廛里風味之韻獨盡於衣冠夫川震社亡同靈畢戒哀思靡漫異世齊驩咎徵不殊而欣畏並用竊所未譬也方今塵靜畿中波恬海外雅頌得所寔在茲辰臣以爲宜命典司務勤課習緝理舊聲迭相開曉凡所遺漏悉使補拾曲全者祿厚藝敏者位優利以動之則人思自勸風以靡之可不訓自革反本還源庶可跂踵詔曰僧虔表如此夫鐘鼓既陳雅頌斯辨所以憓感人祇化動翔泳頃自金籥弛韻羽佾未凝正俗移風良在茲日昔阮咸淸識王度昭奇樂緒增修異世同功矣便可付外遵詳

樂器凡八音曰金曰石曰土曰革曰絲曰木曰匏曰竹

八音一曰金金鐘也鎛也錞也鐲也鐃也鐸也鐘者世本云黃帝工人垂所造爾雅云大鐘曰鏞書曰笙鏞以間是也中者曰剽剽音飄小者曰棧棧音醆晉江左初所得棧鐘是也縣鐘磬者曰筍虡橫曰筍從曰虡蔡邕曰寫鳥獸之形大聲有力者以爲鐘虡淸聲無力者以爲磬虡擊其所縣知由其虡鳴焉鎛如鐘而大史臣案前代有大鐘若周之無射非一皆謂之鐘鎛之言近代無聞焉

錞錞于也圜如碓頭大上小下今民間猶時有其器周禮以金錞和鼓

鐲鉦也形如小鐘軍行鳴之以爲鼓節周禮以金鐲節鼓

鐃如鈴而無舌有柄執而鳴之周禮以金鐃止鼓漢鼓吹曲曰鐃哥

鐸大鈴也周禮以金鐸通鼓

八音二曰石石磬也世本云叔所造不知叔何代人爾雅曰形似犂錧以玉爲之大曰毊毊音囂

八音三曰土土塤也世本云暴新所造亦不知何代人也周畿內有暴國豈其時人乎燒土爲之大如鵝卵銳上平底形似稱錘六孔爾雅云大者曰嘂嘂音叫小者如鷄子

八音四曰革革鼓也鞉也節也大曰鼓小曰鞞又曰應應劭風俗通曰不知誰所造以桴擊之曰鼓以手搖之曰鞉鼓及鞉之八面者曰雷鼓雷鞉六面者曰靈鼓靈鞉四面者曰路鼓路鞉周禮以雷鼓祀天神以靈鼓社祭以路鼓致鬼享鼓長八尺者曰鼖鼓以鼓軍事長丈二尺者曰鼛鼓凡守備及役事則鼓之今世謂之下鼛鼛周禮音戚今世音切鼓反長六尺六寸者曰晉鼓金奏則鼓之應鼓在大鼓側詩云應鞞懸鼓是也小鼓有柄曰鞀大鞀謂之鞞月令仲夏修鞀鞞是也然則鞀鞞卽鞉類也又有䨻鼓焉節不知誰所造傅玄節賦云黃鐘唱哥九韶興舞口非節不詠手非節不拊此則所從來亦遠矣

八音五曰絲絲琴瑟也筑也箏也琵琶空侯也琴馬融笛賦云宓羲造琴世本云神農所造爾雅大琴曰離二十絃今無其器齊桓曰號鍾楚莊曰繞梁相如曰燋尾伯喈曰綠綺事出傅玄琴賦世云燋尾是伯喈琴伯喈傳亦云爾以傳氏言之則非伯喈也

瑟馬融笛賦云神農造瑟世本宓羲所造爾雅云瑟二十七絃者曰灑今無其器

筑不知誰所造史籍唯云高漸離善擊筑

箏秦聲也傅玄箏賦序曰世以爲蒙恬所造今觀其體合法度節究哀樂乃仁智之器豈亡國之臣所能關思哉風俗通則曰筑身而瑟絃不知誰所改作也

琵琶傅玄琵琶賦曰漢遣烏孫公主嫁昆彌念其行道思慕故使工人裁箏筑爲馬上之樂欲從方俗語故名曰琵琶取其易傳於外國也風俗通云以手琵琶因以爲名杜摯云長城之役弦鼗而鼓之並未詳孰實其器不列四廂空侯初名坎侯漢武帝賽滅南越祠太一后土用樂令樂人侯暉依琴作坎侯言其坎坎應節奏也侯者因工人姓爾後言空音訛也古施郊廟雅樂近世來專用於楚聲宋孝武帝大明中吳興沈懷遠被徙廣州造繞梁其器與空侯相似懷遠後亡其器亦絕

八音六曰木木柷也敔也並不知誰所造樂記曰聖人作爲椌楬塤箎所起亦遠矣柷如漆筩方二尺四寸深尺八寸中有椎柄連底挏之令左右擊

敔狀如虎背上有二十七鉏鋙以竹長尺名曰止橫擽之以節樂終也

八音七曰匏匏笙也竽也笙隨所造不知何代人列管匏內施簧管端宮管在中央三十六簧曰竽宮管在左傍十九簧至十三簧曰笙其它皆相似也竽今亡大笙謂之簧小者謂之和其笙中之簧女媧所造也詩傳云吹笙則簧鼓矣蓋笙中之簧也爾雅曰笙十九簧者曰巢漢章帝時零陵文學奚景於舜祠得笙白玉管後世易之以竹乎

八音八曰竹竹律也呂也簫也管也箎也籥也笛也律呂在律呂志

簫世本云舜所造爾雅曰編二十三管尺四寸者曰言十六管長尺二寸者筊筊音爻凡簫一名籟前世有洞簫其器今亡蔡邕曰簫編竹有底然則邕時無洞簫矣

管爾雅曰長尺圍寸併漆之有底大者曰簥簥音驕中者曰篞小者曰篎篎音妙古者以玉爲管舜時西王母獻白玉琯是也月令均琴瑟管簫蔡邕章句曰管者形長尺圍寸有孔無底其器今亡

箎世本云暴新公所造舊志云一曰管史臣案非也雖不知暴新公何代人而非舜前人明矣舜時西王母獻管則是已有其器新公安得造箎乎爾雅曰箎大者尺四寸圍三寸曰沂沂音銀一名翹小者尺二寸今有胡箎出於胡吹非雅器也

籥不知誰所造周禮有籥師掌敎國子秋冬吹籥今凱容宣烈舞所執羽籥是也蓋詩所云左手執籥右手秉翟者也爾雅云籥如笛三孔而短小爾雅云七孔大者曰產中者曰仲小者曰箹箹音握

笛案馬融長笛賦此器起近世出於羌中京房備其五音又稱丘仲工其事不言仲所造風俗通則曰丘仲造笛武帝時人其後更有羌笛爾三說不同未詳孰實

篴杜摯笳賦云李伯陽入西戎所造漢舊注曰箛號曰吹鞭晉先蠶注車駕住吹小箛發吹大箛箛卽篴也又有胡笳漢舊箏笛錄有其曲不記所出本末

鼓吹蓋短簫鐃哥蔡邕曰軍樂也黃帝岐伯所作以揚德建武勸士諷敵也周官曰師有功則愷樂左傳曰晉文公勝楚振旅凱而入司馬法曰得意則愷樂愷哥雍門周說孟嘗君鼓吹于不測之淵說者云鼓自一物吹自竽籟之屬非簫鼓合奏別爲一樂之名也然則短簫鐃哥此時未名鼓吹矣應劭漢鹵簿圖唯有騎執箛箛卽笳不云鼓吹而漢世有黃門鼓吹漢享宴食舉樂十三曲與魏世鼓吹長簫同長簫短簫伎錄並云絲竹合作執節者哥又建初錄云務成黃爵玄雲遠期皆騎吹曲非鼓吹曲此則列於殿庭者爲鼓吹今之從行鼓吹爲騎吹二曲異也又孫權觀魏武軍作鼓吹而還此又應是今之鼓吹魏晉世又假諸將帥及牙門曲蓋鼓吹斯則其時謂之鼓吹矣魏晉世給鼓吹甚輕牙門督將五校悉有鼓吹晉江左初臨川太守謝摛每寢輒夢聞鼓吹有人爲其占之曰君不得生鼓吹當得死鼓吹爾摛擊杜弢戰沒追贈長水校尉葬給鼓吹焉謝尚爲江夏太守詣安西將軍庾翼於武昌咨事翼與尚射曰卿若破的當以鼓吹相賞尚射破的便以其副鼓吹給之今則甚重矣

角書記所不載或云出羌胡以驚中國馬或云出吳越

舊志云古樂有籟缶今並無史臣按爾雅籟自是簫之一名耳詩云坎其擊缶毛傳曰盎謂之缶

築城相杵者出自梁孝王孝王築睢陽城方十二里造倡聲以小鼓爲節築者下杵以和之後謂此聲爲睢陽曲至今傳之

魏晉之世有孫氏善弘舊曲宋識善擊節倡和陳左善清哥列和善吹笛郝索善彈箏朱生善琵琶尤發新聲傅玄著書曰人若欽所聞而忽所見不亦惑乎設此六人生於上世越古今而無儷何但夔牙同契哉案此說則自茲以後皆孫朱等之遺則也

宋書卷十九考證

樂志一以五聲和其性以八音節其流而故謂之樂能移風易俗平心正體焉○尋繹文義故字當在樂字下

昔有娀氏有二女○娀一本作娍者是

乃作破斧之哥始爲東音○臣承蒼按既破我斧又缺

我析周公居東之詩也以此爲東音之始可矣乃謂夏后孔甲田於東陽萯山取民間之子爲子其後析橑斧斷其足孔甲始作此歌何其荒謬也

樂器凡八音○諸本誤連前一行今改正

宋書卷二十

梁　沈　約　撰

志第十

樂二

蔡邕論敘漢樂曰一曰郊廟神靈二曰天子享宴三曰大射辟雍四曰短簫鐃歌

晉郊祀歌五篇　傅玄造

天命有晉　穆穆明明　我其夙夜　祗事上靈
常于時假　迄用有成　於薦玄牡　進夕其牲
崇德作樂　神祇是聽

右祠天地五郊夕牲歌一篇

宣文烝哉　日靖四方　永言保之　夙夜匪康
光天之命　上帝是皇　嘉樂殷薦　靈祚景祥
神祇隆假　享福無疆

右祠天地五郊迎送神歌一篇

天祚有晉　其命惟新　受終于魏　奄有兆民
燕及皇天　懷柔百神　不顯遺烈　之德之純
享其玄牲　式用肇禋　神祇來格　福祿是臻
時邁其猶　昊天子之　祐享有晉　兆民戴之
畏天之威　敬授民時　不顯不承　於猶繹思
皇極斯建　庶績咸熙　庶幾夙夜　惟晉之祺
宣文惟后　克配彼天　撫寧四海　保有康年
於乎緝熙　肆用靖民　爰立典制　爰修禮紀
作民之極　莫匪資始　克昌厥後　永言保之

右饗天地五郊歌三篇

前所作天地郊明堂歌五篇　傅玄造

皇矣有晉　時邁其德　受終于天　光濟萬國
萬國既光　神定厥祥　虔于郊祀　祗事上皇
祗事上皇　百祿是臻　巍巍祖考　克配彼天
嘉牲匪歆　德馨惟饗　受天之祚　神和四暢

右天地郊明堂夕牲歌

於赫大晉　膺天景祥　二帝邁德　宣茲重光
我皇受命　奄有萬方　郊祀配享　禮樂孔章
神祇嘉饗　祖考是皇　克昌厥後　保祚無疆

右天地郊明堂降神歌

整泰壇　祀皇神　精氣感　百靈賓　蘊朱火
燎芳薪　紫煙游　冠青雲　神之體　靡象形
曠無方　幽以清　神之來　光景照　聽無聞
視無兆　神之至　舉歆歆　靈爽協　動余心
神之坐　同歡娛　澤雲翔　化風舒　嘉樂奏
文中聲　八音諧　神是聽　咸潔齊　並芬芳
烹牲牷　享玉觴　神說饗　歆禋祀　祐大晉
降繁祉　胙京邑　行四海　保天年　窮地紀

右天郊饗神歌

整泰行　竣皇祇　衆神感　羣靈儀　陰祀設
吉禮施　夜將極　時未移　祇之體　無形象
潛泰幽　洞忽荒　祇之出　薆若有　靈無遠
天下母　祇之來　遺光景　昭若存　終冥冥
祇之至　舉欣欣　舞象德　歌成文　祇之坐
同歡豫　澤雨施　化雲布　樂八變　聲教敷
物咸亨　祇是娛　齊既潔　侍者肅　玉觴進
咸穆穆　饗嘉慶　歆德馨　胙有晉　暨羣生
溢九壤　格天庭　保萬壽　延億齡

右地郊饗神歌

經始明堂　享祀匪懈　於皇烈考　光配上帝
赫赫上帝　既高既崇　聖考是配　明德顯融
率土敬職　萬方來祭　常于時假　保祚永世

右明堂饗神歌

宋南郊雅樂登歌三篇　顏延之造

夤威寶命　嚴恭帝祖　表海炳岱　系唐胄楚
靈鑒濬文　民屬叡武　奄受敷錫　宅中拓宇
亘地稱皇　罄天作主　月竁來賓　日際奉土
開元首正　禮交樂舉　六典聯事　九官列序
有牷在滌　有潔在俎　以薦王衷　以荅神祜

右天地郊夕牲歌

維聖饗帝　維孝饗親　皇乎備矣　有事上春
禮行宗祀　敬達郊禋　金枝中樹　廣樂四陳
陟配在京　降德在民　奔精照夜　高燎煬晨
陰明浮爍　沈祭深淪　告成大報　受釐元神
月御按節　星驅扶輪　遙興遠駕　燿燿振振

右天地郊迎送神歌

營泰畤　定天衷　思心叡　謀筮從　建表蕝
設郊宮　田燭置　權火通　曆元旬　律首吉
飾紫壇　坎列室　中星兆　六宗秩　乾宇晏
地區謐　大孝昭　祭禮供　牲日展　盛自躬
具陳器　備禮容　形舞綴　被歌鐘　望帝閽
聳神蹕　靈之來　辰光溢　潔粢酌　娛太一
明煇夜　華晢日　裸既始　獻又終　煙薌鬯
報淸穹　饗宋德　胙王功　休命永　福履充

右天地饗神歌

宋明堂歌　謝莊造

地紐謐　乾樞回　華蓋動　紫微開　旌蔽日
車若雲　駕六氣　乘絪縕　蹕帝京　煇天邑
聖祖降　五靈集　構瑤戺　聳珠簾　漢拂幌
月棲櫓　舞綴暢　鐘石融　駐飛景　鬱行風
懋粢盛　潔牲牷　百禮肅　羣司虔　皇德遠
大孝昌　貫九幽　洞三光　神之安　解玉鑾
景福至　萬寓歡

右迎神歌詩　依漢郊祀迎神三言四句一轉韻

雝臺辨朔　澤宮練辰　潔火夕照　明水朝陳
六瑚賁室　八羽華庭　昭事先聖　懷濡上靈
肆夏戒敬　升歌發德　永固鴻基　以綏萬國

右登歌詞　舊四言

維天爲大　維聖祖是則　辰居萬寓　綴旒下國
內靈八輔　外光四瀛　蕃宮仰蓋　日館希旌
禛殿留景　重檐結風　刮楹接緯　達嚮承虹
設業設虡　在王庭　肇禋祀　克配乎靈
我將我享　維孟之春　以孝以敬　以立我烝民

右歌太祖文皇帝詞　依周頌體

參暎夕　駟照晨　靈乘震　司青春　鴈將向
桐始蕤　柔風舞　暄光遲　萌動達　萬品新
潤無際　澤無垠

右歌青帝詞　三言依木數

龍精初見大火中　朱光北至圭景同
帝在在離寔司衡　水雨方降木槿榮
庶物盛長咸殷阜　恩覃四冥被九有

右歌赤帝辭　七言依火數

履建宅中寓　司繩御四方　裁化遍寒燠
布政周炎涼　景麗條可結　霜明冰可折
凱風扇朱辰　白雲流素節　分至乘結晷
啓閉集恒度　帝運緝萬有　皇靈澄國步

右歌黃帝辭　五言依土數

百川如鏡天地爽且明　雲冲氣舉德盛在素精
木葉初下洞庭始揚波　夜光徹地翻霜照懸河
庶類收成歲功行欲寧　浹地奉渥罄宇承秋靈

右歌白帝辭　九言依金數

歲月既晏方馳　靈乘坎德司規　玄靈合躔鳥路
白雲繁亘天涯　雷在地時未光　飭國典閉關梁
四節遍萬物殿　福九域祚八鄉　晨晷促夕漏延
大陰極微陽宣　鵲將巢冰已解　氣濡水風動泉

右歌黑帝辭　六言依水數

蘊禮容　餘樂度　靈方留　景欲暮　開九重
肅五達　鳳參差　龍已沫　雲既動　河既梁
萬里照　四空香　神之車　歸淸都　璇庭寂
玉殿虛　睿化凝　孝風熾　顧靈心　結皇思

右送神歌辭　漢郊祀送神亦三言

右天郊饗神歌

魏俞兒舞歌四篇　魏國初建所用後於太祖廟並作之　王粲造

漢初建國家　匡九州　蠻荊震服
五刃三革休　安不忘備武樂脩　宴我賓師
敬用御天　永樂無憂　子孫受百福
常與松喬遊　蒸庶德　莫不咸歡柔

右矛俞新福歌

材官選士　劍弩錯陳　應桴蹈節　俯仰若神
綏我武烈　篤我淳仁　自東自西　莫不來賓

右弩俞新福歌

我功既定　庶士咸綏　樂陳我廣庭　式宴賓與師
昭文德　宣武威　平九有　撫民黎
荷天寵　延壽尸　千載莫我違

右安臺新福歌曲

神武用師士素厲　仁恩廣覆　猛節橫逝
自古立功　莫我弘大　桓桓征四國　爰及海裔
漢國保長慶　垂祚延萬世

右行辭新福歌曲

晉宣武舞歌四篇　傅玄造

惟聖皇篇　矛俞第一

惟聖皇德　巍巍光四海　禮樂猶形影
文武爲表裏　乃作巴俞　肆舞士
劒弩齊列　戈矛爲之始　進退疾鷹鷂
龍戰而豹起　如亂不可亂　動作順其理

離合有統紀
短兵篇　劍俞第二
劍爲短兵　其勢險危　疾踰飛電　回旋應規
武節齊聲　或合或離　電發星騖　若景若差
兵法攸象　軍容是儀
軍鎮篇　弩俞第三
弩爲遠兵軍之鎮　其發有機　體難動往必速
重而不遲　銳精分鑄　射遠中微　弩俞之樂
壹何奇　變多姿　退若激　進若飛
五聲協　八音諧　宣武象　讚天威
窮武篇　安臺行亂第四
窮武者喪　何但敗北　柔弱亡戰　國家亦廢
秦始徐偃　既已作戒前世　先王鑒其機
脩文整武藝　文武足相濟　然後得光大
亂曰　高則亢　滿則盈　亢必危　盈必傾
去危傾　守以平　沖則久　濁能清　混文武
順天經
晉宣文舞歌二篇　傅玄造
羽籥舞歌
羲皇之初　天地開元　網罟禽獸　羣黎以安
神農教耕　創業誠難　民得粒食　澹然無所患
黃帝始征伐　萬品造其端　軍駕無常居
是曰軒轅　軒轅既勤止　堯舜匪荒寧
夏禹治水　湯武又用兵　孰能保安逸
坐致太平　聖皇邁乾乾　天下輿頌聲
穆穆且明明　惟聖皇　道化彰　澂四海
清三光　萬機理　庶事康　潛龍升　儀鳳翔
風雨時　物繁昌　却走馬　降瑞祥　揚仄陋
簡忠良　百祿是荷　眉壽無疆
羽鐸舞歌
昔在渾成時　兩儀尚未分　陽升垂清景
陰降興浮雲　中和含氛氳　萬物各異羣
人倫得其序　衆生樂聖君　三統繼五行
然後有質文　皇王殊運代　治亂亦續紛
伊大晉　德兼往古　越犧農　邈舜禹
參天地　陵三五　禮唐周　樂韶武
豈惟簫部　六代具舉　澤霑地境　化充天寓
聖明臨朝　元凱作輔　普天同樂胥　浩浩元氣
遐哉大清　五行流邁　日月代征　隨時變化
庶物乃成　聖皇繼天　光濟羣生　化之以道
萬國咸寧　受茲介福　延于億齡
晉宗廟歌十一篇　傅玄造
我夕我牲　猗歟敬止　嘉豢孔時　供茲享祀
神鑒厥誠　博碩斯歆　神考降饗　以虞孝孫之心
右祠廟夕牲歌
嗚呼悠哉　日鑒在茲　以時享祀　神明降之
神明斯降　既祐享之　祚我無疆　受天之祜
赫赫太上　巍巍聖祖　明明烈考　丕承繼序
右祠廟迎送神歌
經始宗廟　神明戾止　申錫無疆　祗承享祀
假哉皇祖　綏于孫子　燕及後昆　錫茲繁祉
右祠征西將軍登歌
嘉樂肆庭　薦祀在堂　皇皇宗廟　乃祖先皇
濟濟辟公　相予烝嘗　享祀不忒　降福穰穰
右祠豫章府君登歌
於邈先后　實司于天　顯矣皇祖　帝祉肇臻
本支克昌　資始開元　惠我無疆　享祀永年
右祠潁川府君登歌
於惟曾皇　顯顯令德　高明清亮　匪競柔克
保乂命祜　基命惟則　篤生聖祖　光濟四國
右祠京兆府君登歌
於鑠皇祖　聖德欽明　勤施四方　夙夜敬止
載敷文教　載揚武烈　匡定社稷　龔行天罰
經始大業　造創帝基　畏天之命　于時保之
右祠宣皇帝登歌
執競景皇　克明克哲　旁作穆穆　惟祗惟畏
纂宣之緒　耆定厥功　登此俊乂　料彼羣凶
業業在位　帝既勤止　維天之命　於穆不已
右祠景皇帝登歌
於皇時晉　允文文皇　聰明叡智　聖敬神武
萬機莫綜　皇斯清之　虎兕放命　皇斯平之
柔遠能邇　簡授英賢　創業垂統　勳格皇天
右祠文皇帝登歌
曰晉是常　享祀時序　宗廟致敬　禮樂具舉
惟其來祭　普天率土　犧樽既奠　清酤既載
亦有和羹　鬷羞斯備　烝烝永慕　感時興思
登歌奏舞　神樂其和　祖考來格　祐我邦家
敷天之下　罔不休嘉
肅肅在位　濟濟臣工　四海來格　禮儀有容
鐘鼓振　管絃理　舞開元　歌永始
神胥樂兮　肅肅在位　臣工濟濟　小大咸敬
上下有禮　理管絃　振鼓鐘　舞象德
歌詠功　神胥樂兮　肅肅在位　有來雍雍
穆穆天子　相惟辟公　禮有儀　樂有則
右祠廟饗神歌二篇
晉江左宗廟歌十三篇　曹毗造十一首　王珣造二首
歌高祖宣皇帝　曹毗造
於赫高祖　德協靈符　應運撥亂　釐整天衢
勳格宇宙　化動八區　肅以典刑　陶以玄珠
神石吐瑞　靈芝自敷　肇基天命　道均唐虞
歌世宗景皇帝
景皇承運　纂隆洪緒　皇維重抗　天暉再舉
蠢矣二寇　擾我揚楚　乃整元戎　以膏齊斧
亹亹神算　赫赫王旅　鯨鯢既平　功冠帝宇
歌太祖文皇帝
太祖齊聖　王猷誕融　仁敎四塞　天基累崇
皇室多難　嚴清紫宮　威厲秋霜　惠過春風
平蜀夷楚　以文以戎　奄有參墟　聲流無窮
歌世祖武皇帝
於穆武皇　允龔欽明　應期登神　龍飛紫庭
百揆時序　聽斷以情　殊域既賓　僞吳亦平
晨流甘露　宵映明星　野有擊壤　路垂頌聲
歌中宗元皇帝
運屯百六　天羅解貫　元皇勃興　網籠江漢
仰齊七政　俯平禍亂　化若風行　澤猶雨散
淪光更燿　金輝復煥　德冠千載　蔚有餘粲
歌肅祖明皇帝
明明肅祖　闡弘帝祚　英風夙發　清暉載路
姦逆縱忒　罔式皇度　躬振朱旗　遂豁天步
宏猷淵塞　高羅雲布　品物咸寧　洪基永固
歌顯宗成皇帝
於休顯宗　道澤玄播　式宣德音　暢物以和
邁德蹈仁　匪神弗過　敷以純風　濯以清波
連理映阜　鳴鳳棲柯　同規放勛　義蓋山河
歌康皇帝
康皇穆穆　仰嗣洪德　爲而不宰　雅音四塞
閑邪以誠　鎮物以默　威靜區宇　道宣邦國
歌孝宗穆皇帝
孝宗夙哲　休音允臧　如彼晨離　燿景扶桑
垂訓華幄　流潤八荒　幽贊玄妙　爰該典章
西平僭蜀　北靜舊疆　高猷遠暢　朝有遺芳
歌哀皇帝
於穆哀皇　聖心虛遠　雅好玄古　大庭是踐
道尚無爲　治存易簡　化若風行　民猶草偃
雖曰登遐　徽音彌闡　愔愔雲韶　盡美盡善
歌太宗簡文皇帝　王珣造
皇矣簡文　於昭于天　靈明若神　周淡如淵
沖應其來　實與其遷　娓娓心化　日用不言
易而有親　簡而可傳　觀流彌遠　求本逾玄
歌烈宗孝武皇帝　王珣造
天鑒有晉　欽哉烈宗　同規文考　玄默允龔
威而不猛　約而能通　神鉦一震　九域來同
道積淮海　雅頌自東　氣陶淳露　化協時雍
四時祠祀歌　曹毗造
肅肅清廟　巍巍聖功　萬國來賓　禮儀有容
鐘鼓振　金石熙　宣兆祚　武開基
神斯樂兮　理管絃　有來斯和　說功德
吐清歌　神斯樂兮　洋洋玄化　潤被九壤
民無不悅　道無不往　禮有儀　樂有式
詠九功　永無極　神斯樂兮
宋宗廟登歌八篇　王韶之造
綿綿遐緒　昭明載融　漢德未遠　堯有遺風
於穆皇祖　永世克隆　本枝惟慶　貽厥靡窮
右祠北平府君登歌
乃立清廟　清廟肅肅　乃備禮容　禮容穆穆
顯允皇祖　昭是嗣服　錫茲繁祉　聿懷多福
右祠相國掾府君登歌
四縣既序　簫管既舉　堂獻六瑚　庭舞八羽
先王有典　克禋皇祖　丕顯洪烈　永介休祜
右祠開封府君登歌
鐘鼓喤喤　威儀將將　溫恭禮樂　敬享曾皇
邁德垂仁　係軌重光　天命純嘏　惠我無疆
右祠武原府君登歌
鑠矣皇祖　帝度其心　永言配命　播茲徽音
思我茂猷　如玉如金　駿奔在陛　是鑑是歆
右祠東安府君登歌
蒸哉孝皇　齊聖廣淵　發祥誕慶　景胙自天
德敷金石　道被管弦　有命既集　徽風永宣
右祠孝皇帝登歌
惟天有命　眷求上哲　赫矣聖武　撫運桓撥

功並敷土　道均汝墳　止戈曰武　經緯稱文
烏龍失紀　雲火代名　受終改物　作我宋京
至道惟王　大業有卲　降德兆民　升歌清廟
右祠高祖武皇帝登歌
奕奕寢廟　奉璋在庭　笙籥既列　犧象既盈
黍稷匪芳　明祀惟馨　樂具禮充　潔羞薦誠
神之格思　介以休禎　濟濟羣辟　永觀厥成
右祠七廟享神登歌并以歌章太后篇
世祖孝武皇帝歌　謝莊造
帝錫二祖　長世多祜　於穆叡考　襲聖承矩
玄極弛馭　乾紐墜緒　闢我皇維　締我宋宇
剛定四海　肇構神京　復禮輯樂　散馬墮城
澤物九有　化浮八瀛　慶雲承掖　甘露飛甍
肅肅清廟　巖巖閟宮　舞蹈象德　笙磬陳風
黍稷非盛　明德惟崇　神其歆止　降福無窮
宣皇太后廟歌
稟祥月輝　毓德軒光　嗣徽嬀汭　思媚周姜
母臨萬寓　訓藹紫房　朱絃玉籥　式載瓊芳
晉四廂樂歌三首　傅玄造
天鑒有晉　世祚聖皇　時齊七政　朝此萬方其一
鐘鼓斯震　九賓備禮　正位在朝　穆穆濟濟其二
煌煌三辰　寔麗于天　君后是象　威儀孔虔其三
率禮無愆　莫匪邁德　儀刑聖皇　萬邦惟則其四
右天鑒四章章四句正旦大會行禮歌
於赫明明　聖德龍興　三朝獻酒　萬壽是膺
敷佑四方　如日之升　自天降祚　元吉有徵
右於赫一章八句上壽酒歌
天命大晉　載育羣生　於穆上德　隨時化成其一
自祖配命　皇皇后辟　繼天創業　宣文之績其二
丕顯宣文　先知稼穡　克恭克儉　足教足食其三
既教食之　弘濟艱難　上帝是祐　下民所安其四
天祐聖皇　萬邦來賀　雖安勿安　乾乾匪暇其五
乃正丘郊　乃定冢社　廩廩作宗　光宅天下其六
惟敬朝饗　爰奏食舉　盡禮供御　嘉樂有序其七
樹羽設業　笙鏞以間　琴瑟齊列　亦有篪塤其八
喤喤鼓鐘　鎗鎗磬管　八音克諧　載夷載簡其九
既夷既簡　其大不禦　風化潛興　如雲如雨其十
如雲之覆　如雨之潤　聲教所暨　無思不順其十一
教以化之　樂以和之　和而養之　時惟邕熙其十二
禮慎其儀　樂節其聲　於鑠皇繇　既和且平其十三

右天命十三章章四句食舉東西廂歌
晉正德大豫二舞歌二篇　傅玄造
天命有晉　光濟萬國　穆穆聖皇　文武惟則
在天斯正　在地成德　載韜政刑　載崇禮教
我敷玄化　臻于中道
右正德舞歌
於鑠皇晉　配天受命　熙帝之光　世德惟聖
嘉樂大豫　保祐萬姓　淵兮不竭　冲而用之
先天弗違　虔奉天時
右大豫舞歌
晉四廂樂歌十七篇　荀勗造
正旦大會行禮歌四篇
於皇元首　羣生資始　履端大享　敬御繁祉
肆覲羣后　爰及卿士　欽順則元　允也天子
於皇一章八句當於赫
明明天子　臨下有赫　四表宅心　惠浹荒貊
柔遠能邇　孔淑不逆　來格祁祁　邦家是若
明明一章八句當巍巍
光光邦國　天篤其祜　丕顯哲命　顧柔三祖
世德作求　奄有九土　思我皇度　彝倫攸序
邦國一章八句當洋洋
惟祖惟宗　高朗緝熙　對越在天　駿惠在茲
聿求厥成　我皇崇之　式固其猶　往敬用治
祖宗一章八句當鹿鳴
正旦大會王公上壽酒歌一篇
踐元辰　延顯融　獻羽觴
祈令終　我皇壽而隆　我皇茂而嵩
本枝奮百世　休祚鍾聖躬
踐元辰一章八句當羽觴行
食舉樂東西廂歌十二篇
煌煌七燿　重明交暢　我有嘉賓　是應是貺
邦政既圖　接以大饗　人之好我　式遵德讓
煌煌一章八句當鹿鳴
賓之初筵　藹藹濟濟　既朝乃宴　以洽百禮
須以位敘　或廷或陛　登儐台叟　亦有兄弟
胥子陪寮　憲茲度楷　觀頤養正　降福孔偕
賓之初筵一章十二句當於穆
昔我三后　大業是維　今我聖皇　焜燿前暉
奕世重規　明照九畿　思輯用光　時罔有違
陟禹之跡　莫不來威　天被顯祿　福履是綏

三后一章十二句當昭昭
赫矣太祖　克廣明德　廓開寓宙　正世立則
變化不經　民無瑕慝　拼業垂統　兆我晉國
赫矣一章八句當華華
烈文伯考　時惟帝景　夷險平亂　威而不猛
御衡不迷　皇塗煥炳　七德咸宣　其寧惟永
烈文一章八句當朝宴
猗歟盛歟　先皇聖文　則天作孚　大哉爲君
慎徽五典　帝載是懃　文武發揮　茂建嘉勳
修己濟治　民用寧殷　懷遠燭幽　玄教氛氳
善世不伐　服事參分　德博化隆　道冒無垠
猗歟一章十六句當盛德
隆化洋洋　帝命溥將　登我晉道　越惟聖皇
龍飛革運　臨壽八荒　叡哲欽明　配蹤虞唐
封建厥福　駿發其祥　三朝習吉　終然允臧
其臧惟何　總彼萬方　元侯列辟　四嶽蕃王
時見世享　率茲有常　旅揖在庭　嘉客在堂
宋衛既臻　陳留山陽　我有賓使　觀國之光
貢賢納計　獻璧奉璋　保祐命之　申錫無疆
隆化一章二十八句當綏萬邦
振鷺于飛　鴻漸其翼　京邑穆穆　四方是式
無競惟人　王綱允敕　君子來朝　言觀其極
振鷺一章八句當朝朝
翼翼大君　民之攸暨　信理天工　惠康不匱
將遠不仁　訓以淳粹　幽明有倫　俊乂在位
九族既睦　庶邦順比　開元布憲　四海鱗萃
協時正統　殊塗同致　厚德載物　靈心隆貴
敷奏讜言　納以無諱　樹之典象　誨之義類
上教如風　下應如卉　一人有慶　羣萌以遂
我后宴喜　令聞不墜
翼翼一章二十六句當順天
既宴既喜　翕是萬邦　禮儀卒度　物有其容
晢晢庭燎　喤喤鼓鐘　笙磬詠德　萬舞象功
八音克諧　俗易化從　其和如樂　庶品時邕
既宴一章十二句當陟天庭
時邕份份　六合同塵　往我祖宣　威靜殊鄰
首定荆楚　遂平燕秦　娓娓文皇　邁德流仁
爰造草昧　應乾順民　靈瑞告符　休徵饗震
天地弗違　以和神人　既戡庸蜀　吳會是賓
肅慎率職　楛矢來陳　韓濊進樂　均協淸鈞

西旅獻獒　扶南效珍　蠻裔重譯　玄齒文身
我皇撫之　景命惟新
時邕一章二十六句當參兩儀
愔愔嘉會　有聞無聲　清酤既奠　籩豆既馨
禮充樂備　簫韶九成　愷樂飲酒　酣而不盈
率土歡豫　邦國以寧　王猷允塞　萬載無傾
嘉會一章十二句
晉正德大豫二舞歌二篇　荀勗造
人文垂則　盛德有容　聲以依詠　舞以象功
干戚發揮　節以笙鏞　羽籥雲會　翊宣令蹤
敷美盡善　允協時邕　煥炳其章　光乎萬邦
萬邦洋洋　承我晉道　配天作享　元命有造
上化如風　民應如草　穆穆斌斌　形于綴兆
文武旁作　慶流四表　無競維烈　永世是紹
正德舞歌
豫順以動　大哉惟時　時邁其仁　世載邕熙
兆我區夏　宣文是基　大業惟新　我皇降之
重光累曜　欽明文思　迄用有成　惟晉之祺
穆穆聖皇　受命既固　品物咸寧　芳烈雲布
文教旁通　篤以淳素　玄化洽暢　被之暇豫
作樂崇德　同美韶濩　濬邈幽遐　式遵王度
右大豫舞歌
晉四廂樂歌十六篇　張華造
稱元慶　奉壽觴　后皇延遐祚
安樂撫萬方
右王公上壽詩一章
明明在上　丕顯厥繇　翼翼三壽　蕃后惟休
羣生漸德　六合承流
三正元辰　朝慶鱗萃　華夏奉職貢
八荒覲殊類　黻冕充廣庭　鳴玉盈朝位
濟濟朝位　言觀其光　儀序既以時
禮文渙以彰　思皇享多祜　嘉樂永無央
九賓在庭　臚讚既通　升瑞奠贄
乃侯乃公　穆穆天尊　降禮動容
履端承元吉　介福御萬邦
朝享上　下咸雍　崇多儀　繁禮容
舞盛德　歌九功　揚芳烈　播休蹤
皇化洽　洞幽明　懷柔百神　輯祥禎
潛龍躍　雕虎仁　儀鳳鳥　屆游麟
枯蠹榮　竭泉流　菌芝茂　枳棘柔

和氣應　休徵滋　協靈符　彰帝期
綏宇宙　萬國和　昊天成命　賚皇家
賚皇家
世資聖哲　三后在天　啓鴻烈　啓鴻烈
隆王基　率土謳吟　欣戴于時　恒文示象
代氣著期
泰始開元　龍升在位　四隩同風　變寧殊類
五蹕來備　嘉生以遂
凝庶績　臻大康　申繁祉　肩無疆
本枝百世　繼緒不忘　繼緒不忘　休有烈光
永言配命　惟晉之祥
聖明統世　篤皇仁　廣大配天地
順動若陶鈞　玄化參自然　至德通神明
清風暢八極　流澤被無垠
於皇時晉　弈弈齊聖　惟天降嘏
神祇保定　弘濟區夏　允集大命
有命既集　光帝猷　大明重耀
鑑六幽　聲教洋溢　惠滂流
惠滂流　移風俗　多士盈朝
賢俊比屋　敦世心　斲彫反素樸
反素樸　懷庶方　干戚舞階庭
疏狄說遐荒　扶南假重譯　肅慎襲衣裳
雲覆雨施　德洽無疆　旁生穆穆
仁化翔
朝元日　賓王庭　承宸極　當盛明　衍和樂
竭祗誠　仰嘉惠　懷德馨　游淳風　泳淑清
協億兆　同歡榮　建皇極　統天位　運陰陽
御六氣　殷羣生　成性類　王道浹　治功成
人倫序　俗化清　虔明祀　祗三靈　崇禮樂
式儀形
慶元吉　宴三朝　播金石　詠洽簫　奏九夏
舞雲韶　邁德音　流英聲　八紘一　六合寧
六合寧　承聖明　王澤洽　道登隆　綏函夏
總華戎　齊德教　混殊風　混殊風　康萬國
崇夷簡　尚敦德　弘王度　表遐則
右食舉東西廂樂詩十一章
於赫皇祖　迪哲齊聖　經緯大業　基天之命
克開洪緒　誕篤天慶　旁濟彝倫　仰齊七政
烈烈景皇　克明克聰　靜封畧　定勳功
成民立政　儀刑萬邦　式固崇軌　光紹前蹤

允文烈考　濬哲應期　參德天地　比功四時
大亨以正　庶績咸熙　肇啓晉宇　遂登皇基
明明我后　玄德通神　受終正位　協應天人
容民厚下　育物流仁　躋我王道　彈光日新
右雅樂正旦大會行禮詩四章
晉正德大豫二舞歌二篇　張華造
正德舞歌詩
日皇上天　玄鑒惟光　神器周回　五德代章
祚命于晉　世有哲王　弘濟區夏　甄陶萬方
大明垂曜　旁燭無疆　蚩蚩庶類　風德永康
皇道惟清　禮樂斯經　金石在懸　萬舞在庭
象容表慶　協律被聲　軼武超濩　取節六英
同進退讓　化漸無形　大和宣洽　通于幽冥
大豫舞歌詩
惟天之命　符運有歸　赫赫大晉　三后重暉
繼明昭世　光撫九圍　我皇紹期　遂在璿璣
羣生屬命　奄有庶邦　慎徽五典　玄教遐通
萬方同軌　率土咸雍　爰制大豫　宣德舞功
淳化既穆　王道協隆　仁及草木　惠加昆蟲
億兆夷人　說仰皇風　丕顯大業　永世彌崇
晉四廂歌十六篇　成公綏造
上壽酒　樂未央　大晉應天慶
皇帝永無疆
右詩一章王公上壽酒所用
穆穆天子　光臨萬國　多士盈朝　莫匪俊德
流化罔極　王猷允塞　嘉會置酒　嘉賓充庭
羽旄曜辰極　鐘鼓振泰清　百辟朝三朝　彧彧明儀形
濟濟鏘鏘　金振玉聲
禮樂具　宴嘉賓　眉壽祚聖皇
景福惟日新　羣后戾止　有來雝雝
獻酬納贄　崇此禮容　豐肴萬俎
旨酒千鍾　嘉樂盡樂宴　福祿咸攸同
樂哉　天下安寧　道化行　風俗清　簫韶作
詠九成　年豐穰　世泰平　至治哉　樂無窮
元首聰明　股肱忠　澍豐澤　揚清風
嘉瑞出　靈應彰　麒麟見　鳳皇翔　醴泉涌
流中唐　嘉禾生　穗盈箱　降繁祉　祚聖皇
承天位　統萬國　受命應期　授聖德　四世重光
宣開洪業　景克昌　文欽明　德彌彰
肇啓晉邦　流祚無疆

泰始建元　鳳皇龍興　龍興伊何　享祚萬乘
奄有八荒　化育黎蒸　圖書煥炳　金石有徵
德光大　道熙隆　被四表　格皇穹
弈弈萬嗣　明明顯融
高朗令終　保茲永祚　與天比崇　聖皇君四海
順人應天期　三葉合重光　泰始開洪基　明耀參日月
功化侔四時　宇宙清且泰　黎庶咸雝熙　善哉雝熙
惟天降命　翼仁祐聖　於穆三皇　載德彌盛
總齊璿璣　光統七政　百揆時序　化若神聖
四海同風　興至仁　濟民育物　擬陶鈞
擬陶鈞　垂惠潤　皇皇羣賢　峨峨英儁
德化宣　芬芳播來肩　播來肩　垂後昆
清廟何穆穆　皇極闢四門　皇極闢四門　萬機無不綜
娓娓亹亹　樂不及荒　饑不遑食　大禮既行
樂無極
登崑崙　上增城　乘飛龍　升泰清　冠日月
佩五星　揚虹蜺　建彗旌　披慶雲　蔭繁榮
覽八極　游天庭　順天地　和陰陽　序四氣
耀三光　張帝綱　正皇綱　播仁風　流惠康
邁洪化　振靈威　懷萬方　納九夷　朝閶闔
宴紫微
建五旗　羅鐘虡　列四縣　奏韶武　鏗金石
揚旌羽　縱八佾　巴渝舞　詠雅頌　和律呂
于胥樂　樂聖主　化蕩蕩　清風泄　總英雄
御俊傑　開宇宙　埽四裔　光緝熙　美聖哲
超百代　揚休烈　流景祚　顯萬世
皇皇顯祖　翼世佐時　寧濟六合　受命應期
神武鷹揚　大化咸熙　廓開皇衢　用成帝基
光光景皇　無競維烈　匡時拯俗　休功蓋世
宇宙既康　九域有截　天命降監　啓祚明哲
穆穆烈考　克明克儁　實天生德　誕膺靈運
肇建帝業　開國有晉　載德弈世　垂慶洪肩
明明聖帝　龍飛在天　與靈合契　通德幽玄
仰化清雲　俯育重淵　受靈之祐　於萬斯年
右雅樂正旦大會行禮詩十五章
宋四廂樂歌五篇　王韶之造
於鑠我皇　體仁包元　齊明日月　比量乾坤
陶甄百王　稽則黃軒　訏謨定命　辰告四蕃
將將蕃后　翼翼羣僚　盛服待晨　明發來朝
饗以八珍　樂以九部　仰祗天顏　厥猷孔昭

法章既設　初筵長舒　濟濟列辟　端委皇除
飲和無盈　威儀有餘　溫恭在位　敬終如初
九功既歌　六代惟時　被德在樂　宣道以詩
穆矣太和　品物咸熙　慶積自遠　告成在茲
右肆夏樂歌四章（客入於四廂振作於鑠曲皇帝當陽四廂振作將將曲皇帝入變服四廂振作於鑠將將二曲又黃鍾太蔟二廂作法章九功二曲）
大哉皇宋　長發其祥　纂系在漢　統源伊唐
德之克明　休有烈光　配天作極　辰居四方
皇矣我后　聖德通靈　有命自天　誕授休禎
龍飛紫極　造我宋京　光宅宇宙　赫赫明明
右大會行禮歌二章（姑洗廂作）
獻壽爵　慶聖皇　靈祚窮二儀
休明等三光
右王公上壽歌一章（黃鍾廂作）
明明大宋　緝熙皇道　則天垂化　光定天保
天保既定　肆覲萬方　禮繁樂富　穆穆皇皇
沔彼流水　朝宗天池　洋洋貢職　抑抑威儀
既習威儀　亦閑禮容　一人有則　作孚萬邦
烝哉我皇　固天誕聖　履端惟始　對越休慶
如天斯久　如日斯盛　介茲景福　永固駿命
右殿前登歌三章別有金石
晨羲載耀　萬物咸覩　嘉慶三朝
禮樂備舉　元正肇始　典章暉明
萬方畢來賀　華裔充皇庭　多士盈九位
俯仰觀玉聲　恂恂俯仰　載爛其煇
鼓鐘震天區　禮容塞皇闈　思樂窮休慶
福履同所歸
五玉既獻　三帛是蒙　爾公爾侯
鳴玉華殿　皇皇聖后　降禮南面
元首納嘉禮　萬邦同歡願　休哉
君臣嘉燕　建五旗　列四縣
樂有文　禮無倦　融皇風
窮一變
體至和　感陰陽　德無不柔　繁休祥　瑞巖壁
應嘉鐘　舞靈鳳　躍潛龍　景星見　甘露墜
木連理　禾同穗　玄化洽　仁澤敷　極禎瑞
窮靈符
懷荒裔　綏齊民　荷天祐　靡不賓
靡不賓　長世弘盛　昭明有融　繁嘉慶
繁嘉慶　熙帝載　合氣成和　蒼生欣戴

三靈協瑞　惟新皇代
王道四達　流仁布德　窮理詠乾元
垂訓順帝則　靈化侔四時　幽誠通玄默
德澤被八紘　乾寧軌萬國
皇猷緝　咸熙泰　禮儀煥帝庭
要荒服遐外　被髮襲纓冕　左衽回衿帶
天覆地載　流澤汪濊　聲教布濩
德光大
開元辰　畢來王　奉貢職　朝后皇　鳴珩佩
觀典章　樂王度　說徽芳　陶盛化　游太康
丕昭明　永克昌
惟永初　德丕顯　齊七政　敷五典　彝倫序
洪化闡　王澤流　太平始　樹聲教　明皇紀
和靈祇　恭明祀　衍景祚　膺嘉祉
禮有容　樂有儀　金石陳　牙羽施　邁武濩
均咸池　歌南風　舞德稱　文武煥　頌聲興
王道純　德彌淑　寧八表　康九服　道禮讓
移風俗　移風俗　永克融　歌盛美　造成功
詠徽烈　邈無窮

右食舉歌十章黃鐘太蔟二廂更作黃鐘作晨羲體至和王道開元辰禮有容五曲太蔟作五玉懷荒裔皇猷緝惟永初王道純五曲

宋前舞後舞歌二篇　王韶之造

於赫景明　天監是臨　樂來伊陽　禮作惟陰
歌自德富　舞由功深　庭列宮縣　陛羅瑟琴
翿籥繁會　笙磬諧音　簫韶雖古　九成在今
道志和聲　德音孔宣　光我帝基　協靈配乾
儀形六合　化穆自然　如彼雲漢　爲章于天
熙熙萬類　陶和當年　擊轅中韶　永世弗騫

右前舞歌一章晉正德之舞蕤賓廂作

假樂聖后　寔天誕德　積美自中　王猷四塞
龍飛在天　儀刑萬國　欽明惟神　臨朝淵默
不言之化　品物咸德　告成于天　銘勳是勒
翼翼厥猶　娓娓其仁　順天矯制　因定和神
海外有截　九圍無塵　冕鎣司契　垂拱臨民
乃舞大豫　欽若天人　純嘏孔休　萬載彌新

右後舞歌一章晉大豫之舞蕤賓廂作

章廟舞樂歌詞雜歌悉同用大廟詞唯三后別撰　殷淡造

賓出入奏肅成樂歌詞二章

彝承孝典　恭事嚴聖　浹天奉賚　罄壤齊慶
司儀具序　羽容夙彰　分枝颺烈　黼構周張
助寶奠軒　酎珍充庭　璆縣凝會　涓朱竚聲
先期選禮　肅若有承　祇對靈祉　皇慶昭膺
尊事威儀　暉容昭敘　迅恭神明　粢盛牲俎
肅肅嚴宮　藹藹崇基　皇靈降祉　百祇具司
戒誠望夜　端列承朝　依微昭旦　物色輕霄
鴻慶遐鬯　嘉薦令芳　翊帝明德　永祚流光

牲出入引牲樂歌詞

維誠潔饗　維孝奠靈　敬芬黍稷　敬滌犧牲
騂繭在豢　載溢載豐　以承宗祀　以肅皇衷
蕭芳四舉　華火周傳　神監孔昭　嘉是柔牷

薦豆呈毛血奏嘉薦樂歌詞

肇禋戒祀　禮容咸舉　六典飾文　九司昭序
牲柔既昭　儀剛既陳　恭滌惟清　敬事惟神
加籩再御　兼俎重薦　節動軒越　聲流金縣
弈弈閟幄　娓娓嚴闈　潔誠夕鑑　端服晨暉
聖靈戾止　翊我皇則　上綏四寓　下洋萬國
永言孝饗　孝饗有容　儐僚贊列　肅肅雝雝

右夕牲歌詞

迎神奏韶夏樂歌詞

閟宮黝黝　復殿微微　璿除肅炤　釭璧彤輝
黼帟神凝　玉堂嚴馨　圓火夕燿　方水朝清
金枝委樹　翠鐙竚縣　渟波澄宿　華漢浮天
恭事既夙　虔心有慕　仰降皇靈　俯寧依胙

皇帝入廟北門奏永至樂歌詞

皇明鬯矣　孝容以昭　鑾華羽迾　拂漢涵滈
申申嘉夜　翊翊休朝　行金景送　步玉風韶
師承祀則　肅對禋祧

太祝祼地奏登歌樂詞二章

帝容承祀　練時涓日　九重徹關　四靈賓室
肅倡函音　庶茂委佾　休靈告饗　嘉薦尚芬
玉瑚飾列　桂䀂昭陳　具司選禮　翼翼振振
祼崇祀典　酎恭孝時　禮無爽物　信靡媿詞
精華孚鬯　誠監昭通　升歌翊節　下管調風
皇心履變　敬明尊親　大哉孝德　至矣交神

章皇太后神室奏章德凱容之樂舞歌詞

幽瑞浚靈　表彰嬪聖　翊載徽文　敷光崇慶
上緯纏祥　中維飾詠　永屬煇猷　聯昌景命

昭皇太后神室奏昭德凱容之樂舞歌詞

明帝造

表靈麗象　纘儀緯風　膺華丹燿　登瑞紫穹
訓形霄宇　武彰宸宮　騰芬金會　寫德聲容

宣皇太后神室奏宣德凱容之樂舞歌詞

明帝造

天樞凝燿　地紐儷煇　聯光騰世　炳慶翔機
薰躅中寓　景纓上微　玉頌鏤德　金籥傳徽

皇帝還東壁受福酒奏嘉胙之樂舞詞

福蘽洽　福時昌　皇聖膺嘉祐
帝業凝休祥　居極秉景運　宅德瑞中王
澄明臨四表　精華延八鄉　洞海周聲惠
徹寓麗乾光　靈慶纏世祉　鴻烈永無疆

送神奏昭夏之樂舞歌詞二章

大孝備　盛禮豐　神安留　嘉樂充　旋駕聳
汎青穹　延八虛　闢四空　藹流景　肅行風
昭融教　緝風度　戀皇靈　結深慕　解羽縣
轂華樹　背璿除　端玉輅　流汪濊　慶國步

皇帝詣便殿奏休成之樂歌詞

醲醴具登　嘉俎咸薦　饗洽誠陳　禮周樂徧
祝詞罷祼　序容輟縣　蹕動端庭　鑾回嚴殿
神儀駐景　華漢亭虛　八靈案衛　三祇解途
翠蓋燿澄　罼弈疑震　玉鑣息節　金輅懷音
式誠遠孝　底心肅感　追憑皇鑒　思承淵範
神錫懋祉　四緯昭明　仰福帝徽　俯齊庶生

宋書卷二十考證

樂志二天郊饗神歌祀皇神○祀晉書作禮

又保天年○年晉書作命

地郊饗神歌整泰行○行傅鶉觚集作坼一本作圻臣照按祭法瘞埋於泰折祭地也泰折卽今地壇故曰整泰折埃皇祇諸本皆誤

又照若存終冥冥○照傅鶉觚集作昭

天地郊夕牲歌表海炳岱○文選作炳海表岱

又開元首正○首正顏延之集作正首

迎神歌詩鐘石融○諸本鐘下旁注闕字一本作石考謝莊集亦作石今據以補

黃帝辭履建宅中寓司繩御四方○臣承蒼按謝莊集建下注宋書作艮御下注宋書作總今諸本竝無作艮作總者蓋明代重雕宋書復據莊集改此二字然則諸史傳至今日其失眞者固不知凡幾矣

白帝辭浹地奉渥罄宇承秋靈○謝莊集秋下注云宋書作帝

安臺新福歌曲我功既定○我功王粲集作武功

窮武篤然後得光大○得傅鶉觚集作德

祠征西將軍登歌綏于孫子○于傅鶉觚集作予

祠潁川府君登歌享祀永年○祀晉書作祚

祠景皇帝登歌克明克哲○臣承蒼按哲有制音與下畏叶

祠文皇帝登歌允文文皇○臣承蒼按皇疑作祖與下武爲韻

祠廟饗神歌禮有儀樂有則○南本此句下有舞象功歌詠德神胥樂兮十字

歌世祖武皇帝應期登神○神一本作禪

食舉東西箱樂詩第九章德洽無疆旁生穆穆○生一本作作臣照按書云旁作穆穆迓衡則作字是

食舉歌第十章牙羽施○牙一本誤干詩崇牙樹羽則牙字是

前舞歌義形六合○義一本作儀臣承蒼按如義字作儀形字卽應作刑

宋書卷二十一

梁　沈　約　撰

志第十一

樂三

但歌四曲出自漢世無弦節作伎最先一人倡三人和魏武帝尤好之時有宋容華者清澈好聲善唱此曲當時特妙自晉以來不復傳遂絕相和漢舊歌也絲竹更相和執節者歌本一部魏明帝分爲二更遞夜宿本十七曲朱生宋識列和等復合之爲十三曲

相和

駕六龍　氣出倡　武帝詞

駕六龍乘風而行行四海外路下之八邦歷登高山臨谿谷乘雲而行行四海外東到泰山仙人玉女下來翱游驂駕六龍飲玉漿河水盡不東流解愁腹飲玉漿奉持行東到蓬萊山上至天之門玉闕下引見得入赤松相對四面顧望視正焜煌開王心正興其氣百道至傳告無窮閉其口但當愛氣壽萬年東到海與天連神仙之道出窈入冥常當專之心恬憺無所愒欲閉門坐自守天與期氣願得神之人乘駕雲車驂駕白鹿上到天之門來賜神之藥跪受之敬神齊當如此道自來華陰

山自以爲大高百丈浮雲爲之蓋仙人欲來出隨風削之雨吹我洞簫鼓瑟琴何誾誾酒與歌戲今日相樂誠爲樂玉女起起儛移數時鼓吹一何嘈嘈從西北來時仙道多駕煙乘雲駕龍鬱何蓩蓩遨游八極乃到崐崘之山西王母側神仙金止玉亭來者爲誰赤松王喬乃德旋之門樂共飲食到黃昏多駕合坐萬歲長宜子孫游君山甚爲眞磪磈砟硌爾自爲神乃到王母臺金階玉爲堂芝草生殿傍東西廂客滿堂主人當行觴坐者長壽遽何央長樂甫始宜孫子常願主人增年與天相守

厥初生　精列　武帝詞

厥初生造化之陶物莫不有終期莫不有終期聖賢不能免何爲懷此憂願螭龍之駕思想崐崘居思想崐崘居見期於迂怪志意在蓬萊志意在蓬萊周孔聖徂落會稽以墳丘會稽以墳丘陶陶誰能度君子以弗憂年之暮奈何過時時來微

江南可採蓮　江南　古辭

江南可採蓮蓮葉何田田魚戲蓮葉間魚戲蓮葉東魚戲蓮葉西魚戲蓮葉南魚戲蓮葉北

天地間　度關山　武帝辭

天地間人爲貴立君牧民爲之軌則車轍馬迹經緯四極黜陟幽明黎庶繁息於鑠賢聖總統邦域封建五爵井田刑獄有燔丹書無普赦贖皐陶甫刑何有失職嗟哉後世改制易律勞民爲君役賦其力舜漆食器畔者十國不及唐堯採椽不斵世歎伯夷欲以厲俗侈惡之大儉爲恭德許由推讓豈有訟曲兼愛尚同疏者爲戚

東光乎　東光乎　古辭

東光乎倉梧何不乎倉梧多腐粟無益諸軍糧諸軍游蕩子蚤行多悲傷

登山有遠望　十五　文帝詞

登山而遠望谿谷多所有楩柟千餘尺衆草之盛茂華葉燿人目五色難可紀雉雊山雞鳴虎嘯谷風起號羆當我道狂顧動牙齒

惟漢二十二世　薤露　武帝詞

惟漢二十二世所任誠不良沐猴而冠帶智小而謀强猶豫不敢斷因狩執君王白虹爲貫日已亦先受殃賊臣持國柄殺主滅宇京蕩覆帝基業宗廟以燔喪播越西遷移號泣而且行瞻彼洛城郭微子爲哀傷

關東有義士　蒿里行　武帝詞

關東有義士興兵討羣凶初期會孟津乃心在咸陽軍合力不齊躊躇而雁行勢利使人爭嗣還自相戕淮南弟稱號刻璽於北方鎧甲生蟣蝨萬姓以死亡白骨露於野千里無雞鳴生民百遺一念之絕人腸

對酒歌太平時　對酒　武帝詞

對酒歌太平時吏不呼門王者賢且明宰相股肱皆忠良咸禮讓民無所爭訟三年耕有九年儲倉穀滿盈斑白不負戴雨澤如此五穀用成卻走馬以糞其土田爵公侯伯子男咸愛其民以黜陟幽明子養有若父與兄犯禮法輕重隨其刑路無拾遺之私囹圄空虛冬節不斷人耄耋皆得以壽終恩德廣及草木昆蟲

雞鳴高樹顛　雞鳴　古詞

雞鳴高樹顛狗吠深宮中蕩子何所之天下方太平刑法非有貸柔協正亂名黃金爲君門璧玉爲軒闌堂上有雙尊酒作使邯鄲倡劉玉碧青甓後出郭門王舍後有方池池中雙鴛鴦鴛鴦七十二羅列自成行鳴聲何啾啾聞我殿東廂兄弟四五人皆爲侍中郎五日一時來觀者滿道傍黃金絡馬頭頰頰何煌煌桃生露井上李樹生桃傍蟲來齧桃根李樹代桃僵樹木身相代兄弟還相忘

烏生八九子　烏生　古辭

烏生八九子端坐秦氏桂樹間唶我秦氏家有游遨蕩子工用睢陽强蘇合彈左手持强彈兩丸出入烏東西唶我一丸即發中烏身烏死魂魄飛揚上天阿母生烏子時乃在南山巖石間唶我人民安知烏子處蹊徑窈窕安從通白鹿乃在上林西苑中射工尚復得白鹿脯唶我黃鵠摩天極高飛後宮尚復得烹煮之鯉魚乃在洛水深淵中釣鉤尚得鯉魚口唶我人民生各各有壽命死生何須復道前後

平陵東　平陵　古詞

平陵東松柏桐不知何人劫義公劫義公在高堂下交錢百萬兩走馬兩走馬亦誠難顧見追吏心中惻心中惻血出漉歸告我家賣黃犢

棄故鄉亦在瑟調東西門行　陌上桑　文帝詞

棄故鄉離室宅遠從軍旅萬里客披荊棘求阡陌側足獨窘步路局笮虎豹嘷動雞驚禽失羣鳴相索登南山奈何蹈槃石樹木叢生鬱差錯寶蒿草蔭松柏涕泣雨面霑枕席伴旅單稍稍日零落惆悵竊自憐相痛惜

今有人　陌上桑　楚詞鈔

今有人山之阿被服薜荔帶女蘿既含睇又宜笑子戀慕予善窈窕乘赤豹從文貍新夷車駕結桂旗被石蘭帶杜衡折芳拔荃遺所思處幽室終不見天路險艱獨後來表獨立山之上雲何容容而在下杳冥冥羌晝晦東風飄飄神靈雨風瑟瑟木搜搜思念公子徒以憂

駕虹蜺　陌上桑　武帝詞

駕虹蜺乘赤雲登彼九疑歷玉門濟天漢至崐崘見西王母謁東君交赤松及羨門受要祕道愛精神食芝英飲醴泉拄杖桂枝佩秋蘭絕人事游渾元若疾風游欻飄飄景未移行數千壽如南山不忘愆

淸商三調歌詩　荀勗撰舊詞施用者

平調

周西　短歌行　武帝詞六解

周西伯昌懷此聖德參分天下而有其二脩奉貢獻臣節不墜崇侯讒之是以拘繫一解後見赦原賜之斧鉞得使征伐爲仲尼所稱達及德行猶奉事殷論敘其美二解齊桓之功爲霸之首九合諸侯一匡天下一匡天下不以兵車正而不譎其德傳稱三解孔子所歎并稱夷吾民受其恩賜與廟胙命無下拜小白不敢爾天威在顏咫尺四解晉文亦霸躬奉天王受賜珪瓚秬鬯彤弓盧弓矢千虎賁三百人五解威服諸侯師之者尊八方聞之名亞齊桓河陽之會詐稱周王是以其名紛葩六解

秋風　燕歌行　文帝詞七解

秋風蕭瑟天氣涼草木搖落露爲霜一解羣燕辭歸鵠南翔念君客游多思腸二解慊慊思歸戀故鄉君何淹留寄它方三解賤妾煢煢守空房憂來思君不敢忘四解不覺淚下霑衣裳援琴鳴弦發清商五解短歌微吟不能長明月皎皎照我牀六解星漢西流夜未央牽牛織女遙相望爾獨何辜限河梁七解

仰瞻　短歌行　文帝詞六解

仰瞻帷幕俯察几筵其物如故其人不存一解神靈倏忽棄我遐遷靡瞻靡恃泣涕連連二解呦呦游鹿銜草鳴麑翩翩飛鳥挾子巢棲三解我獨孤煢懷此百離憂心孔疚莫我能知四解人亦有言憂令人老嗟我白髮生一何早五解長吟永歎懷我聖考曰仁者壽胡不是保六解

別日　燕歌行　文帝詞六解

別日何易會日難山川悠遠路漫漫一解鬱陶思君未敢言寄書浮雲往不還二解涕零雨面毀形顏誰能懷憂獨不歎三解耿耿伏枕不能眠披衣出戶步東西四解展詩清歌聊自寬樂往哀來摧心肝悲風清厲秋氣寒羅帷徐動經秦軒五解仰戴星月觀雲間飛鳥晨鳴聲氣可憐留連顧懷不自存六解

對酒　短歌行　武帝詞六解

對酒當歌人生幾何譬如朝露去日苦多一解慨當以忼憂思難忘以何解愁唯有杜康二解青青子衿悠悠我心但爲君故沈吟至今三解明明如月何時可掇憂從中來不可斷絕四解呦呦鹿鳴食野之苹我有嘉賓鼓瑟吹笙五解山不厭高水不厭深周公吐哺天下歸心六解

清調

晨上　秋胡行　武帝詞

晨上散關山此道當何難晨上散關山此道當何難牛頓不起車墮谷間坐盤石之上彈五弦之琴作爲清角韻意中迷煩歌以言志晨上散關山一解有何三老公卒來在我傍有何三老公卒來在我傍員揜被裘似非恒人謂卿云何困苦以自怨徨徨所欲來到此間歌以言志有何三老公二解我居崐崘山所謂者眞人我居崐崘山所謂者眞人道深有可得名山歷觀遨游八極枕石漱流飲泉沈吟不決遂上升天歌以言志我居崐崘山三解去去不可追長恨相牽攀去去不可追長恨相牽攀夜夜安得寐惆悵以自憐正而不譎辭賦依因經傳所過西來所傳歌以言志去去不可追四解又本晨二散二關二山二此二道二當二何二難二有二何二三二老二公二來二在二我二傍二我二居二崐二崘二山二所二謂二眞二人二去二不二可二追二長二相二牽二攀二

北上　苦寒行　武帝詞六解

北上太二行二山二艱二哉二何二巍巍羊腸坂詰屈車輪爲之摧一解樹木何蕭二瑟二北二風二聲二正二悲二熊羆對我蹲虎豹夾道啼二解谿谷少二人二民二雪二落二何二霏二霏二延頸長歎息遠行多所懷三解我心何二佛二鬱二思二欲二一二東二歸二水深橋梁絕中道正裵回四解迷惑失二徑二路二暝二無二所二宿二棲二行行日以遠人馬同時飢五解儋二囊二行二取二薪二斧二冰二持二作二糜二悲彼東山詩悠悠使我哀六解

願登　秋胡行　武帝詞五解

願二登二泰二華二山二神二人二共二遠二游二經歷崐崘山到蓬萊飄颻八極與神人俱思得神藥萬歲爲期歌以言志願登泰華山一解天二地二何二長二久二人二道二居二之二短二世言伯陽殊不知老赤松王喬亦云得道得之未聞庶以壽考歌以言志天地何長久二解明二明二日二月二光二何二所二不二光二昭二二儀合聖化貴者獨人不萬國率土莫非王臣仁義爲名禮樂爲榮歌以言志明明日月光三解四二時二

更二逝二去二晝二夜二以二成二歲二大人先天而
天弗違不戚年往世憂不治存亡有命慮之爲蚩歌以
言志四時更逝去解四戚二戚二欲二何二念二歡二笑
二意二所二之二盛壯智慧殊不再來愛時進趣將以
惠誰汜汜放逸亦同何爲歌以言志戚戚欲何念解五
上謁　董桃行　古詞解五
吾欲上謁從高山山頭危嶮大難遙望五嶽端黃金爲
闕班璘但見芝草葉落紛紛解一百鳥集來如煙山獸紛
綸麟辟邪其端鵾雞聲鳴但見山獸援戲相拘攣解二小
復前行玉堂未心懷流還傳教出門來門外人何求所
言欲從聖道求一得命延解三教敕凡吏受言采取神藥
若木端白兔長跪擣藥蝦蟇丸奉上陛下一玉柈服此
藥可得神仙解四服爾神藥無不歡喜陛下長生老壽四
面肅肅稽首天神擁護左右陛下長與天相保守解五
蒲生　塘上行　武帝詞解五
蒲二生二我二池二中二其葉何離離傍能行儀儀莫
能縷自知衆口鑠黃金使君生別離解一念二君二去二
我二時二獨愁常苦悲想見君顏色感結傷心脾今悉
夜夜愁不寐解二莫二用二豪二賢二故二棄捐素所愛
莫用魚肉貴棄捐葱與薤莫用麻枲賤棄捐菅與蒯解三
倍二恩二者二苦二枯二蹶船常苦沒教君安息定愼
莫致倉卒念與君一共離別亦當何時共坐復相對解四
出二亦二復二苦二愁二入亦復苦愁邊地多悲風樹
木何蕭蕭今日樂相樂延年壽千秋解五
悠悠　苦寒行　明帝詞解五
悠二悠二發二洛二都二弃二我二征二東二行二征
行彌二旬屯吹龍陂城解一顧觀故二壘二處二皇二祖
二之二所二營二屋室若平昔棟宇無邪傾解二奈何我
二皇二祖二潛二德二隱二聖二形二雖沒而不朽書
貴垂休名解三光光我二皇二祖二軒二燿二同二其二
榮二遺化布四海八表以肅清解四雖有吳二蜀二寇二
春二秋二足二燿二兵二徒悲我皇祖不永享百齡賦
詩以寫懷伏軾淚霑纓解五
瑟調
朝日　善哉行　文帝詞解五
朝日樂相樂酣飲不知醉悲弦激新聲長笛吐清氣解一
弦歌感人腸四坐皆歡說寥寥高堂上涼風入我室解二
持滿如不盈有得者能卒君子多苦心所愁不但一解三
慊慊下白屋吐握不可失衆賓飽滿歸主人苦不悉解四
比翼翔雲漢羅者安所羇沖靜得自然榮華何足爲解五

上山　善哉行　文帝詞解六
上山采薇薄莫苦饑溪谷多風霜露沾衣解一野雉羣雊
猴猿相追還望故鄉鬱何壘壘解二高山有崖林木有支
憂來無方人莫之知解三人生若寄多憂何爲今我不樂
歲月其馳解四湯湯川流中有行舟隨波轉薄有似客游
解五策我良馬被我輕裘載馳載驅聊以忘憂解六
朝游　善哉行　文帝詞解五
朝游高臺觀夕宴華池陰大酋奉甘醪狩人獻嘉禽解一
齊倡發東舞秦箏奏西音有客從南來爲我彈清琴解二
五音紛繁會拊者激微吟淫魚乘波聽踴躍自浮沈解三
飛鳥翻翔舞悲鳴集北林樂極哀情來憀亮摧肝心解四
清角豈不妙德薄所不任大哉子野言弭弦且自禁解五
古公　善哉行　武帝詞解七
古公亶甫積德垂仁思弘一道哲王於豳解一太伯仲雍
王德之仁行施百世斷髮文身解二伯夷叔齊古之遺賢
讓國不用餓殂首山解三智哉山甫相彼宣王何用杜伯
累我聖賢解四齊桓之霸賴得仲父後任豎刁蟲流出戶
解五晏子平仲積德兼仁與世沈德未必思命解六仲尼之
世王國爲君隨制飮酒揚波使官解七
自惜　善哉行　武帝詞解六
自惜身薄祜夙賤罹孤苦既無三徙教不聞過庭語解一
其窮如抽裂自以思所怙雖懷一介志是時其能與解二
守窮者貧賤惋歎淚如雨泣涕於悲夫乞活安能覩解三
我願於天窮琅邪傾側左雖欲竭忠誠欣公歸其楚解四
快人日爲歎抱情不得敘顯行天教人誰知莫不緒解五
我願何時隨此歎亦難處今我將何照於光燿釋銜不
如雨解六
我徂　善哉行　明帝詞解八
我徂我征伐彼蠻虜練師簡卒爰正其旅解一輕舟竟川
初鴻依浦桓桓猛毅如羆如虎解二發砲若雷吐氣成雨
旄旍指麾進退應矩解三百馬齊轡御由造父休休六軍
咸同斯武解四兼塗星邁亮茲行阻行行日遠西背京許
解五游弗淹旬遂屆揚土奔寇震懼莫敢當御解六虎臣列
將怫鬱兇怒淮泗肅清奮揚微所解七運德燿威惟鎮惟
撫反旆言歸告入皇祖解八
赫赫　善哉行　明帝詞解四
赫赫大魏王師徂征冒暑討亂振燿威靈解一汎舟黃河
隨波潺湲通渠回越行路綿綿解二采旄蔽日旗旐翳天
淫魚瀺灂游戲深淵解三唯塘泊從如流不爲單握揚楚
心惆悵歌采薇心綿綿在淮肥願君速捷蚤旋歸解四

來日　善哉行　古詞解六
來日大難口燥脣乾今日相樂皆當喜歡解一經歷名山
芝草翻翻仙人王喬奉藥一丸解二自惜袖短內手知寒
慙無靈輒以報趙宣解三月沒參橫北斗闌干親交在門
饑不及餐解四歡日尚少戚日苦多以何忘憂彈箏酒歌
解五淮南八公要道不煩參駕六龍游戲雲端解六
大曲
東門　東門行　古詞解四
出東門不顧歸來入門悵欲悲盎中無斗儲還視桁上
無懸衣解一拔劍出門去兒女牽衣啼它家但願富貴賤
妾與君共餔糜解二共餔糜上用倉浪天故下爲黃口小
兒今時清廉難犯教言君復自愛莫爲非解三今時清廉
難犯教言君復自愛莫爲非行吾去爲遲平愼行望吾
歸解四
西山　折楊柳行　文帝詞解四
西山一何高高高殊無極上有兩仙僮不飮亦不食與
我一丸藥光耀有五色解一服藥四五日身體生羽翼輕
舉乘浮雲倏忽行萬億流覽觀四海芒芒非所識解二彭
祖稱七百悠悠安可原老聃適西戎于今竟不還王喬
假虛詞赤松垂空言解三達人識眞僞愚夫好妄傳追念
往古事憒憒千萬端百家多迂怪聖道我所觀解四
羅敷　豔歌羅敷行　古詞解三
日出東南隅照我秦氏樓秦氏有好女自名爲羅敷羅
敷喜蠶桑采桑城南隅青絲爲籠係桂枝爲籠鉤頭上
倭墮髻耳中明月珠緗綺爲下裙紫綺爲上襦行者見
羅敷下儋捋髭須少年見羅敷脫帽著帩頭耕者忘其
犂鋤者忘其鋤來歸相怒怨但坐觀羅敷解一使君從南
來五馬立踟躕使君遣吏往問是誰家姝秦氏有好女
自名爲羅敷羅敷年幾何二十尚不足十五頗有餘使
君謝羅敷寧可共載不羅敷前置詞使君一何愚使君
自有婦羅敷自有夫解二東方千餘騎夫壻居上頭何用
識夫壻白馬從驪駒青絲繫馬尾黃金絡馬頭腰中鹿
盧劍可直千萬餘十五府小史二十朝大夫三十侍中
郎四十專城居爲人潔白晳鬑鬑頗有須盈盈公府步
冉冉府中趨坐中數千人皆言夫壻殊解三前有豔詞曲後有趨
西門　西門行　古詞解六
出西門步念之今日不作樂當待何時解一夫爲樂爲樂
當及時何能坐愁怫鬱當復來茲解二飮醇酒炙肥牛請
呼心所歡可用解愁憂解三人生不滿百常懷千歲憂晝
短而夜長何不秉燭游解四自二非二仙二人二王二子

二喬二計二會二壽二命二難二與二期二解五人壽非
金石年命安可期貪財愛惜費但爲後世嗤解六一本去之如雲除弊車羸馬爲自推無自非以下四十八字獨游後行
默默　折楊柳行　古詞解四
默默施行違厥罰隨事來末喜殺龍逢桀放於鳴條解一
祖伊言不用紂頭懸白旄指鹿用爲馬胡亥以喪軀解二
夫差臨命絕乃云負子胥戎王納女樂以亡其由余璧
馬禍及虢二國俱爲墟解三夫成市虎慈母投杼趨卞
和之刖足接予歸草廬解四
園桃　煌煌京洛行　文帝詞解五
天天園桃無子空長虛美難假偏輪不行解一淮陰五行
鳥得弓藏保身全名獨有子房大憤不收褒衣無帶多
言寡誠祇令事敗解二蘇秦之說六國以亡傾側賣主車
裂固當賢矣陳軫忠而有謀楚懷不從禍卒不救解三禍
夫吳起智小謀大西河何健伏尸何劣解四嗟彼郭生古
之雅人智矣燕昭可謂得臣褧褧仲連齊之高士北辭
千金東蹈滄海解五
白鵠　豔歌何嘗行一曰飛鵠行　古詞解四
飛來雙白鵠乃從西北來十十五五羅列成行解一妻卒
被病行不能相隨五里一反顧六里一裴回解二吾欲銜
汝去口噤不能開吾欲負汝去毛羽何摧頹解三樂哉新
相知憂來生別離躇躊顧羣侶淚下不自知解四念與君
離別氣結不能言各各重自愛道遠歸還難妾當守空
房閉門下重關若生當相見亡者會黃泉今日樂相樂
延年萬歲期念與下爲趨曲前有豔
碣石　步出夏門行　武帝詞解四
雲行雨步超越九江之皐臨觀異同心意懷游豫不知
當復何從經過至我碣石心惆悵我東海雲行至此爲豔東臨
碣石以觀滄海水何淡淡山島竦峙樹木叢生百草豐
茂秋風蕭瑟洪濤湧起日月之行若出其中星漢燦爛
若出其裏幸甚至哉歌以言志觀滄海解一孟冬十月北
風裴回天氣肅清繁霜霏霏鵾雞晨鳴鴻鴈南飛鷙鳥
潛藏熊羆窟棲錢鎛停置農收積場逆旅正設以通賈
商幸甚至哉歌以詠志冬十月解二鄉土不同河朔隆寒
流澌浮漂舟船行難錐不入地豐藾深奧水竭不流冰
堅可蹈士隱者貧勇俠輕非心常歎怨戚戚多悲幸甚
至哉歌以詠志河朔寒解三神龜雖壽猶有竟時騰蛇乘
霧終爲土灰驥老伏櫪志在千里烈士暮年壯心不已
盈縮之期不但在天養怡之福可得永年幸甚至哉歌
以詠志神龜雖壽解四

何嘗　豔歌何嘗行　古辭五解

何嘗快獨無憂但當飲醇酒炙肥牛解一長兄爲二千石中兄被貂裘解二小弟雖無官爵鞍馬馺馺往來王侯長者遊解三但當在王侯殿上快獨摴蒲六博對坐彈碁解四男兒居世各當努力蹙迫日暮殊不久留解五少小相觸抵寒苦常相隨忿恚安足諍吾中道與卿共別離約身奉事君禮節不可虧上慙滄浪之天下顧黃口小兒奈何復老心皇皇獨悲誰能知少小下爲趨曲前爲豔

置酒　野田黃雀行　空侯引亦用此曲　東阿王詞四解

置酒高殿上親交從我游中廚辦豐膳烹羊宰肥牛秦箏何忼慨齊瑟和且柔解一陽阿奏奇舞京洛出名謳樂飲過三爵緩帶傾庶羞主稱千金壽賓奉萬年酬解二久要不可忘薄終義所尤謙謙君子德磬折欲何求盛時不再來百年忽我遒解三驚風飄白日光景馳西流生存華屋處零落歸山丘先民誰不死知命復何憂解四

爲樂　滿歌行解四

爲樂未幾時遭世險巇逢此百離伶丁荼毒愁懣難支遙望辰極天曉月移憂來闐心誰當我知解一戚戚多思慮耿耿不寧禍福無形唯念古人遜位躬耕遂我所願以茲自寧自鄙山棲守此一榮解二莫秋烈風起西蹈滄海心不能安攬衣起瞻夜北斗闌干星漢照我去去自無它奉事二親勞心可言解三窮達天所爲智者不愁多爲少憂安貧樂正道師彼莊周遺名者貴子熙同巇往者二賢名垂千秋解四飲酒歌舞不樂何須善哉照觀日月日月馳驅轗軻世間何有何無貪財惜費此一何愚命如鑿石見火居世竟能幾時但當歡樂自娛盡心極所熙怡安善養君德性百年保此期頤飲酒下爲趨

夏門　步出夏門行一曰隴西行　明帝詞二解

步出夏門東登首陽山嗟哉夷叔仲尼稱賢君子退讓小人爭先惟斯二子于今稱傳林鐘受謝節改時遷日月不居誰得久存善哉殊復善弦歌樂情解一商風夕起悲彼秋蟬變形易色隨風東西乃眷西顧雲霧相連丹霞蔽日采虹帶天弱水潺潺落葉翩翩孤禽失羣悲鳴其間善哉殊復善悲鳴在其間解二朝游清冷日莫嗟歸朝游上爲豔蹙迫日莫烏鵲南飛繞樹三匝何枝可依卒逢風雨樹折枝摧雄來驚雌雌獨愁棲夜失羣侶悲鳴裴回芃芃荆棘葛生綿綿感彼風人惆悵自憐月盈則沖華不再繁古來之說嗟哉一言蹙迫下爲趨

王者布大化　櫂歌行　明帝詞五解

王者布大化配乾稽后祇陽育則陰殺晷景應度移解一文德以時振武功伐不隨重華舞干戚有苗服從嬀解二蠢爾吳蜀虜馮江棲山阻哀哀王士民瞻仰靡依怙解三皇上悼愍斯宿昔奮天怒發我許昌宮列舟于長浦解四翌日乘波揚棹歌悲且涼太常拂白日旗幟紛設張解五將抗旄與鉞耀威於彼方伐皐以弔民清我東南疆將抗下爲趨

洛陽行　鴈門太守行　古詞八解

孝和帝在時洛陽令王君本自益州廣漢民小行宦學通五經論解一明知法令歷世衣冠從溫補洛陽令治行致賢擁護百姓子養萬民解二外行猛政內懷慈仁文武備具料民富貧移惡子姓名五篇著里端解三傷殺人比伍同皐對門禁鎦矛八尺捕輕薄少年加笞決皐詣馬市論解四無妄發賦念在理冤敕吏正獄不得苛煩財用錢三十買繩禮竿解五賢哉賢哉我縣王君臣吏衣冠奉事皇帝功曹主簿皆得其人解六臨部居職不敢行恩清身苦體夙夜勞勤治有能名遠近所聞解七天年不遂蚤就奄昏爲君作祠安陽亭西欲令後世莫不稱傳解八

白頭吟　與櫂歌同調　古詞五解

晴如山上雲皎若雲間月聞君有兩意故來相決絕解一平生共城中何嘗斗酒會今日斗酒會明旦溝水頭蹀躞御溝上溝水東西流解二郭東亦有樵郭西亦有樵兩樵相推與無親爲誰驕解三凄凄重凄凄嫁娶亦不啼願得一心人白頭不相離竹竿何嫋嫋魚尾何離簁男兒欲相知何用錢刀爲齝如五馬噉其川上高士嬉今日相對樂延年萬歲期一本云詞日上有荸羅咄咄奈何

楚調怨詩

明月　東阿王詞七解

明月照高樓流光正裴回上有愁思婦悲歎有餘哀解一借問歎者誰自云客子妻夫行踰十載賤妾常獨棲解二念君過於渴思君劇於饑君爲高山柏妾爲濁水泥解三北風行蕭蕭烈烈入吾耳心中念故人淚墮不能止解四沈浮各異路會合當何諧願作東北風吹我入君懷解五君懷常不開賤妾當何依恩情中道絕流止任東西解六我欲竟此曲此曲悲且長今日樂相樂別後莫相忘解七

宋書卷二十一考證

樂志三武帝駕六龍詞仙人玉女下來翱游○翱監本譌翔魏武帝集作遨

又正焜煌開王心○焜煌魏武帝集作煌煌

隨風削之雨○削魏武帝集作列

武帝厥初生詞過時時來微○過時魏武帝集作時過

文帝登山有遠望詞衆草之盛茂○之魏文帝集作芝

武帝蒿里行生民百遺一念之絕人腸○絕魏武帝集作斷

武帝陌上桑登彼九疑歷王門○王門魏武帝集作玉門

又絕人事游渾元若疾風游欻飄飄○飄飄魏武帝集作飄翩　臣承蒼按作翩字方與上文韻合

文帝燕歌行念君客游多思腸○魏文帝集注多思腸一作思斷腸

文帝短歌行日仁日壽○下日字魏文帝集作者

文帝燕歌行耿耿伏枕不能眠披衣出戶步東西解四展詩清歌聊自寬樂往哀來摧心肝悲風清厲秋氣寒羅幃徐動經秦軒○魏文帝集耿耿二句在展詩二句之下又無悲風清厲二句　臣承蒼按西讀若先與下寬叶古詩皆然唐以後始入齊韻

又飛鳥晨鳴聲氣可憐○魏文帝集無氣字

武帝短歌行明明如月何時可掇○掇諸本皆作輟今從魏武帝集改正本集呦呦鹿鳴四句在此二句之上此二句下又有越陌度阡枉用相存契闊談讌心念舊恩月明星稀烏鵲南飛遶樹三匝何枝可依八句

武帝秋胡行韻意中述煩○述魏武帝集作迷

武帝苦寒行北上太二行二山二艱二哉二何二巍巍○臣承蒼按據下五解之例巍巍兩字皆當有疊聲

武帝塘上行傍能行儀儀○儀儀一本作仁儀

文帝善哉行有得者能卒○得魏文帝集作德

明帝善哉行虎臣列將怫鬱兗怒○兗一本作充

古西門行何能坐愁怫鬱當復來茲○一本復下有待字

文帝煌煌京洛行淮陰五行鳥得弓藏○魏文帝集行作刑得作盡

武帝步出夏門行驥老伏歷志在千里○魏武帝集驥老作老驥歷作櫪

又養怡之福可得永年○怡魏武帝集作恬

古豔歌何嘗行上慙滄浪之天下顧黃口小兒○臣承蒼按前東門行云上用倉浪天故下爲黃口小兒此夫字亦當作天滄浪言天之色如水也

宋書卷二十二

梁　沈　約　撰

志第十二

樂四

漢鞞舞歌五篇

關東有賢女

章和二年中

樂久長

四方皇

殿前生桂樹

魏鞞舞歌五篇

明明魏皇帝

太和有聖帝

魏歷長

天生烝民

爲君既不易

魏陳思王鞞舞歌五篇

聖皇篇　當章和二年中

聖皇應歷數　正康帝道休
九州咸賓服　威德洞八幽
三公奏諸公　不得久淹留
蕃位任至重　舊章咸率由
侍臣省文奏　陛下體仁慈
沈吟有愛戀　不忍聽可之
迫有官典憲　不得顧恩私
諸王當就國　璽綬何纍縗
便時舍外殿　宮省寂無人
主上增顧念　皇母懷苦辛
何以爲贈賜　傾府竭寶珍
文錢百億萬　采帛若煙雲
乘輿服御物　錦羅與金銀
龍旂垂九旒　羽蓋參斑輪
諸王自計念　無功荷厚德
思一効筋力　糜軀以報國
鴻臚擁節衛　副使隨經營
貴戚並出送　夾道交輻軿
車服齊整設　韡曄耀天精
武騎衛前後　鼓吹簫笳聲
祖道魏東門　淚下霑冠纓
扳蓋因內顧　俛仰慕同生

行行將日莫　何時還闕庭
車輪爲裴回　四馬躊躇鳴
路人尚酸鼻　何況骨肉情
靈芝篇　當殿前生桂樹
靈芝生玉地　朱草被洛濱
榮華相晃耀　光采曄若神
古時有虞舜　父母頑且嚚
盡孝於田隴　烝烝不違仁
伯瑜年七十　采衣以娛親
慈母笞不痛　歔欷涕沾巾
丁蘭少失母　自傷蚤孤煢
刻木當嚴親　朝夕致三牲
暴子見陵侮　犯辠以亡形
丈人爲泣血　免戾全其名
董永遭家貧　父老財無遺
舉假以供養　傭作致甘肥
責家塡門至　不知何用歸
天靈感至德　神女爲秉機
歲月不安居　烏乎我皇考
生我旣已晚　棄我何期蚤
蓼莪誰所興　念之令人老
退詠南風詩　灑淚滿褘抱
亂曰
聖皇君四海　德教朝夕宣
萬國咸禮讓　百姓家肅虔
庠序不失儀　孝悌處中田
戶有曾閔子　比屋皆仁賢
髫齓無夭齒　黃髮盡其年
陛下三萬歲　慈母亦復然
大魏篇　當漢吉昌
大魏應靈符　天祿方甫始
聖教致泰和　神明爲驅使
左右宜供養　中殿宜皇子
陛下長壽考　羣臣拜賀咸說喜
積善有餘慶　榮祿固天常
衆善塡門至　臣子蒙福祥
無患及陽遂　輔翼我聖皇
衆吉咸集會　凶邪姦惡竝滅亡
黃鵠游殿前　神鼎周四阿
玉馬充乘輿　芝蓋樹九華
白虎戲西除　舍利從辟邪
騏驎躡足舞　鳳凰拊翼歌
豐年大置酒　玉尊列廣庭
樂飲過三爵　朱顏暴已形
式宴不違禮　君臣歌鹿鳴
樂人舞鼙鼓　百官雷抃贊若驚
儲禮如江海　積善若陵山
皇嗣繁且熾　孫子列曾玄
羣臣咸稱萬歲　陛下長樂壽年
御酒停未飲　貴戚跪東廂
侍人承顏色　奉進金玉觴
此酒亦眞酒　福祿當聖皇
陛下臨軒笑　左右咸歡康
杯來一何遲　羣僚以次行
賞賜累千億　百官竝富昌
精微篇　當關中有賢女
精微爛金石　至心動神明
杞妻哭死夫　梁山爲之傾
子丹西質秦　烏白馬角生
鄒衍囚燕市　繁霜爲夏零
關東有賢女　自字蘇來卿
壯年報父仇　身沒垂功名
女休逢赦書　白刃幾在頸
俱上列僊籍　去死獨就生
太倉令有辠　遠徵當就拘
自悲居無男　禍至無與俱
緹縈痛父言　何儋西上書
槃桓北闕下　泣淚何漣如
乞得幷姊弟　沒身贖父軀
漢文感其義　肉刑法用除
其父得以免　辨義在列圖
多男亦何爲　一女足成居
簡子南渡河　津吏廢舟船
執法將加刑　女娟擁櫂前
妾父聞君來　將涉不測淵
畏懼風波起　禱祝祭名川
備禮饗神祇　爲君求福先
不勝釂祀誠　至令犯罰艱
君必欲加誅　乞使知罪諐
妾願以身代　至誠感蒼天
國君高其義　其父用赦原
河激奏中流　簡子知其賢
歸娉爲夫人　榮寵超後先
辨女解父命　何況健少年
黃初發和氣　明堂德教施
治道致太平　禮樂風俗移
刑錯民無枉　怨女復何爲
聖皇長壽考　景福常來儀
孟冬篇　當狡兔
孟冬十月　陰氣厲清　武官誡田
講旅統兵　元龜襲吉　元光著明
蚩尤蹕路　風弭雨停　乘輿啓行
鸞鳴幽軋　虎賁采騎　飛象珥鶡
鐘鼓鏗鏘　簫管嘈喝　萬騎齊鑣
千乘等蓋　夷山塡谷　平林滌藪
張羅萬里　盡其飛走　翟翟狡兔
揚白跳翰　獵以青骹　掩以修竿
韓盧宋鵲　呈才騁足　噬不盡緤
牽麋掎鹿　魏氏發機　養基撫弦
都盧尋高　搜索猴猨　慶忌孟賁
蹈谷超巒　張目決眥　髮怒穿冠
頓熊扼虎　蹴豹搏貙　氣有餘勢
負象而趨　獲車旣盈　日側樂終
罷役解徒　大饗離宮
亂曰
聖皇臨飛軒　論功校獵徒
死禽積如京　流血成溝渠
明詔大勞賜　大官供有無
走馬行酒醴　驅車布肉魚
鳴鼓舉觴爵　鐘擊位無餘
絕網縱麟麑　弛罩出鳳雛
收功在羽校　威靈振鬼區
陛下長懽樂　永世合天符
晉鼙舞歌五篇
洪業篇　鼙鼓歌當魏曲明明魏皇帝
古曲關東有賢女
宣文剏洪業　盛德在泰始
聖皇應靈符　受命君四海
萬國何所樂　上有明天子
唐堯禪帝位　虞舜惟恭己
恭己正南面　道化與時移
大赦蕩萌漸　文教被黃支
象天則地　體無爲
聰明配日月　神聖參兩儀
雖有三凶類　靜言無所施
象天則地　體無爲
稷契竝佐命　伊呂升王臣
蘭芷登朝肆　下無失宿民
聲發響自應　表立景來附
虓虎從羈制　潛龍升天路
備物立成器　變通極其數
百事以時敘　萬幾有常度
訓之以克讓　納之以忠恕
羣下仰清風　海外同懽慕
象天則地　化雲布
昔日貴雕飾　今尚儉與素
昔日多纖介　今去情與故
象天則地　化雲布
濟濟大朝士　夙夜綜萬機
萬機無廢理　明明降疇咨
臣譬列星景　君配朝日暉
事業竝通濟　功烈何巍巍
五帝繼三皇　三王世所歸
聖德應期運　天地不能違
仰之彌已高　猶天不可階
將復御龍氏　鳳皇在庭棲
天命篇　鼙舞歌當魏曲太和有聖帝
古曲章和二年中
聖祖受天命　應期輔魏皇
入則綜萬機　出則征四方
朝廷無遺理　方表寧且康
道隆舜臣堯　積德踰太王
孟度阻窮險　造亂天一隅
神兵出不意　奉命致天誅
赦善戮有罪　元惡宗爲虛
威風震勁蜀　武烈懾彊吳
諸葛不知命　肆逆亂天常
擁徒十餘萬　數來寇邊疆
我皇邁神武　秉鉞鎭雍涼
亮乃畏天威　未戰先仆僵

盈虛自然運　時變固多難
東征陵海表　萬里梟賊淵
受遺齊七政　曹爽又滔天
羣凶受誅殛　百祿咸來臻
黃華應福始　王凌爲禍先
景皇帝　鼙舞歌當魏曲䎬歷長　古曲樂久長
景皇帝　聰明命世生　盛德參天地
帝王道　創基既已難　繼世亦未易
外則夏侯玄　內則張與李　三凶稱逆
亂帝紀　從天行誅　窮其姦宄
遏將御其漸　潛謀不得起
罪人咸伏辜　威風震萬里
平衡綜萬機　萬機無不理
召陵桓不君　內外何紛紛
衆小便成羣　蒙昧恣心
治亂不分　叡聖獨斷
濟武常以文　從天惟廢立
掃霓披浮雲　雲霓既已闢
清和未幾間　羽檄首尾至
變起東南蕃　儉欽爲長蛇
外則馮吳蠻　萬國紛騷擾
戚戚天下懼不安　神武御六軍
我皇秉鈇征　儉欽起壽春
前鋒據項城　出其不意　竝縱奇兵
奇兵誠難御　廟勝實難支
兩軍不期遇　敵退計無施
虎騎惟武進　大戰沙陽陂
欽乃亡寬走　奔虜若雲披
天恩赦有辠　東土放鯨鯢
大晉篇　鼙舞歌當魏曲天生蒸民　古曲四方皇
赫赫大晉　於穆文皇　蕩蕩巍巍
道邁陶唐　世稱三皇五帝　及今重其光
九德克明　文既顯武又章　恩弘六合
兼濟萬方　內舉元凱　朝政以綱
外簡虎臣　時惟鷹揚　靡從不懷
逆命斯亡　仁配春日　威踰秋霜
濟濟多士　同茲蘭芳　唐虞至治
四凶滔天　致討儉欽　罔不肅虔
化感海外　海外來賓　獻其聲樂
竝稱妾臣　西蜀猾夏　僭號方域
命將致討　委國稽服　吳人放命
馮海阻江　飛書告諭　響應來同
先王建萬國　九服爲蕃衛　亡秦壞諸侯
序胙不二世　歷代不能復　忽踰五百歲
我皇邁聖德　應期紹典制　分土五等
蕃國正封界　莘莘文武佐　千秋遘嘉會
洪業溢區內　仁風翔海外
明君篇　鼙舞歌當魏曲爲君既不易
古曲殿前生桂樹
明君御四海　聽鑒盡物情　顧望有譴罰
竭忠身必榮　蘭茝出荒野　萬里升紫庭
芙草穢堂階　埽截不得生　能否莫相蒙
百官正其名　恭己慎有爲　有爲無不成
闇君不自信　羣下執異端　正直罹譖潤
姦臣奪其權　雖欲盡忠誠　結舌不敢言
結舌亦何憚　盡忠爲身患　淸流豈不潔
飛塵濁其源　岐路令人迷　未遠勝不還
忠臣立君朝　正色不顧身　邪正不竝存
譬若胡與秦　秦胡有合時　邪正各異津
忠臣遇明君　乾乾惟日新　羣目統在綱
衆星拱北辰　設令遺闇主　斥退爲凡民
雖薄供時用　白茅猶可珍　氷霜晝夜結
蘭桂摧爲薪　邪臣多端變　用心何委曲
便辟從情指　動隨君所欲　偷安樂目前
不問淸與濁　積僞罔時主　養交以持祿
言行恒相違　難饜甚谿谷　昧死射乾沒
覺露則滅族
右五篇　鼙舞歌行
鐸舞歌詩二篇
聖人制禮樂篇
昔皇文武邪　彌彌舍善　誰吾時吾
行許帝道　銜來治路萬邪　治路萬邪
赫赫　意黃運道吾　治路萬邪
善道明邪金邪　善道　明邪金邪帝邪
近帝武武邪邪　聖皇八音　偶邪尊來
聖皇八音　及來義邪同邪　烏及來義邪
善草供國吾　咄等邪烏　近帝邪武邪
近帝武邪武邪　應節合用　武邪尊邪
應節合用　酒期義邪同邪　酒期義邪
善草供國吾　咄等邪烏　近帝邪武邪
近帝武武邪邪　下音足木　上爲鼓義邪
應衆義邪　樂邪邪延否　已邪烏已禮祥
咄等邪烏　素女有絕其聖烏烏武邪
雲門篇　鐸舞歌行當魏太和時
黃雲門　唐咸池　虞韶舞
夏殷濩　刑伐有五　振鐸鳴金
近大武　淸歌發倡　刑爲主
聲和八音　協律呂　身不虛動
手不徒舉　應節合度　周其敍
時奏宮商　雜之以徵羽　下厭衆目
上從鐘鼓　樂以移風　與德禮相輔
安有失其所
右二篇　鐸舞歌行
拂舞歌詩五篇
白鳩篇
翩翩白鳩　再飛再鳴　懷我君德
來集君庭　白雀呈瑞　素羽明鮮
翔庭舞翼　以應仁乾　交交鳴鳩
或丹或黃　樂我君惠　振羽來翔
東壁餘光　魚在江湖　惠而不費
敬我微軀　策我良駟　習我驅馳
與君周旋　樂道亡餘　我心虛靜
我志霑濡　彈琴鼓瑟　聊以自娛
陵雲登臺　浮游太淸　扳龍附鳳
日望身輕
濟濟篇
暢飛暢舞　氣流芳　追念三五
大綺黃　去失有　時可行
去來同時　此未央　時冉冉
近桑榆　但當飲酒　爲歡娛
衰老逝　有何期　多憂耿耿
內懷思　淵池廣　魚獨希
願得黃浦　衆所依　恩感人
世無比　悲歌具舞　無極已
獨祿篇
獨祿獨祿　水深泥濁　泥濁尚可
水深殺我　雝雝雙鴈　游戲田畔
我欲射鴈　念子孤散　翩翩浮萍
得風遙輕　我心何合　與之同并
空牀低帷　誰知無人　夜衣錦繡
誰別僞眞　刀鳴鞘中　倚牀無施
父寃不報　欲活何爲　猛虎班班
游戲山間　虎欲齧人　不避豪賢
碣石篇
東臨碣石　以觀滄海　水何澹澹
山島竦峙　樹木叢生　百草豐茂
秋風蕭瑟　洪波湧起　日月之行
若出其中　星漢粲爛　若出其裏
幸甚至哉　歌以詠志　觀滄海
孟冬十月　北風裴回　天氣肅淸
繁霜霏霏　鵾雞晨鳴　鴈過南飛
鷙鳥潛藏　熊羆窟棲　錢鎛停置
農收積埸　逆旅整設　以通賈商
幸甚至哉　歌以詠志　冬十月
鄉土不同　河朔隆寒　流澌浮漂
舟船難行　錐不入地　豐籟深奧
水竭不流　氷堅可蹈　士隱者貧
勇俠輕非　心常歎怨　戚戚多悲
幸甚至哉　歌以詠志　土不同
神龜雖壽　猶有竟時　騰蛇乘霧
終爲土灰　老驥伏櫪　志在千里
烈士莫年　壯心不已　盈縮之期
不但在天　養怡之福　可得永年
幸甚至哉　歌以詠志　龜雖壽
淮南王篇
淮南王　自言尊　百尺高樓與天連
後園鑿井銀作牀　金瓶素綆汲寒漿　汲寒漿
飲少年　少年窈窕何能賢　揚聲悲歌音絕天
我欲度河河無梁　願化雙黃鵠　還故鄉　還故鄉
入故里　徘徊故鄉　身不已　繁舞寄聲無不泰
徘徊桑梓遊天外
右五篇拂舞行
杯槃舞歌詩一篇
晉世寧　四海平　普天安樂永大寧
四海安　天下歡　樂治興隆舞杯槃
舞杯槃　何翩翩　舉坐翻覆壽萬年
天與日　終與一　左回右轉不相失
箏笛悲　酒舞疲　心中慷慨可健兒
樽酒甘　絲竹淸　願令諸君醉復醒
醉復醒　時合同　四坐歡樂皆言工

絲竹音　可不聽　亦舞此槃左右輕
自相當　合坐歡樂人命長　人命長
當結友　千秋萬歲皆老壽

右柸槃舞歌行

巾舞歌詩一篇

吾不見公莫時吾何嬰公來嬰姥時吾哺聲何爲茂時爲來嬰當思吾明月之上轉起吾何嬰土來嬰轉去吾哺聲何爲土轉南來嬰當去吾城上羊下食草吾何嬰下來吾食草吾哺聲汝何三年針縮何來嬰吾亦老吾平平門淫涕下吾何嬰何來嬰涕下吾哺聲昔結吾馬客來嬰吾當行吾度四州洛四海吾何嬰海何來嬰海何來嬰四海吾哺聲熇西馬頭香來嬰吾洛道吾河五丈度汲水吾噫邪哺誰當求兒母何意零邪錢健步哺誰當吾求兒母何吾哺聲三針一發交時還弩心意何零意弩心遙來嬰弩心哺聲復相頭巾意何零何邪相哺頭巾相吾來嬰頭巾母何何吾復來推排意何零相哺推相來嬰推非母何吾復車輪意何零子以邪相哺轉輪吾來嬰轉母何吾使君去時意何零子以邪使君去時使來嬰去時母何吾思君去時意何零子以邪思君去時思來嬰吾去時母何何吾吾

右公莫巾舞歌行

白紵舞歌詩三篇

高舉兩手白鵠翔　輕軀徐起何洋洋
凝停善睞容儀光　宛若龍轉乍低昂
隨世而變誠無方　如推若引留且行
宋世方昌樂未央　舞以盡神安可忘
愛之遺誰贈佳人　質如輕雲色如銀
袍以光軀巾拂塵　制以爲袍餘作巾
四坐歡樂胡可陳　清歌徐舞降祇神

右一篇

雙袂齊舉鸞鳳翔　羅裾飄颻昭儀光
趨步生姿進流芳　鳴弦清歌及三陽
人生世間如電過　樂時每少苦日多
幸及良辰耀春花　齊倡獻舞趙女歌
羲和馳景逝不停　春露未晞嚴霜零
百草凋索花落英　蟋蟀吟牖寒蟬鳴
百年之命忽若傾　蚤知迅速秉燭行
東造扶桑游紫庭　西至崑崙戲曾城

右一篇

陽春白日風花香　趨步明玉舞瑤璫
聲發金石媚笙簧　羅袿徐轉紅袖揚
清歌流響繞鳳梁　如矜若思凝且翔
轉盼遺精豔輝光　將流將引雙鴈翔
歡來何晚意何長　明君御世永歌倡

右一篇白紵舊新合三篇

宋泰始歌舞曲詞

皇業頌（歌自堯至楚元王高祖世世載聖德）　明帝造

皇業沿德建　帝運資勳融
胄唐重盛軌　胄楚載休風
堯舜光深祥　元王衍遐慶
積善傳上業　胙福啓英聖
衰數隨金祿　登歷昌永命
維宋承光烈　世美流舞詠

聖祖頌

聖祖惟高德　積勳代晉歷
永建享鴻基　萬古盛音冊
敷文纘宸馭　廣運崇帝聲
衍德被仁祉　留化洽民靈
孝建締孝業　允協天人謀
宇內齊政軌　宙表燭威流
鐘管騰列聖　彝銘賁重猷

明君大雅　虞龢造

明君應乾數　撥亂紐頹基
民慶來蘇日　國頌薰風詩
天步或蹙難　列蕃扇逆慝
廟勝敷九代　神謨洞七德
文教洗昏俗　武誼清殘埏
英勳冠帝則　萬壽永衍天

通國風　明帝造

開寶國　資賢昌　謨明盛
弼著光　烈武惟略　景王勳
南康華容　變政文　猛績爰著
有左軍　三王到氏　文武贊
丞相作輔　屬伊旦　沈柳宗侯
皆殄亂　泰始開運　超百王
司徒驃騎　勳德康　江安謀效
殷誠彰　劉沈承規　功名揚
慶歸我后　胙無疆

天符頌　明帝造

天符革運　世誕英皇　在館神炫
既壯龍驤　六鍾集表　四緯騁光
於穆配天　永休厥祥

明德頌　明帝造

明德浮教　幽符麗紀　山鼎見奇
醴液涵祉　鵠雛燿儀　騶虞游趾
福延億胙　慶流萬祀

帝圖頌

帝圖凝遠　瑞美昭宣　清流月鏡
鹿毳霜鮮　甘露降和　花雪表年
孝德載衍　芳風永傳

龍躍大雅

龍躍式符　王燿蕃宮　歲淹豫野
璽屬嬪中　江波澈映　石栢開文
觀龢花蘂　樓凝景雲　白烏三獲
甘液再呈　嘉穟表沃　連理協成
德充動物　道積通神　宋業允大
靈瑞方臻

淮祥風

淮祥應　賢彥生　翼贊中興　致太平

宋世大雅　虞龢造

宋世寧　在泰始　醉酒歡
飽德喜　萬國朝　上壽酒
帝同天　惟長久

治兵大雅　明帝造

王命治兵　有征無戰　巾拂以淨
醜類革面　王儀振旅　載戢在辰
中盧巾拂　四表靜塵

白紵篇大雅　明帝造

在心曰志發言詩　聲成于文被管絲
手舞足蹈欣泰時　移風易俗王化基
琴角揮韻白雲舒　簫韻協音神鳳來
拊擊和節詠在初　章曲乍畢情有餘
文同軌壹道德行　國靖民和禮樂成
四縣庭響美勳英　八列陛倡貴人聲
舞飾麗華樂容工　羅裳皎日袂隨風
金翠列輝蕙麝豐　淑姿委體允帝衷

漢鼓吹鐃歌十八曲　朱鷺曲

朱鷺魚以烏路訾邪鷺何食食茄下不之食不以吐將以問誅一作者

思悲翁曲

思悲翁唐思奪我美人侵以遇悲翁也但我思蓬首一作[illegible]狗逐狡兎食交君梟子五梟母六拉沓高飛莫安宿

艾如張曲

艾而張羅夷於何行成之四時和山出黃雀亦有羅雀以高飛奈雀何爲此倚欲誰肯礞室

上之回曲

上之回所中益夏將至行將北以承甘泉宮寒暑德游石關望諸國月支臣匈奴服令從百官疾驅馳千秋萬歲樂無極

翁離曲

擁離趾中可築室何用葺之蕙用蘭擁離趾中

戰城南曲

戰城南死郭北野死不葬烏可食爲我謂烏且爲客豪野死諒不葬腐肉安能去子逃水深激激蒲葦冥冥梟騎戰鬬死駑馬裴回鳴梁築室何以南梁何北禾黍而穫君何食願爲忠臣安可得思子良臣良臣誠可思朝行出攻莫不夜歸

巫山高曲

巫山高高以大淮水深難以逝我欲東歸害梁不爲我集無高曳水何梁湯湯回回臨水遠望泣下霑衣遠道之人心思歸謂之何

上陵曲

上陵何美美下津風以寒問客從何來言從水中央桂樹爲君船青絲爲君笮木蘭爲君櫂黃金錯其間滄海之雀赤翅鴻白鴈隨山林乍開乍合曾不知日月明醴泉之水光澤何蔚蔚芝爲車龍爲馬覽遨游四海外甘露初二年芝生銅池中僊人下來飲延壽千萬歲

將進酒曲

將進酒乘太白辨加哉詩審摶放故歌心所作同陰氣詩悉索使禹良工觀者苦

君馬黃歌

君馬黃臣馬蒼三馬同逐臣馬良易之有騩蔡有赭美人歸以南駕車馳馬美人傷我心佳人歸以北駕車馳馬佳人安終極

芳樹曲

芳樹日月君亂如於風芳樹不上無心溫而鵠三而爲行臨蘭池心中懷我悵心不可匡目不可顧妬人之子悲殺人君有它心樂不可禁王將何似如孫如魚乎悲矣

有所思曲

有所思乃在大海南何用問遺君雙珠瑇瑁簪用玉紹
繚之聞君有它心拉雜摧燒之摧燒之當風揚其灰從
今以往勿復相思相思與君絕雞鳴狗吠兄嫂當知之
妃呼豨秋風肅肅晨風颸東方須臾高知之

雉子曲

雉子班如此之于雉梁無以吾翁孺雉子知得雉子高
飛止黃鵠蜚之以千里王可思雄來蜚從雌視子趨一
雉雉子車大駕馬滕被王送行所中堯羊蜚從王孫行

聖人出曲

聖人出陰陽和美人出游九河佳人來騑離哉何駕六
飛龍四時和君之臣明護不道美人哉宜天子免甘星
筮樂甫始美人子含四海

上邪曲

上邪我欲與君相知長命無絕衰山無陵江水爲竭冬
雷震震夏雨雪天地合乃敢與君絕

臨高臺曲

臨高臺以軒下有清水清且寒江有香草目以蘭黃鵠
高飛離哉翻關弓射鵠令我主壽萬年收中吾

遠如期曲

遠如期益如壽處天左側大樂萬歲與天無極雅樂陳
佳哉紛單于自歸動如驚心虞心大佳萬人還來謁者
引鄉殿陳累世未嘗聞之增壽萬年亦誠哉

石留曲

石留涼陽涼石水流爲沙錫以微河爲香向始𦭘冷將
風陽北逝肯無敢與于揚心邪懷蘭志金安薄北方開
留離蘭

魏鼓吹曲十二篇　繆襲造

漢第一曲朱鷺今第一曲初之平言魏也

初之平　義兵征　神武奮　金鼓鳴
邁武德　揚洪名　漢室微　社稷傾
皇道失　桓與靈　閹宦熾　羣雄爭
邊韓起　亂金城　中國擾　無紀經
赫武皇　起旗旌　麾天下　天下平
濟九州　九州寧　刱武功　武功成
越五帝　邈三王　興禮樂　定紀綱
普日月　齊暉光

右初之平曲凡三十句句三字

漢第二曲思悲翁今第二曲戰滎陽言曹公也

戰滎陽　汴水陂　戎士憤怒　貫甲馳
陳未成　退徐滎　二萬騎　塹壘平
戎馬傷　六軍驚　勢不集　衆幾傾
白日沒　時晦冥　顧中牟　心屏營
同盟疑　計無成　賴我武皇　萬國寧

右戰滎陽曲凡二十句其十八句句三字二句句四字

漢第三曲艾如張今第三曲獲呂布言曹公東圍臨淮生擒呂布也

獲呂布　戮陳宮　芟夷鯨鯢　驅騁羣雄
囊括天下　運掌中

右獲呂布曲凡六句其三句句三字三句句四字

漢第四曲上之回今第四曲克官渡言曹公與袁紹戰破之於官渡也

克紹官渡　由白馬　僵屍流血　被原野
賊衆如犬羊　王師尚寡　沙塠傍　風飛揚
轉戰不利　士卒傷　今日不勝　後何望
土山地道　不可當　卒勝大捷　震冀方
屠城破邑　神武遂章

右克官度曲凡十八句其八句句四字一句句五字九句句三字

漢第五曲翁離今第五曲舊邦言曹公勝袁紹於官渡還譙收藏士卒死亡也

舊邦蕭條　心傷悲　孤魂翩翩　當何依
游士戀故　涕如摧　兵起事大　令願違
博求親戚　在者誰　立廟置後　魂來歸

右舊邦曲凡十二句其六句句三字六句句四字

漢第六曲戰城南今第六曲定武功言曹公初破鄴武功之定始乎此也

定武功　濟黃河　河水湯湯　旦暮有橫流波
袁氏欲衰　兄弟尋干戈　決漳水　水流滂沱
嗟城中如流魚　誰能復顧室家　計窮慮盡　求來連和
和不時　心中憂戚　賊衆內潰　君臣奔北
拔鄴城　奄有魏國　王業艱難　覽觀古今
可爲長歎

右定武功曲凡二十一句其五句句三字三句句六字十二句句四字一句五字

漢第七曲巫山高今第七曲屠柳城言曹公越北塞歷白檀破三郡烏桓於柳城也

屠柳城　功誠難　越度隴塞　路漫漫
北踰岡平　但聞悲風正酸　蹋頓授首　遂登白狼山
神武慹海外　永無北顧患

右屠柳城曲凡十句其三句句三字三句句四字三句句五字一句六字

漢第八曲上陵今第八曲平南荊言曹公南平荊州也

南荊何遼遼　江漢濁不清　菁茅久不貢
王師赫南征　劉琮據襄陽　賊備屯樊城
六軍廬新野　金鼓震天庭　劉子面縛至
武皇許其成　許與其成　撫其民
陶陶江漢間　普爲大魏臣　大魏臣
向風思自新　思自新　齊功古人
在昔虞與唐　大魏得與均　多選忠義士
爲喉脣　天下一定　萬世無風塵

右平南荊曲凡二十四句其十七句句五字四句句三字三句句四字

漢第九曲將進酒今第九曲平關中言曹公征馬超定關中也

平關中　路向潼　濟濁水　立高墉
鬭韓馬　離羣凶　選驍騎　縱兩翼
虜崩潰　級萬億

右平關中曲凡十句句三字

漢第十曲有所思今第十曲應帝期言曹文帝以聖德受命應運期也

應帝期　於昭我文皇　歷數承天序
龍飛自許昌　聰明昭四表　恩德動遐方
星辰爲垂耀　日月爲重光　河洛吐符瑞
草木挺嘉祥　麒麟步郊野　黃龍游津梁
白虎依山林　鳳凰鳴高岡　考圖定篇籍
功配上古羲皇　羲皇無遺文　仁聖相因循
運期三千歲　一生聖明君　堯授舜萬國
萬國皆附親　四門爲穆穆　教化常如神
大魏興盛　與之爲鄰

右應帝期曲凡二十六句其一句三字二句四字二十二句句五字一句六字

漢第十一曲芳樹今第十一曲邕熙言魏氏臨其國君臣邕穆庶績咸熙也

邕熙　君臣合德　天下治
隆帝道　獲瑞寶　頌聲並作
洋洋浩浩　吉日臨高堂　置酒列名倡
歌聲一何紓餘　雜笙簧　八音諧
有紀綱　子孫永建萬國　壽考樂無央

右邕熙曲凡十五句其六句句三字三句句四字一句二字三句句五字二句句六字

漢第十二曲上邪今第十二曲太和言魏明帝繼體承統太和改元德澤流布也

惟太和元年　皇帝踐祚　聖且仁
德澤爲流布　災蝗一時爲絕息
上天時雨露　五穀溢田疇　四民相率遵軌度
事務澂清　天下獄訟察以情　元首明
魏家如此　那得不太平

右太和曲凡十三句其二句句三字五句句五字三句句四字三句句七字

晉鼓吹歌曲二十二篇　傅玄作

靈之祥　古朱鷺行

靈之祥言宣皇帝之佐魏猶虞舜之事堯也既有石瑞之徵又能用武以誅孟度之逆命也

靈之祥　石瑞章　旌金德　出西方
天命降　授宣皇　應期運　時龍驤
繼大舜　佐陶唐　贊武文　建帝綱
孟氏叛　據南疆　追有扈　亂五常
吳寇勁　蜀虜彊　交誓盟　連遐荒
宣赫怒　奮鷹揚　震乾威　耀電光
陵九天　陷石城　梟逆命　拯有生
萬國安　四海寧

宣受命　古思悲翁行

宣受命言宣皇帝禦諸葛亮養威重運神兵亮震怖而死

宣受命　應天機　風雲時動　神龍飛
禦葛亮　鎮雝涼　邊境安　民夷康
務節事　勤定傾　覽英雄　保持盈
淵穆穆　赫明明　沖而泰　天之經
養威重　運神兵　亮乃震死　天下寧

征遼東　古艾而張行

征遼東言宣皇帝陵大海之表討滅公孫淵而梟其首也

征遼東　敵失據　威靈邁日域　淵既授首
羣逆破膽　咸震怖　朔北響應　海表景附
武功赫赫　德雲布

宣輔政　古上之回行

宣輔政言宣皇帝聖道深遠撥亂反正網羅文武之才

以定二儀之序也
宣皇輔政　聖烈深　撥亂反正　從天心
網羅文武才　愼厥所生　所生賢　遺教施
安上治民　化風移　肇制帝基　洪業垂
於鑠明明　時赫戲　功濟萬世　定二儀
定二儀　雲澤雨施　海外風馳
時運多　古擬離行
時運多言宣皇帝致討吳方有征無戰也
時運多難　道教痛　天地變化　有盈虛
蠢爾吳蠻　虎視江湖　我皇赫斯　致天誅
有征無戰　弭其圖　天威橫被　震東隅
景龍飛　古戰城南行
景龍飛言景帝克明威敎賞從夷逆胙隆無疆崇此洪
基也
景龍飛　御天威　聰鑑玄發　動與神明協機
從之者顯　逆之者滅夷　文教敷　武功巍
普被四海　萬邦望風　莫不來綏　聖德潛斷
先天弗違　弗違祥　享世永長　猛以致寬
道化光　赫明明　胙隆無疆　帝績惟期
有命旣集　崇此洪基
平玉衡　古巫山高行
平玉衡言景皇帝一萬國之殊風齊四海之乖心禮賢
養士而纂洪業也
平玉衡　糾姦回　萬國殊風　四海乖
禮賢養士　羈御英雄思心齊　纂成洪業
崇皇階　品物咸亨　聖敬日躋　聰鑑盡下情
明明綜天機
文皇統百揆　古上陵行
百揆言文皇帝始統百揆用人有序以敷泰平之化也
文皇統百揆　繼天理萬方　武將鎭四隅
英佐盈朝堂　謀言協秋蘭　淸風發其芳
洪澤所漸潤　礫石爲珪璋　大道侔五帝
盛德踰三王　咸光大　上參天與地
至化無內外　無內外　六合竝康乂
竝康乂　遘茲嘉會　在昔羲與農
大晉德斯邁　鎭征及諸州　爲蕃衞
功濟四海　洪烈流萬世
因時運　古將進酒行
因時運言文皇帝因時運變聖謀潛施解長蛇之交離
羣桀之黨以武濟文審其大計以邁其德也

因時運　聖策施　長蛇交解　羣桀離
勢窮奔吳　虎騎厲　惟武進　審大計
時邁其德　淸一世
惟庸蜀　古有所思行
惟庸蜀言文皇帝旣平萬乘之蜀封建萬國復五等之
爵也
惟庸蜀　僭號天一隅　劉備逆帝命
禪亮承其餘　擁衆數十萬　闚隙乘我虛
驛騎進羽檄　天下不遑居　姜維屢寇邊
隴上爲荒墟　文皇愍斯民　歷世受皐辜
外謨蕃屏臣　內謀衆士夫　爪牙應指授
腹心同獻良圖　良圖協成文　大興百萬軍
雷鼓震地起　猛勢陵浮雲　逋虜畏天誅
面縛造壘門　萬里同風敎　逆命稱妾臣
光建五等　紀綱天人
天序　古芳樹行
天序言聖皇應歷受禪弘濟大化用人各盡其才也
天序　應歷受禪　承靈祜
御羣龍　勒螭虎　弘濟大化
英儁作輔　明明統萬機　赫赫鎭四方
咎繇稷契之疇協蘭芳　禮王臣
覆兆民　化之如天與地　誰敢愛其身
大晉承運期　古上邪行
大晉承運期言聖皇應籙受圖化象神明也
大晉承運期　德隆聖皇　時淸宴
白日垂光　應籙圖陟帝位　繼天正玉衡
化行象神明　至哉道隆虞與唐　元首敷洪化
百寮股肱竝忠良　民大康　隆隆赫赫
福胙盈無疆
金靈運　古君馬行
靈運言聖皇踐阼致敬宗廟而孝道施於天下也
金靈運　天符發　聖徵見　參日月
惟我皇　體神聖　受魏禪　應天命
皇之興　靈有徵　登大麓　御萬乘
皇之輔　若虓虎　爪牙奮　莫之禦
皇之佐　贊淸化　百事理　萬邦賀
神祇應　嘉瑞章　恭享祀　薦先皇
樂時奏　磬管鏘　鼓淵淵　鍾喤喤
奠尊俎　實玉觴　神歆饗　咸說康
宴孫子　祐無疆　大孝烝烝　德教被萬方

於穆我皇　古雉子行
於穆言聖皇受命德合神明也
於穆我皇　盛德聖且明　受禪君世
光濟羣生　普天率土　莫不來庭
顒顒六合內　望風仰泰淸　萬國雝雝
興頌聲　大化洽　地平而天成
七政齊　玉衡惟平　峨峨佐命
濟濟羣英　夙夜乾乾　萬機是經
雖治興　匪荒寧　謙道光
冲不盈　天地合德　日月同榮
赫赫煌煌　燿幽冥　三光克從
於顯天垂景星　龍鳳臻　甘露宵零
肅神祇　祇上靈　萬物欣戴
自天效其成
仲春振旅　古聖人出行
仲春言大晉申文武之敎田獵以時也
仲春振旅　大致民　武敎於時日新
師執提　工執鼓　坐作從
節有序　盛矣允文允武　蒐田表禡
申法誓　遂圍禁　獻社祭
允矣時明國制　文武竝用　禮之經
列車如戰　大敎明　古今誰能去兵
大晉繼天　濟羣生
夏苗田　古臨高臺行
苗田言大晉田狩從時爲苗除害也
夏苗田　運將徂　軍國異容
文武殊　乃命羣吏　選車徒
辯其名號　贊契書　王軍啓八門
行同上帝居　時路建大麾　雲旗翳紫虛
百官象其事　疾則疾徐則徐　回衡旋軫
罷陳敝車　獻禽享祠　烝烝配有虞
惟大晉　德參兩儀　化雲敷
仲秋獮田　古遠期行
仲秋言大晉雖有文德不廢武事從時以殺伐也
仲秋獮田　金德常剛　凉風淸且厲
凝露結爲霜　白虎司辰　蒼隼時鷹揚
鷹揚猶周尚父　從天以殺伐　春秋時敘
雷霆震威燿　進退由鉦鼓　致禽祀祊
羽毛之用充軍府　赫赫大晉德　芬烈陵三五
敷化以文　雖治不廢武　光宅四海

永享天之祜
從天道　古石留行
從天道言仲冬大閱用武脩文大晉之德配天也
從天道　握神契　三時亦講武事
冬大閱　鳴鐲振鼓鐸　旌旗象虹霓
文制其中　武不窮武　動軍誓衆
禮成而義舉　三驅以崇仁　進止不失其序
兵卒練　將如虎　惟虓虎
氣陵靑雲　解圍三面　殺不殄羣
偃旌麾　班六軍　獻享烝
脩典文　嘉大晉　德配天
祿報功　爵俟賢　饗燕樂
受茲百祿　嘉萬年
唐堯　古務成行古曲亡
唐堯言聖皇陟帝位德化光四表也
唐堯咨務成　謙謙德所興　積漸終光大
履霜致堅冰　神明道自然　河海猶可凝
舜禹統百揆　元凱以次升　禪讓應天歷
睿聖世相承　我皇陟帝位　平衡正準繩
德化飛四表　祥氣見其徵　興王坐俟旦
亡主恬自矜　致遠由近始　覆簣成山陵
披圖按先籍　有其證靈
玄雲　古玄雲行古曲亡
玄雲言聖皇用人各盡其材也
玄雲起山嶽　祥氣萬里會　龍飛何蜿蜿
鳳翔何翽翽　昔在唐虞朝　時見靑雲際
今親遊方國　流光溢天外　鶴鳴在後園
淸音隨風邁　成湯隆顯命　伊摯來如飛
周文獵渭濱　遂載呂望歸　符合如影響
先天天弗違　輟耕總地綱　解褐衿天維
元功配二主　芬馨世所稀　我皇敍羣才
洪烈何巍巍　桓桓征四表　濟濟理萬機
神化感無方　髦才盈帝畿　丕顯惟昧旦
日新孔所咨　茂哉聖明德　日月同光輝
伯益　古黃爵行古曲亡
伯益言赤烏銜書有周公與今聖皇受命神雀來也
伯益佐舜禹　職掌山與川　德侔十六相
思心入無間　智理周萬物　下知衆鳥言
黃雀應淸化　翺集何翩翩　和鳴棲庭樹
徘徊雲日間　夏桀爲無道　密網施山阿

酷祝振纖綱　當柰黃雀何　殷湯崇天德
去其三面羅　逍遙羣飛來　鳴聲乃復和
朱雀作南宿　鳳凰統羽羣　赤烏銜書至
天命瑞周文　神雀今來遊　爲我受命君
嘉祥致天和　膏澤降青雲　蘭風發芳氣
闓世同其芬

釣竿　古釣竿行漢鐃歌二十二無釣竿

釣竿言聖皇德配堯舜又有呂望之佐以濟大功致太平也

釣竿何冉冉　甘餌芳且鮮　臨川運思心
微綸沈九淵　太公寶此術　乃在靈祕篇
機發隨物移　精妙貫未然　遊魚驚著鉤
潛龍飛戾天　戾天安所至　撫翼翔太清
太清一何異　兩儀出渾成　玉衡正三辰
造化賦羣形　退願輔聖君　與神合其靈
我君弘遠略　天人不足并　天人初并時
昧昧何茫茫　日月有徵光　文象與二皇
蚩尤亂生民　黃帝用兵征萬方　逮夏禹而德衰
三代不及虞與唐　我皇聖德配堯舜　受禪即祚享天祥
率土蒙祐　靡不肅　庶事康　庶事康
穆穆明明　荷百祿　保無極　永泰平

吳鼓吹曲十二篇　韋昭造

炎精缺者言漢室衰武烈皇帝奮迅猛志念在匡救然而王迹始乎此也漢曲有朱鷺此篇當之第一

炎精缺　漢道微　皇綱弛　政德違
衆姦熾　民罔依　赫武烈　越龍飛
陟天衢　燿靈威　鳴靁鼓　抗電麾
撫乾衡　鎮地機　厲虎旅　騁熊羆
發神聽　吐英奇　張角破　邊韓羈
宛潁平　南土綏　神武章　渥澤施
金聲震　仁風馳　顯高門　啓皇基
統罔極　垂將來

右炎精缺曲凡三十句句三字

漢之季者武烈皇帝悼漢之微痛卓之亂興兵奮擊功蓋海內也漢曲有思悲翁此篇當之第二

漢之季　董卓亂　桓桓武烈　應時運
義兵興　雲旗建　厲六師　羅八陳
飛鳴鏑　接白刃　輕騎發　介士奮
醜虜震　使衆散　劫漢主　遷西館
雄豪怒　元惡僨　赫赫皇祖　功名聞

右漢之季曲凡二十句其十八句句三字二句句四字

攄武師者言大皇帝卒武烈之業而奮征也漢曲有艾如張此篇當之第三

攄武師　斬黃祖　肅夷凶族　革平西夏
炎炎大烈　震天下

右攄武師曲凡六句其三句句三字三句句四字

烏林者言曹操既破荊州從流東下欲來爭鋒大皇帝命將周瑜逆擊之於烏林而破走也漢曲有上之回此篇當之第四

曹操北伐　拔柳城　乘勝席卷　遂南征
劉氏不睦　八都震驚　衆既降　操屠荊
舟車十萬　揚風聲　議者狐疑　慮無成
賴我大皇　發聖明　虎臣雄烈　周與程
破操烏林　顯章功名

右伐烏林曲凡十八句其十句句四字八句句三字

秋風者言大皇帝說以使民民忘其死漢曲有擁離此篇當之第五

秋風揚沙塵　寒露霑衣裳　角弓持弦急
鳩鳥化爲鷹　邊垂飛羽檄　寇賊侵界疆
跨馬披介胄　忼慨懷悲傷　辭親向長路
安知存與亡　窮達固有分　志士思立功
邀之戰場　身逸獲高賞　身沒有遺封

右秋風曲凡十五句其十四句句五字一句四字

克皖城者言曹操志圖并兼而令朱光爲廬江太守上親征光破之於皖城也漢曲有戰城南此篇當之第六

克滅皖城　遏寇賊　惡此凶孽　阻姦慝
王師赫征　衆傾覆　除穢去暴　戢兵革
民得就農　邊境息　誅君弔臣　昭至德

右克皖城曲凡十二句其六句句三字六句句四字

關背德者言蜀將關羽背棄吳德心懷不軌大皇帝引師浮江而禽之也漢曲有巫山高此篇當之第七

關背德　作鴟張　割我邑城　圖不祥
稱兵北伐　圍樊襄陽　嗟臂大於股　將受其殃
巍巍吳聖主　叡德與玄通　與玄通　親任呂蒙
泛舟洪池　泝涉長江　神武一何桓桓
聲烈正與風翔　歷撫江安城　大據郢邦
虜羽授首　百蠻咸來同　盛哉無比隆

右關背德曲凡二十一句其八句句四字二句句六字七句句五字四句句三字

通荊門者言大皇帝與蜀交好齊盟中有關羽自失之愆戎蠻樂亂生變作患蜀疑其眩吳惡其詐乃大治兵終復初好也漢曲有上陵此篇當之第八

荊門限巫山　高峻與雲連　蠻夷阻其險
歷世懷不賓　漢王據蜀郡　崇好結和親
中微中情疑　讒夫亂其間　大皇赫斯怒
虎臣勇氣震　蕩滌幽藪　討不恭
觀兵揚炎燿　厲鋒整封疆　整封疆
闡揚威武容　功赫戲　洪烈炳章
邈矣帝皇世　聖吳同厥風　荒裔望清化
化恢弘　煌煌大吳　延祚永未央

右通荊門曲凡二十四句其十七句句五字四句句三字三句句四字

章洪德者言大皇帝章其大德而遠方來附也漢曲有將進酒此篇當之第九

章洪德　邁威神　感殊風　懷遠鄰
平南裔　齊海濱　越裳貢　扶南臣
珍貨充庭　所見日新

右章洪德曲凡十句其八句句三字二句句四字

從歷數者言大皇帝從籙圖之符而建大號也漢曲有有所思此篇當之第十

從歷數　於穆我皇帝　聖哲受之天
神明表奇異　建號創皇基　聰叡協神思
德澤浸及昆蟲　浩蕩越前代　三光顯精燿
陰陽稱至治　肉角步郊畛　鳳凰棲靈囿
神龜游沼池　圖讖摹文字　黃龍覿鱗
符祥日月記　覽往以察今　我皇多噲事
上欽昊天象　下副萬姓意　光被彌蒼生
家戶蒙惠賚　風教肅以平　頌聲章嘉喜
大吳興隆　綽有餘裕

右從歷數曲凡二十六句其一句句三字三句句四字二十二句句五字一句六字

承天命者言上以聖德踐位道化至德盛也漢曲有芳樹此篇當之第十一

承天命　於穆聖德　三精垂象　符靈表德
巨石立　九穗植　龍金其鱗　烏赤其色
輿人歌　億夫歎息　超龍升　襲帝服
躬淳懿　體玄默　夙興臨朝　勞謙日昃
易簡以崇仁　放遠讒與慝　舉賢才　親近有德
均田疇　茂稼穡　審法令　定品式
考功能　明黜陟　人思自盡　惟心與力
家國治　王道直　思我帝皇　壽萬億
長保天祿　祚無極

右承天命曲凡三十四句其十九句句三字二句句五字十三句句四字

玄化者言上修文訓武則天而行仁澤流洽天下喜樂也漢曲有上邪此篇當之第十二

玄化象以天　陛下聖真　張皇綱
率道以安民　惠澤宣流而雲布　上下睦親
君臣酣宴樂　激發弦歌揚妙新　脩文籌廟勝
須時備駕巡洛津　康哉泰　四海歡忻
越與三五鄰

右玄化曲凡十三句其五句句五字二句句三字三句句四字三句句七字

今鼓吹鐃歌詞樂人以音聲相傳訓詁不可復解

大竭夜烏自云何來堂吾來聲烏奚姑悟姑尊盧聖子黃尊來餽清嬰烏白日爲隨來郭吾微令吾應龍夜烏由道何來直子爲烏奚如悟姑尊盧雞子聽烏虎行爲來明吾微令吾

詩則夜烏道祿何來黑洛道烏奚悟如尊爾尊盧起黃華烏伯遼爲國日忠雨令吾

伯遼夜烏若國何來日忠雨烏奚如悟姑尊盧面道康尊錄龍永烏赫赫福胙夜音微令吾

右四解上邪曲

幾令吾幾令諸韓亂法正令吾

幾令吾諸韓從聽心令吾若里洛何來韓微令吾尊盧忌盧文盧子路子路爲路雞如文盧炯烏諸胙微令吾

幾令諸韓或公隨令吾

幾令吾幾諸或言隨令吾黑洛何來諸韓微令吾尊盧安成隨來免路路子爲吾路奚如文盧炯烏諸胙微令吾

右九解曉芝田漢曲有遠期疑是

幾令吾呼歷含居執來隨咄武子邪令烏銜針相風其右其右

幾令吾呼羣議破葫執來隨吾咄武子邪令烏令烏令

艬入海相風及後
幾令吾呼無公赫吾執來隨吾咄武子邪令烏無公赫
吾媽立諸布始布
右三解艾張曲
鼓吹鐃歌十五篇　何承天義熙中私造
朱路篇
朱路揚和鸞　翠蓋燿金華　玄牡飾樊纓
流旌拂飛霞　雄戟闢曠塗　班劍翼高車
三軍且莫喧　聽我奏鐃歌　清鞞驚短簫
朗鼓節鳴笳　人心惟愷豫　兹音亮且和
輕風起紅塵　渟瀾發微波　逸韻騰天路
穨響結城阿　仁聲被八表　威震振九遐
嗟嗟介冑士　勗哉念皇家
思悲公篇
思悲公　懷袞衣　東國何悲　公西歸
公西歸　流二叔　幼主既悟　偃禾復
偃禾復　聖志申　營都新邑　從斯民
從斯民　德惟明　制禮作樂　興頌聲
興頌聲　致嘉祥　鳴鳳爰集　萬國康
萬國康　猶弗已　握髮吐餐　下羣士
惟我君　繼伊周　親覩盛世　復何求
雝離篇
雝士多離心　荆民懷怨情　二凶不量德
構難稱其兵　王人銜朝命　正辭糾不庭
上宰宣九伐　萬里舉長旌　樓船掩江濆
駟介飛重英　歸德戒後夫　賈勇尚先鳴
逆徒既不濟　愚智亦相傾　霜鋒未及染
鄢郢忽已清　西川無潛鱗　北渚有奔鯨
凌威致天府　一戰夷三城　江漢被美化
宇宙歌太平　惟我東郡民　曾是深推誠
戰城南篇
戰城南　衝黃塵　丹旌電煒　鼓雷震
勍敵猛　戎馬殷　橫陣亘野　若屯雲
仗大從　應三靈　義之所感　士忘生
長劍擊　繁弱鳴　飛鏑炫晃　亂奔星
虎騎躍　華眊旋　朱火延起　騰飛煙
驍雄斬　高旗搴　長角浮叫　響清天
夷羣寇　殪逆徒　餘黎霑惠　詠來蘇
奏愷樂　歸皇都　班爵獻俘　邦國娛
巫山高篇
巫山高　三峽峻　青壁千尋
深谷萬仞　崇巖冠靈　林冥冥
山禽夜響　晨猿相和鳴　洪波迅澓
載逝載停　悽悽商旅之客　懷苦情
在昔陽九　皇綱微　李氏竊命
宣武燿靈威　蠢爾逆縱　復踐亂機
王旅薄伐　傳首來至京師　古之爲國
惟德是貴　力戰而虛民　鮮不顛墜
矧乃叛戾　伊胡能遂　咨爾巴子
無放肆
上陵者篇
上陵者　相追攀　被服纖麗　振綺紈
攜童幼　升崇巒　南望城闕　鬱盤桓
王公第　通衢端　高甍華屋　列朱軒
臨濬谷　掇秋蘭　士女悠奕　映隰原
指營丘　感牛山　爽鳩既沒　景君歎
嗟歲聿　游不還　志氣衰沮　玄鬢斑
野莽宿　墳土乾　顧此纍纍　中心酸
生必死　亦何怨　取樂今日　展情懽
將進酒篇
將進酒　慶三朝　備繁禮　薦嘉肴
榮枯換　霜霧交　緩春帶　命朋僚
車等旗　馬齊鑣　懷溫克　樂林濠
士失志　慍情勞　思旨酒　寄遊遨
敗德人　甘醇醪　耽長夜　或淫妖
興屢舞　厲哇謠　形傞傞　聲號呶
首既濡　志亦荒　性命夭　國家亡
嗟後生　節酣觴　匪酒辜　孰爲殃
君馬篇
君馬麗且閑　揚鑣騰逸姿　駿足躡流景
高步追輕飛　冉冉六轡柔　奕奕金華暉
輕霄翼羽蓋　長風靡淑旂　願爲范氏驅
雝容步中畿　豈效詭遇子　馳騁趣危機
鉛陵策良駟　造父爲之悲　不怨吳坂峻
但恨伯樂稀　赦彼岐山盜　實賴韓原師
奈何漢魏主　縱情營所私　疲民甘藜藿
廄馬患盈肥　人畜貿厥養　蒼生將焉歸
芳樹篇
芳樹生北庭　豐隆正裴徊　翠穎陵冬秀
紅葩迎春開　佳人閑幽室　惠心婉以諧
蘭房掩綺幌　綠草被長階　日夕遊雲際
歸禽命同棲　皓月盈素景　涼風拂中闈
哀弦理虛堂　要妙清且悽　嘯歌流激楚
傷此碩人懷　梁塵集丹帷　微飈揚羅袿
豈怨嘉時莫　徒惜良願乖
有所思篇
有所思　思昔人　曾閔二子　善養親
和顏色　奉晨昏　至誠烝烝　通明神
鄒孟軻　爲齊卿　稱身受祿　不貪榮
道不用　獨擁楹　三徙既諫　禮義明
飛鳥集　猛獸附　功成事畢　乃更娶
哀我生　遘凶旻　幼罹荼毒　備艱辛
慈顏絕　見無因　長懷永思　託丘墳
雉子遊原澤篇
雉子遊原澤　初懷耿介心　飲啄雖勤苦
不願棲園林　古有避世士　抗志清霄岑
浩然寄卜肆　揮櫂通川陰　消搖風塵外
散髮撫鳴琴　卿相非所眄　何況於千金
功名豈不美　寵辱亦相尋　冰炭結六府
憂虞纏胸襟　當世須大度　量已不克任
三復泉流誠　自驚良已深
上邪篇
上邪下難正　衆枉不可矯　音和響必清
端影緣直表　大化揚仁風　齊人猶偃草
聖王既已沒　誰能弘至道　開春湛柔露
代終肅嚴霜　承平貴孔孟　政敝俟申商
孝公明賞罰　六世猶克昌　李斯肆濫刑
秦氏所以亡　漢宣隆中興　魏祖寧三方
譬彼針與石　效疾故稱良　行葦非不厚
悠悠何詎央　琴瑟時永調　改弦當更張
矧乃治天下　此要安可忘
臨高臺篇
臨高臺　望天衢　飄然輕舉　陵太虛
攜列子　超帝鄉　雲衣雨帶　乘風翔
肅龍駕　會瑤臺　清暉浮景　溢蓬萊
濟西海　濯洧盤　佇立雲岳　結幽蘭
馳迅風　遊炎州　願言桑梓　思舊遊
傾霄蓋　靡電旌　降彼天塗　頹窮冥
辭仙族　歸人羣　懷忠抱義　奉明君
任窮達　隨所遭　何爲遠想　令心勞
遠期篇
遠期千里客　肅駕候良辰　近命城郭友
具爾惟懿親　高門啓雙闈　長筵列嘉賓
中唐舞六佾　三廂羅樂人　簫管激悲音
羽毛揚華文　金石響高宇　絃歌動梁塵
脩標多巧捷　九劍亦入神　遷善自雅調
成化由清均　主人垂隆慶　羣士樂亡身
願言聖明君　邇期保萬春
石流篇
石上流水　湔湔其波　發源幽岫　永歸長河
瞻彼逝者　歲月其偕　子在川上　惟以增懷
嗟我殷憂　載勞寤寐　遘此百罹　有志不遂
行年倏忽　長勤是嬰　永言沒世　悼茲無成
幸遇開泰　沐浴嘉運　緩帶安寢　亦又何慍
古之爲仁　自求諸己　虛情遙慕　終於徒已
聖人制禮樂一篇巾舞歌一篇按景祐廣樂記言字訛謬聲辭雜書宋鼓吹鐃歌辭四篇舊史言詁不可解漢鼓吹鐃歌十八篇按古今樂錄皆聲辭豔相雜不可復分

宋書卷二十二考證

樂志四靈芝篇伯瑜年七十采衣以娛親○伯瑜一本作伯俞臣思按困學紀聞引陳思王此二語云人但知老萊子之事而不知伯瑜顧老萊子伯瑜是否兩人亦無可考也

孟冬篇鐘擊位無餘○曹植集作擊鐘酬無餘

碣石篇○臣承蒼按此曲辭卽前二十一卷所載步出夏門行四解之一乃魏武帝作

芳樹曲妬人之子悲殺人○妬一本作如

漢第五曲翁離今第五曲舊邦○翁晉書作雍臣承蒼按晉鼓吹歌曲內有時運多一篇題曰古雍離行雍與擁通作翁誤也

靈之祥篇吳寇勁○勁晉書作勍

征遼東篇淵旣授首○淵晉書作公孫傳集同臣承蒼按晉書成於唐太宗避高祖諱故稱公孫後人校刻傳集復據晉書改寘作淵也

宣受命篇亮乃震死天下寧○死傳集作斃晉書寧上有安字

宣輔政篇雲澤雨施○澤晉書作行

景龍飛篇聰鑒玄發○發字晉書及傳集皆作察

平玉衡篇纂成洪業○成晉書傳集皆作戎

文皇統百揆篇武將鎮四隅○諸本俱作武皇鎮四寓今據晉書傳集改正

惟庸蜀篇履心同獻戾圖○晉書無同字

天序篇天序句應歷受禪句○晉書天序歷爲一句應受禪爲一句

仲秋獮田篇鷹揚猶周尚父從天以殺伐○晉書無周字又從作順

從天道○晉書作順天道　臣承蒼按沈約仕齊作宋書其後復顯於梁武帝父名順之故凡順字皆改爲從其有仍用順字者殆傳寫之誤也

從天道篇三時亦講武事○亦晉書作示以三時示爲句

又將如虎惟彪虎○晉書如字下有彪字

又受茲百祿嘉萬年○嘉晉書作壽

唐堯篇按圖按先籍有其證靈○晉書靈字下有液字　臣承蒼按原文當有液字後人疑此二句韻不諧故去一液字以靈字合於上文繩徵矜陵等字爲一韻不知古人詩歌凡今庚青部之字皆不與蒸部同用若存此液字則與上句籍字別爲一韻更合也

秋風曲志士思立功○一本復思立功三字

君馬篇順爲范氏驅雖容步中鑾豈效詭遇子馳騁趣危機○　臣承蒼按范氏二字疑作範我與下文詭遇相對觀第十曲有所思篇直述孟子爲齊卿事可見其用意所在

上邪篇上邪下難正枲枉不可撟○　臣承蒼按漢鼓吹鐃歌其第十二曲曰上邪本無意義邪字大約與耶同是語助辭繆襲傳元盡更其名雖依漢曲次第而辭旨各殊第十二曲皆不用上邪二字至何承天作直以爲上下之上邪正之邪其雍離一篇或作擁離亦無意義何承天直以爲雍州之雍離合之離首云雍士多離心然則古人作樂府篇各以其意爲之非有定式古今樂錄雖言所以製曲之意後之作者亦不盡拘若其音節則益不可致矣

宋書卷二十三

梁　沈　約　撰

志第十三

天文一

言天者有三家一曰宣夜二曰蓋天三曰渾天而天之正體經無前說馬書班志又闕其文漢靈帝議郎蔡邕於朔方上書曰論天體者三家宣夜之學絕無師法周髀術數具存考驗天狀多所違失惟渾天僅得其情今史官所用候臺銅儀則其法也立八尺圓體而具天地之形以正黃道占察發斂以行日月以步五緯精微深妙百世不易之道也官有其器而無本書前志亦闕而不論本欲寢伏儀下思惟微意按度成數以著篇章罪惡無狀投畀有北灰滅雨絕勢路無由宣問羣臣下及巖穴知渾天之意者使述其義時閹官用事邕議不行漢末吳人陸績善天文始推渾天意王蕃者廬江人吳時爲中常侍善數術傳劉洪乾象曆依乾象法而制渾儀立論考度曰前儒舊說天地之體狀如鳥卵天包地外猶殼之裹黃也周旋無端其形渾渾然故曰渾天也周天三百六十五度五百八十九分度之百四十五半露地上半在地下其二端謂之南極北極北極出地三十六度南極入地亦三十六度兩極相去一百八十二度半強繞北極徑七十二度常見不隱謂之上規繞南極七十二度常隱不見謂之下規赤道帶天之紘去兩極各九十一度少強黃道日之所行也半在赤道外半在赤道內與赤道東交於角五少弱西交於奎十四少強其出赤道外極遠者去赤道二十四度斗二十一度是也其入赤道內極遠者亦二十四度井二十五度是也日南至在斗二十一度去極百一十五度少強是也日最南去極最遠故景最長黃道斗二十一度出辰入申故日亦出辰入申日晝行地上百四十六度強故日短夜行地下二百一十九度少弱故夜長自南至之後日去極稍近故景稍短日晝行地上度稍多故日稍長夜行地下度稍少故夜稍短日所在度稍北故日稍北以至於夏至日在井二十五度去極六十七度少強是日最北去極最近景最短黃道井二十五度出寅入戌故日亦出寅入戌日晝行地上二百一十九度少弱故日長夜行地下百四十六度強故夜短自夏至之後日去極稍遠故景稍長日晝行地上度稍少故日稍短夜行地下度稍多故夜稍長日所在度稍南故日出入稍南以至於南至而復初焉斗二十一井二十五南北相覺四十八度春分日在奎十四少強秋分日在角五少弱此黃赤二道之交中也去極俱九十一度少強南北處斗二十一井二十五之中故景居二至長短之中奎十四角五出卯入酉故日亦出卯入酉日晝行地上夜行地下俱百八十度半強故日見之漏五十刻不見之漏五十刻謂之晝夜同夫天之晝夜以日出入爲分人之晝夜以昏明爲限日未出二刻半而明日已入二刻半而昏故損夜五刻以益晝是以春秋分之漏晝五十五刻三光之行不必有常術家以算求之各有同異故諸家歷法參差不齊洛書甄耀度春秋考異郵皆云周天一百七萬一千里一度爲二千九百三十二里七十一步二尺七寸四分四百八十七分分之三百六十二陸績云天東西南北徑三十五萬七千里此言周三徑一也考之徑一不啻周三率周百四十二而徑四十五則天徑三十二萬九千四百一里一百二十二步二尺二寸一分七十一分分之十周禮日至之景尺有五寸謂之地中鄭衆說土圭之長尺有五寸以夏至之日立八尺之表其景與土圭等謂之地中今潁川陽城地也鄭玄云凡日景於地千里而差一寸景尺有五寸者南戴日下萬五千里也以此推之日當去其下地八萬里矣日邪射陽城則天徑之半也天體圓如彈丸地處天之半而陽城爲中則日春秋冬夏昏明晝夜去陽城皆等無盈縮矣故知從日邪射陽城爲天徑之半也以勾股法言之傍萬五千里句也立八萬里股也從日邪射陽城弦也以句股求弦法入之得八萬一千三百九十四里三十步五尺三寸六分天徑之半而地上去天之數也倍之得十六萬二千七百八十八里六十一步四尺七寸二分天徑之數也以周率乘之徑率約之得五十一萬二千六百八十七里六十八步一尺八寸二分周天之數也減甄耀度考異郵五十五萬七千三百一十二里有奇一度凡千四百六里百二十四步六寸四分十萬七千五百六十五分分之萬九千三十九減舊度千五百二十五里二百五十六步三尺三寸二十一萬五千一百三十分分之十六萬七百三十分黃赤二道相與交錯其間相去二十四度以兩儀推之二道俱三百六十五度有奇是以知天體圓如彈丸而陸績造渾象其形如鳥卵然則黃道應長於赤道矣績云天東西南北徑三十五萬七千里然則績亦以天形正圓也而渾象爲鳥卵則爲自相違背古舊渾象以二分爲一度凡周七尺三寸半分張衡更制以四分爲一度凡周一丈四尺六寸蕃以古制局小星辰稠穊衡器傷大難可轉移更制渾象以三分爲一度凡周天一丈九寸五分四分分之三也御史中丞何承天論渾象體曰詳尋前說因觀渾儀研求其意有以悟天形正圓而水周其下言四方者東暘谷日之所出西至濛汜日之所入莊子又云北溟之魚化而爲鳥將徙於南溟斯亦古之遺記四方皆水證也四方皆水謂之四海凡五行相生於金是故百川發源皆自山出由高趣下歸於注海日爲陽精光耀炎熾一夜入水所經燋竭百川歸注足於補復故旱不爲減浸不爲益徑天之數蕃說近之太中大夫徐爰曰渾儀之制未詳厥始王蕃言虞書稱在璇璣玉衡以齊七政則今渾天儀日月五星是也鄭玄說動運爲機持正爲衡皆以玉爲之視其行度觀受禪是非也渾儀羲和氏之舊器歷代相傳謂之璣衡其所由來有原統矣而斯器設在候臺史官禁密學者寡得聞見穿鑿之徒不解機衡之意見有七政之言因以爲北斗七星搆造虛文託之讖緯史遷班固猶尚惑之鄭玄有贍雅高遠之才沈靜精妙之思超然獨見改正其說聖人復出不易斯言矣蕃之所云如此夫候審七曜當以運行爲體設器擬象焉得定其盈縮推斯而言未爲通論設使唐虞之世已有渾儀涉歷三代以爲定准後世聿遵孰敢非革而三天之儀紛然莫辯至揚雄方難蓋通渾張衡爲太史令乃鑄銅制範衡傳云其作渾天儀考步陰陽最爲詳密故知自衡以前未有斯儀矣蕃又云渾天遭秦之亂師徒喪絕而失其文惟渾天儀尚在候臺案既非舜之璇玉又不載今儀所造以緯書爲穿鑿鄭玄爲博實偏信無據未可承用夫璇玉貴美之名璣衡詳細之目所以先儒以爲北斗七星天綱運轉聖人仰觀俯察以審時變焉史臣案設器象定其恒度合之則吉失之則凶以之占察有何不可渾文廢絕故有宣蓋之論其術並疏故後人莫述揚雄法言云或人問渾天於雄雄曰落下閎營之鮮于妄人度之耿中丞象之幾幾乎莫之違也若問天形定體渾儀疏密則雄應以渾儀答之而舉此三人以對者則知此三人制造渾儀以圖晷緯問者蓋渾儀之疏密非問渾儀之淺深也以此而推則西漢長安已有其器矣將由喪亂亡失故衡復鑄之乎王蕃又記古渾儀天度并張衡改制之文則知斯器非衡始造明矣衡所造渾儀傳至魏晉中華覆敗沈沒戎虜績蕃舊器亦不復存晉安帝義熙十四年高祖平長安得衡舊器儀狀雖舉不綴經星七曜文帝

元嘉十三年詔太史令錢樂之更鑄渾儀徑六尺八分少周一丈八尺二寸六分少地在天內立黃赤二道南北二極規二十八宿北斗極星五分爲一度置日月五星於黃道之上置立漏刻以水轉儀昏明中星與天相應十七年又作小渾天徑二尺二寸周六尺六寸以分爲一度安二十八宿中外宮以白黑珠及黃三色爲三家星日月五星悉居黃道蓋天之術云出周公旦訪之殷商蓋假託之說也其書號曰周髀髀者表也周天之數也其術云天如覆蓋地如覆盆地中高而四隤日月隨天轉運隱地之高以爲晝夜也天地相去凡八萬里天地之中高於外衡六萬里地上之高高於天之外衡二萬里也或問蓋天於揚雄揚雄曰蓋哉蓋哉難其八事鄭玄又難其二事爲蓋天之學者不能通也劉向五紀說夏歷以爲列宿日月皆西移列宿疾而日次之月宿遲故日與列星昏俱入西方後九十一日是宿在北方又九十一日是宿在東方九十一日在南方此明日行遲於列宿也月生三日日入而月見西方至十五日日入而月見東方將晦日未出乃見東方以此明月行之遲於日而皆西行也向難之以鴻範傳曰晦而月見西方謂之朓朓疾也朔而月見東方謂之側匿側匿遲不敢進也星辰西行史官謂之逆行此三說夏歷皆違之迹其意好異者之所作也晉成帝咸康中會稽虞喜造安天論以爲天高窮於無窮地深測於不測地有居靜之體天有常安之形論其大體當相覆冒方則俱方圓則俱圓不同之義也喜族祖河間太守聳又立穹天論云天形穹隆當如雞子冪其際周接四海之表浮乎元氣之上而吳太常姚信造昕天論曰嘗覽漢書云冬至日在牽牛去極遠夏至日在東井去極近欲以推日之長短信以太極處二十八宿之中央雖有遠近不能相倍今昕天之說以爲冬至極低而天運近南故日去人遠而斗去人近北天氣至故冰寒也夏至極起而天運近北斗去人遠日去人近南天氣至故炎熱也極之立時日行地中淺故夜短天去地高故晝長也極之低時日行地中深故夜長天去地下淺故晝短也然則天行寒依於渾夏依於蓋也按此說應作軒昂之軒而作昕所未詳也凡三說皆好異之談失之遠矣凡天文經星常宿中外宮前史已詳今惟記魏文帝黃初以來星變爲天文志以續司馬彪云

魏文帝黃初三年九月甲辰客星見太微左掖門內占曰客星出太微國有兵喪十月孫權叛命帝自南征前驅臨江破其將呂範等是後累有征役七年五月文帝崩

黃初四年二月癸卯月犯心大星十二月丙子月又犯心大星占曰心爲天王王者惡之七年五月文帝崩

黃初四年六月甲申太白晝見五年十一月辛卯太白又晝見案劉向五紀論曰太白少陰弱不得專行故以已未爲界不得經天而行經天則晝見其占爲兵爲喪爲不臣爲更王强國弱小國强是日孫權受魏爵號而稱兵距守七年五月文帝崩八月吳遂圍江夏寇襄陽魏江夏太守文聘固守得全大將軍司馬懿救襄陽斬吳將張霸

黃初四年十一月月暈北斗占曰有大喪赦天下七年五月文帝崩明帝卽位大赦天下

黃初五年十月歲星入太微逆行積百三十九日乃出占曰五星入太微從右入三十日以上人主有大憂一曰有赦至七年五月文帝崩明帝卽位大赦天下

黃初六年五月十六日壬戌熒惑入太微至二十六日壬申與歲星相及俱犯右執法至二十七日癸酉乃出占曰從後入三十日以上人主有大憂又日月五星犯左右執法大臣有憂一曰執法者誅金火尤甚十一月皇子東陽武王鑒薨七年正月驃騎將軍曹洪免爲庶人四月征南大將軍夏侯尚薨五月文帝崩蜀記稱明帝問黃權曰天下鼎立何地爲正對曰當驗天文往熒惑守心而文皇帝崩吳蜀無事此其徵也案三國史並無熒惑守心之文宜是入太微

黃初六年十月乙未有星孛于少微歷軒轅案占孛彗異狀其殃一也爲兵喪除舊布新之象餘災不盡爲旱凶飢暴疾長大見久災深短小見速災淺是時帝軍廣陵辛丑親御甲冑跨馬觀兵明年五月文帝崩魏明帝太和四年十一月壬戌太白犯歲星占曰太白犯五星有大兵犯列宿爲小兵五年三月諸葛亮以大衆寇天水遣大將軍司馬懿距邊

太和五年月熒惑犯房占曰房四星股肱臣將相位也月五星犯守之將相有憂七月車騎將軍張郃追諸葛亮爲其所害十二月太尉華歆薨

太和五年十一月乙酉月犯軒轅大星占曰女主憂十二月甲辰月犯鎮星占曰女主當之六年三月乙亥月又犯軒轅大星青龍二年十一月乙丑月又犯鎮星三年正月太后郭氏崩

太和六年十一月丙寅太白晝見南斗遂歷八十餘日恒見占曰吳有兵明年孫權遣張彌等將兵萬人錫授公孫淵爲燕王淵斬彌等虜其衆

太和六年十一月丙寅有星孛于翼近太微上將星占曰爲兵喪井氏曰孛彗所當之國是受其殃翼又楚分孫權封略也明年權有遼東之敗權又向合肥新城追全琮征六安皆不克下吳又明年諸葛亮入秦川據渭南司馬懿距之孫權遣陸議諸葛瑾等屯江夏口孫韶張承等向廣陵淮陽權以大衆圍新城以應亮於是帝自東征權及諸將乃退太和六年十二月陳王植薨青龍元年夏北海王蕤薨三年正月太后郭氏崩

明帝青龍二年二月己未太白犯熒惑占曰大兵起有大戰是年四月諸葛亮據渭南吳亦起兵應之魏東西奔命九月亮卒軍退將帥分爭爲魏所破案占太白所犯在南南國敗在北北國敗此宜在熒惑南也

青龍二年三月辛卯月犯輿鬼輿鬼主斬殺占曰民多病國有憂又有大臣憂是年夏大疫冬又大病至三年春乃止正月太后郭氏崩四年五月司徒董昭薨

青龍二年五月丁亥太白晝見積三十餘日以晷度推之非秦魏則楚也是時諸葛亮據渭南司馬懿與相持孫權寇合肥又遣陸議孫韶等入淮沔帝親東征蜀本秦地則爲秦晉及楚兵悉起應占

青龍二年七月己巳月犯楗閉占曰天子崩又爲火災三年七月崇華殿災景初三年正月明帝崩

青龍二年十月戊寅月犯太白占曰人君死又爲兵景初元年七月公孫淵叛二年正月遣司馬懿討之三年正月明帝崩

蜀後主建興十二年諸葛亮帥大衆伐魏屯于渭南有長星赤而芒角自東北西南流投亮營三投再還往大還小占曰兩軍相當有大流星來走軍上及墜軍中者皆破敗之徵也九月亮卒于軍營而退羣帥交惡多相誅殘

魏明帝青龍三年六月丁未鎮星犯井鉞四年閏四月乙巳復犯戊戌太白又犯占曰凡月五星犯井鉞悉爲兵起一曰斧鉞用大臣誅景初元年公孫淵叛司馬懿討滅之

青龍三年七月己丑鎮星犯東井四年三月癸卯在參又還犯之占曰鎮星入井大人憂行近距爲行陰其占大水五穀不成景初元年夏大水傷五穀九月皇后毛氏崩三年正月明帝崩

青龍三年十月壬申太白晝見在尾歷二百餘日恒見占曰尾爲燕燕臣强有兵

青龍四年三月己巳太白與月俱加丙晝見月犯太白景初元年七月辛卯太白又晝見積二百八十餘日占悉同上是時公孫淵自立爲燕王署置百官發兵距守遣司馬懿討滅之

青龍三年十二月戊辰月犯鉤鈐占曰王者憂景初三年正月明帝崩

青龍四年五月壬寅太白犯畢左股第一星占曰畢爲邊兵又主刑罰九月涼州塞外胡阿畢師侵犯諸國西域校尉張就討之斬首捕虜萬許人

青龍四年七月甲寅太白犯軒轅大星占曰女主憂景初元年皇后毛氏崩

青龍四年十月甲申有星孛于大辰長三尺乙酉又孛于東方十一月己亥彗星見犯宦者天紀星占曰大辰爲天王天下有喪劉向五紀論曰春秋星孛于東方不言宿者不加宿也宦者在天市爲中外有兵天紀爲地震孛彗主兵喪景初元年六月地震九月吳將朱然圍江夏荆州刺史胡質擊走之皇后毛氏崩二年正月討公孫淵三年正月明帝崩

魏明帝景初元年二月乙酉月犯房第二星占曰將相有憂七月司徒陳矯薨二年四月司徒韓暨薨

景初元年十月丁未月犯熒惑占曰貴人死二年四月司徒韓暨薨八月公孫淵滅

景初二年二月己丑月犯心距星又犯中央大星五月己亥又犯心距星及中央大星閏月癸丑月又犯心中央大星按占大星爲天王前爲太子後爲皇子犯大星王者惡之犯前星太子有憂犯後星庶子有憂三年正月帝崩太子立卒見廢爲齊王正始四年秦王詢薨

景初二年八月彗星見張長三尺逆西行四十一日滅占曰爲兵喪張周分野洛邑惡之其十月斬公孫淵明年正月明帝崩

景初二年十月甲午月犯箕占曰軍將死正始元年四月車騎將軍黃權薨

景初二年司馬懿圍公孫淵於襄平八月丙寅夜有大流星長數十丈色白有芒鬣從首山北流墜襄平城東南占曰圍城而有流星來走城上及墜城中者破又曰星墜當其下有戰場又曰凡星所墜國易姓九月淵突圍走至星墜所被斬屠城阬其衆

景初二年十月癸巳客星見危逆行在離宮北騰蛇南甲辰犯宗星己酉滅占曰客星所出有兵喪虛危爲宗

廟又爲墳墓客星近離宮則宮中將有大喪就先君於宗廟皆王者崩殞之象也三年正月明帝崩正始二年五月吳將朱然圍樊城司馬懿率衆距卻之

魏齊王正始元年四月戊午月犯昴東頭第一星其年十月庚寅月又犯昴北頭第四星占曰犯昴胡不安二年六月鮮卑阿妙兒等寇西方燉煌太守王延斬之并二千餘級三年又斬鮮卑大帥及千餘級

正始元年十月乙酉彗星見西方在尾長三丈拂牽牛犯太白十一月甲子進犯羽林占曰尾爲燕又爲吳牛亦吳越之分太白爲上將羽林中軍兵吳越有兵喪中軍兵動二年五月吳將全琮寇芍陂朱然圍樊城諸葛瑾入沮中吳太子登卒六月司馬懿討諸葛恪於睆恪焚積聚棄城走三年太尉滿寵薨

正始二年九月癸酉月犯輿鬼西北星西北星主金三年二月丁未又犯西南星西南星主布帛占曰有錢令一曰大臣憂三年三月太尉滿寵薨四年正月帝加元服賜羣臣錢各有差

正始四年十月十一月月再犯井鉞是月司馬懿討諸葛恪恪棄城走五年三月曹爽征蜀

正始五年十一月癸巳鎭星犯亢距星占曰諸侯有失國者嘉平元年曹爽兄弟誅

正始六年八月戊午彗星見七星長二尺色白進至張積二十三日滅七年十一月癸亥又見軫長一尺積百五十六日滅九年三月又見昴長六尺色青白芒西南指七月又見翼長二尺進至軫積四十二日滅按占七星張周分野翼軫爲楚昴爲趙魏彗所以除舊布新主兵喪也嘉平元年司馬懿誅曹爽兄弟及其黨與皆夷族京師嚴兵實始翦魏三年誅楚王彪又襲王凌於淮南淮南東楚也幽魏諸王于鄴

正始七年七月丁丑月犯左角占曰天下有兵將軍死九年正月辛亥月犯亢南星占曰兵起一曰軍將死七月乙亥熒惑犯畢距星占曰有邊兵一曰刑罰用嘉平元年曹爽等誅三年王凌等又誅

正始元年七月癸丑鎭星犯楗閉占曰王者不宜出宮下殿明年車駕謁陵司馬懿奏誅曹爽等天子野宿於是失勢

魏齊王嘉平元年六月壬戌太白犯東井距星二年三月己未又犯占曰國失政大臣爲亂四月辛巳太白犯輿鬼占曰大臣誅一曰兵起三年七月王凌與楚王彪有謀皆伏誅人主遂卑吳主孫權赤烏十三年五月日北至熒惑逆行入南斗七月犯魁第二星而東漢晉春秋云逆行按占熒惑入南斗三月吳王死一曰熒惑逆行其地有死君太元二年權薨是其應也故國志書於吳而不書於魏也是時王凌謀立楚王彪謂斗中有星當有暴貴者以問知星人浩詳詳疑有故欲說其意不言吳有死喪而言淮南楚分吳楚同占當有王者興故凌計遂定

魏齊王嘉平二年十月丙申月犯輿鬼占曰國有憂一曰大臣憂三年四月戊寅月犯東井占曰軍將死一曰國有憂五月王凌楚王彪等誅七月皇后甄氏崩

嘉平三年五月甲寅月犯距星占曰將軍死一曰爲兵是月王凌誅四年三月吳將朱然朱異爲寇鎭東將軍諸葛誕破走之

嘉平三年七月己巳月犯輿鬼九月乙巳又犯四年十一月丁未又犯鬼積尸五年七月丙午月又犯鬼西北星占曰國有憂正元元年李豐等誅皇后張氏廢九月帝廢爲齊王

齊王嘉平三年十月癸未熒惑犯亢南星占曰大臣有亂正元元年二月李豐等謀亂誅

嘉平三年十一月癸未有星孛于營室西行積九十日滅占曰有兵喪室爲後宮後宮且有亂四年三月丁酉彗星見西方在胃長五六丈色白芒南指貫參積二十日滅五年十一月彗星又見軫長五丈在太微左執法西東南指積百九十日滅按占胃兗州之分參白虎主兵太微天子廷執法爲執政孛彗爲兵除舊布新之象正元元年二月李豐豐弟兗州刺史翼后父光祿大夫張緝等謀亂皆誅皇后亦廢九月帝廢爲齊王高貴鄉公代立

嘉平五年六月庚辰月犯箕占曰軍將死正元元年正月鎭東將軍毋丘儉反兵敗死

嘉平五年六月戊午太白犯角占曰羣臣謀不成正元元年李豐等謀泄悉誅

嘉平五年七月月犯井鉞正元元年二月李豐等誅蜀將姜維攻隴西車騎將軍郭淮討破之

嘉平五年十一月癸酉月犯東井距星占曰軍將死至六年正月鎭東將軍豫州刺史毋丘儉前將軍揚州刺史文欽反破誅

魏高貴鄉公正元元年十一月有白氣出斗側廣數丈長竟天王肅曰蚩尤之旗也東南其有亂乎二年正月毋丘儉等據淮南以叛大將軍司馬師討平之案占蚩尤旗見王者征伐四方自後又征淮南西平巴蜀是歲吳王孫亮五鳳元年斗牛吳越分案占有兵喪除舊布新之象也太平三年孫綝盛兵圍宮廢亮爲會稽王孫休代立是其應也故國志又書於吳由是淮南江東同揚州地故于時變見吳楚之分則魏之淮南多與吳同灾是以毋丘儉以孛爲已應遂起兵而敗又其應也後三年即魏甘露二年諸葛誕又反淮南吳遣朱異救之及城陷誕衆吳兵死沒各數萬人循前長星之應也

高貴鄉公正元二年二月戊午熒惑犯東井北轅西頭第一星占曰羣臣有家坐罪者甘露元年諸葛誕族滅

吳孫亮太平元年九月壬辰太白犯南斗吳志所書也占曰太白犯斗國有兵大臣有反者其明年諸葛誕反又明年孫綝廢亮吳魏竝有兵事也

魏高貴鄉公甘露元年七月乙卯熒惑犯井鉞壬戌月又犯鉞星二年八月壬子歲星犯井鉞九月庚寅歲星又逆行乘鉞星三年諸葛誕夷滅

甘露元年八月辛亥月犯箕占曰軍將死九月丁巳月犯東井占曰軍將死二年諸葛誕誅

甘露二年六月己酉月犯心中央大星景元元年五月高貴鄉公敗

甘露二年十月丙寅太白犯亢距星占曰廷臣爲亂人君憂景元元年有成濟之變

甘露二年十一月彗星見角色白占曰彗見兩角間色白者軍起不戰邦有大喪景元元年高貴鄉公帥左右兵襲晉文王未交戰爲成濟所害

甘露三年三月庚子太白犯東井占曰國失政大臣爲亂是夜歲星又犯東井占曰兵起至景元元年高貴鄉公敗

甘露三年八月壬辰歲星犯輿鬼質星占曰斧質用大臣誅甘露四年四月甲申歲星又犯輿鬼東南星占曰鬼東南星主兵木入鬼大臣誅景元元年高貴鄉公敗殺尚書王經

甘露四年十月丁丑客星見太微中轉東南行歷軫宿積七日滅占曰客星出太微有兵喪景元元年高貴鄉公被害

魏陳留王景元元年二月月犯建星案占月五星犯建星大臣相譖是後鍾會鄧艾破蜀會譖艾遂皆夷滅

景元二年四月熒惑入太微犯右執法占曰人主有大憂又曰大臣憂後四年鄧艾鍾會皆夷滅五年帝遜位

景元三年十一月壬寅彗星見亢色白長五丈轉北行積四十五日滅占爲兵喪一曰彗見亢天子失德四年鍾會鄧艾伐蜀克之會艾反亂皆誅魏遜天下

景元四年六月大流星二竝如斗見西方分流南北光照隆隆有聲案占流星爲貴使大者使大是年鍾鄧克蜀二星蓋二帥之象二帥相背又分流南北之應鍾會旣叛三軍憤怒隆隆有聲兵將怒之徵也

景元四年十月歲星守房占曰將相有憂一曰有大赦明年正月太尉鄧艾司徒鍾會竝誅滅特赦益土咸熙二年秋又大赦

陳留王咸熙二年五月彗星見王良長丈餘色白東南指積十二日滅占曰王良天子御駟彗星掃之禪代之表除舊布新之象白色爲喪王良在東壁宿又井州之分也八月晉文王薨十二月帝遜位于晉

晉武帝太始四年正月丙戌彗星見軫青白色西北行又轉行占曰爲兵喪軫又楚分也三月皇太后王氏崩十月吳將施績寇江夏萬彧寇襄陽後將軍田璋荆州刺史胡烈等破却之

太始四年七月星隕如雨皆西流占曰星隕爲民叛西流吳民歸晉之象也二年吳夏口督孫秀率部曲二千餘人來降

太始五年九月有星孛於紫宮占如上紫宮天子內宮十年武元楊皇后崩

太始十年十二月有星孛于軫占曰天下兵起軫又楚分也咸寧二年六月星孛于氐占曰天子失德易政氐又兗州分七月星孛大角大角爲帝坐八月星孛太微至翼北斗三台占曰太微天子廷大人惡之一曰有徙王翼又楚分也北斗主殺罰三台爲三公三年星孛于胃胃徐州分四月星孛女御女御爲後宮五月又孛于東方七月星孛紫宮占曰天下易主五年三月星孛于柳占曰外臣陵主柳又三河分也大角太微紫宮女御竝爲王者明年吳亡是其應也孛主兵喪征吳之役三河徐兗之兵悉出交戰於吳楚之地吳丞相都督以下梟戮十數偏裨行陣之徒馘斬萬計皆其徵也春秋星孛北方則齊魯晉鄭陳宋莒之君竝受殺亂之禍星孛東方則楚滅陳三家田氏分簒齊晉漢文帝末星孛西方後吳楚七國誅滅案太始末至太康初災異數見而晉氏隆盛吳實滅天變在吳可知矣昔漢三年星孛大角項籍以亡漢氏無事此項先主命故也吳晉之時天下橫分大角孛而吳亡是與項氏同事後學者以咸寧災爲晉室非也

晉武帝咸寧四年四月蚩尤旗見案星傳蚩尤旗類彗而後曲象旗漢武帝時見長竟天獻帝時又見長十餘丈皆長星也魏高貴時則爲白氣案校衆記是歲無長星宜又是異氣後二年傾三方伐吳是其應至武帝崩天下兵又起遂亡諸夏

咸寧四年九月太白當見不見占曰是謂失舍不有破軍必有死王之墓又有亡國是時羊祜表求伐吳上許之五年十一月兵出太白始夕見西方太康元年三月大破吳軍孫晧面縛請死吳國遂亡

晉武帝太康二年八月有星孛于張占曰爲兵喪周分野災在洛邑十一月星孛軒轅占曰後宮當之四年三月戊申星孛于西南四年三月癸丑齊王攸薨四月戊寅任城王陵薨五月己亥琅邪王伷薨十一月戊午新都王該薨

太康八年三月熒惑守心占曰王者惡之太熙元年四月乙酉武帝崩

太康八年九月星孛于南斗長數十丈十餘日滅占曰斗主爵祿國有大憂一曰孛于斗王者疾病臣誅其父天下易政大亂兵起太熙元年四月客星在紫宮占曰爲兵喪太康末武帝耽宴遊多疾病是月乙酉帝崩永平元年賈后誅楊駿及其黨與皆夷三族楊太后亦見殺是年又誅汝南王亮太保衛瓘楚王瑋王室兵喪之應

宋書卷二十三考證

天文志一減蠶犍度考異鄭五十五萬七千三百一十二里有奇○臣承祚按照算應五十五萬八千三百一十二里有奇

又作小渾天徑二尺二寸周六尺六寸以分爲一度○臣承祚按以分爲一度則周不應六尺六寸分字上必有遺字

嘉平三年五月甲寅月犯距星○距上當有脫字

魏高貴時則爲白氣○貴字下遺鄉公二字

宋書卷二十四

梁　沈約　撰

志第十四

天文二

晉惠帝元康二年二月天西北大裂按劉向說天裂陽不足地動陰有餘是時人主拱默婦后專制

元康三年四月熒惑守太微六十日占曰諸侯三公謀其上必有斬臣一曰天子亡國是春太白守畢至是百餘日占曰有急令之憂一曰相亡又爲邊境不安是年鎭歲太白三星聚于畢昴占曰爲兵喪畢昴趙地也後賈后陷殺太子趙王廢后又殺之斬張華裴頠遂篡位廢帝爲太上皇天下從此遘亂連禍

元康五年四月有星孛于奎至軒轅太微經三台大陵占曰奎爲魯又爲庫兵軒轅爲後宮太微天子廷三台爲三司大陵有積屍死喪之事明年武庫火西羌反後五年司空張華遇禍賈后廢死魯公賈謐誅又明年趙王倫篡位於是三王興兵討倫士民戰死十餘萬人

元康六年六月丙午夜有枉矢自斗魁東南行按占曰以亂伐亂北斗主執殺出斗魁居中執殺者不直象也十月太白晝見後趙王殺張裴廢賈后以理太子之寃因自篡盜以至屠滅以亂伐亂兵喪臣彊之應也

元康九年二月熒惑守心占曰王者惡之八月熒惑入羽林占曰禁兵大起後二年惠帝見廢爲太上皇俄而三王起兵討倫倫悉遣中軍兵相距累月

晉惠帝永康元年三月妖星見南方中台星坼太白晝見占曰妖星出天下大兵將起台星失常三公憂太白晝見爲不臣是月賈后殺太子趙王倫尋廢殺后及司空張華又廢帝自立於是三王並起迭總大權

永康元年五月熒惑入南斗占曰宰相死兵大起斗又吳分也是時趙王倫爲相明年篡位三王興師誅之太安二年石冰破揚州

永康元年八月熒惑入箕占曰人主失位兵起十二月彗出牽牛之西指天市占曰牛者七政始彗出之改元易號之象也天市一名府一名天子禖帝座在其中明年趙王篡位改元尋爲大兵所滅

永康二年二月太白出西方逆行入東井占曰國失政臣爲亂四月彗星見齊分占曰齊有兵喪是時齊王冏起兵討趙王倫倫滅冏擁兵不朝專權淫侈明年誅死

晉惠帝永寧元年自正月至于閏月五星互經天星傳曰日陽君道也星陰臣道也日出則星亡臣不得專也晝而星見午上者爲經天其占爲不臣爲更王今五星悉經天天變所未有也石氏說曰辰星晝見其國不亡則大亂是後台鼎方伯互秉大權二帝流亡遂至六夷彊迭據華夏亦載籍所未有也

永寧元年五月太白晝見占同前條七月歲星守虛危占曰木守虛危有兵憂一曰守虛飢守危徭役煩下屈竭辰星入太微占曰爲內亂一曰羣臣相殺太白守右掖門占曰爲兵爲亂賊八月戊午鎭星犯左執法又犯上相占曰上相憂熒惑守昴占曰趙魏有災辰星守輿鬼占曰秦有災九月丁未月犯左角占曰人主憂一曰左將軍死天下有兵

二年四月癸酉歲星晝見占曰爲臣彊十月熒惑太白鬬于虛危占曰大兵起破軍殺將虛危又齊分也十二月熒惑襲太白于營室占曰天下兵起亡君之戒一曰易相初齊王冏定京都因留輔政遂專慠無君是月成都河間檄長沙王乂討之冏乂交戰攻焚宮闕冏兵敗夷滅又殺其兄上軍將軍寔以下二十餘人太安二年成都攻長沙於是公私飢困百姓力屈

晉惠帝太安二年二月太白入昴占曰天下擾兵大起三月彗星見東方指三台占曰兵喪之象三台爲三公七月熒惑入東井占曰兵起國亂是秋太白守太微上將占曰上將以兵亡是年冬成都河間攻洛陽三年正月東海王越執長沙王乂張方又殺之

太安二年八月長沙王奉帝出距二王庚午舍于玄武館是日天中裂爲二有聲如雷三占同元康臣下專僭之象也是時長沙王擅權後成都河間東海又迭專威命是其應也

太安二年十一月辛巳有星晝隕中天北下有聲如雷按占名曰熒首熒首所在下有大兵流血明年劉淵石勒攻略并州多所殘滅王浚起燕代引鮮卑攻掠鄴中百姓塗地有聲如雷怒之象也

太安二年十一月庚辰歲星入月中占曰國有逐相十二月壬寅太白犯月占曰天下有兵太安三年正月巳卯月犯太白占同青龍熒惑入南斗占同永康是月熒惑又犯歲星占曰有大戰七月左衛將軍陳眕率衆奉帝伐成都六軍敗績兵逼乘輿九月王浚又攻成都于鄴鄴潰成都王由是喪亡帝還洛張方脅如長安是時天下盜賊羣起張昌尤盛後二年惠帝崩

晉惠帝永興元年五月客星守畢占曰天子絕嗣一曰大臣有誅七月庚申太白犯角亢經房心歷尾箕九月入南斗占曰犯角天下大戰犯亢有大兵人君憂入房心爲兵喪犯尾將軍與民人爲變犯箕女主憂一曰天下亂入南斗有兵喪一曰將軍爲亂其所犯守又兗豫幽冀揚州之分也是年七月蕩陰之役九月王浚殺幽州刺史和演攻鄴鄴潰於是兗豫爲天下兵衝陳敏又亂揚土劉淵石勒李雄等並起微賤跨有州郡皇后羊氏數被幽廢光熙元年惠帝崩終無繼嗣

永興元年七月乙丑星隕有聲二年十月星又隕有聲按劉向說民去其土之象也是後遂亡中夏

永興元年十二月壬寅夜赤氣亘天砰隱有聲二年十月丁丑赤氣見在北方東西竟天占曰並爲大兵砰隱有聲怒之象也是後四海雲擾九服交兵

永興二年四月丙子太白犯狼星占曰大兵起九月歲星守東井占曰有兵井又秦分也是年苟晞破公師藩張方破范陽王虓關西諸將攻河間王顒顒奔走東海王迎殺之

永興二年八月星孛于昴畢占曰爲兵喪昴畢又趙魏分也十月丁丑有星孛于北斗占曰璿璣更授天子出走又曰彊國發兵諸侯爭權是後皆有其應明年惠帝崩

晉惠帝光熙元年四月太白失行自翼入尾箕占曰太白失行而北是謂返生不有破軍必有屠城五月汲桑攻鄴魏郡太守馮嵩出戰大敗桑遂害東燕王騰殺萬餘人焚燒魏時宮室皆盡

光熙元年五月枉矢西南流占曰以亂伐亂之象也是時司馬越西破河間奉迎大駕尋收繆胤何綏等肆其無君之心天下惡之死而石勒焚其屍柩是其應也

光熙元年九月丁未熒惑守心占曰王者惡之已亥塡星守房心又犯歲星占曰土守房多禍喪守心國內亂天下赦又曰塡與歲合爲內亂是時司馬越秉權終以無禮破滅內亂之應也十一月惠帝崩懷帝卽位大赦天下

光熙元年十二月癸未太白犯塡星占曰爲內兵有大戰是後河間王爲東海王越所殺明年正月東海王越殺諸葛攻等五月汲桑破馮嵩殺東燕王八月苟晞大破汲桑

光熙元年十二月甲申有白氣若虹中天北下至地夜見五日乃滅占曰大兵起明年王彌起青徐汲桑亂河北毒流天下

孝懷帝永嘉元年九月辛卯有大星自西南流于東北

小者如升相隨天壼赤聲如雷占曰流星爲貴使是年五月汲桑殺東燕王騰遂據河北十一月始遣和郁爲征北將軍鎮鄴而田甄等大破汲桑斬于樂陵於是以甄爲汲郡太守弟蘭鉅鹿太守小星相隨小將别帥之象也司馬越忿魏郡以東平原南皆黨於桑悉以賞甄等於是侵略赤地有聲如雷怒之象也

永嘉元年十二月丁亥星流震散案劉向說天官列宿在位之象小星無名者庶民之類此百官庶民將流散之象也是後天下大亂百官萬民流移轉死矣

永嘉二年正月庚午太白伏不見二月庚子始晨見東方是謂當見不見占同上條其後破軍殺將不可勝數帝崩虜庭中夏淪覆

永嘉三年正月庚子熒惑犯紫微占曰當有野死之王又爲火燒宮是時太史令高堂沖奏乘輿宜遷幸不然必無洛陽五年六月劉曜王彌入京都燒宮廟帝崩于平陽

永嘉三年鎮星久守南斗占曰鎮星所居者其國有福是時安東琅邪王始有揚土其年十一月地動陳卓以爲是地動應也

永嘉三年十二月乙亥有白氣如帶出東南北方各二起地至天貫參伐占曰天下大兵起四年三月司馬越收繆胤繆播等又三方雲擾攻戰不休五年三月司馬越死於甯平城石勒攻破其衆死者十餘萬人六月京都焚滅帝刼虜庭

永嘉五年十月熒惑守心後二年帝崩于虜庭

永嘉六年七月熒惑歲星塡星太白聚牛女之間裴回進退按占曰牛揚州分是後兩都傾覆而元帝中興揚土是其應也

愍帝建武元年五月癸未太白熒惑合於東井占曰金火合曰爍爲喪是時帝雖刼于平陽天下猶未敢居其虛位災在帝也六月丁卯太白犯太微占曰兵入天子廷王者惡之七月愍帝崩于寇庭天下行服大臨

晉元帝大興元年七月太白犯南斗占曰吳越有兵大人憂二年二月甲申熒惑犯東井占曰兵起貴臣相戮八月己卯太白犯軒轅大星占曰後宮憂乙未太白犯歲星在翼占曰爲兵亂三年四月壬辰枉矢出虛危沒翼軫占曰枉矢所觸天下之所伐翼軫荆州之分也五月戊子太白入太微又犯上將占曰天子自將上將誅六月丙辰太白與歲星合于房占曰爲兵饑九月太白犯南斗占同元年十月己亥熒惑在東井居五諸侯南踟躕留止積三十日占曰熒惑守井二十日以上大人憂守五諸侯諸侯有誅者十二月己未太白入月在斗郭景純曰月屬坎陰府法家也太白金行而來犯之天意若曰刑理失中自毀其法也四年十二月丁亥月犯歲星在房占曰其國兵饑民流亡永昌元年三月王敦率江荆之衆來攻京都六軍距戰敗績於是殺護軍將軍周顗尚書令刁協驃騎將軍劉隗出奔四月又殺湘州刺史譙王承鎮南將軍甘卓閏十二月元帝崩間一年敦亦梟夷枉矢觸翼之應也十月石他入豫州略城父鉅二縣民以北刺史祖約遣軍追之爲其所沒遂退守壽春

明帝大寧三年正月熒惑逆行入太微占曰爲兵喪王者惡之閏八月帝崩咸和二年蘇峻反攻宮室太后以憂逼崩天子幽刼于石頭遠近兵亂至四年乃息

成帝咸和四年七月有星孛于西北二十三日滅占曰爲兵亂十二月郭默殺江州刺史劉胤荆州刺史陶侃討默明年斬之是時石勒又始僭號

咸和六年正月丙辰月入南斗占曰有兵一曰有大赦是月胡賊殺略婁武進二縣民於是遣戍中洲明年胡賊又略南沙海虞民是年正月大赦伐淮南討襄陽平之

咸和六年十一月熒惑守胃昴占曰趙魏有兵八年七月石勒死石虎自立多所殘滅是時雖勒虎僭號而其强弱常占於昴不關太微紫宮也

咸和八年三月己巳月入南斗與六年占同其年七月石勒死彭彪以譙石生以長安郭權以秦州並歸從於是遣督護高球率衆救彪彪敗球退又石虎石斌攻滅生權咸康元年正月大赦

咸和八年七月熒惑入昴占曰胡王死石虎多所攻滅八月月犯昴占曰胡不安九年六月月又犯昴是時石弘雖襲勒位而石虎擅威暴橫十月廢弘自立遂幽殺之

咸和九年三月己亥熒惑入輿鬼犯積屍占曰兵在西北有沒軍死將四月鎮西將軍雍州刺史郭權始以秦州歸從尋爲石斌所滅徙其衆於青徐

晉成帝咸康元年二月己亥太白犯昴占曰兵起歲大旱四月石虎掠騎至歷陽朝廷慮其衆也加司徒王導大司馬治兵動衆又遣慈湖牛渚蕪湖三戍五月乃罷是時胡賊又圍襄陽征西將軍庾亮遣寧距退之六月旱

咸康元年八月戊辰熒惑入東井占曰無兵兵起有兵兵止是年夏發衆列戍加王導大司馬以備胡賊

咸康元年三月丙戌月入昴占曰胡王死十一月月犯昴二年八月月又犯昴占同咸和三年石虎發衆七萬四年二月自襲段遼于薊遼奔敗又攻慕容皝於棘城不尅引退皝追之殺數百人虎留其將麻秋屯令支皝破秋并虜遼殺之

咸康二年正月辛巳彗星夕見西方在奎占曰爲兵喪奎又爲邊兵四年石虎伐慕容皝不尅皝追擊之又破麻秋時皝稱蕃邊兵之應也

咸康二年正月辛卯月犯房南第二星占曰將相有憂五年七月丞相王導薨八月太尉郗鑒薨六年征西大將軍庾亮薨

咸康二年九月庚寅太白犯南斗因晝見占曰斗爲宰相又揚州分金犯之死喪象晝見爲不臣又爲兵喪三年石虎僭稱天王四年虎滅段遼而敗於慕容皝皝國蕃臣五年王導薨

咸康三年六月辛未有流星大如二斗魁色青赤光耀地出奎中沒婁北案占爲飢五穀不藏是月大旱

咸康三年八月熒惑入輿鬼犯積屍占曰貴人憂三年八月甲戌月犯東井距星占曰國有憂將死三年九月戊子月犯建星占曰易相一曰大將死五年丞相王導薨庾冰代輔政太尉郗鑒征西大將軍庾亮薨

咸康三年十一月乙丑太白犯歲星占曰爲兵飢四年二月石虎破幽州遷其人萬餘家李壽殺李期五年胡衆五萬寇沔南略七千餘家而去又騎二萬圍陷邾城殺略五千餘人

咸康四年四月己巳太白晝見在柳占曰爲兵爲不臣七月乙巳月掩太白占曰王者亡地大兵起明年胡賊大寇沔南陷邾城豫州刺史毛寶西陽太守樊峻皆棄城投江死於是內外戒嚴左衞桓監匡術等諸軍至武昌乃退七年慕容皝自稱爲燕王

咸康四年五月戊午熒惑犯右執法占曰大臣死執政者憂九月太白犯右執法案占五星災同金火尤甚十一月戊子太白犯房上星占曰上相憂五年七月己酉月犯房上星亦同占是月庚申丞相王導薨

咸康五年四月辛未月犯歲星在胃占曰國飢民流乙未月犯畢距星占曰兵起是夜月又犯歲星在昴及冬有沔南邾城之敗百姓流亡萬餘家

咸康六年二月庚午朔流星大如斗光耀地出天市西行入太微占曰大人當之乙未太白入月占曰人主死四月甲子月犯太白占曰人主惡之八年六月成帝崩

咸康六年三月甲寅熒惑從行犯太微上將星占曰上將憂四月丁丑熒惑犯右執法占曰執法者憂六月乙亥月犯牽牛中央星占曰大將憂是時尚書令何充爲執法有譴欲避其咎明年求爲中書令建元二年庾冰薨皆大將執政之應也是歲正月征西將軍庾亮薨三月而熒惑犯上將九月石虎大將夔安死庾冰後積年方薨豈冰能修德移禍於夔安乎

咸康六年四月丙午太白犯畢距星占曰兵革起一曰女主憂六月乙卯太白犯軒轅大星占曰女主憂七年三月皇后杜氏崩

咸康七年三月壬午月犯房占曰將相憂八年六月熒惑犯房上第二星占曰次相憂建元二年車騎將軍江州刺史庾冰薨是時驃騎將軍何充居內冰爲次相也

咸康七年四月己丑太白入輿鬼占曰兵革起五月太白晝見以晷度推之非秦魏則楚也占曰爲臣彊爲有兵八月辛丑月犯輿鬼占曰人主憂八年六月成帝崩

咸康八年八月壬寅月犯畢赤星占曰下犯上兵革起十月月又掩畢赤星占同己酉太白犯熒惑占曰大兵起其後庾翼大發兵謀伐胡專制上流朝廷憚之

康帝建元元年正月壬午太白入昴占曰趙地有兵又曰天下兵起四月乙酉太白晝見八月丁未太白犯歲星占曰有大兵是年石虎殺其太子邃及其妻子徒屬二百餘人又遣將劉寧寇沒狄道又使將張舉將萬餘人屯薊東謀慕容皝

建元元年十一月六日彗星見亢長七尺尾白色占曰亢爲朝廷主兵喪二年九月康帝崩

建元元年歲星犯天關安西將軍庾翼與兄冰書曰歲星犯天關占云關梁當澁比來江東無他故江道亦不艱難而石虎頻年再閉關不通信使此復是天公憒憒無皂白之徵也

建元二年閏月乙酉太白犯斗占曰爲喪天下受爵祿九月康帝崩太子立大赦賜爵也

晉穆帝永和元年正月丁丑月入畢占曰兵大起戊寅月犯天關占曰有亂臣更天子之法五月辛巳太白晝見在東井占曰爲臣彊秦有兵六月辛丑入太微犯屏西南占曰輔臣有免罷者七八月月皆犯畢占同正月己未月犯輿鬼占曰大臣有誅九月庚戌月又犯畢是年初庾翼在襄陽七月翼疾將終輒以子爰之爲荆州

刺史代已任爰之尋破廢明年桓溫又輒率衆伐蜀執李勢送至京都蜀本秦地也

永和二年二月壬子月犯房上星四月丙戌月又犯房上星占同前八月壬申太白犯左執法是歲司徒蔡謨被廢

永和三年正月壬午月犯南斗第五星占曰將軍死近臣去五月壬申月犯南斗第四星因入魁占曰有兵一曰大赦六月月犯東井距星占曰將死國有憂戊戌月犯五諸侯占曰諸侯有誅九月庚寅太白犯南斗第五星占曰爲喪兵四年七月丙申太白犯左執法甲寅月犯房丁巳月入南斗犯第二星乙丑太白犯左執法占悉同上十月甲戌月犯亢占曰兵起軍將死十一月戊戌犯上將星三年六月大赦是月陳逵征壽春敗而還七月氐蜀餘寇反亂益土九月石虎伐涼州不克

永和四年四月太白入昴五月熒惑入婁犯鎭星七月太白犯軒轅占在趙及爲兵喪女主憂其年八月石虎太子宣殺弟韜宣亦死五年正月石虎僭稱皇帝尋病死是年褚裒北伐喪衆又尋薨太后素服六年正月朝會廢樂

永和五年四月丁未太白犯東井占曰秦有兵九月戊戌太白犯左角占曰爲兵十月月犯昴占曰朝廷有憂軍將死十一月乙卯彗星見于亢芒西向白長一丈占曰爲兵喪是年八月褚裒北征兵敗十月關中二十餘壁舉兵歸從石遇攻沒南陽十一月冉閔殺石遵又盡殺胡十餘萬人於是中土大亂十二月褚裒薨八年劉顯苻健慕容儁並僭號殷浩北伐敗見廢

永和六年二月辛酉月犯心大星占曰大人憂心豫州分也丁丑月犯房占曰將相憂三月戊戌熒惑犯歲星占曰爲戰六月己丑月犯昴占同上乙未月犯五諸侯占同三年七月壬寅月始出西方犯左角占曰大將軍死一曰天下有兵丁未月犯箕占曰軍將死丙寅熒惑犯鉞星占曰大臣有誅八月辛卯月犯左角太白晝見在南斗月犯右執法占並同上七年二月太白犯昴占同上乙卯熒惑輿鬼犯積屍占曰貴人憂五月乙未熒惑犯軒轅太白占曰女主憂太白入畢口犯左股占曰將相當之六月乙亥月犯箕丙子月犯斗丁丑熒惑入太微犯右執法八月庚午太白犯軒轅戊子太白犯右執法占悉同上七年劉顯殺石祗及諸胡帥中土大亂戎晉十萬數各還舊土互相侵略及病疫死亡能達者十二三是年桓溫輒以大衆求浮江入淮北伐朝廷震懼八年豫州刺史謝尙討張遇爲苻雄所敗殷浩北伐敗破廢十年桓溫伐苻健不克而還

永和八年三月戊戌月犯軒轅大星癸丑月入南斗犯第二星五月月犯心星四月癸酉月犯房六月辛巳日未入有流星如三斗魁從辰巳上東南行晷度推之在箕斗之間蓋燕分也案占爲營首營首之下流血滂沲七月壬子歲星犯東井距星占曰內亂兵起八月戊戌熒惑入輿鬼占曰忠臣戮死丙辰太白入南斗犯第四星占曰將爲亂一曰丞相免九年二月乙巳入南斗犯第三星三月戊辰月犯房八月歲星犯輿鬼東南星占東南星主兵兵起十二月月在東井犯歲星占曰秦飢民流是時帝主幼沖母后稱制將相有隙兵革連起慕容儁僭稱大燕攻伐無已故災異數見殷浩見廢也

永和十年正月乙卯月食昴占曰趙魏有兵癸酉鎭星奄鉞星占曰斧鉞用二月甲申月犯心大星占曰王者惡之四月癸未流星大如斗色赤黃出織女沒造父有聲如雷占曰燕齊有兵民流戊午月犯心大星七月庚午太白晝見晷度推之災在秦鄭九月辛酉太白犯左執法十一月月奄填星在輿鬼占曰秦有兵十一年三月辛亥月奄軒轅占同上四月庚寅月犯牛宿南星占曰國有憂八月己未太白犯天江占曰河津不通十二年六月庚子太白晝見在東井占如上己未月犯鉞星七月丁卯太白犯填星在柳占曰周地有大兵八月癸酉月奄建星九月戊寅熒惑入太微犯西蕃上將星十一月丁丑熒惑犯太微東蕃上相十年四月桓溫伐苻健破其堯柳衆軍健壁長安溫退十二月慕容恪攻齊十二年八月桓溫破姚萇於伊水定周地十一月齊城陷執段龕殺三千餘人永和末鮮卑侵略河冀升平元年慕容儁遂據臨漳盡有幽并青冀之地緣河諸將漸奔散河津隔絕矣三年會稽王以郗曇謝萬敗績求自貶三等是時權在方伯九服交兵故譴象仍見

晉穆帝升平元年四月壬子太白入輿鬼丁亥月奄東井南轅西頭第二星占曰秦地有兵一曰將死六月戊戌太白晝見在軫占同上軫楚分也壬子月犯畢占曰爲邊兵七月辛巳熒惑犯天江占曰河津不通十一月歲星犯房壬午月奄歲星在房占曰民飢一曰豫州有災二年二月辛卯填星犯軒轅大星甲午月犯東井閏月乙亥月犯歲星在房占悉同上五月丁亥彗出天船在胃度中彗爲兵喪除舊布新出天船外夷陵一曰爲大水六月辛酉月犯房八月戊午熒惑犯填星在張占曰兵大起張三河分十月己未太白犯哭星十二月枉矢自東南流于西北其長半天三年正月壬辰熒惑犯楗閉案占人主憂三月乙酉熒惑逆行犯鉤鈐案占王者惡之月犯太白在昴占曰人君死一曰趙地有兵朝廷不安六月太白犯東井七月乙酉熒惑犯天江丙戌太白犯輿鬼占悉同上戊子月犯牽牛中央大星占曰牽牛天將也犯中央星大將軍死八月丁未太白犯軒轅大星甲子月犯畢大星占曰爲邊兵一曰下犯上庚午太白犯填星在太微中占曰王者惡之二年五月關中氐帥殺苻生立堅十二月慕容儁入屯鄴八月安西將軍豫州刺史謝奕薨三年十月諸葛攸舟軍入河敗績豫州刺史謝萬入潁泉潰而歸除名爲民十一月司徒會稽王以二鎭敗求自貶三等四年正月慕容儁死子暐代立慕容殺其尙書令陽騖等五月天下大水五年五月穆帝崩

升平四年正月乙亥月犯牽牛中央大星占曰大將死六月辛亥辰星犯軒轅占曰女主憂己未太白入太微右掖門從端門出占曰貴奪勢一曰有兵又曰出端門臣不臣八月戊申太白犯氐占曰國有憂丙辰熒惑犯太微西上將九月壬午太白入南斗口犯第四星占曰爲喪有赦天下受爵祿十月庚戌天狗見西占曰有大兵血流十二月甲寅熒惑犯房丙寅太白晝見庚寅月犯楗閉占曰人君惡之五年正月乙巳填星逆行犯太微乙丑辰時月在危宿奄太白占曰天下民靡散三月丁未月犯填星在軫占曰爲大喪五月壬寅月犯太微庚戌月犯建星占曰大臣相譖辛亥月犯牽牛宿占曰國有憂五年正月北中郎將郗曇薨五月穆帝崩哀帝立大赦賜爵褚后失勢七月慕容恪攻冀州刺史呂護於野王拔之護奔滎陽是時桓溫以大衆次宛聞護敗乃退

升平五年六月癸酉月奄氐東北星占曰大將當之九月乙酉奄畢占曰有邊兵十月丁卯熒惑犯歲星在營室占曰大臣有匿謀一曰衞地有兵丁未月犯畢赤星占曰下犯上又曰有邊兵八月范汪廢隆和元年慕容暐遣傅末波寇河陰陳祐危逼

晉哀帝興寧元年八月星孛大角亢入天市按占爲兵喪三年正月皇后王氏崩二月哀帝崩三月慕容恪攻洛陽沈勁等戰死

興寧元年十月丙戌月奄太白在須女占曰天下民靡散一曰災在揚州三年洛陽沒其後桓溫傾揚州資實討鮮卑敗績死亡太半及征袁眞淮南殘破後氐及東胡侵逼兵役無已

興寧三年正月乙卯月奄歲星在參參益州分也六月鎭西將軍益州刺史周撫薨十月梁州刺史司馬勳入益州以叛朱序率衆助刺史周楚討平之

興寧三年七月庚戌月犯南斗占曰女主憂歲星犯輿鬼占曰人君憂十月太白晝見在亢占曰亢爲朝廷有兵喪爲臣彊哀帝是年二月崩其災皆在海西也明年五月皇后庾氏崩

晉海西太和元年二月丙子月奄熒惑在參占曰爲內亂一曰參魏地二年正月太白入昴五年慕容暐爲苻堅所滅司冀幽并四州並屬氐

太和二年八月戊午太白犯歲星在太微三年六月甲寅太白奄熒惑在太微端門中六年海西公廢

太和四年二月客星見紫宮西垣至七月乃滅占曰客星守紫宮臣殺主閏月乙亥月暈軫復有白暈貫月北暈斗柄三星占曰王者惡之六年桓溫廢帝

太和四年十月壬申有大流星西下聲如雷案占流星爲貴使星大者使大明年遣使免袁眞爲庶人桓溫征壽春眞病死息瑾代立求救於苻堅溫破氐軍六年壽春城陷聲如雷將士怒之象也

太和六年閏月熒惑守太微端門占曰天子亡國又曰諸侯三公謀其上一曰有斬臣辛卯月犯心大星占曰王者惡之十一月桓溫廢帝并奏誅武陵王簡文不許溫乃徙之新安

宋書卷二十四考證

天文志二按占名曰熒首熒首所在下有大兵流血○臣永祚按宋史天文志營頭星所墜下有覆軍流血營頭即熒首也

永昌元年三月王敦率江荊之衆○監本誤提起另爲一行今改正

桓溫伐苻健破其堯柳衆軍○堯晉書作嶢

宋書卷二十五

梁　沈約　撰

志第十五

天文三

晉簡文咸安元年十二月辛卯熒惑逆行入太微二年三月猶不退占曰國不安有憂是時帝有桓溫之逼恒懷憂慘七月帝崩

咸安二年正月己酉歲星犯填星在須女占曰爲內亂五月歲星形色如太白占曰進退如度姦邪息變色亂行主無福歲星囚於仲夏當細小而明此其失常也又爲臣强六月太白晝見在七星乙酉太白犯輿鬼占曰國有憂七月帝疾甚詔桓溫曰少子可輔者輔之如不可君自取之賴侍中王坦之毀手詔改使如王導輔政故事溫聞之大怒將誅坦之等內亂之應也是月帝崩

咸安二年五月丁未太白犯天關占曰兵起六月庾希入京城十一月盧悚入宮並誅滅

晉孝武寧康元年正月戊申月奄心大星案占災在王者則在豫州一曰主命惡之三月丙午月奄南斗第五星占曰大臣有憂憂死亡一曰將軍死七月桓溫薨

寧康二年正月丁巳有星孛于女虛經氐亢角軫翼張九月丁丑有星孛于天市十一月癸酉太白奄熒惑在營室占曰金火合爲爍此災皆爲兵喪太元元年五月氐賊苻堅伐涼州七月氐破涼州虜張天錫十一月桓沖發三州軍軍淮泗桓豁亦遣軍備境上

寧康二年閏月己未月奄牽牛南星占曰左將軍死三年五月北中郎將王坦之薨

寧康三年六月辛卯太白犯東井占曰秦地有兵九月戊申熒惑奄左執法占曰執法者死太元元年苻堅破涼州十月尚書令王彪之卒

晉孝武太元元年四月丙戌熒惑犯南斗第三星丙申又奄第四星占曰兵大起中國飢一曰有赦八月癸酉太白晝見在氐氐兗州分野九月熒惑犯哭泣星遂入羽林占曰天子有哭泣事中軍兵起十一月己未月奄左角占曰天子有兵一曰國有憂三年六月熒惑守羽林占曰禁兵大起九月壬午太白晝見在角兗州分元年五月大赦三年八月氐賊韋鍾入漢中東下苻融寇樊鄧慕容暐圍襄陽氐兗州刺史彭超圍彭城四年二月襄陽城陷賊獲朱序彭超拔彭城獲吉挹彭超等聚廣陵三河衆五萬於是征虜謝石次涂中右衞毛安之游擊河間王曇之等次堂邑發丹陽民丁使尹張涉屯衞京都六月兗州刺史謝玄討賊大破之餘燼皆走是時中外連兵比年荒儉是年又發揚州萬人戍夏口

太元四年十一月丁巳太白犯哭星占曰天子有哭泣事五年七月丙子辰星犯軒轅占曰女主當之九月癸未皇后王氏崩

太元六年十月乙卯有奔星東南經翼軫聲如雷星說曰光迹相連曰流絕迹而去曰奔案占楚地有兵一曰軍破民流十二月氐荆州刺史梁成襄陽太守閻震率衆伐竟陵桓石虔擊大破之生禽震斬首七千獲生萬人聲如雷將帥怒之象也七年九月朱綽擊襄陽拔將六百餘家而還

太元七年十一月太白晝見在斗占曰吳有兵喪八年四月甲子太白又晝見在參占曰魏有兵喪是月桓沖征沔漢楊亮伐蜀並拔城略地八月苻堅自將號百萬九月攻沒壽陽十月劉牢之破堅將梁成斬之殺獲萬餘人謝玄等又破堅於淝水斬其弟融堅大衆奔潰九年六月皇太后褚氏崩八月謝玄出屯彭城經略中州十年八月苻堅爲其將姚萇所殺

太元十年十二月己丑太白犯歲星占曰爲兵飢是時河朔未一兵連在外冬大飢

太元十一年二月戊申太白晝見在東井占曰秦有兵臣彊六月甲午歲星晝見在胃占曰魯有兵臣彊十二年慕容垂寇東阿翟遼寇河上姚萇假號安定苻登自立隴上呂光竊據涼土

太元十一年三月客星在南斗至六月乃沒占曰有兵一曰有赦是後司雍兗冀常有兵役十二年正月大赦八月又赦

太元十二年二月戊寅熒惑入月占曰有亂臣死相若有戮者一曰女親爲敗天下亂是時琅邪王輔政王妃從兄國寶以姻昵受寵又陳郡人袁悅昧私苟進交遘主相扇揚朋黨十三年帝殺悅於是主相有隙亂階興矣

太元十二年十月庚午太白晝見在斗十三年閏月戊辰天狗東北下有聲十二月戊子辰星入月在危占曰賊臣欲殺主不出三年必有內惡是月熒惑在角亢形色猛盛占曰熒惑大其常吏且棄其法諸侯亂其政自是後慕容垂翟遼姚萇苻登慕容永並阻兵爭彊十四年正月彭城妖賊又稱號於皇丘劉牢之破滅之三月張道破合鄉圍大山向欽之擊走之是年翟遼又攻沒滎陽侵略陳項于時政事多弊治道陵遲矣

太元十四年十二月熒惑入羽林乙未月犯歲星占並同上十五年翟遼略掠司兗衆軍累討弗克鮮卑又跨略井冀七月旱八月諸郡大水兗州又蝗

太元十五年七月壬申有星孛于北河戒經太微三台文昌入北斗長十餘丈八月戊戌入紫微乃滅占曰北河戒一名胡門胡門有兵喪掃太微入紫微王者當之三台爲三公文昌爲將相將相三公有災入北斗彊國發兵諸侯爭權大夫憂十一月太白入羽林占曰天子爲軍自守有反臣二十一年九月孝武帝崩隆安元年王恭殷仲堪桓玄等並發兵表誅王國寶朝廷從而殺之并斬其從弟緒司馬道子由是失勢禍亂成矣

太元十六年十一月癸巳月奄心前星占曰太子憂是時太子常有篤疾

太元十七年九月丁丑歲星熒惑填星同在亢氐占曰三星合是謂驚位絕行內外有兵喪與飢改立王公

太元十八年正月乙酉熒惑入月占曰憂在宮中非賊乃盜也一曰有亂臣若有戮者二十一年九月帝暴崩內殿兆庶宣言夫人張氏潛行大逆于時朝政闇緩不加顯戮但默責而已又王國寶邪狡卒伏其辜

太元十八年二月有客星在尾中至九月乃滅占曰燕有兵喪十九年四月己巳月奄歲星在尾占曰爲飢燕國亡二十年慕容垂遣息寶伐什圭爲圭所破死者數萬人二十一年垂死國遂衰亡

太元十九年十月癸丑太白犯歲星在斗占曰爲饑爲內兵斗吳越分至隆安元年王恭等舉兵顯王國寶之罪朝廷赦之是後連歲水旱民饑

太元二十年六月熒惑入天囷占曰天下飢七月丁亥太白入太微占曰太白入太微國有憂晝見爲兵喪九月有蓬星如粉絮東南行歷女虛至哭星占曰蓬星見不出三年必有亂臣戮死於市十二月己巳月犯楗閉及東西咸占曰楗閉司心腸喉舌東西咸主陰謀是時王國寶交構朝政二十一年九月帝崩隆安元年王恭等舉兵而朝廷戮王國寶王緒又連歲水旱兼三方動衆民飢

太元二十一年三月太白連晝見在羽林占曰有强臣有兵喪中軍兵起四月壬午太白入天囷占曰爲飢六月歲星犯哭星占曰有哭泣事是年九月孝武帝崩隆安元年王恭舉兵脅朝廷於是中外戒嚴戮王國寶以謝之

晉安帝隆安元年正月癸亥熒惑犯哭星占曰有哭事二月歲星熒惑皆入羽林占曰軍兵起四月丁丑太白晝見在東井秦有兵喪是月王恭舉兵內外戒嚴尋殺王國寶等六月羌賊攻洛陽郗恢遣兵救之姚萇死子略代立什圭自號於中山

隆安元年六月庚午月奄太白在太微端門外占曰國受兵乙酉月奄歲星在東壁占曰爲饑衞地有兵八月熒惑守井鉞占曰大臣有誅二年六月戊辰攝提移度失常歲星晝見在胃胃兗州分是年六月郗恢遣鄧啓方等以萬人伐虜於滑臺滑臺衞地也啓方等敗而還九月王恭庾楷殷仲堪桓玄等並舉兵表誅王愉司馬尚之兄弟於是內外戒嚴大發民衆仲堪軍至尋陽禽江州刺史王愉楷將段方攻尚之於楊湖爲所敗方死王恭司馬劉牢之反恭恭敗桓玄至白石亦奔退仲堪還江陵三年冬荆州刺史殷仲堪爲桓玄所殺

隆安二年閏月太白晝見在羽林丁丑月犯東上相辛未辰星犯軒轅星占悉同上是年正月楊佺期破郗恢奪其任殷仲堪又殺之六月鮮卑攻沒青州十月羌賊攻沒洛陽桓玄破荆雍殺殷仲堪楊佺期孫恩聚衆攻沒會稽殺內史王凝之劉牢之東討走之四年七月太皇太后李氏崩

隆安四年正月乙亥月犯填星在牽牛占曰吳越有兵喪女主憂二月己丑有星孛于奎長三丈上至閣道紫宮西蕃入斗魁至三台太微帝座端門占曰彗拂天子廷闕易主之象經三台入北斗占同上條六月己未月又犯填星在牽牛辛酉又犯哭星十月奄歲星在斗河占曰爲饑十二月戊寅有星孛于貫索天市天津占曰貴臣獄死內外有兵喪天津爲賊斷王道天下不通十二月太白在斗晝見至五年正月乙卯案占災在吳越三月甲寅流星赤色衆多西行經牽牛虛危天津閣道貫太微紫宮占曰星者庶民類衆多西流之象經行天子庭主弱臣彊諸侯兵不制七月癸亥大角星散搖五色占曰王者流散丁卯月犯天關占曰王者憂九月庚子熒惑犯少微又守之占曰處士誅十月戊子月犯東蕃次相四年五月孫恩復破會稽殺內史謝琰遣高雅之等討之七月太皇太后李氏崩十月妖賊大破高雅之於餘姚死者十七八五年二月孫恩攻句章高祖拒之五月吳郡內史袁山松出戰爲所殺死者數千人六月孫恩至京口高祖擊破之恩軍蒲州於是內外戒嚴營陣屯守柵斷淮恩遣別將攻廣陵殺三千餘人恩遁據郁州是月高祖又追破之九月桓玄表至逆旨陵上

十月司馬元顯大治水軍將以伐玄元興元年正月桓玄東下是月孫恩在臨海人衆餓死散亡恩亦投水死盧循自稱征虜將軍領其餘衆略有永嘉晉安之地二月帝戎服遣西軍丁卯桓玄至姑熟破歷陽司馬尚之見殺劉牢之降于玄三月玄尅京都殺大司馬元顯放太傅道子七月大饑人相食浙江東餓死流亡十六七吳郡吳興戶口減半又流奔而西者萬計十月桓玄遣將擊劉軌破走奔青州四年玄遂篡位遷帝尋陽

晉安帝元興元年二月戊子太白犯五諸侯因晝見四月辛丑月奄辰星七月戊寅熒惑在東井熒惑犯輿鬼積尸占並同上八月庚子太白犯歲星在上將東南占曰楚兵飢一曰災在上將丙寅太白奄右執法九月癸未太白犯進賢占曰賢者誅十月客星色白如粉絮在太微西至十二月入太微占曰兵入天子庭二年二月歲星犯西上將六月甲辰奄斗第四星占曰大臣誅不出三年八月癸丑太白犯房北第二星九月己丑歲星犯進賢熒惑犯西上將十月甲戌太白犯泣星十一月丁丑熒惑犯填星辛巳月犯熒惑十二月乙巳月奄軒轅第二星占悉同上元年冬索頭破羌軍二年十二月桓玄篡位放遷帝后於尋陽以永安何皇后爲零陵君三年二月高祖盡誅桓氏

元興三年正月戊戌熒惑逆行犯太微西上相占曰天子戰於野上相死二月甲辰月奄歲星於左角占曰天下兵起丙辰熒惑逆行在左執法西北占曰執法者憂四月甲午月奄軒轅第二星填星入羽林十二月熒惑太白皆犯羽林占同上是年二月丙辰高祖殺桓修等三月己未破走桓玄遣軍西討辛巳誅左僕射王愉及子荊州刺史綏桓玄刼帝如江陵五月玄下至崢嶸洲義軍破滅之桓振又攻没江陵幽刼天子明年正月衆軍攻之振走乘輿乃旋七月永安何皇后崩三月桓振又襲江陵荊州刺史司馬休之敗走是月劉懷肅擊振滅之其年二月巴西人譙縱殺益州刺史毛璩及璩弟西夷校尉瑾跨有西土自號蜀王

晉安帝義熙元年三月壬辰月奄左執法占同上丁酉月奄心前星占曰豫州有災太白犯東井占曰秦有兵四月己卯月犯填星在東壁占曰其地亡國一曰貴人死七月庚辰太白比晝見在翼軫占曰爲臣强荊州有兵喪己未月奄填星在東壁占曰其國以伐亡一曰民流八月丁巳月犯斗第一星占曰天下有兵一曰大臣憂案江左來南斗有災則吳越會稽丹陽豫章廬江各隨其星應之淮南失土殆不占耳史闕其說故不列焉九月戊子熒惑犯少微占曰處士誅庚寅熒惑犯右執法癸卯熒惑犯左執法占並同上十月丁巳月奄填星營室占同七月十一月丙戌太白奄鉤鈐占曰喉舌臣憂十二月己卯歲星犯天江占曰有兵亂河津不通是年六月索頭寇沛土使僞豫州刺史索度真戍相縣太傅長沙景王討破走之十一月荊州刺史魏詠之薨二年二月司馬國璠等攻没弋陽四月羌伐仇池仇池公楊盛擊走之九月益州刺史司馬榮期爲其參軍楊承祖所害時文處茂討蜀屢有功會榮期死乃退三年十二月司徒揚州刺史王謐薨四年正月太保武陵王遵薨三月左僕射孔安國卒五年高祖討鮮卑并定舊兗之地

義熙二年二月己丑月犯心後星占曰豫州有災四月癸丑月犯太微西將己未月犯房南第二星己丑歲星犯天江占悉同上五月癸未月犯左角占曰左將軍死天下有兵壬寅熒惑犯氐占曰氐爲宿宮人主憂六月庚午熒惑犯房北第二星八月癸亥熒惑犯斗第五星丁巳犯建星九月壬午熒惑犯哭星又犯泣星占悉同上十二月丙午月奄太白在危占曰齊亡國一曰彊國君死丁未熒惑太白皆入羽林是年二月甲戌司馬國璠等攻没弋陽三年正月鮮卑寇北徐州至下邳八月遣劉敬宣伐蜀十二月司徒王謐薨四年正月武陵王遵薨五年鮮卑復寇淮北四月高祖大軍討之六月大戰臨朐城進圍廣固十月什圭爲其子僞清河公所殺六年二月拔廣固禽慕容超阬斬其衆三千餘人

義熙三年正月丙子太白晝見在奎二月庚寅月奄心後星占悉同上癸亥熒惑填星太白辰星聚於奎婁從填星也其說見上九年五月己丑太白晝見在參占曰益州有兵喪臣彊八月辛卯熒惑犯辰星翼占曰天下兵起八月己卯太白奄熒惑又犯執法占曰奄熒惑有大兵辛卯熒惑犯左執法九月壬子熒惑犯進賢是年正月丁巳鮮卑寇北徐至下邳八月劉敬宣伐蜀不克而旋四年三月左僕射孔安國卒七月司馬叔璠等攻没鄒山魯郡太守徐邕破走之姚略遣衆征佛佛大爲所破五年高祖討鮮卑六年三月妖賊徐道覆殺鎮南將軍江州刺史何無忌於豫章四月妖賊盧循寇湘中巴陵五月丙子循道覆敗撫軍將軍豫州刺史劉毅於桑落洲毅僅以身免丁丑循等至蔡洲遣别將焚京口庚辰賊攻焚杳浦杳浦戍將距戰不利高祖遣軍渡淮擊大破之司馬國璠寇碭山竺夔討破之七月妖賊南走據尋陽高祖遣劉鍾等追之八月孫季高乘海伐廣州謙之以蜀衆聚枝江盧循將苟林略華容相去百里臨川烈武王討謙之又討林林退走鄱陽太守虞丘延破賊别帥於上饒九月烈武王使劉遵擊苟林於巴陵斬之桓道兒率蔡猛向大薄又遣劉基討之斬猛十月高祖以舟師南征是時徐道覆率二萬餘人攻荊州烈武王距之戰於江津大破之梟殄其十八九道覆棄戰船走十一月劉鍾破賊軍於南陵癸丑益州刺史鮑陋卒于白帝譙道福攻没其衆庚戌孫季高襲廣州尅之十二月高祖在大雷與賊交戰大破之賊走左里進擊又破死者十八九賊還廣州劉藩等追之七年二月藩拔始興城斬徐道覆盧循還番禺攻圍孫季高不能尅走交州交州刺史杜慧度斬之四月到彥之攻譙道福於白帝拔之

義熙四年正月庚子熒惑犯天江占同上五月丁未月奄斗第二星占同上壬子填星犯天廩占曰天下饑倉粟少六月己丑太白犯太微西上將己卯又犯左執法十月戊子熒惑入羽林占悉同上五年高祖討鮮卑六年左僕射孟昶仰藥卒是後南北軍旅運轉不息

義熙五年二月甲子月犯昴占曰胡不安天子破匈奴四月甲戌熒惑犯辰星在井東占同三年五月戊戌歲星入羽林占同上九月壬寅月犯昴占同二月十月熒惑犯氐占同二年閏月丁酉月犯昴占同二月辛亥熒惑犯鉤鈐占同元年十二月辛丑太白犯歲星在奎占曰大兵起魯有兵己酉月奄心大星占曰王者惡之是年四月高祖討鮮卑什圭爲其子所殺十一月西虜攻安定姚略自以大衆救之六年二月鮮卑滅皆胡不安之應也是時鮮卑跨魯地又魯有兵之應也五月盧循逼郊甸宫衛被甲

義熙六年三月丁卯月奄房南第二星占曰災在次相己巳又奄斗第五星占曰斗主兵兵起一曰將軍死太白犯五諸侯占曰諸侯有誅五月甲子月奄斗第五星占同三月己亥月奄昴占曰國有憂一曰有白衣之會六月己丑月犯房南第二星甲午太白晝見占並同上七月己亥月犯輿鬼占曰國有憂一曰秦有兵八月壬午太白犯軒轅大星甲申月犯心前星災在豫州丙戌月犯斗第五星占悉同上五月丁亥月奄牛宿南星占曰天下有大誅乙未太白犯少微丙午太白在少微而晝見九月甲寅太白犯左執法丁丑填星犯畢占曰有邊兵是年三月始興太守徐道覆反江州刺史何無忌討之大敗於豫章無忌死之四月盧循寇湘中没巴陵五月循等大破豫州刺史劉毅毅僅以身免循衆逼京畿是月左僕射孟昶懼王威不振仰藥自殺七年二月劉藩梟徐道覆首杜慧度斬盧循並傳首京都八年六月臨川烈武王道規薨時爲豫州八月皇后王氏崩九月兗州刺史劉藩尚書僕射謝混伏誅高祖西討劉毅斬之十二月遣益州刺史朱齡石伐蜀九年諸葛長民伏誅林邑王范胡達將萬餘人寇九真九真太守杜慧期距破之七月朱齡石滅蜀

義熙七年四月辛丑熒惑入輿鬼占曰秦有兵一曰雍州有災六月太白晝見在翼占同元年己亥填星犯天關占曰臣謀主庚子月犯歲星在畢占曰有邊兵且飢七月丁卯歲星在參占曰歲填合爲內亂一曰益州戰不勝亡地五虹見東方占曰天子黜聖人出八月乙未月犯歲星在參占曰益州兵飢太白犯房南第二星十一月丙午太白犯哭泣星占悉同上七月朱齡石尅蜀蜀民尋又反又討滅之八年誅劉藩謝混滅劉毅皇后王氏崩九年誅諸葛長民十一年討荊州刺史司馬休之雍州刺史魯宗之破之也

義熙八年正月庚戌月犯歲星在畢占同上七月癸亥月奄房北第二星占同上甲申太白犯填星在東井占曰秦有大兵己未月犯井鉞八月戊申月犯泣星十月辛亥月奄天關占曰有兵十月丁丑填星犯東井占曰大人憂十二月癸卯填星犯井鉞是年八月皇后王氏崩九月誅劉藩謝混滅劉毅九年三月誅諸葛長民西虜攻羌安定戍尅之十二月朱齡石伐蜀九年七月朱齡石滅蜀

義熙九年二月丙午熒惑填星皆犯東井占曰秦有兵壬辰歲星熒惑填星太白聚于東井從歲星也熒惑入輿鬼太白犯南河初義熙三年四星聚奎奎婁徐州分是時慕容超僭號於齊侵略徐兗連歲寇抄至于淮泗姚興譙縱僭僞秦蜀盧循木末南北交侵五年高祖北殄鮮卑是四星聚奎之應也九年又聚東井東井秦分十三年高祖定關中又其應也而縱循羣凶之徒皆已剪滅於是天人歸望建國舊徐元熙二年受終納禪皆其徵也星傳曰四星若合是謂太陽其國兵喪並起君子憂小人流五星若合是謂易行有德受慶攻立王者奄有四方無德受罰離其國家滅其宗廟今案遺文所存五星聚者有三周漢以王齊以霸周將伐殷五星聚

房齊桓將霸五星聚箕漢高入秦五星聚東井齊則永終侯伯卒無更紀之事是則五星聚有不易行者矣四星聚者有九漢光武晉元帝並中興而魏宋並更紀是則四星聚有以易行者矣昔漢平帝元始四年四星聚柳張各五日柳張三河分後有王莽赤眉之亂而光武興復於洛晉懷帝永嘉六年四星聚牛女後有劉聰石勒之亂而元皇興復揚土漢獻帝初平元年四星聚心又聚箕尾心豫州分後有董卓李傕暴亂黄巾黑山熾擾而魏武迎帝都許遂以兗豫定是其應也一曰心爲天王大兵升殿天下大亂之兆也韓馥以爲尾箕燕與之祥故奉幽州牧劉虞虞既距之又尋滅亡固已非矣尾爲燕又爲吳此非公孫度則孫權也度偏據僻陋然亦郊祀備物皆爲改漢矣建安二十二年四星又聚二十五年而魏文受禪此爲四星三聚而易行矣蜀臣亦引後聚爲劉備之應案太元十九年義熙三年九月四星各一聚而宋有天下與魏同也魚豢云五星聚箕方而魏有天下熒惑入輿鬼占曰兵喪太白犯南河占曰兵起後皆有應

五月壬辰太白犯右執法晝見占同上七月庚午月奄鉤鈐占曰睺舌臣憂九月庚午歲星犯軒轅大星己丑月犯左角十年正月丁卯月犯畢占曰將相有以家坐罪者二月己酉月犯房北星五月壬寅月犯牽牛南星乙丑歲星犯軒轅大星占悉同上六月丙申月奄氐占曰將死之國有誅者七月庚辰月犯天關占曰兵起熒惑犯井鉞塡犯輿鬼遂守之占曰大人憂宗廟改八月丁酉月奄牽牛南星占同上九月塡星犯輿鬼占曰人主憂丁巳太白入羽林十二月己酉月犯西咸占曰有陰謀十一年二月丁巳月入畢占曰天下兵起一曰有邊兵己卯塡星入輿鬼閏月丙午塡星又入輿鬼占曰爲旱爲疫爲亂臣五月甲申彗星出天市掃帝座在房心房心宋之分野案占得彗柄者興除舊布新宋興之象癸卯熒惑從行入太微甲辰犯右執法六月己未太白犯東井占曰秦有兵戊寅犯輿鬼占曰國有憂七月辛丑月犯畢占同上八月壬子月犯氐占同上庚申太白從行從右掖門入太微丁卯奄左執法十一月癸亥月入畢占同上乙未月入輿鬼而暈占曰主憂財寶出一曰暈有赦十二年五月甲申月犯歲星在左角占曰爲飢留房心之間宋之分野與武王伐紂同得歲者王于時晉始封高祖爲宋公六月壬子太白從行入太微右掖門己巳月犯畢占同上七月月犯牛宿占曰天下有大誅十月丙戌月入畢占同上十三年五月丙子月犯軒轅丁亥犯牽牛癸巳熒惑犯右執法八月己酉月犯牽牛丁卯月犯太微占曰人君憂九月壬辰熒惑犯軒轅十月戊申月犯畢占悉同上月犯箕占曰國有憂甲寅月犯畢占同上乙卯塡星犯太微留積七十餘日占曰亡君之戒壬戌月犯太微占同上十一月月於太微奄塡星占曰王者惡之十四年三月癸丑太白犯五諸侯占同上四月壬申月犯塡星於張占曰天下有大喪五月庚子月犯太微占同上壬子有星孛于北斗魁中占曰有聖人受命七月甲辰熒惑犯輿鬼占曰秦有兵丁巳月犯東井占曰軍將死癸亥彗星出太微西柄起上相星下芒漸長至十餘丈進歸北斗紫微中台占曰彗出太微社稷亡天下易王入北斗紫微帝宮空一曰天下得聖主八月甲子太白犯軒轅癸酉塡星入太微犯右執法因留太微中積二百餘日乃去占曰塡星守太微亡君之戒有徙王九月乙未太白入太微犯左執法丁巳月入太微占曰大人憂十月癸巳熒惑入太微犯西蕃上將仍從行至左掖門內留二十日乃逆行元年二月五日出西蕃上將西三尺許又從還入太微時塡星在太微繞塡星成鉤已其年四月二十七日丙戌從端門出占曰熒惑與塡星鉤已天下更紀甲申月入太微占同上十一年正月高祖討司馬休之魯宗之等潰奔長安五月林邑寇交州交州刺史杜慧度距戰于九眞大爲所敗十三年七月高祖伐羌十月前驅定陝洛十三年三月索頭大衆緣河爲寇高祖討之奔退其別帥托跋嵩交戰又大破之嵩衆殲焉進復攻關八月擒姚泓司兗秦雍悉平索頭克懼十四年高祖還彭城受宋公十一月左僕射前將軍劉穆之卒明年西虜寇長安雍州刺史朱齡石諸軍陷沒官軍舍而東十二月安帝崩母弟琅邪王踐阼是曰恭帝

晉恭帝元熙元年正月丙午三月壬寅月犯太微占悉同上乙卯辰星犯軒轅六月庚辰太白犯太微七月月犯歲星己卯月犯太微太白晝見占悉同上自義熙元年至是太白經天者九日有蝕從上始革代更王臣民失君之象也是夜太白犯哭星十二月丁巳月太白俱入羽林二年二月庚午塡星犯太微占悉同上元年十月高祖受宋王二年六月晉帝遜位高祖入宮

宋書卷二十五考證

天文志三太元二十年六月熒惑入天囷○臣永祚按星圖無天囷星疑天困之訛

十月辛亥月奄天關○關諸本俱作闗臣永祚按星圖無天闗必關字之訛今改正

庚申太白從行從右掖門入太微○臣承蒼按上一從字本當作順沈約避梁武帝父名又改順爲從後倣此

宋書卷二十六

梁　沈　約　撰

志第十六

天文四

宋武帝永初元年十月辛丑熒惑犯進賢占曰進賢官誅十一月乙卯熒惑犯塡星於角占曰爲喪大人惡之一曰兵起十二月庚子月犯熒惑於亢占曰爲內亂一曰貴人憂角爲天門亢爲朝廷三年五月宮車晏駕七月太傅長沙景王道憐薨索頭攻略青司兗三州於是禁兵大出是後司徒徐羡之尚書令傅亮領軍謝晦等廢少帝內亂之應

永初元年十二月甲辰月犯南斗占曰大臣憂三年七月長沙王薨索虜寇青司二州大軍出救

永初二年六月甲申太白晝見占爲兵喪爲臣彊三年五月宮車晏駕尋遣兵出救青司其後徐羡之等秉權臣彊之應也

永初二年六月乙酉熒惑犯氐乙巳犯房占曰氐爲宿宮房爲明堂人主有憂房又爲將相將相有憂氐房又兗豫分三年五月宮車晏駕七月長沙王薨王領兗州也景平元年廬陵王義眞廢王領豫州也

永初二年十月太白犯塡星於亢亢兗州分又爲鄭占曰大星有大兵金土合爲內兵三年索頭攻略青冀兗三州禁兵大出兗州失守虎牢沒

永初三年正月丁卯月犯南斗占同元年一曰女主當之二月辛卯有星孛于虛危向河津埽河鼓占曰爲兵喪五月宮車晏駕明年遣軍救青司二月太后蕭氏崩

永初三年二月壬辰塡星犯亢占曰諸侯有失國者民多流亡一曰廷臣爲亂亢兗州分又爲鄭其年索頭攻圍司兗兗州刺史徐琰委守奔敗司州刺史毛德祖距守陷沒緣河吏民多被侵略

永初三年三月壬戌月犯南斗占同正月五月丙午犯軒轅占曰女主當之六月辛巳月犯房占曰將相有憂豫州有災癸巳犯歲星於昴占曰趙魏兵飢其年虜攻略青兗司三州廬陵王義眞廢王領豫州也二月太后蕭氏崩元嘉三年司徒徐羡之等伏誅

永初三年九月癸卯熒惑經太微犯左執法己未犯右執法占悉同上十月癸酉太白犯南斗占曰國有兵事大臣有反者辛巳熒惑犯進賢占曰進賢官誅明年師出救青司景平二年徐羡之等廢帝徙王元嘉三年羡之及傅亮謝晦悉誅

永初三年十一月戊午有星孛於室壁占曰爲兵喪明年兵救青司二月太后蕭氏崩營室內宮象也

永初三年十一月癸亥月犯亢氐占曰國有憂十一月戊戌熒惑犯房房爲明堂王者惡之一曰將相憂景平二年羡之等廢帝因害之元嘉三年羡之等伏誅

少帝景平元年正月乙卯有星孛于東壁南白色長二丈餘拂天苑二十日滅二月太后蕭氏崩十月戊午有星孛於氐北尾長四丈西北指貫攝提向大角東行日長六七尺十餘日滅明年五月羡之等廢帝

文帝元嘉元年十月熒惑犯心元嘉二年正月甲寅夜天東南有黑氣廣一丈長十餘丈元嘉六年五月太白晝見經天元嘉七年三月太白犯歲星於奎六月熒惑犯東井輿鬼入軒轅月犯歲星十一月癸未西南有氣上下赤中央黑廣三尺長三十餘丈狀如旌旗十二月丙戌有流星頭如甕尾長二十餘丈大如數十斛船赤色有光照人面從西行經奎北大星南過至東壁止其年索虜寇青司殺刺史掠居民遣征南大將軍檀道濟討伐經歲乃歸

元嘉八年四月辛未太白晝見在胃五月犯天關東井六月庚子熒惑入東井七月壬戌夜白虹見東方丁丑太白犯上將八月癸未太白入太微右掖門內犯左執法乙未熒惑犯積尸九月丙寅流星大如斗赤色發太微西蕃北行未至北斗沒餘光長三丈許十月丙辰金土相犯在須女月奄天關東井十二月月犯房鉤鈐十年仇池氐寇漢中梁州失戍

元嘉九年正月庚午熒惑入輿鬼三月月犯軒轅四月月犯軒轅月奄南斗第六星辛酉熒惑入太微右掖門犯左角歲星入羽林月犯房鉤鈐己丑太白入積尸五犯右執法七月丙午月蝕左角八月癸未太白犯心前星乙酉犯心明堂星元嘉十年十月有流星大如甕尾

長二十餘丈元嘉十一年二月庚子月犯畢入畢口而出因暈昴畢西及五車東及參三月丙辰太白晝見在參閏月戊寅太白犯五諸侯己丑月入東井犯太白于時司徒彭城王義康專權

元嘉十二年五月壬戌月犯右執法七月壬戌熒惑犯積尸奄上將十月丙午月犯右執法十二月甲申太白犯羽林十七年上將執法皆被誅

元嘉十三年正月庚午月犯熒惑二月月犯太微東蕃第一星十一月辛亥歲星犯積尸十二月戊子熒惑入羽林後年廢大將軍彭城王義康及其黨與凡所收掩皆羽林兵出

元嘉十四年正月有星晡前晝見東北維在井左右黃赤色大如橘月犯東井四月丁未太白犯輿鬼五月丙午太白晝見在太微七月辛卯歲星入軒轅八月庚申熒惑犯上將九月丙戌熒惑犯左執法其後皇后袁氏崩丹陽尹劉湛誅尙書僕射殷景仁薨

元嘉十五年四月己卯月犯氐十月壬戌流星大如鴨子出文昌入紫宮聲如雷十一月癸未熒惑入羽林丁未月犯東井鉞星其後誅丹陽尹劉湛等

元嘉十六年二月歲星逆行犯左執法五月丁卯太白晝見胃昴間月入羽林太白犯畢歲星左執法七月月會塡星八月太白犯軒轅明年皇后袁氏崩熒惑犯太微西上將太白晝見在翼九月熒惑同入太微相犯太白犯左執法熒惑犯右執法十月歲星熒惑相犯在亢十一月熒惑犯房北第一星明年大將軍義康出徙豫章誅其黨與尙書僕射揚州刺史殷景仁薨

元嘉十九年九月客星見北斗漸爲彗星至天苑末滅

元嘉二十年二月二十四日乙未有流星大如桃出天津入紫宮須臾有細流星或五或三相續又有一大流星從紫宮出入北斗魁須臾又一大流星出貫索中經天市垣諸流星并向北行至曉不可稱數流星占並云天子之使又曰庶民惟星星流民散之象至二十七年索虜殘破青冀徐兗豫六州民死大半

元嘉二十二年二月金火木合東井四月月犯心太白入軒轅七月太白晝見其冬太子詹事范曄謀反伏誅

元嘉二十三年正月金火相爍其月索虜寇青州驅略民戶

元嘉二十四年正月月犯心大星天星井西流多細大不過如雞子尾有長短當有數百至旦日光定乃止有入北斗紫宮者占流星羣趨所之者兵聚其下有大急又占衆星並流將軍並舉兵隨星所之以應天氣又占流星入紫宮有喪水旱不調又占流星入北斗大臣有繫者又占流星爲民大星大臣流小星小民流四月太白晝見八月征北大將軍衡陽王義季薨豫章民胡誕世率其宗族破郡縣殺太守及縣令

元嘉二十五年正月火水入羽林月犯歲星太白晝見經天元嘉二十六年十月彗星入太微十一月白氣貫北斗二十七年夏太白晝見經天九月太白犯歲星十月熒惑入太微元嘉二十八年五月彗星見卷舌入太微逼帝座犯上相拂屛出端門滅翼軫翼軫荆州分太白晝見犯哭星三十年太子巫蠱呪詛事覺遂殺害朝臣孝建元年荆江二州反皆夷滅卷舌呪詛之象彗之所起是其應也

元嘉二十九年正月太白晝見經天明年東宮弑逆

孝武孝建元年二月有流星大如月西行其年豫州刺史魯爽反誅

孝建元年九月壬寅熒惑犯左執法尙書左僕射建平王宏表解職不許

孝建元年十月乙丑熒惑犯進賢星吏部尙書謝莊表解職

孝建二年五月乙未熒惑入南斗十月甲辰又入南斗

大明元年夏京師疾疫

孝建三年四月戊戌太白犯輿鬼占曰民多疾明年夏京邑疫疾

孝建三年八月甲午太白入心占曰後九年大飢至大明八年東土大飢民死十二三

大明元年三月癸亥太白在奎南犯歲星占曰有滅諸侯三年司空竟陵王誕反誅

大明元年六月丙申月在東壁掩熒惑占曰將軍有憂期不出三年至三年司空竟陵王誕反

大明二年三月辛未熒惑入東井四月己亥熒惑在東井犯北軒轅第二星井雍州分其年四月海陵王休茂爲雍州刺史五年休茂反誅

大明二年七月己巳月掩軒轅第二星十月辛卯月掩軒轅十一月丙戌月又掩軒轅軒轅女主時民間喧言人主帷薄不修

大明二年十一月庚戌熒惑犯房及鉤鈐壬子熒惑又犯鉤鈐占曰有兵其年索虜寇歷下遣羽林軍討破之

大明三年春正月夜通天薄雲四方生赤氣長三四尺乍沒乍見尋皆消滅占名隧星一曰刀星天下有兵戰鬬流血月入太微犯次將占曰有反臣死將誅三月月在房犯鉤鈐因蝕占曰人主惡之將軍死三月土守牽牛占曰大人憂疾兵起大赦姦臣賊子謀欲殺主四月犯五諸侯占曰諸侯誅金水合西方占曰兵起五月歲星犯東井鉞占曰斧鉞用大臣誅六月月入南斗占曰大臣大將軍誅南兗州刺史竟陵王誕尋據廣陵反遣車騎大將軍沈慶之領羽林勁兵及豫州刺史宗慤徐州刺史劉道隆衆軍攻戰及屠城城內男女道俗梟斬靡遺將軍宗越偏用虐刑先刳腸決眼或笞面鞭腹苦酒灌創然後方加以刀鋸大兵之應也八月月犯太白太白犯房占曰人君有憂天子惡之熒惑守畢占曰萬民饑有大兵九月太白犯南斗占曰大臣有反者九月月在胃而蝕既又於昴犯熒惑占曰兵起女主當之人主惡之一曰女主憂國王死民飢十月太白犯哭星占曰人主有哭泣之聲自後六宮多喪公主薨亡天子舉哀相係歲大旱民飢

大明四年正月月奄氐占曰大將死又犯房北第二星占曰有亂臣謀其主二月有赤氣長一尺餘在太白帝坐北占曰兵起臣欲謀其君五月月入太微占曰有反臣大臣死六月太白犯井鉞占曰兵起斧鉞用大臣誅月犯心前星占曰有亂臣太子惡之月入南斗魁中占曰大人憂女主惡之七月歲星犯積尸占曰大臣誅十二月月犯心中央大星占曰大人憂十二月通天有雲西及東北並生合八所竝長四尺乍沒乍見尋消盡占曰天下有兵十二月月犯箕東北星女主惡之明年雍州刺史海陵王休茂反太白犯東井雍州兵亂之應也

大明五年正月歲星犯輿鬼積尸占曰大臣誅主有憂財寶散月入南斗魁中占曰大人憂天下有兵火土同在須女占曰女主惡之三月月掩軒轅占曰女主惡之有流星數千萬或長或短或大或小並西行至曉而止占曰人君惡之民流亡四月太白犯東井北轅占曰大臣爲亂斧鉞用太白犯輿鬼占曰大臣誅斧鉞用人主憂六月有流星白色大如甌出王良西南行沒天市中尾長數十丈沒後餘光良久占曰天下亂八月熒惑入東井占曰大臣當之十月歲星犯太微上將星太白入亢犯南第二星占曰上將有憂輔臣有誅者人君惡之十月太白入氐中熒惑入井中占曰王者亡地大赦兵起爲飢月入太微掩西蕃上將犯歲星占曰有反臣死大星大如斗出柳北行尾十餘丈入紫宮沒尾後餘光良久乃滅占曰天下凶有兵喪天子惡之十一月月掩心前星又犯大星占曰大人憂兵起大旱十二月太白犯西建中央星占曰大臣相譖月犯左角占曰天子惡之後三年孝武帝文穆皇后相繼崩嗣主卽位一年誅滅宰輔將相虐戮朝臣禍及宗室因自受害

大明六年正月月在張犯歲星占曰民飢流亡月犯心後星占曰庶子惡之二月月掩左角占曰天子惡之三月熒惑入輿鬼占曰有兵大臣誅天下多疾疫五月月在張又入太微犯熒惑占曰國主不安女主憂火犯木在翼占曰爲飢爲旱近臣大臣謀主有星前赤後白大如甌尾長十餘丈出東壁北西行沒天市啾啾有聲占曰其下有兵天下亂月掩昴七星占曰貴臣誅天子破匈奴胡主死歲星犯上將占曰輔臣誅上將憂六月月入太微犯右執法占曰人主不安天下大驚主不吉執法誅月犯心後星占曰庶子惡之七月月犯箕占曰女主惡之八月月入南斗魁中占曰大臣誅斧鉞用吳越有憂明年揚南徐州大旱田穀不收民流死亡自後三年帝后仍崩宰輔及尙書令僕誅戮索虜主死新安王兄弟受害司徒豫章王子尙薨羽林兵入三吳討叛逆

大明七年正月夜通天薄雲四方合有八氣蒼白色長二三丈乍見乍沒名刀星占曰天下有兵三月月犯心後星占曰庶子惡之四月火犯金在婁占曰有喪有兵大戰六月月犯箕占曰女主惡之太白入東井占曰大臣當之太白犯東井占曰大臣爲亂斧鉞用七月熒惑入東井占曰兵起大將當之月入南斗魁犯第二星占曰大人憂吳郡當之太白犯輿鬼占曰兵起大將誅人主憂財帛出八月月入哭星中間太白犯軒轅少民星占曰人主憂哭泣之聲民飢流亡太白入太微占曰近臣起兵國不安熒惑犯鬼太白犯右執法占曰大臣誅十月金水相犯占曰天下飢熒惑守軒轅第二星占曰宮中憂有哀十一月歲星入氐占曰諸侯人君有入宮者十二月月犯五車占曰天庫兵動後二年帝后崩大臣將相誅滅皇子被害皇太后崩四方兵起分遣諸軍推鋒外討

大明八年正月月掩輿鬼占曰大臣誅月入南斗魁中掩第二星占曰大人憂女主惡之二月月犯南斗第四星入魁中占曰大人有憂女主當之豫章受災四月月入南斗魁中犯第三星占曰大人有憂女主惡之丹陽當之太白入東井入太微犯執法占曰執法誅近臣起兵國不安六月歲星犯氐占曰歲大飢有流星大如五斗甌赤色有光照見人面尾長一丈餘從參北東行直

下經東井過南河沒占曰民飢吳越有兵七月歲星入氐十月太白守房占曰有兵大喪月掩食房占曰有喪大飢此後國仍有大喪丹陽尹顏師伯豫章王子尚死明年昭太后崩四方賊起王師水陸征伐義興晉陵縣大戰殺傷千計

前廢帝永光元年正月丁酉太白掩牽牛牽牛越分其月庚申月在虛宿犯太白虛齊地二月甲申月入南斗南斗揚州分野又爲貴臣三月庚子月入輿鬼犯積尸輿鬼主斬戮六月庚午熒惑入東井東井雝州分其月壬午有大流星前赤後白入紫宫

景和元年九月丁酉熒惑入軒轅在女主大星北十月熒惑入太微犯西上將十一月丁未太白犯哭星其月乙卯月犯心心爲天王其年太宰江夏王義恭尚書令柳元景尚書僕射顏師伯等並誅太尉沈慶之薨廬陵王敬先南平王敬猷南安侯敬淵並賜死廢帝殞明年會稽太守尋陽王子房廣州刺史袁曇遠雝州刺史袁顗青州刺史沈文秀並反昭太后崩

明帝泰始元年十二月己巳太白入羽林占曰羽林兵動乙亥白氣入紫宫占曰有喪事明年羽林兵出討昭太后崩

泰始二年正月甲午熒惑逆行在屏西南占曰有兵在中其月丙申月暈五車遍畢昴占曰女主惡之其月庚子月犯輿鬼占曰將軍死其月甲寅流星從五車出至紫宫西蕃沒占曰有兵其月丙辰黑氣貫宿占曰王侯有歸骨者三月乙未有流星大小西行不可稱數至曉乃息占曰民流之象四月壬午熒惑入太微犯右執法月在丙子歲星晝見南斗度中占曰其國有軍容大敗其月己卯竟夜有流星百餘西南行一大如甌尾長丈餘黑色從河鼓出又曰有兵其月壬午太白在月南並出東方爲犯占曰有破軍死將王者亡地七月甲午月犯心心爲宋地其月丙午月犯南斗占曰大臣誅其月乙卯熒惑犯氐氐兖州分野十月辛巳太白入氐占曰春穀貴十一月癸巳太白犯房占曰牛多死其年四方反叛內兵大出六師親戎昭太后崩大將殷孝祖爲南賊所殺尚書右僕射蔡興宗以熒惑犯右執法自解不許九月諸方反者皆平多有歸降者後失淮北四州地彭城兖州並爲虜所沒民流之驗也彭城宋分也是春穀貴民飢明年牛多疾死詔太官停宰牛

泰始三年六月甲辰月犯東井占曰軍將死熒惑犯輿鬼占曰金錢散又曰不出六十日必大赦八月癸卯天子以皇后六宫衣服金釵雜物賜北征將士明年二月護軍王玄謨薨

泰始四年六月壬寅太白犯輿鬼占曰民大疾死不收其年普天大疫

泰始五年二月丙戌月犯左角占曰三年天子惡之三月庚申月犯建星占曰易相十月壬午月犯畢占曰天子用法誅罰急貴人有死者其月丙申太白犯亢占曰收斂國兵以備北方其年冬建安王休仁解揚州桂陽王休範爲揚州揚州牧前後常宰相居之易相之驗也七年晉平王休祐建安王休仁並見殺時失淮北立戍以備防北虜後三年宫車晏駕

泰始六年正月辛巳月犯左角同前占八月壬辰熒惑犯南斗南斗吳分十一月乙亥月犯東北轅占曰大人當之又曰大臣有誅者二年殺揚州刺史王景文宫車晏駕

後廢帝元徽三年七月丙申太白入角犯歲星占曰角爲天門國將有兵事占於角太白與木星會殺軍在外破軍殺將其月丁巳太白入氐氐爲天子宿宫太白兵凶之星八月己巳太白犯房北頭第二星占曰王失德九月癸卯太白犯南斗第三星占曰大人當之國易政十月丙戌歲星入氐占曰諸侯人君有來入宫者十一月庚戌月入太微奄屏西南星占曰貴者失勢四年七月建平王景素據京口反時廢主凶慝無度五年七月殞安成王入纂皇祚三年齊受禪

元徽四年三月乙巳朔月犯房北頭第一星進犯鍵閉星占曰有謀伏甲兵在宗廟中天子不可出宫下堂多暴事九月甲辰填星犯太微西蕃占曰立王一曰徙王又曰大人憂將廢帝出入無度卒以此殞安成王立

元徽五年正月戊申月犯南斗第五星與前同占四月丁巳熒惑犯輿鬼西北星占曰大人憂近期六十日遠期六月日又曰人君惡之其月丙子太白犯輿鬼西北星占曰大赦五月戊申太白晝見午上光明異常占曰更姓六月壬戌月犯鉤鈐星占曰有大令其月乙丑月犯南斗第四星與前同占七月廢帝殞大赦天下後二年齊受禪

順帝昇明元年八月庚申月入南斗犯第三星與前同占九月丁亥太白在翼晝見經天占曰更姓閏十二月癸卯夜月奄南斗第四星與前同占

宋書卷二十六考證

天文志四十二月太白犯西建中央星○臣汞祚按星圖有天建星無西建星西字疑天字之訛

其月丙辰黑氣貫宿○臣汞祚按宿字上必有脫字

近期六十日遠期六月日○月一本作百

宋書卷二十七

梁　沈　約　撰

志第十七

符瑞上

夫體睿窮幾含靈獨秀謂之聖人所以能君四海而役萬物使動植之類莫不各得其所百姓仰之懽若親戚芬若椒蘭故爲旗章輿服以崇之玉璽黃屋以尊之以神器之重推之於兆民之上自中智以降則萬物之爲役者也性識殊品蓋有愚暴之理存焉見聖人利天下謂天下可以爲利見萬物之歸聖人謂之利萬物力爭之徒至以逐鹿方之亂臣賊子所以多於世也夫龍飛九五配天光宅有受命之符天人之應易曰河出圖洛出書而聖人則之符瑞之義大矣

赫胥燧人之前無聞焉

太昊帝宓犧氏母曰華胥燧人之世有大迹出雷澤華胥履之而生伏犧於成紀蛇身人首有聖德燧人氏沒宓犧代之受龍圖畫八卦所謂河出圖者也有景龍之瑞

炎帝神農氏母曰女登遊於華陽有神龍首感女登於常羊山生炎帝人身牛首有聖德致大火之瑞嘉禾生醴泉出

黃帝軒轅氏母曰附寶見大電光繞北斗樞星照郊野感而孕二十五月而生黃帝於壽丘弱而能言龍顏有聖德劾百神朝而使之應龍攻蚩尤戰虎豹熊羆四獸之力以女魃止淫雨天下既定聖德光被羣瑞畢臻有屈軼之草生於庭佞人入朝則草指之是以佞人不敢進有景雲之瑞有赤方氣與青方氣相連赤方中有兩星青方中有一星凡三星皆黃色以天清明時見於攝提名曰景星黃帝黃服齋於中宫坐於玄扈洛水之上有鳳凰集不食生蟲不履生草或止帝之東園或巢於阿閣或鳴於庭其雄自歌其雌自舞麒麟在囿神鳥來儀有大螻如羊大螾如虹黃帝以土氣勝遂以土德王五十年秋七月庚申天霧三日三夜晝昏黃帝以問天老力牧容成曰於公何如天老曰臣聞之國安其主好文則鳳凰居之國亂其主好武則鳳凰去之今鳳凰翔於東郊而樂之其鳴音中夷則與天相副以是觀之天有嚴教以賜帝帝勿犯也乃召史卜之龜燋史曰臣不能占也其問之聖人帝曰已問天老力牧容成矣史北面再拜曰龜不違聖智故燋霧除遊於洛水之上見大魚殺五牲以醮之天乃甚雨七日七夜魚流於海得圖書焉龍圖出河龜書出洛赤文篆字以授軒轅軒轅接萬神於明庭今寒門谷口是也

帝摯少昊氏母曰女節見星如虹下流華渚旣而夢接意感生少昊登帝位有鳳凰之瑞

帝顓頊高陽氏母曰女樞見瑤光之星貫月如虹感己於幽房之宫生顓頊於若水首戴干戈有聖德生十年而佐少昊氏二十而登帝位

帝嚳高辛氏生而駢齒有聖德代高陽氏王天下使鼓人拊鞞鼓擊鍾磬鳳凰鼓翼而舞

帝堯之母曰慶都生於斗維之野常有黃雲覆護其上及長觀於三河常有龍隨之一旦龍負圖而至其文要曰亦受天祐眉八彩鬚髮長七尺二寸面銳上豐下足履翼宿旣而陰風四合赤龍感之孕十四月而生堯於丹陵其狀如圖及長身長十尺有聖德封於唐夢攀天而上高辛氏衰天下歸之在帝位七十年景星出翼鳳凰在庭朱草生嘉禾秀甘露潤醴泉出日月如合璧五星如連珠廚中自生肉其薄如箑搖動則風生食物寒而不臭名曰箑脯又有草夾階而生月朔始生一莢月半而生十五莢十六日以後日落一莢及晦而盡月小則一莢焦而不落名曰蓂莢一曰歷莢歸功於舜將以天下禪之乃潔齋修壇場於河雒擇良日率舜等升首山遵河渚有五老游焉蓋五星之精也相謂曰河圖將來告帝以期知我者重瞳黃姚五老因飛爲流星上入昴二月辛丑昧明禮備至於日昃榮光出河休氣四塞白雲起回風搖乃有龍馬銜甲赤文綠色臨壇而止吐甲圖而去甲似龜背廣九尺其圖以白玉爲檢赤玉爲字泥以黃金約以青繩檢文曰闓色授帝舜言虞夏殷周秦漢當授天命帝乃寫其言藏於東序後二年二月仲辛率羣臣沈璧於洛禮畢退俟至於下晡赤光起玄龜負書而出背甲赤文成字止於壇其書言當禪舜遂

讓舜

帝舜有虞氏母曰握登見大虹意感而生舜於姚墟目重瞳子故名重華龍顏大口黑色身長六尺一寸舜父母憎舜使其塗廩自下焚之舜服鳥工衣服飛去又使浚井自上塡之以石舜服龍工衣自傍而出耕於歷山夢眉長與髮等及即帝位蓂莢生於階鳳凰巢於庭擊石拊石百獸率舞景星出房地出乘黃之馬西王母獻白環玉玦舜在位十有四年奏鐘石笙筦未罷而天大雷雨疾風發屋拔木桴鼓播地鐘磬亂行舞人頓伏樂正狂走舜乃擁璿持衡而笑曰明哉夫天下非一人之天下也亦乃見於鐘石笙筦乎乃薦禹於天使行天子事於時和氣普應慶雲興焉若煙非煙若雲非雲郁郁紛紛蕭索輪囷百工相和而歌慶雲帝乃倡之曰慶雲爛兮糺縵縵兮日月光華旦復旦兮羣臣咸進稽首曰明明上天爛然星陳日月光華弘于一人帝乃再歌曰日月有常星辰有行四時從經萬姓允誠於予論樂配天之靈遷於聖賢莫不咸聽鼚乎鼓之軒乎舞之精華以竭褰裳去之於是八風修通慶雲叢聚蟠龍奮迅於其藏蛟魚踊躍於其淵龜鼈咸出其穴遷虞而事夏舜乃設壇於河依堯故事至於下昃榮光休氣至黃龍負圖長三十二尺廣九尺出於壇畔赤文綠錯其文言當禪禹

帝禹有夏氏母曰修己出行見流星貫昴夢接意感既而吞神珠修己背剖而生禹於石紐虎鼻戸兩耳參鏤首戴鉤鈐匈有玉斗足文履已故名文命長有聖德長九尺九寸夢自洗於河以手取水飲之又有白狐九尾之瑞當堯之世舜舉之禹觀於河有長人白面魚身出曰吾河精也呼禹曰文命治淫言訖授禹河圖言治水之事乃退入於淵禹治水既畢天錫玄珪以告成功夏道將興草木暢茂青龍止於郊祝融之神降於崇山乃受舜禪即天子之位洛出龜書六十五字是爲洪範此謂洛出書者也南巡狩濟江中流有二黃龍負舟舟人皆懼禹笑曰吾受命於天屈力以養人生性也死命也奚憂龍哉龍於是曳尾而逝

高辛氏之世妃曰簡狄以春分玄鳥至之日從帝祀郊禖與其妹浴於玄丘之水有玄鳥銜卵而墜之五色甚好二人競取覆以玉筐簡狄先得而吞之遂孕胸剖而生契長爲堯司徒成功於民受封於商後十三世生主癸主癸之妃曰扶都見白氣貫月意感以乙日生湯號天乙豐下銳上皙而有顏句身而揚聲身長九尺臂有四肘是曰殷湯湯在亳能修其德伊摯將應湯命夢乘船過日月之傍湯乃東至於洛觀帝堯之壇沈璧退立黃魚雙踴黑鳥隨魚止於壇化爲黑玉又有黑龜並赤文成字言夏桀無道湯當代之檮杌之神見於邳山有神牽白狼銜鉤而入商朝金德將盛銀自山溢湯將奉天命放桀夢及天而舓之遂有天下商人後改天下之號曰殷

高辛氏之世妃曰姜嫄助祭郊禖見大人迹履之當時歆如有人道感已遂有身而生男以爲不祥棄之阨巷羊牛避而不踐又送之山林之中會伐林者薦覆之又取而置寒冰上大鳥來以一翼藉覆之姜嫄以爲異乃收養焉名之曰棄枝頤有異相長爲堯稷官有功於民后稷之孫曰公劉有德諸侯皆以天子之禮待之初黃帝之世讖言曰西北爲王期在甲子昌制命發行誅旦行道及公劉之後十三世而生季歷季歷之十年飛龍盈於殷之牧野此蓋聖人在下位將起之符也季歷之妃曰大任夢長人感已溲於豕牢而生昌是爲周文王龍顏虎肩身長十尺匈有四乳太王曰吾世當有興者其在昌乎季歷之兄曰太伯知天命在昌適越終身不反弟仲雍從之故季歷爲嗣以及昌昌爲西伯作邑於豐文王之妃曰大姒夢商庭生棘太子發植梓樹於闕間化爲松柏棫柞以告文王文王幣告羣臣與發並拜告夢季秋之甲子赤爵銜書及豐止於昌戶昌拜稽首受之其文要曰姬昌蒼帝子亡殷者紂王將畋史徧卜之曰將大獲非熊非羆天遺汝師以佐昌臣太祖史疇爲禹卜畋得皐陶其兆如此王至於磻谿之水呂尙釣於涯王下趨拜曰望公七年乃今見光景於斯尙立變名答曰望釣得玉璜其文要曰姬受命昌來提撰爾雒鈐報在齊尙出游見赤人自雒出授尙書曰命曰呂佐昌者子文王夢日月著其身又鸑鷟鳴岐山於孟春六旬五緯聚房後有鳳凰銜書游文王之都書又曰殷帝無道虐亂天下皇命已移不得復久靈祇遠離百神吹去五星聚房昭理四海文王既沒太子發代立是爲武王武王駢齒望羊將伐紂至於孟津八百諸侯不期而會咸曰紂可伐矣武王不從及紂殺比干囚箕子微子去之乃伐紂度孟津中流白魚躍入王舟王俯取魚長三尺目下有赤文成字言紂可伐王寫以世字魚文消燔魚以告天有火自天止於王屋流爲赤烏烏銜穀焉穀者紀后稷之德火者燔魚以告天天火流下應以吉也遂東伐紂勝於牧野兵不血刃而天下歸之乃封呂望於齊周德既隆草木茂盛蒿堪爲宮室因名蒿宮武王沒成王少周公旦攝政七年制禮作樂神鳥鳳凰見蓂莢生乃與成王觀於河洛沈璧禮畢王退俟至於日昧榮光並出幕河青雲浮至青龍臨壇銜玄甲之圖坐之而去禮於洛亦如之玄龜青龍蒼光止於壇背甲刻書赤文成字周公援筆以世文寫之書成文消龜墮甲而去其言自周公訖於秦漢盛衰之符麒麟遊苑鳳凰翔庭成王援琴而歌曰鳳凰翔兮於紫庭余何德兮以感靈賴先王兮恩澤臻于胥樂兮民以寧

魯哀公十四年孔子夜夢三槐之間豐沛之邦有赤煙氣起乃呼顏淵子夏往視之驅車到楚西北范氏街見芻兒摘麟傷其左前足薪而覆之孔子曰兒來汝姓爲赤誦名子喬字受紀孔子曰汝豈有所見邪兒曰見一禽巨如羔羊頭上有角其末有肉孔子曰天下已有主也爲赤劉陳項爲輔五星入井從歲星兒發薪下麟示孔子孔子趨而往麟蒙其耳吐三卷圖廣三寸長八尺每卷二十四字其言赤劉當起曰周亡赤氣起大耀興玄丘制命帝卯金孔子作春秋制孝經既成使七十二弟子向北辰星磬折而立使曾子抱河洛事北向孔子齋戒向北辰而拜告備於天曰孝經四卷春秋河洛凡八十一卷謹已備天乃洪鬱起白霧摩地赤虹自上下化爲黃玉長三尺上有刻文孔子跪受而讀之曰寶文出劉季握卯金刀在軫北字禾子天下服

漢高帝父曰劉執嘉執嘉之母夢赤鳥若龍戲已而生執嘉是爲太上皇帝母名含始是爲昭靈后昭靈后游於洛池有玉雞銜赤珠刻曰玉英吞此者王昭靈后取而吞之又寢於大澤夢與神遇是時靁電晦冥太上皇視之見蛟龍在其上遂有身而生季是爲高帝高帝隆準而龍顏美須顙左股有七十二黑子微時數從王媼武負貰酒醉臥上常有光怪每留飲售輒數倍武負異之輒折其契單父人呂公好相人見高帝謂曰臣少好相人相人多矣無如季相願季自愛臣有息女願爲箕箒妾呂公妻媼怒呂公曰公常奇此女欲與貴人沛令善公求不與何妄許劉季呂公曰非女子所知卒與高帝生惠帝魯元公主呂后嘗與兩子居田中有一老父過請飲呂后因饋之食老父相呂后曰夫人天下貴人也令相二子見惠帝曰夫人所以貴者乃此男相魯元公主亦貴老父已去高帝適從傍舍來呂后具言之高帝追問老父老父曰向者夫人兒子之貴皆以君相君貴不可言高帝被飲夜行徑澤中前人反日有大蛇當道願還高帝醉曰壯士行何畏乃前拔劒斬蛇蛇分爲兩道開而過後人來者見老嫗守蛇曰向者赤帝子過殺之見者疑嫗爲詐欲笞之忽然不見具以狀告高帝帝心喜秦始皇帝曰東南有天子氣於是東遊以厭之高帝隱於芒碭山澤之間呂后常知其處高帝怪問之對曰季所居上常有雲氣故知之高帝爲沛公入秦五星聚於東井歲星先至而四星從之占曰以義取天下

初張良遊於下邳沂水之上有老父來直至良前而墮其履顧謂良曰孺子下取履良愕然欲毆之以其老乃下取跪進父以足受笑而去良殊大驚父去里所復來曰孺子可教也後五日平明與我會此良怪之跪應曰諾五日良往父已先來怒曰何與長者期而後也五日更與我會此凡三期而良先至老父喜曰不當如是耶卽出懷中一卷書與之曰讀之此爲王者師後十三年孺子見我濟北穀城山下黃石卽我也旦視其書乃太公兵法良以黃石篇爲佗人說皆不省唯高帝說焉良曰此殆天所授矣五年而成帝業後十三年張良果得穀城山下黃石寶而祠之死與合葬

文帝之母薄姬魏豹爲魏王納之後宮許負相之當生天子魏王豹於是背漢漢高帝擊虜而薄姬輸織室高帝見而美之內於後宮歲餘乃得幸將見幸薄姬言妾昨夢青龍據妾心高帝曰我是也吾爲爾成之一御而生文帝

景帝王皇后初嫁爲金王孫妻母臧兒卜筮曰當貴乃奪金氏而納太子宮生男男方在身夢日入其懷以告太子太子曰是貴徵也生男是爲武帝

武帝趙婕妤家在河間生而兩手皆拳不可開武帝巡守過河間望氣者言此有奇女天子氣召而見之武帝自披其手卽時申得一玉鉤由是見幸號曰拳夫人進爲婕妤居鉤弋宮大有寵十四月生男是爲昭帝號曰鉤弋子武帝曰聞昔堯十四月而生今鉤弋子亦然乃名其門曰堯母門

昭帝元鳳二年正月太山萊蕪山南民夜聞洶洶有數千人聲晨往視之見大石自立高丈五尺大三十八圍入地八尺三石爲足立後白鳥數千集其傍又上林苑中柳樹斷臥地一朝自起生枝葉蟲齧其葉成文曰公孫病已立陳留襄邑王社忽移至長安博士眭孟占之曰石陰類太山岱宗王者禪代之處將有廢故之家姓公孫名病已從白衣爲天子者時昭帝幼少霍光輔政以孟妖言誅之及昭帝崩昌邑王又廢光立宣帝武帝

曾孫本名病已在民間白衣三世如孟言焉

元帝王皇后齊田氏之苗裔祖父翁孺自東平陵徙元城元城建公曰昔春秋沙鹿崩晉史卜之陰爲陽雄土火相乘故沙鹿崩後六百四十五年宜有聖女興其齊田乎今翁孺之徙正值其地日月當之元城郭東有五鹿之墟卽沙鹿地後八十年當有貴女興天下翁孺生禁禁妻李氏方妊身夢月入其懷生女是爲元后每許嫁未行所許者輒死卜相者云當大貴遂爲元帝皇后生成帝

初秦始皇世有長人十二身長五丈足跡六尺見於隴西臨洮前史以爲秦亡之徵史臣以爲漢興之符也自高帝至於平帝十二主焉

光武皇帝父爲濟陽令濟陽有武帝行宮常封閉哀帝建平元年十二月甲子夜光武將產乃開而居之時有赤光室中盡明皇考異焉使卜者王長卜之長辟左右曰此善事不可言是歲有嘉禾生產屋景天中一莖九穗異於凡禾縣界大豐故名光武曰秀時又有鳳凰集濟陽於是畫宮爲鳳凰之象明年方士有夏賀良者上言哀帝云漢家歷運中衰當再受命於是改號爲太初元將元年稱陳聖劉太平皇帝以厭勝之王莽時善望氣者蘇伯阿望光武所居縣春陵城郭唶曰氣佳哉鬱鬱葱葱然莽忌惡漢而錢文有金乃改鑄貨泉以易之旣而光武起於春陵之白水鄉貨泉之文爲白水眞人也初起兵望見家南有火光以爲人持火呼之而光遂盛赫然上屬天有頃不見及在河北爲王郎所逼將南濟滹沱河導吏還云河水流澌無船可渡左右皆恐懼帝更遣王霸視之霸往視如吏言霸慮還以實對驚動衆心乃謬云冰堅可渡帝馳進比至而河冰皆合其堅可乘旣渡餘數乘車未畢而冰陷前至下博城西疑所之有一白衣老公在道旁曰努力信都爲長安城守去此八十里耳言畢失所在遂至信都投太守任光初光武微時穰人蔡少公曰讖言劉秀發兵捕不道卯金修德爲天子國師公劉子駿名秀少公曰國師公是也光武笑曰何用知非僕道士西門君惠等並云劉秀當爲天子光武平定河北還至中山將軍萬修得赤伏符言光武當受命羣臣上尊號光武辭前至鄗縣諸生彊華又自長安詣鄗上赤伏符文與修合羣下又請曰受命之符人應爲大光武又夢乘赤龍登天乃卽位都洛陽營宮闕一夕有門材自至是時琅邪開陽縣城門一夕無故自亡檢所得材卽是也遂名其門曰開陽門先是秦穆公時陳倉人掘地得物若羊非羊若猪非猪將獻之道逢二僮子謂之曰子知彼乎名爲媼常在地下食死人腦若欲殺之以柏東南枝指之則死矣媼因言曰此二僮子名爲寶得其雄者王得其雌者霸於是陳倉人遂棄媼而逐二僮子二僮子化爲雉飛入林陳倉人以告穆公穆公發徒大獵得其雌者化而爲石置之汧渭之間至文公爲之立祠名曰陳寶祠雄南飛集南陽穰縣其後光武興於南陽光武之初興也隗囂擁衆隴右招集英俊而公孫述稱帝於蜀天下雲擾大者連州郡小者據縣邑囂問扶風人班彪曰往者周亡戰國並爭天下分裂數世然後定縱橫之事復起於今乎將承運迭興在於一人也願先生論之對曰周之廢興與漢異昔周立爵五等諸侯從政本根旣微枝葉彊大故其末流有縱橫之事其勢然也漢家承秦之制郡縣治民主有專己之威臣無百年之柄至於成帝假借外家哀平短祚國嗣三絕禍自上起傷不及下故王氏之貴傾擅朝廷能竊號位而不根於民是以卽眞之後天下莫不引領而歎十餘年間中外騷擾遠近俱發假號雲合咸稱劉氏不謀而同辭方今雄桀帶州域者皆無七國世業之資詩云皇矣上帝臨下有赫鑒觀四方求民之瘼今民皆謳吟思漢向仰劉氏已可知矣隗囂曰先生言周漢之勢可也至於但見愚民習識劉氏姓號之故而謂漢復興疎矣昔秦失其鹿劉季逐而掎之時民復知漢乎彪旣感囂言又愍狂狡之不息乃著王命論以救時難辭曰昔在帝堯之禪曰咨爾舜天之歷數在爾躬舜亦以命禹洎於稷契咸佐唐虞光濟四海奕世載德至於湯武而有天下雖其遭遇異時禪代不同至於應天從民其揆一焉是故劉氏承堯之祚氏族之世著於春秋言據火德而漢紹之始起沛澤則神母夜號以章赤帝之符由是言之帝王之祚必有明聖顯懿之德豐功厚利積累之業然後精誠通於神明流澤加於生民故能爲鬼神所福饗天下所歸往未見運世無本功德不紀而得堀起在此位者也世俗見高祖興於布衣不達其故以爲適遭暴亂得奮其劒游說之士至比天下於逐鹿幸捷而得之不知神器有命不可以智力求也悲夫此世之所以多亂臣賊子者也若然者豈徒闇於天道哉又不覩之於人事矣夫餓饉流隸饑寒道路思有裋褐之襲檐石之畜所願不過一金然終於轉死溝壑何則貧窮亦有命也況乎天子之貴四海之富神明之祚可得而妄據哉故雖遭罹厄會竊其權柄勇如信布彊如梁籍成如王莽然卒潤鑊伏鑕亨菹分裂又況么麼不及數子而欲闇干天位者乎是故駑蹇之乘不騁千里之塗鷰雀之儔不奮六翮之用楶梲之材不荷棟梁之任斗筲之子不秉帝王之重易曰鼎折足覆公餗不勝其任也當秦之末豪桀共推陳嬰而王之嬰母止嬰曰自吾爲子家婦而世貧賤卒富貴不祥不如以兵屬人事成少受其利不成禍有所歸嬰從其言而陳氏以寧王陵之母亦見項氏之必亡而劉氏之將興也是時陵爲漢將而母獲於楚有漢使來陵母見之謂曰願告吾子漢王長者必得天下子謹事之無有二心遂對漢使伏劒而死以固勉陵其後果定於漢陵爲宰相封侯夫以匹婦之明猶能推事理之致探禍福之機全宗祀於無窮垂冊書於春秋而況大丈夫之事乎是故窮達有命吉凶由人嬰母知廢陵母知興審此二者帝王之分決矣蓋在高祖其興也有五一曰帝堯之苗裔二曰體貌多奇異三曰神武有徵應四曰寬明而仁恕五曰知人善任使加之以信誠好謀達於聽受見善如不及用人如由己從諫如從流趣時如響赴當食吐哺納子房之策拔足揮洗揖酈生之說寤戍卒之言斷懷土之情高四皓之名割肌膚之愛舉韓信於行陣收陳平於亡命英雄陳力羣才畢舉此高祖之大略所以成帝業也若乃靈瑞符應又可略聞矣初劉媼妊高祖而夢與神遇震雷晦冥有龍蛇之怪及長多靈異有殊於衆是以王武感物而折契呂公覩貌而進女秦皇東遊以厭其氣呂后望雲而知所處始受命則白蛇分西入關則五星聚故淮陰留侯謂之天授非人力也歷古今之得失驗行事之成敗稽帝王之世運考五者之所謂取舍不厭斯位符應不同斯度而欲昧於權利越次妄據外不量力內不知命則必喪保家之主失天年之壽遇折足之凶伏鈇鉞之誅英雄誠知覺寤畏若禍戒超然遠覽淵然深識收陵嬰之明分絕信布之覬覦距逐鹿之瞽說審神器之有授無貪不可幾爲二母之所笑則福祚流於子孫天祿其永終矣隗囂不納果敗

漢元成世道士言讖者云赤厄三七三七二百一十年有外戚之篡祚極三六當有龍飛之秀興復祖宗及莽篡漢漢二百一十年矣莽十八年而敗光武興焉

明帝初生豐下銳上赤色似堯終登帝位

和帝鄧皇后祖父禹佐命光武常曰我將百萬人未嘗妄殺一人子孫當大興后少時相者蘇大見后驚曰此成湯之骨法也貴不可言后嘗夢登梯以手捫天天體蕩蕩正青而滑有若鍾乳者后仰吮之以訊之占夢夢者曰堯夢攀天而上湯夢及天而舐之此皆非常夢也旣而入宮遂登尊位安帝未卽大位在邸數有神光赤蛇嘉應照曜室內磐紆殿屋牀第之間後遂入承大統

初桓帝之世有黃星見於楚宋之分遼東殷馗曰後五十年當有眞人起於譙沛之閒其鋒不可當靈帝熹平五年黃龍見譙光祿大夫橋玄問太史令單颺曰此何祥也颺曰其國後當有王者興不及五十年亦當復見天事恒象此其徵也內黃殷登嘿記之其後曹操起於譙是爲魏武帝建安五年於黃星見之歲五十年矣而武帝破袁紹天下莫敵

春秋讖曰代漢者當塗高也漢有周舒者善內學人或問之舒曰當塗高者魏也舒旣沒譙周又問術士杜瓊曰周徵君以爲當塗高魏也其義何在瓊曰魏闕名也當塗而高聖人以類言耳又問周曰寧復有所怪邪周曰未達也瓊曰古者名官職不言曹自漢以來名官盡言曹吏言屬曹卒言侍曹此殆天意也周曰魏者大也曹者衆也衆而且大天下之所歸乎建安十八年武帝爲魏公又進爵爲王二十五年武帝薨太子丕嗣爲魏王是爲文帝文帝始生有雲青色員如車蓋當其上終日望氣者以爲至貴之祥非人臣之氣善相者高元呂曰其貴不可言延康元年三月黃龍又見譙殷登猶存歎曰黃龍見於熹平也單颺云不及五十年亦當復見今四十五年矣颺之言其驗茲乎十月饒安言白虎見八月石邑言鳳凰集又有麒麟見十月漢帝禪位於魏魏王辭讓不受博士蘇林董巴上言臣聞天之去就固有常分聖人當之昭然不疑故堯捐骨肉而禪有虞終無各色舜發壟畝而居天下若固有之其相授閒不稽漏刻天下已傳矣所以急天命明天下不可一日無君今漢期運已終妖異絕之已審陛下受天之命符瑞告徵丁寧詳悉反覆備至雖言語相諭無以代此今旣發詔書璽綬未御固執謙讓上稽天命下違民情臣謹按古之典籍參以圖緯魏之行運及天道所在卽尊之驗在於今年此月昭晳分明謹條奏如左唯陛下遷思易慮以時卽位顯告上帝布詔天下然後改正朔易服色正大號天下幸甚其所陳事曰天有十二次以爲分野王公之國各有所屬周在鶉火魏在大梁歲星行歷凡十二次所在國天子受命諸侯以封周文王始受命歲星在鶉火至武王伐紂十三年歲星復在鶉火故春秋傳曰武王伐紂歲在鶉火又曰歲之所在則我有周之分

野也昔光和十七年歲在大梁武王始受命爲將討黃巾是歲改年爲中平元年建安元年歲復在大梁始拜大將軍十三年復在大梁始拜丞相今二十五年歲復在大梁陛下受命此魏得歲與周文武受命相應今年靑龍在庚子詩推度災曰庚者更也子者茲也聖人制法天下治又曰王者布德於子治成於丑此言今年天更命聖人制法天下布德於民也魏以政制天下與詩協矣顓頊受命歲在豕韋衞居其地亦在豕韋故春秋傳曰衞顓頊之墟也今十月斗之所建則顓頊受命之分也魏以十月受禪此同符始祖受命之驗也魏之氏族出自顓頊與舜同祖見於春秋世家舜以土德承堯之火今魏亦以土德承漢之火其於行運合於堯舜授受之次魏王猶未許大史丞許芝又上天文祥瑞自建安二年十二月戊辰有新天子氣見於東南到今積二十三年建安十年茀星出庫樓歷犯氐房宿北入天市犯北斗紫微氐爲天子宿宮路寢所止房爲天子明堂政教之首北斗七星主尊輔象近臣紫微者北極最尊此除掃漢家之大異也建安十八年秋歲星鎭星熒惑俱入太微逆行留守帝坐百有餘日歲星入太微人主改姓鎭星入太微內有兵亂人主以弱三者漢改姓易代之異也建安十九年正月白虹貫日易傳曰后妃擅國白虹貫日建安二十一年五月朔己亥日蝕建安二十三年三月茀星晨見東方二十餘日夕出西方犯歷五車東井五諸侯文昌軒轅太微鋒炎刺帝坐茀者除舊布新亡惡興聖之異也建安二十四年二月晦壬子日蝕日者陽精月爲侯王而以亥子日蝕皆水滅火之異也延康元年九月十日黃昏時月蝕熒惑過人定時熒惑出營室宿羽林月爲大臣侯王之象熒惑火精漢氏之行占曰漢家以兵亡延康元年九月二十日剝卦天子氣不見皆崩亡之異也熒惑火精行縮日一度有餘故太史令王昱以爲漢家衰亡之極熒惑大而赤色光不明赤而小與小星無別皆漢家衰亡之異也易傳曰上下流通聖賢昌厥應帝德鳳凰翔萬民喜樂無咎殃易傳又曰聖人受命厥應鳳凰下天子膺易傳又曰黃龍見天災將至天子絀聖人出黃龍以戊己日見五邑文章皆具聖人得天受命黃龍以戊寅見此帝王受命之符瑞最著明者也易傳又曰聖人淸靜行中正賢人至民從命厥應麒麟來春秋玉版讖曰代赤者魏公子春秋佐助期曰漢以許昌失天下故白馬令甘陵李雲上事言許昌氣見當塗高已萌欲使漢家防絕萌牙今漢都許日以微弱當居許昌以失天下當塗高者魏也魏者象魏兩闕之名當道而高大者也魏當代漢如李雲之言也春秋佐助期又曰漢以蒙孫亡說者以蒙孫直漢二十四帝童蒙愚惑以弱亡漢帝少時名爲董侯名不正蒙亂荒惑其子孫以弱亡也孝經中黃讖曰日載東紀火光不橫一聖明聰四百之外易姓而王天下歸功致太平此魏王之姓諱著見圖讖也易運期曰言居東西有午兩日並光日居下其爲主反爲輔五八四十黃氣受眞人出言午許字兩日昌字漢當以許亡魏當以許昌今際會之期在許是其大效也易運期又曰鬼在山禾女連王天下於是魏王受漢禪柴於繁陽有黃鳥銜丹書集於尚書臺於是改元爲黃初漢中平二年洛陽民譌言虎賁寺有黃人觀者日數萬道路斷絕中平元年黃巾賊起云蒼天已死黃天當立此魏氏依劉向自云土德之符也先是周敬王之四十七年宋景公問大夫邢史子臣天道何祥對曰後五年五月丁亥臣將死死後五年五月丁卯吳將亡亡後五年君將終終後四百年邾王天下皆如其言邾王天下蓋謂魏國之後言四百年則錯疑年代久遠傳記者謬誤

高貴鄉公初生有光氣照耀室屋其後卽大位

劉備身長七尺七寸垂手過膝顧自見耳洛書甄曜度曰赤三德昌九世會備合帝際洛書寶予命曰天度帝道備稱皇以統握契百成不敗洛書錄運期曰九侯七傑爭民命炊骸道路誰使主者玄且來備字玄德故云玄且來也孝經鉤命決曰帝三建九會備先是術士周羣言西南數有黃氣直立數丈如此積年每有景雲祥風從璿璣下應之建安二十二年中屢有氣如旗從西竟東中天而行圖書曰必有天子出其方太白熒惑鎭星從歲星又黃龍見犍爲武陽之赤水九日乃去關羽在襄陽男子張嘉王休獻玉璽備後稱帝於蜀

孫堅之祖名鍾家在吳郡富春獨與母居性至孝遭歲荒以種瓜爲業忽有三少年詣鍾乞瓜鍾厚待之三人謂鍾曰此山下善可作冢葬之當出天子君可下山百步許顧見我去卽可葬也鍾去三十步便反顧見三人並乘白鶴飛去鍾死卽葬其地地在縣城東冢上數有光怪雲氣五色上屬天衍數里父老相謂此非凡氣孫氏其興矣堅母生堅夢腸出繞吳昌門以告鄰母鄰母曰安知非吉祥也昌門吳郭門也堅生而容貌奇異堅妻吳氏初姙子策夢月入其懷後孕子權又夢日入懷告堅曰昔姙策夢月入懷今又夢日入懷何也堅曰日月陰陽之精極貴之象吾子孫其興乎權方頤大口紫額長上短下漢世有劉琬者能相人見權兄弟曰孫氏兄弟雖各才智明達然祿祚不終惟中弟孝廉形貌奇偉骨體不恒有大貴之表年又最壽爾其識之權時爲孝廉初秦始皇東巡濟江望氣者云五百年後江東有天子氣出於吳而金陵之地有王者之勢於是秦始皇乃改金陵曰秣陵鑿北山以絕其勢至吳又令囚徒十餘萬人掘汙其地表以惡名故曰囚卷縣今嘉興縣也漢世術士言黃旗紫蓋見於斗牛之間江東有天子氣獻帝興平中吳中謠言黃金車斑蘭耳開昌門出天子魏文帝黃初三年舉兵武昌並言黃龍鳳凰見其年權稱尊號年至七十一而薨權子休初封琅邪王夢乘龍上天顧不見尾後得大位其子被廢

漢元成之世先識之士有言曰魏年有和當有開石於西三千餘里繫五馬文曰討曹及魏之初興也張掖刪丹縣金山柳谷有石生焉周圍尋中高一仞蒼質素章有五馬麟鹿鳳凰仙人之象始見於建安形成於黃初文備於太和至靑龍三年柳谷之玄川溢漏石形改易狀似靈龜廣一丈七尺一寸圍五丈八寸立於川西有石馬十二其一仙人騎之其一騎絆其五有形而不善成其五成形又有一牛八卦列宿彗星之象有玉匣開蓋於前有玉玦二玉璜一又有麒麟鳳凰白虎馬牛於中布列有文字曰上上三天王述大會討大曹金但取之金立中大金馬一匹中正大吉關壽此馬甲寅述水凡三十五字石色蒼而物形及字並白石書之皆隆起魏明帝惡其文有討曹鑿去爲計以蒼石塞之宿昔而白石滿焉當時稱爲祥瑞班下天下處士張臶曰夫神兆未然不追往事此蓋將來之休徵當今之怪異也旣而晉以司馬氏受禪太尉屬程猗說曰夫大者盛之極也金者晉之行也中者物之會也吉者福之始也此言司馬氏之王天下感德而生應正吉而王之符也猗又爲贊曰皇德遐通實降嘉靈乾生其象坤育其形玄石旣表素文以成瑞虎合仁白麟耀精神馬自圖金言其形體正而王中允克明關壽無疆於萬斯齡宣帝有狼顧之相能使面正向後而身形不異魏武帝嘗夢有三匹馬在一槽中共食其後宣帝及景文相繼爲宰相遂傾曹氏文帝未立世子有意於齊獻王攸武帝時爲中撫軍懼不立以相兒示裴秀秀言於文帝曰中撫軍振髮籍地垂手過膝天表如此非人臣之相也由是得立及嗣晉位其月襄武縣言有大人相長三丈餘足跡三尺一寸白髮黃單衣黃巾柱杖呼民王始語云今當太平頃之受魏禪

武帝咸寧元年大風吹帝社樹折有靑氣出社中占者以爲東莞有天子氣時琅邪武王伷封東莞伷元帝祖也元帝以咸寧二年夜生有光照室室內盡明有白毛生於日角之左眼有精光燿曜惠帝幸鄴成都王穎殺東安王繇繇元帝叔父也帝懼欲出奔而月明微候急四衢斷絕不得去有頃天陰風雨大至候者皆休乃得去初武帝伐吳琅邪武王伷率衆出塗中而王渾過歷陽王濬已大近路孫皓欲降送天子璽綬近越二將而遠送詣伷識者咸怪之吳之未亡也吳郡臨平湖一旦自開湖邊得石函中有小靑石刻作皇帝字舊言臨平湖塞天下亂開則天下太平吳人以爲美祥俄而吳滅後元帝興於江左吳亡後蔣山上常有紫雲數術者亦云江東猶有帝王氣又謠言曰五馬游度江一馬化爲龍元帝與西陽汝南南頓彭城五王過江而元帝升天位讖書曰銅馬入海建業期元帝小字銅環永嘉初元帝以安東將軍鎭建業時歲塡星長太白四星聚於牛女之間常裵回進退愍帝建興四年晉陵武進人陳龍在田中得銅鐸五枚柄口皆有龍虎形又有將雛雞雀集其前皆驅去復還至於再三又有鵝三四頭高飛且鳴周回東西晝夜不下如此者六七日會稽剡縣陳淸又於井中得棧鐘長七寸二分口徑四寸其器雖小形制甚精上有古文書十八字其四字可識云會稽徽命豫章有大樟樹大三十五圍枯死積久永嘉中忽更榮茂景純並言是元帝中興之應初武帝太康三年建鄴有寇餘姚人伍振筮之曰寇已滅矣三十八年揚州有天子至元帝卽天位果三十八年先是宣帝有寵將牛金屢有功宣帝作兩口榼一口盛毒酒一口盛善酒自飮善酒毒酒與金金飮之卽斃景帝曰金名將可大用云何害之宣帝曰汝忘石瑞馬後有牛乎元帝母夏侯妃與琅邪國小史姓牛私通而生元帝愍帝之立也改毗陵爲晉陵時元帝始霸江揚而戎翟稱制西都微弱干寶以爲晉將滅於西而興於東之符也

宋武帝居在丹徒始生之夜有神光照室其夕甘露降於墓樹皇考以高祖生有奇異名爲奇奴皇妣旣殂養於舅氏改爲寄奴焉少時誕節嗜酒自京都還息於逆旅逆旅嫗曰室內有酒自入取之帝入室飮於盎側醉臥地時司徒王謐有門生居在丹徒還家亦至此逆旅逆旅嫗曰劉郎在室內可入共飮酒此門生入室驚出

謂嫗曰室內那得此異物嫗遽入之見帝已覺矣嫗密
問向何所見門生曰見有一物五采如蛟龍非劉郎門
生還以白謐謐戒使勿言而與結厚帝嘗行至下邳遇
一沙門沙門曰江表尋當喪亂拯之必君也帝患手創
積年沙門出懷中黃散一裹與帝曰此創難治非此藥
不能瘳也倏忽不見沙門所在以散傅創即愈餘散帝
寶錄之後征伐屢被傷通中者數矣以散傅之無不立
愈自少至長目中常見二龍在前始尚小及貴轉大晉
陵人韋藪善相人相帝曰君貴不可言願無相忘晉安
帝義熙初帝始康晉亂而與霸業焉廬江霍山常有鐘
聲十二帝將征關洛霍山崩有六鐘出制度精奇上有
古文書一百六十字冀州有沙門法稱將死語其弟子
普嚴曰嵩皇神告我云江東有劉將軍是漢家苗裔當
受天命吾以三十二璧鎮金一餅與將軍爲信三十二
璧者劉氏卜世之數也普嚴以告同學法義法義以十
三年七月於嵩高廟石壇下得玉璧三十二枚黃金一
餅漢中城固縣水際忽有雷聲俄而岸崩得銅鐘十二
枚又鞏縣民宋耀得嘉禾九穗後二年而受晉禪孔子
有雒讖曰二口建戈不能方兩金相刻發神鋒空穴無
主奇入中女子獨立又爲雙二口建戈劉字也晉氏金
行劉姓又有金故曰兩金相刻空穴無主奇入中爲寄
字女子獨立又爲雙奴字晉既禪宋太史令駱達奏陳
天文符讖曰去義熙元年至元熙元年十月太白星晝
見經天凡七占曰天下革民更王異姓興義熙元年至
元熙元年十一月朔日有蝕之凡四皆蝕從上始臣民
失君之象也義熙十一年五月三日彗星出天市其芒
埽帝坐天市在房心之北宋之分野得彗柄者興此除
舊布新之徵義熙七年七月二十五日五虹見於東方
占曰五虹見天子黜聖人出義熙七年八月十一日新
天子氣見東南十二年北定中原崇進宋公歲星裴回
房心之間大火宋之分野與武王克殷同得歲星之分
者應王也十一年以來至元熙元年月行失道恒北入
太微中占月入太微庭王入爲主十三年十月填星入
太微積留七十餘日到十四年八月十日又入太微不
去到元熙元年積二百餘日占填星守太微亡君之戒
有立王有徙王十四年五月十七日茀星出北斗魁中
占曰星茀北斗中聖人受命十四年七月二十九日彗
星出太微中彗柄起上相星下芒尾漸長至十餘丈進
埽北斗及紫微中占曰彗星出太微社稷亡天下易政
入北斗帝宮空一占天下得召人召人聖主也一曰彗
孛紫微天下易主十四年十月一日熒惑從入太微鉤
巳至元年四月二十七日從端門出積屍留二百六日
繞填星熒惑與填星鉤巳天廷天下更紀十四年十二
月歲太白辰裴回居斗牛之間經旬斗牛歷數之起占
曰三星合是謂改立元熙元年十二月二十四日四黑
龍登天易傳曰冬龍見天子亡社稷大人應天命之符
金雌詩云大火有心水抱之悠悠百年是其時火宋之
分野水宋之德也金雌詩又曰云出而兩漸欲舉短如
之何乃相岨交哉亂也當何所唯有隱巖殖禾黍西南
之朋困桓父兩云玄字也短者云祚短也巖隱不見唯
應見谷殖禾谷邊則聖諱炳明也易曰西南得朋故能
困桓父也劉向讖曰上五盡寄致太平草付合成集羣
英前句則陛下小諱後句則太子諱也十一年五月西
明門地陷水涌出毀門扉閫西者金鄉之門爲水所毀
此金德將衰水德方興之象也太興中民於井中得棧
鐘上有古文十八字晉自宣帝至今數滿十八傳義熙
八年太社生桑尤明著者也夫六九位也漢建安二十
五年一百九十六年而禪魏魏自黃初至咸熙二年四
十六年而禪晉晉自太始至今元熙二年一百五十六
年三代數窮咸以六年少帝即位景平三年四月有五
色雲見西方時文帝爲荊州刺史鎮江陵尋即大位文
帝元嘉中謠言錢唐當出天子乃於錢唐置戍軍以防
之其後孝武帝即大位於新亭寺之禪堂禪之與錢音
相近也太宗爲徐州刺史出鎮彭城昭太后賜以大珠
鹿盧劒此劒是御服占者以爲嘉祥前廢帝永光初又
謠言湘州出天子幼主欲南幸湘川以厭之既而湘東
王即尊位是爲明帝

史臣謹按冀州道人法稱所云玉璧三十二枚宋氏卜
世之數者蓋卜年之數也謂卜世者謬其言耳三十二
者二三十則六十矣宋氏受命至於禪齊凡六十年云

宋書卷二十七考證

符瑞志上龍於是曳尾而逝○逝監本作逃今改正

孝經中黃讖曰日載東紀火光不橫一聖明聰○臣照
按日載東者曹也曹古文作曹不橫一者丕也下文
所謂帝之姓諱見圖讖也然則紀火光自應作絶火
光言炎漢亡也

堅母生堅夢腸出繞吳昌門○生一本作娃

元帝母夏侯妃與琅邪國小史姓牛私通而生元帝○
王應麟困學紀聞云晉元帝爲牛氏子其說始於沈
約而魏收島夷傳因之唐貞觀修晉書亦取焉王劭
謂沈約喜造奇說以誣前代劉知幾亦以爲非而致
堂乃謂元帝冒姓司馬過矣

魏自黃初至咸熙二年四十六年而禪晉○四一本作
三者誤

宋書卷二十八

志第十八

梁 沈 約 撰

符瑞中

麒麟者仁獸也牡曰麒牝曰麟不刳胎剖卵則至麕身
而牛尾狼項而一角黃色而馬足含仁而戴義音中鍾
呂步中規矩不踐生虫不折生草不食不義不飲洿池
不入坑穽不行羅網明王動靜有儀則見牡鳴曰逝聖
牝鳴曰歸和春鳴曰扶幼夏鳴曰養綏

漢武帝元狩元年十月行幸雍祠五畤獲白麟

漢武帝太始二年三月獲白麟

漢章帝元和二年以來至章和元年凡三年麒麟五十
一見郡國

漢安帝延光三年七月麒麟見潁川陽翟

延光三年八月戊子麒麟見潁川陽翟

延光四年正月壬午麒麟見東郡濮陽

漢獻帝延康元年麒麟十見郡國

吳孫權赤烏元年八月武昌言麒麟見又白麟見建業

晉武帝泰始元年十二月麒麟見南郡枝江

晉武帝咸寧五年二月甲午白麟見平原鬲縣

咸寧五年九月甲午麒麟見河南陽城

晉武帝太康元年四月白麟見頓丘

晉愍帝建興二年九月丙戌麒麟見襄平州刺史崔毖
以聞

晉元帝大興元年正月戊子麒麟見豫章

晉成帝咸和八年五月己巳麒麟見遼東

鳳凰者仁鳥也不刳胎剖卵則至或翔或集雄曰鳳雌
曰凰蛇頭燕頷龜背鼈腹鶴頸雞喙鴻前魚尾青首駢
翼鷺立而鴛鴦思首戴德而背負仁項荷義而膺抱信
足履正而尾繫武小音中鍾大音中鼓延頸奮翼五光
備舉興八風降時雨食有節飲有儀往有文來有嘉遊
必擇地飲不妄下其鳴雄曰節節雌曰足足晨鳴曰發
明晝鳴曰上朔夕鳴曰歸昌昏鳴曰固常夜鳴曰保長
其樂也徘徘徊徊雍雍喈喈唯鳳凰爲能究萬物通天
祉象百狀達王道率五音成九德備文武正下國故得
鳳之象一則過之二則翔之三則集之四則春秋居之
五則終身居之

漢昭帝始元三年十月鳳凰集東海遣使祠其處

漢宣帝本始元年五月鳳凰集膠東

本始四年五月鳳凰集北海

漢宣帝地節二年四月鳳凰集魯羣鳥從之

漢宣帝元康元年三月鳳凰集泰山陳留

元康四年南郡獲威鳳

漢宣帝神雀二年二月鳳凰集京師羣鳥從之以萬數

神雀四年春鳳凰集京師

神雀四年十月鳳凰十一集杜陵

神雀四年十二月鳳凰集上林

漢宣帝甘露三年二月鳳凰集新蔡羣鳥四面行列皆
向鳳凰立以萬數

漢光武建武十七年十月鳳凰五高八九尺毛羽五采
集潁川郡羣鳥並從行列蓋地數頃留十七日乃去

漢章帝元和二年以來至章和元年凡三年鳳凰百三
十九見郡國

漢安帝延光三年二月車駕東巡其月戊子鳳凰集濟
南臺縣丞霍收舍樹上賜臺長絹帛十五匹收二十匹
尉半之吏卒人三匹鳳凰所過亭部無出今年田租賜
男子爵人二級

延光三年十月壬午鳳凰集京兆新豐西界槐樹

漢桓帝元嘉元年十一月鳳凰見濟陰己氏

漢靈帝光和四年秋五色大鳥見新城羣鳥隨之民皆
謂之鳳凰

漢獻帝延康元年八月石邑縣言鳳凰集又郡國十三
言鳳凰見

吳孫權黃武五年七月蒼梧言鳳凰見

孫權黃龍元年四月樊口武昌並言鳳凰見

吳孫亮建興二年十一月大鳥五見於春申

吳孫晧寶鼎四年正月西苑言鳳凰集

晉武帝泰始元年十二月鳳凰見上黨高都

泰始元年十二月鳳凰二見河南山陽

泰始元年十二月鳳凰三見馮翊下邽

晉穆帝升平四年二月辛亥鳳凰將九子見鄖鄉之豐
城十二月甲子又見豐城衆鳥隨從
升平五年四月巳未鳳凰集沔北至於辛酉百姓聚觀
之
宋武帝永初元年七月戊戌鳳凰見會稽山陰
文帝元嘉十四年三月丙申大鳥二集秣陵民王顗園
中李樹上大如孔雀頭足小高毛羽鮮明文采五色聲
音諧從衆鳥如山雞者隨之如行三十步頃東南飛去
揚州刺史彭城王義康以聞改鳥所集永昌里曰鳳凰
里孝武帝孝建元年正月庚申鳳凰見丹徒渴賢亭雙
鵠爲引衆鳥陪從征虜將軍武昌王渾以聞
神鳥者赤神之精也知音聲清濁和調者也雖赤色而
備五采雞身鳴中五音肅肅雝雝喜則鳴舞樂處幽隱
風俗從則至
漢宣帝五鳳三年三月辛丑神鳥集長樂宮東闕樹上
又飛下地五采炳發留十餘刻
漢章帝元和中神鳥見郡國
黃龍者四龍之長也不漉池而漁德至淵泉則黃龍游
於池能高能下能細能大能幽能冥能短能長乍存乍
亡
赤龍河圖者地之符也王者德至淵泉則河出龍圖
漢惠帝二年正月癸酉兩龍見蘭陵人家井中
漢文帝十五年春黃龍見成紀
漢宣帝甘露元年四月黃龍見新豐
漢成帝鴻嘉元年冬黃龍見眞定
漢成帝永始二年癸未黃龍見東萊
漢光武建武十二年六月黃龍見東阿
漢章帝元年以來至章和元年凡三年黃龍四十四見
郡國
元和中青龍見郡國
元和中白龍見郡國
漢安帝延光元年八月辛卯黃龍見九眞
延光三年九月辛亥黃龍見濟南歷城
延光三年十二月乙未黃龍見琅邪諸縣
延光四年正月壬午黃龍二見東郡濮陽
漢桓帝建和元年二月黃龍見沛國譙
漢桓帝元嘉二年八月黃龍見濟陰句陽又見金城允
街
漢桓帝永光元年八月黃龍見巴郡
漢獻帝延康元年三月黃龍見譙又郡國十三言黃龍

見
魏明帝景初元年二月壬辰山茌縣言黃龍見蜀
魏明帝青龍元年正月甲申青龍見郟之摩陂井帝親
與羣臣共觀之旣而詔畫工圖寫龍潛而不見
魏少帝正元元年十月戊戌黃龍見鄴井中
魏少帝甘露元年正月辛丑青龍見軹縣井中凡二
甘露元年六月青龍見元城縣界井中
甘露二年二月青龍見温縣井中
甘露三年八月甲戌黃龍青龍仍見頓丘冠軍陽夏縣
井中
甘露四年正月黃龍二見寧陵縣井中
魏元帝景元元年十二月甲申黃龍見華縣井中
景元三年二月青龍見軹縣井中
劉備未卽位前黃龍見武陽赤水九日乃去
吳孫權黃武元年三月鄱陽言黃龍見
吳孫權黃龍元年四月樊口武昌並言黃龍見權因此
改元作黃龍牙常在軍中進退視其所向命胡綜爲賦
吳孫權赤烏五年三月海鹽縣言黃龍見縣井中二
赤烏十一年雲陽言黃龍見黃龍二又見武陵吳壽光
色炫燿
吳孫休永安四年九月市山言白龍見
永安五年七月始新言黃龍見
永安六年四月泉陵言黃龍見
晉武帝泰始元年十二月青龍二見濟陰定陶
泰始元年十二月青龍見魏郡湯陰
泰始元年十二月黃龍見河南洛陽洛濱
泰始元年十二月白龍二見太原祁
泰始二年七月壬午黃龍見巴西閬中
泰始三年四月戊午有司奏張掖太守焦勝言玄池縣
大柳谷口青龍見
晉武帝咸寧二年六月丙申白龍二見於新興九原居
民井中
咸寧二年十月庚午黃龍二見於漢嘉靈關
咸寧二年十一月癸巳白龍二見須度支部
咸寧五年十一月甲寅青龍見京兆霸城
晉武帝太康元年八月白龍三見
太康三年閏月巳丑白龍二見濟南歷城
太康五年正月癸卯青龍二見武庫井中帝親往觀之
太康六年九月白龍見京兆陰槃
太康九年十二月戊申青龍一見魯國公丘居民井中

晉惠帝元康七年三月巳酉朔成皋縣獄有龍昇天
宋武帝永初元年七月青龍見義興陽羨
永初元年八月青龍二見南郡江陵
文帝元嘉十三年九月巳酉會稽郡西南向曉忽大光
明有青龍騰躍凌雲久而後滅吳興諸處並以其日同
見光景揚州刺史彭城王義康以聞
元嘉二十一年十月巳丑永嘉永寧見黃龍自雲而下
太守臧藝以聞
元嘉二十五年五月丁丑黑龍見玄武湖北苑丞王世
宗以聞
元嘉二十五年五月戊戌黑龍見玄武湖東北隈揚州
野吏張立之以聞
元嘉二十五年八月辛亥黃龍見會稽太守孟顗以聞
元嘉二十五年廣陵有龍自湖水中升天百姓皆見
孝武帝孝建二年七月癸丑黃龍見石頭城外水濱中
護軍湘東王諱以聞
孝建三年五月巳未龍見臨川郡江州刺史東海王禕
以聞
孝武大明元年五月癸亥黑龍見晉陵占石邨改邨爲
津里
靈龜者神龜也王者德澤湛淸漁獵山川從時則出五
色鮮明三百歲游於蕖葉之上三千歲常游於卷耳之
上知存亡明於吉凶禹卑宮室靈龜見
玄龜書者天符也王者德至淵泉則雒出龜書
魏文帝初神龜出於靈池
吳孫權時靈龜出會稽章安
魏元帝咸熙二年二月甲辰朐䏰縣獲靈龜以獻
晉長沙王乂坐同產兄楚王瑋事徙封常山後還復國
在常山穿井入地四丈得白玉方三四尺玉下有大石
其中有龜長二尺餘時人以爲復國之祥
宋文帝元嘉十九年四月戊申白龜見吳興餘杭太守
文道恩以獻
元嘉二十年四月辛卯白龜見吳興餘杭揚州刺史始
興王濬以聞
元嘉二十四年十月甲午揚州刺史始興王濬獲白龜
以獻
孝武帝大明三年三月戊子毛龜見宣城廣德太守張
辯以獻
大明四年六月壬寅車駕幸耤田白龜見於千畝尚書
右僕射劉秀之以獻

大明七年八月乙未毛龜見新安王子鸞第獲以獻
明帝泰始二年八月丙辰朔四眼龜見會稽會稽太守
巴陵王休若以獻
泰始二年八月丙寅六眼龜見東陽長山文如爻卦太
守劉勰以獻
泰始六年九月巳巳八眼龜見吳興故鄣太守褚淵以
獻
明帝泰豫元年十月壬戌義興陽羨縣獲毛龜太守王
蘊以獻
龍馬者仁馬也河水之精高八尺五寸長頸有翼傍有
垂毛鳴聲九哀一作音
騰黃者神馬也其色黃王者德御四方則出白馬朱鬣
王者任賢良則見澤馬者王者勞來百姓則至夏馬騂
黑身白鬣尾殷馬駱白身黑鬣尾周馬騂赤身黑鬣尾
漢章帝元和中神馬見郡國
晉懷帝永嘉六年二月壬子神馬鳴南城門
晉孝武帝太元十四年六月甲申朔寧州刺史費統上
言所統晉寧之滇池縣舊有河水周回二百餘里六月
二十八日辛亥神馬二匹一白一黑忽出於河中去岸
百步縣民董聰見之
白象者人君自養有節則至
宋文帝元嘉元年十二月丙辰白象見零陵洮陽
元嘉六年三月丁亥白象見安成安復江州刺史南譙
王義宣以聞
漢武帝元狩二年三月南越獻馴象
白狐王者仁智則至
晉成帝咸康八年十月燕王慕容皝上言白狢見國內
赤熊佞人遠姦猾息則入國
宋文帝元嘉二十年十二月白熊見新安歙縣太守到
元度以獻
九尾狐文王得之東夷歸焉
漢章帝元和中九尾狐見郡國
魏文帝黃初元年十一月甲午九尾狐見甄城又見譙
白鹿王者明惠及下則至
漢章帝建初七年十月車駕西巡得白鹿於臨平觀
漢章帝元和中白鹿見郡國
漢安帝延光三年六月辛未白鹿見右扶風雝
延光三年七月白鹿見左馮翊
漢桓帝永興元年二月白鹿見張掖
魏文帝黃初元年郡國十九言白鹿及白麞見

晉武帝泰始八年十月白鹿見扶風雍州刺史嚴詢獲以獻
晉武帝太康元年三月白鹿見零陵泉陵
太康元年五月甲辰白鹿見天水西縣太守劉辛獲以獻
太康三年七月壬子白鹿見零陵零陵令蔣微獲以獻
晉惠帝元康元年九月乙酉白鹿見交阯武寧
晉愍帝建武元年五月戊子白鹿見高山縣
晉元帝太興三年正月白鹿二見豫章
太興三年四月白鹿見晉陵延陵
晉元帝永昌元年九月白鹿見江乘縣
晉成帝咸和四年五月甲子白鹿見零陵洮陽獲以獻
咸和四年七月壬寅長沙郡邏吏黃光於南郡道遇白鹿驅之不去直來就光追尋光二百餘步光遂抱取遣吏李堅奉獻
咸和九年八月己未白鹿見長沙臨湘
晉成帝咸康二年七月白鹿見豫章望蔡太守桓景獲以獻
晉孝武太元十六年三月癸酉白鹿見豫章望蔡獲以獻
太元十八年五月辛酉白鹿見江乘江乘令田熙之獲以獻
太元二十年九月丁丑白鹿見巴陵清水山荆州刺史殷仲堪以獻
晉安帝隆安五年十一月白鹿見長沙荆州刺史桓玄以聞
宋文帝元嘉五年七月丙戌白鹿見東莞莒縣峋峨山太守劉玄以聞
元嘉九年正月白鹿見南譙譙縣豫州刺史長沙王義欣以獻
元嘉十四年白鹿見文鄉
元嘉十七年五月甲午白鹿見南汝陰宋縣太守文道恩以獻
元嘉二十年八月白鹿見譙郡蘄縣太守鄧琬以獻
元嘉二十二年二月白鹿見建康縣揚州刺史始興王濬以聞
元嘉二十二年二月辛未白鹿見南康瀨縣南康相劉興祖以獻
元嘉二十三年二月戊戌白鹿見交州交州刺史檀和之以獻
元嘉二十三年六月丙辰白鹿見彭城彭城縣征北將軍衡陽王義季獲以獻
元嘉二十七年二月壬辰朔白鹿見濟陰徐州刺史武陵王諱以聞
元嘉二十九年八月癸酉白鹿見鄱陽南中郎將武陵王諱以獻
元嘉三十年十一月壬午白鹿見南琅邪南琅邪太守王僧虔以獻
元嘉三十年十一月癸亥白鹿見武建郡雍州刺史朱脩之以獻
孝武帝孝建三年三月庚子白鹿見臨川西豐縣
孝武帝大明元年四月甲申白鹿見南平
大明二年四月己丑白鹿見桂陽郴縣湘州刺史山陽王休祐以獻
大明三年正月癸巳白鹿見南琅邪江乘南徐州刺史劉延孫以獻
大明三年三月辛卯白鹿見廣陵新市太守柳光宗以聞
大明五年五月丙寅白鹿見南東海丹徒南徐州刺史劉延孫以獻
大明八年六月甲子白鹿見衡陽郡湘州刺史江夏王世子伯禽以獻
明帝泰始二年二月乙亥白鹿見宣城宣城太守劉韞以聞
泰始五年二月己亥白鹿見長沙湘州刺史劉韞以獻
泰始六年十二月乙未白鹿見梁州梁州刺史杜幼文以聞
後廢帝元徽三年二月甲子白鹿見鬱州青冀二州刺史西海太守劉善明以獻
三角獸先王法度修則至闕
一角獸天下平一則至闕
六足獸王者謀及衆庶則至闕
比肩獸王者德及矜寡則至闕
獬豸知曲直獄訟平則至闕
白虎王者不暴虐則白虎仁不害物
漢宣帝元康四年南郡獲白虎
漢章帝元和二年以來至章和元年凡三年白虎二十九見郡國
漢安帝延光三年八月戊子白虎二見潁川陽翟
漢獻帝延康元年四月丁巳饒安縣言白虎見又郡國二十七言白虎見
吳孫權赤烏六年正月新都言白虎見
赤烏十一年五月鄱陽言白虎仁
晉武帝泰始元年十二月白虎見河南陽翟
泰始元年十二月白虎見弘農陸渾
泰始二年正月己亥白虎見遼東樂浪
泰始二年正月辛丑白虎見天水西
晉武帝咸寧三年二月乙丑白虎見沛國
晉武帝太康元年八月白虎見永昌南罕
太康四年七月丙辰白虎見建平北井
太康十年十月丁酉白虎見犍爲
晉成帝咸和八年五月己巳白虎見新昌縣
晉簡文帝咸安二年三月白虎見豫章南昌縣西鄉石馬山前
晉孝武太元十四年十一月辛亥白虎見豫章郡
太元十九年二月行蕈令劉啓期言白虎頻見
太元十九年二月行溫令趙邳言白虎頻見
晉安帝隆安五年十一月襄陽言騶虞見於新野
宋武帝永初元年八月癸巳白虎見枝江
少帝景平元年十月白虎見桂陽耒陽
文帝元嘉十九年十月白虎見弋陽期思二縣南豫州刺史武陵王諱以聞
元嘉二十五年二月己亥白虎見武昌武昌太守蔡興宗以聞
元嘉二十五年十一月丁丑白虎見蜀郡二赤虎導前益州刺史陸徽以聞
元嘉二十六年四月戊戌白虎見南琅邪半陽山二虎隨從太守王僧達以聞
孝武孝建三年三月壬子白虎見臨川西豐
白狼宣王得之而犬戎服闕
白麞王者刑罰理則至
晉武帝咸寧元年四月丙戌乙卯白麞見琅邪趙王倫以獻
咸寧三年七月壬辰白麞見魏郡
晉武帝太康三年八月白麞見梁國蒙梁相解隆獲以獻
太康五年九月己酉白麞見義陽
太康七年五月戊辰白麞見汲郡
晉成帝咸和九年五月癸酉白麞見吳國吳縣內史虞潭獲以獻
晉穆帝永和元年八月白麞見吳國吳縣西界包山獲以獻
永和八年十二月白麞見丹陽永世令徐該獲以獻
永和十二年十一月庚午白麞見梁郡梁郡太守劉遂獲以獻
晉安帝隆安五年十一月白麞見荆州荆州刺史桓玄以聞
宋少帝景平元年五月癸未白麞見義興陽羨太守王準之獲以獻
景平二年六月白麞見南郡江陽太守王華獻之太祖太祖時入奉大統以爲休祥
文帝元嘉五年四月乙巳白麞見汝南武津太守鄭據獲以獻
元嘉十二年正月白麞見東萊黃縣青冀州刺史王方回以獻
元嘉十九年五月山陽張休宗獲白麞南兗州刺史臨川王義慶以獻
元嘉二十年八月白麞見江夏安陸內史劉思考以獻
元嘉二十五年二月己丑白麞見淮南太守王休獲以獻
元嘉二十五年四月戊午白麞見南琅邪太守王遠獲以獻
元嘉二十五年五月辛未朔華林園白麞生二子皆白園丞梅道念以聞
元嘉二十六年五月丙戌白麞見馬頭豫州刺史南平王鑠以獻
元嘉二十七年正月己丑白麞見濟陰徐州刺史武陵王諱以聞
元嘉二十七年四月癸丑華林園白麞生一白子園丞梅道念以聞
元嘉二十九年六月壬戌白麞見晉陵暨陽南徐州刺史始興王濬以獻
孝武帝孝建三年六月癸巳白麞見廣陵南兗州以獻
孝武帝大明元年七月丁丑白麞見東萊曲城縣獲以獻
大明二年正月壬戌白麞見山陽山陽內史程天祚以獻
大明二年二月辛丑白麞見濟北濟北太守殷孝祖以獻
大明五年九月己巳白麞見南陽雍州刺史永嘉王子

仁以獻

大明六年四月戊辰白麞見滎陽湘州刺史建安王休仁以獻

大明七年正月庚寅白麞見南陽荊州刺史臨海王子頊以獻

大明七年六月己巳白麞見武陵臨沅太守劉衍以獻

大明七年九月癸未白麞見南陽雝州刺史劉秀之以獻

明帝泰始三年五月癸酉白麞見南東海丹徒南徐州刺史桂陽王休範以獻

泰始三年五月己卯白麞見北海都昌青州刺史沈文秀以獻

泰始五年正月癸卯白麞見汝陰樓煩豫州刺史劉勔以獻

明帝泰豫元年十月壬戌白麞見義興國山太守王蘊以獻

後廢帝元徽元年正月甲午白麞見海陵寧海寧海太守孫嗣之以獻

文帝元嘉二十三年五月甲寅東宮隊白從陳超獲黑麞於肥如縣皇太子以獻

元嘉二十三年十月辛巳東宮將魏榮獲青麞於秣陵

元嘉十年十二月營城縣民成公會之於廣陵高郵界獲白麞鹿以獻

孝武帝大明元年二月己亥白鹿見會稽諸暨縣獲以獻

銀鹿刑罰得共民不爲非則至 闕

赤兎王者德盛則至 闕

比翼鳥王者德及高遠則至 闕

赤雀周文王時銜丹書來至

晉愍帝建興三年四月癸酉赤雀見平州府舍

宋文帝元嘉二十年五月赤雀集南平郡府內史臧緯以聞

孝武帝孝建元年五月己亥臨沂縣魯尚斯軍人於城上獲赤雀太傅假黃鉞江夏王義恭以獻

福草者宗廟肅則生宗廟之中 闕

蒼烏者賢君脩行孝慈於萬姓不好殺生則來

宋孝武帝大明元年五月丁丑蒼烏見襄陽縣

大明二年四月甲申蒼烏見襄陽雍州刺史王玄謨以獻

甘露王者德至大和氣盛則降

栢受甘露王者耆老見敬則栢受甘露

竹受甘露王者尊賢愛老不失細微則竹葦受甘露

漢宣帝元康元年三月甘露降未央宮

漢宣帝神雀二年二月甘露降京師

神雀四年春甘露降京師

漢宣帝五鳳二年正月甘露降京師

漢成帝元延四年三月甘露降京師

漢光武建武中元元年五月郡國上甘露降

漢明帝永平十七年五月戊子夜帝夢見光武帝光烈皇后夢中喜覺悲不能寐明旦上陵百官胡客悉會太常丞上言一日陵樹葉有甘露帝令百官采甘露帝自伏御牀視太后莊器奩中物流涕敕易奩中脂澤之具

永平十七年春甘露仍降京師

漢章帝元和中甘露降郡國

漢安帝延光三年四月丙戌甘露下沛國豐

延光三年七月甘露下左馮翊頻陽

漢桓帝延熹三年四月甘露降上郡

漢桓帝永康元年八月甘露降巴郡

魏文帝初郡國三十七言甘露降

魏少帝甘露元年五月鄴及上洛並言甘露降

魏元帝咸熙二年四月南深澤縣言甘露降

吳孫權黃武前建業言甘露降

黃武二年五月曲阿言甘露降

吳孫權赤烏元年三月零陵言甘露降

赤烏九年四月武昌言甘露降

吳孫權嘉禾五年三月武昌言甘露降於禮賓殿

吳孫晧甘露元年四月蔣陵言甘露降

晉武帝泰始十年四月乙亥甘露降西河離石

晉武帝咸寧元年四月丙戌甘露降張掖

咸寧元年五月戊午甘露降清河繹幕

咸寧元年九月甘露降太原晉陽

咸寧二年五月戊子甘露降玄菟郡治

咸寧三年六月戊申甘露降巴郡南充國

晉武帝太康五年三月乙卯甘露降東宮

太康七年四月甘露降京兆杜陵

太康七年五月甘露降魏郡鄴

晉惠帝元康四年五月甘露降樂陵郡

晉愍帝建興元年六月甘露降西平縣

建興三年八月己未甘露降新昌縣

晉愍帝建武元年六月丁丑甘露降壽春

晉元帝大興三年四月甘露降琅邪費

晉明帝泰寧二年正月巴郡言甘露降

晉成帝咸和四年四月甘露降武昌郡閤前柳樹太守詡以聞

咸和六年三月甘露降寧州城內北園榛桃樹刺史以聞

咸和七年四月癸巳甘露降京邑揚州刺史王導以聞

咸和八年四月癸卯甘露降廬江襄安縣蔣胄家

咸和八年四月癸卯甘露降宣城宛陵縣之須里

咸和九年四月甲寅甘露降吳國錢唐縣右鄉康巷之柳樹

咸和九年十二月丙辰甘露降建平陵

咸和九年十二月丁酉甘露降武平陵

晉成帝咸康元年四月癸卯甘露降西堂桃樹

咸康二年三月甲戌甘露降鬱林城內

咸康二年四月甘露降西堂又降尚書都坐桃樹又降會稽永興縣衆官畢賀戊午甘露降會稽山陰縣又降吳興武康縣庚申又降武康

咸康三年四月戊午甘露降殿後桃李樹五月甘露降義興陽羨縣柞樹東西十四步南北十五步

咸康七年四月丙子甘露降彭城王紘第內衆官畢賀

晉穆帝永和元年三月甘露降廬江郡內桃李樹太守永以聞

永和五年十一月太常劉邵上崇平陵令王昂即日奏行陵內甘露降於玄宮前殿

永和五年十二月己酉甘露降丹陽湖孰縣西界劉敷墓松樹縣令王恬以聞衆官畢賀

晉簡文帝咸安二年正月甘露降隨郡濦陽縣界桑木沾凝十餘里中

晉孝武帝太元十二年八月甘露降寧州界內刺史費統以聞

太元十五年閏月甘露降永平陵

太元十六年十一月庚午甘露降句陽縣

太元十七年二月甘露降南海番禺縣楊樹

晉安帝元興二年十月甘露降武昌王成基家竹

元興三年三月己卯甘露降丹徒

元興三年四月己酉甘露降蘭臺

宋武帝永初元年九月庚辰甘露降丹徒現山

永初元年十月庚午甘露降興寧永寧二陵彌冠百餘里

文帝元嘉三年閏正月己丑甘露降吳興烏程太守王韶之以聞

元嘉四年五月辛巳甘露降齊郡西安臨朐城

元嘉四年十一月辛未朔甘露降初寧陵

元嘉四年十一月己丑甘露降南海熙安廣州刺史江桓以聞

元嘉八年五月甘露降南海番禺

元嘉九年十一月壬子甘露降初寧陵

元嘉十一年八月甲辰甘露降費縣之沙里琅邪太守呂綽以聞

元嘉十三年二月丁卯甘露降上明巴山

元嘉十三年二月甘露降吳縣武康董道益家園樹

元嘉十三年三月甲午甘露降初寧陵

元嘉十六年三月己卯甘露降廣州城北門楊樹刺史陸徽以聞

元嘉十七年四月丁丑甘露降廣陵永福里梁昌季家南兗州刺史江夏王義恭以聞

元嘉十七年甘露降高平金鄉富民邨方三十里中徐州刺史趙伯符以聞

元嘉十七年十一月乙酉甘露降樂游苑

元嘉十八年五月甲申甘露降丹陽秣陵衞將軍臨川王義慶園揚州刺史始興王濬以聞

元嘉十八年六月甘露降廣陵廣陵孟玉秀家樹南兗州刺史臨川王義慶以聞

元嘉十九年五月丁卯甘露降建康司徒參軍督護顧儁之宅竹柳

元嘉十九年五月乙亥甘露降馬頭濟陽宋慶之園樹太守荀預以聞

元嘉二十一年甘露降益州府內梨李樹刺史庾俊之以聞

元嘉二十一年四月甘露頻降樂遊苑

元嘉二十一年四月甘露降彭城綏輿里徐州刺史臧質以聞

元嘉二十一年四月甘露降義陽平陽太守龐秀之以聞

元嘉二十二年十一月辛巳甘露降南郡江陵方城里荊州刺史南譙王義宣以聞

元嘉二十二年十二月丁酉甘露降長寧陵陵令包誕以聞

元嘉二十三年二月丁未甘露降樂遊苑苑丞張寶以

聞

元嘉二十三年九月丙子甘露降長寧陵陵令華林以聞

元嘉二十三年十二月庚子甘露降襄陽郡治雍州刺史武陵王譚以聞

元嘉二十三年十二月辛丑甘露頻降樂遊苑苑丞何道之以聞

元嘉二十四年二月己亥庚子甘露頻降景陽山山監張績以聞

元嘉二十四年二月己亥癸卯三月丙辰甘露頻降景陽山華林園丞陳襲祖以聞

元嘉二十四年三月甲寅甘露降潯陽松滋江州刺史廬陵王紹以聞

元嘉二十四年四月癸未甘露降潯陽松滋丙申又降江州城內桐樹丁酉又降城北數里之中江州刺史廬陵王紹以聞

元嘉二十四年七月乙卯甘露降京師揚州刺史始興王濬以聞

元嘉二十四年七月甘露降襄城治下無量寺雍州刺史武陵王譚以聞

元嘉二十四年十月甲午甘露降魏興郡內太守韋寧民以聞

元嘉二十三年至二十四年十二月甘露頻降狀如細雪京都及郡國處處皆然不可稱紀

元嘉二十五年十一月庚辰甘露降南郡荊州刺史南譙王義宣以聞

元嘉二十五年十一月乙未甘露降丹陽秣陵巖山

元嘉二十六年三月壬午甘露降景陽山華林園丞梅道念以聞

元嘉二十六年三月庚寅癸巳甘露頻降武昌江州刺史廬陵王紹以聞

元嘉二十六年四月甲辰丙午戊申甘露頻降豫章南昌太守劉思考以聞

元嘉二十六年七月甘露降南郡江陵荊州刺史南譙王義宣以聞

元嘉二十七年四月乙卯丙辰丁巳甘露頻降豫章南昌戊午午時天氣清明有綵霧映覆郡邑甘露又自雲降太守劉思考以聞

元嘉二十七年五月甲戌甘露降東海丹徒南徐州刺史始興王濬以聞

元嘉二十八年二月戊辰甘露降鍾山延賢寺揚州刺史廬陵王紹以聞

元嘉二十八年二月壬午甘露降嶽音殿前果樹

元嘉二十八年二月甘露降合歡殿後香花諸草

孝武帝孝建元年三月丙辰甘露降華林園

孝建二年三月己酉甘露降丹陽秣陵中里路與之墓樹

孝建二年三月辛亥甘露降長寧陵松樹

孝建二年三月甘露降襄陽民家梨樹

孝建二年三月戊午甘露降丹陽秣陵尚書謝莊園竹林莊以聞

孝武帝大明元年四月癸卯甘露降華林園桐樹

大明三年三月己卯甘露降樂遊苑梅樹

大明三年三月戊子甘露降宣城郡舍太守張辯以聞

大明四年正月壬辰甘露降初寧陵松樹

大明四年二月丙申甘露降長寧陵松樹

大明四年二月乙巳甘露降丹陽秣陵龍山丹陽尹孔靈符以聞

大明五年四月辛亥甘露降吳興安吉太守歷陽王子頊以聞

大明五年四月乙卯甘露降吳興烏程太守歷陽王子頊以聞

大明六年二月戊午甘露降建康靈耀寺及諸苑園及秣陵龍山至於婁湖是日又降句容江寧二縣

大明七年三月丙申甘露降尋陽松滋太守劉曚以聞

大明七年四月己未甘露降荊州城內刺史臨海王子頊以聞

大明七年十二月辛丑朔甘露降吳興烏程令苟卞之以聞

明帝泰始二年四月己未甘露降上林苑苑令徐承道以獻

泰始二年四月庚申甘露降華林園園令臧延之以獻

泰始二年五月己未甘露降丹陽秣陵縣舍齋前竹丹陽尹王景文以獻

泰始三年十一月庚申甘露降晉陵晉陵太守王蘊以聞

泰始三年十一月癸亥甘露降南東海丹徒建岡徐州刺史桂陽王休範以聞

泰始三年十二月壬午甘露降崇寧陵揚州刺史建安王休仁以聞

後廢帝元徽四年十一月乙巳甘露降吳興烏程太守蕭惠明以聞

順帝昇明二年十二月甘露降建康禁中里

昇明二年十一月甘露降南東海武進彭山太守謝朏以聞

昇明二年十一月甘露降吳興長城卞山太守王奐以聞

威香者王者禮備則常生 闕

宋書卷二十八考證

符瑞志中元嘉三十年十一月壬午白鹿見於南瑯邪○臣承蒼按孝武帝紀書孝建元年正月己亥朔以此推之元嘉三十年十一月內並無壬午日干支二字必有一誤

銀鹿刑罰得共民不爲非則至○共疑作中

宋書卷二十九

梁　沈　約　撰

志第十九

符瑞下

嘉禾五穀之長王者德盛則二苗共秀於周德三苗共穗於商德同本異穟於夏德異本同秀

漢宣帝元康四年嘉穀玄稷降于郡國

漢章帝元和中嘉禾生郡國

漢安帝延光二年六月嘉禾生九眞百十六本七百六十八穗

漢桓帝建和二年四月嘉禾生大司農帑

漢桓帝永康元年八月嘉禾生魏郡

魏文帝黃初元年郡國三言嘉禾生

吳孫權黃龍三年十月會稽南平始言嘉禾生

孫權赤烏七年秋宛陵言嘉禾生

晉武帝泰始八年十月瀘水胡王彭護獻嘉禾

晉武帝太康四年十二月嘉禾生扶風雍

太康五年七月嘉禾生豫章南昌

太康八年閏三月嘉禾生東夷校尉園

太康八年九月嘉禾生東萊掖

晉愍帝建興元年八月癸亥嘉禾生襄平縣一莖七穗

建興二年六月嘉禾生平州治三實同蔕

建興三年七月嘉禾生襄平縣異體同蔕

宋文帝元嘉二年十月嘉禾生潁川陽翟太守垣苗以聞

元嘉九年三月嘉禾生義陽豫州刺史長沙王義欣以獻

元嘉十年八月嘉禾生汝南苞信豫州刺史長沙王義欣以獻

元嘉十一年八月嘉禾一莖九穗生北汝陰太守王玄謨以獻

元嘉二十年六月嘉禾一莖九穗生上庸新安梁州刺史劉道以獻

元嘉二十一年嘉禾生新野鄧縣雍州刺史蕭思話以獻

元嘉二十二年六月嘉禾生藉田一莖九穗

元嘉二十二年七月癸酉嘉禾生平虜陵徐州刺史臧質以獻

元嘉二十二年九月嘉禾生太尉府田太尉江夏王義恭以聞

元嘉二十二年九月嘉禾生揚州東耕田刺史始興王濬以聞

元嘉二十二年嘉禾生華林園百六十穗園丞陳襲祖以聞

元嘉二十二年嘉禾生潁川陽白豫州刺史趙伯符以獻

元嘉二十三年七月乙丑嘉禾旅生藉田藉田令褚熙伯以聞

元嘉二十三年七月庚午嘉禾生丹陽椒唐里揚州刺史始興王濬以聞

元嘉二十三年七月庚辰嘉禾生醴湖屯屯主王世宗以聞

元嘉二十三年八月己酉嘉禾生華林園園丞陳襲祖以聞

元嘉二十三年九月庚申嘉禾生沛郡蕭征北大將軍衡陽王義季以聞

元嘉二十三年嘉禾生江夏汝南荊州刺史南譙王義宣以聞

元嘉二十四年七月乙卯嘉禾旅生華林園及景陽山園丞梅道念以聞太尉江夏王義恭上表曰臣聞居高

臨甲上帝之功天且弗違聖王之德故能影響二儀甄陶萬有鑒觀今古採驗圖緯未有道闕化虧而禎物著明者也自皇運受終辰曜交和是以卉木表靈山淵効寶伏惟陛下體乾統極休符襲逮若乃鳳儀西郊龍見東邑海酋獻改緇之羽河祇開俟清之源三代象德不能過也有幽必闡無遠弗届重譯歲至休瑞月臻前者躬藉南畝嘉穀乃植神明之應在斯尤盛四海既穆五民樂業思述汾陽經始靈囿蘭林甫樹嘉露頻流板築初就祥穟如積太平之符於是乎在臣以寡立承乏槐鉉沐浴芳津預覩寘慶不勝抃舞之情謹上嘉禾甘露頌一篇不足稱揚美烈追用悚汗其頌曰二象攸分三靈樂主齊應合從在今猶古天道誰親唯仁斯輔皇功帝績理冠區宇四民均極我后體茲惟機惟神敬昭文思九族既睦萬邦允釐德以位敘道致雍熙於穆不已顯允東儲生知夙敏嶽茂淵虛因心則哲令聞弘敷繼嶽下武儷景辰居軒制合宮漢興未央翙伊聖朝九有巳康率由舊典思燭前王乃造陵霄遂作景陽有藹景陽天淵之涘清暑爽立雲堂特起植類斯育動類斯止極望江波遐對岳峙化德惟達休瑞惟懋誕降嘉種呈祥初構甘露春凝禎穟秋秀于今匪烈嗣歲仍富昔在放勳歷莢數朝降及重華倚扇清庖鑠矣皇慶比物競昭倫彼典策被此風謠賓臣六蔽任兼兩司既忝仲袞又慙鄭緇豈忘衛泌樂道明時敢述休祉愧闕令辭

中領軍吉陽縣侯沈演之奏上嘉禾頌曰煥炳禎圖昭晰瑞典運傾方閡時亨始顯綿狀既章鳥文斯辯於皇聖辟承物紀遠明兩辰麗昌輝天衍其一理妙位崇事神業盛淵凝德澤虛寂道政協化安心調樂移性玉衡從體璿光得正臣星垂采景雲立慶其二極仁所被罔幽不攘至和所感靡況弗彰鶩出丹穴鶚起西湘白鹿踰海素鳥越江結爨穹陰儀形鍾陽其三治人奉天廼勤廼格黛耒俶載高廩已積嘉禾重穋甘露流液擢秀辰畦揚穎角澤離穟合豪榮區蔭斥其四盈箱徵殷貫桑表周今我大宋靈貺綢繆帝終撝謙繹思勿休躬薦宗廟溫恭率由降福以誠孝享虔羞其五須趾推功登嶽獻詔恩覃隱顯賞延荒徼河漾海夷山華岳燿憬琛負賮兼澤委效日表地外改服請教其六茂對盛時綏萬屢豐厭厭歸素秩秩大同上藏諸用下知所從仰式王度俯歌南風鴻名稱首永保無窮其七

元嘉二十四年八月乙巳嘉禾生魚城內晉陵南徐州刺史廣陵王誕以聞

元嘉二十五年六月壬寅嘉禾旅生華林園十株七百穗園丞梅道念以聞

元嘉二十五年六月壬子嘉禾生藉田藉田令褚熙伯以獻

元嘉二十五年七月壬辰嘉禾生北海青冀二州刺史杜坦以獻

元嘉二十五年八月丙午嘉禾生太尉江夏王義恭果園江夏國典令陳穎以聞

元嘉二十五年八月壬子嘉禾生建康化義里令丘珍孫以獻

元嘉二十五年八月癸丑嘉禾生華林園園丞梅道念以獻

元嘉二十五年十一月嘉禾生巴東荊州刺史南譙王義宣以聞

元嘉二十六年五月癸酉嘉禾生建康禁中里揚州刺史始興王濬以獻

元嘉二十六年六月甲寅嘉禾生藉田藉田令褚熙伯以獻

元嘉二十六年七月嘉禾生巴東朐䏰荊州刺史南譙王義宣以獻

元嘉二十七年十月己丑嘉禾生北海青州刺史杜坦以聞

元嘉二十八年七月戊戌嘉禾生廣陵邵伯埭兗州刺史江夏王義恭以聞

孝武帝孝建二年六月癸巳嘉禾二株生江夏王義恭東田

孝建二年九月己丑朔嘉禾異畝同穎生齊郡廣饒縣

孝建三年七月庚午嘉禾生吳興武康

孝武帝大明元年五月戊午嘉禾一株五莖生清暑殿鴟尾中

大明元年八月甲申嘉禾生青州異根同穗

大明三年九月乙亥嘉禾生北海都昌縣青州刺史顏師伯以聞

大明六年八月辛未嘉禾生樂陵青冀二州刺史劉道隆以聞

明帝泰始一年七月己酉嘉禾生會稽永興太守巴陵王休若以獻

漢章帝元和中嘉麥生郡國

晉武帝太康十年六月嘉麥生扶風郡一莖九穗是歲收三倍

宋文帝元嘉二十三年醴湖屯生嘉粟一莖九穗屯主王世宗以聞

元嘉二十五年六月壬子嘉黍生藉田藉田令褚熙伯以獻

吳孫權黃龍三年由拳野稻生改由拳爲禾興

吳孫亮五鳳元年交阯稗草化爲稻

宋文帝元嘉二十三年吳郡嘉興鹽官縣野稻自生三十許種揚州刺史始興王濬以聞

元嘉二十八年七月癸卯尋陽柴桑菽粟旅生彌漫原野江州刺史建平王宏以聞

漢章帝元和中嘉瓜生郡國

漢安帝元初三年二月東平陵有瓜異處共生八瓜同蔕

漢桓帝建和二年七月河東有嘉瓜兩體共蔕

晉武帝太康三年六月嘉瓜異體同蔕生河南洛陽輔國大將軍王濬園

晉武帝太康元年十二月戊子嘉瓠生寧州寧州刺史費統以聞

宋文帝元嘉二十五年四月戊辰嘉瓠生京邑新園園丞徐道與以獻

孝武帝大明五年五月嘉瓜生建康蔣陵里丹陽尹王僧朗以獻

明帝太始二年八月戊午嘉瓜生南豫州南豫州刺史山陽王休祐以獻

文帝元嘉七年七月乙酉建康頟檐湖二蓮一蔕

元嘉十六年七月壬申華林池雙蓮同幹

元嘉十年七月己丑華林天淵池芙蓉異花同蔕

元嘉十九年八月壬子揚州後池二蓮合華刺史始興王濬以獻

元嘉二十年五月廬陵郡池芙蓉二花一蔕太守王淵以聞

元嘉二十年六月壬寅華林天淵池芙蓉二花一蔕園丞陳襲祖以聞

元嘉二十年夏永嘉郡後池芙蓉二花一蔕太守臧藝以聞

元嘉二十年七月吳興郡後池芙蓉二花一蔕太守孔山士以聞

元嘉二十年揚州後池芙蓉二花一蔕刺史始興王濬以獻

元嘉二十一年六月丙午華林園天淵池二蓮同幹園丞陳襲祖以聞

元嘉二十年四月樂游苑池二蓮同幹苑丞梅道念以聞

元嘉二十二年七月東宮玄圃園池二蓮同幹內監殿守舍人宮勇民以聞

元嘉二十三年六月壬寅華林天淵池芙蓉二花一蔕園丞陳襲祖以聞

元嘉二十三年六月辛丑太子西池二蓮共幹池統胡永祖以聞

元嘉二十三年八月己酉魚邑三周池二蓮同幹園丞徐道與以聞

孝武帝孝建二年六月庚寅玄武湖二蓮同幹

孝武帝大明五年藉田芙蓉二花同蔕大司農蕭邃以獻

明帝太始二年八月丙辰五城澳池二蓮同幹都水使者羅僧愍以獻

太始二年八月己未豫州刺史山陽王休祐獻蓮二花一蔕

太始五年六月甲子嘉蓮生湖孰南臺侍御史竺僧度以聞

太始六年六月壬子嘉蓮生東宮玄圃池皇太子以聞

晉武帝太始二年六月壬申嘉柰一蔕十實生酒泉

太始七年六月己亥東宮玄圃池芙蓉二花一蔕皇太子以獻

晉成帝咸和六年鎮西將軍庾亮獻嘉橘一蔕十二實

晉安帝隆安三年武陵臨沅獻安石榴一蔕六實

雲有五色太平之應也曰慶雲若雲非雲若烟非烟五色紛緼謂之慶雲

漢宣帝神爵元年春齋戒之莫神光顯著薦鬯之夕神光交錯或降于天或登于地或從四方來集于壇上

漢章帝元和三年正月車駕北巡以太牢祠北岳山見黃白氣

宋孝武帝大明元年五月壬子紫氣從景陽樓上層出狀如烟回薄良久

明帝泰始二年三月丙午黃紫雲從景陽樓出隨風回久乃消華林園令臧延之以聞

泰始二年六月己卯日入後有黃白赤白氣東西竟天光明潤澤久乃消

泰始四年十一月辛未崇寧陵令上書言自大明八年至今四年二月宣太后陵明堂前後數有光及五色雲

又芳香四滿又五采雲在松下狀如車蓋

泰始七年四月戊申夜京邑崇虛館堂前有黃氣狀如寶蓋高十許丈漸有五色道士陸脩靜以聞

白兔王者敬耆老則見

漢光武建武十三年九月南越獻白兔

章帝元和中白兔見郡國

魏文帝黃初中郡國十九言白兔見

晉武帝泰始五年七月己亥白兔見北海卽墨卽墨長獲以獻

晉武帝咸寧二年十月癸亥白兔二見河南陽翟陽翟令華衍獲以獻

咸寧四年六月白兔見天水

晉武帝太康二年八月壬子白兔見彭城

太康二年十月白兔見趙國平鄉趙王倫獲以獻

太康四年十一月癸未白兔見北地富平

太康八年十二月庚戌白兔見陳留酸棗關內侯成公忠獲以獻

晉穆帝永和十二年九月甲申白兔見鄱陽太守王耆之以獻井上頌一篇

晉穆帝升平三年十二月庚申北中郎將郗曇獻白兔

晉海西公泰和九年四月陽穀獻白兔

晉孝武帝太元十五年三月白兔見淮南壽陽

晉安帝義熙二年四月無錫獻白兔

義熙二年四月壽陽獻白兔

宋文帝元嘉六年九月長廣昌陽淳于邈獲白兔青州刺史蕭思話以獻

元嘉八年閏六月丁亥司徒府白從伊生於淮南繁昌獲白兔以獻

元嘉十三年七月甲戌濟南朝陽王道獲白兔青州刺史段宏以獻

元嘉十四年正月丙申白兔見山陽縣山陽太守劉懷之以獻

元嘉十五年七月壬申山陽師齊獲白兔南兗州刺史江夏王義恭以獻

元嘉二十二年三月白兔見東萊當利青州刺史杜冀以聞

元嘉二十四年七月丁巳白兔見兗州刺史徐瓊以聞

元嘉二十四年七月己酉白兔見東莞太守趙球以獻

元嘉二十七年二月壬辰白兔見竟陵荆州刺史南譙王義宣以獻

元嘉二十七年六月丙午白兔見南汝陰豫州刺史南平王鑠以獻

孝武帝孝建二年正月庚戌白兔見淮南太守申坦以聞

孝建三年閏二月乙丑白兔見平原獲以獻

孝武大明元年六月庚子白兔見卽墨獲以獻

大明六年八月辛未白兔見北海青冀二州刺史劉道隆以獻

大明六年六月乙丑白兔見青冀二州刺史劉道隆以獻

斗殞精王者孝行溢則見 闕

赤烏周武王時銜穀至兵不血刃而殷服

漢章帝元和中赤烏見郡國

吳孫權赤烏元年有赤烏集於殿前

吳孫休永安三年三月西陵言赤烏見

晉元帝永昌二年正月赤烏見暨陽

宋武帝永初二年二月赤烏六見北海都昌

孝武帝大明五年六月戊子赤烏見蜀郡益州刺史劉思考以獻

白燕者師曠時銜丹書來至

漢章帝元和中白燕見郡國

晉惠帝元康元年七月白燕二見酒泉祥福太守索靖以聞

宋文帝元嘉元年七月壬戌白燕集齊郡城游翔庭宇經九日乃去衆燕隨從無數

元嘉十四年白燕集荆州府門刺史臨川王義慶以聞

元嘉十八年六月白燕產丹徒縣南徐州刺史南譙王義宣以聞

元嘉二十年五月白燕集南平郷府內內史臧綽以聞

元嘉二十一年白燕見廣陵南兗州刺史廣陵王誕以獻

元嘉二十四年五月辛未白燕集司徒府西園太尉江夏王義恭以聞

元嘉二十五年八月壬子白燕見廣陵城南兗州刺史徐湛之以聞

元嘉二十六年五月戊寅白燕產衡陽王墓亭郎中令朱曠之獲以聞

元嘉二十七年五月甲戌白燕產京口南徐州刺史始興王濬以聞

元嘉二十七年六月壬辰白燕見秣陵丹陽尹徐湛之以獻

孝武帝大明二年五月乙巳白燕產南郡江陵民家荆州刺史朱脩之以獻

大明二年五月甲子白燕二產山陽縣舍南兗州刺史竟陵王誕以獻

大明二年六月甲戌白燕產吳郡城內太守王翼之以獻

大明三年五月甲申白燕產武陵臨沅民家郢州刺史孔靈符以聞

大明四年六月乙卯白燕見平昌青州刺史劉道隆以獻

明帝太始二年六月白燕見零陵獲以獻

金車王者至孝則出 闕

三足烏王者慈孝天地則至

漢章帝元和中三足烏見郡國

象車者山之精也王者德澤流洽四境則出 闕

白烏王者宗廟肅敬則至

漢桓帝永壽元年四月白烏見商國

晉武帝咸寧五年七月戊辰白烏見齊南隰太守獲以獻

晉武帝太康元年五月庚午白烏見襄

太康十年五月丁丑白烏見京兆長安

晉惠帝元康元年四月白烏見河南成皋縣令劉機獲以聞

元康元年五月戊戌白烏見梁國睢陽

元康元年七月辛丑白烏見陳留獲以獻

元康四年十月白烏見鄱陽

晉明帝泰寧二年十一月白烏見京都

泰寧三年三月白烏見吳郡海虞獲以獻羣官畢賀

晉孝武帝太元十一年八月乙酉白烏集江州寺庭羣烏翔衞

太元二十一年五月癸卯白烏見吳國獲以獻

宋武帝永初二年六月丁酉白烏見吳郡婁縣太守孟顗以獻

文帝元嘉二年十一月丙辰白烏見山陽太守阮寶以聞

元嘉三年三月甲戌丹陽湖孰薛爽之獲白烏以獻

元嘉十一年六月乙巳吳郡海鹽王說獲白烏揚州刺史彭城王義康以獻

元嘉十三年三月戊辰義興陽羨令獲白烏太守劉禎以獻

元嘉十九年五月海陵王文秀獲白烏南兗州刺史臨川王義慶以獻

元嘉十九年十月白烏產晉陵暨陽僑民彭城劉原秀宅樹原秀以聞

元嘉二十年七月彭城劉原秀又獲白烏以獻

元嘉二十四年八月乙巳白烏見晉陵南徐州刺史廣陵王誕以獻

孝武帝大明元年四月甲申白烏見南郡江陵

明帝太始二年六月丁巳白烏見吳郡海鹽太守顧覬之以獻

泰始二年九月壬寅白烏見吳興烏程太守郗顒以獻

白雀者王者爵祿均則至

漢章帝元和初白雀見郡國

魏文帝初郡國十九言白雀見

晉武帝咸寧元年白雀見梁國梁王肜獲以獻

晉武帝太康二年六月丁卯白雀二見河內南陽太守阮侃獲以獻

太康二年六月白雀二見河南河南尹向雄獲以獻

太康七年七月庚午白雀見豫章

太康八年八月白雀見河南洛陽

太康十年五月丁亥白雀見宣光北門華林園令孫邵獲以獻

晉愍帝建武元年四月尚書僕射刁協獻白雀於晉王

晉孝武帝太康十六年十二月白雀見南海增城縣民吳比屋

晉安帝隆安五年十一月白雀見宜都

晉安帝元興三年六月丙申白雀見豫章新淦獲以獻

宋文帝元嘉元年七月己巳白雀見齊郡昌國

元嘉四年七月乙酉白雀見北海劇

元嘉八年五月辛丑白雀集左衞府

元嘉十一年五月丁丑齊郡西安宗顯獲白雀青州刺史段宏以獻

元嘉十四年五月甲午白雀集費縣員外散騎侍郎顏敬家獲以獻

元嘉十四年白雀二見荆州府客館

元嘉十五年五月辛未白雀集建康都亭里揚州刺史彭城王義康以聞

元嘉十五年六月白雀見建康定陰里彭城王義康以獻

元嘉十五年八月，白雀見西陽，江州刺史南譙王義宣以獻。
元嘉十七年五月壬寅，白雀二集荆州後園，刺史衡陽王義季以聞。
元嘉十八年七月，吳郡鹽官于玄獲白雀，太守劉禎以獻。
元嘉二十年五月乙卯，秣陵衞猗之獲白雀，丹陽尹徐湛之以獻。
元嘉二十二年四月丙子，白雀見東安郡，徐州刺史臧質以獻。
元嘉二十二年閏五月丙午，白雀見華林園，員外散騎侍郎長沙王瑾獲以獻。
元嘉二十二年六月庚申，南彭城蕃縣時佛護獲白雀以獻。
元嘉二十四年四月，白雀產吳郡鹽官民家，太守劉禎以獻。
元嘉二十四年六月己亥，白雀五集長沙廟，長沙王瑾以聞。
元嘉二十五年五月丁丑，白雀二見京都，材官吏黃公歡、軍人丁田夫各獲以獻。
元嘉二十七年六月乙卯，白雀見濟南郡，薛榮以獻。
元嘉二十八年八月己巳，崇義軍人獲白雀一雙，太子左率王錫以獻。
元嘉二十九年四月癸丑，白雀見會稽山陰，太守東海王禕獲以獻。
孝武帝孝建元年五月己亥，臨沂縣魯尚期於城上得白雀，太傅假黃鉞江夏王義恭以獻。
孝建二年六月丙子，左衞軍獲白雀以獻。
孝建三年閏三月辛酉，黃門侍郎庾徽之家獲白雀以獻。
孝建三年五月丁卯，白雀見建康，獲以獻。
孝武帝大明元年四月戊申，白雀見尋陽。
大明元年五月甲寅，白雀二見渤海，獲以獻。
大明元年五月甲子，白雀見建康，獲以獻。
大明元年六月丁亥，白雀見零陵祁陽，獲以獻。
大明元年七月辛亥，白雀見南陽宛，獲以獻。
大明二年五月丁未，白雀見建康，揚州刺史西陽王子尚以獻。
大明二年六月丁亥，白雀見河東定襄縣，荆州刺史朱脩之以聞。
大明三年四月庚戌，白雀見秣陵，丹陽尹劉秀之以獻。
大明三年五月壬午，太宰府崇蓺軍人獲白雀，太宰江夏王義恭以獻。
大明四年五月辛巳，白雀見廣陵，侍中顏師伯以獻。
大明五年四月庚戌，白雀見晉陵，太守沈文叔以獻。
大明五年五月癸未，白雀二見尋陽，江州刺史桂陽王休範以獻。
大明五年五月癸未，白雀二見濟南，青州刺史劉道隆以獻。
大明五年十月，白雀見太原，青州刺史劉道隆以獻。
大明六年八月辛巳，白雀見齊郡，青冀二州刺史劉道隆以獻。
大明七年四月乙未，白雀集盧陵王第，盧陵王敬先以獻。
大明七年四月乙丑，白雀見歷陽，太守建平王景素以獻。
大明七年五月辛未，白雀見汝陰，豫州刺史垣護之以獻。
大明七年六月，白雀見寶成，南豫州刺史尋陽王子房以獻。
大明七年十月丁卯，白雀見建康，丹陽尹永嘉王子仁以獻。
大明七年十一月，車駕南巡，隸水師於梁山中江，白雀二集華蓋。
前廢帝永光元年四月乙亥，白雀見會稽，東揚州刺史尋陽王子房以獻。
永光元年六月丙子，白雀見彭城，徐州刺史義陽王昶以聞。
明帝泰始二年七月戊子，白雀見虎檻洲，都督征討諸軍建安王休仁以聞。
泰始六年七月壬午，白雀二見盧陵吉陽，內史江孜以聞。
明帝泰豫元年六月辛丑，白雀見廣州，刺史孫超以獻。
後廢帝元徽五年四月己巳，白雀二見尋陽柴桑，江州刺史邵陵王友以獻。
孝武帝大明六年三月丙午，青雀見華林園。
明帝泰始二年九月庚寅，青雀見京城內，南徐州刺史桂陽王休範以獻。
玉馬，王者精明，尊賢者則出。闕
根車者，德及山陵則出。闕
白鳩，成湯時來至。
魏文帝黃初初，郡國十九言白鳩見。
吳孫權赤烏十二年八月癸丑，白鳩見章安。
晉武帝泰始八年五月甲辰，白鳩二集太廟南門，議郎董胄獲以獻。
晉武帝太康二年七月，白鳩見太僕寺。
太康四年十二月，白鳩見安定臨涇。
太康十年正月乙亥，白鳩見河南新城。
宋文帝元嘉十八年八月庚午，會稽山陰商世寶獲白鳩，眼足並赤，揚州刺史始興王濬以獻。太子率更令何承天上表曰：「謹考尋先典，稽之前志，王德所覃，物以應顯。是以玄扈之鳳，昭帝軒之鴻烈；酆宮之雀，徵姬文之徽祚。伏惟陛下重光嗣服，永言祖武，洽惠和於地絡，燭皇明於天區，故能九服混心，萬邦含愛，員神降祥，方祇薦裕，休珍雜沓，景瑞畢臻。去七月上旬，時在昧旦，黃暉洞照，宇宙開朗，嶶風協律，甘液灑津。雖朱晃瑋於運衡，榮光圖靈於河紀，蔑以尚茲。臣不量卑懵，竊慕擊轅有作，相杵成謳，近又豫白鳩之觀，目翫奇偉，心懽盛烈，謹獻頌一篇。野思古拙，意及庸陋，不足以發揮清英，敷讚幽旨。瞻前顧後，亦各其志。謹冒以聞。」其白鳩頌曰：「三極協情，五靈會性，理感冥符，道實玄聖。於赫有皇，先天配命，朝景升躔，八維同映。休祥載臻，榮光播慶，宇宙照爛，日月光華。陶山練澤，是生柔嘉，回尨表粹，離穗合柯。翩翩者鳩，亦皎其暉，理翮台領，揚鮮帝畿。闕四字匪德莫歸，暮從儀鳳，棲閣廕闈。忝哉明后，昧旦乾乾，惟德之崇，其峻如山，惟澤之瞻，其潤如淵。禮樂四達，頌聲遐宣，窮髮納貢，九譯導言。伊昔唐萌，爰逢慶祚，余生既辰，而年之暮。提心命耋，式歌王度，晨晞永風，夕漱甘露。思樂靈基，不遐有固。」
元嘉二十四年九月，白鳩又見。庚戌，中領軍沈演之上表曰：「臣聞貞裕之美，介於盛王；休瑞之臻，罔違哲后。故鳴鳳表垂衣之化，翔鷗徵解網之仁。陛下道德嗣基，聖明纘世，教清鳥紀，治昌雲官，禮漸同川，澤浹末徵，天嘉明懿，民樂薰風，星辰以之炳煥，日月以之光華，神圖祕緯，盈觀閟序，白質黑章，充牣靈囿，應感之符畢臻，而因心之祥未屬。以素鳩自遠，毰毸歸飛，資性閑淑，羽貌鮮麗，既聞之先說，又親覩嘉祥，不勝藻抃，上頌一首。辭不稽典，分乏采章，愧不足式昭皇慶，崇讚盛美，蓋率輿誦，備之篇末。」其頌曰：「有哲其儀，時惟皓鳩，性總五教，名編素丘。殷歷方昌，婉翹來遊，漢錄克韡，爰降爰休。其一於顯盛宋，叡慶遐傳，聖皇在上，道照鴻軒。稱施既平，孝思永言，人和於地，神豫于天。其二禮樂孔秩，靈物咸昭，白雀集苞，丹鳳棲郊。文騶儷跡，嘉穎擢苗，灼灼縞羽，從化馴朝。其三豈伊赴林，必周之栩，豈伊歸義，必商之所。惟德是依，惟仁是處，育景陽嶽，濯姿帝宇。其四刑歷頒典，理感迭通，雉飛越常，鷺起西雝。忝然戾止，實兼斯容，壹茲民聽，穆是王風。」其五
玉羊，師曠時來至。闕
玉雞，王者至孝則至。闕
璧流離，王者不隱過則至。闕
玉英，五常並修則見。闕
玄圭，水泉流通，四海會同則出。闕
漢桓帝永興二年四月，光祿勳府吏舍夜壁下有青氣，得玉鉤、玦各一，鉤長七寸三分，玦周五寸四分，身中皆雕鏤。
晉懷帝永嘉六年二月壬子，玉龜出灞水。
晉愍帝建興二年十月，大將軍劉琨掘地得玉璽，使參軍郎碩奉之歸于京師。
建興二年十二月，涼州刺史張寔遣使獻行璽一紐，封送璽使關內侯。
晉愍帝建武元年三月己酉，丹陽江寧民虞由墾土得白麒麟璽一紐，文曰「長壽萬年」，獻晉王。
晉成帝咸康八年九月，廬江春穀縣留珪夜見門內有光，取得玉鼎一枚，外圍四寸，豫州刺史路永以獻，著作郎曹毗上玉鼎頌。
晉安帝義熙十二年六月，左衞兵陳陽於東府前淮水中得玉璽一枚。
宋孝武帝大明元年五月戊寅，江乘縣民朱伯地中得玉璧，徑五寸八分，以獻。
大明四年二月乙巳，徐州刺史劉道隆於汴水得白玉戟以獻。
明帝泰始五年十月庚辰，郢州獲玄璧，廣八寸五分，安西將軍蔡興宗以獻。
後廢帝元徽四年十一月乙巳，吳興烏程余山道人慧獲蒼玉璧，太守蕭惠開以獻。
金勝，國平盜賊，四夷賓服則出。
晉穆帝永和元年二月，春穀民得金勝一枚，長五寸，狀如織勝。明年，桓温平蜀。
永和元年三月，廬江太守路永上言，於春穀城北見水岸邊有紫赤光，取得金，狀如印，遣主簿李邁表送。

吳孫晧天璽元年吳郡言掘地得銀一長尺廣三分刻上有年月字

丹甑五穀豐孰則出 闕

白魚武王度孟津中流入于王舟

宋明帝太始二年十月巳巳幸華林天淵池白魚躍入御舟

漢章帝元和三年正月車駕北巡以太牢具祠北岳有神魚躍出十數

金人王者有盛德則游後池 闕

木連理王者德澤純洽八方合爲一則生

漢章帝元和中木連理生郡國

安帝元初三年正月丁丑東平陵樹連理

漢安帝延光三年七月左馮翊衙有木連理

延光三年七月潁川定陵有木連理

漢桓帝建和二年七月河東有木連理

吳孫權黃武四年六月皖口言有木連理

魏文帝黃初初郡國二言木連理

晉武帝泰始元年十二月木連理生遼東方城

泰始二年八月木連理生河南成皋

泰始八年正月木連理生東平范

泰始八年五月甲辰木連理生東平壽張

泰始八年十月木連理生建寧

晉武帝咸寧元年正月木連理生汝陰南頓

咸寧二年四月木連理生清河靈

咸寧二年六月木連理生燕國

咸寧三年七月壬辰木連理生始平鄠

咸寧四年八月木連理生陳留長垣

咸寧五年木連理生義陽

咸寧五年木連理生樂安臨濟

晉武帝太康元年正月木連理生涪陵永平

太康元年四月木連理生頓丘

太康元年五月木連理二生濟陰乘氏沛國

太康元年七月木連理生馮翊粟邑

太康二年正月木連理生滎陽密

太康二年十月木連理十三生南安豲道

太康三年四月木連理生琅邪華

太康三年六月木連理生廣陵海西

太康四年正月木連理生馮翊臨晉蜀郡成都

太康四年十二月木連理生扶風

太康七年三月木連理生河南新安

太康七年六月木連理生始興中宿南鄉范陽

太康八年四月木連理生廬陵東昌

太康八年九月木連理生東萊盧鄉

太康九年九月木連理生陳留浚儀

太康十年十一月木連理生鄱陽鄡鄉

晉武帝太熙元年二月木連理生河南梁

晉惠帝元康元年五月木連理三生成都臨邛

元康元年七月辛丑梁國內史任式上言武平界有柞櫟二樹合爲一體連理

晉愍帝建興二年三月庚辰木連理生朱提

建興二年三月木連理二生益州雙柏

建興二年六月木連理生襄平

晉愍帝建武元年閏月乙丑木連理生嵩山

建武元年八月甲午木連理生汝陰

建武元年十一月木連理生武昌大將軍王敦以聞

建武元年十一月癸酉木連理生汝陰太守以聞

晉元帝太興元年七月戊辰木連理生武昌大將軍王敦以聞

太興三年十一月木連理生零陵永昌

晉成帝咸和八年五月巳巳木連理生昌黎咸和

咸康三年三月庚戌木連理生平州世子府治故園中

咸康七年十二月吳國內史王恬上言木連理生吳縣沙里

晉穆帝永和五年二月癸丑臨海太守藍田侯述言郡界木連理

晉孝武帝寧康三年六月辛卯江寧縣建興里僑民留康家樹異本連理

晉孝武帝太元十一年四月壬申琅邪費有榆木異根連理相去四尺九寸

太元十八年十月戊午臨川東興令惠欣之言縣東南溪傍有白銀樹芳靈樹李樹並連理

太元十九年正月丁亥華林園延賢堂西北李樹連理

太元二十一年正月丙子木連理生南康寧都縣社後

晉安帝隆安三年十一月木連理生汝陽太守垣苗以聞

元興元年正月木連理生泰山武陽

宋文帝元嘉八年四月乙亥東莞莒縣松樹連理太守劉玄以聞

元嘉八年八月木連理生東安新泰縣

元嘉九年六月木連理生營陽泠道太守展禽以聞

元嘉十二年二月丁卯南郡江陵庾和園甘樹連理荊州刺史臨川王義慶以獻

元嘉十二年三月馬頭濟陽柞樹連理豫州刺史長沙王義欣以聞

元嘉十四年二月宮內螽斯堂前梨樹連理豫州刺史長沙王義欣以聞

元嘉十四年南郡江陵光禕之園甘李二連理

元嘉十五年二月太子家令劉徵園中林檎樹連理徵以聞

元嘉十七年七月武昌崇讓鄉程僧愛家候風木連理江州刺史臨川王義慶以聞

元嘉十七年十月尋陽弘農祐幾湖芙蓉連理臨川王義慶以聞

元嘉十八年十二月木連理生歷陽劉成之家南豫州刺史武陵王諱以聞

元嘉二十年七月盱眙考城縣柞樹二株連理南兗州刺史臨川王義慶以聞

元嘉二十年八月木連理生汝陰豫州刺史劉遵考以聞

元嘉二十一年木連理生歷陽烏江南豫州刺史武陵王諱以聞

元嘉二十一年木連理生晉陵無錫南徐州刺史南譙王義宣以聞

元嘉二十二年七月辛巳南頓櫟連理豫州刺史趙伯符以聞

元嘉二十二年九月木連理生建康建康令張永以聞

元嘉二十二年木連理生武昌江州刺史廬陵王紹以聞

元嘉二十三年二月辛亥木連理生南陰桑縣太守以聞

元嘉二十三年木連理生淮南當塗揚州刺史始興王濬以聞

元嘉二十四年二月壬午臨川王第梨樹連理臨川王燁以聞

元嘉二十四年七月壬子晉陵無錫穀櫟樹連理南徐州刺史廣陵王誕以聞

元嘉二十四年七月乙卯木連理生會稽諸暨揚州刺史始興王濬以聞會稽太守羊玄保上改連理所生處康亭村爲木連理

元嘉二十四年七月乙卯臨川王第梨樹連理臨川王燁以聞

元嘉二十五年四月戊辰木連理生晉陵南徐州刺史廣陵王誕以聞

元嘉二十八年正月戊子木連理生尋陽柴桑又生州城內江州刺史建平王宏以聞

元嘉二十九年十月丁未木連理生南琅邪太守劉成以聞

孝武帝孝建二年三月巳酉木連理生南郡江陵荊州刺史朱脩之以聞

孝建三年五月木連理生北海都昌冀州刺史垣護之以聞

孝建三年七月癸未木連理生歷陽歷陽太守袁敳以聞

孝武帝大明元年正月乙亥木連理生高平

大明元年二月壬寅華林園雙橘樹連理

大明元年九月乙丑華林園梨樹連理

大明元年十月丁丑朔木連理生豫章南昌

大明二年四月辛丑木連理生汝南豫州刺史宗愨以聞

大明三年九月甲午木連理生丹陽秣陵材官將軍范悅時以聞

大明四年三月丁亥木連理生華林園曜靈殿北

大明四年四月壬子木連理生華林園日觀臺北

大明四年六月戊戌木連理生會稽山陰揚州刺史西陽王子尚以聞

大明五年閏九月木連理生邊城豫州刺史垣護之以聞

大明五年十二月戊寅淮南松木連理豫州刺史尋陽王子房以聞

大明六年二月乙丑木連理生晉陵南徐州刺史新安王子鸞以聞

大明六年四月戊辰木連理生營陽湘州刺史建安王休仁以聞

大明六年八月乙丑木連理生彭城城內徐州刺史王玄謨以聞

大明七年正月巳酉珊瑚連理生鬱林始安太守劉勔以聞

明帝泰始二年十一月木連理生丹陽秣陵

泰始四年三月庚戌太子西池冬生樹連理園丞周猗以獻

泰始六年四月景午木連理生會稽永興太守蔡興宗以聞

泰始六年十二月壬辰木連理生豫章南昌太守劉愔之以聞

泰始七年二月戊寅木連理生吳郡錢唐太守王延之以聞

昇明二年木連理生豫州界內史劉懷珍以聞

比目魚王者德及幽隱則見闕

珊瑚鉤王者恭信則見闕

芝草王者慈仁則生食之令人度世

漢武帝元封二年甘泉宮內產芝九莖連葉

漢宣帝元康四年金芝九莖產于函德殿銅池中

漢明帝永平十七年春芝生前殿

漢桓帝建和元年四月芝草生中黃藏府

宋順帝昇明二年宣城山中生紫芝一株在所獲以獻

明月珠王者不盡介鱗之物則出

漢高后景帝時會稽人朱仲獻三寸四寸珠

漢章帝元和中郡國獻明珠

巨鬯三禺之禾一稃二米王者宗廟脩則出

黃帝時南夷乘白鹿來獻鬯

漢章帝元和中秬秠生郡國

華平其枝正平王者有德則生德剛則仰德弱則低

漢章帝元和中華平生郡國

平露如蓋以察四方之政其國不平則隨方而傾闕

蓂莢一名歷莢夾階而生一日生一葉從朔而生望而止十六日日落一葉若月小則一葉萎而不落堯時生階闕

萐莆一名倚扇狀如蓬大枝葉小根根如絲轉而成風殺蠅堯時生於廚闕

朱草草之精也世有聖人之德則生

漢光武建武元年五月京師有赤草生水涯

魏文帝初朱草生文昌殿側

漢章帝元和中朱草生郡國

宋文帝元嘉十一年朱草生蜀郡郫縣王之家益州刺史甄法崇以聞

景星大星也狀如半月於晦朔助月為明闕

賓連闊達生於房室王者御后妃有節則生闕

渠搜禹時來獻裘闕

浪井不鑿自成王者清靜則應闕

西王母舜時來獻白環白琯闕

越裳周公時來獻白雉象牙闕

漢平帝元始元年正月越裳重譯獻白雉一黑雉二詔二公薦宗廟

漢光武建元十三年九月南越獻白雉

漢章帝元和中白雉見郡國

漢桓帝永康元年十一月白雉見西河

漢獻帝延康元年四月丁巳饒安縣言白雉見又郡國十九言白雉見

晉武帝咸寧元年四月丁巳白雉見安豐松滋

咸寧元年十二月丙午白雉見梁國睢陽梁王肜獲以獻

咸寧三年十一月白雉見渤海饒安相阮溫獲以獻

晉武帝太康元年庚戌白雉見中山

晉愍帝建興三年十二月戊午白雉見襄平

建興三年十二月戊午白雉見

安帝義熙七年五月白雉見豫章南昌

宋文帝元嘉五年五月庚辰白雉見東莞莒縣太守劉玄以聞

元嘉十六年二月白雉見陳郡豫州刺史長沙王義欣以獻

元嘉十八年二月癸亥白雉見南汝陰宋縣太守文道恩以獻

元嘉二十年六月白雉見高平方與縣徐州刺史臧質以獻

元嘉二十六年三月戊寅白雉見東安沛郡各一徐兗二州刺史武陵王獲以獻

孝武帝大明二年三月己巳白雉雌雄各一見海陵南兗州刺史竟陵王誕以獻

大明五年十二月白雉見泰郡南兗州刺史晉安王子勛以獻

大明八年二月丁卯白雉見南郡江陵荊州刺史臨海王子頊以獻

前廢帝永光元年正月丙午白雉見渤海青州刺史王玄謨以獻

永光元年三月甲午朔白雉見新蔡豫州刺史劉德願以獻

黃銀紫玉王者不藏金玉則黃銀紫玉光見深山

宋明帝泰始二年八月於赭圻城南得紫玉一段圍三尺二寸長一尺厚七尺太宗攻為二爵以獻武文二廟

玉女天賜妾也禮含文嘉曰禹卑宮室盡力溝洫百穀用成神龍女降闕

地珠王者不以財為寶則生珠闕

天鹿者純靈之獸也五色光耀洞明王者道備則至闕

甪端者日行萬八千里又曉四夷之語明君聖主在位明達方外幽遠之事則奉書而至闕

周印者神獸之名也星宿之變化王者德盛則至闕

飛菟者神馬之名也日行三萬里禹治水勤勞歷年救民之害天應其德而至闕

澤獸黃帝時巡狩至於東濱澤獸出能言達知萬物之精以戒於民為時除害賢君明德幽遠則來闕

駼者幽隱之獸也有明王在位則來為時辟除災害闕

騕褭者神馬也與飛菟同亦各隨其方而至以明君德也闕

同心鳥王者德及遐方四夷合同則至闕

趹蹄者后土之獸自能言語王者仁孝於國則來禹治水而至闕

紫達王者仁義行則見闕

小鳥生大鳥王者土地開闢則至闕

河精者人頭魚身師曠時所受讖也闕

延嬉王者孝道行則至闕

大貝王者不貪財寶則出闕

威蕤王者禮備則生於殿前闕

醴泉水之精也甘美王者脩理則出

漢光武建武中元元年五月醴泉出京師及郡國飲醴泉者痼病皆愈獨眇者蹇者不差

魏文帝初郡國二言醴泉出

宋文帝元嘉十二年衡陽湘鄉醴泉出縣庭荊州刺史臨川王義慶以聞

孝武帝孝建三年九月甲戌細仗隊省井泉春夏深不盈尺忽至一丈有五色水清澄醴味汲引不窮

孝武帝大明二年三月壬子北汝陰樓煩平地出醴泉豫州刺史宗慤以聞

明帝泰豫元年四月乙酉會稽山陰思義醴泉出太守蔡興宗以聞

日月揚光日者人君象也人君不假臣下之權則日月揚光明闕

芝英者王者親近耆老養有道則生

漢章帝元和中芝英生郡國

碧石者玩好之物棄則至闕

玉甕者不汲而滿王者清廉則出

山車者山藏之精也不藏金玉山澤以時通山海之饒以給天下則山成其車闕

雞駭犀王者賤難得之物則出闕

陵出黑丹王者脩至孝則出闕

神鼎者質文之精也知吉知凶能重能輕不炊而沸五味自生王者盛德則出

漢武帝元鼎元年五月五日得鼎汾水上

漢明帝永平六年三月廬江太守獻寶鼎出王雒山雒或作雄

漢章帝建初七年十月車駕西巡至槐里右扶風禁上美陽得銅器於岐山似酒尊詔在道晨夕以為百官熱酒

漢和帝永元元年竇憲征匈奴於漢北酒泉得仲山甫鼎容五斗

吳孫權赤烏十二年六月戊戌寶鼎出臨平湖又出東部鄮縣

吳孫晧寶鼎元年八月在所言得大鼎

晉愍帝建興二年十二月晉陵武進縣民陳龍在田中得銅鐸五枚

晉成帝咸和元年十月辛卯宣城春穀縣山岸崩獲石鼎重二斤受斛餘

晉成帝咸康五年豫章南昌民掘地得銅鍾四枚太守褚裒以獻

晉穆帝升平五年二月乙未南掖門有馬足陷地得銅鍾一枚

宋文帝元嘉十三年四月辛丑武昌縣章山水側自開出神鼎江州刺史南譙王義宣以獻

元嘉十九年九月戊申廣陵肥如石梁澗中出石鍾九口大小行次引列南向南兗州刺史臨川王義慶以獻

元嘉二十一年十二月新陽獲古鼎於水側有篆書四十二字雍州刺史蕭思話以獻

元嘉二十二年豫章豫寧縣出銅鐘江州刺史廣陵王紹以獻

孝武帝孝建三年四月丁亥臨川宜黃縣民田中得銅鍾七口內史傅徽以獻

孝建三年四月甲辰晉陵延陵得古鍾六口徐州刺史竟陵王誕以獻

孝武帝大明七年六月江夏蒲圻獲銅路鼓四面獨足郢州刺史安陸王子綏以獻

明帝泰始四年二月丙申豫章望蔡獲古銅鐘高一尺

七寸圍二尺八寸太守張辯以獻

泰始五年五月壬戌豫章南昌獲古銅鼎容斛七斗江州刺史王景文以獻

泰始七年六月甲寅義陽郡獲銅鼎受一斛并蓋並隱起鏤豫州刺史段仏榮以獻

順帝昇明二年九月建寧萬歲山澗中得銅鐘長二尺一寸豫州刺史劉懷珍以獻

漢宣帝元康二年夏神雀集雍

元康三年春神雀集泰山

宣帝元康二年春五色雀以萬數飛過屬縣

元康四年三月神雀五采以萬數飛過集長樂未央北宮高寢甘泉泰畤殿元康四年神雀仍集

漢宣帝五鳳三年正月神雀集京師

漢明帝永平十七年春神雀五色集京師

漢章帝元和中神雀見郡國

宋文帝元嘉二十二年白鵲見新野鄧縣雍州刺史蕭思話以聞

元嘉二十六年五月癸酉白鵲見建康崇孝里揚州刺史始興王濬以獻

孝武帝大明七年三月辛巳白鵲見汝南安陽太守申令孫以獻

晉惠帝永嘉元年五月白鼠見東宮皇太子獲以獻

宋明帝泰始三年二月壬寅白鼠見樂安青州刺史沈文秀以獻

漢昭帝始元元年二月黃鵠下建章宮太液池中

漢章帝元和二年正月車駕東巡柴祭岱宗禮畢黃鵠三十從西南來經祠壇上東北過

漢武帝太初三年二月五日行幸東海獲赤鴈

魏文帝初鑊中生赤魚

孫權時神雀巢朱雀門

孫晧天璽元年臨海郡吏伍曜在海水際得石樹高三尺餘枝莖紫色詰屈傾靡有光采山海經所載玉碧樹之類也

晉武帝泰始二年六月壬申白鴿見酒泉延壽延壽長王音以獻

晉成帝咸和九年五月癸酉白鵝見吳國錢塘內史虞潭以獻

安帝義熙元年南康雩都嵩山有金雞青黃色飛集巖間

宋文帝元嘉二十二年湘州刺史南平王鑠獻赤鸚鵡

孝武帝大明三年正月丙申婆皇國獻赤白鸚鵡各一

宋文帝元嘉二十四年十月甲午揚州刺史始興王濬獻白鸚鵡

孝武帝大明五年正月丙子交州刺史垣閎獻白孔雀

明帝泰始三年五月乙亥白鴝鵒見京兆雝州刺史巴陵王休若以獻

漢桓帝延熹九年四月濟陰東郡濟北平原河水清

宋文帝元嘉二十四年二月戊戌河濟俱清龍驤將軍青冀二州刺史杜坦以聞

文帝元嘉二十五年五月征北長史廣陵太守范邈上言所領輿縣前有大浦控引潮流水常淤濁自比以來源流清潔纖鱗呈形古老相傳以爲休瑞

孝武帝孝建三年九月濟河清冀州刺史垣護之以聞

孝武帝大明五年九月庚戌河濟俱清平原太守申纂以聞

明帝泰始元年二月丙寅揚淮水清潔有異於常州治中從事史張緒以聞

漢光武建武初野繭穀充給百姓其後耕蠶稍廣二事漸息

吳孫權黃龍三年夏野蠶繭大如卵

宋文帝元嘉十六年宣城宛陵廣野蠶成繭大如雉卵彌漫林谷年年轉盛

孝武帝大明三年五月癸巳宣城宛陵縣石亭山生野蠶三百餘里太守張辯以聞

孝武帝大明三年十一月己巳肅愼氏獻楛矢石砮高麗國譯而至

大明五年正月戊午元日花雪降殿庭時右衞將軍謝莊下殿雪集衣還白上以爲瑞於是公卿並作花雪詩史臣按詩云先集爲霰韓詩曰霰英也花葉謂之英離騷云秋菊之落英左思云落英飄颻是也然則霰爲花雪矣草木花多五出花雪獨六出

明帝泰始二年五月甲寅豬中獲石栢長三尺二寸廣三尺五寸揚州刺史建安王休仁以獻

泰始三年十一月乙卯盱眙獲石栢寧朔將軍段榮以獻

漢和帝在位十七年郡國言瑞應八十餘品帝讓而不宣

宋書卷二十九考證

符瑞志下臣星垂采景雲立慶○臣疑當作巨

駕出丹穴鸚起西湘○湘監本誤作廂今改正

晉武帝咸寧五年七月戊辰白烏見齊南隰○齊一本作濟

漢桓帝建和元年芝草生中黃藏府○桓監本誤作明今據後漢書改正

豫州刺史段仏榮以獻○仏與佛同段佛榮事見建平王傳其字仍作佛

宋書卷三十

梁　沈　約　撰

志第二十

五行一

昔八卦兆而天人之理著九疇序而帝王之應明雖可以知從德獲自天之祐違道陷神聽之辠然未詳舉徵效備考幽明雖時列鼎雉庭穀之異然而未究者衆矣至於鑑悟後王多有所闕故仲尼作春秋具書祥眚以驗行事是則九疇陳其義於前春秋列其效於後也逮至伏生納紀大傳五行之體始詳劉向廣演洪範休咎之文益備故班固斟酌經傳詳紀條流誠以一王之典不可獨闕故也夫天道雖無聲無臭然而應若影響天人之驗理不可誣司馬彪纂集光武以來以究漢事王沈魏書志篇闕凡厥災異但編帝紀而已自黃初以降二百餘年覽其災妖以考之事常若重規沓矩不謬前說又高堂隆郭景純等據經立辭終皆顯應闕而不序史體將虧今自司馬彪以後皆撰次論序斯亦班固遠采春秋舉遠明近之例也又按言之不從有介蟲之孽劉歆以爲毛蟲視之不明有贏蟲之孽劉歆以爲羽蟲按月令夏蟲羽秋蟲毛宜如歆說是以舊史從之五行精微非末學所究凡已經前議者並即其言以釋之未有舊說者推準事理以俟來哲

五行傳曰田獵不宿飲食不享出入不節奪民農時及有姦謀則木不曲直謂木失其性而爲災也又曰貌之不恭是謂不肅厥咎狂厥罰恒雨厥極惡時則有服妖時則有龜孽時則有雞禍時則有下體生上之痾時則有青眚青祥惟金沴木班固曰蓋工匠爲輪矢者多傷敗及木爲變怪皆爲不曲直也

木不曲直

魏文帝黃初六年正月雨木氷按劉歆說木不曲直也劉向曰氷者陰之盛木者少陽貴臣象也此人將有害則陰氣脅木木先寒故得雨而氷也是年六月利成郡兵蔡方等殺太守徐質據郡反多所脅略并聚亡命遣二校尉與青州刺史共討平之太守古之諸侯貴臣有害之應也一說以木氷爲甲兵之象是歲旣討蔡方又八月天子自將以舟師征吳戎卒十餘萬連旍數百里臨江觀兵

晉元帝太興三年二月辛未雨木氷後二年周顗戴淵刁協劉隗皆遇害與春秋同事是其應也一曰是後王敦攻京師又其象也

晉穆帝永和八年正月乙巳雨木氷是年殷浩北伐明年軍敗十年廢黜又曰荀羨殷浩北伐桓溫入關之象也

晉孝武帝太元十四年十二月乙巳雨木氷明年二月王恭爲北蕃八月庾楷爲西蕃九月王國寶爲中書令尋加領軍將軍十七年殷仲堪爲荊州雖邪正異規而終同摧滅是其應也一曰苻堅雖敗關河未一丁零鮮卑侵略司兗竇揚勝扇逼梁雝兵役不已又其象也

吳孫亮建興二年諸葛恪征淮南行後所坐廳事棟中折恪妄興徵役奪民農時作爲邪謀傷國財力故木失其性致毀折也及旋師而誅滅於周易又爲棟橈之凶也

晉武帝太康五年五月宣帝廟地陷梁折八年正月太廟殿又陷改作廟築基及泉其年九月遂更營新廟遠致名材雜以銅柱陳勰爲匠作者六萬人十年四月乃成十一月庚寅梁又折按地陷者分離之象梁折者木不曲直也孫盛曰于時後宮殿有孽火又廟梁無故自折先是帝多不豫益惡之明年帝崩而王室頻亂遂亡天下

晉惠帝太安二年成都王穎使陸機率衆向京師擊長沙王乂軍始引而牙竿折俄而戰敗機被誅穎尋奔潰卒賜死初河間王顒謀先誅長沙廢太子立穎長沙知之誅其黨卞粹等故穎來伐機又以穎得遐邇心將爲漢之代王遂委質於穎爲犯從之將此皆姦謀之罰木不曲直也

王敦在武昌鈴下儀仗生華如蓮花狀五六日而萎落此木失其性而爲變也干寶曰鈴閣尊貴者之儀鈴下主威儀之官今狂花生於枯木又在鈴閣之間言威儀之富榮華之盛皆如狂花之發不可久也其後終以逆命沒又加戮是其應也一說此花孽也於周易爲枯楊

生華

桓玄始篡龍旂竿折玄田獵出入不絕昏夜飲食恣夌土木妨農又多姦謀故木失其性也夫旂所以擬三辰章著明也旂竿之折高明去矣在位八十日而敗

宋明帝泰始二年五月丙午南琅邪臨沂黃城山道士盛道度堂屋一柱自然夜光照室內此木失其性也或云木腐自光

廢帝昇明元年吳興餘杭舍亭禾蕈樹生李實禾蕈樹民間所謂胡頹樹

貌不恭

魏文帝居諒闇之始便數出遊獵體貌不重風尚通脫故戴凌以直諫抵罪鮑勛以迕旨極刑天下化之咸賤守節此貌之不恭也是以享國不永後祚短促春秋魯君居喪不哀在慼而有嘉容穆叔謂之不度後終出奔蓋同事也

魏尚書鄧颺行步弛縱筋不束體坐起傾倚若無手足此貌之不恭也管輅謂之鬼躁鬼躁者凶終之徵後卒誅死

晉惠帝元康中貴遊子弟相與爲散髮倮身之飲對弄婢妾逆之者傷好非之者負譏希世之士恥不與焉蓋胡翟侵中國之萌也豈徒伊川之民一被髮而祭者乎

晉惠帝元康中賈謐親貴數入二宮與儲君遊戲无降下心又嘗同弈棊爭道成都王穎厲色曰皇太子國之儲貳賈謐何敢無禮謐猶不悛故及於禍

齊王冏既誅趙倫因留輔政坐拜百官符敕臺府淫醟專驕不一朝覲此狂恣不肅之容也天下莫不高其功而慮其亡也冏終弗改遂至夷滅

太元中人不復著帩頭頭者元首帩者令髮不垂助元首爲儀飾者也今忽廢之若人君獨立無輔以至危亡也其後桓玄篡位

舊爲屐者齒皆達楄上名曰露卯太元中忽不徹名曰陰卯其後多陰謀遂致大亂

晉安帝義熙七年晉朝拜授劉毅世子毅以王命之重當設饗宴親請吏佐臨視至日國僚不重白默拜於廐中王人將反命毅方知大以爲恨免郎中令劉敬叔官識者怪焉此墮略嘉禮不肅之妖也

陳郡謝靈運有逸才每出入自扶接者常數人民間謠曰四人挈衣裙三人捉坐席是也此蓋不肅之咎後坐誅

宋明帝泰始中幸臣阮佃夫勢傾朝廷室宇豪麗車服鮮明乘車常偏向一邊違正立執綏之體時人多慕效此亦貌不恭之失也時偏左之化行方正之道廢矣

後廢帝常單騎遊遨出入市里營寺未常御輦終以殞滅

恒雨

魏明帝大和元年秋數大雨多暴雷電非常至殺鳥雀案楊阜上疏此恒雨之罰也時帝居喪不哀出入弋獵無度奢侈繁興奪民農時故木失其性而恒雨爲災也

太和四年八月大雨霖三十餘日伊洛河漢皆溢歲以凶饑

孫亮太平二年二月甲寅大雨震電乙卯雪大寒案劉歆說此時當雨而不當大大雨恒雨之罰也於始震電之明日而雪大寒又恒寒之罰也劉向以爲既已震雷則雪不當復降皆失時之異也天戒若曰爲君失時賊臣將起先震雷而後雪者陰見間隙起而勝陽逆殺之禍將及也亮不悟尋見廢此與春秋魯隱同也

晉武帝泰始六年六月大雨霖甲辰河洛沁水同時並溢流四千九百餘家殺二百餘人没秋稼千三百六十餘頃晉武太康五年七月任城梁國暴雨害豆麥太康五年九月南安霖雨暴雪折樹木害秋稼魏郡淮南平原雨水傷秋稼是秋魏郡西平郡九縣霖雨暴水霜傷秋稼

晉惠帝永寧元年十月義陽南陽東海霖雨淹害秋麥

晉成帝咸康元年八月乙丑荆州之長沙攸醴陵武陵之龍陽三縣雨水浮漂屋室殺人傷損秋稼

宋文帝元嘉二十一年六月京邑連雨百餘日大水

孝武帝大明元年正月京邑雨水

大明五年七月京邑雨水

大明八年八月京邑雨水

明帝太始二年六月京邑雨水

順帝昇明三年四月乙亥吳郡桐廬縣暴風雷電揚砂折木水平地二丈流漂居民

服妖

魏武帝以天下凶荒資財乏匱始擬古皮弁裁縑帛爲白帢以易舊服傅玄曰白乃軍容非國容也干寶以爲縞素凶喪之爲帢毀辱之言也蓋革代之後攻殺之妖也初爲白帢橫縫其前以別後名之曰顏俗傳行之至晉永嘉之間稍去其縫名無顏帢而婦人束髮其緩彌甚紒之堅不能自立髮被于額目出而已無顏者愧之言也覆額者慙之貌其緩彌甚言天下忘禮與義放縱情性及其終極至乎大恥也永嘉之後二帝不反天下媿焉魏明帝著繡帽披縹紈半袖嘗以見直臣楊阜阜諫曰此於禮何法服邪帝默然近服妖也縹非禮之色褻服不貳今之人主親御非法之章所謂自作孽不可禳也帝既不享永年身没而祿去王室後嗣不終遂亡天下

魏明帝景初元年發銅鑄爲巨人二號曰翁仲置之司馬門外案古長人見爲國亡長狄見臨洮爲秦亡之禍始皇不悟反以爲嘉祥鑄銅人以象之魏法亡國之器而於義竟無取焉蓋服妖也

魏尚書何晏好服婦人之服傅玄曰此服妖也夫衣裳之制所以定上下殊內外也大雅云玄袞赤舄鉤膺鏤鍚歌其文也小雅云有嚴有翼共武之服詠其武也若內外不殊王制失敘服妖既作身隨之亡妹喜冠男子之冠桀亡天下何晏服婦人之服亦亡其家其咎均也

吳婦人之修容者急束其髮而劘角過于耳蓋其俗自操束太急而廉隅失中之謂也故吳之風俗相驅以急言論彈射以刻薄相尚居三年之喪者往往有致毀以死諸葛患之著正交論雖不可以經訓整亂蓋亦救時之作也孫休後衣服之制上長下短又積領五六而裳居一二干寶曰上饒奢下儉逼上有餘下不足之妖也至孫晧果奢暴恣情於上而百姓彫困於下卒以亡國是其應也

晉興後衣服上儉下豐著衣者皆厭褄蓋裹君衰弱臣放縱下掩上之象也陵遲至元康末婦人出兩襠加乎脛之上此內出外也爲車乘者苟貴輕細又數變易其形皆以白篾爲純古喪車之遺象乘者君子之器蓋君子立心無恒事不崇實也干寶曰及晉之禍天子失柄權制寵臣下掩上之應也永嘉末六宮才人流徙戎翟內出外之應也及天下亂擾宰輔方伯多負其任又數改易不崇實之應也

晉武帝泰始後中國相尚用胡牀貊盤及爲羌煑貊炙貴人富室必置其器吉享嘉會皆此爲先太康中天下又以氈爲絈頭及絡帶衿口百姓相戲曰中國必爲胡所破也氈產於胡而天下以爲絈頭帶身衿口胡既三制之矣能無敗乎干寶曰元康中氐羌反至于永嘉劉淵石勒遂有中都自後四夷迭據華土是其應也

晉武帝太康後天下爲家者移婦人於東方空萊北庭以爲園囿干寶曰夫王朝南向正陽也后北宮位太陰也世子居東宮位少陽也今居內於東是與外俱南面也亢陽無陰婦人失位而干少陽之象也賈后讒戮愍懷俄而禍殃亦及

昔初作履者婦人員頭男子方頭員者順從之義所以別男女也晉太康初婦人皆履方頭此去其員從與男無別也

太康之中天下爲晉世寧之舞手接柈槃反覆之歌曰晉世寧舞柈槃夫樂生人心所以觀事故記曰總干山立武王之事也發揚蹈厲太公之志也武亂皆坐周召之治也又曰其治民勞者舞行綴遠其治民逸者舞行綴近今接柈槃於手上而反覆之至危也柈槃者酒食之器也而名曰晉世寧者言晉世之士偷苟於酒食之間而其知不及遠晉世之寧猶柈槃之在手也

晉惠帝元康中婦人之飾有五兵佩又以金銀瑇瑁之屬爲斧鉞戈戟以當笄闢干寶曰男女之別國之大節故服物異等贄幣不同今婦人而以兵器爲飾又妖之大也遂有賈后之事終以兵亡天下

元康中婦人結髮者既成以繒急束其環名曰擷子紒始自中宮天下化之其後賈后果害太子

元康中天下始相倣爲鵲杖以柱掖其後稍施其鐏住則植之夫木東方之行金之臣也杖者扶體之器鵲其頭者尤便用也必傍柱掖者傍救之象也王室多故而元帝以蕃臣樹德東方維持天下柱掖之應也至社稷無主海內歸之遂承天命建都江外獨立之應也

元康末至太安間江淮之域有敗編自聚于道多者或至四五十量干寶嘗使人散而去之或投林草或投坑谷明日視之悉復如故民或云見狸銜而聚之亦未察也寶說曰夫編者人之賤服最處于下而當勞辱下民之象也敗者疲斃之象也道者地理四方所以交通王命所由往來也故今敗編聚於道者象下民罷病將相聚爲亂絕四方而壅王命之象也在位者莫察太安中發壬午兵百姓嗟怨江夏男子張昌遂首亂荆楚從之者如流於是兵革歲起天下因之遂大破壞此近服妖也

晉孝懷永嘉以來士大夫竟服生箋單衣遠識者怪之竊指摘曰此則古者繐衰之布諸侯大夫所以服天子也今無故畢服之殆有應乎其後愍懷晏駕不獲厥所

晉元帝太興以來兵士以絳囊縛紒在首莫上焉周易乾爲首坤爲囊坤臣道也晉金行赤火色金之賊也以朱囊縛紒臣道上侵之象也到永昌元年大將軍王敦舉兵內攻六軍散潰

舊爲羽扇柄刻木象其骨形羽用十取全數也晉中興初王敦南征始改爲長柄下出可捉而減其羽用八識者尤之曰夫羽扇翼之名也創爲長柄者執其柄制羽翼也以八改十者將以未備奪已備也是時爲衣者又上短帶至于掖著帽者以帶縛項下逼上上無地也下袴者直幅爲口無殺下大失裁也尋有兵亂三年而再攻京師晉海西初嗣位迎官忘設豹尾識者以爲不終之象近服妖也

晉司馬道子於府北園內爲酒鑪列肆使姬人酤鬻酒肴如裨販者數遊其中身自貿易因醉寓寢動連日夜漢靈帝嘗若此干寶以爲君將失位降在皁隸之象也道子卒見廢徙以庶人終

桓玄篡立殿上施絳綾帳鏤黃金爲顏四角金龍銜五色羽葆流蘇羣下竊相謂曰頗類轜車此服妖也

晉末皆冠小冠而衣裳博大風流相倣輿臺成俗識者曰此禪代之象也永初以後冠還大云

宋文帝元嘉六年民間婦人結髮者三分髮抽其鬟直向上謂之飛天紒始自東府流被民庶時司徒彭城王義康居東府其後卒以陵上徙廢

孝武帝世豫州刺史劉德願善御車世祖嘗使之御畫輪幸太宰江夏王義恭第德願挾牛杖催世祖云日暮宜歸又求益僦車世祖甚懽此事與漢靈帝西園蓄私錢同也

孝武世幸臣戴法興權亞人主造員頭履世人莫不效之其時員進之俗大行方格之風盡矣

明帝初司徒建安王休仁統軍赭圻制烏紗帽反抽帽裙民間謂之司徒狀京邑翕然相尚休仁後果以疑逼致禍

龜孽

晉惠帝永熙初衞瓘家人炊飯墮地盡化爲螺出足起行螺龜類近龜孽也干寶曰螺被甲兵象也於周易爲离离爲戈兵明年瓘誅

雞禍

魏明帝景初二年廷尉府中有雌雞變爲雄不鳴不將干寶曰是歲晉宣帝平遼東百姓始有與能之議此其象也然晉三后並以人臣終不鳴不將又天意也

晉惠帝元康六年陳國有雞生雄雞無翅旣大墜坑而死王隱曰雄胤嗣象坑地事爲母象賈后誣殺愍懷殆其應也

晉惠帝太安中周玘家有雌雞逃承霤中六七日而下奮翼鳴將獨毛羽不變其後有陳敏之事敏雖控制江表終無綱紀文章殆其象也卒爲玘所滅雞禍見玘家又天意也

晉元帝太興中王敦鎭武昌有雌雞化爲雄天戒若曰雌化爲雄臣陵其上其後王敦再攻京師

晉孝武太元十三年四月廣陵高平閻嵩家雄雞生無右翅彭城到象之家雞無右足京房易傳曰君用婦人言則雞生妖

晉安帝隆安元年八月琅邪王道子家青雌雞化爲赤雄不鳴不將後有桓玄之事具如其象

隆安四年荊州有雞生角角尋墮落是時桓玄始擅西夏狂慢不肅故有雞禍角兵象尋墮落者暫起不終之妖也

晉安帝元興二年衡陽有雌雞化爲雄八十日而冠萎衡陽桓玄楚國封略也後篡位八十日而敗徐廣以爲玄之象也

宋文帝元嘉十二年華林園雌雞漸化爲雄後孝武即位皇太后令行于外亦猶漢宣帝時雌雞爲雄至哀帝時元后與政也

明帝泰始中吳興東遷沈法符家雞有四距

青眚青祥

晉武帝咸寧元年八月丁酉大風折太社樹有青氣出焉此青祥也占曰東莞當有帝者明年元帝生是時帝大父武王封東莞由是徙封琅邪孫盛以爲中興之表晉室之亂武帝子孫無孑遺社樹折之應又恒風之罰也

晉惠帝元康中洛陽南山有虫作聲曰韓屍屍識者曰韓氏將死也言屍者盡死意也其後韓謐誅而韓族殲焉此青祥也

金沴木

魏文帝黃初七年正月幸許昌許昌城南門無故自崩帝心惡之遂不入還洛陽此金沴木木動也五月宮車晏駕京房易傳曰上下咸悖厥妖城門壞

晉元帝太興二年六月吳郡米廪無故自壞是歲大饑死者數千

晉明帝太寧元年周延自歸王敦旣立宅宇而所起五間六架一時躍出墮地餘桁猶亘柱頭此金沴木也明年五月錢鳳謀亂遂族滅延而湖孰尋亦爲墟矣

晉安帝元興元年正月丙子司馬元顯將西討桓玄建牙揚州南門其東者難立良久乃正近沴妖也尋爲桓玄所禽

元興三年五月樂賢堂壞天意若曰安帝嚚眊不及有樂賢之心故此堂見沴也

晉安帝義熙九年五月乙酉國子聖堂壞

宋文帝元嘉十七年劉斌爲吳郡郡堂屋西頭鴟尾無故落地治之未畢東頭鴟尾復落項之斌誅

宋書卷三十考證

五行志一冏終弗改遂至夷滅○一本滅字下旁注闕字

白乃軍容非國容也干寶以爲縞素凶喪之爲○爲一本作象

元康末至太安間江淮之域○域監本訛城今改正

明帝泰始中吳興東遷沈法符家○監本脫吳字今增入

宋書卷三十一

梁　沈　約　撰

志第二十一

五行二

五行傳曰好戰攻輕百姓飾城郭侵邊境則金不從革謂金失其性而爲災也又曰言之不從是謂不乂厥咎僭厥罰恒陽厥極憂時則有詩妖時則有介蟲之孽時則有大禍時則有口舌之痾時則有白眚白祥惟木沴金介蟲劉歆傳以爲毛蟲

金不從革

魏世張掖石瑞雖是晉氏之符命而於魏爲妖好攻戰輕百姓飾城郭侵邊境魏氏三祖皆有其事劉歆以爲金石同類石圖發非常之文此不從革之異也晉定大業多斂曹氏石瑞文大討曹之應也

魏明帝青龍中盛修宮室西取長安金狄承露槃折聲聞數十里金狄泣於是因留霸城此金失其性而爲異也

吳時歷陽縣有巖穿似印咸云石印封發天下太平孫晧天璽元年印發又陽羨山有石穴長十餘丈晧初修武昌宮有遷都之意是時武昌爲離宮班固云離宮與城郭同占飾城郭之謂也寶鼎三年晧出東關遣丁奉至合肥建衡三年晧又大舉出華里侵邊境之謂也故令金失其性卒面縛而吳亡

晉惠帝永興元年成都伐長沙每夜戈戟鋒有火光如縣燭此輕民命好攻戰金失其性而爲變也天戒若曰兵猶火也不戢將自焚成都不悟終以敗亡

晉懷帝永嘉元年項縣有魏豫州刺史賈逵石碑生金可采此金不從革而爲變也五月汲桑作亂羣寇飈起

晉清河王覃爲世子時所佩金鈴忽生起如粟者康王母疑不祥毀棄之及後爲惠帝太子不終于位卒爲司馬越所殺

晉元帝永昌元年甘卓將襲王敦旣而中止及還家多變怪照鏡不見其頭此金失其性而爲妖也尋爲敦所襲遂夷滅

石虎時鄴城鳳陽門上金鳳皇二頭飛入漳河

晉海西太和中會稽山陰縣起倉鑿地得兩大船滿中錢錢皆輪文大形時日向莫鑿者馳以告官官夜遣防守甚嚴至明旦失錢所在唯有船存視其狀悉有錢處

晉安帝義熙初東陽太守殷仲文照鏡不見其頭尋亦誅翦占與甘同

宋後廢帝元徽四年義熙晉陵二郡並有霹靂車墜地如青石草木燋死

言之不從

魏齊王嘉平初東郡有譌言云白馬河出妖馬夜過官牧邊鳴呼衆馬皆應明日見其迹大如斛行數里還入河楚王彪本封白馬兗州刺史令狐愚以彪有智勇及聞此言遂與王淩謀共立之遣人謂曰天下事未可知願王自愛彪答曰知厚意事泄淩愚被誅彪賜死此言不從之罰也詩云民之譌言寧莫之懲

劉禪嗣位譙周引晉穆侯漢靈帝命子事譏之曰先主諱備其訓具也後主諱禪其訓授也若言劉已具矣當授與人甚於穆侯靈帝之祥也蜀果亡此言之不從也

劉備卒劉禪即位未葬亦未踰月而改元爲建興此言之不從也習鑿齒曰禮國君即位踰年而後改元者緣臣子之心不忍一年而有二君也今可謂亟而不知禮矣君子是以知蜀之不能東遷也後又降晉吳孫亮晉惠帝宋元凶亦然亮不終其位惠帝號令非已元凶尋誅言不從也

魏太和中姜維歸蜀失其母魏人使其母手書呼維令反并送當歸以譬之維報書曰良田百頃不計一畝但

見遠志無有當歸維卒不免

魏明帝景初元年有司奏帝爲烈祖與太祖高祖並爲不毁之廟從之按宗廟之制祖宗之號皆身没名成乃正其禮故雖功赫天壤德邁前王未有豫定之典此蓋言之不從失之甚者也後二年而宫車晏駕於是統微政逸

吳孫休世烏程民有得困疾及差能以響言者言於此而聞於彼自其所聽之不覺其聲之大也自遠聽之如人對言不覺聲之自遠來也聲之所往隨其所向遠者不過十數里其鄰人有責息於外歷年不還乃假之使爲責讓懼以禍福負物者以爲鬼神卽傾倒畀之其人亦不自知所以然也言不從之咎也

魏世起安世殿晉武帝後居之安世武帝字也晉武帝每延羣臣多説平生常事未常及經國遠圖此言之不從也何曾謂子遵曰國家無貽厥之謀及身而已後嗣其殆乎此子孫之憂也自永熙後王室漸亂永嘉中天下大壞及何綏以非辜被誅皆如曾言

趙王倫廢惠帝於金墉城改號金墉爲永安宫帝尋復位而倫誅

晉惠帝永興元年詔廢太子覃還爲清河王立成都王穎爲皇太弟猶加侍中大都督領丞相備九錫封二十郡如魏王故事案周禮傳國以胤不以勳故雖公旦之聖不易成王之嗣所以遠絶覬覦永壹宗祧後代遵履改之則亂今擬非其實僭差已甚且既爲國副則不應復開封土兼領庶職此言之不從進退乖爽故帝既播越穎亦不終是其咎也後猶不悟又立懷帝爲皇太弟懷終流弑不永厥祚又其應也語曰變古易常不亂則亡此之謂乎

晉惠帝太安中周玘於陽羡起宅始成而邊戶有聲如人嘆咤者玘亡後家誅滅此近言不從也

晉元帝太興四年吳郡民訛言有大蟲在紵中及樗樹上嚙人卽死晉陵民又言曰見一老女子居市被髮從肆人乞飲自言天帝令我從水門出而我誤由蟲門若還天帝必殺我如何於是百姓共相恐動云死者已十數也西及京都諸家有樗紵者伐去之無幾自止

晉元帝永昌元年寧州刺史王遜遣子澄入質將渝濮雜夷數百入京邑民忽訛言寧州人大食人家小兒親有見其蒸煑滿釜甑中者又云失兒皆有主名婦人尋道拊心而哭於是百姓各禁錄小兒不得出門尋又言已得食人之主官當大航頭大杖考竟而日有四五百人晨聚航頭以待觀行刑朝廷之士相問者皆曰信然或言郡縣文書已上王澄大懼檢測之事了無形民家亦未嘗有失小兒者然後知其訛言也此二事干寶云未之能論

永昌二年大將軍王敦下據姑孰百姓訛言行蟲病食人大孔數日入腹入腹則死治之有方當得白犬膽以爲藥自淮泗遂及京都數日之間百姓驚擾人人皆自云已得蟲病又云始在外時當燒鐵以灼之於是翕然被燒灼者十七八矣而白犬暴貴至相請奪其價十倍或有自云能行燒鐵者賃灼百姓日得五六萬憊而後已四五日漸靜説曰夫裸蟲人類而人爲之主今云蟲食人言本同臭類而相殘賊也自下而上明其逆也必入腹者言害由中不由外也犬有守禦之性白者金色而膽用武之主也帝王之運五霸會於戌戌主用兵金者晉行火燒鐵以治疾者言必去其類而來火與金合德共治蟲害也案中興之際大將軍本以腹心受伊呂之任而元帝末年遂攻京邑明帝諒闇又有異謀是以下逆上腹心內爛也及錢鳳沈充等逆兵四合而爲王師所挫踰月而不能濟北中郎將劉遐及淮陵內史蘇峻率淮泗之衆以救朝廷故其謠言首作於淮泗也朝廷卒以弱制强罪人授首是用白犬膽可救之效也

晉海西時庾晞四五年中喜爲挽歌自搖大鈴爲唱使左右齊和又燕會輒令倡妓作新安人歌儛離別之辭其聲悲切時人怪之後亦果敗

晉海西公太和以來大家婦女緩鬢傾髻以爲盛飾用髲既多不恒戴乃先作假髻施於木上呼曰假頭人欲借名曰借頭遂布天下自此以來人士多離事故或亡失頭首或以草木爲之假頭之言此其先兆也

晉孝武泰元中立內殿名曰清暑少時而崩時人曰清暑者反言楚聲也果有哀楚之聲有人曰非此之謂豈可極言乎讖云代晉者楚其在茲乎及桓玄篡逆自號曰楚

泰元中小兒以兩鐵相打於土中名曰鬭族後王國寶王孝伯一姓之中自相攻擊也

桓玄出鎮南州立齋名曰蟠龍後劉毅居此齋蟠龍毅小字也

桓玄初改年爲大亨遐邇讙言曰二月了故義謀以仲春發也玄篡立又改年爲建始以與趙王倫同又易爲永始永始復是王莽受封之年也始徙司馬道子于安成晉主遜位出永安宫封晉主爲平固王瑯邪王德文爲石陽公並使住尋陽城識者皆以爲言不從之妖也

厥咎僭晉興何曾薄太官御膳自取私食子劭又過之而王愷又過劭王愷羊琇之疇盛致聲色窮珍極麗至元康中夸恣成俗轉相高尚石崇之侈遂兼王何而儷人主矣崇既誅死天下尋亦淪喪僭踰之咎也

恒暘

魏明帝太初二年五月大旱元年以來崇廣宫府之應也又是春晉宣帝南禽孟達置二郡張郃西破諸葛亮斃馬謖亢陽自大又其應也京房易傳曰欲德不用茲謂張厥災荒其旱陰雲不雨變而赤煙四際衆出過時茲謂廣其旱不生上下皆蔽茲謂隔其旱天赤三月時有雹殺飛禽上緣求妃茲謂僭其旱三月大溫亡雲君高臺府茲謂犯陰侵陽其旱萬物根死數有火災庶位踰節茲謂僭其旱澤物枯爲火所傷

太和五年三月自去冬十月至此月不雨辛巳大雩是春諸葛亮寇天水晉宣王距郤之亢陽動衆又是時二隅分據衆出多過時也春秋説曰傷二穀謂之不雨

魏齊王正始元年二月自去冬十二月至此月不雨去歲正月明帝崩二月曹爽白嗣主轉晉宣王爲太傅外示尊崇內實欲令事先由己是時宣王功蓋魏朝欲德不用之應也

魏高貴鄉公甘露三年正月自去秋至此月旱時晉文王圍諸葛誕衆出過時之應也初壽春秋夏常雨潦常淹城而此旱踰年城陷乃大雨咸以爲天亡

吳孫亮五鳳二年大旱民饑是歲閏月魏將文欽以淮南衆數萬口來奔孫峻又破魏將曹珍于高亭三月朱異襲安豐不克七月城廣陵東海二郡十二月以馮朝爲監軍使者督徐州諸軍軍士怨叛此亢陽自大勞民失衆之罰也其役彌歲故旱亦竟年

吳孫晧寶鼎元年春夏旱是時晧遷都武昌勞民動衆之應也

晉武帝太始七年五月閏月旱大雩是春孫晧出華里大司馬望帥衆次于淮北四月北地胡寇金城西平涼州刺史牽弘出戰敗没

太始八年五月旱是時帝納荀勗邪説留賈充不復西鎮而任愷稍疏上下皆蔽之應也又李憙魯芝李胤等並在散職近欲德不用之謂也

太始九年自正月旱至于六月祈宗廟社稷山川癸未雨去年九月吳西陵督步闡據城來降遣羊祜統楊肇等衆八萬救迎闡十二月陸抗大破肇軍攻闡滅之

太始十年四月旱去年秋冬采擇卿校諸葛沖等女是春五十餘人入殿簡選又取小將吏女數十人母子號哭於宫中聲聞于外行人悲酸是殆積陰生陽之應也

晉武帝咸寧二年五月旱大雩及社稷山川至六月乃澍雨

晉武帝太康二年自去冬旱至此春平吳亢陽動衆自大之應也

太康三年四月旱乙酉詔司空齊王攸與尚書廷尉河南尹錄訊繫囚事從蠲宥

太康五年六月旱此年正月天陰解而復合劉毅上疏曰必有阿黨之臣姦以事君者當誅而不赦也帝不答是時荀勗馮紞僭作威福亂朝尤甚

太康六年三月青涼幽冀郡國旱

太康六年六月濟陰武陵旱傷麥

太康七年夏郡國十三旱

太康八年四月冀州旱

太康九年夏郡國三十三旱

太康九年六月扶風始平京兆安定旱傷麥

太康十年二月旱

晉武帝太熙元年二月旱自太康以後雖正人滿朝不被親仗而賈充荀勗楊駿馮紞等迭居要重所以無年不旱者欲德不用上下皆蔽庶位踰節之罰也

晉惠帝元康元年七月雍州大旱殞霜疾疫關中飢米斛萬錢

元康七年七月秦雍二州大旱故其年氐羌反叛雍州刺史解系敗績是年正月周處盧播等復敗關西震亂交兵彌歲至是飢疫薦臻戎晉並困朝廷不能振詔聽相賣鬻

元康七年九月郡國五旱

晉惠帝永寧元年自夏及秋青徐幽并四州旱是年春三王討趙王倫六旬之中大小數十戰死者十餘萬人十二月郡國十二又旱

晉懷帝永嘉三年五月大旱襄平縣梁水淡淵竭河洛江漢皆可涉是年三月司馬越歸京都遣兵入宫收中書令繆播等九人殺之此僭踰之罰也又四方諸侯多懷無君之心劉淵石勒王彌李雄之徒賊害民命流血成泥又其應也

永嘉五年自去冬旱至此春去歲十二月司馬越棄京都以大衆南出多將王公朝士及以行臺自隨斥黜禁衛代以國人宫省蕭然無復君臣之節矣

晉陽秋云愍帝在西京旱傷薦臻無注記年月也

晉愍帝建武元年六月揚州旱去年十二月淳于伯寃死其年即旱而太興元年六月又旱干寶曰殺伯之後旱三年是也案前漢殺孝婦則旱後漢有囚亦旱見謝見理並獲雨澍此其類也班固曰刑罰妄加羣陰不附則陽氣勝故其罰恒暘

建武元年四月趙允等悉衆禦寇五月祖逖攻譙其冬周訪討杜曾又衆出之應也

晉元帝太興四年五月旱是時王敦彊僭之釁漸著又去歲蔡豹祖逖等並有征役

晉元帝永昌元年大旱是年三月王敦有石頭之變二宮陵辱大臣誅死僭踰無上故旱尤甚也

永昌元年閏十一月京都大旱川谷並竭

晉明帝太寧三年自春不雨至於六月去年秋滅王敦亢陽動衆自大之應也

晉成帝咸和元年秋旱是時庾太后臨朝稱制羣臣奏事稱皇太后陛下此婦人專王事言不從而僭踰之罰也與漢鄧太后同事

咸和二年夏旱

咸和五年五月旱去年殄蘇峻之黨此春又討郭默滅之亢陽動衆之應也

咸和六年四月旱去年八月石勒遣郭敬寇襄陽南中郎將周撫奔武昌十月李雄使李壽寇建平建平太守楊謙奔宜都此正月劉徵略婁縣於是起衆警備

咸和八年七月旱

咸和九年自四月不雨至于八月

晉成帝咸康元年六月旱是時成帝冲弱不親萬機內外之政委之將相此僭踰之罰故連歲旱也至四年王導固讓太傅復子明辟是後不旱殆其應也時天下普旱會稽餘姚特甚米斗直五百民有相鬻

咸康二年三月旱

咸康三年六月旱

晉康帝建元元年五月旱是時宰相專政方伯擅重兵又與咸康初同事也

晉穆帝永和元年五月旱有司奏依董仲舒術徙市開水門遣謁者祭太社是時帝在繈抱褚太后臨朝如明穆太后故事

永和五年七月不雨至于十月是年二月征北將軍褚裒遣軍伐沛納其民以歸六月又遣西中郎將陳逵進據壽陽自以舟師二萬至于下邳喪其前驅而還逵亦退

永和六年閏月旱是春桓溫以大衆出夏口上疏欲以舟軍北伐朝廷駭之蕭敬盜涪西蠻校尉采壽敗績

晉穆帝升平三年十二月大旱此冬十月北中郎將郗曇帥萬餘人出高平經略河兗又遣將軍諸葛悠以舟軍入河敗績西中郎將謝萬次下蔡衆潰而歸

升平四年十二月大旱

晉哀帝隆和元年夏旱是時桓溫彊恣權制朝廷僭踰之罰也又去年慕容恪圍冀州刺史呂護桓溫出次宛陵范汪袁眞並北伐衆出過時也

晉海西泰和四年十二月涼州春旱至夏

晉簡文帝咸安二年十月大旱民飢是時嗣主幼冲桓溫陵僭

晉孝武帝寧康元年二月旱是時桓溫入覲高平陵闓朝致拜踰僭之應也

寧康三年冬旱先是氐賊破梁益州刺史楊亮周仲孫奔退明年威遠將軍桓石虔擊姚長墊江破之退至五城益州刺史竺瑤帥衆戍巴東

晉孝武帝太元四年六月大旱去歲氐賊圍南中郎將朱序於襄陽又圍揚威將軍戴遁於彭城桓嗣以江州之衆次郗援序北府發三州民配何謙救遁是春襄陽順陽魏興城皆沒賊遂略淮南向廣陵征虜將軍謝石率水軍次涂中兗州刺史謝玄督諸將破之

太元八年六月旱夏初桓沖征襄陽遣冠軍將軍桓石虔進據樊城朝廷又遣宣城內史胡彬次峽石爲沖聲勢也

太元十年七月旱饑初八年破苻堅九年諸將略地有事徐豫楊亮趙統攻討巴沔是年正月謝安又出鎮廣陵使子琰進次彭城

太元十三年六月旱去歲北府遣戍胡陸荊州經略河南是年郭銓置戍野王又遣軍破黃淮

太元十五年七月旱是春丁零略兗豫鮮卑寇河上朱序桓不才等北至太行東至滑臺踰時攻討又戍石門

太元十七年秋旱至冬是時茹千秋爲驃騎咨議竊弄主相威福又丘尼乳母親黨及婢僕之子階緣近習臨民領衆又在所多上春竟四不以其辜建康獄吏枉暴尤甚此僭踰不從寃濫之罰也

晉安帝隆安四年五月旱去冬桓玄追殺殷仲堪而朝廷即授以荊州之任司馬元顯又諷百僚悉使敬已此皆陵僭之罰也

隆安五年夏秋大旱十二月不雨去年夏孫恩入會稽殺內史謝琰此年夏略吳又殺內史袁山松軍旅東討衆出過時

晉安帝元興元年七月大饑九月十月不雨是年正月司馬元顯以大衆將討桓玄既而玄至殺元顯五月又遣東征孫恩餘黨十月北討劉軌

元興二年六月不雨冬又旱是時桓玄奢僭十二月遂篡位

元興三年八月不雨是時王旅四伐西夏未平

晉安帝義熙六年九月不雨是時王師北討廣固疆理三州

義熙八年十月不雨是秋王師西討劉毅分遣伐蜀

義熙十年九月旱十二月又旱井瀆多竭

宋文帝元嘉二年夏旱

元嘉四年秋京都旱

元嘉八年五月揚州諸郡旱

元嘉十九年二十年南兗豫州旱

元嘉二十七年八月不雨至二十八年三月時索虜南寇

孝武帝大明七年八年東諸郡大旱民飢死者十六七先是江左以來制度多闕孝武帝立明堂造五輅是時大發徒衆南巡校獵盛自矜大故致旱災

後廢帝元徽元年八月京都旱

詩妖

魏明帝太和中京師歌兜鈴曹子其唱曰其柰汝曹何此詩妖也其後曹爽見誅曹氏遂廢

魏明帝景初中童謠曰阿公阿公駕馬車不意阿公東渡河阿公東還當柰何及宣王平遼東歸至白屋當還鎮長安會帝疾篤急召之乃乘追鋒車東渡河終翦魏室如童謠之言也

魏齊王嘉平中有謠曰白馬素羈西南馳其誰乘者朱虎騎朱虎者楚王彪小字也王淩令狐愚聞此謠謀立彪事發淩等伏誅彪賜死

吳孫亮初童謠曰吁汝恪何若若蘆葦單衣篾鉤絡於何相求成子閤成子閤者反語石子堈也鉤落鉤帶也及諸葛恪死果以葦席裹身篾束其要投之石子堈後聽恪故吏收斂求之此堈云

孫亮初公安有白鼉鳴童謠曰白鼉鳴龜背平南郡城中可長生守死不去義無成南郡城可長生者有急易以逃也明年諸葛恪敗弟融鎮公安亦見襲融刮金印龜服之而死鼉有鱗介甲兵之象又曰白祥也

孫休永安二年將守質子羣聚嬉戲有異小子忽來言曰三公鋤司馬如又曰我非人熒惑星也言畢上升仰視若曳一匹練有頃沒干寶曰後四年而蜀亡六年而魏廢二十一年而吳平於是九服歸晉魏與吳蜀並爲戰國三公鋤司馬如之謂也

孫晧初童謠曰寧飲建業水不食武昌魚寧還建業死不止武昌居晧尋遷都武昌民泝流供給咸怨毒焉

孫晧遣使者祭石印山下妖祠使者因以丹書巖曰楚九州渚吳九州都揚州士作天子四世治太平矣晧聞之意益張曰從大皇帝至朕四世太平之主非朕復誰恣虐踰甚尋以降亡近詩妖也

孫晧天紀中童謠曰阿童復阿童銜刀游渡江不畏岸上虎但畏水中龍晉武帝聞之加王濬龍驤將軍及征吳江西衆無過者而王濬先定秣陵

晉武帝太康後江南童謠曰局縮肉數橫目中國當敗吳當復又曰宮門柱且莫朽吳當復在三十年後又曰雞鳴不拊翼吳復不用力于時吳人皆謂在孫氏子孫故竊發亂者相繼按橫目者四字自吳亡至晉元帝興幾四十年皆如童謠之言元帝懦而少斷局縮肉直斥之也干寶云不知所斥諱之也

太康末京洛始爲折楊柳之歌其曲始有兵革苦辛之詞終以禽獲斬截之事是時三楊貴盛而族滅太后廢黜而幽死

晉惠帝永熙中河內溫縣有人如狂造書曰光光文長大戟爲牆毒藥雖行戟還自傷又曰兩火沒地哀哉秋蘭歸形街郵路人爲歎及楊駿居內府以戟爲衛死時又爲戟所害楊太后被廢賈后絕其膳八日而崩葬街郵亭北百姓哀之兩火武帝諱蘭楊后字也

永熙中童謠曰二月末三月初荊筆楊版行詔書宮中大馬幾作驢楊駿初專權楚王尋用事故言荊筆楊版也二人不誅則君臣禮悖故云幾作驢

晉惠帝元康中京洛童謠曰南風起吹白沙遙望魯國何嵯峩千歲髑髏生齒牙又曰城東馬子莫嚨哅比至三月纏汝鬃南風賈后字也白晉行也沙門太子小名也魯賈謐國也言賈后將與謐爲亂以危太子而趙王因釁咀嚼豪賢以成篡奪也是時愍懷頗失衆望卒以廢黜不得其死

元康中天下商農通著大鄣日童謠曰屠蘇鄣日覆兩耳當見瞎兒作天子及趙王篡位其目實眇焉趙王倫

既篡，洛中童謠曰虎從北來鼻頭汗龍從南來登城看水從西來何灌灌數月而齊王成都河間義兵同會誅倫按成都西蕃而在鄴故曰虎從北來齊東蕃而在許故曰龍從南來河間水區而在關中故曰水從西來齊留輔政居宮西有無君之心故言登城看也

晉惠帝太安中童謠曰五馬游度江一馬化爲龍後中原大亂宗蕃多絶唯瑯邪汝南西陽南頓彭城同至江表而元帝嗣晉矣

司馬越還洛有童謠曰洛中大鼠長尺二若不蚤去大狗至及苟希將破汲桑又謠曰元超兄弟大落度上桑打椹爲苟作由是越惡希奪其兗州隙難遂構

晉愍帝建興中江南歌謠曰訇如白阬破合集持作甒揚州破換敗吳興覆瓿甊按白者晉行阬器有口屬瓮瓦質剛亦金之類也訇如白阬破者言二都傾覆王室大壞也合集持作甒者言元皇帝鳩集遺餘以主社稷未能克復中原偏王江南故其喻小也及石頭之事六軍大潰兵人抄掠京邑爰及二宮其後三年錢鳳復攻京邑阻水而守相持月餘日焚燒城邑井堙木刊矣鳳等敗退沈充將其黨還吳興官軍躡之蹈藉郡縣充父子授首黨與誅者以百數所謂楊州破換敗吳興覆瓿甊甊瓦器又小於甒也

晉明帝太寧初童謠歌曰惻力惻力放馬山側大馬死小馬餓高山崩石自破及明帝崩成帝幼爲蘇峻所逼遷于石頭御膳不足高山崩言峻尋死石峻弟蘇石也峻死後石據石頭尋爲諸公所破也

晉成帝之末民間謠曰磕磕何隆隆駕車入梓宮少日而宮車晏駕

晉成帝咸康二年十二月河北謠語曰麥入土殺石虎後如謠言

庾亮初出鎮武昌出石頭百姓於岸上歌曰庾公上武昌翩翩如飛鳥庾公還揚州白馬牽旐旐又曰庾公初上時翩翩如飛鳥庾公還揚州白馬牽流蘇後連徵不入及薨還都葬

庾義在吳郡吳中童謠曰寧食下湖荇不食上湖蓴庾吳沒命喪復殺王領軍無幾而庾義王洽相繼亡

晉穆帝升平中童子輩忽歌於道曰阿子聞曲終輒云阿子汝聞不無幾而穆帝崩太后哭曰阿子汝聞不

升平末民間忽作廉歌有扈謙者聞之曰廉者臨也歌云白門廉宮廷廉內外悉臨國家其大諱乎少時而穆帝晏駕

晉哀帝隆和初童兒歌曰升平不滿斗隆和那得久桓公入石頭陛下徒跣走帝聞而惡之復改年曰興寧民復歌曰雖復改興寧亦復無聊生哀帝尋崩升平五年穆帝崩不滿斗不至十年也

晉海西公太和中民歌曰青青御路楊白馬紫游韁汝非皇太子那得甘露漿白者金行馬者國族紫爲奪正之色明以紫間朱也海西公尋廢三子非海西子並死縊以馬韁死之明日南方獻甘露

太和末童謠云犂牛耕御路白門種小麥及海西被廢處吳民犂耕其門前以種小麥如謠言

晉海西公生皇子百姓歌云鳳皇生一雛天下莫不喜本言是馬駒今定成龍子其歌甚美其旨甚微海西公不男使左右向龍與內侍接生子以爲己子

桓石民爲荊州鎮上明民忽歌曰黃曇子曲終又曰黃曇英揚州大佛來上明頃之而石民死王忱爲荊州黃曇子乃是王忱之字也忱小字佛大是大佛來上明也

大元末京口謠曰黃雌鷄莫作雄父啼一旦去毛衣衣被拉颯栖尋王恭起兵誅王國寶旋爲劉牢之所敗也

司馬道子於東府造土山名曰靈秀山無幾而孫恩作亂再踐會稽會稽道子所封靈秀恩之字也

庾楷鎮歷陽民歌曰重羅犁重羅犁使君南上無還時後楷南奔桓玄爲玄所誅

殷仲堪在荊州童謠曰芒籠目繩縛腹殷當敗桓當復無幾而仲堪敗桓玄有荊州

王恭鎮京口舉兵誅王國寶百姓謠云昔年食白飯今年食麥麲天公誅譴汝教汝捻嚨喉嚨喉喝復喝京口敗復敗昔年食白飯言得志也今年食麥麲麲麤穢其精已去明將敗也天公將加譴謫而誅之也捻嚨喉氣不通死之祥也敗復敗丁寧之辭也恭尋死京都大行咳疾而喉並喝焉

王恭在京口民間忽云黃頭小人欲作賊阿公在城下指縛得又云黃頭小人欲作亂賴得金刀作蕃扞黃字上恭字頭也小人恭字下也尋如謠者言焉

晉安帝隆安中民忽作懊憹歌其曲中有草生可攀結女兒可攀抱之言桓玄既篡居天位義旗以三月二日埽定京都玄之宮女及逆黨之家子女伎妾悉爲軍賞東及甌越北流淮泗皆人有所獲焉時則草可結事則女可抱信矣

桓玄既篡童謠曰草生及馬腹烏啄桓玄目及玄敗走至江陵五月中誅如其期焉桓玄時民謠語云征鐘落地桓迸走征鐘至穢之服桓四體之下稱玄自下居上猶征鐘之厠歌謠下體之詠民口也而云落地墜地之祥迸走之言其驗明矣

司馬元顯時民謠詩云當有十一口當爲兵所傷木亘當北度走入浩浩鄉又云金刀既以刻娓娓金城中此詩云襄陽道人竺曇林所作多所道行於世孟顗釋之曰十一口者玄字象也木亘桓也桓氏當悉走入關洛故云浩浩鄉也金刀劉也倡義諸公皆多姓劉娓娓美盛貌也

桓玄得志童謠曰長干巷巷長干今年殺郎君明年斬諸桓及玄走而諸桓悉誅焉郎君司馬元顯也

晉安帝義熙初童謠曰官家養蘆化成荻蘆生不止自成積其時官養盧龍寵以金紫奉以名州養之已極而不能懷我好音舉兵內伐遂成讎敵也蘆生不止自成積及盧龍作亂時人追思童謠惡其有成積之言識者曰芟夷藴崇之又行火焉是草之窮也伐斫以成積又以爲薪亦蘆荻之終也其盛既極亦將芟夷而爲積焉龍既窮其兵勢盛其舟艦卒以滅亡僵屍如積焉

盧龍據有廣州民間謠云蘆生漫漫竟天半後擁有上流數州之地內逼京輦應天半之言

義熙三年中小兒相逢於道輒舉其兩手曰盧健健次曰鬭歎鬭歎末復曰翁年老翁年老當時莫知所謂其後盧龍內逼舟艦蓋川健健之謂也既至查浦屢剋期欲與官鬭鬭歎之應也昔溫嶠令郭景純卜己與庾亮吉凶景純云元吉嶠語亮景純每筮當是不敢盡言吾等與國家同安危而曰元吉事有成也於是協同討滅王敦翁年老羣公有期頤之慶知妖逆之徒自然消殄也其時復有謠言曰盧橙橙逐水流東風忽如起那得入石頭盧龍果敗不得入石頭

苻堅中童謠曰阿堅連牽三十年後若欲敗時當在江湖邊後堅敗於淝水在僞位凡三十年

苻堅中謠語云河水清復清苻堅死新城堅爲姚萇所殺死於新城

苻堅中歌云魚羊田斗當滅秦魚羊鮮也田斗畢也堅自號秦言滅之者鮮卑也其羣臣諫堅令盡誅鮮卑堅不從及淮南敗還爲慕容沖所攻亡奔姚萇身死國滅

毛蟲之孽

晉武帝太康六年南陽送兩足虎此毛蟲之孽也識者爲其文曰武形有虧金虎失儀聖主應天斯異何爲言兆亂也京房易傳曰足少者下不勝任也干寶曰虎者陰精而居于陽金獸也南陽火名也金精入火而失其形王室亂之妖也六水數言水數既極火慝得作而金受其敗也至元康九年始殺太子距此十四年二七十四火始終相乘之數也自帝受命至愍懷之廢凡三十五年

太康九年荊州獻兩足獲

太康七年十一月丙辰四角獸見于河間河間王顒獲以獻角兵象也董仲舒以四角爲四方之象後河間王數連四方之兵作爲亂階殆其應也

晉懷帝永嘉五年偃鼠出延陵此毛蟲之孽也郭景純筮之曰此郡東之縣當有妖人欲稱制者亦尋自死矣其後吳興徐馥作亂殺太守袁琇馥亦尋滅是其應也

晉成帝咸和六年正月丁巳會州郡秀孝於樂賢堂有麐見於前獲之孫盛曰夫秀孝天下之彥士樂賢堂所以樂養賢也晉自喪亂以後風教陵夷秀無策試之才孝乏四行之寶麐興於前或斯故乎

晉哀帝隆和元年十月甲申有麐入東海第百姓讙言曰主入東海第識者怪之及海西廢爲東海王先送此第

晉孝武太元十三年四月癸巳礿祠畢有兔行廟堂上兔野物也而集宗廟之堂不祥莫甚焉

宋文帝元嘉二十四年二月雍州送六足麞刺史武陵王表爲祥瑞此毛蟲之孽

宋順帝昇明元年象三頭度蔡洲暴稻穀及園野

犬禍

公孫淵家有犬冠幘絳衣上屋此犬禍也屋上亢陽高危之地天戒若曰淵亢陽無上僭自尊高狗而冠者也及自立爲燕王果爲魏所滅京房易傳曰君不正臣欲篡厥妖狗出朝門

魏侍中應璩在直廬欻見一白狗問衆人無見者踰年卒近犬禍也

諸葛恪征淮南歸將朝會犬銜引其衣恪曰犬不欲我行乎還坐有頃復起犬又銜衣乃令逐大遂升車入而被害

晉武帝太康九年幽州有犬鼻行地三百餘步

晉惠帝元康中吳郡婁縣民家聞地中有犬聲掘視得雌雄各一還置窟中覆以磨石宿昔失所在元帝太興中吳郡府舍又得二物頭如此其後太守張茂爲吳興兵所殺案夏鼎志曰掘地得狗名曰賈尸子曰地中有犬名曰地狼同實而異名也

晉惠帝永興元年丹陽內史朱逵家犬生三子皆無頭
後逵爲揚州刺史曹武所殺
晉孝懷帝永嘉五年吳郡嘉興張林家狗人言云天下
人餓死
晉安帝隆安初吳郡治下狗恒夜吠聚高橋上人家狗
有限而犬聲甚衆或有夜出覘之者云一狗假有兩三
頭皆前向亂吠無幾孫恩亂於吳會
桓玄將拜楚王已設拜席羣官陪位玄未及出有狗來
便其席萬衆睢候莫不驚怪玄性猜暴竟無言者逐狗
改席而已
宋武帝永初二年京邑有狗人言
文帝元嘉二十九年吳興東遷孟慧度婢蠻與狗通好
如夫妻彌年
孝武孝建初顏竣爲左衞於省內聞犬子聲在地中掘
焉得烏犬子養久之後自死
明帝初晉安王子勛稱僞號於尋陽柴桑有狗與女人
交三日不分離
明帝泰始中秣陵張僧護家犬生豕子
白眚白祥
晉武帝太康十年洛陽宮西宜秋里石生地中始高三
尺如香鑪形後如偪人盤薄不可掘案劉向說此白眚
也明年宮車晏駕王宮始騷卒以亂亡京房易傳曰石
立如人庶人爲天下雄此近之矣
晉成帝咸康初地生毛近白眚也孫盛以爲民勞之異
是後胡滅而中原向化將相皆甘心焉於是方鎮屢革
邊戍仍遷皆擁帶部曲動有萬數其間征伐徵賦役無
寧歲天下擾動民以疲怨
咸康三年六月地生毛
晉孝武太元二年五月京都地生毛至四年而氐賊攻
襄陽圍彭城向廣陵征戍仍出兵連不解
太元十四年四月京都地生毛是時苻堅滅後經略多
事
太元十七年四月地生毛
晉安帝隆安四年四月乙未地生毛或白或黑
晉安帝元興三年五月江陵地生毛是後江陵見襲交
戰者數矣
晉安帝義熙三年三月地生白毛
義熙十年三月生白毛明年王旅西討司馬休之又明
年北掃關洛
魏明帝青龍三年正月乙亥隕石于壽光按左氏傳隕
石星也劉歆說曰庶民惟星隕於宋者象宋襄公將得
諸侯而不終也秦始皇時有隕石班固以爲石陰類又
白祥臣將危君是後司馬氏得政
晉武帝太康五年五月丁巳隕石于溫及河陽各二
太康六年正月隕石于溫三
晉成帝咸和八年五月星隕于肥鄉一
咸和九年正月隕石於涼州
吳孫亮五鳳二年五月陽羨縣離里山大石自立按京
房易傳曰庶士爲天子之祥也其說曰石立於山同姓
平地異姓干寶以爲孫晧承廢故之家得位其應也或
曰孫休見立之祥也
晉惠帝元康五年十二月有石生于宜年里
晉惠帝永康元年襄陽郡上言得鳴石撞之聲聞七八
里
晉惠帝太安元年丹陽姑孰縣夏架湖有大石浮二百
步而登岸民驚譟相告曰石來干寶曰尋有石冰入建
業
晉武帝太始八年五月蜀地雨白毛此白祥也是時益
州刺史皇甫晏冒暑伐汶山胡從事何旅固諫不從牙
門張弘等因衆之怨誣晏謀逆害之京房易傳曰前樂
後憂厥妖天雨羽又曰邪人進賢人逃天雨毛其易妖
曰天雨毛羽貴人出走三占皆應也
晉惠帝永寧元年齊王冏舉義軍軍中有小兒出於襄
城繁昌縣年八歲髮體悉白頗能卜於洪範則白祥也
晉車騎大將軍東嬴王騰自并州遷鎮鄴行次眞定時
久積雪而當門前方數尺獨消釋騰怪而掘之得玉馬
高尺許口齒缺騰以馬者國姓上送之以爲瑞然論者
皆云馬而無齒則不得食妖祥之兆衰亡之徵案占此
白祥也是後騰爲汲桑所殺而晉室遂亡
宋文帝元嘉中徐湛之爲丹陽尹夜西門內有氣如練
西南指長數十丈又白光覆屋良久而轉駃乃消此白
祥也
前廢帝景和元年鄧琬在尋陽種紫花皆白白眚也
木沴金
魏齊王正始末河南尹李勝治聽事有小材激墮檛受
符石虎項斷之此木沴金也勝後旬日而敗
晉惠帝元康八年三月郊禖壇石中破爲二此木沴金
也郊禖壇者求子之神位無故而自毁太子將危之妖
也明年愍懷廢死
晉孝武帝太元十年四月謝安出鎮廣陵始發石頭金
鼓無故自破此木沴金之異也天意若曰安徒揚經略
之聲終無其實鉦鼓不用之象也八月以疾還是月薨

宋書卷三十一考證

五行志二吳孫休世烏程民有得困疾及差能以響言
者○響諸本作嚮
會稽餘姚特甚米斗直五百○監本脫斗字今增正
是年二月征北將軍褚裒遣軍伐沛○裒各本訛褒今
改正
蘆葦單衣篾鉤絡於何相求成子閣○成一本作揚者
誤
萬衆睢候莫不驚怪○臣永祚按說文睢訓光美於此
文不合疑往字之訛

宋書卷三十二

梁　沈　約　撰

志第二十二

五行三

五行傳曰棄法律逐功臣殺太子以妾爲妻則火不炎
上謂火失其性而爲災也又曰視之不明是謂不哲厥
咎舒厥罰恒燠厥極疾時則有草妖時則有嬴蟲之孽
時則有羊禍時則有目痾時則有赤眚赤祥惟水沴火
嬴蟲劉歆傳以爲羽蟲
火不炎上
魏明帝太和五年五月清商殿災初帝爲平原王納河
南虞氏爲妃及卽位不以爲后更立典虞車工卒毛嘉
女是爲悼皇后后本仄微非所宜升以妾爲妻之罰也
魏明帝青龍元年九月洛陽宮鞠室災
二年四月崇華殿災延于南閣繕復之至三年七月此
殿又災帝問高堂隆此何咎也於禮寧有所禳之義乎
對曰夫災變之發皆所以明敎誡也唯率禮修德可以
勝之易傳曰上不儉下不節孽火燒其室又曰君高其
臺天火爲災此人君苟飾宮室不知百姓空竭故天應
之以旱火從高殿起也案舊占災火之發皆以臺榭宮
室爲誡今宜罷散民役務從節約清掃所災之處不敢
於此有所營造蓂莢嘉禾必生此地以新陛下虔恭之
德不從遂復崇華殿改曰九龍以郡國前後言龍見者
九故以爲名多棄法度疲民逞欲以妾爲妻之應也
吳孫亮建興元年十二月武昌端門災改作端門又災
內殿案春秋魯雉門及兩觀災董仲舒以爲天意欲使
定公誅季氏若曰去其高顯而奢僭者也漢武帝世遼
東高廟災其說又同今此與二事頗類也且門者號令
所出殿者聽政之所是時諸葛恪秉政而矜慢放肆孫
峻總禁旅而險害終著武昌孫氏尊號所始天戒若曰
宜除其貴要之首者恪果喪衆殄民峻授政於綝綝廢
亮也或曰孫權毁徹武昌以增太初宮諸葛恪有遷都
意更起門殿事非時宜故見災也京房易傳曰君不思
道厥妖火燒宮
吳孫亮太平元年二月朔建業火人火之也是秋孫綝
始秉政矯以亮詔殺呂據滕胤明年又輒殺朱異棄法
律逐功臣之罰也
吳孫休永安五年二月白虎門北樓災六年十月石頭
小城火燒西南百八十丈是時嬖人張布專擅國勢多
行無禮而韋昭盛沖終斥不用兼遣蔡戰等爲使驚擾
州郡致使交趾反亂是其咎也
吳孫晧建衡二年三月大火燒萬餘家死者七百人案
春秋齊火劉向以爲桓公好內聽女口妻妾數更之罰
也晧制令詭暴蕩棄法度勞臣名士誅斥甚衆後宮萬
餘女謁數行其中隆寵佩皇后璽者又多矣故有大火
晉武帝太康八年三月乙丑震災西閣楚王所止坊及
臨商觀窻
十年四月癸丑崇賢殿災十月庚辰含章鞠室修成堂
前廡內坊東屋暉章殿南閣火時有上書者曰漢王氏
五侯兄弟迭任今楊氏三公並在大位天變屢見竊爲
陛下憂之楊珧由是乞退是時帝納馮紞之間廢張華
之功聽楊駿之譖離衞瓘之寵此逐功臣之罰也明年
宮車晏駕其後楚王承竊發之旨戮害二公身亦不免
震災其坊又天意乎
晉惠帝元康五年閏月庚寅武庫火張華疑有亂先固
守然後救災是以累代異寶王莽頭孔子履漢高斷白
蛇劍及二百萬人器械一時蕩盡是後愍懷見殺殺太
子之罰也天戒若曰夫設險擊柝所以固其國儲積戎
器所以戒不虞今冢嗣將傾社稷將泯禁兵無所復施
皇旅又將誰衞帝后不悟終喪四海是其應也張華閤

纂皆曰武庫火而氏羌反太子見廢則四海可知矣

元康八年十二月高原陵火是時賈后凶恣賈謐擅朝惡積釁稔宜見誅絶天戒若曰臣妾之不可者雖親貴莫比猶宜忍而誅之如吾燔高原陵也帝既眊弱而張華又不納裴頠劉卞之謀故后遂與謐誣殺太子也干寶云高原陵火太子廢其應也漢武帝世高園便殿火董仲舒對與此占同

晉惠帝永康元年帝納皇后羊氏后將入宮衣中忽有火衆咸怪之太安二年后父玄之以成都之逼憂死永興元年成都遂廢后處之金墉城而殺其叔父同之是後還立立而復廢者四又詔賜死荀藩表全之雖末還在位然憂逼折辱終古未聞此孽火之應

晉惠帝永興二年七月甲午尚書諸曹火延崇禮闥及閣道夫百揆王化之本王者棄法律之應也清河王覃入爲晉嗣不終于位又殺太子之罰也

晉孝懷帝永嘉四年十一月襄陽火死者三千餘人是時王如自號大將軍司雍二州牧衆四五萬攻略郡縣以爲己邑都督力屈嬰城自守賊遂攻逼襄陽此下陵上陽失節火災出也

晉元帝太興中王敦鎭武昌武昌火起興衆救之救於此而發於彼東西南北數十處俱應數日不絶班固所謂濫炎妄起雖興師不能救之之謂也干寶曰此臣而君行亢陽失節之災也

晉元帝永昌二年正月癸巳京都大火三月饒安東光安陵三縣火燒七千餘家死者萬五千人

晉明帝大寧元年正月京都火是時王敦威侮朝廷多行無禮內外臣下咸懷怨毒極陰生陽故有火災與董仲舒說春秋陳火同事也

晉穆帝永和五年六月震災石虎太武殿及兩廂端門光爛照天金石皆盡火月餘乃滅是年四月石虎死矣其後胡遂滅亡

晉海西太和中郗愔爲會稽六月大旱災火燒數千家延及山陰倉米數百萬斛炎烟蔽天不可撲滅

晉孝武帝寧康元年三月京都風火大起是時桓溫入朝志在陵上少主踐位人懷憂恐此與大寧火同事

晉孝武帝太元十年正月立國子學學生多頑嚚因風放火焚房百餘間是後考課不厲賞黜無章有育才之名無收賢之實書云知人則哲此不哲之罰先兆也

太元十三年十二月乙未延賢堂災丙申螽斯則百堂及客館驃騎庫皆災于時朝多弊政衰陵日兆不哲之罰皆有象類主相不悟終至亂亡云

晉安帝隆安二年三月龍舟二乘災是水沴火也

晉安帝元興元年八月庚子尚書下舍曹火

元興三年盧循攻略廣州刺史吳隱之閉城固守是年十月壬戌夜大火起時民人避寇盈滿城內隱之懼有應賊但務嚴兵不先救火由是府舍焚燒蕩盡死者萬餘人因遂散潰悉爲賊擒殆與襄陽火同占也

晉安帝義熙四年七月丁酉尚書殿中吏部曹火

義熙十一年京都所在大行火災吳界尤甚火防甚峻猶自不絶王弘時爲吳郡白日在廳事上見天上有一赤物下狀如信幡徑集路南人家屋上火即復大發弘知天爲之災不罪火主

宋文帝元嘉五年正月戊子京邑大火

元嘉七年十二月乙亥京邑火延燒太社北墻

元嘉二十九年三月壬午京邑大火風雷甚壯

後廢帝元徽三年正月己巳京邑大火

元徽三年三月戊辰京邑大火火燒二岸數千家

恒燠

庶徵之恒燠劉向班固以冬亡冰及霜不殺草應之京房易傳又曰夏則暑殺人冬則物華實

吳孫亮建興元年九月桃李華孫權世政煩賦重民彫於役是時諸葛恪始輔政息校官原逋責除關梁崇寬厚此舒緩之應也一說桃李寒華爲草妖或屬華孽

魏少帝景元三年十月桃李華自高貴弑死之後晉文王深樹恩德事崇優緩此其應也

晉穆帝永和九年十二月桃李華是時簡文輔政事多弛略舒緩之應也

宋順帝昇明元年十月於潛桃李柰結實

草妖

漢獻帝建安二十五年春正月魏武帝在洛陽將起建始殿伐濯龍樹而血出又掘徙梨根傷亦血出帝惡之遂寢疾是月崩蓋草妖又赤祥也是歲魏文帝黃初元年也

吳孫亮五鳳元年六月交阯稗草化爲稻昔三苗將亡五穀變種此草妖也其後亮廢

蜀劉禪景耀五年宮中大樹無故自折譙周憂之無所與之言乃書柱曰衆而大其之會具而授若何復言曹者衆也魏者大也衆而大天下其當會也具而授如何復有立者乎蜀果亡如周言此草妖

吳孫晧天璽元年吳郡臨平湖自漢末穢塞是時一夕忽開除無草長老相傳此湖塞天下亂此湖開天下平吳尋亡而九服爲一

吳孫晧天紀三年八月建業有鬼目菜生于黃狗家依緣棗樹長丈餘莖廣四尺厚二分又有蕒菜生于吳平家高四尺如枇杷形上圓徑一尺八寸莖廣五寸兩邊生葉綠色東觀案圖名鬼目作芝草蕒菜作平慮遂以狗爲侍芝郎平爲平慮郎皆銀印青綬干寶曰明年晉平吳王濬止船正得平渚姓名顯然指事之徵也黃狗者吳以土運承漢故初有黃龍之瑞及其季年而有鬼目之妖託黃狗之家黃稱不改而貴賤大殊天道精微之應也

晉惠帝元康二年春巴西郡界竹生花紫色結實如麥外皮青中赤白味甘

元康九年六月庚子有桑生東宮西廂日長尺餘甲辰枯死此與殷太戊同妖太子不能悟故至廢戮也班固稱野木生朝而暴長小人將暴居大臣之位危亡國家之象朝將爲墟也是後孫秀張林尋用事遂至大亂

晉惠帝永康元年四月丁巳立皇孫臧爲皇太孫五月甲子就東宮桑又生於西廂明年趙倫篡位鴆殺臧此與愍懷同妖也

永康元年四月壯武國有桑化爲柏是月張華遇害

晉孝懷帝永嘉三年冬項縣桑樹有聲如解材民謂之桑林哭案劉向說桑者喪也又爲哭聲不祥之甚是時京師虛弱胡寇交逼司馬越無衞上國之心四年冬委而南出至五年春薨于此城石勒邀其衆圍而射之王公以下至庶人死者十餘萬人又剖越棺焚其尸是敗也中原無所請命洛京尋没桑哭之應也

永嘉六年五月無錫縣有四株茱萸樹相樛而生狀若連理先是郭景純筮延陵偃鼠遇臨之益曰後當復有妖樹生若瑞而非辛螫之木也儻有此東南數百里必有作逆者其後徐馥作亂此草妖也郭以爲木不曲直

永嘉六年七月豫章郡有樟樹久枯是月忽更榮茂與昌邑枯社復生同占懷帝不終其祚元帝由支族興之應也

晉明帝太寧元年九月會稽剡縣木生如人面是後王敦稱兵作逆禍敗無成漢哀靈之世並有此妖而人貌備具故其禍亦大今此但人面而已故其變亦輕

晉成帝咸和六年五月癸亥曲阿有柳樹倒地六載是月忽復起生咸和九年五月甲戌吳雄家有死榆樹是日因風雨起生與漢上林斷柳起生同象初康帝爲吳王于時雖改封琅邪而猶食吳郡爲邑是帝越正體饗國之象也曲阿先亦吳地象見吳邑雄舍又天意也

晉哀帝興寧三年五月癸卯廬陵西昌縣修明家有死栗樹是日忽起生時孝武年四歲而簡文居蕃四海宅心及得位垂統則祚隆孝武識者竊曰西昌修明之祥帝諱實應之矣是與漢宣帝顛同象也

晉海西太和元年涼州楊樹生松天戒若曰松不改柯易葉楊者柔脆之木此永久之業將集危亡之地是後張天錫降氐

晉孝武太元十四年六月建寧銅樂縣枯木斷折忽然自立相屬京房易傳曰棄正作淫厥妖木斷自屬妃后有專木仆乃立是時治道方僻多失其正其後張夫人專寵及帝崩兆庶歸咎張氏焉

晉安帝元興三年荊江二界生竹實如麥

晉安帝義熙二年九月揚州營揚武將軍陳蓋家有苦蕒菜莖高四尺六寸廣三尺二寸此殆與吳終同象也

義熙中宮城上御道左右皆生蒺藜草妖也蒺藜有棘不可踐而行生牆及馳道天戒若曰人君拱嘿不能聽政雖居宸極猶若空宮雖有御道未嘗馳騁皆生蒺藜若空廢也

義熙八年太社生薰樹于壇側薰於文尚黑宋水德將王之符也

羽蟲之孽

魏文帝黃初四年五月有鵜鶘鳥集靈芝池案劉向說此羽蟲之孽又青祥也詔曰此詩人所謂汙澤者也曹詩刺恭公遠君子近小人今豈有賢智之士處于下位否則斯鳥胡爲而至哉其博舉天下儁德茂才獨行君子以答曹人之刺於是楊彪管寧之徒咸見薦舉此謂覩妖知懼者也雖然不能優容亮直而多溺偏私矣京房易傳曰辟退有德厥妖水鳥集于國井

黃初末宮中有鷰生鷹口爪俱赤此與商紂宋隱同象

景初元年又有鷰生鉅鷇於衞國消桃里李蓋家形若鷹吻似燕案劉向說此羽蟲之孽又赤眚也高堂隆曰此魏室之大異宜防鷹揚之臣於蕭牆之內其後晉宣王起遂有魏室

漢獻帝建安二十三年禿鶖鳥集鄴宮文昌殿後池明年魏武王薨

魏文帝黃初三年又集雒陽芳林園池七年又集其夏文帝崩景初末又集芳林園池前世再至輒有大喪帝惡之其明年崩

蜀劉禪建興九年十月江陽至江州有鳥從江南飛渡江北不能達墮水死者以千餘是時諸葛亮連年動衆志吞中夏而終死渭南所圖不遂又諸將分爭頗喪徒旅鳥北飛不能達墮水死皆有其象也亮竟不能過渭又其應乎此與漢楚國烏鬬墮泗水狗類矣

魏明帝青龍三年戴鵀巢鉅鹿人張臶家臶博學有高節不應袁紹高榦之命魏太祖辟亦不至優游嘉遁門徒數百太守王肅雅敬焉時年百餘歲謂門人曰戴鵀陽鳥而巢于門陰此凶祥也乃援琴歌詠作詩二首旬日而卒按占羽蟲之孽也

魏明帝景初元年陵霄闕始構有鵲巢其上鵲體白黑雜色此羽蟲之孽又白黑祥也帝以問高堂隆對曰詩云惟鵲有巢惟鳩居之今興起宮室而鵲來巢此宮室未成身不得居之之象天意若曰宮室未成將有它姓制御之不可不深慮於是帝改容動色

吳孫權赤烏十二年四月有兩鳥銜鵲墮東館權使領丞相朱據燎鵲以祭案劉歆說此羽蟲之孽又黑祥也視不明聽不聰之罰也是時權意溢德衰信讒好殺二子將危將相俱殆覩妖不悟加之以燎昧道之甚者也明年太子和廢魯王霸賜死朱據左遷陸議憂卒是其應也東館典教之府鵲墮東館又天意乎

吳孫權太元二年正月封前太子和爲南陽王遣之長沙有鵲巢其帆檣和故宮僚聞之皆憂慘以爲檣末傾危非久安之象是後果不得其死

吳孫亮建興二年十一月大鳥五見于春申吳人以爲鳳凰明年改元爲五鳳漢桓帝時有五色大鳥司馬彪云政治衰缺無以致鳳乃羽蟲孽耳孫亮未有德政孫峻驕暴方甚此與桓帝同事也案瑞應圖大鳥似鳳而爲孽者非一疑皆是也

吳孫晧建衡三年西苑言鳳凰集以之改元義同於亮

晉武帝泰始四年八月翟雉飛上閶闔門趙倫既篡洛陽得異鳥莫能名倫使人持出周旋城邑匝以問人積日宮西有小兒見之遂自言曰服留鳥翳持者卽還白倫倫使更求小兒至又見之將入宮密籠鳥閉兒戶中明日視悉不見此羽蟲之孽又妖之甚者也

趙倫篡位有鶉入太極殿雉集東堂按太極東堂皆朝享聽政之所而鶉雉同日集之者天意若曰不當居此位也詩云鶉之彊彊鵲之奔奔人之無良我以爲君其此之謂乎昔殷宗感雊雉懼而修德倫覩二物曾不知戒故至滅亡也

晉孝懷帝永嘉元年二月洛陽東北步廣里地陷有鵝出蒼色者飛翔沖天白者止焉此羽蟲之孽又黑白祥也董養曰步廣周之狄泉盟會地也白者金色蒼爲胡象其可盡言乎是後劉淵石勒相繼擅華懷愍二帝淪滅非所

晉孝懷帝世周玘家有鵝在籠中而頭斷籠外玘亡後家誅

晉明帝太寧三年八月庚戌有鳥二蒼黑色翼廣一丈四尺其一集司徒府射而殺之其一集市北家人舍亦獲焉此羽蟲之孽又黑祥也閏月戊子帝崩後有蘇峻祖約之亂

晉成帝咸和二年正月有五鵰鳥集殿庭此又白祥也是時庾亮苟違衆謀將召蘇峻有言不從之咎故白祥先見也三年二月峻果作亂宮室焚毀化爲汙萊其應也

晉成帝咸康八年七月白鷺集殿屋是時康帝始卽位此不永之祥也後涉再朞而帝崩劉向曰野鳥入處宮室將空張瓘在涼州正朝放隹雀諸鳥出手便死左右放者悉飛去

晉孝武帝太元十六年正月鵲巢太極東頭鴟尾又巢國子學堂西頭十八年東宮始成十九年正月鵲又巢其西門此殆與魏景初同占學堂風教所聚西門金行之祥也

晉安帝義熙三年龍驤將軍朱猗戍壽陽婢炊飯忽有羣鳥集竈競來啄噉婢驅逐不去有獵狗咋殺鳥鵲餘者因共啄狗卽死又噉肉唯餘骨存五年六月猗死

宋武帝永初三年臨軒拜徐羨之爲司徒百僚陪位有一野鸛集太極鴟尾鳴呼

少帝景平二年春鸛巢太廟西鴟尾驅去復還文帝元嘉二年春有江鷗鳥數百集太極殿前小階內明年誅徐羨之等

羊禍

晉成帝咸和二年五月司徒王導廐羊生無後足此羊禍也京房易傳曰足少者下不勝任也明年蘇峻入京都導與成帝俱幽石頭僅乃免身是其應也

宋孝武帝大明七年永平郡獻三角羊羊禍也

赤眚赤祥

公孫淵時襄平北市生肉長圍各數尺有頭目口喙無手足而動搖此赤眚也占曰有形不成有體無聲其國滅亡淵尋爲魏所誅

吳戍將鄧嘉殺豬祠神治畢縣之忽見一人頭往食肉嘉引弓射中之咋咋作聲繞屋三日近赤祥也後人白嘉謀北叛闔門被誅京房易妖曰山見葆江于邑邑有兵狀如人頭赤色

吳諸葛恪將見誅盥洗水血臭侍者授衣衣亦臭此近赤祥也

晉武帝太康七年十一月河陰有赤雪二頃此赤祥也後涉四載而帝崩王宮遂亂

晉惠帝元康五年三月呂縣有流血東西百餘步此赤祥也元康末窮凶極亂僵尸流血之應也干寶以爲後八載而封雲亂徐州殺傷數萬人是其應也

晉惠帝永康元年三月尉氏雨血夫政刑舒緩則有常燠赤祥之妖此歲正月送愍懷太子幽于許宮天戒若曰不宜緩恣姦人將使太子冤死惠帝愚眊不悟是月愍懷遂斃於是王室釁成禍流天下淖齒殺齊閔王日天雨血沾衣天以告也此之謂乎京房易傳曰歸獄不解茲謂追非厥咎天雨血茲謂不親民有怨心不出三年無其宗人又曰佞人祿功臣戮天雨血

晉愍帝建興四年十二月丙寅丞相府斬督運令史淳于伯血逆流上柱二丈三尺此赤祥也是時後將軍褚裒鎮廣陵丞相揚聲北伐伯以督運稽留及役使臧罪依征軍法戮之其息訴稱伯督運事訖無所稽乏受賕役使罪不及死兵家之勢先聲後實實是屯戍非爲征軍自四年以來運漕稽停皆不以軍興法論僚佐莫之理及有此變司直彈劾衆官元帝又無所問於是頻旱三年干寶以爲寃氣之應也郭景純曰血者水類同屬於坎坎爲法家水平潤下不宜逆流此政有咎失之徵也

宋書卷三十二考證

五行志三內坊東屋○內坊一本作丙坊

魏明帝青龍三年戴鵀巢鉅鹿人張臶家臶博學有高節○監本無臶家二字今依別本改正

宋書卷三十三

梁 沈約 撰

志第二十三

五行四

五行傳曰簡宗廟不禱祠廢祭祀逆天時則水不潤下謂水失其性而爲災也又曰聽之不聰是謂不謀厥罰恒寒厥極貧時則有鼓妖時則有魚孽時則有豕禍時則有耳痾時則有黑眚黑祥惟火沴水魚孽劉歆傳以爲介蟲之孽謂蝗屬也

水不潤下

魏文帝黃初四年六月大雨霖伊洛溢至津陽城門漂數千家流殺人初帝卽位自鄴遷洛營造宮室而不起宗廟太祖神主猶在鄴嘗於建始殿饗祭如家人之禮終黃初不復還鄴而圓丘方澤南北郊社稷等神位未有定所此簡宗廟廢祭祀之罰也京房易傳曰顓事有加誅罰絕理厥災水其水也雨殺人已隕霜大風天黃饑而不損茲謂泰厥大水水殺人避遏有德茲謂狂厥水水流殺人也已水則地生蟲歸獄不解茲謂追非厥水寒殺人追誅不解茲謂不理厥水五穀不收大敗不解茲謂皆陰厥水流入國邑隕霜殺穀

吳孫權赤烏八年夏茶陵縣鴻水溢出流漂二百餘家十二年秋丹陽故鄣等縣又鴻水溢案權稱帝三十年竟不於建業創七廟但有父堅一廟遠在長沙而郊禋禮闕嘉禾初羣臣奏宜郊祀又弗許末年雖一南郊而北郊遂無聞焉且三江五湖衡霍會稽皆吳楚之望亦不見秩反禮羅陽妖神以求福助天意若曰權簡宗廟不禱祠廢祭祀示此罰欲其感悟也

太元元年又有大風涌水之異是冬權南郊疑是鑒咎徵乎還而寢疾明年四月薨一曰權時信納譖訴雖陸議勳重子和儲貳猶不得其終與漢安帝聽讒免楊震廢太子同事也且赤烏中無年不用兵百姓愁怨八年秋將軍馬茂等又圖逆云

魏明帝景初元年九月淫雨過常冀兗徐豫四州水出沒溺殺人漂失財產帝自初卽位便淫奢極欲多占幼女或奪士妻崇飾宮室妨害農戰觸情恣欲至是彌甚號令逆時饑不損役此水不潤下之應也

吳孫亮五鳳元年夏大水亮卽位四年乃立權廟又終吳世不上祖宗之號不修嚴父之禮昭穆之數有闕亮及休晧又並廢二郊不秩羣神此簡宗廟不祭祀之罰也又是時孫峻專政陰勝陽之應乎

吳孫休永安四年五月大雨水泉涌溢昔歲作浦里塘功費無數而田不可成士卒死叛或自賊殺百姓愁怨陰氣盛也休又專任張布退盛沖等吳人賊之之應也
吳孫休永安五年八月壬午大雨震電水泉涌溢
晉武帝太始四年九月青徐兗豫四州大水七年六月大雨霖河洛伊沁皆溢殺二百餘人帝即尊位不加三后祖宗之號太始二年又除明堂南郊五帝坐同稱昊天上帝一位而已又省先后配地之禮此簡宗廟廢祭祀之罰與漢成帝同事一曰昔歲及此年藥蘭泥白虎文秦涼殺刺史胡烈牽弘遣田璋討泥又司馬望以大衆次淮北禦孫晧內外兵役西州饑亂百姓愁怨陰氣盛也咸寧初始上祖宗號太熙初還復五帝位
晉武帝咸寧元年九月徐州水二年七月癸亥河南魏郡暴水殺百餘人八月荆州郡國五大水去年采擇良家子女露面入殿帝親簡閱務在姿色不訪德行有蔽匿者以不敬論搢紳愁怨天下非之陰盛之應也
咸寧三年六月益梁二州郡國八暴水殺三百餘人七月荆州大水九月始平郡大水十月青徐兗豫荆益梁七州又水是時賈充等用事日盛而正人疏外者多
咸寧四年七月司冀兗豫荆揚郡國二十大水
晉武帝太康二年六月泰山江夏大水泰山流三百家殺六千餘人江夏亦殺人是時平吳後王濬爲元功而詆劾妄加荀賈爲無謀而並蒙重賞收吳姬五千納之後宮此其應也
太康四年七月司豫徐兗荆揚郡國二十大水傷秋稼壞屋室有死者
太康六年三月青涼幽冀郡國十五大水
太康七年九月西方安定等郡國八大水
太康八年六月郡國八大水
晉惠帝元康二年有水災
元康五年五月頴川淮南大水六月城陽東莞大水殺人荆揚徐兗豫五州又大水是時帝即位已五載猶未郊祀烝嘗亦多不身親近簡宗廟廢祭祀之罰也班固曰王者即位必郊祀天地望秩山川若乃不敬鬼神政令違逆則霧水暴至百川逆溢壞鄉邑溺人民水不潤下也
元康六年五月荆揚二州大水按董仲舒說水者陰氣盛也是時賈后亂朝寵樹賈郭女主專政之應也
元康八年五月金墉城井水溢漢成帝時有此妖班固以爲王莽之象及趙倫篡位即此應也倫廢帝於此城井溢所在又天意乎
元康八年九月荆揚徐兗冀五州大水是時賈后暴戾滋甚韓謐驕猜彌扇卒害太子旋亦禍滅
元康九年四月宮中井水沸溢
晉惠帝永寧元年七月南陽東海大水是時齊王冏秉政專恣陰盛之應
晉惠帝大安元年七月兗豫徐冀四州水時將相力攻無尊主心
晉孝懷帝永嘉四年四月江東大水是時王導等潛懷翼戴之計陰氣盛也
晉元帝大興三年六月大水是時王敦內懷不臣傲狠作威後終夷滅
大興四年七月大水明年有石頭之敗
晉元帝永昌二年五月荆州及丹陽宣城吳興壽春大水
晉明帝太寧元年五月丹陽宣城吳興壽陽大水是時王敦疾害忠良威權震主尋亦誅滅
晉成帝咸和元年五月大水是時嗣主幼沖母后稱制庾亮以元舅民望決事禁中陰勝陽也
咸和二年五月戊子京都大水是冬蘇峻稱兵都邑塗炭
咸和四年七月丹陽宣城吳興會稽大水是冬郭默作亂荆豫共討之半歲乃定
咸和七年五月大水是時帝未親務政在大臣陰勝陽也
晉成帝咸康元年八月長沙武陵大水是年三月石虎掠騎至歷陽四月圍襄陽於是加王導大司馬集徒旅又使趙鳳路永劉允之陳光五將軍各帥衆戍衞百姓愁怨陰氣盛也
晉穆帝永和四年五月大水是時幼主沖弱母后臨朝又將相大臣各爭權政與咸和初同事也
永和五年五月大水
永和六年五月大水
永和七年七月甲辰夜濤水入石頭死者數百人去年殷浩以私忿廢蔡謨遐邇非之又幼主在上而殷桓交惡選徒聚甲各崇私權陰勝陽之應也一說濤入石頭江右以爲兵占是後殷浩桓温謝尚荀羨連年征伐
晉穆帝升平二年五月大水是時桓温權制朝廷征伐是專
升平五年四月大水
晉海西太和六年六月京都大水平地數尺侵及太廟朱雀大航纜斷三艘流入大江丹陽晉陵吳國吳興臨海五郡又大水稻稼蕩沒黎庶饑饉初四年桓温北伐敗績十喪其九五年又征淮南踰歲乃克百姓愁怨之應也
晉簡文帝咸安元年十二月壬午濤水入石頭明年妖賊盧竦率其屬數百人入殿略取武庫三庫甲仗游擊將軍毛安之討滅之
晉孝武帝太元三年六月大水是時孝武幼弱政在將相
太元五年大水去年氐賊攻沒襄陽又向廣陵於是逼徙江淮民悉令南渡三州失業道殣相望謝玄雖破句難等自後征戍不已百姓愁怨之應也
太元六年六月荆江揚三州大水
太元十年夏大水初八年破苻堅自後有事中州役無已歲兵民愁怨之應也
太元十三年十二月濤水入石頭明年丁零鮮卑寇擾司兗鎮戍西北疲於奔命
太元十五年七月兗州大水是時緣河紛爭征戍勤悴
太元十七年六月甲寅濤水入石頭毀大航漂船舫有死者京口西浦亦濤入殺人永嘉郡潮水涌起近海四縣人民多死後四年帝崩而王恭再攻京師京師亦發大衆以禦之
太元十九年七月荆州彭城大水傷稼
太元二十年荆州彭城大水
太元二十一年五月癸卯大水是時政事多弊兆庶非之
晉安帝隆安三年五月荆州大水去年殷仲堪舉兵向京都是年春又殺郗恢陰盛作威之應也仲堪尋亦敗亡
隆安五年五月大水是時司馬元顯作威陵上又桓玄擅西夏孫恩亂東國陰勝陽之應也
晉安帝元興二年十二月桓玄篡位其明年二月庚寅夜濤水入石頭是時貢使商旅方舟萬計漂敗流斷骸骼相望江右雖有濤變未有若斯之甚三月義軍克京都玄敗走遂夷滅
元興三年二月己丑朔夜濤水入石頭漂沒殺人大航流敗
晉安帝義熙元年十二月己未濤水入石頭
義熙二年十二月己未夜濤水入石頭明年駱球父環潛結桓胤殷仲文等謀作亂劉稚亦謀反凡所誅滅數十家
義熙三年五月丙午大水
義熙四年十二月戊寅濤水入石頭明年王旅北討鮮卑
義熙六年五月丁巳大水乙丑盧循至蔡洲
義熙八年六月大水
義熙九年五月辛巳大水
義熙十年五月丁丑大水戊寅西明門地穿涌水出毀門扉及限七月乙丑淮北災風大水殺人
義熙十一年七月丙戌大水淹漬太廟百官赴救明年王旅北討關河
宋文帝元嘉五年六月京邑大水七年右將軍到彥之率師入河
元嘉十一年五月京邑大水十三年司空檀道濟誅
元嘉十二年六月丹陽淮南吳吳興義興五郡大水京邑乘船
元嘉十八年五月江水汎溢沒居民害苗稼明年右軍將軍裴方明率雍梁之衆伐仇池
元嘉十九年二十年東都諸郡大水
元嘉二十九年五月京邑大水
孝武帝孝建元年八月會稽大水平地八尺後二年虜寇青冀州遣羽林軍卒討伐
孝武帝大明元年五月吳興義興大水
大明四年八月雝州大水
大明四年南徐南兗州大水
後廢帝元徽元年六月壽陽大水
順帝昇明元年七月雝州大水甚於關羽樊城時
昇明二年二月於潛翼異山一夕五十二處水出流漂居民七月丙午朔濤水入石頭居民皆漂沒

恒寒

庶徵之恒寒劉歆以爲大雨雪及未當雨雪而雨雪及大雨雹隕霜殺菽草皆常寒之罰也京房易傳曰有德遭險茲謂逆命厥異寒誅罰過深當燠而寒盡六日亦爲雹害正不誅茲謂養賊寒七十二日殺飛禽道人始去茲謂傷其寒物無霜而死涌水出戰不量敵茲謂辱命其寒雖雨物不茂
吳孫權嘉禾三年九月朔隕霜傷穀按劉向說誅罰不由君出在臣下之象也是時校事呂壹專作威福與漢元帝時石顯用事隕霜同應班固書九月二日陳壽言

朔皆明未可以傷穀也壹後亦伏誅京房易傳曰興兵妄誅茲謂亡法厥災霜夏殺五穀冬殺麥誅不原情茲謂不仁其霜夏先大雷風冬先雨乃隕霜有芒角賢聖遭害其霜附木不下地佞人依刑茲謂私賊其霜在草根土隙閒不敎而誅茲謂虐其霜反在草下

嘉禾四年七月雨雹又隕霜案劉向說雹者陰脅陽是時呂壹作威用事詆毁重臣排陷無辜自太子登以下咸患毒之而壹反獲封侯寵異與春秋公子遂專任兩雹同應也漢安帝信讒多殺無辜亦雨雹董仲舒曰凡雹皆爲有所脅行專一之政故也

吳孫權赤烏四年正月大雪平地深三尺鳥獸死者太半是年夏全琮等四將軍攻略淮南襄陽戰死者千餘人其後權以讒邪數責讓陸議議憤恚致卒與漢景武大雪同事也

赤烏十一年四月雨雹是時權聽讒將危太子其後朱據屈晃以迕意黜辱陳象以忠諫族誅而太子終廢此有德遭險誅罰過深之應也

晉武帝太始六年冬大雪

太始七年十二月大雪明年有步闡楊肇之敗死傷甚衆

太始九年四月辛未隕霜是時賈充親黨比周用事與魯定公漢元帝時隕霜同應也

晉武帝咸寧二年八月平原安平上黨秦郡霜害三豆

咸寧三年八月河閒暴風寒冰郡國五隕霜傷穀是役大舉征吳馬隆又帥精勇討涼州

咸寧五年五月丁亥鉅鹿魏郡雨雹傷禾麥辛卯鴈門雨雹傷秋稼

咸寧五年六月庚戌汲郡廣平陳留滎陽雨雹丙辰又雨雹損傷秋麥千三百餘頃壞屋百三十餘閒癸亥安定雨雹七月丙申魏郡又雨雹閏月壬子新興又雨雹八月庚子河東弘農又雨雹兼傷秋稼三豆

晉武帝太康元年三月河東高平霜雹傷桑麥四月河南河內河東魏郡弘農雨雹傷麥豆五月東平平陽上黨鴈門濟南雨雹傷禾麥三豆

太康元年四月庚午畿內縣二及東平范陽縣雨雹癸酉畿內縣五又雨雹是時王濬有大功而權戚互加陷抑帝從容不斷陰脅陽之應也

太康二年二月辛酉隕霜于濟南琅邪傷麥壬申琅邪雨雪傷麥三月甲午河東隕霜害桑

太康二年五月丙戌城陽章武琅邪庚寅河東樂安東平濟陰弘農濮陽齊國頓丘魏郡河內汲郡上黨雨雹傷禾稼

太康二年六月郡國十六雨雹

太康三年十二月大雪

太康五年七月乙卯中山東平雨雹傷秋稼

太康五年七月甲辰中山雨雹九月南安大雪折木

太康六年二月東海霜傷桑麥

太康六年三月戊辰齊郡臨菑長廣不其等四縣樂安梁鄒等八縣琅邪臨沂等八縣河閒易城等六縣高陽北新城等四縣隕霜傷桑麥

太康六年六月滎陽汲郡鴈門雨雹

太康八年四月齊國天水二郡隕霜十二月大雪

太康九年正月京都大風雨雹發屋拔木四月隴西隕霜

太康十年四月郡國八隕霜

晉惠帝元康二年八月沛及湯陰雨雹

元康三年四月滎陽雨雹弘農湖華陰又雨雹深三尺是時賈后凶淫專恣與春秋魯桓夫人同事陰氣盛也

元康五年六月東海雨雹深五寸十二月丹陽雨雹

元康五年十二月丹陽建業大雪

元康六年三月東海隕霜殺桑麥

元康七年五月魯國雨雹七月秦雍二州隕霜殺稼

元康九年三月旬有八日河南滎陽潁川隕霜傷禾五月雨雹是時賈后凶躁滋甚是冬遂廢愍懷

晉惠帝永寧元年七月襄城雨雹是時齊王冏專政十月襄城河南高平平陽風雹折木傷稼

晉惠帝光熙元年閏八月甲申朔霰雪劉向曰盛陽雨水湯熱陰氣脅之則轉而爲雹盛陰雨雪凝滯陽氣薄之則散而爲霰今雪非其時此聽不聰之應也

晉孝懷帝永嘉元年十二月冬雪平地三尺

永嘉七年十月庚午大雪

晉愍帝建興元年十一月戊午會稽大雨震電己巳夜赤氣曜於西北是夕大雨震電庚午大雪案劉向說雷以二月出八月入此月雷電者陽不閉藏也既發泄而明日便大雪皆失節之異也是時劉載僭號平陽李雄稱制於蜀九州幅裂西京孤微爲君失時之象

晉元帝太興二年三月丁未成都風雹殺人

太興三年三月海鹽郡雨雹是時王敦陵上

晉元帝永昌二年十二月幽冀并三州大雪

晉明帝太寧元年十二月幽冀并州大雪

太寧二年四月庚子京都大雨雹燕雀死

太寧三年三月丁丑雨雹癸巳隕霜四月大雨雹是年帝崩尋有蘇峻之亂

晉成帝咸和六年三月癸未雨雹是時帝幼弱政在大臣

咸和九年八月成都雪其日李雄死

晉成帝咸康二年正月丁巳皇后見于太廟其夕雨雹

晉康帝建元元年八月大雪是時政在將相陰氣盛也與春秋魯昭公時季孫宿專政同事劉向曰凡雨陰也雪又雨之陰也出非其時迫近象也

晉穆帝永和三年八月冀方大雪人馬多凍死

永和五年六月臨漳暴震雷雨雹大如升

永和十年五月涼州雪明年八月枹罕護軍張瓘帥宗混等攻滅張祚更立張曜弟玄靚京房易傳曰夏雪戒臣爲亂

永和十一年四月壬申朔雪十二月戊午靁己未靁是時帝幼母后稱制政在大臣

晉穆帝升平二年正月大雪

晉孝武帝太元二年四月己酉雨雹十二月大雪時帝幼弱政在將相

太元十二年四月己丑雨雹是時有事中州兵役連歲

太元二十年五月癸卯上虞雨雹

太元二十一年四月丁亥雨雹是時張夫人專幸及帝暴崩兆庶尤之

太元二十一年十二月連雪二十三日是時嗣主幼冲冢宰專政

晉安帝隆安二年三月己卯雨雹是秋王恭殷仲堪內侮終皆誅

晉安帝元興二年十二月酷寒過甚是時桓玄篡位政事煩苛是其應也晉氏失在舒緩玄則反之劉向曰周衰無寒歲秦滅無燠年此之謂也

元興三年正月甲申霰雪又靁靁霰不應同日失節之應也二月義兵起玄敗

元興三年四月丙午江陵雨雹是時安帝蒙塵

晉安帝義熙元年四月壬申雨雹是時四方未一鉦鼓日戒

義熙五年三月己亥雪深數寸

義熙五年五月癸巳溧陽雨雹九月己丑廣陵雨雹明年盧循至蔡洲

義熙五年九月己丑廣陵雨雹

義熙六年正月丙寅雪又雷

義熙六年五月壬申雨雹

義熙八年四月辛未朔雨雹六月癸亥雨雹大風發屋是秋誅劉藩等

義熙十年四月辛卯雨雹

宋文帝元嘉九年春京都雨雹溧陽盱眙尤甚傷牛馬殺禽獸

元嘉十八年三月雨雹二十五虜寇青州

元嘉二十五年正月積雪冰寒

元嘉二十九年五月盱眙雨雹大如雞卵三十年國家禍亂兵革大起

孝武帝大明元年十二月庚寅大雪平地二尺餘明年虜侵冀州遣羽林軍北討

明帝泰始五年四月壬辰京邑雨雹

後廢帝元徽三年五月乙卯京邑雨雹

雷震

魏明帝景初中洛陽城東橋洛水浮橋桓楹同日三處俱震尋又震西城上候風木飛烏時勞役大起帝尋晏駕

吳孫權赤烏三年夏震宮門柱又擊南津大橋桓楹

孫亮建興元年十二月朔大風震電是月又雷雨義同前說亮終廢

晉武帝太康六年十二月甲申朔淮南郡震電

太康七年十二月己亥毗陵雷電南沙司鹽都尉戴亮以聞

太康十年十二月癸卯廬江建安雷電大雨

晉惠帝永康元年六月癸卯震崇陽陵標西南五百步標破爲七十片是時賈后陷害鼎輔寵樹私戚與漢桓帝時震憲陵寢同事也后終誅滅

晉惠帝永興二年十月丁丑雷電

晉懷帝永嘉四年十月震電

晉元帝永昌二年七月丙子朔雷震太極殿柱

永昌二年十一月會稽吳郡雨震電

晉明帝太寧元年七月丙子朔震太極殿柱

晉成帝咸和元年十月己巳會稽郡大雨震電

咸和三年六月辛卯臨海大雷破郡府內小屋柱十枚殺人

咸和三年九月二日立冬會稽震電

咸和四年十二月吳郡會稽震電

咸和四年十二月丹陽震電

晉穆帝永和七年七月壬午雷雨震電
晉穆帝升平元年十一月庚戌雷乙丑又雷
升平五年十月庚午雷發東南
晉孝武帝太元五年六月甲寅雷震含章殿四柱
太元五年十二月雷聲在南方
太元十四年七月甲寅震宣陽門西柱
晉安帝隆安二年九月壬辰雨雷
晉安帝元興三年永安皇后至自巴陵將設儀導入宮天雷震人馬各一俱殪
晉安帝義熙四年十一月辛卯朔西北疾風癸丑雷
義熙五年六月丙寅震太廟破東鴟尾徹壁柱
義熙六年正月丙寅雷丁卯又雷
義熙六年十二月壬辰大雷
義熙九年十一月甲戌雷乙亥又雷
宋文帝元嘉四年十一月癸丑雷
元嘉五年六月丙寅震太廟破東鴟尾徹壁柱
元嘉六年正月丙寅雷且雪
元嘉七年十月丙子雷
元嘉八年十二月庚辰雷
元嘉九年十一月甲戌雷且雪
元嘉十四年震初寧陵口標四破至地十七年廢大將軍彭城王義康骨肉相害自此始也
前廢帝景和元年九月甲午雷震
明帝泰始二年九月辛巳雷震
泰始四年十月辛卯雷震
泰始四年十一月癸卯朔雷震
泰始五年十一月乙巳雷震
泰始六年十一月庚午雷
後廢帝元徽三年九月戊戌雷
元徽三年九月丁未雷
元徽三年九月戊午雷震
元徽三年十月辛未雷甲戌又雷
順帝昇明三年二月二十四日丙申震建陽門

鼓妖

晉惠帝元康九年三月有聲若牛出許昌城十二月廢太子幽于許宮按春秋晉文公柩有聲如牛劉向以爲鼓妖其說曰聲如此怒象也將有急怒之謀以生兵甲之禍此其類也明年賈后遣黃門孫慮殺太子擊以藥杵聲聞于外

蘇峻在歷陽外營將軍鼓自鳴如人弄鼓者峻手自斫之曰我鄉土時有此則城空矣俄而作亂夷滅此聽不聰之罰鼓妖先作也

石虎末洛陽城西北九里石牛在青石趺上忽鳴喚聲聞四十里虎遣人打落兩耳及尾鐵釘釘四脚

晉孝武太元十五年三月己酉朔東北有聲如雷案劉向說以爲雷當託於雲猶君託於臣無雲而雷此君不恤下下民將叛之象也及帝崩而天下漸亂孫恩桓玄交陵京邑

吳興長城縣夏架山有石鼓長丈餘面徑三尺所下有盤石爲足鳴則聲如金鼓三吳有兵晉安帝隆安中大鳴後有孫靈秀之亂

魚孽

魏齊王嘉平四年五月有二魚集于武庫屋上此魚孽也王肅曰魚生于淵而亢於屋介鱗之物失其所也邊將其殆有棄甲之變乎後果有東關之敗干寶又以爲高貴鄉公兵禍之應二說皆與班固旨同

晉武帝太康中有鯉魚二見武庫屋上干寶曰武庫兵府魚有鱗甲亦兵類也魚既極陰屋上太陽魚見屋上象至陰以兵革之禍干大陽也至惠帝初誅楊駿廢太后矢交館閣元康末賈后謗殺太子尋亦誅廢十年間母后之難再興是其應也自是禍亂構矣京房易妖曰魚去水飛入道路兵且作

蝗蟲

魏文帝黃初三年七月冀州大蝗民饑案蔡邕說蝗者在上貪苛之所致也是時孫權歸從帝因其有西陵之役舉大衆襲之權遂背叛

晉武帝太始十年六月蝗是時荀賈任政疾害公直

晉孝懷帝永嘉四年五月大蝗自幽并司冀至于秦雝草木牛馬毛鬣皆盡是時天下兵亂漁獵生民存亡所繫唯司馬越苟晞而已競爲暴刻經略無章

晉愍帝建興四年六月大蝗去歲胡寇頻攻北地馮翊麴允等悉衆禦之是時又禦劉曜爲曜所破西京遂潰

晉元帝太興元年六月蘭陵合鄉蝗害禾稼乙未東莞蝗蟲縱廣三百里害苗稼

太興元年七月東海彭城下邳臨淮四郡蝗蟲害禾豆

太興元年八月冀青徐三州蝗食生草盡至于二年是時中州淪喪暴亂滋甚

太興二年五月淮陵臨淮淮南安豐廬江諸郡蝗食秋麥

太興三年五月癸丑徐州及揚州江西諸郡蝗吳民多餓死去年王敦并領荊州苛暴之釁自此興矣又是年初徐州刺史蔡豹帥衆伐周撫

晉孝武帝太元十五年八月兗州蝗是時丁零寇兗豫鮮卑逼河南征戍不已

太元十六年五月飛蝗從南來集堂邑縣界害苗稼是年春發取江州兵營甲士二千人家口六七千人配護軍及東宮後尋散亡殆盡又邊將連有征殺

豕禍

吳孫晧寶鼎元年野豕入右司馬丁奉營此豕禍也後奉見遣攻穀陽無功及晧怒斬其導軍及舉大衆北出奉及萬彧等相謂曰若至華里不得不各自還也此謀泄奉時雖已死晧追討穀陽事殺其子温家屬皆遠徙豕禍之應也襲遂曰山野之獸來入宮室宮室將空又其象也

晉孝懷帝永嘉中壽春城內有豕生兩頭而不活周馥取而觀之時通數者竊謂曰夫豕北方之畜胡狄象也兩頭者無上也生而死不遂也天意若曰勿生專利之謀將自致傾覆也周馥不悟遂欲迎天子令諸侯俄爲元帝所敗是其應也石勒亦尋渡淮百姓死者十八九

晉武帝建武元年有豕生八足聽不聰之罰也京房易傳曰凡妖作各象其類足多者所任邪也是後有劉隗之變

晉成帝咸和六年六月錢塘民家豭豕生兩子皆人面如胡人狀其身猶豕京房易妖曰豕生人頭豕身者邑且亂亡此豭豕而產異之甚者

晉孝武帝太元十年四月京都有豕一頭二身八足十三年京都民家豕產子一頭二身八足並與建武同妖也是後宰相沈酗不恤朝政近習用事漸亂國綱至於大壞也

黑眚黑祥

晉孝懷帝永嘉五年十二月黑氣四塞近黑祥也

宋文帝元嘉二十六年三月幸京口有黑氣暴起占有兵明年虜南寇至瓜步飲馬于江

火沴水

晉武帝太康五年六月任城魯國池水皆赤如血案劉向說近火沴水也聽之不聰之罰也京房易傳曰淫於色賢人潛國家危厥異水流赤

晉穆帝升平三年二月涼州城東池中有火四年四月姑臧澤水中又有火此火沴木之妖也明年張天錫殺中護軍張邕邕執政臣也

晉安帝元興二年十月錢塘臨平湖水赤桓玄諷吳郡使言開除以爲己瑞俄而玄敗

宋書卷三十三考證

五行志四時將相力攻○攻各本訛政今改正

奉及萬彧等○彧諸本皆訛或今據三國志改正

宋書卷三十四

梁　沈　約　撰

志第二十四

五行五

五行傳曰治宮室飾臺榭內淫亂犯親戚侮父兄則稼穡不成謂土失其性而爲災也又曰思心不叡是謂不聖厥咎霿厥罰恒風厥極凶短折時則有脂夜之妖時則有華孽時則有牛禍時則有下體生上之痾時則有黃眚黃祥時則有金木水火沴土班固曰不言惟而獨曰時則有者非一衝氣所沴明其異大也華孽劉歆傳以爲蠃蟲之孽謂螟螣也

稼穡不成

吳孫晧時嘗歲無水旱苗稼豐美而實不成百姓以饑闔境皆然連歲不已吳人以爲傷露非也按劉向春秋說曰水旱當書水旱而曰大無麥禾者土氣不養稼穡不成此其義也晧初遷都武昌尋還建業又起新館綴飾珠玉壯麗過甚破壞諸宮增修苑囿犯暑妨農官民疲怠月令季夏不可以興土功晧皆冒之此治宮室飾臺榭之罰與春秋魯莊公三築臺同應也班固曰無麥旱之災而草木百穀不熟皆爲稼穡不成晉穆帝永和十年三麥不登至關西亦然自去秋至是夏無水旱無麥者如劉向說也又俗云多苗而不實爲傷又其義也

恒風

魏齊王正始九年十一月大風數十日發屋折樹十二月戊子晦尤甚動太極東閣

魏齊王嘉平元年正月壬辰朔西北大風發屋折木昏塵蔽天按管輅說此爲時刑大風執政之憂也是時曹爽區瞀自專驕僭過度天戒數見終不改革此思心不叡恒風之罰也後踰旬而爽等滅京房易傳曰衆逆同志至德乃潛厥異風其風也行不解物不長雨小而傷

政悖德隱茲謂亂厥風先風不雨大風暴起發屋折木守義不進茲謂耗厥風與雲俱起折五穀莖臣易上政茲謂不順厥風大飈發屋賦斂不理茲謂禍厥風絕經紀止即溫溫即蟲侯專封利茲謂不統厥風疾而樹不搖穀不成辟不思道茲謂無澤厥風不搖木旱無雲傷禾公常於利茲謂亂厥風微而溫生蟲蝗害五穀棄正作淫茲謂惑厥風溫螟蟲起害有益人之物侯不朝茲謂叛厥風無恒地變赤雨殺人

吳孫權太元元年八月朔大風江海涌溢平地水深八尺拔高陵樹二株石碑蹉動吳城兩門飛落按華覈對役繁賦重區瞀不叡之罰也明年權薨

吳孫亮建興元年十二月丙申大風震電是歲魏遣大衆三道來攻諸葛恪破其東興軍二軍亦退明年恪又攻新城喪衆大半還伏誅

吳孫休永安元年十一月甲午風四轉五復蒙霧連日是時孫綝一門五侯權傾吳主風霧之災與漢五侯丁傅同應也十二月丁卯夜又大風發木揚沙明日綝誅

晉武帝太始五年五月辛卯朔廣平大風折木

晉武帝咸寧元年五月下邳廣陵大風壞千餘家折樹木

咸寧元年五月甲申廣陵司吾下邳大風折木

咸寧三年八月河間大風折木

晉武帝太康二年五月濟南大風折木傷麥

太康二年六月高平大風折木發壞邸閣四十餘區

太康八年六月郡國八大風

太康九年正月京都風雹發屋拔木後二年宮車晏駕

晉惠帝元康四年六月大風雨拔樹

元康五年四月庚寅夜暴風城東渠波浪七月下邳大風壞廬舍九月雁門新興太原上黨災風傷稼明年氐羌反叛大兵西討

元康九年六月飈風吹賈謐朝服飛數百丈明年謐誅

元康九年十一月甲子朔京都連大風發屋折木十二月太子廢

晉惠帝永康元年二月大風拔木三月愍懷被害己卯喪柩發許還洛是日大風雷電幃蓋飛裂

永康元年四月張華第舍飈風折木飛繒軸六七是月華遇害

永康元年十一月戊子朔大風從西北來折木飛石明年正月趙王倫篡位

晉惠帝永興元年正月癸酉祠太廟災風暴起塵沙四合其年四月倫伏辜

晉元帝永昌元年七月丙寅大風拔木屋瓦皆飛

永昌元年八月暴風壞屋拔御道柳樹百餘株其風縱橫無常若風自八方來者十一月宮車晏駕

晉成帝咸康四年三月壬辰成都大風發屋折木四月李壽襲殺李期

晉康帝建元元年七月庚申晉陵吳郡災風

晉穆帝升平元年八月丁未策立皇后何氏是日疾風

升平五年正月戊戌朔疾風

晉海西公泰和六年二月大風迅急

晉孝武帝寧康元年三月戊申朔暴風迅起從丑上來須臾轉子上來飛沙揚礫

晉孝武帝太元元年二月乙丑朔暴風折木

太元元年閏三月甲子朔暴風疾雨俱至發屋折木

太元二年六月長安大風拔苻堅宮中樹其後堅再南伐身戮國亡

太元四年八月乙未暴風

太元十二年正月壬午夜暴風

太元十二年正月甲辰大風拔木

太元十七年六月乙未大風折木

晉安帝元興二年二月甲辰大風雨大航門屋瓦飛落明年桓玄簒位由此門入

元興二年正月桓玄遊大航南飄風飛其轓輗至三月玄敗

元興二年三月江陵大風折木是月桓玄敗於崢嶸洲身亦屠裂

元興三年十一月丁酉大風江川多死者

晉安帝義熙四年十一月辛卯朔西北疾風起

義熙五年閏十月丁亥大風發屋明年盧循至蔡洲

義熙六年五月壬申大風拔北郊樹樹幾百年也琅邪揚州二射堂倒壞是日盧循大艦漂沒甲戌又風發屋折木是冬三帥南討

義熙十年四月己丑朔大風拔木

義熙十年六月辛亥大風拔木明年西討司馬休之

宋少帝景平二年正月癸亥朔旦暴風發殿庭會翻揚數十丈五月帝廢

文帝元嘉二十六年二月庚申壽陽驟雨有回風雲霧廣三十許步從南來至城西回散滅當其衝者室屋樹木摧倒

元嘉二十九年三月大風拔木飛瓦

元嘉三十年正月大風拔木雨凍殺牛馬雷電晦冥二月宮車晏駕

孝武帝大明七年風吹初寧陵隧口左標折鍾山通天臺新成飛倒散落山澗明年閏五月帝崩

前廢帝永光元年正月乙未朔京邑大風

明帝泰始二年三月丙申京邑大風

泰始二年四月甲子京邑大風

泰始二年五月丁未京邑大風

泰始二年五月己酉京邑大風

泰始二年九月乙巳京邑大風

後廢帝元徽二年七月甲子京邑大風

元徽三年三月丁卯京邑大風

元徽三年六月甲戌京邑大風

元徽四年十一月辛卯京邑大風

元徽五年三月庚寅京邑大風發屋折木

元徽五年六月甲寅京邑大風

夜妖

魏高貴鄉公正元二年正月戊戌大風晦暝行者皆頓伏近夜妖也劉向曰正晝而暝陰爲陽臣制君也時晉景王討毌丘儉是日始發

魏元帝景元三年十月京都大震晝晦此夜妖也班固曰夜妖者雲風並起而杳冥故與常風同象也劉向春秋說云天戒若曰勿使大夫世官將令專事冥晦明年魯季友卒果世官而公室卑矣魏此妖晉有天下之應也

晉孝武帝太元十三年十二月乙未大風晦暝其後帝崩而諸侯違命干戈內侮權奪於元顯禍成於桓玄是其應也

蠃蟲之孽

晉孝武咸寧元年七月郡國螟九月青州又螟

咸寧元年七月郡國有青蟲食禾稼

咸寧四年司冀兗豫荆揚郡國皆螟

晉武帝太康四年會稽彭蜞及蟹皆化爲鼠甚衆覆野大食稻爲災

太康九年八月郡國二十四螟螟說與蝗同是時帝聽讒訴

太康九年九月蟲傷稼

晉惠帝元康二年九月帶方含資提奚南新長岑海冥列口蟲食禾葉蕩盡

晉惠帝永寧元年七月梁益涼三州螟是時齊王冏秉政貪苛之應也

永寧元年十月南安巴西江陽大原新興北海青蟲食禾葉甚者十傷五六

永寧元年十二月郡國八螟

牛禍

晉武帝太康九年幽州塞北有死牛頭語近牛禍也是時帝多疾病深以後事爲念而託付不以至公思心瞀亂之應也師曠曰怨讟動於民則有非言之物而言又其義也

晉惠帝太安中江夏張騁所乘牛言曰天下方亂乘我何之騁懼而還犬又言曰歸何蚤也尋後牛又人立而行騁使善卜者卦之謂曰天下將有兵亂爲禍非止一家其年張昌反先略江夏騁爲將帥於是五州殘亂騁亦族滅京房易妖曰牛能言如其言占吉凶易萌氣樞曰人君不好士走馬被文繡犬狼食人食則有六畜妖言時天子諸侯不以惠下爲務又其應也

晉愍帝建武元年曲阿門牛生犢一體兩頭

元帝太興元年武昌太守王諒牛生子兩頭八足兩尾共一腹三年後死又有牛生一足三尾皆生而死按司馬彪說兩頭者政在私門上下無別之象也京房易傳曰足多者所任邪也足少者下不勝任也其後皆有此應

晉元帝大興四年十二月郊牛死按劉向說春秋郊牛死曰宣公區瞀昏亂故天不饗其祀元帝中興之業實王導之謀也劉隗探會主意以得親幸導見疏外此區瞀不叡之禍也

晉成帝咸和二年五月護軍牛生犢兩頭六足是冬蘇峻作亂

咸和七年九德民袁榮家牛產犢兩頭八足二尾共身京房易傳殺無辜則牛生妖

桓玄之國在荆州詣刺史殷仲堪行至鶴穴逢一老公驅青牛形色瓌異桓玄即以所乘牛易取乘至零陵涇溪駿駃非常因息駕飲牛牛徑入江水不出玄遣人覘守經日無所見

宋文帝元嘉三年司徒徐羨之大兒喬之行欲入廣莫門牛徑將入廷尉寺左右禁捉不能禁入方得出明日被收

元嘉二十九年晉陵送牛角生右脅長八尺明年二月東宮爲禍

孝武帝大明三年廣州刺史費淹獻三角水牛

黃眚黃祥

蜀劉備章武二年東伐二月自秭歸進屯夷道六月秭歸有黃氣見長十餘里廣數十丈後踰旬備爲陸遜所破近黃祥也

魏齊王正始中中山王周南爲襄邑長有鼠從穴出語曰王周南爾以某日死南不應鼠還穴後至期更冠幘皁衣出語曰周南汝日中當死又不應鼠復入斯須更出語如向日適欲日中鼠入復出出復入轉更數語如前日適中鼠曰周南汝不應我復何道言絕顛蹶而死卽失衣冠取視俱如常鼠案班固說此黃祥也是時曹爽秉政競爲比周故鼠作變也

宋孝武大明七年春太湖邊忽多鼠其年夏水至悉變成鯉魚民人一日取轉得三五十斛明年大飢

晉元帝太興四年八月黃霧四塞埃氣蔽天案楊宣對近土氣亂之祥也

晉元帝永昌二年正月癸巳黃霧四塞

晉穆帝永和七年三月涼州大風拔木黃霧下塵是時張重華納譖出謝艾爲酒泉太守而所任非其人至九年死嗣子見弒是其應也京房易傳曰聞善不予茲謂不知厥異黃厥咎聾厥災不嗣黃者有黃濁氣四塞天下蔽賢絕道故災至絕世也

晉安帝元興元年十月丙申朔黃霧昏濁不雨

宋文帝元嘉十八年秋七月天有黃光洞照于地太子率更令何承天謂之榮光太平之祥上表稱慶

地震

吳孫權黃武四年江東地連震是時權受魏爵命爲大將軍吳王改元專制不修臣迹京房易傳曰臣事雖正專必震董仲舒劉向並云臣下彊盛將動而害之應也

魏明帝青龍二年十一月京都地震從東來隱隱有聲屋瓦搖

魏明帝景初元年六月戊申京都地震是秋吳將朱然圍江夏荆州刺史胡質擊退之又公孫淵自立爲燕王改年置百官明年討平之

吳孫權嘉禾六年五月江東地震

赤烏二年正月地又再震是時呂壹專政步騭上疏曰伏聞校事吹毛求瑕輒欲陷人成其威福無辜無罪橫受重刑雖有大臣不見信任如此天地焉得無變故嘉禾六年赤烏二年地連震動臣下專政之應也冀所以警悟人主可不深思其意哉壹後卒敗

魏齊王正始二年十一月南安郡地震

正始三年七月甲申南安郡地震十二月魏郡地震

正始六年二月丁卯南安郡地震是時曹爽專政遷太后于永寧宮太后與帝相泣而別連年地震是其應也

吳孫權赤烏十一年二月江東地仍震是時權聽讒譖尋黜朱據廢太子

蜀劉禪炎興元年蜀地震時宦人黃皓專權按司馬彪說奄宦無陽施猶婦人也此皓見任之應與漢和帝時同事也是冬蜀亾

晉武帝太始五年四月辛酉地震是年冬新平氐羌叛明年孫晧大遣衆入渦口叛虜寇秦涼刺史胡烈蘇愉並爲所害

太始七年六月丙申地震武帝世始於賈充終於楊駿阿黨昧利苟專權寵終喪天下由是也末年所任轉斂故亦一年六震是其應也裴叔則曰晉德所以不比隆堯舜者以有賈充諸人在朝

晉武帝咸寧二年八月庚辰河南河東平阿地震

咸寧四年六月丁未陰平廣武地震甲子陰平廣武地又震

晉武帝太康二年二月庚申淮南丹陽地震

太康五年正月壬辰地震

太康六年七月己丑地震

太康七年七月南安犍爲地震八月京兆地震

太康八年五月壬子建安地震七月陰平地震八月丹陽地震

太康九年正月會稽丹陽吳興地震四月辛酉長沙南海等郡國八地震七月至于八月地又四震其三有聲如雷

太康十年十二月己亥丹陽地震

晉武帝太始元年地震

晉惠帝元康元年十二月辛酉京都地震

元康四年二月蜀郡山崩殺人上谷上庸遼東地震五月壬子壽春山崩洪水出城壞地陷方三十丈六月壽春大雷震山崩地坼家人陷死上庸郡亦如之八月上谷地震水出殺百餘人居庸地裂廣三十六丈長八十四丈水出大饑上庸四處山崩地陷廣三十丈長百三十丈水出殺人十月京都地震十一月滎陽襄城汝陰梁國南陽地皆震十二月京都又震是時賈后亂朝擅權專制終至禍敗之應也漢鄧太后攝政時郡國地震李固以爲地陰也法當安靜今乃越陰之職專陽之政故應以震此同事也京房易傳曰無德專祿茲謂不順厥震動丘陵涌水出又曰小人剝廬厥妖山崩茲謂陰乘陽弱勝彊又曰陰背陽則地裂父子分離夷羌叛去

元康五年五月丁丑地震六月金城地震

元康六年正月丁丑地震

元康八年正月丙辰地震

晉惠帝太安元年十月地震是時齊王冏專政

太安二年十二月丙辰地震是時長沙王專政

晉孝懷帝永嘉三年十月荆湘二州地震時司馬越專政

永嘉四年四月兖州地震

晉愍帝建興二年四月甲辰地震是時幼主在上權傾於下四方雲擾兵亂不息

建興三年六月丁卯長安地震

晉元帝太興元年四月西平地震涌水出十二月廬陵豫章武昌西陵地震山崩干寶曰王敦陵上之應

太興二年五月癸丑祁山地震山崩殺人是時相國南陽王保在祁山稱晉王不終之象也

太興三年四月庚寅丹陽吳郡晉陵地震其年南平郡山崩出雄黃數千斤

晉成帝咸和二年三月益州地震四月己未豫章地震是年蘇峻作亂

咸和九年三月丁酉會稽地震是時政在臣下

晉穆帝永和元年六月癸亥地震是時嗣主幼沖母后稱制政在臣下所以連年地震

永和二年十月地震

永和三年正月丙辰地震

永和四年十月己未地震

永和五年正月庚寅地震

永和九年八月丁酉京都地震有聲如雷

永和十年正月丁酉地震有聲如雷雞雉鳴呴

永和十一年四月乙酉地震五月丁未地震

晉穆帝升平五年八月涼州地震

晉哀帝隆和元年四月甲戌地震是時政在將相人主南面而已

隆和元年四月丁丑涼州地震浩亹山崩張天錫降亡之象也

隆和二年二月庚寅江陵地震是時桓溫專征

晉海西太和元年二月涼州地震水涌

晉簡文帝咸安二年十月辛未安成地震

晉孝武帝寧康元年十月辛未地震是時嗣主幼沖政在將相

寧康二年七月甲午涼州地震山崩

晉孝武帝太元二年閏月壬午地震五月丁丑地震

太元十一年六月己卯地震是後緣河諸將連歲兵役

太元十五年三月己酉朔夜地震

太元十七年六月癸卯地震十二月己未地又震是時羣小弄權天下側目

太元十八年正月癸亥朔地震二月乙未地震

晉安帝隆安四年九月癸酉地震是時幼主沖眛政在臣下

晉安帝義熙四年正月壬子夜地震有聲十月癸亥地震

義熙五年正月戊戌夜尋陽地震有聲如雷明年盧循下

義熙八年自正月至四月南康廬陵地四震明年王旅西討荆益

宋文帝元嘉七年四月丙辰地震時遣軍經略司兖

元嘉十二年四月丙辰京邑地震

元嘉十五年七月辛酉地震

元嘉十六年地震

孝武帝大明二年四月辛丑地震

大明六年七月甲申地震有聲自河北來魯郡山搖地動彭城城女牆四百八十丈墜落屋室傾倒兖州地裂泉涌二年不已其後虜主死兖州刺史夏侯祖權卒

明帝泰始二年四月地震

泰始四年七月己酉東北有聲如雷地震

明帝泰豫元年閏七月甲申東北有聲如雷地震

後廢帝元徽二年四月戊申地震

元徽五年五月戊申地震七月帝殞

宋文帝元嘉二十五年青州城南地遠望見地中如水有影人馬百物皆見影中積年乃滅

山崩地陷裂

吳孫權赤烏十三年八月丹陽句容及故鄣寧國諸山崩鴻水溢按劉向說山陽君也水陰民也天戒若曰君道崩壞百姓將失其所也與春秋梁山崩漢齊楚衆山發水同事也夫三代命祀祭不越望吉凶禍福不是過也吳雖帝其實列國災發丹陽其天意矣國主山川山崩川竭亡之徵也後二年而權薨二十六年而吳亡

魏元帝咸熙三年二月太行山崩此魏亡之徵也其冬晉有天下

晉武帝太始三年三月戊子太行山崩
太始四年七月泰山崩墜三里此晉之咎徵也至帝晏
駕而祿去王室懷愍淪胥於北元帝中興於南是其應
也京房易傳曰自上下者爲崩厥應泰山之石顛而下
聖王受命人君虜
晉武帝太康五年丙午宣帝廟地陷
太康六年三月南安新興縣山崩涌水出
太康七年七月朱提之大瀘山崩震壞郡舍陰平之仇
池崖隕
太康八年七月大雨殿前地陷方五尺深數丈
晉惠帝元康四年五月壬子地陷方三十丈殺人史闕
其處
元康四年八月居庸地裂廣三十丈長百三十丈水出
殺人
晉孝懷帝永嘉元年三月洛陽東北步廣里地陷
永嘉三年八月乙亥鄄城城無故自壞七十餘丈司馬
越惡之遷于濮陽此見沴之異也越卒陵上終亦受禍
永嘉三年七月戊辰當陽地裂三所所廣三丈長二百
餘步京房易傳曰地坼裂者臣下分離不肯相從也其
後司馬越苟晞交惡四方牧伯莫不離散王室遂亡
永嘉三年十月宜都夷道山崩
永嘉四年四月湘東酃黑石山崩
晉元帝太興四年八月常山崩水出滹沱盈溢大木傾
拔
晉成帝咸和四年十月柴桑廬山西北崖崩十二月劉
胤爲郭默所殺
晉惠帝元康九年六月夜暴雷雨賈謐齋屋柱陷入地
壓謐牀帳此木沴土土失其性不能載也明年謐誅
晉惠帝光熙元年五月范陽地然可以爨此火沴土也
是時禮樂征伐自諸侯出
晉安帝義熙八年三月壬寅山陰有聲如雷地陷深廣
各四尺
義熙十年五月戊寅西明門地穿涌水出毀門房及限
此水沴土也
五行傳曰皇之不極是謂不建厥咎眊厥罰恒陰厥極
弱時則有射妖時則有龍蛇之孽時則有馬禍時則有
下人伐上之痾時則有日月亂行星辰逆行
常陰
吳孫亮太平三年自八月沈陰不雨四十餘日是時將
誅孫綝謀泄九月戊午綝以兵圍宮廢亮爲會稽王此

常陰之罰也
吳孫晧寶鼎元年十二月太史奏久陰不雨將有陰謀
晧深驚懼時陸凱等謀因其謁廟廢之及出留平領兵
前驅凱語平平不許是以不果晧既肆虐羣下多懷異
圖終至降亡
宋後廢帝元徽三年四月連陰不雨
元徽三年八月多陰後二年廢帝殞
射妖
蜀車騎將軍鄧芝征涪陵見玄猿緣山手射中之猿拔
其箭卷木葉塞其創芝曰嘻吾違物之性其將死矣俄
而卒此射妖也一曰猿母抱子芝射中之子爲拔箭取
木葉塞創芝歎息投弓水中自知當死矣
晉恭帝之爲琅邪王時好奇戲嘗閉一馬於門內令人
射之欲觀幾箭而死左右有諫者曰馬國姓也而今射
之不祥甚矣於是乃止而馬已被十許箭矣此蓋射妖
也俄而桓玄篡位
龍蛇之孽
魏明帝青龍元年正月甲申青龍見郟之摩陂井中凡
瑞興非時則爲妖孽況困於井非嘉祥也魏以改年非
也晉武不賀是也干寶曰自明帝終魏世青龍黃龍見
者皆其主廢興之應也魏土運青木色也而不勝於金
黃得位青失位之象也青龍多見者君德國運內相尅
伐也故高貴鄉公卒敗于兵案劉向說龍貴象而困井
中諸侯將有幽執之禍也魏世龍莫不在井此居上者
逼制之應高貴鄉公著潛龍詩卽此旨也
魏高貴鄉公正元元年戊戌黃龍見于鄴井中
魏高貴鄉公甘露元年正月辛丑青龍見軹縣井中六
月乙丑青龍見元城縣界井中
甘露二年二月青龍見溫縣井
甘露三年黃龍青龍仍見頓丘冠軍陽夏縣界井中
景元元年二月青龍見軹縣井中
吳孫晧天冊中龍乳於長沙民家啖雞雛京房易妖曰
龍乳人家王者爲庶人其後晧降
晉武帝咸寧二年六月丙申白龍二見于九原井中
晉武帝太康五年正月癸卯二龍見于武庫井中帝見
龍有喜色百僚將賀劉毅獨表曰昔龍漦夏庭禍發周
室龍見鄭門子產不賀帝答曰朕德政未修未有以膺
受嘉祥遂不賀也孫盛曰龍水物也何與於人子產言
之當矣但非其所處寔爲妖災夫龍以飛翔顯見爲美
則潛伏幽處非休祥也漢惠帝二年兩龍見蘭陵井中

本志以爲其後趙王幽死之象也武庫者帝王威御之
器所寶藏也室宇邃密非龍所處後七年藩王相害二
十八年果有二胡僭竊神器勒虎二逆皆字曰龍此之
表異爲有證矣史臣案龍爲休瑞而屈於井中前史言
之已詳但兆幽微非可臆斷故五行符瑞兩存之
晉愍帝建興二年十一月枹罕羌妓產一龍子色似錦
文嘗就母乳遙見神光少得就視
晉武帝咸寧中司徒府有二大蛇長十許丈居聽事平
橑上數年而人不知但怪府中數失小兒及猪犬之屬
後一蛇夜出傷於刃不能去乃覺之發徒攻擊移時乃
死夫司徒五教之府此皇極不建故蛇孽見之漢靈帝
時蛇見御座楊賜以爲帝溺於色之應也魏氏宮人猥
多晉又過之宴游是湎此其孽也詩云惟虺惟蛇女子
之祥
晉惠帝元康五年三月癸巳臨菑有大蛇長十餘丈負
二小蛇入城北門徑從市漢城陽景王祠中不見天戒
若曰齊方有劉章定傾之功若不厲節忠慎又將蹈章
失職奪功之辱也齊王冏不悟雖建興復之功而以驕
陵取禍負二小蛇出朝市皆有象類也
晉明帝太寧初武昌有大蛇常居故神祠空樹中每出
頭從人受食京房易妖曰蛇見於邑不出三年有大兵
國有大憂其後討滅王敦及其黨與
馬禍
晉武帝大熙元年遼東有馬生角在兩耳下長三寸按
劉向說此兵象也及帝晏駕之後王室毒於兵禍是其
應也京房易傳曰臣易上政厥妖馬生角又有天子親
伐馬生角呂氏春秋曰人君失道馬有生角
晉惠帝元康元年十二月皇太子將釋奠太傅趙王倫
驂乘至南城門馬止力士推之不能動倫入軺車乃進
此馬禍也天戒若曰倫不知義方終爲亂逆非傳導行
禮之人倫不悟故亡
元康九年十一月戊寅冬有牝騮馬驚奔至廷尉訊堂
悲鳴而死是殆愍懷冤死之象也見廷尉訊堂又天意
乎
晉孝懷帝永嘉六年二月神馬鳴南城門
晉元帝大興二年丹陽郡吏濮陽楊演馬生駒兩頭自
頸前別生而死按司馬彪說政在私門二頭之象也是
後王敦陵上
晉成帝咸康八年五月甲戌有馬色赤如血自宣陽門
直走入于殿前盤旋走出尋逐莫知所在己卯帝不豫

六月崩此馬禍又赤祥也張重華在涼州將誅其西河
相張祚祚廐馬數十匹同時悉皆無後尾
晉安帝隆安四年十月梁州有馬生角刺史郭銓送示
都督桓玄案劉向說馬不當生角由玄不當舉兵向上
也覩災不悟故至夷滅
人痾
魏文帝黃初初清河宋士宗母化爲黿入水
魏明帝太和三年曹休部曲兵奚農女死復生時人有
開周世冢得殉葬女子數日而有氣數月而能語郭太
后愛養之又太原民發冢破棺棺中有一生婦人問其
本事不知也視其墓木可三十歲案京房易傳至陰爲
陽下人爲上晉宣王起之象也漢平帝獻帝並有此異
占以爲王莽曹操之徵公孫淵炊有小兒蒸死甑中其
後夷滅
吳孫亮建興二年諸葛恪將征淮南有孝子著衰衣人
其閣詰問答曰不自覺入也時中外守備亦悉不見衆
皆異之及還果見殺恪已被害妻在室使婢沃盥聞婢
血臭又眼目視瞻非常妻問其故婢蹷然躍起頭至棟
攘臂切齒曰諸葛公乃爲峻所殺
吳孫休永安四年安吳民陳焦死七日復穿冢出干寶
曰此與漢宣帝同事烏程侯晧承廢故之家得位之祥
也
吳孫晧寶鼎元年丹陽宣騫母年八十因浴化爲黿兄
弟閉戶衞之掘堂上作大坎實水其中黿入坎戲一二
日恒延頸外望伺戶小開便輪轉自躍入于遠潭遂不
復還與漢靈帝時黃氏母事同吳亡之象也
魏元帝咸熙二年八月襄武縣言有大人見長三丈餘
跡長三尺二寸髮白著黃巾黃單衣柱杖呼民王始語
曰今當太平尋晉代魏
晉武帝太始五年元城人年七十生角案漢志說殆趙
王倫篡亂之象也
晉武帝咸寧二年二月琅邪人顏畿病死棺斂已久家
人咸夢畿謂已曰我當復生可急開棺遂出之漸能飲
食屈申視瞻不能行語也二年復死其後劉淵石勒遂
亡晉室
晉惠帝元康中安豐有女子周世寧年八歲漸化爲男
至十七八而氣性成此劉淵石勒蕩覆晉室之妖也漢
哀帝獻帝時並有此異皆有易代之兆京房傳曰女子
化爲丈夫茲爲陰昌賤人爲王丈人化爲女子茲陰勝
陽厥咎亡

晉惠帝永寧初齊王冏唱義兵誅除亂逆乘輿反正忽有婦人詣大司馬門求寄產門者詰之婦人曰我截齊便去耳是時齊王冏匡復王室天下歸功識者爲其惡之後果斬戮

永寧元年十二月甲子有白頭公入齊王冏大司馬府大呼有大兵起不出甲子旬冏殺之明年十二月戊辰冏敗卽甲子旬也

晉惠帝太安元年四月癸酉有人自雲龍門入殿前北面再拜曰我當作中書監卽收斬之干寶曰夫禁庭尊秘之處今賤人徑入而門衞不覺者宮室將虛而下人踰之之妖也是後帝北遷鄴又西遷長安盜賊蹈籍宮闕遂亡天下

晉惠帝世梁國女子許嫁已受禮聘尋而其夫戍長安經年不歸女家更以適人女不樂行其父母逼强不得已而去尋得病亡後其夫還問女所在其家具說之其夫徑至女墓不勝哀情便發冢開棺女遂活因與俱歸後婿聞之詣官爭之所在不能決秘書郎王導議曰此是非常事不得以常理斷之宜還前夫朝廷從其議

晉惠帝世杜錫家葬而婢誤不得出後十餘年開冢祔葬而婢尚生其始如瞑有頃漸覺問之自謂當一再宿耳初婢之埋年十五六及開冢更生猶十五六也嫁之有子

晉惠帝光熙元年會稽謝眞生子大頭有髮兩蹠反向上有男女兩體生便作丈夫聲經日死

晉惠懷之世京洛有兼男女體亦能兩用人道而性尤淫案此亂氣之所生也自咸寧太康之後男寵大興甚於女色士大夫莫不尚之天下皆相放效或有至夫婦離絕怨曠妬忌者故男女氣亂而妖形作也

元帝太興初又有女子陰在腹上在揚州性亦淫京房易妖曰人生子陰在首天下大亂在腹天下有事在背天下無後

晉孝懷帝永嘉元年吳郡吳縣萬祥婢生子鳥頭兩足馬蹄一手無毛黃色大如枕

晉愍帝建興四年新蔡縣吏任僑妻胡年二十五產二女相向腹心合同自胸以上臍以下各分此蓋天下未一之妖也時內史呂會上言案瑞應圖異根同體謂之連理異苗同穎謂之嘉禾草木之異猶以爲瑞今二人同心易稱二人同心其利斷金嘉徵顯見生於陝東之國斯蓋四海同心之瑞不勝喜踊謹畫圖以上時有識者哂之

晉中興初有女子其陰在腹當齊下自中國來江東性甚淫而不產京房易妖曰人生子陰在首天下大亂在腹天下有事在背天下無後

晉元帝太興三年十二月尚書騶謝平妻生女墮地濞濞有聲須臾便死鼻目皆在頂上面處如項口有齒都連爲一胸如鼈手足爪如鳥爪皆下向京房易妖曰人生他物非人所見者皆爲天下大兵後二年有石頭之敗

晉明帝太寧二年七月丹陽江寧侯紀妻死三日復生

晉成帝咸寧四年十一月辛丑有何一人詣南止車門自列爲聖人所使錄付光祿外部檢問是東海郯縣呂暢辭語落漠髡鞭三百遣

咸寧五年四月下邳民王和僑居暨陽息女可年二十自云上天來還得徵瑞印綬當母天下晉陵太守以爲妖收付獄至十一月有人持柘杖絳衣詣止車門口列爲聖人使求見天子門候受辭列姓呂名錫云王和女可右足下有七星星皆有毛長七寸天令命可爲天下母奏聞卽伏誅幷下晉陵誅可

晉康帝建元二年十月衞將軍營督過望所領兵陳瀆女壹有文在足曰天下之母灸之逾明京都讙譁有司收繫以聞俄自建康縣獄亡去

石虎末大武殿前所圖賢聖人像人頭忽悉縮入肩中

晉孝武帝寧康初南郡州陵女人唐氏漸化爲丈夫

晉安帝義熙七年無錫人趙朱年八歲一旦暴長八尺髭鬚蔚然三日而死

義熙中東陽人黃氏生女不養埋之數日於土中啼取養遂活

義熙末豫章吳平人有二陽道重累生

晉恭帝元熙元年建安人陽道無頭正平本下作女人形體

宋文帝元嘉十七年劉斌爲吳郡婁縣有一女忽夜乘風雨怳忽至郡城內自覺去家正炊頃衣不沾濡曉在門上求通言我天使也斌令前因曰府君宜起迎我當大富貴不爾必有凶禍斌問所以來亦不自知也謂是狂人以付獄符其家迎之數日乃得去後二十日許斌誅

孝武帝大明中張暢爲會稽郡妾懷孕兒於腹中啼聲聞於外暢尋死

大明末荊州武寧縣人楊始歡妻於腹中生女兒此兒至今猶存

明帝泰豫元年正月巨人見太子西池水上跡長三尺餘

後廢帝元徽中南東莞徐坦妻懷孕兒在腹中有聲

元徽中暨陽縣女人於黃山穴中得二卵如斗大剖視有人形

魏文帝黃初四年三月宛許大疫死者萬數

魏明帝青龍二年四月大疫

青龍三年正月京都大疫

吳孫權赤烏五年大疫

吳孫亮建興二年四月諸葛恪圍新城大疫死者太半

吳孫晧鳳皇二年疫

晉武帝太始十年大疫吳土亦同

晉武帝咸寧元年十一月大疫京都死者十萬人

晉武帝太康三年春疫

晉惠帝元康二年十一月大疫

元康十年五月秦雍二州疾疫

晉孝懷帝永嘉四年五月秦雍州饑疫至秋

永嘉六年大疫

晉元帝永昌元年十一月大疫死者十二三河朔亦同

晉成帝咸和五年五月大饑且疫

晉穆帝永和九年五月大疫

晉海西太和四年冬大疫

晉孝武帝太元五年五月自冬大疫至于此夏多絕戶者

晉安帝義熙元年十月大疫發赤班乃愈

義熙七年春大疫

宋文帝元嘉四年五月京都疾疫

孝武帝大明元年四月京邑疾疫

大明四年四月京邑疾疫

日蝕

魏文帝黃初二年六月戊辰晦日有蝕之有司奏免太尉詔曰災異之作以譴元首而歸過股肱豈禹湯罪己之義乎其令百官各虔厥職後有天地眚勿復劾三公

黃初三年正月丙寅朔日有蝕之十一月庚申晦又日有蝕之

黃初五年十一月戊申晦日有蝕之後二年宮車晏駕

魏明帝太和初太史令許芝奏日應蝕與太尉於靈臺祈禳帝詔曰蓋聞人主政有不得則天懼之以災異所以譴告使得自修也故日月薄蝕明治道有不當者朕卽位以來既不能光明先帝聖德而施化有不合於皇神故上天有以寤之宜勵政自修以報于神明天之於人猶父之於子未有父欲責其子而可獻盛饌以求免也今外欲遣上公與太史令具禳祠於義未聞也羣公卿士其各勉修厥職有可以補朕不逮者各封上之

魏明帝太和五年十一月戊戌晦日有蝕之

太和六年正月戊辰朔日有蝕之見及歷

魏明帝青龍元年閏月庚寅朔日有蝕之

魏齊王正始元年七月戊申朔日有蝕之紀無

正始三年四月戊戌朔日有蝕之紀無

正始六年四月壬子日有蝕之十月戊寅朔又日有蝕之

正始八年二月庚午朔日有蝕之是時曹爽專政丁謐鄧颺等轉改法度會有日蝕變詔羣臣問得失蔣濟上疏曰昔大舜佐治戒在比周周公輔政愼於其朋齊侯問災晏子對以布惠魯君問異臧孫答以緩役塞變應天乃實人事濟旨譬甚切而君臣不悟終至敗亡矣

正始九年正月乙未朔日有蝕之

魏齊王嘉平元年二月己未日有蝕之

魏高貴鄉公甘露四年七月戊子朔日有蝕之

甘露五年正月乙酉朔日有蝕之按谷永說正朝尊者惡之京房占曰日蝕乙酉君弱臣强司馬將兵反征其王五月有成濟之變

魏元帝景元二年五月丁未朔日有蝕之

景元三年三月己亥朔日有蝕之

晉武帝太始二年七月丙午晦日有蝕之

太始七年五月庚辰日有蝕之

太始八年十月辛未朔日有蝕之

太始九年四月戊辰朔日有蝕之

太始十年三月癸亥日有蝕之

晉武帝咸寧元年七月甲申晦日有蝕之

咸寧三年正月丙子朔日有蝕之

晉武帝太康四年三月辛丑朔日有蝕之

太康六年八日丙戌朔日有蝕之

太康七年正月甲寅朔日有蝕之乙亥詔曰比年災異屢發邦之不臧實在朕躬震蝕之異其咎安在將何施行以濟其愆太尉亮司徒舒司空瓘遜位弗許

太康八年正月戊申朔日有蝕之

太康九年六月庚子朔日有蝕之後二年宮車晏駕

晉惠帝元康九年十月甲子朔日有蝕之

晉惠帝永康元年四月辛卯朔日有蝕之

晉惠帝永寧元年閏三月丙戌朔日有蝕之
晉惠帝光熙元年正月戊子朔日有蝕之尊者惡之七月乙酉朔又日有蝕之既占曰日蝕盡不出三月國有凶十一月宮車晏駕十二月壬午朔又日有蝕之
晉孝懷帝永嘉元年十一月戊申日有蝕之
永嘉二年正月丙午朔日有蝕之
永嘉六年二月壬子朔日有蝕之明年帝崩于平陽
晉愍帝建興四年六月丁巳朔日有蝕之十一月帝爲劉曜所虜十二月乙卯朔又日有蝕之明年帝崩于平陽
晉元帝太興元年四月丁丑朔日有蝕之
晉明帝太寧三年十一月癸巳朔日有蝕之
晉成帝咸和二年五月甲申朔日有蝕之
晉成帝咸康元年十月乙未朔日有蝕之
咸康七年二月甲子朔日有蝕之
咸康八年正月乙未朔日有蝕之正朝尊者惡之六月宮車晏駕
晉穆帝永和七年正月丁酉朔日有蝕之
永和十二年十月癸巳朔日有蝕之
晉穆帝升平四年八月辛丑朔日有蝕之不盡如鉤明年宮車晏駕
晉哀帝隆和元年十二月戊午朔日有蝕之
晉海西公太和三年三月丁巳朔日有蝕之
太和五年七月癸酉朔日有蝕之明年廢爲海西公
晉孝武帝寧康三年十月癸酉朔日有蝕之
晉孝武帝太元四年閏月己酉朔日有蝕之
太元六年六月庚子朔日有蝕之
太元九年十月辛亥朔日有蝕之
太元十七年五月丁卯朔日有蝕之
太元二十年三月庚辰朔日有蝕之明年宮車晏駕海西時有此變又曰臣有蔽主明者
晉惠帝永興元年十一月黑氣分日
晉惠帝光熙元年五月癸巳日散光流如血所照皆赤甲午又如之占曰君道失明
晉孝懷帝永嘉元年十一月乙亥黃黑氣掩日所炤皆黃案河圖占曰日薄也其說曰凡日蝕皆於晦朔有不於晦朔者爲日薄雖非日月同宿時陰氣盛掩薄日光也占類蝕
永嘉二年二月癸卯白虹貫日青黃暈五重占曰白虹貫日近臣不亂則諸侯有兵破亡其地明年司馬越殺繆播等暴蔑人主五年胡破京都帝遂見虜一說王者有兵圍之象
永嘉五年三月庚申日散光如血下流所照皆赤日中有若飛鵲者
晉愍帝建武元年正月庚子白虹彌天三日並照日有重暈左右兩珥占曰白虹兵氣也三四五六日俱出並爭天下兵作王立亦如其數又曰三日並出不過三旬諸侯爭爲帝
晉安帝隆安四年六月庚辰朔日有蝕之
晉安帝元興二年四月癸巳朔日有蝕之
晉安帝義熙三年七月戊戌朔日有蝕之
義熙十年九月己巳朔日有蝕之七月辛亥晦日有蝕之
義熙十三年正月甲戌朔日有蝕之明年宮車晏駕
晉恭帝元熙元年十一月丁亥朔日有蝕之
宋少帝景平二年二月癸巳朔日有蝕之
文帝元嘉四年六月癸卯朔日有蝕之
元嘉六年五月壬辰朔日有蝕之十一月己丑朔又日有蝕之不盡如鉤蝕時星見晡方沒河北地闇
元嘉十二年正月乙未朔日有蝕之
元嘉十七年四月戊午朔日有蝕之
元嘉十九年七月甲戌晦日有蝕之
元嘉二十三年六月癸未朔日有蝕之
元嘉三十年七月辛丑朔日有蝕之既星辰畢見
孝武帝孝建元年七月丙戌朔日有蝕之既列宿粲然
孝武帝大明五年九月甲寅朔日有蝕之
明帝泰始四年八月丙子朔日有蝕之十月癸酉又日有蝕之
泰始五年十月丁卯朔日有蝕之
後廢帝元徽元年十二月癸卯朔日有蝕之
順帝昇明二年九月乙巳朔日有蝕之
昇明三年三月癸卯朔日有蝕之
吳孫權赤烏十一年二月白虹貫日時地又頻震權發詔深戒懼天眚
晉武帝太始五年七月甲寅日暈再重白虹貫之
晉武帝太康元年正月己丑朔五色氣冠日自卯至酉占曰君道失明丑主斗牛斗牛爲吳地是時孫晧淫暴四月降
晉惠帝元康九年正月日中有若飛鵲者數月乃消王隱以爲愍懷廢死之徵也
晉惠帝永康元年十月乙未日闘黃霧四塞占曰不及三年下有拔城大戰
晉惠帝永寧元年九月甲申日有黑子按京房占黑者陰也臣不掩君惡令下見百姓惡君日重暈天下有立王暈而珥天下有立侯故陳卓曰當有大慶天下其參分乎三月而江東改元朔胡亦改元朔跨曹劉疆宇於是兵連積世
晉元帝太興四年三月癸亥日有黑子辛亥帝親錄訊囚徒
晉元帝永昌元年十一月辛卯日有黑子
晉明帝太寧元年正月己丑朔日暈無光癸巳黃霧四塞占曰君道失明臣有陰謀是時王敦陵上卒伏其辜
晉成帝咸寧元年七月白虹貫日
咸康八年正月壬申日中有黑子丙子乃滅
晉海西公太和四年四月戊辰日暈厚密白虹貫日中
太和六年三月辛未白虹貫日日暈五重十一月桓温廢帝張重華在涼州日暴赤如火中有三足烏形見分明數旦乃止
晉安帝元興元年二月甲子日暈白虹貫日明年桓玄篡位
晉安帝義熙元年五月庚午日有采珥
義熙十一年日在東井有白虹十餘丈在南干日依司馬彪說則災在分野羌亡之象也
晉恭帝元熙二年正月壬辰日暈東西有直珥各一丈白氣貫之交匝
晉孝懷帝永嘉五年三月丙申夜月蝕既丁酉夜又蝕既占曰月蝕既盡夫人憂又曰其國貴人死
安帝義熙九年十二月辛卯朔旦猶見東方按占謂之側匿
宋文帝元嘉二十九年十一月己卯朔日始出色赤如血外生牙塊壘不員明年二月宮車宴駕
孝武帝大明七年十一月日始出四五丈色赤如血未沒四五丈亦如之至于八年春凡三謂日死閏五月帝崩
後廢帝元徽三年三月乙亥日未沒數丈日色紫赤無光
元徽五年三月庚寅日暈五重又重生二直一抱一背
文帝元嘉中有兩白虹見宣陽門外
後廢帝元徽二年八月壬子夜白虹見
元徽四年正月己酉白虹貫日
後帝昇明元年九月乙未夜白虹見東方

宋書卷三十四考證

五行志五氐羌反叛大兵西討○監本脫西討二字今增正

元嘉五年六月甲寅京邑大風○監本遺此一行今增

居庸地裂廣三十六丈長八十四丈○裂監本訛震今改正

山崩地陷裂○此條無上下文當有脫誤

宋書卷三十五

梁　沈約　撰

志第二十五

州郡一

揚州
南徐州
徐州
南兗州
兗州

唐堯之世置十有二牧及禹平水土更制九州冀州堯都土界廣遠濟河爲兗州海岱爲青州海岱及淮爲徐州淮海爲揚州荆及衡陽爲荆州荆河爲豫州華陽黑水爲梁州黑水西河爲雍州自虞至殷無所改變周氏既有天下以徐并青以梁并雝分冀州之地以爲幽并漢初又立徐梁二州武帝攘卻胡越開地斥境南置交阯北置朔方改雝曰涼改涼曰益凡爲十三州而司隸部三輔三河諸郡東京無復朔方改交阯曰交州凡十二州司隸所部如故及三國鼎跱吳得揚荆交三州蜀得益州魏氏猶得九焉吳又分交爲廣魏末平蜀又分益爲梁晉武帝太康元年天下一統凡十有六州後又分涼雝爲秦分荆揚爲江分益爲寧分幽爲平而爲二十矣自夷狄亂華司冀雝涼青并兗豫幽平諸州一時淪沒遺民南渡並僑置牧司非舊土也江左又分荆爲湘或離或合凡有揚荆湘江梁益交廣其徐州則有過半豫州唯得譙城而已及至宋世分揚州爲南徐徐州爲南兗揚州之江西悉屬豫州分荆爲雝分荆湘爲郢分荆爲司分廣爲越分青爲冀分梁爲南北秦太宗初索虜南侵青冀徐兗及豫州淮西並皆不守自淮以北化成虜庭於是於鍾離置徐州淮陰爲北兗而青冀二州治贛榆之縣今志大較以大明八年爲正其後分派

隨事記列內史侯相則以昇明末爲定焉地理參差其詳難舉寔由名號驟易境土屢分或一郡一縣割成四五四五之中亟有離合千回百改巧歷不算尋校推求未易精悉今以班固馬彪二志太康元康定戶王隱地道晉世起居永初郡國何徐州郡及地理雜書互相考覈且三國無志事出帝紀雖立郡時見而置縣不書今唯以續漢郡國校太康地志參伍異同用相徵驗自漢至宋郡縣無移改者則注云漢舊其有回徙隨源甄別若唯云某無者則此前皆有也若不注置立史闕也

揚州刺史前漢刺史未有所治它州同後漢治歷陽魏晉治壽春晉平吳治建業成帝咸康四年僑立魏郡別見肥鄉別見元城漢舊縣晉屬陽平三縣後省元城又僑立廣川郡別見領廣川一縣宋初省爲縣隸魏郡江左又立高陽別見堂邑二郡別見高陽領北新城別見博陸博陸縣霍光所封而二漢無晉屬高陽二縣堂邑領堂邑一縣後省堂邑幷高陽又省高陽幷魏郡並隸揚州寄治京邑文帝元嘉十一年省以其民幷建康孝建元年分揚州之會稽東陽新安永嘉臨海五郡爲東揚州大明三年罷州以其地爲王畿以南臺侍御史部諸郡如從事之部傳焉而東揚州直云揚州八年罷王畿復立揚州揚州還爲東揚州前廢帝永光元年省東揚州幷揚州順帝昇明三年改揚州刺史曰牧領郡十領縣八十戶一十四萬三千二百九十六口一百四十五萬五千六百八十五

丹陽尹秦鄣郡治今吳興之故鄣縣漢初屬吳國吳王濞反敗屬江都國武帝元封二年爲丹陽郡治今宣城之宛陵縣晉武帝太康二年分丹陽爲宣城郡治宛陵而丹陽移治建業元帝太興元年改爲尹領縣八戶四萬一千一十口二十三萬七千三百四十一

建康令本秣陵縣漢獻帝建安十六年置縣孫權改秣陵爲建業晉武帝平吳還爲秣陵太康三年分秣陵之水北爲建業愍帝卽位避帝諱改爲建康

秣陵令其地本名金陵秦始皇改本治去京邑六十里今故治邨是也晉安帝義熙九年移治京邑在鬬場恭帝元熙元年省揚州府禁防參軍縣移治其處

丹陽令漢舊縣

江寧令晉武帝太康元年分秣陵立臨江縣二年更名

永世令吳分溧陽爲永平縣晉武帝太康元年更名惠帝世度屬義興尋復舊義興又有平陵縣董覽吳地誌云晉分永世太康永寧地誌並無疑是江左立文帝元嘉九年以併永世溧陽二縣

溧陽令漢舊縣吳省爲屯田晉武帝太康元年復立

湖熟令漢舊縣吳省爲典農都尉晉武帝太康元年復立

句容令漢舊縣

會稽太守秦立治吳漢順帝永建四年分會稽爲吳郡會稽移治山陰領縣十戶五萬二千二百二十八口三十四萬八千一十四去京都水一千三百五十五陸同

山陰縣令漢舊縣

永興令漢舊餘暨縣吳更名

上虞令漢舊縣

餘姚令漢舊縣

剡令漢舊縣

諸暨令漢舊縣

始寧令何承天志漢末分上虞立賀續會稽記云順帝永建四年分上虞南鄉立續漢志無晉太康三年地志有

句章令漢舊縣

鄮令漢舊縣

鄞令漢舊縣

吳郡太守分會稽立孝武大明七年度屬南徐八年復舊領縣十二戶五萬四百八十八口四十二萬四千八百一十二去京都水六百七十陸五百二十

吳令漢舊縣

婁令漢舊縣

嘉興令此地本名長水秦改曰由拳吳孫權黃龍四年由拳縣生嘉禾改曰禾興孫晧父名和又改名曰嘉興

海虞令晉武帝太康四年分吳縣之虞鄉立

海鹽令漢舊縣吳記云本名武原鄉秦以爲海鹽縣

鹽官令漢舊縣吳記云鹽官本屬嘉興吳立爲海昌都尉治此後改爲縣非也

錢唐令漢舊縣

富陽令漢舊縣本曰富春孫權黃武四年以爲東安郡七年省晉簡文鄭太后諱春孝武改曰富陽

新城令浙江西南名爲桐溪吳立爲新城縣後幷桐廬晉太康地志無張勃云晉末立疑是太康末立尋復省也晉成帝咸和九年又立

建德令吳分富春立

桐廬令吳分富春立

壽昌令吳分富春立

新昌縣晉武帝太康元年更名

吳興太守孫晧寶鼎元年分吳丹陽立領縣十戶四萬九千六百九口三十一萬六千一百七十三去京都水九百五十陸五百七十

烏程令漢舊縣先屬吳

東遷令晉武帝太康三年分烏程立後廢帝元徽四年更名東安順帝昇明元年復舊

武康令吳分烏程餘杭立永安縣晉武帝太康元年更名

長城令晉武帝太康三年分烏程立

原鄉令漢靈帝中平二年分故鄣立

故鄣令漢舊縣先屬丹陽

安吉令漢靈帝中平二年分故鄣立

餘杭令漢舊縣先屬吳

臨安令吳分餘杭爲臨水縣晉武帝太康元年更名

於潛令漢舊縣先屬丹陽

淮南太守秦立爲九江郡兼得廬江豫章漢高帝四年更名淮南國分立豫章郡文帝又分爲廬江郡武帝元狩元年復爲九江郡治壽春縣後漢徙治陰陵縣魏復曰淮南徙治壽春晉武帝太康元年復立歷陽別見當塗逡道諸縣二年復立鍾離縣別見並二漢舊縣也三國時江淮爲戰爭之地其間不居者各數百里此諸縣並在江北淮南虛其地無復民戶吳平民各還本故復立焉其後中原亂胡寇屢南侵淮南民多南度成帝初蘇峻祖約爲亂於江淮胡寇又大至民南度江者轉多乃於江南僑立淮南郡及諸縣晉末遂割丹陽之于湖縣爲淮南境宋孝武大明六年以淮南郡幷宣城宣城郡徙治于湖八年復立淮南郡屬南豫州明帝泰始三年還屬揚州領縣六戶五千三百六十二口二萬五千八百四十去京都水一百七十陸一百四十

于湖令晉武帝太康二年分丹楊縣立本吳督農校尉治

當塗令晉成帝世與逡道俱立爲僑縣晉末分于湖爲境

繁昌令漢舊名本屬潁川魏分潁川爲襄城又屬焉晉亂襄城郡以此縣屬淮南割于湖爲境

襄垣令其地本無湖無湖縣漢舊縣至于晉末立襄垣縣屬上黨上黨民南過江立僑郡縣寄治無湖後省上黨郡爲縣屬淮南文帝元嘉九年省上黨縣併襄垣

定陵令漢舊名本屬襄城後割無湖爲境

逡道令漢作逡遒晉作逡道後分無湖爲境

宣城太守晉武帝太康元年分丹陽立領縣十戶一萬一百二十口四萬七千九百九十二去京都水五百八十陸五百

宛陵令漢舊縣

廣德令何志云漢舊縣二漢志並無疑是吳所立

懷安令吳立

寧國令吳立

宣城令漢舊縣

安吳令吳立

涇令漢舊縣

臨城令吳立

廣陽令漢舊縣曰陵陽子明得仙於此縣山故以爲名晉成帝杜皇后諱陵咸康四年更名

石城令漢舊縣

東陽太守本會稽西部都尉吳孫晧寶鼎元年立領縣九戶一萬六千二十二口一十萬七千九百六十五去京都水一千七百陸同

長山令漢獻帝初平二年分烏傷立

太末令漢舊縣

烏傷令

永康令赤烏八年分烏傷上浦立

信安令漢獻帝初平三年分太末立曰新安晉武帝太康元年更名

吳寧令漢獻帝興平二年孫氏分諸暨立

豐安令漢獻帝興平二年孫氏分諸暨立

定陽令漢獻帝建安二十三年孫氏分信安立

遂昌令孫權赤烏二年分太末立曰平昌晉武帝太康元年更名

臨海太守本會稽東部都尉前漢都尉治鄞後漢分會稽爲吳郡疑是都尉徙治章安也孫亮太平二年立領

縣五戶三千九百六十一口二萬四千二百二十六去京都水二千一十九陸同

章安令續漢志故治閩中地光武更名晉太康記本鄞縣南之回浦鄉漢章帝章和中立未詳孰是

臨海令吳分章安立

始豐令吳立曰始平晉武帝太康元年更名

寧海令何志漢舊縣按二漢志晉太康地

樂安令晉康帝分始豐立

永嘉太守晉明帝太寧元年分臨海立領縣五戶六千二百五十口三萬六千六百八十去京都水二千八百陸二千六百四十

永寧令漢順帝永建四年分章安東甌鄉立或云順帝永和三年立

安固令吳立曰羅陽孫晧改曰安陽晉武帝太康元年更名

松陽令吳立

樂成令晉孝武康寧三年分永寧立

橫陽令晉武帝太康四年以橫萸船屯爲始陽仍復更名

新安太守漢獻帝建安十三年孫權分丹陽立曰新都晉武帝太康元年更名領縣五戶一萬二千五十八口三萬六千六百五十一去京都水一千八百六十陸一千八百

始新令孫權分歙立

遂安令孫權分歙爲新定縣晉武帝太康元年更名

歙令漢舊縣

海寧令孫權分歙爲休陽縣晉武帝太康元年更名分歙置諸縣之始又分置黎陽縣大明八年省併海寧

黟令漢舊縣

南徐州刺史晉永嘉大亂幽冀青并兗州及徐州之淮北流民相率過淮亦有過江在晉陵郡界者晉成帝咸和四年司空郗鑒又徙流民之在淮南者於晉陵諸縣其徙過江南及留在江北者並立僑郡縣以司牧之徐兗二州或治江北江北又僑立幽冀青并四州安帝義熙七年始分淮北爲北徐淮南猶爲徐州後又以幽冀合徐青并合兗武帝永初二年加徐州曰南徐而淮北但曰徐文帝元嘉八年更以江北爲南兗州江南爲南徐州治京口割揚州之晉陵兗州之九郡僑在江南者屬焉故南徐州備有徐兗幽冀青并揚七州郡邑永初二年郡國志又有南沛南下邳廣平廣陵盱眙鍾離八郡南沛廣陵海陵山陵盱眙鍾離割屬南兗南下邳併南彭城廣平併南泰山今領郡十七縣六十三戶七萬二千四百七十二口四十二萬六百四十去京都水二百四十陸二百

南東海太守東海郡別見晉元帝初割吳郡海虞縣之北境爲東海郡立郯朐利城三縣而祝其襄賁等縣寄治曲阿穆帝永和中郡移出京口郯等三縣亦寄治於京文帝元嘉八年立南徐以東海爲治下郡以丹徒屬焉郯利成並爲實土永初郡國有襄賁別見祝其厚丘並漢舊名西隰何江左立四縣文帝元嘉十二年省厚丘併襄賁何徐無厚丘餘與永初郡國同其襄賁祝其西隰是徐志後所省也領縣六戶五千三百四十二口三萬三千六百五十八

郯令漢舊名文帝元嘉八年分丹徒之峴西爲境

丹徒令本屬晉陵古名朱方後名谷陽秦改曰丹徒孫權嘉禾三年改曰武進晉武帝太康三年復曰丹徒

武進令晉武帝太康二年分丹徒曲阿立毗陵宋孝武大明末度屬此

朐令漢舊名晉江左僑立宋孝武世分郯西界爲土

利城令漢舊名晉江左僑立宋文帝世與郡俱爲實土

南琅邪太守琅邪郡別見晉亂琅邪國人隨元帝過江千餘戶太興三年立懷德縣丹楊雖有琅邪相而無此地成帝咸康元年桓溫領郡鎮江乘之蒲洲金城上求割丹楊之江乘縣境立郡又分江乘地立臨沂縣永初郡國有陽都前漢屬城陽後漢晉太康地志屬琅邪費即丘並別見三縣並割臨沂及建康爲土費縣治宮城之北元嘉八年省即丘併陽都十五年省費併建康臨沂孝武大明五年省陽都併臨沂今領縣二戶二千七百八十九口一萬八千六百九十七去州水二百陸一百去京都水一百六十

臨沂令漢舊名前漢屬東海後漢晉屬琅邪

江乘令漢舊縣本屬丹楊吳省爲典農都尉晉武帝太康元年復立

晉陵太守吳時分吳郡無錫以西爲毗陵典農校尉晉武帝太康二年省校尉立以爲毗陵郡治丹徒後復還毗陵東海王越世子名毗而東海國故食毗陵永嘉五年帝改爲晉陵始自毗陵徙治丹徒太興初郡及丹徒縣悉治京口郗鑒復徙還丹徒安帝義熙九年復還晉陵本屬揚州文帝元嘉八年度屬南徐領縣六戶一萬五千三百八十二口八萬一百一十三去州水一百七十五陸同去京都水四百陸同

晉陵令本名延陵漢改曰毗陵後與郡俱改

延陵令晉武帝太康二年分曲阿之延陵鄉立

無錫令漢舊縣吳省晉武帝太康元年復立

南沙令本吳縣司鹽都尉署吳時名沙中吳平後立暨陽縣割屬之晉成帝咸康七年罷鹽署立以爲南沙縣

曲阿令本名雲陽秦始皇改曰曲阿吳嘉禾三年復曰雲陽晉武帝太康二年復曰曲阿

暨陽令晉武帝太康二年分無錫毗陵立

義興太守晉惠帝永興元年分吳興之陽羨丹陽之永世立永世尋還丹陽本揚州明帝泰始四年度南徐領縣五戶一萬三千四百九十六口八萬九千五百二十五去州水四百陸同去京都水四百九十陸同

陽羨令漢舊縣

臨津令故屬陽羨立郡分立

義鄉令故屬長城陽羨立郡分立

國山令故屬陽羨立郡分立

綏安令武帝永初三年分宜城之廣德吳興之故鄣長城及陽羨義鄉五縣立

南蘭陵太守蘭陵郡別見領縣二戶一千五百九十三口一萬六百三十四

蘭陵令別見

承令別見文帝元嘉十二年以合鄉縣併承永初郡國何徐並無合鄉縣

南東莞太守東莞郡別見永初郡國又有蓋縣別見領縣三戶一千四百二十四口九千八百五十四

莒令別見

東莞令別見文帝元嘉十二年以蓋縣併此

姑幕令漢舊名

臨淮太守漢武帝元狩六年立光武以併東海明帝永平十五年復分臨淮之故地爲下邳郡晉武帝太康元年復分下邳之淮南爲臨淮郡治盱眙江左僑立永初郡國又有盱眙縣何徐無領縣七戶三千七百一十一口二萬二千八百八十六

海西令前漢屬東海後漢晉屬廣陵

射陽令前漢屬臨淮後漢屬廣陵三國時廢晉武帝太康元年復立

廣陵令前漢屬泗水後漢屬廣陵三國時廢晉武帝太康二年又立屬廣陵

淮浦令前漢屬臨淮後漢屬下邳晉太康地志屬廣陵

淮陰令前漢屬臨淮後漢屬下邳晉太康地志屬廣陵

東陽令前漢屬臨淮後漢屬廣陵晉太康地志屬臨淮

長樂令本長樂郡別見并合爲縣

淮陵太守本淮陵縣前漢屬臨淮後漢屬下邳晉屬臨淮惠帝永寧元年以爲淮陵國永初郡國又有下相前漢屬臨淮後漢屬下邳晉太康地志屬臨淮廣陽廣陽漢高立爲燕國昭帝更名光武省併上谷和帝永元八年復立魏晉復爲燕國前漢廣陽縣後漢無晉復有此也二縣今領縣三戶一千九百五口一萬六百三十

司吾令前漢屬東海後漢屬下邳晉太康地志屬臨沂後廢帝元徽五年五月改名桐梧順帝昇明元年復舊

徐令前漢屬臨淮後漢屬下邳晉太康地志屬臨淮

陽樂令漢舊名本屬遼西文帝元嘉十三年以下相併陽樂

南彭城太守彭城郡別見江左僑立晉明帝又立南下邳郡成帝又立南沛郡文帝元嘉中分南沛爲北沛屬南兗而南沛猶屬南徐孝武大明四年以二郡並併南彭城領縣十二戶一萬一千七百五十八口六萬八千一百六十三

呂令別見

武原令漢舊名

傅陽令漢舊名

蕃令別見義旗初免軍戶立遂誠縣武帝永初元年改從舊名

薛令別見義旗初免軍戶爲建熙縣永初元年改從舊名

開陽令前漢屬東海章帝建初五年屬琅邪晉僑立猶屬琅邪安帝度屬彭城

杼秋令漢舊名

洨令前漢屬梁後漢晉屬沛

下邳令別見本屬南下邳

北陵令本屬南下邳二漢無晉太康地志屬下邳本名陵而廣陵郡舊有陵縣晉武帝太康二年以下邳之陵縣非舊土而同名改爲北陵

僮令別見本屬南下邳南下邳有良城縣別見文帝元嘉十二年併僮

南清河太守清河郡別見領縣四戶一千八百四十九口七千四百四

清河令別見

東武城令別見

繹幕令別見

貝丘令別見

南高平太守高平郡別見永初郡國又有鉅野昌邑二縣並漢舊名今領縣三戶一千七百一十八口九千七百三十一

金鄉令別見

湖陸令前漢曰湖陵漢章帝更名

高平令別見文帝元嘉十八年以鉅野併高平

南平昌太守平昌郡別見領縣四戶二千一百七十八口一萬一千七百四十一

安丘令別見

新樂令二漢無魏分平原爲樂陵郡屬冀州而新樂縣屬焉晉江左立樂陵郡及諸縣後省以新樂縣屬此

東武令別見

高密令別見江左立高密國後爲南高密郡文帝元嘉十八年省爲高密縣屬此

南濟陰太守二漢晉屬兗州前漢初屬梁國景帝中平六年別爲濟陰國宣帝甘露二年更名定陶國後還曰濟陰永初郡國又有句陽定陶二縣並漢舊名今領縣四戶一千六百五十五口八千一百九十三

城武令別見

宛句令漢舊名

單父令前漢屬山陽

城陽令漢舊名

南濮陽太守本東郡屬兗州晉武帝咸寧二年以封子允以東不可爲國名東郡有濮陽縣故曰濮陽國濮陽漢舊名也允改封淮南還曰東郡趙王倫簒位廢太孫臧爲濮陽王王尋廢郡名遂不改永初郡國又有鄄城縣二漢屬濟陰晉太康地志屬濮陽也今領縣二戶二千二十六口八千二百三十九

廩丘令前漢及晉太康地志有廩丘縣後漢無文帝元嘉十二年以鄄城併廩丘

榆次令漢舊名至晉屬太原

南太山太守太山郡別見永初郡國有廣平漢武帝征和二年立爲平干國宣帝五鳳二年改爲廣平光武建武十三年省併鉅鹿魏分鉅鹿魏復爲廣平江左僑立郡晉成帝咸康四年省後又立寄治丹徒領廣平易陽易陽二漢屬趙晉太康地志屬廣平曲周前漢屬廣平作曲周後漢屬鉅鹿晉太康地志屬廣平作曲周梁三縣文帝八年省廣平郡爲廣平縣屬南太山今領縣三戶二千四百九十九口一萬三千六百

南城令別見

武陽令別見

廣平令前漢屬廣平後漢屬鉅鹿晉太康地志屬廣平

濟陽太守晉惠分陳留爲濟陽國領縣二戶一千二百三十二口八千一百九十二

考城令前漢曰留屬梁國章帝更名屬陳留太康地志無

鄄城令別見

南魯郡太守魯郡別見又有樊縣前漢屬東平後漢晉太康地志屬任城也今領縣二戶一千二百一十一口六千八百一十八

魯令別見

西安令漢舊名本屬齊郡齊郡過江僑立後省以西安配此文帝元嘉十八年以樊併西安永初郡國無西安縣

徐州刺史後漢治東海郯縣魏晉宋治彭城明帝世淮北沒寇僑立徐州治鍾離泰豫元年移治東海朐山後廢帝元徽元年分南兗州之鍾離豫州之馬頭又分秦郡之頓丘梁郡之穀孰歷陽之酇立新昌郡置徐州還治鍾離今先列徐州舊郡於前以新割係舊領郡十二縣三十四戶二萬三千四百八十五口十七萬五千九百六十七今領郡三縣九彭城去京都水一千三百六十陸一千

彭城太守漢高立爲楚國宣帝地節元年改爲彭城郡黃龍元年又爲楚國章帝還爲彭城領縣五戶八千六百二十七口四萬一千二百三十一

彭城令漢縣

呂令漢舊縣

蕃令漢舊縣屬魯晉惠帝元康中度蕃音皮漢末太傅陳蕃子逸爲魯相改音

薛令漢舊縣屬魯晉惠帝元康中度

留令漢舊縣

沛郡太守秦泗水郡漢高更名舊屬豫州江左改配領縣三戶五千二百九口二萬五千一百七十去州陸六十去京都一千

蕭令漢舊縣

相令漢舊縣

沛令漢舊縣

下邳太守前漢本臨淮郡武帝立明帝改爲下邳晉武帝分下邳之淮南爲臨淮而下邳如故領縣三戶三千九十九口一萬六千八十八去州水二百陸一百八十去京都水一千一百六十陸八百

下邳令前漢屬東海後漢晉太康地志屬下邳

良城令前漢屬東海後漢晉太康地志屬下邳

僮令前漢屬臨淮後漢晉太康地志屬下邳

蘭陵太守晉惠帝元康元年分東海立領縣三戶三千一百六十四口一萬四千五百九十七去州陸二百去京都水一千六百陸一千三百

昌慮令漢舊縣

承令漢舊縣

合鄉令漢舊縣

東海太守秦郯郡漢高更名明帝失淮北僑立青州於贛榆縣泰始七年又立東海縣屬東海郡又割贛榆置鬱縣立西海郡並隸僑青州領縣二戶二千四百一十一口一萬三千九百四十一去州水一千陸八百去京都水一千陸六百七十

襄賁令漢舊縣

贛榆令前漢屬琅邪後漢屬東海魏省晉武帝太康元年復立

東莞太守晉武帝泰始元年分琅邪立咸寧三年復以合琅邪太康十年復立領縣三戶八百八十七口七千三百二十去州陸七百去京都水二千陸一千四百

莒令前漢屬城陽後漢屬琅邪孝武大明五年改爲長

諸令前漢屬城陽後漢屬琅邪晉太康地志屬城陽

東莞令漢舊縣

東安太守東安故縣名前漢屬城陽後漢屬琅邪晉太康地志屬東莞晉惠帝分東莞立領縣三戶一千二百八十五口一萬七百五十五去州陸七百去京都陸一千三百

蓋令前漢屬琅邪後漢屬太山晉太康地志屬樂安孝武大明五年改爲長

新泰令魏立屬太山

發干令漢舊名屬東郡太康地志無江左來配

琅邪太守秦立領縣二戶一千八百一十八口八千二百四十三去州陸四百去京都水一千五百陸一千一百

費令前漢屬東海後漢屬泰山晉太康地志屬琅邪

即丘令前漢屬東海後漢晉太康地志屬琅邪

淮陽太守晉安帝義熙中土斷立領縣四戶二千八百五十五口一萬五千三百六十三去州水六百陸五百去京都水七百陸五百五十

甬城令晉安帝義熙中土斷立

晉寧令故屬濟岷流寓來配

宿預令晉安帝立

上黨令本流寓郡併省來配

陽平太守陽平本縣名屬東郡魏分東郡及魏郡爲陽平郡故屬司州流寓來配永初郡國又有廩丘縣別置今領縣三戶一千七百二十五口一萬三千三百三十

館陶令漢舊名

陽平令漢舊名

濮陽令本流寓郡併省來配

濟陰太守漢景帝立屬兗州流寓徐土因割地爲境領縣三戶二千三百五口一萬一千九百二十八

睢陵令前漢屬臨淮後漢屬下邳孝武大明元年度

定陶令漢舊名孝武大明五年改爲長

頓丘令屬頓丘流寓割配

北濟陰太守孝武孝建元年昇立領縣三戶九百二十七口三千八百十

城武令前漢屬山陽後漢晉太康地志屬濟陰

豐令漢舊名屬沛孝武大明元年復立

離狐令前漢屬東郡後漢晉太康地志屬濟陰

鍾離太守本屬南兗州晉安帝分立案漢九江郡晉淮南郡有鍾離縣即此地也領縣三戶三千二百七十二口一萬七千八百三十二去京都陸六百二十水一千三十

燕縣令別見故屬東燕流寓因配

朝歌令本屬河內晉武帝分河內爲汲又屬焉流

寓因配

樂平令前漢曰清屬東郡章帝更名晉太康地志無流寓因配

馬頭太守屬南豫州故淮南當塗縣地晉安帝立因山形立名領縣三戶一千三百三十二口一萬二千三百一十去京都水一千七百五十陸六百七十

虞縣令漢舊名屬梁郡流寓因配

零縣令晉安帝立

濟陽令故屬濟陽流寓因配

平昌太守後廢帝元徽元年立

頓丘令二漢屬東郡魏屬陽平晉武帝泰始二年分淮陽置頓丘郡頓丘縣又屬焉江左流寓立屬秦先有沛縣元嘉八年併頓丘後廢帝元徽元年度屬此

穀孰令前漢無後漢晉屬梁永初郡國何徐志並屬南梁後廢帝元徽元年度

鄼令漢屬沛晉屬譙文帝元嘉八年自南譙度屬歷陽後廢帝元徽元年度屬此

南兗州刺史中原亂北州流民多南渡晉成帝立南兗州寄治京口時又立南青州及并州武帝永初元年省并併南兗文帝元嘉八年始割江淮間爲境治廣陵永初郡國領十四郡南高平南平昌南濟陰南濮陽南泰山濟陽南魯山郡今並屬徐州又有東燕郡江左分濮陽所立也領燕縣前漢曰南燕後漢曰燕並屬東郡太康地志屬濮陽白馬平昌考城凡四縣文帝元嘉十八年省考城併燕十九年省東燕縣屬南濮陽後又省東燕郡南東平郡領范蛇丘歷城凡三縣高密郡領淳于黔陬營陵夷安凡四縣南齊郡領安西臨菑凡二縣南平原郡領平原高唐茌平並別見凡三縣濟岷郡江左立領營城晉寧江左立凡二縣雁門郡漢舊領樓煩別見陰館前漢作觀後漢晉作館也廣武前漢屬太原後漢晉太康地志屬雁門也崞馬邑並漢舊名凡五縣凡七郡二十三縣並省屬南徐州諸僑郡縣何志又有鍾離雁門平原東平北沛五郡鍾離今屬徐州雁門領樓煩陰館廣武三縣平原領茌平臨菑營城平原四縣東平領范朝陽歷城三縣沛領符離蕭相沛四縣符離蕭漢舊縣餘並別見凡十四縣起居注元嘉十一年以南兗州東平之平陸併范壽張併朝陽平原之濟岷晉寧併營城先是省濟岷郡爲縣高唐併茌平按此五縣元嘉十一年所省則平陸壽張疑在永初郡國志而無此二縣未詳徐志有南東平郡領范朝陽歷城樓煩陰觀廣武茌平營城臨菑平原十縣則是雁門平原併東平也孝武大明五年以東平併廣陵宋又僑立新平北淮陽北濟北下邳東莞五郡元嘉二十八年南兗州徙治盱眙三十年省南兗州併南徐其後復立還治廣陵徐志領郡九縣三十九戶三萬一千一百一十五口十五萬九千三百六十二宋末領郡十一縣四十四去京都水二百五十陸一百八十

廣陵太守漢高六年立屬荊國十一年更屬吳景帝四年更名江都國武帝元狩三年更名廣陵舊屬徐州晉武帝太康三年治淮陰故城後又治射陽射陽別見江左治廣陵永初郡國又有輿前漢屬臨淮後漢省臨淮屬廣陵文帝元嘉十三年并江都也肥如路眞定新市五縣並二漢舊名肥如屬遼西路屬上黨眞定前漢屬眞定後漢省眞定屬常山晉亦屬常山新市永初郡國云四縣本屬遼西則是晉末遼西僑郡省併廣陵也何有肥如新市徐與令同也今領縣四戶七千七百四十四口四萬五千六百一十三

廣陵令漢舊縣

海陵令前漢屬臨淮後漢晉屬廣陵三國時廢晉武帝太康元年復立

高郵令漢舊縣三國時廢晉武帝太康元年復立

江都令漢舊縣三國時廢晉武帝太康六年復立江左又省併輿縣元嘉十三年復立以併江都

海陵太守晉安帝分廣陵立永初郡國屬徐州領縣六戶三千六百二十六口二萬一千六百六十去州水一百三十陸同去京都水三百九十陸同

建陵令晉安帝立

臨江令晉安帝立

如皐令晉安帝立

寧海令晉安帝立

蒲濤令晉安帝立

臨澤令明帝泰豫元年立

山陽太守晉安帝義熙中土斷分廣陵立案漢景帝分梁爲山陽非此郡也永初郡國屬徐州領縣四戶二千八百一十四口二萬二千四百七十去州水三百陸同去京都水五百陸同

山陽令射陽縣境地名山陽與郡俱立

鹽城令舊曰鹽瀆前漢屬臨淮後漢晉屬廣陵三國時廢晉武帝太康二年復立晉安帝更名

東城令晉安帝立

左鄉令晉安帝立

盱眙太守盱眙本縣名前漢屬臨淮後漢屬下邳晉屬臨淮晉安帝分立領縣五戶一千五百一十八口六千八百二十五去州水四百九十陸二百九去京都水七百陸五百

考城令別見

陽城令晉安帝立

直瀆令晉安帝立

信都令信都雖漢舊名其地非也地在河北宋末立

睢陵令前漢屬臨淮後漢屬下邳晉太康地志無宋末立

秦郡太守晉武帝分扶風爲秦國中原亂其民南流寄居堂邑堂邑本爲縣前漢屬臨淮後漢屬廣陵晉又屬臨淮晉惠帝永興元年分臨淮淮陵立堂邑郡安帝改堂邑爲秦郡永初郡國屬豫州元嘉八年度南兗永初郡國又領臨塗晉宋立平丘漢舊屬陳留晉太康地志無外黃漢舊名屬陳留沛雎丘浚儀頓丘別見凡七縣何無雎丘外黃平丘沛徐又無浚儀元嘉八年以沛併頓丘後廢帝元徽元年割頓丘屬新昌領縣四戶三千三百三十三口一萬五千三百九十六去州水二百四十一陸一百八十去京都水一百五十陸一百四十

秦令本屬秦國流寓立文帝元嘉八年以臨塗併秦以外黃併浚儀孝武孝建元年以浚儀併秦

義成令江左立

尉氏令漢舊名屬陳留文帝元嘉八年以平丘併尉氏

懷德令孝武大明五年立又以歷陽之烏江并此爲二縣立臨江郡前廢帝永光元年省臨江郡懷德即住郡治烏江還本也

南沛太守沛郡別見何志云北沛新立徐云南沛永初郡國又有符離浚並別見竹邑前漢曰竹李奇曰今邑也後漢曰竹邑至晉並屬沛杼秋前漢屬梁後漢晉太康地志屬沛四縣杼秋治無錫餘並治廣陵文帝元嘉十二年以北沛郡竹邑并杼秋何徐並無此二縣不詳起居注孝武大明五年分廣陵爲沛郡治肥如縣時無復肥如縣當是肥如故縣處也二漢晉太康地志並無肥如縣沛郡宜是大明五年以前省其時又立也今領縣三戶一千一百九口一萬二千九百七十

蕭縣令別見

相縣令別見

沛縣令別見

新平太守明帝泰始七年立

江陽令郡同立

海安令郡同立

北淮太守宋末僑立

晉寧令別見

宿預令別見

甬城令別見

北濟陰太守濟陰郡別見宋失淮北僑立

廣平令前漢臨淮有廣平縣後漢以後無

定陶令別見

陽平令別見

上黨令別見

宛句令別見

館陶令別見

北下邳太守下邳郡別見宋失淮北僑立

僮縣令別見

下邳令別見

寧城令別見

東莞太守東莞郡別見宋失淮北僑立

莒縣令別見

諸縣令別見

東莞令別見

栢人令漢舊名屬趙國宋失淮北僑立

兗州刺史後漢治山陽昌邑魏晉治廩丘武帝平河南治滑臺文帝元嘉十三年治鄒山又寄治彭城二十年省兗州分郡屬徐冀州三十年六月復立治瑕丘二漢山陽有瑕丘縣永初郡國有東郡陳留濮陽三郡而無陽平郡領白馬別見涼城二漢東郡有聊城縣晉太康地志無疑此是東燕別見三縣陳留郡領酸棗漢舊縣小黃雎丘白馬襄邑尉氏六縣郡縣並別見濮陽郡領濮陽廩丘並別見二縣宋末失淮北僑立兗州寄治淮陰淮陰別見兗州領郡六縣三十一戶二萬九千三百四十口一十四萬五千五百八十一

泰山太守漢高立永初郡國又有山茌別見萊蕪漢舊名大原本郡僑立此縣三縣而無鉅平縣今領縣八戶八千一百七十七口四萬五千五百八十一去州陸八百去京都陸一千八百

奉高令漢舊縣

鉅平令漢舊縣

嬴令漢舊縣

牟令漢舊縣

南城令前漢屬東海後漢晉屬泰山

武陽令漢舊縣

梁父令漢舊縣
博令漢舊縣
高平太守故梁國漢景帝中六年分爲山陽國武帝建元五年爲郡晉武帝泰始元年更名永初郡國及徐竝又有任城縣前漢屬高平章帝元和元年分東平爲任城又屬焉晉亦屬任城江左省郡爲縣也後省今領縣六戶六千三百五十八口二萬一千一百一十二去州陸二百二十去京都陸一千三百三十宋明帝泰始五年僑立於淮南當塗縣界領高平金鄉二縣其年又立睢陵縣
高平令前漢名橐章帝更
方與令漢舊縣
金鄉令前漢無後漢晉有
鉅野令漢舊縣
平陽令漢舊縣曰南平陽
亢父令漢舊縣舊屬任城
魯郡太守秦薛郡漢高后更名本屬徐州光武改屬任城江左屬兗州領縣六戶四千六百三十一口二萬八千三百七去州陸三百五十去京都一千一百
鄒令漢舊縣
汶陽令漢舊縣
魯令漢舊縣
陽平令孝武大明元年立
新陽令孝武大明中立
卞令明帝泰始二年立
東平太守漢景帝分梁爲濟東國宣帝更名領縣五戶四千一百五十九口一萬七千二百九十五去州水五百陸同去京都水二千陸一千四百宋末又僑立於淮陰
無鹽令漢舊縣
平陸令漢舊縣
須昌令前漢屬東郡後漢晉太康地志屬東平
壽昌令春秋時曰良前漢曰壽良屬東郡光武改曰壽張屬東平
范令漢舊縣四縣竝治郡下
陽平太守魏分魏郡立文帝元嘉中流寓來屬後省孝武大明元年復立領縣五戶二千八百五十七口一萬一千二百七十一、
館陶令漢舊名寄治無鹽
樂平令魏立屬陽平後漢東郡有樂平非也寄治下平陸
元城令漢舊寄治無鹽
平原令別見孝武大明中立
頓丘令別見孝武大明中立
濟北太守漢和帝永光二年分泰山立永初郡國有臨邑二漢屬東郡晉太康地志屬濟北東阿二漢屬東郡晉無二縣孝武大明元年省應在何志而無未詳領縣三戶三千一百五十八口一萬七千三去州陸七百去京都水二千陸一千五百宋末又僑立於淮陽
蛇丘令前漢屬泰山後漢晉太康地志屬濟北
盧令前漢屬泰山後漢晉太康地志屬濟北
穀城令前漢無後漢屬東郡晉太康地志屬濟北

宋書卷三十五考證
州郡志一鄒令漢舊縣○鄒諸本作鄒今從二漢志晉志改正
烏傷令○此下當有漢舊縣三字
寧海令何志漢舊縣按二漢志晉太康地○臣承蒼按地字下當有闕文考二漢志俱無寧海未知其所闕者果係何字
永初郡國有廣平○臣承蒼按此下注凡五十八字舊本顛倒錯亂不成文理今據二漢志晉志改正舊南監本原文云漢二武帝征和子國宣帝五鳳二年改爲廣平年立爲平併鉅鹿魏分鉅鹿魏郡復爲廣光武建武十三年省咸康四年平江左僑立晉成帝省後又立其誤顯然至北監本汲古閣本改漢字下二字爲孝删廣平下一年字復爲廣下增一平字則愈棼混不可考矣今據後漢郡國志云武帝征和二年置爲平干國宣帝五鳳二年復故正此注所據之文二字合在征和之下子字乃干字之訛光武事合敘於宣帝之下併鉅鹿三字合在十三年省之下郡字合在僑立下咸康四年合在晉成帝之下
孝武大明五年分廣陵爲沛郡治肥如縣時無復肥如縣當是肥如故縣處也二漢晉太康地志竝無肥如縣○臣人龍按前廣陵太守下注云肥如本屬遼西晉末遼西僑郡省併廣陵符瑞志亦云元嘉十九年九月戊申廣陵肥如石梁澗中出石鐘九口是雖非二漢遼西之肥如而廣陵固有肥如也乃此處則云無復肥如縣又云竝無肥如縣一卷之中何不相符乎

宋書卷三十六

梁 沈約 撰

志第二十六

州郡二

南豫州
豫州
江州
青州
冀州
司州

南豫州刺史晉江左胡寇强盛豫部殲覆元帝永昌元年刺史祖約始自譙城退還壽春成帝咸和四年僑立豫州庾亮爲刺史治蕪湖咸康四年毛寶爲刺史治邾城六年荆州刺史庾翼鎮武昌領豫州八年庾懌爲刺史又鎮蕪湖穆帝永和元年刺史趙胤鎮牛渚二年刺史謝尚鎮蕪湖四年進壽春九年尚又鎮歷陽十一年進馬頭升平元年刺史謝弈戍譙哀帝隆和元年刺史袁眞自譙退守壽春簡文咸安元年刺史桓沖戍姑孰太元十年刺史李序戍馬頭十二年刺史桓石虔戍歷陽安帝義熙二年刺史劉毅戍姑孰宋武帝欲開拓河南綏定南豫土九年割揚州大江以西大靁以北悉屬豫州豫基址因此而立十三年刺史劉義慶鎮壽陽永初二年分淮東爲南豫州治歷陽淮西爲豫州文帝元嘉七年又分五年割揚州之淮南宣城又屬焉徙治姑孰明帝泰始二年又合而以淮南宣城還揚州九月又分還治歷陽三年五月又合四年以揚州之淮南宣城爲南豫州治宣城五年罷時自淮以西悉没寇矣七年復分歷陽淮陰南譙南兗州之臨江立南豫州泰豫元年以南汝陰度屬豫州豫州之廬江度屬南豫州按淮東自永初至于大明便爲南豫雖乍有離合而分立居多爰自泰始甫失淮西復於淮東分立兩豫今南豫以淮東爲境不復于此更列二州覽者按此以淮東爲境推尋便自得泰始兩豫分域地也徐志領郡十三縣六十一戶三萬七千六百二口二十一萬九千五百今領郡九縣九十一去京都水一百六十
歷陽太守晉惠帝永興元年分淮南立屬揚州安帝割屬豫州永初郡國唯有歷陽烏江龍亢三縣何徐又有酇雍丘二縣今領縣五戶三千一百五十六口一萬九千四百七十
歷陽令漢舊縣屬九江
烏江令二漢無晉書有烏江太康地志屬淮南
龍亢令漢舊名屬沛郡晉太康地志屬譙江左流寓立
雍丘令漢舊名屬陳留流寓立先屬泰山郡文帝元嘉八年度
酇令漢屬沛晉太康地志屬譙流寓立文帝元嘉八年度
南譙太守譙郡別見晉孝武太元中於淮南僑立郡縣後割地志咸實土郡國又有酇縣何徐無今領縣六戶四千四百三十二口二萬二千三百五十八去州水五百四十陸一百七十去京都水七百陸五百
山桑令前漢屬沛後漢屬汝南晉太康地志屬譙
譙令漢屬沛晉太康地志屬譙
銍令漢屬沛晉太康地志屬譙
扶陽令前漢屬沛後漢晉太康地志竝無
蘄令別見
城父令前漢屬沛後漢屬汝南晉太康地志屬譙
盧江太守漢文帝六年分淮南國立光武建武十三年又省六安國以併焉領縣三戶一千九百九口一萬一千九百九十七去州水二千七百二十陸四百七十去京都水一千一百陸六百三十一
灊令漢舊縣
舒令漢舊縣
始新令永初郡國何竝無徐有始新左縣明帝泰始三年立
南汝陰太守汝陰郡別見江左立領縣五戶二千七百一口一萬九千五百八十五去州陸三百去京都水一千陸五百三十
汝陰令別見所治卽二漢晉合肥縣後省
慎令漢屬汝南太康地志屬汝陰
宋令別見
陽夏令前漢屬淮陽後漢屬陳晉太康地志陳令屬梁無復此縣又晉地志惠帝永康中復立永初郡國何竝屬南梁徐志屬此
安陽令別見永初郡國何竝屬南梁徐屬此
南梁太守梁郡別見晉孝武太元中僑立於淮南安帝始有淮南故地屬徐州武帝永初二年還南豫孝武大明六年廢屬南豫改名淮南八年復舊永初郡國又有虞陽夏安豐三縣竝別見何徐無安豐又有義昌而竝無寧陵縣今領縣九戶六千二百一十二口四萬二千七百五

十四去州水一千八百陸五百去京都水一千七百陸
七百
睢陽令漢舊名孝武大明六年改名壽春八年復
舊前廢帝永光有義寧寧昌二縣併睢陽所治
卽二漢晉壽春縣後省
蒙令別見
虞令漢舊名
穀孰令漢舊名
陳令前漢屬淮陽後漢屬陳晉太康地志屬梁
義寧長何無徐有宋末又立
新汲令漢舊名屬潁川
崇義令永初郡國羌人始立
寧陵別見徐志後所立
晉熙太守晉安帝分廬江立領縣五戶一千五百二十
一口七千四百九十七去州陸八百無水去京都水一
千二百無陸
懷寧令晉安帝立
新冶令晉安帝立
陰安令漢舊名屬魏郡晉太康地志屬頓丘
南樓令永初郡國何徐志無
太湖左縣長文帝元嘉二十五年以豫部蠻民立
太湖呂亭二縣晉熙後省明帝太始二年復立
弋陽太守本縣名屬汝南魏文帝分立領縣六戶三千
二百七十五口二萬四千二百六十二去州陸一千一
百去京都水闕
期思令漢舊縣
弋陽令漢舊縣
安豐令舊郡晉安帝併爲縣
樂安令新立
茹由令新立
安豐太守魏文帝分廬江立江左僑立晉安帝省爲縣
屬弋陽宋末復立
安豐令前漢地理志無後漢屬廬江
松滋令別見
汝南太守別見
上蔡侯相別見
平輿令別見
北新息令別見
眞陽令別見
安城令別見

南新息令別見
臨汝令漢舊名
陽安令別見
西平令別見
瞿陽令別見
安陽令別見
新蔡太守別見
鮦陽令別見
固始令別見
新蔡令別見
東苞信令別見
西苞信令徐志南豫唯一苞信疑是後僑立所分
東郡太守別見永初郡國無萇平父陽而有扶溝別見何無
陽夏扶溝徐無陽夏
項令別見
西華令別見
陽夏令別見
萇平令別見
父陽令別見
南潁太守別見帖治陳郡
南頓令別見
和城令別見
潁川太守別見
邵陵令別見
臨潁令別見
曲陽令別見
西汝陰太守永初郡國何徐竝無此郡
汝陰令別見
安城令別見
樓煩令別見
宋令別見
汝陽太守別見
汝陽令別見
武津令
陳留太守別見永初郡國無浚儀封丘而有酸棗何徐無
封丘尉氏
浚儀令別見
小黃令別見
雝丘令別見
白馬令別見

襄邑令別見
封丘令漢舊名
尉氏令別見
南陳左郡太守少帝景平中省此郡以宋民度屬南梁
汝陰郡而永初郡國無未詳孝建二年以蠻戶復立分
赤官左縣爲蓼城左縣領縣二樂疑大明八年省郡卽
名爲縣屬陳左縣
邊城左郡太守文帝元嘉二十五年以豫部蠻民立茹
由樂安光城雩婁邊城史水開化邊城七縣屬弋陽郡
徐志有邊城兩領雩婁史水開化邊城兩縣大明八年
復省爲縣屬弋陽後復立領縣四戶四百一十七口二
千四百七十九
雩婁令二漢屬廬江晉太康地志云屬安豐
開化令
史水令
邊城令
光城左郡太守永初郡國何徐竝無按起居注大明八
年省光城左郡爲縣弋陽疑是大明中分弋陽所立八
年復省後復立
樂安令
茹由令
光城令此三縣徐志屬弋陽
豫州刺史後漢治譙魏治汝南安成晉平吳後治陳國
晉江左所治已列於前永初郡國何徐寄治睢陽而郡
縣在淮西徐又有邊城別見南豫州何又有初安綏城
二郡初安領新疑脫一字懷德二縣綏城領安昌招遠二縣
竝云新立徐無則是徐志前省也領郡十縣四十三戶
二萬二千九百一十九口一十五萬八百三十九
汝南太守漢高帝立領縣十一戶一萬一千二百九十
一口八萬九千三百四十九去州水一千陸七百去京
都水三千陸一千五百
上蔡令漢舊縣
平樂令漢舊縣
北新息令漢舊縣
愼陽令漢舊縣永初郡國及徐竝作眞陽
安成令漢舊縣
南新息令漢舊縣
朗陵令漢舊縣
陽安令漢舊縣
西平令漢舊縣

瞿陽令漢舊縣作濯陽
安陽令漢舊縣晉武太康元年改爲南安陽
新蔡太守晉惠帝分汝陰立今帖治汝南領縣四戶二
千七百七十四口一萬九千八百八十去州陸六百去
京都水二千五百陸一千四百
鮦陽令漢舊縣晉成帝咸康二年省併新蔡後又
立
固始令故名寢丘之地也漢光武更名晉成帝咸
康二年併新蔡後又立
新蔡令漢舊縣
苞信令前漢無後漢屬汝南晉太康地志屬汝陰
後漢郡國晉太康地志竝作褒
譙郡太守何志故屬沛魏明帝分立按王粲詩旣入譙
郡界曠然消人憂粲是建安中亡非明帝時立明矣永
初郡國無長垣縣今領縣六戶一千四百二十四口七
千四百四去州陸道三百五十去京都水二千陸一千
二百
蒙令漢舊縣屬沛
蘄令漢舊縣屬沛
寧陵令前漢屬陳留後漢晉太康地志屬梁
魏令故魏郡流寓配屬
襄邑令
長垣令漢舊縣屬陳留永初郡國無何故屬陳留
徐新配
梁郡太守秦碭郡漢高更名孝武大明元年度徐州二
年還豫領縣二戶九百六十八口五千五百去州陸一
百六十去京都水九百
下邑令漢舊縣何云魏立非也
碭令漢舊縣
陳郡太守漢高立爲淮陽國章帝元和三年更名晉初
併梁王肜薨還爲陳永初郡國有扶溝前漢屬淮陽後漢晉太康地志
屬陳留陽夏別見而無父陽長平領縣四戶六百九十三口
四千一百一十三去州陸七百六十去京都水一千四
百五十
項城令漢舊縣屬汝南晉太康地志屬陳郡
西華令漢舊縣屬汝南晉初省惠帝永康元年復
立屬潁川江左度此
父陽令本苦縣前漢屬陳晉太康地志屬梁成帝
咸康三年更名
長平令前漢屬汝南後漢屬陳晉太康地志屬潁

川

南潁太守故屬汝南晉惠帝分立領縣二戶五百二十六口二千三百六十五去州七百六十去京都陸一千四百五十

南頓令漢舊縣何故屬汝陽晉武帝改屬汝南按晉太康地志王隱地道無汝陽郡

和城令何江左立

潁川太守秦立魏分潁川爲襄城郡晉成帝咸康二年省襄城還併潁川永初郡國又有許昌本昌許漢舊縣魏曰許昌新汲別見鄢陵長社潁陰陽翟四縣並漢舊縣陽翟魏晉屬河南六縣而無曲陽領縣三戶六百四十九口二千五百七十九去州一千去京都陸一千八百

邵陵令漢舊縣屬汝南晉太康地志屬潁川

臨潁令漢舊縣

曲陽令前漢屬東海後漢屬下邳晉太康地志無

汝陽太守晉太康地志王隱地道無此郡應是江左分汝南立晉成帝咸康三年省併汝南後又立領縣二戶九百四十一口四千四百九十五去州二百去京都陸一千四百水三千五百

汝陽令漢舊縣屬汝南何故屬汝陰晉武改屬汝南按晉武分汝南爲汝陰何所言非也

武津令何不注置立

汝陰太守晉武帝分汝南立成帝咸康二年省併新蔡後復立領縣四戶二千七百四十九口一萬四千三百三十五

汝陰令漢舊縣

宋令前漢名新郪章帝建初四年徙宋公國於此改曰宋

宋城令漢舊縣

樓煩令漢舊縣屬鴈門流寓配屬

陳留太守漢武帝元狩元年立屬兗州中原亂廢晉成帝咸康四年復立永初郡國屬兗州何徐屬豫州永初郡國無浚儀有酸棗別見今領縣四戶百九十六口二千四百一十三寄治譙郡長垣縣界

浚儀令漢舊名

小黃令漢舊名

白馬令漢屬東郡晉太康地志屬濮陽

雝丘令漢舊名

江州刺史晉惠帝太康元年分揚州之豫章鄱陽廬陵臨川南康建安晉安荊州之武昌桂陽安城十郡爲江州初治豫章成帝咸康六年移治尋陽庾悅又治豫章尋還尋陽領郡九縣六十五戶五萬二千三十三口二十七萬七千一百四十七去京都水一千四百

尋陽太守尋陽本縣名因水名縣水南注江二漢屬廬江吳立蘄春郡尋陽縣屬焉晉武帝太康元年省蘄春郡以尋陽屬武昌改蘄春之安豐爲高陵及邾縣皆屬武昌二年以武昌之尋陽復屬廬江郡惠帝永興元年分廬江武昌立尋陽郡尋陽縣後省領縣三戶二千七百二十口一萬六千八郡既立治此

柴桑男相二漢屬豫章晉屬武昌漢晉太康地志屬豫章立尋陽郡後割度

松滋伯相前漢屬廬江後漢無晉太康地志屬安豐

安豐縣名前漢無後漢屬廬江晉武帝立爲安豐郡江左流民寓尋陽僑立安豐松滋二郡遙隸揚州安帝省爲松滋縣尋陽又有弘農縣流寓文帝元嘉十八年省併松滋

豫章太守漢高帝立本屬揚州永初郡國有海昏漢舊縣何志無今領縣十二戶一萬六千一百三十九口一十二萬二千五百七十三去州水六百陸三百五十去京都水一千九百陸二千一百

南昌侯相漢舊縣

新淦侯相漢舊縣

豐城侯相吳立曰富城晉武帝太康元年更名

建城侯相漢舊縣

望蔡子相漢靈帝中平中汝南上蔡民分徙此地立縣名曰上蔡晉武帝太康元年更名

吳平侯相漢靈帝中平中立曰漢平吳更名

永脩男相漢靈帝中平中立

建昌公相漢和帝永元十六年分海昏立

豫寧侯相漢獻帝建安中立吳曰要安晉武帝太康元年更名

康樂侯相吳孫權黃武中立曰陽樂晉武帝太康元年更名

新吳令漢靈帝中平中立

艾侯相漢舊縣

鄱陽太守漢獻帝建安十五年孫權分豫章立治鄱陽縣赤烏八年徙治吳芮故城永初郡國有歷陵縣漢舊縣何志無領縣六戶三千二百四十二口一萬九百五十去州水四百四十去京都水一千八百四十陸二千六十

廣晉令吳立曰廣昌晉武帝太康元年更名

鄱陽侯相漢舊縣

餘干令漢舊縣

上饒男相吳立太康地志有王隱地道無

葛陽令吳立

樂安男相吳立

臨川內史吳孫亮太平二年分豫章東部都尉立領縣九戶八千九百八十三口六萬四千八百五去州水一千一百陸一千二十去京都水二千八百三十陸三千

臨汝侯相漢和帝永元八年立

西豐侯相吳立曰西平晉武帝太康元年更名

新建侯相吳立

永城男相吳立

宜黃侯相吳立

南城男相漢舊縣晉武帝太康元年更曰新南城江左復舊

南豐令吳立

東興侯相吳立

安浦男相吳立

廬陵太守廬陵本縣名屬豫章漢獻帝興平元年孫策分豫章立領縣九戶四千四百五十五口三萬一千二百七十一去州水二千陸一千六百去京都水三千六百

石陽子相前漢無後漢有

西昌侯相吳立

東昌子相吳立

吉陽男相吳立

己丘男相吳立

興平侯相吳立

陽豐男相吳曰陽城晉武帝太康元年更名

高昌男相吳立

遂興男相吳立曰新興晉武帝太康元年更名永初郡國無此縣何徐並有

安城太守孫皓寶鼎二年分豫章廬陵長沙立晉太康地志屬荊州領縣七戶六千一百一十六口五萬三百二十三去州水三千三百陸三千六百去京都水三千七百無陸

平都子相前漢曰安平後漢更名屬豫章

新喻侯相吳立

宜陽子相漢舊縣本名宜春屬豫章晉孝武改名

永新男相吳立

安復侯相漢舊縣本名安成晉武帝太康元年更名屬長沙

萍鄉侯相吳立

廣興侯相晉太康地志有此縣何云江左立非也

南康公相晉武帝太康三年以廬陵南部都尉立領縣七戶四千四百九十三口三萬四千六百八十四去州水三千七百四十去京都水三千八十

贛侯相漢舊縣屬豫章

寧都子相吳立曰陽都晉武帝太康元年更名

雩都侯相漢舊縣屬豫章

平固侯相吳立曰平陽晉武帝太康元年更名

南康公相吳立曰安南晉武帝太康元年更名

陂陽男相吳立曰揭陽晉武帝太康五年以西康揭陽移治故陂陽縣改曰陂縣然則陂陽先已爲縣矣後漢郡國無疑是吳所立而改曰揭陽也

南野伯相漢舊縣屬豫章

虔化男相孝武大明五年以虔化屯立

南新蔡太守江左立領縣四戶一千七百三十口八千八百四十八去州水二百去京都水一千三百七十陸一千八百八十

苞信令別見本作褒信永初郡國作苞信

慎令漢舊名本屬汝南

宋令別見徐志云宋樂後復舊

陽唐左縣令孝武大明八年立

建安太守本閩越秦立爲閩中郡漢武帝世閩越反滅之徙其民於江淮間虛其地後有遁逃山谷者頗出立爲冶縣屬會稽司馬彪云章安是故冶然則臨海亦冶地也張勃吳錄云閩越王冶鑄地故曰安閩王冶此不應偏以受名蓋句踐冶鑄之所故謂之冶乎閩中有山名湛疑湛山之鑪鑄劍爲湛鑪也後分冶地爲會稽東南二部都尉東部臨海是也南部建安是也吳孫休永安三年分南部立爲建安郡領縣七疑戶三千四十二口一萬七千六百八十六去州水二千三百八十去京都水三千四十並無陸

吳興子相漢末立曰漢興吳更名

將樂子相晉太康地志有

邵武子相吳立曰昭武晉武帝更名

建陽男相晉太康地志有

綏成男相永初郡國何徐竝有何徐不注置立

沙村長永初郡國何徐竝有何徐不注置立

晉安太守晉武帝太康三年分建安立領縣五戶二千八百四十三口一萬九千八百三十八去州水三千九百九十去京都水三千五百八十

侯官缺相前漢無後漢曰東侯官屬會稽

原豐令晉武帝太康三年省建安典船校尉立

晉安男相吳立曰東安晉武帝更名

羅江男相吳立屬臨海晉武帝立晉安郡度屬

溫麻令晉武帝太康四年以溫麻船屯立永初郡國無何徐竝有

青州刺史治臨淄江左僑立治廣陵安帝義熙五年平廣固北青州刺史治東陽城而僑立南青州如故後省南青州而北青州直曰青州孝武孝建二年移治歷城大明八年還治東陽明帝失淮北於鬱洲僑立青州立齊北海西海郡舊州領郡九縣四十六戶四萬五百四口四十萬二千七百二十九去京都陸二千

齊郡太守秦立領縣七戶七千三百四十六口萬四千八百八十九

臨淄令漢舊縣

西安令漢舊縣

安平令六國時其地曰安平二漢魏晉曰東安平前漢屬淄川後漢屬北海魏度屬齊

般陽令前漢屬濟南後漢晉太康地志屬齊

廣饒令漢舊縣

昌國令漢舊縣

益都令魏立

濟南太守漢文帝十六年分齊立晉世濟岷郡云魏平蜀徙蜀豪將家於濟河故立此郡安帝義熙中土斷并濟南案晉太康地志無濟岷郡永初郡國濟南又有祝阿二漢屬平原晉太康地志無於陵縣漢舊縣而無朝陽平陵二縣領縣六戶五千五十六口三萬八千一百七十五去州陸四百去京都二千四百

廣城令漢舊縣

朝陽令前漢曰朝陽後漢晉曰東朝陽二漢屬濟南晉太康地志屬樂安

著令漢舊縣

土鼓令漢舊縣晉無

逢陵令二漢晉無永初郡國何徐有

平陵令漢舊縣至晉竝曰東平陵

樂安太守漢高立名千乘和帝永元七年更名領縣三戶二千二百五十九口一萬四千九百九十一去州陸一百八十去京都陸一千八百

千乘令漢舊縣

臨濟令前漢曰狄安帝永初二年更名

博昌令漢舊名

高密太守漢文帝分齊爲膠西宣帝太始元年更名高密光武建武十三年併北海晉惠帝又分城陽城陽郡前漢有後漢無魏復分北海立宋孝武併北海領縣六戶二千三百四口一萬三千八百二去州陸二百去京都陸一千六百

黔陬令前漢屬琅邪後漢屬東萊晉太康地志屬城陽

淳于令二漢屬北海晉太康地志屬城陽

高密令前漢屬高密後漢屬北海晉太康地志屬城陽

夷安令前漢屬高密後漢屬北海晉太康地志屬城陽

營陵令二漢屬北海晉太康地志屬城陽

昌安令漢安帝延光元年立屬高密後漢屬北海晉太康地志屬城陽

平昌太守故屬城陽魏文帝分城陽立後省晉惠帝又立領縣五戶二千二百七十口一萬五千五十去州陸二百去京都陸千七百

安丘令二漢屬北海晉太康地志屬琅邪

平昌令前漢屬琅邪後漢屬北海晉太康地志屬城陽

東武令二漢屬琅邪晉太康地志屬東莞

琅邪令二漢屬琅邪晉太康地志無

朱虛令前漢屬琅邪安帝永初元年屬北海晉太康地志屬城陽

北海太守漢景帝十二年立領縣六戶三千九百六十八口三萬五千九百九十五寄治州下

都昌令漢舊縣寄治州下餘依本治

膠東令本膠東國後漢晉太康地志屬北海

劇令二漢屬北海晉太康地志屬琅邪

即墨令前漢屬膠東後漢晉太康地志屬北海

下密令前漢屬膠東後漢晉太康地志屬北海

平壽令漢舊縣

東萊太守漢高帝立領縣七戶一萬一百三十一口七萬五千一百四十九去州陸五百去京都二千一百

曲城令漢舊縣

掖令漢舊縣

㧗令漢舊縣

盧鄉令漢舊縣

牟平令漢舊縣

當利令漢舊縣

黃令漢舊縣

太原太守秦立屬并州文帝元嘉十年割濟南太山立領縣三戶二千七百五十七口二萬四千六百九十四去州陸五百去京都一千八百

山茌令漢舊縣屬太山孝武建元年度濟北

太原令晉安帝義熙中土斷立屬太山

祝阿令別見

長廣太守本長廣縣前漢屬琅邪後漢屬東萊晉太康地志云故屬東萊起居注咸寧三年以齊東部縣爲長廣郡領縣四戶二千九百六十六口二萬二十三去州五百去京都一千九百五十

不其令前漢屬琅邪後漢屬東萊晉太康地志屬長廣

長廣令前漢屬琅邪後漢屬東萊晉太康地志屬長廣

挺令前漢屬膠東後漢屬北海晉太康地志屬長廣

昌陽令晉惠帝元康八年分長廣縣立

冀州刺史江左立南冀州後省義熙中更立治青州又省文帝元嘉九年又分青州立歷城割土置郡縣領郡九縣五十戶三萬八千七十六口一十八萬一千一去京都陸二千四百

廣川太守本縣名屬信都地理志不言始立景帝二年以爲廣川國宣帝甘露三年復明帝更名樂安安帝延光中改曰安平晉武帝太康五年又改爲長樂廣川縣前漢屬信都後漢屬清河魏屬勃海晉還清河何志廣川江左所立又有蓨縣前漢屬信都後漢晉屬勃海而無廣川孝武大明元年省廣川之棗強前漢屬清河後漢晉江左無勃海之浮陽高城竝漢舊縣立廣川縣非舊廣川縣也屬廣川郡領縣四戶三千二百五十口二萬三千六百一十四去州陸一百六十去京都陸一千九百八十

廣川令前已見

中水令前漢屬涿後漢晉太康地志屬河間孝武大明七年自河間割度

武強令何江左立

索盧令何江左立

平原太守漢高帝立舊屬青州魏晉屬冀州領縣八戶五千九百一十三口二萬九千二百六十七

廣宗令前漢無後漢屬鉅鹿晉太康地志屬安平永初郡國何無孝武大明元年復立

平原令漢舊縣

鬲令漢舊縣

安德令漢舊縣

平昌令漢舊縣後漢晉太康地志曰西平昌

般縣令漢舊縣

茌平令前漢屬東郡後漢屬濟北晉太康地志屬平原

高唐令漢舊縣

清河太守漢立桓帝建和二年改曰甘陵魏復舊何有重合縣別見領縣七戶三千七百九十四口二萬九千二百七十四去州一百一十去京都陸一千八百

清河令二漢無晉太康地志有

武城令漢舊縣竝曰東武城

繹幕令漢舊縣

貝丘令漢舊縣

零令漢舊縣作靈

鄃令漢舊縣

安次令前漢舊縣屬勃海後漢屬廣陽晉太康地志屬燕國

樂陵太守晉武帝分平原立舊屬青州今度屬領縣五戶三千一百三口一萬六千六百六十一去州一百四十去京都陸一千八百

樂陵令漢舊縣故屬平原

陽信令二漢屬勃海晉太康地志屬樂陵

新樂令別見

厭次令前漢曰富平明帝更名屬平原晉太康地志屬樂陵

溼沃令前漢屬千乘後漢無何云魏立當是魏復立也晉太康地志屬樂陵

魏郡太守漢高帝立二漢屬冀州魏晉屬司隸江左屢省置宋孝武又僑立何無領縣八戶六千四百五口三萬三千六百八十二

魏令漢舊縣

安陽令晉太康地志有
聊城令漢屬東郡晉屬平原
博平令漢屬東郡晉屬平原
肥鄉令晉太康地志屬廣平
蠡吾令前漢屬涿後漢屬中山晉太康地志屬高
陽孝武始立屬高陽大明七年度此
頓丘令別見文帝元嘉二十八年流民歸順孝武孝
建二年立
臨邑令漢屬東郡晉屬濟北孝武孝建二年與頓
丘同立
河間太守漢文帝二年分趙立江左屢省置宋孝武又
僑立何無領縣六戶二千七百八十一口一萬七千七
百七
樂城令漢舊縣
城平令前漢屬勃海後漢晉太康地志屬河間
武垣令前漢屬涿後漢晉太康地志屬河間
章武令二漢屬勃海晉太康地志屬章武江左立
屬廣川孝武大明七年度此
南皮令漢舊縣屬勃海孝武始立屬勃海大明七
年度此
阜城令前漢勃海有阜城縣續漢安平有阜城縣
注云故昌城漢信都有昌城未詳孰是
頓丘太守別見江左屢省置孝武又僑立何無領縣四戶
一千二百三十八口三千八百五十一
頓丘令別見
衞國令晉太康地志有肥陽令何志以前無
陰安令二漢屬魏
陽平令晉屬頓丘
高陽太守高陽前漢縣名屬涿後漢屬河間晉武帝泰
始元年分涿爲范陽又屬焉後又分范陽爲高陽江左
屢省置孝武又僑立何無領縣五戶二千二百九十七
口一萬四千七百二十五
安平令前漢屬涿後漢屬安平晉太康地志屬博
陵
饒陽令前漢屬涿續漢安平有饒陽縣注云故名
饒屬涿按地理涿唯有饒陽縣無饒縣
鄴令漢舊縣屬魏郡江左避愍帝諱改曰臨漳孝
武始立屬魏郡大明七年度此
高陽令已見
新城令前漢屬中山後漢屬涿晉太康地志高陽
並曰北新城
勃海太守漢高帝立屬幽州後漢晉屬冀州江左省置
孝武又僑立何無領縣三戶一千九百五口萬二千一
百六十六
長樂令晉之長樂郡也疑是江左省爲縣至是又
立
蓨令別見何志屬廣川徐志屬此
重合令漢舊縣
司州刺史漢之司隸校尉也晉江左以來淪沒戎寇雖
永和太元王化暫及太和隆安還復湮陷牧司之任示
舉大綱而已縣邑戶口不可具知武帝北平關洛河南
底定置司州刺史治虎牢領河南漢舊縣滎陽晉武帝太始元年分
河南立弘農漢舊郡實土三郡河南領洛陽河南鞏緱氏新
城梁並漢舊縣河陰晉太康地志有陸渾漢舊縣屬弘農晉太康地志屬河南東垣二漢
晉太康地志何有東垣縣新安二漢屬弘農晉太康地志屬河東西東垣新立凡十一
縣滎陽領京密滎陽卷陽武苑陵中牟開封成皋北漢舊縣
屬河南凡九縣弘農領弘農陝宜陽黽池盧氏並漢舊縣曲陽前漢屬東海後漢屬下邳太康地志無
凡七縣三郡合二十七縣一萬六
千三百六戶又有河內漢舊郡東京兆京兆別見雍州東京兆新立二
僑郡河內寄治河南領溫野王軹河陽沁水山陽懷平
皋並漢舊名朝歌二漢屬河內晉太康地志屬汲郡晉武太康元年始立凡十縣東京
兆寄治滎陽領長安漢舊縣萬年別見新豐別見藍田別見蒲阪
二漢晉太康地志屬河東凡六縣合十六縣一千九百九十二戶少
帝景平初司州復沒北虜文帝元嘉末僑立於汝南尋
亦省廢明帝復於南豫州之義陽郡立司州漸成實土
焉領郡四縣二十去京都水二千七百陸一千七百
義陽太守魏文帝立後省晉武帝又立太康地志永初
郡國何志並屬荆州徐則南豫也明帝泰始五年度郢
州後廢帝元徽四年屬司州領縣七戶八千三十二口
四萬一千五百九十七
平陽侯相前漢無後漢屬江夏曰平春晉太康地
志屬義陽晉孝武改
鄳令二漢屬江夏晉太康地志屬義陽竝作鄳音
盲永初郡國何竝作鄳
鍾武令前漢屬江夏後漢晉太康地志無永初郡
國屬義陽
寶城令孝武孝建三年分鄳立
義陽令晉太康地志有後省孝武孝建三年分平
陽立
平春令孝武孝建三年分平陽立
環水長永初郡國何徐竝無明帝泰始三年度屬
宋安郡後省宋安還此宋安本縣名孝武大明
八年省義陽郡所統東隨二左郡立爲宋安縣
屬義陽明帝立爲郡
隨陽太守晉武帝分南陽義陽立義陽國太康年又分
義陽爲隨國屬荆州孝武孝建元年度屬郢前廢帝永
光元年度屬雍明帝泰始五年還屬郢改爲隨陽後廢
帝元徽四年度屬司州徐志又有革音縣今無領縣四
戶四千六百去京都三千四百八十
隨陽子相漢隨縣屬南陽晉太康地志屬義陽後
隨國與郡俱改
水陽男相徐志有
闕西令別見荆州作厭西宋末新立
西平林令宋末新立
安陸太守孝武孝建元年分江夏立屬郢州後廢帝元
徽四年度司州徐志有安蠻縣永初郡國何竝無當是
何志後所立尋爲郡孝武大明八年省爲縣屬安樂明
帝泰始初又立爲左郡宋末又省領縣二戶六千四十
三口二萬五千八十四去京都水二千三百
安陸公相漢舊縣屬江夏
江夏又有曲陵縣本名石陽吳立晉起居注太康
元年改江夏石陽曰曲陽明帝泰始六年併安
陸
南汝南太守汝南郡別見
平輿令
北新息令
眞陽令
安城令
南新息令
安陽令並別見
臨汝令新立

宋書卷三十六考證
州郡志二南康公相晉武帝太康三年以廬陵南部都
尉立○臣永蒼按南康郡所領縣復有南康公相或
以爲疑蓋劉茂之初封南康郡公以郡守爲相入齊
降封南康縣公又以縣令爲相此志作於齊時故兩
存之耳
山茌令漢舊縣屬太山孝武建元年度濟北○孝武下
當有一孝字
平原太守漢高帝立○諸郡皆記去州京都水陸道里
此條獨無之當是闕文

宋書卷三十七

梁　沈　約　撰

志第二十七

州郡三

荆州
郢州
湘州
雍州
梁州
秦州

荆州刺史漢治武陵漢壽魏晉治江陵王敦治武昌陶
侃前治沔陽後治武昌王廙治江陵庾亮治武昌庾翼
進襄陽復還夏口桓溫治江陵桓冲治上明王忱還江
陵此後遂治江陵宋初領郡三十一後分南陽順陽襄
陽新野竟陵爲雍州湘川十郡爲湘州江夏武陵屬郢
州隨郡義陽屬司州北義陽省凡餘十一郡文帝世又
立宋安左郡領拓邊綏慕樂寧慕化仰澤革音歸德七
縣後省改汶陽郡又度屬今領郡十二縣四十八戶六
萬五千六百四去京都水三千三百八十
南郡太守秦立漢文帝元年爲臨江國景帝中元年復
故晉武帝太康元年改曰新郡尋復故宋初領縣九後
州陵監利度屬巴陵旌陽文帝元嘉十八年省併枝江
二漢無旌陽見晉太康地志疑是吳所立凡領六縣戶
一萬四千五百四十四口七萬五千八十七
江陵公相漢舊縣
華容公相漢舊縣晉武太康元年省後復立
當陽男相漢舊縣
臨沮伯相漢舊縣晉太康永寧地志屬襄陽後度
編縣男相漢舊縣
枝江侯相漢舊縣

南平內史吳南郡治江南領江陵華容諸縣晉武帝太
康元年分南郡江南爲南平郡治作唐後治江安領縣
四戶一萬二千三百九十二口四萬五千四十九去州
水二百五十去京都水三千五百無陸
江安侯相晉武帝太康元年立
孱陵侯相二漢舊縣屬武陵晉太康地志屬南平
作唐侯相前漢無後漢屬武陵晉太康地志屬南
平
安南令晉武帝分江安立
天門太守吳孫休永安六年分武陵立充縣有松梁山
山有石石開處數十丈其高以弩仰射不至其上名天
門因此名郡充縣後省孝武孝建元年度郢州明帝泰
始三年復舊領縣四戶三千一百九十五去州水一千
二百陸六百去京都水三千五百
澧陽令晉武帝太康四年立
臨澧令晉武帝太康四年立
零陽令漢舊縣屬武陵
漊中令二漢無晉太康地志有疑是吳立
宜都太守太康地志王隱地道何志竝云吳分南郡立
張勃吳錄云劉備立按吳志呂蒙平南郡據江陵陸遜
別取宜都獲秭歸枝江夷道縣初權與劉備分荆州而
南郡屬備則是備分南郡立宜都非吳立也習鑿齒云
魏武平荆州分南郡枝江以西爲臨江郡建安十五年
劉備改爲宜都領縣四戶一千八百四十三口三萬四
千二百二十去州水三百五十無陸去京都水三千七
百三十
夷道令漢舊縣
佷山男相前漢屬武陵後漢屬南郡晉武帝太康
元年改爲興山後復舊
宜昌令何志晉武帝立按太康永寧地志竝無疑
是此後所立
夷陵令漢舊縣吳改曰西陵晉武帝太康元年復
舊
巴東公相譙周巴記云初平六年荆州帳下司馬趙韙
建議分巴郡諸縣漢安以下爲永寧郡建安六年劉璋
改永寧爲巴東郡以涪陵縣分立丹興漢葭二縣立巴
東屬國都尉後爲涪陵郡晉太康地志巴東屬梁州惠
帝太安二年度益州穆帝永和初平蜀度屬荆州永初
郡國志無巴渠黽陽二縣領縣七戶一萬三千七百九
十五口四萬五千二百三十七去州水一千三百去京
都水四千六百八十
魚復侯相漢舊縣屬巴郡劉備章武二年改爲永
安晉武帝太康元年復舊
朐䏰令漢舊縣屬巴郡
新浦令何志新立
南浦令劉禪建興八年十月益州牧閻宇表改羊
渠立羊渠不詳何志吳立
漢豐令何志不注置立太康地志巴東有漢昌縣
疑是
巴渠令何志不注置立
黽陽令何志不注置立晉末平吳時峽中立武陵
郡有黽陽黚陽縣咸寧元年並省
汶陽太守何志新立先屬梁州文帝元嘉十一年度宋
初有四縣後省汶陽縣今領三縣戶九百五十八口四
九百一十四去州水七百陸四百去京都四千一百
僮陽令何志新立
沮陽令何志新立
高安令何志新立
南義陽太守義陽郡別見晉末以義陽流民僑立宋初有四
縣孝武孝建二年以平陽縣併厥西平陽本爲郡江左
僑立魏世分河東爲平陽郡晉末省爲縣今領縣二戶
一千六百七口九千七百四十一
厥西令二漢無晉太康地志屬義陽
平氏令漢舊名屬南陽
新興太守魏志建安二十年省雲中定襄五原朔方四
郡郡立一縣合爲此郡屬并州晉江左僑立宋初六縣
後省雲中漢舊名屬雲中孝武孝建二年又省九原縣漢舊名屬五原
併定襄宕渠流寓立併廣牧凡今領縣三戶二千三百一
口九千五百八十四
定襄令漢舊名
廣牧男相漢舊名屬朔方
新豐令漢舊名屬京兆僑流立
南河東太守河東郡秦立晉成帝咸康三年征西將軍
庾亮以司州僑戶立宋初八縣孝武孝建二年以廣戚
前漢屬沛後漢晉太康地志屬彭城江左流寓立併聞喜弘農江左立僑郡後併省爲縣臨
汾併松滋安邑併永安臨汾安邑漢舊名臨汾後屬平陽今領縣四戶
二千四百二十三口一萬四百八十七去州水一百二
十去京都水三千五百
聞喜令故曲沃秦改爲左邑漢武帝元鼎六年行
幸至此聞南越破改名聞喜
永安令前漢彘縣順帝陽嘉二年更名後屬平陽
松滋令前漢屬廬江後漢無晉屬安豐疑是有流
民寓荆土故立
譙縣令別見譙流民寓立
建平太守吳孫休永安三年分宜都立領信陵興山秭
歸沙渠四縣晉又有建平都尉領巫北井泰昌建始四
縣晉武帝咸寧元年改都尉爲郡於是吳晉各有建平
郡太康元年吳平併合五年省建始縣後復立永初郡
國有南陵建始信陵興山永新永寧平樂七縣今並無
按太康地志無南陵永新永寧平樂新鄉五縣疑是江
左所立信陵興山沙渠疑是吳立建始晉初所立也領
縣七戶一千三百二十九口二萬八百一十四去州水
陸一千去京都水四千三百八十
巫令漢舊縣
秭歸侯相漢舊縣
歸鄉公相何志故屬秭歸吳分按太康地志云秭
歸有歸鄉故夔子國楚滅之而無歸鄉縣何志
所言非也
北井令晉太康地志有先屬巴東晉武帝泰始五
年度建平
泰昌令晉太康地志有
沙渠令晉起居注太康元年立按沙渠是吳建平
郡所領吳平不應方立不詳
新鄉令
永寧太守晉安帝僑立爲長寧郡宋明帝以名與文帝
陵同改爲永寧宋初五縣後省經安晉安帝立孝武孝建二
年後以僮陽晉安帝立併長寧綏寧晉安帝立併上黃今領縣二
戶一千一百五十七口四千二百七十四去州陸六十
去京都三千四百三十
長寧侯相晉安帝立
上黃男相宋初屬襄陽後度二漢晉並無此縣
武寧太守晉安帝隆安五年桓玄以沮漳降蠻立領縣
二戶九百五十八口四千九百一十四
樂鄉令晉安帝立
長林男相晉安帝立
郢州刺史魏文帝黃初三年以荆州江北諸郡爲郢州
其年罷并荆非今地吳又立郢州孝武孝建元年分荆
州之江夏竟陵隨武陵天門湘州之巴陵江州之武昌
豫州之西陽又以南郡之州陵監利二縣度屬巴陵立
郢州天門後還荆領郡六縣三十九戶二萬九千四百
六十九口十五萬八千五百八十七去京都水二千一
百
江夏太守漢高帝立本屬荆州永初郡國及何志並治
安陸此後治夏口又有安陸曲陵後别郡領縣七戶
五千七十二口二萬三千八百一十
汝南侯相本沙羨土晉末汝南郡民流寓夏口因
立爲汝南縣沙羨令漢舊縣吳省晉武太康元
年復立治夏口孝武太元三年省併沙陽後以
其地爲汝南實土
沌陽子相江左立
孝昌侯相永初郡國何志竝無徐志有疑是孝武
世所立
惠懷子相江左立
沙陽男相二漢舊縣本名沙羨屬武昌晉武帝太
康元年更名又立沙羨而沙陽徙今所治文帝
元嘉十六年度巴陵孝武孝建元年度江夏
灄陽子相晉惠帝世安陸人朱伺爲陶侃將求分
安陸東界爲此縣
蒲圻男相晉武帝太康元年立本屬長沙文帝元
嘉十六年度巴陵孝武孝建元年度江夏
竟陵太守晉惠帝元康九年分江夏西界立何志又有
宋縣徐無領縣六戶八千五百九十一口四萬四千三
百七十五去州水一千四百去京都水三千四百
萇壽令明帝泰始六年立
竟陵侯相漢舊縣屬江夏
新市子相漢舊縣屬江夏
霄城侯相永初郡國有何徐不注置立
新陽男相永初郡國有何徐不注置立
雲杜侯相漢舊縣屬江夏
武陵太守前漢地理志高帝立續漢郡國志云秦昭王
立名黔中郡高帝五年更名本屬荆州領縣十戶五千
九十口三萬七千五百五十五去州水一千去京都水
三千
臨沅男相漢舊縣
龍陽侯相晉太康地志何志吳立
漢壽伯相前漢立後漢順帝陽嘉三年更名吳曰
吳壽晉武帝復舊
沅南令漢光武建武二十六年立
遷陵侯相漢舊縣
辰陽男相漢舊縣

舞陽令前漢作無陽後漢無晉太康地志有

西陽長漢舊縣

黚陽長二漢無晉太康地志有

沅陵令漢舊縣

巴陵太守文帝元嘉十六年分長沙之巴陵蒲圻下雋江夏之沙陽四縣立屬湘州孝武孝建元年割南郡之監利州陵度江夏屬郢州二年又度長寧之綏安屬巴陵何志訖元嘉二十年巴陵郡以十六年立應在何志而闕領縣四戶五千一百八十七口二萬五千三百一十六去州水五百去京都水二千五百

巴陵男相晉武帝太康元年立屬長沙本領度支校尉立郡省

下雋侯相漢舊縣屬長沙

監利侯相按晉起居注太康四年復立南郡之監利縣尋復省之言由先有而被省也疑是吳所立又是吳所省孝武孝建元年度

州陵侯相漢舊縣屬南郡晉武帝太康元年復立疑是吳所省也孝武孝建元年度明帝泰始四年以綏安縣併州陵

武昌太守晉起居注太康元年改江夏爲武昌郡領縣三戶二千五百四十六口一萬一千四百一十一去京都水一千一百

武昌侯相魏文帝黃初三年孫權改鄂爲武昌

陽新侯相吳立

鄂令漢舊縣屬江夏吳改鄂爲武昌晉武帝太康元年復立鄂縣而武昌如故

西陽太守本縣名二漢屬江夏魏立弋陽郡又屬焉晉惠帝又分弋陽爲西陽國屬豫州宋孝武孝建元年度郢州明帝太始五年又度豫後又還郢永初郡國何徐並有弋陽縣令領縣十戶二千九百八十三口一萬六千一百二十去州水二百八十去京都水一千七百二十

西陽令漢舊縣屬江夏後屬弋陽

西陵男相漢舊縣屬江夏後屬弋陽

孝寧侯相本軑縣漢舊縣孝武自此伐逆卽位改名

蘄陽令二漢江夏郡有蘄春縣吳立爲郡晉武帝太康元年省爲蘄春郡而縣屬弋陽後屬新蔡孝武大明八年還西陽

義安令明帝泰始二年以來流民立

蘄水左縣長文帝元嘉二十五年以豫部蠻民立建昌南川長風赤亭會亭陽城彭波遷溪東丘東安西安南安房田希水高坡直水蘄水清石十八縣屬西陽孝武大明八年赤亭彭波併陽城其餘不詳何時省

東安左縣長前廢帝永光元年復以西陽蘄水直水希水三屯爲縣

建寧左縣長孝武大明八年省建寧左郡爲縣屬西陽徐志有建寧縣當是此後爲郡

希水左縣長

陽城左縣長本屬建寧左郡孝武大明八年省西陽之赤亭陽城彭城三縣併建寧之陽城縣而以縣屬西陽

湘州刺史晉懷帝永嘉元年分荊州之長沙衡陽湘東邵陵零陵營陽建昌江州之桂陽八郡立治臨湘成帝咸和三年省安帝義熙八年復立十二年又省宋武帝永初三年又立文帝元嘉八年省十七年又立二十九年又省孝武孝建元年又立建昌郡晉惠帝元康九年分長沙東北下雋諸縣立成帝咸康元年省元嘉十六年立巴陵郡屬湘州後度郢領郡十縣六十二戶四萬五千八十九口三十五萬七千五百七十二去京都水三千三百

長沙內史秦立宋初十縣下雋蒲圻巴陵屬巴陵今領縣七戶五千六百八十四口四萬六千二百一十三

臨湘侯相漢舊縣

醴陵侯相後舊縣

瀏陽侯相吳立

吳昌侯相後漢立曰漢昌吳更名

羅縣侯相漢舊縣

攸縣子相漢舊縣

建寧子相吳立

衡陽內史吳孫亮太平二年分長沙西部都尉立領縣七戶五千七百四十六口二萬八千九百九十一去州水二百二十去京都水三千七百

湘西令吳立

湘南男相漢舊縣屬長沙

益陽侯相漢舊縣屬長沙

湘鄉男相前漢無後漢屬零陵

新康男相吳曰新陽晉武帝太康元年更名

重安侯相前漢曰鍾武後漢順帝永建三年更名屬零陵

衡山男相吳立曰衡陽晉惠帝更名

桂陽太守漢高立屬荊州晉惠帝元康元年度江州領縣六戶二千二百一十九口二萬二千一百九十二去州水一千四百去京都水四千九百四十

郴縣伯相漢舊縣

耒陽子相漢舊縣

南平令漢舊縣

臨武令漢舊縣

汝城令江左立

晉寧令漢順帝永和元年立曰漢寧吳改曰陽安晉武帝太康元年改曰晉寧

零陵內史漢武帝元鼎六年立領縣七戶三千八百二十八口六萬四千八百二十八去州一千四百去京都水四千八百

泉陵子相漢舊縣

洮陽侯相漢舊縣

零陵子相漢舊縣

祁陽子相吳立明帝泰始初度湘東五年復舊

應陽男相晉惠帝分觀陽立

觀陽男相吳立

永昌令吳立

營陽太守江左分零陵立領縣四戶一千六百八口二萬九百二十七去州水一千七百一去京都水五千五百五十

營浦侯相漢舊縣屬零陵

營道侯相漢舊縣屬零陵

春陵令前漢舊縣春陵侯徙國南陽省吳復立屬零陵

泠道令漢舊縣屬零陵

湘東太守吳孫亮太平二年分長沙東部都尉立晉世七縣孝武太元二十年省酃（漢舊縣）利陽新平（張勃吳錄有此二縣）（利作梨晉作利音）三縣今領縣五戶一千三百九十六口一萬七千四百五十去州水陸七百去京都水三千六百

臨烝伯相吳屬衡陽晉太康地志屬湘東

新寧令吳立

茶陵子相漢舊縣屬長沙

湘陰男相後廢帝元徽二年分益陽羅湘西及巴硤流民立

陰山令陰山乃是漢舊縣而屬桂陽吳湘東郡有此陰山縣疑是吳所立

邵陵太守吳孫晧寶鼎元年分零陵北部都尉立領縣七戶一千九百一十六口二萬五千五百六十五去州水七百陸一千三百去京都水四千五百

邵陵子相何志屬長沙按二漢無吳錄屬邵陵

武剛令晉武分都梁立

建興男相晉武帝分邵陵立

高平男相吳立晉武帝太康元年改曰南高平後更曰高平

都梁令漢舊縣屬零陵

邵陽男相吳立曰昭陽晉武改

扶縣令漢舊縣至晉曰夫夷漢屬零陵晉屬邵陵案今云扶者疑是避桓溫諱去夷夫不可爲縣名故爲扶云

廣興公相吳孫晧甘露元年分桂陽南部都尉立爲始興郡晉武帝平吳以屬廣州成帝度荊州宋文帝元嘉二十九年又度廣州三十年復度湘州明帝泰始六年立岡溪縣割始興之封陽陽山含洭四縣立宋安郡屬湘州太豫元年復（缺）省岡溪縣改始興曰廣興領縣七戶一萬一千七百五十六口七萬六千三百二十八去州水二千三百九十去京都水五千

曲江侯相漢舊縣屬桂陽

桂令漢舊縣屬桂陽

陽山侯相漢舊縣後漢曰陰山屬桂陽吳始興郡無此縣當是晉後立

貞陽侯相漢舊縣名湞陽屬桂陽宋明帝泰始三年改湞爲貞

含洭男相漢舊縣屬桂陽

始興令吳立

中宿令漢舊縣屬南海吳度

臨慶內史吳分蒼梧立爲臨賀郡屬廣州晉成帝度荊州宋文帝元嘉二十九年度廣州三十年復度湘州明帝改名領縣九戶三千七百一十五口三萬一千五百八十七去州水陸二千八百去京都水陸五千五百七十

臨賀侯相漢舊縣晉太康地志王隱云屬南海而二漢屬蒼梧當是吳新度

馮乘侯相漢舊縣屬蒼梧

富川令漢舊縣屬蒼梧

封陽侯相漢舊縣

興安侯相吳立曰建興晉武帝太康元年更名
謝沐長漢舊縣屬蒼梧
寧新令二漢無當是吳所立屬蒼梧晉武帝太康元年更名
開建令文帝分封陽立宋昌宋興開建武化往往（往音生）永固綏南七縣後又分開建武化宋昌三縣立宋建郡屬廣州孝武大明元年悉省唯餘開建縣
撫寧令宋末立
始建內史吳孫皓甘露元年分零陵南部都尉立始安郡屬廣州晉成帝度荆州宋文帝元嘉二十九年度廣州三十年復度湘州明帝改名領縣七戶三千八百三十口二萬二千四百九十去州水二千八百陸二千六百三十去京都水五千五百九十
始安子相漢舊縣屬零陵
熙平令吳立爲尚安晉武改
永豐男相吳立
荔浦令漢舊縣屬蒼梧
平樂侯相吳立
建陵男相吳立屬蒼梧宋末度
樂化左令宋末立
雍州刺史晉江左立胡亡氐亂雍秦流民多南出樊沔晉孝武始於襄陽僑立雍州并立僑郡縣宋文帝元嘉二十六年割荆州之襄陽南陽新野順陽隨五郡爲雍州而僑郡縣猶寄寓在諸郡界孝武大明中又分實土郡縣以爲僑郡縣境徐志雍州有北上洛北京兆義陽三郡北上洛晉孝武立領上洛北商鄧陽陽亭北拒陽五縣北京兆領北藍田霸城山北三縣並云景平中立義陽云晉安帝立領平氏襄鄉二縣鄧陽陽亭北拒陽並云安帝立餘縣不注置立今並無此三郡今領郡十七縣六十戶三萬八千九百七十五口十六萬七千四百六十七去京都水四千四百陸二千一百
襄陽公相魏武帝平荆州分南郡編以北及南陽之山都立屬荆州魚豢云魏文帝立永初郡國何志並有宜城（漢舊縣屬南郡）郡上黃縣（並別見）徐志無領縣三戶四千二十四口一萬六千四百九十六
襄陽令漢舊縣屬南郡
中廬令漢舊縣屬南郡
邔縣令漢舊縣屬南郡
南陽太守秦立屬荆州永初郡國有比陽魯陽堵陽西鄂犨葉雉博望八縣（並漢舊縣）何志無犨雉徐志無比陽魯陽堵陽西鄂博望而有葉餘並同孝武大明元年省葉縣領縣七戶四千七百二十七口三萬八千一百三十二去州三百六十去京都水四千四百
宛縣令漢舊縣
涅陽令漢舊縣
云陽男相漢舊縣故名育陽晉孝武改
冠軍令漢舊縣武帝分穰立
酈縣令漢舊縣
舞陰令漢舊縣
許昌男相徐志無此後所立本屬潁川
新野太守何志晉惠帝分南陽立永初郡國何志有棘陽（別見）蔡陽鄧縣（並漢舊縣）徐無孝武大明元年省蔡陽令領縣五戶四千二百三十五口一萬四千七百九十三去州一百八十去京都水四千五百八十
新野侯相漢舊縣屬南陽文帝元嘉末省孝武大明元年復立
山都男相漢舊縣屬南陽晉太康地志屬襄陽永初郡國及何徐屬新陽
池陽令漢舊縣屬馮翊晉太康地志屬京兆僑立亦屬京兆孝武大明中土斷又屬此
穰縣令漢舊縣屬南陽
交木令孝武大明元年立
順陽太守魏分南陽立曰南鄉晉武帝更名成帝咸康四年復立南鄉後復舊永初郡國及何志有朝陽武當酇陰汎陽筑（並別見）析（前漢屬弘農後漢屬南陽）脩陽（唯見永初郡國）凡八縣徐志唯增朝陽朝陽孝武大明元年省領縣七戶四千一百六十三口二萬三千一百六十三
南鄉令前漢無後漢有屬南陽
槐里男相漢舊名屬扶風晉太康地志屬始平僑立亦屬始平大明土斷屬此
順陽侯相前漢曰博山後漢明帝更名屬南陽
清水令前漢屬天水後漢爲天水漢陽無此縣晉太康地志屬略陽僑立屬始平大明土斷屬此
朝陽令漢舊縣
丹水令前漢屬弘農後漢屬南陽何志魏立非也
鄭縣令漢舊名屬京兆僑立亦屬京兆後度此
京兆太守故秦內史漢高帝元年屬塞國二年夏爲渭南郡九年罷復爲內史武帝建元六年分爲右內史太初元年更爲京兆尹魏改爲京兆郡初僑立寄治襄陽朱序沒氐孝武太元十一年復立大明土斷割襄陽西界爲實土雍州僑郡先屬府武帝永初元年屬州永初郡國有藍田（漢舊縣）鄭池陽（並別見）南霸城（本霸陵漢舊縣太康地志曰霸城何志魏地）新康五縣何志無新康而有新豐徐無孝武大明元年省京兆之盧氏藍田霸城縣盧氏當是何志後所立二漢屬弘農晉太康地志屬上洛新康疑是晉末所立領縣三戶二千三百七口九千二百二十三
杜令二漢曰杜陵魏改
鄧縣令漢舊縣屬南陽
新豐令漢舊縣
始平太守晉武帝太始二年分京兆扶風立後分京兆扶風僑立治襄陽今治武當永初郡國唯有始平平陽清水（別見）三縣何志有槐里（別見）宋寧宋嘉（何志新立）三縣而清水始平與永初郡國同領縣四戶二千七百九十七口五千五百十二
武當侯相漢舊縣屬南陽後屬順陽
始平令魏立
武功令漢舊名故屬扶風晉太康地志屬始平
平陽子相江左平陽郡民流寓立此
扶風太守故秦內史高帝元年屬雍國二年更爲中地郡九年罷後爲內史武帝建元六年分爲右內史太初元年更名爲右扶風僑立治襄陽今治筑口永初郡國及何志唯有郡魏昌縣（魏立屬中山）孝武大明元年省魏昌領縣三戶二千一百五十七口七千二百九十
筑陽令漢舊縣屬南陽又屬順陽大明土斷屬此
郿縣令漢舊名屬扶風晉太康地志屬秦國
汎陽令晉武帝太康五年立屬南鄉仍屬順陽大明土斷屬此
南上洛太守永初郡國何志雍州並有南上洛郡寄治魏興今梁州之上洛是也北上洛蓋是何志以後僑立耳今治曰何徐志雍州南上洛晉武帝立北上洛云晉孝武立非也徐有南北陽亭陽安縣不注置立今領縣二戶一百四十四口四百七十七
上洛男相（別見）
商縣令（別見）
河南太守故秦三川郡漢高帝更名光武都雒陽建武五年改曰河南尹僑立始治襄陽孝武大明中分沔北爲境永初郡國及何志並又有陽城緱氏縣（漢舊名並屬河南）徐無此二縣而有僑洛陽（漢舊名）陽城縣孝武大明元年省洛陽當是何志後立領縣五戶三千五百四十一口一萬三千四百七十去州陸三十五
河南令漢舊名
新城令漢舊名
河陰子相魏立
棘陽令漢縣故屬南陽晉太康地志屬義陽後屬新野大明土斷屬此
襄鄉令前漢無後漢有屬南陽徐志屬義陽當是大明土斷屬此
廣平太守（別見）江左僑立治襄陽今爲實土永初郡國及何志並又有易陽曲周邯鄲（竝見在）無酇比陽徐無復邯鄲易陽曲周孝武大明元年省邯鄲應是土斷省領縣四戶二千六百二十七口六千二百九十三
廣平令漢舊名徐志南度以朝陽縣境立
酇縣令漢舊縣屬南陽後屬順陽
比陽令漢舊縣屬南陽
陰縣令漢舊縣屬南陽
義成太守晉孝武立治襄陽今治均永初郡國又有下蔡平阿縣（二縣前漢屬沛後漢屬九江晉太康地志屬淮南）何同孝武大明元年省下蔡始亦流寓立也平阿當是何志後省領縣二戶一千五百二十一口五千一百一
義成侯相晉孝武立
萬年令漢舊名屬馮翊
馮翊太守故秦內史高帝元年屬塞國三年更名爲河上郡九年罷復爲內史武帝建元六年分爲左內史太初元年更名三輔流民出襄陽文帝元嘉六年立則何志應有而無治襄陽今治郡領縣三（疑）戶二千七十八口五千三百二十一
郡縣令漢舊縣屬南郡作若字晉太康地志作鄀
永初郡國及何志屬襄陽徐屬此
高陸令晉太康地志屬京兆永初郡國何志並無
孝武大明元年復立
南天水太守（天水郡別見）徐志本西戎流寓今治嚴州永初郡國何志並無當是何志後所立又有冀縣（漢舊名）孝武大明元年省領縣四戶六百八十七口三千一百二十二
華陰令前漢屬京兆後漢魏晉屬弘農
西縣令前漢屬隴西後漢屬漢陽即天水魏晉屬天水
略陽侯相（別見）
河陽令（別見）

建昌太守，孝建元年刺史朱脩之免軍戶爲永興安寧
二縣立建昌郡又立永寧爲昌國郡並寄治襄陽昌國
後省徐志建昌又有永寧縣今無領縣二戶七百三十
二口四千二百六十四
永興令
安寧男相
華山太守胡人流寓孝武大明元年立今治大隄領縣
三戶一千三百九十九口五千三百四十二
華山令與郡俱立
藍田令漢舊名本屬京兆
上黃令本屬襄陽立郡割度
北河南太守晉孝武太元十年立北河南郡後省永初
郡國何徐志並無明帝泰始末復立寄治宛中領縣八
新蔡令別見
汝陰令別見
苞信令別見
上蔡令別見
固始令別見
緱氏令別見
新安令別見
洛陽令別見
弘農太守漢武帝元鼎六年立宋明帝末立寄治五壟
領縣三
邯鄲令漢舊名屬趙國晉太康地志無此縣
圉縣令前漢屬淮陽後漢屬陳留晉太康地志無
此縣
盧氏令別見
梁州刺史禹貢舊州周以梁併雍漢以梁爲益治廣漢
雒縣魏元帝景元四年平蜀復立梁州治漢中南鄭而
益州治成都李氏據梁益江左於襄陽僑立梁州李氏
滅復舊譙縱時又治漢中刺史治魏興縱滅刺史還治
漢中之苞中縣所謂南城也文帝元嘉十年刺史甄法
護於南城失守刺史蕭思話還治南鄭永初郡國又有
宕渠郡北宕渠郡宋起居注元嘉十六年割梁州宕渠
郡度益州今益部宕渠郡曰南宕渠何徐並有北宕渠
郡唯領宕渠一縣何云本巴西流民今無
漢中太守秦立漢獻帝建安二十年魏武平張魯復漢
寧郡爲漢中疑是此前改漢中曰寧也晉地記云孝武
太元十五年梁州刺史周表立又疑是李氏所省李氏
平後復立永初郡國又有苞縣作中懷安漢晉何徐並無二縣三
縣領縣四戶一千七百八十六口一萬三百三十四
南鄭令漢舊縣
城固令漢舊縣
沔陽令漢舊縣
西鄉令蜀立曰南鄉晉武帝太康二年更名
魏興太守魏文帝以漢中遺民在東垂者立屬荆州江
左還本領縣十三疑去州一千二百去京都水六千七
百
西城令漢舊縣屬漢中
鄖鄉令本錫縣二漢舊縣屬漢中後屬魏興魏晉
世爲郡後省武帝太康五年改爲鄖鄉何志晉
惠帝立非也
錫縣令前漢長利縣屬漢中後漢省晉武帝太康
四年復立屬魏興五年改長利爲錫
廣城令永初郡國何徐並有不注置立
興晉令魏立曰平陽晉武帝太康元年更名
旬陽令前漢有後漢無晉武帝太康四年復立
上庸令晉太康地志永初郡國徐並屬上庸何無
長樂令永初郡國何徐並屬晉昌本蜀郡流民
廣昌子相何志屬上庸晉成帝立晉地記武帝太
康元年改上庸之廣昌爲庸昌二年省疑是魏
所立
安晉令永初郡國何徐屬晉昌本蜀郡流民
延壽令永初郡國何徐屬晉昌本蜀郡流民
宣漢令永初郡國何徐屬晉昌本建平流離民
新興太守永初郡國何徐云新興吉陽東關三縣屬晉
昌郡何云晉元帝立本巴漢流民宋末省晉昌郡立新
興郡以晉昌之長樂安晉延壽安樂屬魏興郡宣漢屬
巴渠郡寧都屬安康郡永初郡國有永安縣何徐無今
亦無復新興縣何云巴東夷人今領縣二
吉陽令本益州流民
東關令本建平流民
新城太守故屬漢中魏文帝分立屬荆州江左還本領
縣六戶一千六百六十八口七千五百九十四去州陸
一千五百去京都水五千三百
房陵令漢舊縣屬漢中太康地志王隱無
綏陽令魏立後改爲秭歸晉武帝太康二年復爲
綏陽
昌魏令魏立
祁鄉令何志魏立晉太康地志作沶音祁
閬陽令何志不注置立
樂平令何志不注置立
上庸太守魏明帝太和二年分新城之上庸武陵北巫
爲上庸郡景初元年又分魏興之魏陽錫郡之安富上
庸爲郡疑是太和後省景初又立也魏屬荆州江左還
本永初郡國有上庸廣昌何有廣昌領縣七戶四千五
百五十四口二萬六百五十三去州陸二千三百去京
都水六千七百
上庸令漢舊縣屬漢中
富安令晉太康地志永初郡國何徐並有
北巫令何志晉武帝立按魏所分新城之巫應即
是此縣然則非晉武立明矣
微陽令魏立曰建始晉武帝改
武陵令前漢屬漢中後漢晉太康地志王隱並無
新安令永初郡國何徐有何云本建平流民
吉陽令永初郡國云北吉陽何徐無
晉壽太守晉地記云孝武太元十五年梁州刺史周瓊
表立何志故屬梓潼而益州南晉壽郡悉有此諸縣永
初郡國徐又有南晉壽南興樂南興安縣何無南興樂
云南晉壽惠帝立餘並不注置立今領縣四去州陸一
千二百去京都水一萬
晉壽令屬梓潼何志晉惠帝立按晉起居注武帝
太康元年改梓潼之漢壽曰晉壽漢壽之名疑
是蜀立云惠帝立非也
白水令漢舊縣屬廣漢晉太康地志屬梓潼
邵歡令永初郡國何徐並有不注置立疑是蜀立
曰昭歡晉改也
興安令永初郡國何徐並有不注置立
華陽太守徐志新立永初郡國何徐並無寄治州下領
縣四戶二千五百六十一口萬五千四百九十四
華陽令
興宋令
宕渠令
嘉昌令徐不注置立
新巴太守晉安帝分巴西立何徐又有新歸縣何云新
立今無領縣三戶三百九十三口二千七百四十九
新安令晉安帝立
晉城令晉安帝立
晉安令晉安帝立
北巴西太守何志不注置立宋起居注文帝元嘉十二
年於劍南立北巴西郡屬益州今益州無此郡又永初
郡國何徐梁州並有北巴西而益州無疑是益部僑立
壽省梁州北巴西是晉末所立也永初郡國領閬中漢
昌二縣何又有宋昌縣云新立徐無宋昌有宋壽何徐
並領縣四今六疑去州一千四百去京都水九千九百
閬中令別見
安漢令別見
南國令即南充國別見
西國令即西充國別見
平周令益州巴西有平州縣
北陰平太守晉太康地志故廣漢屬國都尉何志蜀分
立永初郡國曰北陰平領陰平綿竹平武資中冑亘五
縣何徐直曰陰平領二縣與此同戶五百六口二千一
百二十四寄治州下
陰平令前漢後漢屬廣漢屬國名甸氐晉太康地
志陰平郡陰平縣注云甸氐當是故甸氐爲陰
平永初郡國冑亘縣即甸氐也當是後又立此縣而字誤也
平武令蜀立曰廣武晉武帝太康元年更名
南陰平太守永初郡國唯領陰平一縣徐志無南字云
陰平舊民流寓立唯領懷舊一縣何無今領縣二戶四
百七
陰平令
懷舊令徐志不注置立
巴渠太守何志新立領縣七戶五百口二千一百八十
三
宣漢令別見與郡新立
始興令何志新立
巴渠令何志新立
東關令何志新立
始安令何志新立
下蒲令何志無徐志不注置立
晉興令何志晉安帝立案永初郡國梁部諸郡唯
巴西有此縣不容是此晉興若是晉安帝時立
便應在永初郡國疑何謬也
懷安太守何志新立領縣二戶四百七口二千三百六
十六寄治州下
懷安令何志新立
義存令何志新立
宋熙太守何徐志新立領縣五戶一千三百八十五口
三千一百二十八去州七百去京都九千八百

興樂令
歸安令
宋安令
元壽令
嘉昌令何志五縣並新立
白水太守永初郡國何並無徐志仇池氏流寓立有漢
昌縣今領縣六戶六百五
新巴令
漢德令
晉壽令
益昌令
興安令
平周令徐志作平州此五縣徐並不注置立
南上洛太守晉太康地志分京兆立上洛郡屬司隸永
初郡國何志並屬雍州僑寄魏興郎此郡也徐志巴氏
新立徐志時已屬梁州矣永初郡國無豐陽而有陽亭
何徐有何不注陽亭置立領縣六
上洛令前漢屬弘農後漢屬京兆何云魏立非也
商縣令上洛同
流民令何不注置立
豐陽長永初郡國無何作鄷陽新立徐作豐
渠陽令永初郡國何徐並作拒陽
義縣令永初郡國何徐並無
北上洛太守徐志巴新立領縣七戶二百五十四
北上洛令
豐陽令
流民令
陽亭令
拒陽令拒字與南上洛不同
商縣令徐志無
西豐令徐志無
安康太守宋末分魏興之安康縣及晉昌之寧都縣立
安康令二漢安陽縣屬漢中漢末省魏復立屬魏
興晉武帝太康元年更名何云魏立非也
寧都令蜀郡流民
南宕渠太守永初郡國有宕渠郡領宕渠漢興宣漢三
縣屬梁州元嘉十六年度屬益州非此南宕渠也何徐
梁並無此郡疑是徐志後所立
宕渠令
漢安令

宣漢令
宋康令三縣並新置
懷漢太守孝武孝建二年立領縣三戶四百十九
永豐長
綏來長
預德長
秦州刺史晉武帝太始五年分隴右五郡及涼州金城
梁州陰平并七郡爲秦州治天水冀縣太康三年併雍
州惠帝元康七年復立何志晉孝武復立寄治襄陽安
帝世在漢中南鄭領郡十四縣四十二戶八千七百三
十二口四萬八百八十八
武都太守漢武帝元鼎六年立永初郡國又有河池故
道縣並漢舊縣今領縣三戶一千二百七十四口六千一百
四十
下辯令漢舊縣
上祿令漢舊縣後省晉武帝太康三年又立
陳倉令漢舊縣屬扶風晉太康地志屬秦國
略陽太守晉太康地志屬天水何志故曰漢陽魏分立
日廣魏武帝更名永初郡國有清水縣別見何徐無領縣
三戶一千三百五十九口五千六百五十七
略陽令前漢屬天水後漢漢陽郎天水晉太康地
志屬略陽雍州南天水益州安固郡又有此縣
臨漢令何志新立
上邽令前漢屬隴西後漢屬漢陽晉太康地志屬
天水何志流寓割配
安固太守永初郡國志有安固郡又有南安固郡元嘉
十六年度益州今領縣二戶一千五百五口二千四十
四
桓陵令別見
南桓陵令永初郡國及何志安固郡唯領桓陵一
縣徐志又有此縣
西京兆太守晉末三輔流民出漢中僑立領縣三戶六
百九十三口四千五百五十二
藍田令別見永初郡國志無
杜令別見
鄠令二漢屬扶風晉太康地志屬始平
南太原太守太原別見何志云故屬并州流寓割配永初郡
國又有清河別見高堂縣別見青州平原郡作高唐領縣一戶二百三
十三口一千一百五十六
平陶令漢舊名

南安太守何志云故屬天水魏分立永初郡國無領縣
二戶六百二十口三千八十九
桓道令漢舊名屬天水後漢屬漢陽作獂
中陶令何志魏立晉太康地志有
馮翊太守三輔流民出漢中文帝元嘉二年僑立領縣
五戶一千四百九十口六千八百五十四
蓮芍令別見
頻陽令漢舊名
下辯令徐志故屬略陽流寓割配何無此縣
高陸令二漢魏無晉太康地志有屬京兆何志流
寓割配
萬年令別見
隴西太守秦立文帝元嘉初關中民三千二百三十六
戶歸化六年立今領縣六戶一千五百六十一口七千
五百三十
襄武令漢舊名
臨洮令漢舊名
河關令前漢屬金城後漢晉太康地志屬隴西
狄道令漢舊名
大夏令漢舊名晉太康地志無
首陽
始平太守別見永初郡國無領縣三戶八百五十九口五
千四百四十一
始平令太康地志有何志晉武帝立而雍州始平
郡之始平縣何云魏立按此縣末雖各立本是
一縣何爲不同
槐里令別見
宋熙令何無徐新立
金城太守漢昭帝始元六年立永初郡國無何徐領縣
二戶三百七十五口一千
金城令漢舊名
榆中令漢舊名
安定太守漢武帝元鼎三年立永初郡國志無領縣二
戶六百四十口二千五百一十八
朝那令漢舊名
宋興令何志新立
天水太守漢武元鼎三年立明帝改曰漢陽雍州已有
此縣永初郡國無領縣二戶八百九十三口五千二百
二十八
阿陽令漢舊名晉太康地志無

新令晉太康地志有何志魏立
西扶風太守扶風郡別有晉末三輔流民出漢中僑立領縣
二戶百四十四
郿令別見
武功令別見
北扶風太守孝武孝建二年以秦雍流民立領縣三時
又有廣長郡又立成階縣領氏民尋省
武功令別見
華陰令別見
始平縣別見

宋書卷三十七考證
州郡志三澧陽令晉武帝太康四年立○澧南本作澧
下臨澧亦作臨澧
孝武大明八年省西陽之赤亭陽城彭城三縣○彭城
當作彭波
北上洛蓋是何志以後僑立耳今治曰何○曰何二字
疑有誤

宋書卷三十八
梁　沈　約　撰
志第二十八
州郡四
益州
寧州
廣州
交州
越州
益州刺史漢武帝分梁州立所治別見梁州領郡二十
九縣一百二十八戶五萬三千一百四十一口二十四
萬八千二百九十三去京都水九千九百七十
蜀郡太守秦立晉武帝太康中改曰成都國後復舊領
縣五戶一萬一千九百二口六萬八百七十
成都令漢舊縣
郫令漢舊縣
繁縣令漢舊縣
犍縣令二漢晉太康地志並曰牛鞞屬犍爲何志
晉穆帝度此
永昌令孝建二年以僑戶立

廣漢太守漢高帝六年立晉太康地志屬梁州領縣六戶四千五百八十六口二萬七千一百四十九去州陸六百去京都水九千九百

雒縣令漢舊縣

什邡令漢舊縣

郪縣令漢舊縣

新都令漢舊縣晉武帝爲王國太康六年省爲縣屬廣漢

陽泉令蜀分綿竹立

伍城令晉武帝咸寧四年立太康六年省七年又立何志劉氏立

巴西太守譙周巴記建安六年劉璋分巴郡墊江以上爲巴西郡徐志本南陽冠軍流民寓入蜀漢晉武帝立非也本屬梁州文帝元嘉十六年度何志梁益二州無此郡領縣九戶四千九百五十四口三萬三千三百四十六

閬中令漢舊縣屬巴郡

西充國令漢書地理志巴郡有充國縣續漢郡國志和帝永元二年分閬中立充國縣二志不同晉太康地志有西南二充國屬巴西

南充國令譙周巴記初平六年分充國爲南充國

安漢令舊縣屬巴郡

漢昌令和帝永元中立

晉興令徐志不注置立

平州令晉武帝太康元年以野民歸化立

懷歸令徐志不注置立

益昌令徐志不注置立

梓潼太守晉太康地志劉氏分廣漢立本屬梁州文帝元嘉十六年度益州永初郡國又有漢德新興徐同徐云新興義熙九年立漢德舊縣案二漢並無漢德縣晉太康地志王隱並有疑是劉氏所立何益梁二州無此郡領縣四戶三千三十四口二萬一千九百七十六

涪令漢舊縣屬廣漢

梓潼令漢舊縣屬廣漢

西浦令徐志義熙九年立

萬安令徐志舊縣二漢晉並無

巴郡太守秦立領縣四戶三千七百三十四口一萬三千一百八十三去州內水一千八百陸五百外水二千二百去京都水六千

江州令漢舊縣

臨江令漢舊縣

墊江令漢舊縣獻帝建安六年度巴西劉禪建興十五年復舊

枳令漢舊縣

遂寧太守永初郡國有何無徐云舊立領縣四戶三千三百二十

巴興令徐志不注置立疑是李氏所立

德陽令前漢無後漢晉太康地志屬廣漢

廣漢令漢舊縣屬廣漢寧蜀郡復有此縣未知孰是

晉興令徐志不注置立

江陽太守劉璋分犍爲立中失本土寄治武陽領縣四戶一千五百二十五口八千二十七

江陽令漢舊縣屬犍爲

緜水令別見

漢安令別見

常安令晉孝武立

懷寧太守秦雍流民晉安帝立本屬南秦文帝元嘉十六年度益州領縣三戶一千三百一十五口五千九百五十寄治成都

治平令別見

西平令永初郡國直云西何志故屬天水名西縣

萬年令漢舊名屬馮翊

寧蜀太守永初郡國有而何無徐云舊立永初郡國及徐並有西墊江縣今無領縣四戶一千六百四十三

廣漢令別見遂寧郡復有此縣

廣都令漢舊縣屬蜀郡

升遷令晉太康地志屬汶山

西鄉令本名南鄉屬漢中晉武太康三年更名

越嶲太守漢武帝元鼎六年立故邛都國何志無領縣八戶一千三百四十九

邛都令漢舊縣

新興令永初郡國有

臺登長漢舊縣

晉興長永初郡國有

會無長漢舊縣

卑水長漢舊縣

定莋長漢舊縣

蘇利長漢縣曰蘇示　曰蘇利

汶山太守晉太康地志漢武帝立孝宣地節三年合蜀郡劉氏又立領縣二戶一千一百七口六千一百五去州陸一百去京都水一萬

都安侯相蜀立

晏官令何志魏平蜀立晉太康地志無

南陰平太守陰平郡別見永嘉流寓來屬寄治萇陽領縣二戶一千二百四十口七千五百九十七

陰平令別見

緜竹令漢舊縣屬廣漢

犍爲太守漢武帝建元六年開夜郎國立領縣五戶一千三百九十口四千五十七去州陸九十去京都水一萬

武陽令漢舊縣

南安令漢舊縣

資中令漢舊縣

僰道令漢舊縣

治官令晉安帝義熙十年立

始康太守關隴流民晉安帝立領縣四戶一千六十三口四千二百二十六寄治成都

始康令晉安帝立

新城子相晉安帝立

談令晉安帝立

晉豐令晉安帝立

晉熙太守秦州流民晉安帝立領縣二戶七百八十五口三千九百二十五

晉熙令晉安帝立

萇陽令晉安帝立

晉原太守李雄分蜀郡爲漢原晉穆帝更名領縣五戶一千二百七十二口四千九百六十去州陸一百二十去京都水一萬

江原男相漢舊縣屬蜀郡

臨邛令漢舊縣屬蜀郡

晉樂令何志故屬沈黎晉太康地志無沈黎郡及晉樂縣

徙陽令前漢徙縣屬蜀郡後漢屬蜀郡屬國都尉晉太康地志有徙陽縣屬漢嘉

漢嘉令前漢青衣縣屬蜀郡順帝陽嘉二年更名劉氏立爲漢嘉郡晉江右猶爲郡江左省爲縣

宋寧太守文帝元嘉十年免吳營僑立領縣三戶一千三十六口八千三百四十二寄治成都

欣平令與郡俱立

宜昌令與郡俱立

永安令與郡俱立

安固太守張氏於涼州立晉哀帝時氐流入蜀僑立此郡本屬南秦文帝元嘉十六年度益州領縣六戶一千一百二十口六千五百五十七去州一百三十去京都水一萬

畧陽令別見

桓陵令張氏立

臨渭令晉太康地志屬畧陽

清水令別見

下邽令何志漢舊縣案二漢晉並無此縣

興固令何志新立

南漢中太守晉地記孝武太元十五年梁州刺史周瓊表立徐志北漢中民流寓孝武大明三年立起居注本屬梁州元嘉十六年度永初郡國屬梁州領縣與此同以永初郡國及起居檢則是元所立而何志無此郡當是永初以後省大明三年復立也領縣五戶一千八十四口五千二百四十六

南長樂令徐志與郡俱立

南鄭令徐志與郡俱立

南苞中令徐志與郡俱立

南沔陽令徐志與郡俱立

南城固令徐志與郡俱立

北陰平太守徐志本屬秦州文帝元嘉二十六年度永初郡國何志秦梁益並無領縣四戶一千五十三口六千七百六十四

陰平令已見

南陽令徐志本南陽白民流寓立

桓陵令徐志本安固郡民流寓立

順陽令徐志本南陽民流寓立

武都太守別見永初郡國何志益州並無此郡徐志本屬秦州流寓立領縣五戶九百八十二口四千四百一

武都令漢舊名

下辯令別見

漢陽令漢舊名

畧陽令漢屬畧陽郡流寓配

安定令舊安定郡流寓配

新城太守何志新分廣漢立領縣二戶七百五十三口五千九百七十一去州闕去京都九千五百三十

北五城令何志新分五城立

懷歸令何志新立

南新巴太守新巴郡別見起居注新巴民流寓文帝元嘉十二年於劒南立何志新立新巴民先屬梁州既立割配領縣六戶一千七十口二千六百八十三

新巴令何志晉安帝立

晉城令何志晉安帝立

晉安令何志晉安帝立

漢昌令何志晉安帝立

桓陵令何志晉哀帝立按起居注南新巴元嘉十二年立何云新立則非先有此郡而云此諸縣晉哀帝安帝立不詳

綏歸令何無此徐有不注置立

南晉壽太守梁州元有晉壽文帝元嘉十二年於劒南以僑流立領縣五戶一千五十七口一千九百四十三去州一百二十去京都水一萬

晉壽令別見

興安令別見

興樂令二漢魏無晉太康地記云元年更名本曰白馬屬汶山何志漢舊縣檢二漢益部無白馬縣

邵歡令別見

白馬令別見

宋興太守文帝元嘉十年免建平營立領南陵建昌二縣何志無復南陵有南漢建忠徐無建忠有永川何云建忠新立領縣三戶四百九十六口一千九百四十三寄治成都

南漢令何志晉穆帝立故屬漢中流寓來配

建昌令何新立

永川令徐志新立

南宕渠太守徐志本南中民蜀立起居注本屬梁州元嘉十六年度永初郡國梁州有宕渠郡領縣三與此同而無南字何同若此郡元嘉十六年度益則何志應在益部不詳領縣三戶五百四口三千一百二十七

宕渠令二漢晉太康地志屬巴郡

漢興令二漢魏無晉地志有屬興古郡

宣漢令前漢無後漢屬巴郡晉太康地志無

天水太守別見永初郡國何志益州無此郡徐志與今同領縣三戶四百六十一

禾興令徐志不注置立

上邽令別見

西縣長別見

東江陽太守何志晉安帝初流寓入蜀今新復舊土爲郡領縣二戶一百四十二口七百四十去州一千五百八十去京都水八千九十

漢安令前漢無後漢屬犍爲晉太原地志屬江陽

緜水令何志晉孝武立

沈黎太守蜀記云漢武元鼎十一年分蜀西部邛莋爲沈黎郡十四年罷案元鼎至六年云十一年非也又二漢晉竝無此郡永初郡國有何無徐云舊郡領縣四戶六十五

城陽令徐不注置立

蘭令漢舊縣屬越巂作闌晉太康地志無

旄牛令前漢屬蜀郡後漢屬蜀郡屬國都尉晉太康地志屬漢嘉

寧州刺史晉武帝太始七年分益州南中之建寧興古雲南永昌四郡立太康三年省立南夷校尉惠帝太安二年復立增牂牁越巂朱提三郡成帝咸康四年分牂牁夜郎朱提越巂四郡爲安州尋越巂復還益州今領郡十五縣八十一戶一萬二百五十三去京都一萬三千三百

建寧太守漢益州郡滇王國劉氏更名領縣十三戶二千五百六十二

味縣令漢舊縣

同樂令晉武帝立

談槀令漢舊縣屬牂牁晉武帝立

牧麻令漢舊縣作牧靡

漏江令漢舊縣屬牂牁晉武帝立

同瀨長漢舊縣同作銅

昆澤長漢舊縣

新定長晉太康地志有

存駅晉太康地志有

同竝長漢舊縣前漢作同竝屬牂牁晉武帝咸寧五年省哀帝復立

萬安長江左立

母單長漢舊縣屬牂牁晉太康地志屬建寧

新興長江左立

晉寧太守晉惠帝永安二年分建寧西七縣爲益州郡晉懷帝更名領縣七疑戶六百三十七去州七百三十去京都水一萬三千七百

建伶令漢舊縣屬益州郡晉太康地志屬建寧

連然令漢舊縣屬益州郡晉太康地志屬建寧

滇池令漢舊縣屬益州郡晉太康地志屬建寧

穀昌長漢舊縣屬益州郡晉太康地志屬建寧

秦臧長漢舊縣屬益州郡晉太康地志屬建寧

闕

雙柏長漢舊縣屬益州郡晉太康地志屬建寧

牂牁太守漢武帝元鼎六年立領縣六戶一千九百七十去州一千五百去京都水一萬二千

萬壽令晉武帝立

且蘭令漢舊縣云故且蘭晉太康地志無

故母斂令漢舊縣

晉樂令江左立

丹南長江左立

新寧長何徐不注置立

平蠻太守晉懷帝永嘉五年寧州刺史王遜分牂牁朱提建寧立平夷郡後避桓溫諱改領縣二戶二百四十五去京都水一萬三千

平蠻令漢舊縣屬牂牁故名平夷

鼈令漢舊縣屬牂牁

夜郎太守晉懷帝永嘉五年寧州刺史王遜分牂牁朱提建寧立領縣四戶二百八十八去州一千去京都水一萬四千

夜郎令漢舊縣屬牂牁

廣談長晉太康地志屬牂牁

談樂長江左立

談柏令漢舊縣屬牂牁

朱提太守劉氏分犍爲立領縣五戶一千一十去州七百二十去京都水一萬四千六百

朱提令前漢屬犍爲後漢屬犍爲屬國都尉

堂狼令前漢屬犍爲狼作琅後漢晉太康地志屬朱提

臨利長江左立

漢陽長前漢屬犍爲後漢無晉太康地志屬朱提

南秦長本名南昌晉武帝太康元年更名

南廣太守晉懷帝分朱提立領縣四戶四百四十去州水二千三百去京都水一萬四百

南廣令漢舊縣屬犍爲晉太康地志屬朱提

新興令何志不注置立

晉昌令江左立

常遷長江左立

建都太守晉成帝分建寧立領縣六戶一百七去州二千去京都水一萬五十

新安令晉成帝立

經雲令晉成帝立

永豐令晉成帝立

臨江令晉成帝立

麻應長晉成帝立

遂安長晉成帝立

西平太守晉懷帝永嘉五年寧州刺史王遜分興古之東立何志晉成帝立非也永初郡國何志竝有西寧縣何云晉成帝立今無領縣五戶一百七十六去州二千三百去京都水一萬五千三百

西平令何志晉成帝立

溫江令何志晉成帝立

都陽令何志晉成帝立案晉起居注太康二年置興古之都唐縣疑是

晉綏長何志晉成帝立

義成長何志晉成帝立案此五縣應與郡俱立

西河太守晉成帝分河陽立領縣三戶三百六十九去州二千五百去京都水一萬五千五百

芘蘇令前漢屬益州郡後漢晉太康地志屬永昌芘作比

成昌令晉成帝立

建安長晉成帝立

東河陽太守晉懷帝永嘉五年寧州刺史王遜分永昌雲南立永初郡國又有西河陽領楪榆遂段新豐三縣何徐無遂段新豐二縣二漢晉竝無領縣二戶一百五十二去州二千去京都水一萬五千

東河陽令何不注置立疑與郡俱立

楪榆長前漢屬益州郡後漢屬永昌晉太康地志屬雲南前漢楪作葉

雲南太守晉太康地志云故屬永昌何志劉氏分建寧永昌立領縣五疑戶三百八十一去州一千五百去京都水一萬四千五百

雲南令前漢屬益州郡後漢屬永昌晉太康地志屬雲南

雲平長晉武帝咸寧五年立

東古復長漢屬越巂晉太康地志屬雲南竝云姑復永初郡國何竝云東古復何不注置立

西古復長永初郡國有何不注置立

興寧太守晉成帝分雲南立領縣二戶七百五十三去州一千五百去京都水一萬四千五百

　　梇棟令漢舊縣屬益州晉太康地志屬雲南

　　青蛉令漢舊縣屬越嶲晉太康地志屬雲南

興古太守漢舊郡晉太康地志故牂牁何志劉氏分建寧牂牁立則是後漢末省也領縣六戶三百八十六去州二千三百去京府水一萬六千

　　漏臥令漢舊縣屬牂牁

　　宛暖令漢舊屬牂牁本名宛溫爲桓溫改

　　律高令漢舊縣屬益州郡後省晉武帝咸寧元年分建寧郡修雲俞元二縣間流民復立律高縣

　　修雲俞元二縣二漢無

　　西安令江左立

　　句町令漢舊縣屬牂牁

　　南興長江左立

梁水太守晉成帝分興古立領縣七戶四百三十一去州水三千去京都水一萬六千

　　梁水令與郡俱立

　　騰休長漢舊縣屬益州郡晉太康地志屬興古何志故屬建寧晉武帝從興古治之遂以屬焉

　　西隋令漢舊縣屬牂牁晉太康地志屬興古並作隨

　　母掇令漢舊縣屬益州郡晉太康地志屬興古劉氏改曰西豐晉武帝太始五年復爲母掇

　　新豐長何志不注置立

　　建安長何志不注置立

　　鐔封長漢舊縣屬牂牁晉太康地志屬興古

廣州刺史吳孫休永安七年分交州立領郡十七縣一百三十六戶四萬九千七百二十六口二十萬六千六百九十四去京都水五千二百

南海太守秦立秦敗尉它王此地至漢武帝元鼎六年開屬交州領縣十戶八千五百七十四口四萬九千一百五十七

　　番禺男相漢舊縣

　　熙安子相文帝立

　　增城令前漢無後漢有

　　博羅男相漢舊縣二漢皆作傅字晉太康地志作博

　　西平令永初郡國有

　　龍川令舊縣

　　懷化令晉安帝立

　　綏寧男相文帝立

　　高要子相漢舊縣屬蒼梧文帝廢

　　始昌令文帝立

蒼梧太守漢武帝元鼎六年立永初郡國又有高要建陵寧新都羅端溪撫寧六縣建陵寧新吳立都羅晉武分建陵立晉武帝太康元年改新寧曰寧新端溪別見撫寧始見永初郡國高要何志無餘與永初郡國同徐志無建陵寧新撫寧三縣何徐二志並有懷熙一縣思安封興蕩康僑寧四縣疑是宋末度此也今領縣十一戶六千五百九十三口萬一千七百五十三去州水八百去京都水五千五百九十

　　廣信令漢舊縣

　　猛陵令漢舊縣

　　懷熙令文帝立

　　思安令永初郡國有及何志並屬晉康徐志度此

　　封興令永初郡國有及何志並屬晉康徐志度此

　　蕩康令永初郡國有及何志並屬晉康徐志度此

　　僑寧令永初郡國有及何志並屬晉康徐志度此

　　遂成令永初郡國有

　　丁留令晉武帝太康七年以蒼梧蠻夷賓服立闕

　　　作丁溜溜音留

　　廣陵令永初郡國有

　　武化令徐志以前無疑是宋末所立

晉康太守晉穆帝永和七年分蒼梧立治元溪永初郡國治龍鄉何復有龍鄉縣當是晉末立元嘉二十年前以龍鄉併端溪也永初郡國又有封興蕩康思安遂安開平縣何志無遂安開平二縣餘與永初郡國同封興蕩康思安別見遂安開平應是晉末立元嘉二十年前省今領縣十四戶四千五百四十七口一萬七千七百一十去州水五百去京都水五千八百

　　端溪令漢舊縣何志屬蒼梧徐志屬此

　　晉化令何志不注置立疑是晉末所立

　　都城令何志晉初分建陵立今無建陵縣按太康地志唯有都羅武城縣

　　樂城令何志無徐志有

　　賓江令何志無徐志有

　　說城令何志無徐志有

　　元溪令晉太康地志屬蒼梧

　　夫阮令永初郡國有

　　僑寧令何志云漢舊縣撿二漢地理郡國無蒼梧

　　　又有僑寧縣

　　安遂令文帝立

　　永始令文帝立

　　武定令文帝立

　　文招令何志無徐志有二文招一屬綏建一屬晉康

　　熙寧令何志無徐志有

新寧太守晉穆帝永和七年分蒼梧立永初郡國有平興永城縣何徐志有永城無平興此二縣當是晉末立平興當是元嘉二十年以前省永城當是大明八年以後省何志又有熙寧縣云新立當是文帝所立徐志無當是元嘉二十年後省也今領縣十四戶二千六百五十三口一萬五百一十四去州水六百二十去京都水五千六百

　　南興令何志漢舊縣檢二漢地理郡國晉太康地志並無永初郡國有

　　臨允令漢舊縣屬合浦晉太康地志屬蒼梧何志吳度蒼梧

　　新興令永初郡國有何志不注置立

　　博林令永初郡國有何志不注置立

　　甘東令永初郡國有何志不注置立

　　單牒令永初郡國有何志不注置立

　　威平令永初郡國有何志不注置立

　　龍潭令文帝立

　　平鄉令文帝立

　　城陽令文帝立

　　威化令文帝立

　　初興令文帝立

　　撫納令徐志有

　　歸順令徐志有

永平太守晉穆帝升平五年分蒼梧立永初郡國有雷鄉盧平貞鄉遒寧開城五縣當是與郡俱立何志徐無雷鄉貞鄉又有熙平云新立疑是文帝所立雷鄉貞鄉當是元嘉二十年以前省盧平遒寧開城當是大明八年以後省今領縣七疑戶一千六百九口一萬七千二百二去州水一千二百去京都水五千四百

　　安沂令永初郡國有何志不注置立

　　豐城令吳立屬蒼梧永初郡國併安沂當是宋初併何志有當是元嘉中復立

　　蘇平令永初郡國有何志不注置立徐曰藉平

　　畹安令永初郡國有何志不注置立

　　夫寧令永初郡國有何志不注置立

　　武林令文帝立

鬱林太守秦桂林郡屬尉陀武帝元鼎六年復更名永初郡國有安遠程安威定三縣別見中胄歸化五縣中胄疑卽桂林之中溜歸化二漢晉太康地志無疑是江左所立何志無中胄歸化餘三縣屬桂林徐志同今領縣十七戶一千一百二十一口五千七百二十七去州水一千六百去京都水七千九百

　　布山令漢舊縣

　　領方令漢舊縣吳改曰臨浦晉武復舊

　　阿林令漢舊縣

　　鬱平令吳立曰陰平晉武太康元年更名

　　新邑令吳立

　　建初令永初郡國有何志不注置立徐同

　　賓平令永初郡國有何志不注置立

　　威化令永初郡國有何志不注置立

　　新林令永初郡國有何志不注置立

　　龍平令永初郡國有何志不注置立

　　安始令吳立曰建始晉武帝太康元年更名

　　懷安令何志吳改未知先何名吳錄地理無懷安縣名太康地志無永初郡國有

　　晉平令吳立曰長平晉武帝太康元年更名

　　綏寧令永初郡國併領方何無徐有

　　歸代令徐志有

　　中胄令徐志有

　　建安令永初郡國有何無徐有

桂林太守本縣名屬鬱林吳孫晧鳳皇三年分鬱林治武熙縣不知何時徙永初郡國有常安夾陽二縣夾陽晉武帝太康元年分龍岡立常安太康地志有而王隱無何徐並無此二縣今領縣七戶五百五十八口二千二百五去州水一千五百七十五去京都水六千八百

　　中溜令漢舊縣屬鬱林晉太康地志無

　　龍定令晉武帝太康元年立桂林之龍岡疑是永初郡國何徐並云龍定

　　武熙令本曰武安應是吳立晉武帝太康元年更名故屬鬱林

　　陽平令永初郡國何徐並有何云新置按晉武帝太康元年立桂林之洋縣疑是

安遠令晉武帝太康六年立屬鬱林永初郡國猶
屬鬱林何徐屬此
程安令永初郡國屬鬱林何徐屬此疑是江左立
威定令永初郡國屬鬱林何徐屬此疑是江左立
高涼太守二漢有高涼縣屬合浦漢獻帝建安二十三
年吳分立治思平縣不知何時徙吳又立高熙郡太康
中省併高涼宋世又經立尋省永初郡國高涼又有石
門廣化長度宋康四縣何徐並無宋康當是宋初所立
元嘉二十年以前省其餘當是江左所立領縣七戶一
千四百二十九口八千一百二十三去州水一千一百
去京都水六千六百
思平令晉太康地志有
莫陽令晉太康地志有屬高興
平定令何志有不注置立
安寧令吳立
羅州令何志新立
西鞏令何志新立
僉鄉令何志新立
新會太守晉恭帝元熙二年分南海立廣州記云永初
元年分新寧立治盆允未詳孰是領縣十二戶一千七
百三十九口萬五百九去州三百五十
宋元令永初郡國無文帝元嘉九年割南海新會
新寧三郡界上新民立宋安新熙永昌始成招
集五縣二十七年改宋安爲宋元
新熙令
永昌令
始成令
招集令
盆允令永初郡國故屬南海何徐同
新夷令吳立曰平夷晉武帝太康元年更名故屬
南海
封平令永初郡國云故屬新寧何云故屬南海徐
同
封樂令文帝元嘉十二年以盆允新夷二縣界歸
化民立
初賓令何志新立
義寧令何志新立
始康令何志新立
東官太守何志故司監都尉晉成帝立爲郡廣州記晉
成帝咸和六年分南海立領縣六戶一千三百三十二

口一萬五千六百九十六去州水三百七十去京都水
五千六百七十
寶安男相永初郡國何徐並不注置立
安懷令永初郡國何徐並不注置立
興寧令江左立
海豐男相永初郡國何徐並不注置立
海安男相吳曰海寧晉武改名太康地志屬高興
欣樂男相本屬南海宋末度
義安太守晉安帝義熙九年分東官立領縣五戶一千
一百一十九口五千五百二十二去州三千五百去京
都水八千九百
海陽令何志晉初立晉太康地志無晉地記故屬
東官
綏安令何志與郡俱立晉地記故屬東官
海寧令何志與郡俱立晉地記故屬東官
潮陽令何志與郡俱立晉地記故屬東官
義招令晉安帝義熙九年以東官五營立
宋康太守本高涼西營文帝元嘉九年立領縣九戶一
千五百一十三口九千一百三十一去州水九百五十
去京都水五千九百七十
廣化令晉太康地志有屬高興永初郡國屬高涼
單城令何志新立
逐度令何志新立
海隣令何志新立
化隆令何志新立
開寧令何志新立
綏定令何志新立
石門長何志故屬高涼
威覃長徐志有
綏建太守文帝元嘉十三年立孝武孝建元年有司奏
化注永固綏南宋昌宋泰五縣舊屬綏建中割度臨賀
相去既遠宜還綏建今唯有綏南餘並無何徐又新招
縣云本屬蒼梧元嘉十九年改配徐志晉康復有此縣
疑誤今領縣七疑戶三千七百六十四口一萬四千四
百九十一去州闕
新招令本四會之官細鄉元嘉十三年分爲縣
化蒙令本四會古蒙鄉元嘉十三年分爲縣
懷集令本四會之銀屯鄉元嘉十三年分爲縣
四會男相漢舊縣屬南海
化穆令何志新立

綏南令永初郡國徐並無
海昌太守文帝元嘉十六年立何有單化縣徐無領縣
五戶一千七百二十四口四千七十四去州水六百五
十去京都水五千四百九十四
寧化令徐志新立
威寧令徐志新立
永建令徐志新立
招懷令徐志新立
興定令文帝元嘉九年立屬新會後度此
宋熙太守文帝元嘉十八年以交州流寓立昌國義懷
綏寧新建四縣爲宋熙郡今無此四縣二十七年更名
宋隆孝武孝建中復改爲宋熙領縣七戶二千八十四
口六千四百五十去州水三百四十五去京都水五千
二百
平興令徐志新立
初寧令徐志新立
建寧令徐志新立
招興令徐志新立
崇化令徐志新立
熙穆令徐志新立
崇德令徐志新立
寧浦太守晉太康地志武帝太康七年改合浦屬國都
尉立廣州記漢獻帝建安二十二年吳分鬱林立治平
山縣吳錄孫休永安三年分合浦立爲合浦北部尉領
平山興道寧浦三縣又云晉分平山爲始定寧浦爲澗
陽未詳孰是永初郡國有安廣縣無始定縣何徐並無
此郡領縣六
澗陽令晉武帝太康七年立永初郡國作簡陽
興道令晉武帝太康元年以合浦北部營之連道
立吳錄有此縣未詳
寧浦令晉太康地記本名昌平武帝太康元年更
名吳錄有此縣未詳
吳安令吳錄無
平山令晉太康地記有
始定令晉太康地記有永初郡國無
晉興太守晉元帝太興元年分鬱林立
晉興
熙注
桂林
增翊

安廣
廣鬱
晉城
鬱陽
樂昌郡
樂昌令
始昌令
宋元令
樂山令
義立令
安樂令
交州刺史漢武帝元鼎六年開百越交趾刺史治龍編
漢獻帝建安八年改曰交州治蒼梧廣信縣十六年徙
治南海番禺縣及分爲廣州治番禺交州還治龍編領
郡八縣五十三戶一萬四百五十三去京都水一萬
交趾太守漢武帝元鼎六年開領縣十二戶四千二百
三十三
龍編令漢舊縣
句漏令漢舊縣
朱䳒令漢舊縣
吳興令吳立
西于令漢舊縣
定安令漢舊縣
望海令漢光武建武十九年立
海平令吳立曰軍平晉武改名
武寧令吳立
羸力知反婁令漢舊縣
曲易音陽令漢舊縣
南定令吳立曰武安晉武改何志無
武平太守吳孫晧建衡三年討扶嚴夷以其地立領縣
六戶一千四百九十去州水二百一十六吳錄無晉太
康地志有
吳定長吳立
新道長江左立
晉化長江左立
九真太守漢武元鼎六年立領縣十二疑戶二千三百
二十八去州水八百去京都水一萬一百八十
移風令漢舊縣故名居風吳更名
胥浦令漢舊縣
松原令晉武帝分建初立

高安令何志晉武帝立太康地志無吳錄晉分常樂立
建初令吳立
常樂令吳立
軍安長何志晉武帝立太康地志無此縣而交趾有軍平縣
武寧令吳立何志武帝立太康地志無此縣而交趾有
都龐長龐音龍漢舊縣吳錄有晉太康地志無
寧夷長何志晉武帝立太康地志無
津梧長晉武帝分移風立
九德太守故屬九眞吳分立何志領縣七今領縣十一戶八百九去州水九百去京水一萬九百
浦陽令晉武帝分陽遠立
陽遠吳立日陽成太康二年更名後省
九德令何志吳立
咸驩令漢舊縣
都洨長何志晉武帝分九德立
西安長何志晉武帝立太康地志無吳錄亦無
南陵長何志晉武帝立太康地志無王隱有
越常長何志吳立太康地志無
宋泰令宋末立
宋昌令宋末立
希平令宋末立
日南太守秦象郡漢武元鼎六年更名吳省晉武帝太康三年復立領縣七戶四百二去州水二千四百去京都水一萬六百九十
西卷令漢舊縣作捲
盧容令漢舊縣
象林令漢舊縣
壽泠令晉武太康十年分西卷立
朱吾令漢舊縣
無勞長晉武分北景立
北景長漢舊縣
義昌郡宋末立
宋平郡孝武世分日南立宋平縣後爲郡
越州刺史明帝泰始七年立
百梁太守新立
儱蘇太守新立
永寧太守新立
安昌太守新立
富昌太守新立
南流太守新立
臨漳太守先屬廣州
合浦太守漢武帝立孫權黃武七年更名珠官孫亮復舊先屬交州領縣七戶九百三十八去京都水一萬八百
合浦令漢舊縣
徐聞令故屬朱崖晉平吳省朱崖屬合浦
朱官長吳立朱作珠
蕩昌長晉武分合浦立
朱盧長吳立
晉始長晉武帝立
新安長江左立
宋壽太守先屬交州

宋書卷三十八考證

州郡志四蘇利長漢縣曰蘇示　曰蘇利○諸本示下俱闕一字疑是宋字

武平太守吳孫皓建衡三年討扶嚴夷以其地立○臣承蒼按此郡言領縣六後止列三縣其三縣沿革失載

北景長漢舊縣○後漢書郡國志北景作比景

宋書卷三十九

梁　沈　約　撰

志第二十九

百官上

太宰一人周武王時周公旦始居之掌邦治爲六卿之首秦漢魏不常置晉初依周禮備置三公三公之職太師居首景帝名師故置太宰以代之太宰蓋古之太師也殷紂之時箕子爲太師周武王時太公爲太師周成王時周公爲太師周公薨畢公代之漢西京初不置平帝始復置太師官而孔光居焉漢東京又廢獻帝初董卓爲太師卓誅又廢魏世不置晉既因太師而置太宰以安平王孚居焉

大傅一人周成王時畢公爲太傅漢高后元年初用王陵

太保一人殷太甲時伊尹爲太保周武王時召公爲太保漢平帝元始元年始用王舜後漢至魏不置晉初復置焉自太師至太保是爲三公論道經邦燮理陰陽無其人則闕所以訓護人主導以德義者

相國一人漢高帝十一年始置以蕭何居之罷丞相何薨曹參代之參薨罷魏齊王以晉景帝爲相國晉惠帝時趙王倫愍帝時南陽王保安帝時宋高祖順帝時齊王並爲相國自魏晉以來非復人臣之位矣

丞相一人殷湯以伊尹爲右相仲虺爲左相秦悼武王二年始置丞相官丞奉相助也悼武王子昭襄王始以樗里疾爲丞相後又置左右丞相漢高帝初置一丞相十一年更名相國孝惠高后置左右丞相文帝二年復置一丞相哀帝元壽二年更名大司徒漢東京不復置至獻帝建安十三年復置丞相魏世及晉初又廢惠帝世趙王倫篡位以梁王肜爲丞相永興元年以成都王穎爲丞相愍帝建興元年以琅邪王睿爲左丞相南陽王保爲右丞相三年以保爲相國睿爲丞相元帝永昌元年以王敦爲丞相轉司徒荀組爲太尉以司徒官屬并丞相爲留府敦不受成帝世以王導爲丞相罷司徒府以爲丞相府導薨罷丞相復爲司徒府宋世祖初以南郡王義宣爲丞相而司徒府如故

太尉一人自上安下曰尉掌兵事郊祀掌亞獻大喪則告謚南郊堯時舜爲太尉官漢因之武帝建元二年省光武建武二十七年罷大司馬置太尉以代之靈帝末以劉虞爲大司馬而太尉如故

司徒一人掌民事郊祀掌省牲視濯大喪安梓宮少昊氏以鳥名官而祝鳩氏爲司徒堯時舜爲司徒舜攝帝位命契爲司徒契玄孫之孫曰微亦爲夏司徒周時司徒爲地官掌邦敎漢西京初不置哀帝元壽二年罷丞相置大司徒光武建武二十七年去大

司空一人掌水土事郊祀掌掃除陳樂器大喪掌將校復土舜攝帝位以禹爲司空契之子曰冥亦爲夏司空殷湯以咎單爲司空周時司空爲冬官掌邦事漢西京初不置成帝綏和元年更名御史大夫爲大司空哀帝建平二年復爲御史大夫元壽二年復爲大司空光武建武二十七年去大字獻帝建安十三年又罷司空置御史大夫御史大夫郗慮免不復補魏初又置司空

大司馬一人掌武事司主也馬武也堯時棄爲后稷兼掌司馬周時司馬爲夏官掌邦政項籍以曹咎周殷並爲大司馬漢初不置武帝元狩四年初置大司馬始直云司馬議者以漢有軍候千人司馬官故加大及置司空又以縣道官有獄司空又加大王莽居攝以漢無小司徒而定司馬司徒司空之號並加大光武建武二十七年省大司馬以太尉代之魏文帝黃初二年復置大司馬以曹仁居之而太尉如故

大將軍一人凡將軍皆掌征伐周制王立六軍晉獻公作二軍公將上軍將軍之名起於此也楚懷王遣三將入關宋義爲上將漢高帝以韓信爲大將軍漢西京以大司馬冠之漢東京大將軍自爲官位在三司上魏明帝靑龍三年晉宣帝自大將軍爲太尉然則大將軍在三司下矣其後又在三司上晉景帝爲大將軍而景帝叔父孚爲太尉奏改大將軍在太尉下後還復舊晉武帝踐阼安平王孚爲太宰鄭沖爲太傅王祥爲太保義陽王望爲太尉何曾爲司徒荀顗爲司空石苞爲司馬陳騫爲大將軍凡八公同時並置唯無丞相焉有蒼頭字宜祿至漢丞相府每有所關白到閤輒傳呼宜祿以此爲常丞相置三長史丞相有疾御史大夫率百僚三旦問起居及瘳詔遣尚書令若光祿大夫賜養牛上尊酒漢景帝三公病遣中黃門問病魏晉則黃門郎尤重者或侍中也魏武爲丞相以來置左右二長史而已漢東京太傅府置掾屬十人御屬一人令史十二人不知皆何曹也自太尉至大將軍車騎驃騎衛將軍皆有長史一人將軍又各置司馬一人太傅不置長史也太尉府置掾屬二十四人西曹主府吏署用事東曹主二千石長吏遷除事戶曹主民戶祠祀農桑事奏曹主奏議事辭曹主辭訟事法曹主郵驛科程事尉曹主卒徒轉運事賊曹主盜賊事決曹主罪法事兵曹主兵事金曹主貨幣鹽鐵事倉曹主倉穀事黃閤主簿省錄衆事御屬一人令史二十二人御屬主爲公御令史則有閤下記室門下令史其餘史闕案掾屬二十四人自東西曹凡十二曹然則曹各置掾屬一人合二十四人也司徒置掾屬三十一人御屬一人令史三十五人司空置掾二十九人御屬一人令史三十一人司空別有道橋掾其餘張減之號史闕不可得知也漢東京大將軍驃騎將軍從事中郎二人掾屬二十九人御屬一人令史三十人騎衛將軍從事中郎二人掾屬二十人御屬一人

令史二十四人兵曹掾史主兵事稟假掾史主稟假又置外刺姦主罪法其領兵外討則營有五部部有校尉一人軍司馬一人部下有曲曲有軍候一人曲下有屯屯有屯長一人若不置校尉則部但有軍司馬一人又有軍假司馬軍假候其別營者則爲別部司馬其餘將軍置以征伐者府無員職亦有部曲司馬軍候以領兵焉案大將軍以下掾屬與三府張減史闕不可得知置令史御屬者則是同三府也其云掾史者則是有掾而無屬又無令史御屬不同三府也魏初公府職寮史不備書及晉景帝爲大將軍置掾十人西曹東曹戶曹倉曹賊曹金曹水曹兵曹騎兵各一人則無屬矣魏元帝咸熙中晉文帝爲相國相國府置中衞將軍驍騎將軍左右長史司馬從事中郎四人主簿四人舍人十九人參軍二十二人參戰十一人掾屬三十三人東曹掾屬各一人西曹屬一人戶曹掾一人屬二人賊曹掾一人屬二人金曹掾屬各一人兵曹掾屬各一人騎兵掾二人屬一人車曹掾屬各一人鎧曹掾屬各一人水曹掾屬各一人集曹掾屬各一人法曹掾屬各一人奏曹掾屬各一人倉曹屬二人戎曹屬一人馬曹屬一人媒曹屬一人合爲三十三人散屬九人凡四十二人晉初凡位從公以上置長史西閤東閤祭酒西曹東曹掾戶曹倉曹賊曹屬各一人加兵者又置司馬從事中郎主簿記室督各一人舍人四人爲持節都督者置參軍六人安平獻王孚爲太宰增掾屬爲十人兵凱士營軍刺姦五曹皆置屬并前爲十人也楊駿爲太傅增祭酒爲四人掾屬爲二十人兵曹分爲左右法金田集水戎車馬十曹皆置屬則爲二十人趙王倫爲相國置左右長史司馬從事中郎四人參軍二十人主簿記室督祭酒各四人掾屬四十人東西曹屬其餘十八曹皆置掾則四十人矣凡諸曹皆置御屬令史學幹御屬職錄事也江左以來諸公置長史倉曹掾戶曹屬東西閤祭酒各一人主簿舍人二人御屬二人令史無定員領兵者置司馬一人從事中郎二人參軍無定員加崇者置左右長史司馬從事中郎四人掾屬四人則倉曹增置屬戶曹置掾江左加崇極於此也長史司馬舍人秦官從事中郎掾屬主簿令史前漢官陳湯爲大將軍王鳳從事中郎是也御屬參軍後漢官孫堅爲車騎參軍事是也本於府主無敬晉世太原孫楚爲大司馬石苞參軍輕慢苞始制施敬祭酒晉官也漢吳王濞爲劉氏祭酒夫祭祀以酒爲本長者主之故以祭酒爲稱漢之侍中魏之散騎常侍高功者竝爲祭酒爲公府祭酒蓋因其名也長史從事中郎主吏司馬主將主簿祭酒舍人主閤內事參軍掾屬令史主諸曹事司徒若無公唯省舍人其府常置其職寮異於餘府有左右長史左西曹掾屬各一人餘則同矣餘府有公則置無則省晉元帝爲鎮東大將軍及丞相置從事中郎無定員分掌諸曹有錄事中郎度支中郎三兵中郎其參軍則有諮議參軍二人主諷議事晉江左初置因軍諮祭酒也宋高祖爲諮議參軍無定員今諸曹則有錄事記室戶曹倉曹中直兵外兵騎兵長流賊曹刑獄賊曹城局賊曹法曹田曹水曹鎧曹車曹士曹集右戶墨曹凡十八曹參軍參軍不署曹者無定員江左初晉元帝鎮東丞相府有錄事記室東曹西曹度支戶曹法曹金曹倉曹理曹中兵外兵騎兵典兵兵曹賊曹運曹禁防典賓鎧曹田曹士曹騎士車曹參軍其東曹西曹度支金曹理典兵兵曹賊曹運曹禁防典賓騎士軍曹凡十三曹今闕所餘十二曹也其後又有直兵長流刑獄城局水曹右戶墨曹七曹高祖爲相合中兵直兵置一參軍曹則猶二也今小府不置長流參軍者置禁防參軍蜀丞相諸葛亮府有行參軍晉太傅司馬越府又有行參軍兼行參軍後漸加長兼字除拜則爲參軍事府板則爲行參軍晉末以來參軍事行參軍又各有除板板行參軍不則長兼行參軍參軍督護江左置本皆領營有部曲今則無矣公府長史司馬秩千石從事中郎六百石東西曹掾四百石他掾三百石屬二百石

特進前漢世所置前後二漢及魏晉以爲加官從本官車服無吏卒晉惠帝元康中定位令在諸公下驃騎將軍上

驃騎將軍一人漢武帝元狩二年始用霍去病爲驃騎將軍漢西京制大將軍驃騎將軍位次丞相

車騎將軍一人漢文帝元年始用薄昭爲車騎將軍魚豢曰魏世驃騎爲都督儀與四征同若不爲都督雖持節屬四征者與前後左右雜號將軍同其或散還從文官之例則位次三司晉宋車騎衞不復爲四征所督也

衞將軍一人漢文帝元年始用宋昌爲衞將軍三號位亞三司漢章帝建初三年始使車騎將軍馬防班同三司班同三司自此始也漢末奮威將軍晉江右伏波輔國將軍竝加大而儀同三司江左以來將軍則中鎮撫四鎮以上或加大餘官則左右光祿大夫以上竝得儀同三司自此以下不得也

持節都督無定員前漢遣使始有持節光武建武初征伐四方始權時置督軍御史事竟罷建安中魏武帝爲相始遣大將軍督軍二十一年征孫權還夏侯惇督二十六軍是也魏文帝黃初二年始置都督諸州軍事或領刺史三年上軍大將軍曹真都督中外諸軍事假黃鉞則總統外內諸軍矣明帝太和四年晉宣帝征蜀加號大都督高貴公正元二年晉文帝都督中外諸軍尋加大都督晉世則都督諸軍爲上監諸軍次之督諸軍爲下使持節爲上持節次之假節爲下使持節得殺二千石以下持節殺無官位人若軍事得與使持節同假節唯軍事得殺犯軍令者晉江左以來都督中外尤重唯王導居之宋氏人臣則無也江夏王義恭假黃鉞假黃鉞則專戮節將非人臣常器矣

征東將軍一人漢獻帝初平三年馬騰居之

征南將軍一人漢光武建武中岑彭居之

征西將軍一人漢光武建武中馮異居之

征北將軍一人魚豢曰四征魏武帝置秩二千石黃初中位次三公漢舊諸征與偏裨雜號同

鎮東將軍一人後漢末魏武帝居之

鎮南將軍一人後漢末劉表居之

鎮西將軍一人後漢初平三年韓遂居之

鎮北將軍一人

中軍將軍一人漢武帝以公孫敖爲之時爲雜號

鎮軍將軍一人魏以陳羣爲之

撫軍將軍一人魏以司馬宣王爲之

中鎮撫三號比四鎮

安東將軍一人後漢末陶謙爲之

安南將軍一人

安西將軍一人後漢末段熲爲之

安北將軍一人魚豢曰鎮北四安魏黃初太和中置

平東將軍一人

平南將軍一人

平西將軍一人

平北將軍一人四平魏世置

左將軍

右將軍

前將軍

後將軍

左將軍以下周末官秦漢竝因之光武建武七年省魏以來復置

征虜將軍漢光武建武中始以祭遵居之

冠軍將軍楚懷王以宋義爲卿子冠軍冠軍之名自此始也魏正始中以文欽爲冠軍將軍揚州刺史

輔國將軍漢獻帝以伏完居之宋太宗泰始四年改爲輔師後廢帝元徽二年復故

龍驤將軍晉武帝始以王濬居之

東中郎將漢靈帝以董卓居之

南中郎將漢獻帝建安中以臨淄侯曹植居之

西中郎將

北中郎將漢建安中以鄢陵侯曹彰居之凡四中郎將何承天云竝後漢置

建威將軍漢光武建武中以耿弇爲建威大將軍

振威將軍後漢初宋登爲之

奮威將軍前漢世任千秋爲之

揚威將軍魏置

廣威將軍魏置

建武將軍魏置

振武將軍前漢末王況爲之

奮武將軍後漢末呂布爲之

揚武將軍光武建武中以馬成爲之

廣武將軍晉江左置

鷹揚將軍漢建安中魏武以曹洪居之

折衝將軍漢建安中魏武以樂進居之

輕車將軍漢武帝以公孫賀爲之

揚烈將軍建安中以假公孫淵

寧遠將軍晉江左置

材官將軍漢武帝以李息爲之

伏波將軍漢武帝征南越始置此號以路博德爲之

凌江將軍魏置自凌江以下則有宣威明威驤威厲威威厲威寇威虜威戎威武武烈武毅武奮綏遠綏邊綏戎討寇討虜討難討夷蕩寇蕩虜蕩難蕩逆殄寇殄虜殄難掃夷掃寇掃虜掃難掃逆厲武厲鋒虎威虎牙廣野橫野偏將軍裨將軍凡四十號其威虜漢光武以馬湲居之虎牙以蓋延居之爲虎牙大將軍橫野以耿純居之蕩寇漢建安中滿寵居之虎威于禁居之其餘或是後漢及魏所置今則或置或不自左右前後將軍以下至此四十號唯四中郎將各一人餘皆無定員自車騎以下爲刺史又都督及儀同三司者置官如領兵但云都督不儀同三司者不置從事中郎置功曹一人主吏在主簿上漢末官也漢東京司隸有功曹從事史如

諸州治中因其名也功曹參軍一人主佐缺記室下
戶曹上監以下不置咨議記室餘則同矣宋太宗已來
皇子皇弟雖非都督亦置記室參軍小號將軍爲大郡
邊守置佐吏者又置長史餘則同也
太常一人舜攝帝位命伯夷作秩宗掌三禮卽其任也
周時曰宗伯是爲春官掌邦禮秦改曰奉常漢因之景
帝六年更名曰太常應劭曰欲令國家盛大常存故稱
太常前漢常以列侯忠孝敬愼者居之後漢不必列侯
也
博士班固云秦官史臣案六國時往往有博士掌通古
今漢武建元五年初置五經博士宣成之世五經家法
稍增經置博士一人至東京凡十四人易施孟梁丘京
氏尚書歐陽大小夏侯詩齊魯韓禮大小戴春秋嚴顏
各一博士而聰明有威重者一人爲祭酒魏及晉西朝
置十九人江左初減爲九人皆不知掌何經元帝末增
儀禮春秋公羊博士各一人合爲十一人後又增爲十
六人不復分掌五經而謂之太學博士也秩六百石
國子祭酒一人
國子博士一人
國子助教十人周易尚書毛詩禮記周官儀禮春秋左
氏傳公羊穀梁各爲一經論語孝經爲一經合十經助
敎分掌國子周舊名周有師氏之職卽今國子祭酒也
晉初復置國子學以敎生徒而隸屬太學焉晉初助敎
十五人江左以來損其員自宋世若不置學則助敎唯
置一人而祭酒博士常置也
太廟令一人丞一人並前漢置西京曰長東京曰令領
齋郎二十四人
明堂令一人丞一人漢東京初置令宋世祖大明中
置
太祝令一人丞一人掌祭祀讀祝迎送神太祝周舊官
也漢西京置太祝令丞武帝太初元年更名曰廣祀漢
東京改曰太祝
太史令一人丞一人掌三辰時日祥瑞妖災歲終則奏
新歷太史三代舊官周世掌建邦之六典正歲年以序
事頒朔于邦國又有馮相氏掌天文次序保章氏掌天
文今之太史則并周之太史馮相保章三職也漢西京
曰太史令漢東京有二丞其一在靈臺
太樂令一人丞一人掌凡諸樂事周時爲大司樂漢西
京曰太樂令漢東京曰太予樂令魏復爲太樂令
陵令每陵各一人漢舊官也

乘黃令一人掌乘輿車及安車諸馬魏世置自博士至
乘黃令並屬太常
光祿勳一人丞一人光明也祿爵也勳功也秦曰郎中
令漢因之漢武太初元年更名光祿勳掌三署郎郎執
戟衞宮殿門戶光祿勳居禁中如御史有獄在殿門外
謂之光祿外部光祿勳郊祀掌三獻魏晉以來光祿勳
不復居禁中又無復三署郎唯外宮朝會則以名到焉
二臺奏劾則符光祿加禁止解禁止亦如之禁止身不
得入殿省光祿主殿門故也宮殿門戶至今猶屬晉哀
帝興寧二年省光祿勳并司徒孝武寧康元年復置漢
東京三署郎有行應四科者歲舉茂才二人四行二人
及三署郎罷省光祿勳猶依舊舉四行衣冠子弟充之
三署者五官署左署右署也各置中郎將以司之郡舉
孝廉以補三署郎年五十以上屬五官其次分在左右
署凡有中郎議郎侍郎郎中四等無員多至萬人
左光祿大夫
右光祿大夫二大夫晉初置光祿大夫秦時爲中大夫
漢武太初元年更名光祿大夫晉初又置左右光祿大
夫而光祿大夫如故光祿大夫銀章靑綬其重者加金
章紫綬則謂之金紫光祿大夫舊秩比二千石
中散大夫王莽所置後漢因之前漢大夫皆無員掌論
議後漢光祿大夫三人中大夫二十人中散大夫三十
人魏以來復無員自左光祿大夫以下養老疾無職事
中散六百石
衞尉一人丞二人掌宮門屯兵秦官也漢景初改爲中
大夫後元年復爲衞尉晉江右掌冶鑄領冶令三十九
戶五千三百五十冶皆在江北而江南唯有梅根及冶
塘二冶皆屬揚州不屬衞尉衞尉江左不置宋世祖孝
建元年復置舊一丞世祖增置一丞
廷尉一人丞一人掌刑辟凡獄必質之朝廷與衆共之
之義兵獄同制故曰廷尉舜攝帝位咎繇作士卽其任
也周時大司寇爲秋官掌邦刑秦爲廷尉漢景帝中六
年更名大理武帝建元四年復爲廷尉哀帝元壽元年
復爲大理漢東京初復爲廷尉
廷尉正一人
廷尉監一人正監並秦官本有左右監漢光武省右猶
云左監魏晉以來直云監
廷尉評一人漢宣帝地節三年初置左右評漢光武省
右猶云左評魏晉以來直云評正監評並以下官禮敬
廷尉卿正監秩千石評六百石廷尉律博士一人魏武

初建魏國置
大司農一人丞一人掌九穀六畜之供膳羞者舜攝帝
位命棄爲后稷卽其任也周則爲太府秦治粟內史漢
景帝後元年更名大農令武帝太初元年更名曰大司
農晉哀帝末省并都水孝武世復置漢世丞二人魏以
來一人
太倉令一人丞一人秦官也晉江左以來又有東倉石
頭倉丞各一人
導官令一人丞一人掌舂御米漢東京置導擇也擇米
令精也司馬相如封禪書云導一莖六穗於庖
籍田令一人丞一人掌耕宗廟社稷之田於周爲甸師
漢文帝初立籍田置令丞各一人漢東京及魏並不置
晉武太始十年復置江左省宋太祖元嘉中又置自太
倉至籍田令並屬司農
少府一人丞一人掌市服御之物秦官也漢因之掌禁
錢以給私養故曰少府晉哀帝末省并丹陽尹孝武世
復置
左尚方令丞各一人
右尚方令丞各一人並掌造軍器秦官也漢因之於周
則爲玉府晉江右有中尚方左尚方右尚方江左以來
唯一尚方宋高祖踐阼以相府部配臺謂之左尚方而
本署謂之右尚方焉又以相府細作配臺卽其名置令
一人丞二人隸門下世祖大明中改曰御府置令一人
丞一人御府二漢世典官婢作褻衣服補浣之事魏晉
猶置其職江左乃省焉後廢帝初省御府置中署隸右
尚方漢東京太僕屬官有考工令主兵器弓弩刀鎧之
屬成則傳執金吾入武庫及織綬諸雜工尚方令唯主
作御刀綬劍諸玩好器物而已然則考工令如今尚方
尚方令如今中署矣
東冶令一人丞一人
南冶令一人丞一人漢有鐵官晉置令掌工徒鼓鑄隸
衞尉江左以來省衞尉度隸少府宋世雖置衞尉冶隸
少府如故江南諸郡縣有者或置冶令或置丞多是吳
所置
平准令一人丞一人掌染秦官也漢因之漢隸司農不
知何世隸少府宋順帝卽位避帝諱改曰染署
將作大匠一人丞一人掌土木之役秦世置將作少府
漢因之景帝中六年更名將作大匠光武二年省以謁
者領之章帝建初元年復置晉氏以來有事則置無則
省

大鴻臚掌贊導拜授諸王秦世爲典客漢景帝中六年
更名大行令武帝太初元年更名大鴻臚鴻大也臚陳
也晉江左初省有事則權置事畢卽省
太僕掌輿馬周穆王所置秦因之周官則校人掌馬巾
車尚車及置太僕兼其任也晉江左或置或省宋以來
不置郊祀則權置太僕執轡事畢卽省
太后三卿各一人應氏漢官曰衞尉少府秦官太僕漢
成帝置皆隨太后宮爲號在正卿上無太后乃闕魏改
漢制在九卿下晉復舊在同號卿上
大長秋皇后卿也有后則置無則省秦時爲將行漢景
帝中六年更名大長秋韋曜曰長秋者以皇后陰官秋
者陰之始取其終而長欲其久也自太常至長秋皆置
功曹主簿五官漢東京諸郡有五官掾因其名也漢制
卿尹秩皆中二千石丞一千石
尚書古官也舜攝帝位命龍作納言卽其任也周官司
會鄭玄云若今尚書矣秦世少府遣吏四人在殿中主
發書故謂之尚書尚猶主也漢初有尚冠尚衣尚食尚
浴尚席尚書謂之六尚戰國時已有尚冠尚衣之屬矣
秦時有尚書令尚書僕射尚書丞至漢初並隸少府漢
東京猶文屬焉古者重武官以善射者掌事故曰僕射
僕射者僕役於射事也秦世有左右曹諸吏官無職事
將軍大夫以下皆得加此官漢武帝世使左右曹諸吏
分平尚書事昭帝卽位霍光領尚書事成帝初王鳳錄
尚書事漢東京每帝卽位輒置太傅錄尚書事薨輒省
晉康帝世何充讓錄表曰咸康中分置三錄王導錄其
一荀崧陸曄各錄六條事然則似有二十四條若止有
十二條則荀陸各錄六條導又何所司乎若導總錄荀
陸分掌則不得復云導錄其一也其後每置二錄輒云
各掌六條事又是止有十二條也十二條者不知悉何
條晉江右有四錄則四人參錄也江右張華江左庾亮
並經關尚書七條則亦不知皆何事也後何充解錄又
參關尚書錄尚書職無不總王肅注尚書納于大麓曰
堯納舜於尊顯之官大錄萬機之政也凡重號將軍刺
史皆得命曹授用唯不得施除及加節宋世祖孝建中
不欲威權外假省錄大明末復置此後或置或省漢獻
帝建安四年以執金吾榮郃爲尚書左僕射衞臻爲右
僕射二僕射分置自此始也漢成帝建始四年初置尚
書員四人增丞亦爲四人曹尚書其一曰常侍曹主公
卿事其二曰二千石曹主郡國二千石事其三曰民曹
主吏民上書事其四曰客曹主外國夷狄事光武分二

千石曹爲二叉分客曹爲南主客曹北主客曹改常侍曹爲吏曹凡六尚書減二丞唯置左右二丞而已應劭漢官云尚書令左丞總領綱紀無所不統僕射右丞掌稟假錢穀三公尚書二人掌天下歲盡集課吏曹掌選舉齋祠二千石曹掌水火盜賊詞訟罪法客曹掌羌胡朝會法駕出護駕民曹掌繕治功作鹽池苑囿吏曹任舉多得超遷則漢末曹名及職司又與光武時異也魏世有吏部左民民曹五兵度支五曹尚書晉初有吏部三公客曹駕部屯田度支六曹尚書武帝咸寧二年省駕部尚書四年又置太康中有吏部殿中五兵田曹度支左民六尚書惠帝世又有右民尚書尚書止於六曹不知此時省何曹也江左則有祠部吏部左民度支五兵合爲五曹尚書宋高祖初又增都官尚書若有右僕射則不置祠部尚書世祖大明二年置二吏部尚書五兵尚書後還置一吏部尚書順帝昇明元年又置五兵尚書

尚書令任總機衡僕射尚書分領諸曹左僕射領殿中主客二曹吏部尚書領吏部刪定三公比部四曹祠部尚書領祠部儀曹二曹度支尚書領度支金部倉部起部四曹左民尚書領左民駕部二曹都官尚書領都官水部庫部功部四曹五兵尚書領中兵外兵二曹昔有騎兵別兵都兵故謂之五兵也五尚書二僕射一令謂之八坐若營宗廟宮室則置起部尚書事畢省漢成帝之置四尚書也無置郎之文漢儀尚書郎四人一人主匈奴單于營部一人主羌夷吏民一人主戶口墾田一人主財帛委輸匈奴單于宣帝之世保塞內附成帝世單于還北庭矣一郎主匈奴單于也營部則置郎疑是光武時所主匈奴是南單于也漢官云置郎三十六人不知是何帝增員然則一尚書則領六郎也主作文書起立事草初爲郎中滿歲則爲侍郎尚書守居建禮門內尚書郎入直官供青縑白綾被或以錦縑爲之給帷帳氈褥通中枕大官供食物湯官供餠餌及五熟果實之屬給尚書伯使一人女侍二人皆選端正妖麗執香爐護衣服奏事明光殿殿以胡粉塗壁畫古賢烈士以丹朱色地謂之丹墀尚書郎口含鷄舌香以其奏事荅對欲使氣息芬芳也奏事則與黃門侍郎對揖黃門侍郎稱已聞乃出天子所服五時衣以賜尚書令僕而丞郎月賜赤管大筆一雙隃麋墨一丸魏世有殿中吏部駕部金部虞曹比部南主客祠部度支庫部農部水部儀曹三公倉部民曹二千石中兵外兵別兵都兵考功定科凡二十三郎青龍二年有軍事尚書令陳矯奏置都官騎兵二曹郎合爲二十五曹晉西朝則直事殿中祠部儀曹吏部三公比部金部倉部度支都官二千石左民右民虞曹屯田起部水部左主客右主客駕部車部庫部左中兵右中兵左外兵右外兵別兵都兵騎兵左士右士北主客南主客爲三十四曹郎後又置運曹凡三十五曹晉江左初無直事民屯田車部別兵都兵騎兵左士右士運曹十曹郎而主客中兵各置一郎而已所餘十七曹也康穆以來又無虞曹二千石二郎猶有殿中祠部吏部儀曹三公比部倉部度支都官左民都部水部主客駕部庫部中兵十八曹郎後又省主客起部水部餘十五曹宋高祖初加置騎兵主客起部水部四曹郎合爲十九曹太祖元嘉十年又省儀曹主客比部騎兵四曹郎十一年又竝置十八年增刪定曹郎次在左民曹上蓋魏世之定科郎也三十年又置功論郎次都官之下在刪定之上太宗世省騎兵今凡二十曹郎以三公比部主法制度支主筭支泒也度景也都官主軍事刑獄其餘曹所掌各如其名漢制公卿御史中丞以下遇尚書令僕丞郎皆車豫相回避臺官過乃得去今尚書官上朝及下禁斷行人猶其制也漢又制丞郎見尚書呼曰明時郎見二丞呼曰左君右君郎以下則有都令史令史書令史書吏幹漢東京尚書令史十八人晉初正令史百二十人書令史百三十人自晉至今或減或益難以定言漢儀有丞相令史令史蓋前漢官也晉西朝有尚書都令史朱誕則都令史其來久矣分曹所掌如尚書也晉西朝八坐丞郎朝晡詣都坐朝江左唯旦朝而已八坐丞郎初拜竝集都坐交禮遷又解交漢舊制也今唯八坐解交丞郎不復解交也尚書令千石僕射尚書六百石丞郎四百石

武庫令一人掌軍器秦官至二漢屬金吾晉初罷執金吾至今隸尚書庫部

車府令一人丞一人秦官也二漢魏晉竝隸太僕太僕旣省隸尚書駕部

上林令一人丞一人漢西京上林中有八丞十二尉十池監丞尉屬水衡都池監隸少府漢東京曰上林苑令及丞各一人隸少府晉江左闕宋世祖大明三年復置隸尚書殿中曹及少府

材官將軍一人司馬一人主工匠土木之事漢左右校令其任也魏右校又置材官校尉主天下材木事晉江左改材官校尉曰材官將軍又罷左校令材官隸尚書起部及領軍

侍中四人掌奏事直侍左右應對獻替法駕出則正直一人負璽陪乘殿內門下衆事皆掌之周公戒成王立政之篇所云常伯卽其任也侍中本秦丞相史也使五人往來殿內東廂奏事故謂之侍中漢西京無員多至數十人入侍禁中分掌乘輿服物下至褻器虎子之屬武帝世孔安國爲侍中以其儒者特聽掌御唾壺朝廷榮之久次者爲僕射漢東京又屬少府猶無員掌侍左右贊導衆事顧問應荅法駕出則多識者一人負傳國璽操斬白蛇劒參乘餘皆騎在乘輿車後光武世改僕射爲祭酒焉漢世與中官俱止禁中武帝時侍中莽何羅挾刃謀逆由是侍中出禁外有事乃入事畢卽出王莽秉政侍中復入與中官共止章帝元和中侍中郭舉與後宮通拔佩刀驚御舉伏誅侍中由是復出外魏晉以來置四人別加官不主數秩比二千石

宋書卷三十九考證

百官志上漢西京置太祝令丞武帝太初元年更名曰廣記漢東京改曰太祝○臣承蒼按漢書太祝令景帝時更名曰祠祀武帝太初元年更名曰廟祀廣記二字當卽廟祀之譌

宋書卷四十

梁　沈　約　撰

志第三十

百官下

給事黃門侍郎四人與侍中俱掌衆事郊廟臨軒則一人執麾漢百官表秦曰給事黃門無員掌侍從左右漢因之漢東京曰給事黃門侍郎亦無員掌侍從左右關通中外諸王朝見則引王朝坐應劭曰每日莫向青瑣門拜謂之夕郎史臣按劉向與子歆書曰黃門郎顯處也然則前漢世已爲黃門侍郎矣董巴漢書曰禁門曰黃闥中人主之故號曰黃門令然則黃門郎給事黃闥之內故曰黃門郎也魏晉以來員四人秩六百石

公車令一人掌受章奏秦有公車司馬令屬衞尉漢因之掌宮南闕門凡吏民上章四方貢獻及徵詣公車者皆掌之晉江左以來直云公車令

太醫令一人丞一人周官爲醫師秦爲太醫令至二漢屬少府太官令一人丞一人周官爲膳夫秦爲太官令至漢屬少府

驊騮廄丞一人漢西京爲龍馬長漢東京爲未央廄令魏爲驊騮令自公車令至此隸侍中

散騎常侍四人掌侍左右秦置散騎又置中常侍散騎竝乘輿車後中常侍得入禁中皆無員竝爲加官漢東京初省散騎而中常侍因用宦者魏文帝黃初初置散騎合於中常侍謂之散騎常侍始以孟達補之久次者爲祭酒散騎常侍秩比二千石

通直散騎常侍四人魏末散騎常侍又有在員外者晉武帝使二人與散騎常侍通直故謂之通直散騎常侍晉江左置五人員外散騎常侍魏末置無員

散騎侍郎四人魏初與散騎常侍同置魏晉散騎常侍侍郎與侍中黃門侍郎共平尚書奏事江左乃罷通直散騎侍郎四人初晉武帝置員外散騎侍郎四人元帝使二人與散騎侍郎通直故謂之通直散騎侍郎後增爲四人員外散騎侍郎晉武帝置無員

給事中無員漢西京置掌顧問應對位次中常侍漢東京省魏世復置

奉朝請無員亦不爲官漢東京罷省三公外戚宗室諸侯多奉朝請奉朝請者奉朝會請召而已晉武帝亦以宗室外戚爲奉車駙馬騎都尉而奉朝請焉元帝爲晉王以參軍爲奉車都尉掾屬爲駙馬都尉行參軍舍人爲騎都尉皆奉朝請後省奉車騎都尉唯留駙馬都尉奉朝請永初已來以奉朝請選雜其尚主者唯拜駙馬都尉三都尉竝漢武帝置孝建初奉朝請省駙馬都尉三都尉秩比二千石

中書令一人

中書舍人一人

中書侍郎四人

中書通事舍人四人漢武帝游後廷始使宦者典尚書事謂之中書謁者置令僕射元帝時令弘恭僕射石顯秉勢用事權傾內外成帝改中書謁者令曰中謁者令罷謁者漢東京省中謁者令而有中宮謁者令非其職

也魏武帝爲王置祕書令典尚書奏事又其任也文帝黃初初改爲中書令又置監及通事郎次黃門郎黃門郎已署事過通事乃奉以入爲帝省讀書可晉改曰中書侍郎員四人晉江左初改中書侍郎曰通事郎尋復爲中書侍郎晉初置舍人一人通事一人江左初合舍人通事謂之通事舍人掌呈奏案章後省通事中書差侍郎一人直西省又掌詔命宋初又置通事舍人而侍郎之任輕矣舍人直閣內隸中書其下有主事本用武官宋改用文吏

祕書監一人

祕書丞一人

祕書郎四人漢桓帝延熹二年置祕書監皇甫規與張奐書云從兄祕書它何動靜是也應劭漢官曰祕書監一人六百石後省魏武帝爲魏王置祕書令祕書丞祕書典尚書奏事文帝黃初初置中書令典尚書奏事而祕書改令爲監後欲以何禎爲祕書丞而祕書先自有丞乃以禎爲祕書右丞後省掌藝文圖籍周官外史掌四方之志三皇五帝之書卽其任也漢西京圖籍所藏有天府石渠蘭臺石室延閣廣內之府是也東京圖書在東觀晉武帝以祕書并中書省監謂丞爲中書祕書丞惠帝復置著作郎一人佐郎八人掌國史周世左史記事右史記言卽其任也漢東京圖籍在東觀故使名儒碩學著作東觀撰述國史著作之名自此始也魏世隸中書晉武世繆徵爲中書著作郎元康中改隸祕書後別自爲省而猶隸祕書著作郎謂之大著作專掌史任晉制著作佐郎始到職必撰名臣傳一人宋氏初國朝始建未有合撰者此制遂替矣

領軍將軍一人掌內軍漢有南北軍衞京師武帝置中壘校尉掌北軍營光武省中壘校尉置北軍中候監五校營魏武爲丞相相府自置領軍非漢官也文帝卽魏王位魏始置領軍主五校中壘武衞三營晉武帝初省使中軍將軍羊祜統二衞前後左右驍騎七軍營兵卽領軍之任也祜遷罷復置北軍中候北軍中候置丞一人懷帝永嘉中改曰中領軍元帝永昌元年復改曰北軍中候尋復爲領軍成帝世復以爲中候而陶回居之尋復爲領軍領軍令猶有南軍都督

護軍將軍一人掌外軍秦時護軍都尉漢因之陳平爲護軍中尉盡護諸將然則復以都尉爲中尉矣武帝元狩四年以護軍都尉屬大司馬于時爲都尉矣漢書李廣傳廣爲驍騎將軍屬護軍將軍蓋護軍護諸將軍哀帝元壽元年更名護軍都尉曰司寇平帝元始元年更名護軍都尉東京省班固爲大將軍中護軍隸將軍莫府非漢朝列職魏武爲相以韓浩爲護軍史奐爲領軍非漢官也建安十二年改護軍爲中護軍領軍爲中領軍置長史司馬魏初因置護軍主武官選隸領軍晉世則不隸也晉元帝永昌元年省護軍并領軍明帝大寧二年復置魏晉江左領護各領營兵江左以來領軍不復別營總統二衞驍騎材官諸軍猶別有營也領護資重者爲領軍護軍將軍資輕者爲中領軍中護軍官屬有長史司馬功曹主簿五官受命出征則置參軍

左衞將軍一人

右衞將軍一人二衞將軍掌宿衞營兵二漢魏不置晉文帝爲相國相國府置中衞將軍武帝初分中衞置左右衞將軍以羊琇爲左衞趙序爲右衞二衞江右有長史司馬功曹主簿江左無長史

驍騎將軍漢武帝元光六年李廣爲驍騎將軍魏世置爲內軍有營兵高功者主之先有司馬功曹主簿後省

遊擊將軍漢武帝時韓說爲遊擊是爲六軍

左軍將軍

右軍將軍

前軍將軍

後軍將軍魏明帝時有左軍將軍然則左軍魏官也晉武帝初置前軍右軍太始八年又置後軍是爲四軍

左中郎將

右中郎將秦官漢因之與五官中郎將領三署郎魏無三署郎猶置其職晉武帝省宋世祖大明中又置

屯騎校尉

步兵校尉

越騎校尉

長水校尉

射聲校尉五校竝漢武帝置屯騎步兵掌上林苑門屯兵越騎掌越人來降因以爲騎也一說取其材力超越也長水掌長水宣曲胡騎長水胡部落名也胡騎屯宣曲觀下韋曜曰長水校尉典胡騎廄近長水故以爲名長水蓋關中小水名也射聲掌射聲士聞聲則射之故以爲名漢光武初改屯騎爲驍騎越騎爲青巾建武十五年復舊漢東京五校典宿衞士自遊擊至五校魏晉逮于江左初猶領營兵竝置司馬功曹主簿後省二中郎將本不領營也五營校尉秩二千石

虎賁中郎將周官有虎賁氏漢武帝建元三年始微行出遊選材力之士執兵從送期之諸門故名期門無員多至千人平帝元始元年更名曰虎賁郎置中郎將領之虎賁舊作虎奔言如虎之奔走也王莽輔政以古有勇士孟賁故以奔爲賁比二千石

冗從僕射漢東京有中黃門冗從僕射非其職也魏世因其名而置冗從僕射

羽林監漢武帝太初元年初置建章營騎亦掌從送次期門後更名羽林騎置令丞宣帝令中郎將騎都尉監羽林謂之羽林中郎將漢東京又置羽林左監羽林右監至魏世不改晉罷羽林中郎將又省一監置一監而已自虎賁至羽林是爲三將哀帝省宋高祖永初初復置江右領營兵江左無復營兵羽林監六百石

積射將軍

彊弩將軍漢武帝以路博德爲彊弩校尉李沮爲彊弩將軍宣帝以許延壽爲彊弩將軍彊弩將軍至東漢爲雜號前漢至魏無積射晉太康十年立射營弩營置積射彊弩將軍主之自驍騎至彊弩將軍先竝各置一人宋太宗泰始以來多以軍功得此官今竝無復員

殿中將軍

殿中司馬督晉武帝時殿內宿衞號曰三部司馬置此二官分隸左右二衞江右初員十人朝會宴饗則將軍戎服直侍左右夜開城諸門則執白虎幡監之晉孝武太元中改選以門閥居之宋高祖永初初增爲二十人其後過員者謂之殿中員外將軍員外司馬督其後竝無復員

武衞將軍無員初魏王始置武衞中郎將文帝踐阼改爲衞將軍主禁旅如今二衞非其任也晉氏不常置宋世祖大明中復置代殿中將軍之任比員外散騎侍郎

武騎常侍無員漢西京官車駕游獵常從射猛獸後漢魏晉不置宋世祖大明中復置比奉朝請

御史中丞一人掌奏劾不法時御史大夫有二丞其一曰御史丞其二曰御史中丞殿中蘭臺祕書圖籍在焉而中丞居之外督部刺史內領侍御史受公卿奏事舉劾按章時中丞亦受奏事然則分有所掌也成帝綏和元年更名御史大夫爲大司空置長史而中丞官職如故哀帝建平二年復爲御史大夫元壽二年復爲大司空而中丞出外爲御史臺主名御史長史光武還曰中丞又屬少府獻帝時更置御史大夫自置長史一人不復領中丞也漢東京御史中丞遇尚書丞郎則中丞止車執版揖而丞郎坐車舉手禮之而已不知此制何時省中丞每月二十五日繞行宮垣白壁史臣按漢志執金吾每月三繞行宮城疑是省金吾以此事併中丞中丞秩千石

治書侍御史掌舉劾官品第六已上漢宣帝齋居決事令御史二人治書因謂之治書御史漢東京使明法律者爲之天下讞疑事則以法律當其是非魏晉以來則分掌侍御史所掌諸曹若尚書二丞也

侍御史於周爲柱下史周官有御史掌治令亦其任也秦置侍御史漢因之二漢員竝十五人掌察舉非法受公卿奏事有違失者舉劾之凡有五曹一曰令曹掌律令二曰印曹掌刻印三曰供曹掌齋祠四曰尉馬曹掌官廄馬五曰乘曹掌護駕魏置御史八人有治書曹掌度支運課第曹掌考課不知其餘曹也晉西朝凡有吏曹課第曹直事曹印曹中都督曹外都督曹媒曹符節曹水曹中壘曹營軍曹算曹法曹凡十三曹而置御史九人晉江左初省課第曹置庫曹掌廄牧牛馬市租後復分庫曹置外左庫內左庫二曹宋太祖元嘉中省外左庫而內左庫直云左庫世祖大明中復置廢帝景和元年又省順帝初省營軍併水曹省算曹併法曹吏曹不置御史凡十御史焉魏又有殿中侍御史二人蓋是蘭臺遣二御史居殿內察非法也晉西朝四人江左二人秦漢有符節令隸少府領符璽郎符節令史蓋周禮典瑞掌節之任也漢至魏别爲一臺位次御史中丞掌授節銅虎符竹使符晉武帝太始九年省併蘭臺置符節御史掌其事焉

謁者僕射一人掌大拜授及百官班次領謁者十人謁者掌小拜授及報章蓋秦官也謁請也應氏漢官曰堯以試舜賓于四門是其職也秦世謁者七十人漢因之後漢百官志謁者僕射掌奉引和帝世陳郡向熙爲謁者僕射贊拜殿中音動左右然則又有常侍謁者五人謁者則置三十五人半減西京也二漢竝隸光祿勳魏世置謁者十人晉武帝省僕射以謁者隸蘭臺江左復置僕射後又省宋世祖大明中復置秩比千石

都水使者一人掌舟航及運部秦漢有都水長丞主陂池灌溉保守河渠屬太常漢東京省都水置河隄謁者魏因之漢世水衡都尉主上林苑魏世主天下水軍舟船器械晉武帝省水衡置都水使者而河隄爲都水官屬有參軍二人謁者一人令史減置無常員晉西朝有參軍而無謁者謁者則江左置也懷帝永嘉六年胡入洛陽都水使者爰濬先出督運得免然則武帝置職便

掌運矣江左省河隄

太子太傅一人丞一人

太子少傅一人丞一人傅古官也文王世子曰凡三王教世子太傅在前少傅在後並以輔導爲職漢高帝九年以叔孫通爲太子太傅位次太常二漢並無丞魏世無東宮然則晉氏置丞也晉武帝太始五年詔太子拜太傅少傅如弟子事師之禮二傅不得上疏曲敬二傅並有功曹主簿五官太傅中二千石少傅二千石

太子詹事一人丞一人職比臺尚書令領軍將軍詹省也漢西京則太子門大夫庶子洗馬舍人屬二傅率更令家令僕衞率屬詹事皆秦官也後漢省詹事太子官屬悉屬少傅而太傅不復領官屬晉初太子官屬通屬二傅咸寧元年復置詹事二傅不復領官屬詹事一千石

家令一人丞一人晉世置漢世太子食湯沐邑十縣家令主之又主刑獄飲食職比廷尉司農少府漢東京主食官令食官令晉世自爲官不復屬家令

率更令一人主宮殿門戶及賞罰事職如光祿勳衞尉漢東京掌庶子舍人晉世則不也自漢至晉家令在率更下宋則居上

僕一人漢世太子五日一朝非入朝日遣僕及中允旦入請問起居主車馬親族職如太僕宗正自家令至僕爲太子三卿三卿秩千石

門大夫二人漢東京置職如中郎將分掌遠近表牋秩六百石

中庶子四人職如侍中漢東京員五人晉減爲四人秩六百石

中舍人四人漢東京太子官屬有中允之職在中庶子下洗馬上疑若今中書舍人矣中舍人晉初置職如黃門侍郎

食官令一人職如太官令漢東京官也今屬中庶子庶子四人職比散騎常侍中書監令晉制也漢西京員五人漢東京無員職如三署中郎古者諸侯世子有庶子之官秦因其名也秩四百石

舍人十六人職如散騎中書侍郎晉制也二漢無員掌宿衞如三署中郎

洗馬八人職如謁者祕書郎也二漢員十六人太子出則當直者前驅導威儀秩比六百石

太子左衞率七人

太子右衞率二人五率職如二衞秦時直云衞率漢因之主門衞晉初曰中衞率太始分爲左右各領一軍惠帝時愍懷太子在東宮加置前後二率成都王穎爲太弟又置中衞是爲五率江左初省前後二率孝武太元中又置皆有丞晉初置宋世止置左右二率秩舊四百石

太子屯騎校尉

太子步兵校尉

太子翊軍校尉三校尉各七人並宋初置屯騎步兵因臺校尉翊軍晉武帝太康初置始爲臺校尉而以唐彬居之江左省

太子冗從僕射七人宋初置

太子旅賁中郎將十人職如虎賁中郎將宋初置周官有旅賁氏漢制天子有虎賁王侯有旅賁旅衆也

太子左積弩將軍十人

太子右積弩將軍二人漢東京積弩將軍雜號也無左右之積弩魏世至晉江左左右積弩爲臺職領營兵宋世度東宮無復營矣

殿中將軍十人殿中員外將軍二十人宋初置平越中郎將晉武帝置治廣州主南越

南蠻校尉晉武帝置治襄陽江左初省尋又置治江陵宋世祖孝建中省

西戎校尉晉初置長史安帝義熙中又置治中寧蠻校尉晉武帝置治襄陽以授魯宗之

南夷校尉晉武帝置治寧州江左改曰鎭蠻校尉四夷中郎校尉皆有長史司馬參軍魏晉有雜號護軍如將軍今猶有鎭蠻安遠等護軍鎭蠻以加廬江晉熙西陽太守安遠以加武陵內史

刺史每州各一人黃帝立四監以治萬國唐虞世十二牧是其職也周改曰典秦曰監御史而更遣丞相史分刺諸州謂之刺史刺之爲言猶參覘也寫書亦謂之刺漢制不得刺尚書事是也刺史班行六條詔書其一條曰彊宗豪右田宅踰制以彊陵弱以衆暴寡其二條曰二千石不奉詔書遵承典制背公向私旁詔守利侵漁百姓聚斂爲姦其三條曰二千石不恤疑獄風厲殺人怒則加罰喜則任賞煩擾苛暴剝戮黎元爲百姓所疾山崩石裂妖祥譌言其四條曰二千石選署不平苟阿所愛蔽賢寵頑其五條曰二千石子弟恃怙榮勢請託所監其六條曰二千石違公下比阿附豪彊通行貨賂割損正令歲終則乘傳詣京師奏事成帝綏和元年改爲牧哀帝建平二年復爲刺史前漢世刺史乘傳周行郡國無適所治後漢世所治始有定處止八月行部不復奏事京師晉江左猶行郡縣詔東據遐遠詩曰先君爲鉅鹿太守迄今三紀忝私爲冀州刺史班詔次于郡傳是也靈帝世天下漸亂豪桀各據有州郡而劉焉劉虞並自九卿出爲益州幽州牧其任漸重矣官屬有別駕從事史一人從刺史行部治中從事史一人主財穀簿書兵曹從事史一人主兵事部從事史每郡各一人主察非法主簿一人錄閤下衆事省署文書門亭長一人主州正門功曹書佐一人主選用孝經師一人主試經月令師一人主時節祠祀律令師一人平律簿曹書佐一人主簿書典郡書佐每郡各一人主一郡文書漢制也今有別駕從事史治中從事史主簿西曹書佐祭酒從事史議曹從事史部郡從事史自主簿以下置人多少各隨州舊無定制也晉成帝咸康中江州又有別駕祭酒居僚職之上而別駕從事史如故今則無也別駕西曹主吏及選舉事治中主衆曹文書事西曹即漢之功曹書佐也祭酒分掌諸曹兵賊倉戶水鎧之屬揚州無祭酒而主簿治事荊州有從事史在議曹從事史下大較應是魏晉以來置也今廣州徐州有月令從事若諸州之曹史漢舊名也漢武元封四年令諸州歲各舉秀才一人後漢避光武諱改茂才魏復曰秀才晉江左揚州歲舉二人諸州舉一人或三歲一人隨州大小並對策問晉東海王越爲豫州牧牧置長史參軍庾凱爲長史謝鯤爲參軍此爲牧者則無也牧二千石刺史六百石

郡守秦官秦滅諸侯隨以其地爲郡置守丞尉各一人守治民丞佐之郡當邊戍者丞爲長史晉江左皆謂之丞尉典兵備盜賊漢景帝中二年更名守曰太守尉爲都尉光武省都尉後又往往置東部西部都尉有蠻夷者又有屬國都尉漢末及三國多以諸部都尉爲郡晉成帝咸康七年又省諸郡丞宋太祖元嘉四年復置郡官屬略如公府無東西曹有功曹史主選舉五官掾主諸曹事部縣有都郵門亭長又有主記史催督期會漢制也今略如之諸郡各有舊俗諸曹名號往往不同漢武帝納董仲舒之言元光元年始令郡國舉孝廉制郡口二十萬以上歲察一人四十萬以上二人六十萬三人八十萬四人百萬五人百二十萬六人不滿二十萬二歲一人不滿十萬三歲一人限以四科一曰德行高妙志節清白二曰學通行修經中博士三曰明習法令足以決疑能案章覆問文中御史四曰剛毅多略遭事不惑明足決斷材任三輔縣令魏初更制戶十萬以上歲一人有秀異不拘戶口江左以丹陽吳會稽吳興並大郡歲各舉二人漢制歲遣上計掾史各一人條上郡內衆事謂之階簿至今行之太守二千石丞六百石

縣令長秦官也大者爲令小者爲長侯國爲相漢制置丞一人尉大縣二人小縣一人五家爲伍伍長主之二五爲什什長主之十什爲里里魁主之十里爲亭亭長主之十亭爲鄉鄉有鄉佐三老有秩嗇夫游徼各一人鄉佐有秩主賦稅三老主敎化嗇夫主爭訟游徼主姦非其餘諸曹略同郡職以五官爲廷掾後則無復丞唯建康有獄丞其餘衆職或此縣有而彼縣無各有舊俗無定制也晉江右洛陽縣置六部都尉餘大縣置二人次縣小縣各一人宋太祖元嘉十五年縣小者又省之諸官府至郡各置五百者舊說古君行師從卿行旅從旅五百人也今縣令以上古之諸侯故立四五百以象師從旅從依古義也韋曜曰五百字本爲伍伯伍當也伯道也使之導引當道伯中以驅除也周制五百爲旅帥皆大夫不得卑之如此說也又周禮秋官有條狼氏掌執鞭以趨辟王出入則八人夾道公則六人侯伯則四人子男則二人近之矣名之異爾又漢官中有伯使主爲諸官驅使辟路於道伯中故言伯使此其比也縣令千石至六百石長五百石

漢初王國置太傅掌輔導內史主治民丞相統衆官中尉掌武職分官置職略同京師至景帝懲七國之亂更制諸王不得治國漢爲置吏改丞相曰相省御史大夫廷尉少府宗正博士官其大夫謁者諸官長丞皆損其員數後漢改內史爲京兆尹中尉爲執金吾郎中令爲光祿勳而王國如故又太僕爲僕司農爲大農成帝更令相治民如郡太守省內史其中尉如郡尉太傅但曰傅漢東京亦置傅一人王師事之相一人主治民中尉一人主盜賊郎中令一人掌郎中宿衞僕一人治書一人治書本曰尚書後更名治書中大夫無員掌奉使京師及諸國者及禮樂衞士醫工永巷祠禮長各一人郎中無員魏氏謁者官屬史闕不知次第晉武帝初置師友文學各一人師卽傅也景帝諱師改爲傳宋世復改曰師其文學前漢已置也友者因文王仲尼四友之名也改太守爲內史省相及僕有郎中令中尉大農爲三卿大國置左右常侍各三人省郎中置侍郎二人大國又置上軍中軍下軍三將軍次國上軍將軍下軍將軍各一人小國上軍而已典書典祠典衞學官令典書令

丞各一人治書四人中尉司馬世子庶子陵廟牧長各一人謁者四人中大夫六人舍人十人典醫丞典府丞各一人宋氏以來一用晉制雖大小國皆有三軍晉制典書令在常侍下侍郎上江左則侍郎次常侍而典書令居三軍下矣江左以來公國則無中尉常侍三軍侯國又無大農侍郎伯子男唯典書以下又無學官令矣吏職皆以次損省焉晉江右公侯以下置官屬隨國小大無定制也晉江左諸國並三分食一元帝太興元年始制九分食一

太傅　太保　太宰
太尉　司徒　司空
大司馬　大將軍
諸位從公

右第一品

特進
驃騎車騎衞將軍
諸大將軍
諸持節都督

右第二品

侍中散騎常侍
尚書令僕射尚書
中書監令祕書監
諸征鎮至龍驤將軍
光祿大夫
諸卿尹
太子二傅
大長秋
太子詹事
領護軍
縣侯

右第三品

二衞至五校尉
寧朔至五威五武將軍
四中郎將
刺史領兵者
戎蠻校尉
御史中丞都水使者
鄉侯

右第四品

給事中黃門散騎中書侍郎
謁者僕射
三將積射彊弩將軍
太子中庶子庶子三卿率
鷹揚至陵江將軍
刺史不領兵者
郡國太守內史相
亭侯

右第五品

尚書丞郎
治書侍御史侍御史
三都尉
博士
撫軍以上及持節都督領護長史司馬
公府從事中郎將
廷尉正監評
祕書著作丞郎
王國公三卿師友文學
諸縣署令千石者
太子門大夫
殿中將軍司馬督
雜號護軍
關內侯

右第六品

謁者
殿中監
諸卿尹丞
太子傅詹事率丞
諸軍長史司馬六百石者
諸府參軍
戎蠻府長史司馬
公府掾屬
太子洗馬舍人食官令
諸縣令六百石者

右第七品

內臺正令史
郡丞
諸縣署長
雜號宣威將軍以下

石第八品

內臺書令史
外臺正令史
諸縣署丞尉

右第九品凡新置不見此諸條者隨秩位所視蓋闕　右所定也

宋書卷四十考證

百官志下漢百官表秦曰給事黃門無員掌侍從左右漢因之○秦監本訛奏今改正

太官令一人丞一人○臣永蓍按此似宜另爲一條而諸本俱與太醫令相連當因漢時竝屬少府故耶

虎賁舊作虎奔言如虎之奔走也王莽輔政以古有勇士孟賁故以奔爲賁○臣堅按牧誓言武王戎車三百兩虎賁三千人孔安國曰虎賁勇士稱也若虎賁獸言其猛也豈古字亦作奔王莽時改奔爲賁後遂并經文亦改耶抑王莽改奔爲賁之說出於傳訛附會也

宋書卷四十一

梁　沈　約　撰

列傳第一

后妃

帝祖母號太皇太后母號皇太后妃號皇后漢舊制也晉武帝採漢魏之制置貴嬪夫人貴人是爲三夫人位視三公淑妃淑媛淑儀修華修容修儀婕妤容華克華是爲九嬪位視九卿其餘有美人才人才人爵視千石以下高祖受命省二才人其餘仍用晉制貴嬪魏文帝所制夫人魏武帝初建魏國所制貴人漢光武所制淑妃魏明帝所制淑媛魏文帝所制淑儀修華晉武帝所制修容魏文帝所制修儀魏明帝所制婕妤容華前漢舊號克華晉武帝所制美人漢光武所制世祖孝建三年省夫人修華修容置貴妃位比相國進貴嬪位比丞相貴人位比三司以爲三夫人又置昭儀昭容昭華以代修華修儀修容又中才人克衣以爲散位昭儀漢元帝所制昭容世祖所制昭華魏明帝所制中才人晉武帝所制克衣前漢舊制太宗泰始元年省淑妃昭華中才人克衣復置修儀修容才人良人三年又省貴人置貴姬以備三夫人之數又置昭華增淑容承徽列榮以淑媛淑儀淑容昭華昭儀昭容修華修儀修容爲九嬪婕妤容華克華承徽列榮凡五職班亞九嬪美人中才人才人三職爲散役其後太宗留心後房擬外百官備位置內職列其名品于後

後宮通尹　準錄尚書
紫極戶主　光興戶主

官品第一　各置一人並銓六宮

後宮列叙　準尚書令銓六宮
紫極中監尹　銓六宮
光興中監尹　銓六宮
宣融戶主　銓六宮
紫極房帥　置一人
光興房帥　置一人

官品第二　各置一人

後宮司儀　準左僕射銓人士
後宮司政　準右僕射銓人士
參議女林　準銀青光祿銓人士
中臺侍御尹　銓六宮
宣融便殿中監尹　銓六宮
采蕤房主　銓六宮
南房主　銓六宮
中藏女典　銓六宮
典坊　銓六宮
樂正　銓六宮
內保　銓人士
學林祭酒　銓人士
昭陽房帥　置一人
徽音房帥　置一人
宣融房帥　置一人

官品第三　各置一人

後宮都掌治職　置二人準左右丞位比尚書銓人士
後宮殿中治職　置一人準左民尚書銓人士
後宮源典治職　置一人準祠部尚書銓人士
後宮穀帛治職　置一人準度支尚書
中傳　置一人銓人士
後宮校事女史　置一人銓人士
紫極中監女史　置一人銓人士
光興中監女史　置一人銓人士
紫極房參事　置人無定數銓人士有限外
宣融房參事　置人無定數銓人士有限外

中臺侍御奏案女史　置一人銓人士
贊樂女史　置一人銓人士
中訓女史　置一人銓人士
女祝史　置一人
紫極中監典　置一人
光興中監典　置一人
典樂帥　置人無定數有限外
紫極房廉帥祭酒　置一人
光興房廉帥祭酒　置一人
宣融房廉帥祭酒　置一人

官品第四

後宮通關參事　置一人
景德房參事　置人無定數銓人士
采蕤房參事　置人無定數銓人士
南房參事　置人無定數銓人士
內房參事　置一人銓人士
校學女史　置一人銓人士
後宮中房帥　置二人
後宮源典帥　置二人
後宮穀帛帥　置二人
中臺帥　置一人
中臺侍御起居帥　置二人
中臺侍御詔誥帥　置二人
斯男房帥　置一人
宣豫房帥　置一人
景德房帥　置一人
采蕤房帥　置一人
中藏帥　置一人
內坊帥　置一人
南房帥　置一人
外華房帥　置一人
招慶房帥　置一人
紫極諸房廉帥　置人無定數有限外
紫極中監省帥　置一人
紫極殿帥　置六人
光興殿帥　置四人
徽音監帥　置一人
徽章監帥　置一人
宣融便殿中監典　置一人
清商帥　置人無定數

總章帥　置人無定數
左西章帥　置人無定數
右西章帥　置人無定數
中廚帥　置一人

官品第五

中臺侍御執衞　置人無定數
中臺侍御監閳帥　置二人
中臺侍御監司帥　置二人
宣融便殿帥　置一人
永巷帥　置一人
後宮都掌內史　置二人
後宮殿中內史　置一人
後宮源典內史　置一人
後宮穀帛內史　置二人
後宮監臨內史　置二人
中臺侍御執法內史置一人
中臺侍御典內史　置二人
中臺侍御節度內史置二人
中臺侍御應內史　置六人
紫極房內史　置一人
光興房內史　置一人
助教　置一人
綵製帥　置人無定數
裝飾帥　置人無定數
繡帥　置人無定數
織帥　置人無定數
學林館帥　置一人
宮閳帥　置一人
教堂帥　置人無定數有限外
監解帥　置人無定數
累室帥　置人無定數
行病帥　置人無定數

官品第六

合堂帥　置二人
御清帥　置一人
監夜帥　置一人
諸房禁防　置人無定數
三廂禁防　置三人
諸房廚帥　各置一人
中廚廉　置三人

應閹　置六人
諸應閤　置人無定數
宮閳史　置一人

官品第七

諸房中掾　各置一人
中藏掾　各置二人
比五品勑吏
紫極供殿直伥
光興供殿直伥
總章伎伥
侍御扶侍
主衣
準二衞五品勑吏比六品
供殿左右　紫極置二十人光興置十八人
左右守藏　置四人
典樂人
比諸房禁防
作伥
比王官
供殿給使　紫極置二十人光興置十八人
典殿　置人無定數
比官人
紫極三廂給事　置十人
全堂給使　置五人
宮閳給使　置六人
比房

孝穆趙皇后諱安下邳僮人也祖彪字世範治書侍御史父裔字彥冑平原太守后以晉穆帝升平四年嬪孝皇晉哀帝興寧元年四月二日生高祖其日后以產疾殂于丹徒官舍時年二十一葬晉陵丹徒縣東鄉練壁里雩山宋初追崇號謚陵曰興寧永初二年有司奏曰大孝之德盛於榮親一人有慶光被萬國是以靈文寵於西京壽張顯於隆漢故平原太守趙裔故洮陽令蕭卓並外屬尊戚不逮休寵臣等仰述聖思遠稽舊章並可追贈光祿大夫加金章紫綬裔命婦孫可豫章郡建昌縣君卓命婦趙可吳郡壽昌縣君孫氏東莞人也其年又詔曰推恩之禮在情所同故內樹宗子外崇后屬爰自漢魏咸遵斯典外祖趙光祿蕭光祿名器雖隆茅土未建並宜追封開國縣侯食邑五百戶於是追封裔臨賀縣侯裔長子宣之仕至江乘令蚤卒無子以弟孫襲之繼宣之紹封襲之卒子祖憐嗣齊受禪國除宣之弟倫之自有傳

孝懿蕭皇后諱文壽蘭陵蘭陵人也祖亮字保祚侍御史父卓字子略洮陽令孝穆后殂孝皇帝娉后爲繼室生長沙景王道憐臨川烈武王道規義熙七年拜豫章公太夫人高祖爲宋王又加太妃之號高祖以十二年北伐仍停彭城壽陽至元熙二年入朝因受晉禪在外凡五年后常留東府高祖踐阼有司奏曰臣聞道積者慶流德洽者禮備故祗敬表於崇高嘉號彰於盛典伏惟太妃母儀之德化穆不言保翼之訓光被洪業雖幽明同慶而稱謂未窮稽之前代禮有恒準宜式遵舊章允副羣望臣等參受宋王太后號故有司奏猶稱太妃也上以恭孝爲行奉太后素謹及即大位春秋已高每旦入朝太后未嘗失時刻少帝即位加崇曰太皇太后景平元年崩于顯陽殿時年八十一遺令曰孝皇背世五十餘年古不祔葬且漢世帝后陵皆異處今可於塋域之內別爲一壙孝皇陵墳本用素門之禮與王者制度奢儉不同婦人禮有所從可一遵往式乃開別壙與興寧陵合墳初高祖微時貧約過甚孝皇之殂葬禮多闕高祖遺旨太后百歲後不須祔葬至是故稱后遺旨施行卓初與趙裔俱贈金紫光祿大夫又追封封陽縣侯妻下邳趙氏封吳郡壽昌縣君卓子源之襲爵源之見子思話傳

武敬臧皇后諱愛親東莞人也祖汪字山甫尚書郎父儁字宣乂郡功曹后適高祖生會稽宣長公主興弟高祖以儉正率下后恭謹不違及高祖興復晉室居上相之重而后器服麤素不爲親屬請謁義熙四年正月甲午殂於東城時年四十八追贈豫章公夫人還葬丹徒高祖臨崩遺詔留葬京師於是備法駕迎梓宮祔葬初寧陵宋初追贈儁金紫光祿大夫妻高密叔孫氏封永陵平鄉君儁子燾燾弟熹子質自有傳

武帝張夫人諱闕不知何郡縣人也義熙初得幸高祖生少帝又生義興恭長公主惠媛永初元年拜爲夫人少帝即位有司奏曰臣聞嚴親敬始所因者本克孝之道由中被外伏惟夫人德並坤元徽音光劭發祥兆慶誕啓聖明宜崇極徽號允備盛則從春秋母以子貴之義遵漢晉推慶之典謹上尊號爲皇太后宮曰永樂少帝既廢太后還璽紱隨居吳縣太祖元嘉元年拜營陽王太妃三年薨

少帝司馬皇太妃諱茂英河內溫人晉恭帝女也初封

海鹽公主少帝以公子尚焉宋初拜皇太子妃少帝即位立爲皇后元嘉元年降爲營陽王妃又爲南豐王太妃十六年薨時年四十七

武帝胡婕妤諱道安淮南人義熙初爲高祖所納生文帝五年被譴賜死時年四十二葬丹徒高祖踐阼追贈婕妤太祖即位有司奏曰臣聞德厚者禮尊慶深者位極故閟宮既構咏歌先妣園陵崇衞聿追來孝伏惟先婕妤柔明塞淵光備六列德昭巛範訓洽母儀用能啓祚聖明奄宅四海巖親莫逮天祿永違臣等遠準春秋近稽漢晉謹上尊號曰章皇太后陵曰熙寧立廟於京師太后兄子元慶位至奉朝請

文帝袁皇后諱齊嬀陳郡陽夏人左光祿大夫敬公湛之庶女也母本卑賤后年至六歲方見舉後適太祖初拜宜都王妃生子劭東陽獻公主英娥上待后恩禮甚篤袁氏貧薄后每就上求錢帛以贍與之上性節儉所得不過三五萬三五十匹後潘淑妃有寵愛傾後宮咸言所求無不得后聞之欲知信否乃因潘求三十萬錢與家以覩上意信宿便得因此恚恨甚深稱疾不復見上上每入必他處回避上數掩伺之不能得始與王濬諸庶子問訊后未嘗視也后遂憤恚成疾元嘉十七年疾篤上執手流涕問所欲不言后視上良久乃引被覆面崩于顯陽殿時年三十六上甚相悼痛詔前永嘉太守顏延之爲哀策文甚麗其辭曰龍輴纚綍容翟結驂皇塗昭列神路幽嚴皇帝親臨祖饋躬瞻宵載飾遺儀於組旒想徂音乎珩珮悲黼筵之移御痛翬褕之重晦降輿客位撤奠殯階乃命史臣誄德述懷其辭曰倫昭膺祕儀景胄圖光玉繩昌輝在陰柔明將進率禮蹈和稱詩納順爰自待年金聲夙振亦既有行素章增絢象服是加言觀惟則俾我王風始基嬪德蕙問川流芳猷淵塞方江泳漢再謠南國伊昔不造洪化中微用集賢命仰陟天機釋位公宮登耀紫闈欽若皇姑允迪前徽孝達寧親敬行宗祀進思才淑傍綜圖史發音在咏動容成紀壼政穆宣房樂昭理坤則順成星軒潤飾德之所屆惟深必測下節震騰上清朓側有來斯雍無思不極謂道輔仁司化莫晰象物方臻眡祲告沴大和既融收華委世蘭殿長陰椒塗弛衞嗚呼哀哉戒涼在律杪秋即夕霜夜流唱曉月升魄八神警引五輅遷迹噭噭儲嗣哀哀列辟灑零玉墀雨泗丹掖撫存悼亡感今懷昔嗚呼哀哉南背國門北首山園僕人案節服馬顧轅遙酸紫蓋眇泣素軒滅綵清都夷體壽原邑野淪藹戎夏悲懽來芳可遞往駕弗援嗚呼哀哉策既奏上自益撫存悼亡感今懷昔八字以致其意焉有司奏謚宣皇后上特詔曰元初后生劭自詳視之馳白太祖此兒形貌異常必破國亡家不可舉便欲殺之太祖狼狽至后殿戶外手撥幔禁之乃止后亡後常有小小靈應沈美人者太宗所幸也嘗以非罪見責應賜死從后昔所住徽音殿前度此殿有五間自后崩後常閉美人至殿前流涕大言曰今日無罪就死先后若有靈當知之殿諸窻戶應聲豁然開職掌遽白太祖太祖驚往視之美人乃得釋大明五年世祖詔曰昔漢道既靈博平燀絕魏國方安嘉憲啓策皆因心所弘酌典沿誥亡外祖親王夫人柔德淑範光啓坤載屬內位闕正攝饋閨庭儀被芳闈聞宣戚里永言感遠思追榮秩宜式傍鴻則敬登徽序乃追贈豫章郡新淦縣平樂鄉君后之所生母也又詔趙蕭臧光祿袁敬公平樂郡君墓先未給塋戶加世數已遠徭嗣衰陵外戚尊屬不宜使墳塋蕪穢可各給蠻戶三以供灑掃后父湛之自有傳

文帝路淑媛諱惠男丹陽建康人也以色貌選入後宮生孝武帝拜爲淑媛年既長無寵常隨世祖出蕃世祖入討元凶淑媛留尋陽上即位遣建平王宏奉迎有司奏曰臣聞歷集周邦徽音允嗣氣淳漢國沙麓發祥昔在上代業隆胙遠未有不敷陰教以闡洪基膺淑慶以載聖哲者也伏惟淑媛柔明內昭徽儀外範合靈初廸祉故能誕鍾叡躬用集大命固靈根於既殞融盛烈乎則庶姬仰燿引訓蕃閫則家邦被德民應惟和神屬惟中興載厚化深聲詠允緝宜式諧舊典恭享極號奉尊號曰皇太后宮曰崇憲太后居顯陽殿上於閨房之內禮敬甚寡有所御幸或留止太后房內故民間諠然咸有醜聲宮掖事秘莫能辨也孝建二年追贈太后父興之散騎常侍興之妻徐氏餘杭縣廣昌鄉君大明四年太后弟子撫軍參軍瓊之上表曰先臣故懷安令道慶賦命乖辰自違明世敢緣衞戍請名之典特乞雲雨微垂灑潤詔付門下有司承旨奏贈給事中瓊之及弟休之茂之並超顯職太后頗豫政事賜與瓊之等財物家累千金居處服器與帝子相侔瓊之宅與太常王僧達並門嘗盛車服衞從造僧達僧達不爲之禮瓊之以訴太后太后大怒告上曰我尚在而人皆陵我家死後乞食矣欲皋僧達上曰瓊之年少自不宜輕造詣王僧達貴公子豈可以此事加皋大明五年太后隨上巡南豫州妃主以下並從廢帝即位號太皇太后太宗踐阼號崇憲太后初太宗少失所生爲太后所攝養世祖盡心祗事而太后撫愛亦篤及上即位供奉禮儀不異舊日有司奏曰夫德敷於內典章必遠化覃于外徽號宜宣伏惟皇太后懿聖自天母儀允著義明八遠道變九圍聖明登御景胙攸改皇太后宜即前號別居外宮詔曰朕備丁艱罰蚤嬰孤苦特蒙崇憲太后聖訓撫育昔在蕃閫常奉藥膳中迫凶威抱懷莫遂今泰運初啓情典獲申方欲親奉晨昏盡歡閨禁不得如所奏尋崩時年五十五遷殯東宮門題曰崇憲宮上又詔曰朕幼集荼蓼夙憑德訓龕越定業實資仁範恩著屯夷有兼常慕夫禮沿情施義循事立可特齊衰三月以申追仰之心謚曰昭皇太后葬世祖陵東南號曰修寧陵先是晉安王子勛未卒巫者謂宜開昭太后陵以爲厭勝修復倉卒不得如禮上性忌慮將來致災泰始四年夏詔有司曰崇憲昭太后修寧陵地大明之世久所考卜前歲遭諸蕃之難禮從權宜奉營倉卒未暇營改而塋隧之所山原卑陋頃年潰壞日有滋甚恒費修整終無永固且詳考地形殊乖相勢朕蚤蒙慈遇情禮兼常思使終始之義載彰幽顯史官可就巖山左右更宅吉地明審龜筮須選令辰式遵舊典以禮搬制令中寓雖寧邊虜未息營就之功務在從簡舉言尋悲情如切割有司奏北彊未緝戎役是務禮之詳略各沿時宜臣等參議修寧陵玄宮補治毀壞權施油殿暫出梓宮事畢即窆於事爲允詔可瓊之爲衡陽內史先后卒廢帝景和中以休之爲黃門侍郎茂之左軍將軍並封開國縣侯邑千戶又追贈興之侍中金紫光祿大夫謚曰孝侯道慶散騎常侍光祿大夫開府儀同三司謚曰敬侯立道慶女爲皇后以休之爲侍中茂之黃門郎太宗廢幼主欲說太后之心乃下令書曰太皇太后蚤亟愛遇沿情即事同於天屬前車騎咨議參軍路休之前丹楊丞路茂之崇憲密戚蚤延榮貴並懷所勲宜殊恒飾休之可黃門侍郎領步兵校尉茂之可中書侍郎太宗未即位故稱令書茂之又遷司徒從事中郎休之桂陽王休範鎮北咨議參軍太宗殺世祖諸子因此陷休之等宥其諸子

孝武文穆王皇后諱憲嫄琅邪臨沂人元嘉二十年拜武陵王妃生廢帝豫章王子尚山陰公主楚玉臨淮康哀公主楚佩皇女楚琇康樂公主修明世祖在蕃后甚有寵上入伐凶逆后留尋陽與太后同還京都立爲皇后大明四年后率六宮躬桑于西郊皇太后觀禮上下詔曰朕卜祥大昕測辰拂羽爰詔六宮親蠶川室皇太后降鑾從御佇蹕觀禮緣蘧既具玄紞方修庶儀發椒闈化動中縣妃主以下可量加班錫廢帝即位尊曰皇太后宮曰永訓其年崩于含章殿時年三十八祔葬景寧陵后父偃字子游晉丞相導玄孫尚書之子也母晉孝武帝女鄱陽公主宋受禪封永成君偃尚高祖第二女吳興長公主諱榮男少歷顯官黃門侍郎祕書監侍中元嘉末爲散騎常侍右衞將軍世祖即位以后父授金紫光祿大夫領義陽王師常侍如故遷右光祿大夫常侍王師如故偃謙虛恭謹不以世事關懷孝建二年卒時年五十四追贈開府儀同三司本官如故謚曰恭公長子藻位至東陽太守尚太祖第六女臨川長公主諱英媛公主性妒而藻別愛左右人吳崇祖前廢帝景和中主讒之於廢帝藻坐下獄死主與王氏離婚泰始初以主適豫章太守庾沖遠未及成禮而沖遠卒宋世諸主莫不嚴妒太宗每疾之湖孰令袁慆妻以妒忌賜死使近臣虞通之撰妒婦記左光祿大夫江湛孫斆當尚世祖女上乃使人爲斆作表讓婚曰伏承詔旨當以臨海公主降嬪榮出望表恩加典外顧審輶蔽伏用憂惶臣寒門頓族人凡質陋閭閻有對本隔天姻如臣素流室貧業寡年近將冠皆已有室荊釵布帬足得成禮每不自解無偶迄茲謀訪莫尋素族弗問自惟門慶屬降公主天恩所覃容及醜末懷憂抱惕慮不獲免徵命所當果膺茲舉雖門泰宗榮於臣非幸仰緣聖貸冒陳愚實自晉氏以來配上王姬者雖累經美冑亟有名才至如王敦懾氣桓溫斂威眞長佯愚以求免子敬炙足以違詔王偃無仲都之質而倮露於北階何瑀闕龍工之姿而投軀於深井謝莊殆自同於矇室殷沖幾不免於彊鉏數人者非無才意而勢屈於崇貴事隔於聞覽吞悲茹氣無所逃訴制勒甚於僕隸防閑過於婢妾往來出入人理之常當賓待客朋友之義而令掃轍息駕無闚門之期廢筵抽席絕接對之理非唯交友離異乃亦兄弟疏闊第令受酒肉之賜制以動靜監子荷錢帛之私節其言笑姆妳爭媚相勸以嚴妮媼競前相諂以急第令必凡庸下才監子皆葭萌愚豎議舉止則未閑是非聽言語則謬於虛實姆妳敢恃耆舊唯贊妒忌尼媼自倡多知務檢口舌其間又有應答問訊卜筮師母乃至殘餘飲食詰辯與誰衣被故敝必責頭領又出入之宜繁省難衷或進不獲前或入不聽出不入則嫌於欲疏求出則疑有別意召必以三晡爲期遣必以日出

為限夕不見晚魄朝不識曙星至於夜步月而弄琴書拱袂而披卷一生之內與此長乖又聲影纔聞則少婢奔迸裾袂向席則老醜叢來左右整刷以疑寵見嫌賓客未冠以少容致斥禮則有列媵象則有貫魚本無嫚嫡之嫌豈有輕婦之誚況今義絕傍私虔恭正匹而每事必言無儀適設辭輒言輕易我又竊聞諸主集聚唯論夫族緩不足為急者法急則可為緩者師更相扇誘本其恒意不可貸借固實常辭或言野敗去或言人笑我雖家曰私理有甚王憲發口所言恒同科律王藻雖復彊佷頗經學涉戲笑之事遂為冤魂褚暖憂憤用致夭絕傷理害義難以具聞夫螽斯之德實致克昌專妒之行有妨繁衍是以尚主之門往往絕嗣駙馬之身通離釁咎以臣凡弱何以克堪必將毀族淪門豈伊身眚前後嬰此其人雖衆然皆患彰遐邇事融天朝故吞言咽理無敢論訴臣幸屬聖明矜照由道弘物以典處親以公臣之鄙懷可得自盡如臣門分世荷殊榮足守前基便預提拂清官顯宦或由才升一叨婚戚咸有恩假是以仰冒非宜披露丹實非唯止陳一己規全身願實乃廣申諸門憂患之切伏願天慈照察特賜蠲停使燕雀微羣得保叢蔚蠢物含生自已彌篤若恩詔難降披請不申便當刑膚剪髮投山竄海太宗以此表徧示諸主於是臨川長公主上表曰妾遭隨奇薄絕於王氏私庭嚚戾致此分異今孤疾煢然假息朝夕情寄所鍾唯在一子契濶荼炭特兼憐愍否泰枯榮繫以為命實願申其門禮還為母子推遷僶俛未及自聞先朝慈愛鑑妾丹衷若賜使息徽歸第定省仰揆天旨或有可尋今事迫誠切不顧典憲敢緣恩燾觸冒披聞特乞還身王族守養弱嗣雖死之日實甘於生許之藻弟懋昇明末貴達懋弟倓太宰從事中郎蚤卒追贈黃門侍郎弟璪昇明末顯宦

前廢帝何皇后諱令婉廬江灊人也孝建三年納為皇太子妃大明五年薨于東宮徽光殿時年十七葬（闕）謚曰獻妃上更為太子置內職二等曰保林曰良娣納南中郎長史太山羊瞻女為良娣宜都太守袁僧惠女為保林廢帝即位追崇獻妃曰獻皇后太宗踐阼遷后與廢帝合葬龍山北后父瑀字稚玉晉尚書左僕射澄曾孫也祖融大司農瑀尚高祖少女豫章康長公主諱欣男公主先適徐喬美容色聰敏有智數太祖世禮待特隆瑀豪競於時與平昌孟靈休東海何勗等並以輿馬驕奢相尚公主與瑀情愛隆密何氏外姻疏戚莫不沾被恩紀瑀歷位清顯至衞將軍大明八年公主薨瑀墓開世祖追贈金紫光祿大夫加散騎常侍子邁尚太祖第十女新蔡公主諱英媚邁少以貴戚居顯宦好犬馬馳逐多聚才力之士有墅在江乘縣界去京師三十里邁每游履輒結駟連騎武士成羣大明末為豫章王子尚撫軍咨議參軍加寧朔將軍南濟陰太守廢帝納公主於後宮僞言薨殯殺一婢送出邁第殯葬行喪禮常疑邁有異圖邁亦招聚同志欲因行幸廢立事覺廢帝自出討邁誅之太宗即位追封建寧縣侯食邑五百戶子曼倩嗣齊受禪國除瑀兄子亮孝建初為桂陽太守丞相南郡王義宣為逆遣參軍王師壽斷桂陽道以防廣州刺史宗慤收亮斬之官至新安內史亮弟恢廢帝元徽初為廣州刺史未之鎮坐國哀募晦不到免官復起為都官尚書未拜卒恢弟誕司徒右長史誕弟衍最知名性躁動太宗初為建安王休仁司徒從事中郎仍除黃門郎未拜竟求轉司徒司馬得司馬復求太子右率拜右率一二日復求侍中旬日之閒求進無已不得侍中以怨詈賜死

文帝沈婕妤諱容不知何許人也納於後宮為美人生明帝拜為婕妤元嘉三十年卒時四十葬建康之莫府山世祖即位追贈湘東國太妃太宗即位有司奏曰昔齒都追遠正邑纍哀緬慕德義敬奉園陵先太妃德履端華徽景明峻風光宸掖訓流國闈鞠聖誕靈丕損鴻祚臣等遠模漢冊近儀晉典謹上尊號為皇太后下禮官議謚謚曰宣太后陵號曰崇寧以太后弟道慶為給事中泰始三年卒追贈通直散騎常侍賜爵縣侯又追贈太后父散騎常侍母王氏成樂鄉君

明恭王皇后諱貞風琅邪臨沂人也元嘉二十五年拜淮陽王妃太宗改封湘東王妃生晉陵長公主伯姒建安長公主伯媛太宗即位立為皇后上常宮內大集而贏婦人觀之以為懽笑后以扇障面獨無所言帝怒曰外舍家寒乞今共為笑樂何獨不視后曰為樂之事其方自多豈有姑姊妹集聚而贏婦人形體以此為樂外舍之為懽適實與此不同帝大怒遣后令起后兄揚州刺史景文以此事語從舅陳郡謝緯曰后在家為儜弱婦人不知今段遂為剛正如此廢帝即位尊為皇太后宮曰弘訓廢帝失德太后每加勗譬始者猶見順從後狂慝轉甚漸不悅元徽五年五月五日太后賜帝玉柄毛扇帝嫌其毛柄不華因此欲加酖害已令太醫煮藥左右人止之曰若行此事官便應作孝子豈復得出入狡獪帝曰汝語大有理乃止順帝即位齊王秉權宗室劉晃劉綽卜伯興等有異志太后頗與相關順帝禪位太后與帝遜于東邸因遷居丹陽宮拜汝陰王太妃順帝殂於丹陽更立第京邑建元元年薨于第時年四十四追加號謚葬以宋后禮父僧朗事別見景文傳

明帝陳貴妃諱妙登丹陽建康人屠家女也世祖常使尉司採訪民間子女有姿色者太妃家在建康縣界家貧有草屋兩三間上出行問尉曰御道邊那得此草屋當由家貧賜錢三萬令起瓦屋尉自送錢與之家人並不在唯太妃在家時年十二三尉見其容質甚美即以白世祖於是迎入宮在路太后房內經二三年再呼不見幸太后因言於上以賜太宗始有寵一年許衰歇以乞李道兒尋又迎還生廢帝故民中皆呼廢帝為李氏子廢帝後每自稱李將軍或自謂李統太宗即位拜貴妃禮秩同皇太子妃廢帝踐阼有司奏曰臣聞河龍啓聖理浹民神郊電基皇慶爍天地故資敬之道粹古銘風沿貴之誼歷代凝則伏惟貴妃含和日曙表淑星樞徽音峻古柔光照世聲華帝掖軌秀天嬪景發皇明祚昌睿命而備物之章未煥彝策遠酌前王允陟鴻典臣等參議謹上尊號曰皇太妃輿服一如晉孝武帝太后故事置家令一人改諸國太妃曰太妃（妃音怡）官曰弘化追贈太妃父金寶散騎常侍金寶妻王氏永世縣成樂鄉君昇明初降為蒼梧王太妃伯父照宗中書通事舍人叔仫念步兵校尉兄敬元通直郎南魯郡太守仫念大通貨賄侵亂朝政昇明初賜死

後廢帝江皇后諱簡珪濟陽考城人北中郎長史智淵孫女泰始五年太宗訪求太子妃而雅信小數名家女多不合后弱小門無彊廕以卜筮最吉故為太子納之諷朝士州郡令獻物多者將直百金始興太守孫奉伯止獻琴書其外無餘物上大怒封藥賜死既而原之太子即帝位立為皇后帝既廢降為蒼梧王妃智淵自有傳

明帝陳昭華諱法容丹陽建康人也太宗晚年痿疾不能內御諸弟姬人有懷孕者輒取以入宮及生男皆殺其母而以與六宮所愛者養之順帝桂陽王休範子也以昭華為母焉明帝崩昭華拜安成王太妃順帝即位進為皇太妃順帝禪位去皇太妃之號

順帝謝皇后諱梵境陳郡陽夏人右光祿大夫莊孫女也昇明二年立為皇后順帝禪位降為汝陰王妃莊自有傳

史臣曰飲食男女民之大欲存焉故聖人順民情而為之度王宮六列士室二等皆司事設防典文曲立若夫義篤閨闈化形邦國古先哲王有以之致治者矣夫后妃專夕配以德升姬嬙並御進非色幸欲使情有覃被愛罔偏流專貞內表妖蠱外息至於降班在四聲珥成行同列者三環珮係響乃可以燮理陰教輔佐君德宋氏藉晉世令典娉納有章俔天作儷必四岳之後雖正位天閫禮亢尊極而衰歷易兆恩宴難留一謝屬車之塵永隔青蒲之地是故元后憤終良有以也自元嘉以降內職稍繁椒庭綺觀千門萬戶而淫蘙怪飾變炫無窮自漢氏昭陽之輪奐魏室九華之照曜曾不能槩其萬一徒以所選止於軍署之內徵引極乎廝皁之間非晉氏採擇濫及冠冕也且愛止帷房權無外授戚屬饒賚歲時不過肴槳斯為美矣及太祖之傾惑潘嫗謀及婦人大明之淪溺殷姬並后匹嫡至使多難起於肌膚并命行於同室又況進於此者乎以斯言之三代二漢之亡於淫嬖非不幸也

宋書卷四十一考證

文帝袁皇后傳八神誓引○誓引顏延之集作警引

孝武文穆王皇后傳自惟門慶屬降公主天恩所覃容及醜末○南史王偃傳屬作屢容作庸

謝莊殆自同於矇室○南史同作害室作叟

數人者非有才意○南史數字上有彼字

一叨婚戚咸有恩假○有南史作成

明恭王皇后傳太宗改封湘東王妃○臣承書按改封下當有又為二字

宋書卷四十二

梁　沈約　撰

列傳第二

劉穆之　王弘

劉穆之字道和小字道民東莞莒人漢齊悼惠王肥後也世居京口少好書傳博覽多通為濟陽江敳所知敳為建武將軍琅邪內史以為府主簿初穆之嘗夢與高祖俱泛海忽值大風驚懼俯視船下見有二白龍夾舫既而至一山峯崿聳秀林樹繁密意甚悅之及高祖克京城問何無忌曰急須一府主簿何由得之無忌曰無

過劉道民高祖曰吾亦識之卽馳信召焉時穆之聞京城有叫譟之聲晨起出陌頭屬與信會穆之視不言者久之旣而反室壞布裳爲絝往見高祖高祖謂之曰我始舉大義方造艱難須一軍吏甚急卿謂誰堪其選穆之曰貴府始建軍吏實須其才倉卒之際當略無見踰者高祖笑曰卿能自屈吾事濟矣卽於坐受署從平京邑高祖始至諸大處分皆倉卒立定竝穆之所建也遂委以腹心之任動止咨焉穆之亦竭節盡誠無所遺隱時晉綱寬弛威禁不行盛族豪右負勢陵縱小民窮蹙自立無所重以司馬元顯政令違舛桓玄科條繁密穆之斟酌時宜隨方矯正不盈旬日風俗頓改遷尚書祠部郞復爲府主簿記室錄事參軍領堂邑太守以平桓玄功封西華縣五等子義熙三年揚州刺史王謐薨高祖次應入輔劉毅等不欲高祖入議以中領軍謝混爲揚州或欲令高祖於丹徒領州以內事付尚書僕射孟昶遣尚書右丞皮沈以二議咨高祖沈先見穆之具說朝議穆之僞起如廁卽密疏白高祖曰皮沈始至其言不可從高祖旣見沈且令出外呼穆之問曰卿云沈言不可從其意何也穆之曰昔晉朝失政非復一日加以桓玄篡奪天命已移公興復皇祚勳高萬古旣有大功便有大位位大勳高非可持久公今日形勢豈得居謙自弱遂爲守藩之將邪劉孟諸公與公俱起布衣共立大義本欲匡主成勳以取富貴耳事有前後故一時推功非爲委體心服宿定臣主之分也力敵勢均終相吞咀揚州根本所係不可假人前者以授王謐事出權道豈是始終大計必宜若此而已哉今若復以他授便應受制於人一失權柄無由可得而公功高勳重不可直置疑畏交加異端互起將來之危難可不熟念今朝議如此宜相酬答必云在我厝辭又難唯應云神州治本宰輔崇要興喪所階宜加詳擇此事旣大非可懸論便暫入朝共盡同異公至京彼必不敢越公更授餘人明矣高祖從其言由是入輔從征廣固還拒盧循常居幕中畫策決斷衆事劉毅等疾穆之見親每從容言其權重高祖愈信仗之穆之外所聞見莫不大小必白雖復閭里言謔塗陌細事皆一二以聞高祖每得民間委密消息以示聰明皆由穆之也又愛好賓遊坐客恒滿布耳目以爲視聽故朝野同異穆之莫不必知雖復親暱短長皆陳奏無隱人或譏之穆之曰以公之明將來會自聞達我蒙公恩義無隱諱此張遼所以告關羽欲叛也高祖舉止施爲穆之皆下節度高祖書素拙穆之曰此雖小事然宜彼四遠願公小復留意高祖旣不能厝意又稟分有在穆之乃曰但縱筆爲大字一字徑尺無嫌大旣足有所包且其名亦美高祖從之一紙不過六七字便滿凡所薦達不進不止常云我雖不及荀令君之舉善然不舉不善穆之與朱齡石竝便尺牘常於高祖坐與齡石答書自旦至中穆之得百函齡石得八十函而穆之應對無廢也轉中軍太尉司馬八年加丹陽尹高祖西討劉毅以諸葛長民監留府總攝後事高祖疑長民難獨任留穆之以輔之加建威將軍置佐吏配給實力長民果有異謀而猶豫不能發乃屛人謂穆之曰悠悠之言皆云太尉與我不平何以至此穆之曰公泝流遠伐而以老母稚子委節下若一毫不盡豈容如此邪意乃小安高祖還長民伏誅十年進穆之前將軍給前軍府年布萬匹錢三百萬十一年高祖西伐司馬休之中軍將軍道憐知留任而事無大小一決穆之遷尚書右僕射領選將軍尹如故十二年高祖北伐留世子爲中軍將軍監太尉留府轉穆之左僕射領監軍中軍二府軍司將尹領選如故甲仗五十人入居東城穆之內總朝政外供軍旅決斷如流事無擁滯賓客輻輳求訴百端內外諮稟盈堦滿室目覽辭訟手答牋書耳行聽受口竝酬應不相參涉皆悉贍舉又數客暱賓言談賞笑引日亘時未嘗倦苦裁有閑暇自手寫書尋覽篇章校定墳籍性奢豪食必方丈旦輒爲十人饌穆之旣好賓客未嘗獨餐每至食時客止十人以還者帳下依常下食以此爲常嘗白高祖曰穆之家本貧賤贍生多闕自叨忝以來雖每存約損而朝夕所須微爲過豐自此以外一毫不以負公十三年疾篤詔遣正直黃門郎問疾十一月卒時年五十八高祖在長安聞問驚慟哀惋者數日本欲頓駕關中經畧趙魏穆之旣卒京邑任虛乃馳還彭城以司馬徐羨之代管留任而朝廷大事常決穆之者竝悉北諮穆之前軍府文武二萬人以三千配羨之建威府餘悉配世子中軍府追贈穆之散騎常侍衞將軍開府儀同三司高祖又表天子曰臣聞崇賢旌善王教所先念功簡勞義深追遠故司勳秉策在勤必書德之休明沒而彌著故尚書左僕射前軍將軍臣穆之爰自布衣協佐義始內端謀猷外勤庶政密勿軍國心力俱盡及登庸朝右尹司京畿翼新王化敷讚百揆頃戎軍遠役居中作扞撫寄之勳實洽朝野方宣讚盛猷緝隆聖世志績未究遠邇悼心皇恩襃述班同三事榮哀兼備寵靈已厚臣伏思尋自義熙草創艱患未弭外虞旣殷內難彌結時屯世故靡歲暫寧豈臣以寡乏負荷國重實賴穆之匡翼之益豈唯讜言嘉謀溢于民聽若乃忠規遠畫潛慮密謨造膝詭辭莫見其際功隱於視聽事隔於皇朝不可稱記所以陳力一紀克遂有成出征入輔幸不辱命微夫人之左右未有寧濟其事者矣履謙居寡守之彌固每議及封賞輒深自抑絕所以勳高當年而未沾茅社撫事永傷胡寧可昧謂宜加贈正司追甄土宇俾大賚所及永秩於善人忠正之烈不泯於身後臣契闊屯泰旋觀始終金蘭之分義深情密是以獻其乃懷布之朝聽於是重贈侍中司徒封南昌縣侯食邑千五百戶高祖受禪思佐命元勳詔曰故侍中司徒南昌侯劉穆之深謀遠猷肇基王跡勳造大業誠實匪躬今理運維新蕃屛竝肇感事懷人實深悽悼可進南康郡公邑三千戶故左將軍青州刺史王鎭惡荆郢之捷尅翦放命北伐之勳參跡方叔念勤維績無忘厥心可進龍陽縣侯增邑千五百戶謚穆之曰文宣公太祖元嘉九年配食高祖廟庭二十五年四月車駕行幸江寧經穆之墓詔曰故侍中司徒南康文宣公穆之秉德佐命翼亮景業謀猷經遠元勳克茂功銘鼎彝義彰典策故已嗣徽前哲宣風後代者矣近因遊踐瞻其塋域九原之想情深悼歎可致祭墓所以申永懷穆之三子長子慮之嗣仕至員外散騎常侍卒子邕嗣先是郡縣爲封國者內史相竝於國主稱臣去任便止至世祖孝建中始革此制爲下官致敬河東王歆之嘗爲南康相素輕邕後歆之與邕俱豫元會竝坐邕性嗜酒謂歆之曰卿昔嘗見臣今不能見勸一盃酒乎歆之因斆孫皓歌答之曰昔爲汝作臣今與汝比肩既不勸汝酒亦不願汝年邕所至嗜食瘡痂以爲味似鰒魚嘗詣孟靈休靈休先患灸瘡瘡痂落牀上因取食之靈休大驚答曰性之所嗜靈休瘡痂未落者悉褫取以飴邕邕既去靈休與何勗書曰劉邕向顧見噉遂舉體流血南康國吏二百許人不問有罪無罪遞互與鞭鞭瘡痂常以給膳卒子彤嗣大明四年坐刀砍妻奪爵土以弟彪紹封齊受禪降爲南康縣侯食邑千戶穆之中子式之字延叔通易好士累遷相國中兵參軍太子中舍人黃門侍郎寧朔將軍宣城淮南二郡太守在任贓貨狼藉揚州刺史王弘遣從事檢校從事呼攝吏民欲加辯覆式之召從事謂曰治所還白使君劉式之於國家粗有微分偷數百萬錢何有況不偷邪吏民及文章之互在從事還具白弘弘曰劉式之辯如此奔亦由此得停還爲太子右率左衞將軍吳郡太守卒追贈征虜將軍從征關洛有功封德陽縣五等侯謚曰恭侯長子敳世祖初黃門侍郎敳弟衍大明末以爲黃門郎出爲豫章內史晉安王子勛稱僞號以爲中護軍事敗伏誅衍弟瑀字茂琳少有才氣爲太祖所知始興王濬爲南徐州以瑀補別駕從事史爲濬所遇瑀性陵物護前不欲人居己上時濬征北府行參軍吳郡顧邁輕薄而有才能濬待之甚厚深言密事皆與參之瑀乃折節事邁深布情款家內婦女閒事言語所不得至者莫不倒寫備說邁以瑀與之款盡深相感信濬所言密事悉以語瑀瑀與邁共進射堂下瑀忽顧左右索單衣幘邁問其所以瑀曰公以家人待卿相與言無所隱而卿於外宣洩致使人無不知我是公吏何得不啓因而白之濬大怒啓太祖徙邁廣州邁在廣州値蕭簡爲亂爲之盡力與簡俱死瑀遷從事中郞領淮南太守元嘉二十九年出爲寧遠將軍益州刺史元凶弑立以爲青州刺史瑀聞問卽起義遣軍并送資實於荆州世祖卽位召爲御史中丞還至江陵値南郡王義宣爲逆瑀陳其不可言甚切至義宣以爲丞相左司馬俱至梁山瑀猶乘其蜀中船舫又有義宣故部曲潛於梁山洲外下投官軍除司徒左長史明年遷御史中丞瑀使氣尚人爲憲司甚得志彈王僧達云廕籍高華人品冗末朝士莫不畏其筆端尋轉右衞將軍瑀願爲侍中不得謂所親曰人仕宦不出當入不入當出安能長居戶限上因求益州世祖知其此意許之孝建三年除輔國將軍益州刺史旣行甚不得意至江陵與顏竣書曰朱修之三世叛兵一旦居荆州青油幕下作謝宣明面目向使齋帥以長刀引吾下席於吾何有政恐匈奴輕漢耳其年坐奪人妻爲妾免官大明元年起爲東陽太守明年遷吳興太守侍中何偃嘗案云參伍時望瑀大怒曰我於時望何參伍之有遂與偃絕及爲吏部尚書意彌憤憤族叔秀之爲丹陽尹瑀又與親故書曰吾家黑面阿秀遂居留安衆處朝廷不爲多士其年疽發背何偃亦發背癰瑀疾已篤聞偃亡懽躍叫呼於是亦卒謚曰剛子子卷南徐州別駕卷弟藏尚書左丞穆之少子貞之中書黃門侍郎太子右衞率寧朔將軍江夏內史卒官子裒始興相以贓貨繫東冶內穆之女適濟陽蔡祐年老貧窮世祖以祐子平南參軍孫爲始安太守

王弘字休元琅邪臨沂人也曾祖導晉丞相祖洽中領軍父珣司徒弘少好學以淸恬知名與尚書僕射謝混

善弱冠爲會稽王司馬道子驃騎參軍主簿時農務頓息末役繁興弘以爲宜建屯田陳之曰近面所諮立屯田事已具簡聖懷南畝事興時不可失宜早督田畯以要歲功而府資單刻控引無所雖復厲以重勸肅以嚴威適足令囹圄充積而無救於事實也伏見南局諸冶募吏數百雖資以廩贍收入甚微愚謂若回以配農必功利百倍矣然軍器所須不可都廢今欲留銅官大冶及都邑小冶各一所重其功課一准揚州州之求取亦當無乏餘者罷之以克東作之要又欲二局田曹各立典軍募吏依冶募比例幷聽取山湖人此皆無損於私有益於公者也其中亦應畸量分判番假及給廩多少自可一以委之本曹親局所統必當練悉且近東曹板水曹參軍納之領此任其人頗有幹能自足了其事耳頃年以來斯務弛廢田蕪廩虛實亦由此弘過蒙飾擢志輸短効豈可相與寢默有懷弗聞邪至於當否尊自當裁以遠鑒若所啓謬允者伏願便以時施行庶歲有務農之勤倉有盈廩之實禮節之興可以垂拱待也道子欲以爲黃門侍郎珣以其年少固辭珣頗好積聚財物布在民間珣甍弘悉燔燒券書一不收責餘舊業悉以委付諸弟未免喪後將軍司馬元顯以爲諮議參軍加寧遠將軍知記室事固辭不就道子復以爲諮議參軍加建威將軍領中兵又固辭時內外多難在喪者皆不終其哀唯弘固執得免桓玄剋京邑收道子付廷尉臣吏畏恐莫敢瞻送弘時尚在喪獨於道側拜攀車涕泣論者稱焉高祖爲鎭軍召補諮議參軍以功封華容縣五等侯遷琅邪王大司馬從事中郎出爲寧遠將軍琅邪內史尚書吏部郎中豫章相盧循寇南康諸郡弘奔尋陽高祖復命爲中軍諮議參軍遷大司馬右長史轉吳國內史義熙十一年徵爲太尉長史轉左長史從北征前鋒已平洛陽而未遣九錫弘銜使還京師諷旨朝廷時劉穆之掌留任而旨反從北來穆之愧懼發病遂卒而高祖還彭城弘領彭城太守宋國初建遷尚書僕射領選太守如故奏彈謝靈運曰臣聞閑厥有家垂訓大易作威專戮致誡周書斯典或違刑茲無赦世子左衞率康樂縣公謝靈運力人桂興淫其嬖妾殺與江涘棄尸洪流事發京畿播聞遐邇宜加重劾肅正朝風案世子左衞率康樂縣公謝靈運過蒙恩獎頻叨榮授聞禮知禁爲日已久而不能防閑闈閫致茲紛穢罔顧憲軌忿殺自由此而勿治典刑將替請以事見免靈運所居官上臺削爵土收付大理治罪御史中丞都亭侯王准之顯居要任邦之司直風聲噂嗒曾不彈舉若知而弗糾則情法斯撓如其不知則尸昧已甚豈可復預班淸階式是國憲請免所居官以侯還散輩中內臺舊體不得用風聲舉彈此事彰赫曝之朝野執憲蔑聞羣司循舊國典旣頹所虧者重臣弘忝承人乏位副朝端若復謹守常科則終莫之糾正所以不敢拱默自同秉彝違舊之愆伏須准裁高祖令曰靈運免官而已餘如奏端右肅正風軌誠副所期豈拘常儀自今爲永制十四年遷監江州豫州之西陽新蔡二郡諸軍事撫軍將軍江州刺史至州省賦簡役百姓安之永初九年加散騎常侍以佐命功封華容縣公食邑二千戶三年入朝進號衞將軍開府儀同三司高祖因晏集謂羣公曰我布衣始望不至此傅亮之徒並撰辭欲盛稱功德弘率爾對曰此所謂天命求之不可得推之不可去時人稱其簡典少帝景平二年徐羨之等謀廢立召弘入朝太祖卽位以定策安社稷進位司空封建安郡公食邑千戶上表固辭曰臣聞趙武稱隨會夫子之家事治言於晉國無隱情臣千載幸會謬荷榮遇雖以智能虛薄政績茂聞而言無隱情竊所庶幾向令天啓其心預定大策而名編司勳功不見紀固將請不賞之罪懸龍蛇之書豈當稽違成命苟修小節但無功勤暴之四海進闕君子勞心之謀退微小人勞力之效而聖朝僭賞於上愚臣苟忝於下則爲厚誣當時永貽口實竊財之誚比此爲輕惟塵盛猷虧玷爲大微躬所惜一朝亦盡非唯仰塵國紀實亦俯畏友朋憂心彌疹胡顏靡託且凡人之交尚申知己況在明主可用理干所以敢遂愚狷守之以死乃見許加使持節侍中改監爲都督進號車騎大將軍開府刺史如故徐羨之等以廢弒之罪將見誅弘旣非首謀弟曇首又爲上所親委事將發密使報弘羨之等誅徵弘爲侍中司徒揚州刺史錄尚書給班劍三十人上西征謝晦弘與驃騎彭城王義康居守入住中書下省引隊仗出入司徒府權置參軍五年春大旱弘引咎遜位曰臣聞三才雖殊其致則一故世道休明五福攸應政有失德咎徵必顯臣抑又聞之台輔之職論道讚契上佐人主燮理陰陽位以德授則和氣淳穆寇竊非據則謫見于天是以陳平有辭不濫主者之局邴吉停駕大懼牛喘之由斯固有國之所同天人之遠旨陛下聖哲御世光隆宜休徵表祥醴泉歘涌而頃陰陽隔幷亢旱成災秋無嚴霜冬無積雪疾厲之氣彌歷四時此豈非任失其人覆餗之咎臣以庸短自畢凡流謬逢嘉運叨恩在昔陛下忘其不腆又重之以今任正位槐鼎統理神州珥貂衣袞總錄朝端內外要重頓萃微躬窮極寵貴人臣莫比令德居之猶或難稱矧伊陋昧何以克任此之易了不俟明識但受命之始屬值時艱六戎親戒憂及社稷誠是臣下致節忘身之時當有何心塵撓聖聽所以僶俛從事循牆馳驅志在宣力慮不及遠旣鯨鯢折首西夏底定便宜諦其本懷避賢謝拙而常人偷安日甘一日實亦仰佩天眷未能自已荏苒推遷忽及三載遂令負乘之釁彰著幽明愆伏之災患纏氓庶上缺皇朝緝熙之美下增官謗覆折之災伏念惶赧五情飛散雖日厚顏何以寧處不遠而復大易攸稱小懲大戒細人之福近復之美非所敢觖懲戒之幸竊懷庶幾今履端惟始朝慶禮畢輒還私門思愆家巷庶徼塞天譴少弭謗讟伏願鑑其所守卽而許之臨啓愧塞不自宣盡先是彭城王義康爲荆州刺史鎭江陵平陸令河南成粲與弘書曰僕聞軌物設教必隨時制宜世代盈虛亦與之消息夫勢之所處非親不居是以周之宗盟異姓爲後權軸之要任歸二南斯前代之明暮當今之顯轍明公位極台鼎四海具瞻劬勞夙夜義同吐握而總錄百揆兼牧畿甸功實盛大莫之與儔天道福謙宜存挹損驃騎彭城王道德昭備上之懿弟宗本歸源所應推先宜出據列藩齊光魯衞明公高枕論道燮理陰陽則天下和平災害不作福慶與大宋升降享年與松喬齊久名垂萬代豈不美歟弘本有退志挾粲言由是固自陳請乃降爲衞將軍開府儀同三司六年弘又上表曰臣聞異姓爲後宗周之明義親不在外有國之所先故魯長滕君春秋所美楚出棄疾前史垂誡矧乃茂親明德道光一時述職侯甸朝政弗及而以庶族庸陋浮華之臣超踰先典居中贊契豈所以憲章古式緝熙治道驃騎將軍臣義康徽猷淵邈明德彌劭敷政江漢化被荆南縉紳屬情想樂當務周旦之寄不謀同詞分陝雖重比此爲輕臣實空闇階恩踰越俯積素餐仰玷盛化公私二三無一而可昔孫叔未進優孟見弦展季在下臧文貽譏況道隆地昵義兼前禮臣於古人無能爲役負乘竊位萬物謂何雖曰厚顏胡寧以處斯亡之懼寔疚其心乞解州錄以允民望伏願陛下遠存至公近鑑丹款俯順朝野改授親賢豈惟下臣獲免大戾凡厥衆隸孰不慶幸若天眷罔己脫復遲回請出臣表遠聞外內朝議輿誦或有可擇詔曰省表遠擬隆周經國之體近述大易畀牧之志三復沖旨良用無然公體道淵虛明識經遠毗翼艱難勳猷光茂俾朕獲辰居垂拱司契委成豈容高遜總錄固辭神州使成務有虧以重朕之不德邪深存禮國所望賓亮驃騎親賢之寄地均旦奭還入內輔參讚機務輒敬從所執義康由是代弘爲司徒與之分錄弘又表曰近冒表聞披陳愚管實冀天鑒體其至誠而奉被還詔未蒙酬察徒塵聖覽仰延優旨顧影慙惶罔識攸厝臣忝荷要重四載于今旣違前史量力之誡又微古人進賢之美尸位固寵日積官謗旋觀周行與愧己後況在親賢朝野歸德甫思引身曷云能補惟塵大典虧喪已多不悟天眷之隆復垂恩獎名器弗改蒙寵如舊感遇自揆茫若無涯臣義康旣總錄百揆毗讚盛化忝厠下風諮憑有所內朝細務庶可免竭神州任重望實兼該臣何人斯寇竊不已爲爾推遷覆敗將及就無人事之愆必有陰陽之患伏念惟憂疹如疾首不知何理可以自安但成旨已決渙汗難反加臣懦劣少無此志進不能抗言陳辭以死自固退不能重璽置冰鮮食爲瘠祇畏天威遂復俛仰至於攝督所部料綜文案曹局吏役所須不多其餘文武皆爲冗長相府初建或有未充請留職僚同事而已自此以外及諸資實一送司徒臣受恩深重休戚是預義無虛飾苟自貶損伏願聖察特垂許順不令誠訴其見抑奪上又詔曰衞軍表如此司徒宜須事力可順公雅懷割二千人配府資儲不煩事送弘博練治體留心庶事斟酌時宜每存優允與八座丞郎疏曰同伍犯法無士人不罪之科然每至詰謫輒有請訴若垂恩宥則法廢不可行依事糾責則物以爲苦怨宜更爲其制使得憂苦之衷也又主守偸五匹常偸四十匹並加大辟議者咸以爲重宜進主偸十匹常偸五十匹死四十匹降以補兵旣得少寬民命亦足以有懲也想各言所懷左丞江奧議士人犯盜贓不及棄市者刑竟自在贓汙淫盜之目淸議終身經赦不原當之者足以塞愆聞之者足以鑒誡若復雷同羣小謫以兵役愚謂爲苦符伍雖比屋鄰居至於士庶之際實自天隔舍藏之罪無以相關奴客與符伍交接有所藏蔽可以得知是以罪及奴客自是客身犯愆非代郞主受罪也如其無奴則不應坐右丞孔默之議君子小人旣雜爲符伍不得不以相檢爲義士庶雖殊而理有聞察譬百司居上所以下不必躬親而後同坐是故犯違之日理自關令罪其養子典計者蓋義存戮僕如此則無奴之室豈得宴安但旣云復士宜令輸贖常盜四十匹主守五匹降死

補兵雖大存寬惠以紓民命然官及二千石及失節士大夫時有犯者罪乃可戮恐不可以補兵也謂此制可施小人士人自還用舊律尚書王准之議昔爲山陰令士人在伍謂之押符同伍有愆得不及坐士人有罪符伍糾之此非士庶殊制實使卽刑當罪耳夫束脩之胄與小人隔絕防檢無方宜及不逞之士事接羣細旣同符伍故使糾之于時行此非唯一處左丞議奴客與鄰伍相關可得檢察符中有犯使及刑坐卽事而求有乖實理有奴客者類多使役東西分散住家者少其有停者左右驅馳動止所須出門甚寡典計者在家十無其一奴客坐伍濫刑必衆恐非立法當罪本旨右丞議士人犯偷不及大辟者宥補兵雖欲弘士懼無以懲邪乘理則君子違之則小人制嚴於上猶冒犯之以其宥科犯者或衆使畏法其心乃所以大宥也且士庶異制意所不同殿中郎謝元議謂宜先治其本然後其末可理本所以探士大夫於符而末所以檢小人邪可使受檢於小人邪士犯坐奴是士庶天隔則士無弘庶之由以不知而押之於伍則是受檢於小人也然則小人有罪士人無事僕隸何罪而令坐之若以實相交關貴其閒察則意有未因何者名實殊章公私異令奴不押符是無名也民乏資財是私賤也以私賤無名之人豫公家有實之任公私混淆名實非允由此而言謂不宜坐還從其主於事爲宜無奴之士不在此例若士人本檢小人則小人有過已應獲罪而無奴則義歸戮僕然則無奴之士未合宴安使之輸贖於事非謬二科所附惟制之本耳此自是辯章二本欲使各從其分至於求之管見宜附前科區別士庶於義爲美盜制按左丞議士人旣終不爲兵革幸可同寬宥之惠不必依舊律於議咸允吏部郎何尚之議按孔右丞議士人坐符伍爲臯有奴臯奴無奴輸贖旣許士庶緬隔則聞察自難不宜以難知之事定以必知之法夫有奴不賢無奴不必不賢令多僮者傲然於王憲無僕者怵迫於時網是爲恩之所霑恒在程卓法之所設必加顏原求之鄙懷竊所未愍謝殿中謂奴不隨主於名分不明誠是有理然奴僕實與閭里相關今都不問恐有所失意同左丞議弘議曰尋律令旣不分別士庶又士人坐同伍罹讁者無處無之多爲時恩所宥故不盡親讁耳吳及義興適有許陸之徒以同符合給二千石論啓丹書已未問會稽士人云十數年前亦有四族坐比被責以時恩獲停而王尚書云人舊無同伍坐所未之解恐蒞任之日偶不値此事故邪聖明御世士人誠不憂至若然要須臨事論通上干天聽爲紛擾不如近爲定科使輕重有節也又尋甲符制蠲士人不傳符耳令使復除亦得如之共相押領有違糾列了無等衰非許士人閭里之外也諸議云士庶緬絕不相參知則士人犯法庶民得不知若庶民不許不知何許士人不知小民自非超然簡獨永絕塵粃者比門接棟小以爲意終自聞知不必須日夕來往也右丞百司之言粗是其況如袁陵士人實與里巷關通相知情狀乃當於冠帶小民今謂之士人便無小人之坐署爲小民輒受士人之罰於情於法不其頗歟且都令不及士流士流爲輕則小人令使徵預其罰便事至相糾閭伍之防亦爲不同謂士人可不受同伍之譴耳罪其奴客庸何傷邪無奴客可令輸贖又或無奴僮爲衆所明者官長二千石便當親臨列上依事遣判偸五匹四十匹謂應見優量者實以小吏無知臨財易昧或由疏慢事蹈重科求之於心常有可愍故欲小進匹數寬其性命耳至於官長以上荷蒙祿榮付以局任當正已明憲檢下防非而親犯科律亂法冒利五匹乃已爲弘矣士人無私相偸四十匹理就使至此致以明罰固其宜耳並何容復加哀矜且此輩士人可殺不可讁有如諸論本意自不在此也近聞之道路聊欲共論不呼乃爾難精旣衆議糾紛將不如其已若呼不應停寢謂宜集議奏聞決之聖旨太祖詔衞軍議爲允弘又上言舊制民年十三半役十六全役當以十三以上能自營私及公故以充役而考之見事猶或未盡體有彊弱不皆稱年且在家自隨力所能堪不容過苦移之公役動有定科循吏隱恤可無其患庸宰守常已有勤劇況値苛政豈可稱言乃有務在豐役增進年齒孤遠貧弱其敝尤深至令依寄無所生死靡告一身之切逃竄求免家人遠計胎孕不育巧避羅憲實亦由之今皇化惟新四方無事役召之應存乎消息十五至十六宜爲半丁十七爲全從之其後弘寢疾弘表屢乞骸骨上輒優詔不許九年進位太保領中書監餘如故其年薨時年五十四卽贈太保中書監給節加羽葆鼓吹增班劒爲六十人侍中錄尚書刺史如故謚曰文昭公配食高祖廟廷其年詔曰乃者三逆熾禍寔繁有徒爰初遵養曁于明罰外虞內慮實維艱難故大保華容縣公弘故衞將軍華故左光祿大夫曇首抱義懷忠乃情同至籌謀廟堂竭盡智力經營艱險簡自朕心國恥旣雪允膺茅土而並執謙挹志不命踰故用佇朝典將有後命盛業不究相係殞落永懷傷歎痛恨無已弘可增封千戶華曇首封開國縣侯食邑各千戶護軍將軍建昌公彥之深誠密謨比踪齊望其復先食邑以酬忠勛又詔間王太保家便已匱乏清約之美同規古人言念始終情增悽歎可賜錢百萬米千斛世祖大明五年車駕遊幸經弘墓下詔曰故侍中中書監太保錄尚書事揚州刺史華容文昭公弘德猷光劭鑒識明遠故散騎常侍左光祿大夫太子詹事豫章文侯曇首夙尚恬素理心貞正並綢繆先眷契闊屯夷內亮王道外流徽譽以國圖令勛民思茂惠朕薄巡都外瞻覽墳塋永言想慨良深于懷便可遣使致祭墓所弘明敏有思致旣以民望所宗造次必存禮法凡動止施爲及書翰儀體後人皆依倣之謂爲王太保家法雖歷任藩翰不營財利薨亡之後家無餘業而輕率少威儀性又褊隘人忤意者輒面加責辱少時嘗摴蒱公城子野舍及後當權有人就弘求縣辭訴頗切此人嘗以蒱戲得罪弘詰之曰君得錢會戲何用祿爲答曰不審公城子野何在弘默然子錫嗣少以宰相子起家爲員外散騎歷清職中書郎太子左衞率江夏內史高自位遇太尉江夏王義恭當朝錫箕踞大坐殆無推敬卒官子僧亮嗣齊受禪降爵爲侯食邑五百戶弘少子僧達別有傳弘弟虞廷尉卿虞子深有美名官至新安太守虞弟抑光祿大夫抑弟孺侍中孺弟曇首別有傳弘從父弟練晉中書令珉子也元嘉中歷顯官侍中度支尚書練子釗世祖大明中亦經清職黃門郎臨海王子頊晉安王子勛征虜前軍長史左民尚書太宗初爲司徒左長史隨司徒建安王休仁出赭圻時居母憂加冠軍將軍忤犯休仁出爲始興相休仁恚之不已太宗乃收付廷尉賜死

史臣曰晉綱弛紊其漸有由孝武守文於上化不下及道子昏德居宗憲章墜矣重之以國寶啓亂加之以元顯嗣虐而祖宗之遺典羣公之舊章莫不葉散冰離掃地盡矣主威不樹臣道專行國典人殊朝綱家異編戶之命竭於豪門王府之蓄變爲私藏由是禍基東妖難結天下蕩蕩然王道不絕者若綖高祖一朝創義事屬橫流改亂章布平道尊主卑臣之義定於馬棰之間威令一施內外從禁以建武永平之風變太元隆安之俗此蓋文宣公之爲也爲一代宗臣配饗淸廟豈徒然哉

宋書卷四十二考證

劉穆之傳穆之視不言者久之○視字上南史有直字先是郡縣爲封國者內史相並於國主稱臣○者內二字諸本並訛若自今據南史改正

吾家黑面阿秀遂居留安衆處○留南史作劉

王弘傳使畏法其心乃所以大宥也○畏法二字似當在其心下

本所以探士大夫於符而末所以檢小人邪可使受檢於小人邪○此三句內必有誤字

宋書卷四十三

梁　沈　約　撰

列傳第三

徐羨之　傅亮　檀道濟

徐羨之字宗文東海郯人也祖寧尚書吏部郎江州刺史未拜卒父祚之上虞令羨之少爲王雅太子少傅主簿劉牢之鎭北功曹尚書祠部郎不拜桓脩撫軍中兵曹參軍與高祖同府深相親結義旗建高祖版爲鎭軍參軍尚書庫部郎領軍司馬與謝混共事混甚知之補琅邪王大司馬參軍司徒左西屬徐州別駕從事史太尉咨議參軍義熙十一年除鷹揚將軍琅邪內史仍爲大司馬從事中郎將如故高祖北伐轉太尉左司馬掌留任以副貳劉穆之初高祖議欲北伐朝士多諫唯羨之默然或問何獨不言羨之曰吾位至二品官爲二千石志願久充今二方已平拓地萬里唯有小羌未定而公寢食不忘意量乖殊何可輕豫劉穆之卒高祖命以羨之爲吏部尚書建威將軍丹陽尹總知留任甲仗二十人出入轉尚書僕射將軍尹如故十四年大司馬府軍人朱興妻周坐息男道扶年三歲先得癇病周因其病發掘地生埋之爲道扶姑女所告正周棄市刑羨之議曰自然之愛虎狼猶仁周之凶忍宜加顯戮臣以爲法律之外故尚弘物之理母之卽刑由子明法爲子之道焉有自容之地雖伏法者當辜而在宥者靡容愚謂可特申之遐裔從之高祖踐阼進號鎭軍將軍加散騎常侍上初卽位思佐命之功詔曰散騎常侍尚書僕射鎭軍將軍丹陽尹徐羨之監江州豫州之西陽新蔡諸軍事撫軍將軍江州刺史華容侯王弘散騎常侍護軍將軍作唐男檀道濟中書令領太子詹事傅亮侍中中領軍謝晦前左將軍江州刺史宜陽侯檀韶使持節雍梁南北秦四州荊州之河北諸軍事後將軍雍州刺史

關中侯趙倫之使持節督北徐兗青三州諸軍事征虜將軍北徐州刺史南城男劉懷慎散騎常侍領太子左衞率新淦侯王仲德前冠軍將軍北青州刺史安南男向彌左衞將軍濟陽男劉粹使持節南蠻校尉佷山子到彥之西中郎司馬南郡宜陽侯張劭參西中郎將軍事建威將軍河東太守資中侯沈林子等或忠規遠謀扶讚洪業或肆勤樹績弘濟艱難經始圖終勳烈惟茂竝宜與國同休饗兹大賚羨之可封南昌縣公弘可華容縣公道濟可改封永修縣公亮可建城縣公晦可武昌縣公食邑各二千戶懿可更增邑二千五百戶仲德可增邑二千二百戶懷慎彥之各進爵爲侯粹改封建安縣侯竝增邑爲千戶倫之可封霄城縣侯食邑千戶劭可封臨沮縣伯林子可封漢壽縣伯食邑六百戶開國之制率遵舊章羨之遷尚書令揚州刺史加散騎常侍進位司空錄尚書事常侍刺史如故羨之起自布衣又無術學直以志力局度一旦居廊廟朝野推服咸謂有宰臣之望沈密寡言不以憂喜見色頗工奕棊觀戲常若未解當世倍以此推之傅亮蔡廓常言徐公曉萬事安異同高祖不豫加班劍三十人宮車晏駕與中書令傅亮領軍將軍謝晦鎮北將軍檀道濟同被顧命少帝詔曰平理獄訟政道所先朕哀荒在疚未堪親覽司空尚書令可率衆官月一決獄帝後失德羨之等將謀廢立而廬陵王義眞輕動多過不任四海乃先廢義眞然後廢帝時謝晦爲領軍以府舍內屋敗應治悉移家人出宅聚將士於府內鎮北將軍南兗州刺史檀道濟先朝舊將威服殿省且有兵衆召使入朝告之以謀事將發道濟入宿領軍府中書舍人邢安泰潘盛爲內應其日守關道濟領兵居前羨之等繼其後由東掖門雲龍門入宿衞先受處分莫有動者先是帝於華林園爲列肆親自酤賣又開瀆聚土以像破岡率左右唱呼引船爲樂是夕寢於龍舟在天淵池兵士進殺二人又傷帝指扶帝出東閣收璽綬羣臣拜辭衞送故太子宮遷於吳郡侍中程道惠勸立第五皇弟義恭羨之不許遣使殺義眞於新安殺帝於吳縣時爲帝築宮未成權居金昌亭帝突走出昌門追者以門關擊之倒地然後加害太祖卽阼進羨之司徒餘如故改封南平郡公食邑四千戶固讓加封有司奏車駕依舊臨華林園聽訟詔曰政刑多所未悉可如先二公推訊元嘉二年羨之與左光祿大夫傅亮上表歸政曰臣聞元首司契運樞成務臣道代終事盡宣翼冕旒之道理絕於上皇拱己之事不行於中古故高宗不言以三齡爲斷冢宰聽政以再朞爲節百王以降罔或不然陛下聖德紹興負荷洪業億兆顒顒思陶盛化而聖旨謙挹委成羣司自大禮告終鑽燧三改大明佇照遠邇傾屬臣等雖率誠屢聞未能仰感敢藉品物之情謹因蒼生之志伏願陛下遠存周文日昃之道近思皇室締構之艱時攬萬機躬親朝政廣闢四聰博詢庶業則雍熙可臻有生幸甚上未許羨之等重奏曰近寫下情言爲心罄奉被還詔鑒許未回豈惟愚臣秉心有在詢之朝野人無異議何者形風四方寔繫王德一國之事本之一人雖世代不同時殊風異至於主運臣贊古今一揆未有渾心委任而休明可期此之非宜布自遐邇臣等荷遇二世休感以均情爲國至豈容順默重披丹心冒昧以請上猶辭羨之等又固陳曰比表披陳辭誠俱盡詔旨沖遠未垂聽納三復屏營伏增憂歎臣聞克隆先構幹蠱之盛業昧旦丕顯帝王之高義自皇宋創運英聖有造殷憂未闕艱患仍纏賴天命有底聖明承業時屯國故猶在民心太山之安未易可保昏明隆替繫在聖躬斯誠周詩夙興之辰殷王待旦之日豈得無爲拱己復玄古之風逡巡虛挹徇匹夫之事伏願以宗廟爲重百姓爲心弘大業以嗣先軌隆聖道以增前烈愚瞽所獻情盡於此上乃許之羨之仍遜位退還私第兄子佩之及侍中程道惠吳興太守王韶之等竝謂非宜敦勸甚苦復奉詔攝任三年正月詔曰民生於三事之如一愛敬同極豈惟名教況乃施侔造物義在加隆者乎徐羨之傅亮謝晦皆因緣之才荷恩在昔擢自無聞超居要重卵翼而長未足以譬永初之季天禍橫流大明傾曜四海遏密實受顧託任同負圖而不能竭其股肱盡其心力送往無復言之節事居闕忠貞之効將順靡記匡救蔑聞懷寵取容順成失德雖末因懼禍以建大策而逞其悖心不畏不義播遷之始謀肆酖毒至止未幾顯行怨殺窮凶極虐荼酷備加顚沛皂隸之手告盡逆旅之館都鄙哀愕行路飲涕故廬陵王英秀明遠徽風夙播魯衞之寄朝野屬情羨之等暴蔑求專忌賢畏逼造構貝錦成此無端罔主蒙上橫加流屏矯誣朝旨致兹禍害寄以國命而翦爲仇讎旬月之間再肆酖毒痛感三靈怨結人鬼自書契以來棄常安忍反易天明未有如斯之甚者也昔子家從弑鄭人致討宋肥無辜蕩澤爲戮況逆亂倍於往釁情痛深於國家此而可容孰不可忍卽宜誅殛告謝存亡而于時大事甫爾異同紛結匡國之勳實著莫大之罪未彰是以遠酌民心近聽輿訟雖欲討亂慮或難圖故忍戚含哀懷恥累載每念人生實難情事未展何嘗不顧影慟心伏枕泣血今逆臣之釁彰暴遐邇君子悲情義徒思奮家讎國恥可得而雪便命司寇肅明典刑晦據有上流或不卽罪朕當親率六師爲其過防可遣中領軍到彥之卽日電發征北將軍檀道濟絡驛繼路符衞軍府州以時收翦已命征虜將軍劉粹斷其走伏罪止元凶餘無所問感惟永往心情崩絕氛霧既祛庶幾治道爾且詔召羨之行至西明門外時謝晦弟皭（子肖反）爲黃門郎正直報亮云殿內有異處分亮馳報羨之羨之回還西州乘內人問訊車出郭步走至新林入陶竈中自刎死時年六十三羨之初不應召上遣中領軍到彥之右衞將軍王華追討羨之死野人以告載尸付廷尉子喬之尚高祖第六女富陽公主官至竟陵王文學喬之及弟乞奴從誅初羨之年少時嘗有一人來謂之曰我是汝祖羨之因起拜之此人曰汝有貴相而有大厄可以錢二十八文埋宅四角可以免災過此可位極人臣後羨之隨親之縣住在縣內嘗暫出而賊自後破縣縣內人無免者雞犬亦盡唯羨之在外獲全隨從兄履之爲臨海樂安縣嘗行經山中見黑龍長丈餘頭有角前兩足皆具無後足曳尾而行及拜司空守關將入彗星晨見危南又當拜時雙鶴集太極東鴟尾鳴喚兄子佩之輕薄好利高祖以其姻戚累加寵任爲丹陽尹吳郡太守景平初以羨之秉權頗豫政事與王韶之程道惠中書舍人邢安泰潘盛相結黨與時謝晦久病連灸不堪見客佩之等疑其託疾有異圖與韶之道惠同載詣傅亮稱羨之意欲令亮作詔誅之亮答以爲己等三人同受顧命豈可相殘戮若諸君果行此事便當角巾步出掖門耳佩之等乃止羨之既誅太祖特宥佩之免官而已其年冬佩之又結殿中監茅亨謀反并告前寧州刺史應襲以亨爲兗州襲爲豫州亨密以聞襲亦告司徒王弘佩之聚黨百餘人殺牛犒賜條牒時人竝相署置期明年正會於殿中作亂未及數日收斬之

傅亮字季友北地靈州人也祖咸司隸校尉父瑗以學業知名位至安成太守瑗與郗超善超嘗造瑗瑗見其二子迪及亮亮年四五歲超令人解亮衣使左右持去初無吝色超謂瑗曰卿小兒才名位宦當遠踰於兄然保家傳祚終在大者迪字長猷亦儒學官至五兵尚書永初二年卒追贈太常亮博涉經史尤善文詞初爲建威參軍桓謙中軍行參軍桓玄篡位聞其博學有文采選爲秘書郎欲令整正秘閣未及拜而玄敗義旗初丹陽尹孟昶以爲建威參軍義熙元年除員外散騎侍郎直西省典掌詔命轉領軍長史以中書郎滕演代之亮未拜遭母憂服闋爲劉毅撫軍記室參軍又補領軍司馬七年遷散騎侍郎復代演直西省仍轉中書黃門侍郎直西省如故高祖以其久直勤勞欲以爲東陽郡先以語迪迪大喜告亮亮不答卽馳見高祖曰伏聞恩旨賜擬東陽家貧忝祿私計爲幸但憑廕之願實結本心乞歸天宇不樂外出高祖笑曰謂卿之須祿耳若能如此甚協所望會西討司馬休之以爲太尉從事中郎掌記室以太尉參軍羊徽爲中書郎代直西省亮從征關洛還至彭城宋國初建令書除侍中領世子中庶子從中書令領中庶子如故從還壽陽高祖有受禪意而難於發言乃集朝臣燕飲從容言曰桓玄暴篡鼎命已移我首唱大義復興皇室南征北伐平定四海功成業著遂荷九錫今年將衰暮崇極如此物戒盛滿非可久安今欲奉還爵位歸老京師羣臣唯盛稱功德莫曉此意日晚坐散亮還外乃悟旨而宮門已閉亮於是叩扉請見高祖卽開門見之亮入便曰臣暫宜還都高祖達解此意無復他言直云須幾人自送亮曰須數十人便足於是卽便奉辭亮卽出已夜見長星竟天亮拊髀曰我常不信天文今始驗矣至都卽徵高祖入輔永初元年遷太子詹事中書令如故以佐命功封建城縣公食邑二千戶入直中書省專典詔命以亮任總國權聽於省見客神虎門外每旦車常數百兩高祖登庸之始文筆皆是記室參軍滕演北征廣固悉委長史王誕自此後至于受命表策文誥皆亮辭也演字彥將南陽西鄂人官至黃門郎祕書監義熙八年卒二年亮轉尚書僕射中書令詹事如故明年高祖不豫與徐羨之謝晦竝受顧命給班劍二十人少帝卽位進爲中書監尚書令景平二年領護軍將軍少帝廢亮率行臺至江陵奉迎太祖既至立行門於江陵城南題曰大司馬門率行臺百僚詣門拜表威儀禮容甚盛太祖將下引見亮哭慟甚哀動左右既而問義眞及少帝薨廢本末悲號嗚咽侍側者莫能仰視亮流汗沾背不能答於是布腹心於到彥之王華等深自結納太祖登阼加散騎常侍左光祿大夫開府儀同三司本官悉如故司空府文武卽爲左光祿府又進爵始興郡公食邑四千戶固讓進封元嘉三年太祖欲誅亮先呼入見省內密有報之者亮辭以

嫂病篤求暫還家遣信報徐羨之因乘車出郭門騎馬奔趨迺墓屯騎校尉郭泓收付廷尉伏誅時年五十三初至廣莫門上遣中書舍人以詔書示亮并謂曰以公江陵之誠當使諸子無恙初亮見世路屯險著論名曰演慎曰大道有言慎終如始則無敗事矣易曰括囊無咎愼不害也又曰藉之用茅何咎之有愼之至也文王小心大雅詠其多福仲由好勇馮河貽其苦箴虞書著愼身之譽周廟銘陛坐之側因斯以談所以保身全德其莫尚於愼乎夫四道好謙三材忌滿祥萃虛室鬼瞰高屋豐屋有蔀家之災鼎食無百年之貴然而徇欲厚生者忽而不戒知進忘退者曾莫之懲前車已摧後鑾不息乘危以庶安行險而徼幸於是有顛墜覆亡之禍殘生天命之釁其故何哉流溺忘反而以身輕於物也故昔之君子同名爵於香餌故傾危不及思憂患而豫防則鍼石無用洪流壅於涓涓合拱挫於纖蘖介焉是式色斯而舉悟高鳥以風逝鑑醴酒而投紱夫豈敝著而後謀通患結而後思復云爾而已哉故詩曰愼爾侯度用戒不虞言防萌也夫單以營內喪表張以治外失中齊泰有守一之敗偏恃無兼濟之功冰炭滌於胷心巖牆絕於四體夫然故形神偕全表裏寧一營魄內澄百骸外固邪氣不能襲憂患不能及然可以語至而言極矣夫以嵇子之抗心希古絕羈獨放五難之根既拔立生之道無累人患殆乎盡矣徒以忽防於鍾呂肆言於禹湯禍機發於豪端逸翮鎩於衆舉觀夫貽書良友則匹厚味於甘酖闕八字 其懼患也若無轡而乘奔其愼禍也猶履冰而臨谷或振褐高樓揭竿獨往或保約違豐安于卑位故漆園外楚忌在龜犧商洛遐遁畏此駟馬平仲辭邑殷鑒於崔慶張臨挹滿灼戒乎桑霍若君子覽茲二塗則賢鄙之分既明全喪之實又顯非知之難慎之惟難慎也者言行之樞管乎夫據圖揮刃愚夫弗爲臨淵登峭莫不惴慄何則害交故慮篤患切而懼深故詩曰不敢暴虎不敢馮河愼微之謂也故庖子涉族怵然爲戒差之一毫弊猶如此況乎觸害犯機自投死地禍福之具內充外斥陵九折於邛僰泛衝波於呂梁傾側成於俄頃性命哀而莫救嗚呼嗚呼故語有之曰誠能慎之禍之根也曰是何傷禍之門爾言愼而已矣亮布衣儒生僥幸際會既居宰輔兼總重權少帝失德內懷憂懼作感物賦以寄意焉其辭曰余以暮秋之月述職內禁夜清務隟遊目藝苑于時風霜初戒蟄類尚繁飛蛾翔羽翩翾滿室赴軒幌集明燭者必以燋滅爲度雖則微物矜懷者久之退感莊生異鵲之事與彼同迷而忘反鑒之道此先師所以鄙智及齊客所以難日論也悵然有懷感物興思遂賦之云爾在西成之暮晷肅皇命於禁中聆蜻蛚於前廡鑒朗月於房櫳風蕭瑟以陵幌霜皚皚而被墉怜鳴蜩之應節惜落景之懷東嗟勞人之萃感何夕永而慮充眇今古以遐念若循環之無終詠倚相之遺矩希董生之方融鑽光燈而散袠溫聖哲之遺蹤墳素杳以難暨九流紛其異封領三百於無邪貫五千於有宗考舊聞於前史訪心跡於汙隆豈夷阻之在運將全喪之由躬遊翰林之彪炳嘉美手於良工辭存麗而去穢旨既雅而能通雖源流之深浩且揚推而發蒙習習飛蚋飄飄纖蠅緣幌求隙望爛思陵靡蘭膏而無悔赴朗燭而未懲瞻前軌之既覆忘改轍於後乘匪微物之足悼悵永念而捬膺彼人道之爲貴參二儀而比靈稟清曠以授氣修緣督而爲經照安危於心術鏡纖兆於未形有徇末而捨本或耽欲而忘生碎隨侯於微爵捐所重而要輕矧昆蟲之所昧在智士之猶嬰悟雕陵於莊氏幾鑒濁而迷清仰前修之懿軌知吾跡之未幷雖宋元之外占曷在予之克明豈知反之徒爾喟投翰以增情初奉迎大駕道路賦詩三首其一篇有悔懼之辭曰夙櫂發皇邑有人祖我舟餞離不以幣贈言重琳球知止道攸貴懷祿義所尤四牡倦長路君轡可以收張邴結晨軌疎董頓夕輈東隅誠已謝西景逝不留性命安可圖懷此作前修敷衽銘篤誨引帶佩嘉謀迷寵非予志厚德良未訓撫躬愧疲朽三省慙爵浮重明照蓬艾萬品同率由忠諮豈假知式微發直謳亮自知傾覆求退無由又作辛有穆生董仲道讚稱其見微之美長子演祕書郎先亮卒演弟悝湛逃亡湛弟都徙建安郡世祖孝建之中竝還京師

檀道濟高平金鄉人左將軍韶少弟也少孤居喪備禮奉姊事兄以和謹致稱高祖創義道濟從入京城參高祖建武軍事轉征西討平魯山禽桓振除輔國參軍南陽太守以建義勳封吳興縣五等侯盧循寇逆羣盜互起郭寄生等聚作亂以道濟爲揚武將軍天門太守討平之又從劉道規討桓謙荀林等率厲文武身先士卒所向摧破及徐道覆來逼道規親出拒戰道濟戰功居多遷安遠護軍武陵內史復爲太尉參軍拜中書侍郎轉寧朔將軍參太尉軍事以前後功封作唐縣男食邑四百戶補太尉主簿諮議參軍豫章公世子爲征虜將軍鎭京口道濟爲司馬臨淮太守又爲世子西中郎司馬梁國內史復爲世子征虜將軍司馬加冠軍將軍義熙十二年高祖北伐以道濟爲前鋒出淮肥所至諸城戍望風降服進剋許昌獲僞寧朔將軍潁川太守姚坦及大將楊業至成皐僞兗州刺史韋華降逕進洛陽僞平南將軍陳留公姚洸歸順凡拔城破壘俘四千餘人議者謂應悉戮以爲京觀道濟曰伐罪弔民正在今日皆釋而遣之於是戎夷感悅相率歸之者甚衆進據潼關與諸軍共破姚紹長安既平以爲征虜將軍琅邪內史世子當鎭江陵復以道濟爲西中郎司馬持節南蠻校尉又加征虜將軍遷宋國侍中領世子中庶子兗州大中正高祖受命轉護軍加散騎常侍領石頭戍事聽直入殿省以佐命功改封永修縣公食邑二千戶徙爲丹陽尹護軍如故高祖不豫給班劍二十人出監南徐兗之江北淮南諸郡軍事鎭北將軍南兗州刺史景平元年虜圍青州刺史竺夔於東陽城夔告急加道濟使持節監征討諸軍事與王仲德救東陽未及至虜燒營焚攻具遁走將追之城內無食乃開窖取久穀窖深數丈出穀作米已經再宿虜去已遠不復可追乃止還鎭廣陵徐羨之將廢廬陵王義眞以告道濟道濟意不同屢陳不可不見納羨之等謀欲廢立諷道濟入朝既至以謀告之將廢之夜道濟入領軍府就謝晦宿晦其夕竦動不得眠道濟就寢便熟晦以此服之太祖未至道濟入守朝堂上卽位進號征北將軍加散騎常侍給鼓吹一部進封武陵郡公食邑四千戶固辭進封又增督青州徐州之淮陽下邳琅邪東莞五郡諸軍事及討謝晦道濟率軍繼到彥之彥之戰敗退保隱圻會道濟至晦本謂道濟與羨之等同誅忽聞來上人情兇懼遂不戰自潰事平遷都督江州之江夏豫州之西陽新蔡晉熙四郡諸軍事征南大將軍開府儀同三司江州刺史持節常侍如故增封千戶元嘉八年到彥之伐索虜已平河南尋復失之金墉虎牢竝沒虜逼滑臺加道濟都督征討諸軍事率衆北討軍至東平壽張縣值虜安平公乙旃眷道濟率寧朔將軍王仲德驍騎將軍段宏奮擊大破之轉戰至高梁亭虜寧南將軍濟州刺史壽昌公悉頰庫結前後邀戰道濟分遣段宏及臺隊主沈虔之等奇兵擊之卽斬悉頰庫結道濟進至濟上連戰二十餘日前後數十交虜衆盛遂陷滑臺道濟於歷城全軍而反進位司空持節常侍都督刺史竝如故還鎭尋陽道濟立功前朝威名甚重左右腹心竝經百戰諸子又有才氣朝廷疑畏之太祖寢疾累年屢經危殆彭城王義康慮宮車晏駕道濟不可復制十二年上疾篤會索虜爲邊寇召道濟入朝既至上間十三年春將遣道濟還鎭已下船矣會上疾動召入祖道收付廷尉詔曰檀道濟階緣時幸荷恩在昔寵靈優渥莫與爲比曾不感佩殊遇思答萬分乃空懷疑貳履霜日久元嘉以來猜阻滋結不義不暱之心附下罔上之事固已暴之民聽彰於遐邇謝靈運志凶辭醜不臣顯著納受邪說每相容隱又潛散金貨招誘剽猾逋逃必至實繁彌廣日夜伺隙希冀非望鎭軍將軍仲德往年入朝屢陳此迹朕以其位居台鉉豫班河岳彌縫容養庶或能革而長惡不悛凶慝遂遘因朕寢疾規肆禍心前南蠻行參軍龐延祖具悉奸狀密以啓聞夫君親無將刑茲罔赦況罪釁深重若斯之甚便可收付廷尉肅正刑書事止元惡餘無所問於是收道濟及其子給事黃門侍郞植司徒從事中郞粲太子舍人隰征北主簿承伯祕書郞遵等八人竝於廷尉伏誅又收司空參軍薛彤付建康伏法又遣尚書庫部郞顧仲文建武將軍茅亭至尋陽收道濟子夷邕演及司空參軍高進之誅之薛彤進之竝道濟腹心有勇力時以比張飛關羽初道濟見收脫幘投地曰乃復壞汝萬里之長城邕子孺乃被宥世祖世爲奉朝請

史臣曰夫彈冠出里結組登朝道申於夷路運艱於險轍是以古人裴回於出處交戰乎臨岐若其任重於身恩結自主雖復據鼎承劍悠然不以存歿爲懷當二公受言西殿跪承顧託若使死而可再固以赴蹈爲期也及逢權定之期當震主之地甫欲攘抑後禍禦蔽身災使桐宮有卒迫之痛淮王非中霧之疾若以社稷爲存亡則義異於此但彭城無燕刺之釁而有楚英之戮若使一昆延歷亦未知定終所在也謝晦言不以賊遺君父豈徒言哉

宋書卷四十三考證

徐羨之傳羨之等重奏曰近寫下情○近下一本有陳字

時謝晦弟嚼爲黃門郞○門下一本有侍字

傅亮傳霜皚皚而被墉○皚皚諸本俱訛溰溰今據傅亮集改正

詠倚相之遺矩○矩監本訛短今據傅亮集改正

宋書卷四十四

梁　沈　約　撰

列傳第四

謝晦

謝晦字宣明陳郡陽夏人也祖朗東陽太守父重會稽王道子驃騎長史兄絢高祖鎮軍長史蚤卒晦初為孟昶建威府中兵參軍昶死高祖問劉穆之孟昶參佐誰堪入我府穆之舉晦即命為太尉參軍高祖嘗訊囚其旦刑獄參軍有疾札晦代之於車中一鑒訊牒催促便下相府多事獄繫殷積晦隨問酬辯曾無違謬高祖奇之即日署刑獄賊曹轉豫州治中從事義熙八年土斷僑流郡縣使晦分判揚豫民戶以平允見稱入為太尉主簿從征司馬休之時徐逵之戰敗見殺高祖怒將自被甲登岸諸將諫不從怒愈甚晦前抱持高祖高祖曰我斬卿晦曰天下可無晦不可無公晦死何有會胡藩已得登岸賊退走乃止晦美風姿善言笑眉目分明鬢髮如點漆涉獵文義朗贍多通高祖深加愛賞羣僚莫及從征關洛內外要任悉委之劉穆之遣使陳事晦往往措異同穆之怒曰公復有還時不高祖欲以為從事中郎以訪穆之堅執不與終穆之世不遷穆之喪問至高祖哭之甚慟晦時正直喜甚自入閤內參審穆之死問其日教出轉晦從事中郎宋臺初建為右衞將軍尋加侍中高祖受命於石頭登壇備法駕入宮晦領游軍為警備遷中領軍侍中如故以佐命功封武昌縣公食邑二千戶二年坐行璽封鎮西司馬南郡太守王華大封而誤封北海太守球版免晦侍中尋轉領軍將軍散騎常侍依晉中軍羊祜故事入直殿省總統宿衞三月高祖不豫給班劍二十人與徐羨之傅亮檀道濟並侍醫藥少帝即位加領中書令與羨之亮共輔朝政少帝既廢司空徐羨之錄詔命以晦行都督荊湘雍益寧南北秦七州諸軍事撫軍將軍領護南蠻校尉荊州刺史欲令居外為援慮太祖至或用別人故遽有此授精兵舊將悉以配之器仗軍資甚盛太祖即位加使持節依本位除授晦慮不得去甚憂惶及發新亭顧望石頭城喜曰今得脫矣尋進號衞將軍加散騎常侍進封建平郡公食邑四千戶固讓進封又給鼓吹一部初為荊州甚有自矜之色將之鎮詣從叔光祿大夫澹別澹問晦年晦答曰三十三澹笑曰昔荀中郎年二十七為北府都督卿比之已為老矣晦有愧色至江陵深結侍中王華冀以免禍二女當配彭城王義康新野侯義賓元嘉二年遣妻曹及長子世休送女還京邑先是景平中索虜為寇覆沒河南至是上欲誅羨之等并討晦聲言北伐又言拜景陵治裝舟艦傅亮與晦書曰薄伐河朔事猶未已朝野之慮憂懼者多又言朝士多諫北征上當遣外監萬幼宗往相諮訪時朝廷處分異常其謀頗泄三年正月晦弟黃門侍郎皭馳使告晦晦猶謂不然呼諮議參軍何承天示以亮書曰計幼宗一二日必至傅公慮我好事故先遣此書承天曰外間所聞咸謂西討已定幼宗豈有上理晦尚謂虛妄使承天豫立答詔啟草伐虜宜須明年江夏內史程道惠得尋陽人書言朝廷將有大處分其事已審使其輔國府中兵參軍樂冏封以示晦晦又謂承天曰幼宗尚未至若復二三日無消息便是不復來邪承天答曰詔使本無來理如程所說其事已判豈容復疑晦欲焚南蠻兵籍率見力決戰士人多勸發兵乃立幡戒嚴謂司馬庾登之曰今當自下欲屈卿以三千人守城備禦劉粹登之曰下官親老在都又素無旅情計二三不敢受此旨晦仍問諸佐戰士三千足守城不南蠻司馬周超對曰非徒守城而已若有外寇可以立勳登之乃曰超必能辦下官請解司馬南郡以授即於坐命超為司馬建威將軍南義陽太守轉登之為長史南郡如故太祖誅羨之等及晦子新除祕書郎世休收皭皭子世平兄子著作佐郎紹等樂冏又遣使告晦徐傅二公及皭等並已誅晦先舉羨之亮哀次發子弟凶問既而自出射堂配衣軍旅數從高祖征討備覩經略至是指揮處分莫不曲盡其宜二三日中四遠投集得精兵三萬人乃奉表曰臣階緣幸會蒙武皇帝殊常之眷外聞政事內謀帷幄經綸夷險毗贊王業預佐命之勳膺河山之賞及先帝不豫導揚末命臣與故司徒臣羨之左光祿大夫臣亮征北將軍臣道濟等並升御牀跪受遺詔載貽話言託以後事臣雖凡淺感恩自厲送往事居誠貫幽顯逮營陽失德自絕宗廟朝野岌岌憂及禍難忠謀協契徇國忘己援登聖朝惟新皇祚陛下馳傳乘流曾不惟疑臨朝殷勤增崇封爵此則臣等赤心已亮於天鑒遠近萬邦咸達於聖旨若臣等志欲專權不顧國典便當協翼幼主孤背天日豈復虛館七旬仰望鸞旗者哉故廬陵王於營陽之世屢被猜嫌積怨犯上自貽非命天祚明德屬當昌運不有所廢將何以興成人之美春秋之高義立帝清館臣節之所司耿弇不以賊遺君父臣亦何負於宋室邪況釁結閨牆禍成畏逼天下耳目豈伊可誣臣忝居蕃任乃誠匪懈為政小大必先啟聞糾剔羣蠻清夷境內分留弟姪並侍殿省陛下聿遵先志申以婚姻童稚之目猥荷齒召薦女遷子合門相送事君之道義盡於斯臣羨之總錄百揆翼亮三世年耆乞退屢抗表疏優旨綢繆未垂順許臣亮管司喉舌恪虔夙夜恭謹一心守死善道此皆皇宋之宗臣社稷之鎮衞而讒人傾覆妄生國釁天威震怒加以極刑并及臣門同被孥戮雖未知臣道濟問推理即事不容獨存先帝顧託元臣翼命之佐勠於佞邪之手忠貞匪躬之輔不免夷滅之誅陛下春秋方富始覽萬機民之情偽未能鑒悉王弘兄弟輕躁昧進王華猜忌忍害規弄威權先除執政以逞其欲天下之人知與不知孰不為之痛心憤怨者哉臣等見任先帝垂二十載小心謹慎無纖介之愆伏事南藩而嬰若斯之罪若非先帝謬於知人則為陛下未察愚款臣去歲末使反得朝士及殿省諸將書並言嫌隙已成必有今日之事臣推誠仰期罔有二心不圖姦回潛遘理順難恃忠賢隕朝愚臣見襲到彥之蕭欣等在近路昔白公稱亂諸梁嬰胄惡人在朝趙鞅入伐臣義均休戚任居分陝豈可顛而不扶以負先帝遺旨輒率將士繕治舟甲須其自送投袂撲討若天祚大宋卜世靈長義師克振中流清蕩便當浮舟東下戮此三豎申理冤恥謝罪闕庭雖伏鑕赴鑊無恨於心伏願陛下遠尋永初託付之旨近存元嘉奉戴之誠則微臣丹款猶有可察臨表哽慨言不自盡太祖時已戒嚴諸軍相次進路尚書符荊州曰禍福無門逆順有數天道微於影響人事鑒於前圖未有蹈義而福不延從惡而禍不至也故智計之士審敗以立功守正之臣臨難以全節徐羨之傅亮謝晦安忍鴆殺獲罪於天名教所極政刑所取已遠暴四海宣於聖詔羨之父子亮及晦息電斷之初並即大憲復王室之讎攄義夫之憤國典澄明人神感悅三姓同罪既擒其二晦之室屬縲仆獄戶荷幽明所怨孤根易拔以順討逆雖厚必崩然歸死難圖獸困則噬是以爰整其旅用為過防京師之眾天下雲集士練兵精大號饗震使持節中領軍佷山縣開國侯到彥之率羽林選士果勁二萬雲旂首路組甲曜川使持節散騎常侍都督南徐兗之江北淮南青州徐州之淮陽下邳琅邪東莞七郡諸軍事征北將軍南兗州刺史永脩縣開國公檀道濟統勁銳武卒三萬戈船蔽江星言繼發千帆俱舉萬棹遄征散騎常侍驍騎將軍段宏鐵馬二千風驅電擊步自竟陵直至鄢郢又命征虜將軍雍州刺史劉粹控河陰之師衝其巢窟湘州刺史張劭提湘州之眾直據要害巴蜀杜荊門之險秦梁絕丹圻之逕雲網四合走伏路盡然後鑾輿効駕六軍騰踊警蹕前驅五牛整旆雖以英布之氣彭寵之資登陴無名授兵誰御加以西土之人咸沐皇澤東吳將士懷本首丘必不自陷罪人之黨橫為亂亡之役置軍則魚潰嬰城則鳥散其勢然矣聖上懸懃哀愍其罪由晦士民何辜是用一分前麾宣示朝旨符到其即共收擒晦身輕舟護送若已猖蹶先事阻衞宜飜然背亂相率歸朝項大刑所加洪恩曠洽傅亮三息特蒙全宥晦同產以下羨之諸姪咸無所染況彼府州文武並列王職荷國榮任身雖在外乃心辰極夫轉禍貴速後機則凶遂使王師臨郊雷電皆至噬臍之恨亦將何及時益州刺史蕭摹之巴西太守劉道產被徵還始至江陵晦並繫縶沒其財貨以充軍資竟陵內史殷道鸞未之郡以為諮議參軍以弟遯為冠軍竟陵內史總留任兄子世猷為建威將軍南平太守劉粹若至周超能破之者即以為龍驤將軍雍州刺史晦率二萬發自江陵舟艦列自江津至于破冢旍旗相照蔽奪日光晦乃歎曰恨不得以此為勤王之師自領湘州刺史以張劭為輔國將軍劭不受命晦檄京邑曰王室多故禍難薦臻營陽失德自絕宗廟廬陵王構閱有本屢被猜嫌且居喪失禮遐邇所具積怨犯上自貽非道羣后釋位爰登聖明亂之未乂職有所係按車騎大將軍王弘侍中王曇首謬蒙時私叨竊權要弘於永初之始實荷不世之恩元嘉之讓自謂任遇浮淺進誣先皇委誠之寄退長嫌隙異同之端曇首往因使下訪以今上起居不能光揚令德彰於朝聽其言多誣故不具說王華賊亡之餘賞擢之次先帝常見訪逮庶有一分可取而華稟性凶猜多所忍害曩者縱人入城託疾辭事此都士庶咸所聞知以其所啟及上手答示宗叔獻又令宣告徐傅二公及周糾使下又令見呇云欲自攬政事求離任還都并令曇首具述此意又惠觀道人說外人告華及到彥之謀反不謂無之城內東將數日之內操戈相待華說數為狄當所譖常不自安凡此諸事豈有忠誠宜契若此者邪自以父亡道側情事異人外絕酒醴而宵飲是恣覗貌缺

凡厥士庶誰不側目又常歎宰相頓有數人是何憤憤規總威權不顧國典保祐皇家者罹屠戮之誅效勤社稷者致殲夷之禍搢紳之徒孰不恍慨遂矯違詔旨遣到彥之蕭欣之輕舟見襲即日監利左尉露檄衆

軍已至揚子雖以不武忝荷蕃任國家艱難悲憤兼集若使小人得志君子道消凡百有殄瘁之哀蒼生深橫流之懼輒糾勒義徒繕治舟甲舳艫亘川驅介蔽野武夫鷙勇人百其誠今遣南蠻司馬寧遠將軍庾登之統參軍事建武將軍建平太守安泰宣威將軍昭弘宗參軍事宣威將軍王紹之等精銳一萬前鋒致討南蠻參軍振武將軍魏像統參軍事宣威將軍陳珍虎旅二千參軍事建威將軍新興太守賀愔甲卒三千相係取道南蠻參軍振威將軍郭卓鐵騎二千水步齊舉大軍三萬駱驛電邁行冠軍將軍竟陵內史河東太守謝遯建威將軍南平太守謝世猷驍勇一萬留守江陵分命參軍長寧太守竇應期步騎五千直出義陽司馬建威將軍行南義陽太守周超之統軍司馬振武將軍胡崇之精悍一萬北出高陽長兼行參軍寧遠將軍朱澹之步騎五千西出鴈塞同討劉粹竝趨襄陽奇兵尚速指景齊奮諸賢竝同國恩情兼義烈今誠志士忘身之日義夫著績之秋見機而動望風而不待鼂晦至江口到彥之已到彭城洲庾登之據巴陵畏懦不敢進會霖雨連日參軍劉和之曰彼此共有雨耳檀征北尋至東軍方彊唯宜速戰登之恇怯使小將陳祐作大囊貯茅數千斛縣於颿檣云可以焚艦用火宜須晴以緩戰期晦然之遂停軍十五日乃攻蕭欣於彭城洲中兵參軍孔延秀率三千人進戰甚力欣於陳後捧楯自衞又委軍還船於是大敗延秀又攻洲口柵陷之彥之還保隱圻晦又上表曰臣聞凶邪敗國先代成患讒豎亂朝異世齊禍故趙高矯逼秦氏用傾董卓階亂漢祚伊覆雖哲王宰世大明照臨未能使其漸弗興茲害不作姦臣王弘等竊弄威權興造禍亂遂與弟華內外影響同惡相成忌害忠賢圖希非望故司徒臣羨之左光祿大夫臣亮橫被酷害幷及臣門雖未知征北將軍臣道濟存亡不容獨免遂遣蕭欣到彥之等輕舟見襲姦僞之甚一至於斯羨之及亮或宿德元臣姻婭皇極或任總文武位班三事道濟職惟上將扞城是司皆受遇先朝棟梁一代臣昔因時幸過蒙先眷內闊政事外經戎旅與羨之亮等同被齒盼既經啟王基協濟大業爰自權輿暨于揖讓誠積雖微仍見紀錄竝蒙丹書之誓各受山河之賞欲使與宋升降傳之無窮及聖體不預穆卜無吉召臣等四人同升御牀顧命領遺委以家國仰奉成旨俯竭股肱忠貞不效期之以死但營陽悖德自絕於天社稷之危憂在託付不有所廢將焉以與乃遠稽殷漢用升聖德陛下順流乘傳不聽張武之疑入邸龍飛非俟宋昌之議斯乃主臣相信天人合契九五當陽化形四海羨之及亮內贊皇猷臣與道濟分翰于外普天之下孰曰不宜遂蒙寵授來鎮此方分留弟姪以侍臺省到任以來首尾三載雖形在遠外心係本朝事無大小動皆咨啟八州之政罔一專輒尊上之心足貫幽顯陛下遠述先旨申以婚姻大息世休復蒙引召是以去年送女遣兒闔家俱下血誠如此未知所愧而凶狡無端妄生釁禍羨之內誅臣受外伐顧省諸懷不識何辜天聽遐邈陳訴靡由弘等既蒙寵任得侍左右自謂勢擅狐鼠理隔熏掘又以陛下富於春秋始覽政事欲馮陵恩幸闚望國權親從磐時規自封殖不除臣等罔得專權所以交結讒慝成是亂階又惟弘等所構當以營陽為言廬陵為辜又以臣等位高功同內外膠固陛下信其厚貌忘厥左道三至下機能不暫惑伏自尋省廢昏立明事非為己廬陵之事不由傍人內積蕭牆之釁外行叔段之罰既制之有主臣何預焉然廬陵為性輕險悌順不足武皇臨崩亦有口詔比雖發自營陽實非國禍至於羨之亮等周旋同體心腹內外政欲戮力皇家盡忠報主若今臣等顧欲執權不專為國初廢營陽陛下在遠武皇之子尚有童幼擁以號令誰敢非之而泝流三千虛館三月奉迎鸞駕以遵下武血心若斯易為可鑒且臣等奉事先朝十有七年竝居顯要世稱恭謹不圖一旦致茲釁罰夫周公大賢尚有流言之謗伯奇至孝不免譖愬之禍慈父非無情於仁子明君豈有志於貞臣姦邪所移勢回山岳況乃精誠微淺而望求信者哉詩不云乎讒人罔極交亂四國愷悌君子無信讒言陛下躬覽篇籍研覈是非釁兆之萌宜應深察臣竊懼王室小有皇甫之患大有閻樂之禍夙夜殷憂若無首領夫周道浸微桓文稱伐君側亂國趙鞅入誅況今凶禍滔天辰極危逼台輔孥戮岳牧傾陷臣才非絳侯安漢是職人愧傅陸厠奉遺旨國難既深家痛亦切輒簡徒繕甲軍次巴陵蕭欣窘懾望風奔迸臣誠短劣在國忘身仰憑社稷之靈俯厲義勇之氣將長驅電掃直入石頭梟翦元凶誅夷首惡弔二公之冤魂寫私門之禍痛然後分歸司寇甘赴鼎鑊雖死之日猶生之年伏惟陛下德合乾元道侔玄極鑒凶禍之無端察貞亮之有本回日月之照發霜電之威梟四凶於廟庭懸三監於絳闕申二台之匪辜明兩蕃之無罪上謝祖宗下告百姓遣一乘之使賜咫尺之書臣便勒衆旋旗還保所任須次近路尋復表聞初晦與徐羨之傅亮謀為自全之計晦據上流而檀道濟鎮廣陵各有彊兵以制持朝廷羨之亮於中秉權可得持久及太祖將行誅王華之徒咸云道濟不可信太祖曰道濟止於脅從本非事主殺害之事又所不關吾召而問之必異於是詔道濟入朝授之以衆委之西討晦聞羨之等死謂道濟必不獨全及聞率衆來上惶懼無計道濟既至與彥之軍合牽艦緣岸晦始見艦數不多輕之不即出戰至晚因風帆上前後連咽西人離阻無復闘心臺軍至忌置洲尾列艦過江晦大軍一時潰散晦夜出投巴陵得小船還江陵初雍州刺史劉粹遣弟竟陵太守道濟與臺軍主沈敵之襲江陵至沙橋周超率萬餘人與戰大破之俄而晦敗問至晦至江陵無它處分唯愧謝周超而已超其夜捨軍單舸詣到彥之降衆散略盡乃攜其弟遯兄子世基等七騎北走遯肥壯不能騎馬晦每待之行不得速至安陸延頭為戍主光順之所執順之晦故吏也檻送京師於路作悲人道其詞曰悲人道兮悲人道之實難哀人道之多險傷人道之寡安懿華宗之冠冑固清流而遠源樹文德於庭戶立操學於衡門應積善之餘祐當履福之所延何小子之凶放實招禍而作愆值革變之大運遭一顧於聖皇參謀猷於𠟙物贊帝制於宏綱出治戎於禁衞入關言於帷房分河山之珪組繼文武之龜章稟顧命於西殿受遺寄於御牀伊懦劣其無節實懷此而不忘荷隆遇於先主欲報之於後王憂託付之無効懼愧言於存亡謂繼體其嗣業能增輝於前光居遏密之未幾越禮度而湎荒普天壤而殞氣必社稷之淪喪矧吾儕之體國實啟處而匪遑藉億兆之一志固昏極而明彰諒主尊而民晏信卜祚之無疆國既危而重構家已衰而載昌獲扶顛而休否冀世道之方康朝褒功以疏爵祇命服於西蕃奏簫管之嘈囋擁朱旄之赫煌臨八方以作鎮響文武之桓桓厲薄弱以為政實忘食於日旰豈申甫之敢慕庶惟宋之屏翰甫逾歷其三稔實周回其未再豈有慮於內（缺）　其云裁痛夾輔之二宰竝加辟而靡貸哀弱息之從禍悲發中而心痗伊荆漢之良彥逮文武之子民見忠貞而弗亮覩理屈而莫申皆義槃而同憤咸荷戈而競臻浮舳艫之弈弈陳車騎之轔轔觀人和與師整謂茲兵其誰陳庶亡魂之雪怨反涇渭於彝倫齊輕舟於江曲殄銳敵其皆湮勒陸徒於白水寇無反於隻輪氣有捷而益壯威既肅而彌振嗟時哉之不與迕風雨以踰旬我謀戰而不克彼繼奔其覊塵乏智勇之奇正忽孟明而是遵苟成敗其有數豈怨天而尤人恨矢石之未竭遂摧師而覆陳誠得喪之所遭固當之其無吝痛同懷之弱子橫遭羅之殃釁智未窮而事傾力未極而莫振誓同盡於鋒鏑我怯力而愆信愍弟姪之何辜實吾咎之所嬰謂九夷其可處思致免以全生詹性命之難遂乃窘紲於邊亭亦何忤於天地備艱危而是丁我聞之於昔誥功彌高而身蹶霍芒刺而幸免卒傾宗而滅族周嘆貴於獄吏終下蕃而靡鞫雖明德之大賢亦不免於殘戮懷今憚而恐人忘向惠而莫復績無賞而震主將何方以自牧非砏石之圖照孰違禍以取福著殷鑒於自古豈獨歎於季叔能安親而揚名諒見稱於先哲保歸全而終孝傷在余而皆缺辱歷世之平素忽盛滿而傾滅惟烝嘗與灑掃痛一朝而永絕問其誰而為之寔孤人之險戾皋有踰於丘山雖萬死其何雪羈角偶兮衡閭親朋交兮平義雖履尚兮不一隆分好兮情寄俱憚耕兮從祿覩世道兮艱詖規志局兮功名每謂之兮為易今定謚兮圖棺慙明智兮昔議雖待盡兮為恥詹厚顏兮靡寘長揖兮數子謝爾兮明智百齡兮浮促終焉兮斟克卧盡兮斧斤理命兮同得世安彼兮非此豈曉分兮辨惑御莊生之達言請承風以為則周超既降到彥之以參府事劉粹遣參軍沈敵之告彥之沙橋之敗事由周超彥之乃執之先繫瞬等猶未即戮於是與晦遯兄子世基世猷及同黨庾登之孔延秀周超費愔竇應期蔣虔嚴千斯等竝伏誅世基絢之子也有才氣臨死為連句詩曰偉哉橫海鱗壯矣垂天翼一旦失風水翻為螻蟻食晦續之曰功遂侔昔人保退無智力既涉太行險斯路信難陟晦死時年三十七庾登之殷道鸞何承天竝皆原免初河東人商玄石為晦參軍晦為逆玄石密欲推西人庾田夫及到彥之從弟為主田夫等不敢許知玄石獨謀不立遂為晦領幢事既平根本心之不遂投水死太祖嘉之以其子懷福為衡陽王義季右軍參軍督護晦走左右皆棄之唯有延陵蓋追隨不舍太祖嘉之後以蓋為長沙王義欣鎮軍功曹督護

史臣曰謝晦坐璽封違謬遂免侍中斯有以見高祖之識治宰臣之稱職也夫孥戮所施事行重釁左黜或用義止輕愆輕愆物之所輕重釁人之所重故斧鉞希行於世微簡日用於朝雖貴臣細故不以任隆弛法至乎下肅上尊用此道也自太祖臨務茲典稍違網以疏行法為恩息妨德害美抑此之由降及大明傾詖愈甚自

非許竊深私陵犯密諱則左降之科不行於權戚若有身觸盛旨釁非國刑免書裁至弔客固望其門矣由是律無恒條上多弛行綱維不舉而網目隨之所以吉人防著在微慎大由小蓋爲此云

宋書卷四十四考證

謝晦傳父重會稽王道子驃騎長史○重監本訛事今從晉書南史改正

領諸南蠻校尉荆州刺史○諸南史作護

行南義陽太守周超之○周監本訛王今改正

史臣論自非許竊深私陵犯密諱○許一本作許

宋書卷四十五

梁　沈　約　撰

列傳第五

王鎭惡　檀韶　向靖　劉懷愼　劉粹

王鎭惡北海劇人也祖猛字景畧苻堅僭號關中猛爲將相有文武才北土重之父休爲河東太守鎭惡以五月五日生家人以俗忌欲令出繼疎宗猛見奇之曰此非常兒昔孟嘗君惡日生而相齊是兒亦將興吾門矣故名之爲鎭惡年十三而苻氏敗亾關中擾亂流寓崤澠之間嘗寄食澠池人李方家方善遇之謂方曰若遭遇英雄主要取萬戶矦當厚相報方答曰君丞相孫人才如此何患不富貴至時願見用爲本縣令足矣後隨叔父曜歸晉客居荆州頗讀諸子兵書論軍國大事騎乘非所長關弓亦甚弱而意畧縱橫果決能斷廣固之役或薦鎭惡於高祖時鎭惡爲天門臨澧令卽遣召之既至與語甚異焉因留宿明旦謂諸佐曰鎭惡王猛之孫所謂將門有將也卽以爲青州治中從事史行參中軍太尉軍事署前部賊曹拒盧循於查浦屢戰有功封博陸縣五等子高祖謀討劉毅鎭惡曰公若有事西楚請賜給百舸爲前驅義熙八年劉毅有疾求遣從弟兗州刺史藩爲副貳高祖僞許之九月大軍西討轉鎭惡參軍事加振武將軍高祖至姑熟遣鎭惡率龍驤將軍蒯恩百舸前發其月二十九日也戒之曰若賊知吾上比軍至亦當少日耳政當岸上作軍未辦便下船也卿至彼深加籌量可擊便燒其船艦且浮舸水側以待吾至慰勞百姓宣揚詔旨并赦文及吾與衞軍府文武書罪止一人其餘一無所問若賊都不知消息未有備防可襲便襲今去但云劉兗州上鎭惡受命便晝夜兼行於鵲洲尋陽河口巴陵守風凡四日十月二十二日至豫章口去江陵城二十里自鎭惡進路揚聲劉兗州上毅謂爲信然不知見襲鎭惡自豫章口捨船步上蒯恩軍在前鎭惡次之舸留一二人對舸岸上豎六七旗下輒安一鼓語所留人計我將至城便長嚴令後有大軍狀又分隊在後令燒江津船艦鎭惡逕前襲城語前軍若有問者但云劉兗州至津戍及百姓皆言劉藩實上晏然不疑未至城五六里逢毅要將朱顯之與十許騎步從者數十欲出江津問是何人答云劉兗州至顯之馳前問藩在所答云在後顯之既見軍不見藩而見軍人擔彭排戰具望見江津船艦已被燒烟焰張天而鼓嚴之聲甚盛知非藩上便躍馬馳去告毅外有大軍似從下上垂已至城江津船悉被火燒矣行令閉諸城門鎭惡亦馳進軍人緣城得入門猶未及下關因得開大城東門大城內毅凡有八隊帶甲千餘已得戒嚴蒯恩入東門便北回擊射堂前攻金城東門鎭惡入東門便直擊金城西門軍分攻金城內東從舊將猶有六隊千餘人西將及能細直吏快手復有二千餘人食時就鬭至中晡西人退散及歸降畧盡鎭惡入城便因風放火燒大城南門及東門又遣人以詔及赦文并高祖手書凡三函示毅毅皆燒不視金城內亦未信高祖自來有王桓者家在江陵昔手斬桓謙爲高祖所賞拔常在左右求還西迎家至是率十餘人助鎭惡戰下晡開於金城東門北三十步鑿城作一穴桓便先衆入穴鎭惡自後繼之隨者稍多因短兵接戰鎭惡軍人與毅東將或有是父兄子弟中表親親者鎭惡令且鬭且共語衆並知高祖自來人情離懈一更許聽事前陣散潰斬義勇將趙蔡毅左右兵猶閉東西閤拒戰鎭惡慮闇夜自相傷犯乃引軍出繞金城開其南面以爲退路毅慮南有伏兵二更中率左右三百許人開北門突出初毅常所乘馬在城外不得入倉卒無馬毅便就子肅民取馬肅民不與朱顯之謂曰人取汝父而惜馬不與汝今自走欲何之奪馬以授毅初出政値鎭惡軍衝之不得去回衝蒯恩軍軍人鬭已一日疲倦毅得從大城東門出奔牛牧佛寺自縊死鎭惡身被五箭射鎭惡手所執矟於手中破折江陵平後二十日大軍方至署中兵出爲安遠護軍武陵內史以討劉毅功封漢壽縣子食邑五百戶蠻帥向博抵根據阮頭屢爲凶暴鎭惡討平之初行告刺史司馬休之求遣軍以爲聲援休之遣其將朱襄領衆助鎭惡會高祖西討休之鎭惡乃告諸將曰百姓皆知官軍已上朱襄等復是一賊表裏受敵吾事敗矣乃率軍夜下江水迅急倐忽行數百里直據都尉治既至乃以竹籠盛石堙塞水道襄軍下夾岸擊之斬襄首殺千餘人鎭惡性貪既破襄因停軍抄掠諸蠻不時反及至江陵休之已平高祖怒不時見之鎭惡笑曰但令我一見公無憂矣高祖尋登城喚鎭惡鎭惡爲人彊辯有口機隨宜酬應高祖乃釋休之及魯宗之奔襄陽鎭惡統蒯恩諸軍水路追之休之等奔羌鎭惡追躡盡境而還除游擊將軍十二年高祖將北伐轉鎭惡爲咨議參軍行龍驤將軍領前鋒將軍前將軍劉穆之見鎭惡於積弩堂謂之曰公愍此遺黎志蕩逋逆昔晉文王委伐蜀於鄧艾今亦委卿以關中想勉建大功勿孤此授鎭惡曰不尅咸陽誓不復濟江而還也鎭惡入賊境戰無不捷邵陵許昌望風奔散破虎牢及柏谷塢斬賊帥趙玄軍次洛陽僞陳留公姚洸歸順進次澠池造故人李方家升堂見母厚加酬賚卽版授方爲澠池令遣司馬毛德祖攻僞弘農太守尹雅於蠡城生擒之仍行弘農太守方軌長驅徑據潼關僞大將軍姚紹率大衆拒嶮深溝高壘以自固鎭惡懸軍遠入轉輸不充與賊相持久將士乏食乃親到弘農督上民租百姓競送義粟軍食復振初高祖與鎭惡等期若尅洛陽須大軍至未可輕前既而鎭惡等逕向潼關爲紹所拒不得進而軍又乏食馳告高祖求遣糧援時高祖沿河索虜屯據河岸軍不得前高祖呼所遣人開舫北戶指河上虜示之曰我語令勿進而輕佻深入岸上如此何由得遣軍鎭惡既得義租紹又病死僞撫軍姚讚代紹守險衆力猶盛高祖至湖城讚引退大軍次潼關謀進取之計鎭惡請率水軍自河入渭僞鎭北將軍姚疆屯兵涇上鎭惡遣毛德祖擊破之直至渭橋鎭惡所乘皆蒙衝小艦行船者悉在艦內羌見艦泝渭而進艦外不見有乘行船人北士素無舟檝莫不驚惋咸謂爲神鎭惡既至令將士食畢便棄船登岸渭水流急倐忽間諸艦悉逐流去時姚泓屯軍在長安城下猶數萬人鎭惡撫慰士卒曰卿諸人並家在江南此是長安城北門外去家萬里而舫乘衣糧並已逐流去豈復有求生之計邪唯宜死戰可以立大功不然則無遺類矣乃身先士卒衆亦知無復退路莫不騰踊爭先泓衆一時奔潰卽陷長安城泓挺身逃走明日率妻子歸降城內夷晉六萬餘戶鎭惡宣揚國恩撫慰初附號令嚴肅百姓安堵高祖將至鎭惡於灞上奉迎高祖勞之曰成吾霸業者眞卿也鎭惡再拜謝曰此明公之威諸將之力鎭惡何功之有焉高祖笑曰卿欲學馮異也是時關中豐全倉庫殷積鎭惡極意收斂子女玉帛不可勝計高祖以其功大不問也進號征虜將軍時有白高祖以鎭惡既克長安藏姚泓僞輦爲有異志高祖密遣人覘輦所在泓輦飾以金銀鎭惡悉剔取而棄輦於垣側高祖聞之乃安高祖留第二子桂陽公義眞爲安西將軍雍秦二州刺史鎭長安鎭惡以本號領安西司馬馮翊太守委以扞禦之任時西虜佛佛彊盛姚興世侵擾北邊破軍殺將非一高祖既至長安佛佛畏憚不敢動及大軍東還便寇逼北地義眞遣中兵參軍沈田子距之虜甚盛田子屯劉回堡遣使還報鎭惡鎭惡對田子使謂長史王脩曰公以十歲兒付吾等當各思竭力而擁兵不進寇虜何由得平使還具說鎭惡言田子素與鎭惡不協至是益激怒二人常有相圖志彼此每相防疑鎭惡率軍出北地爲田子所殺事在序傳時年四十六田子又於鎭惡營內殺鎭惡兄基弟鴻遵淵及從弟昭朗弘凡七人是歲十四年正月十五日也高祖表曰故安西司馬征虜將軍王鎭惡志節亮直機畧明舉自策名州府屢著誠績荆南遘釁勢據上流難與彊蕃憂兼內侮鎭惡輕舟先邁神兵電臨旰食之虞一朝霧散及王師西伐有事中原長驅洛陽肅清湖陝入渭之捷指麾無前遂廓定咸陽俘執僞后克成之効莫與爲疇實扞城所寄國之方召也近北虜遊魂寇掠渭北統率衆軍曜威撲討賊既還奔還次涇上故龍驤將軍沈田子忽發狂易奄加刃害忠勳未究受禍不圖痛惜兼至惋悼無已伏惟聖懷爲之傷惻田子狂悖卽已備憲鎭惡誠著艱難勳參前烈殊績未酬宜蒙追寵顧敕有司議其褒贈於是追贈左將軍青州刺史高祖受命追封龍陽縣侯食邑千五百戶謚曰壯矦配食高祖廟廷子靈福嗣位至南平王鑠右軍諮議參軍靈福卒子述祖嗣述祖卒子歒嗣齊受禪國除鎭惡弟康留關中及高祖北伐鎭惡爲前鋒康逃

匿田舍鎭惡大潼關康將家奔之高祖板爲彭城公前將軍行參軍鎭惡被害康逃藏得免攜家出洛陽到彭城歸高祖即以康爲相國行參軍求還洛陽視母弟値關陝不守康與長安徙民張旰醜劉雲等唱集義徒得百許人驅率邑郭僑戶七百餘家共保金墉城爲守戰之備時有一人邵平率部曲及并州乞活一千餘戶屯城南迎亾命司馬文榮爲主又有亾命司馬道恭自東垣率三千人屯城西亾命司馬順明五千人屯陵雲臺順明遣刺殺文榮平復推順明爲主又有司馬楚之屯柏谷塢索虜野坂戍主黑矟公遊騎在芒上攻逼交至康堅守六旬宋臺建除康寧朔將軍河東太守遣龍驤將軍姜鉄率軍救之諸亾命並各奔散高祖嘉康節封西平縣男食邑三百戶進號龍驤將軍迎康家還京邑勸課農桑百姓甚親賴之永初元年卒金墉時年四十九葬於偃師城西追贈輔國將軍無子以兄河西太守基子天祐嗣當太祖元嘉二十七年隨劉康祖伐索虜敗沒子懷祖嗣

檀韶字令孫高平金鄉人也世居京口初辟本州從事西曹主簿輔國司馬高祖建義韶及弟祗道濟等從平京城行參高祖建武將軍事都邑既平爲鎭軍將軍加寧遠將軍東海太守進號建武將軍遷龍驤將軍秦郡太守北陳留內史以平桓玄功封巴丘縣侯食邑五百戶復參車騎將軍事加龍驤將軍遷騎將中軍諮議參軍加寧朔將軍從征廣固率向彌胡藩等五十人攻臨朐城克之及圍廣固慕容超夜燒樓當韶圍分降號橫野將軍城陷之日韶率所領先登領北琅邪太守進號寧朔將軍琅邪內史從討盧循於左里又有戰功并論廣固功更封宜陽縣侯食邑七百戶降先封一等爲伯減戶之半二百五十戶賜祗子臻坐六門內乘輿白衣領職義熙七年號輔國將軍八年丁母憂起爲冠軍將軍明年復爲琅邪內史淮南太守將軍如故鎭姑熟尋進號左將軍領本州大中正十二年遷督江州豫州之西陽新蔡二郡諸軍事江州刺史將軍如故有罪免官高祖受命以佐命功增八百戶并前千五百戶韶嗜酒貪橫所莅無績上嘉其合門從義弟道濟又有大功故特見寵授永初二年卒於京邑時年五十六追贈安南將軍加散騎常侍子緒嗣緒卒無子國除祗子臻臻卒子遐嗣齊受禪國除祗弟道濟並別有傳

向靖字奉仁小字彌河內山陽人也名與高祖同改稱小字世居京口與高祖少舊從平京城參建武軍事進平京邑板參鎭軍軍事加寧遠將軍京邑雖平而羣寇互起彌與劉藩孟龍符征破桓歆桓石康石綏於白茅攻壽陽尅之義熙三年遷建武將軍秦郡太守北陳留內史戍堂邑以平京城功封山陽縣五等侯從征鮮卑大戰於臨朐累月不決彌與檀韶等分軍自間道攻臨朐城彌擐甲先登即時潰陷斬其牙旗賊遂奔走攻拔廣固彌又先登盧循屯據蔡洲以親黨阮賜爲豫州刺史攻逼姑孰彌率譙國內史趙恢討之時輔國將軍毛脩之戍姑孰告急續至彌兼行進討破賜收其輜重除中軍諮議參軍將軍如故盧循退走高祖南征彌爲前鋒於南陵雷池左里三戰並大捷軍還除太尉諮議參軍下邳太守將軍如故八年轉遊擊將軍尋督馬頭淮西諸郡軍事龍驤將軍鎭蠻護軍安豐汝陰二郡太守梁國內史戍壽陽以平廣固盧循功封安南縣男食邑五百戶十年遷冠軍將軍高陽內史臨淮太守領石頭戍事高祖西伐司馬休之以彌爲吳興太守將軍如故明年高祖北伐彌以本號侍從留戍碻磝進屯石門柏谷遷督北青州諸軍事北青州刺史將軍如故高祖受命以佐命功封曲江縣侯食邑千戶遷太子左衞率加散騎常侍二年卒官時年五十九追贈前將軍彌治身儉約不營室宇無園田商貨之業時人稱之子植嗣多過失不受母訓奪爵更以植次弟楨紹封又坐殺人國除植弟柳字玄季有學義才能立身方雅無所推先諸盛流並容之太尉袁淑司空徐湛之東揚州刺史顏立皆與友善歷始興王濬征北中兵參軍始興內史南康相臧質爲逆召柳至尋陽與之俱下質敗歸降下獄死彌弟劭永初中爲宣城太守劭弟子亮以私忿殺彌妻施氏託云奴客所殺劭輒於墓所殺亮及彌妾并奴婢七八人匿不聞官爲有司所奏詔無所問元嘉初卒於義興太守

劉懷慎彭城人左將軍懷肅弟也少謹慎質直始參高祖鎭軍騎將軍事振威將軍彭城內史從征鮮卑每戰必身先士卒及克廣固懷慎率所領先登從高祖拒盧循於石頭屢戰克捷加輔國將軍義熙八年以本號監北徐州諸軍事鎭彭城尋加徐州刺史爲政嚴猛境內震肅九年亾命王靈秀爲寇討平之十一年進北中郎將以平廣固盧循功封南城縣男食邑五百戶十三年高祖北伐以爲中領軍征虜將軍衞輦轂坐府中相殺免官雖名位轉優而恭恪愈至每所之造位任不踰已者皆束帶門外下車其謹退類如此宋臺立召爲五兵尚書仍督江北淮南諸軍前將軍南晉州刺史復徵爲度支尚書加散騎常侍高祖遷都壽春留懷慎督北徐兗青淮北諸軍事中軍將軍徐州刺史以亾命入廣陵城降號征虜將軍永初元年以佐命功進爵爲侯增邑千戶進號平北將軍徵爲五兵尚書加散騎常侍光祿大夫景平元年遷護軍將軍常侍如故特賜班於宗族家無餘財二年卒時年六十一追贈撫軍諡曰肅侯子德願嗣世祖大明初爲游擊將軍領石頭戍事坐受賈客韓佛智貨下獄奪爵土後復爲秦郡太守德願性麤率爲世祖所狎侮上寵姬殷貴妃薨葬畢數與羣臣至殷墓謂德願曰卿哭貴妃若悲當加厚賞德願應聲便號慟撫膺擗踊涕泗交流上甚悅以爲豫州刺史又令醫術人羊志哭殷氏志亦嗚咽他日有問志卿那得此副急淚志時新喪愛姬荅曰我爾時自哭亾妾耳志滑稽善爲諧謔上亦愛狎之德願善御車嘗立兩柱使其中劣通車軸乃於百餘步上振轡長驅未至數尺打牛奔從柱間直過其精如此孝武聞其能爲之乗畫輪車幸太宰江夏王義恭第德願岸著籠冠短朱衣執轡進止甚有容狀永光中爲廷尉與柳元景厚善元景敗下獄誅懷慎庶長子榮祖少好騎射爲武帝所知及盧循攻逼時賊乗小艦入淮拔檣武帝宣令三軍不得輒射賊榮祖不勝憤怒冒禁射之所中應弦而倒帝益奇焉以戰功參太尉軍事從討司馬休之彭城內史徐逵之敗沒諸將意沮榮祖請戰愈厲高祖乃解所著鎧以授之榮祖率所領陷陣身被數創會賊破走加振威將軍尋參世子征虜軍事領遂成令高祖北伐轉鎭西中兵參軍寧遠將軍水軍入河與朱超石大破索虜於半城又攻劉度壘克之高祖大饗戰士謂榮祖曰卿以寡克衆攻無堅城雖古名將何以過此轉爲太尉中兵參軍加建威將軍既破長安姚泓女婿徐泉率其餘衆連營叛走榮祖與檀道濟等攻營破之斬首擒馘不可稱計十四年除彭城內史又補相國參軍其年遣榮祖還都爲世子中兵參軍永初元年除越騎校尉尋轉右軍將軍索虜南寇司州刺史毛德祖陷沒榮祖時居父艱起爲輔國將軍追論半城之功賜爵都鄉侯榮祖爲人輕財貴義善撫將士然性偏險褊隘頗失士君子之心領軍將軍謝晦深接待之廢立之際要榮祖固辭獲免及晦出鎭荆楚欲請爲南蠻校尉榮祖又固止之其年冬卒德願弟興祖青州刺史懷慎弟懷默冠軍將軍江夏內史太中大夫懷默子道球巴東建平二郡太守道球弟孫登武陵內史孫登子亮世祖大明中爲武康令時境內多盜鑄錢亮掩討無不禽所殺以千數太宗泰始初爲巴陵王休若鎭東中兵參軍北伐南討功冠諸將封順陽縣侯食邑六百戶歷黃門郎梁益二州刺史在任廉儉不營財貨所餘公祿悉以還官太宗嘉之下詔褒美亮在梁州忽服食脩道欲致長生迎武當山道士孫道胤令合仙藥至益州泰豫元年藥始成而未出火毒孫不聽亮服亮苦欲服平旦開城門取井華水服至食鼓後心動如刺中間便絕後人逢見乘白馬將數十人出關西行共語分明此乃道家所謂尸解者也追贈冠軍將軍諡曰剛侯孫登弟道隆元嘉二十二年爲廬江太守世祖舉義棄郡來奔以補南中郎參軍事加龍驤將軍時世祖分麾下以爲三幢道隆與中兵參軍王謙之馬文恭各領其一大明中歷黃門侍郎徐青冀二州刺史前廢帝景和中以爲右衞將軍永昌縣侯食邑五百戶委以腹心之任泰始初爲太守盡力遷衞將軍中護軍尋賜死事在建安王休仁傳王謙之字休光琅邪臨沂人晉司州刺史胡之曾孫也世祖初歷驍騎將軍御史中丞吳興太守以南下之功封石陽縣子食邑五百戶大明三年卒贈前將軍諡曰肅子應之嗣大明末爲衡陽內史晉安王子勛反應之起義拒湘州行事何慧文爲慧文所殺事在鄧琬傳追贈侍中應之弟雲之順帝昇明中貴達馬文恭扶風人也亦以功封泉陵縣子食邑五百戶世祖即位爲遊擊將軍頃之卒

劉粹字道沖沛郡蕭人也祖恢持節監河中軍事征虜將軍粹家在京口少有志幹初爲州從事高祖克京城參建武軍事從平京邑轉參鎭軍事尋加建武將軍沛郡太守又領下邳太守復爲車騎中軍參軍從征廣固戰功居多以義功封西安縣五等侯軍還轉中軍諮議參軍盧循逼京邑京口任重太祖時年四歲高祖使粹奉太祖鎭京城轉游擊將軍遷建威將軍江夏相衞將軍毅粹族兄也粹盡心高祖不與毅同高祖欲謀毅衆並疑粹在夏口高祖愈信之及大軍至粹竭其誠力事平封灄縣男食邑五百戶母憂去職俄而高祖討司馬休之起粹爲寧朔將軍竟陵太守統水軍入河明年進號輔國將軍遷相國右司馬侍中中軍司馬冠軍將軍遷左衞將軍永初元年以佐命功改封建安縣侯食邑千戶二年以役使監吏免官尋督江北淮南郡事征虜將軍廣陵太守三年以本號督豫司雍并四州南豫州之梁郡弋陽馬頭三郡諸軍事豫州刺史領梁郡太守

鎭壽陽治有政績少帝景平二年譙郡流離六十餘家叛沒虜趙昃秦剛等六家悔倍還投陳留襄邑縣頓謀等村粹遣將苑縱夫討叛戶不及因誅殺謀等三十家男丁一百三十七人女弱一百六十二口收付作部粹坐貶號爲寧朔將軍時索虜南寇粹遣將軍李德元襲許昌殺僞潁川太守庫龍於是陳留人董遜自稱小黃盟主斬僞征虜將軍廣州刺史司馬世賢傳首京都太祖卽位遷使持節督雍梁南北秦四州荊州之南陽竟陵順陽襄陽新野隨六郡諸軍事征虜將軍領寧蠻校尉雍州刺史襄陽新野二郡太守在任簡役愛民罷諸沙門二千餘人以補府史元嘉三年討謝晦遣粹弟車騎從事中郎道濟龍驤將軍沈敞之就粹自陸道向江陵粹以道濟行竟陵內史與敞之及南陽太守沈道興步騎至沙橋爲晦司馬周超所敗士衆傷死者過半降號寧朔將軍初晦與粹厚善以粹子曠之爲參軍粹受命南討一無所顧太祖以此嘉之晦遣送曠之還粹亦不害也明年粹卒時年五十三追贈安北將軍持節本官如故曠之嗣官至晉熙太守曠之卒子琛嗣琛卒無子國除琛弟亮順帝昇明末尚書駕部郎粹庶長子懷之爲臨川內史與臧質同逆伏誅粹弟道濟尚書起部郎王弘車騎從事中郎江夏王義恭撫軍司馬河東太守仍遷振武將軍益州刺史長史費謙別駕張熙參軍楊德年等並聚斂興利而道濟委任之傷政害民民皆怨毒太祖聞之與道濟詔戒之曰聞卿在任未盡清省又頗爲殖貨若萬有一此必宜改之比傳人情不政緝諧當以法御下深思自警以副本望道濟雖奉此旨政化如初有司馬飛龍者自稱晉之宗室晉末走仇池元嘉九年聞道濟綏撫失和遂自仇池入綿竹崩動羣小得千餘人破巴興縣殺令王貞之進攻陰平陰平太守沈法興焚城逃走道濟遣軍擊飛龍斬之初道濟以五城人帛氏奴梁顯爲參軍督護費謙固執不與遠方商人多至蜀土資貨或有直數百萬者謙等限布絲綿各不得過五十斤馬無善惡限蜀錢二萬府又立冶一斷私民鼓鑄而貴賣鐵器商旅吁嗟百姓咸欲爲亂氐奴旣懷恚忿因聚黨爲賊盜其年七月道濟遣羅習爲五城令氐奴等謀曰羅令是使君腹心而卿猶有作賊盜不止者一旦發露則爲禍不測宜結要誓共相禁檢乃殺牛盟誓而氐奴及趙廣等唱曰官禁殺牛而村中公違法禁脫使羅令白使君疑吾徒更欲作賊則無餘類矣因詐言司馬殿下猶在陽泉山中若能共建大事則功名可立不然立滅不久衆旣樂亂因相率從之得數千人復向廣漢道濟遣參軍程展會治中李抗之五百人擊之並爲所殺賊於是逕向涪城巴西人唐頻聚衆應之寧遠將軍巴西梓潼二郡太守王懷業再遣軍拒之戰敗失利懷業及司馬南漢中太守韋處伯並棄城走涪陵太守阮惠江陽太守杜玄起遂寧太守馮遷聞涪城不守並委郡出奔蜀土僑舊翕然並反道濟恇懼乃免吳兵三十六營以爲平民分立宋興宋寧二郡又招集商賈及免道俗奴僮東西勝兵可有四千人賊衆數萬屯城西及城北道濟嬰城自守趙廣本以譎詐聚兵頓兵城下不見飛龍各欲分散廣懼乃將三千人及羽儀詐其衆云迎飛龍至陽泉寺中謂道人程道養曰但自言是飛龍則坐享富貴若不從卽日便斬頭道養惶怖許諾道養枹罕人也廣改名爲龍興號爲蜀王車騎大將軍益梁二州牧建號泰始元年備置百官以道養弟道助爲驃騎將軍長沙王鎭涪城廣自號鎭軍帛氏奴征虜將軍梁顯鎭北將軍同黨大帥張寧秦州刺史嚴遐前將軍奉道養還成都衆十餘萬四面圍城就道濟索費謙張熙曰但送此人來我等自不復作賊道濟遣中兵參軍裴方明任浪之各將千餘人出西門戰皆失利十一月方明等復出戰破賊營焚其積聚賊黨江陽人楊孟子領千餘人屯城南道濟參軍梁儁之統南樓屢與孟子交言因投書曉以禍福要使入城孟子許諾入見道濟道濟大喜卽板爲主簿遣子爲任克期討賊趙廣知其謀孟子懼將所領奔晉原晉原太守文仲興拾合得二千餘人與孟子并力自固廣遣同黨袁玄子攻晉原爲仲興所殺廣又遣帛氏奴攻之連戰仲興軍敗及孟子並死方明復出東門破賊三營斬首數百級賊雖敗已復還合方明復僞出北門仍回軍擊城東大營殺千餘人斬僞僕射蔡滔時天大霧方明等復揚聲出東門而潛自北門出攻城北城西諸營賊衆大潰於是奔散道養收合得七千人還廣漢趙廣以別卒五千餘人還涪城初別駕張熙說道濟令糶太倉穀賊以九月末圍城至十二月末廩米便盡方明將二千人出城求食爲賊所敗匹馬獨還賊因追之衆復大集方明夜於城西縋上道濟爲設食饘不能飡唯泣涕而已道濟時有疾已篤自力慰勉之曰卿非大丈夫小敗何苦賊勢旣衰臺兵垂至但令卿還何憂於賊卽減左右數十人配之賊城外云方明已死可來取喪城中大恐道濟夜列炬火方明自出衆見之乃安道濟悉出財物於北射堂令方明募人時城中或傳道濟已亾莫有至者梁儁之說道濟曰將軍氣息綿綿而外論亙有同異今軍師屢敗妖寇未殄若一旦不虞則危禍立至宜稱小損聽左右給使暫出不然敗矣道濟從之卽喚左右三十餘人告之曰吾疾久汝等扶侍疲勞今旣小損各聽歸家休息喚復還給使旣出其父兄皆問使君亾來幾日子弟皆言君漸差誰言亾者傳相告語城內乃安由是應募者一日千餘人十年正月賊衆大至攻逼成都道濟卒梁儁之與方明等及其故舊門生數人共埋尸於後齋使書與道濟相似者爲教命酬答籤疏不異常日故雖母妻不知也二月道養於毀金橋升壇郊天方就柴燎方明將三千人出擊之賊列陣營前死戰日夕乃大敗臨陣斬僞征虜將軍趙石之等八百餘級道養等退保廣漢是月平西將軍臨川王義慶以揚武將軍巴東太守周籍之卽本號督巴西梓潼宕渠遂寧巴郡五郡諸軍事巴西梓潼二郡太守率平西參軍費淡龍驤將軍羅猛二千人援成都廣等屯據廣漢分守郫川連營百數處處屯結籍之與方明及費淡等攻郫赴之廣等退據郡城傍竹自固羅猛率隊主王玗等弁力追討張尋自涪城率衆二萬來助廣等方明淡斬竹開逕邀之戰敗退還郫縣廣等又移營屯箭竿橋方明等破其六營乘勝追奔逕至廣漢廣等走還涪及五城四月十日發道濟喪五月方進軍向涪城張尋唐頻渡水拒戰方明擊破之生擒僞驃騎將軍雍秦二州刺史司馬龍伸斬之龍伸道助也州吏嚴遐度斬嚴遐首廣等並奔散涪蜀皆平俄而張尋等攻破陰平復與道養合帛氏奴攻廣漢費淡督將軍种松等與戰斬其梁州刺史杜承等百餘級九月益州刺史甄法崇至成都誅費謙之道濟喪及方明等並東反道養等領二千餘家逃於郪山其餘羣賊亦各擁戶藏竄出爲寇盜不絕十三年六月太祖遣寧朔將軍蕭汪之統軍討之軍次郪口帛氏奴斬僞衛將軍司馬飛燕歸降汪之擊破道養道養還入郪山十四年四月趙廣張尋梁顯各率部曲歸降僞輔國將軍王道恩斬道養送首餘黨悉平遷趙廣張尋等於京師十六年廣尋復與國山令司馬敬琳謀反伏誅先是道濟振武司馬蜀郡太守任晉之雖不任軍事事寧以爲正員郎裴方明虎賁中郎將仍爲義慶平西中兵參軍龍驤將軍河東太守費淡太子屯騎校尉周籍之後爲益州刺史粹族弟損字子騫衛將軍毅從父弟也父蕤之字仲德以毅貴歷顯位闕居京口未嘗應召常謂毅汝必破我家毅甚憚之每還京未嘗敢以羽儀人從入鎭之門左光祿大夫徵不就元嘉二年年九十餘卒於家損元嘉中歷職義興太守東土饑太祖遣揚州治中沈演之東入賑卹以損綏撫有方稱爲良守官至吳郡太守追贈太常

史臣曰帝王受命自非以功靜亂以德濟民則其道莫由也自三代以來醇風稍薄成功濟務尊出權道雖復負扆南面比號軒犧莫不自謝王風率由霸德高祖崛起布衣非藉民譽義無曹公英傑之響又闕晉氏輔魏之基一旦驅烏合不崇朝而制國命功雖有餘而德未足也是故王謐以內懼流奔王綏以外侮成釁若非樹奇功於難立震大威於四海則不能成配天之業一異同之心義熙以後大功仍建自桓溫旂旆所臨莫不獻珍受朔及金墉請吏元勳將舉九命之禮旣行代終之符已及方復觀兵函渭用師天險獨克之舉振古難稱若使閉門反政寘兵散地後敗責其前功一眚虧其盛業豈復得以黃屋朱戶爲衰晉之貞臣乎及其靈威薄震重關莫守故知英筭所苞先勝而後戰也王鎭惡摧鋒直指前無彊陳爲宋方叔壯矣哉

宋書卷四十五考證

劉懷愼傳宋臺立召爲五兵尚書仍督江北淮南諸軍前將軍南晉州刺史○臣承蒼按州郡志無南晉州晉字疑誤

宋書卷四十六

梁　沈　約　撰

列傳第六

趙倫之　到彥之闕　王懿　張邵

趙倫之字幼成下邳僮人也武穆皇后之弟幼孤貧事母以孝稱武帝起兵以軍功封閬中縣五等侯累遷雍州刺史武帝北伐倫之遣順陽太守傅弘之扶風太守沈田子出嶢柳大破姚泓於藍田及武帝受命以佐命功封霄城縣侯安北將軍鎭襄陽少帝卽位徵拜護軍元嘉三年拜鎭軍將軍尋遷左光祿大夫領軍將軍倫

之雖外戚貴盛而以儉素自處性野拙人情世務多所不解久居方伯頗覺富盛入爲護軍資力不稱以爲見貶光祿大夫范泰好戲謂曰司徒公缺必用汝老奴我不言汝資地所任要是外戚高秩次第所至耳倫之大喜每載酒肴詣泰五年卒伯符嗣

伯符字潤遠少好弓馬倫之在襄陽伯符爲竟陵太守時竟陵蠻屢爲寇伯符征討悉破之由是有將帥之稱後爲寧遠將軍總領義徒以居宮城北每有火起及賊盜輒身貫甲冑助郡縣赴討武帝甚嘉之文帝即位累遷徐兗二州刺史爲政苛暴吏人畏之若豺虎然而寇盜遠竄無敢犯境元嘉十八年徵爲領軍將軍先是外監不隸領軍宜相統攝者自有別詔至此始統領焉二十一年轉豫州刺史明年爲護軍將軍復爲丹陽尹在郡嚴酷吏人苦之或至委叛被錄赴水而死典筆吏取筆不如意鞭五十子倩尚文帝第四女海鹽公主初始興王濬以潘妃之寵故得出入後宮遂與公主私通及適倩倩入宮而怒肆詈搏擊引絕帳帶事上聞有詔離婚殺主所生蔣美人伯符慙懼發病卒諡曰肅傳國至孫朂齊受禪國除

王懿字仲德太原祁人自言漢司徒允弟幽州刺史懋七世孫也祖宏事石季龍父苗事苻堅皆爲二千石仲德少沈審有意略通陰陽解聲律苻氏之敗仲德年十七與兄叡同起義兵與慕容垂戰敗仲德被重創走與家屬相失路經大澤不能前困臥林中忽有青衣童兒騎牛行見仲德問曰食未仲德告飢兒去頃之復來攜食與之仲德食畢欲行會水潦暴至莫知所如有一白狼至前仰天而號號訖銜仲德衣因渡水仲德隨之獲濟與叡相及渡河至滑臺復爲翟遼所留使爲將帥積年仲德欲南歸乃奔太山遼遣騎追之急夜行忽有炬火前導仲德隨之行百許里乃免晉太元末徙居彭城兄弟名犯晉宣元二帝諱並以字稱叡字元德北土重同姓謂之骨肉有遠來相投者莫不竭力營贍若不至者以爲不義不爲鄉里所容仲德聞王愉在江南是太原人乃往依之愉禮之甚薄因至姑孰投桓玄值玄篡見輔國將軍張暢言及世事仲德曰自古革命誠非一族然今之起者恐不足以成大事元德果敢有智略武帝甚知之告以義舉使於都下襲玄仲德聞其謀謂元德曰天下之事不可不密應機務速不在巧遲玄每冐夜出入今若圖之正須一夫力耳事泄元德爲玄所誅仲德奔竄會義軍克建業仲德抱元德子方回出候武帝帝於馬上抱方回與仲德相對號泣追贈元德給事中封安復縣侯以仲德爲中兵參軍武帝伐廣固仲德爲前鋒大小二十餘戰每戰輒尅及盧循寇逼敗劉毅於桑落帝北伐始還士卒創痍堪戰者可數千人賊衆十萬舳艫百里奔敗而歸者咸稱其雄衆議並欲遷都仲德正色曰今天子當陽而治明公命世作輔新建大功威震六合妖賊豕突乘我遠往既聞凱入將自奔散今自投草間則同之匹夫匹夫號令何以威物義士英豪當自求其主爾此謀若行請自此辭矣帝悅之以仲德屯越城及賊自蔡洲南走遣仲德追之賊留其黨范崇民五千人高艦百餘城南陵仲德攻之大破崇民焚其舟艦收其散卒功冠諸將封新淦縣侯義熙十二年北伐進仲德征虜將軍加冀州刺史爲前鋒諸軍事冠軍將軍檀道濟龍驤將軍王鎮惡向洛陽寧朔將軍劉遵考建武將軍沈林子出石門寧朔將軍朱超石胡藩向半城咸受統於仲德仲德率龍驤將軍朱牧寧遠將軍竺靈秀嚴綱等開鉅野入河乃總衆軍進據潼關長安平以仲德爲太尉諮議參軍武帝欲遷都洛陽衆議咸以爲宜仲德曰非常之事常人所駭今暴師日久士有歸心固當以建業爲王基俟文軌大同然後議之可也帝深納之使衞送姚泓先還彭城武帝受命累遷徐州刺史加都督元嘉三年進號安北將軍與到彥之北伐大破虜軍諸軍進屯靈昌津司兗既定三軍咸喜仲德獨有憂色曰胡虜雖仁義不足而凶狡有餘今斂戈北歸并力完聚若河冰冬合豈不能爲三軍之憂十月虜於委粟津渡河進逼金墉虎牢洛陽諸軍相繼奔走彥之聞二城不守欲焚舟步走仲德曰洛陽既陷則虎牢不能獨全勢使然也今賊去我千里滑臺猶有彊兵若便舍舟奔走士卒必散且當入濟至馬耳谷口更詳所宜乃回軍沿濟南歷城步上焚舟棄甲還至彭城仲德與彥之並免官尋與檀道濟救滑臺糧盡而歸九年又爲鎮北將軍徐州刺史明年加領兗州刺史仲德三臨徐州威德著於彭城立佛寺作白狼童子像於塔中以河北所遇也十三年進號鎮北大將軍十五年卒諡曰桓侯亦於廟立白狼童子壇每祭必祠之子正脩嗣爲家僮所殺

張邵字茂宗會稽太守裕之弟也初爲晉琅邪內史王誕龍驤府功曹桓玄徙誕於廣州親故咸離棄之惟邵情意彌謹流涕追送時變亂饑饉又饋送其妻子桓玄篡位父敞先爲尚書以答事微謬降爲廷尉卿及武帝討玄邵白敞表獻誠欵帝大說命署其門曰有犯張廷尉者以軍法論後以敞爲吳郡太守王謐爲揚州召邵爲主簿劉毅爲亞相愛才好士當世莫不輻湊獨邵不往或問之邵曰主公命世人傑何煩多問劉穆之聞以白帝益親之轉太尉參軍署長流賊曹盧循寇逼京師使邵守南城時百姓臨水望賊帝怪而問邵邵曰若節鉞未反奔散之不暇亦何能觀望今當無復恐耳尋補州主簿邵悉心政事精力絕人及誅劉藩邵時在西州直廬即夜誡衆曹曰大軍當大討可各脩舟船倉庫及曉取辦旦日帝求諸簿署應時即至怪問其速諸曹答曰昨夜受張主簿處分帝曰張邵可謂同我憂慮矣九年世子始開征虜府補邵錄事參軍轉號中軍遷咨議參軍領記室十二年武帝北伐邵請見曰人生危脆必當遠慮穆之若邂逅不幸誰可代之尊業如此苟有不諱事將如何帝曰此自委穆之及卿耳青州刺史檀祇鎮廣陵時滁州結聚亾命祇率衆掩之劉穆之恐以爲變將發軍邵曰檀韶據中流道濟爲軍首若疑狀發露恐生大變宜且遣慰勞以觀其意既而祇果不動及穆之卒朝廷恇懼便欲發詔以司馬徐羨之代之邵對曰今誠急病任終在徐且世子無專命宜須北咨信反方使世子出命曰朝廷及大府事悉咨徐司馬其餘啓還武帝重其臨事不撓有大臣體十四年以世子鎮荊州邵諫曰儲貳之重四海所繫不宜處外敢以死請從之文帝爲中郎將荊州刺史以邵爲司馬領南郡相衆事悉決於邵武帝受命以佐命功封臨沮伯分荊州立湘州以邵爲刺史將署府邵以爲長沙內地非用武之國置署妨人乖爲政要帝從之謝晦反遺書要邵邵不發函馳使呈帝元嘉五年轉征虜將軍領寧蠻校尉雝州刺史加都督初王華與邵有隙及華參要親舊爲之危心邵曰子陵方弘至公必不以私讐害正義是任也華實舉之及至襄陽築長圍修立隄堰開田數千頃郡人賴之富贍丹淅二州蠻屢爲寇邵誘其帥因大會誅之悉掩其徒黨既失信群蠻所在並起水陸斷絕子敷至襄陽定省當還都群蠻伺欲取之會蠕蠕國遣使朝貢賊以爲敷遂執之邵坐降號揚烈將軍江夏王義恭鎮江陵以邵爲撫軍長史持節南蠻校尉坐在雝州營私蓄取贓貨二百四十五萬下廷尉免官削爵土後爲吳興太守卒追復爵邑諡曰簡伯邵臨終遺命祭以菜果葦席爲轜車諸子從焉子敷演鏡有名於世敷字景胤生而母亾年數歲問知之雖童蒙便有感慕之色至十歲許求母遺物而散施已盡唯得一扇乃緘錄之每至感思輒開笥流涕見從母悲感嗚咽性整貴風韻端雅好玄言善屬文初父邵使與南陽宗少文談繫象往復數番少文每欲屈握麈尾歎曰吾道東矣於是名價日重武帝聞其美召見奇之曰眞千里駒也以爲世子中軍參軍數見接引累遷江夏王義恭撫軍記室參軍義恭就文帝求一學義沙門會敷赴假江陵入辭文帝令以後車載沙門往謂曰道中可得言晤敷不奉詔上甚不說遷正員中書郎敷小名查父邵小名梨文帝戲之曰查何如梨敷曰梨爲百果之宗查何可比中書舍人狄當周赳並管要務以敷同省名家欲詣之赳曰彼恐不相容接不如勿往當曰吾等並已員外郎矣何憂不得共坐敷先設二牀去壁三四尺二客就席敷呼左右曰移我遠客赳等失色而去其自標遇如此善持音儀盡詳緩之致與人別執手曰念相聞餘響久之不絕張氏後進皆慕之其源起自敷也遷黃門侍郎始興王濬後將軍司徒左長史未拜父在吳興亡成服凡十餘日方進水漿葬畢不進鹽菜遂毀瘠成疾伯父茂度每譬止之數益更感慟絕而復續茂度曰我比止汝而乃益甚自是不復往來朞年而卒孝武即位旌其孝道追贈侍中改其所居爲孝張里敷弟柬襲父封位通直郎柬有勇力手格猛獸元凶以爲輔國將軍孝武至新亭柬出奔墜淮死子式嗣

暢字少微邵兄偉之子也偉少有操行爲晉琅邪王國郎中令從王至洛還京都武帝封藥酒一甖付偉令密加鴆毒受命於道自飲而卒暢少與從兄敷演鏡齊名爲後進之秀起家爲太守徐佩之主簿佩之被誅暢馳出奔赴制服盡哀時論美之弟牧嘗爲猘犬所傷醫者云食蝦蟇可療牧難之暢含笑先嘗牧因此乃食由是遂愈累遷太子中庶子孝武鎮彭城暢爲安北長史沛郡太守元嘉二十七年魏主托跋燾南征太尉江夏王義恭統諸軍出鎮彭城虜衆近城數十里彭城衆力雖多而軍食不足義恭欲棄彭城南歸計議彌日不定時歷城衆少食多安北中兵參軍沈慶之議欲以車營爲函箱陳精兵爲外翼奉二王及妃媛直趨歷城分城兵配護軍將軍蕭思話留守太尉長史何朂不同欲席卷奔鬱州自海道還都二議未決更集羣僚議之暢曰若歷城鬱州可至下官敢不高讚今城內乏食人無固心但以關扃嚴密不獲走耳若一搖動則潰然奔散雖欲至所在其可得乎今食雖寡然朝夕未至窘乏豈可捨

萬全之術而卽危亡之道此計必行下官請以頸血汚君馬跡孝武閒暢議謂義恭曰張長史言不可違也義恭乃止魏主旣至登城南亞父冢於戲馬臺立氈屋先是隊主蒯應見執其日晡時遣送應至小市門致意求甘蔗及酒孝武遣送酒二器甘蔗百挺求駱駝明日魏主又自上戲馬臺復遣使至小市門求與孝武相見遣送駱駝并致雜物使於南門受之暢於城上與魏尚書李孝伯語孝伯問君何姓答曰姓張孝伯曰張長史乎暢曰君何得見識孝伯曰君名聲遠聞足使我知城內有具思者嘗在魏義恭使視知是孝伯乃開門餉物魏主又求酒及甘橘孝武又致螺盃雜物南土所珍魏主復令孝伯傳語曰魏主有詔借博具暢曰博具當爲申致有詔之言正可施於彼國何得施之於此孝伯曰以隣國之臣耳孝伯又言太尉鎭軍久闕南信殊當憂邑若遣信當爲護送暢曰此中閒道甚多亦不須煩魏孝伯曰亦知有水路似爲白賊所斷暢曰君著白衣故號白賊也孝伯笑曰今之白賊亦不異黃巾赤眉但不在江南耳又求博具俄送與魏主又遣送氈及九種鹽并胡豉云此諸鹽各有宜白鹽是魏主所食黑者療腹脹氣滿刮取六銖以酒服之胡鹽療目痛柔鹽不用食療馬脊創赤鹽駮鹽臭鹽馬齒鹽四種並不中食胡豉亦中啖又求黃甘并云魏主致意太尉安北何不遣人來問觀我儀貌察我爲人暢又宣旨答曰魏主形狀才力久爲來往所見李尚書親自銜命不忍彼此不盡故不復遣又云魏主恨向所送馬殊不稱意安北若須大馬當送之脫須蜀馬亦有佳者暢曰安北不乏良駟送在彼意此非所求義恭又送炬燭十挺孝武亦致錦一匹又曰知更須黃甘若給彼軍卽不能足若供魏主未當乏絕故不復致孝伯又曰君南土膏粱何爲著屩君且如此將士云何暢曰膏粱之言誠以爲愧但以不武受命統軍戎陣之間不容緩服魏主又遣就二王借箜篌琵琶等器及棊子孝伯足詞辯亦北土之美暢隨宜應答甚爲敏捷音韻詳雅魏人美之時魏聲云當出襄陽故以暢爲南譙王義宣司空長史南郡太守元凶弑逆義宣發哀之日卽便舉兵暢爲元佐舉哀畢改服著黃袴褶出射堂簡人音儀容止衆皆矚目見者皆爲盡命事平徵爲吏部尚書封夷道縣侯及義宣有異圖蔡超等以暢人望勸義宣留之乃解南蠻校尉以授暢加冠軍將軍領丞相長史暢遣門生荀僧寶下郡因顏竣陳義宣釁狀僧寶有私貨止巴陵不時下會義宣起兵津路斷絕遂不得前義宣將爲逆使嬖人翟靈寶告暢暢陳必無此理請以死保之靈寶還白義宣云暢必不可回請殺以狗衆賴丞相司馬竺超民得免進號撫軍別立軍部以收人望暢雖署文檄飲酒常醉不省其事及義宣敗於梁山暢爲軍人所掠衣服都盡遇右將軍王玄謨乘輿出營暢已得敗衣遂排玄謨上輿玄謨甚不悅諸將請殺之隊主張榮救之得免執送都下付廷尉見原起爲都官尚書轉侍中孝武宴朝賢暢亦在坐何偃因醉曰張暢信奇才也與義宣作賊而卒無咎苟非奇才安能致此暢曰太初之時誰黃其閤帝曰何事相苦初尚之爲元凶司空及義師至新林門人皆逃尚之父子共洗黃閤故暢以此譏之孝建二年出爲會稽太守卒謚曰宣暢愛弟輯臨終遺命與輯合墳時議非之弟悅亦有美稱歷侍中臨海王子項前將軍長史南郡太守晉安王子勛建僞號召拜爲吏部尚書與鄧琬共輔僞政及事敗悅殺琬歸降復爲太子中庶子後拜雍州刺史泰始六年明帝於巴郡置三巴校尉以悅補之加持節輔師將軍領巴郡太守未拜卒暢子浩官至義陽王昶征北諮議參軍浩弟淹黃門郞封廣晉縣子太子右衞率東陽太守逼郡吏燒臂照佛百姓有罪使禮佛贖刑動至數千拜免官禁錮起爲光祿勳與晉安王子勛同逆軍敗見殺焉

臣穆等案高氏小史趙倫之傳下有到彥之傳而此書獨闕約之史法諸帝稱廟號而謂魏爲虜今帝稱帝號魏稱魏主與南史體同而傳末又無史臣論疑非約書然其辭差與南史異故特存焉

宋書卷四十六考證

王懿傳自言漢司徒允弟幽州刺史懋七世孫也○允諸本譌元今從南史改正

張邵傳惟邵情意彌謹○意南史作禮

自是不復往來朞年而卒○來南本作未屬下句臣承蒼按張敷居喪決無與人往來之事專用一往字乃指敷伯父茂度往敷所而言未朞年所以傷其卒之速也作未字爲是

張暢附傳暢字少微○臣照按張暢自有傳在五十九卷內不應重見於其兄傳後蓋八書殘缺後人以南北史補者多故每不成史法也

暢少與從兄敷演鏡齊名○鏡諸本皆作敬前張邵傳亦誤云子敷演敬有名於世今依南史改正

不忍彼此不盡○不忍南史作不患

隊主張榮救之得免○臣承蒼按南史作隊主張世營救得免張世卽張興世本单名世太宗益爲興世其後興世卒張暢子融爲負土成墳事見齊書張融傳此當云張世救之得免蓋後人不察張興世之可書張世而誤以營救之營爲人名遂改爲張榮耳

臣穆等按高氏小史○臣承蒼按此下七十五字乃後人所增入穆是史官之名高氏小史唐元和中高峻作初六十卷其子迥釐益之爲一百二十卷宋史言鄭穆字閎中在館閣三十年嘗編校集賢院書籍當卽其人其言此卷非沈約書誠然不特帝稱帝號魏稱魏主與約書體例不合張邵傳首云會稽太守裕之弟也裕乃武帝諱不宜直犯張暢自有傳今重附於張邵傳後尤失點檢

宋書卷四十七

梁　沈約　撰

列傳第七

劉懷肅　孟懷玉（懷玉弟龍符）　劉敬宣　檀祗

劉懷肅彭城人高祖從母兄也家世貧窶而躬耕好學初爲劉敬宣寧朔府司馬東征孫恩有戰功又爲龍驤司馬費令聞高祖起義乘縣來奔京邑平定振武將軍道規追桓玄以懷肅爲司馬玄留何澹之郭銓等戍桑落洲進擊破之潁川太守劉統平除高平太守玄旣死從子振大破義軍於楊林義軍退尋陽懷肅與江夏相張暢之攻澹之於西塞破之僞鎭東將軍馮該戍夏口東岸孟山圖據魯山城桓仙客守月壘皆連壁相望懷肅與道規攻之躬擐甲冑陷二城馮該走石城生擒仙客義熙元年正月振敗走道規遣懷肅平石城斬馮該及其子山靖子月神振復襲江陵荊州刺史司馬休之出奔懷肅自雲杜馳赴日夜兼行七日而至振勒兵三萬旗幟蔽野躍馬橫矛躬自突陳流矢傷懷肅頷衆懼欲奔懷肅瞋目奮戰士氣益壯於是士卒爭先臨陣斬振首江陵旣平休之反鎭執懷肅手曰微子之力吾無所歸矣僞輔國將軍符嗣馬孫僞龍驤將軍金符青樂志等屯結江夏懷肅又討之梟樂志等道規加懷肅督江夏九郡權鎭夏口除通直郞仍爲輔國將軍淮南歷陽二郡太守二年又領劉毅撫軍司馬軍郡如故以義功封東興縣侯食邑千戶其冬桓石綏司馬國璠陳襲於胡桃山聚衆爲寇懷肅率步騎討破之江淮閒羣蠻及桓氏餘黨爲亂自請出討旣行失旨毅上表免懷肅官三年卒時年四十一追贈左將軍無子弟懷愼以子蔚祖嗣封官至江夏內史蔚祖卒子道存嗣太祖元嘉末爲太尉江夏王義恭諮議參軍世祖伐元凶義軍至新亭道存出奔元凶殺其母以徇前廢帝景和中爲義恭太宰從事中郞義恭敗以黨與下獄死懷肅次弟懷敬澀訥無才能初高祖產而皇妣殂孝皇帝貧薄無由得乳人議欲不舉高祖高祖從母生懷敬未朞乃斷懷敬乳而自養高祖高祖以舊恩懷敬累見寵授至會稽太守尚書金紫光祿大夫懷敬子眞道爲錢唐令元嘉十三年東土饑上遣揚州治中從事史沈演之巡行在所演之上表曰宰邑輔政必以簡惠成能莅職闡治務以利民著績故王奐見紀於前升卿流稱於後竊見錢唐令劉眞道餘杭令劉道錫皆奉公卹民恪勤匪懈百姓稱詠訟訴希簡又蒭蕩凶非屢能擒獲災水之初餘杭高堤崩潰洪流迅激勢不可量道錫躬先吏民親執板築塘旣還立縣邑獲全經歷諸縣訪覈名實並爲二邦之首最治民之良宰上嘉之各賜穀千斛以眞道爲步兵校尉十四年出爲梁南秦二州刺史十八年氐賊楊難當侵寇漢中眞道率軍討破之而難當寇盜猶不已太祖遣龍驤將軍裴方明率禁兵五千受眞道節度十九年方明至武興率太子積弩將軍劉康祖後軍參軍梁坦陳彌裴肅之安西參軍段叔文魯尚期始興王國常侍劉僧秀綏遠將軍馬洗振武將軍王奐之等進次潭谷去皐蘭數里難當遣其建節將軍符弘祖咳元等固守皐蘭鎭北將軍符德義於外爲游軍難當子撫軍大將軍和重兵繼其後方明進擊大破之於濁水斬弘祖并三千餘級遣康祖追之過皐蘭二千餘里和又遣德義助戰康祖又大破之和退保脩城難當遣建忠將軍楊林振威將軍姚憲領二千騎就和方明又率諸將攻之和敗走追至赤亭難當席卷奔叛方明遣康祖直趣百頃僞丞相楊萬壽等一時歸降難當第三息虎先戍陰平難當旣走虎逃竄民閒生禽之送京都斬於建康市秦州刺史胡從之西鎭北頃行至濁水爲索虜所邀擊敗没以眞道爲建威將軍雝州刺史方明輔國

將軍梁南秦二州刺史方昄辭不拜詔曰往年氐豎楊難當造爲叛亂俔首者衆其長史楊萬壽建節將軍姚憲情不達順屢進矢言及凶醜肖遁闔境崩擾建忠將軍呂訓衛倉儲以候王師寧朔將軍姜檀果烈懇到志在宣力濁水之捷厥庸顯然近者協贊義奮乃心無替洛陽符昭誠係本朝亦同斯舉俘擒僞將獨克武興推鋒致效隕命寇手並事著屯險感於予懷宜蒙旌敘榮慰存亾可贈萬壽龍驤將軍昭武都太守憲補員外散騎侍郎訓駙馬都尉奉朝請檀征西大將軍司馬仇池太守宜並內徙可符雍梁二州厚加贍卹呂訓畧氐人呂先子也又詔曰故晉壽太守姜道盛前討仇池志輸誠力卽戎著效臨財能清近先登濁水殞身鋒鏑誠節俱亮矜悼於懷可贈給事中賜錢千萬道盛注古文尚書行於世眞道方明並坐破仇池斷割金銀諸雜寶貨又藏難當善馬下獄死劉康祖等繫免各有差方明河東人爲劉道濟振武中兵參軍立功蜀土歷潁川南平昌太守皆坐贓私免官

孟懷玉平昌安丘人也高祖珩晉河南尹祖淵右光祿大夫父綽義旗後爲給事中光祿勳追贈金紫光祿大夫世居京口高祖東伐孫恩以懷玉爲建武司馬豫義旗從平京城進定京邑以功封鄱陽縣侯食邑千戶高祖鎮京口以懷玉爲鎮軍參軍下邳太守義熙三年出爲寧朔將軍西陽太守新蔡內史除中書侍郎轉輔國將軍領丹陽府兵戍石頭盧循逼京邑懷玉於石頭岸連戰有功爲中軍諮議參軍賊帥徐道覆屢欲以精銳登岸畏懷玉不敢上及循南走懷玉與衆軍追躡直至嶺表徐道覆屯結始興懷玉攻圍之身當矢石旬月乃陷仍南追循循平又封陽豐縣男食邑二百五十戶復爲太尉諮議參軍征虜將軍八年遷江州刺史尋督江州豫州之西陽新蔡汝南潁川司州之松滋六郡諸軍事南中郎將刺史如故時荆州刺史司馬休之居上流有異志故授懷玉此任以防之十一年加持節丁父艱懷玉有孝性因抱篤疾上表陳解不許又自陳弟仙客出繼喪主唯已乃見聽未去任其年卒於官時年三十一追贈平南將軍子元卒無子國除懷玉別封陽豐男子慧熙嗣坐廢祭祀奪爵慧熙已宗嗣竟陵太守中大夫龍符懷玉弟也驍果有膽氣幹力絕人少好游俠結客於閭里早爲高祖所知既克京城以龍符爲建武參軍江乘羅落覆舟三戰並有功參鎮軍軍事封平昌縣五等子加寧遠將軍淮陵太守與劉藩向彌征桓歆桓石康破斬之除建威將軍東海太守索虜斛蘭索度眞侵邊彭沛騷擾高祖遣龍符建威將軍道憐北討一戰破之追斛蘭至光水溝邊被創奔走高祖伐廣固以龍符爲車騎將軍加龍驤將軍廣川太守統步騎爲前鋒軍達臨朐與賊爭水龍符單騎衝突應手破散卽據水源賊遂退走龍符乘勝奔逐後騎不及賊數千騎圍繞攻之龍符奮矟接戰每一合輒殺數人衆寡不敵遂見害時年三十三高祖深加痛悼追贈青州刺史又表曰故龍驤將軍廣川太守孟龍符忠勇果毅隕身王事宜蒙甄表以顯貞節聖恩嘉悼寵贈方州龍符投袂義初前驅效命推鋒三捷每爲衆先及西剿桓歆北殄索虜朝議爵賞未及施行會今北伐復統前旅臨朐之戰氣冠三軍於時逆徒實繁控弦掩澤龍符匹馬電躍所向摧靡奮戈深入知死弗吝賊超奔遁依險鳥聚大軍因勢方軌長驅考其庸績豫參濟不竊謂宜班爵土以褒勳烈乃追封臨沅縣男食邑五百戶無子弟仙客以子微生嗣封太祖元嘉中有辠奪爵徙廣州以微生弟彥祖子佛護襲爵齊受禪國除孝武大明初諸流徙者悉聽還本微生已死子係祖歸京都有筋幹異力能儋負數人入隸羽林爲殿中將軍二年索虜寇青冀世祖遣軍援之係祖自占求行戰於杜梁挺身入陳所殺狼籍遂見殺詔書追贈潁川郡太守

劉敬宣字萬壽彭城人漢楚元王交後也祖建征虜將軍父牢之鎮北將軍敬宣八歲喪母晝夜號泣中表異之輔國將軍桓序鎮蕪胡牢之參序軍事四月八日敬宣見衆人灌佛乃下頭上金鏡以爲母灌因悲泣不自勝序歎息謂牢之曰卿此兒既爲家之孝子必爲國之忠臣起家爲王恭前軍參軍又參會稽世子元顯征虜軍事隆安三年王恭起兵於京口以誅司馬尚之兄弟爲名牢之時爲恭前軍司馬輔國將軍晉陵太守置佐領兵而恭以豪戚自居甚相陵忽牢之心不能平及恭此舉使牢之爲前鋒太傅會稽王道子與牢之書備言禍福使以兵反恭牢之呼敬宣謂曰王恭昔蒙先帝殊恩今居伯舅之重義心未彰唯兵是縱吾不能審恭事捷之日必能奉戴天子綏穆宰相與不今欲奉國威靈以明逆順汝以爲何如敬宣曰朝廷雖無成康之隆未有桓靈之亂而恭怙亂阻兵志陵京邑大人與恭親無骨肉分非君臣雖共事少時意好不協今日討之於情何有牢之至竹里斬恭大將顏延遣敬宣率高雅之等還京襲恭恭方出城耀軍馳騎橫擊之一時散潰元顯進號後將軍以敬宣爲諮議參軍加寧朔將軍三年孫恩爲亂東土騷擾牢之自表東討軍次虎疁賊皆死戰敬宣請以騎傍南山趣其後吳賊畏馬又懼首尾受敵遂大敗進平會稽尋加臨淮太守遷後軍從事中郎五年孫恩又入浹口高祖戍句章賊頻攻不能拔敬宣請往爲援賊恩於是退遠入海是時四方雲擾朝廷微弱敬宣每慮艱難未已高祖既累破妖賊功名日盛故敬宣深相憑結情好甚隆元顯進號驃騎敬宣仍隨府轉軍郡如故元顯驕婬縱肆羣下化之敬宣每預燕會未嘗飲酒調戲之來無所酬答元顯甚不說尋進號輔國將軍餘如故元興元年牢之南討桓玄元顯爲征討大都督日夜昏酣牢之驟詣門不得相見帝出餞行方遇公坐而已桓玄既至溧洲遣信說牢之牢之以道子昏闇元顯淫凶慮平玄之日亂政方始假手於玄誅除執政然後乘玄之隙可以得志於天下將許玄降敬宣諫曰方今國家亂擾四海鼎沸天下之重在大人與玄玄藉先父之基據荆南之勢雖無姬文之德實爲參分之形一朝縱之使陵朝廷威望既成則難圖也董卓之變將生於今牢之怒曰吾豈不知今日取玄如反覆手但平玄之後令我那驃騎何遺敬宣爲任玄板爲其府諮議參軍玄既得志害元顯廢道子以牢之爲征東將軍會稽太守牢之與敬宣謀共襲玄期以明旦值尒日大霧府門晚開日旰敬宣不至牢之謂所謀已泄率部曲向白洲欲奔廣陵而敬宣還京口迎家牢之尋求不得謂已爲玄所擒乃自縊死敬宣奔喪哭畢卽渡江就司馬休之高雅之等俱奔洛陽往來長安各以子弟爲質求救於姚興興之符信令關東募兵得數千人復還至彭城間收聚義故玄遣孫無終討冀州刺史劉軌軌要敬宣雅之等共據山陽破之不剋又進昌平澗戰不利衆各離散乃俱奔鮮卑慕容德敬宣素曉天文知必有興復晉室者尋夢丸土服之既覺喜曰丸者桓也桓既吞矣吾復本土乎乃結青州大姓諸省封幷要鮮卑大帥免逵謀滅德推休之爲主剋日垂發時劉軌爲德司空大被委任雅之又欲要軌敬宣曰此公年老吾觀其有安齊志必不動不可告也雅之以爲不然遂告軌軌果不從謀頗泄相與殺軌而去至淮泗間會高祖平京口手書召敬宣左右疑其詐敬宣曰吾固知其然矣下邳不誘我也卽便馳還既至京師以敬宣爲輔國將軍晉陵太守襲封武岡縣男是歲安帝元興三年也桓歆率氐賊楊秋寇歷陽敬宣與建威將軍諸葛長民大破之歆單騎走渡淮斬楊秋於練固而還遷建威將軍江州刺史敬宣固辭言於高祖曰讐耻既雪四海清蕩所願反身草澤以終餘年恩遇不遺遂復偃俛卽日所忝已爲優渥且盤龍無忌猶未遇寵賢二弟位任尚卑一朝先之必貽朝野之責不許敬宣既至江州課集軍糧搜召舟乘軍戎要用常有儲擬故西征諸軍雖失利退據因之每卽振復其年桓玄兄子亮自號江州刺史寇豫章亮又遣符宏寇廬陵敬宣並討破之初劉毅之少也爲敬宣寧朔參軍時人或以雄傑許之敬宣曰人非常之才當別有調度豈得便謂此君爲人豪邪其性外寬而內忌自伐而尚人若一旦遭逢亦當以陵上取禍耳毅聞之深以爲恨及在江陵知敬宣還乃使人言於高祖曰劉敬宣父子忠國既昧今又不豫義始猛將勞臣方須敘報如敬宣之比宜令在後若使君不忘平生欲相申起者論資語事正可爲員外常侍耳聞已授其郡實爲過優尋知復爲江州尤所駭惋敬宣愈不自安安帝反正自表解職於是散徹賜給宅宇月給錢三十萬高祖數引與游宴恩款周洽所賜錢帛車馬及器服玩好莫與比焉尋除冠軍將軍宣城內史襄城太守宣城多山縣郡舊立屯以供府郡費用前人多發調工巧造作器物敬宣到郡悉罷私屯唯伐竹木治府舍而已亾叛多首出遂得三千餘戶高祖方大相寵任欲先令立功義熙三年表遣敬宣率衆五千伐蜀國子博士周祇書諫高祖曰自義旗之建所征無不必克此可謂天人交助信順之徵也今大難已夷君臣俱泰頃五穀轉豐民無饑苦劫盜之患亦爲弭息比誠漸足無事宜大寧治本蜀賊宜平六合宜一非爲不爾也古人有言天時不如地利地利不如人和今往伐蜀萬有餘里泝流天險動經時歲若此軍直指成都徑禽譙氏者復是將帥奮威一快之舉耳然益土荒殘野無靑草成都之內殆無孑遺計得彼利與今行軍之費不足相補也而今往艱險雨雪方降驅三州三吳之人投之三巴三蜀之土其中疾病死亾豈可稱計此一疑也賊必不守窮城將決力戰今我往勞困彼來甚逸若忽使師行不利人情波駭大勢挫衂此二疑也且千里饋糧士有饑色況今泝險萬里所在無儲若兵不解運漕不繼雖韓白之將何以成功此三疑也今云可征者云彼親離衆叛愚謂不然彼以一匹夫而能致今日之事若衆力離散亦何以至此官所遣兵皆烏合受募之人亦必無千人一心有前無退矣爲治者固先定其內而理其外先安

其近而懷其遠自頃猖狡不息誅戮相繼未可謂人和也天險如彼未可謂地利也毛修之家讎不雪不應以得死爲恨劉敬宣蒙生存之恩亦宜性命仰報令將軍欲驅二死之甘心而忘國家之重計愚情竊所未安闞門之外非所宜豫苟其有心不覺披盡不從假敬宣節監征蜀諸軍事郡如故既入陝分遣振武將軍巴東太守溫祚以二千人揚聲外水自率益州刺史鮑陋輔國將軍文處茂龍驤將軍時延祖由墊江而進敬宣率先士卒轉戰而前達遂寧郡之黃虎去成都五百里僞輔國將軍譙道福等悉衆距險相持六十餘日大小十餘戰賊固守不敢出敬宣不得進食糧盡軍中多疾疫死者太半引軍還譙縱送毛璩一門諸喪其妻女文處茂母何并諸士人喪柩浮之中流敬宣皆拯接致歸爲有司所奏免官削封三分之一五年高祖伐鮮卑除中軍諮議參軍加冠軍將軍從至臨朐慕容超出軍距戰敬宣與兗州刺史劉藩等奮擊大破之龍驤將軍孟龍符戰沒敬宣并領其衆圍廣固屢獻規略盧循逼京師敬宣分領鮮卑虎班突騎置陣甚整循等望而畏之遷使持節督馬頭淮西諸軍郡事鎭蠻護軍淮南安豐二郡太守梁國內史將軍如故循既走仍從高祖南討轉左衞將軍加散騎常侍敬宣寬厚善待士多伎藝弓馬音律無事不善時尚書僕射謝混自負才地少所交納與敬宣相遇便盡禮著歡或問混曰卿未嘗輕交於人而傾蓋於萬壽何也混曰人之相知豈可以一塗限孔文舉禮太史子義夫豈有非之者邪初敬宣回師於蜀劉毅欲以重法繩之高祖既相任待又何無忌明言於毅謂不宜以私憾傷至公若必文致爲戮已當入朝以廷議決之毅雖止猶謂高祖曰夫生平之舊豈可孤信光武悔之於龐萌曹公失之於孟卓公宜深慮之毅出爲荊州謂敬宣曰吾忝西任欲屈卿爲長史南蠻豈有見輔意乎敬宣懼禍及以告高祖高祖笑曰但令老兄平安必無過慮出爲使持節督北青州軍郡事征虜將軍北青州刺史領青河太守尋領冀州刺史時高祖西討劉毅豫州刺史諸葛長民監太尉軍事貽敬宣書曰盤龍狠戾專恣自取夷滅異端將盡世路方夷富貴之事相與共之敬宣報曰下官自義熙以來首尾十載遂忝三州七郡今此杖節常懼福過禍生實思避盈居損富貴之旨非所敢當遣使呈長民書高祖謂王誕曰阿壽故爲不負我也十一年正月進號右將軍司馬道賜者晉宗室之賤屬也爲敬宣參軍至高祖西征司馬休之道賜乃陰結同府辟閭道秀及左右小將王猛子等謀反道賜自號齊王以道秀爲青州刺史規據廣固舉兵應休之敬宣召道秀有所論因屏人左右悉出戶猛子逡巡在後取敬宣備身刀殺敬宣時年四十五文武佐吏即討道賜猛子等皆斬之先是敬宣未死嘗夜與僚佐宴集空中有放一隻芒屩於坐中墜敬宣食槃上長三尺五寸已經人著耳鼻間並欲壞頃之而敗喪至高祖臨哭甚哀子祖嗣宋受禪國除

檀祗字恭叔高平金鄉人左將軍韶第二弟也少爲孫無終輔國參軍隨無終東征孫恩屢有戰功復爲王誕龍驤參軍從高祖克京城參建武軍事至羅落橋馮之戰沒之後仍以馮之所領兵配祗京邑既平參鎭軍事加振武將軍隸振武大將軍道規追討桓玄每戰克捷江陵平定道規遣祗征湞洿亡命桓道兒張靖苻嗣等皆悉平之除龍驤將軍秦郡太守北陳留內史又爲寧朔將軍竟陵太守不拜破桓亮於長沙苻宏於湘東武陵內史庾悅疾病道規以祗代悅加寧朔將軍封西昌縣侯食邑千戶五年入爲中書侍郎盧循逼京邑加輔國將軍領兵屯西明門外循退走祗率所領步道援江陵未發遇疾停八年遷右衞將軍出爲輔國將軍宣城內史即本號督江北淮南軍郡事青州刺史廣陵相進號征虜將軍加節十年亡命司馬國璠兄弟自北徐州界聚衆數百潛得過淮因天夜陰闇率百許人緣廣陵城得入叫喚直上聽事祗驚起出門將處分賊射之傷敗乃入祗語左右賊乘闇得入欲掩我不備但打五鼓懼曉必走矣賊聞鼓鳴謂爲曉於是奔散追討殺百餘人祗降號建武將軍十一年進號右衞將軍十二年高祖北伐而亡命司馬欽寇涂（涂或作滁）中秦郡太守劉基求救分軍掩討即破斬之十四年宋國初建天子詔曰宋國始立內外草創禁旅至要總司須才右將軍祗可爲宋領軍將軍加散騎常侍祗性矜豪樂在外放恣不願內遷甚不得志發疾不自治其年卒廣陵時年五十一贈散騎常侍撫軍將軍謚曰威侯子獻嗣元熙中卒無子祗次子朗紹封朗卒子宣明嗣宣明卒子逸嗣齊受禪國除

史臣曰劉敬宣與高祖恩結龍潛義分早合雖興復之始事隔逢迎而深期久要未之或爽隆赫之任義止於人存飾終之數無閒於身後恩禮之有厚薄者將有以乎

宋書卷四十七考證

劉敬宣傳遺敬宣爲任○遺當作遣

遣孫無終討冀州刺史劉軌○無終諸本皆作無絡今改正孫無終嘗爲輔國將軍征孫恩有功者也

檀祗傳賊射之傷敗乃入○傷敗南史作傷股

宋書卷四十八

梁　沈　約　撰

列傳第八

朱齡石（齡石弟超石）　毛脩之　傅弘之

朱齡石字伯兒沛郡沛人也家世將帥祖騰建威將軍吳國內史伯父憲及斌並爲西中郎袁眞將佐憲爲梁國內史斌爲汝南內史大司馬桓溫伐眞於壽陽眞以憲兄弟與溫潛通並殺之齡石父綽逃走歸溫攻戰常居先不避矢石壽陽平眞已死綽輒發棺戮尸溫怒將斬之溫弟沖苦請得免綽爲人忠烈受沖更生之恩事沖如父參沖車騎軍事西陽廣平太守及沖薨綽歐血死沖諸子遇齡石如兄弟齡石少好武事頗輕佻不治崖檢舅淮南蔣氏人才儜劣齡石使舅臥於聽事一頭剪紙方一寸帖著舅枕自以刀子懸擲之相去八九尺百擲百中舅雖危懼戰慄爲畏齡石終不敢動舅頭有大瘤齡石伺舅眠密往割之舅即死初爲殿中將軍常追隨桓脩兄弟爲脩撫軍參軍在京口高祖克京城以爲建武參軍從至江乘戰齡石言於高祖曰世受桓氏厚恩不容以兵刃相向乞在軍後高祖義而許之事定以鎭軍參軍遷武康令加寧遠將軍喪亂之後武康人姚係祖招聚亡命專爲劫盜所居險阻郡縣畏憚不能討齡石至縣僞與係祖親厚召爲參軍係祖恃其兄弟徒黨彊盛謂齡石必不敢圖已乃出應召齡石潛結腹心知其居止塗徑乃要係祖宴會叱左右斬之乃率吏人馳至其家掩其不備莫有得舉手者悉斬係祖兄弟殺數十人自是一郡得清高祖又召爲參軍補徐州主簿遷尚書都官郎尋復爲參軍從征鮮卑坐事免官廣固平復爲參軍盧循至石頭領中軍循選敢死之士數千人上南岸高祖遣齡石領鮮卑步矟過淮擊之率厲將士皆殊死戰殺數百人賊乃退齡石既有武幹又練吏職高祖甚親委之盧循平以爲寧遠將軍寧蠻護軍西陽太守義熙八年高祖西伐劉毅齡石從至江陵九年遣諸軍伐蜀令齡石爲元帥以爲建威將軍益州刺史率寧朔將軍臧熹河間太守蒯恩下邳太守劉鍾龍驤將軍朱林等凡二萬人發自江陵尋加節益州諸軍事初高祖與齡石密謀進取曰劉敬宣往年出黃虎無功而退賊謂我今應從外水往而料我當出其不意猶從內水來也如此必以重兵守涪城以備內道若向黃虎正墮其計今以大衆自外水取成都疑兵出內水此制敵之奇也而慮此聲先馳賊審虛實別有函書全封付齡石署函邊曰至白帝乃開諸軍雖進未知處分所由至白帝發書曰衆軍悉從外水取成都臧熹朱林於中水取廣漢使羸弱乘高艦十餘由內水向黃虎衆軍乃倍道兼行譙縱果備內水使其大將譙道福以重兵戍涪城遣其前將軍秦州刺史侯輝尚書僕射蜀郡太守譙詵等率衆萬餘屯彭模夾水爲城十年六月齡石至彭模諸將以賊水北城險阻衆多咸欲先攻其南齡石曰不然雖寇在北今屠南城不足以破北若盡銳以拔北壘南城不麾而自散也七月齡石率劉鍾蒯恩等攻城詰朝戰至日昃焚其樓櫓四面並登斬侯輝譙詵仍回軍以麾南城即時散潰凡斬大將十五級諸營守以次土崩衆軍乃舍船步進龍驤將軍臧熹至廣漢病卒朱林至廣漢復破譙道福別軍乘船陷牛脾城斬其大將譙撫譙縱聞諸處盡敗奔於涪城巴西人王志斬送僞尚書令馬躭封府庫以待王師道福聞彭模不守率精銳五千兼行來赴聞縱已走道福衆亦散乃逃於獠中巴西民杜瑾縛送之斬於軍門桓謙弟恬隨謙入蜀爲寧蜀太守至是亦斬焉高祖之伐蜀也將謀元帥而難其人乃舉齡石衆咸謂自古平蜀皆雄傑重將齡石資名尚輕慮不辦克諫者甚衆高祖不從乃分大軍之半猛將勁卒悉以配之臧熹敬皇后弟咸服高祖之知人又美齡石之善於其事齡石遣司馬沈叔任戍涪蜀人侯產德作亂攻涪城叔任擊破之斬產德初齡石平蜀所戮止縱一祖之後產德事起多所連結乃窮加誅剪死者甚衆進號輔國將軍尋進監益州巴西梓潼宕渠南漢中秦州之安固懷寧六郡諸軍事以平蜀功封豐城縣侯食邑千戶十一年徵爲太尉諮議參軍加冠軍將軍十二年北伐遷左將軍本號如故配以兵力守衞殿省劉穆之甚加信仗內外諸事皆與謀焉高祖還彭城以齡石爲相國右司馬十四年安西將軍桂陽公

義眞被徵以齡石持節督關中諸軍事右將軍雍州刺史敕齡石若關右必不可守可與義眞俱歸齡石亦舉城奔走龍驤將軍王敬先戍曹公壘齡石自潼關率餘衆就敬先虜斷其水道衆渴不能戰城陷虜執齡石及敬先還長安見殺時年四十子景符嗣景符卒子祖宣嗣坐輒之封八年不反及不分姑國秩奪爵更以祖宣弟隆紹封齊受禪國除齡石弟超石亦果銳善騎乘雖出自將家兄弟並閑尺牘桓謙爲衞將軍以補行參軍又參何無忌輔國右軍軍事徐道覆破無忌得超石以爲參軍至石頭超石說其同舟人乘單舸走歸高祖高祖甚喜之以爲徐州主簿超石收迎桓謙身首躬營殯葬遷車騎參軍事尚書都官郎尋復補中兵參軍寧朔將軍沛郡太守西伐劉毅使超石率步騎出江陵未至而毅平及討司馬休之遣冠軍將軍檀道濟及超石步軍出大薄魯宗之聞超石且至自率軍逆之未戰而江陵平從至襄陽領新野太守追宗之至南陽而還義熙十二年北伐超石前鋒入河索虜托跋嗣姚興之婿也遣弟黃門郎鵞青冀州刺史安平公乙旃眷襄州刺史托跋道生青州刺史阿薄干步騎十萬屯河北常有數千騎緣河隨大軍進止時軍人緣河南岸牽百丈河流迅急有漂渡北岸者輒爲虜所殺略遣軍裁過岸虜便退走軍還卽復東來高祖乃遣白直隊主丁旿率七百人及車百乘於河北岸上去水百餘步爲却月陣兩頭抱河車置七仗士事畢使豎一白毦虜見數百人步牽車上不解其意並未動高祖先命超石馳往赴之幷齎大弩百張一車益二十人設彭排於轅上虜見營陣既立乃進圍營超石先以軟弓小箭射虜虜以衆少兵弱四面俱至嗣又遣南平公托跋嵩三萬騎至遂內薄攻營於是百弩俱發又選善射者叢箭射之虜衆既多不能制超石初行別齎大鎚幷千餘張矟乃斷矟長三四尺以鎚鎚之一矟輒洞貫三四虜虜衆不能當一時奔潰臨陣斬阿薄干首虜退還平城超石率胡藩劉榮祖等追之復爲虜所圍奮擊盡日殺虜千計虜乃退走高祖又遣振武將軍徐猗之五千人向越騎城虜圍猗之以長戟結陣超石赴之未至悉奔走大軍進克蒲坂以超石爲河東太守戍守之賊以超石衆少復還攻城超石戰敗退走數日乃及大軍高祖自長安東還超石常令人水道至彭城除中書侍郎封興平縣五等侯關中擾亂高祖遣超石慰勞河洛始至蒲坂值齡石自長安東走至曹公壘超石濟河就之與齡石俱沒爲佛佛所殺時年三十七

毛脩之字敬文滎陽陽武人也祖虎生伯父璩並益州刺史父瑾梁秦二州刺史脩之有大志頗讀史籍荆州刺史殷仲堪以爲寧遠參軍桓玄克荆州仍爲玄佐歷後軍太尉相國參軍解音律能騎射玄甚遇之及篡位以爲屯騎校尉隨玄西奔玄敗於崢嶸洲復還江陵人情離散議欲西奔漢川脩之誘令入蜀馮遷斬玄於枚回洲脩之力也晉安帝反正於江陵除驍騎將軍下至京師高祖以爲鎮軍諮議參軍加寧朔將軍旬月遷右將軍既有斬玄之謀又伯父並有蜀土高祖欲引爲外助故頻加策爵及父瑾爲譙縱所殺高祖表爲龍驤將軍配給兵力遣令奔赴又遣益州刺史司馬榮期及文處茂時延祖等西討脩之至宕渠榮期爲參軍楊承祖所殺承祖自稱鎮軍將軍巴州刺史脩之退還白帝承祖自下攻之不拔脩之使參軍嚴綱等收兵衆漢嘉太守馮遷率兵來會討承祖斬之時文處茂猶在巴郡脩之遣振武將軍張季仁五百兵係處茂等荆州刺史道規又遣奮武將軍原導之領千人受脩之節度脩之遣原導之與季仁俱進時益州刺史鮑陋不肯進討脩之下都上表曰臣聞在生所以重生實有生理可保臣之情地生塗已竭所以未淪於泉壤借命於朝露者以日月貞照有兼暎之輝庶憑天威誅夷讐逆自提戈西赴僃嘗時難遂使齊斧停柯狡豎假息誠由經路有暨亦緣制不自已撫影窮號泣望西路益州刺史陋始以四月二十九日達巴東頓白帝以俟廟略可乘之機宜踐投袂之會屢愆臣雖劾死寇庭而理絕救援是以束骸載馳訴冤象魏昔宋害申舟楚莊有遺履之憤況忘家殉國勢有臣門節冠風霜人所矜悼伍員不虧君義而申包不忘國艱俟會佇鋒因時乃發今臣庸踰在昔未蒙賓邁之旗是以仰辰極以希照眷西土以灑淚也公私懷恥仰望洪恩豈宜遂享名器比肩人伍求情既所不容卽實又非所繼但以方仗威靈要須綜攝乞解金紫寵私之榮賜以鷹揚折衝之號臣之於國理無虛請自臣涉道情慮荒越疹毒交纏常慮性命隕越要當躬先士卒身馳賊庭手斬凶醜以攄莫大之釁然後就死之日卽化如歸闔門靈爽豈不謝先帝於玄宮高祖哀其情事乃命冠軍將軍劉敬宣率文處茂時延祖諸軍伐蜀軍次黃虎無功而退譙縱由此送脩之父伯及中表喪口累並得俱還盧循逼京邑脩之服未除起爲輔國將軍尋加宣城內史戍姑孰爲循黨阮賜所攻擊破之循走劉毅還姑孰脩之領毅後軍司馬坐長置吏僮免將軍內史官毅西鎮江陵以爲衞軍司馬輔國將軍南郡太守脩之雖爲毅將佐而深自結高祖高祖討毅先遣王鎮惡襲江陵脩之與諮議參軍任集之等並力戰高祖宥之時遣朱齡石伐蜀脩之固求行高祖慮脩之至蜀必多所誅殘士人既與毛氏有嫌亦當以死自固故不許還都除黃門侍郎復爲右衞將軍脩之不信鬼神所至必焚除房廟時蔣山廟中有佳牛好馬脩之並奪取之高祖討司馬休之以爲諮議參軍冠軍將軍領南郡相高祖將伐羌先遣脩之復芍陂起田數千頃及至彭城又使營立府舍轉相國右司馬將軍如故時洛陽已平卽本號爲河南河內二郡太守行西州事戍洛陽脩治城壘高祖既至案行善之賜衣服玩好當時計直二千萬先是劉敬宣女嫁高祖賜錢三百萬雜綵千匹時人並以爲厚賜王鎮惡死脩之代爲安西司馬將軍如故值桂陽公義眞已發長安爲佛佛虜所邀軍敗脩之與義眞相失走將免矣始登一峽峽甚高峻右衞軍人叛走已上峽嘗爲脩之所罰者以戟擲之傷頟因墜峽遂爲佛佛所擒佛佛死其子赫連昌爲索虜托跋燾所獲脩之幷沒初脩之在洛敬事嵩高山寇道士道士爲燾所信敬營護之故得不死遷於平城脩之嘗爲羊羹以薦虜尚書尚書以爲絕味獻之於燾燾大喜以脩之爲太官令稍被親寵遂爲尚書光祿大夫南郡公太官令尚書如故其後朱脩之沒虜亦爲燾所寵脩之相得甚歡脩之問南國當權者爲誰朱脩之答云殷景仁脩之笑曰吾昔在南殷尚幼少我得歸罪之日便應巾韝到門邪經年不忍問家消息久之乃訊訪脩之具答幷云賢子元矯甚能自處爲時人所稱脩之悲不得言直視良久乃長歎曰嗚呼自此一不復反初荒人去來言脩之勸誘燾侵邊幷教燾以中國禮制太祖甚疑責之脩之後得還具相申理上意乃釋脩之在虜中多畜妻妾男女甚多元嘉二十三年死於虜中時年七十二元矯歷宛陵江乘溧陽令

傅弘之字仲度北地泥陽人傅氏舊屬靈州漢末郡境爲虜所侵失土寄寓馮翊置泥陽富平二縣靈州廢不立故傅氏悉屬泥陽晉武帝太康三年復立靈州縣傅氏悉屬靈州弘之高祖晉司徒祇後封靈州公不欲封本縣故祇一門還復泥陽曾祖暢祕書丞沒胡生子洪晉穆帝永和中胡亂得還洪生韶梁州刺史散騎常侍韶生弘之少倜儻有大志爲本州主簿舉秀才不行桓玄將襲新野人庾仄起兵於南陽襲雍州刺史馮該該走弘之時在江陵與仄兄子彬謀殺荆州刺史桓石康以荆州刺史應仄彬從弟宏知其謀以告石康石康收彬殺之繫弘之於獄桓玄以弘之非造謀又白衣無兵衆原不罪義旗建輔國將軍道規以爲參軍寧遠將軍魏興太守盧循作亂桓石綏自洛甲口自號荆州刺史徵陽令王天恩自號梁州刺史襲西城時韶爲梁州遣弘之討石綏等並斬之除太尉行參軍從征司馬休之署後部賊曹仍爲建威將軍順陽太守高祖北伐弘之與扶風太守沈田子等七軍自武關入僞上洛太守闕脫奔走進據藍田招懷戎晉晉人龐斌之戴養胡人康橫等各率部落歸化弘之素善騎乘高祖至長安弘之於姚弘馳道內緩服戲馬或馳或驟往反二十里中甚有姿制羌胡聚觀者數千人並驚惋歎息初上馬以馬鞭柄策挽致兩股內及下馬柄孔猶存進爲桂陽公義眞雍州治中從事史除西戎司馬寧朔將軍略陽太守徐師高反叛弘之討平之高祖歸後佛佛僞太子赫連璝率衆三萬襲長安弘之又領步騎五千於池陽大破之殺傷甚衆璝又抄掠渭南弘之又於寡婦人渡破璝獲賊三百掠七千餘口又義眞東歸佛佛傾國追躡於青泥大戰弘之身貫甲冑氣冠三軍軍敗陷沒佛佛逼令降弘之不爲屈時天寒裸弘之弘之叫罵見殺時年四十二

史臣曰三代之隆畿服有品東漸西被無遺遐荒及漢氏闢土遹譯四方風教淺深優劣已遠晉室播遷來宅揚越關朔遙阻隴汧遐荒區甸分其內外山河判其表裏而羌戎雜合久絕聲教固宜待以荒服羈縻而已也若其懷道畏威奉王受職則通以書軌班以王規若負其岨遠屈彊邊垂則距險閉關禦其寇暴桓溫一世英人志移晉鼎自非兵屈西湖戰衄枋頭則光宅之運中年允集高祖無周世累仁之基欲力征以君四海實須外積武功以收天下人望止欲挂旆龍門折衝冀趙跨功桓氏取高昔人地未闢於東晉威獨振於江南然後可以變國情愿民志撫歸運而膺寶策豈不知秦川不足供養百二難以傳後哉至舉咸陽而棄之非失算也此四將藉歸衆難固之情已至於俱陷爲不幸矣

宋書卷四十八考證

朱齡石傳嗣又遣南平公托跋嵩三萬騎至遂內薄攻營○內一本作肉臣承蒼按肉薄二字漢書屢見之

謂以身迫近其營而攻之也應從之

宋書卷四十九

梁　沈　約　撰

列傳第九

孫處　蒯恩　劉鍾　虞丘進

孫處字季高會稽永興人也籍注季高故字行於世少任氣高祖東征孫恩季高義樂隨高祖平定京邑以爲振武將軍封新夷縣五等矦廣固之役先登有功盧循之難於石頭扞柵戍越城查浦破賊於新亭高祖謂季高曰此賊行破應先傾其巢窟令奔走之日無所歸投非卿莫能濟事遣季高率衆三千汎海襲番禺初賊不以海道爲防季高至東衝去城十餘里城內猶未知循守戰士猶有數千人城池甚固季高先焚舟艦悉力登岸會天大霧四面陵城卽日克拔循父擬長史孫建之司馬虞尫夫等輕舟奔始興卽分遣振武將軍沈田子等討平始興南康臨賀始安嶺表諸郡循於左里奔走而衆力猶盛自嶺道還襲廣州季高距戰二十餘日循乃破走所殺萬餘人追奔至鬱林會病不得窮討循遂得走向交州義熙七年四月季高卒於晉康時年五十三追贈龍驤將軍南海太守封侯官縣矦食邑千戶九年高祖念季高之功乃表曰孫季高嶺南之勳已蒙褒贈臣更思惟盧循稔惡一紀據有全域若令根本未拔投奔有所招合餘燼猶能爲虞縣師遠討方勤廟算而季高汎海萬里投命洪流波激電邁指日遄至遂奄定南海覆其巢窟使循進退靡依輕舟遠迸曾不旬月妖凶殲殄蕩滌之功實庸爲大往年所贈猶爲未優愚謂宜更贈一州卽其本號庶令忠勳不湮勞臣增厲重贈交州刺史將軍如故子宗世卒子欽公嗣欽公卒子彥祖嗣齊受禪國除

蒯恩字道恩蘭陵承人也高祖征孫恩縣壓爲征民克乙士使伐馬芻恩常負大束兼倍餘人每捨芻於地歎曰大丈夫彎弓三石奈何克馬士高祖聞之卽給器仗恩大喜自征妖賊常爲先登多斬首級既習戰陣膽力過人誠心忠謹未嘗有過失甚見愛信於婁縣戰箭中左目從平京城進定京邑以寧遠將軍領幢隨振武將軍道規西討虜桓仙客克偃月壘遂平江陵義熙二年賊張堅據應城反恩擊破之封都鄉矦從伐廣固又有戰功盧循逼京邑恩戰於查浦賊退走與王仲德等追破循別將范宗民於南陵循既走還廣州恩又領千餘人隨劉藩追徐道覆於始興斬之遷龍驤將軍蘭陵太守高祖西征劉毅恩與王鎭惡輕軍襲江陵事在鎭惡傳以本官爲太尉長兼行參軍領衆二千隨益州刺史朱齡石伐蜀至彭模恩所領居前大戰自朝至日昃勇氣益奮賊破走進平成都擢爲行參軍改封北至縣五等男高祖伐司馬休之及魯宗之恩與建威將軍徐逵之前進逵之敗沒恩陳於隄下宗之子軌乘勝擊恩矢下如雨呼聲震地恩整厲將士置陣堅嚴軌屢衝之不動知不可攻乃退高祖善其能將軍持重江陵平定復追魯軌於石城軌棄城走恩追至襄陽宗之奔羌恩與諸將追討至魯陽關乃還恩自從征討每有危急輒率先諸將常陷堅破陣不避艱嶮凡百餘戰身被重創高祖錄其前後功勞封新寧縣男食邑五百戶高祖世子爲征虜將軍恩以大府佐領中兵參軍隨府轉中兵參軍高祖北伐留恩侍衞世子命朝士與之交恩益自謙損與人語常呼位官而自稱爲鄙人撫待士卒甚有紀綱衆咸親附之遷諮議參軍轉輔國將軍淮陵太守世子開府又爲從事中郎轉司馬將軍太守如故入關迎桂陽公義眞義眞還至青泥爲佛佛虜所追恩斷後力戰連日義眞前軍奔散恩軍人亦盡爲虜所執死於虜中子國才嗣國才卒子慧度嗣慧度卒無子國除

劉鍾字世之彭城彭城人也少孤依鄉人中山太守劉固共居幼有志力常慷慨於貧賤隆安四年高祖伐孫恩鍾願從餘姚浹口攻句章海鹽婁縣皆摧堅陷陣每有戰功爲劉牢之鎭北參軍督護高祖每有戎事鍾不辭艱劇專心盡力甚見愛信義旗將建高祖版鍾爲郡主簿明日從入京城將向京邑高祖命曰預是彭沛鄉人赴義者並可依劉主簿於是立爲義隊恒在左右連戰皆捷明日桓謙屯於東陵卞範之屯覆舟山西高祖疑賊有伏兵顧視左右止見鍾謂之曰此山下當有伏兵卿可率部下稍往撲之鍾應聲馳進果有伏兵數百一時奔走桓玄西奔其夕高祖止桓謙故營遣鍾宿據東府轉鎭軍參軍督護桓歆寇歷陽遣鍾助豫州刺史魏詠之討之歆卽奔迸除南齊國內史封安丘縣五等矦自陳情事改葬父祖及親屬十喪高祖厚加資給轉騎長史兼行參軍司馬叔璠與彭城劉謐劉懷玉等自蕃城攻鄒山魯郡太守徐邕失守鍾率軍討平之從征廣固孟龍符陷沒鍾率左右直入取其尸而反除振武將軍中兵參軍代龍符領廣川太守盧循逼京邑徐赤軍違處分敗於南岸鍾率麾下距柵身被重創賊不得入循南走鍾與輔國將軍王仲德追之循先留別帥范崇民以精兵高艦據南陵夾屯兩岸鍾自行覘賊天霧賊鉤得其舸鍾因率左右攻艦戶賊遽閉戶距之鍾乃徐還與仲德攻崇民崇民敗走鍾追討百里燒其船乘又隨劉藩追徐道覆於始興斬之補太尉行參軍寧朔將軍下邳太守代孟懷玉領石頭戍事高祖討劉毅鍾率軍繼王鎭惡江陵平定仍隨朱齡石伐蜀爲前鋒由外水至於彭模去成都二百里僞冠軍征討督護譙亢等兩岸連營層樓重柵衆號三萬鍾於時脚疾不能行齡石乃詣鍾謀曰今天時盛熱而賊嚴兵固險攻之未必可拔祇增疲困計其人情恇撓必不久安且欲養銳息兵以伺其隙隙而乘之乃可捷事然決機兩陳公本有所委卿意謂何鍾曰不然前揚聲言大衆向內水譙道福不敢舍涪城今重軍卒至出其不意蜀人已破膽矣賊今阻兵守險是其懼不敢戰非能持久堅守也因其兇懼盡銳攻之其勢必克鼓行而進成都必不能守矣今若緩兵相守彼將知人虛實涪軍忽來并力距我人情既安良將又集此求戰不獲軍食無資當爲蜀子虜耳齡石從之明日進攻陷其二城斬其大將矦輝譙詵遲平成都以廣固功封永新縣男食邑五百戶遷給事中大尉參軍事龍驤將軍高陽內史領石頭戍事高祖討司馬休之前軍將軍道憐留鎭東府領屯兵治亭羣盜數百夜襲鍾壘距擊破之時大軍外討京邑擾懼鍾以不能鎭遏降號建威將軍平蜀功應封四百戶男以先有封爵減戶以賜次子敬順高昌縣男食邑百戶尋復本號龍驤將軍十二年高祖北伐復留鎭居守增其兵力又命府置佐史荊州刺史道憐獻名馬三匹并精麗乘具高祖悉以賜鍾三子十四年遷右衞將軍龍驤將軍如故元熙元年卒時年四十三子敬義嗣敬義官至馬頭太守卒子國重嗣齊受禪國除鍾次子高昌男敬順卒子國須嗣須卒無子國除

虞丘進字豫之東海剡人也少時隨謝玄討苻堅有功封關內矦隆安中從高祖征孫恩戍句章城被圍數十日無日不戰身被數創至餘姚呵浦破賊張驃退至海鹽故治及婁縣於蒲濤口與孫恩水戰又被重創追恩至鬱州又至石鹿頭還海鹽大柱頻戰有功元興元年又從高祖東征臨海於石步固與盧循相守二十餘日二年又從高祖至東陽破徐道覆其年又至臨松穴破賊追至永嘉千江又至安固累戰皆有功三年從平京城定京邑除燕國內史義熙二年除龍驤將軍封龍川縣五等矦從高祖伐廣固於臨朐破賊盧循逼京邑孟昶諸葛長民等建議奉天子過江進廷議不可面折昶等高祖甚嘉之獻計伐樹柵石頭除鄱陽太守將軍如故統馬步十八隊於東道出鄱陽至五畝嶠循遣將英糾爲上饒令千餘人守故城進攻破之循又遣童敏之爲鄱陽太守據郡進從餘干步道趣鄱陽敏之退走追破之斬首數百復隨劉藩至始興討斬徐道覆八年除寧蠻護軍尋陽太守領文武二千從征劉毅事平補太尉行參軍尋加振威將軍九年以前後功封望蔡縣男食邑五百戶加龍驤將軍討司馬休之又有戰功軍還除輔國將軍山陽太守宋臺令書除秦郡太守督陳留郡事將軍如故元熙二年宋王令書以爲高祖第四子義康右將軍司馬永初二年遷太子右衞率明年卒官時年六十追論討司馬休之功進爵爲子增邑三百戶子耕嗣耕卒子襲祖嗣襲祖卒世寶嗣齊受禪國除

史臣曰詩云無言不酬無德不報此諸將並起自豎夫出於皁隸芻牧之下徒以心一乎主故能奮其鱗翼至於推鋒轉戰百死而不顧一生蓋由其心一也遂饗封矦之報詩人之言信矣

宋書卷四十九考證

孫處傳循父擬○南史盧循之父名嘏與此異

盧循稔惡一紀據有全域○域一本作城

虞丘進傳宋臺令書除秦郡太守○臺下當有建字

史臣論此諸將並起自豎夫出於皁隸芻牧之下○臣承蒼按皁隸芻牧之語專爲蒯恩而發可也劉鍾彭城望族虞丘進未從高祖征孫恩時已封關內矦安得槪以豎夫目之約之持論可謂疎矣

宋書卷五十

梁　沈約　撰

列傳第十

胡藩　劉康祖　垣護之　張興世

胡藩字道序豫章南昌人也祖隨散騎常侍父仲任治書侍御史藩少孤居喪以毀稱太守韓伯見謂藩叔尚書少廣曰卿此姪當以義烈成名州府辟召不就須二弟冠婚畢乃參郗恢征虜軍事時殷仲堪爲荊州刺史藩外兄羅企生爲仲堪參軍藩請假還過江陵省企生仲堪要藩相見接待甚厚藩因說仲堪曰桓玄意趣不常每怏怏於失職節下崇待太過非將來之計也仲堪色不悅藩退而謂企生曰倒戈授人必至之禍若不早規去就後悔無及玄自夏口襲仲堪藩參玄後軍軍事仲堪敗企生果以附從及禍藩轉參太尉將軍相國軍事義旗起玄戰敗將出奔藩於南掖門捉玄馬控曰今羽林射手猶有八百皆是義故西人一旦捨此欲歸可復得乎玄直以馬鞭指天而已於是奔散相失追及玄於蕪湖玄見藩喜謂張須無曰卿州故爲多士今乃復見王叔治桑落之戰藩艦被燒全鎧入水潛行三十許步方得登岸義軍既迫不復得西乃還家高祖素聞藩直言於殷氏又爲玄盡節召爲員外散騎侍郎參軍軍事從征鮮卑賊屯聚臨朐藩言於高祖曰賊屯軍城外留守必寡今往取其城而斬其旗幟此韓信所以克趙也高祖乃遣檀韶與藩等潛往既至即克其城賊見城陷一時奔走還保廣固累月將拔之夜佐史並集忽有鳥大如鵝蒼黑色飛入高祖帳裏皆駭愕以爲不祥藩起賀曰蒼黑者胡虜之色胡虜歸我大吉之祥也明旦攻城陷之從討盧循於左里頻戰有功封吳平縣五等子除正員郎尋轉寧遠將軍鄱陽太守從伐劉毅毅初當之荊州表求東道還京辭墓去都數十里不過拜闕高祖出倪塘會之藩勸於坐殺毅高祖不從至是謂藩曰昔從卿倪塘之謀無今舉也又從征司馬休之復爲參軍加建武將軍領游軍於江津徐逵之敗沒高祖怒甚即日於馬頭岸渡江而江津岸峭壁立數丈休之臨岸置陳無由可登高祖呼藩令上藩有疑色高祖奮怒命左右錄來欲斬之藩不受命顧曰藩寧前死耳以刀頭穿岸少容腳指於是徑上隨之者稍多既得登岸殊死戰賊不能當引退因而乘之一時奔散高祖伐羌假藩寧朔將軍參太尉軍事統別軍至河東暴風漂藩重艦渡北岸索虜牽得此艦取其器物藩氣厲心憤率左右十二人乘小船逕往河北賊騎五六百見藩來並笑之藩素善射登岸射賊應弦而倒者十許人賊皆奔退悉收所失而反又遣藩及朱超石等追索虜於半城虜騎數重藩及超石所領皆割配新軍不盈五千率厲力戰大破之又與超石等擊姚業於蒲坂超石失利退還藩收超石所捨資實徐行而反業不敢追高祖還彭城參相國軍事時盧循餘黨與蘇淫賊大相聚結以爲始興相論平司馬休之及廣固功封陽山縣男食邑五百戶少帝景平元年坐守東府開掖門免官尋復其職四年遷建武將軍江夏內史七年徵爲遊擊將軍到彥之北伐南兗州刺史長沙王義欣進據彭城藩出戍廣陵行府州事轉太子左衞率十年卒時年六十二謚曰壯侯子隆世嗣官至西陽太守隆世卒子乾秀嗣藩庶子六十人多不遵法度藩第十四子遵世爲臧質寧遠參軍去職還家與孔熙先同逆謀高祖以藩功臣不欲顯其事使江州以他事收殺之二十四年藩第十六子誕世第十七子茂世率羣從二百餘人攻破郡縣殺太守桓隆之令諸葛和之欲奉庶人義康值交州刺史檀和之至豫章討平之誕世兄車騎參軍新興太守景世景世弟寶世詣廷尉歸罪並徙遠州乾秀奪國世祖初徙者並得還

劉康祖彭城呂人世居京口伯父簡之有志榦爲高祖所知高祖將謀興復收集才力之士嘗再造簡之值有賓客簡之悟其意謂弟虔之曰劉下邳頻再來必當有意既不得共語汝可試往見之既至高祖已克京城虔之即便投義簡之聞之殺耕牛會聚徒衆率以赴高祖簡之歷官至通直常侍少府太尉咨議參軍簡之弟謙之好學撰晉紀二十卷義熙末爲始興相東海人徐道期流寓廣州無士行爲僑舊所陵侮因刺史謝欣死合率羣不逞之徒作亂攻沒州城殺士庶素憾者百餘傾府庫招集亡命出攻始興謙之破走之進平廣州誅其黨與仍行州事即以爲振威將軍廣州刺史後爲太中大夫虔之誕節不營產業輕財好施高祖西征司馬休之魯宗之等遣參軍檀道濟朱超石步騎出襄陽虔之時爲江夏相率府郡兵力出湞城屯三連立橋聚糧以待道濟等積日不至爲宗之子軌所襲衆寡不敵參軍孫長庸流涕勸還軍虔之厲色曰我仗順伐舉理無不克如其不幸命也戰敗見殺追贈梁秦二州刺史封新康縣男食邑五百戶康祖虔之子也襲封爲長沙王義欣鎮軍參軍轉員外散騎侍郎便弓馬膂力絕人在閭里不治士業以浮蕩蒱酒爲事每犯法爲郡縣所錄輒越屋踰牆莫之能禽夜入人家爲有司所圍守康祖突圍而出並莫敢追因夜還京口半夕便至明旦守門詣府州要職俄而建康移書錄之府州執事者並證康祖其夕在京口遂見無恙前後屢被糾劾太祖以勳臣子每原貸之爲員外郎十年再坐摴蒱戲免轉太子左積弩將軍隨射聲校尉裴方明西征仇池與方明同下廷尉康祖免官頃之世祖爲豫州刺史鎮歷陽以康祖爲征虜中兵參軍既被委任折節自修轉太子翊軍校尉久之遷南平王鑠安蠻府司馬元嘉二十七年春索虜托拔燾親率大衆攻圍汝南太祖遣諸軍救援康祖總統爲前驅軍次新蔡與虜戰俱前百餘里濟融水虜衆大至奮擊破之斬偽殿中尚書任城公乞地真去縣瓠四十里燾燒營退走轉左軍將軍太祖欲大舉北伐康祖以歲月已晚請待明年上以河北義徒並起若頓兵一周沮向義之志不許其年秋蕭斌王玄謨沈慶之等入河康祖率豫州軍出許洛玄謨等敗歸虜引大衆南度南平王鑠在壽陽上慮爲所圍召康祖速反康祖回軍未至壽陽數十里會虜永昌王庫仁真以長安之衆八萬騎與康祖相及於尉武康祖凡有八千人軍副胡盛之欲附山依險間行取至康祖怒曰吾受命本朝清蕩河洛寇今自送不復遠勞王師犬羊雖多實易摧滅吾兵精器練去壽陽裁數十里援軍尋至亦何患乎乃結車營而進虜四面來攻大戰一日一夜殺虜塡積虜分衆爲三且休且戰以騎負草燒車營康祖率厲將士無不一當百虜死者太半會矢中頸死於是大敗舉營淪覆爲虜所殺盡自免者裁數十人虜傳康祖首示彭城面如生胡盛之爲虜生禽托跋燾寵之常在左右盛之有勇力初爲長沙王義欣鎮軍參軍督護討劫譙郡縣西劫有馬步七十逃隱深榛盛之挺身獨進手斬五十八級二十八年詔曰康祖班師尉武戎律靡忒對衆以寡殲殄太半猛氣雲騰志申力屈沒世徇節良可嘉悼宜加甄寵以旌忠烈可贈益州刺史謚曰壯男傳國至齊受禪國除

垣護之字彥宗略陽桓道人也祖敞仕苻氏爲長樂國郎中令慕容德入青州以敞爲車騎長史德兄子超襲偽位伯父遵父苗復見委任遵爲尚書苗京兆太守高祖圍廣固遵苗踰城歸降並以爲太尉行參軍太祖元嘉中遵爲員外散騎常侍苗屯騎校尉護之少倜儻不拘小節形狀短陋而氣幹彊果從高祖征司馬休之爲世子中軍府長史兼行參軍永初中補奉朝請元嘉初爲殿中將軍隨到彥之北伐彥之將回師護之爲書諫曰外聞節下欲回師反旆竊所不同何者殘虜畏威望風奔迸八載侵地不戰克復方當長驅朔漠窮掃遺醜況乃自送無假遠勞宜使竺靈秀速進滑臺助朱修之固守節下大軍進擬河北則牢落遊魂自然奔退且昔人有連年攻戰失衆乏糧者猶張膽爭前莫肯輕退況今青州豐穰濟漕流通士馬飽逸威力無損若空棄滑臺坐喪成業豈是朝廷受任之旨彥之不納散敗而歸太祖聞而善之以補江夏王義恭征北行參軍北高平太守以載禁物繫尚方久之蒙宥又補衡陽王義季征北長流參軍遷宣威將軍鍾離太守隨王玄謨入河玄謨攻滑臺護之百舸爲前鋒進據石濟石濟在滑臺西南百二十里及虜救至又馳書勸玄謨急攻曰昔武皇攻廣固死沒者亦衆況事殊曩日豈得計士衆傷疲願以屠城爲急不從玄謨敗退不暇報護之護之聞知而虜悉已牽玄謨水軍大艚連以鐵鎖三重斷河欲以絕護之路河水迅急護之中流而下每至鐵鎖以長柯斧斷之虜不能禁唯失一舸餘舸並全留戍靡溝城還爲江夏王義恭驃騎戶曹參軍戍淮陰加建武將軍領濟北太守率二千人復隨張永攻碻磝先據委粟津虜壯道儁與偽尚書伏連來援碻磝護之拒之賊因引軍東去蕭思話遣護之迎軍至梁山偽尚書韓元興率精騎卒至護之依險拒戰斬其都軍長史甲首數十賊乃退思話將引還詐護之云沈慶之救軍垂至可急於濟口立橋護之揣知其意即分遣白丁思話復令度河戍乞活堡以防衆軍三十年春太祖崩還屯歷下聞世祖入討率所領馳赴上嘉之以爲督冀州之濟南樂安太原三郡諸軍事寧遠將軍冀州刺史孝建元年南郡王義宣反兗州刺史徐遺寶護之妻弟也遠相連結與護之書勸使同逆護之馳使以聞遺寶時戍湖陸護之留子恭祖守歷城自率步騎襲遺寶道經鄒山破其別戍未至湖陸六十里遺寶焚城西走兗土既定徵爲游擊將軍隨沈慶之等擊魯爽加輔國將軍義宣率大衆至梁山與王玄謨相持柳元景率護之及護之弟詢之柳叔仁鄭琨等諸軍出鎮新亭玄謨見賊強盛遣司馬管法濟求救甚急上遣元景等進據南州護之水軍先發賊遣將龐法起率衆襲姑熟適值護之鄭琨等至奮擊大破之斬獲及投水死略盡玄謨馳信告元景曰西城不守唯餘東城衆寡相懸請退還姑熟更議進取元景不

許將悉衆赴救護之勸分軍援之元景然其計乃以精兵配護之赴梁山及戰護之見賊舟艦累水謂玄謨曰今當以火平之即使隊主張談等燒賊艦風猛水急賊軍以此奔散梁山平護之率軍追討會朱修之以平江陵至尋陽而還遷督徐兗二州豫州之梁郡諸軍事寧朔將軍徐州刺史封益陽縣侯食邑千戶弟詢之驍敢有氣力元凶聞其名以副輔國將軍張柬時張超首行大逆亦領軍隸柬詢之規殺之慮柬宿有此志又測詢之同否互相觀察會超來論事柬色動詢之覺之即共定謀遣信召超超疑之不至改宿他所詢之不知其移遷斫之殺其僕於牀因與柬南奔柬溺淮死詢之得至時世祖已即位以爲積弩將軍梁山之役力戰爲流矢所中死追贈冀州刺史二年護之坐論功挾私免官復爲游擊將軍俄遷大司馬輔國將軍領南東海太守未拜復督青冀二州諸軍事寧遠將軍青冀二州刺史鎭歷城明年進號寧朔將軍進督徐州之東莞闕二郡軍事世祖以歷下要害欲移青州并鎭歷城議者多異護之曰青州北有河濟又多陂澤非虜所向每來寇掠必由歷城二州并鎭此經遠之略也北又近河歸順者易近息民患遠申王威安邊之上計也由是遂定大明二年徵爲右衞將軍還於道聞司空竟陵王誕於廣陵反叛護之即率部曲受車騎大將軍沈慶之節度事平轉西陽王子尚撫軍司馬臨淮太守明年出爲使持節督豫司二州諸軍事輔國將軍豫州刺史淮南太守復隸沈慶之伐西陽蠻護之所莅多聚斂賄貨充積七年坐下獄免官明年復起爲太中大夫未拜其年卒時年七十謚曰壯侯前廢帝永光元年追贈冠軍將軍豫州刺史子承祖嗣承祖卒子顯宗嗣齊受禪國除護之次子恭祖勇果有父風太宗泰始初以軍功爲梁南秦二州刺史避子閬元嘉中爲員外散騎侍郎母墓爲東阿寺道人曇洛等所發閬與弟殿中將軍閎共殺曇洛等五人詣官歸罪見原閬大明三年自義興太守爲寧朔將軍兗州刺史爲竟陵王誕所殺追贈征虜將軍刺史如故閎順帝昇明末右衞將軍

張興世字文德竟陵竟陵人也本單名世太宗益爲興世少時家貧南郡宗珍之爲竟陵郡興世依之爲客竟陵舊置軍府以補參軍督護不就白衣隨王玄謨伐蠻每戰輒有禽獲玄謨舊部曲諸將不及也甚奇之興世還都白太祖稱其膽力後隨世祖鎭尋陽以補南中參軍督護入討元凶隸柳元景爲前鋒事定轉員外將軍領從隊南郡王義宣反又隨玄謩出梁山有戰功除建平王宏中軍行參軍領長刀又隸西平王子尚爲直衞坐從子尚入臺棄仗游走下獄免官復以白衣充直衞大明末除員外散騎侍郎仍除宣威將軍隨郡太守未行太宗即位四方反叛進興世號龍驤將軍領水軍距南賊於赭圻築二城於湖口僞龍驤將軍陳慶領舸於前爲游軍興世率龍驤將軍佼長生董凱之攻克二城因擊慶慶戰大敗投水死者數千人時臺軍據赭圻南賊屯雒尾相持久不決興世建議曰賊據上流兵彊地勝我今雖相持有餘而制敵不足今若以兵數千潛出其上因險自固隨宜斷截使其首尾周遑進退疑沮中流一梗糧運自艱制賊之奇莫過於此沈攸之吳喜並贊其計時豫州刺史殷琰之據壽陽同逆爲劉勔所攻南賊遣龐孟虯率軍助琰劉勔遣信求援甚急建安王休仁欲遣興世救之問沈攸之攸之曰孟虯蟻寇必無能爲遣別將馬步數千足以相制若有意外且以江西餌之上流若據不憂不殄興世之行是安危大機必不可輟乃遣段佛榮等援勔興世欲率所領直取大雷而軍旅未集不足分張會薛索兒平定太宗使張永以步騎五千留戍盱眙餘衆二萬人悉遣南討山陽又尋平徵阮佃夫所領諸軍悉還南伐衆軍大集乃分戰士七千配興世興世乃令輕舸泝流而上旋復回還一二日中輒復如此使賊不爲之備劉胡聞興世欲上笑之曰我尚不敢越彼下取揚州張興世何物人欲輕據我上與世謂攸之等曰上流唯有錢谿可據地既險要江又甚狹去大衆不遠應赴無難江有洄洑船下必來泊岸有橫浦可以藏船舸二三爲宜乃夜渡湖口至散頭因復回下疑之其夜四更値風乃舉颿直前賊亦遣胡靈秀諸軍於東岸相翼而上興世夕住景江浦宿賊亦不進夜潛遣黃道標領七十舸徑據錢谿營立城柴明旦興世與軍齊集停一宿劉胡自領水步二十六軍平旦來攻將士欲迎擊之興世禁曰賊來尙遠而氣盛矢驟驟既力盡盛亦易衰此曹劌之所以破齊也令將士不得妄動治城如故俄而賊來轉近舫入洄洑興世乃命壽寂之任農夫率壯士數百擊之衆軍相繼進胡於是敗走斬級數百投水者甚衆胡收軍而下時興世城壘未固司徒建安王休仁慮賊并力更攻錢谿欲分其形勢命沈攸之吳喜佼長生劉靈遺等以皮艦二十攻賊濃湖苦戰連日斬獲千數是日劉胡果率衆軍欲更攻興世未至錢谿數十里袁顗以濃湖之急遽追之錢谿城柴由此得立賊連戰轉敗興世又遏其糧道尋陽遣運至南陵不敢下賊衆漸饑劉胡乃遣顗安北府司馬僞右軍沈仲玉領千人步取南陵迎接糧運仲玉至南陵領米三十萬斛錢布數十舫豎榜爲城規欲突過行至貴口不敢進遣間信報胡令遣重軍援接興世壽寂之任農夫李安民等三千人至貴口擊之與仲玉相値交戰盡日仲玉走還顗營悉虜其資實賊衆大敗震胡棄軍遁走顗仍亦奔散興世率軍追討與吳喜共平江陵還左軍將軍尋爲督豫司二州南豫州六郡諸軍事封作唐縣侯食邑千戶徵爲游擊將軍海道北伐假輔國將軍加節置佐無功而還四年遷太子右衞率又以本官領驍騎將軍與左衞將軍沈攸之參員置五年轉左衞將軍六年中領軍劉勔當鎭廣陵興世權兼領軍泰豫元年爲持節督雍梁南北秦郢州之竟陵隨二郡諸軍事冠軍將軍雍州刺史尋加寧蠻校尉桂陽王休範反興世遣軍赴朝廷未發而事平進號征虜將軍廢帝元徽三年徵爲通直散騎常侍左衞將軍五年以疾病徙光祿大夫常侍如故順帝昇明二年卒時年五十九追贈本官興世居臨沔水沔水自襄陽以下至于九江二千里中先無洲嶼興世初生當其門前水中一旦忽生洲年年漸大及至興世爲方伯而洲上遂十餘頃父仲子由與世致位給事興世欲將往襄陽愛戀鄉里不肯去嘗謂興世我雖田舍老公樂聞鼓角可送一部行田時吹之興世素恭謹畏法憲譬之曰此是太子鼓角非田舍老公所吹興世欲拜墓仲子謂曰汝衞從太多先人必當驚怖興世減撤而後行興世子欣業當嗣封會齊受禪國除

史臣曰兵固詭道勝在用奇當二帝爭雄天人之分未決南北連兵相阨而不得進者半歲矣蓋乃趙壁拔幟之機官渡潛師之日至於鵲浦投戈實興世用奇之力也建旆垂組豈徒然哉

宋書卷五十考證

胡藩傳藩外兄羅企生○企南史作企

以刀頭穿岸少容脚指於是徑上○少南史作劣

與孔熙先同逆謀高祖以藩功臣不欲顯其事○臣承蒼按胡遵世同孔熙先逆謀事在元嘉二十二年則此應作太祖諸本誤爲高祖也

張興世傳此是太子鼓角非田舍老公所吹○太子南史作天子其義更長

宋書卷五十一

梁　沈約　撰

列傳第十一

宗室

長沙景王道憐高祖中弟也初爲國子學生謝琰爲徐州命爲從事史高祖克京城進平京邑道憐常留家侍慰太后桓玄走大將軍武陵王遵承制除員外散騎侍郎尋遷建威將軍南彭城內史時北青州刺史劉該反引索虜爲援清河陽平二郡太守孫全聚衆應之義熙元年索虜托跋開遣僞豫州刺史索度眞大將軍斛斯蘭寇徐州攻相縣執鉅鹿太守賀申進圍寧朔將軍羊穆之於彭城穆之告急道憐率衆救之軍次陵柵斬全進至彭城眞蘭退走道憐率寧孟龍驤將軍孔隆及穆之等追眞蘭走奔相城又追躡至光水溝斬劉該虜衆見殺及赴水死略盡高祖鎭京口進道憐號龍驤將軍又領堂邑太守戍石頭明年加使持節監征蜀諸軍事率冠軍將軍劉敬宣等伐譙縱而文處茂溫祚據險不得進故不果行以義動封新興縣五等侯四年代諸葛長民爲并州刺史義昌太守將軍內史如故猶戍石頭時鮮卑侵逼自彭城以南民皆保聚山陽淮陰諸戍竝不復立道憐請據彭城以漸修創朝議以彭城縣遠使鎭山陽進號征虜將軍督淮北軍郡事北東海太守并州刺史義昌太守如故以破索度眞功封新渝縣男食邑五百戶從高祖征廣固常爲軍鋒及城陷慕容超將親兵突圍走道憐所部獲之加使持節進號左將軍七年解并州加北徐州刺史移鎭彭城八年高祖伐劉毅徵爲都督兗青二州晉陵京口淮南諸軍郡事兗青州刺史持節將軍太守如故還鎭京口九年甲仗五十人入殿以廣固功改封竟陵縣公食邑千戶減先封戶邑之半以賜次子義宗十一年進號中軍將軍加散騎常侍給鼓吹一部明年討司馬休之道憐監留府事甲仗百人入殿江陵平以爲都督荊湘益秦寧梁雍七州諸軍驃騎將軍開府儀同三司鎭護南蠻校尉荊州刺史持節常侍如故北府文武悉配之道憐素無才能言音甚楚舉止施爲多諸鄙拙高祖雖遣將軍佐輔之而貪縱過甚畜聚財貨常若不足去鎭之日府庫爲之空虛高祖平定三秦方思外畧徵道憐還爲侍中都督徐兗青三州揚州之晉陵諸軍事守尙書令徐兗二州刺史持節將軍如故元興元年解尙書令進位司空出鎭京口高祖受命進位太尉封長沙王食邑五千戶持節侍

中都督刺史如故。永初二年朝正入住殿省先是廬陵王義眞爲揚州刺史太后謂上曰道憐汝布衣兄弟故宜爲揚州上曰寄奴於道憐豈有所惜揚州根本所寄事務至多非道憐所了太后曰道憐年出五十豈當不如汝十歲兒邪上曰車士雖爲刺史事無大小悉由寄奴道憐年長不親其事於聽望不足太后乃無言車士義眞小字也三年春高祖不豫加班劒三十人時道憐入朝留司馬陸仲元居守刁逵子彌爲亡命率數十人入京城仲元擊斬之先是府史陳兗告彌有異謀至是賜錢二十萬除縣令五月宮車晏駕道憐疾患不堪臨喪六月薨年五十五追贈太傅持節侍中都督刺史如故祭禮依晉太宰安平王故事鸞輅九旒黃屋左纛轀輬挽歌二部前後部羽葆鼓吹虎賁班劒百人太祖元嘉九年詔曰古者明王經國司勳有典平章以馭德刑班瑞以疇功烈銘徽庸於鼎彝配祫祀於淸廟是以從饗先王義存商誥祭於大蒸禮著周典自漢迄晉世崇其文王猷旣昭幽顯咸秩先皇經緯天地撥亂受終駿命爰集光宅區宇雖聖明淵運三靈允協抑亦股肱翼亮之勤祈父宣力之効故使持節侍中都督南徐兗二州揚州之晉陵京口諸軍事太傅南徐兗二州刺史長沙景王故侍中大司馬臨川烈武王故司徒南康文宣公穆之侍中衞將軍開府儀同三司錄尚書事揚州刺史華容縣開國公弘使持節散騎常侍都督江州豫州西陽新蔡晉熙四郡軍事征南大將軍開府儀同三司江州刺史永修縣開國公道濟故將軍青州刺史龍陽縣開國侯鎭惡或履道廣流秉德冲邈或雅量高劭風鑒明遠或識唯知正才略開邁咸文德以熙帝載武功以隆景業固以侔蹤姬旦方軌伊邵者矣朕以寡德纂戎鴻緒每惟道勳思遵令典而太常未銘從祀尚闕鑒寐欽屬永言深懷便宜敬是前式憲茲嘉禮勒功天府配祭廟廷俾示徽章垂美長世茂績遠猷永傳不朽道憐六子義欣義慶義融義宗義賓義綦義欣嗣爲員外散騎侍郎不拜歷中領軍征虜將軍青州刺史魏郡太守將軍如故戍石頭元嘉元年進號後將軍加散騎常侍三年以本號爲南兗州刺史七年到彥之率大衆入河義欣進彭城爲衆軍聲援彥之退敗靑齊搔擾將佐慮寇大至勸義欣委鎭還都義欣堅志不動遷使持節監豫司雍幷四州諸軍豫州刺史將軍如故給鼓吹一部鎭壽陽于時土境荒毁人民彫散城郭頹敗盜賊公行義欣綱維補緝隨宜經理劫盜所經立討誅之制境內畏服道不拾遺城府庫藏並皆完實遂爲盛藩彊鎭時淮西江北長吏悉叙勞人武夫多無政術義欣陳之曰江淮左右土瘠民疎頃年以來荐飢相襲百城彫弊於今爲甚綏牧之宜必俟良吏勞人武夫不經政術統內官長多非才授東南殷實猶或簡能況賓接荒垂而可輒粲頓闕顧勑選部必使任得其人庶得不勞而治芍陂良田萬餘頃堤堰久壞秋夏常苦旱義欣遣諮議參軍殷肅循行修理有舊溝引渒水入陂不治積久樹木榛塞肅伐木開榛水得通注旱患由是得除十年進號鎭軍將軍進監爲都督十一年夏入朝太祖厚加恩禮十六年薨時年三十六追贈散騎常侍征西將軍開府儀同三司持節都督刺史如故謚曰成王子悼王瑾字彥瑜官至太子屯騎校尉三十年爲元凶所殺世祖卽位追贈散騎常侍子粲早夭粲弟纂字元績嗣官至步兵校尉順帝昇明二年薨會齊受禪國除瑾弟祗字彥期大明中爲中書郎太宰江夏王義恭領中書監服親不得相臨表求解職世祖詔曰昔二王兩謝俱至崇禮自今三臺五省悉同此例太宗初爲南兗州刺史都官尚書謀應晉安王子勛爲逆伏誅祗弟楷祕書郎爲元凶所殺追贈通直郎楷弟曕晉安太守與子勛同逆伏誅曕弟韞字彥文步兵校尉宣城太守子勛爲亂大衆屯據鵲尾攻逼宣城于時四方牧守莫不同逆唯韞棄郡赴朝廷太宗嘉其誠以爲黃門郎太子中庶子侍中加荊湘州南兗州刺史吳興太守侍中領左軍將軍又改領驍騎將軍撫軍將軍雍州刺史侍中領右衞將軍改領左衞將軍散騎常侍中領軍昇明二年謀反伏誅韞人才凡鄙以有宣城之勳特爲太宗所寵在湘州及雍州使善畫者圖其出行鹵簿羽儀常自披玩嘗以此圖示征西將軍蔡興宗興宗戲之陽若不解畫者指韞形像問曰此何人而在轝上韞曰此正是我其庸鄙如此韞弟弼武昌太守亦與子勛同逆伏誅弟鑒員外散騎侍郎蚤卒鑒弟顒字彥龢侍中吳興太守後廢帝元徽元年卒顒弟顗字彥明侍中左衞將軍冠軍將軍吳興太守未拜元徽四年卒追贈右將軍顗弟遂東陽太守黃門郎與從弟秉同逆事敗走白山追禽伏誅義欣弟義慶出繼臨川烈武王道規義慶弟義融永初元年封桂陽縣侯食邑千戶凡王子爲侯者食邑皆千戶義融歷侍中左衞軍太子中庶子五兵尚書領軍有質幹善於用短楯元嘉十八年卒追贈車騎將軍謚曰恭侯子孝侯顗嗣官至大子翊軍校尉爲元凶所殺世祖卽位追贈散騎常侍無子弟襲以子晃繼封昇明二年與員外散騎侍郎安成戢仁祖荒人王武連羽林副彭元儁等謀反國除襲字茂德太子舍人安成太守晉安王子勛爲逆襲據郡距之勛遣軍攻圍不能下太宗嘉之以爲郢州刺史封建陵縣侯食邑五百戶建陵縣屬蒼梧郡以道遠改封臨澧縣侯太始六年卒於中護軍追贈護軍將軍加散騎常侍謚曰忠侯襲亦庸鄙在郢州暑月露褌上聽事綱紀正伏閤怪之訪問乃知襲子旻嗣昇明三年改封東昌縣侯與兄晃俱伏誅襲弟彪祕書郎弟寔太子舍人並蚤卒寔弟爽海陵太守義融弟義宗幼爲高祖所愛字曰伯奴賜爵新渝縣男永初元年進爵爲侯歷黃門侍郎太子左衞率元嘉八年坐門生杜德靈放橫打人還第內藏義宗隱蔽之免官德靈雅有姿色爲義宗所愛寵本會稽郡吏謝方明爲郡方明子惠連愛幸之爲之賦詩十餘首乘流遵歸渚篇是也又爲侍中太子詹事加散騎常侍征虜將軍南兗州刺史二十一年卒追贈散騎常侍平北將軍謚曰惠侯愛士樂施兼好文籍世以此稱之子懷侯玠嗣琅邪泰郡太守爲元凶所殺追贈散騎常侍無子弟秉以子承繼封秉字彥節初爲著作郎歷羽林監越騎校尉中書黃門侍郎太宗泰始初爲侍中頻從左衞將軍丹陽尹太子詹事吏部尚書時宗室雖多材能甚寡秉少自砥束甚得朝野之譽故爲太宗所委五年出爲前將軍淮南宣城二郡太守不拜還復本任復爲侍中守祕書監領太子詹事未拜遷使持節都督南徐徐兗豫青冀六州諸軍事後將軍南徐州刺史加散騎常侍後廢帝卽位改都督郢州豫州之西陽司州之義陽二郡諸軍事郢州刺史持節常侍如故未拜留爲尚書左僕射參選元徽元年領吏部加兵五百人尋領衞尉辭不拜桂陽王休範爲逆中領軍劉勔出守石頭秉權兼領軍將軍所給加兵自隨入殿二年加散騎常侍丹陽尹解吏部封當陽縣侯食邑千戶與齊王袁粲褚淵分日入直決機事四年遷中書令加撫軍將軍常侍尹如故順帝卽位轉尚書令中領軍將軍如故時齊王輔政四海屬心秉知鼎命有在密懷異圖袁粲鎭石頭不識天命沈攸之舉兵反齊王入屯朝堂粲潛與秉及諸大將黃回等謀欲作亂本期夜會石頭旦乃舉兵秉素恇怯騷動擾不自安再餔後便自丹陽郡車載婦女盡室奔石頭部曲數百赫奕滿道旣至見粲粲驚曰何遽便來事今敗矣秉曰今得見公萬死亦何恨從弟中領軍韞直在省內與直閤將軍卜伯興謀其夜共攻齊王會秉去事覺齊王夜使驍騎將軍王敬則收韞韞已戒嚴敬則率壯士直前韞左右皆披靡因殺之伯興亦伏誅粲敗秉踰城出走於額檐湖見擒與二子承俁並死秉時年四十五秉妻蕭氏思話女也元嘉中朝廷危殆妻常懼禍敗每謂秉曰君富貴已足故應爲兒子作計年垂五十殘生何足恡邪秉不能從秉弟謨奉朝請謨弟遐字彥道亦奉朝請員外散騎侍郎與嫡母殷養女雲敷私通殷每禁之殷暴病卒未大殮口鼻流血疑遐潛加毒害爲有司所糾世祖徙之始安郡永光中得還太宗世歷黃門侍郎都官尚書吳郡太守兄秉旣死齊王遣誅之遐人才甚凡自諱名常對賓客曰孝武無道枉我殺母其頑騃若此秉當權遐累求方伯秉曰我在用汝作州於聽望不足遐曰富貴時則云不可相關從坐之日爲得免不至是果死焉義宗弟義賓元嘉二年封新野縣侯六年以新野荒敝改封興安縣侯黃門郎祕書監左衞將軍位至輔國將軍徐州刺史二十五年卒追贈後將軍謚曰肅侯子惠侯綜嗣卒子憲嗣昇明二年齊受禪國除綜弟琨晉平太守義賓弟義綦元嘉六年封營道縣侯凡鄙無識知每爲始興王濬兄弟所戲弄濬常謂義綦曰陸士衡詩云營道無烈心其何意苦阿父如此義綦曰下官初不識何忽見苦其庸塞可笑類若此歷右衞將軍湘州刺史孝建二年卒贈平南將軍謚曰傷侯子長猷嗣官至步兵校尉昇平三年卒齊受禪國除

臨川烈武王道規字道則高祖少弟也少倜儻有大志高祖奇之與謀桓玄時桓弘鎭廣陵以爲征虜中兵參軍高祖克京城道規亦以其日與劉毅孟昶共斬弘收衆濟江進平京邑玄敗走晉大將軍武陵王遵承制以道規爲振武將軍義昌太守與劉毅何無忌追玄玄西走江陵留郭銓何澹之等固守盆口義軍旣至賊列艦距之澹之空設羽儀旗幟於一舫而別在它船無忌欲攻羽儀所在衆悉不同曰澹之必不在此舫雖得無益也無忌曰澹之不在此舫固不須言也旣不在此則戰士必弱我以勁兵攻之必可禽也禽之之日彼必以爲失其軍主我徒咸謂已得賊帥我勇而彼懼懼而薄之破之必矣道規喜曰此名計也因往彼攻之卽禽此舫因鼓譟倡曰已斬何澹之賊徒及義軍並以爲然因縱兵賊衆奔敗卽克盆口進平尋陽因復馳進遇玄於崢嶸州道規等兵不滿萬人而玄戰士數萬衆並憚之欲

退還尋陽道規曰不可彼衆我寡强弱異勢今若畏懦不進必爲所乘雖至尋陽豈能自固玄雖竊名雄豪內實恇怯加已經奔敗衆無固心決機兩陣將雄者克昔光武昆陽之戰曹操官渡之師皆以少制多共所聞也今雖才謝古人豈可先爲之弱因麾衆而進毅等從之大破玄軍郭銓與玄單舸走江陵不復能守欲入蜀爲馮遷所斬義軍遇風不進桓謙桓振復據江陵毅留巴陵道規與無忌俱進攻桓謐於馬頭桓蔚於龍洲皆破之無忌欲乘勝直造江陵道規曰兵法屈申有時不可苟進諸桓世居西楚羣小皆爲竭力振勇冠三軍難與爭勝且可頓兵銳徐以計策縻之不憂不克也無忌不從果爲振所敗乃退還尋陽繕治舟甲復進軍夏口僞鎮軍將軍馮該戍夏口東岸揚武將軍孟山圖據魯城輔國將軍桓仙客守偃月壘於是毅攻魯城道規無忌攻偃月並克之生禽仙客山圖其夕該遁走進平巴陵謙振遣使求割荆江二州奉歸晉帝不許會南陽太守魯宗之起義攻襄陽僞雍州刺史桓蔚走江陵宗之進至紀南振自往距之使桓謙留守時毅道規已次馬頭馳往襲謙奔走卽日克江陵城振大破宗之而歸聞城已陷亦走無忌翼衛天子還京師道規留夏口江陵之平也道規推毅爲元功無忌爲次功自居其末進號輔國將軍督淮北諸軍事并州刺史義昌太守如故時荆州湘江豫猶多桓氏餘燼往往屯結復以本官進督江州之武昌荆州之江夏隨郡義陽綏安豫州之西陽汝南潁川新蔡九郡諸軍事隨宜剪撲皆悉平之以義勳封華容縣公食邑三千戶遷使持節都督荆寧秦梁雝六州司州之河南諸軍事領護南蠻校尉荆州刺史將軍如故辭南蠻以授殷叔文叔文被誅乃復還領善於爲治刑政明理士民莫不畏而愛之劉敬宣征蜀不克道規以督統降爲建威將軍盧循寇逼京邑道規遣司馬王鎮之及揚武將軍檀道濟廣武將軍到彥之等赴援朝廷至尋陽爲賊黨荀林所破循卽以林爲南蠻校尉分兵配之使乘勝伐江陵揚聲云徐道覆已克京邑而桓謙自長安入蜀譙縱以謙爲荆州刺史厚加資給與其大將譙道福俱寇江陵正與林會林屯江津謙軍枝江二寇交逼分絕都邑之問荆楚既桓氏義舊並懷異心道規乃會將士告之曰桓謙今在近畿聞者頗有去就之計吾東來文武足以濟事若欲去者本不相禁因夜開城門達曉不閉衆咸憚服莫有去者雝州刺史魯宗之率衆數千自襄陽來赴或謂宗之未可測道規

乃單馬迎之宗之感悅衆議欲使檀道濟到彥之與宗之共擊道規曰盧循擁隔中流扇張同異桓謙荀林更相首尾人懷危懼莫有固心成敗之機在此一舉非吾自行其事不決乃使宗之居守委以腹心率諸軍攻謙諸將佐皆固諫曰今遠出討謙其勝難必荀林近在江津伺人動靜若來攻城宗之未必能固脫有差跌大事去矣道規曰諸君不識兵機耳荀林愚豎無他奇計以吾去未遠必不敢向城吾今取謙往至便克沈疑之間已自還反謙敗則林破膽豈暇得來且宗之獨守何爲不支數日解南蠻校尉印以授咨議參軍劉遵馳往攻謙水陸齊進謙大敗單舸走欲下就林追斬之還至涌口林又奔散劉遵率軍追林至巴陵斬之初謙至枝江江陵士庶皆與謙書言城內虛實咸欲謀爲內應至是參軍曹仲宗檢得之道規悉焚不視衆於是大安進號征西將軍先是桓歆子道兒逃于江西出擊義陽郡與盧循相連結循使蔡猛助之道規遣參軍劉基破道兒於大薄臨陳斬猛徐道覆率衆三萬奄至破冢魯宗之已還襄陽追召不及人情大震或傳循已平京師遣道覆上爲刺史江漢士庶感焚書之恩無復貳志道規使劉遵爲游軍自距道覆於豫章口前驅失利道規壯氣愈厲激揚三軍遵自外橫擊大破之斬首萬餘級赴水死者殆盡道覆單舸走還盆口初使遵爲游軍衆咸云今彊敵在前唯患衆少不應割削見力置無用之地及破道覆果得游軍之力衆乃服焉遵字慧明臨淮海西人道規從母兄蕭氏舅也官至右將軍宣城內史淮南太守義熙十年卒追贈撫軍將軍追封監利縣侯食邑七百戶道規進號征西大將軍開府儀同三司加散騎常侍固辭俄而寢疾改授都督豫章江二州揚州之宣城淮南廬江歷陽安豐堂邑六郡諸軍事豫州刺史持節常侍將軍如故以疾不拜八年閏月薨于京師時年四十三追贈侍中司徒加班劍二十人謚曰烈武公平桓謙功進封南郡公邑五千戶高祖受命贈大司馬追封臨川王食邑如先道規無子以長沙景王第二子義慶爲嗣初太祖少爲道規所養高祖命紹焉咸以禮無二繼太祖還本而定義慶爲荆州廟主當隨往江陵太祖詔曰褒崇道勳經國之盛典尊親追遠因心之所隆故侍中大司馬臨川烈武王體道欽明至德淵邈叡哲自天孝友光備爰始協規則翼贊景業陵威致討則克剪梟鯨逮妖逆交侵方難孔棘勢踰累棊人無固志王神謨獨運靈武宏發翼寧內外誅覆羣凶固已化被江

漢動高微管遠猷侔於二南英雄邁於兩獻者矣朕幼蒙殊愛德曆特隆豐恩慈訓義深情戚永惟仁範感慕纏懷今當推移寢祏初祀西夏思崇嘉禮式備繁章庶以昭宣風度允副幽顯其追崇丞相加殊禮鸞輅九旒黃屋左纛給節鉞前後部羽葆鼓吹虎賁班劍百人侍中如故及長沙太妃檀氏臨川太妃曹氏後薨祭皆給鸞輅九旒黃屋左纛轀輬車挽歌一部前後部羽葆鼓吹虎賁班劍百人義慶幼爲高祖所知常曰此吾家豐城也年十三襲封南郡公除給事不拜義熙十二年從伐長安還輔國將軍北青州刺史未之任徙督豫州諸軍豫州刺史復督淮北諸軍事豫州刺史將軍並如故永初元年襲封臨川王徵爲侍中元嘉元年轉散騎常侍祕書監徙度支尚書遷丹陽尹加輔國將軍常侍並如故時有民黃初妻趙殺子婦遇赦應徙送避孫讎義慶曰案周禮父母之仇避之海外雖遇市朝鬬不反兵蓋以莫大之冤理不可奪舍戚枕戈義許必報至於親戚爲戮骨肉相殘故道乖常憲記無定准求之法外裁以人情且禮有過失之宥律無讎祖之文况趙之縱暴本由於酒論心卽實事盡荒耄之王母等行路之深讎臣謂此孫忍愧銜悲不違子義共天同域無虧孝道六年加尚書左僕射八年太白星犯右執法義慶懼有災禍乞求外鎮太祖詔譬之曰玄象茫昧既難可了且史家諸占各有異同兵星王時有所干犯乃主當誅以此言之益無懼也鄭僕射亡後左執法嘗有變王光祿至今平安日蝕三朝天下之至忌晉孝武初有此異彼庸主耳猶竟無他天道輔仁福善謂不足橫生憂懼兄與後軍各受內外之任本以維城表裏經之盛衰此懷實有由來之事設若天必降災寧可千里逃避邪既非遠者之事又不知吉凶定所若在都則有不測去此必保利貞者豈敢苟違天邪義慶固求解僕射乃許之加中書令進號前將軍常侍尹如故在京尹九年出爲使持節都督荆雍益寧梁南北秦七州諸軍平西將軍荆州刺史荆州居上流之重地廣兵彊資實兵甲居朝廷之半故高祖使諸子居之義慶以宗室令美故特有此授性謙虛始至及去鎮迎送物並不受十二年普使內外羣官舉士義慶上表曰詔書疇咨羣司延及連牧旌賢仄陋拔善幽遐伏惟陛下惠哲光宣經緯明遠皇階藻曜風猷日昇而猶詢衢室之令典遵明臺之敝訓降淵慮於管庫紆聖思乎版築故以道邈往載德高前王臣敢竭虛闇祗承明旨伏見前臨沮令新野庾實秉眞履

約愛敬淳深昔在母憂毀瘠過禮今罹父疚泣血有聞行成閨庭孝著鄰黨足以敦化率民齊教軌俗前徵奉朝請武陵龔祈恬和平簡貞潔純素潛居研志耽情墳籍亦足鎮息頹競獎勗浮動處士南郡師覺才學明敏操介清修業均井渫志固冰霜臣往年辟爲州祭酒未行其志若朝命遠暨玉帛遐臻異人間出何遠之有義慶留心撫物州統內官長親老不隨在官舍者年聽遣五吏餉家先是王弘爲江州亦有此制在州八年爲西土所安撰徐州先賢傳十卷奏上之又擬班固典引爲典敘以述皇代之美十六年改授散騎常侍都督江州之西陽晉熙新蔡三郡諸軍事衛將軍江州刺史持節如故十七年卽本號都督南兗州徐兗青冀幽六州諸軍事南兗州刺史尋加開府儀同三司爲性簡素寡嗜欲愛好文義文辭雖不多然足爲宗室之表受任歷藩無浮淫之過唯晚節奉養沙門頗致費損少善騎乘及長以世路艱難不復跨馬招聚文學之士近遠必至太尉袁淑文冠當時義慶在江州請爲衛軍諮議參軍其餘吳郡陸展東海何長瑜鮑照等並爲辭章之美引爲佐史國臣太祖與義慶書常加意斟酌鮑照字明遠文辭贍逸嘗爲古樂府文甚遒麗元嘉中河濟俱清當時以爲美瑞照爲河清頌其序甚工其辭曰臣聞善談天者必徵象於人工言古者先考績於今鴻犧以降遐哉邈乎鏤山岳彫篆素昭德丞勛可謂多矣而史編唐堯之功載格于上下樂登文王之操稱於昭于天素狐玄玉聿彰符命朴牛大螾爰定祥歷魚鳥動色禾雉興讓皆物不盈眥而美溢金石詩人於是不作頌聲爲之而寢庸非惑歟自我皇宋之承天命也仰符應龍之精俯協河龜之靈君圖帝寶粲爛瑰英固業光曩代事華前德矣聖上天飛踐極迄茲二十四載道化周流玄澤汪濊地平天成上下含熙文同軌通表裏禔福燿德中區黎庶知讓觀英遐表夷貉懷惠卹勤秩禮罷露臺之金紓國振民傾鉅橋之粟約違迫脅奢去泰甚燕無留飲畋不盤樂物色異人優游據正顯不失心幽無怨氣精炤日月事洞天情故不勞杖斧之臣號令不嚴而自肅無辱鳳舉之使靈怪不召而自彰萬里神行飆塵不起羅外罔阿紈綦組之饒衣覆宗國漁鹽杞梓之利傍贍農商野廬邊城偃櫛冀馬南金塡委內府馴象西爵充荒遐士民殷富五陵既有慙德宮宇宏麗三川莫之能比閭閈有盈歌吹無絕朱輪疊轍華冕重肩豈徒世無窮人民獲休息朝呼韓罷酤鐵而已哉是以嘉祥累仍

禴應尤盛青丘之狐丹穴之鳥栖阿閣遊禁園金芝九莖木禾六穟秀銅池發膏畝宜以協調律呂謁薦郊廟煙霏霧集不可勝紀然而聖上猶昧旦夙興若有望而未至問規遠圖如有追而莫及神明之貺推而弗居也是以琬琰鏐檢盛典蕪而不治朝神省方大化抑而未許崇文協律之士蘊儁頌於外坐朝陪宴之臣懷揄揚於內三靈佇聽九壤注心既有日矣歲宮乾維月躔蒼陸長河巨濟異源同清澄波萬壑潔瀾千里斯誠曠世偉觀昭啓皇明者也語曰影從表瑞從德此其効焉宜尼稱鳳鳥不至河不出圖傳曰俟河之清人壽幾何皆傷不可見也然則古人所不見者今殫見之矣孟軻曰千載一聖是旦暮也豈不大哉夫四皇六帝樹聲長世大寶也澤浸羣生國富刑清鴻德也制禮裁樂惇風遷俗文教也殊華遍羯東類絳闕武功也鳴鳥躍魚滌穢河渠至祥也大寶鴻德文教武功其崇如此幽明協贊民祇與能厥應如彼唯天爲大堯實則之皇哉唐哉疇與爲讓抑又聞之勢之所覃者淺則美之所傳者近道之所感者深則慶之所流者遠是以豐功瓊命潤色縢策盛德形容藻被歌頌察之上代則奚斯吉甫之徒鳴玉鸞於前視之中古則相如王褒之屬施金羈於後紹景揚光清埃繼路班固稱漢成之世奏御者千有餘篇文章之盛與三代同風由是言之斯迺臣子舊職國家通義不可輟也臣雖不敏寧不勉乎世祖以照爲中書舍人上好爲文章自謂物莫能及照悟其旨爲文多鄙言累句當時咸謂照才盡實不然也臨海王子頊爲荊州照爲前軍參軍掌書記之任子頊敗爲亂兵所殺義慶在廣陵有疾而白虹貫城野麕入府心甚惡之固陳求還太祖許解州以本號還朝二十一年薨於京邑時年四十二追贈侍中司空諡曰康王子哀王燁字景舒嗣官至通直郎爲元凶所殺追贈散騎常侍子綽字子流嗣官至步兵校尉昇明三年反伏誅國除綽弟緒早卒燁弟衍太子舍人衍弟鏡宣城太守鏡弟穎前將軍穎弟倩南新蔡太守

遵考高祖族弟也曾祖淳皇曾祖武原令混之弟官至正員郎祖巖海西令父涓子彭城內史遵考始爲將軍振武參軍預討盧循封鄕侯自建威將軍彭城內史隨高祖北伐時高祖諸子並弱宗室唯有遵考長安平定以督并州司州之北河東北平陽北雍州之新平安定五郡諸軍事輔國將軍并州刺史領河東太守鎭蒲坂關中失守南還除游擊將軍遷冠軍將軍晉帝遜位居秣陵宮遵考領兵防衞高祖初卽大位下推恩之詔曰遵考服屬之親國戚未遠宗室無多宜蒙寵爵可封營浦縣侯食邑五百戶以本號爲彭城沛二郡太守景平元年遷右衞將軍元嘉二年出爲征虜將軍淮南太守明年轉使持節領護軍入直殿省出爲使持節督雍梁南北秦四州荊州之南竟陵順陽襄陽新野隨六郡諸軍征虜將軍寧蠻校尉雍州刺史襄陽新野二郡太守遵考爲政嚴暴聚斂無節五年爲有司所糾上不問赦還都七年除太子右衞率加給事中明年督南徐兗州之江北淮南諸軍事征虜將軍南兗州刺史領廣陵太守又徵爲侍中領後軍將軍徙太常九年遷右衞將軍加散騎常侍十二年坐屬疾不待對免常侍以侯領右衞明年復本官十五年又領徐州大中正太子中庶子本官如故其年監徐兗二州豫州之梁郡諸軍事前將軍徐兗二州刺史未之鎭留爲侍中領左衞將軍明年出爲使持節監豫司雍并四州南豫州之梁郡弋陽馬頭荊州之義陽四郡諸軍事前將軍豫州刺史領南梁郡太守二十一年坐境內旱百姓饑詔加賑給而遵考不奉符旨免官起爲散騎常侍五兵尚書遷吳興太守秩中二千石二十五年徵爲領軍二十七年索虜南至瓜步率軍出江上假節置三十年復出爲使持節監豫州刺史元凶弒立進號安西將軍遣外監徐安期仰捷祖防守之遵考斬安期等起義兵應南譙王義宣義宣加遵考鎭西將軍夏侯獻率衆至瓜步承候世祖又坐免官孝建元年魯爽臧質反起爲征虜將軍率衆屯臨沂縣仍除吳興太守明年徵爲湘州刺史未行遷尙書左僕射三年轉丹陽尹加散騎常侍復爲尙書右僕射領太子右衞率明年又除領軍將軍加散騎常侍五年復遷尙書右僕射金紫光祿大夫常侍如故明年轉左僕射常侍如故又領徐州刺史大中正崇憲太僕前廢帝卽位遷特進右光祿大夫常侍太僕如故景和元年出督南豫州諸軍事安西將軍南豫州刺史太宗卽位以爲侍中特進右光祿大夫領崇憲太僕給親侍三十人崇憲太后崩太僕解餘如故泰始五年賜几杖大官四時賜珍味疾病太醫給藥固辭几杖後廢帝卽位進左光祿大夫餘如故元徽元年卒時年八十二追贈左光祿大夫開府儀同三司侍中如故諡曰元公遵考無才能直以宗室不遠故歷朝顯遇年老有疾失明子澄之順帝昇明末貴達澄之弟琨之爲竟陵王誕司空主簿誕作亂以爲中兵參軍不就繫獄數十日終不受乃殺之追贈黃門郎詔吏部尙書謝莊爲之誄遵考從弟思考亦被遇歷朝官極清顯爲豫章會稽太守益徐州刺史凡經十郡三州泰始元年卒於散騎常侍金紫光祿大夫時年七十五追贈特進常侍光祿如故

史臣曰餘妖內侮偏衆西臨荀桓交逼荊楚之勢危矣必使上略未盡一算或遺則城壞壓境上流之難方結敵資三分有二之形北向而爭天下則我全勝之道或未可知烈武王覽羣才揚盛策一舉磔勍寇非曰天時抑亦人謀也降年不永遂不得與大業始終惜矣哉

宋書卷五十一考證

長沙景王道憐傳道憐率寧孟龍驤將軍孔隆及穆之等○寧孟二字疑有誤

封新渝縣男○渝一本作淦

臨川烈武王道規傳論心卽實事盡荒耄之王母等行路之深讐○一本荒耄下有豈得以荒耄五字當從之

臣往年辟爲州祭酒未行其志○未行其志一本作未汙其慮

鮑照附傳物色異人優游據正○據正鮑照集作龥直

孟軻曰千載一聖是旦暮也豈不大哉○今本孟子無此二語又大字鮑照集作信

宋書卷五十二

梁　沈　約　撰

列傳第十二

庾悅　王誕　謝景仁弟述

袁湛弟豹　褚叔度

庾悅字仲豫潁川鄢陵人也曾祖亮晉太尉祖義吳國內史父准西中郎將豫州刺史悅少爲衞將軍琅邪王行參軍司馬徒主簿轉右長史桓玄輔政領豫州以悅爲別駕從事史遷驍騎將軍玄篡位從中書侍郎高祖定京邑武陵王遵承制以悅爲寧遠將軍安遠護軍武陵內史以病去職鎭軍府版咨議參軍轉車騎從事中郎劉毅請爲撫軍司馬不就遷車騎中軍司馬從征廣固竭其誠力盧循逼京都以爲督江州豫州之西陽新蔡汝南潁川司州之松滋五郡諸軍事建威將軍江州刺史從東道出鄱陽循遣將英糾千餘人斷五畝嶠悅破之進據豫章絕循糧援初毅家在京口貧約過常嘗與鄉曲士大夫往東堂共射時悅爲司徒右長史暫至京要府州僚佐共出東堂毅已先至遣與悅相聞曰身久躓頓營一遊集甚難君如意人無處不可爲適豈能以此堂見讓悅素豪逕前不答毅語衆人並避之唯毅留射如故悅廚饌甚盛不以及毅毅既不去悅甚不歡俄頃不退毅又相聞曰身今年未得子鵝豈能以殘炙見惠悅又不答盧循平後毅求都督江州以江州內地治民爲職不宜置軍府上表陳之曰臣聞天以盈虛爲道治以損益爲義時否而政不革民凋而事不損則無以救急病於已危拯塗炭於將絕自頃戎車屢駕干戈溢境江州以一隅之地當逆順之衝力弱民慢而器運所繼自桓玄以來驅蹙殘毀至乃男不被養女無匹對逃亡去就不避幽深自非財單力竭無以至此若不曲心矜理有所改移則靡遺之歎奄焉必及臣謬荷增統傷慨兼懷夫設官分職軍國殊用牧民以息務爲大武略以濟事爲先今兼而領之蓋出於權事因藉既久遂爲常則江州在腹心之中憑接揚豫藩屏所倚實爲重複昔胡寇縱逸朔馬臨江抗禦之宜蓋出權計以溫嶠明達事由一己猶覺其弊論之備悉今江右區區戶不盈數十萬地不踰數千里而統司鱗次未獲減息大而言之足爲國恥況乃地在無軍而軍府猶置文武將佐資費非一豈所謂經國大情揚湯去火者哉其州郡邊江民戶遼落加以郵亭險闊畏阻風波轉輸往還常有淹廢又非所謂因其所利以濟其弊者也愚謂宜解軍府移治豫章處十郡之中厲簡惠之政比及數年可有生氣且屬縣凋散亦有所存而役調送迎不得休止亦謂應隨宜并減以簡衆費刺史庾悅自臨州部甚有恤民之誠但綱維不革自非綱目所理尋陽接蠻宜有防遏可卽州府千兵以助郡戍於是解悅都督將軍官以刺史移鎭豫章毅以親將趙恢領千兵守尋陽建威府文武三千悉入毅府符攝嚴峻數相挫辱悅不得志疽發背到豫章少日卒時年三十八追贈征虜將軍以廣固之功追封新陽縣五等男

王誕字茂世琅邪臨沂人太保弘從兄也祖恬中軍將

單父混太常誕少有才藻晉孝武帝崩從叔尙書令珣爲哀策文久而未就謂誕曰猶少序節物一句因出本示誕誕攬筆便益之接其秋冬代變後云霜繁廣除風回高殿珣嗟歎淸拔因而用之襲爵雉鄉侯拜秘書郎琅邪王文學中軍功曹隆安四年會稽王世子元顯開後軍府又以誕補功曹尋除尙書吏部郎仍爲後軍長史領廬江太守加鎭蠻護軍轉龍驤將軍琅邪內史長史如故誕結事元顯嬖人張法順故爲元顯所寵元顯納妾誕爲之親迎隨府轉驃騎長史將軍內史如故元顯討桓玄欲悉誅桓氏誕固陳修等與玄志趣不同由此得免修誕甥也及玄得志誕將見誅修爲之陳請又言修等得免之由乃徙誕廣州盧循據廣州以誕爲其平南府長史甚賓禮之誕久客思歸乃說循曰下官流遠在此被蒙殊眷士感知己實思報答本非戎旅在此無用素爲劉鎭軍所識情味不淺若得北歸必蒙任寄公私際會思報厚恩愈於停此空移歲月循甚然之時廣州刺史吳隱之亦爲循所拘留誕又曰將軍今留吳公公私非計孫伯符豈不欲留華子魚但以一境不容二君耳於是誕及隱之並得還除員外散騎常侍未拜高祖請爲太尉諮議參軍轉長史盡心歸奉日夜不懈高祖甚委仗之北伐廣固領齊郡太守盧循自蔡州南走劉毅固求追討高祖持疑未決誕密白曰公既平廣固復滅盧循則功蓋終古勳無與二如此大威豈可餘人分之毅與公同起布衣一時相推耳今既已喪敗不宜復使立功高祖從其說七年以誕爲吳國內史母憂去職高祖征劉毅起爲輔國將軍誕固辭軍號墨絰從行時諸葛長民行太尉留府事心不自安高祖甚慮之毅既平誕求先下高祖曰長民似有自疑心卿詎宜便去誕曰長民知我蒙公垂眄今輕身單下必當以爲無虞乃可以少安其意高祖笑曰卿勇過賁育矣於是先還九年卒時年三十九以南北從征追封作唐縣五等侯子詡宋世子舍人早卒

謝景仁陳郡陽夏人衞將軍晦從叔父也名與高祖同諱故稱字祖據太傅安第二弟父允宣城內史景仁幼時與安相及爲安所知始爲前軍行參軍輔國參軍事會稽王世子元顯嬖人張法順權傾一時內外無不造門者唯景仁不至年三十方爲著作郎桓玄誅元顯見景仁甚知之謂四坐曰司馬庶人父子云何不敗遂令謝景仁三十方作著作郎玄爲太尉以補行參軍府轉大將軍仍參軍事玄建楚臺以補黃門侍郎及篡位領驍騎將軍景仁博聞强識善敍前言往行玄每與之言不倦也玄出行殷仲文卞範之之徒皆騎馬散從而使景仁陪輦高祖爲桓修撫軍中兵參軍嘗詣景仁諮事景仁與語悅之因留高祖共食食未辦而景仁爲玄所召玄性促急俄頃之間騎詔續至高祖屢求去景仁不許曰主上見待要應有方我欲與客共食豈當不得待竟安坐飽食然後應召高祖甚感之嘗謂景仁是太傅安孫及平京邑入鎭石頭景仁與百僚同見高祖高祖目之曰此名公孫也謂景仁曰承制府須記室參軍今當相屈以爲大將軍武陵王遵記室參軍仍爲從事中郎遷司徒左長史出爲高祖鎭軍司馬領晉陵太守復爲車騎司馬義熙五年高祖以內難既寧思弘外略將伐鮮卑朝議皆謂不可劉毅時鎭姑孰固止高祖以爲苻堅侵境謝太傅猶不自行宰相遠出傾動根本景仁獨曰公建桓文之烈應天人之心匡復皇祚芟夷姦逆雖業高振古而德刑未孚宜推亡固存廣樹威略鮮卑密邇疆甸屢犯邊垂伐罪弔民於是乎在平定之後養銳息徒然後觀兵洛汭修復園寢豈有坐長寇虜縱敵貽患者哉高祖納之及北伐大司馬琅邪王天子母弟屬當儲副高祖深以根本爲憂轉景仁爲大司馬司馬專總府任右衞將軍加給事中又遷吏部尙書時從兄混爲左僕射依制不得相臨高祖啓依僕射王彪之尙書王劭前例不解職坐選吏部令史邢安泰爲都令史平原太守二官共除安泰以令史職拜謁陵廟爲御史中丞鄭鮮之所糾白衣領職八年遷領軍將軍十一年轉右僕射仍轉左僕射景仁性矜嚴整潔居宇靜麗每唾轉唾左右人衣事畢即聽一日澣濯每欲唾左右爭來受高祖雅相重申以婚姻廬陵王義眞妃景仁女也十二年卒時年四十七追贈金紫光祿大夫加散騎常侍葬日高祖親臨哭之甚慟與驃騎將軍道憐書曰謝景仁殞逝悲痛摧割不能自勝汝聞問惋愕亦不可堪其器體淹中情寄實重方欲與之共康時務一旦至此痛惜兼深往矣奈何當復奈何子恂鄱陽太守恂子稺善吹笙官至西陽太守景仁弟純字景懋初爲劉毅豫州別駕毅鎭江陵以爲衞軍長史南平相王鎭惡率軍襲毅已至城下時毅疾病佐吏皆入參承純參承畢已出鬬兵至馳還入府左右引車欲還外解純叱之曰我人吏也逃欲何之乃入及毅兵敗衆散時已暗夜司馬毛修之謂純曰君但隨僕純不從扶兩人出火光中爲人所殺純孫沈太宗泰始初爲巴陵王休若衞軍錄事參軍山陰令坐事誅述字景先少有志行隨兄純在江陵純遇害述奉純喪還都行至西塞值暴風純喪舫流漂不知所在述乘小船尋求之經純妻庾舫過庾遣人謂述曰喪舫存沒已應有在風波如此豈可小船所冒小郎去必無及寧可存亡俱盡邪述號泣答曰若安全至岸當須營理如其已致意外述亦無心獨存因冒浪而進見純喪幾沒述號叫呼天幸而獲免咸以爲精靈所致也高祖聞而嘉之臨豫州諷中正以述爲主簿甚被知器景仁愛其第三弟甝而憎述嘗設饌請高祖希命甝豫坐而高祖召述述知景仁夙意又慮高祖命之請急不從高祖馳遣呼述須至乃懽及景仁有疾述盡心營視湯藥飲食必嘗而後進不解帶不盥櫛者累旬景仁深懷感愧轉太尉參軍從征司馬休之封吉陽縣五等侯世子征虜參軍轉主簿宋臺尙書祠部郎世子中軍主簿轉太子中舍人出補長沙內史有惠政元嘉二年徵拜中書侍郎明年出爲武陵太守彭城王義康驃騎長史領南郡太守先是述從兄曜爲義康長史喪官述代之太祖與義康書曰今以謝述代曜其才應詳練著於歷職故以佐汝汝始親庶務而任重事殷宜寄懷羣賢以盡弼諧之美想自得之不俟吾言也義康入相述又爲司徒左長史轉左衞將軍蒞官清約私無宅舍義康遇之甚厚尙書僕射殷景仁領軍將軍劉湛並與述爲異常之交美風姿善舉止湛每謂人曰我見謝道兒未嘗足道兒述小字也雍州刺史張邵以黷貨下廷尉將致大辟述上表陳邵先朝舊勳宜蒙優貸太祖手詔酬納焉述語子綜曰主上矜邵夙誠將加曲恕吾所啓謬會故特見酬納耳若此疏迹宣布則爲侵奪主恩不可之大者也使綜對前焚之太祖後謂邵曰卿之獲免謝述有力焉述有心虛疾性理時或乖謬除吳郡太守以疾不之官病差補吳興太守在郡清省爲吏民所懷十二年卒時年四十六喪還京師未至數十里殷景仁劉湛同乘迎赴望船流涕十七年劉湛誅義康外鎭將行歎曰謝述唯勸吾退劉湛唯勸吾進今述亡而湛存吾所以得罪也太祖亦曰謝述若存義康必不至此三子綜約緯綜有才藝善隸書爲太子中舍人與舅范曄謀反伏誅約亦坐死緯尙太祖第五女長城公主素爲約所憎免死徙廣州孝建中還京師方雅有父風太宗泰始中至正員郎中

袁湛字士深陳郡陽夏人也祖躭晉歷陽太守父質琅邪內史並知名湛少爲從外祖謝安所知以其兄子玄之女妻之初爲衞軍行參軍員外散騎通直正員郎中軍功曹桓玄太尉參軍事入爲中書黃門侍郎出補桓修撫軍長史義旗建高祖以爲鎭軍諮議參軍明年轉尙書吏部郎司徒左長史侍中以從征功封晉寧縣五等男出爲高祖太尉長史遷左民尙書徙掌吏部出爲吳興太守秩中二千石莅政和理爲吏民所稱入補中書令又出爲吳國內史秩中二千石義熙十二年轉尙書右僕射本州大中正時高祖北伐湛兼太尉與兼司空散騎常侍尙書范泰奉九命禮物拜授高祖高祖沖讓湛等隨軍至洛陽住柏谷塢泰議受使未畢不拜晉帝陵湛獨至五陵致敬時人美之初陳郡謝重王胡之外孫於諸舅禮敬多闕重子絢湛之甥也嘗於公座陵湛湛正色謂曰汝便是兩世無渭陽之情絢有愧色十四年卒官時年四十追贈左光祿大夫加散騎常侍太祖卽位以后父追贈侍中以左光祿大夫開府儀同三司謚曰敬公世祖大明三年幸藉田行經湛墓下詔曰故侍中左光祿大夫開府儀同三司晉寧敬公外氏尊戚素風簡正歲紀稍積墳塋浸遠朕近巡覽千畝遙瞻松隧緬惟徽塵感慕增結可遣使祭少申永懷又增守墓五戶子淳淳子桓卒湛弟豹字士蔚亦爲謝安所知好學博聞多覽典籍初爲著作佐郎衞軍桓謙記室參軍大將軍武陵王遵承制復爲記室參軍其年丹陽尹孟昶以爲建威司馬歲餘轉司徒左西屬遷劉毅撫軍諮議參軍領記室毅時建議大田豹上議曰國因民以爲本民資食以爲天修其業則教興崇其本則末理實爲治之要道致化之所階也不敦其本則末業滋章饑寒交湊則廉恥不立當今接篡僞之末值凶荒之餘爭源既開彫薄彌啓榮利蕩其正性賦斂罄其所資良疇無側趾之耦比屋有困餒之患中間多故日不暇給自卷甲郤馬甫一二年積弊之黎難用克振實仁懷之所矜恤明教之所爰發也然斯業不修有自來矣司牧之官莫或爲務俗吏庸近猶秉常科依勸督之故典迷民情之屢變譬猶修隄以防川忘渦丘之改易膠柱於昔弦忽宮商之乖調徒有考課之條而無毫分之益不悟清流在於澄源止輪由乎高閾患生於本治之於末故也夫設位以崇賢疏爵以命士上量能以審官不取人於浮譽則比周道息游者言歸游子旣歸則南畝闢矣分職以任務置吏以周役職不以無任立吏必以非用省冗散者廢則萊荒墾矣器以應用商以通財勵靡麗之巧棄難得之貨則彫僞者賤穀稼重矣耕耨勤悴力

殷收寡工商逸豫用淺利深增賈販之稅薄疇畝之賦則末技抑而田畯喜矣居位無義從之徒在野靡兼并之黨給賜非可恩致力役不入私門則游食者反本肆勤自勸游食省而肆勤衆則東作繁矣密勿者甄異怠慢者顯罰明勸課之令峻糾違之官則嬾惰無所容力田有所望力者欣而惰者懼則穡人勸矣凡此數事亦務田之端趣也莅之以清心鎮之以無欲易之以無倦翼之以廉謹舍日計之小成期遠致於莫歲則澆薄自淳心化有漸矣豹善言雅俗每商較古今兼以誦詠聽者忘疲尋轉撫軍司馬遷御史中丞鄱陽縣侯孟懷玉上母檀氏拜國太夫人有司奏許豹以爲婦人從夫之爵懷玉父大司農綽見居列卿妻不宜從子奏免尚書右僕射劉柳左丞徐羨之郎何邵之官詔並贖論孟昶卒豹代爲丹陽尹義熙七年坐使徙上錢降爲太尉咨議參軍仍轉長史從討劉毅高祖遣益州刺史朱齡石伐蜀使豹爲檄文曰夫順德者昌逆德者亡失仁與義難以求安焉阻負釁鮮克有成詳觀自古隆替有數故成都不世祀華陽無興國日者王室多故夷羿遘紛波振塵駭覃及遐裔蕞爾譙縱編戶黔首同惡相求是崇是長肆反噬於州相播毒害於民黎俾我西服隔閡皇澤自義風電靡天光反暉昭晢舊物烟熅區宇以庶務草刱未遑九伐自爾以來奄延十載而野心不革伺隙乘間招聚逋叛共相封殖侵擾我蠻獠搖蕩我疆垂我是以有治洲之役醜類盡殪匹馬無遺桓謙折首譙福鳥逝奔伏窠穴引頸待戮當今北狄露晞南寇埃埽朝風載遐庶績其凝康哉之歌日熙比星之隆可詠孤職是經略思一九有眷彼禹跡願言載懷奉命西行遂戾荆郢瞻望巴漢憤慨交深清江源於濫觴澄氛祲於井絡誅叛柔遠今也其時卽命河間太守蒯恩下邳太守劉鍾精勇二萬直指成都龍驤將軍臧嘉戎卒二萬進自墊江益州刺史朱齡石舟師三萬電曜外水分遣輔國將軍索邈率漢中之衆濟自劍道振威將軍朱客子提寧州之銳渡瀘而入神兵四臨天綱宏掩衡翼千里金鼓萬張組甲貝冑景煥波屬華夷百濮雲會霧臻以此攻戰誰與爲敵況又奉義而行以順而動者哉今三陜之隘在我境內非有岑彭荆門之險彌入其阻平衢四達實無鄧艾緜竹之艱山川之形抑非曩日攻守難易居然百倍當全蜀之彊士民之富子陽不能自安於庸蜀劉禪不敢寘命於南中荆邯折謀伯約挫銳故知成敗有數非可智延此皆益土前事當今元龜也盛如盧循彊如容超陵威南海跨制北岱樓船萬艘掩江蓋汜鐵馬千羣充原塞隰然廣固之攻陸無完雉左里之戰水靡全舟或顯戮京畿或傳首萬里故知逆順有勢難以力抗斯又目前殷鑑深切著明者也梁益人士咸明王化雖驅迫一時本非奧主從之汪虐日月增播刑殺非罪死以澤量而待命寇讐之戮僬隘豺狼之吻豈不邀誠南凱延首東雲普天有來蘇之幸而一方懷後予之怨王者之師以仁爲本舍逆取順爰自三驅齊斧所加縱身而已其有衿甲反接自投軍門者一無所問士子百姓列肆安堵審擇吉凶自求多祐大信之明皦若朝日如其迷復姦邪守愚不改火燎孟諸芝艾同爛河決金隄淵丘同體雖欲悔之亦將何及九年卒官時年四十一次年以參伐蜀之謀追封南昌縣五等子子洵元嘉中歷顯官廬陵王紹爲南中郎將江州刺史年少未親政洵爲長史尋陽太守行府州事元嘉末爲吳郡太守元凶弒立加洵建威將軍置佐史會安東將軍隨王誕起義檄洵爲前鋒加輔國將軍事平頃之卒追贈征虜將軍謚曰貞子長子顗別有傳少子覬好學善屬文有清譽於世官至司徒從事中郎武陵內史蚤卒洵弟濯揚州秀才蚤卒濯弟淑濯子粲並有別傳

禇叔度河南陽翟人也曾祖裒晉太傅祖歆秘書監父爽金紫光祿大夫長兄秀之字長倩歷大司馬琅邪王從事中郎黃門侍郎高祖鎮西長史秀之妹恭帝后也雖晉氏姻戚而盡心於高祖遷侍中出補大司馬右司馬恭帝卽位爲祠部尚書本州大中正高祖受命徙爲太常元嘉元年卒官時年四十七秀之弟淡之字仲源亦歷顯官爲高祖車騎從事中郎尚書吏部郎廷尉卿左衞將軍高祖受命爲侍中淡之兄弟並盡忠事高祖恭帝每生男輒令方便殺焉或誘賂內人或密加毒害前後非一及恭帝遜位居秣陵宮常懼見禍與禇后共止一室慮有酖毒自煑食於牀前高祖將殺不欲遣人入內令淡之兄弟視禇后禇后出別室相見兵人乃踰垣而入進藥於恭帝帝不肯飲曰佛教自殺者不得復人身乃以被掩殺之後會稽郡缺朝議欲用蔡廓高祖曰彼自是蔡家佳兒何關人事可用佛佛淡之小字也乃以淡之爲會稽太守景平二年富陽縣孫氏聚合門宗謀爲逆亂其支黨在永興縣潛相影響永興令羊恂覺其姦謀以告淡之淡之不信乃以誣人之罪收縣職局於是孫法亮號冠軍大將軍與孫道慶等攻沒縣邑卽用富陽令顧粲爲令加輔國將軍遣僞建威將軍孫道仲孫公喜法殺攻永興永興民濕恭期初與賊同後反善就羊恂率吏民拒戰力少退敗賊用縣人許祖爲令恂逃伏江唐山中尋復爲賊所得使還行縣事賊遂磐據更相樹立遙以鄮令司馬文寅爲征西大將軍孫道仲爲征西長史孫道覆爲左司馬與公喜法殺等建旗鳴鼓直攻山陰淡之自假凌江將軍以山陰令陸邵領司馬加振武將軍前員外散騎常侍王茂之爲長史前國子博士孔欣前員外散騎常侍謝苓之並參軍事召行參軍七十餘人前鎮西諮議參軍孔甯子左光祿大夫孔季恭子山士在艱中皆起爲將軍遣隊主陳願郡議曹掾虞道納二軍過浦陽江願等戰敗賊摧鋒而前去城二十餘里淡之遣陸邵督帶戟公石綝廣武將軍陸允以水軍拒之又別遣行參軍濕恭期率步軍與邵合力淡之率所領出次近郊恭期等與賊戰於柯亭大破之賊走還永興遣僞寧朔將軍孫倫領五百人攻錢唐與縣戍軍建武將軍戰於琦倫敗走還富陽倫因反善殺法步帥等十餘人送首京都詔遣殿中員外將軍徐卓領千人右將軍彭城王義康遣龍驤將軍丘顯率衆五百東討司空徐羨之版揚州主簿沈嗣之爲富陽令領五百人於吳興道東出並未至而賊平吳郡太守江夷輕行之職停吳一宿進至富陽分別善惡執送願從賊餘黨數百家於彭城壽陽青州諸處二年淡之卒時年四十五謚曰質子叔度名與高祖同故以字行初爲太宰琅邪王參軍高祖車騎參軍事司徒左西屬中軍咨議參軍署中兵加建威將軍從伐鮮卑盡其誠力盧循攻查浦叔度力戰有功循南走高祖版行廣州刺史仍除都督交廣二州諸軍事建威將軍領平越中郎將廣州刺史桓玄族人開山聚衆謀掩廣州事覺叔度悉平之義熙八年盧循餘黨劉敬道窘迫詣交州歸降交州刺史杜慧度以事言統府叔度以敬道等路窮請命事非欵誠報使誅之慧度不加防錄敬道招集亡命攻破九眞殺太守杜章民慧度討平之叔度輒貶慧度號爲奮揚將軍惡不先上爲有司所糾詔原之高祖征劉毅叔度遣三千人過嶠荆州平乃還在任四年廣營賄貨家財豐積坐免官禁錮終身還至都凡諸舊及有一面之欵無不厚加贈遺尋除太尉咨議參軍相國右司馬高祖受命爲右衞將軍高祖以其名家而能竭盡心力甚嘉之乃下詔曰夫賞不遺勤則勞臣增勸爵必疇庸故在功咸達叔度南北征討常管戎要西夏不虞誠著嶺表可封番禺縣男食邑四百戶尋加散騎常侍永初三年出爲使持節監雍梁南北秦四州之南陽竟陵順陽義陽新野隨六郡諸軍事征虜將軍雍州刺史領寧蠻校尉襄陽義成太守在任每以清簡致稱景平二年卒時年四十四子恬之嗣官至南琅邪太守恬之卒子昭嗣昭卒子瑄嗣齊受禪國除叔度第二子寂之著作佐郎早卒子授尚太祖第六女琅邪貞長公主太宰參軍亦早卒秀之弟湛之字休玄尚高祖第七女始安哀公主拜駙馬都尉著作郎哀公主薨復尚高祖第五女吳郡宣公主諸尚公主者並用世冑不必皆有才能湛之謹實有意幹故爲太祖所知歷顯位揚武將軍南彭城沛二郡太守太子中庶子司徒左長史侍中左衞將軍左民尚書丹陽尹元凶弒逆以爲吏部尚書復出爲輔國將軍丹陽尹統石頭戍事世祖入伐劭自攻新亭壘使湛之率水師俱進湛之因攜二息淵澄輕船南奔淵有一男始生爲劭所殺世祖卽位以爲尚書右僕射孝建元年爲中書令丹陽尹坐南郡王義宣諸子逃藏郡堺建康令王興之江寧令沈道源下獄湛之免官禁錮其年復爲散騎常侍左衞將軍俄還侍中左衞如故以久疾拜散騎常侍光祿大夫加金章紫綬頃之復爲丹陽尹光祿如故尋爲尚書左僕射以南奔賜爵都鄉侯大明四年卒時年五十追贈侍中特進驃騎將軍給鼓吹一部左僕射如故謚曰敬侯子淵庶生宜公主以淵有才表爲嫡嗣淵昇明末爲司空

史臣曰高祖雖累葉江南楚言未變雅道風流無聞焉爾凡此諸子並前代名家莫不望塵請職負羈先路將由庇民之道邪

宋書卷五十二考證

謝景仁傳景仁愛其第三弟甝而憎述甞設饌請知高祖希命甝豫坐而高祖召述述知景仁夙意○請知知字疑衍述知下一本有非字

袁湛傳桓元太尉奉軍事○奉當作參

子淳淳子桓卒○南史作子淳淳子植並早卒

宋書卷五十三

梁　沈約　撰

列傳第十三

張茂度　庾登之　謝方明　江夷

張茂度吳郡吳人張良後也名與高帝諱同故稱字良七世孫爲長沙太守始遷於吳高祖嘉曾祖澄晉光祿大夫祖彭祖廣州刺史父敞侍中尚書吳國內史茂度郡上計吏主簿功曹州命從事史並不就除琅邪王衞軍參軍員外散騎侍郎尚書度支郎父憂不拜服闋爲何無忌鎭南參軍頃之出補晉安太守盧循爲寇覆没江州茂度及建安太守孫蚪之並受其符書供其調役循走俱坐免官復以爲始興相郡經賊寇廨宇焚燒民物凋散百不存一茂度刱立城寺弔死撫傷收集離散民戶漸復在郡一周徵爲太尉參軍尋轉主簿揚州治中從事史高祖西伐劉毅茂度居守留州事悉委之軍還遷中書侍郎出爲司馬休之平西司馬河南太守高祖將討休之茂度聞知乘輕船逃下逢高祖於中路以爲錄事參軍太守如故江陵平驃騎將軍道憐爲荆州茂度仍爲咨議參軍太守如故還爲揚州別駕從事史高祖北伐關洛復任留州事出爲使持節督廣交二州諸軍事建武將軍平越中郎將廣州刺史綏靜百越嶺外安之以疾求還復爲道憐司馬丁繼母憂服闋除廷尉轉尚書吏部郎太祖元嘉元年出爲使持節督益寧二州梁州之巴西梓潼宕渠南漢中秦州之懷寧安固六郡諸軍事冠軍將軍益州刺史三年太祖討荆州刺史謝晦詔益州遣軍襲江陵晦已平而軍始至白帝茂度與晦素善議者疑其出軍遲留時茂度弟劭爲湘州刺史起兵應大駕上以劭誠節故不加罪被代還京師七年起爲廷尉加奉車都尉領本州中正入爲五兵尚書徙太常以腳疾出爲義興太守加秩中二千石上從容謂茂度曰勿復以西蜀介懷對曰臣若不遭陛下之明墓木拱矣頃之解職還家徵爲都官尚書加散騎常侍固辭以疾就拜光祿大夫加金章紫綬茂度內足於財自絕人事經始本縣之華山以爲居止優游野澤如此者七年十八年除會稽太守素有吏能在郡縣職事甚理明年卒官時年六十七謚曰恭子茂度同郡陸仲元者晉太尉玩曾孫也以事用見知歷清資吏部郎右衞將軍侍中吳郡太守自玩洎仲元四世爲侍中時人方之金張二族弟子眞元嘉十年爲海陵太守中書舍人狄當爲太祖所信委家在海陵死還葬橋路毀壞不通喪車縣求發民脩治子眞不許司徒彭城王義康聞而善之召爲國子博士司徒左西掾州治中臨海東陽太守茂度子演太子中舍人演弟鏡新安太守皆有盛名並早卒鏡弟永

永字景雲初爲郡主簿州從事轉司徒士曹參軍出補餘姚令入爲尚書中兵郎先是尚書中條制繁雜元嘉十八年欲加治撰徙永爲刪定郎掌其任二十二年除建康令所居皆有稱績又除廣陵王誕北中郎錄事參軍永涉獵書史能爲文章善隸書曉音律騎射雜藝觸類兼善又有巧思益爲太祖所知紙及墨皆自營造上每得永表啓輒執玩咨嗟自歎供御者了不及也二十三年造華林園玄武湖並使永監統凡諸制署皆受則於永徙爲江夏王義恭太尉中兵參軍越騎校尉振武將軍廣陵南沛二郡太守二十八年又除江夏王義恭驃騎中兵參軍沛郡如故永既有才能所在每盡心力太祖謂堪爲將二十九年以永督冀州青州之濟南樂安太原三郡諸軍事揚威將軍冀州刺史督王玄謨申坦等諸將經略河南攻碻磝城累旬不能拔其年八月七日夜虜開門燒樓及攻車士卒燒死及爲虜所殺甚衆永即夜撤圍退軍不報告諸將衆軍驚擾爲虜所乘死敗塗地永及申坦並爲統府撫軍將軍蕭思話所收繫於歷城獄太祖以屢征無功諸將不可任責永等與思話詔曰虜既乘利方向盛冬若脫敢送死兄弟父子自共當之耳言及增憤可以示張永申坦又與江夏王義恭書曰早知諸將輩如此恨不以白刃驅之今者悔何所及三十年元凶弒立起永督青州之樂安東萊二郡諸軍事輔國將軍青州刺史司空南譙王義宣起義又板永爲督冀州青州之濟南樂安太原三郡諸軍事輔國將軍冀州刺史永遣司馬崔勳之中兵參軍劉則二軍馳赴國難時蕭思話在彭城義宣慮二人不相諧緝與思話書勸與永坦懷又使永從兄長史張暢與永書曰近有都信具汝刑網之原可謂雖在縲紲而復心無愧矣蕭公平厚先無嫌隙見汝翰迹言不相傷何其滔滔稱人意邪當今世故艱迫義氣雲起方藉羣賢共康時難當遠慕廉藺在公之德近效平勃忘私之美怨此蔕芥剋申舊情公亦命蕭示以疎達兼令相執共遵此旨事平召爲江夏王義恭大司馬從事中郎領中兵時使百僚獻讜言永以爲宜立諫官開不諱之路講師旅示安不忘危世祖孝建元年臧質反遣永輔武昌王渾鎭京口其年出爲揚州別駕從事史明年召入爲尚書左丞時將士休假年開三番紛紜道路永建議曰臣聞開兵從稼前王以之兼隙耕戰遞勞先代以之經遠當今化寧萬里文同九服捐金走驥於焉自始伏見將士休假多蒙三番程會既促裝赴在早故一歲之間四馳遙路或失邊春耜或違要秋登致使公替常儲家闕舊粟考定利害宜加詳改愚謂交代之限以一年爲制使征士之念勞未及積遊農之望收功歲成斯則王度無騫民業斯植矣從之大明元年遷黃門侍郎尋領虎賁中郎將本郡中正三年遷廷尉上謂之曰卿既與釋之同姓欲使天下須無寃民加寧朔將軍尚書吏部郎司徒右長史尋陽王子房冠軍長史四年立明堂永以本官兼將作大匠事畢遷太子右衞率七年爲宣貴妃殷氏立廟復兼將作大匠轉右衞將軍其年世祖南巡自宣城候道東入使永循行水路是歲旱塗逕不通上大怒免時上寵子新安王子鸞爲南徐州刺史割吳郡度屬徐州八年起永爲別駕從事史其年召爲御史中丞前廢帝永光元年出爲吳興太守遷度支尚書太宗即位除吏部尚書未拜會四方反叛復以爲吳興太守加冠軍將軍假節未拜以將軍假節徙爲吳郡太守率軍東討又爲散騎常侍太子詹事未拜遷使持節監青冀幽并四州諸軍事前將軍青冀二州刺史統諸將討徐州刺史薛安都累戰剋捷破薛索兒等事在安都傳又遷散騎常侍鎭軍將軍太子詹事權領徐州刺史又都督徐兗青冀四州諸軍事又爲使持節都督南兗徐二州諸軍事南兗州刺史常侍將軍如故時薛安都據彭城請降而誠心不款太宗遣永與沈攸之以重兵迎之加督前鋒軍事進軍彭城安都招引索虜之兵既至士卒離散永狼狽引軍還爲虜所追大敗復值寒雪士卒離散永腳指斷落僅以身免失其第四子三年徙都督會稽東陽臨海永嘉新安五郡諸軍事會稽太守將軍如故以北討失律固求自貶降號左將軍永痛悼所失之子有兼常哀服制雖除猶立靈座飲食衣服待之如生每出行常別具名車好馬號曰侍從有事輒語左右報郎君以破薛索兒功封孝昌縣侯食邑千戶在會稽賓客有謝方童等坐贓下獄死永又降號冠軍將軍四年遷使持節督雍梁南北秦四州郢之竟陵隨二郡諸軍事右將軍雍州刺史未拜停爲太子詹事加散騎常侍本州大中正六年又加護軍將軍領石頭戍事給鼓吹一部七年遷金紫光祿大夫尋復領護軍後廢帝即位進右光祿大夫加侍中領安成王師加親信二十人又領本州中正出爲吳郡太守秩中二千石侍中右光祿如故元徽二年遷使持節都督南兗徐青冀益五州諸軍事征北將軍南兗州刺史侍中如故永少便驅馳志在宣力年雖已老志氣未衰優游閑任意甚不樂及有此授喜悅非常即日命駕還都未之鎭值桂陽王休範作亂永率所領出屯白下休範至新亭大桁不守前鋒遂攻南掖門永遣人覘賊既返唱云臺城陷矣永衆於此潰散永亦棄軍奔走還先所住南苑以永舊臣不加罪止免官削爵永亦愧歎發病三年卒時年六十六順帝昇明二年追贈侍中右光祿大夫子瓌昇明末達官永弟辯太宗亦見任遇歷尚書吏部郎廣州刺史大司農辯弟岱昇明末吏部尚書

庾登之字元龍潁川鄢陵人也曾祖冰晉司空祖蘊廣州刺史父廓東陽太守登之少以彊濟自立初爲晉會稽王道子太傅參軍義旗初又爲高祖鎭軍參軍以預討桓玄功封曲江縣五等男參大司馬琅邪王軍事豫州別駕從事史大司馬主簿司徒左西曹屬登之雖不涉學善於世事王弘謝晦江夷之徒皆相知友轉太尉主簿義熙十二年高祖北伐登之擊節驅馳退告劉穆之以母老求郡于時士庶咸憚遠役而登之二三其心高祖大怒除吏名大軍發後乃以補鎭蠻護軍西陽太守入爲太子庶子尚書左丞出爲新安太守謝晦爲撫軍將軍荆州刺史請爲長史南郡太守仍爲衞軍長史太守如故登之與晦俱曹氏壻名位本同一旦爲之佐意甚不愜到廳牋唯云即日恭到初無感謝之言每入覲見備持箱囊几席之屬一物不具不坐晦常優容之晦拒王師欲使登之留守登之不許語在晦傳晦敗登之以無任免罪禁錮還家元嘉五年起爲衡陽王義季征虜長史義季年少未親政衆事一以委之尋加南東海太守入爲司徒右長史尚書吏部郎司徒左長史南東海太守府公彭城王義康專覽政事不欲自下厝懷而登之性剛每陳己意義康甚不悅出爲吳郡太守州郡相臨執意無改因其莅任贓貨以事免官弟炳之時爲臨川內史登之隨弟之郡優游自適俄而除豫章太守便道之官登之初至臨川吏民咸相輕侮豫章與臨川接境郡又華大儀逕光赫士人並驚歎焉十八年遷江州刺史疾篤徵爲中護軍未拜二十年卒時年六十二即以爲贈子冲遠太宗鎭姑孰爲衞軍長史卒於豫章太守追贈侍中

炳之字仲文初爲秘書太子舍人劉粹征北長史廣平

太守兄登之爲謝晦長史炳之往省之晦時位高權重朝士莫不加敬炳之獨與抗禮時論偉之爲尚書度支郎不拜出補錢塘令治民有績轉彭城王義康驃騎主簿未就徙爲丹陽丞炳之旣未到府疑於府公禮敬下禮官博議中書侍郎裴松之議曰案春秋桓八年祭公逆王后于紀公羊傳曰女在國稱女此其稱王后何王者無外其辭成矣推此而言則炳之爲吏之道定於受命之日矣其辭已成在官無外名器旣正則禮亦從之且今宰牧之官拜不之職未接之民必有其敬者以旣受王命則成君民之義故也吏之被勑猶除者受拜民不以未見闕其被禮吏安可以未到廢其節乎愚懷所見宜執吏禮從之遷司徒左西屬左將軍竟陵王義宣未親府板炳之爲諮議參軍衆務悉委焉後將軍長沙王義欣鎭壽陽炳之爲長史南梁郡太守轉鎭軍長史太守如故出爲臨川內史後將軍始興王濬鎭湘州以炳之爲司馬領長沙內史濬不之任除南太山太守司馬如故于時領軍將軍劉湛協附大將軍彭城王義康而與僕射殷景仁有隙凡朝士遊殷氏者不得入劉氏之門獨炳之遊二人之間密盡忠於朝廷景仁稱疾不朝見者歷年太祖常令炳之銜命去來湛不疑也義康出藩湛伏誅以炳之爲尚書吏部郎與右衞將軍沈演之俱參機密頃之轉侍中本州大中正遷吏部尚書領義陽王師內外歸附勢傾朝野炳之爲人彊急而不耐煩賓客干訴非理者忿詈形於辭色素無術學不爲衆望所推性好潔士大夫造之者去未出戶輒令人拭席洗牀時陳郡殷冲亦好淨小史非淨浴新衣不得近左右士大夫小不整潔每容接之炳之反是冲每以此譏焉領選旣不緝衆論又頗通貨賄炳之請急還家吏部令史錢泰主客令史周伯齊出炳之宅諮事泰能彈琵琶伯齊善歌炳之因留停宿尚書舊制令史諮事不得宿停外雖有八座命亦不許爲有司所奏上於炳之素厚將恕之召問尚書右僕射何尚之尚之具陳炳之得失又密奏曰夫爲國爲家何嘗不謹用前典今苟欲通一人慮非哲王御世之長術炳之所行非曖昧而已臣所聞旣非一旦又往往眼見事如丘山彰彰若此遂縱而不糾不知復何以爲治晉武不曰明主斷鬲令事遂能奮發華廙見待不輕廢錮累年後起止作城門校尉耳若言炳之有誠於國未知的是何事政當云與殷景仁不失其舊與劉湛亦復不疎且景仁當時事意豈復可蔑朝士兩邊相推亦復何限縱有微誠復何足掩其惡今賈充勳烈晉之重臣雖事業不勝不聞有大罪諸臣進說便遠出之陛下聖叡反更遲遲於此炳之身上之釁旣自藉藉交結朋黨搆扇是非實足亂俗傷風諸惡紛紜過於范曄所少賊一事耳伏願深加三思試以諸聲傳普訪諸可顧問者羣下見陛下顧遇旣重恐不敢苦相侵傷頗問之日宜布嫌責之旨若不如此亦當不辯有所得失臣忝旣有所啓要欲盡其心如無可納伏願宥其觸忤之罪時炳之自理不諳臺制令史並言停外非嫌太祖以炳之信受失所小事不足傷大臣尚之又陳曰炳之呼二令史出宿令史諮都令史駱宰宰云不通吏部曹亦咸知不可令史具向炳之說不得停之意炳之了不聽納之非爲不解直是苟相留耳由外悉知此而誣於信受羣情豈了陛下不假爲之辭雖是令史出乃遠虧朝典又不得謂之小事謝晦望實非今者之疇一事錯誤免侍中官王珣時賢小失桓胤春蒐之謬皆白衣領職況公犯憲制者邪不審可有同王桓白衣例不於任使無損兼可得以爲肅戒孔萬祀居左丞之局不念相當語駱宰云炳之貴要異他尚書身政可得無言耳又云不癡不聾不成姑公敢作此言亦爲異也太祖猶優游之使尚之更陳其意尚之乃備言炳之愆過曰尚書舊有增置幹二十人以元凱丞郎幹之假疾病炳之常取十人私使詢處幹闕不得時補近得王師猶不遣還臣令人語之先取人使意常未安今旣有手力不宜復留得臣此信方復遣耳大都爲人好率懷行事有諸紜紜不悉可曉臣思張遼之言關羽雖兄弟曹公父子豈得不言觀今人憂國實寡臣復結舌日月之明或有所蔽然不知臣者豈不謂臣有爭競之迹追以悵悵臣與炳之周旋俱被恩接不宜復生厚薄大尉昨與臣言說炳之有諸不可非唯一條遠近相崇畏震動四海凡短人辦得致此更復可嘉虞秀之門生事之累味珍肴未嘗有乏其外別貢豈可具詳炳之門中不問大小誅求張幼緒幼緒轉無以堪命炳之先與劉德願殊惡德願自持琵琶甚精麗遺之便復款然市令盛馥進數百口材助營宅恐人知作虛買券劉道錫驟有所輸傾南俸之半劉雍自謂得其力助事之如父夏中送甘蔗若新發於州國吏運載樵荻無輟於道諸見人有物鮮或不求聞劉遵考有材便乞材見好燭盤便復乞之選用不平不可一二太尉又云炳之都無共事之體凡所選舉悉是其意政令太尉知耳論虞秀之作黃門太尉不正答和故得停太尉近與炳之疏欲用德願兒作州西曹炳之乃啓用爲主簿卽語德願德願謝太尉前後漏泄賣恩亦復何極縱不加罪故宜出之士庶忿疾之非直項羽楚歌而已也自從裴劉刑罰以來諸將陳力百倍今日事實好惡可問若赫然發憤顯明法憲陛下便可閑臥紫闥無復一事也太祖欲出炳之爲丹陽又以問尚之尚之答曰臣旣乏賈生應對之才又謝汲公犯顏之直至於侍坐仰酬每不能盡昨出伏復深思祇有愚滯今之事跡異戶同音便是彰著政未測得物之數耳可爲蹈罪負恩無所復少且居官失和未有此比陛下遲遲舊恩未忍窮法爲弘之大莫復過此方復有尹京赫赫之授恐悉心奉國之人於此而息貪狠恣意者歲月滋甚非但虧點王化乃治亂所由如臣所聞天下論議炳之常塵累日月未見一豪增輝今曲阿在水南恩寵無異而協首郡之榮乃更成其形勢便是老王雅也古人云無賞罰雖堯舜不能爲治也陛下豈可坐損皇家之重迷一凡人事若復在可否之間亦不敢苟陳穴管人之枉直明白灼然而叡王令王反更不悟令賈誼劉向重生豈不慷慨流涕於聖世邪臣昔啓范曄當時亦懼犯觸之尤苟是愚懷所挹政自不能舒達所謂雖九死而不悔者也謂炳之且外出若能脩改在職著稱還亦不難而可得少明國典粗酬四海之誚今愆釁如山榮任不損炳之若復有彰大之罪誰復敢以聞述且自非殊勳異績亦何足塞今日之尤歷觀古今未有衆過藉藉受貨數百萬更得高官厚祿如今者也臣每念聖化中有此事未嘗不痛心疾首設令臣等數人縱橫狠藉復如此不審當復云何處之近啓賈充遠鎭今亦何足分外出恐是策之良者臣知陛下不能採臣言故是臣不能盡己之愚至耳今蒙恩榮者不少臣何爲獨懇懇於斯實是尊主樂治之意伏願試更垂察又曰臣見劉伯龍大慷慨炳之所行云有人送張幼緒幼緒語人吾雖得一縣負三十萬錢庾冲遠乃當送至新林見縛束猶未得解手苟萬秋嘗詣炳之値一客姓夏侯主人問有好牛不云無問有好馬不又云無政有佳驢耳炳之便答甚是所欲客出門遂與相聞索之劉道錫云是炳之所舉就道錫索嫁女具及祠器乃當百萬數猶謂不然選令史章龍向臣說亦歎其受納之過言實得嫁女具銅鑪四人舉乃勝細葛斗帳等物不可稱數在尚書中令奴酤酃酒利其百十亦是立臺閣所無不審少簡聖聽不恐仰傷日月之明臣竊爲之歎息太祖乃可有司之奏免炳之官是歲元嘉二十五年也二十七年卒於家時年六十三太祖錄其宿誠追復本官二子季遠弘遠

謝方明陳郡陽夏人尚書僕射景仁從祖弟也祖鐵永嘉太守父沖中書侍郎家在會稽謝病歸除黃門侍郎不就爲孫恩所殺追贈散騎常侍方明隨伯父吳興太守邈在郡孫恩寇會稽東土諸郡皆響應吳興民胡桀郜驃破東遷縣方明勸邈避之不從賊至被害方明逃竄遂免初邈舅子長樂馮嗣之及北方學士馮翊仇玄達俱往吳興投邈並舍之郡學禮待甚簡二人並忿愠遂與恩通謀恩嘗爲嗣之等從者夜入郡見邈衆逼不悟本欲於吳興起兵事趣不果乃遷於會稽及郜等攻郡嗣之玄達並豫其謀劉牢之謝琰等討恩恩走入海嗣之等不得同去方更聚合方明結邈門生義故得百餘人掩討嗣之等悉禽而手刃之于時荒亂之後吉凶禮廢方明合門遇禍資產無遺而營舉凶事盡其力用數月之間葬送並畢平世備禮無以加也頃之孫恩重沒會稽謝琰見害恩購求方明甚急方明於上虞載母妹奔東陽由黃蘗嶠出鄱陽附載還都寄居國子學流離險阨屯苦備經而貞立之操在約無改元興元年桓玄剋京邑丹陽尹卞範之勢傾朝野欲以女嫁方明使尚書吏部郎王騰譬說備至方明終不回桓玄聞而賞之卽除著作佐郎補司徒王謐主簿從兄景仁舉爲高祖中兵主簿方明事思忠益知無不爲高祖謂之曰愧未有瓜衍之賞且當與卿共豫章國祿屢加賞賜方明嚴恪善自居遇雖處闇室未嘗有惰容無他伎能自然有雅韻從兄混有重名唯歲節朝宗而已丹陽尹劉穆之權重當時朝野輻輳不與穆之相識者唯有混方明郗僧施蔡廓四人而已穆之甚以爲恨方明廓後往造之大悅白高祖曰謝方明可謂名家駒直置便自是台鼎人無論復有才用頃之轉從事中郎仍爲左將軍道憐長史高祖命府內衆事皆諮決之隨府轉中軍長史尋更加晉陵太守復爲驃騎長史南郡相委任如初嘗年終江陵縣獄囚事無輕重悉散聽歸家使過正三日還到罪應入重者有二十餘人綱紀以下莫不疑懼時晉陵郡送故主簿弘季盛徐壽之並隨在西固諫以爲昔人雖有其事或是記籍過言且當今民情僞薄不可以古義相許方明不納一時遣之囚及父兄皆驚喜涕泣以爲就死無恨至期有重罪二人不還方明不聽討捕其一人醉不能歸逮二日乃反餘一四十日不至五官朱千期請見欲白討之方明知爲囚事使左右謝五

官不須入四自當反四遂巡墟里不能自歸鄉村責讓之幸領將送遂竟無逃亡者遠近咸歎服焉遭母憂去職服闋爲宋臺尚書吏部郎高祖受命遷侍中永初三年出爲丹陽尹有能名轉會稽太守江東民戶殷盛風俗峻刻強弱相陵姦吏蜂起符書一下文攝相續又罪及比伍動相連坐一人犯吏則一村廢業邑里驚擾狗吠達旦方明深達治體不拘文法闊略苛細務存綱領州臺符攝卽時宜下緩民期會展其辦舉郡縣監司不得妄出貴族豪士莫敢犯禁除比伍之坐判久繫之獄前後征伐每兵運不充悉發倩士庶事旣寧息皆使還本而屬所刻害或卽以補吏守宰不明與奪乖舛人事不至必被抑塞方明簡汰精當各慎所宜雖服役十載亦一朝從理東土至今稱詠之性尤愛惜未嘗有所是非承代前人不易其政有必宜改者則以漸移變使無迹可尋元嘉三年卒官年四十七

子惠連幼而聰敏年十歲能屬文族兄靈運深相知賞事在靈運傳本州辟主簿不就惠連先愛會稽郡吏杜德靈及居父憂贈以五言詩十餘首文行於世坐被徙廢塞不豫榮伍尚書僕射殷景仁愛其才因言次白太祖臣小兒時便見世中有此文而論者云是謝惠連其實非也太祖曰若如此便應通之元嘉七年方爲司徒彭城王義康法曹參軍是時義康治東府城城塹中得古冢爲之改葬使惠連爲祭文留信待成其文甚美又爲雪賦亦以高麗見奇文章並傳於世十年卒時年三十七旣早亡且輕薄多尤累故官位不顯無子弟惠宣竟陵王誕司徒從事中郎臨川內史

江夷字茂遠濟陽考城人也祖晉護軍將軍父敳驃騎諮議參軍夷少自藻厲爲後進之美州辟主簿不就桓玄篡位以爲豫章王文學義旗建高祖板爲鎭軍行參軍尋行大司馬琅邪王軍事轉以公事免頃之復補主簿豫討桓玄功封南郡州陵縣五等侯孟昶建威府司馬中書侍郎中軍太尉從事中郎征西大將軍道規長史南郡太守尋轉太尉諮議參軍領錄事還長史入爲侍中大司馬從府公北辟拜洛陽園陵進至潼關還領寧遠將軍琅邪內史本州大中正高祖受命大司馬府琅邪國事一以委焉宋臺初建爲五兵尚書高祖受命轉掌度支出爲義興太守加秩中二千石以疾去職尋拜吏部尚書爲吳郡太守營陽王於吳縣見害夷臨哭盡禮又以兄疾去官復爲丹陽尹吏部尚書加散騎常侍遷右僕射夷美風儀善舉止歷任以和簡著稱出爲湘州刺史加騎散常侍未之職病卒時年四十八遺命薄斂蔬奠務存儉約追贈前將軍本官如故子湛別有傳

史臣曰爲國之道食不如信立人之要先質後文士君子當以體正爲基蹈義爲本然後飾以藝能文以禮樂苟或難備不若文不足而質有餘也是以小心翼翼可祇事於上帝嗇夫喋喋終不離於虎圈江夷謝方明謝弘微王惠王球學義之美未足以成名而貞心雅體廷臣所罕及詩云溫溫恭人惟德之基信矣

宋書卷五十三考證

張永傳從爲江夏王義恭太尉中兵參軍○太監本訛校今改正

庾登之傳子冲遠○冲遠南史作仲遠

庾炳之傳推此而言則炳之爲吏之道定於受命之日矣○命南史作勑據此知當時諸府佐吏皆有勑書

炳之了不聽納之非爲不解直是苟相留耳○下一之字南本作此屬下句

臣見劉伯寵太慷慨炳之所行○寵南史作龍臣照按劉伯寵見王僧虔帖劉伯龍嘗有鬼笑營利事未知此處應是何人而伯寵伯龍莫定是一是二也

謝方明傳頃之孫恩重沒會稽○沒監本譌役一本作沒臣承蒼按南史作陷沒字之義與陷相近今改正

宋書卷五十四

梁　沈　約　撰

列傳第十四

孔季恭　羊玄保　沈曇慶

孔靖字季恭會稽山陰人也名與高祖祖諱同故稱字祖愉晉車騎將軍父誾散騎常侍季恭始察郡孝廉功曹史著作佐郎太子舍人鎭軍司馬司徒左西掾未拜遭母憂隆安五年於喪中被起建威將軍山陰令不就高祖東征孫恩屢至會稽季恭曲意禮接贍給甚厚高祖後討孫恩時桓玄篡形已著欲於山陰建義討之季恭以爲山陰去京邑路遠且玄未居極位不如待其篡逆事彰釁成惡稔徐於京口圖之不憂不尅高祖亦謂爲然虞嘯父爲征東將軍會稽內史季恭初求爲府司馬不得及帝定桓玄以季恭爲內史使齎封板拜授季恭相値季恭便舟夜還至郎叩扉告嘯父幷令掃拂別齋卽便入郡嘯父本爲桓玄所授聞玄敗震懼開門請罪季恭慰勉使且安所住明旦乃移季恭到任務存治實敕止浮華翦罰遊惰由是寇盜衰止境內肅清徵爲右衛將軍加給事中不拜尋除侍中領本國中正徙琅邪王大司馬司馬尋出爲吳興太守加冠軍先是吳興頻喪太守云項羽神爲卞山王居郡聽事二千石至常避之季恭居聽事竟無害也遷尚書右僕射固讓義熙八年復督五郡諸軍征虜會稽內史脩飾學校督課誦習十年復爲尚書右僕射加散騎常侍又讓不拜頃之除領軍將軍加散騎常侍本州大中正十二年致仕拜金紫光祿大夫常侍如故是歲高祖北伐季恭求從以爲太尉軍諮祭酒後將軍從平關洛高祖爲相國又隨府遷宋臺初建令書以爲尚書令加散騎常侍又讓不受乃拜侍中特進左光祿大夫辭事東歸高祖餞之戲馬臺百僚咸賦詩以述其美及受命加開府儀同三司辭讓累年終以不受永初三年薨時年七十六追贈侍中左光祿大夫開府儀同三司子山士歷顯位侍中會稽太守坐小弟駕部郎道穰逼略良家子女白衣領郡元嘉二十七年卒官弟靈符元嘉末爲南譙王義宣司空長史南郡太守尚書吏部郎世祖大明初自侍中爲輔國將軍郢州刺史入爲丹陽尹山陰縣土境褊狹民多田少靈符表徙無貲之家於餘姚鄞鄮三縣界墾起湖田上使公卿博議太宰江夏王義恭議曰夫訓農脩本有國所同土著之民習翫日久如京師無田不聞徙居他縣尋山陰豪族富室頃畝不少貧者肆力非爲無處耕起空荒無救災歉又緣湖居民魚鴨爲業及有居肆理無樂徙尚書令柳元景右僕射劉秀之尚書王瓚之顧凱之顏師伯嗣湘東王諱議曰富戶溫房無假遷業窮身寒室必應徙居葺宇疏皐產粒無待資公則公未易充課私則私卒難具生計旣完畬功自息宜募亡叛通鄮及與樂田者其往經創須粗脩立然後徙居侍中沈懷文王景文黃門侍郎劉敳郄顒議曰百姓雖不親農不無資生之路若驅以就田則坐相違奪且鄞等三縣去治並遠旣安之民忽徙他邑新垣未立舊居已毀去留兩困無以自資謂宜適任民情從其所樂開宥逋亡且令就業若審成腴壤然後議遷太常王玄謨議曰小民貧匱遠就荒疇去舊卽新糧種俱闕習之旣難勸之未易謂宜微加資給使得肆勤明力田之賞申怠惰之罰光祿勳王昇之議曰遠廢之疇方翦荆棘率課窮乏其事彌難資徙粗立徐行無晚上違議從其徙民並成良業靈符自丹陽出爲會稽太守尋加豫章王子尚撫軍長史靈符家本豐產業甚廣又於永興立墅周回三十三里水陸地二百六十五頃含帶二山又有果園九處爲有司所糾詔原之而靈符答對不實坐以免官後復舊官又爲尋陽王子房右軍長史太守如故愍實有材幹不存華飾每所蒞官政績脩理前廢帝景和中犯忤近臣爲所讒搆遣鞭殺之二子湛之淵之於都賜死太宗卽位追贈靈符金紫光祿大夫淵之大明中爲尚書比部郎時安陸應城縣民張江陵與妻吳共罵母黃令死黃忿恨自經死値赦律父子賊殺傷毆父母梟首罵詈棄市謀殺夫之父母亦棄市値赦免刑補治江陵罵母母以之自裁重於傷毆若同殺科則疑重用毆傷及罵科則疑輕制唯有打母遇赦猶梟首無罵母致死値赦之科淵之議曰夫題里逆心而仁者不入名且惡之況乃人事故毆傷咒詛法所不原詈之致盡則理無可宥罰有從輕蓋疑失善求之文旨非此之謂江陵雖値赦恩故合梟首婦本以義愛非天屬黃之所恨情不在吳原死補治有允正法詔如淵之議吳免棄市

羊玄保太山南城人也祖楷尚書都官郎父綏中書侍郎玄保起家楚臺太常博士遭母憂服闋右將軍何無忌前將軍諸葛長民俱板爲參軍並不就除臨安令劉穆之舉爲高祖鎭軍參軍庫部郎永世令復爲高祖太尉參軍轉主簿丹陽丞少帝景平二年入爲尚書右丞轉左丞司徒長史府公王弘甚知重之謂左長史庾登之吏部尚書王淮之曰卿二賢明美朗識會悟多通然弘懿之望故當共推羊也頃之入爲黃門侍郎善弈棊棊品第三太祖與賭郡戲勝以補宣城太守先是劉式之爲宣城立吏民亡叛制一人不禽符伍里吏送州作部若獲者賞位二階玄保以爲非宜陳之曰臣伏尋亡叛之由皆出於窮逼未有足以推存而樂爲此者也今立殊制於事爲苦臣聞苦節不可貞懼致流弊昔龔遂譬民於亂繩緩之然後可理黃霸以寬和爲用不以嚴刻爲先臣愚以謂單身逃役便爲盡戶今一人不測坐者甚多旣憚重負各爲身計牽挽逃竄必致繁滋又能禽獲叛身類非謹惜旣無堪能坐陵勞吏名器虛假所

妨實多將階級不足供賞服勤無以自勸又尋此制施一邦而已若其是邪則應與天下爲一若其非邪亦不宜獨行一郡民離憂患其弊將甚臣忝守所職懼難遵用致率管穴冒以陳聞由此此制得停玄保在郡一年爲廷尉數月遷尚書吏部郎御史中丞衡陽王義季右軍長史南東海太守加輔國將軍入爲都官尚書左衞將軍加給事中丹陽尹會稽太守又徙吳郡太守加秩中二千石太祖以玄保廉素寡欲故頻授名郡爲政雖無幹績而去後常見思不營財利處家儉薄太祖嘗曰人仕宦非唯須才然亦須運命每有好官缺我未嘗不先憶羊玄保元凶弒立爲吏部尚書領國子祭酒尋加光祿大夫及世祖入討朝野多南奔劭集羣僚橫刀怒曰卿等便可去矣衆戰懼莫敢言玄保容色不異徐曰臣以死奉朝劭乃解世祖卽位以爲散騎常侍領崇憲衞尉尋遷金紫光祿大夫又以謹敬見知賜賚甚厚大明初進位光祿大夫五年遷散騎常侍特進玄保自少至老謹於祭奠四時珍新未得祠薦者口不妄嘗八年卒時年九十四謚曰定子子戎有才氣而輕薄少行檢玄保嘗云此兒必亡我家官至通直郎與王僧達謗議時政賜死死後世祖引見玄保謝曰臣無日磾之明以此上負上美其言戎二弟太祖竝賜名曰咸曰粲謂玄保曰欲令卿二子有林下正始餘風玄保旣善棊而何尚之亦雅好棊吳郡褚胤年七歲入高品及長冠絕當時胤父榮期與臧質同逆胤應從誅何尚之請曰胤奕棊之妙超古冠今魏犨犯令以才獲免父戮子宥其例甚多特乞與其微命使異術不絕不許時人痛惜之玄保兄子希字泰闓少有才氣大明初爲尚書左丞時揚州刺史西陽王子尚上言山湖之禁雖有舊科民俗相因替而不奉熂山封水保爲家利自頃以來頹弛日甚富强者兼嶺而占貧弱者薪蘇無託至漁採之地亦又如茲斯寔害治之深弊爲政所宜去絕損益舊條更申恒制有司檢壬辰詔書占山護澤强盜律論贓一丈以上皆棄市希以壬辰之制其禁嚴刻事旣難遵理與時弛而占山封水漸染復滋更相因仍便成先業一朝頓去易致嗟怨今更刊革立制五條凡是山澤先常熂爈種養竹木雜果爲林及陂湖江海魚梁鰌鮆場常加功脩作者聽不追奪官品第一第二聽占山三頃第三第四品二頃五十畝第五第六品二頃第七第八品一頃五十畝第九品及百姓一頃皆依定格條上貲簿若先已占山不得更占先占闕少依限占足若非前條舊業一不得禁有犯者水上一尺以上竝計贓依常盜律論停除咸康二年壬辰之科從之益州刺史劉瑀先爲右衞將軍與府司馬何季穆共事不平季穆爲尚書令建平王宏所親待屢毀瑀於宏會瑀出爲益州奪士人妻爲妾宏使羊希彈之瑀坐免官瑀恨希切齒有門生謝元伯往來希閑瑀令訪訊被免之由希曰此奏非我意瑀卽日到宏門奉牋陳謝云聞之羊希希坐漏泄免官大明末爲始安王子眞征虜司馬黃門郎御史中丞泰始三年出爲寧朔將軍廣州刺史希初請女夫鎭北中兵參軍蕭惠徽爲長史帶南海太守太宗不許又請爲東莞太守希旣到鎭長史南海太守陸法眞喪官希又請惠徽補任詔曰希卑門寒士累世無聞輕薄多釁備彰歷職徒以淸刻一介擢授嶺南干上逞欲求訴不已可降號橫野將軍初李萬周劉嗣祖籍略廣州事在鄧琬傳太宗以萬周爲步兵校尉加寧朔將軍權行廣州事希旣至而萬周等竝有異圖希誅之希以沛郡劉思道行晉康太守領軍伐俚思道違節度失利希遣收之思道不受命率所領攻州希遣平越長史鄒琰於朝亭拒戰軍敗見殺思道進攻州城司馬鄒嗣之拒之西門戰敗又死希踰城走思道獲而殺之府參軍鄒曼率數十人襲思道已得入城力不敵又敗東莞太守蕭惠徽率郡文武千餘人攻思道戰敗又見殺時龍驤將軍陳伯紹率軍伐俚還擊思道定之贈希輔國將軍惠徽中書郎嗣之越騎校尉希子崇字伯遠尚書主客郎丁母憂哀毀過禮及聞廣州亂卽日便徒跣出新亭不能步涉頓伏江渚門義以小船致之於是進路父葬畢不勝哀卒

沈曇慶吳興武康人侍中懷文從父兄也父發員外散騎侍郎早卒吳興太守王韶之爲之誄焉曇慶初辟主簿州從事西曹主簿長沙王義欣後軍鎭軍主簿遭母憂哀毀致稱本縣令諸葛闡之公解言上服釋復爲主簿義欣又請爲鎭軍記室參軍出爲餘杭令遷司徒主簿江夏王義恭太尉錄事參軍尚書右丞時歲有水旱曇慶議立常平倉以救民急太祖納其言而事不行領本邑中正少府揚州治中從事史始興王濬衞軍長史元凶弒立世祖入討劭遣曇慶還東募人安東將軍隨王誕收付永興縣獄久之被原世祖踐阼除東海王褘撫軍長史入爲尚書吏部郎江夏王義恭大司馬長史南東海太守左衞將軍大明元年督徐兗二州及梁郡諸軍事輔國將軍徐州刺史時殿中員外將軍裴景仁助戍彭城本傖人多悉戎荒事曇慶使撰秦記十卷敘苻氏僭僞本末其書傳於世明年復徵爲左衞將軍加給事中領本州大中正三年遷祠部尚書其年卒時年五十七追贈本官曇慶謹實淸正所莅有稱績常謂子弟曰吾處世無才能政圖作大老子耳世以長者稱之

史臣曰江南之爲國盛矣雖南包象浦西括邛山至於外奉貢賦內充府實止於荆揚二州自漢氏以來民戶彫耗荆楚四戰之地五達之郊井邑殘亡萬不餘一也自元熙十一年馬休之外奔至于元嘉末三十有九載兵車勿用民不外勞役寬務簡氓庶繁息至餘糧棲畝戶不夜扃蓋東西之極盛也旣揚部分析境極江南考之漢域惟丹陽會稽而已自晉氏遷流迄於太元之世百許年中無風塵之警區域之內晏如也及孫恩寇亂殲亡事極自此以至大明之季年踰六紀民戶繁育將曩時一矣地廣野豐民勤本業一歲或稔則數郡忘飢會土帶海傍湖良疇亦數十萬頃膏腴上地畝直一金鄠杜之間不能比也荆城跨南楚之富揚部有全吳之沃魚鹽杞梓之利充仞八方絲綿布帛之饒覆衣天下而田家作苦役難利薄亙歲從務無或一日非農而經稅橫賦之資養生送死之具莫不咸出於此穰歲糶賤糴貴則稼苦饑年糴貴則商倍常平之議行於漢世元嘉十三年東土潦浸民命棘矣太祖省費減用開倉廩以振之病而不凶蓋此力也大明之末積旱成災雖微同往困而救非昔主所以病未半古死已倍之井命比室口減過半若常平之計興於中季遂切扶患或不至是若籠以平價則官苦民優議屈當時蓋由於此

宋書卷五十四考證

史臣論若籠以平價則官苦民優○諸本官下無苦字今從南本增

宋書卷五十五

梁　沈約　撰

列傳第十五

臧燾　徐廣　傅隆

臧燾字德仁東莞莒人武敬皇后兄也少好學善三禮貧約自立操行爲鄉里所稱晉孝武帝太元中衞將軍謝安始立國學徐兗二州刺史謝玄舉燾爲助教孝武帝追崇庶祖母宣太后議者或謂宜配食中宗燾議曰陽秋之義母以子貴故仲子成風咸稱夫人經云考仲子之宮若配食惠廟則宮無緣別築前漢孝文孝昭太后並繫子爲號祭於寢園不配於高祖孝武之廟後漢和帝之母曰恭懷皇后安帝祖母曰恭愍皇后雖不繫子爲號亦祭於陵寢不配章安二帝此則二漢雖有太后皇后之異至於並不配食義同陽秋唯光武追廢呂后故以薄后配高祖廟又衞后旣廢霍光追尊李夫人爲皇后配孝武廟此非母以子貴之例直以高武二廟無配故耳夫漢立寢於陵自是晉制所異謂宜遠準陽秋考宮之義近摹二漢不配之典尊號旣正則罔極之情申別建寢廟則嚴禰之義顯繫子爲稱兼明母貴之所由一舉而允三義固哲王之高致也議者從之頃之去官以母老家貧與弟熹俱棄人事躬耕自業約己養親者十餘載父母喪亡居喪六年以毀瘠著稱服闋除臨沂令義旗建爲太學博士參右將軍何無忌軍事隨府轉鎭南將軍高祖鎭京口與燾書曰頃學尚廢弛後進頹業衡門之內淸風輟響良由戎車屢警禮樂中息浮夫近志情與事染豈可不敷崇墳籍敦厲風尚此境人士子姪如林明發搜訪想聞令軌然荆玉含寶要俟開瑩幽蘭懷馨事資扇發獨習寡悟義著周典今經師不遠而赴業無聞非唯志學者鮮或是勸誘未至邪想復弘之參高祖中軍軍事入補尚書度支郎改掌祠部襲封高陵侯時太廟鴟尾災燾謂著作郎徐廣曰昔孔子在齊聞魯廟災曰必桓僖也今征西京兆四府君宜在毀落而猶列廟饗此其徵乎乃上議曰臣聞國之大事在祀與戎將營宮室宗廟爲首古先哲王莫不致肅恭之誠心盡崇嚴乎祖考然後能流淳化於四海通幽感於神明固宜詳廢興於古典循情禮以求中者也禮天子七廟三昭三穆與太祖而七自考廟以至祖考五廟皆月祭之遠廟爲祧有二祧享嘗乃止去祧爲壇去壇爲墠有禱然後祭之此宗廟之次親疏之序也鄭玄以爲祧者文王武王之廟王肅以爲五世六世之祖尋去祧之言則祧非文武之廟矣周之祖宗何云去祧爲壇乎明遠廟爲祧者無服之祖也又遠廟則有享嘗之禮去祧則有壇墠之殊明世遠者其義彌疏也若祧是文武之廟宜同月祭於太祖雖推后稷以配天由功德之所始非尊崇之義每有差降也又禮有以多貴者故傳稱德厚者流光德薄者流卑又云自上以下降殺以兩禮也此則尊卑等級之典上下殊異之文而云天子諸侯俱祭五廟何哉又王祭嫡殤下及來孫而上祀之禮不過高祖推隆恩於下流替誠敬於尊屬亦非聖人制禮之意也是以泰始建廟從王氏議以禮父爲士子

爲天子諸侯祭以天子諸侯其尸服以士服故上及征西以備六世之數宣皇雖爲太祖尚在子孫之位至於殷祭之日未申東向之禮所謂子雖齊聖不先父食者矣今京兆以上既遷太祖始得居正議者以昭穆未足欲屈太祖於卑坐臣以爲非禮典之旨所與太祖而七自是昭穆既足太祖在六世之外非爲須滿七廟乃得居太祖也議者又以四府君神主宜永同於殷祫臣又以爲不然傳所謂毀廟之主陳乎太祖謂太祖以下先君之主也故白虎通云禘祫祭遷廟者以其繼君之體持其統而不絕也豈如四府君在太祖之前非繼統之主無靈命之瑞非王業之基昔以世近而及今則情禮已遠而當長饗殷祫永虛太祖之位求之禮籍未見其可昔永和之初大議斯禮于時虞喜范宣並以淵儒碩學咸謂四府君神主無緣永存於百世或欲瘞之兩階或欲藏之石室或欲爲之改築雖所秉小異而大歸是同若宣皇既居羣廟之上而四主禘祫不已則大晉殷祭長無太祖之位矣夫理貴有中不必過厚禮與世遷豈可順而不斷故臣子之情雖篤而靈厲之謚彌彰追遠之懷雖切而遷毀之禮爲用豈不有心於加厚顧禮制不可踰爾石室則藏於廟北改築則未知所處虞主所以依神神移則有瘞埋之禮四主若饗祀宜廢亦神之所不依也准傍事例宜同虞主之瘞埋然經典難詳羣言紛錯非臣卑淺所能折中時學者多從燾議竟未施行遷通直郎高祖鎮軍車騎中軍太尉諮議參軍高祖北伐關洛大司馬琅邪王同行除大司馬從事中郎總留府事義熙十四年除侍中元熙元年以脚疾去職高祖受命徵拜太常雖外戚貴顯而彌自沖約茅屋蔬飡不改其舊所得奉祿與親戚共之永初三年致仕拜光祿大夫加金章紫綬其年卒時年七十少帝追贈左光祿大夫加散騎常侍長子邃護軍司馬宜都太守少子綽太子中舍人新安太守邃長子諶之尚書都官郎烏程令諶之弟凝之學涉有當世才具與司空徐湛之爲異常之交年少時與北地傅僧祐俱以通家子始爲太祖所引見時上與何尚之論鑄錢事凝之便干其語上因回與論之僧祐引凝之衣令止凝之大言謂僧祐曰明主難再遇便應正盡所懷上與往復十餘反凝之詞韻銓序兼有理證上甚賞焉歷隨王誕後軍記室錄事欲以爲青州其事不果遷尚書右丞以徐湛之黨爲元凶所殺子貴尚書主客郎沈攸之征西功曹爲攸之盡節事在攸之傳凝之弟澤之亦有美譽太宗世歷尚書吏部郎御史中丞後廢帝元徽中爲左民尚書卒官澤之弟澄之太子左積弩將軍元嘉二十七年領軍於盱眙爲索虜所破見殺追贈通直郎綽子煥順帝昇明中爲武昌太守沈攸之攻郢城煥棄郡赴之攸之敗伏誅傅僧祐祖父弘仁高祖外弟也以中表歷顯官征虜將軍南譙太守太常卿子部員外散騎侍郎妻燾女也生僧祐有吏才再爲山陰令甚有能名末世令長莫及亦以徐湛之黨爲元凶所殺

徐廣字野民東莞姑幕人也父藻都水使者兄邈太子前衛率家世好學至廣尤精百家數術無不研覽謝玄爲州辟廣從事西曹又譙王司馬恬鎮北參軍晉孝武帝以廣博學除爲祕書郎校書祕閣增置職僚轉員外散騎侍郎領校書如故隆安中尚書令王珣舉爲祠部郎李太后薨廣議服曰太皇太后名位允正體同皇極理制備盡情禮彌申陽秋之義母以子貴既稱夫人禮服從正故成風顯夫人之號僖公服三年之喪子於父之所生體尊義重且祖不厭孫固宜遂服無屈而緣情立制若嫌明文不存則疑斯從重謂應同於爲祖母後齊衰三年服從其議時會稽王世子元顯錄尚書欲使百僚致敬臺內使廣立議由是內外並執下官禮廣常爲愧恨焉元顯引爲中軍參軍遷領軍長史桓玄輔政以爲大將軍文學祭酒義熙初高祖使撰車服儀注乃除鎮軍咨議參軍領記室封樂成縣五等侯轉員外散騎常侍領著作郎二年尚書奏曰臣聞左史述言右官書事乘志顯於晉鄭陽秋著乎魯史自皇代有造中興晉祀道風帝典煥乎史策而太和以降世歷三朝玄風聖迹倏爲疇古臣等參詳宜敕著作郎徐廣撰成國史詔曰先朝至德光被未著方策宜流風緬代永貽將來者也便敕撰集六年遷散騎常侍又領徐州大中正轉正員常侍時有風雹爲災廣獻書高祖曰風雹變未必爲災古之聖賢輒懼而修己所以興政化而隆德教也嘗忝服事宿眷未忘思竭塵露率誠于習明公初建義旗匡復宗社神武應運信宿平夷且恭謙儉約虛心匪懈來蘇之化功用若神頃事故既多刑德並用戰功殷積報敘難盡萬機繁湊固應難速且小細煩密羣下多懼又穀帛豐賤而民情不勸禁司互設而劫盜多有誠由俗弊未易整而望深未易炳追思義熙之始如有不同何者好安願逸萬物之大趣習舊駭新凡識所不免要當俯順羣情抑揚隨俗則朝野歡泰具瞻允康矣言無可採願矜其愚款之志又轉大司農領著作郎皆如故十二年晉紀成凡四十六卷表上之遷祕書監初桓玄篡位安帝出宮廣陪列悲慟哀動左右及高祖受禪恭帝遜位廣又哀感涕泗交流謝晦見之謂之曰徐公將無小過廣收淚答曰身與君不同君佐命興王逢千載嘉運身世荷晉德實眷戀故主因更歔欷永初元年詔曰祕書監徐廣學優行潔歷位恭肅可中散大夫廣上表曰臣年時衰耄朝敬永闕端居都邑徒增替怠臣墳墓在晉陵臣又生長京口戀舊懷遠每感暮心息道玄謬荷朝恩忝宰此邑乞相隨之官歸終桑梓微志獲申殞沒無恨許之贈賜甚厚性好讀書老猶不倦元嘉二年卒時年七十四答禮問百餘條用於今世廣子豁在良吏傳

傅隆字伯祚北地靈州人也高祖咸晉司隸校尉曾祖晞司徒屬父祖早亡隆少孤又無近屬單貧有學行不好交游義熙初年四十始爲孟昶建威將軍員外散騎侍郎坐辭兼免復爲會稽征虜參軍家在上虞及東歸便有終焉之志歷佐三軍首尾八年除給事中尚書僕射丹陽尹徐羨之置建威府以爲錄事參軍尋轉尚書祠部郎丹陽丞入爲尚書左右丞以族弟亮爲僕射緦服不得相臨徙太子率更令廬陵王義真車騎咨議參軍出補山陰令太祖元嘉初除司徒右長史遷御史中丞當官而行甚得司直之體轉司徒右長史時會稽剡縣民黃初妻趙打息載妻王死亡遇赦王有父母及息男稱息女葉依法徙趙二千里外隆議之曰原夫禮律之興蓋本之自然求之情理非從天墮非從地出也父子至親分形同氣稱之於載即載之於趙雖云三世爲體猶一未有能分之者也稱雖創巨痛深固無讐祖之義若稱可以殺趙趙當何以處載將父子孫祖互相殘戮懼非先王明罰咎繇立法之本旨也向使石碏之孫砥鋒挺鍔不與二祖同戴天日則石碏稚侯何得流名百代以爲美談者哉舊令云殺人父母徙之二千里外不施父子孫祖明矣趙當避王朞功千里外耳令亦云凡流徙者同籍親近欲相隨者聽之此又大通情體因親以教愛者也趙既流移載爲人子何得不從載從而稱不行豈名教所許如此稱趙竟不可分趙雖內愧終身稱當沈痛沒齒孫祖之義自不得永絕事理固然也從之又出爲義興太守在郡有能名徵拜左民尚書坐正直受節假對人未至委出白衣領職尋轉太常十四年太祖以新撰禮論付隆使下意隆上表曰臣以下愚不涉師訓孤陋閭閻面墻靡識謬蒙詢逮愧懼流汗原夫禮者三千之本人倫之至道故用之家國君臣以之尊父子以之親用之婚冠少長以之仁愛夫妻以之義順用之鄉人友朋以之三益賓主以之敬讓所謂極乎天播乎地窮高遠測深厚莫尚於禮也其樂之五聲易之八象詩之風雅書之典誥春秋之微婉勸懲無不本乎禮而後立也其源遠流廣其體大而義精非夫叡哲大賢孰能明乎此哉況遭暴秦焚亡百不存一漢興始徵召故老搜集殘文其體例紕繆首尾脫落難可詳論幸高堂生頗識舊義諸儒各爲章句之說既明不獨達所見不同或師資相傳共枝別幹故聞人二戴俱事后蒼俄已分異盧植鄭玄偕學馬融人各名家又後之學者未逮曩時而問難星繁充斥兼兩搖文列錦煥爛可觀然而五服之本或差哀敬之制舛雜國典未一於四海家法參駁於搢紳誠宜考詳遠慮以定皇代之盛禮者也伏惟陛下欽明玄聖同規唐虞疇咨四岳興言三禮而伯夷未登微臣竊位所以大懼負乘形神交惡者無忘夙夜矣而復猥充博採之數與聞爰發之求實無以仰酬聖旨萬分之一不敢廢黜謹率管穴所見五十二事上呈蚩鄙茫浪伏用竦赧明年致仕拜光祿大夫歸老在家手不釋卷博學多通特精三禮謹於奉公常手抄書籍二十八年卒時年八十三

史臣曰選賢於野則治身業弘求士於朝則飾智風起六經奧遠方軌之正路百家淺末捷至之偏道漢世登士閭黨爲先崇本務學不尚浮詭然後可以俯拾青組顧蔑籯金於是人厲從師之志家競專門之術藝重當時所居一旦成市黌舍暨啓著錄或至萬人是故仕以學成身由義立自魏氏膺命主愛雕蟲家棄章句人重異術又選賢進士不本鄉閭銓衡之寄任歸臺閣以一人之耳目究山川之險情賢否臆斷萬不值一由是仕憑借譽學非爲己崇詭遇之巧速鄙稅駕之遲難士自此委笥植經各從所務早往晏退以取世資庠序黌校之士傳經聚徒之業自黃初至于晉末百餘年中儒教盡矣高祖受命議創國學宮車早晏道未及行迄于元嘉甫獲克就雅風盛烈未及曩時而濟濟焉頗有前王之遺典天子鸞旗警蹕清道而臨學館儲后冕旒黼黻北面而禮先師後生所不嘗聞黃髮未之前覩亦一代之盛也臧燾徐廣傅隆裴松之何承天雷次宗並服膺聖哲不爲雅俗推移立名於世宜矣潁川庾蔚之鴈門周野王汝南周王子河內向琰會稽賀道養皆託志經書見稱於後學蔚之略解禮記并注賀循喪服行於世

云

宋書卷五十五考證

戚藪傳雖外戚貴顯而彌自沖約○貴監本作賫蓋因說文作賫而訛也今改正

宋書卷五十六

梁　沈　約　撰

列傳第十六

謝瞻　孔琳之

謝瞻字宣遠一名檐字通遠陳郡陽夏人衞將軍晦第三兄也年六歲能屬文爲紫石英讚果然詩當時才士莫不歎異初爲桓偉安西參軍楚臺祕書郎瞻幼孤叔母劉撫養有恩紀兄弟事之同於至親劉弟柳爲吳郡將姊俱行瞻不能違解職隨從爲柳建威長史尋爲高祖鎮軍琅邪王大司馬參軍轉主簿安成相中書侍郎宋國中書黃門侍郎相國從事中郎弟晦時爲宋臺右衞權遇已重於彭城還都迎家賓客輻輳門巷塡咽時瞻在家驚駭謂晦曰汝名位未多而人歸趣乃爾吾家素以退爲業不願干豫時事交遊不過親朋而汝遂勢傾朝野此豈門戶之福邪乃籬隔門庭曰吾不忍見此及還彭城言於高祖曰臣本素士父祖位不過二千石弟年始三十志用凡近榮冠臺府位任顯密福過災生其應無遠特乞降黜以保衰門前後屢陳高祖以瞻爲吳興郡又自陳請乃爲豫章太守晦或以朝廷密事語瞻瞻輒向親舊陳說以爲笑戲以絕其言晦遂建佐命之功任寄隆重瞻愈憂懼永初二年在郡遇疾不肯自治幸於不永晦聞疾奔往瞻見之曰汝爲國大臣又總戎重萬里遠出必生疑謗時果有訴告晦反者瞻疾篤還都高祖以晦禁旅不得出宿使瞻居于晉南郡公主婿羊賁故第在領軍府東門瞻曰吾有先人弊廬何爲於此臨終遺晦書曰吾得啓體幸全歸骨山足亦何所多恨弟思自勉厲爲國爲家遂卒時年三十五瞻善於文章辭采之美與族叔混弟靈運相抗靈運父瑍無才能爲祕書郎早年而亡靈運好臧否人物混患之欲加裁折未有方也謂瞻曰非汝莫能乃與晦曜弘微等共遊戲使瞻與靈運登車便商較人物瞻謂之曰祕書早亡談者亦互有同異靈運默然言論自此衰止弟瞬字宣鏡幼有殊行年數歲所生母郭氏久嬰痼疾晨昏溫清和藥捧膳不闕一時勤容戚顏未嘗暫改恐僕役營疾懈倦躬自執勞母爲病畏驚微賤過甚一家尊卑感瞬至性咸納屨而行屏氣而語如此者十餘年初爲州主簿中軍行參軍太子舍人俄遷祕書丞自以兄居權貴己蒙超擢固辭不就徐羨之請爲司空長史黃門郎元嘉三年從坐伏誅時年三十一有詔宥其子世平又早卒無後

孔琳之字彥琳會稽山陰人祖沈晉丞相掾父曄光祿大夫琳之彊正有志力好文義解音律能彈棊妙善草隸郡命主簿不就後辟本國常侍桓玄時議欲廢錢用穀帛琳之議曰洪範八政以貨次食豈不以交易之資爲用之至要者乎若使不以交易百姓用力於爲錢則是妨其爲生之業禁之可也今農自務穀工自務器四民各肆其業何嘗致勤於錢故聖王制無用之貨以通有用之財既無毀敗之費又省運置之苦此錢所以嗣功龜貝歷代不廢者也穀帛爲寶本充衣食今分以爲貨則致損甚多又勞毀於商販之手耗棄於割截之用此之爲敝著於自曩故鍾繇曰巧僞之民競蘊溼穀以要利制薄絹以充資魏世制以嚴刑弗能禁也是以司馬芝以爲用錢非徒豐國亦所以省刑錢之不用由於兵亂積久自至於廢有由而然漢末是也今既用而廢之則百姓頓亡其財今括囊天下穀以周天下之食或倉庾充衍或糧靡斗儲以相資通則貧者仰富致之之道實假於錢一朝斷之便爲棄物是有錢無糧之民皆坐而饑困此斷錢之立敝也且據今用錢之處不爲貧用穀之處不爲富又民習來久革之必惑語曰利不百不易業況又錢便於穀邪魏明帝時錢廢穀用三十年矣以不便於民乃舉朝大議精力達治之士莫不以宜復用錢民無異情朝無異論彼尙舍穀帛而用錢足以明穀帛之弊著於已試世謂魏氏不用錢久積累巨萬故欲行之利公富國斯殆不然昔晉文後舅犯之謀而先成季之信以爲雖有一時之勳不如萬世之益于時名賢在列君子盈朝大謀天下之利害將定經國之要術若穀實便錢義不昧當時之近利而廢永用之通業斷可知矣斯實由困而思革改而更張耳近孝武之末天下無事時和年豐百姓樂業便自穀帛殷阜幾乎家給人足驗之事實錢又不妨民也頃兵革屢興荒饉荐及飢寒未振寔此之由公既援而拯之大革視聽弘敦本之教明廣農之科敬授民時各順其業遊蕩知反務末自休固以南畝競力野無遺壤矣於是以往升平必至何衣食之足卹愚謂救弊之術無取於廢錢

玄又議復肉刑琳之以爲唐虞象刑夏禹立辟蓋淳薄既異致化寔同寬猛相濟惟變所適書曰刑罰世輕世重言隨時也夫三代風純而事簡故罕蹈刑辟季末俗巧而務殷故動陷憲網若三千行於叔世必省踊貴之尤此五帝不相循法肉刑不可悉復者也漢文發仁惻之意傷自新之路莫由革古創制號稱刑厝然名輕而實重反更傷民故孝景嗣位輕之以緩緩而民慢又不禁邪期于刑罰之中所以見美在昔歷代詳論而未獲厥中者也兵荒後罹法更多棄市之刑本斬右趾漢文一謬承而弗革所以前賢悵恨議之而未辯鍾繇陳羣之意雖小有不同而欲右趾代棄市若從其言則所活者衆矣降死之生誠爲輕法然人情慎顯而輕昧忽遠而驚近是以盤盂有銘韋弦作佩況在小人尤其所惑或目所不覩則忽而不戒日陳于前則驚心駭矚由此言之重之不必不傷輕之不必不懼而可以全其性命蕃其產育仁既濟物功亦益衆又今之所患逋逃爲先屢叛不革逃身靡所亦以肅戒未犯永絕惡原至於餘條宜依舊制豈曰允中貴獻管穴玄好人附悅而琳之不能順旨是以不見知遷楚臺員外散騎侍郎遭母憂去職服闋除司徒左西掾以父致仕自解時司馬休之爲會稽內史後將軍仍以琳之爲長史父憂去官服闋補太尉主簿尚書左丞揚州治中從事史所居著績衆官獻便宜議者以爲宜修庠序郵典刑審官方明黜陟舉逸拔才務農簡調琳之於衆議之外別建言曰夫璽印者所以辯章官爵立契符信官莫大於皇帝爵莫尊於公侯而傳國之璽歷代迭用襲封之印奕世相傳貴在仍舊無取改作今世唯尉一職獨用一印至於內外羣官每遷悉改討尋其義私所未達若謂官各異姓與傳襲不同則未若異代之爲殊也若論其名器雖有公卿之貴未若帝王之重若以或有誅夷之臣忌其凶穢則漢用秦璽延祚四百未聞以子嬰身戮國亡而棄之不佩帝王公侯之尊不疑於傳璽人臣衆僚之卑何嫌於即印載籍未聞其說推例自乖其準而終年刻鑄喪功消實金銀銅炭之費不可稱言非所以因循舊貫易簡之道愚謂衆官即用一印無煩改作若有新置官又官多印少文或零失然後乃鑄則仰裨天府非唯小益又曰凶門柏裝不出禮典起自末代積習生常遂成舊俗爰自天子達于庶人誠行之有由卒革必駭然苟無關於情而有愆禮度存之未有所明去之未有所失固當式遵先典釐革後謬況復兼以游費寔爲民患者乎凡人士喪儀多出閭里每有此須動十數萬損民財力而義無所取至於寒庶則人思自竭雖復室如懸磬莫不傾産殫財所謂葬之以禮其若此乎謂宜謹遵先典一罷凶門之式表以素扇足以示凶又曰昔事故飢荒米穀綿絹皆貴其後米價登復而絹于今一倍綿絹既貴蠶業者滋雖懃厲兼倍而貴猶不息愚謂致此良有其由昔事故之前軍器正用鎧而已至於袍襖裲襠必俟戰陣實在庫藏永無損毀今儀從直衞及邀羅使命有防衞送迎悉用袍襖之屬非唯一府衆軍皆然綿帛易敗勢不支久又晝以禦寒夜以寢卧曾未周年便自敗裂每絲綿新登易折租以市又諸府競收動有千萬積貴不已實由於斯私服爲之艱貴官庫爲之空盡愚謂若侍衞所須固不可廢其餘則依舊用鎧小小使命送迎之屬止宜給仗不煩鎧襖用之既簡則其價自降又曰夫不恥惡食唯君子能之肴饌尚奢爲日久矣今雖改張是弘而此風未革所甘不過一味而陳必方丈適口之外皆爲說目之費富者以之示夸貧者爲之殫產衆所同鄙而莫能獨異愚謂宜粗爲其品使奢儉有中若有不改加以貶黜則德儉之化不日而流遷尚書吏部郎義熙六年高祖領平西將軍以爲長史大司馬琅邪王從事中郎又除高祖平北征西長史遷侍中宋臺初建除宋國侍中出爲吳興太守公事免永初二年爲御史中丞明憲直法無所屈撓奏劾尚書令徐羨之曰臣聞事上以奉憲爲恭臨下以威嚴爲整然後朝典惟明莅衆必肅斯道或替則憲綱其頹臣以今月七日預皇太子正會會畢車去并猥臣停門待闕有何人乘馬當臣車前收捕驅遣命去何人罵詈收捕諮審欲錄每有公事臣常慮有紛紜語令勿問而何人獨罵不止臣乃使錄何人不肯下馬連叫大喚有兩威儀走來擊臣收捕尚書令省事倪宗又牽威儀手力擊臣下人宗云中丞何得行凶敢錄令公人凡是中丞收捕威儀悉皆縛取臣勅下人一不得鬬凶勢輈張有頃乃散又有羣人就臣車側錄收捕樊馬子牙行策馬子頓伏不能還臺臣自錄非本無對校而宗敢乘勢凶恣篡奪罪身尚書令臣羨之與臣列車紛紜若此或云羨之不禁或云羨之禁而不止縱而不禁既乖國憲禁而不止又不

經通陵犯監司凶聲彰赫容縱宗等曾無糾問虧損國威無大臣之體不有準繩風裁何寄羡之內居朝右外司輦轂位任隆重百辟所瞻而不能弘惜朝章肅是風軌致使宇下縱肆凌暴憲司凶赫之聲起自京邑所謂已有短垣而自踰之又宗爲篡奪之主縱不糾問二三虧違宜有裁貶請免羡之所居官以公還第宗等篡奪之愆已屬掌故御史隨事檢處詔曰小人難可檢御司空無所問餘如奏羡之任居朝端不欲以犯憲示物時羡之領揚州刺史琳之弟璩之爲治中羡之使璩之解釋琳之停寢其事琳之不許璩之固陳琳之謂曰我觸忤宰相正當罪止一身爾汝必不應從坐何須勤勤邪自是百僚震肅莫敢犯禁高祖甚嘉之行經蘭臺親加臨幸又領本州大中正遷祠部尚書不治產業家尤貧素景平元年卒時年五十五追贈太常子邈有父風官至揚州治中從事史邈子覬別有傳覬弟道存世祖大明中歷黃門吏部郎臨海王子頊前軍長史南郡太守晉安王子勛建僞號爲侍中行雍州事事敗自殺

史臣曰民生所貴曰食與貨貨以通幣食爲民天是以九棘播於農皇十朋興於上代昔醇民未離情嗜疎寡奉生贍已事有易周一夫躬稼則餘食委室匹婦務織則兼衣被體雖懋遷之道通用濟乏龜貝之益爲功蓋輕而事有譌變姦敝代起昏作役苦故穡人去而從商商子事逸末業流而浸廣泉貨所通非復始造之意於是競收罕至之珍遠蓄未名之貨明珠翠羽無足而馳絲罽文犀飛不待翼天下蕩蕩咸以棄本爲事豈衍則同多稌之資饑凶又減田家之蓄錢雖盈尺既不療於堯年貝或如輪信無救於湯世其蠹病亦已深矣固宜一罷錢貨專用穀帛使民知役生之路非此莫由夫千匹爲貨事難於懷璧萬斛爲市未易於越鄉斯可使末伎自禁游食知反而年世推移民與事習或庫盈朽貫而高廩未充或家有藏鏹而良疇罕闢若事改一朝廢而莫用交易所寄旦夕無待雖致乎要術而非可卒行先宜削華止僞還淳反古抵璧幽峯捐珠清壑然後驅一世之民反耕桑之路使縑粟羨溢同於水火既而蕩滌圜法銷鑄勿遺立制垂統永傳于後比屋稱仁豈伊唐世桓玄知其始而不覽其終孔琳之覩其末而不統其本豈慮有開塞將一往之談可然乎

宋書卷五十六考證

謝瞻傳吾家素以退爲業○南史素字在以字下　臣承者按素業二字乃當時常語蔡興宗傳云以業尚素立見稱卽此意也素退是樸素恬退之義當從之

靈運父奐○奐南史作瑍

使瞻與靈運登車便商較人物○南史與字下有靈運共車四字

謝皭附傳母爲病畏驚微賤過甚一家尊卑感皭至性咸納屨而行屏氣而語○南史驚字下有而字監本母字在爲字下又賤字訛作踐今改正

孔琳之傳父殿光祿大夫○殿南史作歛

後辟本國常侍輕之尉○輕之二字疑誤

史臣論一夫躬稼則餘食委室○食一本作貧

宋書卷五十七

梁　沈約　撰

列傳第十七

蔡廓 子興宗

蔡廓字子度濟陽考城人也曾祖謨晉司徒祖系撫軍長史父綝司徒左西屬廓博涉羣書言行以禮起家著作佐郎時桓玄輔晉議復肉刑廓上議曰夫建封立法弘治稽化必隨時置制德刑兼施貞一以閑其邪教禁以檢其慢灑湛露以膏潤厲嚴霜以肅威晞風者陶和而安恬畏戾者聞憲而警慮雖復質文迭用而斯道莫革肉刑之設肇自哲王蓋由曩世風淳民多惇謹圖像既陳則機心冥戢刑人在塗則不逞改操故能勝殘去殺化隆無爲季末澆僞法網彌密利巧之懷日滋恥畏之情轉寡終身劇役不足止其姦況乎黥劓豈能反其善徒有酸慘之聲而無濟治之益至於棄市之條實非不赦之罪事非三殺考律同歸輕重均科減降路塞鍾陳以之抗言元皇所爲留愍今英輔翼讚道邈伊周雖閉否之運甫開而遐遺之難未已誠宜明慎用刑愛民弘育申哀矜以革濫移大辟於支體全性命之至重恢繁息於將來使將斷之骨荷更榮於三陽干時之華監商飆而知懼威惠俱宣感畏偕設全生拯暴於是乎在遷司徒主簿尚書度支殿中郎通直郎高祖太尉參軍司徒屬中書黃門郎以方鯁閑素爲高祖所知及高祖領兗州廓爲別駕從事史委以州任尋除中軍諮議參軍太尉從事中郎未拜遭母憂性至孝三年不櫛沐殆不勝喪服闋相國府復板爲從事中郎領記室宋臺建爲侍中建議以爲鞫獄不宜令子孫下辭明言父祖之罪虧教傷情莫此爲大自今家人與囚相見無乞鞫之訴使民以明伏罪不須責家人下辭朝議咸以爲允從之世子左衞率謝靈運輒殺人御史中丞王淮之坐不糾免官高祖以廓剛直不容邪枉補御史中丞多所糾奏百僚震肅時中書令傅亮任寄隆重學冠當時朝廷儀典皆取定於亮每諮廓然後施行亮意若有不同廓終不爲屈時疑揚州刺史廬陵王義真朝堂班次亮與廓書曰揚州自應著刺史服耳然謂坐起班次應在朝堂諸官上不應依官次坐下足下試更尋之詩序云王姬下嫁於諸侯衣服禮秩不係其夫下王后一等推王姬下王后一等則皇子居然在王公之上陸士衡起居注式乾殿集諸皇子悉在三司上今抄疏如別又海西卽位赦文太子武陵王第一撫軍將軍會稽王第二大司馬第三大司馬位既最高又都督中外而次在二王之下豈非下皇子邪此文今具在也永和中蔡公爲司徒司馬簡文爲撫軍開府對錄朝政蔡爲正司不應反在儀同之下而于時位次相王在前蔡公次之耳諸例甚多不能復具疏揚州反乃居卿君之下恐此失禮宜改之邪廓答曰揚州位居卿君之下常亦惟疑然朝廷以位相次不以本封復無明文云皇子加殊禮齊獻王爲驃騎孫秀來降武帝欲優異之以秀爲驃騎轉齊王爲鎭軍在驃騎上若如足下言皇子使在公右則齊王本次自尊何改鎭軍令在驃騎上明知故依見位爲次也又齊王爲司空賈充爲太尉俱錄尚書署事常在充後潘正叔奏公羊事于時三錄梁王肜爲衞將軍署在太尉隴西王泰司徒王玄沖下近太元初賀新宮成司馬太傅爲中軍而以齊王柔之爲賀首立安帝爲太子止禮徐邈爲郎位次亦以太傅在諸王下又謁李太后宗正尚書符令以高密王爲首時王東亭爲僕射王徐皆是近世識古今者足下引式乾公王吾謂未可爲據其云上出式乾古傳中彭城王植荀組潘岳嵇紹杜斌然後道足下所疏四王在三司之上反在黃門郎下有何義且四王之下則云大將軍梁王肜車騎趙王倫然後云司徒王戎耳梁趙二王亦是皇子屬尊位齊在豫章王常侍之下又復不通蓋書家指疏時事不必存其班次式乾亦是私宴異於朝堂如今含章西堂足下在僕射下侍中在尚書下耳來示又云曾祖與簡文對錄位在簡文下吾家故事則不然今寫如別王姬身無爵位故可得不從夫而以王女爲尊皇子出任則有位有位則依朝復示之班序唯引泰和赦文差可爲言然赦文前後亦參差不同太宰上公自應在大司馬前耳簡文雖撫軍時已授丞相殊禮又中外都督故以本任爲班不以督中外便在公右也今護軍總方伯而位次故在持節都督下足下復思之遷司徒左長史出爲豫章太守徵爲吏部尚書廓因北地傅隆問亮選事若悉以見付不論不然不能拜也亮以語錄尚書徐羡之羡之曰黃門郎以下悉以委蔡吾徒不復厝懷自此以上故宜共參同異廓曰我不能爲徐干木署紙尾也遂不拜干木羡之小字也選案黃紙錄尚書與吏部尚書連名故廓云署紙尾也羡之亦以廓正直不欲使居權要徙爲祠部尚書太祖入奉大統尚書令傅亮率百僚奉迎廓亦俱行至尋陽遇疾不堪前亮將進路詣廓別廓謂曰營陽在吳宜厚加供奉營陽不幸卿諸人有弑主之名欲立於世將可得邪亮已與羡之議害少帝乃馳信止之信至已不及羡之大怒曰與人共計議云何裁轉背便賣惡於人及太祖卽位謝晦將之荊州與廓別屏人問曰吾其免乎廓曰卿受先帝顧命任以社稷廢昏立明義無不可但殺人二昆而以北面挾震主之威據上流之重以古推今自免爲難也廓年位並輕而爲時流所推重每至歲時皆束帶到門奉兄軌如父家事小大皆諮而後行公祿賞賜一皆入軌有所資須悉就典者請焉從高祖在彭城妻郗氏書求夏服廓答書曰知須夏服計給事自應相供無容別寄時軌爲給事中元嘉二年廓卒時年四十七高祖嘗云羊徽蔡廓可平世三公少子興宗

興宗年十歲失父哀毀有異凡童廓罷豫章郡還起二宅先成東宅與軌廓亡而館宇未立軌罷長沙郡還送錢五十萬以補宅直興宗年十歲白母曰一家由來豊儉必共今日宅價不宜受也母悅而從焉軌有愧色謂其子淡曰我年六十行事不及十歲小兒尋喪母少好學以業尚素立見稱初爲彭城王義康司徒行參軍太子舍人南平穆王冠軍參軍武昌太守又爲太子洗馬義陽王友中書侍郎中書令建平王宏侍中王僧綽並

與興宗厚善元凶弒立僧綽被誅凶威方盛親故莫敢
往興宗獨臨哭盡哀出爲司空何尚之長史又遷太子
中庶子世祖踐阼還先職遷臨海太守徵爲黃門郎太
子中庶子轉游擊將軍俄遷尚書吏部郎時尚書何偃
疾患上謂興宗曰卿詳練淸濁今以選事相付便可開
門當之無所讓也轉司徒左長史復爲中庶子領前軍
將軍還侍中每正言得失無所顧憚由是失旨竟陵王
誕據廣陵城爲逆事平興宗奉旨慰勞州別駕范義與
興宗素善在城內同誅興宗至廣陵躬自收殯致喪還
豫章舊墓上聞之甚不悅廬陵內史周朗以正言得罪
鏁付寧州親戚故人無敢瞻送興宗在直請急詣朗別
上知尤怒坐屬疾多日白衣領職尋左遷司空沈慶之
長史行兗州事還爲廷尉卿有解士先者告申坦昔與
丞相義宣同謀時坦已死子令孫時作山陽郡自繫廷
尉興宗議曰若坦昔爲戎首身今尚存累經肆眚猶應
蒙宥令孫天屬理相爲隱況人亡事遠追相誣訐斷以
禮律義不合關若士先審知逆謀當時卽應啓聞包藏
積年發因私怨況稱風聲路傳實無定主而干黷欺罔
罪合極法又有訟民嚴道恩等二十二人事未洗正敕
以當訊權繫尚方興宗以訟民本在求理故不加械郎
若繫尚方於事爲苦又司徒前劾送武康令謝沈及郡
縣尉還職司十一人坐仲良鑄錢不禽久已判結又送
郡主簿丘元敬等九人或下疾假或去職已久又加執
啓事悉見從出爲東陽太守遷安陸王子綏後軍長史
江夏內史行郢州事徵還未拜留爲左民尚書頃之轉
掌吏部時上方盛淫宴虐侮羣臣自江夏王義恭以下
咸加穢辱唯興宗以方直見憚不被侵媟尚書僕射顏
師伯謂議曹郎王耽之曰蔡尚書常免昵戲去人實遠
耽之曰蔡豫章昔在相府亦以方嚴不狎武帝宴私之
日未嘗相召每至官賭常在勝朋蔡尚書今日可謂能
負荷矣大明末前廢帝卽位興宗告太宰江夏王義恭
應須策文義恭曰建立儲副本爲今日復安用此興宗
曰累朝故事莫不皆然近永初之末營陽王卽位亦有
文策今在尚書可檢視也不從興宗時親奉璽綬嗣主
容色自若了無哀貌興宗出謂親故曰魯昭在慼而有
嘉容終之以釁結大臣昭子請死國家之禍其在此乎
時義恭錄尚書事受遺輔政阿衡幼主而引身避事政
歸近習越騎校尉戴法興中書舍人巢尚之專制朝權
威行近遠興宗職管九流銓衡所寄每至上朝輒與令
錄以下陳欲登賢進士之意又箴規得失博論朝政義

恭素性恇橈阿順法興常慮失旨聞興宗言輒戰懼無
計先是大明世奢侈無度多所造立賦調煩嚴徵役過
苦至是發詔悉皆刪除由此紫極殿南北馳道之屬皆
被毀壞自孝建以來至大明末凡諸制度無或存者興
宗於都坐慨然謂顏師伯曰先帝雖非盛德主要以道
始終三年無改古典所貴今殯宮始徹山陵未遠而凡
諸制度興造不論是非一皆刊削雖復禪代亦不至爾
天下有識當以此窺人師伯不能用興宗每陳選事法
興尚之等輒點定回換僅有在者興宗於朝堂謂義恭
及師伯曰主上諒闇不親萬機而選舉密事多被刪改
復非公筆亦不知是何天子意王景文謝莊等遷授失
序興宗又欲爲美選時薛安都爲散騎常侍征虜將軍
太子左率殷常爲中庶子興宗先選安都爲左衞將軍
常侍如故殷常爲黃門領校太宰嫌安都爲多欲單爲
左衞興宗曰率衞相去唯阿之閒且已失征虜非乃超
越復奪常侍頓爲降貶若謂安都晚達微人本宜裁抑
令名器不輕宜有貫序謹依選體非私安都義恭曰宮
宜加超授者殷常便應侍中那得爲黃門而已興宗又
日中庶侍中相去實遠且安都作率十年殷常中庶百
日今又領校不爲少也使選令史顏禕之薛慶先等往
復論執義恭然後署案旣中旨以安都爲右衞加給事
中由是大忤義恭及法興等出興宗吳郡太守固辭郡
執政愈怒又轉爲新安王子鸞撫軍司馬輔國將軍南
東海太守行南徐州事又不拜苦求益州義恭於是大
怒上表曰臣聞愼節言語大易有規銓序九流無取裁
闕若乃結黨連羣議訴互起街談巷議罔顧聽聞乃撤
實憲制所宜禁經之巨蠹侍中祕書監臣彧自表父疾
必求侍養聖旨矜體特順所陳改授臣府元僚兼帶軍
郡雖臣駑劣府任非輕准之前人不爲屈後京郡本以
爲祿不計戶之少多遇缺便用無關高下撫軍長史莊
滯府累朝每陳危苦內職外守稱未堪依唯王球昔比
賜以優養恩慈之厚不近於薄前新除吳郡太守興宗
前居選曹多不平允鴻渥含宥恕其不聞改任大都寵
均阿輔仍苦請益州雅違成命伏尋揚州刺史子尚吳
興太守休若並國之茂戚魯衞攸在猶牧守東山竭誠
撫莅而辭擇適情起自庶族遠佐北蕃尤無欣荷御史
中丞永昔歲餘愆從恩今授光祿勳臣淹雖曰代臣累
經降黜後效未申以何取進司徒左長史孔覬前降右
衞尋從今職回換之宜不爲乃少竊外談謂彧等咸爲
失分又聞興宗躬自怨懟與尚書右僕射師伯疏辭旨

甚苦臣雖不見所聞不虛臣以凡才不應機務謬自幸
會受任三朝進無古人舉賢之美退無在下獻替之績
致茲紛紜伏增慙悚然此源不塞此風弗變將虧正道
塵穢盛猷伏願聖聽賜垂覽察詔曰大宰表如此省以
憮然朕恭承洪緒思弘盛烈而在朝凌競驅扇成風將
何以式揚先德克隆至化公體國情深保釐攸託便可
付外詳議義恭因使尚書令柳元景奏曰臣義恭表詔
書如右攝曹辨覈尚書袁愍孫牒此月十七日詣僕射
顏師伯語次因及尚書蔡興宗有書固辭今授仍出疏
見公乃者數紙不意悉何所道緣此因及朝士當今聖
世不可使人以爲少令牒數之朝廷處之實得所臣等
亦自謂得分常多在門袁愍孫無或措多而愚意欲啓
更量出內之宜芻蕘管見顧在聞徹選令史宜傳咨事
故因附上聞亦外人言此今辭慶先列今月十八日往
尚書袁愍孫論選事愍孫云昨詣顏僕射出蔡尚書疏
見示言辭甚苦又云所得亦少主上踐阼始爾朝士有
此人不多物議謂應美用乃更恨少使咨事便啓錄公
又謝莊闕時未老其疾以轉差今居此任復爲非宜謂
宜中書令才望爲允又孔覬南士之美所歷已多近頻
授卽復回改於理爲屈門下無人此是名選又張求人
地可論其去歲愆戾非爲深罪依其望復門下一人張
淹替忝南下預因休戚雖屢經愆黜事亦已久謂應祕
書監帶授興宗手跡數紙文翰炳然事證明白不假覈
辨愍孫任居官人職掌銓裁若有未久則宜顯言而私
加許與自相選署託云物論終成虛詭隱末出端還爲
才楯臣聞九官成讓虞風垂則誹主怨時漢罪夙斷況
義爲身發言謗朝序亂辟害政混穢大猷紛紜彰謬上
延詔旨不有霜准軌憲斯淪請解興宗新附官須事御
收付廷尉法獄治罪免愍孫所居官詔曰興宗首亂朝
典允當明憲以其昔經近侍未忍盡法可令思愆遠封
愍孫竊評自已委咎物議可以子領職除興宗新昌太
守郡屬交州朝廷莫不嗟駭先是興宗納何后寺尼智
妃爲妾姿貌甚美有名京師迎車已去而師伯密遣人
誘之潛往載取興宗迎人不覺及興宗被徙論者並云
由師伯師伯甚病之法興等旣不欲以徙大臣爲名師
伯又欲止息物議由此停行頃之法興見殺尚之被繫
義恭師伯誅復起興宗爲臨海王子頊前軍長史輔國
將軍南郡太守行荊州事不行時前廢帝凶暴興宗外
甥袁顗爲雍州刺史勸興宗行曰朝廷形勢人所共見
在內大臣朝夕難保舅今出居陝西爲八州事顗在襄

沔地勝兵強去江陵咫尺水陸通便若朝廷有事可共
立桓文之功豈與受制凶狂禍難不測同年而語乎今
不去虎口而守此危逼後求復出豈得哉興宗曰吾素
門平進與主上甚疏未容有患宮省內外人不自保會
應有變若內難得弭外釁未必可量汝欲在外求全我
欲居內免禍各行所見不亦善乎時京城危懼衣冠咸
欲遠徙後皆流離外難百不一存重除吏部尚書太尉
沈慶之深慮危禍閉門不通賓客嘗遣左右范羨詣興
宗屬事興宗謂羨曰公閉門絕客以避悠悠請託耳身
非有求何爲見拒還造慶之慶之遣羨報命要興宗令
往興宗因說之曰先帝雖無功於天下要能定平凶逆
在位十一年以道晏駕主上紹臨四海淸謐卽位正是
舉止違衷小小得失耳亦謂春秋尚富進德可期而比
者所行人倫道盡今所忌憚唯在於公百姓喁喁無復
假息之望所冀正在公一人而已若復坐觀成敗者非
唯身禍不測四海重責將有所歸公威名素著天下所
服今舉朝遑遑人人危怖指麾之日誰不景從如其不
斷旦暮禍及僕昔佐貴府蒙眷異常故敢盡言願公思
爲其計慶之曰僕皆前慮不復自保但盡忠奉國始終
以之正當委天任命耳加老罷私門兵力頓闕雖有其
意事亦無從興宗曰當今懷謀思奮者非要富貴求功
賞各欲免死朝夕耳殿內將帥正聽外間消息若一人
唱首則俯仰可定況公威風先著統戎累朝諸舊部曲
布在宮省宋越譚金之徒出公宇下並受生成攸之恩
仁公家口子弟耳誰敢不從且公門徒義附並三吳勇
士宅內奴僮人有數百陸攸之今入東討賊又大送鎧
仗在靑溪未發攸之公之鄉人驍勇有膽力取其器仗
以配衣宇下使攸之率以前驅天下之事定矣僕在尚
書中自當率百僚案前世故事更簡賢明以奉社稷昔
太甲罪不加民昌邑虐不及下伊尹霍光猶成大事況
今蒼生窘急禍百往代乎又朝廷諸所行造民間皆云
公悉豫之今若沈疑不決當有先公起事者公亦不免
附從之禍車駕屢幸貴第酣醉彌留又聞屏左右獨入
閤內此萬世一時機不可失僕荷眷深重故吐去梯之
言宜詳其禍福慶之曰深感君無已意此事大非僕所
能行事至故當抱忠以沒耳頃之慶之果以見忌致禍
時領軍王玄謨大將有威名邑里訛言云已見誅市道
喧擾玄謨典籤包法榮者家在東陽興宗故郡民也爲
玄謨所信見使至興宗因謂曰領軍殊當憂懼法榮曰
領軍此日殆不復食夜亦不眠常言收已在門不保俄

項與宗曰領軍憂懼當爲方略那得坐待禍至初玄謨舊部曲猶有三千人廢帝頗疑之徹配監者玄謨太息深怨啓留五百人巖山營墓事猶未畢少帝欲獵又悉喚還城巖兵在中堂興宗勸以此衆舉事曰當今以領軍威名率此爲朝廷唱始事便立剋領軍雖復失脚自可乘轝處分禍殆不測勿失事機君還可白領軍如此玄謨遣法榮報曰此亦未易可行期當不泄君言太宗踐祚玄謨責所親故吏郭季產女壻韋希眞等曰當艱難時周旋輩無一言相扣發者季產曰蔡尚書令包法榮所道非不會機但大事難行爾季產言亦何益玄謨有慙色右衞將軍劉道隆爲帝所寵信專統禁兵乘輿嘗夜幸著作佐郎江斆宅興宗馬車從道隆從車後過興宗謂曰劉公比日思一閑寫道隆深達此旨掐興宗手曰蔡公勿多言帝每因朝宴捶毆羣臣自驃騎大將軍建安王休仁以下侍中袁愍孫等咸見陵曳唯興宗得免頃之太宗定大事是夜廢帝橫尸在大醫閣口興宗謂尚書右僕射王景文曰此雖凶悖要是天下之主宜使喪禮粗足若直如此四海必將乘人時諸方並舉兵反國家所保唯丹陽淮南數郡其間諸縣或已應賊東兵已至永世宮省危懼上集羣臣以謀成敗興宗曰今普天圖逆人有異志宜鎭以靜以至信待人比者逆徒親戚布在宮省若繩之以法則土崩立至宜明罪不相及之義物情既定人有戰心六軍精勇器甲犀利以待不習之兵其勢相萬耳願陛下勿憂上從之加游擊將軍未拜遷尚書右僕射尋領衞尉又領兗州大中正太宗謂興宗曰諸處未定殷琰已復同逆頃日人情云何事當濟不興宗曰逆之與順臣無以辨今商旅斷絕而米甚豐賤四方雲合而人情更安以此卜之淸蕩可必但臣之所憂更在事後猶羊公言既平之後方當勞聖慮耳尚書褚淵以手板築興宗興宗言之不已上曰如卿言赭圻平函送袁顗首勅從登高披門樓觀之興宗潸然流涕上不悅事平封興宗始昌縣伯食邑五百戶固讓不許封樂安縣伯邑三百戶國秩吏力終以不受時殷琰據壽陽爲逆遣輔國將軍劉勔攻圍四方既平琰嬰城固守上使中書爲詔譬琰興宗曰天下既定是琰思過之日陛下宜賜手詔數行以相私慰今直中書爲詔彼必疑謂非眞未是所以速淸方難也不從琰得詔謂劉勔詐造果不敢降攻戰經時人乃歸順先徐州刺史薛安都據彭城反後遣使歸順泰始元年冬遣張永率軍迎之興宗曰安都遣使歸順此誠不虛今宜撫之以和即安所莅乃遣須單使及咫尺書耳若以重兵迎之勢必疑懼或能招引北虜爲患不測叛臣釁重必宜翦戮則比者所宥亦已弘矣況安都外據彊地密邇邊關考之國計尤宜馴養如其遂叛將生旰食之憂彭城嶮固兵强將勇圍之既難攻不可拔疆塞之虞二三宜慮臣爲朝廷憂之時張永已行不見從安都聞大軍過淮嬰城自守要取索虜永戰大敗又值寒雪死者十八九遂失淮北四州其先見如此初永敗問至上在乾明欲先召司徒建安王休仁又召興宗謂休仁曰吾慙蔡僕射以敗書示興宗曰我愧卿三年春出爲使持節都督郢州諸軍事安西將軍郢州刺史坐詣尚書切論以何始眞爲咨議參軍初不被許後又重陳上怒貶號平西將軍尋又復號初吳興丘珍孫言論常侵興宗珍孫子景先人才甚美興宗與之周旋及景先爲鄱陽郡値晉安王子勛爲逆轉在竟陵爲吳喜所殺母老女穉流離夏口興宗至郢州親自臨哭致其喪柩家累令得東還在任三年遷鎭東將軍會稽太守加散騎常侍尋領兵置佐加都督會稽東陽新安永嘉臨海五郡諸軍事給鼓吹一部會稽多諸豪右不遵王憲又幸臣近習參半宮省封略山湖妨民害治興宗皆以法繩之會土全實民物殷阜王公妃主邸舍相望橈亂在所大爲民患子息滋長督責無窮興宗悉啓罷省又陳原諸逋負解遣雜役並見從三吳舊有鄕射禮久不復修興宗行之禮儀甚整先是元嘉中羊玄保爲郡亦行鄕射太宗崩興宗與尚書令袁粲右僕射褚淵中領軍劉勔鎭軍將軍沈攸之同被顧命以興宗爲使持節都督荊湘雍益梁寧南北秦八州諸軍事征西將軍開府儀同三司荊州刺史加班劒二十人常侍如故被徵還都時右軍將軍王道隆任參內政權重一時躡履到前不敢就席良久方去竟不呼坐元嘉初中書舍人狄當詣太子詹事王曇首不敢坐其後中書舍人王弘爲太祖所愛遇上謂曰卿欲作士人得就王球坐乃當判耳殷劉並雜無所知也若往詣球可稱旨就席球舉扇曰若不得爾弘還依事啓聞帝曰我便無如此何五十年中有此三事道隆等以興宗彊正不欲使擁兵上流改爲中書監左光祿大夫開府儀同三司常侍如故固辭不拜興宗幼立風槩家行尤謹奉宗姑事寡嫂養孤兄子有聞於世太子左率王錫妻范聰明婦人也有才藻學見與錫弟僧達書詰讓之曰昔謝太傅奉嫂王夫人如慈母今蔡興宗亦有恭和之稱其爲世所重如此妻劉氏早卒一女甚幼外甥袁顗始生彖而妻劉氏亦亡興宗姊即顗母也一孫一姪躬自撫養年齒相比欲爲婚姻每見興宗輒言此意大明初詔興宗女與南平王敬猷婚興宗以姊生平之懷屢經陳啓答曰卿諸人欲各行已意則國家何由得婚且姊言豈是不可違之處邪舊意既乖彖亦他娶其後彖家好不終顗又禍敗彖等淪廢當時孤微理盡敬猷遇害興宗女無子孀居名門高胄多欲結姻明帝亦勑適謝氏興宗並不許以女適彖北地傅隆與廓相善興宗修父友敬泰豫元年薨時年五十八遺令薄葬奏還封爵追贈後授子景玄固辭不受又奏還封表疏十餘上見許詔曰景玄表如此故散騎常侍中書監左光祿大夫開府儀同三司樂安縣開國伯興宗忠恪立朝謀猷宣著往屬時難勳亮帷幄錫珪分壤實允通誥而懇誠慊訴備彰存沒廉槩素情有絜聲軌景玄固陳先志良以惻然雖彝典宜全而哀款難奪可特申不瞑之請永矜克讓之風初興宗爲郢州府參軍彭城顏敬以式卜曰亥年當作公官有大字者不可受也及有開府之授而太歲在亥果薨於光祿大夫之號焉文集傳於世景玄雅有父風爲中書郎晉陵太守太尉從事中郎昇明末卒

史臣曰世重淸談士推素論蔡廓雖業力弘正而年位未高一世名臣風格皆出其下及其固辭銓衡恥爲志屈豈不知選錄同體義無偏斷乎良以主闇時難不欲居通塞之任也遠矣哉

宋書卷五十七考證

蔡廓傳自今家人與四相見無乞鞫之訴使民以明伏罪不須責家人下辭○使民一本作便足

蔡興宗傳又張求人地可論其去歲愆戾非爲深罪○張求南本作張永

宜使喪禮粗足○監本脫禮字今從南本增入

宋書卷五十八

梁　沈　約　撰

列傳第十八

王惠　謝弘微　王球

王惠字令明琅邪臨沂人太保弘從祖也祖劭車騎將軍父默左光祿大夫惠幼而夷簡爲叔父司徒謐所知恬靜不交遊未嘗有雜事陳郡謝瞻才辯有風氣嘗與兄弟羣從造惠談論鋒起文史間發惠時相酬應言淸理遠瞻等慙而退高祖聞其名以問從兄誕誕曰惠後來秀令鄙宗之美也即以爲行太尉參軍事府主簿從事中郎世子建府以爲征虜長史仍轉中軍長史時會稽內史劉懷敬之郡送者傾京師惠亦造別還過從弟球球問向何所見惠曰惟覺即時逢人耳常臨曲水風雨暴至座者皆馳散惠徐起姿貌不異常日世子爲荊州惠長史如故領南郡太守不拜宋國初建當置郎中令高祖難其人謂傅亮曰今用郎中令不可令減袁曜卿也既而曰吾得其人矣乃以惠居之遷世子詹事轉尙書吳興太守少帝即位以蔡廓爲吏部尙書不肯拜乃以惠代爲惠被召即拜未嘗接客人有與書求官者得輙聚置閣上及去職印封如初時談者以廓之不拜惠之即拜雖事異而意同也兄鑒頗好聚斂廣營田業惠意甚不同謂鑒曰何用田爲鑒怒曰無田何由得食惠又曰亦復何用食爲其標寄如此元嘉三年卒時年四十二追贈太常無子

謝弘微陳郡陽夏人也祖韶車騎司馬父思武昌太守從叔峻司空琰第二子也無後以弘微爲嗣弘微本名密犯所繼內諱故以字行童幼時精神端審時然後言所繼叔父混名知人見而異之謂思曰此兒深中夙敏方成佳器有子如此足矣年十歲出繼所繼父於弘微本緦麻親戚中表素不相識率意承接皆合禮衷義熙初襲峻爵建昌縣侯弘微家素貧儉而所繼豐泰唯受書數千卷國吏數人而已遺財祿秩一不關豫混聞而驚歎謂國郎中令漆凱之曰建昌國祿本應與北舍共之國侯既不措意今可依常分送弘微重違混言乃少有所受混風格高峻少所交納唯與族子靈運瞻曜弘微並以文義賞會嘗共宴處居在烏衣巷故謂之烏衣之遊混五言詩所云昔爲烏衣遊戚戚皆親姪者也其外雖復高流時譽莫敢造門瞻等才辭辯富弘微每以約言服之混特所敬貴號曰微子謂瞻等曰汝諸人雖才義豐辯未必皆愿衆心至於領會機賞言約理要故

當與我共推微子常云阿遠剛躁負氣阿客博而無檢
曜侍才而持操不篤晦自知而納善不周設復功濟三
才終亦以此爲恨至如微子吾無間然又云微子異不
傷物同不害正若年迨六十必至公輔嘗因酣宴之餘
爲韻語以獎勸靈運瞻等曰康樂誕通度實有名家韻
若加繩染功剖瑩乃瑱璠宜明體遠識穎達且沈雋若
能去方執穆穆三才順阿多標獨解弱冠纂華胄質勝
誠無文其尙又能峻通遠懷清悟釆釆標蘭訊直轡鮮
不躓抑用解偏吝微子基微尙無勌出慕藺勿輕一簣
少進往將千仞數子勉之哉風流由爾振如不犯所知
此外無所愼靈運等並有誠厲之言唯弘微獨盡褒美
曜弘微兄多其小字也遠卽瞻字靈運小名客兒晉世
名家身有國封者起家多拜員外散騎侍郎弘微亦拜
員外散騎琅邪王大司馬參軍義熙八年混以劉毅黨
見誅妻晉陵公主改適琅邪王練公主雖執意不行而
詔與謝氏離絕公主以混家事委之弘微混仍世宰輔
一門兩封田業十餘處僮僕千人唯有二女年數歲弘
微經紀生業事若在公一錢尺帛出入皆有文簿遷通
直郎高祖受命晉陵公主降爲東鄉君以混得罪前代
東鄉君節義可嘉聽還謝氏自混亡至是九載而室宇
脩整倉廩充盈門徒業使不異平日田疇墾闢有加於
舊東鄉君歎曰僕射平生重此子可謂知人僕射爲不
亡矣中外姻親道俗義舊見東鄉之歸者入門莫不歔
息或爲之涕流感弘微之義也性嚴正舉止必循禮度
事繼親之黨恭謹過常伯叔二母歸宗兩姑晨夕瞻奉
盡其誠敬內而傳語通訊輒正其衣冠婢僕之前不妄
言笑由是尊卑小大敬之若神太祖鎭江陵宋初封宜
都王以瑯邪王球爲友弘微爲文學母憂去職居喪以
孝稱服闋踰年菜蔬不改除鎭西諮議參軍太祖卽位
爲黃門侍郎與王華王曇首殷景仁劉湛等號曰五臣
遷尙書吏部郎參預機密尋轉右衞將軍諸故吏臣佐
並委弘微選擬居身清約器服不華而飲食滋味盡其
豐美兄曜歷御史中丞彭城王義康驃騎長史元嘉四
年卒弘微蔬食積時哀戚過禮服雖除猶不噉魚肉沙
門釋慧琳詣弘微弘微與之共食猶獨素食琳慧曰檀
越素既多疾頃者肌色微損卽吉之後猶未服膳若以
無益傷生豈所望於得理弘微荅曰衣冠之變禮不可
踰在心之哀實未能已遂廢食感咽歔欷不自勝弘微
少孤事兄如父兄弟友穆之至舉世莫及也弘微口不
言人短長而曜好臧否人物曜每言論弘微常以它語

亂之六年東宮始建領中庶子又尋加侍中弘微志在
素官畏忌權寵固讓不拜乃聽解中庶子每有獻替及
論時事必手書焚草人莫之知上以弘微能膳羞嘗
就求食弘微與親故經營既進之後親人問上所御弘
微不荅別以餘語酬之時人比漢世孔光八年秋有疾
解右衞領太子右衞率還家議欲解弘微侍中以率加
吏部尙書固陳疾篤得免九年東鄉君薨資財鉅萬園
宅十餘所又會稽吳興琅邪諸處太傅司空琰時事業
奴僮猶有數百人公私咸謂室內資財宜歸二女田宅
僮僕應屬弘微弘微一無所取自以私祿營葬混女夫
殷叡素好樗蒱聞弘微不取財物乃濫奪其妻妹及伯
母兩姑之分以還戲責內人皆化弘微之讓一無所爭
弘微舅子領軍將軍劉湛性不堪其非謂弘微曰天下
事宜有裁衷卿此不治何以治官弘微笑而不荅或有
譏之曰謝氏累世財產充殷君一朝戲責理之不允莫
此爲大卿親而不言譬棄物江海以爲廉耳設使立清
名而令家內不足亦吾所不取也弘微曰親戚爭財爲
鄙之甚今內人尙能無言豈可導之使爭今分多共少
不至有乏身死之後豈復見關東鄉君葬混墓開弘微
牽疾臨赴病遂甚十年卒時年四十二時有一長鬼寄
司馬文宣家云受遣殺弘微弘微疾增劇輒豫告文宣
弘微既死與文宣分別而去弘微臨終語左右曰有二
封書須劉領軍至可於前燒之愼勿開也書皆是太祖
手勑上甚痛惜之使二衞千人營畢葬事追贈太常子
莊別有傳
王球字倩玉琅邪臨沂人太常惠從父弟也父謐司徒
球少與惠齊名美容止除著作佐郎不拜尋除琅邪王
大司馬行參軍轉主簿豫章公世子中軍功曹宋國建
初拜世子中舍人高祖受命仍爲太子中舍人宜都王
友轉諮議參軍以疾去職元嘉四年起爲義興太守從
兄弘爲揚州服親不得相臨加宣威將軍在郡有寬惠
之美徙太子右衞率入爲侍中領冠軍將軍又領本州
大中正從中書令侍中如故遷吏部尙書球公子簡貴
素不交遊筵席虛靜門無異客尙書僕射殷景仁領軍
劉湛並執重權傾動內外球雖通家姻戚未嘗往來頗
好文義唯與琅邪顏延之相善居選職接客甚希不視
求官書疏而銓衡有序朝野稱之本多羸疾屢自陳解
還光祿大夫加金章紫綬領廬陵王師兄子履進利爲
行深結劉湛委誠大將軍彭城王義康與劉斌孔胤季
等並有異志球每訓厲不納自大將軍從事中郎轉太

子中庶子流涕訴義康不願違離以此復爲從事中郎
太祖甚銜之及湛誅之夕履徒跣告球球命爲取履先
溫酒與之謂曰常日語汝何如履怖懼不得荅球徐曰
阿父在汝亦何憂命左右扶卽還齋上以球故履得免
死廢於家十七年球復爲太子詹事大夫王師如故未
拜會殷景仁卒因除尙書僕射王師如故素有脚疾錄
尙書江夏王義恭謂尙書何尙之曰當今乏才羣下宜
加勠力而王球放恣如此恐宜以法糾之尙之曰球有
素尙加又多疾應以淡退求之未可以文案責也猶坐
白衣領職時羣臣詔見多不卽前卑疏者或至數十日
大臣亦有十餘日不被見者唯球輒去未嘗肯停十八
年卒時年四十九追贈特進金紫光祿大夫加散騎常
侍無子從孫奐爲後大明末吳興太守
或人問史臣曰王惠何如荅之曰令明簡又問王球何
如荅曰倩玉淡又問謝弘微何如曰簡而不失淡而不
流古之所謂名臣弘微當之矣

宋書卷五十八考證
王惠傳王惠字令明瑯邪臨沂人太保弘從祖也○臣
承蒼按晉書王恬王劭皆導之子恬生珣珣生弘劭
生默默生惠當云弘從祖弟諸本皆脫弟字今未敢
輒增
謝弘微傳沙門釋慧琳詣弘微弘微與之共食猶獨素
食○素南本作蔬

宋書卷五十九

梁　沈　約　撰

列傳第十九

殷淳 子孚 弟沖 淡
張暢 何偃 江智淵

殷淳字粹遠陳郡長平人也曾祖融祖允並晉太常父
穆以和謹致稱歷顯官自五兵尙書爲高祖相國左長
史及受禪轉散騎常侍國子祭酒復爲五兵尙書吳郡
太守太祖卽位爲金紫光祿大夫領竟陵王師還護軍
又遷特進右光祿大夫領始興王師元嘉十五年卒官

時年六十謚曰元子淳少好學有美名少帝景平初爲
祕書郎衡陽王文學祕書丞中書黃門侍郎淳居黃門
爲清切下直應留下省以父老特聽還家高簡寡慾早
有清尙愛好文義未嘗違捨在祕書閣撰四部書目凡
四十卷行於世元嘉十一年卒時年三十二朝廷痛惜
之子孚有父風世祖大明末爲始興相官至尙書吏部
郎順帝撫軍長史淳弟沖字希遠歷中書黃門郎坐議
事不當免復爲太子中庶子尙書吏部郎御史中丞有
司直之稱出爲吳興太守入爲度支尙書元凶妃卽淳
女而沖在東宮爲劭所知遇劭弒立以爲侍中護軍遷
司隸校尉沖有學義文辭劭使爲尙書符罪狀世祖亦
爲劭盡力世祖剋京邑賜死沖弟淡字夷遠亦歷黃門
吏部郎太子中庶子領步兵校尉大明世以文章見知
爲當時才士
張暢字少微吳郡吳人吳興太守邵兄子也父禕少有
孝行歷宦州府爲琅邪王國郎中令從琅邪王至洛還
京都高祖封藥酒一甖付禕使密加酖毒禕受命既還
於道自飲而卒暢少與從兄敷演鏡齊名爲後進之秀
起家爲太守徐佩之主簿佩之被誅暢馳出奔赴制服
盡哀爲論者所美弟牧嘗爲猘犬所傷醫云宜食蝦蟇
膾牧甚難之暢含笑先嘗牧因此乃食創亦卽愈州辟
從事衡陽王義季征虜行參軍彭城王義康平北主簿
司徒祭酒尙書主客郎未拜又除度支左民郎江夏王
義恭征北記室參軍晉安太守又爲義季安西記室參
軍南義陽太守臨川王義慶衞軍從事中郎揚州治中
別駕從事史太子中庶子世祖鎭彭城暢爲安北長史
沛郡太守元嘉二十七年索虜托跋燾南侵太尉江夏
王義恭總統諸軍出兵彭泗時燾親率大衆已至蕭城
去彭城十數里彭城衆力雖多而軍食不足義恭欲棄
彭城南歸計議彌日不定時歷城衆少食多安北中兵
參軍沈慶之建議欲以車營爲函箱陳精兵爲外翼奉
二王及妃媛直趨歷城分兵配護軍蕭思話留守太尉
長史何勗不同欲席卷奔鬱洲自海道還京都義恭去
意已判唯二議未決更集羣僚謀之衆咸惶擾莫有異
議暢曰若歷城鬱洲有可致之理下官敢不高讚今城
內乏食百姓咸有走情但以關扃嚴固欲去莫從耳若
一旦動脚則各自散走欲至所在何由可得今軍食雖
寡朝夕猶未窘罄量其欲盡臨時更爲便宜豈有捨萬
安之術而就危亡之道若此計必用下官請以頸血汙
公馬蹄世祖既聞暢議謂義恭曰阿父既爲總統去留

非所敢干道民忝為城主而損威延寇其為愧恧亦已
深矣委鎮奔逃實無顏復奏朝廷期與此城共其存沒
張長史言不可異也暢言既堅世祖又贊成其議義恭
乃止時太祖遣員外散騎侍郎徐爰乘驛至彭城取米
穀定最爰既去城內遣騎送之燾聞知卽遣數百騎急
追爰已過淮僅得免初爰去城內聞虜遣追慮爰見禽
失米最慮知城內食少義恭憂懼無計猶欲奔走爰既
免其日虜大衆亦至彭城燾始至仍登城南亞父冢於
戲馬臺立氈屋先是燾未至世祖遣將馬文恭向蕭城
為虜所破文恭走得免隊主蒯應見執至小市門曰魏
主致意安北遠來疲乏若有甘蔗及酒可見分時防城
隊主梁法念荅曰當為啓聞應乃自陳蕭城之敗又問
應虜主自來不曰來問今何在應舉手指西南又曰士
馬多少荅云四十餘萬法念以燾語白世祖世祖遣人
荅曰知行路多乏今付酒二器甘蔗百挺聞彼有駱駝
可遣送明旦燾又自上戲馬臺復遣使至小市門曰魏
主致意安北安北可暫出門欲與安北相見我亦不攻
此城安北何勞苦將士在城上又騾驢駱駝是北國所
出今遣送幷致雜物又語小市門隊主曰既有餉物君
可移度南門受之燾送駱駝騾馬及貂裘雜飲食既至
南門門先閉請籥未出暢於城上視之虜使問是張長
史邪暢曰君何得見識虜使荅云君聲名遠聞足使我
知暢因問虜使姓荅云我是鮮卑無姓且道亦不可暢
又問君居何任荅云鮮卑官位不同不可輒道然亦足
與君相敵耳虜使復問何為忽忽杜門絕橋暢荅曰二
王以魏主營壘未立將士疲勞此精甲十萬人思致命
恐輕相凌踐故且閉城耳待彼休息士馬然後共治戰
場剋日交戰虜使曰君當以法令裁物何用發橋復何
足以十萬誇人我亦有良馬逸足若雲騎四集亦可以
相拒暢曰侯王設險何但法令而已邪我若誇君當言
百萬所以言十萬者政二王左右素所畜養者耳此城
內有數州士庶二徒營伍猶所未論我本鬭智不鬭馬
足且冀之北土馬之所生君復何以逸足見誇邪虜使
曰不爾城守君之所長野戰我之所長我之恃馬猶如
君之恃城耳城內有具思者嘗在北國義恭遣視之思
識是虜尚書李孝伯思因問李尚書行塗有勞孝伯
曰此事應相與共知思荅緣共知所以有勞孝伯曰感
君至意既開門暢屏却人仗出對孝伯幷進餉物虜使
云貂裘與太尉駱駝騾與安北蒲陶酒雜飲叔姪共嘗
燾又乞酒幷甘橘暢宣世祖問致意魏主知欲相見常

遲面寫但受命本朝過蒙藩任人臣無境外之交恨不
暫悉且城守備防邊鎮之常但悅以使之故勞而無怨
耳太尉鎮軍得所送物魏主意知復須甘橘今並付如
別太尉以北土寒鄉皮袴褶脫是所須今致魏主螺杯
雜粽南土所珍鎮軍今以相致此信未去燾復遣使令
孝伯傳語曰魏主有詔語太尉安北近以騎至車兩在
後今端坐無為有博具可見借暢曰博具當為申啓但
向語二王已非遜辭且有詔之言政可施於彼國何得
稱之於此孝伯曰詔之與語朕之與我並有何異暢曰
若辭以通可如來談既言有所施則貴賤有等向所稱
詔非所敢聞孝伯又曰太尉安北是人臣與非暢曰是
也孝伯曰鄰國之君何為不稱詔於鄰國之臣暢曰君
之此稱尚不可聞於中華況在諸王之貴而猶曰鄰國
之君邪孝伯曰魏主言太尉鎮軍並皆年少久闊南信
殊當憂邑若欲遣信者當為護送脫須騎者亦當以馬
送之暢曰此方間路甚多使命日夕往來不復以此勞
魏主孝伯曰亦知有水路似為白賊所斷暢曰君著白
衣故稱白賊邪孝伯大笑曰今之白賊亦不異黃巾赤
眉暢曰黃巾赤眉似不在江南孝伯曰雖不在江南亦
不在青徐也暢曰今者青徐實為有賊但非白賊耳虜
使云向借博具何故不出暢曰二王貴遠啓聞難徹孝
伯曰周公握髮吐哺二王何獨貴遠暢曰握髮吐飡本
施中國耳孝伯曰賓有禮主則擇之暢曰昨見衆賓至
門未為有禮俄頃送博具出因以與之燾又遣人云魏
王致意安北程天祚一介常人誠知非宋朝之美近於
汝陽身被九創落在殿外我手牽而出之凡人骨肉分
張並思集聚輒已語之但其弟苦辭今令與來使相見
程天祚謂使人曰兒受命汝陽不能死節各在一國何
煩相見燾又送氈各一領鹽各九種幷胡豉凡此諸鹽
各有所宜白鹽是魏主自所食黑鹽治腹脹氣懣細刮
取六銖以酒服之胡鹽治目痛柔鹽不食治馬脊創赤
鹽駮鹽臭鹽馬齒鹽四種並不中食胡豉亦中噉黃甘
幸彼所豐可更見分又云魏主致意太尉安北何不遣
人來至我間彼此之情雖不可盡要須見我小大知我
老少觀我為人若諸佐不可遣亦可使僮幹來暢又宣
旨荅曰魏主形狀才力久為來往所見李尚書親自銜
命不患彼此不盡故不復遣使信又云魏主恨向所送
馬殊不稱意安北若須大馬當更送之脫須蜀馬亦有
佳者暢曰安北不乏良駟送自彼意非此所求義恭餉
燾炬燭十挺世祖亦致錦一匹曰知更須黃甘誠非所

吝但送不足周彼一軍向給魏主未應便乏故不復重
付燾復求甘蔗安石榴暢曰石榴出自鄴下亦當非彼
所乏孝伯又曰君南土膏粱何為著屩君而著此使將
士云何暢曰膏粱之言誠為多愧但以不武受命統軍
戎陣之間不容緩服孝伯又曰長史我是中州人久處
北國自隔華風相去步武不得致盡邊皆是北人聽我
語者長史當深得我孝伯又曰永昌王魏主從弟自復
常鎮長安今領精騎八萬直造淮南壽春久閉門自固
不敢相禦向送劉康祖頭彼之所見王玄謨甚是所悉
亦是常才耳南國何意作如此任使以致奔敗自入此
境七百餘里主人竟不能一相拒逆鄒山之險君家所
憑前鋒始得接手崔邪利便藏入穴我間諸將倒曳脚
而出之魏主賜其生命今從在此復何以輕脫遣馬文
恭至蕭縣使望風退撓邪君家民人甚相忿怨云清平
之時賦我租帛至有急難不能相拯暢曰知永昌已過
淮南康祖為其所破比有信使無此消息王玄謨南土
偏將不謂為才但以人為前驅引導耳大軍未至而河
冰向合玄謨量宜反旆未為失機但因夜回師致戎馬
小亂耳我家玄謨斗城陳憲小將魏主傾國累旬不剋
胡盛之偏裨小帥衆無一旅始濟融水魏國君臣奔迸
僅得免脫滑臺之師無所多愧鄒山小戍雖有微險河
畔之民多是新附始慕聖化姦盜未息亦使崔邪利撫
之而已今沒虜手何損於國魏主自以十萬師而制一
崔邪利方復足言邪聞蕭縣百姓並依山險聊遣馬文
恭以十隊示之耳文恭謂前以三隊出還走後大營嵇
玄敬以百騎至留城魏軍奔敗輕敵致此亦非所衂王
境人民列居河畔二國交兵當平加撫養而魏師入境
肆行殘虐事生意外由彼無道官不負民民何怨人知
入境七百無相拒此自上由太尉神算次在鎮軍聖畧
經國之要雖不豫聞然用兵有機間亦不容相語孝伯
曰魏主當不圍此城自率衆軍直造瓜步南事若辦彭
城不待圍若不捷彭城亦非所須也我今當南飲江湖
以療渴耳暢曰去留之事自適彼懷若虜馬遂得飲江
便為無復天道各應反命遲復更悉暢便回還孝伯追
曰長史深自愛敬相去步武恨不執手暢因復謂曰善
將愛冀蕩定有期相見無遠君若得還宋朝今為相識
之始孝伯曰待此未期燾又遣就二王借箜篌琵琶箏
笛等器及棊子義恭荅曰受任戎行不齎樂具在此燕
會政使鎮府命妓有弦不條是江南之美今以相致世
祖曰任居方岳初不此經慮且樂人常器又覩前來諸

王贈別有此琵琶今以相與棊子亦付孝伯言辭辯贍
亦北土之美也暢隨宜應荅吐屬如流音韻詳雅風儀
華潤孝伯及左右人並相視歎息虜尋攻彭城南門幷
放火暢躬自前戰身先士卒及燾自瓜步北走經彭城
下過遣人語城內食盡且去須麥熟更來義恭大懼閉
門不敢追虜期又至議欲芟翦麥苗移民堡聚衆論並
不同復更會議鎮軍錄事參軍王孝孫獨曰虜不能復
來既自可保如其更至此議亦不可立百姓閉在內城
饑饉日久方春之月野採自資一入堡聚餓死立至民
知必死何可制邪虜若必來芟麥無晚四坐默然莫之
敢對暢曰孝孫之議實有可尋鎮軍府典籤董元嗣侍
世祖側進曰王錄事議不可奪實如來論別駕王子夏
因曰此論誠然暢斂板白世祖曰下官欲命孝孫彈子
夏世祖曰王別駕有何事邪暢曰芟麥移民可謂大議
一方安危事係於此子夏親為州端曾無同異及聞元
嗣之言則懽笑酬荅阿意左右何以事君子夏大慙元
嗣亦有慙色義恭之議遂寢太祖聞暢屢有正議甚嘉
之世祖猶停彭城召暢先反幷使履行盱眙城欲立大
鎮時虜聲云當出襄陽故以暢為南譙王義宣司空長
史南郡太守又欲暢代劉興祖為青州及彭城都督並
不果三十年元凶弒逆義宣發哀之日卽便舉兵暢為
元佐居僚首哀容俯仰廕映當時舉哀畢改服著黃韋
絝褶出射堂簡人音姿容止莫不矚目見之者皆願為
盡命事平徵為吏部尚書夷道縣侯食邑千戶義宣既
有異圖蔡超等以暢民望勸義宣留之乃解南蠻校尉
以授暢加冠軍將軍領丞相長史暢遣門生荀僧寶下
都因顏竣陳義宣釁狀僧寶有私貨停巴陵不時下會
義宣起兵津逕斷絕僧寶遂不得去義宣將為逆遣嬖
人翟靈寶謂暢朝廷簡練舟甲意在西討今欲發兵自
衞暢曰必無此理請以死保之靈寶知暢不回勸義宣
殺以徇衆卽遣召暢止于東齋彌日不與相見賴司馬
竺超民保持故獲全免既而進號撫軍別立軍部以收
民望暢雖署文檄而飲酒常醉不省文書隨義宣東下
梁山戰敗義宣奔走暢於兵亂自歸為軍人所掠衣服
都盡值右將軍王玄謨乘輿出營暢已得敗衣排玄謨
上轝玄謨意甚不說諸將欲殺之隊主張世營救得免
送京師下廷尉削爵土配左右尚方尋見原復起為都
官尚書轉侍中代子淹領太子右衞率孝建二年出為
會稽太守大明元年卒官時年五十顏竣表世祖張暢
遂不救疾東南之秀蚤樹風範聞問悽愴深切常懷諡

曰宣子暢愛弟子輯臨終遺命與輯合墳子浩官至義陽王昶征北咨議參軍浩弟淹世祖南中郎主簿世祖卽位爲黃門郎封廣晉縣子食邑五百戶太子右衞率東陽太守遏郡吏燒臂照佛民有辜使禮佛動至數千拜免官禁錮起爲光祿勳臨川內史太宗泰始初與晉安王子勛同逆率衆至鄱陽軍敗見殺暢弟說亦有美稱歷中書吏部郎侍中臨海王子頊前軍長史南郡太守晉安王子勛建僞號於尋陽召爲吏部尙書與鄧琬共輔僞政事敗殺琬歸降事在琬傳復爲太子庶子仍除巴陵王休若衞軍長史襄陽太守四年卽代休若爲雍州刺史寧遠將軍復爲休若征西長史南郡太守六年太宗於巴郡置三巴校尉以補之加持節輔師將軍領巴郡太守未拜卒

何偃字仲弘廬江灊人司空尙之中子也州辟議曹從事舉秀才除中軍參軍臨川王義慶平西府主簿召爲太子洗馬不拜元嘉十九年爲丹陽丞除廬陵王友太子中舍人中書郎太子中庶子時義陽王昶任東官使偃行義陽國事二十九年太祖欲更北伐訪之羣臣偃議曰內幹胡法宗宜詔逮問北伐伏計賦審有殘禍犬羊易亂殲殄非難誠如天旨今雖廟算無遺而士未精習緣邊鎭戍充實者寡邊民流散多未附業控引所資取給根本虧根本以殉邊患宜動必萬尅無虞往歲挫傷積以內釁侮亡取亂誠爲沛然然淮泗數州實亦彫耗流傭未歸創痍未起且攻守不等客主形異薄之則勢艱圍之則曠日進退之間姦虞互起竊謂當今之弊易動方來之寇不深宜含垢藏疾以齊天道遷始興王濬征北長史南東海太守元凶弑立以偃爲侍中掌詔誥時尙之爲司空尙書令偃居門下父子並處權要時爲寒心而尙之及偃善攝機宜曲得時譽會世祖卽位任遇無改除大司馬長史遷侍中領太子右庶子時責百官讜言偃以爲宜重農卹本并官省事考課以知能否增俸以除吏姦責成良守久於其職都督刺史宜別其任改領驍騎將軍親遇隆密有加舊臣轉吏部尙書尙之去選未五載偃復襲其迹世以爲榮侍中顏竣至是始貴與偃俱在門下以文義賞會相得甚歡竣自謂任遇隆密宜居重大而位次與偃等未殊意稍不悅及偃代竣領選竣愈憤懣與偃遂有隙竣時勢傾朝野偃不自安遂發心悸病意慮乖僻上表解職告醫不仕世祖遇偃既深備加治療名醫上藥隨所宜須乃得瘥時上長女山陰公主愛傾一時配偃子戢素好談立注莊子消搖篇傳於世大明二年卒官時年四十六世祖與顏竣詔曰何偃遂成異世美志長往與之周旋重以姻媾臨哭傷怨良不能已往矣如何宜贈散騎常侍金紫光祿大夫本官如故諡曰靖子子戢昇明末爲相國左長史

江智淵濟陽考城人湘州刺史夷弟子父僧安太子中庶子智淵初爲著作郎江夏王義恭太尉行參軍太子太傅主簿隨王誕後軍參軍世父夷有盛名夷子湛又有清譽父子並貴達智淵父少無名問湛禮敬甚簡智淵常以爲恨自非節歲不入湛門及爲隨王誕佐在襄陽誕待之甚厚時咨議參軍謝莊府主簿沈懷文並與智淵友善懷文每稱之曰人所應有盡有人所應無盡無者其江智淵乎元嘉末除尙書庫部郎時高流官序不爲臺郎智淵門孤援寡獨有此選意甚不說固辭不肯拜竟陵王誕復版爲騎軍轉主簿隨府轉司空主簿記室參軍領南濮陽太守遷從事中郎誕將爲逆智淵悟其機請假先反誕事發卽除中書侍郎智淵愛好文雅詞采清贍世祖深相知待恩禮冠朝上燕私甚數多命羣臣五三人游集智淵常爲其首同侶未及前輒獨蒙引進智淵每以越衆爲懸未嘗有喜色每從游幸與羣僚相隨見傳詔馳來知當呼已聳動愧恧形於容貌論者以此多之遷驍騎將軍尙書吏部郎上每酣宴輒詬辱羣臣幷使自相嘲訐以爲歡笑智淵素方退漸不會旨嘗使以王僧朗嘲戲其子景文智淵正色曰恐不宜有此戲上怒曰江僧安癡人癡人自相惜智淵伏席流涕由此恩寵大衰出爲新安王子鸞北中郎長史南東海太守加拜寧朔將軍行南徐州事初上寵姬宣貴妃殷氏卒使羣臣議謚智淵上議曰懷上以不盡嘉號甚銜之後車駕幸南山乘馬至殷氏墓羣臣皆騎從上以馬鞭指墓石柱謂智淵曰此上不容有懷字智淵益惶懼大明七年以憂卒時年四十六子季筠太子洗馬早卒後廢帝卽位以后父追贈金紫光祿大夫季筠妻王平望鄉君智淵兄子槩早孤養之如子槩歷黃門吏部侍中武陵王北中郎長史南東海太守行南徐州事後廢帝元徽中卒

史臣曰夫將帥者御衆之名士卒者一夫之用坐談兵機制勝千里安在乎蒙楯前驅履腸涉血而已哉山濤之稱羊祜曰大將雖不須筋力軍中猶宜彊健以此爲言則叔子之幹力弱矣杜預文士儒生射不能穿札身未嘗跨馬一朝統大衆二十餘萬爲平原都督王戎把臂入林亦受專征之寄何必山西猛士六郡良家然後可受脤於朝堂荷推轂之重及虜兵深入徐服恇震非張暢正言則彭汴危矣豈其身扞飛鏑手折雲衝方足使窮壘假命危城載安乎仁者之有勇非爲臆說

宋書卷五十九考證

何偃傳緣邊鎭戍充實者寡○監本脫邊字今增

宋書卷六十

梁　沈　約　撰

列傳第二十

范泰　王淮之　王韶之　荀伯子

范泰字伯倫順陽山陰人也祖汪晉安北將軍徐兗二州刺史父寗豫章太守泰初爲太學博士衞將軍謝安驃騎將軍會稽王道子二府參軍荊州刺史王忱泰外弟也請爲天門太守忱嗜酒醉輒累旬及醒則儼然端肅泰謂忱曰酒雖會性亦所以傷生游處以來常欲有以相戒當卿沈湎措言莫由及今之遇又無假陳說忱嗟嘆久之曰見規者衆矣未有若此者也或問忱曰范泰何如謝邈忱曰茂度慢又問何如殷覬忱曰伯道易忱常有意立功謂泰曰今城池既立軍甲亦充將欲埽除中原以申宿昔之志伯道意銳當令擁戈前驅以君持重欲相委留事何如泰曰百年逋寇前賢挫屈者多矣功名雖貴鄙生所不敢謀會忱病卒召泰爲驃騎咨議參軍遷中書侍郎時會稽王世子元顯專權內外百官請假不復表聞唯籤元顯而已泰建言以爲非宜元顯不納父憂去職襲爵陽遂鄉侯桓玄輔晉使御史中丞祖台之奏泰及前司徒左長史王準之輔國將軍司馬珣之並居喪無禮泰坐廢徙丹徒義旗建國子博士司馬休之爲冠軍將軍荊州刺史以泰爲長史南郡太守又除長沙相散騎常侍並不拜入爲黃門郎御史中丞坐議殷祠事謬白衣領職出爲東陽太守盧循之難泰預發兵千人開倉給稟高祖加泰振武將軍明年遷侍中尋轉度支尙書時僕射陳郡謝混後進知名高祖嘗從容問混泰名輩可以比誰對曰王元太一流人也徙爲太常初司徒道規無子養太祖及薨以兄道憐第二子義慶爲嗣高祖以道規素愛太祖又令居重道規追封南郡公應以先華容縣公賜太祖泰議曰公之友愛卽心過厚禮無二嗣諱宜還本屬從之轉大司馬左長史右衞將軍加散騎常侍復爲尙書常侍如故兼司空與右僕射袁湛授宋公九錫隨軍到洛陽高祖還彭城與共登城泰有足疾特命乘轝泰好酒不拘小節通率任心雖在公言不異私室高祖甚賞愛之然拙於爲治故不得在政事之官遷護軍將軍以公事免高祖受命拜金紫光祿大夫加散騎常侍明年議建國學以泰領國子祭酒泰上表曰臣聞風化興於哲王教訓表於至世至說莫先講習甚樂必寄朋來古人成童入學易子而教尋師無遠負糧忘艱安親光國莫不由此若能出不由戶則斯道莫從是以明詔爰發已成渙汗學制既下遠近遵承臣之愚懷少有未達今惟新告始盛業初基天下改觀有志景慕而置生之制取少停多開不來之端非一塗而已臣以家推國則知所聚不多恐不足以宜大宋之風弘濟濟之美臣謂合選之家雖制所未達父兄欲其入學理合開通雖小違晨昏所以大弘孝道不知春秋則所陷或大故趙盾忠而書弑許止孝而得罪以斯爲戒可不懼哉十五志學誠有其文若年降無幾而深有志尙者何必限以一格而不許其進邪揚烏豫玄實在弱齒五十學易乃無大過昔中朝助教亦用二品穎川陳載已辟太保掾而國子取爲助教卽太尉淮之弟所貴在於得才無繫於定品教學不明獎厲不著今有職閑而學優者可以本官領之門地二品宜以朝請領助教既可以甄其名品斯亦敦學之一隅其二品才堪自依舊從事會今生到有期而學校未立覆簣實望其速回轍已淹其遲事有似賒而宜急者殆此之謂古人重寸陰而賤尺璧其道然也時學竟不立

時言事者多以錢貨減少國用不足欲悉市民銅更造五銖錢泰又諫曰流聞將禁私銅以充官銅民雖失器終於獲直國用不足其利實多臣愚意異不寧寢默臣聞治國若烹小鮮拯敝莫若務本百姓不足君孰與足未有民貧而國富本不足而末有餘者也故囊漏貯中識者不吝反裘負薪存毛實難王者不言有無諸侯不言多少食祿之家不與百姓爭利故拔葵所以明治織蒲謂之不仁是以貴賤有章職分無爽今之所憂在農民尙寡倉廩未充轉運無已資食者衆家無私積難以禦荒耳夫貨存貿易不在少多昔日之貴今者之賤彼此共之其揆一也但令官民均通則無患不足若使必資貨廣以收國用者則龜貝之屬自古所行尋銅之爲器在用也博矣鍾律所通者遠機衡所揆者大夏鼎負

圖實冠衆瑞晉鐸呈象亦啓休徵器有要用則貴賤同資物有適宜則家國共急今毀必資之器而爲無施之錢於貨則功不補勞在用則君民俱困校之以實損多益少陛下勞謙終日無倦庶務以身率物勤素成風而頌聲不作板渭不至者良由基根未固意在遠略伏願思可久之道除欲速之情弘山海之納擇芻牧之說則嘉謀日陳聖慮可廣其亡存心然後苞桑可繫愚誠一至用忘寢食景平初加位特進明年致仕解國子祭酒少帝在位多諸愆失上封事極諫曰伏聞陛下時在後園頗習武備鼓鞞在宮聲聞于外黷武掖庭之內諠譁省闥之間不聞將帥之臣統御之主非徒不足以威四夷秪生遠近之怪近者東寇紛擾皆欲伺國瑕隙今之吳會寧過二漢關河根本旣搖于何不有如水旱成災役夫不息無寇而戒爲費漸多河南非復國有羯虜難以理期此臣所以用忘寢食而干非其位者也陛下踐祚委政宰臣實同高宗諒闇之美而更親狎小人不免近習懼非社稷至計經世之道王言如絲其出如綸下觀而化疾於影響伏願陛下思弘古道式遵遺訓從理無滯任賢勿疑如此則天下歸德宗社惟永詩云一人有慶兆民賴之天高地卑無幽不察興衰在人成敗易曉未有政治在於上而人亂於下者也臣蒙先朝過遇陛下殊私實欲盡心竭誠少報萬分而惛耄已及百疾互生便爲永違聖顏無復自盡之路貪及視息陳其狂瞽陛下若能哀其所請留心覽察則臣夕殞于地無恨九泉少帝雖不能納亦不加譴徐羨之傅亮等與泰素不平及廬陵王義眞少帝見害泰謂所親曰吾觀古今多矣未有受遺顧託而嗣君見殺賢王嬰戮者也元嘉二年表賀元正并陳旱災曰元正改律品物惟新陛下藉日新以畜德仰乾元以履祚吉祥集室百福來庭頃旱魃爲虐亢陽愆度通川燥流異井同竭老弱不堪遠汲貧寡單於負水租輸旣重賦稅無降百姓怨咨臣年過七十未見此旱陰陽幷隔則和氣不交豈惟凶荒必生疾疫其爲憂虞不可備序雩禜之典以誠會事巫祝常祈罕能有感上天之譴不可不察漢東海枉殺孝婦亢旱三年及祭其墓澍雨立降歲以有年是以衞人伐邢師興而雨伏願陛下式遵遠猷思隆高構推忠恕之愛矜寃枉之獄遊心下民之瘼曆思幽冥之紀令謗木豎闕諫鼓鳴朝察芻牧之言總統御之要如此則苞桑可繫危幾無兆斯而災害不消未之有也故夏禹引百姓之罪殷湯甘萬方之過大戊資桑穀以進德宋景藉熒惑以脩善斯皆因敗以轉成往事之昭晰也循末俗者難爲風就正路者易爲雅臣疾患日篤夕不謀朝會及歲慶得一聞達微誠少亮無恨泉壤承違聖顏拜表悲咽遂輕舟遊東陽任心行止不關朝廷有司劾奏之太祖不問也時太祖雖當陽親覽而羨之等猶秉重權復上表曰伏承廬陵王已復封爵猶未加贈陛下孝慈天至友于過隆伏揆聖心已自有在但司契以不唱爲高晃旒以因寄成用臣雖言不足採誠不亮時但猥蒙先朝忘醜之眷復沾廬陵矜顧之末息晏委質有兼常款契闊戎陣顚狽艱危厚德無報授命路絕此老臣兼不能自已者也朽謝越局無所逃刑泰諸子禁之表竟不奏三年羨之等伏誅進位侍中左光祿大夫國子祭酒領江夏王師特進如故上以泰先朝舊臣恩禮甚重以有腳疾起居艱難宴見之日特聽乘輿到坐累陳時事上每優容之其年秋旱蝗又上表曰陛下昧旦丕顯求民之瘼明斷庶獄無倦政事理出羣心澤謠民口百姓翕然皆自以爲遇其時也災變雖小要有以致之守宰之失臣所不能究上天之譴臣所不敢誣有蝗之處縣官多課民捕之無益於枯苗有傷於殺害臣聞桑穀時亡無假斤斧楚昭仁愛不禁自瘳卓茂去無知之虫宋均四有異之虎蝗生有由非所宜殺石不能言星不自隕春秋之旨所宜詳察禮婦人有三從之義而無自專之道周書父子兄弟罪不相及女人被宥由來上矣謝晦婦女猶在尙方始貴後賤物情之所甚苦匹婦一室亦能有所感激臣於謝氏不容有情蒙國重恩寢處思報伏度聖心已當有在禮春夏教詩無一而闕也臣近侍坐聞立學當在入年陛下經略粗建意存民食入年則農功興農功興則田里闢入秋治庠序入冬集遠生二塗並行事不相害夫事多以淹稽爲戒不遠爲患任臣學官竟無微績徒墜天施無情自處臣之區區不望目覩盛化竊慕子囊城郢之心庶免荀偃不瞑之恨臣比陳愚見便是都無可採徒煩天聽愧怍反側書奏上乃原謝晦婦女時司徒王弘輔政泰謂弘曰天下務廣而權要難居卿兄弟盛滿當深存降挹彭城王帝之次弟宜徵還入朝共參朝政弘納其言時旱災未已加以疾疫泰又上表曰頃亢旱歷時疾疫未已方之常災實爲過差古以爲王澤不流之徵陛下昧旦臨朝無懈治道躬自菲薄勞心民庶以理而言不應致此意以爲上天之於賢君正自殷勤無已陛下同規禹湯引百姓之過言勤於心道數自遠桑穀生朝而殞熒惑犯心而退非唯消災弭患乃所以大啓聖明靈雨立降百姓攸賴應感之來有同影響陛下近當仰推天意俯察人謀升平之化尙存舊典顧思與不思行與不行耳大宋雖揖讓受終未積有虞之道先帝登遐之日便是道消之初至乃嗣主被殺哲藩嬰禍九服徘徊有心喪氣佐命託孤之臣俄爲戎首天下蕩蕩王道已淪自非神英撥亂反正則宗社非復宋有革命之與隨時其義尤大是以古今異用循方必壅大道隱於小成欲速或未必達深根固蔕之術未洽於愚心是用猖狂妄作而不能緘默者也臣旣頑且鄙不達治宜加之以篤疾重之以惛耄言或非言而復不能無言陛下錄其一毫之誠則臣不知厝身之所泰博覽篇籍好爲文章愛獎後生孜孜無倦撰古今善言二十四篇及文集傳於世暮年事佛甚精於宅西立祇洹精舍五年卒時年七十四追贈車騎將軍侍中特進王師如故謚曰宣侯長子鼎早卒次子晷宜都太守次晏侍中光祿大夫次暠太子詹事謀反伏誅自有傳少子廣淵善屬文世祖撫軍諮議參軍領記室坐暠事從誅

王准之字元曾琅邪臨沂人高祖彬尙書僕射曾祖彪之尙書令祖臨之父訥之並御史中丞彪之博聞多識練悉朝儀自是家世相傳並諳江左舊事緘之靑箱世人謂之王氏靑箱學准之兼明禮傳贍於文辭起家爲本國右常侍桓玄大將軍行參軍玄篡位以爲尙書祠部郎義熙初又爲尙書中兵郎遷參高祖車騎中軍軍事丹陽丞中軍太尉主簿出爲山陰令有能名預討盧循功封都亭侯又爲高祖鎭西平北太尉參軍尙書左丞本郡大中正宋臺建除御史中丞爲僚友所憚准之父納之祖臨之曾祖彪之至准之四世居此職准之嘗作五言范泰嘲之曰卿唯解彈事耳准之正色荅猶差卿世載雄狐坐世子右衞率謝靈運殺人不舉免官高祖受命拜黃門侍郎永初二年奏曰鄭玄注禮三年之喪二十七月而吉古今學者多謂得禮之宜晉初用王肅議祥禫共月故二十五月而除遂以爲制江左以來唯晉朝施用搢紳之士多遵玄義夫先王制禮以大順羣心喪也寧戚著自前訓今大宋開泰品物遂理愚謂宜同卽物情以玄義爲制朝野一禮則家無殊俗從之遷司徒左長史出爲始興太守元嘉二年爲江夏王義恭撫軍長史歷陽太守行州府之任綏懷得理軍民便之尋入爲侍中明年徙爲都官尙書改領吏部性峭急頗失搢紳之望出爲丹陽尹准之究識舊儀問無不對時大將軍彭城王義康錄尙書事每歎曰何須高論玄虛正得如王准之兩三人天下便治矣然寡乏風素不爲時流所重撰儀注朝廷至今遵用之十年卒時年五十六追贈太常子輿之征虜主簿

王韶之字休泰琅邪臨沂人也曾祖廙晉驃騎將軍祖羨之鎭軍掾父偉之本國郎中令韶之家貧父爲烏程令因居縣境好史籍博涉多聞初爲衞將軍謝琰行參軍偉之少有志尙當世詔命表奏輒自書寫泰元隆安時事小大悉撰錄之韶之因此私撰晉安帝陽秋旣成時人謂宜居史職卽除著作佐郎使續後事訖義熙九年善敘事辭論可觀爲後代佳史遷尙書祠部郎晉帝自孝武以來常居內殿武官主書於中通呈以省官一人管司詔誥任在西省因謂之西省郎傅亮羊徽相代領西省事轉中書侍郎安帝之崩也高祖使韶之與帝左右密加酖毒恭帝卽位遷黃門侍郎領著作郎西省如故凡諸詔奏皆其辭也高祖受禪加驍騎將軍本郡中正黃門如故西省職解復掌宋書有司奏東冶士朱道民禽三叛士依例放遣韶之啓曰尙書金部奏事如右斯誠檢忘一時權制懼非經國弘本之令典臣尋舊制以罪補士凡有十餘條雖同異不紊而輕重實殊至於詐列父母死誣罔父母淫亂破義反逆此四條實窮亂抵逆人理必盡雖復殊刑過制猶不足以塞莫大之罪旣獲全首領大造已隆寧可復遂拔徒隸緩帶當年自同編戶列齒齊民乎臣懼此制永行所虧實大方今聖化惟新崇本棄末一切之令宜加詳改愚謂此四條不合加贖罪之恩侍中褚淡之同韶之三條却宜仍舊詔可又駁員外散騎侍郎王寔之請假事曰伏尋舊制羣臣家有情事聽併急六十日太元中改制年賜假百日又居在千里外聽併請來年限合爲二百日此蓋一時之令非經通之旨會稽雖途盈千里未足爲難百日歸休於事自足若私理不同便應自表陳解豈宜名班朝列而久淹私門臣等參議謂不合開許或家在河洛及嶺沔漢者道阻且長猶宜別有條品請付尙書詳爲其制從之坐璽封謬誤免黃門事在謝晦傳韶之爲晉史序王珣貨殖王廞作亂珣子弘廞子華並貴顯韶之懼爲所陷深結徐羨之傅亮等少帝卽位遷侍中驍騎如故景平之年出爲吳興太守羨之被誅王弘入爲相領揚州刺史弘雖與韶之不絕諸弟未相識者皆不復往來韶之在郡常慮爲弘所繩夙夜勤厲政績甚美弘亦抑其私憾太祖兩嘉之在任積年稱爲良守加秩中

二千石十年徵爲祠部尚書加給事中坐去郡長取送故免官十二年又出爲吳興太守其年卒時年五十六七廟歌辭韶之制也文集行於世子曄尚書駕部外兵郎臨賀太守

荀伯子潁川潁陰人也祖羨驃騎將軍父猗秘書郎伯子少好學博覽經傳而通率好爲雜戲遨遊閭里故以此失清塗解褐爲駙馬都尉奉朝請員外散騎侍郎著作郎徐度重其才學舉伯子及王韶之並爲佐郎助撰晉史及著桓玄等傳遷尚書祠部郎義熙九年上表曰臣聞咎繇亡後臧文以爲深歎伯氏奪邑管仲所以稱仁功高可百世不泯濫賞無崇朝宜許故太傅鉅平侯祜明德通賢宗臣莫二勳參佐命功成平吳而後嗣闕然烝嘗莫寄漢以蕭何元功故絕世輒紹愚謂鉅平之封宜同鄭國故太尉廣陵公陳準黨翼孫秀禍加淮南竊饗大國因罪爲利值西朝政刑失裁中興復因而不奪今王道惟新豈可不大判臧否謂廣陵之國宜在削除故太保衞瓘本爵蕭陽縣公既被橫禍及進弟秩始贈蘭陵又轉江夏中朝公輔多非理終瓘功德不殊亦無緣獨受偏賞宜復本封以正國章詔付門下前散騎常侍江夏公衞璵上表自陳曰臣乃祖故太保瓘於魏咸熙之中太祖文皇帝爲元輔之日封蕭陽侯大晉受禪進爵爲公歷位太保總錄朝政于時賈庶人及諸王用事忌瓘忠節故楚王瑋矯詔致禍前朝以瓘秉心忠正加以伐蜀之勳故追封蘭陵郡公永嘉之中東海王越食蘭陵換封江夏戶邑如舊臣高祖散騎侍郎璪之嫡孫纂承封爵中宗元皇帝以曾祖故右衞將軍崇承襲逮于臣身伏聞祠部郎荀伯子表欲貶降復封蕭陽夫趙氏之忠寵延累葉漢祖開封誓以山河伏願陛下錄既往之勳垂罔極之施乞出臣表付外參詳潁川陳茂先亦上表曰祠部郎荀伯子表臣七世祖太尉準禍加淮南不應濫賞尋先臣以剪除賈謐封海陵公事在淮南遇禍之前後廣陵雖在擾攘之際臣祖乃始縈殊遇歷位元凱後被遠外乃作平州而猶不至除國良以先勳深重百世不泯故也聖明御世英輔係興曾無疑議以爲濫賞臣以微弱未齒人倫加始勉覗息封爵兼嗣伏願陛下遠錄舊勳特垂矜察詔皆付門下並不施行伯子爲世子征虜功曹國子博士妻弟謝晦薦達之入爲尚書左丞出補臨川內史車騎將軍王弘稱之曰沈重不華有平陽侯之風伯子常自矜蔭藉之美謂弘曰天下膏粱唯使君與下官耳宣明之徒不足數也遷散騎常侍本邑大中正又上表曰伏見百官位次陳留王在零陵王上臣愚竊以爲疑昔武王剋殷封神農之後於焦黃帝之後於祝帝堯之後於薊帝舜之後於陳夏後於杞殷後於宋杞陳並爲列國而薊祝焦無聞焉斯則褒崇所承優於遠代之顯驗也是以春秋次序諸侯宋居杞陳之上考之近世事亦有徵晉太始九年詔賜山陽公劉康子弟一人爵關內侯衞公姬署宋侯孔紹子一人駙馬都尉又太始三年太常上博士劉憙等議稱衞公署於大晉在三恪之數應降稱侯臣以零陵王位宜在陳留之上從之遷太子僕御史中丞莅職勤恪有匪躬之稱立朝正色外內憚之凡所奏劾莫不深相謗毀或延及祖禰示其切直又頗雜嘲戲故世人以此非之出補司徒左長史東陽太守元嘉十五年卒官時年六十一文集傳於世子赤松爲尚書右丞以徐湛之黨爲元凶所殺伯子族弟昶字茂祖與伯子絕服五世元嘉初以文義至中書郎昶子萬秋字元寶亦用才學自顯世祖初爲晉陵太守坐於郡立華林閣置主書主衣下獄免前廢帝末爲御史中丞卒官

史臣曰夫令問令望詩人所以作詠有禮有法前謨以之垂美荀范二王雖以學義自顯而在朝之譽不弘蓋由才有餘而智未足也惜矣哉

宋書卷六十考證

王准之傳王淮之字元曾○南史淮作准曾作魯臣照按准卽準字之減畫實一字也范泰傳桓元輔晉使御史中丞祖台之奏泰及前司徒左長史王準之並居喪無禮南史以淮之爲准之則當是一人然本傳不載居喪被劾事其官司徒左長史又在宋永初時亦未能確定其爲一人也

荀伯子傳著作郎徐度重其才學○徐度當作徐廣

宋書卷六十一

梁 沈 約 撰

列傳第二十一

武三王

武帝七男張夫人生少帝孫脩華生廬陵孝獻王義眞胡婕好生文皇帝王脩容生彭城王義康袁美人生江夏文獻王義恭孫美人生南郡王義宣呂美人生衡陽文王義季義宣別有傳

廬陵孝獻王義眞美儀貌神情秀徹初封桂陽縣公食邑千戶年十二從北征大軍進長安留守柏谷塢除員外散騎常侍不拜及關中平定高祖議欲東還而諸將行役既久咸有歸願止留偏將不足鎭固人心乃以義眞行都督雍涼秦三州之河東平陽河北三郡諸軍事安西將軍領護西戎校尉雍州刺史太尉諮議參軍京兆王脩爲長史委以關中之任高祖將還三秦父老詣門流涕訴曰殘民不沾王化於今百年矣始覩衣冠方仰聖澤長安十陵是公家墳墓咸陽宮殿數千間是公家屋宅捨此欲何之高祖爲之愍然慰譬曰受命朝廷不得擅留感諸君戀本之意今留第二兒令文武賢才共鎭此境臨還自執義眞手以授王脩令脩執其子孝孫手以授高祖義眞尋除正加節又進督并東秦二州司州之東安定新平二郡諸軍事領東秦州刺史時隴上流人多在關中望因大威復得歸本及置東秦州父老知無復經略隴右固關中之意咸共歎息而佛佛虜寇逼交至沈田子既殺王鎭惡王脩又殺田子義眞年少賜與左右不節脩常裁減之左右並怨因是白義眞曰鎭惡欲反故田子殺之脩今殺田子是又欲反也義眞乃使左右劉乞等殺脩脩字叔治京兆灞城人也初南渡見桓玄玄知之謂曰君平世吏部郎才脩既死人情離駭無相統一高祖遣將軍朱齡石替義眞鎭關中使義眞輕兵疾歸諸將競斂財貨多載子女方軌徐行虜追騎且至建威將軍傅弘之曰公處分亟進恐虜追擊人也今多將輜重一日行不過十里虜騎追至何以待之宜棄車輕行乃可以免不從賊追兵果至騎數萬匹輔國將軍蒯恩斷後不能禁至青泥後軍大敗諸將及府功曹王賜悉被俘虜義眞在前故得與數百人奔散日暮虜不復窮追義眞與左右相失獨逃草中中兵參軍段宏單騎追尋緣道叫喚義眞識其聲出就之曰君非段中兵邪身在此宏大喜負之而歸義眞謂宏曰今日之事誠無算畧然丈夫不經此何以知艱難初高祖聞青泥敗未得義眞審問有前至者訪之並云闇夜奔敗無以知存亡高祖怒甚剋日北伐謝晦諫不從及得宏啓事知義眞已免乃止義眞尋都督司雍秦并涼五州諸軍建威將軍司州刺史持節如故以段宏爲義眞諮議參軍尋遷宋臺黃門郎領太子右衞率宏鮮卑人也爲慕容超尚書左僕射徐州刺史高祖伐廣固歸降太祖元嘉中爲征虜將軍青冀二州刺史追贈左將軍時義眞將鎭洛陽而河南蕭條未及脩理改除揚州刺史鎭石頭永初元年封廬陵王食邑三千戶移鎭東城高祖始踐阼義眞意色不悅侍讀學士蔡茂之問其故義眞曰安不忘危休泰何可恃明年遷司徒高祖不豫以爲使持節侍中都督南豫豫雍司秦并六州諸軍事車騎將軍開府儀同三司南豫州刺史出鎭歷陽未之任而高祖崩義眞聰明愛文義而輕動無德業與陳郡謝靈運琅邪顏延之慧琳道人並周旋異常云得志之日以靈運延之爲宰相慧琳爲西豫州都督徐羨之等嫌義眞與靈運延之暱狎過甚故使范晏從容戒之義眞曰靈運空疎延之隘薄魏文帝云鮮能以名節自立者但性情所得未能忘言於悟賞故與之遊耳將之鎭列部伍於東府前既有國哀義眞所乘舫單素不及母孫脩儀所乘者義眞與靈運延之慧琳等共視部伍因宴舫內使左右剔母舫函道以施己舫而取其勝者及至歷陽多所求索羨之等每裁量不盡與深惡執政表求還都而少帝失德羨之等密謀廢立則次第應在義眞以義眞輕訬不任主社稷因其與少帝不協乃奏廢之曰臣聞二叔不咸難結隆周淮南悖縱禍興盛漢莫不義以斷恩情爲法屈二代之事殷鑒無遠仁厚之主行之不疑故共叔不斷幾傾鄭國劉英容養釁廣難深前事之不忘後王之成鑒也案車騎將軍義眞凶忍之性爰自稚弱咸陽之酷醜聲遠播先朝猶以年在紈綺冀能改厲天屬之愛想聞革心自聖體不豫以及大漸臣庶憂惶內外屏氣而縱博酣酒日夜無輟肆口縱言多行無禮先帝貽厭之謀圖慮經固親敕陛下面詔臣等若遂不悛必加放黜至言苦厲猶在紙翰而自茲迄今日月增甚至乃委棄藩屏志還京邑潛懷異圖希幸非冀轉聚甲卒徵召車馬陵墳未乾情事猶昨遂蔑棄遺旨顯違成規整棹浮舟以示歸志肆心專己無復諮承聖恩低徊深垂隱恐屢遣中使苦相敦釋而親對散騎侍郎邢安泰廣武將軍茅仲思縱其悖駡訕主謗朝此久播於遠近暴於人聽臣聞原火不撲蔓草難除青青不伐終致尋斧況憂深患著社稷慮切請一遵晉朝武陵舊典使顧懷之旨不墜於武廟全宥之德獲申於睨親仰尋感慟臨啓悲咽乃廢義眞爲庶人徙新安郡前吉陽令堂邑張約之上疏諫曰臣聞仁義之在天下若中原之有菽理感之被萬物故不繫於貴賤是以考叔反悔誓於及泉壺關復寃寃於湖邑當斯之時豈無尊卿賢輔或以事迫心違或以道壅謀屈何嘗不願聞善於輿隸藥石阿氏哉臣雖草芥僃充黔首少不量力頗高狥義之風謂蹈善於朝聞愈徒生於白首用敢干禁忘戮披款丹愚伏惟高祖武皇帝誕茲神武撫運龍興仰凊天步則齊德有虞俯

廓九州則俾功大夏故虔順天人享有萬國雖靈祚脩長聖躬弗永陛下繼明紹統遐邇一心藩王哲茂四維寧謐傾耳康哉之詠企踵升平之風竊念廬陵王少蒙先皇優慈之遇長受陛下睦愛之恩故在心必言所懷必亮容犯臣子之道致招驕恣之愆至於天姿夙成實有卓然之美宜在容養錄善掩瑕訓盡義方進退以漸今猥加剝辱幽徙遠郡上傷陛下棠棣之篤下令遠近恇然失圖士庶杜口人爲身計臣伏思大宋之興雖協應符緯而開基造次根條未繁宜廣樹藩戚敦睦以道使兄弟之美比輝魯衞興策告同祚均七百豈不善哉陛下富於春秋慮未重複忽安危之遠算肆不忍於一朝特願留神允思重加詢采上考前代興亡之由中存武帝締構之業下顧蒼生顒顒之望時開曲宥反王都邑選保傅於舊老求四友於髦俊引誘情性導達聰明凡人在苦皆能自厲況王質朗心聰易加訓範且中賢之人未能無過過貴自改罪願自新以武皇之愛子陛下之懿弟豈可以其一眚長致淪棄哉謹昧死請闕伏地以聞惟願丹誠一經天聽退就斧鑕無愧地下矣書奏以約之爲梁州府參軍尋又見殺景平二年六月癸未羨之等遣使殺義眞於徙所時年十八元嘉元年八月詔曰前廬陵王靈柩在遠國封墮替感惟拱慟情若貫割王體自至極地戚屬尊豈可令情禮永淪終始無寄可追復先封特遣奉迎幷孫脩華謝妃一時俱還言增摧哽三年正月誅徐羨之傅亮等是日詔曰故廬陵王含章履正英哲自然道心內昭徽風遐被遭時多難志匡權逼天未悔禍運鍾屯險羣凶肆醜專竊國柄禍心潛搆釁生不圖朕每永念讐恥含痛內結遵養姦慝情禮未申今王道旣亨政刑始判宜昭國體於是乎在可追崇侍中大將軍王如故爲慰冤魂少申悲憤又詔曰乃者權臣陵縱兆亂基禍故吉陽令張約之抗疏矢言至誠慷慨遂事屈羣醜殞命遐疆志節不申感焉兼至昔閭老奏書見紀漢策閻纂獻規荷榮晉代考其忠槩參迹前蹤宜加旌顯式揚義烈可贈以一郡賜錢十萬布百匹義眞無子太祖以第五子紹字休胤爲嗣元嘉九年襲封廬陵王少而寬雅太祖甚愛之二十年出爲南中郎將江州刺史時年十二二十二年入朝加棨戟進都督江州豫州之西陽晉熙新蔡三郡諸軍事在任七年改授左將軍南徐州刺史給鼓吹一部未之鎭仍遷揚州刺史將軍如故索虜至瓜步紹從太子鎭石頭二十九年疾患解職其年薨時年二十一遺令斂以時服素棺周身太祖從之追贈散騎常侍鎭軍將軍開府儀同三司刺史如故無子南平王鑠第三子敬先爲嗣本名敬秀旣出繼而紹妃諸秀之孫女故改焉景和二年爲前廢帝所害追贈中書侍郎謚曰恭王無子太宗泰始元年以世祖第二十一子晉熙王子輿字孝文爲紹嗣封廬陵王爲輔國將軍南高平臨淮二郡太守竝未拜爲太宗所殺三年更以桂陽王休範第二子德嗣紹爲建威將軍淮陵南彭城二郡太守後廢帝元徽二年與休範俱伏誅國復絕三年復以臨灃忠侯襲第三子冑字淵華繼紹爲給事中順帝昇明元年薨謚曰元王又無子國除

江夏文獻王義恭幼而明穎姿顏美麗高祖特所鍾愛諸子莫及也飲食寢臥常不離於側高祖爲性儉約諸子食不過五醆盤而義恭愛寵異常求須菓食日中無筭得未嘗噉悉以乞與傍人廬陵諸王未嘗敢求求亦不得景平二年監南豫豫司雍秦幷州諸軍事冠軍將軍南豫州刺史代廬陵王義眞鎭歷陽時年十二元嘉元年封江夏王食邑五千戶加使持節進號撫軍將軍給鼓吹一部三年監南徐兗二州揚州之晉陵諸軍事徐州刺史持節將軍如故進監爲都督未之任太祖征謝晦義恭還鎭京口六年改授散騎常侍都督荊湘雍益梁寧南北秦八州諸軍事荊州刺史持節將軍如故義恭涉獵文義而驕奢不節旣出鎭太祖與書誡之曰汝以弱冠便親方任天下艱難家國事重雖曰守成實亦未易隆替安危在吾曹耳豈可不感尋王業大懼負荷今旣分張言集未日無由復得動相規誨宜深自砥礪思而後行開布誠心厝懷平當親禮國士友接佳流識別賢愚鑒察邪正然後能盡君子之心收小人之力汝神意爽悟有日新之美而進德脩業未有可稱吾所以恨之而不能已已者也汝性褊急袁太妃亦說如此性之所滯其欲必行意所不在從物回改此最弊事宜應慨然立志念自裁抑何至丈夫方欲贊世成名而無斷者哉今粗疏十數事汝別時可省也遠大者豈可具言細碎復非筆可盡禮賢下士聖人垂訓驕侈矜尚先哲所去豁達大度漢祖之德猜忌褊急魏武之累漢書稱衞青云大將軍遇士大夫以禮與小人有恩西門安于矯性齊美關羽張飛任偏同弊行已舉事深宜鑒此若事異今日嗣子幼蒙司徒便當周公之事汝不可不盡祗順之理苟有所懷密自書陳若形迹之間深宜愼護至於爾時安危天下決汝二人耳勿忘吾言今旣進袁太妃供給計足充諸用此外一不須復有求取近亦具白此意唯脫應大餉致而當時遇有所乏汝自可少多供奉耳汝一月日自用不可過三十萬若能省此益美西楚殷曠常宜早起接對賓侶勿使留滯判急務訖然後可入問訊旣覩顏色審起居便應即出不須久停以廢庶事也下日及夜自有餘閑府舍住止園池堂觀略所諳究計當無須改作司徒亦云爾若脫於左右之宜須小小回易當以始至一治爲限不煩紛紜日求新異凡訊獄多決當時難可逆慮此實爲難汝復不習殊當未有次第訊前一二日取訊簿密與劉湛輩共詳大不同也至訊日虛懷博盡愼無以喜怒加人能擇善者而從之美自歸已不可專意自決矜獨斷之明也萬一如此必有大吝非唯訊獄君子用心自不應爾刑獄不可壅滯一月可再訊凡事皆應愼密亦宜豫敕左右人有至誠所陳不可漏泄以負忠信之款也古人言君不密則失臣臣不密則失身或相讒搆勿輕信受每有此事當善察之名器深宜愼惜不可妄以假人昵近爵賜尤應裁量吾於左右雖爲少恩如聞外論不以爲非也以貴陵物物不服以威加人人不厭此易達事耳聲樂嬉游不宜令過樗蒱漁獵一切勿爲供用奉身皆有節度奇服異器不宜興長汝嬪侍左右已有數人旣始至西未可怱怱復有所納又誡之曰宜數引見佐史非唯臣主自應相見不數則彼我不親不親則無因得盡人人不盡復何由知其衆事廣引視聽旣益開博於言事者又差有地也九年徵爲都督南兗徐兗青冀幽六州豫州之梁郡諸軍事征北將軍開府儀同三司南兗州刺史鎭廣陵時詔內外百官舉才義恭上表曰臣聞雲和備樂則繁會克諧騂騮駿服則致遠斯效陛下順簡貪化文明在躬玉衡旣正泰階載一而猶發慮英髦垂情仄陋幽谷空同顯著揚歷是以潛虬聳鱗佇利見之期翔鳳弭翼應來儀之感竊見南陽宗炳操履閑遠思業貞純砥節丘園息賓盛世貧約而苦內無改情軒冕屢招確爾不拔若以蒲帛之聘感以大倫之美庶投竿釋褐翻然來儀必能毗燮九官宣贊百揆尙書金部郎臣徐森之臣府中直兵參軍事臣王天寶竝局力允濟忠諒款誠往年逆臣叛逸華陽失守森之全境寧民績章危棘前者經略伊瀍元戎喪旅天寶北勤河朔東據營丘勳勇旣昭心事兼竭雖蒙褒敘未盡才宜竝可授以邊藩展其志力交阯遼邈累喪藩將政刑每闕撫莅惟艱南中夐遠風謠迥隔蠻獠狡竊邊氓荼炭實須綏實以綏其難謂森之可交州刺史天寶可寧州刺史庶足威懷荒表肅清遐服昔魏戊之賢功存薦士趙武之明事彰管庫臣識愧前良理謝先哲率舉所知仰酬採訪退懼瞽言無足甄奬十六年進位司空明年大將軍彭城王義康有罪出藩徵義恭爲侍中都督揚南徐兗三州諸軍事司徒錄尙書領太子太傅持節如故給班劒二十人置仗加兵明年解督南兗二十一年進太尉領司徒餘如故義恭旣小心恭愼且戒義康之失雖爲總錄奉行文書而已故太祖安之相府年給錢二千萬它物倍此而義恭性奢用常不足太祖又別給錢季千萬二十年領國子祭酒時有獻五百里馬者以賜義恭二十七年春索虜寇豫州太祖因此欲開定河洛其秋以義恭總統羣帥出鎭彭城解國子祭酒虜遂深入徑至瓜步義恭與世祖閉彭城自守二十八年春虜退走自彭城北退義恭震懼不敢追其日民有告虜驅廣陵民萬餘口夕應宿安王陂去城數十里今追之可悉得諸將竝請義恭又禁不許經宿太祖遣驛至使悉力急追義恭乃遣鎭軍司馬檀和之向蕭城虜先已聞知乃盡殺所驅廣陵民輕騎引去初虜深入上慮義恭不能固彭城備加誡敕義恭答曰臣未能臨瀚海濟居延庶免劉仲奔逃之恥及虜至義恭果走賴衆議得停事在張暢傳降義恭號驃騎將軍開府儀同三司餘悉如故魯郡孔子舊庭有栢樹二十四株經歷漢晉其大連抱有二株先折倒士人崇敬莫之敢犯義恭悉遣人伐取父老莫不歎息又以本官領南兗州刺史增督南兗豫徐兗青冀司雍秦幷十一州諸軍事幷前十三州移鎭盱眙脩治館宇擬制東城二十九年冬還朝上以御所乘蒼鷹船上迎之遭太妃憂改授大將軍都督揚南徐二州諸軍事南徐州刺史持節侍中錄尙書太子太傅如故還鎭東府辭侍中未拜值元凶肆逆其日劭召義恭先是詔召太子及諸王各有常人慮有詐妄致害者至是義恭求常所遣傳詔劭遣之而後入義恭請罷兵凡府內兵仗竝送還臺進位太保進督會州諸軍事服侍中服又領大宗師世祖入討劭疑義恭有異志使入住尙書下省分諸子竝住神虎門外侍中下省劭聞世祖已次近路欲悉力逆之決戰中道義恭慮世祖船乘陋小劭豕突中流容能爲患乃進說曰割棄南岸柵斷石頭此先朝舊法以逸待勞不憂不破也劭從之世祖前鋒至新亭劭挾義恭出戰恒錄在左右故不能自拔戰敗使義恭於東堂簡將義恭先使人具船於東冶

渚因單馬南奔始濟淮追騎已至北岸僅然得免劭大怒遣始興王濬就西省殺義恭十二子世祖時在新林浦義恭既至上表勸世祖卽位曰臣聞治亂無兆倚伏相因乾靈降禍二凶極逆深酷巨痛終古未有陛下忠孝自天赫然電發投袂泣血四海順軌是以諸侯雲赴數均八百義奮之旅其會如林神祚明德有所底止而沖居或躍未登天祚非所以嚴重宗社紹延七百昔張武抗辭代王順請耿純陳欸光武正位況今罪逆無親惡盈釁滿阻兵安忍戮善崇姦履地戴天畢命俄頃宜早定尊號以固社稷鼎平之季實惟樂推王室之亂天命有在故抱拜兆於壓璧赤龍表於霄徵伏惟大明無私遠存家國七廟之靈近哀黔首荼炭之切時陟帝祚永慰羣心臣負釁嬰罰偷生人壤幸及寬政待罪有司敢以漏刻視息披露肝膽世祖卽祚授使持節侍中都督揚南徐二州諸軍事太尉錄尚書六條事南徐徐二州刺史給鼓吹一部班劍二十人又假黃鉞事寧進位太傅領大司馬增班劍爲三十人以在藩所服玉環大綬賜之增封二千戶上不欲致禮太傅諷有司奏曰聖旨謙光尊師重道欲致拜太傅斯誠弘茲遠風敦闡盛則然周之師保實稱三吏晉因於魏特加其禮帝道嚴極既有常尊考之史載未見茲典故卞壼孫楚竝謂人君無降尊之義遠稽聖典近卽羣心臣等參議謂不應有加拜之禮詔曰闇薄纂統寔憑師範思盡虔恭以承道訓所奏稽諸往代謂無拜禮據文既明便從所執世祖立太子東宮文案使先經義恭孝建元年南郡王義宣臧質魯爽等反加黃鉞白直百人入六門事平以臧質七百里馬賜義恭又增封二千戶世祖以義宣亂逆由於彊盛至是欲削弱王侯義恭希旨乃上表省錄尚書曰臣聞天地設位三極同序皇王化則九官咸事時亮之績昭於虞典論道之風宣於周載台輔之設坐調陰陽元凱之置起釐百揆所以棨鉞矢言侵官是誡陳平抗辭匪職罔答漢承秦後庶僚稱改爵因時變任與世移總錄之制本非舊體列代相沿茲仍未革今皇家中造事遵前文宜憲章先代證文古則停省條錄以依昔典使物競思存人懷勸壹則名實靡愆庸節必紀臣謬典國重虛荷崇位興替宜知敢不輸盡上從其議又與驃騎大將軍竟陵王誕奏曰臣聞佾懸有數等級異儀佩笏有制卑高殊序斯蓋上哲之洪謨範世之明訓而時至彌流物無不弊僭侈由俗軌度非古晉代東從舊法淪落侯牧典章稍與事廣名實一差難以卒變章服崇濫多歷年所今樞機更造皇風載新耗弊未充百用思約宜備品式之律以定損厭之條臣等地居枝昵位參台輔遵正之首請以爵先致貶之端宜從戚始輒因暇日共參愚懷應加省易謹陳九事雖懼匪衷庶竭微欸伏願陛下聽覽之餘薄垂昭納則上下相安表裏和穆矣詔付外詳有司奏曰車服以庸虞書茂典名器愼假春秋明誡是以尚方所制漢有嚴律諸侯竊服雖親必罪降于頃世下僭滋極器服裝飾樂舞音容通於王公達于衆庶上下無辨民志靡壹義恭所陳寔允禮度九條之格猶有未盡謹共附益凡二十四條聽事不得南向坐施帳幷藩國官正冬不得跣登國殿及夾侍國師傳令及油戟公主王妃傳令不得朱服輿不得重棡鄣扇不得雉尾劍不得鹿盧形槊毦不得孔雀白鷺夾轂隊不得絳襖平乘誕馬不得過二匹胡伎不得綵衣舞伎正冬著袿衣不得裝面冬會不得鐸舞柸柈舞長蹻透狹舒劍博山緣大橦升五案自非正冬會奏舞曲不得舞諸妃主不得著緄帶信幡非臺省官悉用絳郡縣內史相及封內官長於其封君既非在三罷官則不復追敬不合稱臣宜止下官而已諸鎭常行車前後不得過六隊白直夾轂不在其限刀不得過銀銅爲飾諸王女封縣主諸王子孫襲封之王妃及封侯者夫人行竝不得鹵簿諸王子繼體爲王者婚葬吉凶悉依諸國公侯之禮不得同皇弟皇子車非軺車不得油幢平乘船皆下兩頭作露平形不得擬象龍舟悉不得朱油帳鉤不得作五花及竪笱形詔可是歲十一月還鎭京口二年春進督東南兗二州其冬徵爲揚州刺史餘如故加入朝不趨贊拜不名劍履上殿固辭殊禮又解持節都督幷侍中義恭撰要記五卷起前漢訖晉太元表上之詔付祕閣時西陽王子尙有盛寵義恭解揚州以避之乃進位太宰領司徒義恭常慮爲世祖所疑及海陵王休茂於襄陽爲亂乃上表曰古先哲王莫不廣植周親以屏帝宇諸侯受爵亦願永固邦家至有管蔡梁燕致禍周漢上乖顯授之恩下亡血食之業夫善積慶深宜享長久而歷代侯王甚乎匹庶豈異姓皆賢宗室悉不賢由生於深宮不覩稼穡左右近習未値田蘇富貴驕奢自往而至聚毛折軸遂乃危禍漢之諸王竝置傅相猶不得禁逆七國連謀寔由彊盛晉氏列封正足成永嘉之禍尾大不掉終古同疾不有更張則其源莫救日者庶人侍親殆傾王業去歲西寇藉寵幾敗皇基不圖襄楚復生今釁良以地勝兵勇奬成凶惡前事之不忘後事之明兆陛下大明紹祚垂法萬葉臣年衰意塞無所知解忝皇族耆長慙慨內深思表管見裨崇萬一竊謂諸王貴重不應居邊至於華州優地時可蹔出既以有州不須置府若位登三事止乎長史掾屬若宜鎭御別差扞城大將若情樂沖虛不宜逼以戎事若捨文好武尤宜禁塞僚佐文學足充話言遊梁之徒一皆勿許文武從鎭以時休止妻子室累不須自隨百僚脩詣宜遵晉令悉須宣令齊到備列賓主之則衡泌之士亦無煩干候貴王器甲於私爲用蓋寡自金銀裝刀劍戰具之服皆應輸送還本曲突徙薪防之有素庶善者無懼惡者止姦時世祖嚴暴義恭慮不見容乃卑辭曲意盡禮祗奉且便辯善附會俯仰承接皆有容儀每有符瑞輒獻上賦頌陳詠美德大明元年有三脊茅生石頭西岸累表勸封禪上大悅三年省兵佐加領中書監以崇藝昭武永化三營合四百三十七戶給府更增吏僮千七百人合爲二千九百人六年解司徒府太宰府依舊辟召又年給三千匹布七年從巡兼尙書令解中書監八年閏月又領太尉其月世祖崩遺詔義恭解尙書令加中書監柳元景領尙書令入住城內事無巨細悉關二公大事與沈慶之參決若有軍旅可爲總統尙書中事委顏師伯外監所統委王玄謨前廢帝卽位詔曰總錄之典著自前代孝建始年雖蹔幷省而因革有宜理存濟務朕煢獨在躬未涉政道百揆庶務允歸尊德太宰江夏王義恭新除中書監太尉地居宗重受遺阿衡實深憑倚用康庶績可錄尙書事本官監太宰王如故侍中驃騎大將軍南兗州刺史巴東郡開國公新除尙書令元景同稟顧誓翼輔皇家贊業宣風繄公是賴可卽本號開府儀同三司領兵置佐一依舊准領丹陽尹侍中領公如故又增義恭班劍爲四十人更申殊禮之命固辭殊禮義恭性嗜不恒日時移變自始至終屢遷第宅與人遊款意好亦多不終而奢侈無度不愛財寶左右親幸者一日乞與或至一二百萬小有忤意輒追奪之大明時資供豐厚而用常不足賒市百姓物無錢可還民有通辭求錢者輒題後作原字善騎馬解音律游行或三五百里世祖恣其所之東至吳郡登虎丘山又登無錫縣烏山以望太湖大明中撰國史世祖自爲義恭作傳及永光中雖任宰輔而承事近臣戴法興等常若不及前廢帝狂悖無道義恭元景等謀欲廢立永光元年八月廢帝率羽林兵於第害之幷四子時年五十三斷析義恭支體分裂腸胃挑取眼精以蜜漬之以爲鬼目精太宗定亂令書曰故中書監太宰領太尉錄尙書事江夏王道性淵深睿鑒通遠樹聲列藩宣風鉉德位隆姬輔任屬負圖勤勞國家方熙託付之重盡心毗道永融雍穆之化而凶醜忌威奄加寃害夷戮有累殞穸無聞憤達幽明痛貫朝野朕蒙險在難含哀莫申幸賴宗祏之靈克纂祈天之祚仰惟勳戚震動于厥心昔梁王徵肅警蹕備禮東平好善黃屋在廷況公德猷弘懋彝典未殊者哉可追崇使持節侍中都督中外諸軍事丞相領太尉中書監錄尙書事王如故給九旒鸞輅虎賁班劍百人前後部羽葆鼓吹轀輬車泰始三年又下詔曰皇基崇建屯剝維難弘啓熙載底績忠果故從饗世祀勳宗彝世祖寧亂定業寔資翼亮故使持節侍中都督中外諸軍事丞相領太尉中書監錄尙書事江夏文獻王義恭故使持節侍中都督南豫江豫三州軍事太尉南豫州刺史巴東郡開國忠烈公元景故侍中司空始興郡開國襄公慶之故持節征西將軍雍州刺史洮陽縣開國肅侯慤或體道沖玄燮化康世或盡誠效庚難龕逆宜式遵國典陪祭廟庭義恭長子朗字元明出繼少帝封南豐縣王食邑千戶爲湘州刺史持節侍中領射聲校尉爲元凶所殺世祖卽位追贈前將軍江州刺史孝建元年以宗室祗長子歆繼封祗伏誅歆還本泰始三年更以宗室韞第二子銑繼封爲祕書郞與韞俱死順帝昇明二年復以宗室琨子績繼封三年薨會齊受禪國除朗弟叡字元秀太子舍人爲元凶所害追贈侍中謚宣世子大明二年追封安隆王以第四皇子子綏字寶孫繼封食邑三千戶追謚叡曰宣王以子綏爲都督郢州諸軍事冠軍將軍郢州刺史進號後軍將軍加持節太宗泰始元年進號征南將軍改封江夏王食邑五千戶改叡爲江夏宣王子綏未受命與晉安王子勛同逆賜死七年太宗以第八子躋字仲升繼義恭爲孫封江夏王食邑五千戶後廢帝卽位督會稽東陽新安臨海永嘉五郡諸軍事東中郞將會稽太守進號左將軍齊受禪降爲沙陽縣公食邑一千五百戶謀反賜死叡弟韶字元和封新吳縣侯官至步兵校尉追贈中書侍郞謚曰烈侯韶弟坦字元度平都懷侯坦弟元諒江安愍侯元諒弟元粹興平悼侯坦元諒元粹竝追贈散騎侍郞元粹弟元仁元方元旒元淑元胄與朗等凡十二人竝爲元凶所殺元胄弟伯禽孝建三年生義恭諸子既遇害爲朝廷所哀至是世祖名之曰伯禽以擬魯公伯禽周公旦之子也官至輔

國將軍湘州刺史又爲前廢帝所殺諡曰哀世子又追贈江夏王攺諡曰愍伯禽弟仲容封永脩縣侯爲寧朔將軍臨淮濟陽二郡太守仲容弟叔子封永陽縣侯叔子弟叔寶及仲容叔子竝爲前廢帝所殺諡仲容叔子竝曰殤侯

衡陽文王義季㓜而夷簡無鄙近之累太祖爲荆州高祖使隨往江陵由是特爲太祖所愛元嘉元年封衡陽王食邑五千戸五年爲征虜將軍八年領石頭戍事九年遷使持節都督南徐州諸軍事右將軍南徐州刺史十六年代臨川王義慶都督荆湘雝益梁寧南北秦八州諸軍事安西將軍荆州刺史持節如故給鼓吹一部先是義慶在任値巴蜀亂擾師旅應接府庫空虛義季躬行節儉畜財省用數年間還復充實隊主續豐母老家貧無以充養遂斷不食肉義季哀其志給豐每月白米二斛錢一千并制豐噉肉義季素拙書上聽使餘人書啓事唯自署名而已二十年加散騎常侍進號征西大將軍領南蠻校尉義季素嗜酒自彭城王義康廢後遂爲長夜之飲略少醒日太祖累加詰責義季引愆陳謝上詔報之曰誰能無過改之爲貴耳此非唯傷事業亦自損性命世中比比皆汝所諳近長沙兄弟皆緣此致故將軍蘇徽躭酒成疾旦夕待盡吾試禁斷并給藥膳至今能立此自是可節之物但嗜者不能立志裁割耳晉元帝入主尙能感王導之諫終身不復飲酒汝既有美尙加以吾意殷勤何至不能慨然深自勉厲乃復須嚴相割裁坐諸紜紜然後少止者幸可不至此一門無此酣法汝於何得之臨書歎塞義季雖奉此旨酣縱如初遂以成疾上又詔之曰汝飲積食少而素羸多風常慮至此今果委頓縱不能以家國爲懷近不復顧性命之重可歎可恨豈復一條本望能以理自厲未欲相苦耳今遣孫道胤就楊佛等令晨夕視汝并進止湯食可開懷虛受愼勿隱避吾飽㬠見人斷酒無它慊吸蓋是當時甘嗜罔已之意耳今者憂怛政在性命未暇及美業復何爲吾煎毒至此邪義季終不改以至於終二十一年爲都督南兖徐靑冀幽六州諸軍事征北大將軍開府儀同三司南兖州刺史持節常侍如故登舟之日帷帳器服諸應隨刺史者悉留之荆楚以爲美談二十二年進督豫州之梁郡還徐州刺史持節常侍都督如故明年索虜侵逼北境擾動義季懲義康禍難不欲以功勳自業無它經畧唯飲酒而已太祖又詔之曰杜驥申恬倉卒之際尙以弱甲瑣卒徼寇作援彼爲元統士馬桓桓既不懷奮發連被意旨猶復逡巡豈唯大乖應赴之宜實孤百姓之望且匈奴輕漢將自此而始賊初起逸未知指趨故且裝束兼存觀察耳少日勢漸可見便應大有經畧何合安然遂不敢動遣軍政欲乘際會拯危急以申威援本無驅馳平原方幅爭鋒理又山路易馮何以畏首尾迴弱若謂事理政應如此者進大鎭聚甲兵徒爲煩耳二十四年義季病篤上遣中書令徐湛之省疾召還京師未及發薨於彭城時年三十三太尉江夏王義恭表解職迎喪不許上遣東海王禕北迎義季喪追贈侍中司空持節都督刺史如故子恭王嶷字子岐嗣中書侍郞太子中庶子世祖大明元年薨追贈冠軍將軍豫州刺史子伯道嗣順帝昇平三年薨其年齊受禪國除

史臣曰戒懼乎其所不覩恐畏乎其所不聞在於愼所忽也江夏王高祖寵子位居上相大明之世親典冠朝屈體降情槃辟於軒檻之上明其爲卑約亦已至矣得使虐朝暴主顧無猜色歷載踰十以尊戚自保及在永光㓜主南面公旦之重屬有所歸自謂踐冰之慮已除太山之安可恃曾未云幾而磔體分肌古人以隱微致戒斯爲篤矣

宋書卷六十一考證

廬陵孝獻王義眞傳侍讀學士蔡茂之○臣承蒼按是時無侍讀學士官名當從南史作侍讀博士

江夏文獻王義恭傳挑取眼精以蜜漬之以爲鬼目精○精南史作粽

衡陽文王義季傳故將軍蘇徽○徽南史作徵

宋書卷六十二

梁　沈約　撰

列傳第二十二

羊欣　張敷　王微

羊欣字敬元泰山南城人也曾祖忱晉徐州刺史祖權黃門郞父不疑桂陽太守欣少靖默無競於人美言笑善容止汎覽經籍尤長隸書不疑初爲烏程令欣時年十二時王獻之爲吳興太守甚知愛之獻之嘗夏月入縣欣著新絹帬晝寢獻之書帬數幅而去欣本工書因此彌善起家輔國參軍府解還家隆安中朝廷漸亂欣優游私門不復進仕會稽王世子元顯每使欣書常辭不奉命元顯怒乃以爲其後軍府舍人此職本用寒人欣意貌恬然不以高卑見色論者稱爲欣嘗詣領軍將軍謝混混拂席改服然後見之時混族子靈運在坐退告族兄瞻曰望蔡見羊欣遂易衣改席欣由此益知名桓玄輔政領平西將軍以欣爲平西參軍仍轉主簿參預機要欣欲自踈時漏密事玄覺其此意愈重之以爲楚臺殿中郞謂曰尙書政事之本殿中禮樂所出卿昔處股肱方此爲輕也欣拜職少日稱病自免屛居里巷十餘年不出義熙中弟徽被遇於高祖高祖謂諮議參軍鄭解之曰羊徽一時美器世論猶在兄後恨不識之卽板欣補右將軍劉藩司馬轉長史中軍將軍道憐諮議參軍出爲新安太守在郡四年簡惠著稱除臨川王義慶輔國長史廬陵王義眞車騎諮議參軍竝不就太祖重之以爲新安太守前後凡十三年游玩山水甚得適性轉在義興非其好也頃之又稱病篤自免歸除中散大夫素好黃老常手自書章有病不服藥飮符水而已兼善醫術撰藥方十卷欣以不堪拜伏辭不朝覲高祖太祖竝恨不識之自非尋省近親不妄行詣行必由城外未嘗入六關元嘉九年卒時年七十三子俊早卒弟徽字敬猷世譽多欣高祖鎭京口以爲記室參軍掌事八年遷中書郞直西省後爲太祖西中郞長史河東太守子瞻元嘉末爲世祖南中郞長史尋陽太守卒官

張敷字景胤吳郡人吳興太守邵子也生而母沒年數歲問母所在家人告以死生之分數雖童蒙便有思慕之色年十許歲求母遺物而散施已盡唯得一畫扇乃緘錄之每至感思輒開笥流涕見從母常悲感哽咽性整貴風韻甚高好讀玄書兼屬文論少有盛名高祖見而愛之以爲世子中軍參軍數見接引永初初遷祕書郞嘗在省直中書令傅亮貴宿權要聞其好學過候之敷卧不卽起亮怪而去父邵爲湘州去官侍從太祖版爲西中郞參軍元嘉初爲員外散騎侍郞祕書丞江夏王義恭鎭江陵以爲撫軍功曹轉記室參軍時義恭就太祖求一學義沙門比沙門求見發遣會敷赴假還江陵太祖謂沙門曰張敷應西當令相載及敷辭上謂曰撫軍須一意懷道人卿可以後艑載之道中可得言晤敷不奉旨曰臣性不耐雜上甚不說遷正員郞中書舍人狄當周赳竝管要務以敷同省名家欲詣之赳曰彼若不相容便不如不往詎可輕往邪當曰吾等竝已員外郞矣何憂不得共坐敷先設二牀去壁三四尺二客就席酬接甚歡旣而呼左右曰移我遠客赳等失色而去其自摽遇如此善持音儀盡詳緩之致與人別執手曰念相聞餘響久之不絕張氏後進至今慕之其源流起自敷也遷黃門侍郞始興王濬後軍長史司徒左長史未拜父在吳興亡報以疾篤敷往奔省自發都至吳興成服凡十餘日始進水漿葬畢不進鹽菜遂毀瘠成疾世父茂度每止譬之輒更感慟絕而復續茂度曰我冀譬汝有益但更甚耳自是不復往未朞而卒時年四十一琅邪顏延之書弔茂度曰賢弟子少履貞規長懷理要淸風素氣得之天然言面以來便申忘年之好比雖艱隔成阻而情問無睽薄莫之人冀其方見慰說豈謂中年奄爲長往聞問悼心有兼恒痛足下門教敦至兼實家寶一旦喪失何可爲懷其見重如此世祖卽位詔曰司徒故左長史張敷貞心簡立幼樹風規居哀毀滅孝道淳至宜在追甄於以報美可追贈侍中於是改其所居稱爲孝張里無子

王微字景玄琅邪臨沂人太保弘弟子也父孺光祿大夫微少好學無不通覽善屬文能書畫兼解音律醫方陰陽術數年十六州舉秀才衡陽王義季右軍參軍竝不就起家司徒祭酒轉主簿始興王濬後軍功曹記室參軍太子中舍人始興王友父憂去官服闋除南平王鑠右軍諮議參軍微素無宦情稱疾不就仍除中書侍郞又擬南琅邪義興太守竝固辭吏部尙書江湛舉微爲吏部郞微與湛書曰弟心病亂度非但蹇躄而已此處朝野所共知驟會忽抑華門閭里咸以爲祥怪君多議前世之載天値何其易傾弟受海內駭笑不過如燕石秃鶖邪未知君何以自解於艮史邪今雖王道鴻鬯或有激朗於天表必欲探援潛寶傾海求珠自可卜肆巫祠之間馬棧牛口之下賞劇孟於博徒拔卜式於芻牧亦有西戎孤臣東都戍士上窮範馳之御下盡詭遇之能兼鱗雜襲者必不乏於世矣且廬於承明署乎金馬皆明察之官又賢於管庫之末何爲劫勤通家疾病一人塵穢難堪之選將以靖國不亦益嚚乎書云任官維賢才而君擢士先疹廢芃芃棫樸似不如此且弟曠違兄姊迄將十載姊時歸來終不任輿曳入閤兄守金城永不堪扶抱就路若不憊疾非性僻而何比君曰表裏無假長因飛耳也常謂生遭太公將卽華士之戮幸遇管叔必蒙僻儒之養光武以馮衍才浮其實故棄而不齒諸葛孔明云來敏亂郡過於孔文擧況無古人之才槩敢干周漢之常刑彼二三英賢足爲曉治與否恐

君逢此時或亦不免高閣乃復假名不知已者豈欲自比衞賜邪君欲高數山公而以仲容見處徒以挺提禮學本不參選鄙夫瞻彼固不任下走未知新沓何如州陵耳而作不師古坐亂官政誣飾蚯蚓冀招神龍如復託以眞素者又不宜居華留名有害風俗君亦不至期人如此若交以爲人賜舉未以已勞則商販之事又連所不忍聞也豈謂不肖易擢貪者可誘凡此數者君必居一焉雖假天口於齊騈藉鬼說於周季公孫碎毛髮之文莊生縱滂漾之極終不能舉其契爲之辭矣子將明覓必蠶哈於萬里汝頳餘彥將拂衣而不朝浮華一開風俗或從此而爽鬼谷以揣情爲最難何君忖度之輕謬今有此書非敢叨擬中散誠不能顧影負心純盜虛聲所以綿絡累紙本不營尚書虎爪板也成童便往來居舍晨省復經周旋加有諸甥亦何得頓絕慶弔然生平之意自於此都盡君平公云生我名者殺我身天爵且猶滅名安用吏部郎哉其舉可陋其事不經非獨搢紳者不道僕妾皆將哄之忽忽不樂自知壽不得長且使千載知弟不詐讓耳微既爲始興王濬府吏濬數相存慰微奉荅牋書輒飾以辭采微爲文古甚頗抑揚袁淑見之謂爲訴屈微因此又與從弟僧綽書曰吾雖無人鑒要是早知弟每共宴語前言何嘗不以止足爲貴且持盈畏滿自是家門舊風何爲一旦落漠至此當局苦迷將不然邪詎容都不先聞或可不知耳衣冠冑胄如吾者甚多才能固不足道唯不傾側溢詐士頗以此容之至於規矩細行雖可詳料疹疾日滋縱恣益甚人道所貴廢不復脩幸値聖明兼容罝之教外且舊恩所及每蒙寬假吾亦自揆疾疹重侵難復支振民生安樂之事心死久矣所以解日偷存盡於大布糲粟半夕安寢便以自度血氣盈虛闕復稍道長以大散爲和羨弟爲不見之邪疾廢居然且事一已上不足敗俗傷化下不至毀辱家門洎爾尸居無方待化凡此二三皆是事實吾與弟書不得家中相欺也州陵此舉爲無所因反覆思之了不能解豈見吾近者諸牋邪良可怪笑吾少學作文又曉節如小進使君公欲民不偷每加存飾酬對尊貴不厭敬恭且文詞不怨思抑揚則流澹無味文好古貴能連類可悲一往視之如似多意當見居非求志淸論所排便是通辭訴屈邪爾者眞可謂眞素寡矣其斂旦見客小防自來盈門亦不煩獨舉吉也此輩乃云語勢所至非其要也弟無懷居今地萬物初不以相非然魯器齊虛實宜書紳今三署六府之人誰表裏此內儻疑弟豫有力於素論何如哉則吾長阮不死終誤盛壯也江不過彊吹拂吾云是巖穴人巖穴人情所高吾得當此則雞鶩變作鳳皇何爲干飾廉隅秩秩見於面目所惜者大耳諸舍闔門皆蒙時私此既未易陳道故常因含聲不言至兄弟尤爲叨竊臨海頻煩二郡謙亦越進淸階吾高枕家巷遂至中書郎此足以闔棺矣又前年優旨自弟所宣雖夏后撫辜人周宣及鰥寡不足過也語皆循檢校迹不爲虛飾也作人不阿諛無緣頭髮見白稍學諂詐且吾何以爲足不能行自不得出戶頭不耐風故不可扶曳家本貧餒至於惡衣蔬食設使盜跖居此亦不能兩展其足妄意珍藏也正令選官設作此舉於吾亦無劒戟之傷所以懃懃畏人之多言也管子晉賢乃闕人主之輕重此何容易哉州陵亦自言視明聽聰而返區區飾吾何辯致而下英俊夫奇士必龍居深藏與蛙蝦爲伍放勲其猶難之林宗輩不足議也似不肯聼聽奉牋記彫琢獻文章居家近市廛親戚滿城府吾猶自知袁陽源輩當平此不飾詐之與直獨兩不關吾心又何所耿介弟自宜以解塞羣賢矣兼悉怒此言自爾家任兄故能也日日望弟來屬病終不起何意向與江書粗布胷心無人可寫比面乃具與弟書便覺成本以當半日相見吾既惡勞不得多語樞機幸非所長相見亦不勝讀此書也親屬欲見自可示無急付手時論者或云微之見舉廬江何偃亦豫其議處爲微所咎與書自陳微報之曰卿昔稱吾於義興吾嘗謂之見知然復自怪鄙野不參風流未有一介熟悉於事何用獨識之也近日何見綽送卿書雖知如戲知卿固不能相哀苟相哀之未知何相期之可論卿少陶玄風淹雅脩暢自是正始中人吾眞庸性人耳自然志操不倍王樂小兒時尤羸笨無好常從博士讀小小章句竟無可得口吃不能劇讀遂絕意於尋求至二十左右方復就觀小說往來者見牀頭有數帙書便言學問試就檢當何有哉乃復持此擬議人邪尙獨愧咲揚子之褒瞻猶恥辭賦爲君子若吾篆刻非亦甚矣卿諸人亦當尤以此見議或謂言深博作一段意氣鄙薄人世初不敢然是以每見世人文賦書論無所是非不解處卽日借問此其本心也至於生平好服上藥起年十二時病虛耳所撰服食方中粗言之矣自此始信攝養有徵故門冬昌朮隨時參進寒溫相補欲以扶護危羸見冀白首家貧乏役至於春秋令節輒自將兩三門生入草采之吾實倦遊醫部頗曉和藥尤信本草欲其必行是以躬親意在取精世人便言希仙好異矯慕不羈不同家頗有罵之者又性知畫繢蓋亦鳴鵠識夜之機盤紆糾紛或記心目故兼山水之愛一往跡求皆仿像也不好詣人能忘榮以避權右宜自密應對舉止因卷慙自保不能勉其所短耳由來有此數條二三諸賢因復架累致之高塵詠之淸壑尫礫有資不敢輕厠金銀也而頃年嬰疾沉淪無已區區之情悒於生存自恐難復而先命猥加蒐氣褰茶常人不得作常自處疾苦正亦卧思已熟謂有記自論既仰天光不夭庶類兼望諸賢共相哀體而卿首唱誕言布之翰墨萬石之愼或未然邪好盡之累豈其如此綽大駭歎便是閶朝見病者吾本儜人加疹意惛一旦聞此便惶怖矣五六日來復苦心痛引喉狀如匈中悉腫甚自憂力作此荅無復條貫貴布所懷落漠不舉卿既不可解立欲便别且當笑微常住門屋一間尋書玩古如此者十餘年太祖以其善筮賜以名蓍弟僧謙亦有才譽爲太子舍人遇疾微躬自處治而僧謙服藥失度遂卒微深自咎恨發病不復自治哀痛謙不能已以書告靈曰弟年十五始居宿於外不爲察慧之譽獨沉浮好書聆琴閒操輒有過目之能討測文典斟酌傳記寒暑未交便卓然可述吾長病或有小間輒稱引前載不異舊學自爾日就月將著名邦黨方隆夙志嗣美前賢何圖一旦冥然長往酷痛煩寃心如焚裂尋念平生裁十年中耳然非公事無不相對一字之書必共詠讀一句之文無不研賞濁酒忘愁圖籍相慰吾所以窮而不憂實賴此耳奈何罪酷煢然獨坐憶往年散發極目流涕吾不舍日夜又恒慮吾羸病豈圖奄忽先歸冥冥反覆萬慮無復一期音顏髣髴觸事歷然弟今何在令吾悲窮昔仕京師分張六旬耳其中三過誤云今日何意不來鍾念懸心無物能譬方欲共營林澤以送餘年念茲有何罪戾見此夭酷沒於吾手觸事痛恨吾素好醫術不使弟子得全又尋思不精致有枉過念此一條特復痛酷痛酷奈何吾罪奈何弟爲志奉親孝事兄順雖僮僕無所叱咄可謂君子不失色於人不失口於人冲和淹通內有皂白舉動尺寸吾每咨之常云兄文骨氣可推英麗以自許又兄爲人矯介欲過宜每中和道此猶在耳萬世不復一見奈何唯十紙手迹封拆儼然至於思戀不可懷及聞吾病肝心寸絕謂當以幅巾薄葬之事累汝奈何反相殯送弟由來意謂婦人雖無子不宜踐二庭此風若行便可家有孝婦仲長昌言亦其大要劉新婦以刑傷自誓必留供養殷太妃感栢舟之節不奪其志僕射篤順范夫知禮求得左率第五兒盧位有主此亦何益冥然之痛爲是存者意耳吾窮疾之人平生意志弟實知之端坐向窓有何慰適正賴弟耳過中未來已自悒望今云何得立自省惛毒無復人理比煩寃困纍不能作刻石文若靈響有識不得吾文豈不爲恨儻意慮不遂謝能思之如狂不知所告諦明書此數紙無復詞理畧道阡陌萬不寫一阿謙何圖至此誰復視我誰復憂我他日寶惜三光割嗜好以祈年今也唯速化耳吾豈復支冥冥中竟復云何弟懷隨和之寶未及光諸文章欲收作一集不知忽忽當辦此不今已成服吾臨靈取常共飲桮酌自釀酒寧有仿像不寃痛寃痛元嘉二十年卒時年二十九僧謙卒後四旬而微終遺令薄葬不設轜旐鼓挽之屬施五尺牀爲靈二宿便毀以嘗所彈琴置牀上何長史來以琴與之何長史者偃也無子家人遵之所著文集傳於世世祖卽位詔曰微棲志貞深文行惇洽生自華宗身安隱素足以賁茲丘園惇是薄俗不幸蚤世朕甚悼之可追贈祕書監

史臣曰燕太子吐一言田先生吞舌而死安邑令戒屠者閔仲叔去而之沛良由內懷耿介峻節不可輕干袁淑笑謔之間而王微弔詞連牘斯蓋好名之士欲以身爲珪璋皦然使塵玷之累不能加也

宋書卷六十二考證

羊欣傳欣時年十二時王獻之爲吳興太守○兩時字當衍其一

高祖謂諮議叅軍鄭解之曰羊徽一時美器○解之當屬鮮之之訛

王微傳夫奇士必龍居深藏與蛙蝦爲伍放勳其猶難之○放監本訛於今改正

宋書卷六十三

梁　沈　約　撰

列傳第二十三

王華　王曇首　殷景仁　沈演之

王華字子陵瑯邪臨沂人太保弘從祖弟也祖薈衞將軍會稽內史父廞太子中庶子司徒左長史居在吳晉隆安初王恭起兵討王國寶時廞丁母憂在家恭檄令起兵廞卽聚衆應之以女爲貞烈將軍以女人爲官屬國寶既死恭檄廞起兵之際多所誅戮至是不復得已因舉兵以討恭爲名恭遣劉牢之擊廞廞敗走不知所

在長子泰爲恭所殺華時年十二在軍中與廞相失隨沙門釋曇永逃竄時牢之搜檢覓華甚急曇永使華提衣幞隨後津邏咸疑焉華行遲永呵屬云奴子怠懈行不及我以杖捶華數十衆乃不疑由此得免遇赦還吳少有志行以父存亡不測布衣蔬食不交游如此十餘年爲時人所稱美高祖欲收其才用乃發廞喪問使華制服服闋高祖北伐長安領鎭西將軍北徐州刺史辟華爲州主簿仍轉鎭西主簿治中從事史歷職著稱太祖征江陵以爲西中郎主簿遷咨議參軍領錄事太祖進號鎭西復隨府轉太祖未親政政事悉委司馬張邵華性尚物不欲人在己前邵性豪每行來常引夾轂華出入乘牽車從者不過二三以矯之嘗於城內相逢華陽不知是邵謂左右此鹵簿甚盛必是殿下出行乃下牽車立於道側及邵至乃驚邵白服登城爲華所糾坐被徵華代爲司馬南郡太守行府州事太祖入奉大統以少帝見害疑不敢下華建議曰羨之等受寄崇重未容便敢背德廢主若存慮其將來受禍致此殺害蓋由每生情多寧敢一朝頓懷逆志且三人勢均莫相推伏不過欲握權自固以少主仰待耳今日就徵萬無所慮太祖從之留華總後任上卽位以華爲侍中領驍騎將軍未拜轉右衞將軍侍中如故先是會稽孔甯子爲太祖鎭西咨議參軍以文義見賞至是爲黃門侍郎領步兵校尉甯子先爲高祖太尉主簿陳損益曰隆化之道莫先於官得其才枚卜之方莫若人愼其舉雖復因革不同損益有物求賢審官未之或改師錫僉曰煥乎欽明之誥拔茅征吉著於幽賁之爻晉師有成瓜衍作賞楚乘無入爲賈不賀今舊命惟新幽人引領詔之盡美已備於振綱武之未盡或存於理目雖九官之職未可備舉親民之選尤宜在先愚欲使天朝四品官外及守牧各舉一人堪爲二千石長吏者以付選官隨物敍用得賢受賞失舉任罰夫惟帝之難豈庸識所易然舉爾所知非求多人因百官之明孰與一識之見執咎在己豈容徇物之私今非以選曹所銓果於乖謬衆職所舉必也惟良蓋宜使求賢闢其廣塗考績取其少殿若才實拔羣進宜尚德治阿之宰不必計年免徒之守豈限資秩自此以還故當才均以資資均以地宰莅之官誠曰吏職然監觀民瘼翼化宣風則隱厚之求急於刀筆能事之功接於德心以此論才行之年歲豈惟政無秕蠹民庇手足而已將使公路日清私請漸塞士多心競仁必由己處士砥自求之節仕子藏交馳之情甯子庸微不識治體冐昧陳愚退懼違謬甯子與華並有富貴之願自羨之等秉權日夜構之於太祖甯子嘗東歸至金昌亭左右欲泊船甯子命去之曰此弒君亭不可泊也華每閑居諷詠常誦王粲登樓賦曰冀王道之一平假高衢而騁力出入逢羨之等每切齒憤咤歎曰當見太平時不元嘉二年甯子病卒三年誅羨之等華遷護軍侍中如故宋世惟華與南陽劉湛不爲飾讓得官卽拜以此爲常華以情事異人未嘗預宴集終身不飲酒有燕不之詣若宜有論事者乘車造門主人出車就之及王弘輔政而弟曇首爲太祖所任與華相埒華嘗謂己力用不盡每歎息曰宰相頓有數人天下何由得治四年卒時年四十三追贈散騎常侍衞將軍九年上思誅羨之之功追封新建縣侯食邑千戶謚曰宣侯世祖卽位配饗太祖廟庭子宣侯嗣官至左衞將軍卒子長嗣太宗泰始二年坐駡母奪爵以長弟終紹封後廢帝元徽三年終上表乞以封還長許之齊受禪國除華從父弟鴻五兵尚書會稽太守

王曇首琅邪臨沂人太保弘少弟也幼有業尚除著作郞不就兄弟分財曇首唯取圖書而已辟琅邪王大司馬屬從府公脩復洛陽園陵與從弟球俱詣高祖時謝晦在坐高祖曰此君並膏粱盛德乃能屈志戎旅曇首答曰既從神武之師自使懦夫有立志晦曰仁者果有勇高祖悅行至彭城高祖大會戲馬臺豫坐者皆賦詩曇首文先成高祖覽讀因問弘曰卿弟何如卿弘答曰若但如臣門戶何寄高祖大笑曇首有識局智度喜慍不見於色閨門之內雍雍如也手不執金玉婦女不得爲飾玩自非祿賜所及一毫不受於人太祖爲冠軍徐州刺史留鎭彭城以曇首爲府功曹太祖鎭江陵自功曹爲長史隨府轉鎭西長史高祖甚知之謂太祖曰王曇首沈毅有器度宰相才也汝每事咨之景平中有龍見西方半天騰上廕五綵雲京都遠近聚觀太史奏曰西方有天子氣太祖入奉大統上及議者皆疑不敢下曇首與到彥之從兄華固勸上猶未許曇首又固陳并言天人符應上乃下率府州文武嚴兵自衞臺所遣百官衆力不得近部伍中兵參軍朱容子抱刀在平乘戶外不解帶者數旬既下在道有黃龍出負上所乘舟左右皆失色上謂曇首曰此乃夏禹所以受天命我何堪之及卽位又謂曇首曰非宋昌獨見無以致此以曇首爲侍中尋領右衞將軍領驍騎將軍以朱容子爲右軍將軍誅徐羨之等平謝晦曇首及華之力也元嘉四年車駕出北堂嘗使三更竟開廣莫門南臺云應須白虎幡銀字棨不肯開門尚書左丞羊玄保奏免御史中丞傅隆以下曇首繼啟曰既無墨敕又闕幡棨雖稱上旨不異單刺元嘉二年雖有再開門例此乃前事之違今之守舊未爲非禮但既據舊使應有疑却本末曾無此狀猶宜厥咎其不請白虎幡銀字棨致門不時開由尚書相承之失亦合糾正上特無所問更立科條遷太子詹事侍中如故晦平後上欲封曇首等會讌集舉酒勸之因拊御牀曰此坐非卿兄弟無復今日時封詔已成出以示曇首曇首曰近日之事豈難將成賴陛下英明速斷故罪人斯戮臣等雖得仰憑天光效其毫露豈可因國之災以爲身幸陛下雖欲私臣當如直史何上不能奪故封事遂寢時兄弘錄尚書事又爲揚州刺史曇首爲上所親委任兼兩宮彭城王義康與弘並錄意常怏怏又欲得揚州形於辭旨以曇首居中分其權任愈不悅曇首固乞吳郡太祖曰豈有欲建大廈而遺其棟梁者哉賢兄比屢稱疾固辭州任將來若相申許者此處非卿而誰亦何吳郡之有時弘久疾屢遜位不許義康謂賓客曰王公久疾不起神州詎合臥治曇首勸弘減府兵之半以配義康義康乃悅七年卒太祖爲之慟中書舍人周起侍側曰王家欲衰賢者先殞上曰直是我家衰耳追贈左光祿大夫加散騎常侍詹事如故九年以預誅羨之等謀追封豫寧縣侯邑千戶謚曰文侯世祖卽位配饗太祖廟庭子僧綽嗣別有傳少子僧虔昇明末爲尚書令

殷景仁陳郡長平人也曾祖融晉太常祖茂散騎常侍特進左光祿大夫父道裕蚤亡景仁少有大成之量司徒王謐見而以女妻之初爲劉毅後軍參軍高祖太尉行參軍建議宜令百官舉才以所薦能否爲黜陟遷宋臺祕書郞世子中軍參軍轉主簿又爲驃騎將軍道憐主簿出補衡陽太守入爲宋世子洗馬仍轉中書侍郞景仁學不爲文敏有思致口不談義深達理體至於國典朝儀舊章記注莫不撰錄識者知其有當世之志也高祖甚知之遷太子中庶子少帝卽位入補侍中累表辭讓又固陳曰臣志幹短弱歷著出處值皇塗隆泰身荷恩榮階牒推遷日月頻積失在饕餮患不自量而奉聞今授固守愚心者竊惟殊次之寵必歸器望喉脣之任非才莫居三省諸躬無以克荷豈可苟順甘榮不知進退上虧朝舉下貽身咎求之公私未見其可顧涯審分誠難庶幾踰方越序易以誠懼所以俯仰周偟無地寧處若惠澤廣流蘭艾同潤回改前旨賜以降階雖實不敏敢忘循命臣迍邅之愆既已屢積寧當徒尚浮采塵黷天聽丹情悾款仰希照察詔曰景仁退挹之懷有不可改除黃門侍郞以申君子之請尋領射聲頃之轉左衞將軍太祖卽位委遇彌厚俄遷侍中左衞如故時與侍中右衞將軍王華侍中驍騎將軍王曇首侍中劉湛四人並時爲侍中俱居門下皆以風力局幹冠冕一時同升之美近代莫及元嘉三年車駕征謝晦司徒王弘入居中書下省景仁長直共掌留任晦平代到彥之爲中領軍侍中如故太祖所生章太后早亡上奉太后所生蘇氏甚謹六年蘇氏卒車駕親往臨哭下詔曰朕夙罹偏罰情事兼常每思有以光隆懿戚少申罔極之懷而禮文遺逸取正無所監之前代用否又殊故惟疑累年在心未遂蘇夫人奄至傾殂情禮莫寄追思遠恨與事而深日月有期將卜窀穸便欲粗依春秋以貴之義式遵二漢推恩之典但動籍史筆傳之後昆稱心而行或容未允可時共詳論以求其中執筆永懷益增感塞景仁議曰至德之感靈啟厥祥文母俔天實熙皇祚主上聿遵先典號極徽崇以貴之義禮盡於此蘇夫人階緣戚屬情以事深寒泉之思實感聖懷明詔爰發詢求厥中謹尋漢氏推恩加爵于時承秦之弊儒術蔑如自君作故罔或前典懼非盛明所宜軌蹈晉監二代朝政之所因君舉必書哲王之所愼體至公者懸爵賞於無私奉天統者每屈情以申制所以作孚萬國貽則後昆臣豫蒙博逮謹露庸短上從之丁母憂葬竟起爲領軍將軍固辭上使綱紀代拜遣中書舍人周赳輿載還府九年服闋遷尚書僕射太子詹事劉湛代爲領軍與景仁素善皆被遇於高祖俱以宰相許之湛尚居外任會王弘華曇首相係亡景仁引湛還朝共參政事湛既入以景仁位遇本不踰己而一旦居前意甚憤憤知太祖信仗景仁不可移奪乃深結司徒彭城王義康欲倚宰相之重以傾之十二年景仁復遷中書令護軍僕射如故尋復以僕射領吏部護軍如故湛愈忿怒義康納湛言毀景仁於太祖太祖遇之益隆景仁對親舊歎曰引之令入入便噬人乃稱疾解職表疏累上不見許使停家養病發詔遣黃門侍郞省疾湛議遣人若劫盜者於外殺之以爲太祖雖知當有以終不能傷至親之愛上微聞之遷景仁於西掖門外晉鄱陽主第以爲護軍府密邇宮禁故其計不行景仁臥疾者五年雖不見上而密表去來日中以十數朝政大小必以問焉影迹周

密莫有窺其際者收湛之日景仁使拂拭衣冠寢疾既久左右皆不曉其意其夜上出華林園延賢堂召景仁猶稱脚疾小牀輿以就坐誅討處分一皆委之代義康為揚州刺史僕射領吏部如故遣使者授印綬主簿代拜拜畢便覺其情理乖錯性本寬厚而忽更苛暴問左右曰今年男婚多女嫁多是冬大雪景仁乘輿出聽事觀望忽驚曰當閤何得有大樹既而曰我誤邪疾轉篤太祖謂不利在州司使還住僕射下省為州凡月餘卒或云見劉湛為祟時年五十一追贈侍中司空本官如故謚曰文成公上與荆州刺史衡陽王義季書曰殷僕射疾患少日奄忽不救其識具經遠奉國竭誠周游繾綣情兼常痛民望國器遇之為難惋歎之深不能已已汝亦同不往矣如何世祖大明五年行幸經景仁墓詔曰司空文成公景仁德量淹正風識明允徽績忠謨夙達先照惠政茂譽寔留民屬近瞻丘墳感往興悼可遣使致祭子道矜幼而不慧官至太中大夫道矜子恒太宗世為侍中度支尚書屬父疾積久為有司所奏詔曰道矜生便有病更無橫疾恒因愚習惰久妨清序可降為散騎常侍

沈演之字臺真吳興武康人也高祖充晉車騎將軍吳國內史曾祖勁冠軍陳祐長史戍金墉城為鮮卑慕容恪所陷不屈節見殺追贈東陽太守祖赤黔廷尉卿父叔任少有幹質初為揚州主簿高祖太尉參軍吳山陰令治皆有聲朱齡石伐蜀為齡石建威府司馬加建威將軍平蜀之功亞於元帥即本號為西夷校尉巴西梓潼郡太守戍涪城東軍既反二郡彊宗侯勸羅興聚衆作亂四面雲合遂至萬餘人攻城急叔任東兵不滿五百推布腹心衆莫不為用出擊大破之逆黨皆平高祖討司馬休之齡石遣叔任率軍來會時高祖領鎮西將軍命為司馬及軍還以為揚州別駕從事史以平蜀全涪之功封寧新縣男食邑四百四十戶出為建威將軍益州刺史以疾還都義熙十四年卒時年五十長子融之蚤卒演之年十一尚書僕射劉柳見而知之曰此童終為令器家世為將而演之折節好學讀老子日百遍以義理業尚知名襲父別爵吉陽縣五等侯郡命主簿州辟從事史西曹主簿舉秀才嘉興令有能名入為司徒祭酒南譙王義宣左軍主簿錢唐令復有政績復為司徒主簿丁母憂起為武康令固辭不免到縣百許日稱疾去官服闋除司徒左司掾州治中從事史元嘉十二年東諸郡大水民人饑饉吳義興及吳郡之錢唐升米三百以演之及尚書祠部郎江邃並兼散騎常侍巡行拯卹許以便宜從事演之乃開倉廩以賑饑民民有生子者口賜米一斗刑獄有疑枉悉制遣之百姓蒙賴轉別駕從事史領本郡中正深為義康所待故在府州前後十餘年後劉湛劉威等結黨欲排廢尚書僕射殷景仁演之雅仗正義與湛等不同湛因此讒之於義康嘗因論事不合旨義康變色曰自今而後我不復相信演之與景仁素善盡心於朝廷太祖甚嘉之以為尚書吏部郎十七年義康出藩誅湛等以演之為右衛將軍景仁尋卒乃以後軍長史范曄為左衛將軍與演之對掌禁旅同參機密二十年遷侍中右衛將軍如故太祖謂之曰侍中領衛望實優顯此蓋宰相便坐卿其勉之上欲伐林邑朝臣不同唯廣州刺史陸徽與演之贊成上意及平賜羣臣黃金生口銅器等物演之所得偏多上謂之曰廟堂之謀卿參其力平此遠夷未足多建茅土廓清京都鳴鸞東岱不憂河山不開也二十一年詔曰總司戎政翼贊東朝惟允之舉匪賢莫授侍中領右衛將軍演之清業貞審器思沉濟右衛將軍曄才應通敏理懷清要並美彰出內誠亮在公能克懋厥猷樹績所莅演之可中領軍曄可太子詹事曄懷逆謀演之覺其有異言之太祖曄尋事發伏誅遷領國子祭酒本州大中正轉吏部尚書領太子右衛率雖未為宰相任寄不異也素有心氣疾病歷年上使臥疾治事性好舉才申濟屈滯而謙約自持上賜女伎不受二十六年車駕拜京陵演之以疾不從上還宮召見自勉到坐出至尚書下省暴卒時年五十三太祖痛惜之追贈散騎常侍金紫光祿大夫謚曰貞侯演之昔與同使江邃字玄遠濟陽考城人頗有文義官至司徒記室參軍撰文釋傳於世演之子睦至黃門郎通直散騎常侍世祖大明初坐要引上左右俞欣之訪評殿省內事又與弟西陽王文學勃忿鬩不睦坐徙始興郡勃免官禁錮勃好為文章善彈琴能圍棊而輕薄逐利歷尚書殿中郎太宗泰始中為太子右衛率加給事中時欲北討使勃還鄉里募人多受貨賄上怒下詔曰沈勃琴書藝業口有美稱而輕躁耽酒幼多罪愆比奢淫過度妓女數十聲酣放縱無復劑限自恃吳興土豪比門義故脅說士庶告索無已又輒聽募將委役還私託注病叛遂有數百周旋門生競受財貨少者至萬多者千金考計贓物二百餘萬便宜明罰敕法以正典刑故光祿大夫演之昔受深遇忠績在朝尋遠矜懷能無弘律可徙勃西垂令思愆悔於是徙付梁州廢帝元徽初以例得還結事阮佃夫王道隆等復為司徒左長史為廢帝所誅順帝即位追贈本官勃弟統大明中為著作佐郎先是五省官所給幹僮不得雜役太祖世坐以免官者前後百人統輕役過差有司奏免世祖詔曰自頃幹僮多不祇給主可量聽行杖得行幹杖自此始也演之兄融之子暢之襲寧新縣男大明中為海陵王休茂北中郎諮議參軍為休茂所殺追贈黃門郎子曅嗣齊受禪國除

史臣曰元嘉初誅滅宰相蓋王華孔甯子之力也彼羣公義雖往結恩實今疏而任即曩權意非昔主居上六之窮爻當來寵之要轍顛覆所基非待他釁況於廢殺之重其隙易乘乎夫殺人而取其璧不知在己興累傾物而移其寵不忌自我難持若二子永年亦未知來禍所止也有能戒彼而悟此則所望於來哲

宋書卷六十三考證

王華傳華時年十二〇二南史作三

隨沙門釋曇永逃竄〇永南史作氷

子宣侯嗣官至左衛將軍卒子長嗣〇南史作子定侯嗣臣照按王僧綽傳云華子嗣人才既劣位遇亦輕僧綽謂蔡興宗曰弟名位應與新建齊新建者嗣之封也然則嗣乃華子之名其後或謚為定侯耳南史宣侯作定侯蓋嫌子嗣嗣之文疊多嗣字不明故改稱其謚宣與定相近宋書復訛定為宣華既謚宣子不應復謚宣當是定字

王曇首傳中書舍人周起侍側〇周起南史作周赳臣承蒼按張敷殷景仁傳俱有中書舍人周赳作赳為是

宋書卷六十四

梁 沈約 撰

列傳第二十四

鄭鮮之 裴松之 何承天

鄭鮮之字道子滎陽開封人也高祖渾魏將作大匠曾祖襲大司農父遵尚書郎襲初為江乘令因居縣境鮮之下帷讀書絕交游之務初為桓偉輔國主簿先是兗州刺史滕恬為丁零翟遼所沒屍喪不反恬子羨仕宦不廢議者嫌之桓玄在荆州使羣僚博議鮮之議曰名教大極忠孝而已至乎變通抑引每事輒殊本而尋之皆是求心而遺跡跡之所乘遭遇或異故聖人或就跡以助教或因跡以成罪屈申與奪難可等齊舉其阡陌皆可略言矣天可逃乎而伊尹廢君君可脅乎而鬻權見善忠可愚乎而箕子同仁自此以還殊實而齊聲異譽而等美者不可勝言而欲令百代之下聖典所闕正斯事於一朝豈可易哉然立言明理以古證今當使理厭人情如滕羨情事者或終身隱處不關人事或昇朝理務無譏前哲通滕者則以無譏為證塞滕者則以隱處為美折其兩中則異同之情可見矣然無譏前哲者厭情之謂也若王陵之母見烹於楚陵不退身窮居終為社稷之臣非為榮也鮑勛蹇諤魏朝亡身為效觀其志非貪爵也凡此二賢非滕之論夫聖人立教猶云有禮無時君子不行有禮無時政以事有變通不可守一故爾若滕以此二賢為證則恐人人自賢矣若不可人人自賢何可獨許其證議者兼在於人不但獨證其事漢魏以來記闕其典尋而得者無幾人至乎大晉中朝及中興之後楊臻則七年不除喪三十餘年不關人事溫公則見逼於王命庾左丞則終身不著袷高世遠則為王右軍何驃騎所勸割無有如滕之易者也若以縗麻非為哀之主無所復言矣文皇帝以東關之役尸骸不反者制其子弟不廢婚宦明此孝子已不自同於人倫有識已審其可否矣若其不爾居宗輔物者但當即聖人之教何所復明制於其間哉及至永嘉大亂之後王敦復申東關之制於中興原此是為國之大計非謂訓範人倫盡於此也何以言之父讎明不同戴天日而為國不可許復讎此自以法奪情即是東關永嘉之喻也何妨綜理王務者布衣以處之明教者自謂世非橫流凡士君子之徒無不可仕之理而雜以情譏謂宜在貶裁爾若多引前事以為通證則孝子可顧法而不復讎矣文皇帝無所立制於東關王敦無所明之於中興每至斯會輒發之於宰物是心可不喻乎且夫求理當先以遠大若滄海橫流家國同其淪溺若不仕也則人有餘力人有餘力則國可至乎亡家可至乎滅當斯時也匹婦猶亡其身況大丈夫哉既其不然天下之才將無所理滕但當盡陟岵之哀擬不仕者之心何為證喻前人以自通乎且名為大才之所假而小才之所榮榮與假乘常已有慙德無欣工進何有情事乎若其不然則工進無欣何足貴於千載之上邪苟許小才榮其位則滕不當顧常疑以自居乎所謂柳下惠則可我則不可也且有生之所宗者聖人聖人之為教者禮法即心

而言則聖人之法不可改也而秦以郡縣治天下莫之能變漢文除肉刑莫之能復彼聖人之爲法猶見改於後王况滕賴前人而當必通乎若人皆仕未知斯事可俟後聖與不况仕與不仕各有其人而不仕之所引每感三年之下見議者弘通情紀每傍中庸又云若許議滕則恐亡身致命之仕以此而不盡何斯言之過與夫忠烈之情初無計而後動若計而後動則懼法不盡命若有不盡則國有常法故古人軍敗於外而家誅於內苟忠發自內或懼法於外復有踟蹰顧望之地邪若有功不賞有罪不誅可致斯喻爾無有名教翼其子弟而子弟不致力於所天不致力於所天則王經忠不能救主孝不顧其親是家國之罪人爾何所而稱乎夫恩宥十世非不隆也功高賞厚非不報也若國憲無負於滕恬則羨之通塞自是名教之所及豈是勸沮之本乎議者又以唐虞邈矣孰知所歸尋言求意將所負者多乎後漢亂而不亡前史猶謂數公之力魏國將建荀令君正色異議董昭不得枕蘇則之鄰賈充受辱於庾純以此而推天下之正義終自傳而不沒何爲發斯歎哉若以時非上皇便不足復言多者則夷齊於爽望子房於四人亦無所復措其言矣至於陳平默順避禍以權濟屈皆是衞生免害非爲榮也滕今生無所衞鞭塞已宜義安在乎昔陳壽在喪使婢丸藥見責鄕閭阮咸居哀騎驢偷婢身處王朝豈可以阮獲通於前世便無疑於後乎且賢聖抑引皆是究其始終定其才行故雖事有驚俗而理必獲申郤詵葬母後園而身登官所以免責以其孝也日磾殺兒無譏以其忠也今豈可以二事是忠孝之所爲便可許殺兒葬母後園乎不可明矣既其不可便當究定滕之才行無所多辯也滕非下官鄕親又不周旋才能非所能悉若以滕謀能決敵才能周用此自追蹤古人非議所及若是士流故謂宜如子夏受曾參之詞可謂善矣而子夏無不孝之稱也意之所懷都盡於此自非名理何緣多其往復如其折中裁之居宗桓偉進號安西轉補功曹舉陳郡謝絢自代曰蓋聞知賢弗推臧文所以竊位宣子能讓晉國以之獲寧鮮之猥承人乏謬蒙過眷既愚以義隆遂再叨非服知進之難屢以上請然自退之志未獲暫申夙夜懷冰敢忘其懼伏見行參軍謝絢清悟審正理懷通美居以端石雖未足舒其采章升庸以漸差可以位擬人請乞愚短甘充下列授爲賢牧實副羣望入爲員外散騎侍郎司徒左西屬大司馬琅邪王錄事參軍仍遷御史中丞性剛直不阿强貴明憲直繩甚得司直之體外甥劉毅權重當時朝野莫不歸附鮮之盡心高祖獨不屈意於毅毅甚恨焉義熙六年鮮之使治書侍御史丘洹奏彈毅曰上言傳詔羅道盛輒開牋遂盜發密事依法棄市奏報行刑而毅以道盛身有侯爵輒復停宥按毅勳德光重任居次相既殺之非已無緣生之自由又奏之於先而弗請於後閫外出疆非此之謂中丞鮮之於毅舅甥制不相糺臣請免毅官詔無所問時新制長吏以父母疾去官禁錮三年山陰令沈叔任父疾去職鮮之因此上議曰夫事有相權故制有與奪此有所屈而彼有所申未有理無所明事無所獲而爲永制者也當以去官之人或容詭託之事詭託之事誠或有之豈可虧天下之大教以末傷本者乎且設法蓋以眾苞寡而不以寡違眾况防杜去官而塞孝愛之實且人情趨於榮利辭官本非所防所以爲其制者莅官不久則奔競互生故杜其欲速之情以申考績之實省父母之疾而加以罪名悖義疾理莫此爲大謂宜從舊於義爲允從之於是自二品以上父母没者墳墓崩毁及疾病族屬輒去並不禁錮劉毅當鎮江陵高祖會於江寧朝士畢集毅素好摴蒱於是會戲高祖與毅斂局各得其半積錢隱人毅呼高祖併之先擲得雉高祖甚不說良久乃答之四坐傾矚既擲五子盡黑毅意色大惡謂高祖曰知公不以大坐席與人鮮之大喜徒跣繞牀大叫聲聲相續毅甚不平謂之曰此鄭君何爲者無復甥舅之禮高祖少事戎旅不經涉學及爲宰相頗慕風流時或言論人皆依違之不敢難也鮮之難必切至未嘗寬假要須高祖辭窮理屈然後置之高祖或有時慙恧變色動容既而謂人曰我本無術學言義尤淺比時言論諸賢多見寬容唯鄭不爾獨能盡人之意甚以此感之時人謂爲格佞自中丞轉司徒左長史太尉咨議參軍俄而補侍中復爲太尉咨議十二年高祖北伐以爲右長史鮮之曾祖墓在開封相去三百里乞求拜省高祖以騎送之宋國初建轉奉常佛佛虜陷關中高祖復欲北討行意甚盛鮮之上表諫曰伏思聖略深遠臣之愚管無所措其意然臣愚見竊有所懷虜凶狡情狀可見自關中再敗皆是帥師違律非是內有事故致外有敗傷虜聞殿下親御六軍必謂見伐當重兵潼關其勢然也若陵威長驅臣實見其未易若輿駕頓洛則不足上勞聖躬如此則進退之機宜在熟慮賊不敢乘勝過陝遠慴大威故也今盡用兵之算事從屈申遣師撲討而南夏清晏賊方懼將來永不敢動若輿駕造洛而反凶醜更生揣量之心必啟邊戎之患此既必然江南顒顒傾注輿駕忽聞遠伐不測師之深淺必以殿下大申威靈未還人情恐懼事又可推往年西征劉鍾危殆前年劫盜破廣州人士都盡三吳心腹之內諸縣屢敗皆由勞役所致又聞處處大水加遠師民敝敗散自然之理殿下在彭城劫盜破諸縣事非偶爾皆是無賴凶慝凡順而撫之則百姓思安違其所願必爲亂矣古人所以救其煩穢正在於斯漢高身困平城呂后受匈奴之辱魏武軍敗赤壁宣武喪師枋頭神武之功一無所損况偏師失律無虧於廟堂之上者邪卽之事實非敢之謂惟齡石等可念爾若行也或速其禍反覆思惟愚謂不煩殿下親征小劫西虜或爲河洛之患今正宜通好北虜則河南安河南安則濟泗靜伏願聖鑒察臣愚懷高祖踐祚遷太常都官尚書鮮之爲人通率在高祖坐言無所隱時人甚憚焉而隱厚篤實贍卹親故性好游行命駕或不知所適隨御者所之尤爲高祖所狎上甞於內殿宴飲朝貴畢至唯不召鮮之坐定謂羣臣曰鄭鮮之必當自來俄而外啟尚書鮮之詣神獸門求啟事高祖大笑引入其被親遇如此永初二年出爲丹陽尹復入爲都官尚書加散騎常侍以從征功封龍陽縣五等子出爲豫章太守秩中二千石元嘉三年王弘入爲相舉鮮之爲尚書右僕射四年卒時年六十四追贈散騎常侍金紫光祿大夫文集傳於世子愔位至尚書郎始興太守

裴松之字世期河東聞喜人也祖昧光祿大夫父珪正員外郎松之年八歲學通論語毛詩博覽墳籍立身簡素年二十拜殿中將軍此官直衞左右晉孝武太元中革選名家以參顧問始用琅邪王茂之會稽謝輶皆南北之望舅庾楷在江陵欲得松之西上除新野太守以事難不行拜員外散騎侍郎義熙初爲吳興故鄣令在縣有績入爲尚書祠部郎松之以世立私碑有乖事實上表陳之曰碑銘之作以明示後昆自非殊功異德無以允應茲典大者道動光遠世所宗推其次節行高妙遺烈可紀若乃亮采登庸績用顯著敷化所莅惠訓融遠述詠所寄有賴鐫勒非斯族也則幾乎僭黷矣俗敝僞興華煩已久是以孔悝之銘行是人非蔡邕制文每有愧色而自時厥後其流彌多預有臣吏必爲建立勒銘寡取信之實刊石成虛僞之常眞假相蒙殆使合美者不貴但論其功費又不可稱不加禁裁其敝無已以爲諸欲立碑者宜悉令言上爲朝議所許然後聽之庶可以防遏無徵顯彰茂實使百世之下知其不虛則義信於仰止道孚於來葉由是並斷高祖北伐領司州刺史以松之爲州主簿轉治中從事史既克洛陽高祖勅之曰裴松之廊廟之才不宜久尸邊務今召爲世子洗馬與殷景仁同可令知之于時議立五廟樂松之以妃臧氏廟樂亦宜與四廟同除零陵內史徵爲國子博士太祖元嘉三年誅司徒徐羨之等分遣大使巡行天下通直散騎常侍袁渝司徒左司掾孔邈使揚州尚書三公郎陸子眞起部甄法崇使荊州員外散騎常侍范雎司徒主簿龎遵使南兗州前尚書右丞孔默使南北二豫州撫軍參軍王歆之使徐州冗從僕射車宗使青兗州松之使湘州尚書殿中郎阮長之使雍州前竟陵太守殷道鸞使益州員外散騎常侍李躭之使廣州郎中殷斌使梁州南秦州前員外散騎侍郎阮園客使交州駙馬都尉奉朝請潘思先使寧州並兼散騎常侍班宣詔書曰昔王者巡功羣后述職不然則有存省之禮聘覜之規所以觀民立政命事考績上下偕通遐邇咸被故能功昭長世道歷遠年朕以寡闇屬承洪業夤畏在位昧于治道夕惕惟憂如臨淵谷懼國俗陵頹民風凋僞眚厲違和水旱傷業雖勤躬庶事思弘攸宜而機務惟殷顧循多闕政刑乖謬未獲具聞豈誠素弗孚使羣心莫盡納隍之愧在予一人以歲時多難王道未壹卜征之禮廢而未脩眷被氓庶無忘欽恤今使兼散騎常侍渝等申令四方周行郡邑親見刺史二千石官長申述至誠廣詢治要觀察吏政訪求民隱旌舉操行存問所疾禮俗得失一依周典每各爲書還具條奏俾朕昭然若親覽焉大夫君子其各悉心敬事無惰乃力其有咨謀遠圖謹言中誠陳之使者無或隱遺方將敬納良規以補其闕勉哉勗之稱朕意焉松之反使奏曰臣聞天道以下濟光明君德以廣運爲極古先哲后因心溥被是以文思在躬則時雍自洽禮行江漢而美化斯遠故能垂大哉之休詠廓造周之盛則伏惟陛下神叡玄通道契曠代冕旒華堂垂心八表咨敬敷之未純慮明揚之靡暢清問下民哀此鰥寡渙焉大號周爰四達遠猷形於雅誥惠訓播乎遐陬是故率土仰詠重譯咸說莫不謳吟踊躍式銘皇風或有扶老攜幼稱歡路左誠由亭毒既流故忘其自至千載一時於是乎在臣謬蒙銓任忝厠顯列猥以短乏思純八表無以宣暢聖旨肅明風化黜陟無序搜揚寡聞慙懼屏營不知所措奉二十四條謹隨事爲牒伏見癸卯詔書禮俗得失一依周

典每各爲書還具條奏謹依事爲書以繫之後松之甚得奉使之義論者美之轉中書侍郎司冀二州大中正上使注陳壽三國志松之鳩集傳記增廣異聞既成奏上上善之曰此爲不朽矣出爲永嘉太守勤恤百姓吏民便之入補通直爲常侍復領二州大中正尋出爲南琅邪太守十四年致仕拜中散大夫尋領國子博士進大中大夫博士如故續何承天國史未及撰述二十八年卒時年八十子駰南中郎參軍松之所著文論及晉紀駰注司馬遷史記並行於世

何承天東海郯人也從祖倫晉右衞將軍承天五歲失父母徐氏廣之姊也聰明博學故承天幼漸訓義儒史百家莫不該覽叔父肹爲益陽令隨肹之官隆安四年南蠻校尉桓偉命爲參軍時殷仲堪桓玄等互舉兵以向朝廷承天懼禍難未已解職還益陽義旗初長沙公陶延壽以爲其輔國府參軍遣通敬於高祖因除瀏陽令尋去職還都撫軍將軍劉毅鎭姑孰版爲行參軍毅嘗出行而鄢陵縣史陳滿射鳥箭誤中直帥雖不傷人處法棄市承天議曰獄貴情斷疑則從輕昔驚漢文帝乘輿馬者張釋之劾以犯蹕罪止罰金何者明其無心於驚馬也故不以乘輿之重加以異制今滿意在射鳥非有心於中人按律過誤傷人三歲刑況不傷乎微罰可也出補宛陵令趙惔爲寧蠻校尉尋陽太守請爲司馬尋去職高祖以爲太尉行參軍高祖討劉毅留諸葛長民爲監軍長民密懷異志劉穆之屏人問承天曰公今行濟否云何承天曰不憂西不時別有一慮爾公昔年自左里還入石頭甚脫爾今還宜加重複穆之曰非君不聞此言頃日願丹徒劉郎恐不復可得也除太學博士義熙十一年爲世子征虜參軍轉西中郎中軍參軍錢唐令高祖在壽陽宋臺建召爲尚書祠部郎與傅亮共撰朝儀永初末補南臺治書侍御史謝晦鎭江陵請爲南蠻長史時有尹嘉者家貧母熊自以身貼錢爲嘉償責坐不孝當死承天議曰被府宣令普議尹嘉大辟事稱法吏葛滕籤母告子不孝欲殺者許之法云謂違犯教令敬恭有虧父母欲殺皆許之其所告惟取信於所求而許之謹尋事原心嘉母辭自求質錢爲子還責嘉雖虧犯教義而熊無請殺之辭熊求所以生之而令殺之非隨所求之謂始以不孝爲劾終於和賣結刑倚旁兩端母子俱罪滕籤法文爲非其條嘉所存者大理在難申但明教爰發矜其愚蔽夫明德慎罰文王所以恤下議獄緩死中孚所以垂化言情則母爲子隱語敬則禮所不及今捨乞宥之評依請殺之條責敬恭之節於饑寒之隸誠非罰疑從輕寧失有罪之謂也愚以謂降嘉之死以普春澤之恩赦熊之愆以明子隱之宜則蒲亭雖陋可比德於盛明豚魚微物不獨遺於今化事未判值赦並免晦進號衞將軍轉咨議參軍領記室元嘉三年晦將見討其弟黃門郎皭密信報之晦問承天曰若果爾卿令我云何承天曰以王者之重舉天下以攻一州大小既殊逆順又異境外求全上計也其次以腹心領兵戍於義陽將軍率衆於夏口一戰若敗即趨義陽以出北境其次也晦良久曰荆楚用武之國兵力有餘且當決戰走不晚也使承天造立表檄晦以湘州刺史張邵必不同己欲遣千人襲之承天以爲邵意趨未可知不宜便討時邵兄茂度爲益州與晦素善故晦止不遣兵前益州刺史蕭摹之前巴西太守劉道產去職還江陵晦將殺之承天盡力營救皆得全免晦既下承天留府不從及到彥之至馬頭承天自詣歸罪彥之以其有誠宥之使行南蠻府事七年彥之北伐請爲右軍錄事及彥之敗退承天以才非軍旅得免刑責以補尚書殿中郎兼左丞吳興餘杭民薄道舉爲劫制同籍朞親補兵道舉從弟代公道生等並爲大功親非應在補謫之例法以代公等母存爲朞親則子宜隨母補兵承天議曰尋劫制同籍朞親補兵大功不在例婦人三從既嫁從夫夫死從子今道舉爲劫若其叔尚存制應補謫妻子營居固其宜也但爲劫之時叔父已沒代公道生並是從弟大功之親不合補謫今若以叔母爲朞親令代公隨母補兵既違大功不謫之制又失婦人三從之道由於主者守朞親之文不辨男女之異遠嫌畏負以生疑懼非聖朝恤刑之旨謂代公等母子並宜見原故司徒掾孔邈奏事未御邈已喪殯議者謂不宜仍用邈名更以見官奏之承天又議曰既沒之名不合奏者非有它義正嫌於近不祥爾奏事一郤動經歲時盛明之世事從簡易曲嫌細忌皆應蕩除承天爲性剛愎不能屈意朝右頗以所長侮同列不爲僕射殷景仁所平出爲衡陽內史昔在西與士人多不協在郡又不公清爲州司所糾被收繫獄值赦免十六年除著作佐郎撰國史承天年已老而諸佐並名家年少潁川荀伯子嘲之常呼爲妳母承天曰卿當云鳳凰將九子妳母何言邪尋轉太子率更令著作如故時丹陽丁況等久喪不葬承天議曰禮所云還葬當謂荒儉一時故許其稱財而不求備丁況三家數年中葬輒無棺櫬實由淺情薄恩同於禽獸者爾竊以爲丁寶等同伍積年未嘗勸之以義繩之以法十六年冬既無新科又未申明舊制有何嚴切欻然相糾或由鄰曲分爭以興此言如聞在東諸處比例既多江西淮北尤爲不少若但讁此三人殆無整肅開其一端則互相恐動里伍縣司競爲姦利財賂既逞獄訟必繁懼虧聖明亨鮮之美臣愚謂況等三家且可勿問因此附定制旨若民人葬不如法同伍當即糾言三年除服之後不得追相告列於事爲宜十九年立國子學以本官領國子博士皇太子講孝經承天與中庶子顏延之同爲執經頃之遷御史中丞時索虜侵邊太祖訪羣臣威戎御遠之略承天上表曰伏見北藩上事虜犯青兗天慈降鑒矜此黎元博逮羣策經綸戎政臣以愚陋預聞訪及竊尋獫狁告難爰自上古有周之盛南仲出車漢氏方隆衞霍宣力雖飲馬瀚海揚旝祁連事難役繁天下騷動委輿負海貲及舟車凶狡倔强未肯受弱得失報復裁不相補宣帝末年值其乖亂推亡固存始獲稽服自晉喪中原戎狄侵擾百餘年間未暇以北虜爲念大宋啟祚兩燿靈武而懷德畏威用自款納陛下臨御以來羈縻遵養十餘年中貢譯不絕去歲三王出鎭思振遠圖獸心易駭遂生猜懼背違信約深搆攜隙貪禍恣毒無因自反恐烽燧之警必自此始臣素庸懦才不經武率其管窺謹撰安邊論意及淺末懼無可採若得詢之朝列辨覈同異庶或開引羣慮研盡衆謀短長畢陳當否可見其論曰漢世言備匈奴之策不過二科武夫盡征伐之謀儒生講和親之約課其所言互有遠志加塞漠之外胡敵掣肘必未能摧鋒引日規自開張當由往年冀土之民附化者衆二州臨境三王出藩經略既張宏圖將舉士女延望華夷慕義故昧於小利且自矜侈外示餘力內堅僞衆今若務存遵養許其自新雖未可羈致北闕猶足鎭靜邊境然和親事重當盡廟筭誠非愚短所能究言若追蹤衞霍瀚海之志時事不等致功亦殊寇雖習戰未久又全據燕趙跨帶秦魏山河之險終古如一自非大田淮泗內實青徐使民有贏儲野有積穀然後分命方召總率虎旅精卒十萬使一舉盪夷則不足稍勤王師以勞天下何以言之今遺黎習亂志在偷安非皆恥爲左衽遠慕冠冕徒以殘害剝辱視息無寄故繦負歸國先後相尋虜既不能校勝循理攻城略地而輕兵掩襲急在驅殘是其所以速怨召禍滅亡之日今若遣軍追討報其侵暴大翦幽冀屠城破邑則聖朝愛育黎元方濟之以道若但欲撫其歸附伐罪弔民則駿馬奔走不肯來征徒與巨費無損於彼復奇兵深入殺敵破軍苟陵患未盡則困獸思鬬報復之役將遂無已斯秦漢之末策輪臺之所悔也安邊固守於計爲長臣以安邊之計備在史策李牧言其端嚴尤申其要大略舉矣曹孫之霸才均智敵江淮之間不居各數百里魏捨合肥退保新城江陵移民南涘濡須之戍家停羡溪及夷陵之屯民夷散雜晉宣王以爲宜從江南以北岸曹爽不許果亡柤中此皆前代之殷鑒也何者斥候之郊非畜牧之地非耕桑之邑故堅壁清野以俟其來整甲繕兵以乘其敝雖時有古今勢有强弱保民全境不出此塗要而歸之有四一曰移遠就近二曰浚復城隍三曰纂偶車牛四曰計丁課仗良守疆其土田驍帥振其風略蒐獮宣其號令俎豆訓其廉恥縣爵以縻之設禁以威之徭稅有程寬猛相濟比及十載民知義方然後簡將授奇揚旌雲朔風卷河冀電埽嵩恒燕弧折卻代馬摧足秦首斬其右臂吳蹄絕其左肩銘功於燕然之阿饗徒於金微之曲寇雖亂亡有徵昧弱易取若天時人事或未盡符抑銳俟機宜審其算若邊戍未增星居布野勤惰異教貧富殊貲疆埸之民多懷彼此虜在去就不根本業難可驅率易在振蕩又狡虜之性食肉衣皮以馳騁爲儀容以游獵爲南畝非有車輿之安宮室之衞櫛風沐雨不以爲勞露宿草寢維其常性勝則競利敗不羞走彼來或驟而此已奔疲且今春踰濟既獲其利乘勝忸忕未虞天誅比及秋末容更送死猋騎蟻聚輕兵鳥集竝踐禾稼焚爇閭井雖邊將多略未審何以禦之若盛師連屯廢農必衆馳車奔驛起役必遲散金行賞損費必大換土客戍怨曠必繁孰若因民所居竝修農戰無動衆之勞有扞衞之實其爲利害優劣相懸也一曰移遠就近以實內地今青兗舊民冀州新附在界首者二萬家此寇之資也今悉河內徙青州民移東萊平昌北海諸郡太山以南南至下邳左沭右沂田良野沃西阻蘭陵北扼大峴四塞之內其號險固民性重遷闇於圖始無虜之時喜生咨怨今新被鈔掠餘懼未息若曉示安危居以樂土宜其歌抃就路視遷如歸二曰浚復城隍以增阻防舊秋冬收斂民人入保所以警備暴客使防衞有素也古之城池處處皆有今雖頹毀猶可修治粗計戶數量其所容新徙之家悉著城內假其經用爲之閭伍納稼築場還在一處婦子守家長吏爲師丁夫匹婦春夏佃牧寇至之時一城千室堪戰之士不下二

千其餘羸弱猶能登陴鼓譟十則圍之兵家舊說戰士二千足抗羣虜三萬矣三曰纂偶車牛以飾戎械計千家之資不下五百耦牛爲車五百兩參合鉤連以衞其衆設使城不可固平行趨險賊所不能干既已族居易可檢括號令先明民知夙戒有急徵發信宿可聚四曰計丁課仗勿使有闕千家之邑戰士二千隨其便能各自有仗素所服習銘刻由己還保輸之於庫出行請以自衞弓幹利鐵民不辦得者官以漸充之數年之內軍用粗備矣臣聞軍國異容施於封畿之內兵農竝修在於疆埸之表攻守之宜皆因其習任其怯勇山陵川陸之形寒暑温凉之氣各由本性易則害生是故戍申作師遠屯淸濟功費既重嗟怨亦深以臣料之未若即用彼衆之易也管子治齊寄令在民商君爲秦設以耕戰終申威定霸行其志業非苟任强實由有數梁用走卒其邦自滅齊用技擊厥衆亦離漢魏以來茲制漸絕蒐田非復先王之禮治兵徒退耳目之欲有急之日民不知戰至乃廣延賞募奉以厚秩發遽奔救天下騷然方伯刺史拱手坐聽自無經略唯望朝廷遣軍此皆忘戰之害不教之失也今移民實內浚治城隍族居聚處課其騎射長吏簡試差品能不甲科上第漸就優別明其勳才表言州郡如此則屯部有常不遷其業內護老弱外通官塗朋曹素定同憂等樂情由習親藝因事著晝戰見貌足相識夜戰聞聲足相救斯教戰之一隅先哲之遺術論者必以古城荒毁難可修復今不謂頓便加功整麗如舊但欲先定民營其閭術墉壍存者因而即之其有毁缺權時栅斷足以禦彼輕兵防遏游騎假以方將漸就只立車牛之賦課仗之宜攻守所資軍國之要今因民所利導而率之耕農之器爲府庫之寶田蠶之氓兼城之用千家總倍旅之兵萬戶具全軍之衆兵强而敵不戒國富而民不勞比於優復隊伍坐食廩糧者不可同年而校矣今承平來久邊令弛縱弓簳利鐵既不都斷往歲棄甲垂二十年課其所住理應消壞謂宜申明舊科嚴加禁塞諸商賈往來幢隊挾藏者皆以軍法治之又界上嚴立關候杜廢閒蹊城保之境諸所課仗竝加雕鐫別造程式若有遺鏃亡刃及私爲竊盜者皆可立驗於事爲長又鉅野湖澤廣大南通洙泗北連青齊有舊縣城正在澤內宜立式修復舊堵利其埭遏給輕艦百艘寇若入境引艦出戰左右隨宜應接據其師津毁其航漕此以利制車運我所長亦微徹敵之要也承天素好弈棊頗用廢事太祖賜以局子承天奉表陳謝上答局子之賜何必非張武之金邪承天又能彈箏上又賜銀裝箏一面承天與尚書左丞謝元素不相善二人競伺二臺之違累相糾奏太尉江夏王義恭歲給資費錢三千萬布五萬匹米七萬斛義恭素奢侈用常不充二十一年逆就尚書換明年資費而舊制出錢二十萬布五百匹以上竝應奏聞元輒命議以錢二百萬給太尉事發覺元乃使令史取僕射孟顗命元時新除太尉諮議參軍未拜爲承天所糾上大怒遣元長歸田里禁錮終身元時又舉承天賣茭四百七十束與官屬求貴價承天坐白衣領職元字有宗陳郡陽夏人臨川內史靈運從祖弟也以才學見知卒於禁錮二十四年承天遷廷尉未拜上欲以爲吏部已受密旨承天宣漏之坐免官卒於家年七十八先是禮論有八百卷承天刪減并合以類相從凡爲三百卷并前傳雜論纂文論竝傳於世又改定元嘉歷語在律歷志

史臣曰治邊之術前世言之詳矣夫戎夷狡黠飄迅難虞必宜完其障塞謹其烽柝使來遲可防去塗易梗然後乃能禁暴止姦養威攘寇漢世案秦舊迹嚴塞以限外夷吳魏交戰亦以江淮爲疆埸莫不先憑地險却保民和且守且耕伺隙乘釁高祖受命王略未遠雖綿河作守而兵孤援闊盛衰既兆用啓戎心蓋由王業始基經創多闕先內後外以至於此乎自茲以降分靑置境無圖守之宜闕耕戰之略恃寇不來遂無其備周漢二策在宋頓亡遂致胡馬横行曾無藩落之固使士民蹐蒼天蹐厚地繫虜俘囚而無所控告哀哉承天安邊論博而篤矣載之云爾

宋書卷六十四考證

鄭鮮之傳兗州刺史滕恬○南史作滕怙汲古閣本亦刻恬注云一作怙

裴松之傳由是並斷○並南史作普二字形體相似義皆可通謂普禁世立私碑也

宋書卷六十五

梁　沈約　撰

列傳第二十五

吉翰　劉道産　杜驥　申恬

吉翰字休文馮翊池陽人也初爲龍驤將軍道憐參軍隨府轉征虜左軍參軍員外散騎侍郎隨道憐北征廣固賜爵建城縣五等男轉道憐驃騎中兵參軍從事中郎爲將佐十餘年淸謹剛正甚爲高祖所知賞永初三年轉道憐太尉司馬太祖元嘉元年出督梁南秦二州諸軍事龍驤將軍西戎校尉梁南秦二州刺史三年仇池氐楊興平遣使歸順并兒弟爲質翰遣始平太守龐諮據武興仇池大帥楊玄遣弟難當率衆拒諮又遣將强鹿皮向白水諮擊破難當等竝退走其年徙督益寧二州梁之巴西梓潼宕渠南漢中秦州之安固懷寧六郡諸軍事益州刺史將軍如故在益州著美績甚得方伯之體論者稱之六年以老疾徵還除彭城王義康司徒司馬加輔國將軍時太祖經略河南以翰爲持節監司雝并三州諸軍事司州刺史持節將軍如故會前鋒諸軍到彥之等敗退明年復爲司徒司馬將軍如故其年又假節監徐兗二州豫州之梁郡諸軍事徐州刺史將軍如故時有死罪囚典籤意欲活之因翰入關齋呈其事翰省訖語令且去明可便呈明旦典籤不敢復入呼之乃來取昨所呈事視訖謂之曰卿意當欲宥此囚死命昨於齋坐見其事亦有心活之但此囚罪重不可全貸既欲加恩卿便當代任其罪因命左右收典籤付獄殺之原此囚生命其刑政如此其下畏服莫敢犯禁明年卒官時年六十追贈征虜將軍持節監刺史如故

劉道産彭城呂人太尉咨議參軍簡之子也簡之事在弟子康祖傳道産初爲輔國參軍無錫令在縣有能名高祖版爲中軍行參軍又爲道憐驃騎參軍襲父爵晉安縣五等侯廣州羣盜因刺史謝道欣死爲寇攻沒州城道憐加道産振武將軍南討會始興謙之已平廣州道産未至而反元年除寧遠將軍巴西梓潼二郡太守郡人黃公生任肅之張石之等竝譙縱餘燼與姻親侯攬羅奧等招引白水氐規欲爲亂道産誅公生等二十一家宥其餘黨還爲彭城王義康驃騎中兵參軍元嘉三年督梁南秦二州諸軍事寧遠將軍西戎校尉梁南秦二州刺史在州有惠化關中流民前後出漢川歸之者甚多六年道産表置隴西宋康二郡以領之七年徵爲後軍將軍明年遷竟陵王義宣左將軍咨議參軍仍爲持節督雝梁南秦三州荊州之南陽竟陵順陽襄陽新野隨六郡諸軍事寧遠將軍寧蠻校尉雝州刺史襄陽太守善於臨民在雝部政績尤著蠻夷前後叛戾不受化者竝皆順服悉出緣沔爲居百姓樂業民戶豐贍由此有襄陽樂歌自道産始也十三年進號輔國將軍十九年卒追贈征虜將軍謚曰襄侯道産惠澤被於西土及喪還諸蠻皆備衰絰號哭追送至于沔口荊州刺史衡陽王義季啓太祖曰故輔國將軍劉道産患背癰疾遂不救道産自鎭漢南境接凶寇政績既著威懷兼舉年時猶可方宜其用奄至殞歿傷怨特深伏惟聖懷愍惜兼至長子延孫別有傳延孫弟延熙因延孫之廕大明中爲司徒右長史黃門郎臨海義興太守泰始初與四方同反伏誅道産弟道錫巴西梓潼二郡太守元嘉十八年爲氐寇所攻道錫保城退敵太祖嘉之下詔曰前者兵寇攻逼邊情波駭廣威將軍巴西梓潼二郡太守劉道錫將率文武盡心固守保全之績厥效可書可冠軍咨議參軍前建威將軍晉壽太守申坦孤城弱衆厲志致果死傷參半壯氣不衰雖力屈陷沒在誠宜甄可建威將軍巴西梓潼二郡太守初氐寇至城內衆寡道錫募吏民守城復租布二十年及賊退朝議賊雖攻城一戰便走聽依本要於事爲優右衞將軍沈演之丹陽尹羊玄保後軍長史范曄竝謂宜隨功勞裁量不可全用本誓多者不得過十年從之二十一年遷揚烈將軍廣州刺史二十七年坐貪縱過度自杖治中荀齊文垂死乘轝出城行與阿尼同載爲有司所糾値赦明年散徵又以救後餘贓收下廷尉被宥病卒

杜驥字度世京兆杜陵人也高祖預晉征南將軍曾祖躭避難河西因仕張氏苻堅平京州父祖始還關中兄坦頗涉史傳高祖征長安席卷隨從南還太祖元嘉中任遇甚厚歷後軍將軍龍驤將軍靑冀二州刺史南平王鑠右將軍司馬晚度北人朝廷常以傖荒遇之雖復人才可施每爲淸塗所隔坦以此慨然嘗與太祖言及史籍上曰金日磾忠孝淳深漢朝莫及恨今世無復如此輩人坦曰日磾之美誠如聖詔假使生乎今世養馬不暇豈辦見知上變色曰卿何量朝廷之薄也坦曰請以臣言之臣本中華高族亡曾祖晉氏喪亂播遷凉土世葉相承不殞其舊直以南度不早便以荒傖賜隔日磾胡人身爲牧圉便超入內侍齒列名賢聖朝雖復拔才臣恐未必能也上嘿然北土舊法問疾必遣子弟驥年十三父使候同郡韋華華子玄有高名見而異之以

女妻焉桂陽公義眞鎭長安辟爲州主簿後爲義眞車騎行參軍員外散騎侍郎江夏王義恭撫軍刑獄參軍尚書都官郎長沙王義欣後軍錄事參軍元嘉七年隨到彥之入河南加建武將軍索虜撤河南戍悉歸河北彥之使驥守洛陽洛陽城不治旣久又無糧食及彥之敗退驥欲棄城走慮爲太祖所誅初高祖平西洛致鐘虡舊器南還一大鐘墜洛水至是太祖遣將姚聳夫領千五百人迎致之時聳夫政率所領牽鐘於洛水驥乃誑之曰虜旣南渡洛城勢弱今修理城池並已堅固軍糧又足所乏者人耳君率衆見就共守此城大功旣立取鐘無晚聳夫信之率所領就驥旣至見城不可守又無糧食於是引衆去驥亦委城南奔白太祖曰本欲以死固守姚聳夫及城便走人情沮敗不可復禁上大怒使建威將軍鄭順之殺聳夫於壽陽聳夫吳興武康人勇果有氣力宋世褊裨小將莫及始隨到彥之北伐與虜遇聳夫手斬拓跋燾叔父英文特勒首燾以馬百匹贖之以驥爲通直郎射聲校尉世祖征虜諮議參軍十七年出督青冀二州徐州之東莞東安二郡諸軍事寧遠將軍青冀二州刺史在任八年惠化著於齊土自義熙至于宋末刺史唯羊穆之及驥爲吏民所稱詠二十四年徵左軍將軍兄坦代爲刺史北土以爲榮焉坦長子琬爲員外散騎侍郎太祖嘗有函詔勑坦琬輒開視信未發又追取之勑函已發大相推檢丞都答云諸郎開視上遣主書詰責驥答曰開函是臣第四子季文伏待刑坐上特原不問二十七年卒時年六十四長子長文早卒第五子幼文薄於行太宗初以軍功爲驍騎將軍封邵陽縣男食邑三百戶尋坐巧佞奪爵後以發太尉廬江王禕謀反事拜黃門侍郎出爲輔國將軍梁南秦二州刺史廢帝元徽中爲散騎常侍幼文所莅貪橫家累千金女伎數十人絲竹晝夜不絕與沈勃孫超之居止接近常相從又並與阮佃夫厚善佃夫死廢帝深疾之帝微行夜出輒在幼文門牆之間聽其弦管積久轉不能平於是自率宿衞兵誅幼文勃超之等幼文兄叔文爲長水校尉及諸子姪在京邑方鎭者並誅唯幼文兄季文弟希文等數人逃亡得免

申恬字公休魏郡魏人也曾祖鍾爲石虎司徒高祖平廣固恬父宣宣從父兄永皆得歸國並以幹用見知永歷青兗二州刺史高祖踐祚拜大中大夫宣太祖元嘉初亦歷兗青二州刺史恬兄謨與朱修之守滑臺爲虜所沒後得叛還元嘉中爲竟陵太守恬初爲驃騎道憐長兼參軍高祖踐祚拜東宮殿中將軍度還臺直省十載不請休息轉員外散騎侍郎出爲綏遠將軍下邳太守轉在北海加寧遠將軍所至皆有政績又爲北譙梁二郡太守將軍如故郡境邊接任榛屢被寇抄恬到密知賊來仍伏兵要害出其不意悉皆禽殄元嘉十二年還督魯東平濟北三郡軍事太山太守將軍如故惠威兼著吏民便之臨川王義慶鎭江陵爲平西中兵參軍河東太守衡陽王義季代義慶又度安西府加寧朔將軍召拜太子屯騎校尉母憂去職二十一年冀州移鎭歷下以恬督冀州青州之濟南樂安太原三郡諸軍事揚烈將軍冀州刺史明年加濟南太守時又遷換諸郡守恬上表曰伏聞朝恩當加臣濟南太守仰惟優旨荒心散越臣殃咎之餘遭蒙踰忝寵私罔已復兼今授豈其愚迷所能上荅臣近至止卽履行所統究其形宜河濟之間應置戍扞其中四處急須修立瓮口故城又是要所宜移太原委以邊事緣山諸邏並得除省防衞綏懷利便非一吕綽誠效益著深同臣意百姓聞者咸皆附說急有同異二三未宜但房紹之莅郡經年軍民粗狎改以帶臣有乖永事遠牽太原於民爲苦而瓮口之計復成交互人情非樂容有不安疆埸威刑患不開廣若得依先處分公私允緝上從之詔有司曰恬所陳當是事宜近諸除授可悉停北虜入寇恬摧擊之爲虜所破被徵還都二十七年起爲通直常侍是歲索虜南寇其武昌王向青州遣恬援東陽因與輔國司馬齊郡太守龐秀之保城固守蕭斌遣青州別駕解榮之率垣護之還援恬等仍傍南山得入賊朝來脅城日晚輒退城內乃出車北門外環塹爲營欲挑戰賊不敢逼停五日東過抄略清河郡及驛道南數千家從東安東莞出下邳下邳太守垣閬閉城距守保全二千餘家虜退以恬爲寧朔將軍山陽太守善於治民所莅有績世祖踐祚還青州刺史將軍如故尋加督徐州之東莞東安二郡諸軍事明年又督冀州齊地連歲與兵百姓凋弊恬初防衞邊境勸課農桑二三年間遂皆優實性清約頻處州郡妻子不免飢寒世以此稱之進號輔國將軍孝建二年遷督豫州軍事寧朔將軍豫州刺史明年疾病徵還於道卒時年六十九死之日家無遺財子寔南譙郡太守子謨早卒謨子元嗣海陵廣陵大守元嗣弟謙太始初以軍功歷軍校官至輔國將軍臨川內史永子坦自巴西梓潼還梁南秦二州刺史元嘉二十六年爲世祖鎭軍諮議參軍與王玄謨圍滑臺不克免官青州刺史蕭斌板行建威將軍濟南平原二郡太守復攻碻磝敗退下歷城蕭思話起義討元兇假坦輔國將軍爲前鋒世祖至新亭坦亦進克京城孝建初爲太子右衞率寧朔將軍徐州刺史大明元年虜寇兗州世祖遣太子衞率薛安都新除東陽太守沈法系北討至兗州虜已去坦建議任榛亡命屢犯邊民軍出無功宜因此翦撲上從之亡命先已聞知舉村逃走安都與法系坐白衣領職坦棄市羣臣爲之請莫能得將行刑始興公沈慶之入市抱坦慟哭曰卿無罪爲朝廷所枉誅我入市亦當不久市官以白上乃原生命繫尚方尋被宥復爲驍騎將軍病卒子令孫前廢帝景和中爲永嘉王子仁左軍司馬廣陵太守太宗以爲寧朔將軍徐州刺史討薛安都行至淮陽卽與安都合弟闡時爲濟陽太守戍睢陵城奉順不同安都安都攻圍不能克會令孫至遣往睢陵令說闡降闡旣降殺之令孫亦見殺先是清河崔諲亦以將吏見知高祖永初末爲振威將軍東萊太守少帝初亡命司馬靈期司馬順之千餘人圍東萊諲擊之斬靈期等三十級太祖元嘉中至青州刺史

史臣曰漢之良吏居官者或長子孫孫曹之世善職者亦二三十載皆敷政以盡民和興讓以存簡久及晚代風烈漸衰非才有起伏蓋所遭之時異也劉道產之在漢南歷年踰十惠化流於樊沔頗有前世遺風故能樹績垂名斯爲美矣

宋書卷六十五考證

劉道產傳廣州羣盜因刺史謝道欣死爲寇○劉康祖傳作刺史謝欣

道憐加道產振武將軍南討會始興謙之已平廣州○臣承蒼按謙之卽道產叔父義熙初爲始興相此傳叙文不明始興下當有脫字

申恬傳子謨早卒○臣承蒼按前云恬兄謨與朱修之守滑臺爲虜所執後得叛還此子字當是兄字之訛

宋書卷六十六

梁　沈　約　撰

列傳第二十六

王敬弘　何尚之

王敬弘琅邪臨沂人也同高祖諱故稱字曾祖廙晉驃騎將軍祖胡之司州刺史父茂之晉陵太守敬弘少有清尚起家本國左常侍衞軍參軍性恬靜樂山水爲天門太守敬弘妻桓玄姊也敬弘之郡玄時爲荆州遣信要令過敬弘至巴陵謂人曰靈寶見要正當欲與其姊集聚耳我不能爲桓氏贅壻乃遣別船送妻往江陵妻在桓氏彌年不迎山郡無事恣其遊適累日不迴意甚好之轉桓偉安西長史南平太守去官居作唐縣界玄輔政及篡位屢召不下高祖以爲車騎從事中郎徐州治中從事史征西將軍道規諮議參軍時府主簿宗協亦有高趣道規並以事外相期嘗共酣飲致醉敬弘因醉失禮爲外司所白道規卽更引還重申初讌召爲中書侍郎始攜家累自作唐還京邑久之轉黃門侍郎不拜仍除太尉從事中郎出爲吳興太守舊居餘杭縣悅是舉也尋徵爲侍中高祖西討司馬休之敬弘奉使慰勞通事令史潘尚於道疾病敬弘單船送還都存亡不測有司奏免官詔可未及釋朝服值赦復官宋國初建爲度支尚書遷太常高祖受命補宣訓衞尉加散騎常侍永初三年轉吏部尚書常侍如故敬弘每被除召卽便祗奉旣到宜退旋復解官高祖嘉其志不苟違也復除廬陵王師加散騎常侍自陳無德不可師範令王固讓不拜又除祕書監金紫光祿大夫加散騎常侍本州中正又不就太祖卽位又以爲散騎常侍金紫光祿大夫領江夏王師元嘉三年爲尚書僕射關署文案初不省讀嘗豫聽訟上問以疑獄敬弘不對上變色問左右何故不以訊牒副僕射敬弘曰臣乃得訊牒讀之政自不解上甚不說六年遷尚書令敬弘固讓表求還東上不能奪改授侍中特進左光祿大夫給親信二十人讓侍中特進求減親信之半不許及東歸車駕幸冶亭餞送十二年徵爲太子少傅敬弘詣京師上表曰伏見詔書以臣爲太子少傅承命震惶喜懼交悴臣抱疾東荒志絕榮觀不悟聖恩猥復加寵東宮之重四海瞻望非臣薄德所可居之今內外英秀應選者多且板築之下豈無高逸而近私愚朽汚辱清朝嗚呼微臣永非復太之一物矣所以牽曳闕下者實瞻望聖顏貪繫表之旨臣如此而歸夕死無恨詔不許表疏屢上終以不拜東

歸上時不豫自力見焉十六年以爲左光祿大夫開府儀同三司侍中如故又詣京師上表曰臣比自啟聞謂誠心已達天鑒玄邈未蒙在宥不敢宴處牽曳載馳臣聞君子行道忘其爲身三復斯言若可庶勉顧惜昏耄志與願違禮年七十老而傳家家道猶然況於在國伏願陛下矜臣西夕愍臣一至特迴聖恩賜反其所則天道下濟愚心盡矣竟不拜東歸二十三年重申前命又表曰臣躬耕南澧不求聞達先帝拔臣於蠻荆之域賜以國士之遇陛下嗣徽特蒙眷齒由是感激委質聖朝雖懷犬馬之誠遂無塵露之益年向九十生理殆盡永絕天光淪沒丘壑謹冒奉表傷心久之明年薨於餘杭之舍亭山時年八十追贈本官順帝昇明二年詔曰夫塗祕蘭幽貞芳載越徽猷沈遠懋禮彌昭故侍中左光祿大夫開府儀同三司敬弘神韻沖簡識寓標峻德敷象魏道藹丘園高挹榮冕凝心塵外清光粹範振俗淳風兼以累朝延賞聲華在詠而嘉篆闕文猷策韜裏尚想遙芬與懷寢寤便可詳定輝諡式旌追典於是諡爲文貞公敬弘形狀短小而坐起端方桓玄謂之彈棊八勢所居舍亭山林澗環周備登臨之美時人謂之王東山太祖嘗問爲政得失敬弘對曰天下有道庶人不議上高其言左右常使二老婢戴五條五辮著青紋袴襦飾以朱粉女適尚書僕射何尚之弟述之敬弘嘗往何氏看女值尚之不在寄齋中臥俄頃尚之還敬弘使二婢守閤不聽尚之入云正熱不堪相見君可且去尚之於是移於他室子恢之被召爲祕書郎敬弘爲求奉朝請與恢之書曰祕書有限故有競朝請無限故無競吾欲使汝處於不競之地太祖嘉而許之敬弘見兒孫歲中不過一再相見見輒克日恢之嘗請假還東定省敬弘克日見之至日輒不果假日將盡恢之乞求奉辭敬弘呼前既至閤復不見恢之於閤外拜辭流涕而去恢之至新安太守中大夫恢之弟瓚之世祖大明中吏部尚書金紫光祿大夫諡曰貞子瓚之弟昇之都官尚書昇之子延之昇明末爲尚書左僕射江州刺史

何尚之字彥德廬江灊人也曾祖準高尚不應徵辟祖恢南康太守父叔度恭謹有行業姨適沛郡劉璩與叔度母情愛甚篤叔度母蚤卒奉姨有若所生姨亡朔望必往致哀并設祭奠食並珍新躬自臨視若朔望應有公事則先遣送祭皆手自料簡流涕對之公事畢即往致哀以此爲常至三年服竟義熙五年吳興武康縣民王延祖爲劫父睦以告官新制凡劫身斬刑家人棄市睦既自告於法有疑時叔度爲尚書議曰設法止姦本於情理非一人爲劫闔門應刑所以罪及同產欲開其相告以出爲惡之身睦父子之至容可悉共逃亡而割其天屬還相縛送螫毒在手解腕求全於情可愍理亦宜宥使凶人不容於家逃刑無所乃大絕根源也睦既糾送則餘人無應復告並全之後爲金紫光祿大夫吳郡太守加秩中二千石太保王弘稱其清身潔己元嘉八年卒尚之少時頗輕薄好樗蒱既長折節蹈道以操立見稱爲陳郡謝混所知與之遊處家貧起爲臨津令高祖領征南將軍補府主簿從征長安以公事免還都因患勞疾積年飲婦人乳乃得差以從征之勞賜爵都鄉侯少帝即位爲廬陵王義眞車騎諮議參軍義眞與司徒徐羨之尚書令傅亮等不協每有不平之言尚之諫戒不納義眞被廢入爲中書侍郎太祖即位出爲臨川內史入爲黃門侍郎尚書吏部郎左衞將軍父憂去職服闋復爲左衞領太子中庶子尚之雅好文義從容賞會甚爲太祖所知十二年遷侍中中庶子如故尋改領游擊將軍十三年彭城王義康欲以司徒左長史劉斌爲丹陽尹上不許乃以尚之爲尹立宅南郭外置玄學聚生徒東海徐秀廬江何曇黃回潁川荀子華太原孫宗昌王延秀魯郡孔惠宣並慕道來遊謂之南學女適劉湛子黯而湛與尚之意好不篤湛欲領丹陽乃徙尚之爲祠部尚書領國子祭酒尚之甚不平湛誅遷吏部尚書時左衞將軍范曄任參機密尚之察其意趣異常白太祖宜出爲廣州若在內釁成不得不加以鈇鉞屢誅大臣有虧皇化上曰始誅劉湛等方欲超昇後進曄事跡未彰便豫相黜斥萬方將謂卿等不能容才以我爲信受讒說但使共知如此不憂致大變也曄後謀反伏誅上嘉其先見國子學建領國子祭酒又領建平王師乃徙中書令中護軍二十三年遷尚書右僕射加散騎常侍是歲造玄武湖上欲於湖中立方丈蓬萊瀛洲三神山尚之固諫乃止時又造華林園並盛暑役人工尚之又諫宜加休息上不許曰小人常自暴背此不足爲勞時上行幸還多侵夕尚之又表諫曰萬乘宜重尊不可輕此聖心所鑒豈假臣啟輿駕比出還多冒夜羣情傾側實有未寧清道而動帝王成則古今深誠安不忘危若值汲黯辛毗必將犯顏切諫但臣等碌碌每存順嘿耳伏願少採愚誠思垂省察不以人廢適可以慰四海之望亦優詔納之先是患貨重鑄四銖錢民間頗盜鑄多翦鑿古錢以取銅上患之二十四年錄尚書江夏王義恭建議以一大錢當兩以防翦鑿議者多同尚之議曰伏鑒明命欲改錢制不勞採鑄其利自倍實救弊之弘筭增貨之良術求之管淺猶有未譬夫泉貝之興以估貨爲本事存交易豈假數多數少則幣輕數多則物重多少雖異濟用不殊況復以一當兩徒崇虛價者邪凡創制改法宜從民情未有違衆矯物而可久也泉布廢興驟議前代赤仄白金俄而罷息六貨憒亂民泣於市良由事不畫一難用遵行自非急病權時宜守久長之業煩政曲雜致遠常泥且貨偏則民病故先王立井田以一之使富不淫侈貧不過匱雖茲法久廢不可頓施要宜而近粗相放擬若今制遂行富人貲貨自倍貧者彌增其困懼非所以欲均之意又錢之形式大小多品直云大錢則未知其格若止於四銖五銖則文皆古篆既非下走所識加或漫滅尤難分明公私交亂爭訟必起此最是其深疑者也命旨兼慮翦鑿日多以至消盡鄙意復謂殆無此嫌民巧雖密要有蹤跡且用錢貨銅事可尋檢直由屬所怠縱糾察不精致使立制以來發覺者寡今雖有懸金之名竟無酬與之實若申明舊科禽獲即報畏法希賞不日自定矣愚者之議智者擇焉猥參訪逮敢不輸盡吏部尚書庾炳之侍中太子左衞率蕭思話中護軍趙伯符御史中丞何承天太常郗敬叔並同尚之議中領軍沈演之以爲龜貝行於上古泉刀興自有周皆所以阜財通利實國富民者也歷代雖遠資用彌便但採鑄久廢兼喪亂累仍糜散湮滅何可勝計晉遷江南疆境未廓或土習其風錢不普用其數本少爲患尚輕今王略開廣聲敎遐暨金鏹所布爰逮荒服昔所不及悉已流行之矣用彌曠而貨愈狹加復競竊翦鑿銷毀滋繁刑禁雖重姦避方密遂使歲月增貴貧室日劇晉作肆力之氓徒勤不足以贍誠由貨貴物賤常調未革弗思釐改爲弊轉深斯實親敎之良時通變之嘉會愚謂若以大錢當兩則國傳難朽之實家贏一倍之利不俟加憲巧源自絕施一令而衆美兼無興造之費莫盛於茲矣上從演之議遂以一錢當兩行之經時公私非便乃罷五年遷左僕射領汝陰王師常侍如故二十八年轉尚書令領太子詹事二十九年致仕於方山著退居賦以明所守而議者咸謂尚之不能固志太子左衞率袁淑與尚之書曰昨遣修問承丈人已晦志山田雖曰年禮宜遵亦事難斯貴俾疎班郇魏通美於前策龔貢山衞淪慙乎曩篇規迨休告雪滌素懷冀尋幽之歡畢閑玄之適但淑逸操偏迴野性膏滯果茲沖寂必沈樂忘歸然而已議塗聞者謂丈人徽明未耗譽業方籍儻能屈事康道降節殉務舍南瀕之操淑此行末決矣望眷有積約日無誤尚之宅在南澗寺側故書云南瀕毛詩所謂于以採蘋南澗之瀕也詔書敦勸上又與江夏王義恭詔曰今朝賢無多且羊孟尚不得告謝尚之任遇有殊便未宜申許邪義恭答曰尚之清忠貞固歷事唯允雖年在懸車而體獨克壯未相申許下情所同尚之復攝職羊即羊玄保孟即孟顗字彥重本昌安人兄昶貴盛顗不就徵辟昶死後起家爲東陽太守遂歷吳郡會稽丹陽三郡侍中僕射太子詹事復爲會稽太守卒官贈左光祿大夫子劭尚太祖第十六女南郡公主女適彭城王義康巴陵哀王休若尚之既還任事上待之愈隆是時復遣軍北伐資給戎旅悉以委之元凶弑立進位司空領尚書令時三方興義將佐家在都邑劭悉欲誅之尚之誘說百端並得免世祖即位復爲尚書令領吏部遷侍中左光祿大夫領護軍將軍尋辭護軍加特進復以本官領尚書令丞相南郡王義宣車騎將軍臧質反義宣司馬竺超民臧質長史陸展兄弟並應從誅尚之上言曰刑罰得失治亂所由聖賢留心不可不愼竺超民爲賊既遁走一夫可禽若反覆昧利即當取之非唯免愆亦可要不義之賞而超民曾無此意微足觀過知仁且爲官保全城府謹守庫藏端坐待縛今戮及兄弟與向始末無論者復成何異陸展盡質復灼然便同之巨逆於事爲重臣豫蒙顧待自殊凡隸苟有所懷不敢自默超民坐者由此得原時欲分荆州置郢州議其所居江夏王義恭以爲宜在巴陵尚之議曰夏口在荆江之中正對沔口通接雍梁實爲津要由來舊鎭根基不易今分取江夏武陵天門竟陵隨五郡爲一州鎭在夏口既有見城浦大容舫竟陵出道取荆州雖水路與去江夏不異諸郡至夏口皆從流並爲利便湘州所領十一郡其巴陵邊帶長江去夏口密邇既分湘中乃更成大亦可割巴陵屬新州於事爲允上從其議荆揚二州戶口半天下江左以來揚州根本委荆以閫外至是並分欲以削臣下之權而荆揚並因此虛耗尚之建言復合二州上不許大明二年以爲左光祿開府儀同三司侍中如故尚之在家常著鹿皮帽及拜開府天子臨軒百僚陪位沈慶之於殿廷戲之曰今日何不著鹿皮冠慶之累辭爵命朝廷敦勸甚篤尚之謂曰上虛懷側席詎宜固辭慶之曰沈公不効何公去而復還也尚之有愧色愛尚文義

老而不休與太常顏延之論議往反傳於世立身簡約車服率素妻亡不娶又無姬妾秉衡當朝畏遠權柄親戚故舊一無薦舉既以致怨亦以此見稱復以本官領中書令四年疾篤詔遣侍中沈懷文黃門侍郎王釗問疾薨于位時年七十九追贈司空侍中中書令如故謚曰簡穆公子偃别有傳尚之弟悠之義興太守侍中太常與琅邪王徽相善悠之卒徽與偃書曰吾與義興直恨相知之晚每惟君子知我若夫嘉我小善矜余不能唯賢叔耳悠之弟愉之新安太守愉之弟翌之都官尚書悠之子顒之尚太祖第四女臨海惠公主太宗世官至通直常侍

史臣曰江左以來樹根本於揚越任推轂於荆楚揚土自廬蠡以北臨海而極大江荆部則包括湘沅跨巫山而掩鄧塞民戶境域過半於天下晉世幼主在位政歸輔臣荆揚司牧事同二陝宋室受命權不能移二州之重咸歸密戚是以義宣藉西楚彊富因十載之基嫌隙既樹遂規問鼎而建郢分揚矯枉過直藩城既剖盜實人單閫外之寄於斯而盡若長君南面威刑自出至親在外事不患彊若運經盛衰時艱主弱雖近臣懷禍止有外僤呂宗不競實由齊楚興喪之源於斯由著尚之言井合可謂識治也矣

宋書卷六十六考證

王敬弘傳嗚呼微臣永非復太之一物矣○太字下疑有脫字

時年八十追贈本官○八十南史作八十八臣永蒼按敬弘表自云年向九十當以南史爲是

何尚之傳尚之謂曰上虛懷側席詎宜固辭○南本曰字下有主字

宋書卷六十七

梁　沈　約　撰

列傳第二十七

謝靈運

謝靈運陳郡陽夏人也祖玄晉車騎將軍父瑍生而不慧爲祕書郎蚤亡靈運幼便穎悟玄甚異之謂親知曰我乃生瑍瑍那得生靈運靈運少好學博覽羣書文章之美江左莫逮從叔混特知愛之襲封康樂公食邑三千戶以國公例除員外散騎侍郎不就爲琅邪王大司馬行參軍性奢豪車服鮮麗衣裳器物多改舊制世共宗之咸稱謝康樂也撫軍將軍劉毅鎮姑孰以爲記室參軍毅鎮江陵又以爲衞軍從事中郎毅伏誅高祖版爲太尉參軍入爲祕書丞坐事免高祖伐長安驃騎將軍道憐居守版爲諮議參軍轉中書侍郎又爲世子中軍咨議黃門侍郎奉使慰勞高祖於彭城作撰征賦其序曰蓋聞昏明殊位貞晦異道雖景度回革亂多治寡是故升平難於恒運剝喪易以横流皇晉闕二字河汾來遷吳楚數歷九世年踰十紀西秦無一援之望東周有三辱之憤可謂積禍纏釁固以久矣況乃陵塋幽翳情敬莫遂日月推薄帝心彌遠慶靈將升時來不爽相國宋公得一居貞回乾運軸内匡寰表外清遐陬每以區宇未統側席盈慮值天祚攸興昧弱授機龜筮元謀符瑞景徵於是仰祇俯協順天從兆興止戈之師躬暫勞之討以義熙十有二年五月丁酉敬成九伐申命六軍治兵于京畿次師于汳上靈檣千艘雷輜萬乘羽騎盈塗飛旍蔽日别命羣帥誨謨惠策法奇於三略義祕於六韜所以鉤棘未曜殞前禽於金墉威弧始彀走鍛隼於滑臺曾不踰月二方獻捷宏功懋德獨絶古今天子感東山之劬勞慶格天之光大明發興於鑒寐使臣遵于原隰余攝官承乏謬充殊役皇華愧於先雅靡鹽顇於征人以仲冬就行分春反命塗經九守路踰千里沿江亂淮遡薄泗汳詳觀城邑周覽丘墳眷言古迹其懷巳多昔皇祖作藩受命淮徐道固苞桑勳由仁積年月多歷市朝已改永爲洪業纏懷清歷於是采訪故老尋履往迹而遠感深慨痛心殞涕遂寫集聞見作賦撰征俾事運遷謝託此不朽其詞曰

系烈山之洪緒承火正之明光立熙載於唐后申讃事於周王疇庸命而順位錫寶珪以徹疆歷尚代而平顯降中葉以繁昌業服道而德徽風行世而化揚投前蹤以永冀省輶質以遠傷睽謀始於蓍蔡違用舍於行藏庇常善之罔棄憑曲成之不遺昭在幽而借照賞彌久而愈私顧曉草之薄弱仰青春之葳蕤引蔓穎於松上擢纖枝於蘭逵施隆貸而有渥報消塵而無期歎太階之休明穆皇道之緝熙惟王建國辨方定隅内外既正華夷有殊惟昔小雅逮于班書戎蠻孔熾是殛是誅所以宣王用棘於獫狁高帝方事於匈奴然侵鎬至涇自塞及平關郊伺鄙闕四字　慕擕王之矯虔階喪亂之未寧竊彊秦之三輔陷隆周之兩京雄崤澠以制險據繞霤而作局家永懷於故壤國願言於先塋俟太平之曠期屬應運之聖明坤寄通於四瀆乾假照於三辰水潤土以顯比火炎天而同人惟上相之叡哲當草昧而經綸總九流而貞觀協五才而平分時來之機悟先於介石納隍之誠一援於生民龜筮允臧人鬼同情順天行誅司典詳刑樹牙選徒秉鉞抗旍弧矢罄楚孝之心智戈棘單吳子之精靈迅三翼以魚麗襄兩服以鴈逝陣未列於都甸威已振於秦薊灑嚴霜於渭城被和風於洛汭就終言以比猷考墳冊而莫契昔西怨於東徂今北伐而南悲豈朝野之恒情動萬乘之幽思歌零雨於豳風與採薇於周詩慶金墉之凱定眷戎車之遷時佇千里而感遠涉弦望而懷期詔微臣以勞問奉王命於河湄夕飲餞以俶裝旦出宿而言辭歲既晏而繁慮日將邁而戀乖闕敬恭於桑梓謝履長於庭階冒沈雲之晻藹迎素雪之紛霏凌結凘而凝清風矜籟以揚哀情在本而易阜物雖末而難懷眷余勤以就路苦憂來其城積爾乃經雉門啓浮梁眺鍾巖越查塘覽永嘉之紊維尋建武之緝綱于時内慢神器外侮戎狄君子橫流庶萌分析主晉有祀福祿來格明兩降覽三七辭厄元誕德以膺緯肇回光於陽宅明思服於下武與繼代以消逆簡文因心以秉道故恩用而刑廢孝武捨己以杖賢亦寧外而治内觀日化而就損庶雍熙之可對閔隆安之致寇傷龜玉之毀碎漏妖凶於滄洲纏釁難而盈紀時焉依於晉鄭國有賴於百里賴英謨之經營弘兼濟以忘已主褻内而緩虞澄海外以濆淳至如昏祲蔽景鼎祚傾基黍離有歎鴻鴈無期瞻天命之貞符秉順動而履機率駿民之思効普邦國而同歸盪積釁之穢氛啓披險之光暉反平陵之杳藹復七廟之依俙務役簡而農勸每勞賞而忠甄燮時雍於祖宗闕六字　掃逋醜於漢渚滌僭逆於岷山羈巢虛於西木引梟飲於源淵惠要䕑而思撻援冠弁而來虔覜台城而北屬懷文獻之收揚匪元首之康哉孰股肱之惟良譬觀曲而識節似綴組以成章業彌纏而彌徵事愈有而莫傷次石頭之雙岸究孫氏之初基幸漢庶之漏網憑江介以抗維初鵲起於富春果鯨躍於川湄匝三世而國盛歷五僞而宗夷察成敗之相仍猶脣亡而齒寒載十二而謂紀豈蜀滅而吳安衆咸昧於謀兆羊獨悟於理端請廣武以誨情樹襄陽以作藩拾建業其如遺泝萬里而誰難疾晉荒之詖辭惡京陵之譖言責當朝之憚貶對曩籍而興歎敎怙寵而判違敵既勍而國圮彼問鼎而何階必先賊於君子原性分之異託雖殊塗而歸美或卷舒以愚智或治亂其如矢謝昧迹而託覜卒安身以全里周顯節而犯逆抱正情而喪已薄四望而九眄歎王路之中鯁蠢于越之妖燼敢凌蹈於五嶺崩雙嶽於中流擬凶威於荆郢隱雷霆於帝坐飛芒鏃於宮省于時朝有遷都之議人無守死之志師旅痛於久勤城墉闕於素備安危勢在不侔衆寡形於見事於赫淵謀研其神策綏轡待機追奔躡迹遇雷池而振耀次彭蠡而殲潊穆京甸以清晏撤多壘而寧役造白石之祠壇慰二豎之無君踐掖庭以幽辱凌祗社而火焚慼文康之罪已嘉忠武之立勳道有屈於災蝕功無謝於如仁訊落星之饗旅索舊棲於吳餘迹階阯而不見橫榛卉以荒除彼生成之樂辰亦猶今之在余慨齊吟於東鳩悲唐歌於山樞弔僞孫於徐首率君臣以奉璽時運師以伐罪偏投書於武王迄西北之落紐乃東南以振綱誠鉅平之先覺實中興之後祥據左史之攸徵胡影迹之可量過江乘而責始知遇雄之無謀厭紫微之宏凱甘陵波而遠遊越雲夢而南泝臨浙河而東浮發連弩於川上候蛟龍於中流爰薄方輿迺届歐陽入夫江都之域次乎廣陵之鄉易千里之曼曼泝江流之湯湯游赤圻以經復越二門而起漲眷北路以興思看東山而怡目林叢薄路透迤石參差山盤曲木激瀨而駿奔日映石而知旭審兼照之無偏怨歸流之難濯羨輕魵之涵泳觀翔鷗之落啄在飛沈其順從顧微躬而緬邈於是抑懷蕩慮揚榷易難利涉以吉天險以艱于敵伊阻在國斯便勾踐行霸於琅邪夫差爭長於黃川葛相發歎而思正曹后愧心於千䰟登高墉以詳覽知吳濞之衰盛戒東南之逆氣成劉后之駿奔藉鹽鐵之殷阜臨淮楚之剽輕盛几杖而弭心怒抵局而遂爭忿爰益之扶禍惜徒傷於家令匪條侯之忠毅將七國之陵正褒漢藩之治民竝訪賢以招明侯文辨其誰在曰鄒陽與枚生據忠辭於吳朝執義說於梁庭數高才於兔園雖正言而免刑闕里既已千載深儒流於末學欽仲舒之睟容遵縫掖於前躅對園圃而不窺下帷幙而論屬相端非之兩驕遭弘偃之雙慝恨有道之無時步險塗以側足聞宣武之大閣反師旅於此壓自皇運之都東始昌業以濟難抗素旄於秦嶺揚朱旗於巴川懼帝系之墜緒故黜昏而崇賢嘉收功以垂世嗟在嗣而覆旂德非陟而繼宰疊踰禹其必顛造步兵而長想欽太傅之遺武思嘉遁之餘風紹素履之落緒民志應而願税國屯難而思撫譬乘舟之待檝象提鈞之假纓總出入於和就兼仁用於默語弘九流以擲四維復先陵而清

舊宇却西州之成功指東山之歸予惜圖南之啓運恨鵬翼之未舉發津潭而迴邁逗白馬以憩舲貫射陽而望邗溝濟通淮而薄甬城城坡陁兮淮驚波平原遠兮路交過面芁野兮悲橋梓遡急流兮苦積沙負千里而無山緬百谷而有居被宿莽以迷徑覩生烟而知墟闕六字謂信美其可娛身少長於樂土實長歎於荒餘闕四字具瘁值歲寒之窮節視層雲之崔巍聆悲颸之掩屑彌晝夜以滯淫怨凝陰之方結望新晴於落日起明光於躋月眷轉蓬之辭根悼朔鴈之赴越披微物而疚情此思心其可悅問徭役其幾時駭閑景於與没感曰歸於釆薇予來思於雨雪豈初征之懼對冀鵲鳴之在垤闕四字踰宿賽吾楫於邳鄉奚車正以事夏廸左相以輔湯綿三代而享邑厠踐土之一匡嗟仲幾之寵侮遂捨存以徵亡喜薛宰之善對美士彌之能綱升曲垣之逶迤訪淮陰之所都原入跨之達恥俟遭時以遠圖捨西楚以擇木追南漢以定謨亂孟津而魏滅拳井陘而趙徂播靈威於齊橫振餘猛於龍且覩讓通而告狶曷始智而終愚迄沂上而停柮登高圯而不進石幽期而知賢張揣景而示信本文成之素心要王子於雲仞豈無累於淸霄直有槩於貞吝始熙績於武關卒數功於皇肩處夷險以解拴弘憂虞以時順矜若華之翳晷哀飛驂之落駿傷粒食而興念眷逸翮而思振戻臣山而東顧美相公之前代嗟殘虜之將糜熾餘焱於海濟驅鮐稚於淮曲暴鮧孤於泗濱託未命闕二字雲冀靈武之北闕惟授首之在晨當盛暑而選徒肅嚴威以振響漸温澤而沾腴旣雲撤於朐城遂席卷於齊都襄四關其奚阻道一變而是孚傷炎季之崩弛長逆布以滔天假父子以詐愛借兄弟以僞恩相魏武以譎狂宄謨奮於東藩桴未譟於東郭身已馘於樓門審貢牧於前說證所作於舊徐聆泗川之浮磬覩夷水之蠙珠草漸苞於熾壤桐孤幹於嶧隅慨禹迹於尚世惠遺文於夏書紛征邁之淹留彌懷古於舊章商伯文於故服成徵名於彭殤眺靈壁之晉峯投呂縣之迅梁想蹈水之行歌雖齊汩其何傷仲尼之嘉問告性命以依方豈苟然於迂論聆寓言於達莊於是濫石橋登戲臺策馬釣渚息轡城隅永感四山零淚雙渠怨物華之推驛慨舟壑之遞遷謂徂歲之悠闊結幽思之方根感皇祖之徽德爰讖沖而量淵降俊明以鏡鑑廻風猷以昭宜道旣底於國難惠有覃於黎元士頌歌於政教民謡詠於遲恩兼採芑之致美協漢廣之發言彊虎氏之搏翼竭雲網於所禁驅黔萌以蘊崇取園陵而湮沈錫殘落於河西庤淪胥於漢陰攻方城而折扃擾譙穎其誰任世闕才而貽亂時得賢而興治救祖考之邦壤在幽人而枉志體飛書之遠情悟禍師之通讖追明達之高覽契古今而同事拔淵謨於潛機騁神鋒於雲旆驅斥澤而風靡蹴坑谷而鳥竄中華免夫左袵江表此焉緩帶旣剋黜於肥六又作鎮於彭沛晏皇塗於國內震天威於河外掃東齊而已寧指西崤而將泰值秉均而代謝實大業之與廢心無忝於樂生事有像於燕惠抱明哲之不伐奉宏動而是稅捐七州以爰來歸五湖以投袂屈盛績於平生申遠期於暮歲訪嚢載於宋鄙採陽秋於魯經晉申好於東異鄭憑威於南荆故反師於曹門將以塞於夷庚納五叛以長寇伐三邑以侵彭美西鉏之忠辭快韓厥之奇兵追項王之故臺迹霸楚之遺端挺宏志於總角奮英勢於弱冠氣蓋天而倒日力拔山而傾湍始飈起於勾越中電激於衡關與偏慮於攸吝忘郎易於所難忌陳錦而莫照思反鄉而有歎且夫殺義害嬰而慢豐疑縶賢不策失位誰持追理屈而愈閉方怨天而懷悲對駿騅以發憤傷虞姝於末詞陟亞父之故營諒謀始之非託遭衰嬴之崩綱值威炎之結絡迄皓首於阜陵猶謬覺於然諾覩一人於三傑豈在已之庸弱置豐沛而不舉故自同於俎鑊發汴口而游歷迄西山而弭轡覩終古之幽憤懷元王之沖粹丁戰國之權爭方恬心於道肆學浮丘以就德友三儒以成類潔流始於初源累仁基於前美撥楚族之休烈傳芳素於來祀彊見譽於淸虛德致稱於千里或避寵以辭姻或遺榮而不仕政直言以安身駿絶才以喪已驅信道之成終表昧世之虧始悟介焉之已巹則不俟於終日旣防萌於未著雖念德其何益爾乃孟陬發節雷隱蟄驚散葉荑柯芳藹飾萌麥萋萋於旄丘柳依依於高城相雎鳩之集河觀鳴鹿之食苹沂泗遠兮淸川急秋冬近兮緒風襲風流蕙兮水增瀾謡愁矜兮鑑戚顏愁盈根而蘊際戚發條而成端嗟我行之彌日待征邁而言旋荷慶雲之優渥周雙七於此年陶逸像於京甸違險難於行川轉歸弦而眷戀望脩椅而流漣顧闕鄴之邈清暹華鑾之凱旋穆淳風於六合溥洪澤於八埏頒賢愚於大小順規矩於方圓四民之獲所宜稅稷於萊田若邯鄲之難步庶行迷之易痊長守朴以終稔亦拙者之政焉仍除宋國黄門侍郎遷相國從事中郎世子左衛率坐輒殺門生免官高祖受命降公爵爲侯食邑五百戸起爲散騎常侍轉太子左衛率靈運爲性褊激多愆禮度朝廷唯以文義處之不以應實相許自謂才能宜參權要旣不見知常懷憤憤廬陵王義眞少好文籍與靈運情款異常少帝卽位權在大臣靈運構扇異同非毀執政司徒徐羨之等患之出爲永嘉太守郡有名山水靈運素所愛好出守旣不得志遂肆意遊遨徧歷諸縣動踰旬朔民間聽訟不復關懷所至輒爲詩詠以致其意焉在郡一周稱疾去職從弟晦曜弘微等竝與書止之不從靈運父祖竝葬始寧縣幷有故宅及墅遂移籍會稽修營別業傍山帶江盡幽居之美與隱士王弘之孔淳之等縱放爲娛有終焉之志每有一詩至都邑貴賤莫不競寫宿昔之間士庶皆徧遠近欽慕名動京師作山居賦幷自注以言其事曰古巢居穴處曰巖棲棟宇居山曰山居在林野曰丘園在郊郭曰城傍四者不同可以理推言心也黄屋實不殊於汾陽卽事也山居良有異乎市廛抱疾就閑順從性情敢率所樂而以作賦楊子雲云詩人之賦麗以則文體宜兼以成其美今所賦旣非京都宮觀遊獵聲色之盛而叙山野草木水石穀稼之事才乏昔人心放俗外詠於文則可勉而就之求麗邈以遠矣覽者廢張左之艷辭尋臺皓之深意去飾取素儻値其心耳意實言表而書不盡遺迹索意託之有賞其辭曰謝子卧疾山頂覽古人遺書與其意合悠然而笑曰夫道可重故物爲輕理宜存故事斯忘古今不能革質文咸其常合宮非縉雲之館衢室豈放勛之堂邁深心於鼎湖送高情於汾陽嗟文成之郄粒願追松以遠遊嘉陶朱之鼓棹迺語種以免憂判身名之有辨權榮素其無留孰如牽犬之路旣寡聽鶴之塗何由哉理以相得爲適古人遺書與其意合所以爲笑孫權亦謂周瑜公瑾與孤意合夫能重道則輕物存理則忘事古今質文可謂不同而此處不異縉雲放勛不以天居爲所樂古合宮衢室皆非淹留鼎湖汾陽乃是所居樂文成張良郄粒棄人閒事從赤松子遊陶朱范蠡臨去之際亦語文種云云謂二賢旣權榮素故身名有判也牽犬李斯之歎聽鶴陸機領成都衆大敗後云思聞華亭鶴唳不可復得若夫巢穴以風露貽患則大壯以棟宇袪弊宮室以瑤璇致美則白賁以丘園殊世惟上闕於巖壑幸兼善而罔滯雖非市朝而寒暑均和雖是築構而飭朴兩逝易云上古穴居野處後世聖人易之以宮室上棟下宇以蔽風雨蓋取諸大壯嶢堂自是素故曰白賁最是上爻也此堂世異矣謂巖壑道深於丘園而不寫巢穴斯免闕得寒暑之適雖是築構無妨非朝市云云昔仲長願言流水高山應璩作書邙阜洛川勢有偏側地闕周員銅陵之奥卓氏充鉱梘之端金谷之麗石子致音徵之觀徒形域之薈蔚惜事異於栖盤至若鳳叢二臺雲夢靑丘漳渠淇園橘林長洲雖千乘之珍苑孰嘉遯之所遊且山川之未備亦何議於兼求仲長子云欲使居有良田廣宅在高山流川之畔溝池自環竹木周布場圃在前果園在後應璩與程文信書云故求道田在關之西南臨洛水北據邙山託崇岫以爲宅因茂林以爲蔭謂二家山居不得周員之美揚雄蜀都賦云銅陵衍卓王孫採山鑄銅故漢書貨殖傳云卓氏之臨邛公擅山川揚雄方言梁益之間裁木爲器曰鉱裂帛爲衣曰梘金谷石季倫之別廬在河南界有山川林木池沼水碓其顚下郅時遇遊賦詩一代盛集謂二地雖珍麗然制作非栖盤之意也鳳臺秦穆公時秦女所居以致簫史叢臺趙之崇館張衡謂趙築叢臺於前楚建章華於後楚之雲夢大中歎居長飲賦楚靈王遊雲夢之中息於荆臺之上前方淮之水左洞庭之波右顧彭蠡之濤南望巫山之阿遂造章華之臺亦見諸史幷南青丘齊之海外皆獵所司馬相如云秋田乎青丘傍偟乎海外漳渠史起爲魏文侯所起淇水之所淇園衛之竹園在淇水之澳詩人所歎橘林蜀之園林揚子雲蜀都賦亦云橘林左太冲謂戸有橘柚之園長洲吳之苑囿左亦謂長洲之茂苑因江海洲渚以爲苑囿歎故歎表此園之珍歎千乘讌嬉之所非歎憩止之歎且山川亦不能兼茂隨地勢所遇耳覽明達之撫運乘機緘而理默指歲暮而歸休詠宏徽於刊勒狹三閭之喪江矜望諸之去國選自然之神麗盡高棲之意得余祖車騎建大功淮肥江左得免橫流之禍後及太傅旣薨建圖已輟於是便求解駕東歸以避君側之亂廢興隱顯當是賢達之心故選神麗之所以申高棲之意經始山川實基於此仰前哲之遺訓俯性情之所便奉微軀以宴息保自事以乘閑愧班生之夙悟慙尚子之晚研年與疾而偕來志乘拙而俱旋謝平生於知遊棲淸曠於山川謂經始此山遺訓於後也性情各有所便山居是其宜也易云向晦入宴息莊周云自事其心此二是其所處班嗣本不染世故曰夙悟尚平未能去累故曰晚研想遲二人更以年衰疾至志寡求拙曰乘并可山居日與知遊別故曰謝平生就山川故曰棲淸曠其居也左湖右江往渚還汀面山背阜東阻西傾抱含吸吐款跨紆縈緜聯邪亘側直齊平枚乘曰左江右湖其樂無有此吳客說楚公子之詞當謂江都之野彼雖有江湖而乏山巖此憶江湖左右與之同而山獄形勢池城所無也往渚還汀謂四面有水面山背阜亦謂東西有山便是四水之裏也抱含吐吸謂中央復有川款跨紆縈謂邊背相連帶迂回處謂之邪亘平正處謂之側直近東則上田下湖西谿南谷石埭石滂閔硎黄竹決飛泉於百仞森高薄於千麓寫長源於遠江派深毖於近瀆上田在下湖之水口名爲田口下湖在田之下處竝有名山川西谿南谷分流谷郭水成入田口西谿水出始寧縣西谷郭是近山之最高峯者西溪便是闕之背入西谿之裏得石埭以石爲阻故謂爲埭石滂在西谿之東從縣南入九里兩面峻峭數十丈水自上飛下比至外谿封壇卄數里皆飛流迅激左右巖壁綠竹閔硎在石滂之東谿逶迤下注良田黄竹與其連南界莆中也近南則會以雙流縈以三洲表裏回游離合山川嶠崩飛於東峭槃傍薄於西阡拂青林而激波揮白沙而生漣雙流謂剡江及小江此二水同會於山南便合流注下三洲在二水之口排沙積岸成此洲漲表裏合是其兒狀也嶠者謂回江岑在其山居之南界有石跳出將崩江中行者莫不駭慄槃者是縣故治之所在江之闕亭用槃石竟渚竝帶靑林而連白沙也近西則楊賓接峯唐皇連縱室壁帶谿曾孤臨江竹綠浦以被綠石照澗而映紅月隱山而成陰木鳴柯以起風楊中元賓竝小江之近處與山相接也唐皇便從北出室石在小江口南岸壁小江北岸竝在楊中之下壁高四十丈色赤故曰照澗而映紅曾山之西孤山之南王子所經始竝臨江皆被以綠竹山高月隱便謂爲陰鳥集柯鳴便謂爲風也近北則二巫結湖兩智通沼橫石判盡休周分表引修隄之逶迤吐泉流之浩

濬山巘下而回澤瀨石上而開道大小巫湖中隔一山外習周回在西所北
邊浦出江並是美處義熙中王穆之居大巫湖經始處所猶在兩習皆長溪外習出山之後四五里許裏習亦
闕一山出新塚橫山野舍之北面常石野舍之西北巫湖舊唐故曰修隄長谿甚遠故曰泉流常石巘闕四字
故曰下巘而回澤裏習漫石數里水從上過故曰瀨石上而開道休山東北周里山在休之南並是北邊
遠東則天台桐栢方石太平二韭四明五奧三菁表神
異於緯牒驗感應於慶靈淩石橋之莓苔越楢谿之紆
縈天台桐栢七縣餘地南帶海二韭四明五奧皆相連接奇地所無高於五嶽便是海中三山之流韭以菜
爲名四明方石四面自然開窻也五奧者曇濟道人蔡氏郗氏謝氏陳氏各有一奧皆相掎角並是奇地三菁
太平之北太平天台之始方石直上萬丈下有長谿亦是昭雲之流云此諸山並見圖緯神仙所居往來要徑
石橋過楢谿人跡之艱不復過此也遠南則松箴棲雞唐嵫漫石崪嵊對
嶺崿孟分隔入極浦而邅回迷不知其所適上嶔崎而
蒙籠下深沈而澆激棲雞在保口之上別浦入其中周回甚深四山之裏松箴在棲雞之
上緣江唐嵫入太平水路上有瀑布數百丈漫石在唐嵫下郗景興經始精舍亦是名山之流崪嵊與分界去
山入十里故曰遠南前嶺島道正當五十里高左右所無就下地形高乃當不稱遠望崿山甚奇謂白㮚尖者
最高下有艮田王敬弘經始精舍曇濟道人住孟山名日孟埭芋薯之嫪田清溪秀竹迴開巨石有趣之極此
中多諸浦瀰傍依茂林迷不知所過嶔崎深沈處處皆然不但一處遠西則缺四十四字
缺
缺遠北則長
江永歸巨海延納崐漲緬曠島嶼綢沓山縱橫以布護
水迴沈而縈浥信荒極之綿眇究風波之睽合江從山北流窮
上虞界謂之三江口便是大海老子謂海爲百谷王以其善處下也海人謂孤山爲崐薄洲有山謂之島嶼郎
洲也漲者沙始起將欲成嶼縱橫無常於一處迴沈徒相縈浥也大荒東極故爲荒極風波不恒爲睽合也
觀其南術之缺生巘缺成衍缺岸測深相渚
知淺洪濤滿則曾石沒清瀾減則沈沙顯及風興濤作
水勢奔壯于歲春秋在月朔望湯湯驚波滔滔駭浪電
激雷崩飛流灑漾淩絕壁而起岑橫中流而連薄始迅
轉而騰天終倒底而見壑此楚貳心醉於吳客河靈懷
慙於海若南術是其臨江舊宅門前對江三轉曾山路窮四江對岸西面常石此二山之間西南角
岸孤山此二山皆是狹處故曰生巘勇門以南上便大闊故曰成衍岸高測深渚下知淺也江中有孤石沈沙
隨水增減春秋朔望是其盛時故枚乘云楚太子有疾吳客問之舉秋濤之美得以瘳病太子國之儲貳故曰
楚貳河靈河伯居河所謂河靈懼於海若事見於莊周秋水篇爾其舊居曩宅今園枌
缺槿尚援基井具存曲術周乎前後直陌矗其東西
豈伊臨谿而傍沼迺抱阜而帶山考封域之靈異實茲
境之最然葺駢梁於巖麓棲孤棟於江源敞南戶以對
遠嶺闢東窻以矚近田田連岡而盈疇嶺枕水而通阡
葺室在宅裏山之東麓東窻矚田兼見江山之美上三閒故謂之駢梁門前一棟枕巘上存江之嶺南對江上
遠嶺此二館屬望殆無優劣也阡陌縱橫塍埒交經導渠引流脈散溝
井蔚蔚豐秋苾苾香秔送夏蚤秀迎秋晚成兼有陵陸
麻麥粟菽候時覘節遞藝遞孰供粒食與漿飲謝工商
與衡牧生何待於多資理取足於滿腹許由云偃鼠飲河不過滿腹謂

人生食足則歡有餘何待多須邪工商衡牧似多自園須者若少私寡欲充命則足但非田無以立耳
之田自田之湖泛濫川上緬邈水區濬潭澗而窈窕除
菰洲之紆餘毖溫泉於春流馳寒波而秋徂風生浪於
蘭渚日倒景於椒塗飛漸榭於中沚取水月之歡娛旦
延陰而物清夕棲芬而氣斂顧倩交之永絕覬雲客之
暫如此皆湖中之美但患言不盡意萬不寫一耳諸澗出源入湖故曰濬潭澗長是以窈窕除菰以作
洲言所以紆餘也水草則萍藻薀菼雚蒲芹蓀蒹菰蘋蘩蕝荇
菱蓮雖備物之偕美獨扶渠之華鮮播綠葉之鬱茂含
紅敷之繽翻怨清香之難留矜盛容之易闌必充給而
後搴豈蕙草之空殘卷敂弦之逸曲感江南之哀歎秦
箏倡而溯游往唐上奏而舊愛還搴出離騷敂弦是采菱歌江南是相和曲
云江南采蓮秦箏倡蒹葭唐上奏蒲生詩皆感物致賦魚藻蘋蘩荇亦有詩人之詠不復具叙本草
所載山澤不一靁桐是別和緩是悉參核六根五華九
實二冬並稱而殊性三建異形而同出水香送秋而擢
蒨林蘭近雪而揚猗卷柏萬代而不殞伏苓千歲而方
知映紅葩於綠蔕茂素蕤於紫枝既住年而增靈亦驅
妖而斥疵本草所出藥處於今不復依隨土所生耳此境出藥甚多靁公桐君古之釆藥醫緩古之
良工故曰別悉參核者雙核桃杏人也六根者荀七根五茄根葛根野葛根闕二字根也五華者菫華芫華擬華
菊華旋覆華也九實者連前實槐實栢實兎絲實女貞實蛇床實蔓荊實蓼實闕二字也二冬者天門麥門冬三
建者附子天雄烏頭水香蘭香林蘭支子卷栢伏苓並皆仙物凡此衆藥事悉見於神農其竹則二
箭殊葉四苦齊味水石別谷巨細各彙既修竦而便娟
亦蕭森而蓊蔚露夕沾而悽陰風朝振而清氣捎玄雲
以拂杪臨碧潭而挺翠蔑上林與淇澳驗東南之所遺
企山陽之游踐遲鸑鷟之棲託憶崑園之悲調慨伶倫
之哀籥衛女行而思歸詠楚客放而防露作二箭一者苦箭大葉
一者并箭細葉四苦青苦白苦紫苦黃苦水竹依水生甚細密吳中以爲宅援石竹本科叢大以充屋椽巨者
竿挺之屬細者無箸之流也修竦便娟蕭森蓊蔚皆竹貌也上林關中之禁苑淇澳衛地之竹園方此皆不如
東南會稽之竹箭唯此地最富焉山陽竹林之游鸑鷟棲食之所崑山之竹任爲笛黃帝時伶倫斬其厚均者
吹之爲黃鍾之宮衛女思歸作竹竿之詩楚人放逐東方朔感江潭而作七諫其木則松栢檀
櫟闕二字桐榆檿柘穀楝楸梓檉樗剛柔性異貞脆質殊卑
高沃堉各隨所如榦合抱以隱岑杪千仞而排虛夌岡
上而喬竦蔭澗下而扶疏沿長谷以傾柯攢積石以插
衢華映水而增光氣結風而回敷當嚴勁而蔥倩承和
煦而芬腴送墜葉於秋晏遲含萼於春初皆木之類選其美者載之
山脊日岡岡上澗下長谷積石各隨其方離騷云青春受謝白日昭只詩云蕚不韡韡也植物既載
動類亦繁飛泳騁透胡可根源觀貞相音備列山川寒
燠順節隨宜匪敦草木植物魚鳥獸動物獸有數種有騰者有走者走者騁騰者透謂種
類既繁不可根源但觀其貞狀相其音聲則知山川之好與節隨宜自然之數非可敦戒也魚則鰋
鱧鮒鱮鱒鯇鰱鯿魴鮪魦鱖鱨鯉鯔鱣輯采雜色錦爛
雲鮮唼藻戲浪汎苻流淵或鼓鰓而湍躍或掉尾而波

旋鱸鯊乘時以入浦鱥鮿沿瀨以出泉鰋音優鱧音禮鮒音附鱮音叙
鱒音寸衮反鯇音睍鰱音連鯿音悲仙反魴音房鮪音痏魦音沙鱖音居綴反鱨音上羊反鯔音比之反鱣音
竹仚反皆說文字林音詩云錦衾有爛故云錦爛鱸音紫乘時魚鱥音感鮿音迅皆出谿中石上恒以爲翫鳥
則鵾鴻鶂鵠鶖鷺鴇鸘雞鵲繡質鶡鸛綬章晨鳧朝集
時鷸山梁海鳥違風朔禽避涼莧生歸北霜降客南接
響雲漢侶宿江潭聆清哇以下聽載王子而上參薄回
涉以弁翰映明壑而自耽鵾音昆鴻音洪鶂音溢左傳六鶂退飛字如此鵠音下竺
反鶖音秋鷺音路鴇音保鸘音相唐公之馬與此鳥色同故謂爲鸘音相鶄鶡見張茂先博物志鸛音翟
亦雉之美者此四鳥並美采質鳧音符野鴨也常待晨而飛鶡音己消反長尾雉也論語云山梁雌雉時哉時
哉海鳥爰居臧文仲不知其鳥以爲神也事見左傳朔禽鴈也寒月轉往衡陽禮記霜始降鴈來賓歲莫云鴈
北向政是陽初生時莧生歸北霜降客南山缺映木自翫其羽儀者山上則猨狎貍犴
獌獥猛山下則熊羆豺虎羱鹿麢麖擲飛枝於窮崖踔
空絕於深硎蹲谷底而長嘯攀木杪而哀鳴猨音袁貆音魂貍音
力之反貛音火丸反犴音五旦反獌音曼似貛而長之屬一曰貙貗音安黠反猛音弋生反貍之黃黑者一
曰似貂豹音在皆反羱音元野羊大角麢音鬼狠反麢音京能踔擲虎長嘯猨哀鳴鳴聲可翫緡綸不
投罝羅不披磻弋靡用蹄筌誰施鑑虎狼之有仁傷遂
欲之無崖顧弱齡而涉道悟好生之咸宜率所由以及
物諒不遠之在斯撫鷗鯈而悅豫杜機心於林池八種皆魚
獵之具自少不殺至乎白首故在山中而此歡永廢莊周云虎狼仁獸豈不父子相親世云虎狼暴虐者政以
其如禽獸而人物不自悟其毒害而言虎狼可疾之甚苟其遂欲豈復崖限自弱齡奉法故得免殺生之事苟
此悟萬物好生之理易云不遠復無祗悔庶乘此得以入道莊周云海人有機心鷗鳥舞而不下今無害彼之
心各說豫於林池也敬承聖誥恭窺前經山野昭曠聚落膻腥故
大慈之弘誓拯羣物之淪傾豈寓地而空言必有貸以
善成欽鹿野之華苑羨靈鷲之名山企堅固之貞林希
菴羅之芳園雖粹容之緬邈謂哀音之恒存建招提於
幽峯冀振錫之息肩庶鐙王之贈席想香積之惠餐事
在微而思通理匪絕而可溫賈誼弔屈云恭承嘉惠敬承亦此之流聚落是墟邑
謂歌哭諍訟有諸諠譁不及山野爲僧居止也經教欲令在山中皆有成文老子云善貸且善成此道惠物也
鹿苑說四眞諦處靈鷲山說般若法華處堅固林說泥洹處菴羅園說不思議處今旁林蘇園制苑彷彿在昔
依然託想雖粹容緬邈哀音若存也招提謂僧不能常住者可持作坐處也所謂息肩鐙王香積事出維摩經
論語云溫故知新理既不絕更宜復溫則可待爲己之日用也爰初經略杖策孤征入
澗水涉登嶺山行陵頂不息窮泉不停櫛風沐雨犯露
乘星研其淺思罄其短規非龜非筮擇良選奇翦榛開
逕尋石覓崖四山周回雙流逶迤面南嶺建經臺倚北
阜築講堂傍危峯立禪室臨浚流列僧房對百年之高
木納萬代之芬芳抱終古之泉源美膏液之清長謝麗
塔於郊郭殊世間於城傍欣見素以抱樸果甘露於道
場云初經略躬自履行備諸苦辛也罄其淺短無假於龜筮貧者既不以麗爲美所以即安茅茨而已是以
謝郊郭而殊城傍然清曠寂漠寔是得道之所也苦節之僧明發懷抱事絕人
徒心通世表是遊是憩倚石構草寒暑有移至業莫矯

觀三世以其夢撫六度以取道乘恬知以寂泊含和理
之窈窕指東山以冥期實西方之潛兆雖一日以千載
猶恨相遇之不早謂曇隆法流二法師也二公辭恩愛棄妻子輕舉入山外緣都絕魚肉不
入口糞掃必在體物見之絕歎而法師處之夷然詩人西發不勝造道者其亦如此往石門瀑布中路高棲之
游昔告離之始期生東山沒存西方相遇之欣實以一日爲千載猶慨恨不早賤物重己棄世
希靈駭彼促年愛是長生冀浮丘之誘接望安期之招
迎甘松桂之苦味夷皮褐以頹形羨蟬蛻之匪日撫雲
蜺其若驚陵名山而屢憩過巖室而披情雖未階於至
道且緬絕於世纓指松菌而興言良未齊於殤彭此一章叙
仙學者雖未及佛道之高然出於世表矣浮丘公是王子喬師安期先生是馬明生師二師出列仙傳洞眞經
云今學仙者亦明師以自發悟故不辭苦味顏形也莊周云和以天倪倪者崖也數經歷名山遇余巖室披露
其情性且獲長生方之松菌殤彭邈然有間也山作水役不以一牧資待各徒
隨節競逐陟嶺刊木除榛伐竹抽筍自篁擿篛于谷楊
勝所拮秋冬䔢獲野有蔓草獵涉蘡薁亦醞山清介爾
景福苦以朮成甘以攡熟慕椹高林剝芨巖椒掘蒨陽
崖擿擗陰摽晝見搴茅宵見索綯芟菰翦蒲以薦以茭
既坭既埏品收不一其灰其炭咸各有律六月採蜜八
月樸粟備物爲繁略載靡悉此一章謂山木採拾諸事也然漁獵之事皆不載楊
楊桃也山間謂之木子蒻音覆字出字林詩人云六月食鬱及薁獵涉字出爾雅朮味苦攡酒味甘並
至美兼以療病攡治癰核木治痰冷椹音甚味似菰菜而勝刊木而作之謂之慕芨音及採以爲紙蒨音倩採
以爲業擿音敵採以爲飯採蜜樸果各隨其月也若迺南北兩居水通陸阻觀
風瞻雲方知厥所兩居謂南北兩處各有居止峯崿阻絕水道通耳觀風瞻雲然後方知其
處所南山則夾渠二田周嶺三苑九泉別澗五谷異巘羣
峯參差出其間連岫複陸成其坂衆流溉灌以環近諸
堤擁抑以接遠遠堤兼陌近流開湍淩阜泛波水往步
還還回往匝枉渚員巒呈美表趣胡可勝單抗北頂以
葺館殷南峯以啓軒羅曾崖於戶裏列鏡瀾於窻前因
丹霞以赬楣附碧雲以翠椽視奔星之俯馳顧闕二字之
未牽鷗鴻鶱翥而莫及何但鸞雀之翩翻沈泉傍出潺
湲於東檐桀壁對跱硿礱於西霤修竹葳蕤以翳薈灌
木森沈以蒙茂蘿曼延以攀援花芬薰而媚秀日月投
光於柯間風露披清於嵠岫夏涼寒燠隨時取適階基
回互橑欄乘隔此焉卜寢翫水弄石邇卽回眺終歲罔
斁傷美物之遂化怨浮齡之如借眇遯逸於人羣長寄
心於雲霓南山是開創卜居之處也從江樓步路跨越山嶺綿亘田野或升或降當三里許塗路所
經見也則喬木茂竹緣畛彌阜橫波疏石側道飛流以爲寓目之美觀及至所居之處自西山開道迄于東山
二里有餘南悉連嶺疊鄣青翠相接雲煙霄路殆無倪際從逕入谷凡有三口方壁西南石門世臯南臯池東
南皆別載其事緣路初入行於竹逕半路闊以竹渠澗既入東南傍山渠展轉幽奇異處同美路北東西路因
山爲鄣正北狹處踐湖爲池南山相對皆有崖巖東北枕壑下則淸川如鏡傾柯盤石被隩映渚西巖帶林去
潭可二十丈許葺基構宇在巖林之中水衞石階開窻對山仰眺曾峯俯鏡浚壑去巖半嶺復有一樓迴望周

（桃既得遠趣還顧西館望對窗戶緣崖下者密竹蒙逕從北直南悉是竹園東西百丈南北百五十五丈北倚近峯南眺遠嶺四山周回溪澗交過水石林竹之美巖岫隩曲之好備盡之矣刊翦開築此焉居處細趣密玩非可具記故較言大勢耳越山列其表側傍緬邈爲異觀也）因以小湖鄰於其隈衆流所湊萬泉所回汎濫異形首毖終肥別有山水路邈緬歸（汎濫肥毖皆是泉名事見於詩云此萬泉所湊各有形勢）求歸其路迺界北山棧道傾虧蹬閣連卷復有水逕繚繞回圓瀰瀰平湖泓泓澄淵孤岸竦秀長洲芊綿既瞻既眺曠矣悠然及其二川合流異源同口赴隘入險俱會山首瀨排沙以積丘峯倚渚以起阜石傾瀾而稍巖木映波而結藪逕南漘以橫前轉北崖而掩後隱叢灌故悉晨暮託星宿以知左右（往反經過自非巖澗便是水逕洲島相對皆有趣也）山川澗石州岸草木既摽異於前章亦列同於後牘山匪砠而是岵川有清而無濁石傍林而插巖泉協澗而下谷淵轉渚而散芳岸靡沙而映竹草迎冬而結葩樹凌霜而振綠向陽則在寒而納煦面陰則當暑而含雪連岡則積嶺以隱嶙舉峯則羣竦以巇嶮浮泉飛流以寫空沈波潛溢於洞穴凡此皆異所而咸善殊節而俱悅（土山載石曰砠山有林曰岵此章謂山川衆美亦不必有故總敘其最居山之後事亦皆有尋求也）春秋有待朝夕須資既耕以飯亦桑貿衣藝菜當肴採藥救頹自外何事順性靡違法音晨聽放生夕歸研書賞理敷文奏懷凡厥意謂揚較以揮且列于言誡特此推（謂寒待綿纊暑待絺綌朝夕餐飲設此諸業以待之藥以療疾又在其外事之相推自不得不然至於聽講放生研書敷文皆其所好韓非有揚較班固亦云揚較古今其義一也左思曰爲左右揚較而陳之）北山二園南山三苑百果備列乍近乍遠羅行布株迎早候晚猗蔚溪澗森疎崖巘杏壇㮈園橘林栗圃桃李多品梨棗殊所枇杷林檎帶谷映渚椹梅流芬於回巒椑柿被實於長浦（莊周云漁父見孔子杏壇之上維摩詰經㮈樹園揚雄蜀都賦云橘林左太沖亦云戶有橘柚之園桃李所殖甚多棗梨事出北河濟之間淮潁諸處故云殊所也）畦町所藝含蘂藉芳蓼蕺葼薺葑菲蘇薑綠葵眷節以懷露白薤感時而負霜寒蔥摽倩以陵陰春藿吐苕以近陽（葑菲見詩栢舟中管子曰北伐山戎得寒蔥廣雅云寒蔥挺圖）（灑藥自供不待外求者也）弱質難恆頹齡易喪撫鬢生悲視顏自傷承清府之有術冀在衰之可壯尋名山之奇藥越靈波而憩轅採石上之地黃摘竹下之天門摭曾嶺之細辛拔幽澗之溪蓀訪鍾乳於洞穴訊丹陽於紅泉（此皆住年之藥卽近山之所出有采拾欲以消病也）安居二時冬夏三月遠僧有來近衆無關法鼓卽響頌偈清發散華霏蕤流香飛越析曠劫之微言說像法之遺旨乘此心之一豪濟彼生之萬理啓善趣於南倡歸清暢於北機非獨愜於予情諒僉感於君子山中兮清寂羣紛兮自絕周聽兮匪多得理兮俱悅寒風兮搔屑面陽兮常熱炎光兮隆熾對陰兮霜雪悁曾臺兮陟雲根坐澗下兮越風穴在茲城而諧賞傳古今之不滅（衆僧冬夏二時坐謂之安居輒九十日衆遠近聚萃法鼓頌偈華香四種是齋講之事析說是齋講之議乘此之心可濟彼之生南倡者都講北機者法師山中靜寂實是講說之處兼有林木可隨寒暑恆得清和以爲適也）好生之篤以我而觀懼命之盡各景之權分一往之仁心拔萬族之險難招驚魂於殆化收危形於將闌漾水性於江流吸雲物於天端覩騰翰之頡頏視鼓鰓之往還馳騁者儻能狂愈猜害者或可理攀（云物皆好生但以我而觀便可知彼之情客景懼命是好生事也能放生者但有一往之仁心便可拔萬族之險難水性雲物各尋其生老子云馳騁田獵令人心發狂猜害者恆以恐害爲心見放生之理或可得悟也）哲人不存懷抱誰質糟粕猶在啓縢剖袠見柱下之經二觀濠上之篇七承未散之全樸救已頹於道術嘗夫六藝以宣聖教九流以判賢徒國史以載前紀家傳以申世模篇章以陳美刺論難以覈有無兵技醫日龜筴筮夢之法風角冢宅算數律歷之書或平生之所流覽並於今而棄諸驗前識之喪道抱一德而不渝（莊周云輪扁語齊桓公之所讀書聖人之糟粕也柱下老子濠上莊子二七是篇數也云此二書最有理過此以往皆是聖人之教獨往者所棄）伊昔齠齔實愛斯文援紙握管會性通神詩以言志賦以敷陳箴銘誄頌咸各有倫爰暨山棲彌歷年紀幸多暇日自求諸已研精靜慮貞觀厥美懷秋成章含笑奏理（謂少好文章及山棲以來別緣既闕尋慮文詠以盡暇日之適便可得通神會性以永終朝）若迺乘攝持之告評養達之篇畏絕迹之不遠懼行地之多艱均上皇之自昔忌下衰之在旃投吾心於高人落賓名於聖賢廣滅景於崆峒許遁音於箕山愚假駒以表谷涓隱巖以搴芳（闕拾八字）　萊庇蒙以織畚皓棲商而頤志鄭寢茂而敷詞（闕六字）鄭別谷而永逝梁去霸而之會（闕六字）高居唐而胥宇臺依崖而穴墀咸自得以窮年眇貞思於所遺（老子云善攝生者莊子云謂之不善持生又云養生有無崖達生者不務生之所無奈何絕迹上皇下衰實名義亦皆出莊周廣成子在崆峒之上黃帝之師也許由隱於箕山堯以天下讓而不取愚公居于騶皇齊桓公逐鹿入山見之涓子隱于宕山好餌术告伯陽琴心三篇庚桑偏得老子之道居畏壘之山楚狂接輿楚王聞其賢使使者聘之於是遂游諸名山在蜀峨眉山上徐無鬼巖棲魏侯勞之問先生苦山林矣乃肯見寡人無鬼問君絀嗜欲屏好惡則耳目病矣常乘芋栗老萊子耕於蒙山之陽著書十五篇言道家之事織畚爲業四皓避秦亂入商洛深山漢祖召不能出司馬長卿高才而處世不樂預公卿大事闕遂與弟子別於山阿終身不反梁伯鸞隱霸陵山中耕織以自娛後復入會稽山臺孝威居武安山下依崖爲土室采藥自給高文通居西唐山從容自娛也）暨其窈窕幽深寂漠虛遠事與情乖理與形反既耳目之靡端豈足跡之所踐蘊終古於三季俟通明於五眼權近慮以停筆抑淺知而絕簡（謂此既非人跡所求更待三明五通然後可踐履耳故停筆絕簡不復多云冀夫賞音悟夫此旨也）

太祖登祚誅徐羨之等徵爲祕書監再召不起上使光祿大夫范泰與靈運書敦獎之乃出就職使整理祕閣書補足闕文以晉氏一代自始至終竟無一家之史令靈運撰晉書粗立條流書竟不就尋遷侍中日夕引見賞遇甚厚靈運詩書皆兼獨絕每文竟手自寫之文帝稱爲二寶既自以名輩才能應參時政初被召便以此自許既至文帝唯以文義見接每侍上宴談賞而已王曇首王華殷景仁等名位素不踰之並見任遇靈運意不平多稱疾不朝直穿池植援種竹樹堇驅課公役無復期度出郭游行或一日百六七十里經旬不歸既無表聞又不請急上不欲傷大臣諷旨令自解靈運乃上表陳疾上賜假東歸將行上書勸伐河北曰自中原喪亂百有餘年流離寇戎湮沒殊類先帝聰明神武哀濟羣生將欲盪定趙魏大同文軌使久凋反於正化偏俗歸於華風運謝事乖理違願絕仰德抱悲恨存生盡況陵塋未幾凶虜伺隙預在有識誰不憤歎而景平執事並非其才且遘紛京師豈慮託付遂使孤城窮陷莫肯極忠烈四朔漠縣河三千翻爲寇有晚遣鎮戍皆先朝之所開拓一旦淪亡此國恥宜雪被於近事者也又北境自染逆虜窮苦備罹徵調賦斂靡有止已所求不獲輒致誅殞身禍家破闔門比屋此亦仁者所爲傷心者也咸云西虜舍末遠師隴外東虜乘虛呼可掩襲西軍既反得據關中長圍咸陽還路已絕雖遣救援停住河東遂乃遠討大城欲爲首尾而西寇深山重阻根本自固徒棄巢窟未足相拯師老於外國虛於內時來之會莫復過此觀兵耀威實在茲日若相持未已或生事變忽值新起之衆則異於今苟乖其時難爲經略雖兵食倍多則萬全無必矣又歷觀前代類以兼弱爲本古今聖德未之或殊豈不以天時人事理數相得興亡之度定期居然故古人云既見天殃又見人災乃可以謀昔魏氏之彊平定荊冀乃乘袁劉之弱晉氏之盛拓開吳蜀亦因葛陸之衰此皆前世成事著於史策者也自羌平之後天下亦謂虜當俱滅長驅滑臺席卷下城奪氣喪魄指日就盡但長安違律潼關失守用緩天誅假延歲月日來至今十有二載是謂一紀曩有前言況五胡代數齊世虜期餘命盡於來年自相攻伐兩取其困卞莊之形驗之今役仰望聖澤有若飢渴注心南雲爲日已久來蘇之冀實歸聖明此而弗乘後則未兆卽日府藏誠無兼儲然凡造大事待國富兵彊不必乘會於我爲易貴在得時器械既克衆力粗足方於前後乃當有優常議損益久證冀州口數百萬有餘田賦之沃著自貢典先才經創基趾猶存澄流引源桑麻蔽野彊富之實昭然可知爲國長久之計孰若一往之費邪或懲關西之敗而謂河北難守二境形勢表裏不同關西雜居種類不一昔在前漢屯軍霸上通火甘泉況乃遠戍之軍值新故交代之際者乎河北悉是舊戶差無雜人連嶺判阻三關作隘若遊騎長驅則沙漠風靡若嚴兵守塞則冀方山固昔隴西傷破鼂錯興言匈奴慢侮賈誼憤歎方於今日皆爲賒矣晉武中主耳值孫皓虐亂天祚其德亦由鉅平奉策荀賈折謀故能業崇當年區宇一統況今陛下聰明聖哲天下歸仁文德與武功並震霜威共素風俱舉協以宰輔賢明諸王美令岳牧宣烈虎臣盈朝而天或遠命亦何敵不滅矧伊頑虜假日而已哉伏惟深機志務久定神謨臣卑賤側陋竄景巖穴實仰希太平之道傾覩岱宗之封雖乏相如之筆庶免史談之憤以此謝病京師萬無恨矣久欲上陳懼在觸置蒙賜恩假暫違禁省消渴十年常慮朝露抱此愚志昧死以聞靈運以疾東歸而遊娛宴集以夜續晝復爲御史中丞傅隆所奏坐以免官是歲元嘉五年靈運既東還與族弟惠連東海何長瑜潁川荀雍太山羊璿之以文章賞會共爲山澤之游時人謂之四友惠連幼有才悟而輕薄不爲父方明所知靈運去永嘉還始寧時方明爲會稽郡靈運嘗自始寧至會稽造方明過視惠連大相知賞時長瑜教惠連讀書亦在郡內靈運又以爲絕倫謂方明曰阿連才悟如此而尊作常兒遇之何長瑜當今仲宣而給以下客之食尊既不能禮賢宜以長瑜還靈運靈運載之而去荀雍字道雍官至員外散騎郎璿之字曜璠臨川內史爲司空竟陵王誕所遇誕敗坐誅長瑜文才之美亞於惠連雍璿之不及也臨川王義慶招集文士長瑜自國侍郎至平西記室參軍嘗於江陵寄書與宗人何勗以韻語序義慶州府僚佐云陸展染鬢髮欲以媚側室青青不解久星星行復出如此者五六句而輕薄少年遂演而廣之凡厥人士並爲題目皆加劇言苦句其文流行義慶大怒白太祖除爲廣州所統曾城令及義慶薨朝士詣第叙哀何勗謂袁淑曰長瑜便可還也淑曰國新喪宗英未宜便以流人爲念廬陵王紹鎮尋陽以長瑜爲南中郎行參軍掌記之任行至板橋遇暴風溺死靈運因父祖之資生業甚厚奴僮既衆義故門生數百鑿山浚湖功役無已尋山陟嶺必造幽峻巖嶂千重莫不備盡登躡常著木履上山則去前齒下山去其後齒嘗自始寧南山伐木開逕直至臨海從者數百人臨海太守王琇

驚駭謂爲山賊徐知是靈運乃安又要琇更進琇不肯靈運贈琇詩曰邦君難地嶮旅客易山行在會稽亦多徒衆驚動縣邑太守孟顗事佛精懇而爲靈運所輕嘗謂顗曰得道應須慧業文人生天當在靈運前成佛必在靈運後顗深恨此言會稽東郭有回踵湖靈運求決以爲田太祖令州郡履行此湖去郭近水物所出百姓惜之顗堅執不與靈運既不得回踵又求始寧岯崲湖爲田顗又固執靈運謂顗非存利民正慮決湖多害生命言論毀傷之與顗遂構讎因靈運橫恣百姓驚擾乃表其異志發兵自防露板上言靈運馳出京都詣闕上表曰臣自抱疾歸山于今三載居非郊郭事乖人間幽棲窮巖外緣兩絕守分養命庶畢餘年忽以去月二十八日得會稽太守臣顗二十七日疏云比日異論噂沓此雖相了百姓不許寂默今微爲其防披疏駭惋不解所由便星言奔馳歸骨陛下及經山陰防衞彰赫彭排馬槍斷截衞巷偵邏縱橫戈甲竟道不知微臣罪爲何事及見顗雖曰見亮而裝防如此唯有罔懼臣昔忝近侍豫蒙天恩若其罪迹炳明文字有證非但顯戮司敗以正國典普天之下自無容身之地今虛聲爲罪何酷如之夫自古讒謗聖賢不免然致謗之來要有由趣或輕死重氣結黨聚羣或勇冠鄉邦劍客馳逐未聞俎豆之學欲爲逆節之罪山棲之士而構陵上之釁今影迹無端假謗空設終古之酷未之或有匪忝其生實悲其痛誠復內省不疚而抱理莫申是以牽曳疾病束骸歸欽仰憑陛下天鑒曲臨則死之日猶生之年也臣憂怖彌日羸疾發動尸存恍惚不知所陳太祖知其見誣不罪也不欲使東歸以爲臨川內史賜秩中二千石在郡遊放不異永嘉爲有司所糾司徒遣使隨州從事鄭望生收靈運靈運執錄望生興兵叛逸遂有逆志爲詩曰韓亡子房奮秦帝魯連恥本自江海人忠義感君子追討擒之送廷尉治罪廷尉奏靈運率部衆反叛論正斬刑上愛其才欲免官而已彭城王義康堅執謂不宜恕乃詔曰靈運罪釁累仍誠合盡法但謝玄勳參微管宜宥及後嗣可降死一等徙付廣州其後秦郡府將宗齊受至涂口行達桃墟村見有七人下路亂語疑非常人還告郡縣遣兵隨齊受掩討遂共格戰悉禽付獄其一人姓趙名欽山陽縣人云同村薛道雙先與謝康樂共事以去九月初道雙因同村成國報欽云先作臨川郡犯事徙送廣州謝給錢令買弓箭刀楯等物使道雙要合鄉里健兒於三江口篡取謝若得志如意之後功勞是同遂合部黨要謝不及既還飢饉緣路爲劫盜有司又奏依法收治太祖詔於廣州行棄市刑臨死作詩曰龔勝無餘生李業有終盡嵇公理既迫霍生命亦殞悽悽凌霜葉網網衝風菌邂逅竟幾何修短非所愍送心自覺前斯痛久已忍恨我君子志不獲巖上泯詩所稱龔勝李業猶前詩子房魯連之意也時元嘉十年年四十九所著文章傳於世子鳳蚤卒

史臣曰民禀天地之靈含五常之德剛柔迭用喜慍分情夫志動於中則歌詠外發六義所因四始攸繫升降謳謠紛披風什雖虞夏以前遺文不覩禀氣懷靈理無或異然則歌詠所興宜自生民始也周室既衰風流彌著屈平宋玉導清源於前賈誼相如振芳塵於後英辭潤金石高義薄雲天自茲以降情志愈廣王襃劉向揚班崔蔡之徒異軌同奔遞相師祖雖清辭麗曲時發乎篇而蕪音累氣固亦多矣若夫平子艷發文以情變絕唱高蹤久無嗣響至于建安曹氏基命二祖陳王咸蓄盛藻甫乃以情緯文以文被質自漢至魏四百餘年辭人才子文體三變相如巧爲形似之言班固長於情理之說子建仲宣以氣質爲體並標能擅美獨映當時是以一世之士各相慕習原其飈流所始莫不同祖風騷徒以賞好異情故意製相詭降及元康潘陸特秀律異班賈體變曹王縟旨星稠繁文綺合綴平臺之逸響採南皮之高韻遺風餘烈事極江左有晉中興玄風獨振爲學窮於柱下博物止乎七篇馳騁文辭義單乎此自建武暨乎義熙歷載將百雖綴響聯辭波屬雲委莫不寄言上德託意玄珠遒麗之辭無聞焉爾仲文始革孫許之風叔源大變太元之氣爰逮宋氏顏謝騰聲靈運之興會摽舉延年之體裁明密並方軌前秀垂範後昆若夫敷衽論心商榷前藻工拙之數如有可言夫五色相宜八音協暢由乎玄黃律呂各適物宜欲使宮羽相變低昂互節若前有浮聲則後須切響一簡之內音韻盡殊兩句之中輕重悉異妙達此旨始可言文至於先士茂製諷高歷賞子建函京之作仲宣霸岸之篇子荊零雨之章正長朔風之句並直舉胸情非傍詩史正以音律調韻取高前式自騷人以來此祕未覩至於高言妙句音韻天成皆闇與理合匪由思至張蔡曹王曾無先覺潘陸謝顏去之彌遠世之知音者有以得之知此言之非謬如曰不然請待來哲

宋書卷六十七考證

謝靈運傳鍱賢不策失位誰持迫理屈而愈閉方怨天而懷悲○監本失訛夫持訛時迫訛造今據本集改正

亦何議於蕭求注非缺二字憩止之缺○本集作非幽人憩止之鄉

得道應須慧業文人生天當在靈運前成佛必在靈運後○臣照按文人應作丈人慧業斷句丈人二字屬下句丈人稱顗也今慧業文人之語遍天下而未察其文理如以文人斷句則陟接生天在靈運前仍復成語耶見南史本作丈人

宋書卷六十八

梁　沈約　撰

列傳第二十八

武二王

彭城王義康

南郡王義宣

彭城王義康年十二宋臺除督豫司雍并四州諸軍事冠軍將軍豫州刺史時高祖自壽陽被徵入輔留義康代鎮壽陽又領司州刺史進督徐州之鍾離荊州之義陽諸軍事永初元年封彭城王食邑三千戶進號右將軍二年徙監南豫豫司雍并五州諸軍事南豫州刺史將軍如故三年授使持節都督南徐兗二州揚州之晉陵諸軍事南徐州刺史將軍如故太祖即位增邑三千戶進號驃騎將軍加散騎常侍給鼓吹一部尋加開府儀同三司元嘉三年改授都督荊湘雍梁益南北秦八州諸軍事荊州刺史給班劍三十人持節常侍將軍如故義康少而聰察及居方任職事修理六年司徒王弘表義康宜還入輔徵侍中都督揚南徐兗三州諸軍事司徒錄尚書事領平北將軍南徐州刺史持節如故二府並置佐領兵與王弘共輔朝政弘既多疾且每事推謙自是內外衆務一斷之義康太子詹事劉湛有經國才義康昔在豫州湛爲長史既素經情款至是意委特隆人物雅俗舉動事宜莫不咨訪之故前後在藩多有善政爲遠近所稱九年弘薨又領揚州刺史其年太妃薨解侍中辭班劍十二年又領太子太傅復加侍中班劍義康性好吏職銳意文案糾剔是非莫不精盡既專總朝權事決自己生殺大事以錄命斷之凡所陳奏入無不可方伯以下並委義康授用由是朝野輻湊勢傾天下義康亦自強不息無有懈倦府門每旦常有數百乘車雖復位卑人微皆被引接又聰識過人一聞必記常所暫遇終生不忘稠人廣席每標所憶以示聰明人物益以此推服之愛惜官爵未嘗以階級私人凡朝士有才用者皆引入己府無施及忤旨即度爲臺官自下樂爲竭力不敢欺負太祖有虛勞疾寢頓積年每意所想便覺心中痛裂屬纊者相係義康醫藥盡心衛奉湯藥飲食非口所嘗不進或連夕不寐彌日不解衣內外衆事皆專決施行十六年進位大將軍領司徒辟召掾屬義康素無術學闇於大體自謂兄弟至親不復存君臣形迹率心逕行曾無猜防私置僮部六千餘人不以言臺四方獻饋皆以上品薦義康而以次者供御上嘗冬月噉甘歎其形味並劣義康在坐曰今年甘殊有佳者遣人還東府取甘大供御者三寸尚書僕射殷景仁爲太祖所寵與太子詹事劉湛素善而意好晚衰湛常欲因宰輔之權以傾之景仁爲太祖所保持義康屢言不見用湛愈憤南陽劉斌湛之宗也有涉俗才用爲義康所知自司徒右長史擢爲左長史從事中郎琅邪王履主簿沛郡劉敬文祭酒魯郡孔胤秀並以傾側自入見太祖疾篤皆謂宜立長君上疾嘗危殆使義康具顧命詔義康還省流涕以告湛及殷景仁湛曰天下艱難詎是幼主所御義康景仁並不答而胤秀等輒就尚書議曹索晉咸康末立康帝舊事義康不知也及太祖疾豫微聞之而斌等既爲義康所寵又威權盡在宰相常欲傾移朝廷使神器有歸遂結朋黨伺察省禁若有盡忠奉國不與已同志者必構造愆釁加以罪黜每採拾景仁短長或虛造異同以告湛自是主相之勢分內外之難結矣義康欲以斌爲丹陽尹言次啓太祖陳其家貧上覺其旨義康言未卒上曰以爲吳郡後會稽太守羊玄保求還義康又欲以斌代之又啓太祖曰羊玄保欲還不審以誰爲會稽上時未有所屬倉卒曰我已用王鴻自十六年秋不復幸東府上以嫌隙既成將致大禍十七年十月乃收劉湛付廷尉伏誅又誅斌及大將軍錄事參軍劉敬文賊曹參軍孔邵秀中兵參軍邢懷明主簿孔胤秀丹陽丞孔文秀司空從事中郎司馬亮烏程令盛曇泰等徙尚書庫部郎何默子餘姚令韓景之永興令顏遙之湛弟黃門侍郎素斌弟給事中溫於廣州王履廢於家胤秀始以書記見任漸預機密文秀邵秀其兄也司馬亮孔氏中表並由胤秀而進懷明曇泰爲義康所遇默子景之遙之劉湛黨也其日刺義康入宿留止中書省其夕分收湛等青州刺史杜驥勒兵殿內以備非常遣人宣旨告以湛等罪釁義康上表遜

位曰臣幼荷國靈爵遇踰等陛下推恩睦親以隆棠棣愛忘其鄙寵授逾崇任總內外位兼台輔不能正身率下以肅庶僚暱近失所漸不自覺致令毀譽違實賞罰謬加由臣才弱任重以及傾撓今雖罪人即戮王猷載靜養釁貽垢實由於臣鞠躬慄悚若墜谿壑有何心顏而安斯寵輒解所職待罪私第改授都督江州諸軍事江州刺史持節侍中將軍如故出鎮豫章停省十餘日桂陽侯義融新喻侯義宗祕書監徐湛之往來慰視於省奉辭便下渚上唯對之慟哭餘無所言上又遣沙門釋慧琳視之義康曰弟子有還理不慧琳曰恨公不讀數百卷書征虜司馬蕭斌昔為義康所暱劉斌等害其寵讒斥之乃以斌為諮議參軍領豫章太守事無大小皆以委之司徒主簿謝綜素為義康所狎以為記室參軍左右愛念者並聽隨從至豫章辭州見許增督廣交二州湘州之始興諸軍事資奉優厚信賜相係朝廷大事皆報示之義康未敗東府聽事前井水忽涌溢野雉江鷗並飛入所住齋前龍驤參軍巴東扶令育詣闕上表曰蓋聞哲王不逆切旨之諫以博聞為道人臣不忌殲夷之罰以盡言為忠是故周昌極諫馮唐面折孝惠所以克固儲嗣魏尚所以復任雲中彼二臣豈好逆主干時犯顏違色者哉又爰盎之諫孝文曰淮南王若道遇死則陛下有殺弟之名奈何文帝不用追悔無及臣草莽微臣竊不自揆敢抱葵藿傾陽之心仰慕周易匪躬之志故不遠六千里願言命侶謹貢丹愚希垂察納伏惟陛下躬執大象首出萬物王化咸通三才必理闢大人之路開大道之門搜殊逸于巖穴招奇英於側陋窮谷無白駒之倡喬岳無遺寶之嗟豈特羅飛翮于垂天網沈鱗於濱海況於彭城王義康先朝之愛子陛下之次弟哉一旦黜削遠送南服恩絕于內形隔於遠躬離明主身放聖世草萊黔首皆為陛下痛之臣追惟景平元嘉之釁幾於危殆三公託以興廢之宜密懷不臣之計台輔伺隙於京甸強楚窺窬於上流或顯逆而陵主有生之所惴恐神祇之所忿忌也賴宗社靈長廟算流遠灑滌塵埃殲馘醜類氛霧時靖四門載清當爾之時義康豈不預參皇謀均此休否哉且陛下舊楚形勝非親勿居遂以驃騎之號任以藩夏之重撫政南郢綏民過寇播皇宋之澤以洽幽荒陛下之潤被之九有豈直南荊之民沾渥而已焉遂召之以宰輔又寄之以和朱既居三事又牧徐揚所以幽顯齊歡人神同忭莫不言陛下授之為得義康受之為是也今如何信疑貌之似闕兄弟之恩乎若有迷謬之愆可責之罪正可數之以善惡導之以義方且廬陵王往事足以知今此乃陛下前事之殷鑒後乘之靈龜也夫曾子之不殺忠臣之篤譬二告而猶織仁王之令範故詩云無信人之言人實不信又云兄弟雖鬩不廢親也尚書曰克明俊德以親九族九族既睦可以親百姓兄弟安可棄乎臣伏願陛下上尋往代黜廢之禍下惟近者讒言之釁廬陵王既申冤魂於后土彭城王亦弭疑愆於宋京豈徒皇代當今之計蓋乃良史萬代之美也且諂諛難辨是非易顛禍始禍先古人所畏故愛身之士自為己計莫不結舌杜口執肯冒忌干主哉臣以頑昧獨獻微管所以勤勤懇懇必訴丹誠者實恐義康年窮命盡奄忽于南遂令陛下有棄弟之責臣雖微賤竊為陛下羞之況書言記事史豈能屈典謨而諱哉脫如臣慮陛下恨之何益揚子雲曰獲福之大莫先於和穆遘禍之深莫過於內難每服斯言以為誓戒矧今觀王室大事豈得韜筆默爾而已哉臣將恐天下風靡離間是懼遂令宇內遷觀民庶革心欲致康哉實為難也陛下徒云惡枝之宜伐豈悟伐柯之傷樹乃往古之所悲當今所宜改也陛下若蕩以平聽屏此猜情垂訊芻蕘之謀曲察狂瞽之計一發非意之詔遠訪博古之士速召義康返于京甸兄弟協和君臣緝穆息宇內之譏絕多言之路如是則四海之望塞讒說之道消矣何必司徒公揚州牧然後可以安彭城王哉若臣所啓違憲於國為非請即伏誅以謝陛下雖復分形赴鑊煮體烹屍始願所甘豈不幸甚表奏即收付建康獄賜死會稽長公主於兄弟為長太祖至所親敬義康南上後久之上嘗就主宴集甚懽主起再拜稽顙悲不自勝上不曉其意自起扶之主曰車子歲暮必不為陛下所容今特請其生命因慟哭上流涕舉手指蔣山曰必無此慮若違今誓便負初寧陵即封所飲酒賜義康并書曰會稽姊飲宴憶弟所餘酒今封送車子義康小字也二十二年太子詹事范曄等謀反事逮義康事在曄傳有司上曰義康昔擅國權恣心凌上結朋樹黨苞納凶邪重釁彰著事合明罰特遭陛下仁愛深至敦惜周親封社不削爵寵無貶四海之心朝野之議咸謂皇德雖厚實撓典刑而義康曾不思此大造之德自出南服詭飾情貌外示知懼內實不悛窮好極欲干請無度聖慈含弘每不折舊矜釋屢加恩疇已往而陰敦行李方啓交通之謀潛資左右以要死士之命崎嶇伺隙不忘窺窬時猶隱忍罰止僕侍狂疾之性永不懲革兇心遂成悖謀仍構遠投羣醜千里相結再議宗社重闕鼎祚賴陛下至誠感神宋歷方永故姦事昭露罪人斯得周公上聖不辭同氣之刑漢文仁明無隱從兄之惡況義康釁深二叔謀過淮南背親反道自棄天地臣等參議請下有司削義康王爵收付廷尉法獄治罪詔特宥大辟於是免義康及子泉陵侯允女始寧豐城益陽興平四縣主為庶人絕屬籍徙付安成郡以寧朔將軍沈邵為安成公相領兵防守義康在安成讀書見淮南厲王長事廢書歎曰前代乃有此我得罪為宜也二十四年豫章胡誕世前吳平令袁惲等謀反襲殺豫章太守桓隆南昌令諸葛智之聚衆據郡復欲奉戴義康太尉錄尚書江夏王義恭等奏曰投畀之言義著雅篇流殛之教事在書典庶人義康負釁深重罪不容戮聖仁不忍屢加遲回宥其大辟賜還近甸斯乃至愛發天超邈終古曾不遇愆甘引而讒言同衆佷悖徼幸每形辭色內宣家人外動民聽不逞之族因以生心胡誕世假竊名號搆成凶逆杜漸除微古今所務況禍機驟發庸可忽乎臣等參議宜徙廣州遠郡放之邊表庶有防絕奏可仍以安成公相沈邵為廣州事未行值邵病卒索虜來寇瓜步天下擾動上慮異志者或奉義康為亂世祖時鎮彭城累啓宜為之所太子及尚書左僕射何尚之並以為言二十八年正月遣中書舍人嚴龍齎藥賜死義康不肯服藥曰佛教自殺不復得人身便隨宜見處分乃以被掩殺之時年四十三以侯禮葬安成六子允肱珣昭方曇辯允初封泉陵縣侯食邑七百戶昭方並早夭允等留安成元凶得志遣殺之世祖大明四年義康女玉秀等露板辭曰父凶滅無狀孤負天明存荷優養沒蒙加禮明罰羽山未足勑法烏鳥微心昧死上訴乞反葬舊塋糜骨鄉壤詔聽并加賚給前廢帝永光元年太宰江夏王義恭表曰臣聞忝祖遠支猶或慮親降霜省序義重令戚故嚴道疾終嗣啓方宇阜陵愆屏身遷曉恩竊惟故庶人劉義康昔昧姦回自貽非命沈魂漏籍垂誡來典運革三朝歲盈三紀天地改朔日月再升陶形賦氣咸蒙更始義康妻息漂沒早違盛化衆女孤弱永淪黔首即情原釁本非己招感事哀煢俯增傷咽敢緣陛下聖化融泰春澤覃被慈育羣生仁被泉草實希洗宥還齒帝宗則施及陳荄榮施汙壤臣特憑國私冒以誠表塵觸靈威伏紙悲悸詔曰太宰表如此公緣情遺遠覽以增慨昔淮楚推恩胙流支胄抑法弘親古今成準使以公表付外依旨奉行故泉陵侯允橫罹凶虐可特為置後太宗泰始四年復絕屬籍還為庶人

南郡王義宣生而舌短澀於言論元嘉元年年十二封竟陵王食邑五千戶仍拜右將軍鎮石頭七年遷使持節都督徐兗青冀幽五州諸軍事徐州刺史將軍如故猶戍石頭八年又改都督南兗兗州刺史當鎮山陽未行明年遷中書監進號中軍將軍加散騎常侍給鼓吹一部時竟陵羣蠻充斥役刻民散改封南譙王又領石頭戍事十三年出都督江州豫州之西陽晉熙新蔡三郡諸軍事鎮南將軍江州刺史初高祖以荊州上流形勝地廣兵彊遺詔諸子次第居之謝晦平後以授彭城王義康義康入相次江夏王義恭又以臨川王義慶宗室令望且臨川武烈王有大功於社稷義慶又居之其後應在義宣上以義宣人才素短不堪居上流十六年以衡陽王義季代義慶而以義宣代義季為南徐州刺史都督南徐州軍事征北將軍持節如故加散騎常侍而會稽公主每以為言上遲回久之二十一年乃以義宣都督荊雍益梁寧南北秦七州諸軍事車騎將軍荊州刺史持節常侍如故先賜中詔曰師護以在西久比表求還出內左右自是經國常理亦何必其應於一往今欲聽許以汝代之護雖無殊績潔己節用通懷期物不恣羣下此信未易非唯聲著西土朝野以為美談在彼已有次第為士庶所安論者乃謂未議遷之今之回換更在欲為汝耳汝與護年時一輩各有其美物議亦互有少劣若今向事脫一減之者既於西夏交有巨礙遷代之譏必歸責於吾矣復當為護怨非但一誚而已也如此則公私俱損為不可不先共善詳此事亦易勉耳無為使人動生評論也師護義季小字也義宣至鎮勤自課厲政事修理白皙美鬚眉長七尺五寸腰帶十圍多畜嬪媵後房千餘尼媼數百男女三十人崇飾綺麗費用殷廣進位司空改侍中領南蠻校尉二十七年索虜南侵義宣慮寇至欲奔上明及虜退太祖詔之曰善修民務不須營潛逃計也三十年遷司徒中軍將軍揚州刺史侍中如故未及就徵值元凶弒立以義宣為中書監太尉領司徒侍中如故義宣聞之即時起兵徵聚甲卒傳檄近遠會世祖入討義宣遣參軍徐遺寶率衆三千助為前鋒世祖即位以義宣為中書監都督揚豫二州刺史加羽葆鼓吹給班劍四十人持節侍中如故改封南郡王食邑萬戶進諡義宣所生為獻太妃封次子宜陽侯愷為南譙王食邑千戶義宣固辭內任及

愷王爵於是改授都督荊湘雍益梁寧南北秦八州諸軍事荊湘二州刺史持節侍中丞相如故降愷爲宜陽縣王義宣將佐以下並加賞秩長史張暢事在本傳咨議參軍蔡超專掌書記并參謀除尚書吏部郎仍爲丞相咨議參軍南郡內史封汝南縣侯食邑千戶司馬竺超民爲黃門侍郎仍除丞相司馬南平內史其餘各有差義宣在鎮十年兵彊財富既首剏大義威名著天下凡所求欲無不必從朝廷所下制度意所不同者一不遵承嘗獻世祖酒先自酌飲封送所餘其不識大體如此初臧質陰有異志以義宣凡弱易可傾移欲假手爲亂以成其姧自襄陽往江陵見義宣便盡禮事在質傳及至江州每密信說義宣以爲有大才負大功挾震主之威自古尠有全者宜在人前蚤有處分且萬姓莫不係心於公整衆入朝內外孰不欣戴不爾一旦受禍悔無所及義宣陰納質言而世祖閨庭無禮與義宣諸女淫亂義宣因此發怒密治舟甲克孝建元年秋冬舉兵報豫州刺史魯爽兗州刺史徐遺寶使同爽狂酒失旨其年正月便反遣府戶曹送版以義宣補天子并送天子羽儀遺寶亦勒兵向彭城義宣及質狼狽起兵二月二十六日加都督中外諸軍事置左右長史司馬使僚佐悉稱名遣傳奉表曰臣聞博陸毗漢獲疑宣后昌國翼燕見猜惠王常謂異姓震主嫌隙易構葭莩淳戚昭亮可期臣雖庸懦少希忠謹值巨逆滔天忘家殉國雖歷算有歸微績不樹竭誠盡愚貫之幽顯而微疑莫監積毀日聞投杼之聲紛紜謠諑緣姧臣交亂成是貝錦夫澆俗之季少貞節之臣氷霜競至靡後彫之木並寢處凶世甘榮僞朝皆纓冕之所棄投畀之所取至乃位超昔寵任參大政惡直醜勳妄生邪說疑惑明主誣罔視聽又南從郡僚勞不足紀橫叨天功以爲己力同弊相扇圖傾宗社臧質去歲忠節勳高古賢魯爽協同大義志契金石此等猜毀必欲禍陷昔汲黯尚存劉安寢志孔父既逝華督縱逆臣雖不武績著艱難復肆讒狡規見誘召宗祀之危綴旒非所臣託體皇基運鍾日月王室顛墜咎在微躬敢忘抵鼠之忌甘受犯墉之責輒徵召甲卒分命衆藩使忠勤申憤義夫効力戮此凶醜謝愆闕廷則進不負七廟之靈退無愧二朝之遇臨表感愧辭不自宜上詔答曰皇帝敬問朕以不天招罹屯難家國阽危剪焉將及所以身先八百雪清寃恥遠憑高算共濟艱難遂登寡闇嗣奉洪祀尊戚酬勳實表心事秕政闕職所願匡拯而嘉言莫聞末德先著勤王之績未終毀冕之圖已及臧質險躁無行見棄人倫以此不識志在問鼎凶意將逞先借附從扇誘欺熾成此亂階如使羣逆並濟衆邪競逐將恐瞻烏之命未識所止搆怨連禍孰知其極公明有不照背本崇姦迷昵讒醜還謀社稷雖履霜有日誼議糾紛朕以至道無私杜遏疑議信理推誠暴於遐邇不虞物變難籌醜言遂驗是用悼心失圖忽忘寢食今便親御六師廣命羣牧告靈誓衆直造柴桑梟轅元惡以謝天下然後警蹕清江鳴鑾郢路投戈襲衮面稟規畧有宋不造家禍仍纏昔歲事寧方承遠訓冀以虛薄永弼厥艱豈謂曾未朞稔復覩斯釁二祖之業將墜于淵仰瞻鴻基但深感慟太傅江夏王義恭又與義宣書曰頃聞之道路云二魯背叛致之有由謂不然之言絕於知者之耳忽見來表將興晉陽之甲驚愕駭惋未譬所由若主幼臣强政移冢宰或時昏下縱在上畏逼然後賢藩忠構覩難赴機未聞聖主御世百辟順軌稱兵於言輿之初扶危於既安之日以此取濟竊爲大弟憂之昔歲二凶構逆四海同奮弟協宜忠孝奉戴明主元功盛德既已昭著皇朝欽嘉又亦優渥丞相位極人臣江左罕投一門兩王舉世希有表倍推誠彰於見事出納之宜唯意所欲裒升進益方省後命一旦棄之可謂運也吾等荷先帝慈育得及人羣思報後恩昊天罔極竭力盡誠猶懼無補奈何妄聽邪說輕造禍難國靡流言遽歸愆於二叔世無鼂錯仍襲轍於七藩棄漢蒼之令範遵齊冏之敗跡往時仲堪假兵靈寶旋害其族孝伯授之劉牢忠誠逝踵皆曩代之成事當今之殷鑒也臧質少無美行弟所具悉憑恃末戚並有微勤承乏推遷遂超倫伍藉西楚彊力圖濟其私凶謀若果恐非復池中物魯宗父子世爲國寃太祖方弘遐略故爽等均雍齒之封令據有五州虎兕出於匣是須爲劉淵耳徐遺寶是垣護之婦弟前因護之歸於吾若求北出不樂遠西近磐桓湖陸示遣劉雍其意見可雍是徐冲舅適有密信誓倒戈自虜侵境以來公私彫弊安以撫之庶可寧靜弟復隨而擾亂吾恐邊鄙皆爲禾黍宜遠尋高祖創業艱難近念家國比者禍釁時息兵戈共安社稷責躬謝過誅除險佞追保前勳傳美竹帛昔梁孝悔罪景帝垂恩阜質改過肅宗降澤忠焉之誨聊希往言禍福之機明者是察主上神武英斷羣策如林忠臣發憤虎士投袂雄騎布野舳艫蓋川吾以不才忝權節鉞總督羣帥首戒戎先指晨電舉式清南服所以積行緩期冀弟不遠而悟如其遂溺姦說者天實爲之臨書慨慈不識次第義宣移檄諸州郡加進號位遣參軍劉諶之尹周之等率軍下就臧質讎州刺史朱修之起兵奉順義宣二月十一日率衆十萬發自江津舳艫數百里是日大風船幾覆沒僅得入中夏口以第八子慆爲輔國將軍留鎮江陵遣魯秀朱曇韶萬餘人北誅朱修之秀初至江陵見義宣既出拊膺曰阿兄誤大事乃與癡人共作賊今年敗矣義宣至尋陽與質俱下質爲前鋒至鵲頭聞徐遺寶敗魯爽於小峴授首相視失色世祖使鎮北大將軍沈慶之送爽首示義宣并與書僕荷任一方而釁生所統近聊率輕師指往翦撲軍鋒裁交賊爽授首公情契異常或欲相見及其可識指送相呈義宣質並駭懼上先遣豫州刺史王玄謨舟師頓梁山洲內東西兩岸爲卻月城營柵甚固義宣屢與玄謨書要令降玄謨書報曰頻奉二誨伏對戰駭先在彭泗聞諸將皆云必有今日之事以鄙意量謂無此理去年九月故遣參軍先僧瑗修書表心并密陳入相之計欲使周旦之美復見於今豈意理數難推果至於此昔因幸會蒙國士之顧思報厚德甘赴泉壤豈謂一旦事與願違公崇長姦回自放西服信邪細之說忘大節之重溺流彼之志滅君親之恩狎玩極寵越希非覬祖宗世祀自圖顛覆瞑目行事未有如斯之甚者也乃復枉覃書檄遠示見招此則丹心微款未亮於高鑑赤城幽志虛感於平日環念周回始悟知己之爲難也公但念提職在昔不思善教有本徒見徐魯去就未知仗義有人豈不惜哉有臣則欲其忠誘人而導諸逆君子忠恕其如是乎苟不忠恕則擇木之翰有所不集矣夫挑妾者愛其易求妻則敬其難若承命如響將焉用之原穀存輿無禮必及竊恐荊郢之士已當潛貳其懷非皇都陋臣秉義不從公雖心迷迹往猶願勉建良圖抑撫軍忠壯慷慨亮誠有素新亭之勳莫與爲等而妄信姦虛坐相貶謗不亦惑哉幸承人乏夙誡前驅精甲已次近路鎮軍驍騎繼發太傅驃騎嗣董元戎乘輿親御六師威靈遐振人百其氣慕義如林舟騎雲回赫奕千里輒屬鞬秉銳與執事周旋授命當仁理無所讓夫君道既盡民禮亦絕執筆裁答感慨交懷撫軍柳元景據姑孰爲大統偏帥鄭琨武念戍南浦質遲入梁山去玄謨一里許結營義宣屯蕪湖五月十九日西南風猛質乘風順流攻玄謨西壘冗從僕射胡子友等戰失利棄壘渡就玄謨質又遣將龐法起數千兵從洲外趨南浦仍使自後掩玄謨與琨念相遇法起戰大敗赴水死略盡二十一日義宣至梁山質上出軍東岸攻玄謨玄謨分遣游擊將軍垣護之竟陵太守薛安都等出壘奮擊大敗質軍軍人一時投水護之等因風縱火焚其舟乘風勢猛盛烟燄覆江義宣時屯西岸延火燒營殆盡諸將乘風火之勢縱兵攻之衆一時奔潰義宣與質相失各單舸迸走東人士庶並歸順西人與義宣相隨者船舸猶有百餘女先適臧質子過尋陽入城取女載以西奔至江夏聞巴陵有軍被抄斷回入逕口步向江陵衆散且盡左右唯十許人腳痛不復能行就民僦露車自載無復食緣道求告至江陵郭外遣人報竺超民超民具羽儀兵衆迎之時外猶自如舊帶甲尚萬餘人義宣既入城仍出聽事見客左右翟靈寶誡使撫慰衆賓以臧質違指授之宜用致失利今治兵繕甲更爲後圖昔漢高百敗終成大業而義宣忘靈寶之言誤云項羽千敗衆咸掩口而笑魯秀竺超民等猶爲之爪牙欲收合餘燼更圖一決而義宣惛墊無復神守入內不復出左右腹心相率奔叛魯秀北走義宣不復自立欲隨秀去乃於內戎服縢囊盛糧帶佩刀攜息慆及所愛妾五人皆著男子服相隨城內擾亂白刃交橫義宣大懼落馬仍便步地超民送城外更以馬與之超民因還守城義宣冀及秀望諸將送北入虜既失秀所在未出郭將士逃散盡唯餘慆及五妾兩黃門而已夜還向城入南郡空廨無牀席地至旦遣黃門報超民超民遣故車一乘載送刺姦義宣送止獄戶坐地歎曰臧質老奴誤我始與五妾俱入獄五妾尋被遣出義宣號泣語獄吏曰常日非苦今日分別始是苦大司馬江夏王義恭諸公王八座與荊州刺史朱修之書曰義宣反道叛恩自陷極逆大義滅親古今同准無將之誅猶或四殺況醜文悖志宣灼遐邇鋒指絳闕兵纏近郊疊逼憂深臣主旰食賴朝略震明祖宗靈慶罪人斯得七廟弗隳司刑定罰典辟攸在而皇慈逮下愍其愚迷抑法申情屢奏不省人神悚遑省心震惕義宣自絕於天理無容受社稷之慮臣子責深便宜專行大戮以紓國難但加諸斧鉞有傷聖仁示以弘恩使自爲所上全天德下一洪憲臨書悲慨不復多云書未達修之至江陵已於獄盡焉時年四十世祖聽還葬義宣子悰愷恢憬惔惇恪伯實業悉達法導僧喜慧正慧知明彌虜妙覺寶明凡十八人愷恢惔惇並於江陵墓所賜死惔悉達早卒餘並與義宣俱爲朱脩之所殺蔡超及諮議參軍顏樂之徐壽之等諸同惡並伏誅超濟陽考城人父茂之

侍廬陵王義眞讀書官至彭城王義康驃騎從事中郎始興太守超少有才學初爲兖州主簿時令百官舉才超與前始寧令同郡江淳之前征南參軍會稽賀道養竝爲興安侯義賓所表薦竺超民青州刺史竺夔子也恢字景度既嫡長少而辯慧義宣甚愛重之年十一拜南譙王世子除給事中義宣爲荆州常停都邑太祖欲令還西乃以爲河東太守加寧朔將軍頊之徵爲黄門侍郎元凶弑立恢爲侍中義宣起義劭收恢及弟愷悏悰憬悏繫于外散騎郎沈焕防守之焕密有歸順意謂恢等曰禍福與諸郎同之願勿憂及臧質自白下上趨廣莫門劭令焕殺恢等焕乃解其桎梏率所領數十人與恢等向廣莫門欲出門者拒之焕曰臧公已至凶人走矣此司空諸郎竝能爲諸君得富貴非徒免禍而已勿相留亦値質至因以得出恢至新亭卽除侍中俄遷侍中散騎常侍西中郎將湘州刺史義宣幷領湘州轉恢侍中領衞尉晉氏過江不置城門校尉及衞尉官孝武欲重城禁故復置衞尉卿衞尉之置自恢始也轉右衞將軍侍中如故義宣舉兵反恢與兄弟姊妹一時逃亡恢藏江寧民陳銑家有告之者錄付廷尉恢子善藏與恢俱死愷字景穆生而養於宮內寵均皇子十歲封宜陽縣侯仍爲建威將軍南彭城沛二郡太守遷步兵校尉轉黄門侍郎太子中庶子領長水校尉元凶以愷爲散騎常侍世祖以爲祕書監未拜遷輔國將軍南彭城下邳二郡太守其年轉五兵尚書進爵爲王義宣反問至愷於尚書寺內著婦人衣乘問訊車投臨汝公孟詡詡於妻室內爲地窟藏之事覺收付廷尉詡伏誅愷封臨武縣侯年十八卒謚曰悼侯悰封湘南縣侯憬封祁陽縣侯徐遺寶字石儁高平金鄉人初以新亭戰功爲輔國將軍衞軍司馬河東太守不之官遷兖州刺史將軍如故戍湖陸封益陽縣侯食邑二千五百戶義宣既叛遣使以遺寶爲征虜將軍徐州刺史率軍出瓜步遺寶遣長史劉雝之襲彭城寧朔司馬明胤擊破之更遣高平太守王玄楷與雝之復逼彭城時徐州刺史蕭思話未之鎭因詔安北司馬夏侯祖權率五百人馳往助胤既至擊玄楷斬之雝之還湖陸遺寶復遣使人檀休祖應玄楷聞敗亦潰散遺寶棄城奔魯爽爽敗逃東海郡界土人斬送之傳首京邑夏侯祖權譙人也以功封祁陽縣子食邑四百戶大明中爲建武將軍兖州刺史卒官謚曰烈子

史臣曰襄陽龐公謂劉表曰若使周公與管蔡處茅屋之下食藜藿之羹豈有若斯之難夫天倫由子共氣分形寵愛之分雖同富貴之情則異也追味尚長之言以爲太息

宋書卷六十八考證

彭城王義康傳前龍驤參軍巴東扶令育○南史令字在扶字上裴子野論稱曰扶育而通鑑從宋書作扶令育恐當以南史爲是

故詩云無信人之言人實不信又云兄弟雖鬩不廢親也○臣照按兄弟雖鬩二句毛詩無此語蓋左傳富辰引兄弟鬩於牆外禦其侮而釋之曰兄弟雖有小忿不廢懿親也古人引書舉其大意往往如此

二十八年正月遣中書舍人嚴龍○龍南史作龔

南郡王義宣傳義宣子悰愷恢憬悏惇慆○臣承蒼按下文稱恢爲嫡長又云劭收恢及弟愷悏悰憬悏繫於外是悰愷皆恢之弟也南史亦云長子恢此傳叙恢于悰愷之後恐誤

宋書卷六十九

梁　沈　約　撰

列傳第二十九

劉湛　范曄

劉湛字弘仁南陽涅陽人也祖耽父柳竝晉左光祿大夫開府儀同三司湛出繼伯父淡襲封安衆縣五等男少有局力不向浮華博涉史傳諳前世舊典弱年便有宰世情常自比管夷吾諸葛亮不爲文章不喜談議本州辟主簿不就除著作佐郎又不拜高祖爲太尉行參軍賞遇甚厚高祖領鎭西將軍荆州刺史以湛爲功曹仍補治中别駕從事史復爲太尉參軍世子征虜西中郎主簿父柳亡於江州州府送故甚豐一無所受時論稱之服終除祕書丞出爲相國參軍謝晦王弘竝稱其有器幹高祖入受晉命以第四子義康爲冠軍將軍豫州刺史留鎭壽陽以湛爲長史梁郡太守義康弱年未親政府州軍事悉委湛府進號右將軍仍隨府轉義康以本號徙爲南豫州湛改領歷陽太守爲人剛嚴用法姧吏犯贓百錢以上皆殺之自下莫不震肅廬陵王義眞出爲車騎將軍南豫州刺史湛又爲長史太守如故義眞時居高祖憂使帳下備膳湛禁之義眞乃使左右索魚肉珍羞於齋內別立廚帳會湛入因命臑酒炙車螯湛正色曰公當今不宜有此設義眞曰旦甚寒一盌酒亦何傷長史事同一家望不爲異酒既至湛因起曰既不能以禮自處又不能以禮處人景平元年召入拜尚書吏部郎遷右衞將軍出督廣交二州諸軍事建威將軍平越中郎將廣州刺史嫡母憂去職服闋爲侍中撫軍將軍江夏王義恭鎭江陵以湛爲使持節南蠻校尉領撫軍長史行府州事時王弘輔政而王華王曇首任事居中湛自謂才能不後之不願外出是行也謂爲弘等所斥意甚不平常曰二王若非代邸之舊無以至此可謂遭遇風雲湛負其志氣常慕汲黯崔琰爲人故名長子曰黯字長孺第二子曰琰字季珪琰於江陵病卒湛求自送喪還都義恭亦爲之陳請太祖答義恭曰吾亦得湛啓事爲之酸懷乃不欲苟違所請但汝弱年新涉庶務八州殷曠專斷事重疇諮委仗不可不得其人量算二三未獲便相順許今答湛啓權停彼葬頃朝臣零落相係寄懷轉寡湛實國器吾乃欲引其令還直以西夏任重要且停此事耳汝慶賞黜罰豫關失得者必宜悉相委寄義恭性甚狷隘年又漸長欲專政事每爲湛所裁主佐之間嫌隙遂構太祖聞之密遣使詰讓義恭并使深加諧緝義恭具陳湛無居下之禮又自以年長未得行意雖奉詔旨頗有怨言上友于素篤欲加酬順乃詔之曰事至於此甚爲可歎當今之才委授已爾宜盡相彌縫取其可取棄其可棄汝疏云泯然無際如此甚佳彼多猜不可令萬一覺也汝年已長漸更事物且羣情矚望不以幼昧相期何由故如十歲時動止諮問但當今所專必是小事耳亦恐量此輕重未必盡得彼之疑怨兼或由此邪先是王華既亾曇首又卒領軍將軍殷景仁以時賢零落白太祖徵湛八年召爲太子詹事加給事中本州大中正與景仁竝被任遇湛常云今世宰相何難此政可當我南陽郡漢世功曹耳明年景仁轉尚書僕射領選護軍將軍湛代爲領軍將軍十二年又領詹事湛與景仁素款又以其建議徵之甚相感說及俱被時遇猜隙漸生以景仁專管內任謂爲間已時彭城王義康專秉朝權而湛昔爲上佐遂以舊情委心自結欲因宰相之力以回主心傾黜景仁獨當時務義康屢構之於太祖其事不行義康僚屬及湛諸附隸潛相約勒無敢歷殷氏門者湛黨劉敬文父成未悟其機詣景仁求郡敬文遽往謝湛曰老父悖耄遂就殷鐵干祿由敬文闇淺上負生成合門慚懼無地自處敬文之姧諂無愧如此義康擅勢專朝威傾內外湛愈推崇之無復人臣之禮上稍不能平湛初入朝委任甚重日夕引接恩禮綢繆善論治道并語前世故事敍致銓理聽者忘疲每入雲龍門御者便解駕左右及羽儀隨意分散不夕不出以此爲常及至晚節驅煽義康凌轢朝廷上意雖內離而接遇不改上嘗謂所親曰劉班初自西還吾與語常看日早晚慮其當去比入吾亦看日早晚慮其不去湛小字班虎故云班也遷丹陽尹金紫光祿大夫加散騎常侍詹事如故十七年所生母亡時上與義康形迹既乖釁難將結湛亦知無復全地及至丁艱謂所親曰今年必敗常日正賴口舌爭之故得推遷耳今既窮毒無復此望禍至其能久乎十月詔曰劉湛階藉門蔭少叨榮位往佐歷陽姧詖夙著謝晦之難潛使密告求心卽事久宜誅屏朕所以棄罪略瑕庶收後效寵秩優忝踰越倫匹而凶忍忌克剛愎靡厭無君之心觸遇斯發遂乃合黨連羣構扇同異附下蔽上專弄威權薦子樹親互爲表裏邪附者榮曜九族乘理者推陷必至旋觀姧慝爲日已久猶欲弘納遵養冀或悛革自邇以來凌縱滋甚悖言懟容罔所顧忌險謀潛計驎睨兩宮豈唯彰暴國都固亦達于四海比年七曜違度震蝕表災侵陽之徵事符幽顯搢紳含憤義夫典歎昔齊魯不綱禍傾邦國昭宣電斷漢祚方延便收付廷尉肅明刑典於獄伏誅時年四十九子黯大將軍從事中郎黯及二弟亮儼竝從誅湛弟素黃門侍郎徙廣州湛初被收歎曰便是亂邪仍又曰不言無我應亂殺我自是亂法耳入獄見素曰乃復及汝邪相勸爲惡惡不可爲相勸爲善正見今日如何湛生女輒殺之爲士流所怪

范曄字蔚宗順陽人車騎將軍泰少子也母如廁產之額爲塼所傷故以塼爲小字出繼從伯弘之襲封武興縣五等侯少好學博涉經史善爲文章能隸書曉音律年十七州辟主簿不就高祖相國掾彭城王義康冠軍參軍隨府轉右軍參軍入補尚書外兵郎出爲荆州別駕從事史尋召爲祕書丞父憂去職服終爲征南大將軍檀道濟司馬領新蔡太守道濟北征曄憚行辭以脚疾上不許使由水道統載器仗部伍軍還爲司徒從事中郎頃之遷尚書吏部郎元嘉元年冬彭城太妃薨將葬祖夕僚故竝集東府曄弟廣淵時爲司徒祭酒其日在直曄與司徒左西屬王深宿廣淵許夜中酣飲開北牖聽挽歌爲樂義康大怒左遷曄宣城太守不得志乃

剸衆家後漢書爲一家之作在郡數年遷長沙王義欣鎭軍長史加寧朔將軍兄暠爲宜都太守嫡母隨暠在官十六年母亡報之以疾曄不時奔赴及行又攜妓妾自隨爲御史中丞劉損所奏太祖愛其才不罪也服闋爲始興王濬後軍長史領南下邳太守及濬爲揚州未親政事悉以委曄尋遷左衞將軍太子詹事曄長不滿七尺肥黑禿眉鬚善彈琵琶能爲新聲上欲聞之屢諷以微旨曄僞若不曉終不肯爲上彈上嘗宴飲歡適謂曄曰我欲歌卿可彈曄乃奉旨上歌既畢曄亦止弦初魯國孔熙先博學有縱橫才志文史星筭無不兼善爲員外散騎侍郎不爲時所知久不得調初熙先父默之爲廣州刺史以贓貨得罪下廷尉大將軍彭城王義康保持之故得免及義康被黜熙先密懷報效欲要朝廷大臣未知誰可動者以曄意志不滿欲引之而熙先素不爲曄所重無因進說曄外甥謝綜雅爲曄所知熙先嘗經相識乃傾身事綜與之結厚熙先藉嶺南遺財家甚富足始與綜諸弟共博故爲拙行以物輸之綜等諸年少既屢得物遂日夕往來情意稍款綜乃引熙先與曄爲數曄又與戲熙先故爲不敵前後輸曄物甚多曄既利其財寶又愛其文藝熙先素有詞辯盡心事之曄遂相與異常申莫逆之好始以微言動曄曄不回熙先乃極辭譬說曄素有閨庭論議朝野所知故門胄雖華而國家不與姻娶熙先因以此激之曰丈人若謂朝廷相待厚者何故不與丈人婚爲是門戶不得邪人作犬豕相遇而丈人欲爲之死不亦惑乎曄默然不答其意乃定時曄與沈演之並爲上所知待每被見多同曄若先至必待演之俱入演之先至嘗獨被引曄又以此爲怨曄累經義康府佐見待素厚及宣城之授意好乖離綜爲義康大將軍記室參軍隨鎭豫章綜還申義康意於曄求解晚隙復敦往好曄既有逆謀欲探時旨乃言於上曰臣歷觀前史二漢故事諸蕃王政以訞詛幸災便正大逆之罰況義康奸心釁跡彰著遐邇而至今無恙臣竊惑焉且大梗常存將重階亂骨肉之際人所難言臣受恩深重故冒犯披露上不納熙先素善天文云太祖必以非道晏駕當由骨肉相殘江州應出天子以爲義康當之綜父述亦爲義康所遇綜弟約又是義康女夫故太祖使綜隨從南上既爲熙先所獎說亦有酬報之心廣州人周靈甫有家兵部曲熙先以六十萬錢與之使於廣州合兵靈甫一去不反大將軍府史仲承祖義康舊所信念屢銜命下都亦潛結腹心規有異志聞熙先有誠密相結納丹陽尹徐湛之素爲義康所愛雖爲舅甥恩過子弟承祖因此結事湛之告以密計承祖南下申義康意於蕭思話及曄云本欲與蕭結婚恨始意不果與范本情不薄中間相失傍人爲之耳有法略道人先爲義康所供養粗被知待又有王國寺法靜尼亦出入義康家內皆感激舊恩規相拯拔並與熙先往來使法略罷道本姓孫改名景玄以爲臧質寧遠參軍熙先善於治病兼能診脈法靜尼妹夫許耀領隊在臺宿衞殿省嘗有病因法靜尼就熙先乞治爲合湯一劑耀疾卽損耀自往酬謝因成周旋熙先以耀膽幹可施深相待結因告逆謀耀許爲內應豫章胡遵世藩之子也與法略甚款亦密相酬和法靜尼南上熙先遣婢採藻隨之付以牋書陳說圖讖法靜還義康餉熙先銅匕銅鑷袍段棊奩等物熙先慮事泄酖採藻殺之湛之又謂曄等臧質見與異常歲內當還已報質悉攜門生義故其亦當解人此旨故應得健兒數百質與蕭思話款密當仗要之二人並受大將軍眷遇必無異同思話三州義故衆力亦不減質郡中文武及合諸處偵邏亦當不減千人不憂兵力不足但當勿失機耳乃略相署置湛之爲撫軍將軍揚州刺史曄中軍將軍南徐州刺史熙先左衞將軍其餘皆有選擬凡素所不善及不附義康者又有別簿並入死目熙先使弟休先先爲檄文曰夫休否相乘道無恆泰狂狡肆逆明哲是殛故小白有一匡之勳重耳有翼戴之德自景平肇始皇室多故大行皇帝天誕英姿聰明叡哲拔自藩國嗣位統天憂勞萬機垂心庶務是以邦內安逸四海同風而比年以來奸豎亂政刑罰乖淫陰陽違舛致使釁起蕭墻危禍萃集賊臣趙伯符積怨含毒遂縱奸凶肆兵犯蹕禍流儲宰崇樹非類傾墜皇基罪百浞豷過十玄莽開闢以來未聞斯比率土叩心華夷泣血咸懷亡身之誠同思糜軀之報湛之曄與行中領軍蕭思話行護軍將軍臧質行左衞將軍孔熙先建威將軍孔休先忠貫白日誠著幽顯義痛其心事傷其目投命奮戈萬殞莫顧卽日斬伯符首及其黨與雖豺狼卽戮王道惟新而普天無主羣萌莫係彭城王體自高祖聖明在躬德格天地勳溢區宇世路威夷勿用南服龍潛鳳棲于茲六稔蒼生饑德億兆渴化豈唯東征有鴟鴞之歌陝西有勿翦之思哉靈祇告徵祥之應讖記表帝者之符上答天心下慊民望正位辰極非王而誰今遣行護軍將軍臧質等齎皇帝璽綬星馳奉迎百官備禮駱驛繼進並命羣帥鎭戍有常若干撓義徒有犯無貸昔年使反湛之奉賜手勑逆誡禍亂預覩斯萌令宣示朝賢共拯危溺無斷謀事失於後機遂使聖躬濫酷大變奄集哀恨崩裂撫心摧哽不知何地可以厝身輒督厲尫頓死而後已熙先以既爲大事宜須義康意旨曄乃作義康與湛之書宣示同黨曰吾凡人短才生長富貴任情用己有過不聞與物無恆喜怒違實致使小人多怨士類不歸禍敗已成猶不覺悟退加尋省方知自招刻肌刻骨何所復補然至於盡心奉上誠貫幽顯拳拳謹慎惟恐不及乃可恃寵驕盈實不敢故爲欺罔也豈苞藏逆心以招灰滅所以推誠自信不復防護異同率意信心不顧萬物議論遂致讒巧潛構衆惡歸集甲奸險好利負吾事深乙凶愚不齒扇長無賴丙丁趨走小子唯知諂進伺求長短共造虛說致令禍陷骨肉誅戮無辜凡在過釁竟有何徵而刑罰所加同之元惡傷和枉理感徹天地吾雖幽逼日苦命在漏刻義慨之士時有音信每知天文人事及外間物情土崩瓦解必在朝夕是爲釁起羣賢濫延國家夙夜憤踊心腹交戰朝之君子及士庶白黑懷義秉理者寧可不識時運之會而坐待橫流邪除君側之惡非唯一代況此等狂亂罪骫終古所無加之翦戮易於摧朽邪可以吾意宣示衆賢若能同心奮發族裂逆黨豈非功均刱業重造宋室乎但兵凶戰危或致侵濫若有一豪犯順誅及九族處分之要委之羣賢皆當謹奉朝廷動止聞啓往日嫌怨一時豁然然後吾當謝罪北闕就戮有司苟安社稷瞑目無恨勉之勉之二十二年九月征北將軍衡陽王義季右將軍南平王鑠出鎭上於武帳岡祖道曄等期以其日爲亂而差互不得發於十一月徐湛之上表曰臣與范曄本無素舊中忝門下與之鄰省屢來見就故漸成周旋比年以來意態轉見傾動險忌富貴情深自謂任遇未高遂生怨望非唯攻伐朝士譏謗聖時乃上議朝廷下及藩輔驅扇同異恣口肆心如此之事已具上簡近員外散騎侍郎孔熙先忽令大將軍府吏仲承祖騰曄及謝綜等意欲收合不逞規有所建以臣昔蒙義康接盼又去歲羣小爲臣妄生風塵謂必嫌懼深見勸誘兼云人情樂亂機不可失讖緯天文並有徵驗曄尋自來復具陳此并說臣論議轉惡全身爲難卽以啓聞被勑使相酬引究其情狀於是悉出檄書選事及同惡人名手墨翰跡謹封上呈凶悖之甚古今罕比由臣闇於交士聞此逆謀臨啓震惶荒情無措詔曰湛之表如此良可駭惋曄素無行檢少負瑕釁但以才藝可施故收其所長頗加榮爵遂參淸顯而險利之性有過谿壑不識恩遇猶懷怨憤每存容養冀能悛革不謂同惡相濟狂悖至此便可收掩依法窮詰其夜先呼曄及朝臣集華林東閤止於客省先已於外收綜及熙先兄弟並皆款服于時上在延賢堂遣使問曄曰以卿觕有文翰故相任擢名爵期懷於例非少亦知卿意難厭滿正是無理怨望驅扇朋黨而已云何乃有異謀曄倉卒怖懼不卽首款上重遣問曰卿與謝綜徐湛之孔熙先謀逆並已答款猶尚未死徵據見存何不依實曄對曰今宗室磐石蕃嶽張跱設使竊發僥倖方鎭便來討伐幾何而不誅夷且臣位任過重一階兩級自然必至如何以滅族易此古人云左手據天下之圖右手刎其喉愚夫不爲臣雖泥下朝廷許其觕有所及以理而察臣不容有此上復遣問曰熙先近在華林門外寧欲面辨之乎曄辭窮乃曰熙先苟誣引臣臣當如何熙先聞曄不服笑謂殿中將軍沈邵之曰凡諸處分符檄書疏皆范曄所造及治定云何於今方作如此抵蹋邪上示以墨迹曄乃具陳本末曰久欲上聞逆謀未著又冀其事消弭故推遷至今負國罪重分甘誅戮其夜上使尚書僕射何尚之視之問曰卿事何得至此曄曰君謂是何尚之曰卿自應解曄曰外人傳庾尚書見憎計與之無惡謀逆之事聞孔熙先說此輕其小兒不以經意今忽受責方覺爲罪君方以道佐世使天下無冤弟就死之後猶望君照此心也明日仗士送曄付廷尉入獄問徐丹陽所在然後知爲湛之所發熙先望風吐款辭氣不橈上奇其才遣人慰勞之曰以卿之才而滯於集書省理應有異志此乃我負卿也又詰責前吏部尚書何尚之曰使孔熙先年將三十作散騎郎那不作賊熙先於獄中上書曰囚小人猖狂識無遠概徒狥意氣之小感不料逆順之大方與第二弟休先首爲奸謀干犯國憲鑿顱臚腸無補尤戾陛下大明含弘量苞天海錄其一介之節猥垂優逮之詔恩非望始沒有遺榮終古以來未有斯比夫盜馬絕纓之臣懷璧投書之士其行至賤其過至微由識不世之恩以盡軀命之報卒能立功齊魏致勳秦楚囚雖身陷禍逆名節俱喪然少也抗慨竊慕烈士之遺風但墜崖之木事絕升躋覆盆之水理乖收汲方當身膏鈇鉞詒誡方來若使魂而有靈結草無遠然區區丹抱不負夙心貪及視息少得申暘自惟性愛羣書心解數術智之所周力之所至莫不窮攬究其幽微考論既往誠多審驗

謹略陳所知條牒如故別狀願且勿遺棄存之中書若四死之後或可追存庶九泉之下少塞釁責所陳並天文占候讖上有骨肉相殘之禍其言深切曄在獄與綜及熙先異處乃稱疾求移考堂欲近綜等見聽與綜等果得隔壁遙問綜曰始被收時疑誰所告綜云不知曄曰乃是徐童童徐湛之小名仙童也在獄爲詩曰禍福本無兆性命歸有極必至定前期誰能延一息在生已可知來緣儘無識好醜共一丘何足異枉直豈論東陵上寧辨首山側雖無嵇生琴庶同夏侯色寄言生存子此路行復即曄本意謂入獄便死而上窮治其獄遂經二旬曄更有生望獄吏因戲之曰外傳詹事或當長繫曄聞之驚喜綜熙先笑之曰詹事當前共疇事時無不攘袂瞋目及在西池射堂上躍馬顧盼自以爲一世之雄而今擾攘紛紜畏死乃爾設令今時賜以性命人臣圖主何顏可以生存曄謂衞獄將曰惜哉薶如此人將曰不忠之人亦何足惜曄曰大將言是也將出市曄最在前於獄門顧謂綜曰今日次第當以位邪綜曰賊帥爲先在道語笑初無暫止至市問綜曰時欲至未綜曰勢不復久曄既食又苦勸綜綜曰此異病篤何事彊飯曄家人悉至市監刑職司問須相見不曄問綜曰家人以來幸得相見將不暫別綜曰別與不別亦何所存來必當號泣正足亂人意曄曰號泣何關人向見道邊親故相瞻望亦殊勝不見吾意故欲相見於是呼前曄妻先下撫其子回罵曄曰君不爲百歲阿家不感天子恩遇身死固不足塞罪奈何枉殺子孫曄乾笑云罪至而已曄所生母泣曰主上念汝無極汝曾不能感恩又不念我老今日奈何仍以手擊曄頸及頰曄顏色不怍妻云罪人阿家莫念妹及妓妾來別曄悲涕流連綜曰舅殊不同夏侯色曄收淚而止綜母以子弟自蹈逆亂獨不出視曄語綜曰姊今不來勝人多也曄轉醉子藹亦醉取地土及果皮以擲曄呼曄爲別駕數十聲曄問曰汝恚我邪藹曰今日何緣復恚但父子同死不能不悲耳曄常謂死者神滅欲著無鬼論至是與徐湛之書云當相訟地下其謬亂如此又語人寄語何僕射天下決無佛鬼若有靈自當相報收曄家樂器服玩並皆珍麗妓妾亦盛飾母住止單陋唯有一廚盛樵薪弟子冬無被叔父單布衣曄及子藹遙叔蔞孔熙先及弟休先景先思先熙先子桂甫桂甫子白民謝綜及弟約仲承祖許耀諸所連及並伏誅曄時年四十八曄兄弟子父已亡者及謝綜弟緯徙廣州藹子魯連吳興昭公主外孫請全生命亦得遠徙世祖即位得還曄性精微有思致觸類多善衣裳器服莫不增損制度世人皆法學之撰和香方其序之曰麝本多忌過分必害沈實易和盈斤無傷零藿虛燥詹唐黏溼甘松蘇合安息鬱金捺多和羅之屬並被珍於外國無取於中土又棗膏昏鈍甲煎淺俗非唯無助於馨烈乃當彌增於尤疾也此序所言悉以比類朝士麝本多忌比庾炳之零藿虛燥比何尚之詹唐黏溼比沈演之棗膏昏鈍比羊玄保甲煎淺俗比徐湛之甘松蘇合比慧琳道人沈實易和以自比也

曄獄中與諸甥姪書以自序曰吾狂釁覆滅豈復可言汝等皆當以罪人棄之然平生行已任懷猶應可尋至於能不意中所解汝等或不悉知吾少懶學問晚成人年三十許政始有向耳自爾以來轉爲心化推老將至者亦當未已也往往有微解言乃不能自盡爲性不尋注書心氣惡小苦思便憒悶口機又不調利以此無談功至於所通解處皆自得之於胷懷耳文章轉進但才少思難所以每於操筆其所成篇殆無全稱者常恥作文士文患其事盡於形情急於藻義牽其旨韻移其意雖時有能者大較多不免此累政可類工巧圖繢竟無得也常謂情志所託故當以意爲主以文傳意以意爲主則其旨必見以文傳意則其詞不流然後抽其芬芳振其金石耳此中情性旨趣千條百品屈曲有成理自謂頗識其數嘗爲人言多不能賞意或異故也性別宮商識清濁斯自然也觀古今文人多不全了此處縱有會此者不必從根本中來言之皆有實證非爲空談年少中謝莊最有其分手筆差易文不拘韻故也吾思乃無定方特能濟難適輕重所稟之分猶當未盡但多公家之言少於事外遠致以此爲恨亦由無意於文名故也本未關史書政恒覺其不可解耳既造後漢轉得統緒詳觀古今著述及評論殆少可意者班氏最有高名既任情無例不可甲乙辨後贊於理近無所得唯志可推耳博贍不可及之整理未必愧也吾雜傳論皆有精意深旨既有裁味故約其詞句至於循吏以下及六夷諸序論筆勢縱放實天下之奇作其中合者往往不減過秦篇嘗共比方班氏所作非但不愧之而已欲徧作諸志前漢所有者悉令備雖事不必多且使見文得盡又欲因事就卷內發論以正一代得失意復未果贊自是吾文之傑思殆無一字空設奇變不窮同含異體乃自不知所以稱之此書行故應有賞音者紀傳例爲舉其大略耳諸細意甚多自古體大而思精未有此也恐世人不能盡之多貴古賤今所以稱情狂言耳吾於音樂聽功不及自揮但所精非雅聲爲可恨然至於一絕處亦復何異邪其中體趣言之不盡弦外之意虛響之音不知所從而來雖少許處而旨態無極亦嘗以授人士庶中未有一豪似者此永不傳矣吾書雖小小有意筆勢不快餘竟不成就每愧此名曄自序並實故存之

藹幼而整潔衣服竟歲未嘗有塵點死時年二十曄少時兄晏常云此兒進利終破門戶終如晏言

史臣曰古之人云利令智昏甚矣利害之相傾劉湛識用才能實苞經國之略豈不知移弟爲臣則君臣之道用變兄成主則兄弟之義殊乎而義康數懷奸計苟相崇說與夫推長戟而犯魏闕亦何以異哉

宋書卷六十九考證

范蔚宗傳在道語笑初無暫止○暫止南史作慙耻

推老將至者亦當未已也○推一本作雖

宋書卷七十

梁　沈　約　撰

列傳第三十

袁淑

袁淑字陽源陳郡陽夏人丹陽尹豹少子也少有風氣年數歲伯湛謂家人曰此非凡兒至十餘歲爲姑夫王弘所賞不爲章句之學而博涉多通好屬文辭采遒豔縱橫有才辯本州命主簿著作佐郎太子舍人並不就彭城王義康命爲軍司祭酒義康不好文學雖外相禮接意好甚踈劉湛淑從母兄也欲其附己而淑不以爲意由是大相乖失以久疾免官補衡陽王義季右軍主簿遷太子洗馬以脚疾不拜衞軍臨川王義慶雅好文章請爲諮議參軍頃之遷司徒左西屬出爲宣城太守入補中書侍郎以母憂去職服闋爲太子中庶子元嘉二十六年遷尚書吏部郎其秋大舉北伐淑侍坐從容曰今當鳴鑾中岳席卷趙魏檢玉岱宗今其時也臣逢千載之會願上封禪書一篇太祖笑曰盛德之事我何足以當之出爲始興王征北長史南東海太守淑始到府濬引見謂曰不意舅遂垂屈佐淑答曰朝廷遣下官本以光公府望還爲御史中丞時索虜南侵遂至瓜步太祖使百官議防禦之術淑上議曰臣聞函車之獸離山必斃絕波之鱗宕流則枯羯寇遺醜趨致畿甸蟻萃蠭集聞已崩殪天險巖曠地限深遐故全魏戢其圖盛晉輟其議情屈力殫氣挫勇竭諒不虞於來臨本無怵於能濟矣乃者燓定攜違阻違授律由將有弛拙故士少鬭志圍潰之衆匪寇傾淪攻制之師空自班散濟西勁騎急戰楚旅淮上訓卒簡備靡旗是由綏整寡衷戎昭多昧遂使栲潞入患泉伊來擾紛殄姬風泯壽禹績騰書有渭陰之迫懸烽均咸陽之警然而切揣虛實伏匿先彰校索伎能譎詭既顯綿地千里彌行阻深表裏躓硋後先介逼捨陵衍之習競湍沙之利今虹見萍生土膏泉動津陸陷溢痁禍洊興蕩藁已單米粟莫係水寓衿帶進必傾實河隘扁固退亦墮滅所謂栖烏於烈火之上養魚於叢棘之中或謂損緩江右寬緝淮內竊謂拯扼閩城舊史爲允棄遠凉土前言稱非限此要荒猶弗委割況聯被京國咫尺神甸數州摧掃列邑殲痍山淵反覆草木塗地今丘賦千乘井竿萬集肩摩倍於長安締袂百於臨淄什一而籍實慊氓願履畝以稅旣協農和戶競戰心人含銳志皆欲贏糧請奮釋緯乘城謂宜懸金鑄印要壯果之士重幣甘辭招摧決之將舉薦板築之下抽登臺皂之間賞之以焚書報之以相爵俄而昭才賀闕異能間至戎貪而無謀肆而不整迷乎向背之宄謬於合散之宜犯軍志之極害觸兵家之甚諱咸畜憤矣僉策戰矣稱願影從謠言嚮命宜選敢悍數千鶩行潛掩偃旗裹甲鉗馬銜枚檜稽而起晨壓未陣旌譟亂舉火鼓四臨使景不暇移塵不及起無不禽鍛獸讐氷解霧散掃洗哨類漂國浮山如有決罣漏網逡竄逗穴命淮汝戈船遏其還逕兗部勁卒梗其歸塗必翦元雄懸首麾下乃將隻輪不反戰轄無旋矣於是信臣騰威武士縛力緹組接陰鞞柝聯響若其僞遁羸張出没無際楚言漢旆顯默如神固已日月蔽虧川谷蕩貿負塞殘孽阻山盡黨收險竊命懸城借土則當因威席卷乘機芟剿泗汴秀士星流電燭徐阜嚴兵雨湊雲集歷亂桑溪之北搖潰瀚海以南絕其心根勿使能植銜索之枯幾何不蠹是由涸澤而漁焚林而狩若浚風之偃輕籜杲日之拂浮霜既而尉洽荷掠之餘望吊網悲之鬼然後天行樞運猋舉煙外青蓋西巡翠華東幸經啓州野滌一軫策俾高闕再勒燕然復銘方乃奠山沉河創禮輯策闡燿炎昊之遺則貫軼商夏之舊文今衆賈拳勇而將術踈怯意者稔泰日積承平歲久邑

無驚赴之急家緩僞戰之勤閫閲訓之禮簡參屬之飾且亦薦採之法庸未蔵敷若乃邦造里選擢論深切躬擐盡幽靳帶尋遠設有沉明能照俊偉自宜誠感泉雨流通金石氣懾飛貢知窮苴起審邪正順逆之數達昬明益損之宜能瞬合民心愚啟物性登丹墀而敷策躡青蒲而揚謀上說辰鑒下弭素言足以安民紓國救災恤患則宜拔過寵貴之上褒升戚舊之右別其旂章榮其班祿出得專譽使不禀命降席折節同廣武之請設壇致禮均淮陰之授必有要盟之功竊符之捷夷裔慕狠內外侮棄始附之衆分茷無序蠱以威利勢必攜離首順之徒靡然自及今淶繹故典纏土纓綏翦焉幽播折首凶狡是猶恥者顧明瘞之思步動商遄會功終易感刼晉在於善覘全鄭實寄艮諜多縱反間汨惑心耳發險易之前抵輿喪之術衝其猜伏拂其嫌嗜汨以連率之貴餌以析壤之資鑿筆端之用展辭鋒之鋭振辯則堅圍可解馳羽而巖邑易傾必府鬲土崩枝幹瓦裂故燕樂相悔項范交疑矣或乃言約功深事邇應廣齊圉反駕趙養還君盡輿誦之道畢能事之效臣幸得出內層禁游心明代澤與身泰恩隨年行無以逢迎昌運潤飾鴻法今塗有遺鏃蠆未息蜂敢思涼識少酬閎施但坐幕既乏昭文免胄不能致果竊觀都護之邊論屬國之兵謀終晁之抗辭杜耿之言事咸云及經之棘猶鬬上竿蠲邪之敬裁收下策自耻儒木智不綜微敢露昧見無會昭採淑喜爲誇誕每爲時人所謝始與王濬嘗送錢三萬餉淑一宿復遣追取謂使人謬誤欲以戲淑淑與濬書曰袁司直之視館敢寓書於上國之宮尹日者猥枉泉賦降委弊邑弊邑敬事是遑無或違貳懼非郊贈之禮覲饗之賚不虞君王惠之於是也是有懵焉弗圖旦夕發咫尺之記籍左右而請以爲胥授失旨爰速先幣曾是附庸臣委末學孤聞者如之何勿疑且亦聞之前志曰七年之中一與一奪義士猶或非之況密邇旬次何其裒益之亟也藉恐二三諸侯有以觀大國之政是用敢布心腹弊室弱生砥節清廉好是潔直以不邪之故而貧聞天下寧有昧夫嗟金者哉不腆供賦束馬先璧以俟命唯執事所以圖之遷太子左衛率元凶將爲弒逆其夜淑在直二更許呼淑及蕭斌等流涕謂曰主上信讒將見罪廢省內無過不能受枉明旦便當行大事望相與勠力淑及斌並曰自古無此願加善思劭怒變色左右皆動斌懼乃曰臣昔忝伏事常思効節況憂迫如此輒當竭身奉令淑叱之曰卿便謂殿下眞有是邪殿下少時嘗患風或是疾動耳劭愈怒因問曰事當克不淑曰居不疑之地何患不克但既克之後爲天地之所不容大禍亦旋至耳願急息之劭左右引淑等袴褶又就主衣取錦截三尺爲一段又中破分斌淑及左右使以縛袴淑出環省繞牀行至四更乃寢劭將出已與蕭斌同載呼淑甚急淑眠終不起劭停車奉化門催之相續徐起至車後劭使登車又辭不上劭因命左右與手刃見殺於奉化門外時年四十六劭即位追贈太常賜賵甚厚世祖即位使顏延之爲誥曰夫輕道重義亟聞其教世弊國危希遇其人自非達義之至識正之深者孰能抗心衞主遺身固節者哉故太子左衞率淑文辯優洽秉尚貞慤當要逼之切意色不撓厲辭道逆氣震凶黨虐刃交至取斃不移古之懷忠隕難未云出其右者與言嗟悼無廢乎心宜在加禮永旌宋有臣焉可贈侍中太尉謚曰忠憲公又詔曰袁淑以身殉義忠烈邈古遺孤在疚特所矜懷可厚加賜卹以慰存亡淑及徐湛之江湛王僧綽卜天與四家於是長給稟祿文集傳於世子幾敳稜凝摽敳世宗步兵校尉凝太宗世御史中丞出爲晉陵太守太宗初與四方國反兵敗歸降以補劉湛冠軍府主簿淑諸子並早卒

史臣曰天長地久人道則異於斯蕣華朝露未足以言也其間天遽曾何足云宜任心去留不以存没嬰心徒以靈化悠遠生不再來雖天行路嶮而未之斯遇謂七尺常存百年可保也所以據洪圖而輕天下恡寸陰而敗尺璧若乃義重乎生空炳前誥投軀殉主世罕其人若無陽源之節丹青何貴焉爾

宋書卷七十考證

袁淑傳檜稽而起晨壓未陣○袁淑本集檜作會 臣承蒼按字書稽計也會稽之地亦以會諸侯之計得名應從本集

然後天行樞運姦舉煙外○外南史作升袁淑本集亦作升

太宗初與四方國反兵敗歸降以補劉湛冠軍府主簿○劉湛于太祖元嘉十七年被誅太宗時安得爲冠軍將軍湛字誤

宋書卷七十一

梁　沈　約　撰

列傳第三十一

徐湛之　江湛　王僧綽

徐湛之字孝源東海郯人司徒羨之兄孫吳郡太守佩之弟子也祖欽之祕書監父逵之尚高祖長女會稽公主爲振威將軍彭城沛二郡太守高祖諸子並幼以逵之姻戚將大任之欲先令立功及討司馬休之使統軍爲前鋒配以精兵利器事尅當即授荆州休之遣魯宗之子軌擊破之於陣見害追贈中書侍郎湛之幼孤爲高祖所愛常與江夏王義恭寢食不離於側永初三年詔曰永興公主一門嫡長早罹辛苦外孫湛之特所鍾愛且致節之胤情實兼常可封枝江縣侯食邑五百戶年數歲與弟淳之共車行牛奔車壞左右馳來赴之湛之先令取弟衆咸歎其幼而有識及長頗涉大義善自位待事祖母及母並以孝謹聞元嘉二年除著作佐郎員外散騎侍郎並不就六年東宮始建起家補太子洗馬轉國子博士遷奮威將軍南彭城沛二郡太守徙黃門侍郎祖母年老辭以朝直不拜復授二郡加輔國將軍遷祕書監領右軍將軍轉侍中加驍騎將軍復爲祕書監加散騎常侍驍騎如故會稽公主身居長嫡爲太祖所禮家事大小必咨而後行西征謝晦使公主留止臺內總攝六宮忽有不得意輒號哭上甚憚之初高祖微時貧陋過甚嘗自新洲伐荻有納布衫襖等衣皆敬皇后手自作高祖既貴以此衣付公主曰後世若有驕奢不節者可以此衣示之湛之爲大將軍彭城王義宣所愛與劉湛等頗相附協及劉湛得罪事連湛之太祖大怒將致大辟湛之憂懼無計以告公主公主即日入宮既見太祖因號哭下牀不復施臣妾之禮以錦囊盛高祖納衣擲地以示上曰汝家本貧賤此是我母爲汝父作此納衣今日有一頓飽食便欲殘害我兒子上亦號哭湛之由此得全也遷中護軍未拜又遷太子詹事尋加侍中湛之善於尺牘音辭流暢貴戚豪家產業甚厚室宇園池貴遊莫及伎樂之妙冠絕一時門生千餘人皆三吳富人之子姿質端妍衣服鮮麗每出入行遊塗巷盈滿泥雨日悉以後車載之太祖嫌其侈縱每以爲言時安成公何勗无忌之子也臨汝公孟靈休昶之子也並各奢豪與湛之共以肴膳器服車馬相尚京邑爲之語曰安成食臨汝飾湛之二事之美兼於何孟勗官至侍中追謚荒公靈休善彈棊官至祕書監湛之遷冠軍將軍丹陽尹進號征虜將軍加散騎常侍以公主憂不拜過葬復授前職湛之表啓固辭又詣廷尉受罪上詔獄官勿得受然後就命固辭常侍許之二十二年范曄等謀逆湛之始與之同後發其事所陳多不盡爲曄等款辭所連乃詣廷尉歸罪上慰遣令還郡湛之上表曰賊臣范曄孔熙先等連結謀逆法靜尼宣分往還與大將軍臣義康共相脣齒備於鞫對伏尋仲承祖始達熙先等意便極言姦狀而臣兒女近情不識大體上聞之初不務指斥紙翰所載尤復漫略者實以凶計既表逆事歸露又仰緣聖慈不欲窮盡故言勢依違未敢縷陳情旨無隱已昭天鑒及羣凶收禽各有所列曄等口辭多見誣謗承祖醜言紛紜特甚乃云臣與義康宿有密契在省之言期以爲定潛通姦意報示天文末云熙先懸指必同以誑於曄或以智勇見稱或以愚懦爲目既美其信懷可覆復駭其動止必啓凡諸詭妄還自違伐多舉事端不究源統齋傳之信無有主名所徵之人又已死没首尾乖互自爲矛楯即臣誘引之辭以爲始謀之證衞臣糾告並見怨咎縱肆狂言必見禍陷伏自探省亦復有由昔義康南出之始敕臣入相伴慰晨夕覲對經踰旬日逆圖成謀雖無顯然對容異意頗形言旨遺臣利刃期以際會臣苦相諫譬深加拒塞以爲怨憤所至不足爲慮便以關啓懼成虛妄思量反覆實經愚心非爲納受曲相蔽匿又令申情范曄釋中間之憾致懷蕭思話恨婚意未申謂此僥幸亦不宜達陛下敦惜天倫彰於四海藩禁優簡親理咸通又昔蒙眷顧不容自絶音翰信命時相往來或言少意多旨深文淺辭色之間往往難測臣每懼異聞皆略而不荅惟心無邪悖故不稍以自嫌僂僂丹實具如此啓至於法靜所傳及熙先等謀知實不早見關之日便即以聞雖晨光幽燭曲昭窮款裁以正義無所逃刑束骸北闕請罪司寇乾施含宥未加治考中旨頻降制使還往仰荷恩私哀惶失守臣殃積罪深丁罹酷罰久應屏棄永謝人理況奸謀所染忠孝頓闕智防愚淺闇於禍萌士類未明其心羣庶謂之同惡朝野側目衆議沸騰專信譬隙之辭不復稍相申體臣雖駑下情非木石豈不知醜點難嬰伏劍爲易而靦然視息忍此餘生實非苟吝微命假延漏刻誠以負戾灰滅貽惡方來貪及視息少自披訴冀幽誠丹欵儻或昭然雖復身膏草土九泉無恨顯居官次垢穢朝班厚顏何地可以自處乞蒙隳放伏待鈇鑕上優詔不許二十四年服闋轉中書令領太子詹事

出爲前軍將軍南兗州刺史善於爲政威惠並行廣陵城舊有高樓湛之更加修整南望鍾山城北有陂澤水物豐盛湛之更起風亭月觀吹臺琴室果竹繁茂花藥成行招集文士盡游玩之適一時之盛也時有沙門釋惠休善屬文辭采綺豔湛之與之甚厚世祖命使還俗本姓湯位至揚州從事史二十六年復入爲丹揚尹領太子詹事將軍如故二十七年索虜至瓜步湛之領兵置佐與皇太子分守石頭二十八年春魯爽兄弟率部曲歸順爽等魯軌子也湛之以爲廟筭遠圖特所獎納不敢苟申私怨乞屏居田里不許轉尚書僕射領護軍將軍時尚書令何尚之以湛之國戚任遇隆重欲以朝政推之凡諸辭訴一不料省湛之亦以職官記及令文尚書令敷奏出內事無不總令缺則僕射總任又以事歸尚之互相推委御史中丞袁淑並奏免官詔曰令僕治務所寄不共求體當而互相推委糾之是也然故事殘舛所以致茲疑執特無所問時詳正之乃使湛之與尚之並受辭訴尚之雖爲令而朝事悉歸湛之初劉湛伏誅殷景仁卒太祖委任沈演之庾炳之范曄等後又有江湛何瑀之曄誅炳之免演之瑀之並卒至是江湛爲吏部尚書與湛之並居權要世謂之江徐焉上每有疾湛之輒入侍醫藥二凶巫蠱事發上欲廢劭賜濬死而世祖不見寵故累出外蕃不得停京輦南平王鑠建平王宏並爲上所愛而鑠妃卽湛妹勸上立之元嘉末徵鑠自壽陽入朝旣至又失旨欲立宏嫌其非次是以議久不決與湛之屛人共言論或連日累夕每夜常使湛之自秉燭繞壁檢行慮有竊聽者劭入弒之旦其夕上與湛之屛人語至曉猶未滅燭湛之驚起趣北戶未及開見害時年四十四世祖卽位追贈司空加散騎常侍本官如故謚曰忠烈公又詔曰徐湛之江湛王僧綽門戶荼酷遺孤流寓言念旣往感痛兼深可令歸居本宅厚加恤賜於是三家長給廩三子聿之謙之爲元凶所殺恒之嗣侯尚太祖第十五女南陽公主蚤卒無子聿之子孝嗣紹封齊受禪國除

江湛字徽淵濟陽考城人湘州刺史夷子也居喪以孝聞愛好文義喜彈棊鼓琴兼明筭術初爲著作佐郎遷彭城王義康司徒行參軍南譙王義宣左軍功曹復爲義康司徒主簿太子中舍人司空檀道濟爲子求湛妹婚不許義康有命又不從時人重其立志義康欲引與日夕湛固求外出乃以爲武陵內史還爲司徒從事中郎遷太子中庶子尚書吏部郎隨王誕爲北中郎將南徐州刺史以湛爲長史南東海太守政事委之元嘉二十五年徵爲侍中任以機密領本州大中正遷左衞將軍時改選學職以太尉江夏王義恭領國子祭酒湛及侍中何攸之領博士二十七年轉吏部尚書家甚貧約不營財利餉饋盈門一無所受無兼衣餘食嘗爲上所召値澣衣稱疾經日衣成然後赴牛餓馭人求草湛良久曰可與飲在選職頗有刻覈之譏而公平無私不受請謁論者以此稱焉上大舉北伐舉朝爲不可唯湛贊成之索虜至瓜步領軍將軍劉遵考率軍出江上以湛兼領軍軍事處分一以委焉虜遣使求婚上召太子劭以下集議衆並謂宜許湛曰戎狄無信許之無益劭怒謂湛曰今三王在阨詎宜苟執異議聲色甚厲坐散俱出劭使班劒及左右推之殆將側倒劭又謂上曰北伐敗辱數州淪破獨有斬江湛可以謝天下上曰北伐自我意江湛但不異耳劭後燕集未嘗命湛常謂上曰江湛佞人不宜親也上乃爲劭長子偉之娉湛第三女欲以和之上將廢劭使湛具詔草劭之入弒也湛直上省聞叫譟之聲乃匿傍小屋中劭遣收之舍吏紿云不在此兵士卽殺舍吏乃得湛之湛之據窻受害意色不撓時年四十六湛五子恁恕懋愻法壽皆見殺初湛家數見怪異未敗少日所眠牀忽有數升血世祖卽位追贈左光祿大夫開府儀同三司加散騎常侍本官如故謚曰忠簡公長子恁尚太祖第九女淮陽長公主爲著作佐郎

王僧綽琅邪臨沂人左光祿大夫曇首子也幼有大成之度弱年衆以國器許之好學有理思練悉朝典年十三太祖引見下拜便流涕哽咽上亦悲不自勝襲封豫章縣侯尚太祖長女東陽獻公主初爲江夏王義恭司徒參軍轉始興王文學祕書丞司徒左長史太子中庶子元嘉二十六年徙尚書吏部郎參掌大選究識流品諳悉人物拔才舉能咸得其分二十八年遷侍中任以機密僧綽沈深有局度不以才能高人先是父曇首與王華並爲太祖所任華子嗣人才旣劣位遇亦輕僧綽嘗謂中書侍郎蔡興宗曰弟名位應與新建齊超至今日蓋由姻戚所致也新建者嗣之封也及爲侍中時年二十九始興王濬嘗問其年僧綽自嫌蚤達逡巡良久乃答其謙虛自退若此元嘉末太祖頗以後事爲念以其年少方欲大相付託朝政小大皆與參焉從兄微淸介士也懼其太盛勸令損抑僧綽乃求吳郡及廣州上並不許會二凶巫蠱事泄上獨先召僧綽具言之及將廢立使尋求前朝舊典劭於東宮夜饗將士僧綽密以啓聞上又令撰漢魏以來廢諸王故事撰畢送與江湛徐湛之湛之欲立隨王誕江湛欲立南平王鑠太祖欲立建平王宏議久不決誕妃卽湛之女鑠妃卽湛妹太祖謂僧綽曰諸人各爲身計便無與國家同憂者僧綽曰建立之事仰由聖懷臣謂唯宜速斷不可稽緩當斷不斷反受其亂願以義割恩略小不忍不爾便應坦懷如初無煩疑論淮南云以石投水吳越之善沒取之事機雖密易致宣廣不可使難生慮表取笑千載上曰卿可謂能斷大事此事重不可不殷勤三思且庶人始亡人將謂我無復慈愛之道僧綽曰臣恐千載之後言陛下唯能裁弟不能裁兒上默然江湛同侍坐出閤謂僧綽曰卿向言將不大傷切直僧綽曰弟亦恨君不直及劭弒逆江湛在尚書上省聞變歎曰不用僧綽言以至於此劭旣立轉爲吏部尚書委以事任事在二凶傳頃之劭料檢太祖巾箱及江湛家書疏得僧綽所啓饗士并廢諸王事乃收害焉時年三十一因此陷北第諸王侯以爲僧綽有異志并殺僧綽門客太學博士賈匪之奉朝請司馬文穎建平國常侍司馬仲秀等世祖卽位追贈散騎常侍金紫光祿大夫謚曰愍侯初太社西空地一區吳時丁奉宅孫晧流徙其家江左初爲周顗蘇峻宅其後爲袁悅宅又爲章武王司馬秀宅皆以凶終後給臧燾亦頻遇喪禍故世稱爲凶地僧綽常以正達自居謂宅無吉凶請以爲第始就造築未及居而敗子儉嗣昇明末爲齊國尚書右僕射

史臣曰甚矣宋氏之家難也釁彙所鍾親地兼極雖復傾天滅道迹非嫌路而災隙內兆邪蠱外興天性旣離愛敬同盡探雀請熊非無前釁猜防之道有未足乎世祖弱年輕躁夙無朝寵累任邊外未嘗居中當璧之重將由愛立臣主同疑事無蚤斷若使守器以長命不待賢則密禍自銷危機可免聖哲之訓豈欺我哉昔山濤舉羊祜爲太子太傅蓋欲以後事委之而羊公短世僧綽綢繆主心將任以國重而宮車晏駕二臣並以道德謙沖名高兩代胙未中年功謝成日惜矣哉

宋書卷七十一考證

徐湛之傳父逵之尚高祖長女會稽公主○逵之胡藩傳及南史諸傳並作達之

詔曰永興公主一門嫡長○臣承蒼按上文稱會稽公主臧皇后傳及諸王傳皆稱會稽宣公主此詔獨稱永興公主豈先封永興而後乃改封會稽歟

及長頗涉大義善自位待○位待監本作特持今從南史改正

門生十餘人皆三吳富人之子○十南本作千

王僧綽傳從兄微淸介士也○臣承蒼按僧綽伯父穉之子名徽與僧綽爲從昆弟無名微者微嘗舉吏部郎不就卒贈祕書監有生自華宗身安隱素之詔此云淸介士當卽其人微字疑卽徽字之訛

宋書卷七十二

梁　沈　約　撰

列傳第三十二

文九王

文帝十九男元皇后生劭潘淑妃生濬路淑媛生孝武帝吳淑儀生南平王鑠高脩儀生廬陵昭王紹殷脩華生竟陵王誕曹婕妤生建平宣簡王宏陳脩容生東海王禕謝容華生晉熙王昶江脩儀生武昌王渾沈婕妤生明帝楊脩儀生建安王休仁邢美人生晉平王休祐蔡美人生海陵王休茂董美人生鄱陽哀王休業顏美人生臨慶冲王休倩陳美人生新野懷王夷甫荀美人生桂陽王休範羅美人生巴陵哀王休若劭濬誕禕渾休茂休範別有傳紹出繼廬陵孝獻王義眞

南平穆王鑠字休玄文帝第四子也元嘉十七年都督湘州諸軍事冠軍將軍湘州刺史不之鎭領石頭戍事二十二年遷使持節都督南豫豫司雍秦幷六州諸軍事南豫州刺史時太祖方事外略乃罷南豫併壽陽卽以鑠爲豫州刺史尋領安蠻校尉給鼓吹一部二十六年進號平西將軍讓不拜索虜大帥拓跋燾南侵陳頡遂圍汝南懸瓠城行汝南太守陳憲保城自固賊晝夜攻圍之憲且守且戰矢石無時不交虜多作高樓施弩以射城內飛矢雨下城中負戶以汲又毀佛浮圖取金像以爲大鉤施之衝車端以牽樓堞城內有一沙門頗有機思輒設奇以應之賊多作蝦蟆車以塡塹肉薄攻城憲督厲將士固女墻而戰賊之死者屍與城等遂登屍以陵城短兵相接憲銳氣愈奮戰士無不一當百殺傷萬計汝水爲之不流相拒四十餘日鑠遣安蠻司馬劉康祖與寧朔將軍臧質救之虜燒攻具走二十七年大舉北伐諸蕃並出師鑠遣中兵參軍胡盛之出汝南上蔡向長社長社戍主魯爽委城奔走旣克長社遣幢

主王陽兒張略等進據小索僞豫州刺史僕蘭於大索率步騎二千攻陽兒陽兒擊大破之到坦之等進向大索勞楊氏鄭德玄張和各起義以應坦之僕蘭奔虎牢會王陽兒等至卽據大索因向虎牢鑠又遣安蠻司馬劉康祖繼坦之虜永昌王宜勤仁庫眞救虎牢坦之敗走虜乘勝遝進於尉氏津逢康祖康祖戰敗見殺賊進脅壽陽因東過與燾會於江上二十八年夏虜荆州刺史魯爽及弟秀等率部曲詣鑠歸順其年七月鑠所生吳淑儀甍鑠歸京師葬畢還攝本任時江夏王義恭領兗州刺史鎭盱眙丁母憂還京師上以兗土彫荒罷南兗併南徐州當別置淮南都督住盱眙開創屯田應接遠近欲以授鑠既而改授散騎常侍撫軍將軍領兵戍石頭元凶弒立以爲中軍將軍護軍常侍如故世祖入討劭屯兵京邑使鑠巡行撫勞劭還立南兗以鑠爲使持節都督南兗徐兗青冀幽六州諸軍事征虜將軍開府儀同三司南兗州刺史常侍如故柳元景至新亭劭親自攻之挾鑠自隨江夏王義恭南奔使鑠守東府以腹心防之進授侍中驃騎將軍錄尚書事餘如故劭迎蔣侯神於宮內疏世祖年諱厭祝祈請假授位號使鑠造策文及義軍入宮鑠與濬俱歸世祖濬卽伏法上迎鑠入營當時倉卒失國璽事寧更鑄給之進侍中司空領兵置佐以國哀未闋讓侍中鑠素不推事世祖又爲元凶所任上乃以藥內食中毒殺之時年二十三追贈侍中司徒三子敬猷敬淵敬先敬猷嗣官至黃門郎敬淵初封南安縣侯官至後軍將軍敬先繼廬陵王紹前廢帝景和末召鑠妃江氏入宮使左右於前逼迫之江氏不受命謂曰若不從當殺汝三子江氏猶不肯於是遣使於第殺敬猷敬淵敬先鞭江氏一百其夕廢帝亦殞太宗卽位追贈敬猷侍中謚曰懷王追贈敬淵黃門侍郎謚曰悼侯改封孝武帝第十八子臨賀王子產字孝仁爲南平王繼鑠後未拜被殺泰始五年立晉平王休祐第七子宣曜爲南平王繼鑠休祐死宣曜被廢還本後廢帝元徽元年立衡陽恭王嶷第二子伯玉爲南平王繼鑠後官至給事中昇明二年謀反誅國除

建平宣簡王宏字休度文帝第七子也早喪母元嘉二十一年年十一封建平王食邑二千戶少而閑素篤好文籍太祖寵愛殊常爲立第於鷄籠山盡山水之美建平國職高他國一階二十四年爲中護軍領石頭戍事出爲征虜將軍江州刺史二十八年徵爲中書令領驍騎將軍元凶弒立以宏爲左將軍丹陽尹又以爲散騎常侍鎭軍將軍江州刺史世祖入討劭錄宏殿內世祖先嘗以一手板與宏宏遣左右親信周法道齎手板詣世祖事平以爲尚書左僕射使奉迎太后還加冠軍將軍中書監僕射如故臧質爲逆宏以仗士五十人入六門爲人謙儉周愼禮賢接士明曉政事上甚信仗之時普責百官讜言宏議曰臣聞建國之道咸殊興王之政不一至於開諫致寧防口取禍固前王同軌後主共則秦殷之敗語戮刺亡周漢之盛謗升箴顯陛下以至德神臨垂精思治進儒禮而崇寬教哀獄法而黜嚴刑表忠行而舉貞節辟處士而求賢異修廢官而出滯賞撤天膳而重農食禁貴遊而弛權酤通山澤而易關梁固已海內仰道天下知德今復開不諱之塗辨直辭之路四海希風普天幸甚舉蒙採問敢不悉心謹條鄙見置陳如左辭理違謬伏用震讋夫用兵之道自古所愼頃千戈未戢戰備宜修而卒不素練兵非夙習且戎衞之職多非其才或以資厚素加或以祿薄帶帖或寵由權門恩自私假既無將領虛尸榮祿至於邊城舉燧羽驛交馳而望其擐甲推鋒立功閫外譬緣木求魚不可得矣常謂臨難命師皆出倉卒驅烏合之衆隸造次之士貌疎情乖有若胡越豈能使其同力拔危濟難故奔北相望覆敗繼有今欲改選將校皆得其人分臺見將各以配給領護二軍爲其總統令撫養士卒使恩信先加農隙校獵以習其事三令五申以齊其心使動止應規進退中律然後畜銳觀釁因時而動摧敵陷堅折衝千外孫子曰視卒如赤子故可與之共死所以張拳効爭先之心吮癰致必盡之命豈不由恩著者士輕其生令明者卒畢其力考心迹事如或有在妄陳膚知追懼乖謬轉尚書令加散騎常侍將軍如故給鼓吹一部尋進號衞將軍中書監尚書令如故宏少而多病大明二年疾動求解尚書令以本號開府儀同三司加散騎常侍中書監如故未拜其年甍時年二十五追贈侍中司徒中書監如故給班劍二十人上痛悼甚至每朔望輒出臨靈自爲墓誌銘并序與東揚州刺史顏竣詔曰宏夙情業尚素心令績雖年未及壯願言兼申謂天道可倚輔仁無妄雖寢患淹時庶不至禍豈圖祐善虛設一旦永謝驚惋摧慟五內交殞平生未遠舉目如昨而賞對遊娛緬同千載哀酷纏綿實增痛切卿情均休戚重以周旋乖坼少時奄成今古聞問傷惋當何可言五年益諸弟國各千戶先薨者不在其例唯宏追益子景素少愛文義有父風大明四年爲寧朔將軍南濟陰太守徙歷陽南譙二郡太守將軍如故中書侍郎不拜監南豫豫二州諸軍事輔國將軍南豫州刺史又不拜太宗初太子中庶子領步兵校尉太子左衞率加給事中冠軍將軍南兗州刺史丹陽尹吳興太守使持節監湘州諸軍事湘州刺史將軍並如故進號左將軍泰始六年都督荆湘雍益梁寧南北秦八州諸軍事左將軍荆州刺史持節如故徵爲散騎常侍後將軍太常未拜授使持節都督南徐南兗兗徐青冀六州諸軍事鎭軍將軍南徐州刺史桂陽王休範爲逆景素雖纂集兵衆以赴朝廷爲名而陰懷兩端及事平進號鎭北將軍齊王爲南兗州景素解都督時太祖諸子盡殂衆孫唯景素爲長建安王休祐諸子並廢徙無在朝者景素好文章書籍招集才義之士傾身禮接以收名譽由是朝野翕然莫不屬意焉而後廢帝狂凶失道內外皆謂景素宜當神器唯廢帝所生陳氏親戚疾忌之而楊運長阮佃夫並太宗舊隸貪幼少以久其權慮景素立不見容於長主深相忌憚元徽三年景素防閤將軍王季符失景素旨怨恨因單騎奔京邑告運長佃夫云景素欲反運長等便欲遣軍討之齊王及衞將軍袁粲以下並保持之謂爲不然也景素亦馳遣世子延齡還都具自申理運長等乃徙季符於梁州又奪景素征北將軍開府儀同三司自是廢帝狂悖日甚朝野並屬心景素陳氏及運長等彌相猜疑景素因此稍爲自防之計與司馬廬江何季穆錄事參軍陳郡殷瀰記室參軍濟陽蔡履中兵參軍略陽垣慶延左右賀文超等謀之以參軍沈顒毋丘文子左暄州西曹王潭等爲爪牙季穆薦從弟豫之爲參軍景素遣豫之潭文超等去來京邑多與金帛要結才力之士由是冠軍將軍黃回游擊將軍高道慶輔國將軍曹欣之前軍韓道淸長水校尉郭蘭之羽林監垣祗祖並皆響附其餘武人失職不得志者莫不歸之時廢帝單馬獨出遊走郊野曹欣之謀據石頭韓道淸郭蘭之欲說齊王使同若不回者圖之候廢帝出行因衆作難事克奉景素景素每禁駐之未欲怱怱舉動運長密遣傖人周天賜僞投景素勸爲異計景素知爲運長所遣卽斬之遣司馬孫謙送首還臺元徽四年七月垣祗祖率數百人奔景素云京邑已潰亂勸令速入景素信之卽便舉兵負戈至者數千人運長等常疑景素有異志及聞祗祖叛走便纂嚴備辦齊王出屯玄武湖冠軍將軍任農夫黃回左軍將軍李安民各領步軍右軍將軍張保率水軍并北討冠軍將軍南豫州刺史段佛榮爲都統其餘衆軍相繼進冠軍將軍齊王世子鎭東府城齊王知黃回有異圖故使安民佛榮俱行以防之景素欲斷據竹里以拒臺軍垣慶延祗祖沈顒等曰今天時旱熱臺軍遠來疲困引之使至以逸待勞可一戰而克也殷瀰等固爭不能農夫等既至放火燒市邑而垣慶延等各相顧望並無鬭志景素本乏威略恇擾不知所爲時張保水軍泊西渚景素左右勇士數十人並荆楚快手自相要結擊水軍應時摧陷斬張保而諸將不相應赴復爲臺軍所破臺軍既薄城池顒先衆叛走垣祗祖次之其餘諸軍相係奔敗左暄驍果有膽力欲爲景素盡節而所配兵力甚弱猶力戰不退於萬歲樓下橫射臺軍不能禁然後退散右衞殿中將軍張倪奴前軍將軍周盤龍攻陷京城倪奴禽景素斬之時年二十五卽葬京口垣慶延祗祖左暄賀文超並伏誅殷瀰蔡履徙梁州何季穆先還官故不及禍其餘皆逃亡値赦得免景素既敗曹欣之反告韓道淸郭蘭之之謀道淸等並誅黃回高道慶等齊王撫之如舊景素子延齡及二少子並從誅其年冬封長沙成王義欣子勰第三子恬爲秭歸縣侯食邑千戶繼宏後順帝昇明二年卒國除張倪奴以禽景素功封筑陽縣侯食邑千戶景素敗後故記室參軍王螭故主簿何昌寓並上書訟景素之寃齊受禪建元初故景素秀才劉璡又上書曰臣聞曾子孝於其親而沈乎水介生忠於其主而焚於火何則仁也不必可依信也不必可恃昔者墨翟議雲梯於荆臺之下宋人逐之夷叔爲衞軍隱難於晉公子殪之李牧北逝强胡之旗南拒全秦之卒趙王不圖其功賜以利劒陳蕃白首固義忘生事主漢靈不明其忠卒被刑戮彼數子者皆身栖青雲之上而困於泥塵之裏誠以危行不容於衰世孤立聚尤於衆人加讒諂蛆蠧其中謗隙蜂飛而至故也臣聞浸潤之行骨肉離絕疑似一至君臣易心此中山所以獻欷奏樂孟博所以慷慨囊頭者也臣每惟故舉將宋建平王之禍悲徹骨髓氣疑霜霰令璇鼎啓運人神改物生罪尙宥死寃必申臣誠不忍王之負謗而不雪故敢明言其理臣聞孝悌爲志者不以犯上曾子不逆薪而爨知其不爲暴也秦仁獲麑知其可爲傅也臣聞王之事獻太妃也朝夕不違養甘苦不見色帳下進珍饌太妃未食王投箸輟飯太妃起居有不安王傍行蓬髮臣聞求忠臣者於孝子之門安有孝如王而不忠者乎其可明一也當泰始元徽中王公貴人無謁景寧陵者王獨抗情而行不以趨時

捨義出鎮入朝必俛拜陵所王尙不棄先君豈背今君乎其可明二也王博聞而容衆與諫而愛士與人言呴呴若有傷聞人之善譽而進之見人之惡掩而誨之李蔚之蓬廬之寒素也王枉駕而訊之何季穆等宣簡王之舊也王提挈以升之王虛己以厚天下之士尙不欲傷一人之心何乃親戚圖相菹膾乎其可明三也臣昔以法曹參軍奉訊於聽朝之末王每斷獄降聲辭和顏色以待士女之訟時見夏伯以童子縲紲王愴然改貌用不加刑徐州嘗歲饑王散秩粟俸帛以繼民之乏餬理寃疑咸息繇務所在皆有愛於民臣聞善人國之紀也安有仁於民庶而虐其宗國者乎其可明四也王脩身潔行言無近雜內去聲酌之娛外無田弋之好每所臨踐不加穿築直衞不繁第宅無改荆州高齋刻楹柏構王廢而不處昔朝廷欲賜王東陵甲第又辭而不當兩宮所遺珍玩塵於笥篋無它嬖私不眈內寵姬嬙數人皆詔令所賜王身食不踰一肉器用瓦素時有獻鏤玉器王顧謂何昌寓曰我持此安所用哉乃謝而反之王恭己蹈義若此其可明五也王之在荆州也時獻太妃初薨宋明帝新棄天下京畿諸王又相繼非命王乃徵入爲太常楚下人士並勸勿下王謂爲臣而距先皇之命不忠爲子不奉親之窀穸不孝於是棄西州之重而銜伏北闕王若志欲倔彊傍應高枕江漢何爲屈折而受制於人乎其可明六也王名高海內義重太山者幼懷仁士庶慕德故從昏者忌明同枉者毀正搦弦爲鈎張一作百行坐欹嚏皆生風塵會王季符負辠流謗事會讒人之心權醜相扇鴟梟奮翼王雖遘愍離凶而誠分彌款散情中孚揮席滿素虞玩之銜使歸旋世子入質京邑續解徐州請身東第後求會稽降階外撫虞玩殷煥實爲詮譯誠心殷勤備留聖聽王若倘張跋扈何事若斯其可明七也自是以後日同殊論蒼梧之衰德既彰羣小之姦慝彌廣下盈其毒上不可依時長王並見誅鋤公卿如蹈虎尾衆人翕翕莫不注仰於王廂閤諸人同謀異志王心不從利忠不背本執周天賜而斬之以距王宜與等遣司馬孫謙歸款朝廷王若欲擬非覬寧當如此乎其可明八也又是年五月以後道路皆謂阮佃夫等欲潛圖宮禁因兵北襲而黃回高道慶等傳構其事武人奬亂要相恐脅至六月而京師徵賦車徒將講衆北壘都鄙疑駭僉言釁作垣祗祖因民情囂蕩揚聲北奔紿辭惑衆窮亂極禍會州人自都還說掖門已閉殊不知臺中安不王旣素藉異論謂爲信然收率疲弱志在投散冰炭在懷但恐遲後何圖兵以順出翻爲逆動乎夫往來之人諠譁幻惑皆出輦轂非從徐州起也且臺以六月晦夜無何呼北兵已至皆登陴抽刃而朱方七月朔猶緩帶從容其晚聞京都變亂始乃鳩兵簡甲耳王豈先造禍哉其可明九也王聞京室有難坐不安食不甘言及太后未嘗不交巾掩泣又臨危之際撫楹而歎曰吾恐三才於斯絕矣玆豈不誠在本朝以天下爲憂乎自非深忠遠槩孰能身滅之不恤獨眷眷國家安危哉其可明十也夫王起兵之日止在匡救昏難放殛姦盜非它故也請較言之當時君臣之道治亂云何楊運長阮佃夫爲有辠邪爲無辠邪若其無辠何故爲戮若其有辠討之何辜王豈不知君親之無將乎顧以救火之家豈遑先白丈人非不恭也徒以運屬陵喪智力無所用之蹉跌傾覆此乃時也豈謂反乎果然今日王亡明日宋亡王何負於社稷何愧于天下哉臣聞武王克商未及下車而封王子之墓漢高定天下過大梁躡燕代脩信陵之祀存望諸之裔晉世受命亦追王淩之寃而詔其孫爲郎夫比干殷辛之罪人也無忌魏之疑臣也樂毅燕之逃將也彥雲齊之賊而晉害也適逢聖明之君革運創制昭功誠蕩嫌怨清議以天下之善也或殊世而相明故四賢咸濟其令問三后馳光於萬葉君子榮其輝小人服其義今陛下尊英雄之高軌振逸世之奇聲何至仍衰世之異議以掩賢人之名哉若王之中外不明終始慆德臣懼方今之人不復爲善矣且世之與衰何代無有今齊苗裔萬世之後其能無汚隆乎苟前良可廢何以勸後之能者伏願上同周漢西晉之如彼下爲來肖垂範之如此儻能降明詔箋枉道使往王得洗謗議拯寘魂賜以王禮反葬則民之從義猶若回風之卷草也臣聞鸛鳴阜垤則降陰吐雨騰蛇聳躍而沈雲鬱冥但傷臣言輕落毛身如橫芥神高聽邈終焉莫省直欲內不負心庶將來知王之意耳又不省至今上卽位乃下詔曰宋建平王劉景素名父之子少敦清尙雖末路失圖而原心有本年流運改宜弘優澤可聽以王禮還葬舊墓

晉熙王昶字休道文帝第九子也元嘉二十二年年十歲封義陽王食邑二千戶二十七年爲輔國將軍南彭城下邳二郡太守元凶弑立加散騎常侍世祖踐祚遷太常出爲東中郎將會稽太守尋監會稽東陽臨海永嘉新安五郡諸軍事孝建元年立東揚州郡昶爲刺史東中郎將如故進號後將軍大明元年徵爲秘書監領驍騎將軍加散騎常侍遷中軍將軍南彭城下邳二郡太守又出爲都督江州郢州之西陽豫州之新蔡晉熙二郡諸軍事前將軍江州刺史三年徵爲護軍將軍給鼓吹一部增邑千戶轉中書令中軍將軍尋以本號開府儀同三司加散騎常侍太常從世祖南巡坐斥皇太后龍舟免開府尋又以加授前廢帝卽位出爲使持節都督徐兗南兗青冀幽六州豫州之梁郡諸軍事征北將軍徐州刺史加散騎常侍開府如故昶輕訬褊急不能祗事世祖大明中常被嫌責民間喧然常云昶當有異志永光中此聲轉甚廢帝既誅羣公彌縱狂悖常語左右曰我卽大位來遂未常戒嚴使人邑邑江夏王義恭誅後昶表入朝遣典籤蘧法生銜使帝謂法生曰義陽太宰謀反我正欲討之今知求還甚喜又屢詰問法生義陽謀反何故不啓法生懼禍叛走還彭城帝因此北討親率衆過江法生旣至昶卽聚衆起兵統內諸郡並不受命斬昶使將佐文武悉懷異心昶知其不捷乃夜與數十騎開門北奔索虜棄母妻唯攜愛妾一人作丈夫服亦騎馬自隨昶家還都二妾各生一子時太宗已卽位名長者曰思遠小者曰懷遠尋並卒追封懷遠爲池陽縣侯食邑千戶泰始六年以第六皇子燮字仲綏繼昶改昶封爲晉熙王燮襲爵食邑三千戶太宗旣以燮繼昶乃下詔曰夫虎狼護子猴猨負孫毒性薄情亦有仁愛故識念氣類尙均群品況在人倫可忘天屬晉熙太妃謝氏沈刻無親物理罕比征北公雖孝道無替而遭此不慈自少及長闕恩鞠之（闕）乃至休否莫關寒溫不訪晨昏屏塞定省靡因事無違忤動致誚責毒句發口人所難聞加惡備苦過於讎隙遂事憒於宗姻義傷於行路公故妃郗氏婦禮無違逢此嚴酷遂以憂卒用夭盛年又謝氏食則豐珍衣則文麗奉己之餘播覃羣下而諸孫纊不溫體食不克饑付於姆妳之手縱以任軍之路遇其所生棄若糞土襤褸比於重囚窮困過於下使誠皇規方遠沙塞將一公脩短不諱亦難豫圖兼妾女累弱一第領主防閑之道人理斯急駭所以詔第六子燮奉公爲胤欲以毗整一門爲公繼紹但謝氏待骨肉至親尙相棄蔑況以義合免苦爲難患萌防漸危機須斷便可還其本家削絕蕃秩先是改謝氏爲射氏時主幼時艱宗室寡弱元徽元年燮年四歲以爲使持節監郢州豫州之西陽司州之義陽二郡諸軍事征虜將軍郢州刺史以黃門郎王奐爲長史摠府州之任明年太尉江州刺史桂陽王休範舉兵過朝廷燮遣中兵參軍馮景祖襲尋陽休範留中兵參軍毛思連州別駕程罕之居守開門詣景祖降進燮號安西將軍加督江州諸軍事復昶所生謝氏爲晉熙國太妃四年又進燮鎭西將軍加鼓吹一部順帝卽位徵爲使持節都督揚南徐二州諸軍事撫軍將軍揚州刺史先是齊世子爲燮安西長史行府州事時亦被徵爲左衞將軍與燮俱下會荆州刺史沈攸之舉兵反世子因奉燮鎭尋陽之盆城據中流爲內外形援攸之平燮還京邑齊王爲南徐州燮解督南徐進督南豫江州諸軍事進號中軍將軍開府儀同三司遷司徒齊受禪解司徒降封隆安縣侯食邑千五百戶謀反賜死

始安王休仁文帝第十二子也元嘉二十九年年十歲立爲建安王食邑二千戶孝建三年爲秘書監領步兵校尉尋都督南兗徐二州諸軍事冠軍將軍南兗州刺史大明元年入爲侍中領右軍將軍四年出爲湘州刺史加散騎常侍加號平南將軍八年遷使持節督江州南豫州之晉熙新蔡郢州之西陽三郡諸軍事安南將軍江州刺史未拜徙爲散騎常侍太常又不拜仍爲護軍將軍常侍如故前廢帝永光元年遷領軍將軍常侍如故景和元年又遷使持節都督雍梁南北秦四州諸軍事安西將軍寧蠻校尉雍州刺史未之任留散騎常侍護軍將軍又加特進左光祿大夫給鼓吹一部時廢帝狂悖無道誅害羣公忌憚諸父並囚之殿內毆捶淩曳無復人理休仁及太宗山陽王休祐形體並肥壯帝乃以竹籠盛而稱之以太宗尤肥號爲猪王號休仁爲殺王休祐爲賊王以三王年長尤所畏憚故常錄以自近不離左右東海王禕凡劣號爲驢王桂陽王休範巴陵王休若年少故並得從容嘗以木槽盛飯內諸雜食攪令和合掘地爲坑穽實之以泥水倮太宗內坑中和槽食置前令太宗以口就槽中食用之爲歡笑欲害太宗及休仁休祐前後以十數休仁多計數每以笑調佞諛悅之故得推遷常於休仁前使左右淫逼休仁所生楊太妃左右並不得已順命以至右衞將軍劉道隆道隆歡以奉旨盡諸醜狀時廷尉劉矇妾孕臨月迎入後宮冀其生男欲立爲太子太宗嘗忤旨帝怒乃倮之縛其手脚以杖貫手脚內使人檐付太官曰卽日屠猪休仁笑謂帝曰猪今日未應死帝問其故休仁曰待皇太子生殺猪取其肝肺帝意乃解曰且付廷尉一宿出之帝將南遊荆湘二州明旦欲殺諸父便發其夕太宗克定禍難殞帝於華林園休仁卽日推崇太宗便執臣禮

明旦休仁出住東府時南平盧陵敬猷兄弟爲廢帝所害猶未殯殮休仁休祐同載臨之開帷歡笑奏鼓吹往反時人咸非焉先是廢帝進休仁爲驃騎大將軍開府儀同三司常侍如故未拜太宗令書以爲使持節侍中都督揚南徐二州諸軍事司徒尚書令揚州刺史加班劒二十人給三望十五乘時劉道隆爲護軍休仁請求解職曰臣不得與此人同朝上乃賜道隆死尋諸方逆命休仁都督征討諸軍事增班劒三十人出據虎檻進據赭圻尋領太子太傅總統諸軍隨宜應接中流平定休仁之力也初行與蘇侯神結爲兄弟以求神助及事平太宗與休仁書曰此段殊得蘇侯兄弟力增休仁邑四千戶固辭乃受千戶上流雖平薛安都據彭城招引索虜復都督北討諸軍事又增邑三千戶不受時豫州刺史殷琰據壽陽未平晉平王休祐先督征討諸軍事休祐出領江陵休仁代督西討諸軍事泰始五年進都督豫司二州休仁年與太宗鄰亞俱好文籍素相愛友及廢帝世同經危難太宗又資其權譎之力泰初初四方逆命兵至近畿休仁親當矢石大勳克建任總百揆親寄甚隆朝野四方莫不輻湊上漸不悅休仁悟其旨其冬表解揚州見許六年進位太尉領司徒固讓又加漆輪車劒履太宗末年多忌諱猜害稍甚休仁轉不自安及殺晉平王休祐憂懼彌切其年上疾篤與楊運長等爲身後之計慮諸弟彊盛太子幼弱將來不安運長又慮帝晏駕後休仁一旦居周公之地其輩不得秉權彌贊成之上疾嘗暴甚內外莫不屬意於休仁主書以下皆往東府休仁所親信豫自結納其或直不得出者皆恐懼上既宿懷此意至是又聞物情向之乃召休仁入見既而又謂曰夕可停尚書下省宿明可早來其夜遣人齎藥賜休仁死時年三十九上寢疾久內外隔絕慮人情有同異自力乘轝出端門休仁死後乃詔曰夫無將之誅諒惟通典知咎自引實有偏介劉休仁地屬密親位居合重朕友寄特深寵秩兼茂不能弘贊國猷裨宣政道而自處相任妄生猜嫌側納羣小之說內懷不逞之志晦景蔽迹無事陽愚因近疾患沉篤內外憂悚休仁規逼禁兵謀爲亂逆朕曲推天倫未忍明法申詔詰譏辨覈事原休仁慙恩懼罪遽自引決追尋悲痛情不自勝思屈法科以申矜悼可宥其二子并全封爵但家國多虞釁起台輔永尋既往感慨追深有司奏曰臣聞明罰無親情屈於司綱國典有經威申於義滅是以梁趙之誅既出稱過來言之罰克入致動謹案劉休仁苞蓄禍迹事蔽於天明寘匿沉姦情宣於民聽自以屬居戚近早延恩睦異禮殊義望越常均往歲授鉞南討本非才命啓行濃湖特以親攝仰遵廟略俯藉衆効屬承泰運竊附成勳而亟叨天功多自臧伐既聖明御寓躬覽萬機百司有紀官方無越而休仁矜勳怙貴自謂應總朝權遂妄生疑難深自猜外故司空晉平刺王休祐少無令業長滋貪暴莅任陝荆毒流西夏編戶嗟散列邑凋虛聖澤含弘未明正憲亟與休仁論其愆迹辭意既密不宜傳廣遂飾容旨反相勸激休祐以休仁位居朝右任遇優崇必能爲己力援故深相黨結休祐於是輸金薦寶承顏投意造鄰之間必論朝政遂無日不俱行無時不同宿聲酣聚集密語清閑休仁含姦扇惑善於計數說休祐使外託專愼之法密行貪詐之心謂朝廷不覺人莫之悟休祐遂乃外積怨懼內協禍心既得贊激凶慝轉熾與休仁共爲姦謀潛伺機隙圖造釁變規肆凶狡休仁致殞倉卒實維天誅而晉平國太妃妾邪不能追慙子惡上感曲恩覂懷不逞巫蠱呪詛休仁因聖躬不和猥謀姦逆滅道反常莫斯爲甚亟肆朝市庶申國刑而法網未加自引厥命天慈矜厚減法崇恩賜全二息及其爵封斯誠弘風曠德貫絕通古然非所以棄惡流釁懲懼亂臣者也臣等參議謂宜追降休仁爲庶人絕其屬籍見息悉徙遠郡休祐慾謀始露亦宜裁黜從削之科一同舊準收邢付獄依法窮治詔曰邢匹婦狂愚不足與計休仁知釁自引情有追傷可特爲降始安縣王食邑千戶并停伯融等流徙聽襲封爵伯猷先紹江夏國今還本賜爵鄉侯上既殺休仁慮人情驚動與諸方鎮及諸大臣詔曰休仁致殞卿未具悉事之始末今疏以相示休祐貪恣非政法網之所不容昔漢梁孝王淮南厲王無它釁悖正以越漢制度耳況休祐吞嚼聚斂爲西數州之蝗取與鄙虐無復人情屢得王景文褚淵沈攸之等啓陳其辠惡轉不可容吾篤兄弟之恩不欲致之以法且每恨大明兄弟情薄親見休祐屯苦之時始得寬寧彌不忍問所以改授徐州冀其去朝廷近必應能自悛革及拜徐州未及之任便徵動萬端暴濁愈甚既每爲民蠹不可復全休仁身粗有知解兼爲宰相又吾與其兄弟情昵特復異常頗與休仁論休祐釁狀休祐以休仁爲吾所親必應知吾意又云休仁言對能爲損益遂多與財賂深相結事乃寖必同宿行必共車休仁性軟易感說遂成繾綣共爲一家是吾所吐密言一時倒寫吾與休仁少小異常唯虛心信之初不措疑雖爾猶慮清閑之時非意脫有聞者吾近向休祐推情戒訓嚴切休祐更不復致疑休祐死後吾將其內外左右問以情狀方知言語漏泄并具之由彌日懊惋心神萎孰休仁又說休祐云汝但作佞此法自足安我常秉許爲家從來頗得此力但試用看有驗不休祐從之於是大有獻奉言多乖實積惡既不可恕自休祐殞亡之始休仁欸曲共知休仁既無辠釁主相本若一體吾之推意初無有間休祐貪愚爲天下所疾致殞之本爲民除患兄弟無復多人彌應思弔不咸益相親信休祐平生狠抗無賴吾處休仁往哭或生祟禍且吾爾日本辦侠往哭曉定不行吾所以爲設方便呼入在省而休仁得吾召入大自驚疑遂入辭楊太妃顏色狀意甚與常異既至省楊太妃驟遣監子去來參察從此日生嫌懼而吾之推情初不疑覺從休祐死後吾再幸休仁第飲噉極日排閤入內初無猜防休仁坐生嫌畏一日吾春中多期射雉每休仁清閑多往雉場中或敕使陪輦及不行日多不見之每值宵休仁輙語左右云我已復得今一日及在房內見諸妓妾恒語我云不知朝夕見底若一旦死去作鬼亦不取汝取汝正足亂人耳休祐死時日已三晡吾射雉始從雉場出休仁從騎在右伏野中吾遣人召之稱云腹痛不堪騎馬爾時諸王車皆停在朱雀門裏日既暝不暇遠呼車吾衣書車近在離門裏敕呼來下油幢絡擬以載之吾由來諳悉其體有冷患聞腹痛知必是冷乃敕太醫上省送供御高梁薑飲以賜之休仁得飲忽大驚告左右稱敗今日了左右答曰此飲是御師名封題休仁乃令左右先飲竟猶不甚信乃僶俛噬之裁進一合許妄生嫌貳事事如是由來十日五日一就問太妃自休祐死後每吾詔必先至楊太妃問如分別狀休仁由來自營府國與生文書二月中史承祖齎文書呈之忽語承祖云我得成許那何煩將來吾虛心如舊不復見信既懷不安大自嫌恐惟以情理不容復有善心休仁既經南討與宿衛將帥經習狎共事相識者布滿外內常日出入於廂下經過與諸相識將帥都不交言及吾前者積日失適休仁出入殿省諸衛主帥裁相悉者無不和顏厚相撫勞爾時吾既甚惡意不欲見外人悠悠所傳互言差劇休仁規欲聞知方便使曇度道人及勞彥遠屢求啓鬮覘吾起居及其所啓皆非急事吾意亦不曆疑吾與休仁親情實異年少以來恒相追隨情向大趣亦往往多同難否之日每共契闊休仁南討爲都統既有勳績狀之於心亦何極已但休仁於吾望既不輕小人無知亦多挾背向既生猜貳不復自寧夫禍難之由皆意所不悟如其意趣人莫能測事不獲已反覆思惟不得不有近日處分夫於兄弟之情不能無厚薄休祐之亡雖復悼念猶可以理割遣及休仁之殞悲慜特深千念不能已已輒言傷心事之細碎既不可曲載詔文恐物不必卽解兼欲存其兒子不欲窮法爲詔之辭不得不云有兵謀非事實也故相報卿知上與休仁素厚至於相害慮在後嗣不安休仁既死痛悼甚至謂人曰我與建安年時相鄰少便狎從景和泰始之間勳誠實重事計交切不得不相除痛念之至不能自已今有一事不如與諸侯共說懽適之方於今盡矣因流涕不自勝子伯融妃殷氏所生殷氏吳興太守冲女也范陽祖翻有醫術姿貌又美殷氏有疾翻入視脉說之遂通好事泄遣還家賜死伯融歷南豫州刺史琅邪臨淮二郡太守寧朔將軍廣州刺史不之職廢徙丹楊縣後廢帝元徽元年還京邑襲封始興王弟伯猷初出繼江夏愍王伯禽封江夏王邑二千戶休仁死後還本與伯融俱徙丹楊縣後廢帝元徽元年賜爵都鄉侯建平王景素爲逆楊運長等畏忌宗室稱詔賜伯融等死伯融時年十九伯猷年十一

晉平刺王休祐文帝第十三子也孝建三年年十一封山陽王食邑二千戶大明元年爲散騎常侍領長水校尉尋遷東揚州刺史未拜徙湘州刺史加號征虜將軍四年還爲秘書監領右軍將軍增邑千戶遷侍中又遷左中郎將都官尚書又爲秘書監領驍騎將軍出爲使持節都督豫司二州南豫州之梁郡諸軍事右將軍豫州刺史景和元年入朝進號鎮西大將軍仍遷散騎常侍鎮軍大將軍開府儀同三司太宗定亂以爲使持節都督荆湘雍益梁寧南北秦八州諸軍事驃騎大將軍荆州刺史開府常侍如故又改都督江郢雍湘五州江州刺史又改都督江南豫司州南豫州刺史改都督豫江司三州豫州刺史時豫州刺史殷琰據壽陽反叛休祐出鎮歷陽督劉勔等討琰琰未平勔築長圍守之休祐復徙都督荆湘雍益梁寧南北秦八州諸軍事荆州刺史持節常侍將軍開府並如故增封二千戶受五百戶以山陽荒敝改封晉平王休祐素無才能彊梁自用大明之世年尚少未得自專至是貪淫好財色在荆州裒刻所在多營財貨以短錢一百賦民田登就求白米一斛米粒皆令徹白若有破折者悉刪簡不受民間糴

此米一升一百至時又不受米評米責錢凡諸求利皆悉如此百姓嗷然不復堪命泰始六年徵爲都督南徐南兗徐兗青冀六州諸軍事南徐州刺史加侍中持節將軍如故上以休祐貪虐不可莅民留之京邑遣上佐行府州事休祐狠戾彊梁前後忤上非一在荆州時左右苑景達善彈棊上召之休祐留不遣上怒詰責之曰汝剛戾如此豈爲下之義積不能平且慮休祐將來難制欲方便除之七年二月車駕於巖山射雉有一雉不肯入場日暮將反令休祐射之語云不得雉勿歸休祐時從在黃麾內左右從者並在部伍後休祐便馳去上遣左右數人隨之上既還前驅淸道休祐人從悉分散不復相得上因遣壽寂之等諸將追之日已欲闇與休祐相及逼令墜馬休祐素勇壯有氣力奮拳左右排擊莫得近有一人後引陰因頓地即共毆拉殺之乃遣人馳白上行唱驃騎落馬上曰驃騎體大落馬殊不易即遣御醫絡驛相係頃之休祐左右人至久已絕去車脚輿以還第時年二十七追贈司空持節侍中都督刺史如故給班劒二十人三望車一乘時巴陵王休若在江陵其日即馳信報休若曰吾與驃騎南山射雉驃騎馬驚與直閤夏文秀馬相蹹文秀墮地驃騎失鞚馬驚觸松樹墮地落礀中時頓悶不識人故馳報弟其年五月追免休祐爲庶人長子仕晉早卒次子宣翊爲世子爲寧朔將軍湘州刺史未拜免廢次士弘繼鄱陽哀王休業襲封被廢還本次宣彥封原豐縣侯爲寧朔將軍彭城太守未拜免廢次宣諒次宣曜出繼南平穆王鑠封被廢還本次宣景次宣梵次宣覺次宣受次宣則次宣直次宣季凡十三子並徙晉平郡太宗尋病見休祐爲祟乃遣前中書舍人劉休至晉平撫慰宣翊等上遂崩後廢帝元徽元年聽宣翊等還都順帝昇明三年謀反並賜死

鄱陽哀王休業文帝第十五子也孝建二年年十一封鄱陽王食邑二千戶三年薨追贈太常大明六年以山陽王休祐次子士弘嗣封被廢還本國除

臨慶沖王休倩文帝第十六子也孝建元年年九歲疾篤封東平王食邑二千戶未拜薨大明七年立第二十七皇子子嗣爲東平王紹休倩後太宗泰始二年還本國絕六年以第五皇子智丹爲東平王繼休倩未拜薨其年追改休倩爲臨慶王以臨賀郡爲臨慶國立第八皇子躋爲臨慶王食邑二千戶繼休倩後明年還本國休倩太祖所愛故前後屢加紹嗣

新野懷王夷父文帝第十七子也元嘉二十九年薨時年六歲太宗泰始五年追加封諡

巴陵哀王休若文帝第十九子也孝建三年年九歲封巴陵王食邑二千戶大明二年爲冠軍將軍南琅邪臨淮二郡太守徙南彭城下邳二郡太守將軍如故四年出爲都督徐州諸軍事刺史將軍如故增督豫州之梁郡增邑千戶明年徵爲散騎常侍左右郎將吳興太守復徵爲散騎常侍太常未拜前廢帝永光元年遷左衞將軍太宗泰始元年遷散騎常侍中書令領衞尉未拜復爲左衞將軍常侍衞尉如故又未拜出爲使持節都督會稽東陽永嘉臨海新安五郡諸軍事領安東將軍會稽太守率衆東討進督吳吳興晉陵三郡尋加散騎常侍進號衞將軍給鼓吹一部又進督晉安闕二郡諸軍事二年遷梁雍南北秦四州荆州之竟陵隨二郡諸軍事寧蠻校尉雍州刺史持節常侍將軍如故增邑二千戶受三百戶前在會稽錄事參軍陳郡謝沈以諂佞事休若多受賄賂時內外戒嚴普著褶沈居母喪被起聲樂酣飲不異吉人衣冠既無殊異並不知沈居喪嘗自稱孤子衆乃駭愕休若坐與沈褻黷致有姦私降號鎮西將軍又進衞將軍典籤夏寶期事休若無禮繫獄啓太宗殺之慮不被許啓未報輒於獄行刑信反果錮送而寶期已死上大怒與休若書曰孝建大明中汝敢行此耶使其母加杖三百降號左將軍貶使持節都督爲監行雍州刺史使寧蠻校尉削封五百戶四年遷使持節都督湘州諸軍事行湘州刺史如故六年荆州刺史晉平王休祐入以休若監荆州事進號征南將軍湘州刺史仍爲都督荆湘雍益梁寧南北秦八州諸軍事征西將軍荆州刺史持節如故尋加散騎常侍又進號征西大將軍開府儀同三司七年晉平王休祐被殺建安王休仁見疑京邑譌言休若有至貴之表太宗以言報之休若內甚憂懼會被徵代休祐爲都督南徐南兗徐兗青冀六州諸軍事征北大將軍南徐州刺史持節常侍開府如故休若腹心將佐咸謂還朝必有大禍中兵參軍京兆王敬先固陳不宜入勸割據荆楚以距朝廷休若僞許之敬先既出執錄馳使白太宗敬先坐誅死休若至京口建安王休仁又見害益懷危慮上以休若和善能諧緝物情慮將來傾幼主欲遣使殺之慮不奉詔徵入朝又恐猜駭乃僞還休若爲都督江郢司廣交豫州之西陽新蔡晉熙湘州之始興四郡諸軍事車騎大將軍江州刺史持節常侍開府如故徵還召拜手書殷勤使赴七月七日即於第賜死時年二十四贈侍中司空持節都督刺史如故給班劒二十人三望車一乘休若既死上與驃騎大將軍桂陽王休範書曰外間有一師姓徐名紹之狀如狂病自云爲塗步郎所使去三月中忽云神語道巴陵王應作天子汝使巴陵王密知之於是師便訪覓休若左右人不能得東宮典書姓何者相識數去來師解神語東宮典書具道神語東宮典書答云我識巴陵間一左右當爲汝向道數日東宮典書復來語師云我已爲汝語巴陵左右道因達巴陵巴陵具知云莫聲但聽又項者史官奏天文占候頗云休若應挾異端神道芒昧乃不可全信然前後相準略亦不無髣髴且帖肆間自大明以來有若好之謠于今未止詔若百重章句皆配以美辭美事諸不逞之徒咸云必是休若休若且知道路有異音里巷有若好之謠在西已奇懼致王敬先吐猖狂之言近休祐休仁被誅休若彌不自安又左右多是不相當負罪之徒恒說以道路之言叩動之相與唱云萬民之心屬在休若感激其意尋休若從來心迹殊有可嫌劉亮問高次祖汝一應識此人當給休若休若在東縱恣羣下無本末還朝被貶爵位小退次祖被亮使歸過問訊大泣語次祖云我東行是一段功在郡橫爲羣小輩過失大被貶降我實憤怨不解劉輔國何意不作次祖答云劉輔國蒙朝庭生成之恩豈容有此理推此已是有奇意吾使諸王在蕃正令優游而已本不以武事而休若在西廣召弓馬健兒都不啓聞又戾道明等昔親爲賊罪應萬死休若至西大信遇之乃潛將往不啓京吾知汝意謂休若處奉因事事何如心迹既不復可測因其還朝在第與書事事詰誚於內許密自引分狀如暴疾致故差得於其名位及兒子悉得全也休若既是汝弟使其狠心得申者汝得守冶城邊作太尉公邪非但事關計亦於汝甚切汝可密白荀太妃令知盧江王禕昔在西州故上云冶城邊也休若子沖始襲封順帝昇明三年薨會齊受禪國除

史臣曰詩云不自我先不自我後古人畏亂世也太宗晚途疑隙內成尋斧所加先自至戚晉剌以獷暴摧軀巴哀由和良酖體保身之路未知攸適昔之戒子愼勿爲善將遠有以乎

宋書卷七十二考證

南平穆王鑠傳賊多作蝦蟆車以塡塹肉薄攻城○肉薄義見前監本訛因薄南史訛內薄今改正

建平宣簡王宏傳又臨危之際撫檻而歎○檻一本作檻

宋書卷七十三

梁　沈　約　撰

列傳第三十三

顏延之

顏延之字延年琅邪臨沂人也曾祖含右光祿大夫祖約零陵太守父顯護軍司馬延之少孤貧居負郭室巷甚陋好讀書無所不覽文章之美冠絕當時飲酒不護細行年三十猶未婚妹適東莞劉憲之穆之子也穆之既與延之通家又聞其美將仕之先欲相見延之不往也後將軍吳國內史劉柳以爲行參軍因轉主簿豫章公世子中軍行參軍義熙十二年高祖北伐有宋公之授府遣一使慶殊命參起居延之與同府王參軍俱奉使至洛陽道中作詩二首文辭藻麗爲謝晦傅亮所賞宋國建奉常鄭鮮之擧爲博士仍遷世子舍人高祖受命補太子舍人鴈門人周續之隱居廬山儒學著稱永初中徵詣京師開館以居之高祖親幸朝彥畢至延之官列猶卑引升上席上使問續之三義續之雅仗辭辯延之每折以簡要既連挫續之上又使還自敷釋言約理暢莫不稱善徙尚書儀曹郎太子中舍人時尚書令傅亮自以文義之美一時莫及延之負其才辭不爲之下亮甚疾焉廬陵王義眞頗好辭義待接甚厚徐羨之等疑延之爲同異意甚不悅少帝即位以爲正員郞兼中書尋徙員外常侍出爲始安太守領軍將軍謝晦謂延之曰昔荀勗忌阮咸斥爲始平郡今卿又爲始安可謂二始黃門郞殷景仁亦謂之曰所謂俗惡俊異世疵文雅延之之郡道經汨潭爲湘州刺史張紀祭屈原文以致其意曰恭承帝命建旟舊楚訪懷沙之淵得捐佩之浦弭節羅潭艤舟汨渚敬祭楚三閭大夫屈君之靈蘭薰而摧玉貞則折物忌堅方人諱明潔曰若先生逢辰之欽溫風迨時飛霜急節嬴芊遘紛昭懷不端謀折

儀尚貞虔椒蘭身絕郢闕迹遐湘干比物荃蓀連類龍鸞聲溢金石志華日月如彼樹芬實穎實發望汨心欷瞻羅思越藉用可塵昭忠難闕元嘉三年羡之等誅徵爲中書侍郎尋轉太子中庶子頃之領步兵校尉賞遇甚厚延之好酒疎誕不能斟酌當世見劉湛殷景仁專當要任意有不平常云天下之務當與天下共之豈一人之智所能獨了辭甚激揚每犯權要謂湛曰吾名器不升當由作卿家吏湛深恨焉言於彭城王義康出爲永嘉太守延之甚怨憤乃作五君詠以述竹林七賢山濤王戎以貴顯被黜詠嵇康曰鸞翮有時鎩龍性誰能馴詠阮籍曰物故可不論塗窮能無慟詠阮咸曰屢薦不入官一麾乃出守詠劉伶曰韜精日沉飲誰知非荒宴此四句蓋自序也湛及義康以其辭旨不遜大怒時延之已拜欲黜爲遠郡太祖與義康詔曰降延之爲小邦不政有謂其在都邑豈動物情罪過彰著亦士庶共悉直欲選代令思愆里閭猶復不悛當驅往東土乃至難恕自可隨事錄治殷劉意咸無異也乃以光祿勳車仲遠代之延之與仲遠世素不協屏居里巷不豫人間者七載中書令王球名公子遺務事外延之慕焉球亦愛其材情好甚欵延之居常罄匱球輒贍之晉恭思皇后葬應須百官湛之取義熙元年除身以延之兼持邑吏送札延之醉投札於地曰顏延之未能事生焉能事死閒居無事爲庭誥之文今删其繁辭存其正著於篇曰庭誥者施於閨庭之內謂不遠也吾年居秋方慮先草木故遽以未聞誥爾在庭若立履之方規鑒之明已列通人之規不復續論今所載咸其素畜本乎生靈而致之心用夫選言務一不尚煩密而至於備議者蓋以網諸情非古語曰得鳥者羅之一目而一目之羅無時得鳥矣此其積意之方道者識之公情者德之私公通可以使神明加響私塞不能令妻子移心是以昔之善爲士者必捐情反道合公屏私尋尺之身而以天地爲心數紀之壽常以金石爲量觀夫古先垂戒長老餘論雖用細制每以不朽見銘繕築末迹咸以可久承志況樹德立義收族長家而不思經遠乎曰身行不足遺之後人欲求子孝必先慈將責弟悌務爲友雖孝不待慈而慈固植孝悌非期友而友亦立悌夫和之不備或應以不和猶信不足焉必有不信儻知恩意相生情理相出可使家有參柴人皆由損夫內居德本外夷民譽言高一世處之逾嘿器重一時體之滋冲不以所能干衆不以所長議物淵泰入道與天爲人者士之上也若不

能遺聲欲人出已知柄在虛求不可校得敬慕謙通畏避矜踞思廣監擇從其遠猷文理精出而言稱未達論問宜茂而不以居身此其亞也若乃聞實之爲貴以辯畫所克見聲之取榮謂爭奪可獲言不出於戶牖自以爲道義久立才未信於僕妾而曰我有以過人於是感苟銳之志馳傾觖之望豈悟已挂有識之裁入脩家之誡乎記所云千人所指無病自死者也行近於此者吾不願聞之矣凡有知能預有文論不練之庶士校之羣言通才所歸前流所與焉得以成名乎若呻吟於牆室之內喧囂於黨輩之間竊議以迷寡聞姐語以敵要說是短算所出而非長見所上適值尊朋臨座稠覽博論而言不入於高聽人見棄於衆視則慌若迷塗失偶黶如深夜撤燭銜聲茹氣腆嘿而歸豈識向之夸慢祇足以成今之沮喪邪此固少壯之廢爾其戒之夫以怨誹爲心者未有達無心救得喪多見誚耳此蓋臧獲之爲豈識量之爲事哉是以德聲令氣愈上每高忿言懟議每下愈發有尚於君子者寧可不務勉邪雖曰恒人情不能素盡故當以遠理勝之公筭除之豈可不務自異而取陷庸品乎富厚貧薄事之懸也以富厚之身親貧薄之人非可以一時處然昔有守之無怨安之不悶者蓋有理存焉夫有富厚必有貧薄豈其證然時乃天道若人皆厚富是理無貧薄然乎必不然也若謂富厚在我則宜貧薄在人可乎又不可矣道在不然義在不可而橫意去就謬生希幸以爲未達至分蠶溫農飽民生之本躬稼難就止以僕役爲資當施其情願庀其衣食定其當治遞其優劇出之休饗後之捶責雖有勸恤之勤而無霑曝之苦務前公稅以遠吏讓無急傍費以息流議量時發斂視歲穰儉省贍以奉已損散以及人此用天之善御生之得也率下多方見情爲上立長多術晦明爲懿雖及僕妾情見則事通雖在畎畝明晦則功博若奪其常然役其煩務使威烈雷霆猶不禁其欲雖棄其大用窮其細瑕或明灼日月將不勝其邪故曰孱焉則差的焉則闇是以禮道尚優法意從刻優則人自爲厚刻則物相爲薄耕收誠鄙此用不忒所謂野陋而不以居心也含生之氓同祖一氣等級相傾遂成差品遂使業習移其天識世服沒其性靈至夫願欲情嗜宜無間殊或役人而養給然是非大意不可侮也隅奧有竈齊侯蔑寒犬馬有秩管燕輕饑若能服溫厚而知穿弊之苦明周之德厭滋旨而識寡嗛之急仁恕之功豈與夫比肌膚於草石方手足於飛走者同其意用哉罰

慎其濫惠戒其偏罰濫則無以爲罰惠偏則不如無惠雖爾眇末猶扃庸保之上事思反已動類念物則其情得而人心塞矣抃博蒱塞會衆之事諧調哂謔適坐之方然失敬致侮皆此之由方其剋瞻彌喪端儼況遭非鄙慮將醜折豈若拒其容而簡其事靜其氣而遠其意使言必諍厭賓友清耳笑不傾嫵左右悅目非鄙無因而生侵侮何從而入此亦持德之管籥爾其謹哉嫌惑疑心誠亦難分豈唯厚貌蔽智之明深情怯剛之斷而已哉必使猜怨愚賢則顰咲入戾期變犬馬則步顧成妖況動容竊斧束裝濫金又何足論是以前王作典明慎議獄而僭濫易意朱公論璧光澤相如而倍薄異價此言雖大可以戒小游道雖廣交義爲長得在可久失在輕絕久由相敬絕由相狎愛之勿勞當扶其正性忠而勿誨必藏其枉情輔以藝業會以文辭使親不可褻踈不可闇每存大德無挾小怨率此往也足以相終酒酌之設可樂而不可嗜嗜而非病者希病而遂眚者幾既眚既病將蔑其正若存其正性紓其妄發其唯善戒乎聲樂之會可簡而不可違違而不背者鮮矣背而非弊者反矣既弊既背將受其毀必能通其礙而節其流意可爲和中矣善施者唯發自人心乃出天則與不待積取無謀實並散千金誠不可能贍人之急雖乏必先使施如王丹受如杜林亦可與言交矣浮華怪飭滅質之具奇服麗食棄素之方動人勸慕傾人顧盼可以遠識奪難用近欲從若覩其淫怪知生之無心爲見奇麗能致諸非務則不抑自貴不禁自止夫數相者必有之徵既聞之術人又驗之吾身理可得而論也人者兆氣二德禀體五常二德有奇偶五常有勝殺及其爲人寧無叶沴亦猶生有好醜死有夭壽人皆知其懸天至於丁年乖遇中身迂合者豈可易地哉是以君子道命愈難識道愈堅古人耻以身爲溪壑者屏欲之謂也欲者性之煩濁氣之蒿蒸故其爲害則熏心智耗真情傷人和犯天性雖生必有之而生之德猶火含煙而妨火桂懷蠹而殘桂然則火勝則煙滅蠹壯則桂折故性明者欲簡嗜繁者氣惛去明即惛難以主一目其以中外羣聖建言所黜儒道衆智發論是除然有之者不患誤深故藥之者恒苦術淺所以毀道多而義寡頓盡誠難每指可易能易每指亦明之末廉嗜之性不同故畏慕之情或異從事於人者無一人我之心不以已之所善謀人爲有明矣不以人之所務失我能有守矣已所謂然而彼定不然奕棊之蔽悅彼之可而忘我不可學頓之

蔽將求去蔽者念通怍介而已流言謗議有道所不免況在闕薄難用筭防接應之方言必出已或信不素積嫌間所襲或性不和物尤怨所聚有一於此何處逃毀苟能反悔在我而無責於人必有達鑒昭其情遠識迹其事日省吾躬月料吾志寬嘿以居潔靜以期神道必在何恤人言諺曰富則盛貧則病矣貧之病也不惟形色麤黶或亦神心沮廢豈但交友踈棄必有家人誚讓非廉深識遠者何能不移其植故欲蠲憂患莫若懷古懷古之志當自同古人見通則憂淺意遠則怨浮昔琴歌於編蓬之中者用此道也夫信不逆彰義必出隱交賴相盡明有相照一面見旨則情固丘岳一言中志則意入淵泉以此事上水火可蹈以此託友金石可弊豈待克其榮實乃將議報厚之篚筐然後圖終如或與立茂思無忽祿利者受之易易則人之所榮蠶穡者就之艱艱則物之所鄙艱易既有勤倦之情榮鄙又間向背之意此二塗所爲反也以勞定國以功施人則役徒屬而擅豐麗自理於民自事其生則督妻子而趨耕織必使陵侮不作懸企不萌所謂賢鄙處宜華野同泰人以有惜爲質非假嚴刑有恒爲德不慕厚貴有惜者以理葬有恒者與物終世有位去則情盡斯無惜矣又有務謝則心移斯不恒矣又非徒若此而已或見人休事則懃蘄結納及聞否論則處彰離貳附會以從風隱竊以成釁朝吐面譽暮行背毀昔同稽款今猶判戻斯爲甚矣又非唯若此而已或憑人惠訓藉人成立與人餘論依人揚聲曲存禀仰甘赴塵軌衰沒畏遠忌閭影迹又蒙之毀之無度心短彼能私樹已拙自崇恒輩罔顧高識有人至此實蠹大倫每思防避無通閭伍覩鶩異之事或無涉傳遭卒迫之變反思安順若異從已發將尸謗人迫而又迕愈使失度能夷異如裴楷處逼如裴遐可稱深士乎喜怒者有性所不能無常起於褊量而止於弘識然喜過則不重怒過則不威能以恬漠爲體寬愉爲器者大喜蕩心微抑則定甚怒煩性小忍即歇動無愆容舉無失度則物將自懸人將自止習之所變亦大矣豈唯蒸性染身乃將移智易慮故曰與善人居如入芷蘭之室久而不聞其芬與之化矣與不善人居如入鮑魚之肆久而不知其臭與之變矣是以古人慎所與處唯夫金真玉粹者乃能盡而不汚爾故曰丹可滅而不能使無赤石可毀而不能使無堅苟無丹石之性必慎浸染之由能以懷道爲人必存從理之心道可懷而理可從則不議貧議所樂爾或云貧何由樂此未求

道意道者贍富貴同貧賤理固得而自我喪之未爲通議苟議不喪夫何不樂或曰溫飽之貴所以榮生饑寒在躬空曰從道取諸其身將非篤論此又通理所用凡生之具豈閒定實或以膏腴夭性有以菽藿登年中散云所足與不由外是以稱體而食貧歲愈嗛量腹而炊豐家餘食非粒實息耗意有盈虛爾況心得復劣身獲仁富明白入素氣志如神雖十旬九飯不能令饑業席三屬不能爲寒豈不信然且以己爲度者無以自通彼量渾四游而幹五緯天道弘也振河海而載山川地道厚也一情紀而合流貫人靈茂也昔之通乎此數者不爲剖判之行必廣其風度無挾私殊博其交道無懷曲異故望塵請友則義士輕身一遇拜親則仁人投分此倫序通允禮俗平一上獲其用下得其和世務雖移前休未遠人之適主吾將反本三人至生鼇有之識幼壯驟過衰耗驚及其間夭鬱既難勝言假獲存遂又云無幾柔麗之身亟委土木剛清之才遽爲丘壤回遑顧慕雖數紀之中爾以此持榮曾不可留以此服道亦何能平進退我生遊觀所達得貴爲人將在含理含理之貴惟神與交幸有心靈義無自惡偶信天德逝不上慙欲使人沈來化志符往悊勿謂是賒日鑿斯密著通此意吾將忘老如固不然其誰與歸値懷所撰略布衆修若備舉情見顧未書一贍身之經別在田家節政奉終之紀自著燕居畢義劉湛誅起延之爲始興王濬後軍諮議參軍御史中丞在任縱容無所舉奏遷國子祭酒司徒左長史坐啓買人田不肯還直尚書左丞荀赤松奏之曰求田問舍前賢所鄙延之唯利是視輕冐陳聞依傍詔恩拒捍餘直垂及周年猶不畢了昧利苟得無所顧忌延之昔坐事屏斥復蒙抽進而曾不悛革怨誹無已交遊闒茸沈迷麴蘖橫興譏謗詆毀朝士仰竊過榮增憤薄之性私恃顧眄成彊梁之心外示寡求內懷奔競千祿祈遷不知極已預讌班觴肆罵上席山海含容每存遵養愛兼彫蟲未忍遐棄而驕放不節日月彌著臣聞聲問過情孟軻所恥況聲非外來問由己出雖心智薄劣而高自比擬客氣虛張曾無愧畏豈可復弼亮五教增曜台階請以延之訟田不實妄干天聽以彊陵弱免所居官詔可復爲祕書監光祿勳太常時沙門釋慧琳以才學爲太祖所賞愛每召見常升獨榻延之甚疾焉因醉白上曰昔同子參乘袁絲正色此三台之坐豈可使刑餘居之上變色延之性既褊激兼有酒過肆意直言曾無遏隱故論者多不知云居身淸約不營財利布衣蔬食獨酌郊野當其爲適傍若無人二十九年上表自陳曰臣聞行百里者半於九十言其末路之難也愚心常謂爲虛方今乃知其信臣延之人薄寵厚宿塵國言而雩劾無從榮牒增廣歷盡身彫日叨官次雖容載有塗而妨穢滋積早欲啓請餘筭屏蔽醜老但時制行及歸慕無賒是以腆冒愆非簡息干黷耗歇難支質用有限自去夏侵暑入此秋變頭齒眩疼根痼漸劇手足冷痺左髀尤甚素不能食頃向減半本猶頼服比倦悸晚年疾所催顧景引日臣班叨首卿位尸封典肅祇朝校尚恧匪任而陵廟衆事有以疾怠宮府覲慰轉闕躬親息奐庸微過宰近邑回澤爰降實加將監乞解所職隨就藥養伏願聖慈特垂矜許稟恩明世負報冥暮仰企端闈上戀罔極不許明年致事元凶弒立以爲光祿大夫先是子竣爲世祖南中郎諮議參軍及義師入討竣參定密謀兼造書檄劭召延之示以檄文問曰此筆誰所造延之曰竣之筆也又問何以知之延之曰竣筆體臣不容不識劭又曰言辭何至乃爾延之曰竣尚不顧老父何能爲陛下劭意乃釋由是得免世祖登阼以爲金紫光祿大夫領湘東王師子竣既貴重權傾一朝凡所資供延之一無所受器服不改宅宇如舊常乘羸牛笨車逢竣鹵簿卽屏往道側又好騎馬遨游里巷遇知舊輒據鞍索酒得酒必頹然自得常語竣曰平生不喜見要人今不幸見汝竣起宅謂曰善爲之無令後人笑汝拙也表解師職加給親信三十人孝建三年卒時年七十三追贈散騎常侍特進金紫光祿大夫如故諡曰憲子延之與陳郡謝靈運俱以詞彩齊名自潘岳陸機之後文士莫及也江左稱顏謝焉所著並傳於世竣別有傳竣弟測亦以文章見知官至江夏王傳義恭大司徒錄事參軍蚤卒太宗卽位詔曰延之昔師訓朕躬情契兼款前記室參軍濟陽太守奐伏勤蕃朝綢繆恩舊可擢爲中書侍郎奐延之第三子也

史臣曰出身事主雖義在忘私至於君親兩事旣無同濟爲子爲臣各隨其時可也若夫馳文道路軍政恒儀成敗所因非繫乎此而據筆數辠陵犯逆餘彼慈親垂之虎吻以此爲忠無聞前誥夫自忍其親必將忍人之親自忘其孝期以申人之孝食子放麑斷可識矣記云八十者一子不從政九十者家不從政豈不以年薄桑榆憂患將及雖有職王朝許以辭事況顛沛之道慮在未測者乎自非延年之辭允而義愍夫豈或免

宋書卷七十三考證

顏延之傳妹適東莞劉憲之穆之子也○臣承蒼按穆之三子慮之式之貞之無名憲之者此憲字疑誤

道經汨潭爲湘州刺史張紀祭屈原文以致其意○臣承蒼按顏延之集爲刺史張邵作篇首稱維有宋五年是時湘州刺史正是張邵非紀也

凡生之具豈閒定實○閒顏集作簡

宋書卷七十四

梁　沈　約　撰

列傳第三十四

臧質　魯爽　沈攸之

臧質字含文東莞莒人父熹字義和武敬皇后弟也與兄燾並好經籍隆安初兵革屢起熹乃習騎射志在立功嘗至溧陽溧陽令阮崇與熹共獵值虎突圍獵徒並奔散熹直前射之應弦而倒高祖入京城熹族子穆斬桓脩進至京邑桓玄奔走高祖使熹入宮收圖書器物封閉府庫有金飾樂器高祖問熹卿得無欲此乎熹正色曰皇上幽逼播越非所將軍首建大義劬勞王家雖復不肖無情於樂高祖笑曰聊以戲卿爾行參高祖鎭軍事員外散騎侍郎重參鎭軍軍事領東海太守以義功封始興縣五等侯又參高祖車騎中軍軍事高祖將征廣固議者多不同熹從容言曰公若凌威北境拯其塗炭寧一六合未爲無期高祖曰卿言是也及行熹求從不許以爲建威將軍臨海太守郡經兵寇百不存一熹綏緝綱紀招聚流散歸之者千餘家孫季高海道襲廣州路由臨海熹資給發遣得以無乏徵拜散騎常侍母憂去職頃之討劉毅起爲寧朔將軍從征事平高祖遣朱齡石統大衆伐蜀命熹奇兵出中水以本號領建平巴東二郡太守蜀主譙縱遣大將譙撫之萬餘人屯牛脾又遣譙小苟重兵塞打鼻熹至牛脾撫之戰敗退走追斬之小苟聞撫之死卽便奔散成都旣平熹遇疾義熙九年卒於蜀郡牛脾縣時年三十九追贈光祿勳

質少好鷹犬善蒱博意錢之戲長六尺七寸出面露口禿頂拳髮年未二十高祖以爲世子中軍行參軍永初元年爲員外散騎侍郎從班例也母憂去職服闋爲江夏王義恭撫軍以輕薄無檢爲太祖所知從爲給事中會稽宣長公主每爲之言乃出爲建平太守甚得蠻楚心南蠻校尉劉湛還朝稱爲良守遷寧遠將軍歷陽太守仍遷竟陵江夏內史復爲建武將軍巴東建平二郡太守吏民便之質年始出三十屢居名郡涉獵史籍尺牘便敏旣有氣幹好言兵權太祖謂可大任欲以爲益州事未行徵爲使持節都督徐兗二州諸軍事寧遠將軍徐兗二州刺史在鎭奢費爵命無章爲有司所糾遇赦與范曄徐湛之等厚善曄謀反量質必與之同會事發復爲建威將軍義興太守元嘉二十六年太祖謁京陵質朝丹徒與何勗檀和之並功臣子時共上禮太祖設讌盡歡賜布千匹二十七年春遷南譙王義宣司馬寧朔將軍南平內史未之職會索虜大帥拓跋燾圍汝南汝南戍主陳憲固守告急太祖遣質輕往壽陽卽統彼軍與安蠻司馬劉康祖等救憲虜退走因使質伐汝南西境刀壁等山蠻大破之獲萬餘口遷太子左衞率坐前伐蠻枉殺隊主嚴祖又納面首生口不以送臺免官是時上大舉北討質白衣與驃騎司馬王方回等率軍出許洛安北司馬王玄謨攻滑臺不拔質請乘驛代將太祖不許虜侵徐豫拓跋燾率大衆數十萬遂向彭城以質爲輔國將軍假節置佐率萬人北救始至盱眙燾已過淮冗從僕射胡崇之領質府司馬崇之副太子積弩將軍毛熙祚亦受統於質盱眙城東有高山質慮虜據之使崇之澄之二軍營於山上質營城南虜攻崇之澄之二營崇之等力戰不敵衆散並爲虜所殺虜又攻熙祚熙祚所領悉北府精兵幢主李灌率厲將士殺賊甚多隊主周胄之外監揚方生又率射賊賊垂退會熙祚被創死軍遂散亂其日質案兵不敢救故二營一時覆沒初仇池之平也以崇之爲龍驤將軍北秦州刺史宋百頃行至濁水爲索虜所克舉兵敗散崇之及將佐以下皆爲虜所執後得叛還至是又爲虜所敗焉熙祚司州刺史脩之兄子也崇之熙祚並贈正員郎澄之事在祖父燾傳三營旣敗其夕質軍亦奔散棄輜重器甲單七百人投盱眙盱眙太守沈璞完爲守戰之備城內有實力三千質大喜因共守虜初南出後無資糧唯以百姓爲命及過淮食平越石鼈二屯穀至是抄掠無所人馬饑困聞盱眙有積粟欲以爲歸路之資旣破崇之等一攻城不拔便引衆南向城內增脩守備莫不完嚴二十八年正月初燾自廣陵北返便悉力攻盱眙就質求酒質封溲便與之燾怒甚築長圍一夜便合開攻道趣城東北運東山土石塡之虜又恐城內水路遁走乃引大船欲於軍山作浮橋以絕淮道城內乘艦逆戰

大破之明旦賊更方舫爲桁桁上各嚴兵自衞城內更擊不能禁遂於軍山立桁水陸路並斷燾與質書曰吾今所遣鬬兵盡非我國人城東北是丁零與胡南是三秦氐羌設使丁零死者正可減常山趙郡賊胡死正減并州賊氐羌死正減關中賊卿若殺丁零胡無不利質答書曰省示具悉姦懷爾自恃四脚屢犯國疆諸如此事不可具說王玄謨退於東梁坦散於西爾謂何以不聞童謠言邪虜馬飲江水佛貍死卯年此期未至以二軍開飲江之徑爾冥期使然非復人事寡人受命相滅期之白登師行未遠爾自送死豈容復令生全饗有桑乾哉但爾往攻此城假令寡人不能殺爾爾由我而死爾若有幸得爲亂兵所殺爾若不幸則生相鏁縛載以一驢直送都市我本不圖全若天地無靈力屈於爾虀之粉之屠之裂之如此未足謝本朝爾識智及衆力豈能勝苻堅邪頃年展爾陸梁者是爾未飲江太歲未卯年故爾斛蘭昔深入彭城值少日雨隻馬不返爾豈憶邪卽時春雨已降四方大衆始就雲集爾但安意攻城莫走糧食闕乏者告之當出廩相飴得所送劒刀欲令我揮之爾身邪甚苦人附反各自努力無煩多云是時虜中童謠曰軺車北來如穿雉不意虜馬飲江水虜主北歸石濟死虜欲渡江天不徙故質答引燾大怒乃作鐵床於其上施鐵鑱云破城得質當坐之此上質又與虜衆書曰示詔虜中諸士庶貍伐見與書如別等正朔之民何爲力自取如此大丈夫豈可不知轉禍爲福邪今寫臺格如別書自思之時購斬燾封開國縣侯食邑一萬戶賜布絹各萬匹虜以鉤車鉤垣樓城內繫以彊絙數百人叫喚引之車不能退既夜以木桶盛人懸出城外截鉤能獲之明日又以衝車攻城城土堅密每至頹落不過數升虜乃肉薄登城分番相代墜而復升莫有退者殺傷萬計虜死者與城平又射殺高梁王如此三旬死者過半燾聞彭城斷其歸路京邑遣水軍自海入淮且疾疫死者甚衆二月二日乃解圍遁走上嘉質功以爲使持節監雍梁南北秦四州諸軍事冠軍將軍寧蠻校尉雍州刺史封開國子食邑五百戶明年太祖又北伐使質率所統見力向潼關質頓兵近郊不肯時發獨遣司馬柳元景屯兵境上不時進軍質又顧戀嬖妾棄營單馬還城散用臺庫見錢六七百萬爲有司所糾上不問也元凶弒立以質爲丹陽尹加征虜將軍質家遣門生師顗報質具太祖崩問質疏顗所言馳告司空義宣又遣州祭酒從事田穎起銜命報世祖率衆五千馳下討逆自陽口進江陵義宣質諸子在都邑聞質舉義並逃亡劭欲相慰悅乃下書曰臧敦等無因自駭急便竄逸迷昧過甚良可怪歎質國戚勳臣忠誠篤亮方當顯位贊翼京輦而子弟波迸傷其乃懷可遣宣譬令還咸復本位劭尋錄得敦使大將軍義恭行訓杖三十厚給賜之義宣得質報卽日舉兵馳信報世祖板進質號征北將軍質逕赴尋陽與世祖同下世祖至新亭卽位以質爲都督江州諸軍事車騎將軍開府儀同三司江州刺史加散騎常侍持節如故使質率所領自白下步上直至廣莫門門者不守薛安都程天祚等亦自南掖門入與質同會太極殿生禽元凶仍使質留守朝堂甲仗百人自防封始興郡公食邑三千戶之鎮舫千餘乘部伍前後百餘里六平乘並施龍子幡時世祖自攬威柄而質以少主遇之是事專行多所求欲及至尋陽刑政慶賞不復諮稟朝廷盆口鉤圻米輒散用之臺符屢加檢詰質漸猜懼自謂人才足爲一世英傑始聞國禍便有異圖以義宣凡闇易可制勒欲外相推奉以成其志及至江陵便致拜稱名質於義宣雖爲兄弟而年大近十歲義宣驚曰君何意拜弟質曰事中宜然時義宣已推崇世祖故其計不行質每慮事泄及至新亭又拜江夏王義恭義恭愕然問質所以質曰天下屯危禮異常日前在荊州亦拜司空會義宣有憾於世祖事在義宣傳質因此密信說誘陳朝廷得失又謂震主之威不可持久主相勢均事不兩立今專據闔外地勝兵彊持疑不決則後機致禍質女爲義宣子采妻謂質無復異同納其說且義宣腹心將佐蔡超民之徒咸有富貴之情願義宣得欲倚質威名以成其業又勸獎義宣義宣時未受丞相質子敦爲黃門侍郎奉詔敦勸道經尋陽質令敦具更譬說并言世祖短長義宣乃意定馳報豫州刺史魯爽期孝建元年秋同舉爽失旨卽便起兵遣人至京邑報弟瑜瑜席卷奔叛瑜弟弘爲質府佐世祖遣報質質於是執臺使狼狽舉兵上表曰臣聞執藥隨親非情謬於甘苦揮斤斬毒豈忘痛於肌膚蓋以先疑後順忠焉必往忍小存大雖愛必從丞相臣義宣育忝台鉉拊聲聯服定主勤王之業勳越乎齊晉宗戚懿親之寄望崇於魯衞而惡直醜正實繁有黨或染凶作僞疾害元功或藉勞挾寵乘威縱戾自知釁深釁重必貽剿戮乃成紫毀朱交間忠輔崇樹私徒招聚羣惡念舊愛老無一而存豈不由凶醜相扇志肆讒慝陛下垂慈狎達不稍惟疑遂令負扆席圖蔽於流議投杼市虎成於十夫鑒古揆今實懷危逼故投袂獎業立節於本朝揮戈晉陽務淸于君側臣誠庸懦奉教前朝雖恧緇衣好賢之美敢希巷伯惡惡之情固已藉風聽而宵憤撫短策而馳念況乃宏命爰格誠係宗社今奉旨前邁星言啓行臣本凡瑣少無遠槩因緣際會遂班槐鼎素望旣盈愜心實足豈應徼功非冀更希異寵直以蔓草難除去惡宜速是以無顧夷險慮不及身仰恃天眷察亮丹款苟血誠不照甘心罪戮伏願陛下先鑒元輔匪躬茂節末錄庸瑣奉國微誠不遂澳湣之情以失四海之望耶戮馬劒顯肆市朝則結旌向國全鋒凱歸九流凝序三光平耀斯則仰說宗廟俯愜兆民裁表感慨涕言無已加魯弘輔國將軍下戍大雷馳報義宣義宣遣諮議參軍劉諶之萬人就弘世祖遣撫軍將軍柳元景統豫州刺史王玄謨等水軍屯梁山洲內兩岸築偃月壘水陸待之殿中將軍沈靈賜領百舸破其前軍於南陵生禽軍主徐慶安軍副王僧質至梁山亦夾陣兩岸元景檄書宣告曰夫革道應運基命之洪符嗣業興邦紹歷之明算自非瑞積神衷德充民極孰能升臨寶位景屬天居大宋啓期理高中世皇根帝業永流無彊夷陂遞來遘茲凶難國禍究深人綱鬱滅主上聖略聰武孝感通神義變草木哀動精緯躬幸南郢親掃大逆道援橫流德模靈造三光重照七廟載興臧質少負疵釁衣冠不齒昧利誣天著於觸事受任逃職不以宣劾爲心專方莅民惟以侵剝爲務官自賄至族以貨傾是以康周陷覆命屠宗究達蒼昊郭伯西門遺出自皂隸寵越州朝往莅東守響僭三千率卒西討竊爲取黜荷恩彭泗貪虐以逞坑戮邊氓忽若草芥傾竭倉庾割沒軍糧作牧漢南公盜府蓄矯易文簿專行欺妄及受命北伐憚役緩期師出有辰顧懷私愛匹馬棄衆宵行獨返遂復攜嬪擁姬淫宴軍幕孔范之變顯於逆辭凡此諸釁皆彰著於憲簡振聯於觀聽去歲義舉雖豫誠欵而淹留西楚私相崇戴奉書致命形於心迹新亭之捷大難已夷凶命假存懸在晷刻廣莫之軍曾無遺矢重關自開僞衆已潰質猶復盤桓衢巷後騎陳師勞不足甄定於朝議而虛張功伐扇動怨讟自謂斯舉勳莫已若初踐殿守忘犬馬之情奔趣帑藏頓傾天府山海弘量苞荒藏疾錄其一介之心掩其不逞之釁遂爵首元等職班盛級優榮溢寵莫與爲疇自恣醜薄罔知涯涘干謁陳聞曾無紀極請樂窮太子之英求器盡官府之選徐司空匪躬王室遭罹凶禍質與之少長親交兼常負無撫孤之仁惟聞陵侮之酷尺田寸寶靡有孑遺及受命南徂臨路滋甚逼奪妻嬪略市金帛怨動京邑醜聞都鄙棄遂舊故委蔑忠勤魯尚期尹周之徒心腹所倚泣訴於御筵袁同連子敬之疇爪牙所杖一逝而不反雖上旨頻煩屢求勞牒質但稱伐在已不逮僚隷託咎朝廷歸罪有司國士解心有識莫附何文敬趙走厮養天性愚狡質迷其姦諂寘懷委杖遂外擅威刑內遊房室質生與釁俱不可詳究擢髮數罪曾何足言丞相威重位尊任居分陝宗國倚賴實兼恒情而不及謙沖之塗弗見逆順之訓蔽同郤至理乖范燮遂乃遠忽世祀近受欺構杖納姦疏還謀社稷日者宴安上流坐觀成敗示遣疲卒衆裁三千戎馬不供軍糧靡獻皇朝直以親秩之重酬寵兼極近漸別子禮越常均苟識無所守功弗由已必爲義不全終於敗德今茲放命恨心於本推諸昔歲迹是誠非矣且家國夷險情事異常豫是臣子孰不星赴而玩寇忘哀曾無奔掩面蓄十稔惠政蔑聞重贓深掠縱慾已甚姬妾百房尼僧千計敗道傷俗悖亂人神民怨盈塗國謗彌歲又賊劭未禽凶威猶彊將毀其私墳戮其諸子圖成駭機垂賴義舉提期云速不日告平釋怨毒之心解倒懸之急論恩叙德造育爲重援人自助棄人快讒怙亂疑功未聞其比僕以不肖過蒙榮私荷佩升越光絕倫伍家本北邊志存慷慨常甘投生以徇艱棘惟思難激氣衝襟故以眺三湘而永慨望九江而遐憤若使身死國康誓在殞命況仰禀聖略俯鞠義徒萬全之形愚夫所照夫薛竟陵控率突騎陸道步馳檀右衞申右率垣游擊整勒銳師飛輪構路王豫州方舟繕甲久已前驅僕訓卒利兵凌波電進沈鎮軍蕭安南接舳連旌首尾風合驃騎竟陵王懿親令譽問望攸歸大司馬江夏王道略明遠嶽猷茂世並旌鉞臨塗雲驅齊引羣兵競邁秘駕徐啓八鑾搖響五牛舒旆千乘雷動萬軸雲回騰威發號星流漢轉以上臨下易於轉圜加以三謀協從七緯告慶幽顯同心昭然易覩諸君或世荷恩幸或身聞教義當知君臣大節誓不可犯冠屨至誨難用倒設履安奉順聲泰事全孰與附逆居危身害名醜慈親垂白受戮弱子嬰孩就誅所以有詔運回未震雷霆者正爲諸君身拘寇手或懷乃心吉凶由人無謂爲遠今而不變後悔何及授檄之日心馳賊庭義宣亦相次係至江夏王與義宣書日昔桓玄借兵於仲堪有似今日義宣由此與質相疑質進計日今以萬人取南州則梁山中絕萬人綴玄謨

必不敢動質浮舟外江直向石頭此上略也義宣將從之腹心劉諶之曰質求前驅此志難測不如盡銳攻梁山事剋然後長驅萬安之計也質遣將尹周之攻胡子反柳叔政於西壘時子反渡東岸就玄謨計事聞賊至馳歸周之攻壘甚急劉季之水軍殊死戰賊勢盛求救於玄謨玄謨不遣崔勳之固爭乃遣勳之救之比至城已陷勳之戰死季之收衆而退子反叔政奔還東岸玄謨斬子反軍副李文仲質欲仍攻東城義宣黨顏樂之說義宣曰質若復拔東城則大功盡歸之矣宜遣麾下自行義宣遣劉諶之就質陳軍城南玄謨留羸弱守城悉精兵出戰薛安都騎軍前出垣護之督諸將繼之戰良久賊陣小拔騎得入劉季之宗越又陷其西北衆軍乘之乃大潰因風放火船艦悉見焚燒延及西岸質求義宣欲一計事密已出走矣質不知所爲亦走衆悉降散質至尋陽焚燒府舍載妓妾西奔使所寵何文敬領兵居前至西陽西陽太守魯方平質之黨也至是懷貳詭文敬曰傳詔宣敕唯捕元惡一人餘並無所問文敬棄衆而走質先以妹夫羊冲爲武昌郡質往投之旣至冲已爲郡丞胡庇之所殺無所歸乃入南湖逃竄無食摘蓮噉之追兵至窘急以荷覆頭自沈於水出鼻軍主鄭俱兒望見射之中心兵刃亂至腸胃纏縈水草隊主裘應斬質首傳京都時年五十五錄尚書江夏王臣義恭左僕射臣宏等奏曰臧質底棄下才而藉遇深重豺愚悖常構扇凶逆變至滔天志圖泯夏違恩叛德辠過恒科梟首之憲有國通典懲戾思永去惡宜深臣等參議須辜日限意使依漢王莽事例漆其頭首藏于武庫庶爲鑑戒昭示將來詔可質初下義宣以質子敦爲征虜將軍雍州刺史質留子敞爲監軍將敦自隨至是並爲武昌郡所執送敦官至黃門郎敦弟敷司徒屬敷弟敞太子洗馬敞弟斁斁子仲璋質之二子二孫未有名同誅質之起兵也豫章太守任薈之臨川內史劉懷之鄱陽太守杜仲儒並爲盡力發遣郡丁并送糧運伏誅任薈之字處茂樂安人也歷世祖南平王鑠撫軍右軍司馬長史行事太祖稱之曰望雖不足才能有餘杜仲儒杜驥兄子也豫章望蔡子相孫沖之起義招質質遣將郭會膚史山夫討之爲沖之所破世祖發詔以爲尚書都官曹郎中沖之太原中都人晉祕書監盛曾孫也官至右軍將軍巴東太守後事在劉琬傳沈靈賜以破質前軍於南陵功封南平縣男食邑三百戶贈崔勳之通直郎大司馬參軍劉天賜亦梁山戰亡追贈給事中

魯爽小名女生扶風郿人也祖宗之字彥仁晉孝武大元末自鄉里出襄陽歷官至南郡太守義熙元年起義襲僞雍州刺史桓蔚進向江陵以功爲輔國將軍雍州刺史封霄城縣侯食邑千五百戶桓謙荀林逼江陵宗之率衆馳赴事在臨川烈武王道規傳進號平北將軍高祖討劉毅與宗之同會江陵進號鎭北將軍封南陽郡公食邑二千五百戶子軌一名象齒爽之父也便弓馬筋力絶人爲竟陵太守宗之自以非高祖舊隸屢建大功有自疑之心會司馬休之見討猜懼遂與休之北奔善於撫御士民皆爲盡力衞送出境盡室入羌頃之病卒高祖定長安軌爲寧南將軍荆州刺史襄陽公鎭長社世祖鎭襄陽軌遣親人程整奉書規欲歸順自拔致誠以昔殺劉康祖徐湛之父故不歸太祖累遣招納許以爲司州刺史爽少有武藝虜主拓跋燾知之常置左右元嘉二十六年軌死爽爲寧南將軍荆州刺史襄陽公鎭長社幼染殊俗無復華風麤中使酒數有過失燾將誅之爽有七弟秀小字天念頗有意略才力過爽燾以克宿衞甚知待之僞高梁王阿叔泥爲芮芮所圍甚急使秀往救燾自率大衆繼其後燾未及至秀已擊破之拔阿叔泥而反燾壯其功以爲中書郎封廣陵侯或告燾鄴民欲據城反復遣檢察并燒石虎殘宮殿秀常乘驛往反是時病還遲爲燾所詰讓秀復恐懼燾尋南寇因從渡河先是程天祚爲虜所沒燾引置左右與秀闕寬勸令歸降秀納之天祚廣平人爲殿中將軍有武力元嘉二十七年助戍彭城會世祖遣府劉泰之輕軍襲虜於汝陽天祚督戰戰敗被罰爲虜所獲天祚妙善針術燾深加愛賞或與共輿常不離於側封爲南安公燾北還蕃天祚因其沈醉僞若受使督切後軍者所至輕罰天祚爲燾所愛羣虜並畏之莫敢問因得逃歸後爲山陽太守太宗初與四方同反事在薛安都傳燾始南行遣爽隨永昌王庫仁眞向壽陽與弟瑜共破劉祖於尉武仍至瓜步始得與秀定歸南之謀燾還至湖陸爽等請曰奴與南有讎每兵來常慮禍及墳墓乞共迎喪還葬國都虜羣下於其主稱奴猶中國稱臣也燾許之長社戍虜有六七百人爽譎之曰南更有軍可遣三百騎往界上參聽騎去爽率腹心夜擊餘虜盡殺之馳入虎牢爽唯第三弟在北餘家屬悉自隨率部曲及願從合千餘家奔汝南遣秀從許昌還壽陽奉辭於南平王鑠曰爽秀得罪本朝負釁三世生長絶域遠身胡虜兄弟闔門淪點僞授殞命不可還國無因近係南雲傾屬東日蓋猶痿人思步盲者願明嵩霍咫尺江河匪遠夷庚壁塞隔同天地痛心疾首晝慨宵悲虜主猖狂豺豕其志虐徧華戎怨結幽顯自盱眙旋軍亡殪過半昏酣沈湎恣性肆身爽秀等因民之憤藉將旅之願齊契義奮梟馘醜徒憑恃皇威肅清通穢牢洛諸城指期克定規以涓塵微雪夙負方當東骸北闕待戮司寇懦節未申伏心邊表明大王殿下以叡茂居蕃文武兼姿遠邇欽傾承風聞德願垂援拯以慰虔望老弱百口先遣歸庇逼逼丹心仰希懷遠謹遣同義潁川聶元初奉詞陳聞鑠馳驛以聞上大說下詔曰僞寧南將軍魯爽中書郎魯秀志幹列到忠誠久著撫茲福先闔門效款招集義銳梟剪冤醜肅定邊城獻馘象魏雖宣孟之去翟歸晉績當之出胡入漢方之此日曾何足云朕實嘉之宜卽授任逞其忠略爽可督司州陳留東郡濟陰濮陽五郡諸軍事征虜將軍司州刺史秀可輔國將軍營陽潁川二郡太守其諸子弟及同契士庶委征虜府以時申言詳加酬叙爽至汝南加督豫州之義陽宋安二郡軍事領義陽內史將軍刺史如故秀參右將軍南平王鑠軍事汝陰內史將軍如故餘弟姪並授官爵賞賜資給甚厚爽北鎭義陽北來部曲凡六千八百八十三人是歲二十八年也虜毀其墳墓明年四月入朝時燾已死上更謀經略五月遣爽秀程天祚等率步騎并荆州軍甲士四萬出許洛八月虜長社戍主永平公禿髮幡乃同棄城走進向大索戍戍主僞豫州刺史跋僕蘭曰爽勇而無防我今出城必輕來據之設伏檀山必可禽也爽果夜進秀諫不止馳往繼之比曉虜騎夾發頳秀縱兵力戰虜乃退還虎牢爽因進攻之本期舟師入河斷其水門王玄謨攻碻磝不拔敗退水軍不至爽亦收衆南還轉鬬數百里至曲彊虜候其饑疲盡銳來攻爽身自奮擊虜乃退走三十年元凶弒逆南譙王義宣起兵入討爽卽受命率部曲至襄陽與雍州刺史臧質俱詣江陵義宣進爽號平北將軍領巴陵太守度支校尉本官如故留爽停江陵事平以爽爲使持節督豫司雍秦并五州諸軍事左將軍豫州刺史爽至壽陽便曲意賓客爵命士人蓄仗聚馬如冠將至元凶之爲逆也秀在京師謂秀曰我爲卿誅徐湛之矣方相委任以爲右軍將軍配精兵五千使攻新亭壘將戰秀命打退軍鼓因此歸順世祖卽位以爲左軍將軍出督司州豫州之新蔡汝南汝陽潁川義陽弋陽六郡諸軍事輔國將軍司州刺史領汝南太守爽與義宣及質相結已久義宣亦欲資其勇力情契甚至孝建元年二月義宣報爽秋當同舉爽狂酒乖謬卽日便起兵馳信報弟瑜將家奔叛皆得西歸爽使其衆載黃標稱建平元年竊造法服登壇自號疑長史韋處穆中兵參軍楊元駒治中庾騰之不與已同殺之義宣質聞爽已處分便狼狽反進爽號征北將軍爽於是送所造輿服詣江陵版義宣及臧質等並起征北府戶曹版文曰丞相劉補天子名義宣車騎臧今補丞相名質平西朱今補車騎名脩之皆版到奉行義宣駭愕爽所送法物並留竟陵縣不聽進爽直出歷陽自采石濟軍與質水陸俱下爽遣弟瑜守蒙龍歷陽太守張幼緒請擊瑜世祖配以兵力遣右將軍薛安都步騎爲前驅別遣水軍入淵分路並會安都進次大峴爽已立營世祖以賊彊壘固未可輕拔使量宜進止幼緒傻引軍退還下獄更遣驍騎將軍垣護之代幼緒據歷陽鎭軍將軍沈慶之使安都進軍與爽相遇於小峴爽親自前將戰而飲酒過醉安都刺爽倒馬左右范雙斬首傳送京都瑜亦爲部下所斬送進平壽陽子弟並伏誅義宣初舉兵召秀加節進號征虜將軍當繼謀之俱下雍州刺史朱脩之起兵奉順更遣秀擊脩之王玄謨聞之喜曰魯秀不來臧質易與耳秀至襄陽大敗而反會益州刺史劉秀之遣軍襲江陵秀擊破之義宣還江陵秀與北走衆叛且盡秀之向城上射之中箭赴水死軍人宗敬叔康僧念斬首傳京邑贈韋處穆揚元駒給事中庾騰之員外散騎侍郎爽初南歸秀以爽武人不閑吏職白太祖請處穆爲長史以輔爽太祖以補司馬後轉長史云

沈攸之字仲達吳興武康人司空慶之從父兄子也父叔仁爲衡陽王義季征西長史兼行參軍領隊又隨義季鎭彭城度征北府攸之少孤貧元嘉二十七年索虜南寇發三吳民丁攸之亦被發旣至京都詣領軍將劉遵考求補白丁隊主遵考謂之曰君形陋不堪隊主因隨慶之征討二十九年征西陽蠻始補隊主巴口建義南中郎府板長史兼行參軍新亭之戰身被重創事寧爲太尉行參軍封平洛縣五等侯隨府轉大司馬行參軍晉世京邑二岸揚州舊置都部從事分掌二縣非違永初以後罷省孝建三年復置其職攸之掌北岸會稽孔璪掌南岸後又罷攸之遷員外散騎侍郎又隨慶之征廣陵屢有功被箭破骨世祖以其善戰配以仇池步矟事平當加厚賞爲慶之所抑遷太子旅賁中郎攸之甚恨之七年遭母憂葬畢起爲龍驤將軍武康令前廢

帝景和元年除豫章王子尚車騎中兵參軍直閤與宗越譚金等並爲廢帝所寵誅戮羣公攸之等皆爲之用命封東興縣侯食邑五百戶尋遷右軍將軍增邑百戶太宗卽位以例削封宗越譚金等謀反攸之復召入直閤除東海太守未拜會四方反叛南賊已次近道以攸之爲寧朔將軍尋陽太守率軍據虎檻時王玄謨爲大統未發前鋒有五軍在虎檻五軍後又絡驛繼至每夜各立姓號不相稟受攸之謂軍吏曰今衆軍姓號不同若有耕夫漁父夜相呵叱便致駭亂取敗之道也乃就一軍請號衆咸從之殷孝祖爲前鋒都督而大失人情攸之內撫將士外諧羣帥衆並倚賴之時南賊前鋒鍾沖之薛常寶等屯據赭圻殷孝祖率衆軍攻之爲流矢所中死軍主范潛率五百人投賊人情震駭並謂攸之宜代孝祖爲統時建安王休仁屯虎檻總統衆軍聞孝祖死遣寧朔將軍江方興龍驤將軍劉靈遺各率三千人赴赭圻攸之以爲孝祖既死賊有乘勝之心明日若不更攻則示之以弱方興名位相亞必不爲己下軍政不一致敗之由乃率諸軍主詣方興謂之曰四方並反國家所保無復百里之地唯有殷孝祖爲朝廷所委賴鋒鏑裁交輿尸而反文武喪氣朝野危心事之濟否唯在明旦一戰戰若不捷則大事去矣詰朝之事諸人咸謂吾應統之自卜懦薄幹略不辦及卿今輒相推爲統但當相與勠力爾方興甚悅攸之既出諸軍主並尤之攸之曰卿忘廉藺寇賈之事邪吾本以濟國活家豈計彼此之升降且我能下彼彼必不能下共濟艱難豈可自厝同異明旦進戰自寅訖午大破賊於赭圻城外追奔至姥山分遣水軍乘勢進討又破其水軍拔胡白二城尋假攸之節進號輔國將軍代孝祖督前鋒諸軍事薛常寶在赭圻食盡南賊大帥劉胡屯濃湖以囊盛米繫流查及船腹陽覆船順風流下以餉赭圻攸之疑其有異遣人取船及流查大得囊米攸之從子懷寶爲賊將帥在赭圻遣親人楊公讚齎密書招誘攸之攸之斬公讚封懷寶書呈太宗尋剋赭圻遷使持節督雍梁南北秦四州郢州之竟陵諸軍事冠軍將軍領寧蠻校尉雍州刺史袁顗復率大衆來入鵲尾相持既久軍主張興世越鵲尾上據錢溪劉胡自攻之攸之率諸將攻濃湖顗遣人傳唱錢溪已平衆懼攸之曰不然若錢溪實敗萬人中應有逃亡得還者必是彼戰失利唱空聲以惑衆耳勒軍中不得妄動錢溪信尋至果大破賊攸之悉以錢溪所送胡軍耳鼻示之顗駭懼急追胡還攸之

諸軍悉力進攻多所斬獲日暮引歸鵲尾食盡遣千人在南陵迎米爲臺軍所破燒其資實胡於是棄衆而奔顗亦叛走赭圻濃湖之平也賊軍委棄貲財珍貨殷積諸軍各競收斂以彊弱爲少多唯攸之張興世約勒所部不犯秋毫諸將以此多之攸之進平尋陽徙監郢州諸軍事前將軍郢州刺史持節如故不拜遷中領軍封貞陽縣公食邑二千戶時四方皆已平定徐州刺史薛安都據彭城請降上雖相酬許而辭旨簡略攸之前將軍置佐吏假節與鎭軍將軍張永以重兵徵安都安都懼要引索虜索虜引大衆援之攸之等米船在呂梁又遣軍主王穆之上民口穆之爲虜攻覆米船又破運車於武原攸之等引退爲虜所乘又值寒雪士衆墮指十二三留長水校尉王玄載守下邳積射將軍沈韶守宿預睢陵淮陽亦置戍攸之還淮陰免官以公領職復求進討上不聽入朝面陳又不許復歸淮陰三年六月自率運送米下邳井鑿四周深塹遣龍驤將軍垣護之領民口還淮陰時軍主陳顯達當領千兵守下邳攸之留待顯達至虜遣清泗間人詐告攸之云安都欲降求軍迎接攸之副吳喜納其說咸謂宜遣千人參之既而來者轉多喜所執彌固攸之乃集來者告之語曰薛徐州早宜還朝今能爾深副本望但遣子弟一人來便當遣大軍相接君諸人既有志心若能與薛子弟俱來者皆卽假君以本鄉縣唯意所欲如其不爾無爲空勞往還自此一去不反其年秋太宗復令攸之進圍彭城攸之以清泗既乾糧運不繼固執以爲非宜往反者七上大怒詔攸之曰卿春中求伐彭城吾恐軍士疲勞且去冬奔散人心未宜復用不許卿所啓今便不肯爲吾行邪卿若不行便可使吳喜獨去攸之懼乃奉旨進軍行至遲墟上悔追軍令反攸之還至下邳而陳顯達於睢口爲虜所破龍驤將軍姜產之司徒參軍高遵世戰沒虜追攸之甚急因交戰被猾創會暮引軍入顯達壘夕衆散八月十八日也攸之棄衆南奔初吳興丘幼弼丘隆先沈誕沈榮守吳陸道量並以文記之才隨攸之及張永北討永一奔攸之再敗幼弼等並皆陷沒攸之之還淮陰以爲持節假冠軍將軍行南兗州刺史追贈姜產之左軍將軍高遵世屯騎校尉四年徵攸之爲吳興太守辭不拜乃除左衞將軍領太子中庶子五年出爲持節監郢州諸軍郢州刺史爲政刻暴或鞭士大夫上佐以下有忤意輒面加詈辱將吏一人亡叛同籍符伍充代者十餘人而曉達吏事自彊不息士民畏憚人莫敢

欺聞有虎輒自圍捕往無不得一日或得兩三若逼暮不獲禽則宿昔圍守須曉自出賦斂嚴苦徵發無度繕治船舸營造器甲自至夏口便有異圖六年進監豫州之西陽司州之義陽二郡軍事進號鎭軍將軍泰豫元年太宗崩攸之與蔡興宗在外蕃同豫顧命進號安西將軍加散騎常侍給鼓吹一部未拜會巴西民李承明反執太守張澹蜀土騷擾時荆州刺史建平王景素被徵新除荆州刺史蔡興宗未之鎭乃遣攸之權行荆州事攸之既至會承明已平乃以攸之都督荆湘雍益梁寧南北秦八州諸軍事鎭西將軍荆州刺史持節常侍如故至荆州政治如在夏口營造舟甲常如敵至時幼主在位羣公當朝攸之漸懷不臣之迹朝廷制度無所遵奉江州刺史桂陽王休範密有異志以微旨動攸之使道士陳公昭作天公書一函題云沈丞相送付攸之門者攸之不開書推得公昭送之朝廷後廢帝元徽二年休範舉兵襲京邑攸之謂僚佐曰桂陽今反朝廷必聲云與攸之同若不顯沛勤王必增朝野之惑於是遣軍主孫同沈懷興與軍馳下受郢州刺史晉熙王燮節度同等始過夏口會休範平還進攸之號征西大將軍開府儀同三司固讓開府攸之自擅閫外朝廷疑憚之累欲徵入慮不受命乃止羣公稱皇太后令遣中使問攸之曰久勞于外宜還京輦然任寄之重換代殊爲未易還止之宜一以相委欲以觀察其意攸之答曰荷國重恩名器至此自惟凡陋本無廊廟之姿至如戎防一蕃撲討蠻蜒可彊充斯任雖自上如此豈敢厝心去留歸還之事伏聽朝旨朝廷逾憎憚徵議遂息四年建平王景素據京城反攸之復應朝廷景素尋平初元嘉中巴東建平二郡軍府富實與江夏竟陵武陵並爲名郡世祖於江夏置郢州郡罷軍府竟陵武陵亦並殘壞巴東建平爲峽中蠻所破至是民人流散存者無幾其年春攸之遣軍入峽討蠻帥田五郡等及景素反攸之急追峽中軍巴東太守劉攘兵建平太守劉道欣並疑攸之自有異志阻兵斷峽不聽軍下時攘兵元子天賜爲荆州西曹攸之遣天賜譬說之令其解甲一無所問攘兵見天賜知景素實反乃釋甲謝愆攸之待之如故後以攘兵爲府司馬劉道欣堅守建平攘兵譬說不回乃與伐蠻軍攻之破建平斬道欣臺直閤高道慶家在江陵攸之初至州道慶時在家牒其親戚十餘人求州從事西曹攸之爲用三人道慶大怒自入州取教毀之而去及還都不詣攸之別道慶至都云攸之聚衆繕甲姦

逆不久楊運長等常相疑畏乃與道慶密遣刺客齎廢帝手詔以金餅賜攸之州府佐吏進其階級時有象三頭至江陵城北數里攸之自出格殺之忽有流矢集攸之馬障泥其後刺客事發廢帝既殞順帝卽位進攸之號車騎大將軍開府儀同三司加班劒二十人遣攸之長子司徒左長史元琰齎廢帝刳斮之具以示攸之元琰既至江陵攸之便有異志腹心議有不同故其事不果其年十一月乃發兵反叛攸之素蓄士馬資用豐積至是戰士十萬鐵馬二千遣使要雍州刺史張敬兒梁州刺史范伯年司州刺史姚道和湘州行事庾佩玉巴陵內史王文和等敬兒文和斬其使馳表以聞伯年道和佩玉懷兩端密相應和十二月十二日攸之遣其輔國將軍中兵參軍督前鋒軍事孫同率寧朔將軍中兵參軍武寶龍驤將軍騎兵參軍朱君拔寧朔將軍沈慧眞龍驤將軍中兵參軍王道起又遣司馬冠軍將軍劉攘兵率寧朔將軍外兵參軍公孫方平龍驤將軍騎兵參軍朱靈寶龍驤將軍騎兵參軍沈僧敬龍驤將軍高茂又遣輔國將軍中兵參軍王靈秀輔國將軍中兵參軍丁珍東率寧朔將軍中兵參軍王珍之寧朔將軍外兵參軍楊景穆相繼俱下攸之自率輔國將軍錄事參軍兼司馬武茂宗輔國將軍中兵參軍沈韶寧朔將軍中兵參軍皇甫賢寧朔將軍中兵參軍胡欽之龍驤將軍中兵參軍東門道順閏十月四日至夏口攸之將發江陵使沙門釋僧粲筮之曰不至京邑當自郢州回還意甚不悅初江津有雲氣狀如塵霧從西北來正蓋軍上至沌口云當問訊安西暫泊黃金浦既登岸郢城出軍擊之攸之聞齊王世子據盆口震懾不敢下因攻郢城時齊王輔政遣衆軍西討尚書符征西府曰尊冠賤屨君臣之位奉順邑逆成敗斯兆未有憑凌我郊圻侵軼我河縣而不焚師殪甲靡旗亂轍者也沈攸之少長庸賤擢自閭伍遨百戰之運乘一捷之功鑄山裂地腰金拖紫窮貴於國極富於家擁庬蕃伯便無北面之禮受督志屏節有專征之寡橘柚不薦璆琤罕入箕賦深斂毒被南郢枉繩矯墨害著西荆饕餮其心谿壑其性從始至終訟壯得老今遂驅迫妖黨繕集厓卒結釁外城送死中甸是而可忍孰不可懷今遣新除使持節督郢州之義陽諸軍事平西將軍郢州刺史聞喜縣開國侯黃回員外散騎常侍冠軍驍騎將軍南臨淮太守重安縣開國子軍主王敬則輔國將軍屯騎校尉長壽縣開國男王宜與輔國將軍南高平太守軍主陳承叔輔

國將軍左軍將軍南濮陽太守葛陽縣開國男軍主彭文之龍驤將軍驃騎行參軍軍主召宰精甲二萬前鋒雲騰又遣散騎常侍領游擊將軍湘南縣開國男新除使持節督湘州諸軍事征虜將軍湘州刺史軍主呂安國屯騎校尉寧朔將軍崔慧景輔國將軍軍主任候伯輔國將軍驍騎將軍軍主蕭順之輔國將軍游擊將軍軍主垣崇祖寧朔將軍虎賁中郎將軍主尹略屯騎校尉南城令曹虎頭舳艫二萬駱驛繼邁又遣輔國將軍後軍將軍右軍中兵參軍事軍主苟元賓寧朔將軍撫軍中兵參軍事軍主郭文孝龍驤將軍撫軍中兵參軍事軍主程隱儁輕艭一萬截其津要新除持節督廣交越寧湘州之廣興諸軍事領平越中郎將征虜將軍廣州刺史統馬軍主沌陽縣開國子周盤龍輔國將軍後軍統馬軍主張文禧龍驤將軍軍主薛道淵冠軍將軍游擊將軍并州刺史南清河太守太原公軍主王敕勤龍驤將軍射聲校尉王洪軌龍驤將軍宂從僕射軍主成買等鐵馬五千龍驤後繳凡此諸帥莫不勇力動天勁志駕日接衡拔距鷹瞵鶚視顧盻則前後風生喑鳴則左右電起以此攻城何城不克以此赴敵何敵能堅然後鑾戎薄臨龍虎百萬六軍齊軌五輅舒旆丹檻發照素甲生波樓煩白羽投睾成岳漁陽墨騎浴鐵爲羣芝艾同焚悔將何及符到之日幸加三省其鋒嚴營壁之主驅逼寇手之人若有投命軍門一無所問或能因罪立績終不爾欺斬袪射玦唯功是與能斬送攸之首封三千戶縣公賜布絹各五千匹信如河海皎然無貳飛火軍攝文書千里驛行齊王出頓新亭馳檄數攸之罪惡曰夫彎弓射天未見能至揮戈擊地多力安施何則逆順之勢定殊禍福之驗易原也是以違乎天者鬼神不能使其成會乎人者聖哲不能令其毀故劉濞賴七國連兵之勢隗囂恃跨河據隴之資毋丘儉伐其踰海越島之功諸葛誕矜其待士愛民之德彼四子者皆當世雄傑以犯順取禍覆窟傾巢爲豎子笑況乎行陳凡才斗筲小器而懷問鼎之志敢搆無君之逆哉逆賊沈攸之出自萊畝寂寥累世故司空沈公從父宗蔭愛之若子卵翼吹噓得升官秩廢帝昏悖猜畏柱臣攸之貪競乘機凶忍趨利躬行反噬請銜誅旨又攸之與譚金童太壹等並受寵任朝爲牙爪同功共體世號三侯當時親昵情過管鮑遭仰革運凶黨懼戮攸之狡猾用數圖全賣禍既殺從父又害良朋雖呂布販君酈寄賣友方之斯人未足爲酷此其不信不義言詐翻覆諸夏之所未有夷狄之所不爲也秦始開闢網漏吞舟略其凶險取其摶噬故得階亂獲全因禍保福攸之空淺躁而無謀濃湖崩挫本非已力及北伐彭泗望賊宵奔重討下邳一鼓而遁再鄙王師又應肆法先帝英聖量深河海宥其回谿之敗冀收曲崤之捷故得推遷幸會頓升崇顯內端戎禁外臨方牧聖靈鼎湖遠須顧命託寄崇深義感金石而攸之知奉國諱喜見于容普天同哀已以爲慶此其樂禍幸災大逆之辠一也又攸之累登蕃兵自郢遷荆晉熙殿下以皇弟代鎭地尊望重攸之肆情陵侮斷割候迎料擇士馬簡算器甲精器銳士並取自隨郢城所留十不遺一專擅略虜罔顧國典此其包藏禍志不恭不虔大逆之罪二也又攸之踐荆以來恒用姦數既欲發兵宜有因假遂乃蹙迫羣蠻騷擾山谷揚聲討伐盡戶發上蟻聚郭邑伺國盛衰從來積年永不解甲遂使四野百縣路無男人耕田載租皆驅女弱自古酷虐未聞有此其侮蔑朝廷大逆之罪三也去昔桂陽奇兵闕起京師內奰宗廟阽危攸之任居上流兵彊地廣救援顛沛實宜悉力國家倒懸方思身慮威遣弱卒三千竝皆羸老使就郢州禀受節度欲令判否之日委辠晉熙何其平日輣張實輕周邵爾時恭謹虛重皇戚此其伏慝藏詐持疑兩端大逆之辠四也又攸之累據方州跋扈滋甚招誘輕狡往者咸納羈絆行侶過境必留仕子窮困不得歸其鄉商人畢命無由還其土叛亡入境輒加擁護逋逃出界必遣窮追此其大逆之辠五也又攸之自任專恣恃行慘酷視吏若讎遇民如草峻太半之賦暴參夷之刑鞭撻國士全用虜法一人逃亡闔宗補代毒徧嬰孩虐加斑白獄囚恒滿市血常流男不得耕女不得織奔馳道路號哭動天皇朝赦令初不遵奉欲殺欲擊故曠蕩之澤長隔彼州此其無君陵上大逆之辠六也蒼梧狂凶釁深桀紂猜貳外著鴟目西顧留其長息元琰以爲交質父子分張彌積年稔賴社稷靈長獨夫遄戮攸之豫禀心靈宜同歡幸遂迷惑顛倒深相嗟惜舉言哀桀揚聲吠堯此其不辨是非罔識善惡違情背理大逆之辠七也廢昏立明先代盛典交廣先到梁秦蚤及而攸之密邇內畿川塗弗遠驛書至止晏若不聞未遣章表奄積旬朔防風後至夏典所誅此其大逆之辠八也昇明肇歷恩深澤遠申其父子之情矜其骨肉之恩馳遣元琰銜使西歸並加崇授寵貴重疊元琰達西便應反命攸之得此集聚蒙誰之恩不荷盛德反生讐釁此其大逆之辠九也攸之以谿壑之性含梟鴆之腸直置天壤已稱醜穢況乃舉兵內侮逞肆姦回斯實惡熟辠成之辰決癰潰疽之日幕府過荷朝寄義百常憤董司元戎龔行天罰今皇上聖明將相仁厚約法三章輕刑緩賦年登歲阜家給人足上有惠和之澤下無樂亂之心攸之不識天時妄圖姦逆舉無名之師驅怨讐之黨是以朝野審其易取含識判其成禽熊羆厲爪蓄攫裂之心虎豹摩牙起吞噬之憤鼓怒則冰原激電奮發則霜野奔雷以此定亂豈移晷刻雖復衆徒梗陸舉郡阻川何足以抗沸海之濤當燒山之熖彼土士民罹毒日久逃竄無路常所憫然今復相逼起接鋒刃交戰之日蘭艾難分土崩倒戈宜爲蚤計無使一人迷昧而九族就禍也弘宥之典有如皎日攸之盡銳攻郢州行事柳世隆隨宜距應屢摧破之攸之與武陵王贊牋曰江陵一總八州地居形勝鎭撫之重宜以上歸本欲仰移節蓋改臨荆部所以未具上聞者欲待至止面自咨申不圖重關擊柝覲接莫由若使臣朝之誠終蔽於聖察襲遠之舉近擁於郢都則無以謝烈士之心何用塞義夫之志便不犯關陵漢期一接奉若夫斬蛟陷石之卒裂骼卷鐵之將烟騰颷迅容或驚動左右苟不獲已敢不先布下情又曰下官位重分陝富兼金穴子弟勝衣爵命已及親黨辨菽抽序便加耳倦絃歌口厭粱肉布衣若此復欲何求豈不知俛眉苟安保養餘齒何爲不計百口甘冒危難誠感歷朝之遇欲報之於皇室爾昧理之徒謂下官懷無厭之願旣貫誠於白日不復明心於殿下若使天必喪道忠節不立政復闔門碎滅百死無恨但高祖王業艱難太祖劬勞日昃卜世不盡七百之期宗社已成他人之有家國之事未審於聖心何如攸之遣中兵參軍公孫方平馬步三千向武昌太守臧渙棄郡投西陽太守王毓奔于盆口方平因據西陽建寧太守張謨率二守千人攻之方平破走攸之攻郢城久不決衆心離沮昇明二年正月十九日夜劉攘兵燒營入降郢城衆於是離散不可復制將曉攸之斬劉天賜率大衆過江至魯山諸軍因此散走還向江陵未百餘里聞城已爲雍州刺史張敬兒所據無所歸乃與第三子中書侍郞文和至華容界爲封人所斬送攸之初下留元琰守江陵張敬兒尅城元琰逃走第五子幼和幼和弟靈和元琰子法先懿子文和子法徵幼和子法茂並爲敬兒所禽伏誅初文和尚齊王女義興憲公主公主早薨有二女至是齊王迎還第內今皇帝即位聽攸之及諸子喪還葬墓攸之第二子懿太子洗馬先攸之卒攸之弟登之新安太守去職在家爲吳興太守沈文秀所收斬登之弟雍之鄱陽太守先攸之卒詔以雍之孫僧照爲義興公主後雍之與攸之異生諸弟中最和謹尤見親愛攸之性儉忿子弟不得妄用財物唯恣雍之所須輒取齋中服飾分與親舊以此爲常雍之弟榮之尚書庫部郞亦先攸之卒攸之晚好讀書手不釋卷史漢事多所諳憶常歎曰早知窮達有命恨不十年讀書及攻郢城夜遇風淚米船沉沒倉曹參軍崔靈鳳女幼適柳世隆子攸之正色謂曰當今軍糧要急而卿不以在意將由與城內婚姻邪靈鳳答曰樂廣有言下官豈以五男易一女攸之歡然意解初攸之招集才力之士隨郡人雙泰眞有幹力召不肯來後泰眞至江陵賣買有以告攸之者攸之因留之補隊副厚加料理泰眞無停志少日叛走攸之遣二十人被甲追之逐討甚急泰眞殺數人餘者不敢近欲過家將母去事迫不獲單身走入蠻追者旣失之錄其母而去泰眞旣失母乃出自歸攸之不罪曰此孝子也賜錢一萬轉補隊主其矯情任率皆如此初攸之賤時與吳郡孫超之全景文共乘小船出京都三人共上引埭有一人止而相之曰君三人皆當至方伯攸之曰豈有三人俱有此相相者曰骨法如此若有不驗便是相書謬耳其後攸之爲郢荆二州超之廣州景文豫州刺史攸之初至郢州有順流之志府主簿宗儼之勸攻郢城功曹臧寅以爲攻守勢異非旬日所拔若不時舉挫銳損威今順流長驅計日可捷旣傾根本則郢城豈能自固攸之不從旣敗諸將帥皆奔散惟寅曰我委質事人豈可苟免我之不負公猶公之不負朝廷也乃投水死寅字士若東莞莒人也先是攸之在郢州州從事輒與府錄事鞭攸之免從事官而更鞭錄事五十謂人曰州官鞭府職誠非體要由小人凌侮士大夫倉曹參軍事邊榮爲府錄事所辱攸之自爲榮鞭殺錄事攸之自江陵下以榮爲留府司馬守城張敬兒將至人或說之使詣敬兒降榮曰受沈公厚恩共如此大事一朝緩急便改易本心不能行也城敗見敬兒敬兒問曰邊公何不早來榮曰沈公見留守城而委城求活所不忍也本不斬生何須見問敬兒曰死何難得命斬之歡笑而去容無異色太山程邕之者素依隨榮至是抱持榮曰與邊公周遊不忍見邊公前死乞見殺兵不得行戮以告敬兒敬兒曰求死甚易何爲不許先殺邕之然後及榮三軍莫不垂泣曰柰何一日殺二義士比之臧洪及

陳容榮金城人也廢帝之殞也攸之欲起兵問其知星人葛珂之珂之曰自古起兵皆候太白太白見則成伏則敗昔桂陽以太白伏時舉兵一戰授首此近世明驗今蕭公廢昏立明政值太白時此與天合也且太白尋出東方東方利用兵西方不利故攸之止不反及後舉兵珂之又曰今歲星守南斗其國不可伐攸之不從凡同逆丁珍東孫同裴茂仲武宗儼之並伏誅攸之表檄文疏皆儼之詞也臧渙詣盆城自歸今皇帝命斬之餘同惡或爲亂軍所殺或遇赦得原

史臣曰臧質雖貪虐夙樹問望多闕奉義治流本無吞噬之志也徒欲以幼君弱政期之於世祖據有中流嗣桓庾之業既主異穆哀臣皆代纂雖禮秩外厚而疑防內深功高位重終非自安之地至於陵天犯順其出於此乎攸之伺隙西郢年逾十載擅命專威無君已積及天厭宋道鼎運將離不識代德之紀獨迷樂推之數公休既覆其族攸之亦屠厥身夫以釁亂自終固異代如一也

宋書卷七十四考證

臧質傳秃項拳髮○秃南史作頽六書故頽首秃也

冗從僕射胡崇之領質府司馬崇之副太子積弩將軍毛熙祚亦受統于質○崇之監本作澄之臣龍官按上言胡崇之領質府司馬此言崇之副毛熙祚於文極順不應別作澄之但下文即言使崇之澄之二軍營於山上而本傳之前並未敘出澄之事當有闕文

且義宣瘦心將佐蔡超民之徒○蔡當作竺或超下另有竺超二字

兩岸築偃月壘○監本岸作圻偃作堰今從南史改正

魯爽傳遣爽隨永昌王庫仁眞向壽陽與弟瑜共破劉祖於尉武○臣永斎按庫仁眞當是彼時番語勇健之稱南史侯景傳言勇兼人名爲庫眞部督當是此義也劉祖諸本並同據劉康祖傳劉下應是脫一康字

中書郎魯秀志幹列到忠誠久著○列到二字不可解林邑國傳亦有檀和之忠果到列之語

當繼謀之俱下○謀南本作諶謂徐湛之也當從之

會益州刺史劉秀之遣軍襲江陵秀擊破之○監本闕江陵二字今從南本補入

宋書卷七十五

梁　沈　約　撰

列傳第三十五

王僧達　顔竣

王僧達琅邪臨沂人太保弘少子兄錫質訥乏風采太祖聞僧達蚤慧召見於德陽殿問其書學及家事應對閑敏上甚知之妻以臨川王義慶女少好學善屬文年未二十以爲始興王濬後軍參軍遷太子舍人坐屬疾於楊列橋觀鬬鴨爲有司所糾原不問性好鷹犬與閭里少年相馳逐又躬自屠牛義慶聞如此令周旋沙門慧觀造而觀之僧達陳書滿席與論文義慧觀酬答不暇深相稱美與錫不恊訴家貧求郡太祖欲以爲秦郡吏部郎庾炳之曰王弘子既不宜作秦郡僧達亦不堪莅民乃止尋遷太子洗馬母憂去職兄錫罷臨海郡還送故及奉祿百萬以上僧達一夕令奴輦取無復所餘服闋爲宣城太守性好游獵而山郡無事僧達肆意馳騁或三五日不歸受辭訟多在獵所民或相逢不識問府君所在僧達曰近在後元嘉二十八年春索虜寇逼都邑危懼僧達求入衞京師見許賊退又除宣城太守頃之徙任義興三十年元凶弑立世祖入討普檄諸州郡又符郡發兵僧達未知所從客說之曰方今釁逆滔天古今未有爲君計莫若承義師之檄移告傍郡使工言之士明示禍福苟在其心誰不響應此策上也如其不能可躬率向義之徒詳擇水陸之便致身南歸亦其次也僧達乃自候道南奔逢世祖於鵲頭即命爲長史加征虜將軍初世祖發尋陽沈慶之謂人曰王僧達必來赴義人問其所以慶之曰虜馬飲江王出赴難見在先帝前議論開張執意明決以此言之其至必也上即位以爲尚書右僕射尋出爲使持節南蠻校尉加征虜將軍時南郡王義宣求留江陵南蠻不解不成行仍補護軍將軍僧達自負才地謂當時莫及上初踐阼即居端右一二年間便望宰相及爲護軍不得志乃啓求徐州曰臣衰索餘生逢辰藉業先帝追念功臣眷及遺賤飾短捐陋布策稠采從官委褐十有一載早憑慶泰脫親盛明而有志於學無獨見之敏有務在身無偏鑒之識固不足建言世治備辯時宜竊以天恩不可終報尸素難可久處故猖狂蕪謬每陳所懷陛下孝誠發衷義順動物自龍飛以來實應九服同歡三光再朗而臣假視巷里借聽民謠黎氓闕二字未締其感遠近風議不獲稍進臣所用夙宵疾首寤寐疢心者也臣取之前載譬之於今當漢文之時可謂藉已成之業據既安之運重以布衣菲食憂勤治道而賈誼披露涵誠猶有歎哭之諫況今承顚沛萬機惟始恩未及普信未遑周臣又聞前達有言天下重器也一安不可卒危一危亦不可卒安陛下神思淵通亦當鑒之聖慮竊謂今之務惟在萬有爲已家國同憂允彼庶心從民之欲民有咨瘼之聲君表納隍之志下有愆弊之苦上無侈豫之情又應官酌其才爵疇其望與失不賞寧失不刑至若樞任重司藩扞要鎭治亂攸寄動靜所歸百度惟新或可因而弗革事在適宜無或定其出處天下多才在所用之臣非惟寄觀世路謬識其難即之於身詳見其弊何者臣雖得免牆面書不入於學伍行無愆戾自無近於才能直以廕託門世夙列榮齒且近雖奔迸江路歸命南闕竟何功効可以書賞而頻出內寵陛下綢繆數旬之中累發明詔自非才略有素聲實相任豈可聞而弗驚履而無懼固宜退省身分識恩之厚不知報答當在何期夫見危致命死而後已皆殷勤前誥重其忘生臣感先聖格言思在必効之地使生獲其志死得其所如使臣享厚祿居重榮衣狐坐熊而無事於世者固所不能安也今四夷猶警國未忘戰辮髮凶詭尤宜裁防間者天兵未獲已肆其輕漢之心恐戎狄貪惏猶懷匪遜脫以神州暫擾中夏兵饑容或遊魂塞內重窺邊壘且高秋在節胡馬興威宜圖其易蚤爲之所臣每一日三省志在報效遠近小大願其所安受效偏方得司者則慮之所辨情有不疑若首統軍政董勒天兵既才所不周實誠亦非願陛下矜諒已厚願復曲體此心護軍之任臣不敢處彭城軍府即時過立且臣本在驅馳非希崇顯輕智小號足以自安願垂鑑恕特賜申奬則內外榮荷存沒銘分上不許僧達三啓固陳上甚不說以爲征虜將軍吳郡太守朞歲五遷僧達彌不得意吳郭西臺寺多富沙門僧達求須不稱意乃遣主簿顧曠率門義劫寺內沙門竺法瑤得數百萬荊江反叛加僧達置佐領兵臺符聽置千人而輒立三十隊隊八十人又立宅於吳多役公力坐免官初僧達爲太子洗馬在東宮愛念軍人朱靈寶及出爲宣城靈寶已長僧達詐列死亡寄宣城左永之籍注以爲已子改名元序啓太祖以爲武陵國典衞令又以補竟陵國典書令建平國中將軍孝建元年春事發又加禁錮上表陳謝云不能因依左右傾意權貴上愈怒僧達族子確年少美姿容僧達與之私欵確叔父休爲永嘉太守當將確之郡僧達欲逼留之確知其意避不復往僧達大怒潛於所住屋後作大坑欲誘確來別因殺而埋之從弟僧虔知其謀禁呵乃止御史中丞劉瑀奏請收治上不許孝建三年除太常意尤不悅頃之上表解職曰臣自審庸短少闕宦情兼宿抱重疾年月稍甚生平素念願閑衞盧先朝追遠之恩早見榮齒曩者以親貧須養僶俛從祿解褐後府十有餘旬俄遷舍人殆不朝直實無緣坐閱宸寵尸爵家庭情計二三屢經聞啓終獲允亮賜反初服還私未用又擢爲洗馬意旨優隆其令且拜許有郡缺當務處置會琅邪遷改即蒙敕往反神翰慈誘殷勤令裝成即自隨靈寶往年淪覆長溪因彼散失仰感沉恩俯銘浮寵臣釁積禍幷仍丁艱罰聊及視息即蒙逮問具啓以奉營情事貧寠猥多賜莅宣城極其窮蹟仲春移任方冬便値虜南侵臣忝同肺腑情爲義動苦求還都侍衞輦轂至止之日戎旗已搴在郡雖淺而貪得分了方拂農衣還事耕牧宣城民庶詣闕見請爾時敕亡從兄僧綽宣見留之旨闇疾寡任野心素積仍附啓苦乞且旋任還務未期亡兄臣錫奄見棄背啓解奔赴賜帶郡還都曾未淹積復除義興臣自天飛海泳豈假鱗翼徒思橫施與日而深自處官以來未嘗有涓毫之積羸疾闇疢又無人一諾而性狎林水偏愛禽魚議其所託動乖治要故收崖斂分無忘俄頃實由有待難供上裝未立東郡奉輕西郊祿重具陳靳懇備執初願乞置江湘遠郡一二年中庶反耕之日糧藥有寄即蒙亮許當賜矜擢遭逢厄運天地崩離世蒙聖朝門情之顧及在臣身復荷殊識義雖君臣恩猶父子臣誠庸蔽心過草木奉衞之日不覺捐身單軀弱嗣千里共氣繼罹凶塗動臨危盡生徼朝露不察如綵信順所扶得獲全濟再見天地重覩三光于時兄子僧亮等幽窘醜逆盡室獄戶山川嶮岨吉凶路塞悠遠之思誰能勿勞嘗膽濡足是其公願分心挂腹實亦私苦幸屬聖武尅復大業宇宙廓清四表靖晏臣父子叔姪同獲泰辰造情追尋歸骨之本欲以死明心誤有餘辰情願已展避逆向順終古常節智力無効有何勳庸而頻煩恩榮動踰分次但忽病之日不敢固辭故吞訴於鵠渚飲愧於新亭及元凶既殄人神獲乂端右之授即具陳請天慈優渥每越常倫南蠻護軍旬月私授臣三省非分必致孤負居常輕任尚懼網墨況參要內職承寵外畿其取覆折不假識見故披誠啓訴表疏相屬或乞輕高就卑或願以閑易要言誓致苦播於辭牘誠知固陋當觸明科去歲往年累犯

刑禁理無申可罪有恒典處穢朝序慙累家業臣甘其終物議共盡陛下棄其身瑕矜其貴戚迂略法憲曲相全養臣一至之感□此何忘利伊恩升加以今位當時震驚收足失所本忘閑情不敢聞命內慮於已外訪於親以爲天地之仁施不期報再造之恩不可妄屬故洗拂灰壤登沐膏露上處聖澤下更生辰合芳離蛻遐邇改觀但偷榮託幸忽移此歲自見妨長轉不可寧宜其沈放志事俱盡伏願陛下承太始之德加成物之恩及臣狂蔽未至得於榮次自引聖朝厚終始之惠孤臣保不泯之澤夫讓功爲高臣無功而讓專素爲美臣榮忝已積以是求退誠亦可愍又妻子爲居更無餘累婢僕十餘粗有田入歲時是課足繼朝昏兼比日眩瞀更甚風虛漸劇湊理合閉榮衞惛底心氣沖弱神志衰散念此根疵不支歲月公私誠顯宜蒙諒許乞狥餘辰以終頊運白水皎日不足爲譬願垂矜鑑哀申此請僧達文旨抑揚詔付門下侍中何偃以其詞不遜啓付南臺又坐免官頃之除江夏王義恭太傅長史臨淮太守又徙太宰長史太守如故大明元年遷左衞將軍領太子中庶子以歸順功封寧陵縣五等侯二年遷中書令先是南彭城蕃縣民高闍沙門釋曇摽道方等共相誑惑自言有鬼神龍鳳之瑞常聞簫鼓音與秣陵民藍宏期等謀爲亂又要結殿中將軍苗允員外散騎侍郎嚴欣之司空參軍闞千纂太宰府將程農王恬等謀尅二年八月一日夜起兵攻宮門晨掩太宰江夏王義恭分兵襲殺諸大臣以闍爲天子事發覺凡黨與死者數十人僧達屢經狂逆上以其終無悛心因高闍事陷之下詔曰王僧達餘慶所鍾早登榮觀輕險無行暴於世談值國道中艱盡室願效甄其薄誠貰其鴻愆爵遍外內身窮榮寵曾無在泮食椹懷音乃協規西楚志擾東區公行剽掠顯奪凶黨倚結羣惡誣亂視聽朕每容隱思加蕩雪曾無犬馬感恩之志而炎火成燎原之勢涓流兆江河之形遂孱齒高闍契規蘇寶搜詳妖圖覘察象緯逮賊長臨梟餘黨就鞫咸布辭獄牒宜言虛市猶欲隱忍法爲情屈小醜紛紜人扇方甚矯構風塵志希非覬固已達諸公卿彰于朝野朕焉得輕宗社之重行匹夫之仁殛山誅邪聖典所同戮讁翦律漢法攸尚便可收付廷尉肅正刑書故太保華容文昭公弘契闊歷朝綢繆眷遇豈容忘茲勳德忽其世祀門爵國姻一不貶絕於獄賜死時年三十六子道琰徙新安郡前廢帝即位得還京邑後廢帝元徽中爲廬陵國內史未至郡卒蘇寶者名寶生本寒門有文義之美元嘉中立國子學爲毛詩助教爲太祖所知官至南臺侍御史江寧令坐知高闍反不即啓聞與闍共伏誅

顏竣字士遜琅邪臨沂人光祿大夫延之子也太祖問延之卿諸子誰有卿風對曰竣得臣筆測得臣文奐得臣義躍得臣酒竣初爲太學博士太子舍人出爲世祖撫軍主簿甚被愛遇竣亦盡心補益元嘉中上不欲諸王各立朋黨[illegible]召竣補尚書郎吏部尚書江湛以爲竣在府有稱不宜回改上乃止遂隨府轉安北鎮軍北中郎府主簿二十八年虜自彭城北歸復求互市竣議曰愚以爲與虜和親無益已然之明效何以言其然夷狄之欲侵暴正苦力之不足耳未嘗拘制信義用輟其謀昔年江上之役乃是和親之所招歷稔交聘遂求國婚朝廷羈縻之義依違不絕既積歲月漸不可誣獸心無厭重以忿怒故至於深入幸今因兵交之後華戎隔判若言互市則復開曩敝之萌議者不過言互市之利在得馬今棄此所重得彼下駟千匹以上尚不足言況所得之數裁不十百邪一相交關卒難閉絕寇負力玩勝驕黠已甚雖云互市實覘國情多贍其求則桀慠罔已通而爲節則必生邊虞不如塞其端漸杜其觖望內修德化外經邊事保境以觀其釁於事爲長初沙門釋僧含粗有學義謂竣曰貧道粗見讖記當有眞人應符名稱次第屬在殿下竣在彭城嘗向親人敘之言遂宣布聞於太祖時元凶巫蠱事已發故上不加推治世祖鎮尋陽遷南中郎記室參軍三十年春以父延之致仕固求解職不許賜假未發而太祖崩問至世祖舉兵入討轉咨議參軍領錄事任總外內幷造檄書世祖發尋陽便有疾領錄事自沈慶之以下竝不堪相見唯竣出入臥內斷決軍機時世祖屢經危篤不任咨稟凡厥衆事竣皆專斷施行世祖踐祚以爲侍中俄遷左衞將軍加散騎常侍辭常侍見許封建城縣侯食邑二千戶孝建元年轉吏部尚書領驍騎將軍留心選舉自彊不息任遇既隆奏無不可其後謝莊代竣領選意多不行竣容貌嚴毅莊風姿甚美賓客喧誘常歡笑答之時人爲之語曰顏竣嗔而與人官謝莊笑而不與人官南郡王義宣臧質等反以竣兼領軍義宣質諸子藏匿建康秣陵湖熟江寧縣界世祖大怒免丹陽尹褚湛之官收四縣官長以竣爲丹陽尹加散騎常侍先是竣未有子而大司馬江夏王義恭諸子爲元凶所殺至是竝各產男上自爲制名名義恭子爲伯禽以比魯公伯禽周公旦之子也名竣子爲辟彊以比漢侍中張良之子先是元嘉中鑄四銖錢輪郭形制與五銖同用費損無利故百姓不盜鑄及世祖即位又鑄孝建四銖三年尚書右丞徐爰議曰貴貨利民載自五政開鑄流圜法成九府民富國實教立化光及時移俗易則通變適用是以周漢俶遷隨世輕重降及後代財豐用足因條前寶無復改刱年歷既遠喪亂屢經堙焚剪毀日月銷減貨薄民貧公私俱困不有革造將至大乏謂應式遵古典收銅繕鑄納贖刊刑著在往策今宜以銅贖刑隨罰爲品詔可鑄錢形式薄小輪郭不成於是民間盜鑄者雲起雜以鉛錫竝不牢固又剪鑿古錢以取其銅錢轉薄小稍違官式雖重制嚴刑民吏官長坐死免者相係而盜鑄彌甚百物踊貴民人患苦之乃立品格薄小無輪郭者悉加禁斷始興郡公沈慶之立議曰昔秦幣過重高祖是患普令民鑄改造榆莢而貨輕物重又復乖時太宗放鑄賈誼致譏誠以采山術存銅多利重耕戰之器曩時所用四民競造爲害或多而孝文弗納民鑄遂行故能朽貫盈府天下殷富況今耕戰不用采鑄廢久鎔冶所資多因成器功艱利薄絕吳鄧之資農民不習無釋耒之患方今中興開運聖化惟新雖復偃甲銷戈而倉庫未實公私所乏唯錢而已愚謂宜聽民鑄錢郡縣開置錢署樂鑄之家皆居署內平其雜式去其雜僞官斂輪郭藏之以爲永寶去春所禁新品一時施用今鑄悉依此格萬稅三千嚴檢盜鑄幷禁剪鑿數年之間公私豐贍銅盡事息姦僞自止且禁鑄則銅轉成器開鑄則器化爲財翦華利用於事爲益上下其事公卿太宰江夏王義恭議曰伏見沈慶之議聽民私鑄樂鑄之室皆入署居平其準式去其雜僞愚謂百姓不樂與官相關由來甚久又多是人士蓋不願入署凡盜鑄爲利利在僞雜僞雜既禁樂入必寡云斂取輪郭藏爲永寶愚謂上之所貴下必從之百姓聞官斂輪郭輪郭之價百倍大小對易誰肯爲之彊制使換則狀似逼奪又去春所禁新品一時施用愚謂此條在可開許又云今鑄宜依此格萬稅三千又云嚴檢盜鑄不得更造夫禁制之設非惟一旦昧利犯憲羣庶常情不患制輕患在冒犯今入署必萬輸三千私鑄無十三之稅逐利犯禁居然不斷又云銅盡事息姦僞自禁愚謂赤縣內銅非可卒盡比及銅盡姦僞已積又云禁鑄則銅轉成器開鑄則器化爲財然頃所患患於形式不均加以剪鑿闕二字鈆錫衆䜣耳越若止於盜鑄者銅亦無須苦禁竣議曰泉貨利用近古所同輕重之議定於漢世魏晉以降未之能改誠以物貨既均改之僞生故也世代漸久弊運頓至因革之道宜有其術今云開署放鑄誠所欣同但慮採山事絕器用日耗銅既轉少器亦彌貴設器直一千則鑄之減半爲之無利雖令不行又云去春所禁一時施用是欲使天下豐財若細物必行而不從公鑄利已既深情僞無極私鑄剪鑿書不可禁五銖半兩之屬不盈一年必至於盡財貨未贍大錢已竭數歲之間悉爲塵土豈可令取弊之道基於皇代今百姓之貨雖爲轉少而市井之民未有嗟怨此新禁初行品式未一須臾自止不足以垂聖慮唯府藏空匱實爲重憂今縱行細錢官無益賦之理百姓雖贍無解官乏唯簡費去華設在節儉求贍之道莫此爲貴然錢有定限而消失無方剪鑄雖息終致窮盡者亡應官開取銅之署絕器用之塗定其品式日月漸鑄歲久之後不爲世益耳時議者又以銅轉難得欲鑄二銖錢竣又議曰議者將爲官藏空虛宜更改鑄天下銅少宜減錢式以救交弊賑國紓民愚以爲不然今鑄二銖恣行新細於官無解於乏而人姦巧大興天下之貨將靡碎至盡空立嚴禁而利深難絕不過一二年間其弊不可復救其甚不可一也今鎔鑄有頓得一二億理縱復得此必待彌年歲暮稅登財幣暫革日用之費不贍數月雖權徵助何解乏邪徒使姦民意騁而貽厥愆謀此又甚不可二也民懲大錢之改兼畏近日新禁市井之間必生喧擾遠利未開切患猥及富商得志貧民困窘此又甚不可三也若使交益深重尚不可行況又未見其利而衆弊如此失算當時取誚百代乎前廢帝即位鑄二銖錢形式轉細官錢每出民間即模効之而大小厚薄皆不及也無輪郭不磨鑢如今之剪鑿者謂之耒子景和元年沈慶之啓通私鑄由是錢貨亂改一千錢長不盈三寸大小稱此謂之鵝眼錢劣於此者謂之綖環錢入水不沉隨手破碎市井不復料數十萬錢不盈一掬斗米一萬商貨不行太宗初唯禁鵝眼綖環其餘皆通用復禁民鑄官署亦廢工尋復竝斷唯用古錢竣自散騎常侍丹陽尹加中書令丹陽尹如故表讓中書令曰虛竊國靈坐招禁要聞命慙惶形魂震越臣東州凡鄙生微於時長自閭閻不窺官轍門無富貴志絕華伍直以委身壟畝饑寒交切先朝陶均庶品不遺愚賤得免耕稅之勤厠仕進之末陛下盛德居蕃總攬英異越以不才超塵清軌奉躬歷稔勞效莫書仰恃曲成之仁畢願守宰之秩豈期天地中闕

殷憂啓聖倚附興運擢景神塗雲飛海泳冠絶倫等曾未三朞殊命八萃詳料賞典則臣不應科贈言勤良則臣與伴貴方欲講欵皇朝降階盛序徵己國言少徵身謗而制書猥下爵樹彌隆臣小人也不及遠謀寵利之來何能居約徒以上瀆天明下汨彝議災譎之興懼必在邇今之過授以先徵身苟曰非據危辱將及十手所指論等膏肓所以寤寐兢遠維縈苦疾者也伏願陛下察其丹誠矜其疾願絶會收恩以全愚分則造化之施方茲爲薄見許時歲旱民饑竣上言禁餳一月息米近萬斛復代謝莊爲吏部尚書領太子左衞率未拜丁憂起爲右將軍丹陽尹如故竣藉蕃朝之舊極陳得失上自卽吉之後多所興造竣諫爭懇切無所回避上意甚不說多不見從竣自謂才足幹時恩舊莫比當贊務居中永執朝政而所陳多不被納疑上欲疏之乃求外出以占時旨大明元年以爲東揚州刺史將軍如故所求旣許便憂懼無計至州又丁母艱不許去職聽送喪還都恩待猶厚竣彌不自安每對親故頗懷怨憤又言朝事違謬人主得失及王僧達被誅謂爲竣所讒構臨死陳竣前後忿懟每恨言不見從僧達所言頗有相符據上乃使御史中丞庾徽之奏之曰臣聞人臣之奉主毀家光國竭情無私若乃無禮陵人怙富卑上是以王叔作戒子晳爲戮未有背本塞原好利忘義而得自容盛世溷亂清流者也右將軍東揚州刺史建城縣開國侯顏竣因附風雲謬蒙翼長天地更造拔以非次聖朝親攬萬務一歸而窺覘國柄潛圖秉執受任選曹驅扇滋甚出尹京輦形勢彌放傳詔犯憲舊須啓聞而竣以通譊忤己輒加鞭辱罔顧威靈莫此爲甚嚴詔屢發當官責效竣權恣不行怨懟彌起懷挾姦數苞藏陰慝預聞中旨罔不宣露罰則委上恩必歸己荷遇之門卽加謗辱受譴之室曲相哀撫翻戾朝紀狡惑視聽脅懼上宰激動閭閻未上慮聞內懷猜懼僞請東牧以卜天旨旣獲出蕃怨詈方肆反脣腹誹方之已輕且時有啓奏必協姦私宣示親朋動作羣小前冬母亡詔賜還葬事畢不去盤桓經時方構間勲貴造立同異又表示危懼深釁積懷抱惡窮辭色兼行鬬於家早負世議逮身居崇寵奉兼萬金榮以夸親祿不充養宿憾毋弟恃貴輒戮天倫怨毒親交震駭凡所莅任皆闕政刑輒開丹陽庫物貸借吏下多假資禮解爲門生充朝滿野殆將千計驕放自下妨公害私取監解見錢以供帳下賓旅酣歌不異平日街談道說非復風聲竣代都文吏特荷天私棄瑕錄用豫參要重勞無汗馬賞班河山出內寵靈踰越倫伍山川之性日月彌滋溪壑之心在盈彌奓虎冠狼貪未足爲譬今皇明開耀品物咸亨傷俗黜化實唯害焉宜加顯戮以彰盛化請以見事免竣所居官下太常削爵土須事御收付廷尉法獄皋上未欲便加大戮且止免官竣頻啓謝罪幷乞性命上愈怒詔答曰憲司所奏非宿昔所以相期卿受榮遇故當極此訕訐怨憤已孤本望乃復過煩思慮懼不自全豈爲下事上誠節之至邪及竟陵王誕爲逆因此陷之召御史中丞庾徽之於前爲奏奏成詔曰竣孤負恩養乃可至此於獄賜死妻息宥之以遠子辟彊徙送交州又於道殺之竣文集行於世

史臣曰世祖弱歲臨蕃涵道未廣披胷解帶義止賓僚及運鍾傾陂身危慮切擢膽抽肝猶患言未盡也至於馮玉負扆威行萬物欲有必從事無暫失旣而憂懽異日甘苦變心主挾今情臣追昔欵宋昌之報上賞已行同舟之慮下望愈結嫌怨旣萌誅責自起竣之取釁於世蓋由此乎爲人臣者若能事主而捐其私立功而忘其報雖求顛陷不可得也

宋書卷七十五考證

王僧達傳受斆偏方得司者則慮之所辦情有不疑○得司者則四字不可解者字或當作考

顏竣傳夫禁制之設非惟一旦昧利犯憲羣庶常情○一旦二字監本譌作亘今改正

衆訴耳越○訴監本譌作昕字書無昕字今定作訴言錢法弊壞衆人交訴之聲溢耳也

史臣論嫌怨旣萌○萌監本譌作前今改正

宋書卷七十六

梁　沈　約　撰

列傳第三十六

朱脩之　宗慤　王玄謨

朱脩之字恭祖義興平氏人也曾祖燾晉平西將軍祖序豫州刺史父諶益州刺史脩之自州主簿遷司徒從事中郎文帝謂曰卿曾祖昔爲王導丞相中郎卿今又爲王弘中郎可謂不忝爾祖矣後隨到彥之北伐彥之自河南回留脩之戍滑臺爲虜所圍數月糧盡將士熏鼠食之遂陷於虜初脩之母聞其被圍旣久常憂之忽一旦乳汁驚出母號泣告家人曰吾今已老忽復有乳汁斯不祥矣吾兒其不利乎後問至脩之果以此日陷沒拓跋燾嘉其守節以爲侍中妻以宗室女脩之潛謀南歸妻疑之每流涕問其意脩之深嘉其義竟不告也後鮮卑馮弘稱燕王治黃龍城拓跋燾伐之脩之與同沒人邢懷明竝從又有徐卓者復欲率南人竊發事泄被誅脩之懷明懼奔馮弘弘不禮留一年會宋使傳詔至脩之名位素顯傳詔見卽拜之彼國敬傳詔謂爲天子邊人見其致敬於脩之乃始加禮時魏屢伐弘或說弘遣脩之歸求救遂遣之泛海至東萊遇猛風柁折垂以長索船乃復正海師望見飛鳥知其近岸須臾至東萊元嘉九年至京邑以爲黃門侍郎累遷江夏內史雍州刺史劉道產卒羣蠻大動脩之爲征西司馬討蠻失利孝武初爲寧蠻校尉雍州刺史加都督脩之在政寬簡士衆悅附及荆州刺史南郡王義宣反檄脩之舉兵脩之僞與之同而遣使陳誠於帝帝嘉之以爲荆州刺史加都督義宣聞脩之不與己同乃以魯秀爲雍州刺史擊襄陽脩之命斷馬鞍山道秀不得前乃退及義宣敗於梁山單舟南走脩之率衆南定遺寇時竺超民執義宣脩之至乃殺之以功封南昌縣侯脩之治身清約凡所贈貺一無所受有餉或受之而旋與佐吏賭之終不入己唯以撫納羣蠻爲務徵爲左民尚書轉領軍將軍去鎭秋毫不犯計在州然油及牛馬穀草以私錢十六萬償之然性儉尅少恩情姊在鄉里饑寒不立脩之未嘗供贍嘗往視姊姊欲激之爲設菜羹麤飯脩之曰此乃貧家好食致飽而去先是新野庾彥達爲益州刺史攜姊之鎭分祿秩之半以供贍之西土稱焉脩之後墜車折腳辭尚書領崇憲太僕仍加特進金紫光祿大夫以腳疾不堪獨行特給扶侍卒贈侍中特進如故謚貞侯

宗慤字元幹南陽人也叔父炳高尚不仕慤年少時炳問其志慤曰願乘長風破萬里浪炳曰汝不富貴卽破我家矣兄泌娶妻始入門夜被劫慤年十四挺身拒賊賊十餘人皆披散不得入室時天下無事士人竝以文義爲業炳素高節諸子羣從皆好學而慤獨任氣好武故不爲鄉曲所稱江夏王義恭爲征北將軍南兗州刺史慤隨鎭廣陵時從兄綺爲征北府主簿綺嘗入直而給吏牛泰與綺妾私通慤殺泰綺壯其意不責也元嘉二十二年伐林邑慤自奮請行義恭舉慤有膽勇乃除震武將軍爲安西參軍蕭景憲軍副隨交州刺史檀和之圍區粟城林邑遣將范毗沙達來救區粟和之遣偏軍拒之爲賊所敗又遣慤慤乃分軍爲數道偃旗潛進討破之拔區粟入象浦林邑王范陽邁傾國來拒以具裝被象前後無際士卒不能當慤曰吾聞師子威服百獸乃製其形與象相禦象果驚奔衆因潰散遂克林邑收其異寶雜物不可勝計慤一無所取衣櫛蕭然文帝甚嘉之後爲隨郡太守雍州蠻屢爲寇建威將軍沈慶之率慤及柳元景等諸將分道攻之羣蠻大潰又南新郡蠻帥田彥生率部曲反叛焚燒郡城屯據白楊山元景攻之未能下慤率其所領先登衆軍隨之羣蠻由是畏服二十年孝武伐元凶以慤爲南中郎諮議參軍領中兵孝武卽位以爲左衞將軍封洮陽侯功次柳元景孝建中累遷豫州刺史監五州諸軍事先是鄉人庾業家甚富豪方丈之膳以待賓客而慤至設以菜葅粟飯謂客曰宗軍人慣噉麤食慤致飽而去至是業爲慤長史帶梁郡慤待之甚厚不以前事爲嫌大明三年竟陵王誕據廣陵反慤表求赴討乘驛詣都面受節度上停輿慰勉慤聳躍數十左右顧盼上壯之及行隸車騎大將軍沈慶之初誕誑其衆云宗慤助我及慤至躍馬繞城呼曰我宗慤也事平入爲左衞將軍五年從獵墮馬脚折不堪朝直以爲光祿大夫加金紫慤有佳牛堪進御官買不肯賣坐免官明年復職廢帝卽位爲寧蠻校尉雍州刺史加都督卒贈征西將軍謚曰肅侯太始二年詔以慤配食孝武廟子羅雲卒子元寶嗣

王玄謨字彥德太原祁人也六世祖宏河東太守綿竹侯以從叔司徒允之難棄官北居新興仍爲新興鴈門太守其自叙云爾祖牢仕慕容氏爲上谷太守隨慕容德居青州父秀早卒玄謨幼而不羣世父蕤有知人鑒常笑曰此兒氣槩高亮有太尉彥雲之風武帝臨徐州辟爲從事史與語異之少帝末謝晦爲荆州請爲南蠻行參軍武昌太守晦敗以非大帥見原元嘉中補長沙王義欣鎭軍中兵將軍領汝陰太守時虜攻陷滑臺執朱脩之以歸玄謨上疏曰王途始開隨復淪塞非惟天時抑亦人事虎牢滑臺豈惟將之不良抑亦本之不固本之不固皆由民憚遠役臣請以西陽之魯陽襄陽之南鄉發甲卒分爲兩道直趣淆澠征士無遠徭之思吏士有屢休之歌若欲以東國之衆經營牢洛道途旣遠獨克實難玄謨每陳北侵之策上謂殷景仁曰聞王玄謨陳說使人有封狼居意後爲興安侯義賓輔國司馬彭城太守義賓薨玄謨上表以彭城要兼水陸請以皇

子撫臨州事乃以孝武出鎮及大舉北征以玄謨爲寧朔將軍前鋒入河受輔國將軍蕭斌節度玄謨向碻磝戍主奔走遂圍滑臺積旬不克虜王拓跋燾率大衆號百萬鞞鼓之聲震動天地玄謨軍衆亦盛器械甚精而玄謨專依所見多行殺戮初圍城城內多茅屋衆求以火箭燒之玄謨恐損亡軍實不從城中卽撤壞之空地以爲窟室及魏救將至衆請發車爲營又不從將士多離怨又營貨利一匹布責人八百梨以此倍失人心及拓跋燾軍至乃奔退麾下散亡略盡蕭斌將斬之沈慶之固諫曰佛狸威震天下控弦百萬豈玄謨所能當且殺戰將以自弱非良計也斌乃止初玄謨始將見殺夢人告曰誦觀音經千遍則免旣覺誦之得千遍明日將刑誦之不輟忽傳呼停刑遣代守碻磝江夏王義恭爲征討都督以爲碻磝不可守召令還爲魏軍所追大破之流矢中臂二十八年正月還至歷城義恭與玄謨書曰聞因敗爲成臂上金瘡得非金印之徵也元凶弒立玄謨爲益州刺史孝武伐逆玄謨遣濟南太守垣護之將兵赴義事平除徐州刺史加都督及南郡王義宣與江州刺史臧質反朝廷假玄謨輔國將軍拜豫州刺史與柳元景南討軍屯梁山夾岸築偃月壘水陸待之義宣遣劉諶之就臧質陳軍城南玄謨留老弱守城悉精兵接戰賊遂大潰加都督前將軍封曲江縣侯中軍司馬劉沖之白孝武言玄謨在梁山與義宣通謀上意不能明使有司奏玄謨多取寶貨虛張戰簿與徐州刺史垣護之竝免官尋復爲豫州刺史淮上亡命司馬黑石推立夏侯方進爲主改姓李名弘以惑衆玄謨討斬之遷寧蠻校尉雍州刺史加都督雍土多僑寓玄謨請土斷流民當時百姓不願屬籍罷之其年玄謨又令九品以上租使貧富相通境內莫不嗟怨民間訛言玄謨欲反時柳元景當權元景弟僧景爲新城太守以元景之勢制令南陽順陽上庸新城諸郡竝發兵討玄謨玄謨令內外晏然以解衆惑馳啓孝武具陳本末帝知其虛馳遣主書吳喜公撫慰之又答曰梁山風塵初不介意君臣之際過足相保聊復爲笑伸卿眉頭玄謨性嚴未嘗妄笑時人言玄謨眉頭未曾伸故帝以此戲之後爲金紫光祿大夫領太常及建明堂以本官領起部尚書又領北選孝武狎侮羣臣隨其狀貌各有比類多鬚者謂之羊顏師伯缺齒號之曰齴劉秀之儉吝呼爲老慳黃門侍郎宗靈秀體肥拜起不便每至集會多所賜與欲其瞻謝傾踣以爲歡笑又刻木作靈秀父光祿勳叔獻像送其家廳事柳元景垣護之竝北人而玄謨獨受老傖之目凡所稱謂四方書疏亦如之嘗爲玄謨作四時詩曰菫茶供春膳粟漿充夏飡䱹醬調秋菜白醝解冬寒又寵一崑崙奴子名白主常在左右令以杖擊羣臣自柳元景以下皆罹其毒玄謨尋遷平北將軍徐州刺史加都督時北土饑饉乃散私穀十萬斛牛千頭以振之轉領軍將軍孝武崩與柳元景等俱受顧命以外監事委玄謨時朝政多門玄謨以嚴直不容徙青冀二州刺史加都督少帝旣誅顏師伯柳元景等狂悖益甚以領軍徵玄謨子姪咸勸稱疾玄謨曰吾受先帝厚恩豈可畏禍苟免遂行及至屢表諫諍又流涕請緩刑去殺以安元元少帝大怒明帝卽位禮遇甚優時四方反叛以玄謨爲大統領水軍南討以脚疾聽乘輿出入尋除大將軍江州刺史副司徒建安王於赭圻賜以諸葛亮筩袖鎧頊之爲左光祿大夫開府儀同三司領護軍遷南豫州刺史加都督玄謨性嚴克少恩而將軍宗越御下更苛酷軍士爲之語曰寧作五年徒不逢王玄謨玄謨猶自可宗越更殺我年八十一薨諡曰莊公子深早卒子續嗣

史臣曰脩之宗慤皆以將帥之材懷廉絜之操有足稱焉玄謨雖苛剋少恩然觀其大節亦足爲美當少帝失道多所殺戮而能冒履不測傾心輔弼斯可謂忘身徇國者歟

宋書卷七十六考證

宗慤傳乃除震武將軍○百官志有振武將軍無震武將軍震當作振

王元謨傳聞王元謨陳說使人有封狼居意○南史居下有胥字

宋書卷七十七

梁　沈　約　撰

列傳第三十七

柳元景　顏師伯　沈慶之

柳元景字孝仁河東解人也曾祖卓自本郡遷於襄陽官至汝南太守祖恬西河太守父憑馮翊太守元景少便弓馬數隨父伐蠻以勇稱寡言有器質荊州刺史謝晦聞其名要之未及往而晦敗雍州刺史劉道產深愛其能元景時居父憂未得加命會荊州刺史江夏王義恭召之道產謂曰久規相屈今貴王有召難輒相留乖意以爲惘惘服闋補江夏王國中軍將軍遷殿中將軍復爲義恭司空行參軍隨府轉司徒太尉城局參軍太祖見又嘉之先是劉道產在雍州有惠化遠蠻悉歸懷皆出緣沔爲村落戶口殷盛及道產死羣蠻大爲寇暴世祖西鎮襄陽義恭以元景爲將帥卽以爲廣威將軍隨郡太守旣至而蠻斷驛道欲來攻郡郡內少糧器杖又乏元景設方畧得六七百人分五百人屯驛道或曰蠻將逼城不宜分衆元景曰蠻聞郡遣重戍豈悟城內兵少且表裏合攻於計爲長會蠻垂至乃使驛道爲備潛出其後戒曰火舉馳進前後俱發蠻衆驚擾投鄖水死者千餘人斬獲數百郡境肅然無復寇抄朱修之討蠻元景又與之俱後又副沈慶之征鄖山進克太陽除世祖安北府中兵參軍隨王誕鎮襄陽爲後軍中兵參軍及朝廷大舉北討使諸鎮各出軍二十七年八月誕遣振威將軍尹顯祖出貲谷奮武將軍魯方平建武將軍薛安都畧陽太守龐法起入盧氏廣威將軍田義仁入魯陽加元景建威將軍總統羣帥後軍外兵參軍龐季明年已七十三秦之冠族羌人多附之求入長安招懷關陝乃自貲谷入盧氏盧氏人趙難納之弘農強門先有內附意故委季明投之十月魯方平薛安都龐法起進次白亭時元景猶未發法起率方平安都諸軍前入自修陽亭出熊耳山季明進達高門木城值永昌王入弘農乃回還盧氏據險自固頊之招盧氏少年進入宜陽苟公谷以扇動義心元景以其月率軍繼進閏月法起安都方平諸軍入盧氏斬縣令李封以趙難爲盧氏令加奮武將軍難驅率義徒以爲衆軍鄉導法起等度鐵嶺山次開方口季明出自本城與法起相會元景大軍次臼口以前鋒深入懸軍無繼馳遣尹顯祖入盧氏以爲軍援元景以軍食不足難可曠日相持乃束馬懸車引軍上百丈崖出溫谷以入盧氏法起諸軍進次方伯白去弘農城五里賊遣兵二千餘人覘候法起縱兵夾射之賊騎退走諸軍造攻具進兵城下僞弘農太守李初古拔嬰城自固法起安都方平諸軍鼓譟以陵城季明趙難竝率義徒相繼而進衝車四臨數道俱攻士皆殊死戰莫不奮勇爭先時初古拔父子據南門督其處距戰弘農人之在城內者三千餘人於北樓豎白幡或射無金箭安都軍副譚金薛係孝率衆先登生禽李初古拔父子二人魯方平入南門生禽僞郡丞百姓皆安堵元景引軍度熊耳山安都頓軍弘農法起進據潼關季明率方平趙難軍向陝西七里谷殿中將軍鄧盛幢主劉駗亂使人入荒田招宜陽人劉寬糺率合義徒二千餘人共攻金門隖屠之殺戍主李買得古拔子也爲虜永昌王長史勇冠戎類永昌聞其死若失左右手誕又遣長流行參軍姚範領三千人向弘農受元景節度十一月元景率衆至弘農營於開方口仍以元景爲弘農太守置吏佐初安都留屯弘農而諸軍已進陝元景旣到謂安都曰無爲坐守空城而令龐公深入此非計也宜急進軍可與顯祖并兵就之吾須督租畢尋後引也衆並造陝下卽入郭城列營於城內以逼之竝大造攻具賊城臨河爲固恃險自守季明安都方平顯祖趙難諸軍頻三攻未拔虜洛州刺史地河公張是提衆二萬度崤來救安都方平各列陣城南以待之顯祖趙難領盧氏樂從少年與季明爲掎角賊兵大合輕騎挑戰安都瞋目橫矛單騎突陣四向奮擊左右皆辟易不能當殺傷不可勝數於是衆軍竝鼓譟俱前士皆殊死戰虜初縱突騎衆軍患之安都怒甚乃脫兜鍪解所帶鎧唯著絳衲兩當衫馬亦去具裝馳奔以入賊陣猛氣咆勃所向無前當其鋒者無不應刃而倒賊忿之夾射不能中如是者數四每一入衆無不披靡初元景令將魯元保守函谷關賊衆旣盛元保不能自固乃率所領作函箱陣多列旗幟緣險而還正會安都諸軍與賊交戰三虜郎將見元保軍從山下以爲元景大衆至日且暮賊於是奔退騎多得入城賊之將至也方平遣驛騎告元景時軍糧盡各餘數日食元景方督義租并上驢馬以爲運糧之計而方平信至元景遣軍副柳元怙簡步騎二千以赴陝急卷甲兼行一宿而至詰朝賊衆又出列陳於城外方平諸軍竝成列安都并領馬軍方平悉勒步卒左右掎角之餘諸義軍竝於城西南列陳方平謂安都曰今勍敵在前堅城在後是吾取死之日卿若不進我當斬卿我若不進卿當斬我也安都曰善卿言是也我豈惜身命乎遂合戰時元怙方至悉偃旗鼓士馬皆銜枚潛師伏甲而進賊未之覺也方平等方與虜交鋒而元怙勒衆從城南門函道直出北向結陳旌旗甚盛鼓譟而前出賊不意虜衆大駭元怙與幢主宗越率手下猛騎以衝賊陳一軍皆馳之安都方平等督諸軍一時齊奮士卒無不用命安都不堪其憤橫矛直前出入賊陳殺傷者甚多流血凝肘矛折易之復入軍副譚金率騎從而奔之自詰旦而戰至于日昃虜衆大潰斬張是提又斬三千餘級投河赴塹死者甚衆面

縛軍門者二千餘人元景輕騎晨至虜兵之面縛者多河內人元景詰之曰汝等怨王澤不浹請命無所今並爲虜盡力便是本無善心順附者存拯從惡者誅滅欲知王師正如此爾皆曰虐虜見驅後出赤族以騎蹙步未戰先死此親將軍所見非敢背中國也諸將欲盡殺之元景以爲不可曰今王旗北掃當令仁聲先路乃悉釋而遣之家在關裏者符守關諸軍聽出皆稱萬歲而去誕以崤陝既定其地宜撫以弘農劉寬虯行東弘農太守給元景鼓吹一部法起率衆次于潼關先是建義將軍華山太守劉槐糾合義兵攻關城拔之力少不固頃之又集衆以應王師法起次潼關槐亦至賊關城戍主婁須望旗奔潰虜衆溺於河者甚衆法起與槐卽據潼關虜蒲城鎮主遣僞帥何難於封陵自列三營以擬法起法起長驅入關行王檀故壘虜謂直向長安何難率衆欲濟河以截軍後法起回軍臨河縱兵射之賊退散關中諸義徒並處處鋒起四山羌胡咸皆請奮誕又遣揚武將軍康元撫領二千人出上洛受元景節度援方平於函谷元景去賊衆向關時軍中食盡元景回據白楊嶺賊定未至更下山進弘農入湖關口虜蒲阪戍主沃州刺史杜道生率衆二萬至閿鄉水去湖關一百二十里元景募精勇一千人夜斫賊營迷失道天曉而反道生率手下驍銳縱兵射之鋒刃既交虜又奔散時北討諸軍王玄謨等敗退虜遂深入太祖以元景不宜獨進且令班師元景乃率諸將自湖關度白楊嶺出于長洲安都斷後宗越副之法起自潼關向商城與元景會季明亦從胡谷南歸並有功而入士馬旌旗甚盛誕登城望之以鞍下馬迎元景除寧朔將軍京兆廣平二郡太守於樊城立府舍率所領居之統行北蠻事龐季明爲定蠻長薛安都爲後軍行參軍魯方平爲寧蠻參軍臧質爲雍州除元景爲冠軍司馬襄陽太守將軍如故魯爽向虎牢復使元景率安都等北出至關城關城棄戍走卽據之元景至洪關欲進與安都濟河攻杜道生於蒲阪會爽退復還再出北討威著於境外又使率所領進西陽會伐五水蠻世祖入討元凶以爲諮議參軍領中兵加冠軍將軍太守如故配萬人爲前鋒宗愨薛安都等十三軍皆隸焉元景與朝士書曰國禍冤深凶人肆逆民神崩憤若無天地南中郎親率義師剪討元惡司徒臧冠軍並同大舉舳艫千里購賞之利備之元景不武忝任行間總勒精勇先鋒道路勢乘上流衆兼百倍諸賢弈世忠義身爲國良皆受遇先朝荷榮日久而拘逼寇廷莫由申劾想聞今問悲慶兼常大行屆道廓清惟始企遲面對展雪哀情時義軍船率小陋慮水戰不敵至蕪湖元景大喜倍道兼行聞石頭出戰艦乃於江寧步上於板橋立柵以自固進據陰山遣薛安都率馬軍至南岸元景潛至新亭依山建壘東西據險世祖復遣龍驤將軍行參軍程天祚率衆赴之天祚又於東南據高丘屯砦柵凡歸順來奔者皆勸元景速進元景曰不然理順難恃同惡相濟輕進無防實啓寇心當倚我之不可勝豈幸寇之不攻哉元景壘營未立爲龍驤將軍詹叔兒覘知之勸劭出戰不許經日乃水陸出軍劭自登朱雀門督戰軍至瓦官寺與義軍游邏相逢游邏退走賊遂薄壘劭以元景壘塹未立可得平地決戰既至柴栅已堅倉卒無攻具便使肉薄攻之元景宿令軍中曰鼓繁氣易衰叫數力易竭但各銜枚疾戰一聽吾營鼓音賊步將魯秀王羅漢劉簡之騎將常伯與等及其士卒皆殊死戰劉簡之先攻西南頻得燒草舫畧渡人程天祚柴未立亦爲所摧王羅漢等攻壘北門賊艦亦至元景水陸受敵意氣彌彊麾下勇士悉遣出戰左右唯留數人宣傳分軍助程天祚天祚還得固柴因此破賊元景察賊衰竭乃命開壘鼓譟以奔之賊衆大潰赴淮死者甚多劭更率餘衆自來攻壘復大破之其所殺傷過於前戰劭手斬退者不能禁奔還宮僅以身免蕭斌被創簡之收兵而止陳猶未散元景復出薄之乃走競投死馬澗澗爲之滿斬簡之及軍主姚叔藝王江寶朱明智諸葛邈之等水軍主褚湛之副劉道存並來歸順上至新亭卽位以元景爲侍中領左衞將軍轉使持節監雍梁南北秦四州荊州之竟陵隨二郡諸軍事前將軍寧蠻校尉雍州刺史上在巴口問元景事平何所欲對曰若有過恩願還鄉里故有此授初臧質起義以南譙王義宣闇弱易制欲相推奉潛報元景使率所領西還元景卽以質書呈世祖語其使曰臧冠軍當是未知殿下義舉爾方應伐逆不容西還質以此恨之及元景爲雍州刺史質慮其爲荊州後患建議爪牙不宜遠出上重違其言更以元景爲護軍將軍領石頭戍事不拜徙領軍將軍加散騎常侍曲江縣公食邑三千戶孝建元年正月魯爽反遣左衞將軍王玄謨討之加元景撫軍假節置佐後玄謨復以爲都督雍梁南北秦四州荊州之竟陵隨二郡諸軍事撫軍將軍領寧蠻校尉雍州刺史持節如故臧質義宣並反玄謨南據梁山夾江爲壘垣護之薛安都渡據歷陽元景出屯采石玄謨聞賊盛遣司馬管法濟求益兵上使元景進屯姑熟元景使將武念前進質遣將龐法起襲姑熟值念至擊破之法起單船走質攻陷玄謨西壘玄謨使垣護之告元景曰今餘東岸萬人賊軍數倍强弱不敵謂宜還就節下協力當之元景謂護之曰師有常刑不可先退賊衆雖多猜而不整今當卷甲赴之護之曰逆徒皆云南州三萬人而麾下裁十分之一若往造賊虛實立見則賊氣成矣元景納其言悉遣精兵助玄謨以羸弱居守所遣軍多張旗幟梁山望之如數萬人皆曰京師兵悉至於是克捷上遣丹陽尹顏竣宣旨慰勞與沈慶之俱以本號開府儀同三司封晉安郡公邑如故先固讓開府儀同復爲領軍太子詹事加侍中尋轉驃騎將軍本州大中正領軍侍中如故大明二年復加開府儀同三司又固讓明年遷尚書令太子詹事侍中中正如故以封在嶺南秋輸艱遠改封巴東郡公五年又命左光祿大夫開府儀同三司侍中令中正如故又讓開府乃與沈慶之俱依晉密陵侯鄭袤不受司空故事事在慶之傳六年進司空侍中令中正如故又固讓乃授侍中驃騎將軍南兗州刺史留衞京師世祖晏駕與太宰江夏王義恭尚書僕射顏師伯並受遺詔輔幼主遷尚書令領丹陽尹侍中將軍如故給班劍二十人固辭班劍元景起自將帥及當朝理務雖非所長而有弘雅之美時在朝勳要多事產業唯元景獨無所營南岸有數十畝菜園守園人賣得錢二萬送還宅元景曰我立此園種菜以供家中啖爾乃復賣菜以取錢奪百姓之利邪以錢乞守園人世祖嚴暴異常元景雖荷寵遇恒慮及禍太宰江夏王義恭及諸大臣莫不重足屏氣未嘗敢私往來世祖崩義恭元景等並相謂曰今日始免橫死義恭與義陽等諸王元景與顏師伯等常相馳逐聲樂酣酒以夜繼晝前廢帝少有凶德內不能平殺戴法興後悖情轉露義恭元景等憂懼無計乃與師伯等謀廢帝立義恭日夜聚謀而持疑不能速決永光年夏元景遷使持節督南豫之宣城諸軍事卽本號開府儀同三司南豫州刺史侍中如故未拜發覺帝親率宿衞兵自出討之先稱詔召元景左右奔告兵刃非常元景知禍至整朝服乘車應召出門逢弟車騎司馬叔仁戎服率左右壯士數十人欲拒命元景苦禁之既出巷軍士大至下車受戮容色恬然時年六十長子慶宗有幹力而情性不倫世祖使元景送還襄陽於道中賜死次子嗣宗豫章王子尚車騎從事中郎嗣宗弟紹宗茂宗孝宗文宗仲宗成宗秀宗叔仁弟衞軍諮議參軍僧珍等諸弟姪在京邑及襄陽從死者數十人元景少子承宗及嗣宗子纂並在孕獲全太宗卽位令曰故侍中尚書令驃騎大將軍巴東郡開國公新除開府儀同三司南豫州刺史元景風度弘簡體局深沈正義亮時恭素範物幽明道盡則首贊孝圖盛運開歷則毗燮皇化方任予漢輔業懋殷衡而蜂豺肆濫顯加禍毒冤動勳烈悲深朝貫朕承七廟之靈纂臨寶業情典既申痛悼彌軫宜崇賁嶽冊以旌忠懿可追贈使持節都督南豫江二州諸軍事太尉侍中刺史國公如故給班劍三十人羽葆鼓吹一部諡曰忠烈公叔仁爲梁州刺史黃門郎以破臧質功封宜陽侯食邑八百戶元景從兄元怙大明末代叔仁爲梁州與晉安王子勛同逆事敗歸降元景從父弟先宗大明初爲竟陵王誕司空參軍誕作亂殺之追贈黃門侍郎元景從祖弟光世先留鄉里索虜以爲折衝將軍河北太守封西陵男光世姊夫僞司徒崔浩虜之相也元嘉二十七年虜主拓跋燾南寇汝潁浩密有異圖光世要河北義士爲浩應浩謀泄被誅河東大姓坐連謀夷滅者甚衆光世南奔得免太祖以爲振武將軍前廢帝景和中左將軍直閤太宗定亂光世參謀以爲右衞將軍封開國縣侯食邑千戶既而四方反叛同閤宗越譚金又誅光世乃北奔薛安都安都使守下邳城及安都招引索虜光世率衆歸降太宗宥之以爲順陽太守子欣慰謀反光世賜死

顏師伯字長淵琅邪臨沂人東揚州刺史竣族兄也父邵剛正有局力爲謝晦所知晦爲領軍以爲司馬廢立之際與之參謀晦鎭江陵請爲諮議參軍領錄事軍府之務悉委焉邵慮晦將有禍求爲竟陵太守未及之郡值晦見討晦與邵謀起兵距朝廷邵飲藥死師伯少孤貧涉獵書傳頗解聲樂劉道產爲雍州以爲輔國行參軍弟師仲妻臧質女也質爲徐州辟師伯爲主簿衡陽王義季代質爲徐州質薦師伯於義季義季卽命爲征西行參軍興安侯義賓代義季世祖代義賓仍爲輔國安北行參軍王景文時爲諮議參軍愛其諧敏進之世祖師伯因求杖節乃以爲徐州主簿善於附會大被知遇及去鎭師伯以主簿送故世祖鎭尋陽啓太祖請爲南中郎府主簿太祖不許謂典籤曰中郎府主簿那得用顏師伯世祖啓爲長流正佐太祖又曰朝廷不能除之郎可自板亦不宜署長流世祖乃板爲參軍事署刑獄及入討元凶轉主簿世祖踐阼以爲黃門侍郎隨王

誕驃騎長史南郡太守改爲驃騎大將軍長史南濮陽太守御史中丞臧質反出爲寧遠將軍東陽太守領兵置佐以備東道事寧復爲黃門侍郎領步兵校尉改領前軍將軍徙御史中丞遷侍中上以伐逆寧亂事資羣謀大明元年下詔曰昔歲國難方結疑懦者衆故散騎常侍太子右率龐秀之履嶮能貞首暢義節用使狡狀先聞軍備夙固醜逆時殄頗有力焉追念厥誠無忘于懷侍中祭酒顏師伯侍中領射聲校尉袁愍孫豫章太守王謙之太子前中庶子領右衞率張淹爰始入討預參義謀契闊大難宜蒙殊報秀之可封樂安縣伯食邑六百戶師伯平都縣子愍孫興平縣子謙之石陽縣子淹廣晉縣子食邑各五百戶師伯遷右衞將軍母憂去職二年起爲持節督青冀二州徐州之東安東莞兖州之濟北三郡諸軍事輔國將軍青冀二州刺史其年索虜拓跋濬遣僞散騎常侍鎭西將軍淸水公拾賁勑文率衆寇淸口淸口戍主振威將軍傅乾愛率前員外將軍周盤龍等擊破之世祖遣虎賁主龐孟虯積射將軍殷孝祖等赴討受師伯節度師伯遣中兵參軍苟思達與孟虯合力行達沙溝虜竄壞公五軍公等馬步數萬迎軍拒戰孟虯等奮擊盡日孟虯手斬五軍公虜於是大奔孝祖又斬竄壞公赴水死者千計虜又遣河南公黑水公濟州公青州刺史張懷之等屯據濟岸師伯又遣中兵參軍江方興就傅乾愛擊破之斬河南公樹蘭等虜別帥它門又遣萬餘人攻淸口戍城乾愛方興出城拒戰卽斬它門餘衆奔走虜淸水公又率二萬人復來逼城乾愛等出戰又破之追奔至赤龍門殺賊甚衆上嘉其功詔曰虜驅率犬羊規暴邊塞輔國將軍青冀二州刺史師伯宣略命師合變應機濟戍奮怒一月四捷支軍異部驍勇齊效頻梟名王大殲羣醜朕用嘉嘆良深于懷可遣使慰勞幷符輔國府詳考功最以時言上苟思達龐孟虯等又追虜至杜梁虜衆多四面俱合平南參軍童太一及苟思達等竝單騎出盪應手披靡孟虯等繼至虜乃散走赴河死者甚多旣而虜更合衆大至孟虯等又破之世祖又遣司空參軍卜天生助師伯張懷之據糜溝城師伯遣天生等破之懷之出城逆戰天生率軍主劉懷珍白衣客朱士義殿中將軍孟繼祖等擊之懷之敗走入城僅以身免繼祖於陣遇害追贈郡守又虜隴西王等屯據申城背濟向河三面險固天生又率衆攻之朱士義等貫甲先登賊赴河死者無算卽日陷城虜天水公又攻樂安城建威將軍平原樂安二郡太守分武都與天生等拒擊大破之虜乃奔退追戰克捷直至淸口虜攻圍傅乾愛乾愛隨方拒對孝祖等旣至虜徹圍遁走師伯進號征虜將軍三年竟陵王誕反師伯遣長史嵇玄敬率五千人赴難四年徵爲侍中領右軍將軍親幸隆密羣臣莫二遷吏部尚書右軍如故上不欲威柄在人親覽庶務前後領選者唯奉行文書師伯專情獨斷奏無不可遷侍中領右衞將軍七年補尚書右僕射時分置二選陳郡謝莊琅邪王曇生竝爲吏部尚書師伯子舉周旋寒人張奇爲公車令上以奇資品不當使兼市買丞以蔡道惠代之令史潘道栖褚道惠顏禕之元從夫任澹之石道兒黃難周公選等抑道惠勑使奇先到公車不施行奇兼市買丞事師伯坐以子預職莊曇生免官道栖道惠棄市禕之等六人鞭杖一百師伯尋領太子中庶子雖被黜挫受任如初世祖臨崩師伯受遺詔輔幼主尚書中事專以委之廢帝卽位復還卽眞領衞尉師伯居權日久天下輻輳游其門者爵位莫不踰分多納貨賄家產豐積伎妾聲樂盡天下之選園池第宅冠絕當時驕奢淫恣爲衣冠所嫉又遷尚書右僕射領丹陽尹廢帝欲親朝政發詔轉師伯爲左僕射加散騎常侍以吏部尚書王景文爲右僕射奪其京尹又分臺任師伯至是始懼尋與太宰江夏王義恭柳元景同誅時年四十七六子竝幼皆見殺弟師仲中書郎晉陵太守師叔司徒主簿南康相太宗卽位詔曰故散騎常侍僕射領丹陽尹平都縣子師伯昔逢代運豫班榮賞遭罹厄會隕命淫刑宗嗣殄絕良用矜悼但其心瀆貨宜貶贈典可紹封社以慰冤魂諡曰荒子師仲子幹繼封齊受禪國除

沈慶之字弘先吳興武康人也兄敞之爲趙倫之征虜參軍監南陽郡擊蠻有功遂卽眞慶之少有志力孫恩之亂也遣人寇武康慶之未冠隨鄉族擊之由是以勇聞荒擾之後鄉邑流散慶之躬耕壟畝勤苦自立年三十未知名往襄陽省兄倫之見而賞之倫之子伯符時爲竟陵太守倫之命伯符版爲寧遠中兵參軍竟陵蠻屢爲寇慶之爲設規略每擊破之伯符由此致將帥之稱伯符去郡又別討西陵蠻不與慶之相隨無功而反永初二年慶之除殿中員外將軍又隨伯符隸到彥之北伐伯符病歸仍隸檀道濟道濟還白太祖稱慶之忠謹曉兵上使領隊防東掖門稍得引接出入禁省出戍錢唐新城及還領淮陵太守領軍將軍劉湛之知之欲相引接謂之曰卿在省年月久比當相論慶之正色曰下官在省十年自應得轉不復以此仰累尋轉正員將軍及湛之被收之夕上開門召慶之慶之戎服履韎縛袴入上見而驚曰卿何意乃爾急裝慶之曰夜半喚隊主不容緩服遣收吳郡太守劉斌殺之遷始興王濬後軍行參軍員外散騎侍郎元嘉十九年雍州刺史劉道產卒羣蠻大動征西司馬朱修之討蠻失利以慶之爲建威將軍率衆助修之修之失律下獄慶之專軍進討大破緣沔諸蠻禽生口七千人進征湖陽又獲萬餘口遷廣陵王誕北中郎中兵參軍領南東平太守又爲世祖撫軍中兵參軍世祖以本號爲雍州隨府西上時蠻寇大甚水陸梗礙世祖停大隄不得進分軍遣慶之掩討大破之降者二萬口世祖至鎭而驛道蠻反殺深式還慶之又討之王玄謨領荆州王方回領臺軍竝會平定諸山獲七萬餘口鄖山蠻最彊盛魯宗之屢討不能克慶之剪定之禽三萬餘口還京師復爲廣陵王誕北中郎中兵參軍加建威將軍南濟陰太守雍州蠻又爲寇慶之以將軍太守復與隨王誕入沔旣至襄陽率後軍中兵參軍柳元景隨郡太守宗慤振威將軍劉顒司空參軍魯尙期安北參軍顧彬馬文恭左軍中兵參軍蕭景嗣前青州別駕崔目連安蠻參軍劉雝之奮威將軍王景式等二萬餘人伐沔北諸山蠻宗慤自新安道入太洪山元景從均水據五水嶺文恭出蔡陽口取赤係隖景式由延山下向赤圻阪目連尙期諸軍八道俱進慶之取五渠頓破隖以爲衆軍節度前後伐蠻皆山下安營以迫之故蠻得據山爲阻於矢石有用以是屢無功慶之乃會諸軍於茹丘山下謂衆曰今若緣山列旆以攻之則士馬必損去歲蠻田大稔積穀重巖未有饑弊卒難禽剪今令諸軍各率所領以營于山上出其不意諸蠻必恐恐而乘之可不戰而獲也於是諸軍竝斬山開道不與蠻戰鼓譟上山衝其腹心先據險要諸蠻震擾因其懼而圍之莫不奔潰自冬至春因糧蠻穀頃之南新郡蠻帥田彥生率部曲卜封六千餘人反叛攻圍郡城慶之遣元景率五千人赴之軍未至郡已被破焚燒城內倉儲及廨舍蕩盡幷驅略降戶屯據白楊山元景追之至山下衆軍悉集圍山數重宗慤率其所領先登衆軍齊力急攻大破威震諸山羣蠻皆稽顙慶之患頭風好著狐皮帽羣蠻惡之號曰蒼頭公每見慶之軍輒畏懼曰蒼頭公已復來矣慶之引軍自茹丘山出檢城大破諸山斬首三千級虜生蠻二萬八千餘口降蠻三萬五千口牛馬七百餘頭米粟九萬餘斛隨王誕築納降受俘二城於白楚慶之復率衆軍討幸諸山犬羊蠻緣險築重城施門櫓甚峻山多木石積以爲礌立部曲建旌旗樹長帥鐵馬成羣慶之連營山中開門相通又命諸軍各穿池於營內朝夕不外汲兼以防蠻之火頃之風甚蠻夜下山人提一炬以燒營營內多幔屋及草菴火至輒以池水灌滅諸軍多出弓弩夾射之蠻散走慶之令諸軍斬山開道攻之而山高路險暑雨方盛乃置東岡蜀山宜民西柴黃徼上夌六戍而還蠻被圍守日久竝饑乏自後稍出歸降慶之前後所獲蠻竝移京邑以爲營戶二十七年遷太子步兵校尉其年太祖將北討慶之諫曰馬步不敵爲日已久矣請舍遠事且以檀到言之道濟再行無功彥之失利而返今料王玄謨等未踰兩將六軍之盛不過往時將恐重辱王師難以得志上曰小醜竊據河南修復王師再屈自別有以亦由道濟養寇自資彥之中塗疾動虜所恃唯馬夏水浩汗河水流通泛舟北指則碻磝必走滑臺小戍易可覆拔克此二戍館穀弔民虎牢洛陽自然不固比及冬間城守相接虜馬過河便成禽也慶之又固陳不可丹陽尹徐湛之吏部尚書江湛竝在坐上使湛之等難慶之慶之曰治國譬如治家耕當問奴織當訪婢陛下今欲伐國而與白面書生輩謀之事何由濟上大笑及北討慶之副玄謨向碻磝戍主棄城走玄謨圍滑臺慶之與蕭斌留碻磝仍領斌輔國司馬玄謨攻滑臺積旬不拔虜主拓跋燾率大衆南向斌遣慶之率五千人救玄謨慶之曰玄謨兵疲衆老虜寇已逼各軍營萬人乃可進耳少軍輕往必無益也斌固遣令去會玄謨退斌將斬之慶之固諫乃止太祖後問何故諫斌殺玄謨對曰諸將奔退莫不懼辜自歸而死將至逃散且大兵至未宜自弱故以攻爲便耳蕭斌以前驅敗績欲死固碻磝慶之曰夫深入寇境規求所欲退敗如此何可久住今青冀虛弱而坐守窮城若虜衆東過青東非國家有也碻磝孤絕復作朱修之滑臺耳會詔使至不許退諸將竝謂宜留斌復問計於慶之慶之曰閫外之事將所得專詔從遠來事勢已異節下有一范增而不能用空議何施斌及坐者竝笑曰沈公乃更學問慶之厲聲曰衆人雖見古今不如下官耳學也玄謨自以退敗求戍碻磝斌乃還歷城申坦垣護之共據淸口慶之乘驛馳歸未至上驛詔止之使還救玄謨會虜已至彭城不得向北太尉江夏王義恭留領府中兵參軍拓跋燾至卯山義恭遣慶之率三千人拒之慶之以爲虜衆彊往

必見禽不肯行太祖後謂之曰河上處分皆合事宜惟恨不棄碻磝耳卿在左右久偏解我意正復違詔濟事亦無嫌也二十七年使慶之自彭城徙流民數千家於瓜步征北參軍程天祚徙江西流民於南州亦如之二十九年復更北伐慶之固諫不從以立議不同不使北出是時亡命司馬黑石廬江叛吏夏侯方進在西陽五水誑動羣蠻自淮汝至于江沔咸罹其患十月遣慶之督諸將討之詔江豫荆雍並遣軍受慶之節度三十年正月世祖出次五洲總統羣帥慶之從巴水出至五洲諮受軍略會世祖典籤董元嗣自京師還陳元凶弑逆世祖遣慶之還山引諸軍慶之謂腹心曰蕭斌婦人不足數其餘將帥並是所悉皆易與耳東宮同惡不過三十人此外屈逼必不爲用力今輔順討逆不憂不濟也衆軍既集假慶之征虜將軍武昌內史領府司馬世祖還至尋陽慶之及柳元景等並以天下無主勸世祖即大位不許賊劭遣慶之門生錢無忌齎書說慶之解甲慶之執無忌白世祖世祖踐阼以慶之爲領軍將軍加散騎常侍尋出爲使持節督南兗豫徐兗四州諸軍事鎮軍將軍南兗州刺史常侍如故鎮盱眙上伐逆定亂思將帥之功下詔曰朕以不天有生罔二泣血千里志復深逆鞠旅伐罪義氣雲踴羣帥仗節指難如歸故得未積旬宗社載穆遂以眇身猥纂大統永念茂庸思崇徽錫新除使持節散騎常侍都督南兗豫徐兗四州諸軍事鎮軍將軍南兗州刺史沈慶之新除散騎常侍領軍將軍柳元景新除散騎常侍右衞將軍宗愨督兗州諸軍事輔國將軍兗州刺史徐遺寶寧朔將軍始興太守沈法系驃騎諮議參軍顧彬之或盡誠謀初宜綜戎略或受命元帥一戰寧亂或稟奇軍統協規効捷偏師奉律勢振東南皆忠國忘身義高前烈功載民聽誠簡朕心定賞策勳茲焉攸在宜列土開邑永蕃皇家慶之可封南昌縣公元景曲江縣公並食邑三千戶愨洮陽縣侯食邑二千戶遺寶益陽縣侯食邑一千五百戶法系平固縣侯彬之陽新縣侯並食邑千戶又特臨軒召拜又使慶之自盱眙還鎮廣陵孝建元年正月魯爽反上遣左衞將軍王玄謨討之軍泝淮向壽陽總統諸將尋聞荆江二州並反徵慶之入朝率所領屯武帳岡甲仗五十人入六門魯爽先遣弟瑜進據蒙蘢歷陽太守張幼緒率軍討瑜值爽至衆散而反乃遣慶之濟江討爽爽聞慶之至連營稍退自留斷後慶之與薛安都等進與爽戰安都臨陣斬爽進慶之號鎮北大將軍進督青冀幽三州給鼓吹一部前軍破賊轉位等後至追躡一階尋與柳元景俱開府儀同三司辭改封始興郡公戶邑如故慶之以年滿七十固請辭事上嘉其意許之以爲侍中左光祿大夫開府儀同三司又固讓上不許表疏數十上又面陳曰張良名賢漢高猶許其退臣有何用必爲聖朝所須乃至稽顙自陳言輒泣涕上不能奪聽以郡公罷就第月給錢十萬米百斛衞吏五十人大明元年又申前命復固辭三年司空竟陵王誕據廣陵反復以慶之爲使持節都督南兗徐兗三州諸軍事車騎大將軍開府儀同三司南兗州刺史率衆討之至歐陽誕遣客慶之宗人沈道愍齎書說慶之餉以玉環刀慶之遣道愍反數以罪惡慶之至城下誕登樓謂之曰沈君白首之年何爲來慶之曰朝廷以君狂愚不足勞少壯故使僕來耳上慮誕北奔使慶之斷其走路慶之移營白土去城十八里夕進新亭誕果出走不得去還城事在誕傳慶之進營洛橋西焚其東門値雨不克慶之兄子僧榮時爲兗州刺史鎮瑕丘遣子懷明率數百騎詣受慶之節度慶之塞塹造攻道立行樓土山幷諸攻具時夏雨不得攻城上使御史中丞庾徽之奏免慶之官以激之詔無所問誕餉慶之食提挈者百餘人出自北門慶之不問悉焚之誕於城上授函表倩慶之爲送慶之曰我奉詔討賊不得爲汝送表汝必欲歸死朝廷自應開門遣使吾爲汝送護之每攻城輒身先士卒上戒之曰卿爲統任當令處分有方何棠楯城下身受矢石邪脫有傷挫爲損不少自四月至于七月乃屠城斬誕進慶之司空又固讓於是與柳元景並依晉密陵侯鄭袤故事朝會慶之位次司空元景在從公之上給衞吏五十人門施行馬四年西陽五水蠻復爲寇慶之以郡公統諸軍討之攻戰經年皆悉平定獲生口數萬人居清明門外有宅四所室宇甚麗又有園舍在婁湖慶之一夜攜子孫徙居之以宅還官悉移親戚中表於婁湖列門同閈焉廣開田園之業每指地示人曰錢盡在此中身享大國家素富厚產業累萬金奴僮千計再獻錢千萬穀萬斛以始興優近求改封南海郡不許妓妾數十人並美容工藝慶之優游無事盡意歡愉非朝賀不出門每從遊幸及校獵據鞍陵厲不異少壯太子妃上世祖金鏤七箸及杅杓上以賜慶之曰卿辛勤匪殊歡宴宜等且觴酌之賜宜以大夫爲先也上嘗歡飲普令羣臣賦詩慶之手不知書眼不識字上逼令作詩慶之曰臣不知書請口授師伯上即令顏師伯執筆慶之口授之曰微命値多幸得逢時運昌朽老筋力盡徒步還南岡辭榮此聖世何媿張子房上甚悅衆坐稱其辭意之美世祖晏駕慶之與柳元景等並受顧命遺詔若有大軍旅及征討悉使委慶之前廢帝即位加慶之几杖給三望車一乘慶之每朝賀常乘猪鼻無幰車左右從者不過三五人騎馬履行園田政一人視馬而已每農桑劇月或時無人遇之者不知三公也及加三望車謂人曰我每遊履田園有人時與馬成三無人則與馬成二今乘此車安所之乎及賜几杖並固讓廢帝狂悖無道衆並勸慶之廢立及柳元景等連謀以告慶之慶之與江夏王義恭素不厚發其事帝誅義恭元景等以慶之爲侍中太尉封次子中書郎文季建安縣侯食邑千戶義陽王昶反慶之從帝度江總統衆軍少子文耀年十餘歲善騎射帝愛之又封永陽縣侯食邑千戶帝凶暴日甚慶之猶盡言諫爭帝意稍不說及誅何邁慮慶之不同量其必至乃閉清谿諸橋以絕之慶之果往不得度而還帝乃遣慶之從子攸之齎藥賜慶之死時年八十是年初慶之夢有人以兩匹絹與之謂曰此絹足度謂人曰老子今年不免兩匹八十尺也足度無盈餘矣及死賜與甚厚追贈侍中太尉如故給鸞輅轀輬車前後羽葆鼓吹謚曰忠武公未及葬帝敗太宗即位追贈侍中司空謚曰襄公長子文叔歷中書黃門郎景和末爲侍中慶之之死也不肯飮藥攸之以被揜殺之文叔密取藥藏錄或勸文叔逃避文叔見帝斷截江夏王義恭支體慮奔亡之日帝怒容致義恭之變乃飮藥自殺子祕書郎昭明亦自縊死太始七年改封蒼梧郡公元年還復先封時改始興爲廣興昭明子曇亮襲廣興郡公齊受禪國除慶之弟劭之元嘉中爲廬陵王紹南中郎行參軍討建安揭陽諸賊病卒兄子僧榮敞之之子也孝建初爲安成相荆江反叛發兵拒臧質質遣其安成相臧盼之討僧榮擊破之大明中爲兗州刺史景和中徵爲黃門郎未還卒子懷明太宗泰始初居父憂起爲建威將軍東征南討有功封吳興縣子食邑四百戶歷位黃門侍郎再爲南兗州刺史元徽初丁母艱去職桂陽王休範爲逆起爲冠軍將軍統水軍防固石頭朱雀失守懷明委軍奔走頃之憂卒慶之從弟法系字體先亦有將用初爲趙伯符將佐後隨慶之征五水蠻世祖伐逆以爲南中郎參軍加寧朔將軍領三千人前發與柳元景且至新亭元景居中營宗愨居西營法系居東營東營據岡賊攻元景法系臨射之所殺甚衆法系塹外樹悉伐之令倒賊劭來攻緣樹以進彭排多開隙選善射手的發無不中死者交橫事平以爲寧朔將軍始興太守討蕭簡於廣州開臺軍將至簡誑其衆曰臺軍是賊劭所遣並信之前征北參軍顧邁被賊徙在城內善天文云荆江有大兵城內由此固守初世祖先遣鄧琬圍簡唯治一攻道法系至曰宜四面並攻若守一道何時可拔琬慮功不在己不從法系曰更相守五十日日盡又不克乃從之八道俱攻一日即拔斬蕭簡廣州平封庫藏付鄧琬而還官至驍騎將軍尋陽太守新安王子鸞北中郎司馬劭之子文秀別有傳慶之羣從姻戚由之在列位者數十人

史臣曰張釋之云用法一偏天下獄皆隨輕重縣衡於上四海共稟其平法亂於朝民無所措手足師伯籍寵代臣勢震朝野傾意斷臺情以貨結自選部至于局曹莫不從風而靡曲徇私請因停詔勑天震賚怒仆者相望師伯任用無改而王謝免職君子謂是舉也豈徒失政刑而已哉

宋書卷七十七考證

柳元景傳即以爲廣威將軍○廣威南史作武威

法起諸軍進次方伯皀○皀南史作堆皀即堆古字

沈慶之傳領軍將軍劉湛之知之○湛下之字衍後同

給衞吏五十人○衞諸本並誤鄉南史亦作鄉今改正

宋書卷七十八

梁　沈　約　撰

列傳第三十八

蕭思話　劉延孫

蕭思話南蘭陵人孝懿皇后弟子也父源之字君流歷中書黃門郎徐兗二州刺史冠軍將軍南琅邪太守永初元年卒追贈前將軍思話年十許歲未知書以博誕遊遨爲事好騎屋棟打細腰鼓侵暴鄰曲莫不患毒之自此折節數年中遂有令譽好書史善彈琴能騎射高祖一見便以國器許之年十八除琅邪王大司馬行參

軍轉相國參軍父憂去職服闋拜羽林監領石頭戍事襲爵封陽縣侯轉宣威將軍彭城沛二郡太守涉獵書傳頗能隸書解音律便弓馬元嘉三年謝晦爲荆州欲請爲司馬思話拒之五年遷中書侍郎仍督青州徐州之東莞諸軍事振武將軍青州刺史時年二十七亡命司馬朗之元之可之兄弟聚黨於東莞發干縣謀爲寇亂思話遣北海太守蕭汪之討斬之餘黨悉平八年除竟陵王義宣左軍司馬南沛郡太守未及就徵索虜南寇檀道濟北伐既而迴師思話懼虜大至乃棄鎮奔平昌思話先使參軍劉振之戍下邳聞思話奔亦委城走虜定不至而東陽積聚已爲百姓所焚由是徵下廷尉仍繫尙方初在青州常所用銅斗覆在藥廚下得二死雀思話曰斗覆而雙雀殞其不祥乎既而被繫九年仇池大饑益梁州豐稔梁州刺史甄法護在任失和氐帥楊難當因此寇漢中乃自徒中起思話督梁南秦二州諸軍事橫野將軍梁南秦二州刺史既行聞法護已委鎮北奔西城遣司馬建威將軍南漢中太守蕭諱五百人前進又遣西戎長史蕭汪之係之諱緣路收合士衆得精兵千人十年正月進據磝頭難當焚掠漢中引衆西還留其輔國將軍梁秦二州刺史趙溫守梁州魏興太守薛健據黃金諱進屯磝頭遣陰平太守蕭坦赴黃金薛健副姜寶據鐵城鐵城與黃金相對去一里斫樹塞道坦進攻二戍拔之二月趙溫又率薛健及其寧朔將軍馮翼太守蒲早子來攻坦營坦奮擊大破之坦被創賊退保西水諱司馬錫文祖進據黃金蕭汪之步騎五百相繼而至平西將軍臨川王義慶遣龍驤將軍裴方明三千人赴諱等進黃金早子健等退保下桃思話先遣行參軍王靈濟率偏軍出洋川因向南城僞陵江將軍趙英堅守險靈濟擊破之生禽英南城空虛因資無所復引軍還與諱合三月諱率衆軍進據峨公固難當遣其子和率趙溫蒲早子及左衞將軍呂平寧朔將軍司馬飛龍步騎萬餘跨漢津結砦其間立浮橋悉力攻諱合圍數十重短兵接戰弓矢無復用賊悉衣犀革戈矛所不能加諱乃截矟長數尺以大斧椎之一矟輒貫十餘賊賊不能當因大敗燒砦奔走退據大桃閏月諱及方明臺軍至龍驤將軍楊平興幢主殿中將軍梁坦直入角弩追之賊又敗走殺傷虜獲甚多漢中平悉收沒地置戍葭萌水先是桓玄篡晉以桓希爲梁州希敗走氐楊盛據有漢中刺史范元之傅歆悉治魏興唯得魏興上庸新城三郡其後索邈爲刺史氐乃治南城爲賊所焚燒不可固卽思話遷鎮南城加節進號寧朔將軍徵諱爲太子屯騎校尉法護中山無極人過江寓居南郡弟法崇元嘉十年自少府爲益州刺史法護委鎮之罪統府所收於獄賜死太祖以法崇受任一方令獄官言法護病卒太祖使思話上平定漢中本末下之史官十四年遷使持節臨川王義慶平西長史南蠻校尉太祖賜以弓琴手勅曰丈人頃何所作事務之暇故以琴書爲娛耳所得不曰義邪眷想常不忘情想亦同之前得此琴云是舊物亦有名京邑今以相借因是戴顒意於彈撫響韻殊勝直爾嘉也幷往桑弓一張材理乃快先所常用既久廢射又多病略不能制之便成老公令人歎息良材美器宜在盡用之地丈人眞無所與讓也十六年衡陽王義季代義慶又除安西長史餘如故十九年徵爲侍中領前軍將軍未就徵復先職明年遷持節監雍州梁南北秦四州荆州之南陽竟陵順陽襄陽新野隨六郡諸軍事寧蠻校尉雍州刺史襄陽太守二十二年除侍中領太子右率二十四年改領左衞將軍嘗從太祖登鍾山北嶺中道有磐石清泉上使於石上彈琴因賜以銀酒鍾謂曰相賞有松石間意又領南徐州大中正明年復監雍梁南北秦州荆州之竟陵隨二郡諸軍事右將軍寧蠻校尉雍州刺史如故二十六年徵爲吏部尚書詔思話曰沈尙書暴病不救其體業貞審立朝盡公年時尙可方相委任奄忽不永痛惋特深銓管要機通塞所寄丈人才用體國二三惟允思話以去州無復事力倩府軍身九人太祖戲之曰丈人終不爲田父於里閭何應無人使邪未拜二十七年遷護軍將軍是年春虜攻懸瓠太祖將大舉北討朝士僉同莫或異議思話固諫不從乃領精甲三千助鎮彭城虜退卽代世祖爲持節監徐兗青冀四州豫州之梁郡諸軍事撫軍將軍兗徐二州刺史二十九年統揚武將軍冀州刺史張永衆軍圍碻磝初鎮軍諮議參軍申坦與王玄謨圍滑臺不克免官青州刺史蕭斌板坦行建威將軍濟南平原二郡太守守歷城令任仲仁又爲坦副並前鋒入河五月發沿口永司馬崔訓建武將軍齊郡太守胡景世率青州軍來會七月思話及衆軍並至碻磝治三攻道太祖遣員外散騎侍郎徐爰宣旨督戰張永胡景世當東攻道申坦任仲仁西攻道崔訓南攻道賊夜地道出燒崔訓樓及蟇車又燒胡景世樓及攻具尋又毁崔訓攻道城不可拔思話馳來退師攻城凡十八日解圍還歷下崔訓以樓見燒又不能固攻道被誅碻磝永坦並繫獄詔曰得撫軍將軍思話啓事碻磝不拔士卒疲勞且班師清濟更圖進討此鎮山川嚴阻控臨河朔形勝之要擅名自古宜除其授以允望實思話可解徐州爲冀州餘如故彭城文武復量分配卽鎮歷城尋爲江夏王義恭所奏免官元凶弑立以爲使持節監徐青兗冀四州豫州之梁郡諸軍事徐兗二州刺史將軍如故思話卽率部曲還彭城起義以應世祖遣使奉牋曰下官近在歷下始奉國諱所承使人不知關狹既還在路漸有所聞猶謂人倫無容有此私懷感慨未敢在言奉被今教果出慮表重增哀惋不能自勝此實天地所不覆載人神所不容忍率土民氓莫不憤咽況下官蒙荷榮渥義兼常志此月五日被驛使追命騎還朝切齒拊心輒已鍾疾雖百口在都一非所顧正欲遣啓受規畧會奉今旨悲懼兼情伏承司徒英圖電發殿下神武霜斷臧質忠義竝到不謀同時仗順沿流席卷江甸前驅風邁已應在近下官復練始集遣輔國將軍申坦龍驤將軍梁坦二軍分配精甲五千申坦爲統便以卽日水陸齊下下官悉率文武駱驛繼發憑威策懦勢同振朽開泰有期悲欣交集世祖至新亭坦亦進克京口上卽位徵爲散騎常侍尙書左僕射固辭不受拜改爲中書令丹陽尹常侍如故時京邑多有劫掠二旬中十七發引咎陳遜不許明年出爲使持節都督徐兗青冀幽五州豫州之梁郡諸軍事安北將軍徐州刺史加鼓吹一部未行而江州刺史臧質反復以爲使持節都督江州豫州之西陽晉熙新蔡三郡諸軍事江州刺史事平分荆江豫三州置郢州復都督郢湘二州諸軍事鎮西將軍郢州刺史持節常侍如故鎮夏口孝建二年卒時年五十追贈征西將軍開府儀同三司持節常侍都督刺史如故諡曰穆侯思話宗戚令望蚤見任待凡歷州十二杖節監都督九焉所至雖無皦皦清節亦無穢黷之累愛才好士人多歸之長子惠開嗣別有傳次子惠明亦有世譽歷黃門郎御史中丞司徒左長史吳興太守後廢帝元徽末卒官第四子惠基順帝昇明末爲侍中源之從父弟摹之丹陽尹追贈征虜將軍子斌亦爲太祖所遇彭城王義康鎮豫章以爲大將軍諮議參軍豫章太守歷南蠻校尉侍中輔國將軍青冀二州刺史元嘉二十七年統王玄謨等衆軍北伐斌遣將軍崔猛攻虜青州刺史張淮之於樂安淮之棄城走先是猛與斌參軍傅融分取樂安及碻磝樂安水道不通先井定碻磝至是又克樂安既而攻圍滑臺不拔斌追還歷下事在王玄謨傳二十八年亡命司馬順則詐稱晉室近屬自號齊王聚衆據梁鄒城又有沙門自稱司馬百年號安定王亡命秦凱之祖元明等各據村屯以應順則初梁鄒戍主宣威將軍樂安渤海二郡太守崔勳之出州故順則因虛竊據勳之司馬曹敬會拒戰不敵出走斌卽遣勳之率行建威將軍濟南平原二郡太守申坦長流參軍羅文昌等諸軍討順則攻之不克勳之等始謂城內出於逼附軍至卽應奔逃而並爲賊堅守殺傷官軍甚多斌又遣府司馬建武將軍齊郡太守龐秀之總諸軍祖元明又據安丘城斌更遣振武將軍劉武之及軍主劉回精兵千人討司馬百年斬之順則既失據衆稍離阻文昌遣道連僞投賊賊信納之潛以官賞格示衆城內賊黨李繼叔等並有歸順心道連謀泄爲賊所殺繼叔踰城出降賊黨於是大離乃四面進攻衝車所衝輒三五丈崩落時南門樓上擲下一級幷垂繩鈎取外人外人上賊並放仗云向已斬順則所投首是也秦凱之走河北斌坐滑臺退敗免官久之復起爲南平王鑠右軍長史其後事迹在二凶傳斌弟簡歷位長沙內史廣陵王誕爲廣州未之鎮以簡爲安南諮議參軍南海太守行府州事東海王禕代誕簡仍爲前軍諮議太守如故世祖入討元凶遣輔國將軍南海太守劉玩討簡固守經時城陷伏誅斌簡諸子並誅滅龐秀之河南人也以斌故吏賊劭甚加信委以爲遊擊將軍奔世祖於新亭時劭諸將未有降者唯秀之先至事平以爲梁州刺史秀之子弟爲劭所殺者將十人而酬譙不廢坐免官後又爲徐州刺史太子右衞率孝建元年卒追贈本官加散騎常侍子彌之順帝昇明末廣與公相秀之弟況之太宗世亦爲始興相

劉延孫彭城呂人雍州刺史道產子也初爲徐州主簿舉秀才彭城王義康司徒行參軍尙書都官郎爲錢唐令世祖撫軍廣陵王誕北中郎中兵參軍南清河太守世祖爲徐州補治中從事史時索虜圍懸瓠分軍送所掠民口在汝陽太祖詔世祖遣軍襲之議者舉延孫爲元帥固辭無將用舉劉泰之自代泰之既行太祖大怒免延孫官爲世祖鎮軍北中郎中兵參軍南中郎諮議參軍領錄事世祖伐逆府缺上佐轉補長史尋陽太守行留府事世祖卽位以爲侍中領前軍將軍下詔曰朕藉羣能之力雪莫大之恥以眇眇之身託于王公之上思所以策勳樹良永寧世烈新除侍中領前軍將軍延孫率懷忠敏器局沈正協贊義初誠力俱盡左衞將軍

竣立志開亮理思清要茂策忠謩經綸惟始俾積基更造咸有勤爲宜顯授寵社大啓邦家延孫可封東昌縣侯竣建城縣侯食邑各二千戸其年侍中改領衞尉孝建元年遷丹陽尹臧質反叛上深以東土爲憂出爲冠軍將軍吳興太守置佐史事平徵爲尚書右僕射領徐州大中正遣至江陵分判枉直行其誅賞三年又出爲南兗州刺史加散騎常侍仍徙爲使持節監雝梁南北秦四州郢州之竟陵隨二郡諸軍事鎭軍將軍寧蠻校尉雝州刺史以疾不行留爲侍中護軍又領徐州大中正素有勞患其年增篤詔遣黃門侍郞宣旨問疾大明元年除金紫光祿大夫領太子詹事中正如故其年又出爲鎭軍將軍南徐州刺史先是高祖遺詔京口要地去都邑密邇自非宗室近戚不得居之延孫與帝室雖同是彭城人別屬呂縣劉氏居彭城縣者又分爲三里帝室居綏輿里左將軍劉懷肅居安上里豫州刺史劉懷武居叢亭里及呂縣凡四劉雖同出楚元王由來不序昭穆延孫於帝室本非同宗不應有此授時司空竟陵王誕爲徐州上深相畏忌不欲使居京口遷之於廣陵廣陵與京口對岸欲使腹心爲徐州據京口以防誕故以南徐授延孫而與之合族使諸王序親三年南兗州刺史竟陵王誕有辠不受徵延孫馳遣中兵參軍杜幼文率兵起討旣至誕已閉城自守乃還誕遣使劉公泰齎書要之延孫斬公泰送首京邑復遣幼文率軍渡江受沈慶之節度其年進號車騎將軍加散騎常侍給鼓吹一部五年詔延孫曰舊京樹親由來常準鄉前出所有別議今此防久弭當以還授小兒徵延孫爲侍中尙書左僕射領護軍將軍延孫疾病不任拜起上使於五城受封版乘船自青谿至平昌門仍入尙書下舍又欲以代朱修之爲荆州事未行明年卒時年五十二上甚惜之下詔曰故侍中尙書左僕射領護軍將軍東昌縣開國侯延孫風局簡正體識沈明綢繆心膂自蕃升朝埶關唯舊幾將二紀靈業中圮則首贊出圖義令旣舉則任均肅寇器允棟幹勳實佐時及累司馬兩官出內尹牧惠政茂課著自民聽忠謨令節簡乎朕心方燮和台階永毗國道奄至薨殞震慟兼深考終定典宜盡哀敬可贈司徒給班劍二十人侍中僕射侯如故有司奏謚忠穆詔爲文穆又詔曰故司徒文穆公延孫居身寡約家素貧虛每念清美良深悽歎葬送貲調固當闕乏可賜錢三十萬米千斛子質嗣太宗泰始中有罪國除延孫弟延熙義興太守在孔覬傳

史臣曰延孫接款蕃日固出顏袁矣風飈局力又無等級可言而隆名盛寵必擇而後授何哉良以休運甫開沈疾方被雖宿恩內積而安私外簡夫侮因事狎敬由近疎疎必相思狎必相厭厭思一殊榮禮自隔遂得爲一世宗臣蓋由此也子曰事君數斯疏矣然乎然乎

宋書卷七十八考證

蕭思話傳孝建二年卒時年五十○臣承蒼按思話年十八除琅邪王大司馬行參軍踰年父源之卒是爲永初九年至元嘉五年任青州刺史稱年二十七是也自元嘉六年己巳至孝建二年乙未又歷二十七年思話卒時年五十四今云五十葢脫四字

劉延孫傳方燮和台階永毗國道○和一本作采

宋書卷七十九

梁　沈　約　撰

列傳第三十九

文五王

竟陵王誕　廬江王禕　武昌王渾

海陵王休茂　桂陽王休範

竟陵王誕字休文文帝第六子也元嘉二十年年十一封廣陵王食邑二千戸二十一年監南兗州諸軍事北中郞將南兗州刺史出鎭廣陵尋以本號徙南徐州刺史二十六年出爲都督雍梁南北秦四州荆州之竟陵隨二郡諸軍事後將軍雍州刺史以廣陵彫弊改封隨郡王上欲大舉北討以襄陽外接關河欲廣其資力乃罷江州軍府文武悉配雍州湘州入臺稅租雜物悉給襄陽及大舉北伐命諸蕃並出師莫不奔敗唯誕中兵參軍柳元景先克弘農關陝三城多獲首級關洛震動事在元景傳會諸方並敗退故元景引還徵誕還京師遷都督廣交二州諸軍事安南將軍廣州刺史當鎭始興未行改授都督會稽東陽新安臨海永嘉五郡諸軍事安東將軍會稽太守給鼓吹一部元凶弒立以揚州浙江西屬司隸校尉浙江東五郡立會州以誕爲刺史世祖入討遣沈慶之兄子僧榮間報誕又遣寧朔將軍顧彬之自曾顯東入受節度誕遣參軍劉季之與彬之幷勢自頓西陵以爲後繼劭遣將華欽庾導東討與彬之弟相逢於曲阿之奔牛塘路甚狹左右皆悉入菰葑彬之軍人多齎籃展於菰葑中夾射之欽等大敗事平徵誕爲持節都督荆湘雍益寧梁南北秦八州諸軍事衞將軍開府儀同三司荆州刺史誕以位號正與濬同惡之請求回改乃進號驃騎將軍加班劍二十人餘如故南譙王義宣不肯就徵以誕爲侍中驃騎大將軍揚州刺史開府如故改封竟陵王食邑五千戸顧彬之以奔牛之功封陽新縣侯食邑千戸季之零陽縣侯食邑五百戸明年義宣舉兵反有荆江兗豫四州之力勢震天下上卽位日淺朝野大懼上欲奉乘輿法物以迎義宣誕固執不可然後處分加誕節仗士五十人出入六門上流平定誕之力也初討元凶與上同舉兵有奔牛之捷至是又有殊勳上性多猜頗相疑憚而誕造立第舍窮極工巧園池之美冠於一時多聚才力之士實之第內精甲利器莫非上品上意愈不平孝建二年乃出爲使持節都督南徐兗二州諸軍事太子太傅南徐州刺史侍中如故上以京口去都密邇猶疑之大明元年秋又出爲都督南兗南徐兗青冀幽六州諸軍事南兗州刺史餘如故誕旣見猜亦潛爲之備至廣陵因索虜寇邊修治城隍聚糧治仗嫌隙旣著道路常云誕反三年建康民陳文紹上書曰私門有幸亡大姑元嘉中甞入臺六宮薄命早亡先朝賜贈美人又聽大姑二女出入問訊父饒司空誕取爲府史恒使入山圖畫道路勤劇備至不敢有辭不復聽歸消息斷絶姑二女去年自啓歸訴蒙陛下聖恩賜敕解饒吏名誕見符至大怒喚饒入交問汝欲死邪訴臺求解饒卽答官比不聽通家信消息斷絶若是姊爲啓聞所不知誕因問饒汝那得入臺饒被問依實啓答旣出誕主衣莊慶畫師王强語饒汝今年敗汝姊誤汝官云小人輩敢持臺家逼我饒因叛走歸誕卽遣王强將數人逐突入家內縛錄將還廣陵至京口客舍乃隧死井中託云饒懼辠自殺抱痛懷冤自死歸訴吳郡民劉成又詣闕上書告誕謀反稱息道龍昔伏事誕親見姦狀又見誕在石頭城內修乘輿法物習倡警蹕道龍私獨憂懼向伴侶言之語頗漏泄誕使大吏令監內執道龍道龍逸走誕怒鞭殺監又捕殺道龍又豫章民陳談之上書訴枉稱弟詠之昔甞誕采錄隨從歷鎭大駕南下爲誕奉送牋書經涉危險時得上聞聖明登阼恩澤周普回改小人使命微勤賜署臺位詠之恒見誕與左右小人莊慶傅元祀潛圖姦逆言詞醜悖每云天下方是我家有汝等不憂不富貴又常疏陛下年紀姓諱往巫鄭師憐家祝詛詠之旣聞此語又不見其事恐一旦事發橫罹其辠密以告建康右尉黃宣達并有啓聞希以自免元祀弟知詠之與宣達來往自嫌言語漏泄卽具以告誕誕大怒令左右飲詠之酒逼使大醉因言詠之乘酒罵詈遂被害自顧究枉事有可哀其年四月上乃使有司奏曰臣聞神極彝明大儀所以貞觀皇天峻邈玄化所以幽宣故能經緯甿俗大庇黔首庶道被八紘不遺疏賤之賞威格天區豈漏親貴之罰此不刊之鴻則古今之恒訓謹按元嘉之末天綱崩褫人神哀憤含生喪氣司空竟陵王誕義兼臣子任居藩維進不能泣血提戈忘身徇節退不能閉關拒險焚符斬使遂至拜受僞爵欣承榮寵沈淪姦逆肆于昏放以妻故司空臣湛之女誅亡餘類單舟遄還披猖千里事哀行路賊忍無親莫此爲甚故山陰傅僧祐誠亮國朝義均休戚重門峻衞不能拒折簡之使巖險千里不能庇匹夫之身乃更助虐馮凶抽兵勒刃遂使頓仆牢穽死不旋踵妻子播流庭筵莫立見之者流涕聞之者含歎及神鋒首路欃槍東指風卷四嶽電埽三江誕猶持疑兩端陰規進退陛下頻遣書檄告譬殷勤方改姦圖末乃奉順分遣弱旅永塞符文宴安所莅身不越境悖禮忘情不顧物議彎弧躍馬務是畋游致奔牛有崩碎之陳新亭無獨克之術假威義鋭乞命皇旅竟有何勞而論功伐旣妖祲廓清大明升曜幽顯宅心遠邇雲集誕忽星行之悲違開泰之慶遲回顧望淹踰旬朔逆黨陳叔兒等臬實鉅億資貨不貲誕收籍所得不歸天府辭稱天軍實入私室又太官東傳舊有獻御丧亂旣平猶加斷遏珍羞庶品回充私膳於號諱之辰遽甘滋之品當惟新之始絶苞苴之貢忠孝兩忘敬愛俱盡乃徵引巫史潛考圖緯自謂體應符相富貴可期悖意醜言不可勝載遂復遙諷朝廷占求官爵侮蔑宗室詆毀公卿不義不昵人道將盡荷任神州方懷姦慝每闚向宸御妄生規幸多樹淫祀顯肆祆詛遂在石頭潛修法物傳警稱蹕擬則天行皆已駭暴觀聽彰布朝野昔內難甫寧珍瑋散佚有御刀利刃擅價諸夏天府禁器歷代所珍誕密加購賞頓藏私室賊義宣初平餘黨逃命誕含縱罔忌私竊招納名工細巧悉匿私第又引義宣故將裘興爲已腹心事旣彰露猶執欺罔

公文面啓矯稱舊隸加以營干制館僭擬天居引石徵材專擅興發驅迫士族役同輿阜殫木土之姿窮吞井之勢故會稽宣長公主受遇二祖禮級尊崇臣湛之亡身徇國追榮典軍誕以廣托宅宇地妨蕺植輒逼遺孤頓相驅徙遂令神主胥遷改卜委巷宗戚含傷行路掩涕又緣谿兩道積代通衢誕拓宇開垣擅斷其一致使徑塗擁隔川陸阻礙神怒民怨毒徧幽顯故丞相臨川烈武王臣道規名德茂親勳光常策異禮殊榮受自先旨者嗣王臣義慶受任西夏靈寢暫移先帝親枉鑾輿拜辭路左恩冠終古事絕常班誕又以廟居宅前固請毀換詔旨不許怨懟彌極有靦面目豺狼爲性規牧江都希廣兵力天德倘弘甫申所請仍謂應任東府宜爲中台貪冒無厭人莫與比雖聖慈全救每垂容納而虐戾不悛姦詖彌甚受命還鎭猜怨愈深忠規正諫必加鴆毒謟瀆虜蹤是與比周又矯稱符勅設牓開募事發辭寢委罪自下及錄事徐靈壽以常署受坐將就囚執謟韓近恭中護軍遣吏夏嗣伯密相屬請求寬桎梏且王僧達臨刑之啓事高聞郎戮之辭皆稱潛驛往來遙相要契醜聲穢問宣著遐邇含識能言孰不憤歎又獲吳郡民劉成豫章民陳談之建康民陳文紹等並如訴狀則姦情猜志歲月增積昔周德初升公旦有流言之釁魯道方泰季子斷遂泉之誅近則淮厲覆車於前義康襲軌於後變發柴奇禍成范謝亦皆以義奪親情爲憲屈況乃上悖天經下誣政道結釁於無妄之辰希幸於文明之日皇穹所不覆厚土所不容夫無禮之誅臣子所宜服膺干紀之刑有國所應愼守臣等參議宜下有司絕誕屬籍削爵土收付廷尉法獄治罪諸所連坐別下考論伏願遠尋宗周之重近監興亡之由割恩棄私俯順羣議則卜世靈根於茲克固鴻勳盛烈永永無窮陛下如復隱忍未垂三思則覆皇基於七百擠生民於塗炭此臣等所以夙夜危懼不敢避鈇鉞之誅者也上不許有司又固請乃貶爵爲侯遣令之國上將誅誕以義興太守垣閬爲兗州刺史配以羽林禁兵遣給事中戴明寶隨閬襲誕使閬以之鎭爲名閬至廣陵誕未悟也明寶夜報誕典籤蔣成使明晨開門爲內應成以告府舍人許宗之宗之奔入告誕誕驚起呼左右及素所畜養數百人執蔣成勒兵自衛明旦將曉明寶與閬率精兵數百人卒至天明門不開誕已列兵登陴自在門上斬蔣成焚兵籍赦作部徒繫囚開門遣腹心率壯士擊明寶等破之閬即遇害明寶奔逃自海陵界得還

上乃遣車騎大將軍沈慶之率大衆討誕誕焚燒郭邑驅居民百姓悉使入城分遣書檄要結近遠時山陽內史梁曠家在廣陵誕執其妻子遣使要曠曠斬使拒之誕怒滅其家誕奉表投之城外曰往年元凶禍逆陛下入討臣背凶赴順可謂常節及丞相構難臧魯協從朝野恍惚咸懷憂懼陛下欲百官羽儀星馳推奉臣前後固執方賜允俞社稷獲全是誰之力陛下接遇慇懃累加榮寵驃騎揚州旬月移授恩秩頻加復賜徐兗仰屈皇儲遠相餞送臣一遇之感感此何忘庶希偕老永相娛慰豈謂陛下信用讒言遂令無名小人來相掩襲不任枉酷即加誅翦雀鼠貪生仰違詔勑令親勒部曲鎭扞徐兗先經何福同生皇家今有何愆便成胡越陵鋒奮戈萬沒豈顧盪定以期冀在旦夕右軍宣簡爰及武昌皆以無罪並遇枉酷臣有何過復致於此陛下宮帷之醜豈可三緘臨紙悲塞不知所言世祖忿誕左右腹心同籍朞親並誅之死者以千數或有家人已死方自城內叛出者車駕出頓宣武堂內外纂嚴慶之進廣陵誕幢主韓道元來降豫州刺史宗慤徐州刺史劉道隆率衆來會誕中兵參軍柳光宗參軍何康之劉元遵幢主索智朗謀開城北門歸順未期而康之所鎭隊主石貝子先衆出奔康之懼事泄夜與智朗斬關而出誕禽光宗殺之光宗柳元景從弟也康之母在城內亦爲誕所殺誕見衆軍大集欲棄城北走留中兵參軍申靈賜居守自將騎步數百人親信並隨聲云出戰邪趣海陵道誕將周豐生馳告慶之慶之遣龍驤將軍武念追躡誕行十餘里衆並不欲去請誕還城誕曰我還卿能爲我盡力不衆皆曰願盡力左右楊承伯牽誕馬曰死生且還保城欲持此安之速還尙得入不然敗矣慶之所遣將戴寶之單騎前至刺誕殆獲誕懼乃馳還武念去誕遠未及至故誕得向城既至曰城上白鬚非沈公邪左右曰申中兵誕乃入以靈賜爲驃騎府錄事參軍王璵之爲中軍長史世子景粹爲中軍將軍州別駕范義爲中軍長史其餘府州文武皆加秩先是右衞將軍垣護之左軍將軍崔道固屯騎校尉龐孟虯太子旅賁中郎將殷孝祖破索虜還至廣陵上並使受慶之節度司州刺史劉季之誕故佐也驍果有膂力梁山之役又有戰功增邑五百戶在州貪殘司馬翟弘業諫爭甚苦季之積忿置毒藥食中殺之少年時宗慤共蒲戲曾手侮加慤慤深銜恨至是慤爲豫州刺史都督司州季之慮慤爲禍乃委官間道欲歸朝廷會誕反季之至盱眙盱

眙太守鄭瑗以季之素爲誕所遇疑其同逆因邀道殺之送首詣道隆時誕亦遣問信要季之及季之首至沈慶之送以示誕季之缺齒垣護之亦缺誕謂衆曰此垣護之頭非劉季之也太宗初即位鄭瑗爲山陽王休祐驃騎中兵參軍豫州刺史殷琰與晉安王子勛同逆休祐遣瑗及左右邢龍符說琰琰不受鄭氏壽陽强族瑗即使琰鎭軍子勛責琰舉兵遲晚琰欲自解釋乃殺龍符送首瑗固爭不能得及壽陽城降瑗隨輩同出龍符兄僧愍時在城外謂瑗構殺龍符輒殺瑗即爲劉勔所錄後見原僧愍尋擊虜於淮西戰死此四人者並由橫殺旋受身禍論者以爲有天道焉誕幢主公孫安期率兵隊出降誕初閉城拒使記室參軍賀弼固諫再三誕怒抽刃向之乃止或勸弼出降弼曰公舉兵向朝廷此事既不可從荷公厚恩又義無違背唯當死明心耳乃服藥自殺弼字仲輔會稽山陰人也有文才贈車騎將軍山陽海陵二郡太守長史如故幢主王璵之賞募數百人從東門出攻龍驤將軍程天祚營斷其弩弦天祚擊破之即走還城誕又加申靈賜南徐州刺史軍主馬元子踰城歸順追及殺之乃於城內建列立壇誓誕將歃血其所署輔國將軍孟玉秀曰陛下親歃羣臣皆稱萬歲初誕使黃門呂曇濟與左右素所信者將世子景粹藏於民間謂曰事若濟斯命全脫如其不免可深埋之分以金寶齎送出門並各散走唯曇濟不去攜負景粹十餘日乃爲沈慶之所捕得斬之誕所署平南將軍虞季充又出降書上使慶之於桑里置烽火三所誕又遣千餘人自北門攻强弩將軍苟思達營龍驤將軍宗越擊破之開東門掩攻劉道隆營復爲殷孝祖及員外散騎侍郎沈攸之所破誕又加申靈賜左長史王璵之右長史范義左司馬左將軍孟玉秀右司馬右將軍范義母妻子並在城內有勸義出降義曰我人吏也且豈能作何康活邪義字明休濟陽考城人也早有世譽五月十九日夜有流星大如斗杇尾長十餘丈從西北來墜城內是謂天狗占曰天狗所墜下有伏尸流血誕又遣一百人出東門攻劉道隆營別遣疑兵一百人出北門沈攸之於東門奮短兵接戰大破之門者又爲苟思達所破誕又遣數百人出東門攻寧朔司馬劉勔營攸之又破之廣陵城舊不開南門云開南門者不利其主至誕乃開焉彭城邵領宗在城內陰結死士欲襲誕先欲布誠於慶之乃說誕求爲間諜見許領宗既出致誠畢復還城內事泄誕鞭二百考問不服遂支解之上遣

送章二紐其一曰竟陵縣開國侯食邑一千戶募賞禽誕其二曰建興縣開國男三百戶募賞先登若克外城舉一烽克內城舉兩烽禽誕舉三烽上又遣屯騎校尉譚金前虎賁中郎將鄭景玄率羽林兵隸慶之誕復遣三百人自南門攻劉勔土山爲勔所破慶之塡塹治攻道值夏雨不得攻城上每璽書催督之前後相繼及晴再怒使太史擇發日將自濟江太宰江夏王義恭上表諫曰誕素無才畧畜養又寡自拒王命士庶離散城內之糧器械不足徒賴兒兵倉頭三四百人造次相附恩怨夙結臣始短慮謂一旬可殄而假息流遷七十餘日上將受律羣蕃岳峙銳卒精旅動以萬計大威所震未有成功臣雖凡怯猶懷憤踊陛下入翦封豕出討長蛇兵不血刃再輿七百而蕞爾小醜遂延晷漏致皇赫斯怒將動乘輿此實臣下素食鴑鈍之責行留百司莫不仰慙俯愧今盛暑被甲日費千金天威一麾孰不幸甚臣伏尋晉文王征淮南淹師出二百日方能制寇今誕糇糧垂竭背逆者多慶之等轉悟遲重之非漸見乘機之利且成旨頻降必應旦夕夷殄愚又以廣陵途近人信易達雖爲江水約示不難且覩理者寡闇塞者衆忽見雲旗移次京都既當祇悚四方之志必有未達臣愚伏重思討今寧不當討小醜省生命以安遐邇之情又以長江險闊風波難期王者尙不乘危況乃汎不測之水昔魏文濟江遂有遺州之名今雖先天不違動干休慶龍舟所幸理必利涉然居安慮危不可不懼私誠款款冒啓赤心追用悚汗不自宣盡七月二日慶之率衆軍進攻剋其外城乘勝而進又剋小城誕聞軍入與申靈賜走趨後園隊主沈胤之義征客周滿胡思祖馳至誕執玉環刀與左右數人散走胤之等追及誕於橋上誕舉刀自衞胤之傷誕面因墜水引出殺之傳首京邑時年二十七因葬廣陵貶姓留氏同黨悉誅殺城內男爲京觀死者數千女口爲軍賞誕母殷妻徐並自殺追贈殷長寧園淑妃嘉梁曠誠節擢爲後將軍封周滿山陽縣侯食邑四百五十戶胤之萊陽子食邑三百五十戶胡思祖高平縣男食邑二百戶臨川內史羊璿之以先協附誕伏誅誕爲南徐州刺史在京夜大風飛落屋瓦城門鹿牀倒覆誕心惡之及遷鎭廣陵入城衝風暴起揚塵晝晦又中夜閑坐有赤光照室見者莫不怪愕左右侍直眠中夢人告之曰官須髮爲矟毦既覺已失髻矣如此者數十人誕甚怪懼大明二年發民築治廣陵城誕循行有人干輿揚聲大罵曰大兵尋至何以辛

苦百姓誕執之問其本末荅曰姓夷名孫家在海陵天公去年與道佛共議欲除此間民人道佛苦諫得止大禍將至何不立六慎門誕問六慎門云何荅曰古時有言禍不入六慎門誕以其言狂悖殺之又五音士忽在易見鬼驚怖啼哭曰外軍圍城城上張白布帆誕執錄二十餘日乃赦之城陷之日雲霧晦暝白虹臨北門亘屬城內八年前廢帝即位義陽王昶爲征北將軍徐州刺史道經廣陵上表曰竊聞淮南中霧眷求遺緒楚英流殛愛存丘墓並難結兩臣義開二主法雖事斷禮或情申伏見故賊劉誕稱戎犯節自貽逆命膏斧嬰戮在憲已彰但尋屬忝皇枝位叨列辟一以罪終魂骸莫赦生均宗籍死同匹豎旅窆委雜封樹不修今歲月愈邁愆流登往踐境興懷感事傷目陛下纘明升運咸與惟新大德方臨哀矜未及夫欒布哭市義犯雷霆田叔鉗赭志於夷戮況在天倫何獨無感伏願稽若前准降申丹志乞薄改褊衬微表窀穸則朽骨知榮窮泉識荷臨紙哽慟辭不自宜詔曰征北表如此省以慨然誕及妻女並可以庶人禮葬幷置守衛太宗泰始四年又更改葬祭以少牢

廬江王禕字休秀文帝第八子也元嘉二十二年年十歲封東海王食邑二千戶二十六年以爲侍中後軍將軍領石頭戍事還冠軍將軍南彭城下邳二郡太守散騎常侍領戍如故出爲會稽太守將軍如故二十九年還使持節都督廣交二州荊州之始興臨安二郡諸軍事車騎將軍平越中郎將廣州刺史元凶弒立進號安南將軍未之鎮世祖踐阼復爲會稽太守加撫軍將軍明年徵爲祕書監加散騎常侍尋出爲撫軍將軍江州刺史進號平南將軍置吏大明二年徵爲散騎常侍中書令領驍騎將軍給鼓吹一部常侍如故又出爲南豫州刺史常侍將軍如故以本號開府儀同三司領國子祭酒常侍如故五年詔曰昔韓裔異姓宗周之明憲二封殊級往晉之令典唯皇家創典畫弘斯義朕應天命光宅四海思所以憲章前式崇建懿親永垂畫一著于甲令諸弟國封並可增益千戶七年進司空常侍祭酒如故前廢帝即位加中書監太宗踐阼進太尉加侍中中書監給班劍二十人改封廬江王太祖諸子禕尤凡劣諸兄弟蚩鄙之南平王鑠蚤薨鑠子敬淵婚禕往視之白世祖借伎世祖荅曰婚禮不舉樂且敬淵等孤苦倍非宜也至是太宗與建安王休仁詔曰人既不比數西方公汝便爲諸王之長時禕住西州故謂之西方公也泰始五年河東柳欣慰謀反欲立禕禕與相酬和欣慰要結征北諮議參軍杜幼文左軍參軍宋祖珍前郡令王隆伯等禕使左右徐虎兒以金合一枚餉幼文銅鉢二枚餉祖珍隆伯幼文具奏其事上乃下詔曰昔周室既盛二叔流言漢祚方隆七蕃迷叛斯實事彰往代難興自古雖聖賢御極寓內紓患太尉廬江王禕慶皇枝蚤升寵樹幼無立德長缺修聲淡薄親情厚結行路狎昵羣細疏澁人士自朕撥亂定宇受命應天實尙敦睦克敷友于故崇殊爵超居上台而公常懷不平表於事迹公若德深望重宜膺大統朕初平暴亂豈敢當璧自然推符奉璽天祚有歸且朕雖居尊極不敢自恃宗室之事無不諮公不虞志欲難滿妄生窺怨積慝在衿遂謀社稷曩者四方遘禍兵斥畿甸搢紳憂惶親賢同憤唯公獨幸厤災深忭時難晝則從禽遊肆夜則縱酒絃歌側耳覘陰企賊休問司徒休仁等並各令弟事兼家國摧鋒履險各伐一方蒙霜踐棘辛勤已甚況身被矢石否泰難虞悠悠之人尙有信分公未曾有一函之使遺半紙之書志棄五弟以餌讎賊自謂身非勳烈義不參謀必期凶逆道中以圖輔相及皇威旣震羣凶肅蕩九有同慶萬國含欣而公容氣更沮下帷晦迹每覘天察宿懷協左道呪詛禱請謹事邪巫常被髮跣足稽首北極遂圖畫朕躬勒以名字或加之矢刃或烹之鼎鑊公在江州得一漢女云知吉凶能行厭呪大設供養朝夕拜伏衣裳嚴整敬事如神令其呪詛孝武幷及崇憲祈皇室危弱統天稱已巫稱神旨必得如願後事發覺委皋所生徼幸倣偃僅得自免近又有道士張寶爲公見信事旣彰露肆之于法公不知慙懼猶加營埋遣左右二人主掌殯含顯行邪志罔顧吏司又挾閹豎陳道明交關不逞傳驛音意投金散寶以爲信誓又使府史徐虎兒招引邊將要結禁旅規害台輔圖犯宮掖公受性不仁才非治用昔忝江州無稱被徵前莅會稽以皋左黜公稽古寡聞嚴而無理言不暢寒暑惠不及帷房朝野所輕搢紳同侮豈堪輔相之地寧任莅民之職非唯一朝有自來矣大明之世迄于永光公常留中未嘗外撫何以在今方起嫌怨公少即長人情無哀戚侍拜長寧從祀宗廟顏無慼狀淚不垂臉兄弟長幼靡有愛心昔因孝武御筵置酒心誠不著于時義陽念遇本薄遺公此譖益被猜嫌朕當時狼狽不暇自理賴崇憲太后譬解百端少蒙申亮得免殃責景和狂主醜毒橫流初誅宰輔豺志方扇於建章宮召朕兄弟逼酒使醉公因酒勢遂肆苦言云朕及休仁與太宰親數往必淸閑賭既豐厚朕當時惶駭五內崩墜于其語次劣得小止往又經在尋陽長公主第兄弟共集忽中坐忿怒厲色見指以朕行止出入每不能固若得稱心規肆忿憾惟公此旨蚤欲見滅而天道愛善朕獲南面不長惡逆挫公毒心自大明積費國弊民凋加景和奢虐府藏罄盡朕在位甫爾郵義具瞻仍值終阻蜂起日耗萬金公卿庶民傾產歸獻積受台奉貲畜優廣朕踐阼之初公請故太宰東傳餘錢見入數百萬內不充養外不助國散賜諂諛偏惠趨隸推心考行事類斯比羣小交構遂生異圖籍籍之義轉盈民口公若地居衡寄任專八柄德育於民勳高於物勢不自安於事爲可公既才均櫟木牽以曲全因高無民得守虛靜而坐作凶咎自闕深釁由朕誠感無素爰至於此永尋多難惋慨實深凡人所行各有本志朕博愛尙仁爲日已久尙能含讎恕皋著于觸事豈容於公不相隱忍但禍萌易漸去惡宜疾負荷之重寧得坐觀且蔓草難除燎火須撲狡扇之徒宜時誅剪已詔司戮肅正典刑公身居戚長情禮兼至準之常科顧有惻怛宜少申國憲以弔不臧今以淮南宣城歷陽三郡還立南豫州降公爲車騎將軍開府儀同三司南豫州刺史削邑千戶侍中王如故出鎭宣城上遣腹心楊運長領兵防衛同黨柳欣慰徐虎兒陳道明甯敬之閭丘邈之樊平祖孟敬祖並伏誅明年六月上又令有司奏禕忿懟有怨言請免官削爵土付宛陵縣獄依法窮治不許乃遣大鴻臚持節兼宗正爲副奉詔責禕逼令自殺時年三十五即葬宣城子充明輔國將軍南彭城東莞二郡太守廢徙新安歙縣後廢帝即位聽還京邑順帝昇明二年卒時年二十八無子

武昌王渾字休淵文帝第十子也元嘉二十四年年九歲封汝陰王食邑二千戶爲後軍將軍加散騎常侍索虜南寇破汝陰郡徙渾爲武昌王少而凶戾嘗出石頭怨左右人援防身刀斫之元凶弒立以爲中書令山陵夕贏身露頭往散騎省戲因彎弓射通直郎周朗中其枕以爲笑樂世祖即位授征虜將軍南彭城東海二郡太守出鎭京口孝建元年遷使持節監雍梁南北秦四州荊州之竟陵隨二郡諸軍事寧蠻校尉雍州刺史將軍如故渾至鎭與左右人作文檄自號楚王號年爲永光元年備置百官以爲戲笑長史王翼之得其手迹封呈世祖上使有司奏免爲庶人下太常絕其屬籍徙付始安郡上遣員外散騎侍郎戴明寶詰渾曰我與汝親則同氣義則君臣遣任西蕃以同磐石云何一旦反欲見圖文檄處分事迹炳然不忠不義乃可至此豈唯天道助順逆志難克如其凶圖獲逞天下誰當相容前事不遠足爲鑑戒加以頻歲釁難非起外人唯應相與厲精以固七百汝忽復構此良可悲惋國雖有典我亦何忍極法好自將養以保松喬之壽逼令自殺即葬襄陽時年十七大明四年聽還葬母江太妃墓次太宗即位追封爲武昌縣侯王翼之字季弼琅邪臨沂人晉黃門侍郎廞之孫也官至御史中丞會稽太守廣州刺史諡曰肅子

海陵王休茂文帝第十四子也孝建二年年十一封海陵王食邑二千戶大明二年以爲使持節都督雍梁南北秦四州郢州之竟陵隨二郡諸軍事北中郎將寧蠻校尉雍州刺史進號左將軍增邑千戶時司馬庾深之行府事休茂性急疾欲自專深之及主帥每案之常懷忿怒左右張伯超至所親愛多罪過主帥常加呵責伯超懼罪謂休茂曰主帥密疏官罪過欲以啓聞如此恐無好休茂曰爲何計伯超曰唯當殺行事及主帥且舉兵自衞此去都數千里縱大事不成不失入虜中爲王休茂從之夜挾伯超及左右黃靈期蔡提世滕穆之王寶龍來承道彭叔兒魏公子陳伯兒張駟奴楊與劉保余雙等率夾轂隊於城內殺典籤楊慶出金城殺司馬庾深之典籤戴雙集徵兵衆建牙馳檄使佐吏上車騎大將軍開府儀同三司加黃鉞侍讀博士荀詵諫爭見殺伯超專任軍政殺害無已休茂左右曹萬期挺身斫休茂被創走見殺休茂出城行營諮議參軍沈暢之等率衆閉門拒之休茂馳還不得入義成太守薛繼考爲休茂盡力攻城殺傷甚衆暢之不能自固遂得入城斬暢之及同謀數十人其日參軍尹玄慶起義攻休茂生禽之將出中門斬首時年十七母妻皆自殺同黨悉伏誅城中擾亂無相統領時尙書右僕射劉秀之弟恭之爲休茂中兵參軍衆共推行府事繼考以兵脅恭之使作啓事云立義自乘驛還都上以爲永嘉王子仁北中郎諮議參軍河南太守封冠軍縣侯食邑四百戶尋事泄伏誅恭之坐繫尙方以玄慶爲射聲校尉有司奏絕休茂屬籍貶姓爲留上不許即葬襄陽庾深之字彥靜新野人也以事先朝見知元嘉二十九年自輔國長史爲長沙內史南郡王義宣爲荊湘二州加深之寧朔將軍督湘州七郡明年義宣爲逆深之據巴陵拒之轉休茂司馬見害之旦子孫亦死追贈深之冠軍將軍雍

州刺史荀銑員外散騎侍郎曹萬期始平太守

桂陽王休範文帝第十八子也孝建三年年九歲封順陽王食邑二千戶大明元年改封桂陽王爲冠軍將軍南彭城下邳太守三年出爲江州刺史尋加征虜將軍邑千戶入爲秘書監領前軍將軍七年遷左衛將軍加給事中前廢帝永光元年轉中護軍領崇憲衛尉太宗定亂以爲使持節都督南徐南兗兗四州諸軍事鎮北將軍南徐州刺史給鼓吹一部時薛安都據彭城反叛遣從子索兒南侵休範進據廣陵督北討諸軍事加南兗州刺史進征北大將軍加散騎常侍還京口解兗州增邑二千戶受五百戶泰始五年徵爲中書監中軍將軍揚州刺史常侍如故明年出爲使持節都督江郢司廣交五州豫州之西陽新蔡晉熙湘州之始興四郡諸軍事征南大將軍江州刺史尋加開府儀同三司未拜改授都督南徐徐南兗兗青冀六州諸軍事驃騎大將軍南徐州刺史持節常侍開府如故未拜以驃騎大將軍還爲江州進督越州諸軍事給三望車一乘太宗遺詔進位司空改常侍爲侍中加班劍三十人休範素凡訥少知解不爲諸兄所齒遇太宗常指左右人謂王景文曰休範人才不及此以我弟故生便富貴釋氏願生王家良有以也及太宗晚年晉平王休祐以狠戾致禍建安王休仁以權逼不見容巴陵王休若素得人情又以此見害唯休範謹澁無才能不爲物所向故得自保而常懷憂懼恒慮禍及及太宗晏駕主幼時艱素族當權近習秉政休範自謂宗戚莫二應居宰輔事既不至怨憤彌結招引勇士繕治器械行人經過尋陽者莫不降意折節重加問遺闕二字留則傾身接引厚相資給於是遠近同應從者如歸朝廷知其有異志密相防禦雖未表形迹而釁難已成母荀太妃薨葬廬山以示不還之志解侍中時夏口闕鎮朝議以居尋陽上流欲樹置腹心重其兵力元徽元年乃以第五皇弟晉熙王燮爲郢州刺史長史王奐行府州事配以資力出鎮夏口慮爲休範所擾留白太子狀去不過尋陽休範大怒欲舉兵襲朝廷密與典籤新蔡人許公輿謀之表治城池修起樓堞多解榜板擬以備用其年進位太尉明年五月遂舉兵反虜發百姓船乘使軍隊稱力請受付以榜解板令手裝治二三日間便悉整辦率衆二萬鐵騎數百匹發自尋陽晝夜取道書與袁粲褚淵劉秉曰夫治政任賢宜親疏相輔得其經緯則結繩可及失其規矩則危亡可期漢承戰國之餘傷周室衰殄立磐石之宗而致七國之亂魏革漢典剗於前失遂使諸王絕朝聘之禮是以根疎葉枯政移異族今宗室衰微自昔未有泰寧之世足以爲譬孤子忝枝皇族預聞興毀雖欲忘言其可得乎高祖武皇帝升獻三光滌紛四表太祖文皇帝欽明冠古資乾承歷秉鉞西服鳴鑾東京捜賢選能納奇賞異孝武皇帝岐嶷天縱先機雷發陵波靜亂宏業中興儲嗣不腆遂貽禍難于時建安王以家難頻遘宜立長主明皇帝恢朗淵懿仁潤含遠奉戴南面允合天人而太尉以年長居卑怨心形色柳欣慰等規行不軌事迹披猖驃騎以忤顏失旨應對不順在蕃刻削怨結人鬼先帝明於號令豈枉法爲親二王之釁實自由己但司徒巴陵王勞謙爲國中流事難有不世之勳奉時如天事兄猶父非唯令友信爲國器唐叔之忠而受管蔡之罪親戚哀憤行路嗟歎王地籍光潔德厭民望並無寸罪受斃讒邪先帝穆於友于留心親戚去昔事平之後面受詔誨禮則君臣樂則兄弟升級賜賞動不移年撫慰孜孜恒如不足豈容一旦閼牆致此禍害良有由也先帝寢疾彌年體疲膳少雖神照無虧而慮有失德補闕拾遺責在左右于時出入臥內唯有運長道隆羣細無狀因疾遘禍見上不和知無瘳拯慮晏駕之日長王作輔奪其寵柄不得自專是以內假帝旨外託朝議誣辭詭貌萬類千端升進姦回屠斥賢哲外矯天則內誣人鬼是以星紀違常羲望失度昔魏顆擇命春秋美之秦穆殉良詩有明刺臣子之節得失必書不及匡諫猶以爲罪交間蒼蠅驅扇禍戮爵以貨重才由貧輕先帝舊人無罪黜落薦致鄉親徧布朝省諂諛親狎者飛榮玉除靜立貞粹者柴門生草事先闕已雖非必行若不諮詢雖是必抑海內遠近人誰不知未解執事不加斧鉞遂致先帝有殺弟之名醜聲遺於君父格以古義豈得爲忠先帝崩殂若無天地理痛常情便應赴泣但兄弟枉酷已陷讒細孤子已下復觸姦機是以望陵墳而摧裂想鑾旂而抽慟雖復才違寄寵而地屬負荷顧命之辰曾不見及分崩之際詔出兩豎天誘其衷得居乎外若受制羣邪則玉石同碎矣以宇宙之基一旦受制卑瑣劉氏家國使小人處分終古以來未有斯酷昔石顯曹節方今爲優而望之仲舉由以致弊至於遭逢醜慝豈有古今者乎諸賢冑籍冠冕世歷忠貞位非恩樹勳豈寵結憂國勤王社稷之鎮豈可含縱讒凶坐觀傾覆自惟宋室未殞得以推移者正內賴諸賢防勒姦軌外有孤子跨據中流而人非金石何能支久走一虧落則本根莫庇當今主上沖幼宜明典章征虜之鎮不見慰省逆旅往來尙有顧眄骨肉何讎逼使離隔禽獸之心橫生疑貳經由此者每加約截同惡相求有若市賈以孤子知其情狀恒恐以此乘之鉗勒州郡過見防禦近遣西南二使統內宣傳不容恐懼卽遣啓井有別書若以孤子有過便應鳴鼓見伐如其不爾宜令各有所歸與殺不辜寧有常辟三公之使無罪而斬鄙雖不肖天子之季父卑小主者敢不如是乎孤子承奉今上如事先朝夙宵恭謹散心雲日晦望表驛相從江衢有何虧違頓至於此既已甘心其可再乎如往來所說以孤子納士爲尤此輩懼其身罪豈爲國計在昔四豪列國公子猶博引廣納門客三千況孤子位居鼎司捍衞畿甸且今與昔異咸所知也狡虜陵掠江淮侵逼主上年穉宗室衰微邪僭用命親賢結舌疆埸嬰塗炭之苦征夫有勤役之勞瓜時不代齊猶致禍況長淮戍卒歷年怨思不務拓遠強邊而先事國君親戚以此求心何事非亂又以繕治益壘復致囂聲自晉宋之災積財百萬孤子到鎮曾不數千里且修城池盤郭邑爲治常理復何足致嫌邪若以中流清蕩則任農夫不應實力强兵作鎮姑孰俱防寇害豈得獨嫌於此昔成王之明而爲流言致惑若使金縢不開則周公無以自保樂毅歸趙不忍謀燕況孤子禮則君臣恩猶父子者乎所以枕戈泣血祇以兄弟之讎爾觀其不逞之意豈可限量設使遂其虐志諸君欲安坐得乎脣亡齒寒理不難見桂蠹必除人邪必翦枉突徙薪何勞多力望便執錄二豎以謝冤魂則先帝不失順悌之名宋世無枉筆之史此州地居形要路枕九江控莅跨馬越闕而至重氣輕死排藪競出練甲照水總戈成林剗此纖隸何患不克但千鈞之弩不爲鼷鼠發機欲使薰蕕內辨晉陽外息爾功有所歸不亦可乎便當投命有司謝罪天闕同奉温淸齊心庶事伊霍之任非君而誰周邵之職頗以自許左提右挈無愧古人昔平勃剛斷産祿蚤誅張温越趄文臺扼腕事之樞機得失俄頃往車今轍庶無惑焉近持此意申之沈攸其憤難不解諸王致此既知禍原銳然奮發蓄兵厲卒以俟同舉張與世發都日受制凶黨揚驅直逝遂不見遇孤子近遣信申述姦禍方大惆惋追恨前迷比者信使每申勤款王奐佐郢兵權在握厥督屠杜朝野嗟痛猶父之怨寧可與之比肩孤子此舉增其忼慨義之所勸其應猶響諸君或未得此意故先告懷從倚一隅遲及委問孤子哀疾尫毀窮盡無日庶規史鰌死不忘本臨紙荒哽言不詮第大雷戍主杜道欣馳下告變道欣至一宿休範已至新林朝廷震動平南將軍齊王出次新亭壘領軍將軍劉勔前兗州刺史沈懷明據石頭征北將軍張永屯白下衞將軍袁粲中軍褚淵尙書左僕射劉秉等入衞殿省時事起倉卒不暇得更處分開南北二武庫隨將士意取休範於新林步上及新亭壘自臨城南於臨滄闕上以數十人自衞屯騎校尉黃回見其可乘乃僞往請降并宣齊王意旨休範大悅以二子德宣德嗣付回與爲質至卽斬之回與越騎校尉張敬兒直前斬休範首持還左右並奔散初休範自新林分遣同黨杜耳丁文豪杜墨蠡等直向朱雀門休範雖死墨蠡等不相知聞王道隆率羽林兵在朱雀門內聞賊至急召劉勔勔自石頭來赴仍進桁南戰敗死之墨蠡等乘勝直入朱雀門王道隆爲亂兵所殺墨蠡等唱云太尉至休範之死也齊王遣隊士陳靈寶齎首詣臺道逢賊棄首於水挺身得達雖唱云已平而無以爲據衆愈疑惑張永棄衆於白下沈懷明於石頭奔散撫軍典籤茅恬開東府納賊墨蠡還至杜姥宅中書舍人孫千齡開闕明門出降宮省恇擾無復固志時庫藏賞賜已盡皇太后太妃剔取宮內金銀器物以充用羽林監陳顯達率所領於杜姥宅與墨蠡戰破之至宣陽御道諸賊一時奔散斬墨蠡文豪及同黨姜伯玉柳仲虔任天助等許公輿走還新茶村民斬送之晉熙王燮自夏口遣軍平尋陽德嗣弟靑牛智藏並伏誅詔建康秣陵二縣收斂諸軍死者并殺賊屍並加藏埋

史臣曰語有之投鼠而忌器信矣阮佃夫王道隆專用主命臣行君道識義之徒咸思戮以馬劍休範馳兵象魏矢及君屋忠臣義士莫不銜膽爭先夫以邪附君猶或自免況於仗正順以爭主哉

宋書卷七十九考證

竟陵王誕傳誕又遣一百人出東門攻劉道隆營○劉道隆監本誤作劉道産 臣承肴按劉道産卒于元嘉十九年今定作劉道隆是時道隆爲徐州刺史率兵未會事見本傳之前

左右侍直眠中夢人告之曰官須髮爲矟𣰥旣覺已失髻矣○南史矟作稍𣰥作毦 臣承肴按毦羽毛飾也三國志劉先主性好結毦時有人送犛牛尾手自結之從稍毦爲是

盧江王褘傳前郡令王隆伯○郡監本訛郡令改正

宋書卷八十

梁　沈　約　撰

列傳第四十

孝武十四王

孝武帝二十八男文穆皇后生廢帝子業豫章王子尚陳淑媛生晉安王子勛阮容華生安陸王子綏徐昭容生皇子子深何淑儀生松滋侯子房史昭華生臨海王子頊殷貴妃生始平孝敬王子鸞次永嘉王子仁與皇子子深同生何婕妤生皇子子鳳謝昭容生始安王子眞江婕妤生皇子子玄史昭儀生邵陵王子元次齊敬王子羽與始平孝敬王子鸞同生江美人生皇子子衡楊婕妤生淮南王子孟次皇子子況與皇子子玄同生次南平王子産與永嘉王子仁同生次晉陵孝王子雲次皇子子文並與始平孝敬王子鸞同生次廬陵王子輿與淮南王子孟同生次南海哀王子師與始平孝敬王子鸞同生淮陽思王子霄與皇子子玄同生次皇子子雍與始安王子眞同生次皇子子趨與皇子子鳳同生次皇子子期與皇子子衡同生次東平王子嗣與始安王子眞同生杜容華生皇子子悅安陸王子綏南平王子産廬陵王子輿並出繼皇子子深子鳳子玄子衡子況子文子雍未封早夭子趨子期子悅未封爲明帝所殺

豫章王子尚字孝師孝武帝第二子也孝建三年年六歲封西陽王食邑二千戶仍都督南徐兗二州諸軍事北中郎將南兗州刺史其年遷揚州刺史大明二年加撫軍將軍三年分浙江西立王畿以浙江東爲揚州命王子尚都督揚州江州之鄱陽晉安建安三郡諸軍事揚州刺史將軍如故給鼓吹一部五年改封豫章王戶邑如先領會稽太守七年加使持節進號車騎將軍其年又加散騎常侍以本號開府儀同三司時東土大旱鄞縣多曠田世祖使子尚上表至鄞縣勸農又立左學召生徒置儒林祭酒一人學生師敬位比州治中文學祭酒一人比西曹勸學從事二人比祭酒從事前廢帝卽位罷王畿復舊徵子尚都督揚南徐二州諸軍事領尚書令解督東揚州餘如故初孝建中世祖以子尚太子母弟上甚留心後新安王子鸞以母幸見愛子尚之寵稍衰既長人才凡劣凶慝有廢帝風太宗殞廢帝稱太皇太后令曰子尚頑凶極悖行乖天理楚玉婬亂縱慝義絕人經並可於第賜盡子尚時年十六楚玉山陰公主也廢帝改封爲會稽郡長公主食湯沐邑二千戶給鼓吹一部加班劒二十人未及拜受而廢帝敗楚玉肆情淫縱以尚書吏部郎褚淵貌美請自侍十日廢帝許之淵雖承旨而行以死自固楚玉不能制也

晉安王子勛字孝德孝武帝第三子也大明四年年五歲封晉安王食邑二千戶仍都督南兗州徐州之東海諸軍事征虜將軍南兗州刺史七年改督江州南豫州之晉熙新蔡郢州之西陽三郡諸軍事前將軍江州刺史八年遷使持節都督雍梁南北秦四州郢州之竟陵隨二郡諸軍事鎭軍將軍寧蠻校尉雍州刺史未拜而世祖崩以鎭軍將軍還爲江州本官如故眼患風爲世祖所不愛景和元年加使持節時廢帝狂凶多所誅害前撫軍諮議參軍何邁少好武頗招集才力之士邁先尚太祖女新蔡公主帝詐云主薨殺宮人代之顯加殯葬而納主於後宮深忌邁邁慮禍及謀因帝出行爲變迎立子勛事泄帝自率宿衞兵誅邁使八座奏子勛與邁通謀又手詔子勛曰何邁殺我立汝汝自計孰若孝武邪可自爲其所遣左右朱景雲送藥賜子勛死景雲至盆口停不進遣信使報長史鄧琬琬等因奉子勛起兵以廢立爲名太宗定亂進子勛號車騎將軍開府儀同三司琬等不受命傳檄京邑泰始二年正月七日奉子勛爲帝卽僞位於尋陽城年號義嘉元年備置百官四方並響應威震天下是歲四方貢計並詣尋陽遣左衞將軍孫沖之等下據赭圻又遣豫州刺史劉胡率大衆來屯鵲尾又遣安北將軍袁顗總統衆軍臺軍屯據前鋒斷顗等糧援胡遣將攻之大敗於是焚營遁走顗聞胡去亦棄衆南奔沈攸之諸軍至尋陽誅子勛及其母同逆皆夷滅子勛死時年十一卽葬尋陽廬山

松滋侯子房字孝良孝武帝第六子也大明四年年五歲封尋陽王食邑二千戶仍爲冠軍將軍淮南宣城二郡太守五年遷豫州刺史將軍淮南太守如故六年改領宣城太守七年進號右將軍解宣城餘如故前廢帝永光元年遷東揚州刺史將軍如故景和元年罷東揚州子房以本號督會稽東陽新安臨海永嘉五郡諸軍事會稽太守太宗卽位改督爲都督進號安東將軍太守如故又徵爲撫軍領太常長史孔顗不受命舉兵反應晉安王子勛卽僞位進子房號車騎將軍開府儀同三司三吳晉陵竝受命於顗太宗遣衞將軍巴陵王休若督諸將吳喜等東討戰無不捷以次平定上虞令王晏起兵殺顗囚子房送還京都上宥之貶爲松滋縣侯食邑千戶司徒建安王休仁以子房兄弟終爲禍難勸上除之乃下詔曰不虞之釁著自終古情爲法屈聖達是遵朕埽穢定傾再全寶業遠惟鴻基猥當負荷思弘治道務盡敦睦而妖豎遘扇妄造異圖自西南阻兵東夏侵斥都邸羣凶密相脣齒路休之兄弟專作謀主規興禍亂令舍人嚴龍覘覦宮省以羽林出討宿衞單盤候隙伺間將謀竊發劉祗在蕃規相應援通言北寇引令過淮頊休範濟江潛欲拒捍賴卜祚靈長姦回弗逞陰慝已露宜盡憲辟寔以方難未夷曲加遵養今王化帖泰宜辨忠邪涓流不壅燎火難滅便可委之有司肅正刑典松滋侯子房等淪陷逆徒協同醜悖遂與籤帥羣小潛通南釁連結祗等還圖朕躬雖咎戾已彰在法無宥猶子之情良所未忍可廢爲庶人徙付遠郡於是竝殺之子房時年十一路休之等以崇憲太后既崩自慮將來不立不自安劉祗在南兗州有志爲逆嚴龍太祖元嘉中已爲中書舍人南臺御史世祖又以爲舍人甚見委信景和泰始之際至越騎校尉右軍將軍至是懷異端故及於誅

臨海王子頊字孝列孝武帝第七子也大明四年年五歲封歷陽王食邑二千戶仍爲冠軍將軍吳興太守五年改封臨海王戶邑如先其年遷使持節都督廣交二州湘州之始興始安臨賀三郡諸軍事征虜將軍平越中郎將廣州刺史未之鎭徙荊州刺史將軍如故八年進號前將軍前廢帝卽位以本號都督荊湘雍益梁寧南北秦八州諸軍事刺史如故明帝卽位解督雍州以爲鎭軍將軍丹陽尹尋留本任進督雍州又進號平西將軍長史孔道存不受命舉兵反以應晉安王子勛子勛卽僞位進號衞將軍開府儀同三司鵲尾奔敗吳喜張興世等軍至子頊賜死時年十一葬巴陵

始平孝敬王子鸞字孝羽孝武帝第八子也大明四年年五歲封襄陽王食邑二千戶仍爲東中郎將吳郡太守其年改封新安王戶邑如先五年遷北中郎將南徐州刺史領南琅邪太守母殷淑儀寵傾後宮子鸞愛冠諸子凡爲上所盻遇者莫不入子鸞之府國及爲南徐州又割吳郡以屬之六年丁母憂追進淑儀爲貴妃班亞皇后謚曰宣葬給轀輬車虎賁班劒鑾輅九旒黃屋左纛前後部羽葆鼓吹上自臨南掖門臨過喪車悲不自勝左右莫不感動上痛愛不已擬漢武李夫人賦其詞曰朕以亡事棄日閱覽前王詞苑見李夫人賦悽其有懷亦以嗟詠久之因感而會爲巡靈周之殘冊略鴻漢之遺篆弔新宮之奄映眇璧臺之蕪踐賦流波以謠思詔河濟以崇典雖媛德之有載竟滯悲其何遣訪物運之榮落訊雲霞之舒卷念桂枝之秋實惜瑤華之春翦桂枝折兮沿歲傾瑤華碎兮思聯情彤殿閉兮素塵積翠𡰪蕪兮紫苔生寶羅暍兮春幌垂珍簟空兮夏幬扃秋臺惻兮碧煙凝冬宮冽兮朱火清流律有終深心無歇徙倚雲日裵回風月思玉步於鳳墀想金聲於鸞闈蹋方池而飛傷損圜淵而流咽端蚤朝之晨罷泛輦路之晚清轥南陸踔閶闔轢北津警承明面縞館之酸素造松帳之葱青俛衆胥而慟興撫藐女而悲生雖哀終其已切將何慰於爾靈存飛榮於景路沒申藻於服車垂葆旒於昭術竦鸞劒於清都朝有儷於徵準禮無替於粹圖闕瑤光之密陛宮虛梁之餘陰侯玉羊之晨照正金雞之夕臨升雲轝以引思鏘鴻鍾以節音文七星於霜野旗二燿於寒林中雲枝之夭秀寓坎泉之曾岑屈封嬴之自古申反周乎在今遣雙靈兮達孝思附孤魂兮展慈心伊鞠報之必至諒顯晦之同深予棄西楚之齊化略東門之遙衿淪漣兩拍之傷奄抑七萃之箴又諷有司曰典禮云天子有后有夫人檀弓云舜葬蒼梧云二妃不從婚義云后立六宮有三夫人然則三妃則三夫人也后之有三妃猶天子之有三公也按周禮三公八命諸侯七命三公既尊於列國諸侯三妃亦貴於庶邦夫人據春秋傳仲子非魯惠公之元嫡尚得考彼別宮今貴妃蓋天秩之崇班理應刱立新廟尚書左丞徐爰之又議宣貴妃既加殊命禮絕五宮考之古典顯有成據廟堂克構宜選將作大匠卿葬畢詔子鸞攝職以本官兼司徒進號撫軍司徒給鼓吹一部禮儀並依正公又加都督南徐州諸軍事八年加中書令領司徒前廢帝卽位解中書令領司徒加持節之鎭帝素疾子鸞有寵既誅羣公乃遣使賜死時年十歲子鸞臨死謂左右曰願身不復生王家同生弟妹並死仍葬京

口太宗卽位詔曰夫紓兗申痛雖往必追緣情惻愛感事彌遠故使持節都督南徐州諸軍事撫軍將軍南徐州刺史新安王子鸞夙表成器蚤延殊寵方樹美業克光蕃維而凶心肆忌奄羅横禍興言永傷有兼常懷宜旌天秀以雪沈魂可贈使持節侍中都督南徐兗二州諸軍事司徒南徐州刺史王如故第十二皇女第二皇子子師俱嬰謬酷有增酸悼皇女可贈縣公主子師復先封爲南海王並加徽謚又曰哀枉追遠仁道所弘興滅繼絕盛典斯貴朕務古思治思禮必敦異族猶敦況在近戚故新除使持節侍中都督南徐兗二州諸軍事司徒南徐州刺史新安王子鸞年雖沖弱性識早茂鍾慈世祖冠寵刻蕃值景和凶虐横羅酷禍國胤無主寃祀莫寄每念痛悼夙軫于懷可以建平王景素息延年爲嗣追改子鸞封爲始平王食邑千戶改葬秣陵縣龍山延年字德沖泰始四年薨時年四歲謚曰沖王明年復以長沙王纂子延之爲始平王紹子鸞後順帝昇明三年薨國除

永嘉王子仁字孝和孝武帝第九子也大明五年年五歲監雍梁南北秦四州郢州之竟陵隨二郡諸軍事北中郎將寧蠻校尉雍州刺史封永嘉王食邑二千戶仍遷東中郎將吳郡太守六年又遷丹陽尹七年兼衞尉前廢帝卽位加征虜將軍領衞尉丹陽尹如故尋出爲左將軍南兗州刺史景和元年遷南徐州刺史將軍如故泰始元年又遷中軍將軍領太常未拜徙護軍將軍四方平定以爲使持節都督湘廣交三州諸軍事平南將軍湘州刺史太宗遣主書趙扶公宣旨於子仁曰汝一家門戶不建幾覆社稷天未亡宋景命集我上流迷愚相扇四海同惡若非我修德御天下三祖基業一朝墜地汝輩便應淪於異族之手我昔兄弟近二十人零落相繼存者無幾唯司徒年長令德作輔皇家門戶所憑唯我與司徒二人而已尚未能厭百姓姦心餘諸王亦未堪贊治我惟有太子一人司徒世子年又幼弱桂陽巴陵並未有繼體正賴汝輩兄弟相倚爲彊庶使天下不敢闚覘王室汝輩始十餘歲裁知俛仰當今諸舍細弱殆不免人輕陵若非我爲主劉氏不辦今日沒諸兄弟沖眇爲羣凶所逼誤遂與百姓還圖骨肉於汝在心不得無媿卽日四海就寧思化方始方今處汝湘州汝年漸長足知善惡當每思刻厲奉朝廷爲心爵秩自然與年俱進我垂猶子之情著於萬物汝亦當知好憶我敕旨時司徒建安王休仁南討猶未還旣還白上以將來非社稷計宜並爲之所未拜賜死時年十歲

始安王子眞字孝貞孝武帝第十一子大明五年年五歲封始安王食邑二千戶仍爲輔國將軍吳興太守七年遷使持節監廣交二州始興始安臨賀三郡諸軍事平越中郎將廣州刺史將軍如故不之鎭遷征虜將軍南彭城太守領石頭戍事景和元年爲丹陽尹將軍如故尋復爲南兗州刺史將軍如故泰始二年遷左將軍丹陽尹未拜賜死時年十歲

邵陵王子元字孝善孝武帝第十三子也大明六年年五歲封邵陵王食邑二千戶八年以爲度支校尉秦南沛二郡太守仍爲冠軍將軍南琅邪泰山二郡太守景和元年出爲湘州刺史將軍如故未之鎭至尋陽値晉安王子勛爲逆留不之鎭進號撫軍將軍事平賜死時年九歲

齊敬王子羽字孝英孝武帝第十四子也大明二年生三年卒追加封謚

淮南王子孟字孝光孝武帝第十六子也大明七年年五歲封淮南王食邑二千戶時世祖改豫州之南梁郡爲淮南國罷南豫州之淮南郡幷宣城前廢帝卽位二郡並復舊子孟仍國名度食淮南郡景和元年爲冠軍將軍南琅邪彭城二郡太守泰始二年改封安成王戶邑如先未拜賜死時年八歲

晉陵孝王子雲字孝舉孝武帝第十九子也大明六年年四歲封晉陵王食邑二千戶未拜其年薨

南海哀王子師字孝友孝武帝第二十二子也大明七年年四歲封南海王食邑二千戶未拜景和元年爲前廢帝所害時年六歲太宗卽位追謚

淮陽思王子霄字孝雲孝武帝第二十三子也大明五年生八年薨追加封謚

東平王子嗣字孝叔孝武帝第二十七子也大明七年生仍封東平王食邑二千戶繼東平沖王休倩休倩母顏性理嚴酷泰始二年子嗣所生母景寧園昭容謝上表曰故東平沖王休倩託荄璿極岐嶷夙表降年弗永遺胤莫傳孝武皇帝敕妾子臣子嗣出繼爲後旣承國祀方奉烝嘗庶覃遐慶式延于遠而妾顏訓養非恩撫導乖理情闕引進義違負螟昔世祖平日詭申慈愛崩背未幾眞性便發猶逼畏崇憲少欲藏掩自玆以後專縱嚴酷寔顯布宗戚宣灼宮闈用傷人倫爰惻行路妾天屬冥至感切實深伏願乾渥廣臨曲垂照賜復改命還依本屬則妾母子雖隕之辰猶生之年許之其年賜死時年四歲

武陵王贊字仲敷明帝第九子也泰始六年生其年詔曰世祖孝武皇帝雖恃尊墮惠勳狹政弛樂飲無饜事因於寧泰任威縱費義緣於務寡故以積怨動天流殃胤嗣景和肇釁義嘉成禍世祖繼體陷憲無遺昔皇家中圮含生懽滅賴英孝感奮掃雪寃恥勳纘墜歷拯玆窮氓繼絕追遠禮訓攸尚況旣帝且兄而鈌斯典今以第九子智隨奉世祖爲子武陵郡大明之世事均代邦可封智隨武陵王食邑五千戶尋世祖一門女累不少旣無蘸總義須防閑諸侯雖不得祖稱天子而事有一家之切且歸寧有所疹疾相營得失是任閨房有禀朕應天在位恩深九族庶此足申追睦之懷敷愛之旨後廢帝元徽四年出爲使持節督南徐兗靑冀五州諸軍事北中郎將南徐州刺史順帝昇明元年遷持節督郢州司州之義陽諸軍事前將軍郢州刺史二年爲沈攸之所圍徙都督荆湘雍益梁寧南北秦八州諸軍事安西將軍荆州刺史持節如故攸之平乃之鎭其年薨時年九歲國除

史臣曰晉安諸王提挈羣下以成其釁亂遂至九域沸騰難結天下而世祖之胤亦殲焉彊不如弱義在於此也

宋書卷八十考證

豫章王子尙傳孝建三年年六歲封西陽王○三年南史作二年

始平孝敬王子鸞傳櫝弓云舜葬蒼梧云二妃不從○南本梧下無云字又二作三

史臣論彊不如弱○如監本譌知今從南史

宋書卷八十一

梁　沈約　撰

列傳第四十一

劉秀之　顧琛　顧覬之

劉秀之字道寶東莞莒人司徒劉穆之從兄子也世居京口祖爽尙書都官郎山陰令父仲道高祖克京城以補建武參軍與孟昶留守事定以爲餘姚令卒官秀之少孤貧有志操十許歲時與諸兒戲於前渚忽有大蛇來勢甚猛莫不顚沛驚呼秀之獨不動衆並異焉東海何承天雅相知器以女妻之兄欽之爲朱齡石右軍參軍隨齡石敗沒秀之哀戚不歡宴者十年景平二年除駙馬都尉奉朝請家貧求爲廣陵郡丞仍除撫軍江夏王義恭平北彭城王義康行參軍出爲無錫陽羨烏程令竝著能名元嘉十六年遷建康令除尙書中兵郎重除建康性纖密善糾摘微隱政甚有聲吏部尙書沈演之每稱之於太祖世祖鎭襄陽以爲撫軍錄事參軍襄陽令襄陽有六門堰良田數千頃堰久決壞公私廢業世祖遣秀之修復雍部由是大豐改領廣平太守二十五年除督梁南北秦三州諸軍事寧遠將軍西戎校尉梁南秦二州刺史時漢川飢儉境內騷然秀之善於爲政躬自儉約先是漢川悉以絹爲貨秀之限令用錢百姓至今受其利二十七年大舉北伐遣輔國將軍楊文德巴梓潼二郡太守劉弘宗受秀之節度震蕩汧隴秀之遣建武將軍錫千秋二千人向子午谷南口府司馬竺宗之三千人向駱谷南口威遠將軍梁尋千人向斜谷南口氐賊楊高爲寇秀之討之斬高兄弟元凶弑逆秀之聞問卽日起兵求率衆赴襄陽司空南譙王義宣不許事寧遷使持節督益寧二州諸軍事寧朔將軍益州刺史折留俸祿二百八十萬付梁州鎭庫此外蕭然梁益二州土境豐富前後刺史莫不營聚蓄多者致萬金所攜賓寮竝京邑貧士出爲郡縣皆以苟得自資秀之爲治整肅以身率下遠近安悅焉南譙王義宣據荆州爲逆遣參軍王曜徵兵於秀之秀之卽日斬曜戒嚴遣中兵參軍韋山松萬人襲江陵出峽竺超民遣將席天生逆之山松一戰卽梟其首進至江陵爲曾爽所敗山松見殺其年進號征虜將軍改督爲監持節刺史如故以起義功封康樂縣侯食邑六百戶明年遷監郢州諸軍事郢州刺史將軍如故未就大明元年徵爲右衞將軍明年遷丹陽尹先是秀之從叔穆之爲丹陽與子弟於廳事上飲宴秀之亦與焉廳事柱有一穿穆之謂子弟及秀之曰汝等試以栗遙擲此柱若能入穿後必得此郡穆之諸子並不能中唯秀之獨入焉時賒市百姓物不還錢市道嗟怨秀之以爲非宜陳之甚切雖納其言竟不從用廣陵王誕爲逆秀之入守東城其年遷尙書右僕射四年改定制令疑民殺長史科議者謂値赦宜加徙送秀之以爲律文雖不顯民殺官長之旨若値赦但止徙送便與悠悠殺人曾無一異民敬官長比之父母行害之身雖遇赦謂宜長付尙方窮其天命家口令補兵從之明年領太子右衞率五年雍州刺史海陵王休茂反爲土人所誅遣秀之以本官慰勞分別善

惡事畢還都出爲使持節散騎常侍都督雍梁南北秦四州郢州之竟陵隨二郡諸軍事安北將軍寧蠻校尉雍州刺史上車駕幸新亭視秀之發引將徵爲左僕射事未行八年卒時年六十八上甚痛惜之詔曰秀之識局明遠才應通暢誠著蕃朝績宣累嶽往歲逆臣交構首義萬里及職司端尹贊戎兩宮嘉謀徽譽寔彰朝野漢南法繁民嫌屬佇良牧故暫輟心膂外弘風規出未踰朞德庇西服詳考古烈旅觀終始淳心忠槩無以尚茲方式亮皇猷入衞根本奄至薨逝震慟于朕心生榮之典未窮寵數哀終之禮宜盡崇飾兼履謙守約封社弗廣興言悼往益增痛恨可贈侍中司空持節都督刺史校尉如故并增封邑爲千戶謚爲忠成公秀之野率無風采而心力堅正上以其莅官清潔家無餘財賜錢二十萬布三百匹子景遠嗣官至前軍將軍景遠卒子儁齊受禪國除秀之弟粹之晉陵太守

顧琛字弘瑋吳郡吳人也曾祖和晉司空祖履之父惔並爲司徒左西掾琛謹確不尚浮華起家州從事駙馬都尉奉朝請少帝景平中太皇太后崩除大匠丞彭城王義康右軍驃騎參軍晉陵令司徒參軍尚書庫部郎本邑中正元嘉七年太祖遣到彥之經略河南大敗悉委棄兵甲武庫爲之空虛後太祖宴會有荒外歸化人在坐上問琛庫中仗猶有幾許琛詭荅有十萬人仗舊武庫仗祕不言多少上既發問追悔失言及琛詭對上甚喜尚書寺門有制八座以下門生隨入者各有差不得雜以人士琛以宗人顧碩頭寄尚書張茂度門名而與碩頭同席坐明年坐遣出免中正凡尚書官大罪則免小罪則遣出遣出者百日無代人聽還本職琛仍爲彭城王義康所請補司徒錄事參軍山陰令復爲司徒錄事遷少府十五年出爲義興太守初義康請琛入府欲委以腹心琛不能承事劉湛故尋見斥外十九年徙東陽太守欲使琛防守大將軍彭城王義康固辭忤旨廢黜還家積年二十七年索虜南至瓜步權假琛建威將軍尋除東海王禕冠軍司馬行會稽郡事隨王誕代禕復爲誕安東司馬元凶弒立分會稽五郡置會州以誕爲刺史卽琛爲會稽太守加五品將軍置將佐誕起義加冠軍將軍事平遷吳興太守孝建元年徵爲五兵尚書未拜復爲寧朔將軍吳郡太守以起義功封永新縣五等侯大明元年吳縣令張闓坐居母喪無禮下廷尉錢唐令沈文秀判劾違謬應坐被彈琛宜言於衆闓被劾之始屢相申明又云當啓文秀留縣世祖聞之大怒謂琛賣惡歸上免官琛母老仍停家琛及前西陽太守張牧並司空竟陵王誕故佐誕待琛等素厚三年誕據廣陵反遣客陸延稔齎書板琛爲征南將軍牧爲安東將軍琛子前尚書郎寶素爲諮議參軍寶素弟前司空參軍寶先爲從事中郎牧兄前吳郡丞濟爲冠軍將軍從弟前司空主簿晏爲諮議參軍時世祖以琛素結事誕或有異志遣使就吳郡太守王曇生誅琛父子會延稔先至琛等卽執斬之遣二子送延稔首啓世祖曰劉誕猖狂遂構釁逆凡在含齒莫不駭惋臣等預荷國恩待百常憤忽以今月二十四日中獲賊誕疏欲見邀誘臣卽共執錄僞使并得誕與撫軍長史沈懷文揚州別駕孔道存撫軍中兵參軍孔璪前司兵參軍孔桓之前司空主簿張晏書具列本郡太守王曇生臣卽日便應星馳歸骨輦轂臣母年老身在侍養輒遣息寶素寶先束骸詣闕世祖所遣誅琛使其日亦至僅而獲免上嘉之召琛出以爲西陽王子尚撫軍司馬牧爲撫軍中兵參軍琛母孔氏時年百餘歲晉安帝隆安初瑯邪王廞於吳中爲亂以女爲貞烈將軍悉以女人爲官屬以孔氏爲司馬及孫恩亂後東土飢荒人相食孔氏散家糧以賑邑里得活者甚衆生子皆以孔爲名焉琛仍爲吳興太守明年坐郡民多翦錢及盜鑄免官六年起爲大司農都官尚書新安王子鸞北中郎司馬東海太守行南徐州事隨府轉撫軍司馬太守如故前廢帝卽位復爲吳郡太守太宗泰始初與四方同反兵敗奉母奔會稽臺軍既至歸降寶素與琛相失自殺琛尋丁母憂服闋起爲員外常侍中散大夫後廢帝元徽三年卒時年八十六寶先大明中爲尚書水部郎先是琛爲左丞荀萬秋所劾及寶先爲郎萬秋猶在職自陳不拜世祖詔曰敕違糾慢憲司之職若理有不公自當更有釐正而自頃刻無輕重輒致私絕此風難長主者嚴爲其科寶先蓋依附世准不足問先是宋世江東貴達者會稽孔季恭季恭子靈符吳興丘淵之及琛吳音不變淵之字思玄吳興烏程人也太祖從高祖北伐留彭城爲冠軍將軍徐州刺史淵之爲長史太祖卽位以舊恩歷顯官侍中都官尚書吳郡太守卒於太常追贈光祿大夫

顧覬之字偉仁吳郡吳人也高祖謙字公讓晉平原內史陸機姊夫祖崇大司農父黃老司徒左西掾覬之初爲郡主簿謝晦爲荊州以爲南蠻功曹仍爲晦衞軍參軍晦愛其雅素深相知待王弘辟爲揚州主簿仍爲弘衞軍參軍鹽官令衡陽王義季右軍主簿尚書都官郎護軍司馬時大將軍彭城王義康秉權殷劉之隙已著覬之不欲與殷景仁久接事乃辭脚疾自免歸在家每夜常於牀上行脚家人竊異之而莫曉其意後義康徙廢朝廷多以異同受禍復爲東遷山陰令山陰民戶三萬海內劇邑前後官長晝夜不得休事猶不舉覬之理繁以約縣用無事晝日垂簾門階閑寂自宋世爲山陰務簡而績修莫能尚也還爲揚州治中從事史廣陵王誕廬陵王紹北中郎左司馬揚州別駕從事史尚書吏部郎嘗於太祖坐論江左人物言及顧榮袁淑謂覬之曰卿南人怯懦豈辦作賊覬之正色曰卿乃以忠義笑人淑有愧色元凶弒立朝士無不移任唯覬之不徙官世祖卽位遷御史中丞孝建元年出爲義陽王昶東中郎長史寧朔將軍行會稽郡事尋徵爲右衞將軍領本邑中正明年出爲湘州刺史善於莅民治甚有績大明元年徵守度支尚書領本州中正二年轉吏部尚書四年致仕不許時沛郡相縣唐賜往比郵朱起母彭家飲酒還因得病吐蠱蟲十餘枚臨死語妻張死後刳腹出病後張手自破視五藏悉糜碎郡縣以張忍行刳剖賜子副又不禁駐事起赦前法不能決律傷死人四歲刑妻傷夫五歲刑子不孝父母棄市並非科例三公郎劉思議賜妻痛往遵言兒識謝及理考事原心非存忍害謂宜哀矜覬之議曰法移路尸猶爲不道況在妻子而忍行凡人所不行不宜曲通小情當以大理爲斷謂副爲不孝張同不道詔如覬之議加左軍將軍出爲吳郡太守八年復爲吏部尚書加給事中未拜欲以爲會稽不果還爲吳郡太守幸臣戴法興權傾人主而覬之未嘗降意左光祿大夫蔡興宗與覬之善嫌其風節過峻覬之曰辛毗有云孫劉不過使吾不爲三公耳及世祖晏駕法興遂以覬之爲光祿大夫加金章紫綬太宗泰始初四方同反覬之家尋陽尋陽王子房加以位號覬之不受曰禮年六十不服戎以其筋力衰謝非復軍旅之日況年將八十殘生無幾守盡家門不敢聞命孔覬等不能奪時普天叛逆莫或自免唯覬之心迹清全獨無所與太宗甚嘉之東土既平以爲左將軍吳郡太守加散騎常侍泰始二年復爲湘州刺史常侍將軍如故三年卒時年七十六追贈鎭軍將軍常侍刺史如故謚曰簡子覬之家門雍睦爲州鄉所重五子約緝綽縝緄綽私財甚豐鄉里士庶多負其責覬之每禁之不能止及後爲吳郡誘綽曰我常不許汝出責定思貧薄亦不可居民間與汝交關有幾許不盡及我在郡爲汝督之將來豈可得凡諸券書皆何在綽大喜悉出諸文券一大厨與覬之覬之悉焚燒宣語遠近負三郎責皆不須還凡券書悉燒之矣綽懊歎彌日覬之常謂秉命有定分非智力所移唯應恭己守道信天任運而闇者不達妄求徼倖徒虧雅道無關得喪乃以其意命弟子愿著定命論其辭曰仲尼云道之將行命也道之將廢命也丘明又稱天之所支不可壞天之所壞不可支卜商亦曰死生有命富貴在天孟軻則以不遇魯侯爲辭斯則運命奇偶生數離合有自來矣馬遷劉向揚雄班固之徒著書立言咸以爲首世之論者多有不同嘗試申之曰夫生之資氣淸濁異原命之稟數盈虛乖致是以心貌詭貿性運舛殊故有邪正昏明之差修夭榮枯之序皆理定於萬古之前事徵於千代之外沖神寂鑒一以貫之至乃卜相末技巫史賤術猶能豫題興亡逆表成敗禍福指期識照不能徙吉凶素著威衞不能防若夏氓宅生於帝宮豈蠲殘傷之祟漢臣衍貨於天府寧免餧斃之魂且又善惡之理雖詳而禍福之驗常昧逆順之體誠分而吉凶之効常隱智絡天地猶羅沈牖之災明照日月必嬰深匡之難增信積德離患於長飢席義枕仁徼禍於促算何則理運苟其必至聖明其猶病諸況乃蕞迹流惑之徒投心顓蒙之域而欲役慮以揣利害策情以筭窮通其爲重傷豈不惑甚是以通人君子閑泰其神沖緩其度不矯俗以延聲不依世以期榮審乎無假自求多福榮辱修夭夫何爲哉問曰夫書稱惠廸貽吉易載履信逢祐前哲餘議亦以將迎有會淪塞無兆宣攝有方夭閼無命善游銷魂於深梁工騎燼生於曠野明珠招駭於闇至蟠木取悅於先容是以罕樂以陽施長世景惠以陰德遐紀彭寶以繕衞延命盈忌以荒湎促齡陳張稱台鼎之崇嚴辛衍宰司之盛若乃遊惡蹈凶處逆踐禍宣昭史策易以研正至如神仙所序天竺所書事雖難徵理未易詰留滯傾光思聞通裁對曰子可謂扶繩而辨循刻而議若乃宣攝有方豈非吉運所屬將迎有會實亦凶數自挺若夫陽施陰德長世遐年揆厥所原孰往非命研復來旨讎校往說起尋惟商未識所異資生稟運參差萬殊逆順吉凶理數不一原夫食椒非養生之術咀劒豈衞性之經命之所延人肉其骨而含嚼膏粱時或嬰患深潤乖徼寵之津空谷絕探榮之轍運之所集物稊其枯而俯仰竿牘終然離沮爾乃蹻跖橫行曾原窘步湯周延世謝邑絕緒吉凶徵應糾纏若茲畢萬保軀宓賤喪領梁野之言豈不

或妄殺南魯北甘此促生彭翁寶叟將以何術晉平趙敬淫放已該漢主魏相奚獨傷天同異若斯是非孰正至如雷濱凝分挫志遠圖棘津陰拱振功高世樊生冲矯鵩旌善之文華子高抗銘懲非之策皆士衡所云同川而異歸者也殊塗均致寔繁有徵卽理易推在言可畧昔兩都全盛六合殷昌霧集貴寵之閭雲動權豪之術鈞貿貽談豈唯陳張而已觀夫二子才未越衆而此以藉榮揮價彼獨擯景淪聲通否之運斷可知矣嚴辛不安時任命而委罪亮直亦地厤之徒歟若神仙所序顯明修習齊彊燕平厭驗未著李覃董芬其効安在喬松之侶雲飛天居夷列之徒風行水息良由理數懸挺實乃鍾茲景命天竺遺文星華方策因造前定果報指期貧豪莫差修夭無爽有允瑣辭無慤鄙說統而言之孰往非命宜期前定各從所歸善惡無所矯其趨愚智焉能殊其理若乃得議其工失嗤其拙操之則慄舍之則悲斯固染情於近累豈不貽誚於通識問曰清論光心英辯溢目求諸鄙懷良有未盡若動止皆運險易自天理定前期靡非閻至玉門犁丘觳識弗免豈非聖愚齊致仁虐同功昏明之用將何施而可對曰夫聖人懷虛以涵育凝明以洞照惟虛也故無往而不通惟明也故無來而不燭淵海流金弗染溫涼之岨巖兵猛兕無累爪刃之災忘生而生愈全遺神而神彌暢若玉門犁丘蓋同迹於人故同人有患然而均心於天亦均天無害大賢則體備形器應盡藏假靜默以居否深拱以違礙皆數在淸全故鍾茲妙識是以稟仲尼之道不在奔車之上貧伯夷之運不處覆舟之下若乃越難趨險遂巡弗獲履危蹑機偪俛從事愚之所司聖亦何爲及中下之流馳心妄動是非舛幹倚伏移貿故北宮意逆而功順東門心晦而迹明宣應遺筮而逢吉張松協數而遘禍且智防有紀患累無方爾乃猘狗逐而華子奔腐鼠遺而虞氏滅匣猨逸而林木殘櫝珠亡而池水竭凡厥條流曲難詳備搖形役思其効安徵豈若澡雪靈府洗練神宅据道爲心依德爲慮使迹窮則義斯暢身泰則理兼通豈不美哉何必遺此而取彼問曰夫建極開化樹聲貽則典防之興由來尚矣必乃幽符懸兆冥數指期善惡前徵是非素定名教之道不亦幾乎息哉對日天生蒸民樹之物則教義所稟豈非冥數何則形氣之具必有待而存顓蒙之倫豈無因而立必假纖紈以安生藉粱豢以延祀資信禮以繕性秉廉義以劾情聖人聰明深懿履道測化通體天地同情日月仰觀俯察撫運裁風於是乎昭日星之紀正霜雨之度張雲霞之明衍風露之渥浮舟翼滯騰駕振幽又乃甄理三才辨綜五德弘鋪七體之端宣昭八經之緒是以時雍在運羣方自通抱德煬和全眞保性故信食相資代爲脣齒富教相假遞成輔車今弛棄纖紈損絕粱豢必云徵生委命豈不已曉其迷至乎湮斥廉義屏黜信禮責以祈存推數遂乃未辨其惑連類若斯乖妄滋甚然則教義之道生運所資寵辱榮枯常由此作斯固命中之一物非所以爲難也問曰循復前旨旣以理命縣兆生數冥期研覆後文又云依杖名教師循訓範若藉數任天則放情蕩思拘訓馴範則防慮檢喪函矢殊用矛戈異適雙美之談豈能兩遂對曰夫性運乖舛心貌詭殊請布末懷畧言其要若乃吉命所鍾縱情蹈道訓性而順因心則靈凶數所挻率由踐逆闇言不信長惡無悛此愚智不移聲訓所遺者也其有見善如不及從諫如順流是則命待教全運須化立譬以良醫之室病者所存至如澄神淸魂平心實氣無妄之痾勿藥有喜所謂縱情蹈道無假隱括若膏肓之疾長桑不治體府之病陽慶弗理此則率由踐逆自絕調御至乃趙儲之命宜永須扁鵲而後全齊后之數必延待文摯而後濟亦猶運鍾循獘彝範所與善惡無主唯運所集而異膏粱方丈沈疾弗顧瑤碧盈尺阽危弗存夫靜躁之容造次必於是曲直之性顚沛不可移是以夷惠均聖而異方邊諫齊通而殊事雖復鉗桎羿㚖思服巢許之情捶勤曾史言膺蹻跖之慮不然之事斷可知也必幽符鑽仰冥數修習雖存陵惰其可得乎故運屬波流勢無防慮命徼山立理無放情用殊函矢雙美奚躓談異矛戈兩濟何傷問曰夫君臣恩深師資義固所以霑榮塗施提飾荷聲故刳心流腸捐生以亢節火妻灰子霾名以償義若幽期天兆則明揚可遺冥數自賓則感効宜絕豈其然乎對曰論之所明原本以爲理難之所疑卽末以爲用蓋陰閉之巧不傳萌漸之調長絕故知妄言賞理古人所難吾所謂命固以綿絡古今彌貫終始爰及君臣父子師友夫妻皆天數冥合神運玄至逮乎睽愛離會旣命之所甄昏爽順戾亦運之所漸爾乃松柳異質薺荼殊性故疾風知勁草嚴霜識貞木何異忠孝之質資行夙昭至於刳志酬生題誠復施殉節投命馴義忘已亦由石雖可毀堅不可銷丹雖可磨赤不可滅因斯而言君臣師資旣幽期自賓心力感効亦冥數天兆夫獨何怪哉愿字子恭父淵之散騎侍郎愿好學有文辭於世大明中舉秀才對策稱旨擢爲著作佐郎太子舍人早卒

史臣曰孝建啓基西楚放命難連淮濟勢盛江服朱脩之著節漢南劉秀之推鋒萬里並誠載艱一忠惟帝念而踰峴之鋒戳有獨克出硤之師舟無隻反雖霜霰並時而計功則異也及定終之命等數相懸蓋由義結蕃朝故恩有厚薄雖故舊不遺闕之前訓隆名爽實亦無取焉

宋書卷八十一考證

顧琛傳琛以宗人顧碩頭○南史無頭字

卽琛爲會稽太守○南史卽字下有以字

顧顗之傳原夫食椒非養生之術○食一本作飡

宋書卷八十二

梁　沈　約　撰

列傳第四十二

周朗　沈懷文

周朗字義利汝南安成人也祖文黃門侍郎父淳宋初貴達官至侍中太常兄嶠尚高祖第四女宣城德公主二女適建平王宏廬江王禕以貴戚顯官元嘉末爲吳興太守賊劭弒立隨王誕舉義於會稽劭加嶠冠軍將軍誕檄又至嶠素懼怯回惑不知所從爲府司馬丘珍孫所殺朝廷明其本心國婚如故朗少而愛奇雅有風氣與嶠志趣不同嶠甚疾之初爲南平王鑠冠軍行參軍太子舍人司徒主簿坐請急不待對除名又爲江夏王義恭太尉參軍元嘉二十七年春朝議當遣義恭出鎭彭城爲北討大統朗聞之解職及義恭出鎭府主簿羊希從行與朗書戲之勸令獻奇進策朗報書曰羊生足下豈當適使人進哉何卿才之更茂也宅生結意可復佳耳屬華比綵何更工邪覩已反覆慰亦無已觀諸紙上方審卿復逢知己動以何術而能每降恩明豈不爲足下欣邪然更憂不知卿死所處耳夫匈奴之不誅有日皇居之亡辱舊矣天下孰不憤心悲腸以忿胡人之患靡衣媮食以望國家之師自智士鉗口雄人蓄氣不得議圖邊之事者良淹歲紀今天子以炎軒之德冢輔以姬呂之賢故赫然發怒將以匈奴釁旗惻然動仁欲使餘氓被惠及取士之令朝發宰士暮登英豪調兵之詔夕行主公旦升雄俊延賢人者固非一日況復加此焉夫天下之士砥行磨名欲不辱其志氣選奇蓄異將進善於所天非但有建國之謀不及安民之論不與至反以孝潔生議於鄉曲忠烈起謗於君宋身不絓王臣之籙名不厠通人之班顚倒國門湮銷丘里者自數十年以往豈一人哉若吾身無他伎而出値明君變官望主歲增恩價竟不能柔心飾帶取重左右校於向士則榮已多料於今職則笑亦廣而足下方復廣吾以馳志之時求予以安邊之術何足下不知言也若以賢未登則今之登賢如此以才應進則吾之非才若是豈可欲以殞海之鬐望鼓鰓於暨鱗之肆墜風之羽覬振翮於軒霓之間其不能俱陪涤水並負青天可無待於明見若乃闚奇謀深智之術無悅主狎俗之能亦不可復稍爲卿說但觀以上國再毁之臣望府一逐之吏當復是天下才否此皆足下所親知吾雖疲冗亦嘗聽君子之餘論豈敢忘之凡士之置身有三耳一則雲戸岫寢欒危桂榮秣芝浮霜翦松沈雪憐肌蓄髓寶氣愛魂非但土石侯卿腐鴆粱錦實廼吁意天后睨目羽人次則刳心掃智剖命驅生橫議於雲臺之下切辭於宣室之上衍王德而批民患進貞白而畝姦猜委玉入而齊聲禮揭金出而烹勍寇使車軌一風匈道共德令功日濟而已無跡道日富而君難名致諸侯斂手天子改觀其末則饕粘而出望旂而入結宄兩宮之下鼓袖六王之間俛眉脅肩言天下之道德瞋目扼腕陳從橫於四海理有泰則止而進調覺迕則反而還閑居違官交造頓罷捐慕遺憂夷毁銷譽呼噏以補其氣繕嚼以輔其生凡此三者皆志士仁人之所行非吾之所能也若吾幸病不及死役不至身逢藜旣滿方杜長者之轍穀稼是諮自絕世豪之顧塵生牀帷苔積堦月又檐中山木時華月深池上海草歲榮日蔓且室間軒左幸有陳書十篋席隅奧右頗得宿酒數壺按絃拭徽雕方校石時復陳局露初奠爵星晚驪然不覺是羲軒後也近春田三頃秋園五畦若此無災山裝可具候振飲之罷俟封勒之畢當敬觀邪鄲肅尋伊鄗傍眺燕隴邪履遼衛覘我周之軫迹弔他賢之憂天當其少涉未休此欲但理實詭固物好交加或徵勢而笑其言或覩謀而害其意夫

楊朱以此猶見嗤於采人況才減楊子之器物甚魏君之意者哉若如漢宗之言李廣此固許天下之有才又知天下之時非也豈若黨巷閭里之間忌見貞士之遺遇便謂是臧獲庸人之徒耳士固願呈心於其主露奇於所歸卿相末事也若廣者何用侯爲至廼復有致謁於爲亂之日被詘於害正之徒心奇而無由露事直而變爲枉豈不痛哉豈不痛哉若足下可謂冠貫日月籍踐淵海心支身首無不通照今復出入燕河交關姬衛整務振豪已議於帷筵之上提鞭鳴劍復呵於軍場之間身超每深恩之所集心動必明主之所亮可不直議正身輔人君之過誤明目張膽謀軍家之得失操志勇之將薦俊正之士此廼足下之所以報也不爾便擐甲修戈徘徊左右衛君王之身當馬首之鏑鬬必固之壘交死進之戰使身分而主豫寇滅而兵全此亦報之次也如是則繫匈奴於北闕無日矣亡但默默窺寵而坐謂子有心敢書薄意朗之辭意倜儻類皆如此復起爲通直郎世祖即位除建平王宏中軍錄事參軍時普責百官讜言朗上書曰昔仲尼有言治天下若寘諸掌豈徒言哉方策之政息舉在人蓋當世之君不爲之耳況乃運鍾澆暮世膺亂餘重以宮廟遭不更之酷江服被未有之痛千里連死萬井共泣而秦漢餘敝尚行於今魏晉遺謬猶布於民是而望國安於今化崇於古郤行及前之言積薪待然之譬臣不知所以方然陛下既基之以孝又申之以仁民所疾苦敢不略薦凡治者何哉爲教而已今教衰已久民不知則又隨以刑逐之豈爲政之道歟欲爲教者宜二十五家選一長百家置一師男子十三至十七皆令學經十八至二十盡使修武訓以書記圖律忠孝仁義之禮廉讓勤恭之則授以兵經戰略軍部舟騎之容挽彊擊刺之法官長皆月至學所以課其能習經者五年有立則言之司徒用武者三年善藝亦升之司馬若七年而經不明五年而勇不達則更求其言政置謀迹其心術行履復不足取者雖公卿子孫長歸農畝終身不得爲吏其國學則宜詳考古數部定子史令書不煩行習無靡力凡學雖凶荒不宜廢也農桑者實民之命爲國之本有一不足則禮節不興若重之宜罷金錢以穀帛爲賞罰然愚民不達其權議者好增其異凡自淮以北萬匹爲市從江以南千斛爲貨亦不患其難也今且聽市至千錢以還者用錢餘皆用絹布及米其不中度者坐之如此則墾田自廣民資必繁盜鑄者罷人死必息又田非膠水皆播麥菽地堪滋養悉蓺紵麻蔭巷緣藩必樹桑柘列庭接宇唯植竹栗若此令既行而善其事者庶民則敘之以爵有司亦從而加賞若田在草間木物不植則撻之而伐其餘樹在所以次坐之又取稅之法宜計人爲輸不應以貲云何使富者不盡貧者不蠲乃令桑長一尺圍以爲價田進一畝度以爲錢屋不得瓦皆責貲實民以此樹不敢種土畏妄墾棟焚榱露不敢加泥豈有剝善害民禁衣惡食若此苦者方今若重斯農則宜務削茲法凡爲國不患威之不立患恩之不下不患土之不廣患民之不育自華夷爭殺戎夏競威破國則積屍竟邑屠將則覆軍滿野海內遺生蓋不餘半重以急政嚴刑天災歲疫貧者但供吏死者弗望霾鰥居有不願娶生子每不敢舉又戍淹徭久妻老嗣絕及婬奔所孕皆復不收是殺人之日有數途生人之歲無一理不知復百年間將盡以草木爲世邪此最是驚心悲魂慟哭太息者法雖有禁殺子之科設蚤娶之令然觸刑罪忍悼痛而爲之豈不有酷甚處邪今宜家寬其役戶減其稅女子十五不嫁家人坐之特雉可以聘妻妾大布可以事舅姑若待足而行則有司加料凡宮中女隸必擇不復字者庶家內役皆令各有所配要使天下不得有終獨之生無子之老所謂十年存育十年教訓如此則二十年間長戶勝兵必數倍矣又亡者亂郊饉人盈甸皆是不爲其存計而任之遷流故饑寒一至慈母不能保其子欲其不爲寇盜豈可得邪既御之使然復止之以殺彼於有司何酷至是且草樹既死皮葉皆枯是其梁肉盡矣冰霜已厚苫蓋難資是其衣裘敗矣比至陽春生其餘幾今自江以南在所皆穰有食之處須官興役宜募遠近能食五十口一年者賞爵一級不過千家故近食十萬口矣使其受食者悉令就佃淮南多其長帥給其糧種凡公私遊手歲發佐農令堤湖盡修原陸並起仍量家立社計地設閭檢其出入督其游惰須待大熟可移之復舊淮以北悉使南過江東旅客盡令西歸故毒之在體必割其緩處函渭靈區闐爲荒窟伊洛神基蔚成茂草豈可不懷歟歷下泗間何足獨戀議者必以爲胡衰不足避而不知我之病甚於胡矣若謂民之既徙狄必就之若其來從我之願也胡若能來必非其種不過山東雜漢則是國家由來所欲覆育既華得坐實戎空自遠其爲來利固善也今空守孤城徒費財役亦行見淮北必非境服有矣不亦重辱喪哉使虜但發輕騎三千更互出入春來犯麥秋至侵禾水陸漕輸居然復絕於賊不勞而邊已困不至二年卒散民盡可蹻足而待也設使胡滅則中州必有興者決不能有奉土地率民人以歸國家矣誠如此則徐齊終逼亦不可守且夫戰守之法當恃人之不敢攻頃年兵之所以敗皆反此也今人知不以羊追狼蟹捕鼠而令重車弱卒與肥馬悍胡相逐其不能濟固宜矣漢之中年能事胡者以馬多也胡之後服漢者亦以馬少也既兵不可去車騎應蓄今宜募天下使養馬一匹者蠲一人役三疋者除一人爲吏自此以進階賞有差邊亭徼驛一無發動又將者將求其死也自能執干戈幸而不亡筋力盡於戎役其於望上者固已深矣重有澄風掃霧之勳驅波滌塵之力此所自矜尤復爲甚近所功賞人知其濃然似頗謬虛實怨怒寔衆垂臂而反脣者往往爲部耦語而呼望者處處成羣凡武人意氣特易崩沮設一旦有變則向之怨者爲敵也今宜國財與之共竭府粟與之同罄去者應遣濃加寵爵發所在祿之將秩未充餘費宜闕他事負輦長不應與唯可教以蒐狩之禮習以鉦鼓之節若假勇以進務黜其身老至而罷賞延於嗣又緣淮城壘皆宜興復使烽鼓相達兵食相連若邊民請師皆宜莫許遠夷貢至止於報答語以國家之未暇示以何事而非君須內教既立徐料寇形辦騎卒四十萬而國中不擾取穀支二十歲而遠邑不驚然後越淮窮河跨隴出漠亦何適而不可又教之不敦一至於是今士大夫以下父母在而兄弟異計十家而七矣庶人父子殊產亦八家而五矣凡甚者乃危亡不相知飢寒不相郵又嫉謗讒害其間不可稱數宜明其禁以革其風先有善於家者即務其賞自今不改則沒其財又三年之喪天下之達喪以其哀並衰出故制同外興日久均痛故愈遲齊典漢氏節其臣則可矣薄其子則亂也云何使衰苴之容盡鳴號之音息夫佩玉啓旒深情弗忍冕珠視朝不亦甚乎凡法有變於古而刻於情則莫能順焉至乎敗於禮而安於身必遽而奉之何乃厚於惡薄於善歟今陛下以大孝始基宜反斯謬且朝享臨御當近自身始妃主典制宜漸加矯正凡舉天下以奉一君何患不給或帝有集皂之陋后有帛布之鄙亦無取焉且一體炫金不及伯兩一歲美衣不過數襲而必收寶連櫝集服累笥目豈常視身未時親是爲櫝帶實笥著衣空散國家之財徒奔天下之貨而主以此惰禮妃以此傲家是何糜蠹之劇惑鄙之甚逮至婢豎皆無定料一婢之身重婢以使一豎之家列豎以役瓦金皮繡漿酒藿肉者故不可稱紀至有列軿以遊遨飾兵以驅叱不亦重甚哉若禁行賜薄不容致此且細作始并以爲儉節而市造華怪即傳於民如此則遷也非罷也凡天下得治者以實而治天下者常虛民之耳目既不可誑治之盈耗並亦隨之故凡厥庶民制度日侈商販之室飾等王侯傭賣之身製均妃后凡一袖之大足斷爲兩一裙之長可分爲二見車馬不辨貴賤視冠服不知尊卑尚方今造一物小民明已睥睨宮中朝制一衣庶家晚已裁學侈麗之原實先宮閫又妃主所賜不限高卑自今以去宜爲節目金魄翠玉錦繡縠羅奇色異章小民既不得服在上亦不得賜若工人復造奇伎淫器則皆焚之而重其罪又置官者將以燮天平氣贊地成功防姦御難治煩理劇使官稱事立人稱官置無空樹散位繁進冗人今高卑貿實大小反稱名之不定是謂官邪而世廢姬公之制俗傳秦人之法惡明君之典好闇主之事其憎聖愛愚何其甚矣今則宜先省事從而并官置位以周典爲式變名以適時爲用秦漢末制何足取也當使德厚者位尊位尊者祿重能薄者官賤官賤者秩輕纓冕紱佩稱官以服車騎容衛當職以施又寄土州郡宜通廢罷舊地民戶應更置立豈吳邦而有徐邑揚境而宅兗民上淆辰紀下亂畿甸其地如朱方者不宜置州土如江都者應更建邑又民少者易理君近者易歸凡吏皆宜每詳其能每厚其秩爲縣不得復用恩家之貧爲郡不得復選勢族之老又王侯識未堪務不應強仕須合冠而啓封能政而議爵且帝子未官人誰謂賤但宜詳置賓友選擇正人亦何必列長史參軍別駕從事然後爲貴哉又世有先後業有難易明帝能令其兒不匹光武之子馬貴人能使其家不比陰后之族盛矣哉此於後世不可忘也至當輿抑碎首之忿陛殿延辟戟之威此亦復不可忘也內外之政實不可雜若妃主爲人請官者其人宜終身不得爲官若請罪者亦終身不得赦罪凡天下所須者才而才誠難知也有深居而言寡則蘊學而無由知有卑處而事隔則懷奇而無由進或復見忌於親故或亦遭讒於貴黨其欲致車右而動御席語天下而辯治亂焉可得哉漫言舉賢則斯人固未得矣宜使世之所稱通經達史辨詞精數吏能將謀偏術小道者使獵纓危膝博求其用制內外官與官之遠近及仕之類令各以所能而造其室降情以誘之卑身以安之然後察其擢脣吻樹頰胲動精神發意氣語之所至意之所執不過數四間不亦盡可知哉若忠孝

廉清之比，彊正惇柔之倫難以檢格立不可須臾定宜使鄉部求其行守宰察其能竟皆見之於選貴呈之於相主然後處其職宜定其位用如此故應愚鄙盡捐賢明悉舉矣又俗好以毀沈人不知察其所以致毀以譽進人不知測其所以致譽毀徒皆鄙則宜擢其毀者譽黨悉庸則宜退其譽者如此則毀譽不妄善惡分矣又旣謂之才則不宜以階級限不應以年齒齊凡貴者好疑人少不知其少於人矣老者亦輕人少不知其不及少矣自釋氏流教其來有源淵檢精測固非深矣舒引容潤旣亦廣矣然習慧者日替其修束誡者月繁其過遂至糜散錦帛侈飾車從復假粗醫術託雜卜數延妹滿室置酒浹堂寄夫託妻者不無殺子乞兒者繼有而猗倚靈假像背親傲君欺費疾老震損宮邑是乃外刑之所不容戮內教之所不悔罪而橫天地之間莫不糾察人不得然豈其鬼歟今宜申嚴佛律裨重國令其疵惡顯著者悉皆能遣除則隨其蕪行各爲之條使禪義經誦人能其一食不過蔬衣不出布若應更度者則令先習義行本其神心必能草腐人天竦精以往者雖侯王家子亦不宜拘凡鬼道惑衆妖巫破俗觸木而言怪者不可數寓采而稱神者非可算其原本是亂男女合飲食因之而以祈祝從之而以報請是亂不誅爲害未息凡一苑始立一神初興淫風輒以之而甚今修隄以北置園百里峻山以右居靈十房糜財敗俗其可稱限又針藥之術世寡復修診脈之伎人鮮能達民因是益徵於鬼遂棄於醫重令耗惑不反死夭復半今太醫宜男女習教在所應遣吏受業如此故當愈於媚神之愚徵正腠理之敝矣凡無世不有言事未時不有令下然而升平不至昏危是繼何哉蓋設令之本非實也又病言不出於謀臣事不便於貴黨輕者抵訾呵駭重者死壓窮擯故西京有方調之誅東郡有黨錮之戮陛下若欲申常令循末典則羣臣在焉若欲改舊章興王道則微臣存矣敢昧死以陳唯陛下察之書奏忤旨自解去職又除太子中舍人出爲廬陵內史郡後荒蕪頻有野獸母薛氏欲見獵朗乃合圍縱火令母觀之火逸燒郡廨朗悉以秩米起屋償所燒之限稱疾去官遂爲州司所糾還都謝世祖曰州司舉臣愆失多有不允臣在郡虎三食人蟲鼠犯稼以此二事上負陛下上變色曰州司不允或可有之蟲虎之災寧關卿小物朗尋丁母艱有孝性每哭必慟其餘頗不依居喪常節大明四年上使有司奏其居喪無禮請加收治詔曰朗悖禮利口宜令藹戮微物不足亂典刑特鑠付邊郡於是傳送寧州於道殺之時年三十六子仁昭順帝昇明末爲南海太守

沈懷文字思明吳興武康人也祖寂晉光祿勳父宣新安太守懷文少好玄理善爲文章嘗爲楚昭王二妃詩見稱於世初州辟從事轉西曹江夏王義恭司空行參軍隨府轉司徒參軍事東閤祭酒丁父憂新安郡送故豐厚奉終禮畢餘悉班之親戚一無所留太祖聞而嘉之賜奴婢六人服闋除尚書殿中郎隱士雷次宗被徵居鍾山後南還廬岳何尚之設祖道文義之士畢集爲連句詩懷文所作尤美辭高一座以公事側免同輩皆失官懷文乃獨留隨王誕鎮襄陽出爲後軍主簿與諮議參軍謝莊共掌辭令領義成太守元嘉二十八年誕當爲廣州欲以懷文爲南府記室先除通直郎懷文固辭南行上不悅弟懷遠納東陽公主養女王鸚鵡爲妾元凶行巫蠱鸚鵡預之事泄懷文因此失調爲治書侍御史元凶弒立以爲中書侍郎世祖入討劭呼之使作符檄懷文固辭劭大怒投筆於地曰當今艱難卿欲避事邪旨色甚切值殷沖在坐申救得免託疾落馬間行奔新亭以爲竟陵王誕衞軍記室參軍新興太守又爲誕驃騎錄事參軍淮南太守時國哀未釋誕欲起內齋懷文以爲不可乃止尋轉揚州治中從事史時議省錄尚書懷文以爲非宜上議曰昔天官正紀六典序職載師掌均七府成務所以翼平辰衡經贊邦極故總屬之原著夫官典和統之要昭于國言夏因虞禮有深冢司之則周承殷法無損掌邦之儀用乃調佐王均緝亮帝度而式憲之軌弘正漢庭述章之範崇明魏室雖條錄之名立稱於中代總釐之實不愆於自古比代相沿歷朝罔貳及乎爵以事變級以時改皆興替之道無害國章八統元任靡或省革按台輔之職三曰禮典以和邦國以統百官四曰政典以平邦國以正百官鄭康成云冢宰之於庶僚無所不總也考于茲義備於典文詳古準今不宜虛廢不從遷別駕從事史江夏王義恭遷西陽王子尚爲揚州居職如故時熒惑守南斗上乃廢西州舊館使子尚移居東城以厭之懷文曰天道示變宜應之以德今雖空西州恐無益也不從而州竟廢矣大明二年遷尚書吏部郎時朝議欲依古制置王畿揚州移治會稽猶以星變故也懷文曰周制封畿漢置司隸各因時宜非存相反安民寧國其揆一也苟民心所安天亦從之未必改今追古乃致平壹神州舊壤歷代相承異於邊州或罷或置旣物情不說容虧化本又不從三年子尚移鎮會稽遷撫軍長史行府州事時囚繫甚多動經年月懷文到任訊五郡九百三十六獄衆咸稱平入爲侍中寵待隆密將以爲會稽其事不行竟陵王誕據廣陵反及城陷士庶皆贏身鞭面然後加刑聚所殺人首於石頭南岸謂之髑髏山懷文陳其不可上不納揚州移會稽上忿浙江東人情不和欲貶其勞祿唯西州舊人不改懷文曰揚州徙治旣乖民情一州兩格尤失大體臣謂不宜有異上又不從懷文與顏竣周朗素善竣以失旨見誅朗亦以忤意得罪上謂懷文曰竣若知我殺之亦當不敢如此懷文默然嘗以歲夕與謝莊王景文顏師伯被敕入省未及進景文因言次稱竣朗人才之美懷文與相酬和師伯後因語次白上敍景文等此言懷文屢經犯忤至此上倍不說上又壞諸郡士族以充將吏並不服役至悉逃亡加以嚴制不能禁乃改用軍法得便斬之莫不奔竄山湖聚爲盜賊懷文又以爲言齋庫上絹年調鉅萬匹綿亦稱此期限嚴峻民間買絹一匹至二三千綿一兩亦三四百貧者賣妻兒甚者或自縊死懷文具陳民困由是綿絹薄有所減俄復舊子尚諸皇子皆置邸舍逐什一之利爲患偏天下懷文又言之曰列肆販賣古人所非故卜式明不雨之由弘羊受致旱之責若以用度不充頓止爲難者故宜量加減省不聽孝建以來抑黜諸弟廣陵平後復欲更峻其科懷文曰漢明不使其子比光武之子前史以爲美談陛下旣明管蔡之誅願崇唐衞之寄及海陵王休茂誅欲遂前議太宰江夏王義恭探得密旨先發議端懷文固謂不可由是得息時游幸無度太后及六宮常乘副車在後懷文與王景文每陳不宜亟出後同從坐松樹下風雨甚驟景文曰卿可以言矣懷文曰獨言無係宜相與陳之江智淵臥草側亦謂言之爲善俄而被召俱入雉場懷文曰風雨如此非聖躬所宜冒景文又曰懷文所啓宜從智淵未及有言上方注弩作色曰卿欲效顏竣邪何以恒知人事又曰顏竣小子恨不得鞭其面上每宴集在坐者咸令沈醉懷文素不飲酒又不好戲調上謂故欲異己謝莊嘗誡懷文曰卿每與人異亦何可久懷文曰吾少來如此豈可一朝而變非欲異物性所得耳五年乃出爲晉安王子勛征虜長史廣陵太守明年坐朝正事畢被遣還北以女病求申臨辭又乞停三日訖猶不去爲有司所糾免官禁錮十年旣被免買宅欲還東上大怒收付廷尉賜死時年五十四三子淡淵沖弟懷遠爲始興王濬征北長流參軍深見親待坐納王鸚鵡爲妾世祖徙之廣州使廣州刺史宗慤於南殺之會南郡王義宣反懷遠頗閑文筆慤起義使造檄書并銜命至始興與始興相沈法系論起義事事平慤具爲陳請由此見原終世祖世不得還懷文雖親要屢請終不許前廢帝世流徙者並聽歸本官至武康令撰南越志及懷文文集並傳於世

史臣曰昔婁敬戍卒委輅而遷帝都馮唐老賤片詞以悟明主素無王公卿士之貴非有積譽取信之資徒以一言合旨仰感萬乘自此山壑草萊之人布衣韋帶之士莫不踵闕縣書煙霏霧集自漢至魏此風未爽曁于晉氏浮僞成俗人懷獨善仕貴遺務降及宋祖思反前失雖革薄捐華抑揚名教而闢聰之路未啓采言之制不弘至於賤隸卑臣義合朝算徒以事非己出知允莫從昔之闢之若彼今之塞之若此非爲徐樂嚴安偏富漢世東方主父獨闕宋時蓋由用與不用也徒置乞言之旨空下不諱之令慕古飾情義非側席文士因斯各存炫藻周朗辯博之言多切治要而意在摛詞文實忤主文詞之爲累一至此乎

宋書卷八十二考證

周郎傳訓以書記圖律○律一本作緯

其國學則宜詳考古數部定子史○古一本作占

且帝子未官人誰謂賤但宜詳置賓友選擇正人亦何必列長史參軍別駕從事然後爲貴哉○臣承蒼按周郎所言多切當時之弊而此條尤爲顯著宋世帝子甫離襁褓即出爲刺史例皆佐吏行事旣失教子之方亦非理民之道其後晉安王子勛起兵特由強佐專擅爲之而諸藩嚮應並以鄙亂被誅孝武二十八男竟無噍類使能蚤聽朗言其禍豈若是之烈哉

宋書卷八十三

梁　沈約　撰

列傳第四十三

宗越　吳喜　黃回

宗越南陽葉人也本河南人晉亂徙南陽宛縣又土斷屬葉本爲南陽次門安北將軍趙倫之鎮襄陽襄陽多雜姓倫之使長史范覬之條次氏族辨其高卑覬之點越爲役門出身補郡吏父爲蠻所殺殺其父者嘗出郡越於市中刺殺之太守夏侯穆嘉其意擢爲隊主蠻有爲寇盜者常使越討伐往輒有功家貧無以市馬常刀

梢步出單身挺戰衆莫能當每一捷郡將輒賞錢五千因此得市馬後被召出州爲隊主世祖鎭襄陽以爲揚武將軍領臺隊元嘉二十四年啓太祖求復次門移戶屬冠軍縣許之二十七年隨柳元景北伐領馬幢隸柳元怙有戰功事在元景傳還補後軍參軍督護隨王誕戲之曰汝何人遂得我府四字越答曰佛貍未死不憂不得咨議參軍誕大笑隨元景伐西陽蠻因値建義轉南中郎長兼行參軍新亭有戰功世祖卽位以爲江夏王義恭大司馬行參軍濟陽太守尋加龍驤將軍臧質魯爽反越率軍據歷陽爽遣將軍鄭德玄前據大峴德玄分偏師楊胡興劉蜀馬步三千進攻歷陽越以步騎五百於城西十餘里拒戰大破斬胡興蜀等爽平又率所領進梁山拒質質敗走越戰功居多因追奔至江陵時荊州刺史朱修之未至越多所誅戮又逼略南郡王義宣子女坐免官繫尚方尋被宥復本官追論前功封筑陽縣子食邑四百戶遷西陽王子尚撫軍中兵參軍將軍如故大明三年轉長水校尉竟陵王誕據廣陵反越領馬軍隸沈慶之攻誕及城陷世祖使悉殺城內男丁越受旨行誅躬臨其事莫不先加捶撻或有鞭其面者欣欣然若有所得所殺凡數千人四年改封始安縣子戶邑如先八年遷新安王子鸞撫軍中兵參軍加輔國將軍其年督司州豫州之汝南新蔡汝陽潁川四郡諸軍事寧朔將軍司州刺史尋領汝南新蔡二郡太守前廢帝景和元年召爲遊擊將軍直閤頃之領南濟陰太守進爵爲侯增邑二百戶又加冠軍將軍改領南東海太守遊擊如故帝凶暴無道而越及譚金童太壹並爲之用命誅戮羣公及何邁等莫不盡心竭力故帝憑其爪牙無所忌憚賜與越等美女金帛充牣其家越等武人麤彊識不及遠咸一往意氣皆無復二心帝將欲南巡明旦便發其夕悉聽越等出外宿太宗因此定亂明晨越等並入上撫接甚厚越改領南濟陰太守本官如故越等旣爲廢帝盡力慮太宗不能容之上接待雖厚內並懷懼上亦不欲使其居中從容謂之曰卿等遭罹暴朝勤勞日夕苦樂宜更應得自養之地兵馬大郡隨卿等所擇越等素已自疑及聞此旨皆相顧失色因謀作難以告沈攸之攸之具白太宗卽日收越等下獄死越時年五十八越善立營陣每數萬人止頓越自騎馬前行使軍人隨其後馬止營合未嘗參差及沈攸之代殷孝祖爲南討前鋒時孝祖新死衆並懼攸之歎曰宗公可惜故有勝人處而御衆嚴酷好行刑誅睚眦之間動用軍法時王玄謨御下亦少恩將士爲之語曰寧作五年徒不逐王玄謨玄謨尚可宗越殺我譚金荒中傖人也在荒中時與薛安都有舊後出新野居牛門村及安都歸國金常隨征討自北入崤陝及巴口建義恒副安都排堅陷陣氣力兼人平元凶及梁山破臧質每有戰功稍至建平王宏中軍參軍事加建武將軍尋轉龍驤將軍南下邳太守參軍如故孝建三年遷屯騎校尉直閤領南清河太守景和元年前廢帝誅羣公金等並爲之用帝下詔曰屯騎校尉南清河太守譚金彊弩將軍童太壹車騎中兵參軍沈攸之誠略沈果忠幹勇鷙消蕩氛翳首制鯨凶宜裂河山以酬勳義金可封平都縣男太壹宜陽縣男攸之東興縣男食邑各三百戶金遷驍騎將軍增邑百戶太壹東莞人也自彊弩遷左軍將軍增邑百戶金太壹並與宗越俱死越州里劉胡武念佼長生蔡那曹欣之並以將帥顯劉胡事在鄧琬傳武念新野人也本三五門出身郡將蕭思話爲雍州遣土人龐道符統六門田念爲道符隨身隊主後大府以念有健名且家富有馬召出爲將世祖臨雍州念領隊奉迎時沔中蠻反世祖之鎭緣道討伐部伍至太堤巖洲蠻數千人忽至乘高矢射雨下念馳赴奮擊應時摧退卽擢爲參軍督護其後每軍旅常有戰功世祖孝建中爲建威將軍桂陽太守竟陵王誕反念以江夏王義恭太宰參軍龍驤將軍隸沈慶之攻廣陵誕出城走旣而復還念追之不及坐免官復以爲冗從僕射出爲龍驤將軍南陽太守前廢帝景和中爲右軍將軍直閤封開國縣男食邑三百戶太宗初卽位四方反叛遣念乘驛還雎州綏慰西土因以爲南陽太守念旣至人情並向之劉胡遣腹心數騎詐詣念降於坐縛念袁顗斬之送首詣晉安王子勛念黨袁處珍逃亡至壽陽爲逆黨劉順所得考楚備至秉義不移後得叛奔劉勔太宗嘉之以爲奉朝請追贈念冠軍將軍南陽新野二郡太守封綏安縣侯食邑四百戶泰始四年綏安縣省改封邵陵縣佼長生廣平人也出身爲縣將太府以其有膂力召爲府將朱修之拒魯秀於峴南長生有戰功稍見任使太宗初爲建安王休仁司徒中兵參軍加寧朔將軍南討有功封遷陵縣侯食邑八百戶後爲張悅寧遠司馬寧蠻校尉太始五年卒追贈征虜將軍雎州刺史蔡那南陽冠軍人也家素富而那兄局善接待賓客客至無少多皆資給之以此爲郡縣所優異蠲其調役那始爲建福戍主漸至大府將佐太宗初爲建安王休仁司徒中兵參軍南討那子弟皆在襄陽爲劉胡所執胡每戰輒懸之城外那進戰愈猛以功封平陽縣侯食邑五百戶稍至劉韞撫軍司馬寧蠻校尉加寧朔將軍泰豫元年以本號爲益州刺史宋寧太守未拜卒追贈輔師將軍餘如故諡曰平侯曹欣之新野人也積勤勞後廢帝元徽初爲軍主以平桂陽王休範功封新市縣子食邑五百戶爲左軍驍騎將軍加輔國將軍元徽四年以本號爲徐州刺史鍾離太守進號冠軍將軍順帝昇明二年徵爲散騎常侍驍騎將軍三年卒

吳喜吳興臨安人也本名喜公太宗減爲喜初出身爲領軍府白衣吏少知書領軍將軍沈演之使寫起居注所寫旣畢闇誦略皆上口演之嘗作讓表未奏失本喜經一見卽便寫赴無所漏脫演之甚知之因此涉獵史漢頗見古今演之門生朱重民入爲主書薦喜爲主書書史進爲主圖令史太祖嘗求圖書喜開卷倒進之太祖怒遣出會太子步兵校尉沈慶之征蠻啓太祖請喜自隨使命去來爲世祖所知賞世祖於巴口建義喜遇病不堪隨慶之下事平世祖以喜爲主書稍見親遇擢爲諸王學官令左右尚方令河東太守殿中御史大明中黟歙二縣有亡命數千人攻破縣邑殺害官長豫章王子尚爲揚州在會稽再遣爲主帥領三千人水陸討伐遂再往失利世祖遣喜將數十人至二縣誘說羣賊賊卽日歸降太宗初卽位四方反叛東兵尤急喜請得精兵三百致死於東上大悅卽假建武將軍簡羽林勇士配之議者以喜刀筆主者不嘗爲將不可遣中書舍人巢尚之曰喜昔隨沈慶之屢經軍旅性旣勇決又習戰陳若能任之必有成績諸人紛紛皆是不別才耳喜乃率員外散騎侍郎竺超之殿中將軍杜敬眞馬步東討旣至永世得庾業劉延熙書送尋陽王子房檄文與喜書曰知統戎旅已次近路卿所在著名今日何爲立忠於彼邪想便倒戈共受河山之賞喜報書曰前驅之人忽獲來翰披尋狂惑良深悵駭聖主以神武撥亂德盛勳高羣逆交扇滅在晷刻君等勳義之烈世荷國恩事愧鳴鶚不懷食椹今練勒所部星言進邁相見在近不復多陳喜孝武世見驅使常充使命性寬厚所至人並懷之及東討百姓聞吳河東來便望風降散故喜所至克捷事在孔覬傳遷步兵校尉將軍如故封竟陵縣侯食邑千戶東土平定又率所領南討遷輔國將軍尋陽太守南賊退走喜追討平定荊州遷前軍將軍增邑三百戶泰始四年改封東興縣侯戶邑如先仍除使持節督交州廣州之鬱林寧浦二郡諸軍事輔國將軍交州刺史不行又除右軍將軍淮陵太守假輔師將軍兼太子左衞率五年轉驍騎將軍假號太守兼率如故其年虜寇豫州喜統諸軍出討大破虜於荊亭僞長社公遁走戍主帛乞奴歸降軍還復以本位兼左衞將軍六年又率軍向豫州拒索虜加節督豫州諸軍事假冠軍將軍驍騎太守如故明年還京都初喜東征白太宗得尋陽王子房及諸賊帥卽於東梟斬東土旣平喜見南賊方熾慮後翻覆受禍乃生送子房還都凡諸大主帥顧琛王曇生之徒皆被全活上以喜新立大功不問也而內密銜之及平荊州恣意剽虜贓私萬計又嘗對賓客言漢高魏武本是何人上聞之益不說其後誅壽寂之喜內懼因啓乞中散大夫上尤疑駭至是會上有疾爲身後之慮以喜素得人情疑其將來不能事幼主乃賜死時年四十五喜將死之日上召入內殿與共言謔酬接甚款旣出賜以名饌幷金銀御器敕將命者勿使食器宿喜家上素多忌諱不欲令食器停凶禍之室故也喜未死一日上與劉勔張興世齊王詔曰吳喜出自卑寒少被驅使利口任詐輕狡萬端自元嘉以來便充刀筆小役賣弄威恩苟取物情處處交結皆爲黨與衆中常以正直爲詞而內實阿媚每仗計數運其佞巧甘言說色曲以事人不忠不平彰於觸事從來作諸署主意所不協者覓罪委頓之以示清直而餘人恣意爲非一不檢問故甚得物情昔大明中黟歙二縣有亡命數千人攻破縣邑殺害官長劉子尚在會稽再遣爲主帥領三千精甲水陸討伐再往失利孝武以喜將數十人至二縣說誘羣賊賊卽歸降詭數幻惑乃能如此故每豫驅馳窮諸狡慝及泰始初東討正有三百人直造三吳凡再經薄戰而自破岡以東至海十郡無不清蕩百姓聞吳河東來便望風自退若非積取三吳人情何以得弭伏如此其統軍寬慢無章放恣諸將無所裁檢故部曲爲之致力觀其意趣止在賊平之後應力爲國計喜初東征發都指天畫地云得劉子房卽當屏除袁標等皆加斬戮使略無生口旣平之後緩兵施恩納罪人之貨誘諸賊帥令各逃藏受賂得物不可稱紀聽諸賊帥假稱爲降而擁衞子房遂得生歸朝廷收羅羣逆皆作爪牙撫接優密過於義士推此意正是聞南賊大盛殷孝祖戰亡人情大惡慮逆徒得志規以自免喜善爲姦變每以計數自將於朝廷時三吳首獻慶捷於南賊則不殺其黨頗著陰誠當云東人恇怯望風自散皆是

彼無處分非其苦相逼迫保全子房及顧琛等足表丹誠進退二塗可以無患南賊未平唯以軍糧爲急西南及北道斷不通東土新平商運稀簡朝廷乃至鬻官賣爵以救灾困斗斛收斂猶有不充喜在赭圻軍主者頓偸一百三十斛米初不問罪諸軍主皆云宜治喜不獲已止與三十鞭又不責備凡所曲意類皆如此喜至荆州公私殷富錢物無復孑遺喜乘兵威之盛誅求推檢凡所課責既無定科又嚴令驅蹙皆使立辦所使之人莫非姦猾因公行私迫脅在所入官之物侵竊過半納資請託不知厭已西難既殄便應還朝而解故槃停託云扞蜀實由貨易交關事未回展又遣人入蠻矯詔慰勞賧伐所得一以入私又遣部下將吏兼因土地富人往襄陽或蜀漢屬託郡縣侵官害民興生求利千端萬緒從西還大艑小艒爰及草舫錢米布絹無船不滿自喜以下迨至小將人人重載莫不兼資喜本小人多被使役經由水陸州郡殆徧所至之處輒結物情妄竊善稱聲滿天下密懷姦惡人莫之知喜軍中諸將非劫便賊唯云賊何須殺但取之必得其用雖復羸弱亦言健兒可惜天下未平但令以功贖罪處遇料理反勝勞人此輩所感唯喜莫云恩由朝廷凶惡不革恒出醜聲勞人義士相與歎息並云我等不愛性命擊擒此賊朝廷不肯殺去反與我齊今天下若更有賊我不復能擊也此等既隨喜行多無功劾或隱在衆後或在幔屋中眠賊既破散與勞人同受爵賞既被詰問辭白百端云此輩既見原宥擊賊有功那得不依例加賞褚淵往南選諸將卒喜爲軍中經爲賊者就淵求官倍於義士淵以喜最前獻捷名位已通又爲統副難相違拒是以得官受賞反多義人義人雖忿喜不平又懷其寬弛往歲竺超之聞四方反叛人情畏賊無敢求爲朝廷行者乃慨然攘步隨喜出征爲其軍副身經臨敵自東還失喜意說超之多酒不堪驅使遂相委棄高敬祖年雖少宿氣力實健其有處分爲軍中所稱喜薄其衰老云無所施正以二人忠清與己異行超之爲人乃多飲酒計喜軍中主帥豈無飲酒者特是不利超之故以酒致言耳敬祖既無餘事直云年老託爲乞郡潛相遣斥其餘主帥並貪濁諂媚之流皆提攜東西不相離捨喜聞天壤間有罪人死或應繫者必啓以入軍皆得官爵厚被處遇應入死之人緣已得活非唯得活又復如意人非木石何能不感設令吾攻喜門此輩誰不致力但是喜不敢生心耳喜軍中人皆是喜身爪牙豈關於國喜自得軍號以來多置吏佐是人加板無復限極爲兄弟子姪及其同堂羣從乞東名縣連城四五皆灼然巧盜侵官奪私亡命罪人州郡不得討嶠嶇蔽匿必也黨護臺州符旨殆不復行船車牛犢應爲公家所假借者託之於喜吏司便不敢問它縣奴婢入界便略百姓牛犢輒牽殺噉州郡應及役者並入喜家喜兄茹公等悉下取錢盈村滿里諸吳姻親就人間徵求無復紀極百姓嗷然人人忿苦喜具知此初不禁呵索惠子罪不甚江念既已被恩得免憲辟小小忤意輒加刑斬張悅賊中大帥逼迫歸降沈攸之錄付喜云殺活當由朝廷將帥征伐既有常體自應執歸之有司喜卽便打鏁解稱與著對膝圍棊仍造重義私惠招物觸事如斯張靈度凶愚小人背叛之首喜在西輒恕其罪私將下都與之周旋情若同體狼子野心獨懷毒性遂與柳欣慰等謀立劉禕吾使喜錄之而喜密報令去去未得遠爲建康所錄喜背國親惡乃至於是初從西反圖兼右丞貪因事物以行私詐吾患其諂曲抑而不許從此怨懟意用不平喜西救汝陰縱肆兵將掠暴居民姦人婦女逼奪雞犬虜略縱橫緣路官長莫敢呵問脫誤有縛錄一人喜輒大怒百姓呼嗟人人失望近段佛榮求還乃欲用喜代之西人聞其當來皆欲叛走云吳軍中人皆是生劫若作刺史吾等豈有活路既無他計正當叛投虜耳夫伐罪弔民用清國道豈有殘虐無辜剝奪爲務害政妨國罔上附下罪疊若此而可久容臧文仲有云見有善於其君如孝子之養父母見有惡於君若鷹鸇之逐鳥雀耿弇不以賊遺君父前史以爲美談而喜軍中五千人皆親經反逆攜養左右豈有奉上之心喜意志張大每稱漢高魏武本是何人近忽通啓求解軍任乞中散大夫喜是何人乃敢作此舉止且當今邊疆未寧正是喜輸蹄領之日若以自處之宜當節儉廉愼靜掃閉門不與外物交關專心奉上何得以其蜓蟓高自比擬當是自顧愆疊事宜遐邇又見壽寂之流徙施修林被擊物惡傷類內懷憂恐故興此計圖欲自安朝廷之士及大臣藩鎭喜殆無所畏者畏者唯吾一人耳人生修短不可豫量若吾壽百年世間無喜何所虧損若使吾四月中疾患不得治力天下豈可有喜一人尋喜心迹不可奉守文之主豈可遭國家間隙有可乘之會邪世人多云時可畏國政嚴歷觀有天下御億兆仗威齊衆何代不然故上古象刑民淳不犯後聖懲僞易以剠墨唐堯至仁不赦四凶之罪漢高大度而急三傑之誅且太公爲治先華士之刑宣尼作宰肆少正之戮自昔力安社稷功濟蒼生班劒引前笳鼓陪後不能保此者歷代無數養之以福十分有一耳至若喜之深罪其得免乎夫富之與貴雖以功績致之必由道德守之故善始者未足稱奇令終者乃可重耳凡置官養士本在利國當其爲利愛之如赤子及其爲害畏之如仇讎豈暇遠尋初功而應忍受終敝耳將之爲用譬如餌藥當人羸冷資散石以全身及熱勢發動去堅積以止患豈憶始時之益不計後日之損存前者之賞抑當今之罰非忘其功勢不獲已耳喜罪釁山積志意難容雖有功效不足自補交爲國患焉得不除且欲防微杜漸憂在未萌不欲方幅露其罪惡明當嚴詔切之令自爲其所卿諸人將相大臣股肱所寄賞罰事重應與卿等論之卿意並謂云何

及喜死發詔賻賜子徽民襲爵齊受禪國除

黃回竟陵郡軍人也出身充郡府雜役稍至傳教臧質爲郡轉齋帥及去職將回自隨質爲雍州回復爲齋帥質討元凶回隨從有功免軍戶質在江州擢領白直隊主隨質於梁山敗走向豫章爲臺軍主謝承祖所錄付江州作部遇赦得原回因下都於宣陽門與人相打詐稱江夏王義恭馬客鞭二百付右尚方會中書舍人戴明寶被繫差回爲戶伯性便辟勤緊奉事明寶竭盡心力明寶尋得原赦委任如初啓免回以領隨身隊統知宅及江西墅事性有功藝觸類多能明寶甚寵任之回拳捷果勁勇力兼人在江西與諸楚子相結屢爲劫盜會太宗初卽位四方反叛明寶啓太宗使回募江西楚人得快射手八百假回寧朔將軍軍主隸劉勔西討於死虎破杜叔寶軍除山陽王休祐驃騎行參軍龍驤將軍攻合肥破之累遷至將校以功封葛陽縣男食邑二百戶後廢帝元徽初桂陽王休範爲逆回以屯騎校尉領軍隸齊王於新亭創詐降之計事在休範傳回見休範可乘謂張敬兒曰卿可取之我誓不殺諸王敬兒卽日斬休範事平轉回驍騎將軍加輔師將軍進爵爲侯改封聞喜縣增邑千戶四年遷冠軍將軍南琅邪濟陽二郡太守建平王景素反回又率軍前討假節城平之日回軍先入又以景素讓張倪奴回增邑五百戶進號征虜將軍加散騎常侍太守如故明年遷右衞將軍常侍如故沈攸之反以回爲使持節督郢州司州之義陽諸軍事平西將軍郢州刺史給鼓吹一部率衆出新亭爲前鋒未發而袁粲據石頭爲亂回與新亭諸將帥任候伯彭文之王宜興孫曇瓘等謀應粲粲事發候伯等並乘船赴石頭唯曇瓘先至得入候伯等至而粲已平回本期詰旦率所領從御道直向臺門攻齊王於朝堂事既不果齊王撫之如舊回與宜興素不協慮或反告因其不從處分斬之宜興吳興人也形狀短小而果勁有膽力少年時爲劫不須伴郡討逐圍繞數十重終莫能擒太宗泰始中爲將在壽陽間擊索虜每以少制多挺身深入無畏憚虜衆値宜興皆引避不敢當稍至寧朔將軍羽林監以平建平王景素功封長壽縣男食邑三百戶至是爲屯騎校尉加輔國將軍回進軍未至郢州而沈攸之敗走回至鎭進號鎭西將軍改督爲都督回不樂停郢州固求南兗遂率部曲輒還改封安陸郡公增邑二千戶幷前三千七百戶改都督南兗徐兗青冀五州諸軍事鎭北將軍南兗州刺史加散騎常侍持節如故齊王以回終爲禍亂乃上表曰黃回出自厮伍本無信行仰値泰始謬被驅馳階藉風雲累叨顯伍及沈攸之作逆事切戎機臣闇於知人冀其摶噬遣統前鋒竟不接刃軍至郢城乘威迫脅陵掠所加必先尊貴武陵王馬器服咸被虜奪城內文武剝剝靡遺及至還都縱态彌甚先朝御服猶有二輿弓劒遺思尚在軍府回遂啓求以擬私用僭侮無厭罔顧天極又廣納逋亡多受劫盜親信此等並爲爪牙觀其凶狡憂在不測惡積舋著非可含忍應加剗除以明國憲尋其釁狀是宜極法但嘗經將帥微有塵露皋疑從輕事炳前策請在降減特原餘嗣臣過荷隆寄言必罄誠謹陳管穴式遵弘典伏願聖明特垂允鑒臣思不出位誠昧甄才追言旣往伏增慙悊詔曰黃回擢自凡豎夙負疵釁貫以憲綱收其搏噬雖勤效累著而屢懷干紀新亭背叛投拜寇場異規旣扇廟律幾殆幸得張敬兒提戈直奮元惡受戮及景素結逆履霜歲久乃密通音譯潛送器杖氛沴克霽莜謀方顯每存容掩冀能悛革故裂茅升爵均榮勳寵凶詖有本險慝滋深構誘敬兒志相攻陷悖圖未遂狼戾彌甚近軍次郢鎭劫逼府主兼挾私計多所徵索主局咨疑便加搥楚專肆暴慢罔顧彝則屠牧西蕃徵貢惟厚曾不知感猶懷忿怨李安民近任河濟星管未周貪據稔要苦祈回奪驥謁弗已叨倰無度遂請求御輿僭擬私飾又招萃賊黨初不啓聞傷風蠹化莫此之甚宜明繩裁肅正刑書便收付廷尉依法窮治回死時年五十二子僧念尚書左民郎竟陵相未發從誅回旣貴祗事戴明寶甚謹言必自名每至明寶許屛人獨造未嘗敢坐躬至帳下及入內料檢有無隨之供送

以此爲常先是王藴爲湘州頳川庾佩玉爲藴寧朔府長史長沙內史藴去職南中郎將湘州刺史南陵王翽未之任權以佩玉行府州事先遣中兵參軍臨湘令韓幼宗領軍戍防湘州與佩玉共事不美及沈攸之爲逆佩玉幼宗各不相信幼宗密圖佩玉佩玉知其謀襲殺幼宗回至郢州遣輔國將軍任候伯行湘州事候伯以佩玉兩端輒殺之湘州刺史呂安國之鎭齊王使安國誅候伯彭文之太山人也以軍功稍至龍驤將軍討建平王景素功封葛陽縣男食邑三百戶順帝初爲輔國將軍左軍將軍南濮陽太守直閤領右細杖盪主沈攸之平後齊王收之下獄賜死孫曇瓘吳郡富陽人也驍果有氣力以軍功稍進至是爲寧朔將軍越州刺史於石頭叛走逃竄經時後於秣陵縣禽獲伏誅回同時爲將者臨淮任農夫沛郡周寧民南郡高道慶並以武用顯農夫稍至彊弩將軍太宗初以東討功封廣晉縣子食邑五百戶東土平定仍又南討增邑二百戶歷射聲校尉左軍將軍時桂陽王休範在江州有異志朝廷慮其下以農夫爲輔師將軍淮南太守戍姑孰以防之休範尋率衆向京邑奄至近道農夫棄戍還都休範平以戰功改封孱陵縣侯增邑千戶并前千七百戶出爲輔師將軍豫州刺史尋進號冠軍將軍明年入爲驍騎將軍加通直散騎常侍前世加官唯散騎常侍無通直員外之文太宗以來多因軍功至大位資輕加常侍者往往通直員外焉五年加征虜將軍改通直爲散騎常侍驍騎如故其年卒追贈左將軍常侍如故謚曰貞肅侯伯卽農夫弟也周寧民於鄉里起義討薛安都亦以軍功至軍校秦始初封贑縣男食邑三百戶官至寧朔將軍徐州刺史鍾離太守高道慶亦至軍校驍游以平桂陽王休範功封樂安縣男食邑三百戶建平王景素反道慶領軍北討而與景素通謀及事平自啓求增邑五百戶詔加二百并前五百戶道慶凶險暴橫求欲無已有失其意輒加捶拉往往有死者朝廷畏之如虎狼齊王與袁粲等議收付廷尉賜死

史臣曰夫豎人匹夫濟其身業非世亂莫由也以亂世之情用於治日其得不亡亦爲幸矣

宋書卷八十三考證

黄回傳每以少制多挺身深入無畏憚○無字下一本有所字

祗事戴明寶甚謹言必自名每至明寶許屏人獨造○造南本作進

宋書卷八十四

梁　沈約　撰

列傳第四十四

鄧琬　袁顗　孔覬

鄧琬字元琬豫章南昌人也高祖混曾祖玄並爲晉尚書吏部郎祖潛之鎭南長史父胤之世祖征虜長史吏部郎彭城王義康大將軍長史豫章太守光祿勳琬初爲州西曹主簿南譙王義宣征北行參軍轉參軍事又隨府轉車騎參軍仍轉府主簿江州治中從事史世祖起義版琬爲輔國將軍南海太守率軍伐蕭簡於廣州攻圍踰年乃克以臧質反爲江州刺史宗慤所執值赦原琬弟璩與臧質同逆質敗從誅琬弟環亦坐誅琬在遠又有功免死遠徙仍停廣州久之得還除給事中尚書庫部郎都水使者丹陽丞本州大中正大明七年車駕幸歷陽追思在藩之舊下詔曰故光祿勳前征虜長史鄧胤之體局沈隱累任著績朕昔當藩重首先佐務心力欵盡弗忘于懷往歲息璩凶悖自取誅翦訟恩及琬特免釁戮今可擢爲給事黄門侍郎以旌胤之宿誠明年出爲晉安王子勛鎭軍長史尋陽內史行江州事前廢帝狂悖無道以太祖世祖並第數居三以登極位子勛次第既同深構嫌隙因何邁之謀乃遣使齎藥賜子勛死使至子勛典籤謝道遇齋帥潘欣之侍書褚靈嗣等馳以告琬泣涕請計琬曰身南土寒士蒙先帝殊恩以愛子見託豈得惜門戶百口其當以死報効幼主昏暴社稷危殆雖曰天子事猶獨夫今便指率文武直造京邑與羣公卿士廢昏立明景和元年十一月十九日稱子勛教卽日戒嚴子勛戎服出聽事集僚佐使潘欣之口宣旨曰少主昏狂悖戾並是諸君所見聞顧命重臣悉皆誅戮驅逼王公幽辱太后不遑之徒共成其釁京師諸王並見囚逼委厄虎口思奮莫因身義兼家國豈可坐視橫流今便欲舉九江之衆馳檄近遠以謀王室於諸君何如四座未答錄事參軍陶亮曰少主昏狂醜毒已積伊霍行之於古殿下當之於今鄙州士子世習忠節況屬千載之會請効死前驅衆並奉旨文武普進位一階轉亮爲諮議參軍事領中兵加寧朔將軍總統軍事功曹張沈爲諮議參軍統作舟艦參軍事顧昭之沈伯玉荀道林等參管書記南陽太守沈懷寶岷山太守薛常寶之郡始至尋陽與新蔡太守韋希直並爲諮議參軍領中兵及彭澤令陳紹宗並爲將帥初廢帝使荆州錄送前軍長史荆州行事張悅下至湓口琬稱子勛命釋其桎梏迎以所乘之車以爲司馬加征虜將軍加琬冠軍將軍二人共掌內外衆事遣將軍俞伯奇率五百人出斷大雷禁絕商旅及公私使命遣使上諸郡民丁收斂器械十日之內得甲士五千人出頓大雷於兩岸築壘巴東建平二郡太守孫沖之之郡始至孤石琬以沖之爲子勛諮議參軍領中兵加輔國將軍與陶亮並統前軍使記室參軍荀道林造檄文馳告遠近會太宗定亂進子勛號車騎將軍開府儀同三司令書至諸佐吏並喜造琬曰暴亂既除殿下又開黃閤實爲公私大慶琬以子勛次第居三又以尋陽起事有符世祖理必萬克乃取令書投地曰殿下當開端門黄閤是吾徒事耳衆並駭愕琬與陶亮等繕治器甲徵兵四方郢州刺史安陸王子綏荆州刺史臨海王子頊會稽太守尋陽王子房雍州刺史袁顗梁州刺史柳元怙益州刺史蕭惠開廣州刺史袁曇遠徐州刺史薛安都青州刺史沈文秀冀州刺史崔道固湘州行事何惠文吳郡太守顧琛吳興太守王曇生晉陵太守袁標義興太守劉延熙並同叛逆先是廢帝以邵陵王子元爲冠軍將軍湘州刺史中兵參軍沈仲玉爲道路行事至鵲頭聞尋陽兵起停住白太宗進止之宜太宗以子勛起兵本在幼主雖疑其不卽解甲不欲先彰同異敕令進道信未報琬聞子元停鵲頭不進遣數百人劫迎之乃建牙於桑尾傳檄京師曰陽六數艱雲雷相襲高皇受歷時乘雲轡頓於促路文祖定祥係昭睿化翦於中年二凶縱禍三綱理滅宗王俛首姑息逆朝枕戈無聞偷榮有秩孝武皇帝釋位泣血糾義入討投袂戎首親戮鯨鯢九服還輝兩儀更造而穹旻不惠棄離萬國皇運重替嗣王荒淫孤以不才任居藩長大懼宗稷殲覆待日故招徒楚郢飛檄京甸志遵前典黜幽陟明庶七廟復安海昏有紹豈圖宋未悔禍弑亂奄臻遂矯害明茂篡竊天寶反道効尤蔑我皇德干我昭穆寡我兄弟忝鴟鴞之心踰倫顯之志覆移鼎祚誣罔天人藐孤同氣猶有十三聖靈何辜而當乏饗昔隆周弛御晉鄭是依盛漢中陵居章抗節支苗輕屬猶或忘驅況孤忝惟臣子情地兼切號慼一隅心與事痛是用飲血袥金誓復宗祀今遣輔國將軍諮議領中直兵孫沖之龍驤將軍陳紹宗率螭虎之士組甲二萬沿流電發遲取白下龍驤將軍領中直兵薛常寶建威將軍領中直兵沈懷寶長戟萬刃羽騎千羣徑出南州直造朱雀寧朔將軍諮議領中直兵陶亮龍驤將軍焦度總中黃之旅梟雄三萬風掩江介雲臨石頭建威將軍張洌龍驤將軍何休明提育獲之徒勁悍之卒邪趨金陵北指閶闔龍驤將軍張係伯龍驤將軍陳慶勒輕銳五千彊弩一萬飛鋒班瀆齊會西明冠軍將軍尋陽內史鄧琬撮湘雍之兵勇敢四萬授律總威飆集京邑征虜將軍領府司馬張悅蒼兕千艘水軍五萬大董羣校絡繹繼道冠軍將軍豫章內史劉衍寧朔將軍武昌太守劉弼寧朔將軍西陽太守謝稚建威將軍領中直兵晉熙太守閻湛之皆掃境勝兵薦誠請効後將軍郢州刺史安陸王子綏懷恩纏慕鞠旅先辰冠軍將軍湘州刺史邵陵王子元席驅陵波整衆遄至前將軍荆州刺史臨海王子頊練甲陝西獻徒萬數輔國將軍冠軍長史長沙內史何惠文見拔先皇誠深投袂冠軍將軍雍州刺史袁顗不謀同契雷發漢南建武將軍順陽太守劉道憲懷忠抱慨不遠三千梁益青徐兗豫吳會皆密介歸誠誓爲表裏孤親總烝徒十有餘萬白羽咽川霜鋒照野金聲振谷鳴鼙聒天凡諸將帥皆忠無匿情智無遺計果幹剛鷙謀略多奇水陸長驅數道並進發舟踰險背水爭先以此衆戰孰能斯禦推此義銳滄海可堙諸君或荷寵前朝感恩舊日或奕世貞淳見危授命而逼迫寇手効節莫由今大軍密邇形援已接見幾而作豈俟終日便宜轉禍趣福因變立功夫旦奭與三監並時金霍與上官共主邪正糾雜何世無之但績亮則名播姦騁則道消耳紀季入齊陳平歸漢身尊譽遠明誓是哀成範全規殷監匪遠若玩咎惟休告舍罔悟則誅及五族有殄無遺軍科爵賞信如皦日巫山旣燎芝艾共烟幸遵長塗無守毀轍檄到宜告咸使聞知購太宗萬戶侯布絹二萬匹金銀五百斤其餘各有差太宗遣荆州典籤邵宰乘驛還江陵經過襄陽袁顗馳書報琬勸勿解甲并奉表勸子勛卽位郢州承子勛初檄及聞太宗定大事卽解甲

下標繼聞尋陽不息而顗又響應郢府行事錄事參軍荀卞之大懼慮爲琬所咎責即遣諮議領中兵參軍鄭景玄率軍馳下并送軍糧琬乃稱說符瑞造乘輿御服云松滋縣生豹自來柴桑縣送竹有來奉天子字又云青龍見東淮白鹿出西岡令顧照之撰爲瑞命記立宗廟設壇場矯作崇憲太后璽令羣僚上僞號於子勛泰始二年正月七日即位於尋陽城改景和二年爲義嘉元年以安陸王子綏爲司徒驃騎將軍揚州刺史尋陽王子房車騎將軍臨海王子頊衞將軍並開府儀同三司邵陵王子元撫軍將軍其日雲雨晦合行禮忘稱萬歲取子勛所乘車除脚以爲輦置僞殿之西其夕有鵂樓其中鵄集其幰又有禿鶖集城上子綏拜司徒日雷電晦冥震其黃閤柱鴟尾墜地又有鵄棲其帳上以鄧琬爲左將軍尚書右僕射張悅領軍將軍吏部尚書征虜將軍如故進袁顗號安北將軍加尚書左僕射臨川內史張淹爲侍中府主簿顧昭之武昌太守劉弼並爲黃門侍郎盧江太守王子仲委郡奔尋陽亦爲黃門侍郎鄱陽內史丘景先廬陵內史殷損西陽太守謝稚後軍府記室參軍孫詵長沙內史孔靈產參軍事沈伯玉荀道林並爲中書侍郎荀卞之爲尚書左丞府主簿江乂爲右丞府主簿蕭寶欣爲通直郎琬大息粹悅息洵並正員郎粹領衞尉洵弟渢司徒主簿建武將軍領軍主晉熙太守閻湛之加寧朔將軍廬陵內史王僧肩爲祕書丞桂陽太守劉巻爲尚書殿中郎褚靈嗣潘欣之沈光祖中書通事舍人餘諸州郡並加爵號琬性鄙闇貪吝過甚財貨酒食皆身自量校至是父子並賣官鬻爵使婢僕出市道販賣酣歌博奕日夜不休大自矜遇賓客到門者歷旬不得前內事悉委褚靈嗣等三人羣小橫恣競爲威福士庶忿怨內外離心矣太宗遣散騎常侍領軍將軍王玄謨領水軍南討吳興太守張永爲其後繼又遣寧朔將軍尋陽內史沈攸之寧朔將軍江方興龍驤將軍劉靈遺率衆屯虎檻時東賊甚急張永江方興同軍東討尚書下符曰夫晦明遞運崇替相沿帝宋之基懋業維永聖祖重光氤氳上業狂昏承祀國維以紊毒流九縣穢纖三靈搢紳戮辱黔庶塗炭人神同憤朝野泣血聖上明睿在躬膺符握曜眷懷家國夙夜劬勞懼社稷湮蕪彝倫左衽天威雷發氛沴冰消殄凶讓門不俟鳴條之旅殲虐牧野無勞孟津之鉞華夷即晏晷緯還光鏗鏘聞於管絃趨翔被於冠冕同軌仰化異域懷風劉子勛昏世稱兵義同翦惡明朝不戢罔

識邪正窺窬幾何逼遏兩江陵上無君暴於遐邇王赫斯怒典言討違命彼上將治兵薄伐今遣寧朔將軍尋陽內史沈攸之輕銳七千飛舟先邁龍驤將軍劉靈遺羽林虎旅連鋒繼造假節督南討前鋒諸軍事冠軍將軍兗州刺史殷孝祖驅濟河勁卒電擊雷動使持節車騎將軍江州刺史曲江縣開國侯王玄謨烝徒五萬董統前師使持節侍中司徒揚州刺史建安王休仁權神州之衆總督羣帥龍驤將軍劉勔寧朔將軍劉懷珍步騎五千直指大雷寧朔將軍柳倫司州刺史龐孟虯淮穎突騎邪趣西陽使持節驃騎大將軍豫州刺史山陽王休祐總勒步師連旗百萬河舟代馬遄騖江濆越棘吳鉤交曜畿服笳鼓動坤維金甲震雲漢掎角相望水陸俱發冠軍將軍武念率雍司之銳已據樊沔徐州刺史申令孫提彭宋剽勇陵塗淼奮皇上當親馭六師降臨江服旌旆掩雲舳艫咽海昔吳楚連衡燕淮勁悍塵擾區內聲沸秦中霧散埃滅豈非先鑒而嬰彼孤城以待該天之網迫此烏合以抗絡寓之師雲羅四掩霜鋒交集猶勁飆之拂細草烈火之掃寒原燋卷之形昭然已著朝廷惻愍我僚吏哀矜我士民並亦何辜拘誤迷黨故加宣示令得自新如其淪惑不改抵冒王威同焚既至雖悔奚補奉詔以四王幼弱不幸陷難兵交之日不得妄加侵犯若有逼損誅翦無貸左右主帥嚴相衞奉詿誤之罪一無所問琬遣孫沖之率陳紹宗胡靈秀薛常寶張繼伯焦度等前鋒一萬來據赭圻沖之於道與子勛書曰舟檝已辦器械亦整三軍踊躍人爭效命便欲沿流挂颿直取白下願速遣陶亮衆軍兼行相接分據新亭南洲則一麾定矣乃加沖之左衞將軍以陶亮爲右衞將軍統諸州兵俱下郢州軍主鄭景玄荊州軍主劉亮湘州軍主何昌梁州軍主柳登雍州軍主宗庶等合二萬人一時俱下亮本無幹略聞建安王休仁自上殷孝祖又至不敢進屯軍鵲洲時琬遣閻湛之來寇廬江臺軍主龍驤將軍段佛榮受命討之更使佛榮領鐵騎一千回軍南討三月三日水陸攻赭圻亮等率衆來救殷孝祖爲流矢所中死軍主朱輔之申謙之張靈符並失利輔之副正員將軍皇甫仲遠謙之副虎賁中郎將徐稚賓並沒孝祖支軍主范潛率五百人投亮時東軍已捷江方興復還虎檻建安王休仁遣方興劉靈遺各領三千人助赭圻以方興領孝祖軍沈攸之代孝祖爲前鋒都督沖之謂陶亮曰孝祖梟將一戰便死天下事定矣不須復戰便當直取京都亮不從太宗遣

員外散騎侍郎王道隆至赭圻督戰孝祖死之明日建安王休仁又遣軍主郭季之馬步三千就攸之攸之乃率季之及輔國將軍步兵校尉杜幼文寧朔將軍屯騎校尉垣恭祖龍驤將軍朱輔之員外散騎侍郎高道世馬軍主龍驤將軍頓生段佛榮等三萬人詰旦進戰奮擊大破之斬獲數千追奔至姥山而反沖之等於湖白口築二城爲軍主張興世所拔陶亮聞湖白二城陷沒大懼急呼沖之還鵲尾留薛常寶代沖之守赭圻先於姥山及諸岡分立營砦亦悉敗還共保濃湖濃湖即在鵲尾時軍旅大起國用不足募民上米二百斛錢五萬雜穀五百斛同賜荒縣除上米三百斛錢八萬雜穀千斛同賜五品正令史滿報若欲署四品在家亦聽上米四百斛錢十二萬雜穀一千三百斛同賜四品令史滿報若欲署三品在家亦聽上米五百斛錢十五萬雜穀一千五百斛同賜三品令史滿報若欲署內監在家亦聽上米七百斛錢二十萬雜穀二千斛同賜荒郡除若欲署諸王國三令在家亦聽琬又遣輔國將軍豫州刺史劉胡率衆三萬鐵騎二千來屯鵲尾胡宿將屢有戰功素多狡詐爲衆推伏攸之等甚憚之時胡鄉人蔡那佼長生張敬兒各領軍隸攸之在赭圻胡以書招之那等並拒絕胡因要那等共語陳說平生那等詰誚說令歸順胡回軍入鵲尾無他權略輔國將軍吳喜平定三吳率所領五千人并運資實至于赭圻於戲烏山築壘分遣千人乘輕舸二百與佼長生爲游軍薛常寶糧盡告胡求援三月二十九日胡率步卒一萬夜斫山開道以布囊運米來餉赭圻平旦至城下猶隔小塹未能得入沈攸之率衆軍攻之軍主郭秀之荀僧韶幢主韓欣宗等率衆三千爲攸之勢援胡發所由橋道僧韶等接楯行戰復橋得渡軍主劉沙彌輕騎深入至胡麾下遂見殺攸之策馬陷陳回還爲追騎所刺馬軍主段佛榮武保救之得免並殊死戰多所傷殺胡衆大敗捨糧棄甲緣山遁走乘勝追之斬獲甚衆胡被瘡僅得還營常寶惶懼無計遣信告胡欲突圍奔出四月四日胡自率數千人迎之常寶等開城突圍走攸之率輔國將軍沈懷明軍主周普孫江方興申謙之等諸軍悉力擊之吳喜率衆來赴爲胡別軍所圍甚急有人來投喜馬將蔡保以刀斫之斷手然後得免正員將軍幢主卞伯宗江夏國侍郎幢主張渙力戰沒陳伯宗益州刺史天輿子也攸之喜等苦戰移日常寶張繼伯胡靈秀焦度等皆被重瘡走還胡軍赭圻城陷斬僞寧朔將軍南陽太守

沈懷寶僞奉朝請領中舍人督戰謝道遇納降數千陳紹宗單舸奔西岸與其部曲俱還鵲尾建安王休仁自虎檻進據赭圻劉胡遣陳紹宗陳慶率輕艓二百大艦五十出鵲外挑戰吳喜張興世佼長生等擊之喜支軍主吳猷之飛舸衝突所向摧陷斬獲及投水死甚多追至鵲裏而還太宗慮胡等或於步路向京邑使寧朔將軍廣德令王蘊千人防魯顯時胡等兵衆彊盛遠近疑惑太宗欲綏慰人情遣吏部尚書褚淵至虎檻選用將帥以下申謙之杜幼文因此求黃門郎沈懷明劉亮求中書郎建安王休仁即使褚淵擬選上不許曰忠臣殉國不謀其報臨難以干朝典豈臣下之節邪始安內史王職之建安內史趙道生安成太守劉襲並舉郡奉順琬遣龍驤將軍廖琰率數千人并發廬陵白丁攻襲襲與郡丞檀玢拒戰大敗玢臨陳見殺襲棄郡走據嶮自守琰虜掠而退襲復出據郡時齊王率衆東北征討而齊王世子爲南康贛令琬遣使收世子世子腹心蕭欣祖桓康等數十人奉世子長子奔竄草澤召募得百餘人攻郡出世子世子自號寧朔將軍與南康相沈用之前南海太守何曇直晉康太守劉紹祖北地傅浩東莞童禽等據郡起義琬徵始興相殷孚爲御史中丞并令率郡人俱下孚衆盛世子避之於揭陽山琬遣武昌戴凱之爲南康相世子率衆攻之凱之戰敗遁走世子遣幢主檀文起千人戍西昌與襲相應琬又遣廖琰與其中兵參軍胡昭等築壘於西昌堅壁相守琬召豫章太守劉衍以爲右將軍中護軍殷孚代爲豫章太守督上流五郡以防襲等衡陽內史王應之率郡文武五百許人起義兵襲何慧文於長沙徑至城下慧文率左右出城與戰應之勇氣奮發擊殺數人遂與慧文交手戰斫慧文八創慧文斫應之斷足遂殺之時湘東國侍郎虞洽爲太宗督國秩在湘東勸太守顏躍發兵應朝廷躍不從洽乃投桂陽收募得數百人還欲攻躍躍懼求和許之有衆二千時琬徵慧文率衆下尋陽發長沙已行數百里聞洽起兵乃回還攻洽洽尋戰敗奔走殷孚既去始興以郡五官掾譚伯初留知郡事士人劉嗣祖等斬伯初據郡起義琬遣始興太守韋希眞鷹揚將軍楊弘之領衆一千討嗣祖嗣祖亦遣衆出南康與齊王世子合希眞等以義徒彊盛住廬陵不敢進廣州刺史袁曇遠聞始興起義遣將李萬周陳伯紹率衆討嗣祖嗣祖遣兵戍須陽萬周亦築壘相守嗣祖遣人誑萬周曰尋陽已平臺遣劉勔爲廣州垂至萬周信之便回還襲

番禺夜以長梯入城晏遠怯弱無防閒萬周反便徒跣出奔萬周追斬之於城內交州刺史檀翼被代還至廣州資貨鉅萬周誣以爲逆襲而殺之遂劫掠公私銀帛藉略袁檀珍寶悉以自入袁顗悉雍州之衆來赴尋陽時孔道存爲衞軍長史行荊州事琬以黃門侍郎劉道憲代之以道存爲侍中行雍州事柳元景之誅也元景弟子世隆爲上庸太守民吏共藏匿之顗起兵召世隆不至顗既下世隆乃合率蠻宋二千餘人起義於上庸來襲襄陽道存遣將五式民康元隆等迎擊於萬山世隆大敗還郡自守沈攸之等與劉胡相持久不決上又遣彊弩將軍任農夫振武將軍武念督冗從僕射全景文軍主劉伯符等領兵繼至攸之緒治船舸材板不周計無所出會琬送五千片榜供胡軍用俄而風潮奔迅榜捍突柵出江胡等力不能制自檣船艦殺沒數十人赴流而下來泊攸之等營於是材板大足琬進袁顗都督征討諸軍事給鼓吹一部六月十八日顗率樓船千艘來入鵲尾張興世建議越鵲尾上據錢溪斷其糧道胡累攻之不能尅事在興世傳劉亮率所領至胡砦下胡遣其副孫犀及張靈焦度鐵騎五匹越禰取亮不能得犀回馬去亮使左右善射者夾射之墮馬斬犀首張繼伯副馬可率所領來降劉亮營砦深入賊地袁顗畏憚之曰賊入我肝臟裏何由得活劉胡率輕舸四百由鵲頭內路欲攻錢溪既而謂其長史王念叔曰吾少習步戰未閑水鬬若步戰恒在數萬人中水戰在一舸之上舸舸各進不復相關正在三十人中取此非萬全之計吾不爲也乃託瘧疾住鵲頭不進遣龍驤將軍陳慶領三百舸向錢溪戒慶不須戰張興世武會倉吾之所悉自當走耳陳慶至錢溪不敢越錢溪於梅根立砦胡別遣將王起領百舸攻興世興世擊大破之胡率其餘舸馳還謂顗曰興世營砦已立不可卒攻昨日小戰未足爲損陳慶已與南陵大雷諸軍兵遏其上大軍在此鵲頭諸將又斷其下流已墮圍中不足復慮顗怒胡不戰謂曰糧運梗塞當如此何胡曰彼尚得泝流越我而上此運何以不得沿流越彼而下邪顗更使胡率步卒二萬鐵馬一千往攻興世休仁因此命沈攸之吳喜佼長生劉靈遺劉伯符等進攻濃湖造皮艦十乘拔其營柵苦戰移日大破之顗彼攻既急馳信召胡令還張興世既據錢溪江路阻斷胡軍乏食琬大送資糧畏興世不敢下胡遣將迎之爲錢溪所破資實覆沒都盡燒米三十萬斛胡衆駭懼胡副張喜來降說胡欲叛八月二十四日胡誑顗云更率步騎二萬上取興世兼下大雷餘餫令顗悉度馬配之其夜委顗奔走徑趣梅根先令薛常寶辦船舸悉擊南陵諸軍燒大雷諸城而走顗聞胡走亦棄衆西奔至青林見殺胡率數百舸二萬人向尋陽報子勛詐云袁顗已降軍皆散唯己率所領獨反宜速處分爲一戰之資當停據湓城誓死不貳乃於江外夜取沔口琬聞胡去惶擾無復計呼褚靈嗣等謀之並不知所出唯云更集兵力加賞五階或云三階者張悅始發兒子浩喪乃稱疾呼琬計事令左右伏甲帳後戒之若聞索酒便出琬既至悅曰卿首唱此謀今事已急計將安出琬曰正當斬晉安王封府庫以謝罪耳悅曰今日寧可賣殿下求活邪因呼求酒再呼左右震慴不能應第二子洵提刀走出餘人續至即斬琬琬死時年六十時中護軍劉順在座驚起抱悅左右人欲殺之悅顧曰無關護軍乃止潘欣之聞琬死勒兵而至悅使人語之曰鄧琬謀反即已梟戮欣之乃回還取琬兒並殺之悅因單舸齎琬首馳下詣建安王休仁降蔡那子道淵以父爲太宗効力被繫作部因亂脫鏁入城執子勛囚之沈攸之諸軍至江州斬子勛於桑尾牙下傳首京都劉順及餘同逆並伏誅吳喜張興世進向荊州沈懷明向郢州劉亮張敬兒向雍州孫超之向湘州沈思仁任農夫向豫章所至皆平定劉胡走入沔衆稍散比至石城裁餘數騎竟陵郡丞陳懷眞憲子也聞胡經過率數十人斷道邀之胡人馬既疲自度不免因隨懷眞入城告渴與之酒胡飲酒畢引佩刀自刺不死斬首送京邑張興世弟僧産追胡未至石城數十里逢送胡首信將還竟陵殺懷眞竊有其功郢州行事張沈僞竟陵太守丘景先聞敗變形爲沙門逃走追擒伏誅荊州聞濃湖平議欲更遣軍與郢州合勢又欲斷據巴陵經日不決乃遣將趙道始於江津築壘任演戍沙橋諸門津要皆有屯兵人情轉離將士漸逃散更議奉子頊奔益州就蕭惠開典籤阮道預邵宰不同曰近奉別詔諸蕃若改迷歸順者悉復本爵且任叔兒已斷白帝楊僧嗣據梁州雖復欲西豈可得至道預邵宰即與劉道憲解遣白丁遣使歸罪荊州治中宗景土人姚儉等勒兵入城殺道憲預記室參軍鮑照劫掠府庫無復孑遺執子頊以降初鄧琬徵兵巴東巴東太守羅寶稱辭以郡接凶蠻兵力不足分巴東人任叔兒聚徒起義遣信要寶稱寶稱持疑未決暴疾死叔兒乃自號輔國將軍引兵據白帝殺寶稱二子阻守三陝蕭惠開遣費欣壽等五千人攻叔兒叔兒與戰大破之斬欣壽子頊又遣中兵參軍何康之領宜都太守討叔兒軍至陝口爲夷帥向子通所破挺身走還叔兒遂固白帝孔道存知尋陽已平遣使歸順尋聞柳世隆劉亮當至衆悉奔逃道存及三子同時自殺何慧文始謀同逆其母禁之不從母乃携女歸江陵遂嫁之慧文才兼將吏幹略有施雖害王應之上特加原宥吳喜宣旨赦之慧文曰既陷逆節手害忠義天網雖復恢恢何面目以見天下之士和藥將飲門生覆之乃不食而死顏躍慮虞洽還都說其始時同逆密使人殺之初淮南定陵人賈襲宗本縣已爲劉胡所得率二十人投沈攸之攸之言之建安王休仁休仁版爲司徒參軍督護使還鄉里招集爲胡所禽以火炙之問臺軍消息一無所言瞋目謂胡曰君稱兵內侮窺覦神器未聞奇謀遠略而爲炮烙之刑僕本以身奉義死亦何有胡乃斬之前軍典籤范道與志不同逆爲琬所誅其餘奉順見害者並爲上所愍詔曰前鎮軍參軍督護范道與朕之舊隸經從北藩徒役南畿遭離命會抱恩固節受害凶言念純誠良有惻愴可贈員外散騎侍郎南城令鮑法度後軍典籤馮次民永新令應生新建令庫延寶上饒令黃難等違逆識順同被誅滅言念既往宜在追榮可贈生奉朝請法度南臺御史次民延寶難並員外將軍有司奏寧朔將軍督豫州之梁郡諸軍事豫州刺史領南梁郡太守竟陵張興世都統水軍屢戰尅捷仍進斷賊上流錢溪賁口苦戰平定凶逆今封南平郡作唐縣開國侯食邑一千戶寧朔將軍參司徒中直兵軍事廣平佼長生同統水軍屢戰及興世上據錢溪長生獨距賊衝要功次興世今封武陵郡遷陵縣開國侯食邑八百戶寧朔將軍試守西陽太守吳興全景文尚書比部郎吳縣孫超之假輔國將軍右衞將軍南彭城劉亮等三人並經晉陵苦戰景文超之仍又北討破釜水軍斷賊糧運及經葛家石梁二處破賊亮南伐經大戰又最處險劇景文今封西陽郡孝寧縣超之封長沙郡羅縣亮封順陽縣並開國侯食邑各六百戶假輔國將軍驃騎司馬劉靈遺寧朔將軍右軍蔡那寧朔將軍屯騎校尉段佛榮等三人統治攻道並經苦戰靈遺今封新野郡新野縣那封始平郡平陽縣佛榮封湘東郡臨蒸縣並開國伯食邑各五百戶假輔國將軍左軍吳興沈懷明龍驤將軍積射將軍東平周盤龍司徒參軍南彭城李安民等三人懷明經晉陵破賊又水軍南伐統治攻道盤龍雖不統軍並經大戰先登陷陳安民又隨張興世過斷錢溪別統軍賁口破賊今封懷明建安郡吳興縣盤龍封晉安郡晉安縣安民封建安郡邵武縣並開國子食邑各四百戶假輔國將軍游擊將軍彭城杜幼文龍驤將軍羽林監太原王穆之龍驤將軍羽林監濟北頓生龍驤將軍羽林監沛郡周普孫員外散騎侍郎朱重恩等五人幼文經晉陵破賊在軍統攻道南伐濃湖普孫副沈攸之都統衆軍穆之生重恩並南伐有功今封幼文邵陵郡邵陽縣穆之封衡陽郡衡山縣生封始平郡武功縣普孫封順陽郡清水縣重恩封南海郡龍川縣並開國男食邑各三百戶江方興以戰功爲太子左衞率賊未平病卒追封武當縣侯食邑五百戶方興濟陽考城人衣冠之舊也龍驤將軍虎賁中郎將董凱之隨張興世破胡白城先登封河隆縣子食邑四百戶軍主張靈符東南征討有功封上饒縣男食邑三百戶前征北長兼行參軍楊覆以賁口有功封綏城縣男食邑二百戶追贈虞洽檀珍給事中以李萬周爲步兵校尉陳懷眞以斬劉胡功追封永豐縣男食邑三百戶劉胡南陽涅陽人也本名坳胡以其顏面坳黑似胡故以爲名及長以坳胡難道單呼爲胡出身郡將捷口善處分稍至隊主討伐諸蠻往無不捷蠻甚畏憚之太祖元嘉二十八年爲振威將軍率步騎三千討上如南山就溪蠻大破之孝建元年朱脩之爲雍州以胡爲西外兵參軍寧朔將軍建昌太守擊魯秀有功除建武將軍東平陽平二郡太守入爲江夏王義恭太宰參軍加龍驤將軍前廢帝景和中建安王休仁嘗爲雍州以胡爲休仁安西中兵參軍馮翊太守將軍如故仍轉諮議參軍太宗即位除越騎校尉蠻至今畏之小兒啼語之云劉胡來便止段佛榮京兆人也泰始五年自游擊將軍爲輔師將軍豫州刺史莅任清謹爲西土所安後廢帝元徽二年徵爲散騎常侍領長水校尉明年還衞尉領右軍將軍未拜復出爲冠軍將軍南豫州刺史歷陽太守四年卒追贈前將軍改封雲杜縣謚曰烈侯劉靈遺襄陽人也元徽元年自輔師將軍淮南太守爲南豫州刺史歷陽太守將軍如故明年徵爲散騎常侍領步兵校尉南蘭陵太守病卒謚曰壯侯

袁顗字景章陳郡陽夏人太尉淑兄子也父洵吳郡太守顗初爲豫州主簿舉秀才不行後補始興王濬後軍行參軍著作佐郎廬陵王紹南中郎主簿世祖征虜撫軍主簿廬江太守尚書都官郎江夏王義恭驃騎記室

參軍汝陰王文學太子洗馬時顗父爲吳郡顗隨父在官値元凶弑立安東將軍隨王誕舉兵入討板顗爲諮議參軍事寧除正員郎晉陵太守遭父憂服闋爲中書侍郎又除晉陵太守襲南昌縣五等子大明二年除東海王禕平南司馬尋陽太守行江州事復爲義陽王昶前軍司馬太守如故昶尋罷府司馬職解加寧朔將軍改太守爲内史復爲尋陽王子房冠軍司馬將軍如故行淮南宣城二郡事五年召爲太子中庶子御史中丞領本州大中正七年遷侍中明年除晉安王子勛鎭軍長史襄陽太守加輔國將軍未行復爲永嘉王子仁左軍長史廣陵太守將軍如故未拜復爲侍中領前軍將軍大明末新安王子鸞以母嬖有盛寵太子在東宮多過失上微有廢太子立子鸞之意從容頗言之顗盛稱太子好學有日新之美世祖又以沈慶之才用不多言論頗相蚩毀顗又陳慶之忠勤有幹略堪當重任由是前廢帝深感顗慶之亦懷其德景和元年誅羣公欲引進顗任以朝政遷爲吏部尚書又下詔曰宗社多故釁因冢司景命未淪神祚再乂自非忠謀密契豈伊尅殄侍中祭酒領前軍將軍新除吏部尚書顗游擊將軍領著作郎兼尚書左丞徐爰誠心内款參聞嘉策匡贊之効寔監朕懷宜甄茅社以獎義槩顗可封新隆縣子爰可封吳平縣子食邑各五百戶俄而意趣乖異寵待頓衰始令顗與沈慶之徐爰參知選事尋復反以爲罪使有司糾奏坐白衣領職從幸湖熟往反數日不被喚召顗慮及禍詭辭求出沈慶之爲顗固陳乃見許除建安王休仁安西長史襄陽太守加冠軍將軍休仁不行即以顗爲使持節督雍梁南北秦四州郢州之竟陵隨二郡諸軍事領寧蠻校尉雍州刺史將軍如故顗舅蔡興宗謂之曰襄陽星惡豈可冒邪顗曰白刃交前不救流矢事有緩急故也今者之行本願生出虎口且天道遼遠何必皆驗如其有徵當脩德以禳之耳於是狼狽上路恒慮見追行至尋陽喜曰今始免矣與鄧琬款狎相過常請閒必盡日窮夜顗與琬人地本殊衆知其有異志矣既至襄陽便與劉胡繕脩兵械纂集士卒會太宗定大事進顗號右將軍以荆州典籤邵宰乘驛還江陵道由襄陽顗反意已定而糧仗未足且欲奉表於太宗顗子祕書丞戢曰一奉表疏便爲彼臣以臣伐君於義不可顗從之顗詐云被太皇太后令使其起兵便建牙馳檄奉表勸晉安王子勛即大位與琬書使勿解甲子勛即位進顗號安北將軍加尚書左僕射太宗使朝士與顗書曰夫夷陂相因興革遞數或多難而固其國或殷憂而啓聖明此既著於前史亦彰於聞見王室不造昬凶肆虐神鼎將淪宗稷幾泯幸天未亡宋乾歷有歸主上體自聖文繼明作睿而辱均羑里屯踰夏臺既天地俱憤義勇同奮尅殄鯨鯢三靈更造應天順民爰集寶命四海屬息肩之歎華戎見來蘇之泰吾等獲免刀鋸僅全首領復身奉惟新命承亨運綏帶談笑擊壤聖世汝雖劬勞于外跡阻京師然心期所寄江漢何遠自九江告變皆謂鄧氏在惑比日國言藉藉頗塵吾子道路之議豈其或然聞此之日能無駭惋凶人反道敗德日夜滋深昵近狡慝取謀犲虎非惟毒流外物惡積中朝乃欲毁陵邑虐崇憲燒宗廟鹵御物然後蕩覆京都必使蘭蕕俱盡自非聖上廟算靈圖俛眉遜避維持内外擁衞臣下則赤縣爲戎百姓其魚矣此事此理寧可孰念既天道輔順謳歌有奉高祖之孫文皇之子德洞九幽功貫三曜匡拯家國提毓黔首若不子民南面將使神器何歸而羣下構慝妄生窺覬成軫惑燕貫高亂趙譏人罔極自古有之汝中京冠冕儒雅世襲多見前載縣鑿忠邪何遠遺郎中之清執近忘太尉之純槩相與或羣從舅甥或姻婭周欵一旦胡越能無悵恨若疑誑所至邪詖無窮汝當誓衆奮戈翦此朝食若自延過聽迷塗未遠聖上臨物以仁接下以愛豈直雍齒先封乃當射鉤見相矣當由力窘跡屈丹誠未亮邪跂孚南服寤寐延首若反棹沿流歸誠鳳闕錫珪開寓非爾而誰吾等並過荷曲慈俱叨非服紆金拖玉改觀蓬門入奉舜禹之渥出見羲唐之化雍容揄揚信白駒空谷之時也奈何毁擲先基自蹈凶戾山門蕭瑟松庭誰掃言念楚路豈不思父母之邦幸納惡石以蠲美疹裁書表意爾其圖之時尚書右僕射蔡興宗是顗舅領軍將軍袁粲是顗從父弟故書云羣從舅甥也子勛徵顗下尋陽遣侍中孔道存行雍州事顗乃率衆馳下使子戢領家累俱還時劉胡屯鵲尾久不決泰始二年夏加顗都督征討諸軍事給鼓吹一部率樓船千艘戰士二萬來入鵲尾顗本無將略性又怯撓在軍中未嘗戎服語不及戰陳唯賦詩談義而已不能撫接諸將劉胡每論事酬對甚簡由此大失人情胡常切齒恚恨胡以南軍未至軍士匱乏就顗換襄陽之資顗荅曰都下兩宅未成亦應經理不可損徹又信往來之言京師米貴斗至數百以爲不勞攻伐行自離散於是擁甲以待之太宗使顗舊門生徐碩奉手詔譬顗曰卿歷觀古今嶮之與彊何嘗可恃自朕踐阼塗路梗塞卿無由奉表未經爲臣今追蹤竇融猶未爲晚也及劉胡叛走不告顗顗至夜方知大怒罵曰今年爲小子所誤呼取飛鷰謂其衆曰我當自出追之因又遁走至鵲頭與戍主薛伯珍及其所領數千人步取青林欲向尋陽夜止山間宿殺馬勞將士顗顧謂伯珍曰我舉八州以謀王室未一戰而散豈非天邪非不能死豈欲草間求活望一至尋陽謝罪主上然後自刎耳因慷慨叱左右索節無復應者及旦伯珍請以間言乃斬顗首詣錢溪馬軍主襄陽俞湛之湛之因斬伯珍併送首以爲已功顗死時年四十七太宗忿顗違叛流尸於江弟子彖微服求訪四十一日乃得密致喪瘞於石頭後岡與一舊奴躬共負土後廢帝即位方得改葬顗子戢爲僞黃門侍郎加輔國將軍戍盆城尋陽敗戢棄城走討禽伏誅

孔覬字思遠會稽山陰人太常琳之孫也父邈揚州治中覬少骨梗有風力以是非爲已任口吃好讀書早知名初舉揚州秀才補主簿長沙王義欣鎭軍功曹衡陽王義季安西主簿戶曹參軍領南義陽太守轉署記室奉牋固辭曰記室之局實惟華要自非文行秀敏莫或居之覬遜業之舉無聞於鄉部惰遊之貶有編於疲農直山淵藏引用不遐棄故得抃風儛潤憑附彌年今日之命非所敢昌昔之學優藝富猶尚斯難況覬能薄質魯亦何容易覬聞居方辨物君人所以官才陳力就列自，所以奉上覬雖不敏常服斯言今寵藉惟舊舉非尚德恐無以提衡一隅僉允視聽者也伏願天明照其心請乞改今局授以閑曹則梟鶴從方所憂去矣又曰夫以記室之要宜須通才敏忠加性情勤密者覬學不綜貫性又疏惰何可以屬知祕記秉筆文閨假吹之尤方斯非濫覬少淪常檢本無遠植榮進之願何能忘懷若實有螢爝增暉光景固其騰聲之日飛藻之辰也豈敢自求從容保其淡逸伏願矜其魯拙業之有地則曲成之施終始優渥義季不能奪遂得免召爲通直郎太子中舍人建平王友祕書丞中書侍郎隨王誕安東諮議參軍領記室黃門侍郎建平王宏中軍長史復爲黃門臨海太守初晉世散騎常侍選望甚重與侍中不異其後職任閑散用人漸輕孝建三年世祖欲重其選詔曰散騎職爲近侍事居規納置任之本實惟親要而頃選常侍陵遲未允宜簡授時良永寘清轍於是吏部尚書顏竣奏曰常侍華選職任俟才新除臨海太守孔覬意業閑素司徒長史王彧懷尚清理並任爲散騎常侍世祖不欲威權在下其後分吏部尚書置二人以輕其任侍中蔡興宗謂人曰選曹要重常侍閑淡改之以名而不以實雖主意欲爲輕重人心豈可變邪既而常侍之選復卑選部之貴不異覬領本州大中正大明元年改太子中庶子領翊軍校尉轉祕書監欲以爲吏部郎不果遷廷尉卿御史中丞坐鞭令史爲有司所糾原不問六年除義興太守未之任爲尋陽王子房冠軍長史加寧朔將軍行淮南宣城二郡事其年復除安陸王子綏冠軍長史江夏内史復隨府轉後軍長史如故爲人使酒仗氣每醉輒彌日不醒僚類之閒多所陵忽尤不能曲意權幸莫不畏而疾之不治產業居常貧罄無有豐約未嘗關懷爲二府長史典籤諮事不呼不敢前不令去不敢去雖醉日居多而明曉政事醒時判決未嘗有壅衆咸云孔公一月二十九日醉勝他人二十九日醒也世祖每欲引見先遣人覘其醉醒性眞素不尚矯飾遇得寶玩服用不疑而他物蠱敗終不改易時吳郡顧覬之亦尚儉素衣裘器服皆擇其陋者宋世言清約稱此二人覬弟道存從弟徽頗營產業二弟請假東還覬出渚迎之輜重十餘船皆是綿絹紙席之屬覬見之僞喜謂曰我比困乏得此甚要因命上置岸側既而正色謂道存等曰汝輩忝預士流何至還東作賈客邪命左右取火燒之燒盡乃去先是庾徽之爲御史中丞性豪麗服玩甚華顗代之衣冠器用莫不麤率蘭臺令史並三吳富人咸有輕之之意覬蓬首緩帶風貌清嚴皆重迹屏氣莫敢欺犯庾徽之字景猷潁川鄢陵人也自中丞出爲新安王子鸞北中郎長史南東海太守卒官八年覬自郢州行眞徵爲右衞將軍未拜司徒左長史道存代顗爲後軍長史江夏内史時東土大旱都邑米貴一斗將百錢道存慮覬甚乏遣吏載五百斛米餉之覬呼吏謂之曰我在彼三載去官之日不辦有路糧二郎至彼未幾那能便得此米邪可載米還彼吏曰自古以來無有載米上水者都下米貴乞於此貨之不聽吏乃載米而去永光元年遷侍中未拜復爲江夏王義恭太宰長史復出爲尋陽王子房右軍長史加輔國將軍行會稽郡事太宗即位召覬爲太子詹事遣故佐平西司馬庾業爲右軍司馬代覬行會稽郡事時上流反叛上遣都水使者孔璪入東慰勞璪至說覬以廢帝侈費倉儲耗盡都下罄匱資用已竭今南北並起遠近離叛若擁王郡之鋭招動三吳事無不克覬然其言遂發兵馳檄覬子長公璪二子淹玄並在都馳信密報泰始二年正月並叛逃東歸遣書要吳郡太守顧琛琛以母年篤老又密邇京邑與長子寶素謀議未叛少子寶先時爲山陰令馳書報琛以南師已近朝廷孤弱不時順從必有覆滅之禍覬前鋒軍已渡浙江琛遂據郡同反吳興太守王曇生義興太守劉延熙晉陵太守袁標一時響應庾業既東太宗卽以代延熙爲義興加建威將軍以延熙爲巴陵王休若鎮東長史業至長唐湖卽與延熙合太宗遣建威將軍沈懷明東討尚書張永係進鎮東將軍巴陵王休若董統東討諸軍事移檄東土曰蓋聞釁集有兆禍至無門倚伏之來實惟人致故賢遠貪亂終殄宗祀昌悳構氛旋潤斧鉞斯則昭章記牒炯戒今古者也自國步時艱三綱道盡神歇靈繹璿業綴旒皇上仁雄集瑞英叡應歷鳳儀縹昇龍煇電舉盪穢紫樞不俟鳴條之誓疑政中寓不肆漂杵之威是以墜維再造虧天重構幽明裁紀標配斯光而羣凶恣虐協扇童孺蕞爾東垂復淪醜迹邪回從慝蜂動蟻附聖圖霆發神威四臨羽驛所屆義旅雲屬攙鉞所麾逆徒冰泮勝負之效皎然已顯司徒建安王英猷冠世董率元戎驃騎山陽王風略夙昭撫厲中陳或振霜江螽或騰焱荆河金甲燭天庭罽聲震海浦前將軍吳興太守張永東南標秀協贊戎機建威將軍沈懷明鎮東中兵參軍劉亮武衞將軍壽寂之霜銳五千熊騰虎步龍驤將軍王穆之龍驤將軍頓生鐵騎連羣風驅電邁右軍將軍齊王射聲校尉姚道和樓艫千艘覆川蓋汜左軍垣恭祖步兵校尉杜幼文宂從僕射全景文員外散騎侍郎孫超之並率虎旅駱驛雲赴殿中將軍杜敬眞殿中將軍陸攸之建武將軍吳喜甲楯一萬分趣義興孤猥承人乏總司戎統發軔東馳中憤海曲猷氣則白日盡晦刷馬則淸江倒流以此伐叛何勍不勦以此柔服何順不懷愍彼羣迷弗辨堯桀螳蠅徵命擬雷霆之衝已枯之葉當霜飆之隊尺豎所爲寒心匹婦所爲歎息夫因禍提慶賫敗爲成前監不忘後事明筮若能相率歸順投兵劾欵則福鍾當年祉覃來裔孰如身覆宗屠鬼餧魂泣者哉詳鏡安危自求多福購生禽覬千五百戶開國縣侯生擒琛千戶開國縣侯斬送者半賞時將士多是東人父兄子弟皆已附逆上因送軍普加宣示曰朕方務德簡刑使四罪不相及助順同逆者一以所從爲斷卿等當深達此懷勿以親戚爲慮也衆於是大悅覬所遣孫曇瓘等軍頓晉陵九里部陳甚盛懷明至奔牛所領寡弱乃築壘自固張永至曲阿未知懷明安否百姓驚擾將士咸欲離散永退還延陵就休若諸將帥咸勸退保破岡其日大寒風雪甚猛塘埭決壞衆無固心休若宣令敢有言退者斬衆小定乃築壘息甲尋得懷明書賊定未進軍主劉亮又繼至兵力轉加人情乃安時永世令孔景宣復反欄縣西江峴山斷過津徑劉延熙加其寧朔將軍杜敬眞陸攸之溧陽令劉休文攻景宣別甞斬其中兵參軍史覽之等十五人永世人徐崇之率鄉里起義攻縣斬景宣吳喜至板崇之領縣事太宗嘉休文等誠劾除休文寧朔將軍縣如故崇之殿中將軍行永世縣事並賜侯爵喜敬眞及員外散騎侍郎竺超之等至國山縣界遇東軍於虎檻村擊大破之自國山進吳城去義興十五里劉延熙遣楊玄孫矯之沈靈秀黃泰四軍拒喜喜等兵力甚弱衆寡勢懸交戰盡日臨陳斬玄孫黃泰餘衆一時奔走因進義興南郭外延熙屯軍南射堂喜遣步騎擊之卽退還水北乃柵斷長橋保郡自守喜築壘與之相持庾業於長塘湖口夾岸築城有衆七千餘人器甲甚盛與延熙遙相犄角沈懷明張永與晉陵軍相持久不決太宗每遣軍輒多所求須不時上道外監朱幼舉司徒參軍督護任農夫驍果有膽力性又簡率貲給甚易乃以千人配之使助東討時庾業兵盛農夫於延陵出長唐雖云千兵至者裁四百未至數十里遣人參候云賊築城猶未合農夫率廣武將軍高尚之永興令徐崇之馳往攻之因其城壘未立農夫親持刀楯赴城入陳大破之庾業棄城走義興先是龍驤將軍阮佃夫募得蜀人數百多壯勇便戰皆著犀皮鎧執短兵本應就佃夫向晉陵未發會農夫須人分以配之及戰每先登東人並畏憚又怪其形飾殊異舊傳狐獠食人每見之輒奔走農夫收其船杖與高志之進義興援吳喜二月一日喜乃度水攻郡分兵擊諸壘柵農夫雖至衆力尚少兵勢不敵喜乃與數騎登高東西指麾若招引四面俱進者東軍大駭諸營一時奔散唯龍驤將軍孔叡一柵未拔喜以殺傷者多乃開圍緩之其夜庾業孔叡相率奔走義興平劉延熙投水死有人告之乃斬尸傳首京邑義興諸縣唯綏安令巢遂秉節不移不受僞爵時齊王率軍東討與張永劉亮杜幼文沈懷明等於晉陵九里西結營與東軍相持義興軍既爲吳喜等所破奔散者多投晉陵東軍震恐上又遣積射將軍江方興南臺御史王道隆至晉陵視賊形勢賊帥孫曇瓘程捍宗陳景遠凡有五城互相連帶捍宗城猶未固其月三日道隆與齊王張永共議捍宗城既未立可以藉手上副聖旨下成衆氣道隆便率所領急攻之俄頃城陷斬捍宗首劉亮果勁便刀楯朝士先不相悉上亦弗聞唯尚書左丞徐爰知之白太宗稱其驍敢至是每戰以刀楯直盪往輒陷決張永嫌其過銳不令居前賊連柵周亙塘道迫狹將士力不得展亮乃負楯而進直入重柵衆軍因之卽皆摧破袁標遣千人繼至齊王與永等乘勝馳擊又大破之屠其兩城曇瓘率衆數百鼓譟而至標又遣千人繼之衆軍駭懼將欲散矣江方興率勇士迎射之應弦倒者相繼曇瓘因此敗走吳喜軍至義鄉僞輔國將軍車騎司馬孔璪屯吳興南亭太守王曇生詣璪計事會信還云臺軍已近璪大懼墮牀曰懸賞所購唯我而已今不遽走將爲人禽左右聞之並各散走璪與曇生焚燒倉庫東奔錢塘喜至吳興頓置郡城倉廪遇雨不然無所損失初曇生遣寧朔將軍沈靈寵率八千人向黃鵠嶠欲候道出蕪湖迎接南軍廣德令王藴發兵據嶮靈寵不得進屯住故鄣曇生既走靈寵乃與弟靈昭軍副姚天覆率偏裨以下十七軍歸順太宗嘉之擢爲鎮東參軍事因率所領東討喜分遣軍主沈思仁吳係公追躡璪等陸攸之任農夫自東遷進向吳郡臺遣軍主張靈符卽晉陵其月四日齊王急攻之其夜孫曇瓘陳景遠一時奔潰諸軍至晉陵袁標棄郡東走晉陵旣平吳中震動吳興軍又將至顧琛與子寶素攜其老母泛海奔會稽海鹽令王孚邀討不及太宗以四郡平定留吳喜統全景文姚道和杜幼文垣恭祖張靈符北討王穆之頓生江方興南伐其月九日喜等至錢唐錢唐令顧昱及孔璪王曇生等奔渡江東喜仍進軍柳浦諸暨令傅琰將家歸順喜遣鎮北參軍沈思仁彊弩將軍任農夫龍驤將軍高志之南臺御史阮佃夫揚武將軍盧僧澤等率軍向黃山浦東軍據岸結砦農夫等攻破之乘風舉帆直趣定山破其大帥孫會之於陳斬首自定山進向魚浦戍主孔叡率千餘人據壘拒戰佃夫使隊主闞法炬射殺樓上弩手叡衆驚駭思仁縱兵攻之斬其軍主孔奴於是敗散其月十九日吳喜使劉亮由鹽官海渡直指同浦壽寂之濟自漁浦邪趣永興喜自柳浦渡趣西陵西陵諸軍皆悉散潰斬庾業顧法直吳恭傳首京都東軍主卜道濟督戰許天賜請降庾業新野人也父彥達以幹局爲太祖所知爲益州刺史世祖世官至豫章太守太常卿劉亮全景文孫超之進次永興同市遇覬所遣陸孝伯孔豫兩軍與戰破之斬孝伯豫首會稽聞西軍稍近將士多奔亡覬不能復制二十日上虞令王晏起兵攻郡覬以東西交逼憂遽不知所爲其夕率千餘人聲云東討實趣石碭先已具船海浦値潮涸不得去衆叛都盡門生載以小船竄于嵴山村僞車騎從事中郎張綏先遣人於錢唐詣喜歸誠及覬走綏閉封倉庫以待王師二十一日晏至郡入自北門囚綏付作部其夜殺之執尋陽王子房於別署縱兵大掠府庫空盡若邪村民錄送僞龍驤將軍車騎中兵參軍軍主孔叡將斬之叡曰吾年已過立未霑官伍蒙知己之顧以身許之今日就死亦何所恨含笑就戮孔璪叛投門生陸林夫林夫斬首送之二十二日嵴山民縛覬送詣晏晏謂之曰此事孔璪之爲無豫卿事可作首辭當相爲申上覬曰江東處分莫不由身委罪求活便是君輩行意耳晏乃斬之東閤外臨死求酒曰此是平生所好時年五十一顧琛王曇生袁標等並詣喜歸罪喜皆宥之琛子寶素與父相失自縊死東軍主凡七十六人於陳斬十七人其餘皆原宥初遣庾業向會稽追使奉朝請孫長度送仗與之并令召募行達晉陵袁標就其求仗長度不與爲標所殺追贈給事中先是鄧琬遣臨川內史張淹自南路出東陽淹遣龍驤將軍桂追征西行參軍劉越緒屯據定陽縣巴陵王休若遣沈思仁討之思仁遣軍主崔公烈攻其營斬幢主朱伯符首桂追劉越緒諸軍並奔逸晉安太守劉聽據郡同逆建安內史趙道生起義討之聚徒未合七月思仁遣軍主姚宏祖鮑伯奮應寄生等討破聽斬之於羅江縣鄧琬先遣新安太守陽伯子及軍主任獻子襲黟縣縣令吳茹公固守力不敵棄城走伯子等屯據縣城茹公與臺軍主丘敬文李靈賜蕭柏壽等攻圍彌時八月乃尅斬伯子獻子首張淹屯軍上饒縣聞劉胡敗軍副鄱陽太守費曇欲圖之詐云得鄧琬信急宜諮論欲因此斬淹淹素事佛方禮佛不得時進曇復詐云捕虎借大鼓及仗士二百人淹信而與之曇因率衆入山饗士約誓揚言虎走城西鳴鼓大呼直來趣城城門守衞悉委仗觀之曇率衆突入淹正禮佛聞難走出因斬首

史臣曰自江左以來舉干戈以圖宗國十有一焉其能克振者四而已矣元皇外守虛器政由王氏蘇峻事雖暫申旋受屠磔桓玄宣武之子運屬橫流世祖仗順入討民無異望其餘皆漆頹夷宗作戒於後何哉夫勝敗之數寔由衆心社廟尊嚴民情所係安以義動猶或稱

難況長戟指闕志在陵暴者乎泰始文爭逆順未辨太宗身剥悖亂事惟拯溺國道屯詖宜立長君太祖之昭義無不可子勛體自世祖家運已絶當璧之命屬有所歸曲直二塗未知攸適徒以據有神甸擅資天府宗稷之重威臨四方以中制外故能式淸區宇夫帝王所居目以衆大之號名曰京師其義趣遠有以也

宋書卷八十四考證

鄧琬傳令顧照之撰爲瑞命記○下文有府主簿顧昭之照當作昭

正員將軍幢主卞伯宗○卞一本作卜

太宗慮胡等或于步路向京邑使寧朔將軍廣德令王藴千人防魯頤○竟陵王誕傳又遣寧朔將軍顧彬之自曾顯東入受節度同一地名曾魯二字未知孰是

宋書卷八十五

梁 沈 約 撰

列傳第四十五

謝莊 王景文

謝莊字希逸陳郡陽夏人太常弘微子也年七歲能屬文通論語及長韶令美容儀太祖見而異之謂尚書僕射殷景仁領軍將軍劉湛曰藍田出玉豈虛也哉初爲始興王濬後軍法曹行參軍轉太子舍人廬陵王文學太子洗馬中舍人廬陵王紹南中郎諮議參軍又轉隨王誕後軍諮議並領記室分左氏經傳隨國立篇製木方丈圖山川土地各有分理離之則州別郡殊合之則寓內爲一元嘉二十七年索虜寇彭城虜遣尚書李孝伯來使與鎭軍長史張暢共語孝伯訪問莊及王徽其名聲遠布如此二十九年除太子中庶子時南平王鑠獻赤鸚鵡普詔羣臣爲賦太子左衛率袁淑文冠當時作賦畢齋以示莊莊賦亦竟淑見而歎曰江東無我卿當獨秀我若無卿亦一時之傑也遂隱其賦元凶弑立轉司徒左長史世祖入討密送檄書與莊令加改治宣布莊遺腹心門生具慶奉啓事密詣世祖曰賊劭自絶於天裂冠毁冕窮弑極逆開闢未聞四海泣血幽明同憤奉三月二十七日檄聖迹昭然伏讀感慶天祚王室叡哲重光殿下文明在躬神武居陝肅將乾威龔行天罰滌社稷之仇雪華夷之恥使弛墜之構更獲締造垢辱之氓復得明目伏承所命柳元景司馬文恭宗慤沈慶之等精甲十萬已次近道殿下親董鋭旅授律繼進荆鄢之師岷漢之衆舳艫萬里旌旆虧天九土冥符羣后畢會今獨夫醜類曾不盈旅自相暴殄省闥横流百僚屏氣道路以目檄至輒布之京邑朝野同欣里頌塗歌室家相慶莫不望景聳魂聽雲佇足先帝以日月之光照臨區寓風澤所漸無幽不洽況下官世荷寵靈叨恩踰量謝病私門幸免虎口雖志在投報其路無由今大軍近次永淸無遠欣悲踊躍不知所裁世祖踐阼除侍中時索虜求通互市上詔羣臣博議莊議曰臣愚以爲獯獫棄義唯利是視關市之請或以覘國順之示弱無明柔遠距而觀釁有足表彊且漢文和親豈止彭陽之寇武帝脩約不廢馬邑之謀故有餘則經略不足則閉關何爲屈冠帶之邦通引弓之俗樹無益之軌招塵點之風交易爽議既應深杜和約詭論尤宜固絶臣庸管多蔽豈識國儀恩誘降逮敢不披盡時驃騎將軍竟陵王誕當爲荆州徵丞相荆州刺史南郡王義宣入輔義宣固辭不入而誕便克日下船莊以丞相既無入志驃騎發使有期如似欲相逼切於事不便世祖乃申誕發日義宣竟亦不下上始踐阼欲宣弘風則下節儉詔書事在孝武本紀莊慮此制不行又言曰詔云貴戚競利興貨廛肆者悉皆禁制此實允愜民聽其中若有犯違則應依制裁糾若廢法申恩便爲令有所屈此處分伏願深思無緣明詔既下而聲實乖爽臣愚謂大臣在祿位者尤不宜與民爭利不審可得在此詔不拔葵去織實宜深弘孝建元年遷左衛將軍初世祖嘗賜莊寶劒莊以與豫州刺史魯爽送別爽後反叛世祖因宴集問劒所在答曰昔以與魯爽別竊爲陛下杜郵之賜上甚說當時以爲知言于時搜才路狹乃上表曰臣聞功照千里非特燭車之珍德柔鄰國豈徒秘璧之貴故詩稱殄悴誓述榮懷用能道臻無積化至恭已伏惟陛下膺慶集圖締寓開縣夕爽選政昃旦調風采言斷輿觀謠仄遠斯寶辰階告平頌聲方製臣竊惟隆陂所漸治亂之由何嘗不與資得才替因失士故楚書以善人爲寶虞典以則哲爲難進選之軌既弛中代登造之律未闡當今必欲崇本康務底民濟俗匪更悊懲奚取九成升歷中陽英賢起於徐沛受籙白水茂異出於荆宛寧二都智之所產七隩愚之所集實遇與不遇用與不用耳今大道光亨萬務俟德而九服之曠九流之艱提鈞懸衡委之選部一人之鑒易限而天下之才難原以易限之鑒鏡難原之才使國罔遺授野無滯器其可得乎昔公叔與僎同升管仲取臣於盜趙文非親士疏嗣祁奚豈諂讎比子茹茅以彚作範前經舉爾所知式昭往牒且自古任薦賞罰弘明成子舉三哲而身致魏輔應侯任二士而已捐秦相臼季稱冀缺而疇以田采張敖進陳湯而坐以褫爵此先事之盛准亦後王之彝鑒如臣愚見宜普命大臣各舉所知以付尚書依分銓用若任得其才擧主延賞有不稱職宜及其坐重者免黜輕者左遷被舉之身加以禁錮年數多少隨愆議制若犯大辟則任者刑論又政平訟理莫先親民親民之要是歸守宰故黃霸治潁川累稔杜畿居河東歷載或就加恩秩或入崇輝寵今莅民之職自非公私必應代換者宜遵六年之制進獲章明庸墮退得民不勤擾如此則下無浮謬之愆上靡棄能之累考績之風載泰楢薪之歌克昌臣生屬亨路身漸鴻猷遂得奉詔左右陳愚於側敢露芻言懼氛恒典有詔莊表如此可付外詳議事不行其年拜吏部尚書莊素多疾不願居選部與大司馬江夏王義恭牋自陳曰下官凡人非有達槩異識俗外之志實因羸疾常恐奄忽故少來無意於人間豈當有心於崇達邪頃年乘事回薄遂果饕非次既足貽誚明時又亦取愧朋友前以聖道初開未遑引退及此諸夏事寧方陳微請款志未伸仍荷今授被恩之始具披寸心非惟在已知尤實懼塵穢彝序稟生多病天下所悉兩脅癖疾殆與生俱一月發動不減兩三每至一惡痛來逼心氣餘如綖利患數年遂成痼疾吸吸惙惙常如行尸恒居死病而不復道者豈是疾痊直以荷恩深重思答殊施牽課尫瘵以綜所忝眼患五月來便不復得夜坐恒閉帷避風日晝夜惛懵爲此不復得朝謁諸王慶弔親舊唯被赦見不容停耳此段不堪見賓已數十日持此苦生而使銓綜九流應對無方之訴實由聖慈罔已然當之信自苦劇若才堪事任而體氣休健承寵異之遇處自效之塗豈苟欲思閑辭事邪家素貧弊宅舍未立兒息不免麤糲而安之若命寧復是能忘微祿正以復有切於此處故無復他願耳今之所希唯在小閑下官微命於天下至輕在已不能不重屢經披請未蒙哀恕良由誠淺辭訥不足上感家世無年亡高祖四十曾祖三十二亡祖四十七下官新歲便三十五加以疾患如此當復幾時見聖世就其中煎憹若此實在可矜前時曾啓願三吳敕旨云都不須復議外出莫非過恩然亦是下官生運不應見一閑逸今不敢復言此當付之來生耳但得保餘年無復物務少得養痾此便是志願永畢在衡門下有所懷動止必聞亦無假居職忠於不能裨補萬一耳識淺才常羸疾如此孤負主上擢授之恩私心實自哀愧入年便當更申前請以死自固但庸近所訴恐未能仰徹公恩盼弘深粗照誠懇願侍坐言次賜垂拯助則苦誠至心庶獲哀允若不蒙降祐下官當於何希冀邪仰憑愍察願不垂荄三年坐辭疾多免官大明元年起爲都官尚書奏改定刑獄曰臣聞明慎用刑厥存姬典哀矜折獄實暉呂命罪疑從輕既前王之格範寧失弗經亦列聖之恒訓用能化致升平道臻恭已逮漢文傷不辜之罰除相坐之令孝宣倍深文之吏立鞫訊之法當是時也號令刑存陛下踐位親臨聽訟億兆相賀以爲無冤民矣而此囹圄未虛頌聲尚缺臣竊謂五聽之慈弗宣於宰物三宥之澤未洽於民謠頃年軍旅餘弊劫掠猶繁監司討獲多非其實或規免咎不慮國患楚對之下鮮不誣濫身遭鈇鑕之誅家嬰孥戮之痛此伍同閈莫不及罪是則一人罰謬坐者數十昔齊女告天臨淄臺殞孝婦冤戮東海愆陽此皆符變靈祇初感景緯臣近兼訊見重四八人旋觀其初死有餘罪詳察其理實並無辜恐此等不少誠可林惕也舊官長竟四曹郡遣督郵案驗仍就施刑督郵賤吏非能異於官長有案驗之名而無研究之實愚謂此制宜革自今入重之囚縣考正畢以事言郡并送四身委二千石親臨覈辯必收聲吞釁然後就戮若二千石不能決乃度廷尉神州統外移之刺史刺史有疑亦歸臺獄必令死者不怨生者無恨庶鬻棺之誚輟歎於終古兩造之察流詠於方今臣學闇申韓才寡治術輒陳庸管懼乖國憲上時親覽朝政常慮權移臣下以吏部尚書選擧所由欲輕其勢力三年下詔曰八柄馭下以爵爲先九德咸事政典居首銓衡治樞興替攸寄頃世以來轉失厥序徒秉國鈞終貽權謗今南北多士勳勤彌積物情善否實繫斯任官人之詠維聖克允則哲之美粤帝所難加澆季在俗讓議成風以一人之識當羣品之誚望沈浮自得庸可致乎吏部尚書可依郎分置并詳省閑曹又別詔太宰江夏王義恭曰分選詔旦出在朝論者亦有同異誠知循常甚易改舊生疑但吏部尚書由來與錄共選良以一人之識不辨洽通兼與

奪威權不宜專一故也前述宜先旨敬從來奏省錄作則永貽後昆自此選舉之要唯由元凱一人若通塞乖衷而訴達者尠且遵介與物理至隔閡前王盛主猶或難之況在寡闇尤見其短又選官裁病卽嗟誚滿道人之四體會盈有虛旬日之間便至惡詈況實有假託不由寢頓者邪一詣不前貧苦交困則兩邊致患互不相體校之以實並有可哀若職置二人則無此弊兼選曹樞要歷代斯重人經此職便成貴塗巳心外議咸不自限故范曄魯爽舉兵滅門以此言之實由榮厚勢驅殷繁所至設可擬議此授唯有數人本積歲月稍加引進而理無前期多生慮表或嬰艱抱疾事至回移官人之任決不可闕一來一去向人已周非有黜責巳貴難賤旣成妨長寡之無所盛衰遞襲便是一段世臣相處之方臣主生疑所以獨覺此職宜在降階監令端右足處時望無人則闕異於九流今但直銓選部有減前資物情好猜橫立別解本旨向意終不外宣唯有從郞分置視聽自改選旣輕先民情已變有甚其任大展遷回兼常之宜以時稍進本職非復重官可得不須帶帖數過居之盡無詒怪自中分荆揚于時便有意於此正訝改革不少容生駭惑爾來多年欲至歲下處分會何偃致故應有親人故近因此施行本意詔文不得委悉故復紙墨具陳於是置吏部尚書二人省五兵尚書莊及度支尚書顧覬之並補選職遷右衛將軍加給事中時河南獻舞馬詔羣臣爲賦莊所上其詞曰天子馭三光總萬寓挹雲經之留憲裁河書之遺矩是以德澤上昭天下漏泉符瑞之慶咸屬榮懷之應必躔月晷呈祥乾維效氣賦景河房承靈天駟陵原郊而漸影躍采淵而泳質辭水空而南傃去輪臺而東洎乘玉塞而歸寶奄芝庭而獻祕及其養安騏枝進駕龍涓輝大馭於國皂貢上襄於帝閑超益野而踰緣地軼蘭池而轢紫燕五王晦其術十氏僭其玄東門豈或狀西河不能傳旣秣苞以均性又佩蘅以崇躅卷雄神於綺文蓄奔容於帷燭蘊篩雲之銳景戢追電之逸足方疊鏘於丹縞亦聯規於朱駁覯其雙璧應範三封中圖玄骨滿燕室虛陽理竟潛策紆汗飛赭沫流朱至於肆夏已升釆齊旣薦始徘徊而龍俛終沃若而鸞眄迎調露於飛鍾赴承雲於驚箭寫秦坰之彌塵狀吳門之曳練窮虞庭之蹈蹀究遺野之環裓若夫蹠實之態未卷凌遠之氣方攄歷岱野而過碣石躋滄流而軼姑餘朝送日於西坂夕歸風於北都尋瓊宮於倏瞬望銀臺於須臾若乃日宣重光德星昭衍國稱梁岱竹躍史言壇場望踐部上之瑞彰江間之禎闡榮鏡之運旣臻會昌之歷巳辨感五緐之程符鑿羣后之薦典聖主將有事於東嶽禮也於是順斗極乘次躔戒懸日於昭旦命月題於上年騑騑翼翼泛脩風而浮慶煙肅肅雍雍引八神而詔九仙下齊郊而掩配林集巖里而降祊田蒲軒次巘瑄璧承巒金檢茲發玉牒斯刊盛節之義洽升中之禮殫億兆悅精祇歡聆萬歲於昝岫燭神光於紫壇是以擊轅之蹈撫埃之舞相與而歌曰聳朝蓋兮泛晨霞靈之來兮雲漢華山有壽兮松有茂祚神極兮貺皇家然後悟聖朝之績號慶榮之烈此盛乎天地爭明乎日月茂實冠於胥庭鴻名邁於勛發業底於告成道臻乎報禍巍巍乎蕩蕩乎民無得而稱焉又使莊作舞馬歌令樂府歌之五年又爲侍中領前軍將軍于時世祖出行夜還敕開門莊居守以棨信或虛執不奉旨須墨詔乃開上後因酒讌從容曰卿欲效郅君章邪對曰臣聞蒐巡有度郊祀有節盤于遊田著之前誡陛下今蒙犯塵露晨往宵歸容恐不逞之徒妄生矯詐臣是以伏須神筆乃敢開門耳改領游擊將軍又領本州大中正晉安王子勛征虜長史廣陵太守加冠軍將軍改爲江夏王義恭太宰長史將軍如故六年又爲吏部尚書領國子博士坐選公車令張奇免官事在顏師伯傳時北中郞將新安王子鸞有盛寵欲令招引才望乃使子鸞板莊爲長史府尋進號撫軍仍除長史臨淮太守未拜又除吳郡太守莊多疾不樂去京師復除前職前廢帝卽位以爲金紫光祿大夫初世祖寵姬殷貴妃薨莊爲誄云贊軌堯門引漢昭帝母趙婕妤堯母門事廢帝在東宮銜之至是遣人詰責莊曰卿昔作殷貴妃誄頗知有東宮不將誄之或說帝曰死是人之所同政復一往之苦不足爲深困莊少長富貴今且繫之尚方使知天下苦劇然後殺之未晩也帝然其言繫於左尚方太宗定亂得出及卽位以莊爲散騎常侍光祿大夫加金章紫綬領尋陽王師頃之轉中書令常侍王師如故尋加金紫光祿大夫給親信二十人本官並如故泰始二年卒時年四十六追贈右光祿大夫常侍如故謚曰憲子所著文章四百餘首行於世長子颺晉平太守女爲順帝皇后追贈金紫光祿大夫

王景文瑯邪臨沂人也名與明帝諱同祖穆臨海太守伯父智少簡貴有高名高祖甚重之常云見王智使人思仲祖與劉穆之謀討劉毅而智在焉它日穆之白高祖曰伐國重事也公云何乃使王智知高祖笑曰此人高簡豈聞此輩論議其見知如此爲太尉咨議參軍從征長安留爲桂陽公義眞安西將軍司馬天水太守還爲宋國五兵尚書晉陵太守加秩中二千石封建陵縣五等子追贈太常父僧朗亦以謹實見知元嘉中爲侍中勤於朝直未嘗違惰太祖嘉之以爲湘州刺史世祖大明末爲尚書左僕射太宗初以后父爲特進左光祿大夫又進開府儀同三司固讓乃加侍中特進尋薨追贈開府謚曰元公景文出繼智幼爲從叔球所知美風姿好言理少與陳郡謝莊齊名太祖甚相欽重故爲太宗娶景文妹而以景文名與太宗同高祖第五女新安公主先適太原王景深離絕當以適景文固辭以疾故不成婚起家太子太傅主簿轉太子舍人襲爵建陵子出爲江夏王義恭始與王濬征北後軍二府主簿武陵王文學世祖撫軍記室參軍南廣平太守轉諮議參軍仍度安北鎮軍府出爲宣城太守元凶弒立以爲黃門侍郞未及就世祖入討景文遣閒使歸款以父在都邑不獲致身及事平頗見嫌責猶以舊恩除南平王鑠司空長史不拜出爲東陽太守入爲御史中丞秘書監領越騎校尉不拜遷司徒左長史上以散騎常侍舊與侍中俱掌獻替欲高其選以景文及會稽孔覬俱南北之望並以補之尋復爲左長史坐姊墓開不臨赴免官大明二年復爲秘書監太子右衛率侍中五年出爲安陸王子綏冠軍長史輔國將軍江夏內史行郢州事又徵爲侍中領射聲校尉右衛將軍加給事中太子中庶子右衛如故坐與奉朝請毛法因蒱戲得錢百二十萬白衣領職尋復爲侍中領中庶子未拜前廢帝嗣位徙秘書監侍中如故以父老自解出爲江夏王義恭太宰長史輔國將軍南平太守永光初爲吏部尚書景和元年遷右僕射太宗卽位加領左衛將軍時六軍戒嚴景文仗士三十人入六門諸將咸云平殄小賊易於拾遺景文曰敵固無小蜂蠆有毒何可輕乎諸軍當臨事而懼好謀而成先爲不可勝乃制勝之術耳尋遷丹陽尹僕射如故遭父憂起爲冠軍將軍尚書左僕射丹陽尹固辭僕射改授散騎常侍中書令中軍將軍尹如故又辭不拜仍出爲使持節散騎常侍都督江州郢州之西陽豫州之新蔡晉熙三郡諸軍事安南將軍江州刺史讓常侍服闋乃受太宗翦除暴主又平四方欲引朝望以佐大業乃下詔曰夫良圖宣國賞崇彝命殊績顯朝策勤王府安南將軍江州刺史景文風度淹粹理懷清暢體兼望實誠備夷岨寶歷方啓密贊義機妖徒干紀預毗廟略宜登茅社永傳厥祚朕澄氛寧樞實資多士疏爵疇庸寔膺徽列尚書右僕射領衛尉與宗議懷詳正思局通敏吏部尚書領太子左衛率淵器情閑茂風業韶遠並謀參軍政績亮時艱拓宇開邑寔允勳典景文可封江安縣侯食邑八百戶興宗可始昌縣伯淵可南城縣伯食邑五百戶景文固讓不許乃受五百戶進號鎭南將軍尋給鼓吹一部後以江州當徙鎭南昌領豫章太守餘如故州不果遷頃之徵爲尚書左僕射領吏部揚州刺史加太子詹事常侍如故不願還朝求爲湘州刺史不許時又謂景文在江州不能潔已景文與上幸臣王道龍書曰吾雖寡於行已庶不負心旣愧殊效誓不上欺明主竊聞有爲其貝錦者云營生乃至巨萬素無此能一旦忽致異術必非平理唯乞平心精檢若此言不虛便宜肆諸市朝以正風俗脫其妄作當賜思罔昧之由吾踰忝轉深足以致謗念此驚懼何能自測區區所懷不願望風容貸吾自了不作偷猶如不作賊故以密白想爲申啓景文屢辭內授上手詔譬之曰尚書左僕射卿巳經此任東宮詹事用人雖美職次正可比中書令耳庶姓作揚州徐干木王休元殷鐵並處之不辭卿清令才望何愧休元毗贊中興豈謝干木綢繆相與何後殷鐵邪司徒以宰相不應帶神州遠遵先旨京口鄉基義重密邇畿內又不得不用驃騎陝西任要由來用宗室驃騎旣去巴陵理應居之中流雖曰閑地控帶三江通接荆郢經途之要由來有重鎭如此則揚州自成闕刺史卿若有辭更不知誰應處之此選大備與公卿疇懷非聊爾也固辭詹事徙領中書令常侍僕射揚州如故又進中書監領太子太傅常侍揚州如故景文固辭太傅上遣新除尚書右僕射褚淵宣旨以古來比例六事詰難之不得已乃受拜時太子及諸皇子並小上稍爲身後之計諸將帥吳喜壽寂之之徒慮其不能奉幼主並殺之而景文外戚貴盛張永累經軍旅又疑其將來難信乃自爲謠言曰一士不可親弓長射殺人一士王字弓長張字也景文彌懼乃自陳求解揚州曰臣凡猥下劣方圓無算特逢聖私頻叨不次乘非其任理宜覆折雖加恭謹無補橫至夙夜憔戰無地容處六月中得臣外甥女殷恒妻蔡疏欲令其兒啓聞乞祿求臣署入云凡外人通啓先經臣署于時驚怖卽欲封疏上呈更思此家落漠庶非通謗且廣聽察幸無復所聞此日忽得兗州都送迎西曹解季遜板云是臣屬

旣不識此人卽問都顒方知處託此十七日晚得征南參軍事謝儼口信云臣使人略奪其婢臣遣李武之問儼元由荅云使人謬誤誤之與實雖所不知聞此之日唯有憂駭臣之所知便有此三變臣所不覺尤不可思若守爵散輩寧當招此誠由闇拙非復可防自竊州任倏巳七月無德而祿其殃將至且傳職淸峻亢禮儲極以臣凡走豈可蹔安荷恩懼罪不敢執固焦魂祗氣憂迫失常況臣髮醜人羣病絕力劾稜朝黙列顧無與等獨息易駭慙懼難持伏願薄回矜愍全臣身計大夫之俸足以自周久懷欣美未敢干請仰希慈有照臣款誠上詔荅曰去五月中吾病始差未堪勞役使卿等看選牒署竟請敕施行此非密事外間不容都不聞然傳事好訛由來常患殷佰妻匹婦耳闔閤之內傳聞事復作一兩倍落漠兼謂卿是親故希卿署不必云選事獨關卿也佰妻雖是傳聞之僻大都非可駭異且舉元薦凱咸由疇諮可謂唐堯不明下干其政邪悠悠好詐貴人及在事者屬卿偶不悉耳多是其周旋門生輩作其屬託貴人及在事者永無由知非徒止於京師乃至州郡縣中或有詐作書疏灼然有文迹者諸舍人右丞輩及親近驅使人慮有作其名載禁物求停檢校彊賣猥物與官仍求交直或屬人求乞州郡資禮希竊呼召及虜發船車並啓班下在所有卽駐錄但卿貴人不容有此啓由來有是何故獨驚之居貴要但問心若爲耳大明之世巢徐二戴位不過執戟權亢人主顏師伯白衣僕射橫行尚書中令袁粲作僕射領選而人往往不知有粲粲遷爲令居之不疑令旣省錄令便居昔之錄任置省事及幹童並依錄格粲作令來亦不異爲僕射人情向粲淡淡然亦復不改常以此居貴位要任當有致憂兢理不卿今雖作揚州太子傅位雖貴而不關朝政可安不懼差於粲也想卿虛心受榮而不爲累貴高有危殆之懼卑賤有溝壑之憂張單雙災木雁兩失有心於避禍不如無心於任運夫千仞之木旣摧於斧斤一寸之草亦瘁於踐蹋高涯之脩幹與深谷之淺條存止之要巨細一揆耳晉畢萬七戰皆獲死於牖下蜀相費禕從容坐談斃於刺客故甘心於履危未必逢禍縱意於處安不必全福但貴者自惜故每憂其身賤者自輕故易忘其巳然爲敎者每誡貴不誡賤言其貴滿好自恃也凡名位貴達人以在懷泰則觸人改容不則行路嗟愕至如賤者否泰不足以動人存亡不足以維數死於溝瀆死於塗路者天地之間亦復何限人不以係意耳以此而推貴何必難處賤何必易安但人生也自應卑愼爲道行巳用心務思謹惜若乃吉凶大期正應委之理運遭隨參差莫不由命也旣非聖人不能見吉凶之先正是依倚於理言可行而爲之耳得吉者是其命吉遇不吉者是其命凶以近事論之景和之世晉平庶人從壽陽歸亂朝人皆爲之戰慄而乃遇中興之運袁顗圖避禍於襄陽當時皆羨之謂爲陵霄駕鳳遂與義嘉同滅駱宰見幼主語人云越王長頸鳥喙可與共憂不可與共樂范蠡去而全身文種留而遇禍今主上口頸頗有越王之狀我在尚書中久不去必危遂求南江小縣諸都令史住京師者皆遭中興之慶人人蒙爵級宰值義嘉染罪金木纏身性命幾絕卿耳眼所聞見安危在運何可預圖邪時上旣有疾而諸弟並巳見殺唯桂陽王休範人才本劣不見疑出爲江州刺史慮一旦晏駕皇后臨朝則景文自然成宰相門族彊盛藉元舅之重歲暮不爲純臣泰豫元年春上疾篤乃遣使送藥賜景文死手詔曰與卿周旋欲全卿門戶故有此處分死時年六十追贈車騎將軍開府儀同三司常侍中書監刺史如故諡曰懿侯長子絢字長素年七歲讀論語至周監於二代外祖何尚之戲之曰耶耶乎文哉絢卽荅曰草翁風必偃少以敏惠見知及長篤志好學官至秘書丞年二十四先景文卒諡曰恭世子子嫱襲封齊受禪國除景文兄子蘊字彥深父楷太中大夫人才凡劣故蘊不爲羣從所禮常懷恥慨家貧爲廣德令會太宗初卽位四方叛逆蘊遂感激爲將假寧朔將軍建安王休仁司徒參軍令如故景文甚不悅語之曰阿益汝必破我門戶阿益者蘊小字也事寧封吉陽縣男食邑三百戶爲中書黃門郎晉陵義興太守所莅並貪縱在義興應見收治以太后故止免官廢帝元徽初復爲黃門郎東陽太守未之郡值桂陽王休範逼京邑蘊領兵於朱雀門戰敗被創事平除侍中出爲寧朔將軍湘州刺史蘊輕躁薄於行業時沈攸之爲荊州刺史密有異志蘊與之結厚及齊王輔朝政蘊攸之便連謀爲亂會遭母憂還都停巴陵十餘日更與攸之成謀時齊王世子爲郢州行事蘊至郢州謂世子必下慰之欲因此爲變據夏口與荊州連橫世子覺其意稱疾不往又嚴兵自衞蘊計不得行乃下及攸之爲逆蘊密與司徒袁粲等結謀事在粲傳事敗走鬬場追禽斬於秣陵市景文弟子孚大明末爲海鹽令泰始初天下反叛唯孚獨不同逆官至司徒記室參軍

史臣曰王景文弱年立譽聲芳籍甚榮貴之來匪由勢至若泰始之朝身非外戚與袁粲羣公方驂並路傾覆之災庶幾可免庾元規之讓中書令義在此乎

宋書卷八十五考證

謝莊傳孝伯訪問莊及王微○本書及南史皆有王微傳無王徵傳徵字疑卽微字之訛然徵卒于元嘉二年而李孝伯與張暢荅問事在元嘉二十七年豈王徵又別一人耶

吸吸傒傒常如行尸○吸吸南史吸吸

當是時也號令刑存○諸本及謝莊集並同刑字疑誤

辭水空而南傃○謝莊本集空作穴

王景文傳復爲秘書監太子右衞率侍中○衞諸本誤御百官志無御率之名今改正

景文與上幸臣王道龍書○道龍當作道隆

宋書卷八十六

宋書卷八十六

梁　沈　約　撰

列傳第四十六

殷孝祖　劉勔

殷孝祖陳郡長平人也曾祖羨晉光祿勳父祖並不達孝祖少誕節好酒色有氣幹太祖元嘉末爲奉朝請員外散騎侍郎世祖以其有武用除奮武將軍濟北太守入爲積射將軍大明初索虜寇青州上遣孝祖北援受刺史顏師伯節度累與虜戰頻大破之事在師伯傳還授太子旅賁中郎將加龍驤將軍竟陵王誕據廣陵爲逆孝祖隸沈慶之攻誕又有戰功遷西陽王子尚撫軍寧朔將軍南濟陰太守出爲盱眙太守將軍如故還爲虎賁中郎將仍除寧朔將軍陽平東平二郡太守又遷濟南南郡將軍如故前廢帝景和元年以本號督兗州諸軍事兗州刺史太宗初卽位四方反叛孝祖外甥司徒參軍潁川葛僧韶建議銜命徵孝祖入朝上遣之時徐州刺史薛安都遣薛索兒等屯據津逕僧韶閒行得至說孝祖曰景和凶狂開闢未有朝野危極假命漏刻主上聖德天挺神武在躬曾不浹辰夷凶翦暴更造天地未足爲言國亂朝危宜立長主公卿百辟人無異議泰平之隆非旦則夕而羣小相煽構造無端貪利幼弱競懷希望使天道助逆羣凶事申則主幼時艱權柄不一兵難互起豈有自容之地身少有立功之志長以氣節成名若便能控濟義勇還奉朝廷非唯臣主靜亂乃可以垂名竹帛孝祖具問朝廷消息僧韶隨方訓譬幷陳兵甲精彊主上欲委以前驅之任孝祖卽日棄妻子率文武二千人隨僧韶還都時普天同逆朝廷唯保丹陽一郡而永世縣尋又反叛義興賊垂至延陵內外憂危咸欲奔散孝祖忽至衆力不少並傖楚壯士人情於是大安進孝祖號冠軍假節督前鋒諸軍士遣向虎檻拒對南賊御仗先有諸葛亮筩袖鎧帽二十五石弩射之不能入上悉以賜孝祖孝祖負其誠節凌轢諸將臺軍有父子兄弟在南者孝祖並欲推治由是人情乖離莫樂爲用進使持節都督兗州青冀幽四州諸軍事撫軍將軍刺史如故時賊據赭圻孝祖將進攻之與大統王玄謨別悲不自勝衆並駭怪泰始二年三月三日與賊合戰常以鼓蓋自隨軍中人相謂曰殷統軍可謂死矣今與賊交鋒而以羽儀自標顯若善射者十士攢射欲不斃得乎是日於陣爲矢所中死時年五十二追贈散騎常侍征北將軍持節都督如故封秭歸縣侯食邑千戶四年追改封建安縣諡曰忠侯孝祖子悉爲薛安都所殺以從兄子慧達繼封齊受禪國除

劉勔字伯猷彭城人也祖懷義始興太守父穎之汝南新蔡二郡太守征林邑遇疾卒勔少有志節兼好文義家貧爲廣州增城令廣州刺史劉道錫引爲揚烈府主簿元嘉二十七年索虜南侵道錫遣勔奉使詣京都太祖引見之酬對稱旨除寧遠將軍綏遠太守元嘉末蕭簡據廣州爲亂勔起義討之燒其南門廣州刺史宗慤又命爲府軍主簿以功封大亭侯除員外散騎侍郎孝建初荆江反叛宗慤以勔行寧朔將軍湘東內史領軍出安陸會事平以本號爲晉康太守又徙鬱林太守大明初還都徐州刺史劉道隆請爲寧朔司馬竟陵王誕據廣陵爲逆勔隨道隆受沈慶之節度事平封金城縣五等侯除西陽王子尚撫軍入直閤先是遣費沈伐陳檀不克乃除勔龍驤將軍西江督護鬱林太守勔旣至率軍進討隨宜翦定大致名馬幷獻珊瑚連理樹上甚悅還除新安王子鸞撫軍中兵參軍遭母憂不拜前廢帝卽位起爲振威將軍屯騎校尉入直閤太宗卽位加寧朔將軍校尉如故江州刺史晉安王子勛爲逆四方響應勔以本官領建平王景素輔國司馬進據梁山會

豫州刺史殷琰反叛徵勔還都假輔國將軍率衆討琰甲仗三十八入六門復兼山陽王休祐驃騎司馬餘如故破琰將劉順於宛唐杜叔寶於橫塘事在琰傳除輔國將軍山陽王休祐驃騎諮議參軍梁郡太守假節不拜琰嬰城固守自始春至于末冬薛道摽麗孟虯並向壽陽勔內攻外禦戰無不捷善撫將帥以寬厚為衆所依將軍王廣之求勔所自乘馬諸將帥並忿廣之叨冒勸勔以法裁之勔歡笑即時解馬與廣之復除使持節督廣交二州諸軍事平越中郎將廣州刺史將軍如故不拜及琰開門請降勔約令三軍不得妄動城內士民秋毫無所失百姓咸悅咸曰來蘇百姓生為立碑改督益寧二州諸軍事益州刺史持節將軍如故又不拜還京都拜太子左衞率封鄱陽縣侯食邑千戶琰初求救索虜虜大衆屯據汝南泰始三年以勔為征虜將軍督西討前鋒諸軍事假節置佐本官如故先是常珍奇據汝南與琰為逆琰降因據戍降虜事在琰傳至是引虜西河公長社公攻圍輔國將軍汝陰太守張景遠景遠與軍主楊文萇拒擊大破之景遠等病卒太宗嘉其功追贈冠軍將軍豫州刺史追封含洭縣男食邑三百戶以文萇代為汝陰太守除勔右衞將軍仍以為使持節都督豫司二州諸軍事征虜將軍豫州刺史餘如故四年除侍中領射聲校尉又不受進號右將軍其年虜遣汝陽司馬趙懷仁步騎五百寇武津縣勔遣龍驤將軍曲元德輕兵進討虜衆驚散虜子都公閼于拔又率三百人防運車 闕 千兩於汝陽臺東水上結營元德單騎直入斬拔首因進攻汝陽臺卽陷外壘獲車一千三百乘斬首一百五十級勔又使司徒參軍孫臺瓘督弋陽以西會虜寇義陽臺瓘大破之虜上其北豫州租有車二千兩勔招荒人邀擊於許昌虜衆奔散焚燒米穀淮西人賈元友上書太宗勸北攻懸瓠可收陳郡南頓汝南新蔡四郡之地上以其所陳示勔使具條答勔對曰元友稱虜主幼弱姦僞競起內外規亂天亡有期臣以為獯醜侵縱乘藉王境盤據州郡百姓殘亡去冬衆軍失耕今春連城圍逼國家復境之略實有不遑滅虜未及元友又云有七千餘家穀米豐積可供二萬人數年資儲臣又以為二萬人歲食米四十八萬斛五年合須米二百四十萬斛既理不容有恐事難稱言元友又云虜於懸瓠開驛保虜已先據若不足恃此不須 闕 俱是攻城便應先圖懸瓠何更越先取鄖以受腹背之災且七千餘家豐積而虜猶當遠運為糧是威不制民民非異討元友又云虜欲水陸運糧以救軍命可襲之機在於今日臣又以為開立驛道據守堅城觀其形候不似羸弱可乘之機恐為難驗元友又云四郡民人遭虜二十七年之毒皆欲雪讐報恥伏待朝威臣又以為坦式寶等受國重恩今猶驅略車營翻還就賊蓋是戀本之情深非報怨之宜何可輕試元友又云請勑荆雍兩州遣三千精兵從義陽依西山北下直據鄖城臣又以為鄖城是賊驛路要戍且經蠻接嶮數百里中裹糧潛進方出平地攻賊堅城自古名將未有能以此濟者假其尅捷不知足南抗懸瓠北捍長社與不且賊擁據數城水陸通便而今使官以二千斷其資運於事為難元友又云虜圍逼汝陰遊魂二歲為張景遠所挫不敢渡淮臣又以為景遠兵力寡弱不能自固遠遣救援方得少尅今定是為賊所畏不景遠前所摧傷裁至數百虜步騎四萬猶不敢前而今必勸國家以輕兵遠討指掌可克言理相背莫復過此元友又云龍山雉水魯奴王景直等並受朝爵馬步萬餘進討之宜唯須勑命臣以為魯奴與虜交關彌歷年世去歲送誠朝廷誓欲立功自蒙榮爵便卽逃遁殊類姦猾豈易闇期兼王景直是一亡命部曲不過數十人既不可言又未足恃萬餘之言似不近實元友又云四郡恨忿此非類車營連結廢田二載生業已盡殼無所資糧儲已罄斷其運道最是要略臣又以斷運須兵兵應資食而當此過懸瓠二百里中使兵食兼足何處求辦臣竊尋元嘉以來傖荒遠人多干國議負儋歸闕皆勸討虜魯爽誕說實挫國威徒失兵力虛費金寶凡此之徒每規近說從來信納皆詒後悔界上之人唯覘彊弱王師至境必壺漿候塗裁見退軍便抄截蜂起首領回師何嘗不為河畔所弊太宗納之元友議遂寢勔與常珍奇書勸令反虜珍奇乃與子超越羽林監式寶於譙殺虜子都公費拔等凡三千餘人勔馳驛以聞太宗大喜以珍奇為使持節都督司北豫二州諸軍事平北將軍司州刺史汝南新蔡縣侯食邑千戶超越輔國將軍北豫州刺史潁川汝陽 闕 三郡太守安陽縣男式寶輔國將軍陳南頓二郡太守眞陽縣男食邑三百戶珍奇為虜所攻引軍南出虜追擊破之珍奇走依山得至壽陽超越式寶為人所殺五年汝陰太守楊文萇又頻破虜於荆亭及戍西詔進勔號平西將軍豫州刺史餘如故不拜其年徵拜散騎常侍中領軍勔以世路糾紛有懷止足求東陽郡上以勔啟編示朝臣自尚書僕射袁粲以下莫不稱贊咸謂宜許上曰巴陵建平二王並有獨往之志若世道寧晏皆當申其所請勔經始鍾嶺之南以為棲息聚石蓄水彷彿丘中朝士愛素者多往游之六年改常侍為侍中其年南兗州刺史齊王出鎮淮陰以勔為使持節都督南徐兗青冀 闕 五州諸軍事平北將軍侍中中領軍如故出鎮廣陵固辭侍中軍號許之以為假平北將軍七年解都督假號幷節太宗臨崩顧命以守尚書右僕射中領軍如故給鼓吹一部廢帝卽位加兵五百人元徽初月犯右執法太白犯上將或勸勔解職勔曰吾執心行已無愧幽明若才輕任重災眚必及天道密微避豈得免桂陽王休範為亂奄至京邑加勔使持節領軍置佐史鎮扞石頭既而賊衆屯朱雀航南右軍王道隆率宿衞向朱雀聞賊已至急信召勔勔至命閉航道隆不聽催勔渡航進戰率所領於柘南戰敗臨陳死之時年五十七事平詔曰夫義實天經忠惟人則篆素流采金石宣煇自非識洞情靈理感生極豈有捐軀衞主舍命匡朝者哉故持節鎮軍將軍守尚書右僕射中領軍鄱陽縣開國侯勔思懷亮粹體業淹明弘勳樹績譽洽華野綢繆顧託契闊屯夷方倚謀猷翌康帝道逆藩扇禍逼擾京甸援桴誓旅奉律行師身與事滅名隨操遠朕用傷悼震慟于厥心昔王允秉誠卞壺峻節均風往德歸茂先軌泉途就永窀逝無追思崇徽策式光惇史可贈散騎常侍司空本官侯如故諡曰忠昭公子悛嗣順帝昇明末為廣州刺史齊受禪國除勔弟數大始中為寧朔將軍交州刺史於道遇病卒先有都鄉侯爵諡曰質侯

史臣曰與漢平蜀城內流血霑踝而其後無聞於漢陸抗定西陵步氏禍及嬰孩而機雲為戮上國劉勔克壽春士民無遺粥委粒之歎莫不扶老攜幼歌唱而出重圍美矣

宋書卷八十六考證

殷孝祖傳軍中人相謂曰殷統軍可謂死矣○南史死字下有將字

劉勔傳宗慤又命為府軍主簿○府軍南本作軍府

元友又云請敕荆雍兩州遣三千精兵○三千南本作二千下文劉勔條荅之語亦云二千

宋書卷八十七

梁　沈約　撰

列傳第四十七

蕭惠開　殷琰

蕭惠開南蘭陵人征西將軍思話子也初名慧開後改慧為惠少有風氣涉獵文史家雖貴戚而居服簡素初為秘書郎著作並名家年少惠開意趣與人多不同比肩或三年不共語外祖光祿大夫沛郡劉成戒之曰汝恩戚家子當應將迎時俗緝外內之歡如汝自業將無小傷多異以取天下之疾患邪惠開曰人間宜相緝和甚如慈旨但不幸耿介恥見作凡人畫龍未成故遂至於多忤耳轉太子舍人與汝南周朗同官友善以偏奇相尚轉尚書水部郎始興王濬征北府主簿南徐州治中從事史從汝陰王友又為南徐州別駕中書侍郎江夏王義恭大將軍大司馬從事中郎孝建元年自太子中庶子轉黃門侍郎與侍中何偃爭積射將軍徐冲之事偃任遇甚隆惠開不為之屈偃怒使門下推彈之惠開乃上表解職曰陛下未照臣愚故引參近侍臣以職事非長故委能何偃凡諸當不不敢參議竊見積射將軍徐冲之為偃命所黜臣愚懷謂有可申故聊設微異偃恃恩使貴欲使人靡二情便訶脅主者手定文案割落臣議專載已辭雖天照廣臨竟未見察臣理違顏咫尺致茲壅濫則臣之受劾蓋何足悲但不順侍中臣有其咎當而行之不知何過且議之不允未有彈科省心揆天了知在宥臣不能謝愆右職改意重臣刺骨鑠金將在朝夕乞解所忝保拙私庭時偃寵方隆由此忤旨別勑有司以屬疾多免惠開官思話素恭謹操行與惠開不同常以其峻異每加嫌責及見惠開自解表自歎曰兒子不幸與周朗周旋理應如此杖之二百尋重除中庶子丁父艱居喪有孝性家素事佛凡為父起四寺南岸南岡下名曰禪岡寺曲阿舊鄉宅名曰禪鄉寺京口墓亭名曰禪亭寺所封封陽縣名曰禪封寺謂國僚曰封秩蓋鮮而兄弟甚多若使全關一人則在我所讓若使人人等分又事可悲恥寺衆既立自宜悉供僧衆由此國秩不復下均服除除司徒左長史大明二年出為海陵王休茂北中郎長史寧朔將軍襄陽太守行雍州州府事善於為政威行禁止襲封封陽縣侯還為新安王子鸞冠軍長史行吳郡事惠開妹當適桂陽王休範女又當適世祖子發遣之資須應二千萬乃以為豫章內史聽其肆意聚納由是在郡著貪暴之聲入為尚

書吏部郎不拜徙御史中丞世祖與劉秀之詔曰今以蕭惠開爲憲司冀當稱職但一往服領已自殊有所震及在任百僚畏憚之八年入爲侍中詔曰惠開前在憲司奉法直繩不阿權戚朕甚嘉之可更授御史中丞母憂去職起爲持節督青冀二州諸軍事輔國將軍青冀二州刺史不行改督益寧二州刺史持節將軍如故惠開素有大意至蜀欲廣樹經略善於述事對賓僚及士人說收牂牁越嶲以爲內地綏討蠻濮闢地徵租聞其言者以爲大功可立太宗即位進號冠軍將軍又進平西將軍改督爲都督晉安王子勛友惠開乃集將佐謂之曰湘東太祖之昭晉安世祖之穆其於當璧並無不可但景和雖昏本是世祖之嗣不任社稷其次猶多吾奉武文之靈兼荷世祖之眷今便當投袂萬里推奉九江乃遣巴郡太守費欣壽領二千人東下爲巴東人任叔兒起義所邀欣壽敗沒陜口道不復通更遣州治中程法度領三千人步出梁州又爲氐賊楊僧嗣所斷先是惠開爲治多任刑誅蜀土咸懷猜怨及聞欣壽沒法度又不得前晉原一部遂反於是諸郡悉應之並來圍城城內東兵不過二千凡蜀人惠開疑之皆悉遣出子勛尋平蜀人並欲屠城以望厚賞惠開每遣軍出戰未嘗不捷前後所摧破殺傷不可勝計外衆逾合勝兵者十餘萬人時天下已平太宗以蜀土險遠赦其誅責遣惠開弟惠基步道使蜀具宣朝旨惠基既至涪而蜀人志在屠城不欲使王命遠達遏留惠基不聽進惠基率部曲破其渠帥馬興懷等然後得前惠開奉旨歸順城圍得解時太宗遣惠開宗人寶首水路慰勞益州寶首欲以平蜀爲功更獎說蜀人於是處處蜂起凡諸離散者一時還合渠帥趙燕句文章等與寶首屯軍於上去成都六十里衆號二十萬人惠開欲遣擊之將佐咸曰攻破蜀賊誠不爲難但慰勞使至未獲奉受而遣兵相距何以自明本心惠開曰今水陸四斷表啓路絕寶首或相誣陷謂我不奉朝旨我之欲戰本在通使使若得通則誠心達矣乃作啓事具陳事情使腹心二人帶啓戒之曰須賊破路開便躍馬馳去遣永寧太守蕭惠訓別駕費欣業萬兵並進與戰大破之生禽寶首囚於成都縣獄所遣使至上使執送寶首除惠開晉平王休祐驃騎長史南郡太守不拜泰始四年還至京師初惠開府錄事參軍到希微負蜀人債將百萬爲責主所制未得俱還惠開與希微共事不厚以爲隨其同上不能攜接得還意恥之廐中凡有馬六十匹悉以乞希微償責其意趣不常皆如是先劉瑀爲益州張悅代之瑀去任凡所攜將佐有不樂反者必逼制將還語人曰隨我上豈可爲張悅作西門客邪惠開自蜀還資財二千餘萬悉散施道路一無所留五年又除桂陽王休範征北長史南東海太守其年會稽太守蔡興宗之郡而惠開自京口請假還都相逢於曲阿惠開先與興宗名位略同又經情款自以負釁摧屈慮興宗不能詣已戒勒部下蔡會稽部伍若借問愼不得答惠開素嚴自下莫敢違犯興宗見惠開舟力甚盛不知爲誰遣人歷舫訊惠開有舫十餘事力二三百人皆低頭直去無一人答者復爲晉平王休祐驃騎長史太守如故六年除少府加給事中惠開素剛至是益不得志寺內所住齋前有嚮種花草甚美惠開悉刬除列種白楊樹每謂人曰人生不得行胸懷雖壽百歲猶爲夭也發病歐血吐如肝肺者甚多除巴陵王休若征西長史寧朔將軍南郡太守未拜七年卒時年四十九子叡嗣齊受禪國除惠開與諸弟並不睦惠基使益州遂不相見與同產弟惠明亦著嫌隙云

殷琰陳郡長平人也父道鸞衡陽王義季右軍長史琰少爲太祖所知見遇與琅邪王景文相埒初爲江夏王義恭征北行參軍始興王濬後軍主簿出爲鄱陽晉熙太守豫州治中從事史廬陵內史臧質反棄郡奔北皖琰性有計數欲進退保全故不還郡邑事平坐繫尚方頃之被宥除海陵王國郎中令不拜臨海王子頊爲冠軍將軍吳興太守以琰爲錄事參軍行郡事復爲豫州別駕太宰戶曹屬丹楊丞尚書左丞少府尋陽王子房冠軍司馬行南豫州隨府轉右軍司馬又徙巴陵王休若左軍司馬前廢帝永光元年除黃門侍郎出爲山陽王休祐右軍長史南梁郡太守休祐入朝琰仍行府州事太宗泰始元年以休祐爲荆州欲以吏部郎張岱爲豫州刺史會晉安王子勛反即以琰督豫司二州南豫州之梁郡諸軍事建武將軍豫州刺史以西汝陰太守龐道隆爲琰長史殿中將軍劉順爲司馬順勸琰同子勛琰家累在京邑意欲奉順而士人前右軍參軍杜叔寶前陳南頓二郡太守皇甫道烈道烈從弟前馬頭太守景度前汝南潁川二郡太守龐天生前睢陽令夏侯季子等並勸琰同逆琰素無部曲門義不過數人無以自立受制於叔寶等太宗遣冗從僕射柳倫領軍助驃騎大將軍山陽王休祐又遣中兵參軍鄭瑗說琰令還二人至即與叔寶合叔寶者杜坦之子既土豪鄉望內外諸軍事並專之弋陽太守卜天生據郡同逆斷梁州獻馬得百餘匹邊城令宿僧護起義斬天生傳首京邑太宗嘉之以爲龍驤將軍封建興縣侯食邑三百戶時綏戎將軍汝南新蔡二郡太守周矜起義於懸瓠收兵得千餘人袁顗遣信誘矜司馬汝南人常珍奇以金鈴爲信珍奇即日斬矜送首詣顗顗以珍奇爲汝南新蔡二郡太守太宗追贈矜本官以義陽內史龐孟虯爲司州刺史領隨郡太守孟虯不受命起兵同子勛子勛召孟虯出尋陽而以孟虯子定光行義陽郡事太宗知琰逼迫士人事不獲已猶欲羈縻之以琰兄前中書郎瑗爲司徒右長史子邈爲山陽王休祐驃騎參軍子勛遣使以琰爲輔國將軍梁郡太守後又加豫州假節督南豫數郡杜叔寶求琰上佐龐道隆慮其爲禍乃請奉表使尋陽琰即以叔寶爲長史梁郡太守休祐步入朝家內猶分停壽陽琰資給供贍事盡豐厚二年正月太宗遣輔國將軍劉勔率寧朔將軍呂安國西討休祐出鎮歷陽爲諸軍總統時徐州刺史薛安都亦據彭城反募能生禽琰安都封千戶縣侯賜布絹各二千匹二月勔進軍小峴初合肥戍主南汝陰太守薛元寶委郡奔子勛前太守朱輔之據城歸順琰遣攻輔之輔之敗走琰以前右軍參軍裴季爲南汝陰太守季又歸順太宗即而授之琰所用象縣令許道蓮亦率二百人歸降太宗以爲馬頭太守三月上又遣寧朔將軍劉懷珍段僧愛龍驤將軍姜產之馬步三軍助勔討琰義軍主黃回募江西楚人千餘斬子勛所置馬頭太守王廣元以回爲龍驤將軍淮西人前奉朝請鄭墨率子弟部曲及淮右郡起義於陳郡城有衆一萬太宗以爲司州刺史後虜寇淮西戰敗見殺追贈冠軍將軍是月劉順柳倫皇甫道烈龐天生等馬步八千人東據宛唐去壽陽三百里勔率衆軍並進去順數里立營在道遇雨旦始至壘壍未立順欲擊之時琰所遣諸軍並受節度而以皇甫道烈土豪柳倫臺之所遣順本卑微不宜統督唯二軍不受命至是道烈倫不同順不能獨進乃止既而勔營壘漸立不可復攻因相持守四月勔錄事參軍王起前部賊曹參軍甄澹等五人委勔奔順順因此出軍攻勔順幢主樊僧整與臺馬軍主驃騎中兵參軍段僧愛交矟鬬僧整刺僧愛殺之追贈屯騎校尉僧愛勇冠三軍軍中並懼太宗又遣太尉司馬垣閎率衆來會步兵校尉龐沈之助裴季戍合肥初淮南人周伯符說休祐求起義兵休祐不許固請乃遣之杖策單行至安豐收得八百餘人於淮西爲遊兵珍奇所置弋陽太守郭確遣將軍郭慈孫擊伯符於金丘琰又遣中兵參軍杜叔寶助之慈孫等爲伯符所敗並投水死太宗以伯符爲驃騎參軍叔寶本謂臺軍停住歷陽不辦進順等至無不瓦解唯齎一月日糧既與勔相持軍食盡報叔寶送食叔寶乃發車千五百乘載米餉順自以五千精兵防送之勔聞之軍副呂安國曰劉順精甲八千而我衆不能居半相持既久彊弱勢殊苟復推遷則無以自立所賴在彼糧將竭我食有餘耳若使叔寶米至非唯難可復圖我亦不能持久今唯有間道襲其米車出彼不意若能制之將不戰走矣勔以爲然乃以疲弱守營簡選千百精手配安國及軍主黃回等間路出順後於橫塘抄之安國始行計叔寶等至止齎二日熟食食盡叔寶不至將士並欲還安國曰卿等旦已一食今晚米車不容不至若其不至夜去不晚叔寶果至以米車爲函箱陣叔寶於外爲遊軍幢主楊仲懷領五百人居前與安國回等相會仲懷部曲並欲退就叔寶并力擊安國仲懷曰賊至不擊復欲何待且統軍在後政三二里間比吾交手何憂不至即便前戰回所領並淮南楚子天下精兵衆力既倍合戰便破之於陣殺仲懷仲懷所領五百人死盡叔寶至而仲懷及士卒伏尸蔽野回等欲乘勝擊之安國曰彼將自走不假復擊退軍三十里止宿夜遣騎參候叔寶果棄米車奔走安國即復夜往燒米車驅牛二千餘頭而還劉順聞米車見燒叔寶又走三月一日夜衆潰奔還壽陽仍走淮西就常珍奇勔於是方軌而進叔寶斂居民及散卒嬰城自守勔與諸軍分營城外黃回立航渡肥水叔寶遣馬步三千欲破航并柵斷小峴埭回擊大破之焚其船柵休祐與琰書曰君本文弱素無武幹是遠近所悉且名器淸顯不應復有分外希覬近者之事當是劫於凶豎不能守節今大軍長驅已造城下勢孤援絕禍敗交至顧昔情款猶有惻然聖上垂天地之仁開不世之澤好生惡殺遐邇所聞顧琛王曇生等皆軍敗迸走披草乞活尚蒙恩恕晏處私門今神鋒所臨前無橫陣況窮城弱衆殘傷之餘而欲自固乎若開門歸順自可不失富貴將佐小大並保榮爵何故苟困士民自求齏膾身膏斧鑊妻息并盡老兄垂白東市受刑邪幸自思之信言不爽有如皦日上又遣王道隆齎詔有琰罪勔又與琰書曰昔景和凶悖行絕人倫昏虐險穢諫諍杜塞逡殘毀陵廟芟刈百僚縱毒窮凶靡有紀極于時人神回遑莫能自保中內士庶咸

願一匡予職在直衛目所備覩主上神機天發指麾克定横流塗炭一朝太平扶危拯急實冠終古而四方持疑成此乖逆資斧所臨每從假簡足下以衣冠華胄信槃夙昭附戾從違猶見容養賢兄長史階升清列賢子參軍亦塞國網間者進軍宛唐討由劉順退衆閉城當時未了過蒙朝恩謬充將帥蚤承風素情有依然今皇威遠申三方感弱勝敗之勢皎然可覽王御史非至主上勅驃騎教賢兄賢子書今悉遣送百代以來未有弘恩曲宥乃至於此且朝庭方宣示大義惟新王道何容摽虛辭於士女失國信於一州以足下明識淵見想必不俟終日如其孤背亭毒弗忌屠陷者便當窮兵肆武究法極刑將恐貴門無復祭祀之主墳壟乏埽灑之望進謝忠臣退慙孝子名實兩喪沒有餘責扶力略白幸加研覽琰本無反心事由力屈叔寶等有降意前後屢遣送誠款而衆心持疑莫能相一故歸順之計每多愆塞嬰城愈固弋陽西山蠻田益之起義攻郭確於弋陽以益之爲輔國將軍督弋陽西山事六月勔築長圍始合田益之率蠻衆萬餘人攻龐定光於義陽定光遣從兄文生拒之爲益之所破見殺遂圍其城定光求救於子勛子勛以定光父孟虯爲司州刺史率精兵五千救義陽并解壽陽之圍常珍奇又自懸瓠遣三千人援定光屯軍柳水益之不戰望風奔散孟虯乘勝進軍向壽陽初常珍奇遣周當垣式寶率數百人送仗與琰式寶驍勇絕衆因留守北門乃率所領開門掩襲勔入其營勔逃避得免式寶得勔衣帽而去勔於是乃豎長圍治攻道於東南角并塡塹東南角有高樓隊主趙法進計曰外若進攻必先攻樓樓頹落既傷將士又使人情沮壞不如先自毀之從其言勔用草茅苞土擲以塞塹擲者如雲城內乃以火箭射之草未及燃後土續至一二日塹便欲滿趙法進復獻計以鐵珠子灌之珠子流滑悉緣隙得入草於是火燃二日間草盡塹中土不過二三寸勔乃作大蝦蟇車載土牛皮蒙之三百人推以塞塹琰戶曹參軍虞挹之造礮車擊之以石車悉破壞初廬江太守王子仲棄郡奔壽陽廬江人起義休祐遣員外散騎侍郎陸悠之助之劉胡遣其輔國將軍薛道摽渡江煽動羣蠻規自廬江掩襲歷陽悠之衆弱退保譙城司徒建安王休仁遣參軍沈靈寵馳據廬江道摽後一日方至悠之自譙城來會因與道摽相持七月龐孟虯至弋陽勔遣呂安國垣閎龍驤將軍陳顯達驃騎參軍孟次陽拒之孟虯軍副呂興壽與安國有舊率所領降安國進軍破孟虯於蓼潭義軍主陳脁又破之於汝水孟虯走向義陽義陽已爲王玄謨子曇善起義所據乃逃於蠻中淮西人鄭叔舉起義擊常珍奇以爲北豫州刺史八月皇甫道烈柳倫等二十一人閤孟虯敗並開門出降勔因此又與琰書曰柳倫來奔具相申述方承足下迹纏穢亂心秉忠誠惘默窮愁不親戎政去冬開天之始愚迷者多如足下流比進非社稷宗臣退無顧命寄託朝廷既不偏相嫌責足下亦復無所獨愧程天祚已舉城歸順龐孟虯又繼迹奔亡劉胡困於錢溪袁顗欲戰不得推理揆勢亦安能久且南方初起連州十六擁徒百萬仲春以來無戰不北摧陷殄滅十無一二南憑袁顗弱卒北恃足下孤城以茲定業恐萬無一理方今國網疏畧示舉宏維比日相白想亦已具矣且倫等皆是足下腹心牙爪所以攜手相捨非有怨恨也了知事不可濟禍害已及故耳夫擁數千烏合抗天下之兵傾覆之狀豈不易曉假令六蔽之人猶當不爲其事況復足下少祖名教疾沒世無稱者邪所以復有此白者實惜華州重鎭鞠爲茂草兼傷貴門一日屠滅足下若能封府庫開四門宣語文武示以禍福先遣咫尺之書表達誠欵然後素車白馬來詣轅門若令足下髮膚不全兒姪彫耗者皇天后土實聞此言至辭不華寧復多白薛道摽猶在廬江劉胡又分兵揚聲向壽陽及合肥勔遣許道蓮馳赴合肥助裴季文又遣黃回孟次陽及屯騎校尉段佛榮武衞將軍王廣之繼之道摽率其黨薛元寶等攻合肥勔所遣諸軍未至爲道摽所陷季文及武衞將軍葉慶祖力戰死之勔馳遣垣閎總統諸軍攻合肥是月劉胡敗走壽陽平定太宗遣叔寶從父弟季文至琰城下與叔寶語說四方已定勸令時降叔寶曰我乃信汝恐爲人所誑耳叔寶閉絕子勛敗問有傳者即殺之時琰子邈東在京邑繫建康太宗遣邈與琰令說南賊已平之問自建康出便防送就道議者以爲宜聽邈與伯父瑗私相見不爾無以解城內之惑不從邈至叔寶等果疑守備方固十月薛道摽突圍與十餘騎走奔淮西投常珍奇薛元寶歸降先是晉熙太守閻湛之據郡同逆至是沈靈寵自廬江攻之湛之未知尋陽已敗固守不降靈寵乃取諸將破劉胡文書置車中攻城僞敗棄車而走湛之得書大駭其夜奔逃十一月常珍奇乞降慮不見納又求救於索虜太宗即以珍奇爲司州刺史領汝南新蔡二郡太守虜亦遣僞帥張窮奇騎萬匹救之十二月虜至汝南珍奇開門納虜淮西七縣民並連營南奔劉順之亦棄虜歸順南賊降者太宗並送琰城下令與城內交言由是人情沮喪琰將降先送休祐內人出城然後開門時琰有疾以板自輿與諸將帥面縛請罪勔並撫宥無所誅戮自將帥以下財物資貨皆以還之纖毫無所失虜騎救琰至師水聞城陷乃破義陽殺掠數千人而去垣式寶尋復反叛投常珍奇以平琰功劉懷珍封艾縣侯食邑四百戶垣閎樂鄉縣侯孟次陽攸縣子王廣之蒲圻縣子陳顯達彭澤縣子呂安國鍾武縣子食邑各三百戶黃回葛陽縣男食邑二百戶送琰及僞節還京都久之爲王景文鎭南諮議參軍兼少府泰豫元年除少府加給事中後廢帝元徽元年卒時年五十九琰性和雅靜素寡嗜欲諳前世舊事事兄甚謹少以名行見稱在壽陽被攻圍積時爲城內所懷附揚州刺史王景文征西將軍蔡興宗司空褚淵並與之友善云

史臣曰夫求忠臣必於孝子之門蓋以類得之也昔敬方說主迹表遺親鄧攸淳行愛兼猶子雖稟分參差情紀難一而均薄等厚未之或偏惠開親禮雖篤弟際尤著方寸之內孝友異情險於山川有驗於此也

宋書卷八十七考證

蕭惠開傳令以蕭惠開爲憲司冀當稱職但一往服領己自殊有所震○服領南史作眼領

殷琰傳三月一日夜衆潰奔還壽陽○三月一本作五月

宋書卷八十八

梁　沈約　撰

列傳第四十八

薛安都　沈文秀　崔道固

薛安都河東汾陰人也世爲彊族同姓有三千家父廣爲宗豪高祖定關河以爲上黨太守安都少以勇聞身長七尺八寸便弓馬索虜使助秦州刺史北賀泊擊反胡白龍子滅之由是爲僞雍秦二州都統州各有刺史都統總其事元嘉二十一年索虜主拓跋燾擊芮芮大敗安都與宗人薛永宗起義永宗營汾曲安都襲得弘農會北地人蓋吳起兵遂連衡相應燾自率衆擊永宗滅其族進擊蓋吳安都料衆寡不敵率壯士辛靈度等棄弘農歸國太祖延見之求北還構扇河陝招聚義衆上許之給錦百疋雜繒三百疋復襲弘農虜已增戍城不可克蓋吳又死乃退還上洛世祖鎭襄陽板爲揚武將軍北弘農太守漸彊盛安都乃歸襄陽從叔沈亦同歸國官至綏遠將軍新野太守二十七年隨王誕版安都爲建武將軍隨柳元景向關陝率步騎居前所向克捷事在元景傳軍還誕版爲後軍行參軍二十九年除始興王濬征北行參軍加建武將軍魯爽向虎牢安都復隨元景北出即據關城期俱濟河取蒲坂會爽退安都復率所領隨元景引還仍伐西陽五水蠻世祖伐逆轉參軍事加寧朔將軍領馬軍與柳元景俱發四月十四日至朱雀航橫矛瞋目叱賊將皇甫安民等曰賊弒君父何心事之世祖踐阼除右軍將軍五月四日率所領騎爲前鋒直入殿庭賊尚有數百人一時奔散以功封南鄉縣男食邑五百戶安都後征關陝至臼口夢仰頭視天正見天門開謂左右曰汝見天門開不至是歎曰夢天開乃中興之象邪從弟道生亦以軍功爲大司馬參軍犯辠爲秣陵令庾淑之所鞭安都大怒乃乘馬從數十人令左右執矟欲往殺淑之行至朱雀航逢柳元景元景遙問薛公何處去安都躍馬至車後曰小子庾淑之鞭我從弟今詣往刺殺之元景慮其不可駐乃給之曰小子無宜適卿往與手甚快安都既回馬復追呼之別宜與卿有所論令下馬入車既入車因責讓之曰卿從弟服章言論與寒細不異雖復人士庾淑之亦何由得知且人身犯罪理應加罰卿爲朝廷勳臣宜崇奉法憲云何放恣輒欲於都邑殺人非唯科律所不容主上亦無辭以相宥因載之俱歸安都乃止其年以憚直免官孝建元年復除左軍將軍二月魯爽反叛遣安都及冗從僕射胡子反龍驤將軍宗越率步騎據歷陽爽遣將鄭德玄戍大峴德玄使前鋒楊胡與輕兵向歷陽安都遣宗越及歷陽太守程天祚逆擊破之斬胡與及其軍副德玄復使其司馬梁嚴屯峴東安都幢主周文恭晨往偵候因而襲之悉禽賊未敢進世祖詔安都留三百人守歷陽渡還採石遷輔國將軍竟陵內史四月魯爽使弟瑜率三千人出小峴爽尋以大衆阻大峴又遣安都步騎八千度江與歷陽太守張幼緒等討爽安都軍副建武將軍譚金率數十騎挑戰斬其偏帥幼緒恇怯輒引軍退還安都復還歷陽褫質久不至世祖

復遣沈慶之濟江督統諸軍爽軍食少引退慶之使安都率輕騎追之四月丙戌及爽於小峴爽自與腹心壯騎斷後譚金先薄之不能入安都望見爽便躍馬大呼直往刺之應手而倒左右范雙斬爽首爽累世梟猛生習戰陳咸云萬人敵安都單騎直入斬之而反時人皆云關羽之斬顏良不是過也進爵為侯增邑五百戶并前千戶時王玄謨距南郡王義宣臧質於梁山安都復領騎為支軍賊有水步營在蕪湖安都遣將呂興壽率數十騎襲之賊衆驚亂斬首及赴水死者甚衆義宣遣將劉湛及譚攻玄謨玄謨命衆軍擊之使安都引騎出賊陣右譚金三歷賊陳乘其隙縱騎突之諸將係進是朝賊馬軍發蕪湖欲來會戰望安都騎甚盛隱山不敢出賊陣東南猶堅安都橫擊陷之賊遂大潰安都隊主劉元儒於艦中斬湛首轉太子左衛率大明元年虜向無鹽東平太守劉胡出戰失利二月遣安都領馬軍北討東陽太守沈法系水軍向彭城並受徐州刺史申坦節度上戒之曰賊若可及便盡力殄之若度已回可過河耀威而反時虜已去坦求回軍討任榛見許安都當向左城左城去滑臺二百餘里安都以去虜鎮近軍少不宜分行至東坊城遇任榛三騎討擒其一餘兩騎得走任榛聞知皆得逃散時天旱水泉多竭人馬疲困不能遠追安都法系並白衣領職坦繫尚方任榛大抵在任城界積世逋叛所聚所在皆棘榛深密難為用師故能久自保藏屢為民患安都明年復職改封武昌縣侯加散騎常侍七年又加征虜將軍為太子左衛率十年終世祖世不轉前廢帝即位遷右衛將軍加給事中永光元年出為使持節督兗州諸軍事前將軍兗州刺史景和元年代義陽王昶督徐州豫州之梁郡諸軍事平北將軍徐州刺史太宗即位進號安北將軍給鼓吹一部安都不受命舉兵同晉安王子勛初安都從子索兒前廢帝景和中為前軍將軍直閣從誅諸公封武安縣男食邑三百戶太宗即位以為左將軍直閣如故安都將為逆遣密信報之又遣數百人至瓜步迎接時右衛將軍柳光世亦與安都通謀泰始二年正月索兒光世並在省安都信催令速去二人俱自省逃出攜安都諸子及家累席卷北奔青州刺史沈文秀冀州刺史崔道固並皆同反文秀遣劉彌之張靈慶崔僧琁三軍道固遣子景徽傅靈越領衆並應安都彌之等南出下邳靈越自太山道向彭城時濟陰太守申闡據睢陵城起義索兒率靈越等攻之安都使同黨裴祖隆守下邳城彌之等至下邳改計歸順因進軍攻祖隆僧琁不同率所領歸安都索兒聞彌之有異志舍睢陵馳赴下邳彌之等未戰潰散並為索兒所執見殺時太宗以申令孫為徐州代安都令孫進據淮陽密有反志遣人告索兒曰欲相從順而百口在都可進軍見攻若戰敗被執家人可得免禍索兒乃遣靈越向淮陽令孫出城為相距之形既而奔散北投索兒索兒使令孫說闡令降闡既降索兒執闡及令孫並殺之索兒因引軍渡淮軍糧不給掠奪百姓穀食太宗遣齊王率前將軍張永寧朔將軍垣山寶王寬員外散騎侍郎張寘震蕭順之龍驤將軍張季和黃文玉等諸軍北討其年五月軍次平原索兒等率馬步五千列陳距戰擊大破之索兒又虜掠民穀固守石梁齊王又率鎮北參軍趙曇之呂湛之擊之索兒軍無資實所資野掠既見攻逼無以自守於是奔散又追破之於葛家白鵠索兒走向樂平縣界為申令孫子孝叔所斬安都子道智大將范雙走向合肥詣南汝陰太守裴季降時武衛將軍王廣之領軍隸劉勔攻殷琰於壽陽傅靈越奔逃為廣之軍人所生禽厲聲曰我傅靈越也汝得賊何不即殺生送詣勔勔躬自慰勞詰其叛逆對曰九州唱義豈獨在我勔又問四方阻逆無戰不禽主上皆加以曠蕩即其才用卿何不早歸天闕乃逃命草間乎靈越答曰薛公舉兵淮北威震天下不能專任智勇委付子姪致敗之由實在於此然事之始末備皆參豫人生歸於一死實無面求活勔壯其意送還京師太宗欲加原宥靈越辭對如一終不回改乃殺之靈越清河人也時輔國將軍山陽內史程天祚據郡同安都攻圍彌時然後歸順子勛平定安都遣別駕從事史畢衆愛下邳太守王煥等奉啟書詣太宗歸款曰臣庸隸荒萌偷生上國過蒙世祖孝武皇帝過常之恩犬馬有心實感恩遇是以晉安始唱投誠孤往不期生榮實存死報今天命大歸羣迷改屬輒率領所部束骸待誅違拒之罪伏聽湯鑊索兒之死也安都使柳光世守下邳至是亦率所領歸降太宗以四方已平欲示威於淮外遣張永沈攸之以重軍迎之安都謂既已歸順不應遣重兵懼不免罪乃遣信要引索虜三年正月索虜遣博陵公尉遲苟人城陽公孔伯恭二萬騎救之永等引退安都開門納虜虜即授安都徐州刺史河東公四年三月召還桑乾五年死於虜中時年六十初安都起兵長史蘭陵嚴密欲圖之見殺安都未向桑乾前軍將軍裴祖隆謀殺苟人舉彭城歸順事洩見誅員外散騎侍郎孫耿之擊索兒戰死及劉彌之張靈慶皆戰敗見殺並為太宗所哀追贈儼光祿勳祖隆寧朔將軍兗州刺史耿之羽林監彌之輔國將軍青州刺史靈慶寧朔將軍冀州刺史安都子伯令環龍亡命梁雎二州之間三年率亡命數千人襲廣平執太守劉冥虯攻順陽克之略有義成扶風置立守宰雍州刺史巴陵王休若遣南陽太守張敬兒新野太守劉攘兵擊破之並禽先是東安東莞二郡太守張讜守團城在彭城東北始同安都末亦歸順太宗以為東徐州刺史復為虜所沒

沈文秀字仲遠吳興武康人司空慶之弟子也父劭之南中郎行參軍文秀初為郡主簿功曹史慶之貴後文秀起家為東海王禕撫軍行參軍又度義陽王昶東中郎府東遷錢唐令西陽王子尚撫軍參軍武康令尚書庫部郎本邑中正建康令坐為尋陽王鞭殺私奴免官加杖一百尋復官前廢帝即位為建安王休仁安南錄事參軍射聲校尉景和元年遷督青州之東莞東安二郡諸軍事建威將軍青州刺史時帝狂悖無道內外憂危文秀將之鎮部曲出屯白下說慶之曰主上狂暴如此土崩將至而一門受其寵任萬物皆謂與之同心且此人性情無常猜忌特甚將來之禍事又難測今因此衆力圖之易於反掌千載一時萬不可失慶之不從文秀固請非一言輒流涕終不回文秀既行慶之果為帝所殺慶之死後帝遣直閤江方興領兵誅文秀方興未至太宗已定亂馳驛駐之方興既至為文秀所執尋見釋遣還京師時晉安王子勛據尋陽反叛六師外討徵兵於文秀文秀遣劉彌之張靈慶崔僧琁三軍赴朝廷時徐州刺史薛安都已同子勛遣使報文秀以四方齊舉勸令同逆文秀即令彌之等回應安都彌之等尋歸順事在安都傳彌之青州彊姓門族甚多諸宗從相合率奔北海據城以拒文秀平原樂安二郡太守王玄默據琅邪清河廣川二郡太守王玄邈據盤陽城高陽勃海二郡太守劉乘民據臨濟城並起義文秀司馬房文慶謀應之為文秀所殺文秀遣軍主解彥士攻北海陷之乘民從弟伯宗合率鄉兵復克北海因率所領向青州所治東陽城文秀拒之伯宗戰敗被創弟天愛扶持將去伯宗曰丈夫當死戰場以身殉國安能歸死兒女手中乎弟可速去無為兩亡乃見殺追贈龍驤將軍長廣太守太宗遣青州刺史明僧暠東莞東安二郡太守李靈謙率軍伐文秀玄邈乘民僧暠等並進軍攻城每戰輒為文秀所破離而復合如此者十餘泰始二年八月尋陽平定太守遣尚書度支郎崔元孫慰勞諸義軍隨僧暠戰敗見殺追贈寧朔將軍冀州刺史上遣文秀弟文炳詔文秀曰皇帝前問督青州徐州之東莞東安二郡諸軍事建威將軍青州刺史朕去歲撥亂功振普天於卿一門特有殊澤卿得延命至今誰之力耶何故背國負恩遠同逆豎今天下已定四方寧壹獨卿守窮城何所歸奉且卿百口在都兼有墳墓想情非木石猶或顧懷故指遣文炳具相宣示凡諸逆郎親為戎首一不加辜文炳所具卿獨何人而能自立便可速率部曲同到軍門別詔有司一無所問如其不爾國有常刑非惟戮及弟息亦當夷卿墳壟既以謝齊土百姓亦以勞將士之心故今有詔三年二月文秀歸命請辜即安本任先是冀州刺史崔道固亦據歷城同逆為土人起義所攻與文秀俱遣信引虜虜遣將慕輿白曜率大衆援之文秀已受朝命乃乘虜無備縱兵掩擊殺傷甚多虜乃進軍圍城文秀善於撫御將士咸為盡力每與虜戰輒摧破之掩擊營砦往無不捷太宗進文秀號輔國將軍其年八月虜蜀郡公拔式等馬步數萬人入西郭直至城下文秀使輔國將軍垣諶擊破之九月又逼城東十月進攻南郭文秀使員外散騎侍郎黃彌之等邀擊斬獲數千四年又進文秀號右將軍封新城縣侯食邑五百戶虜青州刺史王隆顯於安丘縣又為軍主高崇仁所破死者數百人虜圍青州積久太宗所遣救兵並不敢進乃以文秀弟征北中兵參軍文靜為輔國將軍統高密北海平昌長廣東萊五郡軍事海道救青州文靜至東萊之不其城為虜所斷遏不得進因保城自守又為虜所攻屢戰輒尅太宗加其東青州刺史四年不其城為虜所陷文靜見殺文秀被圍三載外無援軍士卒為之用命無離叛者日夜戰鬭甲胄生蟣虱五年正月二十四日遂為虜所陷城敗之日解釋戎衣緩服靜坐命左右取所持節虜既入兵刃交至問曰青州刺史沈文秀何在文秀厲聲曰身是因執之牽出聽事前剝取衣服時白曜在城西南角樓裸縛文秀至曜前執之者令拜文秀曰各二國大臣無相拜之禮曜命還其衣為設酒食鎖送桑乾其餘為亂兵所殺死者甚衆太宗先遣尚書功論郎何如真選青州文武亦為虜所殺文秀在桑乾凡十九年齊之永明四年病死時年六十一

崔道固清河人也世祖世以幹用見知歷太子屯騎校尉左軍將軍大明三年出為齊北海二郡太守民焦恭破古冢得玉鎧道固檢得獻之執繫恭入為新安王子

鸞北中郎諮議參軍永嘉王子仁左軍司馬景和元年出爲寧朔將軍冀州刺史鎭歷城泰始二年進號輔國將軍又進號征虜將軍時徐州刺史薛安都同逆上卽還道固本號爲徐州代之道固不受命遣子景微軍主傅靈越率衆赴安都既而爲土人起義所攻屢戰失利閉門自守會四方平定上遣使宣慰道固奉詔歸順先是與沈文秀共引虜虜既至固守距之因被圍逼虜每進輒爲道固所摧三年以爲都督冀青兗幽并五州諸軍事前將軍冀州刺史加節又進號平北將軍其年爲虜所陷被送桑乾死於虜中

史臣曰春秋列國大夫得罪皆先致其邑而後去唯邾莒三臣書以叛人之目蓋重地也安都勤王之略義闕於藩屏以地外奔罪同於三叛詩云誰生厲階至今爲梗其此之謂乎

宋書卷八十八考證

薛安都傳使助秦州刺史北賀泊擊反胡白龍子滅之○泊一本作汨白監本誤日今改正

元景慮其不可駐乃給之○駐字連上句南史駐乃作駐車是駐字連下句

義宣遣將劉湛及譚○湛南史作諶

沈文秀傳慕輿白曜率大衆援之○慕輿南史作慕容

宋書卷八十九

梁　沈約　撰

列傳第四十九

袁粲

袁粲字景倩陳郡陽夏人太尉淑兄子也父濯揚州秀才蚤卒祖母哀其幼孤名之曰愍孫伯叔並當世榮顯而愍孫饑寒不足母琅邪王氏太尉長史誕之女也躬事績紡以供朝夕愍孫少好學有清才有欲與從兄顗婚者伯父洵卽顗父曰顗不堪政可與愍孫婚耳時愍孫在坐流涕起出蚤以操立志行見知初爲揚州從事世祖安北鎭軍北中郎行參軍侍中郎主簿世祖伐逆轉記室參軍及卽位除尚書吏部郎太子右衞率侍中孝建元年世祖率羣臣並於中興寺八關齋中食竟愍孫別與黃門郎張淹更進魚肉食尚書令何尚之奉法素謹密以白世祖世祖使御史中丞王謙之糾奏並免官二年起爲廷尉太子中庶子領右軍將軍出爲輔國將軍西陽王子尚北中郎長史廣陵太守行兗州事仍爲永嘉王子仁冠軍長史將軍太守如故大明元年復爲侍中領射聲校尉封興平縣子食邑五百戶事在顏師伯傳三年坐納山陰民丁彖文貨舉爲會稽郡孝廉免官尋爲西陽王子尚撫軍長史又爲中庶子領左軍將軍四年出補豫章太守加秩中二千石五年復還爲侍中領長水校尉遷左衞將軍加給事中七年轉吏部尚書左衞如故其年皇太子冠上臨宴東宮愍孫勸顏師伯酒師伯不飲愍孫因相裁辱師伯見寵於上上常嫌愍孫以寒素凌之因此發怒出爲海陵太守前廢帝卽位除御史中丞不拜復爲吏部尚書永光元年徙右衞將軍加給事中景和元年復入爲侍中領驍騎將軍太宗泰始元年轉司徒左長史冠軍將軍南東海太守愍孫清整有風操自遇甚厚常著妙德先生傳以續嵇康高士傳以自況曰有妙德先生陳國人也氣志淵虛姿神清映性孝履順棲冲業簡有舜之遺風先生幼夙多疾性疎嬾無所營尚然九流百氏之言雕龍談天之藝皆泛識其大歸而不以成名家貧嘗仕非其好也混其聲迹晦其心用故深交或迕俗察罔識所處席門常掩三逕裁通雖揚子寂漠嚴叟沈冥不是過也脩道遂志終無得而稱焉又嘗謂周旋人曰昔有一國國中一水號曰狂泉國人飲此水無不狂唯國君穿井而汲獨得無恙國人既並狂反謂國主之不狂爲狂於是聚謀共執國主療其狂疾火艾針藥莫不必具國主不任其苦於是到泉所酌水飲之飲畢便狂君臣大小其狂若一衆乃歡然我既不狂難以獨立比亦欲試飲此水愍孫幼慕荀奉倩之爲人白世祖求改名爲粲不許至是言於太宗乃改爲粲字景倩焉二年遷領軍將軍仗士二十人入六門其年徙中書令領太子詹事增封三百戶固辭不受三年轉尚書僕射尋領吏部五年加中書令又領丹陽尹六年上於華林園茅堂講周易粲爲執經又知東宮事徙爲右僕射七年領太子詹事僕射如故未拜遷尚書令丹陽尹如故坐前選武衞將軍江柳爲江州刺史柳有罪降爲守尚書令太宗臨崩粲與褚淵劉勔並受顧命加班劍二十人給鼓吹一部後廢帝卽位加兵五百人帝未親朝政下詔曰比元序愆度留熏耀晷有傷秋稼方貽民瘼朕以眇疚未弘政道囹圄尚繁枉滯猶積晨兢夕厲每惻于懷尚書令可與執法以下就訊衆獄使冤訟洗遂爲獘昭蘇須下州郡咸令無壅元徽元年丁母憂葬竟攝令親職加衞將軍不受敦逼備至中使相望粲終不受性至孝居喪毀甚祖日及祥變常發詔衞軍斷客二年桂陽王休範爲逆粲扶曳入殿詔加兵自隨府置佐史時兵難危急賊已至南掖門諸將意沮咸莫能奮粲慷慨謂諸將帥曰寇賊已逼而衆情離沮孤子受先帝顧託本以死報今日當與褚護軍同死社稷因命左右被馬辭色哀壯於是陳顯達等感激出戰賊卽平殄事寧授中書監卽本號開府儀同三司領司徒以揚州解爲府固不肯移三年徙尚書令衞軍開府如故並固辭服終乃受加侍中進爵爲侯又不受時粲與齊王褚淵劉秉入直平決萬機時謂之四貴粲閑默寡言不肯當事主書每往諮決或高詠對之時立一意則衆莫能改宅宇平素器物取給好飲酒善吟諷獨酌園庭以此自適居負南郭時杖策獨遊素寡往來門無雜客及受遺當權四方輻湊閑居高臥一無所接談客文士所見不過一兩人順帝卽位遷中書監司徒侍中如故時齊王居東府故使粲鎭石頭粲素靜退每有朝命多不卽從逼切不得已然後方就及詔移石頭卽便順旨有周旋人解望氣謂粲曰石頭氣甚乖往必有禍粲不答又給油絡通幰車仗士五十人入殿時齊王功高德重天命有歸粲自以身受顧託不欲事二姓密有異圖丹陽尹劉秉宋代宗室前湘州刺史王蘊太后兄子素好武事並慮不見容於齊王皆與粲相結將帥黃回任候伯孫曇瓘王宜與彭文之卜伯興等並與粲合昇明元年荊州刺史沈攸之舉兵齊王自詣粲粲稱疾不見粲宗人通直郎袁達以爲不宜示異同粲曰彼若以主幼時艱與桂陽時不異劫我入臺便無辭以拒一如此不復得出矣時齊王入屯朝堂秉從父弟領軍將軍韞入直門下省伯興爲直閤黃回諸將皆率軍出新亭粲謀克日矯太后令使韞伯興率宿衞兵攻齊王於朝堂回率軍來應秉候伯等並赴石頭本期夜發其日秉恇擾不知所爲晡夜便束裝未暗載婦女席卷就粲由此事泄先是齊王遣將薛淵蘇烈王天生等領兵戍石頭云以助粲實禦之也又令腹心王敬則爲直閤與伯興共總禁兵王蘊聞秉已奔歎曰今年事敗矣時齊王使蘊募人已得數百乃狼狽率部曲向石頭本期開南門時已暗夜薛淵等據門射之蘊謂粲已敗卽便散走齊王以報敬則率所領收蘊殺之并誅伯興又遣軍主戴僧靜向石頭助薛淵自倉門得入時粲與秉等列兵登東門僧靜分兵攻府西門粲與秉欲還赴府既下城列燭自照僧靜挺身暗往粲子最覺有異人以身衞粲僧靜直前斬之父子俱殞左右各分散粲死時年五十八任候伯等其夜並乘輕舸自新亭赴石頭聞粲敗乃馳還其後並誅秉事在宗室傳齊永明元年詔曰昔魏矜袁紹恩給丘墳晉亮兩王榮覃餘裔斯蓋懷舊流仁原心興宥二代弘義前載美談袁粲劉秉並與先朝同奬宗室沈攸之於景和之世特有乃心雖末節不終而始誠可錄歲月彌往宜沾優隆粲秉前年改葬塋兆未脩材官可爲經畧粗合周禮攸之及其諸子喪柩在西可符荊州以時致送還反舊墓在所營葬事

史臣曰闢運刱基非機變無以通其務世及繼體非忠貞無以守其業闢運之君千載一有世及之主無乏於時闕二字須機變之用短資忠貞之路長也故漢室闕二字文舉不屈曹氏魏鼎將移夏侯義不北面若悉以二子爲心則兩代宜不亡矣袁粲清標簡貴任屬負圖朝野之望雖隆然未以大節許也及其赴危亡審存滅豈所謂義重於生乎雖不達天命而其道有足懷者昔王經被旌於晉世粲等亦改葬於聖朝盛代同符美矣

宋書卷九十

梁　沈約　撰

列傳第五十

明四王

明帝十二子陳貴妃生後廢帝謝脩儀生皇子法良陳昭華生順帝徐婕妤生第四皇子鄭脩容生皇子智井次晉熙王爕與皇子法良同生泉美人生邵陵殤王友次江夏王躋與第四皇子同生徐良人生武陵王贊杜脩華生隨陽王翽次新興王嵩與武陵王贊同生又泉美人生始建王禧智井爕贊並出繼法良未封第四皇

子未有名早夭

邵陵殤王友字仲賢明帝第七子也後廢帝元徽二年太尉江州刺史桂陽王休範反誅皇室寡弱友年五歲出爲使持節督江州豫州之西陽新蔡晉熙三郡諸軍事南中郎將江州刺史封邵陵王食邑二千戶府州文案及臣吏不諱有無之有順帝即位進號左將軍改督爲都督昇明元年徙都督南豫豫司三州諸軍事安南將軍南豫州刺史歷陽太守三年薨無子國除

隨陽王翽字仲儀明帝第十子也元徽四年年六歲封南陽王食邑二千戶昇明元年爲使持節督郢州司州之義陽諸軍事西中郎將郢州刺史未拜徙督湘州諸軍事南中郎將湘州刺史持節如故未之鎭進號前將軍二年以南陽荒遠改封隨陽王以本號停京師齊受禪降封舞陰縣公食邑千五百戶謀反賜死

新興王嵩字仲岳明帝第十一子元徽四年年六歲封新興王食邑二千戶齊受禪降封定襄縣公食邑千五百戶謀反賜死

始建王禧字仲安明帝第十二子也元徽四年年六歲封始建王食邑二千戶齊受禪降封荔封縣公食邑千五百戶謀反賜死

史臣曰太宗負螟之慶事非已出枝葉不茂豈能庇其本根侯服于周斯爲幸矣

宋書卷九十考證

明四王傳智井燮贊並出纖○南史燮字下有躋字謂江夏王躋也

邵陵殤王友傳府州文案及臣吏不諱有無之有○臣承蒼按邵陵王名友有與友同聲此言不諱嫌名也南史改下四字云有無君之心其謬甚矣

宋書卷九十一

梁　沈　約　撰

列傳第五十一

孝義

易曰立人之道曰仁與義夫仁義者合君親之至理實忠孝之所資雖義發因心情非外感然企及之旨聖哲詒言至於風漓化薄禮違道喪忠不樹國孝亦愆家而一世之民權利相引仕以勢招榮非行立乏翱翔之感棄舍生之分霜露未改大痛已忘於心名節不變戎車遽爲其首斯並軌訓之理未弘汲引之塗多闕若夫情發於天行成乎已捐軀舍命濟主安親雖乖理闇主匪由勸賞而宰世之人曾微誘激乃至事隱閭閻無聞視聽故可以昭被圖篆百不一焉今采綴湮落以備闕文云爾

龔穎遂寧人也少好學益州刺史毛璩辟爲勸學從事璩爲譙縱所殺故佐吏並逃亡穎號哭奔赴殯送以禮縱後設宴延穎不獲已而至樂奏穎流涕起曰北面事人亡不能死何忍聞舉樂蹈跡逆亂乎縱大將譙道福引出將斬之道福母即穎姑跣出救之故得免縱既僭號備禮徵又不至乃收穎付獄脅以兵刃執志彌堅終無回改至于蜀平遂不屈節其後刺史至輒加辟引歷府參軍州別駕從事史太祖元嘉二十四年刺史陸徽上表曰臣聞運纏明夷則艱貞之節顯時屬棟撓則獨立之操彰昔之元興皇綱弛紊譙縱乘釁肆虐巴庸害殺前益州刺史毛璩竊據蜀土涪岷士庶怵迫受職璩故吏龔穎獨秉身貞白抗志不撓殯送舊君哀敬盡禮全操九載不染僞朝縱雖殘凶猶重義槩遂延以旌命劫以兵威穎忠誠奮發辭色方壯雖桎梏在身踐危愈信其節白刃臨頸見死不更其守若王蠋之抗辭燕軍同周苛之肆詈楚王方之於穎蔑以加焉誠當今之忠壯振古之遺烈而名未登於王府爵猶齒於鄉曹斯實邊氓遠土所爲於邑臣過叨恩私宣風萬里志存砥竭有懷必聞故率愚懇舉其所知追懼紕妄伏增慄臬穎遂不被朝命終於家

劉瑜歷陽人也七歲喪父事母至孝年五十二又喪母三年不進鹽酪號泣晝夜不絕聲勤身運力以營葬事服除後二十餘年布衣蔬食言輒流涕常居墓側未嘗暫違太宗元嘉初卒

賈恩會稽諸暨人也少有志行爲鄉曲所推重元嘉三年母亡居喪過禮未葬爲鄰火所逼恩及妻桓氏號哭奔救鄰近赴助棺櫬得免恩及桓俱見燒死有司奏改其里爲孝義里蠲租布三世追贈天水郡顯親縣左尉

郭世道會稽永興人也生而失母父更娶世道事父及後母孝道淳備年十四又喪父居喪過禮殆不勝喪家貧無產業傭力以養繼母婦生一男夫妻共議曰勤身供養力猶不足若養此兒則所費者大乃垂泣瘞之母亡負土成墳親戚或共賻助微有所受葬畢傭賃倍還先直服除後哀戚思慕終身如喪者以爲追遠之思無時去心故未嘗釋衣帢仁厚之風行於鄉黨鄰村小大莫有呼其名者嘗與人共於山陰市貨物誤得一千錢當時不覺分背方悟請其伴求以此錢追還本主伴大笑不答世道以已錢充數送還之錢主驚嘆以半直與世道世道委之而去元嘉四年遣大使巡行天下散騎常侍袁愉表其淳行太祖嘉之勑郡牓表閭門蠲其稅調改所居獨楓里爲孝行焉太守孟顗察孝廉不就子原平字長泰又禀至行養親必己力性閑木功傭賃以給供養性謙虛每爲人作匠取散夫價主人設食原平自以家貧父母不辦有肴味唯飡鹽飯而已若家或無食則虛中竟日義不獨飽要須日暮作畢受直歸家於里中買糴然後舉爨父抱篤疾彌年原平衣不解帶口不嘗鹽菜者跨積寒暑又未嘗睡臥父亡哭踊慟絕數日方蘇以爲奉終之義情禮所畢營壙凶功不欲假人本雖智巧而不解作墓乃訪邑中有營墓者助人運力經時展勤久乃閑練又自賣十夫以供衆費窀穸之事儉而當禮性無術學因心自然葬畢詣所買主執役無懈與諸奴分務每讓逸取勞主人不忍使每遣之原平服勤未曾暫替所餘私夫傭賃養母有餘聚以自贖本性智巧既學搆冢尤善其事每至吉歲求者盈門原平所赴必自貧始既取賤價又以夫日助之父喪既終自起兩間小屋以爲祠堂每至節歲烝嘗於此數日中哀思絕飲粥父服除後不復食魚肉於母前示有所噉在私室未曾妄嘗自此迄終三十餘載高陽許瑤之居在永興罷建安郡丞還家以綿一斤遺原平原平不受送而復反者前後數十瑤之乃自往曰今歲過寒而建安綿好以此奉尊上下耳原平乃拜而受之及母終毀瘠彌甚僅乃免喪墓前有數十畝田不屬原平每至農月耕者恒裸袒原平不欲使人慢其墳墓乃販質家資貴買此田三農之月輒束帶垂泣躬自耕墾每出市賣物人問幾錢裁言其半如此積時邑人皆共識悉輒加本價與之彼此相讓欲買者稍稍減價要使微賤然後取直居宅下濕遶宅爲溝以通淤水宅上種少竹春月夜有盜其筍者原平偶起見之盜者奔走墜溝原平自以不能廣施至使此人顛沛乃於所植竹處溝上立小橋令足通行又采筍置籬外鄰曲慙愧無復取者太祖崩原平號哭致慟日食麥粰一枚如此五日人或問之曰誰非王民何獨如此原平泣而答曰吾家見異先朝蒙褒賛之賞不能報恩私心感慟耳又以種瓜爲業世祖大明七年大旱瓜瀆不復通船縣官劉僧秀愍其窮老下瀆水與之原平曰普天大旱百姓俱困豈可減溉田之水以通運瓜之船乃步從他道往錢唐貨賣每行來見人牽埭未過輒迅櫓助之已而引船不假旁力若自船已渡後人未及常停住須待以此爲常嘗於縣南郭鳳埭助人引船遇有相鬭者爲吏所錄鬭者逃散唯原平獨住吏執以送縣縣令新到未相諳悉將加嚴罰原平解衣就罪義無一言左右小大咸稽顙請救然後得免由來不謁官長自此以後乃脩民敬太守王僧朗察孝廉不就太守蔡興宗臨郡深加貴異以私米饋原平及山陰朱百年妻教曰秩年之貺著自國書餼貧之典有聞甲令況高柴窮老萊婦屯暮者哉永興郭原平世禀孝德洞業儲靈深仁絕操追風曠古棲貞處約華耆方嚴山陰朱百年道終物表妻孔耋齒孀居窶迫殘日欽風撫事嗟慨滿懷可以帳下米各餉百斛原平固讓頻煩誓死不受人或問曰府君嘉君淳行愍君貧老故加此贍豈宜必辭原平曰府君若以吾義行邪則無一介之善不可濫荷此賜若以其貧老邪耋齒甚多屢空比室非吾一人而已終不肯納百年妻亦辭不受會稽貴重望計及望孝盛族出身不減秘著太宗泰始七年興宗欲舉山陰孔仲智長子爲望計原平次息爲望孝仲智會土高門原平一邦至行欲以相敵會太宗別勅用人故二選並寢泰豫元年興宗徵還京師表其殊行宜舉拔顯選以勸風俗舉爲太學博士會與宗薨事不行明年元徽元年卒於家原平少長交物無忤辭於人與其居處者數十年未嘗見喜慍之色三子一弟並有門行長子伯林舉孝廉次子靈馥儒林祭酒皆不就

嚴世期會稽山陰人也好施慕善出自天然同里張邁三人妻各產子時歲飢儉慮不相存欲棄而不舉世期聞之馳往拯救分食解衣以贍其乏三子並得成長同縣俞陽妻莊年九十莊女蘭七十並各老病單孤無所依世期衣飴之二十餘年死並殯葬宗親嚴弘鄉人潘伯等十五人荒年並餓死露骸不收世期買棺器殯理存育孩幼山陰令何曼之表言之元嘉四年有司奏榜門曰義行嚴氏之閭復其身徭役蠲租稅十年

吳逵吳興烏程人也經荒飢饉係以疾疫父母兄弟嫂及羣從小功之親男女死者十三人逵時病困鄰里以葦席裹之埋於村側既而逵疾得瘳親屬皆盡唯逵夫妻獲全家徒壁立冬無被絝晝則傭賃夜則伐木燒塼此誠無有懈倦逵夜行遇虎虎輒下道避之期年中成七墓葬十三棺鄰里嘉其志義葬日悉出赴助送終之事亦儉而周禮逵時逆取鄰人夫直葬畢衆悉以施之逵一無所受皆傭力報答焉太守張崇之三加禮命太

守王部之攉補功曹史逵以門寒固辭不受舉爲孝廉

潘綜吳興烏程人也孫恩之亂妖黨攻破村邑綜與父驃共走避賊驃年老行遲賊轉逼驃語綜我不能去汝走可脫幸勿俱死驃困乏坐地綜迎賊叩頭曰父年老乞賜生命賊至驃亦請賊曰兒年少自能走今爲老子不走去老子不惜死乞活此兒賊因斫驃綜抱父於腹下賊斫綜頭面凡四創綜當時悶絕有一賊從傍來相謂曰卿欲舉大事此兒以死救父云何可殺殺孝子不祥賊良久乃止父子並得免綜鄉人祕書監丘繼祖廷尉沈赤黔以綜異行廉補左民令史除遂昌長歲滿還家太守王韶之臨郡發日前被符孝廉之選必審其人雖四科難該文質寡備必能孝義邁俗拔萃著聞者便足以顯應明敕允將符旨烏程潘綜守死孝道全親濟難烏程吳逵義行純至列墳成行感誠內淳休聲外著可並察孝廉并列上州臺陳其行跡及將行設祖道贈以四言詩曰東寶惟金南木有喬發煇曾崖竦幹重霄美哉茲土世載英髦育爾幽林養音九皐其一唐后明敭漢宗蒲輪我皇降鑒思樂懷人羣臣競薦舊章惟新余亦奚貢曰義與仁其二仁義伊在惟吳惟潘心積純孝事著艱難投死如歸淑問若蘭吳實履仁心力偕單固此苦節易彼歲寒霜雪雖厚松栢丸丸其三人亦有言無善不彰二子徽猷彌久彌芳抜叢出類景行朝陽誰謂道遐弘之則光咨爾庶士無然怠荒其四江革奉摯慶祿是荷姜詩入貢漢朝咨嗟勗哉行人敬爾休嘉俾是下國照煇京華其五伊余朽駘竊服懼盜無能禮樂豈暇聲教順彼康夷懿德是好聊綴所懷以贈二孝其六元嘉四年有司奏改其里爲純孝里蠲租布三世

張進之永嘉安固人也爲郡大族少有志行歷郡五官主簿永寧安固二縣領校尉家世富足經荒年散其財救贍鄉里遂以貧罄全濟者甚多進之爲太守王味之吏味之有罪當見收逃避投進之家供奉經時盡其誠力以本村淺近移入池溪味之墮水沈沒進之投水拯救相與沈淪危而得免時劫掠充斥每入村抄暴至進之門輒相約勒不得侵犯其信義所感如此元嘉初詔在所蠲其繇役孫恩之亂永嘉太守司馬逸之被害妻子並死兵寇之際莫敢收藏郡吏俞僉以家財買棺歛逸之等六喪送致還都葬畢乃歸鄉里元嘉中老病卒

王彭盱眙直瀆人也少喪母元嘉初父又喪亡家貧力弱無以營葬兄弟二人晝則傭力夜則號感鄉里並哀之乃各出夫力助作塼塼須水而天旱穿井數十丈泉不出墓處去淮五里荷檐遠汲困而不周彭號天自訴如此積日一旦大霧霧歇塼竈前忽生泉水鄉隣助之者並嗟歎神異縣邑近遠悉往觀之葬事既竟水便自竭元嘉九年太守劉伯龍依事表言改其里爲通靈里蠲租布三世

蔣恭義興臨津人也元嘉中晉陵蔣崇平爲劫見禽云與恭妻弟吳晞張爲侶晞張先行不在本村遇水妻息五口避水移寄恭家討錄晞張不獲收恭及兄協付獄治罪恭協並款舍住晞張家口而不知劫情恭列晞張妻息是婦之親親今有罪恭身甘分求遣兄協協列協是戶主延制所由有罪之日關協而已求遣弟恭兄弟二人爭求受罪郡縣不能判依事上詳州議之曰禮讓者以義爲先自厚者以利爲上末世俗薄靡不自私伏膺聖教猶或不逮況在野夫未達誥訓而能互發天倫之憂甘受莫測之罪若斯情義實爲殊特茂爾恭協而能行之茲乃終古之所希盛世之嘉事二子乘舟無以過此豈宜怱執憲文加以罪戮且晞張封筒遠行他界爲劫造釁自外贓不還家所寓村伍容有不知不合加罪勒縣遣之還復民伍乃除恭義成令協義怡令

徐耕晉陵延陵人也自令史除平原令元嘉二十一年大旱民飢耕詣縣陳辭曰今年亢旱禾稼不登氓黎飢餒採掇存命聖上哀矜已垂存拯但饉罄來久困殆者衆米穀轉貴糴索無所方涉春夏日月悠長不有微救永無濟理不惟凡瑣敢憂身外鹿鳴之求思同野草氣類之感能不傷心民羅得少米資供朝夕志欲自竭義存分食今以千斛助官賑貸此境連年不熟今歲尤甚晉陵境特爲偏祐此郡雖弊猶有富室承陂之家處處而是並皆保熟所失蓋微陳積之穀皆有巨萬旱之所弊實鍾貧民溫富之家各有財寶謂此等並宜助官得過儉月所損至輕所濟甚重今敢自勵爲勸造之端實願掘水揚塵崇益山海縣爲言上當時議者以耕比漢卜式詔書褒美酬以縣令大明八年東土飢旱東海嚴成東莞王道蓋各以穀五百斛助官賑卹

孫法宗吳興人也父遇亂被害尸骸不收母兄並餓死法宗年小流迸至年十六方得還單身勤苦霜行草宿營辦棺槨造立冢墓葬送母兄儉而有禮以父喪不測於部境之內尋求枯骨刺血以灌之如此者十餘年不獲乃縗絰終身不娶饋遺無所受世祖初揚州辟爲文學從事不就

范叔孫吳郡錢唐人也少而仁厚固窮濟急同里范法先父母兄弟七人同時疫死唯餘法先病又危篤喪尸經月不收叔孫悉備棺器親爲殯埋又同里施淵夫疾病父母死不殯又同里范苗父子並亡又同里危敬宗家口六人俱得病二人喪沒親鄰畏遠莫敢營視叔孫並殯葬躬卹病者並皆得全鄉曲貴其義行莫有呼其名者世祖孝建初除章陵王國中軍將軍不就義興吳國夫亦有義讓之美人有竊其稻者乃引還爲設酒食以米送之

卜天與吳興餘杭人也父名祖有勇幹徐赤將爲餘杭令祖依隨之赤將死高祖聞其有幹力召補隊主從征伐封關中侯歷二縣令天與善射弓力兼倍容貌嚴正笑不解顏太祖以其舊將子使教皇子射居累年以白衣領東掖防閤隊元嘉二十七年臧質救懸瓠劉興祖守白石並率所領隨之虜退罷還領輦後第一隊撫卹士卒甚得衆心二十九年以爲廣威將軍領左細仗兼帶營隸元凶入弒事變倉卒舊將羅訓徐罕皆望風屈附天與不暇被甲執刀持弓疾呼左右出戰徐罕曰殿下入汝欲何爲天與罵曰殿下常來云何即時方作此語只汝是賊手射賊劭於東堂幾中逆徒擊之臂斷倒地乃見殺其隊將張泓之朱道欽陳滿與天與同出拒戰並死世祖即位詔曰日者逆豎犯蹕釁變卒起廣威將軍關中侯卜天與提戈赴難挺身奮節斬殪凶黨而旋受虐刃勇冠當時義侔古烈興言追悼傷痛於心宜加甄贈以旌忠節可贈龍驤將軍益州刺史謚曰壯侯車駕臨哭泓之等各贈郡守給天與家長稟子伯宗殿中將軍太宗泰始初領幢擊南賊於赭圻戰沒伯宗弟伯興官至前將軍南平昌太守直閤領細仗主順帝昇明元年與袁粲同謀伏誅天與弟天生少爲隊將十人同火屋後有一大阬廣二丈餘十人共跳之皆渡唯天生墜阬天生乃取實中苦竹剡其端使利交橫布坑內更呼等類共跳並畏懼不敢天生曰我向已不渡今者必墜此阬中丈夫跳此不渡亦何須活乃復跳之往反十餘曾無留礙衆並歎服以兄死節爲世祖所留心稍至西陽王子尚撫軍參軍加龍驤將軍隸沈慶之攻廣陵城天生推車塞塹率數百人先登西北角徑至城上賊爲重柵斷攻道苦戰移日不拔乃還詔曰天生始受戎任甫造寇壘而投輪越塹率果先騰驍壯之氣嘉歎無已可且賜布千匹以厲衆校大明末爲弋陽太守太宗泰始初與殷琰同逆邊城令宿僧護起義討斬之

許昭先義興人也叔父肇之坐事繫獄七年不判子姪二十許人昭先家最貧薄專獨料訴無日在家餉饋肇之莫非珍新家產既盡賣宅以充之肇之諸子倦怠昭先無有懈息如是七載尚書沈演之嘉其操行肇之事由此得釋昭先舅夫妻並疫病死亡家貧無以送昭先賣衣物以營殯葬舅子三人並幼贍護皆得成長昭先父母皆老病家無僮役竭力致養甘旨必從宗黨嘉其孝行雍州刺史劉眞道板爲征虜參軍昭先以親老不就本邑補主簿昭先以叔未仕又固辭元嘉初西陽董陽五世同財爲鄉邑所美會稽姚吟事親至孝孝建初揚州辟文學從事不就

余齊民晉陵晉陵人也少有孝行爲邑書吏父殖大明二年在家病亡家人以父病報之信未至齊民謂人曰比者肉痛心煩有若割截居常遑駭必有異故信尋至便歸四百餘里一日而至至門方詳父死號踊慟絕良久乃蘇問母父所遺言母曰汝父臨終恨不見汝曰相見何難於是號叫殯所須臾便絕州郡上言有司奏曰收賢旌善萬代無殊心至自天古今豈異齊民至性由中情非外感淳情凝至深心天徹踠訊遺旨一慟殞亡雖迹異參柴而誠均丘趙方今聖務彪被移革華夏實乃風淳以禮治本惟孝靈祥歸應其道先彰齊民越自氓隸行貫生品旌閭表墓允出在茲改其里爲孝義里蠲租布賜其母穀百斛

孫棘彭城彭城人也世祖大明五年發三五丁弟薩應充行坐違期不至依制軍法人身付獄未及結竟棘詣郡辭不忍令當一門之苦乞以身代薩薩又辭列門戶不建罪應至此狂愚犯法實是薩身自應依法受戮兄弟少孤薩三歲失父一生恃賴唯在長兄兄雖可垂愍有何心處世太守張岱疑其不實以棘薩各置一處語棘云已爲諮詳聽其相代棘顏色甚悅答云得爾旦則爲不死又語薩亦欣然曰死自分甘但令兄免薩有何恨棘妻許又寄語屬棘君當門戶豈可委罪小郎且大家臨亡以小郎屬君竟未妻娶家道不立君已有二兒死復何恨岱依事表上世祖詔曰棘薩氓隸節行可甄特原罪州加辟命并賜許帛二十匹先是新蔡徐元妻許年二十一喪夫子甄年三歲父攬愍其年少以更適同縣張買許自誓不行父逼載送買許自經氣絕家人奔赴良久乃蘇買知不可奪夜送還攬許歸徐氏養元父季元嘉中年八十餘卒太宗泰始二年長城奚慶思殺同縣錢仲期仲期子延慶屬役在都聞父死馳還於庚浦埭逢慶思手刃殺之自繫烏程縣獄吳興太守郗

顯表不加罪許之

何子平廬江灊人也曾祖楷晉侍中祖友會稽王道子驃騎諮議參軍父子先建安太守子平世居會稽少有志行見稱於鄉曲事母至孝揚州辟從事史月俸得白米輒貨市粟麥人或問曰所利無幾何足爲煩子平曰尊老在東不辦常得生米何心獨饗白粲每有贈鮮肴者若不可寄致其家則不肯受母本側庶籍注失實年未及養而籍年已滿便去職歸家時鎭軍將軍顧覬之爲州上綱謂曰尊上年實未八十親故所知州中差有微祿當啟相留子平曰公家正取信黃籍籍年既至便應扶侍私庭何容以實年未滿苟冒榮利且歸養之願又切微情覬之又勸令以母老求縣子平曰實未及養何假以希祿覬之益重之既歸家竭身運力以給供養元嘉三十年元凶弒逆安東將軍隨王誕入討以爲行參軍子平以凶逆滅理普天同奮故廢已受職事寧自解又除奉朝請不就末除吳郡海虞令縣祿唯以養母一身而妻子不犯一毫人或疑其儉薄子平曰希祿本在養親不在爲己問者慙而退母喪去官哀毀踰禮每至哭踊頓絕方蘇值大明末東土饑荒繼以師旅八年不得營葬晝夜號絕擗踊不闕俄頃叫慕之音常如袒括之日冬不衣絮暑避清涼日以數合米爲粥不進鹽菜所居屋敗不蔽雨日兄子伯興採伐茅竹欲爲葺治子平不肯曰我情事未申天地一罪人耳屋何宜覆蔡興宗爲會稽太守甚加旌賞泰始六年爲營冢槨子平居喪毀甚因瘠踰久及至免喪支體殆不相屬幼持操檢敦厲名行雖處闇室如接大賓學義堅明處之以默安貧守善不求榮進好退之士彌以貴之順帝昇明元年卒時年六十

史臣曰漢世士務治身故忠孝成俗至乎乘軒服冕非此莫由晉宋以來風衰義缺刻身厲行事薄膏腴若夫孝立閨庭忠被史策多發溝畎之中非出衣簪之下以此而言聲敎不亦卿大夫之恥乎

宋書卷九十一考證

孝義傳序雖乖理闇主匪由勸賞○乖理闇主南本作乘理闇至

郭世道傳郭世道會稽永興人也○世道南史作世通

嚴世期傳世期衣飴之○南史無衣字

吳逵傳晝則庸賃夜則伐木燒磚此誠無有懈倦○南史磚下有妻亦同逵四字

太守王韶之臨郡發曰○一本發下有教字曰作日南史亦作發教

卜天與傳舊將羅訓徐罕皆望風屈附○徐罕南史作徐牢

宋書卷九十二

梁　沈約　撰

列傳第五十二

良吏

高祖起自匹庶知民事艱難及登庸作宰留心吏職而王略外舉未遑內務奉師之費日耗千金播茲寬簡雖所未暇而紬華屏欲以儉抑身左右無幸謁之私閨房無文綺之飾故能戎車歲駕邦甸不擾太祖幼而寬仁入纂大業及難興陝方六戎薄伐命將動師經略司兗費由府實役不及民自此區寓宴安方內無事三十年間氓庶蕃息奉上供徭止於歲賦晨出莫歸自事而已守宰之職以六期爲斷雖沒世不徙未及曩時而民有所係吏無苟得家給人足即事雖難轉死溝渠於時可免凡百戶之鄉有市之邑謌謠舞蹈觸處成羣蓋宋世之極盛也暨元嘉二十七年北狄南侵戎役大起傾資掃蓄猶有未供於是深賦厚斂天下騷動自茲至于孝建兵連不息以區區之江東地方不至數千里戶不盈百萬薦之以師旅因之以凶荒宋氏之盛自此衰矣晉世諸帝多處內房朝宴所臨東西二堂而已孝武末年清暑方構高祖受命無所改作所居唯稱西殿不制嘉名太祖因之亦有合殿之稱及世祖承統制度奢廣犬馬餘菽粟土木衣綈繡追陋前規更造正光玉燭紫極諸殿雕欒綺節珠窻網戶嬖女幸臣賜傾府藏竭四海不供其欲單民命未快其心太宗繼阼彌篤浮侈恩不郵下以至橫流莅民之官遷變歲屬竈不得黔席未暖媛蒲密之化事未易階豈徒吏不及古民僞於昔蓋由爲上所擾致治莫從今採其風迹粗著者以爲良吏篇云

王鎭之字伯重琅邪臨沂人徵士弘之兄也曾祖廙晉驃騎將軍祖耆之中書郎父隨之上虞令鎭之初爲琅邪王衞軍行參軍出補剡上虞令並有能名內史謝輶請爲山陰令復有殊績遷衞軍參軍本國郎中令加寧朔將軍桓玄輔晉以爲大將軍錄事參軍時三吳饑荒遣鎭之銜命賑卹而會稽內史王愉不奉符旨鎭之依事糺奏愉子綏玄之外甥當時貴盛鎭之爲所排抑以母老求補安成太守及玄敗玄將苻宏寇亂郡境鎭之拒戰彌年子弟五人並臨陣見殺母憂去職在官清潔妻子無以自給乃棄家致喪還上虞舊墓畢爲子摽之求安復令隨子之官服闋爲征西道規司馬南平太守徐道覆逼江陵加鎭之建威將軍統檀道濟到彥之等討道覆以不經將帥固辭不見聽既而前軍失利白衣領職尋復本官以討道覆功封華容縣五等男徵廷尉晉穆帝何皇后山陵領將作大匠遷御史中丞秉正不撓百寮憚之出爲使持節都督交廣二州諸軍事建威將軍平越中郎將廣州刺史高祖謂人曰王鎭之少著清績必將繼美吳隱之嶺南之弊非此不康也在鎭不受俸祿蕭然無所營去官之日不異始至高祖初建相國府以爲諮議參軍領錄事善於吏職嚴而不殘遷宋臺祠部尚書高祖踐阼鎭之以腳患自陳出爲輔國將軍琅邪太守遷宣訓衞尉領本州大中正永初三年卒官時年六十六弟弘之在隱逸傳

杜慧度交阯朱䳒人也本屬京兆曾祖元爲寧浦太守遂居交阯父瑗字道言仕州府爲日南九德交阯太守初九眞太守李遜父子勇壯有權力威制交土聞刺史滕遯之當至分遣二子斷遏水陸津要瑗收衆斬遜州境獲寧除龍驤將軍遯之在州十餘年與林邑累相攻伐遯之將北還林邑王范胡達攻破日南九德九眞三郡遂圍州城時遯之去已遠瑗與第三子玄之悉力固守多設權策累戰大破之追討於九眞日南連捷故胡達走還林邑乃以瑗爲龍驤將軍交州刺史義旗進號冠軍將軍盧循竊據廣州遣使通好瑗斬之義熙六年年八十四卒追贈右將軍本官如故慧度瑗第五子也初爲州主簿流民督護遷九眞太守瑗卒府州綱佐以交土接寇不宜曠職共推慧度行州府事辭不就七年除使持節督交州諸軍事廣武將軍交州刺史詔書未至其年春盧循襲破合浦徑向交州慧度乃率文武六千人距循於石碕交戰禽循長史孫建之循雖敗餘黨猶有三千人皆習練兵事李子遜李弈李脫等奔竄石碕盤結俚獠各有部曲循知弈等與杜氏有怨遣使招之弈等引諸俚帥衆五六千人受循節度六月庚子循晨造南津命三軍入城乃食慧度悉出宗族私財以充勸賞弟交阯太守慧期九眞太守章民並督率水步軍慧度自登高艦合戰放火箭雉尾炬步軍夾兩岸射之循衆艦俱然一時散潰循中箭赴水死斬循及父嘏并循二子親屬錄事參軍阮靜中兵參軍羅農夫李脫等傳首京邑封慧度龍編縣侯食邑千戶高祖踐阼進號輔國將軍其年率文武萬人南討林邑所殺過半前後被抄略悉得還本林邑乞降輸生口大象金銀古貝等乃釋之遣長史江悠奉表獻捷慧度布衣蔬食儉約質素能彈琴頗好莊老禁斷淫祀崇脩學校歲荒民饑則以私祿賑給爲政纖密有如治家由是威惠沾洽姦盜不起乃至城門不夜閉道不拾遺少帝景平元年卒時年五十追贈左將軍以慧度長子員外散騎侍郎弘文爲振威將軍刺史初高祖北征關洛慧度板弘文爲鷹揚將軍流民督護配兵三千北係大軍行至廣州關洛已平乃歸統府板弘文行九眞太守及繼父爲刺史亦以寬和得衆襲爵龍編侯太祖元嘉四年以廷尉王徽爲交州刺史弘文就徵會得重疾牽以就路親舊見其患篤勸表待病瘉弘文曰吾世荷皇恩杖節三世常欲投軀帝庭以報所荷況親被徵命而可宴然者乎如其顚沛此乃命也弘文母既年老見弘文輿疾就路不忍分別相與俱行到廣州遂卒臨死遣弟弘猷詣京朝廷甚哀之

徐豁字萬同東莞姑幕人也中散大夫廣兄子父邈晉太子左衞率豁晉安帝隆安末爲太學博士桓玄輔政爲中外都督諮議致敬唯內外武官太宰司徒並非軍職則琅邪王不應加敬玄諷中丞免豁官玄敗以爲祕書郎尚書倉部郎右軍何無忌功曹仍爲鎭南參軍又祠部永世令建武司馬中軍參軍尚書左丞永初初爲徐羨之鎭軍司馬尚書左丞山陰令歷二丞三邑精練明理爲一世所推元嘉初爲始興太守三年遣大使巡行四方并使郡縣各言損益豁因此表陳三事其一曰郡大田武吏年滿十六便課米六十斛十五以下至十三皆課米三十斛一戶內隨丁多少悉皆輸米且十三歲兒未堪田作或是單迫無相兼通年及應輸便自逃逸既遏接蠻俚去就益易或乃斷截支體產子不養戶口歲減寔此之由謂宜更量課限使得存立今若減其米課雖有交損考之將來理有深益其二曰郡領銀民三百餘戶鑿坑採砂皆二三丈功役既苦不顧崩壓一歲之中每有死者官司檢切猶致逋違老少相隨永絕

農業千有餘口皆資他食豈唯一夫不耕或受其饑而已所以歲有不稔便致甚困尋臺邸用米不異於銀謂宜准銀課米卽事爲便其三曰中宿縣俚民課銀一子丁輸南稱半兩尋此縣自不出銀又俚民皆巢居鳥語不閑貨易之宜每至買銀爲損已甚又稱兩受入易生姦巧山俚愚怯不辨自申官所課甚輕民以所輸爲劇今若聽計丁課米公私兼利在郡著績太祖嘉之下詔曰始興太守豁潔已退食恪居在官政事脩理惠澤沾被近嶺南荒弊郡境尤甚拯郵有方濟厥饑饉雖古之良守蔑以尚焉宜蒙褒賁以旌清績可賜絹二百匹穀千斛五年以爲持節督廣交二州諸軍事寧遠將軍平越中郎將廣州刺史未拜卒時年五十一太祖又下詔曰豁廉清勤恪著稱所司故擢授南服申其才志不幸喪殞朕甚悼之可賜錢十萬布百匹以營葬事

陸徽字休猷吳郡吳人也郡辟命主簿仍除衞軍車騎二府參軍揚州主簿王弘衞將軍主簿除尚書都官郎出補建康令清平無私爲太祖所善遷司徒左西掾元嘉十四年爲始興太守明年仍除使持節交廣二州諸軍事綏遠將軍平越中郎將廣州刺史清名亞王鎭之爲士民所愛詠上表薦士曰臣聞陵霄褒穎貞柯必振尋風賞流清原斯挹是以衣囊揮譽於西京折轅延高於東帝伏見廣州別駕從事史朱萬嗣年五十三字少豫理業沖夷秉操純白行稱私庭能著官政雖氏非世祿宦無通資而隨牒南服位極僚首九綜州綱三端府職頻掌蕃機屢績符守年暨知命廉尚愈高冰心與貪流爭激霜情與晚節彌茂歷宰金山家無寶鏤之飾連組珠海室靡瑁珥之珍確然守志不求聞達實足以澄革汙吏洗鏡貪氓臣謬忝司牧任專萬里雖情祗愼擢才闕豪露敢罄愚陋舉其所知如得提名禮闈抗迹朝省搏嶺表之清風負冰宇之潔望則恩融一臣而施光萬物敷緣天澤雲行時德雨施每甄外州榮加遠國是以獻其瞽言希垂聽覽二十一年徵以爲南平王鑠冠軍司馬長沙內史行湘州府事母憂去職張尋趙廣爲亂於益州兵寇之餘政荒民擾二十三年乃追徵爲持節督益寧二州諸軍事寧朔將軍益州刺史隱卹有方威惠兼著寇盜靜息民物殷阜蜀土安說至今稱之二十九年卒時年六十二身亡之日家無餘財太祖甚痛惜之詔曰徽厲志廉潔歷任恪勤奉公盡誠克己無倦褒榮未申不幸夙殞言念在懷以爲傷恨可贈輔國將軍本官如故賜錢十萬米二百斛諡曰簡子子叡正員外郎弟展臧質車騎長史尋陽太守質敗從誅

阮長之字茂景陳留尉氏人也祖思曠金紫光祿大夫父普驃騎咨議參軍長之年十五喪父有孝性哀感傍人服除蔬食者猶積載閑居篤學未嘗有惰容初爲諸府參軍除員外散騎侍郎母老求補襄垣令督郵無禮鞭之去職尋補廬陵王義眞車騎行正參軍平越長史東莞太守入爲尚書殿中郎出爲武昌太守時王弘爲江州雅相知重引爲車騎從事中郎入爲太子中舍人中書侍郎以母老固辭朝直補彭城王義康平北咨議參軍元嘉九年遷臨川內史以南土卑濕母年老非所宜辭不就十一年復除臨海太守至郡少時而母亡葬畢不勝憂十四年卒時年五十九時郡縣田祿芒種爲斷此前去官者則一年秩祿皆入前人此後去官者則一年秩祿皆入後人始以元嘉末改此科計月分祿長之去武昌郡代人未至以芒種後一日解印綬初發京師親故或以器物贈別得便緘錄後歸悉以還之在中書省直夜往鄰省誤著履出閤依事自列門下門下以闇夜人不知不受列長之固遣送之曰一生不侮闇室前後所莅官皆有風政爲後人所思宋世言善治者咸稱之子師門原鄉令

江秉之字玄叔濟陽考城人也祖逌晉太常父纂給事中秉之少孤弟妹七人並皆幼穉撫育姻娶罄其心力初爲劉穆之丹陽前軍府參軍高祖督徐州轉主簿仍爲世子中軍參軍宋受禪隨例爲員外散騎侍郎補太子詹事丞少帝卽位入爲尚書都官郎出爲永世烏程令以善政著名東土徵建康令爲治嚴察京邑肅然殷景仁爲領軍請爲司馬復出爲山陰令民戶三萬政事煩擾訟諍殷積階庭常數百人秉之御繁以簡常得無事宋世唯顧凱之亦以省務著績其餘雖復刑政循理而未能簡事以在縣有能遷補新安太守元嘉十二年轉在臨海並以簡約見稱所得祿秩悉散之親故妻子常饑寒人有勸其營田者秉之正色曰食祿之家豈可與農人競利在郡作書案一枚及去官留以付庫十七年卒時年六十子徽尚書都官郎吳令元凶殺徐湛之徽以黨與見誅子謐昇明末爲尚書吏部郎元嘉初太祖遣大使巡行四方兼散騎常侍孔默之王歆之等上言宣威將軍陳南頓二郡太守李元德清勤均平姦盜止息彭城內史魏恭子廉恪脩愼在公忘私安約守儉久而彌固前宋縣令成浦治政寬濟遺詠在民前鮦陽令李熙國在事有方民思其政山桑令何道自少清廉白首彌厲應加褒賚以勸于後乃進元德號寧朔將軍恭子賜絹五十匹穀五百斛浦熙國道各賜絹三十匹穀二百斛

王歆之字叔道河東人也曾祖愆期有名晉世官至南蠻校尉祖尋之光祿大夫父肇之豫章公相歆之被遇於太祖歷顯官左民尚書光祿大夫卒官元嘉九年豫州刺史長沙王義欣上言所統威遠將軍北譙梁二郡太守關中侯申季歷自奉職邦畿于玆五年信惠並宣威化兼著外清姦暴內輯民黎役賦均平閭井齊肅綏穆初附招攜荒遠郊境之外仰澤懷風爵賞之授績能是顯宜升階秩以崇奬勸進號寧朔將軍其後晉壽太守郭啓玄亦有清節卒官元嘉二十八年詔曰故綏遠將軍晉壽太守郭啓玄往銜命虜庭秉意不屈受任白水盡勤靡懈公奉私餼纖毫弗納布衣蔬食飭躬惟儉故超授顯邦以甄廉績而介誠苦節終始匪貳身死之日妻子凍餒志操殊俗良可哀悼可賜其家穀五百斛時有北地傅僧祐潁川陳珉高平張祐並以吏才見知僧祐事在臧燾傳珉爲吳令善發姦伏境內以爲神明祐祖父湛晉孝武世以才學爲中書侍郎光祿勳祐歷臨安武康錢塘令並著能名宋世言長吏者以三人爲首元嘉中高平太守潘詞有清節子亮爲昌慮令亦著廉名大明中爲徐州刺史劉道隆所表世祖世吳郡陸法眞歷官有清節嘗爲劉秀之安北錄事參軍太山羊希與安北咨議參軍孫詵書曰足下同僚似有陸錄事者此生東南名地又張玄外孫持身至清雅有志節年高官下秉操不衰計當日夕相與申意太宗初爲南海太守卒官太宗世琅邪王悅亦莅官清正見知悅字少明晉右將軍羲之曾孫也父靖之官至司徒左長史靖之爲劉穆之所厚就穆之求侍中如此非一穆之曰卿若不求久自得也遂不果悅泰始中爲黃門郎御史中丞上以其廉介賜良田五頃遷尚書吏部郎侍中在門下盡其心力五年卒官追贈太常初悅爲侍中檢校御府太官太醫諸署得姦巧甚多及悅死衆咸謂諸署說詛之上乃收典掌者十餘人桎梏云送淮陰密令渡瓜步江投之中流

史臣曰夫善政之於民猶良工之於埴也用功寡而成器多漢世戶口殷盛刑務簡闊郡縣治民無所橫擾勸賞威刑事多專斷尺一詔書希經邦邑龔黃之化易以有成降及晚代情僞繁起民減昔時務多前世立績垂風艱易百倍若以上古之化治此世之民今吏之良撫前代之俗則武城弦歌將有未暇淮陽臥治如或可勉未必今才陋古蓋化有淳薄也

宋書卷九十二考證

杜慧度傳聞刺史騰遯之當至〇騰南史作滕

徐豁傳諮議致敬惟內外武官〇臣承蒼按諮當作豁以字形相近而訛也

王歆之傳王歆之字叔道河東人也〇諸本王歆之皆另行作專傳目錄良吏傳亦載王歆之名 臣承蒼按此傳內止叙歆之世出及所歷之官並未及居官政蹟安得謂之循吏大抵因江秉之傳末載孔默之與王歆之薦太守李元德等五人遂以歆之世系官位附記于此其後又載申季歷郭啟元諸人亦如李元德五人之例自王歆之字叔道以下凡三十二行皆當接寫江秉之傳後斷不可以歆之爲循吏中一人目錄內王歆之三字并宜刪去緣諸本相承已久姑仍其舊而考摘其謬著于此

宋書卷九十三

梁 沈 約 撰

列傳第五十三

隱逸

易曰天地閉賢人隱又曰遯世無悶又曰高尚其事又曰幽人貞吉論語作者七人表以逸民之稱又曰子路遇荷蓧丈人孔子曰隱者也又曰賢者避地其次避言又曰虞仲夷逸隱居放言品目參差稱謂非一請試言之夫隱之爲言迹不外見道不可知之謂也若夫千載寂寥聖人不出則大賢自晦降夷凡品止於全身遠害非必穴處巖栖雖藏往得二鄰亞宗極而舉世莫窺萬物不覩若此人者豈肯洗耳潁濱皦皦然顯出俗之志乎遯世避言卽賢人也夫何適非世而有避世之因固知義惟晦道非曰藏身至於巢父之名卽是見稱之號號曰裘公由有可傳之迹此蓋荷蓧之隱而非賢人之隱也賢人之隱義深於自晦荷蓧之隱事止於違人論迹既殊原心亦異也身與運閉無可知之情雞黍宿賓示高世之美運閉故隱爲隱之跡不見違人故隱用致隱者之目身隱故稱隱者道隱故曰賢人或曰隱者之異乎隱既闕其說賢者之同於賢未知所異應之曰隱

身之於晦道名同而義殊賢人之於賢者事窮於亞聖以此爲言如或可辨若乃高尚之與作者三避之與幽人及逸民隱居皆獨往之稱雖復漢陰之氏不傳河上之名不顯莫不激貪厲俗秉自異之姿猶負揭日月鳴建鼓而趨也陳郡袁淑集古來無名高士以爲眞隱傳格以斯談去眞遠矣賢人在世事不可誣今爲隱逸篇虛置賢隱之位其餘夷心俗表者蓋逸而非隱云

戴顒字仲若譙郡銍人也父逵兄勃並隱遯有高名顒年十六遭父憂幾於毀滅因此長抱羸患以父不仕復脩其業父善琴書顒並傳之凡諸音律皆能揮手會稽剡縣多名山故世居剡下顒及兄勃並受琴於父父沒所傳之聲不忍復奏各造新弄勃五部顒十五部顒又制長弄一部並傳於世中書令王綏常攜賓客造之勃等方進豆粥綏曰聞卿善琴試欲一聽不答綏恨而去桐廬縣又多名山兄弟復共游之因留居止勃疾患醫藥不給顒謂勃曰顒隨兄得閑非有心於默語兄今疾篤無可營療顒當干祿以自濟耳乃告時求海虞令事垂行而勃卒乃止桐廬僻遠難以養疾乃出居吳下吳下士人共爲築室聚石引水植林開澗少時繁密有若自然乃述莊周大旨著逍遙論注禮記中庸篇三吳將守及郡內衣冠要其同遊野澤堪行便往不爲矯介衆論以此多之高祖命爲太尉行參軍琅邪王司馬屬並不就宋國初建令曰前太尉參軍戴顒辟士韋玄秉操幽遁守志不渝宜加旌引以弘止退並可散騎侍郎在通直不起太祖元嘉二年詔曰新除通直散騎侍郎戴顒太子舍人宗炳並志託丘園自求衡蓽恬靜之操久而不渝顒可國子博士炳可通直散騎侍郎東宮初建又徵太子中庶子十五年徵散騎常侍並不就衡陽王義季鎮京口長史張邵與顒姻通迎來止黃鵠山山北有竹林精舍林澗甚美顒憩于此澗義季亟從之遊顒服其野服不改常度爲義季鼓琴並新聲變曲其三調遊絃廣陵止息之流皆與世異太祖每欲見之嘗謂黃門侍郎張敷曰吾東巡之日當讌戴公山也以其好音長給正聲伎一部顒合何嘗白鵠二聲以爲一調號爲清曠自漢世始有佛像形制未工逵特善其事顒亦參焉宋世子鑄丈六銅像於瓦官寺既成面恨瘦工人不能治乃迎顒看之顒曰非面瘦乃臂胛肥耳既錯減臂胛瘦患即除無不歎服焉十八年卒時年六十四無子景陽山成顒已亡矣上歎曰恨不得使戴顒觀之

宗炳字少文南陽涅陽人也祖承宜都太守父繇之湘鄉令母同郡師氏聰辯有學義教授諸子炳居喪過禮爲鄉閭所稱刺史殷仲堪桓玄並辟主簿舉秀才不就高祖誅劉毅領荊州問毅府咨議參軍申永曰今日何施而可永曰除其宿釁倍其惠澤貫敘門次顯擢才能如此而已高祖納之辟炳爲主簿不起問其故答曰棲丘飲谷三十餘年高祖善其對妙善琴書精於言理每遊山水往輒忘歸征西長史王敬弘每從之未嘗不彌日也乃下入廬山就釋慧遠考尋文義兄臧爲南平太守逼與俱還乃於江陵三湖立宅閑居無事高祖召爲太尉參軍不就二兄蚤卒孤累甚多家貧無以相贍頗營稼穡高祖數致餼賚其後子弟從祿乃悉不復受高祖開府辟召下書曰吾忝大寵思延賢彥而兎罝潛處考槃未臻側席丘園良增虛佇南陽宗炳鴈門周續之並植操幽棲無悶巾褐可下辟召以禮屈之於是並辟太尉掾皆不起宋受禪徵爲太子舍人元嘉初又徵通直郎東宮建徵爲太子中舍人庶子並不應妻羅氏亦有高情與炳協趣羅氏沒炳哀之過甚既而輟哭尋理悲情頓釋謂沙門釋慧堅曰死生之分未易可達三復至教方能遣哀衡陽王義季在荊州親至炳室與之歡讌命爲咨議參軍不起好山水愛遠遊西陟荊巫南登衡岳因而結宇衡山欲懷尚平之志有疾還江陵歎曰老疾俱至名山恐難遍覩唯當澄懷觀道臥以遊之凡所遊履皆圖之於室謂人曰撫琴動操欲令衆山皆響古有金石弄爲諸桓所重桓氏亡其聲遂絕惟炳傳焉太祖遣樂師楊觀就炳受之炳外弟師覺授亦有素業以琴書自娛臨川王義慶辟爲祭酒主簿並不就乃表薦之會病卒元嘉二十年炳卒時年六十九衡陽王義季與司徒江夏王義恭書曰宗居士不救所病其清履肥素終始可嘉爲之惻愴不能已已子朔南譙王義宣車騎參軍次綺江夏王義恭司空主簿次昭郢州治中次說正員郎

周續之字道祖鴈門廣武人也其先過江居豫章建昌縣續之年八歲喪母哀戚過於成人奉兄如事父豫章太守范甯於郡立學招集生徒遠方至者甚衆續之年十二詣甯受業居學數年通五經并緯候名冠同門號曰顏子既而閑居讀老易入廬山事沙門釋慧遠時彭城劉遺民遁迹廬山陶淵明亦不應徵命謂之尋陽三隱以爲身不可遣餘累宜絕遂終身不娶妻布衣蔬食劉毅鎮姑孰命爲撫軍參軍徵太學博士並不就江州刺史每相招請續之不尚節峻頗從之遊常以嵇康高士傳得出處之美因爲之注高祖之北討世子居守迎續之館於安樂寺延入講禮月餘復還山江州刺史劉柳薦之高祖曰臣聞恢耀和肆必在兼城之寶翼亮崇本宜紆高世之逸是以渭濱佐周聖德廣運商洛匡漢英業乃昌伏惟明公道邁振古應天繼期遊外暢於冥內體遠形於應近雖汾陽之舉輟駕於時艱明揚之旨潛感於窮谷矣竊見處士鴈門周續之清眞貞素思學鈎深弱冠獨往心無近事性之所遺榮華與饑寒俱落情之所慕巖澤與琴書共遠加以仁心內發義懷外亮留愛崑卉誠著桃李若升之宰府必鼎味斯和濯纓儒官亦王猷遐緝臧文不知失在降賢言偃得人功由升士願照其丹款不以人廢言俄而辟爲太尉掾不就高祖北伐還鎮彭城遣使迎之禮賜甚厚每稱之曰心無偏吝眞高士也尋復南還高祖踐祚復召之乃盡室俱下上爲開館東郭外招集生徒乘輿降幸并見諸生問續之禮記傲不可長與我九齡射於矍圃三義辨析精奧稱爲該通續之素患風痺不復堪講乃移病鍾山景平元年卒時年四十七通毛詩六義及禮論公羊傳皆傳於世無子兄子景遠有續之風太宗泰始中爲晉安內史未之郡卒

王弘之字方平琅邪臨沂人宣訓衛尉鎮之弟也少孤貧爲外祖徵士何准所撫育從叔獻之及太原王恭並貴重之晉安帝隆安中爲琅邪王中軍參軍遷司徒主簿家貧而性好山水求爲烏程令尋以病歸桓玄輔晉桓謙以爲衛軍參軍時琅邪殷仲文還姑熟祖送傾朝謙要弘之同行答曰凡祖離送別必在有情下官與殷風馬不接無緣扈從謙貴其言每隨兄鎮之之安成郡弘之解職同行荊州刺史桓偉請爲南蠻長史義熙初何無忌又請爲右軍司馬高祖命爲徐州治中從事史除員外散騎常侍並不就家在會稽上虞從兄敬弘爲吏部尚書奏曰聖明司契載德惟新垂鑑仄微表揚隱介默語仰風荒遐傾首前員外散騎常侍琅邪王弘之恬漠丘園放心居逸前衛將軍參軍武昌郭希林素履純潔嗣徽前武並擊壤聖朝未蒙表飾宜加旌聘賁于丘園以彰止遜之美以祛動求之累臣愚謂弘之可太子庶子希林可著作郎即徵弘之爲庶子不就太祖即位敬弘爲左僕射又陳弘之高行表於初筮苦節彰於莫年今內外晏然當修太平之化宜招空谷以敦沖退之美元嘉四年徵爲通直散騎常侍又不就敬弘嘗解貂裘與之即着以采藥性好釣上虞江有一處名三石頭弘之常垂綸於此經過者不識之或問漁師得魚賣不弘之曰亦自不得得亦不賣日夕載魚入上虞郭經親故門各以一兩頭置門內而去始寧汰川有佳山水弘之又依巖築室謝靈運顏延之並相欽重靈運與廬陵王義眞牋曰會境既豐山水是以江左嘉遁並多居之但季世慕榮幽棲者寡或復才爲時求弗獲從志至若王弘之拂衣歸耕踰歷三紀孔淳之隱約窮岫自始迄今阮萬齡辭事就閑纂成先業浙河之外棲遲山澤如斯而已既遠同羲唐亦激貪厲競殿下愛素好古常若布衣每憶昔聞虛想巖穴若遺一介有以相存眞可謂千載盛美也弘之四年卒時年六十三顏延之欲爲作誄書與弘之子曇生曰君家高世之節有識歸重豫染豪翰所應載述況僕託慕末風竊以敘德爲事但恨短筆不足書美誄竟不就曇生好文義以謙和見稱歷顯位吏部尚書太常卿大明末爲吳興太守太宗初四方同逆戰敗奔會稽歸降被宥終於中散大夫

阮萬齡陳留尉氏人也祖思曠左光祿大夫父寧黃門侍郎萬齡少知名自通直郎爲孟昶建威長史時袁豹江夷相係爲昶司馬時人謂昶府有三素望萬齡家在會稽剡縣頗有素情永初末自侍中解職東歸徵爲秘書監加給事中不就尋除左民尚書復起應命遷太常出爲湘州刺史在州無政績還爲東陽太守又被免復爲散騎常侍金紫光祿大夫元嘉二十五年卒時年七十二

孔淳之字彥深魯郡魯人也祖惔尚書祠部郎父粲祕書監徵不就淳之少有高尚愛好墳籍爲太原王恭所稱居會稽剡縣性好山水每有所遊必窮其幽峻或旬日忘歸嘗遊山遇沙門釋法崇因留共止遂停三載法崇歎曰緬想人外三十年矣今乃傾蓋于茲不覺老之將至也及淳之還反不告以姓除著作佐郎太尉參軍並不就居喪至孝廬于墓側服闋與徵士戴顒王弘之及王敬弘等共爲人外之遊敬弘以女適淳之子尚會稽太守謝方明苦要入郡終不肯往茅屋蓬戶庭草蕪徑唯牀上有數卷書元嘉初復徵爲散騎侍郎乃逃于上虞縣界家人莫知所之弟默之爲廣州刺史出都與別司徒王弘要淳之集冶城即日命駕東歸遂不顧也元嘉七年卒時年五十九默之儒學注穀梁春秋默之子熙先事在范曄傳

劉凝之字志安小名長年南郡枝江人也父期公衡陽太守兄盛公高尚不仕凝之慕老萊嚴子陵爲人推家

財與弟及兄子立屋於野外非其力不食州里重其德行州三禮辟西曹主簿舉秀才不就妻梁州刺史郭銓女也遣送豐麗凝之悉散之親屬妻亦能不慕榮華與凝之共安儉苦夫妻共乘薄笨車出市買易周用之外輒以施人爲村里所誣一年三輸公調求輒與之有人嘗認其所著屐笑曰僕著之已敗今家中覓新者備君也此人後田中得所失屐送還之不肯復取元嘉初徵爲祕書郎不就臨川王義慶衡陽王義季鎮江陵並遣使存問凝之答書頓首稱僕不脩民禮人或譏焉凝之曰昔老萊向楚王稱僕嚴陵亦抗禮光武未聞巢許稱臣堯舜時戴顒與衡陽王義季書亦稱僕荊州年饑義季慮凝之餧斃餉錢十萬凝之大喜將錢至市門觀有饑色者悉分與之俄頃立盡性好山水一旦攜妻子泛江湖隱居衡山之陽登高嶺絕人迹爲小屋居之采藥服食妻子皆從其志元嘉二十五年卒時年五十九

龔祈字孟道武陵漢壽人也從祖玄之父黎民並不應徵辟祈年十四鄉黨舉爲州迎西曹不行謝晦臨州命爲主簿彭城王義康舉秀才除奉朝請臨川王義慶平西參軍皆不就風姿端雅容止可觀中書郎范述見而嘆曰此荊楚仙人也衡陽王義季臨荊州發教以祈及劉凝之師覺授不應徵召辟其三子祈又徵太子舍人不起時或賦詩言不及世事元嘉十七年卒時年四十二

翟法賜尋陽柴桑人也曾祖湯湯子莊莊子矯並高尚不仕逃避徵辟矯生法賜少守家業立屋於廬山頂喪親後便不復還家不食五穀以獸皮結草爲衣雖鄉親中表莫得見也州辟主簿舉秀才右參軍著作佐郎員外散騎侍郎並不就後家人至石室尋求因復遠徙違避徵聘遁跡幽深尋陽太守鄧文子表曰奉詔書徵郡民新除著作佐郎南陽翟法賜補員外散騎侍郎法賜隱跡廬山于今四世栖身幽巖人罕見者如當逼以王憲束以嚴科馳山獵草以期禽獲慮致顛殞有傷盛化乃止後卒於巖石之間不知年月

陶潛字淵明或云淵明字元亮尋陽柴桑人也曾祖侃晉大司馬潛少有高趣嘗著五柳先生傳以自況曰先生不知何許人不詳姓字宅邊有五柳樹因以爲號焉閑靜少言不慕榮利好讀書不求甚解每有會意欣然忘食性嗜酒而家貧不能恒得親舊知其如此或置酒招之造飲輒盡期在必醉既醉而退曾不吝情去留環堵蕭然不蔽風日短褐穿結簞瓢屢空晏如也嘗著文章自娛頗示己志忘懷得失以此自終其自序如此時人謂之實錄親老家貧起爲州祭酒不堪吏職少日自解歸州召主簿不就躬耕自資遂抱羸疾復爲鎮軍建威參軍謂親朋曰聊欲弦歌以爲三逕之資可乎執事者聞之以爲彭澤令公田悉令吏種秫稻妻子固請種秔乃使二頃五十畝種秫五十畝種秔郡遣督郵至縣吏白應束帶見之潛歎曰我不能爲五斗米折腰向鄉里小人即日解印綬去職賦歸去來其詞曰歸去來兮園田荒蕪胡不歸既自以心爲形役奚惆悵而獨悲悟已往之不諫知來者之可追寔迷塗其未遠覺今是而昨非舟超遙以輕颺風飄飄而吹衣問征夫以前路恨晨光之希微乃瞻衡宇載欣載奔僮僕歡迎稚子候門三徑就荒松菊猶存攜幼入室有酒停尊引壺觴而自酌眄庭柯以怡顏倚南窗而寄傲審容膝之易安園日涉而成趣門雖設而常關策扶老以流憩時矯首而遐觀雲無心以出岫鳥勌飛而知還景翳翳其將入撫孤松以盤桓歸去來兮請息交而絕遊世與我以相遺復駕言兮焉求說親戚之情話樂琴書以消憂農人告余以上春將有事於西疇或命巾車或棹扁舟既窈窕以窮壑亦崎嶇而經丘木欣欣以向榮泉涓涓而始流善萬物之得時感吾生之行休已矣乎寓形宇內復幾時奚不委心任去留胡爲遑遑欲何之富貴非吾願帝鄉不可期懷良辰以孤往或植杖而耘耔登東皋以舒嘯臨清流而賦詩聊乘化以歸盡樂夫天命復奚疑義熙末徵著作佐郎不就江州刺史王弘欲識之不能致也潛嘗往廬山弘令潛故人龐通之齎酒具於半道栗里要之潛有腳疾使一門生二兒轝籃輿既至欣然便共飲酌俄頃弘至亦無忤也先是顏延之爲劉柳後軍功曹在尋陽與潛情款後爲始安郡經過日日造潛每往必酣飲致醉臨去留二萬錢與潛潛悉送酒家稍就取酒嘗九月九日無酒出宅邊菊叢中坐久值弘送酒至即便就酌醉而後歸潛不解音聲而畜素琴一張無絃每有酒適輒撫弄以寄其意貴賤造之者有酒輒設潛若先醉便語客我醉欲眠卿可去其真率如此郡將候潛值其酒熟取頭上葛巾漉酒畢還復著之潛弱年薄宦不潔去就之迹自以曾祖晉世宰輔恥復屈身後代自高祖王業漸隆不復肯仕所著文章皆題其年月義熙以前則書晉氏年號自永初以來唯云甲子而已與子書以言其志并爲訓戒曰天地賦命有往必終自古賢聖誰能獨免子夏言曰死生有命富貴在天四友之人親受音旨發斯談者豈非窮達不可妄求壽夭永無外請故邪吾年過五十而窮苦荼毒家貧弊東西遊走性剛才拙與物多忤自量爲己必貽俗患僶俛辭世使汝幼而饑寒耳常感孺仲賢妻之言敗絮自擁何慙兒子此既一事矣但恨鄰靡二仲室無萊婦抱茲苦心良獨罔罔少年來好書偶愛閑靜開卷有得便欣然忘食見樹木交蔭時鳥變聲亦復歡爾有喜嘗言五六月北牕下臥遇涼風暫至自謂是羲皇上人意淺識陋日月遂往緬求在昔眇然如何疾患以來漸就衰損親舊不遺每以藥石見救自恐大分將有限也恨汝輩稚小家貧無役柴水之勞何時可免念之在心若何可言然雖不同生當思四海皆弟兄之義鮑叔敬仲分財無猜歸生伍舉班荊道舊遂能以敗爲成因喪立功他人尚爾況共父之人哉潁川韓元長漢末名士身處卿佐八十而終兄弟同居至於沒齒濟北氾稚春晉時操行人也七世同財家人無怨色詩云高山仰止景行行止汝其慎哉吾復何言又爲命子詩以貽之曰悠悠我祖爰自陶唐邈爲虞賓歷世垂光御龍勤夏豕韋翼商穆穆司徒厥族以昌紛紜戰國漠漠衰周鳳隱于林幽人在丘逸虬撓雲奔鯨駭流天集有漢眷予愍侯於赫愍侯運當攀龍撫劍夙邁顯茲武功參誓山河啟土開封亹亹丞相允迪前蹤渾渾長源蔚蔚洪柯羣川載導眾條載羅時有默語運固隆汙在我中晉業融長沙桓桓長沙伊勳伊德天子疇我專征南國功遂辭歸臨寵不惑孰謂斯心而可近得肅矣我祖慎終如始直方二臺惠和千里於皇仁考淡焉虛止寄迹風運冥茲慍喜嗟余寡陋瞻望靡及顧慙華鬢負景隻立三千之罪無後其急我誠念哉呱聞爾泣卜云嘉日占爾良時名爾曰儼字爾求思溫恭朝夕念茲在茲尚想孔伋庶其企而厲夜生子遽而求火凡百有心奚待于我既見其生實欲其可人亦有言斯情無假日居月諸漸免于孩福不虛至禍亦易來夙興夜寐願爾斯才爾之不才亦已焉哉潛元嘉四年卒時年六十三

宗彧之字叔粲南陽涅陽人炳從父弟也蚤孤事兄恭謹家貧好學雖文義不逮炳而真澹過之州辟主簿舉秀才不就公私餉遺一無所受高祖受禪徵著作佐郎不至元嘉初大使陸子真觀采風俗三詣彧之每辭疾不見也告人曰我布衣草萊之人少長壟畝何枉軒冕之客子真還表薦之徵員外散騎侍郎又不就元嘉八年卒時年五十

沈道虔吳興武康人也少仁愛好老易居縣北石山下孫恩亂後饑荒縣令庾肅之迎出縣南廢頭里爲立小宅臨溪有山水之玩時復還石山精廬與諸孤兄子共釜庾之資困不改節受琴於戴逵王敬弘深敬之郡州府凡十二命皆不就有人竊其園菜者還見之乃自逃隱待竊者取足去後乃出人拔其屋後筍令人止之曰惜此筍欲令成林更有佳者相與乃令人買大筍送與之盜者慙不取道虔使置其門內而還常以捃拾自資同捃者爭穟道虔諫之不止悉以其所得與之爭者愧恧後每爭輒云勿令居士知冬月無複衣戴顒聞而迎之爲作衣服并與錢一萬既還分身上衣及錢悉供諸兄弟子無衣者鄉里年少相率受學道虔常無食無以立學徒武康令孔欣之厚相資給受業者咸得有成太祖聞之遣使存問賜錢三萬米二百斛悉以嫁娶孤兄子徵員外散騎侍郎不就累世事佛推父祖舊宅爲寺至四月八日每請像請像之日輒舉家感慟焉道虔年老菜食恒無經日之資而琴書爲樂孜孜不倦太祖敕郡縣令隨時資給元嘉二十六年卒時年八十二子慧鋒脩父業辟從事皆不就

郭希林武昌武昌人也曾祖翻晉世高尚不仕希林少守家業徵州主簿秀才衞參軍並不就元嘉初吏部尚書王敬弘舉王弘之爲太子庶子希林爲著作佐郎後又徵員外散騎侍郎並不就十年卒時年四十七子蒙亦隱居不仕泰始中郢州刺史蔡興宗辟爲主簿不就

雷次宗字仲倫豫章南昌人也少入廬山事沙門釋慧遠篤志好學尤明三禮毛詩隱退不交世務本州辟從事員外散騎侍郎徵並不就與子姪書以言所守曰夫生之脩短咸有定分定分之外不可以智力求但當於所稟之中順而勿率耳吾少嬰羸患事鍾養疾爲性好閑志棲物表故雖在童稚之年已懷遠迹之意暨于弱冠遂託業廬山逮事釋和尚于時師友淵源務訓弘道外慕等夷內懷悱發於是洗氣神明玩心墳典勉志勤躬夜以繼日爰有山水之好悟言之歡實足以通理輔性成夫亹亹之業樂以忘憂不知朝日之晏矣自游道餐風二十餘載淵匠既傾良朋凋索續以釁逆違天備嘗荼蓼疇昔誠願頓盡一朝心慮荒散情意衰損故遂與汝曹歸耕壟畔山居谷飲人理久絕日月不處忽復十年犬馬之齒已踰知命崦嵫將迫前塗幾何實遠想尚子五岳之舉近謝居室瑣瑣之勤及今耄未至惽衰不及頓尚可厲志於所期縱心於所託棲誠來生之津

粲專氣莫年之攝養玩歲日於良辰偷餘樂於將除在心所期盡於此矣汝等年各長成冠娶已畢脩惜衡泌吾復何憂但願守全所志以保令終耳自今以往家事大小一勿見關子平之言可以為法元嘉十五年徵次宗至京師開館於雞籠山聚徒教授置生百餘人會稽朱膺之潁川庾蔚之並以儒學監總諸生時國子學未立上留心藝術使丹陽尹何尚之立玄學太子率更令何承天立史學司徒參軍謝元立文學凡四學並建車駕數幸次宗學館資給甚厚又除給事中不就久之還廬山公卿以下並設祖道二十五年詔曰前新除給事中雷次宗篤尚希古經行明脩自絕招命守志隱約宜加升引以旌退素可散騎侍郎後又徵詣京邑為築室於鍾山西巖下謂之招隱館使為皇太子諸王講喪服經次宗不入公門乃使自華林東門入延賢堂就業二十五年卒於鍾山時年六十三太祖與江夏王義恭書道次宗亡義恭答曰雷次宗不救所疾甚可痛念其幽棲窮藪自賓聖朝克已復禮始終若一伏惟天慈弘被亦垂矜愍子肅之頗傳其業官至豫章郡丞

朱百年會稽山陰人也祖愷之晉右衛將軍父濤揚州主簿百年少有高情親亡服闋攜妻孔氏入會稽南山以伐樵採箬為業以樵箬置道頭輒為行人所取明旦亦復如此人稍怪之積久方知是朱隱士所賣須者隨其所堪多少留錢取樵箬而去或遇寒雪樵箬不售無以自資輒自搒船送妻還孔氏天晴復迎之有時出山陰為妻買繒綵三五尺好飲酒遇醉或失之頗能言理時為詩詠往往有高勝之言郡命功曹州辟從事舉秀才並不就隱迹避人唯與同縣孔凱友善凱亦嗜酒相得輒酣對飲盡懽百年家素貧母以冬月亡衣並無絮自此不衣綿帛嘗寒時就凱宿衣悉裌布飲酒醉眠凱以臥具覆之百年不覺也既覺引臥具去體謂凱曰綿定奇溫因流涕悲慟凱亦為之傷感除太子舍人不就顏竣為東揚州發教餉百年穀五百斛不受時山陰又有寒人姚吟亦有高趣為衣冠所重義陽王昶臨州辟為文學從事不起竣餉吟米二百斛吟亦辭之百年孝建元年卒山中時年八十七蔡興宗為會稽太守餉百年妻米百斛百年妻遣婢詣郡門奉辭固讓時人美之以比梁鴻妻

王素字休業琅邪臨沂人也高祖翹之晉光祿大夫素少有志行家貧母老初為廬陵國侍郎母憂去職服闋廬陵王紹為江州親舊勸素脩宅舊居素不答乃輕身往東陽隱居不仕頗營田園之資得以自立愛好文義不以人俗累懷世祖即位欲搜揚隱退下詔曰濟世成務咸達隱微軌俗興讓必表清節朕昧旦求善思惇薄風琅邪王素會稽朱百年並廉約貞遠與物無競自足皐畝志在不移宜加褒引以光難進並可太子舍人大明中太宰江夏王義恭開府辟召辟素為倉曹屬太宗泰始六年又召為太子中舍人並不就素既屢被徵辟聲譽甚高山中有蚿蟲聲清長聽之使人不厭而其形甚醜素乃為蚿賦以自況七年卒時年五十四時又有宋平劉睦之汝南州韶吳郡褚伯玉亦隱身求志睦之居交州除武平太守不拜韶字伯和黃門侍郎文孫也築室湖孰之方山徵員外散騎侍郎征北行參軍不起伯玉居剡縣瀑布山三十餘載揚州辟議曹從事不就

關康之字伯愉河東楊人世居京口寓居南平昌少而篤學姿狀豐偉下邳趙繹以文義見稱康之與之友善特進顏延之見而知之晉陵顧悅之難王弼易義四十餘條康之申王難顧遠有情理又為毛詩義經籍疑滯多所論釋嘗就沙門支僧納學妙盡其能竟陵王義宣自京口遷鎮江陵要康之同行距不應命元嘉中太祖聞康之有學義除武昌國中軍將軍蠲除租稅江夏王義恭廣陵王誕臨南徐州辟為從事西曹並不就棄絕人事守志閑居弟雙之為臧質車騎參軍與質俱下至赭圻病卒瘞於水濱康之其春得疾困篤小差牽以迎喪因得虛勞病寢頓二十餘年時有閒日輒臥論文義世祖即位遣大使陸子真巡行天下使反薦康之業履恒貞操勗清固行信閭黨譽延邦邑棲志希古操不可渝宜加徵聘以潔風軌不見省太宗泰始初與平原明僧紹俱徵為通直郎又辭以疾順帝昇明元年卒時年六十三

史臣曰夫獨往之人皆稟偏介之性不能摧志屈道借譽期通若使值見信之主逢時來之運豈其放情江海取逸丘樊蓋不得已而然故也且巖壑閑遠水石清華雖復崇門八襲高城萬雉莫不蓄壤開泉髣髴林澤故知松山桂渚非止素玩碧澗清潭翻成麗矚挂冠東都夫何難之有哉

宋書卷九十三考證

周續之傳留愛毘卉誠著桃李○毘當作昆謂昆蟲也

王弘之傳為外祖徵士何淮所撫育○淮一本作准當作準

陶潛傳曾祖侃晉大司馬○臣承蒼按沈約所作陶淵明傳以陶集考之多不合集中贈長沙公詩序有云昭穆既遠已為路人又為孟府君傳有云君諱嘉娶大司馬長沙公陶侃第十女如果為從祖之子孫不得云昭穆既遠已之曾祖斷不容直書其姓名然則淵明非長沙桓公之曾孫明矣又云自以曾祖晉世宰輔恥復屈身後代自高祖王業漸隆不復肯仕所著文章皆題其年月義熙以前則書晉氏年號自永初以來惟云甲子而已攷陶詩俱不題年號惟祭程氏妹文稱義熙三年宋高祖受禪改元永初是為庚申歲集中詩凡書甲子者八年庚子辛丑癸卯乙巳戊申己酉庚戌丙辰皆在永初之前庚子辛丑癸卯又在義熙之前永初以後除自祭文題丁卯而外無有書甲子者約之紀事失實大槩如此或言梁昭明太子誤讀淵明命子詩遂作淵明傳以淵明為侃之曾孫不知宋書成于齊永明六年昭明特襲之而不改南史晉書成於唐初亦皆襲約之誤者也

農人告予以上春○上春本集作春及晉書作暮春

而窮苦荼毒家貧弊○本集作少而窮苦每以家弊南史作而窮居荼毒無家貧弊三字

良獨罔罔○罔罔本集作內愧

少年來好書○本集作少好琴書南史少下無年字

潁川韓元長○宋王應麟困學紀聞云韓元長謂韓融韶子後漢有傳又下文濟北氾稚春謂氾毓晉書有傳集云范稚春誤今所刻陶集亦作氾稚春

王素傳嘗就沙門支僧納學○南史學字下有算字

宋書卷九十四

梁　沈約　撰

列傳第五十四

恩倖

夫君子小人類物之稱蹈道則為君子違之則為小人屠釣卑事也版築賤役也太公起為周師傅說去為殷相非論公侯之世鼎食之資明揚幽仄唯才是與逮于二漢茲道未革胡廣累世農夫伯始致位公相黃憲牛醫之子叔度名重京師且任子居朝咸有職業雖七葉珥貂見崇西漢而侍中身奉奏事又分掌御服東方朔為黃門侍郎執戟殿下郡縣掾史並出豪家負戈宿衛皆由世族非若晚代分為二塗者也漢末喪亂魏武始基軍中倉卒權立九品蓋以論人才優劣非為世族高卑因此相沿遂為成法自魏至晉莫之能改州都郡正以才品人而舉世人才升降蓋寡徒以憑藉世資用相陵駕都正俗士斟酌時宜品目少多隨事俯仰劉毅所云下品無高門上品無賤族者也歲月遷譌斯風漸篤凡厥衣冠莫非二品自此以還遂成卑庶周漢之道以智役愚臺隸參差用成等級魏晉以來以貴役賤士庶之科較然有辨夫人君南面九重奧絕陪奉朝夕義隔卿士階闥之任宜有司存既而恩以倖生信由恩固無可憚之姿有易親之色孝建泰始主威獨運官置百司權不外假而刑政糾雜理難徧通耳目所寄事歸近習賞罰之要是謂國權出內王命由其掌握於是方塗結軌輻湊同奔人主謂其身卑位薄以為權不得重曾不知鼠憑社貴狐藉虎威外無逼主之嫌內有專用之功勢傾天下未之或悟挾朋樹黨政以賄成鈇鉞創痏構於筵笫之曲服冕乘軒出乎言笑之下南金北毳來悉方艚素縑丹魄至皆兼兩西京許史蓋不足云晉朝王庾未或能比及太宗晚運慮經盛衰權幸之徒慴憚宗戚欲使幼主孤立永竊國權構造同異興樹禍隙帝弟宗王相繼屠剿民忘宋德雖非一塗寶祚夙傾實由於此嗚呼漢書有恩澤侯表又有佞倖傳今採其名列以為恩倖篇云

戴法興會稽山陰人也家貧父碩子販紵為業法興二兒延壽延興並脩立延壽善書法興好學山陰有陳載者家富有錢三千萬鄉人咸云戴碩子三兒敵陳載三千萬錢法興少賣葛於山陰市後為吏傳署入為尚書倉部令史大將軍彭城王義康於尚書中覓了了令史得法興等五人以法興為記室令史義康敗仍為世祖征虜撫軍記室掾上為江州仍補南中郎典籤上於巴口建義法興與典籤戴明寶蔡閑俱轉參軍督護上即位並為南臺侍御史同兼中書通事舍人法興等專管內務權重當時孝建元年加建武將軍南魯郡太守解舍人侍太子於東宮大明二年三典籤並以南下預密謀封法興吳昌縣男明寶湘鄉縣男閑高昌縣男食邑各三百戶閑時已卒追加爵封法興轉員外散騎侍郎給事中太子旅賁中郎將太守如故世祖親覽朝政不任大臣而腹心耳目不得無所委寄法興頗知古今素見親待雖出侍東宮而意任隆密魯郡巢尚之人士之

末元嘉中侍始興王濬讀書亦涉獵文史爲上所知孝建初補東海國侍郎仍並中書通事舍人凡選授遷轉誅賞大處分上皆與法興尚之參懷內外諸雜事多委明寶上性嚴暴睚眦之間動至罪戮尚之每臨事解釋多得全免殿省甚賴之而法興明寶大通人事多納貨賄凡所薦達言無不行天下輻湊門外成市家產並累千金明寶驕縱尤甚長子敬爲揚州從事與上爭買御物六宮嘗出行敬盛服騎馬於車左右馳驟去來上大怒賜敬死繫明寶尚方尋被原釋委任如初世祖崩前廢帝卽位法興遷越騎校尉時太宰江夏王義恭錄尚書事任同總已而法興尚之執權日久威行內外義恭積相畏服至是懾憚尤甚廢帝未親萬機凡詔勑施爲悉決法興之手尚書中事無大小專斷之顏師伯義恭守空名而已廢帝年已漸長凶志轉成欲有所爲法興每相禁制每謂帝曰官所爲如此欲作營陽耶帝意稍不能平所愛幸閹人華願兒有盛寵賜與金帛無筭法興常加裁減願兒甚恨之帝常使願兒出入市里察聽風謠而道路之言謂法興爲眞天子帝爲應天子願兒因此告帝曰外間云宮中有兩天子官是一人戴法興是一人官在深宮中人物不相接法興與太宰顏柳一體吸習往來門客恒有數百內外士庶莫不畏服之法興是孝武左右復久在宮闈今將他人作一家深恐此坐席非復官許帝遂發怒免法興官遣還田里仍復徙付遠郡尋又於家賜死時年五十二法興臨死封閉庫藏使家人謹錄鑰牡死一宿又殺其二子截法興棺焚之籍沒財物法興能爲文章頗行於世死後帝敕巢尚之曰吾纂承洪基君臨萬國推心勳舊著於遐邇不謂戴法興恃遇負恩專作威福冒憲黷貨號令自由積釁累愆遂至於此卿等忠勤在事吾乃具悉但道路之言異同紛糾非唯人情駭愕亦玄象違度委付之旨良失本懷吾今自親覽萬機留心庶事卿等宜竭誠盡力以副所期尚之時爲新安王子鸞撫軍中兵參軍淮陵太守乃解舍人轉爲撫軍咨議參軍太守如故太宗泰始二年詔曰故越騎校尉吳昌縣開國男戴法興昔從孝武誠勤左右入定社稷預誓河山及出侍東儲竭盡心力嬰害凶悖朕甚愍之可追復削注還其封爵有司奏以法興孫靈珍襲封又詔曰法興小人專權豪恣雖虐主所害義由國討不宜復貪人之封封爵可停太宗初復以尚之兼中書通事舍人南清河太守二年遷中書侍郎太守如故未拜改除前軍將軍太守如故侍太子於東宮晉安王子勛平後以軍守管內封邵陵縣男食邑四百戶固辭不受轉黃門侍郎出爲新安太守病卒

戴明寶南東海丹徒人也亦歷員外散騎侍郎給事中世祖世帶南清河太守前廢帝卽阼權任悉歸法興而明寶輕矣以爲宣威將軍南東莞太守景和末增邑百戶太宗初天下反叛軍務煩擾以明寶舊人屢經戎事復委任之以前軍將軍事平遷宣威將軍晉陵太守進爵爲侯增邑四百戶泰始三年坐參掌戎事多納賄貨削增封官爵繫尚方尋被宥復爲安陸太守加寧朔將軍游擊驍騎將軍武陵內史宣城太守順帝驃騎司馬昇明初年老拜太中大夫病卒武陵國典書令董元嗣與法興明寶等俱爲世祖南中郎典籤元嘉三十年奉使還都值元凶弑立遣元嗣南還報上以徐湛之等反上時在巴口元嗣具言弒狀上遣元嗣下都奉表於劭旣而上舉義兵劭責元嗣元嗣答曰始下未有反謀劭不信備加考掠不服遂死世祖事克追贈員外散騎侍郎使文士蘇寶生爲之誄焉大明中又有奚顯度者南東海剡人也官至員外散騎侍郎世祖常使主領人功而苛虐無道動加捶撲暑雨寒雪不聽暫休人不堪命或有自經死者人役聞配顯度如就刑戮時建康縣考四或用方材壓額及踝脛民間謠曰寧得建康壓額不能受奚度拍又相戲曰勿反顧付奚度其酷暴如此前廢帝嘗戲云顯度刻虐爲百姓所疾比當除之左右因倡諾卽日宣旨殺焉時人比之孫皓殺岑昬

徐爰字長玉南琅邪開陽人也本名瑗後以與傅亮父同名改爲爰初爲晉琅邪王大司馬府中典軍從北征微密有意理爲高祖所知少帝在東宮入侍左右太祖初又見親任歷治吏勞遂至殿中侍御史元嘉十二年轉南臺侍御史始興王濬後軍復侍太子於東宮遷員外散騎侍郎太祖每出軍行師常懸授兵略二十九年重遣王玄謨等北伐配爰五百人隨軍向碻磝銜中旨臨時宣示世祖至新亭大將軍江夏王義恭南奔爰時在殿內誑劭追義恭因得南走時世祖將卽大位軍府造次不曉朝章爰素諳其事旣至莫不喜說以兼太常丞撰立儀注孝建初補尚書水部郎轉爲殿中郎兼右丞孝建三年索虜寇邊詔問羣臣防禦之策爰議曰詔旨虜犯邊塞水陸遼遠孤城危棘復不可置臣以戎虜猖狂猝焉滋廣剡卒擬候伺覘間隙不勞大舉終莫永寧然連於千里費固巨萬而中興造創資儲未積是以齊斧徘徊朔氣稽掃今皇運洪休靈威遐懾蠢尒遺燼懼在誅翦思肆蜂蠆以表有餘雖不敢深入濟泲或能草竊邊塞羽林鞭長太倉遙阻救援之日勢不相及且當使緣邊諸戍練卒嚴城凡諸督統聚糧蓄田籌計資力足相抗擬小鎭告警大督電赴塢壁邀斷州郡犄角儻有自送可使匹馬不反詔旨胡騎倏忽抄暴無漸出耕見虜野粒資寇比及少年軍實無擬江東根本不可俱竭宜立何方可以相贍臣以爲方鎭所資寔宜且田且守若使堅壁而春墾輟耕清野而秋登莫擬私無生業公成虛罄遠引根本二三非宜救之之術唯在盡力防衞來必拒戰去則邀躡據險保隘易爲首尾胡馬旣退則民豐廩實比及三載可以長驅詔旨賊之所向本無前謀兵之所進亦無定所比歲戎戍倉庫多虛先事聚衆則消費糧粟敵至倉卒又無以相應臣以爲推鋒前討大須資力據本應末不俟多衆今寇無傾國豕突列城勢足脅齒養卒得勇所任得才臨事而懼應機無失豈煩空聚兵衆以待未然詔旨戎狄貪婪唯利是規不挫凶圖姦志歲結臣以爲不擊則必侵掠侵掠不已則民失農桑農桑不收則王戍不立爲立之方擊之爲要詔旨若令邊地歲驚公私失業經費困於遙輸遠圖決無遂事寢弊贊略逆應有方臣以爲威虜之方在於積粟塞下若使邊民失業列鎭寡儲非唯無以遠圖亦不能制其侵抄今當使小戍制其始寇大鎭赴其入境一被毒手便自吹蠹鳥逝矣尋卽眞還左丞先是元嘉中使著作郎何承天草創國史世祖初又使奉朝請山謙之南臺御史蘇寶生踵成之六年又以爰領著作郎使終其業爰雖因前作而專爲一家之書上表曰臣聞虞史炳圖原光被之美夏載昭策先隨山之勤天飛雖王德所至終陟固有資田躍神宗始於俾乂上日兆於納揆其在殷頌長發玄王受命作周寔唯雎伯考行之盛則振古之弘軌降逮二漢亦同茲義基帝栜乎豐郊紹祚本於昆邑魏以武命國志晉以宣啓陽秋明黃初非更姓之本太始爲造物之末又近代之令準式遠之鴻規典謨緬邈紀傳成準善惡具書成敗畢記然餘分紫色滔天泯夏親所芟夷而不序於始傳涉聖卓紹煙起雲騰非所誅滅而顯冠乎首述豈不以事先歸之前錄功偕著之後撰伏惟皇宋承金行之澆季鍾經綸之屯極擁玄光以鳳翔秉神符而龍舉剗定鯨鯢天人竹屬晉祿數終上帝臨宋便應奄膺紘寓對越神工而恭服勤於三分讓德邁於不嗣其爲巍巍蕩蕩赫赫明明歷觀遂聞莫或斯等宜依銜書改文登舟變號起元義熙爲王業之始載序宜力爲功臣之斷其僞玄晏竊同於新莽雖靈武克殄自詳之晉錄及犯命干紀受戮霸朝雖揖禪之前皆著之宋策國典體大方垂不朽請外詳議伏須遵承於是內外博議太宰江夏王義恭等三十五人同爰議宜以義熙元年爲斷散騎常侍巴陵王休若尚書金部郎檀道鸞二人謂宜以元興三年爲始太學博士虞龢謂宜以開國爲宋公元年詔曰項籍聖公編錄二漢前史已有成列桓玄傳宜在宋典餘如爰議七年爰遷游擊將軍其年世祖南巡權以本官兼尚書左丞車駕還宮罷明年又兼左丞著作兼如故世祖崩營景寧陵爰以本官兼將作大匠爰便僻善事人能得人主微旨頗涉書傳尤悉朝儀元嘉初便入侍左右預參顧問旣長於附會又飾以典文故爲太祖所任遇大明世委寄尤重朝廷大禮儀注非爰議不行雖復當時碩學所解過人者旣不敢立異議所言亦不見從世祖崩公除後晉安王子勛侍讀博士咨爰宜習業與不爰答居喪讀喪禮習業何嫌少日始安王子眞博士又咨爰爰曰小功廢業三年喪何容讀書其專斷乖謬皆如此前廢帝凶暴無道殿省舊人多見罪黜唯爰巧於將迎始終無迕誅羣公後以爰爲黃門侍郎領射聲校尉著作如故封吳平縣子食邑五百戶寵待隆密羣臣莫二帝每出行常與沈慶之山陰公主同輦爰亦預焉太宗卽位例削封以黃門侍郎改領長水校尉兼尚書左丞明年除太中大夫著作並如故爰秉權日久上昔在藩素所不說及景和世屈辱卑約爰禮敬甚簡益銜之泰始三年詔曰夫事君無禮敎道弗容訕上銜巳人倫所棄大中大夫徐爰拔迹厮猥推席饕逢遂官參時望門伍豪族遷位轉榮莫非超荷而諂側輕險與性自俱利口謏妄自少及長奉公在事釐毫蔑聞初無愧滿常有闕進先朝賞以芻輩之中粗有學解故得漸蒙驅策出入兩宮太初僞立盡心侫事義師已震方得南奔及孝武居統唯極諂諛附會承旨專恣厥性致使治政苛縱與造乖法損德害民皆由此豎景和悖險深相協苟取偷存罔顧節義任算設數取合人主敧嶇姦矯所志必從故歷事七朝白首全貴自以體含德厚識鑑機先迷塗遂深罔知革悟朕撥亂反正勳濟天下靈祇助順羣逆必夷況爰恩養而無輸效遂內挾異心著於形迹陽愚杜口罔所陳聞情事緩文庶申詭略當今朝列賢彥國無佞邪而秉心弗純累蠹時政以其自告之辰用賜歸老之職榮禮優崇寧非饕過不謂潛怨彌外

進競不已，勤言託意，觸遇斯發小人之情雖所先照猶許其當改未忍加法遂恃朕仁弘必永容貸昨因觴宴肆意讒毁謂制詔所爲皆賫傍說又宰輔無斷朝要非才侍老與舊慢戾斯甚比邊難未静安衆以惠戎略是務政網從簡故得使此小物乘寬自縱乃合投畀豺虎以清王猷但朽頽將盡不足窮法可特原罪徙付交州爰既行又詔曰八議緩罪舊在一條五刑所抵耆必加貸徐爰前後釁迹理無可申廢棄海埵寔允國憲但蚤蒙朕識曲矜愚朽既經大宥思沾殊澤可特除廣州統內郡有司奏以爲宋隆太守除命既下爰已至交州値刺史張牧病卒土人李長仁爲亂悉誅北來流寓無或免者長仁素聞爰名以智計誑誘故得無患久之聽還仍除南康郡丞太宗崩還京都以爰爲南濟陰太守復除中散大夫元徽三年卒時年八十二

阮佃夫會稽諸暨人也元嘉中出身爲臺小史太宗初出閤選爲主衣世祖召還左右補內監永光中太宗又請爲世子師甚見信待景和末太宗被拘於殿內住在祕書省爲帝所疑大禍將至惶懼計無所出佃夫與王道隆李道兒及帝左右琅邪淳于文祖謀共廢立時直閤將軍柳光世亦與帝左右蘭陵繆方盛丹陽周登之有密謀未知所奉登之與太宗有舊方盛等乃使登之結佃夫佃夫大說先是帝立皇后普暫徹諸王奄人太宗左右錢藍生亦在其側事畢未被遣密使藍生候帝處事泄藍生不欲自出帝動止輒以告淳于文祖令文祖報佃夫景和元年十一月二十九日晡時帝出幸華林園建安王休仁山陽王休祐山陰公主並侍側太宗猶在祕書省不被召益憂懼佃夫以告外監典事東陽朱幼又告主衣吳興壽寂之細鎧主南彭城姜產之產之又語所領細鎧將臨淮王敬則幼又告中書舍人戴明寶並響應明寶幼欲取其日向曉佃夫等勸取開鼓後幼豫約勒內外使錢藍生密報建安王休仁等時帝欲南巡腹心直閤將軍宋越等其夕並聽出外裝束唯有隊主樊僧整防華林閤是柳光世鄉人光世要之僧整即受命姜產之又要隊副陽平聶慶及所領壯士會稽富靈符吳郡俞道龍丹陽宋逵之陽平田嗣並聚於慶省佃夫慮力少不濟更欲招合壽寂之曰謀廣或泄不煩多人時巫覡云後堂有鬼其夕帝於竹林堂前與巫共射之建安王休仁等山陰主並從帝素不說寂之見輒切齒寂之既與佃夫成謀又慮禍至抽刀前入姜產之隨其後淳于文祖繆方盛周登之富靈符聶慶田嗣王敬則俞道龍宋逵之又繼進休仁聞行聲甚疾謂休祐曰事作矣相隨奔景陽山帝見寂之至引弓射之不中乃走寂之追而殞之事定宣令宿衛曰湘東王受太后令除狂主今已平定太宗即位論功行賞壽寂之封應城縣侯食邑千戶姜產之汝南縣侯佃夫建城縣侯食邑八百戶王道隆吳平縣侯淳于文祖陽城縣侯食邑各五百戶李道兒新塗縣侯繆方盛劉陽縣侯周登之曲陵縣侯食邑各四百戶富靈符惠懷縣子聶慶建陽縣子田嗣將樂縣子王敬則重安縣子俞道隆茶陵縣子宋逵之零陵縣子食邑各三百戶佃夫遷南臺侍御史薛索兒渡淮爲寇山陽太守程天祚又反佃夫與諸軍討之破索兒降天祚遷龍驤將軍司徒參軍率所領南助豬折轉太子步兵校尉南魯郡太守侍太子於東宮泰始四年以破薛索兒功增封二百戶并前千戶以本官兼游擊將軍假寧朔將軍與輔國將軍兼驍騎將軍孟次陽與二衞參員直次陽字崇基平昌安丘人也太始初爲山陽王休祐驃騎參軍薛安都子道摽攻合肥次陽擊破之以功封攸縣子食邑三百戶歷右軍驃騎將軍六年出爲輔師將軍兗州刺史戍淮陰立北兗州自此始也進號冠軍將軍元徽四年卒時佃夫王道隆楊運長並執權柄亞於人主巢戴大明之世方之蔑如也嘗値正旦應合朔尚書奏遷元會佃夫曰元正慶會國之大禮何不遷合朔日邪其不稽古如此大通貨賄凡事非重賂不行人有餉絹二百匹嫌少不荅書宅舍園池諸王邸第莫及妓女數十藝貌冠絕當時金玉錦繡之飾宮掖不逮也每製一衣造一物京邑莫不法效焉於宅內開瀆東出十許里塘岸整潔汎輕舟奏女樂中書舍人劉休嘗詣之値佃夫出行中路相逢要休同反就席便命施設一時珍羞莫不畢備凡諸火劑並皆始熟如此者數十種佃夫嘗作數十人饌以待賓客故造次便辦類皆如此雖晉世王石不能過也泰始初軍功既多爵秩無序佃夫僕從附隸皆受不次之位捉車人虎賁中郎傍馬者員外郎朝士貴賤莫不自結而矜傲無所降意入其室者唯吳興沈勃吳郡張澹數人而已泰豫元年除寧朔將軍淮南太守遷驍騎將軍尋加淮陵太守太宗晏駕後廢帝即位佃夫權任轉重兼中書通事舍人加給事中輔國將軍餘如故欲用張澹爲武陵郡衞將軍袁粲以下皆不同而佃夫稱敕施行粲等不敢執元徽三年遷黃門侍郎領右軍將軍太守如故明年改領驍騎將軍其年還使持節督南豫州諸軍事冠軍將軍南豫州刺史歷陽太守猶管內任以平建平王景素功增邑五百戶時廢帝猖狂好出遊走始出宮猶整羽儀引隊仗俄而棄部伍單騎與數人相隨或出郊野或入市廛內外莫不懼憂佃夫密與直閤將軍申伯宗步兵校尉朱幼于天寶謀共廢帝立安成王五年春帝欲往江乘射雉帝每北出常留隊仗在樂遊苑前棄之而去佃夫欲稱太后令喚隊仗還閉城門分人守石頭東府遣人執帝廢之自爲揚州刺史輔政與幼等已成謀會帝不成向江乘故其事不行于天寶因以其謀告帝帝乃收佃夫幼伯宗於光祿外部賜死佃夫幼罪止身其餘無所問佃夫時年五十一幼泰始初爲外監配張永諸軍征討有濟辦之能遂官涉二品爲奉朝請南高平太守封安浦縣侯食邑二百戶

于天寶其先胡人預竹林堂功元徽中自陳功勞求加封爵乃封爲鄂縣子食邑二百戶發佃夫之謀以爲淸河太守右軍將軍昇明元年出爲山陽太守齊王以其反覆賜死

壽寂之泰始初以軍功增邑二百戶爲羽林監遷太子屯騎校尉尋加寧朔將軍南太山太守多納貨賄請謁無窮有一不從切齒罵詈常云利刀在手何憂不辦鞭尉吏斫邏將七年爲有司所奏徙送越州行至豫章謀欲逃叛乃殺之

姜產之泰始初以軍功增邑二百戶爲晉平王休祐驃騎中兵參軍龍驤將軍南濟陰太守三年北伐與虜戰軍敗見殺追贈左軍將軍太守如故

李道兒臨淮人本爲湘東王師稍至湘東國學官令太宗即位稍進至員外散騎侍郎淮陵太守泰始二年兼中書通事舍人轉給事中四年病卒

王道隆吳興烏程人兄道迄涉學善書形貌又美吳興太守王韶之謂人曰有子弟如王道迄無所少始興王濬以爲世子師以書補中書令史道隆亦知書爲主書書吏漸至主書世祖使傳命失旨遣出不聽復入六門太宗鎮彭城以補典籤署內監及即位爲南臺侍御史稍至員外散騎侍郎南蘭陵太守泰始二年兼中書通事舍人以破晉陵功增邑百戶并前六百戶五年出侍東宮復兼中書通事舍人後廢帝即位自太子翊軍校尉遷右軍將軍太守兼舍人如故道隆爲太宗所委遇於佃夫和謹自保不妄毀傷人執權既久家產豐積豪麗雖不及佃夫而精整過之元徽二年太尉桂陽王休範奄至新亭佃夫留守殿內而道隆領羽林精兵向朱雀門時賊已至航南道隆忽召鎮軍將軍劉勔於石頭勔至命開航道隆怒曰賊至但當急擊寧可開航自弱邪勔不敢復言催勔進戰勔度航便敗賊乘勝逕進道隆棄衆走向臺所乘馬連蹶不肯前遂爲賊兵及見殺事平車駕臨哭贈輔國將軍益州刺史子法貞嗣齊受禪國除

楊運長宣城懷安人初爲宣城郡吏太守范曄解吏名素善射太宗初爲皇子出運長爲射師性謹愨爲太宗所委信及即位親遇甚厚與佃夫道隆李道兒等並執權要稍至員外散騎侍郎南平昌太守泰始七年出侍東宮後廢帝即位與佃夫俱兼通事舍人加龍驤將軍轉給事中以平桂陽王休範功封南城縣子食邑八百戶元徽三年自安成王車騎中兵參軍遷後軍將軍兼舍人如故運長質木廉正治身甚淸不事園宅不受餉遺而凡鄙無識知唯與寒人潘智徐文盛厚善動止施爲必與二人量議文盛爲奉朝請預平桂陽王休範封廣晉縣男食邑四百戶順帝即位出運長爲寧朔將軍宣城太守尋去郡還家沈攸之反運長有異志齊王遣驃騎司馬崔文仲討誅之

史臣曰竭忠盡節士子恒圖隨方致用明君盛典舊非本舊因新以成舊者也狎非先狎因疎以成狎者也而任隔疎情殊塗一致權歸近狎異世同規雖復漢高之簡易光武之謹厚猶豐沛多顯白水先華況世祖之泥滯鄙近太宗之拘攣愛習欲不紛惑床第豈可得哉

宋書卷九十四考證

徐爰傳項籍聖公編錄二漢前史已有成列○列當作例

宋書卷九十五

梁　沈約　撰

列傳第五十五

索虜

索頭虜姓託跋氏其先漢將李陵後也陵降匈奴有數百千種各立名號索頭亦其一也晉初索頭種有部落數萬家在雲中惠帝末并州刺史嬴公司馬騰於晉陽爲匈奴所圍索頭單于猗馳遣軍助騰懷帝永嘉三年馳弟盧率部落自雲中入鴈門就并州刺史劉琨求樓煩等五縣琨不能制且欲倚盧爲援乃上言盧兄馳有

救騰之功舊勳宜錄請移五縣民於新興以其地處之琨又表封盧爲代郡公愍帝初又進盧爲代王增食常山郡其後盧國內大亂盧死子又幼弱部落分散盧孫什翼鞬勇壯衆復附之號上洛公北有沙漠南據陰山衆數十萬其後爲苻堅所破執還長安後聽北歸鞬死子開字涉珪代立先是鮮卑慕容垂僭號中山晉孝武太元二十一年垂死開率十萬騎圍中山明年四月尅之遂王有中州自稱曰魏號年天賜九年治代郡桑乾縣之平城立學官置尙書曹開頗有學問曉天文其俗以四月祠天六月末率大衆至陰山謂之却霜陰山去平城六百里深遠饒樹木霜雪未嘗釋蓋欲以暖氣却寒也死則潛埋無墳壟處所至於葬送皆虛設棺柩立冢槨生時車馬器用皆燒之以送亡者開暴虐好殺民不堪命先是有神巫誡開當有暴禍唯誅清河殺萬民乃可以免開乃滅清河一郡常手自殺人欲令其數滿萬或乘小輦手自執劒擊檐輦人腦一人死一人代每一行死者數十夜恒變易寢處人莫得知唯愛妾名萬人知其處萬人與開子清河王私通慮事覺欲殺開令萬人爲內應夜伺開獨處殺之開臨死曰清河萬人之言乃汝等也是歲安帝義熙五年開次子齊王嗣字木末執清河王對之號哭曰人生所重者父云何反逆逼令自殺嗣代立謚開道武皇帝十三年高祖西伐長安嗣先娶姚興女乃遣十萬騎屯結河北以救之大爲高祖所破事在朱超石等傳於是遣使求和自是使命歲通高祖遣殿中將軍沈範索季孫報使反命已至河未濟嗣聞高祖崩問追範等絕和親太祖即位方遣範等歸永初三年十月嗣自率衆至方城遣鄭兵將軍揚州刺史山陽公達奚斤吳兵將軍廣州刺史蒼梧公公孫表尚書滑稽領步騎二萬餘人於滑臺西南東燕縣界石濟南渡輜重弱累自隨滑臺戍主寧遠將軍東郡太守王景度馳告冠軍將軍司州刺史毛德祖戍虎牢遣司馬翟廣率參軍龐諮上黨太守劉談之等步騎三千拒之軍次卷縣土樓虜徙營滑臺城東二里造攻具日往脅城德祖以滑臺戍人少使翟廣募軍中壯士遣寧遠將軍劉芳之率領助景度守芳之將八十餘人突得入城德祖又遣討虜將軍弘農太守竇應明領五百人建武將軍竇霸領二百五十人並以水軍相繼發咸受翟廣節度初亡命司馬楚之等常藏竄陳留郡界虜既南渡馳相要結驅扇墟場大爲民患德祖遣長社令王法政率五百人據邵陵將劉憐領二百騎至雍丘以防之楚之於白馬縣襲憐爲憐所破會臺送軍資至憐往迎之而酸棗民王玉知憐南馳以告虜虜將滑稽領千乘襲倉垣兵吏悉踰城散走陳留太守嚴慢爲虜所獲虜即用王玉爲陳留太守給兵守倉垣十一月虜悉力攻滑臺城城東北崩壞王景度出奔景度司馬陽瓚堅守不動衆潰抗節不降爲虜所殺竇應明擊虜輜重於石濟破之殺賊五百餘人斬其戍主鈌連內頭張索兒等應明自石濟赴滑臺聞城已沒遂進屯尹卯竇霸馳就翟廣虜既尅滑臺并力向廣等力不敵引退轉鬭而前二日一夜裁行十許里虜步軍續至廣等矢盡力竭大敗廣霸談之等各單身迸還虜乘勝遂至虎牢德祖出步騎欲擊之虜退屯土樓又退還滑臺長安魏昌藍田三縣民居在虎牢下德祖皆使入城虜別遣黑矟公率三千人至河陽欲南渡取金墉德祖遣振威將軍河陰令竇晃五百人戍小壘緱氏令王瑜四百人據監倉犨令臣琛五百人固小平參軍督護張季五百人屯牛蘭又遣將領馬隊與洛陽令楊毅合二百騎緣河上下隨機赴接十二月虜置守於洛川小壘德祖遣翟廣馳往擊之虜退走廣安立守防修治城塢復還虎牢豫州刺史劉粹遣治中高道瑾領步騎五百據項又遣司馬徐瓊繼之臺遣將輔伯遣姚珍杜坦梁靈宰等水步諸軍續進徐州刺史王仲德率軍次湖陸黑矟公遣長史將千人逼竇晃楊毅晃等逆擊禽之生獲二百人其後鄭兵將軍五千騎掩襲晃等黑矟渡與并力四面攻壘晃等力少衆散晃毅皆被重創虜將安平公鵝青二軍七千人南渡於碻磝東下至泗瀆口去尹卯百許里兗州刺史徐琰委軍鎮走於是太山諸郡並失守鄭兵與公孫表及宋兵將軍交州刺史交阯侯普幾萬五千騎復向虎牢於城東南五里結營分步騎自成皋開向虎牢外郭西門德祖逆擊殺傷百餘人虜退還保營鎮北將軍檀道濟率水軍北救車騎將軍廬陵王義眞遣龍驤將軍沈叔狸三千人就豫州刺史劉粹量宜赴援少帝景平元年正月鄭兵分軍向洛攻小壘小壘守將竇晃拒戰陷沒河南太守王涓之棄金墉出奔自虜分軍向洛德祖每戰輒破之嗣自率大衆至鄴鄭兵既尅金墉復還虎牢德祖於城內穴城入七丈二道出城外又分作六道出虜陣後募敢死之士四百人參軍范道基率二百人爲前驅參軍郭王符劉規等以二百人爲後係出賊圍外掩襲其後虜陣擾亂斬首數百級焚燒攻具虜雖退散隨復更合虜又遣楚兵將軍徐州刺史安平公涉歸幡能健越兵將軍青州刺史臨菑侯薛道千陳兵將軍淮州刺史壽張子張模東擊青州所向城邑皆奔走冠軍將軍青州刺史竺夔鎮東陽城聞虜將至斂衆固守龍驤將軍濟南太守垣苗率二府郡文武奔就夔夔與將士盟誓居民不入城者使移就山阻燒除禾稼令虜至無所資虜衆向青州前後濟河凡六萬騎三月三萬騎前逼脅城內文武一千五百人而半是羌蠻流雜人情駭懼竺夔夜遣司馬車宗領五百人出城掩擊虜衆披退閉二日虜步騎悉至繞城四圍列陣十餘里至晡退還安水結營去城二十里大治攻具日日分步騎常來逼城夔夜使殿中將軍竺宗之參軍賈元龍等領百人於楊水口兩岸設伏虜將阿伏斤領三百人晨渡水兩岸伏發虜騎四迸殺傷數十人梟阿伏斤首虜又進營水南去城西北四里嗣自鄴遣兵益虎牢增圍急攻鄭兵於虎牢率步騎三千攻頴川太守李元德於許昌車騎將軍王玄謨領千人助元德守與元德俱散敗虜即用頴川人庾龍爲頴川太守領騎五百并發民丁以戍城德祖出軍擊公孫表大戰從朝至晡殺虜數百會鄭兵軍從許昌還合圍德祖大敗失甲士千餘人退還固城嗣又於鄴遣萬餘人從白沙口過河於濮陽城南寒泉築壘朝議以項城去虜不遠非輕軍所抗使劉粹召高道瑾還壽陽若沈叔狸已進亦且追粹以虜攻虎牢未復南向若便攝軍捨項城則淮西諸郡無所憑依沈叔狸已頓肥口又不宜便退時李元德率散卒二百人至項劉粹便助高道瑾戍請宥其奔敗之罪朝議並許之檀道濟至彭城以青司二州並急而所領不多不足分赴青州道近竺夔兵弱先救青州竺夔遣人出城作東西南塹虜於城北三百餘步鑿長圍夔遣參軍閻茂等領善射五十人依墻射虜虜騎數百馳來圍墻內納射固墻死戰虜下馬步進短兵接城上弓弩俱發虜乃披散虜遂塡外塹引高樓四所蝦蟇車二十乘置長圍內夔先鑿城北作三地道令通外塹復鑿裏塹內去城二丈作子塹遣三百餘人出地道欲燒虜攻具時回風轉燭火不得燃虜兵矢橫下士卒多傷斂衆還入虜塡三塹盡平唯餘子塹蝦蟇車所不及虜以橦攻城夔募人力於城上係大磨石堆之又出於子塹中用大麻絙張骨骨攻車近城從地道中多人力挽令折虜復於城南掘長圍進攻逾急夔能持重垣苗有膽幹故能堅守移時然被攻日久城轉毀壞戰士多死傷餘衆困乏旦暮且陷檀道濟王仲德兼行赴之劉粹遣李元德襲許昌庾龍奔迸將宋晃追躡斬龍首元德因苗綏撫并上租糧虜悅勃大肥率三千餘騎破高平郡所統高平方與任城金鄉亢父等五縣殺略二千餘家殺其男子驅虜女弱兗州刺史鄭順之戍湖陸以兵卒不敢出冠軍將軍申宣戍彭城去高平二百餘里懼虜至移郭外居民并諸營署悉入小城嗣又遣并州刺史伊樓拔助鄭兵攻虎牢塡塞兩塹德祖隨方抗拒頗殺虜而將士稍零落四月壬申虜聞道濟將至焚燒器械棄青州走竺夔上言東陽城被攻毀壞不可守移鎮長廣之不期城下以固守以功進號前將軍封建陵縣男食邑四百戶夔字祖季東莞人也官至金紫光祿大夫嗣率大衆至虎牢停三日自督攻城不能下回軍向洛陽留三千人益鄭兵停洛數日渡河北歸虜安平公等諸軍從青州退還逕趨滑臺檀道濟王仲德步軍乏糧追虜不及道濟於泰山分遣仲德向尹卯道濟停軍湖陸仲德未至尹卯聞虜已遠還就道濟共裝治水軍虜安平公諸軍就滑臺西就鄭兵共攻虎牢被圍二百日無日不戰德祖勁兵戰死殆盡而虜增兵轉多虜撞外城德祖於內更築三重仍舊爲四賊撞三城已毀共保一城晝夜相拒將士眼皆生創死者大半德祖恩德素結衆無離心德祖昔在北與虜將公孫表有舊表有權略德祖患之乃與交通音問密遣人說鄭兵云表與之連謀每答表書輒多所治定表以書示鄭兵鄭兵倍疑之言於嗣誅表虜衆盛檀道濟救軍並不敢進劉粹據項城沈狸屯高橋二十一日虜作地道偷城內井井深四十丈山勢峻峭不可得防至其月二十三日人馬渴乏饑疫體皆乾燥被創者不復出血虜因急攻遂尅虎牢自德祖及翟廣竇霸凡諸將佐及郡守在城內者皆見囚執唯上黨太守劉談之參軍范道基將二百人突圍南還城將潰將士欲扶德祖出奔德祖曰我與此城并命義不使此城亡而身在也嗣重其固守之節勒衆軍生致之故得不死司空徐羨之尚書傅亮領軍將軍謝晦表曰去年逆虜縱肆陵暴河南司州刺史臣德祖竭誠盡力抗對强寇孤城獨守將涉朞年救師淹緩舉城淪沒聖懷垂悼遠近嗟傷陛下殷憂諒闇委政自下臣等謀猷淺蔽託付無成遂令致節之臣抱忠傾覆將士殲辱王畧虧挫上墜先規下貽國恥稽之朝典無所辭責雖有司撓筆未加准繩豈宜尸祿昧安殊寵乞蒙屛固以申國法不許德祖滎陽南武陽人也晉末自鄉里南歸初爲冠軍參軍輔國將軍道規爲荊州

德祖爲之將佐復爲高祖太尉參軍高祖北伐以爲王鎭惡龍驤司馬加建武將軍爲鎭惡前鋒斬賊寧朔將軍趙玄石於柏谷破弘農太守尹雅於梨城又破賊大帥姚難於涇水斬其鎭北將軍姚强鎭惡尅立大功蓋德祖之力也長安平定以爲龍驤將軍扶風太守仍遷秦州刺史將軍如故時佛佛虜爲寇復以德祖爲王鎭惡征虜司馬尋復爲桂陽公義眞安西參軍南安太守將軍如故復徙馮翊太守高祖東還以德祖督司州之河東平陽二郡諸軍輔國將軍河東太守代并州刺史劉遵考戍蒲坂長安不守合部曲還彭城除世子中兵參軍將軍如故又除督司州之河東平陽河北雍州之京兆豫州之潁川兗州之陳留九郡軍事滎陽太守將軍如故又加京兆太守高祖踐祚進號冠軍論前後功封觀陽縣男食邑四百戶又除督司雍并三州豫州之潁川兗州之陳留諸軍事司州刺史將軍如故太祖元嘉六年死於虜中時年六十五世祖大明元年以德祖弟子熙祚第二息翊之紹德祖封虜旣尅虎牢留兵居守餘衆悉北歸少帝曰故寧遠司馬濮陽太守陽瓚滑臺之逼厲誠固守投命均節在危無撓古之忠烈無以加之可追贈給事中并存郵遺孤以慰存亡尚書令傅亮議瓚家在彭城宜卽以入臺絹一百匹粟三百斛賜給文士顏延之爲誄焉龍驤將軍兗州刺史徐琰東陽太守王景度並坐失守鉗髡居作琰五歲景度四歲時宣威將軍潁川太守李元德戍許昌仍除滎陽太守督二郡軍事其年十一月虜遣軍并招集亡命攻逼許昌城以土人劉遠爲滎陽太守李元德欲出戰兵仗少至夜悉排女牆散潰元德復奔還項城虜又圍汝陽太守王公度將十餘騎突圍奔項城虜又破邵陵縣殘害二千餘家盡殺其男丁驅略婦女一萬二千口劉粹遣將姚聳夫率軍助守項城又遣司馬徐瓊五百人繼之虜掘破許昌城又毀壞鍾離城以立疆界而還嗣死謚曰明元皇帝子燾字佛狸代立母杜氏冀州人入其宮內生燾燾年十五六不爲嗣所知遇之如僕隸嗣初立慕容氏女爲后又娶姚興女並無子故燾得立壯健有筋力勇於戰鬬忍虐好殺夷宋畏之攻城臨敵皆親貫甲冑元嘉五年使大將吐伐斤西伐長安生禽赫連昌中山王安定封昌爲公以妹妻之昌弟赫連定在隴上吐伐斤乘勝以騎三萬討定定設伏於隴山彈箏谷破之斬吐伐斤盡坑其衆定率衆東還後尅長安燾又自攻不尅乃分軍戍大城而還燾常使昌侍左右常共單馬逐鹿深入山澗昌素有勇名諸將咸謂昌不可親燾曰天命有在亦何所懼親遇如初復攻長安尅之定西走爲吐谷渾慕璝所禽赫連氏有名衞臣者種落在朔方塞外部落千餘戶朔方以西西至上郡東西千餘里漢世徙謫民居之土地良沃苻堅時衞臣入塞寄田春來秋去堅雲中護軍賈雍掠其田者獲生口馬牛羊堅悉以還之衞臣感恩遂稱臣入居塞內其後漸强盛衞臣死子佛佛驍猛有謀算遠近雜種皆附之姚興與相抗興覆軍喪衆前後非一關中爲之傷殘高祖入長安佛佛震懾不敢動高祖東還卽入寇北地安西將軍義眞之歸也佛佛遣子昌破之青泥俘囚諸將帥遂有關中自稱尊號號年日眞興元年京兆人韋玄隱居養志有高名姚興備禮徵不起高祖辟爲相國掾宋臺通直郞又並不就佛佛召爲太子庶子玄應命佛佛大怒曰姚興及劉公相徵召並不起我有命卽至當以我殊類不可理其故耶殺之元嘉二年佛佛死昌立至是爲燾所兼燾西定隴右東滅黃龍海東諸國並遣朝貢太祖踐祚便有志北略七年三月詔曰河南中國多湮没非所遺黎荼炭每用矜懷今民和年豐方隅無事宜時經理以固壃埸可簡甲卒五萬給右將軍到彥之統安北將軍王仲德兗州刺史竺靈秀舟師入河驍騎將軍段宏精騎八千直指虎牢豫州刺史劉德武勁勇一萬以相犄角後將軍長沙王義欣可權假節率見力三萬監征討諸軍事便速備辦月內悉發先遣殿中將軍田奇銜命告燾河南舊是宋土中爲彼所侵今當修復舊境不關河北燾大怒謂奇曰我生頭髮未燥便聞河南是我家地此豈可得河南必進軍今權當斂戍相避須冬行地淨河冰合自更取之後將軍長沙王義欣出鎭彭城總統羣帥告司兗二州曰夫王者之兵以義德相濟非徒壃理土地恢廣經略將以大庇蒼生保全黎庶是以蒙踐霜雪踰歷險難匡國寧民肅清四表昔我高祖武皇帝誕膺明命爰造區夏內夷篡逆外寧寇亂靈武紛紜雷動風舉響軼龍堆聲浮雲朔陵天振地拔山蕩海於是華域肅清謳歌允集王綱帝典煥哉惟文太和烟熅流澤洋溢中葉諒闇委政冢宰黠虜乘釁侵侮上國遂令司兗良民復蹈非所周鄭遺黎重隔王化聖皇踐祚重光開朗明哲柔遠以隆中興遐夷慕義雲騰波湧方將蹈德履信被藝襲文增修業統作規于後勤施洽於三方惠和雍於北狄夫養魚者除其猵獺育禽者去其豺狼故智士研其慮勇夫厲其節嘉謀動蒼天精氣貫辰緯莫府忝任禀承廟算剪爪明衣誓不顧命提與楚之勁卒總八州之銳士紅旗絳天素甲奪日虎步中原龍超河渚興雲散雨慰大旱之思弔民伐罪積後己之情師以順動何征而不克況乎遵養耆昧綏復境土而已哉昔淮泗初開狡徒縱逸王旅入關羣豎飆扇襄邑之戰素旗授首牛城之役伏尸蔽野支解體分羽翼摧挫加以攜離西虜結怨黃龍控弦櫓滅首尾逼畏蜂屯蟻聚假息旦夕豈復能超蹈長河以當堂堂之陳哉夫順從貴速歸德惡晚賞褒先附威加後服是以秦趙羈旅披榛委誠施紱乘軒剖符州郡慕容姚泓恃强作禍提挈萬里卒嬰鈇鉞皆目前之誠驗往世之所知也聖上明發愛恤以道懷二州士民若能審決安危翻然革面率其支黨歸投軍門者當表言天臺隨才敘用如其遂心不悛竄首巢穴長圍旣周臨衝四至雖欲壺漿厥篚其可得乎幸加三思詳擇利害彥之進軍虜悉斂河南一戍歸河北太祖以前征虜司馬南廣平太守尹沖爲督司雍并三州豫州之潁川兗州之陳留二郡諸軍事奮威將軍司州刺史戍虎牢十一月虜大衆南渡河彥之敗退洛陽滑臺虎牢諸城並爲虜所没尹沖及司馬滎陽太守崔模抗節不降投塹死沖字子順天水冀人也先爲姚興吏部郞與興子廣平公弼結黨欲傾興太子泓泓立沖與弟弘俱逃叛南歸至是追贈前將軍太祖與江夏王義恭書曰尹沖誠節志槩繼蹤古烈以爲傷惋不能已已上以滑臺戰守彌時遂至陷没乃作詩曰逆虜亂壃埸邊將嬰寇仇堅城効貞節攻戰無暫休覆瀋不可拾離機難復收勢謝歸塗單於焉見幽囚烈烈制邑守舍命蹈前修忠臣表年暮貞柯見嚴秋楚莊投袂起終然報强仇去病辭高館卒獲舒國憂戎事諒未殄民患焉得瘳撫劒懷感激志氣若雲浮願想淩扶搖弭旆拂中州爪牙申威靈帷幄騁良籌華裔混殊風率土浹王猷惆悵懼遷逝北顧涕交流其後燾又遣使通好并求婚姻太祖每依違之十七年燾號太平眞君元年十九年虜鎭東將軍武昌王宜勒庫莫提移書益梁二州往伐仇池侵其附屬而移書越詣徐州曰我大魏之興德配二儀與造化並立夏殷以前功業尚矣周秦以來赫赫堂堂垂耀先代逮我烈祖重之聖明應運龍飛廓清燕趙聖朝承王業之資奮神武之畧遠定三秦西及葱嶺東平遼碣海隅服從北暨鍾山萬國納貢威風所扇想彼朝野備聞威德往者劉石苻姚遞據三郡司馬琅邪保守揚越綿綿連連綿歷年紀數窮運改宋氏受終仍晉之舊遠通聘享故我朝廷解甲息心東南之略是爲不欲違先故之大信也而彼方君臣苞藏禍心屢爲邊寇去庚午年密結赫連侵我牢洛致師徒喪敗舉軍囚俘我朝庭仁弘不窮人之非不遂人之過與彼交和前好無改昔南秦王楊玄識達天運於大化未及之前度越赫連遠歸忠款玄旣卽世弟難當忠節愈固上請納女連婚宸極任土貢珍自比內郡漢南白雉登俎御羞朝庭嘉之授以專征之任不圖彼朝計壃埸之小疵不相關移稱興師旅亡我賓屬難當將其妻子及其同義告敗闕下聖朝憮然顧謂羣臣曰彼之違信背和與牢洛爲三一之爲甚其可再乎是若可忍孰不可忍是以分命吾等磬聲之臣助難當報復使持節侍中都督雍秦二州諸軍事安西將軍建興公吐奚愛弼率南秦王楊難當自祁山南出直衝建安令南秦自遣信臣招集舊戶使持節侍中都督雍梁益三州諸軍事安西將軍啓開府儀同三司淮陰公皮豹子員外散騎常侍平南將軍南益州刺史建德公庫拔阿浴河引出斜谷阨白馬之險散騎常侍安南將軍雍州刺史南平公娥後延出自駱谷直截漢水冠軍將軍南蠻校尉荊州刺史建平公宗敱使持節員外散騎常侍冠軍將軍梁州刺史順陽公劉買德平遠將軍承安侯若干內亦干出自子午東襲梁漢使持節侍中都督荊梁南雍三州諸軍事領護南蠻校尉征南大將軍開府儀同三司荊州刺史故晉譙王司馬文思寧遠將軍荊州刺史襄陽公魯軌南趨荊州使持節都督洛豫州及河內諸軍事鎭南大將軍開府儀同三司淮南王直勤它大翰爲其後繼使持節侍中都督梁益寧三州諸軍事領護西戎校尉鎭西大將軍開府儀同三司揚州刺史晉琅邪王司馬楚之南趨壽春使持節侍中都督揚豫兗徐四州諸軍事征南將軍徐兗二州刺史東安公刁雍東趣廣陵南至京口使持節侍中都督青兗徐三州諸軍事征東將軍青徐二州刺史東海公故晉元顯子司馬天助直趣濟南十道並進連營五千步騎百萬隱隱桓桓以此屠城何城不潰以此奮擊何堅不摧召陵踐土區區齊晉尚能克勝强楚以致一匡況大魏以沙漠之突騎兼咸夏之勁卒哉若衆軍就臨將令南海北汎江湖南溢高岸墊爲浦澤深谷積爲丘陵晉餘黎民將雲集霧聚仇池之師皷嶇山谷之中何能自固彼之所謂肆忿於目前之小得以至於敗亡之大失也昔信陵君濟窮鳩之危義士歸之故我朝廷欲救難當投命

之誠爲此舉動旣而愛惜前好猶復沈吟多殺生生在之一亡十仁者之所不爲吾等别愛後自馳檄相譬書若攝兵還反復南秦之國則諸軍同罷好穆如初若距我義言很愎遂往敗國亡身必成噬臍之悔望所列上彼朝惠以報告徐州答移曰知以楊難當投命告敗比之窮鳩欲動衆以相存拯救危恤難有國者之所用心雖然移書之言亦已過矣何者楊氏先世以來受晉爵號修職守藩爲我西服十載之中再造逆亂號年建義猖狂妄作爲臣不忠宜加誅討又知難當稱臣彼國宜是顧畏首尾兩屬求全果是純臣服事於魏何宜與人和親而聽臣下縱逸昔景平之末國祚中微彼乘我內難侵我司兗是以七年治兵義在經略三帥涉河秋毫不犯但崇此信誓不負約言耳彼伺我軍仍相掩襲俘我甲士翦我邊民是彼有兩曲我有二直也司馬楚文思亡命竄伏脅軌刁雍實爲釁尾而擁其逋逃開其壃埸元顯無子焉得天助謬稱假託何足以云又議竊輿師旅不相關移若如來言又非所受黃龍國王受我正朔且渠茂虔父子歸款彼皆殘滅俘馘豈有先言況仇池奉晉十世事宋三葉九伐所加何傷於彼僕闇師曲爲老義作亂雄言貴稱倩不在夸大移書本詣梁益而謬來鄙府大人不遠幸無過誒二十年燾以國授其太子下書曰朕承祖宗重光之緒思闡洪基恢隆萬世自經營天下平暴除逆掃清不順武功旣昭而文教未闡非所以崇太平之治也今者域內安逸百姓富昌軍國異容宜定制度爲萬世之法夫陰陽有往復四時有代序授子任賢安全相附所以休息疲勞式固長久成其祿福古今不易之典也諸朕功臣懃勞日久皆當致仕歸第雍容高爵頤神養壽朝請隨時饗宴朕前論道陳謀而已不須復親有司苦劇之職其令皇太子嗣理萬機總統百揆更舉賢良以被列職皆取後進明能廣啓選才之路擇人授任而黜陟之故孔子曰後生可畏焉知來者之不如今主者明爲科制宣勅施行於是王公以下上書太子皆稱臣首尾與表同唯用白紙爲異是歲燾伐芮芮虜大敗而還死者十六七不聽死家發哀犯者誅之二十三年虜安南平南府又移書兗州以南國僑置州不依城土多濫北境名號又欲遊獵具區兗州答移曰夫皇極肇建實膺神明之符生民初載實禀沖和之氣故司牧之功宜於上代仁義之道興自諸華在昔有晉混一區宇九譯承風遐戎嚮附永嘉失御天綱圮裂石容苻姚遞乘非據或棲息趙魏或保聚邠岐我皇宋屬當歸歷受終晉代北臨河濟西盡咸汧弔民伐罪流澤五都魏爾時祇德悔禍思用和輯交通使命以祈天衷來移所謂分疆畫境其志久定者也俄而不恒其信虜我國憂侵牢及洛至于清濟往歲入河且欲綏理舊城是以頓兵南澨秋毫無犯軍師不能奉遵廟算保有成功回旆之日重失司兗來移云不因土立州招引亡命夫古有分土而無分民德之休明四方繦負昔周道方隆靈臺初構民之附化八十萬家彼不思弘善政而恐人之棄己縱威肆虐老弱無遺詳觀今古畧聽輿誦未有窮凶以延期安忍而懷衆者也若必宜因土立州則彼立徐揚豈有其地往年貴主獻書云强者爲雄斯則棄德任力逆行倒施有一於此何以能振復加欲游獵具區觀化南國今治道方融遠人必至開館飾邸則有司存來歲元辰天人協慶鸞旗省方東巡稽嶺若欲邀恩宜赴茲會懷德貴丞無或後期又稱馳獵積年野無飛伏此邪解網舍前矜蜫育鷇七澤八藪禽獸豐碩虞侯蒐算義非所恡三代肆覲其典雖猷呼韓入漢厥儀猶全饋餼之秋毋存豐厚先是虜中謠言滅虜者吳也燾甚惡之二十三年北地瀘水人蓋吳年二十九於杏城天台舉兵反虜諸戎夷普並響應有衆十餘萬燾聞吳反惡其名累遣軍擊之輒敗吳上表歸順曰自靈祚南遷禍纏神土二京失統豹狼縱毒蒼元蹈犬噬之悲舊都哀荼蓼之痛臣以庸鄙杖義因機乘寇虜天亡之期藉二州思奮之憤故創迹天台爰暨咸雍義風一鼓率土響同威聲既張士卒効勇師不崇朝羣狡震裂殄逆鱗於函關掃凶迹於秦土非仰協宋靈俯允羣願焉能若斯者哉今平城遺虐連兵大壇東西狼顧威形莫接長安孤危河洛不戍平陽二孽世連土宇擁率部落控弦五萬東屯潼塞任質軍門私署安西將軍常山白廣平練甲高平進師汧隴北漠護軍結駟連騎提戈載驅胡蘭洛生等部曲數千擬擊僞鎭闔境顒顒仰望皇澤伏願陛下給一旅之衆北臨河陝賜臣威儀兼給戎械進可以厭捍凶寇覆其巢窟退可以宣國威武鎭御舊京使中都有鳴鸞之響荒餘懷來蘇之德謹遣使人趙綰馳表丹誠燾遣軍屢敗乃自率大衆攻之吳又上表曰臣聞天無二日地無二主昔中都失統九域分崩羣凶丘列於天邑飛鴞鴟目於四海先皇慈懷內發愍及戎荒翦僞羌於長安雪黎民之荼炭政教旣被民始寧蘇天未忘難禍亂仍起獫狁侏張侵暴中國使長安爲豺狼之墟鄴洛爲蜂蛇之藪縱毒生民虐流兆庶士女能言莫不歎憤傾首東望仰希拯接咸同旱苗之待天澤赤子之望慈親臣仰恩天時以義伐暴輒東西結連南北樹黨五州同盟迭相要契仰馮威靈千里雲集冀廓除榛莽以待王師義夫始臻莫不瓦解虜主二月四日傾資倒庫與臣連營接刃交鋒無日不戰獲賊過半伏屍蔽野伏願特遣偏師賜垂拯接若天威旣震足使姦虜潰亡遺民小大咸蒙生造太祖詔曰北地蓋吳起衆秦川華戎響附奮其義勇頻煩克捷屢遣表疏遠効忠款志梟逆虜以立勳績宜加爵號褒獎乃誠可以爲使持節都督關隴諸軍事安西將軍雝州刺史北地郡公使雍梁遣軍界上以相援接燾攻吳大小數十戰不能尅太祖遣使送雍秦二州所統郡及金紫以下諸將印合一百二十一紐與吳使隨宜假授屠各反叛吳自攻之爲流矢所中死吳弟吾生率餘衆入木面山皆尋破散其年太原民顏白鹿私行入荒爲虜所錄相州刺史欲殺之白鹿詐云青州刺史杜驥使其歸誠相州刺史送白鹿至桑乾燾喜曰我外家也使其司徒崔浩作書與驥使司徒祭酒王琦齎書隨白鹿南歸遣從弟高梁王以重軍延驥入太原界攻冀州刺史申恬於歷城恬擊破之杜驥遣其寧朔府司馬夏侯祖歡中兵參軍吉淵馳往赴援虜破略太原得四千餘口牛六千餘頭尋又寇兗青冀三州遂及清東殺畧甚衆太祖思弘經畧詔羣臣曰吾少覽篇籍頗愛文義遊玄翫采未能息卷自纓紼世務情兼家國徒存日昃終有慙德而區宇未一師饉代有永言斯瘼彌于其慮加疲疾稍增志隨時往屬思之功與事而廢殘虐遊魂齊民塗炭乃眷北顧無忘弘拯思總羣謀掃清逋逆感慨之來遂成短韻卿等體國情深亦當義篤其懷也詩曰季父鑒禍先辛生識機始崇替非無徵興廢要有以自昔淪中畿儻爲盈百祀不覩南雲陰但見胡風起亂極治必形塗泰由積否方欲滌遺氛矧乃穢邊鄙眷言悼斯民納隍良在己逝將振宏羅一麾同文軌時乎豈再來河清難久俟駘駟安局步騏驥志千里梁傅畜義心伊相抱深恥賞契將誰寄要之二三子無令齊晉朝取愧鄒魯士時壃埸民多相侵盜二十五年虜寧南將軍豫州刺史北井侯若庫辰樹蘭移書豫州曰僕以不德荷國榮寵受任邊州經理民物宜播政化膺揚萬里雖盡節奉命未能令上化下布而下情上達也比者以來邊民擾動互有反逆無復爲害自取誅夷死亡之餘雖蒐逃竄南入宋界聚合逆黨頻爲寇掠殺害良民略取資財大爲民患此之界局與彼通連兩民之居烟火相接來往不絕情僞繁興是以南奸北入北姦南叛以類推之日月彌甚奸宄之人數得侵盜之利雖加重法不可禁止僕常申令境局料其奸源而彼國牧守縱不禁御是以遂至滋蔓寇擾壃埸譬猶蚤虱疥癬雖爲小痾令人終歲不安當今上國和通南北好合唯邊境民庶要約不明自古列國封壃有畔各自禁斷無復相侵如是可以保之長久垂之永世故上表臺閣馳書明曉自今以後魏宋二境宜使人迹不過自非聘使行人無得南北邊境之民烟火相望鷄狗之聲相聞至老死不相往來不亦善乎又能此亡彼歸彼亡此致則自我國家所望於仁者之邦也右將軍豫州刺史南平王鑠答移曰知以邊氓擾動多有叛逆欲杜絕奸宄兩息民患又欲迭送奔亡禁其來往申告嘉貺實獲厥心但彼和好以來矢言每缺侵軼之弊屢違義舉任情背畔專肆暴略豈唯竊犯王黎乃害及行使頃誅討蠻髦事止畿服或有孤奔鼠竄逃首北境而輒便苞納待之若舊資其叛仗縱爲寇賊往歲擅興戎旅禍加孩耄罔顧善鄰之約不惟壃域之限來示所云彼竝行之雖豐辭盈觀卽事違實與嫌長亂實彼之由反以爲言將違躬厚之義壃埸之民有自來矣且相期有素本不介懷若於本欲消奸弭暴永存匪石宜先謹封守斥遣諸亡驚蹄逸鏃不妄入境則邊城之下外戶不閉王制嚴明豈當獨負來信若亡命奔越侵盜彼民斯固刑之所取無勞遠及自荷閫外思闡皇猷每申勅守宰務敦義讓往誠未布能不愧怍當重約示以副至懷二十七年燾自率步騎十萬寇汝南初燾欲爲邊寇聲云獵於梁川太祖慮其侵犯淮泗敕邊戍小寇至則堅守拒之大衆來則拔民戶歸壽陽諸戍偵候不明虜奄來入境宣威將軍陳南頓二郡太守鄭琨綏遠將軍汝南潁川二郡太守郭道隱竝棄城奔走虜掠抄淮西六郡殺戮甚多攻圍懸瓠城城內戰士不滿千人先是汝南新蔡二郡太守徐遵之去郡南平王鑠時鎭壽陽遣左軍行參軍陳憲行郡事憲嬰城固守燾盡銳以攻之憲自登郭城督戰起樓臨城飛矢雨集衝車攻破南城憲於內更築扞城立柵以補之虜肉薄攻城死者甚衆憲將士死傷亦過半燾唯恐壽陽有救兵不以彭城爲慮燾遣從弟永昌王庫仁眞步騎萬餘將所略六郡口北屯汝陽時世祖鎭彭城太祖遣隊主吳香鑪乘驛敕世祖遣千騎齎三日糧襲之世祖發百里內馬得千五百匹衆議舉別駕劉延

孫爲元帥延孫辭不肯行舉參軍劉泰之自代世祖以問司馬王玄謨長史張暢暢等竝贊成之乃分爲五軍以泰之爲元帥與安北騎兵行參軍垣謙之田曹行參軍臧肇之集曹行參軍尹定武陵國左常侍杜幼文五人各領其一謙之領泰之軍副殿中參軍程天祚督戰至蕪城更簡閱人馬得精騎千一百匹直向汝陽虜不意奇兵從北來大營在汝陽北去城三里許泰之等至虜都不覺馳入襲之殺三千餘人燒其輜重營內有數區氈屋屋中皆有帳器仗甚精食具皆是金銀帳內諸大主帥悉殺之諸亡口悉得東走大呼云官軍痛與手虜衆一時奔散因追之行已經日人馬疲倦引還汝南城內有虜一幢馬步可五百登城望知泰之無後繼又有別帥鉅鹿公餘嵩自虎牢至因引出擊泰之泰之軍未食且戰已疲勞結陣未及定垣謙之先退因是驚亂棄仗奔走行迷道趨溵水水深岸高人馬悉走水爭渡泰之獨不去曰喪敗如此何面復還下馬坐地爲虜所殺肇之溺水死天祚爲虜所執謙之定幼文及將士免者九百餘人馬至者四百匹世祖降安北之號爲鎭軍將軍玄謨延孫免官暢免所領沛郡謙之伏誅定幼文付尙方燾初聞汝陽敗又傳彭城有係軍大懼謂其衆曰但聞淮南遣軍乃復有奇兵出今年將墮人計中郎燒攻具欲走會泰之死問續至乃停壽陽遣劉康祖救懸瓠燾亦遣任城公拒康祖與戰破之斬任城燾攻城四十二日不拔死者甚多任城又死康祖救軍漸進乃委罪大將多所斬戮倍道奔走太祖嘉憲固守詔曰右軍行參軍行汝南新蔡二郡軍事陳憲盡力捍衞全城摧寇忠敢之效宜加顯擢可龍驤將軍汝南新蔡二郡太守又以布萬疋委憲分賜汝南城內文武吏民戰守勤勞者燾雖不剋懸瓠而虜掠甚多南師屢無功爲燾所輕侮與太祖書曰彼前使間諜竝略姦人竊聞朱修之申謨近復得胡崇之敗軍之將國有常刑乃皆用爲方州虞我之際以自慰慶得我普鍾蔡一豎子何所損益無異得我舉國之民厚加奉養奮我卑將衞拔非其身各便鑠驟苦役以辱之觀此所行足知彼之大趣辨校以來非一朝一夕也頃關中蓋吳返逆扇動隴右氐羌彼復使人就而誘勸之丈夫遺以弓矢婦人遺以環釧是曹正欲譎誑取賂豈有遠相順從爲大丈夫之法何不自來取之而以貨賂引誘我邊民募往者復除七年是賞姦人也我今來至此土所得多少孰與彼前後得我民戶邪彼今若欲保全社稷存劉氏血食者當割

江以北輸之攝守南度如此釋江南使彼居之不然可善敕方鎭刺史守宰嚴供張之具來秋當往取揚州大勢已至終不相縱頃者往索眞珠璫略不相與今所馘截髑髏可當幾許珠璫也彼往日北通芮芮西結赫連蒙遜吐谷渾東連馮弘高麗凡此數國我皆滅之以此而觀彼豈能獨立芮芮吳提以死其子菟害眞襲其凶迹以今年二月復死我今北征先除有足之寇彼若不從命來秋當復往取以彼無足故不先致討諸方已定不復相釋我往之日彼作何方計爲塹城自守爲築垣以自鄣也彼土小雨水便迫掖彼能水中射我也我顯然往取揚州否彼翳行竊步也彼來偵諜我已禽之放還其人目所盡見委曲善問之彼前使裴方明取仇池既得疾其勇功不能容有臣如此尙殺之烏得與我校邪彼非敵也彼常願欲共我一過交戰我亦不癡復不是苻堅何時與彼交戰晝則遣騎圍繞夜則離彼百里宿去彼人民好降我者驅來不好者盡刺殺之近有穀米我都噉盡彼軍復欲食噉何物能過十日邪彼吳人正有所營伎我亦知彼情離彼百里止宿雖彼軍三里安邏使首尾相次募人裁五十里天自明去此募人頭何得不輸我也彼謂我攻城日當掘塹圍守欲出來斫營我亦不近城圍彼止築隄引水灌城取之彼揚州城南北門有兩江水此二水引用自可如人意也知彼公時舊臣都已殺盡彼臣若在年幾雖老猶有智策今已殺盡豈不天資我也取彼亦須我兵刃此有能祝婆羅門使鬼縛彼送來也此後復求通和聞太祖有北伐意又與書曰彼此和好居民連接爲日已久而彼無厭誘我邊民其有往者復之七年去春南巡因省我民卽使驅還自天地啓闢已來爭天下者非唯我二人而已今聞彼自來設能至中山及桑乾川隨意而行來亦不迎去亦不送若厭其區宇者可來平城居我往揚州住且可博其土地傖人謂換易爲博彼年已五十未嘗出戶雖自力而來如三歲嬰兒復何知我鮮卑常馬背中領上生活更無餘物可以相與今送獵白鹿馬十二匹并氈藥等物彼來馬力不足可乘之道里來遠或不服水土藥自可療其年大舉北討下詔曰虜近雖摧挫獸心靡革驅逼遺氓復規竊暴比得河朔秦雍華戎表疏歸誠困棘跂望綏拯潛相糾結以候王師并陳芮芮此春因其來掠掩襲巢窟種落畜牧所亡太半連歲相持于今未解又猜虐互發親黨誅殘根本危敝自相殘殄芮芮間使適至所說竝符遠輸誠款誓爲犄角遐邇注情

既宜赴獎且水雨豐澍舟檝流通經略之會實在茲日可遣寧朔將軍王玄謨率太子步兵校尉沈慶之鎭軍咨議參軍申坦等戈船一萬前驅入河使持節督青冀幽三州徐州之東安東莞二郡諸軍事輔國將軍青冀二州刺史胥城侯蕭斌推三齊之鋒爲之統帥持節都督徐兗青冀幽五州豫州之梁郡諸軍事鎭軍將軍徐兗二州刺史武陵王駿總四州之衆水陸竝驅太子左衞率始興縣五等侯臧質勒東宮禁兵統驍騎將軍安復縣開國侯王方回建武將軍安蠻司馬新康縣開國男劉康祖右軍參軍事梁坦步騎十萬逕造許洛使持節督豫司雍秦并五州諸軍事右將軍豫州刺史領安蠻校尉南平王鑠悉荆河之師方軌繼進東西齊舉宜有董一使持節侍中都督揚南徐二州諸軍事太尉領司徒錄尙書太子太傅國子祭酒江夏王義恭德望兼崇風略遐被卽可三府文武并被以中儀精卒出次徐方爲衆軍節度別府司空府使所督諸鎭各遣虎旅數道爭先督梁南北秦三州諸軍事綏遠將軍西戎校尉梁南北秦三州刺史秀之統輔國將軍楊文德宣武將軍巴西梓潼二郡太守劉弘宗連旗深入震盪汧隴護軍將軍封陽縣開國侯蕭思話部龍驤將軍枝坦寧遠將軍竟陵太守南城縣開國侯劉德願籍荆雍之勁攬羣師之銳宜由武關稜威震滲指授之宜委司空義宣議量是歲軍旅大起王公妃主及朝士牧守各獻金帛等物以助國用下及富室小民亦有獻私財至數十萬者又以兵力不足尙書左僕射何尙之參議發南兗州三五民丁父祖伯叔兄弟仕州居職從事及仕北徐兗爲皇弟皇子從事庶姓主簿諸皇弟皇子府參軍督護國三令以上相府舍者不在發例其餘悉倩暫行征符到十日裝束緣江五郡集廣陵緣淮三郡集盱眙又募天下弩手不問所從若有馬步衆藝武力之士應科者皆加厚賞有司又奏軍用不充揚南徐兗江四州富有之民家資滿五千萬僧尼滿二千萬者竝四分換一過此率討事息卽還歷城建武府司馬申元吉率馬步闕餘人向碻磝取泗瀆口虜碻磝戍主濟州刺史王買德憑城拒戰元吉破之買德棄城走獲奴婢一百四十口馬二百餘匹驢騾二百牛羊各千餘頭氈七百領麤細車三百五十乘地倉四十二所粟五十餘萬斛城內居民私儲又二十萬斛虜田五穀三百頃鐵三萬斤大小鐵器九千餘口餘器仗雜物稱此玄謨攻滑臺不剋燾自率大衆渡河玄謨敗走燾從弟永昌王庫仁眞發關

西兵趨汝潁從弟高梁王阿斗埿自青州道燾自碻磝竝南出諸鎭悉斂民保城其十一月至鄒山鄒山戍主宣威將軍魯陽平二郡太守崔耶利敗沒燾登鄒山見秦始皇刻石使人排倒之遣楚王樹洛眞南康侯杜道儁進軍清西至蕭城步尼公進軍清東至留城世祖遣參軍馬文恭至蕭城江夏王義恭遣軍主嵇玄敬至留城竝爲覘候蕭城虜偃旗旌文恭斥候不明卒與相遇乃捨汴趣南山東至山而虜圍合文恭戰敗僅以身免玄敬亦與留城虜相値幢主華欽繼其後虜望玄敬後有軍引去趨苞橋至欲渡清河沛縣民燒苞橋夜於林中擊鼓虜謂官軍大至爭渡苞水水深溺死殆半先是燾遣員外散騎侍郎王老壽乘驛就太祖乞黃甘太祖餉甘十簿甘蔗千挺并就求馬曰自頃歲成民阜朝野無虞春末當東巡吳會以盡游豫臨滄海探禹穴陟姑蘇之臺搜長洲之苑舟檝雖盛寡於良駟想能惠以逸足令及此行老壽受命未出境虜兵深入乃錄還虜又破尉武戍執戍主左軍長兼行參軍王羅漢先是南平王鑠以三百人配羅漢出戍而尉武東北有小壘因據之或曰賊盛不足自固南依卑林寇至易以免羅漢以受命來此不可輒去是日虜攻之矢盡力屈遂沒虜法獲生將付其三郎大帥連鎖鎖頸後羅漢夜斷三郎頭抱鎖亡走得入盱眙城永昌王破劉康祖於尉武引衆向壽陽自青岡屯孫叔敖冢脅壽陽城又焚掠馬頭鍾離南平王鑠保城固守燾自彭城南出十二月於盱眙渡淮破胡崇之等軍留尙書韓元興數千人守盱眙自率大衆南向中書郎魯秀出廣陵高梁王阿斗埿出山陽永昌王於壽陽出橫江凡所經過莫不殘害燾至瓜步壞民屋宇及伐蒹葦於滁口造箪筏聲欲渡江太祖大具水軍爲防禦之備初領軍將軍劉遵考率軍向彭城至小澗虜已斷道召還與左軍將軍尹弘守橫江少府劉興祖守白下建威將軍黃門侍郎蕭元邕守裨洲羽林左監孟宗嗣守新洲上建武將軍泰容守新洲下征北中兵參軍事向柳守貴洲司馬到元度守蒜山諮議參軍沈曇慶守北固尙書褚湛之先行京陵仍守西津徐州從事史蕭尙之守練壁征北參軍管法祖守譙山徐州從事武仲河守博落尙書左丞劉伯龍守採石尋還建武將軍淮南太守仍總守事遊邏上接于湖下至蔡洲陳艦列營周亘江畔自採石至于暨陽六七百里船艦蓋江旗甲星燭皇太子出戍石頭城前將軍徐湛之守石頭倉城都水使者樂詢尙書水部郎劉淵之

並以裝治失旨付建康乘輿數幸石頭及莫府山觀望形勢購能斬佛狸伐頭者封八千戶開國縣公賞布絹各萬匹金銀各百斤斬其子及弟僞相大軍主封四百戶開國縣侯布絹各五千疋自此以下各有差又募人賫治葛酒置空村中欲以毒虜竟不能傷燾鑿瓜步山爲盤道於其頂設氈屋燾不飲河南水以駱駝負河北水自隨一駱駝負三十斗遣使餉太祖駱駝名馬求和請婚上遣奉朝請田奇餉以珍羞異味燾得黃甘即噉之并大進酃酒左右有耳語者疑食中有毒燾不答以手指天而以孫兒示奇曰至此非唯欲爲功名實是貪結姻援若能酬酢自今不復相犯秋豪又求嫁女與世祖二十八年正月朔燾會于山上并及土人會竟掠民戶燒邑屋而去虜初緣江舉烽火尹弘曰六夷如此必走正月二日果退初太祖聞虜寇逆焚燒廣陵城府船乘使廣陵南沛二郡太守劉懷之率人民一時渡江虜以海陵多陂澤不敢往山陽太守蕭僧珍亦斂居民及流奔百姓悉入城臺送糧仗給盱眙賊逼分留山陽又有數萬人攻具當往滑臺亦留付郡城內垂萬家戰士五千餘人有白米陂去郡數里僧珍逆下諸處水注令滿須賊至決以灌之虜旣至不敢停引去自廣陵還因攻盱眙盡銳攻城三十日不能剋乃燒攻具退走燾凡破南兗徐兗豫靑冀六州殺略不可稱計而其士馬死傷過半國人並尤之是歲燾病死謚爲太武皇帝初燾有六子長子晃字天眞爲太子次曰晉王燾所住屠蘇爲疾雷擊屠蘇倒見厭殆死左右皆號泣晉王不悲燾怒賜死次曰秦王烏奕肝與晃對掌國事晃疾之愬其貪暴燾鞭之二百遣鎭枹罕次曰燕王次曰吳王名可博眞次曰楚王名樹洛眞燾至汝南瓜步晃私遣取諸營鹵獲甚衆燾歸聞知大加搜檢晃懼謀殺燾燾乃詐死使其近習召晃迎喪於道執之及國界以鐵籠寄殺之以烏奕肝有武用以爲太子會燾死使嬖人宗愛立博眞爲後宗愛博眞恐爲奕肝所危矯殺之而自立號年承平博眞懦弱不爲國人所附晃子濬字烏雷直懃素爲燾所愛燕王謂國人曰博眞非正不宜立直懃嫡孫應立耳乃殺博眞及宗愛而立濬爲主號年爲正平先是虜寧南將軍魯爽兄弟率衆歸順二十九年太祖更遣張永王玄謨及爽等北伐靑州刺史劉興祖建議伐河北曰河南阻饑野無所掠脫意外固守非旬月可拔稽留大衆轉輸方勞伐罪弔民事存急速今僞帥始死兼逼暑時國內猜擾不暇遠赴關內之衆裁足自守愚謂宜長驅中山據其關要冀州已北民人尙豐兼麥已向熟資因爲易向義之徒必應響赴若中州震動黃河以南自當消潰臣城守之外可有二千人今更發三千兵假別駕崔勳之振威將軍領所發隊并二州望族從蓋柳津直衝中山申坦率歷城之衆可有二千騎俱進較略二軍可七千許人旣入其心腹調租發車以充軍用若前驅乘勝張永及河南衆軍便宜一時濟河使聲實兼舉愚計謬允宜並建司牧撫柔初附定州刺史取大嶺冀州刺史向井陘并州刺史屯雁門幽州刺史塞軍都相州刺史備大行因事指麾隨宜加授畏威欣寵人百其懷濟河之日請大統版假常忿將率憚於深遠勳之等慊慨之誠誓必死効若能成功淸一可待若不克捷不爲大傷並催促裝束伏聽敕旨上意止存河南不納玄謨攻碻磝不克退還世祖卽位索虜求互市江夏王義恭竟陵王誕建平王宏何尙之何偃以爲宜許柳元景王玄謨顏竣謝莊檀和之褚湛之以爲不宜許時遂通之大明二年虜寇靑州爲刺史顏師伯所破退走前廢帝永光元年濬死謚文成皇帝子弘之字弟豆徜代立景和中北討徐州刺史義陽王昶昶單騎奔虜太宗泰始初江州刺史晉安王子勛爲逆四方反徐州刺史薛安都靑州刺史沈文秀冀州刺史歷城鎭主崔道固等亦各舉兵虜謀欲納昶下書曰易稱利用行師書云恭行天罰必觀時而後施因機而後舉故夏伐有扈四海以平晉定吳會萬方以壹今宗室衰微凶難洊起國有殺君之逆邦罹崩離之難起自蕭墻疊流合境僞使持節散騎常侍都督徐南北兗靑冀幽七州豫州之梁郡諸軍事征北將軍儀同三司徐州刺史義陽王昶踵微子之蹤蹈項伯之迹知機體運歸款闕庭朕錫以顯爵班同親舊昶弟湘東王進不能扶危定傾退不能降身高謝阻兵安忍篡位自立旣無閭閻靜亂之功而有無知悖禮之變息棄三正慢易天常覆敗之徵旣兆危亡之應已著僞江州刺史晉安王復稱大號自立一隅荆郢二州刺史安陸臨海王劉子綏子頊大擅威令不相祇伏徐州刺史彭城鎭主薛安都靑州刺史沈文秀冀州刺史歷城鎭主崔道固等皆彼之要藩懼及禍難擁衆獨據各無定主仰觀天象俯察人謀六軍爕伐之期率土同軌之日朕承休烈屬當泰運思播靈武廓寧九服豈可得臨萬乘之機遘時來之遇而不討其篡逆振其艱患哉今可分命諸軍以行九伐使持節征東大將軍安定王直懃伐伏玄侍中尙書左僕射安西大將軍平北公直懃美晨散騎常侍殿中尙書平北將軍山陽公呂羅漢領隴右之衆五萬沿漢而東直指襄陽使持節征南大將軍勃海王直懃天賜侍中尙書令安東大將軍始平王直懃渴言侯散騎常侍殿中尙書令安西將軍西陽王直懃蓋戶千領幽冀之衆七萬濱海而南直指東陽使持節征南將軍京兆王直懃子侍中司徒安南大將軍新建王獨孤侯尼須散騎常侍西平公韓道人領江雍之衆八萬出洛陽直至壽陽使持節征南大將軍宜陽王直懃新成侍中太尉征東大將軍直懃駕頭拔羽直征東將軍北平公拔敦及義陽王劉昶領定相之衆十萬出濟兗直造彭城與諸軍尅期同到會于秣陵納昶反國定其社稷使荆陽沾德義之風江漢被來蘇之惠邊壃將吏不得因宋衰亂有所侵損以傷我國家存救之義主者明宣所部咸使聞知稱朕意焉旣而晉安王子勛事平太宗遣張永沈攸之北討薛安都大懼遣使引虜虜遣萬騎救之永攸之敗退虜攻靑冀二州並尅執沈文秀崔道固又下書朕承天序臨御兆民思闡皇風以隆治道而荆吳僭傲跨時一方天降其殃以罰有罪篡戮發於蕭墻毒害嬰於羣庶徐州刺史薛安都司州刺史常珍奇深體逆順歸誠獻欵遭難已久饑饉荐臻或以糊口之功私力竊盜或不識王命藏竄山藪或爲四徙先被執繫元元之命甚可哀愍其曲赦淮北三州之民自天安二年正月三十日壬寅昧爽以前諸犯死罪以下繫囚見徒一切原遣唯子殺父母孫殺祖父母弟殺兄妻殺夫奴殺主不從赦例若亡命山澤百日不首復其初罪今陽春之初東作方興三州之民各安其業以就農桑有饑窮不自存通其市糴之路鎭統之主懃加慰納遵用輕典以莅新化若綏導失中令民逃亡加罪無縱其普宜下咸使聞知朕意焉此後虜復和親信餉歲至朝庭亦厚相報答泰豫元年虜狹石鎭主白虎公安陽鎭主莫索公貞陽鎭主鷙落生襄陽王桓天生等引山蠻馬步二萬餘人攻圍義陽縣義陽戍司州刺史王贍遣從弟司空行參軍思遠撫軍行參軍王叔瑜擊大破之虜退走自索虜破慕容蠻馬二萬餘人攻圍義陽據有中國而芮芮虜有其故地蓋漢世匈奴之北庭也芮芮一號大檀又號檀檀亦匈奴別種自西路通京師三萬餘里僭稱大號部衆殷强歲時遣使詣京師與中國亢禮西域諸國焉耆鄯善龜茲姑墨東道諸國並役屬之無城郭逐水草畜牧以氈帳爲居隨所遷徙其土地深山則當夏積雪平地則極望數千里野無青草地氣寒涼馬牛齕枯噉雪自然肥健國政疎簡不識文書刻木以記事其後漸知書契至今頗有學者去北海千餘里與丁零相接常南擊索虜世爲仇讎故朝庭每羈縻之其東有槃槃國趙昌國渡流沙萬里又有粟特國太祖世並奉表貢獻粟特大明中遣使獻生獅子火浣布汗血馬道中遇寇失之

史臣曰久矣匈奴之與中國並也自漢氏以前綿跨年世紛梗外區驚震中寓周無上筭漢收下策魏代分離種落遷散數十年間外郡無風塵之警邊城早開晚閉胡馬不敢南臨至于晉始姧黠漸著密邇畿封窺候壃埸俘民畧畜者無歲月而關焉元康以後風雅雕喪五胡遞襲薦覆諸華及涉珪以鐵馬長驅席卷趙魏負其衆力遂與上國爭衡矣高祖宏圖盛畧欲以苞括宇宙爲念逮于鑾旗淸洛飲馬長涇北狄懾銳挫鋒閉重嶮而自固于時戎車外動王命相屬裳冕委蛇輶軒繼路耆老懷思古之情行人或爲之殞涕自是關河響動表裏寧壹宮車甫晏戎心外駭覆我牢滑翦我伊瀍是以太祖忿之開定司兗而兵無勝畧棄師隕衆委甲橫原捐州亘水荆吳銳卒逸氣未攄偏城孤將銜冤就虜遂躧境延寇僅保淸東自是兵摧勢弱邊隙稍廣壯騎陵突鳴鏑日至芻牧年傷禾麥歲犯小則囚虜吏民大則俘執長守羽書繼塗奔命相屬靑徐兗冀之間蕭然矣而自木末以來並有賢才狡筭妙識兵權深通戰術屬鞬凌厲氣冠百夫故能威服華甸志雄羣虜至於狸伐纂僞彌煽凶威英圖武畧事駕前古雖冒頓之鷙勇檀石之驍强不能及也遂西吞河右東舉龍碣總括戎荒地兼萬里雖裂土分區不及魏晉而華氓戎落衆力兼倍至乃連騎百萬南向而斥神華胡旆映江穹帳遵渚京邑荷檐士女喧惶天子內鎭羣心外御羣寇役竭民徭費殫府實舉天下以攘之而力猶未足也旣而虜縱歸師殲累邦邑剪我淮州俘我江縣喋喋黔首蹈高天踳厚地而無所控告强者爲轉屍弱者爲繫虜自江淮至于淸濟戶口數十萬自免湖澤者百不一焉村井空荒無復鳴鷄吠犬時歲唯暮春桑麥始茂故老遺氓還號舊落桓山之響未足稱哀六州蕩然無復餘蔓殘搆至於乳鷰赴時銜泥靡託一枝之間連窠十數春雨裁至增巢已傾雖事舛吳宮而殲亡匪異甚矣哉覆敗之至於此也太祖懲禍未深復與外畧頓兵堅城棄甲河上是我有再敗敵有三勝也自此以後通互市納和親

而侵疆軼戍于歲連屬逮泰始搆紛邊將外叛致夷引寇亡我四州高祖劬勞日昃思一區宇斾旗卷舒僅而後克後主守文刑德不樹一舉而弃司兗再舉而喪徐方華服蕭條鞠爲茂草豈直天時抑由人事夫地勢有便習用兵有短長胡負駿足而平原悉車騎之地南習水鬬江湖固舟檝之鄉代馬胡駒出自冀北梗柟豫章植乎中土蓋天地所以分區域也若謂氊裘之民可以決勝於荆越必不可矣而曰樓船之夫可以爭鋒於燕冀豈或可乎虞詡所謂走不逐飛蓋以我徒而彼騎也因此而推勝負殆可以一言蔽之

宋書卷九十五考證

索虜傳遣鄭兵將軍揚州刺史山陽公達奚斤○鄭兵魏書作晉兵

移鎭長廣之不期城下以固守以功進號前將軍封建陵縣男○下一本作夔謂竺夔也 臣承耆按不期當作不其下以固守以功六字當去一以字作夔以固守功五字

劉粹攄項城沈狸屯高橋○沈字下當有叔字

河南中國多湮沒非所○南本多字下有故字

宜由武關稜威震滲○滲字不見字書疑作殄謂震懾而殄滅之也

宋書卷九十六

梁 沈約 撰

列傳第五十六

鮮卑吐谷渾

阿柴虜吐谷渾遼東鮮卑也父弈洛韓有二子長曰吐谷渾少曰若洛廆若洛廆別爲慕容氏渾庶長廆正嫡父在時分七百戶與渾渾與廆二部俱牧馬馬鬬相傷廆怒遣信謂渾曰先公處分與兄異部牧馬何不相遠而致鬬爭相傷渾曰馬是畜生食草飲水春氣發動所以致鬬鬬在於馬而怒及人邪乖別甚易今當去汝萬里於是擁馬西行日移一頓頓八十里經數頓廆悔悟深自咎責遣舊父老及長史乙那樓追渾令還渾曰我乃祖以來樹德遼右又卜筮之言先公有二子福胙並流子孫我是卑庶理無並大今以馬致別殆天所啓諸君試擁馬令東馬若還東我當相隨去樓喜拜曰處可寒虜言處可寒宋言爾官家也卽使所從二千騎共遮馬令回不盈三百步欻然悲鳴突走聲若頹山如是者十餘輩一向一遠樓力屈又跪曰可寒此非復人事渾謂其部落曰我兄弟子孫並應昌盛廆當傳子及曾孫玄孫其間可百餘年我乃玄孫間始當顯耳於是遂西附陰山遭晉亂遂得上隴後廆追思渾作阿干之歌鮮卑呼兄爲阿干廆子孫竊號以此歌爲輦後大曲渾既上隴出罕开西零西零今之西平郡罕开今枹罕縣自枹罕以東千餘里暨甘松西至河南南界昻城龍涸自洮水西南極白蘭數千里中逐水草廬帳居以肉酪爲糧西北諸雜種謂之爲阿柴虜渾年七十二死有子六十人長吐延嗣吐延身長七尺八寸勇力過人性刻暴爲昻城羌酋姜聰所刺劒猶在體呼子葉延語其大將絶拔渥曰吾氣絶棺斂訖便遠去保白蘭白蘭地既嶮遠又土俗懦弱易爲控御葉延小意乃欲授與餘人恐倉卒終不能相制今以葉延付汝汝竭股肱之力以輔之孺子得立吾無恨矣抽劒而死嗣位十三年年三十五有子十二人葉延少而勇果年十歲縛草爲人號曰姜聰每旦輒射之射中則喜不中則號叫泣涕其母曰讎賊諸將已屠膾之汝年小何煩朝朝自苦如此葉延鳴咽不自勝答母曰誠知無益然葉延罔極之心不勝其痛耳性至孝母病三日不能食葉延亦不食頗視書傳自謂曾祖弈洛韓始封昌黎公曰吾爲公孫之子案禮公孫之子得氏王父字命姓爲吐谷渾氏嗣立二十三年年四十三有子四人長子碎奚立碎奚性純謹三弟專權碎奚不能制諸大將共誅之碎奚憂哀不復攝事遂立子視連爲世子委之事號曰莫賀郎莫賀宋言父也碎奚遂以憂死在位二十五年年四十二有子六人子視連以父憂卒不遊娛不酣宴在位十五年年四十一有子二人長曰視羆次烏紇提視羆嗣立十一年年四十二子樹洛干等並小弟烏紇提立紇提立八年年三十五視羆子樹洛干立自稱車騎將軍義熙初也樹洛干死弟阿犲自稱驃騎將軍譙縱亂蜀阿犲遣其從子西彊公吐谷渾敕來泥拓土至龍涸平康少帝景平中阿犲遣使上表獻方物詔曰吐谷渾阿犲介在遐表慕義可嘉宜有寵任今酬其來欵可督塞表諸軍事安西將軍沙州刺史澆河公未及拜受太祖元嘉三年又詔加除命未至而阿犲死弟慕璝立六年表曰大宋應運四海宅心臣亡兄阿犲慕義天朝欵情素著去年七月五日謁者董湛至宣傳明詔顯授榮爵而臣私門不幸亡兄見背臣以懦弱負荷後任然天恩所報本在臣門若更反覆懼停信命輒拜受寵任奉遵上旨伏願詳處更授章策七年詔曰吐谷渾慕璝兄弟慕義至誠可嘉宜授策爵以甄忠款可督塞表諸軍事征西將軍沙州刺史隴西公先是晉末金城東允街縣胡人乞伏乾歸擁部衆據洮河罕开自號隴西公乾歸死子熾磐立遣使詣晉朝歸順以爲使持節都督河西諸軍事平西將軍公如故高祖卽位進號安西大將軍熾磐死子茂蔓立慕璝前後屢遣軍擊茂蔓率部落東奔隴右慕璝據有其地是歲赫連定於長安爲索虜拓跋燾所攻擁秦戶口十餘萬西次罕开欲向涼州慕璝距擊大破之生擒定燾遣使求慕璝以定與之九年慕璝遣司馬趙敘奉貢獻并言二萬人捷太祖加其使持節散騎常侍都督西秦河沙三州諸軍事征西大將軍西秦河二州刺史領護羌校尉進爵隴西王弟慕延爲平東將軍慕璝兄樹洛干子拾寅爲平北將軍阿豺子煒代鎭軍將軍詔慕璝南國將士昔沒在佛佛者竝悉致慕璝遣送朱昕之等五十五戶一百五十四人慕璝死弟慕延立遣使奉表十五年除慕延使持節散騎常侍都督西秦河沙三州諸軍事征西大將軍領護羌校尉西秦河二州刺史隴西王十六年改封河南王其年以拾虔弟拾寅爲平西將軍慕延庶長子繁暱爲撫軍將軍慕延嫡子瑍爲左將軍河南王世子十九年追贈阿豺本號安西秦沙三州諸軍事沙州刺史領護羌校尉隴西王索虜拓跋燾遣軍擊慕延大破之慕延率部落西奔白蘭攻破于闐國慮虜復至二十七年遣使上表云若不自固者欲率部曲入龍涸越巂門并求牽車獻烏丸帽女國金酒器胡王金釧等物太祖賜以牽車若虜至不自立聽入越巂虜竟不至也慕延死拾寅自立二十九年以拾寅爲使持節督西秦河沙三州諸軍事安西將軍領護羌校尉西秦河二州刺史河南王拾寅東破索虜加開府儀同三司世祖大明五年拾寅遣使獻善舞馬四角羊皇太子王公以下上舞馬歌者二十七首太宗泰始三年進號征西大將軍五年拾寅奉表獻方物以弟拾皮爲平西將軍金城公前廢帝又進號車騎大將軍其國西有黃沙南北一百二十里東西七十里不生草木沙州因此爲號屈眞川有鹽池甘谷嶺北有雀鼠同穴或在山嶺或在平地雀色白鼠色黃地生黃紫花草便有雀鼠穴白蘭土出黃金銅鐵其國雖隨水草大抵治慕賀州

史臣曰吐谷渾逐草依泉擅彊塞表毛衣肉食取資佃畜而錦組繒紈見珍殊俗徒以商譯往來故禮同北面自昔哲王雖存柔遠要荒回隔禮文弗被大不過子義著春秋晉宋乖典不修古則遂爵班上等秩擬台光辯髮稱賀非尚簪冕言語不通寧敷衮職雖復苞篚歲臻事惟賈道金罽氊毦非用斯急送迎煩擾獲不如亡若令肅愼年朝越裳歲饗固不容以異見書取高前策聖人謂之荒服此言蓋有以也

宋書卷九十六考證

鮮卑吐谷渾傳廆當傳子及曾孫元孫○一本無傳字

鮮卑呼兄爲阿干○干監本訛于今改正

在位十五年年四十一○一一本作二

宋書卷九十七

梁 沈約 撰

列傳第五十七

夷蠻

南夷西南夷大抵在交州之南及西南居大海中洲上相去或三五千里遠者二三萬里乘船舉帆道里不可詳知外國諸夷雖言里數非定實也

南夷林邑國高祖永初二年林邑王范陽邁遣使貢獻卽加除授太祖元嘉初侵暴日南九德諸郡交州刺史杜弘文建牙聚衆欲討之聞有代乃止七年陽邁遣使自陳與交州不睦求蒙恕宥八年又遣樓船百餘寇九德入四會浦口交州刺史阮彌之遣隊主相道生三千人赴討攻區粟城不剋引還林邑欲伐交州借兵於扶南王扶南不從十年陽邁遣使上表獻方物求領交州詔答以道遠不許十二十五十六十八年頻遣貢獻而寇盜不已所貢亦陋薄太祖忿其違傲二十三年使龍驤將軍交州刺史檀和之伐之遣太尉府振武將軍宗慤受和之節度和之遣府司馬蕭景憲爲前鋒慤仍領景憲軍副陽邁聞將見討遣使上表求還所略日南民戶奉獻國珍太祖詔和之陽邁果有款誠許其歸順其

年二月軍至朱梧戍遣府戶曹參軍日南太守姜仲基前部賊曹參軍蟜弘民隨傳詔畢願高精奴等宣揚恩旨陽邁執仲基精奴等二十八人遣弘民反命外言歸款猜防愈嚴景憲等乃進軍向區粟城陽邁遣大帥范扶龍大戍區粟又遣水步軍徑至景憲破其外救盡銳攻城五月尅之斬扶龍大首獲金銀雜物不可勝計乘勝追討卽尅林邑陽邁父子並挺身奔逃所獲珍異皆是未名之寶上嘉將帥之功詔曰林邑介恃遐險久稽王誅龍驤將軍交州刺史檀和之忠果到列思略經濟稟命致討萬里推鋒法命肅齊文武畢力潔己奉公以身率下故能立勳海外震服殊俗宜加褒飾參管近侍可黃門侍郎領越騎校尉行建武將軍龍驤司馬蕭景憲協贊軍首勤捷顯著總勒前驅尅殄巢穴必能威服荒夷撫懷民庶可持節督交州廣州之鬱林寧浦二郡諸軍事建威將軍交州刺史龍驤司馬童林之九真太守傅蔚祖戰死並贈給事中世祖孝建二年林邑又遣長史范龍跋奉使貢獻除龍跋揚武將軍大明二年林邑王范神成又遣長史范流奉表獻金銀器及香布諸物太宗泰豫元年又遣使獻方物初檀和之被徵至豫章值豫章民胡誕世等反因討平之并論林邑功封雲杜縣子食邑四百戶和之高平金鄉人檀憑子也太祖元嘉二十七年自太子左衞率爲世祖鎮軍司馬輔國將軍彭城太守元凶弒立以爲西中郎將雍州刺史世祖入討加輔國將軍統豫州戍事因出南奔世祖卽位以爲右衞將軍孝建二年除輔國將軍豫州刺史不行復爲右衞加散騎常侍三年出爲南兗州刺史坐酣飲黷貨迎獄中女子入內免官禁錮其年卒追贈左將軍謚曰襄子廣州諸山並俚獠種類繁熾前後屢爲侵暴歷世患苦之世祖大明中合浦大帥陳檀歸順拜龍驤將軍四年檀表乞官軍征討未附乃以檀爲高興太守將軍如故遣前朱提太守費沈龍驤將軍武期率衆南伐并通朱崖道並無功輒殺檀而反沈下獄死

扶南國太祖元嘉十一十二十五年國王持黎跋摩遣使奉獻

西南夷訶羅陁國元嘉七年遣使奉表曰伏承聖主信重三寶興立塔寺周滿國界城郭莊嚴清淨無穢四衢交通廣博平坦臺殿羅列狀若衆山莊嚴微妙猶如天宮聖王出時四兵具足導從無數以爲守衞都人士女麗服光飾市廛豐富珍賄無量王法清整無相侵奪學徒遊集三乘競進敷演正法雲布雨潤四海流通萬國交會長江眇漫清淨深廣有生咸資莫能銷穢陰陽調和災厲不行誰有斯美大宋揚都聖王無倫臨覆上國有大慈悲子育萬物平等忍辱怨親無二濟乏周窮無所藏積靡不照達如日之明無不受樂猶如淨月宰輔賢良羣臣貞潔盡忠奉主心無異想伏惟皇帝是我眞主臣是訶羅陁國王名曰堅鎧今敬稽首聖王足下惟願大王知我此心久矣非適今也山海阻遠無緣自達今故遣使表此丹誠所遣二人一名毗紉一名婆田令到天子足下堅鎧微蔑誰能知者是故今遣二人表此微心此情既果雖死猶生仰惟大國藩守曠遠我卽邊方藩守之一上國臣民普蒙慈澤願垂恩逮等彼僕臣臣國先時人衆殷盛不爲諸國所見陵迫今轉衰弱鄰國競侵伏願聖王遠垂覆護并市易往反不爲禁閉若見哀念願時遣還令此諸國不見輕侮亦令大王名聲普聞扶危救弱正是今日今遣二人是臣同心有所宣啓誠實可信願勅廣州時遣船還不令所在有所陵奪願自今以後賜年年奉使今奉微物願垂哀納

呵羅單國治闍婆洲元嘉七年遣使獻金剛指鐶赤鸚鵡鳥天竺國白疊古貝葉波國古貝等物十年呵羅單國王毗沙跋摩奉表曰常勝天子陛下諸佛世尊常樂安隱三達六通爲世間道是名如來應供正覺遺形舍利造諸塔像莊嚴國土如須彌山村邑聚落次第羅匝城郭館宇如忉利天宮宮殿高廣樓閣莊嚴四兵具足能伏怨敵國土豐樂無諸患難奉承先王正法治化人民良善慶無不利處雪山陰雪水流注百川洋溢八味清淨周匝屈曲順趣大海一切衆生咸得受用於諸國土殊勝第一是名震旦大宋揚都承嗣常勝大王之業德合天心仁廕四海聖智周備化無不順雖人是天護世降生功德寶藏大悲救世爲我尊主常勝天子是故至誠五體敬禮呵羅單國王毗沙跋摩稽首問訊其後爲子所篡奪十三年又上表曰大吉天子足下離淫怒癡哀愍羣生想好具足天龍神等恭敬供養世尊威德身光明照如水中月如日初闕間白毫普照十方其白如雪亦如月光清淨如華顏色照耀威儀殊勝諸天龍神之所恭敬以正法寶梵行衆僧莊嚴國土人民熾盛安隱快樂城閣高峻如乾陁山衆多勇士守護此城樓閣莊嚴道巷平正著種種衣猶如天服於一切國爲最殊勝吉揚州城無憂天主愍念羣生安樂民人律儀清淨慈心深廣正法治化共養三寶名稱遠至一切並聞民人樂見如月初生譬如梵王世界之主一切人天恭敬作禮呵羅單跋摩以頂禮足猶如現前以體布地如殿陛道供養恭敬如奉世尊以頂著地曲躬問訊忝承先業嘉慶無量忽爲惡子所見爭奪遂失本國今唯一心歸誠天子以自存命今遣毗紉問訊大家意欲自往歸誠宣訴復畏大海風波不達今命得存亦由毗紉此人忠志其恩難報此是大家國今爲惡子所奪而見驅擯意頗忿惋規欲雪復伏願大家聽毗紉買諸鎧仗袍襖及馬願爲料理毗紉使得時還前遣闍邪仙婆羅訶蒙大家厚賜悉惡子奪去啓大家使知今奉薄獻願垂納受此後又遣使二十六年太祖詔曰訶羅單媻皇媻達三國頻越遐海款化納貢遠誠宜甄可竝加除授乃遣使策命之曰惟汝慕義款化效誠荒遐恩之所洽殊遠必甄用敷典章顯茲策授爾其欽奉凝命永固厥職可不愼歟二十九年又遣長史媻和沙彌獻方物

媻皇國元嘉二十六年國王舍利媻羅跋摩遣使獻方物四十一種太祖策命之爲媻皇國王曰惟爾仰政邊城率貢來庭皇澤凱被無幽不治宜班典策授茲嘉命爾其祗順禮度式保厥終可不愼歟二十八年復貢獻世祖孝建三年又遣長史竺那媻智奉表獻方物以那媻智爲振威將軍大明三年獻赤白鸚鵡大明八年太宗泰始二年又遣使貢獻太宗以其長史竺須羅達前長史振威將軍竺那媻智竝爲龍驤將軍

媻達國元嘉二十六年國王舍利不陵伽跋摩遣使獻方物太祖策命之爲媻達國王曰惟爾仰化懷誠馳慕聲教皇風遐曁荒服來款是用加茲顯策式甄義順爾其祗順憲典永終休福可不愼歟二十六年二十八年復遣使獻方物

闍婆婆達國元嘉十二年國王師黎婆達陁阿羅跋摩遣使奉表曰宋國大主大吉天子足下敬禮一切種智安隱天人師降伏四魔成等正覺轉尊法輪度脫衆生教化已周入于涅槃舍利流布起無量塔衆寶莊嚴如須彌山經法流布如日照明無量淨僧猶如列宿國界廣大民人衆多宮殿城郭如忉利天宮名大宋揚州大國大吉天子安處其中紹繼先聖王有四海閻浮提內莫不來服悉以慈水普飲一切我雖在遠亦霑靈潤是以雖隔巨海常遙臣屬願照至誠垂哀納受若蒙聽許當年遣信若有所須惟命是獻伏願信受不生異想今遣使主佛大陁婆副使葛抵奉宣微誠稽首敬禮大吉天子足下陁婆所啓願見信受諸有所請唯願賜聽今奉微物以表微心

師子國元嘉五年國王刹利摩訶南奉表曰謹白大宋明主雖山海殊隔而音信時通伏承皇帝道德高遠覆載同於天地明照齊乎日月四海之外無往不伏方國諸王莫不遣信奉獻以表歸德之誠或泛海三年陸行千日畏威懷德無遠不至我先王以來唯以脩德爲正不嚴而治奉事三寶道濟天下欣人爲善慶若在己欲與天子共弘正法以度難化故託四道人遣二白衣送牙臺像以爲信誓信還願垂音告至十二年又復遣使奉獻

天竺迦毗黎國元嘉五年國王月愛遣使奉表曰伏聞彼國據江傍海山川周固衆妙悉備莊嚴清淨猶如化城宮殿莊嚴街巷平坦人民充滿歡娛安樂聖王出遊四海隨從聖明仁愛不害衆生萬邦歸仰國富如海國中衆生奉順正法大王仁聖化之以道慈施羣生無所遺惜帝修淨戒軌道不及無上法船濟諸沈溺羣寮百官受樂無怨諸天擁護萬神侍衞天魔降伏莫不歸化王身莊嚴如日初出仁澤普潤猶如大雲聖賢承業如日月天於彼眞丹最爲殊勝臣之所住名迦毗河東際于海其城四邊悉紫紺石首羅天護令國安隱國王相承未嘗斷絕國中人民率皆修善諸國來集共遵道法諸寺舍中皆七寶形像衆妙供具如先王法臣自修檢不犯道禁臣名月愛棄世王種惟願大王聖體和善羣臣百官悉自安隱今以此國羣臣吏民山川珍寶一切歸屬五體歸誠大王足下山海遐隔無由朝覲宗仰之至遣使下承使主父名天魔悉達使主名尼陁達此人由來良善忠信是故今遣奉使表誠大王若有所須珍奇異物悉當奉送此之境土便是王國王之法令治國善道悉當承用願二國信使往來不絕此反使還願賜一使具宣聖命備勅所宜款至之誠望不空反所白如是願加哀愍奉獻金剛指鐶摩勒金環諸寶物赤白鸚鵡各一頭太宗泰始二年又遣使貢獻以其使主竺扶大竺阿彌並爲建威將軍元嘉十八年蘇摩黎國王那鄰那羅跋摩遣使獻方物世祖孝建二年斤陁利國王釋婆羅那隣陁遣長史竺留陁及多獻金銀寶器後廢帝元徽元年婆黎國遣使貢獻凡此諸國皆事佛道佛道自後漢明帝法始東流自此以來其教稍廣自帝王至於民庶莫不歸心經誥充積訓義深遠別爲一家之學焉元嘉十二年丹陽尹蕭摩之奏曰佛化被于中國已歷四代形像塔寺所在千數進可以擊心退足以招勸而自頃以來情敬浮末不以精誠爲至更以奢競爲

重舊宇頹弛曾莫之修而各務造新以相姱尚甲第顯宅於茲始盡材竹銅綵糜損無極無關神祇有累人事建中越制宜加裁檢不爲之防流道未息請自今以後有欲鑄銅像者悉詣臺自聞興造塔寺精舍皆先詣在所二千石通辭郡依事列言本州須許報然後就功其有輒造寺舍者皆依不承用詔書律銅宅林苑悉沒入官詔可又沙汰沙門罷道者數百人世祖大明二年有曇標道人與羌人高闍謀反上因是下詔曰佛法訛替沙門混雜未足扶濟鴻教而專成逋藪加姦心頻發凶狀屢聞敗亂風俗人神交怨可付所在精加沙汰後有違犯嚴加誅坐於是設諸條禁自非戒行精苦並使還俗而諸寺尼出入宮掖交關妃后此制竟不能行先是晉世庾冰始創議欲使沙門敬王者後桓玄復述其義並不果行大明六年世祖使有司奏曰臣聞遂宇崇居非期宏峻拳跪槃伏非止敬恭將以施張四維締制八寓故雖儒法枝派名墨條分至於崇親嚴上厥繇靡爽唯浮圖爲教逷自龍堆反經提傳訓遐事遠練生瑩識恒俗稱難宗旨緬謝微言淪隔拘文蔽道在末彌扇遂乃陵越典度偃倨尊戚失隨方之眇迹迷製化之淵義夫佛法以謙儉自牧忠虔爲道不輕比丘遭道人斯拜目連桑門過長則禮寧有屈膝四輩而簡禮二親稽顙耆臘而直體萬乘者哉故咸康創議元興載述而事屈偏黨道挫餘分今鴻源遙洗羣流仰鏡九仙盡寶百神聳職而巖輦之內含弗臣之氓陛席之間延抗禮之客懼非所以澄一風範詳示景則者也臣等參議以爲沙門接見比當盡虔禮敬之容依其本俗則朝徽有序乘方兼遂矣詔可前廢帝初復舊世祖寵姬殷貴妃薨爲之立寺貴妃子子鸞封新安王故以新安爲寺號前廢帝殺子鸞乃毀廢新安寺驅斥僧徒尋又毀中興天寶諸寺太宗定亂下令曰先帝建中興及新安諸寺所以長世垂範弘宣盛化頃遇昏虐法像殘毀師徒奔迸甚以矜懷妙訓淵謨有扶名教可招集舊僧普各還本並使材官隨宜修復宋世名僧有道生道生彭城人也父爲廣武令生出家爲沙門法大弟子幼而聰悟年十五便能講經及長有異解立頓悟義時人推服之元嘉十一年卒於廬山沙門慧琳爲之誄慧琳者秦郡秦縣人姓劉氏少出家住冶城寺有才章兼外內之學爲廬陵王義眞所知嘗著均善論其詞曰有白學先生以爲中國聖人經綸百世其德弘矣智周萬變天人之理盡矣道無隱旨教罔遺筌聰叡迪哲何負於殊論哉有黑學道士陋之謂不照幽冥之塗弗及來生之化雖尚虛心未能虛事不逮西域之深也於是白學訪其所以不逮云尒白曰釋氏所論之空與老氏所言之空無同異乎黑曰異釋氏即物爲空空物爲一老氏有無兩行空有爲異安得同乎白曰釋氏空物物信空邪黑曰然空又空不翅於空矣白曰三儀靈長於宇宙萬品盈生於天地孰是空哉黑曰空其自性之有不害因假之體也今構羣材以成大廈罔專寢之實積一毫以致合抱無檀木之體有生莫俄頃之留太山蔑累息之固興滅無常因緣無主所空在於性理所難據於事用吾以爲悞矣白曰所言實相空者其如是乎黑曰然白曰浮變之理交於目前視聽者之所同了邪解之以登道場重之以輕異學誠未見其淵深黑曰斯理若近求之實遠夫情之所重者虛事之可重者實今虛其眞實離其浮僞愛欲之惑不得不去愛去而道場不登者吾不知所以相曉也白曰今析豪空樹無[缺]乘蔭之茂離材虛室不損輪奐之美明無常增其偈蔭之情陳若偏篤其競辰之慮貝錦以繁采發輝和羹以鹽梅致旨齊侯追爽鳩之樂燕王無延年之術恐和合之辯危脆之教正足戀其嗜好之欲無以傾其愛競之惑也黑曰斯固理絕於諸華墳素莫之及也白曰山高累卑之辭川樹積小之詠舟壑火傳之談堅白唐肆之論蓋盈於中國矣非理之奧故不舉以爲教本耳子固以遺情遺累虛心爲道而據事剖析者更由指掌之間乎黑曰周孔爲教正及一世不見來生無窮之緣積善不過子孫之慶累惡不過餘殃之罰報効止於榮祿誅責極於窮賤視聽之外冥然不知良可悲矣釋迦關無窮之業拔重關之險陶方寸之慮宇宙不足盈其明設一慈之救羣生不足勝其化敘地獄則民懼其罪敷天堂則物歡其福指泥洹以長歸乘法身以遐覽神變無不周靈澤靡不覃先覺翻翔於上世後悟騰翥而不紹坎井之局何以識大方之家乎白曰固能大其言矣今効神光無徑寸之明驗靈變罔纖介之異勤誠者不覩善救之貌篤學者弗尅陵虛之實徒稱無量之壽孰見期頤之叟咨嗟金剛之固安覩不朽之質苟於事不符宜尋立言之指遺其所寄之說也且要天堂以就善曷若服義而蹈道懼地獄以敕身孰與從理以端心禮拜以求免罪不由祗肅之意施一以徼百倍弗乘無悋之情美泥洹之樂生耽逸之慮贊法身之妙肇好奇之心近欲未弭遠利又興雖言菩薩無欲羣生固以有欲矣甫救交敝之氓永開利競之俗澄神反道其可得乎黑曰不然若不示以來生之欲何以權其當生之滯物情不能頓至故積漸以誘之奪此俄頃要彼無窮若弗勤春稼秋穡何期端坐井底而息意庶慮者長淪於九泉之下矣白曰異哉何所務之乖也道在無欲而以有欲要之北行求郢西征索越方長迷於幽都永謬滯於昧谷遼遼閩楚其可見乎所謂積漸者日損之謂也當先遺其所輕然後忘其所重使利欲日去淳白自生耳豈得以少要多以貪易妙俯仰之間非利不動利之所蕩其有極哉乃丹靑眩媚綵之目土木夸好壯之心興糜廢之道單九服之財樹無用之事割羣生之急致營造之計成私樹之權務權化之業結師黨之勢苦節以要厲精之譽護法以展陵競之情悲矣夫道其安寄乎是以周孔敎俗弗關視聽之外老莊陶風謹守性分而已黑曰三遊本於仁義盜跖資於五善聖跡之敝豈有內外且黃老之家符章之僞水祝之誣不可勝論子安於彼駭於此玩於濁水違於清淵耳白曰有跡不能不敝有術不能無僞此乃聖人所以桎梏也今所惜在作法於貪遂以成俗不正其敝反以爲高耳至若淫妄之徒世自近鄙源流蔑然因不足論黑曰釋氏之敎專救夷俗便無取於諸華邪白曰曷爲其然爲則開端宜懷屬緒愛物去殺尚施周人息心遺榮華之願大士布兼濟之念仁義玄一者何以尚之惜乎幽旨不亮末流爲累耳黑曰子之論善殆同矣便事盡於生乎白曰幽冥之理固不極於人事矣周孔疑而不辨釋迦辨而不實將宜廢其顯晦之跡存其所要之旨請嘗言之夫道之以仁義者服理以從化帥之以勸戒者循利而遷善故耳辭興於有欲而滅於悟理淡說行於天解而息於貪僞是以示來生者蔽虧於道釋不得已杜幽闇者冥符於姬孔閉其兌由斯論之言之者未必遠知之者未必得不知者未必失但知六度與五敎並行信順與慈悲齊立耳殊塗而同歸者不得守其發輪之轍也論行於世舊僧謂其貶黜釋氏欲加擯斥太祖見論賞之元嘉中遂參權要朝廷大事皆與議焉賓客輻湊門車常有數十兩四方贈賂相係勢傾一時注孝經及莊子逍遙篇文論傳於世又有慧嚴慧議道人並住東安寺學行精整爲道俗所推時闘場寺多禪僧京師爲之語曰闘場禪師窟東安談義林世祖大明四年於中興寺設齋有一異僧衆莫之識問其名答言名明慧從天安寺來忽然不見天下無此寺名乃改中興曰天安寺大明中外國沙門摩訶衍苦節有精理於京都多出新經勝鬘經尤見重內學

東夷高句驪國今治漢之遼東郡高句驪王高璉晉安帝義熙九年遣長史高翼奉表獻赭白馬以璉爲使持節都督營州諸軍事征東將軍高句驪王樂浪公高祖踐阼詔曰使持節都督營州諸軍事征東將軍高句驪王樂浪公璉使持節督百濟諸軍事鎮東將軍百濟王映並執義海外遠修貢職惟新告始宜荷國休璉可征東大將軍映可鎮東大將軍持節都督王公如故三年加璉散騎常侍增督平州諸軍事少帝景平二年璉遣長史馬婁等詣闕獻方物遣使慰勞之曰皇帝問使持節散騎常侍都督營平二州諸軍事征東大將軍高句驪王樂浪公纂戎東服庸績繼軌厥惠既彰款誠亦著踰遼越海納貢本朝朕以不德忝承鴻緒永懷先蹤思覃遺澤今遣謁者朱邵伯副謁者王邵子等宣旨慰勞其茂康惠政永隆厥功式昭往命稱朕意焉先是鮮卑慕容寶治中山爲索虜所破東走黃龍義熙初寶弟熙爲其下馮跋所殺跋自立爲主自號燕王以其治黃龍城故謂之黃龍國跋死子弘立屢爲索虜所攻不能下太祖世每歲遣使獻方物元嘉十二年賜加除授十五年復爲索虜所攻弘敗走奔高驪北豐城表求迎接太祖遣使王白駒趙次興迎之并令高驪料理資遣璉不欲使弘南乃遣將孫漱高仇等襲殺之白駒等率所領七千餘人掩討漱等生禽漱殺高仇等二人璉以白駒等專殺遣使執送之上以遠國不欲違其意白駒等下獄見原璉每歲遣使十六年太祖欲北討詔璉送馬璉獻馬八百匹世祖孝建二年璉遣長史董騰奉表慰國哀再周并獻方物大明三年又獻肅愼氏楛矢石砮七年詔曰使持節散騎常侍督平營二州諸軍事征東大將軍高句驪王樂浪公璉世事忠義作藩海外誠係本朝志剪殘險通譯沙表克宣王猷宜加褒進以旌純節可車騎大將軍開府儀同三司持節常侍都督王公如故太宗泰始後廢帝元徽中貢獻不絕

百濟國本與高驪俱在遼東之東千餘里其後高驪略有遼東百濟略有遼西百濟所治謂之晉平郡晉平縣義熙十二年以百濟王餘映爲使持節都督百濟諸軍事鎮東將軍百濟王高祖踐祚進號鎮東大將軍少帝景平二年映遣長史張威詣闕貢獻元嘉二年太祖詔之曰皇帝問使持節都督百濟諸軍事鎮東大將軍百濟王累葉忠順越海効誠遠王纂戎聿修先業慕義既彰厥懷亦款浮桴驪水獻賝執贄故嗣位方任以藩東

服勉昜所莅無墜前蹤今遣兼謁者閭丘恩子兼副謁者丁敬子等宣旨慰勞稱朕意其後每歲遣使奉表獻方物七年百濟王餘毗復修貢職以映爵號授之二十七年毗上書獻方物私假臺使馮野夫西河太守表求易林式占腰弩太祖並與之毗死子慶代立世祖大明元年遣使求除授詔許二年慶遣使上表曰臣國累葉偏受殊恩文武良輔世蒙朝爵行冠軍將軍右賢王餘紀等十一人忠勤宜在顯進伏願垂愍並聽賜除仍以行冠軍將軍右賢王餘紀爲冠軍將軍以行征虜將軍左賢王餘昆行征虜將軍餘暈並爲征虜將軍以行輔國將軍餘都餘乂並爲輔國將軍以行龍驤將軍沐衿餘爵並爲龍驤將軍以行寧朔將軍餘流糜貴並爲寧朔將軍以行建武將軍于西餘婁並爲建武將軍太宗泰始七年又遣使貢獻

倭國在高驪東南大海中世修貢職高祖永初二年詔曰倭讚萬里修貢遠誠宜甄可賜除授太祖元嘉二年讚又遣司馬曹達奉表獻方物讚死弟珍立遣使貢獻自稱使持節都督倭百濟新羅任那秦韓慕韓六國諸軍事安東大將軍倭國王表求除正詔除安東將軍倭國王珍又求除正倭隋等十三人平西征虜冠軍輔國將軍號詔並聽二十年倭國王濟遣使奉獻復以爲安東將軍倭國王二十八年加使持節都督倭新羅任那加羅秦韓慕韓六國諸軍事安東將軍如故并除所上二十三人軍郡濟死世子興遣使貢獻世祖大明六年詔曰倭王世子興奕世載忠作藩外海稟化寧境恭修貢職新嗣邊業宜授爵號可安東將軍倭國王興死弟武立自稱使持節都督倭百濟新羅任那加羅秦韓慕韓七國諸軍事安東大將軍倭國王順帝昇明二年遣使上表曰封國偏遠作藩于外自昔祖禰躬擐甲冑跋涉山川不遑寧處東征毛人五十五國西服衆夷六十六國渡平海北九十五國王道融泰廓土遐畿累葉朝宗不愆于歲臣雖下愚忝胤先緒驅率所統歸崇天極道遙百濟裝治船舫而句驪無道圖欲見吞掠抄邊隸虔劉不已每致稽滯以失良風雖曰進路或通或不臣亡考濟實忿寇讎壅塞天路控弦百萬義聲感激方欲大舉奄喪父兄使垂成之功不獲一簣居在諒闇不動兵甲是以偃息未捷至今欲練甲治兵申父兄之志義士虎賁文武效功白刃交前亦所不顧若以帝德覆載摧此彊敵克靖方難無替前功竊自假開府儀同三司其餘咸假授以勸忠節詔除武使持節都督倭新羅任那加羅秦韓慕韓六國諸軍事安東大將軍倭王

荆雍州蠻槃瓠之後也分建種落布在諸郡縣荆州置南蠻雍州置寧蠻校尉以領之世祖初罷南蠻併大府而寧蠻如故蠻民順附者一戶輸穀數斛其餘無雜調而宋民賦役嚴苦貧者不復堪命多逃亡入蠻蠻無徭役彊者又不供官稅結黨連羣動有數百千人州郡力弱則起爲盜賊種類稍多戶口不可知也所在多深險居武陵者有雄谿樠谿辰谿酉谿舞谿謂之五谿蠻而宜都天門巴東建平江北諸郡蠻所居皆深山重阻人跡罕至焉前世以來屢爲民患少帝景平二年宜都蠻帥石寧等一百二十三人詣闕上獻太祖元嘉六年建平蠻張雝之等五十人七年宜都蠻田生等一百一十三人並詣闕獻見其後沔中蠻大動行旅殆絕天門漊中令宗僑之徭賦過重蠻不堪命十八年蠻田向求等爲寇破漊中虜畧百姓荆州刺史衡陽王義季遣行參軍曹孫念討破之獲生口五百餘人免僑之官二十四年南郡臨沮當陽蠻反縛臨沮令傅僧驥荆州刺史南譙王義宣遣中兵參軍王諶討破之先是雝州刺史劉道產善撫諸蠻前後不附官者莫不順服皆引出平土多緣沔爲居及道產亡蠻又反叛及世祖出爲雝州羣蠻斷道擊大破之臺遣軍主沈慶之連年討蠻所向皆平殄事在慶之傳二十八年正月龍山雉水蠻寇抄涅陽縣南陽太守朱曇韶遣軍討之失利殺傷三百餘人曇韶又遣二千人係之蠻乃散走是歲湓水諸蠻因險爲寇雝州刺史隨王誕遣使說之曰頃威懷所被覃自遐遠順化者寵祿逆命者無遺此亦介所知也聖朝今普天肆眚許以自新便宜各還舊居安堵復業改過革心於是乎始先是蠻帥魯奴子擁龍山屢爲邊患魯軌在長社奴子歸之軌言於虜主以爲四山王軌子爽歸國奴子亦求內附隨王誕又遣軍討沔北諸蠻襄濁山如口蜀松三柴剋之又圍升錢柏義諸柴蠻悉力距戰軍以具裝馬夾射大破之斬首二百級獲生蠻千口牛馬八十頭世祖大明中建平蠻向光侯寇暴峽川巴東太守王濟荆州刺史朱修之遣軍討之光侯走淸江淸江去巴東千餘里時巴東建平宜都天門四郡蠻爲寇諸郡民戶流散百不存一太宗順帝世尤甚雖遣攻伐終不能禁荆州爲之虛敝大明中桂陽蠻反殺荔令晏珍之臨賀蠻反殺關建令邢伯兒振武將軍蕭冲之討之獲少費多抵罪

豫州蠻廪君後也盤瓠及廪君事並具前史西陽有巴水蘄水希水赤亭水西歸水謂之五水蠻所在並深岨種落熾盛歷世爲盜賊北接淮汝南極江漢地方數千里元嘉二十八年西陽蠻殺南川令劉臺并其家口二十九年新蔡蠻二千餘人破大雷戍畧公私船舫悉引入湖有亡命司馬黑石在蠻中共爲寇盜太祖遣太子步兵校尉沈慶之率江荆雍豫諸州軍討之世祖大明四年又遣慶之討西陽蠻大剋獲而反司馬黑石徒黨三人其一人名智黑石號曰太公以爲謀主一人名安陽號譙王一人名續之號梁王蠻文小羅等討禽續之爲蠻世財所篡小羅等相率斬世財父子六人豫州刺史王玄謨遣殿中將軍郭元封慰勞諸蠻使縛送亡命蠻乃執智黑石安陽二人送詣玄謨世祖使於壽陽斬之世宗初卽位四方反叛及南賊敗於鵲尾西陽蠻田益之田義之成邪財田光興等起義攻郢州剋之以益之爲輔國將軍都統四山軍人又以蠻戶立宋安光城二郡以義之爲宋安太守光興爲龍驤將軍光城太守封益之邊城縣王食邑四百一十一戶成邪財陽城縣王食邑三千戶益之徵爲虎賁中郎將將軍如故順帝昇明初又轉射聲校尉冠軍將軍成邪財死子婆思襲爵爲輔國將軍武騎常侍晉熙蠻梅式生亦起義斬晉熙太守閻湛之晉安王子勛典籤沈光明祖封高山侯食所統牛岡下柴二村三十戶

史臣曰漢世西譯遐通兼途累萬跨頭痛之山越繩度之險生行死徑身往魂歸晉氏南移河隴夐隔戎夷梗路外域天斷若夫大秦天竺迥出西溟二漢銜役特艱斯路而商貨所資或出交部汎海陵波因風遠至又重峻參差氏衆非一殊名詭號種別類殊山琛水寶由茲自出通犀翠羽之珍蛇珠火布之異千名萬品並世主之所虛心故舟舶繼路商使交屬太祖以南琛不至遠命師旅泉浦之捷威震滄溟未名之寶入充府實夫四夷孔熾患深自古蠻僰殊雜種衆特繁依深傍岨充積畿甸咫尺華氓易興狡毒畧財據土歲月滋深自元嘉將半寇慝彌廣遂盤結數州搖亂邦邑於是命將出師恣行誅討自江漢以北廬江以南搜山盪谷窮兵罄武繫頸囚俘蓋以數百萬計至於孩年耋齒執訊所遺將卒申好殺之憤干戈窮酸慘之用雖云積怨爲報亦甚張矣所云流血于野傷和致災斯固仁者之言矣

宋書卷九十七考證

南夷林邑國傳交州刺史檀和之忠果到列○到列二字前魯爽傳亦有之

百濟國傳暮義旣彰厥懷亦款○亦一本作赤

荆雍州蠻傳天門漊中令宗僑之徭賦過重○僑一本作矯

宋書卷九十八

梁 沈 約 撰

列傳第五十八

氐胡

略陽清水氐楊氏秦漢以來世居隴右爲豪族漢獻帝建安中有楊騰者爲部落大帥騰子駒勇健多計略始徙仇池仇池地方百頃因以百頃爲號四面斗絕高平地方二十餘里羊腸蟠道三十六回山上豐水泉煑土成鹽駒後有名千萬者魏拜爲百頃氐王千萬子孫名飛龍漸彊盛晉武假征西將軍還居略陽無子養外甥令狐氏子爲子名戊搜晉惠帝元康六年避齊萬年之亂率部落四千家還保百頃自號輔國將軍右賢王關中士奔流者多依之戊搜延納撫接欲去者則衞護資遣之愍帝以爲驃騎將軍左賢王時南陽王保在上邽又以戊搜子難敵爲征南將軍建興五年戊搜卒難敵襲位與堅頭分部曲難敵號左賢王屯下辯堅頭號右賢王屯河池元帝太興四年劉曜伐難敵與堅頭俱奔晉壽臣於李雄曜退復還仇池成帝咸和九年難敵卒子毅立自號使持節龍驤將軍左賢王下辯公以堅頭子槃爲使持節冠軍將軍右賢王河池公咸康元年遣使稱蕃於晉以毅爲征南槃征東將軍三年毅族兄初襲殺毅并有其衆自立爲仇池公臣於石虎後遣使稱蕃於穆帝永和三年以初爲使持節征南將軍雍州刺史平羌校尉仇池公初子國爲鎭東將軍武都太守十年改封初天水公十一年毅小弟宋奴使姑子梁式王因侍直手刃殺初子國率左右誅式王及宋奴復自立征西將軍桓溫表國爲鎭北將軍秦州刺史平羌校尉國子安爲振威將軍武都太守十二年國從父楊俊復殺國自立安奔苻生俊遣使歸順升平三年以俊爲平西將軍平羌校尉仇池公四年俊卒子世立復以爲冠

軍將軍平羌校尉武都太守仇池公海西公太和三年遷征西將軍秦州刺史以世弟統爲寧東將軍武都太守五年世卒統廢世子纂自立纂一名德聚黨殺統遣使詣簡文帝自陳復以纂爲平羌校尉秦州刺史仇池公咸安元年苻堅遣楊安苻雅等討纂克之徙其民於關中空百頃之地纂後爲楊安所殺宋奴之死也二子佛奴佛狗奔逃關中苻堅以佛奴爲右將軍佛狗爲撫夷護軍後以女妻佛奴子定以定爲尚書領軍將軍孝武帝太元八年苻堅敗於淮南關中擾亂定盡力奉堅堅死乃將家奔隴右徙治歷城城在西縣界去仇池百二十里置倉儲於百頃招合夷晉得千餘家自號龍驤將軍平羌校尉仇池公稱蕃於晉孝武帝孝武帝卽以其自號假之求割天水之西縣武都之上祿爲仇池郡見許十五年又以定爲輔國將軍秦州刺史定已自署征西將軍又進持節都督隴右諸軍事輔國大將軍開府儀同三司校尉刺史如故其年進平天水略陽郡遂有秦州之地自號西王至十九年攻隴西虜乞佛乾歸定軍敗見殺無子佛狗子盛先爲監國守仇池襲位自號使持節征西將軍秦州刺史平羌校尉仇池公謚定爲武王分諸四山氐羌爲二十部護軍各爲鎭戍不置郡縣安帝隆安三年遣使稱蕃奉獻方物安帝以盛爲輔國將軍平羌校尉仇池公元興三年桓玄輔晉進盛平北將軍京州刺史西戎校尉義熙元年姚興伐盛盛懼遣子難當爲質與遣將王敏攻城因梁州別駕呂瑩求救於盛盛遣軍次濜口敏退以盛爲都督隴右諸軍事征西大將軍開府儀同三司時益州刺史毛璩討桓玄所置梁州刺史桓希敗走漢中空虛盛遣兄子平南將軍撫守漢中三年又假盛使持節北秦州刺史盛又遣將苻寧行梁州刺史代撫九年梁州刺史索邈鎭南城寧乃還高祖踐阼進盛車騎大將軍加侍中永初三年改封武都王以長子玄爲武都王世子加號前將軍難當爲冠軍將軍撫爲安南將軍盛嗣位三十年太祖元嘉二年六月卒時年六十二私謚曰惠文王玄字黃眉自號使持節都督隴右諸軍事征西大將軍開府儀同三司平羌校尉秦州刺史武都王雖爲蕃臣猶奉義熙之號善待士爲流舊所懷安南將軍撫有文武智略玄不能容三年因其子殺人幷誅之明帝卽以玄爲使持節征西將軍平羌校尉北秦州刺史武都王乃改義熙之號奉元嘉正朔初盛謂玄曰吾年已老當爲晉臣汝善事宋帝故玄奉焉追贈盛驃騎大將軍餘如故六年六月玄卒私謚曰孝昭王弟難當廢玄子保宗一名羌奴而自立號使持節都督雍京諸軍事秦州刺史平羌校尉武都王太祖以爲冠軍將軍秦州刺史武都王九年進號征西將軍加持節都督校尉之號難當拜保宗爲鎭南將軍鎭宕昌以次子順爲鎭東將軍秦州刺史守上邽保宗謀襲難當事泄收繫之先是四方流民有許穆之郝恢之二人投難當並改姓爲司馬穆之自云名飛龍恢之自云名康之云是晉室近戚康之尋爲人所殺十年難當以益州刺史劉道濟失蜀土人情以兵力資飛龍使入蜀爲寇道濟擊斬之時梁州刺史甄法護刑法不理太祖遣刺史蕭思話代任難當因思話未至法護將軍下辯兵襲梁州破白馬獲晉昌太守張範法護遣參軍魯安期沈法慧等拒之並各奔退難當又遣建忠將軍趙進攻葭萌獲晉壽太守范延朗其年十一月法護委鎭奔洋川難當遂有漢中之地以氐苻粟持爲梁州刺史又以其凶悍殺之以司馬趙溫代爲梁州十年正月思話使司馬蕭譓先驅進討所向剋捷遂平梁州事在思話傳四月難當遣使奉表謝罪曰臣聞生成之德含氣同係而榮悴殊塗遭遇異兆至於恩降自然誠無答謝夫以狂聖道隔猶存克念之誠況君親莫二不期自感者哉每思自竭奉遵光訓丹誠未諒大謗已臻梁州刺史甄法護誣臣遣司馬飛龍擾亂西蜀諸所譖引言非一事長塗萬里無路自明風塵之聲日有滋甚與其逆生寧就淸滅文武同憤制不自由遣叅軍姚道賢齎書詣梁州刺史蕭思話尋續又遣詣臺歸罪道賢至西城爲守兵所殺行李蔽擁日月莫照法護恇擾望風奔逃臣卽回軍秋毫無犯權留少守以俟會通其後數旬官軍尋至守兵單弱懼不自免續遣輕兵共相迎接値秦流民懷土及本行將旣旋不容禁制由臣約防無素以致斯闕臣本歷代守蕃世荷殊寵王化始基順天委命要名期義不在今日豈可假托妖妄毁敗成功如此之形灼然易見仰恃聖明必垂鑒察但臣微心不達迹違忠順至乃聲聞朝廷勞煩師旅負辱之深罪當誅責遠隔遐荒告謝無地謹遣兼長史齊亮聽命有司并奉送所授第十一符策伏待天旨太祖以其邊裔下詔曰楊難當表如此悔謝前愆可特恕宥并特還章節十二年難當釋保宗遣鎭童亭保宗奔索虜主拓跋燾以爲都督隴西諸軍事征西大將軍開府儀同三司平羌校尉南秦王遣襲上邽難當子順失守退以爲雍州刺史守下辯十三年三月難當自立爲大秦王號年曰建義立妻爲王后世子爲太子置百官具擬天朝然猶奉朝廷貢獻不絶十七年其國大旱多災異降大秦王復爲武都王十八年十月傾國南寇規有蜀土慮漢中軍出遣建忠將軍苻沖出東洛以防之梁州刺史劉道眞擊斬沖十一月難當剋葭萌獲晉壽太守申坦遂圍涪城巴西太守劉道銀嬰城固守難當攻之十餘日不剋乃還十九年正月太祖遣龍驤將軍裴方明太子左積弩將軍劉康祖後軍參軍梁坦甲士三千人又發荊雍二州兵討難當受劉道眞節度五月方明等至漢中長驅而進道眞到武興攻僞建忠將軍苻隆剋之安西參軍韋俊建武將軍姜道盛別向下辯道眞又遣司馬夏侯穆季西取白水難當子雍州刺史順建忠將軍楊亮拒之並望風奔走閏月方明至蘭皐難當鎭北將軍苻義德建節將軍苻弘祖萬餘人列陣拒戰方明擊破之斬弘祖殺二千餘人義德遁去天水任僉之率部曲歸順難當世子撫軍大將軍和據修城方明又遣軍率僉之攻和大破之於是難當將妻子奔索虜死于虜中安西叅軍魯尚期追難當出寒峽生禽建節將軍楊保熾安昌侯楊虎頭初難當遣第二子虎爲鎭南將軍益州刺史守陰平聞父走逃還至下辯方明使子肅之要之生禽虎傳送京師斬于建康市仇池平以輔國司馬胡崇之爲龍驤將軍秦州刺史平羌校尉守仇池索虜拓跋燾遣安西大將軍吐奚弼平北將軍拓跋齊等二萬人邀崇之二十年二月崇之至濁水去仇池八十里遇齊等戰敗没餘衆奔還漢中三月前鎭東司馬苻達征西從事中郎任朏等舉義立保宗弟文德爲主拓跋齊聞兵起遁走達追擊斬齊因據白崖分平諸戍文德自號使持節都督秦河涼三州諸軍事征西大將軍秦河涼三州牧平羌校尉仇池公遣露板馳告朝廷太祖詔曰近者校尉仇池公表虜縱逸寇竊仇池將士挫傷民萌塗炭眷言西顧矜慨在懷楊文德世篤忠順誠感家國糾率義徒奄殄凶醜鋒旗所向破潰無遺氛祲澄淸蕃境寧一念功惟事良有欣嘉便可遣使慰勞宣示朝旨并敕梁州刺史申坦隨宜應援又詔曰顯録勳効耆惟國典旌賞務速無或踰時楊文德志氣果到文武兼全乘機濟奮殊功仍集告捷歸誠獻俘萬里朝無暫土樹難自肅休烈昭著朕甚嘉焉楊氏世祖西勞方忠累葉宜紹先緒膺受寵榮可使持節散騎常侍都督北秦雍二州諸軍事征西大將軍平羌校尉北秦州刺史封武都王任朏祖父岐伯父祚父綜並仕楊氏爲諮議從事中郎朏有志幹文德以爲左司馬文德旣受朝命進戍茄蘆城二十五年爲索虜所攻奔于漢中時世祖鎭襄陽執文德歸之于京師以失守免官削爵土二十七年王師北討起文德爲輔國將軍率軍自漢中西入搖動汧隴文德宗人楊高率陰平平武羣氐據唐魯橋以拒文德文德水陸俱攻大破之衆並奔散高遁走奔羌文德追之至黎卬嶺高單身投羌仇阿弱家追斬之陰平平武悉平又遣文德伐啖提氐不剋梁州刺史劉秀之執送荊州使文德從祖兄頭戍茄蘆荊州刺史南郡王義宣反文德不同見殺世祖追贈征虜將軍秦州刺史孝建二年以保宗子元和爲征虜將軍以頭爲輔國將軍元和繼楊氏正統羣氐欲相宗推年小才弱不能綏御所部頭母妻子弟並爲索虜所執頭至誠奉順無所顧懷朝廷旣不正元和號位部落未有定主雍州刺史王謨上表曰被勑令臣遣使與楊元和楊頭相聞并致信餉卽遣中軍行叅軍呂智宗齎書并信等亦自遣使隨智宗及頭語智宗頭破家爲國母妻子弟幷墜沒虜中不顧孝道陳力邊捍竭忠盡誠未爲朝廷所識若以元和承統宜授王爵若以其年小未堪大任則應別有所委頃來公私紛紜華戎交構皆此之由臣伏尋頭元嘉以來實有忠誠於國棄親遺愛誠在可嘉氐羌負遠又與虜咫尺急之則反緩之則怨觀頭使人言語不敢便望仇池公所希政在西秦州假節而已如臣愚見蕃捍漢川使無虞患頭實有力四千戶荒州殆不足吝元和小弱若未可專委復數年之後必堪嗣業用之不難若才用不稱則應歸頭若茄蘆不守漢川亦無立理上不許其後立元和爲武都王治白水不能自立復走奔索虜元和從弟僧嗣復自立還戍茄蘆以爲寧朔將軍仇池太守太宗太始二年詔曰僧嗣遠守西疆世篤忠款宜加旌顯以甄義槩可冠軍將軍北秦州刺史武都王太守如故三年加持節都督北秦雍二州諸軍事進號征西將軍校尉刺史如故僧嗣卒從弟文度復自立泰豫元年以爲龍驤將軍略陽太守封武都王又改龍驤爲寧朔將軍後廢帝元徽四年加督北秦州諸軍事平羌校尉北秦州刺史將軍如故文度遣弟龍驤將軍文弘伐仇池破戍兵於蘭皐順帝昇明元年詔曰茂賞有章寔昭國度疇庸斯炳載宜史冊督北秦州諸軍事寧朔將軍平羌校尉北秦州刺史武都王文度門乘輝寵世榮邊邑忠果旣亮才勁兼彰龍驤將軍楊文弘肅協成規躬提桴鼓申稜百項席卷蘭皐

功烈之美並足嘉歎宜膺爵授以酬勳緒文度可使持節都督北秦雍二州諸軍事征西將軍刺史校尉悉如故文弘輔國將軍略陽太守其年虜破茄盧文度見殺追贈本官加散騎常侍以文弘督北秦州諸軍事平羌校尉北秦州刺史襲封武都王將軍如故退治武興

大且渠蒙遜張掖臨松盧水胡人也匈奴有左且渠右且渠之官蒙遜之先爲此職羌之酋豪曰大故且渠以位爲氏而以大冠之世居盧水爲酋豪蒙遜高祖暉仲歸曾祖遮皆雄健有勇名祖祁復延封狄地王父法弘襲爵苻氏以爲中田護軍蒙遜代父領部曲有勇略多計數爲諸胡所推服呂光自王於涼州使蒙遜自領營人配箱直又以蒙遜叔父羅仇爲西平太守安帝隆安三年春呂光遣子鎮東將軍纂率羅仇伐枹罕虜乞佛乾歸爲乾歸所敗光委罪羅仇殺之四月蒙遜求還葬羅仇因聚萬餘人叛光殺臨松護軍屯金山五月光揮纂擊破蒙遜將六七人逃山中家戶悉亡散時蒙遜兄男成將兵西守晉昌聞蒙遜反引軍還殺酒泉太守壘滕推建康太守段業爲主業自號龍驤大將軍涼州牧建康公以男成爲輔國將軍男成及晉昌太守王德圍張掖剋之業因據張掖蒙遜率部曲投業業以蒙遜爲鎮西將軍臨池太守王德爲酒泉太守尋又以蒙遜領張掖太守三年四月業使蒙遜將萬人攻光弟子純於西郡經旬不剋乃引水灌城窘急乞降執之以歸時王德叛業自稱河州刺史業使蒙遜西討德焚城將部曲走投晉昌太守唐瑤蒙遜追德至沙頭大破之虜其妻子部落而還轉西安太守將軍如故四年五月蒙遜與男成謀殺業男成不許蒙遜反譖男成於業業殺男成蒙遜乃謂其部曲曰段公無道枉殺輔國吾爲輔國報雠遂舉兵攻張掖殺段業自稱車騎大將軍建號永安元年是月敦煌太守李暠亦起兵自號冠軍大將軍西胡校尉沙州刺史太守如故稱庚子元年與蒙遜相抗其冬暠遣唐瑤及鷹揚將軍宋繇攻酒泉獲太守大且渠益生蒙遜從叔也呂光死子纂立元年爲從弟隆所篡姚興攻涼州隆稱臣請降蒙遜亦遣使詣興興以爲鎮西將軍沙州刺史西海侯二年二月蒙遜與西平虜禿髮傉檀共攻涼州爲隆所破十月傉檀復攻隆三年三月隆以蒙遜傉檀交逼遣弟超詣姚興求迎七月興遣將齊難迎隆隆說難伐蒙遜蒙遜懼遣弟爲質獻寶貨於難乃止以武衞將軍王尚行涼州刺史而還義熙元年正月李暠改稱大將軍大都督涼州牧護羌校尉涼公五月移據酒泉姚興假傉檀涼州刺史代王尚屯姑臧二年九月蒙遜襲李暠至安彌去城六十里暠乃覺引軍出戰大敗退還閉城自守蒙遜亦歸六年蒙遜攻破傉檀傉檀走屯樂都武威人焦朗入姑臧自號驃騎大將軍臣于李暠八年蒙遜攻焦朗殺之據姑臧自號大都督大將軍河西王改稱玄始元年立子正德爲世子十三年五月李暠死子歆立六月歆伐蒙遜至建康蒙遜拒之歆退走追到西支間蒙遜大敗死者四千餘人乃收餘衆增築建康城置兵戍而還十四年蒙遜遣使詣晉奉表稱藩以蒙遜爲涼州刺史高祖踐阼以歆爲使持節都督高昌敦煌晉昌酒泉西海玉門堪泉七郡諸軍事護羌校尉征西大將軍酒泉公永初元年七月蒙遜東略浩亹李歆乘虛攻張掖蒙遜回軍西歸歆退走追至臨澤斬歆兄弟三人進攻酒泉剋之歆弟敦煌太守恂據郡自稱大將軍十月蒙遜遣世子正德攻恂不下三年正月蒙遜自往築長堤引水灌城數十日又不下三月恂武衞將軍宋承廣武將軍弘舉城降恂自殺李氏由是遂亡於是鄯善王比龍入朝西域三十六國皆稱臣貢獻高祖以蒙遜爲使持節散騎常侍都督涼州諸軍事鎮軍大將軍開府儀同三司涼州刺史張掖公十二月晉昌太守唐契反復遣正德攻契景平元年三月克之契奔伊吾八月芮芮來抄蒙遜遣正德拒之正德輕騎進戰軍敗見殺乃以次子興國爲世子是歲進蒙遜侍中都督涼秦河沙四州諸軍事驃騎大將軍領護匈奴中郎將西夷校尉涼州牧河西王開府持節如故太祖元嘉元年枹罕虜乞佛熾槃出貂渠谷攻河西白草嶺臨松郡皆沒執蒙遜從弟成都從子日蹄頗羅等而去三年改驃騎爲車騎世子興國遣使奉表請周易及子集諸書太祖並賜之合四百七十五卷蒙遜又就司徒王弘求搜神記弘寫與之六年蒙遜征枹罕時乞佛熾槃死矣子茂蔓大破蒙遜生擒興國殺三千餘人蒙遜贖興國送穀三十萬斛竟不遣蒙遜乃立興國毋弟菩提爲世子朝廷未知也七年以興國爲冠軍將軍河西王世子其年夏四月西虜赫連定爲索虜拓跋燾所破奔上邽十一月茂蔓聞定敗將家戶及興國東征欲移居上邽八年正月至南安定率衆禦茂蔓大破之殺茂蔓執興國而還四月定避拓跋燾欲渡河西擊蒙遜五月率部曲至治城峽口渡河濟未半爲吐谷渾慕璝所邀見獲興國被創數日死九年以菩提爲冠軍將軍河西王世子十年四月蒙遜卒時年六十六私謚曰武宣王菩提年幼蒙遜第三子茂虔時爲酒泉太守衆議推茂虔爲主襲蒙遜爲號十一年茂虔上表曰臣聞功以濟物爲高非竹帛無以述德名以當實爲美非謚號無以休終先臣蒙遜西復涼城澤憺昆裔芟夷羣暴清灑區夏暨運鍾有道備大宋之宗臣爵班九服享惟永之丕祚功名昭著剋固貞節考終由正而請名之路無階懿跡雖弘而述敘之美有缺臣子痛感感用不安謹案謚法剋定禍亂曰武善聞周達曰宣先臣廓清河外勳光天府標榜稱迹實兼斯義輒上謚爲武宣王若允天聽垂之史筆則幽顯荷榮始終無恨詔曰使持節侍中都督秦河沙涼四州諸軍事車騎大將軍開府儀同三司領護匈奴中郎將西夷校尉涼州牧河西王蒙遜才兼文武勳濟西服爰自萬里款誠夙著方仗忠果冀宣遠略奄至薨隕悽悼于懷便遣使弔祭并加顯謚嗣子茂虔纂戎前軌乃心彌彰宜蒙寵授紹茲蕃業可持節散騎常侍都督涼秦河沙四州諸軍事征西大將軍領護匈奴中郎將西夷校尉涼州刺史河西王河西人趙歐善歷笇十四年茂虔奉表獻方物并獻周生子十三卷時務論十二卷三國總略二十卷俗問十一卷十三州志十卷文檢六卷四科傳四卷燉煌實錄十卷涼書十卷漢皇德傳二十五卷王典七卷魏駮九卷謝艾集八卷古今字二卷乘邱先生三卷周髀一卷皇帝王歷三合紀一卷趙歐傳并甲寅元歷一卷孔子讚一卷合一百五十四卷茂虔又求晉趙起居注諸雜書數十件太祖賜之十六年閏八月拓跋燾攻涼州茂虔兄子萬年爲虜內應茂虔見執茂虔弟安彌縣侯無諱先爲征西將軍沙州刺史都督建康以西諸軍事酒泉太守第六弟武興縣侯儀德爲征東將軍秦州刺史都督丹嶺以西諸軍事張掖太守燾既獲茂虔遣軍擊儀德棄城奔無諱於是無諱儀德擁家戶西就從弟燉煌太守唐兒燾使將守武威酒泉張掖而還十七年正月無諱使唐兒守燉煌自與儀德伐酒泉三月剋之攻張掖臨松得四萬餘戶還據酒泉十八年五月唐兒反無諱留從弟天周守酒泉復與儀德討唐兒唐兒將萬餘人出戰大敗執唐兒殺之復據燉煌七月拓跋燾遣軍圍酒泉十月城中饑萬餘口皆餓死天周殺妻以食戰士食盡城乃陷執天周至平城殺之于時虜兵甚盛無諱衆饑懼不自立欲引衆西行十一月遣弟安周五千人伐鄯善堅守不下十九年四月無諱自率萬餘家棄燉煌西就安周未至而鄯善王比龍將四千餘家走因據鄯善初唐契自晉昌奔伊吾是年攻高昌高昌城主闞爽告急八月無諱留從子豐周守鄯善自將家戶赴之未至而芮芮遣軍救高昌殺唐契部曲奔無諱九月無諱遣將衞寔夜襲高昌爽奔芮芮無諱復據高昌遣常侍氾儁奉表使京師獻方物太祖詔曰往年狡虜縱逸侵害涼土西河王茂虔遂至不守淪陷寇逆累世著誠以爲矜悼次弟無諱克紹遺業保據方隅外結鄰國內輯民庶係心闕庭踐修貢職宜加朝命以褒篤勳可持節散騎常侍都督涼河沙三州諸軍事征西大將軍領護匈奴中郎將西夷校尉涼州刺史河西王無諱卒弟安周立二十一年詔曰故征西大將軍河西王無諱弟安周才略沈到世篤忠欵統承遺業民衆歸懷雖亡士喪師孤立異所而能招率殘寡攘寇自今宜加榮授垂軌先烈可使持節散騎常侍都督涼河沙三州諸軍事領西域戊已校尉涼州刺史河西王世祖大明三年安周奉獻方物

史臣曰氐籍世業之資胡因倔起之衆結根百頃跨有河西雖戎夷猾夏自擅荒服而才力雄富頗尚禮文楊氏兵精地險境接華漢伺隙邊關首鼠疆埸遂西入白馬東由黃金乘晉燾之捷構闔浯之釁規吞黑水志傾井絡紀郢之勢方危樊鄧之心屢駭天子聽朝不怡有懷辛李之將而齊之宣皇率偏旅數百定命先驅推鋒直指勢踰風電雲徹席卷致届南城逐北追奔全勝萬里敵人皆裹骨輿尸越至險而自竄其餘皆膏身山野委骸川澤既而裴劉二將藉其威聲故使濁水靡旗蘭皐失險氐族轉徙奔亡遺燼不滅者若綫梁土獲乂以迄于今由此而言功烈可謂盛矣

宋書卷九十八考證

氐胡傳關中士奔流者多依之○中字下一本有人字

十二年難當釋保宗遣鎮童亭○後魏書作蕫亭水經注作蕫亭

楊氏世祖西勞方忠累業○勞字當在忠字下

宋書卷九十九

列傳第五十九

梁　沈約　撰

二凶

元凶劭字休遠文帝長子也帝即位後生劭時上猶在諒闇故秘之三年閏正月方云劭生自前代以來未有人君即位後皇后生太子唯殷帝乙既踐阼正妃生紂至是又有劭焉體元居正上甚喜說年六歲拜爲皇太子中庶子二率入直永福省更築宮制度嚴麗年十二出居東宮納黄門侍郎殷淳女爲妃十三加元服好讀史傳尤愛弓馬及長美須眉大眼方口長七尺四寸親覽宮事延接賓客意之所欲上必從之東宮置兵與羽林等十七年劭拜京陵大將軍彭城王義康竟陵王誕尚書桂陽侯義融並從司空江夏王義恭自江都來會京口二十七年上將北伐劭與蕭思話固諫不從索虜至瓜步京邑震駭劭出鎮石頭總統水軍善於撫御上登石頭城有憂色劭曰不斬江湛徐湛之無以謝天下上曰北伐自我意不關二人也上時務在本業勸課耕桑使宮內皆蠶欲以諷厲天下有女巫嚴道育本吳興人自言通靈能役使鬼物夫爲劫坐沒入奚官劭姊東陽公主應閤婢王鸚鵡白公主云道育通靈有異術主乃白上託云善蠶求召入見許道育既入自言服食主及劭並信惑之始興王濬素佞事劭與劭並多過失慮上知使道育祈請欲令過不上聞道育輒云自上天陳請必不泄露劭等敬事號曰天師後遂爲巫蠱以玉人爲上形像埋於含章殿前初東陽主有奴陳天與鸚鵡養以爲子而與之淫通鸚鵡天與及寧州所獻黄門慶國並預巫蠱事劭以天與補隊主東陽主薨鸚鵡應出嫁劭慮言語難密與濬謀之時吳興沈懷遠爲濬府佐見待異常乃嫁鸚鵡與懷遠爲妾不以啓上慮後事泄因臨賀公主微言之上後知天與領隊遣閹人奚承祖詰讓劭曰臨賀公主南第先有一下人欲嫁又聞此下人養他人奴爲兒而汝用爲隊主抽拔何乃速汝間用主副並是奴邪欲嫁置何處劭答曰南第昔屬天與求將擧使臣答曰伍那可得若能擊賊者可入隊當時蓋戲言爾都不復憶後天與道上通辭乞位追存往爲者不忍食言呼視見其形容粗健堪充驅使脫尒使監禮兼隊副比用人雖取勞舊亦參用有氣幹者謹條牒人闕名上呈下人欲嫁者猶未有處時鸚鵡已嫁懷遠矣劭懼馳書告濬并使報臨賀主上若問嫁處當言未有定所濬答書曰奉令伏深惶怖啓此事多日今始來問當是有感發之者未測源由爾計臨賀故當不應翻覆言語自生寒熱也此姥由來挾兩端難可孤保正爾自問臨賀冀得審實也其若見問當作依違答之天與先署佞人府位不審監上當無此簿領爾急宜撻之殿下已見王未宜依此具令嚴自躬上啓聞彼人若爲不已正可保其餘命或是大慶之漸凡劭濬相與書疏類如此所言皆爲名號謂上爲彼人或以爲其人以太尉江夏王義恭爲佞人東陽主第在西掖門外故云南第王即鸚鵡姓躬上啓聞者令道育上天白天神也鸚鵡既適懷遠慮與天與私通事泄請劭殺之劭密使人害天與慶國謂宣傳往來唯有二人天與既死慮將見及乃具以其事白上上驚惋即遣收鸚鵡封籍其家得劭濬書數百紙皆呪詛巫蠱之言得所埋上形像於宮內道育叛亡討捕不得上大怒窮治其事分遣中使入東諸郡搜討遂不獲上詰責劭濬劭濬惶懼無辭唯陳謝而已道育變服爲尼逃匿東宮濬往京口又載以自隨或出止民張旿家江夏王義恭自盱眙還朝上以巫蠱告之曰常見典籍有此謂之書傳空言不意遂所親覩劭雖所行失道未必便亡社稷南面之日非復我及汝事汝兒子多將來遇此不幸爾先是二十八年彗星起畢昴入太微掃帝座端門滅翼軫二十九年熒惑逆行守氐自十一月霖雨連雪太陽罕曜三十年正月大風飛霰且雷上憂有竊發輒加劭兵衆東宮實甲萬人車駕出行劭入守使將白直隊自隨其年二月濬自京口入朝當鎮江陵復載道育還東宮欲將西上有告上云京口民張旿家有一尼服食出入征北內似是嚴道育上初不信試使掩錄得其二婢云道育隨征北還都上謂劭濬已當斥遣道育而猶與往來惆悵惋駭乃使京口以船送道育二婢須至檢覈廢劭賜濬死以語濬母潘淑妃淑妃具以告濬濬馳報劭劭因是異謀每夜輒饗將士或親自行酒密與服心隊主陳叔兒詹叔兒齋帥張超之任建之謀之道育婢將至其月二十一日夜詐上詔云魯秀謀反汝可平明守闕率衆入因使超之等集素所畜養兵士二千餘人皆使被甲召內外幢隊主副豫加部勒云有所討宿召前中庶子右軍長史蕭斌夜呼斌及左衛率袁淑中舍人殷仲素左積弩將軍王正見並入宮告以大事自起拜斌等因流涕泉並驚愕語在淑傳明旦未開鼓劭以朱服加戎服上乘畫輪車與蕭斌同載衛從如常入朝之儀守門開從萬春門入舊制東宮隊不得入城劭與門衛云受勑有所收討令後隊速來張超之等數十人馳入雲龍東中華門及齋閤拔刀徑上合殿上其夜與尚書僕射徐湛之屏人語至旦燭猶未滅直衛兵尚寢超之手行弒逆并殺湛之劭進至合殿中閤太祖已崩出坐東堂蕭斌執刀侍直呼中書舍人顧嘏嘏震懼不時出既至問曰欲共見廢何不蚤啓未及答即於前斬之遣人於崇禮闥殺吏部尚書江湛太祖左細杖主卜天與攻劭於東堂見殺又使人從東閤入殺潘淑妃又殺太祖親信左右數十人急召始興王濬率衆屯中堂又召太尉江夏王義恭尚書令何尚之劭即僞位爲書曰徐湛之江湛弒逆無狀吾勒兵入殿已無所及號惋崩慟肝心破裂今罪人斯得元凶克殄可大赦天下改元嘉三十年爲太初元年文武並賜位二等諸科一依丁卯初使蕭斌作詔斌辭以不文乃使侍中王僧綽爲之使改元爲太初劭素與道育所定弒日舊踰年改元劭以問僧綽僧綽曰晉惠帝即位便改號劭喜而從之百僚至者裁數十人劭便遽即位即位畢稱疾還入永福省然後遷大行皇帝升太極前殿是日以蕭斌爲散騎常侍尚書僕射領軍將軍何尚之爲司空前右衛率檀和之戍石頭侍中營道侯義綦爲征虜將軍晉陵南下邳二郡太守鎮京城尚書殷仲景爲侍中中護軍大行皇帝大歛劭辭疾不敢出先給諸王及諸處兵杖悉收還武庫殺徐湛之江湛親黨新除始興內史荀赤松新除尚書左丞臧凝之山陰令傅僧祐吳令江徽前征北行參軍諸葛詡右衛司馬江文綱以殷仲素爲黄門侍郎王正見爲左軍將軍張超之及諸同逆聞人文子徐興祖詹叔兒陳叔兒任建之等並將校以下龍驤將軍帶郡各賜錢二十萬遣人謂魯秀曰徐湛之常欲相危我已爲卿除之矣使秀與屯騎校尉龐秀之對掌軍隊以侍中王僧綽爲吏部尚書司徒左長史何偃爲侍中成服日劭登殿臨靈號慟不自持博訪公卿詢求治道薄賦輕繇損諸遊費田苑山澤有可弛者假與貧民三月遣大使分行四方分浙以東五郡爲會州省揚州立司隸校尉以殷沖補之以大將軍江夏王義恭爲太保司徒南譙王義宣爲太尉衛將軍荊州刺史始興王濬進號驃騎將軍王僧綽以先預廢立見誅長沙王瑾瑾弟楷臨川王燁桂陽侯覬新諭侯球並以宿恨下獄死禮官希旨謚太祖不敢盡美稱上謚曰中宗景皇帝以雍州刺史臧質爲丹陽尹進世祖號征南將軍加散騎常侍撫軍將軍南平王鑠中軍將軍會稽太守隨王誕會州刺史江夏王義恭以太保領大宗師諮稟之科依晉扶風王故事世祖及南譙王義宣隨王誕諸方鎮並舉義兵劭聞義師大起悉聚諸王及大臣於城內移江夏王義恭住尚書下舍義恭諸子住侍中下省自永初元年以前相國府入齋傳教給使免軍戶屬南彭城薛縣劭下書以中流起兵嘗親率六師觀變江介悉召下番將吏加三吳太守軍號置佐領兵四月立妻殷氏爲皇后世祖檄京邑曰夫運不常隆代有莫大之釁爰自上葉或因多難以成福或階昏虐以兆亂咸由君臣義合理悖恩離故堅冰之遘每鍾澆末未有以道御世教化明厚而當梟鏡反噬難發天屬者也先帝聖德在位功格區宇明照萬國道洽無垠風之所被荒隅變識仁之所動木石開心而賊劭乘藉冢嫡夙蒙寵樹正位東朝禮絕君后凶慢之情發於齠齔猜忍之心成於幾立賊濬險躁無行自幼而長交相倚附共逞奸回先旨以王室不造家難亟結故舍蔽容隱不彰其釁訓誘啓告冀能革音何悟狂慝不悛同惡相濟肇亂巫蠱終行弒逆聖躬離荼毒之痛社稷有翦墜之哀四海崩心人神泣血生民以來未聞斯禍奉諱驚號肝腦塗地煩冤腷臆容身無所大將軍諸王幽閉窮省存亡未測徐僕射江尚書袁左率皆當世標秀一時忠貞或正色立朝或聞逆弗順並橫分階闥懸首都市宗黨夷滅豈伊一姓禍毒所流未知其極昔周道告難齊晉勤王漢歷中圯虛牟立節異姓末屬猶或亡軀況幕府職同昔人義兼臣子所以枕戈嘗膽苟全視息志梟元凶少雪仇耻今命冠軍將軍領咨議中直兵柳元景寧朔將軍領中直兵馬文恭等統勁卒三萬風馳徑造石頭分趨白下輔國將軍領咨議中直兵宗慤等勒甲楯二萬征虜將軍領司馬武昌內史沈慶之等領壯勇五萬相尋就路支軍別統或焚舟破釜步自姑孰或迅檝蕪湖入據雲陽凡此諸帥皆英果權奇智略深贍名震中土勳暢遐疆幕府親董精悍一十餘萬授律枕戈驛繼邁司徒叡哲淵謨赫然震發徵甲八州電起荊郢冠軍將軍臧質忠烈協舉雷動漢陰冠軍將軍朱修之誠節亮款悉力請奮荊雍百萬稍次近塗蜀漢之卒纜已出境又安東將軍誕平西將軍遵考前撫軍將軍蕭思話征虜將軍魯爽前寧朔將軍王玄謨並密信俱到不契同期傳檄三吳馳軍京邑遠近俱發揚於萬里樓艦騰川則滄江霧咽銳甲赴野則林薄摧根謀臣智士雄夫毅卒畜志須時懷憤待用先聖靈

澤結在民心逆順大數冥發天理無父之國天下無之羽檄既馳華夷響會以此衆戰誰能抗禦以此義動何往不捷況逆醜無親人鬼所背計其同惡不盈一旅崇極羣小是與比周哲人君子必加積忌傾海注螢頹山壓卵商周之勢曾何足云諸君或奕世貞賢身缺皇渥或勳烈肺腑休否攸同拘逼凶勢俛眉寇手含憤茹慼不可爲心大軍近次威聲已接便宜因變立功洗雪滓累若事有不獲能背逆歸順亦其次也如有守迷遂往黨一凶類刑茲無赦戮及五宗賞罰之科信如日月原火一燎異物同灰幸求多福無貽後悔書到宣告咸使聞知劭自謂素習武事語朝士曰卿等但助我理文書勿措意戎陳若有寇難吾當自出唯恐賊虜不敢動爾司隸校尉殷沖掌綜文符左衞將軍尹弘配衣軍旅蕭斌總衆事中外戒嚴防守世祖子於侍中下省南譙王義宣諸子於太倉空屋劭使濬與世祖書曰聞弟忽起狂檄阻兵反噬縉紳憤歎義夫激怒古來陵上內侮誰不夷滅弟洞覽墳籍豈不斯具今主上天縱英聖靈武宏發自登宸極威澤兼宣人懷甘死之志物競舍生之節弟蒙眷遇著自少長東宮之權其來如昨而信惑姦邪忘茲恩友此之不義人鬼同疾今水步諸軍悉已備辦上親御六師太保又乘鉞臨統吾與烏羊相尋即道所以淹遲緩電者猶冀弟迷而知返爾故略示懷言不盡意主上聖恩每厚法師今在殿內住想弟欲知消息故及烏羊者南平王鑠法師世祖世子小名也劭欲殺三鎮士庶家口江夏王義恭何尚之說之曰凡舉大事者不顧家口且多是驅逼今忽誅其餘累正足堅彼意爾劭謂爲然乃下書一無所問使褚湛之戍石頭劉思孝鎮東府濬及蕭斌勸劭勒水軍自上決戰若不爾則保據梁山江夏王義恭慮義兵倉卒船舫陋小不宜水戰乃進策曰賊諱小年未習軍旅遠來疲弊宜以逸待之今遠出梁山則京都空弱東軍乘虛容能爲患若分力兩赴則兵散勢離不如養銳待期坐而觀釁劭善其義蕭斌厲色曰南中郎二十年少業能建如此大事豈復可量三方同惡勢據上流沈慶之甚練軍事柳元景宗愨屢嘗立功形勢如此實非小敵唯宜及人情尚可決力一戰端坐臺城何由得久主相咸無戰意此自天也劭不納疑朝廷舊臣悉不爲已用厚接王羅漢魯秀悉以兵事委之多賜珍玩美色以悅其意羅漢先爲南平王鑠右軍參軍劭以其有將用故以心膂委焉或勸劭保石頭城者劭曰昔人所以固石頭俟諸侯勤王爾

我若守此誰當見救唯應力戰決之不然不尅日日自出行軍慰勞將士親督都水治船艦焚南岸驅百姓家悉渡水北使有司奏立子偉之爲皇太子以褚湛之爲後將軍丹陽尹置佐史驃騎將軍始興王濬爲侍中中書監司徒錄尚書六條事中軍將軍南平王鑠爲使持節都督南兗兗青徐冀五州諸軍事征北將軍開府儀同三司南兗州刺史新除左將軍丹陽尹建平王宏爲散騎常侍鎮軍將軍江州刺史龐秀之自石頭先衆南奔人情由是大震以征虜將軍營道侯義綦即本號爲湘州刺史輔國將軍檀和之爲西中郎將雍州刺史十九日義軍至新林劭登石頭烽火樓望之二十一日義軍至新亭時魯秀屯白石劭召秀與王羅漢共屯朱雀門蕭斌統步軍褚湛之統水軍二十二日使蕭斌率魯秀王羅漢等精兵萬人攻新亭壘劭登朱雀門躬自督率將士懷劭重賞皆爲之力戰將克而秀斂軍遽止爲柳元景等所乘故大敗劭又率腹心同惡自來攻壘元景復破之劭走還朱雀門蕭斌臂爲流矢所中褚湛之攜二子與檀和之同共歸順劭駭懼走還臺城其夜魯秀又南奔時江夏王義恭謀據石頭會劭已令濬及蕭斌備守劭並焚京都軍籍置立郡縣悉屬司隸爲民以前軍將軍輔國將軍王羅漢爲左衞將軍輔國如故左軍王正見爲太子左衞率二十五日義恭單馬南奔自東掖門出於冶渚過淮東掖門隊主吳道與是臧質門人冶渚軍主原稱孫是世祖故史義恭得免劭遣騎追討騎至冶渚義恭始得渡淮義恭佐史義故二千餘人隨從南奔多爲追兵所殺遣濬殺義恭諸子以輦迎蔣侯神像於宮內啓顙乞恩拜爲大司馬封鍾山郡王食邑萬戶加節鉞蘇侯爲驃騎將軍使南平王鑠爲祝文罪狀世祖加濬使持節都督南徐會二州諸軍事領太子太傅南徐州刺史給班劍二十人征北將軍南兗州刺史南平王鑠進號驃騎將軍與濬並錄尚書事二十七日臨軒拜息偉之爲太子百官皆戎服劭獨衮衣下書大赦天下唯世祖劉義恭義宣誕不在原例餘黨一無所問先遣太保參軍庾道員外散騎侍郎朱和之又遣殿中將軍燕欽東拒誕五月世祖所遣參軍顧彬之及誕前軍並至曲阿與道相遇與戰大破之劭遣人焚燒都水西裝及左尚方決破柏崗方山埭以絕東軍又悉以上守家之丁巷居者緣淮豎船船爲樓多設大弩又使司隸治中監琅邪郡事羊希柵斷班瀆白石諸水口于時男丁既盡召婦女親役其月三日魯秀等募勇

士五百人攻大航鉤得一船王羅漢副楊恃德命使復航羅漢昏酣作伎聞官軍已渡驚懼放仗歸降緣渚幢隊以次奔散器仗鼓蓋充塞街衢是夜劭閉守六門於門內鑿塹立柵以露車爲樓城內沸亂無復綱紀丹陽尹尹弘前軍將軍孟宗嗣等下及將吏並踰城出奔劭使詹叔兒燒輦及衮冕服蕭斌聞大航不守惶窘不知所爲宣令所統皆使解甲自石頭遣息約詣闕請罪尋戴白幡來降即於軍門伏誅四日太尉江夏王義恭登朱雀門總羣帥遣魯秀薛安都程天祚等直趣宣陽門劭軍主徐興祖羅訓虞丘要兒等率衆來降劭先遣龍驤將軍陳叔兒東討事急召還是日始入建陽門遙見官軍所領並棄仗走劭腹心白直同諸逆先屯閶闔門外並走還入殿天祚與安都副譚金因而乘之即得俱入安都及軍主武念宋越等相繼進臧質大軍從廣莫門入同會太極殿前即斬太子左衞率王正見建平東海等七王並號哭俱出劭穿西垣入武庫井中隊副高禽執之濬率左右數十人與南平王鑠於西明門出俱共南奔於越城遇江夏王義恭濬下馬曰南中郎今何所作義恭曰四海無統百司固請上已俯順羣心君臨萬國又曰虎頭來得無晚乎義恭曰殊當恨晚又曰故當不死耶義恭曰可詣行闕請罪又曰未審猶能賜一職自効不義恭又曰此未可量勒與俱歸於道斬首濬字休明將產之夕有鵩鳥鳴於屋上元嘉十三年年八歲封始興王十六年都督湘州諸軍事後將軍湘州刺史仍遷使持節都督南豫豫司雍并五州諸軍事南豫州刺史將軍如故十七年爲揚州刺史將軍如故置佐領兵十九年罷府二十一年加散騎常侍進號中軍將軍明年濬上言所統吳興郡衿帶重山地多汙澤泉流歸集疏決遲壅時雨未過已至漂沒或方春輟耕或開秋沈稼田家徒苦防遏無方彼邦奧區地沃民阜一歲稱稔則穰被京城時或水潦則數郡爲災頃年以來儉多豐寡雖賑賚周給傾耗囷儲公私之弊方在未已州民姚嶠比通便宜以爲二吳晉陵義興四郡同注太湖而松江滬瀆壅噎不利故處處涌溢浸漬成災欲從武康紵溪開漕谷湖直出海口一百餘里穿渠浛必無閡滯自去踐行量度二十許載去十一年大水已詣前刺史臣義康欲陳此計即遣主簿盛曇泰隨嶠周行互生疑難議遂寢息既事關大利宜加研盡登遺議曹從事史虞長孫與吳興太守孔山士同共履行准望地勢格許高下其川源由歷莫不踐校圖畫形便詳加竿考如

所較量決謂可立尋四郡同患非獨吳興若此浛獲通列邦蒙益不有暫勞無由永晏然興創事大圖始當難今欲且開小漕觀試流勢輒差烏程武康東遷三縣近民即時營作若宜更增廣尋更列言昔鄭國敵將史起畢忠一開其說萬世爲利嶠之所建雖則芻蕘如或非妄庶幾可立從之功竟不立二十三年給鼓吹一部二十六年出爲使持節都督南徐兗二州諸軍事征北將軍開府儀同三司南徐兗二州刺史常侍如故二十八年遣濬率衆城瓜步山解南兗州三十年徙都督荊雍益梁寧南北秦七州諸軍事衞將軍開府儀同三司荊州刺史領護南蠻校尉持節常侍如故濬少好文籍姿質端妍母潘淑妃有盛寵時六宮無主潘專總內政濬人才既美母又至愛太祖甚留心建平王宏侍中王僧綽中書侍郎蔡興宗並以文義往復初元皇后性忌以潘氏見幸遂以恚恨致崩故劭深疾潘氏及濬濬慮將來受禍乃曲意事劭劭與之遂善多有過失屢爲上所詰讓憂懼乃與劭共爲巫蠱及出鎮京口聽將揚州文武二千人自隨優遊外藩甚爲得意在外經年又失南兗於是復願還朝廬陵王紹以疾患解揚州時江夏王義恭外鎮濬謂州任自然歸己而上以授南譙王義宣意甚不悅乃因員外散騎侍郎徐爰求鎮江陵又求助於尚書僕射徐湛之而尚書令何尚之等咸謂濬太子次弟不宜遠出上以上流之重宜有至親故以授濬時濬入朝遣還京爲行留處分至京數日而巫蠱事發時二十九年七月也上惋歎彌日謂潘淑妃曰太子圖富貴更是一理虎頭復如此非復思慮所及汝母子豈可一日無我耶濬小名虎頭使左右朱法瑜密責讓濬辭甚哀切并賜書曰鸚鵡事想汝已聞汝亦何至迷惑乃爾且沈懷遠何人其詎能爲汝隱此耶故使法瑜口宣投筆惋慨濬慚懼不知所答濬還京本暫去上怒不聽歸其年十二月中書侍郎蔡興宗問建平王宏曰歲無復幾征北何當至宏歎息良久曰年內何必還在京以沈懷遠爲長流參軍每夕輒開便門爲微行上聞殺其嬖人楊承先明年正月荊州事方行二月濬還朝十四日臨軒受拜其日藏嚴道育事發明旦濬入謝上容色非常其夕即加詰問濬唯謝罪而已潘淑妃抱持濬泣涕謂曰汝始呪咀事發猶冀刻已思愆何意忽藏嚴道育耶上責汝深至我叩頭乞恩意永不釋今日用活何爲可送藥來當先自取盡不忍見汝禍敗濬奮衣而去曰天下事尋自當判願小寬憂煎必不上累劭入弒之

旦濬在西州府舍人朱法瑜奔告濬曰臺內叫喚宮門皆閉道上傳太子反未測禍變所至濬陽驚曰今當奈何法瑜勸入據石頭濬未得劭信不知事之濟不騷擾未知所爲將軍王慶曰今宮內有變未知主上安危預在臣子當投袂赴難憑城自守非臣節也濬不聽乃從南門出徑向石頭文武從者千餘人時南平王鑠守石頭兵士亦千餘人俄而劭遣張超之馳馬召濬濬屏人問狀卽戎服乘馬而去朱法瑜固止濬濬不從出至中門王慶又諫曰太子反逆天下怨憤明公但當堅閉城門坐食積粟不過三日凶黨自離公情事如此今豈宜去濬曰皇太子令敢有復言者斬旣入見劭勸殺荀赤松等劭謂濬曰潘淑妃遂爲亂兵所害濬曰此是下情由來所願其悖逆乃如此及劭將敗勸劭入海輦珍寶繒帛下船與劭書曰船故未至今曉期當於此下物令畢願速敕謝賜出船艦尼已入臺願與之明日央也臣猶謂車駕應出此不爾無以鎭物情人情離散故行計不果濬書所云尼卽嚴道育也及劭入井高禽於井中牽出之劭問禽曰天子何在禽曰至尊近在新亭將劭至殿前臧質見之慟哭劭曰天地所不覆載丈人何爲見哭質因辨其逆狀答曰先朝當見枉廢不能作獄中囚問計於蕭斌斌見勸如此又語質曰可得爲啓乞遠徙不質答曰主上近在航南自當有處分縛劭於馬上防送軍門旣至牙下據鞍顧望太尉江夏王義恭與諸王皆共臨視之義恭詰劭曰我背逆歸順有何大罪頓殺我家十二兒劭答曰殺諸弟此事負阿父江湛妻庾氏乘車罵之龐秀之亦加誚讓劭厲聲曰汝輩復何煩爾先殺其四子謂南平王鑠曰此何有哉乃斬劭于牙下臨刑歎曰不圖宗室一至於此劭濬及劭四子偉之迪之彬之其一未有名濬三子長文長仁長道竝梟首大航暴尸於市劭妻殷氏賜死於廷尉臨死謂獄丞江恪曰汝家骨肉相殘害何以枉殺天下無罪人恪曰受拜皇后非罪而何殷氏曰此權時爾當以鸚鵡爲后也濬妻褚氏丹陽尹湛之女湛之南奔之始卽見離絕故免於誅其餘子女妾媵竝於獄賜死投劭濬尸首於江其餘同逆及王羅漢等皆伏誅張超之聞兵入遂走至合殿故基正於御床之所爲亂兵所殺割腸刳心臠剖其肉諸將生噉之焚其頭骨當時不見傳國璽問劭云在嚴道育處就取得之道育鸚鵡竝都街鞭殺於石頭四望山下焚其尸揚灰于江毀劭東宮所住齋汙瀦其處封高禽新陽縣男食邑三百戶追贈潘淑妃長寧園夫人置守冢僞司隸校尉殷沖丹楊尹尹弘竝賜死沖爲劭草立符文又妃叔父也弘二月二十一日平旦入直至西掖門聞宮中有變率城內禦兵至閤道下及聞劭入惶怖通啓求受處分又爲劭簡配兵士盡其心力弘天水冀人司州刺史沖弟也爲太祖所委任元嘉中歷太子左右衞率左右衞將軍闕人官爵高下皆以委之

史臣曰甚矣哉宋氏之家難也自赫胥以降立號皇王統天南面未聞斯禍唯荆莒二國棄夏卽戎武靈胡服亦背華典戕賊之釁事起肌膚而因心之重獨止此代難興天屬禍流床第愛敬之道頓滅一時生民得無左衽亦爲幸矣

宋書卷九十九考證

二凶傳濬字休明將產之夕有鵩鳥鳴于屋上○鵩監本誤伏今從南史

不圖宗室一至于此○宗南史作宋

宋書卷一百

梁　沈約　撰

列傳第六十

自序

昔少皡金天氏有裔子曰昧爲玄冥師生允格臺駘臺駘能業其官宣汾洮障大澤以處太原帝顓頊嘉之封諸汾川其後四國沈姒蓐黃沈子國今汝南平輿沈亭是也春秋之時列於盟會定公四年諸侯會召陵伐楚沈子不會晉使蔡伐沈滅之以沈子嘉歸其後因國爲氏自茲以降譜諜罔存秦末有沈逞徵丞相不就漢初逞曾孫保封竹邑侯保子遵自本國還居九江之壽春官至齊王太傅敷德侯遵子達驃騎將軍達子乾尚書令乾子弘南陽太守弘子勗河內守勗子奮御史中丞奮子恪將作大匠恪子謙尚書關內侯謙子靖濟陰太守靖子戎字威卿仕州爲從事說降劇賊尹良漢光武嘉其功封爲海昏縣侯辭不受因避地徙居會稽烏程縣之餘不鄉遂世家焉順帝永建九年分會稽爲吳郡復爲吳郡人靈帝初平五年分烏程餘杭爲永安縣吳孫皓寶鼎二年分吳郡爲吳興郡復爲郡人雖邦邑屢改而築室不遷晉武帝平吳後太康二年改永安爲武康縣史臣七世祖延始居縣東鄉之博陸里餘烏邨王父從官京師義熙十一年高祖賜館于建康都亭里之運巷戎子酆字聖通零陵太守致黃龍芝草之瑞第二子滸字仲高安平相少子景河間相演之慶之曇懷文其後也滸子鸞字建光少有高名州舉茂才公府辟州別駕從事史時廣陵太守陸稠鸞之舅也以義烈政績顯名漢朝復以女妻鸞年二十三早卒子直字仲平州舉茂才亦有清名年二十八卒子儀字仲則少有至行兄瑜十歲儀九歲而父亡居喪過禮毀瘠過於成人外祖會稽盛孝章漢末名士也深加憂傷每撫慰之曰汝竝黃中沖爽終成奇器何爲逾制自取殄滅邪三年禮畢殆至滅性故兄弟竝以孝著瑜早卒儀篤學有雄才以儒素自業時海內大亂兵革竝起經術道弛士少全行而儀淳深隱默守道不移風操貞堅不妄交納唯與族子仲山叔山及吳郡陸公紀友善州郡禮請二府交辟公車徵竝不屈以壽終子憲字元禮左中郎新都都尉定陽侯才志顯於吳朝子矯字仲桓以節氣立名仕爲立武校尉偏將軍封列侯建威將軍新都太守孫皓時有將帥之稱吳平後爲鬱林長沙太守竝不就太康末卒子陵字景高太傅東海王越辟爲從事元帝之爲鎭東將軍命參軍事徐馥作亂殺吳興太守袁琇陵討平之子延字思長桓溫安西參軍潁川太守子賀字子寧桓沖南中郎參軍園袁眞於壽陽遇疾卒子警字世明惇篤有行業學通左氏春秋家世富殖財產累千金仕郡主簿後將軍謝安命爲參軍甚相敬重警內足於財爲東南豪士無仕進意謝病歸安固留不止乃謂警曰沈參軍卿有獨善之志不亦高乎警曰使君以道御物前所以懷德而至旣無用佐時故遂飮啄之願爾還家積載以素業自娛前將軍青兗二州刺史王恭鎭京口與警有舊好復引爲參軍手書殷懃苦相招致不得已而應之尋復謝職子穆夫字彥和少好學亦通左氏春秋王恭命爲前軍主簿與警書曰足下旣執不拔之志高臥東南故屈賢子共事非以吏職嬰之也初錢唐人杜子恭通靈有道術東土豪家及京邑貴望竝事之爲弟子執在三之敬警累世事道亦敬事子恭子恭死門徒孫泰泰弟子恩傳其業警復事之隆安三年恩於會稽作亂自稱征東將軍三吳皆響應穆夫時在會稽恩以爲前部參軍振武將軍餘姚令其年十二月二十八日恩爲劉牢之所破輔國將軍高素於山陰回踵埭執穆夫及僞吳郡太守陸瓌之吳興太守丘尩竝見害函首送京邑事見隆安故事先是宗人沈預素無士行爲警所疾至是警聞穆夫預亂逃藏將免矣預以告官警及穆夫弟仲夫任夫預夫佩夫竝遇害唯穆夫子淵子雲子田子休子虔子獲全淵子字敬深少有志節隨高祖克京城封繁畤縣五等侯參鎭軍車騎中軍事又爲道規輔國征西參軍領寧蜀太守與劉基共斬蔡猛於大薄還爲太尉參軍從征司馬休之與徐逵之同沒時年三十五子正字元直淹詳有器度美風姿善容止好老莊之學弱冠州辟從事宗人光祿大夫演之稱之曰此宗中千里駒也出爲始寧烏傷婁令母憂去職服闋爲隨王誕後軍安南行參軍誕鎭會稽復參安東軍事元嘉三十年元凶弒立分江東爲會州以誕爲刺史誕將受命正說司馬顧琛曰國家此禍開闢未聞今以江東義銳之衆爲天下倡始若馳一介四方誰不響應以此雪朝廷寃恥大明臣子之節豈可北面凶逆使殿下受其僞寵琛曰江東忘戰日久士不習兵雖云逆順不同然彊弱又異當須四方有義舉者然後應之不爲晚也正曰天下若有無父之國則可矣苟其不爾寧可自安讎耻而責義於餘方今正以弒逆寃醜義不同戴舉兵之日豈求必全耶馮衍有言大漢之貴臣將不如荆齊之賤士乎況殿下義兼臣子事實家國者哉琛乃與正俱入說誕誕猶預未決會尋陽義兵起世祖使至誕乃加正寧朔將軍領軍繼劉季之誕入爲驃騎大將軍正爲中兵參軍遷長水校尉孝建元年移青州鎭歷城臨淄地空除寧朔將軍齊北海二郡太守委以全齊之任未拜二年卒時年四十三正生好樂厚自奉養旣終之後家無餘財淵子弟雲子元嘉中爲晉安太守雲子子煥字士蔚少爲駙馬都尉奉朝請元凶之入弒也煥時兼中庶子直坊逼從入臺劭旣自立以爲羽林監辭不拜拜員外散騎侍郎使防南譙王義宣諸子事在義宣傳仍除丞相行參軍員外散騎侍郎南昌令有能名晉平王休祐驃騎中兵記室參軍同僚皆以諂進煥獨不頊之記室參軍周敬祖等爲太宗所責得罪轉煥諮議參軍後廢帝元徽中以爲寧遠將軍交州刺史未至鎭病卒時年四十五田子字敬光雲子弟也從高祖克京城進平京邑參鎭軍軍事封營道縣五等侯義熙五年高祖北伐鮮卑田子領偏師與龍驤將軍孟龍符爲前鋒慕容超屯臨朐以距大軍龍符戰沒田子力戰破之及盧循逼京邑高祖遣田子與建威將軍孫季高由海道襲廣州加振武將軍循黨徐道覆還保始興田

子復與右將軍劉藩同共攻討循尋還廣州圍季高田子慮季高孤危謂藩曰廣州城雖險固本是賊之巢穴今循還圍之或有內變且季高衆力寡弱不能持久若使賊還據此凶勢復振下官與季高同履艱難汎滄海於萬死之中克平廣州豈可坐視危逼不相拯救於是率軍南還比至賊已收其散卒還圍廣州季高單守危迫聞田子忽至大喜田子乃背水結陳身率先士卒一戰破之於是推鋒追討又破循於蒼梧鬱林寧浦還至廣州而季高病死既兵荒之後山賊競出攻沒城郭殺害長吏田子隨宜討伐旬日平殄刺史褚升度至乃還京師除太尉參軍振武將軍淮陵內史賜爵都鄉侯復參世子征虜軍事將軍內史如故八年從討劉毅十一年復從討司馬休之領別軍與征虜將軍趙倫之參征虜軍事振武將軍扶風太守十二年高祖北伐田子與順陽太守傅弘之各領別軍從武關入屯據青泥姚泓欲自禦大軍慮田子襲其後欲先平田子然後傾國東出乃率步軍數萬奄至青泥田子本爲疑兵所領裁數百欲擊之傅弘之曰彼衆我寡難可與敵田子曰師貴用奇不必在衆弘之猶固執田子曰衆寡相傾勢不兩立若使賊圍既固人情喪沮事便去矣及其未整薄之必克所謂先人有奪人之志也便獨率所領鼓而進合圍數重田子撫慰士卒曰諸君捐親戚棄墳墓出矢石之間正希今日爾封侯之業其在此乎乃棄糧毀舍躬勒士卒前後奮擊所向摧陷所領江東勇士便習短兵鼓譟奔之賊衆一時潰散所殺萬餘人得泓僞乘輿服御高祖表言曰參征虜軍事振武將軍扶風太守沈田子率領勁銳背城電激身先士卒勇冠戎陳奮寡對衆所向必摧自辰及未斬馘千數泓喪旗棄衆奔還霸西咸陽空盡義徒四合清蕩餘燼勢在跂踵天子慰勞高祖曰逋寇阻隘晏安假日舉斧函谷規延王誅羣師勤王將離寒暑公躬秉鈇鉞稜威首塗戎輅載脂則郊壘疊卷崤陝甫踐則潼塞開扃姚泓窘逼棄城送死藍田偏師覆之霸川甲首成林俘馘蔽野僞首奔迸華戎雲集積紀逋寇旦夕夷殄長安既平高祖燕于文昌殿舉酒賜田子曰咸陽之平卿之功也卽以咸陽相賞田子謝曰咸陽之平此實聖略所振武臣效節田子何力之有卽授咸陽始平二郡太守大軍既還桂陽公義眞留鎭長安以田子爲安西中兵參軍龍驤將軍始平太守時佛佛來寇田子與安西司馬王鎭惡俱出北地禦之初高祖將還田子及傅弘之等竝以鎭惡家在關中不可保信屢言之高祖高祖曰今留卿文武將士精兵萬人彼若欲爲不善正足自滅勿復多言及俱出北地論者謂鎭惡欲盡殺諸南人以數千人送義眞南還因據關中反叛田子與弘之謀矯高祖令誅之併力破佛佛安關中然後南還謝罪田子宗人沈敬仁驍果有勇力田子於弘之營內請鎭惡計事使敬仁於坐殺之率左右數十人自歸義眞長史王修收殺田子於長安稾倉門外是歲義熙十四年正月十五日也時年三十六田子初以功應封因此事寢高祖表天子以田子卒發狂易不深罪也無子弟林子以第二子亮爲後亮字道明淸操好學善屬文未弱冠州辟從事會稽太守孟顗在郡不法亮糾劾免官又言災異轉西曹主簿時三吳水潦穀貴民饑刺史彭城王義康使立議以救民急亮議以東土災荒民凋穀踊富民蓄米日成其價宜班下所在隱其虛實令積蓄之家聽留一年儲餘皆勒使糶貨爲制平價此所謂常道行於百世權宜用於一時也又緣淮歲豐邑富地穰麥既已登黍粟行就可析其估賦仍就交市三吳饑民卽以貸給使强壯轉運以贍老弱且酒有喉脣之利而非食餌所資尤宜禁斷以思遊費卽竝施行世祖出鎭歷陽行參征虜軍事民有盜發冢者罪所近村民與符伍遭刼不赴救同坐亮議曰尋發冢之情事止竊盜徒以侵亡犯死故同之嚴科夫穿掘之侶必銜枚以晦其迹刼掠之黨必讙呼以威其事故赴凶赫者易應潛密者難且山原爲無人之鄉丘壟非恒塗所踐至於防救不得比之村郭督實效名理與刼異則符伍之坐居宜降矣又刼罰之科雖有同符伍之限而無遠近之斷夫冢無村界當以比近坐之若不域之以界則數步之內與十里之外便應同罹其責防民之禁不可頓去止非之憲宜當其律愚謂相去百步同赴告不時者一歲刑自此以外差不及罰又啟太祖陳府事曰伏見西府兵士或年幾八十而猶伏隸或年始七歲而已從役衰耗之體氣用湮微兒弱之軀肌膚未實而使伏勤昏稚鶩苦傾晚於理既薄爲益實輕書制休老以六十爲限役少以十五爲制若力不周務故當粗存優減詔曰前已令卿兄改革尋值遷回竟是不施行耶今更敕西府也時營創城府功課嚴促亮又陳之曰經始城宇莫非造創基築既廣夫課又嚴不計其勞苟務其速以歲月之事求不日之成比見役人未明土作閉鼓乃休呈課既多理有不逮至於息日拘備關限方涉暑雨多有死病頃日所承亦頗有逃逸竊惟此既內藩事殊外鎭撫莅之宜無繫早晚若得少寬其工課稍均其優劇徒隸既苦易以悅加考其卒功廢闕無幾臣聞不居其職不謀其事庖割有主尸不越樽豈臣疎小所當預議但臣沐恩歲厚服義累世苟是所懷忘其常體詔答曰啟之甚佳此亦由來常患比屢敕之猶復如此甚爲無理近復令孟休宣旨想當不同卿比可密觀其優劇也始興王濬臨揚州復爲主簿秣陵令善擿奸伏有非必禽太祖稱其能入爲尚書都官郎襄陽地接邊關江左來未有皇子重鎭元嘉二十二年世祖出爲撫軍將軍雍州刺史天子甚留心以舊宛北接二關咫尺崤陝蓋襄陽之北扞且表裏彊蠻盤帶疆埸以亮爲南陽太守加揚武將軍邊蠻畏服皆納賦調有數村狡猾亮悉誅之遣吏巡行諸縣孤寡老疾不能自存者皆就蒭養耆年老齒歲時有餼時儒學崇建亮開置庠序訓授生徒民多發冢并婚嫁違法皆嚴爲條禁郡界有古時石堨蕪廢歲久亮籤世祖修治之曰施生興業首教農畝立民崇政訓本播穡故能殷邦康俗禮節用成頃北洛侵蕪南宛彫毀獫狁肆凶犬夷充疆遠肅烽驛近虞郊閈遂使沃衍弗井巨防莫修窘力輟耕闕於分地凶荒無待流冗及今禮化孚內威禁淸外斯實去盜修畝昭農緒稼之時弘圖廣務拓土祈年之日殿下降心育物振民復古且方提封榛棘綏入殊荒竊見郡境有舊石堨區野腴潤實爲神臯而蕪決稍積久廢其利凡管所見謂宜創立昔文翁守官起沃成產偉連撫民開與增業惠昭二邦庸列兩漢雖效政圖功不見所絕聯事惟忝憂同職同闕

又修治馬人陂民獲其利在任四年遷南譙王義宣司空中兵參軍詔曰陝西心膂須才故授卿此職隨王誕鎭襄陽復爲後軍中兵領義成太守亮莅官淸約爲太祖所嘉賜以車馬服玩前後累積每遠方貢獻絕國勳器輒班賚焉又賜書二千卷二十七年卒官時年四十七所著詩賦頌讚三言誄哀辭祭告請雨文樂府挽歌連珠敎記白事牋表籤議一百八十九首林子字敬士田子弟也少有大度年數歲隨王父在京口王恭見而奇之曰此兒王子師之流也與衆人共見遺寶咸爭趨之林子直去不顧年十三遇家禍時雖逃竄而哀號晝夜不絕聲王母謂之曰汝當忍死彊視何爲空自殄絕林子曰家門酷橫無復假日之心直以至讎未復故且苟存爾一門既陷妖黨兄弟竝應從誅逃伏草澤常慮及禍而沈預家甚彊富志相陷滅林子與諸兄晝藏夜出卽貨所居宅塋墓葬父祖諸叔凡六喪儉而有禮時生業已盡老弱甚多東土饑荒易子而食外迫國網內畏彊讎沈伏山草無所投厝時孫恩屢出會稽諸將東討者相續劉牢之高素之徒縱其下虜暴縱橫獨高祖軍政嚴明無所侵犯林子乃自歸曰妖賊擾亂僕一門悉被驅逼父祖諸叔同罹禍難猶復偷生天壤者正以仇讎未復親老漂寄爾今日見將軍伐惡旌善是有道之師謹率老弱歸罪請命因流涕哽咽三軍爲之感動高祖甚奇之謂曰君既是國家罪人彊讎又在鄉里唯當見隨還京可得無恙乃載以別船遂盡室移京口高祖分宅給焉博覽衆書留心文義從高祖剋京城進平都邑時年十八身長七尺五寸沈預慮林子爲害常被甲持戈至是林子與兄田子還東報讎五月夏節日至預正大集會子弟盈堂林子兄弟挺身直入斬預首男女無長幼悉屠之以預首祭父祖墓仍爲本郡所命殺又板爲冠軍參軍竝不就林子以家門荼蓼無復仕心高祖敦逼至彌年不起及高祖爲揚州辟爲從事謂曰卿何由遂得不仕頃年相申欲令萬物見卿此心爾固辭不得已然後就職領建熙令封資中縣五等侯時年二十一義熙五年從伐鮮卑行參鎭軍軍事大軍於臨朐交戰賊遣虎班突騎馳軍後林子率精勇東西奮擊皆大破之慕容超退守廣固復與劉敬宣攻其西隅廣固既平而盧循奄至初循之下也廣固未拔循潛遣使結林子及宗人叔長林子卽密白高祖叔長不以聞反以循旨動林子叔長素驍果高祖以超未平隱之還至廣固乃誅叔長謂林子曰昔魏武在官渡汝兗之士多懷貳心唯李通獨斷大義古今一也循至蔡州貴遊之徒皆議遠徙唯林子請移家京邑高祖怪而問之對曰耿純盡室從戎李典舉宗居魏林子雖才非古人實受恩深重高祖稱善久之林子時領別軍於石頭屢戰摧寇循每戰無功乃僞揚聲當悉衆於白石步上而設伏於南岸故大軍初起白石留林子與徐赤將斷拒查浦林子乃進計曰此言妖詐未必有實宜深爲之防高祖曰石頭城險且淮柵甚固留卿在後足以守之大軍既去賊果上赤將將擊之林子曰賊聲往白石而屢來挑戰其情狀可知矣賊養銳待期而吾衆不盈二旅難以有功今距守此險足以自固若賊僞計不立大軍尋反君何患焉赤將曰今賊悉衆向白石留者必皆羸老以銳卒擊之無不破也便鼓譟而出賊伏兵齊發赤將軍果敗棄軍奔北岸林子率軍收赤將散兵進

戰摧破之徐道覆乃更上銳卒沿塘數里林子策之曰賊沿塘結陣戰者不過一隊今我據其津而阨其要彼雖銳師數里不敢過而東必也於是乃斷塘而開久之會朱齡石救至與林子幷勢賊乃散走大軍至自白石殺赤將以殉以林子參中軍軍事從征劉毅轉參太尉軍事十一年復從討司馬休之高祖每征討林子輒摧鋒居前雖有營部至於宵夕輒勅還內侍賊黨郭亮之招集蠻衆屯據武陵武陵太守王鎮惡出奔林子率軍討之斬亮之於七里澗納鎮惡武陵既平復討魯軌於石城軌棄衆奔襄陽復追躡之襄陽既定權留守江陵十二年高祖領平北將軍林子以太尉參軍復參平北軍事其冬高祖伐羌復參征西軍事悉署三府中兵加建武將軍統軍爲前鋒從汴入河時襄邑降人董神虎有義兵千餘人高祖欲綏懷初附即板爲太尉參軍加揚武將軍領兵從戎林子率神虎攻倉垣尅之神虎伐其功徑還襄邑林子軍次襄邑即殺神虎而撫其衆時僞建威將軍河北太守薛帛先據解縣林子至馳往襲之帛棄軍奔關中林子收其兵糧僞并州刺史河東太守尹昭據蒲坂林子於陜城與冠軍檀道濟同攻蒲坂龍驤王鎮惡攻潼關姚泓聞大軍至遣僞東平公姚紹爭據潼關林子謂道濟曰今蒲坂城堅池深不可旬日而剋攻之則士卒傷守之則引日久不如棄之還援潼關且潼關天阻所謂形勝之地鎮惡孤軍勢危力屈若使姚紹據之則難圖也及其未至當并力爭之若潼關事捷尹昭可不戰而服道濟從之既至紹舉關右之衆設重圍圍林子及道濟鎮惡等時懸師深入糧輸艱遠三軍疑阻莫有固志道濟議欲渡河避其鋒或欲棄捐輜重還赴高祖林子按劒曰相公勤王志清六合許洛已平關右將定事之濟否所係前鋒今捨已捷之形棄垂成之業大軍尚遠賊衆方盛雖欲求還豈可復得下官受命前驅誓在盡命今日之事自爲將軍辦之然二三君子或同業艱難或荷恩罔極以此退撓亦何以見相公旗鼓耶塞井焚舍示無全志率麾下數百人犯其西北紹衆小靡乘其亂而薄之紹乃大潰俘虜以千數悉獲紹器械資實時諸將破賊皆多其首級而林子獻捷書至每以實聞高祖問其故林子曰夫王者之師本有征無戰豈可復增張虛獲以自夸誕國淵以事實見賞魏尚以盈級受罰此亦前事之師表後乘之良轍也高祖曰乃所望於卿也初紹退走還保定城留僞武衛將軍姚鸞精兵守嶮林子銜枚夜襲即屠其城劓鸞而坑其衆高祖賜書曰頻再破賊慶快無譬既屢摧破想不復久爾紹復遣撫軍將軍姚讚將兵屯河上絕水道讚壘塹未立林子邀擊連破之讚輕騎得脫衆皆奔敗紹又遣長史領軍將軍姚伯子寧朔將軍安鸞護軍姚默騾平遠將軍河東太守唐小方率衆三萬屯據九泉憑河固險以絕糧援高祖以通津阻要兵糧所急復遣林子爭據河源林子率太尉行參軍嚴綱竺靈秀卷甲進討累戰大破之即斬伯子默騾小方三級所俘馘及騾馬器械甚多所虜獲三千餘人悉以還紹使知王師之弘兵糧兼儲三軍鼓行而西矣或曰彼去國遠鬪其鋒不可當林子白高祖曰姚紹氣蓋關右而力以勢屈外兵屢敗衰亡協兆但恐凶命先盡不得以釁齊斧爾尋紹忽死可謂天誅於是讚統後事鳩集餘衆復襲林子林子率師禦之旗鼓未交一時披潰讚輕騎遁走既粲高祖至閿鄉姚泓掃境內之民屯兵堯柳時田子自武關北入屯軍藍田泓自率大衆攻之高祖慮衆寡不敵遣林子步自秦嶺以相接援比至泓已摧破兄弟復共追討泓乃舉衆奔霸西田子欲窮追進取長安林子止之曰往取長安如指掌爾復尅賊城便爲獨平一國不賞之功也田子乃止復參相國事總任如前林子威聲遠聞三輔震動關中豪右望風請附西州人李焉等竝求立功孫妲羌雜夷及姚泓親屬盡相率歸林子高祖以林子綏略有方頻賜書褒美并令深慰納之長安既平殘羌十餘萬口西奔隴上林子追討至寡婦水轉鬬達于槐里尅之俘獲萬計大軍東歸林子領水軍於石門以爲聲援還至郡高祖器其才智不使出也故出仕以來便管軍要自非戎軍所指未嘗外典焉後太祖出鎮荆州議以林子及謝晦爲蕃佐高祖曰吾不可頓無二人林子行則晦不宜出乃以林子爲西中郎中兵參軍領新興太守林子思議弘深有所陳畫高祖未嘗不稱善大軍還至彭城林子以行役既久士有歸心深陳事宜并言聖王所以戒慎祗肅非以崇威立武寔乃經國長民宜廣建蕃屏崇嚴宿衛高祖深相訓納俄而謝翼謀反高祖歎曰林子之見何其明也太祖進號鎮西隨府轉加建威將軍河東太守時高祖以二虜侵擾復欲親戎林子固諫高祖答曰吾輒當不復自行高祖踐阼以佐命功封漢壽縣伯食邑六百戶固讓不許傅亮與林子書曰班爵疇勳歷代常典封賞之發簡自帝心主上委寄之懷實參休否誠心所期同國榮戚政復是卿諸人共弘建內外爾足下雖存挹退豈得獨爲君子邪除府諮議參軍將軍太守如故尋召暫下以中兵局事副錄事參軍王華上以林子清公勤儉賞賜重疊皆散於親故家無餘財未嘗問生產之事中表孤貧悉歸焉遭母憂還東葬乘輿躬幸信使相望葬畢詔曰軍國多務內外須才前鎮西諮議建威將軍河東太守沈林子不得遂其情事可起輔國將軍林子固辭不許賜墨詔朔望不復還朝每軍國大事輒詢問焉時領軍將軍謝晦任當國政晦每疾寧輒攝林子代之林子居喪至孝高祖深相憂愍頃之有疾上以林子孝性不欲使哭泣減損逼與入省日夕撫慰救諸公曰其至性過人卿等數慰視之小差乃出上尋不豫被勅入侍醫藥會疾動還外永初三年薨時年四十六羣公知上深相矜重恐以實啓必有損慟每見呼問輒答疾病還家或有中旨亦假爲其答高祖尋崩竟不知也賜東園祕器朝服一具衣一襲錢二十萬布二百疋詔曰故輔國將軍沈林子器懷貞審忠績允著才志未遂傷悼在懷可追贈征虜將軍有司率常典也元嘉二十五年謚曰懷伯林子簡泰廉靖不交接世務義讓之美著於閨門雖在戎旅語不及軍事所著詩賦讚三言箴祭文樂府表牋書記白事啓事論老子一百二十一首太祖後讀林子集歎息曰此人作公應繼王太保子邵嗣邵字道輝美風姿涉獵文史襲爵駙馬都尉奉朝請太祖以舊恩召見入拜便流涕太祖亦悲不自勝會彊弩將軍缺上詔錄尚書彭城王義康曰沈邵人身不惡吾與林子周旋異常可以補選事見宋文帝中詔於是拜彊弩將軍出爲鍾離太守在郡有惠政夾淮人民慕其化遠近莫不投集郡先無市時江夏王義恭爲南兗州啓太祖置立焉事見宋文帝中詔義恭又啓太祖曰盱眙太守劉顯眞求自解說邵往莅任有績彰於民聽若重授盱眙足爲良二千石上不許曰其願還經年方復作此流遷必當大罔罔也事見宋文帝中詔上勅州辟邵弟亮邵以從弟正蚤孤乞移恩於正上嘉而許之在任六年入爲衡陽王義季右軍中兵參軍始興王濬初開後軍府又爲中兵義季在江陵安西府中兵久缺啓太祖求人上答曰稱意才難得沈邵雖未經軍事既是腹心作鍾離郡及在後軍府房中甚修理或欲遣之其事不果事見宋文帝中詔入爲通直郎時上多行幸還或侵夜邵啓事陳論即爲簡田前後密陳政要上皆納用之深相寵待晨夕兼侍每出游或勅同輦時車駕祀南郊特詔邵兼侍中負璽代眞官陪乘大將軍彭城王義康出鎮豫章申謨爲中兵參軍掌城防之任廬陵王紹爲江州以邵爲南中郎府錄事參軍行府州事事未行會謨丁艱邵代謨爲大將軍中兵加寧朔將軍事見宋文帝中詔邵南行上遂相任委不復選代仍兼錄事領城局後義康被廢邵改爲廬陵王紹南中郎參軍將軍如故義康徙安成邵復以本號爲安成相在郡以寬和恩信爲南土所懷郡民王孚有學業志行見稱州里邵莅任未幾而孚卒邵贈以孝廉板教曰前文學主簿王孚行絜業淳棄華息競志學修道老而彌篤方授右職不幸暴亡可假孝廉檄薦以特牲緬想延陵以遂本懷邵慰郵孤老勸課農桑前後累蒙賞賜邵疾病使命累續遣御醫上藥異味遠珍金帛衣裘相望不絕元嘉二十六年卒時年四十三上甚相痛悼子侃嗣官至山陽王休祐驃騎中兵參軍南沛郡太守侃卒子整應襲爵齊受禪國除璞字道眞林子少子也童孺時神意閑審有異於衆太祖問林子聞君小兒器質不凡甚欲相識林子令璞進見太祖奇璞應對謂林子曰此非常兒年十許歲智度便有大成之姿好學不倦善屬文時有億識之功尤練究萬事經耳過目人莫能欺之居家精理姻族貧賴弱冠吳興太守王韶之再命不就張邵臨郡又命爲主簿除南平王左常侍太祖引見謂曰吾昔以弱年出蕃卿家以親要見輔今日之授意在不薄王家之事一以相委勿以國官乖淸塗爲罔罔也元嘉十七年始興王濬爲揚州刺史寵愛殊異以爲主簿時順陽范曄爲長史行州事曄性頗疎太祖召璞謂曰神畿之政既不易理濬以弱年臨州萬物皆屬耳目賞罰得失特宜詳慎范曄性疎必多不同卿腹心所寄當密以在意彼雖行事其實委卿也璞以任遇既深乃夙夜匪懈其有所懷輒以密啓每至施行必從中出曄正謂濬雖曰親覽州事一以付璞太祖從容謂始興王曰沈璞奉時無纖介之失在家有孝友之稱學優才贍文義可觀而沈深守靜不求名譽甚佳汝但應委之以事乃宜引與晤對濬既素加賞遇又敬奉此旨璞嘗作舊宮賦久而未畢濬與璞疏曰卿嘗有速藻舊宮何其淹耶想行就爾璞因事陳答辭義可觀濬重敎曰卿沈思淹日向聊相敦還白斐然遂兼紙翰昔曹植有言下筆成章良謂逸才贍藻誇其辭說以今況之方知其信執省躊躇三復不已吾遠慙楚元門盈申白之賓近愧梁孝

庭列枚馬之客欣悉交王諒唯探矣薄因末牘以代一面又與主簿顧邁孔道存書曰沈璞淹思踰歲卿研慮數旬瓌麗之美信同在昔向聊問之而遠答累翰辭藻豔逸致慰良多既欣股肱備此髦楚還慙于躬無德而稱復裁少字宣志於璞聊因尺紙使卿等具知厥心（此書眞本猶存）濬年既長璞固求辭事上雖聽許而意甚不悅以璞爲濬始興國大農尋除秣陵令時天下殷實四方輻輳京邑二縣號爲難治璞以淸嚴制下端平待物姦吏斂手猾民知懼其閭里少年博徒酒客或財利爭鬬妄相誣引前後不能判者璞皆知其名姓及巧詐緣由探擿是非各標證據或辨甲有以知乙或驗東而西事自顯莫不厭伏有如神明以疾去職太祖厚加存問賞賜甚厚濬出爲南徐州謂璞曰濬既出蕃卿故當臥而護之與濬詔曰沈璞累年主簿又經國卿雖未嘗爲行佐今故當正參軍耶若爾正當署餘曹兼房任不爾便宜行佐正署中兵恐於選體如不多爾（事見宋文帝中詔）乃爲正佐俄遷宣威將軍盱眙太守時王師北伐彭汴無虞璞以彊寇對陣事未可測郡守淮隅道當衝要乃修城壘浚重隍聚財石積鹽米爲不可勝之算衆咸不同朝旨亦謂爲過俄而賊大越逸索虜大帥託跋燾自率步騎數十萬陵踐六州京邑爲之騷懼百守千城莫不奔駭腹心勸璞還京師璞曰若賊大衆不盼小城故無所懼若肉薄來攻則成禽也諸軍何嘗見數十萬人聚在一處而不敗者昆陽合淝前事之明驗此是吾報國之秋諸軍封侯之日衆既見璞神色不異老幼在焉人情乃定收集得二千精手謂諸將曰足矣但恐賊不過爾賊既濟淮諸軍將帥毛遐祚胡崇之臧證之等爲虜所覆無不殄盡唯輔國將軍臧質挺身走收散卒千餘人來向城衆謂璞曰若不攻則無所事衆若其來也城中止可容見力爾地狹人多鮮不爲患且敵衆我寡人所共知雖云攻守不同故當粗量彊弱知難而退亦用兵之要若以今衆法能退敵完城者則全功在我若宜避賊歸都會資舟檝則更相蹂踐正足爲患今閉門勿受不亦可乎璞歎曰不然賊不能登城爲諸君保之舟檝之計固已久息賊之殘害古今之未有屠剝之刑衆所共見其中有福者不過得驅還北國作奴婢爾彼雖烏合寧不憚此耶所謂同舟而濟胡越不患異心也今人多則退速人少則退遲吾寧欲專功緩賊乎乃命開門納質質見城隍阻固人情輯和鮭米豐盛器械山積大喜衆皆稱萬歲及賊至四面蟻集攻城璞與質隨宜應拒攻守三旬殄其太半燾乃遁走有議欲追之者璞曰今兵士不多又非素附雖固守有餘未可以言戰也但可整舟艦示若欲渡岸者以速其走計不須實行咸以爲然臧質以璞城主使自上露板璞性謙虛推功於質既不自上質露板亦不及焉太祖嘉璞功效遣中使深相褒美太祖又別詔曰近者險急老弱殊當憂迫耶念卿爾時難爲心想百姓流轉已還此遺部運尋至委卿量所贍濟也始興王濬亦與璞書曰狡虜狂凶自送近服僞將帥斃曾長傷殘實天威所喪卿諸人忠勇之効也吾忝過無素致境無民瘠負乘之愧允當其責近乞退謝愆不蒙垂許故以報卿宣城大守王僧達書與璞曰足下何如想館舍正安士馬無恙離析有時音旨無日憂詠沈吟增其勞望間者獯獫扈橫掠剝邊鄙郵販絕塵坰介靡達瞻江眄淮眇然千里吾聞涇陽梗棘伊滑荐遭鳥集紘絕患深自古承知廼昔寇苦城境勝冑朝食伍甲宵舍烽鼓交警羽鏑驟合而足下砥兵礪伍總厲豪彥師請一奮氓無貳情遂能固孤城覆嚴對陷死地覿生光古之田孫何以尚茲商驛始通粗知梗槩崇讚膽智嘉賀文猛甚善甚善吾近以戎暴橫斥規効情命收軀落簪星舍京里既獲遄至胡馬卷迹支離霑德復繼前緒行葺之懽實協初慮但乖塗重隔顧增慨涕比恆疾臥憂委兼疊裁書送想無數久懷徵還淮南太守賞賜豐厚日夕讌見朝士有言璞功者上曰臧質姻戚又年位在前盱眙元功當以歸之沈璞每以謙自牧唯恐賞之居前此士燮之意也時中書郎缺尚書令何尚之領吏部舉璞及謝莊陸展事不行（事見文帝中詔凡中詔今悉在臺緒法書典書也）三十年元凶弒立璞乃號泣曰一門蒙殊常之恩而逢若斯之運悠悠上天此何人哉日夜憂歎以至動疾會二凶逼令送老弱還都璞性篤孝尋聞尊老應幽執輒哽咽不自勝疾遂增篤不堪遠迎世祖義軍至界首方得致身先是琅邪顏竣欲與璞交不酬其意竣以致恨及世祖將至都方有讒說以璞奉迎之晚橫罹世難時年三十八所著賦頌讚祭文誄七弔四五言詩牋表皆遇亂零失今所餘詩筆雜文凡二十首璞有子曰（闕）伯玉字德潤虔子子也溫恭有行業能爲文章少除世祖武陵國侍郎轉右常侍南中郎行參軍自國入府以文義見知文章多見世祖集世祖踐祚除員外散騎郎不拜左衛顏竣請爲司馬出補句容令在縣有能名復爲江夏王義恭太宰行參軍與奉朝請謝超宗何法盛校書東宮復爲餘姚令還爲衛尉丞世祖舊臣故佐普皆升顯伯玉自守私門朔望未嘗問訊顏師伯戴法興等並有蕃邸之舊一不造問由是官次不進上以伯玉容狀似畫圖仲尼像常呼爲孔丘舊制車駕出行衛尉丞直門常戎服張永謂伯玉曰此職乖卿志王景文亦與伯玉有舊常陪輦出指伯玉白上孔丘奇形容上於是特聽伯玉直門服玄衣出爲晉安王子勛前軍行參軍侍子勛讀書隨府轉鎭軍行佐前廢帝時王景文領選謂子勛典籤沈光祖曰鄧琬一旦爲長史行事沈伯玉先帝在蕃（闕）佐今猶不改民生定不應佳戴法興聞景文此言乃轉伯玉爲參軍事子勛初起兵轉府功曹及卽僞位以爲中書侍郎初伯玉爲衛尉丞太宗爲衛尉共事甚美及子勛敗伯玉下獄見原猶以在南無誠被責除南臺御史尋轉武陵國詹事又轉大農母老解職貧薄理盡閑臥一室自非弔省親舊不嘗出門司徒袁粲司空褚淵深相知賞選爲永世令轉在永興皆有能名廢帝元徽三年卒時年五十七伯玉性至孝奉親有聞未嘗妄取於人有物輒散之知故溫雅有風味和而能辨與人共事皆爲深交弟仲玉泰始末爲寧朔長史蜀郡太守益州刺史劉亮卒仲玉行府州事巴西李承明爲亂仲玉遣司馬王天生討平之廢帝詔以爲安成王撫軍中兵參軍加建威將軍沈攸之請爲征西諮議未拜卒史臣年十三而孤少頗好學雖棄日無功而伏膺不改常以晉氏一代竟無全書年二十許便有撰述之意泰始初征西將軍蔡興宗爲啓明帝有勑賜許自此迄今年逾二十所撰之書凡一百二十卷條流雖舉而採掇未周永明初遇盜失第五袟建元四年未終被勑撰國史永明二年又奏兼著作郎撰次起居注自茲王役無暇搜撰五年春又被勑撰宋書六年二月畢功表上之曰臣約言臣聞大禹刊木事炳虞書西伯戡黎功煥商典伏惟皇基積峻帝烈弘深樹德往朝立勳前代若不觀風唐世無以見帝媯之美自非覩亂秦餘何用知漢祖之業是以掌言未記爰動天情曲詔史官追述大典臣實庸妄文史多闕以茲不才對揚盛旨是用夕惕載懷忘其寢食者也臣約頓首死罪竊惟宋氏南面承歷統天雖世窮八主年減百載而兵車亟動國道屢屯垂文簡牘事數繁廣若夫英主啓基名臣建績拯世夷難之功配天光宅之運亦足以勒銘鍾鼎昭被方策及虐后暴朝前王罕二國釁家禍曠古未書又可以式規萬葉作鑒于後宋故著作郎何承天始撰宋書草立紀傳止於武帝功臣篇牘未廣其所撰志唯天文律歷自此外悉委奉朝請山謙之謙之孝建初又被詔撰述尋值病亡仍使南臺侍御史蘇寶生續造諸傳元嘉名臣皆其所撰寶生被誅大明中又命著作郎徐爰踵成前作爰因何蘇所述勒爲一史起自義熙之初訖于大明之末至於臧質魯爽王僧達諸傳又皆孝武所造自永光以來至於禪讓十餘年內闕而不續一代典文始末未舉且事屬當時多非實錄又立傳之方取捨乖衷進由時旨退傍世情垂之方來難以取信臣今謹更創立製成新史始自義熙肇號終於昇明三年桓玄譙縱盧循馬魯之徒身爲晉賊非關後代吳隱謝混郗僧施義止前朝不宜濫入宋典劉毅何無忌魏詠之檀憑之孟昶諸葛長民志在興復情非造宋今竝刊除歸之晉籍臣遠愧南董近謝遷固以閩閻小才述一代盛典屬辭比事望古慙良鞠躬跼蹐䩄汗亡厝本紀列傳繕寫已畢合志表七十卷臣今謹奏呈所撰諸志須成續上謹條目錄詣省拜表奏書以聞臣約誠惶誠恐頓首頓首死罪死罪

宋書卷一百考證

自序高祖深相訓納○訓疑當作訓

諸軍將帥毛遐祚胡崇之臧證之等○臧質傳遐祚作熙祚證之作澄之

璞有子曰（闕）伯玉字德潤虔子子也○臣承蒼按梁書沈約傳云父淮南太守璞南史約傳前半篇悉依約自序其序璞事後亦云有子曰約是所闕之字卽爲約字無疑第約自序于璞有子曰約之後復序伯玉兄弟事忽接云史臣年十三而孤壹似有意錯互其辭令人不可曉者昔裴子野作宋畧書云戮淮南太守璞以其不從義師故也約懼徒跣謝罪請兩釋焉今約所自序固未必盡實然且下筆羞澀如此

廢帝元徽三年○廢字上一本有後字

永明二年又奏兼著作郎撰次起居注自茲王役無暇搜撰五年春又被勅撰宋書六年二月畢功表上之○臣承蒼按沈約自序宋書成于齊武帝永明六年今刻本題曰梁沈約撰蓋要其終而命之爲梁臣非言此書爲梁時書也

侍讀學士臣萬承蒼謹言齊永明中太子家令兼著作郎沈約受勅撰宋書踰年上之本紀十志三十列傳六十凡一百卷書成於齊代而題曰梁沈約撰者以約仕終於梁從隋書經籍志之舊也伏見唐虞三代之時聖人在位不獨公卿皆賢卽爲史臣者亦能深知道德之意足以發揚至治垂教無窮漢之司馬遷班固猶明此義魏晉而下風斯泯矣宋高祖以英雄之姿建功晉室顧其志急於改步非有深仁厚澤漸漬人心累世相承法制不立帝子甫離襁褓卽典方州所任臣僚多取世族治民統軍罕得其道其後轉相猜忌偏信小人遂至不振而當時史官若何承天蘇寶生徐爰之徒率非其人約以貪榮嗜利之心逞其浮靡之習歲月未久遽成此書大抵因何徐舊本而稍更益之永光以後不免遷就以合時君之旨雖自謂創立新史取舍是非未必皆當又況其喜造奇說以誣前代如王邵之所譏者耶姚察稱其高才博洽名亞遷董要非此書定論然自晉義熙至宋昇明七十四年之事迹祖在於是不可以無傳也趙宋嘉祐中以宋齊梁陳魏北齊周書舛繆殘缺始詔館職校讐治平中曾鞏校定南齊梁陳三書上之劉恕等上後魏書王安國上周書而校宋書者不著其名今書第四十六卷末附載臣穆所記一條論到彥之傳之闕辨趙倫之王懿張邵三傳之非約書臣考宋史言鄭穆在館閣三十年書編校集賢院書籍當卽其人然第舉三傳中稱帝號魏主證其與南史同體而張邵傳不避武帝廟諱重出張暢傳皆畧不及則其考據亦不可謂精也故七史之中惟宋書最多訛謬其所從來久矣臣等奉
勅校勘是編訪求裴子野宋略二十卷鮑衡卿王琰宋春秋各二十卷皆已不傳自監本而外惟虞山毛晉所刻汲古閣本差可參攷又得文淵閣所藏南監舊本字畫磨滅間有與諸本異者敬謹參校詳求厥中擇其合者錄爲正本其或字雖互異義可兼通仍從監本舊文別爲宋書考證若干條附於各卷之後當時文人遺集及所見他書有可相發明者亦間採焉至若諸本悉誤無可據依姑闕所疑不敢擅改臣承蒼等見聞寡陋辭意淺膚叱墨濡毫戰汗交集謹言

原任詹事臣陳浩侍講學士臣萬承蒼庶子臣朱
良裘編修臣孫人龍臣李龍官博士臣張永祚拔
貢生臣葉環臣費應泰臣楊茂遷臣蕭梅
奉
勅恭校刊

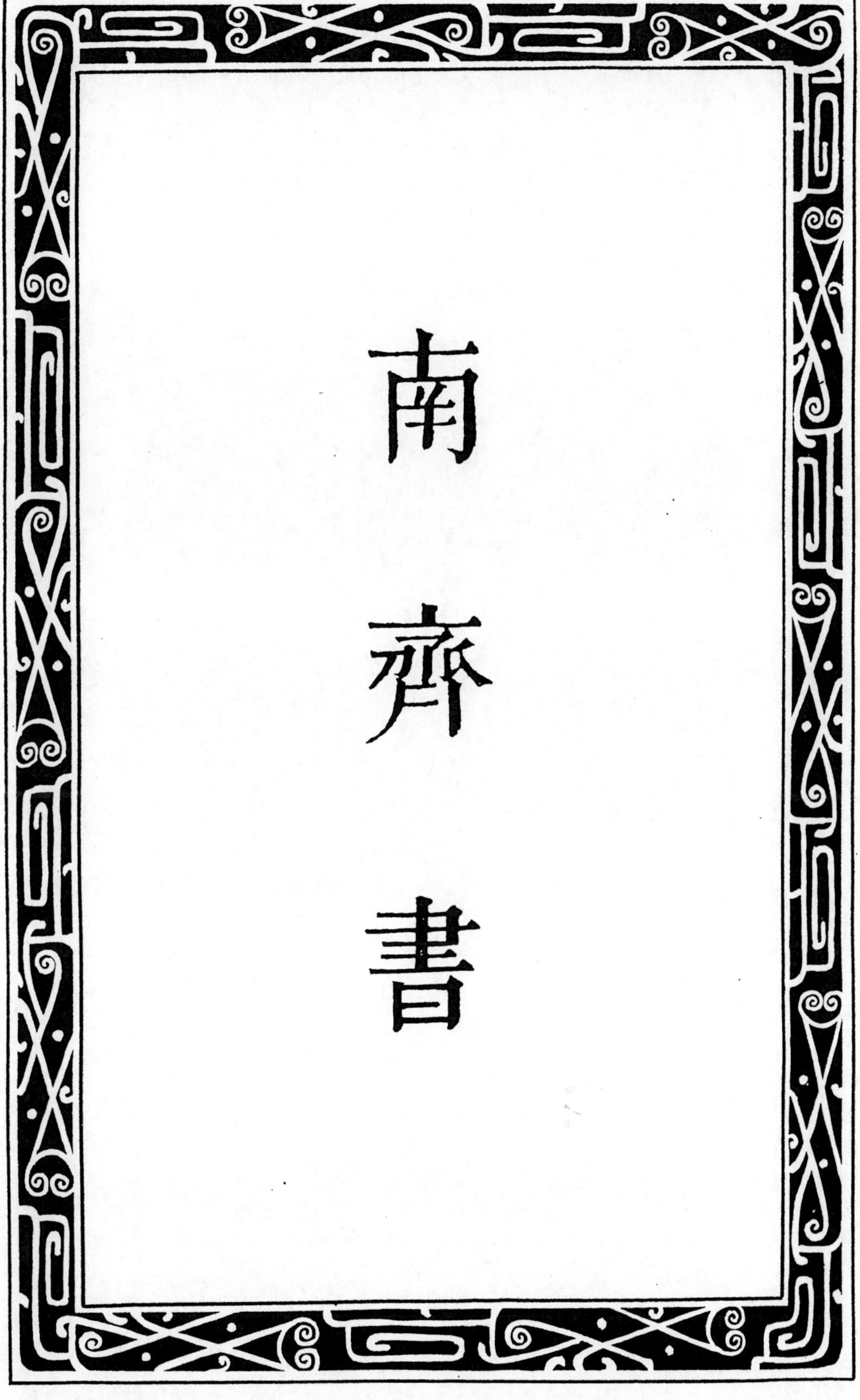

南齊書

南齊書序

南齊書八紀十一志四十列傳合五十九篇梁蕭子顯撰始江淹已爲十志沈約又爲齊紀而子顯自表武帝別爲此書臣等因校正其訛謬而敘其篇目曰將以是非得失興壞理亂之故而爲法戒則必得其所託而後能傳於久此史之所以作也然而所託不得其人則或失其意或亂其實或析理之不通或設辭之不善故雖有殊功韙德非常之迹將闇而不章鬱而不發而檮杌嵬瑣姦回凶慝之形可幸而掩也嘗試論之古之所謂良史者其明必足以周萬事之理其道必足以適天下之用其智必足以通難知之意其文必足以發難顯之情然後其任可得而稱也何以知其然邪昔者唐虞有神明之性有微妙之德使由之者不能知知之者不能名以爲治天下之本號令之所布法度之所設其言至約其體至備以爲治天下之具而爲二典者推而明之所記者豈獨其迹邪并與其深微之意而傳之小大精粗無不盡也本末先後無不白也使誦其說者如出乎其時求其指者如卽乎其人是可不謂明足以周萬事之理道足以適天下之用智足以通難知之意文足以發難顯之情者乎則方是之時豈特任政者皆天下之士哉蓋執簡操筆而隨者亦皆聖人之徒也兩漢以來爲史者去之遠矣司馬遷從五帝三王既歿數千載之後秦火之餘因散絶殘脱之經以及傳記百家之說區區掇拾以集著其善惡之迹興廢之端又創已意以爲本紀世家八書列傳之文斯亦可謂奇矣然而蔽害天下之聖法是非顚倒而采摭謬亂者亦豈少哉是豈可不謂明不足以周萬事之理道不足以適天下之用智不足以通難知之意文不足以發難顯之情者乎夫自三代以後爲史者如遷之文亦不可不謂儁偉拔出之材非常之士也然顧以謂明不足以周萬事之理道不足以適天下之用智不足以通難知之意文不足以發難顯之情者何哉蓋聖賢之高致遷固有不能純達其情而見之於後者矣故不得而與之也遷之得失如此況其他邪至於宋齊梁陳後魏後周之書蓋無以議爲也子顯之於斯文喜自馳騁其更改破析刻彫藻績之變尤多而其文益下豈夫材固不可以强而有邪數世之史既然故其事迹曖昧雖有隨世以就功名之君相與合謀之臣未有赫然得傾動天下之耳目播天下之口者也而一時偷奪傾危悖理反義之人亦幸而不暴著於世豈非所託不得其人故邪可不惜哉蓋史者所以明夫治天下之道也故爲之者亦必天下之材然後其任可得而稱也豈可忽哉豈可忽哉臣恂臣寶臣臣穆臣藻臣洙臣覺臣彥若臣鞏謹敘目錄昧死上

南齊書目錄

梁　蕭　子　顯　撰

凡五十九卷

本紀八卷

志一十一卷

列傳四十卷

南齊書卷一

梁　蕭　子　顯　撰

本紀第一

高帝上

太祖高皇帝諱道成字紹伯姓蕭氏小諱鬬將漢相國蕭何二十四世孫也何子酇定侯延生侍中彪彪生公府掾章章生皓皓生仰仰生御史大夫望之望之生光祿大夫育育生御史中丞紹紹生光祿勳閎閎生濟陰太守闡闡生吳郡太守永永生中山相苞苞生博士周周生蛇丘長矯矯生州從事逵逵生孝廉休休生廣陵

府丞豹豹生太中大夫裔裔生淮陰令整整生即丘令儁儁生輔國參軍樂子宋昇明二年九月贈太常生皇考諱何居沛侍中彪兒官居東海蘭陵縣中都鄉中都里晉元康元年分東海爲蘭陵郡中朝亂淮陰令整字公齊過江居晉陵武進縣之東城里寓居江左者皆僑置本土加以南名於是爲南蘭陵蘭陵人也皇考諱承之字嗣伯少有大志才力過人宗人丹陽尹摹之北兗州刺史源之並見知重初爲建威府參軍義熙中蜀賊譙縱初平皇考遷揚武將軍安固汶山二郡太守善於綏撫元嘉初徙爲武烈將軍濟南太守七年右將軍到彥之北伐大敗虜乘勝破靑部諸郡國別帥安平公乙旃眷寇濟南皇考率數百人拒戰退之虜衆大集皇考使偃兵開城門衆諫曰賊衆我寡何輕敵之甚皇考曰今日懸守窮城事已危急若復示弱必爲所屠惟當見彊待之耳虜疑有伏兵遂引去靑州刺史蕭思話欲委鎭保險皇考固諫不從思話失據潰走明年征南大將軍檀道濟於壽張轉戰班師滑臺陷沒兗州刺史竺靈秀抵罪宋文帝以皇考有全城之功手書與都督長沙王義欣曰承之理民直亦不在武幹後今擬爲兗州刺史檀征南詳之皇考與道濟無素故事遂寢遷輔國鎭北中兵參軍員外郎十年蕭思話爲梁州刺史皇考爲其橫野府司馬漢中太守氐帥楊難當寇漢川梁州刺史甄法護棄城走思話至襄陽不進皇考輕軍前行攻氐僞魏興太守薛健於黃金山尅之黃金山張魯舊戍南接漢川北枕驛道險固之極健旣潰散皇考卽據之氐僞梁秦二州刺史趙溫先據州城聞皇考至退據小城薛健退屯下桃城立柴營皇考引軍與對壘相去二里健與僞馮翊太守蒲早子悉力出戰皇考大破之健等閉營自守不敢出思話繼至賊乃稍退皇考進至峨公山爲左衞將軍沙州刺史呂平大衆所圍積日建武將軍蕭汪之平西督護段虯等至表裏奮擊大破之難當又遣息和領步騎萬餘人夾漢水兩岸援趙溫攻逼皇考相拒四十餘日賊皆衣犀甲刀箭不能傷皇考命軍中斷槊長數尺以大斧撾其後賊不能當乃焚營退皇考追至南城衆軍自後而進連戰皆捷梁州平詔曰承之稟命先驅蒙險深入全軍屢剋奮其忠果可龍驤將軍隨府轉寧朔司馬太守如故入爲太子屯騎校尉文帝以平氐之勞靑州缺將欲授用彭城王義康秉政皇考不附乃轉爲江夏王司徒中兵參軍龍驤將軍南泰山太守封晉興縣五等男邑三百四十戶遷右軍將軍元嘉二十四年殂年六十四梁士民思之於峨公山立廟祭祀昇明二年贈散騎常侍金紫光祿大夫太祖以元嘉四年丁卯歲生姿表英異龍顙鍾聲鱗文遍體儒士雷次宗立學於雞籠山太祖年十三受業治禮及左氏春秋十七年宋大將軍彭城王義康被黜鎭豫章皇考領兵防守太祖舍業南行十九年竟陵蠻動文帝遣太祖領偏軍討沔北蠻二十一年伐索虜至丘檻山並破走二十三年雍州刺史蕭思話鎭襄陽啓太祖自隨戍沔北討樊鄧諸山蠻破其聚落初爲左軍中兵參軍二十七年索虜圍汝南戍主陳憲臺遣寧朔將軍臧質安蠻司馬劉康祖救之文帝使太祖宣旨授節度聞虜主拓跋燾向彭城質等回軍救援至盱眙太祖與質別軍主胡宗之等五軍步騎數千人前驅燾已潛過淮卒相遇於莞山下合戰敗績緣淮奔退宗之等皆陷沒太祖還就質固守爲虜所攻圍甚危急事寧還京師二十九年領偏軍征仇池梁州西界舊有武興戍晉隆安中沒屬氐武興西北有蘭皐戍去仇池二百里太祖擊二壘皆破之遂從谷口入關未至長安八十里梁州刺史劉秀之遣司馬馬注助太祖攻談堤城拔之虜僞河間公奔走虜救兵至太祖軍力疲少又聞文帝崩乃燒城還南鄭襲爵晉興縣五等男孝建初除江夏王大司馬參軍隨府轉太宰遷員外郎直閤中書舍人西陵王撫軍參軍建康令新安王子鸞有盛寵僴選僚佐爲北軍中郎中兵參軍陳太后憂起爲武烈將軍復爲建康令中兵如故景和世除後軍將軍值明帝立爲右軍將軍時四方反叛會稽太守尋陽王子房及東諸郡皆起兵明帝加太祖輔國將軍率衆東討至晉陵與賊前鋒將程扞孫壘躍等戰一日破賊十二壘分軍定諸縣晉陵太守袁摽棄城走東境諸城相繼奔散徐州刺史薛安都反彭城從子索兒寇淮陰山陽太守程天祚舉城叛徐州刺史申令孫又降徵太祖討之時太祖平東賊還又將南討出次新亭前軍已發而索兒自睢陵渡淮馬步萬餘人擊殺臺軍主孫耿縱兵逼前軍張永營告急明帝聞賊渡遽追太祖往救之屯破釜索兒向鍾離永遣寧朔將軍王寬據盱眙過其歸路索兒擊破臺軍主高道慶走之於石鼈將西歸王寬與軍主任農夫先據白鵠澗張永遣太祖馳督寬索兒東要擊太祖使不得前太祖鼓行結陣直入寬壘索兒望見不敢發經數日索兒引軍頓石梁太祖追之至葛冢候騎還云賊至太祖乃頓軍引管分兩馬軍夾營外以待之俄頃賊馬步奄至又推火車數道攻戰相持移日乃出輕兵攻賊西使馬軍合擊其後賊衆大敗追奔獲其器仗進屯石梁澗北索兒夜遣千人來斫營營中驚太祖臥不起宣令左右案部不得動須臾賊散太祖議欲於石梁西南高地築壘通南道斷賊走路索兒果來爭之太祖率軍擊破之賊馬自相踐藉死索兒走向鍾離太祖追至贛縣而還除驍騎將軍封西陽縣侯邑六百戶遷巴陵王衞軍司馬隨鎭會稽江州刺史晉安王子勛遣臨川內史張淹自鄱陽嶠道入三吳臺軍主沈思仁與僞龍驤將軍任皇鎭西參軍劉越緒各據險相守明帝遣太祖領三千人討之時朝廷器甲皆充南討太祖軍容寡闕乃編椶皮爲馬具裝析竹爲寄生夜舉火進軍賊望見恐懼未戰而走還除桂陽王征北司馬南東海太守行南徐州事初明帝遣張永沈攸之以衆喩降薛安都謂太祖曰吾今因此北討卿意以爲何如太祖對曰安都才識不足狡猾有餘若長轡緩御則必遣子入朝今以兵逼之彼將懼而爲計恐非國之利也帝曰衆軍猛銳何往不剋卿每杖策幸勿多言安都見兵至果引索虜永等敗於彭城淮南孤弱以太祖爲假冠軍將軍持節都督北討前鋒諸軍事鎭淮陰泰始三年沈攸之與喜北敗於睢口諸城戍大小悉奔歸虜遂退至淮北國角城戍主賈法度力弱不敵諸將勸太祖渡岸救之太祖不許遣軍主高道慶將數百張弩浮艦淮中遙射城外虜弩一發數百箭俱去虜騎相引避之乃命進戰城圍卽解遷督南兗徐二州諸軍事南兗州刺史持節假冠軍督北討如故五年進督兗靑冀三州六年除黃門侍郞領越騎校尉不拜復授冠軍將軍留本任明帝常嫌太祖非人臣相而民間流言云蕭道成當爲天子明帝愈以爲疑遣冠軍將軍吳喜以三千人北使令喜留軍破釜自持銀壺酒封賜太祖太祖戎衣出門迎卽酌飲之喜還帝意乃悅七年徵還京師部下勸勿就徵太祖曰諸卿闇於見事主上自誅諸弟爲太子稚弱作萬歲後計何關佗族惟應速發事緩必見疑今骨肉相害自非靈長之運禍難將興方與卿等戮力耳拜散騎常侍太子左衞率時世祖以功當別封贛縣太祖以一門二封固辭不受詔許之食邑二百戶明帝崩遺詔爲右衞將軍領衞尉加兵五百人與尚書令袁粲護軍褚淵領軍劉勔共掌機事又別領東北選事尋解衞尉加侍中領石頭戍軍事明帝誅戮蕃戚江州刺史桂陽王休範以人凡獲全及蒼梧王立更有窺伺覬望密與左右閹人於後堂習馳馬招聚士衆元徽二年五月舉兵於尋陽收略官民數日得士衆二萬人騎五百匹發盆口悉乘商旅船艦大雷戍主杜道欣鵲頭戍主劉僧期告變朝廷惶駭太祖與護軍褚淵征北張永領軍劉勔僕射劉秉遊擊將軍戴明寶驍騎將軍阮佃夫右軍將軍王道隆中書舍人孫千齡員外郎楊運長集中書省計議莫有言者太祖曰昔上流謀逆皆因淹緩至於覆敗休範必遠懲前失輕兵急下乘我無備今應變之術不宜念遠若偏師失律則大沮衆心宜頓新亭白下堅守宮掖東府石頭以待賊千里孤軍後無委積求戰不得自然瓦解我請頓新亭以當其鋒征北可以見甲守白下中堂舊是置兵地領軍宜屯宣陽門爲諸軍節度諸貴安坐殿中右軍諸人不須競出我自前驅破賊必矣因索筆下議並注同中書舍人孫千齡與休範有密契獨曰宜依舊遣軍據梁山魯顯閒右衞若不出白下則應進頓南州太祖正色曰賊今已近梁山豈可得至新亭既是兵衝所以欲死報國耳常日乃可屈曲相從今不得也座起太祖顧謂劉勔曰領軍已同鄙議不可改易乃單車白服出新亭加太祖使持節都督征討諸軍平南將軍加鼓吹一部治新亭城壘未畢賊前軍已至太祖方解衣高臥以安衆心乃索白虎幡登西垣使寧朔將軍高道慶羽林監陳顯達員外郎王敬則浮舸與賊水戰自新林至赤岸大破之燒其船艦死傷甚衆賊步上新林太祖馳使報劉勔急開大小桁撥淮中船舫悉渡北岸休範乘肩輿率衆至壘南上遣寧朔將軍黃回馬軍主周盤龍將步騎出壘對陣休範分兵攻壘東短兵接戰自巳至午衆皆失色太祖曰賊雖多而亂尋破也楊運長領三齊射手七百人引彊命中故賊不得逼城未時張敬兒斬休範首太祖遣隊主陳靈寶送首還臺靈寶路中遇賊軍埋首道側臺軍不見休範首愈疑懼賊衆亦不知休範已死別率杜黑蠡急攻壘東司空主簿蕭惠朗數百人突入東門叫譟至堂下城上守門兵披退太祖挺身上馬率數百人出戰賊皆推楯而前相去數丈分兵橫射太祖引滿將發左右將戴仲緒舉楯扞之箭應手飲羽傷百餘人賊死戰不能當乃却衆軍復得保城與黑蠡拒戰自晡達明旦矢石不息其夜大雨鼓叫不復相聞將士積日不得寢食軍中馬夜驚城內亂走太祖秉燭正坐厲聲呵止之如此者數四賊帥丁文豪設伏破臺軍於阜莢橋直至朱雀桁劉勔欲開桁王道隆不從勔及道隆並戰沒初勔高尚其意託

造園宅名爲東山頗忽世務太祖謂之曰將軍以顧命之重任兼內外主上春秋未幾諸王竝幼沖上流聲議遐邇所聞此是將軍艱難之日而將軍深尚從容廢省羽翼一朝事至雖悔何追勔竟不納賊進至杜姥宅車騎典籤茅恬開東府納賊冠軍將軍沈懷明於石頭奔散張永潰於白下宮內傳新亭亦陷太后執蒼梧王手泣曰天下敗矣太祖遣軍主陳顯達任農夫張敬兒周盤龍等從石頭濟淮間道從承明門入衛宮闕休範既死典籤許公與詐稱休範在新亭士庶惶惑詣壘投名者千數太祖隨得輒燒之乃列兵登城北謂曰劉休範父子先昨皆已戮屍在南岡下身是蕭平南諸君善見觀君等名皆已焚除勿有懼也臺分遣衆軍擊杜姥宅宣陽門諸賊皆破平之太祖振旅凱入百姓緣道聚觀曰全國家者此公也太祖與袁粲褚淵劉秉引咎解職不許遷散騎常侍中領軍都督南兗徐兗青冀五州軍事鎮軍將軍南兗州刺史持節如故進爵爲公增邑二千戶太祖欲分其功請益粲等戶更日入直決事號爲四貴秦時有太后穰侯涇陽高陵君稱爲四貴至是乃復有焉四年加太祖尚書左僕射本官如故休範平後蒼梧王漸行凶暴南徐州刺史建平王景素少有令譽朝野歸心景素亦潛爲自全之計布款誠於太祖太祖拒而不納七月羽林監袁祗奔景素便舉兵太祖出屯玄武湖遣衆軍北討事平乃還太祖威名既重蒼梧王深相猜忌幾加大禍陳太妃罵之曰蕭道成有功於國今若害之後誰復爲汝著力者乃止太祖密謀廢立隨後追之於堤塘相蹋藉左右張互兒馬墜湖帝怒取馬置光明亭前自馳騎刺殺之因共屠割與左右作羌胡伎爲樂又於蠻岡賭跳際夕乃還仁壽殿東阿氈屋中寢語左右楊玉夫伺織女度報我時殺害無常人懷危懼玉夫與其黨陳奉伯等二十五人同謀於氈屋中取千牛刀殺蒼梧王稱敕使廂下奏伎因將首出與王敬則敬則送太祖太祖夜從承明門乘常所騎赤馬入殿內驚怖既知蒼梧王死咸稱萬歲及太祖踐阼號此馬爲龍驤將軍世謂爲龍驤赤明日太祖戎服出殿庭槐樹下召四貴集議太祖謂劉秉曰丹陽國家重戚今日之事屬有所歸秉讓不當太祖次讓袁粲粲又不受太祖乃下議備法駕詣東城迎立順帝於是長刀遮粲秉等各失色而去甲午太祖移鎮東府與袁粲褚淵劉秉各甲仗五十人入殿丙申進位侍中司空錄尚書事驃騎大將軍持節都督刺史如故封竟陵郡公邑五千戶給油幢絡車班劒三十人太祖固辭上命卽驃騎大將軍開府儀同三司庚戌進督南徐州刺史封楊玉夫等二十五人爵邑各有差十月戊辰又進督豫司二州初荆州刺史沈攸之與太祖於景和世同直殿省申以歡好以長女義興公主妻攸之第三子元和攸之爲郢州值明帝晚運陰有異圖自郢州遷爲荆州聚斂兵力將吏逃亡輒討質鄰伍養馬至二千餘匹皆分賦戍邏將士使耕田而食廩財悉充倉儲荆州作部歲送數千人仗攸之割留簿上供討四山蠻裝治戰艦數百千艘沈之靈溪裏錢帛器械巨積朝廷畏之高道慶家在華容假還過江陵道慶素便馬攸之與宴飲於聽事前合馬槊道慶槊中破攸之馬鞍攸之怒索刃槊道慶馳馬而出還都說攸之反狀請三千人襲之朝議慮其事難濟太祖又保持不許太祖既廢立遣攸之子司徒左長史元琰齎蒼梧王諸虐害器物示之攸之未得卽起兵乃上表稱慶并與太祖書推功攸之有素書十數行常韜在裲襠角云是明帝與已約誓十二月遂舉兵其妾崔氏許氏諫攸之曰官年已老那不爲百口計攸之指裲襠角示之稱太后令召已下都京師恐懼乙卯太祖入居朝堂命諸將西討平西將軍黃回爲都督前驅前湘州刺史王蘊太后兄子少有膽力以父楷名宦不達欲以將途自奮每撫刀曰龍淵太阿汝知我者叔父景文誅之日阿答汝滅我門戶蘊曰答與童烏貴賤覺異童烏景文子絢小字答蘊小字也蘊遭母喪罷任還至巴陵停舟一月日與攸之密相交構時攸之未便舉兵蘊乃下達郢州世祖爲郢州長史蘊期世祖出弔因作亂據郢城世祖知之不出蘊還至東府前又期太祖出太祖又不出弔再計不行外謀愈固司徒袁粲尚書令劉秉見太祖威權稍盛慮不自安與蘊及黃回等相結舉事殿內宿衛主帥無不協同攸之反問初至太祖往石頭與粲謀議粲稱疾不相見剋壬申夜起兵據石頭劉秉恇怯晡時從丹陽郡載婦女入石頭朝廷不知也其夜丹陽丞王遜告變秉從弟領軍韞及直閤將軍卜伯興等嚴兵爲內應太祖命王敬則於宮內誅之遣諸將攻石頭王蘊將數百精手帶甲赴粲城門已閉官軍又至乃散衆軍攻石頭斬粲劉秉走雒檐湖蘊逃鬬場竝擒斬之粲位任雖重無經世之畧疎放好酒步屧白楊郊野間道遇一士大夫便呼與酣飲明日此人謂被知顧到門求通粲曰昨飲酒無偶聊相要耳竟不與相見嘗作五言詩云訪迹雖中宇循寄乃滄州蓋其志也劉秉少以宗室清謹見知孝武世秉弟遐坐通嫡母殷氏養女殷舌中血出衆疑行毒害孝武使秉從弟祗諷秉啓證其事秉曰行路之人尚不應爾今日遒可一門同盡無容奉敕衆以此稱之故爲明帝所任蒼梧廢秉出集議於路逢弟韞韞開車迎問秉曰今日之事固當歸兄邪秉曰吾等已讓領軍矣韞槌胸曰君肉中詎有血粲典籤莫嗣祖知粲謀太祖召問嗣祖袁謀反何不啓聞嗣祖曰事主義無二心雖死不敢泄也蘊嬖人張承伯藏匿蘊太祖竝赦而用之黃回頓新亭聞石頭鼓噪率兵來赴之朱雀桁有戍軍受節度不聽夜過會石頭已平因稱救援太祖知而不言撫之愈厚遣回西上流涕告別太祖屯閱武堂馳結軍旅閏月辛丑詔假黃鉞率大衆出屯新亭中興堂治嚴築壘敎曰河南稱慈諒由掩胔廣漢流仁實存殯朽近袁製兹營崇溝浚塹古墟曩隧時有湮移深松茂草或致刊薙憑軒動懷巡隍增愴宜竝爲收改葬并設薄祀

二年正月沈攸之攻郢城不剋衆潰自經死傳首京邑丙子太祖旋鎮東府二月癸未進太祖太尉增封三千戶都督南徐南兗徐兗青冀司豫荆雍湘郢梁益廣越十六州諸軍事太祖解驃騎辭都督不許乃表送黃鉞三月己酉增班劒爲四十人甲仗百人入殿丙子加羽葆鼓吹餘竝如故辛卯太祖誅鎮北將軍黃回大明泰始以來相承奢侈百姓成俗太祖輔政罷御府省二尚方諸飾玩至是又上表禁民間華僞雜物不得以金銀爲箔馬乘具不得金銀度不得織成繡裙道路不得著錦履不得用紅色爲幡蓋衣服不得翦綵帛爲雜花不得以綾作雜服飾不得作鹿行錦及局腳檉柏床牙箱籠雜物綵帛作屛鄣錦緣薦席不得私作器仗不得以七寶飾樂器又諸雜漆物不得以金銀爲花獸不得輒鑄金銅爲像皆須墨敕凡十七條其中宮及諸王服用雖依舊例亦請詳衷九月丙午進位假黃鉞都督中外諸軍事太傅領揚州牧劒履上殿入朝不趨贊拜不名置左右長史司馬從事中郎掾屬各四人使持節太尉驃騎大將軍錄尚書南徐州刺史如故固辭詔遣敦勸乃受黃鉞辭殊禮甲寅給三望車

三年正月乙巳太祖表蠲百姓逋負丙辰加前部羽葆鼓吹丁巳命太傅府依舊辟召丁卯給太祖甲仗五百人出入殿省甲午重申前命劒履上殿入朝不趨贊拜不名三月甲辰詔進位相國總百揆封十郡爲齊公備九錫之禮加璽紱遠遊冠位在諸侯王上加相國綠綟綬其驃騎大將軍揚州牧南徐州刺史如故太祖三讓公卿敦勸固請乃受甲寅策相國齊公曰天地變通莫大乎炎涼懸象著明莫崇乎日月嚴冬播氣貞松之操自高光景時昏若華之暎彌顯是故英虜當亂而不移忠賢臨危而盡節自景和昏虐王綱弛紊太宗受命紹開中興運屬屯難四郊多壘蕭將軍震威華戎寶資義烈康國濟民於是乎在朕以不造夙罹閔凶嗣君失德書契未紀威侮五行虔劉九縣神厭靈繹海水羣飛彝器已塵宗禋誰主綴旒之殆未足爲譬豈直小宛興刺黍離作歌而已哉天贊皇宋實啓明宰爰登寡昧纂承大業鴻緒再維關基重造高勳至德振古絕倫昔保衡翼殷博陸匡漢方斯蔑如也今將授公典禮其敬聽朕命乃者袁劉構禍實繁有徒子房不臣稱兵協亂跨掐五湖憑陵吳越浮祲虧辰沈氛晦景桴鼓振於王畿鋒鏑交乎天邑顧瞻宮掖將成茂草言念邦國翦爲仇讐當此之時人無固志公投袂殉難超然奮發執金板而先驅登寅車而戒路軍政端嚴卒乘輯睦麾鉞一臨凶黨冰泮此則霸業之基勤王之始也安都背叛竊據徐方敢率犬羊陵虐淮濟索兒愚悖同惡相濟天祚無象背順歸逆北鄙黔黎奄墜塗炭均人廢職邊師告警公受命宗祊精貫朝日擁節和門氣踰霄漢破釜之捷斬馘蔽野石梁之戰禽其渠帥保境全民江陽卽序此又公之功也張淹迷昧弗顧本朝爰自南區志圖東夏潛軍間入竊覘不虞于時江服未夷皇塗荐阻公忠誠慷慨在險彌亮深識九變妙察五色以寡制衆所向風偃朝廷無東顧之憂閩越有來蘇之慶此又公之功也匈奴野心侵掠疆埸前師失律王旅崩撓灑血成川伏尸千里醜羯倂張勢振彭泗乘勝長驅窺覦京甸冠帶之勢將湮被髮之容行及公奉辭伐罪戒旦晨征兵車始交氛祲時蕩弔死撫傷弘宣皇澤俾我淮肥復沾盛化此又公之功也自茲厥後獫狁孔熾封豕長蛇重窺上國而世故相仍師出日老戰士無臨陣之心戎卒有懷歸之思是以下邳精甲望風振恐角城高壘指日淪陷公眷言王事發憤忘食躬擐甲胄親險若夷短兵纔接巨猾鳥散分疆畫界開創青兗此又公之功也泰始之末入參禁旅任兼軍國事同顧命桂陽負衆輕問九鼎裂冠毀冕拔本塞源入兵萬乘之國頓戟象魏之下烈火焚於王城飛矢集乎君屋機變儵忽終古莫二羣后憂惶元戎無主公按劒凝神則奇謀貫世秉旄指麾則

懦夫成勇曾不崇朝新亭獻捷信宿之間宣陽底定雲霧廓清區宇康乂此又公之功也皇室多難釁起戚藩邢晉應韓翻爲讐敵建平失圖興兵內侮公又指授六師義形乎色役未踰旬朱方寧晏此又公之功也蒼梧肆虐諸夏糜沸淫刑以逞誰則無罪火炎崑岡玉石俱焚黔首相悲朝不謀夕高祖之業已淪大明之軌誰嗣公遠稽殷漢之義近遵魏晉之典猥以眇身入奉宗祐七廟淸謐九區反政此又公之功也袁粲無質劉秉攜貳韜述相扇成此亂階醜圖潛構危機竊發據有石頭志犯應路公神謀內運霜鋒外舉妖沴載澄國塗悅穆此又公之功也沈攸之苞禍歲月滋彰蜂目豺聲阻兵安忍哀彼荆漢獨爲匪民乃眷西顧緬同異域而經綸維始九伐未申長惡不悛遂逞凶逆驅合姦回勢過虓虎朝野憂疑三軍沮氣公秉鉞出關疑威江甸正情與曒日同亮明畧與秋雲競爽至義所感人百其心鼖鼓一麾夏首寧謐雲梯未舉魯山剋定積年逋誅一朝顯戮沮浦安流章臺順軌此又公之功也公有濟天下之勳重之以明哲道庇生民志匡宇宙戮力肆心劬勞王室自東徂西靡有寧晏險阻艱難備嘗之矣若乃締構宗稷之勤造物資始之澤雲布霧散光被六幽溺予一人永清四海是以秬草騰芳於郊園景星垂輝於淸漢遐方款關而慕義荒服重譯而來庭往哉邈乎無得而名焉朕聞疇庸表德前王盛典崇樹侯伯有國攸同所以文命成功玄珪顯錫姬旦秉哲曲阜啓蕃或改玉以弘風或胙土以宣化禮絕常班寵冠羣辟爰逮桓文車服異數惟公勳業超於先烈而褒賞闕於舊章古今之道何其爽歟靜言欽歎良有欽然今進授相國以青州之齊郡徐州之梁郡南徐州之蘭陵魯郡琅邪東海晉陵義興揚州之吳郡會稽凡十郡封公爲齊公錫茲玄土苴以白茅定爾邦家用建冢社斯實尚父故藩世作盟主紀綱侯甸率由舊則往者周召建國師保兼任毛畢執珪入作卿士內外之寵同規在昔今命使持節兼太尉侍中中書監司空衞將軍雩都縣開國侯淵授公相國印綬齊公璽紱持節兼司空守尚書令僧虔授齊公茅土金虎符第一至第五左竹使符第一至第十左相國位總百辟秩踰三事職以禮移號隨事革其以相國總百揆去錄尚書之稱送所假節侍中貂蟬中外都督太傅太尉印綬竟陵公印策其驃騎大將軍揚州牧南徐州刺史如故又加公九錫其敬聽後命以公執禮弘律儀刑區宇遐邇一體人無異業是用錫公大輅戎輅各一玄牡二駟公崇脩南畝所寶惟穀王府充實百姓繁衍是用錫公袞冕之服赤舄副焉公居身以謙導物以義鎔鈞庶品罔不和悅是用錫公軒縣之樂六佾之舞公翼贊王猷聲致遠洽蠻夷竭歡回首內附是用錫公朱戶以居公明鑒人倫澄辨涇渭官方與能英乂克舉是用錫公納陛以登公保佑皇朝厲身化下杜漸防萌含生賓式是用錫公虎賁之士三百人公禦宄以刑禦姦以德君親無將將而必誅是用錫公鈇鉞各一公鳳舉四維龍驤八表威靈所振異域同文是用錫公彤弓一彤矢百玈弓十玈矢千公明發載懷肅恭禋祀孝敬之重義感靈祇是用錫公秬鬯一卣珪瓚副焉齊國置丞相以下一遵舊式往欽哉其祗服朕命經緯乾坤宏亮洪業茂昭爾大德闡揚我高祖之休命太祖三讓公卿敦勸固請乃受之丁巳下令赦國內殊死以下今月十五日昧爽以前一皆原赦鰥寡孤獨不能自存者賜穀五斛府州所領亦同蕩然宋帝詔齊公十郡之外隨宜除用以齊國初建給錢五百萬布五千匹絹五千匹四月癸酉詔進齊公爵爲王以豫州之南梁陳郡潁川陳留南兗州之盱眙山陽秦郡廣陵海陵南沛十郡增封使持節司空衞將軍褚淵奉策綬璽紱金虎符第一至第五左竹使符第一至第十左錫茲玄土苴白茅改立王社相國揚州牧驃騎大將軍南徐州刺史如故丙戌命齊王冕十有二旒建天子旌旗出警入蹕乘金根車駕六馬備五時副車置旄頭雲罕樂儛八佾設鍾虡宮縣王世子爲太子王女王孫爵命一如舊儀辛卯宋帝禪位下詔曰惟德動天玉衡所以載序窮神知化億兆所以歸心用能經緯乾坤彌綸宇宙闡揚鴻烈大庇生民晦往明來積代同軌前王踵武世必由之宋德湮微昬毀相襲景和騁悖於前元徽肆虐於後三光再霾七廟將墜璇極委馭含識知泯我文武之祚眇焉如綴靜惟此紊夕惕疚心相國齊王天誕叡聖河嶽炳靈拯傾提危澄氛靜亂匡濟艱難功均造物宏謀霜照祕算雲回旌旆所臨一麾必捷英風所拂無思不偃表裏清夷遐邇寧謐既而光啓憲章弘宣禮教姦宄之類覩隆威而隔情慕善之儔仰徽猷而增厲道邁於重華勳超乎文命蕩蕩乎無得而稱焉是以辮髮左衽之酋款關請吏木衣卉服之長航海來庭豈惟肅愼獻楛越裳薦翬而已哉故四奧載宅六府克和川陸効珍禎祥鱗集卿煙玉露旦夕揚藻嘉穟芝英晷刻呈茂革運斯炳代終彌亮負扆握樞允歸明哲固以獄訟去宋謳歌適齊昔金政既淪水德締構天之歷數皎焉攸徵朕雖寡昧闇于大道稽覽隆替爲日已久敢忘列代遺則人神至願乎便遜位別宮敬禪于齊一依唐虞魏晉故事是日宋帝遜于東邸備羽儀乘畫輪車出東掖門問今日何不奏鼓吹左右莫有答者壬辰策命齊王曰伊太古初陳萬物紛綸開耀靈以鑑品物立元后以馭蒸人若夫容成大庭之世宓羲五龍之辰靡得而詳焉自軒黃以降墳索所紀畧可言者莫崇乎堯舜披金繩而握天鏡開玉匣而總地維德之休明宸居靈極期運有終歸禪與能所以大唐遜位謗然興歌有虞揖讓卿雲發采亮符命之攸臻坦至公以成務懷生載懌靈祇効祉遺風餘烈光被無垠漢魏因循弗敢失墜爰逮晉氏亦遵前儀惟我祖宗英叡勳格幽顯從天人而齊七政凝至德而撫四維末葉不造仍世多故日蝕星隕山淪川竭惟王聖哲淵明榮鏡寓宙體望日之威資就雲之澤臨下以簡御衆以寬仁育羣生義征不譓國塗荐阻弘五慮而乂寧皇緒將湮秉六術以匡濟及至權臣內侮蕃屏陵上兵革雲翔萬邦震駭裁之以武風綏之以文化遐邇淸表裏肅穆戢琱戈而事黼黻委旌門而恭儒館聲化遠洎荒服無塵殊類同規華戎一揆是以五光來儀於軒庭九穗含芳於郊牧象緯昭澈布新之符已顯圖讖彪炳受終之義既彰靈祇乃眷兆民引領朕聞至道深微惟人是弘天命無常惟德是與所以仰鑒玄情俯察羣望敬禪神器授帝位于爾躬四海困窮天祿永終於戲王其允執厥中儀刑前式以副率土之欣望命司裘而謁蒼昊奏雲門而升圜丘時膺大禮永保洪業豈不盛歟再命璽書曰皇帝敬問相國齊王大道之行與三代之英朕雖闇昧而有志焉夫昏明相襲晷景之恒度春秋遞運時歲之常序求諸天數猶且隆替矧伊在人能無終謝是故勛華弘風於上葉漢魏垂式於後昆昔我高祖欽明文思振民育德皇靈眷命奄有四海晚世多難姦宄實繁鼖鼓宵聞元戎旦警億兆夷人啓處靡厝加以嗣君荒怠敷虐萬方神鼎將遷寶策無主實賴英聖匡濟艱危惟王體天則地含弘光大明並日月惠均雲雨國步斯梗則稜威外發王猷不造則淵謨內昭重構閩吳再寧淮濟靜九江之洪波卷海沂之氛沴放斥凶昧存我宗祀舊物惟新三光改照遠至寵臣裂冠則裁以廟畧剷漢反噬則震以雷霆麾旆所臨風行草靡神算所指龍舉雲屬諸夏廓淸戎翟思韙興文偃武闡揚洪烈明保沖昧翺翔禮樂之場撫柔黔首咸濟仁壽之域自霜露所墜星辰所經正朔不通人跡罕至者莫不踰山越海北面稱蕃款關重譯脩其職貢是以禎祥發采左史載其奇玄象垂文保章審其度鳳書表肆類之運龍圖顯班瑞之期重以珠衡日角神姿特挺君人之義在事必彰書不云乎皇天無親惟德是輔民心無常惟惠之懷神祇之眷如彼蒼生之願如此笙管變聲鍾石改調朕所以擁璇持衡傾佇明哲昔金德既淪而傳祚于我有宋歷數告終實在茲日亦以水德而傳于齊式遵前典廣詢羣議王公卿士咸曰惟宜今遣使持節兼太保侍中中書監司空衞將軍雩都縣侯淵兼太尉守尚書令僧虔奉皇帝璽綬受終之禮一依唐虞故事王其允副幽明時登元后寵綏八表以酬昊天之休命太祖三辭宋帝王公以下固請兼太史令將作匠陳文建奏符命曰六九位也後漢自建武至建安二十五年一百九十六年而禪魏魏自黃初至咸熙二年四十六年而禪晉晉自太始至元熙二年一百五十六年而禪宋宋自永初元年至昇明三年凡六十年咸以六終六受六九位也驗往揆今若斯昭著敢以職任備陳管穴伏願順天時應符瑞二朝百辟又固請尚書右僕射王儉奏被宋詔遜位臣等叅議宜尅日輿駕受禪撰立儀注太祖乃許焉

史臣曰案太乙九宮占推漢高五年太乙在四宮主人與客俱得吉計先舉事者勝是歲高祖破楚晉元興二年太一在七宮太一爲帝天目爲輔佐迫脅太一是年安帝爲桓玄所逼出宮大將在一宮參相在三宮格太一經言格者已立政事上下格之不利有爲安居之世不利舉動元興三年太乙在七宮宋武破桓玄元嘉元年太乙在六宮不利有爲徐傅廢營陽王七年太一在八宮關囚惡歲大小將皆不得立其年到彥之北伐初勝後敗客主俱不利十八年太乙在二宮客主俱不利是歲氐楊難當寇梁益來年仇池破十九年大小將皆見關不立凶其年裴方明伐仇池剋百頃明年失之泰始元年太一在二宮爲大小將奄擊之其年景和廢二年太一在三宮不利先起主人勝其年晉安王子勛反元徽二年太一在六宮先起敗是歲桂陽王休範反並伏誅四年太一在七宮先起者客西北走其年建平王景素敗昇明元年太一在七宮不利爲客安居之世舉事爲主人應發爲客袁粲沈攸之等反伏誅是歲太一在杜門臨八宮宋帝禪位不利爲客安居之世舉事爲主人禪代之應也

南齊書卷一考證

高帝本紀上漢相國蕭何二十四世孫也○臣宗萬按通鑑考異曰自相國何至皇考一十餘世皆有名及官位蓋史官附會又按漢蕭望之傳不叙世譜此以爲何後恐未確當然傳云望之東海蘭陵人卽此可知帝之苗裔亦未必皆妄矣

闡生吳郡太守永○臣承蓊按齊梁同祖梁本紀作吳郡太守氷未知孰是

令喜留軍破釜自持銀壺酒封賜太祖太祖戎衣出門迎郎酌飲之喜還帝意乃悅○臣祖庚按宋畧云道成懽弗肯飲喜語以情先爲之酌於是喜得罪而道成被徵通鑑從之考異曰南齊書欲成太祖之美故云爾斯言信然

壘寶路中遇賊軍埋首道側○臣祖庚按宋畧云棄諸溝中宋書云棄首於水三書互異通鑑從宋書

丁文豪設伏破臺軍於皁莢橋直至朱雀桁○臣祖庚按通鑑注云皁莢橋當在新亭之北朱雀桁卽大航也以其在朱雀門外故名又云跨秦淮南北岸以渡行人大路所由也桁與航同

車騎典籤○臣祖庚按南史故事府州縣內論事皆籤前直敘所論之事後云謹籤日月下又云某官某籤故府州置典籤以領之本五品吏宋初改爲士職宋末多以幼少皇子爲藩鎮以左右親近領典籤權任遂重

又於蠻岡賭跳○臣祖庚按蠻岡南史同宋書作臺岡通鑑注云臺岡意卽臺城之來岡賭跳者賭跳躑以高爲勝也

十二月遂舉兵乙卯太祖入居朝堂○臣宗萬按宋順帝紀十二月攸之反丁卯齊王入守朝堂閏月癸巳攸之圍郢城宋畧十二月沈攸之作亂丁卯蕭道成入屯朝堂閏月癸巳攸之師及郢州據此攸之舉兵在十二月是矣而太祖居朝堂則在丁卯與此互異至攻郢在閏月癸巳按宋歷閏十二月庚辰朔則癸巳乃閏月十四日也紀在二年正月誤矣

秉從弟領軍韞○韞諸本皆作韜但秉弟無名韜爲領軍者今從宋書南史改韞

往哉邈乎無得而名焉○往南史作汪

南齊書卷二

梁　蕭　子　顯　撰

本紀第二

高帝下

建元元年夏四月甲午上卽皇帝位於南郊設壇柴燎告天曰皇帝臣道成敢用玄牡昭告皇皇后帝宋帝陟鑒乾序欽若明命以命于道成夫肇自生民樹以司牧所以闡極則天開元創物肆兹大道天下惟公命不于常昔在虞夏受終上代粤自漢魏揖讓中葉咸炳諸典謨載在方冊水德既微仍世多故寔賴道成匡拯之功以弘濟于厥艱大造顛墜再構區宇宣禮明刑締仁緝義晷緯凝象川岳表靈誕惟天人罔弗和會乃仰協歸運景屬與能用集大命于兹辭德匪嗣至于累仍而羣公卿士庶尹御事爰及黎獻至于百戎僉曰皇天眷命不可以固違人神無託不可以曠主畏天之威敢不祗順鴻歷敬簡元辰虔奉皇符升壇受禪告類上帝以永答民衷式敷萬國惟明靈是饗禮畢大駕還宮臨太極前殿詔曰五德更紹帝迹所以代昌三正迭隆王度所以改耀世有質文時或因革其資元膺歷經道振民固以異術同揆殊流共貫者矣朕以寡昧屬值艱季推肆勤之誠藉樂治之數賢能悉心士民致力用獲拯溺龕暴一匡天下業未參古功殆侔昔宋氏以陵夷有徵歷數攸及思弘樂推永鑒崇替爰集天祿于朕躬惟志菲薄辭弗獲昭遂欽從天人式縣景命祗月正于文祖升禋憑于上帝猥以寡德光宅四海纂革代之蹤託王公之上若涉淵水罔知所濟寶祚初啓洪慶惟新思俾利澤宣被億兆可大赦天下改昇明三年爲建元元年賜人爵二級文武進位二等鰥寡孤獨不能自存者穀人五斛逋租宿債勿復收有犯鄉論清議贓汙淫盜一皆蕩滌洗除先注與之更始長徒敕繫之囚特皆原遣亡官失爵禁錮奪勞一依舊典封宋帝爲汝陰王築宮丹陽縣故治行宋正朔車旗服色一如故事上書不爲表答表不稱詔降宋晉熙王燮爲陰安公江夏王躋爲沙陽公隨王翽爲舞陰公新興王嵩爲定襄公建安王禧爲荔浦公郡公主爲縣君縣公主爲鄉君詔曰繼世象賢列代盛典疇庸嗣美前載令圖宋氏通侯乃宜隨運省替但欽德懷義尚表墳閭況功濟區夏道光民俗者哉降差之典宜遵往制南康縣公華容縣公可爲侯萍鄉縣侯可爲伯減戶有差以繼劉穆之王弘何無忌後以司空褚淵爲司徒吳郡太守柳世隆爲南豫州刺史詔曰宸運肇創寶命維新宜弘慶宥廣敷蠲汰劫賊餘口沒在臺府者悉原赦諸負釁流徙普聽還本土以齊國左衞將軍陳顯達爲中護軍中領軍王敬則爲南兗州刺史左衞將軍李安民爲中領軍戊戌以荆州刺史嶷爲尚書令驃騎大將軍開府儀同三司揚州刺史冠軍將軍映爲荆州刺史西中郎將晃爲南徐州刺史冠軍將軍垣崇祖爲豫州刺史驃騎司馬崔文仲爲徐州刺史斷四方上慶禮己亥詔曰自廬井毀制農桑易業鹽鐵妨民貨鬻傷治歷代成俗流蠹歲滋援拯遺弊革末反本使公不專利氓無失業二宮諸王悉不得營立屯邸封略山湖太官池籞宮停稅入優量省置庚子詔宋帝后藩王諸陵宜有守衞有司奏帝陵各置長一人兵有差王陵五人妃嬪三人五月丙午進河南王吐谷渾拾寅號驃騎大將軍詔曰宸運革命引爵改封宋氏第秩雖宜省替其有預効屯夷宣力齊業者一仍本封無所減降有司奏留襄陽郡公張敬兒等六十二人除廣興郡公沈曇亮等百二十二人改元嘉歷爲建元歷木德盛卯終未以正月卯祖十二月未臘丁未詔曰設募取將懸賞購士蓋出權宜非曰恒制頃世艱險浸以成俗且長逋逸開罪山湖是爲黥刑不辱亡竄無咎自今以後可斷衆募壬子詔封佐命文武功臣新除司徒褚淵等三十一人進爵增戶各有差乙卯河南王吐谷渾拾寅奉表貢獻丙辰詔遣大使分行四方遣兼散騎常侍十二人巡行以交寧道遠不遣使己未汝陰王薨追謚爲宋順帝終禮依魏元晉恭帝故事辛酉陰安公劉燮等伏誅追封謚上兄道度爲衡陽元王道生爲始安貞王丙寅追尊皇考曰宣皇帝皇妣爲孝皇后妃爲昭皇后六月辛未詔相國驃騎中軍三府職可依資勞度二官若職限已盈所餘可賜滿壬申以游擊將軍周山圖爲兗州刺史乙亥詔曰宋末頻年戎寇兼災疾凋損或枯骸不收毁櫬莫掩宜速宣下埋藏營邮若標題猶存姓字可識可卽運載致還本鄉有司奏遣外監典事四人周行離門外三十五里爲限其餘班下州郡無棺器標題者屬所以臺錢供市庚辰七廟主備法駕卽于大廟詔諸將及客戮力艱難盡勤直衞其從還宮者普賜位一階辛巳罷荆州刺史甲申立皇太子賾斷諸州郡禮慶見刑入重者降一等并申前赦恩百日立皇子嶷爲豫章王映爲臨川王晃爲長沙王曅爲武陵王暠爲安成王鏘爲鄱陽王鑠爲桂陽王鑑爲廣陵王皇孫長懋爲南郡王乙酉葬宋順帝于遂寧陵秋七月丁未詔曰交阯北景獨隔書朔斯乃前運方季負海不朝因迷遂往歸款莫由曲赦交州部內李叔獻一人卽撫南土文武詳才選用并遣大使宣揚朝恩以試守武平太守行交州府事李叔獻爲交州刺史丙辰以虜僞茄盧鎭主陰平公楊廣香爲沙州刺史丁巳詔南蘭陵桑梓本鄉長蠲租布武進王業所基復十年九月辛丑詔二吳義興三郡遭水減今年田租乙巳以新除尚書令驃騎將軍豫章王嶷爲荆湘二州刺史平西將軍臨川王映爲揚州刺史丙午司空褚淵領尚書令戊申車駕幸宣武堂宴會詔諸王公以下賦詩冬十月丙子立彭城劉胤爲汝陰王奉宋帝後己卯車駕殷祀太廟辛巳詔曰朕嬰綴世務三十餘歲險阻艱難備嘗之矣末路屯夷戎車歲駕誠藉時來之運實資士民之力宋元嘉二年以來諸從軍得官者未悉蒙祿可催速下訪隨正卽給才堪餘任者訪洗量序若四州士庶本鄉淪陷簿籍不存尋校無所可聽州郡保押從實除奏荒遠闕中正者特許據軍簿奏除或戍扞邊役末由旋反聽於同軍各立五保所隸有司時爲言列汝陰太妃王氏薨追贈爲宋恭皇后十一月庚子以太子左衞率蕭景先爲司州刺史辛亥立皇太子妃裴氏甲申封功臣驃騎長史江謐等十人爵戶各有差

二年春正月戊戌朔大赦天下以司空尚書令褚淵爲司徒中軍將軍張敬兒爲車騎將軍中領軍李安民爲領軍將軍中護軍陳顯達爲護軍將軍辛丑車駕親祀南郊癸卯詔索虜寇淮泗遣衆軍北伐內外纂嚴二月丁卯虜寇壽陽豫州刺史垣崇祖破走之罷巴州壬申以三巴校尉明慧昭爲巴州刺史戊子以寧蠻校尉蕭赤斧爲雍州刺史南蠻長史崔惠景爲梁南秦二州刺史辛卯詔西境獻捷解嚴癸巳遣大使巡慰淮肥徐豫邊民尤貧遭難者刺史二千石量加賑邺甲午詔江西北民避難流徙者制遣還本土蠲今年租稅單貧及孤老不能自存者卽聽番籍郡縣押領三月丁酉以侍中西昌侯鸞爲郢州刺史戊戌以護軍將軍陳顯達爲南兗州刺史吳郡太守張岱爲中護軍己亥車駕幸樂遊苑宴王公以下賦詩辛丑以征虜將軍崔思祖爲青冀二州刺史夏四月丙寅進高麗王樂浪公高璉號驃騎大將軍五月立六門都牆六月癸未詔昔歲水旱曲赦丹陽二吳義興四郡遭水尤劇之縣元年以前三調未充虛列已畢官長局吏應共償備外詳所除宥秋七月甲寅以輔國將軍盧紹之爲青冀二州刺史戊午皇太

子妃裴氏甍閏月辛巳遣領軍將軍李安民行淮泗庚寅索虜攻朐山青冀二州刺史盧紹之等破走之冬十一月戊子以氐楊後起爲秦州刺史十二月戊戌以司空褚淵爲司徒乙巳車駕幸中堂聽訟壬子以驃騎大將軍豫章王嶷爲司空揚州刺史前將軍臨川王映爲荆州刺史

三年春正月壬戌朔詔王公卿士薦讜言丙子以平北將軍陳顯達爲益州刺史貞陽公柳世隆爲南兗州刺史皇子鋒爲江夏王領軍將軍李安民等破虜於淮陽夏四月以寧朔將軍沈景德爲廣州刺史六月壬子大赦逋租宿債除減有差秋七月以冠軍將軍垣榮祖爲徐州刺史冬十月戊子以河南王世子吐谷渾易度侯爲西秦河二州刺史河南王

四年春正月壬戌詔曰夫膠庠之典彝倫攸先所以招振才端啓發性緒弘字黎氓納之軌義是故五禮之迹可傳六樂之容不泯朕自膺歷受圖志闡經訓且有司羣僚奏議咸集蓋以戎車時警文教未宣思樂泮宮永言多慨今關燧無虞時和歲稔遠邇同風華夷慕義便可式遵前准脩建敎學精選儒官廣延國胄以江州刺史王延之爲右光祿大夫癸亥詔曰比歲申威西北義勇爭先殞氣寇場命盡王事戰亡蠲復雖有恒典主者遵用每傷簡薄建元以來戰亡賞蠲租布二十年雜役十年其不得收屍主軍保押亦同此例以後將軍長沙王晃爲護軍將軍中軍將軍南郡王長懋爲南徐州刺史冠軍將軍安成王暠爲江州刺史二月乙未以冠軍將軍桓康爲青冀二州刺史上不豫庚辰詔原京師囚繫有差元年以前逋責皆原除三月庚申召司徒褚淵左僕射王儉詔曰吾本布衣素族念不到此因藉時來遂隆大業風道沾被升平可期遘疾彌留至于大漸公等奉太子如事吾柔遠能邇緝和內外當令太子敦穆親戚委任賢才崇尚節儉弘宣簡惠則天下之理盡矣死生有命夫復何言壬戌上崩于臨光殿年五十六四月庚寅上謚曰太祖高皇帝奉梓宮於東府前渚升龍舟丙午窆武進泰安陵上少沈深有大量寬嚴清儉喜怒無色博涉經史善屬文工草隸書奕棋第二品雖經綸夷險不廢素業從諫察謀以威重得衆卽位後身不御精細之物敕中書舍人桓景眞曰主衣中似有玉介導此制始自大明末後泰始尤增其麗留此置主衣政是興長疾源可卽時打碎凡復有可異物皆宜隨例也後宮器物欄檻以銅爲飾者皆改用鐵內殿施黃紗帳宮人著紫皮履華蓋除金花爪用鐵迴釘每曰使我治天下十年當使黃金與土同價欲以身率天下移變風俗上姓名骨體及期運歷數並遠應圖讖數十百條歷代所未有臣下撰錄上抑而不宣盛矣

史臣曰孫卿有言聖人之有天下受之也非取之也漢高神武駿聖觀秦氏東遊蓋是雅多大言非始自知天命光武聞少公之論讖亦特一時之笑語魏武初起義兵所期征西之墓晉宣不內迫曹爽豈有定霸浮橋宋氏崛起匹夫兵由義立咸皆一世推雄卒開鼎祚宋氏正位八君卜年五紀四絕長嫡三稱中興內難邊虞兵革世動太祖基命之初武功潛用泰始開運大拯時艱龍德在田見猜雲雨之迹及蒼梧暴虐釁結朝野百姓懍懍命懸朝夕權道既行兼濟天下元功振主利器難以假人羣才勠力實懷尺寸之望豈其天厭水行固已人希木德歸功與能事極乎此雖至公於四海而運實時來無心於黃屋而道隨物變應而不爲此皇齊所以集大命也

贊曰於皇太祖有命自天同度宇宙合量山淵宋德不紹神器虛傳寧亂以武黜暴資賢庸發西疆功興北翰偏師獨克孤旅霆斷援旆東夏職司靜亂指斧徐方時惟伐叛抗威京輦坐清江漢文藝在躬芳塵淵塞用下以才鎮民以德端已雄睟君臨尊默苞括四海大造家國

南齊書卷二考證

高帝本紀下建元元年夏四月丙寅追尊皇考曰宣皇帝皇妣爲孝皇后○臣祖庚按通鑑同南史在甲午

二月正月以司空尚書令褚淵爲司徒○臣祖庚按十二月以司空褚淵爲司徒其事複見其月互異又淵傳三年爲司徒又固讓四年寢疾遜位改授司空據此則淵以三年爲司徒四年爲司空而紀又云四年八月癸卯司徒褚淵甍紀傳前後各不相顧

二月丁卯虜寇壽陽○臣祖庚按通鑑作已酉考異曰是月辛卯朔無丁卯

五月立六門都牆○臣宗萬按通鑑云自晉以來建康宮之外城唯設竹籬而有六門會有發白虎樽者命改立都牆又白虎樽卽白獸樽晉書避唐諱故曰獸也

河南王世子吐谷渾易度侯○易度侯諸本皆作度易侯今從氐羌傳改正

南齊書卷三

梁　蕭子顯　撰

本紀第三

武帝

世祖武皇帝諱賾字宣遠太祖長子也小諱龍兒生於建康青溪宅其夜陳孝后劉昭后同夢龍據屋上故字上焉初爲尋陽國侍郎辟州西曹書佐出爲贛令江州刺史晉安王子勛反上不從命南康相沈肅之縶上於郡獄族人蕭欣祖門客桓康等破郡迎出上肅之率將吏數百人追擊上與左右拒戰生獲肅之斬首百餘級遂率部曲百餘人舉義兵始興相殷孚將萬兵赴子勛於尋陽或勸上擊之上以衆寡不敵避屯揭陽山中聚衆至三千人子勛遣其將戴凱之爲南康相及軍主張宗之千餘人助之上引兵向郡擊凱之別軍主程超數百人於南康口又進擊宗之破斬之遂圍郡城凱之以數千人固守上親率將士盡日攻之城陷凱之奔走殺僞贛令陶沖之上卽據郡城遣軍主張應期鄧惠眞三千人襲豫章子勛遣軍主談秀之等七千人與應期相拒於西昌築營壘交戰不能決聞上將自下秀之等退散事平徵爲尚書庫部郎征北中兵參軍西陽縣子帶南東莞太守越騎校尉正員郎劉韞撫軍長史襄陽太守別封贛縣子邑三百戶固辭不受轉寧朔將軍廣興相桂陽王休範反上遣軍襲尋陽至北嶠事平除晉熙王安西諮議不拜復還郡轉司徒右長史黃門郎沈攸之在荆楚宋朝密爲之備元徽四年以上爲晉熙王燮西長史江夏內史行郢州事順帝立徵晉熙王燮爲撫軍揚州刺史以上爲左衛將軍輔燮俱下沈攸之事起未得朝廷處分上以中流可以待敵卽據盆口城爲戰守之備太祖聞之喜曰此眞我子也上表求西討不許乃遣偏軍援郢平西將軍黃回等皆受上節度加上冠軍將軍持節昇明二年事平轉散騎常侍都督江州豫州之新蔡晉熙二郡軍事征虜將軍江州刺史持節如故封聞喜縣侯邑二千戶其年徵侍中領軍將軍給鼓吹一部府置佐史領石頭戍軍事尋又加持節督京畿諸軍事三年轉散騎常侍尚書僕射中軍大將軍開府儀同三司進爵爲公持節都督領軍如故給班劍二十人齊國建爲齊公世子改加侍中南豫州刺史給油絡車羽葆鼓吹增班劍爲四十人以石頭爲世子宮官置二率以下坊省服章一如東宮進爵王太子太祖卽位爲皇太子建元四年三月壬戌太祖崩上卽位大赦征鎭州郡令長軍屯營部各行喪三日不得擅離任都邑城守防備幢隊一不得還乙丑稱先帝遺詔以司徒褚淵錄尚書事尚書左僕射王儉爲尚書令車騎將軍張敬兒爲開府儀同三司詔曰喪禮雖有定制先旨每存簡約內官可三日一還臨外官間一日還臨後有大喪皆如之丁卯以右衞將軍呂安國爲司州刺史庚午以司空豫章王嶷爲太尉癸酉詔曰城直之制歷代宜同頃歲逋弛遂以萬計雖在憲宜懲而原心可亮積年逋城可悉原蕩自茲以後申明舊科有違糾裁庚辰詔曰比歲未稔貧窮不少京師二岸多有其弊遣中書舍人優量賑郵夏四月丙午以輔國將軍張倪爲兗州刺史辛卯追尊穆妃爲皇后五月乙丑以丹陽尹聞喜公子良爲南徐州刺史甲戌以新除左衞將軍垣崇祖爲豫州刺史癸未詔曰頃水雨頻降潮流荐滿二岸居民多所淹漬遣中書舍人與兩縣官長優量賑郵六月甲申立皇太子長懋詔申壬戌赦恩百日乙酉以鄱陽王鏘爲雍州刺史臨汝公子卿爲郢州刺史甲午以寧朔將軍臧靈智爲越州刺史丙申立皇太子妃王氏進封聞喜公子良爲竟陵王臨汝公子卿爲廬陵王應城公子敬爲安陸王江陵公子懋爲晉安王枝江公子隆爲隨郡王皇子子眞爲建安王皇孫昭業爲南郡王戊戌詔曰水潦爲患星緯乖序京都囚繫可尅日訊決諸遠獄委刺史以時察判建康秣陵二縣貧民加賑賜必令周悉吳興義興遭水縣蠲除租調癸卯以司徒褚淵爲司空驃騎將軍秋七月庚申以衞尉蕭順之爲豫州刺史壬戌以冠軍將軍垣榮祖爲青冀二州刺史八月癸卯司徒褚淵甍九月丁巳以國哀故罷國子學己巳以前軍將軍姜伯起爲秦州刺史辛未以征南將軍王僧虔爲左光祿大夫開府儀同三司尚書右僕射王奐爲湘州刺史冬十二月己丑詔曰緣淮戍將久處邊勞三元行始宜沾恩慶可遣中書舍人宣旨臨會後每歲皆如之庚子以太子左衞率戴僧靜爲徐州刺史

永明元年春正月辛亥車駕祀南郊大赦改元壬子詔內外羣僚各舉朕違肆心規諫又詔王公卿士各舉所知隨方登敍詔曰經邦之寄寔資莅民守宰祿俸蓋有恒準往以邊虞告警故沿時損益今區寓寧晏庶績咸熙念勤簡能宜加優獎郡縣丞尉可還田秩太尉豫章王嶷領太子太傅護軍將軍長沙王晃爲南徐州刺史鎭北將軍竟陵王子良爲南兗州刺史庚申以侍中蕭景先爲中領軍壬戌立皇弟銳爲南平王鏗爲宜都王

皇子子明爲武昌王子罕爲南海王甲子爲築青溪舊宮詔渠仗瞻履二月辛巳以征虜將軍楊炅爲沙州刺史辛丑以隴西公宕昌王梁彌機爲河凉二州刺史東羌王像舒彭爲西凉州刺史三月癸丑詔曰宋德將季風軌陵遲列宰庶邦彌失其序遷謝遄速公私凋弊泰運初基草昧惟始思述先範永隆治根莅民之職一以小滿爲限其有聲績尅舉厚加甄異理務無庸隨時代黜丙辰詔曰朕自丁荼毒奄便周忌瞻言負荷若墜淵壑而遠圖尚蔽政刑未理星緯失序陰陽愆度思播先澤兼酬天眚可申辛亥赦恩五十日以期訖爲始京師四繫悉皆原宥三署軍徒優量降遣都邑鰥寡尤貧詳加賑䘏戊寅詔四方見四罪無輕重及劫賊餘口長徒勑繫悉原赦逋負督贓建元四年三月以前皆特除夏四月壬午詔曰魏矜袁紹恩洽丘墓晉亮兩王榮覃餘裔二代弘義前載美談袁粲劉秉與先朝同獎宋室沈攸之於景和之世特有適心雖末節不終而始誠可錄歲月彌往宜特優降粲秉前年改葬塋兆未修材槨可爲經理令粗足周禮攸之及其諸子喪柩在西者可符荆州送反舊墓在所爲營葬事五月丁酉車騎將軍張敬兒伏誅六月丙寅詔凡坐事應覆治者在建元四年三月以前皆原宥秋七月戊戌新除左光祿大夫王僧虔加特進九月己卯以荆州刺史臨川王暎爲驃騎將軍冠軍將軍廬陵王子卿爲荆州刺史吳郡太守安陸侯緬爲郢州刺史

二年春正月乙亥以司州刺史呂安國爲南兗州刺史征北將軍竟陵王子良爲護軍將軍兼司徒征北長史劉悛爲司州刺史丙子以右光祿大夫王延之爲特進三月乙亥以吳興太守張岱爲南兗州刺史前將軍王奐爲江州刺史平北將軍呂安國爲湘州刺史戊寅以少府趙景翼爲廣州刺史夏四月甲辰詔揚南徐南兗徐兗五州統內諸獄并豫江三州府州見囚江州尋陽新蔡兩郡繫獄竝部送還臺須候克日斷枉直緣江遠郡及諸州委刺史詳察訊己巳以寧朔將軍程法勤爲寧州刺史六月癸卯車駕幸中堂聽訟乙巳以安陸王子敬爲南兗州刺史戊申以黃門侍郎崔平仲爲青冀二州刺史秋七月癸未詔曰夫樂所自生先哲垂詰禮不忘本積代同風是以漢光遲回於南陽魏文殷勤於譙國青溪宮體天含暉則地栖寶光定靈源允集符命在昔期運初開經綸方遠締築之勞我則未暇時流事往永惟哽咽朕以寡薄嗣奉鴻基思存締構式表王迹考星創制揆日興功子來告畢規摹昭備宜申釁落之禮以暢感慰之懷可克日小會甲申立皇子子倫爲巴陵王八月丙午車駕幸舊宮小會設金石樂在位者賦詩詔申京師獄及三署見徒量所降宥領宮職司詳賜幣帛戊申車駕幸玄武湖講武甲子詔曰㚔枯掩骼義重前誥卹老哀癃寔惟令典朕求思民瘼弗忘鑒寐聲應未敷物多乖所京師二縣或有久墳毀發可隨宜掩埋遺骸未櫬竝加斂瘞疾病窮困不能自存者詳爲條格竝加沾賚冬十月丁巳以桂陽王鑠爲南徐州刺史十一月丁亥以始興王鑑爲益州刺史

三年春正月丙辰以大司農劉楷爲交州刺史安西諮議參軍崔慶緒爲南梁秦二州刺史甲申以晉安王子懋爲南豫州刺史辛卯車駕祀南郊大赦都邑三百里內罪應入重者降一等餘依赦制劾繫之身降遣有差賑䘏二縣貧民又詔曰春秋國語云生民之有學教猶樹木之有枝葉果行育德咸必由茲在昔開運光宅華夏方弘典謨克隆教思命彼有司崇建庠塾甫就經始仍離屯故仰瞻徽猷歲月彌遠今遐邇一體車軌同文宜高選學官廣延冑子又詔守宰親民之要刺史案部所先宜嚴課農桑相土揆時必窮地利若耕蠶殊衆足厲浮惰者所在即便列奏其違方驕矜佚事妨農亦以名聞將明賞罰以勸勤怠校覈殿最歲竟考課以申黜陟二月辛丑車駕祀北郊夏四月戊戌以新除右衛將軍豫章王世子子響爲豫州刺史輔國將軍桓敬爲兗州刺史五月乙未詔曰氓俗凋弊于茲永久雖年穀時登而歉乏比室凡單丁之身及煢獨而秩養養孤者竝蠲今年田租是月省總明觀六月庚戌進河南王易度侯爲車騎將軍秋七月辛丑詔丹陽所領及餘二百里內見囚同集京師自此以外委州郡決斷甲戌左光祿大夫開府儀同三司王僧虔薨丁亥以驃騎中兵參軍董仲舒爲寧州刺史八月乙未車駕幸中堂聽訟丁巳以行宕昌王梁彌頡爲河凉二州刺史戊午以尚書令王儉領太子少傅太子詹事蕭順之爲領軍將軍冬十月壬戌詔曰皇太子長懋講畢當釋奠王公以下可悉往觀禮十一月乙丑以冠軍將軍王文仲爲青冀二州刺史十二月丁酉詔曰九穀之重八材爲末是故絜粢豐盛祝史無愧於辭不籍千畝周宣所以貽諫昔期運初啓庶政草昧三推之典我則未暇朕嗣奉鴻基思隆先軌載耒躬親率由舊式可以開春發歲敬簡元辰鳴青鸞於東郊冕朱紘而莅事仰薦宗禋俯勗黔阜將使囷庾內充遺秉外牣既富而教茲焉攸在是夏琅邪郡旱百姓芟除枯苗至秋擢穎大熟

四年春正月甲子以南琅邪彭城二郡太守隨郡王子隆爲江州刺史征虜長史張瓌爲雍州刺史征虜將軍薛淵爲徐州刺史護軍將軍兼司徒竟陵王子良進號車騎將軍富陽人唐寓之反聚衆桐廬破富陽錢塘等縣害東陽太守蕭崇之遣宿衞兵出討伏誅丁酉冠軍將軍馬軍主陳天福坐討唐寓之燒掠百姓棄市辛卯車駕幸中堂策秀才閏月癸巳立皇子子貞爲邵陵王皇孫昭文爲臨汝公丁未以武都王楊集始爲北秦州刺史辛亥車駕籍田詔曰夫耕籍所以表敬親載所以率民朕景行前規躬執耒耜千畛咸事六仞可期教義克宣誠感兼暢重以天符靈貺歲月鱗萃寶鼎開玉匣之祥嘉禾發同穗之穎甘露凝暉於坰牧神爵騫翥於蘭囿斯乃宗稷之慶豈寡薄所臻思俾休和覃茲黔阜見刑罪殊死以下悉原宥諸逋負在三年以前尤窮弊者一皆蠲除孝悌力田詳授爵位孤老貧窮賜穀十石凡欲附農而糧種闕乏者竝加給貸務在優厚癸丑以始興內史劉祐爲廣州刺史甲寅以籍田禮畢車駕幸閱武堂勞酒小會詔賜王公以下在位者帛有差戊午車駕幸宣武堂講武詔曰今親閱六師少長有禮領馭羣帥可量班賜二月己未立皇弟銶爲晉熙王鉉爲河東王庚寅以光祿大夫王玄載爲兗州刺史三月辛亥國子講孝經車駕幸學賜國子祭酒博士助教絹各有差夏四月丁亥以尚書左僕射柳世隆爲湘州刺史臨沂縣麥不登刈爲馬芻至夏更苗秀五月癸巳詔揚南徐二州今年戶租三分二取見布一分取錢來歲以後遠近諸州輸錢處竝減布直匹准四百依舊折半以爲永制丙午以吳興太守西昌侯鸞爲中領軍秋八月辛酉以鎮南長史蕭惠休爲廣州刺史九月甲寅以征虜將軍王廣之爲徐州刺史冬十二月乙亥以東中郎司馬崔惠景爲司州刺史

五年春正月戊子以太尉豫章王嶷爲大司馬車騎將軍竟陵王子良爲司徒驃騎將軍臨川王映衞將軍王儉中軍將軍王敬則竝本號開府儀同三司都官尚書沈文季爲郢州刺史左將軍安陸王子敬爲荆州刺史征虜將軍晉安王子懋爲南兗州刺史輔國將軍建安王子眞爲南豫州刺史辛卯詔曰朕昧爽丕顯思康民瘼雖年穀亟登而饑饉代有今履端肇運陽和告始宜協時休覃茲黎庶諸孤老貧病竝賜糧餼遣使親賦每存均普雍司二州蠻虜屢動丁酉遣丹陽尹蕭景先出平陽護軍將軍陳顯達出宛葉二月戊子車駕幸芳林園禊宴丁未以護軍將軍陳顯達爲雍州刺史夏四月車駕殷祀大廟詔繫囚見徒四歲刑以下悉原遣五年減爲三歲京邑罪身應入重降一等六月辛酉詔曰比霖雨過度水潦洊溢京師居民多離其弊遣中書舍人二縣官長隨宜賑賜秋七月戊申詔丹陽屬縣建元四年以來至永明三年所逋田租殊爲不少京甸之內宜加優貸其非中貲者可悉原停八月乙亥詔今夏雨水吳興義興二郡田農多傷詳蠲租調九月己丑詔曰九日出商飈館登高宴羣臣辛卯車駕幸商飈館館上所立在孫陵崗世呼爲九日臺者也丙午詔曰善爲國者使民無傷而農益勸是以十一而稅周道克隆開建常平漢載惟穆岱畎絲枲浮汶來貢杞梓皮革必緣楚往自水德將謝喪亂彌多師旅歲興饑饉代有貧室盡於課調泉貝傾於絕域軍國器用動資四表不因厥產咸用九賦雖有交貿之名而無潤私之實民咨塗炭是此之由昔在開運星紀未周餘弊尚重農桑不殷於曩日粟帛輕賤於當年工商罕兼金之儲匹夫多饑寒之患良由圜法久廢上弊稍寡所謂民失其資能無匱乎凡下貧之家可蠲三調二年京師及四方出錢億萬糴米穀絲緜之屬其和價以優黔首遠邦嘗市雜物非土俗所產者皆悉停之必是歲賦攸宜都邑所乏可見直和市勿使逋刻冬十月甲申以中領軍西昌侯鸞爲豫州刺史侍中安陸侯緬爲中領軍初起新林苑

六年春正月壬午以祠部尚書安成王暠爲南徐州刺史詔二百里內獄同集京師克日聽覽自此以外委州郡訊察三署徒隸詳所原釋三月己亥以豫章王世子子響爲巴東王癸卯以光祿大夫周盤龍爲行兗州刺史五月甲午以宕昌王梁彌承爲河凉二州刺史六月甲寅以散騎常侍沈景德爲徐州刺史丙子以始興太守房法乘爲交州刺史秋七月乙巳都官尚書呂安國爲領軍將軍八月乙卯詔吳興義興水潦被水之鄉賜痼疾篤癃口二斛老疾一斛小口五斗九月壬寅車駕幸琅邪城講武習水步軍冬十月庚申立冬初臨太極殿讀時令辛酉以祠部尚書武陵王曅爲江州刺史閏月乙卯詔曰北兗北徐豫司青冀八州邊接疆埸民多懸罄原永明以前所逋租調辛卯以尚書僕射王奐爲領軍將軍十一月乙卯以羽林監費延宗爲越州刺史庚申以後將軍晉安王子懋爲湘州刺史西陽王子明

爲南兗州刺史

七年春正月丙午以中軍將軍王敬則爲豫州刺史中軍將軍陰智伯爲梁南秦二州刺史戊申詔曰雍州頻歲戎役兼水旱爲弊原四年以前逋租辛亥車駕祀南郊大赦京邑貧民普加賑賜又詔曰春頒秋斂萬邦所以惟懷柔遠能邇兆民所以允殖鄭渾宰邑因姓立名王濬剖符戶口殷盛今產子不育雖炳常禁比聞所在猶或有之誠復禮以貧殺抑亦情由俗淡宜節以嚴威敦以惠澤主者尋舊制詳量附定彌郵之宜務存優厚壬戌驃騎將軍開府儀同三司臨川王映薨戊辰詔曰諸大夫年秩隆重祿力殊薄豈所謂下車惟舊趨橋敬老可增俸詳給見役二月丙子以左衞將軍巴東王子響爲中護軍己丑詔曰宣尼誕敷文德峻極自天發輝七代陶鈞萬品英風獨舉素王誰匹功隱於當年道深於日月感麟厭世緬邈千祀川竭谷虛丘夷淵塞非但洙泗湮淪至乃饗嘗乏主前王敬仰崇修寢廟歲月亟流鞠爲茂草今學斅興立實稟洪規撫事懷人彌增欽屬可改築宗祊務在爽塏量給祭秩禮同諸侯奉聖之爵以時紹繼壬寅以丹陽尹王晏爲江州刺史癸卯以巴陵王子倫爲豫州刺史三月丁未以太子右衞率王玄邈爲兗州刺史庚戌以中護軍巴東王子響爲江州刺史中書令隨郡王子隆爲中護軍甲寅立皇子子岳爲臨賀王子峻爲廣漢王子琳爲宣城王子珉爲義安王夏四月戊寅詔曰婚禮下達人倫攸始周官設媒氏之職國風興及時之詠四爵內陳義不期侈三鼎外列事豈存奢晚俗浮麗歷茲永久每思懲革而民未知禁乃鬪同牢之費華泰尤甚膳羞方丈有過王侯富者扇其驕風貧者恥躬不逮或以供帳未具動致推遷年不再來盛時忽往宜爲節文頒之士庶並可擬則公朝方樏供設合卺之禮無虧寧儉之義斯在如故有違繩之以法五月乙巳尚書令衞將軍開府儀同三司王儉薨甲子以新除尚書左僕射柳世隆爲尚書令六月丁亥車駕幸琅邪秋八月庚子以左衞將軍建安王子眞爲中護軍冬十月己丑詔曰三季澆浮舊章陵替吉凶奢靡動違矩則或裂錦繡以競車服之飾塗金鏤石以窮塋域之麗至班白不婚露棺累葉苟相姱衒罔顧大典可明爲條制嚴勒所在悉使畫一如復違犯依事糾奏十二月己亥以中護軍建安王子眞爲郢州刺史江州刺史巴東王子響爲荊州刺史前安西司馬垣榮祖爲兗州刺史

八年春正月庚子征西大將軍王敬則進號驃騎大將軍左將軍沈文季爲領軍將軍丹陽尹鄱陽王鏘爲江州刺史詔放遣隔城虜俘聽還本土壬辰雩陵王司馬藥師薨夏四月戊辰詔公卿已下各舉所知隨才授職進得其人受登賢之賞薦非其才獲濫舉之罰秋七月辛丑以會稽太守安陸侯緬爲雍州刺史癸卯詔曰陰陽舛和緯象愆度儲胥嬰患淹歷旬晷思仰祇天戒俯紓民瘼可大赦天下癸亥詔司雍二州比歲不稔雍州八年以前司州七年以前逋租悉原汝南一郡復限更申五年八月丙寅詔京邑霖雨既過居民汎濫遣中書舍人二縣官長賑卹乙酉以行河南王世子休留代爲秦河二州刺史壬辰以左衞將軍隨郡王子隆爲荊州刺史巴東王子響有罪遣丹陽尹蕭順之率軍討之子響伏誅冬十月丁丑詔吳興水淹過度開所在倉賑賜癸巳原建元以前逋租十一月乙卯以建武將軍伏登之爲交州刺史十二月乙丑以振威將軍陳僧授爲越州刺史戊寅詔尚書丞郎職事繁劇郵俸未優可量增賜祿己卯皇子子建爲湘東王癸巳以監青冀二州軍行刺史事張沖爲青冀二州刺史

九年春正月甲午以侍中江夏王鋒爲南徐州刺史冠軍將軍劉悛爲益州刺史辛丑車駕祀南郊詔京師見四繫詳量原遣三月乙卯以南中郎司馬劉楷爲司州刺史辛丑以太子左衞率劉纘爲廣州刺史夏四月乙亥有司奏舊格一年兩過行陵三月十五日曹郎以下小行九月十五日司空以下大行今長停小行唯二州一大行詔曰可六月甲戌以尚書左僕射王奐爲雍州刺史秋九月戊辰車駕幸琅邪城講武觀者傾都普頒酒肉

十年春正月戊午詔諸責負衆逋七年以前悉原除高貲不在例孤老六疾人穀五斛內外有務衆官增祿俸以左民尚書南平王銳爲湘州刺史司徒竟陵王子良領尚書令右衞將軍王玄邈爲北徐州刺史中軍將軍廬陵王子卿進號車騎將軍北中郎將南海王子罕爲兗州刺史輔國將軍臨汝公昭文爲南豫州刺史冠軍將軍王文和爲北兗州刺史二月壬寅鎮軍將軍陳顯達領中領軍夏四月辛丑大司馬豫章王嶷薨五月己巳司徒竟陵王子良爲揚州刺史秋八月丙申以新城太守郭安明爲寧州刺史冬十月乙丑車駕幸玄武湖講武甲午車駕殷祀太廟十一月戊午詔曰頃者霖雨樵糧稍貴京邑居民多離其弊遣中書舍人二縣官長賑賜

十一年春正月癸丑詔京師見繫囚詳所原遣以驃騎大將軍王敬則爲司空江州刺史鄱陽王鏘爲領軍將軍鎮軍大將軍陳顯達爲江州刺史右衞將軍崔慧景爲豫州刺史丙子皇太子長懋薨二月壬午以車騎將軍廬陵王子卿爲驃騎將軍南豫州刺史撫軍將軍安陸王子敬進號車騎將軍己丑輔國將軍曹虎爲梁南秦二州刺史癸卯以新除中書監晉安王子懋爲雍州刺史丙午以冠軍將軍王文和爲益州刺史三月乙亥雍州刺史王奐伏誅夏四月壬午詔東宮文武臣僚可悉度爲太孫官屬甲午立皇太孫昭業太孫妃何氏詔賜天下爲父後者爵一級孝子順孫義夫節婦粟帛各有差癸卯以驍騎將軍劉靈哲爲兗州刺史五月戊辰詔曰水旱成災穀稼傷弊凡三調衆逋可同申至秋登京師二縣朱方姑熟可權斷酒庚午以輔國將軍蕭惠休爲徐州刺史丙子以左民尚書宜都王鏗爲南豫州刺史六月壬午詔霖雨既過遣中書舍人二縣官長賑賜京邑居民秋七月丁巳詔曰頃風水爲災二岸居民多離其患加以貧病六疾孤老稚弱彌足矜念遣中書舍人履行沾卹又詔曰水旱爲災實傷農稼江淮之間倉廩既虛遂草竊充斥互相侵奪依阻山湖成此逋逃曲赦南兗兗豫司徐五州南豫州之歷陽譙臨江廬江四郡三調衆逋宿債並同原除其緣淮及青冀新附僑民復除已訖更申五年是月上不豫徙御延昌殿乘輿始登階而殿屋鳴吒上惡之虜侵邊戊辰遣江州刺史陳顯達鎮雍州樊城上慮朝野憂惶乃力疾召樂府奏正聲伎戊寅大漸詔曰始終大期賢聖不免吾行年六十亦復何恨但皇業艱難萬幾事重不能無遺慮耳太孫進德日茂社稷有寄子良善相毗輔思弘治道內外衆事無大小悉與鸞參懷共下意尚書中是職務根本悉委王晏徐孝嗣軍旅捍邊之略委王敬則陳顯達王廣之王玄邈沈文季張瓌薛淵等百辟庶僚各奉爾職謹事太孫勿有懈怠知復何言又詔曰我識滅之後身上著夏衣畫天衣純烏犀導應諸器悉不得用寶物及織成等唯裝複袂衣各一本通常所服身刀長短二口鐵環者隨我入梓宮祭敬之典本在因心東鄰殺牛不如西家禴祭我靈上愼勿以牲爲祭唯設餅茶飲干飯酒脯而已天下貴賤咸同此制未山陵前朔望設菜食陵墓萬世所宅意嘗恨休安陵未稱今可用東三處地最東邊以葬我名爲景安陵喪禮每存省約不須煩民百官停六時入臨朔望祖日可依舊諸主六宮並不須從山陵內殿鳳華壽昌耀靈三處是吾所治製夫貴有天下富兼四海宴處寢息不容乃陋謂此爲奢儉之中愼勿壞去顯陽殿玉像諸佛及供養具如別牒可盡心禮拜供養之應有功德事可專在中自今公私皆不得出家爲道及起立塔寺以宅爲精舍並嚴斷之唯年六十必有道心聽朝賢選序已有別詔諸小小賜乞及閤內處分亦有別牒內外禁衞勞舊主帥左右悉付蕭諶優量驅使之勿負吾遺意也是日上崩年五十四上剛毅有斷爲治總大體以富國爲先頗不喜遊宴雕綺之事言常恨之未能頓遣臨崩又詔凡諸遊費宜從休息自今遠近薦獻務存節儉不得出界營求相高奢麗金粟繒纊弊民已多珠玉玩好傷工尤重嚴加禁絕不得有違准繩九月丙寅葬景安陵

史臣曰世祖南面嗣業功參寶命雖爲繼體事實艱難御袞垂旒深存政典文武授任不革舊章明罰厚恩皆由上出義兼長遠莫不肅然外表無塵內朝多豫機事平理職貢有恒府藏內充民鮮勞役宮室苑囿未足以傷財安樂延年衆庶所同幸若夫割愛懷抱同彼甸人太祖羣昭位後諸穆昔漢武留情晚悟追恨戾園魏文侯克中山不以封弟英賢心迹臣所未詳也

贊曰武帝丕顯徽號止戈韶嶺歇祲彭派澄波威承景歷肅御金科北懷戎款南獻夷歌市朝晏逸中外寧和

南齊書卷三考證

武帝本紀生獲肅之斬首百餘級遂率部曲百餘人舉義兵○臣祖庚按宋書鄧琬傳云世子與南康相沈肅之等據郡起義宋畧亦云沈肅之以郡招起義据此則帝與肅之同起義矣與紀互異又按通鑑考異曰贖始自獄中劫出琬所署南康相不容便與之同則宋書誤也

三年八月丁巳以行宕昌王梁彌頡爲河涼二州刺史○臣祖庚按魏書三年七月魏遣使拜宕昌王梁彌機兄子彌承爲宕昌王與此互異

六年十月初臨太極殿讀時令○臣宗萬按漢儀太史每歲上其年歷先立春立夏大暑立秋立冬常讀五時令皇帝所服各隨五時之色帝升御座尚書令以下就席位尚書三公郎以令署按上奏以入就席伏讀訖賜酒一卮据此武帝是舉蓋遵古制前此未行故曰初臨也

南齊書卷四

梁　蕭子顯　撰

本紀第四

鬱林王

鬱林王昭業字元尚文惠太子長子也小名法身世祖即位封南郡王二千戶永明五年十一月戊子冠於東宮崇政殿其日小會賜王公以下帛各有差給昭業扶二人七年有司奏給班劒二十人鼓吹一部高選友學十一年給皁輪三望車詔高選國官文惠太子薨立昭業爲皇太孫居東宮世祖崩太孫即位八月壬午詔稱先帝遺詔以護軍將軍武陵王曄爲衛將軍征南大將軍陳顯達即本號並開府儀同三司尚書左僕射西昌侯鸞爲尚書令太孫詹事沈文季爲護軍將軍癸未以司徒竟陵王子良爲太傅詔曰朕以寡薄嗣膺寶政對越靈命欽若前圖思所以敬守成規拱揖羣后哀荒在日有懵大猷宜育德振民光昭睿範凡逋三調及衆債在今年七月三十日前悉同蠲除其備償封籍貨鬻未售亦皆還主御府諸署池田邸治興廢沿事本施一時於今無用者詳所罷省公宜權禁一以還民關市征賦務從優減丙戌詔曰近北掠餘口悉充軍實刑故無小罔或攸赦撫辜興仁事深睿範宜從蕩宥許以自新可一同放遣還復民籍已賞賜者亦皆爲贖辛丑詔曰往歲蠻虜協謀志擾邊服羣帥授略大殲凶醜革城克捷及舞陰固守二處勞人未有沾爵賞者可分遣選部往彼序用九月癸丑詔東西二省府國長老所積財單祿寡良以矜慨選部可甄才品能推校年月邦守邑丞隨宜量處以貧爲先辛酉追尊文惠皇太子爲世宗文皇帝冬十月壬寅尊皇太孫太妃爲皇太后立皇后何氏十一月辛亥立臨汝公昭文爲新安王曲江公昭秀爲臨海王皇弟昭粲爲永嘉王

隆昌元年春正月丁未改元大赦加太傅竟陵王子良殊禮驃騎將軍晉熙王銶爲郢州刺史丹陽尹安陸王子敬爲南兗州刺史征北大將軍晉安王子懋爲江州刺史臨海王昭秀爲荆州刺史永嘉王昭粲爲南徐州刺史征南大將軍陳顯達進號車騎大將軍郢州刺史建安王子眞爲護軍將軍詔百僚極陳得失又詔王公以下各舉所知戊申以護軍將軍沈文季爲領軍將軍己酉以前將軍曹虎爲雍州刺史右衛將軍薛淵爲司州刺史庚戌以寧朔將軍蕭懿爲梁南秦二州刺史輔國長史申希祖爲交州刺史辛亥車駕祀南郊詔曰執耜覽忘懸磬比室秉機或憤無褐終年非怠非荒雖由王道不稂不莠實賴民和頃歲多稼無爽遺秉如積而三登之善未臻萬斯之基尚遠且風土異宜百民舛務刑章治緒未必同源妨本害政事非一揆冕旒屬念無忘夙興可嚴下州郡務滋耕殖相畝闢疇廣開地利深樹國本克阜民天又詢訪獄市博聽謠俗傷風損化各以條聞主者詳爲條格戊午車駕拜景安陵己巳以新除黃門侍郎周奉叔爲青州刺史二月辛卯車駕祀明堂夏四月辛巳衛將軍開府儀同三司武陵王曄薨戊子太傅竟陵王子良薨戊戌以前沙州刺史楊炅爲沙州刺史丁酉以驃騎將軍廬陵王子卿爲衛將軍尚書右僕射鄱陽王鏘爲驃騎將軍並開府儀同三司閏月乙丑以南東海太守蕭穎胄爲青冀二州刺史丁卯鎮軍大將軍鸞即本號開府儀同三司戊辰以中軍將軍新安王昭文爲揚州刺史六月丙寅以黃門侍郎王思遠爲廣州刺史秋七月庚戌以中書郎蕭遙欣爲兗州刺史東莞太守臧靈智爲交州刺史癸巳皇太后令曰鎮軍車騎左僕射前將軍領軍左衛衛尉八座自我皇歷啓基受終于宋睿聖繼軌三葉重光太祖以神武創業草昧區夏武皇以英明提極經緯天人文帝以上哲之資體元良之重雖功未被物而德已在民三靈之眷方永七百之基已固嗣主特鍾沴氣爰表弱齡險戾著于綠車愚固彰於崇正狗馬是好酒色方湎所務唯鄙事所疾唯善人世祖慈愛曲深每加容掩冀年志稍改立守神器自入纂鴻業長惡滋甚居喪無一日之哀縗絰爲歡宴之服昏酣長夜萬機斯壅發號施令莫知所從閹豎徐龍駒專總樞密奉叔珍之互執權柄自以爲任得其人表裏緝穆邁蕭曹而愈信布倚太山而坐平原於是恣情肆意罔顧天顯二帝姬嬪並充寵御二宮遺服皆納玩府內外混漫男女無別丹屏之北爲酤鬻之所青蒲之上開桑中之肆又微服潛行信次忘反端委以朝虛位交戟而守空宮積旬矣宰輔忠賢盡誠奉主誅鋤羣小冀能悛革曾無克己更深怨憾公卿股肱以異己寘戮文武昭穆以德譽見猜放肆醜言將行屠膾社稷危殆有過綴旒昔太宗克光於漢世簡文代興於晉氏前事之不忘後人之師也鎮軍居正體道家國是賴伊霍之舉實寄淵謨便可詳依舊典以禮廢黜中軍將軍新安王體自文皇睿哲天秀宜入嗣鴻業永寧四海外即以禮奉迎未亡人屬此多難投筆增慨昭業少美容止好隸書世祖勅皇孫手書不得妄出以貴重之進對音吐甚有令譽王侯五日一問訊世祖常獨呼昭業至幄座別加撫問呼爲法身鍾愛甚重文惠皇太子薨昭業每臨哭輒號咷不自勝俄尒還內歡笑極樂在世祖喪哭泣竟入後宮嘗列胡妓二部夾閤迎奏爲南郡王時文惠太子禁其起居節其用度昭業謂豫章王妃庾氏曰阿婆佛法言有福德生帝王家今日見作天王便是大罪左右主帥動見拘執不如作市邊屠酤富兒百倍矣及即位極意賞賜動百數十萬每見錢輒曰我昔時思汝一文不得今得用汝未期年之間世祖齋庫儲錢數億垂盡開主衣庫與皇后寵姬觀之給閹人豎子各數人隨其所欲恣意輦取取諸寶器以相剖擊破碎之以爲笑樂居嘗裸袒著紅縠褌雜采袒服好鬬雞密買雞至數千價世祖御物甘草杖宮人寸斷用之毀世祖招婉殿乞閹人徐龍駒爲齋龍駒尤親幸爲後閤舍人日夜在六宮房內昭業與文帝幸姬霍氏淫通龍駒勸長留宮內聲云度霍氏爲尼以餘人代之嘗以邪諂自進每謂人曰古時亦有監作三公者皇后亦淫亂齋閤通夜洞開內外淆雜無復分別中書舍人綦母珍之朱隆之直閤將軍曹道剛周奉叔並爲帝羽翼高宗屢諫不納先啓誅龍駒次誅奉叔及珍之帝並不能違既而尼媼外入頗傳異語乃疑高宗有異志中書令何胤以皇后從叔見親使直殿省嘗隨后呼胤爲三父與胤謀誅高宗令胤受事胤不敢當依違杜諫帝意復止乃謀出高宗於西州中勅用事不復關諮高宗慮變定謀廢帝二十二日壬辰使蕭諶坦之等於省誅曹道剛朱隆之等率兵自尚書入雲龍門戎服加朱衣於上比入門三失履王晏徐孝嗣蕭坦之陳顯達王廣之沈文季係進帝在壽昌殿聞外有變使閉內殿諸房閣令閹人登興光樓望還報云見一人戎服從數百人急裝在西鍾樓下須臾蕭諶領兵先入宮截壽昌閣帝走向愛姬徐氏房拔劒自刺不中以帛纏頸輿接出延德殿諶初入殿宿衛將士皆操弓楯欲拒戰諶謂之曰所取自有人卿等不須動宿衛信之及見帝出各欲自奮帝竟無一言出西弄殺之時年二十一輿尸出徐龍駒宅殯葬以王禮餘黨亦見誅

史臣曰鬱林王風華外美衆所同惑伏情隱詐難以貌求立嫡以長未知瑕釁世祖之心不變周道既而諐鄙內作兆自宮闈雖爲害未遠足傾社稷春秋書梁伯之過言其自取亡也

贊曰十嗇有一無國不失鬱林負荷棄禮亡律

南齊書卷四考證

鬱林王本紀出西弄○臣祖庚按通鑑注云此延德殿之西弄也集韻曰弄廈也屏也亦作㟖

南齊書卷五

梁　蕭子顯　撰

本紀第五

海陵王

海陵恭王昭文字季尚文惠太子第二子也永明四年封臨汝公邑千五百戶初爲輔國將軍濟陽太守十年轉持節督南豫州諸軍事南豫州刺史將軍如故十一年進號冠軍將軍文惠太子薨還都鬱林王即位爲中軍將軍領兵置佐封新安王邑二千戶隆昌元年爲使持節都督揚南徐二州諸軍事揚州刺史將軍如故其年鬱林王廢尚書令西昌侯鸞議立昭文爲帝延興元年秋七月丁酉即皇帝位以尚書令鎮軍大將軍西昌侯鸞爲驃騎大將軍錄尚書事揚州刺史宣城郡公詔曰太祖高皇帝英謀光大受命作齊世祖武皇帝宏猷冠世繼曜下武世宗文皇帝清明懿鑠四海宅心並德漏下泉功昭上象聲教所覃無思不洽洪基式固景祚方融而天步多阻運鍾否剝嗣君昏忍暴戾滋多棄侮天經悖滅人紀朝野重足遐邇側視民怨神恫宗祧如綴賴忠謨肅舉霄漢廓清俾三后之業絕而更紐七百之慶危而復安猥以沖人入纂乾緒載懷馭朽若墜諸淵思與黎元共綏戩福大赦改元文武賜位二等八月甲辰以新除衛尉蕭諶爲中領軍司空王敬則進位太尉新除車騎大將軍陳顯達爲司空尚書左僕射王晏爲尚書令左衛將軍王廣之爲豫州刺史驃騎大將軍鄱陽王鏘爲司徒詔遣大使巡行風俗丁未詔曰新安國五品以上悉與滿敘自此以下皆聽解遣其欲仕者適其所樂以驍騎將軍河東王鉉爲南徐州刺史西中郎將臨海王昭秀爲車騎將軍南徐州刺史永嘉王昭粲爲荆州刺史戊申以輔國將軍王詡爲廣州刺史中書郎蕭遙欣爲兗州刺史庚戌以車騎板行參軍李慶

綜爲寧州刺史辛亥以安西將軍王玄邈爲中護軍新除後軍司馬蕭誕爲徐州刺史壬子以冠軍司馬臧靈智爲交州刺史乙卯申明織成金薄綵花錦繡履之禁九月癸酉詔曰頃者以淮關徭戍勤瘁於行役故覃以榮階薄酬厥勞勳狀淹留未集王府非所以急舍爵之典趣報功之旨便可分遣使部往彼銓用辛巳以前九眞太守宋慈明爲交州刺史癸未誅新除司徒鄱陽王鏘中軍大將軍隨郡王子隆遣平西將軍王廣之誅南兗州刺史安陸王子敬於是江州刺史晉安王子懋起兵遣中護軍王玄邈討之乙未驃騎大將軍鸞假黃鉞內外纂嚴又誅湘州刺史南平王銳郢州刺史晉熙王銶南豫州刺史宜都王鏗丁亥以衞將軍盧陵王子卿爲司徒撫軍將軍桂陽王鑠爲中軍將軍開府儀同三司冬十月癸巳詔曰周設媒官趣及時之制漢務輕徭在休息之典所以布德弘教寬俗阜民朕君制八紘志敷九德而習俗之風爲弊未改靜言多慍無忘昏昃督勸婚嫁宜嚴更申明必使禽幣以時摽梅息怨正廚諸役舊出州郡徵吏民以應其數公獲二旬私累數朔又廣陵年常遞出千人以助淮戍勞擾爲煩抑亦苞苴是育今竝可長停別量所出諸縣使村長路都防城直縣爲劇尤深亦宜禁斷丁酉解嚴進驃騎大將軍揚州刺史宣城公鸞爲太傅領大將軍揚州牧加殊禮進爵爲王戊戌誅新除中軍將軍桂陽王鑠撫軍將軍衡陽王鈞侍中祕書監江夏王鋒鎭軍將軍建安王子眞左將軍巴陵王子倫癸卯以寧朔將軍蕭遙欣爲豫州刺史新除黃門郎蕭遙昌爲郢州刺史輔國將軍蕭誕爲司州刺史宣城王輔政帝起居皆諮而後行思食蒸魚菜太官令荅無錄公命竟不與辛亥皇太后令曰司空後將軍丹陽尹右僕射中領軍八座夫明晦迭來屯平代有上靈所以睠命億兆所以歸懷自皇家淳耀列聖繼軌諸侯官方百神受職而殷憂時啓多難薦臻隆昌失德特紊人鬼非徒四海解體乃亦九鼎將移賴天縱英輔大匡社稷崩基重造墜典再興嗣主幼沖庶政多昧且早嬰尫疾弗克負荷所以宗正內侮戚藩外叛覘天視地人各有心雖三祖之德在民而七廟之危行及自非樹以長君鎭以淵器未允天人之望寧息奸宄之謀太傅宣城王胤體宣皇鍾慈太祖識冠生民功高造物符表夙著謳頌有在宜入承寶命式寧宗祐帝可降封海陵王吾當歸老別館昔宣帝中興漢室簡文重延晉祀庶我鴻基於茲永固言念家國感慶載懷建武元年詔海陵王依漢東海王彊故事給虎賁旄頭畫輪車設鍾虡宮縣供奉所須每存隆厚十一月稱王有疾數遣御師占視乃殞之給温明祕器衣一襲斂以袞冕之服大鴻臚監護喪事葬給轀輬車九旒大輅黃屋左纛前後部羽葆鼓吹挽歌二部依東海王故事謚曰恭王年十五

史臣曰郭璞稱永昌之名有二日之象而隆昌之號亦同焉案漢中平六年獻帝卽位便改元爲光熹張讓段珪誅後改元爲昭寧董卓輔政改元爲永漢一歲四號也晉惠帝太安二年長沙王乂事敗成都王潁改元爲永安潁自鄴奔河間王顒復改元爲永興一歲三號也隆昌延興建武亦三改年號故知喪亂之軌迹雖千載而必同矣

贊曰穆穆海陵因亡代興不先不後遭命是膺

南齊書卷五考證

海陵王本紀延興元年○是年卽隆昌元年以廢立隨改元耳

八月丁未詔曰新安國五品以上悉與滿敍○南史不載海陵以新安入纂故云

南齊書卷六

梁　蕭　子　顯　撰

本紀第六

明帝

高宗明皇帝諱鸞字景栖始安貞王道生子也小諱玄度少孤太祖撫育恩過諸子宋泰豫元年爲安吉令有嚴能之名補武陵王左常侍不拜元徽二年爲永世令昇明二年爲邵陵王安南記室參軍未拜仍遷寧朔將軍淮南宣城二郡太守尋進號輔國將軍太祖踐阼遷侍中封西昌侯邑千戶建元二年爲持節督郢州司州之義陽諸軍事冠軍將軍郢州刺史進號征虜將軍世祖卽位轉度支尚書領右軍將軍永明元年遷侍中領驍騎將軍王子侯舊乘纏帷車高宗獨乘下帷儀從如素士公事混撓販食人擔火誤燒牛鼻豫章王白世祖世祖笑焉轉爲散騎常侍左衞將軍清道而行上甚悅二年出爲征虜將軍吳興太守四年遷中領軍常侍竝如故五年爲持節監豫州郢州之西陽司州之汝南二郡軍事右將軍豫州刺史七年爲尙書右僕射八年加領衞尉十年轉左僕射十二年領右衞將軍世祖遺詔爲侍中尙書令尋加鎭軍將軍給班劍二十人隆昌元年卽本號爲大將軍給鼓吹一部親兵五百人尋又加中書監開府儀同三司鬱林王廢海陵王立爲使持節都督揚南徐二州軍事驃騎大將軍錄尙書事揚州刺史開府如故增班劍爲三十人封宣城郡公二千戶鎭東府城給兵五千人錢二百萬布千匹九江作難假黃鉞事寧表送之尋加黃鉞都督中外諸軍事太傅領大將軍揚州牧增班劍爲四十人給幢絡三望車前後部羽葆鼓吹劍履上殿入朝不趨贊拜不名置左右長史司馬從事中郎掾屬各四人封宣城王邑五千戶持節侍中中書監錄尙書竝如故未拜太后令廢海陵王以上入纂太祖爲第三子羣臣三請乃受命

建武元年冬十月癸亥卽皇帝位詔曰皇齊受終建極握鏡臨宸神武重輝欽明懿鑠七百攸長盤石斯固而王度中蹇天階荐阻嗣命多違蕃釁孔棘宏圖景歷將墜諸淵宣德皇后遠鑒崇替憲章舊典疇咨台揆允定靈策用集寶命于予一人猥以虛薄纘承大業仰繫鴻丕顧臨兆民永懷先構若履春冰寅憂夕惕罔識攸濟思與萬國播此惟新大赦天下改元宿衞身普轉一階其餘文武賜位二等逋租宿責換負官物在建武元年以前悉原除劫賊餘口在臺府者可悉原放負釁流徙竝還本鄉太尉王敬則爲大司馬司空陳顯達爲太尉尙書令王晏加驃騎大將軍中領軍蕭諶爲領軍將軍南徐州刺史皇子寶義爲揚州刺史中護軍王玄邈爲南兗州刺史新除右將軍張瓌爲右光祿大夫平北將軍王廣之爲江州刺史乙丑詔斷遠近上禮丁卯詔自今彫文篆刻歲時光新可悉停省蕃牧守宰或有薦獻事非任土嚴加禁斷追贈安陸昭侯緬爲安陸王己巳以安陸侯子寶晊爲湘州刺史詔曰頃守職之吏多違舊典存私害公實興民蠹今商旅稅石頭後渚及夫鹵借倩一皆停息所在凡厥公宜可卽符斷主曹詳爲其制憲司明加聽察十一月癸酉以西中郎長史始安王遙光爲揚州刺史晉壽太守王洪範爲青冀二州刺史尙書令王晏領太子少傅甲戌大司馬尋陽公王敬則等十三人進爵邑各有差詔省新林苑先是民地悉以還主原責本直庚辰立皇子寶義爲晉安王寶玄爲江夏王寶源爲廬陵王寶寅爲建安王寶融爲隨郡王寶攸爲南平王甲申詔曰邑宰祿薄俸微不足代耕雖任土恒貢亦爲勞費自今悉斷又詔宣城國五品以上悉與滿敍自此以下皆聽解遣其欲仕適所樂乙酉追尊始安貞王爲景皇妃爲懿后丙戌以輔國將軍聞喜公遙欣爲荆州刺史寧朔將軍豐城公遙昌爲豫州刺史丁亥詔細作中署材官車府凡諸工可悉開番假遞令休息戊子立皇太子寶卷賜天下爲父後者爵一級孝子順孫義夫節婦普加甄賜明揚表其衡閭賚以束帛己丑詔東宮肇建遠近或有慶禮可悉斷之壬辰以新除征虜將軍江夏王寶玄爲郢州刺史永明中御史中丞沈淵表百官年登七十皆令致仕竝窮困私門庚子詔曰日者百司耆齒許以自陳東西二省猶沾微俸辭事私庭榮祿兼謝輿言愛老實有矜懷自縉紳年及可一遵永明七年以前銓敍之科上輔政所誅諸王是月復屬籍各封子爲侯十二月壬子詔曰上覽易遺下情難達是以甘棠見美肺石流詠自月一視黃辭如有含枉不申懷直未舉者莅民之司竝任厥失

二年春正月辛未詔京師繫囚殊死可降爲五歲刑三署見徒五歲以下悉原赦王公以下各舉所知隨王公卿士內外羣僚各舉朕違肆心極諫索虜寇司豫徐梁四州壬申遣鎭南將軍王廣之督司州征討右衞將軍蕭坦之督徐州征討尙書右僕射沈文季督豫州征討己卯詔京師二縣有毀發墳壠隨宜修理又詔曰食惟民天義高姬載蠶實生本敎重軒經前哲盛範後王茂則布令審端咸必由之朕肅扆巖廊思引風訓深務八政永鑒在勤靜言日昃無忘寢興守宰親民之主牧伯調俗之司宜嚴課農桑罔令游惰揆景肆力必窮地利固修堤防考校殿最若耕蠶殊衆具以名聞游怠害業卽便列奏主者詳爲條格乙未虜攻鍾離徐州刺史蕭惠休破之丙申加太尉陳顯達使持節都督西北征討諸軍事丁酉內外纂嚴三月戊申詔南徐州僑舊民丁多充戎旅蠲今年三課己未司州刺史蕭誕與衆軍擊虜破之詔雍豫司南兗徐五州遇寇之家悉停今年稅調其與虜交通不問往罪丙寅停青州麥租虜自壽春退走甲申解嚴夏四月己亥朔三百里內獄訟同集京師克日聽覽此以外委州郡訊察三署徒隸原遣有差索虜圍漢中梁州刺史蕭懿拒退之己未以新除黃門郎裴叔業爲徐州刺史五月甲午寢廟成詔監作長帥可賜位一等役身遣假一年非役者蠲租同假限六月壬戌誅領軍將軍蕭諶西陽王子明南海王子罕邵陵王子貞乙丑以右衞將軍蕭坦之爲領軍將軍秋七月辛未以右將軍晉安王寶義爲南徐州刺史壬申以冠軍將軍梁王爲司州刺史辛卯以氐楊馥之爲北秦州刺史仇池公八月丁未以右衞將軍盧陵王寶源爲南

兗州刺史庚戌以新除輔國將軍申希祖爲兗州刺史九月己丑改封南平王寶攸爲邵陵王蜀郡王子文爲西陽王廣漢王子峻爲衡陽王臨海王昭秀爲巴陵王永嘉王昭粲爲桂陽王冬十月丁卯詔曰軌世去奢事殷哲后訓物以儉理鏡前王朕屬流弊之末襲澆浮之季雖恭已弘化刻意隆平而禮讓未興侈華猶競永覽玄風兢言集愧思所以還淳改俗反古移民可罷東田毁興光樓并詔水衡量省御乘乙卯納皇太子妃褚氏大赦王公已下班賜各有差斷四方上禮十二月丁酉詔曰舊國都邑望之悵然況乃自經南面負扆宸居或功濟當時德覃一世而塋壠欑穢封樹不修豈直嗟深牧豎悲甚信陵而已哉昔中京淪覆鼎玉東遷晉元締構之始簡文遺詠在民而松門夷替埏路榛蕪雖年代殊往撫事興懷晉帝諸陵悉加修理并增守衛吳晉陵二郡失稔之鄉蠲三調有差

二年春正月丁酉以陰平王楊炅子崇祖爲沙州刺史封陰平王北中郎將建安王寶寅爲江州刺史己巳詔申明守長六周之制乙酉詔去歲索虜寇邊緣邊諸州郡將士有臨陣及疾病死亡者並送還本土三月壬午詔車府乘輿有金銀飾校者皆剔除夏四月虜寇司州戍兵擊破之五月己巳以征虜將軍蕭懿爲益州刺史前軍將軍陰廣宗爲梁南秦二州刺史前新除寧州刺史李慶宗爲寧州刺史秋九月辛酉以冠軍將軍徐玄慶爲兗州刺史冬十月以輔國將軍申希祖爲司州刺史閏十二月戊寅皇太子冠賜王公以下帛各有差爲父後者賜爵一級斷遠近上禮又詔今歲不須光新可以見錢爲百官供給

四年春正月庚午大赦詔曰嘉肴停俎定方旨於必甘良玉在攻表珪璋於既就是以陶鈞萬品務本爲先經緯九區學敎爲大往因時康崇建庠序屯虞荐有權從省廢諷誦寂寥倏移年稔永言古昔無忘斯與今華夏乂安要荒慕嚮締修東序實允適時便可式依舊章廣延國胄弘敷景業光被後昆壬寅詔民產子者蠲其父母調役一年又賜米十斛新婚者蠲夫役一年丙辰尙書令王晏伏誅二月甲子以左僕射徐孝嗣爲尙書令征虜將軍蕭季敞爲廣州刺史三月乙未右僕射沈文季領護軍將軍秋八月追尊景皇所生王氏爲恭太后索虜寇沔北冬十月又寇司州甲戌遣太子中庶子梁王右軍司馬張稷討之十一月丙辰以氐楊靈珍爲北秦州刺史仇池公武都王丁亥詔所在結課屋宅田桑可詳減舊價十二月甲子以冠軍將軍裴叔業爲豫州刺史冠軍將軍徐玄慶爲徐州刺史寧朔將軍左興盛爲兗州刺史丁丑遣度支尙書崔慧景率衆救雍州

永泰元年春正月癸未朔大赦逋租宿債在四年之前皆悉原除中軍大將軍徐孝嗣即本號開府儀同三司沔北諸郡爲虜所侵相繼敗沒乙巳遣太尉陳顯達持節救雍州丁未誅河東王鉉臨賀王子岳西陽王子文衡陽王子峻南康王子琳永陽王子珉湘東王子建南郡王子夏桂陽王昭粲巴陵王昭秀二月癸丑遣左衛將軍蕭惠休假節援壽陽辛未豫州刺史裴叔業擊虜於淮北破之辛巳平西將軍蕭遙欣領雍州刺史三月丙午蠲雍州遇虜之縣租布戊申詔曰仲尼明聖在躬允光上哲弘厥雅道大訓生民師範百王軌儀千載立人斯仰忠孝攸出玄功潛被至德彌闡雖反袂遐曠而祧薦靡闕時祭舊品秩比諸侯頃歲以來祀典陵替俎豆寂寥牲奠莫舉豈所以克昭盛烈永隆風敎者哉可式循舊典詳復祭秩使牢餼備禮欽饗兼申夏四月甲寅改元赦三署囚繫原除各有差文武賜位二等丙戌以鎭軍將軍蕭坦之爲侍中中領軍己未立武陵昭王子子坦爲衡陽王丙寅以西中郎長史劉暄爲郢州刺史丁卯大司馬會稽太守王敬則舉兵反五月壬午遣輔國將軍劉山陽率軍東討乙酉斬敬則傳首曲赦浙東吳晉陵七郡以後軍長史蕭穎胄爲南兗州刺史丁酉以北中郎將司馬元和爲兗州刺史秋七月以輔國將軍王珍國爲青冀二州刺史癸卯以太子中庶子梁王爲雍州刺史太尉陳顯達爲江州刺史己酉帝崩正福殿年四十七遺詔曰徐令可重申八命中書監本官悉如故沈文季可左僕射常侍護軍如故江祏可右僕射江祀可侍中劉暄可衞尉軍政大事委陳太尉內外衆事無大小委徐孝嗣遙光坦之江祏其大事與沈文季江祀劉暄參懷心膂之任可委劉悛蕭惠休崔惠景葬興安陵帝明審有吏才持法無所借制御親幸臣下肅清驅使寒人不得用四幅繖大存儉約罷世祖所起新林苑以地還百姓廢文帝所起太子東田斥賣之永明中輿輦舟乘悉剔取金銀還主衣庫太官進御食有裹蒸帝曰我食此不盡可四片破之餘充晚食而世祖掖庭中宮殿服御一無所改性猜忌多慮故亟行誅戮潛信道術用計數出行幸先占利害南出則唱云西行東遊則唱云北幸簡於出入竟不南郊上初有疾無輟聽覽祕而不傳及寢疾甚久勑臺省府署文簿求白魚以爲治外始知之身衣絳衣服飾皆赤以爲厭勝巫覡云後湖水頭經過宮內致帝有疾帝乃自至太官行水溝左右啓太官若無此水則不立帝決意塞之欲南引淮流會崩事寢

史臣曰高宗以支庶纂歷據猶子而爲論一朝到此誠非素心遺寄所當諒不獲免夫戕夷之事懷抱多端或出自雄忍或生乎畏懾令同財之親在我而先棄進引之愛量物其必遠疑怯既深猜似外入流涕行誅非云義舉事苟求安能無內愧既而自樹本根枝胤孤弱貽厥不昌終覆宗社若令壓鈕之徵必委天命盤庚之祀亦繼陽甲杖運推公夫何議爾

贊曰高宗傍起宗國之慶慕名儉德垂文法令兢兢小心察察吏政沔陽失土南風不競

南齊書卷六考證

明帝本紀三年春正月丁酉○通鑑考異曰案長歷是月乙丑朔無丁酉下有己巳當作丁卯

四年春正月庚午○通鑑考異曰案長歷是月己丑朔無庚午通鑑所以不日

永泰元年七月以太尉陳顯達爲江州刺史○臣祖庚按陳顯達傳顯達敗于馬圈表解職不許求降號又不許乃除江州又云東昏立顯達彌不樂還京師得此授甚喜据此則刺史江州在東昏立後馬圈之敗亦在永元元年揆事適合況明帝末顯達方以三公擊魏不容無故除江州也

南齊書卷七

梁　蕭　子　顯　撰

本紀第七

東昏侯

東昏侯寶卷字智藏高宗第二子也本名明賢高宗輔政後改焉建武元年立爲皇太子永泰元年七月己酉高宗崩太子卽位八月丁巳詔雍州將士與虜戰死者復除有差又詔辨括選序訪搜貧屈庚申鎭北將軍晉安王寶義進號征北大將軍開府儀同三司南中郎將建安王寶寅爲郢州刺史冬十月己未詔删省科律十一月戊子立皇后褚氏賜王公以下錢各有差

永元元年春正月戊寅大赦改元詔研策秀才考課百司辛卯車駕祀南郊詔三品清資官以上應食祿者有二親或祖父母年登七十並給見錢癸卯以冠軍將軍南康王寶融爲荊州刺史二月癸丑以北中郎將邵陵王寶攸爲南兗州刺史是月太尉陳顯達敗績於馬圈夏四月己巳立皇太子誦大赦賜民爲父後者爵一級甲戌以寧朔將軍柳惔爲梁南秦二州刺史五月癸亥以撫軍大將軍始安王遙光爲開府儀同三司六月己酉新除右衞將軍崔惠景爲護軍將軍癸亥以始興內史范雲爲廣州刺史甲子詔原雍州今年三調秋七月丁亥京師大水死者衆詔賜死者材器并賑卹八月乙巳蠲京邑遇水資財漂蕩者今年調稅又詔爲馬圈戰亡將士舉哀丙午揚州刺史始安王遙光據東府反詔曲赦京邑中外戒嚴尙書令徐孝嗣以下屯衞宮城遣領軍將軍蕭坦之率六軍討之戊午斬遙光傳首己未以征北大將軍晉安王寶玄爲南徐兗二州刺史己巳尙書令徐孝嗣爲司空右衞將軍劉暄爲領軍將軍閏月丙子以江陵公寶覽爲始安王虜僞東徐州刺史沈陵降以爲北徐州刺史九月丁未以輔國將軍裴叔業爲兗州刺史征虜長史張沖爲豫州刺史壬戌以頻誅大臣大赦天下辛未以太子詹事王瑩爲中領軍冬十月乙未誅尙書令新除司空徐孝嗣右僕射新除鎭軍將軍沈文季乙巳以始興內史顏翻爲廣州刺史征虜將軍沈陵爲越州刺史十一月丙辰太尉江州刺史陳顯達舉兵於尋陽乙丑護軍將軍崔慧景加平南將軍督衆軍南討事丙寅以冠軍將軍王鴻爲徐州刺史十二月癸未以前輔國將軍楊集始爲秦州刺史甲申陳顯達至京師宮城嚴警六軍固守乙酉斬陳顯達傳首丁亥以征虜將軍邵陵王寶攸爲江州刺史

二年春正月壬子以輔國將軍張沖爲南兗州刺史庚午詔討豫州刺史裴叔業二月癸未以黃門郎蕭寅爲司州刺史丙戌以衛尉蕭懿爲豫州刺史征壽春己丑裴叔業病死兄子植以壽春降虜三月癸卯以輔國將軍張沖爲司州刺史乙卯遣平西將軍崔慧景率衆軍伐壽春夏四月丁未以新除冠軍將軍張沖爲南兗州刺史崔慧景於廣陵舉兵襲京師壬子右衞將軍左興盛督京邑水步衆軍南徐州刺史江夏王寶玄以京城納慧景乙卯遣中領軍王瑩率衆軍屯北籬門壬戌慧景至瑩等敗績甲子慧景入京師宮內據城拒守豫州

刺史蕭懿起義救援癸酉慧景棄衆走斬首詔曲赦京邑南徐兗二州乙亥以新除尚書右僕射蕭懿爲尚書令丙子以晉熙王寶嵩爲南徐州刺史五月乙巳以虜僞豫州刺史王肅爲豫州刺史戊申以桂陽王寶貞爲中護軍己酉江夏王寶玄伏誅壬子大赦乙丑曲赦京邑南徐兗二州戊辰以始安王寶覽爲湘州刺史六月庚寅車駕於樂遊苑內會如三元京邑女人放觀戊戌以新除冠軍將軍張沖爲郢州刺史守五兵尚書陸慧曉爲南兗州刺史秋七月甲辰以驃騎司馬張稷爲北徐州刺史八月丁酉以新除驃騎司馬陳伯之爲豫州刺史甲申夜宮內火冬十月己卯害尚書令蕭懿十一月辛丑以寧朔將軍張稷爲南兗州刺史甲寅西中郎長史蕭穎胄起義兵於荆州十二月雍州刺史梁王起義兵於襄陽戊寅以冠軍長史劉繪爲雍州刺史

三年春正月丙申朔合朔時加寅漏上八刻事畢宮人於閱武堂元會皇后正位閹人行儀帝戎服臨視丁酉以驃騎大將軍晉安王寶義爲司徒新除撫軍將軍建安王寶寅爲車騎將軍開府儀同三司甲辰以寧朔將軍王珍國爲北徐州刺史辛亥車駕祀南郊詔大赦天下百官陳讜言二月丙寅乾和殿西廂火壬午詔遣羽林兵征雍州中外纂嚴乙酉以武烈將軍胡元進爲廣州刺史三月己亥以驃騎將軍沈嶽孚爲廣州刺史甲辰以輔國將軍張欣泰爲雍州刺史丁未南康王寶融即皇帝位於江陵癸丑遣平西將軍陳伯之西征六月京邑雨水遣中書舍人二縣官長賑賜有差蕭穎胄弟穎孚起兵廬陵戊子曲赦江州安成廬陵二郡秋七月癸巳曲赦荆雍二州甲午雍州刺史張欣泰前南譙太守王靈秀率石頭文武奉建安王寶寅向臺至杜姥宅宮門閉乃散走己未以征虜長史程茂爲郢州刺史驍騎將軍薛元嗣爲雍州刺史是日元嗣以郢州降義師八月丁卯以輔國將軍申胄監豫州事辛巳光祿大夫張瓌鎭石頭辛未以太子左率李居士總督西討諸軍事屯新亭城九月甲辰以居士爲江州刺史新除冠軍將軍王珍國爲雍州刺史車騎將軍建安王寶寅爲荆州刺史以輔國將軍申胄監郢州龍驤將軍馬仙琕監豫州驍騎將軍徐元稱監徐州是日義軍至南州申胄軍二萬人於姑熟奔歸戊申以後軍參軍蕭璝爲司州刺史前輔國將軍魯休烈爲益州刺史輔國長史趙越嘗爲梁南秦二州刺史丙辰李居士與義軍戰於新亭敗績冬十月甲戌王珍國與義軍戰於朱雀桁敗績戊寅寧朔將軍徐元瑜以東府城降青冀二州刺史桓和入衞屯東宮己卯衆降光祿大夫張瓌棄石頭還宮於是閉宮城門自守庚辰以驍騎將軍胡虎牙爲徐州刺史左軍將軍徐智勇爲益州刺史游擊將軍牛平爲梁南秦二州刺史李居士以新亭降瑯邪城主張木亦降義師築長圍守宮城十二月丙寅新除雍州刺史王珍國侍中張稷率兵入殿廢帝時年十九帝在東宮便好弄不喜書學高宗亦不以爲非但勗以家人之行令太子求一日再入朝發詔不許使三日一朝嘗夜捕鼠達旦以爲笑樂高宗臨崩屬以後事以隆昌爲戒曰作事不可在人後故委任羣小誅諸宰臣無不如意性重澀少言不與朝士接唯親信閹人及左右御刀應敕等自江祏始安王遙光誅後漸便騎馬日夜於後堂戲馬與親近閹人倡伎鼓叫常以五更就臥至晡乃起王侯節朔朝見晡後方前或際闇遣出臺閣案奏月數十日乃報或不知所在二年元會食後方出朝賀裁竟便還殿西序寢自巳至申百僚陪位皆僵仆菜色比起就會怱遽而罷陳顯達事平漸出遊走所經道路屏逐居民從萬春門由東宮以東至于郊外數十百里皆空家盡室巷陌懸幔爲高障置伎人防守謂之屏除或於市肆左側過親幸家環回宛轉周遍京邑每三四更中鼓聲四出幡戟橫路百姓喧走相隨士庶莫辨出輒不言定所東西南北無處不驅人高障之內設部伍羽儀復有數部皆奏鼓吹羌胡伎鼓角橫吹夜出晝反火光照天拜愛姬潘氏爲貴妃乘臥輿帝騎馬從後著織成袴褶金薄帽執七寶縛矟戎服急裝不變寒暑陵冒雨雪不避坑穽馳騁渴之輒下馬解取腰邊蠡器酌水飲之復上馬馳去馬乘具用錦繡處患爲雨所沾濕織雜綵珠爲覆蒙備諸雕巧教黃門五六十人爲騎客又選無賴小人善走者爲逐馬左右五百人常以自隨奔走往來畧不暇息置射雉場二百九十六處翳中帷帳及步鄣皆袷以綠紅錦金銀鏤弩牙瑇瑁帖箭郊郭四民皆廢業樵蘇路斷吉凶失時乳婦婚姻之家移產寄室或輿病弃屍不得殯葬有弃病人於青溪邊者吏懼爲監司所問推置水中泥覆其面須臾便死遂失骸骨後宮遭火之後更起仙華神仙玉壽諸殿刻畫雕綵青荮金口帶麝香塗壁錦幔珠簾窮極綺麗縶役工匠自夜達曉猶不副速乃剔取諸寺佛剎殿藻井仙人騎獸以充足之世祖興光樓上施青漆世謂之青樓帝曰武帝不巧何不純用瑠璃潘氏服御極選珍寶主衣庫舊物不復周用貴市民間金銀寶物價皆數倍虎魄釧一隻直百七十萬京邑酒租皆折使輸金以爲金塗猶不能足下揚南徐二州橋桁塘埭丁計功爲直斂取見錢供太樂主衣雜費由是所在塘瀆多有隳廢又訂出雉頭鶴氅白鷺縗親幸小人因緣爲姦利課一輸十郡縣無敢言者三年夏於閱武堂起芳樂苑山石皆塗以五采跨池水立紫閣諸樓觀壁上畫男女私褻之像種好樹美竹天時盛暑未及經日便就萎枯於是徵求民家望樹便取毀撤牆屋以移致之朝栽暮拔道路相繼花藥雜草亦復皆然又於苑中立市太官每旦進酒肉雜肴使宮人屠酤潘氏爲市令帝爲市魁執罰爭者就潘氏決判帝有膂力能擔白虎幢自製雜色錦伎衣綴以金花玉鏡衆寶逞諸意態所寵羣小黨與三十一人黃門十人初任新蔡人徐世檦爲直閤驍騎將軍凡有殺戮皆其用命殺徐孝嗣後封爲臨汝縣子陳顯達事起加輔國將軍雖用護軍崔慧景爲都督而兵權實在世檦及事平世檦謂人曰五百人軍主能平萬人都督世檦亦知帝昏縱密謂其黨茹法珍梅蟲兒曰何世天子無要人但阿儂貨主惡耳法珍等爭權以白帝帝稍惡其凶強以二年正月遣禁兵殺之世檦拒戰而死自是法珍蟲兒用事並爲外監口稱詔敕中書舍人王晅之與相脣齒專掌文翰其餘二十餘人皆有勢力崔慧景平後法珍封餘干縣男蟲兒封竟陵縣男及義師起江郢二鎭已降帝遊騁如舊謂茹法珍曰須來至白門前當一決義師至近郊乃聚兵爲固守之計召王侯朝貴分置尚書都座及殿省又信鬼神崔慧景事時拜蔣子文神爲假黃鉞使持節相國太宰大將軍錄尚書揚州牧鍾山王至是又尊爲皇帝迎神像及諸廟雜神皆入後堂使所親巫朱光尙禱祀祈福以冠軍將軍王珍國領三萬人據大桁莫有鬬志遣左右直長閹豎王寶孫督戰呼爲王長子寶孫切罵諸將帥直閤將軍席豪發憤突陣死豪驍將既斃衆軍於是土崩軍人從朱雀觀上自投及赴淮死者無數於是閉城自守城內軍事委王珍國兗州刺史張稷入衞京師以稷爲副實甲猶七萬人帝烏帽袴褶備羽儀登南掖門臨望又虛設鎧馬齋仗千人皆張弓拔白出東掖門稱蔣王出盪素好鬬軍隊初使宮人爲軍後乃用黃門親自臨陣詐被創使人輿將去至是於閱武堂設牙門軍頓每夜嚴警帝於殿內騎馬從鳳莊門入徽明門馬被銀蓮葉具裝鎧雜羽孔翠寄生逐馬左右衞從晝眠夜起如平常聞外鼓叫聲被大紅袍登景陽樓屋上望弩幾中之衆皆怠怨不爲致力募兵出戰出城門數十步皆坐甲而歸慮城外有伏兵乃燒城傍諸府署六門之內皆蕩盡城中閤道西掖門內相聚爲市販死牛馬肉帝初與羣小計議陳顯達一戰便敗崔慧景圍城退走謂義師遠來不過旬日亦應散去敕太官辦樵米爲百日糧而已大桁敗後衆情兇懼法珍等恐人衆驚走故閉城不復出軍既而義師長圍既立塹柵嚴固然後出盪屢戰不捷帝尤惜金錢不肯賞賜法珍叩頭請之帝曰賊來獨取我邪何爲就我求物後堂儲數百具榜啓爲城防帝云擬作殿竟不與又催御府細作三百人精仗待圍解以擬屏除金銀雕鏤雜物倍急於常王珍國張稷懼禍及率兵入殿分軍又從西上閤入後宮斷之御刀豐勇之爲內應是夜帝在含德殿吹笙歌作女兒子臥未熟聞兵入趨出北戶欲還後宮清曜閤已閉閹人禁防黃泰平以刀傷其膝仆地顧曰奴反邪直後張齊斬首送梁王宣德太后令曰皇室受終祖宗齊聖太祖高皇帝肇基駿命膺籙受圖世祖武皇帝係明下武高宗明皇帝重隆景業咸降年不永宮車早晏皇祚之重允屬儲元而稟質凶愚發於稚齒爰自保姆迄至成童忍戾昏頑觸途必著高宗留心正嫡立嫡惟長輔以羣才間以賢戚內外維持冀免多難未及期稔便逞屠戮密戚近親元勳良輔覆族殲門旬月相係凡所任杖盡慝窮姦皆營伍屠販容狀險醜身秉朝權手斷國命誅戮無辜納其財產睚眦之間屠覆比屋身居元首好是賤事危冠短服坐臥以之晨出夜反無復已極驅斥氓庶巷無居人老細奔遑賓身無所東邁西屏北出南驅負疾輿屍塡街塞陌興築繕造日夜不窮晨構夕毀朝穿暮塞絡以隨珠方斯已陋飾以璧璫曾何足道時暑赫曦流金鑠石移竹藝果匪日伊夜根未及植葉已先枯畚鍤紛紜勤倦無已散費國儲專事浮飾逼奪民財自近及遠兆庶恇恇流竄道路府帑既竭肆奪市道工商裨販行號道泣屈此萬乘躬事角抵昂首翹肩逞能橦木觀者如堵曾無怍容芳樂華林並立闤闠踞肆鼓刀手銓輕重干戈鼓譟昏曉靡息無戎而城豈足云譬至於居喪淫讌之愆三年載弄之醜反道違常之釁牝雞晨鳴之慝於事已細故可得而畧也罄楚越之竹未足以言校辛癸之君豈或能匹征東將軍忠武奮發投袂萬里光奉明聖翌成中興乘勝席卷掃清京邑而羣小靡識嬰城自固緩戮稽誅倏彌旬月宜速勦定寧我邦家可潛遣閒介密宜此

吉忠勇齊奮遄加蕩撲放斥昏凶衞送外第未亡人不幸驟此百罹感念存没心焉如割柰何柰何又令依漢海昏侯故事追封東昏侯茹法珍梅蟲兒王咺之等伏誅豐勇之原死

史臣曰漢宣帝時南郡獲白虎獲之者張武言武張而猛服也東昏侯亡德横流道歸拯亂躬當翦戮實啓太平推閽監之名字亦天意也

贊曰東昏慢道匹癸方辛乃隳典則乃弃彝倫玩習兵火終用焚身

南齊書卷七考證

東昏侯本紀永元元年二月太尉陳顯達敗績於馬圈○臣宗萬按杜佑曰馬圈城去襄陽三百里在今南陽郡界穰縣北又曰後魏馬圈鎮漢涅陽縣地

二年四月乙卯遣中領軍王瑩率衆軍屯北籬門○臣祖庚按崔慧景傳帝遣右衛將軍左興盛率臺內三萬人拒慧景於北籬門與紀異

十二月梁王起義兵於襄陽○臣祖庚按通鑑云十一月乙巳衍集僚佐謂曰當與卿等共除之是日建牙集衆又云帝遣劉山陽將兵就蕭穎胄襲襄陽然則是時梁王尚未起義矣故考異曰齊紀誤也

以武烈將軍胡元進爲廣州刺史○武烈諸本皆作威烈臣承蒼按宋百官志有武烈將軍無威烈將軍齊世官名多循宋制今定作武

三年三月丁未南康王寶融卽皇帝位○臣祖庚按和帝紀三年正月乙巳王受命大赦據此則正月乙巳南康王已卽位江陵矣此云三月丁未者通鑑考異曰蓋是日建康始聞之耳

南齊書卷八

梁　蕭　子　顯　撰

本紀第八

和帝

和帝諱寶融字智昭高宗第八子也建武元年封隨郡王邑二千戸三年爲冠軍將軍領石頭戍軍事永元元年改封南康王爲持節督荆雍益寧梁南北秦七州軍事西中郎將荆州刺史二年十一月甲寅長史蕭穎胄殺輔國將軍巴西梓潼二郡太守劉山陽奉梁王舉義乙卯教纂嚴又教曰吾躬率晉陽翦此凶孽戎事方勤宜覃澤惠所領內繫囚見徒罪無輕重殊死已下皆原遣先有位署卽復本職將吏轉一階從征身有家口停鎭給廩食凡諸雜役見在諸軍帶甲之身克定之後悉免爲民其功效賞報别有科條丙辰以雍州刺史梁王爲使持節都督前鋒諸軍事左將軍丁巳以蕭穎胄爲右將軍都督行留諸軍事戊午梁王上表勸進十二月乙亥羣僚勸進竝不許壬辰驍騎將軍夏侯亶自京師至江陵稱宣德太后令西中郎將南康王宜纂承皇祚光臨億兆方俟清宮未卽大號可且封宣城南琅邪南東海東陽臨海新安尋陽南郡竟陵宜都十郡爲宣城王相國荆州牧加黃鉞置僚屬選百官西中郎府南康國竝如故須軍次近路主者詳依舊典法駕奉迎三年正月乙巳王受命大赦唯梅蟲兒茹法珍等不在赦例右將軍蕭穎胄爲左長史進號鎭軍將軍梁王進號征東將軍甲戌以冠軍將軍楊公則爲湘州刺史甲寅建牙于城南二月乙丑以冠軍長史王茂先爲江州刺史冠軍將軍曹景宗爲郢州刺史右將軍邵陵王寶攸爲荆州刺史己巳羣僚上尊號立宗廟及南北郊甲申梁王率大衆屯沔口郢州刺史張沖拒守三月丁酉張沖死驍騎將軍薛元嗣等固城

中興元年春三月乙巳卽皇帝位大赦改元文武賜位二等鰥寡孤獨不能自存者穀人五斛卽永元三年也以相國左長史蕭穎胄爲尚書令晉安王寶義爲司空廬陵王寶源爲車騎將軍開府儀同三司建安王寶寅爲徐州刺史散騎常侍夏侯詳爲中領軍領軍將軍蕭偉爲雍州刺史丙午有司奏封庶人寶卷爲零陽侯詔不許又奏爲涪陵王詔可乙酉尚書令蕭穎胄行荆州刺史假梁王黃鉞壬子以征虜將軍柳惔爲益寧二州刺史己未以冠軍將軍莊丘黑爲梁南秦二州刺史冠軍將軍鄧元起爲廣州刺史夏四月戊辰詔曰荆雍義舉所基實始王迹君子勞心細人盡力宜加酬獎副其乃誠凡東討衆軍及諸嚮義之衆可普復除五月乙卯車駕幸竹林寺禪房宴羣臣巴西太守魯休烈巴東太守蕭惠訓子瓚拒義軍秋七月東軍主吳子陽十三軍救郢州屯加湖丁酉征虜將軍王茂先擊破之辛亥以茂先爲中護軍丁卯魯山城主孫樂祖以城降己未郢城主薛元嗣降八月丙子平西將軍陳伯之降乙卯以伯之爲江州刺史子虎牙爲徐州刺史九月乙未詔梁王若定京邑得以便宜從事冬十一月乙未以輔國將軍李元履爲豫州刺史王寅尚書令鎭軍將軍蕭穎胄卒以黃門郎蕭澹行荆州府州事丁巳蕭瓚魯休烈降十二月丙寅建康城平己巳皇太后令以梁王爲大司馬錄尚書事驃騎大將軍揚州刺史封建安郡公依晉武陵王遵承制故事百僚致敬壬申改封建安王寶寅鄱陽王癸酉以司徒揚州刺史晉安王寶義爲太尉領司徒甲戌給大司馬錢二千萬布絹各五千匹乙酉以輔國將軍蕭宏爲中護軍

二年春正月戊戌宣德太后臨朝入居內殿大司馬梁王解承制致敬如先己亥以寧朔將軍蕭昺監南兗州壬寅以大司馬都督中外諸軍事加殊禮己酉以大司馬長史王亮爲守尚書令甲寅詔大司馬梁王進位相國總百揆揚州牧封十郡爲梁公備九錫之禮加遠遊冠位在諸王上加相國綠綟綬己未以新除右將軍曹景宗爲郢州刺史二月壬戌湘東王寶晊伏誅戊辰詔進梁公爵爲梁王增封十郡三月乙未皇太后令給梁國錢五百萬布五千匹絹千匹辛丑鄱陽王寶寅奔虜邵陵王寶攸晉熙王寶嵩桂陽王寶貞伏誅甲午命梁王冕十有二旒建天子旌旗出警入蹕乘金根駕六馬備五時副車置旄頭雲罕樂舞八佾設鍾虡宮懸王子王女爵命一如舊儀庚戌以冠軍長史蕭秀爲南徐州刺史新除中領軍蔡道恭爲司州刺史車駕東歸至姑孰丙辰禪位梁王丁巳廬陵王寶源薨夏四月辛酉禪詔至皇太后遜外宮丁卯梁王奉帝爲巴陵王宮于姑孰行齊正朔一如故事戊辰薨年十五追尊爲齊和帝葬恭安陵

史臣曰夏以桀亡殷隨紂滅郊天改朔理無延世而皇符所集重興西楚神器蹔來雖有寘數嶽名大號斯爲幸矣

贊曰和帝晚隆掃難清宮達機覩運高頌永終

南齊書卷八考證

和帝本紀有司奏封庶人寶卷爲零陽侯○零陽南史作零陵

中興二年二月壬戌湘東王寶晊伏誅○臣祖庚按明帝十一男湘東無傳南史王亮傳云張稷等議立湘東嗣王寶晊領軍王瑩曰城閉已久人情離解征東在近何不諮問紀不載其事通鑑考異云和帝已立稷等知建康不可守故弒東昏豈敢復議立寶晊據此則議立湘東之說南史誤矣是時衍已有異志諸王無不見害湘東獨能自存乎

南齊書卷九

梁　蕭　子　顯　撰

志第一

禮上

禮儀繁博與天地而爲量紀國立君人倫攸始三代遺文略在經誥蓋秦餘所亡逸也漢初叔孫通制漢禮而班固之志不載及至東京太尉胡廣撰舊儀左中郎蔡邕造獨斷應劭蔡質咸綴識時事而司馬彪之書不取魏氏籍漢末大亂舊章殄滅侍中王粲尚書衞覬集創朝儀而魚豢王沈陳壽孫盛竝未詳也吳則太史令丁孚拾遺漢事蜀則孟光許慈草建衆典晉初司空荀顗因魏代前事撰爲晉禮叅考今古更其節文羊祜任愷庾峻應貞竝共刪集成百六十五篇後摯虞傅咸纘續此製未及成功中原覆没今虞之決疑注是遺事也江左僕射刁協太常荀崧補緝舊文光祿大夫蔡謨又踵修緝朝故宋初因循改革事係羣儒其前史所詳竝不重述永明二年太子步兵校尉伏曼容表定禮樂於是詔尚書令王儉制定新禮立治禮樂學士及職局置舊學四人新學六人正書令史各一人幹一人祕書省差能書弟子二人因集前代撰治五禮吉凶賓軍嘉也文多不載若郊廟庠序之儀冠婚喪紀之節事有變革宜錄時事者備今志其輿輅旗常與往代同異者更立别篇建元元年七月有司奏郊殷之禮未詳郊在何年復以何祖配郊殷復在何時未郊得先殷與不明堂亦應與郊同年而祭不若應祭者復有配與無配不祀者堂殿職僚毀置云何八座丞郎通關博士議曹郎中裴昭明儀曹郎中孔逷議今年七月宜殷祀來年正月宜南郊明堂竝祭而無配殷中郎司馬憲議南郊無配饗祠如舊明堂無配宜應廢祀其殷祀同用今年十月右僕射王儉議案禮記王制天子先祫後時祭諸侯先時祭後祫春秋魯僖二年祫明年春禘自此以後五年再殷禮緯稽命徵曰三年一祫五年一禘經記所論禘祫與時祭其言詳矣初不以先殷後郊爲嫌至於郊配之重事由王迹是故杜林議云漢業特起不因緣堯宜以高帝配天魏高堂隆議以舜配天蔣濟云漢時奏議謂堯已禪舜不得爲漢祖舜亦已禪禹不得爲魏之祖今宜以武皇帝配天晉宋因循卽爲前式又案禮及孝經援神契竝云明堂有五室天子每月於其室聽朔布教祭五帝之神配以有功德之君大戴禮記曰明堂者所以明諸侯尊卑也許慎五經異義曰布政之宮故稱明堂

明堂盛貌也周官匠人職稱明堂有五室鄭玄云周人明堂五室帝一室也初不聞有文王之寢鄭志趙商問云說者謂天子廟制如明堂是爲明堂卽文廟邪鄭答曰明堂主祭上帝以文王配耳猶如郊天以后稷配也袁孝尼云明堂法天之宮本祭天帝而以文王配配其父於天位則可牽天帝而就人鬼則非義也泰元十三年孫耆之議稱郊以祀天故配之以后稷明堂以祀帝故配之以文王由斯言之郊爲皇天之位明堂卽上帝之廟徐邈謂配之爲言必有神主郊爲天壇則堂非文廟史記云趙綰王臧欲立明堂于時亦未有郊配漢又祀汾陰五時卽是五帝之祭亦未有郊配議者或謂南郊之日已旅上帝若又以無配而特祀明堂則一日再祭於義爲黷案古者郊本不共日蔡邕獨斷曰祠南郊祀畢次北郊又次明堂高廟世祖廟謂之五供馬融云郊天之祀咸以夏正五氣用事有休有王各以其時兆於方郊四時合歲功作相成亦以此月總旅明堂是則南郊明堂各日之證也近代從省故與郊同日猶無煩黷之疑何者其爲祭雖同所以致祭則異孔晁云言五帝佐天化育故有從祀之禮旅上帝是也至於四郊明堂則是本祀之所譬猶功臣從饗豈復廢其私廟且明堂有配之時南郊亦旅上帝此則不疑於共日今何故致嫌於同辰又禮記天子祭天地四方山川五祀歲徧尚書堯典咸秩無文詩云昭事上帝聿懷多福據此諸義則四方山川猶必享祀五帝大神義不可略魏文帝黃初二年正月郊天地明堂明帝太和元年正月以武皇帝配天文皇帝配上帝然則黃初中南郊明堂皆無配也又郊日及牲色異議紛然郊特牲云郊之用辛周之始郊也盧植云辛之爲言自新絜也鄭玄云用辛日者爲人當齋戒自新絜也漢魏以來或丁或已而用辛常多考之典據辛日爲允郊特牲又云郊牲幣宜以正色繆襲據祭法云天地騂犢周家所尚魏以建丑爲正牲宜尚白白虎通云三王祭天一用夏正所以然者夏正得天之數也魏用異朔故牲色不同今大齊受命建寅創歷郊廟用牲一依晉宋謂宜以今年十月殷祀宗廟自此以後五年再殷來年正月上辛有事南郊宜以共日還祭明堂又用次辛饗祀北郊而並無配犧牲之色率由舊章詔可明堂可更詳有司又奏明堂尋禮無明文唯以孝經爲正竊尋設祀之意蓋爲文王有配則祭無配則止愚謂旣配上帝則以帝爲主今雖無配不應闕祀徐邈近代碩儒每所折衷其云郊爲天壇則堂非文廟此實明據內外百司立議已定如更詢訪終無異說傍儒依史竭其管見旣聖旨惟疑羣下所未敢詳廢置之宜仰由天鑒詔依舊

建元四年世祖卽位其秋有司奏尋前代嗣位或仍前郊年或別始晉宋以來未有畫一今年正月已郊未審明年應南北二郊祀明堂與不依舊通關八座丞郎博士議尚書令王儉議案秦爲諸侯雜祀諸時始皇并天下未有定祠漢高受命因雍四時而起北時始時五帝未定郊丘文帝六年新垣平議初起渭陽五帝廟武帝初至雍郊見五時後常三歲一郊祠雍元鼎四年始立后土祠於汾陰明年立太一祠於甘泉自是以後二歲一郊與雍更祠成帝初卽位丞相匡衡於長安定南北郊哀平之際又復甘泉汾陰祠平帝元始五年王莽奏依匡衡議還復長安南北二郊光武建武二年定郊祀兆於洛陽魏晉因循率由漢典雖時或參差而類多間歲至於嗣位之君參差不一宜有定制檢晉明帝大寧五年南郊其年九月崩成帝卽位明年改元卽郊簡文咸安二年南郊其年七月崩孝武卽位明年改元亦郊宋元嘉三十年正月南郊其年二月崩孝武嗣位明年改元亦郊此則二代明例差可依放謂明年正月宜饗禮二郊虞祭明堂自茲厥後依舊間歲尚書領國子祭酒張緒等十七人並同儉議詔可

永明元年當南郊而立春在郊後世祖欲遷郊尚書令王儉啓案禮記郊特牲云郊之祭也迎長日之至也大報天而主日也易說三王之郊一用夏正盧植云夏正在冬至後傳曰啓蟄而郊此之謂也然則圜丘與郊各自行不相害也鄭玄云建寅之月晝夜分而日長矣王肅曰周以冬祭天於圜丘於正月又祭天以祈穀祭法稱燔柴太壇則圜丘也春秋傳云啓蟄而郊則祈穀也謹尋禮傳二文各有其義盧王兩說有若合符中朝省二丘以并二郊卽今之郊禮義在報天事兼祈穀旣不全以祈農何必俟夫啓蟄史官唯見傳義未達禮旨又尋景平元年正月三日辛丑南郊其月十一日立春元嘉十六年正月六日辛未南郊其月八日立春此復是近世明例不以先郊後春爲嫌若或以元日合朔爲礙者則晉成帝咸康元年正月一日加元服二日親祀南郊元服之重百僚備列雖在致齋行之不疑今齋內合朔此卽前准若聖心過恭寧在嚴絜合朔之日散官備防非預齋之限者於止車門外別立幔省若日色有異則列於省前望實爲允謂無煩遷日從之

永明二年祠部郎中蔡履議郊與明堂本宜異日漢東京禮儀志南郊禮畢次北郊明堂高廟世祖廟謂之五供蔡邕所據亦然近世存省故郊堂共日來年郊祭宜有定准太學博士王祐議來年正月上辛宜祭南郊次辛有事明堂後辛饗祀北郊兼博士劉蔓議漢元鼎五年以辛巳行事自後郊日略無違異元封元年四月癸卯登封泰山坐明堂五年甲子以高祖配漢家郊祀非盡天子之縣故祠祭之月事有不同後漢永平以來明堂兆於國南而郊以上丁故供修三祀得并在初月雖郊有常日明堂猶無定辰何則郊丁社甲有說則從經禮無文難以意造是以必算良辰而不祭寅丑且禮之奠祭無同共者唯漢以朝日合於報天爾若依漢書五供便應先祭北郊然後明堂則是地先天食所未可也兼太常丞蔡仲熊議鄭志云正月上辛祀后稷於南郊還於明堂以文王配故宋氏創立明堂郊還卽祭是用鄭志之說也蓋爲志者失非玄意也玄之言曰未審周明堂以何月於月令則以季秋案玄注月令季秋大饗帝云大饗徧祭五帝又云大饗於明堂以文武配其時秋也去啓蟄遠矣又周禮大司樂凡大祭祀宿縣尋宿縣之旨以日出行事故也若日闇而後行事則無假預縣果日出行事何得方俟郊還東京禮儀志不記祭之時日而志云天郊夕牲之夜夜漏未盡八刻進熟明堂夕牲之夜夜漏未盡七刻進熟尋明堂之在郊前一刻而進獻奏樂方待郊還魏高堂隆表九日南郊十日北郊十一日明堂十二日宗廟案隆此言是審于時定制是則周禮二漢及魏皆不共日矣禮以辛郊書以丁祀辛丁皆合宜臨時詳擇太尉從事中郎顧憲之議春秋傳以正月上辛郊祀禮記亦云郊之用辛尚書獨云丁已用牲于郊先儒以爲先甲三日辛後甲三日丁可以接事天神之日後漢永平二年正月辛未宗祀光武皇帝於明堂辛旣是常郊之日郊又在明堂之前無容不郊而堂則理應郊堂司徒西閤祭酒梁王議孝經鄭玄注云上帝亦天別名如鄭旨帝與天亦言不殊近代同辰良亦有據魏泰和元年正月丁未郊祀武皇帝以配天宗祀文皇帝於明堂以配上帝此則已行之前准驍騎將軍江淹議郊旅上天堂祀五帝非爲一日再黷之謂無俟釐革尚書陸澄議遺文餘事存乎舊書郊宗地近勢可共日不共者義在必異也元始五年正月六日辛未郊高皇帝以配天二十二日丁亥宗祀孝文於明堂配上帝永平二年正月辛未宗祀五帝於明堂光武皇帝配章帝元和二年巡狩岱宗柴祭翌日祀五帝於明堂柴山祀地尚不共日郊堂宜異於例益明陳忠奏事云延光三年正月十三日南郊十四日北郊十五日明堂十六日宗廟十七日世祖廟仲遠五祀紹統五供與忠此奏皆爲相符高堂隆表二郊及明堂宗廟各一日摯虞新禮議明堂南郊間三兆禋天饗帝共日之證也又上帝非天昔人言之已詳今明堂用日宜依古在北郊後漢唯南郊備大駕自北郊以下車駕十省其二今祀明堂不應大駕尚書令王儉議前漢各日後漢亦不共辰魏晉故事不辨同異宋立明堂唯據自郊徂宮之義未達祀天旅帝之旨何者郊壇旅天甫自詰朝還祀明堂便在日昃雖致祭有由而煩黷斯甚異日之議於理爲弘春秋感精符云王者父天母地則北郊之祀應在明堂之先漢魏北郊亦皆親奉晉泰寧有詔未及遵遂咸和八年甫得營繕太常顧和秉議親奉康皇之世已經遵用宋氏因循未遑釐革今宜親祀北郊明年正月上辛祀昊天次辛瘞后土後辛祀明堂御並親奉車服之儀率遵漢制南郊大駕北郊明堂降爲法駕袞冕之服諸祀咸用詔可

建武二年通直散騎常侍庾曇隆啓伏見南郊壇員兆外內永明中起瓦屋形製宏壯檢案經史無所准據尋周禮祭天於圜丘取其因高之義兆於南郊就陽位也故以高敞貴在上昭天明旁流氣物自秦漢以來雖郊祀參差而壇域中間並無更立宮室其意何也政是質誠尊天不自崇樹兼事通曠必務開遠宋元嘉南郊至時權作小陳帳以爲退息泰始薄加脩廣永明初彌漸高麗往年工匠遂啓立瓦屋前代帝皇豈於上天之祀而昧營構所不爲者深有情意記稱掃地而祭於其質也器用陶匏天地之性也故至敬無文以素爲貴竊謂郊事宜擬休偃不俟高大以明謙恭肅敬之旨庶或仰允太靈俯愜羣望詔付外詳國子助教徐景嵩議伏尋三禮天地兩祀南北二郊但明祭取犧牲器用陶匏不載人君偃處之儀今棟瓦之構雖殊俱非千載成例宜務因循太學博士賀瑒議周禮王旅上帝張氈案設皇邸國有故而祭亦曰旅氈案以氈爲牀於幄中不聞郊所置宮宇兼左丞王摛議掃地而祭於郊謂無築室之議並同曇隆驍騎將軍虞炎議以爲誠愨所施止在一壇漢之郊祀饗帝甘泉天子自竹宮望拜息殿去壇場旣遠郊奉禮畢旋幸於此瓦殿之與帷宮謂無簡格祠部郎李撝議周禮凡祭祀張其旅幕張尸次尸則有幄

仲師云尸次祭祀之尸所居更衣帳也凡祭之文既不止於郊祀立尸之言理應關於宗廟古則張幕今也房省宗廟旅幕可變爲棟宇郊祀壇案何爲不轉製檐甍

曇隆議不行

建武二年旱有司議雩祭依明堂祠部郎何佟之議曰周禮司巫云若國大旱則帥巫而舞雩鄭玄云雩旱祭也天子於上帝諸侯以下於上公之神又女巫云旱暵則舞雩鄭玄云使女巫舞旱祭崇陰也鄭衆云求雨以女巫禮記月令云命有司爲民祈祀山川百原乃大雩帝用盛樂乃命百縣雩祀百辟卿士有益於民者以祈穀實鄭玄云陽氣盛而恒旱山川百原能興雲致雨者也衆水所出爲百原必先祭其本雩吁嗟求雨之祭也雩帝謂爲壇南郊之旁祭五精之帝配以先帝也自鞉鞞至柷敔爲盛樂他雩用歌舞而已百辟卿士古者上公以下謂句龍后稷之類也春秋傳曰龍見而雩止當以四月王肅云大雩求雨之祭也傳曰龍見而雩謂四月也若五月六月大旱亦用雩禮於五月著雩義也晉永和中中丞啓雩制在國之南爲壇祈上帝百辟舞童八列六十四人歌雲漢詩皆以孟夏得而報太牢于時博士議舊有壇漢魏各自討尋月令云命有司祈祀山川百原乃大雩又云乃命百縣雩祀百辟卿士則大雩所祭唯應祭五精之帝而已勾芒等五神既是五帝之佐依鄭玄說宜配食於庭也鄭玄云雩壇在南郊壇之旁而不辨東西尋地道尊右雩壇方郊壇爲輕理應在左宜於郊壇之東營域之外築壇既祭五帝謂壇宜員尋雩壇高廣禮傳無明文案覲禮設方明之祀爲壇高四尺用珪璋等六玉禮天地四方之神王者率諸侯覲禮爲所以教尊尊也雩祭五帝粗可依放謂今築壇宜崇四尺其廣輪仍以四爲度徑四丈周員十二丈而四階也設五帝之位各依其方如在明堂之儀皇齊以世祖配五精於明堂今亦宜配饗於雩壇矣古者孟春郊祀祈嘉穀孟夏雩祭祈甘雨二祭雖殊而所爲者一禮唯有冬至報天初無得雨賽帝今雖闕冬至之祭而南郊兼祈報之禮理不容別有賽答之事也禮祀帝於郊則所尚省費周祭靈威仰若后稷各用一牲今祀五帝世祖亦宜各用一犢斯外悉如南郊之禮也武帝遏密未終自可不奏盛樂至於旱祭舞雩蓋是呼嗟之義既非存懽樂謂此不涉嫌其餘祝史稱辭仰祈靈澤而已禮舞雩乃使無闕今之女巫並不習歌舞方就教試恐不應速依晉朝之議使童子或時取舍之宜也司馬彪禮儀志云雩祀著皂衣蓋是崇陰之義今祭服皆緇差無所革其所歌之詩及諸供須輒勒主者申攝備辦從之

隆昌元年有司奏參議明堂咸以世祖配國子助教謝曇濟議案祭法禘郊祖宗並列嚴祀鄭玄注義亦據兼饗宜祖宗兩配文武雙祀助教徐景嵩光祿大夫王逡之謂宜以世祖文皇帝配祠部郎何佟之議周之文武尚推后稷以配天謂文皇宜推世祖以配帝雖事施於尊祖亦義章於嚴父爲左僕射王晏議以爲若用鄭玄祖宗通稱則生有功德沒垂尊稱歷代配帝何止於郊今殷薦上帝允屬世祖百代不毀其文廟乎詔可至永元二年佟之又建議曰案祭法有虞氏禘黃帝而郊嚳祖顓頊而宗堯周人禘嚳而郊稷祖文王而宗武王鄭玄云禘郊祖宗謂祭祀以配食也禘謂祀昊天於圜丘也祭上帝於南郊曰郊祭五帝五神於明堂曰祖宗郊祭一帝而明堂祭五帝小德配寡大德配衆王肅云祖宗是廟不毀之名果如肅言殷有三祖三宗並應不毀何故止稱湯契且王者之後存焉舜寧立堯頊之廟傳世祀之乎漢文以高祖配泰畤至武帝立明堂復以高祖配食一人兩配有乖聖典自漢明以來未能反者故明堂無兼配之祀竊謂先皇宜列二帝於文祖尊新廟爲高宗並世祖而泛配以申聖主嚴父之義先皇於武皇倫則第爲季義則經爲臣設配饗之坐應在世祖之下並列俱西向國子博士王摛議孝經周公郊祀后稷以配天宗祀文王於明堂以配上帝不云武王又周頌思文后稷配天也我將祀文王於明堂也武王之文唯執競云祀武王此自周廟祭武王詩彌知明堂無矣佟之又議孝經是周公居攝時禮祭法是成王反位後所行故孝經以文王爲宗祭法以文王爲祖又孝莫大於嚴父配天則周公其人也尋此旨寧施成王乎若孝經所說審是成王所行則爲嚴祖何得云嚴父邪且思文是周公祀后稷配天之樂歌我將是祀文王配明堂之樂歌若如摛議則此二篇皆應在復子明辟之後請問周公祀后稷文王爲何所歌又國語云周人禘嚳郊稷祖文王宗武王韋昭云周公時以文王爲宗其後更以文王爲祖武王爲宗尋文王以文治而爲祖武王以武定而爲宗欲明文亦有大德武亦有大功故鄭注祭法云祖宗通言耳是以詩云昊天有成命二后受之注云二后文王武王也且明堂之祀有單有合故鄭云四時迎氣於郊祭一帝還於明堂因祭一帝則以文王配明一簋不容兩主也享五帝於明堂則泛配文武泛之爲言無的之辭其禮既盛故祖宗並配參議以佟之爲允詔可

太祖爲齊王依舊立五廟即位立七廟廣陵府君太中府君淮陰府君即丘府君太常府君宣皇帝昭皇后爲七廟建元二年太祖親祀太廟六室如儀拜伏竟次至昭后室前儀注應倚立上以爲疑欲使廟僚行事又欲以諸王代祝令於昭后室前執爵以問彭城丞劉瓛瓛對謂若都不至昭后坐前竊以爲薄廟僚即是代上執爵饋奠耳祝令位卑恐諸王無容代之舊廟儀諸王得兼三公親事謂此爲便從之及太子穆妃薨卒哭祔于太廟陰室永明十一年文惠太子薨卒哭祔于太廟陰室太祖崩毀廣陵府君鬱林即位追尊文帝又毀太中主止淮陰府君明帝立復舊及崩祔廟與世祖爲兄弟不爲世數

史臣曰先儒說宗廟之義據高祖已下五世親盡故親廟有四周以后稷始祖文武二祧所以云王立七廟也禹無始祖湯不先契夏五殷六其數如之漢立宗廟違經背古匡衡貢禹蔡邕之徒空有遷毀之議亘年四百竟無成典魏氏之初親廟止乎四葉吳蜀享祭失禮已多晉用王肅之談以文景爲共世上至征西其實六也尋其此意非以兄弟爲後當以立主之義可相容於七室及楊元后崩征西之廟不毀則知不以元后爲世數廟有七室數盈八主江左賀循立議以後弟不繼兄故世必限七主無定數宋臺初立五廟以臧后爲世室就禮而求亦親廟四矣義反會鄭非謂從王自此以來因仍舊制夫妻道合非世葉相承譬由下祭殤嫡無闕廟數同之祖曾義未可了若據伊尹之言必及七世則子昭孫穆不列婦人若依鄭玄之說廟有親稱妻者言齊豈或濫享且閟宮之德周七非數楊元之祀晉八無傷今謂之七廟而上唯六祀使受命之君流光之典不足若謂太祖未登則昭穆之數何繼斯故禮官所宜詳也

宋泰豫元年明帝崩博士周洽議權制諒闇之內不親奉四時祠建元四年尚書令王儉採晉中朝諒闇議奏曰權典既行喪禮斯奪事興漢世而源由甚遠殷宗諒闇非有服之稱周王即吉唯宴樂爲譏春秋之義嗣君踰年即位則預朝會聘享焉左氏云凡君即位卿出並聘踐修舊好又云諸侯即位小國聘焉以繼好結信謀事補闕禮之大者至於諒闇之內而圖婚三年未終而吉禘齊歸之喪不廢蒐杞公之卒不徹樂皆致譏貶以明鑒戒自斯而談朝聘蒸嘗之典卒哭而備行婚禘蒐樂之事三載而後舉通塞興廢各有由然又案大戴禮記及孔子家語並稱武王崩成王嗣位明年六月既葬周公冠成王而朝于祖以見諸侯命祝雍作頌襄十五年十一月晉侯周卒十六年正月葬晉悼公平公既即位改服脩官烝于曲沃禮記曾子問孔子曰天子崩國君薨則取羣廟之主而藏諸祖廟禮乎卒哭成事而後主各反其廟春秋左氏傳凡君卒哭而祔祔而後特祀於主蒸嘗禘於廟先儒云特祀於主者特以喪禮奉新亡者至於寢不同於古蒸嘗禘於廟者卒哭成事羣廟之主各反其廟則四時之祭皆即吉也三年喪畢吉禘於廟躋羣主以定新主也凡此諸義皆著在經誥昭乎方冊所以晉宋因循同規前典卒哭公除親奉蒸嘗率禮無違因心允協爰至泰豫元年禮官立議不宜親奉乃引三年之制自天子達又據王制稱喪三年不祭唯祭天地社稷越紼而行事曾不知自天子達本在至情既葬釋除事以權奪委衰襲衮孝享宜申越紼之旨事施未葬卒哭之後何紼可越復依范宣之難杜預譙周之論士祭並非明據晉武在喪每欲存寧戚之懷不全依諒闇之典至於四時蒸嘗蓋以哀疾未堪非便頓改舊式江左以來通儒碩學所歷多矣守而弗革義豈徒然又宜即心而言公卿大夫則負扆親臨三元告始則朝會萬國雖金石輟響而簨虡充庭情深於恒哀而跡降於凡制豈曰能安國家故也宗廟蒸嘗孝敬所先寧容吉事備行斯典獨廢就令必宜廢祭則應三年永闕乃復同之他故有司攝禮進退二三彌乖典衷謂宜依舊親奉從之

永明九年正月詔太廟四時祭薦宣帝麪起餅鴨臛孝皇后筍鴨卵脯醬炙白肉高皇帝薦肉膾葅羹昭皇后茗粣炙魚皆所嗜也先是世祖夢太祖曰宋氏諸帝嘗在太廟從我求食可別爲吾祠上乃敕豫章王妃庾氏四時還青溪宮舊宅處內合堂奉祠二帝二后牲牢服章用家人禮

史臣曰漢氏之廟徧在郡國求祀已瀆緣情又疎重檐閟寢不可兼建故前儒抗議謂之遷毀光武入纂南頓君已上四世別祠舂陵建武三年幸舂陵園廟是也張衡南都賦曰清廟肅以微微明帝至于章和每幸章陵輒祀舊宅建安末魏氏立宗廟皆在鄴都魏文黃初二年洛廟未成親祀武帝於建始殿申家人禮世祖發漢明之夢肇祀故宮孝享既申義合前典亦一時之盛也

永明六年太常丞何諲之議今祭有生魚一頭干魚五頭少牢饋食禮云司士升魚腊膚魚用鮒十有五上既云腊下必是鮮其數宜同稱膚足知鱗革無毀記云槁魚曰商祭鮮曰脡祭鄭注商量脡直也尋商旨裁截脡義在全貿循祭義猶用魚十五頭今鮮頓刪約槁皆全用謂宜鮮槁各二頭槁微斷首尾示存古義國子助教桑惠度議記稱尚玄酒而俎腥魚玄酒不容多鮮魚理宜約干魚五頭者以其既加人功可法於五味以象酒之五齊也今欲鮮槁各雙義無所法諲之議不行

十年詔故太宰褚淵故太尉王儉故司空柳世隆故驃騎大將軍王敬則故鎮東大將軍陳顯達故鎮東將軍李安民六人配饗太祖廟廷祠部郎何諲之議功臣配饗累行宋世檢其遺事題列坐位具書贈官爵謚及名文不稱主便是設板也白虎通云祭之有主孝子以繫心也揆斯而言升配廟廷不容有主宋時板度既不復存今之所制大小厚薄如尚書召板爲得其衷有司攝太廟舊人亦云見宋功臣配饗坐板與尚書召板相似事見儀注

十一年右僕射王晏吏部尚書徐孝嗣侍中何胤奏故太子祔太廟既無先准檢宋元后故事太尉行禮太子拜伏與太尉俱臣等參議依擬前典太常主廟位太尉執禮祔太孫拜伏皆與之俱正禮既畢陰室之祭太孫宜親自進奠詔可

建武二年有司奏景懿后遷登新廟車服之儀祠部郎何佟之議曰周禮王之六服大裘爲上袞冕次之五車玉輅爲上金輅次之皇后六服褘衣爲上褕翟次之首飾有三副爲上編次之五車重翟爲上厭翟次之上公有大裘玉輅而上公夫人有副及褘衣是以祭統云夫人副褘立于東房也又鄭云皇后六服唯上公夫人亦有褘衣詩云翟茀以朝鄭以翟茀爲厭翟侯伯夫人入廟所乘今上公夫人副褘既同則重翟或不殊矣況景皇懿后禮崇九命且晉朝太妃服章之禮同於太后宋代皇太妃唯無五牛旗爲異其外侍官則有侍中散騎常侍黃門侍郎散騎侍郎各二人分從前後部同於王者內職則有女尚書女長御各二人棨引同於太后又魏朝之晉王晉之宋王竝置百官擬於天朝至於晉文王終猶稱薨而太上皇稱崩則是禮加於王矣故前議景皇后悉依近代皇太妃之儀則侍衛陪乘竝不得異后乘重翟亦謂非疑也尋齊初移廟宣皇神主乘金輅皇帝親奉亦乘金輅先往行禮畢仍從神主至新廟今所宜依准也從之

永泰元年有司議應廟見不尚書令徐孝嗣議嗣君卽位竝無廟見之文蕃支纂業乃有虔謁之禮左丞蕭琛議竊聞祗見厥祖義著商書朝于武宮事光晉冊豈有正位居尊繼業承天而不虔覲祖宗格于太室毛詩周頌篇曰烈文成王卽政諸侯助祭也鄭注云新王卽政必以朝享之禮祭於祖考告嗣位也又篇曰閔予小子嗣王朝廟也鄭注云嗣王者謂成王也除武王之喪將始卽政朝於廟也則隆周令典煥炳經記體嫡居正莫若成王又二漢由太子而嗣位者西京七主東都四帝其昭成哀和順五君竝皆謁廟文存漢史其惠景武元明章六君前史不載謁事或是偶有闕文理無異說議者乃云先在儲宮已經致敬卒哭之後卽親奉時祭則是廟見故無別謁之禮竊以爲不然儲后在宮亦從郊祀若謂前虔可兼後敬開元之始則無假復有配天之祭矣若以親奉時祭仍爲廟見者自漢及晉支庶嗣位竝皆謁廟既同有蒸嘗何爲獨脩繁禮且晉成帝咸和元年改號以謁廟咸康元年加元服又更謁夫時非異主猶不疑二禮相因況位隔君臣而返以一謁兼敬宜遠纂周漢之盛範近黜晉宋之乖義展誠一廟駿奔萬國奏可

永明元年十二月有司奏今月三日臘祀太社稷一日合朔日蝕既在致齋內未審於社祀無疑不曹檢未有前准尚書令王儉議禮記曾子問天子嘗禘郊社五禮之祭簠簋既陳唯大喪乃廢至於當祭之日火日蝕則停尋伐鼓用牲由來尚矣而簠簋初陳問所不及據此而言致齋初日仍值薄蝕則不應廢祭又初平四年士孫瑞議以日蝕廢社而不廢郊朝議從之王者父天親地郊社不殊此則前准謂不宜廢詔可

永明十一年兼祠部郎何佟之議案禮記郊特牲社祭土而主陰氣也君南向於北墉下答陰之義也鄭玄云答猶對也北墉社內北牆也王肅云陰氣北向故君南向以答之答之爲言是相對之稱知古祭社北向設位齋官南向明矣近代相承帝社南向太社及稷竝東向而齋官位在帝社壇北西向於神背後行禮又名稷爲稷社甚乖禮意及未知失在何時原此理當未久竊以皇齊改物禮樂惟新中國之神莫貴於社若遂仍前謬懼虧盛典謂二社語其義則殊論其神則一位竝宜北向稷若北向則成相背稷是百穀之總神非陰氣之主宜依先東向齋官立社壇東北南向立東爲上諸執事面向立南爲上稷依禮無兼稱今若欲尊崇正可名爲太稷耳豈得謂爲稷社邪臘祀太社日近案奏事御改定儀注儀曹稱治禮學士議曰郊特牲又云君之南向答陽也臣之北向答君也若以陽氣在南則位應向北陰氣在北則位宜向南今南北二郊一限南向皇帝黑瓚階東西向故知壇墠無繫於陰陽設位寧拘於南北羣神小祠類皆限南面薦饗之時北向行禮蓋欲申靈祇之尊表求幽之義魏世秦靜使社稷別營稱自漢以來相承南向漢之於周世代未遠鄗上頹基商丘餘樹猶應尚存迷方失位未至於此通儒達議不以爲非庾蔚之昔已有此議後徐爰周景遠竝不同仍舊不改佟之議來難引君南向答陽臣北向答君敢問答之爲言爲是相對爲是相背相背則社位南向君亦南向可如來議郊特牲云臣之北向答君復是君背臣今言君南臣北向相稱答則君南不得稱答矣記何得云祭社君南向以答陰邪社果同向則君亦宜西向何故在社南向在郊西向邪解則不然記云君之南向答陽此明朝會之時盛陽在南故君南向對之猶聖人南面而聽向明而治之義耳寧是祈祀天地之日乎知祭社北向君答故南向祀天南向君答宜北向矣今皇帝黑瓚階東西向者斯蓋始入之別位非接對之時也案記云社所以神地之道也又云社祭土而主陰氣又云不用命戮于社孔安國云社主陰陰主殺傳曰日蝕伐鼓于社杜預云責羣陰也社主陰氣之盛故北向設位以本其義耳餘祀雖亦地祇之貴而不主此義故位向不同不得見餘陰祀不北向便謂社應南向也案周禮祭社南向君求幽宜北向而記云君南向答陰之義求幽之論不乖魏權漢社社稷同營共門稷壇在社壇北非古制後移宮南自當如靜此言乃是顯漢社失周法見漢世舊事今時祭社南向未審出何史籍就如議者靜所言是祭社位向仍漢舊法漢又襲周成規因而不改者則社稷三座竝應南向今何改帝社南向泰社及稷竝東向邪治禮又難佟之凡三往反至建武二年有司議治禮無的然顯據佟之議乃行

建武二年祠部郎何佟之奏案周禮大宗伯以蒼璧禮天黃琮禮地鄭玄又云皆有牲幣各放其器之色知禮天圜丘用玄犢禮地方澤用黃牲矣牧人云凡陽祀用騂牲陰祀用黝牲鄭玄云騂赤黝黑也陽祀祭天南郊及宗廟陰祀祭地北郊及社稷祭法云燔柴於泰壇祭天也瘞埋於泰折祭地也用騂犢鄭云地陰祀用黝牲與天俱用犢故連言之耳知此祭天地卽南北郊矣今南北兩郊同用玄牲又明堂宗廟社稷俱用赤有違昔典又鄭玄云祭五帝於明堂勾芒等配食自晉以來幷圜丘於南郊是以郊壇列五帝勾芒等今明堂祀五精更闕五神之位北郊祭地祇而設重黎之坐二三乖舛懼虧盛則前軍長史劉繪議語云犂牛之子騂且角雖欲勿用山川其舍諸未詳山川合爲陰祀不若在陰祀則與黝乖矣佟之又議周禮以天地爲大祀四望爲次祀山川爲小祀周人尚赤自四望以上牲色各依其方者以其祀大宜從本也山川以下牲色不見者以其祀小從所尚也則論禮二說豈不合符參議爲允從之

永元元年步兵校尉何佟之議曰蓋聞聖帝明王之治天下也莫不尊奉天地崇敬日月故冬至祀天於圜丘夏至祭地於方澤春分朝日秋分夕月所以訓民事君之道化下嚴上之義也故禮云王者必父天母地兄日姊月周禮典瑞云王搢大圭執鎮圭藻藉五采五就以朝日馬融云天子以春分朝日秋分夕月覲禮天子出拜日於東門之外盧植云朝日以立春之日也鄭玄云端當爲冕朝日春分之時也禮記朝事議云天子冕而執鎮圭尺有二寸率諸侯朝日於東郊所以教尊尊也故鄭知此端爲冕也禮記保傅云三代之禮天子春朝朝日秋暮夕月所以明有敬也而不明所用之定辰馬鄭云用二分之時盧植云用立春之日佟之以爲日者太陽之精月者太陰之精春分陽氣方永秋分陰氣向長天地至尊用其始故祭以二至日月禮次天地故朝以二分差有理據則融玄之言得其義矣漢世則朝朝日暮夕月魏文帝詔曰覲禮天子拜日東門之外反禮方明朝事議曰天子冕而執鎮圭率諸侯朝日於東郊以此言之蓋諸侯朝天子祀方明因率朝日也漢改周法羣公無四朝之事故不復朝於東郊得禮之變矣然旦夕常於殿下東向拜日其禮太煩今採周春分之禮損漢日拜之儀又無諸侯之事無所出東郊今正殿卽亦朝會行禮之庭也宜常以春分於正殿之庭拜日其夕月文不分明其議奏魏祕書監薛循請論云舊事朝日以春分夕月以秋分案周禮朝日無常日鄭玄云用二分故遂施行秋分之夕月多東潛而西向拜之背實遠矣謂朝日宜用仲春之朔夕月宜用仲秋之朔淳于睿駮之引禮記云祭日於東祭月於西以端其位周禮秋分夕月竝行於上世西向拜月雖如背實亦猶月在天而祭之於坎不復言背月也佟之案禮器云爲朝夕

必放於日月鄭玄云日出東方月出西方又云大明生於東月生於西此陰陽之分夫婦之位也鄭玄云大明日也知朝日東向夕月西向斯蓋各本其位之所在耳猶如天子東西遊幸朝堂之官及拜官者猶北向朝拜寧得以背實爲疑邪佟之謂魏世所行善得與奪之衷晉初弃圜丘方澤於兩郊二至輟禮至於二分之朝致替無義江左草創舊章多闕宋氏因循未能反古竊惟皇齊應天御極典教惟新謂宜使盛典行之盛代以春分朝於殿庭之西東向而拜日秋分於殿庭之東西向而拜月此卽所謂必放日月以端其位之義也使四方觀化者莫不欣欣而頌美旒藻之飾蓋本天之至質也朝日不得同昊天至質之禮故玄冕三旒也近代祀天著衮十二旒極文章之義則是古今禮之變也禮天朝日旣服宜有異頃世天子小朝會著絳紗袍通天金博山冠斯卽今朝之服次衮冕者也竊謂宜依此拜日月甚得差降之宜也佟之任非禮局輕奏大典實爲侵官伏追慙震從之

永明三年有司奏來年正月二十五日丁亥可祀先農卽日輿駕親耕宋元嘉大明以來竝用立春後亥日尚書令王儉以爲亥日籍田經記無文通下詳議兼太學博士劉蔓議禮孟春之月立春迎春又於是月以元日祈穀又擇元辰躬耕帝藉盧植說禮通辰日日甲至癸也辰子至亥也郊天陽也故以日藉田陰也故以辰陰禮卑後必居其末亥者辰之末故記稱元辰法曰吉亥又據五行之說木生於亥以亥日祭先農又其義也太常丞何諲之議鄭注云元辰蓋郊後吉亥也亥水辰也凡在墾稼咸存灑潤五行說十二辰爲六合寅與亥合建寅月東耕取月建與日辰合也國子助教桑惠度議尋鄭玄以亥爲吉辰者陽生於子元起於亥取陽之元以爲生物亥又爲水十月所建百穀賴茲沾潤畢熟也助教周山文議盧植云元善也郊天陽也故以日藉田陰也故以辰蔡邕月令章句解元辰云日幹也辰支也有事於天用日有事於地用辰助教何佟之議少牢饋食禮云孝孫某來日丁亥用薦歲事于皇祖伯某注云丁未必亥也直舉一日以言之耳禘太廟禮日用丁亥若不丁亥則用已亥辛亥苟有亥可也鄭又云必用丁已者取其令名自丁寧自變改皆爲謹敬如此丁亥自是祭祀之日不專施於先農漢文用此日耕藉祀先農故後王相承用之非有別義殷中郞顧暠之議鄭玄稱先郊後吉辰而不說必亥之由盧植明子亥爲辰亦無常辰之證漢世躬藉肇發漢文詔云農天下之本其開藉田斯乃草創之令未覩親載之吉也昭帝癸亥耕于鉤盾弄田明帝癸亥耕下邳章帝乙亥耕定陶又辛丑耕懷魏之烈祖實書辛未不繫一辰徵於兩代矣推晉之革魏宋之因晉政是服膺康成非有異見者也班固序亥位云陰氣應亡射該藏萬物而雜陽閡種且亥旣水辰含育爲性播厥取吉其在茲乎固序丑位云陰大旅助黃鍾宣氣而牙物序未位云陰氣受任助蕤賓君主種物使長大茂盛是漢朝迭選魏室所遷酌舊用丑實兼有據參議奏用丁亥詔可

建元四年正月詔立國學置學生百五十人其有位樂入者五十人生年十五以上二十以還取王公已下至三將著作郞廷尉正太子舍人領護諸府司馬諮議經除敕者諸州別駕治中等見居官及罷散者子孫悉取家去都二千里爲限太祖崩乃止

永明三年正月詔立學創立堂宇召公卿子弟下及員外郞之胄凡置生二百人其年秋中悉集有司奏宋元嘉舊事學生到先釋奠先聖先師禮又有釋菜未詳今當行何禮用何樂及禮器尚書令王儉議周禮春入學舍菜合舞記云始教皮弁祭菜示敬道也又云始入學必祭先聖先師中朝以來釋菜禮廢今之所行釋奠而已金石俎豆皆無明文方之七廟則輕比之五禮則重陸納車胤謂宣尼廟宜依亭侯之爵范甯欲依周公之廟用王者儀范宣謂當其爲師則不臣之釋奠日備帝王禮樂此則車陸失於過輕二范傷於大重喻希云若至王者自設禮樂則肆賞於至敬之所若欲嘉美先師則所況非備尋其此說守附情理皇朝屈尊弘教待以師資引同上公卽事惟允元嘉立學裴松之議應儛六佾以郊樂未具故權奏登歌今金石已備宜設軒縣之樂六佾之舞牲牢器用悉依上公其冬皇太子講孝經親臨釋奠車駕幸聽

建武四年正月詔立學永泰元年東昏侯卽位尚書符依永明舊事廢學領國子助教曹思文上表曰古之建國君民者必教學爲先將以節其邪情而禁其流欲故能化民裁俗習與性成也是以忠孝篤焉信義成焉禮讓行焉尊教宗學其致一也是以成均煥於古典虎門炳於前經陛下體睿淳神纘承鴻業今制書旣下而廢學先聞將恐觀國之光者有以擬議也若以國諱故宜廢昔漢成立學爰洎元始百餘年中未嘗輒廢其間有國諱也且晉武之崩又其學猶存斯皆先代不以國諱而廢學之明文也永明以無太子故廢斯非古典也尋國之有學本以興化致治也天子於以諮謀爲於以行禮焉記云天子出征受命於祖受成於學執有罪反釋奠於學又云食三老五更於太學天子袒而割牲執爵而酳以敎諸侯悌也於斯學是天子有國之基敎也或以之所言皆太學事也今引太學不非證也據臣所見今之國學卽古之太學晉初太學生三千人旣多猥雜惠帝時欲辯其涇渭故元康三年始立國子學官品第五以上得入國學天子去太學入國學以行禮也太子去太學入國學以齒讓也太學之與國學斯是晉世殊其士庶異其貴賤耳然貴賤士庶皆須敎成故國學太學兩存之也非有太子故立也然繫廢興於太子者此永明之鉅失也漢崇儒雅幾致刑厝而猶道謝三五者以其致敎之術未篤也古之敎者家有塾黨有庠術有序國有學以諷誦相摩今學非唯不宜廢而已乃宜更崇尚其道望古作規使郡縣有學鄉閭立敎請付尚書及二學詳議有司奏從之學竟不立

永明五年十月有司奏南郡王昭業冠求儀注未有前准尚書令王儉議皇孫冠事歷代所無禮雖有嫡子嫡孫然而地居正體下及五世今南郡王體自儲暉實惟國裔元服之典宜異列蕃案士冠禮主人玄冠朝服賓加其冠贊者結纓鄭玄云主人冠者之父兄也尋其言父及兄則明祖在父不爲主也大戴禮記公冠篇云公冠自爲主四加玄冕以卿爲賓此則繼體之君及帝之庶子不得稱子者也小戴禮記冠義云冠於阼以著代也醮於客位三加彌尊加有成也注稱嫡子冠於阼庶子冠於房記又云古者重冠故行之於廟所以自卑而尊先祖也據此而言彌與鄭注儀禮相會是故中朝以來太子冠則皇帝臨軒司徒加冠光祿贊冠諸王則郞中加冠中尉贊冠今同於儲皇則重依於諸王則輕又春秋之義不以父命辭王父命禮父在斯爲子君在斯爲臣皇太子居臣子之節無專用之道南郡雖處蕃國非支庶之列宜稟天朝之命徵申冠阼之禮晉武帝詔稱漢魏遺使冠諸王非古正典此蓋謂庶子封王合依公冠自主之義至於國之長孫遺使惟允宜使太常持節加冠大鴻臚爲贊醮酒之儀亦歸二卿祝醮之辭附准經記別更撰立不依蕃國常體國官陪位拜賀自依舊章其日內外二品清官以上詣止車集賀并詣東宮南門通牋別日上禮宮臣亦詣門稱賀如上臺之儀旣冠之後尅日謁廟以弘尊祖之義此旣大典宜通闗八座丞郞并下二學詳議僕射王奐等十四人議竝同并撰立贊冠醮酒二辭詔可祝辭曰皇帝使給事中太常武安侯蕭惠基加南郡王冠祝曰筮日筮賓肇加元服棄尒幼志從厥成德親賢使能克隆景福醮酒辭曰旨酒旣清嘉薦旣盈兄弟具在淑愼儀形永屆眉壽於穆斯寧

永明中世祖以婚禮奢費勅諸王納妃上御及六宮依禮止棗栗腶脩加以香澤花粉其餘衣物皆停唯公主降嬪則止遺舅姑也永泰元年尚書令徐孝嗣議曰夫人倫之始莫重冠婚所以尊表成德結歡兩姓年代汙隆古今殊則繁簡之儀因時或異三加廢於王庶六禮限於天朝雖因習未久事難頓改而大典之要深宜損益案士冠禮三加畢乃醴冠者醴則唯一而已故醴辭無二若不醴則每加輒醮以酒故醮辭有三王肅云醴本古其禮重酒用時味其禮輕故也或醴或醮二三之義詳記於經文今皇王冠畢一酌而已卽可擬古設醴而猶用醮辭實爲乖衷尋婚禮實篚以四爵加以合巹旣崇尚質之理又象泮合之義故三飯卒食再酳用巹先儒以禮成好合事終於三然後用巹合儀注先酳巹以再以三有違旨趣又郊特牲曰三王作牢用陶匏言太古之時無共牢之禮三王作之而用太古之器重夫婦之始也今雖以方標示約而彌乖昔典又連巹以鏁蓋出近俗復別有牢燭雕費采飾亦虧曩制方今聖政日隆聲敎惟穆則古昔以敦風存餼羊以愛禮沿襲之規有切治要嘉禮實重宜備舊章謂自今王侯已下冠畢一酌醴以遵古之義醴卽用舊文於事爲允婚亦依古以巹酌終酳之酒竝除金銀連鏁自餘雜器悉用埏陶堂人執燭足充燎牢燭華侈亦宜停省庶斲雕可期移俗有漸參議竝同奏可

晉武太始二年有司奏故事皇后諱與帝諱俱下詔曰禮內諱不出宮近代諱之也建元元年太常上朝堂諱訓僕射王儉議曰后諱依舊不立訓禮天子諸侯諱羣祖臣隸旣有從敬之義宜爲太常府君諱至於朝堂榜題本施至極旣追尊所不及禮降於在三晉之京兆宋之東安不列榜題孫毓議稱京兆列在正廟臣下應諱而不上榜宋初博士司馬道敬議東安府君諱宜上榜何承天執不同卽爲明據其有人名地名犯太常府君及帝后諱者皆改宣帝諱同二名不偏諱所以改承明門爲北掖以榜有之字與承竝東宮承華門亦改爲宣華云

漢末蔡邕立漢朝會志竟不就秦人以十月旦爲歲首漢初習以大饗會後用夏正饗會猶未廢十月旦會也東京以後正旦夜漏未盡七刻鳴鍾受賀公侯以下執贄來庭二千石以上升殿稱萬歲然後作樂宴饗張衡賦云皇輿夙駕登天光於扶桑然則雖云夙駕必辨色而行事矣魏武都鄴正會文昌殿用漢儀又設百華燈後魏文脩洛陽宮室權都許昌宮殿狹小元日於城南立氈殿青帷以爲門設樂饗會後還洛陽依漢舊事晉武帝初更定朝會儀夜漏未盡十刻庭燎起火羣臣集傳玄朝會賦云華燈若乎火樹熾百枝之煌煌此則因魏儀與庭燎竝設也漏未盡七刻羣臣入白賀未盡五刻就本位至漏盡皇帝出前殿百官上賀如漢儀禮畢罷入羣臣坐謂之辰賀晝漏上三刻更出百官奉壽酒大饗作樂謂之晝會別置女樂三十人於黃帳外奏房中之歌江左多虞不復晨賀夜漏未盡十刻開宣陽門至平旦始開殿門晝漏上五刻皇帝乃出受賀宋世至十刻乃受賀其餘升降拜伏之儀及置立后妃王公已下祠祀夕牲拜授弔祭皆有儀注文多不載

三月三日曲水會古禊祭也漢禮儀志云季春月上巳官民皆絜濯於東流水上自洗濯祓除去宿疾爲大絜不見東流爲何水也晉中朝公卿已下至於庶民皆禊洛水之側事見諸禊賦及夏仲御傳也趙王倫篡位三日會天淵池誅張林懷帝亦會天淵池賦詩陸機云天淵池南石溝引御溝水池西積石爲禊堂跨水流杯飲酒亦不言曲水元帝又詔罷三日弄具今相承爲百戲之具雕弄技巧增損無常

史臣曰案禊與曲水其義參差舊言陽氣布暢萬物訖出姑洗絜之也巳者祉也言祈介祉也一說三月三日清明之節將脩事於水側禱祀以祈豐年應劭云禊者絜也言自絜濯也或云漢世有郭虞者以三月上辰生二女上巳又生一女二日中頻生皆死時俗以爲大忌民人每至其日皆適東流水祈祓自絜濯浮酌清流後遂爲曲水案高后祓霸上馬融梁冀西第賦云西北戌亥玄石承輸蝦蟇吐寫庚辛之域即曲水之象也今據禊爲曲水事應在永壽之前已有祓除則不容在高后之後祈農之說於事爲當

九月九日馬射或說云秋金之節講武習射像漢立秋之禮

史臣曰案晉中朝元會設臥騎倒騎顛騎自東華門馳往神虎門此亦角抵雜戲之流也宋武爲宋公在彭城九日出項羽戲馬臺至今相承以爲舊准

南齊書卷九考證

禮志上永明元年十二月有司奏今月三日臘祀太社稷○臣祖庚按通典云顓項祀共工氏子勾龍爲社烈山氏子柱爲稷又云社壇在東稷壇在西祭法云王爲羣姓立社曰太社後漢建武二年立太社稷于洛陽其名昉此郊特牲云日用甲日之始也周初日猶用戊名誥云戊午乃社于新邑自定禮後始用甲也迨漢高帝以春三月及臘祠后稷後漢二月八月及臘一歲三祠晉武帝太康九年詔社實一神其併社之祀東晉元帝依魏洛京之制立二社一稷永明十一年從何佟之議稱稷爲太稷蓋依漢制然云臘祀則知齊特歲一舉行耳

永明五年十月有司奏前準尚書令王儉議皇孫冠事歷代所無禮雖有嫡子嫡孫○通典嫡孫上有無字

元服之典宜異列蕃○通典列蕃下有依於諸王則輕同於儲皇則重二句

南齊書卷十

梁　蕭　子　顯　撰

志第二

禮下

建元四年高帝山陵昭皇后應遷祔祠部疑有祖祭及遣啓諸奠九飯之儀不左僕射王儉議奠如大斂賀循云從墓之墓皆設奠如將葬廟朝之禮范甯云將窆而奠雖不稱爲祖而不得無祭從之有司又奏昭皇后神主在廟今遷祔葬廟有虞以安神神既已處廟改葬出靈豈應虞祭鄭注改葬云從廟之廟禮宜同從墓之墓事何容異前代謂應無虞左僕射王儉議范甯云葬必有魂車若不爲其歸神將安舍世中改葬即墓所施靈設祭何得不祭而毀耶賀循云既窆設奠於墓以終其事雖非正虞亦粗相似晉氏脩復五陵宋朝敬后改葬皆有虞今設虞非疑從之

建元二年皇太子妃甍前宮臣疑所服左僕射王儉議禮記文王世子父在斯爲子君在斯爲臣且漢魏以來宮僚充備臣隸之節具體在三昔庾翼妻喪王允滕弘謂府吏宜有小君之服況臣節之重邪宜依禮爲舊君妻齊衰三月居官之身竝合屬假朝晡臨哭悉繫東宮今臣之未從官在遠者於居官之所屬寧二日半仍行喪成服遺牋表不得奔赴從之

太子妃斬草乘黃議建銘旌僕射王儉議禮既塗棺祝取銘置于殯東大斂畢便應建于西階之東

宋大明二年太子妃甍建九旒有司又議斬草日建旒與不若建旒應幾旒及畫龍升降云何又用幾翣僕射王儉議旒本是命服無關於凶事今公卿以下平存不能備禮故在凶乃建耳東宮秩同上公九命之儀妃與儲君一體義不容異無緣未同常例別立凶旒大明舊事是不經詳議率爾便行耳今宜考以禮典不得効尤從失吉部伍自有桁輅凶部別有銘旌若復立旒復置何處翣自用八從之

有司奏大明故事太子妃玄宮中有石誌參議墓銘不出禮典近宋元嘉中顏延作王球石誌素族無碑策故以紀德自爾以來王公以下咸共遵用儲妃之重禮殊恒列既有哀策謂不須石誌從之

有司奏穆妃卒哭後靈還在道遇朔望當須設祭不王儉議既虞卒哭祭之於廟本是祭序昭穆耳未全同卒吉四時之祭也所以有朔望殷事蕃國不行權制宋江夏王妃卒哭以後朔望設祭帝室既以卒哭除喪無緣方有朔望之祭靈筵雖未升廟堂而舫中即成行廟猶如桓玄及宋高祖長沙臨川二國竝有移廟之禮豈復謂靈筵在途便設殷事耶推此而言朔望不復俟祭宋懿后時舊事不及此益可知時議從之

建元三年有司奏皇太子穆妃以去年七月甍其年閏九月未審當月數閏爲應以閏附正月若用月數數閏者南郡王兄弟便應以此四月晦小祥至於祥月不爲有疑不左僕射王儉議三百六旬尚書明義文公納幣春秋致譏穀梁云積分而成月公羊云天無是月雖然左氏謂告朔爲得禮是故先儒咸謂三年期喪歲數沒閏大功以下月數數閏夫閏者蓋是年之餘日而月之異朔所以吳商云含閏以正期允協情理今杖期之喪雖以十月而小祥至於祥縞必須周歲凡厭屈之禮要取象正服祥縞相去二月厭降小祥亦以則之又且求之名義則小祥本以年限考於倫例則相去必應二朔今以厭屈而先祥不得謂此事之非期事既同條情無異貫沒閏之理固在言先設令祥在此晦則去縞三月依附准例益復爲礙謂應須五月晦乃祥此國之大典宜共精詳并通關八座丞郎研盡同異尚書令褚淵難儉議曰厭屈之典由所尊奪情故祥縞備制而年月不申今以十一月而祥從期可知既計以月數則應數閏以成典若猶含之何以異於縞制疑者正以祥之當閏月數相縣積分餘閏歷象所弘計月者數閏故有餘月計年者苞含故致盈積稱理從制有何不可儉又荅淵難曰含閏之義通儒所難但祥本應期屈而不遂語事則名體具存論哀則情無以異迹雖數月義實計年閏是年之歸餘故宜總而苞之期而兩祥緣尊故屈祥則沒閏象年所申屈申兼著二途具舉經記之旨其在茲乎如使五月小祥六月乃閏則祥之去縞事成二月是爲十一月以象前期二朔以放後歲名有區域不得相參魯襄二十八年十二月乙未楚子卒唯書上月初不言閏此又附上之明義也鄭射王賀唯云期則沒閏初不復區別杖期之中祥將謂不俟言矣成休甫云大祥後禫有閏別數之明杖期之祥不得方於緩縞之末即恩如彼就例如此淵又據舊義難儉十餘問儉隨事解釋祠部郎中王珪之議謂喪以閏施功衰以下小祥値閏則略而不言今雖厭祥名猶存異於餘服計月爲數屈追慕之心以遠爲邇日既餘分月非正朔含而全制於情唯允僕射儉議理據詳博謹所附同今司徒淵始雖疑難再經往反未同儉議依舊八座丞郎通共博議爲允以來五月晦小祥其祥禫自依常限奏御班下內外詔可

皇太子穆妃服尚書左丞兼著作郎王逡問左僕射王儉中軍南郡王小祥應待閏喜不穆妃七月二十四日甍閏喜公八月發哀計十一月之限應在六月南郡王爲當同取六月則大祥復申一月應用八月非復正月在存親之義若各自爲祥廬堊相間玄素雜糅未審當有此疑不儉曰送往有已復生有節罔極非服制所申祥縞明示終之斷相待之義經記無聞世人多以廬室衰麻不宜有異故相去一二月者或申以俱除此所謂任情徑行未達禮旨昔撰喪記已嘗言之遠還之人自有爲而未祭在家之子立何辭以不變禮有除喪而歸者此則經記之遺文不待之明據假使應待則相去彌年亦宜必待乃爲衰經永服以窮生吉觸長絕於宗廟斯不可矣苟曰非宜則旬月之間亦不容申何者禮有倫序義無徒設今遠則不待近必相須禮例既乖即心無取若疑兄弟同居吉凶舛雜則古有異宮之義設無異宮則遠還之子自應開立別門以終喪事靈筵祭奠隨在家之人再期而毀所以然者奔喪禮云爲位不奠鄭玄云以其精神不存乎此也聞哀不時寔緣在遠爲

位不奠益有可安此自有爲而然不關嫡庶庶子在家亦不待嫡矣而況儲妃正體王室中軍長嫡之重天朝又行權制進退彌復非疑謂不應相待中軍祥縞之日聞喜致哀而已不受弔慰及至忌辰變除昆弟亦宜相就寫情而不對客此國之大典宜通關八座丞郎共盡同異然後奏御司徒褚淵等二十人竝同儉議爲允請以爲永制詔可

建元三年太子穆妃薨南郡王聞喜公國臣疑制君母服儉又議禮庶人爲國君齊衰先儒云庶人在官若府史之屬是也又諸侯之大夫妻爲夫人服繐衰七月以此輕微疎遠故不得盡禮今皇孫自是蕃國之王公太子穆妃是天朝之嫡婦宮臣得申小君之禮國官豈敢爲夫人之敬當單衣白帢素帶哭于中門外每臨輒入與宮官同

永明十一年文惠太子薨右僕射王晏等奏案喪服經爲君之父長子同齊衰期今至尊既不行三年之典止服期制羣臣應降一等便應大功九月功衰是兄弟之服不可以服尊臣等參議謂宜重其衰裳減其月數同服齊衰三月至於太孫三年既申南郡國臣宜備齊衰期服臨汝曲江既非正嫡不得禰先儲二公國臣竝不得服詔依所議又奏案喪服經雖有妾爲君之長子從君而服二漢以來此禮久廢請因循前准不復追行詔曰既久廢停便

又奏伏尋御服文惠太子期內不奏樂諸王雖本服期而儲皇正體宗廟服者一同釋服奏樂姻娶便應竝通竊謂二等誠俱是嘉禮輕重有異娶婦思嗣事非全吉三日不樂禮有明文宋世期喪降在大功者婚禮廢樂以申私戚通以前典詔依議

又奏案禮祥除皆先於今夕易服明旦乃設祭尋此世服臨然後改服與禮爲乖今東宮公除日若依例皇太孫服臨方易服臣等參議謂先哭臨竟而後祭之應公除者皆於府第變服而後入臨行奉慰之禮詔可

建武二年朝會時世祖遏密未終朝議疑作樂不祠部郎何佟之議昔舜受終文祖義非胥堯及放勛徂落遏密三祀近代晉康帝繼成帝于時亦不作樂懷帝永嘉元年惠帝喪制未終于時江充議云古帝王相承雖世及有異而輕重同禮從之

建武二年正月有司以世祖文皇帝今二年正月二十四日再忌日二十九日大祥三月二十九日祥禫至尊及羣臣泄哀之儀應定准下二學八座丞郎博士陶詔以爲名立義生自古之制文帝正號祖宗式序昭穆祥忌禫日皇帝宜服祭服出太極泄哀百僚亦祭服陪位太常丞李撝議曰尋尊號既追重服宜正但已從權制故苴杖不設至於鑽燧既同天地亦變容得無感乎且晉景獻皇后崩羣臣備小君之服追尊之后無違后典追尊之帝固宜同帝禮矣雖臣子一例而禮隨時異至尊龍飛中興事非嗣武理無深衣之變但王者體國亦應弔服出正殿舉哀百寮致慟一如常儀給事中領國子助教謝曇濟議夫喪禮一制限節兩分虞祔追亡之情小祥抑存之禮斯蓋至愛可申極痛宜屈耳文皇帝雖君德早凝民化未洽追崇尊極寔緣于性今言臣則無實論巳則事虛聖上馭寓更奉天眷祗禮七廟非從三后周忌祥禫無所依設太學博士崔偃同陶詔議太常沈淡同李撝議國子博士劉警等同謝曇濟議祠部郎何佟之議曰春秋之旨臣子繼君親雖恩義有殊而其禮則一所以敦資敬之情篤方喪之義主上雖仰嗣高皇嘗經北面方今聖歷御宇垂訓無窮在三之恩理不容替竊謂世祖祥忌至尊宜弔服升殿羣臣同致哀感事畢百官詣宣德宮拜表仍致哀陵園以引追遠之慕尚書令王晏等十九人同佟之議詔可

海陵王薨百官會哀時纂嚴朝議疑戎服臨會祠部郎何佟之議羔裘玄冠不以弔理不容以兵服臨喪宋泰始二年孝武大祥之日于時百寮入臨皆於宮門變戎服著衣帢入臨畢出外還襲戎衣從之

贊曰姬制孔作訓範百王三千有數四維是張損益舞典廢舉憲章戎祀軍國社廟郊庠冠爲朝會服紀凶喪存爲盛德戒在先亡

南齊書卷十考證

禮志下鄭射王賀○臣祖庚按爲鄭玄射慈王肅賀循也

于時江充議云○諸本同南監本作何充當從之

南齊書卷十一

梁　蕭　子　顯　撰

志第三

樂

南郊樂舞歌辭二漢同用見前漢志五郊互奏之魏歌舞不見疑是用漢辭也晉武帝泰始二年郊祀明堂詔禮遵用周室肇稱殷祀之義權用魏儀後使傅玄造祀天地五郊夕牲歌詩一篇迎神歌一篇宋文帝使顏延之造郊天夕牲迎送神饗神歌詩三篇是則宋初又仍晉也建元二年有司奏郊廟雅樂歌辭舊使學士博士撰搜簡採用請敕外凡肄學者普令製立參議太廟登歌宜用司徒褚淵餘悉用黃門郎謝超宗辭超宗所撰多刪顏延之謝莊辭以爲新曲備改樂名永明二年太子步兵校尉伏曼容上表宜集英儒刪纂雅樂詔付外詳竟不行

羣臣出入奏肅咸之樂

夤承寶命　嚴恭帝緒　奄受敷錫
升中拓宇　亘地稱皇　罄天作主
月域來賓　日際奉土　開元首正
禮交樂舉　六典聯事　九官列序（此下除四句皆顏辭）

牲出入奏引牲之樂

皇乎敬矣　恭事上靈　昭教國祀
肅肅明明　有牲在滌　有絜在俎
以薦王衷　以荅神祐（此上四句顏辭）
陟配在京　降德在民　奔精望夜
高燎佇晨

薦豆呈毛血奏嘉薦之樂

我恭我享　惟孟之春　以孝以敬
立我蒸民　青壇奄靄　翠幙端凝
嘉俎重薦　兼籍再升　設業設簴
展容玉庭　肇禋配祀　克對上靈（此一篇增損謝辭）

右夕牲歌並重奏

迎神奏昭夏之樂

惟聖饗帝　惟孝饗親（此下除四句）　禮行宗祀
敬達郊禋　金枝中樹　廣樂四陳（此下除）
月御案節　星驅扶輪　遙興遠駕
曜曜振振　告成大報　受釐元神

皇帝入壇東門奏永至之樂

紫壇望靈　翠幙佇神　率天奉贄
罄地來賓　神覡竝介　泯祇合祉
恭昭鑒享　肅光孝祀　感藹四靈
洞曜三光　皇德全被　大禮流昌

皇帝升壇奏登歌辭

報惟事天　祭實尊靈　史正嘉兆
神宅崇禎　五畤昭鬯　六宗彝序
介丘望塵　皇軒肅舉

皇帝初獻奏文德宣烈之樂

營泰畤　定天衷　思心緒　謀筮從（此下除二句）
田燭置　爟火通　大孝昭　國禮融（此一句改餘皆顏辭此下又除二十二句）

次奏武德宣烈之樂

功燭上宙　德耀中天　風移九域
禮飾八埏　四靈晨炳　五緯宵明
膺歷締運　道茂前聲

太祖高皇帝配饗奏高德宣烈之樂此章永明二年造奏（尚書令王儉辭）

饗帝嚴親　則天光大　昜奕前古
榮鏡無外　日月宣華　卿雲流靄
五漢同休　六幽咸泰

皇帝飲福酒奏嘉胙之樂

鬯嘉禮　承休錫　盛德符景緯
昌華應帝策　聖藹耀昌基　融祉暉世歷
聲正涵月軌　書文騰日迹　寶瑞昭神圖
靈貺流瑞液　我皇崇暉祚　重芬冠往籍

送神奏昭夏之樂

薦饗洽　禮樂該　神娛展　辰旆回
洞雲路　拂璇階　紫霧藹　青霄開
騑皇都　顧玉臺　留昌德　結聖懷

皇帝就燎位奏昭遠之樂

天以德降　帝以禮報　牲鐏俯陳
柴幣仰燎　事展司采　敬達瑄薌
煙贊青昊　震罍紫場　陳馨示策
肅志宗禋　禮非物備　福唯誠陳

皇帝還便殿奏休成之樂重奏

昭事上祀　饗薦具陳　回鑾轉翠
拂景翔宸　綴縣敷暢　鍾石昭融
羽炫深晷　籥曀行風　肆序輟度
肅禮停文　四金聳衛　六駅齊輪

右南郊歌辭

北郊樂歌辭案周頌昊天有成命郊祀天地也是則周漢以來祭天地皆同辭矣宋顏延之饗地神辭一篇餘與南郊同齊北郊羣臣入奏肅咸樂牲入奏引牲薦豆毛血奏嘉薦皇帝入壇東門奏永至飲福酒奏嘉胙還便殿奏休成辭並與南郊同迎送神昭夏登歌異

迎地神奏昭夏之樂

詔禮崇營　敬饗玄畤　靈正丹帷
月肅紫墀　展薦登華　風縣凝鏘
神惟戾止　鬱葆遙莊　昭望歲芬
環游辰太　穆哉尚禮　横光秉藹

皇帝升壇登歌

佇靈敬享　禋肅彝文　縣動聲儀
薦絜牲芬　陰祇以貺　昭司式慶
九服熙度　六農祥正

皇帝初獻奏地德凱容之樂

繕方丘　端國陰　掩珪晷　仰靈心
詔源委　遍丘林 八句 禮獻物　樂薦音

此下除二十二句餘皆顏辭

次奏昭德凱容之樂

慶圖濬邈　蘊祥祕瑤　俔天炳月
嬪光紫霄　邦化靈懋　闡則風調
儷德方儀　徽載以昭

送神奏昭夏之樂

薦神升　享序楙　淹玉俎　停金奏
寶旆轉　旒駕旋　溢素景　鬱紫躔
靈心顧　留辰眷　洽外瀛　瑞中縣

瘞埋奏隸幽之樂

后皇嘉慶　定祇玄畤　承帝休圖
祇敷靈祉　儀罄周序　軒朱凝會
牲幣芬壇　精明佇蓋　調川瑞昌
警岳祥泰

右北郊歌

明堂歌辭祀五帝漢郊祀歌皆四言宋孝武使謝莊造辭莊依五行數木數用三火數用七土數用五金數用九水數用六案鴻範五行一日水二日火三日木四日金五日土月令木數八火數七土數五金數九水數六蔡邕云東方有木三土五故數八南方有火二土五故數七西方有金四土五故數九北方有水一土五故數六又納音數一言得土三言得火五言得水七言得金九言得水若依鴻範木數用三則應水一火二金四也若依月令金九水六則應木八火七也當以鴻範一二之數言不成文故有取捨而使兩義並違未詳以數立言爲何依據也周頌我將祀文王言皆四其一句五一句七謝莊歌宋太祖亦無定句建元初詔黃門郎謝超宗造明堂夕牲等辭并採用莊辭建武二年雩祭明堂謝朓造辭一依謝莊唯世祖四言也

賓出入奏肅咸樂歌辭二章

夤承孝典　恭事嚴聖　浹天奉賚
馨壤齊慶　司儀且序　羽容夙章
芬枝揚烈　黼構周張　助賓尊軒
酎珍克庭　璆縣凝會　埍朱竚磬
先期選禮　肅若有承　祇對靈祉
皇慶昭膺　尊事威儀　輝容昭序
迅恭明神　絜盛牲俎　肅肅嚴宮
藹藹崇基　皇靈降止　百祇具司
戒誠望夜　端烈承朝　依微昭旦
物色輕霄

青帝歌

參映夕　駟昭晨　靈乘震　司青春
鴈將向　桐始蕤　和風舞　暄光遲
明動達　萬品親　潤無際　澤無垠

赤帝歌

龍精初見大火中　朱光北至圭景同
帝在在離寔司衡　雨水方降木堇榮
庶物盛長咸殷阜　恩澤四溟被九有

黃帝歌

履艮宅中宇　司繩總四方　裁化徧寒燠
布政司炎涼 此以下除八句 至分乘經晷　閉啓集恒度
帝暉緝萬有　皇靈澄國步

白帝歌

百川若鏡天地爽且明　雲冲氣舉盛德在素精 此下除四句
庶類收成歲功行欲寧　浹地奉渥罄宇承帝靈

黑帝歌

歲既暮日方馳　靈乘坎德司規
玄雲合晦鳥蹊　白雲繁亘天崖 此下除四句
晨晷促夕漏延　太陰極微陽宣 此下除二句

皇帝還東壁受福酒奏嘉胙樂歌辭 太廟同用

禮薦洽　福祚昌　聖皇膺嘉祜
帝業凝休祥　居極秉景運　宅德瑞中王
澄明臨四奧　精華延八鄉　洞海同聲懷
澈宇麗乾光　靈慶纏世祉　鴻烈永無疆

送神奏昭夏樂歌辭 宋謝莊辭

蘊禮容　餘樂度　靈方留　景欲暮
開九重　肅五達　鳳參差　龍已秣
雲既動　河既梁　萬里照　四空香
神之車　歸清都　璇庭寂　玉殿虛
鴻化凝　孝風熾　顧靈心　結皇思
鴻慶遐鬯　嘉薦令芳　翕帝明德
永祚深光 增四字

牲出入奏引牲樂歌詩

惟誠絜饗　維孝尊靈　敬芳黍稷
敬滌犧牲　騂繭在豢　載溢載豐
以承宗祀　以肅皇衷　蕭芳四舉
華火周傳　神鑒孔昭　嘉足參牷

薦豆呈毛血奏嘉薦樂歌詩二章

肇禋戒祀　禮容咸舉　六典飾文
九司炤序　牲柔既昭　犧剛既陳
恭滌惟清　敬事惟神　加籩再御
兼俎兼薦　節動軒越　聲流金縣
奕奕閟幄　亹亹嚴闈　絜誠夕鑒
端服晨暉　聖靈戾止　翊我皇則
上綏四寓　下洋萬國　永言孝饗
孝饗有容　儐僚贊列　肅肅雍雍

右夕牲辭

迎神奏昭夏樂歌辭

地紐謐　乾樞回　華蓋動　紫微開
旌蔽日　車若雲　駕六氣　乘烟熅
煌帝景　耀天邑　聖祖降　五雲集 此下除八句
懋粢盛　絜牲牷　百禮肅　羣司虔
皇德遠　大孝昌　貫九幽　洞三光
神之安　解玉鑾　昌福至　萬寓歡 皆謝莊辭

皇帝升明堂奏登歌辭

雍臺辯朔　澤宮選辰　絜火夕炤
明水朝陳　六瑚賁室　八羽華庭
昭事先聖　懷濡上靈　肆夏式敬
升歌發德　永固洪基　以綏萬國 皆謝莊辭

初獻奏凱容宣烈樂歌辭 大廟同

醴醍具登　嘉俎咸薦　饗洽誠陳
禮周樂徧　祝辭罷祼　序容輟縣
蹕動端庭　鑾回嚴殿　神儀駐景
華漢高虛　八靈案衛　三祇解途
翠蓋澄耀　畢帝凝晨　玉虡息節
金輅懷音　戒誠達孝　底心肅感
追馮皇鑒　思承淵範　神錫懋祉
四緯昭明　仰福帝徽　俯齊庶生

右祀明堂歌辭建元永明中奏

雩祭歌辭

清明暢　禮樂新　候龍景　選貞辰
陽律亢　陰晷伏　秏下土　荐穜稑
震儀警　王度乾　嗟雲漢　望昊天
張盛樂　奏雲儛　集五精　延帝祖
雩有諷　禜有秩　膋鬯芬　圭瓚瑟
靈之來　帝閽開　車煜燿　吹徘徊
停龍轙　徧觀此　凍雨飛　祥風靡
壇可臨　奠可歆　對泯祉　鑒皇心

右迎神歌辭 依漢來郊歌三言宋明堂迎神八解

濬哲維祖　長發其武　帝出自震
重光御寓　七德攸宣　九疇咸敘
靜難荊舒　凝威蠡浦　昧旦丕承
夕惕刑政　化壹車書　德馨粢盛
昭星夜景　非雲曉慶　衢室成陰
璧水如鏡　禮克玉帛　樂被莞絃
於鑠在詠　陟配于天　自宮徂兆
靡愛牲牷　我將我享　永祚豐年

右歌世祖武皇帝 依廟歌四言

營翼日　鳥殷宵　凝冰泮　玄蟄昭
景陽陽　風習習　女夷歌　東皇集
樽春酒　秉青珪　命田祖　渥羣黎

右歌青帝 木生數三

惟此夏德德恢台　兩龍既御炎精來
火景方中南譌秩　靡草云黃含桃實
族雲蓊鬱溫風煽　興雨祁祁黍苗徧

右歌赤帝 火成數七

稟火自高明　毓金挺剛克　涼燠資成化
羣方載厚德　陽季勾萌達　炎徂溽暑融
商暮百工止　歲極凌陰沖　皇流疏已清
原隰甸已平　咸言祚惟億　敦民保高京

右歌黃帝 土成數五

帝悅于兌執矩固司藏　百川收潦精景應徂商
嘉樹離披榆關命賓鳥　夜月如霜秋風方嫋嫋
商陰肅殺萬寶咸亦遒　勞哉望歲場功冀可收
右歌白帝金成數九
白日短玄夜深　招搖轉移太陰　霜鍾鳴冥陵起
星回天月窮紀　聽嚴風來不息　望玄雲黝無色
曾冰洌積羽幽　飛雲至天山側　關梁閉方不巡
合國吹饗蜡賓　克徵陽究終始　百禮洽萬觀臻
右歌黑帝水成數六
敬如在　禮將周　神之駕　不少留
躧龍鑣　轉金蓋　紛上馳　雲之外
警七耀　詔八神　排閶闔　渡天津
有渰興　膚寸積　雨冥冥　又終夕
俾栖糧　惟萬箱　皇情暢　景命昌
右送神歌辭
太廟樂歌辭周頌清廟一篇漢安世歌十七章是也永平三年東平王蒼造光武廟登歌一章二十六句其辭稱述功德建安十八年魏國初建侍中王粲作登歌安世詩說神靈鑒饗之意明帝時侍中繆襲奏安世詩本故漢時歌名今詩所歌非往詩之文襲案周禮志云安世樂猶周房中樂也往昔議者以房中歌后妃之德宜改安世名正始之樂後續漢安世歌亦說神來宴饗無有后妃之言思惟往者謂房中樂爲后妃歌恐失其意方祭祀娛神登歌先祖功德下堂詠宴享無事歌后妃之化也於是改安世樂曰饗神歌散騎常侍王肅作宗廟詩頌十二篇不入於樂晉泰始中傅玄造廟夕牲昭夏歌一篇迎送神肆夏歌詩一篇登歌七廟七篇玄云登歌歌盛德之功烈故廟異其文至於饗神猶周頌之有瞽及雍但說祭饗神明禮樂之盛七廟饗神皆用之夏侯湛又造宗廟歌十三篇宋世王韶之造七廟登歌七篇昇明中太祖爲齊王令司空褚淵造太廟登歌二章建元初詔黃門侍郎謝超宗造廟樂歌詩十六章永明二年尚書殿中曹奏太祖高皇帝廟神室奏高德宣烈之舞未有歌詩郊應須歌辭穆皇后廟神室亦未有歌辭案傅玄云登歌廟異其文饗神十室同辭此議爲允又尋漢世歌篇多少無定皆稱事立文並多八句然後轉韻時有兩三韻而轉其例甚寡張華夏侯湛亦同前式傅玄改韻頗數更傷簡節之美近世王韶之顏延之並四韻乃轉得賒促之中顏延之謝莊作三廟歌皆各三章章八句此於序述功業詳畧爲宜今宜依之郊配之日改降尊作主禮殊宗廟穆后毋儀之化事異經綸此二歌爲一章八句別奏事御奉行詔可尚書令王儉造太廟二室及郊配辭

羣臣出入奏肅咸樂歌辭
絜誠底孝　孝感煙霜　夤儀飾序
肅禮綿張　金華樹藻　肅哲騰光
殷殷升奏　嚴嚴階庠　匪椒匪玉
是降是將　懋分神衷　翊祜傳昌
牲出入奏引牲樂歌辭
肇祀嚴靈　恭禮尊國　達敬敷典
結孝陳則　芬滌既肅　犧牷既整
聳誠流思　端儀選景　肆禮佇夜
綿樂望晨　崇席皇鑒　用饗明神
薦豆呈毛血奏嘉薦樂歌辭
清思眑眑　閟寢微微　恭言載感
肅若有希　芬俎具陳　嘉薦兼列
凝馨煙颺　分炤星晳　睿靈式降
協我帝道　上登五緯　下陶八表
右夕牲歌辭
迎神奏昭夏樂歌辭
涓辰選氣　展禮恭祗　重闈月洞
層牖煙施　載虛玉鬯　載受金枝
天歌折饗　雲舞馨儀　神惟降止
泛景凝羲　帝華永藹　泯藻方摛
皇帝入廟北門奏永至樂歌辭
戲繇惟則　姬經式序　九司聯事
八方承宇　鑾迴靜陳　縵樂具舉
凝旒若慕　傾璜載佇　振振奕衞
穆穆禮容　載藹皇步　式敷帝蹤
大祝祼地奏登歌辭
清明既鬯　大孝乃熙　天儀睟愴
皇心儼思　旣芬房豆　載絜牷牲
鬱祼升禮　鋗玉登聲　茂對幽嚴
式奉徽靈　以享以祀　惟感惟誠
皇祖廣陵丞府君神室奏凱容樂歌辭
國昭惟茂　帝穆惟崇　登祥緯遠
締世景融　紛綸睿緒　菴蔚王風
明進厥始　濬哲文終
皇祖太中大夫府君神室奏凱容樂歌辭
璇條夤蔚　璿源浚照　懋矣皇烈
載挺明劭　永言敬思　式恭惟敎
休逸良乂　榮光有燿
皇祖淮陰令府君神室奏凱容樂歌辭
嚴宗正典　崇饗肇禋　九章既飾
二清既陳　昭恭皇祖　承假徽神
貞祐伊協　卿藹是鄰
皇曾祖即丘令府君神室奏凱容樂歌辭
肅惟敬祀　絜事參薌　環祐像綴
緬密緜簋　明明烈祖　尚錫龍光
皇祖太常卿府君神室奏凱容樂歌辭
粵雅于姬　伊頌在商
神宮懋鄰　明寢昌基　德凝羽綴
道鬯容辭　假我帝緒　懿我皇維
昭大之載　國齊之祺
皇考宣皇神室奏宣德凱容樂歌辭
道闕期運　義開藏用　皇矣睿祖
至哉攸縱　循規烈炤　襲矩重芬
德溢軒羲　道懋炎雲
昭皇后神室奏凱容樂歌辭
月靈誕慶　雲瑞開祥　道茂淵柔
德表徽章　粹訓宸中　儀形宙外
容蹈凝華　金羽傳藹
皇帝還東壁上福酒奏永祚樂歌辭
構宸抗宇　合軫齊文　萬靈載溢
百禮以殷　朱紘繞風　翠羽停雲
桂樽既滌　瑤俎既薰　升薦惟誠
昭禮惟芬　降祉遙裔　集慶氤氳
送神奏肆夏樂歌辭
禮既升　樂以愉　昭序溢　幽饗餘
人祇鬯　敬教敷　中光動　靈駕翔
芬九垓　鏡八鄉　祚無屆　福無疆
皇帝詣便殿奏休成樂歌辭
睿孝式鬯　饗敬爰徧　諦容輟序
佾文靜縣　辰儀聳蹕　宵衞浮鑾
旒帟雲館　翠華景搏　恭惟尚烈
休明再纏　國猷遠藹　昌圖聿宣
太廟登歌辭二章
惟王建國　設廟凝靈　月薦流典
時祀暉經　瞻辰僾思　雨露追情
簡日筮晷　閟奠升文　金罍渟桂
沖幄舒薰　備僚肅列　駐景開雲
至饗攸極　睿孝惇禮　具物咸絜
聲香合體　氣昭扶幽　眇慕纏遠
迎絲驚促　迭佾留晚　聖衷踐候
節改增愴　妙感崇深　英嶷彌亮
太祖高皇帝神室奏高德宣烈樂歌辭
悠悠草昧　穆穆經綸　乃文乃武
乃聖乃神　動龕危亂　靜比斯民
誕應休命　奄有八夤　握機肇運
光啓禹服　義滿天淵　禮昭地軸
澤靡不懷　威無不肅　戎夷竭歡
象來致福　偃風裁化　軀日敷祥
信星含曜　秬草流芳　七廟觀德
六樂宣章　惟先惟敬　是饗是將
穆皇后神室奏穆德凱容之樂辭
大姒嬪周　塗山儷禹　我后嗣徽
重規疊矩　肅肅閟宮　翔翔雲舞
有饗德馨　無絕終古
高宗明皇帝神室奏明德凱容之樂歌辭
多難固業　殷憂啓聖　帝宗纘武
惟時執競　起柳獻祥　百堵興詠
義雖祀夏　功符受命　遠無不懷
邇無不肅　其儀濟濟　其容穆穆
赫矣君臨　昭哉嗣服　允王維后
膺此多福　禮以昭事　樂以感靈
八簋陳室　六舞充庭　觀德在廟
象德在形　四海來祭　萬國咸寧
藉田歌辭漢章帝元和元年玄武司馬班固奏用商頌載芟祠先農晉傅玄作祀先農先蠶夕牲歌詩一篇八句迎送神一篇饗社稷先農先聖先蠶歌詩三篇前一篇十二句中一篇十六句後一篇十二句辭皆敘田農事胡道安先農饗神詩一篇並八句樂府相傳舊歌三章永明四年藉田詔驍騎將軍江淹造藉田歌淹製二章不依胡傳世祖口勑付太樂歌之
祀先農迎送神升歌
羽鑾從動　金駕時遊　教騰義鏡
樂綴禮脩　率先丹耦　躬遵綠疇
靈之聖之　歲殷澤柔
饗神歌辭
瑱笋既飾　繡簋以陳　方燊嘉種

禾毓宵民
元會大饗四廂樂歌辭晉泰始五年太僕傅玄撰正旦
大會行禮歌詩四章壽酒詩一章食舉東西廂樂十三
章黃門郎張華作上壽食舉行禮詩十八章中書監荀
勗侍郎成公綏言數各異宋黃門郎王韶之造肆夏四
章行禮一章上壽一章登歌三章食舉十章前後舞歌
一章齊微改革多仍舊辭其前後舞二章新改其臨軒
樂亦奏肆夏於鏘四章
肆夏樂歌辭
於鏘我皇　體仁苞元　齊明日月
比景乾坤　陶甄百王　稽則黃軒
訏謨定命　辰告四蕃
右一曲客入四廂奏
將將蕃后　翼翼羣僚　盛服待晨
明發來朝　饗以八珍　樂以九部
仰祇天顏　厥猷孔昭
右一曲皇帝當陽四廂奏皇帝入變服四廂并奏
前二曲
法章既設　初筵長舒　濟濟列辟
端委皇除　飲和無盈　威儀有餘
溫恭在位　敬終如初　九功既歌
六代惟時　被德在樂　宣道以詩
穆矣大和　品物咸熙　慶積自遠
告成在茲
右二曲皇帝入變服黃鍾太蔟二廂奏
大會行禮歌辭
大哉皇齊　長發其祥　祚隆姬夏
道邁虞唐　德之克明　休有烈光
配天作極　辰居四方　皇矣我后
聖德通靈　有命自天　誕授休禎
龍飛紫極　造我齊京　光宅宇宙
赫赫明明
右二曲姑洗廂奏
上壽歌辭
獻壽爵　慶聖皇　靈祚窮二儀
休明等三光
右一曲黃鍾廂奏
殿前登歌辭
明明齊國　緝熙皇道　則天垂化
光定天保　天保既定　肆觀萬方
禮繁樂富　穆穆皇皇
汚彼流水　朝宗天池　洋洋貢職
抑抑威儀　既習威儀　亦閑禮容
一人有則　作孚萬邦
悉哉我皇　寔靈誕聖　履端惟始
對越休慶　如天斯崇　如日斯盛
介茲景福　永固洪命
右三曲別用金石太樂令跪奏
食舉歌辭
晨儀載煥　萬物咸覩　嘉慶三朝
禮樂備舉　元正肇始　典章徽明
萬方來賀　華夷充庭　多士盈九德
俯仰觀王聲　恂恂俯仰　載燭其暉
鍾鼓震天區　禮容塞皇闈　思樂窮休慶
福履同所歸
五玉既獻　三帛是薦　爾公爾侯
鳴玉華殿　皇皇聖后　降禮南面
元首納嘉禮　萬邦同欽願
休哉休哉　君臣熙宴　建五旗
列四縣　樂有文　禮無勦
融王風　窮一變
禮至和　感陰陽　德無不柔　繁休祥
瑞徵辟　應嘉鍾　僻雲鳳　躍潛龍
景星見　甘露隆　木連理　禾同穗
玄化洽　仁澤敷　極禎瑞　窮靈符
懷荒遠　綏齊民　荷天祐
靡不賓　靡不賓　長世盛
昭明有融　繁嘉慶　繁嘉慶
熙帝載　含氣感和　蒼生欣戴
三靈協瑞　惟新皇代
王道四達　流仁德　窮理詠乾元
垂訓從帝則　靈化侔四時　幽誠通玄黙
德澤被八紘　禮章軌萬國
皇猷緝　咸熙泰　禮儀煥帝庭
要荒服遐外　被髮襲纓冕　右衽回衿帶
天覆地載　澤流汪濊　聲教布濩
德光大
開元辰　畢來王　奉貢職　朝后皇
鳴珩佩　觀典章　樂王慶　悅椒芳
陶盛化　遊大康　惟昌明　永克昌
惟建元　德丕顯　齊七政　敷五典
彝倫序　洪化闡
王澤流　太平始　樹靈祇　恭明祀
介景祚　膺嘉祉　禮有容　樂有儀
金石陳　干羽施　邁武濩　均咸池
歌南風　德永稱　文明煥　頌聲興
王道純　德彌淑　寧八表　康九服
導禮讓　移風俗　移風俗　永克融
歌盛美　告成功　詠休烈　邈無窮
右黃鍾先奏晨儀篇太蔟奏五玉篇餘八篇二廂
更奏之
前舞階步歌辭新辭
天挺聖哲　三方維綱　川岳伊寧
七耀重光　茂育萬物　衆庶咸康
道用潛通　仁施遐揚　德厚巛極
功高昊蒼　舞象盛容　德以歌章
八音既節　龍躍鳳翔　皇基永樹
二儀等長
前舞凱容歌詩舊辭
於赫景命　天鑒是臨　樂來伊陽
禮作惟陰　歌自德富　舞由功深
庭列宮縣　陛羅瑟琴　翻籥繁會
笙磬諧音　簫韶雖古　九奏在今
導志和聲　德音孔宣　光我帝基
協靈配乾　儀形六合　化穆自宣
如彼雲漢　爲章于天　熙熙萬類
陶和常年　擊轅中韶　永世弗騫
後舞階步歌辭新辭
皇皇我后　紹業盛明　滌拂除穢
宇宙載清　允執中和　以莅蒼生
玄化遠被　兆世軌形　何以崇德
乃作九成　妍步恂恂　雅曲芬馨
八風清鼓　應以祥禎　澤浩天下
功齊百靈
後舞凱容歌辭舊辭
假樂聖后　寔天誕德　積美自中
王猷四塞　龍飛在天　儀形萬國
欽明惟神　臨朝淵默　不言之化
品物咸得　告成于天　銘勳是勒
翼翼厥猷　亹亹其仁　從命創制
因定和神　海外有截　九國無塵
冕旒司契　垂拱臨民　乃舞凱容
欽若天人　純嘏孔休　萬載彌新
宣烈舞執干戚郊廟奏平冕黑介幘玄衣裳白領袖絳
領袖中衣絳合幅袴絳韎朝廷則武冠赤幘生絳袍單
衣絹領袖皁領袖中衣虎文畫合幅袴白布彩皆黑韋
鞮周大武舞秦改爲五行漢高造武德舞執干戚象天
下樂已除亂按禮云朱干玉戚冕而舞大武是則漢放
此舞而立也魏文帝改五行還爲大武而武德曰武頌
舞明帝改造武始舞晉世仍舊傅玄六代舞歌有武辭
此武舞非一也宋孝建初朝議以凱容舞爲韶舞宣烈
舞爲武舞據韶爲言宣烈卽是古之大武非武德也今
世諺呼爲武王伐紂其冠服魏明帝世尚書所奏定武
始舞服晉宋承用齊初仍舊不改宋舞名其舞人冠服
見魏尚書奏後代相承用之
凱容舞執羽籥郊廟冠委貌服如前朝廷進賢冠黑介
幘生黃袍單衣白合幅袴餘如前本舜韶舞漢高改曰
文始魏復曰大韶又造咸熙爲文舞晉傅玄六代舞有
虞韶舞辭宋以凱容繼韶爲文舞相承用魏咸熙冠服
前舞後舞晉泰始九年造正德大豫舞傅玄張華各爲
歌辭宋元嘉中改正德爲前舞大豫爲後舞
右朝會樂辭
舞曲皆古辭雅音稱述功德宴享所奏傅玄歌辭云獲
罪於天北徙朔方墳墓誰掃超若流光如此十餘小曲
名爲舞曲疑非宴樂之辭然舞曲總名起此矣
明君辭
明君創洪業　盛德在建元　受命君四海
聖皇應靈乾　五帝繼三皇　三皇世所歸
聖德應期運　天地不能違　仰之彌已高
猶天不可階　將復結繩化　靜拱天下齊
右一曲漢章帝造鼙舞歌云關東有賢女魏明帝
代漢曲云明明魏皇帝傅玄代魏曲作晉洪業篇
云宣文創洪業盛德存泰始聖皇應靈符受命君
四海今前四句錯綜其辭從五帝至不可階六句
全玄辭後二句本云將復御龍氏鳳皇在庭棲又
改易焉
聖主曲辭
聖主受天命　應期則虞唐　升旒綜萬機
端扆馭八方　盈虛自然數　揖讓歸聖明
北化陵河塞　南威越滄溟　廣德齊七政

敷敎騰三辰　萬寓必永慶　百福咸來臻
聖皇應福始　昌德洞祐先

明君辭

明君御四海　總鑒盡人靈　仰成恩已洽
竭忠身必榮　聖澤洞三靈　德敎被八鄉
草木變柯葉　川岳洞嘉祥　愉樂盛明運
舞蹈升泰時　徽霜永昌命　軌心長歡怡

鐸舞歌辭

黃雲門　唐咸池　虞韶舞　夏夏殷濩
列代有五　振鐸鳴金　延大武　清歌發唱
形爲主　聲和八音　協律呂　身不虛動
手不徒舉　應節合度　周期序　時奏宮角
雜之以徵羽　樂以移風　禮相輔　安有出其所

右一曲傳玄辭以代魏太和時徵羽除下厭衆目上從鍾鼓二句

白鳩辭

翩翩白鳩　再飛再鳴　懷我君德　來集君庭

右一曲舞敎云白符或云白符鳩舞出江南吳人所造其辭意言患孫皓虐政慕政化也其詩本云平平白符思我君惠集我金堂言白者金行符合也鳩亦合也符鳩雖異其義是同

濟濟辭

暢飛暢舞　氣流芳　追念三五　大綺黃

右一曲晉濟濟舞歌六解此是最後一解

獨祿辭

獨祿獨祿　水深泥濁　泥濁尚可　水深殺我

右一曲晉獨鹿舞歌六解此是前一解古辭明君曲後云勇安樂無慈不問清與濁清與無時濁邪交與獨祿伎祿云求祿求祿清白不濁清白尚可貪汙殺我晉歌爲鹿字古通用也疑是風刺之辭

碣石辭

東臨碣石　以觀滄海　水河淡淡
山島竦峙　樹木叢生　百草豐茂
秋風蕭瑟　洪波涌起　日月之行
若出其中　星漢粲爛　若出其裏
幸甚至哉　歌以言志

右一曲魏武帝辭晉以爲碣石舞歌詩四章此是中一章

淮南王辭

淮南王　自言尊　百尺高樓　與天連
我欲渡河　河無梁　願作雙黃鵠　還故鄉

右一曲晉淮南王舞歌六解前是第一後是第五

齊世昌辭

齊世昌　四海安樂　齊太平　人命長
當結久　千秋萬歲　皆老壽

右一曲晉杯槃歌十解第三解云舞杯槃何翩翩舉坐翻覆壽萬年千寶云太康中有此舞杯槃翻覆至危之像言晉世之士苟貪飲食智不及遠其第一解首句云晉世寧宋改爲宋世寧惡其杯槃翻覆辭不復取齊改爲齊世昌餘辭同後一

公莫辭

吾不見公莫時　吾何嬰公來　嬰姥時吾
思君去時　吾何零　子以耶
思君去時　思來嬰　吾去時母那何
去吾

右一曲晉公莫舞歌二十章無定句前是第一解後是第十九二十解雜有三句並不可曉解建武初明帝奏樂至此曲言是似永明樂流涕憶世祖云

白紵辭

陽春白日風花香　趨步明月舞瑤裳
情發金石媚笙簧　羅袿徐轉紅袖揚
清歌流響繞鳳梁　如驚若思凝且翔
轉盻流精豔輝光　將流將引雙雁行
歡來何晚意何長　明君馭世永歌昌

右五曲尚書令王儉造白紵歌周處風土記云吳黃龍中童謠云行白者君追汝句驪馬後孫權征公孫淵浮海乘舶白也今歌和聲猶云行白紵焉

俳歌辭

俳不言不語　呼俳噏所　俳適一起
狼率不止　生拔牛角　摩斷膚耳
馬無懸蹄　牛無上齒　駱駝無角
奮迅兩耳

右侏儒導舞人自歌之古辭俳歌八曲此是前一篇二十二句今侏儒所歌擿取之也

角抵像形雜伎歷代相承有也其增損源起事不可詳大略漢世張衡西京賦是其始也魏世則事見陳思王樂府宴樂篇晉世則見傅玄元正篇朝會賦江左咸和中罷紫鹿跂行鼈食笮鼠齊王卷衣絕倒五案等伎中朝所無見起居注並莫知所由也泰元中苻堅敗後得關中檐橦胡伎進太樂今或有存亡案此則可知矣永明六年赤城山雲霧開朗見石橋瀑布從來所罕覩也山道士朱僧標以聞上遣主書董仲民案視以爲神瑞太樂令鄭義泰案孫興公賦造天台山伎作莓苔石橋道士捫翠屏之狀尋又省焉

皇齊啓運　從瑤璣　靈鳳銜書　集紫微
和樂既洽　神所依　超商卷夏　耀英輝
永世壽昌　聲華飛

右鳳皇銜書伎歌辭蓋魚龍之流也元會日侍中於殿前跪取其書宋世辭云大宋興隆膺靈符鳳鳥感和銜素書嘉樂之美通玄虛惟新濟濟邁唐虞巍巍蕩蕩道有餘齊初詔中書郎江淹改

永平樂歌者竟陵王子良與諸文士造奏之人爲十曲道人釋寶月辭頗美上常被之管絃而不列於樂官也

贊曰綜採六代和平八風殷薦宴享舞德歌功

南齊書卷十二

志第四

梁　蕭　子　顯　撰

天文上

易曰聖人仰觀象於天俯觀法於地天文之事其來已久太祖革命受終膺集期運宋昇明三年太史令將作匠文孝建陳天文奏曰自孝建元年至昇明三年日蝕有十虧上有七占曰有亡國失君之象一曰國命絕主危亡孝建元年至昇明三年太白經天五占曰天下革民更王異姓興孝建元年至昇明三年月犯房心四太白犯房心五占曰其國有喪宋當之孝建元年至永光元年奔星出入紫宮有四占曰國去其君有空國徙王大明二年至元徽四年天再裂占曰陽不足白虹貫日人君惡之孝建二年至大明五年月入太微泰豫元年至昇明三年月又入太微孝建元年至元徽二年太白入太微各八熒惑入太微六占曰七曜行不軌道危亡之象貴人失權勢主亦衰當有王入爲主孝建二年至昇明二年太白熒惑經羽林各三占曰國殘更世孝建二年四月十三日熒惑守南斗成勾已占曰天下易正更元孝建三年十二月一日塡星熒惑辰星合於南斗占曰改立王公大明二年十二月二十六日太白犯塡星於斗六年十一月十五日太白塡星合於危占曰天子失土景和元年十月八日熒惑守太微成勾已占曰王者惡之主命無期有徙主若主王天下更紀泰始三年正月十七日白氣見西南東西半天名曰長庚六年九月二十七日白氣又見東南長二丈並形狀長大猛過彗星占曰除舊布新易主之象遠期一紀至昇明三年一紀訖泰始四年四月二十四日太白犯塡星於胃占曰主命惡之泰始七年六月十七日太白歲星塡星合於東井占曰改立王公元徽四年至昇明二年三月日有頻食占曰社稷將亡王者惡之元徽四年十月十日塡星守太微宮逆從行歷四年占曰有亡君之戒易世立王元徽五年七月一日熒惑太白辰星合於翼占曰改立王公昇明二年六月二十日歲星守斗建陰陽終始之門大赦昇平之所起律歷七政之本源德星守之天下更年五禮更興多暴貴者昇明二年十月一日熒惑守輿鬼三年正月七日熒惑守兩戒間成勾已占曰尊者失朝必有亡國去王昇明三年正月十八日辰星孟效西方占曰天下更王昇明三年四月歲星在虛危徘徊玄枵之野則齊國有福厚爲受慶之符今所記三辰七曜之變起建元訖於隆昌以續宋史建武世太史奏事明帝不欲使天變外傳並祕而不出自此闕焉

日蝕

建元二年九月甲午朔日蝕

三年七月己未朔日蝕

永明元年十二月乙巳朔日蝕

十年十月二日癸未朔加時在午之半度到未初見日始蝕虧起西北角蝕十分之四申時光色復還

隆昌元年五月甲戌合朔巳時日蝕三分之一午時光復還

月蝕

建元四年七月戊辰月在危宿蝕

永明二年四月丁巳月在南斗宿蝕

三年十一月戊寅月入東井曠中因蝕三分之一

五年三月庚子月在氐宿蝕

九月戊戌月在胃宿蝕

六年九月癸巳月蝕在婁宿九度加時在寅之少弱虧起東北角蝕十五分之十一

十五日子時蝕從東北始至子時末都旣到丑時光色還復

七年八月丁亥月在奎宿蝕

十月庚辰月奄蝕熒惑

八年六月庚寅月奄蝕畢左股第一星

十年十二月丁酉月蝕在柳度加時在酉之少弱到亥時月蝕起東角七分之二至子時光色還復

永泰元年四月癸亥月蝕色赤如血三日而大司馬王敬則舉兵衆以爲敬則褻烈所感

永元元年八月己未月蝕盡色皆赤是夜始安王遙光伏誅

史臣曰日月代照實重天行上交下蝕同度相掩案舊說日有五蝕謂起上下左右中央是也交會舊術日蝕不從東始以月從其西東行及日於交中交從外入內者先會後交虧西南角先交後會虧西北角交從內出者先會後交虧西北角先交後會虧西南角日正在交中者則虧於西故不嘗蝕東也若日中有虧名爲西子不名爲蝕也漢尚書令黃香曰日蝕皆從西月蝕皆從東無上下中央者春秋魯桓三年日蝕貫中下上竟黑疑者以爲日月正等月何得小而見日中鄭玄云月正掩日日光從四邊出故言從中起也王逸以爲月若掩日當蝕日西月行既疾須臾應過西崖既復次食東崖今察日蝕西崖缺而光已復過東崖而獨不掩逸之此意實爲巨疑先儒難月以望蝕去日極遠誰蝕月乎說者稱日有暗氣天有虛道常與日衡相對月行在虛道中則爲氣所弇故月爲蝕也雖時加夜半日月當子午正隔於地猶爲暗氣所蝕以天體大而地形小故也暗虛之氣如以鏡在日下其光耀魄乃見於陰中常與日衡相對故當星星亡當月月蝕今問之曰星月同體俱兆日耀當月之蝕星不必亡若更有所當星未嘗蝕同稟異虧其故何也答曰日爲陰主以當陽位體敵勢交自招盈損星雖同類而精景陋狹小毀皆亡無有受蝕之地纖光可滿亦不與弦望同形又難曰日之夜蝕驗於夜星之亡晝蝕既盡晝星何故反不見答之曰夫言光有所衡則有不衡之光矣言有所當亦有所不當矣夜食度遠與所當而同沒晝食度近由非衡而得明又問太白經天實緣遠日今度近更明於何取喻答曰向論二蝕之體周衡不同經與不經自由星遲疾難蝕引經恐未得也

日光色

建元四年十一月午時日色赤黃無光至暮在箕宿

二年閏正月乙酉日黃赤無光至暮

永明五年十一月丁亥日出高三竿朱色赤黃日暈虹抱珥直背

建元元年十二月未時日暈帀黃白色至申乃消散

永明二年正月丁酉日交暈再重

三年二月丁卯日有半暈暈上生一珥

四年五月丙午日暈再重仍白虹貫日在東井度

六年三月甲申日於蘭雲中薄半暈須臾過帀日東南暈外有一直竝黃色壬辰日暈須臾日西北生虹貫日中

八年十一月己亥日半暈南面不帀日東西帶暈各生珥長三尺白色珥各長十丈許正衡日久久消散背因成重暈竝青絳色

九年正月甲午日半暈南面不帀北帶暈生一抱東西各生一珥抱北又有半暈抱珥竝黃色北又生白虹貫日久久消散

建元元年六月甲申日南北兩珥西有抱黃白色

永明二年十一月辛巳日東北有一背

三年十一月庚寅日西北有一背

四年正月辛巳日南北各生一珥又生一背

十二月辛未日西北生一直黃白色戊寅日北生一背青絳色

五年八月己卯日東南生一珥竝青絳色

六年二月丁巳日東北生黃色北有一珥黃赤色久久竝散庚申日西有一背赤青色東西生一直南北各生一珥竝黃白色

七年十月癸未日東北生一背青赤色須臾消

八年六月戊寅日於蒼白雲中南北各生一珥青黃絳雜色澤潤竝長三尺許至巳午消

隆昌元年正月壬戌日於蘭雲中暈南北帶暈各生一直同長一丈須臾消

永元元年十二月乙酉日中有三黑子

月暈犯

建元四年十月庚寅月暈五車及參頭

永明元年正月壬辰是日至十五日月三暈太微及熒惑

三月庚申至十三日月三暈太微及熒惑

五年二月乙未自九日至是日月三暈太微

六年二月壬戌甲夜十三日甲夜十五日甲夜月竝暈太微

永明元年十一月己未月南北各生一珥又有一抱月

犯列星

建元元年七月丁未月犯心大星北一寸丁卯月入軒轅中犯第二星

十月丙申月在心大星西北七寸

十一月壬戌月在氐東南星五寸

十二月乙酉月犯太微西蕃南頭第一星庚寅月行房道中無所犯癸巳月入南斗魁中無所犯

二年三月癸卯月犯心大星又犯後星

五月庚戌月入南斗

七月己巳月入南斗

三年二月癸巳月犯太微上將

四年二月乙亥月犯輿鬼西北星丙子月犯南斗魁第二星辛未月犯心大星又犯後星

四月壬辰月犯軒轅左民星庚子月犯箕東北星

五月丙寅月犯心後星戊寅月掩昴西北星

六月乙未月犯箕東北星

七月癸亥月行南斗魁中無所犯庚辰月犯軒轅女主

八月庚子月犯昴西南星壬寅月犯五車東南星壬申月犯軒轅少民星

九月丁巳月犯箕東北星壬辰月在營室度入羽林中二十日月入輿鬼犯積尸

十一月甲戌月犯五車南星

十二月丁酉月犯軒轅女主星又掩女御

永元元年正月己亥月犯心後星

三月乙未月犯軒轅女主星

六月癸酉月犯輿鬼西南星

八月乙丑月犯南斗第四星又犯輿鬼星

九月庚辰月犯太白左蕃度癸巳月犯東井北轅西頭第一星

十二月丁卯月犯心前星又犯大星己巳月犯南斗第五星

二年二月甲子月犯南斗第四星又犯第三星

三月丁丑月犯東井北轅北頭第一星

四月戊申月犯軒轅右角

六月丙寅月犯東井轅頭第一星

八月丙午月掩心大星戊申月犯南斗第三星戊子月犯東井北轅西頭第一星

十一月庚辰月犯昴星丙戌月犯軒轅左角

十二月壬戌月犯心前星又犯大星

三年二月己未月犯南斗第五星

三月壬申月在東井無所犯

六月丙午月掩心前星

八月丙辰月犯東井北轅第二星

九月癸未月犯東井南轅西頭第一星

四年正月癸酉月入東井無所犯乙亥月犯輿鬼

閏月辛亥月犯房

二月丁卯月犯東井鉞

三月乙未月入東井無所犯

七月辛亥月犯東井

八月戊寅月犯東井

九月辛卯月與太白於尾合宿丙午月入東井

十一月辛丑月入東井曠中辛亥月犯房北頭第二星

十二月巳巳月犯東井北轅東頭第二星辛巳月犯南斗第六星

五年正月丙午月犯房鉤鈐

二月癸亥月犯東井南轅西頭第二星

三月癸卯月犯南斗第二星

六月乙丑月犯南斗第六星在南斗七寸丙寅月犯西建星北一尺

史臣曰月令昏明中星皆二十八宿箕斗之間微爲疎闊故仲春之與孟秋建星再用與宿度竝列亟經陵犯災之所主未有舊占石氏星經云斗主爵祿褒賢進士故置建星以爲輔若犯建之異不與斗同則據文求義亦宰相之占也

七月丁未月行入東井曠中無所犯

八月壬申月在畢犯左股第二星西北三寸

九月戊子月在塡星北二尺八寸爲合宿

十月戊寅月入氐犯東南星西北一尺餘

十一月戊寅月入氐

十二月戊午月在東壁度在熒惑北相去二尺七寸爲合宿甲子月在東壁度東南九寸爲犯癸酉月在歲星南七寸爲犯

六年正月戊戌月在角星南相去三寸

二月丁卯月在氐西南六寸

三月乙未月入氐中在歲星南一尺一寸爲合宿

四月癸丑月犯東井南轅西頭第二星壬戌月在氐西南星東南五寸爲犯漸入氐中與歲星同在氐度爲合宿癸亥月行在房北頭第一星西南一尺爲犯

六月乙卯月在角星東一寸爲犯丁巳月行入氐無所犯在歲星東三寸爲合宿

七月乙酉月入房北頭第二次相星西北八寸爲犯庚寅月在牽牛中星南二寸爲犯庚子月行在畢左股第一星七寸爲犯又進入畢

八月壬子月行在歲星東二尺五寸同在氐中爲合宿

九月庚辰月在房北頭第一上相星東北一尺爲犯又掩犯關楗閉星丁酉月行入東井甲辰月在左角星西北九寸爲犯又在熒惑西南一尺六寸爲合宿

十月癸酉月入氐中在西南星東北三寸爲犯

閏月壬辰月行入東井

十一月丙戌月行入羽林中無所犯乙未月行在東井南轅西頭第二星南一尺爲犯丙寅月在左角北八寸爲犯辛未月行在太白東北一尺五寸同在箕度爲合宿

十二月甲申月行在畢左股第二星北七寸爲犯乙未月行入氐西南星東北一尺爲犯丙申月在房北頭上相星北一尺爲犯

七年正月甲寅月入東井曠中無所犯戊辰月掩犯牽牛中星

二月辛巳月掩犯東井北轅東頭第一星

三月庚申月在歲星西北三尺同在箕度爲合宿

四月乙酉月入氐中無所犯丙戌月犯房星北頭第一上相星北一尺在楗閉西北四寸爲犯

六月乙酉月犯牽牛中星乙未月入畢在左股第二星東八寸爲犯

七月丁未月入氐中無所犯戊申在楗閉星東北一尺爲犯

八月甲戌月入氐在西南星東北一尺爲犯庚寅月在畢右股第一星東北一尺爲犯

九月丁巳月掩犯畢右股第一星庚申月在東井北轅東頭第一星西北八寸爲犯

十月甲申月行掩畢左股第三星丁酉月行在楗閉星西北八寸爲犯

十二月壬午月在東井北轅東頭第一星北八寸爲犯

八年正月丁巳月在亢南頭第二星南七寸爲犯

二月巳巳月行在畢右股第一星東北六寸爲犯

六月甲戌月在亢南頭第二星西南七寸爲犯

八月乙亥月在牽牛中星南九寸爲犯辛卯月在軒轅女御南八寸爲犯

九月辛酉月在太微左執法星南四寸爲犯

十月壬午月入東井曠中無所犯戊子月在太微右執法星東南六寸爲犯

十一月戊戌月行在塡星北二尺二寸爲合宿乙卯月行在太微右執法星南二寸爲犯

十二月庚辰月行在軒轅右角星南二寸爲犯癸未月掩犯太微右執法

九年正月辛丑月在畢躔西星北六寸爲犯庚申月在歲星西北二尺五寸同在須女度爲合宿

二月辛未月入東井曠中無所犯壬申月行東井北轅東頭第一星北九寸爲犯

三月丙申月入畢在左股第二星東北六寸又掩大星

四月庚午月在軒轅女御星南八寸爲犯癸酉月在太微東南頭上相星南八寸爲犯癸未月在歲星北爲犯在危度

五月庚子月行掩犯太微在執法丁未月掩犯東建西星

七月癸巳月在太白東五寸爲犯乙未月在太微東蕃南頭上相星西南五寸爲犯壬寅月掩犯東建星癸卯月在牽牛南星北五寸爲犯乙巳月在歲星北六寸爲犯

閏七月辛酉月在軒轅女御星西南三寸爲犯

八月月在軒轅左民星東八寸爲犯

九月乙丑月掩牽牛南星癸未月入太微在右執法東北四寸爲犯甲申月掩太微東蕃南頭上相星

十月甲午月行在塡星西北八寸爲犯在虛度戊申月在軒轅女主星南四寸掩女御並爲犯辛亥月入太微左執法東北七寸爲犯

十一月壬戌月行掩犯歲星巳巳月在畢右股大星東一寸爲犯辛未月在東井南轅西頭第二星南八寸爲犯又入東井曠中丙子月行在軒轅左民星東北七寸爲犯丁丑月行在太微西蕃上將星南五寸爲犯

十二月庚寅月行在歲星東南八寸爲犯丙午月掩犯太微東蕃南頭上相星

十年正月庚午月在軒轅右角大民星南八寸爲犯

二月巳亥月行太微在右掖門甲辰月行入氐中掩犯東北星壬子月行入羽林

三月巳卯月行入羽林在塡星東北七寸爲犯在危四度

四月甲午月行入太微在右掖門內丙午月行在危度入羽林

五月巳巳月掩南斗第三星甲戌月行在危度入羽林

六月戊子月在張度在熒惑星東三寸爲犯巳丑月行入太微在右掖門丁酉月掩西建星西丁未月行入畢犯右股大赤星

七月甲戌月行在畢躔星西北六寸爲犯丁丑月在東井北轅東頭第二星西南九寸爲犯

八月辛卯月行西建星東一尺又在東星西四寸爲犯壬寅月行在畢右股大赤星東北四寸爲犯甲辰月行入東井曠中無所犯戊申月行在軒轅女主星西九寸爲犯辛亥月入太微在左執法星北二尺七寸爲犯

九月癸亥月行掩犯塡星一寸在危度

十月辛卯月在危度入羽林無所犯癸亥月入東井曠中無所犯

十一月甲子月入畢進右股大赤星西北五寸爲犯壬申月入太微在右執法星東北一尺三寸無所犯丁丑月入氐無所犯

十二月甲午月入東井曠中又進北轅東頭第二星四寸爲犯庚子月入太微在右執法星東北三尺無所犯

十一年正月辛酉月入東井曠中無所犯乙丑月在軒轅女主星北八寸爲犯壬申月行在氐星東北九寸爲犯

二月甲午月行入太微在上將星東北一尺五寸無所犯壬寅月行掩犯南斗第六星癸卯月掩犯西建中星又掩東星

四月乙丑月入太微在右執法西北一尺四寸無所犯壬寅月行在危度入羽林無所犯

五月丁巳月行入太微左執法星北三尺無所犯甲子月行在南斗第二星西七寸爲犯乙丑月掩犯西建中星又犯東星六寸

六月辛丑月行掩犯畢左股第三星壬寅月入畢

七月壬子月入太微在左執法東三尺無所犯丙辰月行入氐在東北星西南六寸爲犯巳未月行南斗第六星南四寸爲犯庚申月行在西建星東南一寸爲犯

九月庚寅月行在哭星西南六寸爲犯壬辰月行在營室度入羽林無所犯丁酉月入畢左右股大赤星西北六寸爲犯巳亥月入東井曠中無所犯乙巳月行太微當右掖門內在屏星西南六寸爲犯

十月壬午月行在東建中星九寸爲犯

十一月壬子月在哭星南五寸爲犯辛酉月行在東井鉞星南八寸又在東井南轅西頭第一星南五寸並爲犯進入井中丁卯月入太微壬申月行入氐無所犯

十二月辛巳月入羽林又入東井曠中又入東井北轅西頭第二星南六寸爲犯乙未月入太微在右執法星東北二尺無所犯乙亥月入氐無所犯

隆昌元年正月辛亥月入畢在左股第一星東南一尺爲犯

三月辛亥月在東井北轅西頭第二星東七寸爲犯甲申月入太微在屏星南九寸爲犯

六月乙丑月入畢在右股第一星東北五寸爲犯又在歲星東南一尺爲犯丁卯月入東井南轅西頭第一星東北七寸爲犯

泰元元年七月月掩心中星

南齊書卷十二考證

天文志上塡星守太微宮逆從行歷四年○臣永韡按逆從行猶日逆順行梁世諱順字故也至謂歷四年必係傳寫之誤考塡星逆行從無歷四年之久者

辰星孟効西方○臣永韡按古法候辰星惟四仲月當見故劉向封事以辰星見於四孟爲異也効字與耀字音同疑耀字傳寫之誤

若日中有鷇名爲西子○臣永韡按歷朝天文志中日中有黑子每紀之於書從無西子之名疑西字係黑字之譌

常與日衡相對○日衡相對謂平衡相對卽所謂暗虛也後人謂之對衡

日暈帀黃白色○帀監本譌市今改正

六年三月甲申日於蘭雲中薄半暈○蘭字疑譌又下文隆昌元年節蘭字同此

月犯軒轅左民星○宋天文志軒轅左一星少民后宗也蓋卽所謂左民星

月犯軒轅女主○宋天文志云軒轅南大星女主也

月犯太白左蕃度○臣永韡按太微垣則有左右蕃太白只一星何蕃之有疑本係太微譌爲太白

月行在畢左股第一星○月監本譌日今改正

又掩犯關楗閉星○星圖有楗閉星無關楗閉星關字疑衍或上下有脫字

月行在畢躔星西北六寸爲犯○躔星二字不可解其間恐有脫字

月入畢左右股大赤星西北六寸爲犯○星圖畢只有一大赤星此文左右股乃在右股在字之譌也

泰元元年七月月掩心中星○齊世無泰元年號疑必

永元之訛

南齊書卷十三

梁 蕭子顯 撰

志第五

天文下

史臣曰天文設象宜備內外兩宮但災之所躔不必遍行景緯五星精晷與二曜而爲七妖祥是主曆數攸司蓋有殊於列宿也若北辰不移據在杠軸衆星動流實繫天體五星從伏非關二義故徐顯思以五星爲非星虞喜論之詳矣

五星相犯列宿雜

建元元年八月辛亥太白犯軒轅大星

九月癸丑太白從行於軫犯填星

二年六月丙子太白晝見

四年二月丙戌太白晝見在午上

六年辛卯太白晝見午上庚子太白入東井無所犯

七月己未太白有光影

八月戊子太白從軒轅犯女主星甲辰太白從行犯軒轅少民星

九月己卯太白從行犯太微西蕃上將辛酉太白從行入太微在右執法星西北一尺戊辰太白從行犯太微左執法

十二月壬子太白從行犯填星在氐度丙辰太白從行犯房北頭第一星丁卯太白犯楗閉星

永明元年六月己酉太白行犯太微上將星辛酉太白行犯太微左執法

八月甲申太白犯南斗第四星

九月乙酉太白犯南斗第三星壬辰太白熒惑合同在南斗度

十月丁卯太白犯哭星

二年正月戊戌太白晝見當午上

三月甲戌太白從行入羽林

四月丙申太白從行犯東井鉞星

六月戊辰太白熒惑合同在輿鬼度己巳太白從行輿鬼度犯歲星

五月戊子太白犯少民星

三年四月丁未太白晝見癸亥太白晝見當午上

八月丁巳太白晝見當午上

十一月壬申太白從行入氐

十二月己酉太白塡星合在箕度

四年九月壬辰太白晝見當午丙午太白犯南斗

十一月庚子太白入羽林又犯天關

五年五月丁酉太白晝見當午上庚子太白三犯畢左股第一星西南一尺

六月甲戌太白犯東井北轅第三星在西一尺

八月甲寅太白從行入軒轅在女主星東北一尺二寸不爲犯戊辰太白從在太微西蕃上將星西南五寸辛巳太白從在太微左執法星西北四寸

六年四月辛酉太白從在熒惑北三寸爲犯竝在東井度

五月癸卯大白晝見當午上

六月己巳太白從在太微西蕃右執法星東南四寸爲犯

七月癸巳太白在氐角星東北一尺爲犯

八月乙亥太白從行在房南第二左股次將星西南一尺爲犯

閏八月甲午太白晝見當午

十一月戊午太白從在歲星西北四尺同在尾度又在熒惑東北六尺五寸在心度合宿

十二月壬寅太白從行在填星西南二尺五寸斗度

七年二月辛巳太白從行入羽林

十月癸酉太白在歲星南相去一尺六寸從在箕度爲合

十一月丁卯太白從行入羽林

八年正月丁未太白晝見當午上

六年戊子太白從行入東井己丑太白晝見當午

八月庚辰太白從行在軒轅女主星南七尺爲犯

九月丙申太白從行在太微西蕃上將星西南一尺爲犯丁未太白從行入太微辛酉太白從行在進賢西五寸爲犯

十月乙亥太白從行在亢南第二星西南一尺爲犯甲申太白從行入氐

十一月戊戌太白從行在房北頭第二星東北一寸又在楗閉星西南七寸竝爲犯又在熒惑西北二尺爲合宿癸卯太白從行在熒惑東北一尺爲犯

九年四月癸未太白從歷夕見西方從疾參宿一度比來多陰至己丑開除己見在日北當西北維上薄昏不見宿星則爲先歷而見

六月丙子太白晝見當午上

七月辛卯太白從行入太微在西蕃上將星北四寸爲犯

九月乙亥太白從行在南斗第四星北二寸爲犯丁卯太白在南斗第三星西一寸爲犯

十年二月甲辰太白從行入羽林

五月辛巳太白從行入東井在軒轅西第一星東六寸爲犯

七月乙丑太白從行在軒轅大星東八寸爲犯

十一年正月戊辰太白從行在歲星西北六寸爲犯在奎度

二月丁丑太白從行東井北轅西頭第一星東北一尺爲犯

四月戊子太白在五諸侯東第二星西北六寸爲犯辛丑太白從行入輿鬼在東北星西南四寸爲犯

五月戊午太白晝見當午名爲經天癸亥太白從行入軒轅大星北一尺二寸無所犯

九月己酉太白晝見當午上

十月丙戌太白行在進賢星西南四寸爲犯

十一月戊戌太白從行入氐丁卯太白從行在楗閉星西北六寸爲犯

十二月壬辰太白從行在南斗第六星東南一尺爲犯辛丑太白從行在西建東星西南一尺爲犯

建元元年五月己未熒惑犯太微西蕃上將又犯東蕃上將

二年十月辛酉熒惑守太微

四年六月戊子熒惑從行入東井無所犯戊戌熒惑在東井度形色小而黃黑不明丁丑熒惑太白同在東井度

七月甲戌熒惑從行入輿鬼犯積尸

十月癸未熒惑從行犯太微西蕃上將星丙戌熒惑從入太微

十一月丙辰熒惑從行在太微犯右執法

永明元年正月己亥熒惑逆犯上相辛亥熒惑守角庚子熒惑逆入太微

三月丁卯熒惑守太白

六月戊申熒惑從犯亢己巳熒惑從行犯氐東南星

七月戊寅熒惑塡星同在氐度丁亥熒惑行犯房北頭第二星

八月乙丑熒惑從行犯天江甲戌熒惑犯南斗第五星

十一月丙申熒惑入羽林

二年八月庚午熒惑犯太微西蕃上將癸未熒惑犯太微右執法丁酉熒惑犯太微右執法

十月庚申熒惑犯進賢

十一月壬辰熒惑犯亢南第二星丙申熒惑犯亢南星

十二月乙卯熒惑入氐

三年二月乙卯熒惑在房北頭第一星西北一尺徘徊守房

四月戊戌熒惑犯

六月乙亥熒惑犯房癸亥熒惑犯天江南頭第二星

八月丁巳熒惑犯南斗第五星

十一月丙戌熒惑從行入羽林

四年八月戊辰熒惑人大微癸酉熒惑犯太微右執法戊子熒惑在太微

九月戊申熒惑犯歲星己酉熒惑犯歲星芒角相接

十月丁丑熒惑犯亢南頭第一星

十一月庚寅熒惑犯氐西南星

十二月己未熒惑犯房北頭第一星庚申熒惑入房北犯鉤鈐星

五年二月乙亥熒惑塡星同在南斗度爲合宿

九月乙未熒惑從行在哭星東相去半寸

六年四月癸丑熒惑伏在參度去太白二尺五寸辰星去太白五尺三寸爲合宿甲戌熒惑在辰星東南二尺五寸俱從行入東井曠中無所犯

閏四月丁丑熒惑從行在氐西南星北七寸爲犯己卯熒惑從行入氐無所犯乙巳熒惑從行在房北頭第一上將右驂星南六寸爲犯又在鉤鈐星西北五寸

十一月丙寅熒惑從行在歲星西相去四尺同在尾度爲合宿

七年二月丙子熒惑從行在填星西相去二尺同在牽牛度爲合宿

三月戊午熒惑從在泣星西北七寸戊辰熒惑從行入羽林

八月戊戌熒惑逆入羽林

九月乙丑熒惑入羽林成句已

八年四月丙申熒惑從行入輿鬼在西北星東南二寸爲犯

十月乙亥熒惑入氐

十一月乙未熒惑從入北落門在第一星東南去鉤鈐三寸爲犯

九年三月甲午熒惑從在塡星東七寸在歲星南六寸同在虛度爲犯爲合宿

四月癸亥熒惑從行入羽林

閏七月辛酉熒惑從行在畢左股星西北一寸爲犯

八月十四日熒惑應伏在昴三度前先曆在畢度二十一日始逆行北轉垂及玄冬熒惑四死之時而形色漸大於常

十年二月庚子熒惑從入東井北轅西頭第一星西二寸爲犯

三月癸未熒惑從行在輿鬼西北七寸爲犯乙酉熒惑從行入輿鬼

六月壬寅熒惑從行入太微

十一年二月庚戌熒惑從在鎭星西北六寸爲犯同在營室

五月戊午熒惑從行在歲星西南六寸爲犯同在婁度

八月辛巳熒惑從行入東井在南轅西第一星東北一尺四寸

十一月丁巳熒惑逆行在五諸侯東星北四寸爲犯

隆昌元年三月乙丑熒惑從行入輿鬼西北星東一寸爲犯癸酉熒惑從行在輿鬼積尸星東北七寸爲犯

閏三月甲寅熒惑從入軒轅

五月丁酉熒惑從入太微在右執法北二寸爲犯

建元四年正月己卯歲星太白俱從行同在婁度爲合宿

六月丁酉歲星晝見

永明元年五月甲午歲星入東井

七月壬午歲星晝見

三年五月丙子歲星與太白合

六月辛丑歲星與辰星合

十月己巳歲星從入太微

十一月甲子歲星從入太微犯右執法

四年閏二月丙辰歲星犯太微上將

三月庚申歲星犯太微上將

四月己未歲星犯右執法

八月乙巳歲星犯進賢又與熒惑於軫度合宿

五年二月癸卯歲星犯進賢

六月甲子歲星蓋見在軫度

十月己未歲星從在氐西南星北七寸又辰星從入氐在歲星西四尺五寸又太白從在辰星東相去一尺同在氐度三星爲合宿

十二月甲戌歲星晝見

六年三月甲申歲星逆行入氐宿

六月丙寅歲星晝見在氐度

八年三月庚申歲星守牽牛

九年二月壬午歲星從在塡星西七寸同在虛度爲合宿

閏七月辛酉歲星在泣星北五寸爲犯又守塡星九月辛卯在泣星西一尺五寸爲合宿

永明元年六月辰星從行入太微在太白西北一尺

二年八月甲寅辰星於翼犯太白

九年六月丙子辰星隨太白於西方在七星度相去一尺四寸爲合宿

十一年九月丙辰辰星依曆應夕見西方亢宿一度至九月八日不見

隆昌元年正月丙戌辰星見危度在太白北一尺爲犯

建元三年十月癸丑塡星逆行守氐

四年七月戊辰塡星從行入氐

永明元年正月庚寅塡星守房心

三月甲子塡星逆行犯西咸星

二年二月戊辰塡星犯東咸星

四年十二月辛巳塡星犯建星

七年十二月戊辰塡星在須女度又辰星從在塡星西南一尺一寸爲合宿

八年三月庚申塡星守哭星

九年七月庚戌塡星逆在泣西星東北七寸爲犯

十月甲午塡星從行在泣星西北五寸爲犯

流星災

建元元年十月癸酉有流星大如三升堈色白尾長五丈從南河東北二尺出北行歷輿鬼西過未至軒轅後星而没没後餘中央曲如車輪俄頃化爲白雲久乃滅

流星自下而升名曰飛星三年十月丙午有流星大如月赤白色尾長七丈西北行入紫宮中光照牆垣

四年正月辛未有流星大如三升堈赤色從北極第二星北一尺出北行一丈而没

九月壬子流星如鵝卵從柳北出入軒轅又一枚如瓜大出西行没空中

永明元年六月己酉有流星如二升椀從紫宮出南行没氐

二年三月庚辰有流星如二升椀從天市中出南行在心後

四年二月乙丑有流星大如一升器戊辰有流星大如五升器

四月丁卯有流星大如一升器從南斗東北出西行經斗入氐

六月丙戌有流星大如鴨卵從匏瓜南出至虛而入

八月辛未有流星大如三升堈從觜星南出西南行入天濛没

十一月戊寅有流星大如二汁堈白色從亢東北出行入天市

十二月丁巳有流星大如三升椀白色從天市帝座出東北行一丈而没

五年六月辛未有流星大如三升器没後有痕

九月丙申有流星大如四升器白色有光照地

十二月甲子西北有流星大如鴨卵黃白色尾長六尺西南行一丈餘没

六年三月癸酉有流星大如鴨卵赤色無尾

四月丙辰北面有流星大如二升器白色北行六尺而没

七月癸巳有流星大如鵝卵白色從匏瓜南出西南行一丈没空中須臾又有流星大如五升器白色從北河南出東北行一丈三尺没空中

十月戊寅南面有流星大如雞卵赤色在東南行没没後如連珠

十二月壬寅有流星大如鵝卵黃白色尾長三丈有光没後有痕從梗河出西行一丈許没空中

七年正月甲寅有流星如五升器白色尾長四尺從坐旗星出西行入五車而過没空中

六月丁丑流星大如二升器黃赤色有光尾長六尺許從亢南出西行入翼中而没没後如連珠

十月乙丑有流星如三升器赤黃色尾長六尺出紫宮內北極星東南行三丈没空中壬辰流星如三升器白色有光從五車北出行入紫宮抵北極第一第二星而過落空中尾如連珠仍有音響似雷太史奏名曰天狗

八年四月癸巳有流星如二升器黃白色有光從心星南一尺許出南行二丈没没後如連珠丁巳流星如鵝卵白色長五丈許從角星東北二尺出西北行没太微西蕃上將星間

六月癸未有流星如鴨卵赤色從紫宮中出西南行未至大角五尺許没

七月戊申有流星如五升器赤白色長七尺東南行二丈没空中

十月乙亥有流星如鵝卵白色從紫宮中出西北行三丈許没空中

十一月乙未有流星如鵝卵赤白色有光無尾從氐北一丈出南行入氐中没辛丑流星如鵝卵白色從參伐出南行一丈没空中又有一流星大如三升器白色從軫中出東南行入婁中没

九年五月庚子有流星如雞子白色無尾從紫宮裏黃帝座星西二尺出南行一丈没空中丁未流星如李子白色無尾從奎東北大星東二尺出東北行至天將軍而没戊申流星如鵝卵黃白色尾長二丈從箕星東一尺出南行四丈没

七月乙卯西南有流星大如二升器白色無尾西南行一丈餘没戊午有流星如二升器黃白色有光從天江星西出東北經天入參中而没没後如連珠

閏七月戊辰流星如鵝卵赤色尾長二尺從文昌西行入紫宮没己巳西南有流星如二升器白色西南行一丈没

九月戊子有流星大如雞卵白色從少微星北頭出東行入太微抵帝座星而過未至東蕃次相一尺没如散珠

十年正月甲戌有流星如五升器白色從氐中出東南行經房道過從心星南二尺没

三月癸未有流星如雞卵青白色尾長四尺從牽牛南八寸出南行一丈没空中

十一年二月壬寅東北有流星如一升器白色無尾北行三丈而没

四月丙申有流星如三升器白色有光尾長一丈許從箕星東北一尺出行二丈許入斗度没空中臨没如連珠

五月壬申有流星大如雞子黃白色從太微端門出無所犯西南行一丈許没没後有痕

七月辛酉有流星如雞子赤色無尾從氐中出西行一

丈五尺没空中戊寅有流星如雞卵黃白色從紫宮東
蕃內出東北行一丈五尺至北極第五星西北四尺没
九月乙酉有流星如鴨卵黃白色從婁南一尺出東行
二丈
十二月巳丑西南有流星如三升器黃赤色無尾西南
行三丈許没散如遺火
永元三年夜天開黃色明照須臾有物絳色如小甕漸
漸大如倉廩聲隆隆如雷墜太湖中野雉皆雊世人呼
爲木殃史臣案春秋緯天狗如大奔星有聲望之如火
見則四方相射漢史云西北有三大星如日狀名曰天
狗天狗出則人相食天官云天狗狀如大鏡星又云如
大流星色黃有聲其止地類狗所墜望之如火光炎炎
衝天其上銳其下圓如數頃田見則流血千里破軍殺
將漢史又云昭明下爲天狗所下兵起血流昭明星也
洛書云昭明見而霸者出運斗樞云昭明有芒角兵徵
也河圖云太白散爲天狗漢史又云有星出其狀赤白
有光卽爲天狗其下小無足所下國易政衆說不同未
詳孰是推亂亡之運此其必天狗乎

老人星

建元元年十一月戊辰老人星見南方丙上八月癸卯
祠老人星
永明三年八月丁酉老人星見南方丙上
六年八月壬戌老人星見南方丙上
七年七月壬戌老人星見南方丙上
九年閏七月戊寅老人星見南方丙上
十年八月乙酉老人星見
十一年九月丙寅老人星見南方丙上

白虹雲氣

建元四年二月辛卯白虹貫日
永明十年七月癸酉西方有白虹須臾滅
十一年九月甲午西方有白虹南頭指申北頭指戌上
久久消滅
建元四年二月辛卯黑氣大小二枝東至卯西至酉廣
五丈久久消滅
永明二年四月丁未北斗第六第七星閒有一白氣
四年正月辛未黃白氣長丈五尺許入太微
永明四年正月癸未南面有陣雲一丈許．
五年四月巳巳有雲色黑廣五尺東頭指丑西頭指酉
竝至地
十一月乙巳東南有陣雲高一丈北至卯東南至巳久
久散漫
六年二月癸亥東西有一梗雲半天曲向西蒼白色
三月庚辰南面有梗雲黑色廣六寸
七年十月辛未有梗雲蒼黑色東頭至寅西頭指酉廣
三尺貫紫宮久久消漫
八年十一月乙未有梗雲黑色六尺許東頭至卯西頭
至酉久久散漫
十二月庚辰南面有陣雲黑色高一丈許東頭至巳西
頭至未久久散漫
十一年七月丙辰東面有梗雲蒼白色廣二尺三寸南
頭指巳至地北頭指子至地久久漸散漫
贊曰陽精火鏡陰靈水存有稟有射代爲明昏垂光滿
蓋列景周渾具位臣輔備象街門災生賈薄祟起飛奔
弗忘人懼瑜瑕辯論若任天道竈亦多言

南齊書卷十三考證

天文志下八月乙亥太白從行在房南第二左股次將
星○臣召南按左股係左服之訛房四星主車駕南
星曰左驂次左服故曰第二左服
癸未熒惑犯太微右執法丁酉熒惑犯太微右執法○
臣永祚按癸未至丁酉計十五日不書逆行熒惑安
能兩犯右執法意者先犯左執法次犯右執法耶
四月戊戌熒惑犯○犯字下必有闕文
有流星大如三升堰○或疑堰字未詳臣承蒼按南史
毗騫國嘗遣扶南王純金五十人食器形如圓盤又
如瓦堰名爲多羅受五升又如椀者受一升堰與甌
通從瓦從土其義一也
天狗狀如大鏡星○大鏡星無考天官書原文狀如大
奔星爲是
東西有一梗雲半天○爾雅釋詁梗正直也豈雲之直
者耶下文又言曲向西或先直後曲故云

南齊書卷十四

梁　蕭　子　顯　撰

志第六

州郡上

揚　南徐　豫　南豫　南兗　北兗
北徐　青　冀　江　廣　交
越

揚州京輦神皋漢魏刺史鎭壽春吳置持節督州牧八人不見揚州都督所治晉太康元年吳平刺史周浚始鎭江南元帝爲都督渡江左遂成帝畿望實隆重領郡如左

丹陽郡
建康　秣陵　丹陽　溧陽　永世　湖熟
江寧　句容

會稽郡
山陰　永興　上虞　餘姚　諸暨　剡
鄮　始寧　句章　鄞

吳郡
吳　婁　海虞　嘉興　海鹽　錢唐
富陽　鹽官　新城　建德　壽昌　桐廬

吳興郡
烏程　武康　餘杭　東遷　長城　於潛
臨安　故鄣　安吉　原鄉

東陽郡
長山　太末　烏傷　永康　信安　吳寧
豐安　定陽　遂昌

新安郡
始新　黟　遂安　歙　海寧

臨海郡
章安　臨海　寧海　始豐　樂安

永嘉郡
永寧　安固　松陽　橫陽　樂成

南徐州鎭京口吳置幽州牧屯兵在焉丹徒水道入通吳會孫權初鎭之爾雅曰絕高爲京今京城因山爲壘望海臨江緣江爲境似河內郡內鎭優重宋氏以來桑梓帝宅江左流寓多出膏腴領郡如左

南東海郡
郯　祝其　襄賁　利成　西隰　丹徒
武進

晉陵郡
晉陵　無錫　延陵　曲阿　暨陽　南沙
海陽

義興郡（永明二年割屬揚州後復舊）
陽羨　臨津　國山　義鄉　綏安

南琅邪郡（本治金城永明徙治白下）
臨沂　江乘　蘭陵　承（建武三年省）　譙（建元二年平陽郡流民在臨江郡者立宣祚縣尋改爲譙永明元年省懷化一縣并屬）

臨淮郡（自此以下郡無實土）
海西　射陽　淩　淮陰　東陽　淮浦（建武二年省）

淮陵郡
司吾　武陽（建武三年省泰山郡屬）　甄城　陽樂　徐（建武三年省）

南東莞郡
東莞　莒　姑幕（建武三年省）

南清河郡（南徐州領冀州）
東武城　清河　貝丘　繹幕（建武二年省）

南彭城郡
彭城　武原　傅陽　蕃　薛　開陽
洨　僮　下邳（建武三年省）　呂（建武四年省）　杼秋（建武四年省）
北陵（建武四年省）

南高平郡（宋太始五年僑置初寄治淮陰復徙淮南當塗二縣僑屬南豫後屬南徐）
金鄉　高平

南濟陰郡
城武　單父　城陽（建武三年省）

南濮陽郡
廩丘　東燕　會　鄄城（建武三年省濟陽郡度屬）　楡次（建武二年省）

南魯郡（建武二年省）
魯　樊　西安（建武二年省）

南平昌郡（建武三年省）
安丘（郡省屬東莞）

南泰山郡（建武三年省）
南城（郡省度屬平昌尋又省）　廣平

南濟陽郡（建武三年省）
考城（郡省度屬魯尋又省）

豫州晉元帝永昌元年刺史祖約避胡賊自譙退治壽春壽春淮南一都之會地方千餘里有陂田之饒漢魏以來揚州刺史所治北拒淮水禹貢云淮海惟揚州也咸和四年祖約以城降胡復以庾亮爲刺史治蕪湖蕪湖浦水南入亦爲險奧劉備謂孫權曰江東先有建業次有蕪湖庾亮經畧中原以毛寶爲刺史治邾城爲胡

所覆荆州刺史庾翼領州在武昌諸郡失土荒民數千
無佃業翼表移西陽新蔡二郡荒民就陂田於尋陽穆
帝永和五年胡僞揚州刺史王浹以壽春降而刺史或
治歷陽進馬頭及譙不復歸舊鎭也哀帝隆和元年袁
眞還壽春眞爲桓溫所滅溫以子熙爲刺史戍歷陽孝
武寧康元年桓沖移姑熟以邊寇未靜分割譙梁二郡
見民置之浣川立爲南譙梁郡十二年桓石虔還歷陽
庾准爲刺史表省諸權置皆還如本義熙二年劉毅復
鎭姑熟上表曰忝任此州地不爲曠西界荒餘密邇寇
虜北垂蕭條土氣彊獷民不識義唯戰是習逋逃不逞
不謀日會比年以來無月不戰實非空乏所能獨撫請
輔國將軍張暢領淮南安豐梁國三郡時豫州邊荒至
乃如此十二年劉義慶鎭壽春後常爲州治撫接遐荒
扞禦疆埸領郡如左

南汝陰郡 建元二年罷南陳左郡二縣并

愼 汝陰 宋 安陽 和城 南頓

陽夏 宋丘 永元元年地志無 樊 永元志無 鄭 永元志無 東宋 永元志無

南陳左縣 永元志無 邊水 永元志無

晉熙郡

新治 陰安 懷寧 南樓煩 齊興

太湖左縣

潁川郡

臨潁 邵陵 南許昌 永元志無 曲陽

汝陽郡

武津 汝陽

梁郡 永元元年地志南梁郡領睢陽新汲陳蒙崇義五縣

北譙 梁 蒙 城父 永元志屬南譙

北陳郡

陽夏 西華 甚平·項

陳留郡

浚儀 小黃 雍丘

南頓郡 永元元年地志無

和城 南頓

西南頓郡 寄治州 永元元年地志無

西南頓 和城 譙 平鄉

北梁郡 永元元年地志無

北蒙 北陳

西汝陰郡

樓煩 汝陰 宋 陳 永元志無 平豫 永元志無 固始 永元志無 新蔡 永元志無 汝南 永元志無 安城

北譙郡

寧陵 譙 蘄 永元志屬南譙

汝南郡 永元元年地志無

瞿陽 安城 上蔡

北新蔡郡

鮦陽 新蔡 固始 苞信

弋陽郡

期思 南新息 弋陽 上蔡 平輿

陳郡

南陳 甚平 永元志無 項 永元志無 西華 永元志無 陽夏 永元志無

安豐郡

雩婁 新化 史水 扶陽 開化 邊城

松滋 永元志屬北新蔡 安豐

光城左郡

樂安 光城 茹田

邊城郡 永元元年地志無

建寧郡

陽城 建寧

齊昌郡

陽塘 保城 齊昌 永興

右三郡永明四年割郢州屬

南豫州晉寧康元年豫州刺史桓沖始鎭姑熟後還徙
見晉書宋永初二年分淮東爲南豫州治歷陽而淮西
爲豫州元嘉七年省并大明元年復置治姑熟泰始二
年治歷陽三年治宣城五年省淮西沒虜七年復分淮
東置南豫建元二年太祖以西豫吏民寡刻分置兩州
損費甚多省南豫左僕射王儉啓愚意政以江西連接
汝潁土曠民希匈奴越逸唯以壽春爲阻若使州任得
才虜動要有聲聞豫設防禦此則不俟南豫假令或慮
一失醜羯之來聲不先聞胡馬倏至壽陽嬰城固守不
能斷其路朝廷遣軍歷陽已當不得先機戎車初戒每
事草創孰與方鎭常居軍府素正臨時配助所益實少
安不忘危古之善政所以江左屢分南豫意亦可求如
聞西豫力役尙復租可今得南譙等郡民戶益薄於其
實益復何足云太祖不從永明二年割揚州宣城淮南
豫州歷陽譙廬江臨江六郡復置南豫州四年冠軍長
史沈憲啓二豫分置以桑堁子亭爲斷潁川汝陽在南
譙歷陽界內悉屬西豫廬江居晉熙汝陰之中屬南豫
求以潁川汝陽屬南豫廬江還西豫七年南豫州別駕
殷瀰稱潁川汝陽荒殘來久流民分散在譙歷二境多
蒙復除獲有郡名租輸益微府州絕無將吏空受名領
終無實益但寄治譙歷於方斷之宜實應屬南豫二豫
巫經分置廬江屬南豫濱帶長江與南譙接境民黎租
帛從流送州實爲便利遠踰西豫非其所願郡領灊舒
及始新左縣村竹產府州採伐爲益不少府州新創異
於舊藩資役多闕實希得廬江請依昔分置尙書參議
往年慮邊塵須實故啓迴換今淮泗無虞宜許所牒詔
可領郡如左

淮南郡

于湖 永明八年省南城高平下邳三縣并 繁昌 當塗 浚遒

定陵 襄垣

宣城郡

廣德 懷安 宛陵 廣陽 石城 臨城

寧國 宣城 建元 涇 安吳

歷陽郡

歷陽 龍亢 雍丘

南譙郡

山桑 蘄 北許昌 永元志無 扶陽 曲陽 嘉平

廬江郡

舒 建元二年爲郡治 灊 始新 和城 永元志無 西華 永元志無

呂亭左縣 建元二年割晉熙屬 譙 建元二年割南譙屬

臨江郡 建元二年罷并歷陽後復置

烏江 懷德 酇

南兗州鎭廣陵漢故王國有江都浦水魏文帝伐吳出
此見江濤盛壯歎云天所以限南北也晉元帝過江建
興四年揚聲北討遣宣城公裒督徐兗二州鎭廣陵其
後或還江南然立鎭自此始也時百姓遭難流移此境
流民多庇大姓以爲客元帝太興四年詔以流民失籍
使條名上有司爲給客制度而江北荒殘不可檢實明
帝太寧三年郗鑒爲兗州鎭廣陵後還京口是後兗州
或治盱眙或治山陽桓玄以桓弘爲青州鎭廣陵義熙
二年諸葛長民爲青州徙山陽時鮮卑接境長民表云
此蕃十載疊故相襲城池崩毀荒舊散伏邊疆諸戍不
聞雞犬且犬羊侵暴抄掠滋甚乃還鎭京口晉末以廣
陵控接三齊故青兗同鎭宋永初元年罷青并兗三年
檀道濟始爲南兗州廣陵因此爲州鎭土甚平曠刺史
每以秋月多出海陵觀濤與京口對岸江之壯闊處也
永明元年刺史柳世隆奏尙書符下土斷條格并省僑
郡縣凡諸流寓本無定憇十家五落各自星處一縣之
民散在州境西至淮畔東屆海隅今專罷僑邦不省荒
邑雜居舛止與先不異離爲區斷無革游濫謂應同省
隨堺并帖若鄉屯里聚二三百家井甸可脩區域易分
者別詳立於是濟陰郡六縣下邳郡四縣淮陽郡三縣
東莞郡四縣以散居無實土官長無廨舍寄止民村及
州治立見省民戶帖屬領郡如左

廣陵郡 建元四年罷北淮陽北下邳北濟陰東莞四郡并

海陵 廣陵 高郵 江都 齊寧 永明元年置

海陵郡

建陵 寧海 如皋 臨江 蒲濤 臨澤

齊昌 永明元年置 海安 永明五年罷新郡并此縣度屬

山陽郡

東城 山陽 鹽城 左鄉

盱眙郡

考城 盱眙 陽城 直瀆 長樂

南沛郡

沛 蕭 相

北兗州鎭淮陰地理志云淮陰縣屬臨淮郡郡國志屬
下邳國晉大康地記屬廣陵郡穆帝永和中北中郎將
荀羨北討鮮卑云淮陰舊鎭地形都要水陸交通易以
觀豐沃野有開殖之利方舟運漕無他屯阻乃營立城
池宋泰始二年失淮北於此立州鎭建元四年移鎭盱
眙仍領盱眙郡舊北對清泗臨淮守險有平陽石鼈田
稻豐饒所領唯平陽一郡永明七年光祿大夫呂安國
啓稱北兗州民戴尙伯六十人訴舊壤幽隔飄寓失所
今雖創置淮陰而陽平一郡州無實土寄山陽境內竊
見司徐青三州悉皆新立並有實郡東平既是望邦衣
冠所係希於山陽盱眙二界間割小戶置此郡始招集
荒落使本壤族姓有所歸依臣尋東平郡既是此州本
領臣賤族桑梓願立此邦見許領郡如左

陽平郡 寄治山陽

泰清 永陽 安宜 豐國

東平郡

壽張 割山陽官瀆以西三百戶置

淮安 割直瀆破釜以東淮陰鎭下流雜一百戶置

高平郡

濟北郡

泰山郡

新平郡

魯郡

右荒

北徐州鎮鍾離漢志鍾離縣屬九江郡晉太康二年起
居注置淮南鍾離未詳此前所省令晉地記屬淮南郡
宋泰始末年屬南兗元徽元年置州割爲州治防鎮緣
淮永明元年省北徐譙梁魏陽平彭城五郡領郡如左
鍾離郡
燕縣（郡治）朝歌　虞（永明元年割馬頭屬）零（永明元年割馬頭屬）
馬頭郡
已吾（永明元年罷譙郡屬二年刺史戴僧靜又以濟縣并之）
濟陰郡
頓丘（永明元年罷定陶并）雎陵　樂平（永明元年割鍾離屬）
濟安（永明元年割鍾離屬）
新昌郡
頓丘　穀熟　尉氏
沛郡
相　蕭　沛
青州宋泰始初淮北沒虜六年始治鬱州上鬱州在海
中週迴數百里島出白鹿土有田疇魚鹽之利劉善明
爲刺史以海中易固不峻城雉乃累石爲之高可八九
尺後爲齊郡治建元初徙齊郡治瓜步以北海治齊郡
故治州治如舊流荒之民郡縣虛置至於分居土著蓋
無幾焉建元四年移鎮朐山後復舊領郡如左
齊郡（永明元年罷秦郡并之治瓜步）
臨淄（永明二年省華城縣并）齊安（永明元年罷）西安　宿豫
尉氏　平虜　昌國　泰　益都
北海郡
都昌（宋鬱縣建元故用漢名也）廣饒　贛榆　膠東　劇
下密　平壽
東莞琅邪二郡（治朐山也）
即丘　南東莞（永明元年以流戶置）北東莞
冀州宋元嘉九年分青州置青州領齊濟南樂安高密
平昌北海東萊太原長廣九郡冀州領廣川平原清河
樂陵魏郡河間頓丘高陽勃海九郡泰始初遇虜寇竝
荒沒今所存者泰始之後更置立也二州共一刺史郡
縣十無八九但有名存案宋志自知也建元初以東海
郡屬冀州全領一郡
北東海郡（治漣口）
襄賁　僮　下邳　厚丘　曲城
江州鎮尋陽中流衿帶晉元康元年惠帝詔荆揚二州
疆土曠遠有司奏割揚州之豫章鄱陽廬陵臨川南康
建安晉安爲新州新安東陽宣城舊豫章封內豫章之
東北相去懸遠可如故屬揚州又割荆州之武昌桂陽
安成并十郡可因江水之名爲江州宜治豫章庾亮領
刺史都督六州云以荆江爲本校二州戶口雖相去機
事實覺過半江州實爲根本臨終表江州宜治尋陽以
州督豫州新蔡西陽二郡治湓城接近東江諸郡往來
便易其後庾翼又還豫章義熙後還尋陽何無忌表竟
陵去治遼遠去江陵正三百里荆州所立綏安郡民戶
參入此境郡治常在夏口左右欲資此郡助江濱戍防
以竟陵還荆州又司州弘農揚州松滋二郡寄尋陽人
民雜居宜竝見督今九江在州鎮之北彭蠡在其東也
領郡如左
尋陽郡
柴桑　彭澤
豫章郡
南昌　新淦　艾　建城　建昌　望蔡
新吳　永脩　吳平　康樂　豫章　豐城
臨川郡
南城　臨汝　新建　永城　宜黃　南豐
東興　安浦　西豐
廬陵郡
石陽　西昌　東昌　吉陽　巴丘　興平
高昌　陽豐　遂興
鄱陽郡
鄱陽　餘干　葛陽　樂安　廣晉　上饒
安成郡
平都　新喻　永新　萍鄉　宜陽　廣興
安復
南康郡
贛　雩都　南野　寧都　平固　陂陽
虔化（永明八年罷安遠縣并）南康
南新蔡郡
愼　苞信　陽唐左縣　宋
建安郡
吳興　建安　將樂　邵武　建陽　綏城
沙村
晉安郡
侯官　羅江　原豐　晉安　溫麻
廣州鎮南海濱際海隅委輸交部雖民戶不多而俚獠
猥雜皆樓居山險不肯賓服西南二江川源深遠別置
督護專征討之捲握之資富兼十世尉他餘基亦有霸
迹江左以其遼遠蕃戚未有居者唯宋隨王誕爲刺史
領郡如左
南海郡
番禺　熙安　博羅　増城　龍川　懷化
酉平　綏寧　新豐　羅陽　高要　安遠
河源
東官郡
懷安　寶安　海安　欣樂　海豐　齊昌
陸安　興寧
義安郡
綏安　海寧　海陽　義招　潮陽　程鄉
新寧郡
博林　南興　臨沇　甘泉　新成　威平
單牒　龍潭　城陽　威化　歸順　初興
撫納　平鄉
蒼梧郡
廣信　寧新　封興　撫寧　遂城　丁留
懷熙　猛陵　廣寧　蕩康　僑寧　思安
高涼郡
安寧　羅州　莫陽　西鞏　思平　禽鄉
平定
永平郡
夫寧　安沂　暾安　盧平　員鄉　蘇平
遺寧　雷鄉　開城　毗平　武林　豊城
晉康郡
威城　都城　夫阮　元溪　安遂　晉化
永始　端溪　賓江　熙寧　樂城　武定
悅城　文招　義立
新會郡
盆允　新夷　封平　初賓　封樂　義寧
新熙　永昌　始康　招集　始成
廣熙郡
龍鄉　羅平　賓化　寧鄉　長化　定昌
永熙　寶寧
宋康郡
廣化　石門　化隆　遂度　威覃　單城
開寧　海鄰　興定　綏定
宋隆郡
平興　招興　崇化　建寧　熙穆　崇德
海昌郡
寧化　招懷　永建　始化　新建
綏建郡
新招　四會　化蒙　化注　化穆
樂昌郡
始昌　樂山　宋元　義立　安樂
鬱林郡
布山　鬱平　阿林　建安　始集　龍平
賓平　新林　綏寧　中胄　領方　懷安
歸化　晉平　威化
桂林郡
武熙　騰溪　潭平　龍岡　臨浦　中留
武豐　程安　威定　潭中　安遠　安化
龍定
寧浦郡
安廣　簡陽　平山　寧浦　興道　吳安
晉興郡
晉興　熙注　桂林　増翊　安廣　廣鬱
晉城　鬱陽
齊樂郡
希平　觀寧　臻安　宋平　綏南　封陵
齊康郡
樂康
齊建郡
初寧　永城
齊熙郡
交州鎮交阯在海漲島中楊雄箴曰交州荒遼水與天
際外接南夷寶貨所出山海珍怪莫與爲比民恃險遠
數好反叛領郡如左
九眞郡
移風　胥浦　松原　高安　建初　常樂
津梧　軍安　吉麗　武寧
武平郡
武定　封溪　平道　武興　根寧　南移
新昌郡
范信　嘉寧　封山　西道　臨西　吳定
新道　晉化
九德郡
九德　咸驩　浦陽　南陵　都洨　越常
西安
日南郡

西卷　象林　壽冷　朱吾　比景　盧容
無勞
交阯郡
龍編　武寧　望海　句漏　吳興　西于
朱鳶　南定　曲陽　海平　嬴𨻻
宋平郡
昌國　義懷　綏寧
宋壽郡建元二年割越州屬
義昌郡永元二年改沃屯置
越州鎮臨漳郡本合浦北界也夷獠叢居隱伏巖障寇盜不賓略無編戶宋泰始中西江督護陳伯紹獵北地見二青牛驚走入草使人逐之不得乃誌其處云此地當有奇祥啓立爲越州七年始置百梁隴蘇永寧安昌富昌南流六郡割廣交朱鳶三郡屬元徽二年以伯紹爲刺史始立州鎮穿山爲城門威服俚獠土有瘴氣殺人漢世交州刺史每暑月輒避處高今交土調和越瘴獨甚刺史常事戎馬唯以戰伐爲務
臨漳郡
漳平　丹城　勞石　容城　長石　都并
綏端
合浦郡
徐聞　合浦　朱盧　新安　晉始　蕩昌
朱豐　宋豐　宋廣
永寧郡
杜羅　金安　蒙　廖簡　留城
百梁郡
百梁　始昌　宋西
安昌郡
武桑　龍淵　石秋　撫林
南流郡
方度
北流郡永明六年立無屬縣
龍蘇郡
龍蘇
富昌郡
南立　義立　歸明
高興郡
宋和　寧單　高興　威成　夫羅　南安
歸安　陳蓮　高城　新建
思築郡
鹽田郡
杜同
定川郡
興昌
隆川郡
良國
齊寧郡建元二年置割鬱林之新邑建初二縣并
開城建元二年置
越中郡
馬門郡
鍾吳　田羅　馬陵　思寧
封山郡
安金
吳春俚郡永明六年立無屬縣
齊隆郡先屬交州中改爲闕永泰元年改爲齊隆還屬闕州

南齊書卷十四考證

州郡志上揚州○臣宗萬按漢始置揚州治在建康臺城西亦謂之西州

丹陽郡○臣宗萬按丹陽圖云自句容以西屬鄣郡以東屬會稽郡漢武帝元封二年改鄣郡爲丹陽郡

秣陵○臣祖庚按宋白曰秣陵縣秦屬鄣郡漢置揚州刺史理秣陵

湖熟○臣祖庚按漢湖熟侯國晉宋爲縣

會稽郡○臣祖庚按秦置漢高帝六年爲荊國十二年更名吳所謂吳會是也

富陽○臣宗萬按卽漢富春縣本屬會稽後屬吳郡晉簡文鄭太后諱春孝武改曰富陽

臨安○臣宗萬按吳分餘杭爲臨水縣晉武帝太康元年更名臨安屬吳興郡

武進○臣祖庚按晉武帝太康元年分丹徒曲阿立縣屬晉陵郡南渡後屬南東海郡

義興郡○臣祖庚按卽常州之宜興宋太平興國元年避太宗諱改爲宜興

義鄉○臣祖庚按晉惠帝永興元年分吳興之長城立縣屬義興郡

南琅邪郡○臣宗萬按沈約曰晉亂琅邪民隨元帝過江者千餘戶太興三年立懷德縣丹陽雖有琅邪郡而無其地成帝咸康元年桓溫領郡鎭江乘之蒲州金城上求割丹陽之江乘縣境立郡

淩○臣祖庚按因淩水得名應劭曰淩水出淩縣西南入淮酈道元曰淩水出淩縣東流逕其縣故城東而東南流入淮二說互異

武原○臣宗萬按水經注云武原縣在下邳縣西通典曰泗州下邳縣北有漢武原縣故城通鑑考異曰武原自漢以來屬彭城郡宋志南彭城郡有武原縣而徐州之彭城無之蓋自永嘉之亂其民南徙而故縣邱墟也

南平昌郡○臣祖庚按前漢屬琅邪後漢屬北海晉太康地志屬城陽宋分立

豫州○臣祖庚按治壽陽在歷陽故謂西豫州

邵陵○臣祖庚按漢屬汝南郡晉以後屬潁川郡杜佑曰蔡川鄎陵縣有古邵陵城

汝陽郡○臣祖庚按沈約曰晉太康地志無汝陽郡應是江左分汝南立汝陽漢舊縣屬汝南郡

汝南郡○臣祖庚按宋豫州刺史治汝水水經注云汝水自汝南上蔡縣東逕懸瓠城北

于湖注甬城○臣宗萬按通鑑甬城當作角城水經注云角城在下邳睢陵縣南臨淮水其地據濟水入淮之口高閭曰角城去淮陽十八里杜佑曰角城晉安帝義熙中置在宿遷縣界五代志作甬城

烏江○臣祖庚按烏江縣始見于晉書屬淮南郡不記置立宋屬歷陽郡宋白曰晉太康六年于東城界置烏江縣此屬臨江郡以并歷陽故也

南兗州○臣祖庚按晉成帝立治京口文帝始割江淮間爲境治廣陵

海陵郡○臣祖庚按晉安帝分廣陵立郡

山陽郡○臣祖庚按晉安帝義熙中分廣陵立郡境內有地名山陽故名

盱眙郡○臣宗萬按盱眙本縣治前漢屬臨淮郡後漢屬下邳郡晉復屬臨淮郡安帝分立盱眙郡

鍾離郡○臣祖庚按本縣治漢屬九江郡晉屬淮南郡安帝時分立屬南兗州又通典鍾離縣東四十里有古鍾離城史記伍子胥傳吳拔楚鍾離注古鍾離之國世本作終犂

馬頭郡○臣祖庚按沈約曰故淮南當塗縣地晉安帝立因山形而名屬南豫州宋屬徐州

睢陵○臣宗萬按前漢屬淮南郡後漢屬下邳郡宋屬濟陰郡沈約曰濟陰本屬兗州其民流寓徐土因割地爲郡杜佑曰睢陵縣故城在泗州下邳縣東南

吉陽○臣祖庚按吳立縣于吉水之陽因以爲名

上饒○臣宗萬按宋白曰信州有上饒縣本秦番縣界漢爲番陽縣今州古城遺跡開皇中所廢古上饒也九域志番陽東南至上饒五百四十里

龍川○臣祖庚按顏師古曰裴氏廣州記云本博羅縣之東鄉也有龍穿地而出卽穴流水因以爲號

鬱林郡○臣祖庚按故秦桂林郡屬尉佗武帝光鼎六年開更名

武平郡○臣祖庚按吳孫皓建衡三年分交阯立新興郡晉武帝太康三年更名新昌屬交州

九德郡○臣祖庚按古越裳氏國沈約曰孫吳分立九德郡

盧容○臣祖庚按卽秦象郡象林縣地亦謂之象浦

南齊書卷十五

梁　蕭　子　顯　撰

志第七

州郡下

荊　巴　郢　司　雍　湘
梁　秦　益　寧

荊州漢靈帝中平末刺史王睿始治江陵吳時西陵督鎭之晉太康元年平吳以爲刺史治愍帝建興元年刺史周顗避杜弢賊奔建康陶侃爲刺史治沌口王敦治武昌其後或還江陵或在夏口桓溫平蜀治江陵以臨沮西界水陸紆險行逕裁通南通巴巫東南出州治道帶蠻蠡田土肥美立爲汶陽郡以處流民屬氏陷襄陽桓沖避居上明頓陸遜樂鄉城上四十餘里以田地肥良可以爲軍民資實又接近三峽無西疆之虞故重戍江南輕戍江北苻堅敗後復得襄陽太元十四年王忱還江陵江陵去襄陽步道五百勢同脣齒無襄陽則江陵受敵不立故也自忱以來不復動移境域之內含帶蠻蠡土地遼落稱爲殷曠江左大鎭莫過荊揚弘農郡陝縣周世二伯總諸侯周公主陝東召公主陝西故稱荊州爲陝西也領郡如左

南郡
江陵 華容 枝江 臨沮 編 當陽
南平郡
孱陵 作唐 江安 安南
天門郡
零陽 澧陽 臨澧 漊中
宜都郡
夷道 佷山 夷陵 宜昌
南義陽郡
平氏 厥西
河東郡
聞喜 松滋 譙 永安
汝陽郡
僮陽 沮陽 高安
新興郡
定襄 新豐 廣牧
此下闕文

漢平 涪陵 漢玫
郢州鎮夏口舊要害也吳置督將爲魯口屯對魯山岸因爲名也晉永嘉中荊州刺史都督山簡自襄陽避賊奔夏口庾翼爲荊州治夏口並依地嶮也泰元中荊州刺史桓沖移鎮上明上表言氐賊送死之日舊郢以北堅壁相望待以不聽江州刺史桓嗣宜進屯夏口據上下之中於事爲便義熙元年冠軍將軍劉毅以爲夏口二州之中地居形要控接湘川邊帶涓沔請并州刺史劉道規鎮夏口夏口城據黃鵠磯世傳仙人子安乘黃鵠過此上也邊江峻險樓櫓高危瞰臨沔漢應接司部宋孝武置州於此以分荊楚之勢領郡如左
江夏郡
沙陽 蒲圻 灄陽 汝南 沌陽 惠懷
竟陵郡
竟陵 雲杜 霄城 萇壽 新市 新陽
武陵郡
沅陵 臨沅 零陵 辰陽 酉陽 沅南
漢壽 龍陽 潕陽 黚陽
巴陵郡
下雋 州陵 巴陵 監利
武昌郡
武昌 鄂 陽新 義寧寄治鄂 眞陽永明三年戶口簿無
西陽郡
西陵 蘄陽 西陽 孝寧 期思永明三年戶口簿無
義安左縣 希水左縣 東安左縣 蘄水左縣
齊興郡永明三年置
綏懷 齊康 茸波 綏平 齊寧 上蔡永明三年
戶口簿無
東牂柯郡永明三年戶口簿云新置無屬縣
宜 南平陽 西新市 南新市 西平陽
東新市
方城左郡
城陽 歸義
北新陽郡
西新陽 安吉 長寧
義安左郡
綏安
南新陽左郡
南新陽 新興 北新陽 角陵 新安
北遂安左郡永明三年簿云五縣皆缺
東城 綏化 富城 南城 新安
新平左郡
平陽 新市 安城
建安左郡
霄城
司州鎮義陽宋景平初失河南地元嘉末僑立州於汝南縣瓠壽罷泰始中立州於義陽郡有三關之隘北接陳汝控帶許洛自此以來常爲邊鎮泰始既遷領義陽僑立汝南領三郡元徽四年又領安陸隨安蠻三郡領郡如左
南義陽郡
孝昌 平輿 義昌 平陽 南安 平春
北義陽郡
平陽 義陽 保城 鄳 鍾武 環水
隨郡
隨 永陽 闕西 安化
安陸郡寄州治
安陸 應城 新市 新陽 宣化
汝南郡寄州治
平輿 北新息 眞陽 安城 南新息 安陽
臨汝 汝南 上蔡
齊安郡
齊安 始安 義城 南安 義昌 義安
淮南郡
闕口 平氏
宋安左郡
仰澤 樂寧 襄城
安蠻左郡
木蘭 新化 懷 中聶陽 南聶陽 安蠻
永寧左郡
中曲陵 曲陵 孝懷 安德
東義陽左郡
永寧 革音 威清 永平
東新安左郡
第五 南平林 始平 始安 平林 義昌
固城 新化 西平
新城左郡
孝懷 中曲 南曲陵 懷昌
闔山左郡
及刺 章平 北曲 洛陽 闔山 曲陵
建寧左郡
建寧 陽城
北淮安左郡
高邑
南淮安左郡
慕化 栢源
北隨安左郡
濟山 油潘
東隨安左郡
西隨 高城 牢山
雍州鎮襄陽晉中朝荊州都督所治也元帝以魏該爲雍州鎮酇城襄陽別有重戍庾翼爲荊州謀北伐鎮襄陽自永嘉亂襄陽民戶流荒咸康八年尚書殷融言襄陽石城疆埸之地對接荒寇諸荒殘寄治郡縣民戶寡少可并合之朱序爲雍州於襄陽立僑郡縣沒苻氐氐敗復還南復用朱序襄陽左右田土肥良桑梓野澤處
處而有都恢爲雍州于時舊民甚少新戶稍多宋元嘉中割荊州五郡屬遂爲大鎮疆蠻帶沔阻以重山北接宛洛平塗直至跨對樊沔爲鄢郢北門部領蠻左故別置蠻府焉領郡如左
襄陽郡
襄陽 中盧 邔 建昌
南陽郡
宛 涅陽 冠軍 舞陰 酈 云陽 許昌
新野郡
新野 山都 池陽 穰 交木 惠懷
始平郡
武當 武陽 始平 平陽
廣平郡
酇 比陽 廣平 陽
京兆郡
鄧 新豐 杜 魏
扶風郡
筑陽 郿 汎陽
馮翊郡
郡 蓮勺 高陸
河南郡
河南 新城 棘陽 襄鄉 河陰
南天水郡
畧陽 華陰 西
義成郡
萬年 義成
建昌郡
永興 安寧
華山郡
藍田 華山 上黃
南上洛郡建武中此以下郡皆沒虜
上洛 商
北河南郡
新蔡 汝陰 上蔡 緱氏 洛陽 新安
固始 苞信
弘農郡
邯鄲 圉 盧氏
順陽郡
南鄉 槐里 清水 丹水 鄭 順陽
西汝南郡

北上洛郡
齊安郡
齊康郡
招義郡
右五郡不見屬縣
寧蠻府領郡如左
西新安郡
新安　汎陽　安化　南安
義寧郡
筑　義寧　汎陽　武當　南陽
南襄郡
新安　武昌　建武　武平
北建武郡
東萇秋　霸　北郡　高羅　西萇秋　平丘
蔡陽郡
樂安　東蔡陽　西蔡陽　新化　楊子　新安
永安郡
東安樂　新安　西安樂　勞泉
安定郡
思歸　歸化　皋亭　新安　士漢　士頃
懷化郡
懷化　編　遂城　精陽　新化　遂寧　新陽
武寧郡
新安　武寧　懷寧　新城　永寧
新陽郡
東平林　頭章　新安　朗城　新市　新陽
武安　西林
義安郡
郊鄉　東里　永明　山都　義寧　西里
義安　南錫　義淸
高安郡
高安　新集
左義陽郡
南襄城郡
廣昌郡
東襄城郡
北襄城郡
懷安郡
北弘農郡
西弘農郡
析陽郡
北義陽郡
漢廣郡
中襄城郡
右十二郡沒虜
湘州鎮長沙郡湘川之奥民豐土閑晉永嘉元年分荆州置荀晞爲刺史此後三省輒復置元嘉十八年置至今爲舊鎮南通嶺表脣齒荆區領郡如左
長沙郡
臨湘　羅　湘陰　醴陵　瀏陽　建寧　吳昌
桂陽郡
郴　臨武　南平　耒陽　晉寧　汝城
零陵郡
泉陵　洮陽　零陵　祁陽　觀陽　永昌
應陽
衡陽郡
湘西　益陽　湘鄉　新康　衡山
營陽郡
營道　冷道　營浦　舂陵
湘東郡
茶陵　新寧　攸　臨蒸　重安　陰山
邵陵郡
都梁　邵陵　高平　武剛　建興　邵陽　扶
始興郡
曲江　桂陽　仁化　陽山　令階　含洭
靈溪　中宿　湞陽　始興
臨賀郡
臨賀　馮乘　富川　封陽　謝沐　興安
寧新　開建　撫寧
始安郡（本名始建，齊改）
始安　荔浦　建陵　左縣　熙平　永豐　平樂
齊熙郡
梁州鎮南鄭魏景元四年平蜀所置也晉永嘉元年蜀賊沒漢中刺史張光治魏興三年還漢中建興元年又爲氐楊難敵所沒桓溫平蜀復舊土後爲譙縱所沒縱平復舊每失漢中刺史輒鎮魏興漢中爲巴蜀扞蔽故劉備得漢中云曹公雖來無能爲也是以蜀有難漢中輒沒雖時還復而戶口殘耗宋元嘉中甄法護爲氐所攻失守蕭思話復還漢中後氐虜數相攻擊關隴流民多避難歸化於是民戶稍實州境與氐胡相隣亦爲威御之鎮領郡如左
漢中郡
南鄭　城固　沔陽　西鄉　西上庸
魏興郡
西城　旬陽　興晉　廣昌　南廣城（永元志無）　廣城
新興郡（永元二年志無）
吉陽　東關
南新城郡
房陵　綏陽　昌魏　祁鄉　閶陽　樂平
上庸郡
上庸　武陵　齊安　北巫　上廉　微陽
新豐　新安　吉陽
晉壽郡
晉壽　邵歡　興安　白水
華陽郡
宕渠　華陽　興宋　嘉昌
新巴郡
新巴　晉城　晉安
北巴西郡
閬中　安漢　宋壽　南國　西國　平周
漢昌
巴渠郡
宣漢　晉興　始興　巴渠　東關　始安
下蒲
懷安郡
懷安　義存
宋熙郡
興平　宋安　陽安　元壽　嘉昌（永元志無）
白水郡
晉壽　新巴　漢德　益昌　興安　平周
南上洛郡
上洛　商　流風　民　北豐陽　渠陽　義陽
北上洛郡
上洛　商　豐陽（永元志無）　流民　柜陽　陽亭
齊化　西豐陽　東鄴陽　齊寧（永元志無）　京兆
新寧（永元志無）　新附
安康郡
安康　寧都
南宕渠郡
宕渠　漢安　宣漢　宋康
懷漢郡
永豐　綏成　預德
北陰平郡
陰平　平武
南陰平郡
陰平　懷舊
齊興郡
齊興（永元志無）　安昌（永元志無）　鄖鄉　錫　安富　畧陽
晉昌郡
安晉　宣漢　吉陽　長壽　東關　新興
延壽　安樂
東晉壽郡
右一郡縣邑事亡
弘農郡
東昌魏郡
畧陽郡
北梓潼郡
廣長郡
弍水郡
思安郡
宋昌郡
建寧郡
南泉郡
三巴郡
江陵郡
懷化郡
歸寧郡
東樓郡
北宕渠郡
宋康郡
南漢郡
南梓潼郡
始寧郡
江陽郡
南部郡
南安郡
建安郡
壽陽郡
南陽郡
宋寧郡

歸化郡

始安郡

平南郡

懷寧郡

新興郡

南平郡

齊兆郡

齊昌郡

新化郡

寧章郡

隣溪郡

京兆郡

義陽郡

歸復郡

安寧郡

東宕渠郡

宋安郡

齊安郡

凡四十五郡荒或無民戶

秦州晉武帝泰始五年置舊土有秦之富跨帶壠坂太康省惠帝元康七年復置中原亂沒胡穆帝永和八年胡僞秦州刺史王擢降仍以爲刺史尋爲苻健所破十一年桓温以氐王楊國爲秦州刺史未有民土至泰元十四年雍州刺史朱序始督秦州則孝武所置也寄治襄陽未有刺史是後雍州刺史常督之隆安二年郭銓始爲梁南秦州刺史州寄治漢中四年桓玄督七州但云秦州元興元年以苻堅子宏爲北秦州刺史自此荆州都督常督秦州梁州當帶南秦州刺史義熙三年以氐王楊國爲北秦州刺史十四年置東秦州劉義真爲刺史郭恭爲梁州刺史尹雅爲秦州刺史宋文帝爲荆州都督督秦州又進督北秦州州名雜出省置不見永明郡國志秦州寄治漢中南鄭不日南北元嘉計偕亦云秦州而荆州都督常督二秦梁南秦一刺史是則志所載秦州爲南秦氐爲北秦領郡如左

武都郡

下辯　上祿　陳倉

畧陽郡

畧陽　臨漢

安固郡

安固　南桓　陵

西扶風郡

郿　武功

京兆郡

杜　藍田　鄠

南太原郡

平陶

始平郡

始平　槐里　宋熙

天水郡

新陽　河陽

安定郡

宋興　朝那

南安郡

桓道　中陶

金城郡

金城　榆中　臨洮　襄

馮翊郡

蓮勺　頻陽　下邽　萬年　高陵

隴西郡

河關　狄道　首陽　大夏

仇池郡

上辯　倉泉　白石　夷安

東寧郡

西安　北地　南漢

益州鎮成都起魏景元四年所治也開拓夷荒稍成郡縣如漢之永昌晉之雲山之類是也蜀侯煇杜以來四爲偏據故諸葛亮云益州險塞沃野天府劉頌亦謂成都宜處親子弟以爲王國故立成都王穎竟不之國三峽險阻蠻夷孔熾西通芮芮河南亦如漢武威張掖爲西域之道也方面疆鎮塗出萬里晉世以處武臣宋世亦以險遠諸王不牧泰始中成都市橋忽生小洲始康人邵碩有術數見之曰洲生近市當有貴王臨境永明二年而始興王鎮爲刺史州土瓌富西方之一都焉領夷齊諸郡如左（巴涪陵二郡見巴州）

蜀郡

成都　郫　牛鞞　繁　永昌

廣漢郡

雒　什方　新都　郪　伍城　陽泉

晉康郡

江原　臨卭　樅陽　晉樂　漢嘉

寧蜀郡

廣漢　升遷　廣都　墊江

汶山郡

都安　齊基　漫官

南陰平郡

陰平　綿竹　南鄭　南長樂

東遂寧郡

巴興　小漢　晉興　德陽

始康郡

康晉　談　新成

永寧郡

欣平　永安　宜昌

安興郡

南漢　建昌

犍爲郡

僰道　南安　資中　冶官　武陽

江陽郡

江陽　常安　漢安　綿

安固郡

桓陵　臨渭　興固　南苞　清水　汚陽

南城固

懷寧郡

萬年　西平　懷道　始平

巴西郡

閬中　安漢　西充國　南充國　漢昌　平州

益昌　晉興　東關

梓潼郡

涪　梓潼　漢德　新興　萬安　西浦

東江陽郡

漢安　安樂　綿水

南晉壽郡

南晉壽　泉　南興

西宕渠郡

宕渠　宣漢　漢初　東關

天水郡

西　上邽　冀　宋興

南新巴郡（永元志寄治陰平）

新巴　晉熙　桓陵

北陰平郡

陰平　南陽　北桓陵　扶風　愼陽　京兆

綏歸

新城郡

下辯　畧陽　漢陽　安定

扶風郡（見永元三年志）

武江　華陰　茂陵

南安郡（見永元三年志）

南安　華陽　白水　樂安　桓道

東宕渠獠郡

宕渠　平州　漢初

北部都尉

越嶲獠郡

沈黎獠郡

蚕陵令無戶數

甘松獠郡

始平獠郡

齊開左郡

齊通左郡

右二左郡建武三年置

寧州鎮建寧郡本益州南中諸葛亮所謂不毛之地也道遠土瘠蠻夷衆多齊民甚少諸爨氏彊族恃遠擅命故數有土反之虞領郡如左

建平郡

同樂　同瀨　牧麻　新興　新定　味　同並

萬安　昆澤　漏江　談稾　母單　存駹

南廣郡

南廣　常遷　晉昌　新興

南朱提郡

朱提　漢陽　堂狼　南秦

南牂牁郡

且蘭　萬壽　毋斂　晉樂　綏寧　丹南

梁水郡

梁水　西隨　母掇　勝休　新豐　建安

驛封

建寧郡

新安　永豐　綏雲　遂安　麻雅　臨江

晉寧郡

建伶　連然　滇池　俞元　穀昌　秦臧

雙栢

雲南郡

東古復　西古復　雲平　雅龍

西平郡
西平　瞍江　都陽　西寧　晉綏　新城
夜郎郡
夜郎　談栢　談樂　廣談
東河陽郡
東河陽　楪榆
西河陽郡
比蘇　建安　成昌
平蠻郡
平蠻　穀邑
興古郡
西中　宛睃　律高　句町　漏卧　南興
興寧郡
青蛉　弄棟
西河郡
楪榆　新豐　遂
平樂郡
益寧　安寧
北朱提郡
河陽　義城
宋昌郡
江陽　安上　犍爲
永昌郡有名無民日空荒不立
永安　永不建　犍項　雍鄉　西城　博南
益寧郡永明五年刺史董仲舒啓置領二縣無民戶自此已後皆然也
武陽　綿水
南犍爲郡永明二年置
西益郡
江陽郡
犍爲郡
永興郡
永寧郡
安寧郡
右六郡隆昌元年置
東朱提郡延興元年置
安上郡建武三年刺史郭安明啓置
贊曰郡國既建因州而部離過十三合不踰九分城列邑名號殷阜遷徙叛逆代亡代有

南齊書卷十五考證

州郡志下荆州○臣宗萬按春秋楚之郢都也秦拔郢置南郡漢改爲荆州
此下闕文○臣承蒼按所闕者皆巴州郡縣之名
江夏郡○臣祖庚按漢高帝置屬荆州應劭曰沔水自江别至南華容爲夏水過郡入江故曰江夏
司州○臣宗萬按沈約曰武帝北平關洛河南底定置司州刺史治虎牢少帝景平初復没元嘉末僑立治汝南是後遂治義陽
元嘉宋僑立州於汝南縣瓠○諸本同按上文已有宋景平初四字此宋字疑當作末
油潘○南監本無潘字
雍州○臣祖庚按沈約曰晉孝武始於襄陽立雍州并立僑郡縣宋割荆州之襄陽南陽新野順陽隨五郡爲雍州
上黃○臣祖庚按晉武帝平吳割中盧之南鄉臨沮之北鄉立縣屬襄陽郡安帝分屬長寧郡宋明帝以名與文帝陵同改爲永寧郡此屬華山郡
順陽○南監本作從陽
白水郡○臣祖庚按本縣治漢屬廣漢晉屬梓潼宋屬晉壽又五代志武昌建威縣舊立白水郡非此地也
秦州○臣祖庚按本秦隴西郡魏分隴右爲秦州
天水郡○臣祖庚按漢武帝元鼎三年置後漢明帝改曰漢陽又秦州地紀云郡前湖水冬夏無增減因以名焉
金城郡○臣祖庚按漢昭帝六年置應劭曰初築城得金故曰金城
臨洮○臣宗萬按漢地理志洮水出西羌中北至枹罕東入河禹貢西頃山在縣西南部都尉治也
南陰平郡○臣祖庚按輿地志晉人流寓于蜀者於益州立南北二陰平寓于漢中者于梁州立南北二陰平
犍爲郡○臣祖庚按應劭曰古夜郎國漢武帝建元六年開
僰道○臣祖庚按應劭曰古僰侯國也
宕渠○臣宗萬按郎春秋時巴子國也秦漢屬巴郡宋改爲宕渠
北陰平郡○臣祖庚按漢屬廣漢屬國都尉晉武帝分立陰平郡宋分立南北二陰平郡
南牂柯郡○臣宗萬按漢武帝建元六年開應劭曰臨牂柯江也顏師古曰牂柯係船杙也華陽國志曰楚頃襄王時遣莊蹻伐夜郎軍至且蘭椓船于岸而步戰既夜滅郎以且蘭有椓船牂柯處乃改其名爲牂柯

南齊書卷十六

梁　蕭　子　顯　撰

志第八

百官

建官設職興自炎昊方乎隆周之冊表乎盛漢之書存改洄沿備於歷代先賢往學以之雕篆者衆矣若夫胡廣舊儀事惟簡撮應劭官典殆無遺恨王朗奏議屬霸國之初基陳矯增曹由軍事而補闕今則有魏氏官儀魚豢中外官也山濤以意辯人不闕　荀勗欲去事煩唯論并省定制成文本之晉令後代承業案爲前准肇域官品區别階資蔚宗選簿梗槩欽明階次詳悉虞通劉寅因荀氏之作矯舊增新今古相校齊受宋禪事遵常典既有司存無所偏廢其餘散在史注多已筌拾覽者易知不重述也諸臺府郎令史職吏以下具見長水校尉王珪之職儀

國相
蕭曹以來爲人臣極位宋孝建用南譙王義宣至齊不用人以爲贈不列官
太宰
宋大明用江夏王義恭以後無人齊以爲贈
太傅
太師太保太傅周舊官漢末董卓爲太師晉惠帝初衞瓘爲太保自後無太師而太保爲贈齊唯置太傅
大司馬
大將軍
宋元嘉用彭城王義康後無人齊以爲贈
太尉
司徒
司空
三公舊爲通官司徒府領天下州郡名數戶口簿籍雖無常置左右長史左西掾屬主簿祭酒令史以下晉世王導爲司徒右長史干寶撰立官府職儀已具
特進
位從公
諸開府儀同三司
驃騎將軍
車騎將軍
衞將軍
鎮軍將軍
中軍將軍
撫軍將軍
四征將軍東西南北
四鎮將軍
凡諸將軍加大字位從公開府儀同如公凡公督府置佐長史司馬各一人諮議參軍二人諸曹有錄事記室戶曹倉曹中直兵外兵騎兵長流賊曹城局法曹田曹水曹鎧曹集曹右戶十八曹局曹以上署正參軍法曹以下署行參軍各一人其行參軍無署者爲長兼員其府佐史則從事中郎二人倉曹掾戶曹屬東西閤祭酒各一人主簿舍人御屬二人加崇者則左右長史四人中郎掾屬並增數其未及開府則置府亦有佐史其數有減小府無長流置禁防參軍
四安將軍
四平將軍
左右前後將軍
征虜將軍
四中郎將
晉世荀羨王胡之並居此官宋齊以來唯處諸王素族無爲者
冠軍將軍
輔國將軍
寧朔將軍
寧遠將軍
龍驤將軍
凡諸小號亦有置府者
太常
府置丞一人五官功曹主簿九府九史皆然領官如左

博士謂之太學博士
國子祭酒一人博士二人助教十人
建元四年有司奏置國學祭酒准諸曹尚書博士准中書郎助教准南臺御史選經學爲先若其人難備給事中以還明經者以本位領其下典學二人三品准太常主簿戶曹儀曹各二人五品白簿治禮吏八人六品保學醫二人威儀二人其夏國諱廢學有司奏省助敎以下永明三年立學尚書令王儉領祭酒八年國子博士何胤單爲祭酒疑所服陸澄等皆不能據遂以玄服臨試月餘日博議定乃服朱衣
總明觀祭酒一人
右太始六年以國學廢初置總明觀玄儒文史四科科置學士各十人正令史一人書令史二人幹一人門吏一人典觀吏二人建元中掌治五禮永明三年國學建省
太廟令一人丞一人
明堂令一人丞一人
太祝令一人丞一人
太史令一人丞一人
廩犧令一人丞一人
太樂令一人丞一人
置令丞以下皆有職吏
諸陵令
永明末置用二品三品勳爲主簿戶曹各一人六品保舉
光祿勳
府置丞一人領官如左
左右光祿大夫
位從公開府置佐史如公
光祿大夫
皆銀章青綬詔加金章紫綬者爲金紫光祿大夫樂安任遐爲光祿就王晏乞一片金晏乃啟轉爲金紫不行
太中大夫
中散大夫
諸大夫官皆處舊齒老年重者加親信二十人
衞尉
府置丞一人掌宮城管籥張衡西京賦曰衞尉八屯警夜巡晝宮城諸却敵樓上本施鼓持夜者以應更唱太祖以鼓多驚眠改以鐵磬云
廷尉
府置丞一人正一人監一人評一人律博士一人
大司農
府置丞一人領官如左
太倉令一人丞一人
導官令一人丞一人
籍田令一人丞一人
少府
府置丞一人領官如左
左右尚方令各一人丞一人
鍛署丞一人永明三年省四年復置
御府令一人丞一人
東冶令一人丞一人
南冶令一人丞一人
平准令一人丞一人
上林令一人丞一人赤馬尚書殿中曹
將作大匠
太僕
大鴻臚
三卿不常置將作掌宮廟土木太僕掌郊禮執轡鴻臚掌導護贊拜有事權置兼官畢乃省
乘黃令一人
掌五輅安車大行凶器轀輬車
客館令
掌四方賓客
宣德衞尉少府太僕
鬱林王立文安太后卽尊號以宮名置之
大長秋
鬱林立皇后置
錄尚書
尚書令
總領尚書臺二十曹爲內臺主行過諸王以下皆禁駐左右僕射分道無令左僕射爲臺主與令同
左僕射
領殿中主客二曹事諸曹郊廟園陵車駕行幸朝儀臺內非違文官舉補滿敘疾假事其諸吉慶瑞應衆賀災異賊發衆變臨軒崇拜改號格制莅官銓選凡諸除署功論封爵貶黜八議疑讞通關案則左僕射主右僕射次經維是黃案左僕射右僕射署朱符見字經都丞竟右僕射橫畫成目左僕射畫令畫右官闕則以次并畫若無左右則直置僕射在其中間總左右事
吏部尚書
領吏部刪定三公比部四曹
度支尚書
領度支金部倉部起部四曹
左民尚書
領左民駕部二曹
都官尚書
領都官水部庫部功論四曹
五兵尚書
領中兵外兵二曹
祠部尚書
右僕射通職不俱置
起部尚書
興立宮廟權置事畢省
左丞一人
掌宗廟郊祠吉慶瑞應災異立作格制諸案彈選用除置吏補滿除遣注職
右丞一人
掌兵士百工補役死叛考代年老疾病解遣其內外諸庫藏穀帛刑辠創業諍訟田地船乘稟拘兵工死叛考剔討補差分百役兵器諸營署人領州郡租布人民戶移徙州郡縣併帖城邑民戶割屬刺史二千石令長尉被收及免贈文武諸犯削官事白案右丞上署左丞次署黃案左丞上署諸立格制及詳讞大事宗廟朝廷儀體左丞上署右丞次署自令僕以下五尚書八座二十曹各置郎中令史以下又置都令史分領之僕射掌朝軌尚書掌讞奏都丞任碎在彈違諸曹緣常及外詳讞事應須命議相値者皆郎先立意應奏黃案及關事以立意官爲議主凡辭訴有漫命者曹掾諮如舊若命有諮則以立意者爲議主
武庫令一人
屬庫部
車將令一人丞一人
屬駕部
公車令一人
大官令一人丞一人
大醫令一人丞一人
內外殿中監各一人
內外驊騮廐丞各一人
材官將軍一人司馬一人
屬起部亦屬領軍
侍中祭酒高功者稱之
侍中
漢世爲親近之職魏晉選用稍增華重而大意不異宋文帝元嘉中王華王曇首殷景仁等並爲侍中情在親密與帝接膝共語貂拂帝手拔貂置案上語畢復手插之孝武時侍中何偃南郊陪乘鑾輅過白門闕偃將匐帝乃接之曰朕乃陪卿齊世朝會多以美姿容者兼官永元三年東昏南郊不欲親朝士以主璽陪乘前代未嘗有也侍中呼爲門下亦置令史領官如左
給事黃門侍郎
亦管知詔令世呼爲小門下
散騎常侍通直散騎常侍員外
舊與侍中通官其通直員外用衰老人士故其官漸替宋大明雖華選比侍中而人情久習終不見重尋復如初
散騎侍郎通直散騎侍郎員外散騎侍郎
給事中
奉朝請
駙馬都尉
集書省職置正書令史朝散用衣冠之餘人數猥積永明中奉朝請至六百餘人
中書監一人令一人侍郎四人通事舍人無員
中書省職置主書令史正書以下
祕書監一人丞一人郎著作佐郞
晉祕書閣有令史掌衆書見晉令令亦置令史正書及弟子皆典教書畫
御史中丞一人
晉江左中丞司隸分督百僚傳咸所云行馬內外是也今中丞則職無不察專道而行騶輻禁呵加以聲色武將相逢輒致侵犯若有鹵簿至相敺擊宋孝建二年制中丞與尚書令分道雖

丞郎下朝相值亦得斷之餘內外衆官皆受停
駐
治書侍御史二人
侍御史十人
蘭臺置諸曹內外督令以下
謁者僕射一人
謁者十人
謁者臺掌朝覲賓饗
領軍將軍中領軍
護軍將軍中護軍
凡爲中小輕同一官也諸爲將軍官皆敬領護
諸王爲將軍道相逢則領護讓道置長史司馬
五官功曹主簿
左右二衞將軍
驍騎將軍
游擊將軍
晉世以來謂領護至驍游爲六軍二衞置司馬
次官功曹主簿以下
左右二中郎將
前軍將軍後軍將軍左軍將軍右軍將軍號四軍
屯騎步兵射聲越騎長水五校尉
虎賁中郎將
冗從僕射
羽林監
積射將軍
彊弩將軍
殿中將軍員外殿中將軍
殿中司馬督
武衞將軍
武騎常侍
自二衞四軍五校已下謂之西省而散騎爲東
省
丹陽尹
位次九卿下
太子太傅
少傅
府置丞功曹五官主簿
太子詹事
府置丞一人以下
太子率更令

太子家令
置丞
太子僕
太子門大夫
太子中庶子
太子中舍人
太子洗馬
太子舍人
太子左右衞率各一
太子翊軍步兵屯騎三校尉
太子旅賁中郎將一人
太子左右積弩將軍
太子殿中將軍員外殿中將軍
太子倉官令
太子常從虎賁督
右東宮職僚
州牧刺史
魏晉世州牧隆重刺史任重者爲使持節都督
輕者爲持節督起漢順帝時御史中丞馮赦討
九江賊督揚徐二州軍事而何徐宋志云起魏
武遣諸州將督軍王珪之職儀云起光武竝非
也晉太康中都督知軍事刺史治民各用人惠
帝末乃并任非要州則單爲刺史州朝置別駕
治中議曹文學祭酒諸曹部從事史
護南蠻校尉
府置佐史隸荆州晉宋末省建元元年復置三
年省延興元年置建武省
護三巴校尉
宋置建元二年改爲刺史
寧蠻校尉
府亦置佐史隸雍州
平蠻校尉
永明三年置隸益州
鎮蠻校尉
隸寧州
護西戎校尉
護羌校尉
右四校尉亦置四夷
平越中郎將
府置佐史隸廣州

郡太守內史
縣令相
郡縣爲國者爲內史相
鎮蠻護軍
安遠護軍
晉世雜號多爲郡領之
諸王師友文學各一人
國官郎中令中尉大農爲三卿左右常侍侍郎上軍中
軍下軍三軍典書典祠學官典衞四令食官廐牧長謁
者以下公侯置郎中令一卿
贊曰百司分置惟皇命職雲師鳥紀各有其式

南齊書卷十六考證
百官志相國○臣祖庚按卽漢之相國高帝置丞相十
一年更名相國應劭曰相者助也
太傅○臣祖庚按周之三公也後漢惟有太傅一人謂
之上公此蓋遵漢制也
大司馬○臣宗萬按漢武帝元狩元年始置以冠將軍
之號宣帝地節三年置大司馬不冠將軍哀帝建平
二年冠將軍如故元壽二年去將軍位在司徒上
大將軍○臣祖庚按戰國時官楚虜大將軍屈丐是也
漢高帝以韓信爲大將軍武帝以衞青爲大將軍復
置大司馬官號以冠之據此則大司馬與大將軍始
分二職至武帝時合爲一矣
太尉司徒司空○臣宗萬按漢初惟有太尉後加置大
司徒大司空後漢仍之自漢歷魏皆爲三公晉及江
左相承不改
特進○臣宗萬按杜佑曰漢制諸侯功德優盛朝廷所
敬重者賜位特進位在三公下晉元康中定令特進
位次諸公在開府驃騎上又按職儀曰特進以功德
特進見也
諸開府儀同三司○臣祖庚按同三公之三司也後漢
太尉司徒司空謂之三司鄧騭爲車騎將軍儀同三
司自是南北因之有儀同三司之名
驃騎將軍○漢置位次丞相
車騎將軍衞將軍○位次上卿掌京師兵衞
中軍將軍○臣祖庚按晉武帝重兵官故軍校多選朝
廷清重之士居之置中軍將軍以統宿衞七軍
太常○臣祖庚按漢九寺大卿之一也秦爲奉常漢景
帝中六年更名太常

博士○臣祖庚按秦官掌通古今秩比六百石員多數
十人
光祿勳○臣祖庚按卽秦郎中令漢武帝更名光祿勳
邱濬曰卽周官之膳夫皆以士爲之秦漢時乃持戟
宿衞之官以之司膳羞則始于南北朝也
光祿大夫○臣祖庚按漢百官表注曰古官也杜佑曰
秦時光祿勳屬官有中大夫漢武帝太初元年更名
光祿大夫掌議論無常事唯備顧問應對詔命所使
無員後漢光祿大夫三人晉魏後以爲加官又復以
爲禮贈之官
衞尉○臣祖庚按秦官漢景帝初更名中大夫令後元
年復爲衞尉
廷尉○臣祖庚按秦置漢景帝更名大理武帝復名廷
尉蓋漢無司寇故廷尉爲重顏師古曰廷平也治獄
貴平故以爲號
大司農○臣祖庚按秦爲理粟內史漢景帝更名大農
令武帝改大司農
少府○秦官漢因之是爲九卿
將作大匠○臣祖庚按秦有將作少府漢景帝更名將
作大匠位次河南尹光武省以謁者領之章帝復置
晉魏因之
太僕○臣祖庚按周禮有太僕下大夫周穆王置太僕
正以伯冏爲之秦漢以後皆因之
大鴻臚○臣祖庚按秦典客也漢名鴻臚景帝改大行
令武帝更名大鴻臚應劭曰鴻聲也臚傳之也
大長秋○臣宗萬按秦之將行也漢景帝中六年更名
大長秋應劭曰皇后卿也顏師古曰秋者收成之時
長者恒久之義故以爲皇后官名
錄尚書○臣祖庚按漢章帝以太傅趙熹太尉牟融並
錄尚書事尚書有錄名蓋自熹始
尚書令○臣祖庚按杜佑曰秦置漢武帝用宦者更爲
中書謁者令成帝省之更以士人爲尚書令秩二千
石
吏部尚書度支尚書左民尚書都官尚書五兵尚書祠
部尚書起部尚書○臣祖庚按尚書之制秦漢以來
有之魏置吏部左民客曹五兵度支凡五尚書晉初
以左民更名三公五兵更名駕部復置屯田合以吏
部客曹度支謂爲六曹太康時以三公更名殿中駕
部復爲五兵省屯田爲五尚書宋置都官爲六尚書
至齊別有起部而不常置也

侍中○臣祖庚按秦侍中本丞相史也五人往來殿內東廂奏事謂之侍中漢爲加官得入禁中應劭曰入侍天子故曰侍中

奉朝請○臣宗萬按馬端臨曰奉朝請無員本不爲官奉朝會請召而已據此則志云永明中奉朝請至六百餘人非古制也

祕書監○臣祖庚按漢桓帝置後省魏武帝置祕書令文帝黃初初置中書令後仍改爲祕書監

御史中丞○臣祖庚按秦官漢置兩丞一曰御史丞一曰中丞成哀間更中丞爲御史長史出外爲臺主光武時復曰中丞魏初改爲宮正復曰臺主尋又改爲中丞宋齊以來因之

謁者僕射○臣祖庚按應劭曰秦官也古重武事故設主射以督之

謁者○臣祖庚按晉百官表注云漢皆用孝廉年五十威容嚴恪能儐贊者爲之又云謁者十人掌捧詔書朝會則贊儐

左右二衞將軍○臣祖庚按漢文帝始用宋昌爲衞將軍魏置中衞將軍武帝分中衞爲左右衞皆掌宿衞營兵

驍騎將軍○臣祖庚按杜佑曰漢有驍騎將軍謂之雜號將軍後漢建武初改屯衞爲驍騎魏晉以來多有改易此蓋仍漢制也

羽林監○臣祖庚按漢武帝太初元年置名曰建章營騎後更名羽林顏師古曰如羽之疾如林之多

丹陽尹○臣祖庚按周官之內史也掌治京師漢武帝更名京兆尹後漢置河南尹晉太興元年改丹陽內史爲尹此因之

太子太傅少傅○臣祖庚按漢書百官公卿表曰古官也漢官解詁曰位次太師賈誼曰昔周成王以周公爲太傅召公爲太保呂望爲太師又立三少皆上大夫與太子居處又續漢書百官志曰太子少傅秩二千石亦以輔導爲職

太子家令○臣宗萬按通典曰秦官屬詹事漢因之續漢書百官志曰職如司農

太子僕○臣宗萬按通典曰秦官漢因之後漢屬少傅職如太僕

太子洗馬○臣宗萬按通典曰秦官漢亦曰洗馬後漢員十六人職比謁者晉有八人擬祕書郎齊置一人漢百官表注云洗馬前驅也

州牧刺史○臣祖庚按杜佑曰舜置十二州有牧夏爲九州牧殷周八命曰牧漢元封元年置部刺史成帝時以爲刺史位下大夫乃更爲州牧秩眞二千石位次九卿後復爲刺史據此則州牧刺史一官兩名光武不委三府權歸舉刺之吏遂無州牧之名然刺史皆領州故曰州牧刺史

郡太守內史○臣祖庚按杜佑曰秦滅諸侯以其地爲郡置守漢景帝中元二年更名太守漢置郡爲諸侯王國者置內史以掌太守之任

縣令相○臣祖庚按杜佑曰周官有縣正各掌其縣之政令而賞罰之漢制凡縣萬戶以上爲令減萬戶爲長侯國爲相

南齊書卷十七

梁 蕭子顯 撰

志第九

輿服

昔三皇乘祇車出谷口夏氏以奚仲爲車正殷有瑞車山車垂句是也周禮匠人爲輿以象天地漢武天漢四年朝諸侯甘泉宮定輿服制班於天下光武建武十三年得公孫述葆車輿輦始具蔡邕創立此志馬彪勒成漢典晉摯虞治禮亦議五輅制度江左之始車服多闕但有金戎省克庭之儀太興中太子臨學無高蓋車元帝詔乘安車元明時屬車唯九乘永和中石虎死後舊工人奔叛歸國稍造車輿太元中苻堅敗後又得僞車輦於是屬車增爲十二乘義熙中宋武平關洛得姚興僞車輦宋大明改修輦輅妙盡時華始備僞氏復設克庭之制永明中更增藻飾盛於前矣案周禮以檢漢志名器不同晉宋改革稍與世異今記時事而已

玉輅漢金根也漆畫輪金塗縱容後路受福轅兩廂上望板前優遊通緣金塗鏤鍱碧絞罰鑿鏤金薄帖兩廂外織成衣兩廂裏上施金塗鏤面釘琫瑁帖望板廂上金薄帖金博山登仙紐松精優遊上和鸞鳥立花趺銜鈴銀帶琫瑁筒瓦金塗鏤鍱刀格織成手匠金花細錦衣優遊下隱膝裏施金塗鏤面釘織成衣優遊橫前施琫瑁帖金塗花釘優遊前金塗倒龍後梢鑿銀琫瑁龜甲金塗花沓望板金塗受福望龍諸校飾抗及諸末皆螭龍首龍汗板在車前銀帶花獸金塗受福緣裏邊鏤鍱琫瑁織成衣裏金塗鏤面花釘外金塗博山辟邪虎鳳皇銜花諸校飾斗蓋金塗鏤鍱二十八爪支子花黃錦斗衣複碧絹漆布緣油頂絳系絡織成顏芼赭舌孔雀毛複錦絳絞隨陰懸珠蚌佩金塗鈴雲朱結仙人綬雜色眞孔雀毦一轅漆畫車衡銀花帶衡上金塗博山四和鸞鳥立花趺銜鈴所謂鸞鳥立衡也又龍首銜軛又髦插翟尾上下花沓絳緣系的望繩八枚旂十二旒畫升龍竿首金塗龍銜火緌幡眞毦棨戟織成衣金塗杳駐受福金塗鷹鏤鍱及漆案立牀在車中錦複黃絞爲案立衣錦複黃絞鄣泥八幅長九尺緣紅錦芼帶織成花芼的

五輅江左相承駕四馬左右騑爲六施絳系游御繩其重轂貳轄飛絡幡用赤油金有紫眞毦左纛置左騑馬軛上金鍐金加冠狀如三華汗在馬鍐上方釳鐵廣數寸有三孔插翟尾其中繁纓金塗紫皮紫眞毦橫在馬膺前鏤錫刻金爲馬面當顱皆如古制世祖永明初加玉輅爲重蓋又作麒麟頭采畫以馬首戴之竟陵王子良啓曰臣聞車旗有章載自前史器必依禮服無舛法凡蓋員象天軫方法地上無二天之儀下設兩蓋之飾求之志錄恐爲乖衷又假爲麟首加乎馬頭事不師古鮮或可施建武中明帝乃省重蓋等

金輅制度校飾如玉輅而稍減少亦以金塗

象輅如金輅而制飾又減

木輅制飾如象輅而尤減

革輅如大輅建大麾赤旗也首施大旍幡

宋昇明三年錫齊王大輅戎輅各一乘黃五輅無大輅戎輅左丞王逡之議大輅殷之祭車故不登周輅之名而明堂位云大輅殷輅也注云大輅木輅也月令中央土乘大輅注云殷輅也禮器大輅繁纓一就注云大輅殷之祭天車也周禮五路玉路金路象路革路木路則周之木路殷之大輅也周革路建大白以卽戎此則戎輅也意謂國之大事在祀與戎故錫以殷祭天之車輿周之卽戎之路祀則以殷戎必以周者明郊天義遠建前代之禮卽戎事近故以今世之制明堂位云魯君孟春乘大路載十有二旒日月之章祀於帝郊天必以大輅以錫諸侯艮有以也今木路卽大路也太尉左長史王儉議宜用金輅九旒時乘黃無副借用五輅大朝臨軒權列三輅

王金輅建碧旂象木輅建赤旂永明初太子步兵校尉伏曼容議以爲齊德尚青五路五牛及五色幡旗竝宜以先青爲次軍容戎事之所乘犧牲繭握之所薦竝宜悉依尚色三代服色以姓音爲尚漢不識音故還尚其行運之色今旣無善律則大齊所尚亦宜依漢道若有善吹律者便應還取姓尚太子僕周顒議三代姓音古無前記裁音配尚起自曼容則是曼容善識姓聲不復旁假吹律何故能識遠代之宮商而更迷皇朝之律呂而云當今無知吹律以定所尚宜附漢以從瑯邪皇朝本以行運爲所尚非關不定於音氏如此設有善律之知音不宜遵聲以爲尚散騎常侍劉朗之等十五人竝議駁之事不行

皇太子象輅校飾如御旂九旒降龍

皇太后皇后重翟車金塗校具白地人馬鍮帖廂隱後戶白牙的帖金塗面釘漆畫輪鑣鍮金塗縱容後路轙師子轄抗檐皆施金塗螭頭神龍雀等諸飾軛銜上施金博山又有金塗長角巴蓋金塗瓜支子花二十八青油幢碧絹黃紋蓋漆布裏紫顏芼黃絞紫絞隨陰碧毛外上施絳紫系絡旂九旒棨戟宋元嘉東宮儀記云中宮僕御重翟金根車未詳得稱爲金根也

皇太子妃厭翟車如重翟飾微減

指南車四周廂上施屋指南人衣裙襦天衣在廂中四角皆施龍子于懸雜色眞孔雀毦烏布皁幔漆畫輪駕牛皆銅校飾

記里鼓車制如指南上施華蓋子繼云漆畫鼓機皆在內

輦車如犢車竹蓬廂外鑿鏤金薄碧紗衣織成芼錦廂裏及仰項隱膝後戶金塗鏤面琫瑁帖金塗精登仙花紐綠四緣四望紗萌子上下前後眉鏤鍱枕長角龍白牙蘭琫瑁金塗校飾漆鄣塵板在蘭前銀花獸攫天龍師子鏤面榆花細指子摩尼炎金龍扶轅銀口帶龍板頭龍轅軛上金鳳皇鈴環銀口帶後梢琫瑁帖金塗香沓銀星花獸幔竿杖金塗龍牽橫長獨背花香染兆床副自輦以下二官御車皆絳幰絳系絡御所乘雙棟其公主則碧油幰云司馬法曰夏后氏輦曰金車曰胡奴車周曰輜車皆輦也漢書叔孫通傳云皇帝出房成帝輦過後宮此朝宴竝用也輿服志云輦車金銀丹青采䕶雕畫蒲陶之文乘人以行信陽侯陰見井丹左右人進輦是爲臣下亦得乘之晉武帝給平獻王孚雲母輦晉中朝又有香衣輦江左唯御所

臥輦校飾如坐輦不甚服用

漆畫輪車金塗校飾如輦微有減降金塗鑣縱容後轙師子副也御爲羣公輿臨哭所乘皇后太子妃亦乘之

漆畫牽車小形如輿車金塗縱容後路師子轙鐵鑣衣廂裏隱膝後戶牙蘭轂枕梢幰竿戍棟皆金塗校飾御及皇太子所乘卽古之羊車也晉泰始中護軍羊琇乘羊車爲司隸校尉劉毅所奏武帝詔曰羊車雖無制非素者所服免官衞玠傳云總角乘羊車人聚觀今不駕羊猶呼牽此車者爲羊車云

輿車形如輜車漆畫金校飾錦衣兩廂後戶隱膝牙皆琫瑁帖刀格鏤面花釘幰竿戍校棟梁下施八欄金塗杳光床副人舉之一曰小輿小行幸乘之皇太子亦得於宮內乘之

衣書十二乘檳榆轂輪箕子壁絳油衣廂外絳紗萌幰絡通幰竿刺代棟梁櫨檽眞形龍牽子花轂後伏神抗承泥杳金塗校具古副車之象也今亦曰五時副車

青萌車是謂揄幔車

油絡畫安車公主王妃三公特進夫人所乘漢制皇

貴人紫罽軿車晉皇后乘雲母油畫安車駕六以兩轅安車駕五爲副公主畫安車駕六以兩轅安車駕三爲副公主畫安車駕三三夫人青交絡安車駕三皆以紫絳罽軿車駕三爲副九嬪世婦軿車駕二王公妃特進夫人皁交絡爲副漢賤軺車而貴軿車晉賤輜軿而貴軺車皆行禮所乘

黃屋車建碧旂九旒九旒鸞輅也漢輿服志云金根車蓋黃繒爲裏謂之黃屋今金玉輅皆以黃地錦帷此車以黃繒皆金塗校具黃隱隨陰青毛羽二十八爪支子花絲系絡九命上公所乘

青蓋安車朱轓漆班輪駕一左右騑通幰車爲副諸王禮行所乘凡車有轓者謂之軒皁蓋安車朱轓漆班輪駕一通幰牛車爲副三公禮行所乘

安車黑耳皁蓋馬車朱轓駕一牛車爲副國公列侯禮行所乘

馬車駕一九卿領護二衛驍游四軍五校從郊陵所乘晉制三公下至九卿又各安車黑耳一乘公駕三特進駕二卿駕一復各軺車施黑耳後戶皁輪一乘

油絡軺車尚書令僕射中書監令尚書侍中常侍中黃門中書散騎侍郎皆駕一牛朝直所乘晉制尚書令施黑耳後戶皁輪僕射中書監令直施後戶皁輪尚書無後戶皆漆轂輪令猶然

安車赤屏駕一又軺車施後戶爲副太子二傅禮行所乘

四望車通幰油幢絡班漆輪轂亦曰皁輪以加禮貴臣晉武詔給魏舒陽燧四望小車

三望車制度如四望或謂之夾望亦以加禮貴臣次四望

油幢絡車制似三望而減王公加禮者之爲常乘次三望

平乘車竹箕子壁仰檐榆爲輪通幰竿刺代棟梁檣檣眞形龍牽金塗支子花紐縶頭後梢杏伏神承泥庶人亦然但不通幰三公諸王所乘自四望至平乘皆銅校飾

輼輬車四輪飾如金根四角龍首施組銜璧垂五采析羽葆流蘇前後雲氣錯畫帷裳以素爲地而黼黻駕四白駱馬太僕執轡貴臣喪亦如之羽飾駕御微有減降

虞書曰予欲觀古人之象日月星辰山龍華蟲作繢宗彝藻火粉米黼黻絺繡以五采章施於五色天子服備日月以下公山龍以下侯伯華蟲以下子男藻火以下卿大夫粉米以下天子六冕王后六服著在周官公侯以下咸有名則佩玉組綬竝具禮文後代沿革見漢志晉服制令其冠十三品見蔡邕獨斷竝不復具詳宋明帝太始四年更制五輅議修五冕朝會饗獵各有所服事見宋注舊相承三公以下冕七旒青玉珠卿大夫以下五旒黑玉珠永明六年太常丞何諲之議案周禮命數改三公八旒卿六旒尚書令王儉議依漢三公服二龍九章卿華蟲七章從之

平冕黑介幘今謂平天冠皁表朱綠裏廣七寸長尺二寸垂珠十二旒以朱組爲纓如其綬色衣皁上絳下裳前三幅後四幅衣畫而裳繡爲日月星辰山龍華蟲藻火粉米黼黻十二章素帶廣四寸朱裏以朱綠裨飾其側要中以朱垂以綠垂三尺中衣以絳緣其領袖赤皮韍絳袴襪赤舄郊廟臨朝所服也漢世冕用白玉珠爲旒魏明帝好婦人飾改以珊瑚珠晉初仍舊後乃改江左以美玉難得遂用蚌珠世謂之白琁珠

衮衣漢世出陳留襄邑所織宋末用繡及織成建武中明帝以織成重乃采畫爲之加飾金銀薄世亦謂爲天衣

史臣曰黼黻之設經緯爲用故五色六章十二衣還相爲質也歷代龍衮織以成文今體不勝衣變易舊法豈致美黻冕之謂乎

通天冠黑介幘金博山顏絳紗袍皁緣中衣乘輿常朝所服舊用駮犀簪導東昏改用玉其朝服臣下皆同

黑介幘單衣無定色乘輿拜陵所服其白帢單衣謂之素服以舉哀臨喪

遠游冠太子諸王所冠太子朱纓翠羽緌珠節諸王玄纓公侯皆同

平冕各以組爲纓王公八旒衣山龍九章卿七旒衣華蟲七章竝助祭所服皆畫皁絳繒爲之

進賢冠諸開國公侯鄉亭侯卿大夫尚書關內侯二千石博士中書郎丞郎祕書監丞郎太子中舍人洗馬舍人諸府長史卿尹丞下至六百石令長小吏以三梁二梁一梁爲差事見晉令

武冠侍臣加貂蟬餘軍校武職黃門散騎太子中庶子二率朝散都尉皆冠之唯武騎虎賁服文衣插雉尾於武冠上

史臣曰應劭漢官釋附蟬及司馬彪志竝不見侍中與常侍有異唯言左右珥貂而已案項氏說云漢侍中蟬刻爲蟬像常侍但爲璫而不蟬未詳何代所改也

法冠廷尉等諸執法者冠之

高山冠謁者冠之

樊噲冠殿門衛士冠之

黑介幘文冠平幘冠武冠尚書令僕射尚書納言幘後飾爲異

童子空頂幘施假髻貴賤同服

故曰蝕文武官皆免冠著赤介幘對朝服赤幘示威武也

袴褶車駕親戎中外纂嚴所服黑冠帽綴紫褾以絡帶代鞶帶中官紫褾外官絳褾其纂嚴戎服不綴褾行留悉同校獵巡幸從官戎服革帶鞶帶文官不纓武官脫冠

袿襡大衣謂之褘衣皇后謁廟所服公主會見大首髻其燕服則施嚴雜寶爲佩瑞袿襡用繡爲衣裳加五色鏁金銀校飾

綬乘輿黃赤綬黃赤縹綠紺五采太子朱綬諸王纁朱綬皆赤黃縹紺四采妃亦同相國綠綟綬三采綠紫紺郡公玄朱侯伯青朱子男素朱皆三采公世子紫侯世子青鄉亭關內侯墨綬皆二采郡國太守內史青尚書令僕中書監令祕書監皆黑丞皆黃諸府丞亦黃皇后與乘輿同赤貴嬪夫人貴人紫王太妃長公主封君亦紫綬六宮青綬青白紅郡公侯夫人青綬

乘輿傳國璽秦璽也晉中原亂沒胡江左初無之北方人呼晉家爲白板天子冉閔敗璽還南別有行信等六璽皆金爲之亦秦漢之制也皇后金璽太子諸王金璽皆龜鈕公侯五等金章公世子金印侯銀印貴嬪夫人金章公主王太妃封君金印六宮以下公侯太夫人夫人銀印其公將軍金章光祿大夫卿尹太子傅諸領護將軍中郎將校書郡國太守內史四品五品將軍皆銀章尚書令僕中書監令祕書丞太子二率諸府長史卿尹丞尉中丞都水使者諸州刺史皆銅印

三臺五省二品文官皆簪白筆王公五等及武官不簪加內侍乃簪

百官執手板尚書令僕尚書手板頭復有白筆以紫皮裹之名曰笏漢末仲長統謂百司皆宜執之其肩上紫袷囊名曰契囊世呼爲紫荷

佩玉自乘輿以下與晉宋制同建元四年制王公侯卿尹珠水精其餘用牙蜂太官宰人服離支依後定

贊曰文物煌煌儀品穆穆分別禮數莫過輿服

漆畫牽車注戍棟梁一本戍作戈輿車注戍校棟梁一本戍校作戈杖衣畫車注刺代棟梁平乘車注刺代棟梁竝疑

南齊書卷十七考證

輿服志五輅○臣宗萬按隋書舊制五輅於轅上起廂天子與參乘同在廂內何稠曰君臣同所過爲相逼乃廣爲盤輿別構闌楯侍臣立於其中於內復起須彌平坐天子獨居其上據此則五輅之制至隋始變此猶承古也

皇太子象輅○臣祖庚按此卽五輅之一注云旂九旒降龍蓋以別天子十二旒升龍也茀按周禮象輅以朝異姓以封而皇太子用之未知何取

皇太后皇后重翟車○臣祖庚按周禮此王后五輅之一錫面朱總玆則踵事增華去古遠矣

指南車○臣祖庚按崔豹古今注云黃帝與蚩尤戰大霧軍士皆迷路帝作指南車以示四方又曰指南車者周公所作又曰漢末喪亂其法中絕馬鈞悟而作焉今指南車馬先生之遺法也

記里鼓車注䌝衣漆畫○臣承蒼按字書䌝俗紺字顏氏家訓吳人呼紺爲禁故以絲旁作䌝代紺字據此則南監本改䌝爲襟非是

輦車○臣祖庚按說文曰輦輓車也六書故曰輦車用人挽者也六典注曰古謂人牽爲輦後漢有乘輿六輦也

輿車注形如軺車○臣祖庚按輿卽車古無並稱者魏志太祖給張邈母輿車其名昉此說文曰軺車小車也晉書輿服志曰一馬曰軺車

四望車亦曰皁輪○臣祖庚按東宮舊事曰太子納妃用四望車又軺車釋名曰軺遙也遠也四向遠望之車也據此則四望車亦軺車之類通典曰三公有勳德者特加皁輪故志云以加禮貴臣也

平冕今謂平天冠○臣宗萬按世本曰黃帝作旃冕說文曰冕大夫以上冠昔者黃帝始用布帛作冕應劭漢官儀曰周加垂旒天子前後垂眞白珠各十二又按冕古無專名通典曰宋更名平天冕卽此冠也

通天冠○臣祖庚按劉昭曰通天冠高九寸正豎頂少邪乃直下爲鐵卷梁前有山展筩述乘輿所常服也杜佑曰通天冠其狀遺失漢因秦名制之據此則劉昭所云非秦舊制矣此蓋承漢制耳

進賢冠○臣宗萬按漢輿服志曰古緇布冠儒者之服也人主五梁大官令兩梁親省御膳爲重也博士兩梁崇儒也據此則漢時天子亦服之特於梁別崇卑耳魏晉以來爲公卿大夫之服矣

武冠○臣祖庚按漢書昌邑王賀短衣大袴冠惠文冠服虔曰武冠也趙惠文所服故號惠文又武帝賜南單于常侍惠文冠卽此

袴褶○臣祖庚按通考曰袴褶魏晉以來以爲車駕親戎中外戒嚴之服晉志雖有其說而不言其制然既曰戒嚴之服必戎服也至隋煬帝時詔百官從行服袴褶不便遂令改服戎衣則所謂袴褶者又似非鞍馬征行所便者與戒嚴之說不類唐時以袴褶爲朝見之服韻書訓褶爲袴又爲祫也然袴裳也祫衣之交領也則不知所謂袴褶者一物乎二物乎唐輿服志羣臣服條內有袴褶大口袴則似是二物然不知所謂袴褶者衣乎裳乎又按宋史輿服志云范質與禮官議袴褶制度先儒無說惟開元雜禮有五品以上用細綾及羅六品以下用小綾之制注褶衣複衣也又令文三品以上紫褶五品以上緋褶七品以上綠褶九品以上碧褶並大口袴令請造袴褶如令文之制奏可又按說文曰袴脛衣也釋名曰褶襲也覆上之言也據此則袴褶自是兩物意晉制不傳齊去晉未遠猶不失其法隋特仍其名所以不便于從行唐蓋因隋制以爲朝服其晉之舊制則爲戎服無疑

漆畫牽車注○臣承垚按以下四十五字大抵是史館校讐者所記宋書北魏書皆有之宋嘉祐中以七史訛闕尤甚特命館職讐校其梁齊陳三書皆屬之曾鞏此豈卽鞏之筆歟

南齊書卷十八

梁　蕭子顯　撰

志第十

祥瑞

天符瑞命遐哉邈矣靈篇祕圖固以蘊金匱而充石室炳契決陳緯候者方策未書啓覺天人之期扶獎帝王之運三五聖業神明大寶二謀協贊罔不由茲夫流火赤雀實紀周祚雕雲素靈發祥漢氏光武中興皇符爲盛魏膺當塗之讖晉有石瑞之文史筆所詳亦唯舊矣齊氏受命事殷前典黃門郎蘇偘撰聖皇瑞應記永明中庾溫撰瑞應圖其餘衆品史注所載今詳錄去取以爲志云

老子河洛讖曰年歷七七水滅緒風雲俱起龍麟舉宋水德王義熙十四年元熙二年永初三年景平一年元嘉三十年孝建三年大明八年永光一年泰始七年泰豫元年元徽四年昇明三年凡七十七年故曰七七也易曰雲從龍風從虎關尹云龍不知其乘風雲而上天也

讖又曰肅草成道德懷書備出身形法治吳出南京上卽姓諱也南京南徐州治京口也

讖又曰墇堨河梁塞龍淵消除水災泄山川墇堨河梁爲路也路卽道也淵塞者譬路成也卽太祖諱也消水災言除宋氏患難也

讖又曰上參南斗第一星下立草屋爲紫庭神龍之岡梧桐生鳳鳥舒翼翔且鳴南斗第一星吳分也草屋蕭字也又簫管之器像鳳鳥翼也

讖又曰簫爲二士天下大樂二士主字也

讖又曰天子何在草中宿宿肅也

尚書中候儀明篇曰仁人傑出握表之象曰角姓合音之于蘇偘云蕭角姓也又八音之器有簫管也

史臣曰案晉光祿大夫何禎解音之于爲曹字謂魏氏也王隱晉書云卯金音于亦爲魏也候書章句本無銓序二家所稱旣有前釋未詳偘言爲何推據

孝經鉤命決曰誰者起視名將君者羣也理物爲雄優劣相次以期與將太祖小諱也征西將軍蕭思話見之曰此我家諱也

王子年歌曰金刀治世後遂苦帝王昏亂天神怒災異屢見戒人主三分二叛失州土三王九江一在吳餘悉稚小早少孤一國二主天所驅金刀劉也三分二叛宋明帝世也三王九江者孝武於九江興晉安王子勛雖不終亦稱大號後世祖又於九江基霸迹此三王也一在吳謂齊氏桑梓亦寄治南吳也一國二主謂太祖符運潛興爲宋氏驅除寇難

歌又曰三禾摻摻林茂孳金刀利刃齊刈之刈剪也詩云實始翦商

歌又曰欲知其姓草肅肅穀中最細低頭熟鱗身甲體永與福穀道熟成又諱也太祖體有龍鱗斑駁成文始謂是黑歷治之甚至而文愈明伏羲亦鱗身也

金雄記曰鑠金作刀在龍里占睡上人相須起又云當復有作肅入草蕭字也易云聖人作之記又云草門可憐乃當悴建號不成易運沸詩云不時時也不成成也建號建元號也易運革命也

讖曰周文王受命千五百歲河雒出聖人受命於己未至丙子爲十八周旅布六郡東南隅四國安定可久留案周滅殷後七百八十年秦四十九年漢四百二十五年魏四十五年晉百五十年宋六十年至建元元年千五百九年也武進縣彭山舊塋在焉其山岡阜相屬數百里上有五色雲氣有龍出焉宋明帝惡之遣相墓工高靈文占視靈文先與世祖善還詭荅云不過方伯退謂世祖曰貴不可言帝意不已遣人於墓左右校獵以大鐵釘長五六尺釘墓四維以爲厭勝太祖後改樹表柱柱忽龍鳴響震山谷父老咸志之云

會稽剡縣刻石山相傳爲名不知文字所在昇明末縣民兒襲祖行獵忽見石上有文凡三處苔生其上字不可識刊苔去之大石文曰此齊者黃公之化氣也立石文曰黃天星姓蕭字某甲得賢帥天下太平小石文曰刻石者誰會稽南山李斯刻秦望之封也

益州齊后山父老相傳其名亦不知所起昇明三年有沙門玄暢於山丘立精舍其日太祖受禪日也

嵩高山昇明三年四月滎陽人尹午於山東南澗見天雨石墜地石開有璽在其中方三寸其文曰戊丁之人與道俱肅然入草應天符又曰皇帝興運午奉璽諧雍州刺史蕭赤斧赤斧表獻之

史臣案昔大人見臨洮而銅人鑄臨洮生董卓而銅人毀有卓而世亂世亂而卓亡如有似也晉末嵩高山出玉璧三十二宋氏以爲受命之祥今此山出璽而水德云謝終始之徵亦有領也

元徽四年太祖從南郊望氣者陳安寶見太祖身上黃紫氣屬天安寶謂親人王洪範曰我少來未嘗見軍上有如此氣也太祖年十七夢乘青龍西行逐日日將薄山乃止覺而恐懼家人問占者云至貴之象也蘇偘云青木色日暮者宋氏末運也

泰始七年明帝遣前淮南太守孫奉伯往淮陰監元會奉伯與太祖同寢夢上乘龍上天於下捉龍脚不得覺謂太祖曰兗州當大庇生民弟不見也奉伯卒於宋

清河崔靈運爲上府參軍夢天帝謂己曰蕭道成是我第十九子我去年已授其天子位自三皇五帝至齊受命君凡十九人也

宋泰始中童謠云東城出天子故明帝殺建安王休仁蘇偘云後順帝自東城卽位論者謂應之乃是武進縣上所居東城里也熊襄云上舊鄉有大道相傳云秦始皇所經呼爲天子路後遂爲帝鄉焉案順帝實當援立猶如晉之懷愍亦有徵符齊運旣無巡幸路名或是秦舊疑不能詳

世祖年十三夢舉體生毛髮生至足又夢人指上所踐地曰周文王之田又夢虛空中飛又夢著孔雀羽衣庾溫云雀爵位也又夢鳳皇從天飛下青溪宅齋前兩翅相去十餘丈翼下有紫雲氣及在襄陽夢著桑屐行度太極殿階庾溫云屐者運應木也臣案桑字爲四十而二點世祖年過此卽帝位謂著屐而木行也屐有兩齒有聲是爲明兩之齒至四十二而行卽眞矣及在郢州夢人從天飛下頭插筆來畫上衣兩邊不言而去庾溫釋云畫者山龍華蟲也

世祖宋元嘉十七年六月己未夜生無火燁吹灰而火自然

世祖於南康郡內作伎有絃無管於是空中有篪聲調節相應

世祖爲廣興相嶺下積旱水涸不通船上部伍至水忽暴長庾溫云易利涉大川之義也

世祖頓盆城城內無水欲鑿引江流試掘井得伏泉九處皆湧出建元元年四月有司奏延陵令戴景度稱所領季子廟舊有涌井二所廟祝列云舊井北忽聞金石聲卽掘深三尺得沸泉其東忽有聲錚錚又掘得泉沸湧若浪泉中得一根木簡長一尺廣二寸隱起文曰廬山道人張陵再拜謁詣起居簡木堅白而字色黃謹案瑞應圖浪井不鑿自成王者清靜則仙人主之孔氏世錄云叶精帝道孔書明巧當在張陵宋均注云張陵佐封禪一云陵仙人也

元徽三年太祖在青溪宅齋前池中忽揚波起浪湧水如山有金石響須臾有青龍從池中出左右皆見之

昇明元年青龍見齊郡

建元四年青龍見順陽郡清水縣平泉湖中

永明七年黃龍見曲江縣黃池中一宿二日

中興二年山上雲障四塞頊有玄黃五色如龍長十餘丈從西北升天

宋泰始末武進舊塋有獸見一角羊頭龍翼馬足父老咸見莫之識也

永明十年鄱陽郡獻一角獸麟首鹿形龍鸞共色瑞應圖云天子萬福允集則一角獸至

十一年白象九頭見武昌

史臣曰記云升中於天麟鳳至而龜龍格則鳳皇巢乎阿閣麒麟在乎郊藪豈非馴之在庭擾以成畜其爲瑞也如此今觀魏晉已來世稱靈物不少而亂多治少史不絕書故知來儀在沼遠非前事見而不至未辨其爲祥也

昇明三年三月白虎見歷陽龍亢縣新昌村新昌村嘉名也瑞應圖云王者不暴白虎仁

建元四年三月白虎見安蠻虔化縣

中興二年二月白虎見東平壽張安樂村

昇明二年騶虞見安東縣五界山師子頭虎身龍腳詩傳云騶虞義獸白虎黑文不食生物至德則出

昇明三年太祖爲齊王白毛龜見東府城池中

建元二年休安陵獲玄龜一頭

永明五年武騎常侍唐潛上青毛神龜一頭

七年六月彭城郡田中獲青毛龜一頭

八年延陵縣前澤畔獲毫龜一枚

八年四月長山縣王惠獲六目龜一頭腹下有萬歡字并有卦兆

六月建城縣昌城田獲四目龜一頭下有萬齊字

九年五月長山縣獲神龜一頭腹下有巽兌卦

中興二年正月邏將潘道蓋於山石穴中獲毛龜一頭

昇明三年世祖遣人詣宮亭湖廟還福船泊渚有白魚雙躍入船

永明五年南豫州刺史建安王子眞表獻金色魚一頭

建元元年八月男子王約獲白雀一頭

九月秣陵縣獲白雀一頭

二年四月白雀集郢州府館

五月白雀見會稽永興縣

永明元年五月郢州丁坡屯獲白雀一頭

三年七月安城王暠第獲白雀一頭

九月南郡江陵縣獲白雀一頭

四月七日白雀見臨汝縣

七年六月鹽官縣獲白雀一頭

八年天門臨澧縣獲白雀一頭

九年七月吳郡錢塘縣獲白雀一頭

八月豫州獲白雀一頭

十年五月齊郡獲白雀一頭

建元元年五月白烏見巴郡

永明四年三月三足烏巢南安中陶縣庭

八年四月陽羨縣獲白烏一頭

隆昌元年四月陽羨縣獲白烏一頭

建元二年江陵縣獲白鼠一頭

永明六年白鼠見芳林園

十年九月義陽郡獲白鼠一頭

永明四年丹陽縣獲白兎一頭

昇明元年六月慶雲見益都

建元元年世祖拜皇太子日有慶雲在日邊

三年華林園醴泉堂東忽有瑞雲周圍十許丈高下與景雲樓平五色藻密光彩映山徘徊良久行轉南行過長船入華池

昇明二年宣城臨成縣於藉山獲紫芝一枝

永明八年三月陽城縣獲紫芝一株

隆昌元年正月襄陽縣獲紫芝一莖

昇明二年四月昌國縣徐萬年門下棠樹連理

九月豫州萬歲澗廣數丈有樹連理隔澗騰枝相通越壑跨水爲一幹

建元二年九月有司奏上虞縣楓樹連理兩根相去九尺雙株均聳去地九尺合成一幹

故鄣縣楓樹連理兩株相去七尺大八圍去地一丈仍相合爲樹泯如一木

山陽縣界若邪村有一槻木合爲連理

淮陰縣建業寺梨樹連理

建康縣梨樹耀檨（一本作耀檨）五圍連理六枝

永明元年五月木連理生安成新喻縣又生南梁陳縣

閏月瑯明殿外閤南槐樹連理

八月鹽官縣內樂村木連理

二年七月烏程縣陳文則家槿樹連理

七月新冶縣槐栗二木合生異根連理去地數尺中央小開上復爲一

三年正月安城縣楡樹二株連理

二月安陽縣梓樹連理

九月句陽縣之穀山槿樹連理異根雙挺共杪爲一

十二月永寧左郡楠木連理

四年二月秣陵縣高天明園中李樹連理生高三尺五寸兩枝別生復高三尺合爲一幹

五年正月秣陵縣華僧秀園中四樹連理

六年四月江寧縣北界賴鄉齊平里三成邏門外路東太常蕭惠基園棧樹二株連理其高相去二尺南大北小小者傾柯南附合爲一樹枝葉繁茂圓密如蓋

七年江寧縣李樹二株連理兩根相去一丈五尺

八年巴陵郡樹連理四株

三月武陵白沙戍槻木連理相去五尺俱高三尺東西二枝合而通柯

十二月柴桑縣陶委天家樹連理

永明五年山陰縣孔廣家園欓樹十二層會稽太守隨王子隆獻之種芳林園鳳光殿西

九年秣陵縣鬪場里安明寺有古樹衆僧改架屋宇伐以爲薪剖樹木裏自然有法大德三字

始興郡本無欓樹調味有闕世祖在郡堂屋後忽生一株

昇明二年十月甘露降建康縣

十一月甘露降長山縣

十二月甘露降彭山松樹至九日止

建元元年九月甘露降淮南郡桃石榴二樹有司奏甘露降新汲縣王安世園樹

永明二年四月甘露降南郡桐樹

四年二月甘露降臨湘縣李樹

三月甘露降南郡桐樹

四月甘露降睢陽縣桃樹

五年四月甘露降荆州府中閤外桐樹

六年甘露降芳林園故山堂桐樹

九年八月甘露降上定林寺佛堂庭中天如雨遍地如雪其氣芳其味甘耀日無風至晡乃止爾後頻降鍾山松樹四十餘日乃止

十月甘露降大安陵樹

中興二年三月甘露降茅山彌漫數里

元徽四年三月醴泉出昌國白鹿山其味甚甘

永明元年正月新蔡郡固始縣獲嘉禾一莖五穗

八月新蔡縣獲嘉禾二莖九穗一莖七穗

十一月固始縣獲嘉禾一莖九穗

二年八月梁郡睢陽縣界野田中獲嘉禾一莖二十三穗

五年九月莒縣獲嘉禾一株

十年六月海陵齊昌縣獲嘉禾一莖六穗

十一年九月睢陽縣田中獲嘉禾一株

昇明二年九月建寧縣建昌村民採藥於萬歲山忽聞澗中有異響得銅鍾一枚長二尺一寸邊有古字

建元元年十月涪陵郡蜑民田健所住巖間常留雲氣有聲響澈若龍吟求之積歲莫有見者去四月二十七日巖數里夜忽有雙光至明往獲古鍾一枚又有一器名淳于蠻人以爲神物奉祠之

永明四年四月東昌縣山自比歲以來恒發異響去二月十五日有一巖褫落縣民方元泰往視於巖下得古鍾一枚

五年三月豫寧縣長崗山獲神鍾一枚

九年十一月寧蜀廣漢縣田所墾地入尺四寸獲古鍾一枚形高三尺八寸圍四尺七寸縣柄長一尺二寸合高五尺四面各九孔更於匋所瓦間見有白光窺尋無物自後夜夜輒復有光旣經旬日村民張慶宣瓦作屋又於屋間見光照內外慶宣疑之以告孔休先乃共發視獲玉璽一鈕璧方八分上有鼻文曰帝眞曲阿縣民黃慶宅左有園園東南廣袤四丈每種菜輒鮮異雖加採拔隨復更生夜中恒有白光皎質屬天狀似縣絹私疑非常請師卜候道士傅德占使掘之深三尺獲玉印一鈕文曰長承萬福

永明二年正月冠軍將軍周普孫於石頭北廂將堂見地有異光照城堞往獲玉璽一鈕方七分文曰明玄君

十一月虜國民齊祥歸入靈丘關聞殷然有聲仰視之見山側有紫氣如雲衆鳥回翔其間祥往氣所獲璽方寸四分獸鈕文曰坤維聖帝永昌送與虜太后師道人惠度欲獻虜主惠度覩其文竊謂當今衣冠正朔在於齊國遂附道人惠藏送京師因羽林監崔士亮獻之

三年七月始興郡民龔玄宣云去年二月忽有一道人乞食因探懷中出篆書眞經一卷六紙又表北極一紙又移付羅漢居士一紙云從兜率天宮下使送上天子因失道人所在今年正月玄宣又稱神人授皇帝璽龜形長五寸廣二寸厚二寸五分上有天地字中央蕭字下萬世字

十年蘭陵民齊伯生於六合山獲金璽一鈕文曰年予主世祖治盆城得五尺刀一十口永明年歷之數

昇明三年左里村人於宮亭湖得穀戟二枚傍有古字文遠不可識

泰始中世祖於青溪宅得錢一枚文有北斗七星雙節又有人形帶劒及治盆城又得一大錢文曰太平百歲

永明七年齊興太守劉元寶治郡城於塹中獲錢百萬形極大以獻臺爲瑞世祖班賜朝臣以下各有差

十年齊安郡民王攝掘地得四文大錢一萬二千七百十枚品製如一

建元元年郢州監利縣天井湖水色忽澄清出綿百姓採以爲纊

永明二年護軍府門外桑樹一株竝有蠶絲綿被枝莖

史臣案漢光武時有野蠶成繭百姓得以成衣服今則浮波幕樹其亦此之類乎

永明八年始興郡昌樂村獲白鳩一頭

二年彭澤縣獲白雉一頭

七年鬱林獲白雉一頭

十年青州洍波戍獲白雉一頭

五年望蔡縣獲白鹿一頭

九年臨湘獲白鹿一頭

六年蒲儁縣亮野村獲白麞一頭

七年荊州獲白麞一頭

八年餘干縣獲白麞一頭

九年義陽安昌縣獲白麞一頭

十年司州清激戍獲白麞一頭

十一年廣陵海陵縣獲白麞一頭

七年越州獻白珠自然作思惟佛像長三寸上起禪靈寺置刹下

七年吳郡太守江斆於錢塘縣獲蒼玉璧一枚以獻

七年主書朱靈讓於浙江得靈石十人舉乃起在水深三尺而浮世祖親投於天淵池試之刻爲佛像

二年順陽丹水縣山下得古鼎一枚

三年越州南高凉俚人海中網魚獲銅獸一頭銘曰作寶鼎齊臣萬年子孫承寶

贊曰天降地出星見先吉造物百品詳之載述

南齊書卷十八考證

祥瑞志黃門郞蘇偘撰聖皇瑞應記○臣承蒼按蘇偘事齊太祖最久嘗撰蕭太尉記備陳征伐之功及太祖卽位又撰瑞應記一卷上之此特一時獻諛之書而蕭子顯因之遂剏立祥瑞一志殊屬不經史筆至此鄙穢甚矣

此齊者黃公之化氣也○諸本同臣承蒼按南史齊高帝紀黃下有石字

李斯刻泰望之封也○南史齊高帝紀封作風

南齊書卷十九

梁 蕭 子 顯 撰

志第十一

五行

木傳曰東方易經地上之木爲觀故木於人威儀容貌也木者春生氣之始農之本也無奪農時使民歲不過三日行什一之稅無貪欲之謀則木氣從如人君失威儀逆木行田獵馳騁不反宮室飲食沈湎不顧禮制出入無度多發繇役以奪民時作爲姦詐以奪民財則木失其性矣蓋以工匠之爲輪矢者多傷敗故曰木不曲直

宋泰豫元年京師祇洹寺皂莢樹枯死昇明末忽更生花葉京房易傳曰樹枯冬生不出二年國喪君子亡其占同宋氏禪位

建元元年朱爵航華表柱生枝葉

建元初李子生毛

二年武陵沅頭都尉治有桑樹方冬生葉京房易傳曰木冬生花天下有喪其占同後二年宮車晏駕

四年巴州城西古樓脚栢樹數百年忽生花

永明六年石子岡栢木長二尺四寸廣四寸半化爲石時車駕數游幸應本傳木失其性也

永明中大桁一船無故自沈艚中無水

隆昌元年廬陵王子卿齋屋梁柱際無故出血

建武初始安王遙光治廟截東安寺屋以直廟垣截梁水出如淚

貌傳曰失威儀之制怠慢驕恣謂之狂則不肅矣下不敬則上無威天下既不敬又肆其驕恣肆之則不從夫不敬其君不從其政則陰氣勝故曰厥罰常雨

永明八年四月己巳起陰雨晝或暫晴夜時見星月連雨積霖至十七日乃止

十一年四月辛巳朔去三月戊寅起而其間暫時晴從四月一日又陰雨晝或見日夜乍見月回復陰雨至七月乃止

永泰元年十二月二十九日雨至永元元年五月二十一日乃晴京房易曰冬雨天下饑春雨有小兵時虜寇雍州餘應本傳

傳曰大雨雪猶庶徵之常雨也然有甚焉雨陰大雨雪者陰之畜積甚也一曰與大水同象曰攻爲雪耳

建元二年閏月己丑雨雪

三年十一月雨雪或陰或晦八十餘日至四年二月乃止

傳曰雷於天地爲長子以其首長萬物與之出入故雷出萬物出雷入萬物入夫雷者人君之象入則除害出則興利雷之微氣以正月出其有聲者以二月出以八月入其餘微者以九月入冬三月雷無出者若是陽不閉陰則出涉危難而害萬物也

建元元年十月壬午夜電光因雷鳴

十月庚戌電光有頃雷鳴久而止

永明五年正月戊申夜西北雷聲

六年十月甲申夜陰細雨始聞雷鳴於西北上

七年正月甲子夜陰雷鳴西南坤宮隆隆一聲而止

八年正月庚戌夜雷起坎宮水門其音隆隆一聲而止

九年二月丙子西北有電光因聞雷聲隆隆仍續十聲而止

十年二月庚戌夜南方有電光因聞雷聲隆隆相續丁亥止

十月庚子電雷起西北

十一月丁丑西南有光因聞雷聲隱隱再聲而止西南坤宮

十二月甲申陰雨有電光因聞西南及西北上雷鳴頻續三聲

丙申夜聞西北上雷頻續二聲

辛亥雷雨

傳曰雨雹君臣之象也陽之氣專爲雹陰之氣專爲霰陽專而陰脅之陰盛而陽薄之雹者陰薄陽之象也霰者陽脅陰之符也春秋不書霰者猶月蝕也

建元四年五月戊午朔雹

永明元年九月乙丑雹落大如蒜子須臾乃止

十一年四月辛亥雹落大如蒜子須臾滅

貌傳又曰上失節而狂下怠慢而不敬上下失道輕法侵制不顧君上因以荐飢貌氣毀故有雞禍一曰水歲雞多死及爲怪亦是也上下不相信大臣姦宄民爲寇盜故曰厥極惡一曰民多被刑或形貌醜惡風俗狂慢變節易度則爲輕剽奇怪之服故曰時則有服妖

永明中宮內服用射獵錦文爲騎射兵戈之象至建武初虜大爲寇

永明中蕭諶開博風帽後裦之製爲破後帽世祖崩後諶建廢立誅滅諸王

永明末民間制倚勸帽及海陵廢明帝之立勸進之事倚立可待也

建武中帽裦覆頂東昏時以爲裦應在下而今在上不祥斷之羣下反上之象也

永元中東昏侯自造遊宴之服綴以花采錦繡難得詳也羣小又造四種帽帽因勢爲名一曰山鵲歸林者詩云鵲巢夫人之德東昏寵嬖淫亂故鵲歸其林藪二曰兔子度坑天意言天下將有逐兔之事也三曰反縛黃離嘍黃口小鳥也反縛面縛之應也四曰鳳皇度三橋鳳王者嘉瑞三橋梁王宅處也

貌傳又曰危亂端見則天地之異生木者青故曰青眚爲惡祥凡貌傷者金沴木木沴金衡氣相通

延興元年海陵王初立文惠太子冢上有物如人長數丈青色直上天有聲如雷

火南方揚光輝出炎爚爲明者也人君向明而治蓋取其象以知人爲分讒佞旣遠羣賢在位則爲明而火氣從矣人君疑惑棄法律不誅讒邪則讒口行內間骨肉外疎忠臣至殺世子逐功臣以妾爲妻則火失其性上災宗廟下災府榭內熯本朝外熯闕觀雖輿師衆不能救也

永明三年正月甲夜西北有野火光上生精西北有四東北有一竝長七八尺黃赤色

三月庚午丙夜北面有野火光上生精長六尺戊夜又有一枚長五尺竝黃赤色

四年正月丁亥夜有火精三處

閏月丁巳夜有火精四所

十二月辛酉夜東南有野火精二枚

五年十二月丙寅夜西北有野火火上生精一枚長三尺黃白色

六年十一月戊申夜西南及北三面有野火火上生精九枚竝長二尺黃赤色

九年二月丙寅甲夜北面有野火火上生精二枚西北又一枚竝長三尺須臾消

永元二年八月宮內火燒西齋璿儀殿及昭陽顯陽等殿北至華林墻西及祕閣北屋三千餘間京房易傳曰君不思道厥妖火燒宮祕閣與春秋宣榭火同天意若曰既無紀綱何用典文爲也

二年冬京師民間相驚云當行火災南岸人家往往於籬間得布火纏者云公家以此禳之

三年正月豫章郡天火燒三千餘家京房易占曰天火下燒民屋是謂亂治殺兵作是年臺軍與義師偏衆相攻於南江諸郡

三年二月乾和殿西廂火燒屋三十間是時西齋既火

帝從居東齋高宗所住殿也與燒宮占同
傳又曰犯上者不誅則草犯霜而不死或殺不以時事
在殺生失柄故曰草妖也一曰草妖者失衆之象也
永元中御刀黃文濟家齋前種昌蒲忽生花光影照壁
成五采其兒見之餘人不見也少時文濟被殺
劉歆視傳有羽蟲之孽謂雞禍也班固案易雞屬巽今
以羽蟲之孽類是也依歆說附視傳云
建武二年有大鳥集建安形如水犢子其年郡大水
三年大鳥集東陽郡太守沈約表云鳥身備五采赤色
居多案樂緯叶圖徵云焦明鳥質赤至則水之感也
永明二年四月烏巢內殿東鴟尾
三年大鳥集會稽上虞其年縣大水
傳曰維水沴火又曰赤眚赤祥
建武四年王晏子德元所居帷屏無故有血灑之少日
而散晏尋被誅
思心傳曰心者土之象也思心不睿其過在瞀亂失紀
風於陽則爲陰於陰則爲大臣之象專恣而氣盛故罰
常風心爲五事主猶土爲五行主也一曰陰陽相薄偏
氣陽多爲風其甚也常風陰氣多者陰而不雨其甚也
常陰一曰風宵起而晝晦以應常陰同象也
建元元年十一月庚戌風夜暴起雲雷合冥從戌亥上
來
四年十一月甲寅酉時風起小駃至二更雪落風轉浪
津
永明四年二月丙寅巳時風迅急
十一月己丑戌時風迅急從西北戌亥上來
五年五月乙酉子時風迅急從西北戌亥上來
七年正月丁卯陽徵陰賊之日時加子風起迅急從北
方子丑上來暴疾浪津寅時止
八年六月乙酉時加子風起迅急暴疾浪津發屋折木
塵沙從西南未上來因雷雨須臾風微雨止
九年七月甲寅陽羽廉貞之日時加亥風起迅急從東
方來暴疾彭勃浪津至乙卯陰賊時漸微名羽動羽
九月乙丑時加未雷驟雨風起迅急暴疾浪津從西北
戌上來
十月壬辰陽羽姦邪之日時加丑風起從北方子丑上
來暴疾浪津迅急塵埃五日寅時漸微名羽動宮
十年正月辛巳陽商寬大之日時加寅風從西北上來
暴疾浪津迅急揚沙折木酉時止
二月甲辰陽徵姦邪之日時加辰風起迅急從西北亥
上來暴疾彭勃浪津至酉時止
三月丁酉陽徵廉貞之日時加未風從北方子丑上來
迅急暴疾浪津戌時止
七月庚申陰角貪狼之日時加午風從東北丑上來迅
急浪津至辛酉巳時漸微
十一年二月庚寅陽角廉貞之日時加亥風從西北亥
上來迅疾浪津丑時漸微爲角動角
七月甲寅陽羽廉貞之日時加巳風從東北寅上來迅
疾浪津發屋折木戊夜漸微爲羽動徵己巳陽角寬大
之日時加未風從戌上來暴疾良久止爲角動商及宮
凡時無專恣疑是陰陽相薄
建武元年三月乙酉未時風起浪津暴急從北方上來
應本傳瞀亂
建武二年三年四年每秋七月八月輒大風三吳尤甚
發屋折木殺人京房占獄吏暴風害人時帝嚴刻
永元元年七月十二日大風京師十圍樹及官府居民
屋皆拔倒應本傳
傳又曰山之於地君之象也山崩者君權損京陵易處
世將變也陵轉爲澤貴將爲賤也
建元二年夏廬陵石陽縣長溪水衝激山麓崩長六七
丈下得柱千餘口皆十圍長者一丈短者八九尺頭題
有古文字不可識江淹以問王儉儉云江東不閑隸書
此秦漢時柱也後年宮車晏駕世變之象也
永明二年秋始興曲江縣山崩壅底溪水成陂京房占
山崩人主惡之
傳又曰雷電所擊蓋所感也皆思心有尤之所致也
建元二年閏六月丙戌夜震電
四年五月五日雷電闇都雷震於樂遊安昌殿電火焚
蕩盡
永明八年四月六日雷震會稽山陰恒山保林寺刹上
四破電火燒塔下佛面窗戶不異也
永明中雷震東宮南門無所傷毀殺食官一人
十一年三月震於東齋棟崩左右密欲治繕竟陵王子
良曰此豈可治留之志吾過且旌天之愛我也明年子
良薨
傳又曰土氣亂者木金水火亂之
建武二年二月丁巳地震
永元元年七月地日夜十八震
九月十九日地五震
金者西方萬物既成殺氣之始也其於王事兵戎戰伐
之道也王者興師動衆建立旗鼓仗旄把鉞以誅殘賊
止暴亂殺伐應義則金氣從工冶鑄化革形成器也人
君樂侵陵好攻戰貪城邑輕百姓之命人民不安內外
騷動則金失其性蓋冶鑄不化水滯固堅故曰金不從
革又曰維木沴金
建武四年明帝出舊宮送豫章王第二女綏安主降嬪
還上輦輦上金翅無故自折落地
言傳曰言易之道西方曰兌爲口人君過差無度刑法
不一斂從其重或有師旅炕陽之節若動衆勞民是言
不從人君既失衆政令不從孤陽持治下畏君之重刑
陽氣勝則旱象至故曰厥罰常陽也
建元三年大旱時有虜寇
永明三年大旱明年唐寓之起
建武二年大旱時虜寇方盛皆動衆之應也
言傳曰下既悲苦君上之行又畏嚴刑而不敢正言則
必先發於歌謠歌謠口事也口氣逆則惡言或有怪謠
焉
宋泰始既失彭城江南始傳種消梨先時所無百姓爭
欲種植識者曰當有姓蕭而來者十餘年齊受禪
元徽中童謠曰襄陽白銅蹄郎殺荊州兒後沈攸之反
雍州刺史張敬兒襲江陵殺沈攸之子元琰等
永明元年元日有小人發白虎樽既醉與筆札不知所
道直云憶高帝敕原其罪
世祖起青溪舊宮時人反之曰舊宮者窮廄也及上崩
後宮人出居之
永明初百姓歌曰白馬向城啼欲得城邊草後句間云
陶郎來白者金色馬者兵事三年妖賊唐寓之起言唐
來勞也
世祖起禪靈寺初成百姓縱觀或曰禪者授也靈非美
名所授必不得其人後太孫立見廢也
永明中宮內坐起御食之外皆爲客食世祖以客非家
人名改呼爲別食時人以爲分別之象少時上晏駕
文惠太子在東宮作兩頭纖纖詩後句云磊磊落落玉
山崩自此長王宰相相繼薨徂二宮晏駕
文惠太子作七言詩後句輒云愁和諦後果有和帝禪
位
永明中虜中童謠云黑水流北赤火入齊尋而京師人
家忽生火赤於常火熱小微貴賤爭取以治病法以此
火炙桃板七炷七日皆差敕禁之不能斷京師有病癭
者以火炙數日而差隣人笑曰病偶自差豈火能爲此
人便覺頤閒癢明日癭還如故後梁以火德興
文惠太子起東田時人反云後必有癲童果由太孫失
位
齊宋以來民間語云擾攘建武上明帝初誅害蕃戚京
師危駭
永元元年童謠曰洋洋千里流流翣東城頭烏馬烏皮
袴三更相告訴脚跛不得起誤殺老姥子千里流者江
祏也東城遙光也遙光夜舉事垣歷生者烏皮袴褶往
奔之跛脚亦遙光老姥子孝字之象徐孝嗣也
永元中童謠云野豬雖嗃嗃馬子空閻渠不知龍與虎
飲食江南墟七九六十三廣莫人無餘烏集傳舍頭今
汝得寬休但看三八後摧折景陽樓讖者解云陳顯達
屬豬崔慧景屬馬非也東昏侯屬豬馬子未詳梁王屬
龍蕭穎胄屬虎崔慧景攻臺頓廣莫門死時年六十三
烏集傳舍即所謂瞻烏爰止於誰之屋三八二十四起
建元元年至中興二年二十四年也摧折景陽樓亦高
臺傾之意也言天下將去乃得休息也
齊宋之際民間語云和起言以和顏而爲變起也後和
帝立
崔慧景圍臺城有一五色幡飛翔在雲中半日乃不見
衆皆驚怪相謂曰幡者事尋當翻覆也數日而慧景敗
言傳曰言氣傷則民多口舌故有口舌之痾金者白故
有白眚若有白爲惡祥
宋昇明二年飆風起建康縣南塘里吹帛一匹入雲風
止下御路紀僧眞啓太祖當宋氏禪者其有匹夫居之
水北方冬藏萬物氣至陰也宗廟祭祀之象死者精神
放越不反故爲之廟以收其散爲之貌以收其魂神而
孝子得盡禮焉敬之至則神歆之此則至陰之氣從則
水氣從溝瀆隨而流去不爲民害矣人君不禱祀簡宗
廟廢祭祀逆天時則霧水暴出川水逆溢壞邑軼鄉沈
溺民人故曰水不潤下
建元二年吳吳興義興三郡大水
二年夏丹陽吳二郡大水
四年大水
永明五年夏吳興義興水雨傷稼
六年吳興義興二郡大水
建武二年冬吳晉陵二郡水雨傷稼
永元元年七月濤入石頭漂殺緣淮居民應本傳荊州
城內有沙池常漏水蕭穎胄爲長史水乃不漏及穎胄
亡乃復竭

傳曰極陰氣動故有魚孽魚孽者常寒罰之符也
永明九年鹽官縣石浦有海魚乘潮來水退不得去長三十餘丈黑色無鱗未死有聲如牛土人呼爲海鷁取其肉食之
永元元年四月有大魚十二頭入會稽上虞江大者近二十餘丈小者十餘丈一入山陰稱浦一入永興江皆暍岸側百姓取食之
聽傳曰不聰之象見則妖生於耳以類相動故曰有鼓妖也一曰聲屬鼓妖
永明元年十一月癸卯夜天東北有聲至戊夜
傳曰皇之不極是謂不建其咎在霧亂失聽故厥咎霧思心之咎亦霧天者正萬物之始王者正萬事之始失中則害天氣類相動也天者轉於下而運於上雲者起於山而彌於天天氣動則其象應故厥罰常陰王者失中臣下盛強而蔽君明則雲陰亦衆多而蔽天光也
建元四年十月丙午日入後土霧勃勃如火煙
永明二年十一月己亥四面土霧入人眼鼻至辛丑止
二年十一月丙子日出後及日入後四面土霧勃勃如火煙
六年十一月庚戌丙夜土霧竟天昏塞濃厚至六日未時小開到甲夜後仍濃密勃勃如火煙辛慘入人眼鼻
八年十月壬申夜土霧竟天濃厚勃勃如火煙氣入人眼鼻至九日辰時開除
九年十月丙辰晝夜恒昏霧勃勃如火煙其氣辛慘入人眼鼻兼日色赤黃至四日甲夜開除
十年正月辛酉酉初四面土霧勃勃如火煙其氣辛慘入人眼鼻
傳曰易曰乾爲馬逆天氣馬多死故曰有馬禍一曰馬者兵象也將有寇戎之事故馬爲怪
建武四年王晏出至草市馬驚走鼓步從車而歸十餘日晏誅
建武中南岸有一蘭馬走逐路上女子女子窘急走入人家牀下避之馬終不置發牀食女子股脚間肉都盡禁司以聞敕殺此馬是後頻有寇賊
京房易傳曰生子二胷以上民謀其主三手以上臣謀其主二口已上國見驚以兵三耳已上是謂多聽國事無定二鼻以上國主久病三足三臂已上天下有兵其頻甚多盖以象占之
永明五年吳興東遷民吳休之家女人雙生二兒胷以下齊以上合
京房易傳曰野獸入邑其邑大虛又曰野獸無故入邑朝廷門及宮府中者邑逆且虛
永明中南海王子罕爲南兗州刺史有麏入廣陵城投井而死又有象至廣陵是後刺史安陸王子敬於鎮被害
建武四年春當郊治圜丘宿設已畢夜虎攫傷人
建武中有鹿入景皇寢廟皆爲上崩及禪代也凡無占者皆爲不應本傳
贊曰木怪夔䰠火爲水妃土實載物金作明威形聲異迹影響同歸皆由象應莫不類推

南齊書卷十九考證

五行志巴州城西古樓脚栢樹數百年忽作花〇樹南監本作柱當從之

衝氣相通〇衝諸本作衡

襄陽白銅蹄〇蹄南監本作鞮

南齊書卷二十

梁　蕭　子　顯　撰

列傳第一

皇后

六宮位號漢魏以來因襲增置世不同矣建元元年有司奏置貴嬪夫人貴人爲三夫人脩華脩儀脩容淑妃淑媛淑儀婕妤容華充華爲九嬪美人中才人才人爲散職永明元年有司奏貴妃淑妃竝加金章紫綬佩于竇玉淑妃舊擬九棘以淑爲温恭之稱妃爲亞后之名進同貴妃以比三司夫人之號不殊蕃國降淑媛以比九卿七年復置昭容位在九嬪建元三年太子宮置三內職良娣比開國侯保林比五等侯才人比駙馬都尉

宣孝陳皇后諱道正臨淮東陽人魏司徒陳矯後父肇之郡孝廉后少家貧勤織作家人矜其勞或止之后終不改嫁于宣帝庶生衡陽元王道度始安貞王道生后生太祖太祖年二歲乳人乏乳后夢人以兩甌麻粥與之覺而乳大出異而說之宣帝從仕在外后常留家治事教子孫有相者謂后曰夫人有貴子而不見也后歎曰我三兒誰當應之呼太祖小字曰正應是汝耳宣帝殂後后親自執勤婢使有過誤恕不問也太祖雖從宦而家業本貧爲建康令時高宗等冬月猶無縑纊而奉膳甚厚后每撤去兼肉曰於我過足矣殂于縣舍年七十三昇明三年追贈竟陵公國太夫人蜜印畫青綬祠以太牢建元元年追尊孝皇后贈外祖父肇之金紫光祿大夫謚曰敬侯后母胡氏爲永昌縣靖君

高昭劉皇后諱智容廣陵人也祖玄之父壽之竝員外郎后母桓氏夢吞玉勝生后時有紫光滿室以告壽之壽之曰恨非是男桓曰雖女亦足興家矣后每寢卧家人常見上如有雲氣焉年十餘歲歸太祖嚴正有禮法家庭肅然宋泰豫元年殂年五十歸葬宣帝墓側今泰安陵也門生王清與墓工始下鍤有白兎跳起尋之不得及墳成兎還棲其上昇明二年贈竟陵公國夫人三年贈齊國妃印綬如太妃建元元年尊謚昭皇后三年贈后父金紫光祿大夫母桓氏上都鄉君壽之子興道司徒屬文蔚豫章內史義徽光祿大夫義倫通直郎

武穆裴皇后諱惠昭河東聞喜人也祖朴之給事中父璣之左軍參軍后少與豫章王妃庾氏爲娣姒庾氏勤女工奉事太祖昭后恭謹不倦后不能及故不爲舅姑所重世祖家好亦薄焉性剛嚴竟陵王子良妃袁氏布衣時有過后加訓罰昇明三年爲齊世子妃建元元年爲皇太子妃三年后甍謚穆妃葬休安陵世祖即位追尊皇后贈璣之金紫光祿大夫后母檀氏餘杭廣昌鄉元君舊顯陽昭陽殿太后皇后所居也永明中無太后皇后羊貴嬪居昭陽殿西范貴妃居昭陽殿東寵姬荀昭華居鳳華栢殿宮內御所居壽昌畫殿南閣置白鷺鼓吹二部乾光殿東西頭置鍾磬兩廂皆宴樂處也上數遊幸諸苑囿載宮人從後車宮內深隱不聞端門鼓漏聲置鍾於景陽樓上宮人聞鍾聲早起裝飾至今此鍾唯應五鼓及三鼓也車駕數幸琅邪城宮人常從早發至湖北埭鷄始鳴吳郡韓蘭英婦人有文辭宋孝武世獻中興賦被賞入宮明帝世用爲宮中職僚世祖以爲博士教六宮書學以其年老多識呼爲韓公

文安王皇后諱寶明琅邪臨沂人也祖韶之吳興太守父曄之太宰祭酒宋世太祖爲文惠太子納后桂陽賊至太祖在新亭傳言已没宅復爲人所抄掠文惠太子竟陵王子良奉穆后庾妃及后挺身送后兄㬢之家事平乃出建元元年爲南郡王妃四年爲皇太子妃無寵太子爲宮人製新麗衣裳及首飾而后牀帷陳設故舊釵鑷十餘枚永明十一年爲皇太孫太妃鬱林即位尊爲皇太后稱宣德宮贈后父金紫光祿大夫母桓氏豐安縣君其年十二月備法駕謁太廟高宗即位出居鄱陽王故第爲宣德宮永元三年梁王定京邑迎后入宮稱制至禪位天監十一年薨年五十八葬崇安陵謚曰安后兄晃義興太守

鬱林王何妃名婧英廬江灊人撫軍將軍戢之女也永明二年納爲南郡王妃十一年爲皇太孫妃鬱林王即位爲皇后嫡母劉氏爲高昌縣都鄉君所生母宋氏爲餘杭廣昌鄉君將拜鏡在床無故墮地其冬與太后同日謁太廟后稟性淫亂爲妃時便與外人姦通在後宮復通帝左右楊珉之與同寢處如伉儷珉之又與帝相愛褻故帝恣之迎后親戚入宮賞賜人百數十萬以世祖耀靈殿處后家屬帝被廢后貶爲王妃

海陵王王妃名韶明琅邪臨沂人太常慈女也永明八年納爲臨汝公夫人鬱林即位爲新安王妃延興元年爲皇后其年降爲海陵王妃

明敬劉皇后諱惠端彭城人光祿大夫道弘孫也太祖爲高宗納之建元三年除西昌侯夫人永明七年卒葬江乘縣張山延興元年贈宣城王妃高宗即位追尊爲敬皇后贈父通直郎景猷金紫光祿大夫母王氏平陽鄉君永泰元年高宗崩改葬祔于興安陵

東昏褚皇后名令璩河南陽翟人太常澄女也建武二年納爲皇太子妃明年謁敬后廟東昏即位爲皇后帝寵潘妃后不被遇黃淑儀生太子誦東昏廢竝爲庶人

和帝王皇后名蕣華琅邪臨沂人太尉儉孫也初爲隨王妃中興元年爲皇后帝禪位后降爲妃

史臣曰后妃之德著自風謠義起閨房而道化天下緣盆獻種罔非耕織佩管晨興與子同事可以光熙闔業作儷公侯孝昭二后竝有賢明之訓不得母臨萬國寶命方昌椒廷虛位有婦人焉空慕周典禎符顯瑞徒萃徽名若使披作同休陰教遠變則馬鄧風流復存乎此太祖創命宮禁貶約毀宋明之紫極革前代之踰奢衣不文繡色無紅采永巷貧空有同素室世祖嗣位運藉休平壽昌前興鳳華晚構香栢文檉花梁繡柱雕金鏤寶頗用房帷趙瑟吳趨承閑奏曲歲費傍恩足使充牣事由私蓄無損國儲高宗仗數矯情外行儉陋內奉宮業曾莫云改東昏喪道侈風大扇銷靡海內以贍浮飾哲婦傾城同符殷夏嗚呼所以垂戒於方來也

贊曰宣武孝則識有先知高昭誕武世載母儀裴穆儲闈位亦從瘵明敬典冊配在宗枝秋宮亦遽軒景前虧文安廢主百憂已離中興秉制揖讓弘規

南齊書卷二十考證
武穆裴皇后傳吳郡韓蘭英○汲古閣本蘭下旁注宋本作蘭四字
后牀帷陳設故舊釵鑷十餘枚○汲古閣本牀下旁注宋本作宋四字
史臣論雕金鏤寶頗用房帷○頗用南監本作照燭
內奉宮業曾莫云改○內奉宮業南監本作奉巳之制

南齊書卷二十一

梁 蕭 子 顯 撰

列傳第二

文惠太子

文惠太子長懋字雲喬世祖長子也世祖年未弱冠而生太子爲太祖所愛姿容豐潤小字白澤宋元徽末隨世祖在郢世祖還鎭盆城拒沈攸之使太子勞接將帥親侍軍旅除祕書郎不拜授輔國將軍遷晉熙王撫軍主簿事寧世祖遣太子還都太祖方創霸業心存嫡嗣謂太子曰汝還吾事辦矣處之府東齋令通文武賓客勑荀伯玉曰我出行日城中軍悉受長懋節度我雖不行內外直防及諸門甲兵悉令長懋時時履行轉祕書丞以與宣帝諱同不就改除中書郎還黃門侍郎未拜昇明三年太祖將受禪世祖已還京師以襄陽兵馬重鎭不欲處他族出太子爲持節都督雍梁二州郢州之竟陵司州之隨郡軍事左中郎將寧蠻校尉雍州刺史建元元年封南郡王邑二千戶江左未有嫡皇孫封王始自此也進號征虜將軍先是梁州刺史范柏年誘降晉壽亡命李烏奴討平氐賊楊城蘇道熾等頗著威名沈攸之事起柏年遣將陰廣宗領軍出魏興聲援京師而候望形勢事平朝廷遣王玄邈代之烏奴勸柏年據漢中不受命柏年計未決玄邈已至柏年遲回魏興不肯下太子慮其爲變乃遣說柏年許啓爲府長史柏年乃進襄陽因執誅之柏年梓潼人徙居華陽世爲土豪知名州里宋泰始中氐寇斷晉壽道柏年以倉部郎假節領數百人慰勞通路自益州道報命除晉壽太守討平氐賊遂爲梁州柏年彊立善言事以應對爲宋明帝所知旣被誅巴西太守柳引稱啓太祖勑荅曰柏年幸可不爾爲之恨恨時襄陽有盜發古塚者相傳云是楚王塚大獲寶物玉屐玉屛風竹簡書青絲編簡廣數分長二尺皮節如新盜以把火自照後人有得十餘簡以示撫軍王僧虔僧虔云是科斗書考工記周官所闕文也是時州遣按驗頗得遺物故有同異之論會北虜南侵上慮當出樊沔二年徵爲侍中中軍將軍置府鎭石頭穆妃薨成服日車駕出臨喪朝議疑太子應出門迎左僕射王儉曰尋禮記服問君所主夫人妻太子嫡婦言國君爲此三人爲主喪也今鑾輿臨降自以主喪而至雖因事撫慰義不在弔南郡以下不應出門奉迎但尊極所臨禮有變革權去杖經移立戶外足表情敬無煩止哭皇太子旣一宮之主自應以車駕幸宮依常奉候旣當成服之日吉凶不容相干宜以哀幘行事望拜止哭率由舊章尊駕不以臨弔奉迎則惟常體求之情禮如爲可安解侍中上以太子哀疾不宜居石頭山障移鎭西州四年還使持節都督南徐兗二州諸軍事征北將軍南徐州刺史世祖卽位爲皇太子初太祖好左氏春秋太子承旨諷誦以爲口實旣正位東儲善立名尚禮接文士畜養武人皆親近左右布在省闥永明三年於崇正殿講孝經少傅王儉以擿句令太僕周顒撰爲義疏五年冬太子臨國學親臨策試諸生於坐問少傅王儉曰曲禮云無不敬尋下之奉上可以盡禮上之接下慈而非敬今總同敬名將不爲昧儉曰鄭玄云禮主於敬便當是尊卑所同太子曰若如來通則忠惠可以一名孝慈不須別稱儉曰尊卑號稱不可悉同愛敬之名有時相次忠惠之異誠以聖旨孝慈互舉竊有徵據禮云不勝喪比於不慈不孝此則其義太子曰資敬奉君資愛事親兼此二塗唯在一極今乃移敬接下豈復在三之義儉曰資敬奉君必同至極移敬逮下不慢而已太子曰敬名雖同深淺旣異而文無差別彌復增疑儉曰繁文不可備設略言深淺已見傳云不忘恭敬民之主也書云奉先思孝接下思恭此又經典明文互相起發太子問金紫光祿大夫張緒緒曰愚謂恭敬是立身之本尊卑所以竝同太子曰敬雖立身之本要非接下之稱尚書云惠鮮鰥寡何不言恭敬鰥寡邪緒曰今別言之居然有恭惠之殊總開記首所以共同斯稱竟陵王子良曰禮者敬而已矣自上及下愚謂非嫌太子曰本不謂有嫌正欲使言與事符輕重有別耳臨川王映曰先舉必敬以明大體尊卑事數備列後章亦當不以總略而礙太子又以此義問諸學生謝幾卿等十一人竝以筆對太子問王儉曰周易乾卦本施天位而說卦云帝出乎震震本非天義豈相主儉曰乾健震動天以運動爲德故言帝出震太子曰天以運動爲德君自體天居位震雷爲象豈體天所出儉曰主器者莫若長子故受之以震萬物出乎震故亦帝所與焉儉又諮太子曰孝經仲尼居曾子侍夫孝理弘深大賢方盡其致何故不授顏子而寄曾生太子曰曾生雖德慙體二而色養盡禮去物尚近接引非隔弘宣規教義在於此儉曰接引非隔弘宣雖易去聖轉遠其事彌輕旣云人能弘道將恐人輕道廢太子曰理旣有在不容以人廢言而況中賢之才弘上聖之教寧有壅塞之嫌臨川王映諮曰孝爲德本常是所疑德施萬善孝由天性自然之理豈因積習太子曰不因積習而至所以可爲德本映曰率由斯至不俟明德大孝榮親衆德光備以此而言豈得爲本太子曰孝有深淺德有小大因其分而爲本何所稍疑太子以長年臨學亦前代未有也明年上將訊丹陽所領囚及南北二百里內獄詔曰獄訟之重政化所先太子立年作貳宜時詳覽此訊事委以親決太子乃於玄圃園宣猷堂錄三署囚原宥各有差上晚年好遊宴尚書曹事亦分送太子省視太子與竟陵王子良俱好釋氏立六疾館以養窮民風韻甚和而性頗奢麗宮內殿堂皆雕飾精綺過於上宮開拓玄圃園與臺城北塹等其中樓觀塔宇多聚奇石妙極山水慮上宮望見乃傍門列脩竹內施高鄣造游牆數百間施諸機巧宜須鄣蔽須臾成立若應毀撤應手遷徙善製珍玩之物織孔雀毛爲裘光彩金翠過於雉頭矣以晉明帝爲太子時立西池乃啓世祖引前例求東田起小苑上許之永明中二宮兵力全實太子使宮中將吏更番役築宮城苑巷制度之盛觀者傾京師上性雖嚴多布耳目太子所爲無敢啓者後上幸豫章王宅還過太子東田見其彌亘華遠壯麗極目於是大怒收監作主帥太子懼皆藏匿之由是見責太子素多疾體又過壯常在宮內簡於遨遊玩弄羽儀多所僭儗雖咫尺宮禁而上終不知十年豫章王嶷薨太子見上友于旣至造碑文奏之未及鐫勒十一年春正月太子有疾上自臨視有憂色疾篤上表曰臣地屬元良業微三善光道樹風於焉蔫闕晨宵惱懼有若臨淵攝生舛和構離痾疾大漸惟幾顧陰待謝守器難永視膳長違仰戀慈顏內懷感哽竊惟死生定分理不足悲伏願割無已之悼損旣往之傷寶衞聖躬同休七百臣雖没九泉無所遺恨時年三十六太子年始過立久在儲宮得參政事內外百司咸謂旦暮繼體及薨朝野驚惋焉上幸東宮臨哭盡哀詔斂以袞冕之服謚曰文惠葬崇安陵世祖履行東宮見太子服翫過制大怒勑有司隨事毀除以東田殿堂爲崇虛館鬱林立追尊爲文帝廟稱世宗初太子內懷惡明帝密謂竟陵王子良曰我意色中殊不悅此人當由其福德薄所致子良便苦救解後明帝立果大相誅害

史臣曰上古之世父不哭子壽夭悠悠尚嗟恒事況夫正體東儲方樹年德重基累葉載茂皇家守器之君已知耕稼雖溫文具美交弘盛迹武運將終先期夙殞傳之幼少以速顚危推此而論亦冥數矣

贊曰二象垂則三星麗天樹嫡惟長義匪求賢方爲守器植命不延

南齊書卷二十一考證
文惠太子傳我雖不行內外直防及諸門甲兵悉令長懋時時履行○汲古閣本長懋下旁注宋本無已上十六字
史臣論雖溫文具美交弘盛迹○汲古閣本無雖字溫文下旁注三字宋本闕

南齊書卷二十二

梁 蕭 子 顯 撰

列傳第三

豫章文獻王

豫章文獻王嶷字宣儼太祖第二子寬仁弘雅有大成之量太祖特鍾愛焉起家爲太學博士長城令入爲尚書左民郎錢唐令太祖破薛索兒改封西陽以先爵賜爲晉壽縣侯除通直散騎侍郎以偏憂去官桂陽之役太祖出頓新亭壘板嶷爲寧朔將軍領兵衞從休範率士卒攻壘南嶷執白虎幡督戰屢摧却之事寧遷中書郎尋爲安遠護軍武陵內史時沈攸之責賧伐荊州界內諸蠻遂反五溪禁斷魚鹽羣蠻怒酉溪蠻王田頭擬殺攸之使攸之責賧千萬頭擬輸五百萬發氣死其弟婁侯簒立頭擬子田都走入獠中於是蠻部大亂抄掠平民至郡城下嶷遣隊主張莫兒率將吏擊破之田都自獠中請立而婁侯懼亦歸附嶷誅婁侯於郡獄命田都繼其父蠻衆乃安入爲宋順帝車騎諮議參軍府掾轉驃騎仍遷從事中郎詣司徒袁粲粲謂人曰後來佳器也太祖在領軍府嶷居青溪宅蒼梧王夜中微行欲掩襲宅內嶷令左右儛刀戟於中庭蒼梧從墻間窺見

以爲有備乃去太祖帶南兗州鎮軍府長史蕭順之在鎮憂危旣切期渡江北起兵嶷諫曰主上狂凶人不自保單行道路易以立功外州起兵鮮有克勝物情疑惑必先人受禍今於此立計萬不可失蒼梧王殞太祖報嶷曰大事已判汝明可早入順帝卽位轉侍中總宮內直衞沈攸之之難太祖入朝堂嶷出鎮東府加冠軍將軍袁粲舉兵夕丹陽丞王遜告變先至東府嶷遣帳內軍主戴元孫二千人隨薛道淵等俱至石頭焚門之功元孫預焉先是王蘊薦部曲六十人助爲城防實以爲內應也嶷知蘊懷貳不給其仗散處外省及難作搜檢皆已亡去遷中領軍加散騎常侍上流平後世祖自尋陽還嶷出爲使持節都督江州豫州之新蔡晉熙二郡軍事左將軍江州刺史常侍如故給鼓吹一部以定策功改封永安縣公千五百戶仍徙都督荊湘雍益梁寧南北秦八州諸軍事鎮西將軍荊州刺史持節常侍如故時太祖輔政嶷務在省約停府州儀迎物初沈攸之欲聚衆開民相告士庶坐執役者甚衆嶷至鎮一日遣三千餘人見囚五歲刑以下不連臺者皆原遣以市稅重濫更定樢格以稅還民禁諸市調及苗籍二千石官長不得與人爲市諸曹吏聽分番假百姓甚悅禪讓之間世祖欲速定大業嶷依違其事默無所言建元元年太祖卽位赦詔未至嶷先下令蠲除國內昇明二年以前逋負遷侍中尚書令都督揚南徐二州諸軍事驃騎大將軍開府儀同三司揚州刺史持節如故封豫章郡王邑三千戶僕射王儉牋曰舊楚蕭條仍歲多故荒民散亡實須緝理公臨莅甫爾英風惟穆江漢來蘇八州慕義自庾亮以來荊楚無復如此美政古人朞月有成而公旬日致治豈不休哉會北虜動上思爲經略乃詔曰西關總司王畿誠爲治要荊楚領馭遐遠任寄弘隆自頃公私凋盡綏撫之宜尤重恒日復以爲都督荊湘雍益梁寧南北秦八州諸軍事南蠻校尉荊湘二州刺史持節侍中將軍開府如故晉宋之際刺史多不領南蠻別以重人居之至是有二府二州荊州資費歲錢三千萬布萬匹米六萬斛又以江湘二州米十萬斛給鎮府湘州資費歲七百萬布三千匹米五萬斛南蠻資費歲三百萬布萬匹綿千斤絹三百匹米千斛近代莫比也尋給油絡俠望車二年春虜寇司豫二州嶷表遣南蠻司馬崔慧景北討又分遣中兵參軍蕭惠朗援司州屯西關虜軍濟淮攻壽春分騎當出隨鄧衆以爲憂嶷曰虜入春夏非動衆時令豫司彊守邊其津要彼見堅嚴自當潰散必不敢越二鎮而南也是時纂嚴嶷以荊州隣接蠻蜑慮其生心令鎮內皆緩服旣而虜竟不出樊鄧於壽春敗走尋給班劍二十人其夏於南蠻園東南開館立學上表言狀置生四十人取舊族父祖位正佐臺郎年二十五以下十五以上補之置儒林參軍一人文學祭酒一人勸學從事二人行釋菜禮以穀過賤聽民以米當口錢優評斛一百義陽劫帥張羣亡命積年鼓行爲賊義陽武陵天門南平四郡界被其殘破沈攸之連討不能禽乃首用之攸之起事羣從下郢於路先叛結寨於三溪依據深險嶷遣中兵參軍虞欣祖爲義陽太守使降意誘納之厚爲禮遺於坐斬首其黨數百人皆散四郡獲安入爲都督揚南徐二州諸軍事中書監司空揚州刺史持節侍中如故加兵置佐以前軍臨川王暎府文武配司空府嶷以將還都脩治解宇及路陌東歸部曲不得齎府州物出城發江津士女觀送數千人皆垂泣嶷發江陵感疾至京師未瘳上深憂慮爲之大赦三年六月壬子赦令是也疾愈上幸東府設金石樂敕得乘輿至宮六門太祖崩嶷哀號眼耳皆出血世祖卽位進位太尉置兵佐解侍中增班劍爲三十人建元中世祖以事失旨太祖頗有代嫡之意而嶷事世祖恭悌盡禮未嘗違忤顏色故世祖友愛亦深永明元年領太子太傅解中書監餘如故手啓上曰陛下以叡孝纂業萬寓惟新諸弟有序臣屢荷隆愛叨授台首不敢固辭俛仰祇寵心魂如失負重量力古今同規臣窮生如浮質操空素任居鼎右已移氣序自頃以來宿疾稍纏心慮恍惚表於容狀視此根候常恐命不勝恩加以星緯屢見災祥雖脩短有恒能不耿介比心欲從俗啓解今職但厝辭爲鄙或貽物誚所以息意緘嘿一委時運而可復加寵榮增其顛墜其儲傅之重實非恒選遂使太子見臣必束帶宮臣皆再拜二三之宜何以當此陛下同生十餘今唯臣而已友于之愛豈當獨臣鍾其隆遇別奉啓事仰祈恩照臣近亦侍言太子告意子良具因王儉申啓未知粗上聞未福慶方隆國祚永始若天假臣年得預人位唯當請降貂璫以飾微軀永侍天顏以惟畢世此臣之願也服之不衷猶爲身災況寵爵乎殊榮厚恩必誓以命請上答曰事中恐不得從所陳宋氏以來州郡秩俸及供給多隨土所出無有定准嶷上表曰循革貴宜損益資用治在夙均政由一典伏尋郡縣長尉俸祿之制雖有定科而其餘資給復由風俗東北異源西南各緒習以爲常因而弗變緩之則莫非通規澄之則靡不入罪殊非約法明章先令後刑之謂也臣謂宜使所在各條公用公田秩石迎送舊典之外守宰相承有何供調尚書精加洗覈務令優衷事在可通隨宜開許損公侵民一皆止却明立定格班下四方永爲恒制從之嶷不參朝務而言事密謀多見信納服闋加侍中二年詔曰漢之梁孝寵異列蕃晉之文獻秩殊恒序況乃地侔前准勳兼往式雖天倫有本而因事增情宜廣田邑用申恩禮增封爲四千戶宋元嘉世諸王入齋閤得白服幕帽見人主唯出太極四廂乃備朝服自此以來此事一斷上與嶷同生相友睦宮內曲宴許依元嘉嶷固辭不奉敕唯車駕幸第乃白服烏紗帽以侍宴焉啓自陳曰臣自還朝便省儀刀捉刀左右十餘亦省唯郊外遠行或復暫有入殿亦省服身今所牽仗二俠轂二白直共七八十人事無大小臣必欲上啓伏度聖心脫未委曲或有言其多少不附事實仰希卽賜垂敕又啓揚州刺史舊有六白領合扇二白拂臣脫以爲疑不審此當云何行園苑中乘轝出籬門外乘轝鳴角皆相仍如此非止於帶神州者未審此當云何方有行來不可失衷上答曰儀刀捉刀不應省也俠轂白直乃可共百四五十以還正是耳亦不曾聞人道此吾自不使諸王無仗況復汝耶在私園苑中乘此非疑郊外鳴角及合扇幷拂先乃有不復施用此來甚久凡在鎮自異還京師先廣州乃立鼓吹交部遂有輦事隨時而改亦復有可得依舊者汝若有疑可與王儉諸人量衷但令人臣之儀無失便行也又啓曰臣拙知自處闇於疑訪常見素姓扶詔或著布屬不意爲異臣在西朝拜王儀飾悉依宋武陵事例有二鄣扇仍此下都脫不爲疑小兒奴子並靑布袴衫臣齋中亦有一人意謂外庶所服不疑與羊車相類曲荷慈旨今悉改易臣昔在邊鎮不無羽衞自歸朝以來便相分遣俠轂白直格置三百許人臣頃所引不過一百常謂京師諸王不煩牽仗若郊外遠行此所不論有仗者非臣一人所以不容方幅啓省又因王儉備宣下情臣出入榮顯禮容優泰第宇華曠事乖素約雖宋之遺製恩處有在猶深非服之慙威衞之請仰希曲照上答曰傳詔臺家人耳不足涉嫌鄣扇吾識及以來未見故有敕耳小兒奴子本非嫌也吾有所聞豈容不敕汝知令致物議耶吾已有敕汝一人不省俠轂但牽之吾昨不通仗事儉已道吾卽令答不煩有此啓須閒言自更一二又啓曰違遠侍宴將踰一紀憂苦閒之始得開顏近頻侍座不勝悲喜沾飲過量實欲仰示恩狎令自下知見以杜游塵陛下留恩子弟此情何異外物政自彊生閒節聲其厚薄伏度或未上簡臣前在東田承恩過醉實思歎往秋之誘故言啓至切亦令羣物聞之伏願已照此心前侍幸順之宅臣依常乘車至仗後監伺不能示臣可否便互競啓聞云臣車逼突黃屋麾旄如欲相中推此用意亦何容易仰賴慈明卽賜垂敕不爾臣終不知聞貽此累比日禁斷整密此自常理外聲乃云起臣在華林輒捉御刀因此更嚴度情推理必不容爾爲復上啓知耳但風塵易至和會實難伏願猶憶臣石頭所啓無生間縫比閑侍無次略附茹亮口宣臣由來華素已具上簡每欲存衷意慮不周或有乖常且臣五十之年爲翫幾時爲此亦復不能以理內自剗北第舊邸本自甚華臣改脩正而已小小製置已自仰簡往歲收合得少雜材并蒙賜故板啓榮內許作小眠齋始欲成就皆補接爲辦無乖格製要是極栢之華一時新淨東府又有齋亦爲華屋而臣頓有二處住止下情竊所未安訊訪東宮玄圃乃有栢屋製甚古拙內中無此齋臣乃欲壞取以奉太子非但失之於前且補接旣多不可見移亦恐外物或爲異論不審可有垂許送東府齋理否臣公家住止率爾可安臣之今啓實無意識亦無言者太子亦不知臣有此屋政以東宮無而臣自處之體不宜爾爾所啓蒙允臣便當敢成第屋安之不疑陛下若不照體臣心便當永廢不脩臣自謂今啓非但是自處宜然實爲微拙營生已應上簡府州郡邸舍非臣私有今巨細所資皆是公潤臣私累不少未知將來罷州之後或當不能不試學營覓以自贍連年惡疾餘顧影單回無事畜聚唯逐手爲樂耳上答曰茹亮今啓汝所懷及見別紙汝勞疾亦復那得不動何意爲作煩長啓事凡諸普敕此意可尋當不關汝一人也宜有敕事吾亦必道頃見汝自更委悉書不欲多及屋事慎勿彊厝此意白澤亦當不解何意爾三年文惠太子講孝經畢嶷求解太傅不許皇孫婚竟又陳解詔曰公惟德惟行無所厝辭且魯且衞其誰與二方式範當時流聲史籍豈容屢秉撝謙以乖期寄嶷常慮盛滿又因宮宴求解揚州授竟陵王子良上終不許曰畢汝一世無所多言世祖卽位後頻發詔拜陵不果行遣嶷拜陵還過延陵季子廟觀沸井有水牛突部伍直兵執牛推問不許取絹一疋橫繫牛角放歸其家爲治存寬厚故得朝野歡心四年唐寓之

賊起啓上曰此段小寇出於兇愚天網宏罩理不足論但聖明御世幸可不爾比藉聲聽皆云有由而然豈得不仰啓所懷少陳心欵山海崇深臣獲保安樂公私情願於此可見齊有天下歲月未久澤沾萬民其實未多百姓猶險懷惡者衆陛下曲垂流愛每存優旨但頃小大士庶每以小利奉公不顧所損者大擿籍檢工巧督郵簡小塘藏丁匿口凡諸條制實長怨府此目前交利非天下大計一室之中尚不可精寓宙之內何可周視公家何嘗不知民多欺巧古今政以不可細碎故不爲此實非乖理但識理者百不有一陛下弟兒大臣猶不皆能伏理況復天下悠悠萬品怨積聚黨兇迷相類止於一處何足不除脫復多所便成紜紜久欲上啓閑侍無因謹陳愚管伏願特留神思上答曰欺巧那可容宋世混亂以爲是不蚊蟻何足爲憂已爲義勇所破官軍昨至今都應散滅吾政恨其不辦大耳亦何時無亡命邪後乃詔聽復籍注五年進位大司馬八年給阜輪車尋加中書監固讓身長七尺八寸善持容範文物衞從禮冠百僚每出入殿省皆瞻望嚴肅自以地位隆重深懷退素北宅舊有園田之美乃盛脩理之七年啓求還第上令世子子廉代鎭東府上數幸嶷第宋長寧陵隧道出第前路上曰我便是入他冢墓內尋人乃徙其表闕騏驎於東崗上騏驎及闕形勢甚巧宋孝武於襄陽致之後諸帝王陵皆模範而莫及也永明末車駕數游幸唯嶷陪從上出新林苑同輦夜歸至宮門嶷下輦辭出上曰今夜行無使爲尉司所呵也嶷對曰京輦之內皆屬臣州願陛下不垂過慮上大笑上謀北伐以虜所獻氈車賜嶷每幸第清除不復屏人上敕外監曰我往大司馬第是還家耳嶷妃庾氏常有疾瘳上幸後堂設金石樂宮人畢至每臨幸輒極日盡歡嶷謂上曰古來言願陛下壽偕南山或稱萬歲此殆近貌言如臣所懷實願陛下極壽百年亦足矣上曰百年復何可得止得東西一百於事亦濟十年上封嶷諸子舊例千戶嶷欲五子俱封啓減人五百戶其年疾篤表解職不許賜錢百萬營功德嶷又啓曰臣自嬰今患亟降天臨醫走術官泉開藏府慈寵優渥備極人臣生年疾迫遽陰無幾願陛下審賢與善極壽蒼昊彊德納和爲億兆御臣命違昌數奄奪恩憐長辭明世伏涕嗚咽薨年四十九其日上再視疾至薨乃還宮詔曰嶷明哲至親勳高業始德懋王朝道光區縣奄至甍逝痛酷抽割不能自勝柰何柰何今便臨哭九命之禮宜備其制斂以袞冕之服溫明祕器命服一具衣一襲喪事一依漢東平王故事大鴻臚持節護喪事大官朝夕送奠大司馬太傅二府文武悉停過葬竟陵王子良啓上曰臣聞春秋所以稱王母弟者以尊其所重故也是以禮秩殊品爵命崇異在漢則梁王備出警入蹕之儀在晉則齊王具殊服九命之贈江左以來尊親是闕故致衮章之典廢而不傳寔由人鈌其位非禮虧省齊王故事與今不殊締構王業功迹不異凡有變革隨時之宜者政緣恩情有輕重德義有厚薄若事籌前規禮無異則且梁齊闕令終之美猶饗褒贈之榮況故大司馬仁和著於天性孝悌終於立身節義表於勤王寬猛彰於御物奉上無艱劬之貌接下無毀傷之容淡矣止於清貞無喜慍之色悠然棲於靜默絕馳競之聲詩云靡不有初鮮克有終夫終之者理實爲難在於令行無廢斯德東平樂於小善河間悅於詩書勳績無聞艱危不涉尚致卓爾不羣英聲萬代況今協贊皇基經綸霸始功業高顯清譽逾彰富貴隆重廉潔彌峻等古形今孰類茲美臣愚忖度未有斯例凡庶族同氣愛睦尚少豈有仰覩陛下垂友于之性若此者乎共起布衣俱登天貴生平遊處何事不同分甘均味何珍不等未常覩貌而天心不懽見形而聖儀不悅爰及臨危捨命親瞻喘息萬分之際沒在聖目號哭動乎天地感慟驚乎鬼神乃至撤膳移寢坐泣遷旦神儀損耗隔宿改容奉瞻聖顏誰不悲悚歷古所未聞記籍所不載旣有若斯之大德實不可見典服之贈不彰如其脫致虧忘追改爲煩不令千載之下物有遺恨其德不具美者尚荷嘉隆之命況事光先烈者寧可鈌茲盛典臣恐有識之人容致其議且庶族近代桓溫庾亮之類亦降殊命伏度天心已當有在又詔曰寵章所以表德禮秩所以紀功愼終追遠前王之盛策累行曠庸列代之通誥故使持節都督揚南徐二州諸軍事大司馬領太子太傅揚州刺史新除中書監豫章王嶷體道秉哲經仁緯義挺清譽於弱齡發韶風於早日締綸霸業之初翼讚皇基之始孝睦著於鄉閭忠諒彰乎邦邑及秉德論道總牧神甸七教必荷六府咸理振風潤雨無愆於時候郵民拯物有篤於矜懷雍容廊廟之華儀形列郡之觀神凝自遠具瞻允集朕友于之深情兼家國方授以神圖委諸廟勝緝頌九紘陪禪五岳天不愸遺奄焉薨逝哀痛傷惜震慟乎厥心今先遠戒期龜謀襲吉宜加茂典以協徽猷可贈假黃鉞都督中外諸軍事丞相揚州牧綠綟綬具九服錫命之禮侍中大司馬太傅王如故給九旒鸞輅黃屋左纛虎賁班劍百人轀輬車前後部羽葆鼓吹葬送儀依東平王故事嶷臨終召子子廉子恪曰人生在世本自非常吾年已老前路幾何居今之地非心期所及性不貪聚自幼所懷政以汝兄弟累多損吾暮志耳無吾後當共相勉厲篤睦爲先才有優劣位有通塞運有富貧此自然理無足以相陵侮若天道有靈汝等各自脩立灼然之分無失也勤學行守基業治閨庭尚閑素如此足無憂患聖主儲皇及諸親賢亦當不以吾沒易情也三日施靈唯香火槃水干飯酒脯檳榔而已朔望菜食一盤加以甘菓此外悉省葬後除靈可施吾常所乘轝扇繖朔望時節席地香火槃水酒脯干飯檳榔便足雖才愧古人意懷粗亦有在不以遺財爲累主衣所餘小弟未婚諸妹未嫁凡應此用本自茫然當稱力及時率有爲辦事事甚多不復甲乙棺器及墓中勿用餘物爲後患也朝服之外唯下鐵鐶刀一口作冢勿令深一一依格莫過度也後堂樓可安佛供養外國二僧餘皆如舊與汝遊戲後堂船乘吾所乘牛馬送二宮及司徒服飾衣裘悉爲功德子廉等號泣奉行世祖哀痛特至至冬乃舉樂宴朝臣上歔欷流涕諸王邸不得起樓臨瞰宮掖上後登景陽望見樓悲感乃敕毀之薨後第庫無見錢世祖敕貨雜物服飾得數百萬起集善寺月給第見錢百萬至上崩乃省嶷性汎愛不樂聞人過失左右有投書相告置鞾中竟不視取火焚之齋庫失火燒荊州還資評直三千餘萬主局各杖數十而已羣吏中南陽樂藹彭城劉繪吳郡張稷最被親禮藹與竟陵王子良牋曰道德以可久傳聲風流以浸遠標稱雖復靑簡締芳未若玉石之不朽飛翰圖藻豈伊雕篆之無沫丞相沖粹表於天眞淵照殆乎機象經邦緯民之範體國成務之規故以業茂惟賢功高則哲神輝眇邈觕算不追感纏奉車恨百留滯下官夙稟名節恩義軫慕望墜結哀輒欲率荊江湘三州僚吏建碑壟首庶徽猷有述茂則方存昔子香淳德留銘江介鉅平遺烈墮淚漢南況道尊前往惠積聯綿者哉下官今便反假無由躬事刊斲須至西州鳩集所資託中書侍郎劉繪營辦藹又與右率沈約書曰夫道宣餘烈竹帛有時先朽德孚遺事金石更非後亡丞相獨秀生民傍照日月標勝丘園素履穆於忠義譽應華袞功迹著於弼諧無得而稱理絕照載若夫日用闇寂雖無取於錙銖歲功宏達諒有寄於衡石竊承貴州士民或建碑表俾我荊南閼感無地且作紀江漢道基分陝衣冠禮樂咸被後昆若其望碑盡禮我州之舊俗傾墟罷肆鄙土之道風庶幾弘烈或不泯墜荊江湘三州策名不少並欲各率毫釐少申景慕斯文之託歷選惟疑必待文蔚辭宗德僉茂履非高明而誰豈能騁無愧之辭訓式瞻之望吾西州窮士一介寂寥恩周榮譽澤遍衣食永惟道廕日月就遠緬尋遺烈觸目崩心常謂福齊南山慶鍾仁壽吾儕小人貽塵帷蓋豈圖一心遂投此請約荅曰丞相風道弘曠獨秀生民凝猷盛烈方軌伊旦慭遺之感朝野同悲承當刊石紀功傳華千載宜須盛述實允來談郭有道漢末之匹夫非蔡伯喈不足以偶三絕謝安石素族之台輔時無麗藻迄乃有碑無文況文獻王冠冕彝倫儀形寓內自非一世辭宗難或與此約閭閈鄙人名不入第欵酬今旨便是以禮許人閩命慙顏已不覺汗之沾背也建武中第二子子恪託約及太子詹事孔稚珪爲文子廉字景藹初嶷養魚復侯子響爲世子子廉封永新侯千戶子響還本子廉爲世子除寧朔將軍淮陵太守太子中書舍人前軍將軍善撫諸弟子十一年卒贈侍中謚哀世子第三子子操泉陵侯王侯出身官無定准素姓三公長子一人爲員外郎建武中子操解褐爲給事中自此齊末皆以爲例永泰元年南康侯子恪爲吳郡太守避王敬則難奔歸以子操爲寧遠將軍吳郡太守永元中爲黃門郎義師圍城子操與弟宜陽侯子光卒於尚書都座第四子子行洮陽侯早卒子元琳嗣今上受禪詔曰褒隆往代義炳彝則朕當此樂推思弘前典豫章王元琳故巴陵王昭秀胄子同齊氏宗國高武嫡胤宜祚井邑以傳世祀降新淦縣侯五百戶

史臣曰楚元王高祖亞弟無功漢世東平憲王辭位永平未及光武之業梁孝惑於勝說安不心隔晉運蕃輔貴盛地實高危持滿戒盈鮮能全德豫章宰相之器誠有天眞因心無矯率由遠度故能光贊二祖內和九族實同周氏之初周公以來則未知所匹也

贊曰堂堂烈考德邁前蹤移忠以孝植友惟恭帝載初造我王奮庸邦家有闕我王彌縫道深日用事緝民雍愛傳餘祀聲流景鍾

南齊書卷二十三

梁 蕭子顯 撰

列傳第四

褚淵 淵弟澄 徐嗣 王儉

褚淵字彥回，河南陽翟人也。祖秀之，宋太常。父湛之，驃騎將軍，尚宋武帝女始安哀公主。淵少有世譽，復尚文帝女南郡獻公主，姑姪二世相繼。拜駙馬都尉，除著作佐郎，太子舍人，太宰參軍，太子洗馬，祕書丞。湛之卒，淵推財與弟，唯取書數千卷。襲爵都鄉侯。歷中書郎，司徒右長史，吏部郎。宋明帝卽位，加領太子屯騎校尉，不受。遷侍中，知東宮事。轉吏部尚書，尋領太子右衞率，固辭。司徒建安王休仁南討義嘉賊，屯鵲尾，遣淵詣軍，選將帥以下勳階得自專決。事平，加驍騎將軍。薛安都以徐州叛，虜頻寇淮泗，遣淵慰勞北討衆軍。淵還，啓帝言盱眙以西戎備單寡，宜更配衣，汝陰荆亭竝已圍逼，安豐又已不守，壽春衆力止足自保，若使遊騎擾壽陽，則江外危迫，歷陽、瓜步、鍾離、義陽皆須實力重戍，選有幹用者處之。帝在藩與淵以風素相善，及卽位，深相委寄，事皆見從。改封雩都縣伯，邑五百戶。轉侍中，領右衞將軍。尋遷散騎常侍，丹陽尹。出爲吳興太守，常侍如故，增秩千石，固辭增秩。明帝疾甚，馳使召淵，付以後事。帝謀誅建安王休仁，淵固諫，不納。復爲吏部尚書，領常侍、衞尉如故，不受，乃授右僕射，衞尉如故。淵以母年高羸疾，晨昏須養，固辭衞尉，不許。明帝崩，遺詔以爲中書令、護軍將軍，加散騎常侍，與尚書令袁粲受顧命，輔幼主。淵同心共理庶事，當奢侈之後，務弘儉約，百姓賴之。接引賓客，未嘗驕倦。王道隆、阮佃夫用事，姦賂公行，淵不能禁也。遭庶母郭氏喪，有至性，數日中毀頓不可復識。期年不盥櫛，惟哭泣處乃見其本質焉。詔斷哭，禁弔客。葬畢，起爲中軍將軍，本官如故。元徽二年，桂陽王休範反，淵與衞將軍袁粲入衞宮省，鎭集衆心。淵初爲丹陽，與從弟炤同載，出道逢太祖，淵舉手指太祖車謂炤曰：「此非常人也。」出爲吳興，太祖餉物別，淵又謂人曰：「此人材貌非常，將來不可測也。」及顧命之際，引太祖豫焉。太祖既平桂陽，遷中領軍，領南兗州，增戶邑。太祖固讓，與淵及衞軍袁粲書曰：「下官常人，志不及遠，隨運推斥，妄踐非涯，才輕任重，夙宵冰惕。近值國危，含氣同奮，況在下官，寧吝身命。履冒鋒炭，報効恒理，而褒嘉之典，偏見甄沐，責登端戎，秩加爵土，贍言霄衞，魂神震墜。下官奉上以誠，率性無矯，前後忝荷，未嘗固讓，至若今授，特深恇迫。寔以銜恩先旨，義兼陵闕，蕆防萌宗，底構禍引，誚歸咎既，已覥顏乃復乘災求幸，藉亂取貴，斯實國家之恥，非臣子所忍也。且榮不可濫，寵不可昧，乞錮中候，請停增邑，庶保止足，輸効淮淝。如使伐匈奴，凱歸反旆，以此受爵，不復固辭矣。」淵、粲答曰：「來告顏亮，敬挹無已。謙貶居心，深承非飾，此誠此旨，久著言外，況復造席舒衿，迂翰緒意，推情顧已，信足書紳。但今之所宜，商榷必以輕重相推。世惟多難，事屬雕弊，四維恇擾，邊氓未安，國家費廣，府藏須備，北狄侵邊，戞虞交切，寓內含識，尚爲天下危心。相與共荷任寄，若此當可稍脩廉退，不求之懷抱，實謂不可，了其不可，理無固執。且勍寇窮凶，勢過原燎，釁逆倉卒，終古未聞。常時懼或當慮，先定結壘新亭，枕戈待敵，斷決之策，寔有由然。鋒鏑初交，元惡送首，總律制奇，刿於此舉。裂邑萬戶，登爵槐鼎，亦何足少酬勳勞，粗塞物聽。今以近侍禁旅，進昇中候，乘平隨牒，取此非叨。濟河昔所履牧，鎭軍秩不逾本，詳校階序，愧在未優，就加沖損，特虧朝制。奉職數載，同舟無幾，劉領軍峻節霜明，臨危不顧，音迹未睎，奄成今古，迷途失偶，慟不及悲。戎蕃內寄，恒務倍急，秉操辭榮，將復誰委？誠惟軍柄所期，自增茂圭社，誓貫朝廷。匹夫里語，尚欲信厚，君令必行，邊巡何路？凡位居物首，功在衆先，進退之宜，當與衆共，苟殉獨善，何以處物？受不自私，彌見至公，表裏詳究，無而後可。想體殊常，深思然納。」太祖乃受命。其年，淵加尚書令、侍中，給班劍二十人，固讓令。三年，進爵爲侯，增邑千戶。服闋，改授中書監，侍中、護軍如故，給鼓吹一部。明年，淵後嫡母吳郡公主薨，毀瘠如初。葬畢，詔攝職，固辭，又以期祭禮及表解職，竝不許。蒼梧酷暴稍甚，太祖與淵及袁粲言世事，粲曰：「主上幼年，微過易改，伊霍之事，非季代所行，縱使功成，亦終無全地。」淵默然。歸心太祖。及廢蒼梧，羣公集議，袁粲、劉秉既不受任，淵曰：「非蕭公無以了此。」手取書授太祖。太祖曰：「相與不肯，我安得辭！」事乃定。順帝立，改號衞將軍、開府儀同三司，侍中如故，甲仗五十人入殿。沈攸之事起，袁粲懷貳，太祖召淵謀議，淵曰：「西夏釁難，事必無成，公當先備其內耳。」太祖密爲其備。事平，進中書監、司空，本官如故。齊臺建，淵白太祖，引何曾自魏司徒爲晉丞相，求爲齊官，太祖謙而不許。建元元年，進位司徒，侍中、中書監如故，封南康郡公，邑三千戶。淵固讓司徒，與僕射王儉書，欲依蔡謨事例，儉以非所宜言，勸淵受命，淵終不就。淵美儀貌，善容止，俯仰進退，咸有風則。每朝會，百僚遠國使莫不延首目送之。宋明帝嘗歎曰：「褚淵能遲行緩步，便持此得宰相矣。」尋加尚書令，本官如故。二年，重申前命爲司徒，又固讓。是年，虜動，上欲發王公已下無官者爲軍，淵諫以爲無益實用，空致擾動，上乃止。朝廷機事，多與諮謀，每見從納，禮遇甚重。上大宴集，酒後謂羣臣曰：「卿等竝宋時公卿，亦當不言我應得天子。」王儉等未及答，淵斂板曰：「陛下不得言臣不早識龍顏。」上笑曰：「吾有愧文叔，知公爲朱祐久矣。」淵涉獵談議，善彈琵琶。世祖在東宮，賜淵金鏤柄銀柱琵琶。性和雅有氣度，不妄舉動。宅嘗失火，煙焰甚逼，左右驚擾，淵神色怡然，索轝來徐去。輕薄子頗以名節譏之，以淵眼多白精，謂之「白虹貫日」，言爲宋氏亡徵也。太祖崩，遺詔以淵爲錄尚書事。江左以來，無單拜錄者，有司疑立優策。尚書王儉議，以爲「見居本官別拜錄，推理應有策書，而舊事不載。中朝以來，三公王侯則優策竝設，官品第二策而不優。優者褒美，策者兼明委寄。尚書職居天官，政化之本，尚書令品雖第三，拜必有策。錄尚書品秩不見，而總任彌重，前代多與本官同拜，故不別有策。卽事緣情，不容均之凡僚，宜有策書，用申隆寄。既異王侯，不假優文」。從之。尋增淵班劍爲三十人，五日一朝。頃之，寢疾。上相星連有變，淵憂之，表遜位。又因王儉及侍中王晏口陳於世祖，世祖不許。又啓曰：「臣顧惟凡薄，福過災生，未能以正情自安，遠慙彥輔，既內懷耿介，便覺晷刻難推。叨職未久，首歲便嬰疾篤，爾來沈痼，頻經危殆，彌深憂震。陛下曲存遲回，或謂僉議同異，此出於留慈，每過愛欲其榮。臣年四十有八，叨忝若此，以疾陳遜，豈駭聽察。總錄之任，江左罕授，上廕亞台，升降蓋微。今受祿弗辭，退紬斯願，於臣名器，非曰貶少。萬物耳目，皎然共見，寧足仰延聖慮，稍垂矜惜。臣若內飾廉譽，外循謙後，此則憲書行劾，刑綱是肅。臣赤誠不能行，亦幽明所不宥。區區寸心，歸啓以實，自吝寸陰，寔願萬倍堯世。昔王弘固請，乃於司徒爲衞將軍，宋氏行之不疑，當時物無異議，以臣方之，曾何足說。伏願恢闡宏猷，賜開亭造，則臣死之日，猶生之年。」乃改授司空，領驃騎將軍，侍中、錄尚書如故。上遣侍中王晏、黃門郞王秀之問疾。薨，家無餘財，負債至數十萬。詔曰：「司徒奄至薨逝，痛怛慟懷。比雖尫瘵，便力出臨哭。給東園祕器，朝服一具，衣一襲，錢二十萬，布二百疋，蠟二百斤。」時司空掾屬以淵未拜，疑應爲吏敬不，王儉議：「依禮，婦在塗，聞夫家喪，改服而入。今掾屬雖未服勤，而吏節稟於天朝，宜申禮敬。」司徒府史又以淵既解職，而未恭後授，府猶應上服以不，儉又議：「依中朝士孫德祖從樂陵遷爲陳留，未入境，樂陵郡吏依見君之服，陳留迎吏依娶女有吉日齊衰弔。司徒府宜依居官制服。」又詔曰：「夫褒德所以紀民，慎終所以歸厚，前王習祖，盛典咸必由之。故侍中、司徒、錄尚書事、新除司徒、領驃騎將軍、南康公淵，履道秉哲，鑒識弘曠，爰初弱齡，淸風夙舉，登庸應務，具瞻允集。孝友著於家邦，忠貞彰於亮采。佐命先朝，經綸王化，契闊屯夷，綢繆終始。總錄機衡，四門惟穆，諒以同規往古，式範來今。謙光彌遠，屢陳降挹，權從高旨，用虧大猷。將登上列，永翼聲教，天不憖遺，奄焉薨逝，朕用震慟于厥心。其贈公太宰，侍中、錄尚書、公如故。給節，加羽葆鼓吹，增班劍爲六十人。葬送之禮，悉依宋太保王弘故事。謚曰文簡。」先是庶姓三公轜車未有定格，王儉議官品第一，皆加幢絡，自淵始也。又詔淵妻宋故巴西主埏隧暫啓，宜贈南康郡公夫人。長子賁，字蔚先，解褐祕書郎，昇明中，爲太祖太尉從事中郎，司徒右長史，太傅戶曹屬，黃門郎，領羽林監，齊世子中庶子，領翊軍校尉。建元初，仍爲宮官，歷侍中。淵薨，服闋，見世祖，賁流涕不自勝，上甚嘉之，以爲侍中，領步兵校尉，長史，左民尚書，散騎常侍，祕書監，不拜。六年，上表稱疾，讓封與弟蓁，世以爲賁恨淵失節於宋室，故不復仕。永明七年，卒。詔賜錢三萬，布五十疋。

蓁字茂緒，永明中解褐爲員外郎，出爲義興太守。八年，改封巴東郡侯。明年，表讓封還賁子霽，詔許之。建武末，爲太子詹事，度支尚書，領軍將軍。永元元年，卒。贈太常，謚穆。

淵弟澄

澄字彥道。初，湛之尚始安公主，薨，納側室郭氏，生淵，後尚吳郡公主，生澄。淵事主孝謹，主愛之。湛之亡，主表淵爲嫡。澄尚宋文帝女廬江公主，拜駙馬都尉，歷官淸顯。善醫術。建元中，爲吳郡太守，豫章王感疾，太祖召澄爲治，立愈。尋遷左民尚書。淵薨，澄以錢萬一千，就招提寺贖太祖所賜淵白貂坐褥，壞作裘及纓，又贖淵介幘犀導及淵常所乘黃牛。永明元年，爲御史中丞袁彖所奏，免官禁錮，見原，遷侍中，領右軍將軍，以勤謹見知。其年卒。澄女爲東昏皇后，永元元年，追贈金紫光祿大夫。

時東陽徐嗣妙醫術，有一傖父冷病積年，重茵累褥，牀下設鑪火，猶不差。嗣爲作治，盛冬月令傖父髁身坐石上，以百瓶水從頭自灌。初與數十瓶，寒戰垂死，其子弟相守垂泣，嗣令滿數。得七八十瓶後，舉體出氣如雲蒸，嗣令徹牀去被，明日立能起行，云此大熱病也。又春月出南籬門戲闕笪屋中有呻吟聲嗣曰此病甚重更二日不治必死乃往視一姥稱舉體痛而處處有䵟黑無數嗣還煮升餘湯送令服之姥服竟痛愈甚跳投牀者無數須臾所䵟處皆拔出長寸許乃以膏塗諸瘡口三日而復云此名釘疽也事驗甚多過於澄矣

王儉字仲寶琅邪臨沂人也祖曇首宋右光祿父僧綽金紫光祿大夫儉生而僧綽遇害爲叔父僧虔所養數歲襲爵豫章侯拜受茅土流涕嗚咽幼有神彩專心篤學手不釋卷丹陽尹袁粲聞其名言之於明帝尚陽羨公主拜駙馬都尉帝以儉嫡母武康公主同太初巫蠱事不可以爲婦姑欲開冢離葬儉因人自陳密以死請故事不行解褐祕書郎太子舍人超遷祕書丞上表求校墳籍依七畧撰七志四十卷上表獻之表辭甚典又撰定元徽四部書目母憂服闋爲司徒右長史晉令公府長史著朝服宋大明以來著朱衣儉上言宜復舊時議不許蒼梧暴虐儉憂懼告袁粲求出引晉新安主壻王獻之爲吳興例補義興太守還爲黃門郎轉吏部郎昇明二年遷長史兼侍中以父終此職固讓儉察太祖雄異先於領府衣褫太祖爲太尉引爲右長史恩禮隆密專見任用轉左長史及太傅之授儉所唱也少有宰相之志物議咸相推許時大典將行儉爲佐命禮儀詔策皆出於儉褚淵唯爲禪詔文使儉參治之齊臺建遷右僕射領吏部時年二十八太祖從容謂儉曰我今日以青溪爲鴻溝對曰天應民順庶無楚漢之事建元元年改封南昌縣公食邑二千戶明年轉左僕射領選如故上壞宋明帝紫極殿以材柱起宣陽門儉與褚淵及叔父僧虔連名上表諫曰臣聞德者身之基儉者德之輿春臺將立晉卿秉議北宮肇構漢臣盡規彼二君者或列國常侯或守文中主尚使諫諍在義即悅況陛下聖哲應期臣等職司隆重敢藉前誥竊乃有心陛下登庸辛物節省之敎既昭龍衮琁極簡約之訓彌遠乾華外構采椽不斵紫極故材爲宣陽門臣等未譬也夫移心疾於股肱非艮醫之美畏影迹而馳騖豈靜處之方且又三農在日千畛咸事輟望歲之勤興土木之役非所以宣昭大猷光示遐邇若以門居宮南重陽所屬年月稍久漸就淪胥自可隨宜脩理而合度改作之煩於是乎息所啓謬合請付外施行上手詔酬納宋世外六門設竹籬是年初有發白虎樽者言白門三重門竹籬穿不完上感其言改立都墻儉又諫上答曰吾欲令後世無以加也朝廷初基制度草創儉識舊事問無不答上歎曰詩云維嶽降神生甫及申今亦天爲我生儉也其年儉固請解選表曰臣遠尋終古近察身事邀恩幸藉未見其倫何者子房之遇漢后公達之逢魏君史籍以爲美談君子稱其高義二臣才堪王佐理非曲私兩主專仗威武有傷寬裕豈與庸流之人悉含弘之澤者同年而語哉預在有心胡寧無感如使傾宗殞元有益塵露猶當畢志驅馳仰詶萬一豈容稍在形飾以徇常事九流任要風猷所先玉石朱素由斯而定臣亦不謂文案之間都無微解至於品裁臧否特所未閑雖存自勗議不副意兼竊而任彼此俱壅專情本官庶幾髣髴且前代掌選未必具在代來何爲於今非臣不可傾心奉國匪復退讓之與預同休戚寧俟位任爲親陛下若不以此理賜期豈仰望於殊眷頻冒嚴威分甘尤戾見許加侍中固讓復散騎常侍上曲宴羣臣數人各使効伎藝褚淵彈琵琶王僧虔彈琴沈文季歌子夜張敬兒舞王敬則拍張儉曰臣無所解唯知誦書因跪上前誦相如封禪書上笑曰此盛德之事吾何以堪之後上使陸澄誦孝經自仲尼居而起儉曰澄所謂博而寡要臣請誦之乃誦君子之事上章上曰善張子布更覺非奇也尋以本官領太子詹事加兵二百人上崩遺詔以儉爲侍中尚書左鎭軍將軍世祖即位給班劒二十人永明元年進號衞軍將軍參掌選事二年領國子祭酒丹陽尹本官如故給鼓吹一部三年領國子祭酒叔父僧虔亡儉表解職不許又領太子少傅本州中正解丹陽尹舊太子敬二傅同至是朝議接少傅以賓友之禮是歲省總明觀於儉宅開學士館悉以四部書充儉家又詔儉以家爲府四年以本官領吏部儉長禮學諳究朝儀每博議證引先儒罕有其例八座丞郎無能異者令史諮事賓客滿席儉應接銓序傍無留滯十日一還學監試諸生巾卷在庭劒衞令史儀容甚盛作解散髻斜插幘簪朝野慕之相與放效儉常謂人曰江左風流宰相唯有謝安蓋自比也世祖深委仗之士流選用奏無不可五年即本號開府儀同三司固讓六年重申前命先是詔儉三日一還朝尚書令史出外諮事上以往來煩數復詔儉還尚書下省月聽十日出外儉啓求解選不許七年乃上表曰臣比年辭選具簡天朝款言彰於侍接丹誠布於朝野物議不以爲非聖心未垂矜納臣聞知慧不如明時求之微躬實允斯義妄庸之人沈浮無取命偶休泰遂踐康衢秋葉辭條不假風飈之力太陽躋景無俟螢爝之暉晦往明來五德遞運聖不獨治八元亮采臣逢其時而叨其位常總端右丞管銓衡事涉兩朝歲綿一紀盛年已老孫孺巾冠人物徂遷逝者將半三考無聞九流寂寞能官之詠輟響於當時大車之刺方興於來日若夫珥貂衣衮之貴四輔六教之華誠知匪服職務差簡端揆雖重猶可勉勵至於品藻之任尤懼其阻夙宵罄竭屢試無庸歲月之久近世罕比非唯悔吝在身故乃惟塵及國方今多士盈朝羣才競爽選衆而授古亦何人冒陳微輸必希天照至敬無文不敢煩黷見許改領中書監參掌選事其年疾上親臨視薨年三十八吏部尚書王晏啓及儉喪上答曰儉年德富盛志用方隆豈意暴疾不展救護便爲異世奄忽如此痛酷彌深其契闊艱運義重常懷言尋悲切不能自勝痛矣奈何往矣奈何詔衞軍文武及臺所兵仗可悉停待葬又詔曰愼終追遠列代通規褒德紀勳彌峻恒策故侍中中書令太子少傅領國子祭酒衞軍將軍開府儀同三司南昌公儉體道秉哲風宇淵曠肇自弱齡清猷自遠登朝應務民望斯屬草昧皇基協隆鼎祚宏謨盛烈載銘彝篆及贊朕躬徽績光茂忠圖令範造次必彰四門允穆百揆時序宗臣之重情寄兼常方正位論道永釐袞職奄茲景化以贊隆平天不慭遺奄焉薨逝朕用震于厥心可追贈太尉侍中中書監公如故給節加羽葆鼓吹增班劒爲六十人葬禮依故大宰文簡公褚淵故事冢墓材官營辦謚文憲公儉寡嗜慾唯以經國爲務車服塵素家無遺財手筆典裁爲當時所重少撰古今喪服集記并文集竝行於世今上受禪下詔爲儉立碑降爵爲侯千戶儉弟遜昇明中爲丹陽丞告劉秉事不蒙封賞建元初爲晉陵太守有怨言儉慮爲禍因褚淵啓聞中丞陸澄依事舉奏詔曰儉門世載德竭誠佐命特降刑書宥遜以遠徙永嘉郡道伏誅

史臣曰褚淵袁粲俱受宋明帝顧託粲既死節於宋氏而淵逢興運世之非責淵者衆矣臣請論之夫湯武之迹異乎堯舜伊呂之心亦非稷契降此風規未足爲證也自金張世族袁楊鼎貴委質服義皆由漢氏膏腴見重事起於斯魏氏君臨年祚短促服褐前代宦成後朝晉氏登庸與之後事名雖魏臣實爲晉有故主位雖改臣任如初自是世祿之盛習爲舊準羽儀所隆人懷羨慕君臣之節徒致虛名貴仕素資皆由門慶平流進取坐至公卿則知殉國之感無因保家之念宜切市朝亟革寵貴方來陵闕雖殊顧眄如一中行智伯未有異遇褚淵當泰始初運淸塗已顯數年之間不患無位既以民望而見引亦臨民望而去之夫爵祿既輕有國常選恩非已獨責人以死斯故人主之所同謬世情之過差也

贊曰猗歟褚公德素內充民譽不爽家稱克隆從容佐世貽議匪躬文憲濟濟輔相之體稱述霸王綱維典禮期寄兩朝綢繆宮陛

南齊書卷二十三考證

褚淵傳帝在藩與淵以風素相善○風汲古閣本作夙

出爲吳興太守○臣龍庚按通鑑作吳郡注云吳郡近畿大郡也吳興次郡也淵以大尚書出守當得大郡吳郡爲是據此則傳云吳興誤矣

新除司徒領驃騎將軍南康公淵○諸本同臣承斋按褚淵新除之官乃司空非司徒也諸本並誤

王儉傳遷長史兼侍中○監本脫史字從南史增入

南齊書卷二十四

梁　蕭子顯　撰

列傳第五

柳世隆　張瓌

柳世隆字彥緒河東解人也祖憑馮翊太守父叔宗早卒世隆少有風器伯父元景宋大明中爲尚書令獨賞愛之異於諸子言於孝武帝得召見帝曰三公一人是將來事也海陵王休茂爲雍州辟世隆爲迎主簿除西陽王撫軍法曹行參軍出爲虎威將軍上庸太守帝謂元景曰卿昔以虎威之號爲隨郡今復以授世隆使卿門世不絕公也元景爲景和所殺世隆以在遠得免泰始初諸州反叛世隆以門禍獲申事由明帝乃據郡起兵遣使應朝廷弘農人劉僧驎亦聚衆應之收合萬人奄至襄陽萬山爲孔道存所破衆皆奔散僅以身免逃藏民間事平乃出還爲尚書儀曹郎明帝嘉其義心發詔擢爲太子洗馬出爲寧遠將軍巴西梓潼太守還爲越騎校尉轉建平王鎭北諮議參軍領南泰山太守轉司馬東海太守入爲通直散騎常侍尋爲晉熙王安西司馬加寧朔將軍時世祖爲長史與世隆相遇甚懽太祖之謀渡廣陵也令世隆率衆下同會京邑世隆與長

流薈與先等戒嚴待期事不行是時朝廷疑憚沈攸之密爲之防府州器械皆有素蓄世祖將下都劉懷珍白太祖曰夏口是兵衝要地宜得其人太祖納之與世祖書曰汝既入朝當須文武兼資人與汝意合者委以後事世隆其人也世祖舉世隆自代轉爲武陵王前軍長史江夏內史行郢州事昇明元年冬攸之反遣輔國將軍中兵參軍孫同寧朔將軍中兵參軍武寶龍驤將軍騎兵參軍朱君拔寧朔將軍沈惠真龍驤將軍騎兵參軍王道起三萬人爲前驅又遣司馬冠軍劉攘兵領寧朔將軍外兵參軍公孫方平龍驤將軍騎兵參軍朱靈真沈僧敬龍驤將軍高茂二萬人次之又遣輔國將軍王靈秀丁珍東寧朔將軍中兵參軍王彌之寧朔將軍外兵參軍楊景穆二千匹騎分兵出夏口據魯山攸之乘輕舸從數百人先大軍下住白螺洲坐胡床以望其軍有自驕色既至郢以郢城弱小不足攻遣人告世隆曰被太后令當暫還都卿既相與奉國想得此意世隆使人答曰東下之師久承聲問郢城小鎮自守而已攸之將去世隆遣軍於西渚挑戰攸之果怒令諸軍登岸燒郭邑築長圍攻道顧謂人曰以此攻城何城不剋晝夜攻戰世隆隨宜拒應衆皆披却世祖初下與世隆別曰攸之一旦爲變焚夏口舟艦沿流而東則坐守空城不可制也雖留攻城不可卒拔卿爲其內我爲其外乃無憂耳至是世祖遣軍主桓敬陳胤叔苟元賓等八軍據西塞令堅壁以待賊疲慮世隆危急遣腹心胡元直潛使入郢城通援軍消息內外並喜尚書符曰沈攸之出自壠畝寂寥累世故司空沈公以從父宗臏愛之若子羽翼吹噓得昇官次景和昏悖猜畏柱臣而攸之凶忍趣利樂禍請衛詔旨躬行反噬又攸之與譚金童泰壹等暴寵狂朝並爲心膂同功共體世號三侯當時親昵情過管鮑仰遭革運凶黨懼戮攸之反善圖全用得自免既殺從父又虐良朋雖呂布販君酈寄賣友方之斯人未足爲酷泰始開闢網漏吞舟略其凶險取其搏噬故階亂獲全因禍興福攸之稟性空淺躁而無謀濃湖土崩本非己力彭城下邳望旗宵遁再棄王師久應肆法值先帝宥其回溪之恥冀有封崤之捷故得幸會推遷頻顯授內端戎禁外綏萬里聖去鼎湖遠頒顧命託寄崇深義感金石而攸之始奉國諱喜形于顏普天同哀已以爲慶累登蕃岳自郢遷荊晉熙王以皇弟代鎮地尊望重攸之斷割候迎肆意陵略料擇士馬簡算器械權撥精銳並取自隨郢城所留十不遺一專恣鹵奪罔顧國典踐荊已來恒用姦數既懷異志與造無端乃逼迫羣蠻騷擾山谷揚聲討伐盡戶土丁蟻聚郭邑何國衰盛從來積年求不解甲遂四野百縣路無男人耕田載租皆驅女弱自古酷虐未聞於此昔歲桂陽內叛宗廟阽危攸之任官上流兵彊地廣勤王之舉寔宜悉行裁遣羸弱不滿三千至郢州稟受節度欲令判否之日委罪晉熙招誘劒客羇絆行侶竄叛入境輒加擁護逋亡出界必遣窮追視吏若讎遇民如草峻太半之賦暴參夷之刑鞭箠國士全用虜法一人逃亡闔宗捕逮皇朝赦令初不遵奉曠蕩之澤長隔彼州人懷怨望十室而九今乃舉兵內侮姦回外熾斯寔惡熟罪成之辰決癰潰疽之日幕府過荷朝寄義百常憤董御元戎龔行天罰今遣新除使持節郢州司州之義陽諸軍事平西將軍郢州刺史聞喜縣開國侯黃回員外散騎常侍輔國將軍驍騎將軍重安縣開國子軍主王敬則屯騎校尉長壽縣開國男軍主王宜與屯騎校尉陳承叔右軍將軍葛陽縣開國男彭文之驍騎行參軍振武將軍邵宰精甲二萬衛其首旆又遣散騎常侍游擊將軍臨湘縣開國男呂安國持節寧朔將軍越州刺史孫曇瓘屯騎校尉寧朔將軍崔慧景寧朔將軍左軍將軍新亭侯任候伯龍驤將軍虎賁中郎將尹略屯騎尉南城令曹虎頭輔國將軍驍騎將軍蕭鸞新除寧朔將軍游擊將軍下邳縣開國子垣崇祖等舳艫二萬駱驛繼邁又遣屯騎校尉苟元賓撫軍參軍郭文考撫軍中兵參軍程隱儁奉朝請諸襲光等輕艓一萬截其精要驍騎將軍周盤龍後將軍成買輔國將軍王勅勤屯騎校尉王洪範等鐵騎五千步道繼進先據陸路斷其走伏持節督雍梁二州郢州之竟陵司州之隨郡諸軍事征虜將軍寧蠻校尉雍州刺史襄陽縣開國侯新除鎮軍將軍張敬兒志節慷慨卷甲樊鄧水步俱馳破其巢窟持節督司州諸軍事征虜將軍司州刺史領義陽太守范陽縣侯姚道和義烈梗槩投袂方隅風馳電掩襲其輜重萬里建於四方飛旆莫不總率衆師雲翔雷動人神同憤遠邇并心今皇上聖明將相仁愛約法三章寬刑緩賦年登歲阜家給人足上有惠民之澤下無樂亂之心攸之不識天時妄圖大逆舉無名之師驅讎怨之衆是以朝野審其易取含識判其成禽彼土士民罹毒日久今復相逼迫投赴鋒刃交戰之日蘭艾難分去就在機望思先曉無使一人迷疑而九族就禍也弘宥之典有如皎日郢城既不可攻而平西將軍黃回軍至西陽乘三層艦作羌胡伎泝流而進攸之素失人情本逼以威力初發江陵已有叛者至是稍多攸之日夕乘馬歷營撫慰而去者不息攸之大怒召諸軍主曰我被太后令建義下都大事若剋白紗帽共著耳如其不振朝廷自誅我百口不關餘人比軍人叛散皆卿等不以爲意我亦不能問叛身自今軍中有叛者軍主任其罪於是一人叛遣十人追並去不反莫敢發覺咸有異計劉攘兵射書與世隆請降世隆開門納之攘兵燒營而去火起乃覺攸之怒銜鬚咀之收攘兵兄子天賜女壻張平虜斬之軍旅大散攸之渡魯山岸猶有數十匹騎自隨宣令軍中曰荊州城中大有錢可相與還取以爲資糧郢城未有追軍而散軍畏蠻抄更相聚結可二萬人隨攸之將至江陵乃散世隆乃遣軍副劉僧驥道追之攸之已死徵爲侍中仍遷尚書右僕射封貞陽縣侯邑二千戶出爲左將軍吳郡太守加秩中二千石丁母憂太祖踐阼起爲使持節都督南豫司二州諸軍事平南將軍南豫州刺史進爵爲公上手詔與司徒褚淵曰向見世隆毀瘠過甚殆欲不可復識非直使人惻然實亦世珍國寶也淵答曰世隆至性純深哀過乎禮事陛下在危盡忠喪親居憂杖而後起立人之本二理同極加榮增寵足以厲俗敦風建元二年進號安南將軍是時虜寇壽陽上敕世隆曰歷陽城大恐不可卒治正宜斷隔之深爲保固處分百姓若不將家守城單身亦難可委信也尋又敕曰吾更歷陽外城若有賊至即勒百姓守之故應勝割棄也垣崇祖既破虜上欲罷併二豫敕世隆曰比思江西蕭索二豫兩辦爲難議者多云省一足一於事爲便吾謂非乃乖謬卿以爲云何可具以聞尋授後將軍尚書右僕射不拜世隆性愛涉獵啓太祖借祕閣書上給二千卷三年出爲使持節督南兗兗徐青冀五州軍事安北將軍南兗州刺史江北畏虜寇掠動不安上敕世隆曰比有北信賊猶治兵在彭城年已垂盡或當未必送死然豺狼不可以理推爲備或不可懈彼郭既無關要用宜開除使去金城三十丈政佳耳發民治之無嫌若作三千人食者已有幾米可指牒付信還民間若有丁多而細口少者悉令戍非疑也又敕曰昨夜得北使啓鍾離聞賊已渡淮既審送死便當制加剿撲卿好參候之有急令諸小戍還鎮不可賊至不覺也賊既過淮不容遂退散要應有處送死者定攻壽陽吾當遣援軍也又遣軍助世隆并給軍糧虜退上欲土斷江北又敕世隆曰呂安國近在西土斷郢司二境上雜民大佳民始無驚恐近又令垣豫州斷其州內商得崇祖啓事已行竟近無云云殊稱前代舊意卿視兗部中可行此事不若無所擾春便就手也其見親委如此世祖即位加散騎常侍世隆善卜別龜甲價至一萬永明建號世隆題州齋壁曰永明十一年謂典籤李黨曰我不見也入爲侍中護軍將軍遷尚書右僕射領太子右率雍州大中正不拜改授散騎常侍尚書左僕射中正如故湘州蠻動遣世隆以本官總督伐蠻衆軍仍爲使持節都督湘州諸軍事鎮南將軍湘州刺史常侍如故世隆至鎮以方略討平之在州立邸治生爲中丞庾杲之所奏詔原不問復入爲尚書左僕射領衛尉不拜仍轉尚書令世隆少立功名晚專以談義自業善彈琴世稱柳公雙璅爲士品第一常自云馬矟第一清談第二彈琴第三在朝不干世務垂簾鼓琴風韻清遠甚獲世譽以疾遜位改授侍中衛將軍不拜轉左光祿大夫侍中如故九年卒時年五十詔給東園祕器朝服一具衣一襲錢一十萬布三百匹蠟三百斤又詔曰故侍中左光祿大夫貞陽公世隆秉德居業才兼經緯少播清嶷長弘美譽入參內禁出贊西牧專寄郢郊剋挫巨猾超越前勳功著一代及總任方州民頌寬德翼敎崇闥朝稱元正忠謨嘉猷簡于朕心雅志素履邈不可踰將登鉉味用變鴻化奄至甍殞震慟良深贈司空班劒三十人鼓吹一部侍中如故謚曰忠武上又敕吏部尚書王晏曰世隆雖抱疾積歲志氣未衰冀醫藥有効痊差可期不謂一旦便爲異世痛怛之深此何可言其昔在郢誠心夙惻全保一蕃勳業克著尋准契淵增泣悲咽卿同在情亦當無已已耶世隆曉數術於倪塘創墓與賓客踐履十往五往常坐一處及卒墓正取其坐處焉著龜經祕要二卷行於世長子悅早卒

張瓌字祖逸吳郡吳人也祖裕宋金紫光祿大夫父永右光祿大夫曉音律宋孝武問永以太極殿前鍾聲嘶永答鍾有銅滓乃扣鍾求其處鑿而去之聲遂清越瓌解褐江夏王太尉行參軍署外兵隨府轉爲太傅五官爲義恭所遇遷太子舍人中書郎驃騎從事中郎司徒右長史初永拒桂陽賊於白下潰散阮佃夫等欲加罪太祖固申明之瓌由此感恩自結轉通直散騎常侍驍騎將軍遭父喪還吳持服昇明元年劉秉有異圖弟遐爲吳郡潛相影響因沈攸之事起聚衆三千人治攻具太祖密遣殿中將軍卞白龍令瓌取遐諸張世有豪氣瓌宅中常有父時舊部曲數百遐召瓌瓌僞受旨與叔

恕領兵十八人入郡與防郡隊主彊弩將軍郭羅雲進中齋取遐遐踰窻而走瓌部曲顧憲子手斬之郡內莫敢動者獻捷太祖以告領軍張沖沖曰瓌以百口一擲出手得盧矣即授輔國將軍吳郡太守封瓌義成縣侯邑千戶太祖故以嘉名錫之除冠軍將軍東海東莞二郡太守不拜建元元年增邑爲二百戶尋改封平都還侍中加領步兵校尉二年遷都官尚書領校尉如故出爲征虜將軍吳興太守三年爲程令顧昌玄有罪瓌坐不糾免官明年爲度支尚書世祖即位爲冠軍將軍鄱陽王北中郎長史襄陽相行雍州府州事隨府轉征虜長史四年仍爲持節督雍梁南北秦四州郢州之竟陵司州之隨郡軍事輔國將軍雍州刺史尋領寧蠻校尉還爲左民尚書領右軍將軍遷冠軍將軍大司馬長史十年轉太常自陳衰疾願從閑養明年轉散騎常侍光祿大夫頃之上欲復用瓌乃以爲後將軍南東海太守秩中二千石行南徐州府州事又行河東王國事到官復稱疾還爲散騎常侍光祿大夫鬱林即位加金章紫綬隆昌元年給親信二十人鬱林廢朝臣到宮門參承高宗瓌託腳疾不至海陵立加右將軍高宗疑外藩起兵以瓌鎮石頭督衆軍事瓌見朝廷多難遂恒臥疾建武元年轉給事中光祿大夫親信如故月加給錢二萬二年虜盛詔瓌以本官假節督廣陵諸軍事行南兗州事虜退乃還瓌居室豪富伎妾盈房有子十餘人常云其中要應有好者建武末屢啓高宗還吳見許優游自樂或有譏瓌衰暮畜伎瓌曰我少好音律老而方解平生嗜欲無復一存唯未能遣此處耳高宗疾甚防疑大司馬王敬則以瓌素著幹畧授平東將軍吳郡太守以爲之備及敬則反瓌遣將吏三千人迎拒於松江聞敬則軍鼓聲一時散走瓌棄郡逃民間事平瓌復還郡爲有司所奏免官削爵永元初爲光祿大夫尋加前將軍金章紫綬三年義師下東昏假瓌節戍石頭義師至新亭瓌棄城走還宮梁初復爲光祿天監四年卒

史臣曰文以附衆武以立威元帥之才稱爲國輔沈攸之十年治兵白首舉事荆楚上流方江東下斯驅除之巨難帝王之大敵柳世隆勢居中夏年淺位輕首抗全師孤城挑攻臨埤授策曾無汗馬勍寇垂沮力屈於高墉亂轍爭先降奔郢路陸遜之破玄德不是過也及世道清寧出牧內佐體之以風素居之以雅德固興家之盛美也

贊曰忠武匡贊實號兼資廟堂析理高壘搴旗游藝善衛安紘拂龜義成祚土功立帝基

南齊書卷二十四考證

柳世隆傳帝曰三公一人是將來事也○臣祖庚按南史云帝謂元景曰此兒將來復是三公一人蓋言世隆將來是三公中一人也若如傳言似未明晰當南史爲優

及卒墓正取其坐處焉○臣祖庚按南史云墓工圖墓正取其坐處焉文義較明此省墓工圖三字未合

南齊書卷二十五

梁　蕭　子　顯　撰

列傳第六

垣崇祖　張敬兒

垣崇祖字敬遠下邳人也族姓豪彊石虎世自畧陽徙之於鄴曾祖敞爲慕容德僞吏部尚書祖苗宋武征廣固率部曲歸降仍家下邳官至龍驤將軍汝南新蔡太守父詢之積射將軍宋孝武世死事贈冀州刺史崇祖年十四有幹畧伯父豫州刺史護之謂門宗曰此兒必大成吾門汝等不及也刺史劉道隆辟爲主簿厚遇之除新安王國上將軍景和世道隆求出爲梁州啓轉崇祖爲義陽王征北行參軍與道隆同行使還下邳召募明帝立道隆被誅薛安都反明帝遣張永沈攸之北討安都使將裴祖隆李世雄據下邳祖隆引崇祖共拒戰會青州援軍主劉彌之背逆歸降祖隆士衆沮敗崇祖與親近數十人夜救祖隆與俱走還彭城虜既陷徐州崇祖仍爲虜將游兵琅邪間不復歸虜不能制密遣人於彭城迎母欲南奔事覺虜執其母爲質崇祖妹夫皇甫肅兄婦薛安都之女故虜信之肅仍將家屬及崇祖母奔朐山崇祖因將部曲據之遣使歸命太祖在淮陰板爲朐山戍主送其母還京師明帝納之朐山邊海孤險人情未安崇祖常浮舟舸於水側有急得以入海軍將得罪亡叛具以告虜虜僞圍城都將東徐州刺史成固公始得青州聞叛者說遣步騎二萬襲崇祖屯洛要去朐山城二十里崇祖出送客未歸城中驚恐皆下船欲去崇祖還謂腹心曰賊比擬來本非大舉政是承信一說易遣誑之今若得百餘人還事必濟矣但人情一駭不可斂集卿等可急去此二里外大叫而來唱艾塘義人已得破虜須戍軍速往相助逐退船中人果喜爭上岸崇祖引入據城遣羸弱入島令人持兩炬火登山鼓叫虜參騎謂其軍備甚盛乃退崇祖啓明帝曰淮北士民力屈胡虜南向之心日夜以冀崇祖父伯並爲淮北州郡門族布在北邊百姓所信一朝嘯咤事功可立名位尚輕不足威衆乞假名號以示遠近明帝以爲輔國將軍北琅邪蘭陵二郡太守亾命司馬從之謀襲郡崇祖討捕斬之數陳計算欲剋復淮北時虜聲當寇淮南明帝以問崇祖崇祖因啓宜以輕兵深入出其不意進可立不世之勳退可絕其窺窬之患帝許之崇祖將數百人入虜界七百里據南城固蒙山扇動郡縣虜率大衆攻之其別將梁湛母在虜虜執其母使湛告部曲曰大軍已去獨住何爲於是衆情離阻一時奔退崇祖謂左右曰今若俱退必不獲免乃住後力戰大敗追者而歸以久勞封下邳縣子泰豫元年行徐州事徙戍龍沮在朐山南崇祖啓斷水清平地以絕虜馬帝以問劉懷珍云可立崇祖率將吏塞之未成虜主謂僞彭城鎮將平陽公曰龍沮若立國之恥也以死爭之數萬騎掩至崇祖馬槊陷陣不能抗乃築城自守會天雨十餘日虜乃退龍沮竟不立歷盱眙平陽東海三郡太守將軍如故轉邵陵王南中郎司馬復爲東海太守初崇祖遇太祖於淮陰太祖以其武勇善待之崇祖謂皇甫肅曰此眞吾君也吾今逢主矣所謂千載一時遂密布誠節元徽末太祖憂慮令崇祖受旨即以家口託皇甫肅勤數百人將入虜界更聽後旨會蒼梧廢太祖召崇祖領部曲還都除遊擊將軍沈攸之事平以崇祖爲持節督兗青冀三州諸軍事累遷冠軍將軍兗州刺史太祖踐阼謂崇祖曰我新有天下夷虜不識運命必當動其蟻衆以送劉昶爲辭賊之所衝必在壽春能制此寇非卿莫可徙爲使持節監豫司二州諸軍事豫州刺史將軍如故封望蔡縣侯七百戶建元二年虜遣僞梁王郁豆眷及劉昶馬步號二十萬寇壽春崇祖召文武議曰賊衆我寡當用奇以制之當脩外城以待敵城既廣闊非水不固今欲堰肥水卻淹爲三面之險諸君意如何衆曰昔佛狸侵境宋南平王士卒完盛以郭大難守退保內城今日之事十倍於前古來相承不築肥堰皆以地形不便積水無用故也若必行之恐非事宜崇祖曰卿見其一不識其二若捨外城賊必據之外脩樓櫓內築長圍四周無礙表裏受敵此坐自爲擒守郭築堰是吾不諫之策也乃於城西北立堰塞肥水堰北起小城周爲深塹使數千人守之崇祖謂長史封延伯曰虜貪而少慮必悉力攻小城圖破此堰見塹狹城小謂一往可尅當以蟻附攻之放水一激急踰三峽事窮奔透自然沈溺此豈非小勞而大利邪虜衆由西道集堰南分軍東路肉薄攻小城崇祖著白紗帽肩轝上城手自轉式至日晡時決小史埭水勢奔下虜攻城之衆漂墜塹中人馬溺死數千人衆皆退走初崇祖在淮陰見上便自比韓信白起咸不信唯上獨許之崇祖再拜奉旨及破虜啓至上謂朝臣曰崇祖許爲我制虜果如其言其恆自擬韓白今眞其人也進爲都督號平西將軍增封爲千五百戶崇祖聞陳顯達李安民皆增給軍儀啓上求鼓吹橫吹上敕曰韓白何可不與衆異給鼓吹一部崇祖慮虜復寇淮北啓徙下蔡戍於淮東其冬虜果欲攻下蔡既聞內徙乃揚聲平除故城衆疑虜當於故城立戍崇祖曰下蔡去鎮咫尺虜豈敢置戍實欲除此故城政恐奔走殺之不盡耳虜軍果夷掘下蔡城崇祖自率衆渡淮與戰大破之追奔數十里殺獲千計上遣使入關參虜消息還敕崇祖曰卿視吾是守江東而已邪所少者食卿但努力營田自然平殄殘醜敕崇祖脩治芍陂田世祖即位徵爲散騎常侍左衛將軍俄詔留本任加號安西仍遷五兵尚書領驍騎將軍初豫章王有盛寵世祖在東宮崇祖不自附結及破虜詔使還朝與共密議世祖疑之曲加禮待酒後謂崇祖曰世間流言我已豁諸懷抱自今已後富貴見付也崇祖拜謝崇祖去後上復遣荀伯玉口敕以邊事受旨夜發不得辭東宮世祖以崇祖心誠不實銜之太祖崩慮崇祖爲異便令內轉永明元年四月九日詔曰垣崇祖凶詐險躁少無行業昔因軍國多虞採其一夫之用大運光啓頻煩升擢溪壑靡厭浸以彌廣去歲在西連謀境外無君之心已彰遐邇特加遵養庶或悛革而猜貳滋甚志興亂階隨與荀伯玉驅合不逞窺窬非覬構扇邊荒互爲表裏寧朔將軍孫景育究悉姦計具以啓聞除惡務本刑兹罔赦便可收掩肅明憲辟死時年四十四子惠隆徙番禺卒

張敬兒南陽冠軍人也本名苟兒宋明帝以其名鄙改焉父醜爲郡將軍官至節府參軍敬兒年少便弓馬有膽氣好射虎發無不中南陽新野風俗出騎射而敬兒尤多膂力求入隊爲曲阿戍驛將州差補府將還爲郡馬隊副轉隊主稍官寧蠻府行參軍隨同郡人劉胡領軍伐襄陽諸山蠻深入險阻所向皆破又擊湖陽蠻官軍引退蠻賊追者數千人敬兒單馬在後衝突賊軍數十合殺數十人箭中左腋賊不能抗平西將軍山陽王

休祐鎮壽陽求善騎射人敬兒自占見寵爲長史兼行參軍領白直隊泰始初除寧朔將軍隨府轉參騎軍事署中兵領軍討義嘉賊與劉胡相拒於鵲尾洲啓明帝乞本郡事平爲南陽太守將軍如故初王玄謨爲雍州土斷敬兒家屬舞陰敬兒至郡復還冠軍三年薛安都子栢令環龍等竊據順陽廣平畧義成扶風界刺史巴陵王休若遣敬兒及新野太守劉攘兵攻討合戰破走之徙爲順陽太守將軍如故南陽蠻動復以敬兒爲南陽太守遭母喪還家朝廷疑桂陽王休範密爲之備乃起敬兒爲寧朔將軍越騎校尉桂陽事起隸太祖頓新亭賊矢石既交休範白服乘轝往勞樓下城中望見其左右人兵不多敬兒與黃回白太祖曰桂陽所在備防寡闕若詐降而取之此必可擒也太祖曰卿若能辦事當以本州相賞敬兒相與出城南放仗走大呼稱降休範喜召至轝側回陽致太祖密意休範信之回目敬兒敬兒奪取休範防身刀斬休範首休範左右數百人皆驚散敬兒馳馬持首歸新亭除驍騎將軍加輔國將軍太祖以敬兒人位既輕不欲便使爲襄陽重鎮敬兒求之不已乃微動太祖曰沈攸之在荆州公知其欲何所作不出敬兒以防之恐非公之利也太祖笑而無言乃以敬兒爲持節督雍梁二州郢司二郡軍事雍州刺史將軍如故封襄陽縣侯二千戶部伍泊沔口敬兒乘舴艋過江詣晉熙王燮中江遇風船覆左右丁壯者各泅走餘二小吏沒艣下叫呼救敬兒兩掖挾之隨船覆仰常得在水上如此翻覆行數十里方得迎接失所持節更給之沈攸之聞敬兒上遣人伺覘見雍州迎軍儀甚盛慮見掩襲密自防備敬兒至鎮厚結攸之信饋不絕得其事迹密白太祖攸之得太祖書翰論選用方伯密事輒以示敬兒以爲反間敬兒終無二心元徽末襄陽大水平地數丈百姓資財皆漂沒襄陽虛耗太祖與攸之書令賑貸之攸之竟不歷意敬兒與攸之司馬劉攘兵情款及蒼梧廢敬兒疑攸之當因此起兵密以問攘兵攘兵無所言寄敬兒馬鐙一隻敬兒乃爲之備昇明元年冬攸之反遣使報敬兒敬兒勞接周至爲設酒食謂之曰沈公那忽使君來君殊可命乃列仗於廳事前斬之集部曲偵攸之下當襲江陵時攸之遺太祖書曰吾聞魚相忘於江湖人相忘於道術彼我可謂通之矣大明之中謬奉聖王忝同侍衞情存契闊義著斷金乃命帛而衣等糧而食値景和昏暴心爛形燋若斯之苦寧可言盡吾自分碎首於閤下足下亦懼滅族於舍人爾時磐石之心既固義無貳計賊迫時難相引求全天道矜善此理不空結姻之始實關於厚及明帝龍飛諸人皆爲鬼矣吾與足下得蒙大造親過夙眷遇若代臣錄其心迹復忝驅使臨崩之日吾豫在遺託加榮授寵恩深位高雖復情謝古人粗識忠節誓心仰報期之必死此誠志竟未申遂先帝登遐嶶願永奪自爾已來與足下言面殆絕非唯分張形跡自然至此脫枉一告未常不對紙流涕豈顧相詣於今哉苟有所懷不容不白初得賢子賾疏云得家信云足下有廢立之事安國寧民此功巍巍非吾等常人所能信也俄奉皇太后假令云足下潛構深畧獨斷懷抱一何能壯但冠雖弊不可承足蓋共尊高故耳足下交結左右親行殺逆以免身患卿當謂龍逢比干癡人耳凡廢立大事不可廣謀但袁褚遺寄劉又國之近戚數臣地籍實爲膏腴人位並居時望若此不與議復誰可得共披心胸者哉昏明改易自古有之豈獨大宋中屯邪前代盛典煥盈篇史請爲足下言之群公共議宜啓太后奉令而行當以王禮出第足下乃可不通大理要聽君子之言豈可罔滅天理一何若茲孝經云資於事父以事君縱爲宗社大計不爾寧不識有君親之意邪乃復慮以家爲咍以爵賞小人無狀遂行弒害吾雖寡識竊從古比豈有爲臣而有近日之事邪使一旦荼毒身首分離生自可恨死者何罪且有登齋之賞此科出於何文凡在臣隸誰不悅駭華夷抑心行路泣血乃至不殯使流蟲在戶自古以來此例有幾衞國微小故有弘演不圖我宋獨無其人撫膺惆悵不能自已足下與向之殺者何異人情易反還成嗟悲爲子君者無乃難乎蹊田之譬豈復有異管仲有言君善未嘗不諫足下諫諍不聞甘崔杼之罪何惡逆之苦昔太甲還位伊不自疑昌邑之過不可稱數霍光荷託尚共議於朝班然後廢之由有湯沐之施論者不以劫主爲名桓溫之心未忘於篡海西失道人倫頓盡廢之以公猶禮處之當溫彊盛誰能相抗尚畏懼於形跡四海不慊未嘗有樂推之者伊尹霍光名高於臣節桓氏亦得免於脅奪凡是諸事布於書策若此易曉豈待指掌卿常言比跡夷叔如何一旦行過桀跖邪聖明啓運蒼生重造普天率土誰不歌抃實是披心罄節奉公忘私之日而卿大收宮妓劫奪天藏器械金寶必充私室移易朝舊布置私黨被甲入殿內外宮閤管籥悉關家人吾不知子孟孔明遺訓如此王謝陶庾行此事止且朱方帝鄉非親不授足下非國戚也一旦專縱自樹云是兒守臺城父居東府一家兩錄何以異此知卿防固重複猜畏萬端言以禦遠實爲防內若德允物望夷貊猶可推心共處如其失理乖道金城湯池無所用也文長以戈戟自衞何解滅亡吳起有云義禮不脩舟中之人皆讐也足下既無伍員之痛苟懷貪惏而有賊宋之心吾寧捐申包之節邪聞求忠臣者必出孝子之門卿忠孝於斯盡矣今竊天府金帛以行姦惠盜國權爵以結人情且授非其理合我則賞此事已復不可恒用用之既訖恐非忠策且受者不感識者不知不能過姦折謀誠節慨慨隔硋數千無因自對不能知復何情顏當與足下敘平生舊款吾聞前哲絕交不出惡言但此自陳名節於胸心因告別於千載放筆增歎公私潸淚想不深怪往言然天下耳目豈伊可誣抑亦當自知投杖無彊爲必先及太祖出頓新亭報攸之書曰辱足下誚書交道不終爲恥已足欲下便來何故多罔君子吾結髮入仕豈期遠大蓋感子路之言每不擇官而宦逮文帝之世初被聖明鑒賞及孝武之朝復蒙英主頗眄因此感激未能自反及與足下斂袂定交款著分好何嘗不勸慕古人國士之心務重前良忠貞之節至於契濶杯酒殷勤攜袖薦女成姻志相然諾義信之篤誰與間之又乃景和陵虐事切憂畏明帝正位運同休顯啓聽論心安危豈貳元徽之季聽高道慶邪言欲相討伐發威施救已行外內于時臣子鉗口道路以目吾以分交義重患難宜均犯陵白刃以相任保悖主手救今封送相示豈不畏威念周旋之義耳推此陰惠何愧懷抱不云足下猥含禍詖前遣王思文所牒朝事蓋情等家國共詳衷否虛心小大必以先輸問張雍州遷代之日將欲誰擬本是逆論來事非欲代張乃封此示張激使見怒若張感一言果與怨恨事負雅素君子所不可爲況張之奉國忠亮有本情之見與意契不貳邪又張雍州啓事稱彼中蠻動蒸民遭水患救令足下思經拯之計吾亦有白論國如家布情而往每思虛達事之相接恒必猜離反謂無故遣信此乃覘察平諒之襟動則相沮傷負心期自誰作故先時足下遣信尋盟敦舊厲以篤終吾止附還白申罄情本契然遠要方固金石今日舉錯定是誰愆久言邪元徽末德執亾禋祀足下備聞無待亟述太后惟憂式遵前誥典毀之畧事屬鄒躬黜昏樹明實惟前則寧宗靜國何愧前脩廢立有章足下所允冠弊之譏將以何語封爲郡王寧爲失禮景和無名方之不愈乎龍逢自匹夫之美伊霍則社稷之臣同異相乘非吾所受也登齋有賞壽寂已蒙之於前同謀獲功明皇亦行之於昔此則接踵成事誰敢異之謂其大收宮女劫奪天藏器械金寶必充私室必若虛設市虎亦可不翅此言若以此詐民天下豈患無眼心苟無瑕非所耿介甲仗之授事既舊典豈見有任鎮邦家勳經定主而可得出入輕單不資寵衞斯之患慮豈直身憂祇奉此恩職惟事理朱方之牧公卿僉意吾亦謂微勳之次無忝一州且魏晉舊事帝鄉蕃職何嘗豫州必曹司州必馬折膠受柱在體非愧袁粲據石頭足下無不可吾之守東府來告便謂非動容見疾嚬笑入戾乃如是乎袁粲劉秉受遇深重家國既安不思撫鎮遂與足下表裏潛規據城之夜豈顧社稷幸天未長亂宗廟有靈卽與褚衞軍協謀義斷以時殄滅想足下聞之悵然孤沮小兒忝侍中代來之澤遇直上臺便呼一家兩錄發不擇言良以太甚吾之方寸古列共言乃以陶庾往賢大見譏責足下自省詎得以此見貽邪比蹤夷叔論吾則可行過桀蹠無乃近誣哉謂吾不朝此則良誨朝之與否想更問之足下受先帝之恩施擁戎西州鼎湖之日率土載奔而宴安中流酣飲自若卽懷狽望陵侮皇朝晉熙殿下以皇弟代鎮而斷割候迎罔蔑宗子驅畧士馬悉以西上郢中所遺僅餘劣弱昔徵茅不入猶動義師況荆州物產雍岷交梁之會自足下爲牧薦獻何品良馬勁卒彼中不無良皮美罽商賂所聚前後貢奉多少何如唯聞太官時納飲食耳桂陽之難坐觀成敗自以雍容漢南西伯可擬頼原卽天世非望亦消又招集逋亾斷遏行侶治舟試艦恒以朝廷爲旗的秣馬按劍常願天下有風塵爲人臣者固若是邪至乃不遵制書敕下如空國恩莫行命令擁隔詔除郡縣輒自板代罷官去職禁還京師凶人出境無不千里尋躡而反募臺將來必厚加給賞太妃遣使市馬齋寶往蜀足下悉皆斷折以爲私財此皆遠邇共聞暴於視聽主上啟明當璧寓縣同慶絕域奉贄萬國通書而盤桓百日始有單騎事存送往於此可徵不朝如此誰應受誚反以見呵非所反側今乃勤兵以闕象館長戟以指魏闕不亦爲忠臣孝子之所痛心疾首邪賢子元琰獲免虎口及淩波西邁吾所發遣猶推素懷不畏嗤嗤足下尚復滅君臣之紀況吾布衣之交乎遂事不諫既往難咎今六師西向爲足下憂之攸之與兼長史江乂別駕傅宣等守江陵城敬兒軍中力授因以爲刑敬兒告變使至太祖大喜進號鎮軍將軍加散騎常侍改

爲都督給鼓吹一部攸之於郢城敗走其子元琰軍至白水元琰聞城外鶴唳謂是叫聲心懼欲走其夜又宣開門出奔城潰元琰奔寵洲見殺百姓既相抄斂敬兒至江陵誅攸之親黨沒入其財物數十萬悉以入私攸之於湯渚村自經死居民送首荊州敬兒使楯擎之蓋以青繖徇諸市郭乃送京師進號征西將軍爵爲公增邑爲四千戶敬兒於襄陽城西起宅聚財貨又欲移羊叔子墮淚碑於其處立臺綱紀諫曰羊太傅遺德不宜遷動敬兒曰太傅是誰我不識也敬兒弟恭兒不肯出官常居上保村中與居民不異敬兒呼納之甚厚恭兒月一出視敬兒輒復去恭兒本名猪兒隨敬兒改名也初敬兒既斬沈攸之使報隨郡太守劉道宗聚衆得千餘人立營頓司州刺史姚道和不殺攸之使密令道宗罷軍及攸之圍郢道和遣軍頓堇城爲郢援事平依例蒙爵賞敬兒具以啓聞建元元年太祖令有司奏道和罪誅之道和字敬邕羌主姚興孫也父萬壽僞鎮東大將軍降宋武帝卒於散騎侍郎道和出身爲孝武安北行佐有世名頗讀書史常誑人云祖天子父天子身經作皇太子元徽中爲遊擊將軍隨太祖新亭破桂陽賊有功爲撫軍司馬出爲司州疑怯無斷故及於誅三年徵敬兒爲護軍將軍常侍如故敬兒武將不習朝儀聞當內遷乃於密室中屏人學揖讓答對空中俯仰如此竟日妾侍竊窺笑焉太祖即位授侍中中軍將軍以敬兒秩窮五等一仍前封建元二年遷散騎常侍車騎將軍置佐史太祖崩敬兒於家竊泣曰官家大老天子可惜太子年少向我所不及也遺詔加敬兒開府儀同三司將拜謂其妓妾曰我拜後應開黃閤因口自爲鼓聲既拜王敬則戲之呼爲褚淵敬兒曰我馬上所得終不能作華林閤勳也敬則甚恨敬兒始不識書晚既爲方伯乃習學讀孝經論語於新林慈姥廟爲妾乞兒祝神自稱三公然而意知滿足初得鼓吹羞便奏之初娶前妻毛氏生子道文後娶尚氏尚氏有美色敬兒棄前妻而納之尚氏猶居襄陽宅不自隨敬兒慮不復外出乃迎家口悉下至都啓世祖不蒙勞問敬兒心疑及垣崇祖死愈恐懼妻謂敬兒曰昔時夢手熱如火而君得南陽郡元徽中夢半身熱而君得本州今復夢舉體熱矣有閹人聞其言說之事達世祖敬兒又遣使與蠻中交關世祖疑其有異志永明元年敕朝臣華林八關齋於坐收敬兒敬兒左右雷仲顯知有變抱敬兒而泣敬兒脫冠貂投地曰用此物誤我少日伏誅詔曰敬兒蠢茲邊裔昏迷不脩屬值宋季多難頗獲野戰之力拔迹行伍超登非分而愚躁無已矜伐滋深往莅本州久包異志在昔含弘庶能懲革位班三槐秩窮五等懷音靡聞姦回屢構去歲迄今嫌貳滋甚鎮東將軍敬則丹陽尹安民每侍接之日陳其凶狡必圖反噬朕猶謂恩義所感本質可移頃者已來釁戾遂著自以子弟在西足動殊俗招扇羣蠻規擾樊夏假託妖巫用相震惑妄設徵祥潛圖問鼎履霜於開運之辰堅冰於嗣業之世此而可忍孰不可容天道禍淫逆謀顯露建康民湯天獲商行入蠻備覩姦計信驛書翰證驗炳明便可收掩式正刑辟同黨所及特皆原宥子道文武陵內史道暢征虜功曹道固弟道休並伏誅少子道慶見宥後數年上與豫章王嶷三日曲水內宴舴艋船流至御坐前覆沒上由是言及敬兒悔殺之恭兒官至員外郎在襄陽聞敬兒敗將數十騎走入蠻中收捕不得後首出上原其罪

史臣曰平世武臣立身有術若非愚以取信則宜智以自免心迹無阻乃見優容崇祖恨結東朝敬兒情疑鳥盡嗣運方初委骨嚴憲若情非發憤事無感激功名之間不足爲也

贊曰崇祖爲將志懷馳逐規搔淮部立勳豫牧敬兒莅雍深心防楚豈不劬勞實興師旅烹犬藏弓同歸異緒

南齊書卷二十五考證

垣崇祖傳封望蔡縣侯七百戶○臣祖庚按望蔡縣屬豫章郡沈約曰漢靈帝中平中汝南上蔡民分徙此城立縣名曰上蔡晉武帝太康元年更名望蔡武帝永明二年茹法亮封望蔡縣男食邑三百戶

虜軍果夷掘下蔡城崇祖自牽衆渡淮與戰大破之○臣祖庚按魏書道成豫州刺史垣崇祖寇下蔡昌黎王馮熙擊破之兩書互異

世祖以崇祖心誠不實○南監本作不盡誠心

張敬兒傳休範左右數百人皆驚散○臣祖庚按通鑑從休範傳以數十人自衞似得其實若左右有數百人黃回敬兒雖勇何能徑往取之耶

何惡逆之苦○苦南監本作甚較長

敬兒軍中力授因以爲別○臣汞蒼按此句之上多有訛闕南監本無攸之與兼長史江乂至給鼓吹一部五十七字而下文其子元琰之下軍至之上却有與兼長史江乂別駕傳宣等還守江陵敬兒十七字文勢極順然不見敬兒告變一節事亦闕文也竊疑力按之授或是援字軍中力援因以爲別八字當在第八頁遣使報敬兒之下第八頁當襲江陵四字當在此頁前八行攸之二字之下直接敬兒告變至其子元琰四十一字其與兼長史江乂以下十七字宜照南監本移入于其子元琰之下軍至白水之上庶幾前後氣脉一一貫通第無善本可據未敢擅改耳

南齊書卷二十六

梁　蕭　子　顯　撰

列傳第七

王敬則　陳顯達

王敬則晉陵南沙人也母爲女巫生敬則而胞衣紫色謂人曰此兒有鼓角相敬則年長兩腋下生乳各長數寸夢騎五色獅子年二十餘善拍張補刀戟左右景和使敬則跳刀高與白虎幢等如此五六接無不中補俠轂隊主領細鎧左右與壽寂之同斃景和明帝即位以爲直閤將軍坐捉刀入殿啓事繫尚方十餘日乃復直閤除奮武將軍封重安縣子邑三百五十戶敬則少時於草中射獵有虫如烏豆集其身擿去乃脫其處皆流血敬則惡之詣道士卜道士曰不須憂此封侯之瑞也敬則聞之喜故出都自効至是如言泰始初以敬則爲龍驤將軍軍主隨寧朔將軍劉懷珍征壽春殷琰遣將劉從築四壘於死虎懷珍遣敬則以千人繞後直出橫塘賊衆驚退除奉朝請出補東武暨陽令敬則初出都至陸主山下宗侶十餘船同發敬則船獨不進乃令弟入水推之見一烏漆棺敬則曰爾非凡器若是吉善使船速進吾富貴當改葬爾船須臾去敬則既入縣收此棺葬之軍荒之後縣有一部劫逃紫山中爲民患敬則遣人致意劫帥可悉出首當相申論治下廟神甚酷烈百姓信之敬則引神爲誓必不相負劫帥既出敬則於廟中設會於座收縛曰吾先啓神若負誓還神十牛今不違誓即殺十牛解神并斬諸劫百姓悅之遷員外郎元徽二年隨太祖拒桂陽賊於新亭敬則與羽林監陳顯達寧朔將軍高道慶乘舸艒於江中迎戰大破賊水軍焚其舟艦事寧帶南泰山太守右俠轂主轉越騎校尉安城王車騎參軍蒼梧王狂虐左右不自保敬則以太祖有威名歸誠奉事每下直輒往領軍府夜著青衣扶匐道路爲太祖聽察蒼梧去來太祖命敬則於殿內伺機未有定日既而楊玉夫等危急殞帝敬則時在家玉夫將首投敬則敬則馳詣太祖太祖慮蒼梧所誑不開門敬則於門外大呼曰是敬則耳門猶不開乃於牆上投進其首太祖索水洗視視竟乃戎服出敬則從入宮至承明門門郎疑非蒼梧還敬則慮人覘見以刀環塞窐孔呼開門甚急衞尉丞顏靈寶窺見太祖乘馬在外竊謂親人曰今若不開內領軍天下會是亂耳門開敬則隨太祖入殿明旦四貴集議敬則拔白刃在床側跳躍曰官應處分誰敢作同異者昇明元年遷員外散騎常侍輔國將軍驍騎將軍領臨淮太守增封爲千三百戶知殿內宿衞兵事沈攸之事起進敬則號冠軍將軍太祖入守朝堂袁粲起兵夕領軍劉韞直閤將軍卜伯興等於宮內相應戒嚴將發敬則開關掩襲皆殺之殿內竊發盡平敬則之力也遷右衞將軍常侍如故增封爲二千五百戶尋又加五百戶又封敬則子元遷爲東鄉侯邑三百七十戶齊臺建爲中領軍太祖將受禪材官薦易太極殿柱順帝欲避土不肯出宮遜位明日當臨軒帝又逃宮內敬則將轝入迎帝啓譬令出帝拍敬則手曰必無過慮當餉輔國十萬錢建元元年出爲使持節散騎常侍都督南兗兗徐青冀五州軍事平北將軍南兗州刺史封尋陽郡公邑三千戶加敬則妻懷氏爵爲尋陽國夫人二年進號安北將軍虜寇淮泗敬則恐委鎮還都百姓皆驚散奔走上以其功臣不問以爲都官尚書撫軍尋遷使持節散騎常侍安東將軍吳興太守郡舊多剽掠有十數歲小兒於路取遺物殺之以殉自此道不拾遺郡無劫盜又錄得一偷召其親屬於前鞭之令偷身長掃街路久之乃令偷舉舊偷自代諸偷恐爲其所識皆逃走境內以清出行從市過見屠肉枅歎曰吳興昔無此枅是我少時在此所作也還護軍將軍常侍如故以家爲府三年以改葬去職詔贈敬則母尋陽公國太夫人改授侍中撫軍將軍太祖遺詔敬則以本官領丹陽尹尋遷爲使持節散騎常侍都督會稽東陽新安臨海永嘉五郡軍事鎮東將軍會稽太守永明二年給鼓吹一部會土邊帶湖海民丁無士庶皆保塘役敬則以功力有餘悉評斂爲錢送臺庫以爲便宜上許之竟陵王子良啓曰伏尋三吳內地國之關輔百度所資民庶彫流日有困殆蠶農罕獲饑寒尤甚富者稍增其饒貧者轉鍾其弊可爲痛心難以辭盡頃錢貴物賤殆欲兼倍凡在觸類莫不如茲稼穡難劬斛

直數倍今機杼勤苦匹裁三百所以然者實亦有由年常歲調既有定期僮郵所上咸是見直民間錢多剪鑿鮮復完者公家所受必須員大以兩代一困於所貿鞭捶質繫益致無聊臣昔忝會稽粗閑物俗塘丁所上本不入官良由陂湖宜壅橋路須通均夫訂直民自爲用若甲分毁壞則年一脩改若乙限堅完則終歲無役今郡通課此直悉以還臺租賦之外更生一調致令塘路崩蕪湖源泄散害民損政實此爲劇建元初狡虜游𩲸軍用殷廣浙東五郡丁稅一千乃有質賣妻兒以充此限道路愁窮不可聞見所逋尚多收上事絕臣等具啓聞即蒙蠲原而此年租課三分逋一明知徒足擾民實自弊國愚謂塘丁一條宜還復舊在所逋郵優量原除凡應受錢不限大小仍令在所折市布帛若民有雜物是軍國所須者聽隨價准直不必一應送錢於公不虧其用在私實荷其渥昔晉氏初遷江左草創絹布所直十倍於今賦調多少因時增減永初中官布一匹直錢一千而民間所輸聽爲九百漸及元嘉物價轉賤私貨則束直六千官受則匹准五百所以每欲優民必爲降落今入官好布匹堪百餘其四民所送猶依舊制昔爲損上今爲刻下氓庶空儉豈不由之救民拯弊莫過減賦時和歲稔尙爾虛乏儻値水旱寧可熟念且西京熾强實基三輔東都全固寔賴三河歷代所同古今一揆石頭以外裁足自供府州方山以東深關朝廷根本夫股肱要重不可不䘏宜蒙寬政少加優養畧其目前小利取其長久大益無患民貲不殷國財不阜也宗臣重寄咸云利國竊如愚管未見可安上不納三年進號征東將軍宋廣州刺史王翼之子妾路氏剛暴數殺婢翼之子法明告敬則敬則付山陰獄殺之路氏家訴爲有司所奏山陰令劉岱坐棄市刑敬則入朝上謂敬則曰人命至重是誰下意殺之都不啓聞敬則曰是臣愚意臣知何物科法見背後有節便言應得殺人劉岱亦引罪上乃赦之敬則免官以公領郡明年遷侍中中軍將軍尋與王儉俱即本號開府儀同三司儉既固讓敬則亦不即受七年出爲使持節散騎常侍都督豫州郢州之西陽司州之汝南二郡軍事征西大將軍豫州刺史開府如故進號驃騎十一年遷司空常侍如故世祖崩遺詔改加侍中高宗輔政密有廢立意隆昌元年出敬則爲使持節都督會稽東陽臨海永嘉新安五郡軍事會稽太守本官如故海陵王立進位太尉敬則名位雖達不以富貴自遇危拱傍遑畧不衿裾接士庶皆吳語而殷勤周悉初爲散騎使虜於北館種楊柳後員外郎虞長耀北使還敬則問我昔種楊柳樹今若大小長耀曰虜中以爲甘棠敬則笑而不答世祖御座賦詩敬則執紙曰臣幾落此奴度內世祖問此何言敬則曰臣若知書不過作尙書都令史耳那得今日敬則雖不大識書而性甚警黠臨州郡令省事讀辭下教判決皆不失理明帝即位進大司馬增邑千戶臺使拜授日雨大洪注敬則文武皆失色一客在傍曰公由來如此昔拜丹陽吳興時亦然敬則大悅曰我宿命應得雨乃列羽儀備朝服導引出聽事拜受意猶不自得吐舌久之至事竟帝既多殺害敬則自以高武舊臣心懷憂恐帝雖外厚其禮而內相疑備數訪問敬則飲食體幹堪宜聞其衰老且以居內地故得少安三年中遣蕭坦之將齋仗五百人行武進陵敬則諸子在都憂怖無計上知之遣敬則世子仲雄入東安慰之仲雄善彈琴當時新絕江左有蔡邕焦尾琴在主衣庫上敕五日一給仲雄仲雄於御前鼓琴作懊儂曲歌曰常歎負情儂郎今果行許帝愈猜愧永泰元年帝疾屢經危殆以張瓌爲平東將軍吳郡太守置兵佐密防敬則內外傳言當有異處分敬則聞之竊曰東今有誰秖是欲平我耳諸子怖懼第五子幼隆遣正員將軍徐嶽密以情告徐州行事謝朓爲計若同者當往報敬則朓執嶽馳啓之敬則城局參軍徐庶家在京口其子密以報庶庶以告敬則五官王公林公林敬則族子常所委信公林勸敬則急送啓賜兒死單舟星夜還都敬則令司馬張思祖草啓既而曰若爾諸郎在都要應有信且忍一夕其夜呼僚佐文武樗蒲賭錢謂衆曰卿諸人欲令我作何計莫敢先答防閤丁興懷曰官秖應作耳敬則不作聲明旦召山陰令王詢臺傳御史鍾離祖願敬則橫刀踑坐問詢等發丁可得幾人傳庫見有幾錢物詢答縣丁卒不可上祖願稱傳物多未輸入敬則怒將出斬之王公林又諫敬則曰官是事皆可悔惟此事不可悔官詎不更思敬則唾其面曰小子我作事何關汝小子乃起兵上詔曰謝朓啓事騰徐嶽列如右王敬則稟質凶猾本謝人綱直以宋季多艱頗有膂力之用驅獎所至遂升榮顯皇運肇基預聞末議功非匡國賞實震主爵冠執珪身登衣衮固以風雅作刺縉紳側目而溪谷易盈鴟梟難改猜心內駭醜辭外布永明之朝履霜有漸隆昌之世堅冰將著從容附會朕有力焉及景歷惟新推誠盡禮中使相望軒冕成陰遒嫌跡愈興禍圖茲構收合亡命結黨聚羣外候邊警內伺國隙元遷兄弟中萃淵藪姦契潛通將謀竊發朓即姻家嶽又邑子取據匪他昭然以信方邵之美未聞韓彭之豊以積此而可容孰寄刑典便可即遣收掩肅明國憲大辟所加其父子而已凡諸詿誤一從蕩滌收敬則子員外郎世雄記室參軍季哲太子洗馬幼隆太子舍人少安等於宅殺之長子黃門郎元遷爲寧朔將軍領千人於徐州擊虜敕徐州刺史徐玄慶殺之敬則招集配衣二三日便發欲劫前中書令何胤還爲尙書令長史王弄璋司馬張思祖止之乃率實甲萬人過浙江謂思祖曰應須作檄思祖曰公今自還朝何用作此敬則乃止朝廷遣輔國將軍前軍司馬左興盛後軍將軍直閤將軍崔恭祖輔國將軍劉山陽龍驤將軍直閤將軍馬軍主胡松三千餘人築壘於曲阿長岡右僕射沈文季爲持節都督屯湖頭備京口路敬則以舊將舉事百姓擔蒿荷鍤隨逐之十餘萬衆至晉陵南沙人范脩化殺縣令公上延孫以應之敬則至武進陵口慟哭乘肩轝而前遇興盛山陽二砦盡力攻之興盛使軍人遙告敬則曰公兒死已盡公持許底作官軍不敢欲退而圍不開各死戰胡松領馬軍突其後白丁無器仗皆驚散敬則軍大敗敬則索馬再上不得上興盛軍容袁文曠斬之傳首是時上疾已篤敬則倉卒東起朝廷震懼東昏侯在東宮議欲叛使人上屋望見征虜亭失火謂敬則至急裝欲走有告敬則者敬則曰檀公三十六策走是上計汝父子唯應急走耳敬則之來聲勢甚盛裁少日而敗時年七十餘封左興盛新吳縣男崔恭祖遂興縣男劉山陽湘陰縣男胡松沙陽縣男各四百戶賞平敬則也又贈公上延孫爲射聲校尉

陳顯達南彭城人也宋孝武世爲張永前軍幢主景和中以勞歷使使泰始初以軍主隸徐州刺史劉懷珍北征累至東海王板行參軍員外郎泰始四年封彭澤縣子邑三百戶歷馬頭義陽二郡太守羽林監濮陽太守隸太祖討桂陽賊於新亭壘劉勔大桁敗賊進杜姥宅及休範死太祖欲還衞宮城或諫太祖曰桂陽雖死賊黨猶熾人情離固不可輕動太祖乃止遣顯達率司空參軍高敬祖自查浦渡淮緣石頭北道入承明門屯東堂宮中恐動得顯達至乃稍定顯達出杜姥宅大戰破賊矢中左眼拔箭而鏃不出地黃村潘嫗善禁先以釘釘柱嫗禹步作氣釘即時出乃禁顯達目中鏃出之封豐城縣侯邑千戶轉游擊將軍尋爲使持節督廣交越三州湘州之廣興軍事輔國將軍平越中郎將廣州刺史進號冠軍沈攸之事起顯達遣軍援臺長史到遁司馬諸葛導謂顯達曰沈攸之擁衆百萬勝負之勢未可知不如保境蓄衆分遣信驛密通彼此顯達於座手斬之遣表疏歸心太祖進使持節左將軍軍至巴丘而沈攸之平除散騎常侍左衞將軍轉前將軍太祖太尉左司馬齊臺建爲散騎常侍左衞將軍領衞尉太祖即位遷中護軍增邑千六百戶轉護軍將軍顯達啓讓上答曰朝廷爵人以序卿忠發萬里信誓如期雖屠城殄國之勳無以相加此而不賞典章何在若必未宜爾吾終不妄授於卿數士意同家人豈止於君臣邪過明與王李俱祗召也上即位後御膳不宰牲顯達上熊烝一盤上即以充飯建元二年虜寇壽陽淮南江北百姓搔動上以顯達爲使持節散騎常侍都督南兗兗徐青冀五州諸軍事平北將軍南兗州刺史之鎮虜退上敕顯達曰虜經破散後當無復犯關理但國家邊防自應過存備豫宋元嘉二十七年後江夏王作南兗徙鎮盱眙沈司空亦以孝建初鎮彼政當以淮上要於廣陵耳卿謂前代此處分云何今僉議皆云卿應據彼地吾未能決乃當以擾動文武爲勞若是公計不得憚之事竟不行遷都督益寧二州軍事安西將軍益州刺史領宋寧太守持節常侍如故世祖即位進號鎮西益部山險多不賓服大度村獠前後刺史不能制顯達遣使責其租賧獠帥曰兩眼刺史尚不敢調我遂殺其使顯達分部將吏聲將出獵夜往襲之男女無少長皆斬之自此山夷震服廣漢賊司馬龍駒據郡反顯達又討平之永明二年徵爲侍中護軍將軍顯達累任在外經太祖之憂及見世祖流涕悲咽上亦泣心甚嘉之五年荒人桓天生自稱桓玄宗族與雍司二州界蠻虜相扇動據南陽故城上遣顯達假節率征虜將軍戴僧靜等水軍向宛葉雍司衆軍受顯達節度天生率虜衆萬餘人攻舞陰舞陰戍主輔國將軍殷公愍擊殺其副張麒麟天生被瘡退走仍以顯達爲使持節散騎常侍都督雍梁南北秦郢州之竟陵司州之隨郡軍事鎮北將軍領寧蠻校尉雍州刺史顯達進據舞陽城遣僧靜等先進與天生及虜再戰大破之官軍還數月天生復出攻舞陰殷公愍破之天生還竄荒中遂城平民曰土三城賊稍稍降散八年進號征北將軍其年仍遷侍中鎮軍將軍尋加中領軍出爲使持節散騎常侍都督江州諸軍事征南大將軍江州刺史給鼓吹一部顯達謙厚有智計自以人微位重每遷官常有愧懼之色有子十餘人誡之曰我

本志不及此汝等勿以富貴陵人家旣豪富諸子與王敬則諸兒並精車牛麗服飾當世快牛稱陳世子青王三郎烏呂文顯折角江瞿曇白鼻顯達謂其子曰麈尾扇是王謝家物汝不須捉此自隨十一年秋虜動詔屯樊城世祖遺詔卽本號開府儀同三司隆昌元年遷侍中車騎將軍開府如故置兵佐豫廢鬱林之勳延興元年爲司空進爵公增邑千戶甲仗五十人入殿高宗卽位進太尉侍中如故改封鄱陽郡公邑三千戶加兵二百人給油絡車建武二年虜攻徐司詔顯達出頓往來新亭白下以爲聲勢上欲悉除高武諸孫微言問顯達答曰此等豈足介慮上乃止顯達建武世心懷不安深自貶匿車乘朽故導從鹵簿皆用羸小不過十數人侍宴酒後啓上曰臣年已老富貴已足唯少枕枕死特就陛下乞之上失色曰公醉矣以年老告退不許是時虜頻寇雍州衆軍不捷失沔北五郡永泰元年乃遣顯達北討詔曰晉氏中微宋德將謝蕃臣外叛要荒內侮天未悔禍左衽亂華巢穴神州逆移年載朕嗣膺景業踵武前王靜言隆替思乂區夏但多難甫夷恩化肇洽興師授衆非政所先用戢遠圖權緩北畧冀戎夷知義懷我好音而凶醜剽狡專事侵掠驅扇異類蟻聚西偏乘彼自來之資撫其天亡之會軍無再駕民不重勞傳檄以定三秦一麾而臣禹迹在此舉矣且中原士庶久望皇威乞師請援結軌馳道信不可失時豈終朝宜分命方嶽因茲大號侍中太尉顯達可暫輟槐陰指授羣帥中外纂嚴加顯達使持節向襄陽永元元年顯達督平北將軍崔慧景衆軍四萬圍南鄉界馬圈城去襄陽三百里攻之四十日虜食盡噉死人肉及樹皮外圍旣急虜突走斬獲千計官軍競取城中絹不復窮追顯達入據其城遣軍主莊丘黑進取南鄉縣故順陽郡治也虜主元宏自領十餘萬騎奄至顯達引軍渡水西據鷹子山築城人情沮敗虜兵甚急軍主崔恭祖胡松以烏布幔盛顯達數人擔之逕道從分磧山出均水口臺軍緣道奔退死者三萬餘人左軍將張千戰死追贈游擊將軍顯達素有威名著於蠻虜至是大損喪焉御史中丞范岫奏免顯達官朝議優詔答曰昔衛霍出塞往往無功馮鄧入關有時虧喪況公規謨肅舉期寄兼深見可知難無損威畧方振遠圖廓淸朔土雖執憲有常非所得議顯達表解職不許求降號又不許以顯達爲都督江州軍事江州刺史鎭盆城持節本官如故初王敬則事起始安王遙光啓明帝慮顯達爲變欲追軍還事尋平乃寢顯達亦懷危怖及東昏立彌不樂還京師得此授甚喜尋加領征南大將軍給三望車顯達聞京師大相殺戮又知徐孝嗣等皆死傳聞當遣兵襲江州顯達懼禍十一月十五日舉兵令長史庾弘遠司馬徐虎龍與朝貴書曰諸軍足下我太祖高皇帝叡哲自天超人作聖屬彼宋季綱紀自頓應禪從民遘此基業世祖武皇帝昭略通遠克纂洪嗣四關罷嶮三河靜塵鬱林海陵頓孤負荷明帝英聖紹建中興至乎後主行悖三才琴橫由席繡積麻筵淫犯先宮穢興閨闥皇陛爲市廛之所雕房起征戰之門任非華尚寵必寒廝江僕射兄弟忠言屬薦正諫繁興覆族之誅於斯而至故乃犴獄之刑四剽於海路家門之釁一起於中都蕭劉二領軍並升御座共稟遺詔宗戚之苦諒不足談渭陽之悲何辜至此徐司空歷葉忠榮淸簡流世匡翼之功未著傾宗之罰已彰沈僕射年在懸車將念机杖歡歌園藪絕影朝門忽招陵上之罰何萬古之傷哉遂使紫臺之路絕縉紳之儔纓組之閣罷金張之肩悲哉蟬冕爲賤寵之服嗚呼皇陛列劫豎之坐且天人同怨乾象變錯往歲三州流血今者五地自動昔漢池異色胥王因之見廢吳郡暫震步生以爲姦倖況事隆於往怪盈倍於前虐此而未廢孰不可興王僕射王領軍崔護軍中維簡正逆念剖心蕭衛尉蔡詹事沈左衛各負良家共傷時嶮先朝遺舊志在名節同列丹書要同義舉建安殿下秀德沖遠寔允神器昏明之舉往聖流言今忝役戎驅亟請乞路須京塵一靜西迎大駕歌舞太平不亦佳哉裴豫州宿遣誠言久懷慷慨計其勁兵已登淮路申司州志節堅明分見迎合總勒偏率殿我而進蕭雍州房僧寄並已纂邁旌鼓將及南兗州司馬崔恭祖壯烈超羣嘉驛屢至所聽烽諜共成脣齒荊郢行事蕭張二賢莫不案劒餐風橫戈待節闔境蓄守之儔孰非義侶我大尉公體道合聖杖德脩文神武橫於七伐雄略震於九綱是乃從彼英序還抗社稷本欲鳴笳細錫無勞戈刃但忠黨有心節義難遣信次之間森然十萬飛旍咽於九派列艦迷於三川此蓋捧海澆螢烈火消凍耳吾子其擇善而從之無令竹帛空爲後人笑也朝廷遣後軍將軍胡松驍騎將軍李叔獻水軍據梁山左衛將軍左興盛假節加征虜將軍督前鋒軍事屯新亭輔國將軍驍騎將軍徐世摽領兵屯杜姥宅顯達率衆數千人發尋陽與胡松戰於采石大破之京邑震恐十二月十三日顯達至新林築城壘左興盛率衆軍爲拒戰之計其夜顯達多置屯火於岸側潛軍渡取石頭北上襲宮城遇風失曉十四日平旦數千人登落星崗新亭軍望火謂顯達猶在旣而奔歸赴救屯城南宮掖大駭閉門守備顯達馬矟從步軍數百人於西洲前與臺軍戰再合大勝手殺數人矟折官軍繼至顯達不能抗退走至西州後烏榜村爲騎官趙潭注矟刺落馬斬之於籬側血涌湔籬似淳于伯之被刑也時年七十三顯達在江州遇疾不治尋而自差意甚不悅是冬連大雪梟首於朱雀而雪不集之諸子皆伏誅

史臣曰光武功臣所以能終其身名者非唯不任職事亦以繼奉明章心尊正嫡君安乎上臣習乎下王陳拔迹奮飛則建元永明之運身極鼎將則建武永元之朝勳非往時位踰昔等禮授雖重情分不交加以主猜政亂危亡慮及舉手扞頭人思自免干戈旣用誠淪犯上之跡敵國起於同舟況又疎於此者也

贊曰糾糾敬則臨難不惑功成殿寢誅我蝥賊顯達孤根應義南蕃威揚寵盛鼎食高門王虧河兗陳挫襄樊

南齊書卷二十六考證

王敬則傳衛尉丞顏靈寶窺見太祖乘馬在外竊謂親人曰今若不開內領軍天下會是亂耳○臣祖庚按高帝紀不載宋後廢帝紀亦無此語通鑑考異曰靈寶若語所親則須有知者豈得宿衛晏然不動據此則傳固未可盡信也

明旦四貴集議○按南史齊高帝紀公與袁粲褚彥回劉彥節更直入決事號爲四貴

仲雄於御前作懊儂曲○臣祖庚按晉志曰懊儂歌者隆安初俗間訛謠之曲歌云春草可攬結女兒可攬擷杜佑曰懊儂歌石崇妾綠珠所作絲布澁難縫一曲而已仲雄蓋倣其曲而作歌也

收敬則子員外郎世雄○臣承恭按通鑑注云此卽敬則世子仲雄也仲世二字必有一誤

興盛軍容袁文曠斬之○臣祖庚按通鑑作軍客又按南史有軍容馬容如桓康爲齊高帝軍容蕭摩訶馬容陳智深盇皆簡拔魁健有武藝之士使之前驅以壯軍馬之容故以爲名然則通鑑客字或容字之訛也

南齊書卷二十七

梁　蕭子顯　撰

列傳第八

劉懷珍　李安民　王玄載弟玄邈

劉懷珍字道玉平原人漢膠東康王寄後也祖昶宋武帝平齊以爲青州治中至員外常侍伯父奉伯宋世爲陳南頓二郡太守懷珍幼隨奉伯至壽陽豫州刺史趙伯符出獵百姓聚觀懷珍獨避不視奉伯異之曰此兒方興吾宗本州辟主簿元嘉二十八年亡命司馬順則聚黨東揚州遣懷珍將數千人掩討平之宋文帝召問破賊事狀懷珍讓功不肯當親人怪問焉懷珍曰昔國子尼恥陳河間之級吾豈能論邦域之捷哉時人稱之江夏王義恭出鎭盱眙道遇懷珍以應對見重取爲驃騎長史兼墨曹行參軍尋除振武將軍長廣太守孝建初爲義恭大司馬參軍直閤將軍懷珍北州舊姓門附殷積啓上門生千人充宿衛孝武大驚召取青冀豪家私附得數千人土人怨之隨府轉太宰參軍大明二年虜圍泗口城青州刺史顏師伯請援孝武遣懷珍將步騎數千赴之於麋溝湖與虜戰破七城拜建武將軍樂陵河間二郡太守賜爵廣晉縣侯明年懷珍啓求還孝武答曰邊維須才未宜陳請竟陵王誕反郡豪民王弼勸懷珍應之懷珍斬弼以聞孝武大喜除豫章王子尚車騎參軍加龍驤將軍泰始初除寧朔將軍東安東莞二郡太守率龍驤將軍王敬則姜產步騎五千討壽陽廬江太守王仲子南奔賊遣僞廬江太守劉道蔚五千人頓建武澗築三城懷珍遣軍主段僧愛等馬步三百餘人掩擊斬之引軍至晉熙僞太守閻湛拒守劉子勛遣將王仲虯步卒萬人救之懷珍遣馬步三千人襲擊仲虯大破之於莫邪山遂進壽陽又遣王敬則破殷琰將劉從等四壘於橫塘死虎懷珍等乘勝逐北頓壽春長邏門宋明帝嘉其功除羽林監屯騎校尉將軍如故懷珍請先平賊辭讓不受建安王休仁濃湖與賊相持久未決明帝召懷珍還拜前將軍加輔國將軍領軍向青山助擊劉胡事平除游擊將軍輔國將軍如故青州刺史沈文秀拒命明帝遣其弟文炳宣諭使懷珍領馬步三千人隨文炳俱行未至薛安都引虜徐兗已沒張永沈攸之於彭城大敗勅懷珍步從盱眙自淮陰濟淮救永等而官軍爲虜所逐相繼奔歸懷珍乃還三年春敕懷珍權鎭山陽先是明帝遣青州刺史明僧暠北征僧暠遣將於王城築壘以逼沈文秀塹壁未立爲文秀

所破仍進攻僞昌帝使懷珍率龍驤將軍王廣之五百騎步卒二千人泝海救援至東海而僞昌已退保東萊懷珍進據朐城衆心恟懼或欲且保郁州懷珍謂衆曰卿等傳文秀厚賂胡師規爲外援察其徒黨何能必就左衽齊士庶見於民義積葉聲介一馳東萊可飛書而下何容阻軍緩邁止於此邪遂進至黔陬僞高密平昌二郡太守潰走懷珍遣朝廷意送致文炳文秀終不從命焚燒郭邑百姓閧懷珍至皆喜僞長廣太守劉桃根領數千人戍守其城懷珍引軍次洋水衆皆曰文秀今遊騎境內宜堅壁伺隙懷珍曰今衆少糧單我懸彼固政宜簡精銳掩其不備耳遣王廣之將百騎襲陷其城桃根走僞東萊太守鞠延僧數百人據城劫留高麗獻使懷珍又遣寧朔將軍明慶符與廣之擊降延僧遣高麗使詣京師文秀聞諸城皆敗乃遣使張靈碩請降懷珍乃還其秋虜遂侵齊圍歷城梁鄒二城游騎至東陽擾動百姓冀州刺史崔道固兗州刺史劉休賓告急休賓懷珍從弟也朝廷以懷珍爲使持節都督徐兗二州軍事輔國將軍平胡中郎將徐州刺史封艾縣侯邑四百戶督水步四十餘軍赴救二城旣沒乃止改授寧朔將軍竟陵太守轉巴陵王征西司馬領南義陽太守建平王景素爲荆州仍徙右軍司馬還南郡太守加寧朔將軍明帝手詔懷珍曰卿性忠讜平所仗賴在彼與年少共事不可深存受益景素見乃佳但不能接物頗亦墮事卿每諫之懷珍奉旨帝寢疾又詔懷珍曰卿不應乃作景素佐才舊所寄今徵卿參二衞直會帝崩乃爲安成王撫軍司馬領南高平太守朝廷疑桂陽王休範中書舍人王道隆宣旨以懷珍爲冠軍將軍豫章太守懷珍曰休範須有禍萌安敢便發若終爲寇必請奉律吞之今者賜使恐成猜迫固請不就乃除黃門郎領虎賁中郎將青州大中正桂陽反加懷珍前將軍守石頭爲使持節督豫司二州郢州之西陽軍事冠軍將軍豫州刺史建平王景素反懷珍遣子靈哲領兵赴京師昇明元年進號征虜將軍沈攸之在荆楚朝議疑惑懷珍遣冗從僕射張護使郢致誠於世祖幷陳計策及攸之起兵衆謂當泝流直下懷珍謂僚佐曰攸之矜躁夙著虐加楚服必當阻兵中流聲劫幼主不敢長驅決勝明矣遣子靈哲領馬步數千人衞京師攸之遣使許天保說結懷珍懷珍斬之送首於太祖太祖送示攸之進號左將軍徙封中宿縣侯增邑六百戶攸之圍郢城懷珍遣建寧太守張謨游擊將軍裴仲穆蠻漢軍萬人出西陽破賊前鋒公孫方平軍數千人收其器甲進平南將軍增督南豫北徐二州增邑爲千戶初孝武世太祖爲舍人懷珍爲直閤相遇早舊懷珍假還青州上有白驄馬嚙人不可騎送與懷珍別懷珍報上百匹絹或謂懷珍曰蕭君此馬不中騎是以與君耳君報百匹不亦多乎懷珍曰蕭君局量堂堂寧應負人此絹吾方欲以身名託之豈計錢物多少太祖輔政以懷珍內資未多二年冬徵爲都官尙書領前軍將軍以第四子寧朔將軍晃代爲豫州刺史或疑懷珍不受代太祖曰我布衣時懷珍便推懷投款況在今日寧當有異晃發經日而疑論不止上乃遣軍主房靈民領百騎追送晃謂靈民曰論者謂懷珍必有異同我期之有素必不應爾卿是其鄕里故遣卿行非唯衞新亦以迎故也懷珍還仍授相國右司馬建元元年轉左衞將軍加給事中改霄城侯增邑二百戶明年加散騎常侍虜寇淮肥以本官加平西將軍假節西屯巢湖爲壽春勢援虜退乃還懷珍年老以禁旅辛勤求爲閑職轉光祿大夫常侍如故其冬虜寇朐山授使持節安北將軍本官如故領兵救援未至事寧解安北持節四年疾篤上表解職上優詔答許別量所授其夏卒年六十三遺言薄葬世祖追贈散騎常侍鎭北將軍雍州刺史諡曰敬侯子靈哲字文明解褐王國常侍行參軍尙書直郎齊臺步兵校尉建元初歷寧朔將軍臨川王前軍諮議廬陵內史齊郡太守前軍將軍靈哲所生母嘗病靈哲躬自祈禱夢見黃衣老公曰可取南山竹笋食之疾立可愈靈哲驚覺如言而疾瘳嫡母崔氏及兄子景焕泰始中沒虜靈哲爲布衣不聽樂及懷珍卒當襲爵靈哲固辭以兄子在虜中存亡未測無容越當茅土朝廷義之靈哲傾產私贖嫡母及景焕累年不能得世祖哀之令北使告虜主虜主送以還南襲懷珍封爵靈哲永明初歷護軍長史東中郎諮議領中直兵出爲寧朔將軍巴西梓潼二郡太守西陽王左軍司馬隆昌元年卒年四十九

李安民蘭陵承人也祖嶷衞軍參軍父欽之殿中將軍補薛令安民隨父之縣元嘉二十七年沒虜率部曲自拔南歸太子劭逆使安民領支軍降義師板建威將軍補魯爽左軍及爽反安民遁還京師除領軍行參軍遷左衞殿中將軍大明中虜侵徐兗以安民爲建威府司馬無鹽令除殿中將軍領軍討漢川互蠻賊晉安王子勛反明帝除安民武衞將軍領水軍補建安王司徒城局參軍擊赭圻湖白荻浦賴窟皆捷除積射將軍軍主張興世據錢溪糧盡爲賊所逼安民率舟乘數百越賊五城送米與興世僞軍主沈仲王張引軍自鵲口欲斷江安民進軍合戰破之又擊鵲尾江城皆有功事平明帝大會新亭勞接諸軍主摴蒱官賭安民五擲皆盧帝大驚目安民曰卿面方如田封侯狀也安民少時貧窶有一人從門過相之曰君後當大富貴與天子交手共戲至是安民尋此人不知所在從張永沈攸之討薛安都於彭城軍敗安民在後拒戰還保下邳除寧朔將軍戍淮陽城論饋口功封邵武縣子食邑四百戶復隨吳喜沈攸之擊虜達睢口戰敗還保宿豫淮北旣沒明帝敕留安民戍甬城除寧朔將軍冗從僕射戍泗口領舟軍緣淮游防至壽春虜遣僞長社公連營十餘里寇汝陰豫州刺史劉勔擊退之虜荆亭戍主昇乞奴棄城歸降安民率水軍攻前破荆亭絕其津逕遷寧朔將軍冠軍司馬廣陵太守行南兗州事太祖在淮安民遙相結事明帝以爲疑徙安民爲劉韞冠軍司馬寧遠將軍京兆太守又除寧朔將軍司州刺史領義陽太守並不拜重除本職又不拜改授寧朔將軍山陽太守泰始末淮北民起義欲南歸以安民督前鋒軍事又請援接不克還除越騎校尉復爲寧朔將軍山陽太守三巴擾亂太守張澹棄涪城走以安民假節都督討蜀軍事輔師將軍五獠亂漢中敕安民回軍至魏興事寧還至夏口元徽初除督司州軍事司州刺史領義陽太守假節將軍如故別敕安民曰九江須防邊備宜重今有此授以增鄢郢之勢無所致辭也及桂陽王休範起事安民出頓遣軍援京師徵授左將軍加給事中建平王景素作難冠軍黃回游擊將軍高道慶輔國將軍曹欣之等皆密遣致誠而游擊將軍高道慶領衆出討太祖慮其有變使安民及南豫州刺史段佛榮行以防之安民至京口破景素軍於葛橋景素誅留安民行南徐州事城局參軍王迥素爲安民所親盜絹二匹安民流涕謂之曰我與卿契闊備嘗今日犯王法此乃卿負我也於軍門斬之厚爲斂祭軍府皆震服授冠軍將軍驍衞將軍不拜轉征虜將軍東中郎司馬行會稽郡事安民將東太祖與別宴語淹留日夜安民密陳宋運將盡歷數有歸蒼梧縱虐太祖憂迫無計安民白太祖欲於東奉江夏王躋起兵太祖不許乃止蒼梧廢太祖徵安民爲使持節督北討軍事冠軍將軍南兗州刺史沈攸之反太祖召安民以本官鎭白下治城隍加征虜將軍進軍西討又進前將軍行至盆城沈攸之平仍授督郢州司州之義陽諸軍事郢州刺史持節將軍如故昇明三年還左衞將軍領衞尉太祖卽位爲中領軍封康樂侯邑千戶宋泰始以來內外頻有賊寇將帥已下各募部曲屯聚京師安民上表陳之以爲自非淮北常備其外餘軍悉皆輸遣若親近宜立隨身者聽限人數上納之故詔斷衆募時王敬則以勳誠見親至於家國密事上唯與安民論議謂安民曰署事有卿名我便不復細覽也尋爲領軍將軍虜寇壽春至馬頭詔安民出征加鼓吹一部虜退安民泝淮進壽春先是宋世亡命王元初聚黨六合山僭號自云垂手過膝州郡討不能擒積十餘年安民遣軍偵候生禽元初斬建康市加散騎常侍其年虜又南侵詔安民持節履行緣淮清泗諸戍屯軍虜攻朐山漣口朐城安民頓泗口分軍應赴三年引水步軍入清至淮陽與虜戰破之虜退安民知有伏兵乃遣族弟馬軍主長文二百騎爲前驅自與軍副周盤龍崔文仲係其後分軍隱林及長文至宿豫虜見衆少數千騎逐之長文且退且戰引賊向大軍安民率盤龍等趣兵至合戰於孫溪渚戰父彎側虜軍大敗赴清水死不可勝數虜遣其菟頭公送攻車材至布丘左軍將軍孫文顯擊破走之燒其車材淮北四州聞太祖受命咸欲南歸至是徐州人桓摽之兗州人徐猛子等合義衆數萬砦險求援太祖詔曰靑徐泗州義舉雲集安民可長轡遐馭指授羣帥安民赴救留遲虜急兵攻摽之等皆沒上甚責之太祖崩遺詔加侍中世祖卽位遷撫軍將軍丹陽尹永明二年還尚書左僕射將軍如故安民時屢啓密謀見賞又善結尙書令王儉故世傳儉啓有此授尋加表以年疾求退改授散騎常侍金紫光祿大夫將軍如故四年爲安東將軍吳興太守常侍如故卒官年五十八賻錢十萬布百匹吳興有項羽神護郡聽事太守不得上太守到郡必須祀以軛下牛安民奉佛法不與神牛著屐上聽事又於聽上八關齋俄而牛死葬廟側今呼爲李公牛冢及安民卒世以神爲祟詔曰安民歷位內外庸績顯著忠亮之誠每簡朕心數政近畿方申任寄奄至殞喪痛傷于懷贈鎭東將軍鼓吹一部常侍太守如故諡曰肅侯

王玄載字彥休下邳人也祖宰僞北地太守父蕤東莞太守玄載解褐江夏王國侍郎太宰行參軍泰始初爲長水校尉隨張永征彭城臺軍大敗玄載全軍據下邳城拒虜假冠軍將軍官軍新敗人情恐駭以玄載士望板爲徐州刺史持節監徐州豫州梁郡軍事寧朔將軍

平胡中郎將尋又領山陽東海二郡太守五年督青兗二州刺史將軍東海郡如故七年復爲徐州督徐兗二州鍾離太守將軍郎將如故遷左軍將軍仍爲寧朔將軍歷陽太守改持節都督二豫冠軍將軍南豫州刺史太守如故遷撫軍司馬出爲持節督梁南北秦三州軍事冠軍將軍西戎校尉梁秦二州刺史進號征虜將軍尋徙督益寧二州益州刺史建寧太守將軍持節如故沈攸之之難玄載起義送誠進號後軍將軍封鄂縣子徵散騎常侍領後軍未拜建元元年爲左民尚書鄂縣子如故會虜動南兗州刺史王敬則奔京師上遣玄載領廣陵加平北將軍假節行南兗州事本官如故事寧爲光祿大夫員外散騎常侍永明四年爲持節監兗州緣淮諸軍事平北將軍兗州刺史六年卒時年七十六諡烈子玄載夷雅好玄言修士操在梁益有清績西州至今思之從弟玄謨子瞻宋明帝世爲黃門郎素輕世祖世祖時在大牀寢瞻謂豫章王曰帳中物亦復隨人寢興世祖銜之未嘗形色建元元年爲冠軍將軍永嘉太守詣闕跪拜不如儀爲守寺所列有司以啓世祖世祖召瞻入東宮仍送付廷尉殺之遣左右口啓上曰父辱子死王瞻傲慢朝廷臣輒以收治太祖曰語郎此何足計既聞瞻已死乃默無言瞻兄寬宋世與瞻並爲方伯至是瞻雖坐事而寬位待如舊也寬泰始初爲隨郡值西方反父玄謨在都寬棄郡歸明帝加賞使隨張永討薛安都寬辭以母猶存在西爲賊所執請得西行遂襲破隨郡斬僞太守劉師念拔其母事平明帝嘉之使圖畫寬形建元初爲散騎常侍光祿大夫領前軍將軍永明元年爲太常坐於宅殺牛免官後爲光祿大夫三年卒

玄載弟玄邈字彥遠初爲驃騎行軍參軍太子左積弩將軍射聲校尉泰始初遷輔國將軍清河廣平二郡太守幽州刺史青州刺史沈文秀反玄邈欲向朝廷慮見掩襲乃詒文秀求安軍頓文秀令頓城外玄邈即立營壘至夜拔軍南奔赴義比曉文秀追不復及明帝以爲持節都督青州青州刺史將軍如故太祖鎭淮陰爲帝所疑遣書結玄邈玄邈長史房叔安勸玄邈不相答和罷州還太祖以經途令人要之玄邈雖許既而嚴軍直過還都啓帝稱太祖有異謀太祖不恨也昇明中太祖引爲驃騎司馬冠軍將軍太山太守玄邈甚懼而太祖待之如初遷散騎常侍驍騎將軍冠軍如故出爲持節都督梁南秦二州軍事征虜將軍西戎校尉梁南秦二州刺史兄弟同時爲方伯封河陽縣侯建元元年進號右將軍侯如故亡命李烏奴作亂梁部陷白馬戍玄邈率東從七八百人討之不克慮不自保乃使人僞降烏奴告之曰王使君兵衆羸弱棄伎妾於城內攜愛妾二人去已數日矣烏奴喜輕兵襲州城玄邈設伏擊破之烏奴挺身走太祖聞之曰玄邈果不負吾意遇也還爲征虜將軍長沙王後軍司馬南東海太守遷都官尚書世祖即位轉右將軍豫章王太尉司馬出爲冠軍將軍臨川內史秩中二千石還爲前軍司徒司馬散騎常侍太子右率永明七年爲持節都督兗州緣淮軍事平北將軍兗州刺史未之任轉大司馬加後將軍八年轉太常遷散騎常侍右衞將軍出爲持節監徐州軍事平北將軍徐州刺史十一年建康蓮華寺道人釋法智與州民周盤龍等作亂四百人夜攻州城西門登梯上城射殺城局參軍唐穎遂入城內軍主耿虎徐思慶董文定等拒戰至曉玄邈率百餘人登城便門奮擊生擒法智盤龍等玄邈坐免官鬱林即位授撫軍將軍還使持節安西將軍歷陽南譙二郡太守延興元年加散騎常侍尋轉中護軍高宗使玄邈往江州殺晉安王子懋玄邈苦辭不行及遣王廣之往廣陵取安陸王子敬玄邈不得已奉旨給鼓吹置佐建武元年還持節都督南兗兗徐青冀五州軍事平北將軍南兗州刺史轉護軍將軍加散騎常侍四年卒年七十二贈安北將軍雍州刺史諡曰壯侯同族王文和宋鎭北大將軍仲德兄孫也景和中爲義陽王昶征北府主簿昶於彭城奔虜部曲皆散文和獨送至界上昶謂之曰諸人皆去卿有老母何不去邪文和乃去昇明中爲巴陵內史沈攸之事起文和斬其使馳白世祖告變棄郡奔郢城永明中歷青冀兗益四州刺史平北將軍

史臣曰宋氏將季離亂日兆家懷逐鹿人有異圖故蕃岳阻兵之機州郡觀釁之會此數子皆宿將舊勳與太祖比肩爲方伯年位高下或爲先輩而薦誠君側奉義萬里以此知樂推之非妄信民心之有歸玄載兄弟門從世秉誠烈不爲道家所忌斯今之耿氏也

贊曰胥城報馬分義先推靈哲守讓方軌丁韋李佐東土謀發天機王爲清政其風不衰玄邈簡朕早背同歸

南齊書卷二十七考證

劉懷珍傳亾命司馬順則聚黨東揚州○臣承謩按宋書州郡志孝建元年分揚州之會稽東陽新安永嘉臨海五郡爲東揚州此司馬順則作亂在元嘉二十八年不應卽有東揚州之稱未詳所謂

夢見黃衣老公曰可取南山竹筍食之疾立可愈○臣承謩按南史夢見黃衣老公與藥靈哲驚覺于枕間得之藥似竹根于齋前種葉似莧芙與此傳所載小異

李安民傳安民○按南史民作人

城局參軍王迴○諸本同王迴南史作王回

吳興有項羽神護郡聽事太守到郡必須祀以軛下牛安民奉佛法不與神牛著屐上聽事及安民卒世以神爲祟○臣祖庚按宋書孔季恭傳爲吳興太守云項羽神居郡聽事二千石至常避之季恭居郡聽事竟無害也梁書蕭琛傳遷吳興太守郡有項王廟土民名爲憤王甚有靈驗遂祀於郡聽事琛至徙神還廟南史蕭猷傳爲吳興太守與楚王廟神交飲祈禱必從後爲益州刺史齊苟兒反乃遙禱請救有田老逢數百騎如風言吳興楚王來救是日猷大破苟兒又南史蕭惠明傳爲吳興太守惠明謂綱紀曰孔季恭嘗爲此郡未聞有災遂盛設筵榻接賓數日見一人長丈餘張弓挾矢向惠明旣而不見因發背旬日而卒又蕭惠荃傳惠基弟惠休永元元年徙吳興太守徵爲右僕射吳興項羽神舊酷烈世人云惠休事神謹故得美還據此一項羽神從之則吉逆之則凶一若人之死生禍福皆神操其柄作史者每鋪張而樂道之難免近誣之失矣

南齊書卷二十八

梁　蕭　子　顯　撰

列傳第九

崔祖思　劉善明　蘇侃　桓榮祖

崔祖思

崔祖思字敬元清河東武城人崔琰七世孫也祖諲宋冀州刺史父僧護州秀才祖思少有志氣好讀書史初州辟主簿與刺史劉懷珍於堯廟祀神廟有蘇侯像懷珍曰堯聖人而與雜神爲列欲去之何如祖思曰蘇峻今日可謂四凶之五也懷珍遂令除諸雜神太祖在淮陰祖思聞風自結爲上輔國主簿甚見親待參豫謀議除奉朝請安成王撫軍行參軍員外正員郎冀州中正宋朝初議封太祖爲梁公祖思啓太祖曰讖書云金刀利刃齊刈之今宜稱齊實應天命從之轉爲相國從事中郎遷齊國內史建元元年轉長兼給事黃門侍郎上初卽位祖思啓陳政事曰禮誥者人倫之襟冕帝王之樞柄自古開物成務必以教學爲先世不習學民罔志義悖競因斯而興禍亂是焉而作故篤俗昌治莫先道教不得以夷禍革慮儉泰移業今無員之官空受祿力三載無考績之効九年闕登黜之序國儲以之虛匱民力爲之凋散能否無章涇渭混流宜太廟之南引修文序司農以北廣開武校臺州列國限外之職問其所樂依方課習各盡其能月供僮幹如先充給若有廢墮遣還故郡殊經奇藝待以不次士修其業必有異等民識其利能無勉勵又曰漢文集上書囊以爲殿帷身衣弋綈以韋帶劍愼夫人衣不曳地惜中民十家之產不爲露臺劉備取帳鉤銅鑄錢以克國用魏武遺女皁帳婢十人東阿婦以繡衣賜死王景興以淅米見誚宋武節儉過人張妃房帷碧綃蚊幬三齊苮席五盞盤桃花米飯殷仲文勸令畜伎答云我不解聲仲文曰但畜自解又答畏解故不畜歷觀帝王未嘗不以約素興侈麗亡也伏惟陛下體唐成儉踵虞爲樸寢殿則素木卑構膳器則陶瓢克御瓊簪玉筯碎以爲塵珍裘繡服焚之如草斯實風高上代民偃下世矣然教信雖孚氓染未革宜加甄明以速歸厚詳察朝士有柴車蓬館高以殊等雕牆華輪卑其稱謂馳禽荒色長違清編嗜音酣酒守官不從物議義方且懼且勸則調風變俗不俟終日又曰憲律之重由來尙矣故曹參去齊唯以獄市爲寄餘無所言路溫舒言秦有十失其一尙在治獄之吏是也實宜清置廷尉茂簡三官寺丞獄主彌重其選研習律令刪除繁苛詔獄及兩縣一月三訊觀貌察情欺枉必達使明愼用刑無忝大易寧失不經靡愧周書漢來治律有家子孫並世其業聚徒講授至數百人故張于二氏絜譽文宣之世陳郭兩族流稱武明之朝決獄無寃慶昌枝裔槐衮相襲蟬紫傳輝今廷尉律生乃令史門戶族非咸弘庭缺于訓刑之不措抑此之由如詳擇篤厚之士使習律令試簡有徵擢爲廷尉僚屬苟官世其家而不美其績鮮矣廢其職而欲善其事未之有也若劉累傳守其業庖人不乏龍肵之饌斷可知矣又曰樂者動天地感鬼神正情性立人倫其義大矣按前漢編戶千萬太樂伶官方八百二十九人孔光等奏罷不合

經法者四百四十一人正樂定員唯置三百八十八人今戶口不能百萬而太樂雅鄭元徽時校試千有餘人後堂雜伎不在其數糜廢力役傷敗風俗今欲撥邪歸道莫若罷雜伎王庭唯置鐘簴羽戚登歌而已如此則官充給養國反淳風矣又曰論儒者以德化爲本談法者以刻削爲體道敎治世之粱肉刑憲亂世之藥石故以敎化比雨露名法方風霜是以有恥且格敬讓之樞紐令行禁止爲國之關楗然則天下治者賞罰而已矣賞不事豐所病於不均罰不在重所困於不當如令甲勳少乙功多賞甲而捨乙天下必有不勸矣丙罪重丁眚輕罰丁而赦丙天下必有不悛矣是賞罰空行無當乎勸沮將令見罰者寵習之臣受賞者仇讐之士戮一人而萬國懼賞匹夫而四海悅又曰籍稅以厚國國虛民貧廣田以實廩國富民贍堯資用天之儲實拯懷山之數湯憑分地之積以勝流金之運近代魏置典農而中都足食晉開汝潁而汴河委儲今將掃闢咸華題鏤龍漠宜簡役敦農開田廣稼時罷山池之威禁深抑豪右之兼擅則兵民優贍可以出師又曰古者左史記言右史記事故君舉必書盡直筆而不汚上無妄動知如絲之成綸今者著作之官起居而已述事之徒褒諛爲體世無董狐書法必隱時闕南史直筆未聞又廢諫官聽納靡依雖課勵朝僚徵訪芻輿莫若推舉質直職思其憂夫越任于事在言爲難當官而行處辭或易物議旣以無言望己亦當以吞默愍人中丞雖謝咸玄未有全璧劾簡廷尉誠非釋之寧容都無訊牒故知與其謬人寧不廢職目前之明効也漢徵貢禹爲諫大夫矢言先策夏侯勝狂直拘繫出補諷職伐柯非遐行之即善又曰天地無心賦氣自均寧得誕秀往古而獨寂寥一代將在知與不知用與不用耳夫有賢而不知知賢而不用用賢而不委委賢而不信此四者古今之通患也今誠重郭隗而招劇辛任鮑叔以求夷吾則天下之士不待召而自至矣上優詔報答尋還寧朔將軍冠軍司馬領齊郡太守本官如故是冬虜動還冠軍將軍軍主屯淮上二年進號征虜將軍軍主如故仍遷假節督青冀二州刺史將軍如故少時卒上歎曰我方欲用祖思不幸可惜詔賻錢三萬布五十匹祖思宗人文仲初辟州從事秦始初爲薛安都平北主簿拔難歸國元徽初從太祖於新亭拒桂陽賊著誠効除游擊將軍沈攸之事起助豫章王鎭東府歷驃騎諮議出爲徐州刺史建元初封建陽縣子三百戶二年虜攻鍾離文仲擊破之又遣軍主崔孝伯等過淮攻拔虜茬眉戍殺戍主龍得侯及僞陽平太守郭杜撫館陶令張德濮陽令王明時虜攻殺馬頭太守劉從上曰破茬眉足相補文仲又遣軍主陳靖攻虜竹邑戍主白仲都又遣軍主崔延叔攻僞淮陽太守梁惡竝殺之三年淮北義民桓磊磈於抱犢固與虜戰大破之仲文馳啓上敕曰北間起義者衆深恐良會不再至卿善獎沛中人若能一時攘袂當遣一佳將直入也文仲在政爲百姓所憚除黃門郎領越騎校尉改封隨縣嘗獻太祖纏鬃繩一枚上爲納受永明元年爲太子左率累至征虜將軍冠軍司馬汝陰太守四年卒贈後將軍徐州刺史謚襄子

劉善明平原人鎭北將軍懷珍族弟也父懷民宋世爲齊北海二郡太守元嘉末青州饑荒人相食善明家有積粟躬食饘粥開倉以救鄉里多獲全濟百姓呼其家田爲續命田少而靜處讀書刺史杜驥聞名候之辭不相見年四十刺史劉道隆辟爲治中從事父懷民謂善明曰我已知汝立身復欲見汝立官也善明應辟仍舉秀才宋孝武見其對策强直甚異之泰始初徐州刺史薛安都反青州刺史沈文秀應之時州治東陽城善明家在郭內不能自拔伯父彌之詭說文秀求自効文秀使領軍主張靈慶等五千援安都彌之出門密謂部曲曰始免禍坑矣行至下邳起義背文秀善明從伯懷恭爲北海太守據郡相應善明密契收集門宗部曲得三千人夜斬關奔北海族兄乘民又聚衆渤海以應朝廷而彌之尋爲薛安都所殺明帝贈輔國將軍青州刺史以乘民爲寧朔將軍冀州刺史善明爲寧朔長史北海太守除尙書金部郞乘民病卒仍以善明爲綏遠將軍冀州刺史文秀旣降除善明爲屯騎校尉出爲海陵太守郡境邊海無樹木善明課民種榆檟雜菓遂獲其利還爲後軍將軍直閤五年青州沒虜善明母陷北虜移置桑乾善明布衣蔬食哀戚如持喪明帝每見爲之歎息時人稱之轉寧朔將軍巴西梓潼二郡太守善明以母在虜中不願西行涕泣固請見許朝廷多哀善明心事元徽初遣北使朝議令善明舉人善明舉州鄉北平田惠紹使虜贖得母還劾主新立羣公秉政善明獨結事太祖委身歸誠二年出爲輔國將軍西海太守行青冀二州刺史至鎭表請北伐朝議不同善明從弟僧副與善明俱知名於州里泰始初虜暴淮北僧副將部曲二千人東依海島太祖在淮陰壯其所爲召與相見引爲安城王撫軍參軍蒼梧肆暴太祖憂恐常令僧副微行伺察聲論使僧副密告善明及東海太守垣崇祖曰多人見勸北固廣陵恐一旦動足非爲長算今秋風行起卿若能與垣東海微共動虜則我諸計可立善明曰宋氏將亡愚智所辨故胡虜若動反爲公患公神武世出唯當靜以待之因機奮發功業自定不可遠去根本自貽猖獗遣部曲健兒數十人隨僧副還詣領府太祖納之蒼梧廢徵善明爲冠軍將軍太祖驃騎諮議南東海太守行南徐州事沈攸之反太祖深以爲憂善明獻計曰沈攸之控引八州縱情蓄斂收衆聚騎營造舟仗苞藏賊志於焉十年性旣險躁才非持重而起逆累旬遲回不進豈應有所待也一則闇於兵機二則人情離怨三則有掣肘之患四則天奪其魄本慮其剽勇長於一戰疑其輕速掩襲未備今六師齊奮諸侯同舉昔謝晦失理不鬭自潰盧龍乖道雖衆何施且袁粲劉秉賊之根本根本旣滅枝葉豈久此是已籠之鳥耳事平太祖召善明還都謂之曰卿策沈攸之雖復張良陳平適如此耳仍遷散騎常侍領長水校尉黃門郎領後軍將軍太尉右司馬齊臺建爲右衞將軍辭疾不拜司空褚淵謂善明曰高尙之事乃卿從來素意今朝廷方相委待詎得便學松喬邪善明曰我本無宦情旣逢知己所以戮力驅馳願在申志今天地廓淸朝盈濟濟鄙懷旣申不敢昧於富貴矣太祖踐祚以善明勳誠欲與善明祿召謂之曰淮南近畿國之形勢自非親賢不使居之卿爲我臥治也代高宗爲征虜將軍淮南宣城二郡太守遣使拜授封新塗伯邑五百戶善明至郡上表陳事曰周以三聖相資再駕乃就漢值海內無主累敗方登魏挾主行令實踰二紀晉廢立持權遂歷四世景祚攸集如此之難者也陛下凝暉自天照湛神極睿周萬品道洽無垠故能高嘯閑軒鯨鯢自翦垂拱雲帟九服載晏靡一戰之勞無半辰之棘苞池江海籠苑嵩岱神祇樂推普天歸奉二三年間允膺寶命胄臨皇歷正位宸居開闢以來未有若斯之盛者也夫常勝者無憂恒成者好怠故雖休勿休姬旦作誥安不忘危尼父垂範今皇運草創萬化始基乘宋季葉政多澆苛億兆倒懸仰齊蘇振臣早蒙殊養志輸肝血徒有其誠曾闕埃露夙宵慙戰如墜淵谷不識忌諱謹陳愚管瞽言芻議伏待斧鉞所陳事凡十一條其一以爲天地開創人神慶仰宜存問遠方宣廣慈澤其二以爲京師浩大遠近所歸宜遣醫藥問其疾苦年九十以上及六疾不能自存者隨宜量賜其三以爲宋氏赦令蒙原者寡愚謂今下赦書宜令事實相副其四以爲匈奴未滅劉昶猶存秋風揚塵容能送死境上諸城宜應嚴備特簡雄略以待事機蓄實所須皆宜豫辦其五以爲宜除宋氏大明泰始以來諸苛政細制以崇簡易其六以爲凡諸土木之費且可權停其七以爲帝子王姬宜崇儉約其八以爲宜詔百官及府州郡縣各貢讜言以弘唐虞之美其九以爲忠貞孝悌宜擢以殊階清儉苦節應授以民政其十以爲革命惟始天地大慶宜時擇才辯北使匈奴其十一以爲交州險夐要荒之表宋末政苛遂至怨叛今大化創始宜懷以恩德未應遠勞將士搖動邊氓且彼土所出唯有珠寶實非聖朝所須之急討伐之事謂宜且停又撰賢聖雜語奏之託以諷諫上答曰省所獻雜語竝列聖之明規衆智之深軌卿能憲章先範纂鏤情識忠款旣昭淵誠肅著當以周旋無忘聽覽也又諫起宣陽門表陳宜明守宰賞罰立學校制齊禮廣開賓館以接荒民上又答曰具卿忠讜之懷夫賞罰以懲守宰飾館以待遐荒皆古之善政吾所宜勉更撰新禮或非易制國學之美已敕公卿宜陽門今敕停寡德多闕思復有聞善明身長七尺九寸質素不好聲色所居茅齋斧木而已牀榻几案不加剗削少與崔祖思友善祖思出爲青冀二州善明遺書曰昔時之遊于今邈矣或攜手春林或負杖秋澗逐淸風於林杪追素月於園垂如何故人徂落殆盡足下方擁旄北服吾剖竹南甸相去千里間以江山人生如寄來會何時嘗覽書史數千年來略在眼中矣歷代參差萬里同異夫龍虎風雲之契亂極必夷之幾古今豈殊此實一揆日者沈攸之擁長蛇於外粲秉復爲異識所推唯有京鎭創爲聖基遂乃擢吾爲首佐授吾以大郡付吾關中委吾留任旣不辦有抽劍兩城之用橫槊搴旗之能徒以挈瓶小智名參佐命常恐朝露一下深恩不酬憂深責重轉不可據還視生世倍無次緖藿羹布被猶篤鄙好惡色憎聲暮齡尤甚出蕃不與台輔別入國不與公卿遊孤立天地之間無猜無託唯知奉主以忠事親以孝臨民以潔居家以儉足下今鳴笳舊鄉衣繡故國宋季荼毒之悲已蒙蘇泰河洲倒懸之苦方須救拔遑遊辯之士爲鄉導之使輕裝啓行經營舊壤令泗上歸業稷下還風君欲誰讓邪聊送諸心敬申貧贈建元二年卒年四十九遺命薄殯贈錢三萬布五十匹又詔曰善明忠誠夙亮幹力兼宣豫經夷險勤績昭著不幸殞喪痛悼于懷贈左將軍豫州刺史謚烈伯子滌嗣善明家無遺儲唯有書八千

卷太祖聞其清貧賻滁家葛塘屯穀五百斛善明從弟僧副官至前將軍封豐陽男三百戶永明四年爲巴西梓橦二郡太守卒

蘇侃字休烈武邑人也祖護本郡太守父端州治中侃涉獵書傳出身正員將軍補長城令薛安都反引侃爲其府參軍使掌書記安都降虜侃自拔南歸除積射將軍遇太祖在淮上便自委結上鎭淮陰以侃詳密取爲冠軍錄事參軍是時張永沈攸之敗後新失淮北始遣上北戍不滿千人每歲秋冬閒邊淮騷動恒恐虜至上廣遣偵候安集荒餘又營繕城府上在兵中久見疑於時乃作塞客吟以喩志曰寶緯紊宗神經越序德晦河晉力宣江楚雲雷兆壯天山繇武直髮指秦關凝精越漢渚秋風起塞草衰鵰鴻思邊馬悲平原千里顧但見轉蓬飛星嚴海淨月澈河明淸輝映幕素液凝庭金笳夜厲羽轊晨征幹晴潭而悵泗棲松洲而悼情蘭涵風而瀉豔菊籠泉而散英曲繞首燕之歎吹軫絶越之聲欷園琴之孤弄想庭藿之餘馨青關望斷白日西斜恬源靚霧壟首暉霞戒旋鷁躍還波情緜緜而方遠思裊裊而遂多粵擊秦中之筑因爲塞上之歌歌曰朝發兮江泉日夕兮陵山驚飈兮瀄汨淮流兮潺湲胡埃兮雲聚楚旆兮星懸愁墉兮思宇惻愴兮何言定寰中之逸鑒審雕陵之迷泉悟樊籠之或累悵遐心以棲玄侃達上此旨更自勤勵委以府事深見知待元徽初巴西人李承明作亂太祖議遣侃銜使慰勞還除羽林監加建武將軍桂陽之難上復以侃爲平南錄事領軍主從頓新亭使分金銀賦賜諸將事寧除步兵校尉出爲綏虜將軍山陽太守清修有治理百姓懷之進號龍驤將軍除前軍將軍沈攸之事起除侃游擊將軍遷太祖驃騎諮議領錄事除黃門郎復爲太祖太尉諮議侃事上既久備悉起居乃與丘巨源撰蕭太尉記載上征伐之功以功封新建縣侯五百戶齊臺建爲黃門郎領射聲校尉任以心膂上卽位侃撰聖皇瑞命記一卷奏之建元元年卒年五十三上惜之甚至追贈輔國將軍梁南秦二州刺史諡質侯弟烈字休文初爲東莞令張永鎭軍中兵累至山陽太守寧朔將軍游擊將軍袁粲起事太祖先遣烈助防城仍隨諸將平石頭封吉陽縣男建元中爲假節督巴州軍事巴州刺史巴東太守寧朔將軍如故永明中至平西司馬陳留太守卒官

桓榮祖字華先下邳人五兵尚書崇祖從父兄也父諒之宋北中郎府參軍榮祖少學騎馬及射或謂之曰武事可畏何不學書榮祖曰昔曹操曹丕上馬橫槊下馬談論此於天下可不負飲食矣君輩無自全之伎何異犬羊乎宋孝建中州辟主簿爲後軍參軍伯父豫州刺史護之子襲祖爲淮陽太守宋孝武以事徙之嶺南護之不食而死帝疾篤又遣使殺襲祖襲祖臨死與榮祖誓曰弟常勸我危行言遜今果敗矣明帝初卽位四方反除榮祖冗從僕射遣還徐州說刺史薛安都曰天之所廢誰能興之使君今不同八百諸侯如民所見非計中也安都曰天命有在今京都無百里地莫論攻圍取勝自可拍手笑殺且我不欲負孝武榮祖曰孝武之行足致餘殃今雖天下雷同正是速死無能爲也安都曰不知諸人云何我不畏此大蹄馬在近急便作計榮祖被拘不得還因收集部曲爲安都將領假署冠軍將軍安都引虜入彭城榮祖攜家屬南奔朐山虜遣騎追之不及榮祖僅得罪乃逃遁淮上太祖在淮陰榮祖歸附上保持之及明帝崩太祖書送榮祖詣僕射褚淵除寧朔將軍東海太守淵謂之曰蕭公稱卿幹略故以此郡相處榮祖善彈彈鳥毛盡而鳥不死海鵠羣翔榮祖登城西樓彈之無不折翅而下除晉熙王征虜安成王車騎中兵左軍將軍元徽末太祖欲渡廣陵榮祖諫曰領府去臺百步公走人豈不知若單行輕騎廣陵人一旦閉門不相受公欲何之公今動足下牀便恐卽有扣臺門者公事去矣及蒼梧廢除寧朔將軍淮南太守進輔國將軍除游擊將軍太祖驃騎諮議輔國將軍西中郎司馬汝陰太守除冠軍將軍給事中驍騎將軍預佐命勳封將樂縣子三百戶以其祖舊封封之出爲持節督青冀二州刺史冠軍如故遷黃門郎永明二年爲冠軍將軍尋陽相南新蔡太守作大形棺材盛仗使鄉人田天生王道期載渡江北監奴有罪告之有司奏免官削爵付東冶案驗無實見原爲安陸王平西諮議帶江陵令仍遷司馬河東內史遷持節督緣淮諸軍事冠軍將軍兗州刺史領東平太守兗州大中正巴東王子響事方鎭皆啓稱子響爲逆榮祖曰此非所宜言政應云劉寅等孤負恩獎逼迫巴東使至於此時諸啓皆不得通事平後上乃省視以榮祖爲知言九年卒年五十七從父閎宋孝建初爲威遠將軍汝南新蔡太守據梁山拒丞相義宣賊以功封西都縣子累遷龍驤將軍司州刺史義嘉事起明帝使閎出守盱眙領兵北討薛道摽破之封樂鄉縣男三百戶昇明初爲散騎常侍領長水校尉與豫章王對直殿省遷右衞將軍太祖卽位以心誠封爵如舊加給事中領驍騎將軍累遷金紫光祿大夫年七十六永明五年卒諡定子榮祖從弟歷生亦爲驍騎將軍宋泰始初薛安都反以女婿裴祖隆爲下邳太守歷生時請假還北謀殺祖隆舉城應朝廷事發奔走歷官太子右率性苛暴好行鞭捶與始安王遙光同反伏誅

史臣曰太祖作牧淮兗始基霸業恩威北被感動三齊青冀豪右崔劉望族先覩人雄希風結義夫諫江都之略似任光之言雖議不獨與理成合契蓋帷幄之臣也

贊曰淮鎭北州獲在崔劉獻書上議帝念忠謀侃奉潛躍皇瑞是鳩垣方帶礪削免虞尤

南齊書卷二十八考證

崔祖思傳與刺史劉懷珍於堯廟祀神廟有蘇侯像○刺史劉懷珍南史作刺史垣護之蘇侯崔祖思以爲蘇峻　臣承蒼按建康亦有蘇侯像宋元凶劭書迎入宮中拜爲驃騎將軍此自是當時淫祀未必果爲蘇峻峻之入臺窮凶極暴殘酷無道建康之人豈有奉爲神明而祀之者乎

寧失不經犛愧周書○臣承蒼按寧失不經乃虞書文非周書也

南齊書卷二十九

梁　蕭　子　顯　撰

列傳第十

呂安國　全景文　周山圖　周盤龍　王廣之

呂安國廣陵廣陵人也宋大明末安國以將領見任隱重有幹局爲劉勔所稱泰始二年勔征殷琰於壽春安國以建威將軍爲勔軍副衆軍擊破琰長史杜叔寶軍於橫塘安國抄斷賊糧道燒其運車多所傷殺琰衆奔退勔遣安國追之先至壽春琰閉門自守安國與輔國將軍桓閎屯據城南於是衆軍繼至安國勳第一封彭澤縣男未拜明年改封鍾武縣加邑爲四百戶累至寧朔將軍義陽太守四年又改封湘南縣男虜陷汝南司州失守以安國爲督司州諸軍事寧朔將軍司州刺史六年義陽立州治仍領義陽太守稍遷右軍將軍假輔師將軍元徽二年爲晉熙王征虜司馬輔師將軍如故轉游擊將軍三年出爲持節都督青兗冀三州緣淮前鋒諸軍事輔師將軍兗州刺史明年進號冠軍將軍還爲游擊將軍加散騎常侍征虜將軍沈攸之事起太祖以安國爲湘州刺史征虜將軍如故先是王蘊罷州南中郎將南陽王翽未之鎭蘊寧朔長史庾佩玉權行州事朝廷先遣南中郎將中兵參軍臨湘令韓幼宗領軍防州沈攸之難二人各相疑阻佩玉輒殺幼宗平西將軍黃回至郢州遣軍主任候伯行湘州事又殺佩玉候伯與回同軍袁粲謀石頭事回令候伯水軍乘舸往赴會衆軍已至不得入太祖令安國至鎭收候伯誅之尋進號前將軍太元元年進爵增邑六百戶轉右衞將軍加給事中二年虜寇邊上遣安國出司州安集民戶詔曰郢司之閒流雜繁廣宜並加區判定其隸屬參詳兩州事無專任安國可暫往經理以本官使持節總荊郢諸軍北討事屯義陽西關虜未至安國移屯河口以俟應接改封湘鄉世祖卽位授使持節散騎常侍平西將軍司州刺史領義陽太守永明二年徙都督南兗兗徐青冀五州諸軍事平北將軍南兗州刺史仍爲都督湘州刺史四年湘川蠻動安國督州兵討之有疾徵爲光祿大夫加散騎常侍安國欣有文授謂其子曰汝後勿作袴褶驅使單衣猶恨不稱當爲朱衣官也上遣中書舍人茹法亮敕安國曰吾恒憂卿疾病應有所須勿致難也明年遷都官尚書領太子左率六年遷領軍將軍安國累居將率在朝以宿舊見遇尋遷散騎常侍金紫光祿大夫兗州中正給扶上又敕茹法亮曰吾見呂安國疾狀自不宜勞且鄉中既恒惡扶人至吾前於禮望殊成有虧吾難敕之其人甚諱病卿可作私意向其若好差不復須扶人依例入幸勿牽勉八年卒年六十四贈使持節鎭北將軍南兗州刺史常侍如故給鼓吹一部諡肅侯時舊將帥又有吳郡全景文字弘達少有氣力與沈攸之同載出都到奔牛埭於岸上息有人相之君等皆方伯人行當富貴也景文謂攸之曰富貴或可一人耳今言皆然此殆妄言也景文仍得將領爲軍主孝建初爲竟陵王驃騎行參軍以功封漢水侯除員外郎積射將軍泰始二年爲假節寧朔將軍冗從僕射軍

主隨前將軍劉亮討破東賊於晉陵除長水校尉假輔國將軍北討薛索兒於破釜領水軍斷賊糧運仍隨太祖於葛冢石梁再戰皆有功而賊相持未決敕景文隸劉亮拒劉胡攻圍力戰身被數十創除前軍將軍封孝寧縣侯邑六百戶除寧朔將軍游擊將軍假輔師將軍高平太守鎮軍安西二府司馬驍騎將軍元徽末出爲南豫州刺史歷陽太守輔國將軍如故遷征虜將軍南琅邪濟陰二郡太守軍主尋加散騎常侍建元元年以不預佐命國除授南琅邪太守常侍將軍如故遷光祿大夫征虜將軍臨川王征西司馬南郡太守還累遷爲給事中光祿大夫永明九年卒

周山圖字季寂義興義鄉人也少貧微傭書自業有氣幹爲吳郡晉陵防郡隊主宋孝武伐太初山圖豫勳賜爵關中侯兗州刺史沈僧榮鎮瑕丘與山圖有舊以爲已建武府參軍竟陵王誕據廣陵反僧榮遣山圖領二百人詣沈慶之受節度事平論勳爲中書舍人戴明寶所抑泰始初爲殿中將軍四方反叛僕射王彧舉山圖將領呼與語甚悅使領百舸爲前驅舉軍主佼長生等攻破賊湖白赭圻二城除員外郎加振武將軍預平濃湖追賊至西陽還明帝賞之賜苑西宅一區鎮軍將軍張永征薛安都於彭城山圖領二千人迎運至武原爲虜騎所追合戰多所傷殺虜圍轉急山圖據城自固然後更結陣死戰突圍出虜披靡不能禁衆稱其勇呼爲武原將及永軍大敗山圖收散卒得千餘人守下邳城還除給事中冗從僕射直閤將軍山圖好酒多失明帝數加怒誚後遂自改出爲錢唐新城戍是時豫州淮西地新沒虜更於歷陽立鎮五年以山圖爲龍驤將軍歷陽令領兵守城初臨海亡命田流自號東海王逃竄會稽鄞縣邊海山谷中立屯營分布要害官軍不能討明帝遣直後聞人襲說降之授流龍驤將軍流受命將黨與出行達海鹽放兵大掠而反是冬殺鄞令耿猷東境大震六年敕山圖將兵東屯浹口廣設購募流爲其副暨挐所殺別帥杜連梅洛生各擁衆自守至明年山圖分兵掩討皆平之豫章賊張鳳聚衆康樂山斷江劫抄臺軍主李雙蔡保數遣軍攻之連年不能至是軍主毛寄生與鳳戰於豫章江大敗明帝復遣山圖討之山圖至先羸兵僞衆遣幢主寵嗣厚遣鳳要出會聚聽以兵自衞鳳信之行至望蔡山圖設伏兵於水側擊斬鳳首衆百餘人束首降除寧朔將軍湅口戍主山圖邊湅水築西城斷虜騎路并以溉田元徽三年遷步兵校尉加建武將軍轉督高平下邳淮陽淮西四郡諸軍事寧朔將軍淮南太守盜發桓溫冢大獲寶物客竊取以遺山圖山圖不受簿以還官遷左中郎將太祖輔政山圖密啓曰沈攸之久有異圖公宜深爲之備太祖笑而納之武陵王贊爲郢州太祖令山圖領兵衞送世祖與晉熙王燮自郢下以山圖爲後防攸之事起世祖爲西討都督啓山圖爲軍副世祖留據盆城衆議以盆城城小難固不如還都山圖曰今據中流爲四方勢援大衆致力川岳可爲城隍小事不足難也世祖使城局參軍劉皆陳淵委山圖以處分事山圖斷取行旅船板以造樓櫓立水柵旬日皆辦世祖甚嘉之授前軍將軍加寧朔將軍進號輔國將軍攸之攻郢城世祖令山圖量其形勢山圖曰攸之見與隣鄉亟同征伐悉其爲人性度險刻無以結固士心如頓兵堅城之下適所以爲離散之漸耳攸之既敗平西將軍黄回乘輕舸從白服百餘人在軍前下緣流叫盆城中恐須臾知是回凱歸乃安世祖謂山圖曰周公前言可謂明於見事矣還都太祖遣山圖領部曲鎮京城鎮戍諸軍悉受節度遷游擊將軍輔國如故建元元年封廣晉縣男邑三百戶出爲假節督兗青冀三州徐州東海朐山軍事寧朔將軍兗州刺史百姓附之二年進號輔國將軍其秋虜動上策虜必不出淮陰乃敕山圖曰知卿綏邊撫戎甚有次第應變策略悉以相委恐列醜未必能送死卿丈夫無可藉手耳虜果寇朐山爲元玄度盧紹之所破虜於淮陽是時淮北四州起義上使山圖自淮入清倍道應赴敕山圖曰卿當盡相帥馭理每存全重天下事唯同心力山岳可摧然用兵當使背後無憂慮若後冷然無横來處閉目痛打無不摧碎吾政應鑄金待卿成勳耳若不藉此平四州非丈夫也努力自運勿令他人得上功會義衆已爲虜所沒山圖拔三百家還淮陰表移東海郡治漣口又於石鱉立陽平郡皆見納世祖踐阼遷竟陵王鎮北司馬帶南平昌太守將軍如故以盆城之舊出入殿省甚見親信義鄉縣長風廟神姓鄧先經爲縣令死遂發靈山圖啓乞加神位輔國將軍上答曰足狗肉便了事何用階級爲轉黄門郎領羽林四廂直衞山圖於新林立墅舍晨夜往還上謂之曰卿罷萬人都督而輕行郊外自今往墅可以仗身自隨以備不虞及疾上手敕參問遣醫給藥永明元年卒年六十四詔賜朝服一具衣一襲

周盤龍北蘭陵蘭陵人也宋世土斷屬東平郡盤龍膽氣過人尤便弓馬泰始初隨軍討赭圻賊躬自鬬戰陷陣先登累至龍驤將軍積射將軍封晉安縣子邑四百戶元徽二年桂陽賊起盤龍時爲冗從僕射騎官主領馬軍主隨太祖頓新亭與屯騎校尉黄回出城南與賊對陣尋引還城中合力拒戰事寧除南東莞太守加前軍將軍稍至驍騎將軍昇明元年出爲假節督交廣二州軍事征虜將軍平越中郎將廣州刺史未之官預平石頭二年沈攸之平司州刺史姚道和懷貳被徵以盤龍督司州軍事司州刺史假節將軍如故改封沌陽縣太祖即位進號右將軍建元二年虜寇壽春以盤龍爲軍主假節助豫州刺史垣崇祖決水漂潰盤龍率輔國將軍張倪馬步軍於西澤中奮擊殺傷數萬人獲牛馬輜重上聞之喜詔曰醜虜送死敢寇壽春崇祖盤龍正勤義勇乘機電奮水陸斬擊填川蔽野師不淹晨西蕃剋定斯實將率用命之功文武爭伐之力凡厥勳勤宜時銓序可符列上盤龍愛妾杜氏上送金釵鑷二十枚手敕曰餉周公阿杜轉太子左率改授持節軍主如故明年虜寇淮陽圍角城先是上遣軍主成買戍角城謂人曰我今作角城戍我兒當得一子或問其故買曰角城與虜同岸危險具多我豈能使虜不敢南向我若不沒虜則應破虜兒不作孝子便當作世子也至虜圍買數重上遣領軍將軍李安民爲都督救之敕盤龍曰角城漣口賊始復進西道便是無賊卿可率馬步下淮陰就安民軍鍾離船少政可致衣仗數日糧軍人扶淮步下也買與虜拒戰手所傷殺無數晨朝早起手中忽見有數升血其日遂戰死盤龍子奉叔單馬率二百餘人陷陣虜萬餘騎張左右翼圍繞之一騎走還報奉叔已沒盤龍方食棄筯馳馬奮矟直奔虜素畏盤龍驍名卽時披靡時奉叔已大殺虜得出在外盤龍不知乃衝東擊西奔南突北賊衆莫敢當奉叔見其父久不出復躍馬入陣父子兩匹騎縈攪數萬人虜衆大敗盤龍父子由是名播北國形甚羸訥而臨軍勇果諸將莫逮永明元年遷征虜將軍南琅邪太守三年遷右衞將軍加給事中五年轉大司馬加征虜將軍濟陽太守世祖數講武常令盤龍領馬軍校騎騁矟後以疾爲光祿大夫尋出爲持節都督兗州緣淮諸軍事平北將軍兗州刺史進爵侯角城戍將張蒲與虜潛相構結因大霧乘船入清中採樵載虜二十餘人藏伏芳下直向城東門防門不禁仍登岸拔白爭門戍主皇甫仲賢率軍主孟靈寶等三十餘人於門拒戰斬三人賊衆被創赴水而虜軍馬步至城外已三千餘人阻塹不得進淮陰軍主王僧虔等領五百人赴救虜衆乃退坐爲有司所奏詔白衣領職八座尋奏復位加領東平太守盤龍表年老才弱不可鎮邊求解職見許還爲散騎常侍光祿大夫世祖戲之曰卿著貂蟬何如兜鍪盤龍曰此貂蟬從兜鍪中出耳十一年病卒年七十九贈安北將軍兗州刺史子奉叔勇力絶人隨盤龍征討所在爲暴掠世祖使領軍東討唐寓之奉叔畏上威嚴撿勒部下不敢侵斥爲東宮直閤鬱林在西州奉叔密得自進及卽位與直閤將軍曹道剛爲心膂道剛驍騎將軍加冠軍將軍奉叔游擊將軍加輔國將軍並監殿內直衞少日仍遷道剛爲黄門郎高宗固諫不納奉叔善騎馬帝從其學騎射尤見親寵得入後宮尋加領淮陵太守兗州中正道剛加南濮陽太守隆昌元年除黄門郎未拜仍出爲持節都督青冀二州軍事冠軍將軍青州刺史時帝謀誅宰輔故出奉叔爲外援除道剛中軍司馬青冀二州中正本官如故奉叔就帝求千戶侯許之高宗輔政以爲不可封曲江縣男三百戶奉叔大怒於衆中攘刀厲目高宗說喻之乃受奉叔辭畢將之鎮部伍已出高宗慮其一出不可復制與蕭諶謀稱敕召奉叔於省內殺之勇士數人拳擊久之乃死啓帝云奉叔慢朝廷帝不獲已可其奏高宗廢帝之日道剛直閤省蕭諶先入戶若欲論事兵人隨後奄進以刀刺之洞胸死因進宮內廢帝奉叔弟世雄永元中爲西江督護陳顯達事後世雄殺廣州刺史蕭季敞稱季敞同逆送首京師廣州刺史顏翻討殺之

王廣之字林之沛郡相人也少好弓馬便捷有勇力初爲馬隊主宋大明中以功補本縣令殿中龍驤彊弩將軍驃騎中兵南譙太守泰始初除寧朔將軍軍主隸寧朔將軍劉懷珍征殷琰於壽春琰將劉從築壘相守臺軍相拒移日琰遣長史杜叔寶領五千人運車五百乘援從懷珍遣廣之及軍主辛慶祖黄回千道連等要擊於橫塘寶結營拒戰廣之等內薄攻營自晡至日沒大敗之殺傷千餘人遂退燒其運車從聞之棄壘奔走時合肥城反官軍前後受敵都督劉勔召諸軍主會議廣之曰請得將軍所乘馬往平之勔以馬與廣之廣之去三日攻剋合肥賊仍隨懷珍討淮北時明帝遣青州刺史明僧暠北征至三城爲沈文秀所攻廣之將步騎三千餘人緣海救之俱引退廣之又進軍襲文秀所置長廣太守劉桃根桃根棄城走軍還封安蠻縣子三百戶

尋改蒲圻除建威將軍南陽太守不之官除越騎校尉龍驤將軍鍾離太守遷爲左軍將軍加寧朔將軍高平太守又除游擊將軍寧朔如故加給事中冠軍將軍討宋建平先登京口改封寧都縣子五百戶太祖廢蒼梧出廣之爲假節督徐州軍事徐州刺史鍾離太守冠軍如故沈攸之事起廣之留京師預平石頭仍從太祖頓新亭進號征虜將軍太祖誅黃回回弟駟及從弟馬兒子奴亡逸太祖與廣之書曰黃回雖有微勳而罪過轉不可容近遂啓請御大小二輿爲刺史服飾吾乃不惜爲其啓聞政恐得輿復求畫輪車此外罪不可勝數第自悉之令啓依法令廣之於江西捜捕駟等建元元年進爵爲侯食邑千戶轉散騎常侍左軍將軍北虜動明年詔假廣之節出淮上廣之家在彭沛啓上求招誘鄉里部曲北取彭城上許之以廣之爲使持節都督淮北軍事平北將軍徐州刺史廣之引軍過淮無所尅獲坐免官尋除征虜將軍加散騎常侍太子右率世祖卽位遷長沙王鎭軍司馬南東海太守司徒司馬尋陽栢南新蔡太守安陸王北中郎左軍司馬廣陵太守將軍如故出爲持節都督徐州諸軍事徐州刺史將軍如故還爲光祿大夫左將軍司徒司馬遷右衞將軍轉散騎常侍前將軍世祖見廣之子珍國應堪大用謂廣之曰卿可謂老蜯也廣之曰臣不敢辭上大笑除游擊將軍不拜十一年虜動假廣之節招募隆昌元年遷給事中左衞將軍時豫州刺史崔慧景密與虜通有異志延興元年以廣之爲持節督豫州郢州之西陽司州之汝南二郡軍事平西將軍豫州刺史預廢鬱林勳增封三百戶高宗誅害諸王遣廣之征安陸王子敬於江陽給鼓吹一部事平仍改授使持節散騎常侍都督江州諸軍事鎭南將軍江州刺史進封應城縣公食邑二千戶建武二年虜圍司州遣廣之持節督司州征討解圍廣之未至百餘里虜退乃還明年遷侍中鎭軍將軍給扶四年卒年七十二追贈散騎常侍車騎將軍謚曰壯公

史臣曰公侯扞城守國之所資也必須久習兵事非一戰之力安國等致効累朝登勤克舉並識時變咸知附託盤龍驍勇獨冠三軍何奴之憚飛將曾不若也壯矣哉

贊曰安國舊將協同還社同禪九江翊從中夏盤龍殺敵洞開胡馬廣之末年旌旄驟把

南齊書卷二十九考證

周盤龍傳太祖頓新亭與屯騎校尉黃回出城南與賊對陣○諸本同臣承著按百官志無屯騎校尉南史黃回傳作屯騎校尉當從之

藏伏笏下○伏汲古閣本作仗按字書笏是竹器但可藏仗未可藏人似當以仗爲是

南齊書卷三十

梁　蕭　子　顯　撰

列傳第十一

薛　淵　戴僧靜　桓　康尹略　焦　度

曹　虎

薛淵河東汾陰人也宋徐州刺史安都從子本名道淵避太祖偏諱改安都以彭城降虜親族皆入北太祖鎭淮陰淵遁來南委身自結果幹有氣力太祖使領部曲備衞帳內從征伐元徽末以勳官至輔國將軍右軍將軍驍騎將軍軍主封竟陵侯沈攸之難起太祖入朝堂豫章王嶷代守東府使淵領軍屯司徒左府分備京邑袁粲據石頭豫章王嶷夜登西門遙呼淵淵驚起率軍赴難先至石頭焚門攻戰事平明旦衆軍還集杜姥宅街路皆滿宮門不開太祖登南掖門樓處分衆軍各還本頓至食後城門開淵方得入見太祖且喜且泣太祖卽位增邑爲二千五百戶除淮陵太守加寧朔將軍驍騎將軍如故尋爲直閤將軍冠軍將軍仍轉太子左率虜遣僞將薛道摽寇壽春太祖以道摽淵之親近敕齊郡太守劉懷慰曰聞道摽分明來其兒婦並在都與諸弟無復同生者凡此類無爲不多方誤之縱不全信足使豺狼疑惑令爲淵書與道摽示購之之意虜得書果追道摽遣他將代之世祖卽位遷左衞將軍初淵南奔母索氏不得自拔改嫁長安楊氏淵私遣購贖梁州刺史崔慧景報淵云索在界首遣信拘引已得拔難淵表求解職至界上迎之見許改授散騎常侍征虜將軍淵母南歸事竟無實永明元年淵上表解職送貂蟬詔曰遠隔殊方聲問難審淵憂迫之深固辭朝列昔東關舊典猶通婚宦況母出有差音息時至依附前例不容申許便可斷表速還章服淵以贖母既不得又表陳解職詔不許後虜使至上爲淵致與母書車駕幸安樂寺淵從駕乘虜橋先是敕羌虜橋不得入仗爲有司所奏免官見原四年出爲持節督徐州諸軍事徐州刺史將軍如故明年遷右軍司馬將軍如故轉大司馬濟陽太守將軍如故七年爲給事中右衞將軍以疾解職歸家不能乘車去車脚使人轝之而去爲有司所糾見原八年爲右將軍大司馬領軍討巴東王子響子響軍主劉超之被捕急以眠褥雜物十餘種賂淵自逃淵匿之軍中爲有司所奏詔原十年爲散騎常侍將軍如故世祖崩朝廷慮虜南寇假淵節軍主本官如故尋加驍騎將軍假節本官如故隆昌元年出爲持節督司州軍事司州刺史右將軍如故延興元年進號平北將軍未拜卒明帝卽位方有詔賻錢五萬布五百匹尅日舉哀

戴僧靜會稽永興人也祖飾宋景平中與富陽孫法先謀亂伏法家口徙青州僧靜少有膽力便弓馬事刺史沈文秀俱沒虜後將家屬叛還淮陰太祖撫畜之常在左右僧靜於都載錦出爲歐陽戍所得繫兗州獄太祖遣薛淵餉僧靜酒食以刀子置魚腹中僧靜與獄吏飲酒既醉以刀刻械手自折鏁發屋而出歸太祖匿之齋內以其家貧年給穀千斛虜圍角城遣僧靜戰盪數捷補帳內軍主隨還京師勳階至積射將軍羽林監沈攸之事起太祖入朝堂僧靜爲軍主從袁粲據石頭太祖遣僧靜將腹心先至石頭時蘇烈據倉城僧靜射書與烈夜縋入城粲登城西南門列燭火處分臺軍至射之火乃滅回登東門其黨輔國將軍孫曇瓘驍勇善戰每盪一合輒大殺傷官軍死者百餘人軍主王天生殊死拒戰故得相持自亥至丑有流星赤色照地墜城中僧靜率力攻倉門身先士卒衆潰僧靜手斬粲於是外軍燒門入初粲大明中與蕭惠開周朗同車行逢大桁開駐車共語惠開取鏡自照曰無年可仕朗執鏡良久曰視死如歸粲最後曰當至三公而不終也僧靜以功除前軍將軍寧朔將軍將士戰亡者太祖爲斂祭焉昇明二年除游擊將軍沈攸之平論封諸將以僧靜爲興平縣侯邑千戶太祖卽位增邑千二百戶除南濟陰太守本官如故除輔國將軍改封建昌建元二年遷驍騎將軍加員外常侍轉太子左衞率世祖踐阼出爲持節督徐州諸軍事冠軍將軍北徐州刺史買牛給貧民令耕種甚得荒情遷給事中太子右率尋加通直常侍永明五年隸護軍陳顯達討荒賊桓天生於比陽僧靜與平西司馬韓孟度華山太守康元隆前進未至比陽四十里頓深橋天生引虜步騎十萬奄至僧靜合戰大破之殺獲萬計天生退還比陽僧靜進圍之天生軍出城外僧靜又擊破之天生閉門不復出僧靜力疲乃退除征虜將軍南中郎司馬淮南太守八年巴東王子響殺僚佐世祖召僧靜使領軍向江陵僧靜面啓上曰巴東王年少長史捉之太急忿不思難故耳天子兒過誤殺人有何大罪今忽遣軍西上人情惶懼無所不至僧靜不敢奉敕上不荅而心善之徙爲廬陵王中軍司馬高平太守將軍如故九年卒詔曰僧靜志懷貞果誠著艱難剋殄西塘勳彰運始奄致殞喪惻愴傷懷賻錢五萬布百匹謚壯侯僧靜同郡餘姚人陳胤叔本名承叔避宣帝諱改彊辯果捷便刀楯初爲左夾轂隊將泰始初隨太祖東討遂歸身隨從征伐小心慎事以功見賞封當陽縣子官至太子左率啓世祖以鍛箭鏃用鐵多不如鑄作東冶令張候伯以鑄鏃鈍不合用事不行永明三年卒

桓康北蘭陵承人也勇果驍悍宋大明中隨太祖爲軍容從世祖在贛縣泰始初世祖起義爲郡所繫衆皆散康裝擔一頭貯穆后一頭貯文惠太子及竟陵王子良自負置山中與門客蕭欣祖楊彖之皐分喜潛三奴向恩奴四十餘人相結破郡獄出世祖郡追兵急康等死戰破之隨世祖起義摧堅陷陣膂力絕人所經村邑恣行暴害江南人畏之以其名怖小兒畫其形以辟瘧無不立愈見擢爲世祖冠軍府參軍除殿中將軍武騎常侍出補襄賁令桂陽事起康棄縣還都就太祖會事平除員外郎元徽五年七月六日夜少帝微行至領軍府帝左右人曰一府人皆眠何不緣牆入帝曰我今夕欲一處作適待明日夜康與太祖所養健兒盧荒向黑於門間聽得其語明夕王敬則將帝首至扣門康謂是變與荒黑曉下拔白刃欲出仍隨入宮太祖鎭東府除康武陵王中兵寧朔將軍帶蘭陵太守常衞左右太祖誅黃回回時爲南兗州部曲數千欲收恐爲亂召入東府停外齋使康將數十人數回罪然後殺之回初與屯騎校尉王宜興同石頭之謀太祖隱其事猶以重兵付回而配以腹心宜興拳捷善舞刀楯回嘗使十餘人以水交灑不能著既慮宜與反已乃先撤其軍將宜與不與回發怒不從處分擅斬之諸將因此白太祖以回握彊兵必遂反覆康請獨往刺之太祖曰卿等何疑甚彼無能爲也及回被召上車愛妾見赤光冠其頭至足苦捉留回不肯止時人爲之語曰欲侜張問桓康除後軍將軍直閤將軍南濮陽太守寧朔如故建元元年封吳平

縣伯五百戶尋輔國將軍左軍將軍游擊將軍太守如故太祖謂康曰卿隨我日久未得方伯亦當未解我意政欲與卿先共滅虜耳虜動遣康行假節尋進冠軍將軍三年春於淮陽與虜戰大破之進兵攻陷虜樊諧城太祖喜敕康迎淮北義民不尅明年以康爲持節督青冀二州東徐之東莞琅邪二郡朐山戍北徐之東海連口戍諸軍事青冀二州刺史冠軍如故世祖卽位轉驍騎將軍復前軍郡其年卒詔曰康昔預南勳義兼常懷倍深惻愴凶事所須原加料理年五十七淮南人尹略少伏事太祖曉習騎射以便捷見使爲將昇明中爲虎賁中郎越騎校尉建元初封平周男三百戶永明八年爲游擊將軍討巴東王子響見害贈輔國將軍梁州刺史

焦度字文績南安氐人也祖文珪避難至襄陽宋元嘉中僑立天水郡畧陽縣乃屬焉度以歸國補北館客孝武初青州刺史顏師伯出鎭滑臺度領幢主送之索虜寇青州師伯遣度領軍與虜戰於沙溝杜梁度身破陣大捷師伯板爲己輔國府參軍虜遣淸水公拾賁敕文寇淸口度又領軍救援刺虜騎將豹皮公墮馬獲其具裝鎧矟手殺數十人師伯啓孝武稱度氣力弓馬並絶人帝召還充左右見度身形黑壯謂師伯曰眞健物也除西陽王撫軍長兼行參軍補晉安王子勛夾轂隊主隨鎭江州子勛起兵以度爲龍驤將軍領三千人爲前鋒屯赭圻每與臺軍戰常自排突所向無不勝事敗逃宮亭湖中爲寇賊朝廷聞其勇甚憂患之使江州刺史王景文誘降度等將部曲出首景文以爲己鎭南參軍尋領中直兵厚待之隨景文還都常在府州內景文被害夕度大怒勸景文拒命景文不從明帝不知也以度武勇補晉熙王燮防閣除征虜鎧曹行參軍隨鎭夏口武陵王贊代燮爲郢州度仍留鎭爲贊前軍參軍沈攸之事起轉度中直兵加寧朔將軍軍主太祖又遣使假度輔國將軍屯騎校尉攸之大衆至夏口將直下都留偏兵守郢城而已度於城樓上肆言罵辱攸之至自發露形體穢辱之故攸之怒改計攻城度親力戰攸之衆蒙楯將登度令投以穢器賊衆不能冒至今呼此樓爲焦度樓事寧度功居多轉後軍將軍封東昌縣子東宮直閤將軍爲人朴澀欲就太祖求州比及見意色甚變竟不得一語太祖以其不閑民事竟不用建元四年乃除淮陵太守本官如故度見朝廷貴戚說郢城事宜露如初好飲酒醉輒暴怒上常使人節之年雖老而氣力如故尋除游擊將軍永明元年卒年六十一贈輔國將軍梁秦二州刺史子世榮永明中爲巴東王防閤子響事世榮避奔雍州世祖嘉之以爲始興中兵參軍

曹虎字士威下邳下邳人也本名虎頭宋明帝末爲直廂桂陽賊起隨太祖出新亭壘出戰先斬一級持還由是識太祖太祖爲領軍虎訴勳補防殿隊主直西齋蒼梧廢明日虎欲出外避難遇太祖在東中華門問虎何之虎因曰故欲仰覓明公耳仍留直衛太祖鎭東府以虎與戴僧靜各領白直三百人累至屯騎校尉帶南城令豫平石頭封羅江縣男除前軍將軍上受禪增邑爲四百戶直閤將軍領細仗主尋除寧朔將軍東莞太守建元元年冬虎啓乞改封侯官尚書奏侯官戶數殷廣乃改封監利縣二年除游擊將軍本官如故及彭沛義民起遣虎領六千人入渦沈攸之橫吹一部京邑之絶虎啓以自隨義民久不至虎乃攻虜別營破之將士貪取俘執反爲虜所敗死亡二千人世祖卽位除員外常侍遷南中郞司馬加寧朔將軍南新蔡太守永明元年徙爲安成王征虜司馬餘官如故明年江州蠻動敕虎領兵戍尋陽板輔國將軍伐蠻軍主又領尋陽相尋除游擊將軍輔國軍主如故世祖以虎頭名鄙敕改之六年四月荒賊桓天生復引虜出據隔城遣虎督數軍討之虎令輔國將軍朱公恩領騎百匹及前行踏伏值賊遊軍因合戰破之遂進至隔城賊黨拒守虎引圍柵絶其走路須臾侯騎還報虜援已至尋而天生率馬步萬餘人迎戰虎奮擊大敗之獲二千餘人明日遂攻隔城拔之斬僞虎威將軍襄城太守帛烏祝復殺二千餘人賊棄平氏城退走十一年遷冠軍將軍驍騎如故明年遷太子左率轉西陽王冠軍司馬廣陵太守上敕虎曰廣陵須心腹非吾意可委者不可得處此任隨郡王子隆代巴東王子響爲荊州備軍容西上以虎爲輔國將軍鎭西司馬南平內史十一年收雍州刺史王奐敕領步騎數百步道取襄陽仍除持節督梁南北秦沙四州諸軍事西戎校尉梁南秦二州刺史將軍如故尋進號征虜將軍鬱林卽位進號前將軍隆昌元年遷督雍州郢州之竟陵司州之隨郡軍事冠軍將軍雍州刺史建武元年進號右將軍二年進督爲監進號平北將軍督爲侯增邑三百戶四年虜寇沔北虎聚軍襄陽與南陽太守房伯玉不協不急赴救末乃移頓樊城虜主元宏遣虎書曰皇帝謝僞雍州刺史神運兆中皇居闕洛化抱元天方融八表而南有未賓之吳治爲兩主之隔幽顯含嗟人靈壅閼且漢北江遏密爾乾縣故先動鳳駕整我神邑卿進無陳平歸漢之智退闕關羽殉節之忠嬰閉窮城憂頓長沔幾勇兩缺何其嗟哉朕比乃欲造卿遁穴未果且還新都饗厥六戎入彼春月遲遲揚旆善脩爾略以俟義臨虎使人答書曰自金精失道皇居徙縣喬木空存茂草方鬱七狄交侵五胡代起顧瞻中原每用弔焉知棄皇蘭隨水遷瀾伊川之象爰在玆日古人有云匪宅是卜而鄰是卜樊漢無幸咫尺殊風折膠入塞乘秋犯邊親屬窮於斬殺士女困於虔劉與彼蠢左共爲脣齒仁義弗聞苛暴先露乃復改易氈裘妄自尊大我皇開運光宅區夏而式亂遄逃棄同卽異每欲出車鞠旅以征不庭所冀干戚兩階叛命來格遂復遊魂不戢乾沒孔熾孤摠連率任屬方邵組甲十萬雄戟千羣以此戡難何往不克主上每矜率土哀彼民黎使不戰屈敵兵無血刃故部勒小戍閉壁淸野抗威遵養庶能懷音若遂迷復知進忘退當金鉦戒路雲旗北掃長驅燕代併羈名王使少卿忽諸頭曼不祀兵交無遠相爲憫然永泰元年遷給事中右衞將軍持節隸都督陳顯達停襄陽伐虜度支尙書崔慧景於鄧地大敗虜追至沔北元宏率十萬衆從羽儀華蓋圍樊城虎閉門固守虜去城數里立營頓設氈屋復再圍樊城臨沔水望襄陽岸乃去虎遣軍主田安之等十餘軍出逐之頗相傷殺東昏卽位遷前將軍鎭軍司馬永元元年始安王遙光反虎領軍屯靑溪中橋事寧轉散騎常侍右衞將軍虎形幹甚毅善於誘納日食荒客常數百人晚節好貨賄吝嗇在雍州得見錢五千萬伎女食醬菜無重肴每好風景輒開庫招張向之帝疑虎舊將兼利其財新除未及拜見殺時年六十餘和帝中興元年追贈安北將軍徐州刺史

史臣曰解厄鴻門資舞陽之氣納降饗旅仗虎侯之力觀玆猛毅藉以風威未必投車挾輈然後勝敵故桓康之聲所以震懾江蠡也

贊曰薛辭親愛歸身淮涘戴類千秋興言帝子桓勇焦壯爪牙之士虎守西邊功虧北鄙

南齊書卷三十考證

戴僧靜傳僧靜手斬粲○臣祖庚按南史袁粲傳僧靜奮刀直前欲斬之子最叫抱父乞先死兵士人人莫不隕涕粲曰我不失忠臣汝不失孝子仍求筆作啓云臣義奉大宋策名兩畢今便歸魂墳隴永就山丘僧靜乃并斬之此不載宋書亦無此事通鑑考異曰時僧靜掩粲不備挺身直往安肯令粲作啓從容如此據此則傳不爲漏而南史未可謂得也

曹虎傳曹虎○南史虎作武

乾沒孔熾○乾沒南監本作亂猾

南齊書卷三十一

梁　蕭　子　顯　撰

列傳第十二

江謐　荀伯玉

江謐字令和濟陽考城人也祖秉之臨海太守宋世淸吏父徵尙書都官郞吳令爲太初所殺謐繫尙方孝武平京邑乃得出解褐奉朝請輔國行參軍于湖令强濟稱職宋明帝爲南豫州謐傾身奉之爲帝所親待卽位以爲驃騎參軍弟蒙貌醜帝常召見狎侮之謐轉尙書度支郞俄遷右丞兼比部郞泰始四年江夏王義恭第十五女卒年十九未笄禮官議從成人服諸王服大功左丞孫夐重奏禮記女子十五而笄鄭云年應許嫁者也其未許嫁者則二十而笄射慈云十九猶爲殤禮官違越經典於禮無據博士太常以下結免贖論謐坐杖督五十奪勞百日謐又奏夐先不研辨混同謬議准以事例亦宜及咎夐又結免贖論詔可出爲建平王景素冠軍長史長沙內史行湘州事政治苛刻僧遵道人與謐情款隨謐莅郡犯小事餓繫郡獄僧遵裂三衣食之既盡而死爲有司所奏徵還明帝崩遇赦得免爲正員郞右軍將軍太祖領南兗州謐爲鎭軍長史廣陵太守入爲游擊將軍性流俗善趨勢利元徽末朝野咸屬意建平王景素謐深自委結景素事敗僅得免禍蒼梧王廢後物情尙懷疑惑謐獨竭誠歸事太祖以本官領尙書左丞昇明元年遷黃門侍郞左丞如故沈攸之事起議加太祖黃鉞謐所建也事平遷吏部郞稍被親待遷太尉諮議領錄事參軍齊臺建爲右衞將軍建元元年遷侍中出爲臨川王平西長史冠軍將軍長沙內史行湘州事先遣之鎭既而驃騎豫章王嶷領湘州以謐爲長史將軍內史知州留事如故封永新縣伯四百戶三年爲左民尙書諸皇子出閤用文武主帥皆以委謐

尋敕曰江謐寒士誠當不得競等華儕然甚有才幹堪爲委遇可遷掌吏部謐才長刀筆所在事辦太祖崩謐稱疾不入衆頗疑其怨不豫顧命也世祖卽位謐又不遷官以此怨望時世祖不豫謐詣豫章王嶷請閒曰至尊非起疾東宮又非才公今欲作何計世祖知之出謐爲征虜將軍鎭北長史南東海太守未發上使御史中丞沈沖奏謐前後罪曰謐少懷輕躁長習諂薄交無義合行必利動特以奕世更局見擢宋朝而阿諛內外貨賂公行咎盈憲簡戾彰朝聽與金葉寶取容近習以沈攸之地勝兵强終當得志委心託身歲暮相結以劉景素親屬望重物應樂推獻誠薦子窺窬非望時艱網漏得全首領太祖匡飭天地方知遠圖薄其艱洗之瑕許其革音之効加以非分之寵推以不次之榮列迹勳良比肩朝德以往者微勤刀筆小用賞厠河山任忝出入輕險之性在貴彌彰貪昧之情雖富無滿重莅湘部顯行斷盜及居銓衡肆意受納連席同乘皆詖黷舊侶密筵閑讌必貨賄常客理合升進者以爲己惠事宜貶退者並稱中旨謂販鬻威權姦自不露欺主罔上奸議可掩先帝寢疾彌留人神憂震謐病私舍曾無變容國諱經旬甫暫入殿參訪遺詔覘忖時旨以身列朝流宜蒙兼帶先顧不逮舊位無加遂崇飾惡言肆醜縱悖譏誹朝政訕毀皇猷遍出忠賢歷詆台相至於蕃岳入授列代恒規勳戚出撫前王彝則而謐妄發樞機坐構嚚論復敢貶謗儲后不顧辭端毀折宗王每窮舌杪皆云誥誓乖禮崇樹失宜仰指天俯畫地希幸災故以申積憤犯上之跡既彰反噬之情已著請免官削爵土收送廷尉獄治罪詔賜死時年五十二子介建武中爲吳令治亦深切民間榜死人髑髏爲謐首棄官而去

荀伯玉字弄璋廣陵人也祖永南譙太守父闡之給事中伯玉少爲柳元景撫軍板行叅軍南徐州祭酒晉安王子勛鎭軍行叅軍泰始初子勛舉事伯玉友人孫沖爲將帥伯玉隸其驅使封新亭侯事敗伯玉還都賣卜自業建平王景素聞而招之伯玉不往太祖鎭淮陰伯玉歸身結事爲太祖冠軍刑獄叅軍太祖爲明帝所疑及徵爲黃門郞深懷憂慮伯玉勸太祖遣數十騎入虜界安置標榜於是虜游騎數百履行界上太祖以聞猶懼不得留令伯玉卜伯玉斷卦不成行而明帝詔果復太祖本任由是見親待從太祖還都除奉朝請令伯玉看宅知家事世祖罷廣興還立別宅遣人於大宅掘樹數株伯玉不與馳以聞太祖曰卿執之是也轉太祖平南府晉熙王府參軍太祖爲南兗州伯玉轉爲上鎭軍中兵參軍帶廣陵令除羽林監不拜初太祖在淮南伯玉假還廣陵夢上廣陵城南樓上有二青衣小兒語伯玉云草中肅九五相追逐伯玉視城下人頭上皆有草泰始七年伯玉又夢太祖乘船在廣陵北渚見上兩腋下有翅不舒伯玉問何當舒上曰却後三年伯玉夢中自謂是呪師向上唾呪之凡六呪有六龍出兩腋下翅皆舒還而復斂元徽二年而太祖破桂陽威名大震五年而廢蒼梧太祖謂伯玉曰卿時乘之夢今且効矣昇明初仍爲太祖驃騎中兵參軍除步兵校尉不拜仍帶濟陽太守中兵如故霸業既建伯玉忠勤盡心常衞左右加前軍將軍隨太祖太尉府轉中兵將軍太守如故建元元年封南豐縣子四百戶轉輔國將軍武陵王征虜司馬太守如故徙爲安成王冠軍司馬轉豫章王司空諮議太守如故世祖在東宮專斷用事頗不如法任左右張景眞使領東宮主衣食官穀帛賞賜什物皆御所服用景眞於南澗寺捨身齋有元徽紫皮袴褶餘物稱是於樂遊設會伎人皆著御衣又度絲錦與崐崘舶營貨輒使傳令防送過南州津世祖拜陵還景眞白服乘畫舴艋坐胡牀觀者咸疑是太子內外祗畏莫敢有言伯玉謂親人曰太子所爲官終不知豈得顧死蔽官耳目我不啓聞誰應啓者因世祖拜陵後密啓之上大怒檢校東宮世祖還至方山日暮將泊豫章王於東府乘飛鷁東迎具白上怒之意世祖夜歸上亦停門籥待之二更盡方入宮上明日遣文惠太子聞喜公子良宣敕以景眞罪狀示世祖稱太子令收景眞殺之世祖憂懼稱疾月餘日上怒不解晝臥太陽殿王敬則直入叩頭啓上曰官有天下日淺太子無事被責人情恐懼願官往東宮解釋之太祖乃幸宮召諸王以下於玄圃園爲家宴致醉乃還上嘉伯玉盡心愈見親信軍國密事多委使之時人爲之語曰十敕五令不如荀伯玉命世祖深怨伯玉上臨崩指伯玉謂世祖曰此人事我忠我身後人必爲其作口過汝勿信也可令往東宮長侍白澤小郡以南兗州處之伯玉遭父憂除冠軍將軍南濮陽太守未拜除黃門郞本官如故世祖轉爲豫章王太尉諮議太守如故俄遷散騎常侍太守如故伯玉憂懼無計上聞之以其與垣崇祖善慮相扇爲亂加意撫之伯玉乃安永明元年垣崇祖誅伯玉并伏法初善相墓者見伯玉家墓謂其父曰當出暴貴而不久也伯玉後聞之曰朝聞道夕死可矣死時年五十

史臣曰君老不事太子義烈之遺訓也欲夫專心所奉在節無貳雖人子之親尚宜自別則偏黨爲論豈或傍啓察江荀之行也雖異術而同亡以古道而居今世難乎免矣

贊曰謐口禍門荀言亟盡時淸主異并合同殞

南齊書卷三十二

梁　蕭　子　顯　撰

列傳第十三

王　琨　張　岱　褚　炫

何　戢　王　延　之　阮　韜

王琨琅邪臨沂人也祖薈晉衞將軍父懌不慧侍婢生琨名爲崑崙懌後娶南陽樂玄女無子改琨名立以爲嗣琨少謹篤爲從伯司徒謐所愛宋永初中武帝以其娶桓脩女除郞中駙馬都尉奉朝請元嘉初從兄侍中華有寵權以門戶衰弱待琨如親數相稱薦爲尚書儀曹郞州治中累至左軍諮議領錄事出爲宣城太守司徒從事中郞義興太守歷任皆廉約還爲北中郞長史黃門郞寧朔將軍東陽太守孝建初遷廷尉卿竟陵王驃騎長史加臨淮太守轉吏部郞吏曹選局貴要多所屬請琨自公卿下至士大夫例爲用兩門生江夏王義恭嘗屬琨用二人後復遣屬琨答不許出爲持節都督廣交二州軍事建威將軍平越將軍平越中郞廣州刺史南土沃實在任者常致巨富世云廣州刺史但經城門一過便得三千萬也琨無所取納表獻祿俸之半州鎭舊有鼓吹又啓輸還及罷任孝武知其淸問還資多少琨曰臣買宅百三十萬餘物稱之帝悅其對爲廷尉加給事中轉寧朔將軍長史歷陽內史上以琨忠實徙爲寵子新安王東中郞長史加輔國將軍遷右衞將軍度支尚書出爲永嘉王左軍始安王征虜二府長史加輔國將軍廣陵太守皆孝武諸子泰始元年遷度支尚書尋加光祿大夫初從兄華孫長襲華爵爲新建侯嗜酒多愆失琨上表曰臣門姪不休從孫長是故左衞將軍嗣息少資常猥猶冀晚進頃更昏酣業身無檢故衞將軍華忠肅奉國善及世祀而長負釁承封將傾基緒嗣小息佟閑立保退不乖素風如蒙拯立則存亡荷榮私祿更構出爲冠軍將軍吳郡太守遷中領軍坐在郡用朝舍錢三十六萬營餉二宮諸王及作絳襖奉獻軍用乃左遷光祿大夫尋加太常及金紫加散騎常侍廷尉虞龢議社稷合爲一神琨案舊糾駮時龢深被親寵朝廷多琨强正明帝臨崩出爲督會稽東陽新安臨海永嘉五郡軍事左軍將軍會稽太守常侍如故坐誤竟囚降號冠軍元徽中遷金紫光祿引訓太僕常侍如故本州中正加特進順帝卽位進右光祿大夫常侍餘如故順帝遜位琨陪位及辭廟皆流涕太祖卽位領武陵王師加侍中給親信二十人時王儉爲宰相屬琨用東海郡迎吏琨謂信人曰語郞三臺五省皆是郞用人外方小郡當乞寒賤省官何容復奪之遂不過其事琨性旣古愼而儉嗇過甚家人雜事皆手自操執公事朝會必夙夜早起簡閱衣裳料數冠幘如此數四世以此笑之尋解王師建元四年太祖崩琨聞國諱牛不在宅去臺數里遂步行入宮朝士皆謂琨曰故宜待車有損國望琨曰今日奔赴皆應爾遂得病卒贈左光祿大夫餘如故年八十四

張岱字景山吳郡吳人也祖敞晉度支尚書父茂度宋金紫光祿大夫岱少與兄太子中舍人寅新安太守鏡征北將軍永弟廣州刺史辯俱知名謂之張氏五龍鏡少與光祿大夫顏延之隣居顏談議飲酒喧呼不絕而鏡靜翳無言聲後延之於籬邊聞其與客語取胡床坐聽辭義淸玄延之心服謂賓客曰彼有人焉由此不復酣呼寅鏡名最高永辨岱不及也郡舉岱上計掾不行州辟從事累遷南平王右軍主簿尚書水部郞出補東遷令時殷沖爲吳興謂人曰張東遷親貧須養所以栖遲下邑然名器方顯終當大至隨王誕於會稽起義以岱爲建威將軍輔國長史行縣事事平爲司徒左西曹母年八十籍注未滿岱便去官從實還養有司以岱違制將欲糾舉宋孝武曰觀過可以知仁不須案也累遷撫軍諮議參軍領山陰令職事閑理巴陵王休若爲北徐州未親政事以岱爲冠軍諮議參軍領彭城太守行府州國事後臨海王爲征虜廣州豫章王爲車騎揚州晉安王爲征虜南兗州岱歷爲三府諮議三王行事與典籤主帥共事事舉而情得或謂岱曰主王旣幼執事多門而每能緝和公私云何致此岱曰古人言一心可以事百君我爲政端平待物以禮悔吝之事無由而及明闇短長更是才用之多少耳入爲黃門郞遷驃騎長史領廣陵太守新安王子鸞以盛寵爲南徐州割吳郡

屬焉高選佐史孝武帝召岱謂之曰卿美效夙著兼資宦已多今欲用卿爲子鸞別駕總刺史之任無謂小屈終當大仲也帝崩累遷吏部郎明帝初四方反帝以岱堪幹舊才除使持節督西豫州諸軍事輔國將軍西豫州刺史尋徙爲冠軍將軍北徐州刺史都督北討諸軍事並不之官泰始末爲吳興太守元徽中遷使持節督益寧二州軍事冠軍將軍益州刺史數年益土安其政徵侍中領長水校尉度支尚書領左軍遷吏部尚書王儉爲吏部郎時專斷曹事岱每相違執及儉爲宰相以此頗不相善兄子瓌弟恕誅吳郡太守劉遐太祖欲以恕爲晉陵郡岱曰恕未閑從政美錦不宜濫裁太祖曰恕爲人我所悉且又與瓌同勲自應有賞岱曰若以家貧賜祿此所不論語功推事臣門之恥尋加散騎常侍建元元年出爲左將軍吳郡太守太祖知岱歷任清直至郡未幾手敕岱曰大邦任重乃未欲回換但總戎務殷宜須望實今用卿爲護軍加給事中岱拜竟詔以家爲府陳疾明年遷金紫光祿大夫領鄱陽王師世祖卽位復以岱爲散騎常侍吳興太守秩中二千石岱晚節在吳興更以寬恕著名遷使持節監南兗兗徐青冀五州諸軍事後將軍南兗州刺史常侍如故未拜卒年七十一岱初作遺命分張家財封置箱中家業張減隨復改易如此十數年贈本官諡貞子

褚炫字彥緒河南陽翟人也祖秀之宋太常父法顯鄱陽太守兄炤字彥宣少秉高節一目眇官至國子博士不拜常非從兄淵身事二代聞淵拜司徒歎曰使淵作中書郎而死不當是一名士邪名德不昌遂令有期頤之壽炫少清簡爲從舅王景文所知從兄淵謂人曰從弟廉勝獨立乃十倍於我也宋義陽王昶爲太常板炫補五官累遷太子舍人撫軍車騎記室正員郎從宋明帝射雉至日中無所得帝甚猜羞召問侍臣曰吾旦來如皐遂空行可笑座者莫答炫獨曰今節候雖適而雲霧尚凝故斯翬之禽驕心未警但得神駕游豫羣情便爲載懽帝意解乃於雉場置酒遷中書侍郎司徒右長史昇明初炫以清尚與劉俁謝朏江斅入殿侍文義號爲四友遷黃門郎太祖驃騎長史遷侍中復爲長史齊臺建復爲侍中領步兵校尉以家貧建元初出補東陽太守加秩中二千石還復爲侍中領步兵凡三爲侍中出爲竟陵王征北長史加輔國將軍尋徙爲冠軍長史江夏內史將軍如故永明元年爲吏部尚書炫居身清立非弔問不雜交遊論者以爲美及在選部門庭蕭索賓客罕至出行左右捧黃紙帽箱風吹紙剝殆盡罷江夏還得錢十七萬於石頭并分與親族病無以市藥表自陳解改授散騎常侍領安成王師國學建以本官領博士未拜卒無以殯斂時年四十一贈太常諡曰貞子

何戢字慧景廬江灊人也祖尚之宋司空父偃金紫光祿大夫被遇於宋武選戢尚山陰公主拜駙馬都尉解褐秘書郎太子中舍人司徒主簿新安王文學秘書丞中書郎景和世山陰主就帝求吏部郎褚淵入內侍己淵見拘逼終不肯從與戢同居止月餘日由是特申情好明帝立遷司徒從事中郎從建安王休仁征赭圻板轉戢司馬除黃門郎出爲宣威將軍東陽太守吏部郎元徽初褚淵參朝政引戢爲侍中時年二十九戢以年未三十苦辭內侍表疏屢上時議許之改授司徒左長史太祖爲領軍與戢來往數置歡讌上好水引餅戢令婦女躬自執事以設上焉久之復爲侍中遷安成王車騎長史加輔國將軍濟陰太守行府州事出爲吳郡太守以疾歸爲侍中祕書監仍轉中書令太祖相國左長史建元元年遷散騎常侍太子詹事尋改侍中詹事如故上欲轉戢領選問尚書令褚淵以戢資重欲加常侍淵曰宋世王球從侍中中書令單作吏部尚書資與戢相似頃選職方昔小輕不容頓加常侍聖旨每以蟬冕不宜過多臣與王儉既已左珥若復加戢則八座便有三貂若帖以驍游亦爲不少乃以戢爲吏部尚書加驍騎將軍戢美容儀動止與褚淵相慕時人呼爲小褚公家業富盛性又華侈衣被服飾極爲奢麗三年出爲左將軍吳興太守上頗好畫扇宋孝武賜戢蟬雀扇善畫者顧景秀所畫時陸探微顧彥先皆能畫歎其巧絕戢因王晏獻之上令晏厚酬其意四年卒時年三十六贈散騎常侍撫軍太守如故諡懿子女爲鬱林王后又贈侍中光祿大夫

王延之字希季琅邪臨沂人也祖裕宋左光祿儀同三司父昇之都官尚書延之出繼伯父秀才粲之延之少而靜默不交人事州辟主簿不就舉秀才北中郎法曹行參軍轉署外兵尚書外兵部司空主簿並不就除中軍建平王主簿記室仍度司空北中郎二府轉秘書丞西陽王撫軍諮議州別駕尋陽王冠軍安陸王後軍司馬加振武將軍出爲安遠護軍武陵內史不拜宋明帝爲衞軍延之轉爲長史加宣威將軍司徒建安王休仁征赭圻轉延之爲左長史加寧朔將軍延之清貧居宇穿漏褚淵往候之見其如此具啓明帝帝卽敕材官爲起三間齋屋遷侍中領射聲校尉未拜出爲吳郡太守罷郡還家產無所增益除吏部尚書侍中領右軍並不拜復爲吏部尚書領驍騎將軍出爲後軍將軍吳興太守還都督浙東五郡會稽太守轉侍中秘書監晉熙王師還中書令師如故未拜轉右僕射昇明二年轉左僕射宋德既衰太祖輔政朝野之情人懷彼此延之與尚書令王僧虔中立無所去就時人爲之語曰二王持平不送不迎太祖以此善之三年出爲使持節都督江州豫州之新蔡晉熙二郡諸軍事安南將軍江州刺史建元二年進號鎭南將軍延之與金紫光祿大夫阮韜俱宋領軍劉湛外甥並有早譽湛甚愛之曰韜後當爲第一延之爲次也延之甚不平每致餉下都韜與朝士同例太祖聞其如此與延之書曰韜云卿未嘗有別意當緣劉家月旦故邪在州祿俸以外一無所納獨處齋內吏民罕得見者四年遷中書令右光祿大夫本州大中正轉左僕射光祿中正如故尋領竟陵王師永明二年陳疾解職世祖許之轉特進右光祿大夫王師中正如故其年卒年六十四追贈散騎常侍右光祿大夫特進如故諡簡子延之家訓方嚴不妄見子弟雖節歲問訊皆先克日子倫之見兒子亦然永明中爲侍中世祖幸琅邪城倫之與光祿大夫全景文等二十一人坐不參承爲有司所奏詔倫之親爲陪侍之職而同衆惰慢免官景文等贖論建武中至侍中領前軍將軍都官尚書領游擊將軍卒

阮韜字長明陳留人晉金紫光祿大夫裕玄孫也韜少歷清官爲南兗州別駕刺史江夏王劉義恭逆求資費錢韜曰此朝廷物執不與宋孝武選侍中四人並以風貌王彧謝莊爲一雙韜與何偃爲一雙常充兼假泰始末爲征南江州長史桂陽王休範在鎭數出行遊韜性方峙未嘗隨從至散騎常侍金紫光祿大夫領始興王師永明二年卒

史臣曰內侍樞近世爲華選金璫頳耀朝之麗服久忘儒藝專授名家加以簡擇少姿簪貂冠冕基蔭所通後才先貌事同謁者以形骸爲官斯違舊矣辟彊之在漢朝幼有妙察仲宣之處魏國見貶容陋何戢之讓雖未能深識前古之美與夫尸官覗服者何等級哉

贊曰萬石祗慎琨既爲倫五龍一氏張亦繼荀炫清褚族戢遺何姻延之居簡名峻王臣

南齊書卷三十三

梁　蕭子顯　撰

列傳第十四

王僧虔　張緒

王僧虔琅邪臨沂人也祖珣晉司徒伯父太保弘宋元嘉世爲宰輔賓客疑所諱弘曰身家諱與蘇子高同父曇首右光祿大夫曇首兄弟集會諸子孫弘子僧達下地跳戲僧虔年數歲獨正坐採蠟燭珠爲鳳凰弘曰此兒終當爲長者僧虔弱冠弘厚善隸書宋文帝見其書素扇歎曰非唯跡逾子敬方當器雅過之除祕書郎太子舍人退默少交接與袁淑謝莊善轉義陽王文學太子洗馬遷司徒左西屬兄僧綽爲太初所害親賓咸勸僧虔逃僧虔涕泣曰吾兄奉國以忠貞撫我以慈愛今日之事苦不見及耳若同歸九泉猶羽化也孝武初出爲武陵太守兄子儉於中途得病僧虔爲廢寢食同行客慰喻之僧虔曰昔馬援處兒姪之間一情不異鄧攸於弟子更逾所生吾實懷其心誠未異古亡兒之肩不宜忽諸若此兒不救便當回舟謝職無復遊官之興矣還爲中書郎轉黃門郎太子中庶子孝武欲擅書名僧虔不敢顯跡大明世常用拙筆書以此見容出爲豫章王子尚撫軍長史遷散騎常侍復爲新安王子鸞北中郎長史南東海太守行南徐州事二蕃皆帝愛子也尋遷豫章內史入爲侍中遷御史中丞領驍騎將軍甲族由來多不居憲臺王氏分枝居烏衣者位官微減僧虔爲此官乃曰此是烏衣諸郎坐處我亦可試爲耳復爲侍中領屯騎校尉泰始中出爲輔國將軍吳興太守秩中二千石王獻之善書爲吳興郡及僧虔工書又爲郡論者稱之徙爲會稽太守秩中二千石將軍如故中書舍人阮佃夫家在會稽請假東歸客勸僧虔以佃夫要倖宜加禮接僧虔曰我立身有素豈能曲意此輩彼若見惡當拂衣去耳佃夫言於宋明帝使御史中丞孫夐奏僧虔前莅吳興多有謬命檢到郡至還凡用功曹五官主簿至二禮吏署三傳及度與弟子合四百四十八人又聽民何係先等一百十家爲舊門委州檢削坐免官尋以白衣兼侍中出監吳郡太守遷使持節都督湘州諸軍事建武將軍行湘州事仍轉輔國將軍湘州刺史所在以寬惠著稱巴峽流民多在湘土僧虔表割益陽羅湘西三縣緣江民立湘陰縣從之元徽中遷吏部尚書高平檀珪罷沅南令僧虔以爲征北板行參軍訴僧虔求祿不得與僧虔書曰五常之始文武爲先文則

經緯天地武則撥亂定國僕一門雖謝文通乃忝武達羣從姑叔三嬪帝室祖兄二世糜軀奉國而致子姪餓死草壤去冬今春頻荷二敕既無中人屢見蹉奪經涉五朔踰歷四晦書牘十二接覲六七遂不荷潤反更曝鰓九流絕平自不宜獨苦一物蟬腹龜腸爲日已久饑虎能嚇人遠與肉餓麟不噬誰爲落毛去冬乞豫章丞爲馬超所爭今春蒙敕南昌縣爲史偃所奪二子勳蔭人才有何見勝若以貧富相奪則分受不如身雖孤微百世國士姻媾位宦亦不後物尚書同堂姊爲江夏王妃檀珪同堂姑爲南譙王妃尚書婦是江夏王女檀珪祖姑嬪長沙景王尚書伯爲江州檀珪祖亦爲江州尚書從兄出身爲後軍參軍檀珪父釋褐亦爲中軍參軍僕於尚書人地本懸至於婚宦不至殊絕今通塞雖異猶忝氣類尚書何事乃爾見苦泰始之初八表同逆一門二世粉骨衛主殊勳異績已不能甄常階舊途復見侵抑僧虔報書曰征北板比歲處遇小優殷主簿從此府入崇禮何儀曹即代殷亦不見訴爲苦足下積屈一朝超升政自小難泰始初勤苦十年自未見其賞而頓就求稱亦何可遂吾與足下素無怨憾何以相侵苦直是意有佐佑耳珪又書曰昔荀公達漢之功臣晉武帝方爵其玄孫夏侯惇魏氏勳佐金德初融亦始甄顯方賞其孫封樹近族羊叔子以晉泰始中建策伐吳至咸寧末方加褒寵封其兄子卞望之以咸和初殞身國難至興寧末方崇禮秩官其子孫蜀郡主簿田混黃初末死故君之難咸康中方擢其子孫似不以世代遠而被棄年世疎而見遺檀珪百羅六極造化罕比五喪停露百口轉命存亡披迫本希小祿無意階榮自古以來有沐食侯近代有王官府佐非沐食之職參軍非王官之謂質非匏瓜實羞空懸殷何二生或是府主情味或是朝廷意旨豈與悠悠之人同口而語使僕就此職尚書能以郎見轉不若使日得五升祿則不恥執鞭僧虔乃用爲安城郡丞珪宋安南將軍韶孫也僧虔尋加散騎常侍轉右僕射昇明元年遷尚書僕射尋轉中書令左僕射二年爲尚書令僧虔好文史解音律以朝廷禮樂多違正典民間競造新聲雜曲時太祖輔政僧虔上表曰夫懸鍾之器以雅爲用凱容之禮八佾爲儀今總章羽佾音服舛異又歌鍾一肆克諧女樂以歌爲務非雅器也大明中即以宮懸合和鞞拂節數雖會處乖雅體將來知音或譏聖世若謂鍾舞已諧重違成憲更立歌鍾不參舊例四縣所奏謹依雅條即義沿理如或可附又今之清商實由銅爵三祖風流遺音盈耳京洛相高江左彌貴諒以金石干羽事絕私室桑濮鄭衛訓隔紳冕中庸和雅莫復於斯而情變聽移稍復銷落十數年間亡者將半自頃家競新哇人尚謠俗務在噍殺不顧音紀流宕無崖未知所極排斥正曲崇長煩淫士有等差無故不可去樂禮有攸序長幼不可共聞故喧醜之制日盛於廛里風味之響獨盡於衣冠宜命有司務勤功課緝理遺逸迭相開曉所經漏忘悉加補綴曲全者祿厚藝妙者位優利以動之則人思刻厲反本還源庶可跂踵事見納建元元年轉侍中撫軍將軍丹陽尹二年進號左衛將軍固讓不拜改授左光祿大夫侍中尹如故郡縣獄相承有上湯殺囚僧虔上疏言之曰湯本以救疾而實行冤暴或以肆忿若罪必入重自有正刑若去惡宜疾則應先啓豈有死生大命而潛制下邑愚謂治下囚病必先刺郡求職司與醫對共診驗遠縣家人省視然後處理可使死者不恨生者無怨上納其言僧虔留意雅樂昇明中所奏雖微有釐改尚多遺失是時上始欲通使僧虔與兄子儉書曰古語云中國失禮問之四夷計樂亦如苻堅敗後東晉始備金石樂故知不可全誣也北國或有遺樂誠未可使以補中夏之闕且得知其存亡亦一理也但鼓吹舊有二十一曲今所能者十一而已意謂北使會有散役得令樂署一人粗別同異者充此使限雖復延州難追其得知所知亦當不同若謂有此理者可得申吾意上問否試爲思之事竟不行太祖善書及即位篤好不已與僧虔賭書畢謂僧虔曰誰爲第一僧虔曰臣書第一陛下亦第一上笑曰卿可謂善自爲謀矣示僧虔古迹十一袠就求能書人名僧虔得民間所有袠中所無者吳太皇帝景帝歸命侯書桓玄書及王丞相導領軍洽中書令珉張芝索靖衛伯儒張翼十二卷奏之又上羊欣所撰能書人名一卷其年冬遷持節都督湘州諸軍征南將軍湘州刺史侍中如故清簡無所欲不營財產百姓安之世祖即位僧虔以風疾欲陳解會遷侍中左光祿大夫開府儀同三司僧虔少時羣從宗族並會客有相之者云僧虔年位最高仕當至公餘人莫及也及授僧虔謂兄子儉曰汝任重於朝行當有八命之禮我若復此授則一門有二台司實可畏懼乃固辭不拜上優而許之改授侍中特進左光祿大夫客問僧虔固讓之意僧虔曰君子所憂無德不憂無寵吾衣食周身榮位已過所慙庸薄無以報國豈容更受高爵方貽官謗邪兄子儉爲朝宰起長梁齋制度小過僧虔視之不悅竟不入戶儉即毀之永明三年薨僧虔頗解星文夜坐見豫章分野當有事故時僧虔子慈爲豫章內史慮其有公事少時僧虔薨慈棄郡奔赴僧虔時年六十追贈司空侍中如故謚簡穆其論書曰宋文帝書自云可比王子敬時議者云天然勝羊欣功夫少於欣王平南廙右軍叔過江之前以爲最亡曾祖領軍書右軍云弟書遂不減吾變古制今唯右軍領軍不爾至今猶法鍾張亡從祖中書令書子敬云弟書如騎騾駸駸恒欲度驊騮前庾征西翼書少時與右軍齊名右軍後進庾猶不分在荊州與都下人書云小兒輩賤家雞皆學逸少書須吾下當比之張翼王右軍自書表晉穆帝令翼寫題後答右軍當時不別久後方悟云小人幾欲亂真張芝索靖韋誕鍾會二衛並得名前代無以辨其優劣唯見其筆力驚異耳張澄當時亦呼有意郗愔章草亞於右軍郗嘉賓草亞於二王緊媚其父桓玄自謂右軍之流論者以比孔琳之謝安亦入能書錄亦自重爲子敬書嵇康詩羊欣書見重一時親受子敬行書尤善正乃不稱名孔琳之書天然放縱極有筆力規矩恐在羊欣後丘道護與羊欣俱面受子敬故當在欣後范曄與蕭思話同師羊欣後小叛既失故步爲復小有意耳蕭思話書羊欣之影風流趣好殆當不減筆力恨弱謝綜書其舅云緊生起是得賞也恨少媚好謝靈運乃不倫遇其合時亦得入流賀道力書亞丘道護庾昕學右軍亦欲亂真矣又著書賦傳於世第九子寂字子玄性迅動好文章讀范滂傳未常不歎挹王融敗後賓客多歸之建武初欲獻中興頌兄志謂之曰汝膏粱年少何患不達不鎮之以靜將恐貽譏寂乃止初爲祕書郎卒年二十一僧虔宋世嘗有書誡子曰知汝恨吾不許汝學欲自悔厲或以闔棺自欺或更擇美業且得有慨亦慰窮生但亟聞斯唱未覩其實請從先師聽言觀行冀此不復虛身吾未信汝非徒然也往年有意於史取三國志聚置床頭百日許復徙業就玄自當小差於史猶未近彷彿曼倩有云談何容易見諸玄志爲之逸腸爲之抽專一書轉通數十家注自少至老手不釋卷尚未敢輕言汝開老子卷頭五尺許未知輔嗣何所道平叔何所說馬鄭何所異指例何所明而便盛於麈尾自呼談士此最險事設令袁令命汝言易謝中書挑汝言莊張吳興叩汝言老端可復言未嘗看邪談故如射前人得破後人應解不解即輸賭矣且論注百氏荊州八袠又才性四本聲無哀樂皆言家口實如客至之有設也汝皆未經拂耳瞥目豈有庖廚不脩而欲延大賓者哉就如張衡思侔造化郭象言類懸河不自勞苦何由至此汝曾未窺其題目未辨其指歸六十四卦未知何名莊子衆篇何者內外八袠所載凡有幾家四本之稱以何爲長而終日欺人人亦不受汝欺也由吾不學無以爲訓然重華無嚴父放勳無令子亦各由己耳汝輩竊議亦當云阿越不學在天地間可嬉戲何忽自課謐幸及盛時逐歲暮何必有所減汝見其一耳不全爾也設令吾學如馬鄭亦必甚勝復倍不如今亦必大減致之有由從身上來也今壯年自勲數倍許勝劣及吾耳世中比例舉眼是汝足知此不復具言吾在世雖乏德素要復推排人間數十許年故是一舊物人或以比數汝等耳即化之後若自無調度誰復知汝事者舍中亦有少負令譽弱冠越超清級者于時王家門中優者則龍鳳劣者猶虎豹失蔭之後豈龍虎之議況吾不能爲汝蔭政應各自努力耳或有身經三公蔑爾無聞布衣寒素卿相屈體或父子貴賤殊兄弟聲名異何也體盡讀數百卷書耳吾今悔無所及欲以前車誡爾後乘也汝年入立境方應從官兼有室累牽役情性何處復得下帷如王郎時邪爲可作世中學取過一生耳試復三思勿諱吾言猶捶撻志輩冀脫萬一未死之間望有成就者不知當有益否各在爾身已切身豈復關吾邪鬼唯知愛深松茂柏寧知子弟毀譽事因汝有感故略敘胸懷

張緒字思曼吳郡吳人也祖茂度會稽太守父寅太子中舍人緒少知名清簡寡欲叔父鏡謂人曰此兒今之樂廣也州辟議曹從事舉秀才建平王護軍主簿右軍法曹行參軍司空主簿撫軍南中郎二府功曹尚書倉部郎都令史諮郡縣米事緒蕭然直視不以經懷除巴陵王文學太子洗馬北中郎參軍太子中舍人本郡中正車騎從事中郎中書郎州治中黃門郎宋明帝每見緒輒歎其清淡轉太子中庶子本州大中正遷司徒左長史吏部尚書袁粲言於帝曰臣觀張緒有正始遺風宜爲宮職復轉中庶子領翊軍校尉轉散騎常侍領長水校尉尋兼侍中遷吏部郎參掌大選元徽初東宮罷選曹擬舍人王儉格外記室緒以儉人地兼美宜轉秘書丞從之緒又遷侍中中郎如故緒忘情榮祿朝野皆貴其風嘗與客閑言一生不解作諾時袁粲褚淵秉政有人以緒言告粲淵者即出緒爲吳郡太守緒初不知也遷爲祠部尚書復領中正遷太常加散騎常侍尋領

始安王師昇明二年還太子太傅長史加征虜將軍齊臺建轉散騎常侍世子詹事建元元年轉中書令常侍如故緒善言素望甚重太祖深加敬異僕射王儉謂人曰北士中覓張緒過江未有人不知陳仲弓黃叔度能過之不耳車駕幸莊嚴寺聽僧達道人講座遠不聞緒言上難移緒乃遷僧達以近之尋加驍騎將軍欲用緒爲右僕射以問王儉儉曰南士由來少居此職褚淵在座啓上曰儉年少或不盡憶江左用陸玩顧和皆南人也儉曰晉氏衰政不可以爲准則上乃止四年初立國學以緒爲太常卿領國子祭酒常侍中正如故緒旣遷官上以王延之代緒爲中書令時人以此選爲得人比晉朝之用王子敬王季琰也緒長於周易言精理奧見宗一時常云何平叔所不解易中七事諸卦中所有時義是其一也世祖卽位轉吏部尚書祭酒如故永明元年遷金紫光祿大夫領太常明年領南郡王師加給事中太常如故三年轉太子詹事師給事如故緒每朝見世祖目送之謂王儉曰緒以位尊我我以德貴緒也遷散騎常侍金紫光祿大夫師如故給親信二十人復領中正長沙王晃屬選用吳興聞人邕爲州議曹緒以資籍不當執不許晃遣書佐固請之緒正色謂晃信曰此是身家州鄉殿下何得見逼七年竟陵王子良領國子祭酒世祖敕王晏曰吾欲令司徒辭祭酒以授張緒物議以爲云何子良竟不拜以緒領國子祭酒光祿師中正如故緒口不言利有財輒散之清言端坐或竟日無食門生見緒飢爲之辨食然未嘗求也卒時年六十八遺命作蘆葭轜車靈上置杯水香火不設祭從弟融敬重緒事之如親兄齎酒於緒靈前酌飲慟哭曰阿兄風流頓盡追贈散騎常侍特進金紫光祿大夫謚簡子子克蒼梧世正員郎險行見寵坐廢錮克弟允永明中安西功曹淫通殺人伏法允兄克永明元年爲武陵王友坐書與尚書令王儉辭旨激揚爲御史中丞到撝所奏免官禁錮論者以爲有恨於儉也案建元初中詔序朝臣欲以右僕射擬張岱褚淵謂得此過優若別有忠誠特進升引者別是一理仰由裁照詔更量說者旣異今兩記焉

史臣曰王僧虔有希聲之量兼以藝業戒盈守滿屈已自容方軌諸公實平世之良相張緒凝衿素氣自然標格搢紳端委朝宗民望夫如緒之風流者豈不謂之名臣

贊曰簡穆長者其義恢恢聲律草隸燮理三台思曼廉靜自絕風埃遊心爻繫物允清才

南齊書卷三十三考證

王僧虔傳僧虔年數歲採蠟燭珠爲鳳凰○南史云僧虔累十二博棊旣不墜落亦不重作僧綽採蠟燭珠爲鳳凰與此不同

又上羊欣所撰能書人名一卷○臣宗萬按欣所撰能書人名史以文繁不載玆附記其畧以便省覽李斯趙高善大篆程邈善隸書曹喜蔡邕陳道善篆隸王次仲作八分楷法師宜官能爲大字方一丈小字方寸千言梁鵠得師宜官法邯鄲淳得次仲法毛弘鵠弟子秘書八分左子邑與淳小異杜度始有草名崔瑗善草書瑗子寶亦能草書張芝善草書芝弟昶亦能草姜詡梁宜田彥和韋誕皆芝弟子並書草誕最優亦善楷誕子少季亦有能稱羅暉趙襲與伯英同時見稱張超亦善草劉德升善爲行書鍾繇書有三體一曰銘石之書二曰章程書傳秘書三曰行押書繇子會能學父書衛覬善草覬子瓘採張芝法以覬法參之更爲草稾瓘子恒亦善書索靖芝姊之孫善草書皇象亦能草陳暢善八分楊肇善草隸肇孫經亦善草隸杜畿子恕孫預三世善草書王攸善草行書羊忱羊固並善行書李式善寫隸草弟定子公府能名同式李充母衛夫人善鍾法王逸少之師王廙能章楷謹傳鍾法廙從兄王導善稾行導子恬善隸書恬弟洽衆書通善尤能隸行洽少子珉善隸行廙兄子羲之博精羣法特善書隸羲之弟七子獻之善隸稾獻之兄玄之徽之兄子淳之並善草行王舒子允之亦善草行王濛能草隸子修善隸行王綏善隸行郗愔善章草亦能隸子超亦善草庾亮善草行庾翼善隸行與羲之齊名謝安善隸行許靖民善隸草羲之高足晉穆帝時有張翼善學人書謝敦康昕並工隸草張弘特善飛白

南齊書卷三十四

梁　蕭　子　顯　撰

列傳第十五

虞玩之　劉休　沈沖　庾杲之　王諶

虞玩之字茂瑤會稽餘姚人也祖宗晉庫部郎父玫通直常侍玩之少閑刀筆汎涉書史解褐東海王行參軍烏程令路太后外親朱仁彌犯罪依法錄治太后怨訴孝武坐免官泰始中除晉熙國郎中令尚書起部郎通直郎元徽中爲右丞時太祖參政與玩之書曰張華爲度支尚書事不徒然今漕藏有闕吾賢居右丞已覺金粟可積也玩之上表陳府庫錢帛器械役力所懸轉多與用漸廣慮不支歲月朝議優報之遷安成王車騎錄事轉少府太祖鎮東府朝野致敬玩之猶躡屐造席太祖取屐視之訛黑斜銳蔂斷以芒接之問曰卿此屐已幾載玩之曰初釋褐拜征北行佐買之著已二十年貧士竟不辦易太祖善之引爲驃騎諮議參軍霸府初開賓客輻湊太祖留意簡接玩之與樂安任遐俱以應對有席上之美齊名見遇遐字景遠好學有義行兼與太祖素游褚淵王儉並見親愛官至光祿大夫永元初卒玩之遷驍騎將軍黃門郎領本部中正上患民間欺巧及卽位敕玩之與驍騎將軍傅堅意檢定簿籍建元二年詔朝臣曰黃籍民之大紀國之治端自頃氓俗巧僞爲日已久至乃竊注爵位盜易年月增損三狀貿襲萬端或戶存而文書已絕或人在而反託死板停私而云隸役身強而稱六疾編戶齊家少不如此皆政之巨蠹教之深疵比年雖却籍改書終無得實若約之以刑則民僞已遠若綏之以德則勝殘未易卿諸賢並深明治體可各獻嘉謀以振澆化又臺坊訪募此制不近優刻素定閑劇有常宋元嘉以前茲役恒滿大明以後樂補稍絕或緣寇難頻起軍蔭易多民庶從利投坊者寡然國經未變朝紀恒存相揆而言隆替何速此急病之洪源晷景之切患以何科筴革斯弊邪玩之上表曰宋元嘉二十七年八條取人孝建元年書籍衆巧之所始也元嘉中故光祿大夫傅隆年出七十猶手自書籍躬加隱校隆何必有石建之慎高柴之勤蓋以世屬休明服道修身故耳今陛下日旰忘食未明求衣詔逮幽愚誰陳妄說古之共治天下唯良二千石今欲求治取正其在勤明令長凡受籍縣不加檢合但封送州州檢得實方却歸縣吏貪其賂民肆其姦姦彌深而却彌多賂愈厚而答愈緩自泰始三年至元徽四年揚州等九郡四號黃籍共却七萬一千餘戶于今十一年矣而所正者猶未四萬神州奧區尚或如此江湘諸部倍不可念愚謂宜以元嘉二十七年籍爲正民情法旣久今建元元年書籍宜更立明科一聽首悔迷而不反依制必戮使官長審自檢校必令明洗然後上州永以爲正若有虛昧州縣同咎今戶口多少不減元嘉而板籍頓闕弊亦有以自孝建已來入勳者衆其中操干戈衞社稷者三分殆無一焉勳簿所領而詐注辭籍浮遊世要非官長所拘錄復爲不少尋蘇峻平後庾亮就溫嶠求勳簿而嶠不與以爲陶侃所上多非實錄尋物之懷私無世不有宋末落紐此巧尤多又將位旣衆舉卹爲祿實潤甚微而人領數萬如此二條天下合役之身已據其太半矣又有改注籍狀詐入仕流苦爲人役者今反役人又生不長髮便謂爲道塡街溢巷是處皆然或抱子并居竟不編戶遷徙去來公違土斷屬役無滿流亡不歸寧喪終身疾病長臥法令必行自然競反又四鎭戍將有名寡實隨才部曲無辨勇懦署位借給巫媼比肩彌山滿海皆是私役行貨求位其塗甚易募役卑劇何爲投補坊吏之所以盡百里之所以單也今但使募制明信滿復有期民無逕路則坊可立表而盈矣爲治不患無制患在不行不患不行患在不久上省玩之表納之乃別置板籍官置令史限人一日得數巧以防懈怠於是貨賂因緣籍注雖正猶強推却以充程限至世祖永明八年謫巧者戍緣淮各十年百姓怨望世祖乃詔曰夫簡貴賤辨尊卑者莫不取信於黃籍豈有假器濫榮竊服非分故所以澄革虛妄式允舊章然釁起前代過非近失旣往之愆不足追咎自宋昇明以前皆聽復注其有謫役邊疆各許還本此後有犯嚴加翦治玩之以久宦衰疾上表告退曰臣聞負重致遠力窮則困竭誠事君智盡必傾理固然也四十仕進七十懸車壯則驅馳老宜休息臣生於晉長於宋老於齊世歷三代朝市再易臣以宋元嘉二十八年爲王府行佐於茲三十年矣自頃以來衰耗漸篤爲性不懶惰而倦怠頓來耳目本聰明而聾瞶轉積脚不支身喘不續氣景刻不推朝晝不保大功兄弟四十有二人通塞壽夭唯臣獨存朝露末光寧堪長久且知足不辱臣已足矣禀命飢寒不求富貴銅山由命臣何恨焉久甘之矣直道事人不免縲紲屬遇聖明知其非罪臣之幸厚矣投命於道消之晨効節於百揆之日臣忠之効也降慶於文明之初荷澤於天飛之運臣命之偶也不謀巧宦而位至九卿德慙

李陵而忝居門下堯舜無窮臣亦通矣年過六十不爲夭矣榮期之三樂東平之一善臣俱盡之矣經昏踐亂涉艱履危仰聖德以求全憑賢輔以申節未嘗厭屈於勳權長溺於狐鼠臣立身之本於斯不虧在其壯也當官不讓及其衰矣豪露靡因伏願慈臨賜臣骸骨非爲希高慕古愛好泉林特以丁運孤貧養禮多闕風樹之感夙自纏心庶天假其辰得二三年閒掃守丘墓以此歸全始終之報遂矣上省表許之玩之好臧否宋末王儉舉員外郎孔逷使虜玩之言論不相饒逷儉並恨之至是玩之東歸儉不出送朝廷無祖餞者歸家起大宅數年卒後員外郎孔瑄就儉求會稽五官儉方盥投皂莢於地曰卿鄉俗惡虞玩之至死煩人孔逷字世遠玩之同郡人好典故學與儉至交昇明中爲齊臺尚書儀曹郎太祖謂之曰卿儀曹才也儉爲宰相逷嘗謀議帷幙每及選用頗失鄉曲情儉從容啓上曰臣有孔逷猶陛下之有臣也永明中爲太子家令卒時呼孔逷何憲爲王儉三公憲字子思盧江人以強學見知母鎮北長史王敷之女聰明有訓識憲爲本州別駕永明十年使于虜中

劉休字弘明沛郡相人也祖徽正員郎父超九真太守休初爲駙馬都尉奉朝請宋明帝湘東國常侍好學諳憶不爲帝所知襲祖封南鄉侯友人陳郡謝儼同丞相義宣反休坐匿之被繫尚方七年孝武崩乃得出隨弟欽爲羅縣泰始初諸州反休筮明帝當勝靜處不預異謀數年還投吳喜爲輔師府錄事參軍喜稱其才進之明帝得在左右板桂陽王征北參軍帝頗有好尚尤嗜飲食休多藝能爰及鼎味問無不解後宮孕者帝使筮其男女無不如占帝素肥痿不能御內諸王妓妾懷孕使密獻入宮生子之後閉其母於幽房前後十數順帝桂陽王休範子也蒼梧王亦非帝子陳太妃先爲李道兒妾故蒼梧微行嘗自稱爲李郎焉帝憎婦人妒尚書右丞榮彥遠以善碁見親婦妒傷其面帝曰我爲卿治之何如彥遠率爾應曰聽聖旨其夕遂賜藥殺其妻休妻王氏亦妒帝聞之賜休妾敕與王氏二十杖令休於宅後開小店使王氏親賣掃箒皂莢以辱之其見親如此尋除員外郎領輔國司馬中書通事舍人帶南城令除尚書中兵郎給事中舍人如故除安城王撫軍參軍出爲都水使者南康相休善言治體而在郡無異績還爲正員郎邵陵王南中郎錄事建威將軍新蔡太守隨轉左軍府加鎮蠻護軍將軍太守如故遷諮議司馬進寧朔將軍鎮蠻護軍太守如故從尋陽太守將軍司馬如故後遷長史沈攸之難世祖挾晉熙邵陵二王軍府鎮盆城休承奉軍費事寧仍遷邵陵王安南長史除黃門郎寧朔將軍前軍長史齊臺散騎常侍建元初爲御史中丞頃之休啓曰臣自塵榮南憲星晷交春謬聞弱奏劾無空月豈唯不能使蕃邦斂手豪右屏氣乃遣聽已暴之辜替網觸羅之鳥而猶以此里失鄉黨之和朝絕比肩之顧覆背騰其喉唇武人厲其觜吻怨之所聚勢難久堪議之所裁孰懷其允臣竊尋宋世載祀六十歷職斯任者五十有三校其年月不過盈歲於臣叨濫宜請骸骨上曰卿職當國司以威裁爲本而忽憚世誚卿便應辭之事始何可獲情晚節邪宋末上造指南車以休有思理使與王僧虔對共監試元嘉世羊欣受子敬正隸法世共宗之右軍之體微古不復見貴休始好此法至今此體大行四年出爲豫章內史加冠軍將軍卒年五十四

沈沖字景綽吳興武康人也祖宣新安太守父懷文廣陵太守沖解褐衞尉五官轉揚州主簿宋大明中懷文有文名沖亦涉獵文義轉西陽王撫軍法曹參軍尋舉秀才還爲撫軍正佐兼記室及懷文得罪被繫沖兄弟行謝情哀貌苦見者傷之柳元景欲救懷文言於帝曰沈懷文三子塗炭不可見願陛下速正其罪帝竟殺之元景爲之歎息沖兄弟以此知名泰始初以母老家貧啓明帝得爲永興令遷巴陵王主簿除尚書殿中郎元徽中出爲晉安王安西記室參軍還爲司徒主簿山陰令轉司徒錄事參軍世祖爲江州沖爲征虜長史尋陽太守甚見委遇世祖還都使沖行府州事遷領軍長史建元初轉驃騎諮議參軍領錄事未及到任轉黃門郎仍遷太子中庶子世祖在東宮待以恩舊及即位轉御史中丞侍中冠軍廬陵王子卿爲郢州以沖爲長史輔國將軍江夏內史行府州事隨府轉爲安西長史南郡內史行荊州府事將軍如故永明四年徵爲五兵尚書沖與兄淡淵名譽有優劣世號爲腰鼓兄弟淡淵並歷御史中丞兄弟三人皆爲司直晉宋未有也中丞案裁之職被憲者多結怨淵永明中彈吳興太守袁彖建武中彖從弟昂爲中丞到官數日奏彈淵子續父在儀白幰車免官禁錮沖母孔氏在東鄰家失火疑爲人所焚爇大呼曰我三兒皆作御史中丞與人豈有善者世祖方欲任沖沖西下至南州而卒時年五十一上甚惜之喪還詔曰沖喪柩至止惻愴良深以其昔在南蕃特兼惻悼車駕出臨沖喪詔曰沖貞詳閑理志局淹正誠著蕃朝績彰出守不幸早世朕甚悼之追贈太常謚曰恭子

庾杲之字景行新野人也祖深之雍州刺史父粲司空參軍杲之少而貞立學涉文義起家奉朝請巴陵王征西參軍郢州舉秀才除晉熙王鎮西外兵參軍世祖征虜府功曹尚書駕部郎清貧自業食唯有韭菹瀹韭生韭雜菜或戲之曰誰謂庾郎貧食鮭常有二十七種言三九也仍爲世祖撫軍中軍記室遷員外散騎常侍正員郎遷中書郎領荊湘二州中正轉尚書左丞常侍領中正如故出爲王儉衞軍長史時人呼入儉府爲芙蓉池儉謂人曰昔袁公作衞軍欲用我爲長史雖不獲就要是意向如此今亦應須如我輩人也乃用杲之遷黃門郎兼御史中丞尋即正杲之風範和潤善音吐世祖令對虜使兼侍中上每歎其風器之美王儉在座曰杲之爲蟬冕所照更生風采陛下故當與其即眞帝意未用也永明中諸王年少不得妄與人接勑杲之與濟陽江淹五日一詣諸王使申遊好尋又遷廬陵王中軍長史遷尚書吏部郎參大選事轉太子右衞率加通直常侍九年卒臨終上表曰臣昨夜及旦更增氣疾自省綿痼頃刻危殆無容復臥任居隆顯玷塵明世乞解所忝待終私庭臣以凡庸謬徼昌運獎擢之厚千載難逢且年踰知命志事榮顯修夭有分無所厝言若天鑒微誠甄借餘歷傾宗殞元陳力無遠仰違庭闕伏枕鯁戀送貂蟬及章詔不許杲之歷在上府以文學見遇上造崇虛館使爲碑文卒時年五十一上甚惜之謚曰貞子時會稽孔廣字淹源亦美姿制歷州治中卒

王諶字仲和東海郯人也祖萬慶員外常侍父元閔護軍司馬宋大明中沈曇慶爲徐州辟諶爲迎主簿又爲州迎從事湘東王國常侍鎮北行參軍州國府主皆宋明帝也除義陽王征北行參軍又除度明帝衞軍府諶有學義果爲帝蕃佐及即位除司徒參軍帶薛令兼中書舍人見親遇常在左右諶見帝所行慘僻屢諫不從請退坐此見怒繫尚方少日出尋除尚書殿中郎從記室參軍正員郎薛令如故遷兼中書郎晉平王驃騎板諮議出爲湘東太守秩中二千石未拜坐公事免復爲桂陽王驃騎府諮議參軍中書郎明帝好圍棊置圍棊州邑以建安王休仁爲圍棊州都大中正諶與太子右率沈勃尚書水部郎庾珪之彭城丞王抗四人爲小中正朝請褚思莊傅楚之爲清定訪問出爲臨川內史還爲尚書左丞尋以本官領東觀祭酒即明帝所置總明觀也遷黃門轉正員常侍輔國將軍江夏王右軍長史冠軍將軍轉給事中廷尉卿未拜建元中武陵王曅爲會稽以諶爲征虜長史行事冠軍如故永明初遷豫章王太尉司馬將軍如故世祖與諶相遇於宋明之世欲委任爲輔國將軍晉安王南中郎長史淮南太守行府州事五年除黃門郎領驍騎將軍遷太子中庶子驍騎如故諶貞正和謹朝廷稱爲善人多與之厚八年轉冠軍將軍長沙王車騎長史徙廬陵王中軍長史將軍如故西陽王子明在南兗州長史沈憲去職上復從諶爲征虜長史行南兗府州事將軍如故諶少貧嘗自紡績及通貴後每爲人說之世稱其志達九年卒年六十九

史臣曰鶉居鷇飲裁樹司牧板籍之起尙未分民所以愛字之義深納隍之意重也季世以後務盡民力量財品賦以自奉養下窮而上不邮世澆而事愈變故有竊名薄閥恐賊肌膚生濫死乖趨避繩綱積虛累謬已數十年欺蔽相容官民共有爲國之道良宜矯革若令優役輕傜則斯詐自弭明科峻吏則茲僞不行空閱舊文徒成民幸是以崔琰之譏魏武謝安之論京師斷民之難豈直遠在周世哉

贊曰玩之止足爲論未光劉休善筮安臥南湘沖獲時譽杲信珪璋諶惟舊序並用典王

南齊書卷三十四考證

虞玩之傳德慙李陵○諸本同按李陵二字有疑

玩之好臧否○南監本玩之下有於人物三字

庾杲之傳或戲之曰誰謂庾郎貧食鮭常有二十七種○按南史此爲任昉語

王諶傳祖萬慶○南史無萬字

南齊書卷三十五

梁　蕭　子　顯　撰

列傳第十六

高祖十二王

高帝十九男昭皇后生武帝豫章文獻王嶷謝貴嬪生臨川獻王暎長沙威王晃羅太妃生武陵昭王曅任太妃生安成恭王暠陸修儀生鄱陽王鏘晉熙王銶袁修容生桂陽王鑠何太妃生始興簡王鑑宜都王鏗區貴人生衡陽王鈞張淑妃生江夏王鋒河東王鉉李美人生南平王銳第九第十三第十四第十七皇子早亡衡

陽王鈞出繼元王後

臨川獻王暎字宣光太祖第三子也宋元徽四年解褐著作佐郎遷撫軍行參軍南陽王文學沈攸之事難太祖時領南徐州以暎爲寧朔將軍鎮京口事寧除中軍諮議從事中郎輔國將軍淮南宣城二郡太守並不拜仍爲假節都督南兗兗徐青冀五州諸軍事行兗州刺史將軍如故尋除給事黃門侍郎領前軍將軍仍復爲冠軍將軍南兗州刺史假節都督復爲監軍督五州如故齊臺建宋帝詔封暎及弟晃曅暠鏘鑠鑑並爲開國縣公各千五百戶未及定土宇而太祖踐阼以暎爲使持節都督荆湘雍益梁寧南北秦八州諸軍事平西將軍荆州刺史封臨川王食邑例二千戶又領湘州刺史豫章王嶷既留鎮陝西暎亦不行改授散騎常侍都督揚南徐二州諸軍事前將軍揚州刺史持節如故國家初創暎以年少臨神州吏治聰敏府州曹局皆重足以奉禁令自宋彭城王義康以後未之有也出爲都督荆湘雍益梁巴寧南北秦九州諸軍事鎮西將軍荆州刺史持節常侍如故給鼓吹一部以國憂解散騎常侍進號征西永明元年入爲侍中驃騎將軍二年給油絡車五年卽本號開府儀同三司七年薨暎善騎射解聲律工左右書左右射應接賓客風韻韶美朝野莫不惋惜焉時年三十二詔賜東園祕器朝服一具衣一襲贈司空九子皆封侯長子子晉歷東陽吳興二郡太守祕書監領後軍將軍永元初爲侍中遷左民尚書坐從姊祖日不拜爲有司所奏事留中子晉遂不復拜梁王定京邑猶服侍中服入梁爲輔國將軍高平太守第二子子游州陵侯解褐員外郎太子洗馬歷瑯邪晉陵二郡太守黃門侍郎好音樂解絲竹雜藝梁初坐鬪門謠穢及殺人爲有司所奏請議禁錮子晉謀反兄弟並伏誅

長沙威王晃字宣明太祖第四子也少有武力爲太祖所愛宋世解褐祕書郎邵陵王友不拜昇明二年代兄暎爲寧朔將軍淮南宣城二郡太守初沈攸之事起晃便弓馬多從武容慓赫都街時人爲之語曰煥煥蕭四繖其年還爲持節監豫司二州之西陽諸軍事西中郎將豫州刺史太祖踐阼晃欲陳政事輒爲典籤所裁晃執殺之上大怒手詔賜杖尋還使持節都督南徐兗二州諸軍事後將軍南徐州刺史世祖爲皇太子拜武進陵於曲阿後湖鬪隊使晃御馬軍上聞之又不悅入爲侍中護軍將軍以國憂解侍中加中軍將軍太祖臨崩以晃屬世祖處以輦轂近蕃勿令遠出永明元年上還南徐州刺史竟陵王子良爲南兗州以晃爲使持節都督南徐兗二州諸軍事鎮軍將軍南徐州刺史入爲散騎常侍中書監諸王在京都唯置捉刀左右四十人晃愛武飾罷徐州還私載數百人仗還都爲禁司所覺投之江水世祖禁諸王畜私仗上聞之大怒將糾以法豫章王嶷於御前稽首流涕曰晃罪誠不足宥陛下當憶先朝念白象白象晃小字也上亦垂泣太祖大漸時誡世祖曰宋氏若不骨肉相圖他族豈得乘其衰獘汝深戒之故世祖終無異意然晃亦不見親寵當時論者以世祖優於魏文減於漢明尋加晃鎮軍將軍轉丹陽尹常侍將軍如故又爲侍中護軍將軍鎮軍如故尋進號車騎將軍侍中如故給油絡車鼓吹一部八年薨年三十一賜東園祕器朝服一具衣一襲卽本號贈開府儀同三司世祖嘗幸鍾山晃從駕以馬矟刺道邊枯蘗上令左右數人引之銀纏皆卷聚而矟不出乃令晃復馳馬拔之應手便去每遠州獻駿馬上輒令晃於華林中調試之太祖常曰此我家任城也世祖緣此意故謚曰威

武陵昭王曅字宣照太祖第五子也母羅氏從太祖在淮陰以罪誅曅年四歲思慕不異成人故每見愛初除冠軍將軍轉征虜將軍曅剛穎儁出工奕棊與諸王共作短句詩學謝靈運體以呈上報曰見汝二十字諸兒作中最爲優者但康樂放蕩作體不辯有首尾安仁士衡深可宗尚顏延之抑其次也建元三年出爲持節都督會稽東陽新安永嘉臨海五郡軍事會稽太守將軍如故上遣儒士劉瓛往郡爲曅講五經世祖卽位進號左將軍入爲中書令將軍如故轉散騎常侍太常卿又爲中書令遷祠部尚書常侍並如故曅無寵於世祖未嘗處方嶽數以語言忤旨世祖幸豫章王嶷東田宴諸王獨不召曅嶷曰風景殊美今日甚憶武陵上乃呼之曅善射屢發命中顧謂四坐曰手如何上神色甚怪嶷曰阿五常日不爾今可謂仰藉天威帝意乃釋後於華林賭射上敕曅疊破凡放六箭五破一皮賜錢五萬又於御席上舉酒勸曅曅曰陛下嘗不以此處許臣上回面不答久之出爲江州刺史常侍如故上以曅方出外鎮求曅宅給諸皇子曅曰先帝賜臣此宅使臣歌哭有所陛下欲以州易宅臣請不以宅易州至鎮百餘日典籤趙渥之啓曅得失於是徵還爲左民尚書俄轉前將軍太常卿累不得志冬節問訊諸王皆出曅獨後來上已還便殿聞曅至引見問之曅稱牛羸不能取路上敕車府給副御牛一頭敕主客自今諸王來不隨例者不得復爲通以公事還過竟陵王子良宅冬月道逢乞人脫襦與之子良見曅衣單薦襦於曅曅曰我與向人亦復何異尚書令王儉詣曅曅留儉設食柈中菘菜鮑魚而已又名後堂山爲首陽蓋怨貧薄也尋爲丹陽尹常侍將軍如故始不復置行事得自親政轉侍中護軍將軍給油絡車又給扶二人世祖臨崩遺詔爲衞將軍開府儀同三司給鼓吹一部大行在殯竟陵王子良在殿內太孫未立衆論喧疑曅衆中言曰若立長則應在我立嫡則應在太孫鬱林既立甚見憑賴隆昌元年年二十八薨賜東園祕器朝服贈司空侍中如故給節班劒二十人

安成恭王暠字宣曜太祖第六子也建元二年除冠軍將軍鎮石頭戍領軍事四年出爲使持節督江州豫州之晉熙諸軍事南中郎將江州刺史永明元年進號征虜將軍明年爲左衞將軍尋遷侍中領步兵校尉轉中書令五年遷祠部尚書領驍騎將軍六年出爲南徐州刺史九年遷散騎常侍祕書監領石頭戍事暠性清和多疾其夏薨年二十四贈撫軍將軍常侍如故

鄱陽王鏘字宣韶太祖第七子也建元四年世祖卽位以鏘爲使持節督雍梁南北秦四州郢州之竟陵司州之隨郡軍事北中郎將寧蠻校尉雍州刺史永明二年進號征虜將軍四年爲左衞將軍遷侍中領步兵校尉七年轉征虜將軍丹陽尹尋加散騎常侍進號撫軍出爲江州刺史常侍如故九年始親府州事加使持節督江州諸軍事安南將軍置佐史常侍如故先是二年省江州府至是乃復十一年爲領軍常侍如故鏘和悌美令有寵於世祖領軍之授齊室諸王所未爲鏘在官理事無壅當時稱之車駕遊幸常甲仗衞從恩待次豫章王嶷其年給油絡車隆昌元年轉尚書右僕射常侍如故俄遷侍中驃騎將軍開府儀同三司領兵置佐鏘雍容得物情爲鬱林王所依信鬱林心疑高宗諸王問訊獨留鏘謂之曰公聞鸞於法身何如鏘曰臣鸞於宗戚最長且受寄先帝臣等年皆尚少朝廷之幹唯鸞一人願陛下無以爲慮鬱林退謂徐龍駒曰我欲與公共計取鸞公既不同我不能獨辦且復小聽及鬱林廢鏘竟不知延興元年進位司徒侍中驃騎如故高宗鎮東府權勢稍異鏘每往高宗常屣履至車迎鏘語及家國言淚俱下鏘以此推信之而宮臺內皆屬意於鏘勸鏘入宮發兵輔政制局監謝粲說鏘及隨王子隆曰殿下但乘油壁車入宮出天子置朝堂二王夾輔號令粲等閉城門上仗誰敢不同東城人政共縛送蕭令耳子隆欲定計鏘以上臺兵力既悉度東府且慮事難捷意甚猶豫馬隊主劉巨世祖時舊人詣鏘請間叩頭勸鏘立事鏘命駕將入復回還內與母陸太妃別日暮不成行數日高宗遣二千人圍鏘宅害鏘謝粲等皆見殺鏘時年二十六凡諸王被害皆以夜遣兵圍宅或斧關排牆叫譟而入家財皆見封籍焉

桂陽王鑠字宣朗太祖第八子也永明二年出爲南徐州刺史鎮京口歷代鎮府鑠出蕃始省軍府四年加散騎常侍六年遷中書令度支尚書七年轉中書令加散騎常侍時鄱陽王鏘好文章鑠好名理時人稱爲鄱桂十年遷太常常此下缺文

賜尋遷左衞將軍不拜遇疾上爲南康王子琳起青陽巷第新成車駕與後宮幸第樂飲其日鑑疾甚上遣騎問疾相繼爲之止樂薨年二十一遺贈中軍將軍本官新除悉如故

江夏王鋒字宣穎太祖第十二子永明五年爲輔國將軍南彭城平昌二郡太守轉散騎常侍七年遷左衞將軍仍轉侍中領石頭戍事九年出爲徐州刺史鬱林卽位加散騎常侍隆昌元年入爲侍中領驍騎將軍尋加祕書監鋒好琴書有武力高宗殺諸王鋒遺書誚責左右不爲通高宗深憚之不敢於第收鋒使兼祠官於太廟夜遣兵廟中收之鋒出登車兵人欲上車防勒鋒以手擊却數人皆應時倒地於是敢近者遂逼害之時年二十

南平王銳字宣毅太祖第十五子也永明七年爲散騎常侍尋領驍騎將軍明年爲左民尚書朝直勤謹未常闕疾上嘉之十年出爲持節都督湘州諸軍事南中郎將湘州刺史以此賞銳鬱林即位進號前將軍延興元年害諸王遣裴叔業平尋陽仍進湘州銳防閤周伯玉勸銳拒叔業而府州力弱不敢動銳見害年十九伯玉下獄誅

宜都王鏗字宣嚴太祖第十六子也初除遊擊將軍永明十年遷左民尚書十一年爲持節都督南豫司二州軍事冠軍將軍南豫州刺史鎭姑熟時有盜發晉大司馬桓溫女冢得金蠶銀繭及珪璧等物鏗使長史蔡約自往修復纖毫不犯鬱林即位進號征虜將軍延興元年見害年十八

晉熙王銶字宣攸太祖第十八子也永明十一年除驍騎將軍隆昌元年出爲持節督郢司二州軍事冠軍將軍郢州刺史延興元年進號征虜將軍尋見害年十六

河東王鉉字宣徧太祖第十九子也隆昌元年爲驍騎將軍出爲徐州刺史遷中書令高宗誅諸王以鉉年少才弱故不加害建武元年轉爲散騎常侍鎭軍將軍置兵佐建武之世高武子孫憂危鉉每朝見常鞠躬俯僂不敢平行直視尋遷侍中衛將軍鉉年稍長四年誅王晏以謀立鉉爲名免鉉官以王還第禁不得與外人交通永泰元年上疾暴甚遂害鉉時年十九二子在孩抱亦見殺太祖諸王鉉獨無後衆竊寃之乃使揚州刺史始安王遙光臨川王子晉竟陵王昭冑太尉陳顯達尙書令徐孝嗣右僕射沈文季尙書沈淵沈約王亮奏論鉉帝答不許再奏乃從之

史臣曰陳思王表云權之所存雖踈必重勢之所去雖親必輕若夫六代之興亡曹冏論之當矣分珪命社實寄宗城就國之典旣隨世革卿士入朝作貴藩輔皇王託體同稟尊極仕無常資秩有恒數禮地兼隆易生猜擬世祖顧命情深尊嫡淵圖遠筭意在無遺豈不以羣王少弱未更多難高宗清謹同起布衣故韜末命於近親寄重權於踈戚子弟布列外有强大之勢支庶中立可息覬覦之謀表裏相維足固家國曾不慮機能運衡權可制衆宗族殲滅一至于斯曹植之言信之矣

贊曰高十二王始建封植獻昭機警威江才力恭簡恬和鄱桂清識四王少盛同規謹敕

南齊書卷三十五考證

宜都王鏗傳纖毫不犯○汲古閣本此句下注云宋本無已上十六字

南齊書卷三十六

梁　蕭　子　顯　撰

列傳第三十七

謝超宗　劉祥

謝超宗陳郡陽夏人也祖靈運宋臨川內史父鳳元嘉中坐靈運事同徙嶺南早卒元嘉末超宗得還與慧休道人來往好學有文辭盛得名譽解褐奉朝請新安王子鸞孝武帝寵子超宗以選補王國常侍王母殷淑儀卒超宗作誄奏之帝大嗟賞曰超宗殊有鳳毛恐靈運復出轉新安王撫軍行參軍泰始初爲建安王司徒參軍事尚書殿中郎三年都令史駱宰議策秀才考格五問竝得爲上四三爲中二爲下一不合與第超宗議以爲片辭折獄寸言挫衆魯史褒貶孔論興替皆無俟繁而後秉裁夫表事之淵析理之會豈必委牘方切治道非患對不盡問患以恒文弗奇必使一通峻正寧劣五通而常與其俱奇必使一亦宜採諮從宰議遷司徒主簿丹陽丞建安王休仁引爲司徒記室正員郎兼尚書左丞中郎以直言忤僕射劉康左遷通直常侍太祖爲領軍數與超宗共屬文愛其才翰衛將軍袁粲聞之謂太祖曰超宗開亮迺悟善可與語取爲長史臨淮太守粲旣誅太祖以超宗爲義興太守昇明二年坐公事免詣東府門自通其日風寒慘厲太祖謂四座曰此客至使人不衣自暖矣超宗旣坐飲酒數甌辭氣橫出太祖對之甚歡板爲驃騎諮議及即位轉黃門郎有司奏撰立郊廟歌敕司徒褚淵侍中謝朏散騎侍郎孔稚珪太學博士王咺之總明學士劉融何法冏何曇秀等十人竝作超宗辭獨見用爲人仗才使酒多所陵忽在直省常醉上召見語及北方事超宗曰虜動來二十年矣佛出亦無如何以失儀出爲南郡王中軍司馬超宗怨望謂人曰我今日政應爲司驢爲省司所奏以怨望免官禁錮十年司徒褚淵送湘州刺史王僧虔閣道壞墜水僕射王儉嘗牛驚跣下車超宗撫掌笑戲曰落水三公墮車僕射前後言誚稍布朝野世祖即位使掌國史除竟陵王征北諮議參軍領記室愈不得志超宗娶張敬兒女爲子婦上甚疑之永明元年敬兒誅超宗謂丹陽尹李安民曰往年殺韓信今年殺彭越尹欲何計安民具啟之上積懷超宗輕慢使兼中丞袁彖奏曰風聞征北諮議參軍謝超宗根性浮險率情躁薄仕近聲權務先諂狎人裁踈黜亟便詆賤卒然而譽旋而背毀疑閒台賢每窮詭舌訕貶朝政必聲凶言腹誹口謗莫此之甚不敬不諱罕與爲二輒攝白從王永先到臺辨問超宗有何罪過詣諸貴皆有不遜言語並依事列對永先列稱主人超宗恒行來詣諸貴要每多觸忤言語怨懟與張敬兒周旋許結姻好自敬兒死後惋歎忿慨今月初詣李安民語論張敬兒不應死安民道敬兒書疏墨迹炳然卿何忽作此語其中多有不遜之言小人不悉盡羅縷諳憶如其辭列則與風聞符同超宗罪自已彰宜附常准超宗少無士行長習民慝狂狡之跡聯代所疾迷慠之釁累朝兼觸剗容掃轍久埋世表屬聖明廣愛忍禍宜慈捨之憲外許以改過野心不悛在宥方驕才性無親處恩彌戾遂連扇非端空生怨懟恣囂毒於京輔之門揚凶悖於卿守之席此而不翦國章何寄此而可貸孰不可容請以見事免超宗所居官解領記室輒勒外收付廷尉法獄治罪超宗品第未入簡奏臣輒奉白簡以聞世祖雖可其奏以彖言辭依違大怒使左丞王逡之奏曰臣聞行父盡忠無禮斯疾農夫去草見惡必耘所以振纓稱良登朝著績未有尸位存私而能保其榮名者也今月九日治書侍御史臣司馬侃啟彈征北諮議參軍事謝超宗稱根性昏動率心險放悖議爽眞囂辭犯實親朋恐聞衣冠掩目輒收付廷尉法獄治罪處劾雖重文辭簡畧事入主書被却還外其晚兼御史中丞臣袁彖改奏白簡始粗詳備厥初隱衛實彖之由尋超宗植性險戾稟行凶詖豺狼野心久暴遐邇張敬兒潛圖反噬罰未塞釁而稱怨痛枉形于言貌協附姦邪疑間勳烈構扇異端譏議時政行路同忿有心咸疾而阿昧苟容輕文畧奏又彈事舊體品第不簡而疊戾殊常者皆命議親奏以彰深釁況超宗罪逾四凶過窮南竹雖下輒收而文止黃案沈浮并見輕重相乖此而不糾憲綱將替彖才識踈淺質幹無聞憑戚昇榮因慈荷任不能克己厲情少酬恩獎撓法容非用申私惠何以糾正邦違式明王度臣等參議請以見事免彖所居官解兼御史中丞輒攝曹依舊下禁止視事如故治書侍御史臣司馬侃雖承稟有由而初無疑執亦合及咎請杖督五十奪勞百日令史卑微不足申盡啟可奉行侃奏彈之始臣等竝卽經見加推糾案入主書方被却檢踈謬之釁伏追震悚詔曰超宗釁同大逆罪不容誅彖匿情欺國愛朋罔主事合極法特原收治免官如案禁錮十年超宗下廷尉一宿髮白皓首詔徙越州行至豫章上敕豫章內史虞悰曰謝超宗令於彼賜自盡勿傷其形骸明年超宗門生王永先又告超宗子才卿死罪二十餘條上疑其虛妄以才卿付廷尉辯以不實見原永先於獄自盡

劉祥字顯徵東莞莒人也祖式之吳郡太守父敳太宰從事中郎祥宋世解褐爲巴陵王征西行參軍歷驃騎中軍二府太祖太尉東閤祭酒驃騎主簿建元中爲冠軍征虜功曹爲府主武陵王曅所遇除正員外祥少好文學性韻剛疎輕言肆行不避高下司徒褚淵入朝以腰扇鄣日祥從側過曰作如此舉止羞面見人扇鄣何益淵曰寒士不遜祥曰不能殺袁劉安得免寒士永明初遷長沙王鎭軍板諮議參軍撰宋書譏斥禪代尚書令王儉密以啟聞上銜而不問歷鄱陽王征虜豫章王大司馬諮議臨川王驃騎從事中郎祥兄整爲廣州卒官祥就整妻求還資事聞朝廷於朝士多所貶忽王奐爲僕射祥與奐子融同載行至中堂見路人驅驢祥曰驢汝好爲之如汝人才皆已令僕著連珠十五首以寄其懷辭曰蓋聞興敎之道無尚必同拯俗之方理貴袪弊故揖讓之禮行乎堯舜之朝干戈之功盛於殷周之世清風以長物成春素霜以凋嚴戒節蓋聞鼓鼙懷音待揚桴以振響天地涵靈資昏明以垂位是以俊乂之臣借湯武而隆英達之君假伊周而治蓋聞懸饑在歲式羨藜藿之飽重炎灼體不念狐白之溫故才以偶時爲劭道以調俗爲尊蓋聞習數之功假物可尋探索之明循時則鈌故班匠日往繩墨之伎不衰大道常存機神之智永絕蓋聞理定於心不期俗賞情貫於時無悲世辱故芬芳各性不待汨渚之哀明白爲寶無假荊南之哭蓋聞百仞之臺不挺陵霜之木盈尺之泉時降夜光之寶故理有大而乖權物有微而至道蓋聞忠臣赴節不必在朝列士匡時義存則幹故包胥垂涕不荷肉食之謀王歜投身不主廟堂之筭蓋聞智出乎身理無或困聲係於物才有必窮故陵波之羽不能淨浪盈岫

之木無以輟風蓋聞良寶遇拙則奇文不顯達士逢讒則英才滅耀故墜葉垂蔭明月爲之隔輝堂宇留光蘭燈有時不照蓋聞跡慕近方必勢遺於遠大情係驅馳固理忘於肥遯是以臨川之士時結羨網之悲負肆之氓不抱屠龍之歎蓋聞數之所隔雖近則難情之所符雖遠則易是以昕歎流霜時獲感天之誠泣血從刑而無悟主之智蓋聞妙盡於識神遠則遺功接於人情微則著故鍾鼓在堂萬夫傾耳大道居身有時不遇蓋聞列草深岫不改先冬之悴植松澗底無奪後凋之榮故展禽三黜而無下愚之譽千秋一時而無上智之聲蓋聞希世之寶違時則賤偉俗之器無聖必淪故鳴玉黜於楚岫章甫窮於越人蓋聞聽絕於聰非疾響所達神閉於明非盈光所燭故破山之雷不發聾夫之耳朗夜之輝不開矇叟之目有以祥連珠啟上者上令御史中丞任遐奏曰祥少而狡異長不悛徙請謁絕於私館反昏彰於公庭輕議乘輿歷貶朝望肆醜無避縱言自若厥兄浮槻天倫無一日之悲南金弗獲嫂姪致其輕絕孤舟夐反存沒相捐遂令暴客掠奪骸柩行路流歎有識傷心攝祥門生孫狼兒列祥頃來飲酒無度言語闕逸道說朝廷亦有不遜之語實不避左右非可稱紙墨兄整先爲廣州於職喪亡去年啟求迎喪還至大雷聞祥與整妻孟爭計財物瞋忿祥仍委前還後未至鵲頭其夜遭劫內人金爲凶人所淫略如所列與風聞符同請免官付廷尉上別遣敕祥曰卿素無行檢朝野所悉輕棄骨肉侮蔑兄嫂此是卿家行不足乃無關他人卿才議所知蓋何足論位涉清途於分非屈何意輕肆口譏詆目朝士造席立言必以貶裁爲口實冀卿年齒已大能自感厲日望悛革如此所聞轉更增甚諠議朝廷不避尊賤肆口極辭彰暴物聽近見卿影連珠寄意悖慢彌不可長卿不見謝超宗其才地二三故在卿前事殆是百分不一我當原卿性命令卿萬里思愆卿若能改革當令卿得還獄鞫祥辭祥對曰被問少習狡異長而不悛頃來飲酒無度輕議乘輿歷貶朝望每肆醜言無避尊賤迕答奉旨因出身入官二十餘年沈悴草萊無明天壤皇運初基便蒙抽擢祭酒主簿並皆先朝相府聖明御寓榮渥彌隆諮議中郎一年再澤廣筵華宴必參末側朝半問訊時奉天暉因雖頑愚豈不識恩有何怨望敢生譏議因歷府以來伏事四王武陵功曹凡涉二載長沙諮議故經少時奉隸大司馬並被恩拂驟騎中郎親職少日臨川殿下不遺蟲蟻賜參辭華司徒殿下文德英明四海傾屬四不涯卑遠隨例問訊時節拜覲亦沾眄議自餘令王未被祇拜既不經伏節理無厚薄敕旨製書令有疑則啟四以天日懸遠未敢塵穢私之疑事衛將軍臣儉宰輔聖朝令望當世四自斷才短密以諮儉儉爲折衷紙迹猶存未解此理云何敢爲歷貶朝望云四輕議乘輿爲向誰道若向人道則應有主甲豈有事無髣髴空見羅謗四性不耐酒親知所悉強進一升便已迷醉其餘事事自申乃徙廣州祥至廣州不得意終日縱酒少時病卒年三十九祥從祖兄彪祥曾祖穆之正胤建元初降封南康縣公虎賁中郎將永明元年坐廟墓不脩削爵後爲羽林監九年又坐與亡弟母楊別居不相料理楊死不殯葬崇聖寺尼慧首剃頭爲尼以五百錢爲買棺材以泥洹轝送葬劉墓爲有司所奏事寢不出

史臣曰魏文帝云文人不護細行古今之所同也由自知情深在物無競身名之外一槩可蔑既殉斯道其弊彌流聲裁所加取忤人世向之所以貴身翻成害己故通人立訓爲之而不恃也

贊曰超宗蘊文祖構餘芬劉祥慕異言亦不羣違朝失典流放南濆

南齊書卷三十六考證

史臣贊超宗蘊文祖構餘芬○諸本同臣承耆按祖疑當作祖謂有靈運之餘芬也祖構二字見三都賦序

南齊書卷三十七

梁　蕭　子　顯　撰

列傳第十八

到撝　劉悛　虞悰　胡諧之

到撝字茂謙彭城武原人也祖彥之宋驃騎將軍父仲度驃騎從事中郎撝襲爵建昌公起家爲太學博士除奉車都尉試守延陵令非所樂去官除新安王北中郎行參軍坐公事免除新安王撫軍參軍未拜新安王子鸞被殺仍除長兼尚書左民郎中明帝立欲收物情以撝功臣後擢爲太子洗馬除王景文安南諮議參軍撝貲籍豪富厚自奉養宅宇山池京師第一妓妾藝皆窮上品才調流贍善納交遊庖廚豐腆多致賓客愛妓陳玉珠明帝遣求不與逼奪之撝頗怨望帝令有司誣奏撝罪付廷尉將殺之撝入獄數宿鬚鬢皆白免死繫尚方奪封與弟賁撝由是屛斥聲玩更以貶素自立帝除撝爲羊希恭寧朔府參軍徙劉韞輔國王景文鎮南參軍並辭疾不就尋板假明威將軍仍除桂陽王征南參軍轉通直郎解職帝崩後弟賁表讓封還撝朝議許之遷司徒左西屬又不拜居家累年弟遁元徽中爲寧遠將軍輔國長史南海太守在廣州昇明元年沈攸之反刺史陳顯達起兵以應朝廷遁以猶豫見殺遁家人在都從野夜歸見兩三人持堊刷其家門須臾滅明日而遁死問至撝惶懼詣太祖謝即板爲世祖中軍諮議參軍建元初遷司徒右長史出爲永嘉太守爲黃門郎解職世祖即位遷太子中庶子不拜又除長沙王中軍長史司徒左長史宋世上數遊會撝家同從明帝射雉郊野渴倦撝得早青瓜與上對剖食之上懷其舊德意眄良厚至是一歲三遷永明元年加輔國將軍轉御史中丞車駕幸丹陽郡宴飲撝恃舊酒後狎侮同列言笑過度爲左丞庾杲之所糾贖論三年復爲司徒左長史轉左衛將軍隨王子隆帶彭城郡撝問訊不修民敬爲有司所舉免官久之白衣兼御史中丞轉臨川王驃騎長史司徒左長史遷五兵尚書出爲輔國將軍廬陵王中軍長史母憂去官服未終八年卒年五十八弟賁初爲衛尉主簿奉車都尉昇明初爲中書郎太祖驃騎諮議建元中爲征虜司馬卒賁弟坦解褐本州西曹昇明二年亦爲太祖驃騎參軍歷豫章王鎮西驃騎二府諮議坦美鬚髯與世祖豫章王有舊坦仍隨府轉司空太尉參軍出爲晉安內史還又爲大司馬諮議中書郎卒

劉悛字士操彭城安上里人也彭城劉同出楚元王分爲三里以別宋氏帝族祖隸之汝南新蔡二郡太守父勔司空劉延孫爲南徐州初辟悛從事隨父勔征竟陵王誕於廣陵以功拜駙馬都尉轉宗慤寧蠻府主簿建安王司徒騎兵參軍復隨父勔征殷琰於壽春於橫塘死虎累戰皆勝歷遷員外郎太尉司徒二府參軍代世祖爲尚書庫部郎遷振武將軍蜀郡太守未之任復從父勔征討假寧朔將軍拜鄱陽縣侯世子轉桂陽王征北中兵參軍與世祖同直殿內爲明帝所親待由是與世祖款好遷通直散騎侍郎出爲安遠護軍武陵內史郡南江古堤久廢不緝悛修治未畢而江水忽至百姓棄役奔走悛親率屬之於是乃立漢壽人邵榮興六世同爨表其門閭悛强濟有世調善於流俗蠻王田僮在山中年垂百餘歲南譙王義宣爲荆州僮出謁至是又出謁悛明帝崩表奔赴敕帶郡還都吏民送者數千人悛人人執手係以涕泣百姓感之贈送甚厚仍除散騎侍郎桂陽難加寧朔將軍助守石頭父勔於大桁戰死悛時疾病扶伏路次號哭求勔屍勔屍項後傷缺悛割髮補之持哭墓側冬月不衣絮太祖代勔爲領軍素與勔善書譬悛曰承至性毀瘵轉之危慮深以酸怛終哀全生先王明軌豈有去縗績撤溫席以此悲號得終其孝性邪當深顧往旨少自抑勉建平王景素反太祖總衆軍出頓玄武湖悛初免喪太祖欲使領支軍召見悛兄弟皆羸削改貌於是乃止除中書郎行宋南陽八王事轉南陽王南中郎司馬長沙內史行湘州事未發霸業初建悛先致誠節沈攸之事起加輔國將軍世祖鎮盆城上表西討求悛自代世祖既不行悛除黃門郎行吳郡事尋轉晉熙王撫軍中軍二府長史行揚州事出爲持節督廣州廣州刺史將軍如故襲爵鄱陽縣侯世祖自尋陽還遇悛於舟渚間歡宴敘舊停十餘日乃下遣文惠太子及竟陵王子良攝衣履修父友之敬太祖受禪國除進號冠軍將軍平西記室參軍夏侯恭叔上書以柳元景中興功臣劉勔殞身王事宜存封爵詔曰與運隆替自古有之朝議已定不容復厝意也初蒼梧廢太祖集議中華門見悛謂之曰君昨直耶悛答曰僕昨乃正直而言急在外至是上謂悛曰功名之際人所不忘卿昔於中華門答我何其欲謝世事悛曰臣世受宋恩門荷齊眷非常之勳非臣所及進不遠怨前代退不孤負聖明敢不以實仰答遷太子中庶子領越騎校尉時世祖在東宮每幸悛坊閑言至夕賜屛風帷帳世祖即位改領前軍將軍中庶子如故征北竟陵王子良帶南兗州以悛爲長史加冠軍將軍廣陵太守轉持節都督司州諸軍事司州刺史將軍如故悛父勔討殷琰平壽陽無所犯害百姓德之爲立碑祀悛步道從壽陽之鎮過勔碑拜敬泣涕初義陽人夏伯宜殺剛陵戍主叛渡淮虜以爲義陽太守悛設計購誘之虜缺州刺史謝景殺伯宜兄弟北襄城太守李榮公歸降悛於州治下立學校得古禮器銅罍銅甑山罍樽銅豆鍾各二口獻之遷長兼侍中車駕數幸悛宅宅盛治山池造甕牖世祖著鹿皮冠被悛菟皮衾於牖中宴樂以冠賜悛至夜乃去後悛從駕登蔣山上數歎曰貧賤之交不可忘

糟糠之妻不下堂顧謂悛曰此況卿也世言富貴好改其素情吾雖有四海今日與卿盡布衣之適悛起拜謝遷冠軍將軍司徒左長史尋以本官行北兗州緣淮諸軍事徙始興王前軍長史平蠻校尉蜀郡太守將軍如故行益州府州事郡尋改爲內史隨府轉安西悛治事嚴辦以是會旨宋代太祖輔政有意欲鑄錢以禪讓之際未及施行建元四年奉朝請孔顗上鑄錢均貨議辭證甚博其略以爲食貨相通理勢自然李悝曰糴甚貴傷民甚賤傷農民傷則離散農傷則國貧甚賤與甚貴其傷一也三吳國之關閫比歲被水潦而糴不貴是天下錢少非穀穰賤此不可不察也鑄錢之弊在輕重屢變重錢患難用而難用爲累輕輕錢弊盜鑄而盜鑄爲禍深民所盜鑄嚴法不禁者由上鑄錢惜銅愛工也惜銅愛工者謂錢無用之器以通交易務欲令輕而數多使省工而易成不詳慮其爲患也自漢鑄五銖錢至宋文帝歷五百餘年制度世有廢興而不變五銖錢者明其輕重可法得貨之宜以爲宜開置泉府方牧貢金大興鎔鑄錢重五銖一依漢法府庫已實國用有儲乃量奉祿薄賦稅則家給民足頃盜鑄新錢者皆效作翦鑿不鑄大錢也摩澤淄染始皆類故交易之後渝變還新良民弗皆淄染不復行矣所鬻賣者皆徒失其物盜鑄者復賤買新錢淄染更用反覆生詐循環起姦此明主尤所宜禁而不可長也若官鑄已布於民使嚴斷翦鑿小輕破缺無周郭者悉不得行官錢細小者稱合銖兩銷以爲大利貧良之民塞姦巧之路錢貨既均遠近若一百姓樂業市道無爭衣食滋殖矣時議者多以錢貨轉少宜更廣鑄重其銖兩以防民姦太祖使諸州郡大市銅炭會宴駕事寢永明八年悛啓世祖曰南廣郡界蒙山下有城名蒙城可二頃地有燒鑪四所高一丈廣一丈五尺從蒙城渡水南百許步平地掘土深二尺得銅又有古掘銅坑深二丈并居宅處猶存鄧通南安人漢文帝賜嚴道縣銅山鑄錢今蒙山近青衣水南青衣在側竝是故秦之嚴道地青衣縣又改名漢嘉且蒙山去南安二百里案此必是通所鑄近喚蒙山獠出云甚可經略此議若立潤利無極并獻蒙山銅一片又銅石一片平州鐵刀一口上從之遣使入蜀鑄錢得千餘萬功費多乃止悛仍代始興王鑑爲持節監益寧二州諸軍事益州刺史將軍如故悛既藉舊恩尤能悅附人主承迎權貴賓客閨房供費奢廣罷廣司二州傾資貢獻家無留儲在蜀作金浴盆餘金物稱是罷任以本號還都欲獻之而世祖宴駕鬱林新立悛奉獻減少鬱林知之諷有司收悛付廷尉將加誅戮高宗啓救之見原禁錮終身雖見廢黜而賓客日至悛婦弟王法顯同宋桂陽事遂啟別居終身不復見之海陵王即位以白衣除兼左民尚書尋除正高宗立加領驍騎將軍復故官駙馬都尉建武二年虜主侵壽陽詔悛以本官假節出鎮漅湖遷散騎常侍右衛將軍虜寇既盛悛又以本官出屯新亭悛歷朝皆見恩遇太祖爲鄱陽王鏘納悛妹爲妃高宗又爲晉安王寶義納悛女爲妃自此連姻帝室王敬則反悛出守琅邪城轉五兵尚書領太子左衛率未拜明帝崩東昏即位改授散騎常侍領驍騎將軍尚書如故衛送山陵卒年六十一贈太常常侍都尉如故謚曰敬

虞悰字景豫會稽餘姚人也祖嘯父晉左民尚書父秀之黃門郎悰少而謹敕有至性秀之於都亡悰東出奔喪水漿不入口州辟主簿建平王參軍尚書儀曹郎太子洗馬領軍長史正員郎累至州治中別駕黃門郎初世祖始從官家尚貧薄悰推國士之眷數相分與每行必呼上同載上甚德之昇明中世祖爲中軍引悰爲諮議參軍遣吏部郎江謐持手書謂悰曰今因江吏郎有白以君情顧意欲相屈建元初轉太子中庶子遷後軍長史領步兵校尉鎮北長史寧朔將軍南東海太守尋爲豫章內史將軍如故悰治家富殖奴婢無游手雖在南土而會稽海味無不畢致焉遷輔國將軍始興王長史平蠻校尉蜀郡太守轉司徒司馬將軍如故悰善爲滋味和齊皆有方法豫章王嶷盛饌享賓謂悰曰今日肴羞寧有所遺不悰曰恨無黃頷臛何曾食疏所載也遷散騎常侍太子右率永明八年大水百官戎服救太廟悰朱衣乘車鹵簿於宣陽門外行馬內驅打人爲有司所奏見原上以悰布衣之舊從容謂悰曰我當令卿復祖業轉侍中朝廷咸驚其美拜遷祠部尚書世祖幸芳林園就悰求扁米糒悰獻糒及雜肴數十轝太官鼎味不及也上就悰求諸飲食方悰秘不肯出上醉後體不快悰乃獻醒酒鯖鮓一方而已出爲冠軍將軍車騎長史轉度支尚書領步兵校尉鬱林立改領右軍將軍揚州大中正兼大匠卿起休安陵於陵所受局下牛酒坐免官隆昌元年以白衣領職鬱林廢悰竊歎曰王徐遂縛袴廢天子天下豈有此理邪延興元年復領右軍明帝立悰稱疾不陪位帝使尚書令王晏齎廢立事示悰以悰舊人引參佐命悰謂晏曰主上聖明公卿勠力寧假朽老以匡贊惟新乎不敢聞命朝議欲糾之僕射徐孝嗣曰此亦古之遺直衆議乃止悰稱疾篤還東上表曰臣族陋海區身微稽土猥屬興運荷竊稠私徒越星紀終慙報答衛養乖方抱疾嬰固寢瘵以來倏踰旬朔頻加醫治曾未瘳損惟此朽頓理難振復乞解所職盡瘵餘辰詔賜假百日轉給事中光祿大夫尋加正員常侍永元元年卒時年六十五悰性敦實與人知識必相存訪親疏皆有終始世以此稱之從弟袠矢志不仕王敬則反取袠監會稽郡而軍事悉付寒人張靈寶郡人攻郡殺靈寶袠以不豫事得全

胡諧之豫章南昌人也祖廉之治書侍御史父翼之州辟不就諧之初辟州從事主簿臨賀王國常侍員外郎撫軍行參軍晉熙王安西中兵參軍南梁郡太守以器局見稱徙邵陵王南中郎中兵領汝南太守不拜除射聲校尉州別駕除左軍將軍不拜仍除邵陵王左軍諮議世祖頓盆城使諧之守尋陽城及爲江州復以諧之爲別駕委以事任文惠太子鎮襄陽世祖以諧之心腹出爲北中郎征虜司馬扶風太守爵關內侯在鎮毗贊甚有心力建元二年還爲給事中驍騎將軍本州中正轉黃門郎領羽林監永明元年轉守衛尉中正如故明年加給事中三年遷散騎常侍太子右率五年遷左衛將軍加給事中中正如故諧之風形瓌潤善自居處兼以舊恩見遇朝士多與交遊六年遷都官尚書上欲遷諧之嘗從容謂諧之曰江州有幾侍中邪諧之答曰近世唯有程道惠一人而已上曰當令有二後以語尚書令王儉儉意更異乃以爲太子中庶子領左衛率諧之兄謨之亡諧之上表曰臣私門罪釁早備荼苦兄弟三人共相撫鞠嬰孩抱疾得及成人長兄臣諶之復早殞沒與亡第二兄臣謨之銜戚家庭得蒙訓長情同極蔭何圖一旦奄見棄放吉凶分違不獲臨奉乞解所職詔不許改衛尉中庶子如故八年上遣諧之率禁兵討巴東王子響於江陵兼長史行事臺軍爲子響所敗有司奏免官權行軍事如故復爲衛尉領中庶子本州中正諧之有識計每朝廷官缺及應遷代密量上所用人皆如其言虞悰以此稱服之十年轉度支尚書領衛尉明年卒年五十一贈右將軍豫州刺史謚曰肅

史臣曰送錢贏兩言此無忘一筍之懷報以都尉千金可失責在人心夫謹而信汎愛衆其爲利也博矣況乎先覺潛龍結厚於布素隨才致位理固然也

贊曰到藉豪華晚懷虛素虞生富厚侈不違度劉實朝交胡乃蕃故韻頗亮采康衢騁步

南齊書卷三十七考證

劉悛傳劉悛○臣祖庚按南史云悛本名忱宋明帝多忌反語劉忱爲臨讐改名悛焉傳不載

桂陽難加寧朔將軍○諸本同南史陽下有之字

持哭墓側○哭南監本作喪於義較長

永明八年罷廣司二州○臣祖庚按通鑑考異曰悛出督廣州世祖自尋陽東下遇悛舟於湓間是時齊未受禪也罷廣州計當在世祖居東宮時據此則非永明八年事通鑑列于永明十一年互有不同

南齊書卷三十八

梁　蕭　子　顯　撰

列傳第十九

蕭景先　蕭赤斧子穎胄

蕭景先南蘭陵蘭陵人太祖從子也祖爰之員外郎父敬宗始興王國中軍景先少遭父喪有至性太祖嘉之及從官京邑常相提攜解褐爲海陵王國上軍將軍補建陵令還爲新安王國侍郎桂陽國右常侍太祖鎮淮陰景先以本官領軍主自隨防衞城內委以心腹除後軍行參軍邛縣令員外郎與世祖款暱世祖爲廣興郡啓太祖求景先同行除世祖寧朔府司馬自此常相隨逐世祖爲鎮西長史以景先爲鎮西長流參軍除寧朔將軍隨府轉撫軍中兵參軍尋除諮議領中兵如故昇明初爲世祖征虜府司馬領新蔡太守隨上鎮盆城沈攸之事平還都除寧朔將軍驍騎將軍仍爲世祖撫軍中軍二府司馬兼左衛將軍建元元年遷太子左衞率封新吳縣伯邑五百戶景先本名道先乃改避上諱出爲持節督司州軍州事寧朔將軍司州刺史領義陽太守是冬虜出淮泗增司部邊戍兵義陽人謝天蓋與虜相構扇景先言於督府驃騎豫章王遣輔國將軍中兵

參軍蕭惠朗二千人助景先惠朗依山築城斷塞關隘討天蓋黨與虜尋遣僞南部尚書頞跋屯汝南洛州刺史昌黎王馮莎屯清丘景先嚴備待敵豫章王又遣寧朔將軍王僧炳前軍將軍王應之龍驤將軍莊明三千人屯義陽關外爲聲援虜退進號輔國將軍景先啓稱上德化之美上答曰風淪俗敗二千餘年以吾當之豈得頓掃幸得數載盡力救蒼生者必有功於萬物也治天下者雖聖人猶須良佐汝等各各自竭不憂不治也世祖卽位徵爲侍中領左軍將軍尋兼領軍將軍景先事上盡心故恩寵特密初西還上坐景陽樓召景先語故舊唯豫章王一人在席而已轉中領軍車駕射雉郊外行游景先常甲仗從廉察左右尋進爵爲侯領太子詹事本官如故遭母喪詔超起爲領軍將軍遷征虜將軍丹陽尹五年荒人桓天生引蠻虜於雍州界上司部以北人情騷動上以景先諳究司土詔曰得雍州刺史張瓌啓事蠻虜相扇容或侵軼蜂蠆有毒宜時剿蕩可遣征虜將軍丹陽尹景先總率步騎直指義陽可假節司州諸軍皆受節度景先至鎭屯軍城北百姓乃安牛酒來迎軍未還遇疾遺言曰此度疾病異於前後自省必無起理但夙荷深恩今謬充戎寄闇弱每事不稱上慙慈旨俛長違聖世悲哽不知所言可爲作啓事上謝至尊粗申愚心毅雖成長素闕訓範貞等幼稚未有所識方以仰累聖明非殘息所能陳謝自丁荼毒以來妓妾已多分張所餘醜猥數人皆不似事可以明月佛女桂支佛兒玉女美玉上臺美滿豔華奉東宮私馬有二十餘匹牛數頭可簡好者十四牛二頭上臺馬五匹牛一頭奉東宮大司馬司徒各奉二匹驃騎鎭軍各奉一匹應私仗器亦悉輸臺六親多未得料理可隨宜溫卹微申素意所賜宅曠大恐非毅等所居須喪服竟可輸還臺劉家前宅久聞其貨可合率市之直若短少啓官乞足三處田勤作自足供衣食力少更隨宜買麤猥奴婢充使不須餘營生周旋部曲還都理應分張其久舊勞勤者應料理隨宜啓聞乞恩卒時年五十上傷惜之詔曰西信適至景先奄至喪逝悲懷切割自不勝任今便舉哀賻錢十萬布二百匹景先喪還詔曰故假節征虜將軍丹陽尹新吳侯景先器懷開亮幹局通敏綢繆少長義兼勳戚誠著夷險績茂所司方升寵榮用申任寄奄至喪逝悲痛良深可贈侍中征北將軍南徐州刺史給鼓吹一部假節侯如故謚曰忠侯子毅以勳戚子少歷清官太子舍人洗馬隨王友永嘉太守大司馬諮議參軍南康太守中書郎建武初爲撫軍司馬遷北中郎司馬虜動領軍守瑯邪城毅性奢豪好弓馬爲高宗所疑忌王晏事敗并陷誅之遣軍圍宅毅時會賓客奏伎聞變索刀未得收人突進挾持毅入與母別出便殺之

蕭赤斧南蘭陵人太祖從祖弟也祖隆子衞軍錄事參軍父始之冠軍中兵參軍赤斧歷官爲奉朝請以和謹爲太祖所知宋大明初竟陵王誕反廣陵赤斧爲軍主隸沈慶之圍廣陵城攻戰有勳事寧封永安亭侯食邑三百七十戶除車騎行參軍出補晉陵令員外郎丹陽令還除晉熙王撫軍中兵參軍出爲建威將軍錢唐令遷正員郎赤斧治政爲百姓所安吏民請留之時議見許改除寧朔將軍太祖輔政以赤斧爲輔國將軍左軍會稽司馬輔鎭東境遷黃門郎淮陵太守順帝遜位於丹陽故治立宮上令赤斧輔送至薨乃還建元初遷武陵王冠軍長史驃騎司馬南東海太守輔國將軍並如故遷長兼侍中祖母喪去職起爲冠軍將軍寧蠻校尉出爲持節督雍梁南北秦四州郢州之竟陵司州之隨郡軍事雍州刺史本官如故在州不營產利勤於奉公遷散騎常侍左衞將軍世祖親遇與蕭景先相比封南豐縣伯邑四百戶遷給事中太子詹事赤斧夙患渴利永明三年會世祖使甲仗衞三廂赤斧不敢辭疾甚數日卒年五十六家無儲積無絹爲衾上聞之愈加惋惜詔賻錢五萬上材一具布百匹蠟二百斤追贈金紫光祿大夫謚曰懿伯子穎胄襲爵

穎胄字雲長弘厚有父風起家秘書郎太祖謂赤斧曰穎胄輕朱被身覺其趨進轉美足慰人意遷太子舍人遭父喪感脚疾數年然後能行世祖有詔慰勉賜醫藥除竟陵王司徒外兵參軍晉熙王文學穎胄好文義弟穎基好武勇世祖登烽火樓詔羣臣賦詩穎胄詩合旨上謂穎胄曰卿文弟武宗室便不乏才除明威將軍安陸內史遷中書郎上以穎胄勳戚子弟除左將軍知殿內文武事得入便殿中爲新安太守吏民懷之隆昌元年永嘉王昭粲爲南徐州以穎胄爲南東海太守行南徐州事轉持節督青冀二州軍事輔國將軍青冀二州刺史不行除黃門郎領四廂直遷衞尉高宗廢立穎胄從容不爲同異乃引穎胄預功建武二年進爵侯增邑爲六百戶賜穎胄以常所乘白牏牛上慕儉約欲鑄壞大官元日上壽銀酒鎗尚書令王晏等咸稱盛德穎胄曰朝廷盛禮莫過三元此一器既是舊物不足爲侈帝不悅後預曲宴銀器滿席穎胄曰陛下前欲壞酒鎗恐宜移在此器也帝甚有慙色冠軍江夏王寶玄鎭石頭以穎胄爲長史行石頭戍事復爲衞尉出爲冠軍將軍廬陵王後軍長史廣陵太守行南兗州府州事是年虜動揚聲當飲馬長江帝懼敕穎胄移居民入城百姓驚恐席卷欲南渡穎胄以賊勢尚遠不卽施行虜亦尋退仍爲持節督南兗徐青冀荆五州諸軍事輔國將軍南兗州刺史和帝爲荆州以穎胄爲冠軍將軍西中郎長史南郡太守行荆州府州事東昏侯誅戮羣公委任廝小崔陳敗後方鎭各懷異計永元二年十月尚書令臨湘侯蕭懿及弟衞尉暢見害先遣輔國將軍巴西梓潼二郡太守劉山陽領三千兵受旨之官就穎胄共襲雍州雍州刺史梁王將起義兵慮穎胄不識機變遣使王天虎詣江陵聲云山陽西上并襲荆雍書與穎胄或勸同義舉穎胄意猶未決初山陽出爲南州謂人曰朝廷以白虎幡追我亦不復還矣席卷妓妾盡室而行至巴陵遲回十餘日不進梁王復遣天虎齎書與穎胄陳設其略是時或云山陽謀殺穎胄以荆州同義舉穎胄乃與梁王定契斬王天虎首送示山陽發百姓車牛聲云起步軍征襄陽十一月十八日山陽至江津單車白服從左右數十人詣穎胄穎胄使前汝陽太守劉孝慶前永平太守劉熙暈鎧曹參軍蕭文照前建威將軍陳秀輔國將軍孫末伏兵城內山陽入門卽於車中亂斬之副軍主李元履收餘衆歸附遣使蔡道猷馳驛送山陽首於梁王乃發教纂嚴分部購募東昏聞山陽死發詔討荆雍贈山陽寧朔將軍梁州刺史穎胄有器局既唱大事虛心委己衆情歸之加穎胄右將軍都督行留諸軍事置佐史本官如故西中郎司馬夏侯詳加征虜將軍遣寧朔將軍王法度向巴陵穎胄獻錢二十萬米千斛鹽五百斛諮議宗塞別駕宗史獻穀二千斛牛二頭換借富貲以助軍費長沙寺僧業富沃鑄黃金爲龍數千兩埋土中歷相傳付稱爲下方黃鐵莫有見者乃取此龍以充軍實十二月移檄西中郎府長史都督行留諸軍事右軍將軍南郡太守南豐縣開國侯蕭穎胄司馬征虜將軍新興太守夏侯詳告京邑百官諸州郡牧守夫運不常夷有時而陂數無恒剝否極則亨昔商邑中微彭韋投袂漢室方昏虛牟効節故風聲永樹卜世長久者也昔我太祖高皇帝德範生民功格天地仰緯彤雲俯臨紫極世祖嗣興增光前業雲雨之所沾被日月之所出入莫不舉踵來王交臂納貢鬱林昏迷顚覆厥序俾我大齊之祚翦爲將墜高宗明皇帝建道德之盛軌垂仁義之至蹤紹二祖之鴻基繼三五之絕業昧旦丕顯不明求衣故奇士盈朝與人輻湊若迺經禮緯樂之文定鼎作洛之制非雲如醴之祥白質黑章之瑞諒以則天比大無德稱焉而嗣主不綱窮肆陵暴十愆畢行三風咸襲喪初而無哀貌在慼而有喜容酣酒嗜音罔懲其侮讒賊狂邪是與比周遂令親賢嬰荼毒之誅宰輔受葅醢之戮江僕射蕭劉領軍徐司空沈僕射曹右衞或外戚懿親或皇室令德或時宗民望或國之虎臣並勳彰中興功比周邵秉鈞贊契受遺先朝咸以名重見疑正直貽斃害加黨族虐及嬰孺酷無渭陽追遠之情不顧本枝殲落之痛信必見疑忠而獲罪百姓業業罔知攸暨崔慧景內逼淫刑外不堪命驅土崩之民爲免死之計倒戈回刃還指宮闕城無完守人有異圖賴蕭令君勳濟宗祏業拯蒼氓四海蒙一匡之德億兆憑再造之功江夏王拘迫威强牽制巨力迹屈當時迺心可亮竟不能內恕探情顯加鴆毒蕭令自以親惟族長任實宗臣至誠苦言朝夕獻入讒醜交搆漸見疎疑浸潤成災奄離怨酷用人之功以寧社稷刈人之身以騁淫濫台輔既誅姦小競用梅蟲兒茹法珍妖忍愚戾窮縱醜惡販鬻主威以爲家勢營惑嗣主恣其妖虐宮女千餘裸服宣媟孽臣數十袒裼相逐帳飲闔肆之間宵遊街陌之上提挈羣豎以爲歡笑劉山陽潛受凶旨規肆狂逆天誘其衷卽就梟翦夫天生蒸民樹之以君使司牧之勿使失性豈有尊臨寓縣毒遍黔首絕親戚之恩無君臣之義功重者先誅勳高者速斃九族內離四夷外叛封境日蹙戎馬交馳帑藏既空百姓已竭不卹不憂慢遊是好民怨於下天懲於上故熒惑襲月孽火燒宮妖水表災震蝕告沴七廟阽危三才莫紀大懼我四海之命永淪于地南康殿下體自高宗天挺英懿食葉之徵著於弱年當璧之祥兆乎綺歲億兆顒顒咸思戴奉且勢居上游任總連帥家國之否寧濟是當莫府身備皇宗忝荷顧託憂深責重誓清時難今命冠軍將軍西中郎諮議領中直兵參軍軍主楊公則寧朔將軍領中兵參軍軍主王法度冠軍將軍諮議參軍軍主龐劌輔國將軍諮議參軍領別駕軍主宗史輔國將軍諮議參軍軍主樂藹等領勁卒三萬陵波電邁逕造秣陵冠軍將軍領諮議中直兵參軍軍主蔡道恭輔國將軍中直兵參軍右軍府司馬軍主席闡文輔國將軍中直兵參軍軍主任漾之寧朔將軍中直兵參軍軍主

韓孝仁寧朔將軍中直兵參軍軍主朱斌中直兵參軍軍主宗冰之建威將軍中直兵參軍軍主朱景舒寧朔將軍中直兵參軍軍主庾域寧遠將軍軍主庾略等被甲二萬直指建業輔國將軍武寧太守軍主鄧元起輔國將軍前軍將軍軍主王世興等鐵騎一萬分趨白下征虜將軍領司馬新興太守夏侯詳寧朔將軍諮議參軍軍主柳忱寧朔將軍領中兵參軍軍主劉孝慶建威將軍軍主江陵令江詮等帥組甲五萬駱驛繼發雄劒高麾則五星從流長戟遠指則雲虹變色天地爲之矞皇山淵以之崩沸莫府親貫甲冑授律中權董帥熊羆之士十有五萬征鼓紛沓雷動荆南寧朔將軍南康王友蕭穎達領虎旅三萬抗威後拒蕭雍州勳業蓋世謀猷淵肅既痛家禍兼憤國難泣血枕戈誓雪怨酷精卒十萬已出漢川張郢州節義慷慨悉力齊奮江州邵陵王湘州張行事王司州皆遠近懸契不謀而同並勒驍猛指景風驅舟艦魚麗萬里蓋水車騎雲屯平原霧塞以同心之士伐倒戈之衆盛德之師救危亡之國何征而不服何誅而不克哉今兵之所指唯在梅蟲兒茹法珍二人而已諸君德載累世勳著先朝屬無妄之時居道消之運受迫羣豎念有危懼大軍近次當各思拔迹來赴軍門檄到之日有能斬送蟲兒法珍首者封二千戶開國縣侯若迷惑凶黨敢拒軍鋒刑茲無赦戮及宗族賞罰之信有如皦日江水在此余不食言遣冠軍將軍楊公則向湘州王法度不進軍免官公則進剋巴陵仍向湘州遣寧朔將軍劉坦行湘州事穎胄遣人謂梁王曰時月未利當須來年二月令便進兵恐非良策梁王曰今坐甲十萬糧用自竭況藉以義心一時驍銳且太白出西方仗義而動天時人謀無有不利昔武王伐紂行逆太歲豈復待年月邪穎胄乃從遣西中郎參軍鄧元起率衆向夏口三年正月和帝爲相國穎胄領左長史進號鎮軍將軍於是始選用方伯梁王屢表勸和帝卽尊號梁州刺史柳惔竟陵太守曹景宗並勸進穎胄使別駕宗史撰定禮儀上尊號改元於江陵立宗廟南北郊州府城門悉依建康宮置尚書五省以城南射堂爲蘭臺南郡太守爲尹建武中荆州大風雨龍入柏齋中柱壁上有爪足處刺史蕭遙欣恐畏不敢居之至是以爲嘉祐殿中興元年三月穎胄爲侍中尚書令假節都督如故尋領吏部尚書監八州軍事行荆州刺史本官如故左丞樂藹奏曰敕旨以軍旅務殷且停朝直竊謂匪懈于位義昭夙興國容舊典不可頓闕與兼右丞江詮等參議八座丞郎以下宜五日一朝有事郎坐侍下鼓無事許從實還外奏可梁王義師出沔口郢州刺史張沖據城拒守楊公則定湘州行事張寶積送江陵率軍會夏口巴西太守魯休烈巴東太守蕭惠訓遣子璝拒義師穎胄遣汝陽太守劉孝慶進峽口與巴東太守任漾之宜都太守鄭法紹衞之時軍旅之際人情未安穎胄府長史張熾從絳衫左右三十餘人入千秋門城內驚恐疑有同異御史中丞奏彈熾詔以贖論穎胄弟穎孚在京師廬陵人修靈祐竊將南上於西昌縣山中聚兵二千人襲郡內史謝篹奔豫章穎孚靈祐據郡求援穎胄遣寧朔將軍范僧簡入湘州南道援之僧簡進尅安成仍以爲輔國將軍安成內史拜穎孚爲冠軍將軍廬陵內史合二郡兵出彭蠡口東昏侯遣軍主彭盆劉希祖三千人受江州刺史陳伯之節度南討二郡義兵仍進取湘州南康太守王丹保郡應盆等穎孚聞兵至望風奔走前內史謝篹復還郡劉希祖至安成攻戰七日城陷范僧簡見殺希祖仍爲安成內史穎孚收散卒據西昌謝篹又遣軍攻之衆敗奔湘州以穎孚爲督湘東衡陽零陵桂陽營陽五郡湘東內史假節將軍如故尋病卒後修靈祐又合餘衆攻篹篹復敗走豫章劉希祖亦以郡降湘東內史王僧粲亦拒義自稱平西將軍湘州刺史以南平鎮軍主周敷爲長史率前軍襲湘州去州百餘里楊公則長史劉坦守州城遣軍主尹法略拒之屢戰不勝及聞建康城平僧粲散走乃斬之南康太守王丹亦爲郡人所殺郢城降義師衆軍東下八月魯休烈蕭璝破汶陽太守劉孝慶等於峽口巴東太守任漾之見殺遂至上明江陵大震穎胄恐馳告梁王曰劉孝慶爲蕭璝所敗宜遣楊公則還援根本梁王曰公則今泝流上荆鞭長之義耳蕭璝魯休烈烏合之衆尋自退散政須荆州少時持重良須兵力兩弟在雍指遣往徵不爲難至穎胄乃追贈任漾之輔國將軍梁州刺史遣軍主蔡道恭假節屯上明拒蕭璝時梁王已平郢江二鎮穎胄輔帝出居上流有安重之勢素能飲酒噉白肉鱠至三升既聞蕭璝等兵相持不決憂慮感氣十二月壬寅夜卒遺表曰臣疹患數日不謂便至困篤氣息綿微待盡而已臣雖庸薄忝籍葭莩過受先朝殊常之眷循寵礪心誓生以死屬皇業中否天地分崩總率諸侯翼奉明聖賴社稷靈長大明在運故兵之所臨無思不服今四海垂平干戈行戢方希陪翠華奉法駕反東都觀舊物不幸遘疾奄辭明世懷此深恨永結泉壤竊惟王業至重萬機甚大登之實難守之未易陛下富於春秋當遠尋祖宗創業艱難殷鑒季末顚覆厥緒思所以念始圖終康此兆庶征東大將軍臣衍元勳上德光贊天下陛下垂拱仰成則風流日化臣雖萬沒無所遺恨時年四十和帝出臨哭詔贈侍中丞相本官如故前後部羽葆鼓吹班劒三十人轀輬車黃屋左纛梁王圍建康城住在石頭和帝密詔報穎胄凶問秘不發喪及城平識者聞之知天命之有在矣梁天監元年詔曰念功惟德歷代所同追遠懷人彌與事篤齊故侍中丞相尚書令穎胄風格峻遠器宇淵邵清猷盛業問望斯歸締構義始肇基王迹契闊屯夷載形心事朕膺天改命光宅區宇望岱瞻河永言增慟可封巴東郡公邑三千戶本官如故喪還今上車駕臨哭渚次詔曰齊故侍中丞相尚書令穎胄葬送有期前代所加殊禮依晉王導齊豫章王故事可悉給謚曰獻武范僧簡贈交州刺史

史臣曰魏氏基於用武夏侯諸曹並以戚族而爲將相夫股肱爲義既有常然肺腑之重兼存宗寄豐沛之間貴人滿市功臣所出多在南陽夫貞幹所以成務非虛言也

贊曰新吳事武簡在帝心南豐治政迹顯亡身鎮軍茂績機識弘深荆南立主嚮義漢陰

南齊書卷三十八考證

蕭穎胄傳至是以爲嘉祐殿○祐南史作福

廬陵人修靈佑○靈佑南史作景智

南齊書卷三十九

梁 蕭子顯 撰

列傳第二十

劉瓛 弟璡 陸澄

劉瓛字子珪沛國相人晉丹陽尹惔六世孫也祖弘之給事中父惠治書御史瓛初州辟祭酒主簿宋大明四年舉秀才兄璲亦有名先應州舉至是別駕東海王元曾與瓛父惠書曰此歲賢子充秀州閭可謂得人除奉朝請不就少篤學博通五經聚徒教授常有數十人丹陽尹袁粲於後堂夜集瓛在座粲指庭中柳樹謂瓛曰人謂此是劉尹時樹每想高風今復見卿清德可謂不衰矣薦爲秘書郎不見用除邵陵王郡主簿安陸王國常侍安成王撫軍行參軍公事免瓛素無宦情自此不復仕除車騎行參軍南彭城郡丞尚書祠部郎並不拜袁粲誅瓛微服往哭并致賻助太祖踐阼召瓛入華林園談語謂瓛曰吾應天革命物議以爲何如瓛對曰陛下誡前軌之失加之以寬厚雖危可安若循其覆轍雖安必危矣既出帝顧謂司徒褚淵曰方直乃爾學士故自過人敕瓛使數入而瓛自非詔見未嘗到宮門上欲用瓛爲中書郎使吏部尚書何戢喻旨戢謂瓛曰上意欲以鳳池相處恨君資輕可且就前除少日當轉國子博士便卽後授瓛曰平生無榮進意今聞得中書郎而拜豈本心哉後以母老闕養重拜彭城郡丞謂司徒褚淵曰自省無廊廟之才所願唯保彭城丞耳上又以瓛兼總明觀祭酒除豫章王驃騎記室參軍丞如故瓛終不就武陵王曅爲會稽太守上欲令瓛爲曅講除會稽郡丞學徒從之者轉衆永明初竟陵王子良請爲征北司徒記室瓛與張融王思遠書曰奉教使恭召會當停公事但念生平素抱有乖恩顧吾性拙人間不習仕進昔嘗爲行佐便以不能及公事免黜此皆眷者所共知也量已審分不敢期榮夙嬰貧困加以疎懶衣裳容髮有足駭者中以親老供養褰裳徒步脫爾逮今二代一紀先朝使其更自修正勉厲於階級之次見其纓緌或復賜以衣裳袁褚諸公咸加勸勵終不能自反也一不復爲安可重爲哉昔人有以冠一免不重加於首每謂此得進止之儀古者以賢制爵或有秩滿而辭老以庸制祿或有身病而求歸者永瞻前良在已何若又上下年尊益不願居官次廢晨昏也先朝爲此曲申從許故得連年不拜榮授而帶帖薄祿既習此歲久又齒長疾侵豈宜攝齋河間之聽廁迹東平之僚本無絕俗之操亦非能偃蹇爲高此又諸賢所當深察者也近奉初教便自希得託迹於客遊之末而固辭榮級其故何耶以古之王侯大人或以此延四方之士甚美者則有輜湊燕路慕君王之義驤鑣魏闕高公子之仁繼有追申白而入楚羨鄒枚而遊梁吾非敢叨夫曩賢庶欲從九九之遺蹤既於聞道集泮不殊而幸無職司拘礙可得奉溫凊展私計志在此爾除步兵校尉並不拜瓛姿狀纖小儒學冠於當時京師士子貴遊莫不下席受業性謙率通美不以高名自居遊詣故人唯一門生持胡床隨後主人未通便坐問答住在檀橋瓦屋數間上皆穿漏

學徒敬慕不敢指斥呼爲青溪焉竟陵王子良親往修謁七年表世祖爲瓛立館以揚烈橋故主第給之生徒皆賀瓛曰室美爲人災此華宇豈吾宅耶幸可詔作講堂猶恐見害也未及徙居遇病子良遣從瓛學者彭城劉繪順陽范縝將厨於瓛宅營齋及卒門人受學者並弔服臨送時年五十六瓛有至性祖母病疽經年手持膏藥漬指爲爛母孔氏甚嚴明謂親戚曰阿稱便是今世曾子阿稱瓛小名也年四十餘未有婚對建元中太祖與司徒褚淵爲瓛娶王氏女王氏穿壁挂履土落孔氏牀上孔氏不悅瓛即出其妻及居父喪不出廬足爲之屈杖不能起今上天監元年下詔爲瓛立碑謚曰貞簡先生所著文集皆是禮義行於世初瓛講月令畢謂學生嚴植曰江左以來陰陽律數之學廢矣吾今講此曾不得其髣髴時濟陽蔡仲熊禮學博聞謂人曰凡鍾律在南不容復得調平昔五音金石本在中土今旣來南土氣偏陂音律乖爽瓛亦以爲然仲熊歷安西記室尚書左丞瓛弟璡

璡字子璥方軌正直宋泰豫中爲明帝挽郎舉秀才建平王景素征北主簿深見禮遇邵陵王征虜安南行參軍建元初爲武陵王曅冠軍征虜參軍曅與僚佐飲自割鵝炙璡曰應刃落俎膳夫之事殿下親執鸞刀下官未敢安席因起請退與友人孔澈同舟入東澈留目觀岸上女子璡舉席自隔不復同坐豫章王太尉板行佐兄瓛夜隔壁呼璡共語璡不答方下牀著衣立然後應瓛問其久璡曰向束帶未竟其立操如此文惠太子召璡入侍東宮每上事輒削草尋署中兵兼記室參軍大司馬軍事射聲校尉卒官

陸澄字彥淵吳郡吳人也祖邵臨海太守父瑗州從事澄少好學博覽無所不知行坐眠食手不釋卷起家太學博士中軍衛軍府行佐太宰參軍補太常丞郡主簿北中郎行參軍宋泰始初爲尚書殿中郎議皇后諱及下外皆依舊稱姓左丞徐爰案司馬孚議皇后不稱姓春秋逆王后于齊澄不引典據明而以意立議坐免官白衣領職郎官舊有坐杖有名無實澄在官積前後罰一日并受千杖轉通直郎兼中書郎尋轉兼左丞泰始六年詔皇太子朝賀服衮冕九章澄與儀曹郎丘仲起議服冕以朝實著經文秦除六冕漢明還備魏晉以來不欲令臣下服衮冕故位公者加侍官今皇太子禮絕羣后宜遵聖王盛典革近代之制尋轉著作正員郎兼官如故除安成太守轉劉韞撫軍長史加綏遠將軍襄陽太守並不拜仍轉劉秉後軍長史東海太守遷御史中丞建元元年驃騎諮議沈憲等坐家奴客爲劫子弟被劾憲等晏然左丞任遐奏澄不糾請免澄官澄上表自理曰周稱舊章漢言故事爰自河雒降逮淮海朝之憲度動尚先准若乃任情違古率意專造豈謂酌諸故實擇其茂典案遐啓彈新除諮議參驃騎大將軍軍事沈憲太子庶子沈曠并弟息敕付建康而憲被使曠受假俱無歸罪事狀臣以不糾憲等爲失伏尋晉宋左丞案奏不乏於時其及中丞者從來殆無王獻之習達朝章近代之宗其爲左丞彈司徒屬王濛憚罰自解屬疾遊行初不及中丞桓秘不奔山陵左丞鄭襲不彈秘直彈中丞孔欣時又云別攝蘭臺檢校此徑彈中丞之謂唯左丞庾登之奏鎭北檀道濟北伐不進致虎牢陷沒蕃岳宰臣引咎謝愆而責帥之劾曾莫奏聞請收治道濟免中丞何萬歲夫山陵情敬之極北伐專征之大秘霸季之貴道濟元勳之盛所以咎及南司事非常憲然秘事猶非及中丞也今若以此爲例恐人之貴賤事之輕重物有其倫不可相方左丞江奧彈段景文又彈裴方明左丞甄法崇彈蕭珍又彈杜驥又彈段國又彈范文伯左丞羊玄保又彈蕭汪左丞殷景熙彈張仲仁兼左丞何承天彈呂萬齡並不歸罪皆爲重劾凡茲十彈差是憲曠之比悉無及中丞之議左丞荀萬秋劉藏江謐彈王僧朗王雲之陶寶度不及中丞最是近例之明者謐彈在今龜鼉之後事行聖照遠取十奏近徵二案自宜依以爲體豈得捨而不遵臣竊此人乏謬奉國憲今遐所糾旣行一時若默而不言則向爲來准後人被繩方當追請素飡之責貽塵千載所以備舉顯例引通國典雖有愚心不在微躬請出臣表付外詳議若所陳非謬裁由天鑒詔委外詳議尚書令褚淵奏宋世左丞荀伯子彈彭城令張道欣等坐界劫累發不禽免道欣等官中丞王准不糾亦免官左丞羊玄保彈豫州刺史管義之譙梁羣盜免義之官中丞傅隆不糾亦免隆官左丞羊玄保又彈兖州刺史鄭從之濫上布及加課租綿免從之官中丞傅隆不糾免隆官左丞陸展彈建康令丘珍孫丹陽尹孔山士劫發不禽免珍孫山士官中丞何勗不糾亦免勗官左丞劉矇彈青州刺史劉道隆失火燒府庫免道隆官中丞蕭惠開不糾免惠開官左丞徐爰彈右衛將軍薛安都屬疾不直免安都官中丞張永結免澄謏闡膚見貽撓後昆上掩皇明下籠朝識請以見事免澄所居官詔曰澄表據多謬不足深劾可白衣領職明年轉給事中秘書監遷吏部四年復爲秘書監領國子博士遷都官尚書出爲輔國將軍鎭北鎭軍二府長史廷尉領驍騎將軍永明元年轉度支尚書尋領國子博士時國學置鄭王易杜服春秋何氏公羊麋氏穀梁鄭玄孝經澄謂尚書令王儉曰孝經小學之類不宜列在帝典乃與儉書論之曰易近取諸身遠取諸物彌天地之道通萬物之情自商瞿至田何其閒五傳年未爲遠無訛雜之失秦所不焚無崩壞之弊雖有異家之學同以象數爲宗數百年後乃有王弼王濟云弼所悟者多何必能頓廢前儒若謂易道盡於王弼方須大論意者無乃仁智殊見四道與傳無體不可以一體求屢遷不可以一遷執也晉太興四年太常荀崧請置周易鄭玄注博士行乎前代于時政由王庾皆儁神清識能言玄遠捨輔嗣而用康成豈其妄然泰元立王肅易當以在玄弼之間元嘉建學之始玄弼兩立逮顏延之爲祭酒黜鄭置王意在貴玄事成敗儒今若不大弘儒風則無所立學衆經皆儒惟易獨玄玄不可棄儒不可缺謂宜並存所以合無體之義且弼於注經中已舉繫辭故不復別注今若專取弼易則繫說無注左氏泰元取服虔而兼取賈逵經服傳無經雖在注中而傳又有無經者故也今留服而去賈則經有所闕案杜預注傳王弼注易俱是晚出並貴後生杜之異古未如王之奪實祖述前儒特舉其違又釋例之作所引惟深穀梁泰元舊有麋信注顏益以范甯麋猶如故顏論閏分范注當以同我者親常謂穀梁劣公羊爲注者又不盡善竟無及公羊之有何休恐不足兩立必謂范善便當除麋世有一孝經題爲鄭玄注觀其用辭不與注書相類案玄自序所注衆書亦無孝經儉答曰易體微遠實貫羣籍施孟異聞周韓殊旨豈可專據小王便爲該備依舊存鄭高同來說元凱注傳超邁前儒若不列學官其可廢矣賈氏注經世所罕習穀梁小書無俟兩注存麋略范率由舊式凡此諸義並同雅論疑孝經非鄭所注僕以此書明百行之首實人倫所先七略藝文並陳之六藝不與蒼頡凡將之流也鄭注虛實前代不嫌意謂可安仍舊立置儉自以博聞多識讀書過澄澄曰僕年少來無事唯以讀書爲業且年已倍令君令君少便鞅掌王務雖復一覽便諳然其卷軸未必多僕儉集學士何憲等盛自商略澄待儉語畢然後談所遺漏數百千條皆儉所未覩儉乃歎服儉在尚書省出巾箱几案雜服飾令學士隸事事多者與之人人各得一兩物澄後來更出諸人所不知事復各數條并奪物將去轉散騎常侍秘書監吳郡中正光祿大夫加給事中中正如故尋領國子祭酒以竟陵王子良得古器小口方腹而底平可將七八升以問澄澄曰此名服匿單于以與蘇武子良後詳視器底有字髣髴可識如澄所言隆昌元年以老疾轉光祿大夫加散騎常侍未拜卒年七十謚靖子當世稱爲碩學讀易三年不解文義欲撰宋書竟不成王儉戲之曰陸公書廚也家多墳籍人所罕見撰地理書及雜傳死後乃出澄弟鮮得罪宋世當死澄於路見舍人王道隆叩頭流血以此見原揚州主簿顧測以兩奴就鮮質錢鮮死子暉誣爲賣券澄爲中丞測與書相往反後又騰與太守蕭緬云澄欲遂子弟之非未近義方之訓此趣販所不爲況搢紳領袖儒宗勝達乎測遂爲澄所排抑世以此少之時東海王摛亦史學博聞歷尚書左丞竟陵王子良校試諸學士唯摛問無不對永明中天忽黃色照地衆莫能解摛云是榮光世祖大悅用爲永陽郡

史臣曰儒風在世立人之正道聖哲微言百代之通訓洙泗旣往義乖七十稷下橫論屈服千人自後專門之學興命氏之儒起石渠朋黨之事白虎同異之說六經五典各信師言嗣守章句期乎勿失西京儒士莫有獨擅東都學術鄭賈先行康成生炎漢之季訓義優洽一世孔門褒成並軌故老以爲前修後生未之敢異而王肅依經辯理與碩相非爰興聖證據用家語外戚之尊多行晉代江左儒門參差互出雖於時不絕而罕復專家晉世以玄言方道宋氏以文章閒業服膺典藝斯風不純二代以來爲敎衰矣建元肇運戎警未夷天子少爲諸生端拱以思儒業載戢干戈遽詔庠序永明纂襲克隆均校王儉爲輔長於經禮朝廷仰其風胄子觀其則由是家尋孔敎人誦儒書執卷欣欣此焉彌盛建武繼立因循舊緒時不好文輔相無術學校雖設前軌難追劉瓛承馬鄭之後一時學徒以爲師範虎門初闢法駕親臨待問無五更之禮充庭闕蒲輪之御身終下秩道義空存斯故進賢之責也其餘儒學之士多在卑位或隱世辭榮者別見他篇云

贊曰儒宗義肆紛綸子珪升堂受業事越關西璡居闇室立操無攜彥淵書史疑問窮稽

南齊書卷三十九考證

陸澄傳易體微遠實貫羣籍施孟異聞周韓殊旨豈可

專據小王便爲該備依舊存鄭◯南史無異聞殊旨二句　臣承菴按陸澄言王弼注易異乎儒學而王儉答之如此自唐孔穎達作正義專取弼書而康成之說遂廢矣

史臣贊彥淵書史疑罔窮稽◯臣承菴按彥淵當是王摛字齊書無摛傳南史附摛於王諶傳後不載其字有云竟陵王子良校試諸學士唯摛問無不對此云疑罔窮稽想必謂摛也

南齊書卷四十

梁　蕭　子　顯　撰

列傳第二十一

武十七王

武帝二十三男穆皇后生文惠太子竟陵文宣王子良張淑妃生廬陵王子卿魚復侯子響周淑儀生安陸王子敬建安王子真阮淑媛生晉安王子懋衡陽王子峻王淑儀生隨郡王子隆蔡婕妤生西陽王子明樂容華生南海王子罕傅充華生巴陵王子倫謝昭儀生邵陽王子貞江淑儀生臨賀王子岳庾昭容生西陽王子文荀昭華生南康王子琳顏婕妤生永陽王子珉宮人謝生湘東王子建何充華生南郡王子夏第六十二十五二十二皇子早亡子珉建武中繼衡陽元王後

竟陵文宣王子良字雲英世祖第二子也初沈攸之難隨世祖在盆城授寧朔將軍仍爲宋邵陵王左軍行參軍轉主簿安南記室參軍邵陵王友王名友尋廢此官遷安南長史昇明三年爲使持節都督會稽東陽臨海永嘉新安五郡輔國將軍會稽太守宋世元嘉中皆責成郡縣孝武徵求急速以郡縣遲緩始遣臺使自此公役勞擾太祖踐阼子良陳之曰前臺使督逋切調恒聞相望於道及臣至郡亦殊不疎凡此輩使人既非詳慎懃順或貪險崎嶇要求此役朝辭禁門情態卽異暮宿村縣威福便行但令朱鼓裁完鈹槊微具顧眄左右叱咤自專擿宗斷族排輕斥重脅遏津埭恐喝傳郵破崗水逆商旅半引逼令到下先過已船浙江風猛公私畏渡脫舫在前驅令俱發呵蹙行民固其常理侮折守宰出變無窮既瞻郭望境便飛下嚴符但稱行臺未顯所督先訶彊寺却攝羣曹開亭正榻便振荆革其次絳標寸紙一日數至徵村切里俄刻十催四鄉所召莫辨枉直孩老士庶具令付獄或尺布之逋曲以當匹百錢餘稅且增爲千或誑應質作尙方寄繫東冶萬姓駭迫人不自固遂漂衣敗力競致兼槊値今夕酒諸肉飫卽許附申赦格明日禮輕貨薄便復不入恩科筐貢微闕棰撻肆情風塵毀謗隨忿而發及其純蒜轉積鵝栗漸盈遠則分鬻他境近則託貿吏民反請郡邑助民由緩回刺言臺推信在所如聞頃者令長守牧離此每實非復近歲愚謂凡諸檢課宜停遣使密畿州郡則指賜勅遙外鎭宰明下條源既各奉別旨人競自罄雖復臺使盈湊會取正屬所徒相疑偵反更淹懈凡預衣冠荷恩盛世多以闇緩貽譽少爲欺猾入罪若類以宰牧乖政則觸事難委不容課逋上綱偏覺非才但賒促差降各限一期如乃事速應緩自依違糾坐之坐之科不必須重但令必行期在可肅且兩裝之船充擬千緒三坊寡役呼訂萬計每一事之發彌晨方辦粗計近遠率遣一部職散人領無減二十舟船所資皆復稱是長江萬里費固倍之較略一年脫得省者息船優役寔爲不少兼折姦減竊遠近暫安封閒喜縣公邑千五百戶子良敦義愛古郡民朱百年有至行先卒賜其妻米百斛蠲一民給其薪蘇郡閤下有虞翻舊牀罷任還乃致以歸後於西邸起古齋多聚古人器服以充之夏禹廟盛有禱祀子良曰禹泣辜表仁菲食旌約服翫果粽足以致誠使歲獻扇簟而已建元二年穆妃薨去官仍爲征虜將軍丹陽尹開私倉賑屬縣貧民明年上表曰京尹雖居都邑而境壤兼跨廣袤周輪幾將千里縈原抱隰其處甚多舊遏古塘非唯一所而民貧業廢地利久蕪近啓遣五官殷瀰典籤劉僧瑗到諸縣循履得丹陽溧陽永世等四縣解并村耆辭列堪墾之田合計荒熟有八千五百五十四頃脩治塘遏可用十一萬八千餘夫一春就功便可成立上納之會遷官事寢是年始制東宮官僚以下官敬子良世祖卽位封竟陵郡王邑二千戶爲使持節都督南徐兗二州諸軍事鎭北將軍南徐州刺史永明元年徙爲侍中都督南兗兗徐青冀五州征北將軍南兗州刺史持節如故給油絡車明年入爲護軍將軍兼司徒領兵置佐侍中如故鎭西州三年給鼓吹一部四年進號車騎將軍子良少有淸尙禮才好士居不疑之地傾意賓客天下才學皆遊集焉善立勝事夏月客至爲設瓜飲及甘果著之文教士子文章及朝貴辭翰皆發教撰錄是時上新親政水旱不時子良密啓曰臣思水潦成患良田沃壤變爲汙澤農政告祥因高肆務播植既周繼以旱虐黔庶呼嗟相視褫氣夫國資於民民資於食匪食匪民何以能政臣每一念此寢不便席本始中郡國大旱宣帝下詔除民租今聞所在逋餘尙多守宰嚴期兼夜課切新稅力尙無從故調於何取給政當相驅爲盜耳愚謂逋租宜皆原除少降停恩微紓民命自宋道無章王風陵替竊官假號駢門連室今左民所檢動以萬數漸漬之來非復始適一朝洗正理致沸騰小人之心罔思前恩董之以威反怨後罰獸窮則觸事在匪輕齊有天下日淺恩洽未布一方或飢當加優養愚謂自可依源削除未宜便充猥役且部曹檢校誠存精密令史奸黠鮮不容情情既有私理或枉謬耳目有限羣狡無極變易是非居然可見詳而後取於事未遲明詔深矜獄圄恩文累墜今科網嚴重稱爲峻察負罪離譽充積牢戶暑時鬱蒸加以金鐵聚憂之氣足感天和民之多怨非國福矣頃土木之務甚爲殷廣雖役未及民勤費已積炎旱致災或由於此皇明載遠書軌未一緣淮帶江數州地耳以魏方漢猶一郡之譬以今比古復爲遠矣何得不愛其民緩其政救其危存其命哉湘區奧密蠻寇熾彊如聞南師未能挫戮百姓齊民積年塗炭疽食侵淫邊虞方重交州敻絕一垂實惟荒服恃遠後賓固亦恒事自靑德啓運款關受職置之度外不足紆言今縣軍遠伐經途萬里衆寡事殊客主勢異以逸待勞全勝難必又緣道調兵以足軍力民丁烏合事乖習銳廣州積歲無年越州兵糧素乏加以發借必致恇擾愚謂叔獻所請不宜聽從取亂侮亡更俟後會雖緩歲月必有可禽之理差息發動費役之勞劉楷見甲以助湘中威力既舉蟻寇自服詔折租布二分取錢子良又啓曰臣一月入朝六登玫陛廣殿稠人裁奉顏色縱有所懷豈敢自達此天旹亟見地孽亟臻民下妖訛好生噂喈穀價雖和比室飢嗛緋纊雖賤駢門裸質臣一念此每入心骨三吳奧區地惟河輔百度所資罕不自出宜在蠲優使其全富而守宰相繼務在裒剋圍桑品屋以准貲課致令斬樹發瓦以充重賦破民財產要利一時東郡使民年無常限在所相承准令上直每至州臺使命切求悉急應充猥役必由窮困乃有畏失嚴期自殘軀命亦有斬絕手足以避傜役生育弗起殆爲恒事守長不務先富民而唯言益國豈有民貧於下而國富於上邪又泉鑄歲遠類多翦鑿江東大錢十不一在公家所受必須輪郭遂買本一千加子七百猶求請無地棰革相繼尋完者爲用既不兼兩回復遷貿會非委積徒令小民每嬰困苦且錢帛相半爲制永久或聞長宰須令輸直進違舊科退容姦利八屬近縣既在京畿發借徵調實煩他邑民特尤貧連年失稔草衣藿食稍有流亡今農政就興宜蒙賑給若逋課未上許以申原兗豫二藩雖曰舊鎭往屬兵虞累棄鄉土密邇寇庭下無安志編草結菴不違涼暑扶淮聚洛靡有生向俱稟人靈獨絕溫飽而賦斂多少尙均沃實謂凡在荒民應加蠲減又司市之要自昔所難頃來此役不由才舉竝條其重貲許以賈衒前人增估求俠後人加稅請代如此輪回終何紀極兼復交關津要共相脣齒愚野未閑必加陵誑罪無大小橫没貲載凡求試穀帛類非廉謹未解在事所以開容夫獄訟惟平畫一在制雖恩家得罪必宜申憲鼎姓貽譽最合從網若罰典惟加賤下辟書必蠲世族懼非先王立理之本尙書列曹上應乾象如聞命議所出先諮於都都既下意然後付郞謹寫關行愚謂郞官尤宜推擇宋運告終戎車屢駕寄名軍牒動竊數等故非分充朝貲奉殷積廣越邪宰梁益郡邑參差調補寔允事機且此徒冗雜罕遵王憲嚴加廉視隨違彈斥一二年間可減太半五年正位司徒給班劍二十人侍中如故移居雞籠山西邸集學士抄五經百家依皇覽例爲四部要略千卷招致名僧講語佛法造經唄新聲道俗之盛江左未有也世祖好射雉子良諫曰鑾轝亟動天蹕屢巡陵犯風烟驅馳野澤萬乘至重一羽甚微從甚微之懽忽至重之誡頃郊郛以外科禁嚴重匪直芻牧事罷遂乃窀掩殆廢且田月向登桑時告至士女呼嗟易生噂議棄民從欲理未可安曩時巡幸必盡威防領軍景先詹事赤斧堅甲利兵左右屯衞今馳騖外野交侍疏闊晨出晚還頓遺清道此實愚臣最所震迫獫狁玩威甫獲款關二漢全富猶加曲待如聞使臣頻亦怨望前會東宮遂形言色昔宋氏遣使舊列階下劉纘銜使始登朝殿今既反命宜賜優禮伏謂中堂雲構實惟峻絕檐陛深嚴事隔涼暑而別爲一室如或有疑邊帶廣遠訛言孔熾毀立之易過於轉圓若依舊制通敵實允觀聽頃市司驅扇租估過刻吹毛求瑕廉察相繼被以小罪責以重備愚謂宜勅有司更詳優格臣年方朝賢齒未相及以管窺天猶知失得廊廟之士豈闇是非未聞一人開一說爲陛下憂國家非但面從亦畏威耳臣若不啓陛下於何聞之先是六年左衞殿中將軍邯鄲超上書諫射雉世祖爲止久之超竟被誅永明末上將射雉子良諫曰忽聞外議伏承當更射雉臣下情震越心懷憂悚猶謂疑妄

事不必然伏度陛下以信心明照所以傾金寶於禪靈仁愛廣洽得使禽魚養命於江澤豈惟國慶民懽乃以翔翔治樂夫衞生保命人獸不殊重軀愛體彼我無異故禮云聞其聲不食其肉見其生不忍其死且萬乘之尊降同匹夫之樂夭殺無辜傷仁害福之本菩薩不殺壽命得長施物安樂自無恐怖不惱衆生身無患苦臣見九德有此果報所以日夜劬懃厲身奉法實願聖躬康御若此每至寢夢脫有異見不覺身心立就燋爛陛下常日捨財脩福臣私心顒顒尚恨其少豈可今日見此事一損福業追悔便難臣此啓聞私心實切若是大事不可易改亦願陛下照臣此誠曲垂三思況此嬉遊之間非關當否而動輒傷生實可深慎臣聞子孝奉君臣忠事主莫不靈祇通感徵祥證登臣近段仰啓賜希受戒天心洞遠誠未達勝善之途而聖恩遲疑尚未垂履曲降尊極豈可今月復隨此事臣不隱心卽實上啓上雖不盡納而深見寵愛又與文惠太子同好釋氏甚相友悌子良敬信尤篤數於邸園營齋戒大集朝臣衆僧至於賦食行水或躬親其事世頗以爲失宰相體勸人爲善未嘗厭倦以此終致盛名尋代王儉領國子祭酒辭不拜八年給三望車九年京邑大水吳興偏劇子良開倉賑救貧病不能立者於第北立廨收養給衣及藥十年領尚書令尋爲使持節都督揚州諸軍事揚州刺史本官如故尋解尚書令加中書監文惠太子薨世祖檢行東宮見太子服御羽儀多過制度上大怒以子良與太子善不啓聞頗加嫌責世祖不豫詔子良甲仗入延昌殿侍醫藥子良啓進沙門於殿戶前誦經世祖爲感夢見優曇鉢華子良按佛經宣旨使御府以銅爲華插御床四角日夜在殿內太孫間日入參承世祖暴漸內外惶懼百僚皆已變服物議疑立子良俄頃而蘇問太孫所在因召東宮器甲皆入遺詔使子良輔政高宗知尚書事子良素仁厚不樂世務乃推高宗詔云事無大小悉與鸞參懷子良所志也太孫少養於子良妃袁氏甚著慈愛旣懼前不得立自此深忌子良大行出太極殿子良居中書省帝使虎賁中郎將潘敞領二百人仗屯太極西階防之成服後諸王皆出子良乞停至山陵不許進位太傅增班劒爲三十人本官如故解侍中隆昌元年加殊禮劒履上殿入朝不趨贊拜不名進督南徐州其年疾篤謂左右曰門外應有異遣人視見淮中魚萬數皆浮出水上向城門尋薨時年三十五帝常慮子良有異志及薨甚悅詔給東園溫明秘器斂以袞冕之服東府施喪位大鴻臚持節監護太官朝夕送祭又詔曰褒崇明德前王令典追遠尊親沿情所隆故使持節都督揚州諸軍事中書監太傅領司徒揚州刺史竟陵王新除督南徐州體睿履正神鑒淵邈道冠民宗具瞻允集肇自弱齡孝友光備爰及贊契協升景業燮曜台陛五教克宣敷奏端朝百揆惟穆寄重先顧任均負圖諒以齊暉二南同規往哲方憑保祐永翼雍熙天不慭遺奄焉薨逝哀慕抽割震于厥心今寵謀襲吉先遠戒期宜崇嘉制式引風烈可追崇假黃鉞侍中都督中外諸軍事太宰領大將軍揚州牧綠綟綬備九服錫命之禮使持節中書監王如故給九旒鸞輅黃屋左纛輼輬車前後部羽葆鼓吹挽歌二部虎賁班劒百人葬禮依晉安平王孚故事初豫章王嶷葬金牛山文惠太子葬夾石子良臨送望祖硎山悲感歎曰北瞻吾叔前望吾兄死而有知請葬茲地旣薨遂葬焉所著內外文筆數十卷雖無文采多是勸戒建武中故吏范雲上表爲子良立碑事不行子昭胄嗣

昭胄字景胤泓涉有父風永明八年自竟陵王世子爲寧朔將軍會稽太守鬱林初爲右衞將軍未拜遷侍中領右軍將軍建武三年復爲侍中領驍騎將軍轉散騎常侍太常以封境邊虜建元元年改封巴陵王先是王敬則事起南康侯子恪在吳郡高宗慮有同異名諸王侯入宮晉安王寶義及江陵公寶覽等住中書省高武諸孫住西省勅人各兩左右自隨過此依軍法孩抱者乳母隨入其夜太醫煮藥都水辦數十具棺材須三更當悉殺之子恪奔歸二更達建陽門刺啓時刻已至而帝眠不起中書舍人沈徽孚與帝所親左右單景雋共謀少留其事須與帝覺景雋啓子恪已至驚問曰未邪景雋具以事荅明日悉遣王侯還第建武以來高武王侯居常震怖朝不保夕至是尤甚及陳顯達起事王侯復入宮昭胄懲往時之懼與弟永新侯昭穎逃奔江西變形爲道人崔慧景舉兵昭胄兄弟出投之慧景事敗昭胄兄弟首出投臺軍主胡松各以王侯還第不自安謀爲身計子良故防閤桑偃爲梅蟲兒軍副結前巴西太守蕭寅謀立昭胄昭胄許事克用寅爲尚書左僕射護軍將軍以寅有部曲大事皆委之時胡松領軍在新亭寅遣人說之云須昏人出寅等便率兵奉昭胄入臺閉城號令昏人必還就將軍將軍但閉壘不應則三公不足得也松又許諾會東昏新起芳樂苑月許日不復出遊偃等議募健兒百餘人從萬春門入突取之昭胄以爲不可假同黨王山沙慮事久無成以事告御刀徐僧重寅遣人殺山沙於路吏於麝幐中得其事迹昭胄兄弟與同黨皆伏誅昭穎官至寧朔將軍彭城太守梁王定京邑追贈昭胄散騎常侍撫軍將軍昭穎黃門郎梁受禪降封昭胄子同監利侯

廬陵王子卿字雲長世祖第三子也建元元年封臨汝縣公千五百戶兄弟四人同封世祖卽位爲持節都督郢州司州之義陽軍事冠軍將軍郢州刺史永明元年徙都督荆湘益寧梁南北秦七州安西將軍荆州刺史持節如故始與王鑑爲益州子卿解督子卿在鎭營造服飾多違制度上勅之曰吾前後有勅非復一兩過道諸王不得作乖體格服飾汝何意都不憶吾勅邪忽作瑇瑁乘具何意已成不須壞可速送下純銀乘具乃復可爾何以作鐙亦是銀可卽壞之忽用金薄裹箭腳何意亦速壞去凡諸服章自今不啓吾知復專輒作者後有所聞當復得痛杖又曰汝比在都讀學不就年轉成長吾日冀汝美勿得勅如風過耳使吾失氣五年入爲侍中撫軍將軍未拜仍爲中護軍侍中如故六年遷秘書監領右衞將軍尋遷中軍將軍侍中並如故十年進號車騎將軍俄還使持節都督南豫司三州軍事驃騎將軍南豫州刺史侍中如故子卿之鎭道中戲部伍爲水軍上聞之大怒殺其典籤遣宜都王鏗代之子卿還第至崩不與相見鬱林卽位復爲侍中驃騎將軍隆昌元年轉衞將軍開府儀同三司置兵佐鄱陽王鏘見害以子卿代爲司徒領兵置佐尋復見殺時年二十七

魚復侯子響字雲音世祖第四子也豫章王嶷無子養子響後有子表留爲嫡世祖卽位爲輔國將軍南彭城臨淮二郡太守見諸王不致敬子響勇力絕人關弓四斛力數在園池中帖騎馳走竹樹下身無虧傷旣出繼車服異諸王每入朝輒忿怒拳打車壁世祖知之令車服與皇子同永明三年還右衞將軍仍出爲使持節都督豫州郢州之西陽汝南二郡軍事冠軍將軍豫州刺史明年進號右將軍進南豫州之歷陽淮南潁川汝陽四郡入爲散騎常侍右衞將軍六年有司奏子響體自聖明出繼宗國大司馬臣嶷昔未有胤所以因心鞠養陛下弘天倫之愛臣嶷深猶子之恩遂乃繼體扶疏世祚垂改茅蔣菴蔚冢嗣莫移誠欣悖睦之風實虧立嫡之教臣等參議子響宜還本乃封巴東郡王還中護軍常侍如故尋出爲江州刺史常侍如故七年還使持節都督荆湘雍梁寧南北秦七州軍事鎭軍將軍荆州刺史子響少好武在西豫時自選帶仗左右六十人皆有膽幹至鎭數在內齋殺牛置酒與之聚樂令內人私作錦袍絳襖欲餉蠻交易器仗長史劉寅等連名密啓上勅精檢寅等懼欲秘之子響聞臺使至不見勅名寅及司馬席恭穆諮議參軍江愈殷曇粲中兵參軍周彥典籤吳修之王賢宗魏景淵於琴臺下詰問之寅等無言脩之曰旣以降勅旨政應方便荅塞景淵曰故應先檢校子響大怒執寅等於後堂殺之以啓無江愈名欲釋之而用命者已加戮上聞之怒遣衞尉胡諧之游擊將軍尹畧中書舍人茹法亮領齋仗數百人檢捕羣小勅子響若束首自歸可全其性命諧之等至江津築城燕尾洲遣傳詔石伯兒入城慰勞子響曰我不作賊長史等見負今政當受殺人罪耳乃殺牛具酒饌餉臺軍而諸之等疑畏執錄其吏子響怒遣所養數十人收集府州器仗令二千人從靈溪西渡克明旦與臺軍對陣南岸子響自與百餘人袍騎將萬鈞弩三四張宿江堤上明日凶黨與臺軍戰子響於堤上放弩亡命王衝天等蒙楯陵城臺軍大敗尹畧死之官軍引退上又遣丹陽尹蕭順之領兵繼至子響部下恐懼各逃散子響乃白服降賜死時年二十二臨死啓上曰劉寅等入齋檢仗具如前啓臣罪旣山海分甘斧鉞奉勅遣胡諧之茹法亮賜重勞其等至竟無宣旨便建旗入津對城南岸築城守臣累遣書信喚法亮渡乞白服相見其永不肯羣小懼怖遂致攻戰此臣之罪也臣此月二十五日束身投軍希還天闕停宅一月臣自取盡可使齊代無殺子之議臣免逆父之謗旣不遂心今便命盡臨啓哽塞知復何陳有司奏絕子響屬籍削爵土收付廷尉法獄治罪賜爲蛸氏諸所連坐別下考論贈劉寅侍中席恭穆輔國將軍益州刺史江愈殷曇粲黃門郎周彥驍騎將軍寅字景蕤高平人也有文義而學不閑世務席恭穆安定焉氏人關隴豪族上憐子響死後遊華林園見猿對跳子鳴嘯上留目久之因嗚咽流涕豫章王嶷上表曰臣聞將而必戮炳自春秋罄于甸人著於經禮猶懷不忍之言尚有如倫之痛豈不事因法往情以恩留故庶人蛸子響識懷靡樹見淪不逞肆憤一朝取陷凶德遂使迹隣非孝事近無君身膏草野未云塞釁但轅矢倒戈歸罪司戮卽理原心亦旣迷而知返釁骨不收辜魂莫赦撫事惟往載傷心目昔閔榮伏庾愴動墳園思世積代用之爲美歷史不以云非伏願一下天矜爰詔

蛸氏使得安兆末郊旋窆餘麓徵列葦轜之容薄申封樹之禮豈伊窮骸被德實且天下歸仁臣屬忝皇枝偏留友睦以臣繼別未安子響言承出命提攜鞠養俯見成人雖輟肯蕃條歸體琁萼循執之念不移傳訓之憐何已敢冒宸嚴布此悲乞上不許先是貶爲魚復侯

安陸王子敬字雲端世祖第五子也初封應城縣公永明二年出爲持節監南兗兗徐青冀五州北中郎將南兗州刺史四年進號右將軍明年徙都督荆湘梁雍南北秦六州軍事平西將軍荆州刺史持節如故尋進號安西將軍七年徵侍中護軍將軍十年轉散騎常侍撫軍將軍丹陽尹十一年進車騎將軍尋給鼓吹一部隆昌元年遷使持節都督南兗兗徐青冀五州征北大將軍南兗州刺史延興元年加侍中高宗除諸蕃王遣中護軍王玄邈征九江王廣之襲殺子敬時年二十三

晉安王子懋字雲昌世祖第七子也初封江陵公永明三年爲持節都督南豫司三州南中郎將南豫州刺史魚復侯子響爲豫州子懋解督四年進號征虜將軍南豫新置力役寡少加子懋領宣城太守明年爲監南兗兗徐青冀五州軍事後將軍南兗州刺史持節如故六年徙監湘州平南將軍湘州刺史明年加持節都督八年進號鎭南將軍撰春秋例苑三十卷奏之世祖嘉之勅付秘閣九年親府州事十年入爲侍中領右衞將軍十一年遷散騎常侍中書監未拜仍爲使持節都督雍梁南北秦四州郢州之竟陵司州之隨郡軍事征北將軍雍州刺史給鼓吹一部豫章王喪服未畢上以邊州須威望許得奏之鬱林卽位進本號爲大將軍子懋見幼主新立密懷自全之計令作部造器仗陳顯達時爲征虜屯襄陽欲脅取以爲將帥顯達密啓高宗徵顯達還隆昌元年遷子懋爲都督江州刺史留西楚部曲助鎭襄陽單將白直俠轂自隨顯達入別子懋謂曰朝廷令身單身而反身是天王豈可過爾輕率今猶欲將二三千人自隨公意何如顯達曰殿下若不留部曲便是大違勅旨其事不輕且此閒人亦難可收用子懋默然顯達因辭出便發去子懋計未立還鎭尋陽延興元年加侍中聞鄱陽隨郡二王見殺欲起兵赴難母阮在都遣書欲密迎上阮報其兄于瑤之爲計瑤之馳告高宗於是纂嚴遣平西將軍王廣之南北討使軍主裴叔業與瑤之先襲尋陽聲云爲郢州行司馬子懋知之遣三百人守盆城叔業泝流直上至夜回下襲盆城城局參軍樂賁開門納之子懋率府州兵力先已具船於稽亭渚聞叔業得盆城乃據州自衞子懋部曲多雍土人皆踊躍願奮叔業畏之遣于瑤之說子懋曰今還都必無過憂政當作散官不失富貴也懋既不出兵攻叔業衆情稍沮中兵參軍于琳之瑤之兄也說子懋重賂叔業子懋使琳之往琳之因說叔業請取子懋叔業遣軍主徐玄慶將四百人隨琳之入州城僚佐皆奔散琳之從二百人拔刃入齋子懋罵曰小人何忍行此事琳之以袖鄣面使人害之時年二十三初子懋鎭雍世祖勅以邊略曰吾比連得諸處啓所說不異虜必無敢送死理然爲其備不可暫懈今秋犬羊輩越逸者其亡滅之徵吾今亦行密纂集須有分明指的便當有大處分今普勅鎭守並部偶民丁有事卽使應接遣已勅更遣想行有至者汝共諸人量覓可使人數往南陽舞陰諸要處參覘糧食最爲根本更不憂人仗常行視驛亭馬不可有廢闕并約語諸州當其堺皆爾不如法卽問事又曰吾勅荆郢二鎭各作五千人陣本擬應接彼耳賊若送死者更卽呼取之已勅子眞魚繼宗殷公愍至鎭可以公愍爲城主三千人配之便足汝可好以階級在意勿得人求或超五三階級及文章詩筆乃是佳事然世務彌爲根本可常憶之汝所啓仗此悉是吾左右御仗也云何得用之品格不可乖吾自當優量覓送先是啓求所好書上又曰知汝常以書讀在心足爲深欣也賜子懋杜預手所定左傳及古今善言

隨郡王子隆字雲興世祖第八子也有文才初封枝江公永明三年爲輔國將軍南琅邪彭城二郡太守明年遷江州刺史未拜唐寓之賊平遷爲持節督會稽東陽新安臨海永嘉五郡東中郎將會稽太守遷長兼中書令子隆娶尚書令王儉女爲妃上以子隆能屬文謂儉曰我家東阿也儉曰東阿重出實爲皇家蕃屏未及拜仍遷中護軍轉侍中左衞將軍八年代魚復侯子響爲使持節都督荆雍梁寧南北秦六州鎭西將軍荆州刺史給鼓吹一部其年始興王鑑罷益州進號督益州九年親府州事十一年晉安王子懋爲雍州子隆復解督鬱林立進號征西將軍隆昌元年爲侍中撫軍將軍領兵置佐延興元年轉中軍大將軍侍中如故子隆年二十一而體過充壯常服蘆茹丸以自銷損高宗輔政謀害諸王世祖諸子中子隆最以才貌見憚故與鄱陽王鏘同夜先見殺文集行於世

建安王子眞字雲仙世祖第九子也永明四年爲輔國將軍南琅邪彭城二郡太守遷持節督南豫司二州軍事冠軍將軍南豫州刺史領宣城太守進號南中郎將六年以府州稍實表解領郡七年進號右將軍遷丹陽尹將軍如故轉左衞將軍七年遷中護軍仍出爲持節都督郢司二州軍事平西將軍郢州刺史鬱林立進號安西將軍隆昌元年爲散騎常侍護軍將軍延興元年轉鎭軍將軍領兵置佐常侍如故其年見殺年十九

西陽王子明字雲光世祖第十子也永明元年封武昌王三年失國璽改封西陽六年爲持節都督南兗兗徐青冀五州軍事冠軍將軍南兗州刺史八年進號征虜將軍十年進左將軍仍爲督會稽東陽臨海永嘉新安五郡軍事會稽太守將軍如故子明風姿明淨士女觀者咸嗟嘆之鬱林初進號平東將軍隆昌元年爲右將軍中書令延興元年遷侍中領驍騎將軍右軍如故建武元年轉撫軍將軍領兵置佐二年誅蕭諶諶子明及弟子罕子貞與諶同謀見害年十七

南海王子罕字雲華世祖第十一子也永明六年爲北中郎將南琅邪彭城二郡太守上初以白下地帶江山徙琅邪郡自金城治之子罕始鎭此城十年爲持節都督南兗兗徐青冀五州軍事征虜將軍南兗州刺史鬱林卽位進號後將軍隆昌元年遷散騎常侍右衞將軍建武元年轉護軍將軍二年見殺年十七

巴陵王子倫字雲宗世祖第十三子也永明七年爲持節都督南豫司二州軍事南中郎將南豫州刺史十年遷北中郎將南琅邪彭城二郡太守鬱林卽位以南彭城祿力優厚奪子倫與中書舍人綦母珍之更以南蘭陵代之隆昌元年遷散騎常侍左將軍延興元年遣中書舍人茹法亮殺子倫子倫正衣冠出受詔曰鳥之將死其鳴也哀人之將死其言也善先朝昔滅劉氏今日之事理數固然君是身家舊人今銜此使當由事不獲已法亮不敢答而退年十六

邵陵王子貞字雲松世祖第十四子也永明十年爲東中郎將吳郡太守鬱林卽位進號征虜將軍還爲後將軍建武二年見誅年十五

臨賀王子岳字雲嶠世祖第十六子也永明七年封高宗誅世祖諸子唯子岳及弟六人在後世呼爲七王朔望入朝上還後宮輒嘆息曰我及司徒諸兒子皆不長高武子孫日長大永泰元年上疾甚絕而復蘇於是誅子岳等延興建武中凡三誅諸王每一行事高宗輒先燒香火嗚咽涕泣衆以此輒知其夜當相殺戮也子岳死時年十四

西陽王子文字雲儒世祖第十七子也永明七年封蜀郡王建武中改封西陽王永泰元年見殺年十四

衡陽王子峻字雲嵩世祖第十八子也永明七年封廣漢郡王建武中改封永泰元年見殺年十四

南康王子琳字雲璋世祖第十九子也母荀氏有盛寵子琳鍾愛永明七年封宣城王明年上改南康公褚蓁以封子琳永泰元年見殺年十四

湘東王子建字雲立世祖第二十一子也母謝氏無寵世祖度爲尼高宗卽位使還母子建永泰元年見殺年十三

南郡王子夏字雲廣世祖第二十三子也上春秋高子夏最幼寵愛過諸子初世祖夢金翅鳥下殿庭搏食小龍無數乃飛上天永泰元年子夏誅年七歲

史臣曰民之勞逸隨所遭遇習以成性有識斯同帝王子弟生長尊貴薪禽之道未知富厚之圖已極齠年稚齒養器深宮習趨拜之儀受文句之學坐躡搢紳傍絕交友情僞之事不經耳目憂懼之道未涉胷衿雖卓爾天悟自得懷抱孤寡爲識所陋猶多朝出閫閨暮司方岳帝子臨州親民尚小年序次第宜屏皇家防驕翦逸積代恒典平允之情操捶貽慮故輔以上佐簡自帝心勞舊左右用爲主帥州國府第先令後行飮食遊居動應聞啓端拱守祿遵承法度張弛之要莫敢厝言行事執其權典籤掣其肘苟利之義未申專違之咎已及處地雖重行已莫由威不在身恩未接下倉卒一朝艱難總集望其釋位扶危不可得矣路溫舒云秦有十失其一尚存斯宋氏之餘風在齊而彌弊也

贊曰武十七王文宣令望愛才悅古仁信溫良宗英是寄遺惠未忘廬陵犯色安陸括囊晉安早悟隨郡雕章建賀湘海二陵二陽幼蕃盛寵南郡南康

南齊書卷四十考證

魚復侯子響傳丹陽尹蕭順之領兵繼至子響部下恐懼各逃散子響乃白服降賜死○臣祖庚按南史子響見順之欲自申明順之不許於射堂縊殺之與此互異通鑑考異曰蓋蕭子顯爲順之諱耳注云順之梁武帝之父蕭子顯仕梁朝而作齊書故言其爲順之諱也又按帝紀作巴東王通鑑同蓋魚復巴東屬邑是時貶爲魚復侯也

豫章王嶷上表○臣祖庚按表文與南史所載繁簡互別

徵列葦䡝之容〇䡝汲古閣本作韡旁注雍本作䡝

先是貶爲魚侯〇南監本無先是二字

晉安王子懋傳阮報其兄子瑶之爲計〇兄南監本作同産弟南史亦作同産弟

不如法郎問事〇問事南監本作周章

或超五三階級及文章詩筆〇南監本無及字汲古閣本無級字

南齊書卷四十一

梁　蕭　子　顯　撰

列傳第二十二

張融　周顒

張融字思光吳郡吳人也祖禕晉琅邪王國郎中令父暢宋會稽太守融年弱冠道士同郡陸脩靜以白鷺羽麈尾扇遺融曰此既異物以奉異人宋孝武聞融有早譽解褐爲新安王北中郎參軍孝武起新安寺僚佐多餞錢帛融獨餞百錢帝曰融殊貧當序以佳祿出爲封溪令從叔永出後渚送之曰似聞朝旨汝尋當還融曰不患不還政恐還而復去廣越嶂嶮獠賊執融將殺食之融神色不動方作洛生詠賊異之而不害也浮海至交州於海中作海賦曰蓋言之用也情矣形乎使天形寅內敷情敷外寅者言之業也吾遠職荒官將海得地行關入浪宿渚經波傳懷樹觀長滿朝夕東西無里南北如天反覆懸烏表裏菀色壯哉水之奇也奇哉水之壯也故古人以之頌其所見吾問翰而賦之焉當其濟興絕感豈覺人在我外木生之作君自君矣分渾始地判氣初天作成萬物爲山爲川總川振會導海飛門爾其海之狀也之相也則窮區沒渚萬里藏岸控會河濟朝總江漢回混浩潰巔倒發濤浮天振遠灌日飛高𢮦(蟲江)撞則八紘摧隤鼓怒則九紐折裂揗(於活)長風以舉波鄣(音郭)天地而爲勢灪(音盤)澤(于及)渀(音沓)洽(音合)來往相𢊪(蟲合)汨(子突)湥(音突)𣿬(於紛)渤窣(紆)石成窟西衝虞淵之曲東振湯谷之阿若木於是乎倒覆折扶桑而爲渣(在牙)蕩(音藥)漺泗(音門)運(於宮)涫(於和)潮碨(於磊)雍(非勃)𣻃(音辛)淬(音崙)淪(音尊)𣵽灟淺(子拱)壟𢱀湍轉則日月似驚浪動而星河如覆既烈太山與崑崙相壓而共潰又盛雷車震漢破天以折轂淹(於員)漣漩(於卯)瀨(於懶)轘轉縱橫揚珠起玉流鏡飛明是其回堆曲浦欹關弱渚之形勢也沙嶼相接洲島相連東西南北如滿于天梁𩝐楚獸胡木漢草之所生焉長風動路深雲暗道之所經焉苕苕蔕蔕窅窅翳翳晨烏宿(音秀)於東隅落河浪其西界茫沆(于斷)汴河汨(于突)磈(于磊)漫(無官)桓旁踞委岳橫蒰危巒重彰岌岌攢嶺聚立崋(呂九)𥗕(音窟)崍(呂今)嶔[illegible]架石相陰嶐(徒罪)隤隗隗橫出旁入嵬嵬(支罪)磊磊若相追而下及峯勢縱橫岫形參錯或如前而未進乍非遷而已却天抗暉於東曲日倒麗於西阿嶺集雪以懷鏡巖𤨏春而自華江洚(許江)洎洎(許百)㴽(子昌)巖拍(百芬)嶺孎山𥖱石汗滂(子各)漢(音寒)況(于朗)碨(於磊)泱(於朗)㵳(音阿)流柴𥕢(五反)咸[illegible](五頓)屆浪低波磬(若降)硡(若交)硔(若江)折嶺挫峯窣浪硍(音郞)掊朋山相磕(苦合)萬里藹藹極路天外電戰雷奔倒地相礚獸門象逸魚路鯨奔水遽龍魄陸振虎寬却贍無後向望行前長尋高眺唯水與天若乃山橫蹴浪風倒摧波磊若驚山竭嶺以竦石鬱若飛煙奔雲以振霞連瑤光而交綵接玉繩以通華爾乎夜滿深霧晝密長雲高河滅景萬里無文山門幽暖岫戶葐䓵九天相掩王地交氛汪汪橫橫(音皇)沆沆(于剛)浩浩(音害)淬(蘆貴)潰大人之表泱(於朗)蕩君子之外風沫相排日閉雲開浪散波合岳起山隤若乃漉沙構白熬波出素積雪中春飛霜暑路爾其奇名出錄詭物無書高岸乳鳥橫門產魚則何𩞅(音羅)鱅(音容)鮨(音詣)鯀(音非)魞(音人)鱳(音果)䱐(音滑)哄日吐霞吞河漱月氣開地震聲動天發噴灑噦(於月)噫(於戒)流雨而揚雲喬龗壯脊架岳而飛墳蜓(音挺)動崩五山之勢矚(矣)蹁(矣)觛煥七曜之文螭蟕蛸綺貝繡螺玄珠互綵綠紫相華遊風秋瀨泳景登春伏鱗漬綵昇魵洗文若乃春代秋緒歲去冬歸柔風麗景晴雲積暉起龍塗於靈步翔螭道之神飛浮微雲之如瞢落輕雨之依依觸巧塗而磩(去紺)遠抵欒木以激揚浪相礴(傍各)而起千狀波獨湧乎驚萬容蘋藻留映荷芰提陰扶容曼綵秀遠華深明藕移玉清蓮代金聍芬芳於遙渚汎灼爍於長潯浮艫雜軸遊船交艘帷軒帳席方遠連高入驚波而箭絕振排天之雄颯越湯谷以逐景渡虞淵以追月徧萬里而無時浹天地於揮忽雕隼飛而未半鯤龍趠(食教)而不逮舟人未及復其喘已周流宇宙之外矣陰鳥陽禽春毛秋羽遠翅風遊高翮雲舉翔歸棲去連陰日路瀾漾波渚陶玄浴素長紘四斷平表九絕雉翕成霞鴻飛起雪合聲鳴侶竝翰翻羣飛關溢繡流浦照文爾夫人微亮氣小白如淋京空澄遠層漠無陰照天容於鯑渚鏡河色於魦潯括蓋餘以進廣浸夏洲以洞深形每驚而義維靜跡有事而道無心於是乎山海藏陰雲塵入岫天英徧華日色盈秀則若士神中琴高道外袖輕羽以衣風逸玄裾於雲帶㴾秋月於源潮帳春霞於秀瀨暱蓬萊之靈岫望方壺之妙闕樹遏日以飛柯嶺回峯以蹴月空居無俗素館何塵谷門風道林路雲真若乃幽崖㟝(於夾)隘(於夾)隈隩之窮駿波虎浪之氣激勢之所不攻有卉有木爲灌爲叢路𣖺網雜結葉相籠通雲交拂連韻共風蕩洲礉(去)䑧岸而千里若崩衝崖沃島其萬國如戰振駿氣以擺雷飛雄光以倒電若夫增雲不氣流風斂聲瀾文復動波色還驚明月何遠沙裏分星至其積珍全遠架寶諭深瓊池玉壑珠岫珊岑合日開夜舒月解陰珊瑚開績瑠璃竦華丹文鏡色雜照泳霞洪洪潰潰浴干日月淹漢星墟滲河天界風何本而自生雲無從而空滅籠麗色以拂烟鏡懸暉以照雪爾乃方員去我混然落情氣暄而濁化靜自淸心無終故不滯志不敗而無成既覆舟而載舟固以死而以生弘𡚁狗於人獸導至本以宛形雖萬物之日用諒何緯其何經道湛天初機茂形外亡有所以而有非膠有於生末亡無所以而無信無心以入太不動動是使山岳相崩不聲聲故能天地交泰行藏虛於用舍應感亮於圓會仁者見之謂之仁達者見之謂之達咶者幾於上善吾信哉其爲大矣融文辭詭激獨與衆異後還京師以示鎭國將軍顧凱之凱之曰卿此賦實超玄虛但恨不道鹽耳融即求筆注之曰漉沙構白熬波出素積雪中春飛霜暑路此四句後所足也凱之與融兄有恩好凱之卒融身負墳土在南與交阯太守卞展有舊展於嶺南爲人所殺融挺身奔赴舉秀才對策中第爲尚書殿中郎不就爲儀曹郎泰始五年明帝取荆郢湘雍四州射手叛者斬亡身及家長者家口没奚官元徽初郢州射手有叛者融議家人家長罪所不及亡身刑五年尋請假奔叔父喪道中罚幹錢敬道鞭杖五十寄繫延陵獄太明五年制二品清官行僮幹杖不得出十爲左丞孫緬所奏免官尋復位攝祠倉部二曹領事劉勔戰死祠曹議上應哭勔不融議宜哭於是始舉哀倉曹又以正月俗人所忌太倉爲可開不融議不宜拘束小忌尋兼掌正厨融見宰殺回車徑去自表解職爲安成王撫軍倉曹參軍轉南陽王友融父暢先爲丞相長史義宣事難暢爲王玄謨所錄將殺之玄謨子瞻爲南陽王前軍長史融啓求去官不許融家貧願祿初與從叔征北將軍永書曰融昔稱幼學早訓家風雖則不敏率以成性布衣葦席弱年所安簞食瓢飲不覺不樂但世業淸貧民生多待榛栗棗脩女贄既長東帛禽鳥男禮已大勉身就官十年七仕不欲代耕何至此事昔求三吳一丞雖屬舛錯今聞南康缺守願得爲之融不知階級階級亦可不知融政以求丞不得所以求郡求郡不得亦可復求丞又與吏部尚書王僧虔書曰融天地之逸民也進不辨貴退不知賤兀然造化忽如草木實以家貧累積孤寡傷心八姪俱孤二弟顏弱撫之而感古人以悲豈能山海陋祿申融情累阮籍愛東平土風融亦欣晉平閑外時議以融非治民才竟不果辟太祖太傅掾歷驃騎豫章王司空諮議參軍遷中書郎非所好乞爲中散大夫不許融風止詭越坐常危膝行則曳步翹身仰首意制甚多隨例同行常稽遲不進太祖素奇愛融爲太尉時時與融款接見融常笑曰此人不可無一不可有二即位後手詔賜融衣曰見卿衣服麤故誠乃素懷有本交爾藍縷亦虧朝望今送一通故衣意謂雖故乃勝新也是吾所著已令裁減稱卿之體并履一量融與吏部尚書何戢善往詣戢誤通尚書劉澄融下車入門乃曰非是至戶外望澄又曰非是既造席視澄曰都自非是乃去其爲異如此又爲長沙王鎭軍竟陵王征北諮議竝領記室司徒從事中郎永明二年總明觀講勑朝臣集聽融扶入就榻私索酒飲之難問既畢乃長歎曰嗚呼仲尼獨何人哉爲御史中丞到撝所奏免官尋復融形貌短醜精神淸澈王敬則見融革帶垂寬殆將至骼謂之曰革帶太急融曰既非步吏急帶何爲融假東出世祖問融住在何處融答曰臣陸處無屋舟居非水後日上以問融從兄緒緒曰融近東出未有居止權牽小船於岸上住上大笑虜中聞融名上使融接北使李道固就席道固顧之而言曰張融是宋彭城長史張暢子不融嚬蹙久之曰先君不幸名達六夷豫章王大會賓僚融食炙始行畢行炙人便去融欲求鹽蒜口終不言方搖食指半日乃息出入朝廷皆拭目驚觀之八年朝臣賀衆瑞公事融扶入拜起復爲有司所奏見原遷司徒右長史竟陵張欣時爲諸暨令坐罪當死欣時父興世宋世討南譙王義宣官軍欲殺融父暢興世以袍覆暢而坐之以此得免興世卒融著高履負土成墳至是融啓竟陵王子良乞代欣時死子良答曰此乃是長史美事恐朝有常典不得如長史所懷遷黃門郎太子中庶子司徒左長史融有孝義忌月三旬不聽樂事嫂甚謹宋丞相義宣起事父暢以不同將見殺司馬竺超民諫免之暢臨終謂諸子曰昔丞相事難吾緣竺司馬得活爾等必報其子弟後超民孫

微冬月遭母喪居貧融往弔之悉脫衣以爲賻披牛被而反常以兄事徵豫章王嶷竟陵王子良甍自以身經佐吏哭輒盡慟建武四年病卒年五十四遺令建白旐無旒不設祭令人捉麈尾登屋復魂曰吾生平所善自當夌雲一笑三千買棺無製新衾左手執孝經老子右手執小品法華經妾二人哀事畢各遣還家又曰以吾平生之風調何至使婦人行哭失聲不須暫停閨閤融玄義無師法而神解過人白黑談論鮮能抗拒永明中遇疾爲問律自序曰吾文章之體多爲世人所驚汝可師耳以心不可使耳爲心師也夫文豈有常體但以有體爲常政當使常有其體丈夫當删詩書制禮樂何至因循寄人籬下且中代之文道體闕變尺寸相資彌縫舊物吾之文章體亦何異何嘗顛溫凉而錯寒暑綜哀樂而橫歌哭哉政以屬辭多出比事不羈不阡不陌非途非路耳然其傳音振逸鳴節竦韻或當未極亦已極其所矣汝若復别得體者吾不拘也吾義亦如文造次乘我顛沛非物吾無師無友不文不句頗有孤神獨逸耳義之爲用將使性入清波塵洗猶沐無得釣聲同利舉價如高俾是道埸險成軍路吾昔嗜僧言多肆法辯此盡遊乎言笑而汝等無幸又云人生之口正可論道說義惟飲與食此外如樹網焉吾每以不爾爲恨爾曹當振綱也臨卒又戒其子曰手澤存焉父書不讀況父音情婉在其韻吾意不然别遺爾音吾文體英絕變而屢奇既不能遠至漢魏故無取嗟晉宋豈吾天挺蓋不隤家聲汝若不看父祖之意欲汝見也可號哭而看之融自名集爲玉海司徒褚淵問玉海名融答玉以比德海崇上善文集數十卷行於世張氏知名前有敷演鏡暢後有克融卷稷

周顒字彥倫汝南安城人晉左光祿大夫顗七世孫也祖虎頭員外常侍父恂歸鄉相顒少爲族祖朗所知解褐海陵國侍郎益州刺史蕭惠開賞異顒攜入蜀爲厲鋒將軍帶肥鄉成都二縣令轉惠開輔國府參軍將軍令如故仍爲府主簿常謂惠開性太險峻每致諫惠開不悅答顒曰天險地險王公設險但問用險何如耳隨惠開還都宋明帝頗好言理以顒有辭義引入殿內親近宿直帝所爲慘毒之事顒不敢顯諫輒誦經中因緣罪福事帝亦爲之小止轉安成王撫軍行參軍元徽初出爲剡令有恩惠百姓思之還歷邵陵王南中郎三府參軍太祖輔政引接顒顒善尺牘沈攸之送絕交書太祖口授令顒裁答轉齊臺殿中郎建元初爲長沙王參軍後軍參軍山陰令縣舊訂滂民以供雜使顒言之於太守聞喜公子良曰竊見滂民之困困實極矣役命有常祇應轉竭蹙迫驅催莫安其所險者或竄避山湖困者自經溝瀆爾亦有摧臂斮手苟自殘落販傭貼子權赴急難每至滂使發動遵赴常促輒有柤杖被錄稽顙階垂泣涕告哀不知所振下官未嘗不臨食罷筯當書偃筆爲之久之愴不能已交事不濟不得不就加捶罰見此辛酸時不可過山陰邦治事倍餘城然畧聞諸縣亦處處皆踵唯上虞以百戶一滂大爲優足過此列城不無凋罄宜應有以普救倒懸設流開便則轉患爲功得之何遠還爲文惠太子中軍錄事參軍隨府轉征北文惠在東宮顒還正員郎始興王前軍諮議直侍殿省復見賞遇顒音辭辯麗出言不窮宮商朱紫發口成句汎涉百家長於佛理著三宗論立空假名立不空假名設不空假名難空假名設空假名難不空假名假名空難二宗又立假名空西凉州智林道人遺顒書曰此義旨趣似非始開妙聲中絕六七十載貧道年二十時便得此義竊每歡喜無與共之年少見長安耆老多云關中高勝乃舊有此義當法集盛時能深得斯趣者本無多人過江東畧是無一貧道捉麈尾來四十餘年東西講說謬重一時餘義頗見宗錄唯有此塗白黑無一人得者爲之發病非意此音猥來入耳始是眞實行道第一功德其論見重如此顒於鍾山西立隱舍休沐則歸之轉太子僕兼著作撰起居注遷中書郎兼著作如故常遊侍東宮少從外氏車騎將軍臧質家得衛恒散隸書法學之甚工文惠太子使顒書玄圃茅齋壁國子祭酒何胤以倒薤書求就顒換之顒笑而答曰天下有道丘不與易也每賓友會同顒虛席晤語辭韻如流聽者忘倦兼善老易與張融相遇輒以玄言相滯彌日不解淸貧寡欲終日長蔬食雖有妻子獨處山舍衛將軍王儉謂顒曰卿山中何所食顒曰赤米白鹽綠葵紫蓼文惠太子問顒菜食何味最勝顒曰春初早韭秋末晚菘時何胤亦精信佛法無妻妾太子又問顒卿精進何如何胤顒曰三塗八難共所未免然各有其累太子曰所累伊何對曰周妻何肉其言辭應變皆如此也轉國子博士兼著作如故太學諸生慕其風爭事華辯後何胤言斷食生猶欲食肉白魚䱇脯糖蟹以爲非見生物疑食蚶蠣使學生議之學生鍾岏曰䱇之就脯驟於屈伸蟹之將糖躁擾彌甚仁人用意深懷如怛至於車螯蚶蠣眉目內闕慙渾沌之奇礦殼外緘非金人之愼不榨不榮膏草木之不若無馨無臭與瓦礫其何算故宜長充庖廚永爲口實竟陵王子良見岏議大怒府兒黠亦遁節清信顒與書勸令菜食曰丈人之所以未極遐蹈或在不近全菜邪脫灑離析之討鼎俎網罟之典載策其來實遠誰敢干議觀聖人之設膳脩仍復爲之品節蓋以茹毛飲血與生民共始縱而勿裁將無厓畔善爲士者豈不以恕己爲懷是以各靜封疆罔相陵軼況乃變之大者莫過死生生之所重無踰性命性命之於彼極切滋味之在我可賒而終身朝晡資之以味彼就冤殘莫能自列我業久長吁哉可畏且區區微卵脆薄易矜歡彼弱麑顧步宜愍觀其飲喙飛行人應憐悼況可心心撲褫加復恣忍吞嚼至乃野牧盛羣閉豢重圈量肉揣毛以捩枝剝如土委地僉謂常理百爲愴思事豈一塗若云三世理誣則幸矣良快如使此道果然而形未息則一往一來一生一死輪迴是常事雜報如家人天如客遇客日尠在家日多吾儕信業未足長免則傷心之慘行亦息念丈人於血氣之類雖無身踐至於晨鳧夜鯉不能不取備屠門財貝之經盜手猶爲廉士所棄生性之一啓鸞刀寧復慈心所忍騶虞雖飢非自死之草不食聞其風者豈不使人多愧衆生之稟此形質以畜肌膂皆由其積壅癡迷沈流莫反報受穢濁歷苦酸長此甘與肥皆無明之報聚也何至復引此滋腴自汙腸胃丈人得此有素聊復寸言發起耳顒卒官時會王儉講孝經未畢舉曇濟自代學者榮之官爲給事中

史臣曰弘毅存容至仁表貌汲黯剛贛崔琰聲姿然後能不憚雄桀亟成議犯張融標心託旨全等塵外吐納風雲不論人物而事君會友敦義納忠誕不越檢常在名教若夫奇偉之稱則虞騑陸績不得獨擅於前也

贊曰思光矯矯萬里千仞升同應諧黜同解擯務在連衡不謀銷印彥倫辭辯苦節清韻白馬橫擒雲梯獨振

張融海賦文多脫誤諸本同

南齊書卷四十一考證

張融傳九天相掩王地交氛○諸本同按王疑作五

周顒傳量肉揣毛以捩枝剝○捩南監本作俟枝疑作披

南齊書卷四十二

梁　蕭　子　顯　撰

列傳第二十三

王　晏　蕭　諶　蕭坦之　江　祏

王晏字士彥琅邪臨沂人也祖弘之通直常侍父普曜祕書監宋大明末晏起家臨賀王國常侍員外郎巴陵王征北板參軍安成王撫軍板刑獄隨府轉車騎晉熙王燮爲郢州晏爲安西主簿世祖爲長史與晏相遇府轉鎭西板晏記室諮議沈攸之事難鎭西職僚皆隨世祖鎭盆城上時權勢雖重而衆情猶有疑惑晏便專心奉事軍旅書翰皆委焉性甚便僻漸見親侍乃留爲上征虜撫軍府板諮議領記室從還都遷領軍司馬中軍從事中郎常在上府參議機密建元初轉太子中庶子世祖在東宮專斷朝事多不聞啓晏慮及罪稱疾自疎尋領射聲校尉不拜世祖卽位轉長兼侍中意任如舊永明元年領步兵校尉遷侍中祭酒校尉如故遭母喪起爲輔國將軍司徒左長史晏父普曜藉晏勢宦多歷通官晏尋遷左衛將軍加給事中未拜而普曜卒居喪有稱起冠軍將軍司徒左長史濟陽太守未拜遷衛尉將軍如故四年轉太子詹事加散騎常侍六年轉丹陽尹常侍如故晏位任親重朝夕進見言論朝事自豫章王嶷尚書令王儉皆降意以接之而晏每以疎漏被上呵責連稱疾久之上以晏須祿養七年轉爲江州刺史晏固辭不願出外見許留爲吏部尚書領太子右衛率終以舊恩見寵時王儉雖貴而疎晏既領選權行臺閣與儉頗不平儉卒禮官議謚上欲依王導謚爲文獻晏啓上曰導乃得此謚但宋以來不加素族出謂親人曰平頭憲事已行矣八年改領右衛將軍陳疾自解上欲以高宗代晏領選手敕問之晏啓曰鸞清幹有餘然不諳百氏恐不可居此職上乃止明年還侍中領太子詹事本州中正又以疾辭十年改授散騎常侍金紫光祿大夫給親信二十人中正如故十一年遷右僕射領太孫右衛率世祖崩遺旨以尚書事付晏及徐孝嗣令久於其職鬱林卽位轉左僕射中正如故隆昌元年加侍中高宗謀廢立晏便響應推奉延興元年轉尚書令加後將軍侍中中正如故封曲江縣侯邑千戶給鼓吹一部甲仗五十人入殿高宗與晏宴於東府語及時事晏抵掌曰公常言晏怯今定何如建武元年進號驃騎大將軍給班劒二十人侍中令中正如故又加兵百人領太子少傅進爵爲公增邑爲二千戶以虜動給兵千人

晏爲人篤於親舊爲世祖所稱至是自謂佐命惟新言論常非薄世祖故事衆始怪之高宗雖以事際須晏而心相疑斥料簡世祖中詔得與晏手敕三百餘紙皆是國家事以此愈猜薄之初卽位始安王遙光便勸誅晏帝曰晏於我有勳且未有罪遙光曰晏尙不能爲武帝安能爲陛下帝默然變色時帝常遣心腹左右陳世範等出塗巷採聽異言由是以晏爲事晏輕淺無防慮望開府數呼相工自視云當大貴與賓客語好屛人請間上聞之疑晏欲反遂有誅晏之意僞人鮮于文粲與晏子德元往來密探朝旨告晏有異志世範等又啓上云晏謀因四年南郊與世祖故舊主帥於道中竊發會虎犯郊壇帝愈懼未郊一日敕停行元會畢乃召晏於華林省誅之下詔曰晏閭閻凡伍少無特操階緣人乏班齒官途世祖在蕃搜揚擢用棄略疵瑕遂升要重而輕跳險銳在貴彌著猜忌反覆觸情多端故以兩宮所弗容十手所共指旣內愧于心外懼憲牘掩迹陳痾多歷年載頻授蕃任輒辭請不行事以謙虛情實詭伏隆昌以來運集艱難匡贊之功頗有心力迺爵冠通侯位登元輔綢繆恩寄朝莫均焉谿壑可盈無厭將及視天畫地遂懷異圖廣求卜相取信巫覡論薦黨附遍滿臺府令大息德元淵藪亡命同惡相濟劒客成羣弟詡凶愚遠相脣齒信驛往來密通要契去歲之初奉朝鮮于文粲備告姦謀朕以信必由中義無與貳推誠委任覬能悛改而長惡易流構扇彌大與北中郎司馬蕭毅臺隊主劉明達等尅期竊發以河東王鉉識用微弱可爲其主得志之日當守以虛器明達諸辭列炳然具存昔漢后以反脣致討魏臣以蚪鬚爲戮況無君之心旣彰陵上之迹斯著此而可容誰寘刑辟並可收付廷尉肅明國典晏未敗數日於北山廟答賽夜還晏旣醉部伍人亦飲酒羽儀錯亂前後十餘里中不復相禁制識者云此勢不復久也晏子德元有意尙至車騎長史德元初名湛世祖謂晏曰劉湛江湛竝不善終此非佳名也晏乃改之至是與弟晉安王友德和俱被誅晏弟詡永明中爲少府卿六年敕位未登黃門郎不得畜女妓詡與射聲校尉陰玄智坐畜妓免官禁錮十年敕特原詡禁錮後出爲輔國將軍始興內史廣州刺史劉纘爲奴所殺詡率郡兵討之延興元年授詡持節廣州刺史詡亦篤舊晏誅上又遣南中郎司馬蕭季敞襲詡殺之

蕭諶字彥孚南蘭陵蘭陵人也祖道淸員外郎父仙伯桂陽王參軍諶初爲州從事晉熙國侍郎左常侍諶於太祖爲絕服族子元徽末世祖在郢州欲知京邑消息太祖遣諶就世祖宣傳謀計留爲腹心昇明中爲世祖中軍刑獄參軍東莞太守以勳懃封安復縣男三百戶建元初爲武陵王冠軍臨川王前軍參軍除尙書都官郎建威將軍臨川王鎭西中兵世祖在東宮諶領宿衞太祖殺張景眞世祖令諶口啓乞景眞命太祖不悅諶懼而退世祖卽位出諶爲大末令未之縣除步兵校尉領射陽令轉帶南濮陽太守領御仗主永明二年爲南蘭陵太守建威將軍如故復除步兵校尉太守如故世祖齋內兵仗悉付之心膂密事皆使參掌除正員郎轉左中郎將後軍將軍太守如故世祖卧疾延昌殿敕諶在左右宿直上崩遺敕諶領殿內事如舊鬱林卽位深委信諶諶每請急出宿帝通夕不得寐諶還乃安轉衞軍司馬兼衞尉加輔國將軍丁母憂敕還復本任守衞尉高宗輔政有所匡諫帝旣在後宮不出唯遣諶及蕭坦之遙進乃得聞達諶回附高宗勸行廢立密召諸王典籤約語之不許諸王外接人物諶親要日久衆皆憚而從之鬱林被廢日初聞外有變猶密爲手敕呼諶其見信如此諶性險進無計畧及廢帝日領兵先入後宮齋內仗身素隸服諶莫有動者海陵立轉中領軍進爵爲公二千戶甲仗五十人入直殿內月十日還府建武元年轉領軍將軍左將軍南徐州刺史給扶進爵衞陽郡公食邑三千戶高宗初許事克用諶爲揚州及有此授諶恚曰見炊飯熟推以與人王晏聞之曰誰復爲蕭諶作甌箸者諶恃勳重干豫朝政諸有選用輒命議尙書使爲申論上新卽位遣左右要人於外聽察具知諶言深相疑阻二年六月上幸華林園宴諶及尙書令王晏等數人盡歡坐罷留諶晚出至華林閤仗身執還入省上遣左右莫智明數諶曰隆昌之際非卿無有今日今一門二州兄弟三封朝廷相報政可極此卿恒懷怨望乃云炊飯已熟合甑與人邪今賜卿死諶謂智明曰天去人亦復不遠我與至尊殺高武諸王是君傳語來去我今死還取卿於省殺之至秋而智明死見諶爲祟詔曰蕭諶擢自凡庸識用輕險因藉倖會早預驅馳永明之季曲蒙恩紀鬱林昏悖頗立誠効寵靈優渥期遇兼隆內總戎柄外暢蕃威兄弟榮貴震灼朝野曾不感佩殊荷少答萬一自以勳高伊霍事均難賞才冠當時恥居物後矯制王權與奪由己空懷疑懼坐構嫌猜覘候宮掖希覬非望蔽上罔下之心誣君不臣之跡固以彰暴民聽喧聒遐邇遂潛散金帛招集不逞交結禁衞互爲脣齒密契戚邸將肆姦逆朕以其任寄旣重爵列河山每加彌縫弘以大信庶能懷音翻然悛改而犲很其性凶謀滋甚夫無將必戮陽秋明義況釁積禍盈若斯之大可收付廷尉速正刑書罪止元惡餘無所問諶好左道吳興沈文猷相諶云相不減高宗諶喜曰感卿意無爲人言也至是文猷伏誅諶兄誕字彥偉初爲殿中將軍永明中爲建康令與秣陵令司馬迪之同乘行車前導四卒左丞沈昭畧奏凡有鹵簿官共乘不得兼列騶寺請免誕等官詔贖論延興元年自輔國徐州爲持節督司州刺史將軍如故明帝立封安德侯五百戶進號冠軍建武二年春虜攻司州誕盡力拒守虜退增封四百戶徵左衞將軍上欲殺諶以誕在邊鎭拒虜故未及行虜退六旬諶誅遣黃門郎梁王爲司州別駕使誅誕束身受戮家口繫尙方諶弟誄與諶同豫廢立爲寧朔將軍東莞太守轉西中郎司馬建武初封西昌侯千戶轉太子左率領軍解司州圍還同伏誅諶伯父仙民官至太中大夫卒

蕭坦之南蘭陵蘭陵人也祖道濟太中大夫父欣祖有勳於世祖至武進令坦之與蕭諶同族初爲殿中將軍累至世祖中軍板刑獄參軍以宗族見驅使除竟陵王鎭北征北參軍東宮直閤以懃直爲世祖所知除給事中淮陵令又除蘭陵令給事中如故尙書起部郎司徒中兵參軍世祖崩坦之隨太孫文武度上臺除射聲校尉令如故未拜除正員郎南魯郡太守少帝以坦之世祖舊人親信不離得入內見皇后帝於宮中及出後堂雜戲狡獪坦之皆得在側或値醉後裸袒坦之輒扶持諫喻見帝不可奉乃改計附高宗密爲耳目除晉安王征北諮議隆昌元年追錄坦之父勳封臨汝縣男食邑三百戶從征南諮議高宗謀廢少帝旣與蕭諶及坦之定謀帝腹心直閤將軍曹道剛疑外間有異密有處分諶未能發始興內史蕭季敞南陽太守蕭穎基並應還都諶欲待二蕭至藉其勢力以舉事高宗慮事變以告坦之坦之馳謂諶曰廢天子古來大事比聞曹道剛朱隆之等轉已猜疑衞尉明日若不就事無所復及弟有百歲母豈能坐聽禍敗政應作餘計耳諶遑遽明日遂廢帝坦之力也海陵卽位除黃門郎兼衞尉卿進爵伯增邑爲六百戶建武元年遷散騎常侍右衞將軍進爵侯增邑爲千五百戶明年虜動假坦之節督徐州征討軍事虜圍鍾離春斷淮洲坦之擊破之還加領太子中庶子未拜還領軍將軍永泰元年爲侍中領軍東昏立爲侍中領軍將軍永元元年遭母喪起復職加右將軍置府江祏兄弟欲立始安王遙光密謂坦之曰明帝取天下已非次第天下人至今不服今若復作此事恐四海瓦解我其不敢言持喪還宅宅在東府城東遙光起事遣人夜掩取坦之坦之科頭著褌踰牆走從東冶僦渡南渡間道還臺假節督衆軍討遙光屯湘宮寺事平遷尙書右僕射丹陽尹右軍如故進爵公增邑千戶坦之肥黑無鬚語聲嘶時人號爲蕭痖剛很專執羣小畏而憎之遙光事平二十餘日帝遣延明主帥黃文濟領兵圍坦之宅殺之子賞祕書郎亦伏誅坦之從兄翼宗爲海陵郡將發坦之謂文濟曰從兄海陵宅故應無他文濟曰海陵宅在何處坦之告之文濟曰應得罪仍遣收之檢家赤貧唯有質錢帖子數百還以啓帝原死繫尙方和帝中興元年追贈坦之中軍將軍開府儀同三司

江祏字弘業濟陽考城人也祖遵寧朔參軍父德隣司徒右長史祏姑爲景皇后少爲高宗所親恩如兄弟宋末解褐晉熙國常侍太祖徐州西曹員外郎高宗冠軍參軍帶濡陽令竟陵王征北參軍尙書水部郎高宗爲吳興以祏爲郡丞加宣威將軍廬陵王中軍功曹記室安陸王左軍諮議領錄事帶京兆太守除通直郎補南徐州別駕高宗輔政委以心腹隆昌元年自正員郎補丹陽丞中書郎高宗爲驃騎鎭東府以祏爲諮議參軍領南昌太守與蕭誄對直東府省內時新立海陵人情未服高宗髀上有赤誌常祕不傳祏勸帝出以示人晉壽太守王洪範罷任還上袒示之曰人皆謂此是日月相卿幸無泄言洪範曰公日月之相在軀如何可隱轉當言之公卿上大悅會直後張伯尹瓚等屢謀竊發祏誄憂虞無計每夕輒託事外出及入纂議定加祏寧朔將軍高宗爲宣城王太史密奏圖緯云一號當得十四年祏入帝喜以示祏曰得此復何所望及卽位遷守衞尉將軍如故封安陸縣侯邑千戶祏祖遵以后父贈金紫光祿大夫父德隣以帝舅亦贈光祿大夫建武二年遷右衞將軍掌甲仗廉察四年轉太子詹事祏以外戚親要勢冠當時遠致餉遺或取諸王第名書好物然家行甚睦待子姪有恩意上寢疾永泰元年轉祏爲侍中中書令出入殿省上崩遺詔轉右僕射祏弟衞尉祀爲侍中敬皇后弟劉暄爲衞尉東昏卽位參掌選事高宗雖顧命羣公而意寄多在祏兄弟至是更直殿內動止關諮永元元年領太子詹事劉暄遷散騎常侍右衞將

軍祏兄弟與暄及始安王遙光尚書令徐孝嗣領軍蕭坦之六人更日帖敕時呼爲六貴帝稍欲行意孝嗣不能奪坦之雖時有異同而祏堅意執制帝深忿之帝失德旣彰祏議欲立江夏王寶玄劉暄初爲寶玄郢州行事執事過刻有人獻馬寶玄欲看之暄曰馬何用看妃索煮肫帳下諮暄暄曰旦已煮鵞不煩復此寶玄恚曰舅殊無渭陽之情暄聞之亦不悅至是不同祏議欲立建安王寶夤密謀於遙光遙光自以年長屬當鼎命微旨動祏祏弟祀以少主難保勸祏立遙光暄以遙光若立巳失元舅之望不肯同故祏遲疑久不決遙光大怒遣左右黃曇慶於青溪橋道中刺殺暄曇慶見暄部伍人多不敢發事覺暄告祏謀帝處分收祏兄弟祀時直在內殿疑有異遣信報祏曰劉暄似有異謀今作何計祏曰政當靜以鎭之耳俄而召祏入見停中書省初直齋袁文曠以王敬則勳當封祏執不與帝使文曠取祏以刀環築其心曰復能奪我封否祏祀同日見殺祀字景昌初爲南郡王國常侍歷高祖驃騎東閤祭酒祕書丞晉安王鎭北長史南東海太守行府州事治下有宣尼廟久廢不脩祀更開掃構立祀弟禧居喪早卒有子廞字偉卿年十二聞收至謂家人曰伯旣如此無心獨存赴井死後帝於後堂騎馬致適顧謂左右曰江祏若在我當復能騎此不暄字士穆出身南陽國常侍遙光起事以討暄爲名事平暄遷領軍將軍封平都縣侯千戶其年又見殺和帝中興元年贈祏衞將軍暄散騎常侍撫軍將軍竝開府儀同三司祀散騎常侍太常卿

史臣曰士死知已蓋有生所共情雖愚智之品有二而逢迎之運唯一夫懷可知之才受知人之眄無慙外物此固天理其猶藏在中心銜恩念報況乎義早蕃僚道同遇合踰越勝已顧邁先流棄子如遺會微舊德使狗之喻人致前譏慙包疚心我無其事嗚呼陸機所以賦蒙士也

贊曰王蕭提契世祖基之樂羊食子里克無辭江劉后戚明嗣是維廢興異論終用乖疑

南齊書卷四十二考證

王晏傳字士彥○南史作字休默一字士彥

漸見親侍○侍汲古閣本作待

元會畢乃召晏於華林省誅之○臣宗萬按明帝本紀四年正月丙辰晏伏誅通鑑考異曰丙辰正月二十八日也按郊禮必在正月旣云未郊一日敕停則誅晏必非元會之日也本傳蓋言元會禮後耳

蕭諶傳諶於太祖爲絕服族子○通鑑諶世祖之族子也與此異

仗身執還入省○臣祖庚按通典唐制鎭戍之官給仗身其人賦鎭戍之上中下爲差京官五品已上亦有仗身職員通鑑注云仗身執仗之衞士也

一門二州兄弟三封○臣祖庚按通鑑注云諶爲南徐州誕爲司州所謂二州也諶封衡陽郡公誄封西昌侯誕封安復侯所謂三封也

蕭坦之傳以懃直爲世祖所知○臣祖庚按通鑑云嘗爲東宮直閤爲世宗所知注云旣爲東宮直閤則從世宗爲是東宮亦有直閤將軍據此則祖字訛也

並應還都○汲古閣本作遷都尉

江祏傳父德隣○南史作德驎

領南昌太守○臣承蒼按齊世無南昌太守之官南史作領南平昌太守

舅殊無渭陽之情○臣承蒼按渭陽之詩言甥之致情於舅也後人多反用之南史晉安王子懋傳不意渭陽翻成梟鏡亦以渭陽爲舅氏之稱

南齊書卷四十三

梁　蕭　子　顯　撰

列傳第二十四

江斅　何昌寓　謝瀹　王思遠

江斅字叔文濟陽考城人也祖湛宋左光祿大夫儀同三司父恁著作郎爲太子劭所殺斅母文帝女淮陽公主幼以戚屬召見孝武謂謝莊曰此小兒方當爲名器少有美譽桂陽王休範臨州辟迎主簿不就尚孝武女臨汝公主拜駙馬都尉除著作郎太子舍人丹陽丞時袁粲爲尹見斅歎曰風流不墜政在江郎數與宴賞留連日夜遷安成王撫軍記室祕書丞中書郎斅庶祖母王氏老疾斅視膳嘗藥七十餘日不解衣及累居內官每以侍養陳請朝廷優其朝直尋轉安成王驃騎從事中郎初湛娶褚秀之女被遣褚淵爲衞軍重斅爲人先通音意引爲長史加寧朔將軍順帝立隨府轉司空長史領臨淮太守將軍如故轉太尉從事中郎齊臺建爲吏部郎太祖卽位斅以祖母久疾連年臺閣之職永廢溫凊啓乞自解初宋明帝勑斅出繼從叔愻爲從祖淳後於是僕射王儉啓禮無後小宗之文近世緣情皆由父祖之命未有旣孤之後出繼宗族也雖復臣子一揆而義非天屬江忠簡胤嗣所寄唯斅一人傍無眷屬斅宜還本若不欲江愻絕後可以斅小兒繼愻爲孫尚書參議謂間世立後禮無其文荀顗無子立孫墜禮之始何琦又立此論義無所據於是斅還本家詔使自量立後者出爲寧朔將軍豫章內史還除太子中庶子領驍騎將軍未拜門客通贓利世祖遣信檢覈斅藏此客而躬自引咎上甚有怪色王儉從容啓上曰江斅若能治郡此便是具美耳上意乃釋永明初仍爲豫章王太尉諮議領錄事遷南郡王友竟陵王司徒司馬斅好文辭圍棊第五品爲朝貴中最遷侍中領本州中正司徒左長史中正如故五年遷五兵尚書明年出爲輔國將軍東海太守加秩中二千石行南徐州事七年徙爲侍中領驍騎將軍尋轉都官尚書領驍騎將軍王晏啓世祖曰江斅今重登禮閣兼掌六軍慈渥所覃實有優忝但語其事任殆同閑輩天旨旣欲升其名位愚謂以侍中領驍騎望實清顯有殊納言上曰斅常啓吾爲其鼻中惡今旣以何胤王瑩還門下故有此回換耳鬱林卽位遷掌吏部隆昌元年爲侍中領國子祭酒鬱林廢朝臣皆被召入宮斅至雲龍門託藥醉吐車中而去明帝卽位改領祕書監又改領晉安王師建武二年卒年四十四遺令儉約葬不受賻贈詔賻錢三萬布百匹子蒨啓遵斅令讓不受詔曰斅貽厥之訓送終以儉立言歸善益有嘉傷可從所請贈散騎常侍太常謚曰敬子

何昌寓字儼望廬江灊人也祖叔度吳郡太守父佟之太常昌寓少而淹厚爲伯父司空尚之所遇宋建安王休仁爲揚州辟昌寓州主簿遷司徒行參軍太傅五官司徒東閤祭酒尚書儀曹郎建平王景素爲征北南徐州昌寓又爲府主簿以風素見重母老求祿出爲湘東太守加秩千石爲太祖驃騎功曹昌寓在郡景素被誅昌寓痛之至是啓太祖曰伏尋故建平王因心自遠忠孝基性徽和之譽早布國言勝素之情夙洽民聽世祖綢繆太宗眷異朝中貴人野外賤士雖聞見有殊誰不悉斯事者元徽之間政關羣小構扇異端共令傾覆愍歎之非古人所悼況蒼梧將季能無銜感一年之中藉者再三有必巓之危無蹔立之安行路寒心往來跼蹐而王夷慮坦然委之天命惟謙惟敬專誠奉國閨無執戟之衞門闕衣介之夫此五尺童子所見不假闕曲言也一淪疑似身名頓滅冤結淵泉酷貫穹旻時經隆替歲改三元曠蕩之惠亟申被枉之澤未流俱沐溫光獨酸霜露明公鋪天地之施散雲雨之潤物無巨細咸被慶渥若今日不蒙照滌則爲萬代冤魂昌寓非敢慕慷慨之士激揚當世實義切於心痛入骨髓瀝腸紓憤仰希神照辯明枉直亮王素行使還名帝籍歸靈舊塋死而不泯豈忘德於黃壚分軀碎首不足上謝又與司空褚淵書曰天下之可哀者有數而埋冤於黃泉者爲甚焉何者百年之壽同於朝露揮忽去留寧足道哉政欲闔棺之日不隕令名竹帛傳芳烈鍾石紀清英是以昔賢甘心於死所者也若懷忠抱義而負枉冥冥之下時主未之矜卿相不爲言良史濡翰將被以惡名豈不痛哉豈不痛哉竊尋故建平王地屬親賢德居宗望道心惟沖睿性天峻散情風雲不以塵務嬰衿明發懷古惟以琴書娛志言忠孝行惇愼二公之所深鑒也前者阮楊連黨搆此紛紜雖被明於朝貴愈結怨於羣醜覘察繼蹤疑防重著小人在朝詩史所歎（少一句）清識飲涕王每永言終日氣淚交橫旣推信以期物故日去其備衞朱門蕭條示存典刑而已求解徐州以避北門要任苦乞會稽貪處東甌閑務此竝彰於事迹與公道味相求期心有素方共經營家國劬勞王室何圖時不我與契闊屯昏忠誠弗亮罹此百殃歲朔亟流巳經四載皇命惟新人沾天澤而幽然深酷未蒙照明封殯卑雜窮魂莫寄昭穆不序松栢無行事傷行路痛結幽顯吾等叩心泣血實有望於聖時公以德佐世欲物得其所豈可令建平王枉直不分邪田叔不言梁事袁絲諫止淮南以兩國釁禍尚回帝意豈非親親之義寧從敦厚而今疑以未辨爲世大戮若使王心跡得申亦示海內理冤枉明是非存亡國繼絕世周漢之通典有國之所急也昔叔向之理特祁大夫而獲亮戾太子之冤資車丞相而見察幽靈有知豈不眷眷於明顧碎首抽脅自謂不殞淵答曰追風古人良以嘉歎但事旣昭晦理有逆從建平初阻元徽未悖專欲委咎阮楊彌所致疑于時正亦謬參此機若審如高論其愧特深太祖嘉其義轉爲記室遷司徒左西太尉戶曹屬中書郎王儉衞軍長史儉謂昌寓曰後任朝事者非卿而誰永明元年竟陵王子良表置文學官以昌寓爲竟陵王文學以清信相得意好甚厚轉揚州別駕豫章王又善之遷太子中庶子出爲臨川內史除廬陵王中軍長史未拜復爲太子中庶子領屯騎校尉遷吏部郎轉侍中臨海王昭秀爲荊州以昌寓爲西中郎長史輔國將軍南郡太守行荊州事明帝遣徐玄慶西上害藩鎭諸王玄慶至荊州欲以便宜從事昌寓曰僕受朝廷意寄翼輔外藩何容以殿

下付君一介之使若朝廷必須殿下還當更聽後旨昭秀以此得還京師建武二年爲侍中領長水校尉轉吏部尚書復爲侍中領驍騎將軍四年卒年五十一贈太常謚簡子昌寓不雜交遊通和汎愛歷郡皆清白士君子多稱之

謝瀹字義潔陳郡陽夏人也祖弘微宋太常父莊金紫光祿大夫瀹四兄颺朏顥從世謂謝莊名兒爲風月景山水顥字仁悠少簡靜解褐祕書郎累至太祖驃騎從事中郎建元初爲吏部郎至太尉從事中郎永明初高選友學以顥爲竟陵王友至北中郎長史卒瀹年七歲王彧見而異之言於宋孝武孝武召見於稠人廣衆之中瀹舉動閑詳應對合旨帝甚悅詔尚公主値景和敗事寢僕射褚淵聞瀹年少清正不惡以女結婚厚爲資送解褐車騎行參軍遷祕書郎司徒祭酒丹陽丞撫軍功曹世祖爲中軍引爲記室齊臺建遷太子中舍人建元初轉桂陽王友以母老須養出爲安成內史還爲中書郎衞軍王儉引爲長史雅相禮遇除黃門郎兼掌吏部尋轉太子中庶子領驍騎將軍轉長史兼侍中瀹以晨昏有廢固辭不受世祖勑令速拜別停朝直遷司徒左長史出爲吳興太守長城縣民盧道優家遭劫誣同縣殷孝悌等四人爲劫瀹收付縣獄考正孝悌母騁詣登聞訴稱孝悌爲道優所誹謗橫劾爲劫一百七十三人連名保徵在所不爲申理瀹聞孝悌母訴乃啟建康獄覆道優理窮款首依法斬刑有司奏免瀹官瀹又使典藥吏煑湯失火燒郡外齋南廂屋五間又輒鞭除身爲有司所奏詔竝贖論在郡稱爲美績母喪去官服闋爲吏部尚書高宗廢鬱林領兵入殿左右驚走報瀹瀹與客圍棊每下子輒云其當有意竟局乃還齋臥竟不問外事也明帝卽位瀹又屬疾不視事後上讌會功臣上酒尚書令王晏等與席瀹獨不起曰陛下受命應天順民王晏妄叨天功以爲己力上大笑解之座罷晏呼瀹共載還令省欲相撫悅瀹又正色曰君巢窟在何處晏初得班劒瀹謂之曰身家太傅裁得六人君亦何事一朝至此晏甚憚之加領右軍將軍兄朏在吳興論啓公事稽晚瀹輒代爲啟上見非其手迹被問見原轉侍中領太子中庶子豫州中正永泰元年轉散騎常侍太子詹事其年卒年四十五贈金紫光祿大夫謚簡子初兄朏爲吳興瀹於征虜渚送別朏指瀹口曰此中唯宜飲酒瀹建武之初專以長酣爲事與劉瑱沈昭畧以觴酌交飲各至數斗世祖嘗問王儉當今誰能爲五言詩儉對曰謝朏得父膏腴江淹有意上起禪靈寺勑瀹撰碑文

王思遠瑯邪臨沂人尚書令晏從弟也父羅雲平西長史思遠八歲父卒祖弘之及外祖新安太守羊敬元竝栖退高尚故思遠少無仕心宋建平王景素辟爲南徐州主簿深見禮遇景素被誅左右離散思遠親視殯葬手種松栢與廬江何昌寓沛郡劉璡上表理之事感朝廷景素女廢爲庶人思遠分衣食以相資贍年長爲備笄總訪求素對傾家送遣除晉熙王撫軍行參軍安成王車騎參軍建元初爲長沙王後軍主簿尚書殿中郎出補竟陵王征北記室參軍府遷司徒仍爲錄事參軍遷太子中舍人文惠太子與竟陵王子良素好士竝蒙賞接思遠求出爲遠郡除建安內史長兄思玄卒思遠友于甚至表乞自解不許及祥日又固陳世祖乃許之除中書郎大司馬諮議世祖詔舉士竟陵王子良薦思遠及吳郡顧暠之陳郡殷叡邵陵王子貞爲吳郡世祖除思遠爲吳郡丞以本官行郡事論者以爲得人以疾解職還爲司徒諮議參軍領錄事轉黃門郎出爲使持節都督廣交越三州諸軍事寧朔將軍平越中郎將廣州刺史高宗輔政不之任仍遷御史中丞臨海太守沈昭畧贓私思遠依事劾奏高宗及思遠從兄晏昭畧叔父文季請止之思遠不從案事如故建武中遷吏部郎思遠以從兄晏爲尚書令不欲竝居內臺權要之職上表固讓曰近頻煩歸啓實有微槩陛下矜遇之厚古今罕儔臣若孤恩誰當戮力既自誓輕軀命不復以塵黙爲疑正以臣與晏地惟密親必不宜俱居顯要慺慺丹赤守之以死臣實庸鄙無足奬進陛下甄拔之旨要是許其一節臣果不能以理自固有乖則哲之明犯昌之尤誅責在己謬賞之私惟塵聖鑒權其輕重寧守褊心且亦緣陛下以德御下故臣可得以禮進退伏願思垂拯宥不使零墜今若祗膺所忝三公不足爲泰犯忤之後九泉未足爲劇而臣苟求刑戮自棄富榮愚夫不爲臣亦庶免此心此志可怜可矜如其上命必行請罪非理聖恩方置之通塗而臣固求擯壓自慭自悼不覺涕流謹冒鈇鉞悉心以請窮則呼天仰祈一照上知其意乃改授司徒左長史初高宗廢立之際思遠與晏閑言謂晏曰兄荷世祖厚恩今一旦贊人如此事彼或可以權計相須未知兄將來何以自立若及此引决猶可不失後名晏不納及拜驃騎集會子弟謂思遠兄思徵曰隆昌之末阿戎勸吾自裁若從其語豈有今日思遠遽應曰如阿戎所見猶未晚也及晏敗故得無他思遠清修立身簡潔衣服牀筵窮治素淨賓客來通輒使人先密覘視衣服垢穢方便不前形儀新楚乃與促膝雖然既去之後猶令二人交帚拂其坐處上從祖弟季敞性甚豪縱上心非之謂季敞曰卿可數詣王思遠上既誅晏遷爲侍中掌優策及起居注永元二年遷度支尚書未拜卒年四十九贈太常謚貞子思遠與顧暠之友善暠之卒後家貧思遠迎其兒子經卹甚至暠之字士明少孤好學有義行初舉秀才歷官府閣永明末爲太子中舍人兼尚書左丞隆昌初爲安西諮議兼著作與思遠竝屬文章建武初以疾歸家高宗手詔與思遠曰此人殊可惜就拜中散大夫卒年四十九思徵永元中爲江州長史爲陳伯之所殺

史臣曰德成爲上藝成爲下觀夫二三子之治身豈直清體雅業取隆基構行禮蹈義可以勉物風規云君子之居世所謂美矣

贊曰江籍世業有聞時陂何申舊主辭出乎義謝獻壽觴載色載刺思遠退食冲心篤寄

南齊書卷四十三考證

何昌寓傳明帝遣徐玄慶至荆州欲以便宜從事○臣祖庚按南史明帝使裴叔業賫旨詔昌寓令以便宜從事叔業傳無此事又按通鑑從齊書作徐玄慶據此則南史誤矣

謝瀹傳朏指瀹口曰此中唯宜飲酒○臣宗萬按尺牘謝朏與弟瀹書曰今致數斗酒可力飲此勿豫人事與此小異

南齊書卷四十四

梁　蕭　子　顯　撰

列傳第二十五

徐孝嗣　沈文季

徐孝嗣字始昌東海郯人也祖湛之宋司空父聿之著作郎竝爲太子劭所殺孝嗣在孕得免幼而挺立風儀端簡八歲襲爵枝江縣公見宋孝武升階流涕迄于就席帝甚愛之尚康樂公主泰始二年西討解嚴車駕還宮孝嗣登殿不著韎爲治書御史蔡準所奏罰金二兩拜駙馬都尉除著作郎母喪去官爲司空太尉二府參軍安成王文學孝嗣姑適東莞劉舍舍兄藏爲尚書左丞孝嗣往詣之藏退語舍曰徐郎是令僕人三十餘可知矣汝宜善自結昇明中遷太祖驃騎從事中郎帶南彭城太守隨府轉爲太尉諮議參軍太守如故齊臺建爲世子庶子建元初國除出爲晉陵太守還爲太子中庶子領長水校尉未拜爲寧朔將軍聞喜公子良征虜長史遷尚書吏部郎太子右衞率轉長史善趨步閑容止與太宰褚淵相埒世祖深加待遇尚書令王儉謂人曰徐孝嗣將來必爲宰相轉御史中丞世祖問儉曰誰可繼卿者儉曰臣東都之日其在徐孝嗣乎出爲吳興太守儉贈孝嗣四言詩曰方軌叔茂追清彥輔柔亦不吐剛亦不茹時人以比蔡子尼之行狀也在郡有能名會王儉亡上徵孝嗣爲五兵尚書其年上敕儀曹令史陳淑王景之朱玄眞陳義民撰江左以來儀典令諮受孝嗣明年遷太子詹事從世祖幸方山上曰朕經始此山之南復爲離宮之所故應有邁靈丘靈丘山湖新林苑也孝嗣答曰繞黃山款牛首乃盛漢之事今江南未廣民亦勞止願陛下少更留神上竟無所脩立竟陵王子良甚善之子良好佛法使孝嗣及廬江何胤掌知齋講及衆僧轉吏部尚書尋加右軍將軍轉領太子左衞率臺閣事多以委之世祖崩遺詔轉右僕射隆昌元年遷散騎常侍前將軍丹陽尹高宗謀廢鬱林以告孝嗣孝嗣奉旨無所釐贊高宗入殿孝嗣戎服隨後鬱林既死高宗須太后令孝嗣於袖中出而奏之高宗大悅以廢立功封枝江縣侯食邑千戶給鼓吹一部甲仗五十人入殿轉左僕射常侍如故明帝卽位加侍中中軍大將軍定策勳進爵爲公增封二千戶給班劒二十人加兵百人舊拜三公乃臨軒至是帝特詔與陳顯達王晏竝臨軒拜授北虜動詔孝嗣假節頓新亭時王晏爲令民情物望不及孝嗣也晏誅轉尚書令領本州中正餘悉如故孝嗣愛好文學賞託清勝器量弘雅不以權勢自居故見容建武之世恭己自保朝野以此稱之初孝嗣在率府晝臥齋北壁下夢兩童子遽云移公床孝嗣驚起聞壁有聲行數步而壁崩壓床建武四年卽本號開府儀同三司孝嗣闔有詔欽容謂左右曰吾德慙古人位登袞職將何以堪之明君可以理奪必當死請若不獲命正當角巾丘園待罪家巷耳固讓不受是時連年虜動軍國虛乏孝嗣表立屯田曰有國急務兵食是同一夫輟耕於事彌切故井陌疆里長轂盛於周朝屯田廣置勝戈富於漢室降此以還詳畧可見但求之

自古爲論則貽卽以當今宜有要術窮尋緣淮諸鎮皆取給京師費引既殷漕運艱澀聚糧待敵每若不周利害之基莫此爲急臣比訪之故老及經彼宰守淮南舊田觸處極目陂遏不脩咸成茂草平原陸地彌望尤多今邊備既嚴戍卒增衆遠資餽運近廢良疇士多飢色可爲嗟歎愚欲使刺史二千石躬自履行隨地墾闢精尋灌漑之源善商肥确之異州郡縣戍主帥以下悉分番附農今水田雖晚方事菽麥菽麥二種益是北土所宜彼人便之不減粳稻開創之利宜在及時所啓允合請卽使至徐兗司豫爰及荊雍各當境規度勿有所遺別立主曹專司其事田器耕牛臺詳所給歲終言殿最明其刑賞此功克舉庶有弘益若緣邊足食則江南自豐權其所饒畧不可計事御見納時帝已寢疾兵事未已竟不施行帝疾甚孝嗣入居禁中臨崩受遺託重申開府之命加中書監永元初輔政自尚書下省出住宮城南宅不得還家帝失德稍彰孝嗣不敢諫諍及江祏見誅內懷憂恐然未嘗表色始安王遙光反衆情惶惑見孝嗣入宮內乃安然羣小用事亦不能制也進位司空固讓求解丹陽尹不許孝嗣文人不顯同異名位雖大故得未及禍虎賁中郎將許準有膽力領軍隸孝嗣陳說事機勸行廢立孝嗣遲疑久之謂必無用干戈理須少主出遊閉城門召百僚集議廢之雖有此懷終不能決羣小亦稍憎孝嗣勸帝召百僚集議因誅之冬召孝嗣入華林省遣茹法珍賜藥孝嗣容色不異少能飲酒藥至斗餘方卒乃下詔曰周德方熙三監迷叛漢歷載昌宰臣構戾皆身膏斧鉞族同煙燼殷鑒上代垂戒後昆徐孝嗣憑藉世資早蒙殊遇階緣際會遂登台鉉匡翼之誠無聞諂黷之迹屢著沈文季門世此下缺

沈文季字伯達吳興武康人父慶之宋司空文季少以寬雅正直見知孝建二年起家主簿徵祕書郎以慶之勳重大明五年封文季爲山陽縣五等伯轉太子舍人新安王北中郎主簿西陽王撫軍功曹江夏王太尉東曹掾遷中書郎慶之爲景和所殺兵仗圍宅收捕諸子文季長兄文叔謂文季曰我能死爾能報遂自縊文季揮刀馳馬去收者不敢追遂得免明帝立起文季爲寧朔將軍遷太子右衛率建安王司徒司馬豁圻平爲宣威將軍廬江王太尉長史出爲寧朔將軍征北司馬廣陵太守轉黃門郎領長水校尉明帝宴會朝臣以南臺御史賀咸爲柱下史糾不醉者文季不肯飲酒被驅下殿晉平王休祐爲南徐州帝問褚淵須幹事人爲上佐淵舉文季轉寧朔將軍驃騎長史南東海太守休祐被殺雖用襲禮僚佐多不敢至文季獨往省墓展哀出爲臨海太守元徽初遷散騎常侍領後軍將軍轉祕書監出爲吳興太守文季飲酒至五斗妻王氏王錫女飲酒亦至三斗文季與對飲竟日而視事不廢昇明元年沈攸之反太祖加文季爲冠軍將軍督吳興錢塘軍事攸之先爲景和街使殺慶之至是文季收殺攸之弟新安太守登之誅其宗族加持節進號征虜將軍改封畧陽縣侯邑千戶明年遷丹陽尹將軍如故齊國初建爲侍中領祕書監建元元年轉太子右衛率侍中如故改封西豐縣侯食邑千二百戶文季風采稜岸善於進止司徒褚淵當世貴望頗以門戶裁之文季不爲之屈世祖在東宮於玄圃宴會朝臣文季數舉酒勸淵淵甚不平啓世祖曰沈文季謂淵經爲其郡數加淵酒文季曰惟桑與梓必恭敬止豈如明府亡國失土不識枌榆遂言及虜動淵曰陳顯達沈文季當今將畧足委以邊事文季諱稱將門因是發怒啓世祖曰褚淵自謂是忠臣未知身死之日何面目見宋明帝世祖笑曰沈率醉也中丞劉休舉其事見原後豫章王北宅後堂集會文季與淵並善琵琶酒闌淵取樂器爲明君曲文季便下席大唱曰沈文季不能作伎兒豫章王嶷又解之曰此故當不損仲容之德淵顏色無異曲終而止文季尋除征虜將軍侍中如故還散騎常侍左衛將軍征虜如故世祖卽位轉太子詹事常侍如故永明元年出爲左將軍吳郡太守三年進號平東將軍四年遷會稽太守將軍如故是時連年檢籍百姓怨望富陽人唐寓之僑居桐廬父祖相傳圖墓爲業寓之自云其家墓有王氣山中得金印轉相誑惑三年冬寓之聚黨四百人於新城水斷商旅黨與分布近縣新城令陸赤奮桐廬令王天愍棄縣走寓之向富陽抄畧人民縣令何洵告魚浦子邏主從係公發魚浦村男丁防縣永興遣西陵戍主夏侯曇羨率將吏及戍左右埭界人起兵赴救寓之遂陷富陽會稽郡丞張思祖遣臺使孔矜王萬歲張繇等配以器仗將吏白丁防衞永興等十屬文季亦遣器仗將吏救援錢塘寓之至錢塘錢塘令劉彪戍主聶僧貴遣隊主張玗於小山拒之力不敵戰敗寓之進抑浦登岸焚郭邑彪棄縣走文季又發吳嘉興海鹽鹽官民丁救之賊分兵出諸縣鹽官令蕭元蔚諸暨令陵琚之並逃走餘杭令樂琰戰敗乃奔是春寓之於錢塘僭號置太子以新城戍爲天子宮縣廨爲太子宮弟紹之爲揚州刺史錢塘富人柯隆爲尚書僕射中書舍人領太官令獻鋌數千口爲寓之作仗加領尚方令分遣其黨高道度徐寇東陽東陽太守蕭崇之長山令劉國重拒戰見害崇之字茂敬太祖族弟至是臨難貞正果烈追贈冠軍將軍太守如故賊遂據郡又遣僞會稽太守孫泓取山陰時會稽太守王敬則朝正故寓之謂乘虛可襲泓至浦陽江郡丞張思祖遣浹口戍主湯休武拒戰大破之上在樂遊苑聞寓之賊謂豫章王嶷曰宋明初九州同反鼠輩但作看蕭公雷汝頭遣禁兵數千人馬數百匹東討賊衆烏合畏憚官軍至錢塘一戰便散禽斬寓之進兵平諸郡縣臺軍乘勝百姓頗被抄奪軍還上聞之收軍主前軍將軍陳天福棄市左軍將軍中宿縣子劉明徹免官削爵付東冶天福上寵將也既伏誅內外莫不震肅天福善馬矟至今諸將法之御史中丞徐孝嗣奏曰風聞山東羣盜剽掠列城雖匪日而殄要慗于王畧郡縣闕攻守之宜倉府多侵耗之弊舉善懲惡應有攸歸吳郡所領鹽官令蕭元蔚桐廬令王天愍新城令陸赤奮等縣爲首劫破掠並不經格戰委職散走元蔚天愍還臺赤奮不知所在又錢塘令劉彪富陽令何洵乃率領吏民相戰不敵未委歸臺餘建德壽昌在劫斷上流不知被劫掠不吳興所領餘杭縣被劫破令樂琰乃率吏民徑戰不敵委走出都會稽所領諸暨縣爲劫所破令陵琚之不經格戰委城奔走不知所在案元蔚等妄藉天私作司近服昧斯隱慝職啓虔劉會稽郡丞張思祖謬因承乏總任是尸涓誠劣効終焉無紀平東將軍吳郡太守文季征虜將軍吳興太守西昌侯鸞任屬關河威懷是寄輒下禁止彪琰洵思祖文季視事如故鸞等結贖論詔元蔚等免思祖鸞文季原文季固讓會稽之授轉都官尚書加散騎常侍出爲持節督郢州司州之義陽諸軍事左將軍郢州刺史還爲散騎常侍領軍將軍世祖謂文季曰南士無僕射多歷年所文季對曰南風不競非復一日文季雖不學發言必有辭采當世稱其應對尤善簺及彈棊簺用五子以疾遷金紫光祿大夫加親信二十人常侍如故轉侍中領太子詹事遷中護軍侍中如故以家爲府隆昌元年復爲領軍將軍侍中如故豫廢鬱林高宗欲以文季爲江州遣左右單景儁宣旨文季自陳讓稱年老不願外出因問右執法有人未景儁還具言之延興元年遷尚書右僕射明帝卽位加領太子詹事增邑五百戶尚書令王晏常戲文季爲吳興僕射文季答曰瑯邪執法似不出卿門尋加散騎常侍僕射如故建武二年虜寇壽春豫州刺史豐城公遙昌嬰城固守數遣輕兵相抄擊明帝以爲憂詔文季領兵鎮壽春文季入城止游兵一聽出洞開城門嚴加備守虜軍尋退百姓無所傷損增封爲千九百戶尋加護軍將軍僕射常侍如故王敬則反詔文季領兵屯湖頭備京路永元元年轉侍中左僕射將軍如故始安王遙光反其夜遣三百人於宅掩取文季欲以爲都督而文季已還臺明日與尚書令徐孝嗣守衞宮城戎服共坐南掖門上時東昏已行殺戮孝嗣深懷憂慮欲與文季論世事文季輒引以他辭終不得及事寧加鎮軍將軍置府侍中僕射如故文季見世方昏亂託以老疾不豫朝機兄子昭畧謂文季曰阿父年六十爲員外僕射欲求自免豈可得乎文季笑而不答同孝嗣被害其日先被召見文季知敗舉動如常登車顧曰此行恐往而不反也於華林省死時年五十八朝野寃之中興元年贈侍中司空諡忠憲兄子昭畧有剛氣昇明末爲相國西曹太祖賞之及卽位謂王儉曰南士中有沈昭畧何職處之儉曰臣已有擬奏轉前軍將軍上不欲違可其奏尋遷爲中書郎永明初歷太尉大司馬從事中郎驃騎司馬黃門郎南郡王文學華選以昭畧爲友尋兼左丞元年出爲臨海太守御史中丞累遷侍中冠軍將軍撫軍長史永元元年始安王遙光起兵東府執昭畧於城內昭畧潛自南出濟淮還臺至是與文季俱被召入華林省茹法珍等進藥酒昭畧怒罵徐孝嗣曰廢昏立明古今令典宰相無才致有今日以甌擲面破曰作破面鬼死時年四十餘弟昭光聞收至家人勸逃去昭光不忍捨母遂見獲殺之中興元年贈昭畧太常昭光廷尉

史臣曰爲邦之訓食惟民天足食足兵民信之矣屯田之畧實重戰守若夫克國耕殖用殄羌戎韓浩棗祗亦建華夏置典農之官興大佃之議金城布險峻壘綿邊飛芻輓粒事難支繼一夫不耕或鍾饑餒緣邊戍卒坐甲千羣故宜盡收地利因兵務食緩則躬耕急則從戰歲有餘糧則紅食可待前世達治言之已詳江左以來不暇遠策王旅外出未嘗宿飽四郊嬰守懼等松芻縣兵所救經歲引日淩風泝水轉漕艱長傾窖底之儲盡

會敖之粟流馬木牛尚深前弊田積之要唯在江淮郡國同與遠不周急故吳氏列戍南濱屯農水右魏世淮北大佃而石橫開漕皆輸車相資易以待敵孝嗣當蹙境之晨薦希行之計玉無外畧民困首領覩機而動斯議殆爲空陳惜矣

贊曰文忠作相器範先標有容有業可以立朝豐城歷仕音儀孔昭爲舟等溺在運同消

南齊書卷四十四考證

沈文季傳執昭畧於城內○臣承蕃按遙光以建武二年進號撫軍將軍昭畧是時爲撫軍長史不容有見執之事若被執則勢須防禁亦不能潛出還臺矣

南齊書卷四十五

梁　蕭　子　顯　撰

列傳第二十六

宗室

衡陽元王道度　始安貞王道生 遙光 遙欣 遙昌

安陸昭王緬

衡陽元王道度太祖長兄也與太祖俱受學雷次宗宣帝問二兒學業次宗答曰其兄外朗其弟內潤皆良璞也隨宣帝征伐仕至安定太守卒於宋世建元二年追加封謚無子太祖以第十一子鈞繼道度後鈞字宣禮永明四年爲江州刺史加散騎常侍母區貴人卒居喪盡禮六年遷爲征虜將軍八年遷驍騎將軍常侍如故仍轉左衞將軍鈞有好尚爲世祖所知兄弟中意遇次鄱陽王鏘十年轉中書令領石頭戍事遷散騎常侍祕書監領驍騎如故不拜隆昌元年改加侍中給扶海陵立轉撫軍將軍侍中如故尋遇害年二十二明帝卽位以永陽王子珉仍本國繼元王爲孫子珉字雲璵世祖第二十子也永明七年封義安王後改永陽永泰元年見害年十四復以武陵昭王曄第三子子坦奉元王後

始安貞王道生字孝伯太祖次兄也宋世爲奉朝請卒建元元年追封謚建武元年追尊爲景皇妃江氏爲后立寢廟於御道西陵曰修安生子鳳高宗安陸昭王緬鳳字景慈官至正員郎卒於宋世謚靖世子明帝建武元年贈侍中驃騎將軍開府儀同三司始安靖王改華林鳳莊門爲望賢門太極東堂書鳳鳥題爲神鳥而改鸞鳥爲神雀子遙光嗣

遙光字元暉生有躄疾太祖謂不堪奉拜祭祀欲封其弟世祖諫乃以遙光襲爵初爲員外郎轉給事郎太孫洗馬轉中書郎豫章內史不拜高宗輔政遙光好天文候道密懷規贊隆昌元年除驍騎將軍冠軍將軍南東海太守行南徐州事仍除南彭城太守將軍如故又除輔國將軍吳興太守高宗廢鬱林又除冠軍將軍南蠻校尉西平中郎長史南郡太守一歲之內頻五除並不拜是時高宗欲卽位誅賞諸事唯遙光共謀議建武元年以爲持節都督揚南徐二州諸軍事前將軍揚州刺史晉安王寶義爲南徐州遙光求解督見許二年進號撫軍將軍加散騎常侍給通幰車鼓吹遙光好吏事稱爲分明頗多慘害足疾不得同朝例常乘輿自望賢門入每與上久清閑言畢上索香火明日必有所誅殺上以親近單少憎忌高武子孫欲并誅之遙光計畫參議當以次施行永泰元年卽本位爲大將軍給油絡車帝不豫遙光數入侍疾帝漸甚河東王鉉等七王一夕見殺遙光意也帝崩遺詔加遙光侍中中書令給扶永元元年給班劒二十人卽本號開府儀同三司遙光既輔政見少主卽位潛與江祏兄弟謀自樹立弟遙欣在荊楚擁兵居上流密相影響遙光當據東府號令使遙欣便星速急下潛謀將發而遙欣病死江祏被誅東昏侯召遙光入殿告以祏罪遙光懼還省便陽狂號哭自此稱疾不復入臺先是遙光行還入城風飄儀繖出城外遙光弟遙昌先卒壽春豫州部曲皆歸遙光及遙欣喪還葬武進停東府前渚荊州衆力送者甚盛帝誅江祏後慮遙光不自安欲轉爲司徒還第召入喻旨遙光慮見殺八月十二日晡時收集二州部曲於東府門聚人衆街陌頗怪其異莫知指趣也遙光召親人丹陽丞劉渢及諸傖楚欲以討劉暄爲名夜遣數百人破東冶出四尚方取仗又召驍騎將軍垣歷生歷生隨信便至勸遙光令率城內兵夜攻臺輦荻燒城門公但乘轝隨後反掌可得遙光意疑不敢出天稍曉遙光戎服出聽事停轝處分上仗登城行賞賜歷生復勸出軍遙光不肯望臺內自有變至日中臺軍稍至尚書符遙光曰逆順之數皎然有徵干紀亂常刑茲罔赦蕭遙光宗室蚩庸才行鄙薄緹裙可望天路何階受遇自昔恩加猶子禮絕帝體寵越皇季旗章車服窮千乘之尊闉隍爽闓踰百雉之制及聖后在天親受顧託話言在耳德音猶存侮蔑天明罔畏不義無君之心履霜有日遂乃稱兵內犯竊發京畿自古巨釁莫斯爲甚今便分命六師弘宣九伐皇上當親御戎軒弘此廟畧信賞必罰有如大江於是戒嚴曲赦京邑領軍蕭坦之屯湘宮寺鎭軍司馬曹虎屯清溪大橋太子右衞率左興盛屯東府東籬門衆軍圍東城三面燒司徒府遙光遣垣歷生從西門出戰臺軍屢北殺軍主桑天愛初遙光起兵問諮議參軍蕭暢暢正色拒折不從十五日暢與撫軍長史沈昭畧潛自南出濟淮還臺人情大沮十六日垣歷生從南門出戰因棄矟降曹虎軍虎命斬之遙光大怒於牀上自竦踊使殺歷生兒其晚臺軍射火箭燒東北角樓至夜城潰遙光還小齋帳中著衣帢坐秉燭自照令人反拒齋閤皆重關左右並踰屋散出臺軍主劉國寶時當伯等先入遙光聞外兵至吹滅火扶匐下牀軍人排閤入於暗中牽出斬首時年三十二遙光未敗一夕城內皆夢羣蛇緣城四出各各共說之咸以爲異臺軍入城焚燒屋宇且盡遙光府佐司馬端爲掌書記曹虎謂之曰君是賊非端曰僕荷始安厚恩今死甘心虎不殺執送還臺徐世摽殺之劉渢遁走還家園爲人所殺端河內人渢南陽人事繼母有孝行弟灕事渢亦謹詔欽葬遙光屍原其諸子追贈桑天愛輔國將軍梁州刺史以江陵公寶覽爲始安王奉靖王後永元二年爲持節督湘州輔國將軍湘州刺史

遙欣字重暉宣帝兄西平太守奉之無後以遙欣繼爲曾孫除祕書郎太子舍人巴陵王文學中書郎延興元年高宗樹置以遙欣爲持節督兗州緣淮軍事寧朔將軍兗州刺史仍爲督豫州之西陽司州之汝南二郡輔國將軍豫州刺史持節如故未之任建武元年進號西中郎將封聞喜縣公遷使持節都督荊雍益寧梁南北秦七州軍事右將軍荊州刺史改封曲江公高宗子弟弱小晉安王寶義有廢疾故以遙光爲揚州居中遙欣居陝西在外權勢并在其門遙欣好勇聚畜武士以爲形援四年進號平西將軍永泰元年以雍州虜寇詔遙欣本官領刺史寧蠻校尉移鎭襄陽虜退不行永元元年卒年三十一贈侍中司空謚康公葬用王禮

遙昌字季暉解褐祕書郎太孫舍人給事中祕書丞與元元年除黃門侍郎未拜仍爲持節督郢司二州軍事寧朔將軍郢州刺史建武元年進號冠軍將軍封豐城縣公千五百戶未之鎭徙督豫州郢州之西陽司州之汝南二郡軍事征虜將軍豫州刺史持節如故二年虜主元宏寇壽春遣使呼城內人遙昌遣參軍崔慶遠朱選之詣宏慶遠曰旌蓋飄颻遠涉淮泗風塵慘烈無乃上勞宏曰六龍騰躍倏忽千里經途未遠不足爲勞慶遠曰川境既殊遠勞軒駕屈完有言不虞君之涉吾地也何故宏曰故當有故卿欲使我含瑕依違爲欲指斥其事慶遠曰君包荒之德本施北政未承來議無所含瑕宏曰朕本欲有言會卿來問齊主廢立有其例不慶遠曰廢昏立明古今同揆中興克昌豈唯一代主上與先武帝非唯昆季有同魚水武皇臨崩託以後事嗣孫荒迷廢爲鬱林功臣固請爰立明聖上逼太后之嚴令下迫羣臣之稽顙俯從億兆踐登皇極未審聖旨獨何疑怪宏曰聞卿此言殊解我心但哲婦傾城何足可用果如所言武帝子弟今皆何在慶遠曰七王同惡皆伏管蔡之誅其餘列蕃二十餘國內升清階外典方牧哲婦之戒古人所惑然十亂盈朝實唯文母宏曰如我所聞靡有子遺卿言美而乖實未之全信宏又曰雲羅所掩六合宜一故往年與齊武有書言今日之事書似未達齊主命也南使反情有愴然朕亦保兵此段猶是本意不必專爲問罪若如卿言便可釋然慶遠曰見可而進知難而退聖人奇兵今旨欲憲章聖人不失舊好豈不善哉宏曰卿爲欲朕和親爲欲不和慶遠曰和親則二國交歡蒼生再賴不和則二國交怨蒼生塗炭和與不和裁由聖衷宏曰朕來爲復遊行盟境北去洛都率爾便至亦不攻城亦不伐塢卿勿以爲慮宏設酒及羊炙雜果又謂慶遠曰聽卿主克黜凶嗣不違忠孝何以不立近親如周公輔成王而苟欲自取慶遠荅曰成王有亞聖之賢故周公得輔而相之今近蕃雖無悖德未有成王之賢霍光亦捨漢蕃親而遠立宣帝宏曰若爾霍光嚮自立爲君當復得爲忠臣不慶遠曰此非其類乃可言宜帝立與不立義當云何皇上豈得與霍光爲匹若爾何以不言武王伐紂何意不立微子而輔之苟貪天下宏大笑明日引軍向城東遣道登道人進城內施衆僧絹五百匹慶遠選之各袴褶絡帶遙昌永泰元年卒上愛遙昌兄弟如子甚痛惜之賻車騎將軍儀同三司帝以問徐孝嗣孝嗣曰豐城本貧尚輕賻以班台如爲小過帝曰卿乃欲存萬代准則此我孤兒子不得

與計諡憲公

安陸昭王緬字景業善容止初爲祕書郎宋邵陵王文學中書郎建元元年封安陸侯邑千戸轉太子中庶子遷侍中世祖卽位遷五兵尚書領前軍將軍仍出爲輔國將軍吳郡太守少時大著風績竟陵王子良與緬書曰竊承下風數十年來未有此政世祖嘉其能轉持節都督郢州司州之義陽軍事冠軍將軍郢州刺史永明五年還爲侍中領驍騎將軍仍遷中領軍明年轉散騎常侍太子詹事出爲會稽太守常侍如故遷使持節都督雍梁南北秦四州荊州之竟陵司州之隨郡軍事左將軍寧蠻校尉雍州刺史緬留心辭訟親自隱卹㓞抄度口皆赦遣許以自新再犯乃加誅爲百姓所畏愛九年卒詔賻錢十萬布二百匹喪還百姓緣沔水悲泣設祭於峴山爲立祠贈侍中衞將軍持節都督刺史如故給鼓吹一部諡昭侯年三十七高宗少相友愛時爲僕射領衞尉表求解衞尉私第展哀詔不許每臨緬靈輒慟哭不成聲建武元年贈侍中司徒安陸王邑二千戸子寶晊嗣爲持節督湘州軍事輔國將軍湘州刺史弟寶覽爲江陵公寶宏汝南公邑各千五百戸二年寶晊進號冠軍將軍三年寶宏改封宵城永元元年以安陸郡邊虜寶晊改封湘東王進號征虜將軍二年爲左衞將軍高宗兄弟一門皆尚吏事寶晊粗好文章義師下寶晊在城內東昏廢寶晊望物情歸已坐待法駕旣而城內送首詣梁王宣德太后臨朝以寶晊爲太常寶晊不自安謀反兄弟皆伏誅

史臣曰太祖膺期御世二昆夙殞慶命傍流追序蕃胙安陸王緬以宗子戚屬弱年進仕典郡臨州去有餘迹遺愛在民蓋因情而可感學以從政夫豈必然

贊曰太祖二昆追樹雙蕃元託繼肩貞與子孫竝用威福自取亡存安陸稱美事表西䰟

南齊書卷四十五考證

宗室遙昌傳興元元年○諸本同臣承蓄按齊世無興元年號海陵王立改隆昌元年爲延興元年冬十月以新除黃門郎爲郢州刺史興元當卽延興之訛

南齊書卷四十六

梁　蕭　子　顯　撰

列傳第二十七

王秀之　王　慈　蔡　約　陸慧曉　顧憲之

蕭惠基

王秀之字伯奮琅邪臨沂人也祖裕宋左光祿大夫儀同三司父瓚之金紫光祿大夫秀之幼時裕愛其風采起家著作佐郎太子舍人父卒爲菴舍於墓下持喪服闋復職吏部尚書褚淵見秀之正潔欲與結婚秀之不肯以此頻轉爲兩府外兵參軍遷太子洗馬司徒左西屬桂陽王司空從事中郎秀之知休範將反辭疾不就出爲晉平太守至郡期年謂人曰此郡豐壤祿俸常充吾山資已足豈可久留以妨賢路上表請代時人謂王晉平恐富求歸還爲安成王驃騎諮議轉中郎又爲太祖驃騎諮議昇明二年轉左軍長史尋陽太守隨府轉鎭西長史南郡太守府主豫章王嶷旣封王秀之遷爲司馬河東太守辭郡不受加寧朔將軍改除黃門郎未拜仍遷豫章王驃騎長史於荊州立學以秀之領儒林祭酒遷寧朔將軍南郡王司馬復爲黃門郎領羽林監遷長沙王中軍長史世祖卽位爲太子中庶子吏部郎出爲義興太守遷侍中祭酒轉都官尚書初秀之祖裕性貞正徐羨之傳亮當朝裕不與來往及致仕隱吳興與子瓚之書曰吾欲使汝處不競之地瓚之歷官至五兵尚書未嘗詣一朝貴江湛謂何偃曰王瓚之今便是朝隱及柳元景顏師伯令僕貴要瓚之竟不候之至秀之爲尚書又不與令王儉款接三世不事權貴時人稱之轉侍中領射聲校尉出爲輔國將軍隨王鎭西長史南郡內史州西曹荀平遺秀之交知書秀之拒不答平乃遺書曰僕聞居謙之位旣刋于易傲不可長禮明其文是以信陵致夷門之義燕丹收荊卿之節皆以禮而然矣丈夫處世豈可寂寞恩榮空爲後代一丘土足下業潤重光聲居朝右不修高世之績將何隔於愚夫僕耿介當年不通羣品饑寒白首望物嗟來成人之美春秋所善薦我寸長開君尺短故推風期德規於相益實非碌碌有求於平原者也僕與足下同爲四海國士夫盛衰迭代理之恒數名位參差運之通塞豈品德權行爲之者哉第五之號旣無易於驃騎西曹之名復何推於長史足下見答書題久之以君若此非典何宜施之於國士如其循禮禮無不答謹以相還亦何犯於鱗哉君子處人以德不以位相如不見屈於澠池毛遂安受辱於郢門造敵臨事僕必先於二子未知足下之貴足下之威孰若秦楚兩王僕以德爲寶足下以位爲寶各寶其寶於此敬宜常聞古人交絕不泄惡言僕謂之鄙無以相貽故薦貧者之贈平潁川人豫章王嶷爲荊州時平獻書令減損奢麗豫章王優教酬答尚書令王儉當事平又與儉書曰足下建高世之名而不顯高世之迹將何以書於齊史哉至是南郡綱紀啓隨王子隆請罪平平上書自申秀之詩徵侍中領游擊將軍未拜仍爲輔國將軍吳興太守秀之常云位至司徒左長史可以止足矣吳興郡隱業所在心願爲之到郡修治舊山移置輜重隆昌元年卒官年五十三諡曰簡子秀之宗人僧祐太尉從祖兄也父遠光祿勳宋世爲之語曰王遠如屏風屈曲從俗能蔽風露而僧祐負氣不羣儉常候之辭不相見世祖數閱武僧祐獻講武賦儉借觀僧祐不與竟陵王子良聞僧祐善彈琴於座取琴進之不肯從命永明末爲太子中舍人在直屬疾代人未至僧祐委出爲有司所奏贖論官至黃門郎時衛軍掾孔逭亦抗直著三吳決錄不傳

王慈字伯寶琅邪臨沂人司空僧虔子也年八歲外祖宋太宰江夏王義恭迎之內齋施寶物恣聽所取慈取素琴石研義恭善之少與從弟儉共書學除祕書郎太子舍人安成王撫軍主簿轉記室遷祕書丞司徒左西屬右長史試守新安太守黃門郎太子中庶子領射聲校尉安成王冠軍豫章王司空長史司徒左長史兼侍中出爲輔國將軍豫章內史父憂去官起爲建武將軍吳郡太守遷寧朔將軍大司馬長史重除侍中領步兵校尉慈以朝堂諱榜非古舊制上表曰夫帝后之德綢繆天地君人之亮蟬聯日月至於名族不著昭自方策號諡聿宣載伊篇籍所以魏臣據中以建議晉主依經以下詔朝堂榜誌諱字懸露義非綿古事殷中世空失資敬之情徒乖嚴配之道若乃武功鼎臣贊庸元吏或以勳崇或由姓表故孔悝見銘謂標叔舅子孟應圖稱題霍氏況以處一之重列尊名以止仁無二之貴貧沖文而止敬昔東平卽世孝章巡宮而灑泣新野云終和熙見似而流涕感循舊類尙或深心矧觀徽跡能無惻隱今扃禁嶔邃動延車蓋若使鑾駕紆覽四時臨閱豈不重增聖慮用感宸衷愚謂空標簡第無益於匪躬直述朝堂寧虧於夕惕伏惟陛下保合萬國齊聖羣生當刪前基之弊軌啓皇齊之孝則詔付外詳議博士李撝議據周禮凡有新令必奮鐸以警衆乃退以憲之于王官注憲表懸之也太常丞王僩之議尊極之名宜率土同諱目可得覩口不可言口不可言則知之者絕知之者絕則犯觸必衆儀曹郎任昉議撝取證明之文僩之卽情惟允直班諱之典爰自漢世降及有晉歷代無爽今之諱榜兼明義訓邦之字國實爲前事之徵名諱之重情敬斯極故懸諸朝堂搢紳所聚將使起伏晨昏不違耳目禁避之道昭然易從此乃敬恭之深旨何情典之或廢尊稱霍氏理例乖方居下以名故以不名爲重在上必諱故以班諱爲尊因心則理無不安卽事則習行已久謂宜式遵無所創革慈議不行慈患腳世祖敕王晏曰慈在職未久旣有微疾不堪朝又不能騎馬聽乘車在仗後江左來少例也以疾從閑任轉冠軍將軍司徒左長史慈妻劉秉女子觀尙世祖長女吳縣公主修婦禮姑未嘗交答江夏王鋒爲南徐州妃慈女也以慈爲冠軍將軍東海太守加秩中二千石行徐州府事還爲冠軍將軍廬陵王中軍長史未拜永明九年卒年四十一謝超宗嘗謂慈曰卿書何當及虔公慈曰我之不得仰及猶雞之不及鳳也時人以爲名答追贈太常諡懿子

蔡約字景撝濟陽考城人也祖廓宋祠部尚書父興宗征西儀同約少尙宋孝武女安吉公主拜駙馬都尉祕書郎不拜順帝車騎驃騎行參軍通直郎不就遷太祖司空東閣祭酒太尉主簿齊臺建爲世子中舍人仍隨度東宮轉鄱陽王友竟陵王鎭北征北諮議領記室中書郎司徒右長史黃門郎領本州中正出爲新安太守復爲黃門郎領射聲校尉通直常侍領驍騎將軍太子中庶子領屯騎校尉永明八年八月合朔約脫武冠解劍於省眠至下鼓不起爲有司所奏贖論太孫立領校尉如故出爲宜都王冠軍長史淮南太守行府州事世祖謂約曰今用卿爲近蕃上佐想副我所期約曰南豫密邇京師不治自理臣亦何人爝火不息時諸王行事多相裁割約在任主佐之間穆如也遷司徒左長史高宗爲錄尙書輔政百僚屣履到席約躡屐不改帝謂江祏曰蔡氏是禮度之門故自可悅祏曰大將軍有揖客復見於今建武元年遷侍中明年遷西陽王撫軍長史加冠軍將軍徙廬陵王右軍長史將軍如故轉都官尙書遷邵陵王師加給事中江夏王車騎長史加征虜將軍竝不拜好飲酒夷淡不與世雜遷太子詹事永明二年卒年四十四贈太常

陸慧曉字叔明吳郡吳人也祖萬載侍中父子眞元嘉

中爲海陵太守時中書舍人秋當親幸家在海陵假還葬父子負不與相聞當請發民治橋又以妨農不許彭城王義康聞而賞焉自臨海太守長疾歸爲中散大夫卒慧曉清介正立不雜交游會稽內史同郡張暢見慧曉童幼便嘉異之張緒稱之曰江東裴樂也初應州郡辟舉秀才衞尉史歷諸府行參軍以母老還家侍養十餘年不仕太祖輔政除爲尙書殿中郞隣族來相賀慧曉舉酒曰陸慧曉年踰三十婦父領選始作尙書郞卿輩乃復以爲慶邪太祖表禁奢侈慧曉撰答詔草爲太祖所賞引爲太傅東閤祭酒建元初仍遷太子洗馬武陵王曄守會稽上爲精選僚吏以慧曉爲征虜功曹與府參軍沛國劉璡同從述職行至吳璡謂人曰吾聞張融與陸慧曉並宅其間有水此水必有異味遂往酌而飲之廬江何點薦慧曉於豫章王嶷補司空掾加以恩禮轉長沙王鎭軍諮議參軍安陸侯緬爲吳郡復禮異慧曉慧曉求補緬府諮議參軍遷始興王前將軍安西諮議領冠軍錄事參軍轉司徒從事中郞遷右長史時陳郡謝朏爲左長史府公竟陵王子良謂王融曰我府二上佐求之前世誰可爲比融曰兩賢同時便是未有前例子良於西邸抄書令慧曉參知其事尋遷西陽王征虜巴陵王後軍臨汝公輔國三府長史行府州事復爲西陽王左軍長史領會稽郡丞行郡事隆昌元年徙爲晉熙王冠軍長史江夏內史行郢州事慧曉歷輔五政治身清肅僚佐以下造詣趣起送之或謂慧曉曰長史貴重不宜妄自謙屈答曰我性惡人無禮不容不以禮處人未嘗卿士大夫或問其故慧曉曰貴人不可卿而賤者可卿人生何容立輕重於懷抱終身常呼人位建武初除西中郞長史行事內史如故俄徵黃門郞未拜遷吏部郞尙書令王晏選門生補內外要局慧曉爲用數人而止晏恨之送女妓一人欲與申好慧曉不納吏曹都令史歷政以來諮執選事慧曉任己獨行未嘗與語帝遣左右單景儁以事誚問慧曉謂景儁曰六十之年不復能諮都令史爲吏部郞也上若謂身不堪便當拂衣而退帝甚憚之後欲用爲侍中以形短小乃止出爲輔國將軍晉安王鎭北司馬征北長史東海太守行府州事入爲五兵尙書行揚州事崔慧景事平領右軍將軍出監南徐州少時仍遷持節督南兖兖徐青冀五州軍事輔國將軍南兖州刺史至鎭俄爾以疾歸卒年六十二贈太常

同郡顧憲之字士思宋鎭南將軍凱之孫也性尤淸直永明六年爲隨王東中郞長史行會稽郡事時西陵戍主杜元懿啓吳興無秋會稽豐登商旅往來倍多常歲西陵牛埭稅官格日三千五百元懿如即所見日可一倍盈縮相兼略計年長百萬浦陽南北津及柳浦四埭乞爲官領攝一年格外長四百許萬西陵戍前檢稅無妨戍事餘三埭自舉腹心世祖敕示會稽郡此詎是事宜可訪察即啓憲之議曰尋始立牛埭之意非苟逼僦以納稅也當以風濤迅險人力不捷屢致膠溺濟急利物耳既公私是樂所以輸直無怨京師航渡即其例也而後之監領者不達其本各務己功互生理外或禁遏別道或空稅江行或撲船倍價或力周而猶責凡如此類不經埭煩牛者上詳被報格外十條並蒙停寢從來諠訴始得暫弭案吳興頻歲失稔今茲尤饉去之從豐良由饑棘或徵貨貿粒還拯親累或提攜老弱陳力餬口埭司責稅依格弗降舊格新減尙未議登格外加倍將以何術皇慈恤隱振廩蠲調而元懿幸災榷利重增困瘼人而不仁古今共疾且比見加格置市者前後相屬非惟新加無贏並皆舊格猶闕愚恐元懿今啓亦當不殊若事不副言懼貽譴詰便百方侵苦爲公貿怨元懿稟性苛刻已彰往効任以物土譬以狼將羊其所欲舉腹心亦當虎而冠耳書云與其有聚斂之臣寧有盜臣此言盜公爲損蓋微斂民所害乃大也今雍熙在運草木含澤其非事宜仰如聖旨然掌斯任者應簡廉平廉則不竊於公平則無害於民矣愚又以便宜者蓋謂便於公宜於民也竊見頃之言便宜者非能於民力之外用天分地也率皆即日不宜於民方來不便於公名與實反有乖政體凡如此等誠宜深察山陰一縣課戶二萬其民貲不滿三千者殆將居半刻又刻之猶且三分餘一凡有貲者多是士人復除其貧極者悉皆露戶役民三五屬官蓋惟分定百端輸調又則常然比衆局檢校首尾尋續橫相質累者亦復不少一人被攝十人相追一緒裁萌千蘖互起蠶事弛而農業廢賤取庸而貴舉責應公贍私日不暇給欲無爲非其可得乎死且不憚矧伊刑罰身且不愛何況妻子是以前檢未窮後巧復滋網辟徒峻猶不能悛竊尋民之多僞實由宋季軍旅繁興役賦殷重不堪勤劇倚巧祈優積習生常遂迷忘反四海之大黎庶之衆心用參差難卒澄一化宜以漸不可疾責誠存不擾藏疾納汙實增崇曠務詳寬簡則稍自歸淳又被符簡病前後年月久遠其事不存符旨旣嚴不敢闇信縣簡送郡郡簡呈使殊形詭狀千變萬源聞者忽不經懷見者實足傷駭兼親屬里伍流離道路時轉寒涸事方未已其士人婦女彌難厝衷不簡則疑其有巧欲簡復未知所安愚謂此條宜委縣簡保舉其綱領略其毛目乃囊漏不出貯中庶嬰疾沈痼者重荷生造之恩也又永興諸暨離唐寓之寇擾公私殘燼復特彌甚儻值水旱實不易念俗諺云會稽打鼓送卹吳興步擔令史會稽舊稱沃壤今猶若此吳興本是瘠土事在可知因循餘弊誠宜改張沿元懿今啓敢陳管見世祖並從之由是深以方直見委仍行南豫南兗二州事鑯典咨事未嘗與色動遵法制歷黃門郞吏部郞永元中爲豫章內史

蕭惠基南蘭陵蘭陵人也祖源之宋前將軍父思話征西將軍儀同三司惠基幼以外戚見江夏王義恭歎其詳審以女結婚解褐著作佐郞征北行參軍尙書水部左民郞出爲湘東內史除奉車都尉撫軍車騎主簿泰始初兄益州刺史惠開拒命明帝遣惠基奉使至蜀宣旨慰勞惠開降而益州土人反引氐賊圍州城惠基於外宣示朝廷威賞於是氐人邵虎郝天賜等斬賊帥馬興懷以降還爲太子中舍人惠基西使千餘部曲並欲論功惠基毀除勳簿競無所用或問其此意惠基曰我若論其此勞則驅馳無已豈吾素懷之本邪出爲武陵內史中書黃門郞惠基善隸書及奕棊太祖與之情好相得早相器遇桂陽之役惠基姊爲休範妃太祖謂之曰卿家桂陽遂復作賊太祖頓新亭壘以惠基爲軍副惠基弟惠朗親爲休範攻戰惠基在城內了不自疑出爲豫章太守還爲吏部郞遷長兼侍中袁粲劉秉起兵之夕太祖以秉是惠基妹夫時直在侍中省遣王敬則觀其指趣見惠基安靜不與秉相知由是益加恩信討沈攸之加惠基輔國將軍徙頓新亭事寧解軍號領長水校尉毋憂去官太祖即位爲征虜將軍衞尉惠基就職少時累表陳解見許服闋爲征虜將軍東陽太守加秩中二千石凡歷四郡無所蓄聚還爲都官尙書轉掌吏部永明三年以久疾徙爲侍中領驍騎將軍尙書令王儉朝宗貴望惠基同在禮閣非公事不私覿焉五年遷太常加給事中自宋大明以來聲伎所尙多鄭衞淫俗雅樂正聲鮮有好者惠基解音律尤好魏三祖曲及相和歌每奏輒賞悅不能已當時能棊人琅邪王抗第一品吳郡褚思莊會稽夏赤松並第二品赤松思速善於大行思莊思遲巧於鬭棊宋文帝世羊玄保爲會稽太守帝遣思莊入東與玄保戲因製局圖還於帝前覆之太祖使思莊與王抗交賭自食時至日暮一局始竟上倦遣還省至五更方決抗睡於局後思莊達曉不寐世或云思莊所以品第致高緣其用思深久人不能對也抗思莊並至給事中永明中敕抗品棊竟陵王子良使惠基掌其事初思話先於曲阿起宅有閑曠之致惠基常謂所親曰須婚嫁畢當歸老舊廬立身退素朝廷稱爲善士明年卒年五十九追贈金紫光祿大夫弟惠休永明四年爲廣州刺史罷任獻奉傾資上敕中書舍人茹法亮曰可問蕭惠休吾先使卿宣敕答其勿以私祿足充獻奉今段殊覺其下情厚於前後人問之故當不復私邪吾欲分受之也十一年自輔國將軍南海太守爲徐州刺史鬱林即位進號冠軍將軍建武二年虜圍鍾離惠休拒守虜遣使仲長文眞謂城中曰聖上方修文德何故完城拒命參軍羊倫答曰獫狁孔熾我是用急虜攻城惠休拒戰破之還侍中領步兵校尉封建安縣子五百戶永元元年徙吳興太守徵爲右僕射吳興郡項羽神舊酷烈世人云惠休事神謹故得美遷二年卒贈金紫光祿大夫惠休弟惠朗善騎馬同桂陽賊叛太祖赦之復加序用永明九年爲西陽王征虜長史行南兗州事典籤何益孫贓罪百萬棄市惠朗坐免官

史臣曰長揖上宰廷折公卿古稱遺直希之未過若夫根孤地危峻情不屈則其道雖行其身永廢故多借路求容遜辭自貶高流世業不待旁通直轡揚鑣莫能天閼王秀之世守家風不降節於權輔美矣哉

贊曰秀處邪朝清心直已伯寶世族榮家爲美約守先業觀進知止慧曉貞亮斯焉君子惠基惠和時之選士

南齊書卷四十六考證

王秀之傳太尉從祖兄也○臣承蒼按太尉下當有儉字僧祐弘之孫儉曇首之孫故曰從祖兄

南齊書卷四十七

梁　蕭　子　顯　撰

列傳第二十八

王　融　謝　朓

王融字元長琅邪臨沂人也祖僧達中書令曾高並台輔僧達答宋孝武云亡父亡祖司徒司空父道琰廬陵內史母臨川太守謝惠宣女惇敏婦人也教融書學融少而神明警惠博涉有文才舉秀才晉安王南中郞板行參軍坐公事免竟陵王司徒板法曹行參軍遷太子舍人融以父官不通弱年便欲紹興家業啓世祖求自

試曰臣聞春庚秋蟀集候相悲露木風榮臨年共悅夫唯動植且或有心況在生靈而能無感臣自奉望宮闕沐浴恩私拔迹庸虛參名盛列纓劒紫複趨步丹墀歲時歸來誇榮邑里然無勲而官昔賢曾議不任而祿有譏必議臣所用慷慨憤懣不遑自晏誠以深恩鮮報聖主難逢蒲柳先秋光陰不待貪及明時展悉愚効以酬陛下不世之仁若微誠獲信短才見序文武吏法唯所施用夫君道含弘臣術無隱翁歸乃居中自見克國曰莫若老臣竊景前修敢蹈輕節以冒不媒之鄙式罄奉公之誠抑又唐堯在上不參二八管夷吾恥之臣亦恥之願陛下哉覽遷祕書丞從叔儉初有儀同之授融贈詩及書儉甚奇憚之笑謂人曰穰侯印詎便可解尋遷丹陽丞中書郎虜使遣求書朝議欲不與融上疏曰臣側聞僉議疑給虜書如臣愚情切有未喻夫虜人面獸心狼猛蜂毒暴悖天經虧違地義逋竄燭幽去來𡼏朔綿周漢而不悛歷晉宋其踰梗豈有愛敬仁智恭讓廉脩慙犬馬之馴心同鷹虎之反目設槀秣有儲筋竿足用必以草竊關燧寇擾邊疆寧容款塞卑辭承衣請朔陛下務存遵養不時侮亡許其膜拜之誠納裘之貢況復願同文軌儻見款遣思奉聲教方致猜拒將使舊邑遺逸未知所寘衰胡餘噍或能自推一令蔓草難鉏涓流泛酌豈直疥癬輕痾容爲心腹重患抑孫武之言也困則數罰窘則多賞先暴而後畏其衆者虜之謂乎前中原士庶雖淪懾殊俗至於婚葬之晨猶巾𧚥爲禮而禁令苛刻動加誅轘於時獯粥初遷犬羊尚結卽心徒怨困懼成逃自其將卒奔離資峙銷闕北畏勍蠕西逼南胡民背如崩勢絕防斷於是曲從物情僞竊章服歷年將絕隱蔽無聞旣南向而泣者日夜以覬北顧而辭者江淮相屬凶謀歲窘淺慮無方於是稽顙郊門問禮求樂若來之以文德賜之以副書漢家軌儀重臨畿輔司隸傳節復入關河無待八百之師不期十萬之衆固其提漿佇俟揮戈願倒三秦大同六漢一統又虜前後奉使不專漢人必介以匈奴備諸覘獲且設官分職彌見其情抑退舊苗扶任種戚師保則后族馮晉國總錄則邽姓直勒渴侯台鼎則丘頹苟仁端執政則目凌鉗耳至於東都羽儀西京簪帶崔孝伯程虞虯久在著作李元和郭季祐上于中書李思沖飾虜清官游明根泛居顯職今經典遠被詩史北流馮李之徒必欲遵尚直勒等類居致乖阻何則匈奴以氊騎爲帷牀馳射爲糇糧冠方帽則犯沙陵雪服左袵則風驤鳥逝若衣以朱裳戴之玄冕節其揖讓教以翔趨必同艱桎梏等懼冰淵婆娑躃躠困而不能前已及夫春草水生阻散馬之適秋風木落絕驅禽之歡息沸脣於桑墟別醍乳於冀俗聽韶雅如聾瞶臨方丈若爰居馮李之徒固得志矣虜之凶族其如病何於是風土之思深愎戾之情動拂衣者連裾抽鋒者比鏃部落爭於下酋渠危於上我一舉而兼吞卞莊之勢必也且棘實薦虞晉疆彌盛大鍾出智宿氏以亡帝畧遠孚無思不服鑾光幸岱匪暮斯朝臣請收籍依瀍茲書復掌猶取之內府藏之外籝於理有愜卽事何損若狂言足採請決敕施行世祖答曰吾意不異卿今所啓比相見更委悉事竟不行永明末世祖欲北伐使毛惠秀畫漢武北伐圖使融掌其事融好功名因此上疏曰臣聞情慉自中事符則感象構於始機動斯彰莊敬之道可宗會揖讓其彌肅勇烈之士足貴應鞞鐸以增思肇植生民厥詳旣緬降及與運維道有徵莫不有所因循而升皇業者也若夫膏腴旣稱天乙知五方之富皮幣已列帝劉測四海之尊異封禪之文則升中之典攸闕與地之圖乃席卷之庸是立伏惟陛下窮神盡聖總極居中偶化兩儀均明二耀拯玄綱於頹絕反至道於澆淳可謂區寓儀形齊民先覺者也臣亦遭逢生此嘉運鑿飲耕食自幸唐年而識用昏霾經術疎淺將邁且軸豈蘇與薇皇鑒燭幽天高聽下賞片言之或善矜一物之失時澣拂塵蒙藻飾光價拔足草廬厠身朝序復得拜賀歲時瞻望日月於臣心願曾已畢矣但千祀一逢休明難再恩策鉛駑樂陳涓壒竊習戰陣攻守之術農桑牧藝之書申商韓墨之權伊周孔孟之道常願待詔朱闕俯對靑蒲請閑宴之私談當世之務位賤人微徒深傾款方今九服淸怡三靈和晏木有附枝輪無異轍東鞮獻舞南蠻傳歌羌僰踰山秦屠越海舌象敵委體之勲輸譯厭瞻巡之數固將開桂林於鳳山創金城於西守而蠢爾獯狄敢讐大邦假息關河竊命函谷淪故京之爽塏變舊邑而荒涼息反坫之儒衣久伊川之被髮北地殘氓東都遺老莫不茹泣吞悲傾耳戴目翹心仁政延首王風若試馳咫尺之書具甄戎旅之卒徇其墮城納其降虜可弗勞弦鏃無待干戈眞皇王之兵征而不戰者也臣乞以執殳先邁式道中原澄瀚渚之恆流掃狼山之積霧係單于之頸屈左賢之膝習呼韓之舊儀拜鑾輿之巡幸然後天移雲動勒封岱宗咸五登三追蹤七十百神肅警萬國具僚瑲弁星離玉帛雲聚集三燭於蘭席聆萬歲之禎聲豈不盛哉豈不韙哉昔桓公志在伐莒郭牙審其幽趣魏后心存去漢德祖究其深言臣愚昧忖誠不足以知微然伏揆聖心規模弘遠旣圖載其事必克就其功臣不勝歡喜圖成上置琅邪城射堂壁上遊幸輒觀視焉九年上幸芳林園禊宴朝臣使融爲曲水詩序文藻富麗當世稱之上以融才辯十一年使兼主客接虜使房景高宋弁弁見融年少問主客年幾融曰五十之年久踰其半因問在朝聞主客作曲水詩序景高又云在北聞主客此製勝於顏延年實願一見融乃示之後日宋弁於瑤池堂謂融曰昔觀相如封禪以知漢武之德今覽王生詩序用見齊王之盛融曰皇家盛明豈直比蹤漢武更慙鄙製無以遠匹相如上以虜獻馬不稱使融問曰秦西冀北實多駿驥而魏主所獻良馬乃駑駘之不若求名檢事殊爲未孚將旦旦信誓有時而爽駉駉之牧不能復嗣宋弁曰不容虛僞之名當是不習土地融曰周穆馬跡徧於天下若騏驥之性因地而遷則造父之策有時而躓弁曰王主客何爲勲勲於千里融曰卿國旣異其優劣聊復相訪若千里日至聖上當駕鼓車弁曰向意旣須必不能駕鼓車也融曰買死馬之骨亦郭隗之故弁不能答融自恃人地三十內望爲公輔直中書省夜歎曰鄧禹笑人行逢大桁開喧湫不得進又歎曰車前無八騶卒何得稱爲丈夫朝廷討雍州刺史王奐融復上疏曰臣每覽史傳見憂國忘家捐生報德者未曾不撫卷歎息以爲今古共情也然或以片言微感一飡小惠參國士之眄同布素之遊耳豈有如臣獨拔無聞之伍過超非分之位名器雙假榮祿兩升而宴安昃罷之晨優游旰食之日所以敢布丹愚仰聞宸聽今議者或以西夏爲念臣竊謂之不爾其故何哉陛下聖明羣臣悉力順以制逆上而御下指開賞黜之言微示生死之路方域之人皆相爲敵旣兵威遠臨人不自保雖窮鳥必啄固等命於梁鷄困獸斯驚終並懸於廚鹿凱師勞飲固不待晨臣之寸心獨有微願自揆犹爲食荒侮伊瀍天道禍淫危亡日至母后內難糧力外虛謠言物情屬當今會若藉巫漢之歸師騁士卒之餘憤取函谷如反掌陵關塞若摧枯但士非素蓄無以卽用不敎民戰是實棄之特希私集部曲豫加習校若蒙垂許乞隸監省拘食人身權備石頭防衛之數臣少重名節早習軍旅若試而無績伏受面欺之誅用且有功仰酬知人之哲會虜動竟陵王子良於東府募人板融寧朔將軍軍主融文辭辯捷尤善倉卒屬綴有所造作援筆可待子良特相友好情分殊常晚節大習騎馬才地旣華兼藉子良之勢傾意賓客勞問周款文武翕習輻湊之招集江西傖楚數百人並有幹用世祖疾篤暫絕子良在殿內太孫未入融戎服絳衫於中書省閤口斷東宮仗不得進欲立子良上旣蘇太孫入殿朝事委高宗融知子良不得立乃釋服還省歎曰公誤我鬱林深忿疾融卽位十餘日收下廷尉獄然後使中丞孔稚珪倚爲奏曰融姿性剛險立身浮競動迹驚羣抗言異類近塞外徵塵苦求將領遂招納不逞扇誘荒傖狡弄聲勢專行權利反覆脣齒之間傾動頰舌之內威福自已無所忌憚誹謗朝政歷毀王公謂已才流無所推下事曝遠近使融依源據答融辭曰囚實頑蔽觸行多愆但夙忝門素得奉敎君子爰自總髮迄將立年州閭鄉黨見許愚愼朝廷衣冠謂無豐咎遇蒙大行皇帝獎育之恩又荷文皇帝識擢之重司徒公賜預士林安陸王曲垂眄接旣身被國慈必欲以死自効前後陳伐虜之計亦仰簡先朝今段犬羊乍擾紀僧眞奉宣先敕賜語北邊動靜令四草撰符詔于時卽因啓聞希侍鑾輿及司徒宣敕招募同例非一實以戎事不小不敢承敎續蒙軍號賜使招集銜敕而行非敢虛扇且格取亡叛不限傖楚敍弄聲勢應有形迹專行權利又無贓賄反覆脣齒之間未審悉與誰言輕動頰舌之內不容都無主此但聖主膺敎實所沐浴自上甘露頌及銀甕啓三日詩序接虜使語辭竭思稱揚得非誹謗且王公百司唯賢是與高下之敬等秩有差不敢踰濫豈應訾毀四才分本劣謬被策用悚怍之情夙宵兢惕未嘗誇示里閭彰暴遐邇自循自省並愧流言良由緣淺寡虞致貽囂謗伏惟明皇臨宇普天蒙澤戊寅赦恩輕重必宥百日曠期始蒙旬日一介罪身獨嬰憲劾若事實有徵爰對有在九死之日無恨泉壤詔於獄賜死時年二十七臨死歎曰我若不爲百歲老母當吐一言融意欲指斥帝在東宮時過失也融被收朋友部曲參問北寺相繼於道融請救於子良子良憂懼不敢救融文集行於世

謝朓字玄暉陳郡陽夏人也祖述吳興太守父緯散騎侍郎朓少好學有美名文章清麗解褐豫章王太尉行參軍歷隨王東中郎府轉王儉衛軍東閤祭酒太子舍人隨王鎭西功曹轉文學子隆在荊州好辭賦數集僚友朓以文才尤被賞愛流連晤對不捨日夕長史王秀之以朓年少相動密以啓聞世祖敕曰侍讀虞雲自宜恆應侍接朓可還都朓道中爲詩寄西府曰常恐鷹隼

擊秋菊委嚴霜寄言罻羅者寥廓已高翔遷新安王中軍記室朓牋辭子隆曰朓聞潢汙之水思朝宗而每竭駑蹇之乘希沃若而中疲何則皁壤搖落對之惆悵岐路東西或以嗚悒況乃服義徒擁歸志莫從邈若墜雨飄似秋蔕朓實庸流行能無筭屬天地休明山川受納褒採一介搜揚小善捨耒場圃奉筆菟園東泛三江西浮七澤契闊戎旃從容讌語長裾日曳後乘載脂榮立府廷恩加顏色沐髮晞陽未測涯涘撫臆論報早誓肌骨不悟滄溟未運波臣自蕩渤澥方春旅翮先謝清切蕃房寂寥舊華輕舟反泝弔影獨留白雲在天龍門不見去德滋永思德滋深唯待青江可望候歸艎於春渚朱邸方開効蓬心於秋實如其簪屨或存衽席無改雖復身塡溝壑猶望妻子知歸攬涕告辭悲來橫集尋以本官兼尚書殿中郎隆昌初敕朓接北使朓自以口訥啓讓不當見許高宗輔政以朓爲驃騎諮議領記室掌霸府文筆又掌中書詔誥除祕書丞未拜仍轉中書郎出爲宣城太守以選復爲中書郎建武四年出爲晉安王鎮北諮議南東海太守行南徐州事啓王敬則反謀上甚嘉賞之遷尚書吏部郎朓上表三讓中書疑朓官未及讓以問祭酒沈約約曰宋元嘉中范曄讓吏部朱脩之讓黃門蔡興宗讓中書竝三表詔答具事宛然近世小官不讓遂成恒俗恐此有乖讓意王藍田劉安西竝貴重初不自讓今豈可慕此不讓邪孫興公孔顗竝讓記室今豈可三署皆讓邪謝吏部今授超階讓別有意豈關官之大小撝謙之美本出人情若大官必讓便與詣闕章表不異例既如此謂都自非疑朓又啓讓上優答不許朓善草隸長五言詩沈約常云二百年來無此詩也敬皇后遷祔山陵朓撰哀策文齊世莫有及者東昏失德江祏欲立江夏王寶玄末更回惑與弟祀密謂朓曰江夏年少輕脫不堪負荷神器不可復行廢立始安年長入纂不乖物望非以此要富貴政是求安國家耳遙光又遣親人劉渢密致意於朓欲以爲肺腑朓自以受恩高宗非渢所言不肯答少日遙光以朓兼知衛尉事朓懼見引卽以祏等謀告左興盛劉暄興盛不敢發言祏聞以告遙光遙光大怒乃稱敕召朓仍回車付廷尉與徐孝嗣祏暄等連名啓誅朓曰謝朓資性險薄大彰遠近王敬則往構凶逆微有誠効自爾昇擢超越倫伍而谿壑無厭著於觸事比遂扇動內外處處姦說妄貶乘輿竊論宮禁間謗親賢輕議朝宰醜言異計非可具聞無君之心既著共棄之誅宜及臣等參議宜下北里肅正刑書詔公等啓事如此朓資性輕險久彰物議直以彫蟲薄伎見齒衣冠昔在渚宮構扇蕃邸日夜從諛仰窺俯畫及還京師翻自宣露江漢無波以爲已功素論於茲而盡縉紳所以側目去夏之事頗有微誠賞擢曲加踰邁倫序感悅未聞陵競彌著遂復矯構風塵妄惑朱紫詆貶朝政疑間親賢巧言利口見醜前志涓流纖孽作戒遠圖宜有少正之刑以申去害之義便可收付廷尉肅明國典又使御史中丞范岫奏收朓下獄死時年三十六朓初告王敬則敬則女爲朓妻常懷刀欲報朓朓不敢相見及爲吏部郎沈昭畧謂朓曰卿人地之美無忝此職但恨今日刑於寡妻朓臨敗歎曰我不殺王公王公由我而死

史臣曰晉世遷宅江表人無北歸之計英霸作輔芟定中原彌見金德之不競也元嘉再畧河南師旅傾覆自此以來攻伐寢議雖有戰爭事存保境王融生遇永明軍國寧息以文敏才華不足進取經畧心旨殷懃表奏若使宮車未晏有事邊關融之報効或不易限夫經國體遠許久爲難而立功立事信居物右其賈誼終軍之流亞乎

贊曰元長穎脫拊翼將飛時來運往身沒志違高宗始業乃顧玄暉逢昏屬亂先蹈禍機

南齊書卷四十七考證

王融傳居中自見○汲古閣本見下注宋本作是

事符則咸○汲古閣本咸下注宋本作咸按咸字爲是宋本誤也

不容都無主此○主南監本作彼

謝朓傳沈昭畧謂朓曰卿人地之美無忝此職但恨今日刑于寡妻○南史作尚書郎范縝嘲朓之語

南齊書卷四十八

梁　蕭　子　顯　撰

列傳第二十九

袁　彖　孔稚珪　劉繪

袁彖字偉才陳郡陽夏人也祖洵吳郡太守父覬武陵太守彖少有風氣好屬文及玄言舉秀才歷諸王府參軍不就覬臨終與兄顗書曰史公才識可嘉足懋先基矣史公彖之小字也服未闋顗在雍州起事見誅宋明帝投顗屍江中不聽斂葬彖與舊奴一人微服潛行求屍四十餘日乃得密瘞石頭後崗身自負土懷其父集未嘗離身明帝崩後乃改葬顗從叔司徒粲外舅征西將軍蔡興宗竝器之除安成王征虜參軍主簿尚書殿中郎出爲廬陵內史豫州治中太祖太傅相國主簿祕書丞議駮國史檀超以天文志紀緯序位度五行志載當時祥沴二篇所記事用相懸日蝕爲災宜居五行超欲立處士傳彖曰夫事關業用方得列其名行今栖遁之士排斥皇王陵轢將相此偏介之行不可長風移俗故遷書未傳班史莫編一介之善無緣頓畧宜列其姓業附出他篇遷始興王友固辭太祖使吏部尚書何戢宣旨令就遷中書郎兼太子中庶子又以中書兼御史中丞轉黃門郎兼中丞如故坐彈謝超宗簡奏依違免官尋補安西諮議南平內史除黃門未拜仍轉長史南郡內史行荊州事還爲太子中庶子本州大中正出爲冠軍將軍監吳興郡事彖性剛嘗以微言忤世祖又與王晏不協世祖在便殿用金柄刀子治瓜晏在側曰外間有金刀之言恐不宜用此物世祖愕然窮問所以晏曰袁彖爲臣說之上銜怒良久彖到郡坐過用祿錢免官付東冶世祖遊孫陵望東冶曰中有一好貴囚數日專駕與朝臣幸冶履行庫藏因宴飲賜囚徒酒肉敕見彖與語明日釋之尋白衣行南徐州事司徒諮議衛軍長史遷侍中彖形體充腴有異於衆每從車駕射雉在郊野數人推扶乃能徒步幼而母卒養於伯母王氏事之如親閨門中甚有孝義隆昌元年卒年四十八謚靖子

孔稚珪字德璋會稽山陰人也祖道隆位侍中父靈產泰始中罷晉安太守有隱遁之懷於禹井山立館事道精篤吉日於靜屋四向朝拜涕泗滂沲東出過錢塘北郭輒於舟中遙拜杜子恭墓自此至都東向坐不敢背側元徽中爲中散太中大夫頗解星文好術數太祖輔政沈攸之起兵靈產密白太祖曰攸之兵衆雖彊以天時冥數而觀無能爲也太祖驗其言擢遷光祿大夫以簏盛靈產上靈臺令其占候餉靈產白羽扇素隱几曰君性好古故遺君古物稚珪少學涉有美譽太守王僧虔見而重之引爲主簿州舉秀才解褐宋安成王車騎法曹行參軍轉尚書殿中郎太祖爲驃騎以稚珪有文翰取爲記室參軍與江淹對掌辭筆遷正員郎中書郎尚書左丞父憂去官與兄仲智還居父山舍仲智妾李氏驕妬無禮稚珪白太守王敬則殺之服闋爲司徒從事中郎州治中別駕從事史本郡中正永明七年轉驍騎將軍復領左丞遷黃門郎左丞如故轉太子中庶子廷尉江左相承用晉世張杜律二十卷世祖留心法令數訊囚徒詔獄官詳正舊注先是七年尚書刪定郎王植撰定律章表奏之曰臣尋晉律文簡辭約旨通大綱事之所質取斷難釋張斐杜預同注一章而生殺永殊自晉泰始以來唯斟酌參用是則吏挾威福之勢民懷不對之怨所以溫舒獻辭於失政絳侯忼慨而興歎皇運革祚道冠前王陛下紹興光開帝業下車之痛每惻上仁滿堂之悲有矜聖思爰發德音刪正刑律敕臣集定張杜二注謹礪愚蒙盡思詳撰削其煩害錄其尤衷取張注七百三十一條杜注七百九十一條或二家兩釋於義乃備者又取一百七條其注相同者取一百三條集爲一書凡一千五百三十二條爲二十卷請付外詳校擿其違謬從之於是公卿八座參議考正舊注有輕重處竟陵王子良下意多使從輕其中朝議不能斷者制旨平決至九年稚珪上表曰臣聞匠萬物者以繩墨爲正馭大國者以法理爲本是以古之聖王臨朝思理遠防邪萌深杜姦漸莫不資法理以成化明刑賞以樹功者也伏惟陛下躡歷登皇乘圖踐帝天地更築日月再張五禮裂而復縫六樂穨而爰緝乃發德音下明詔降恤刑之文申慎罰之典敕臣與公卿八座共刪注律謹奉聖旨諮審司徒臣子良稟受成規創立條緒使兼監臣宋躬兼平臣王植等抄撰同異定其去取詳議八座裁正大司馬臣嶷其中洪疑大議衆論相背者聖照玄覽斷自天筆始就成立律文二十卷錄敘一卷凡二十一卷今以奏聞請付外施用宣下四海臣又聞老子仲尼曰古之聽獄者求所以生之今之聽獄者求所以殺之與其殺不辜寧失有罪是則斷獄之職自古所難矣今律文雖定必須用之用失其平不異無律律書精細文約例廣疑似相傾故誤相亂一乖其綱枉濫橫起法吏無解既多謬僻監司不習無以相斷則法書徒明於帙裏冤魂猶結於獄中今府州郡縣千有餘獄如令一獄歲枉一人則一年之中枉死千餘矣冤毒之死上干和氣聖明所急不可不防致此之由又非但律吏之咎列邑之宰亦亂其經或以軍勳餘力或以勞吏暮齒獷情濁氣忍并生靈昏心狠態吞剝氓物虐理殘其命曲文被其罪冤積之興復緣斯發獄吏雖良不能爲用使于公哭於邊城孝婦冤於遐外陛下雖欲宥之其已血濺九泉矣尋古之名流多有法學故釋之定國聲光漢臺元常文惠績映魏閣今之士子莫肯爲業縱有習者世議所輕良由空勳永歲不逢一朝之賞積學當

年終爲閩伍所蚩將恐此書永墜下走之手矣今若弘其爵賞開其勸慕課業宦流班習胄子披其精究使處內局簡其才良以居外仕方岳咸選其能邑長竝擢其術則皋繇之謀指掌可致杜鄭之業鬱焉何遠然後姦邪無所逃其刑惡吏不能藏其詐如身手之相驅若綖括之相接矣臣以疎短謬司大理陛下發自聖衷憂矜刑網御延奉訓遠照民瘼臣謹仰述天官伏奏雲陛所奏繆允者宜寫律上國學置律學助敎依五經例國子生有欲讀者策試上過高第卽便擢用使處法職以勸士流詔報從納事竟不施行轉御史中丞遷驍騎長史輔國將軍建武初遷冠軍將軍平西長史南郡太守稚珪以虜連歲南侵征役不息百姓死傷乃上表曰匈奴爲患自古而然雖三代智勇兩漢權奇筭畧之要二塗而已一則鐵馬風馳奮威沙漠二則輕車出使通驛虜庭摧而言之優劣可覩今之議者咸以丈夫之氣恥居物下況我天威寧可先屈吳楚勁猛帶甲百萬截彼鯨鯢何往不碎請和示弱非國計也臣以爲戎狄獸性本非人倫鴟鳴狼跽不足喜怒蜂目蠆尾何關美惡唯宜勝之以深權制之以遠筭弘之以大度處之以蝨賊豈足肆天下之忿捐蒼生之命發雷電之怒爭蟲鳥之氣百戰百勝不足稱雄橫屍千里無益上國而蟻聚蠶攢窮誅不盡馬足毛羣難與競逐漢高横威海表窘迫長圍孝文國富刑淸事屈陵辱宣帝撫納安靜朔馬不驚光武卑辭厚禮寒山無霜是兩京四主英濟中區輸寶貨以結和遣宗女以通好長轡遠馭子孫是賴豈不欲戰惜民命也唯漢武藉五世之資承六合之富驕心奢志大事匈奴遂連兵積歲轉戰千里長驅瀚海飲馬龍城雖斬獲名王屠走凶羯而漢之器甲十亡其九故衞霍出關千隊不反貳師入漢百旅頓降李廣敗於前鋒李陵沒於後陣其餘奔北不可勝數遂使國儲空懸戶口減半好戰之功其利安在戰不及和相去何若自西朝不綱東晉遷鼎羣胡沸亂羌狄交横荆棘攢於陵廟豺虎咆於宮闈山淵反覆黔首塗地逼迫崩騰開闢未有是時得失畧不稍陳近至元嘉多年無事末路不量復挑彊敵遂廼連城覆徙虜馬飲江靑徐之際草木爲人耳建元之初胡塵犯塞永明之始復結通和十餘年間邊候且息陛下張天造曆駕日登皇聲雷寓宙勢壓河岳而封豕殘魂未屠劒首長蛇餘喘偸窺外甸烽亭不靜五載於斯昔歲蟻壞瘻食樊漢今茲蟲毒浸淫未已興師十萬日費千金五歲之費寧可貲計陛下何惜匹馬之驛百金之賂數行之詔誘此凶頑使河塞息肩關境全命蓄甲養民以觀彼弊我策若行則爲不世之福若不從命不過如戰失一隊耳或云遣使不受則爲辱命夫以天下爲量者不計細恥以四海爲任者寧顧小節一城之沒尚不足惜一使不反曾何取懃且我以權取貴得我畧行何嫌其恥所謂尺蠖之屈以求伸也臣不言遣使必得和自有可和之理猶如欲戰不必勝而有可勝之機耳今宜早發大軍廣張兵勢徵犀甲於岷峨命樓船於浦海使自青徂豫候騎星羅泝江入漢雲陣萬里據險要以奪其䰟斷糧道以折其膽多設疑兵使精銷而計亂固列金湯使神茹而慮屈然後發衷詔馳輕驛辯辭重幣陳列吉凶北虜頑而愛奇貪而好貨畏我之威喜我之賂畏威喜賂願和必矣陛下用臣之啓行臣之計何憂玉門之下而無款塞之胡哉彼之言戰既慇懃臣之言和亦慊闊伏願察兩塗之利害檢二事之多少聖照玄省灼然可斷所表謬奏希下之朝省使同博議臣謬荷殊恩奉佐侯岳敢肆瞽直伏奏千里帝不納徵侍中不行留本任稚珪風韻淸疎好文詠飲酒七八斗與外兄張融情趣相得又與琅邪王思遠廬江何點點弟胤竝欵交不樂世務居宅盛營山水憑几獨酌傍無雜事門庭之內草萊不剪中有蛙鳴或問之曰欲爲陳蕃乎稚珪笑曰我以此當兩部鼓吹何必期效仲舉永元元年爲都官尚書遷太子詹事加散騎常侍三年稚珪疾東昏屛除以床轝走因此疾甚遂卒年五十五贈金紫光祿大夫

劉繪字士章彭城人太常悛弟也父勔宋末權貴門多人客使繪與之共語應接流暢勔喜曰汝後若束帶立朝可與賓客言矣解褐著作郞太祖太尉行參軍太祖見而歎曰劉公爲不亡也豫章王嶷爲江州以繪爲左軍主簿隨鎭江陵轉鎭西外兵曹參軍驃騎主簿繪聰警有文義善隸書數被賞召進對華敏僚吏之中見遇莫及琅邪王詡爲功曹以吏能自進嶷謂僚佐曰吾雖不能得應嗣陳蕃然閤下自有二驥也復爲司空記室錄事轉太子洗馬大司馬諮議領錄事時豫章王嶷與文惠太子以年秩不同物論謂宮府有疑繪苦求外出爲南康相郡事之暇專意講說上左右陳洪請假南還問繪在郡何似既而聞之曰南康是三州喉舌應須治幹豈可以年少講學處之邪徵還爲安陸王護軍司馬轉中書郞掌詔誥敕助國子祭酒何胤撰治禮儀永明末京邑人士盛爲文章談義皆湊竟陵王西邸繪爲後進領袖機悟多能時張融周顒竝有言工融音旨緩韻顒辭致綺捷繪之言吐又頓挫有風氣時人爲之語曰劉繪貼宅別開一門言在二家之中也魚復侯子響誅後豫章王嶷欲求葬之召繪言其事使爲表繪求紙筆須臾便成嶷惟足八字云提攜鞠養俯見成人乃歎曰禰衡何以過此後北虜使來繪以辭辯敕接虜使事畢當撰語辭繪謂人曰無論潤色未易但得我語亦難矣事兄悛恭謹與人語呼爲使君隆昌中悛坐罪將見誅繪伏闕請代兄死高宗輔政救解之引爲鎭軍長史轉黃門郞高宗爲驃騎以繪爲輔國將軍諮議領錄事典筆翰高宗卽位遷太子中庶子出爲寧朔將軍撫軍長史安陸王寶晊爲湘州以繪爲冠軍長史長沙內史行湘州事將軍如故寶晊妃悛女也寶晊愛其侍婢繪奪取具以啓聞寶晊以爲恨與繪不協遭母喪去官有至性持喪墓下三年食麤糲服闋爲寧朔將軍晉安王征北長史南東海太守行南徐州事繪雖豪俠常惡武事雅善博射未嘗跨馬兄悛之亡朝議贈平北將軍雍州刺史詔書已出繪請尚書令徐孝嗣改之及梁王義師起朝廷以繪爲持節督雍梁南北秦四州郢州之竟陵司州之隨郡諸軍事輔國將軍領寧蠻校尉雍州刺史固讓不就衆以朝廷昏亂爲之寒心繪終不受東昏改用張欣泰繪轉建安王車騎長史行府國事義師圍城南兗州刺史張稷總城內軍事與繪情欵異常將謀廢立閑語累夜東昏殞城內遣繪及國子博士范雲等送首詣梁王於石頭轉大司馬從事中郞中興二年卒年四十五繪撰能書人名自云善飛白言論之際頗好矜詡弟瑱字士溫好文章飲酒奢逸不恡財物榮陽毛惠遠善畫馬瑱善畫婦人世竝爲第一官至吏部郞先繪卒

史臣曰刑禮相望勸戒之道淺識言治莫辯後先故宰世之堤防御民之羈絆端簡爲政貴在畫一輕重屢易手足無從律令之本文約旨曠據典行罰各用情求舒慘之意既殊寬猛之利亦異辭有出沒義生增損舊尹之事政非一途後主所是卽爲成用張弛代積稍至遷訛故刑開二門法有兩路刀筆之態深舞弄之風起承喜怒之機隙挾千金之姦利剪韭復生寧失有罪抱木牢戶未必非冤下吏上司文簿從事辯聲察色莫用矜府申枉理讞急不在躬案法隨科幸無咎悔至於郡縣親民百務萌始以情矜過曾不待獄以律定罪無細非督蓋由網密憲煩文理相背夫懲恥難窮盜賊長有欲求猛勝事在或然掃墓高門爲利孰遠故永明定律多用優寬治物不患仁心見累於弘厚爲令貴在必行而惡其舛雜也

贊曰袁徇厥戚繪子爲情稚珪夷遠奏諫罷兵士章機悟立行砥名

南齊書卷四十八考證

袁彖傳懷其父集○父集南史作文集卽指其伯父顗之集也

南齊書卷四十九

梁　蕭　子　顯　撰

列傳第三十

王　奐從弟繢　張　冲

王奐字彥孫琅邪臨沂人也祖僧朗宋左光祿儀同父粹黃門郞奐出繼從祖中書令球故字彥孫解褐著作佐郞太子舍人安陸王冠軍主簿太子洗馬本州別駕中書郞桂陽王司空諮議黃門郞元徽元年爲晉熙王征虜長史江夏內史遷侍中領步兵校尉復出爲晉熙王鎭西長史加冠軍將軍江夏武昌太守徵祠部尚書轉掌吏部昇明初遷冠軍將軍丹陽尹初王晏父普曜爲沈攸之長史常慮攸之舉事不得還時奐爲吏部轉普曜爲內職晏深德之及晏仕世祖府奐從弟蘊反世祖謂晏曰王奐宋家外戚王蘊親同逆黨既其羣從豈能無異意我欲具以啓聞晏叩頭曰王奐脩謹保無異志晏父母在都請以爲質世祖乃止出爲吳興太守秩中二千石將軍如故尋進號征虜將軍建元元年進號左將軍明年遷太常領鄱陽王師仍轉侍中祕書監領驍騎將軍又遷征虜將軍臨川王鎭西長史領南蠻校尉南郡內史奐一歲三遷上表固讓南蠻曰今天地初闢萬物載新荆蠻來威巴濮不擾但使邊民樂業有司脩務本府舊州日就殷阜臣昔遊西土較見盈虛兼日者戎燼之後痍毁難復雖緝以善政未及來蘇今復割撤大府制置偏校崇望不足以助强語實安能以相彈且資力既分職司增廣衆勞務倍文案滋煩非獨臣見其難竊以爲國計非允見許於是罷南蠻校尉官進號前將軍世祖卽位徵右僕射仍轉使持節監湘州軍事前將軍湘州刺史永明二年徙爲散騎常侍江州刺史初省江州軍府四年遷右僕射本州中正奐無學術以事幹見處遷尚書僕射中正如故校籍郞王植屬吏

部郎孔琇之以校籍令史俞公喜求進署嬌稱奐意植坐免官六年遷散騎常侍領軍將軍奐欲請車駕幸府上晚信佛法御膳不宰牲使王晏謂奐曰吾前去年爲斷殺事不復幸詣大臣已判無容欻爾也王儉卒上用奐爲尚書令以問王晏晏位遇已重與奐不能相推荅上曰柳世隆有重望恐不宜在奐後乃轉爲左僕射加給事中出爲使持節散騎常侍都督雍梁南北秦四州郢州之竟陵司州之隨郡軍事鎮北將軍雍州刺史上謂王晏曰奐於釋氏實自專至其在鎮或以此妨務卿相見言次及之勿道吾意也上以行北諸戍士卒多繿縷送袴褶三千具令奐分賦之十一年奐輒殺寧蠻長史劉興祖上大怒使御史中丞孔稚珪奏其事曰雍州刺史王奐啓錄小府長史劉興祖虛稱興祖扇動山蠻規生逆謀誑言誹謗言辭不遜敕使送興祖下都奐慮所啓欺妄於獄打殺興祖詐啓稱自經死止今體傷楗蕃黷事暴聞聽攝興祖門生劉倪到臺辨問列興祖與奐共事不能相和自去年朱公恩領軍征蠻失利興祖啓聞以啓呈奐奐因此便相嫌恨若云興祖有罪便應事在民間民間恬然都無事迹至十年九月十八日奐使仗身三十人來稱敕錄興祖付獄安定郡蠻先在郡賧私興祖既知其取與即牒啓奐不問興祖後執錄奐仍令蠻領仗身於獄守視興祖未死之前於獄以物畫漆柈子中出密報家道無罪令啓乞出都一辨萬死無恨又云奐駐興祖嚴禁信使欲作方便殺以除口舌又云奐意乃可奐第三息彪隨奐在州凡事是非皆干豫扇構密除興祖又云興祖家餉糜中下藥食兩口便覺回乞獄子食者皆大利興祖大叫道糜中有藥近獄之家無人不聞又云奐治著興祖日急判無濟理十一月二十一日奐使獄吏來報興祖家道興祖於獄自經死屍出家人共洗浴之見興祖頸下有傷肩胛烏黳陰下破碎實非興祖自經死家人及門義共見非是一人重攝檢雍州都留田文喜列與倪符同狀興祖在獄嗛苦望下既蒙降旨欣願始遂豈容於此方復自經敕以十九日至興祖以二十一日死推理檢迹灼然矯假尋敕使送下奐輒拒詔所謗諸條悉出奐意毀故丞相若陳顯達誹訕朝事莫此之深彪私隨父之鎮敢辭王法罪並合窮戮上遣中書舍人呂文顯直閤將軍曹道剛領齋仗五百人收奐敕鎮西司馬曹虎從江陵步道會襄陽奐子彪素凶剽奐不能制女婿殷叡懼禍謂奐曰曹呂今來既不見眞敕恐爲姦變政宜錄取馳啓聞耳奐納之彪輒令率州內得千餘人開鎮庫取仗配衣甲出南堂陳兵閉門拒守奐門生鄭羽叩頭啓奐乞出城迎臺使奐曰我不作賊欲先遣啓自申政恐曹呂輩小人相陵藉故且閉門自守耳彪遂出與虎軍戰其黨范虎領二百人降臺軍彪敗走歸土人起義攻州西門彪登門拒戰却之奐司馬黃瑤起寧蠻長史裴叔業於城內起兵攻奐奐聞兵入還內禮佛未及起軍人遂斬之年五十九執彪及弟爽弼殷叡皆伏誅詔曰逆賊王奐險詖之性自少及長外飾廉勤內懷凶慝貽戾鄉伍敢棄衣冠拔其文筆之用擢以顯任出牧樊阿政刑弛亂第三息彪矯弄威權父子均勢故寧蠻長史劉興祖忠於奉國每事匡執奐忿其異己誣以訕謗肆怒囚錄然後奏聞朕察奐愚詐詔送興祖還都乃懼姦謀發露潛加殺害欺罔既彰中使辯覈遂授兵登陴逆捍王命天威電掃義夫咸奮曾未浹辰罪人斯獲方隅克殄漢南肅清自非犯官兼豫同逆謀爲一時所驅逼者悉無所問奐長子太子中庶子融融弟司徒從事中郎琛於都棄市餘孫皆原宥殷叡字文子陳郡人晉太常融七世孫也宋元嘉末祖元素坐染太初事誅叡遺腹亦當從戮外曾祖王僧朗啓孝武救之得免叡解文義有口才司徒褚淵甚重之謂之曰諸殷自荆州以來無出卿右者叡斂容荅曰殷族衰悴誠不如昔若此旨爲虛故不足降此旨實彌不可聞奐爲雍州啓叡爲府長史叡族父恒字昭度與叡同承融後宋司空景仁孫也恒及父道矜竝有古風以是見蚩於世其事非一恒宋泰始初爲度支尚書坐屬父疾及身疾多爲有司所奏明帝詔曰殷道矜有生便病比更無橫疾恒因愚習惰久妨清敘左遷散騎常侍領校尉恒歷官清顯至金紫光祿大夫建武中卒奐弟伷女爲長沙王晃妃世祖詔曰奐自陷逆節長沙王妃男女竝長且奐又出繼前代或當有准可特不離絕奐從弟繢

繢字叔素宋車騎將軍景文子也弱冠爲祕書郎太子舍人轉中書舍人景文以此授超階令繢經年乃受景文封江安侯繢襲其本爵爲始平縣五等男遷祕書丞司徒右長史元徽末除寧朔將軍建平王征北長史南東海太守黃門郎寧朔將軍東陽太守世祖爲撫軍吏部尚書張岱選繢爲長史呈選牒太祖笑謂岱曰此可謂素望遷散騎常侍驍騎將軍出補義興太守輒錄郡吏陳伯喜付陽羨獄欲殺之縣令孔逭不知何罪不受繢教爲有司所奏繢坐白衣領職遷太子中庶子領驍騎轉長史兼侍中世祖出射雉繢信佛法稱疾不從駕轉左民尚書以毋老乞解職改授寧朔將軍大司馬長史淮陵太守出爲宣城太守秩中二千石隆昌元年遷輔國將軍太傅長史不拜仍爲冠軍將軍豫章內史進號征虜又坐事免官除冠軍將軍司徒左長史散騎常侍隨王師除征虜將軍驃騎長史遷散騎常侍太常永元元年卒年五十三諡靖子繢女適安陸王子敬世祖寵子永明三年納妃修外舅姑之敬世祖遣文惠太子相隨往繢家置酒設樂公卿皆冠冕而至當世榮之

張沖字思約吳郡吳人父柬通直郎沖出繼從伯侍中景胤小名查父邵小名梨宋文帝戲景胤曰查何如梨景胤荅曰梨是百果之宗查何敢及沖亦少有至性辟州主簿隨從叔永爲將帥除綏遠將軍盱眙太守永征彭城遇寒雪軍人足脛凍斷者十七八沖足指皆墮除尚書駕部郎桂陽王征南中兵振威將軍歷驃騎太尉南中郎參軍不拜遷征西從事中郎通直郎武陵王北中郎直兵參軍長水校尉除寧朔將軍本官如故遷左軍將軍加寧朔將軍輔國將軍沖少從戎事朝廷以幹力相待故歷處軍校之官出爲馬頭太守徙盱眙太守輔國將軍如故永明六年遷西陽王冠軍司馬八年爲假節監青冀二州刺史事將軍如故沖父初卒遺命曰祭我必以鄉土所產無用牲物沖在鎮四時還吳園中取果菜流涕薦焉仍轉刺史鬱林即位進號冠軍將軍明帝即位以晉壽太守王洪軌代沖除黃門郎加征虜將軍建武二年虜寇淮泗假沖節都督青冀二州北討諸軍事本官如故虜幷兵攻司州詔出軍分其兵勢沖遣軍主桑係祖由渣口攻拔虜建陵驛馬厚丘三城多所殺獲又與洪軌遣軍主崔季延襲虜紀城據之沖又遣軍主杜僧護攻拔虜虎坑馮時即丘三城驅生口輜重還至溘溝虜救兵至緣道要擊僧護力戰大破之其年遷廬陵王北中郎司馬加冠軍將軍未拜豐城公遙昌爲豫州上慮寇未已徙沖爲征虜長史南梁郡太守永泰元年除江夏王前軍長史東昏即位出爲建安王征虜長史輔國將軍江夏內史行郢州府州事永元元年還持節督豫州軍事豫州刺史代裴叔業竟不行明年遷督南兗兗徐青冀五州輔國將軍南兗州刺史持節如故會司州刺史申希祖卒以沖爲督司州軍事冠軍將軍司州刺史裴叔業以壽春降虜又遷沖爲督南兗兗徐青冀五州南兗州刺史持節將軍如故竝未拜崔慧景事平徵建安王寶夤還都以沖爲督郢司二州郢州刺史持節將軍如故一歲之中頻授四州至此受任其冬進征虜將軍封定襄侯食邑千戶梁王義師起東昏遣驍騎將軍薛元嗣制局監暨榮伯領兵及糧運百四十餘船送沖使拒西師元嗣等懲劉山陽之敗疑沖不敢進停住夏口浦聞義師將至元嗣榮伯相率入郢城時竟陵太守房僧寄被代還至郢東昏敕僧寄留守魯山除驍騎將軍僧寄謂沖曰臣雖未荷朝廷深恩實蒙先帝厚澤蔭其樹者不折其枝實欲微立塵効沖深相許諾共結盟誓乃分部拒守遣軍主孫樂祖數千人助僧寄據魯山岸立城壘明年二月梁王出沔口圍魯山城遣軍主曹景宗等過江攻郢城未及盡濟沖遣中兵參軍陳光靜等開門出擊爲義師所破光靜戰死沖固守不出景宗於是據石橋浦連軍相續下至加湖東昏遣軍主巴西梓潼二郡太守吳子陽光子衿李文釗陳虎牙等十三軍援郢至加湖不得進乃築城舉烽城內亦舉火應之而內外各自保不能相救沖病死元嗣榮伯與沖子孜及長史江夏內史程茂固守東昏詔贈沖散騎常侍護軍將軍假元嗣子陽節江水暴長加湖城淹潰義師乘高艦攻之子陽等大敗散魯山城乏糧軍人於磯頭捕細魚供食密治輕船將奔夏口梁王命偏軍斷其取路防備越逸房僧寄病死孫樂祖窘以城降郢城被圍二百餘日士庶病死者七八百家魯山既敗程茂及元嗣等議降使孜爲書與梁王沖故吏青州治中房長瑜謂孜曰前使君忠貫昊天操逾松竹郎君但當端坐畫一以荷析薪若天運不與幅巾待命以下從使君今若隨諸人之計非唯郢州士女失高山之望亦恐彼所不取也魯山陷後二日元嗣等以郢城降東昏以程茂爲督郢司二州輔國將軍郢州刺史元嗣爲督雍梁南北秦四州郢州之竟陵司州之隨郡冠軍將軍雍州刺史竝持節時郢魯二城已降死者相積竟無叛散時以沖及房僧寄比臧洪之被圍也贈僧寄益州刺史時新蔡太守席謙永明中爲中書郎王融所薦父恭穆鎮西司馬爲魚復侯所害至是謙鎮盆城聞義師東下曰我家世忠貞殞死不二爲陳伯之所殺

史臣曰石碏棄子弘滅親之戒鮑永曉降知事新之節王奐誠在靡貳迹允嚴科張沖未達天心守迷義運致危之理異爲亡之事一也

贊曰王居北牧子未克家終成干紀覆此冑華張壘窮守死如亂麻爲悟既晚辯見方睽

南齊書卷四十九考證

王奐傳上遣中書舍人呂文顯直閤將軍曹道剛領齋仗五百人收奐○臣祖庚按通鑑注云齋仗齋庫精仗以給禁衞勇力之士

曹呂今來既不見奐勅恐爲奸變政宜錄取馳啓聞耳○臣承耆按南史載叡諫奐當白服接臺使又勸奐仰藥自全與此傳不同

奐長子太子中庶子融融弟司徒從事中郎琛於都棄市○臣祖庚按琛弟肅此不載以其入魏也又按南史奐弟份自拘請罪帝宥之肅屢引魏人至邊帝謂份曰比有北信不份曰肅近忘墳柏寧遠憶有臣此亦不載通鑑考異曰奐以三月死帝以七月殂是冬肅始見魏主於鄴南史誤也

張沖傳沖在鎭四時還吳園中○諸本同吳園中南史作吳圃

停住夏卩浦○夏卩南史作夏首

士庶病死者七八百家○臣祖庚按梁高祖紀及韋叡傳作死者什七八通鑑考異曰按死者不可以家數也

南齊書卷五十

梁　蕭　子　顯　撰

列傳第三十一

文二王　明七王

文惠太子四男安皇后生鬱林王昭業宮人許氏生海陵恭王昭文陳氏生巴陵王昭秀褚氏生桂陽王昭粲

巴陵王昭秀字懷尚太子第三子也永明中封曲江公千五百戶十年爲寧朔將軍濟陽太守鬱林即位封臨海郡王二千戶隆昌元年爲使持節都督荊雍益寧梁南北秦七州軍事西中郎將荊州刺史延興元年徵爲車騎將軍衞京師以永嘉王昭粲代之明帝建武二年通直常侍庾曇隆啓曰周定雒邑天子置畿內之民漢都咸陽三輔爲社稷之衞中晉南遷事移威弛近郡名邦多有國食宋武創業依擬古典神州部內不復別封而孝武末年分樹寵子苟申私愛有乖訓準隆昌之元特開母弟之貴竊謂非古聖明御寓禮舊爲先畿內限斷宜遵昔制賜茅授土一出外州詔付尚書詳議其冬改封昭秀爲巴陵王永泰元年見殺年十六

桂陽王昭粲太子第四子也鬱林立以皇弟封永嘉郡王南徐州刺史延興元年出爲使持節都督荊雍益寧梁南北秦七州軍事西中郎將荊州刺史明帝立欲以聞喜公遙欣爲荊州轉昭粲爲右將軍中書令建武二年改封桂陽王四年遷太常將軍如故永泰元年見殺年八歲

明帝十一男敬皇后生東昏侯寶卷江夏王寶玄鄱陽王寶夤和帝殷貴嬪生巴陵隱王寶義晉熙王寶嵩袁貴妃生廬陵王寶源管淑妃生邵陵王寶攸許淑媛生桂陽王寶貞餘皆早夭

巴陵隱王寶義字智勇明帝長子也本名明基建武元年爲持節都督揚南徐州軍事前將軍揚州刺史封晉安郡王三千戶寶義少有廢疾不堪出人間故止加除授仍以始安王遙光代之轉寶義爲右將軍領兵置佐鎭石頭二年出爲使持節都督南徐州軍事鎭北將軍南徐州刺史東昏即位進征北大將軍開府儀同三司給仗永元元年給班劒二十人始安王遙光誅爲都督揚南徐二州軍事驃騎大將軍揚州刺史持節如故東府被兵火屋宇燒殘帝方營宮殿不暇脩葺寶義鎭西州三年進位司徒和帝西臺建以爲侍中司空使持節都督刺史如故梁王定京邑宣德太后令以寶義爲太尉領司徒詔云不言之化形于自遠時人皆云此實錄也梁受禪封謝沐縣公尋封巴陵郡王奉齊後天監中薨

江夏王寶玄字智深明帝第三子也建武元年爲征虜將軍領石頭戍事封江夏郡王仍出爲持節都督郢司二州軍事西中郎將郢州刺史永泰元年還爲前將軍領石頭戍事未拜東昏即位進號鎭軍將軍永元元年又進車騎將軍代晉安王寶義爲使持節都督南徐兗二州軍事南徐兗二州刺史將軍如故寶玄娶尚書令徐孝嗣女爲妃孝嗣被誅離絕少帝送少姬二人與之寶玄恨望密有異計明年崔慧景舉兵還至廣陵遣使奉寶玄爲主寶玄斬其使因是發將吏防城帝遣馬軍主戚平外監黃林夫助鎭京口慧景將渡江寶玄密與相應殺司馬孔矜典籤呂承緒及平林夫開門納慧景使長史沈佚之諮議柳憕分部軍衆乘八掆輿手執絳麾幡隨慧景至京師任東城百姓多往投集慧景敗收得朝野投寶玄及慧景軍名帝令燒之曰江夏尚爾豈復可罪餘人寶玄逃奔數日乃出帝召入後堂以步鄣裹之令羣小數十人鳴鼓角馳繞其外遣人謂寶玄曰汝近圍我亦如此少日乃殺之

廬陵王寶源字智淵明帝第五子也建武元年爲北中郎將鎭琅邪城封廬陵郡王遷右將軍領石頭戍事仍出爲使持節都督南兗兗徐青冀五州軍事後將軍南兗州刺史王敬則伏誅徙寶源爲都督會稽東陽臨海永嘉新安五郡軍事會稽太守將軍如故永元元年進號安東將軍和帝即位以爲侍中車騎將軍開府儀同三司都督太守如故未拜中興二年薨

鄱陽王寶夤字智亮明帝第六子也建武初封建安郡王二年爲北中郎將鎭琅邪城明年出爲持節都督江州軍事南中郎將江州刺史東昏即位爲使持節都督郢司二州軍事征虜將軍郢州刺史尋進號前將軍永元二年徵爲撫軍領石頭戍事未拜三年爲車騎將軍開府儀同三司鎭石頭其秋雍州刺史張欣泰等謀起事於新亭殺臺內諸主帥事在欣泰傳難作之日前南譙太守王靈秀奔往石頭率城內將吏見力去車腳載寶夤向臺城百姓數千人皆空手隨後京邑騷亂寶夤至杜姥宅日已欲暗城門閉城上人射之衆棄寶夤逃走寶夤逃亡三日戎服詣草市尉尉馳以啓帝帝迎寶夤入宮問之寶夤涕泣稱爾日不知何人逼使上車仍將去制不自由帝笑乃復爵位和帝立西臺以寶夤爲使持節都督南徐兗二州軍事衞將軍南徐州刺史少帝以爲使持節都督荊益寧雍梁北南秦七州軍事荊州刺史將軍如故宣德太后臨朝梁王爲建安公改封寶夤爲鄱陽王中興二年謀反奔魏

邵陵王寶攸字智宣明帝第九子也建武元年封南平郡王二年改封三年爲北中郎將鎭琅邪城永元元年爲持節都督南北徐南兗青冀五州軍事南兗州刺史郎將如故未拜遷征虜將軍領石頭戍事丹陽尹戍事如故陳顯達事平出爲持節督江州軍事左將軍江州刺史以本號還京師授中將軍祕書監中興二年謀反宣德太后令賜死

晉熙王寶嵩字智靖明帝第十子也永元二年爲冠軍將軍丹陽尹仍遷持節都督南徐兗二州軍事南徐州刺史將軍如故中興元年和帝以爲中書令明年謀反伏誅

桂陽王寶貞明帝第十一子也永元二年爲中護軍北中郎將領石頭戍事中興二年謀反伏誅

史臣曰春秋書鄭伯克段于鄢兄弟之恩離君臣之義正夫逆順有勢況親兼一體道窮數盡或容觸啄而寶玄自尋干戈欣受家難曾不悟執柯所指蹦蕚相從以此而圖萬全未知其髣髴也

贊曰文惠二王于嗟夭殤明子七國終亦衰亡

南齊書卷五十一

梁　蕭　子　顯　撰

列傳第三十二

裴叔業　崔慧景　張欣泰

裴叔業河東聞喜人晉冀州刺史徽後也徽子游擊將軍黎遇中朝亂子孫沒涼州仕於張氏黎玄孫先福義熙末還南至滎陽太守叔業父祖暀渡少便弓馬有武幹宋元徽末累官爲羽林監太祖驃騎行參軍建元元年除屯騎校尉虜侵司豫二州以叔業爲軍主征討本官如故上初即位羣下各獻讜言二年叔業上疏曰成都沃壤四塞爲固古稱一人守隘萬夫趑趄雍齊亂於漢世譙李寇於晉代成敗之迹事載前史頃世以來綏馭乖術地惟形勢居之者異姓國實武用鎭之者無兵致寇掠克斥賦稅不斷宜遣帝子之尊臨撫巴蜀總益梁南秦爲三州刺史率文武萬人先啓岷漢分遣郡戍皆配精力搜盪山源糾虔姦蠹威令既行民夷必服除寧朔將軍軍主如故永明四年累至右軍將軍東中郎諮議參軍高宗爲豫州叔業爲右軍司馬加建威將軍軍主領陳留太守七年爲王敬則征西司馬將軍軍主如故隨府轉驃騎在壽春爲佐數年九年爲寧蠻長史廣平太守雍州刺史王奐事難叔業率部曲於城內起義上以其有幹用仍留爲晉安王征北諮議領中兵扶風太守遷晉熙王冠軍司馬延興元年加寧朔將軍司馬如故叔業早與高宗接事高宗輔政厚任叔業以爲心腹使領軍掩襲諸蕃鎭叔業盡心用命建武二年虜圍徐州叔業以軍主隸右衞將軍蕭坦之救援叔業攻虜淮柵外二城尅之賊衆赴水死甚衆除黃門侍郎上以叔業有勳誠封武昌縣伯五百戶仍爲持節督徐州軍事冠軍將軍徐州刺史四年虜主寇沔北上令叔業援雍州叔業啓北人不樂遠行唯樂侵伐虜界則雍司

之賊自然分張無勞動民向遠也上從之叔業率軍攻虹城獲男女四千餘人徙督豫州輔國將軍豫州刺史持節如故永泰元年叔業領東海太守孫令終新昌太守劉思効馬頭太守李僧護等五萬人圍渦陽虜南兗州所鎮去彭城百二十里僞兗州刺史孟表固守拒戰叔業攻圍之積所斬級高五丈以示城內又遣軍主蕭璝成寶眞分攻龍亢戍卽虜馬頭郡也虜閉城自守僞徐州刺史廣陵王率二萬人騎五千匹至龍亢璝等拒戰不敵叔業三萬餘人助之數道攻虜虜新至營未立於是大敗廣陵王與數十騎走官軍追獲其節虜又遣僞將劉藻高忽繼至叔業率軍迎擊破之再戰斬首萬級獲生口三千人器仗驢馬絹布千萬計虜主聞廣陵王敗遣僞都督王肅大將軍楊大眼步騎十餘萬救渦陽叔業見兵盛夜委軍遁走明日官軍奔潰虜追之傷殺不可勝數日暮乃止叔業還保渦口上遣使慰勞高宗崩叔業還鎮少主卽位誅大臣京師屢有變發叔業登壽春城北望肥水謂部下曰卿等欲富貴乎我言富貴亦可辦耳永元元年徙督南兗兗徐靑冀五州軍事南兗州刺史將軍持節如故叔業見時方亂不樂居近蕃朝廷疑其欲反叔業亦遣使參察京師消息於是異論轉盛叔業兄子植颺竝爲直閤殿內驅使慮禍至棄母奔壽陽說叔業以朝廷必見掩襲徐世檦等慮叔業外叛遣其宗人中書舍人裴長穆宣旨許停本任叔業猶不自安而植等說之不已叔業憂懼問計於梁王梁王令遣家還都自然無患叔業乃遣子芬之等還質京師明年進號冠軍將軍傳叔業反者不已芬之愈懼復奔壽春於是發詔討叔業遣護軍將軍崔慧景征虜將軍豫州刺史蕭懿督水陸衆軍西討頓軍小峴叔業病困植請救魏虜送芬之爲質叔業尋卒虜遣大將軍李醜楊大眼二千餘騎入壽春初虜主元宏建武二年至壽春其下勸攻城宏曰不須攻後當降也植等皆還洛陽

崔慧景字君山清河東武城人也祖構奉朝請父系之州別駕慧景初爲國子學生宋泰始中歷位員外郎稍遷長水校尉寧朔將軍太祖在淮陰慧景與宗人祖思同時自結太祖欲北渡廣陵使慧景具船於陶家後渚事雖不遂以此見親除前軍沈攸之事平仍出爲武陵王安西司馬河東太守使防扞陝西昇明三年豫章王爲荆州慧景留爲鎮西司馬兼諮議太守如故太祖受禪封樂安縣子三百戶豫章王遣慧景奉表稱慶還京師太祖召見加意勞接轉平西府司馬南郡內史仍遷爲南蠻長史加輔國將軍內史如故先是蠻府置佐資用甚輕至是始重其選建元元年虜動豫章王遣慧景三千人頓方城爲司州聲援虜退梁州賊李烏奴未平以慧景爲持節都督梁南北秦沙四州軍事西戎校尉梁南秦二州刺史將軍如故敕荆州資給發遣配以實甲千人步道從襄陽之鎮初烏奴屢爲官軍所破走氐中乘閒出擾動梁漢據關城遣使詣荆州請降豫章王不許遣中兵參軍王圖南率益州軍從劒閣掩討大摧破之烏奴還保武興慧景發漢中兵衆進頓白馬遣支軍與圖南腹背攻擊烏奴大敗遂奔於武興世祖卽位進號冠軍將軍在州蓄聚多獲珍貨永明三年以本號還遷黃門郎領羽林監明年遷隨王東中郎司馬加輔國將軍出爲持節督司州軍事冠軍將軍司州刺史母喪詔起復本任慧景每罷州輒傾資獻奉動數百萬世祖以此嘉之九年以本號徵還轉太子左率加通直常侍明年遷右衞將軍加給事中是時虜將南侵上出慧景爲持節督豫州郢州之西陽司州之汝南二郡諸軍事冠軍將軍豫州刺史鬱林卽位進號征虜將軍慧景以少主新立密與虜交通朝廷疑懼高宗輔政遣梁王至壽春安慰之慧景遣密啓送誠勸進徵還爲散騎常侍左衞將軍建武二年虜寇徐豫慧景以本官假節向鍾離受王玄邈節度尋加冠軍將軍四年遷度支尚書領太子左率冬虜主攻沔北五郡假慧景節率衆二萬騎千匹向襄陽雍州衆軍竝受節度永泰元年慧景至襄陽五郡已沒加慧景平北將軍置佐史分軍助戍樊城慧景頓渦口村與太子中庶子梁王及軍主前寧州刺史董仲民劉山陽裴颺傳法憲等五千餘人進行鄧城前參騎還稱虜軍且至須臾望數萬騎俱來慧景據南門梁王據北門令諸軍上城上時慧景等蓐食輕行皆有饑懼之色軍中北館客三人走投虜具告之虜僞都督中軍大將軍彭城王元勰分遣僞武衞將軍元蚪趨城東南斷慧景歸路僞司馬孟斌向城東僞右衞將軍播正屯城北交射城內梁王欲出戰慧景曰虜不夜圍人城待日暮自當去也旣而虜衆轉盛慧景於南門拔軍衆軍不相知隨後奔退虜軍從北門入劉山陽與部曲數百人斷後死戰虜遣鎧馬百餘匹突取山陽山陽使射手射之三人倒馬手殺十餘人不能禁且戰且退慧景南出過鬧溝軍人蹈藉橋皆斷壞虜軍夾路射之軍主傅法憲見殺赴溝死者相枕山陽取襖杖塡溝乘之得免虜主率大衆追之晡時虜主至沔北圍軍主劉山陽山陽據城苦戰至暮虜乃退衆軍恐懼其夕皆下船還襄陽東昏卽位改領右衞將軍平北假節如故未拜永元元年遷護軍將軍尋加侍中陳顯達反加慧景平南將軍都督衆軍事屯中堂時輔國將軍徐世檦專執號令慧景備員而已帝旣誅戮將相舊臣皆盡慧景自以年宿位重轉不自安明年裴叔業以壽春降虜改授慧景平西將軍假節侍中護軍如故率軍水路征壽陽軍頓白下將發帝長圍屛除出琅邪城送之帝戎服坐城樓上召慧景單騎進圍內無一人自隨者裁交數言拜辭而去慧景旣得出甚喜子覺爲直閤將軍慧景密與期四月慧景至廣陵覺便出奔慧景過廣陵數十里召會諸軍主曰吾荷三帝厚恩當顧託之重幼主昏狂朝廷壞亂危而不扶責在今日欲與諸君共建大功以安宗社何如衆皆響應於是回軍還廣陵司馬崔恭祖守廣陵城開門納之帝聞變以征虜將軍右衞將軍左興盛假節督京邑水陸衆軍慧景停二日便收衆濟江集京口江夏王寶玄又爲內應合二鎭兵力奉寶玄向京師臺遣驍騎將軍張佛護直閤將軍徐元稱屯騎校尉姚景珍西中郎參軍徐景智游盪軍主董伯珍騎官桓靈福等據竹里爲數城寶玄遣信謂佛護曰身自還朝君何意苦相斷遏佛護荅曰小人荷國重恩使於此創立小戍殿下還朝但自直過豈敢干斷遂射慧景軍因合戰慧景子覺及崔恭祖領前鋒皆傖楚善戰又輕行不齎食以數舫緣江載酒肉爲軍糧每見臺軍城中烟火起輒盡力攻擊臺軍不復得食以此饑困元稱等議欲降佛護不許十二日恭祖等復攻之城陷佛護單馬走追得斬首徐元稱降餘軍主皆死慧景至臨沂令李玉之發橋斷路慧景收殺之臺遣中領軍王瑩都督衆軍據湖頭築壘上帶蔣山西巖實甲數萬慧景至查硎竹塘人萬副兒善射獵能捕虎投慧景曰今平路皆爲臺軍所斷不可議進唯宜從蔣山龍尾上出其不意耳慧景從之分遣千餘人魚貫緣山自西巖夜下鼓叫臨城中臺軍驚恐卽時奔散帝又遣右衞將軍左興盛率臺內三萬人拒慧景於北籬門望風退走慧景引軍入樂遊苑恭祖率輕騎十餘匹突進北掖門乃復出宮門皆閉慧景引衆圍之於是東府石頭白下新亭諸城皆潰左興盛走不得入宮逃淮渚荻舫中慧景擒殺之宮中遣兵出盪不剋慧景燒蘭臺府署爲戰場守衞尉蕭暢屯南掖門處分城內隨方應擊衆心以此稍安慧景稱宣德太后令廢帝爲吳王時巴陵王昭胄先逃民間出投慧景慧景意更向之故猶豫未知所立竹里之捷子覺與恭祖爭勳慧景不能決恭祖勸慧景射火箭燒北掖樓慧景以大事垂定後若更造費用功力不從其計性好談義兼解佛理頓法輪寺對客高談恭祖深懷怨望先是衞尉蕭懿爲征虜將軍豫州刺史自歷陽步道征壽陽帝遣密使告之懿率軍主胡松李居士等數千人自采石濟岸頓越城舉火臺城中鼓叫稱慶恭祖先勸慧景遣二千人斷西岸軍令不得渡慧景以城旦夕降外救自然應散至是恭祖請擊義師又不許乃遣子覺將精手數千人渡南岸義師昧旦進戰數合士皆致死覺大敗赴淮死者二千餘人覺單馬退開桁阻淮其夜崔恭祖與驍將劉靈運詣城降慧景衆情離壞乃將腹心數人潛去欲北渡江城北諸軍不知猶爲拒戰城內出盪殺數百人義軍渡北岸慧景餘衆皆奔慧景圍城凡十二日軍旅散在京師不爲營壘及走衆於道稍散單馬至蟹浦爲漁父所斬以頭內鰌魚籃擔送至京師時年六十三追贈張佛護爲司州刺史左興盛豫州刺史竝征虜將軍徐景智栢靈福屯騎校尉董伯珍員外郎李玉之給事中其餘有差恭祖者慧景宗人驍果便馬矟氣力絕人頻經軍陣討王敬則與左興盛軍容袁文曠爭敬則首訴明帝曰恭祖禿馬絳衫手刺倒賊故文曠得斬其首以死易勳而見枉奪若失此動要當刺殺左興盛帝以其勇健謂興盛曰何容令恭祖與文曠爭功遂封二百戶慧景平後恭祖繫尚方少時殺之覺亡命爲道人見執伏法臨刑與妹書曰捨逆旅歸其家以爲大樂況得從先君遊太清乎古人有力扛周鼎而有立錐之歎以此言死亦復何傷平生素心士大夫皆知之矣旣不得附驥尾安得施名於後世慕古竹帛之事今皆亡矣慧景妻女亦頗知佛義覺弟偃爲始安內史藏竄得免和帝西臺立以爲寧朔將軍中興元年詣公車門上書曰臣竊惟太祖高宗之孝子忠臣而昏主之賊臣亂子者江夏王與陛下先臣與鎭軍是也臣聞堯舜之心常以天下爲憂而不以位爲樂彼孑然之舜壟畝之人猶尚若此況祖業之重家國之切江夏旣行之於前陛下又蹈之於後雖成敗異術而所由同方也陛下初登至尊與天合符天下纖介之屈尚望陛下申之絲髮之寃尚望陛下理之況先帝之子陛下之兄所行之道卽陛下所由哉如此尚弗恤其餘何幾哉陛下德侔造化仁育羣生雖在昆蟲草木有不

得其所者覽而傷焉而況乎友愛天至孔懷之深夫豈不懷將以事割此實左右不明未之或詳惟陛下公聽竝觀以詢之芻蕘羣臣有以臣言爲不可乞使臣廷辯之則天人之意塞四海之疑釋必若不然倖小民之無識耳使其曉然知此相聚而逃陛下以責江夏之寃朝廷將何以應之哉若天聽沛然回光發惻愴之詔而使東牟朱虛東褒儀父之節則荷戈之士誰不盡死愚戇之言萬一上合事乞留中事寢不報偃又上疏曰近冐陳江夏之寃定承聖詔已有褒崇此臣狂疎之罪也然臣所以諮問者不得其實罪在萬没無所復云但愚心所恨非敢以父子之親骨肉之間而僥幸曲陛下之法傷至公之義誠不曉聖朝所以然之意若以狂主雖狂而實是天子江夏雖賢實是人臣先臣奉人臣逆人君以爲不可申明詔得矣然未審陛下亦是人臣不而鎮軍亦復奉人臣逆人君今之嚴兵勁卒方指於象魏者其故何哉臣所不死苟存視息非有他故所以待皇運之開泰申寃魂之枉屈今皇運既已開泰矣而死於社稷盡忠反以爲賊臣何用此生陛下世矣臣聞王臣之節竭智盡公以奉其上居股肱之任者申理寃滯薦達羣賢凡此衆臣夙興夜寐心未嘗須臾之間而不在公故萬物無不得其理而頌聲作焉臣謹案鎮軍將軍臣穎胄宗室之親股肱之重身有伊霍之功荷陛下稷旦之任中領軍臣衍受帷幄之寄副宰相之尊皆所以棟梁朝廷社稷之臣天下所當遑遑匪懈盡忠竭誠欲使萬物得理而頌聲大興者豈復宜踰此哉而同知先臣股肱江夏匡濟王室天命未遂王亡與亡而不爲陛下瞥然一言知而不言是不忠之臣不知而言乃不智之臣此而不知將何所知如以江夏心異先臣受制臣力則江夏同致死斃聽可昏政淫刑見殘無道然江夏之異以何爲明孔呂二人誰以爲戮手御麾幡言輒任公同心共志心若膠漆而以爲異臣竊惑焉如以先臣遣使江夏斬之則征東之驛何爲見戮陛下斬征東之使寔詐山陽江夏違先臣之請實謀孔矜天命有歸故事業不遂耳夫唯聖人乃知天命守忠之臣唯知盡死安顧成敗詔稱江夏遭時屯故跡屈行令內恕探情無玷純節今茲之旨又何以處鎮軍哉臣所言畢矣乞就湯鑊然臣雖萬没猶願陛下必申先臣何則惻愴而申之則天下伏不惻愴而申之天下之人北面而事陛下者徒以力屈耳先臣之忠有識所知南史之筆千載可期亦何待陛下屈申而爲褒貶然小臣惓惓之愚爲陛下計耳臣之所言非孝於父實忠於君惟陛下熟察少留心焉臣頻觸宸嚴而不彰露所以每上封事者非自爲戇地猶以春秋之義有隱諱之意也臣雖淺薄然今日之事斬足斷頭殘身滅形何所不能爲陛下耳臣聞生人之死肉人之骨有識之士未爲多感公聽竝觀申人之寃秉德任公理人之屈則普天之人爭爲之死何則理之所不可以已也陛下若引臣寃免臣兄之罪收往失發惻愴之詔懷可報之意則桀之犬實可吠堯跖之客實可刺由又何況由之犬堯之客臣非忝生實爲陛下重此名於天下已成之基可惜之寶莫復是加寖明寖昌不可不循寖微寖滅不可不愼惟陛下熟察詳擇其衷若陛下猶以爲疑鎮軍未之允決乞下征東共詳可否無以向隅之悲而傷陛下滿堂之樂何則陛下昏主之弟江夏亦昏主之弟鎮軍受遺託之恩先臣亦荷顧命之重情節無異所爲皆同殊者唯以成敗仰資聖朝耳臣不勝愚忠請使羣臣廷辯者臣乞專令一人精賜本語僥幸萬一天聽昭然則軻沈七族離燔妻子人以爲難臣豈不易詔報曰具卿寃切之懷卿門首義而旌德未彰亦追以慨然今當顯加贈謚偃尋下獄死

張欣泰字義亨竟陵人也父興世宋左衞將軍欣泰少有志節不以武業自居好隸書讀子史年十餘詣吏部尚書褚淵淵問之曰張郎弓馬多少欣泰答曰性怯畏馬無力牽弓淵甚異之辟州主簿歷諸王府佐元徽中興世在家擁雍州還資見錢三千萬蒼梧王自領人劫之一夜垂盡興世憂懼感病卒欣泰兄欣華時任安成郡欣泰悉封餘財以待之建元初歷官寧朔將軍累除尚書都官郎世祖與欣泰早經款遇及即位以爲直閤將軍領禁旅除豫章王太尉參軍出爲安遠護軍武陵內史還復爲直閤步兵校尉領羽林監欣泰通涉雅俗交結多是名素下直輒遊園池著鹿皮冠衲衣錫杖挾素琴有以啓世祖者世祖曰將家兒何敢作此舉止後從車駕出新林敕欣泰甲仗廉察欣泰停仗於松樹下飲酒賦詩制局監呂文度過見啓世祖世祖大怒遣出外數日意稍釋召還謂之曰卿不樂爲武職驅使當處卿以清貫除正員郎永明八年出爲鎮軍中兵參軍南平內史巴東王子響殺僚佐上遣中庶子胡諧之西討使欣泰爲副欣泰謂諧之曰今太歲在西南逆歲行軍兵家深忌不可見戰戰必見危今段此行勝既無名負誠可恥彼凶狡相聚所以爲其用者或利賞逼威無由自潰若且頓軍夏口宣示禍福可不戰而擒也諧之不從進屯江津尹畧等見殺事平欣泰徙爲隨王子隆鎮西中兵改領河東內史子隆深相愛納數與談宴州府職局多使關領意遇與謝朓相次典籤密以啓聞世祖怒召還都屏居家巷置宅南岡下面接松山欣泰負弩射雉恣情閑放衆伎雜藝頗多閑解明帝卽位爲領軍長史遷諮議參軍上書陳便宜二十條其一條言宜毀廢塔寺帝竝優詔報答建武二年虜圍鍾離城欣泰爲軍主隨崔慧景救援欣泰移虜廣陵侯曰聞攻鍾離是子之深策可無謬哉兵法云城有所不攻地有所不爭豈不聞之乎我國家舟舸百萬覆江橫海所以案甲於今不至欲以邊城疲魏士卒我且千里運糧行留俱弊一時霖雨川谷涌溢然後乘帆渡海百萬齊進子復奚以御之乃令魏主以萬乘之重攻此小城是何謂歟攻而不拔誰之恥邪假令能拔子守之我將連舟千里舳艫相屬西過壽陽東接滄海仗不再請糧不更取士卒偃臥起而接戰乃魚驚不通飛鳥斷絕偏師淮左其不能守皎可知矣如其不拔吾將假法於魏之有司以請子之過若挫兵夷衆攻不卒下驅士塡隍拔而不能守則魏朝名士其當別有深致乎吾所未能量昔魏之大武佛狸傾一國之衆攻十雉之城死亡太半僅以身返既智屈於金墉亦雖拔而不守皆筭失所爲至今爲笑前鑒未遠已忘之乎和門邑邑戲載往意虜既爲徐州軍所挫更欲於邵陽洲築城慧景慮爲大患欣泰曰虜所以築城者外示姱大實懼我躡其後耳今若說之以彼此各願罷兵則其患自息慧景從之遣欣泰至虜城下具述此意及虜引退而洲上餘兵萬人求輸五百匹馬假道慧景欲斷路攻之欣泰說慧景曰歸師勿遏古人畏之死地之兵不可輕也勝之既不足爲武敗則徒喪前功不如許之慧景乃聽虜過時領軍蕭坦之亦援鍾離還啓明帝曰邵陽洲有死賊萬人慧景欣泰放而不取帝以此皆不加賞四年出爲永陽太守永元初還都崔慧景圍城欣泰入城內領軍守備事寧除輔國將軍廬陵王安東司馬義師起以欣泰爲持節督雍梁南北秦四州郢州之竟陵司州之隨郡軍事雍州刺史將軍如故時少帝昏亂人情咸伺事隙欣泰與弟前始安內史欣時密謀結太子右率胡松前南譙太守王靈秀直閤將軍鴻選含德主帥苟勵直後劉靈運等十餘人竝同契會帝遣中書舍人馮元嗣監軍救郢茹法珍梅蟲兒及太子右率李居士制局監楊明泰等十餘人相送中興堂欣泰等使人懷刀於座斫元嗣頭墜果柈中又斫明泰破其腹蟲兒傷刺數瘡手指皆墮居士踰牆得出茹法珍亦散走還臺靈秀仍往石頭迎建安王寶夤率文武數百唱警蹕至杜姥宅欣泰初聞事發馳馬入宮冀法珍等在外城內處分必盡見委表裏相應因行廢立既而法珍得反處分閉門上仗不配欣泰兵鴻選在殿內亦不敢發城外衆尋散少日事覺詔收欣泰胡松等皆伏誅欣泰少時有人相其當得三公而年裁三十後屋瓦墮傷額又問相者云無復公相年壽更增亦可得方伯耳死時年四十六

史臣曰崔慧景宿將老臣憂危昏運回董御之威舉晉陽之甲乘機用權內襲少主因樂亂之民藉淮楚之剽驍將授首羣師委律鼓鼙讙於宮寢戈戟跱於城隍陵埤貧戶士衰氣竭屢發銅虎之兵未有釋位之援勢等易京魚爛待盡征虜將軍投袂以先國急東馬旅師橫江競濟風驅電掃制勝轉丸越城之戰旗獲蔽野津衞之捷獻俘象魏瞻塵望烽窮壘重關戮帶定襄曾未及此盛矣哉桓文異世也

贊曰叔業外叛淮肥失險慧景倒戈宮門晝掩欣泰倉卒霜刃不染實起時昏堅氷互漸

南齊書卷五十一考證

崔慧景傳四月回軍廣陵○臣祖庚按此有月不日東昏紀四月癸酉慧景棄衆走通鑑考異曰按長歷是歲四月庚午朔癸酉乃四月四日據此則四月四日慧景已棄衆走矣而傳云四月回軍恭祖納之又云十二日恭祖復攻之城陷紀傳前後各不相顧又按紀云夏四月丁未慧景於廣陵襲京師通鑑考異曰是歲三月辛丑朔丁未三月七日當作三月以此考之則回軍廣陵亦當在三月紀傳作四月誤也

司馬崔恭祖守廣陵城開門納之○臣承耆按南史云俄而慧景至恭祖閉門不敢出慧景知其異已泣數行而去與此互異

單馬至蟹浦爲漁父所斬○臣祖庚按南史云慧景單馬至蟹浦投漁人太叔榮之榮之爲慧景門人時爲蟹浦戍斬慧景首送都與此小異然既云漁人又云爲戍未免矛盾南史固未可據也

張欣泰傳時年四十六○南史作三十六

南齊書卷五十二

梁　蕭　子　顯　撰

列傳第三十三

文學

丘靈鞠　檀　超　卞　彬　丘巨源
王智深　陸　厥　崔慰祖　王逡之
祖沖之　賈　淵

丘靈鞠吳興烏程人也祖系祕書監靈鞠少好學善屬文與上計仕郡爲吏州辟從事詣領軍沈演之演之曰身昔爲州職詣領軍謝晦賓主坐處政如今日卿將來或復如此也舉秀才爲州主簿累遷員外郎宋孝武殷貴妃亡靈鞠獻挽歌詩三首云雲横廣階闇霜深高殿寒帝摘句嗟賞除新安王北中郎參軍出爲剡烏程令不得志泰始初坐東賊黨錮數年褚淵爲吳興謂人曰此郡才士唯有丘靈鞠及沈勃耳乃啓申之明帝使著大駕南討紀論久之除太尉參軍轉安北記室帶扶風太守不就爲尚書三公郎建康令轉通直郎兼中書郎昇明中遷正員郎領本郡中正兼中書郎如故時方禪讓太祖使靈鞠參掌詔策建元元年轉中書郎中正如故敕知東宮手筆尋又掌知國史明年出爲鎮南長史尋陽相遷尚書左丞世祖卽位轉通直常侍尋領東觀祭酒靈鞠曰人居官願數遷使我終身爲祭酒不恨也永明二年領驍騎將軍靈鞠不樂武位謂人曰我應還東掘顧榮冢江南地方數千里士子風流皆出此中顧榮忽引諸傖渡妨我輩塗轍死有餘罪改正員常侍靈鞠好飲酒臧否人物在沈淵座見王儉詩淵曰王令文章大進靈鞠曰何如我未進時此言達儉靈鞠宋世文名甚盛入齊頗減蓬髮弛縱無形儀不治家業王儉謂人曰丘公仕宦不進才亦退矣還長沙王車騎長史太中大夫卒著江左文章錄序起太興訖元熙文集行於世

檀超字悅祖高平金鄉人也祖弘宗宋南琅邪太守超少好文學放誕任氣解褐州西曹嘗與別駕蕭惠開共事不爲之下謂惠開曰我與卿俱起一老姥何足相誇蕭太后惠開之祖姑長沙王道憐妃超祖姑也舉秀才孝建初坐事徙梁州板宣威府參軍孝武聞超有文章敕還直東宮除驃騎參軍寧蠻主簿鎮北諮議超累佐蕃職不得志轉尚書度支郎車騎功曹桂陽內史入爲殿中郎兼中書郎零陵內史征北驃騎記室國子博士兼左丞超嗜酒好言詠舉止和靡自比晉郗超爲高平二超謂人曰猶覺我爲優也太祖賞愛之遷驍騎將軍常侍司徒右長史建元二年初置史官以超與驃騎記室江淹掌史職上表立條例開元紀號不取宋年封爵各詳本傳無假年表立十志律歷禮樂天文五行郊祀刑法藝文依班固朝會輿服依蔡邕司馬彪州郡依徐爰百官依范曄合州郡班固五星載天文日蝕載五行改日蝕入天文志以建元爲始帝女體自皇宗立傳以備甥舅之重又立處士列女傳詔內外詳議左僕射王儉議金粟之重八政所先食貨通則國富民實宜加編錄以崇務本朝會志前史不書蔡邕稱先師胡廣說漢舊儀此乃伯喈一家之意曲碎小儀無煩錄宜立食貨省朝會洪範九疇一曰五行五行之本先乎水火之精是爲日月五行之宗也今宜憲章前軌無所改革又立帝女傳亦非淺識所安若有高德異行自當載在列女若止於常美則仍舊不書詔日月災隸天文餘如儉議超史功未就卒官江淹撰成之猶不備也時豫章熊襄著齊典上起十代其序云尚書堯典謂之虞書則附所述故通謂之齊名爲河洛金匱

卞彬字士蔚濟陰寃句人也祖嗣之中領軍父延之有剛氣爲上虞令彬才操不羣文多指刺州辟西曹主簿奉朝請員外郎宋元徽末四貴輔政彬謂太祖曰外間有童謠云可憐可念尸著服孝子不在日代哭列管暫鳴死滅族公頗聞不時王蘊居父憂與袁粲同死故念尸著服也服者衣也褚字邊衣也孝除子以日代者謂褚淵也列管蕭也彬退太祖笑曰彬自作此齊臺初建彬又曰誰謂宋遠跂予望之太祖聞之不加罪也除右軍參軍家貧出爲南康郡丞彬頗飲酒擯棄形骸作蚤虱賦序曰余居貧布衣十年不制一袍之縕有生所託資其寒暑無與易之爲人多病起居甚疎縈寢敗絮不能自釋兼攝性懈惰嬾事皮膚澡刷不謹澣沐失時四體䩄䩄加以臭穢故葦席蓬縷之間蚤虱猥流淫癢渭濩無時恕肉探揣擭撮日不替手虱有諺言朝生暮孫若吾之虱者無湯沐之慮絕相弔之憂宴聚乎久襟爛布之裳服無改換掐齧不能加脫略緩嬾復不勲於捕討孫孫息息三十五歲焉其略言皆實錄也除南海王國郎中令尚書比部郎安吉令車騎記室彬性飲酒以瓠壺瓢勺杬皮爲肴著帛冠十二年不改易以大瓠爲火籠什物多諸詭異自稱卞田居婦爲傳蠶室或諫曰卿都不持操名器何由得升彬曰擲五木子十擲輒鞬豈復是擲子之拙吾好擲政極此耳永元中爲平越長史綏建太守卒官彬又目禽獸云羊性淫而狠豬性卑而率鵝性頑而傲狗性險而出皆指斥貴勢其蝦蟆賦云紆青拖紫名爲蛤魚世謂比令僕也又云科斗唯唯羣浮闇水維朝繼夕聿役如鬼比令史諮事也文章傳於閭巷永明中琅邪諸葛勗爲國子生作雲中賦指祭酒以下皆有形似之目坐繫東冶作東冶徒賦世祖見赦之又有陳郡袁嘏自重其文謂人云我詩應須大材迮之不爾飛去建武末爲諸暨令被王敬則所殺

丘巨源蘭陵蘭陵人也宋初土斷屬丹陽後屬蘭陵巨源少舉丹陽郡孝廉爲宋孝武所知大明五年敕助徐爰撰國史帝崩江夏王義恭取掌書記明帝卽位使參詔誥引在左右自南臺御史爲王景文鎮軍參軍寧喪還家元徽初桂陽王休範在尋陽以巨源有筆翰遣船迎之餉以錢物巨源因太祖自啓敕板起巨源使留京都桂陽事起使於中書省撰符檄事平除奉朝請巨源望有封賞旣而不獲乃與尚書令袁粲書曰民信理推心闇於量事庶謂丹誠感達賞報孱期豈虞寂寥忽焉三稔議者必云筆記賤伎非殺活所待開勸小說非否判所寄然則先聲後實軍國舊章七德九功將名當世仰觀天緯則右將而左相俯察人序則西武而東文固非胥祝之倫伍巫匠之流匹矣去昔奇兵變起呼吸雖鹵渠卽勦而人情更迷茅恬開城千齡出叛當此之時心膂胡越奉迎新亭者士庶塡路投名朱雀者愚智空閭人惑而民不惑人畏而民不畏其一可論也臨機新亭獨能抽刃斬賊者唯有張敬兒而中書省獨能奮筆弗顧者唯有丘巨源文武相方誠有優劣就其死亡以決成敗當崩天之敵抗不測之禍請問海內此膽何如其二可論也又爾時顚沛普喚文士黃門中書靡不畢集摛翰振藻非爲乏人朝廷洪筆何故假手凡賤若以此賊强盛勝負難測羣賢怯不染豪者則民宜以勇獲賞若云羽檄之難必須筆傑羣賢推能見委者則民宜以才賜列其三可論也竊見桂陽賊賞不赦之條凡二十五人而李佰鍾爽同在此例戰敗後出罪竝釋然而吳邁遠族誅之罰則操筆大禍而操戈無害論以賞科則武人超越而文人埋沒其四可論也且邁遠置辭無乃侵慢民作符檄肆言詈辱放筆出手卽就齏粉若使桂陽得志民若不轘裂軍門則應腰斬都市嬰孩膴膾伊可熟念其五可論也往年戎旅萬有餘甲十分之中九分冗隸可謂衆矣攀龍附驥翻焉雲翔至若民狂夫可謂寡矣徒關敕旨空然泥沈詎其荷㪍塵末皆是白起操牘事始必非魯連邪民貨國算迅足馳烽旆之機帝擇逸翰赴蔚羅之會旣能陵敵不殿爭先無負宜其徼賜存在少沾飲齕遂乃棄之溝間如蛶如蟻擲之言外如土如灰結隸帖戰無拳無勇竝隨資峻級矣凡豫臺內不文不武已坐拱淸階矣撫骸如此瞻例如彼旣非草木何能弭聲巨源竟不被申歷佐諸王府轉羽林監建元元年爲尚書主客郎領軍司馬越騎校尉除武昌太守拜竟不樂江外行世祖問之巨源曰古人云寧飮建業水不食武昌魚臣年已老寧死於建業以爲餘杭令沈攸之事太祖使巨源爲尚書符荊州巨源以此又望賞異自此意常不滿高宗爲吳興巨源作秋胡詩有譏刺語以事見殺

王智深字雲才琅邪臨沂人也少從陳郡謝超宗學屬文好飲酒拙澁乏風儀宋建平王景素爲南徐州作觀法篇智深和之見賞辟爲西曹書佐貧無衣未到職而景素敗後解褐爲州祭酒太祖爲鎮軍時丘巨源薦之於太祖板爲府行參軍除豫章王國常侍遷太學博士豫章王大司馬參軍兼記室世祖使太子家令沈約撰宋書擬立袁粲傳以審世祖世祖曰袁粲自是宋家忠臣約又多載孝武明帝諸鄙瀆事上遣左右謂約曰孝武事迹不容頓爾我昔經事宋明帝卿可思諱惡之義於是多所省除又敕智深撰宋紀召見芙蓉堂賜衣服給宅智深告貧於豫章王王曰須卿書成當相論以祿書成三十卷世祖後召見智深於璿明殿令拜表奏上表未奏而世祖崩隆昌元年敕索其書智深遷爲竟陵王司徒參軍坐事免江夏王鋒衡陽王鈞竝善待之初智深爲司徒袁粲所接及撰宋紀意常依依粲幼孤祖母名其爲愍孫後慕荀粲自改名會稽賀喬譏之智深於是著論家貧無人事嘗餓五日不得食掘莧根食之司空王僧虔及子志分與衣食卒於家先是陳郡袁炳字叔明有文學亦爲袁粲所知著晉書未成卒潁川庾銑善屬文見賞豫章王引至大司馬記室參軍卒

陸厥字韓卿吳郡吳人揚州別駕閑子也厥少有風槩好屬文五言詩體甚新奇永明九年詔百官舉士同郡司徒左西掾顧暠之表薦焉州舉秀才王晏少傳主簿遷後軍行參軍永明末盛爲文章吳興沈約陳郡謝朓琅邪王融以氣類相推轂汝南周顒善識聲韻約等文皆用宮商以平上去入爲四聲以此制韻不可增減世呼爲永明體沈約宋書謝靈運傳後又論宮商厥與約書曰范詹事自序性別宮商識淸濁特能適輕重濟艱

難古今文人多不全了斯處縱有會此者不必從根本中來沈尚書亦云自靈均以來此祕未覩或闇與理合匪由思至張蔡曹王曾無先覺潘陸顏謝去之彌遠大旨鈞使宮羽相變低昂舛節若前有浮聲則後須切響一簡之內音韻盡殊兩句之中輕重悉異辭既美矣理又善焉但觀歷代衆賢似不都闇此處而云此祕未覩近於誣乎案范云不從根本中來尚書云匪由思至斯可謂揣情謬於玄黃擿句差其音律也范又云時有會此者尚書云或闇與理合則美詠清謳有辭章調韻者雖有差謬亦有會合推此以往可得而言夫思有合離前哲同所不免文有開塞卽事不得無之子建所以好人譏彈士衡所以遺恨終篇既曰遺恨非盡美之作理可詆訶君子執其詆訶便謂合理爲闇豈如指其合理而寄詆訶爲遺恨邪自魏文屬論深以清濁爲言劉楨奏書大明體勢之致岨峿妥怗之談操末續顚之說興玄黃於律呂比五色之相宣苟此祕未覩茲論爲何所指邪故愚謂前英已早識宮徵但未屈曲指的若今論所申至於掩瑕藏疾合少謬多則臨淄所云人之著述不能無病者也非知之而不改謂不改則不知斯曹陸又稱竭情多悔不可力彊者也今許以有病有悔爲言則必自知無悔無病之地引其不了不合爲闇何獨誣其一合一了之明乎意者亦質文時異古今好殊將急在情物而緩於章句情物文之所急美惡猶且相半章句意之所緩故合少而謬多義兼於斯必非不知明矣長門上林殆非一家之賦洛神池鴈便成二體之作孟堅精正詠史無虧於東主平子恢富羽獵不累於憑虛王粲初征他文未能稱是楊脩敏捷暑賦彌日不獻率意寡尤則事促乎一日翳翳愈伏而理賒於七步一人之思遲速天懸一家之文工拙壤隔何獨宮商律呂必責其如一邪論者乃可言未窮其致不得言曾無先覺也約答曰宮商之聲有五文字之別累萬以累萬之繁配五聲之約高下低昂非思力所舉又非止若斯而已也十字之文顚倒相配字不過十巧歷已不能盡何況復過於此者乎靈均以來未經用之於懷抱固無從得其髣髴矣若斯之妙而聖人不尚邪此蓋曲折聲韻之巧無當於訓義非聖哲立言之所急也是以子雲譬之雕蟲篆刻云壯夫不爲自古辭人豈不知宮羽之殊商徵之別雖知五音之異而其中參差變動所昧實多故鄙意所謂此祕未覩者也以此而推則知前世文士便未悟此處若以文章之音韻同絃管之聲曲則美惡妍蚩不得頓相乖反譬由子野操曲安得忽有闇緩失調之聲以洛神比陳思他賦有似異手之作故知天機啓則律呂自調六情滯則音律頓舛也士衡雖云炳若縟錦寧有濯色江波其中復有一片是衞文之服此則陸生之言卽復不盡者矣韻與不韻復有精麤輪扁不能言老夫亦不盡辨此永元元年始安王遙光反厥父閑被誅厥坐繫尚方尋有赦令厥恨父不及感慟而卒年二十八文集行於世會稽虞炎永明中以文學與沈約俱爲文惠太子所遇意眄殊常官至驍騎將軍

崔慰祖字悅宗淸河東武城人也父慶緒永明中爲梁州刺史慰祖解褐奉朝請父喪不食鹽母曰汝既無兄弟又未有子肯毁不滅性政當不進肴羞耳如何絶鹽吾今亦不食矣慰祖不得已從之父梁州之資家財千萬散與宗族漆器題爲日字日字之器流乎遠近料得父時假貰文疏謂族子紘曰彼有自當見還彼無吾何言哉悉火焚之好學聚書至萬卷隣里年少好事者來從假借日數十帙慰祖親自取與未常爲辭爲始安王撫軍墨曹行參軍轉刑獄兼記室遙光好棊數召慰祖對戲慰祖輒辭拙非朔望不見也建武中詔舉士從兄慧景舉慰祖及平原劉孝標並碩學帝欲試以百里慰祖辭不就國子祭酒沈約吏部郞謝朓嘗於吏部省中賓友俱集各問慰祖地理中所不悉十餘事慰祖口吃無華辭而酬據精悉一座稱服之朓歎曰假使班馬復生無以過此慰祖賣宅四十五萬買者云寧有減不答曰誠慙韓伯休何容二價買者又曰君但責四十六萬一萬見與慰祖曰是卽同君欺人豈是我心乎少與侍中江祀款及祀貴常來候之而慰祖不往也與丹陽丞劉渢素善遙光據東府反慰祖在城內城未潰一日渢謂之曰卿有老母宜其出矣命門者出之慰祖詣闕自首繫尚方病卒慰祖著海岱志起太公迄西晉人物爲四十卷半未成臨卒與從弟緯書云常欲更注遷固二史採史漢所漏二百餘事在廚簏可檢寫之以存大意海岱志良未周悉可寫數本付護軍諸從事人一通及友人任昉徐寅劉洋裴揆又令以棺親土不須塼勿設靈座時年三十五

王逡之字宣約瑯邪臨沂人也父祖皆爲郡守逡之少禮學博聞起家江夏王國常侍大司馬行參軍章安令累至始安內史不之官除山陽王驃騎參軍兼治書御史安成國郞中吳令昇明末右僕射王儉重儒術逡之以著作郞兼尚書左丞參定齊國儀禮初儉撰古今喪服集記逡之難儉十一條更撰世行五卷轉國子博士國學久廢建元二年逡之先上表立學又兼著作撰永明起居注轉通直常侍驍騎將軍領博士著作如故出爲寧朔將軍南康相太中光祿大夫加侍中逡之率素衣裘不澣机案塵黑年老手不釋卷建武二年卒從弟珪之有史學撰齊職儀永明九年其子中軍參軍顥上啓曰臣亡父故長水校尉珪之藉素爲基依儒習性以宋元徽二年被敕使纂集古設官歷代分職凡在墳策必盡詳究是以等級掌司咸加編錄黜陟遷補悉該研記述章服之差兼冠佩之飾屬值啓運軌度惟新故太宰臣淵奉宣敕旨使速洗正刊定未畢臣私門凶禍不揆庸微謹冒啓上凡五十卷謂之齊職儀仰希永升天閣長銘祕府詔付祕閣

祖沖之字文遠范陽薊人也祖昌宋大匠卿父朔之奉朝請沖之少稽古有機思宋孝武使直華林學省賜宅宇車服解褐南徐州迎從事公府參軍宋元嘉中用何承天所制歷比古十一家爲密沖之以爲尚疏乃更造新法上表曰臣博訪前墳遠稽昔典五帝躔次三王交分春秋朔氣紀年薄蝕談遷載述彪固列志魏世注歷晉代起居探異今古觀要華戎書契以降二千餘稔日月離會之徵星度疏密之驗專功耽思咸可得而言也加以親量圭尺躬察儀漏目盡毫釐心窮籌筴考課推移又曲備其詳矣然而古歷疏舛類不精密羣氏糾紛莫審其會尋何承天所上意存改革而置法簡略今已乖遠以臣校之三覩厥謬日月所在差覺三度二至晷景幾失一日五星見伏至差四旬留逆進退或移兩宿分至失實則節閏非正宿度違天則伺察無准臣生屬聖辰詢逮在運敢率愚瞽更創新歷謹立改易之意有二設法之情有三改易者一以舊法一章十九歲有七閏閏數爲多經二百年輒差一日節閏既移則應改法歷紀屢遷寔由此條今改章法三百九十一年有一百四十四閏令却合周漢則將來永用無復差動其二以堯典云日短星昴以正仲冬以此推之唐世冬至日在今宿之左五十許度代之初卽秦歷冬至日在牽牛六度漢武改立太初歷冬至日在牛初後漢四分法冬至日在斗二十二晉世姜岌以月蝕檢日知冬至在斗十七今參以中星課以蝕望冬至之日在斗十一通而計之未盈百載所差二度舊法並令冬至日有定處天數既差則七曜宿度漸與舛訛乖謬既著輒應改易僅合一時莫能通遠遷革不已又由此條今令冬至所在歲歲微差却檢漢注並皆審密將來久用無煩屢改又設法者其一以子爲辰首位在正北爻應初九升氣之端虛爲北方列宿之中元氣肇初宜在此次前儒虞喜備論其義今歷上元日度發自虛一其二以日辰之號甲子爲先歷法設元應在此歲而黃帝以來世代所用凡十一歷上元之歲莫値此名今歷上元歲在甲子其三以上元之歲歷中衆條並應以此爲始而景初歷交會遲疾元首有差又承天法日月五星各自有元交會遲疾亦並置差裁得朔氣合而已條序紛錯不及古意今設法日月五緯交會遲疾悉以上元歲首爲始羣流共源庶無乖誤若夫測以定形據以實效懸象著明尺表之驗可推動氣幽微寸管之候不忒今臣所立易以取信但綜覈始終大存緩密革新變舊有約有繁用約之條理不自懼用繁之意顧非謬然何者夫紀閏參差數各有分分之爲體非不細密臣是用深惜毫釐以全求妙之准不辭積累以成永定之製非爲思而莫知悟而弗改也若所上萬一可採伏願頒宣羣司賜垂詳究事奏孝武令朝士善歷者難之不能屈會帝崩不施行出爲婁縣令謁者僕射初宋武平關中得姚興指南車有外形而無機巧每行使人於內轉之昇明中太祖輔政使沖之追修古法沖之改造銅機圓轉不窮而司方如一馬均以來未有也時有北人索馭驎者亦云能造指南車太祖使與沖之各造使於樂遊苑對共校試而頗有差僻乃毁焚之永明中竟陵王子良好古沖之造欹器獻之文惠太子在東宮見沖之歷法啓世祖施行文惠尋薨事又寢轉長水校尉領本職沖之造安邊論欲開屯田廣農殖建武中明帝使沖之巡行四方興造大業可以利百姓者會連有軍事事竟不行沖之解鍾律博塞當時獨絶莫能對者以諸葛亮有木牛流馬乃造一器不因風水施機自運不勞人力又造千里船於新亭江試之日行百餘里於樂遊苑造水碓磨世祖親自臨視又特善算永元二年沖之卒年七十二著易老莊義釋論語孝經注九章造綴述數十篇

賈淵字希鏡平陽襄陵人也祖弼之晉員外郞父匪之驃騎參軍世傳譜學孝武世青州人發古冢銘云青州世子東海女郞帝問學士鮑照徐爰蘇寶生並不能悉淵對曰此是司馬越女嫁苟晞兒檢訪果然由是見遇敕淵注郭子太始初辟丹陽郡主簿奉朝請太學博士安成王撫軍行參軍出爲丹徒令昇明中太祖嘉淵世學取爲驃騎參軍武陵王國郞中令補餘姚令未行仍

爲義興郡丞永明初轉尚書外兵郎歷大司馬司徒府參軍竟陵王子良使淵撰見客譜出爲句容令先是譜學未有名家淵祖弼之廣集百氏譜記專心治業晉太元中朝廷給弼之令史書吏撰定繕寫藏祕閣乃遷左民曹淵父及淵三世傳學凡十八州士族譜合百帙七百餘卷該究精悉當世莫比永明中衞軍王儉抄次百家譜與淵參懷撰定建武初淵遷長水校尉荒傖人王泰寶買襲琅邪譜尚書令王晏以啟高宗淵坐被求當極法子棲長謝罪稽顙流血朝廷哀之免淵罪數年始安王遙光板撫軍諮議不就仍爲北中郎參軍中興元年卒年六十二撰氏族要狀及人名書竝行於世

史臣曰文章者蓋情性之風標神明之律呂也蘊思含毫遊心內運放言落紙氣韻天成莫不稟以生靈遷乎愛嗜機見殊門賞悟紛雜若子桓之品藻人才仲治之區判文體陸機辨於文賦李充論於翰林張眎摘句褒貶顏延圖寫情與各任懷抱共爲權衡屬文之道事出神思感召無象變化不窮俱五聲之音響而出言異句等萬物之情狀而下筆殊形吟詠規範本之雅什流分條散各以言區若陳思代馬羣章王粲飛鸞諸製四言之美前超後絕少卿離辭五言才骨難與爭騖桂林湘水平子之華篇飛館玉池魏文之麗篆七言之作非此誰先卿雲巨麗升堂冠冕張左恢廓登高不繼賦貴披陳未或加矣顯宗之述傳毅簡文之摛彥伯分言制句多得頌體裴頠內侍元規鳳池子章以來章表之選孫綽之碑嗣伯喈之後謝莊之誄起安仁之塵顏延楊瓚自比馬督以多稱貴歸莊爲允王褒僮約束晳發蒙滑稽之流亦可奇瑋五言之製獨秀衆品習玩爲理事久則瀆在乎文章彌患凡舊若無新變不能代雄建安一體典論短長互出潘陸齊名機岳之文永異江左風味盛道家之言郭璞舉其靈變許詢極其名理仲文玄氣猶不盡除謝混情新得名未盛顏謝竝起乃各擅奇休鮑後出咸亦標世朱藍共妍不相祖述今之文章作者雖衆總而爲論畧有三體一則啟心閑繹托辭華曠雖存巧綺終致迂回宜登公宴本非准的而疎慢闡緩膏肓之病典正可採酷不入情此體之源出靈運而成也次則緝事比類非對不發博物可嘉職成拘制或全借古語用申今情崎嶇牽引直爲偶說唯覩事例頓失精采此則傳咸五經應璩指事雖不全似可以類從次則發唱驚挺操調險急雕藻淫豔傾炫心魂亦猶五色之有紅紫八音之有鄭衞斯鮑照之遺烈也三體之外請試妄談若夫委自天機參之史傳應思悱來勿先構聚言尚易了文憎過意吐石含金滋潤婉切雜以風謠輕脣利吻不雅不俗獨中胸懷輪扁斲輪言之未盡文人談士罕或兼工非唯識有不周道實相妨談家所習理勝其辭就此求文終然翳奪故兼之者鮮矣

贊曰學亞生知多識前仁文成筆下芬藻麗春

南齊書卷五十二考證

卞彬傳虱有諺言○南史言作云

晏聚乎久襟爛布之裳○南史襟作袴

服無改換搯齧不能加脫畧緩嬾○南史無此十三字

復不勤於捕討○南史於作之

孫孫息息○南史息息作子子

王智深掘莧根食之○南史莧作莞

陸厥傳低昂舛節○諸本同舛節沈約宋書論本作互節

賈淵傳淵坐被求當極法○求南史作收

南齊書卷五十三

梁 蕭 子 顯 撰

列傳第三十四

良政

傅 琰 虞 愿 劉懷慰 裴昭明

沈 憲 李珪之 孔琇之

太祖承宋氏奢縱風移百城輔立幼主思振民瘼爲政未朞擢山陰令傅琰爲益州刺史乃捐華反樸恭已南面導民以躬意存勿擾以山陰大邑獄訟繁滋建元三年別置獄丞與建康爲比永明繼運垂心治術杖威善斷猶多漏網長吏犯法封刃行誅郡縣居職以三周爲小滿水旱之災輒加賑卹明帝自在布衣曉達吏事君臨億兆專務刀筆未嘗枉法申恩守宰以之肅震永明之世十許年中百姓無雞鳴犬吠之警都邑之盛士女富逸歌聲舞節袨服華粧桃花綠水之間秋月春風之下蓋以百數及建武之興虜難猋急征役連歲不遑啟居軍國糜耗從此衰矣齊世善政著名表績無幾焉位次遷并非直止乎城邑今取其清察有迹者餘則隨以附焉

傅琰字季珪北地靈州人也祖邵員外郎父僧祐安東錄事參軍琰美姿儀解褐寧蠻參軍本州主簿寧蠻功曹宋永光元年補諸暨武康令廣威將軍除尚書左民郎又爲武康令將軍如故除吳興郡丞泰始六年遷山陰令山陰東土大縣難爲長官僧祐在縣有稱琰尤明察又著能名其年爵新亭侯元徽初遷尚書右丞遭母喪居南岸鄰家失火延燒琰屋琰抱柩不動鄰人競來赴救乃得俱全琰股髀之間已被煙焰服闋除邵陵王左軍諮議江夏王錄事參軍太祖輔政以山陰獄訟煩積復以琰爲山陰令賣針賣糖老姥爭團絲來詣琰琰不辨覈縛團絲於柱鞭之密視有鐵屑乃罰賣糖者二野父爭雞琰各問何以食雞一人云粟一人云豆乃破雞得粟罪言豆者縣內稱神明無敢復爲偷盜琰父子竝著奇績江左鮮有匹云諸傳有治縣譜子孫相傳不以示人昇明二年太祖擢爲假節督益寧二州軍事建威將軍益州刺史宋寧太守建元元年進號寧朔將軍四年徵驍騎將軍黃門郎永明二年遷建威將軍安陸王北中郎長史改寧朔將軍明年徙廬陵王安西長史南郡內史行荊州事五年卒琰喪西還有詔出臨臨淮劉玄明亦有吏能爲山陰令大著名績琰子翽問之玄明曰我臨去當告卿將別謂之曰作縣惟日食一升飯而莫飲酒

虞愿字士恭會稽餘姚人也祖賚給事中監利侯父望之早卒賚中庭橘樹冬熟子孫競來取之愿年數歲獨不取賚及家人皆異之元嘉末爲國子生再遷湘東王國常侍轉潯陽王府墨曹參軍明帝立以愿儒吏學涉兼藩國舊恩意遇甚厚除太常丞尚書祠部郎通直散騎侍郎領五郡中正祠部郎如故帝性猜忌體肥憎風夏月常著皮小衣拜左右二人爲司風令史風起方面輒先啟聞星文災變不信太史不聽外奏勅靈臺知星二人給愿常直內省有異先啟以相檢察帝以故宅起湘宮寺費極奢侈以孝武莊嚴刹七層帝欲起十層不可立分爲兩刹各五層新安太守巢尚之罷郡還見帝曰卿至湘宮寺未我起此寺是大功德愿在側曰陛下起此寺皆是百姓賣兒貼婦錢佛若有知當悲哭哀愍罪高佛圖有何功德尚書令袁粲在坐爲之失色帝乃怒使人驅下殿愿徐去無異容以舊恩少日中已復召入帝好圍棊甚拙去格七八道物議共欺爲第三品與第一品王抗圍棊依品賭戲抗每饒借之曰皇帝飛棊臣抗不能斷帝終不覺以爲信然好之愈篤愿又曰堯以此教丹朱非人主所宜好也雖數忤旨而蒙賞賜猶異餘人遷兼中書郎帝寢疾愿常侍醫藥帝素能食尤好逐夷以銀鉢盛蜜漬之一食數鉢謂揚州刺史王景文曰此是奇味卿頗足不景文曰臣夙好此物貧素致之甚難帝甚悅食逐夷積多胷腹痞脹氣將絕左右啟飲數升酢酒乃消疾大困一食汁滓猶至三升水患積久藥不復効大漸日正坐呼道人合掌便絕愿以侍疾久轉正員郎出爲晉平太守在郡不治生產前政與民交關質錄其兒婦愿遣人於道奪取將還在郡立學堂教授郡舊出髯蛇膽可爲藥有餉愿蛇者愿不忍殺放二十里外山中一夜蛇還床下復送四十里外山經宿復還故處愿更令遠乃不復歸論者以爲仁心所致也海邊有越王石常隱雲霧相傳云清廉太守乃得見愿往觀視清徹無隱蔽後琅邪王秀之爲郡與朝士書曰此郡承虞公之後善政猶存遺風易遵差得無事以毋老解職除後軍將軍褚淵常詣愿不在見其眠床上積塵埃有書數袠淵歎曰虞君之清一至於此令人掃地拂床而去遷中書郎領東觀祭酒兄季爲上虞令卒愿從省步還家不待詔便歸東除驍騎將軍遷廷尉祭酒如故愿嘗事宋明帝齊初宋神主遷汝陰廟愿拜辭流涕建元元年卒年五十四愿著五經論問撰會稽記文翰數十篇

劉懷慰字彥泰平原平原人也祖奉伯元嘉中爲冠軍長史父乘民冀州刺史懷慰初爲桂陽王征北板行參軍乘民死於義嘉事難懷慰持喪不食醯醬冬月不絮衣養孤弟妹事寡叔母皆有恩義復除邵陵王南中郎參軍廣德令尚書駕部郎懷慰宗從善明等爲太祖心腹懷慰亦豫焉沈攸之有舊令爲書戒喻攸之太祖省之稱善除步兵校尉齊國建上欲置齊郡於京邑議者以江右土沃流民所歸乃治瓜步以懷慰爲輔國將軍齊郡太守上謂懷慰曰齊邦是王業所基吾方以爲顯任經理之事一以委卿又手勑曰有文事者必有武備今賜卿玉環刀一口懷慰至郡脩治城郭安集居民墾廢田二百頃決沈湖灌溉不受禮謁民有餉其新米一斛者懷慰出所食麥飯示之曰旦食有餘幸不煩此因著廉吏論以達其意太祖聞之手勑褒賞進督秦沛二郡妻子在都賜米三百斛兗州刺史柳世隆與懷慰書曰膠東流化潁川致美以今方古曾何足云在郡二年遷正員郎領青冀二州中正懷慰本名聞慰世祖卽位以與舅氏名同勑改之出監東陽郡爲吏民所安還兼安陸王北中郎司馬永明九年卒年四十五明帝卽位

謂僕射徐孝嗣曰劉懷慰若在朝廷不憂無清吏也懷慰與濟陽江淹陳郡袁彖善亦著文翰永明初獻皇德論云

裴昭明河東聞喜人宋太中大夫松之孫也父駰南中郎參軍昭明少傳儒史之業泰始中爲太學博士有司奏太子婚納徵用玉璧虎皮未詳何所准據昭明議禮納徵儷皮爲庭實鹿皮也晉太子納妃注以虎皮二太元中公主納徵虎豹皮各一豈其謂婚禮不詳王公之差故取虎豹文蔚以尊其事虎豹雖文而徵禮所不言熊羆雖古而婚禮所不及珪璋雖美或爲用各異今宜准的經誥凡諸僻謬一皆詳正於是有司參議加珪璋豹熊羆皮各二元徽中出爲長沙郡丞罷任刺史王蘊謂之曰卿清貧必無還資湘中人士有須一禮之命者我不愛也昭明曰下官忝爲邦佐不能光益上府豈以鴻都之事仰累清風歷祠部通直郎永明三年使虜世祖謂之曰以卿有將命之才使還當以一郡相賞還爲始安內史郡民龔玄宣云神人與其玉印玉板書不須筆吹紙便成字自稱龔聖人以此惑衆前後郡守敬事之昭明付獄治罪及還甚貧罄世祖曰裴昭明罷郡還遂無宅我不諳書不知古人中誰比遷射聲校尉九年復遣北使建武初爲王玄邈安北長史廣陵太守明帝以其在事無所啓奏代還責之昭明曰臣不欲競執關鍵故耳昭明歷郡皆有勤績常謂人曰人生何事須聚蓄一身之外亦復何須子孫若不才我聚彼散若能自立則不如一經故終身不治產業中興二年卒從祖弟顗字彥齊少有異操泰始中於總明觀聽講不讓劉秉席秉用爲參軍昇明末爲奉朝請齊臺建世子裴妃須外戚譜顗不與遂分籍太祖受禪上表誹謗掛冠去伏誅

沈憲字彥璋吳興武康人也祖說道巴西梓潼二郡太守父璞之北中郎行參軍憲初應州辟爲主簿少有幹局歷臨首餘杭令巴陵王府佐帶襄令除駕部郎宋明帝與憲棊謂憲曰卿廣州刺史才也補烏程令甚著政績太守褚淵歎之曰此人方員可施除通直郎都水使者長於吏事居官有績除正員郎補吳令尚書左丞昇明二年西中郎將晃爲豫州太祖擢憲爲晃長史南梁太守行州事遷豫章王諮議未拜坐事免官復除安成王冠軍武陵王征虜參軍遷少府卿少府管掌市易與民交關有吏能者皆更此職遷王儉鎮軍長史武陵王曄爲會稽以憲爲左軍司馬太祖以山陰戶衆難治欲分爲兩縣世祖啓曰縣豈不可治但用不得其人耳乃以憲帶山陰令政聲大著孔稚珪請假東歸謂人曰沈令料事特有天才加寧朔將軍王敬則爲會稽憲仍留爲鎮軍長史令如故還爲冠軍長史行南豫州事晉安王後軍長史廣陵太守西陽王子明代爲南兗州憲仍留爲冠軍長史太守如故頻行州府事永明八年子明典籤劉道濟取府州五十人役自給又役子明左右及船仗贓私百萬爲有司所奏世祖怒賜道濟死憲坐不糾免官尋復爲長史輔國將軍以疾去官除散騎常侍未拜卒當世稱爲良吏憲同郡丘仲起先是爲晉平郡清廉自立褚淵歎曰見可欲心能不亂此楊公所以遺子孫也仲起字子震少爲憲從伯領軍寅之所知宋元徽中爲太子領軍長史官至廷尉卒

李珪之字孔璋江夏鍾武人也父祖皆爲縣令遷鎮西中郎諮議右軍將軍兼都水使者珪之歷職稱爲清能除游擊將軍兼使者如故轉兼少府卒先是四年滎陽毛惠素爲少府卿吏才强而治事清刻敕市銅官碧青一千二百斤供御畫用錢六十萬有讒惠素納利者世祖怒敕尚書評賈貴二十八萬餘有司奏之伏誅死後家徒四壁上甚悔恨

孔琇之會稽山陰人也祖季恭光祿大夫父靈運著作郎琇之初爲國子生舉孝廉除衞軍行參軍員外郎尚書三公郎出爲烏程令有吏能還遷通直郎補吳令有小兒年十歲偷刈鄰家稻一束琇之付獄治罪或諫之琇之曰十歲便能爲盜長大何所不爲縣中皆震肅遷尚書左丞又以職事知名轉前軍將軍兼少府遷驍騎將軍少府如故出爲寧朔將軍高宗冠軍征虜長史江夏內史還爲正員常侍兼左民尚書廷尉卿出爲臨海太守在任清約罷郡還獻乾薑二十斤世祖嫌少及知琇之清乃歎息除武陵王前軍長史未拜仍出爲輔國將軍監吳興郡尋拜太守治稱清嚴高宗輔政防制諸蕃致密旨於上佐隆昌元年遷琇之爲寧朔將軍晉熙王冠軍長史行郢州事江夏內史琇之辭不許未拜卒

史臣曰琴瑟不調必解而更張也魏晉爲吏稍與漢乖奇猛之風雖衰而仁愛之情亦減局以峻法限以常條以必世之仁未及宣理而朞月之望已求治術先公後私在已未易割民奉國於物非難期之救過所利苟免且日見可欲嗜好方流貪以敗官取與違義吏之不臧罔非由此擿奸辯僞誠俟異識垂名著績唯有廉平今世之治民未有出於此也

贊曰蒸蒸小民吏職長親棼亂須理郵隱歸仁枉直交晉寬猛代陳伊何導物貴在清身

南齊書卷五十三考證

裴昭明傳我不諳書○諳南史作讀

沈憲傳少爲憲從伯領軍寅之所知○臣承蒼按寅之即演之梁時以演與武帝諱同音故去水旁爲寅如張鏡止稱張寅亦其例也沈演之以元嘉二十一年爲中領軍事見宋書本傳

南齊書卷五十四

梁 蕭子顯 撰

列傳第三十五

高逸

褚伯玉 明僧紹 顧歡 臧榮緒

何求 劉虯 庾易 宗測

杜京 沈驎士 吳苞 徐伯珍

易有君子之道四焉語默之謂也故有入廟堂而不出狗江湖而永歸隱避紛紜情迹萬品若義道內足希微兩亡藏景窮巖蔽名愚谷解桎梏於仁義示形神於天壤則名教之外別有風猷故堯封有非聖之人孔門謬雞黍之客次則揭獨往之高節重去就之虛名激競違貪與世爲異或慮全後悔事歸知殆或道有不申行吟山澤咸皆用宇宙而成心借風雲以爲戒求志達道未或非然舍貞養素文以藝業不然與樵者之在山何殊別哉故樊英就徵不稱李固之望馮恢下節見陋張華之語期之塵外庶以弘多若今十餘子者仕不求聞退不議俗全身幽履服道儒門斯逸民之軌操故綴爲高逸篇云爾

褚伯玉字元璩吳郡錢唐人也高祖含始平太守父逷征虜參軍伯玉少有隱操寡嗜欲年十八父爲之婚婦入前門伯玉從後門出遂往剡居瀑布山性耐寒暑時人比之王仲都在山三十餘年隔絕人物王僧達爲吳郡苦禮致之伯玉不得已停郡信宿裁交數言而退寧朔將軍丘珍孫與僧達書曰聞褚先生出居貴館此子滅景雲棲不事王侯抗高木食有年載矣自非折節好賢何以致之昔文舉棲冶城安道入昌門於茲而三焉夫却粒之士飡霞之人乃可暫致不宜久羈君當思遂其高步成其羽化望其還策之日暫紆清塵亦願助爲譬說僧達答曰褚先生從白雲遊舊矣古之逸民或留處兒女或使華陰成市而此子索然唯朋松石介於孤峯絕嶺者積數十載近故要其來此冀慰日夜比談討芝桂借訪荔蘿若已窺煙液臨滄洲矣知君欲見之輒當申譬宋孝建二年散騎常侍樂詢行風俗表薦伯玉加徵聘本州議曹從事不就太祖卽位手詔吳會二郡以禮迎遣又辭疾上不欲違其志敕於剡白石山立太平館居之建元元年卒年八十六常居一樓上仍葬樓所孔稚珪從其受道法爲於館側立碑

明僧紹字承烈平原鬲人也祖玩州治中父略給事中僧紹宋元嘉中再舉秀才明經有儒術永光中鎭北府辟功曹竝不就隱長廣郡嶗山聚徒立學淮北沒虜乃南渡江明帝泰始六年徵通直郎不就昇明中太祖爲太傅教辟僧紹及顧歡臧榮緒以旍幣之禮徵爲記室參軍不至僧紹弟慶符爲青州僧紹乏糧食隨慶符之鬱洲住弇榆山栖雲精舍欣玩水石竟不一入州城建元元年冬詔曰朕側席思士載懷塵外齊郡明僧紹標志高栖耽情墳素幽貞之操宜加賁飾徵爲正員外郎稱疾不就其後與崔思祖書曰明居士標意可重吾前旨竟未達邪小涼欲有講事卿可至彼具述吾意令與慶符俱歸又曰不食周粟而食周薇古猶發議在今寧得息談邪聊以爲笑慶符罷任僧紹隨歸住江乘攝山太祖謂慶符曰卿兄高尚其事亦堯之外臣朕雖不相接有時通夢遺僧紹竹根如意筍籜冠僧紹聞沙門釋僧遠風德往候定林寺太祖欲出寺見之僧遠問僧紹曰天子若來居士若爲相對僧紹曰山藪之人政當鑿坏以遁若辭不獲命便當依戴公故事耳永明元年世祖敕召僧紹稱疾不肯見詔徵國子博士不就卒子元琳字仲璋亦傳家業僧紹長兄僧胤能玄言宋世爲冀州刺史弟僧暠亦好學宋孝武見之迎頌其名時人以爲榮泰始初爲青州刺史慶符建元初爲黃門僧胤子惠照元徽中爲太祖平南主簿從拒桂陽累至驃騎中兵與荀伯玉對領直建元元年爲巴州刺史綏懷蠻蜑上許爲益州未遷卒

顧歡字景怡吳郡鹽官人也祖赳晉隆安末避亂徙居歡年六七歲畫甲子有簡三篇歡析計遂知六甲家貧父使驅田中雀歡作黃雀賦而歸雀食過半父怒欲撻之見賦乃止鄉中有學舍歡貧無以受業於舍壁後倚聽無遺亡者八歲誦孝經詩論及長篤志好學母年老躬耕誦書夜則燃糠自照同郡顧顗之臨縣見而異之遣諸子與遊及孫憲之竝受經句歡年二十餘更從豫

章雷次宗諮玄儒諸義母亡水漿不入口六七日廬於墓次遂隱遁不仕於剡天台山開館聚徒受業者常近百人歡早孤每讀詩至哀哀父母輒執書慟泣學者由是廢蓼莪篇不復講太祖輔政悅歡風教徵爲揚州主簿遣中使迎歡及踐祚乃至歡稱山谷臣顧歡上表曰臣聞舉網提綱振裘持領綱領既理毛目自張然則道德綱也物勢目也上理其綱則萬機時序下張其目則庶官不曠是以湯武得勢師道則祚延秦項忽道任勢則身戮夫天門開闔自古有之四氣相新絺裘代進今火澤易位三靈改憲天樹明德對時育物搜揚仄陋野無伏言是以窮谷愚夫敢露偏管謹刪撰老氏獻治綱一卷伏願稽古百王斟酌時用不以芻蕘棄言不以人微廢道則率土之賜也微臣之幸也幸賜一疏則上下交泰雖不求民而民悅不祈天而天應應天悅民則皇基固矣臣志盡幽深無與榮勢自足雲霞不須祿養陛下既遠見尋求敢不盡言言既盡矣請從此退是時員外郎劉思效表陳讜言曰宋自大明以來漸見凋敝徵賦有增於往天府有貧於昔兼軍警屢興傷夷不復戍役殘丁儲無半菽小民嗷嗷無樂生之色貴勢之流貨室之族車服伎樂爭相奢麗亭池第宅競趣高華至于山澤之人不敢採飲其水草貧富相輝捐源尚末陛下宜發明詔吐德音布惠澤禁邪僞薄賦斂省徭役絕奇麗之賂塞鄭衞之倡變歷運之化應質文之用不亦大哉又彭汴有鴟梟之巢青丘爲孤兔之窟虐害踰紀殘暴日滋鬼泣舊泉人悲故壤童孺視編髮而慜生耆老看左衽而恥沒陛下宜仰答天人引領之望下弔旿黎傾首之勤授鉞衞霍之將遣策蕭張之師萬道俱前窮山蕩谷此卽恆山不足指而傾渤海不足飲而竭豈徒殘寇塵滅而已哉上詔曰朕夙旦惟夤思弘治道佇夢巖濱垂精管庫旰食縈懷其勤至矣吳郡顧歡散騎郎劉思效或至自丘園或越在冗位並能獻書金門薦辭鳳闕辨章治體有協朕心今出其表外可詳擇所宜以時敷奏歡近已加旂賁思效可付選銓序以顯讜言歡東歸上賜麈尾素琴永明元年詔徵歡爲太學博士同郡顧黯爲散騎郎黯字長孺有隱操與歡俱不就徵歡曉節服食不與人通每旦出戶山鳥集其掌取食事黃老道解陰陽書爲數術多効驗初元嘉末出都寄住東府忽題柱云三十年二月二十一日因東歸後太初弒逆果是此年月自知將終賦詩言志云精氣因天行遊魂隨物化剋死日卒於剡山身體柔軟時年六十四還葬舊墓木連理出墓側縣令江山圖表狀世祖詔歡諸子撰歡文議三十卷佛道二家立教既異學者互相非毀歡著夷夏論曰夫辨是與非宜據聖典尋二教之源故兩標經句道經云老子入關之天竺維衞國國王夫人名曰淨妙老子因其晝寢乘日精入淨妙口中後年四月八日夜半時剖左腋而生墜地卽行七步於是佛道興焉此出玄妙內篇佛經云釋迦成佛有塵劫之數出法華無量壽或爲國師道士儒林之宗出瑞應本起歡論之曰五帝三皇莫不有師國師道士無過老莊儒林之宗孰出周孔若孔老非佛誰則當之然二經所說如合符契道則佛也佛則道也其聖則符其跡則反或和光以明近或曜靈以示遠道濟天下故無方而不入智周萬物故無物而不爲其入不同其爲必異各成其性不易其事是以端委搢紳諸華之容翦髮曠衣羣夷之服擎跽磬折侯甸之恭狐蹲狗踞荒流之肅棺殯槨葬中夏之制火焚水沈西戎之俗全形守體繼善之教毀貌易性絕惡之學豈伊同人爰及異物鳥王獸長往往是佛無窮世界聖人代興或昭五典或布三乘在鳥而鳥鳴在獸而獸吼教華而華言化夷而夷語耳雖舟車均於致遠而有川陸之節佛道齊乎達化而有夷夏之別若謂其致既均其法可換者而車可涉川舟可行陸乎今以中夏之性効西戎之法既不全同又不全異下育妻孥上廢宗祀嗜欲之物皆以禮伸孝敬之典獨以法屈悖禮犯順曾莫之覺弱喪忘歸孰識其舊且理之可貴者道也事之可賤者俗也捨華効夷義將安取若以道邪道固符合矣若以俗邪俗則大乖矣屢見刻舷沙門守株道士交諍小大互相彈射或域道以爲兩或混俗以爲一是牽異以爲同破同以爲異則乖爭之由淆亂之本也尋聖道雖同而法有左右始乎無端終乎無末泥洹仙化各是一術佛號正眞道稱正一一歸無死眞會無生在名則反在實則合但無生之教賒無死之化切切法可以進謙弱賒法可以退夸強佛教文而博道教質而精精非麤人所信博非精人所能佛言華而引道言實而抑抑則明者獨進引則昧者競前佛經繁而顯道經簡而幽幽則妙門難見顯則正路易遵此二法之辨也聖匠無心方圓有體器既殊用教亦異施佛是破惡之方道是興善之術興善則自然爲高破惡則勇猛爲貴佛跡光大宜以化物道跡密微利用爲己優劣之分大略在茲夫蹲夷之儀婁羅之辯各出彼俗自相聆解猶蟲讙鳥聒何足術效歡雖同二法而意黨道教宋司徒袁粲託爲道人通公駮之其略曰白日停光恆星隱照誕降之應事在老先似非入關方炳斯瑞又老莊周孔有可存者依日末光憑釋遺法盜牛竊善反以成蠹檢究源流終異吾黨之爲道耳西域之記佛經之說俗以膝行爲禮不慕蹲坐爲恭道以三繞爲虔不尚踞傲爲肅豈專戎土爰亦茲方襄童謁帝膝行而進趙王見周三環而止今佛法在華乘者常安戒善行交路者恆通文王造周大伯創吳革化戎夷不因舊俗豈若舟車理無代用佛法垂化或因或革清信之士容衣不改息心之人服貌必變變本從道不遵彼俗教風自殊無患其亂孔老釋迦其人或同觀方設教其道必異孔老治世爲本釋氏出世爲宗發軫既殊其歸亦異符合之唱自由臆說又仙化以變形爲上泥洹以陶神爲先變形者白首還緇而未能無死陶神者使塵惑日損湛然常存泥洹之道無死之地乖詭若此何謂其同歡答曰案道經之作著自西周佛經之來始乎東漢年踰八百代懸數十若謂黃老雖久而濫在釋前是呂尚盜陳恆之齊劉季竊王莽之漢也經云戎氣強獷乃復略人頰車邪又夷俗長跽法與華異翹左跂右全是蹲踞故周公禁之於前仲尼戒之於後又舟以濟川車以征陸佛起於戎豈非戎俗素惡邪道出於華豈非華風本善邪今華風既變惡同戎狄佛來破之良有以矣佛道實貴故戒業可遵戎俗實賤故言貌可棄今諸華士女民族弗革而露首偏踞濫用夷禮云於翦落之徒全是胡人國有舊風法不可變又若觀風流教其道必異佛非東華之道道非西戎之法魚鳥異淵永不相關安得老釋二教交行八表今佛既東流道亦西邁故知世有精麤教有文質然則道教執本以領末佛教救末以存本請問所異歸在何許若以翦落爲異則胥靡翦落矣若以立像爲異則俗巫立像矣此非所歸歸在常住常住之象常道孰異神仙有死權便之說神仙是大化之總稱非窮妙之至名至名無名其有名者二十七品仙變成眞眞變成神或謂之聖各有九品品極則入空寂無爲無名若服食茹芝延壽萬億壽盡則死藥極則枯此修考之士非神仙之流也明僧紹正二教論以爲佛明其宗老全其生守生者蔽明宗者通今道家稱長生不死名補天曹大乖老莊立言本理文惠太子竟陵王子良並好釋法吳興孟景翼爲道士太子召入玄圃園衆僧大會子良使景翼禮佛景翼不肯子良送十地經與之景翼造正一論大略曰寶積云佛以一音廣說法老子云聖人抱一以爲天下式一之爲妙空玄絕於有景神化贍於無窮爲萬物而無爲處一數而無數莫之能名強號爲一在佛曰實相在道曰玄牝道之大象卽佛之法身以不守之守守法身以不執之執執大象但物有八萬四千行說有八萬四千法法乃至於無數行亦達於無央等級隨緣須導歸一歸一曰回向向正卽無邪邪觀既遣億善日新三五四六隨用而施獨立不改絕學無憂曠劫諸聖共遵斯一老釋未始於嘗分迷者分之而未合億善遍修修遍成聖雖十號千稱終不能盡終不能盡豈可思議司徒從事中郎張融作門律云道之與佛逗極無二吾見道士與道人戰儒墨道人與道士辨是非昔有鴻飛天首積遠難亮越人以爲鳧楚人以爲乙人自楚越鴻常一耳以示太子僕周顒顒難之曰虛無法性其寂雖同位寂之方其旨則別論所謂逗極無二者爲逗極於虛無當無二於法性耶足下所宗之本一物爲鴻乙耳驅馳佛道無免二末未知高鑒緣何識本輕而宗之其有旨乎往復文多不載歡口不辨善於著筆著三名論甚工鍾會四本之流也又注王弼易二繫學者傳之始興人盧度亦有道術少隨張永北征永敗虜追急阻淮水不得過度心誓曰若得免死從今不復殺生須臾見兩楯流來接之得過後隱居西昌三顧山鳥獸隨之夜有鹿觸其壁度曰汝壞我壁鹿應聲去屋前有池養魚皆名呼之魚次第來取食乃去逆知死年月與親友別永明末以壽終初永明三年徵驃騎參軍顧惠胤爲司徒主簿惠胤宋鎭軍將軍覬之弟子也閑居養志不應徵辟

臧榮緒東莞莒人也祖奉先建陵令父庸民國子助教榮緒幼孤躬自灌園以供祭祀母喪後乃著嫡寢論掃灑堂宇置筵席朔望輒拜薦甘珍未嘗先食純篤好學括東西晉爲一書紀錄志傳百一十卷隱居京口教授南徐州辟西曹舉秀才不就太祖爲揚州徵榮緒爲主簿不到司徒褚淵少時嘗命駕尋之建元中啓太祖曰榮緒朱方隱者昔臧質在宋以國戚出牧彭岱引爲行佐非其所好謝疾求免蓬廬守志漏濕是安灌蔬終老與友關康之沈深典素追古著書撰晉史十袠贊論雖無逸才亦足彌綸一代臣歲時往京口早與之遇近報其取書始方送出庶得備錄渠閣採異甄善上答口公所道臧榮緒者吾甚志之其有史翰欲令入天祿甚佳榮緒惇愛五經謂人曰昔呂尚奉丹書武王致齋降位李釋敎誠並有禮敬之儀因甄明至道乃著拜五經序

論常以宣尼生庚子日陳五經拜之自號被褐先生又以飲酒亂德言常爲誡永明六年卒年七十四初榮緒與關康之俱隱在京口世號爲二隱康之字伯愉河東人世居丹徒以墳籍爲務四十年不出門不應州府辟宋太始中徵通直郎不就晚以母老家貧求爲嶺南小縣性清約獨處一室稀與妻子相見不通賓客弟子以業傳受尤善左氏春秋太祖爲領軍素好此學送春秋五經康之手自點定并得論禮記十餘條上甚悅寶愛之遺詔以經本入玄宮宋末卒

何求字子有廬江灊人也祖尚之宋司空父鑠宜都太守元嘉末爲宋文帝挽郎解褐著作郎中軍衛軍行佐太子舍人平南參軍撫軍主簿太子洗馬丹陽吳郡丞清退無嗜欲又除征北參軍事司徒主簿太子中舍人泰始中妻亡還吳葬舊墓除中書郎不拜仍住吳居波若寺足不踰戶人莫見其面明帝崩出奔國哀除爲司空從事中郎不就乃除永嘉太守求時寄住南澗寺不肯詣臺乞於寺拜受見許一夜忽乘小船逃歸吳隱虎丘山復除黃門郎不就永明四年世祖以爲太中大夫又不就七年卒年五十六初求母王氏爲父所害求兄弟以此無宦情求弟點少不仕宋世徵爲太子洗馬不就隱居東離門卞望之墓側性率到好狎人物建元中褚淵王儉爲宰相點謂人曰我作齊書已竟贊云淵既世族儉亦國華不賴舅氏遑卹外家儉欲候之知不可見乃止永明元年徵中書郎豫章王命駕造門點從後門逃去竟陵王子良聞之曰豫章王尚不屈非吾所議遺點嵇叔夜酒杯徐景山酒鎗以通意點常自得遇酒便醉交遊宴樂不隔也永元中京師頻有軍寇點欲結裳爲袴與崔慧景共論佛義其語默之迹如此點弟胤有儒術亦懷隱遁之志所居宅名爲小山隆昌中爲中書令以皇后從叔見親寵明帝即位胤賣園宅將遂本志建武四年爲散騎常侍巴陵王師聞吳興太守謝朏致仕慮後之於是奉表不待報而去隱會稽山上大怒令有司奏彈胤然發優詔焉永元二年徵散騎常侍太常卿

劉虯字靈預南陽涅陽人也舊族徙居江陵虯少而抗節好學須得祿便隱宋太始中仕至晉平王驃騎記室當陽令罷官歸家靜處斷穀餌朮及胡麻建元初豫章王爲荆州教辟虯爲別駕與同郡宗測新野庾易竝遣書禮請虯等各修牋答而不應辟命永明三年刺史廬陵王子卿表虯及同郡宗測宗尚之庾易劉昭五人請加蒲車束帛之命詔徵爲通直郎不就竟陵王子良致書通意虯答曰虯四節臥病三時營灌暢餘陰於山澤託暮情於魚鳥寧非唐虞重恩周邵宏施虯進不研機入玄無洙泗稷館之辯退不凝心出累非冢間樹下之節遠澤既灑仁規先著謹收樵牧之嫌敬加軾蠹之義虯精信釋氏衣麤布衣禮佛長齋注法華經自講佛義以江陵西沙洲去人遠乃徙居之建武二年詔徵國子博士不就其冬虯病正晝有白雲徘徊檐戶之內又有香氣及磬聲其日卒年五十八劉昭與虯同宗州辟祭酒從事不就隱居山中

庾易字幼簡新野新野人也徙居屬江陵祖玫巴郡太守父道驥安西參軍易志性恬隱不交外物建元元年刺史豫章王辟爲驃騎參軍不就臨川王映臨州獨重易上表薦之餉麥百斛易謂使人曰民樵採麋鹿之伍終其解毛之衣馳騁日月之車得保自耕之祿於大王之恩亦已深矣辭不受永明三年詔徵太子舍人不就以文義自樂安西長史袁彖欽其風通書致遺易以連理机竹翹書格報之建武二年詔復徵爲司徒主簿不就卒

宗測字敬微南陽人宋徵士炳孫也世居江陵測少靜退不樂人間歎曰家貧親老不擇官而仕先哲以爲美談余竊有惑誠不能潛感地金冥致江鯉但當周天道分地利孰能食人厚祿憂人重事乎州舉秀才主簿不就驃騎豫章王徵爲參軍測答府召云何爲謬傷海鳥橫斤山木母喪身負土植松柏豫章王復遣書請之辟爲參軍測答曰性同鱗羽愛止山壑眷戀松筠輕迷人路縱宕巖流有若狂者忽不知老至而今鬢已白豈容課虛責有限魚慕鳥哉永明三年詔徵太子舍人不就欲遊名山乃寫祖炳所畫尚子平圖於壁上測長子官在京師知父此旨便求祿還爲南郡丞付以家事刺史安陸王子敬長史劉寅以下皆贈送之測無所受齎老子莊子二書自隨子孫拜辭悲泣測長嘯不視遂往廬山止祖炳舊宅魚復侯子響爲江州厚遺贈測曰少有狂疾尋山採藥遠來至此量腹而進松朮度形而衣薜蘿淡然已足豈容當此橫施子響命駕造之測避不見後子響不告而來奄至所住測不得已巾褐對之竟不交言子響不悅而退尚書令王儉餉測蒲褥頃之測送弟喪還西仍留舊宅永業寺絕賓友唯與同志庾易劉虯宗人尚之等往來講說刺史隨王子隆至鎮遣別駕宗哲致勞問測笑曰貴賤理隔何以及此竟不答建武二年徵爲司徒主簿不就卒測善畫自圖阮籍遇蘇門於行障上坐臥對之又畫永業佛影臺皆爲妙作頗好音律善易老續皇甫謐高士傳三卷又嘗遊衡山七嶺著衡山廬山記尚之字敬文亦好山澤與劉虯俱以驃騎記室不仕宋末刺史武陵王辟贊府豫章王辟別駕竝不就永明中與劉虯同徵爲通直郎和帝中興初又徵爲諮議竝不就壽終

杜京產字景齊吳郡錢唐人杜子恭玄孫也祖運爲劉毅衛軍參軍父道鞠州從事善彈棊世傳五斗米道至京產及子栖京產少恬靜閉意榮宦頗涉文義專修黃老會稽孔覬清剛有峻節一見而爲款交郡召主簿州辟從事稱疾去除奉朝請不就與同郡顧歡同契始寧中東山開舍授學建元中武陵王曅爲會稽太守遣儒士劉瓛入東爲曅講說京產請瓛至山舍講書傾資供待子栖躬自屣履爲瓛生徒下食其禮賢如此孔稚珪周顒謝瀹竝致書以通慇懃永明十年稚珪及光祿大夫陸澄祠部尚書虞悰太子右率沈約司徒右長史張融表薦京產曰竊見吳郡杜京產潔靜爲心謙虛成性通和發於天挺敏達表於自然學遍玄儒博通史子流連文藝沈吟道奧泰始之朝掛冠辭世遁捨家業隱于太平葺宇窮巖採芝幽澗耦耕自足薪歌有餘確爾不羣淡然寡慾麻衣藿食二十餘載雖古之志士何以加之謂宜釋巾幽谷結組登朝則嵒谷含懽薜蘿起抃矣不報建武初徵員外散騎侍郎京產曰莊生持釣豈爲白璧所回辭疾不就年六十四永元元年卒會稽孔道徵守志業不仕京產與之友善永明中會稽鍾山有人姓蔡不知名山中養鼠數十頭呼來即來遣去便去言語狂易時謂之謫仙不知所終

沈驎士字雲禎吳興武康人也祖膺期晉太中大夫驎士少好學家貧織簾誦書口手不息宋元嘉末文帝令尚書僕射何尚之抄撰五經訪舉學士縣以驎士應選尚之謂子偃曰山藪故有奇士也少時驎士稱疾歸鄉更不與人物通養孤兄子義著鄉曲或勸驎士仕答曰魚縣獸檻天下一契聖人玄悟所以每履吉先吾誠未能景行坐忘何爲不希企日損乃作玄散賦以絕世大守孔山士辟不應宗人徐州刺史曇慶侍中懷文左率勃來候之驎士未嘗答也隱居餘干吳差山講經教授從學者數十百人各營屋宇依止其側驎士重陸機連珠每爲諸生講之征北張永爲吳興請驎士入郡驎士聞郡後堂有好山水乃住停數月永欲請爲功曹使人致意驎士曰明府德履冲素留心山谷民是以被褐負杖忘其疲病必欲飾渾沌以蛾眉冠越客於文冕走雖不敏請附高節有蹈東海而死爾永乃止昇明末太守王奐上表薦之詔徵爲奉朝請不就永明六年吏部郎沈淵中書郎沈約又表薦驎士義行曰吳興沈驎士英風夙挺峻節早樹貞粹稟於天然綜博生乎篤習家世孤貧藜藿不給懷書而耕白首無倦挾琴採薪行歌不輟長兄早卒孤姪數四攝厓鞠稚吞苦推甘年踰七十業行無改元嘉以來聘召仍疊玉質踰潔霜操日嚴若使聞政王庭服道槐掖必能孚朝規於邊鄙播聖澤於荒垂詔又徵爲太學博士建武二年徵著作郎永元二年徵太子舍人竝不就驎士負薪汲水并日而食守操終老篤學不倦遭火燒書數千卷驎士年過八十耳目猶聰明以火故抄寫燈下細書復成二三千卷滿數十篋時人以爲養身靜嘿之所致也著周易兩繫莊子內篇訓注易經禮記春秋尚書論語孝經喪服老子要略數十卷以楊王孫皇甫謐深達生死而終禮矯僞乃自作終制年八十六卒同郡沈儼之字士恭徐州刺史曇慶子亦不仕徵太子洗馬永明元年徵中書郎三年又詔徵前南郡國常侍沈顗爲著作郎建武二年徵太子舍人永元二年徵通直郎顗字處默宋領軍寅之兄孫也

吳苞字天蓋濮陽鄄城人也儒學善三禮及老莊宋泰始中過江聚徒教學冠黃葛巾竹麈尾蔬食二十餘年隆昌元年詔曰處士濮陽吳苞栖志窮谷秉操貞固沈精味古白首彌厲徵太學博士不就始安王遙光右衛江祏於蔣山南爲立館自劉瓛卒後學者咸歸之以壽終魯國孔嗣之字敬伯宋世與太祖俱爲中書舍人竝非所好自廬陵郡去官隱居鍾山朝廷以爲太中大夫建武三年卒

徐伯珍字文楚東陽太末人也祖父竝郡掾史伯珍少孤貧書竹葉及地學書山水暴出漂溺宅舍村鄰皆奔走伯珍累床而止讀書不輟叔父璠之與顏延之友善還祛蒙山立精舍講授伯珍往從學積十年究尋經史遊學者多依之太守瑯邪王曇生吳郡張淹竝加禮辟伯珍應召便退如此者凡十二焉徵士沈儼造膝談論申以素交吳郡顧歡擿出尚書滯義伯珍訓答甚有條理儒者宗之好釋氏老莊兼明道術歲常旱伯珍筮之如期雨澍舉動有禮過曲木之下趨而避之早喪妻晚不復重娶自比曾參宅南九里有高山班固謂之九巖

山後漢龍丘萇隱處也山多龍鬚檉柏望之五采世呼爲婦人巖二年伯珍移居之門前生梓樹一年便合抱舘東石壁夜忽有赤光洞照俄爾而滅白雀一雙栖其戶牖論者以爲隱德之感焉永明二年刺史豫章王辟議曹從事不就家甚貧窶兄弟四人皆白首相對時人呼爲四皓建武四年卒年八十四受業生凡千餘人同郡樓幼瑜亦儒學著禮捃遺三十卷官至給事中又同郡樓惠明有道術居金華山禽獸毒螫者皆避之宋明帝聞之勑出住華林園除奉朝請固乞不受求東歸永明三年忽乘輕舟向臨安縣衆不知所以尋而唐寓之賊破郡文惠太子呼出住蔣山又求歸見許世祖敕爲立舘

史臣曰顧歡論夷夏優老而劣釋佛法者理寂乎萬古迹兆乎中世淵源浩博無始無邊宇宙之所不知數量之所不盡盛乎哉眞大士之立言也探機扣寂有感必應以大苞小無細不容若乃儒家之教仁義禮樂仁愛義宜禮順樂和而已今則慈悲爲本常樂爲宗施舍惟機低舉成敬儒家之敎憲章祖述引古證之於學易悟今樹以前因報以後果業行交酬連璅相襲陰陽之教占氣步景授民以時知其利害今則耳眼洞達心智他通身爲奎井豈俟甘石法家之教出自刑理禁姦止邪明用賞罰今則十惡所墜五及無間刃樹劒山焦湯猛火造受自貽罔或差貳墨家之教遵上儉薄磨踵滅頂且猶非吝今則膚同斷瓠目如井星授子捐妻在鷹庇鴿從横之敎所貴權謀天口連環歸乎適變今則一音萬解無待戶說四辨三會咸得吾師雜家之教兼有儒墨今則五時所宣于何不盡農家之敎播植耕耘善相五事以藝九穀今則鬱單粳稻已異閻浮生天果報自然飲食道家之教執一虛無得性亡情凝神勿擾今則波若無照萬法皆空豈有道之可名寧餘一之可得道俗對校眞假將讐釋理奧藏無往而不有也能善用之卽眞是俗九流之設用藉世教刑名道墨乖心異言儒者不學無傷爲儒佛理玄曠實智妙有一物不知不成圓聖若夫神道應現之力感會變化之奇不可思議難用言象而諸張米道符水先驗相傳師法祖自伯陽世情去就有此二學僧尼道士矛楯相非非唯重道兼亦殉利詳尋兩教理歸一極但迹有左右故教成先後廣略爲言自生優劣道本虛無非由學至絕聖棄智已成有爲有爲之無終非道本若使本末同無曾何等級佛則不然具縛爲種轉暗成明梯愚入聖途雖遠而可踐業雖曠而有期勸慕之道物我無隔而局情淺智鮮能勝受世途揆度因果二門雞鳴爲善未必餘慶膾肉東陵曾無厄禍身才高妙鬱滯而靡達器思庸鹵富厚以終生忠反見遺詭乃獲用觀此而論近無罪福而業有不定著自經文三報開宗斯疑頓曉史臣服膺釋氏深信冥緣謂斯道之莫貴也

贊曰含貞抱樸履道敦學惟茲潛隱棄鱗養角

南齊書卷五十四考證

顧歡傳歡早孤每讀詩至哀哀父母輒執書慟泣學者由是廢蓼莪篇○晉書王裒亦有此事

南齊書卷五十五

梁 蕭 子 顯 撰

列傳第三十六

孝義

崔懷愼 公孫僧遠 吳欣之 韓係伯
孫淡 華寶 韓靈敏 封延伯
吳達之 王文殊 朱謙之 蕭叡明
樂頤 江泌 杜栖 陸絳

子曰父子之道天性也君臣之義也人之含孝稟義天生所同淳薄因心非俟學至遲遇爲用不謝始庶之法驕慢之性多慙水菽之享夫色養盡力行義致身甘心壠畝不求聞達斯卽孟氏三樂之辭仲由負米之歎也通乎神明理緣感召情澆世薄方表孝慈故非內德者所以寄心懷仁者所以標物矣埋名韞節鮮或昭著紀夫事行以列于篇

崔懷愼清河東武城人也父邪利魯郡太守宋元嘉中沒虜懷愼與妻房氏篤愛聞父陷沒卽日遣妻布衣蔬食如居喪禮邪利後仕虜中書戒懷愼不許如此懷愼得書更號泣懷愼從叔模爲滎陽太守亦同沒虜模子雖居處改節而不廢婚宦大明中懷愼宗人冀州刺史元孫北使虜問之曰崔邪利模竝力屈歸命二家子姪出處不同義將安在元孫曰王尊驅驥王陽回車欲令忠孝竝弘臣子兩節太始初淮北陷沒界上流奔者多有去就懷愼因此入北至桑乾邪利時已卒懷愼絕而後蘇載喪還青州徒跣冰雪土氣寒酷而手足不傷時人以爲孝感喪畢以弟在南建元初又逃歸而弟亦已亡懷愼孤貧獨立宗黨哀之日斂給其升米永明中卒

公孫僧遠會稽剡人也治父喪至孝事母及伯父甚謹年穀饑貴僧遠省食減食以養母及伯弟亡無以葬身販貼與鄰里供斂送之費躬負土手種松栢兄姊未婚嫁乃自賣爲之成禮名聞郡縣太祖卽位遣兼散騎常侍虞炎十二部使行天下建元三年表列僧遠等二十三人詔竝表門閭蠲租稅

吳欣之晉陵利城人也宋元嘉末弟尉之爲武晉縣戍隨王誕起義太祖遣軍主華欽討之吏民皆散尉之獨留見執將死欣之詣欽乞代弟命辭淚哀切兄弟皆見原建元二年有詔蠲表永明初廣陵民章起之二息犯罪爭死太守劉悛表以聞

韓係伯襄陽人也事父母謹孝襄陽土俗鄰居種桑樹於界上爲誌係伯以桑枝蔭妨他地遷界上開數尺鄰畔隨復侵之係伯輒更改種久之鄰人慙愧還所侵地躬往謝之建元三年蠲租稅表門閭以壽終

孫淡太原人也居長沙事母孝母疾不眠食以差爲期母哀之後有疾不使知也豫章王領湘州辟驃騎行參軍建元三年蠲租稅表門閭卒於家

華寶晉陵無錫人也父豪義熙末戍長安寶年八歲臨別謂寶曰須我還當爲汝上頭長安陷虜豪歿寶年至七十不婚冠或問之者輒號慟彌日不忍答也同郡薛天生母遭艱菜食天生亦菜食母未免喪而死天生終身不食魚肉與弟有恩義又同郡劉懷胤與弟懷則年十歲遭父喪不絮帛不食鹽菜建元三年竝表門閭

韓靈敏會稽剡人也早孤與兄靈珍竝有孝性母尋又亡家貧無以營凶兄弟共種瓜半畝朝採瓜子暮已復生以此遂辦葬事靈珍亡無子妻卓氏守節不嫁慮家人奪其志未嘗告歸靈敏事之如母晉陵吳康之妻趙氏父亡弟幼值歲饑母老病篤趙詣鄉里自賣言辭哀切鄉里憐之人人分升米相救遂得免及嫁康之少時夫亡家欲更嫁誓死不貳義興蔣儁之妻黃氏夫亡不重嫁逼之欲赴水自殺乃止建元三年詔蠲租賦表門閭永明元年會稽永興吳翼之母丁氏少喪夫性仁愛遭年荒分衣食以貽里中饑餓者鄰里求借未嘗違同里陳穰父母死孤單無親戚丁氏收養之及長爲營婚娶又同里王禮妻徐氏荒年客死山陰丁爲買棺器自往斂葬元徽末大雪商旅斷行村里比屋饑餓丁自出鹽米計口分賦同里左僑家露四喪無以葬丁爲辦冢槨有三調不登者代爲輸送丁長子婦王氏守寡執志不再醮州郡上言詔表門閭蠲租稅又廣陵徐靈禮妻遭火救兒與兒俱焚死太守劉悛以聞又會稽人陳氏有三女無男祖父母年八九十老耄無所知父篤癃病母不安其室値歲饑三女相率於西湖採菱蓴更日至市貨賣未嘗虧息鄉里稱爲義門多欲取爲婦長女自傷煢獨誓不肯行祖父母尋相繼卒三女自營殯葬爲菴舍墓側又永興概中里王氏女年五歲得毒病兩目皆盲性至孝年二十父母死臨屍一叫眼皆血出小妹娥舐其血左目卽開時人稱爲孝感縣令何曇秀不以聞又諸暨東洿里屠氏女父失明母痼疾親戚相棄鄉里不容女移父母遠住紵羅晝樵采夜紡績以供養父母俱卒親營殯葬負土成墳忽聞空中有聲云汝至性可重山神欲相驅使汝可爲人治病必得大富女謂是魑魅弗敢從遂得病積時鄰舍人有中溪蜮毒者女試治之自覺病便差遂以巫道爲人治疾無不愈家產日益鄉里多欲娶之以無兄弟誓守墳墓不肯嫁爲山賊劫殺縣令于琳之具言郡太守王敬則不以聞建武三年吳興乘公濟妻姚氏生二男而公濟及兄公願乾伯竝卒各有一子欣之天保姚養育之賣田宅爲娶婦自與二男寄止鄰家明帝詔爲其二子婚表門閭復傜役吳郡范法恂妻褚氏亦勤苦執婦業宋昇明中孫曇瓘謀反亡命褚謂其子僧簡曰孫越州先姑之姊子與汝父親則從母兄弟交則義重古人逃竄脫不免汝宜收之曇瓘尋伏法褚氏令僧簡往斂葬年七十餘永明中卒僧簡在都聞病馳歸未至而褚已卒將殯舉屍不起尋而僧簡至焉

封延伯字仲璉渤海人也有學行不與世人交事寡嫂甚謹州辟主簿舉秀才不就後乃仕垣崇祖爲豫州啟太祖用爲長史帶梁郡太守以疾自免僑居東海遂不至京師三世同財爲北州所宗附豫章王辟中兵不就卒建元三年大使巡行天下義興陳玄子四世一百七十口同居武陵郡邵榮興文獻叔八世同居東海徐生之武陵范安祖李聖伯范道根五世同居零陵譚弘寶衡陽何弘華陽黑頭疎從四世同居竝共衣食詔表

門閭蠲稅租又蜀郡王續祖華陽郝道福並累世同爨建武三年明帝詔表門閭蠲調役

吳達之義興人也嫂亡無以葬自賣爲十夫客以營冢槨從祖弟敬伯夫妻荒年被畧賣江北達之有田十畝貨以贖之與之同財共宅郡命爲主簿固以讓兄又讓世業舊田與族弟弟亦不受田遂閑廢建元三年詔表門閭河南辛普明僑居會稽自少與兄同處一帳兄亡以帳施靈座夏月多蚊普明不以露寢見色兄將葬隣人嘉其義賻助甚多普明初受後皆反之贈者甚怪普明曰本以兄墓不周故不逆來意今何忍亡者餘物以爲家財後遭母喪幾至毁滅揚州刺史豫章王辟爲義曹從事年五十卒又有何伯璵弟幼璵俱厲節操養孤兄子及長爲婚推家業盡與之安貧枯槁誨人不倦鄉里呼爲人師郡守下車莫不修謁永明十一年伯璵卒幼璵少好佛法翦落長齋持行精苦梁初卒兄弟年並八十餘

王文殊吳興故鄣人也父没虜文殊思慕泣血蔬食山谷三十餘年太守謝瀹板爲功曹不就永明十一年太守孔琇之表曰文殊性挺五常心符三教以父没獯庭抱終身之痛專席恒居銜罔極之卹服紵縞以經年餌蔬菽以俟命婚義滅於天情官序空於素抱儻降甄異之恩牓其閭里鬱林詔牓門改所居爲孝行里

朱謙之字處光吳郡錢唐人也父昭之以學解稱於鄉里謙之年數歲所生母亡昭之假葬田側爲族人朱幼方燎火所焚同産姊密語之謙之雖小便哀戚如持喪年長不婚娶永明中手刃殺幼方詣獄自繫縣令申靈勗表上別駕孔稚珪兼記室劉璡司徒左西掾張融牋與刺史豫章王曰禮開報仇之典以申孝義之情法斷相殺之條以表權時之制謙之揮刃酬冤既申私禮繫頸就死又明公法今仍殺之則成當世罪人宥而活之即爲盛朝孝子殺一罪人未足弘憲活一孝子實廣風德張緒陸澄是其鄉舊應具來由融等與謙之並不相識區區短見深有恨然豫章王言之世祖時吳郡太守王慈太常張緒尚書陸澄並表論其事世祖嘉其義慮相復報乃遣謙之隨曹虎西行將發幼方子惲於津陽門伺殺謙之謙之之兄選之又刺殺惲有司以聞世祖日此皆是義事不可問悉赦之吳興沈顗聞而歎曰弟死於孝兄殉於義孝友之節萃此一門選之字處林有志節著辯相論幼時顧愷見而異之以女妻焉官至江夏王參軍

蕭叡明南蘭陵人領軍將軍諶從祖兄弟也父孝孫左軍叡明初仕員外殿中將軍少有至性奉親謹篤母病躬禱夕不假寐及亡不勝哀而卒永明五年世祖詔曰龍驤將軍安西中兵參軍松滋令蕭叡明愛敬淳深色養盡禮喪過乎哀遂致毁滅雖未達聖教而一至可愍宜加榮命以矜善人可贈中書郎

樂頤字文德南陽涅陽人世居南郡少而言行和謹仕爲京府參軍父在郢州病亡頤忽思父涕泣因請假還中路果得父凶問頤便徒跣號咷出陶家後渚遇商人附載西上水漿不入口數日嘗遇病與母隔壁忍痛不言齧被至碎恐母之哀已也湘州刺史王僧虔引爲主簿以同僚非人棄官去吏部郎庾杲之嘗往候頤爲設食枯魚菜菹而已杲之曰我不能食此母聞之自出常膳魚羹數種杲之曰卿過於茅季偉我非郭林宗仕至郢州治中卒弟預亦孝父臨亡執其手以託郢州行事王奐預悲感悶絶吐血數升遂發病官至驃騎錄事隆昌末預謂丹陽尹徐孝嗣曰外傳籍籍似有伊周之事君蒙武帝殊常之恩荷託付之重恐不得同人此舉人笑褚公至今齒冷孝嗣心甚納之建武中爲永世令民懷其德卒官有一老嫗行擔斛蔌若將詣市聞預死棄擔號泣厲門解仲恭亦僑居南郡家行敦睦得纖豪財利輙與兄弟平分母病經時不差入山採藥遇一老父語之曰得丁公藤病立愈此藤近在前山際高樹垂下便是也忽然不見仲恭如其言得之治病母即差至今江陵人猶有識此藤者

江泌字士清濟陽考城人也父亮之員外郎泌少貧晝日斫屧夜讀書隨月光握卷升屋性行仁義衣弊恐虱饑死乃復取置衣中數日間終身無復虱母亡後以生闕供養遇鮭不忍食食菜不食心以其有生意也歷仕南中郎行參軍所給募吏去役得時病莫有舍之者吏扶杖投泌泌親自隱卹吏死泌爲買棺無僮役兄弟共輿埋之領國子助教乘牽車至染烏頭見老翁步行下車載之躬自步去世祖以爲南康王子琳侍讀建武中明帝害諸王後泌憂念子琳詣誌公道人問其禍福誌公覆香鑪灰示之曰都盡無所餘及子琳被害泌往哭之淚盡繼之以血親視殯葬乃去時廣漢王侍讀嚴桓之亦哭王盡哀泌尋卒泌族人兖州治中泌黄門郎悆子也與泌同名世謂泌爲孝江泌以別之

杜栖字孟山吳郡錢唐人徵士京産子也同郡張融與京産相友每相造言論栖常在側融指栖曰昔陳太丘之召元方方之爲劣以今方古古人何貴栖出京師從儒士劉瓛受學善清言能彈琴飲酒名儒貴遊多敬待之中書郎周顒與京産書曰賢子學業清標後來之秀嗟愛之懷豈知云已所謂人之英彦若已有之也刺史豫章王聞其名辟議曹從事仍轉西曹佐竟陵王子良數致禮接國子祭酒何胤治禮又重栖以爲學士掌婚冠儀以父老歸養怡情壠畝栖肥白長壯及京産疾旬日間便皮骨自支京産亡水漿不入口七日晨夕不罷哭不食鹽菜每營買祭奠身自看視號泣不自持朔望節歲絶而復續吐血數升時何胤謝朏並隱東山遺書敦譬誡以毁滅至祥禫暮夢見其父慟哭而絶初胤兄點見栖歎曰卿風韻如此雖獲嘉譽不永年矣卒時年三十六當世咸嗟惜焉建武二年剡縣有小兒年八歲與母俱得赤斑病母死家人以小兒猶惡不令其知小兒疑之問云母嘗數問我病昨來覺聲羸今不復聞何謂也因自投下牀匍匐至母屍側頓絶而死鄉隣告之縣令宗善才求表廬事竟不行

陸絳字魏卿吳郡人也父閑字遐業有風槩與人交不苟合少爲同郡張緒所知仕至揚州別駕明帝崩閑謂所親曰宫車晏駕百司將聽於冢宰主上地重才弱必不能振難將至矣乃感心疾不復預州事刺史始安王遙光反事敗閑以綱佐被召至杜姥宅尚書令徐孝嗣啓閑不預逆謀未及報徐世標令殺之絳時隨閑抱閑頸乞代死遂并見殺

史臣曰澆風一起人倫毁薄抑引之教徒聞珪璋之璞罕就若令事長移忠傚非行舉薑桂辛酸容遷本質而旌閭變里問饌存牢不過鰥寡齊矜力田等勸其於扶奬名教未爲多也

贊曰孝爲行首義實因心白華秉節寒木齊心

南齊書卷五十六

南齊書卷五十七

梁　蕭　子　顯　撰

列傳第三十七

倖臣

紀僧真　劉係宗　茹法亮　呂文顯

呂文度

有天象必有人事焉倖臣一星列於帝座經禮立教亦著近臣之服親倖之義其來已久爰自衰周侯伯專命桓文覇主至於戰國寵用近習不乏於時矣漢文幸鄧通雖錢遍天下位止郎中孝武韓嫣霍去病遂至侍中大司馬迄於魏晉世任權重才位稍爽而信倖唯均中書之職舊掌機務漢元以令僕用事魏明以監令專權及在中朝猶爲重寄陳准歸任上司荀勗恨於失職晉令舍人位居九品江左置通事郎管司詔誥其後郎還爲侍郎而舍人亦稱通事元帝用琅邪劉超以謹慎居職宋文世秋當周糺並出寒門孝武以來士庶雜選如東海鮑照以才學知名又用魯郡巢尚之江夏王義恭以爲非選帝遣尚書二十餘牒宣敕論辯義恭乃歎曰人主誠知人及明帝世胡毋顥阮佃夫之徒專爲佞倖矣齊初亦用久勞及以親信關讞表啓發署詔敕頗涉辭翰者亦爲詔文侍郎之局復見侵矣建武世詔命殆不關中書專出舍人省内舍人四人所置四省其下有主書令史舊用武官宋改文吏人數無員莫非左右要密天下文簿板籍入副其省萬機嚴秘有如尚書外司領武官有制局監領器仗兵役亦用寒人被恩幸者今立倖臣篇以繼前史之末云

紀僧真丹陽建康人也少隨逐征西將軍蕭思話及子惠開皆被賞遇惠開性苛僧真以微過見罰既而委任如舊及罷益州還都不得志僧真事之愈謹惠開臨終歎曰紀僧真方當富貴我不見也乃以僧真託劉秉周顒初惠開在益州土反被圍危急有道人謂之曰城圍尋解檀越貴門後方大興無憂外賊也惠開密謂僧真曰我子弟見在者並無異才政是蕭道成耳僧真憶其言乃請事太祖隨從在淮陰以閑書題令答遠近書疏自寒官歷至太祖冠軍府參軍主簿僧真夢蒿艾生滿江驚而白之太祖曰詩人採蕭蕭即艾也蕭生斷流卿勿廣言其見親如此元徽初從太祖頓新亭拒桂陽賊蕭惠朗突入東門僧真與左右共拒戰賊退太祖命僧真領親兵遊邏城中事寧除南臺御史太祖領軍功曹上將廢立謀之袁粲褚淵僧真啓上曰今朝廷猖狂人不自保天下之望不在袁褚明公豈得默己坐受夷滅存亡之機仰希熟慮太祖納之太祖欲度廣陵起兵僧真又啓曰主上雖復狂釁虐加萬民而累世皇基猶固盤石今百口北度何必得俱縱得廣陵城天子居深宫施號令目明公爲逆何以避此如其不勝則應北走胡中竊謂此非萬全策也上曰卿顧家豈能逐我行耶僧真頓首稱無貳昇明元年除員外郎帶東武城令尋除給事中邵陵王參軍太祖坐東府高樓望石頭城僧真在側上曰諸將勸我誅袁劉我意不欲便爾及沈攸之事起從太祖入朝堂石頭反夜太祖遣衆軍掩討宫城

中朢石頭火光及叫聲甚盛人懷不測僧眞謂衆曰叫聲不絕是必官軍所攻火光起者賊不容自燒其城此必官軍勝也尋而啟石頭平上出頓新亭使僧眞領千人在帳內初上在領軍府令僧眞學上手迹下名至是報答書疏皆付僧眞上觀之笑曰我亦不復能別也初上在淮陰治城得古錫鐵大數尺下有篆文莫能識者僧眞曰何須辯此文字此自久遠之物九錫之徵也太祖曰卿勿妄言及上將拜齊公已尅日有楊祖之謀於臨軒作難僧眞更請上選吉辰尋而祖之事覺上曰無卿言亦當致小狼狽此亦何異呼沲之氷轉齊國中書舍人建元初帶東燕令封新陽縣男三百戶轉羽林監加建威將軍遷尚書主客郎太尉中兵參軍令如故復以本官兼中書舍人太祖疾甚令僧眞典遺詔永明元年丁父喪起爲建威將軍尋除南泰山太守又爲舍人本官如故領諸王第事僧眞容貌言吐雅有士風世祖嘗目送之笑曰人何必計門戶紀僧眞常貴人所不及諸權要中最被盼遇除越騎校尉餘官如故出爲建武將軍建康令還除左右郎將泰山太守加先驅使尋除前軍將軍遭母喪開冢得五色兩頭蛇世祖崩僧眞號泣思慕明帝以僧眞歷朝驅使建武元年除游擊將軍兼司農待之如舊欲令僧眞治郡僧眞啟進其弟僧猛爲鎭蠻護軍晉熙太守永泰元年除司農卿明帝崩掌山陵事出爲廬陵長史年五十五卒宋世道人楊法持與太祖有舊元徽末宣傳密謀昇明中以爲僧正建元初罷道爲寧朔將軍封州陵縣男三百戶二年虜圍朐山遣法持爲軍主領支軍救援永明四年坐役使將客奪其鮭稟削封卒

劉係宗丹陽人也少便書畫爲宋竟陵王誕子景粹侍書誕舉兵廣陵城內皆死敕沈慶之赦係宗以爲東宮侍書泰始中爲主書以寒官累遷至勳品元徽初爲奉朝請兼中書通事舍人員外郎封始興南亭侯食邑三百七十戶帶秣陵令太祖廢蒼梧明日呼正直舍人虞整醉不能起係宗歡喜奉命太祖曰今天地重開是卿盡力之日使寫諸處分敕令及四方書疏使主書十人書吏二十人配之事皆稱旨除羽林監轉步兵校尉仍除龍驤將軍出爲海鹽令太祖卽位除龍驤將軍建康令永明元年除寧朔將軍令如故尋轉右軍將軍淮陵太守兼中書通事舍人母喪自解起爲寧朔將軍復本職四年白賊唐寓之起宿衞兵東討遣係宗隨軍慰勞遍至遺賊郡縣百姓被驅逼者悉無所問還復民伍係宗還上曰此段有征無戰以時平蕩百姓安帖甚快也賜係宗錢帛上欲修治白下城難於動役係宗啟謫役在東民丁隨寓之爲逆者上從之後車駕講武上履行白下城曰劉係宗爲國家得此一城永明中虜使書常令係宗題答秘書書局皆隸之再爲少府還游擊將軍魯郡太守鬱林卽位除驍騎將軍仍除寧朔將軍宣城太守係宗久在朝省閑於職事明帝曰學士不堪治國唯大讀書耳一劉係宗足持如此輩五百人其重吏事如此建武二年卒官年七十七

茹法亮吳興武康人也宋大明中出身爲小史歷齋幹扶侍孝武末年作酒法鞭罰過度校獵江右選白衣左右百八十人皆面首富室從至南州得鞭者過半法亮憂懼因緣啟出家得爲道人明帝初罷道結事阮佃夫用爲兗州刺史孟次陽典籤累至太祖冠軍府行參軍元徽初除殿中將軍爲晉熙王郢州典籤除長兼殿中御史世祖鎭盆城須舊驅使人法亮求留爲上江州典籤除南臺御史帶松滋令法亮便辟解事善於承奉稍見委信從還石頭建元初度東宮主書除奉朝請補東宮通事舍人世祖卽位仍爲中書通事舍人除員外郎帶南濟陰太守永明元年除龍驤將軍明年詔曰茹法亮近在盆城頻使銜命內宣朝旨外慰三軍義勇齊奮人百其氣險阻艱難心力俱盡宜沾茅土以甄忠績封望蔡縣男食邑三百戶轉給事中羽林監七年除臨淮太守轉竟陵王司徒中兵參軍巴東王子響於荆州殺僚佐上遣軍西上使法亮宣旨慰勞安撫子響法亮至江津子響呼法亮法亮疑畏不肯往又求見傳詔法亮又不遣故子響怒遣兵破尹略軍事平法亮至江陵刑賞處分皆稱敕斷決軍還上悔誅子響法亮被責少時親任如舊鬱林卽位除步兵校尉延興元年爲前軍將軍延昌殿爲世祖陰室藏諸御服二少帝並居西殿高宗卽位住東齋開陰室出世祖白紗帽防身刀法亮歔欷流涕除游擊將軍建武舊人鮮有存者法亮以主署文事故不見疑位任如故永泰元年王敬則事平法亮復受敕宣慰出法亮爲大司農中書勢利之職法亮不樂去固辭不受旣而代人已至法亮垂涕而出年六十四卒官

呂文顯臨海人也初爲宋孝武齋幹直長昇明初爲太祖錄尚書省事累位至殿中侍御史羽林監帶蘭陵丞令龍驤將軍秣陵令封劉陽縣男永明元年除寧朔將軍中書通事舍人本官如故文顯治事以刻覈被知三年帶南清河太守與茹法亮等迭出入爲舍人並見親倖四方餉遺歲各數百萬並造大宅聚山開池五年爲建康令轉長水校尉歷帶南泰山南譙太守尋爲司徒中兵參軍淮南太守直舍人省累遷左中郎將南東莞太守右軍將軍高宗輔政以文顯守少府見任使歷建武永元之世尚書右丞少府卿卒

呂文度會稽人宋世爲細作金銀庫吏竹局匠元徽中爲射雉典事隨監莫修宗上郢世祖鎭盆城拒沈攸之文度仍留伏事知軍隊雜役以此見親從還都爲石頭城監仍度東宮世祖卽位爲制局監位至員外郎帶南濮陽太守殿內軍隊及發遣外鎭人悉關之甚有要勢故世傳越州嘗缺上覓一直事人往越州文度啟其所知費延宗合旨上卽以爲刺史永明中敕親近不得輒有申薦人士免官寒人鞭一百上性尊嚴呂文顯嘗在殿側咳聲高上使茹法亮訓詰之以爲不敬故左右畏威承意非所隸莫敢有言也時茹法亮掌雜驅使簿及宣通密敕呂文顯掌穀帛事其餘舍人無別任虎賁中郎將潘敞掌監功作上使造禪靈寺新成車駕臨視甚悅敞喜要呂文顯私登寺南門樓上知之繫敞上方而出文顯爲南譙郡久之乃復濟陽江瞿曇吳興沈徽孚等以士流舍人通事而已無權利徽孚粗有筆札建武中文詔多其辭也官至黃門郎

史臣曰中世已來宰御天下萬機碎密不關外司尚書八座五曹各有恒任係以九卿六府事存副職咸皆冠冕搢紳任疎人貴伏奏之務旣寢趨走之勞亦息關宣所寄屬當有歸通驛內外切自音旨若夫環纓斂笏俯仰晨昏瞻幄座而竦躬陪蘭檻而高眄探求恩色習覩威顏遷蘭變鮑久而彌信因城社之固執開壅之機長主君世振裘持領賞罰事殷能不踰漏宮省咳唾義必先知故能窺盈縮於望景獲驪珠於龍睡坐歸聲勢臥震都鄙賄賂日積苞苴歲通富擬公侯威行州郡制局小司專典兵力雲陛天居亘設蘭錡羽林精卒重屯廣衞至於元戎啟轍武候還麾遮迥清道神行案轡督察來往馳騖輦轂驅役分部親承几案領護所攝示總成規若徵兵動衆大興民役行留之儀請託在手斷割牢稟賣弄文符捕叛追亡長戍遠謫軍有千齡之壽室無百年之鬼害政傷民於此爲蠹況乎主幼時昏其爲讒慝亦何可勝紀也

贊曰恩澤而侯親倖爲舊便煩左右旣貴且富

南齊書卷五十七

梁　蕭子顯　撰

列傳第三十八

魏虜

魏虜匈奴種也姓托跋氏晉永嘉六年并州刺史劉琨爲屠各胡劉聰所攻索頭猗盧遣子曰利孫將兵救琨於太原猗盧入居代郡亦謂鮮卑被髮左衽故呼爲索頭猗盧孫什翼犍字鬱律旃後還陰山爲單于領匈奴諸部泰元元年苻堅遣僞并州刺史苻落伐犍破龍庭禽犍還長安爲立宅教犍書學分其部黨居雲中等四郡諸部主帥歲終入朝并得見犍差稅諸部以給之堅敗子珪字涉圭隨舅慕容垂據中山還領其部後稍彊盛隆安元年珪破慕容寶於中山遂有并州僭稱魏年號天瑞追諡犍烈祖文平皇帝珪死諡道武皇帝子木末立年號太常死諡明元皇帝子燾字佛貍代立年號太平眞君宋元嘉中僞太子晃與大臣崔氏寇氏不睦崔寇譖之玄高道人有道術晃使祈福七日七夜佛貍夢其祖父並怒手刃向之曰汝何故信讒欲害太子佛貍驚覺下僞詔曰王者大業纂承爲重儲宮嗣紹百王舊例自今已往事無巨細必經太子然後上聞晃後謀殺佛貍見殺燾死諡太武皇帝立晃子濬字烏雷直勤年號和平追諡晃景穆皇帝濬死諡文成皇帝子弘字萬民立年號天安景和九年僞太子宏生改年爲皇興什翼珪始都平城猶逐水草無城郭木末始土著居處佛貍破梁州黃龍徙其居民大築郭邑截平城西爲宮城四角起樓女墻門不施屋城又無壍南門外立二土門內立廟開四門各隨方色凡五廟一世一間瓦屋其西立太社佛貍所居雲母等三殿又立重屋居其上飲食廚名阿眞廚在西皇后可孫恒出此廚求食初姚興以塞外虜赫連勃勃爲安北將軍領五部胡屯大城姚泓敗後入長安佛貍攻破勃勃子昌娶勃勃女爲皇后義熙中仇池公楊盛表云索虜勃勃匈奴正胤是也可孫昔妾媵之殿西鎧仗庫屋四十餘間殿北絲綿布絹庫土屋一十餘間僞太子宮在城東亦開四門瓦屋四角起樓妃妾住皆土屋婢使千餘人織綾錦販賣酤酒養猪羊牧牛馬種菜逐利太官八十餘窖窖四千斛半穀半米又有懸食瓦屋數十間置尙方作鐵及木其袍衣使宮內婢爲之僞太子別有倉庫其郭城繞宮城南悉築爲坊坊開巷坊大者容四五百家小者六七十家每南坊搜檢以備奸巧城西南去白登山七里於山邊

別立父祖廟城西有祠天壇立四十九木人長丈許白幘練裙馬尾被立壇上常以四月四日殺牛馬祭祀盛陳鹵簿邊壇奔馳奏伎爲樂城西三里刻石寫五經及其國記於鄴取石虎文石屋基六十枚皆長丈餘以充用國中呼內左右爲直眞外左右爲烏矮眞曹局文書吏爲比德眞檐衣人爲樸大眞帶仗人爲胡洛眞通事人爲乞萬眞守門人爲可薄眞僞臺乘驛賤人爲拂竹眞諸州乘驛人爲咸眞殺人者爲契害眞爲主出受辭人爲折潰眞貴人作食人爲附眞三公貴人通謂之羊眞佛貍置三公太宰尚書令僕射侍中與太子共決國事殿中尚書知殿內兵馬倉庫樂部尚書知伎樂及角史伍伯駕部尚書知牛馬驢騾南部尚書知南邊州郡北部尚書知北邊州郡又有俟懃地何比尚書莫提比刺史郁若比二千石受別官比諸侯諸曹府有倉庫悉置比官皆使通虜漢語以爲傳驛蘭臺置中丞御史知城內事又置九豆和官宮城三里內民戶籍不屬諸軍戍者悉屬之其車服有大小輦皆五層下施四輪三二百人牽之四施絙索備傾倒軺車建龍旗尚黑妃后則施雜綵幰無幢絡太后出則婦女著鎧騎馬近輦左右虜主及后妃常行乘銀鏤羊車不施帷幔皆偏坐垂脚轅中在殿上亦跂據正殿施流蘇帳金博山龍鳳朱漆畫屏風織成幌坐施氍毹褥前施金香鑪琉璃鉢金椀盛雜食器設客長盤一尺御饌圖盤廣一丈爲四輪車元會日六七十人牽上殿蜡日逐除歲盡城門磔雄雞葦索桃梗如漢儀自佛貍至萬民世增雕飾正殿西築土臺謂之白樓萬民禪位後常遊觀其上臺南又有伺星樓正殿西又有祠屋琉璃爲瓦宮門稍覆以屋猶不知爲重樓竝設削泥采畫金剛力士胡俗尚水又規畫黑龍相盤繞以爲厭勝泰始五年萬民禪位子宏自稱太上皇宏立號延興元年至六年萬民死諡獻文皇帝改號爲承明元年是歲元徽四年也祖母馮氏黃龍人助治國事初佛貍母是漢人爲木末所殺佛貍以乳母爲太后自此以來太子立輒誅其母一云馮氏本江都人佛貍元嘉二十七年南侵畧得馮氏潛以爲妾獨得全焉明年丁巳歲改號太和宋明帝末年始與虜和好元徽昇明之世虜使歲通建元元年僞太和三年也宏聞太祖受禪其冬發衆遣丹陽王劉昶爲太師寇司豫二州明年詔遣衆軍北討宏遣大將郁豆眷段長命攻壽陽及鍾離爲豫州刺史垣崇祖右將軍周盤龍徐州刺史崔文仲等所破宏又遣僞南部尚書托跋等向司州分兵出兗青界十萬衆圍朐山戍主玄元度嬰城固守青冀二州刺史盧紹之遣子奐領兵助之城中無食紹之出頓州南石頭亭隔海運糧柴供給城內虜圍斷海道緣岸攻城會潮水大至虜淬溺元度出兵奮擊大破之臺遣軍主崔靈建楊法持房靈民萬餘人從淮入海船艦至夜各舉兩火虜衆望見謂是南軍大至一時奔退初元度自云臂上有封侯志宋世以示世祖時世祖在東宮書與元度曰努力成臂上之相也虜退上議加封爵元度歸功於紹之紹之又讓故竝見寢上乃擢紹之爲黃門郎鬱州呼石頭亭爲平虜亭紹之字子緒范陽人自云盧諶玄孫宋大明中預攻廣陵勳上紹之拔迹自投上以爲州治中受心腹之任官至光祿大夫永明八年卒三年領軍將軍李安民左軍將軍孫文顯與虜軍戰於淮陽大敗之初虜寇至緣淮驅略江北居民猶懲佛貍時事皆驚走不可禁止乃於梁山置一軍南置三軍慈姥置一軍洌州置二軍三山置二軍白沙洲置一軍蔡州置五軍長蘆置三軍菰浦置二軍徐浦置一軍內外悉班階賞以示威刑僞昌黎王馮莎向司州荒人桓天生說莎云諸蠻皆響應莎至蠻竟不動莎大怒於淮邊獵而去及壽春推敗朐山不拔虜主出定州大治道路聲欲南行不敢進遁與僞梁郡王計曰兵出彭泗間無復鬬志要當一兩戰得還歸既於淮陽被破一時奔走青徐間赴義民先是或抄虜運車更相殺掠往往得南歸者數千家上未遑外略以虜既摧破且欲示以威懷遣後軍參軍車僧朗北使虜問僧朗曰齊輔宋日淺何故便登天位僧朗曰虞夏登庸親當革禪魏晉匡戰貽厥子孫豈二聖促促於天位兩賢謙虛以獨善時宜各異豈得一揆苟曰事宜故屈己應物虜又問齊主悉有何功業僧朗曰主上聖性寬仁天識弘遠少爲宋文皇所器遇入參禁旅泰始之初四方寇叛東平劉子房張淹北討薛索兒兼掌軍國豫司顧命宋桂陽建平二王阻兵內侮一麾殄滅蒼梧王反道敗德有過桀紂遠遵伊霍行廢立之事袁粲劉秉沈攸之同惡相濟又秉旄仗鉞大定凶黨戮力佐時四十餘載經綸夷險十五六年此功此德可謂物無異議虜又問南國無復齊土何故封齊僧朗曰營丘表海實爲大國宋朝光啓土宇謂是呂尙先封今淮海之間自有青齊非無地也又問蒼梧何故遂加斬戮僧朗曰蒼梧暴虐書契未聞武王斬紂懸之黃鉞共是所聞何傷於義昇明中北使殷靈誕苟昭先在虜聞太祖登極靈誕謂虜典客曰宋魏通好憂患是同宋今滅亡魏不相救何用和親及虜寇豫州靈誕因請爲劉昶司馬不獲僧朗至北虜置之靈誕下僧朗立席言曰靈誕昔是宋使今成齊民實希魏主以禮見處靈誕交言遂相忿詈謂虜曰使臣不能立節本朝誠自慚恨劉昶賂客解奉君於會刺殺僧朗虜即收奉君誅之殯斂僧朗送喪隨靈誕等南歸厚加賵賻世祖踐阼昭先具以啓聞靈誕下獄死贈僧朗散騎侍郎永明元年冬遣驍騎將軍劉纘前軍將軍張謨使虜明年冬虜使李道固報聘世祖於玄武湖水步軍講武登龍舟引見之自此歲使往來疆埸無事三年初令鄰里黨各置一長五家爲鄰五鄰爲里五里爲黨四年造戶籍分置州郡雍州涼州秦州沙州涇州華州岐州河州西華州寧州陝州洛州荊州郢州北豫州東荊州南豫州西兗州東兗州南徐州東徐州青州齊州濟州二十五州在河南湘州懷州秦州東雍州肆州定州瀛州朔州并州冀州幽州平州司州十三州在河北凡分魏晉舊司豫青兗冀并幽秦雍涼十州地及宋所失淮北爲三十八州矣明年邊人桓天生作亂虜遣步騎萬餘人助之至比陽爲征虜將軍戴僧靜等所破荒人胡丘生起義懸瓠爲虜所擊戰敗南奔僞安南將軍遼東公平南將軍上谷公又攻舞陰舞陰戍主輔國將軍殷公愍拒破之六年虜又遣衆助桓天生與輔國將軍曹虎戰大敗於隔城至七年遣使邢產侯靈紹復通好先是劉纘再使虜太后馮氏悅而親之馮氏有計畧作皇誥十八篇僞左僕射李思沖稱史臣注解是歲馮氏死八年世祖還隔城所俘獲二千餘人佛貍已來稍僭華典胡風國俗雜相揉亂宏知談義解屬文輕果有遠畧遊河北至比干墓作弔比干文云脫非武發封墓誰因嗚呼介士胡不我臣宏以己巳歲立圜丘方澤置三夫人九嬪平城南有千水出定襄界流入海去城五十里世號爲索干都土氣寒凝風砂恒起六月雨雪議遷都洛京九年遣使李道固蔣少游報使少游有機巧密令觀京師宮殿楷式清河崔元祖啓世祖曰少游臣之外甥特有公輸之思宋世陷虜處以大匠之官今爲副使必欲模範宮闕豈可令氈鄉之鄙取象天宮臣謂且留少游令使主反命世祖以非和通意不許少游安樂人虜宮室制度皆從其出初佛貍討羯胡於長安殺道人且盡及元嘉南寇獲道人以鐵籠盛之後佛貍感惡疾自是敬畏佛教立塔寺浮圖宏父弘禪位後黃冠素服持戒誦經居石窟寺宏太和三年道人法秀與苟兒王阿辱珮玉等謀反事覺囚法秀加以籠頭鐵鏁無故自解脫虜穿其頸骨使咒之曰若復有神當令穿肉不入遂穿而殉之三日乃死僞咸陽王復欲盡殺道人太后馮氏不許宏尤精信粗涉義理宮殿內立浮圖宏既經古洛是歲下僞詔尙書思慎曰夫覆載垂化必由四氣運其功璣璿宣舒亦須五星助其暉仰惟聖母睿識自天業高曠古將稽詳典範日新皇度不圖罪逆招禍奄丁窮罰追惟罔極永無逮及思遵先旨勅造明堂之樣卿所制體含六合事越中古理圓義備可軌之千載信是應世之材先固之器也羣臣瞻見模樣莫不僉然欲速造朕以寡昧亦思造盛禮卿可即於今歲停宮城之作營建此構興皇代之奇制遠成先志近副朕懷又詔公卿參定刑律又詔罷臘前儺唯年一儺又詔季冬朝賀典無成文以袴褶事非禮敬之謂若置寒朝服徒成煩濁自今罷小歲賀歲初一賀又詔王爵非庶姓所僭伯號是五等常秩烈祖之胄仍本王爵其餘王皆爲公公轉爲侯侯即爲伯子男如舊雖名易於本而品不異昔公第一品侯第二品伯第三品子第四品男第五品十年上遣司徒參軍蕭琛范雲北使宏西郊即前相天壇處也宏與僞公卿從二十餘騎戎服繞壇宏一周公卿七匝謂之蹋壇明日復戎服登壇祀天宏又繞三匝公卿七匝謂之繞天以繩相交絡紐木枝棖覆以青繒形制平圓下容百人坐謂之爲繖一云百子帳也於此下宴息次祠廟及布政明堂皆引朝廷使人觀視每使至宏親相應接申以言義甚重齊人常謂其臣下曰江南多好臣僞侍臣李元凱對曰江南多好臣歲一易主江北無好臣而百年一主宏大慙出元凱爲雍州長史俄召復職世祖初治白下謂人曰我欲以此城爲上頓處後於石頭造靈車三千乘欲步道取彭城形迹頗著先是八年北使顏幼明劉思斅反命僞南部尚書李思沖曰二國之和義在庇民如聞南朝大造舟車欲侵淮泗推心相期何應如此幼明曰王上方弘大信於天下不失臣妾既與輯和何容二三其德疆埸之言差不足信且朝廷若必赫怒使守在外亦不近相淮潰思沖曰我國之疆經畧淮東何患不蕩海東岳政存於信誓耳且和好既結豈可復有不信昔華元子反戰伐之際尙能以誠相告此意良慕也幼明曰卿未有子反之急詎求登床之請是後宏亦欲南侵徐豫於淮泗間大積馬芻十一年遣露布并上書稱當南寇世祖發揚州民丁廣設召募北地人支酉聚數千人於長安城北

西山起義遣使告梁州刺史陰智伯秦州人王度人起義應西攻獲僞刺史劉藻秦雍閒七州民皆響震衆至十萬各自保壁望朝廷救其兵宏遣弟僞河南王幹向書盧陽烏擊秦雍義軍幹大敗西迎戰進至咸陽北濁谷圍僞司空長洛王繆老生合戰又大破之老生走還長安梁州刺史陰智伯遣軍主席德仁張弘林等數千人應接西等進向長安所至皆靡會世祖崩宏聞關中危急乃稱聞喪退師太和十七年八月使持節安南大將軍都督徐青齊三州諸軍事南中郎將徐州刺史廣陵侯府長史帶淮陽太守鹿樹生移齊兗州府長史府春被行所尚書符騰詔曰皇師電舉搖旆南指誓清江衍志廓衡霜以去月下旬濟次河洛會前使人邢巒等至審知彼有大艾以春秋之義聞喪寢伐爰敕有司輟鑾止軔休馬華陽戢戈嵩北便肇經周制光宅中區永皇基於無窮恢盛業乎萬祀宸居重正鴻化增新四海承休莫不銘慶故以往示如律令并遣使邢國諱遣僞大將楊大眼張聰明等數萬人攻西酉廣等並見殺隆昌元年遣司徒參軍劉斅車騎參軍沈宏報使至北宏稱字玄覽其夏虜平北將軍眘直清率衆降以爲督洛州軍事領平戎校尉征虜將軍洛州刺史是歲宏徙都洛陽改姓元氏初匈奴女名托跋妻李陵胡俗以母名爲姓故虜爲李陵之後虜甚諱之有言其是陵後者輒見殺至是乃改姓焉宏聞高宗踐阼非正既新移都兼欲大示威力是冬自率大衆分寇豫徐司梁四州遣僞荆州刺史薛眞度尚書郗祁阿婆出南陽向沙堨築壘開溝爲南陽太守房伯玉新野太守劉思忌所破建武二年春高宗遣鎮南將軍王廣之出司州右僕射沈文季出豫州左衞將軍崔慧景出徐州宏自率衆至壽陽軍中有黑氈行殿容二十人坐輦邊皆三郎曷刺眞槊多白眞毦鐵騎爲羣前後相接步軍皆烏楯槊綴接以黑蝦蟆幡牛車及驢駱駝載軍資妓女三十許萬人不攻城登八公山賦詩而去別圍鍾離城徐州刺史蕭惠休輔國將軍申希祖拒守出兵奮擊宏衆敗多赴淮死乃分軍據邵陽州柵斷水路夾築二城右衞將軍蕭坦之遣軍主裴叔業攻二城拔之惠休又募人出燒虜攻城車虜力竭不能剋王奐之誅子肅奔虜宏以爲鎮南將軍南豫州刺史遣肅與劉昶號二十萬衆圍義陽司州刺史蕭誕拒戰虜築圍壍柵三重燒居民淨盡并力攻城城中負楯而立王廣之都督救援虜遣三萬餘人逆攻太子右率蕭季敞於下梁季敞戰不利司州城內告急王廣之遣軍主黃門侍郎梁王閒道先進與太子右率蕭誄輔國將軍徐玄慶荆州軍主魯休烈據賢首山出虜不備城內見援軍至蕭誕遣長史王伯瑜及軍主崔恭祖出攻虜柵因風放火梁王等衆軍自外擊之昶肅棄圍引退追擊破之輔國將軍桓和出西陰平僞魯郡公郯城戍主帶莫樓僞東海太守江道僧設伏路側和與合戰大敗之青徐民降者百餘家青冀二州刺史王洪範遣軍主崔延攻虜紀城並拔之宏先又遣僞尚書盧陽烏華州刺史韋靈智攻赭陽城北襄城太守成公期拒守虜攻城百餘日設以鉤衝不捨晝夜期所殺傷數千人臺又遣軍主桓歷生蔡道貴救援陽烏等退官軍追擊破之夏虜又攻司州櫟城二戍戍主魏僧岷朱僧起拒敗之僞安南將軍梁州刺史魏郡王元英十萬餘人通斜谷寇南鄭梁州刺史蕭懿遣軍主姜山安趙超宗等數軍萬餘人分據角弩白馬沮水拒戰大敗英進圍南鄭土山衝車晝夜不息懿率東從兵二千餘人固守拒戰隨手摧却英攻城自春至夏六十餘日不下死傷甚衆軍中糧盡擣麴爲食畜菜葉直千錢懿先遣軍主韓嵩等征獠回軍援州城至黃牛川爲虜所破懿遣氐人楊元秀還仇池說氐起兵斷虜運道氐卽舉衆攻破虜歷城睾蘭駱谷仇池平洛蘇勒六戍僞尚書北梁州刺史辛黑未戰死英遣軍副仇池公楊靈珍據泥公山武興城主楊集始遣弟集朗與歸國氐楊馥之及義軍主徐曜甫迎戰於黃亘大敗奔歸時梁州土豪范疑梁季羣於家請英設會伏兵欲殺英事覺英執季羣殺之疑寬走英退保濁水聞氐衆盛與楊靈珍復俱退入斜谷會天大雨軍馬含漬截竹煮米於馬上持炬炊而食英至下辨靈珍弟婆羅阿卜珍反襲擊英衆散射中英頰僞陵江將軍悅楊生領鐵騎死戰救之得免梁漢平武都太守杜靈瑗奮武將軍望法憘寧朔將軍望法泰州治中皇甫耽並拒虜戰死追贈靈瑗法憘羽林監法泰積射將軍時僞洛州刺史賈異寇甲口爲上洛太守李靜所破三年虜又攻司州櫟城爲戍主魏僧岷所拒破秋虜遣軍襲漣口東海太守鄭延祉棄西城走東城猶固守臺遣冠軍將軍兗州刺史徐玄慶救援虜引退延祉伏罪初僞太后馮氏兄昌黎王馮莎二女大馮美而有疾爲尼小馮爲宏皇后生僞太子詢後大馮疾差宏納爲昭儀宏初徙都詢意不樂思歸桑乾宏制衣冠與之詢竊毁裂解髮爲編服左衽大馮有寵日夜讒詢宏出鄴城馬射詢因是欲叛北歸密選宮中御馬三千匹置河陰渚皇后聞之召執詢馳使告宏宏徙詢無鼻城在河橋北二里尋殺之以庶人禮葬立大馮爲皇后便立僞太子恪是歲僞太和二十年也僞征北將軍恒州刺史鉅鹿公伏鹿孤賀鹿渾守桑乾宏從叔平陽王安壽戍懷柵在桑乾西北渾非宏任用中國人與僞定州刺史馮翌公自降安樂公托跋阿幹兒謀立安壽分據河北期久不遂安壽懼告宏殺渾等數百人任安壽如故先是僞荆州刺史薛眞度尚書郗祁阿婆爲房伯玉所破宏怒以南陽小郡誓取滅之四年自率軍向雍州宏先至南陽房伯玉嬰城拒守宏從數萬騎罩黃繖去城一里遣僞中書舍人公孫雲謂伯玉曰我今蕩一六合與先行異先行冬去春還不爲停久今誓不有所剋終不還北停此或三五年卿此城是我六龍之首無容不先攻取遠一年中不過百日近不過一月非爲難殄若不改迷當斬卿首梟之軍門闔城無貳幸可改禍爲福但卿有三罪今令卿知卿先事武帝蒙在左右不能盡節前主而盡節今主此是一罪前歲遣偏師薛眞度暫來此卿遂破傷此是二罪武帝之胄悉被誅戮初無報効而反爲今主盡節違天害理此是三罪不可容恕聽卿三思勿令闔城受苦伯玉遣軍副樂稚柔答曰承欲見攻圍期於必剋卑微常人得抗大威眞可謂獲其死所先蒙武帝採拔賜預左右犬馬知恩寧容無感但隆昌延興昏悖違常聖明纂業家國不殊此則進不負心退不愧幽前歲薛眞度導誘邊氓遂見陵突既荷國恩聊爾撲掃回已而言應畧此責宏引軍向城南寺前頓止從東南角溝橋上過伯玉先遣勇士數人着班衣虎頭帽從伏竇下忽出宏人馬驚退殺數人宏呼善射將原靈度射之應弦而倒宏乃過宏時大舉南寇僞咸陽王元憘彭城王元勰常侍王元嵩寶掌王元麗廣陵侯元燮都督大將軍劉昶王肅楊大眼奚康生長孫稚等三十六軍前後相繼衆號百萬其諸王軍朱色鼓公侯綠色鼓伯子男黑色鼓並有鼙角吹脣沸地宏留僞咸陽王憘圍南陽進向新野新野太守劉思忌亦拒守臺先遣軍主直閤將軍胡松助北襄城太守成公期守赭陽城軍主鮑舉助西汝南北義陽二郡太守黃瑤起戍舞陰城宏攻圍新野城戰鬬不息遣人謂城中曰房伯玉已降汝南何獨自取糜碎思忌令人對曰城中兵食猶多未暇從汝小虜語也雍州刺史曹虎遣軍至均口不進永泰元年城陷縛思忌問之曰今欲降未思忌曰寧爲南鬼不爲北臣乃死贈冠軍將軍梁州刺史於是沔北大震湖陽戍主蔡道福赭陽城主成公期及軍主胡松舞陰城主黃瑤起及軍主鮑舉順陽太守席謙並棄城走虜追軍獲瑤起王肅募人臠食其肉追贈冠軍將軍兗州刺史數日房伯玉以城降伯玉清河人既降虜以爲龍驤將軍伯玉不肯受高宗知其志月給其子希哲錢五千米二十斛後伯玉就虜求南邊一郡爲馮翊太守生子幼便教其騎馬常欲南歸永元末希哲入虜伯玉大怒曰我力屈至此不能死節猶望汝在本朝以報國恩我若從心亦欲閒關求反汝何爲失計遂卒虜中虜得沔北五郡宏自將二十萬騎破太子率崔慧景等於鄧城進至樊城臨沔水而去還洛陽聞太尉陳顯達經畧五郡圍馬圈宏復率大衆南攻破顯達而死喪還未至洛四百餘里稱宏詔徵僞太子恪會魯陽恪至臨以宏僞法服衣之始發喪至洛乃宣布州郡舉哀制服謚孝文皇帝是年王肅爲虜制官品百司皆如中國凡九品品各有二肅初奔虜自說其家被誅事狀宏爲之垂涕以第六妹僞彭城公主妻之封肅平原郡公爲宅舍以香塗壁遂見信用恪立號景明元年永明二年也豫州刺史裴叔業以壽春降虜先是僞東徐州刺史沈陵率部曲降陵吳興人初以失志奔虜大見任用宏既死故南歸頻授徐越二州刺史時王肅爲征南將軍豫州都督朝廷既新失大鎮荒人往來詐云肅欲歸國少帝詔以肅爲使持節侍中都督豫徐司三州右將軍豫州刺史西豐公邑二千戶虜既得淮南其夏遣僞冠軍將軍南豫州刺史席法友攻北新蔡安豐二郡太守胡景畧於建安城死者萬餘人百餘日朝廷無救城陷虜執景畧以歸其冬虜又遣將桓道福攻隨郡太守崔士招破之後僞咸陽王憘以恪年少與氐楊集始楊靈祐乞佛馬居及虜大將支虎李伯尙等十餘人請會鴻池陂因恪出北芒獵襲殺之憘猶豫不能發欲更剋日馬居說憘曰殿下若不至北芒便可回師據洛城閉四門天子聞之必走向河北走桑乾仍斷河橋爲河南天子隔河而治此時不可失也憘又不從靈祐疑憘反已卽馳告恪憘聞事敗欲走渡河而天雨晦迷道至孝義驛恪已得洛城遣弟度平王領數百騎先入宮知無變乃還遣直衞三郎兵討憘執殺之虜法謀反者不得葬棄屍北芒王肅以疾卒

史臣曰齊虜分江南爲國歷三代矣華夏分崩舊京幅裂觀釁阻兵事與東晉三庾藉元舅之盛自許專征元規臨邾城以覆師稚恭至襄陽而反旆褚裒以徐兗勁

卒壹没於鄒魯殷浩驅揚豫之衆大敗於山桑桓溫弱冠雄姿因平蜀之聲勢步入咸關野戰洛鄴既而鮮卑固於負海羌虜割有秦代自爲敵國情險勢分宋武乘機故能以次而行誅滅及魏虜兼并河南失境兵馬土地非復曩時宋文雖得之知已未能料敵故師無功每戰必殆泰始以邊臣外叛遂亡淮北經略不振乃議和親太祖創命未及圖遠戎塵先起侵暴方牧淮豫剋捷青海摧奔以逸待勞坐徵百勝自四州淪没民戀本朝國祚惟新歌奉威德提戈荷甲人自爲鬭深壘結防想望南旗天子習知邊事取亂而授兵律若前師指日遠掃臨彭而督將逗留援接稽緩向義之徒傾巢盡室既失事機朝議北寢偃武修文更思後會永明之世據已成之策職問往來關禁寧靜疆埸之民竝安堵而息窺覦百姓附農桑而不失業者亦由此而已也夫荆棘所生用武之弊寇戎一犯傷痍難復豈非此之驗乎建武初運獯雄南逼豫徐彊鎮嬰高城蓄士卒不敢與之校武胡馬蹈藉淮肥而常自戰其地梯衝之害鼓掠所亡建元以來未之前有兼以穹廬華徙卽禮舊都雍司北部親近許洛平塗數百通驛車軌漢世馳道直抵章陵鑣案所驚晨往暮返虜懷兼弱之威挾廣地之計彊兵大衆親自凌殄旍鼓彌年矢石不息朝規懦屈莫能救禦故南陽覆壘新野頹隍民戶墾田皆爲狄保雖分遣將卒俱出淮南未解沔北之危已深渦陽之敗征賦內盡民命外殫比屋騷然不聊生矣夫休頹之數誠有天機得失之迹各歸人事豈不由將率相臨貪功昧賞勝敗之急不相救護號令不明固中國之所短也

贊曰天立勍胡竊有帝圖卽安諸夏建號稱孤齊民急病并邑焚刳

南齊書卷五十七考證

魏虜傳永明二年冬虜使李道固報聘○魏紀作李彪

僞安南將軍遼東公平南將軍上谷公又攻舞陰舞陰戍主輔國將軍殷公愍拒破之○臣祖庚按魏紀云詔南部尚書公孫文慶上谷公張伏于南討舞陰又公孫邃傳邃字文慶內都幢將上谷公張儵討蕭賾舞陰戍據此則攻舞陰者爲南部尚書內都幢將官名互異戍主爲蕭賾亦有不同又通鑑考異曰伏于張儵字也

僞咸陽王復欲盡殺道人○臣祖庚按通鑑考異曰咸陽王元禧時尚幼太和九年始封恐非也

尚書盧陽烏華州刺史韋靈智攻赭陽○臣宗萬按通鑑考異曰陽烏淵小字靈智珍字也

大馮有寵日夜譏詢○臣祖庚按魏書不載詢作恂

徒詢無鼻城在河橋北二里○臣祖庚按水經注溴水出河內軹縣原山南流注于河水東有無辟邑謂之無鼻城此云河橋北未知孰是

南齊書卷五十八

梁　蕭　子　顯　撰

列傳第三十九

蠻

東南夷

蠻種類繁多言語不一咸依山谷布荆湘雍郢司等五州界宋世封西陽蠻梅蟲生爲高山侯田治生爲威山侯梅加羊爲扞山侯太祖卽位有司奏蠻封應在解例參議以戎夷疏爵理章列代酋豪世襲事炳前葉今宸歷改物舊冊杓降而梅生等保落奉政事須繩總恩命升贊有異常品謂宜存名以訓殊俗詔特留以治生爲輔國將軍虎賁中郎轉建寧郡太守將軍侯如故建元二年虜侵豫司蠻中傳虜已近又聞官盡發民丁南襄城蠻秦遠以郡縣無備寇潼陽縣令焦文度戰死司州蠻引虜攻平昌戍戍主苟元賓擊破之秦遠又出破臨沮百方砦殺略百餘人北上黃蠻文勉德寇汶陽太守戴元孫孤城力弱慮不自保棄戍歸江陵荆州刺史豫章王遣中兵參軍劉伾緒領千人討勉德至當陽勉德請降收其部落使戍汶陽所治城子令保持商旅付其清通遠遂逃竄汶陽本臨沮西界二百里中水陸迂狹魚貫而行有數處不通騎而水白田甚肥腴桓溫時割以爲郡西北接梁州新城東北接南襄城南接巴巫二邊竝山蠻凶盛據險爲寇賊宋泰始以來巴建蠻向宗頭反刺史沈攸之斷其鹽米連討不剋晉天與三年建平夷王向弘向瓂等詣臺求拜除尚書郎張亮議夷貊不可假以軍號元帝詔特以弘爲折衝將軍當平鄉侯竝親晉王賜以朝服宗頭其後也太祖置巴州以威靜之其武陵酉溪蠻田思飄寇抄內史王文和討之引軍深入蠻自後斷其糧豫章王遣中兵參軍莊明五百人將湘州鎮兵合千人救之思飄與文和拒戰中弩矢死蠻衆以城降永明初向宗頭與默陽蠻田豆渠等五十人爲寇巴東太守王圖南遣府司馬劉僧壽等斬山開道攻其砦宗頭夜燒砦退走三年湘州蠻陳雙李答寇掠郡縣刺史呂安國討之不克四年刺史柳世隆督衆征討乃平五年雍司州蠻與虜通助荒人桓天生爲亂六年除督護北遂安左郡太守田駟路爲試守北遂安左郡太守前寧朔將軍田驢王爲試守新平左郡太守皆郢州蠻也九年安隆內史王僧旭發民丁遣寬城戍主萬民和助八百丁村蠻伐千二百丁村蠻爲蠻所敗民和被傷失馬及器仗有司奏免官西陽蠻田益宗沈攸之時以功勞得將領遂爲臨川王防閤叛投虜虜以爲東豫州刺史建武三年虜遣益宗攻司州龍城戍爲戍主朱僧起所破蠻俗衣布徒跣或椎髻或翦髮兵器以金銀爲飾虎皮衣楯便弩射皆暴悍好寇賊焉

東夷高麗國西與魏虜接界宋末高麗王樂浪公高璉爲使持節散騎常侍都督營平二州諸軍事車騎大將軍開府儀同三司太祖建元元年進號驃騎大將軍三年遣使貢獻乘船汎海使驛常通亦使魏虜然彊盛不受制虜置諸國使邸齊使第一高麗次之永明七年平南參軍顏幼明冗從僕射劉思斅使虜虜元會與高麗使相次幼明謂僞主客郎裴叔令曰我等銜命上華來造卿國所爲抗敵在乎一魏自餘外夷理不得望我鑣塵況東夷小貊臣屬朝廷今日乃敢與我躡踵思斅謂僞南部尚書李思冲曰我聖朝處魏使未嘗與小國列卿亦應知思冲曰實如此但主副不得升殿耳此間坐起甚高足以相報思斅曰李道固昔使正以衣冠致隔耳魏國必纓冕而至豈容見黜幼明又謂虜主曰二國相亞唯齊與魏邊境小狄敢躡臣蹤高麗俗服窮袴冠析風一梁謂之幘知讀五經使人在京師中書郎王融戲之曰服之不衷身之災也頭上定是何物答曰此卽古弁之遺像也高璉年百餘歲卒隆昌元年以高麗王樂浪公高雲爲使持節散騎常侍都督營平二州諸軍事征東大將軍高麗王樂浪公建武三年此下缺文

報功勞勤實存名烈假行寧朔將軍臣姐瑾等四人振竭忠効攘除國難志勇果毅等威名將可謂扞城固蕃社稷論功料勤宜在甄顯今依例輒假行職伏願恩愍聽除所假寧朔將軍面中王姐瑾歷贊時務武功竝列今假行冠軍將軍都將軍都漢王建威將軍八中侯餘古弱冠輔佐忠効夙著今假行寧朔將軍阿錯王建威將軍餘歷忠款有素文武烈顯今假行龍驤將軍邁盧王廣武將軍餘固忠効時務光宣國政今假行建威將軍弗斯侯牟大又表曰臣所遣行建威將軍廣陽太守兼長史臣高達行建威將軍朝鮮太守兼司馬臣楊茂行宣威將軍兼參軍臣會邁等三人志行清亮忠款夙著往太始中比使宋朝今任臣使冒涉波險尋其至効宜在進爵謹依先例各假行職且玄澤靈休萬里所企況親趾天庭乃不蒙賴伏願天監特愍除正達邊効夙著勤勞公務今假行龍驤將軍帶方太守茂志行清壹公務不廢今假行建威將軍廣陵太守邁執志周密屢致勤効今假行廣武將軍清河太守詔可竝賜軍號除太守爲使持節都督百濟諸軍事鎮東大將軍使兼謁者僕射孫副策命大襲亡祖父牟都爲百濟王曰於戲惟爾世襲忠懃誠著遐表滄路肅澄要貢無替式循彝典用纂顯命往欽哉其敬膺休業可不愼歟制詔行都督百濟諸軍事鎮東大將軍百濟王牟大今以大襲祖父牟都爲百濟王卽位章綬等五銅虎竹符四王其拜受不亦休乎是歲魏虜又發騎數十萬攻百濟入其界牟大遣將沙法名贊首流解禮昆木干那率衆襲擊虜軍大破之建武二年牟大遣使上表曰臣自昔受封世被朝榮忝荷節鉞剋攘列辟往姐瑾等竝蒙光除臣庶咸泰去庚午年獫狁弗悛舉兵深逼臣遣沙法名等領軍逆討宵襲霆擊匈梨張惶崩若海蕩乘奔追斬僵屍丹野由是摧其銳氣鯨暴韜凶今邦宇謐靜實名等之略尋其功勳宜在褒顯今假沙法名行征虜將軍邁羅王贊首流爲行安國將軍辟中王解禮昆爲行武威將軍弗中侯木干那前有軍功又拔臺舫爲行廣威將軍面中侯伏願天恩特愍聽除又表曰臣所遣行龍驤將軍樂浪太守兼長史臣慕遺行建武將軍城陽太守兼司馬臣王茂兼參軍行振武將軍朝鮮太守臣張塞行揚武將軍陳明在官忘私唯公是務見危授命蹈難弗顧今任臣使冒涉波險盡其至誠實宜進爵各假行署伏願聖朝特賜除正詔可竝賜軍號

加羅國三韓種也建元元年國王荷知使來獻詔曰量廣始登遠夷洽化加羅王荷知款關海外奉贊東遐可授輔國將軍本國王

倭國在帶方東南大海島中漢末以來立女王土俗已見前史建元元年進新除使持節都督倭新羅任那加羅秦韓六國諸軍事安東大將軍倭王武號爲鎮東大將軍

南夷林邑國在交州南海行三千里北連九德秦時故林邑縣也漢末稱王晉太康五年始貢獻宋永初元年林邑王范楊邁初産母夢人以金席藉之光色奇麗中國謂紫磨金夷人謂之楊邁故以爲名楊邁死子咄立慕其父復改名楊邁林邑有金山金汁流出於浦事尼乾道鑄金銀人像大十圍元嘉二十二年交州刺史檀和之伐林邑楊邁欲輸金萬斤銀十萬斤銅三十萬斤還日南地大臣䓿僧達諫不聽和之進兵破其北界犬戎區栗城獲金寶無筭毁其金人得黄金數萬斤餘物稱是和之後病死見胡神爲祟孝建二年始以林邑長史范龍跋爲揚武將軍楊邁子孫相傳爲王未有位號夷人范當根純攻奪其國篡立爲王永明九年遣使貢獻金簟等物詔曰林邑蠢爾介在遐外世服王化當根純乃誠懇款到率其僚職遠績克宣良有可嘉宜沾爵號以弘休澤可持節都督緣海諸軍事安南將軍林邑王范楊邁子孫范諸農率種人攻當根純復得本國十年以諸農爲持節都督緣海諸軍事安南將軍林邑王建武二年進號鎮南將軍永泰元年諸農入朝海中遭風溺死以其子文款爲假節都督緣海軍事安南將軍林邑王晉建興中日南夷帥范稚奴文數商賈見上國制度教林邑王范逸起城池樓殿王服天冠如佛冠身被香纓絡國人凶悍習山川善鬬吹海蠡爲角人皆裸露四時暄暖無霜雪貴女賤男謂師君爲婆羅門羣從相姻通婦先遣聘求婿女嫁者迦藍衣橫幅合縫如井闌首戴花寶婆羅門牽婿與婦握手相付呪願吉利居喪剪髮謂之孝燔屍中野以爲葬遠界有靈鷲鳥知人將死集其家食死人肉盡飛去乃取骨燒灰投海中水葬人色以黑爲美南方諸國皆然區栗城建八尺表日影度南八寸自林邑西南三千餘里至扶南

扶南國在日南之南大海西蠻中廣袤三千餘里有大江水西流入海其先有女人爲王名柳葉又有激國人混塡夢神賜弓二張教乘舶入海混塡晨起於神廟樹下得弓卽乘舶向扶南柳葉見舶率衆欲禦之混塡擧弓遥射貫船一面通中人柳葉怖遂降混塡遂以爲妻惡其裸露形體乃疊布貫其首遂治其國子孫相傳至王槃況死國人立其大將范師蔓蔓病姊子旃篡立殺蔓子金生十餘年蔓少子長襲殺旃以刃鑱旃腹曰汝昔殺我兄今爲父兄報汝旃大將范尋又殺長國人立以爲王是吳晉時也晉宋世通職貢宋末扶南王姓僑陳如名闍耶跋摩遣商貨至廣州天竺道人那伽仙附載欲歸國遭風至林邑掠其財物皆盡那伽仙間道得達扶南具說中國有聖主受命永明二年闍邪跋摩遣天竺道人釋那伽仙上表稱扶南國王臣僑陳如闍耶跋摩叩頭啓曰天化撫育感動靈祇四氣調適伏願聖主尊體起居康御皇太子萬福六宮清休諸王妃主內外朝臣普同和睦隣境士庶萬國歸心五穀豐熟災害不生土清民泰一切安穩臣及人民國土豐樂四氣調和道俗濟濟並蒙陛下光化所被咸荷安泰又曰臣前遣使齎雜物行廣州貨易天竺道人釋那伽仙於廣州因附臣舶欲來扶南海中風漂到林邑國王奪臣貨易并那伽仙私財具陳其從中國來此仰序陛下聖德仁治詳議風化佛法興顯衆僧殷集法事日盛王威嚴整朝望國軌慈愍蒼生八方六合莫不歸伏如聽其所說則化隣諸天非可爲喻臣聞之下情踊悅若暫奉見尊足仰慕慈恩澤流小國天垂所感率土之民並得皆蒙恩祐是以臣今遣此道人釋那伽仙爲使上表問訊奉貢微獻呈臣等赤心并別陳下情但所獻輕陋愧懼唯深伏願天慈曲照鑒其丹款賜不垂責又曰臣有奴名鳩酬羅委臣逸走別在餘處構結凶逆遂破林邑仍自立爲王永不恭從違恩負義叛主之愆天不容載伏尋林邑昔爲檀和之所破久已歸化天威所被四海彌伏而今鳩酬羅守執奴凶自專狠彊且林邑扶南鄰界相接親人是臣奴猶尚逆去朝廷遥遠豈復遵擧此國屬陛下故謹具上啓伏聞林邑頃年表獻簡絶便欲永隔朝廷豈有師子坐而安大鼠伏願遣軍將伐凶逆臣亦自効微誠助朝廷翦撲使邊海諸國一時歸伏陛下若欲別立餘人爲彼王者伏聽勑旨脫未欲灼然興兵伐林邑者伏願特賜勑在所隨宜以少軍助臣乘天之威殄滅小賊伐惡從善平蕩之日上表獻金五婆羅今輕此使送臣丹誠表所陳啓不盡下情謹附那伽仙并其伴口具啓聞伏願愍所啓并獻金鏤龍王坐像一軀白檀像一軀牙塔二軀古貝二雙瑠璃蘇鉝二口瑇瑁檳榔柈一枚那伽仙詣京師言其國俗事摩醯首羅天神神常降於摩躭山土氣恒暖草木不落其上書曰吉祥利世間感攝於羣生所以其然者天感化緣明仙山名摩躭吉樹敷嘉榮摩醯首羅天依此降尊靈國王悉蒙祐人民皆安寧由斯恩被故是以臣歸情菩薩行忍慈本迹起凡基一發菩提心二乘非所期歷生積功業六度行大悲勇猛超劫數財命捨無遺生死不爲猒六道化有緣具脩於十地遺果度人天功業既已定行滿登正覺萬善智圓備惠日照塵俗衆生感緣應隨機授法藥佛化遍十方無不蒙濟擢皇帝聖弘道興降於三寶垂心覽萬機威恩振八表國土及城邑仁風化清皎亦如釋提洹衆天中最超陛下臨萬民四海共歸心聖慈流無疆被臣小國深詔報曰具摩醯降靈流施彼土雖殊俗異化遙深欣讃知鳩酬羅於彼背叛竊據林邑聚凶肆掠殊宜剪討彼雖介遐陬舊脩蕃貢自宋季多難海譯致壅皇化惟新習迷未革朕方以文德來遠人未欲便興干戈王旣欵列忠到遠請軍威今詔交部隨宜應接伐叛柔服實惟國典勉立殊效以副所期那伽仙屢銜邊譯頗悉中土闊狹令其具宣上報以絳紫地黄碧綠紋綾各五匹扶南人黠惠知巧攻畧傍邑不賓之民爲奴婢貨易金銀綵帛大家男子截錦爲橫幅女爲貫頭貧者以布自蔽鍛金鐶鏆銀食器伐木起屋國王居重閣以木柵爲城海邊生大箬葉長八九尺編其葉以覆屋人民亦爲閣居爲船八九丈廣裁六七尺頭尾似魚國王行乘象婦人亦能乘象鬬雞及猪爲樂無牢獄有訟者則以金指鐶若雞子投沸湯中令探之又燒鎖令赤著手上捧行七步有罪者手皆燋爛無罪者不傷又令没水直者入卽不沈不直者卽沈也有甘蔗諸蔗安石榴及橘多檳榔鳥獸如中國人性善不便戰常爲林邑所侵擊不得與交州通故其使罕至交州斗絶海島控帶外國故恃險數不賓宋泰始初刺史張牧卒交阯人李長仁殺牧北來部曲據交州叛數年病死從弟叔獻嗣事號令未行遣使求刺史宋朝以南海太守沈煥爲交州刺史以叔獻爲煥寧遠司馬武平新昌二郡太守叔獻得朝命人情服從遂發兵守險不納煥煥停鬱林病卒太祖建元元年仍以叔獻爲交州刺史就安慰之叔獻受命旣而斷割外國貢獻寡少世祖欲討之永明元年以司農劉楷爲交州刺史發南康廬陵始興郡兵征交州叔獻聞之遣使願更申數年獻十二隊純銀兜鍪及孔雀毦世祖不許叔獻懼爲楷所襲間道自湘川還朝六年以始興太守房法乘代楷法乘至鎮屬病不理事專好讀書長史伏登之因此擅權改易將吏不令法乘知錄事房季文白之法乘大怒繫登之於獄十餘日登之厚賂法乘妹夫崔景叔得出將部曲襲州執法乘謂之曰使君旣有疾不宜勞囚之別室法乘無事復就登之求書讀登之曰使君靜處猶恐動疾豈可看書遂不與乃啓法乘心疾動不任視事世祖仍以登之爲交州刺史法乘還至嶺而卒法乘清河人昇明中爲太祖驃騎中兵至左中郎將性方簡身長八尺三寸行出人上常自俯屈青州刺史明慶符亦長與法乘等朝廷唯此二人

史臣曰書稱蠻夷猾夏蓋總而爲言矣至於南夷雜種分嶼建國四方珍怪莫此爲先藏山隱海瓌寶溢目商舶遠届委輸南州故交廣富實牣積王府充斥之事差微聲教之道可被若夫用德以懷遠其在此乎

贊曰司雍分壃荊及衡陽參錯州部地有蠻方東夷海外碣石扶桑南域憬遠極泛溟滄非要乃貢並亦來王

南齊書卷五十九

梁　蕭　子　顯　撰

列傳第四十

芮芮虜

河南氐羌

芮芮虜塞外雜胡也編髮左衽晉世什翼珪入塞內後芮芮逐水草盡有匈奴故庭威服西域土氣早寒所居爲穹廬氈帳刻木記事不識文書馬畜丁肥種衆殷盛常與魏虜爲讐敵宋世其國相希利垔解星筭數術通胡漢語常言南方當有姓名齊者其人當興昇明二年太祖輔政遣驍騎將軍王洪軏使芮芮剋期共伐魏虜建元元年八月芮芮主發三十萬騎南侵去平城七百里魏虜拒守不敢戰芮芮主於燕然山下縱獵而歸上初踐阼不遑出師二年三年芮芮主頻遣使貢獻貂皮雜物與上書欲伐魏虜謂上足下自稱吾獻師子皮袴褶皮如虎皮色白毛短時有賈胡在蜀見之云此非師子皮乃扶拔皮也國相邢基祇羅迴奉表曰夫四象稟政二儀改度而萬物生焉斯蓋虧盈迭襲歷數自然也昔晉室將終楚桓竊命實賴宋武匡濟之功故能扶衰定傾休否以泰祚流九葉而國嗣不繼今皇天降禍於

上宋室猜亂于下臣雖荒遠粗闚圖書數難以來星文改度房心受變虛危納祉宋滅齊昌此其驗也水運遘屯木德應運子年垂刈劉穆之記崤嶺有不衽之山京房讖云卯金十六草肅應王歷觀圖緯休徵非一皆云慶鍾蕭氏代宋者齊會有使力法度及（闕）此國使反採訪聖德彌驗天縱之姿故能挾隆皇祚光權定之業翼亮天功濟悖主之難樹勳京師威振海外仗義之功侔踪湯武冥績既著寶命因歸受終之歷歸於有道況夫帝無常族有德必昌時來之數唯靈是與陛下承乾啓之機因乘龍之運計應符革祚久已踐極荒裔傾戴莫不引領設未龍飛不宜沖挹上違天人之心下乖黎庶之望皇芮承緒肇自二儀拓土載民地越滄海百代一族大業天固雖吳漢殊域義同脣齒方欲剋期中原龔行天罰治兵繕甲俟時大舉振霜戈於并代鳴和鈴於秦趙掃殄凶醜梟剪元惡然後皇輿遷幸光復中華永敦隣好侔踪齊魯使四海有奉蒼生咸賴荒餘歸仰豈不盛哉永明元年王洪軌還京師經途三萬餘里洪軌齊郡臨淄人爲太祖所親信建武中爲青冀二州刺史私占丁侵虜界奔敗結氣卒芮芮王求醫工等物世祖詔報曰知須醫及織成錦工指南車漏刻並非所愛南方治疾與北土不同織成錦工並女人不堪涉遠指南車漏刻此雖有其器工匠久不復存不副爲悵自芮芮居匈奴故庭十年丁零胡又南攻芮芮得其故地芮芮稍南徙魏虜主元宏以其侵逼遣僞平元王駕鹿渾龍驤將軍楊延數十萬騎伐芮芮大寒雪人馬死者衆先是益州刺史劉悛遣使江景玄使丁零宣國威德道經鄯善于闐鄯善爲丁零所破人民散盡于闐尤信佛法丁零僭稱天子勞接景玄使反命芮芮常由河南道而抵益州

河南匈奴種也漢建武中匈奴奴婢亡匿在涼州界雜種數千人虜名奴婢爲貲一謂之貲虜鮮卑慕容廆庶兄吐谷渾爲氐王在益州西北亘數千里其南界龍涸城去成都千餘里大戍有四一在清水川一在赤水一在澆河一在吐屈眞川皆子弟所治其王治慕駕川多畜逐水草無城郭後稍爲宮屋而人民猶以氈廬百子帳爲行屋地常風寒人行平沙中沙礫飛起行迹皆滅肥地則有雀鼠同穴生黃紫花瘦地輒有瘴氣使人斷氣牛馬得之疲汗不能行宋初始受爵命至宋末河南王吐谷渾拾寅爲使持節散騎常侍都督西秦河沙三州諸軍事車騎大將軍開府儀同三司領護羌校尉西秦河二州刺史建元元年太祖卽本官進號驃騎大將軍宋世遣武衞將軍王世武使河南是歲隨拾寅使來獻詔答曰皇帝敬問使持節散騎常侍都督西秦河沙三州諸軍事車騎大將軍開府儀同三司領護羌校尉西秦河二州刺史新除驃騎大將軍河南王寶命革授爰集朕躬猥當大業祗惕兼懷夏中增感王世武至得元徽五年五月二十一日表聞之湣然想比平安又卿乃誠遙著保寧遐疆今詔升徽號以酬忠款遣王世武銜命拜授又仍使王世武等往芮芮想卽資遣使得時達又奏所上馬等物悉至今往別牒錦絳紫碧綠黃青等紋各十匹拾寅子易度侯好星文嘗求星書朝議不給寅卒三年以河南王世子吐谷渾易度侯爲使持節都督西秦河沙三州諸軍事鎭西將軍領護羌校尉西秦河二州刺史河南王永明三年詔曰易度侯守職西蕃綏懷允緝忠績兼舉朕有嘉焉可進號車騎大將軍遣給事中丘冠先使河南道并送芮芮使至六年乃還得玉長三尺二寸厚一尺一寸易度侯卒八年立其世子休留茂爲使持節督西秦河沙三州諸軍事鎭西將軍領護羌校尉西秦河二州刺史復遣振武將軍丘冠先拜授幷行弔禮冠先至河南休留茂逼令先拜冠先厲色不肯休留茂恥其國人執冠先於絕巖上推墮深谷而死冠先字道玄吳興人晉吏部郎傑六世孫也上初遣冠先示尙書令王儉儉答上曰此人不啻堪行乃再銜命及死世祖敕其子雄曰卿父受使河南秉忠守死不辱王命我甚賞惜喪屍絕域不可復尋於卿後宦塗無妨甚有高比賜錢十萬布三十匹

氐楊氏與苻氏同出畧陽漢世居仇池地號百頃建安中有百頃氐王是也晉世有楊茂搜後轉彊盛事見前史仇池四方壁立自然有樓櫓却敵狀高並數丈有二十二道可攀緣而升東西二門盤道可七里上有岡阜泉源氐於上平地立宮室果園倉庫無貴賤皆爲板屋土牆所治處名洛谷宋元嘉十九年龍驤將軍裴方明等伐氐剋仇池後爲魏虜所攻失地氐王楊難當從兄子文德聚衆茄蘆宋世加以爵位文德死從弟僧嗣文慶傳代之難當族弟廣香先奔虜元徽中爲虜攻殺文慶以爲陰平公茄蘆鎭主文慶從弟文弘爲白水太守屯武興朝議以爲輔國將軍北秦州刺史武都王仇池公太祖卽位欲綏懷異俗建元元年詔曰昔絕國入贊美稱前冊殊俗內欵聲流往記僞虜茄蘆鎭主陰平郡公楊廣香怨結同族釁起親黨當宋之世遂舉地降敵茄蘆失守華陽暫驚近單使先馳宣揚皇威廣香等追其遠世之誠仰惟新之化肉袒請附復地千里氐羌雜種咸同歸順宜時領納厚加優卹廣香翻迷反正可特量所授部曲酋豪隨名酬賞以廣香爲督沙州諸軍事平羌校尉沙州刺史尋進號征虜將軍梁州刺史范栢年被誅其親將李烏奴懼奔叛文弘納之烏奴率亡命千餘人攻梁州爲刺史王玄邈所破復走還氐中荊州刺史豫章王嶷遣兵討烏奴檄梁州能斬送烏奴首賞本郡烏奴田宅事業悉賜之與廣香書曰夫廢興無謬逆順有恒古今共貫賢愚同察梁州刺史范栢年懷挾詭態首鼠兩端旣已被伐盤桓稽命遂潛遣李烏奴叛楊文弘扇誘邊疆荒雜栢年今已梟禽烏奴頻被摧破計其餘燼行自消夷今遣參軍行晉壽太守王道寶參軍事行北巴西新巴二郡太守任湜之行宕渠太守王安會領銳卒三千遄塗風邁浮川電掩又命輔國將軍三巴校尉明惠照巴郡太守魯休烈南巴西太守柳弘稱益州刺史傅琰並簡徒競騖選甲爭馳雍州水步行次魏興幷山東僑舊會於南鄭或汎舟墊江或飛旍劍道腹背飆騰表裏震擊文弘容納叛戾專爲淵藪外侮皇威內凌國族君弈世忠款深識理順想卽起義應接大軍共爲掎角討滅烏奴剋建忠勤茂立誠節沈攸之資十年之積權百旅之衆師出境而城潰兵未戰而自屠朝廷無遺鏃之費士民靡傷痍之弊況蕞爾小豎方之蔑如其取殲殄豈延漏刻忝以寡昧分陝司蕃清氛蕩穢諒惟任職此府器械山積戈旗林聳士卒剽勁蓄銳積威除難剿寇豈俟徵集但以剪伐萌菌弗勞洪斧撲彼蚊蚋無假多力皇上聖哲應期恩澤廣被罪止首惡餘無所問賞罰之科具寫如別使道寶步出魏興分軍泝墊江俱會晉壽太祖以文弘背叛進廣香爲持節都督西秦州刺史廣香子北部鎭將軍郡事炅爲征虜將軍武都太守以難當正胤楊後起爲持節寧朔將軍平羌校尉北秦州刺史武都王鎭武興卽文弘從兄子也三年文弘歸降復以爲征西將軍北秦州刺史先是廣香病死氐衆半奔文弘半詣梁州刺史崔慧景文弘遣從子後起進據白水白水居晉壽上流西接涪界東帶益路北連陰平茄蘆爲形勝之地晉壽太守楊公則啓經畧之宜上答曰文弘罪不可恕事中政應且加恩耳卿若能襲破白水必加厚賞世祖卽位進後起號冠軍將軍永明元年以征虜將軍炅爲沙州刺史陰平王將軍如故二年八座奏後起勤彰款塞忠著邊城進號征虜將軍四年後起卒詔曰後起奄至殞逝惻愴于懷綏禦邊服宜詳其選行輔國將軍北秦州刺史武都王楊集始幹局沈亮乃心忠款必能緝境寧民宜揚聲教可持節輔國將軍北秦州刺史平羌校尉武都王後起弟後明爲龍驤將軍白水太守集始弟集朗爲寧朔將軍五年有司奏集始驅狐剪棘仰化邊服母以子貴宜加榮寵除集始母姜氏爲太夫人假銀印九年八座奏楊炅嗣勤西牧馳款內昭宜增戎章用輝遐外進號前將軍十年集始反率氐蜀雜衆寇漢川梁州刺史陰智伯遣軍主寧朔將軍桓盧奴梁季羣宋（闕）王士隆等千餘人拒之不利退保白馬賊衆萬餘人縱兵火攻其城柵盧奴拒守死戰智伯又遣軍主陰仲昌等馬步數千人救援至白馬城東千溪橋相去數里集始等悉力攻之官軍內外奮擊集始大敗十八營一時潰走殺獲數千人集始奔入虜界隆昌元年以前將軍楊炅爲使持節督沙州諸軍事平西將軍平羌校尉沙州刺史集始入武興以城降虜氐人苻幼孫起義攻之建武二年氐虜寇漢中梁州刺史蕭懿遣前氐王楊後起弟子元秀收合義兵氐衆響應斷虜運道虜亦遣僞南梁州刺史仇池公楊靈珍據泥山以相拒格元秀病死苻幼孫領其衆高宗詔曰仇池公楊元秀氐王苗胄乃心忠勇醜虜凶逼血誠彌厲宣播朝威招誘戎種萬里齊契響然歸從誠効顯著實有可嘉不幸殞喪悽愴於懷夫死事加恩陽秋明義宜追覃榮典以弘勸獎贈仇池公持節國氐楊馥之聚義衆屯沮水闕城白馬北集始遣弟集朗率兵迎拒州軍於黃亘戰大敗集始走下辯馥之據武興虜軍尋退馥之留弟昌之守武興自引兵據仇池詔曰氐王楊馥之世纂忠義率厲部曲樹績邊城克殄姦醜復內稟朝律外撫戎荒款心式昭朕甚嘉之以爲持節督北秦雍二州諸軍事輔國將軍平羌校尉北秦州刺史仇池公沙州刺史楊炅進號安西將軍三年炅死以炅子崇祖爲假節督沙州軍事征虜將軍平羌校尉沙州刺史陰平王四年僞南梁州刺史楊靈珍與二弟婆羅阿卜珍率部曲三萬餘人舉城歸附送母及子雙健阿皮於南鄭爲質梁州刺史陰廣宗遣中兵參軍王思考率衆救援爲虜所得婆羅阿卜珍戰死靈珍攻集始於武興殺其二弟集同集衆集始窮急請降以靈珍爲持節督隴右軍事征虜將軍北梁州刺史仇池公武都王永元二年復以集始爲使持節督秦雍二州軍事輔國將軍平羌校尉北秦州刺史靈珍後爲虜所殺

自虜陷仇池以後或得或失宋以仇池爲郡故以氐封焉

宕昌羌種也各有酋豪領部衆汧隴閒宋末宕昌王梁彌機爲使持節督河涼二州安西將軍東羌校尉河涼二州刺史隴西公建元元年太祖進號鎮西將軍又征虜將軍西涼州刺史羌王像舒彭亦進爲持節平西將軍後叛降虜永明元年八座奏前使持節都督河涼二州軍事鎮西將軍東羌校尉河涼二州刺史隴西公宕昌王梁彌機前使持節平北將軍西涼州刺史羌王像舒彭竝著勤西垂寧安邊境可復先官爵詔又可以隴右都帥羌王劉洛羊爲輔國將軍機卒三年詔曰行宕昌王梁彌頡忠款內附著績西服宜加爵命式隆蕃屏可使持節督河涼二州諸軍事安西將軍東羌校尉河涼二州刺史隴西公宕昌王頡卒六年以行宕昌王梁彌承爲使持節督河涼二州諸軍事安西將軍東羌校尉河涼二州刺史宕昌王使求軍儀及伎雜書詔報曰知須軍儀等九種竝非所愛但軍器種甚多致之未易內伎不堪涉遠祕閣圖書例不外出五經集注論今特敕賜王各一部俗重虎皮以之送死國中以爲貨

史臣曰氐胡贙盛乘運迭起秦趙僭差相係覆滅餘類蠢蠢被西疆而奄北際芮芮地窮幽都戎馬天隔氐楊密邇華夷分民接境侵犯漢漾浸逼狠狐壃埸之心窺望威德梁部多難於斯爲梗殘羌遺種際運肇昌盡隴憑河遠通南驛據國稱蕃竝受職命晉氏衰故中朝淪覆滅餘四夷應雪戎禍授以兵杖升進軍麾後代因仍貪廣聲教綏外懷遠先名後實貿易有無世開邊利羽毛齒革無損於我若夫九種之事有闕二字至於此也

贊曰芮芮河南同出胡種稱王僭帝擅彊專統氐羌孽餘散出河隴來賓往叛放命承宗

南齊書卷五十九考證

芮芮虜傳○臣祖庚按芮芮卽柔然杜佑曰柔然後魏太武以其無知狀類于蟲故改其號曰蠕蠕宋齊謂之芮芮

河南傳又卿乃誠逸著○乃誠南監本作欵誠按乃誠六朝人多用之晉書劉琨傳卽有懷其乃誠之語

聚泉茄蘆○茄南史作葭

茄蘆鎭主文慶○文慶南史作文度

宕昌傳○臣祖庚按北史宕昌畫三苗之胄杜佑曰其界自仇池以西東西千里席水以南南北八百里地多山阜

知州臣祖庚謹言梁臣蕭子顯齊之宗室仕梁而修齊史以故事多附會辭有溢美且以時尚瞿曇黜儒崇釋其是非大謬于聖人昔曾鞏議其喜自馳騁刻彫藻績之變尤多而文益下洵非誣也初江淹已作十志沈約又有紀二十篇子顯別自表修淹約注紀遂不復存矣當時奉朝請吳均亦嘗著齊春秋三十篇劉子玄稱其該實而曾鞏目錄馬端臨經籍考並不及載夫子顯才氣過人以著作自命然沿襲卑靡故識復猥瑣卽如天文但紀災祥州郡不著戶口未免疎漏而祥瑞一志多載圖讖尤爲近誣宜乎司馬光謂李延壽書敘事簡徑勝于正史也雖然蕭齊一代君臣行事之得失論議之往復未嘗表見他書卽古人著述亦復不傳于世所可考見者惟是編而是編之在今日惟監本若任其魚豕相仍不益將訛以傳訛幾於殘缺無徵哉臣等仰承

詔命博采前議廣集衆思敬謹編校不敢率畧從事爰攷宋魏二書南北二史資治通鑑暨通典通考諸書擇其事涉蕭齊精詳切要者或別其是非或訂其疑似條分目晰附於各卷之末俾覽者有所依據以仰副

聖天子修明正史之至意云臣謹識

原任詹事臣陳浩侍講學士臣萬承蒼洗馬臣陸宗楷編修臣孫人龍候補知州臣王祖庚拔貢生臣楊茂遷臣王積光等奉

敕恭校刊

梁書

梁書序

梁書六本紀五十列傳合五十六篇唐貞觀三年詔右散騎常侍姚思廉撰思廉者梁史官察之子推其父意又頗采諸儒謝吳等所記以成此書臣等旣校正其文字又集次爲目錄一篇而敘之曰自先王之道不明百家並起佛最晚出爲中國之患而在梁爲尤甚故不得而不論也蓋佛之徒自以謂吾之所得者內而世之論佛者皆外也故不可絀雖然彼惡覩聖人之內哉書曰思曰睿睿作聖蓋思者所以致其知也能致其知者察三才之道辯萬物之理小大精粗無不盡也此之謂窮理知之至也知至矣則在我者之足貴在彼者之不足玩未有不能明之者也有知之之明而不能好之未可也故加之誠心以好之有好之之心而不能樂之未可也故加之至意以樂之能樂之則能安之矣如是則萬物之自外至者安能累我哉萬物之所不能累故吾之所以盡其性也能盡其性則誠矣誠者成也不惑也旣成矣必充之使可大焉旣大矣必推之使可化焉能化矣則含智之民肖翹之物有待於我者莫不由之以至其性遂其宜而吾之用與天地參矣德如此其至也而應乎外者未嘗不與人同此吾之道所以爲天下之達道也故與之爲衣冠飲食冠昏喪祭之具而由之以教其爲君臣父子兄弟夫婦者莫不一出乎人情與之同其吉凶而防其憂患者莫不一出乎人理故與之處而安且治之所集也危且亂之所去也與之所處者其具如此使之化者其德加彼可不謂聖矣乎旣聖矣則無思也其至者循理而已無爲也其動者應物而已是以覆露乎萬物鼓舞乎羣衆而未有能測之者也可不謂神矣乎神也者至妙而不息者也此聖人之內也聖人者道之極也佛之說其有以易此乎求其有以易此者固其所以爲失也夫得於內者未有不可行於外也有不可行於外者斯不得於內矣易曰智周乎萬物而道濟乎天下故不過此聖人所以兩得之也智足以知一偏而不足以盡萬事之理道足以爲一方而不足以適天下之用此百家之所以兩失之也佛之失其不以此乎則佛之徒自以謂得諸內者亦可謂妄矣夫學史者將以明一代之得失也臣等故因梁之事而爲著聖人之所以得及佛之所以失以傳之者使知君子之所以距佛者非外而有志於內者庶不以此而易彼也臣鞏等謹敘目錄昧死上

梁書目錄

唐　散騎常侍　姚　思　廉　撰

梁書目錄考證

本紀第四簡文帝諱綱○綱監本訛繹今改正

列傳第十二馮道根○馮監本訛馬今從本傳改正

列傳第十六太祖五王○太監本訛世今改正

列傳第三十五劉潛弟孝威○孝監本訛世今從本傳改正

列傳第四十一滕曇恭 徐普濟 宛陵女子○監本缺徐普濟宛陵女子七字今增入

梁書卷一

唐散騎常侍姚思廉撰

本紀第一

武帝上

高祖武皇帝諱衍字叔達小字練兒南蘭陵中都里人漢相國何之後也何生鄭定侯延延生侍中彪彪生公府掾章章生皓皓生仰仰生太傅望之望之生光祿大夫育育生御史中丞紹紹生光祿勳閎閎生濟陰太守闡闡生吳郡太守冰冰生中山相苞苞生博士周周生蛇丘長矯矯生州從事逵逵生孝廉休休生廣陵郡丞豹豹生太中大夫裔裔生淮陰令整整生濟陰太守鎋鎋生州治中副子副子生南臺治書道賜道賜生皇考諱順之齊高帝族弟也參預佐命封臨湘縣侯歷官侍中衛尉太子詹事領軍將軍丹陽尹贈鎮北將軍高祖以宋孝武大明八年甲辰歲生於秣陵縣同夏里三橋宅生而有奇異兩骻駢骨頂上隆起有文在右手曰武帝及長博學多通好籌畧有文武才幹時流名輩咸推許焉所居室常若雲氣人或過者體輒肅然起家巴陵王南中郎法曹行參軍遷衛將軍王儉東閤祭酒儉一見深相器異謂廬江何憲曰此蕭郎三十內當作侍中出此則貴不可言竟陵王子良開西邸招文學高祖與沈約謝朓王融蕭琛范雲任昉陸倕等並遊焉號曰八友融俊爽識鑒過人尤敬異高祖每謂所親曰宰制天下必在此人累遷隨王鎮西諮議參軍尋以皇考艱去職隆昌初明帝輔政起高祖爲寧朔將軍鎮壽春服闋除太子庶子給事黃門侍郎入直殿省預蕭諶等定策勳封建陽縣男邑三百戶建武二年魏遣將劉昶王肅帥衆寇司州以高祖爲冠軍將軍軍主隸江州刺史王廣爲援距義陽百餘里衆以魏軍盛趑趄莫敢前高祖請爲先啓廣卽分麾下精兵配高祖爾夜便進去魏軍數里逕上賢首山魏軍不測多少未敢逼黎明城內見援至因出軍攻魏柵高祖帥所領自外進戰魏軍表裏受敵乃棄重圍退走軍罷以高祖爲右軍晉安王司馬淮陵太守還爲太子中庶子領羽林監頃之出鎮石頭四年魏帝自率大衆寇雍州明帝令高祖赴援十月至襄陽詔又遣左民尚書崔慧景總督諸軍高祖及雍州刺史曹武等並受節度明年三月慧景與高祖進行鄧城魏主帥十萬餘騎奄至慧景失色欲引退高祖固止之不從乃狼狽自拔魏騎乘之於是大敗高祖獨帥衆距戰殺數十百人魏騎稍却因得結陣斷後至夕得下船慧景軍死傷畧盡惟高祖全師而歸俄以高祖行雍州府事七月仍授持節都督雍梁南北秦四州郢州之竟陵司州之隨郡諸軍事輔國將軍雍州刺史其月明帝崩東昏卽位揚州刺史始安王遙光尚書令徐孝嗣尚書右僕射江祏右將軍蕭坦之侍中江祀衛尉劉暄更直內省分日帖敕高祖聞之謂從舅張弘策曰政出多門亂其階矣詩云一國三公吾誰適從況今有六而可得乎嫌隙若成方相誅滅當今避禍惟有此地勤行仁義可坐作西伯但諸弟在都恐罹世患須與益州圖之耳時高祖長兄懿罷益州還仍行郢州事乃使弘策詣郢陳計於懿曰昔晉惠庸主諸王爭權遂內難九興外寇三作今六貴爭權人握王憲制主畫敕各欲專威睚眦成憾理相屠滅且嗣主在東宮本無令譽媟近左右蜂目忍人一總萬幾恣其所欲豈肯虛坐主諾委政朝臣積相嫌貳必大誅戮始安欲爲趙倫形迹已見蹇人上天信無此理且性甚猜狹徒取亂機所可當軸惟有江劉而已祏怯而無斷暄弱而不才折鼎覆餗翹足可待蕭坦之胷懷猜忌動言相傷徐孝嗣才非柱石聽人穿鼻若隙開釁起必中外土崩今得守外藩幸圖身計智者見機不俟終日及今猜防未生宜召諸弟以時聚集後相防疑拔足無路郢州控帶荊湘西注漢沔雍州士馬呼吸數萬虎眎其間以觀天下世治則竭誠本朝時亂則爲國翦暴可得與時進退此蓋萬全之策如不早圖悔無及也懿聞之變色心弗之許弘策還高祖乃啓迎弟偉及憺是歲至襄陽於是潛造器械多伐竹木沉於檀溪密爲舟裝之備時所住齋常有五色回轉狀若蟠龍其上紫氣騰起形如繖蓋望者莫不異焉永元二年冬懿被害信至高祖密召長史王茂中兵呂僧珍別駕柳慶遠功曹史吉士瞻等謀之既定以十一月乙巳召僚佐集於廳事謂曰昔武王會孟津皆曰紂可伐今昏主惡稔窮虐極暴誅戮朝賢罕有遺育生人塗炭天命殛之卿等同心疾惡共興義舉公侯將相良在兹日各盡勳効我不食言是日建牙於是收集得甲士萬餘人馬千餘匹船三千艘出檀溪竹木裝艦先是東昏以劉山陽爲巴陵太守配精兵三千使過荊州就行事蕭穎胄以襲襄陽高祖知其謀乃遣參軍王天虎龐慶國詣江陵遍與州府書及山陽西上高祖謂諸將曰荊州本畏襄陽人如脣亡齒寒自有傷弦之急寧不闇同邪我若總荊雍之兵掃定東夏韓白重出不能爲計況以無算之昏主役御刀應敕之徒哉我能使山陽至荊便卽授首諸君試觀何如及山陽至巴陵高祖復令天虎齎書與穎胄兄弟去後高祖謂張弘策曰夫用兵之道攻心爲上攻城次之心戰爲上兵戰次之今日是也近遣天虎往州府人皆有書今段乘驛甚急止有兩封與行事兄弟云天虎口具及問天虎而口無所說行事不得相聞不容妄有所道天虎是行事心膂彼聞必謂行事與天虎共隱其事則人人生疑山陽惑於衆口判相嫌貳則行事進退無以自明必漏吾謀內是馳兩空函定一州矣山陽至江安聞之果疑不上穎胄大懼乃斬天虎送首山陽山陽信之將數十人馳入穎胄伏甲斬之送首高祖仍以南康王尊號之議來告且曰時月未利當須來年二月遽便進兵恐非廟算高祖答曰今坐甲十萬糧用自竭況所藉義心一時驍銳事事相接猶恐疑怠若頓兵十旬必生悔吝童兒立異便大事不成今太白出西方仗義而動天時人謀有何不利處分已定安可中息昔武王伐紂行逆太歲復須待年月乎竟陵太守曹景宗遣杜思冲勸高祖迎南康王都襄陽待正尊號然後進軍高祖不從王茂又私於張弘策曰我奉事節下義無進退然今者以南康置人手中彼便挾天子以令諸侯而節下前去爲人所使此豈歲寒之計弘策言之高祖曰若使前途大事不捷故自蘭艾同焚若功業克建威讋四海號令天下誰敢不從豈是碌碌受人處分待至石城當面曉王茂曹景宗也於沔南立新野郡以集新附三年二月南康王爲相國以高祖爲征東將軍給鼓吹一部戊申高祖發襄陽留弟偉守襄陽城總州府事弟憺守壘城府司馬莊丘黑守樊城功曹史吉士詢兼長史白馬戍主黃嗣祖兼司馬鄀令杜永兼別駕小府錄事郭儼知轉漕移檄京邑曰夫道不常夷時無永化險泰相沿晦明非一皆屯困而後亨資多難以啓聖故昌邑悖德孝宣聿興海西亂政簡文升歷並拓緒開基紹隆寶命理驗前經事昭往策獨夫擾亂天常毀棄君德姦回淫縱歲月滋甚挺虐於髫齔之年植險於髫丱之日猜忌凶毒觸途而著暴戾昏荒與事而發自大行告漸喜容前見梓宮在殯靦無哀色懽娛遊宴有過平常奇服異衣更極誇麗至於選采妃嬪姊妹無別招侍巾櫛姑姪莫辨掖庭有稗販之名姬姜被干殳之服至乃形體宣露褻衣顛倒斬斮其間以爲懽笑騁肆淫放驅屏郊邑老弱波流士女塗炭行產盈路輿尸竟道母不及抱子不遑哭劫掠剽虜以日繼夜晝伏宵遊曾無休息淫酗醟肆酣歌壚邸寵恣愚豎亂惑妖孽梅蟲兒茹法珍臧獲厮小專制威柄誅翦忠良屠滅卿宰劉鎮軍舅氏之尊盡忠奉國江僕射外戚之重竭誠事上蕭領軍葭莩之宗志存柱石徐司空沈僕射搢紳冠冕人望攸歸或渭陽餘感或勳庸允穆或誠著艱難或劬勞王室並受遺託同參顧命送往事居俱竭心力宜其慶溢當年祚隆後裔而一朝齏粉孩稚無遺人神怨結行路嗟憤蕭令君忠公幹伐誠貫幽顯往年寇賊遊魂南鄭危逼拔刃飛泉孤城獨振及中流逆命憑陵京邑謀猷禁省指授羣帥剋翦鯨鯢淸我王度崔慧景奇鋒迅駭兵交象魏武力喪魂義夫奪膽投名送欵比屋交馳負糧景從愚智競赴復誓旅江甸奮不顧身獎厲義徒電掩彊敵克殲大憝以固皇基功出桓文勳超伊呂而勞謙省已事昭心迹功遂身退不祈榮滿敦賞未聞禍酷遄及預稟精靈孰不寃痛而羣孽放命蜂蠆懷毒乃遣劉山陽驅扇逋逃招逼亡命潛圖密構規見掩襲蕭右軍夏侯征虜忠斷夙舉義形於色奇謀宏振應手梟懸天道禍淫罪不容戮至於悖禮違教傷化虐人射天彈路比之猶善刳胎斮脛方之非酷盡寓縣之竹未足紀其過窮山澤之兔不能書其罪自草昧以來圖牒所記昏君暴后未有若斯之甚者也既人神乏主宗稷阽危海內沸騰氓庶板蕩百姓懍懍如崩厥角蒼生喁喁投足無地幕府荷眷前朝義均休戚上懷委付之重下惟在原之痛豈可臥薪引火坐觀傾覆至尊體自高宗特鍾慈寵明並日月粹昭靈神祥啓元龜符驗當璧作鎮陝藩化流西夏謳歌攸奉萬有樂推右軍蕭穎胄征虜將軍夏侯詳並同心翼戴卽宮舊楚三靈再朗九縣更新升平之運此焉復始康哉之盛在乎兹日然帝德雖彰區宇未定元惡未黜天邑猶梗仰稟宸規率前啓路卽日遣冠軍竟陵內史曹景宗等二十軍主長槊五萬驥騄爲羣鶚視爭先龍驤並驅步出橫江直指朱雀長史冠軍將軍襄陽太守王茂等三十軍主戈船七萬乘流電激推鋒扼險斜趣白城南中郎諮議參軍軍主蕭偉等三十九軍主巨艦迅檝衝波壹水旗鼓八萬焱集石頭南中郎諮議參軍軍主蕭憺等四十二軍主熊羆之士甲楯十萬沿波馳艓掩據新亭益州刺史劉季連梁州刺史柳惔司州刺史王僧景魏興太守裴師仁上庸太守韋叡新城太守崔僧季並肅奉明詔龔行天罰蜀漢果銳沿流而下淮汝勁勇望波遄騖幕府總率貔貅驍勇百萬繕甲燕弧屯兵冀馬擬金沸地鳴鞞聒天霜鋒曜日朱旗絳寓方舟千里

駱驛係進蕭右軍討謨上才兼資文武英畧峻遠執鈞匡世擁荆南之衆督四方之師宣讚中權奉衞輿輦旂麾所指威稜無外龍驤虎步竝集建業黜放愚狡均禮海昏廓清神甸埽定京宇譬猶崩泰山而壓蟻壤決懸河而注熛爐豈有不殄滅者哉今資斧所加止梅蟲兒茹法珍而已諸君咸世胄羽儀書勳王府皆俛眉姦黨受制凶威若能因變立功轉禍爲福竝誓河岳永紆靑紫若執迷不悟距逆王師大衆一臨刑玆罔赦所謂火烈高原芝蘭同泯勉求多福無貽後悔賞罰之科有如白水高祖至竟陵命長史王茂與太守曹景宗爲前軍中兵參軍張法安守竟陵城茂等至漢口輕兵濟江逼郢城其刺史張冲置陣據石橋浦義師與戰不利軍主朱僧起死之諸將議欲併軍圍郢分兵以襲西陽武昌高祖曰漢口不闊一里箭道交至房僧寄以重兵固守爲郢城人掎角若悉衆前進賊必絶我軍後一朝爲阻則悔無所及今欲遣王曹諸軍濟江與荆州軍相會以逼賊壘吾自後圍魯山以通沔漢鄖城竟陵間粟方舟而下江陵湘中之兵連旗繼至糧食既足士衆稍多圍守兩城不攻自拔天下之事卧取之耳諸將皆曰善乃命王茂曹景宗帥衆濟岸進頓九里其日張冲出軍迎戰茂等邀擊大破之皆棄甲奔走荆州遣冠軍將軍鄧元起軍主王世興田安等數千人會大軍於夏首高祖築漢口城以守魯山命水軍主張惠紹朱思遠等遊遏江中絶郢魯二城信使三月乃命元起進據南堂西陼田安之頓城北王世興頓曲水故城是時張冲死其衆復推軍主薛元嗣及冲長史程茂爲主乙巳南康王卽帝位於江陵改永元三年爲中興元年遙廢東昏爲涪陵王以高祖爲尚書左僕射加征東大將軍都督征討諸軍事假黃鉞西臺又遣冠軍將軍蕭穎達領兵會于軍是日元嗣軍主沈難當率輕舸數千亂流來戰張惠紹等擊破盡擒之四月高祖出沔命王茂蕭穎達等進軍逼郢城元嗣戰頗疲因不敢出諸將欲攻之高祖不許五月東昏遣寧朔將軍吳子陽軍主光子衿等十三軍救郢州進據巴口六月西臺遣衞尉席闡文勞軍齎蕭穎胄等議謂高祖曰今頓兵兩岸不併軍圍郢定西陽武昌取江州此機已失莫若請救於魏與北連和猶爲上策高祖謂闡文曰漢口路通荆雍控引秦梁糧運資儲聽此氣息所以兵壓漢口連絡數州今若併軍圍城又分兵前進魯山必阻沔路所謂搤喉若糧運不通自然離散何謂持久鄧元起近欲以三千兵往定尋陽彼若懽然悟機一酈生亦足脫距王師故非三千能下進退無據未見其可西陽武昌取便得耳得便應鎭守守兩城不減萬人糧儲稱是卒無所出脫賊軍有上者萬人攻一城兩城勢不得相救若我分軍應援則首尾俱弱如其不遣孤城必陷一城既没諸城相次土崩天下大事於是去矣若郢州既拔席卷沿流西陽武昌自然風靡何遽分兵散衆自貽其憂且丈夫舉動言靜天步況擁數州之兵以誅羣豎懸河注火奚有不滅豈容北面請救以自示弱彼未必能信徒貽我醜聲此之下計何謂上策卿爲我白鎭軍前途攻取但以見付事在目中無患不捷恃鎭軍靜鎭之耳吳子陽等進軍武口高祖乃命軍主梁天惠蔡道祐據漁湖城唐脩期劉道曼屯白陽壘夾兩岸而待之子陽又進據加湖去郢三十里傍山帶水築壘柵以自固魯山城主房僧寄死衆復推助防張樂祖代之七月高祖命王茂帥軍主曹仲宗康絢武會超等潛師襲加湖將逼子陽水涸不通艦其夜暴長衆軍乘流齊進鼓譟攻之賊俄而大潰子陽等竄走衆盡溺于江王茂虜其餘而旋於是郢魯二城相視奪氣先是東昏遣冠軍將軍陳伯之鎭江州爲子陽等聲援高祖乃謂諸將曰夫征討未必須實力所聽威聲耳今加湖之敗誰不弭服陳虎牙卽伯之子狼狽奔歸彼間人情理當恟懼我謂九江傳檄可定也因命搜所獲俘囚得伯之幢主蘇隆之厚加賞賜使致命焉魯山城主張樂祖郢城主程茂薛元嗣相繼請降初郢城之閉將佐文武男女口十餘萬人疾疫流腫死者十七八及城開高祖竝加隱卹其死者命給棺槥先是汝南人胡文超起義於灄陽求討義陽安陸等郡以自効高祖又遣軍主唐脩期攻隨郡竝剋之司州刺史王僧景遣子貞孫入質司部悉平陳伯之遣蘇隆之反命求未便進軍高祖曰伯之此言意懷首鼠及其猶豫急往過之計無所出勢不得暴乃命鄧元起率衆卽日沿流八月天子遣黃門郎蘇回勞軍高祖登舟命諸將以次進路留上庸太守韋叡守郢城行州事鄧元起將至尋陽陳伯之猶猜懼乃收兵退保湖口留其子虎牙守盆城及高祖至乃束甲請罪九月天子詔高祖平定東夏竝以便宜從事是月留少府長史鄭紹叔守江州城前軍次蕪湖南豫州刺史申胄棄姑孰走至是時大軍進據之仍遣曹景宗蕭穎達領馬步進頓江寧東昏遣征虜將軍李居士率步軍迎戰景宗擊走之於是王茂鄧元起呂僧珍進據赤鼻邏曹景宗陳伯之爲遊兵是日新亭城主江道林率兵出戰衆軍擒之於陣大軍次新林命王茂進據越城曹景宗據皂莢橋鄧元起據道士墩陳伯之據籬門道林餘衆退屯航南義軍迫之因復散走退保朱爵憑淮以自固時李居士猶據新亭壘請東昏燒南岸邑屋以開戰場自大航以西新亭以北蕩然矣十月東昏石頭軍主朱僧勇率水軍二千人歸降東昏又遣征虜將軍王珍國率軍胡獸牙等列陳於航南大路悉配精手利器尚十餘萬人閹人王倀子持白虎幡督率諸軍又開航背水以絶歸路王茂曹景宗等掎角奔之將士皆殊死戰無不一當百鼓譟震天地珍國之衆一時土崩投淮死者積屍與航等後至者乘之以濟於是朱爵諸軍望之皆潰義軍追至宣陽門李居士以新亭壘徐元瑜以東府城降石頭白下諸軍竝宵潰壬午高祖鎭石頭命衆軍圍六門東昏悉焚燒門內驅逼營署官府竝入城有衆二十萬青州刺史桓和紿東昏出戰因以其衆來降高祖命諸軍築長圍初義師之逼東昏遣軍主左僧慶鎭京口常僧景鎭廣陵李叔獻屯瓜步及申胄自姑孰奔歸又使屯破墩以爲東北聲援至是高祖遣使曉喻竝率衆降乃遣弟輔國將軍秀鎭京口輔國將軍恢屯破墩從弟寧朔將軍景鎭廣陵吳郡太守蔡夤棄郡赴義師十二月丙寅旦兼衞尉張稷北徐州刺史王珍國斬東昏送首義師高祖命呂僧珍勒兵封府庫及圖籍收嬖妾潘妃及凶黨王咺之以下四十一人屬吏誅之宣德皇后令廢涪陵王爲東昏侯依漢海昏侯故事授高祖中書監都督揚南徐二州諸軍事大司馬錄尚書驃騎大將軍揚州刺史封建安郡公食邑萬戶給班劒四十人黃鉞侍中征討諸軍事竝如故依晉武陵王遵承制故事己卯高祖入屯閱武堂下令曰皇家不造遘此昏凶禍挻動植虐被人鬼社廟之危蠢焉如綴吾身藉皇宗曲荷先顧受任邊疆推轂萬里眷言瞻烏痛心在目故率其尊主之情厲其忘生之志雖寶歷重升明命有紹而獨夫醜縱方煽京邑投袂援戈克弭多難虐政横流爲日既久同惡相濟諒非一族仰稟朝命任在專征思播皇澤被之率土凡厥負釁咸與惟新可大赦天下唯王咺之等四十一人不在赦例又令曰夫樹以司牧非役物以養生視人如傷豈肆上以縱虐廢主棄常自絶宗廟窮凶極悖書契未有征賦不一苛酷滋章緹繡土木菽粟犬馬徵發閭左以充繕築流離寒暑繼以疫癘轉死溝渠曾莫救恤朽肉枯骸烏鳶是厭加以天災人火屢焚宮掖官府臺寺尺椽無遺悲甚黍離痛兼麥秀遂使億兆離心疆徼侵弱斯人何辜離此塗炭今明昏遞運大道公行思治之氓來蘇玆日猥以寡薄屬當大寵雖運距中興艱同草昧思闡皇休與之更始凡昏制謬賦淫刑濫役外可詳檢前源悉皆除蕩其主守散失諸所損耗精立科條咸從原例又曰永元之季乾維落紐政實多門有殊衞文之代權移於下事等曹恭之時遂使閹尹有翁媼之稱高安有法堯之旨鬻獄販官錮山護澤開塞之機奏成小醜直道正義擁抑彌年懷冤抱理莫知誰訴姦吏因之筆削自己豈直賈生流涕許伯哭時而已哉今理運惟新政刑得所矯革流弊實在玆日可通檢尚書衆曹東昏時諸諍訟失理及主者淹停不時施行者精加訊辨依事議奏又下令以義師臨陣致命及疾病死亡者竝加葬斂收恤遺孤又令曰朱爵之捷逆徒送死者特許家人殯葬若無親屬或有貧苦二縣長尉卽爲埋掩建康城內不達天命自取淪滅亦同此科二年正月天子遣兼侍中席闡文兼黃門侍郎樂法才慰勞京邑追贈高祖祖散騎常侍左光祿大夫考侍中丞相高祖下令曰夫在上化下草偃風從世之澆淳恒由此作自永元失德書契未紀窮凶極悖焉可勝言既而璇室外構傾宮內積奇技異服殫所未見上慢下暴淫侈競馳國命朝權盡移近習販官鬻爵賄貨公行竝甲第康衢漸臺廣室長袖低昂等和戎之賜珍羞百品同伐冰之家愚人因之浸以成俗驕艷競爽夸麗相高至乃市井之家貂狐在御工商之子緹繡是襲日入之次夜分未反昧爽之朝期之淸旦聖明肇運厲精惟始雖曰纘戎殆同創革且淫費之後繼以興師巨橋鹿臺凋罄不一孤忝荷大寵務在澄淸思所以仰述皇朝大帛之旨俯厲微躬鹿裘之義解而更張斲雕爲樸自非可以奉粢盛脩紱冕習禮樂之容繕甲兵之備此外衆費一皆禁絶御府中署量宜罷省掖庭備御妾之數大享絶鄭衞之音其中有可以率先卿士准的甿庶菲食薄衣請自孤始加羣才竝軌九官咸事若能人務退食競存約己移風易俗庶朞月有成昔毛玠在朝士大夫不敢靡衣偸食魏武歎曰孤之法不如毛尚書孤雖德謝往賢任重先達實望多士得其此心外可詳爲條格戊戌宣德皇后臨朝入居內殿拜帝大司馬解承制百僚致敬如前詔進高祖都督中外諸軍事劒履上殿入朝不趨贊拜不名加前後部羽葆鼓吹置左右長史司馬從事中郎掾屬各四人竝依舊辟士餘竝如故詔曰夫日月麗

天高明所以表德山岳題地柔博所以成功故能庶物出而資始河海振而不洩二象貞觀代之者人是以七輔四叔致無爲於軒昊韋彭齊晉靖衰亂於殷周大司馬攸縱自天體茲齊聖文治九功武苞七德欽惟厥始徽猷早樹誠著艱難功參帷幄錫賦開壤式表厥庸建武升歷邊隙屢啓公釋書輟講經營四方司豫懸切樊漢危殆覆彊寇於沔濱僵胡馬於鄧汭永元肇號難結羣醜專威擅虐毒被含靈溥天惴惴命懸晷刻否終有期神藻載挺首建大策惟新鼎祚投袂勤王沿流電舉魯城雲撤夏汭霧披加湖羣盜一鼓殄拔姑孰連旍倏焉冰泮取新壘其如拾芥撲朱爵其猶掃塵霆電外駭省闥內傾餘醜纖蠹蚳蝝必盡援彼已溺解此倒懸塗懽里抃自近及遠畿甸夷穆方外肅寧解茲虐網被以寬政積弊窮昏一朝載廓聲教遐漸無思不被雖伊尹之執茲壹德姬旦之光于四海方斯蔑如也昔呂望翼佐聖君猶享四履之命文侯立功平后尚荷二弓之錫況於盛德元勳超邁自古黔首惵惵待以爲命救其已然拯其方斯式閭表墓未或能比而大輅渠門輟而莫授眷言前訓無忘終食便宜敬升大典式允羣望其進位相國總百揆揚州刺史封十郡爲梁公備九錫之禮加璽紱遠遊冠位在諸王上加相國綠綟綬其驃騎大將軍如故依舊置梁百司策曰二儀寂寞由寒暑而代行三才並用資立人以爲寶故能流形品物仰代天工允茲元輔應期挺秀裁成天地之功幽協神明之德撥亂反正濟俗寧人盛烈光於有道大勳振於無外雖伊陟之保乂王家姬公之有此丕訓方之蔑如也今將授公典策其敬聽朕命上天不造難鍾皇室元帝以休明早崩簡文以仁弱不嗣高宗襲統宸居弗永雖夙夜劬勞而隆平不洽嗣君昏暴書契弗覩朝權國柄委之羣孽勦戮忠賢誅殘台輔含冤抱痛噍類靡餘實繁非一並專國命嚬笑致災睚眦及禍嚴科毒賦載離比屋溥天熬熬寘身無所宛頸引決道樹相望無近無遠號天靡告公藉昏明之期因兆人之願爰帥羣后翊成中興宗社之危已固天人之望允塞此實公紐我絕綱大造皇家者也永明季年邊隙大啓荆河連率招引戎荒江淮擾逼勢同履虎公受言本朝輕兵赴襲縻以長算制之環中排危冒險彊柔遞用坦然一方還成藩服此又公之功也在昔隆昌洪基已謝高宗慮深社稷將行權道公定策帷帳激揚大節廢帝立王謀猷深著此又公之功也建武闡業厥猷雖遠戎狄內侵憑陵關塞司部危逼淪陷指期公治兵外討卷甲長騖接距交綏電激風掃摧堅覆銳咽水塗原執俘象魏獻馘海渚焚廬毀帳號哭言歸此又公之功也樊漢阽切羽書續至公星言鞠旅稟命徂征而軍機戎統事非己出善策嘉謀抑而莫允鄧城之役胡馬卒至元帥潛及不相告報棄甲損師餌之虎口公南收散卒北禦雕騎全衆方軌案路徐歸拯我邊危重獲安堵此又公之功也漢南迥弱咫尺勍寇兵糧盡闕器甲靡遺公作藩爰始因資靡託整兵訓卒蒐狩有序俾我危城翻爲彊鎮此又公之功也永元紀號瞻烏已及雖廢昏有典而伊霍稱難公首建大策爰立明聖義踰邑綸勳高代入易亂以化俾昏作明此又公之功也文王之風雖被江漢京邑蠢動湮爲洪流句吳於越巢幕匪喻公投袂萬里事惟拯溺義聲所覃無思不韙此又公之功也魯城夏汭梗據中流乘山置壘縈川自固公御此烏集陵茲地險頓兵坐甲寒往暑移我行永久士忘歸願經以遠圖御以長策費無遺矢戰未窮兵踐華之固相望俱拔此又公之功也惟此羣凶同惡相濟緣江負險蟻聚加湖水陸盤據規援夏首桴旝一臨應時褫潰此又公之功也姦孽震皇復懷舉斧蓄兵九派用擬勤王公稜威直指勢踰風電旌旆未臨全州稽服此又公之功也姑孰衝要密邇京畿凶徒熾聚斷塞津路公偏師啓塗排方繼及兵威所震望旗自駭焚舟委壁卷甲宵遁此又公之功也羣豎猖狂志在借一豕突淮涘武騎如雲公爰命英勇因機騁銳氣冠版泉勢踰洹水追奔逐北奄有通津熊耳比峻未足云擬雕水不流曷其能及此又公之功也琅邪石首襟帶岨固新壘東墉金湯是埒憑險作守兵食兼資風激電駭莫不震疊城復于隍於是乎在此又公之功也獨夫昏很憑城靡懼鼓鍾鞺鞳傲若有餘狎是邪孽忌斯冠冕凶狡因之將逞孥戮公奇謨密運盛畧潛通忠勇之徒得申厥効白旗宣室未之或比此又公之功也公有拯億兆之勳重之以明德爰初厲志服道儒門濯纓來仕清猷映代時運艱難宗社危殆崐崗已燎玉石同焚驅率貔貅抑揚霆電義等南巢功齊牧野若夫禹功寂寞微管誰嗣拯其將魚驅其被髮解茲亂網理此棼絲復禮衽席反樂河海永平故事聞之者歎息司隸舊章見之者隕涕請我民命還之斗極憫憫搢紳重荷戴天之慶哀哀黔首復蒙履地之恩德踰嵩岱功鄰造物超哉邈矣越無得而言焉朕又聞之疇庸命德建侯作屏咸用剋固四維永隆萬葉是以二南流化九伯斯征王道淳洽刑措罔用覆政弗興歷茲永久如燬既及晉鄭靡依惟公經綸天地寧濟區夏道冠乎伊稷賞薄於桓文豈所以憲章齊魯長轡宇宙敬惟前烈朕甚懼焉今進授相國改揚州刺史爲牧以豫州之梁郡歷陽南徐州之義興揚州之淮南宣城吳興會稽新安東陽十郡封公爲梁公錫茲白土苴以白茅爰定爾邦用建冢社在昔旦奭入居保佑逮于畢毛亦作卿士任兼內外禮實宜之今命使持節兼太尉王亮授相國揚州牧印綬梁公璽紱使持節兼司空王志授梁公茅土金虎符第一至第五左竹使符第一至第十左相國位冠羣后任總百司恒典彝數宜與事革其以相國總百揆去錄尚書之號上所假節侍中貂蟬中書監印中外都督大司馬印綬建安公印策驃騎大將軍如故又加公九錫其敬聽後命以公禮律兼修刑德備舉哀矜折獄罔不用情是用錫公大輅戎輅各一玄牡二駟公勞心稼穡念在民天丕崇本務惟穀是寶是用錫公袞冕之服赤舄副焉公鎔鈞所被變風以雅易俗陶民載和邦國是用錫公軒懸之樂六佾之舞公文德廣覃義聲遠洽椎髻鑿首夷歌請吏是用錫公朱戶以居公揚清抑濁官方有序多士聿興棫樸流詠是用錫公納陛以登公正色御下以身軌物式遏不虞折衝惟遠是用錫公虎賁之士三百人公威同夏日志清姦宄放命圮族刑茲罔赦是用錫公鈇鉞各一公跨躡嵩溟陵厲區宇譬諸日月容光必至是用錫公彤弓一彤矢百盧弓十盧矢千公永言惟孝至感通神恭嚴祀典祭有餘敬是用錫公秬鬯一卣圭瓚副焉梁國置丞相以下一遵舊式欽哉其敬循往策祗服大禮對揚天眷用膺多福以弘我太祖之休命高祖固辭府僚勸進曰伏承嘉命顯至佇策明公逡巡盛禮斯實謙尊之旨未窮遠大之致何者嗣君棄常自絕宗社國命民生翦爲仇讎折棟崩榱壓焉自及卿士懷脯斮之痛黔首懼比屋之誅明公亮格天之功拯水火之切再躔日月重綴參辰反龜玉於塗泥濟斯民於阬岸使夫匹婦童兒羞言伊呂鄉校里塾恥談五霸而位卑乎阿衡地狹於曲阜慶賞之道尚其未洽夫大寶公器非要非距至公至平當仁誰讓明公宜祗奉天人允膺大禮無使後予之歌同彼胥怨兼濟之人飜爲獨善公不許二月辛酉府僚重請曰近以朝命蘊策冒奏丹誠奉被還令未蒙虛受搢紳顒顒深所未達蓋聞受金於府通人弘致高蹈海隅匹夫小節是以履乘石而周公不以爲疑贈玉璜而太公不以爲讓況世哲繼軌先德在民經綸草昧歎深微管加以朱方之役荆河是依班師振旅大造王室雖復累繭救宋重胝存楚居今觀古曾何足云而惑甚盜鍾功疑不賞皇天后土不勝其酷是以玉馬駿奔表微子之去金板出地告龍逢之冤明公據鞍輟哭厲三軍之志獨居掩涕激義士之心故能使海若登祇罄圖効祉山戎孤竹束馬景從伐罪弔民一匡靜亂匪叨天功實勤濡足且明公本自諸生取樂名教道風素論坐鎮雅俗不習孫吳遘茲神武驅盡誅之氓濟必封之俗龜玉不毀誰之功與獨爲君子將使伊周何地於是始受相國梁公之命是日焚東昏淫奢異服六十二種於都街湘東王寶晊謀反賜死詔追贈梁公故夫人爲梁妃乙丑南兗州隊主陳文興於桓城內鑿井得玉鏤騏驎金鏤玉璧水精環各二枚又建康令羊瞻解稱鳳皇見縣之桐下里宣德皇后稱美符瑞歸于相國府丙寅詔梁國初建宜須綜理可依舊選諸要職悉依天朝之制高祖上表曰臣聞以言取士士飾其言以行取人人竭其行所謂才生於代窮達惟時而風流遂往馳騖成俗媒孽夸衒利盡錐刀遂使官人之門肩摩轂擊豈直暴蓋露冠不避寒暑遂乃戢屨杖策風雨必至良由鄉舉里選不師古始稱肉度骨遺之管庫加以山河梁畢闕輿徵之恩金張許史忘舊業之替吁可傷哉且夫譜諜訛誤詐僞多緒人物雅俗莫肯留心是以冒襲良家即成冠族妄修邊幅便爲雅士負俗深累遽遭寵擢墓木已拱方被徽榮故前代選官皆立選簿應在貫魚自有銓次胄籍升降行能臧否或素定懷抱或得之餘論故得簡通賓客無事掃門頃代陵夷九流乖失其有勇退忘進懷質抱眞者選部或以未經朝謁難於進用或有晦善藏聲自埋衡蓽又以名不素著絕其階緒必須畫刺投狀然後彈冠則是驅迫廉撝獎成澆競愚謂自今選曹宜精隱括依舊立簿使冠屨無爽名實不違庶人識涯涘造請自息且聞中閑立格甲族以二十登仕後門以過立試吏求之愚懷抑有未達何者設官分職惟才是務若八元立年居皁隷而見抑四凶弱冠處鼎族而宜甄是則世祿之家無意爲善布衣之士肆心爲惡豈所以弘獎風流希向後進此實巨蠹尤宜刊革不然將使周人有路傍之泣晉臣興漁獵之歎且俗長浮競人寡退情若限歲登朝必增年就宦故貌實昏童籍已踰立滓穢名教於斯爲甚臣總司內外憂責是任朝政得失義不容隱伏願陛下垂聖淑之姿降聽覽之末則彝倫自穆憲

章惟允詔依高祖表施行丙戌詔曰崧高惟岳配天所以流稱大啓南陽霸德所以光闡忠誠簡帝番君膺上爵之尊勤勞王室姬公增附庸之地前王令典布諸方策長祚字甿罔不由此相國梁公體茲上哲齊聖廣淵文教內洽武功外暢推轂作藩則威懷被於殊俗治兵敎戰則霆雷赫於萬里道喪時昏讒邪孔熾豈徒宗社如綴神器莫主而已哉至於兆庶殲亡衣冠殄滅餘類殘喘指命崇朝含生業業投足無所遂乃山川反覆草木塗地與夫仁被行葦之時信及豚魚之日何其遼夐相去之遠歟公命師鞠旅指景長鶩而本朝危切樊鄧遐遠凶徒盤據水陸相望爰自姑孰屆于夏首嚴城勁卒憑川爲固公沿漢浮江電激風掃舟徒水覆地險雲傾藉茲義勇前無彊陣拯危京邑淸我帝畿撲旣燎於原火免將誅於比屋悠悠兆庶命不在天茫茫六合咸受其賜匡俗正本人不失職仁信並行禮樂同暢伊周未足方軌桓文遠有慙德而爵後藩牧地終秦楚非所以式酬光烈允答元勳寔由公履謙爲本形於造次嘉數未申晦朔增佇便宜崇斯禮秩允副遐邇之望可進梁公爵爲王以豫州之南譙廬江江州之尋陽郢州之武昌西陽南徐州之南瑯邪南東海晉陵揚州之臨海永嘉十郡益梁國并前爲二十郡其相國揚州牧驃騎大將軍如故公固辭有詔斷表相國左長史王瑩等率百僚敦請三月辛卯延陵縣華陽邏主戴車牒稱云十二月乙酉甘露降茅山彌漫數里正月已酉邏將潘道蓋於山石穴中得毛龜一二月辛酉邏將徐靈符又於山東見白麞一丙寅平旦山上雲霧四合須臾有玄黃之色狀如龍形長十餘丈乍隱乍顯久乃從西北升天丁卯兗州刺史馬元和籤所領東平郡壽張縣見騶虞一癸巳受梁王之命令曰孤以虛昧任執國鈞雖夙夜勤止念在興治而育德振民邈然尚遠聖朝永言舊式隆此眷命侯伯盛典方軌前烈嘉錫隆被禮數昭崇徒守愿節終隔體諒羣后百司重茲敦獎勉茲厚顏當此休祚望昆彭以長想欽桓文而歎息思弘政塗莫知津濟邦甸初啓藩宇惟新思覃嘉慶被之下國國內殊死以下今月十五日昧爽以前一皆原赦鰥寡孤獨不能自存者賜穀五斛府州所統亦同蠲蕩丙午命王冕十有二旒建天子旌旗出警入蹕乘金根車駕六馬備五時副車置旄頭雲罕樂舞八佾設鐘虡宮縣王妃王子王女爵命之號一依舊儀丙辰齊帝禪位于梁王詔曰夫五德更始三正迭興馭物資賢登庸啓聖故帝跡所以代昌王度所以改耀革晦以明由來尚矣齊德淪微危亡荐襲隆昌凶虐寔違天地永元昏暴取紊人神三光再沉七廟如綴鼎業幾移含識知泯我高明之祚眇焉將墜永惟屯難氷谷載懷相國梁王天誕睿哲神縱靈武德格玄祇功均造物止宗社之橫流反生人之塗炭扶傾頹構之下拯溺逝川之中九區重緝四維更紐絕禮還紀崩樂復張文館盈紳戎亭息警浹海寓以馳風罄輪裳而稟朔八表呈祥五靈効祉豈止鱗羽禎奇雲星瑞色而已哉勳茂於百王道昭乎萬代固以明配上天光華日月者也河嶽表革命之符圖讖紀代終之運樂推之心幽顯共積謌頌之誠華裔同著昔水政旣微木德升緒天之歷數寔有所歸握鏡璇樞允集明哲朕雖庸蔽闇于大道永鑒崇替爲日已久敢忘列代之高義人祇之至願乎今便敬禪于梁邸安姑孰依唐虞晉宋故事四月辛酉宣德皇后令曰西詔至帝憲章前代敬禪神器于梁明可臨軒遣使恭授璽紱未亡人便歸于別宮壬戌策曰咨爾梁王惟昔邃古之載肇有生人皇雄大庭之辟赫胥尊盧之后斯並龍圖鳥跡以前慌惚杳冥之世固無得而詳焉洎乎農軒炎皞之代放勛重華之主莫不以大道君萬姓公器御八紘居之如執朽索去之若捐重負一駕汾陽便有窅然之志暫適箕嶺卽動讓王之心故知戴黃屋服玉璽非所以示貴稱尊乘大輅建旂旌蓋欲令歸趣有地是故忘己而字兆人殉物而君四海及於精華內竭畚橇外勞則撫茲歸運惟能是與況兼乎笙管革文威圖啓瑞攝提夜朗熒光晝發者哉四百告終有漢所以高揖黃德旣謝魏氏所以樂推爰及晉宋亦弘斯典我太祖提河受歷應符啓運二葉重光三聖係軌嗣君喪德昏棄紀度毀紊天綱凋絕地紐茫茫九域翦爲仇讐溥天相顧命懸晷刻斮涉刳孕於事已輕求雞徵杖曾何足譬是以谷滿川枯山飛鬼哭七廟已危人神無主惟王體茲上哲明聖在躬稟靈五緯明竝日月彝倫攸序則端冕而協邕熙時難孔棘則推鋒而拯塗炭功踰造物德濟蒼生澤無不漸仁無不被上達蒼昊下及川泉文敎與鵬翼齊舉武功與日車並運固以幽顯宅心謳訟斯屬豈徒桴鼓播地卿雲叢天而已哉至如晝覩爭明夜飛枉矢土淪彗刺日旣星亡除舊之徵必顯更姓之符允集是以義師初踐芳露凝甘仁風旣被素文自擾北闕藁街之使風車火徼之民膜拜稽首願爲臣妾鍾石畢變事表於遷虞蛟魚竝出義彰於事夏若夫長人御衆爲之司牧本同己於萬物乃因心於百姓寶命無常主帝王非一族今仰祗乾象俯藉人願敬禪神器授帝位于爾躬大祚告窮天祿永終於戲王允執其中式遵前典以副昊天之望禋上帝而臨億兆格文祖而膺大業以傳無疆之祚豈不盛歟又璽書曰夫生者天地之大德人者含生之通稱並首同本未知所以異也而稟靈造化賢愚之情不一託性五常彊柔之分或舛羣后靡一爭犯交興是故建君立長用相司牧非謂尊驕在上以天下爲私者也兼以三正迭改五運相遷綠文赤字徵河表洛在昔勛華深達茲義眷求明哲授以蒸人遷虞事夏本因心於百姓化殷爲周實受命於蒼昊爰自漢魏罔不率由降及晉宋亦遵斯典我高皇所以格文祖而撫歸運畏上天而恭寶曆者也至于季世禍亂荐臻王度紛紏姦回熾積億兆夷人刀俎爲命已然之逼若綫之危跼天蹐地逃形無所羣凶挾煽志逞殘戮將欲先殄衣冠次移龜鼎衡保周召竝列宵人巢幕纍卵方此非切自非英聖遠圖仁爲己任則鴟梟厲吻翦焉已及惟王崇高則天博厚儀地鎔鑄六合陶甄萬有鋒馹交馳振靈武以遐略雲雷方扇鞠義旅以勤王揚旍旆於遠路戮姦宄於魏闕德冠往初功無與二弘濟艱難緝熙王遂懷柔萬姓經營四方舉直措枉較如畫一待旦同乎殷后日昃過於周文風化肅穆禮樂交暢加以赦過宥罪神武不殺盛德昭於景緯至義感於鬼神若夫納彼大麓膺此歸運烈風不迷樂推攸在治五韙於已亂重九鼎於旣輕自聲教所及車書所至革面回首謳吟德澤九山滅祲四瀆安流祥風扇起淫雨靜息玄甲遊於芳荃素文馴於郊苑躍九川於淸漢鳴六象於高崗靈瑞雜沓玄符昭著至於星孛紫宮水効孟月飛鴻滿野長彗橫天取新之應旣昭革故之徵必顯加以天表秀特軒狀堯姿君臨之符諒非一揆書云天鑒厥德用集大命詩云文王在上於昭于天所以二儀乃眷幽明允叶豈惟宅是萬邦緝茲謳訟而已哉朕是用擁琁沉首屬懷聖哲昔水行告厭我太祖旣受命代終在日天祿云謝亦以木德而傳於梁遠尋前典降惟近代百辟遐邇莫違朕心今遣使持節兼太保侍中中書監兼尚書令汝南縣開國侯亮兼太尉散騎常侍中書令新吳縣開國侯志奉皇帝璽紱受終之禮一依唐虞故事王其陟茲元后君臨萬方式傳洪烈以答上天之休命高祖抗表陳讓表不獲通於是齊百官豫章王元琳等八百一十九人及梁臺侍中臣雲等一百一十七人並上表勸進高祖謙讓不受是日太史令蔣道秀陳天文符讖六十四條事並明著羣臣重表固請乃從之

梁書卷一考證

武帝紀上虎脉其間以觀天下○凡虎字南史俱作武闍本俱作獸避諱也今獨作虎不知何時所改

必漏吾謀內是馳兩空函定一州矣○南史無必漏吾謀內五字

旌旆未臨全州稽服○未南本作小

以豫州之梁郡歷陽南徐州之義興揚州之淮南宣城吳興會稽新安東陽十郡封公爲梁公○吳興上應從舊本尚有一吳字方與十郡之數合

南兗州隊主陳文興於桓城內鑿井○桓南史作宣武

梁書卷二

唐　散騎常侍　姚　思　廉　撰

本紀第二

武帝中

天監元年夏四月丙寅高祖卽皇帝位於南郊設壇柴燎告類於天曰皇帝臣衍敢用玄牡昭告於皇天后帝齊氏以歷運斯否終則亨欽若天應以命于衍夫任是司牧惟能是授天命不于常帝王非一族唐謝虞受漢替魏升爰及晉宋憲章在昔咸以君德馭四海元功子萬姓故能大此氓黎光宅區宇齊代云季世主昏凶狡焉羣慝是崇是長肆厥姦回暴亂以播虐于我有邦俾溥天惴惴將墜于深壑九服八荒之內連率岳牧之君蹶角頓顙匡救無術臥薪待然援天靡訴衍投袂星言推鋒萬里厲其掛冠之情用拯兆民之切銜膽誓衆覆銳屠堅建立人主克翦昏亂遂因時來宰司邦國濟民康世實有厥勞而晷緯呈祥川岳効祉朝夕坰牧日月郊畿代終之符旣顯革運之期已萃殊俗百蠻重譯獻款人神遠邇罔不和會於是羣公卿士咸致厥誠並以皇乾降命難以謙拒齊帝脫屣萬邦授以神器衍自惟匪德辭不獲許仰迫上玄之睠俯惟億兆之心宸極

不可久曠民神不可乏主遂藉樂推膺此嘉祚以茲寡薄臨御萬方顧求夙志永言祗惕敬簡元辰恭茲大禮升壇受禪告類上帝克播休祉以弘盛烈式傳厥後用永保于我有梁惟明靈是饗禮畢備法駕即建康宮臨太極前殿詔曰五精遞襲皇王所以受命四海樂推殷周所以改物雖禪代相舛遭會異時而微明迭用其流遠矣莫不振民育德光被黎元朕以寡闇命不先後寧濟之功屬當期運乘此時來因心萬物遂振厥弛維大造區夏永言前蹤義均慚德齊氏以代終有徵歷數云改欽若前載集大命于朕躬顧惟菲德辭不獲命寅畏上靈用膺景業執禋柴之禮當與能之祚繼迹百王君臨四海若涉大川罔知攸濟洪基初兆萬品權輿思俾慶澤覃被率土可大赦天下改齊中興二年為天監元年賜民爵二級文武加位二等鰥寡孤獨不能自存者人穀五斛逋布口錢宿債勿復收其犯鄉論清議贓汙淫盜一皆蕩滌洗除前注與之更始封齊帝為巴陵王全食一郡載天子旌旗乘五時副車行齊正朔郊祀天地禮樂制度皆用齊典齊宣德皇后為齊文帝妃齊后王氏為巴陵王妃詔曰興運升降前代舊章齊世王侯封爵悉皆降省其有効著艱難者別有後命惟宋汝陰王不在除例又詔曰大運肇升嘉慶惟始劫賊餘口沒在臺府者悉可蠲放諸流徙之家並聽還本追尊皇考為文皇帝廟曰太祖皇妣為獻皇后追謚妃郗氏為德皇后追封兄大傅懿為長沙郡王謚曰宣武齊後軍諮議敷為永陽郡王謚曰昭弟齊太常暢為衡陽郡王謚曰宣齊給事黃門侍郎融為桂陽郡王謚曰簡是日詔封文武功臣新除車騎將軍夏侯詳等十五人為公侯食邑各有差以弟中護軍宏為揚州刺史封為臨川郡王南徐州刺史秀安成郡王雍州刺史偉建安郡王左衛將軍恢鄱陽郡王荊州刺史憺始興郡王丁卯加領軍將軍王茂鎮軍將軍以中書監王亮為尚書令中軍將軍相國左長史王瑩為中書監撫軍將軍吏部尚書沈約為尚書僕射長兼侍中范雲為散騎常侍吏部尚書詔曰宋氏以來並恣淫侈傾宮之富遂盈數千推算五都愁窮四海並嬰羅冤橫拘逼不一撫絃命管良家不被蠲織室繡房幽厄猶見役弊國傷和莫斯為甚凡後宮樂府西解暴室諸如此例一皆放遣若衰老不能自存官給廩食戊辰車騎將軍高麗王高雲進號車騎大將軍鎮東大將軍百濟王餘大進號征東大將軍安西將軍宕昌王梁彌頷進號鎮西將軍鎮東大將軍倭王武進號征東將軍鎮西將軍河南王吐谷渾休留代進號征西將軍巴陵王薨於姑孰追謚為齊和帝終禮一依故事己巳以光祿大夫張瓌為右光祿大夫庚午鎮南將軍江州刺史陳伯之進號征南將軍詔曰觀風省俗哲后弘規狩岳巡方明王盛軌所以重華在上五品聿修文命肇基四載斯履故能物色幽微耳目屠釣致王業於緝熙被淳風於遐邇朕以寡薄昧于治方藉代終之運當符命之重取監前古懍若馭朽思所以振民育德去殺勝殘解網更張置之仁壽而明慚照遠智不周物兼以歲之不易未遑卜征與言夕惕無忘鑒寐可分遣內侍周省四方觀政聽謠訪賢舉滯其有田野不闢獄訟無章忘公殉私侵漁是務者悉隨事以聞若懷寶迷邦蘊奇待價蓄響藏真不求聞達並依名騰奏罔或遺隱使輶軒所屆如朕親覽焉又詔曰金作贖刑有聞自昔入縑以免施於中代民悅法行莫尚乎此永言叔世偷薄成風嬰愆入罪厥塗匪一斷弊之書日纏於聽覽鉗釱之刑歲積於牢犴死者不可復生生者無因自返由此而望滋實庸可致乎朕夕惕思治念崇政術斟酌前王擇其令典有可以憲章邦國罔不由之釋愧心於四海昭情素於萬物俗僞日久禁網彌繁漢文四百邈焉已遠雖省事清心無忘日用而委銜廢策事未獲從可依周漢舊典有罪入贖外詳為條格以時奏聞辛未以中領軍蔡道恭為司州刺史以新除謝沐縣公蕭寶義為巴陵王以奉齊祀復南蘭陵武進縣依前代之科徵謝朏為左光祿大夫開府儀同三司何胤為右光祿大夫改南東海為蘭陵郡土斷南徐州諸僑郡縣癸酉詔曰商俗甫移遺風尚熾下不上達由來遠矣升中馭索增其懍然可於公車府謗木肺石傍各置一函若肉食莫言山阿欲有橫議投謗木函若從我江漢功在可策犀兕徒弊龍蛇方縣次身才高妙擯壓莫通懷傅呂之術抱屈賈之歎其理有皦然受困包匭夫大政侵小豪門陵賤四民已窮九重莫達若欲自申並可投肺石函甲戌詔斷遠近上慶禮又詔曰禮闈文閣宜率舊章貴賤既位各有差等俯仰拜伏以明王度濟濟洋洋具瞻斯在頃因多難治綱弛落官非積及榮由幸至六軍尸四品之職青紫治白簿之勞振衣朝伍長揖卿相趨步廣闥並驅丞郎遂冠履倒錯珪甑莫辨靜言疚懷思返流弊且覈法脩官勳成逋弛罰以常科終未懲革夫頳楚申威蓋代斷趾笞捶有令如或可從外詳共平議務盡厥理癸未詔相國府職吏可依資勞度臺若職限已盈所度之餘及驃騎府並可賜滿閏月丁酉以行宕昌王梁彌邕為安西將軍河涼二州刺史正封宕昌王壬寅以車騎將軍夏侯詳為右光祿大夫詔曰成務弘風肅厲內外實由設官分職互相懲糾而頃壹拘常式見失方奏多容違惰莫肯執咎憲綱日弛漸以為俗今端右可以風聞奏事依元熙舊制五月乙亥夜盜入南北掖燒神獸門總章觀害衛尉卿張弘策戊子江州刺史陳伯之舉兵反以領軍將軍王茂為征南將軍江州刺史率衆討之六月庚戌以行北秦州刺史楊紹先為北秦州刺史武都王是月陳伯之奔魏江州平前益州刺史劉季連據成都反八月戊戌置建康三官乙巳平北將軍西涼州刺史象舒彭進號安西將軍封鄧至王丁未詔中書監王瑩等八人參定律令是月詔尚書曹郎依昔奏事林邑干陁利國各遣使獻方物冬十一月己未立小廟甲子立皇子統為皇太子十二月丙申以國子祭酒張稷為護軍將軍辛亥護軍將軍張稷免是歲大旱米斗五千人多餓死

二年春正月甲寅朔詔曰三訊五聽著自聖典哀矜折獄義重前誥蓋所以明慎用刑深戒疑枉成功致治罔不由茲朕自藩部常躬訊錄求理得情洪細必盡末運弛網斯政又闕牢犴沉壅申訴靡從朕屬當期運君臨兆億雖復齋居宣室留心聽斷而九牧遐荒無因臨覽深懼懷冤就鞫匪惟一方可申敕諸州月一臨訊博詢擇善務在確實乙卯以尚書僕射沈約為尚書左僕射吏部尚書范雲為尚書右僕射前將軍鄱陽王恢為南徐州刺史尚書令王亮為左光祿大夫右衛將軍柳慶遠為中領軍丙辰尚書令新除左光祿大夫王亮免夏四月癸卯尚書刪定郎蔡法度上梁律二十卷令三十卷科四十卷五月丁巳尚書右僕射范雲卒乙丑益州刺史鄧元起克成都曲赦益州壬申斷諸郡縣獻奉二宮惟諸州及會稽職惟嶽牧許薦任土若非地產亦不得貢六月丁亥詔以東陽信安豐安三縣水潦漂損居民資業遣使周履量蠲課調是夏多癘疫以新除左光祿大夫謝朏為司徒尚書令甲午以中書監王瑩為尚書右僕射秋七月扶南龜茲中天竺國各遣使獻方物冬十月魏寇司州十一月乙卯雷電大雨晦是夜又雷乙亥尚書左僕射沈約以母憂去職

三年春正月戊申後將軍揚州刺史臨川王宏進號中軍將軍癸丑以尚書右僕射王瑩為尚書左僕射太子詹事柳惔為尚書右僕射前尚書左僕射沈約為鎮軍將軍二月魏陷梁州三月隕霜殺草五月丁巳以扶南國王憍陳如闍耶跋摩為安南將軍六月丙子詔曰昔哲王之宰世也每歲卜征躬事巡省民俗政刑罔不必逮末代風凋久曠茲典雖欲肆遠忘勞究臨幽仄而居今行古事未易從所以日晏踟躕情同再撫總總九州遠近民庶或川路幽遐或貧羸老疾懷冤抱理莫由自申所以東海匹婦致災邦國西土孤魂登樓請訴念此于懷中夜太息可分將命巡行州部其有深冤鉅害抑鬱無歸聽詣使者依源自列庶以矜隱之念昭被四方遐聽遠聞事均親覽癸未大赦天下秋七月丁未以光祿大夫夏侯詳為車騎將軍湘州刺史湘州刺史楊公則為中護軍甲子立皇子綜為豫章郡王八月魏陷司州詔以南義陽置司州九月壬子以河南王世子伏連籌為鎮西將軍西秦河二州刺史河南王北天竺國遣使獻方物冬十一月甲子詔曰設教因時淳薄異政刑以世革輕重殊風昔商俗未移民散久矣嬰網陷辟日夜相尋若悉加正法則赭衣塞路並申弘宥則難用為國故使有罪入贖以全元元之命令遐邇知禁圄犴稍虛率斯以往庶幾刑措金作權典宜在蠲息可除贖罪之科是歲多疾疫

四年春正月癸卯朔詔曰今九流常選年未三十不通一經不得解褐若有才同甘顏勿限年次置五經博士各一人以鎮北將軍雍州刺史建安王偉為南徐州刺史南徐州刺史鄱陽王恢為郢州刺史中領軍柳慶遠為雍州刺史丙午省鳳皇銜書伎戊申詔曰夫禋郊饗帝至敬攸在致誠盡愨猶懼有違而往代多令宮人縱觀茲禮帷宮廣設輜軿耀路非所以仰虔蒼昊昭感上靈屬車之間見譏前世便可自今停止辛亥輿駕親祀南郊赦天下二月壬午遣衛尉卿楊公則率宿衛兵塞洛口壬辰交州刺史李凱據州反長史李畟討平之曲赦交州戊戌以前郢州刺史曹景宗為中護軍是月立建興苑於秣陵建興里夏四月丁巳以行宕昌王梁彌博為安西將軍河涼二州刺史宕昌王是月自甲寅至壬戌甘露連降華林園五月辛卯建康縣朔陰里生嘉禾一莖十二穗六月庚戌立孔子廟壬戌歲星晝見秋七月辛卯右光祿大夫張瓌卒八月庚子老人星見冬十月丙午北伐以中軍將軍揚州刺史臨川王宏都督北討諸軍事尚書右僕射柳惔為副是歲以興師費用王公以下各上國租及田穀以助軍資十一月辛未以都官尚書張稷為領軍將軍甲午天晴朗西南有電光

聞如雷聲三十二月司徒尚書令謝朏以所生母憂去職是歲大穰米斛三十

五年春正月丁卯朔詔曰在昔周漢取士方國頃代凋訛幽仄罕被人孤地絕用隔聽覽士操淪胥因茲靡勸豈其岳瀆縱靈偏有厚薄實由知與不知用與不用耳朕以菲德君此兆民而兼明廣照屈於堂戶飛耳長目不及四方永言愧懷無忘旦夕凡諸郡國舊族邦內無在朝位者選官搜括使郡有一人乙亥以前司徒謝朏爲中書監司徒衞將軍鎮軍將軍沈約爲右光祿大夫豫章王綜爲南徐州刺史丁丑以尚書左僕射王瑩爲護軍將軍僕射如故甲申立皇子綱爲晉安郡王丁亥太白晝見二月庚戌以太常張充爲吏部尚書三月丙寅朔日有蝕之癸未魏宣武帝從弟翼率其諸弟來降輔國將軍劉思效破魏青州刺史元繫於膠水丁亥陳伯之自壽陽率衆歸降夏四月丙申廬陵高昌之仁山獲銅劍二始豐縣獲八目龜一甲寅詔曰朕昧旦齋居惟刑是恤三辟五聽寢興載懷故陳肺石於都街增官司於詔獄殷懃親覽小大以情而明慎未洽囹圄尚擁永言納隍在予興愧凡犴獄之所可遣法官近侍遞錄囚徒如有枉滯以時奏聞五月辛未太子左衞率張惠紹克魏宿預城乙亥臨川王宏前軍克梁城辛巳豫州刺史韋叡克合肥城丁亥廬江太守裴邃克羊石城庚寅又克霍丘城辛卯太白晝見六月庚子青冀二州刺史桓和前軍克朐山城秋七月乙丑鄧至國遣使獻方物八月戊戌老人星見辛酉作太子宮冬十一月甲子京師地震乙丑以師出淹時大赦天下魏寇鍾離遣右衞將軍曹景宗率衆赴援十二月癸卯司徒謝朏薨

六年春正月辛酉朔詔曰徑寸之寶或隱沙泥以人廢言君子斯戒朕聽朝晏罷思闡政術雖百辟卿士有懷必聞而蓄響邊遐未臻魏闕或屈以貧陋或間以山川頓足延首無因奏達豈所以沉浮靡漏遠邇兼得者乎四方士民若有欲陳言刑政益國利民淪礙幽遠不能自通者可各詮條布懷於刺史二千石有可申採大小以聞己卯詔曰夫有天下者義非爲己凶荒疾癘兵革水火有一於此責歸元首今祝史請禱繼諸不善以朕身當之永使災害不及萬姓俾茲下民稍蒙寧息不得爲朕祈福以增其過特班遠邇咸令遵奉二月甲辰老人星見三月庚申朔隕霜殺草是月有三象入京師夏四月壬辰置左右驍騎左右游擊將軍官癸巳曹景宗韋叡等破魏軍於邵陽洲斬獲萬計癸卯以右衞將軍曹景宗爲領軍將軍徐州刺史己酉以江州刺史王茂爲尚書右僕射中書令安成王秀爲平南將軍江州刺史分湘廣二州置衡州丁巳以中軍將軍揚州刺史臨川王宏爲驃騎將軍開府儀同三司撫軍將軍建安王偉爲揚州刺史右光祿大夫沈約爲尚書左僕射尚書左僕射王瑩爲中軍將軍五月己未以新除左驍騎將軍長沙王深業爲中護軍癸亥以侍中袁昂爲吏部尚書己巳置中衞中權將軍改驍騎爲雲騎游擊爲游騎辛未右將軍揚州刺史建安王偉進號中權將軍六月庚戌以車騎將軍湘州刺史夏侯詳爲左光祿大夫新除金紫光祿大夫柳惔爲安南將軍湘州刺史新吳縣獲四目龜一秋七月甲子太白晝見丙寅分廣州置桂州丁亥以新除尚書右僕射王茂爲中衞將軍八月戊子赦天下戊戌大風折木京師大水因濤入加御道七尺九月嘉禾一莖九穗生江陵縣丁亥改閱武堂爲德陽堂聽訟堂爲儀賢堂丙戌以左衞將軍呂僧珍爲平北將軍南兗州刺史豫章內史蕭昌爲廣州刺史冬十月壬寅以五兵尚書徐勉爲吏部尚書閏月乙丑以驃騎將軍開府儀同三司臨川王宏爲司徒行太子太傅尚書左僕射沈約爲尚書令行太子少傅吏部尚書袁昂爲左僕射戊寅平西將軍荊州刺史始興王憺進號安西將軍甲申以光祿大夫夏侯詳爲尚書左僕射十二月丙辰尚書左僕射夏侯詳卒乙丑魏淮陽鎮都軍主常邕和以城內屬分豫州置霍州

七年春正月乙酉朔詔曰建國君民立教爲首不學將落嘉植靡由朕肇基明命光宅區宇雖耕耘雅業傍闡藝文而成器未廣志本猶闕非所以鎔範貴遊納諸軌度思欲式敦讓齒自家刑國今聲訓所漸戎夏同風宜大啓庠斅博延胄子務彼十倫弘此三德使陶鈞遠被微言載表中行將軍領太子詹事王茂進號車騎將軍戊戌作神龍仁虎闕於端門大司馬門外壬子以領軍將軍曹景宗爲中衞將軍衞尉蕭景兼領軍將軍二月乙卯廬江灊縣獲銅鍾二新作國門于越城南乙丑增置鎮衞將軍以下各有差庚午詔於州郡縣置州望郡宗鄉豪各一人專掌搜薦乙亥以車騎大將軍高麗王高雲爲撫軍大將軍開府儀同三司平北將軍南兗州刺史呂僧珍爲領軍將軍丙子以中護軍長沙王深業爲南兗州刺史兼領軍將軍蕭景爲雍州刺史雍州刺史柳慶遠爲護軍將軍夏四月乙卯皇太子納妃赦大辟以下頒賜朝臣及近侍各有差辛未秣陵縣獲靈龜一戊寅餘姚縣獲古銅劍二五月己亥詔復置宗正太僕大匠鴻臚又增太府太舟仍先爲十二卿癸卯以平南將軍江州刺史安成王秀爲平西將軍荊州刺史安西將軍荊州刺史始興王憺爲護軍將軍中衞將軍曹景宗爲安南將軍江州刺史六月辛酉復建修二陵周回五里內居民改陵監爲令秋七月丁亥月犯氐八月癸丑安南將軍江州刺史曹景宗卒丁巳赦大辟以下未結正者甲戌平西將軍荊州刺史安成王秀進號安西將軍雲麾將軍郢州刺史鄱陽王恢進號平西將軍老人星見九月丁亥詔曰芻牧必往姬文垂則雉兔有刑姜宣致貶藪澤山林毓材是出斧斤之用比屋所資而頃世相承並加封固豈所謂與民同利惠茲黔首凡公家諸屯戍見封熂者可悉開常禁壬辰置童子奉車郎癸巳立皇子績爲南康郡王己亥月犯東井冬十月丙寅以吳興太守張稷爲尚書左僕射丙子魏陽關主許敬珍以城內附詔大舉北伐以護軍將軍始興王憺爲平北將軍率衆入清車騎將軍王茂率衆向宿預丁丑魏懸瓠鎮軍主白皁生豫州刺史胡遜以城內屬以皁生爲鎮北將軍司州刺史遜爲平北將軍豫州刺史十一月辛巳鄞縣言甘露降

八年春正月辛巳輿駕親祀南郊赦天下內外文武各賜勞一年壬辰魏鎮東參軍成景儁斬宿預城主嚴仲寶以城內屬二月壬戌老人星見夏四月以北巴西郡置南梁州戊申以護軍將軍始興王憺爲中衞將軍司徒行太子太傅臨川王宏爲司空揚州刺史車騎將軍領太子詹事王茂即本號開府儀同三司丁卯魏楚王城主李國興以城內附丙子以中軍將軍丹陽尹王瑩爲右光祿大夫五月壬午詔曰學以從政殷勤往哲祿在其中抑亦前事朕思闡治綱每敦儒術軾閭闢館造次以之故負袠成風甲科間出方當置諸周行飾以青紫其有能通一經始末無倦者策實之後選可量加敘錄雖復牛監羊肆寒品後門並隨才試吏勿有遺隔秋七月癸巳巴陵王蕭寶義薨八月戊午老人星見冬十月乙巳以中軍將軍始興王憺爲鎮北將軍南兗州刺史南兗州刺史長沙王深業爲護軍將軍

九年春正月乙亥以尚書令行太子少傅沈約爲左光祿大夫行少傅如故右光祿大夫王瑩爲尚書令行中撫將軍建安王偉領護軍將軍鎮北將軍南兗州刺史始興王憺爲鎮西將軍益州刺史太常卿王亮爲中書監丙子以輕車將軍晉安王綱爲南兗州刺史庚寅新作緣淮塘北岸起石頭迄東冶南岸起後渚籬門迄三橋三月己丑車駕幸國子學親臨講肆賜國子祭酒以下帛各有差乙未詔曰王子從學著自禮經貴遊咸在實惟前誥所以式廣義方克隆教道今成均大啓元良齒讓自斯以降並宜肄業皇太子及王侯之子年在從師者可令入學于闐國遣使獻方物夏四月丁巳革選尚書五都令史用寒流林邑國遣使獻白猴一五月己亥詔曰朕達聽思治無忘日昃而百司羣務其途不一隨時適用各有攸宜若非總會衆言無以備茲親覽自今臺閣省府州郡鎮戍應有職僚之所時共集議各陳損益具以奏聞中書監王亮卒六月癸丑盜殺宣城太守朱僧勇癸酉以中撫將軍領護軍建安王偉爲鎮南將軍江州刺史閏月己丑宣城盜轉寇吳興縣太守蔡撙討平之秋七月己巳老人星見冬十二月癸未輿駕幸國子學策試胄子賜訓授之司各有差

十年春正月辛丑輿駕親祀南郊大赦天下居局治事賜勞二年癸卯以尚書左僕射張稷爲安北將軍青冀二州刺史郢州刺史鄱陽王恢爲護軍將軍甲辰以南徐州刺史豫章王綜爲郢州刺史輕車將軍南康王績爲南徐州刺史戊申騶虞一見荊州華容縣以左民尚書王暕爲吏部尚書辛酉輿駕親祀明堂三月辛丑盜殺東莞琅邪二郡太守鄧晰以朐山引魏軍遣振遠將軍馬仙琕討之是月魏徐州刺史盧昶帥衆赴朐山夏五月癸酉安豐縣獲一角玄龜丁丑領軍呂僧珍卒己卯以國子祭酒張充爲尚書左僕射太子詹事柳慶遠爲領軍將軍乙酉嘉蓮一莖三花生樂遊苑秋七月丙辰詔曰昔公卿面陳載在前史令僕陛奏列代明文所以釐彼庶績成茲羣務晉氏陵替虛誕爲風自此相因其失彌遠遂使武帳空勞無汲公之奏丹墀徒闢闕鄭生之履三槐八座應有務之百官宜有所論可入陳啓庶藉周爰少匡寡薄九月丙申天西北隆隆有聲赤氣下至地冬十二月癸酉山車見于臨城縣庚辰馬仙琕大破魏軍斬馘十餘萬剋復朐山城是歲初作宮城門三重樓及開二道宕昌國遣使獻方物

十一年春正月壬辰詔曰夫刑法悼耄罪不收孥禮著明文史彰前事蓋所以申其哀矜故罰有弗及近代相因厥網彌峻髫年華髮同坐入諐雖懲惡勸善宜窮其制而老幼流離良亦可愍自今逋讁之家及罪應質作若年有老小可停將送加左光祿大夫行太子少傅沈約特進鎮南將軍江州刺史建安王偉儀同三司司空

揚州刺史臨川王宏進位爲太尉驃騎將軍王茂爲司空尚書令雲麾將軍王瑩進號安左將軍安北將軍青冀二州刺史張稷進號領北將軍二月戊辰新昌濟陽二郡野蠶成繭三月丁巳曲赦揚徐二州築西靜壇於鍾山庚申高麗國遣使獻方物四月戊子詔曰去歲朐山大殲醜類宜爲京觀用旌武功但伐罪弔民皇王盛軌掩骼埋胔仁者用心其下青州悉使收藏百濟扶南林邑國竝遣使獻方物六月辛巳以司空王茂領中權將軍九月辛亥宕昌國遣使獻方物冬十一月乙未以吳郡太守袁昂兼尚書右僕射己酉降太尉揚州刺史臨川王宏爲驃騎將軍開府同三司之儀癸丑齊宣德太妃王氏薨十二月己未以安西將軍荊州刺史安成王秀爲中衞將軍護軍將軍鄱陽王恢爲平西將軍荊州刺史

十二年春正月辛卯輿駕親祀南郊赦大辟以下二月辛酉以兼尚書右僕射袁昂爲尚書左僕射丙寅詔曰掩骼埋胔義重周經槥櫝有加事美漢策朕向隅載懷每勤造次收藏之命亟下哀矜而寓縣遐深遵奉未洽髐然路隅往往而有言愍沈枯彌勞傷惻可明下遠近各巡境界若委骸不葬或蔯衣莫改即就收斂量給棺具庶夜哭之魂斯慰霑霜之骨有歸辛巳新作太極殿改爲十三間三月癸卯以湘州刺史王珍國爲護軍將軍閏月乙丑特進中軍將軍沈約卒夏四月京邑大水六月癸巳新作太廟增基九尺庚子太極殿成秋九月戊午以鎮南將軍開府儀同三司江州刺史建安王偉爲撫軍將軍儀同如故驃騎將軍開府同三司之儀揚州刺史臨川王宏爲司空領中權將軍王茂爲驃騎將軍開府同三司之儀江州刺史冬十月丁亥詔曰明堂地勢卑濕未稱乃心外可量就埤起以盡誠敬

十三年春正月壬戌以丹陽尹晉安王綱爲荊州刺史癸亥以平西將軍荊州刺史鄱陽王恢爲鎮西將軍益州刺史丙寅以翊右將軍安成王秀爲安西將軍郢州刺史二月丁亥輿駕親耕籍田赦天下孝悌力田賜爵一級老人星見三月辛亥以新除中撫將軍開府儀同三司建安王偉爲左光祿大夫夏四月辛卯林邑國遣使獻方物壬辰以郢州刺史豫章王綜爲安右將軍五月辛亥以通直散騎常侍韋叡爲中護軍六月己亥以南兗州刺史蕭景爲領軍將軍領軍將軍柳慶遠爲安北將軍雍州刺史秋七月乙亥立皇子綸爲邵陵郡王釋爲湘東郡王紀爲武陵郡王八月癸卯扶南于闐國各遣使獻方物是歲作浮山堰

十四年春正月乙巳朔皇太子冠赦天下賜爲父後者爵一級王公以下班賚各有差停遠近上慶禮丙午安左將軍尚書令王瑩進號中權將軍以鎮西將軍始興王憺爲中撫將軍辛亥輿駕親祀南郊詔曰朕恭祗明祀昭事上靈臨竹宮而登泰壇服裘冕而奉蒼璧柴望既升誠敬克展思所以對越乾元弘宣德教而缺于治道政法多昧實佇羣才用康庶績可班下遠近博採英異若有確然鄉黨獨行州閭肥遯丘園不求聞達藏器待時未加收採或賢良方正孝悌力田竝即騰奏具以名上當擢彼周行試以邦邑庶百司咸事兆民無隱又世輕世重隨時約法前以劓墨用代重辟猶念改悔其路已壅竝可省除丙寅汝陰王劉胤薨二月庚寅芮芮國遣使獻方物戊戌老人星見辛丑以中護軍韋叡爲平北將軍雍州刺史新除中撫將軍始興王憺爲荊州刺史夏四月丁丑驃騎將軍開府同三司之儀江州刺史王茂薨五月丁巳以荊州刺史晉安王綱爲江州刺史秋八月乙未老人星見九月癸亥以長沙王深業爲護軍將軍狼牙脩國遣使獻方物

十五年春正月己巳詔曰觀時設教王政所先兼而利之實惟務本移風致治咸由此作頃因革之令隨事必下而張弛之要未臻厥宜民瘼猶繁廉平尚寡所以佇旒纊而載懷朝玉帛而興歎可申下四方政有不便於民者所在具條以聞守宰若清潔可稱或侵漁爲蠹分別奏上將行黜陟長吏勸課躬履堤防勿有不脩致妨農事關市之賦或有未允外時參量優減舊格三月戊辰朔日有蝕之夏四月丁未以安右將軍豫章王綜兼護軍高麗國遣使獻方物五月癸未以司空揚州刺史臨川王宏爲中書監驃騎大將軍刺史如故六月丙申改作小廟畢庚子以尚書令王瑩爲左光祿大夫開府儀同三司尚書右僕射袁昂爲尚書左僕射吏部尚書王暕爲尚書右僕射秋八月老人星見芮芮河南遣使獻方物九月辛巳左光祿大夫開府儀同三司王瑩薨壬辰赦天下冬十月戊午以丹陽尹長沙王深業爲湘州刺史十一月丁卯以兼護軍豫章王綜爲安前將軍交州刺史李畟斬交州反者阮宗孝傳首京師曲赦交州壬午以雍州刺史韋叡爲護軍將軍

十六年春正月辛未輿駕親祀南郊詔曰朕當扆思治政道未明昧旦劬勞亟移星紀今太皡御氣勾芒首節升中就陽禋敬克展務承天休布茲和澤尤貧之家勿收今年三調其無田業者所在量宜賦給若民有產子即依格優蠲孤老鰥寡不能自存咸加賑卹班下四方諸州郡縣時理獄訟勿使冤滯竝若親覽二月庚戌老人星見甲寅以安前將軍豫章王綜爲南徐州刺史三月丙子河南王遣使獻方物夏四月甲子初去宗廟牲潮溝獲白雀一六月戊申以廬陵王續爲江州刺史七月丁丑以郢州刺史安成王秀爲鎮北將軍雍州刺史八月辛丑老人星見扶南婆利國各遣使獻方物冬十月去宗廟薦脩始用蔬果

十七年春正月丁巳朔詔曰夫樂所自生含識之常性厚下安宅馭世之通規朕矜此庶氓無忘待旦亟弘生聚之畧每布寬恤之恩而編戶未滋遷徙尚有輕去故鄉豈其本志資業殆闕自返莫由巢南之心亦何能弭今開元發歲品物惟新思俾黔黎各安舊所將使郡無曠土邑靡游民雞犬相聞桑柘交畛凡天下之民有流移他境在天監十七年正月一日以前可開恩半歲悉聽還本蠲課三年其流寓過遠者量加程日若有不樂還者即使著土籍爲民准舊課輸若流移之後本鄉無復居宅者村司三老及餘親屬即爲詣縣告請村內官地官宅令相容受使戀本者還有所託凡坐爲市埭諸職割盜衰減應被封籍者其田宅車牛是民生之具不得悉以沒入皆優量分留使得自止其商賈富室亦不得頓相兼併遁叛之身罪無輕重竝許首出還復民伍若有拘限自還本役竝爲條格咸使知聞二月癸巳鎮北將軍雍州刺史安成王秀薨甲辰大赦天下乙卯以領石頭戍事南康王績爲南兗州刺史三月甲申老人星見丙申改封建安王偉爲南平王夏五月戊寅驃騎大將軍揚州刺史臨川王宏免己卯干陁利國遣使獻方物以領軍將軍蕭景爲安右將軍監揚州辛巳以臨川王宏爲中軍將軍中書監六月乙酉以益州刺史鄱陽王恢爲領軍將軍中軍將軍中書監臨川王宏以本號行司徒癸卯以國子祭酒蔡撙爲吏部尚書秋八月壬寅老人星見詔以兵騶奴婢男年登六十女年登五十免爲平民冬十月乙亥以中軍將軍行司徒臨川王宏爲中書監司徒十一月辛亥以南平王偉爲左光祿大夫開府儀同三司

十八年春正月甲申以領軍將軍鄱陽王恢爲征西將軍開府儀同三司荊州刺史荊州刺史始興王憺爲中撫將軍開府儀同三司領軍以尚書左僕射袁昂爲尚書令尚書右僕射王暕爲尚書左僕射太子詹事徐勉爲尚書右僕射辛卯輿駕親祀南郊孝悌力田賜爵一級二月戊午老人星見四月丁巳大赦天下秋七月甲申老人星見于闐扶南國各遣使獻方物

梁書卷二考證

武帝紀中安西將軍宕昌王梁彌頜○頜一本作頡

以扶南國王憍陳如闍耶跋摩爲安南將軍○跋南本作跋

六月辛酉復建修二陵周回五里內居民改陵監爲令○南史周回五里內居民下有賜復終身四字今刪去便文義不全矣

男年登六十女年登五十免爲平民○南史作男年六十六女年六十

梁書卷三

唐 散騎常侍 姚思廉 撰

本紀第三

武帝下

普通元年春正月乙亥朔改元大赦天下賜文武勞位孝悌力田爵一級尤貧之家勿收常調鰥寡孤獨竝加贍卹丙子日有蝕之己卯以司徒臨川王宏爲太尉揚州刺史安右將軍監揚州蕭景爲安西將軍郢州刺史尚書左僕射王暕以母憂去職金紫光祿大夫王份爲尚書左僕射庚子扶南高麗國各遣使獻方物二月壬子老人星見癸丑以高麗王世子安爲寧東將軍高麗王三月丙戌滑國遣使獻方物夏四月甲午河南王遣使獻方物六月丁未以護軍將軍韋叡爲車騎將軍秋七月己卯江淮海竝溢辛卯以信威將軍邵陵王綸爲江州刺史八月庚戌老人星見甲子新除車騎將軍韋叡卒九月乙亥有星晨見東方光爛如火冬十月辛亥以宣惠將軍長沙王深業爲護軍將軍辛酉以丹陽尹晉安王綱爲平西將軍益州刺史

二年春正月甲戌以南徐州刺史豫章王綜爲鎮右將軍新除益州刺史晉安王綱改爲徐州刺史辛巳輿駕

親祀南郊詔曰春司御氣虔恭報祀陶匏克誠蒼璧禮備思隨乾覆布茲亭育凡民有單老孤稚不能自存主者郡縣咸加收養贍給衣食每令周足以終其身又於京師置孤獨園孤幼有歸華髮不匱若終年命厚加料理尤窮之家勿收租賦戊子大赦天下二月辛丑輿駕親祀明堂三月庚寅大雪平地三尺夏四月乙卯改作南北郊丙辰詔曰夫欽若昊天歷象無違躬執耒耜盡力致敬上協星鳥俯訓民時平秩東作義不在南前代因襲有乖禮制可於震方簡求沃野具茲千畝庶允舊章五月癸卯琬琰殿火延燒後宮屋三千間丁巳詔曰王公卿士今拜表賀瑞雖則百辟體國之誠朕懷良有多愧若其澤漏川泉仁被動植氣調玉燭治致太平爰降嘉祥可無慙德而政道多缺淳化未凝何以仰叶辰和遠臻寘貺此乃更彰寡薄重增其尤自今可停賀瑞六月丁卯信威將軍義州刺史文僧明以州叛入于魏秋七月丁酉假大匠卿裴邃節督衆軍北討甲寅老人星見魏荆州刺史桓叔興帥衆降八月丁亥始平郡中石鼓村地自開成井方六尺六寸深三十二丈冬十一月百濟新羅國各遣使獻方物十二月戊辰以鎮東大將軍百濟王餘隆爲寧東大將軍

三年春正月庚子以尚書令袁昂爲中書監吳郡太守王暕爲尚書左僕射尚書左僕射王份爲右光祿大夫庚戌京師地震己未以宣毅將軍廬陵王續爲雍州刺史三月己卯巴陵王蕭屏薨夏四月丁卯汝陰王劉端薨五月壬辰朔日有蝕之既癸巳赦天下并班下四方民所疾苦咸即以聞公卿百僚各上封事連率郡國舉賢良方正直言之士秋八月辛酉作二郊及籍田並畢班賜工匠各有差甲子老人星見婆利白題國各遣使獻方物冬十月丙子加中書監袁昂中衞將軍十一月甲午撫軍將軍開府儀同三司領軍將軍始興王憺薨辛丑以太子詹事蕭深藻爲領軍將軍

四年春正月辛卯輿駕親祀南郊大赦天下應諸窮疾咸加賑䘏并班下四方時理獄訟丙午輿駕親祀明堂二月庚午老人星見乙亥躬耕籍田詔曰夫耕籍之義大矣哉粢盛由之而興禮節因之以著古者哲王咸用此作眷言八政致茲千畝公卿百辟恪恭其儀九推畢禮馨香靡替兼以風雲叶律氣象光華屬覽休辰思加獎勸可班下遠近廣闢良疇公私畎畝務盡地利若欲附農而糧種有乏亦加貸䘏每使優遍孝悌力田賜爵一級預耕之司尅日勞酒三月壬寅以鎮右將軍豫章王綜爲平北將軍南兗州刺史六月乙丑分益州置信州分交州置愛州分廣州置成州南定州合州建州分霍州置義州秋八月丁卯老人星見冬十月庚午以中書監中衞將軍袁昂爲尚書令即本號開府儀同三司己卯護軍將軍昌義之卒十一月癸未朔日有蝕之太白晝見甲辰尚書左僕射王暕卒十二月戊午始鑄鐵錢狼牙脩國遣使獻方物

五年春正月以左光祿大夫開府儀同三司南平王偉爲鎮衞大將軍改領右光祿大夫儀同三司如故征西將軍開府儀同三司荆州刺史鄱陽王恢進號驃騎大將軍太府卿夏侯亶爲中護軍右光祿大夫王份爲左光祿大夫加特進辛卯平北將軍南兗州刺史豫章王綜進號鎮北將軍平西將軍雍州刺史晉安王綱進號安北將軍二月庚午特進左光祿大夫王份卒丁丑老人星見三月甲戌分揚州江州置東揚州夏四月乙未以雲麾將軍南康王績爲江州刺史六月乙酉龍鬬于曲阿王陂因西行至建陵城所經處樹木倒折開地數十丈戊子以會稽太守武陵王紀爲東揚州刺史庚子以員外散騎常侍元樹爲平北將軍北青兗二州刺史率衆北伐秋七月辛未賜北討義客位一階八月庚寅徐州刺史成景儁尅魏童梜九月戊申又尅睢陵城戊午北兗州刺史趙景悅圍荆山壬戌宣毅將軍裴邃襲壽陽入羅城弗尅冬十月戊寅裴邃元樹攻魏建陵城破之辛巳又破曲木掃虜將軍彭寶孫尅琅邪甲申又尅檀丘城辛卯裴邃破狄城丙申又尅甓城遂進屯黎將壬寅魏東海太守韋敬欣以司吾城降定遠將軍二闕宇太守曹世宗破魏曲陽城甲辰又尅秦墟魏郿潘溪守悉皆棄城走十一月丙辰彭寶孫尅東莞城壬戌裴邃攻壽陽之安城尅之丙寅魏馬頭安城並來降十二月戊寅魏荆山城降乙巳武勇將軍李國興攻平靜關尅之辛丑信威長史楊法乾攻武陽關壬寅攻峴關並尅之

六年春正月丙午安北將軍晉安王綱遣長史柳津破魏南鄉郡司馬董當門破魏晉城庚戌又破馬圈彫陽二城辛亥輿駕親祀南郊大赦天下庚申魏鎮東將軍徐州刺史元法僧以彭城內附己巳雍州前軍尅魏新蔡郡詔曰廟謨已定王略方舉侍中領軍將軍西昌侯淵藻可便親戎以前啓行鎮北將軍南兗州刺史豫章王綜董馭雄桀風馳次邁其餘衆軍計日差遣初中後師善得嚴辦朕當六軍雲動龍舟濟江癸酉尅魏鄭城甲戌以魏鎮東將軍徐州刺史元法僧爲司空二月丁丑老人星見庚辰南徐州刺史廬陵王續還朝稟承戎略乙未趙景悅下魏龍亢城三月丙午歲星見南斗賜新附民長復除應諸罪失一無所問己酉行幸白下城履行六軍頓所乙丑鎮北將軍南兗州刺史豫章王綜權頓彭城總督衆軍并攝徐州府事己巳以魏假平東將軍元景隆爲衞州刺史魏征虜將軍元景仲爲廣州刺史夏五月己酉築宿預堰又修曹公堰於濟陰太白晝見壬子遣中護軍夏侯亶督壽陽諸軍事北伐六月庚辰豫章王綜奔于魏魏復據彭城秋七月壬戌大赦天下八月丙子以散騎常侍曹仲宗兼領軍壬午老人星見十二月戊子邵陵王綸有罪免官削爵土壬辰京師地震

七年春正月辛丑朔赦殊死以下丁卯滑國遣使獻方物二月甲戌北伐衆軍解嚴河南王遣使獻方物丁亥老人星見三月乙卯高麗國遣使獻方物夏四月乙酉太尉臨川王宏薨南州津改置校尉增加俸秩詔在位羣臣各舉所知凡是清吏咸使薦聞州年舉二人大郡一人六月己卯林邑國遣使獻方物秋九月己酉驃騎大將軍開府儀同三司荆州刺史鄱陽王恢薨冬十月辛未以丹陽尹湘東王繹爲荆州刺史十一月庚辰大赦天下是日丁貴嬪薨辛巳夏侯亶胡龍牙元樹曹世宗等衆軍尅壽陽城丁亥放魏揚州刺史李憲還北以壽陽置豫州合肥改爲南豫州以中護軍夏侯亶爲豫南豫二州刺史平西將軍郢州刺史元樹進號安西將軍魏新野太守以郡降

大通元年春正月乙丑以尚書左僕射徐勉爲尚書僕射中衞將軍詔曰朕思利兆民惟日不足氣象環回每弘優簡百官俸祿本有定數前代以來皆多評准頃者因循未遑改革自今已後可長給見錢依時即出勿令逋緩凡散失官物不問多少並從原宥惟事涉軍儲取公私見物不在此例辛未輿駕親祀南郊詔曰奉時昭事虔薦蒼璧思承天德惠此下民凡因事去土流移他境者並聽復宅業蠲役五年尤貧之家勿收三調孝悌力田賜爵一級是月司州刺史夏侯夔進軍三關所至皆尅三月辛未輿駕幸同泰寺捨身甲戌還宮赦天下改元以左衞將軍蕭淵藻爲中護軍林邑師子國各遣使獻方物夏五月丙寅成景儁尅魏臨潼竹邑秋八月壬辰老人星見冬十月庚戌魏東豫州刺史元慶和以渦陽內屬甲寅曲赦東豫州十一月丁卯以中護軍蕭淵藻爲北討都督征北大將軍鎮渦陽戊辰加尚書令中衞將軍開府儀同三司袁昂中書監以渦陽置西徐州高麗國遣使獻方物

二年春正月庚申司空元法僧以本官領中軍將軍中書監尚書令中衞將軍開府儀同三司袁昂進號中撫大將軍衞尉卿蕭昂爲中領軍乙酉芮芮國遣使獻方物二月甲午老人星見是月築寒山堰三月壬辰以江州刺史南康王績爲安右將軍夏四月辛丑魏郢州刺史元願達以義陽內附置北司州時魏大亂其北海王元顥臨淮王元彧汝南王元悅並來奔其北青州刺史元世儁南荆州刺史李志亦以地降六月丁亥魏臨淮王元彧求還本國許之冬十月丁亥以魏北海王元顥爲魏主遣東宮直閤將軍陳慶之衞送還北魏豫州刺史鄧獻以地內屬

中大通元年正月辛酉輿駕親祀南郊大赦天下孝悌力田賜爵一級甲子魏汝南王元悅求還本國許之辛巳輿駕親祀明堂二月甲申以丹陽尹武陵王紀爲江州刺史辛丑芮芮國遣使獻方物三月丙辰以河南王阿羅眞爲寧西將軍西秦河沙三州刺史庚辰以中護軍蕭淵藻爲中權將軍夏四月癸未以安右將軍南康王績爲護軍將軍癸巳陳慶之攻魏梁城拔之進屠考城擒魏濟陰王元暉業五月戊辰尅大梁癸酉尅虎牢城魏主元子攸棄洛陽走河北乙亥元顥入洛陽六月壬午大赦天下辛亥魏淮陰大守晉鴻以湖陽城內屬閏月己未安右將軍護軍南康王績薨己卯魏爾朱榮攻殺元顥復據洛陽秋九月辛巳朱雀航華表災以安北將軍羊侃爲青冀二州刺史癸巳輿駕幸同泰寺設四部無遮大會因捨身公卿以下以錢一億萬奉贖冬十月己酉輿駕還宮大赦改元十一月丙戌加中撫大將軍開府儀同三司袁昂中書監加鎮衞大將軍開府儀同三司南平王偉太子少傅加金紫光祿大夫蕭琛陸杲並特進司空中軍將軍元法僧進號車騎將軍中權將軍蕭淵藻爲中護軍將軍中領軍蕭昂爲領軍將軍戊子魏巴州刺史嚴始欣以城降十二月丁巳盤盤國遣使獻方物

二年春正月戊寅以雍州刺史晉安王綱爲驃騎大將軍揚州刺史南徐州刺史廬陵王續爲平北將軍雍州刺史癸未老人星見夏四月庚申大雨雹壬申以河南王佛輔爲寧西將軍西秦河二州刺史六月丁巳遣魏太保汝南王元悅還北爲魏主庚申以魏尚書左僕射

范遵爲安北將軍司州牧隨元悅北討林邑國遣使獻方物壬申扶南國遣使獻方物秋八月庚戌輿駕幸德陽堂設絲竹會祖送魏主元悅山賊聚結寇會稽郡所部縣九月壬午假昭武將軍湛海珍節以討之

三年春正月辛巳輿駕親祀南郊大赦天下孝悌力田賜爵一級丙申以魏尚書僕射鄭先護爲征北大將軍二月辛丑輿駕親祀明堂甲寅老人星見乙卯特進蕭琛卒乙丑以廣州刺史元景隆爲安右將軍夏四月乙巳皇太子統薨六月丁未以前太子詹事蕭淵猷爲中護軍尚書僕射徐勉加特進右光祿大夫丹丹國遣使獻方物癸丑立昭明太子子南徐州刺史華容公懽爲豫章郡王枝江公譽爲河東郡王曲阿公詧爲岳陽郡王秋七月乙亥立晉安王綱爲皇太子大赦天下賜爲父後者及出處忠孝文武清勤竝賜爵一級乙酉以侍中五兵尚書謝舉爲吏部尚書庚寅詔曰推恩六親義彰九族班以侯爵亦日惟允凡是宗戚有服屬者竝可賜沐食鄉亭侯各隨遠近以爲差次其有屬親自依舊章壬辰以吏部尚書何敬容爲尚書右僕射癸巳老人星見九月庚午以太子詹事蕭淵藻爲征北將軍南兗州刺史戊寅很牙脩國奉表獻方物冬十月己酉行幸同泰寺高祖升法座爲四部衆說大般涅盤經義訖于乙卯前樂山縣侯蕭正則有罪流徙至是招誘亡命欲寇廣州在所討平之十一月乙未行幸同泰寺高祖升法座爲四部衆說摩訶般若波羅密經義訖于十二月辛丑是歲吳興郡生野穀堪食

四年春正月丙寅朔以鎮衞大將軍開府儀同三司南平王偉進位大司馬司空元法僧進位太尉尚書令中權大將軍開府儀同三司袁昂進位司空立臨川靖惠王宏子正德爲臨賀郡王戊辰以丹陽尹邵陵王綸爲揚州刺史太子右衞率薛法護爲平北將軍司州牧衞送元悅入洛庚午立嫡皇孫大器爲宣城郡王癸未魏南兗州刺史劉世明以城降改魏南兗州爲譙州以世明爲刺史二月壬寅老人星見新除太尉元法僧還北爲東魏主以安右將軍元景隆爲征北將軍徐州刺史雲麾將軍楊侃爲安北將軍兗州刺史散騎常侍元樹爲鎮北將軍庚戌新除揚州刺史邵陵王綸有罪免爲庶人壬子以江州刺史武陵王紀爲揚州刺史領軍將軍蕭昂爲江州刺史景辰邵陵縣獲白鹿一三月庚午侍中領國子博士蕭子顯上表置制旨孝經助教一人生十人專通高祖所釋孝經義夏四月壬申盤盤國遣使獻方物秋七月甲辰星隕如雨八月丙子特進陸杲卒九月乙巳以太子詹事南平王世子恪爲領軍將軍平北將軍雍州刺史廬陵王續爲安北將軍西中郞將荊州刺史湘東王繹爲平西將軍司空袁昂領尚書令十一月己酉高麗國遣使獻方物十二月庚辰以太尉元法僧爲驃騎大將軍開府同三司之儀郢州刺史

五年春正月辛卯輿駕親祀南郊大赦天下孝悌力田賜爵一級先是一日東南郊令解滌之等到郊所履行忽聞空中有異香三隨風至及將行事奏樂迎神畢有神光滿壇上朱紫黃白雜色食頃方滅兼太宰武陵王紀等以聞戊申京師地震己酉長星見辛亥輿駕親祀明堂癸丑以宣城王大器爲中軍將軍河南國遣使獻方物二月癸未行幸同泰寺設四部大會高祖升法座發金字摩訶波若經題訖于己丑老人星見三月丙辰大司馬南平王偉薨夏四月癸酉以御史中丞臧盾兼領軍五月戊子京邑大水御道通船六月己卯魏建義城主蘭寶殺魏東徐州刺史以下邳城降秋七月辛卯改下邳爲武州八月庚申以前徐州刺史元景隆爲安右將軍老人星見甲子波斯國遣使獻方物甲申中護軍蕭淵猷卒九月己亥以輕車將軍臨賀王正德爲中護軍甲寅以尚書令司空袁昂爲特進右光祿大夫司空如故盤盤國遣使獻方物冬十月庚申以尚書右僕射何敬容爲尚書左僕射吏部尚書謝舉爲尚書右僕射侍中國子祭酒蕭子顯爲吏部尚書

六年春二月癸亥輿駕親耕籍田大赦天下孝悌力田賜爵一級三月己亥以行河南王可沓振爲西秦河二州刺史河南王甲辰百濟國遣使獻方物夏四月丁卯熒惑在南斗秋七月甲辰林邑國遣使獻方物八月己未以南梁州刺史武興王楊紹先爲秦南秦二州刺史冬十月丁卯以信武將軍元慶和爲鎮北將軍率衆北伐閏十二月丙午西南有雷聲二

大同元年春正月戊申朔改元大赦天下二月己卯老人星見辛巳輿駕親祀明堂丁亥輿駕躬耕籍田辛丑高麗國丹丹國各遣使獻方物三月辛未滑國王安樂薩丹王遣使獻方物夏四月庚子波斯國獻方物甲辰以魏鎮東將軍劉濟爲徐州刺史壬戌以安北將軍廬陵王續爲安南將軍江州刺史秋七月乙卯老人星見辛卯扶南國遣使獻方物冬十月辛卯以前南兗州刺史蕭淵藻爲護軍將軍十一月丁未中衞將軍特進右光祿大夫徐勉卒壬戌北梁州刺史蘭欽攻漢中剋之魏梁州刺史元羅降癸亥賜梁州歸附者復除有差甲子雄勇將軍北益州刺史陰平王楊法深進號平北將軍月行左角星十二月乙酉以魏北徐州刺史羊徽逸爲平北將軍十二月戊戌以平西將軍秦南秦二州刺史武興王楊紹先進號車騎將軍平北將軍北益州刺史陰平王楊法深進號驃騎將軍辛丑平西將軍荊州刺史湘東王繹進號安西將軍

二年春正月甲辰以兼領軍臧盾爲中領軍二月乙亥輿駕躬耕籍田丙戌老人星見三月庚申詔曰政在養民德存被物上令如風民應如草朕以寡德運屬時來撥亂反正倏焉三紀不能使重門不閉守在海外疆埸多阻車書未一民疲轉輸士勞邊防徹田爲糧未得頓止治道不明政用多僻百辟無沃心之言四聰闕飛耳之聽州輟刺舉郡忘共治致使失理負謗無由聞達侮文弄法因事生姦肺石空陳懸鍾徒設書不云乎股肱惟人良臣惟聖寔賴賢佐匡其不及凡厥在朝各獻讜言政治不便於民者可悉陳之若在四遠刺史二千石長吏竝以奏聞細民有言事者咸爲申達朕將親覽以紓其過文武在位舉爾所知公侯將相隨才擢用拾遺補闕勿有所隱夏四月乙未以驃騎大將軍開府同三司之儀元法僧爲太尉領軍師將軍先是尚書右丞江子四上封事極言政治得失五月癸卯詔曰古人有言屋漏在上知之在下朕所鍾過不能自覺江子四等封事如上尚書可時加檢括於民有蠹患者便卽勒停宜速詳啓勿致淹緩乙巳以魏前梁州刺史元羅爲征北大將軍青冀二州刺史六月丁亥詔曰南郊明堂陵廟等令與朝請同班於事爲輕可改視散騎侍郞冬十月乙亥詔大舉北伐十一月己亥詔北伐衆班師辛亥京師地震十二月壬申魏請通和詔許之丁酉以吳興太守駙馬都尉利亭侯張纘爲吏部尚書

三年春正月辛丑輿駕親祀南郊大赦天下孝悌力田賜爵一級是夜朱雀門災壬寅天無雲雨灰黃色癸卯以中書令邵陵王綸爲江州刺史二月乙酉老人星見丁亥輿駕親耕籍田己丑以尚書左僕射何敬容爲中權將軍護軍將軍蕭淵藻爲安右將軍尚書左僕射以尚書左僕射謝舉爲右光祿大夫庚寅以安南將軍廬陵王續爲中衞將軍護軍將軍三月戊戌立昭明太子子警爲武昌郡王譬爲義陽郡王夏四月丁卯以南琅邪彭城二郡太守河東王譽爲南徐州刺史五月丙申以前揚州刺史武陵王紀復爲揚州刺史六月青州朐山境隕霜秋七月癸卯魏遣使來聘己酉義陽王譬薨是月青州雪害苗稼八月甲申老人星見辛卯輿駕幸阿育王寺赦天下九月南兗州大饑是月北徐州境內旅生稻稗二千許頃閏月甲子安西將軍荊州刺史湘東王繹進號鎮西將軍揚州刺史武陵王紀爲安西將軍益州刺史冬十月丙辰京師地震是歲饑

四年春正月庚辰以中軍將軍宣城王大器爲中軍大將軍揚州刺史二月己亥輿駕親耕籍田三月戊寅河南國遣使獻方物癸未芮芮國遣使獻方物五月甲戌魏遣使來聘秋七月己未以南琅邪彭城二郡太守岳陽王詧爲東揚州刺史癸亥詔以東冶徒李胤之降如來眞形舍利大赦天下八月甲辰詔南兗北徐西徐東徐青冀南北青武仁潼睢等十二州旣經饑饉曲赦逋租宿責勿收今年三調冬十二月丁亥兼國子助教皇侃表上所撰禮記義疏五十卷

五年春正月乙卯以護軍將軍廬陵王續爲驃騎將軍開府儀同三司安右將軍尚書左僕射蕭淵藻爲中衞將軍開府儀同三司中權將軍丹陽尹何敬容以本號爲尚書令吏部尚書張纘爲尚書僕射都官尚書劉孺爲吏部尚書丁巳御史中丞參禮儀事賀琛奏今南北二郊及籍田往還竝宜御輦不復乘輅二郊請用素輦籍田往還乘常輦皆以侍中陪乘停大將軍及太僕詔付尚書博議施行改素輦名大同輦昭祀宗廟乘玉輦辛未輿駕親祀南郊詔孝悌力田及州閭鄉黨稱爲善人者各賜爵一級并勒屬所以時騰上三月己未詔曰朕四聰旣闕五識多蔽晝可外牒或致紕繆凡是政事不便於民者州郡縣卽時皆言勿得欺隱如使怨訟當境任失而今而後以爲永准秋七月己卯以驃騎將軍開府儀同三司廬陵王續爲荊州刺史湘東王繹爲護軍將軍安右將軍八月乙酉扶南國遣使獻生犀及方物九月庚申以都官尚書到溉爲吏部尚書冬十一月乙亥魏遣使來聘十二月癸未以吳郡太守謝舉爲中書監新除中書令鄱陽王範爲中領軍

六年春正月庚戌朔曲赦司豫徐兗四州二月己亥輿駕親耕籍田丙午以江州刺史邵陵王綸爲平西將軍郢州刺史雲麾將軍豫章王懽爲江州刺史秦郡獻白鹿一夏四月癸未詔曰命世興王嗣賢傳業聲稱不朽人代徂遷二賓以位三恪義在時事浸遠宿草榛蕪望古興懷言念愴然晉宋齊三代諸陵有職司者勒加守護勿令細民妄相侵毀作兵有少補使充足前無守視

竝可量給五月戊寅以前靑冀二州刺史元羅爲右光祿大夫己卯河南王遣使獻馬及方物六月丁未平陽縣獻白鹿一秋七月丁亥魏遣使來聘八月戊午赦天下辛未詔曰經國有體必詢諸朝所以尚書置令僕丞郎旦旦上朝以議時事前共籌懷然後奏聞頃者不爾每有疑事倚立求決古人有云主非堯舜何得發言便是是故放勛之聖猶咨四岳重華之叡亦待多士豈朕寡德所能獨斷自今尚書中有疑事前於朝堂參議然後啓聞不得習常其軍機要切前須諮審自依舊典盤盤國遣使獻方物九月移安州置定遠郡受北徐州都督定遠郡改屬安州始平太守崔碩表獻嘉禾一莖十二穗戊戌特進左光祿大夫司空袁昂薨冬十一月己卯曲赦京邑十二月壬子江州刺史豫章王權薨以護軍將軍湘東王繹爲鎭南將軍江州刺史置桂州於湘州始安郡受湘州督省南桂林等二十四郡悉改屬桂州

七年春正月辛巳輿駕親祀南郊赦天下其有流移及失桑梓者各還田宅蠲課五年辛丑輿駕親祀明堂二月乙巳以行宕昌王梁彌泰爲平西將軍河涼二州刺史宕昌王辛亥輿駕躬耕籍田乙卯京師地震丁巳以中領軍鄱陽王範爲鎭北將軍雍州刺史三月乙亥宕昌王遣使獻馬及方物高麗百濟滑國各遣使獻方物夏四月戊申魏遣使來聘五月癸巳以侍中南康王會理兼領軍秋九月戊寅芮芮國遣使獻方物冬十月丙午以侍中劉孺爲吏部尚書十一月丙子詔停在所役使女丁丁丑詔曰民之多幸國之不幸恩澤屢加彌長姦盜朕亦知此之爲病矣如不優赦非仁人之心凡厥愆耗逋負起今七年十一月九日昧爽以前在民間無問多少言上尚書督所未入者皆赦除之又詔曰用天之道分地之利蓋先聖之格訓也凡是田桑廢宅没入者公創之外悉以分給貧民皆使量其所能以受田分如聞頃者豪家富室多占取公田貴價僦稅以與貧民傷時害政爲蠹已甚自今公田悉不能假與豪家已假者特聽不追其若富室給貧民種糧共營作者不在禁例己丑以金紫光祿大夫臧盾爲領軍將軍十二月壬寅詔曰古人云一物失所如納諸隍未是切言也朕寒心消志爲日久矣每當食投箸方眠撤枕獨坐懷憂憤慨申旦非爲一人萬姓故耳州牧多非良才守宰虎而傅翼楊阜是故憂憤賈誼所以流涕至於民間誅求萬端或供厨帳或供廐庫或遣使命或待賓客皆無自費取給於民又復多遣遊軍稱爲遏防姦盜不止暴掠繁多或求供設或責脚步又行劫縱更相枉逼良人命盡富室財殫此爲怨酷非止一事亦頻禁斷猶自未已外司明加聽採隨事舉奏又復公私傳屯邸冶爰至僧尼當其地界止應依限守視乃至廣加封固越界分斷水陸採捕及以樵蘇遂致細民措手無所凡自今有越界禁斷者禁斷之身皆以軍法從事若是公家創內止不得輒自立屯與公競作以收私利至百姓樵採以供煙爨者悉不得禁及以採捕亦勿訶問若不遵承皆以死罪結正魏遣使來聘丙辰於宮城西立士林館延集學者是歲交州土民李賁攻刺史蕭諮諮輸賂得還越州

八年春正月安城郡民劉敬躬挾左道以反內史蕭說委郡東奔敬躬據郡進攻廬陵取豫章妖黨遂至數萬前逼新淦柴桑二月戊戌江州刺史湘東王繹遣中兵曹子郢討之三月戊辰大破之擒敬躬送京師斬于建康市是月於江州新蔡高塘立頌平屯墾作蠻田遣越州刺史陳侯羅州刺史甯巨安州刺史李智愛州刺史阮漢同征李賁於交州

九年春閏月丙申地震生毛二月甲戌使江州民三十家出奴婢一戶配送司州三月以太子詹事謝舉爲尚書僕射夏四月林邑王破德州攻李賁賁將范脩又破林邑王於九德林邑王敗走冬十一月辛丑安西將軍益州刺史武陵王紀進號征西將軍開府儀同三司十二月壬戌領軍將軍臧盾卒以輕車將軍河東王譽爲領軍將軍

十年春正月李賁於交阯竊位號署置百官三月甲午輿駕幸蘭陵謁建寧陵辛丑至脩陵壬寅詔曰朕自違桑梓五十餘載乃眷東顧靡日不思今四方款關海外有截獄訟稍簡國務小閑始獲展敬園陵但增感慟故鄉老少接踵遠至情貌孜孜若歸于父宜有以慰其此心竝可錫位一階并加頒賚所經縣邑無出今年租賦監所責民蠲復二年并普賚內外從官軍主左右錢米各有差因作還舊鄉詩癸卯詔園陵職司恭事勤勞竝錫位一階并加沾賚丁未仁威將軍南徐州刺史臨川王正義進號安東將軍己酉幸京口城北固樓改名北顧庚戌幸回賓亭宴帝鄉故老及所經近縣奉迎候者少長數千人各賚錢二千夏四月乙卯輿駕至自蘭陵詔鰥寡孤獨尤貧者贍䘏各有差五月丁酉尚書令何敬容免秋九月己丑詔曰今茲遠近雨澤調適其穫已及冀必萬箱宜使百姓因斯安樂凡天下罪無輕重已發覺未發覺討捕未擒者皆赦宥之侵割耗散官物無問多少亦悉原除田者荒廢水旱不作無當時文例應追稅者并作田不登公格者竝停各備臺州以文最逋殿罪悉從原其有因饑逐食離鄉去土悉聽復業蠲課五年冬十二月大雪平地三尺

十一年春三月庚辰詔曰皇王在昔澤風未遠故端居玄扆拱默巖廊自大道既淪澆波斯逝動競日滋情僞彌作朕負扆君臨百年將半宵漏未分躬勞政事白日西浮不遑飧飯退居猶於布素含咀匪過藜藿寧以萬乘爲貴四海爲富唯欲億兆康寧下民安乂雖復三思行事而百慮多失凡遠近分置內外條流四方所立屯傳邸冶市埭桁渡津稅田園新舊守宰遊軍戍邏有不便於民者尚書州郡各速條上當隨言除省以舒民患夏四月魏遣使來聘冬十月己未詔曰堯舜以來便開贖刑中年依古許罪身入貲吏下因此不無姦猾所以一日復勑禁斷川流難壅人心惟危既乖內典慈悲之義又傷外教好生之德書云與殺不辜寧失不經可復開罪身皆聽入贖

中大同元年春正月丁未曲阿縣建陵隧口石騏驎動有大蛇鬬隧中其一被傷奔走癸丑交州刺史楊瞟剋交阯嘉寧城李賁竄入獠洞交州平三月乙巳大赦天下凡主守割盜放散官物及以軍糧器下凡是赦所不原者起十一年正月以前皆悉從恩十一年正月已後悉原加責其或爲事逃叛流移因饑以後亡鄉失土可聽復業蠲課五年停其徭役其被拘之身各還本郡舊業若在皆悉還之庚戌法駕出同泰寺大會停寺省講金字三慧經夏四月丙戌於同泰寺解講設法會大赦改元孝悌力田爲父後者賜爵一級賚宿衞文武各有差是夜同泰寺災六月辛巳竟天有聲如風雨相擊薄秋七月辛酉以武昌王譽爲東揚州刺史甲子詔曰禽獸知母而不知父無賴子弟過於禽獸至於父母竝皆不知多觸王憲致及老人耆年禁執大可傷愍自今有犯罪者父母祖父母勿坐唯大逆不預今恩丙寅詔曰朝四而暮三衆狙皆喜名實未虧而喜怒爲用頃聞外間多用九陌錢陌減則物貴陌足則物賤非物有貴賤是心有顚倒至於遠方日更滋甚豈直國有異政乃至家有殊俗徒亂王制無益民財自今可通用足陌錢令書行後百日爲期若猶有犯男子謫運女子質作竝同三年八月丁丑東揚州刺史武昌王譽薨以安東將軍南徐州刺史臨川王正義即本號東揚州刺史丹陽尹邵陵王綸爲鎭東將軍南徐州刺史甲午渴槃陁國遣使獻方物冬十月癸酉汝陰王劉哲薨乙亥以前東揚州刺史岳陽王詧爲雍州刺史

太清元年正月壬寅驃騎大將軍開府儀同三司荆州刺史廬陵王續薨以鎭南將軍江州刺史湘東王繹爲鎭西將軍荆州刺史辛酉輿駕親祀南郊詔曰天行彌綸覆燾之功博乾道變化資始之德成朕沐浴齋宮虔恭上帝祗事樵燎高熛太一大禮克遂感慶兼懷思與億兆同其福惠可大赦天下尤窮者無出即年租調清議禁錮竝皆宥釋所討逋叛巧籍隱年闇丁匿口開恩百日各令自首不問往罪流移他鄉聽復宅業蠲課五年孝悌力田賜爵一級居局治事賞勞二年可班下遠近博採英異或德茂州閭道行鄉邑或獨行特立不求聞達咸使言上以時招聘甲子輿駕親祀明堂二月己卯白虹貫日庚辰魏司徒侯景求以豫章廣穎洛陽西揚東荆北荆襄東豫南兗西兗齊等十三州內屬壬午以景爲大將軍封河南王大行臺承制如鄧禹故事丁亥輿駕躬耕籍田三月庚子高祖幸同泰寺設無遮大會捨身公卿等以錢一億萬奉贖甲辰遣司州刺史羊鴉仁兗州刺史桓和仁州刺史湛海珍等應接北豫州夏四月丁亥輿駕還宮大赦天下改元孝悌力田爲父後者賜爵一級在朝羣臣宿衞文武竝加頒賚五月丁酉輿駕幸德陽堂宴羣臣設絲竹樂六月戊辰以前雍州刺史鄱陽王範爲征北將軍總督漢北征討諸軍事秋七月庚申羊鴉仁入懸瓠城甲子詔曰二豫分置其來久矣今汝潁剋定可以前代故事以懸瓠爲豫州壽春爲南豫改合肥爲合州北廣陵爲淮州項城爲殷州合州爲南合州八月乙丑王師北伐以南豫州刺史蕭淵明爲大都督詔曰今汝南新復嵩潁載清瞻言遺黎有勞鑒寐宜覃寬惠與之更始應是緣邊初附諸州部內百姓先有負罪流亡逃叛入北一皆曠蕩不問往釁并不得挾以私讎而相報復若有犯者嚴加裁問戊子以大將軍侯景錄行臺尚書事九月癸卯王遊苑成庚戌輿駕幸苑冬十一月魏遣大將軍慕容紹宗等至寒山丙午大戰淵明敗績及北兗州刺史胡貴孫等竝陷魏紹宗進圍潼州十二月戊辰遣太子舍人元貞還北爲魏主辛巳以前征北將軍鄱陽王範爲安北將軍南豫州刺史

二年春正月戊戌詔在位各舉所知己亥魏陷渦陽辛丑以尚書僕射謝舉爲尚書令守吏部尚書王克爲尚

書僕射甲辰豫州刺史羊鴉仁殷州刺史羊思達並棄城走魏進據之乙卯以大將軍侯景爲南豫州牧安北將軍南豫州刺史鄱陽王範爲合州刺史三月甲辰撫東將軍高麗王高延卒以其息爲寧東將軍高麗王樂浪公己未以鎮東將軍南徐州刺史邵陵王綸爲平南將軍湘州刺史同三司之儀中衛將軍開府儀同三司蕭淵藻爲征東將軍南徐州刺史是日屈獠洞斬李賁傳首京師夏四月丙子詔在朝及州郡各舉清人任治民者皆以禮送京師戊寅以護軍將軍河東王譽爲湘州刺史五月辛丑以新除中書令邵陵王綸爲安前將軍開府儀同三司前湘州刺史張纘爲領軍將軍辛亥曲赦交愛德三州癸丑詔曰爲國在於多士寧下寄于得人朕暗於行事尤闕治道孤立在上如臨深谷凡爾在朝咸思匡救獻替可否用相啓沃班下方岳傍求俊乂窮其屠釣書其巖穴以時奏聞是月兩月夜見秋八月乙未以右衛將軍朱异爲中領軍戊戌侯景舉兵反擅攻馬頭木柵荆山等戍甲辰以安前將軍開府儀同三司邵陵王綸都督衆軍討景曲赦南豫州九月丙寅加左光祿大夫元羅鎮右將軍冬十月侯景襲譙州執刺史蕭泰丁未景進攻歷陽太守莊鐵降之戊申以新除光祿大夫臨賀王正德爲平北將軍都督京師諸軍屯丹陽郡己酉景自橫江濟于采石辛亥景師至京臨賀王正德率衆附賊十一月辛酉賊攻陷東府城害南浦侯蕭推中軍司馬楊瞰庚辰邵陵王綸帥武州刺史蕭弄璋前譙州刺史趙伯超等入援京師頓鍾山愛敬寺乙酉綸進軍湖頭與賊戰敗績丙辰安北將軍鄱陽王範遣世子嗣雄信將軍裴之高等帥衆入援次于張公洲十二月戊申天西北中裂有光如火尚書令謝舉卒丙辰司州刺史柳仲禮前衛州刺史韋粲高州刺史李遷仕前司州刺史羊鴉仁等並帥軍入援推仲禮爲大都督

三年春正月丁巳朔柳仲禮帥衆分據南岸是日賊濟軍於青塘襲破韋粲營粲拒戰死庚申邵陵王綸東揚州刺史臨成公大連等帥兵集南岸乙丑中領軍朱异卒丙寅以司農卿傅岐爲中領軍戊辰高州刺史李遷仕天門太守樊文皎進軍青溪東爲賊所破文皎死之壬午熒惑守心乙酉太白晝見二月丁未南兗州刺史南康王會理前青冀二州刺史湘潭侯蕭退帥江州之衆頓于蘭亭苑庚戌安北將軍合州刺史鄱陽王範以本號開府儀同三司三月戊午前司州刺史羊鴉仁等進軍東府北與賊戰大敗己未皇太子妃王氏薨丁卯賊攻陷宮城縱兵大掠己巳賊矯詔遣石城公大款解外援軍庚午侯景自爲都督中外諸軍事大丞相錄尚書辛未援軍各退散丙子熒惑守心壬午新除中領軍傅岐卒夏四月己丑京師地震丙申地又震己酉高祖以所求不供憂憤寢疾是月青冀二州刺史明少遐東徐州刺史湛海珍北青州刺史王奉伯各舉州附于魏五月丙辰高祖崩于淨居殿時年八十六辛巳遷大行皇帝梓宮于太極前殿冬十一月追尊爲武皇帝廟曰高祖乙卯葬于脩陵高祖生知淳孝年六歲獻皇太后崩水漿不入口三日哭泣哀苦有過成人內外親黨咸加敬異及丁文皇帝憂時爲齊隨王諮議隨府在荆鎮髣髴奉聞便投劾星馳不復寢食倍道就路憤風驚浪不暫停止高祖形容本壯及還至京都銷毀骨立親表士友不復識焉望宅奉諱氣絕久之每哭輒歐血數升服內不復嘗米惟資大麥日止二溢拜掃山陵涕淚所灑松草變色及居帝位卽於鍾山造大愛敬寺青溪邊造智度寺又於臺內立至敬等殿又立七廟堂月中再過設淨饌每至展拜恒涕泗滂沲哀動左右加以文思欽明能事畢究少而篤學洞達儒玄雖萬機多務猶卷不輟手燃燭側光常至戊夜造制旨孝經義周易講疏及六十四卦二繫文言序卦等義樂社義毛詩荅問春秋荅問尚書大義中庸講疏孔子正言老子講疏凡二百餘卷並正先儒之迷開古聖之旨王侯朝臣皆奉表質疑高祖皆爲解釋脩飾國學增廣生員立五館置五經博士天監初則何佟之賀瑒嚴植之明山賓等覆述制旨并撰吉凶軍賓嘉五禮凡一千餘卷高祖稱制斷疑於是穆穆恂恂家知禮節大同中於臺西立士林館領軍朱异太府卿賀琛舍人孔子袂等遞相講述皇太子宣城王亦於東宮宣猷堂及揚州解開講於是四方郡國趨學向風雲集於京師矣兼篤信正法猶長釋典製涅盤大品淨名三慧諸經義記復數百卷聽覽餘閑卽於重雲殿及同泰寺講說名僧碩學四部聽衆常萬餘人又造通史躬製贊序凡六百卷天情睿敏下筆成章千賦百詩直疏便就皆文質彬彬超邁今古詔銘贊誄箴頌牋奏爰初在田洎登寶歷凡諸文集又百二十卷六藝備閑棊登逸品陰陽緯候卜筮占決並悉稱善又撰金策三十卷草隸尺牘騎射弓馬莫不奇妙勤於政務孜孜無怠每至冬月四更竟卽敕把燭看事執筆觸寒手爲皴裂糾姦擿伏洞盡物情常哀矜涕泣然後可奏日止一食膳無鮮腴惟豆羹糲食而已庶事繁擁日儻移中便嗽口以過身衣布衣木綿皁帳一冠三載一被二年常克儉於身凡皆此類五十外便斷房室後宮職司貴妃以下六宮褘褕三翟之外皆衣不曳地傍無錦綺不飲酒不聽音聲非宗廟祭祀大會饗宴及諸法事未嘗作樂性方正雖居小殿暗室恒理衣冠小坐押褄盛夏暑月未嘗褰袒不正容止不與人相見雖覿內豎小臣亦如遇大賓也歷觀古昔人君恭儉莊敬藝能博學罕或有焉

史臣曰齊季告終君臨昏虐天棄神怒衆叛親離高祖英武睿哲義起樊鄧仗旗建號濡足救焚總蒼兕之師翼龍豹之陣雲驤雷駭翦暴夷凶萬邦樂推三靈改卜於是御鳳歷握龍圖闢四門弘招賢之路納十亂引諒直之規興文學脩郊祀治五禮定六律四聰旣達萬機斯理治定功成遠安邇肅加以天祥地瑞無絕歲時征賦所及之鄉文軌傍通之地南超萬里西拓五千其中瓌財重寶千夫百族莫不充牣王府蹶角闕庭三四十年斯爲盛矣自魏晉以降未或有焉及乎耄年委事羣倖然朱异之徒作威作福挾朋樹黨政以賄成服冕乘軒由其掌握是以朝經混亂賞罰無章小人道長抑此之謂賈誼有云可爲慟哭者也遂使滔天羯寇承間掩襲鷲羽流王屋金契辱乘輿塗炭黎元黍離宮室嗚呼天道何其酷焉雖歷數斯窮蓋亦人事然矣

梁書卷三考證

武帝紀下中權將軍蕭淵藻爲中護軍將軍○淵南本作深避諱也此不知何人所改

先是一日東南郊令解滌之等到郊所履行○東字南史作丙夜二字

六月己卯魏建義城主蘭寶殺魏東徐州刺史以下郅城降○寶南史作保又刺史下有崔祥二字

己丑以尚書左僕射何敬容爲中權將軍○己丑南史作癸巳

己酉綸進軍湖頭與賊戰敗績○南史戰字下有敗字較分明

舍人孔子袂等○袂南史作袪

梁書卷四

唐　散　騎　常　侍　姚　思　廉　撰

本紀第四

簡文帝

太宗簡文皇帝諱綱字世纘小字六通高祖第三子昭明太子母弟也天監二年十月丁未生于顯陽殿五年封晉安王食邑八千戶八年爲雲麾將軍領石頭戍軍事量置佐吏九年遷使持節都督南北兗青徐冀五州諸軍事宣毅將軍南兗州刺史十二年入爲宣惠將軍丹陽尹十三年出爲使持節都督荆雍梁南北秦益寧七州諸軍事南蠻校尉荆州刺史將軍如故十四年徙爲都督江州諸軍事雲麾將軍江州刺史持節如故十七年徵爲西中郎將領石頭戍軍事尋復爲宣惠將軍丹陽尹加侍中普通元年出爲使持節都督益寧雍梁南北秦沙七州諸軍事益州刺史未拜改授雲麾將軍南徐州刺史四年徙爲使持節都督雍梁南北秦四州郢州之竟陵司州之隨郡諸軍事平西將軍寧蠻校尉雍州刺史五年進號安北將軍七年權進都督荆益南梁三州諸軍事是歲丁所生穆貴嬪喪上表陳解詔還攝本任中大通元年詔依先給鼓吹一部二年徵爲都督南揚徐二州諸軍事驃騎將軍揚州刺史三年四月乙巳昭明太子薨五月丙申詔曰非至公無以主天下非博愛無以臨四海所以堯舜克讓惟德是與文王舍伯邑考而立武王格于上下光于四表今岱宗牢落天步艱難淳風猶鬱黎民未乂自非克明克哲允武允文豈得荷神器之重嗣龍圖之尊晉安王綱文義生知孝敬自然威惠外宣德行內敏羣后歸美率土宅心可立爲皇太子七月乙亥臨軒策拜以修繕東宮權居東府四年九月移還東宮太清三年五月丙辰高祖崩辛巳卽皇帝位詔曰朕以不造夙丁閔凶大行皇帝奄棄萬國攀慕號躃厝身靡所猥以寡德越居民上煢煢在疚罔知所託方賴藩輔社稷用安謹遵先旨顧命遺澤宜加億兆可大赦天下壬午詔曰育物惟寬馭民惟惠道著興王本非隸役或開奉國便致擒虜或在邊疆濫被抄劫二邦是競黎元何罪朕以寡昧創承鴻業旣臨率土化行宇宙豈欲使彼獨爲匪民諸州見在北人爲奴婢者并及妻兒悉可原放癸未追謚妃王氏爲簡皇后六月丙戌以南康嗣王會理爲司空丁亥立宣城王大器爲皇太子壬辰封當陽公大心爲尋陽郡王石城公大款爲江夏郡王寧國公大臨爲南海郡王臨城公大

連爲南郡王，西豐公大春爲安陸郡王，新塗公大成爲山陽郡王，臨湘公大封爲宜都郡王。秋七月甲寅，廣州刺史元景仲謀應侯景，西江督護陳霸先起兵攻之，景仲自殺，霸先迎定州刺史蕭勃爲刺史。戊辰，以吳郡置吳州，以安陸王大春爲刺史。庚午，以司空南康嗣王會理兼尚書令，南海王大臨爲揚州刺史，新興王大壯爲南徐州刺史。是月，九江大饑，人相食十四五。八月癸卯，征東大將軍、開府儀同三司、南徐州刺史蕭淵藻薨。冬十月丁未，地震。十二月，百濟國遣使獻方物。

大寶元年春正月辛亥朔，以國哀不朝會。詔曰：蓋天下者至公之神器，在昔三五，不獲已而臨莅之，故帝王之功，聖人之餘事，軒冕之華，儻來之一物。太祖文皇帝含光大之量，啟西伯之基；高祖武皇帝道洽二儀，智周萬物，屬齊季薦瘥，彝倫剝喪，同氣離入苑之禍，元首懷無厭之欲，乃當樂推之運，因億兆之心，承彼掎角，雪茲讐恥，事非爲己，義寔從民，故功成弗居，卑宮菲食，大慈之業普薰，汾陽之詔屢下，于茲四紀，無得而稱。朕以寡昧，哀煢孔棘，生靈已盡，志不圖全，僶俛視陰，企承鴻緒，懸旌履薄，未足云喻，痛甚愈遲，諒闇彌切，方當玄默在躬，栖心事外。卽王道未直，天步猶艱，式憑宰輔，以弘庶政，履端建號，仰惟舊章，可大赦天下，改太清四年爲大寶元年。丁巳，天雨黃沙。己未，太白經天，辛酉乃止。西魏寇安陸，執同州刺史柳仲禮，盡沒漢東之地。丙寅，月晝見。癸酉，前江都令祖皓起義，襲廣陵，斬賊南兗州刺史董紹先。侯景自帥水步軍擊皓。二月癸未，景攻陷廣陵，皓等並見害。丙戌，以安陸王大春爲東揚州刺史，省吳州，如先爲郡。詔曰：近東垂擾亂，江陽縱逸，上宰運謀，猛士雄奮，吳會肅清，濟兗澄謐，京師畿內，無事戎衣，朝廷達官齋內左右，並可解嚴。乙巳，以尚書僕射王克爲左僕射。是月，邵陵王綸自尋陽至于夏口，郢州刺史南平王恪以州讓綸。丙午，侯景逼太宗幸西州。夏五月庚午，征北將軍、開府儀同三司、鄱陽嗣王範薨。自春迄夏，大饑，人相食，京師尤甚。六月辛巳，以南郡王大連行揚州事。庚子，前司州刺史羊鴉仁自尚書省出奔西州。秋七月戊辰，賊行臺任約寇江州，刺史尋陽王大心以州降約。是月，以南郡王大連爲江州刺史。八月甲午，湘東王繹遣領軍將軍王僧辯率衆逼郢州。乙亥，侯景自進位相國，封二十郡爲漢王。邵陵王綸棄郢州走。冬十月乙未，侯景又逼太宗幸西州曲宴，自加宇宙大將軍、都督六合諸軍事。立皇子大鈞爲西陽郡王，大威爲武寧郡王，大球爲建安郡王，大昕爲義安郡王，大摯爲綏建郡王，大圜爲樂梁郡王。壬寅，景害南康嗣王會理。十一月，任約進據西陽，分兵寇齊昌，執衡陽王獻送京師，害之。湘東王繹遣前寧州刺史徐文盛督衆軍拒約。南郡王前中兵張彪起義於會稽若邪山，攻破浙東諸縣。

二年春二月，邵陵王綸走至安陸董城，爲西魏所攻，軍敗，死。三月，侯景自帥衆西寇，丁未，發京師，自石頭至新林，舳艫相接。四月，至西陽。乙亥，景分遣僞將宋子仙、任約襲郢州。丙子，執刺史蕭方諸。閏月甲子，景進寇巴陵，湘東王繹所遣領軍將軍王僧辯連戰不能尅。五月癸未，湘東王繹遣游擊將軍胡僧祐、信州刺史陸法和援巴陵，景遣任約帥衆拒援軍。六月甲辰朔，僧祐等擊破任約，擒之。乙巳，景解圍宵遁，王僧辯督衆軍追景。庚申，攻魯山城，尅之，獲魏司徒張化仁、儀同門洪慶。辛酉，進圍郢州，下之，獲賊帥宋子仙等。鄱陽王故將侯瑱起兵襲僞儀同于慶于豫章，慶敗走。秋七月丁亥，侯景還至京師。辛丑，王僧辯軍次湓城，賊行江州事范希榮棄城走。八月丙午，晉熙人王僧振、鄭寵起兵襲郡城，僞晉州刺史夏侯威生、儀同任延遁走。戊午，侯景遣衞尉卿彭儁、廂公王僧貴率兵入殿，廢太宗爲晉安王，幽于永福省。害皇太子大器、尋陽王大心、西陽王大鈞、武寧王大球、義安王大昕及尋陽王諸子二十人。矯爲太宗詔，禪于豫章嗣王棟，大赦改年。遣使害南海王大臨於吳郡，南郡王大連於姑孰，安陸王大春於會稽，新興王大壯於京口。冬十月壬寅，帝謂舍人殷不害曰：「吾昨夜夢吞土，卿試爲我思之。」不害曰：「昔重耳餽塊，卒還晉國，陛下今夢，將符是乎。」及王偉等進觴於帝曰：「丞相以陛下憂憤既久，使臣上壽。」帝笑曰：「壽酒不得盡此乎。」於是並齎酒餚、曲項琵琶，與帝飲。帝知不免，乃盡酣，曰：「不圖爲樂一至於斯。」既醉寢，偉乃出，儁進土囊，王脩纂坐其上，於是太宗崩於永福省，時年四十九。賊僞謚曰明皇帝，廟稱高宗。明年三月癸丑，王僧辯率前百官奉梓宮升朝堂，世祖追崇爲簡文皇帝，廟曰太宗。四月乙丑，葬莊陵。

初，太宗見幽縶，題壁自序云：「有梁正士蘭陵蕭世纘，立身行道，終始如一，風雨如晦，雞鳴不已，弗欺暗室，豈況三光，數至於此，命也如何！」又爲連珠二首，文甚悽愴。太宗幼而敏睿，識悟過人，六歲便屬文，高祖驚其早就，弗之信也，乃於御前面試，辭彩甚美。高祖歎曰：「此子，吾家之東阿。」既長，器宇寬弘，未嘗見慍喜。方頰豐下，鬚鬢如畫，眄睞則目光燭人。讀書十行俱下。九流百氏，經目必記；篇章辭賦，操筆立成。博綜儒書，善言玄理。自年十一，便能親庶務，歷試蕃政，所在有稱。在穆貴嬪憂，哀毀骨立，晝夜號泣不絕聲，所坐之席，沾濕盡爛。在襄陽拜表北伐，遣長史柳津、司馬董當門、壯武將軍杜懷寶、振遠將軍曹義宗等衆軍進討，尅平南陽、新野等郡，魏南荊州刺史李志據安昌城降，拓地千餘里。及居監撫，多所弘宥，文案簿領，纖毫不可欺。引納文學之士，賞接無倦，恆討論篇籍，繼以文章。高祖所製五經講疏，嘗於玄圃奉述，聽者傾朝野。雅好題詩，其序云：「余七歲有詩癖，長而不倦。」然傷於輕豔，當時號曰「宮體」。所著昭明太子傳五卷，諸王傳三十卷，禮大義二十卷，老子義二十卷，莊子義二十卷，長春義記一百卷，法寶連璧三百卷，並行於世焉。

史臣曰：太宗幼年聰睿，令問夙標，天才縱逸，冠於今古。文則時以輕華爲累，君子所不取焉。及養德東朝，聲被夷夏，洎乎繼統，寔有人君之懿矣。方符文景，運鍾屯剝，受制賊臣，弗展所蘊，終罹懷愍之酷，哀哉！

梁書卷四考證

簡文帝紀新興王大壯爲南徐州刺史○壯南史作莊

害皇太子大器尋陽王大心西陽王大鈞武寧王大球○考本傳武寧王名大威建安王名大球此云武寧王大球乃脫去大威建安王五字

梁書卷五

唐　散騎常侍　姚思廉　撰

本紀第五

元帝

世祖孝元皇帝諱繹，字世誠，小字七符，高祖第七子也。天監七年八月丁巳生。十三年，封湘東郡王，邑二千戶。初爲寧遠將軍、會稽太守，入爲侍中、宣威將軍、丹陽尹。普通七年，出爲使持節、都督荊湘郢益寧南梁六州諸軍事、西中郎將、荊州刺史。中大通四年，進號平西將軍。大同元年，進號安西將軍。三年，進號鎮西將軍。五年，入爲安右將軍、護軍將軍，領石頭戍軍事。六年，出爲使持節、都督江州諸軍事、鎮南將軍、江州刺史。太清元年，徙爲使持節、都督荊雍湘司郢寧梁南北秦九州諸軍事、鎮西將軍、荊州刺史。三年三月，侯景寇沒京師。四月，太子舍人蕭歆至江陵宣密詔，以世祖爲侍中、假黃鉞、大都督中外諸軍事、司徒承制，餘如故。是月，世祖徵兵於湘州，湘州刺史河東王譽拒不遣。十月丙午，遣世子方等帥衆討譽，戰所敗死。是月，又遣鎮兵將軍鮑泉代討譽。九月乙卯，雍州刺史岳陽王詧舉兵反，來寇江陵，世祖嬰城拒守。乙丑，詧將杜崱與其兄弟及楊混各率其衆來降，景寅，詧遁走。鮑泉攻湘州不克，又遣左衞將軍王僧辯代將。

大寶元年，世祖猶稱太清四年。正月辛亥朔，左衞將軍王僧辯獲橘三十子共蔕以獻。二月甲戌，衡陽內史周弘直表言鳳皇見郡界。夏五月辛未，王僧辯克湘州，斬河東王譽，湘州平。六月，江夏王大欵、山陽王大成、宜都王大封自信安間道來奔。九月辛酉，以前郢州刺史南平王恪爲中衞將軍、尚書令、開府儀同三司，中撫軍將軍世子方諸爲郢州刺史，左衞將軍王僧辯爲領軍將軍。改封大欵爲臨川郡王，大成爲桂陽郡王，大封爲汝南郡王。是月，任約進寇西陽、武昌，遣左衞將軍徐文盛、右衞將軍陰子春、太子右衞率蕭慧正、巂州刺史席文獻等下武昌拒約。以中衞將軍、尚書令、開府儀同三司南平王恪爲荊州刺史，鎮武陵。十一月甲子，南平王恪，侍中、臨川王大欵，桂陽王大成，散騎常侍、江安侯圓正，侍中、左衞將軍張綰，司徒左長史曇等府州國一千人奉牋曰：竊以嵩岳既峻，山川出雲，大國有蕃，申甫惟翰。豈非皇建斯極，以位爲寶，聖教辨方，脊名與器。是知太尉佐帝，重華表黃玉之符；司空相土，伯禹降玄珪之錫。伏惟明公大王殿下，命世應期，挺生將聖，忠爲令德，孝實天經，地切應韓，寄深旦奭，五品斯訓，七政以齊，志存社稷，功濟屯險。夷狄內侵，枕戈泣血，鯨鯢未掃，投袂勤王，能使遊魂請盟，以屈膝醜徒，銜璧而釁氣。親蕃外叛，釁均吳楚，義討申威，兵不血刃，湘波自息，非築杜弢之壘；峴山離貳，不伐劉表之城。九江致梗，二別殊泒，纔命戈船，底定瀟霍，泝流窮討，路絕窺窬。胡兵侵界，鐵馬霧合，神規獨運，皆卽梟懸，翻同翅折，遂修職貢，梁漢合契。肆犀利之兵，巴漢俱下；竭驍勇之陣，南通五嶺，北出力原，東夷不忿，西戎卽序，可謂上流千里，持戟百萬，天下之至貴，四海之所推也。今海水飛雲，崑山起燎，魏文悲樂推之歲韓宣歎成禮之日陽臺之下獨有冠蓋相趨夢水之傍尚致車輿結轍踰麥兩穗出於南平之邦甘露泥枝降乎當陽之境野蠶自績何謝歐絲開田生稻寧殊雨粟莫非品物咸亨是稱文明光大豈可徽號不彰於彝典明試不陳乎車服者哉昔晉鄭入周尚作卿士蕭曹佐漢且居相國宜崇茲盛禮顯答羣望恪等稽首甲令博詢惇史謹再拜上進位相國總百揆竹使符一別准恒儀杖金斧以翦逆暴乘玉輅而定社稷傍羅龍於日月貞明合于天地扶危翼治豈不休哉恪等不通大體自昧伏奏以聞世祖令答曰數鍾陽九時惟百六鯨鯢未翦瘡痍痛心周粵天官秦稱相國東至于海西至于河南衣朱鳶北漸玄塞率茲小宰弘斯大德將何用繼縱曲阜擬跡桓文終建一匡肅其五拜雖義屬隨時事無虛紀傳稱皆讓彖著鳴謙瞻言前典再懷哽恧十一月壬辰以定州刺史蕭勃爲鎮南將軍廣州刺史遣護軍將軍尹悅巴州刺史王珣定州刺史杜多安帥衆下武昌助徐文盛

大寶二年世祖猶稱太清五年二月己亥魏遣使來聘三月侯景悉兵西上會任約軍閏四月丙午景遣其將宋子仙任約襲郢州執刺史蕭方諸戊申徐文盛陰子春等奔歸王珣尹悅杜多安並降賊庚戌領軍將軍王僧辯帥衆屯巴陵甲子景進寇巴陵五月癸未世祖遣遊擊將軍胡僧祐信州刺史陸法和帥衆下援巴陵任約敗景遂遁走以王僧辯爲征東將軍開府儀同三司尚書令胡僧祐爲領軍將軍陸法和爲護軍將軍仍令僧辯率衆軍追景所至皆捷八月甲辰僧辯下次湓城辛亥以鎮南將軍湘州刺史蕭方矩爲中衛將軍司空征南將軍南平王恪進號征南大將軍湘州刺史餘如故九月己亥以征東將軍開府儀同三司尚書令王僧辯爲江州刺史餘如故盤盤國獻馴象冬十月辛丑朔有紫雲如車蓋臨江陵城是月太宗崩侍中征東將軍開府儀同三司江州刺史尚書令長寧縣侯王僧辯奉表曰衆軍薄伐塗次九水即日獲臨城縣使人報稱侯景弑逆皇帝賊害太子宗室在寇庭者並罹禍酷六軍慟哭三辰改曜哀我皇極四海崩心我大梁纂堯構緒基商啓祚太祖文皇帝徇齊作聖肇有六州高祖武皇帝聰明神武奄龕天下依日月而和四時履至尊而制六合麗正居貞大橫固祉四葉相係三聖同基蠹爾凶渠遂憑天邑闔閭受白登之辱象魏致堯城之疑雲屍承華一朝俱酷金楨玉幹莫不同寃悠悠彼蒼何其罔極臣聞喪君有君春秋之茂典以德以長先王之通訓少康則牧衆撫職祀夏所以配天平王則居正東遷宗周所以卜世漢光以能捕不道故景歷重昌中宗以不違羣議故江東可立儻令考古更無二謀伏惟陛下至孝通幽英武靈斷當七九之厄而應千載之期啓殷憂之明而居百王之會取威定霸嶮阻艱難建社治兵載循古道家國之事一至於斯天祚大梁必將有主軒轅得姓存者二人高祖五王代實居長乘屈完而陳諸侯拜子武而服大輅功齊九有道濟生民非奉聖明誰嗣下武臣聞日月貞明太陽不可以闕照天地貞觀乾道不可以久惕黃屋左纛本爲億兆而尊鸞輅龍章蓋以郊禋而貴寶器存乎至重介石慎於易差黔首豈可少選無君宗祏豈可一日無主伏願陛下掃地升中柴天改物事迫凶危運鍾擾攘蓋不勞宗正奉詔博士擇時南面即可居尊西向無所讓德四方既知有奉八百始可同期殘寇潛居器藏祉處乾象既傾坤儀已覆斬莽輗車燒卓照市鄗清函夏正爲塋陵開雪宮闕庶存鍾鼎彼黍離離伊何可言陛下繼明闡祚即宮舊楚左廟右社之制可以權宜五禮六樂之容歲時取備金芝九莖瓊茅三春要衛率職尉候相望坐廟堂以朝四夷登靈臺而望雲物禪梁甫而封泰山臨東濱而禮日觀然後與三事大夫更謀都鄗左瀍右澗夾雒可以爲居抗殿疏龍惟王可以在鎬何必勤勤建業也哉臣等不勝控款之至謹拜表以聞世祖奉諱大臨三日百官縞素乃答曰孤以不德天降之災枕戈飲膽抑心泣血風樹之酷萬始不追霜露之哀百憂總萃甫聞伯升之禍彌切仲謀之悲若封豕既殲長蛇即戮方欲追延陵之逸軌繼子臧之高讓豈資秋亭之壇安事繁陽之石侯景項籍也蕭棟殷辛也赤泉未賞劉邦尚曰漢王白旗弗懸周發猶稱太子飛龍之位孰謂可躋附鳳之徒既聞來議羣公卿士其諭孤之志無忽司空南平王恪率宗室五千餘人領軍將軍胡僧祐率羣僚二百餘人江州別駕張佚率吏民三百餘人並奉牋勸進世祖固讓十一月乙亥王僧辯又奉表曰紫宸曠位赤縣無主百靈聳動萬國回皇雖醉醒相扶同歸景亳式歌且誦總赴唐郊猶懼陛下俛首潛然讓德不嗣傳車在道方慎宋昌之謀法駕已陳尚杜耿純之勸岳牧翹首天民累息臣聞星回日薄擊雷鞭電者之謂天岳立川流吐霧蒸雲者之謂地苞天地之混成洞陰陽之不測而以裁成萬物者其在聖人乎故云天地之大德曰生聖人之大寶曰位黃屋廟堂之下本非獲已而居明鏡四衢之鑄蓋由應物取訓伏惟陛下稽古文思英雄特達比以周旦則文王之子方之放勛則帝摯之季千年旦暮可不在斯庭闕湮圮鍾鼎淪覆嗣膺景歷非陛下而誰豈可使赤眉更立盆子隗囂託置高廟陛下方復從容高讓用執謙光展其矯行僞書誣罔正朔見機而作斷可識矣匪疑何卜無待蓍龜日者公卿失馭禍纏霄極侯景憑陵姦臣互起率戎伐顙無處不然勸明詠晉側足皆爾才斗夜鳴烽火相照中朝人士相顧銜悲涼州義徒東望殞涕慄慄黔首將欲安歸陛下英略緯天沉明內斷橫劍泣血枕戈嘗膽農山地下之策金匱玉鼎之謀莫不定算宸帷決勝千里擊靈鼉之鼓而建翠華之旗驅六州之兵兩總九伯之伐四方雖虞一戰以霸斬其鯨鯢既章大戮荷校滅耳莫匪姦回史不絕書府無虛月自洞庭安波彭蠡底定文昭武穆芳若椒蘭敵國降城和如親戚九服同謀百道俱進國耻家怨計期就雪社稷不墜繫在聖明今也何時而申帝啓之避凶危若此方陳泰伯之辭國有具臣誰敢奉詔天下者高祖之天下陛下者萬國之歡心萬國豈可無君高祖豈可廢祀即日五星夜聚八風通吹雲烟紛郁日月光華百官象物而動軍政不戒而備飛艫巨艦竟水浮川鐵馬銀鞍陵山跨谷英傑接踵忠勇相顧湛宗族以酬恩焚妻子以報主莫不覆楯銜威提斧擊衆風飛電耀志滅凶醜所待陛下昭告后土虔奉上帝廣發明詔師出以名五行夕返六軍曉進便當盡司寇之威窮蚩尤之伐執石趙而求璽斬秦姚而取鍾俯掃塋陵奉近宗廟陛下豈得不仰存國計俯從民請漢宣嗣位之後即遣蒲類之軍光武登極既竟始有長安之捷由此言之不無前准臣等或世受朝恩或身荷重遇同休等戚自國刑家苟有腹心敢以死奪不任懮懮之至謹重奉表以聞世祖答曰省示復具一二孤聞天生蒸民而樹之以君所以對揚天休司牧黔首攝提合雒以前栗陸驪連之外書契不傳無得稱也自阪泉彰其武功丹陵表其文德有人民焉有社稷焉或謳歌所歸或惟天所相孤遭家多難大耻未雪國賊則蚩尤弗翦同姓則有扈不賓臥而思之坐以待旦何以應寶歷何以嗣龍圖庶一戎既定罪人斯得祀夏配天方申來議也是時巨寇尚存未欲即位而四方表勸前後相屬乃下令曰大壯乘乾明夷垂翼璿度亟移玉律屢徙四岳頻遺勸進九棘比者表聞譙沛未復塋陵永遠于居于處寤寐疚懷何心何顏撫茲歸運自今表奏所由並斷若有啓疏可寫此令施行是日賊司空東南道大行臺劉神茂率儀同劉歸義留異赴義奉表請降

大寶三年世祖猶稱太清六年正月甲戌世祖下令曰軍國多虞戎旃未靜靑領雖熾黔首宜安時惟星鳥表年祥於東秩春紀宿龍歌歲取於南畯況三農務業尚看天桃敷水四人有令猶及落杏飛花化俗移風常在所急勸耕且戰彌須自許豈直燕垂寒谷積黍自溫寧可墮此玄苗坐飡紅粒不植蘉頷空候蟬鳴可悉深耕穊種安堵復業無棄民力並分地利班勒州郡咸使遵承以智武將軍南平內史王褒爲吏部尚書二月王僧辯衆軍發自尋陽世祖馳檄告四方曰夫剝極生災乃及龍戰師貞終吉方制猾豕豈不以侵陽蕩薄源之者亂階定龕艱難成之者忠義故羿澆滅於前莽卓誅於後是故使桓文之勳復興於周代溫陶之績彌盛於金行粵若梁興五十餘載平壹寓內德惠悠長仁育蒼生義征不服左伊右瀍咸皆仰化濁涇清渭靡不向風建翠鳳之旗則六龍驤首擊靈鼉之鼓則百神警肅風牧方邵之賢衛霍辛趙之將羽林黃頭之士虎賁緹騎之夫叱吒則風雲興起鼓動則嵩華倒拔自桐柏以北孤竹以南碣石之前流沙之後延頸舉踵交臂屈膝胡人不敢牧馬秦士不敢彎弓叶和萬邦平章百姓十堯九舜曷足云也賊臣侯景匈奴叛臣鳴鏑餘噍懸瓠空城本非國寶壽春巖要賞不踰月開海陵之倉賑常平之米檄九府之費錫三官之錢帛干貨賄不知紀極敢興逆亂梗我王畿賊臣正德阻兵安忍日者結怨江芊遠適單于簡牘屢彰彭生之魂未弭聚斂無度景卿之謟已及爲虎傅翼遠相招致虔劉我生民離散我兄弟我是以董率皐貔躬擐甲胄霜戈照日則晨離奪暉龍騎蔽野則平原掩色信與江水同流氣與寒風俱憤凶醜畏威委命下吏乞活淮肥苟存徐兗漁汗既行絲綸爰被我是以班師凱歸休牛息馬賊猶不悛遂復矢流王屋兵躔象魏總章之觀非復聽訟之堂甘泉之宮永乖避暑之地坐召憲司臥制朝宰矯託天命僞作符書重增賦斂肆意哀剝生者逃竄死者暴尸道路以目庶僚鉗口刑戮失衷爵賞由心老弱波流士女塗炭臧獲之人五宗及賞搢紳之士三族見誅穀粟騰踴自相吞噬慄慄黔首路有銜索之哀蠢蠢黎民家有隕山之泣假師南望無復儲胥露寒河陽北臨或有穹廬氊帳南山之竹未足言其愆西山之兎不足書其罪外監陳瑩之

至伏承先帝登遐宮車晏駕奉諱驚號五內摧裂州寃本壽無地容身景阻饑旣甚民且狼顧遂侵軼我彭蠡憑淩我郢邑竊據我江夏掩襲我巴丘我是以義勇爭先忠貞盡力斬馘凶渠不可稱算沙同赤岸水若絳河任約泥首於安南北仁面縛於漢卩子仙乞活於郢郢希榮敗績於柴桑侯景奔竄十鼠爭穴郭默清夷晉熙附義計窮力屈反殺後主畢原鄱郇並離禍患凡蔣邢茅胙伏鈇鑕是可恐也孰不可容莫府據有上流實惟分陝投袂荷戈志在畢命昔周依晉鄭漢有虛牟彼惟末屬猶能如此況聯華日月天下不賤爲臣爲子兼國兼家者哉咸以義旗旣建宜須總一共推莫府實用主盟粵以不佞謬董連率遠惟國艱不遑寧處中權後勁龔行天罰提戈蒙險隕越以之天馬千羣長戟百萬驅賁獲之士資智勇之力大楚踰荊山淺源度彭蠡舳艫汎水以犄其南輜軿委輸以衝其北華夷百濮贏糧影從雷震風駭直指建業按劒而叱江水爲之倒流抽戈而揮皎日爲之退舍方駕長驅百道俱入夷山殄谷充原蔽野挾輈曳牛之侶拔距礫石之夫騎則逐日追風弓則吟猿落鴈捧崑崙而壓卵傾渤海而灌熒如騁馬之截鴻毛若奔牛之觸魯縞以此衆戰誰能禦之脫復蜂蠆若壽獸窮則鬭謂山蓋高則四郊多壘謂地蓋遠則三千弗違如彼怒蛙譬諸飄鼠豈費萬鈞無勞百溢加以日臨黃道兵起絳宮三門旣啓五將咸發舉整整之旗掃亭亭之氣故以臨機密運非賊所解奉義而誅何畀不服今遣使持節大都督征東將軍開府儀同三司江州刺史尚書令長寧縣開國侯王僧辯率衆十萬直掃金陵鳴鼓聒天撥金振地朱旗夕建如赤城之霞起戈船夜動若滄海之奔流計其同惡不盈一旅君子在野小人比周荷校滅耳匪朝伊夕舂長狄之喉纍郅支之頸今司寇明罰質鈇所誅止侯景而已黎元何辜一無所問諸君或世樹忠貞身荷寵爵羽儀鼎族書勳王府俛眉猾豎無由自效豈不下慙泉壤上愧皇天失忠與義難以自立想誠南風迺曉西顧因變立功轉禍爲福有能縛侯景及送首者封萬戶開國公絹布五萬匹有能率動義衆以應官軍保全城邑不爲賊用上賞方伯下賞剖符並裂山河以紆青紫昔由余入秦禮同卿佐日磾降漢且珥金貂必有其才何郵無位若執迷不反拒逆王師大軍一臨刑茲罔赦孟諸焚燎芝艾俱盡宣房河決玉石同沉信賞之科有如皎日黜陟之制事均白水檄布遠近咸使知聞三月王僧辯等平侯景傳其首於江陵戊子以賊平告明堂大社己丑王僧辯等又奉表曰衆軍以今月戊子總集建康賊景鳥伏獸窮頻擊頻挫姦竭詐盡深溝自固臣等分勒武旅百道同趣突騎短兵犀函鐵楯結隊千羣持戟百萬止紂七步圍項三重轟然大潰羣凶四滅京師少長俱稱萬歲長安酒食於此價高九縣雲開六合清朗矧伊黔首誰不載躍伏惟陛下咀痛茹哀嬰憤忍酷自紫庭絳闕胡塵四起壖垣好畤冀馬雲屯泣血治兵嘗膽誓衆而吳楚一家方與七國俱反管蔡流言又以三監作亂西涼義衆阻強秦而不通并州遺民跨飛狐而見泯豺狼當路非止一人鯨鯢不梟倏焉五載英武克振怨恥並雪永尋霜露如何可言臣等輒依故實奉脩社廟使者持節分告塋陵嗣后升遐龍輴未殯承華掩曜梓宮莫測並即應由備辦禮具凶荒四海同哀六軍袒哭聖情孝友理當感慟日者百司岳牧祈仰宸鑒以錫珪之功旣歸有道當璧之禮允屬聖明而優詔謙沖窅然凝邈飛龍可躋而乾爻在四帝閽云叫而閶闔未開謳謌再馳是用翹首所以越人固執熏丹穴以求君周民樂推踰岐山而事主漢王不即位無以貴功臣光武不止戈豈謂紹宗廟黃帝遊於襄城尚訪治民之道放勛入於姑射猶使鋳俎有歸伊此儻來豈聖人所欲帝王所應不獲已而然伏讀璽書等諷制旨顧懷物外未奉慈衷陛下日角龍顏之奇表於徇齊之日彤雲素氣之瑞基於應物之初博覽則大哉無所與名深言則曄乎昭章之觀忠爲令德孝實動天加以英威茂略雄圖武算指麾則丹浦不戰顧盼則阪泉自蕩地維絕而重紐天柱傾而更植鑿河津於孟門百川復啓補穹儀以五石萬物再生縱陛下拂衣而遊廣成登崆山而去東土羣臣安得仰訴兆庶何所歸仁況郊祀配天罍篚禮曠齋宮清廟匏竹不陳仰望鑾輿匪朝伊夕瞻言法駕載渴且飢豈可久稽衆議有曠彝則舊郊旣復函雒已平高奴櫟陽宮館雖毀濁河清渭佳氣猶存皐門有伉甘泉四敞土圭測景仙人承露斯蓋九州之赤縣六合之樞機博士捧圖書而稍還太常定禮儀而已列豈得不揚清蹕而赴名都具玉鑾而遊正寢昔東周旣遷鎬京遂其不復長安一亂郟洛永以爲居夏后以萬國朝諸侯文王以六州匡天下跡基百里劒杖三尺以殘楚之地抗拒九戎一旅之師翦滅三叛坦然大定御輦東歸解五牛於冀州秣六馬於譙郡緬求前古其可得歟對揚天命何所讓德有理存焉敢重所奏相國答曰省表復具一二羣公卿士億兆夷人咸以皇天眷命歸運所屬用集寶位于予一人文叔金吾之官事均往願孟德征西之位且符前說今淮海長鯨雖云授首襄陽短狐未全革面太平玉燭爾乃議之辛卯宣猛將軍朱買臣密害豫章嗣王棟及其二弟橋樛世祖志也四月乙巳益州刺史新除假黃鉞太尉武陵王紀竊位於蜀改號天正元年世祖遣兼司空蕭泰祠部尚書樂子雲拜謁塋陵脩復社廟丁巳世祖令曰軍容不入國國容不入軍雖子產獻捷戎服從事亞夫弗拜義止將兵今凶醜殲夷逆徒殄潰九有旣截四海乂安漢官威儀方陳盛禮衛多君子寄是式瞻便可解嚴以時宣勒是月以東陽太守張彪爲安東將軍五月庚午司空南平王恪及宗室王侯大都督王僧辯等復拜表上尊號世祖猶固讓不受庚辰以征南將軍湘州刺史司空南平嗣王恪爲鎮東將軍揚州刺史餘如故甲申以尚書令征東將軍開府儀同三司江州刺史王僧辯爲司徒鎮衛將軍乙酉斬賊左僕射王偉尚書呂季略少卿周石珍舍人嚴亶於江陵市是日世祖令曰君子赦過著在周經聖人解網聞之湯令自獫狁孔熾長蛇薦食赤縣阽危黔黎塗炭終宵不寐志在雪恥元惡稽誅本屬侯景王偉是其心膂周石珍負背恩義今並烹諸鼎鑊肆之市朝但比屯邅寇擾爲歲已積衣冠舊貴被逼偷生猛士勳豪和光苟免凡諸惡侶諒非一族今特闓以王澤削以刑書自太清六年五月二十日昧爽以前咸使惟新是月魏遣太師潘洛辛術等寇秦郡王僧辯遣杜崱帥衆拒之以陳霸先爲征北大將軍開府儀同三司南徐州刺史是月魏遣使賀平侯景八月蕭紀率巴蜀大衆連舟東下遣護軍陸法和屯巴峽以拒之兼通直散騎常侍聘魏使徐陵於鄴奉表曰臣聞封唐有聖還承帝嚳之家居代惟賢終纂高皇之祚無爲稱於革舃至治表於垂衣而撥亂反正非閒前古至如金行重作源出東莞炎運猶昌枝分南頓豈得掩顯姓於軒轅非才子於顓頊莫不時因多難俱繼神宗者也伏惟陛下出震等於勛華明讓同於旦奭握圖執鉞將在御天玉膝珠衡先彰元后神祇所命非惟太室之祥圖畫斯歸何止堯門之瑞若夫大孝聖人之心中庸君子之德固以作訓生民貽風多士一日二日研覽萬機允文允武包羅羣藝擬茲三大賓是四門歷試諸難咸熙庶績斯無得而稱也自無妄興暴皇祚寢微封豨脩蛇行災中國靈心所宅下武其興望紫極而長號瞻丹陵而殞慟家冤將報天賜黃鳥之旗國害宜誅神奉玄狐之籙滕公擁樹雄氣方嚴張繡交兵風神彌勇忠誠冠於日月孝義感於冰霜如霆如雷如貔如虎前驅効命元惡斯殲旣挂膽於西州方燃臍於東市豈尤三冢寧謂嚴誅王莽千劓非云明罰青羌赤狄同畀豺狼胡服夷言咸爲京觀邦畿濟濟還見隆平宗廟愔愔方承多福自氤氳渾沌之世驪連栗陸之君封起龍圖文因鳥跡雲師火帝非無戰陣之風堯誓湯征咸用干戈之道星躔東井時破崤潼雷震南陽初平尋邑未有援三靈之已墜救四海之羣飛赫赫明明龔行天罰如當今之盛者也於是卿雲似蓋晨映姚鄉甘露如珠朝華景寢芝房感德咸出銅池蓂莢伺辰無勞銀箭重以東漸玄菟西踰白狼高柳生風扶桑盛日莫不編名屬國歸質鴻臚荒服來賓遐邇同福其文昭武穆蚪葛也如彼天平地成功業也如此久應旁求掌固諮詢天官斟酌緐昌經營高邑宋王啓霸非勞陽武之侯清蹕無虞何事長安之邸正應揚鑾旂以饗帝仰鳳扆以承天歷數在躬疇與爲讓去月二十日兼散騎常侍柳暉等至鄴伏承聖旨謙沖爲而弗宰或云涇陽未復函谷無泥旋駕金陵方膺天眷愚謂大庭少昊非有定居漢祖殷宗皆無恒宅登封岱岳猶置明堂巡狩章陵時行司隸何必西瞻虎據乃建王宮南望牛頭方稱天闕抑又聞之玄圭旣錫蒼玉無陳乃棫樸之愆期非苞茅之不貢雲和之瑟久廢甘泉孤竹之管無聞方澤豈不懼歟伏願陛下因百姓之心拯萬邦之命豈可逡巡固讓方求石戶之農高謝君臨徒引箕山之客未知上德之不德惟見聖人之不仁率土翹翹蒼生何望昔蘇季張儀違鄉負俗尚復招三方以事趙請六國以尊秦況臣等顯奉皇華親承朝命珪璋特達通聘河陽貂珥雍容尊盟漳水加牢貶館隨勢汙隆瞻望鄉關誠均休感但輕生不造命與時乖黍一介之行人同三危之遠擯承閒內殿事絕耿弇之恩封奏邊城私等劉琨之哭不勝區區之至謹拜表以聞九月甲戌司空鎮東將軍揚州刺史南平王恪薨冬十月乙未前梁州刺史蕭循自魏至于江陵以循爲平北將軍開府儀同三司戊申執湘州刺史王琳於殿內琳副將殷晏下獄死辛酉以子方略爲湘州刺史庚戌琳州長史陸納及其將潘烏累等舉兵反襲陷湘州是月四方征鎮王公卿士復勸世祖即尊號猶謙讓未許表三上乃從之

承聖元年冬十一月丙子世祖即皇帝位於江陵詔曰

夫樹之以君司牧黔首帝堯之心豈貴黃屋誠弗獲已而臨莅之朕皇祖太祖文皇帝積德岐梁化行江漢道映在田具瞻斯屬皇考高祖武皇帝明並日月功格區宇應天從民惟睿作聖太宗簡文皇帝地侔啟誦方符文景羯寇憑陵時難孔棘朕大拯橫流克復宗社羣公卿士百辟庶僚咸以皇靈眷命歸運斯及天命不可以久淹宸極不可以久曠粵若前載憲章令範畏天之威算隆寶歷用集神器于予一人昔虞夏商周年無嘉號漢魏晉宋因循以久朕雖云撥亂且非創業思得上繫宗祧下惠億兆可改太清六年為承聖元年逋租宿責並許弘貸孝子義孫可悉賜爵長徒鏁士特加原宥禁錮奪勞一皆曠蕩是日世祖不升正殿公卿陪列而已丁丑以平北將軍開府儀同三司蕭循為驃騎將軍湘州刺史餘如故己卯立王太子方矩為皇太子改名元良立皇子方智為晉安郡王方畧為始安郡王追尊所生妣阮脩容為文宣太后是月陸納遣將潘烏累等攻破衡州刺史丁道貴於淥口道貴走零陵十二月壬子陸納分兵襲巴陵湘州刺史蕭循擊破之是月營州刺史李洪雅自零陵率衆出空雲灘將下討納納遣將吳藏等襲破洪雅洪雅退守空雲城

二年春正月乙丑詔王僧辯率衆軍士討陸納戊寅以吏部尚書王襃為尚書左僕射劉瑴為吏部尚書西魏遣大將尉遲迥襲益州二月庚午詔曰食乃民天農為治本垂之千載貽諸百王莫不敬授民時躬耕帝籍是以稼穡為寶周頌嘉其樂章禾麥不成魯史書其方冊秦人有農力之科漢氏開屯田之利頃歲屯否多難薦臻干戈不戢我則未暇廣田之令無聞於郡國載師之職有陋於官方今元惡殄殲海內方一其大庇黔首庶拯橫流一廛曠務勞心日仄一夫廢業爲鹵無遺國富刑清家給民足其力田之身在所蠲免外即宣勒稱朕意焉辛未李洪雅以空雲城降賊賊執之而歸初丁道貴走零陵投洪雅洪雅使收餘衆與之俱降洪雅既降賊賊乃害道貴丙子賊將吳藏等帥兵據車輪庚寅有兩龍見湘州西江夏四月丙申僧辯軍次車輪五月甲子衆軍攻賊大破之乙丑僧辯軍至長沙甲戌尉遲迥進逼巴西潼州刺史楊虔運以城降迥己丑蕭紀軍至西陵六月乙酉湘州平是月尉遲迥圍益州秋七月辛未巴人苻昇徐子初斬賊城主公孫晃舉城來降紀衆大潰遇兵死乙未王僧辯班師江陵詔諸軍各還所鎮八月戊戌尉遲迥陷益州庚子詔曰夫爰始居亳不廢先王之都受命于周無改舊邦之頌頃戎旃既息關柝無警去魯興歎有感宵分過沛殞涕實勞夕寐仍以瀟湘作亂庸蜀阻兵命將授律指期克定今八表乂清四郊無壘宜從青蓋之典言歸白水之鄉江湘委輸方船連軸巴峽舟艦精甲百萬先次建業行實京師然後六軍遄征九旂揚旆拜謁塋陵脩復宗社主者詳依舊典以時宣勒九月庚午司徒王僧辯旋鎮丙子以護軍將軍陸法和為郢州刺史乙酉以晉安王方智為江州刺史是月魏遣郭元建治舟師於合肥又遣大將邢杲遠步六汗薩東方老率衆會之冬十一月辛酉僧辯次于姑孰即留鎮焉遣豫州刺史侯瑱據東關壘徵吳興太守裴之橫帥衆繼之戊戌以尚書右僕射王襃為尚書左僕射湘東太守張綰為尚書右僕射十二月宿預土民東方光據城歸化魏江西州郡皆起兵應之

三年春正月甲午加南豫州刺史侯瑱征北將軍安東開府儀同三司陳霸先帥衆攻廣陵城秦州刺史嚴超達自秦郡圍涇州侯瑱張彪出石梁為其聲援辛丑陳霸先遣晉陵太守杜僧明率衆助東方光三月甲辰以司徒王僧辯為太尉車騎將軍丁未魏遣將王球率衆七百攻宿預杜僧明逆擊大破之戊申以護軍將軍郢州刺史陸法和為司徒夏四月癸酉以征北大將軍開府儀同三司陳霸先為司空六月壬午魏復遣將步六汗薩率衆救涇州癸未有黑氣如龍見于殿內秋七月甲辰以都官尚書宗懍為吏部尚書九月辛卯世祖於龍光殿述老子義尚書左僕射王襃為執經乙巳魏遣其柱國萬紐于謹率大衆來寇冬十月丙寅魏軍至于襄陽蕭詧率衆會之丁卯停講內外戒嚴輿駕出行都柵是日大風拔木丙子徵王僧辯等軍十一月以領軍胡僧祐都督城東城北諸軍事右僕射張綰為副左僕射王襃都督城西城南諸軍事直殿省元景亮為副王公卿士各有守備丙戌世祖遍行都柵皇太子巡行城樓使居民助運木石諸要害所並增兵備丁卯魏軍至柵下丙申徵廣州刺史王琳入援丁酉大風城內火以胡僧祐為開府儀同三司嶲州刺史裴畿為領軍將軍庚子信州刺史徐世譜晉安王司馬任約軍次馬頭岸戊申胡僧祐朱買臣等率兵出戰買臣敗績己酉降左僕射王襃為護軍將軍辛卯魏軍大攻世祖出枇杷門親臨陣督戰胡僧祐中流矢薨六軍敗績反者斬西門關以納魏師城陷于西魏世祖見執如蕭詧營又遷還城內十二月丙辰徐世譜任約退戍巴陵辛未西魏害世祖遂崩焉時年四十七太子元良始安王方畧皆見害乃選百姓男女數萬口分為奴婢驅入長安小弱者皆殺之明年四月追尊為孝元皇帝廟曰世祖世祖聰悟俊朗天才英發年五歲高祖問汝讀何書對曰能誦曲禮高祖曰汝試言之即誦上篇左右莫不驚歎初生患眼高祖自下意治之遂盲一目彌加愍愛既長好學博綜羣書下筆成章出言為論才辯敏速冠絕一時高祖嘗問曰孫策昔在江東于時年幾答曰十七高祖曰正是汝年賀革為府諮議敕革講三禮世祖性不好聲色頗有高名與裴子野劉顯蕭子雲張纘及當時才秀為布衣之交著述辭章多行於世在尋陽夢人曰天下將亂王必維之又背生黑子巫媼見曰此大貴兆當不可言初賀革西上意甚不悅過別御史中丞江革以情告之革曰吾嘗夢主上遍見諸子至湘東王手脫帽授之此人後必當璧卿其行乎革從之及太清之難乃能克復故遐邇樂推遂膺寶命矣所著孝德傳三十卷忠臣傳三十卷丹陽尹傳十卷注漢書一百一十五卷周易講疏十卷內典博要一百卷連山三十卷洞林三卷玉韜十卷補闕子十卷老子講疏四卷全德志懷舊志荊南志江州記貢職圖古今同姓名錄一卷筮經十二卷式贊三卷文集五十卷

史臣曰梁季之禍巨寇憑壘世祖時位長連率有全楚之資應身率羣后枕戈先路虛張外援事異勤王在於行師曾非百舍後方殲夷大憝用寧宗社握圖南面光啟中興亦世祖雄才英畧紹茲寶運者也而稟性猜忌不隔疏近御下無術履冰弗懼故鳳闕伺晨之功火無內照之美以世祖之神睿特達留情政道不怵邪說徙蹕金陵左隣強寇將何以作是以天未悔禍蕩覆斯生悲夫

梁書卷五考證

文帝紀蠢蠢黎民家有隕山之泣○南本作家隕缺山之泣

水若絳河○若南本注缺

是月魏遣太師潘洛辛術等寇秦郡○魏南史作齊

十二月宿預土民東方光據城歸化魏江西州郡皆起兵應之○南史化作北魏作齊

文集五十卷○臣人龍按南史紀所著書尚有金樓子十卷此不載

梁書卷六

唐 散騎常侍 姚思廉 撰

本紀第六

敬帝

敬皇帝諱方智字慧相小字法真世祖第九子也太清三年封興梁侯承聖元年封晉安王邑二千戶二年出為平南將軍江州刺史三年十一月江陵陷太尉揚州刺史王僧辯司空南徐州刺史陳霸先定議以帝為太宰承制奉迎還京師四年二月癸丑至自尋陽入居朝堂以太尉王僧辯為中書監錄尚書驃騎將軍都督中外諸軍事加司空陳霸先班劍三十人以豫州刺史侯瑱為江州刺史儀同三司湘州刺史蕭循為太尉儀同三司廣州刺史蕭勃為司徒鎮東將軍張彪為郢州刺史三月齊遣其上黨王高渙送貞陽侯蕭淵明來主梁嗣至東關遣吳興太守裴之橫與戰敗績之橫死太尉王僧辯率衆出屯姑孰四月司徒陸法和以郢州附于齊遣江州刺史侯瑱討之七月辛丑王僧辯納貞陽侯蕭淵明自采石濟江甲辰入于京師以帝為皇太子九月甲辰司空陳霸先舉義襲殺王僧辯黜蕭淵明丙午帝即皇帝位

紹泰元年冬十月己巳詔曰王室不造嬰罹禍釁西都失守朝廷淪覆先帝梓宮播越非所王基傾弛率土罔戴朕以荒幼仍屬艱難泣血枕戈志復讐逆大恥未雪夙宵鯁憤羣公卿尹勉以大義越登寡闇嗣奉洪業顧惟夙心念不至此庶仰憑元靈傍資將相克清元惡謝究陵寢今墜命載新宗祊更祀慶流億兆豈予一人可改承聖四年為紹泰元年大赦天下內外文武賜位一等以貞陽侯淵明為司徒封建安郡公食邑三千戶壬子以司空陳霸先為尚書令都督中外諸軍事車騎將軍揚南徐二州刺史司空如故震州刺史杜龕舉兵攻信武將軍陳蒨於長城義興太守韋載據郡以應之癸丑進太尉蕭循為太保新除司徒建安公淵明為太傅司徒蕭勃為太尉以鎮南將軍王琳為車騎將軍開府儀同三司戊午尊所生夏貴妃為皇太后立妃王氏為皇后鎮東將軍揚州刺史張彪進號征東大將軍鎮北將軍譙秦二州刺史徐嗣徽進號征北大將軍征南將軍南豫州刺史任約進號征南大將軍辛未詔司空陳霸先東討韋載丙子任約徐嗣徽舉兵反乘京師無備竊據石頭丁丑韋載降義興平遣晉陵太守周文育率軍援長城十一月庚辰齊安州刺史翟子崇楚州刺史

劉仕榮淮州刺史柳達摩率衆赴任約入于石頭庚寅司空陳霸先旋于京師十二月庚戌徐嗣徽任約又相率至采石迎齊援丙辰遣猛烈將軍侯安都水軍於江寧邀之賊衆大潰嗣徽約等奔于江西庚申翟子崇等請降並放還北

太平元年春正月戊寅大赦天下其與任約徐嗣徽叶契同謀一無所問追贈簡文皇帝諸子以故永安侯確子後襲封邵陵王奉攜王後癸未鎭東將軍震州刺史杜龕降詔賜死曲赦吳興郡己亥以太保宜豐侯蕭循襲封鄱陽王東揚州刺史張彪圍臨海太守王懷振於剡巖二月庚戌遣周文育陳蒨襲會稽討彪癸丑彪長史謝岐司馬沈泰軍主吳寶眞等舉城降彪敗走以中衞將軍臨川王大款卽本號開府儀同三司中護軍桂陽王大成爲護軍將軍丙辰若耶村人斬張彪傳首京師曲赦東揚州己未罷震州還復吳興郡癸亥賊徐嗣徽任約襲采石戍執戍主明州刺史張懷鈞入于齊甲子以東土經杜龕張彪抄暴遣大使巡省三月丙子罷東揚州還復會稽郡壬午班下遠近並雜用古今錢戊戌齊遣大將蕭軌出柵口向梁山司空陳霸先軍主黃敢逆擊大破之軌退保蕪湖遣周文育侯安都衆軍據梁山拒之夏四月丁巳司空陳霸先表詣梁山撫巡將帥壬午侯安都輕兵襲齊行臺司馬恭於歷陽大破之俘獲萬計五月癸未太傅建安公淵明甍庚寅齊軍水步入丹陽縣丙申至秣陵故治敕周文育還頓方丘徐度頓馬牧杜稜頓大桁癸卯齊軍進據兒塘輿駕出頓趙建故籬門內外纂嚴六月甲辰齊潛軍至蔣山龍尾斜趣莫府山北至玄武廟西北乙卯司空陳霸先授衆軍節度與齊軍交戰大破之斬齊北兗州刺史杜方慶及徐嗣徽弟嗣宗生擒徐嗣產蕭軌東方老王敬寶李希光裴英起劉歸義等皆誅之戊午大赦天下軍士身殞戰場悉遣斂祭其無家屬卽爲瘞埋辛酉解嚴秋七月丙子車騎將軍司空陳霸先進位司徒加中書監餘如故丁亥以開府儀同三司侯瑱爲司空八月己酉太保鄱陽王循甍九月壬寅改元大赦孝悌力田賜爵一級殊才異行所在奏聞饑難流移勤歸本土進新除司徒陳霸先爲丞相錄尚書事鎭衞大將軍揚州牧封義興郡公中權將軍王沖卽本號開府儀同三司吏部尚書王通爲尚書右僕射丁巳以郢州刺史徐度爲領軍將軍冬十一月乙卯起雲龍神虎門十二月壬申進太尉鎭南將軍蕭勃爲太保驃騎將軍以新除左衞將軍歐陽頠爲安南將軍衡州刺史壬午平南將軍劉法瑜進號安南將軍甲午以前壽昌令劉叡爲汝陰王前鎭西法曹行參軍蕭紞爲巴陵王奉宋齊二代後

二年春正月壬寅詔曰夫子降靈體喆經仁緯義允光素王載闡玄功仰之者彌高誨之者不倦立忠立孝德被蒸民制禮作樂道冠羣后雖泰山頹峻一簣不遺而泗水餘瀾千載猶在自皇圖屯阻祀薦不修奉聖之門胤嗣殲滅敬神之寢簠簋寂寥永言聲烈寔兼欽愴外可搜舉魯國之族以爲奉聖後并繕廟堂供備祀典四時薦秩一皆遵舊是日又詔諸州各置中正依舊訪舉不得輒承單狀序官皆須中正押上然後量授詳依品制務使精實其荊雍青兗雖暫爲隔閡衣冠多寓淮海猶宜不廢司存會計罷州尚爲大郡人士殷曠可別置邑居至如分割郡縣新號州牧並係本邑不勞兼置其選中正每求耆德該悉以他官領之以車騎將軍開府儀同三司王琳爲司空驃騎大將軍分尋陽太原齊昌高唐新蔡五郡置西江州卽於尋陽仍克州鎭又詔宗室在朝開國承家者今猶稱世子可悉聽襲本爵以尚書右僕射王通爲尚書左僕射丁巳鎭西將軍益州刺史長沙王韶進號征南將軍二月庚午領軍將軍徐度入東關太保廣州刺史蕭勃舉兵反遣僞帥歐陽頠傳泰勃從子孜爲前軍南江州刺史余孝頃以兵會之詔平西將軍周文育平南將軍侯安都等率衆軍南討戊子徐度至合肥燒齊船三千艘癸巳周文育軍於巴山生獲歐陽頠三月庚子文育前軍丁法洪於𧦬口生俘傳泰蕭孜余孝頃軍退走甲辰以新除司空王琳爲湘郢二州刺史甲寅德州刺史陳法武前衡州刺史譚世遠於始興攻殺蕭勃夏四月癸酉曲赦江廣衡三州并督內爲賊所居逼者並皆不問己卯鑄四柱錢一准二十齊遣使請和壬辰改四柱錢一准十丙申復閉細錢蕭勃故主帥前直閤蘭敱襲殺譚世遠敱仍爲亡命夏侯明徹所殺勃故記室李寶藏奉懷安侯蕭任據廣州作亂戊戌侯安都進軍余孝頃棄軍走蕭孜請降豫章平五月乙巳平西將軍周文育進號鎭南將軍侯安都進號鎭北將軍並以本號開府儀同三司丙午以鎭軍將軍徐度爲南豫州刺史戊辰余孝頃遣使詣丞相府乞降秋八月甲午加丞相陳霸先黃鉞領太傅劍履上殿入朝不趨贊拜不名給羽葆鼓吹九月辛丑崇丞相爲相國總百揆封十郡爲陳公備九錫之禮加璽紱遠遊冠位在王公上加相國綠綟綬置陳國百司冬十月戊辰進陳公爵爲王增封十郡并前爲二十郡命陳王冕十有二旒建天子旌旗出警入蹕乘金根車駕六馬備五時副車置旄頭雲罕樂儛八佾設鍾虡宮縣王后王子女爵命之典一依舊儀辛未詔曰五運更始三正迭代司牧黎庶是屬聖賢用能經緯乾坤彌綸區宇大庇黔首闡揚洪烈革晦以明積代同軌百王踵武咸此由則梁德湮微禍難荐發太清云始用困長蛇承聖之季又罹封豕爰至天成重竊神器三光亟改七廟乏祀含生已泯鼎命斯墜我皇之祚昭若綴旒靜惟屯剝夕惕載懷相國陳王有縱自天降神惟嶽天地合德晷曜齊明拯社稷之橫流提億兆之塗炭東誅叛逆北殲獯醜威加四海仁漸萬國復張崩樂重紀絶禮儒館聿修戎亭虛候雖大功在舜盛績維禹巍巍蕩蕩無得而稱來獻白環豈直皇虞之世入貢素雉非止隆周之日故効珍川陸表瑞煙雲玉露醴泉旦夕凝涌嘉禾瑞草孳植郊甸道昭於悠代勳格於皇穹明明上天光華日月革故著於玄象代德彰於讖圖獄訟有違謳謌爰適天之歷數寔有攸在朕雖庸藐闇於古昔永稽崇替爲日已久敢忘列代之至願乎今便遜位別宮敬禪于陳一依唐虞宋齊故事陳王踐阼奉帝爲江陰王薨于外邸時年十六追謚敬皇帝

史臣曰梁季橫潰喪亂屢臻當此之時天歷去矣敬皇高讓將同釋負焉

史臣侍中鄭國公魏徵曰高祖固天攸縱聰明稽古道亞生知學爲博物允文允武多藝多才爰自諸生有不羈之度屬昏凶肆虐天倫及禍收合義旅將雪家寃曰紂可伐不期而會龍躍樊漢電擊湘郢翦離德如振槁取獨夫如拾遺其雄才大畧固無得而稱矣旣懸白旗之首方應皇天之睠布德施惠悅近來遠開蕩蕩之王道革靡靡之商俗大脩文教盛飾禮容鼓扇玄風闡揚儒業介冑仁義折衝罇俎聲振寰宇澤流遐裔干戈載戢凡數十年濟濟焉洋洋焉魏晉已來未有若斯之盛然不能息末敦本斵彫爲樸慕名好事崇尚浮華抑揚孔墨流連釋老或經夜不寢或終日不食非弘道以利物惟飾智以驚愚且心未遺榮虛厠蒼頭之伍高談脫屣終戀黃屋之尊夫人之大欲在乎飲食男女至於軒冕殿堂非有切身之急高祖屛除嗜慾眷戀軒冕得其所難而滯於所易可謂神有所不達智有所不通矣逮夫精華稍竭鳳德已衰惑於聽受權在姦佞儲后百辟莫得盡言險躁之心暮年愈甚見利而動愎諫違卜開門揖盜棄好卽讐釁起蕭牆禍成戎羯身殞非命災被億兆衣冠斃鋒鏑之下老幼粉戎馬之足瞻彼黍離痛深周廟永言麥秀悲甚殷墟自古以安爲危旣成而敗顚覆之速書契所未聞也易曰天之所助者信人之所助者順高祖之遇斯屯剝不得其死蓋動而之險不由信順失天人之所助其能免於此乎太宗聰睿過人神彩秀發多聞博達富贍詞藻然文豔用寡華而不實體窮淫麗義罕疏通哀思之音遂移風俗以此而貞萬國異乎周誦漢莊矣我生不辰載離多難桀逆搆扇巨猾滔天始自牖里之拘終類望夷之禍悠悠蒼天其可問哉昔國步初屯兵纏魏闕羣后釋位投袂勤王元帝以磐石之宗受分陝之任屬君親之難居連率之長不能撫劒嘗膽枕戈泣血躬先士卒致命前驅遂乃擁衆逡巡內懷觖望坐觀時變以爲身幸不急莽卓之誅先行昆弟之戮又沉猜忌酷多行無禮騁智辯以飾非肆忿戾以害物爪牙重將心膂謀臣或顧眄以就拘因或一言而及葅醢朝之君子相顧懍然自謂安若太山舉無遺策怵於邪說卽安荊楚雖元惡克翦社稷未寧而西鄰責言禍敗旋及上天降鑒此焉假手天道人事其可誣乎其篤志藝文採浮淫而棄忠信戎昭果毅先骨肉而後寇讐雖口誦六經心通百氏有仲尼之學有公旦之才適足以益其驕矜增其禍患何補金陵之覆沒何救江陵之滅亡哉敬帝遭家不造紹茲屯運征伐有所自出政刑不由於已時無伊霍之輔焉得不爲高讓歟

梁書卷六考證

敬帝紀北至元武廟西北○廟陳書南史俱作湖

甲午以前壽昌令劉叡爲汝陰王○監本脫壽字今從南史增入

前鎭西法曹行參軍蕭紞爲巴陵王○紞南史作流

夏四月癸酉曲赦江廣衡三州并督內爲賊所居逼者並皆不問○居南史作拘

梁書卷七

唐 散 騎 常 侍 姚 思 廉 撰

列傳第一

太祖張皇后　高祖郗皇后　太宗王皇后
高祖丁貴嬪　高祖阮脩容　世祖徐妃

易曰有天地然後有萬物有萬物然後有男女有男女然後有夫婦夫婦之義尚矣哉周禮王者立后六宮三夫人九嬪二十七世婦八十一御妻以聽天下之內治故昏義云天子之與后猶日之與月陰之與陽相須而成者也漢初因秦稱號帝母稱皇太后后稱皇后而加以美人良人八子七子之屬至孝武制婕妤之徒凡十四等降及魏晉母后之號皆因漢法自夫人以下世有增損焉高祖撥亂反正深鑒奢逸惡衣菲食務先節儉配德早終長秋曠位嬪嬙之數無所改作太宗世祖出自儲藩而妃並先殂又不建椒闈今之撰錄止備闕云

太祖獻皇后張氏諱尚柔范陽方城人也祖次惠宋濮陽太守后母蕭氏即文帝從姑后宋元嘉中嬪於文帝生長沙宣武王懿永陽昭王敷次生高祖初后嘗於室內忽見庭前昌蒲生花光彩照灼非世中所有后驚視謂侍者曰汝見不對曰不見后曰嘗聞見者當富貴因遽取吞之是月產高祖將產之夜后見庭內若有衣冠陪列焉次生衡陽宣王暢義興昭長公主令嫕宋泰始七年殂于秣陵縣因夏里舍葬武進縣東城里山天監元年五月甲辰追上尊號爲皇后謚曰獻父穆之字思靜晉司空華六世孫曾祖輿坐華誅徙興古未至召還及過江爲丞相掾太子舍人穆之少方雅有識鑒宋元嘉中爲員外散騎侍郎與吏部尚書江湛太子左率袁淑善淑薦之於始興王濬濬深引納焉穆之鑒其禍萌思違其難言於湛求外出湛將用爲東縣固乞遠郡久之得爲寧遠將軍交阯太守治有異績會刺史死交土大亂穆之威懷循拊境內以寧宋文帝聞之嘉焉將以爲交州刺史會病卒子弘籍字真藝齊初爲鎮西參軍卒於官高祖踐阼追贈穆之光祿大夫加金章又詔曰亡舅齊鎮西參軍素風雅猷夙有名輩降年不永早世潛輝朕少離苦辛情地彌切雖宅相克成輅車靡贈輿言永往觸目慟心可追贈廷尉卿弘籍無子從父弟弘策以第三子纘爲嗣別有傳

高祖德皇后郗氏諱徽高平金鄉人也祖紹國子祭酒領東海王師父燁太子舍人早卒初后母尋陽公主方娠夢當生貴子及生后有赤光照于室內器物盡明家人皆怪之巫言此女光采異常將有所妨乃於水濱祓除之后幼而明慧善隸書讀史傳女工之事無不閑習宋後廢帝將納爲后齊初安陸王緬又欲婚郗氏並辭以女疾乃止建元末高祖始娉焉生永興公主玉姚永世公主玉婉永康公主玉嬛建武五年高祖爲雍州刺史先之鎮後乃迎后至州未幾永元元年八月殂于襄陽官舍時年三十二其年歸葬南徐州南東海武進縣東城里山中興二年齊朝進高祖位相國封十郡梁公詔贈后爲梁公妃高祖踐阼追崇爲皇后有司議謚吏部尚書兼右僕射臣約議曰表號垂名義昭不朽先皇后應祥月德比載坤靈柔範陰化儀形自遠俔天作合義先造舟而神猷夙掩所隔升運宜式遵景行用昭大典謹按謚法忠和純備曰德貴而好禮曰德宜崇曰德皇后詔從之陵曰脩陵后父燁詔贈金紫光祿大夫燁尚宋文帝女尋陽公主齊初降封松滋縣君燁子泛中軍臨川王記室參軍

太宗簡皇后王氏諱靈賓琅邪臨沂人也祖儉太尉南昌文憲公后幼而柔明淑德叔父暕見之曰吾家女師也天監十一年拜晉安王妃生哀太子大器南郡王大連長山公主妙䂮大通三年十月拜皇太子妃太清三年三月薨于永福省時年四十五其年太宗即位追崇爲皇后謚曰簡大寶元年九月葬莊陵先是詔曰簡皇后窀穸有期昔西京霸陵因山爲藏東漢壽陵流水而已朕屬值時艱歲饑民弊方欲以身率下永示敦朴今所營莊陵務存約儉又詔金紫光祿大夫蕭子範爲哀策文父騫字思寂本名玄成與齊高帝偏諱同故改焉以公子起家員外郎遷太子洗馬襲封南昌縣公出爲義興太守還爲驃騎諮議累遷黃門郎司徒右長史性凝簡不狎當世嘗從容謂諸子曰吾家門戶所謂素族自可隨流平進不須苟求也永元末遷侍中不拜高祖霸府建引爲大司馬諮議參軍俄遷侍中領越騎校尉高祖受禪詔曰庭堅世祀靡輟於宗周樂毅錫壤乃昭於洪漢齊故太尉南昌公含章履道草昧興齊謨明翊贊同符在昔雖子房之蔚爲帝師文若之隆比王佐無以尚也朕膺歷受圖惟新寶命莘莘玉帛升降有典永言前代敬惟徽烈匪直懋勳義兼懷樹可降封南昌縣公爲侯食邑千戶騫襲爵遷度支尚書天監四年出爲東陽太守尋徙吳郡八年入爲太府卿領後軍將軍遷太常卿十一年遷中書令加員外散騎常侍時高祖於鍾山造大愛敬寺騫舊墅在寺側有良田八十餘頃即晉丞相王導賜田也高祖遣主書宣旨就騫求市欲以施寺騫答旨云此田不賣若是敕取所不敢言酬對又脫略高祖怒遂付市評田價以直逼還之由是忤旨出爲吳興太守在郡臥疾不視事徵還復爲度支尚書加給事中領射聲校尉以母憂去職普通三年十月卒時年四十九詔贈侍中金紫光祿大夫謚曰安子規襲爵別有傳

高祖丁貴嬪諱令光譙國人也世居襄陽貴嬪生于樊城有神光之異紫煙滿室故以光爲名相者云此女當大貴高祖臨州丁氏因人以聞貴嬪時年十四高祖納焉初貴嬪生而有赤痣在左臂治之不滅至是無何忽失所在事德皇后小心祗敬嘗於供養經案之側髣髴若見神人心獨異之高祖義師起昭明太子始誕育貴嬪與太子留在州城京邑平乃還京都天監元年五月有司奏爲貴人未拜其年八月又爲貴嬪位在三夫人上居于顯陽殿及太子定位有司奏曰禮母以子貴皇儲所生不容無敬宋泰豫元年六月議百官以吏敬敬帝所生陳太妃則宋明帝在時百官未有敬臣竊謂母以子貴義著春秋皇太子副貳宸極率土咸執吏禮既盡禮皇儲則所生不容無敬但帝王妃嬪義與外隔以理以例無致敬之道也今皇太子聖睿在躬儲禮夙備子貴之道抑有舊章王侯妃主常得通信問者及六宮三夫人雖與貴嬪同列並應以敬皇太子之禮敬貴嬪宋元嘉中始興武陵國臣並以吏敬敬所生潘淑妃路淑媛貴嬪於宮臣雖非小君其義不異與宋泰豫朝議百官以吏敬敬帝所生事義正同謂宮闈施敬宜同吏禮詣神虎門奉牋致謁年節稱慶亦同如此婦人無閫外之事賀及問訊牋什所由官報聞而已夫婦人之道義無自專若不仰繫於夫則當俯繫於子榮親之道應極其所榮未有子所行而所從不足者也故春秋凡王命爲夫人則禮秩與子等列國雖異於儲貳而從尊之義不殊前代依准布在舊事貴嬪載誕元良克固大業禮同儲君實惟舊典尋前代始置貴嬪位次皇后爵無所視其次職者位視相國爵比諸侯王此貴嬪之禮已高朝列況母儀春宮義絕常算且儲妃作配率由盛則以婦踰姑彌乖從序謂貴嬪典章太子不異於是貴嬪備典章禮數同于太子言則稱令貴嬪性仁恕及居宮內接馭自下皆得其歡心不好華飾器服無珍麗未嘗爲親戚私謁及高祖弘佛教貴嬪奉而行之屏絕滋腴長進蔬膳受戒日甘露降于殿前方一丈五尺高祖所立經義皆得其指歸尤精淨名經所受供賜悉以充法事普通七年十月庚辰薨殯于東宮臨雲殿年四十二詔吏部郎張纘爲哀策文曰蓂塗既啓桂罇虛凝龍帷已薦象服將升皇帝傷璧臺之永閟悼曾城之不踐羅鄉歌乎蒸樂廢微齊於祀典風有采蘋化行南國爰命史臣俾流嬪德其辭曰軒緯之精江漢之英歸于君袂生此離明誕自厥初時維載育樞電繞郊神光照室爰及待年含章早穆聲被洽陽譽宣中谷龍德在田聿恭茲祀陰化代終王風攸始動容諧式出言顧史宜其家人刑于國紀膺斯眷命從此宅心狄綴采珩珮動雅音日中思戒月滿懷箴如何不弔天高照臨玄紘莫脩褘章早缺成物誰能芳猷有烈素魄貞明紫宮昭晰逮下靡傷思賢罔蔽躬儉則節昭事惟虔金玉無玩筐筥不捐祥流德化慶表親賢甄昌軼啓孕魯陶燕方論婦教明章閫席玄池早扃湘沅已穸展衣委華朱幘寢迹慕結儲闈哀深蕃辟嗚呼哀哉令龜兆良葆引遷祖具僚次列承華接武日杳杳以霾春風淒淒而結緒去會披以依遲飾新宮而延佇嗚呼哀哉啓丹旗之星旆振容車之黼裳擬靈金而鬱楚泛凄管而凝傷遺備物乎營寢掩重闇於窒皇椒風暖兮猶昔蘭殿幽而不陽嗚呼哀哉側闈高義彤管有煒道變虞風功參唐跡婉如之人休光赤舄施諸天地而無朝夕嗚呼哀哉有司奏謚曰穆太宗即位追崇曰穆太后太后父仲遷天監初官至兗州刺史

高祖阮脩容諱令嬴本姓石會稽餘姚人也齊始安王遙光納焉遙光敗入東昏宮建康城平高祖納爲綵女天監六年八月生世祖尋拜爲脩容常隨世祖出蕃大同六年六月薨于江州內寢時年六十七其年十一月歸葬江寧縣通望山謚曰宣世祖即位有司奏追崇爲文宣太后承聖二年追贈太后父齊故奉朝請靈寶散騎常侍左衛將軍封武康縣侯邑五百戶母陳氏武康侯夫人

世祖徐妃諱昭佩東海郯人也祖孝嗣太尉枝江文忠公父緄侍中信武將軍天監十六年十二月拜湘東王妃生世子方等益昌公主含貞太清三年五月被譴死葬江陵瓦官寺

史臣曰后妃道贊皇風化行天下蓋取葛覃關雎之義焉至於穆貴嬪徽華早著誕育元良德懋六宮美矣世祖徐妃之無行自致殲滅宜哉

梁書卷七考證

太祖獻皇后張氏傳宋泰始七年殂于秣陵縣同夏里舍○同閣本作因

從父弟弘策○從字下監本脫父字今從閣本

高祖丁貴嬪傳旣盡禮皇儲則所生不容無敬○儲監本作儀今從閣本

梁書卷八

唐 散 騎 常 侍 姚 思 廉 撰

列傳第二

昭明太子　哀太子　愍懷太子

昭明太子統字德施高祖長子也母曰丁貴嬪初高祖未有男義師起太子以齊中興元年九月生于襄陽高祖旣受禪有司奏立儲副高祖以天下始定百度多闕未之許也羣臣固請天監元年十一月立爲皇太子時太子年幼依舊居於內拜東宮官屬文武皆入直永福省太子生而聰叡三歲受孝經論語五歲遍讀五經悉能諷誦五年五月庚戌始出居東宮太子性仁孝自出宮恆思戀不樂高祖知之每五日一朝多便留永福省或五日三日乃還宮八年九月於壽安殿講孝經盡通大義講畢親臨釋奠于國學十四年正月朔旦高祖臨軒冠太子於太極殿舊制太子著遠遊冠金蟬翠緌纓至是加金博山太子美姿貌善舉止讀書數行竝下過目皆憶每遊宴祖道賦詩至十數韻或命作劇韻賦之皆屬思便成無所點易高祖大弘佛教親自講說太子亦崇信三寶遍覽衆經乃於宮內別立慧義殿專爲法集之所招引名僧談論不絕太子自立三諦法身義竝有新意普通元年四月甘露降于慧義殿咸以爲至德所感焉三年十一月始興王憺薨舊事以東宮禮絕傍親書翰竝依常儀太子意以爲疑命僕射劉孝綽議其事孝綽議曰案張鏡撰東宮儀記稱三朝發哀者踰月不舉樂鼓吹寢奏服限亦然尋傍絕之義義在去服服雖可奪情豈無悲鐃歌輟奏良亦爲此旣有悲情宜稱兼慕卒哭之後依常舉樂稱悲竟此理例相符謂猶應兼慕請至卒哭僕射徐勉左率周捨家令陸襄竝同孝綽議太子令曰張鏡儀記云依士禮終服月稱慕悼又云凡三朝發哀者踰月不舉樂劉僕射議云傍絕之義義在去服服雖可奪情豈無悲卒哭之後依常舉樂稱悲竟此理例相符尋情悲之說非止卒哭之後緣情爲論此自難一也用張鏡之舉樂棄張鏡之稱悲一鏡之言取捨有異此自難二也陸家令止云多歷年所恐非事證雖復累稔所用意常未安近亦常經以此問外由來立意謂猶應有慕悼之言張豈不知舉樂爲大稱悲事小所以用小而忽大良亦有以至如元正六佾事爲國章雖情或未安而禮不可廢鐃吹軍樂比之亦然書疏方之事則成小差可緣心聲樂自外書疏自內樂自他書自已劉僕射之議即情未安可令諸賢更共詳衷司農卿明山賓步兵校尉朱异議稱慕悼之解宜終服月於是令付典書遵用以爲永準七年十一月貴嬪有疾太子還永福省朝夕侍疾衣不解帶及薨步從喪還宮至殯水漿不入口每哭輒慟絕高祖遣中書舍人顧協宣旨曰毀不滅性聖人之制禮不勝喪比於不孝有我在那得自毀如此可即彊進飲食太子奉敕乃進數合自是至葬日進麥粥一升高祖又敕曰聞汝所進過少轉就羸瘵我比更無餘病正爲汝如此胷中亦圮塞成疾故應强加饘粥不使我恒爾懸心雖屢奉敕勸逼日止一溢不嘗菜果之味體素壯腰帶十圍至是減削過半每入朝士庶見者莫不下泣太子自加元服高祖便使省萬機內外百司奏事者塡塞於前太子明於庶事纖毫必曉每所奏有謬誤及巧妄皆即就辯析示其可否徐令改正未嘗彈糾一人平斷法獄多所全宥天下皆稱仁性寬和容衆喜慍不形於色引納才學之士賞愛無倦恆自討論篇籍或與學士商榷古今閒則繼以文章著述率以爲常于時東宮有書幾三萬卷名才竝集文學之盛晉宋以來未之有也性愛山水於玄圃穿築更立亭館與朝士名素者遊其中嘗泛舟後池番禺侯軌盛稱此中宜奏女樂太子不荅詠左思招隱詩曰何必絲與竹山水有清音侯慙而止出宮二十餘年不畜聲樂少時敕賜大樂女妓一部略非所好普通中大軍北討京師穀貴太子因命菲衣減膳改常饌爲小食每霖雨積雪遣腹心左右周行閭巷視貧困家有流離道路密加振賜又出主衣綿帛多作襦袴冬月以施貧凍若死亡無可以斂者爲備棺槥每聞遠近百姓賦役勤苦輒斂容色常以戶口未實重於勞擾吳興郡屢以水災失收有上言當漕大瀆以瀉浙江中大通二年春詔遣前交州刺史王弁假節發吳郡吳興義興三郡民丁就役太子上疏曰伏聞當發王弁等上東三郡民丁開漕溝渠導泄震澤使吳興一境無復水災誠矜恤之至仁經略之遠旨暫勞永逸必獲後利未萌難覩竊有愚懷所聞吳興累年失收民頗流移吳郡十城亦不全熟唯義興去秋有稔復非常役之民即日東境穀稼猶貴劫盜屢起在所有司不皆聞奏今征戍未歸彊丁疎少此雖小舉竊恐難合吏一呼門動爲民蠹又出丁之處遠近不一比得齊集已妨蠶農去年稱爲豐歲公私未能足食如復今茲失業慮恐爲弊更深且草竊多伺候民間虛實若善人從役則抄盜彌增吳興未受其益內地已罹其弊不審可得權停此功待優實以不聖心垂矜黎庶神量久已有在臣意見庸淺不識事宜苟有愚心願得上啓高祖優詔以喻焉太子孝謹天至每入朝未五鼓便守城門開東宮雖燕居內殿一坐一起恆向西南面臺宿被召當入危坐達旦三年三月寢疾恐貽高祖憂敕參問輒自力手書啓及稍篤左右欲啓聞猶不許曰云何令至尊知我如此惡因便嗚咽四月乙巳薨時年三十一高祖幸東宮臨哭盡哀詔斂以袞冕謚曰昭明五月庚寅葬安寧陵詔司徒左長史王筠爲哀冊文曰晷緯俄軒龍驂躡步羽翻前驅雲旂北御皇帝哀繼明之寢耀痛嗣德之殂芳御武帳而悽慟臨甲觀而增傷式稽令典載揚鴻烈詔撰德於旌旒永傳徽於舞綴其辭曰式載明兩實惟少陽既稱上嗣且曰元良儀天比峻儷景騰光奉祀延福守器傳芳睿哲膺期旦暮斯在外弘莊肅內含和愷識洞機深量苞瀛海立德不器至功弗宰寬綽居心溫恭成性循時孝友率由嚴敬咸有種德惠和齊聖三善遞宣萬國同慶軒緯掩精陰羲弛極纏哀在疚殷憂銜恤孺泣無時蔬饘不溢禪遵踰月哀號未畢實惟監撫亦嗣郊禋問安肅肅視膳恂恂金華玉璪玄駟班輪隆家幹國主祭安民光奉成務萬機是理矜慎庶獄勤恤關市誠存隱惻容無愠喜殷勤博施綢繆恩紀爰初敬業離經斷句奠爵崇師卑躬待傅寧資導習匪勞審諭博約是司時敏斯務辯究空微思探幾賾馳神圖緯研精爻畫沈吟典禮優遊方冊饜飫膏腴含咀肴核括囊流略包舉藝文遍該細素殫極丘墳勝帙充積儒墨區分贍河闡訓望魯揚芬吟詠性靈豈惟薄伎屬詞婉約緣情綺靡字無點竄筆不停紙壯思泉流清章雲委總覽時才網羅英茂學窮優洽辭歸繁富或擅談叢或稱文囿四友推德七子慙秀望苑招賢華池愛客託乘同舟連輿接席摛文掞藻飛觴汎醳恩隆置醴賞逾賜璧徽風遐被盛業日新仁器非重德輸易遵澤流兆庶福降百神四方慕義天下歸仁雲物告徵祲沴褰象星霾恒耀山頽朽壤靈儀上賓德音長往具僚無廢諸承安仰嗚呼哀哉皇情悼愍切心纏痛肩嗣長號跗蕚增慟慕結親遊悲動氓衆憂若殄邦懼同折棟嗚呼哀哉首夏司開麥秋紀節容衞徒警菁華委絕書幌空張談筵罷設虛饋餦餭孤燈翳翳嗚呼哀哉簡辰請日筮合龜貞幽埏夙啓玄宮獻成武校齊列文物增明昔遊漳滏賓從無聲今歸郊郭徒御相驚嗚呼哀哉背絳闕以遠徂轥青門而徐轉指馳道而詎前望國都而不踐陵脩阪之威夷遡平原之悠緬驥蹀足以酸嘶挽悽鏘而流泣嗚呼哀哉混哀音於簫籟變愁容於天日雖夏木之森陰返寒林之蕭瑟既將反而復疑如有求而遂失謂天地其無心遽永潛於容質嗚呼哀哉即玄宮之冥漠安神寢之清閟傳聲華於懋典觀德業於徽諡懸忠貞於日月播鴻名於天地惟小臣之紀言實含毫而無媿嗚呼哀哉太子仁德素著及薨朝野惋愕京師男女奔走宮門號泣滿路四方氓庶及疆徼之民聞喪皆慟哭所著文集二十卷又撰古今典誥文言爲正序十卷五言詩之善者爲文章英華二十卷文選三十卷

哀太子大器字仁宗太宗嫡長子也普通四年五月丁酉生中大通三年封宣城郡王食邑二千戶尋爲侍中中衞將軍給鼓吹一部大同四年授使持節都督揚徐二州諸軍事中軍大將軍揚州刺史侍中如故太清二年十月侯景寇京邑敕太子爲臺內大都督三年五月太宗即位六月癸酉立爲皇太子大寶二年八月賊景廢太宗將害太子時賊黨稱景命召太子太子方講老子將欲下牀而刑人掩至太子顏色不變徐曰久知此事嗟其晚耳刑者欲以衣帶絞之太子曰此不能見殺乃指繫帳竿下繩命取絞之而絕時年二十八太子性寬和兼神用端嶷在于賊手每不屈意初侯景西上攜太子同行及其敗歸部伍不復整肅太子所乘船居後不及賊衆左右心腹竝勸因此入北太子曰家國喪敗志不圖生主上蒙塵寧忍違離吾今逃匿乃是叛父非謂避賊便涕泗嗚咽令即前進賊以太子有器度每常憚之恐爲後患故先及禍承聖元年四月追謚哀太子

愍懷太子方矩字德規世祖第四子也初封南安縣侯隨世祖在荆鎮太清初爲使持節督湘郢桂寧成合羅七州諸軍事鎮南將軍湘州刺史尋徵爲侍中中衞將軍給鼓吹一部世祖承制拜王太子改名元良承聖元

年十一月丙子立爲皇太子及西魏師陷荆城太子與世祖同爲魏人所害太子聰穎頗有世祖風而凶暴猜忌敬帝承制追謚愍懷太子

陳吏部尚書姚察曰孟軻有言雞鳴而起孳孳爲善者舜之徒也若乃布衣韋帶之士在於畎畝之中終日爲之其利亦已博矣況乎處重明之位居正體之尊克念無怠烝烝以孝大舜之德其何遠之有哉

梁書卷八考證

昭明太子傳爲文章英華二十卷○監本脫文章二字又二十卷上衍集字今從南本

梁書卷九

唐　散騎常侍姚思廉撰

列傳第三

王茂　曹景宗　柳慶遠

王茂字休遠太原祁人也祖深北中郎司馬父天生宋末爲列將於石頭克司徒袁粲以勳至巴西梓潼二郡太守上黃縣男茂年數歲爲大父深所異常謂親識曰此吾家之千里駒成門戶者必此兒也及長好讀兵書駮畧究其大旨性沉隱不妄交遊身長八尺潔白美容觀齊武帝布衣時見之歎曰王茂年少堂堂如此必爲公輔之器宋昇明末起家奉朝請歷後行軍參軍司空騎兵太尉中兵參軍魏將李烏奴寇漢中茂受詔西討魏軍退還爲鎭南司馬帶臨湘令入爲越騎校尉魏寇兗州茂時以寧朔將軍長史鎭援北境入爲前軍將軍江夏王司馬又遷寧朔將軍江夏內史建武初魏圍司州茂以郢州之師救焉高祖率衆先登賢首山魏將王肅劉昶來戰茂從高祖拒之大破肅等魏軍退茂還郢仍遷輔國長史襄陽太守高祖義師起茂私與張弘策勸高祖迎和帝高祖以爲不然語在高祖紀高祖發雍部每遣茂爲前驅師次郢城茂進平加湖破光子衿吳子陽等斬馘萬計還獻捷于漢川郢魯既平從高祖東下復爲軍鋒師次秣陵東昏遣大將王珍國盛兵朱雀門衆號二十萬度航請戰茂與曹景宗等會擊大破之縱兵追奔積屍與航欄等其赴淮死者不可勝算長驅至宣陽門建康城平以茂爲護軍將軍俄遷侍中領軍將軍羣盜之燒神虎門也茂率所領到東掖門應赴爲盜所射茂躍馬而進羣盜反走茂以不能式遏姦盜自表解職優詔不許加鎭軍將軍封望蔡縣公邑二千三百戶是歲江州刺史陳伯之舉兵叛茂出爲使持節散騎常侍都督江州諸軍事征南將軍江州刺史給鼓吹一部南討伯之伯之奔於魏時九江新離軍寇民思反業茂務農省役百姓安之四年魏侵漢中茂受詔西討魏乃班師六年遷尙書右僕射常侍如故固辭不拜改授侍中中衞將軍領太子詹事七年拜車騎將軍太子詹事如故八年以本號開府儀同三司丹陽尹侍中如故時天下無事高祖方信仗文雅茂心頗怏怏侍宴醉後每見言色高祖常宥而不之責也十一年進位司空侍中尹如故茂辭京尹改領中權將軍茂性寬厚居官雖無譽亦爲吏民所安居處方正在一室衣冠儼然雖僕妾莫見其惰容姿表瓌麗須眉如畫出入朝會每爲衆所瞻望明年出爲使持節散騎常侍驃騎將軍開府同三司之儀都督江州諸軍事江州刺史視事三年薨于州時年六十高祖甚悼惜之賻錢三十萬布三百匹詔曰旌德紀勳哲王令軌念終追遠前典明誥故使持節散騎常侍驃騎將軍開府儀同三司江州刺史茂識度淹廣器宇凝正爰初草昧盡誠宣力綢繆休戚契濶屯夷方賴謀猷永隆朝寄奄至薨殞朕用慟于厥心宜增禮數式昭盛烈可贈侍中太尉加班劒二十人鼓吹一部謚曰忠烈初茂以元勳高祖賜以鍾磬之樂茂在江州夢鍾磬在格無故自墮心惡之及覺命奏樂既成列鍾磬在格果無故編皆絕墮地茂謂長史江詮曰此樂天子所以惠勞臣也樂既極矣能無憂乎俄而病少日卒子貞秀嗣以居喪無禮爲有司奏徙越州後有詔留廣州乃潛結仁威府中兵參軍杜景欲襲州城長史蕭昂討之景魏降人與貞秀同戮

曹景宗字子震新野人也父欣之爲宋將位至征虜將軍徐州刺史景宗幼善騎射好畋獵常與少年數十人澤中逐麞鹿每衆騎赴鹿鹿馬相亂景宗於衆中射之人皆懼中馬足鹿應弦輒斃以此爲樂未弱冠欣之於新野遣出州以匹馬將數人於中路卒逢蠻賊數百圍之景宗帶百餘箭乃馳騎四射每箭殺一蠻蠻遂散走因是以膽勇知名頗愛史書每讀穰苴樂毅傳輒放卷歎息曰丈夫當如是辟西曹不就宋元徽中隨父出京師爲奉朝請員外遷尙書左民郎尋以父憂去職還鄉里服闋刺史蕭赤斧板爲冠軍中兵參軍領天水太守時建元初蠻寇羣動景宗東西討擊多所擒破齊鄱陽王鏘爲雍州復以爲征虜中兵參軍帶馮翊太守督峴南諸軍事除屯騎校尉少守督峴南與州里張道門厚善道門齊車騎將軍敬兒少子也爲武陵太守敬兒誅道門於郡伏法親屬故吏莫敢收景宗自襄陽遣人船到武陵收其屍骸迎還殯葬鄉里以此義之建武二年魏主托跋宏寇赭陽景宗爲偏將每衝堅陷陣輒有斬獲以勳除遊擊將軍四年太尉陳顯達督衆軍北圍馬圈景宗從之以甲士二千設伏破魏援托跋英四萬人及剋馬圈顯達論功以景宗爲後景宗退無怨言魏主率衆大至顯達宵奔景宗導入山道故顯達父子獲全五年高祖爲雍州刺史景宗深自結附數請高祖臨其宅時天下方亂高祖亦厚加意焉永元初表爲冠軍將軍竟陵太守及義師起景宗聚衆遣親人杜思冲勸先迎南康王於襄陽卽帝位然後出師爲萬全計高祖不從語在高祖紀高祖至竟陵以景宗與冠軍將軍王茂濟江圍郢城自二月至于七月城乃降復帥衆前驅至南州領馬步軍取建康道次江寧東昏將李居士以重兵屯新亭是日選精騎一千至江寧行頓景宗始至安營未立且師行日久器甲穿弊居士望而輕之因鼓噪前薄景宗景宗被甲馳戰短兵裁接居士棄甲奔走景宗皆獲之因鼓而前徑至皁莢橋築壘景宗又與王茂呂僧珍掎角破王珍國於大航茂衝其中堅應時而陷景宗縱兵乘之景宗軍士皆桀黠無賴御道左右莫非富室抄掠財物畧奪子女景宗不能禁及高祖入頓新城嚴申號令然後稍息復與衆軍長圍六門城平拜散騎常侍右衞將軍封湘西縣侯食邑一千六百戶仍遷持節都督郢司二州諸軍事左將軍郢州刺史天監元年進號平西將軍改封竟陵縣侯景宗在州鬻貨聚斂於城南起宅長堤以東夏口以北開街列門東西數里而部曲殘橫民頗厭之二年十月魏寇司州圍刺史蔡道恭時魏攻日苦城中負板而汲景宗望門不出但耀軍遊獵而已及司州城陷爲御史中丞任昉所奏高祖以功臣寢而不治徵爲護軍既至復拜散騎常侍右衞將軍五年魏托跋英寇鍾離圍徐州刺史昌義之高祖詔景宗督衆軍援義之豫州刺史韋叡亦預焉而受景宗節度詔景宗頓道人洲待衆軍齊集俱進景宗固啓求先據邵陽洲尾高祖不聽景宗欲專其功乃違詔而進值暴風卒起頗有渰溺復還守先頓高祖聞之曰此所以破賊也景宗不進蓋天意乎若孤軍獨往城不時立必見狼狽今得待衆軍同進始大捷矣及韋叡至與景宗進頓邵陽洲立壘去魏城百餘步魏連戰不能却殺傷者十二三自是魏軍不敢逼景宗等器甲精新軍儀甚盛魏人望之奪氣魏大將楊大眼對橋北岸立城以通糧運每牧人過岸伐芻藁皆爲大眼所畧景宗乃募勇敢士千餘人徑渡大眼城南數里築壘親自舉築大眼率衆來攻景宗與戰破之因得壘成使別將趙草守之因謂爲趙草城是後恣芻牧焉大眼時遣抄掠輒反爲趙草所獲先是高祖詔景宗等逆裝高艦使與魏橋等爲火攻計令景宗與叡各攻一橋叡攻其南景宗攻其北六年三月春水生淮水暴長六七尺叡遣所督將馮道根李文釗裴邃韋寂等乘艦登岸擊魏洲上軍盡殪景宗因使衆軍皆鼓噪亂登諸城呼聲震天地大眼於西岸燒營英自東岸棄城走諸壘相次土崩悉棄其器甲爭投水死淮水爲之不流景宗令軍主馬廣躡大眼至濊水上四十餘里伏屍相枕義之出逐英至洛口英以匹馬入梁城緣淮百餘里屍骸枕藉生擒五萬餘人收其軍糧器械積如山岳牛馬驢騾不可勝計景宗乃搜軍所得生口萬餘人馬千匹遣獻捷高祖詔還本軍景宗振旅凱入增封四百幷前爲二千戶進爵爲公詔拜侍中領軍將軍給鼓吹一部景宗爲人自恃尙勝每作書字有不解不以問人皆以意造焉雖公卿無所推揖惟韋叡年長且州里勝流特相敬重同讌御筵亦曲躬謙遜高祖以此嘉之景宗好內妓妾至數百窮極錦繡性躁動不能沉默出行常欲褰車帷幔左右輒諫以位望隆重人所具瞻不宜然景宗謂所親曰我昔鄉里騎快馬如龍與年少輩數十騎拓弓弦作霹靂聲箭如餓鴟叫平澤中逐麞數肋射之渴飲其血飢食其肉甜如甘露漿覺耳後風生鼻頭出火此樂使人忘死不知老之將至今來揚州作貴人動轉不得路行開車幔小人輒言不可閉置車中如三日新婦遭此邑邑使人無氣爲人嗜酒好樂臘月於宅中使作野虖逐除遍往人家乞酒食本以爲戲而部下多剽輕因弄人婦女奪人財貨高祖頗知之景宗乃止高祖數讌見功臣共道故舊景宗醉後謬忘或誤稱下官高祖故縱之以爲

笑樂七年還侍中中衛將軍江州刺史赴任卒於道時年五十二詔賻錢二十萬布三百匹追贈征北將軍雍州刺史開府儀同三司謚曰壯子皎嗣

柳慶遠字文和河東解人也伯父元景宋太尉慶遠起家郢州主簿齊初爲尚書都官郎大司馬中兵參軍建武將軍魏興太守郡遭暴水流漂居民吏請徙民杞城慶遠曰天降雨水豈城之所知吾聞江河長不過三日斯亦何慮命築土而已俄而水過百姓服之入爲長水校尉出爲平北錄事參軍襄陽令高祖之臨雍州問京兆人杜惲求州綱惲舉慶遠高祖曰文和吾已知之所問未知者耳因辟別駕從事史齊方多難慶遠謂所親曰方今天下將亂英雄必起庇民定霸其吾君乎因盡誠協贊及義兵起慶遠常居帷幄爲謀主中興元年西臺選爲黃門郎遷冠軍將軍征東長史從軍東下身先士卒高祖行營壘見慶遠頓舍嚴整每歎曰人人若是吾又何憂建康城平入爲侍中領前軍將軍帶淮陵齊昌二郡太守城內嘗夜失火禁中驚懼高祖時居宮中悉斂諸鑰問柳侍中何在慶遠至悉付之其見任如此霸府建以爲太尉從事中郎高祖受禪遷散騎常侍右衛將軍加征虜將軍封重安侯食邑千戶母憂去職以本官起之固辭不拜天監二年遷中領軍改封雲杜侯四年出爲使持節都督雍梁南北秦四州諸軍事征虜將軍寧蠻校尉雍州刺史高祖餞於新亭謂曰卿衣錦還鄉朕無西顧之憂矣七年徵爲護軍將軍領太子庶子未赴職仍遷通直散騎常侍右衛將軍領右驍騎將軍至京都值魏宿預城請降受詔爲援於是假節守淮陰魏軍退八年還京師遷散騎常侍太子詹事雍州大中正十年遷侍中領軍將軍給扶并鼓吹一部十二年遷安北將軍寧蠻校尉雍州刺史慶遠重爲本州頗厲清節士庶懷之明年春卒時年五十七詔曰念往篤終前王令則式隆寵數列代恒規使持節都督雍梁南北秦四州郢州之竟陵司州之隨郡諸軍事安北將軍寧蠻校尉雍州刺史雲杜縣開國侯柳慶遠器識淹曠思懷通雅爰初草昧預屬經綸遠自升平契闊禁旅重牧西藩方弘治道奄至殞喪傷慟于懷宜追榮命以彰茂勳可贈侍中中軍將軍開府儀同三司鼓吹侯如故謚曰忠惠賻錢二十萬布二百匹及喪還京師高祖出臨哭子津嗣初慶遠從父兄衛將軍世隆嘗謂慶遠曰吾昔夢太尉以褥席見賜吾遂亞台司適又夢以吾褥席與汝汝必光我公族至是慶遠亦繼世隆焉

陳吏部尚書姚察曰王茂曹景宗柳慶遠雖世爲將家然未顯奇節梁興因日月末光以成所志配迹方邵勒勳鍾鼎偉哉昔漢光武全愛功臣不過朝請特進寇鄧耿賈咸不盡其器力茂等迭據方岳位終上將君臣之際邁於前代矣

梁書卷九考證

曹景宗傳澤中逐麞鹿每衆騎赴鹿鹿馬相亂○每衆騎赴鹿各本作無還騎赴鹿訛

梁書卷十

唐　散騎常侍　姚思廉　撰

列傳第四

蕭穎達　夏侯詳　蔡道恭　楊公則

鄧元起

蕭穎達蘭陵蘭陵人齊光祿大夫赤斧第五子也少好勇使氣起家冠軍兄穎胄齊建武末亦爲西中郎外兵參軍俱在西府齊季多難頗不自安會東昏遣輔國將軍劉山陽爲巴西太守道過荊州密敕穎胄襲雍州時高祖已爲備矣仍遣穎胄親人王天虎以書疑之山陽至果不敢入城穎胄計無所出夜遣錢塘人朱景思呼西中郎城局參軍席闡文諮議參軍柳忱閉齋定議闡文曰蕭雍州蓄養士馬非復一日江陵素畏襄陽人人衆又不敵取之必不可制制之歲寒復不爲朝廷所容今若殺山陽與雍州舉事立天子以令諸侯則霸業成矣山陽持疑不進是不信我今斬送天虎則彼疑可釋至而圖之罔不濟矣忱亦勸焉穎達曰善及天明穎胄謂天虎曰卿與劉輔國相識今不得不借卿頭乃斬天虎以示山陽山陽大喜徑將步騎數百到州闡文勒兵待於門山陽車踰限而門闔因執斬之傳首高祖且以奉南康王之議來告高祖許焉和帝即位以穎胄爲假節侍中尚書令領吏部尚書都督行留諸軍事鎮軍將軍荊州刺史留衛西朝以穎達爲冠軍將軍及楊公則等率師隨高祖圍郢城穎達會軍於漢口與王茂曹景宗等攻郢城陷之隨高祖平江州高祖進江州使與曹景宗先率馬步進趨江寧破東昏將李居士又下東城初義師之起也巴東太守蕭惠訓子璝巴西太守魯休烈弗從舉兵侵荊州敗輔國將軍任議之於峽口破大將軍劉孝慶於上明穎胄遣軍拒之而高祖已平江郢圖建康穎胄自以職居上將不能拒制璝等憂愧不樂發疾數日而卒州中秘之使似其書者假爲教命及璝等聞建康將平衆懼而潰乃始發喪和帝贈穎胄丞相義師初穎達弟穎孚自京師出亡廬陵人循景智潛引與南歸至廬陵景智及宗人靈祐爲起兵得數百人屯西昌藥山湖穎達聞之假穎孚節督廬陵豫章臨川南康安成五郡軍事冠軍將軍廬陵內史穎孚率靈祐等進據西昌東昏遣安西太守劉希祖自南江入湖拒之穎孚不能自立以其兵由建安復奔長沙希祖追之穎孚緣山踰嶂僅而獲免在道絕糧後因食過飽而卒建康城平高祖以穎達爲前將軍丹陽尹上受禪詔曰念功惟德列代所同追遠懷人彌與事篤齊故侍中丞相尚書令穎胄風格峻遠器寓深邵清猷盛業問望斯歸締構義始肇基王迹契闊屯夷載形心事朕膺大政物光宅區宇望岱觀河永言號慟可封巴東郡開國公食邑三千戶本官如故贈穎孚右衛將軍加穎達散騎常侍以公事免及大論功賞封穎達吳昌縣侯邑千五百戶尋爲侍中改封作唐侯縣邑如故遷征虜將軍太子左衛率御史中丞任昉奏曰臣聞貧觀所取窮視不爲在於布衣窮居介然之行尚可以激貪厲俗惇此薄夫況乎伐冰之家爭雞豚之利衣繡之士受買人之服風聞征虜將軍臣蕭穎達啓乞魚軍稅輒攝穎達宅督彭難當到臺辨問列稱尋生魚典稅先本是鄧僧琰啓乞限訖今年五月十四日主人穎達于時謂非新立仍啓乞接代僧琰即蒙降許登稅與史法論一年收直五十萬知其列狀則與風聞符同穎達即主臣謹案征虜將軍太子左衛率作唐縣開國侯臣穎達備位大臣預聞執憲私謁亟陳至公寂寞屠中之志異乎飽肆之求魚飧之資不俟潛有之數遂復申茲文二追彼十一風體若茲準繩斯在陛下弘惜勳良每爲曲法臣當官執憲敢不直繩臣等參議請以見事免穎達所居官以侯還第有詔原之轉散騎常侍左衛將軍俄復爲侍中衛尉卿出爲信威將軍豫章內史加秩中二千石治任威猛郡人畏之遷使持節都督江州諸軍事江州刺史將軍如故項之徵爲通直散騎常侍右驍騎將軍既處優閑尤恣聲色飲酒過度頗以此傷生九年遷信威將軍右衛將軍是歲卒年三十四車駕臨哭給東園秘器朝服一具衣一襲錢二十萬布二百匹追贈侍中中衛將軍鼓吹一部謚曰康子敏嗣穎胄子靡襲巴東公位至中書郎早卒

夏侯詳字叔業譙郡人也年十六遭父艱居喪哀毀三年盧于墓嘗有雀三足飛來集其廬戶衆咸異焉服闋刺史殷琰召補主簿宋太始初琰舉豫州叛宋明帝遣輔國將軍劉勔討之攻守連月人情危懼將請救於魏詳說琰曰今日之舉本効忠節若社稷有奉便歸身朝廷何可屈身北面異域且今魏氏之卒近在淮次一軍未測去就懼有異圖今若遣使歸款必厚相慰納豈止免罪而已若謂不然請充一介琰許之詳見勔曰將軍嚴圍峭壘矢刃如霜城內愚徒實同困獸士庶懼誅咸欲投魏僕所以踰城歸德敢布腹心願將軍弘曠蕩之恩垂霈然之惠解圍退舍則皆相率而至矣勔許之詳曰審爾當如君言而詳請反命勔遣到城下詳呼城中人語以勔辭即日琰及衆俱出一州以全勔爲刺史又補主簿頃之爲新汲令治有異績刺史段佛榮班下境內爲屬城表轉治中從事史仍遷別駕歷事八將州部稱之齊明帝爲刺史雅相器遇及輔政招令出都將大用之每引詳及鄉人裴叔業日夜與語詳輒末畧不酬帝以問叔業叔業告詳詳曰不爲福始不爲禍先由此微有忤出爲征虜長史義陽太守頃之建安戍爲魏所圍仍以詳爲建安戍主帶邊城新蔡二郡太守并督光成弋陽汝鄧五郡衆赴之詳至建安魏軍引退先是魏又於淮上置荊亭戍常爲寇掠累攻不能禦詳率銳卒攻之賊衆大潰皆棄城奔走建武末徵爲游擊將軍出爲南中郎司馬南新蔡太守齊南康王爲荊州遷西中郎司馬新興太守便道先到江陽時始安王遙光稱兵京邑南康王長史蕭穎胄並未至中兵參軍劉山陽先在州山陽副潛紹欲謀作亂詳僞呼紹議事即於城門斬之州府乃安遷司州刺史辭不之職高祖義兵起詳與穎胄同創大舉西臺建以詳爲中領軍加散騎常侍南郡太守凡軍國大事穎胄多決於詳及高祖圍郢城未下穎胄遣衛尉席闡文如高祖軍詳獻議曰窮壁易守攻取勢難頓甲堅城兵家所忌誠宜大弘經略詢納羣言軍主以下至于匹夫皆令獻其所見盡其所懷擇善而從選能而用不以人廢言不以多罔寡又須量我衆力度賊樵糧窺彼人情權其形勢若使賊人衆而食少故宜計日而守之食多而力寡故宜悉衆而攻之若使糧力俱足非攻守所屈便宜散金寶縱反間使彼智者不用愚者懷猜此魏武之所以定大業也若三事未可宜思變通觀於人情計我糧穀若德之所感萬里同符仁之所懷遠邇歸義金帛素積糧運又充乃可以列圍寬守引以歲月此王翦之所以剋楚也若圍之不卒

降攻之未可下問道不能行金粟無人積天下非一家人情難可豫此則宜更思變計矣變計之道實資英斷此之深要雖以紙官輒布言於席衛尉特願垂採高祖嘉納焉頃之穎胄卒時高祖弟始興王憺留守襄陽詳乃遣使迎憺共參軍國和帝加詳禁兵出入殿省固辭不受遷侍中尚書右僕射尋授使持節撫軍將軍荊州刺史詳又固讓于憺天監元年徵爲侍中車騎將軍論功封寧都縣侯邑二千戶詳累辭讓至於懇切乃更授右光祿大夫侍中如故給親信二十人改封豐城縣公邑如故二年抗表致仕詔解侍中進特進三年遷使持節散騎常侍車騎將軍湘州刺史詳善吏事在州四載爲百姓所稱州城南臨水有峻峯舊老相傳云刺史登此山輒被代因是歷政莫敢至詳於其地起臺榭延僚屬以表損挹之志六年徵爲侍中右光祿大夫給親信二十人未至授尚書右僕射金紫光祿大夫侍中如故道病卒時年七十四上爲素服舉哀贈右光祿先是荊府城局參軍吉士瞻役萬人浚仗庫防火池得金革帶鉤隱起雕鏤甚精巧篆文曰錫爾金鉤既公且侯士瞻詳兄女婿也女竊以與詳詳喜佩之期歲而貴矣

蔡道恭字懷儉南陽冠軍人也父郡宋益州刺史道恭少寬厚有大量齊文帝爲雍州召補主簿仍除員外散騎常侍後累有戰功遷越騎校尉後軍將軍建武末出爲輔國司馬汝南令齊南康王爲荊州薦爲西中郎中兵參軍加輔國將軍義兵起蕭穎胄以道恭舊將素著威略專相委任遷冠軍將軍西中郎諮議參軍仍轉司馬中興元年和帝即位遷右衛將軍巴西太守魯休烈等自巴蜀連兵寇上明以道恭持節督西討諸軍事次土臺與賊合戰道恭潛以奇兵出其後一戰大破之休烈等降于軍門以功遷中領軍固辭不受出爲使持節右將軍司州刺史天監初論功封漢壽縣伯邑七百戶進號平北將軍三年魏圍司州時城中衆不滿五千人食裁支半歲魏軍攻之晝夜不息道恭隨方抗禦皆應手摧却魏乃作大車載土四面俱前欲以塡塹道恭輒於塹內列艨衝鬬艦以待之魏人不得進又潛作伏道以決塹水道恭載土坉塞之相持百餘日前後斬獲不可勝計魏大造梯衝攻圍日急道恭於城內作土山厚二十餘丈多作大槊長二丈五尺施長刃使壯士刺魏人登城者魏軍甚憚之將退會道恭疾篤乃呼兄子僧勰從弟靈恩及諸將帥謂曰吾受國厚恩不能破滅寇賊今所苦轉篤勢不支久汝等當以死固節無令吾沒有遺恨又令取所持節謂僧勰曰稟命出疆憑此而已即不得奉以還朝方欲攜之同逝可與棺柩相隨衆皆流涕其年五月卒魏知道恭死攻之轉急先是朝廷遣郢州刺史曹景宗率衆赴援景宗到鑿峴頓兵不前至八月城內糧盡乃陷詔曰持節都督司州諸軍事平北將軍司州刺史漢壽縣開國伯道恭器幹詳審才志通烈王業肇構致力陝西受任邊垂効彰所莅寇賊憑陵竭誠守禦奇謀間出捷書日至不幸抱疾奄至殞喪遺略所固得移氣朔自非徇國忘己忠果竝至何能身沒守存窮而後屈言念傷悼特兼常懷追榮加等抑有恒數可贈鎭西將軍使持節都督刺史伯如故并尋購喪櫬隨宜資給八年魏許還道恭喪其家以女樂易之葬襄陽子澹嗣卒於河東太守孫固早卒國除

楊公則字君翼天水西縣人也父仲懷宋泰始初爲豫州刺史殷琰將琰叛輔國將軍劉勔討琰仲懷力戰死於橫塘公則隨父在軍年未弱冠冒陣抱屍號哭氣絕良久勔命還仲懷首公則殮畢徒步負喪歸鄉里由此著名歷官員外散騎侍郎梁州刺史范柏年板爲宋熙太守領白馬戍主氐賊李烏奴作亂攻白馬公則固守經時矢盡糧竭陷于寇抗聲罵賊烏奴壯之更厚待焉要與同事公則僞許而圖之謀泄單馬逃歸梁州刺史王玄邈以事表聞齊高帝下詔褒美除晉壽太守在任清潔自守永明中爲鎭北長流參軍遷扶風太守母憂去官雍州刺史陳顯達起爲寧朔將軍復領太守頃之荊州刺史巴東王子響構亂公則率師進討事平遷武寧太守在郡七年資無擔石百姓便之入爲前軍將軍南康王爲荊州復爲西中郎中兵參軍領軍將軍蕭穎胄協同義舉以公則爲輔國將軍領西中郎諮議參軍中兵如故率衆東下時湘州行事張寶積發兵自守未知所附公則軍及巴陵仍回師南討軍次白沙寶積懼釋甲以俟焉公則到撫納之湘境遂定和帝即位授持節都督湘州諸軍事湘州刺史高祖勒衆軍次于沔口魯山城主孫樂祖郢州刺史張沖各據城未下公則率湘府之衆會于夏口時荊州諸軍受公則節度雖蕭穎達宗室之貴亦隸焉累進征虜將軍左衞將軍持節刺史如故郢城平高祖命衆軍即日俱下公則受命先驅徑掩柴桑江州既定連旌東下直造京邑公則號令嚴明秋毫不犯所在莫不賴焉大軍至新林公則自越城移屯領軍府壘北樓與南掖門相對嘗登樓望戰城中遙見麾蓋縱神鋒弩射之矢貫胡床左右皆失色公則曰幾中吾腳談笑如初東昏夜選勇士攻公則柵軍中驚擾公則堅卧不起徐命擊之東昏軍乃退公則所領多湘溪人性怯懦城內輕之以爲易與每出盪輒先犯公則壘公則獎厲軍士尅獲更多及平城內出者或被剝奪公則親率麾下列陣東掖門衞送公卿士庶故出者多由公則營焉進號左將軍持節刺史如故還鎭南蕃初公則東下湘部諸郡多未賓從及公則還州然後諸屯聚竝散天監元年進號平南將軍封寧都縣侯邑一千五百戶湘州寇亂累年民多流散公則輕刑薄斂頃之戶口克復爲政雖無威嚴然保己廉愼爲吏民所悅湘俗單家以賂求州職公則至悉斷之所辟引皆州郡著姓高祖班下諸州以爲法四年徵中護軍代至乘二舸便發資送一無所取仍還衞尉卿加散騎常侍時朝廷始議北伐以公則威名素著至京師詔假節先屯洛口公則受命遘疾謂親人曰昔廉頗馬援以年老見遺猶自力請用今國家不以吾朽懦任以前驅方於古人見知重矣雖臨途疾苦豈可僶俛辭事馬革還葬此吾志也遂彊起登舟至洛口壽春士女歸降者數千戶魏豫州刺史薛恭度遣長史石榮等前鋒接戰即斬石榮逐北至壽春去城數十里乃反疾卒于師時年六十一高祖深痛惜之即日舉哀贈車騎將軍給鼓吹一部謚曰烈公則爲人敦厚慈愛居家篤睦視兄子過於其子家財悉委焉性好學雖居軍旅手不輟卷士大夫以此稱之子瞟嗣有罪國除高祖以公則勳臣特詔聽庶長子朓嗣朓固讓歷年乃受

鄧元起字仲居南郡當陽人也少有膽幹膂力過人性任俠好賑施鄉里年少多附之起家州辟議曹從事史轉奉朝請雍州刺史蕭緬板爲槐里令遷弘農太守平西軍事時西陽馬榮率衆緣江寇抄商旅斷絕刺史蕭遙欣使元起率衆討平之遷武寧太守永元末魏軍逼義陽元起自郡援焉蠻帥田孔明附于魏自號郢州刺史寇掠三關規襲夏口元起率銳卒攻之旬月之間頻陷六城斬獲萬計餘黨悉皆散走仍戍三關郢州刺史張沖督河北軍事元起累與沖書求旋軍沖報書曰足下在彼吾在此表裏之勢所謂金城湯池一旦捨去則荊棘生焉乃表元起爲平南中兵參軍事自是每戰必捷勇冠當時敢死之士樂爲用命者萬有餘人義師起蕭穎胄與書招之張沖待元起素厚衆皆懼沖及書至元起部曲多勸其還郢元起大言於衆曰朝廷暴虐誅戮宰臣羣小用命衣冠道盡荊雍二州同舉大事何患不尅且我老母在西豈容背本若事不成政受戮昏朝幸免不孝之罪即日治嚴上道至江陵爲西中郎中兵參軍加冠軍將軍率衆與高祖會于夏口高祖命王茂曹景宗及元起等圍城結壘九里張沖屢戰輒大敗乃嬰城固守和帝即位授假節冠軍將軍平越中郎將廣州刺史遷給事黃門侍郎移鎭南堂西渚中興元年七月郢城降以本號爲益州刺史仍爲前軍先定尋陽及大軍進至京邑元起築壘於建陽門與王茂曹景宗等合長圍身當鋒鏑建康城平進號征虜將軍天監初封當陽縣侯邑一千二百戶又進號左將軍刺史如故始述職焉初義師之起益州刺史劉季連持兩端及聞元起將至遂發兵拒守語在季連傳元起至巴西巴西太守朱士畧開門以待先時蜀人多逃亡至是出投元起皆稱起義應朝廷師人新故三萬餘元起在道久軍糧乏絕或說之曰蜀土政慢民多詐疾若檢巴西一部籍注因而罰之所獲必厚元起然之涪令李膺諫曰使君前有嚴敵後無繼援山民始附於我觀德若糾以刻薄民必不堪衆心一離雖悔無及何必起疾可以濟師膺請出圖之不患資糧不足也元起曰善一以委卿膺退率富民上軍資米俄得三萬斛元起先遣將王元宗等破季連將李奉伯於新巴齊晚盛於赤水衆進屯西平季連始嬰城自守晚盛又破元起將魯方達於斛石士卒死者千餘人師衆咸懼元起乃自率兵稍進至蔣橋去成都二十里留輜重於郫季連復遣奉伯晚盛二千人間道襲郫陷之軍備盡沒元起遣魯方達之衆救之敗而反遂不能尅元起捨郫逕圍州城柵其三面而塹焉元起出巡視圍柵季連使精勇掩之將至麾下元起下輿持楯叱之衆辟易不敢進時益部兵亂日久民廢耕農內外苦饑人多相食道路斷絕季連計窮會明年高祖使赦季連罪許之降季連即日開城納元起元起送季連于京師城開郫乃降斬奉伯晚盛高祖論平蜀勳復元起號平西將軍增封八百戶并前二千戶元起以鄉人庾黔婁爲錄事參軍又得荊州刺史蕭遙欣故客蔣光濟竝厚待之任以州事黔婁甚清潔光濟多計謀竝勸爲善政元起之尅季連也城內財寶無所私勤恤民事口不論財色性本能飲酒至一斛不亂及是絕之蜀土翕然稱之元起舅子梁矜孫性輕脫與黔婁志行不同乃言於元起曰城中稱有三刺史節下何以堪之元起由此疏黔婁光濟而治迹稍損在州二年以母老乞歸供養詔許焉徵爲右衞將軍以西昌侯蕭淵藻

代之是時梁州長史夏侯道遷以南鄭叛引魏人白馬戍主尹天寶馳使報蜀魏將王景胄孔陵寇東西晉壽竝遣告急衆勸元起急救之元起曰朝廷萬里軍不卒至若寇賊侵淫方須撲討董督之任非我而誰何事忽忽便救𪊽婁等苦諫之皆不從高祖亦假元起都督征討諸軍將救漢中比是魏已攻陷兩晉壽淵藻將至元起頗營還裝糧儲器械畧無遺者淵藻入城甚怨望因表其逗留不憂軍事收付州獄於獄自縊時年四十八有司追劾削爵土詔減邑之半乃更封松滋縣侯邑千戶初元起在荆州刺史隨王板元起爲從事別駕庾蓽堅執不可元起恨之大軍既至京師蓽在城內甚懼及城平元起先遣迎蓽語人曰庾別駕若爲亂兵所殺我無以自明因厚遺之少時又嘗至其西沮田舍有沙門造之乞元起問田人曰有稻幾何對曰二十斛元起悉以施之時人稱其有大度元起初爲益州過江陵迎其母母事道方居館不肯出元起拜請同行母曰貧賤家兒忽得富貴詎可久保我寧死不能與汝共入禍敗元起之至巴東聞蜀亂使蔣光濟筮之遇蹇喟然歎曰吾豈鄧艾而及此乎後果如筮子鍇嗣

陳吏部尚書姚察曰永元之末荆州方未有釁蕭穎胄悉全楚之兵首應義舉豈天之所啓人惎之謀不然何其響附之決也穎達叔姪慶流後嗣夏侯楊鄧咸享隆名盛矣詳之謹厚楊蔡廉節君子有取焉

梁書卷十考證

蕭穎達傳高祖進江州○江一本作漂

敗輔國將軍任漾之於硤石○漾一本作議

梁書卷十一

唐　散騎常侍　姚思廉　撰

列傳第五

張弘策　庾域　鄭紹叔　呂僧珍

張弘策字真簡范陽方城人文獻皇后之從父弟也幼以孝聞母嘗有疾五日不食弘策亦不食母彊爲進粥乃食母所餘遺母憂三年不食鹽菜幾至滅性兄弟友愛不忍暫離雖各有室常同臥起世比之姜肱兄弟起家齊邵陵王國常侍遷奉朝請西中郎江夏王行參軍弘策與高祖年相輩幼見親狎恒隨高祖遊處每入室常覺有雲煙氣體輒肅然弘策由此特敬高祖建武末弘策從高祖宿酒酣徙席星下語及時事弘策因問高祖曰緯象云何國家故當無恙高祖曰其可言乎弘策因曰請言其兆高祖曰漢北有失地氣浙東有急兵祥今冬初魏必動若動則亡漢北帝今久疾多異議萬一伺釁稽部且乘機而作是亦無成徒自驅除耳明年都邑有亂死人過於亂麻齊之歷數自茲亡矣梁楚漢當有英雄興弘策曰英雄今何在爲已富貴爲在草茅高祖笑曰光武有云安知非僕弘策起曰今夜之言是天意也請定君臣之分高祖曰舅欲效鄧晨乎是冬魏軍寇新野高祖將兵爲援且受密旨仍代曹虎爲雍州弘策聞之心喜謂高祖曰夜中之言獨當驗矣高祖笑曰且勿多言弘策從高祖西行仍參帷幄身親勞役不憚辛苦五年秋明帝崩遺詔以高祖爲雍州刺史乃表弘策爲錄事參軍帶襄陽令高祖覩海內方亂有匡濟之心密爲儲備謀猷所及惟弘策而已時長沙宣武王罷益州還仍爲西中郎長史行郢州事高祖使弘策到郢陳計於宣武王語在高祖紀弘策因說王曰昔周室既衰諸侯力爭齊桓蓋中人耳遂能一匡九合民到于今稱之齊德告微四海方亂蒼生之命會應有主以郢州居中流之要雍部有戎馬之饒卿兄弟英武當今無敵虎據兩州參分天下糾合義兵爲百姓請命廢昏立明易於反掌如此則桓文之業可成不世之功可建無爲豎子所欺取笑身後雍州揣之已熟願善圖之王頗不懌而無以拒也義師將起高祖夜召弘策呂僧珍入宅定議旦乃發兵以弘策爲輔國將軍軍主領萬人督後部軍事西臺建爲步兵校尉遷車騎諮議參軍及郢城平蕭穎達楊公則諸將皆欲頓軍夏口高祖以爲宜乘勢長驅直指京邑以計語弘策弘策與高祖意合又訪寧遠將軍庾域域又同乃命衆軍即日上道緣江至建康凡磯浦村落軍行宿次立頓處所弘策逆爲圖測皆在目中義師至新林王茂曹景宗等於大航方戰高祖遣弘策持節勞勉衆咸奮厲是日仍破朱雀軍高祖入頓石頭城弘策屯門禁衞引接士類多全免城平高祖遣弘策與呂僧珍先入清宮封檢府庫于時城內珍寶委積弘策申勒部曲秋毫無犯遷衞尉卿加給事中天監初加散騎常侍洮陽縣侯邑二千二百戶弘策盡忠奉上知無不爲交遊故舊隨才薦拔搢紳皆趨焉時東昏餘黨初逢赦令多未自安數百人因運荻炬束仗得入南北掖作亂燒神虎門總章觀前軍司馬呂僧珍直殿內以宿衞兵拒破之盜分入衞尉府弘策方救火盜潛後害之時年四十七高祖深慟惜焉給第一區衣一襲錢十萬布百匹蠟二百斤詔曰亡從舅衞尉慮發所忽殞身祅豎其情理清貞器識淹濟自藩升朝契闊夷阻加外氏凋衰饗嘗屢絕興感渭陽情寄斯在方賴忠勳翼宣寡薄報効無徵永言增慟可贈散騎常侍車騎將軍給鼓吹一部謚曰愍弘策爲人寬厚通率篤舊故及居隆重不以貴勢自高故人賓客禮接如布衣時祿賜皆散之親友及其遇害莫不痛惜焉子緬嗣別有傳

庾域字司大新野人長沙宣武王爲梁州以爲錄事參軍帶華陽太守時魏軍攻圍南鄭州有空倉數十所域封題指示將士云此中粟皆滿足支二年但努力堅守衆心以安虜退以功拜羽林監遷南中郎記室參軍永元末高祖起兵遣書招域西臺建以爲寧朔將軍領行選從高祖東下師次陽口和帝遣御史中丞宗夬銜命勞軍域乃諷夬曰黃鉞未加非所以總率侯伯夬反西臺即授高祖黃鉞蕭穎胄既都督中外諸軍事論者謂高祖應致牋域爭不聽乃止郢城平域及張弘策議與高祖意合即命衆軍便下每獻謀畫多被納用霸府初開以爲諮議參軍天監初封廣牧縣子後軍司馬出爲寧朔將軍巴西梓潼二郡太守梁州長史夏侯道遷舉州叛降魏魏騎將襲巴西域固守百餘日城中糧盡將士皆齕草食土死者大半無有離心魏軍退詔增封二百戶進爵爲伯六年卒於郡

鄭紹叔字仲明滎陽開封人也世居壽陽祖琨宋高平太守紹叔少孤貧年二十餘爲安豐令居縣有能名本州召補主簿轉治中從事史時刺史蕭誕以弟諶誅臺遣收兵卒至左右莫不驚散紹叔聞難獨馳赴焉誕死侍送喪柩衆咸稱之到京師司空徐孝嗣見而異之曰祖逖之流也高祖臨司州命爲中兵參軍領長流因是厚自結附高祖罷州還京師謝遣賓客紹叔獨固請願留高祖謂曰卿才幸自有用我今未能相益宜更思他塗紹叔曰委質有在義無二心高祖固不許於是乃還壽陽刺史蕭遙昌苦引紹叔終不受命遙昌怒將囚之救解得免及高祖爲雍州刺史紹叔間道西歸補寧蠻長史扶風太守東昏既害朝宰頗疑高祖紹叔兄植爲東昏直後東昏遣至雍州託以候紹叔實潛使爲刺客紹叔知之密以白高祖植既至高祖於紹叔處置酒宴之戲植曰朝廷遣卿見圖今日閑宴是見取良會也賓主大笑令植登臨城隍周觀府署士卒器械舟艫戰馬莫不富實植退謂紹叔曰雍州實力未易圖也紹叔曰兄還具爲天子言之兄若取雍州紹叔請以此衆一戰送兄於南峴相持慟哭而別義師起爲冠軍將軍改驍騎將軍侍從東下江州留紹叔監州都督江湘二州糧運事無闕乏天監初入爲衞尉卿紹叔忠於事上外所聞知纖毫無隱每爲高祖言事善則曰臣愚不及此皆聖主之策其不善則曰臣慮出淺短以爲其事當如是殆以此誤朝廷臣之罪深矣高祖甚親信之母憂去職紹叔有至性高祖常使人節其哭頃之起爲冠軍將軍右軍司馬封營道縣侯邑千戶俄復爲衞尉卿加冠軍將軍以營道縣戶凋弊改封東興縣侯邑如故初紹叔少失父事母及祖母以孝聞奉兄恭謹及居顯要祿賜所得及四方貢遺悉歸之兄室三年魏軍圍合肥紹叔以本號督衆軍鎮東關事平復爲衞尉既而義陽爲魏所陷司州移鎮關南四年以紹叔爲使持節征虜將軍司州刺史紹叔創立城隍繕修兵器廣田積穀招納流民百姓安之性頗矜躁以權勢自居然能傾心接物多所薦舉士類亦以此歸之六年徵爲左將軍加通直散騎常侍領司豫二州大中正紹叔至家疾篤詔於宅拜授輿載還府中醫藥一日數至七年卒於府舍時年四十五高祖將臨其殯紹叔宅巷狹陋不容輿駕乃止詔曰追往念功前王所篤在誠惟舊異代同規通直散騎常侍右衞將軍東興縣開國侯紹叔立身清正奉上忠恪契闊藩朝情績顯著爰及義始寔立茂勲作牧疆境効彰所莅方申任寄協贊心膂奄至殞喪傷痛于懷宜加優典隆茲寵命可贈散騎常侍護軍將軍給鼓吹一部東園祕器朝服一具衣一襲凶事所須隨由資給謚曰忠紹叔卒後高祖嘗潸然謂朝臣曰鄭紹叔立志忠烈善則稱君過則歸己當今殆無其比其見賞惜如此子貞嗣

呂僧珍字元瑜東平范人也世居廣陵起自寒賤始童兒時從師學有相工歷觀諸生指僧珍謂博士曰此有奇聲封侯相也年二十餘依宋丹陽尹劉秉秉誅後事太祖文皇爲門下書佐身長七尺五寸容貌甚偉在同類中少所褻狎曹輩皆敬之太祖爲豫州刺史以爲典籤帶蒙令居官稱職太祖遷領軍補主簿妖賊唐㝢之東陽太祖率衆東討使僧珍知行軍衆局事僧珍宅在建陽門東自受命當行每日由建陽門道不過私室太祖益以此知之爲丹陽尹復命爲郡督郵齊隨王子隆出爲荆州刺史齊武以僧珍爲子隆防閤從之鎮永明

九年雍州刺史王奐反敕遣僧珍隸平北將軍曹虎西爲典籤帶新城令魏軍寇沔北司空陳顯達出討一見異之因屏人呼上座謂曰卿有貴相後當不見減努力爲之建武二年魏大舉南侵五道並進高祖率師援義陽僧珍從在軍中長沙宣武王時爲梁州刺史魏圍守連月間諜所在不通義陽與雍州路斷高祖欲遣使至襄陽求梁州問衆皆憚莫敢行僧珍固請充使即日單舸上道既至襄陽督遣援軍且獲宣武王書而反高祖甚嘉之事寧補羽林監東昏即位司空徐孝嗣管朝政欲與共事僧珍揣不久安竟弗往時高祖已臨雍州僧珍固求西歸得補邔令既至高祖命爲中兵參軍委以心膂僧珍陰養死士歸之者甚衆高祖頗招武猛士庶響從會者萬餘人因命按行城西空地將起數千間屋以爲止舍多伐林竹沉於檀溪積茅蓋若山阜皆不之用僧珍獨悟其旨亦私具櫓數百張義兵起高祖夜召僧珍及張弘策定議明旦乃會衆發兵悉取檀溪材竹裝爲艛艦葺之以茅並立辦衆軍將發諸將果爭櫓僧珍乃出先所具者每船付二張爭者乃息高祖以僧珍爲輔國將軍步兵校尉出入卧內宣通意旨師及郢城僧珍率所領頓偃月壘俄又進據騎城郢州平高祖進僧珍爲前鋒大將軍大軍次江寧高祖令僧珍與王茂率精兵先登赤鼻邏其日東昏將李居士與衆來戰僧珍等要擊大破之乃與茂進軍於白板橋築壘壘立茂移頓越城僧珍猶守白板李居士密覘知衆少率銳卒萬人直來薄城僧珍謂將士曰今力既不敵不可與戰亦勿遙射須至塹裏當并力破之俄而皆越塹拔柵僧珍分人上城矢石俱發自率馬步三百人出其後守隅者復踰城而下內外齊擊居士應時奔散獲其器甲不可勝計僧珍又進據越城東昏大將王珍國列車爲營背淮而陣王茂等衆軍擊之僧珍縱火車焚其營即日瓦解建康城平高祖命僧珍率所領先入清宮與張弘策封檢府庫即日以本官帶南彭城太守遷給事黃門侍郎領虎賁中郎將高祖受禪以爲冠軍將軍前軍司馬封平固縣侯邑一千二百戶尋遷給事中右衞將軍頃之轉左衞將軍加散騎常侍入直秘書省總知宿衞天監四年冬大舉北伐自是軍機多事僧珍晝直中書省夜還秘書五年夏又命僧珍率羽林勁勇出梁城其年冬旋軍以本官領太子中庶子僧珍去家久表求拜墓高祖欲榮之使爲本州乃授使持節平北將軍南兗州刺史僧珍在任平心率下不私親戚從父兄子宏以販葱爲業僧珍既至乃棄業欲求州官僧珍曰吾荷國重恩無以報效汝等自有常分豈可妄求叨越但當速反葱肆耳僧珍舊宅在市北前有督郵廨鄉人咸勸徙廨以益其宅僧珍怒曰督郵官廨也置立以來便在此地豈可徙之益吾私宅姊適于氏住在市西小屋臨路與列肆雜處僧珍常導從鹵簿到其宅不以爲恥在州百日徵爲領軍將軍尋加散騎常侍給鼓吹一部直秘書省如先僧珍有大勳任總心膂恩遇隆密莫與爲比性甚恭慎當直禁中盛暑不敢解衣每侍御座屏氣鞠躬果食未嘗舉箸嘗因醉後取一柑食之高祖笑謂曰使是大有所進祿俸之外又月給錢十萬其餘賜賚不絕於時十年疾病車駕臨幸中使醫藥日有數四僧珍語親舊曰吾昔在蒙縣熱病發黃當時必謂不濟主上見語卿有富貴相必當不死尋應自差俄而果愈今已富貴而復發黃所苦與昔正同必不復起矣竟如其言卒于領軍府舍時年五十八高祖即日臨殯詔曰思舊篤終前王令典追榮加等列代通規散騎常侍領軍將軍平固縣開國侯僧珍器思淹通識宇詳濟竭忠盡禮知無不爲與朕契闊情兼屯泰大業初構茂勳克舉及居禁衞朝夕盡誠方參任台槐式隆朝寄奄致喪逝傷慟于懷宜加優典以隆寵命可贈驃騎將軍開府儀同三司常侍鼓吹侯如故給東園秘器朝服一具衣一襲喪事所須隨由備辦謚曰忠敬侯高祖痛惜之言爲流涕長子峻早卒峻子淡嗣

陳吏部尚書姚察曰張弘策敦厚慎密呂僧珍恪勤匪懈鄭紹叔忠誠亮藎締構王業三子皆有力焉僧珍之肅恭禁省紹叔之造膝詭辭蓋識爲臣之節矣

梁書卷十一　考證

呂僧珍傳妖賊唐㝢之寇東陽○㝢閣本作瑀又無之字

梁書卷十二

唐　散　騎　常　侍　姚　思　廉　撰

列傳第六

柳　惔弟忱　席闡文　韋　叡族弟愛

柳惔字文通河東解人也父世隆齊司空惔年十七齊武帝爲中軍命爲參軍轉主簿齊初入爲尚書三公郎累遷太子中舍人巴東王子響友子響爲荆州惔隨之鎮子響昵近小人惔知將爲禍稱疾還京及難作惔以先歸得免歷中書侍郎中護軍長史出爲新安太守居郡以無政績免歸久之爲右軍諮議參軍事建武末爲西戎校尉梁南秦二州刺史及高祖起兵惔舉漢中應義和帝即位以爲侍中領前軍將軍高祖踐阼徵爲護軍將軍未拜仍遷太子詹事加散騎常侍論功封曲江縣侯邑千戶高祖因讌爲詩以貽惔曰爾實冠羣后惟余實念功又嘗侍座高祖曰徐元瑜違命嶺南周書罪不相及朕已宥其諸子何如惔對曰罰不及嗣賞延于世今復見之聖朝時以爲知言尋遷尚書右僕射天監四年大舉北伐臨川王宏都督衆軍以惔爲副軍還復爲僕射以久疾轉金紫光祿大夫加散騎常侍給親信二十人未拜出爲使持節安南將軍湘州刺史六年十月卒于州時年四十六高祖爲素服舉哀贈侍中撫軍將軍給鼓吹一部謚曰穆惔著仁政傳及諸詩賦粗有辭義子照嗣惔第四弟憕亦有美譽歷侍中鎮西長史天監十二年卒贈寧遠將軍豫州刺史

忱字文若惔第五弟也年數歲父世隆及母閻氏時寢疾忱不解帶經年及居喪以毀聞起家爲司徒行參軍累遷太子中舍人西中郎主簿功曹史齊東昏遣巴西太守劉山陽由荆襲高祖西中郎長史蕭穎胄計未有定召忱及其所親席闡文等夜入議之忱曰朝廷狂悖爲惡日滋頃聞京師長者莫不重足累息今幸在遠得假日自安雍州之事且藉以相斃耳獨不見蕭令君乎以精兵數千破崔氏十萬衆竟爲羣邪所陷禍酷相尋前事之不忘後事之師也若使彼凶心已逞豈知使君不係踵而及且雍州士銳糧多蕭使君雄姿冠世必非山陽所能擬若破山陽荆州復受失律之責進退無可且深慮之闡文亦深勸同高祖穎胄乃誘斬山陽以忱爲寧朔將軍和帝即位爲尚書吏部郎進號輔國將軍南平太守尋遷侍中冠軍將軍太守如故轉吏部尚書不拜郢州平穎胄議遷都夏口忱復同諫以爲巴硤未賓不宜輕捨根本搖動民志穎胄不從俄而巴東兵至硤口遷都之議乃息論者以爲見機高祖踐阼以忱爲五兵尚書領驍騎將軍論建義功封州陵伯邑七百戶天監二年出爲安西長史冠軍將軍南郡太守六年徵爲員外散騎常侍太子右衞率未發遷持節督湘州諸軍事輔國將軍湘州刺史八年坐輒放從軍丁免俄入爲秘書監遷散騎常侍轉祠部尚書未拜遇疾詔改授給事中光祿大夫疾篤不拜十年卒於家時年四十一追贈中書令謚曰穆子範嗣

席闡文安定臨涇人也少孤貧涉獵書史齊初爲雍州刺史蕭赤斧中兵參軍由是與其子穎胄善復歷西中郎中兵參軍領城局高祖之將起義也闡文深勸之穎胄同焉仍遣田祖恭私報高祖并獻銀裝刀高祖報以金如意和帝稱尊號爲給事黃門侍郎尋遷衞尉卿穎胄暴卒州府騷擾闡文以和帝幼弱中流任重時始興王憺留鎮雍部乃與西朝羣臣迎王總州事故賴以寧輯高祖受禪除都官尚書輔國將軍封山陽伯邑七百戶出爲東陽太守又改封湘西戶邑如故視事二年以清白著稱卒於官詔賻錢三萬布五十匹謚曰威

韋叡字懷文京兆杜陵人也自漢丞相賢以後世爲三輔著姓祖立避吏隱於長安南山宋武帝入關以太尉掾徵不至伯父祖征宋末爲光祿勳父祖歸寧遠長史叡事繼母以孝聞叡兄纂闡並早知名纂叡皆好學闡有清操祖征累爲郡守每攜叡之職視之如子時叡內兄王憕姨弟杜惲並有鄉里盛名祖征謂叡曰汝自謂何如憕惲叡謙不敢對祖征曰汝文章或小減學識當過之然而幹國家成功業皆莫汝逮也外兄杜幼文爲梁州刺史要叡俱行梁土富饒往者多以賄敗叡時雖幼獨用廉聞宋永光初袁顗爲雍州刺史見而異之引爲主簿顗到州與鄧琬起兵叡求出爲義成郡故免顗之禍後爲晉平王左常侍遷司空桂陽王行參軍隨齊司空柳世隆守郢城拒荆州刺史沈攸之攸之平遷前軍中兵參軍久之爲廣德令累遷齊興太守本州別駕長水校尉右軍將軍齊末多故不欲遠鄉里求爲上庸太守加建威將軍俄而太尉陳顯達護軍將軍崔慧景頻逼京師民心惶駭未有所定西土人謀之於叡叡曰陳雖舊將非命世才崔頗更事懦而不武其取赤族也宜哉天下真人殆興於吾州矣乃遣其二子自結於高祖義兵檄至叡率郡人伐竹爲筏倍道來赴有衆二千馬二百匹高祖見叡甚悅撫几曰他日見君之面今日見君之心吾事就矣義師剋郢魯平加湖叡多建謀策

皆見納用大軍發郢謀留守將高祖難其人久之顧叡曰棄騏驥而不乘焉遑遑而更索卽日以爲冠軍將軍江夏太守行郢府事初郢城之拒守也男女口垂十萬閉壘經年疾疫死者十七八皆積屍於床下而生者寢處其上每屋輒盈滿叡料簡隱卹咸爲營理於是死者得埋藏生者反居業百姓賴之梁臺建徵爲大理高祖卽位遷廷尉封梁都子邑三百戶天監二年改封永昌戶邑如先東宮建遷太子右衞率出爲輔國將軍豫州刺史領歷陽太守三年魏遣衆來寇率州兵擊走之四年王師北伐詔叡都督衆軍叡遣長史王超宗梁郡太守馮道根攻魏小峴城未能拔叡巡行圍柵魏城中忽出數百人陳於門外叡欲擊之諸將皆曰向本輕來未有戰備徐還授甲乃可進耳叡曰不然魏城中二千餘人閉門堅守足以自保無故出人於外必其驍勇者也若能挫之其城自拔衆皆猶遲疑叡指其節曰朝廷授此非以爲飾韋叡之法不可犯也乃進兵士皆殊死戰魏軍果敗走因急攻之中宿而城拔遂進討合肥先是右軍司馬胡畧等至合肥久未能下叡按行山川曰吾聞汾水可以灌平陽絳水可以灌安邑卽此是也乃堰肥水親自夜率埧之堰成水通舟艦繼至魏初分築東西小城夾合肥叡先攻二城既而魏援將揚靈胤帥軍五萬奄至衆懼不敵請表益兵叡笑曰賊已至城下方復求軍臨難鑄兵豈及馬腹且吾求濟師彼亦徵衆猶如吳益巴丘蜀增白帝耳師克在和不在衆古之義也因與戰破之軍人少安初肥水堰立使軍主王懷靜築城於岸守之魏攻陷懷靜城千餘人皆沒魏人乘勝至叡堤下其勢甚盛軍監潘靈祐勸叡退還巢湖諸將又請走保三叉叡怒曰寧有此邪將軍死綏有前無却因令取繖扇麾幢樹之堤下示無動志叡素羸每戰未嘗騎馬以板輿自載督厲衆軍魏兵來鑿堤叡親與爭之魏軍少却因築壘於堤以自固叡起鬬艦高與合肥城等四面臨之魏人計窮相與悲哭叡攻具既成堰水又滿魏救兵無所用魏守將杜元倫登城督戰中弩死城遂潰俘獲萬餘級牛馬萬數絹滿十間屋悉充軍賞叡每晝接客旅夜算軍書三更起張燈達曙撫循其衆常如不及故投募之士爭歸之所至頓舍脩立館宇藩籬牆壁皆應準繩合肥既平高祖詔衆軍進次東陵東陵去魏甓城二十里將會戰有詔班師去賊既近懼爲所躡叡悉遣輜重居前身乘小輿殿後魏人服叡威名望之不敢逼全軍而還至是遷豫州於合肥五年魏中山王元英寇北徐州圍刺史昌義之於鍾離衆號百萬連城四十餘高祖遣征北將軍曹景宗都督衆軍二十萬以拒之次邵陽洲築壘相守高祖詔叡率豫州之衆會焉叡自合肥逕道由陰陵大澤行值澗谷輒飛橋以濟師人畏魏軍盛多勸叡緩行叡曰鍾離今鑿穴而處負戶而汲車馳卒奔猶恐其後而況緩乎魏人已墮吾腹中卿曹勿憂也旬日而至邵陽初高祖敕景宗曰韋叡卿之鄉望宜善敬之景宗見叡禮甚謹高祖聞之曰二將和師必濟矣叡於景宗營前二十里夜掘長塹樹鹿角截洲爲城比曉而營立元英大驚以杖擊地曰是何神也明旦英自率衆來戰叡乘素木輿執白角如意麾軍一日數合英甚彊魏軍又夜來攻城飛矢雨集叡子黯請下城以避箭叡不許軍中驚叡於城上厲聲呵之乃定魏人先於邵陽洲兩岸爲兩橋樹柵數百步跨淮通道叡裝大艦使梁郡太守馮道根廬江太守裴邃秦郡太守李文釗等爲水軍值淮水暴長叡卽遣之鬭艦競發皆臨敵壘以小船載草灌之以膏從而焚其橋風怒火盛烟塵晦冥敢死之士拔柵斫橋水又漂疾倏忽之間橋柵盡壞而道根等皆身自搏戰軍人奮勇呼聲動天地無不一當百魏人大潰元英見橋絕脫身遁去魏軍趨水死者十餘萬斬首亦如之其餘釋甲稽顙乞爲囚奴猶數十萬所獲軍實牛馬不可勝紀叡遣報昌義之義之且悲且喜不暇答語但叫曰更生更生高祖遣中書郎周捨勞於淮上叡積所獲於軍門捨觀之謂叡曰君此獲復與熊耳山等以功增封七百戶進爵爲侯徵通直散騎常侍右衞將軍七年遷左衞將軍俄爲安西長史南郡太守秩中二千石會司州刺史馬仙琕北伐還軍爲魏人所躡三關擾動詔叡督衆軍援焉叡至安陸增築城二丈餘更開大塹起高樓衆頗譏其示弱叡曰不然爲將當有怯時不可專勇是時元英復追仙琕將復邵陽之恥聞叡至乃退帝亦詔罷軍明年遷信武將軍江州刺史九年徵員外散騎常侍右衞將軍累遷左衞將軍太子詹事尋加通直散騎常侍十三年遷智武將軍丹陽尹以公事免頃之起爲中護軍十四年出爲平北將軍寧蠻校尉雍州刺史初叡起兵鄉中客陰儁光泣止叡叡還爲州儁光道候叡叡笑謂之曰若從公言乞食於路矣餉耕牛十頭叡於故舊無所遺惜士大夫年七十以上多與假板縣令鄉里甚懷之十五年拜表致仕優詔不許十七年徵散騎常侍護軍將軍尋給鼓吹一部入直殿省居朝廷恂恂未嘗忤視高祖甚禮敬之性慈愛撫孤兄子過於己子歷官所得祿賜皆散之親故家無餘財後爲護軍居家無事慕萬石陸賈之爲人因畫之於壁以自玩時雖老暇日猶課諸兒以學第三子稜尤明經史世稱其洽聞叡每坐稜使說書其所發擿稜猶弗之逮也高祖方鋭意釋氏天下咸從風而化叡自以信受素薄位居大臣不欲與俗俯仰所行畧如他日普通元年夏遷侍中車騎將軍以疾未拜八月卒于家時年七十九遺令薄葬斂以時服高祖卽日臨哭甚慟賜錢十萬布二百匹東園祕器朝服一具衣一襲喪事取給於官遣中書舍人監護贈侍中車騎將軍開府儀同三司謚曰嚴初邵陽之役昌義之甚德叡請曹景宗與叡會因設錢二十萬官賭之景宗擲得雉叡徐擲得盧遽取一子反之曰異事遂作塞景宗時與羣帥爭先啟之捷叡獨居後其不尚勝率多如是世尤以此賢之子放正稜黯放別有傳正字敬直起家南康王行參軍稍遷中書侍郎出爲襄陽太守初正與東海王僧孺友善及僧孺爲尚書吏部郎參掌大選賓友故人莫不傾意正獨澹然及僧孺擯廢之後正復篤素分有踰曩日論者稱焉歷官至給事黃門侍郎稜字威直性恬素以書史爲業博物彊記當世之士咸就質疑起家安成王府行參軍稍遷治書侍御史太子僕光祿卿著漢書續訓三卷黯字務直性彊正少習經史有文詞起家太子舍人稍遷太僕卿南豫州刺史太府卿侯景濟江黯屯六門尋改爲都督城西面諸軍事時景於城外起東西二土山城內亦作以應之太宗親自負土哀太子以下躬執畚鍤黯守西土山晝夜苦戰以功授輕車將軍加持節卒於城內贈散騎常侍左衞將軍叡族弟愛

愛字孝友沉靜有器局高祖父廣晉後軍將軍北平太守曾祖軌以孝武太元之初南遷襄陽爲本州別駕散騎侍郎祖公循宋義陽太守父義正早卒愛少而偏孤事母以孝聞性淸介不妄交遊而篤志好學每虛室獨坐遊心墳素而埃塵滿席寂若無人年十二嘗遊京師值天子出遊南苑邑里諠譁老幼爭觀愛獨端坐讀書手不釋卷宗族見者莫不異焉及長博學有文才尤善周易及春秋左氏義袁顗爲雍州刺史辟爲主簿遭母憂廬於墓側負土起墳高祖臨雍州聞之親往臨弔服闋引爲中兵參軍義師之起也以愛爲壯武將軍冠軍南平王司馬帶襄陽令時京邑未定雍州空虛魏興太守顏僧都等據郡反州內驚擾百姓攜貳愛沉敏有謀素爲州里信服乃推心撫御曉示逆順兼率募鄉里得千餘人與僧都等戰於始平郡南大破之百姓乃安蕭穎胄之死也和帝徵兵襄陽愛從始興王憺赴焉先是巴東太守蕭璝巴西太守魯休烈舉兵來逼荊州及憺至令愛書諭之璝卽日請降中興二年從和帝東下高祖受禪進號輔國將軍仍爲驍騎將軍尋除寧蜀太守與益州刺史鄧元起西上襲劉季連行至公安道病卒贈衞尉卿子乾向官至驍騎將軍征北長史汝陰鍾離二郡太守

陳吏部尚書姚察曰昔竇融以河右歸漢終爲盛族柳惔舉南鄭響從而家聲弗霣時哉忱之謀畫亦用有成智矣韋叡起上庸以附義其地比惔則薄及合肥邵陽之役其功甚盛推而弗有君子哉

梁書卷十三

唐 散騎常侍 姚思廉 撰

列傳第七

范雲 沈約

范雲字彥龍南鄉舞陰人晉平北將軍汪六世孫也年八歲遇宋豫州刺史殷琰於塗琰異之要就席雲風姿應對傍若無人琰令賦詩操筆便就坐者歎焉嘗就親人袁照學晝夜不怠照撫其背曰卿精神秀朗而勤於學卿相才也少機警有識且善屬文便尺牘下筆輒成未嘗定藁時人每疑其宿構父抗爲郢府參軍雲隨父在府時吳興沈約新野庾杲之與抗同府見而友之起家郢州西曹書佐轉法曹行參軍俄而沈攸之舉兵圍郢城抗時爲府長流入城固守留家屬居外雲爲軍人所得攸之召與語聲色甚厲雲容貌不變徐自陳說攸之乃笑曰卿定可兒且出就舍明旦又召令送書入城城內或欲誅之雲曰老母弱弟懸命沈氏若違其命禍必及親今日就戮甘心如薺長史柳世隆素與雲善乃免之齊建元初竟陵王子良爲會稽太守雲始隨王王未之知也會遊秦望使人視刻石文時莫能識雲獨誦之王悅自是寵冠府朝王爲丹陽尹召爲主簿深相

親任時進見齊高帝値有獻白烏者帝問此爲何瑞雲位卑最後荅曰臣聞王者敬宗廟則白烏至時謁廟始畢帝曰卿言是也感應之理一至此乎轉補征北南郡王刑獄參軍事領主簿如故遷尚書殿中郎子良爲司徒又補記室參軍事尋授通直散騎侍郎領本州大中正出爲零陵內史在任潔己省煩苛去游費百姓安之明帝召還都及至拜散騎侍郎復出爲始興內史郡多豪猾大姓二千石有不善者謀共殺害不則逐去之邊帶蠻俚尤多盜賊前內史皆以兵刃自衞雲入境撫以恩德罷亭候商賈露宿郡中稱爲神明仍遷假節建武將軍平越中郎將廣州刺史初雲與尚書僕射江祏善祏姨弟徐藝爲曲江令深以託雲有譚儼者縣之豪族藝鞭之儼以爲恥詣京訴雲雲坐徵還下獄會赦免永元二年起爲國子博士初雲與高祖遇於齊竟陵王子良邸又嘗接里閈高祖深器之及義兵至京邑雲時在城內東昏既誅侍中張稷使雲銜命出城高祖因留之便參帷幄仍拜黃門侍郎與沈約同心翊贊俄遷大司馬諮議參軍領錄事梁臺建遷侍中時高祖納齊東昏余妃頗妨政事雲嘗以爲言未之納也後與王茂同入臥內雲又諫曰昔漢祖居山東貪財好色及入關定秦財帛無所取婦女無所幸范增以爲其志大故也今明公始定天下海內想望風聲奈何襲昏亂之蹤以女德爲累王茂因起拜曰范雲言是公必以天下爲念無宜留惜高祖默然雲便疏令以余氏賚茂高祖賢其意而許之明日賜雲茂錢各百萬天監元年高祖受禪柴燎於南郊雲以侍中參乘禮畢高祖升輦謂雲曰朕之今日所謂懍乎若朽索之馭六馬雲對曰亦願陛下日愼一日高祖善之是日遷散騎常侍吏部尚書以佐命功封霄城縣侯邑千戸雲以舊恩見拔超居佐命盡誠翊亮知無不爲高祖亦推心任之所奏多允嘗侍讌高祖謂臨川王宏鄱陽王恢曰我與范尚書少親善申四海之敬今爲天下主此禮既革汝宜代我呼范爲兄二王下席拜與雲同車還尚書下省時人榮之其年東宮建雲以本官領太子中庶子尋遷尚書右僕射猶領吏部頃之坐違詔用人免吏部猶爲僕射雲性篤睦事寡嫂盡禮家事必先諮而後行好節尚奇專趣人之急少時與領軍長史王畡善畡亡於官舍貧無居宅雲乃迎喪還家躬營含殯事竟陵王子良恩禮甚隆雲每獻損益未嘗阿意子良嘗啓齊武帝論雲爲郡帝曰庸人聞其恒相賚弄不復窮法當宥之以遠子良曰不然雲動相規誨諫書具存請取以奏既至有百餘紙辭皆切直帝歎息因謂子良曰不謂雲能爾方使弼汝何宜出守齊文惠太子嘗出東田觀穫顧謂衆賓曰刈此亦殊可觀衆皆唯唯雲獨曰夫三時之務實爲長勤伏願殿下知稼穡之艱難無徇一朝之宴逸既出侍中蕭緬先不相識因就車握雲手曰不圖今日復聞讜言及居選官任守隆重書牘盈案賓客滿門雲應對如流無所壅滯官曹文墨發擿若神時人咸服其明贍性頗激厲少威重有所是非形於造次士或以此少之初雲爲郡號稱廉潔及居貴重頗通饋餉然家無蓄積隨散之親友二年卒時年五十三高祖爲之流涕卽日輿駕臨殯詔曰追遠興悼常情所篤況問望斯在事深朝寄者乎故散騎常侍尚書右僕射霄城侯雲器範貞正思懷經遠爰初立志素履有聞脫巾來仕清績仍著燮務登朝具瞻惟允綢繆翊贊義簡朕心雖勤非負約而舊同論講方騁遠塗永毗庶政奄致喪殞傷悼于懷宜加命秩式備徽典可追贈侍中衞將軍僕射侯如故并給鼓吹一部禮官請謚曰宣勑賜謚文有集三十卷子孝才嗣官至太子中舍人

沈約字休文吳興武康人也祖林子宋征虜將軍父璞淮南太守璞元嘉末被誅約幼潛竄會赦免既而流寓孤貧篤志好學晝夜不倦母恐其以勞生疾常遣減油滅火而晝之所讀夜輒誦之遂博通羣籍能屬文起家奉朝請濟陽蔡興宗聞其才而善之興宗爲郢州刺史引爲安西外兵參軍兼記室興宗嘗謂其諸子曰沈記室人倫師表宜善事之及爲荊州又爲征西記室參軍帶闕西令興宗卒始爲安西晉安王法曹參軍轉外兵竝兼記室入爲尚書度支郎齊初爲征虜記室帶襄陽令所奉之王齊文惠太子也太子入居東宮爲步兵校尉管書記直永壽省校四部圖書時東宮多士約特被親遇每直入見景斜方出當時王侯到宮或不得進約每以爲言太子曰吾生平懶起是卿所悉得卿談論然後忘寢卿欲我夙興可恒早入遷太子家令後以本官兼著作郎遷中書郎本邑中正司徒右長史黃門侍郎時竟陵王亦招士約與蘭陵蕭琛琅邪王融陳郡謝朓南鄉范雲樂安任昉等皆遊焉當世號爲得人俄兼尚書左丞尋爲御史中丞轉車騎長史隆昌元年除吏部郎出爲寧朔將軍東陽太守明帝卽位進號輔國將軍徵爲五兵尚書遷國子祭酒明帝崩政歸冢宰尚書令徐孝嗣使約撰定遺詔遷左衞將軍尋加通直散騎常侍永元二年以母老表求解職改冠軍將軍司徒左長史征虜將軍南淸河太守高祖在西邸與約遊舊建康城平引爲驃騎司馬將軍如故時高祖勳業既就天人允屬約嘗扣其端高祖默而不應佗日又進曰今與古異不可以淳風期萬物士大夫攀龍附鳳者皆望有尺寸之功以保其福祿今童兒牧豎悉知齊祚已終莫不云明公其人也天文人事表革運之徵永元以來尤爲彰著讖云行中水作天子此又歷然在記天心不可違人情不可失苟是歷數所至雖欲謙光亦不可得已高祖曰吾方思之對曰公初杖兵樊沔此時應思今王業已就何所復思昔武王伐紂始入民便曰吾君武王不違民意亦無所思公自至京邑已移氣序比於周武遲速不同若不早定大業稽天人之望脫有一人立異便損威德且人非金玉時事難保豈可以建安之封遺之子孫若天子還都公卿在位則君臣分定無復異心君明於上臣忠於下豈復有人方更同公作賊高祖然之約出高祖召范雲告之雲對畧同約旨高祖曰智者乃爾暗同卿明早將休文更來雲出語約約曰卿必待我雲許諾而約先期入高祖命草其事約乃出懷中詔書并諸選置高祖初無所改俄而雲自外來至殿門不得入徘徊壽光閤外但云咄咄約出問曰何以見處約舉手向左雲笑曰不乖所望有頃高祖召范雲謂曰生平與沈休文羣居不覺有異人處今日才智縱橫可謂明識雲曰公今知約不異約今知公高祖曰我起兵於今三年矣功臣諸將實有其勞然成帝業者乃卿二人也梁臺建爲散騎常侍吏部尚書兼右僕射高祖受禪爲尚書僕射封建昌縣侯邑千戸常侍如故又拜約母謝爲建昌國太夫人奉策之日左僕射范雲等二十餘人咸來致拜朝野以爲榮俄遷尚書左僕射常侍如故尋兼領軍加侍中天監二年遭母憂輿駕親出臨弔以約年衰不宜致毀遣中書舍人斷客節哭起爲鎭軍將軍丹陽尹置佐史服闋遷侍中右光祿大夫領太子詹事揚州大中正奏尚書八條事遷尚書令侍中詹事中正如故累表陳讓改授尚書左僕射領中書令前將軍置佐史侍中如故尋遷尚書令領太子少傅九年轉左光祿大夫侍中少傅如故給鼓吹一部初約久處端揆有志台司論者咸謂爲宜而帝終不用乃求外出又不見許與徐勉素善遂以書陳情於勉曰吾弱年孤苦傍無朞屬往者將墜於地契闊屯邅困於朝夕崎嶇薄宦事非爲己望得小祿傍此東歸歲逾十稔方忝襄陽縣公私情計非所了具以身資物不得不任人事永明末出守東陽意在止足而建武肇運人世膠加一去不返行之未易及昏猜之始王政多門因此謀退庶幾可果託卿布懷於徐令想記未忘聖道聿興謬逢嘉運往志宿心復成乖爽今歲開元禮年云至懸車之請事由恩奪誠不能弘宣風政光闡朝猷尚欲討尋文簿時議同異而開年以來病增慮切當由生靈有限勞役過差總此凋竭歸之暮年牽策行止努力祗事外觀傍覽尚似全人而形骸力用不相綜攝常須過自束持方可僶俛解衣一臥支體不復相關上熱下冷月增日篤取煖則煩加寒必利後差不及前差後劇必甚前劇百日數旬革帶常應移孔以手握臂率計月小半分以此推算豈能支久若此不休日復一日將貽聖主不追之恨冒欲表聞乞歸老之秩若天假其年還得平健才力所堪惟恩是策勉爲言於高祖請三司之儀弗許但加鼓吹而已約性不飲酒少嗜欲雖時遇隆重而居處儉素立宅東田矚望郊阜嘗爲郊居賦其辭曰惟至人之非己固物我而兼忘自中智以下洎咸得性以爲場獸因窟而獲騁鳥先巢而後翔陳巷窮而業泰嬰居湫而德昌僑棲仁於東里鳳晦跡於西堂伊吾人之褊志無經世之大方思依林而羽戢願託水而鱗藏固無情於輪奐非有欲於康莊披東郊之寥廓入蓬藋之荒茫既從豎而橫構亦風除而雨攘昔西漢之標季余播遷之云始違利建於海昏創惟桑於江汜同河濟之重世踰班生之十紀或辭祿而反耕或彈冠而來仕逮有晉之隆安集艱虞於天步世交爭而波流民失時而狼顧延亂麻於井邑曝如莽於衢路大地曠而靡容旻天遠而誰訴伊皇祖之弱辰逢時艱之孔棘違危邦而窘驚訪安土而移卽肇胥宇於朱方掩閑庭而晏息値龍顏之鬱起乃憑風而矯翼指皇邑而南轅駕修衢以騁力遷華扉而來啓張高衡而徙植傍逸陌之修平面淮流之淸直芳塵浸而悠遠世道忽其窊隆縣四代於茲日盈百祀於微躬嗟弊廬之難保若霣籜之從風或誅茅而翦棘或既西而復東乍容身於白社亦寄孥於伯通迹平生之耿介實有心於獨往思幽人而軫念望東皋而長想本忘情於徇物徒羈紲於天壤應屢歎於牽絲陸興言於世網事洛洛而未合志悁悁而無爽路將殫而彌峭情薄暮而逾廣抱寸心其如蘭何斯願之浩蕩詠歸歟而躑躅眷巖阿而抵掌逢時君之喪德何凶昏之孔熾乃戰牧所未陳實升陑所不記彼黎元之喋喋將垂獸而爲

餌贍穹昊而無歸雖非牢而被蔵始歎絲而未覩終道組而後値壽貽愛乎上天固非民其莫甚授冥符於井翼賓靈命之所稟當降監之初辰值積惡之云稔寧方割於下埶廓重氛於上參躬靡暇於朝食常求衣於夜枕既牢籠於嫣夏又驅馳乎軒頊德無遠而不被明無微而不燭鼓玄澤於大荒播仁風於遐俗闢終古而遐念信王猷其如玉值衢圖之盛世遇興聖之嘉期謝中涓於初日叨光佐於此時闕投石之猛志無飛矢之麗辭排陽烏而命邑方河山而啓基翼儲光於三善長王職於百司兢鄙夫之易失懼寵祿之難持伊前世之貴仕罕紆情於丘窟誉叢華於楚趙每驕奢以相越築甲館於銅駝竝高門於北闕闢重扃於華闥豈蓬蒿所能没敎傳嗣於境壤何安身於窮地味先哲而爲言固余心之所嗜不慕權於城市豈邀名於居肆詠希微以考室幸風霜之可庇爾乃傍窮野抵荒郊編霜菼葺寒茅構棲噪之所集築町疃之所交因犯檐而刊樹由妨基而翦巢決渟洿之汀濙塞井甃之淪坳藝芳枳於北渠樹修楊於南浦遷蘘黼於蘭室同肩墻於華堵織宿楚以成門籍外扉而爲戶既取陰於庭樾又因籬於芳杜開閤室以遠臨闢高軒而旁覩漸沼沚於霤垂周塍陌於堂下其水草則蘋萍芡芰菁藻蒹菰石衣海髮黃荇綠蒲動紅荷於輕浪覆碧葉於澄湖飡嘉賓而却老振羽服於清都其陸卉則紫鼊綠葹天著山韭鴈齒麋舌牛脣龜首布濩南池之陽爛漫北樓之後或幕渚而芘地或縈窻而窺牖若乃園宅殊製田圃異區李衡則橘林千樹石崇則雜果萬株竝豪情之所侈非儉志之所娛欲令紛披蓊鬱吐綠攢朱羅窻映戶接霤承隅開丹房以四照舒翠葉而九衢抽紅英於紫蔕銜素蘂於青跗其林鳥則翻泊頡頏遺音下上楚雀多名流嚶雜響或班尾而綺翼或綠衿而絳頸好葉隱而枝藏乍間關而來往其水禽則大鴻小鴈天狗澤虞秋鶩寒鵝修鷁短鳧曳參差之弱藻戲瀺㵎之輕軀翅抃流而起沫翼鼓浪而成珠其魚則赤鯉青魴纖鯈鉅鱯碧鱗朱尾修顱偃頷小則戲渚成文大則噴流揚白不興羨於江海聊相忘於余宅其竹則東南獨秀九府擅奇不遷植於淇水豈分根於樂池秋蜩吟葉寒雀噪枝來風南軒之下負雪北堂之垂訪往塗之軫跡觀先識之情僞每誅空而索有皆指難以爲易不自已而求足竝尤物以興累亦昔士之所迷而今余之所避也原農皇之攸始討厥播之云初肇變腥以粒食乃人命之所儲壽井田之往記考阡陌於前書顏簞食而樂在鄭高廩而空虛頃四百而不足畝五十而有餘撫幽衷而踢念幸取給於庭廬緯東菑之故耜浸北畝之新渠無褰裳於蹺蹻不抱愁於朝蔬排外物以齊遺獨爲累之在余安事千斯之積不羨汶陽之墟臨巽維而騁目卽堆冢而流眄雖茲山之培塿乃文靖之所宴驅四牡之低昂響繁笳之清囀羅方員而綺錯窮海陸而兼薦奚一權之足偉委千金其如線試撫臆而爲言豈斯風之可扇將通人之遠旨非庸情之所見聊遷情而徙睇識方阜於歸津帶修汀於桂渚肇舉鍤於盧秦路縈吳而款越塗被海而通閩懷三鳥以長念伊故鄉之可珍實褰期於暁歲非失步於方春何東川之瀰瀰獨流涕於吾人謬參賢於昔代亟徒遊於茲所侍綵旄而齊轡陪龍舟而遵渚或列席而賦詩或班觴而宴語穗帷一朝冥漠西陵忽其蔥楚望商飆而永歎每樂愷於斯觀始則鍾石鏘鉉終以魚龍瀾漫或升降有序或浮白無筭貴則景魏蕭曹親則梁武周旦莫不共霜霧而歇滅與風雲而消散眺孫后之墓田尋雄霸之遺武實接漢之後王信開吳之英主指衡岳而作鎭苞江漢而爲宇徒徵言於石椁遂延災於金縷忽蕪穢而不修同原陵之膴膴寧知螻蟻之與狐兔無論樵芻之與牧豎睇東巘以流目心悽愴而不怡蓋昔儲之舊苑實博望之餘基修林則表以桂樹列草則冠以芳芝風臺累翼月榭重楹千櫨捷嶫百栱相持阜蘙林薄蘭柵水嬉踰三齡而事往忽二紀以歷茲咸夷漫以蕩滌非古今之異時回余眸於艮域覿高館於茲嶺雖混成以無跡實遺訓之可秉始飡霞而吐霧終陵虛而倒景駕雌蜺之連卷泛天江之悠永指咸池而一息望瑤臺而高騁匪爽言以自姱冀神方之可請惟鍾巖之隱鬱表皇都而作峻蓋望秩之所宗含風雲而吐潤其爲狀也則巍峩崇崒喬枝拂日嶤嶷岩嶨隆石堆星岑崟嵂屼或坳或平盤堅枕臥詭狀殊形孤嶝橫插洞穴斜經千丈萬仞三襲九成亘繞州邑款跨郊坰素烟晚帶白霧晨縈近循則一巖異色遠望則百嶺俱靑觀二代之塋兆覩摧殘之餘隧成顛沛於虐暨康欽矜於虛器穆恭已於巖廊簡遊情於玄肆烈窮飲以致災安忘懷而受祟何宗祖之奇傑威橫天而陵地惟聖文之纘武殆隆平之可至余世德之所君仰遺封而掩涙神寢匪一靈館相距席布騂駒堂流桂醑降紫皇於天闕延二妃於湘渚浮蘭煙於桂棟召巫陽於南楚揚玉桴握椒糈悅臨風以浩唱折瓊茅而延佇敬惟空路邈遠神蹤遐闊念甚驚飇生猶聚沫歸妙軫於一乘啓玄扉於三達欲息心以遣累必違人而後豁或結橑於巖根或開櫺於木末室闇蘿蔦檐梢松栝旣得理於兼謝固忘懷於饑渴或攀枝獨遠或陵雲高蹈因葺茨以結名猶觀空以表號得忘己於茲日豈期心於來報天假余以大德荷茲賜之無疆受老夫之嘉稱班燕禮於上庠無希驥之秀質乏如珪之令望邀昔恩於舊主重匪服於今皇仰休老之盛則請微軀於夕陽勞蒙司而獲謝猶奉職於春坊時言歸於陋宇聊暇日以翱翔棲余志於淨國歸余心於道場獸依墀而莫駭魚牣沼而不綱旋迷塗於去轍篤後念於徂光晚樹開花初英落蘂或異林而分丹靑乍因風而雜紅紫紫蓮夜發紅荷曉舒輕風微動其芳襲余風騷肩於園樹月籠連於池竹蔓長柯於簷桂發黃華於庭菊冰懸埳而帶坻雲縈松而被野鴨屯飛而不散鴈高翔而欲下竝時物之可懷雖外來而非假實情性之所留滯亦志之而不能捨也傷余情之頹暮罹憂患其相溢悲異軫而同歸憫殊方而竝失時復託情魚鳥歸閑蓬蓽旁闕吳娃前無趙瑟以斯終老於焉消日惟以天地之恩不報書事之官靡述徒重於高門之地不載於良史之筆長太息其何言羌愧心之非一

尋加特進光祿侍中少傅如故十二年卒官時年七十三詔贈本官賻錢五萬布百疋諡曰隱約左目重瞳子腰有紫志聰明過人好墳籍聚書至二萬卷京師莫比少時孤貧丐于宗黨得米數百斛爲宗人所侮覆米而去及貴不以爲憾用爲郡部傳嘗侍讌有妓師是齊文惠宮人帝問識座中客不曰惟識沈家令約伏座流涕帝亦悲焉爲之罷酒約歷仕三代該悉舊章博物洽聞當世取則謝玄暉善爲詩任彥昇工於文章約兼而有之然不能過也自負高才昧於榮利乘時藉勢頗累清談及居端揆稍弘止足每進一官輒殷勤請退而終不能去論者方之山濤用事十餘年未嘗有所薦達政之得失唯唯而已初高祖有憾於張稷及稷卒因與約言之約曰尚書左僕射出作邊州刺史已往之事何足復論帝以爲婚家相爲大怒曰卿言如此是忠臣邪乃輦歸內殿約懼不覺高祖起猶坐如初及還未至牀而憑空頓於戶下因病夢齊和帝以劍斷其舌召巫視之巫言如夢乃呼道士奏赤章於天稱禪代之事不由己出高祖遣上省醫徐奘視約疾還具以狀聞先此約嘗侍讌值豫州獻栗徑寸半帝奇之問曰栗事多少與約各疏所憶少帝三事出謂人曰此公護前不讓卽羞死帝以其言不遜欲抵其罪徐勉固諫乃止及聞赤章事大怒中使譴責者數焉約懼遂卒有司諡曰文帝曰懷情不盡曰隱故改爲隱云所著晉書百一十卷宋書百卷齊紀二十卷高祖紀十四卷邇言十卷諡例十卷宋文章志三十卷文集一百卷皆行於世又撰四聲譜以爲在昔詞人累千載而不寤而獨得胷衿窮其妙旨自謂入神之作高祖雅不好焉帝問周捨曰何謂四聲捨曰天子聖哲是也然帝竟不遵用子旋及約時已歷中書侍郎永嘉太守司徒從事中郎司徒右長史免約喪爲太子僕復以母憂去官而蔬食辟穀服除猶絕粳粱爲給事黃門侍郎中撫軍長史出爲招遠將軍南康內史在部以清治稱卒官諡曰恭侯子寔嗣

陳吏部尚書姚察曰昔木德將謝昏嗣流虐悽悽黔黎命懸晷漏高祖義拯橫潰志寧區夏謀謨帷幄寔寄良平至於范雲沈約參預締構贊成帝業加雲以機警明贍濟務益時約高才博洽名亞遷董俱屬興運蓋一代之英偉焉

梁書卷十四

唐散騎常侍姚思廉撰

列傳第八

江淹　任昉

江淹字文通濟陽考城人也少孤貧好學沈靜少交遊起家南徐州從事轉奉朝請宋建平王景素好士淹隨景素在南兗州廣陵令郭彥文得罪辭連淹繫州獄淹獄中上書曰昔者賤臣叩心飛霜擊於燕地庶女告天振風襲於齊臺下官每讀其書未嘗不廢卷流涕何者士有一定之論女有不易之行信而見疑貞而爲戮是以壯夫義士伏死而不顧者此也下官聞仁不可恃善不可依始謂徒語乃今知之伏願大王暫停左右少加憐鑒下官本蓬戶桑樞之民布衣韋帶之士退不飾詩書以驚愚進不買名聲於天下日者謬得升降承明之闕出入金華之殿何嘗不局影凝嚴側身扃禁者乎竊慕大王之義爲門下之賓備鳴盜淺術之餘豫三五賤伎之末大王惠以恩光眄以顏色實佩荆卿黃金之賜竊感豫讓國士之分矣常欲結纓伏劍少謝萬一剖心摩踵以報所天不圖小人固陋坐貽謗缺迹墜昭憲身限幽圄履影弔心酸鼻痛骨下官聞虧名爲辱虧形次

之是以每一念來忽若有遺加以涉旬月迫季秋天光沉陰左右無色身非木石與獄吏爲伍此少卿所以仰天搥心泣盡而繼之以血者也下官雖乏鄉曲之譽然嘗聞君子之行矣其上則隱於簾肆之間臥於巖石之下次則結綬金馬之庭高議雲臺之上次則虜南越之君係單于之頸俱啓丹冊並圖青史寧當爭分寸之末競刀錐之利哉然下官聞積毀銷金積讒糜骨古則直生取疑於盜金近則伯魚被名於不義彼之二才猶或如此況在下官焉能自免昔上將之恥絳侯幽獄名臣之羞史遷下室如下官尚何言哉夫魯連之智辭祿而不反接輿之賢行歌而忘歸子陵閉關於東越仲蔚杜門於西秦亦良可知也若使下官事非其虛罪得其實亦當鉗口吞舌伏匕首以殞身何以見齊魯奇節之人燕趙悲歌之士乎方今聖歷欽明天下樂業青雲浮雒榮光塞河西洎臨洮狄道北距飛狐陽原莫不浸仁沐義照景飲醴而下官抱痛圜門含憤獄戶一物之微有足悲者仰惟大王少垂明白則梧丘之魂不愧於沉首鵠亭之鬼無恨於灰骨不任肝膽之切敬因執事以聞此心既照死且不朽景素覽書即日出之尋舉南徐州秀才對冊上第轉巴陵王國左常侍景素爲荆州淹從之鎮少帝即位多失德景素專據上流咸勸因此舉事淹每從容諫曰流言納禍二叔所以同亡抵局銜怨七國於焉俱斃殿下不求宗廟之安而信左右之計則復見麋鹿霜露棲於姑蘇之臺矣景素不納及鎮京口淹又爲鎮軍參軍事領南東海郡丞景素與腹心日夜謀議淹知禍機將發乃贈詩十五首以諷焉會南東海太守陸澄丁艱淹自謂郡丞應行郡事景素用司馬柳世隆淹固求之景素大怒言於選部黜爲建安吳興令淹在縣三年昇明初齊帝輔政聞其才召爲尚書駕部郎驃騎參軍事俄而荆州刺史沈攸之作亂高帝謂淹曰天下紛紛若是君謂何如淹對曰昔項彊而劉弱袁衆而曹寡羽號令諸侯卒受一劒之辱紹跨躡四州終爲奔北之虜此謂在德不在鼎公何疑哉帝曰聞此言者多矣試爲慮之淹曰公雄武有奇畧一勝也寬容而仁恕二勝也賢能畢力三勝也民望所歸四勝也奉天子而伐叛逆五勝也彼志銳而器小一敗也有威而無恩二敗也士卒解體三敗也搢紳不懷四敗也懸兵數千里而同惡相濟五敗也故雖豺狼十萬而終爲我獲焉帝笑曰君談過矣是時軍書表記皆使淹具草相國建補記室參軍事建元初又爲驃騎建安王記室帶東武令參掌詔冊并典國史尋遷中書侍郎永明初遷驃騎將軍掌國史出爲建武將軍廬陵內史視事三年還爲驍騎將軍兼尚書左丞尋復以本官領國子博士少帝初以本官兼御史中丞時明帝作相因謂淹曰君昔在尚書中非公事不妄行在官寬猛能折衷今爲南司足以震肅百寮淹荅曰今日之事可謂當官而行更恐才劣志薄不足以仰稱明旨耳於是彈中書令謝朏司徒左長史王繢護軍長史庾弘遠並以久疾不預山陵公事又奏前益州刺史劉悛梁州刺史陰智伯並贓貨巨萬輒收付廷尉治罪臨海太守沈昭畧永嘉太守庾曇隆及諸郡二千石并大縣官長多被劾治內外肅然明帝謂淹曰宋世以來不復有嚴明中丞君今日可謂近世獨步明帝即位爲車騎臨海王長史俄除廷尉卿加給事中遷冠軍長史加輔國將軍出爲宣城太守將軍如故在郡四年還爲黃門侍郎領步兵校尉尋爲秘書監永元中崔惠景舉兵圍京城衣冠悉投名刺淹稱疾不往及事平世服其先見東昏末淹以祕書監兼衛尉固辭不獲免遂親職謂人曰此非吾任路人所知正取吾空名耳且天時人事尋當飜覆孔子曰有文事者必有武備臨事圖之何憂之有頃之又副領軍王瑩及義師至新林淹微服來奔高祖板爲冠軍將軍秘書監如故尋兼司徒左長史中興元年遷吏部尚書二年轉相國右長史冠軍將軍如故天監元年爲散騎常侍左衛將軍封臨沮縣開國伯食邑四百戶淹乃謂子弟曰吾本素宦不求富貴今之忝竊遂至於此平生言止足之事亦以備矣人生行樂耳須富貴何時吾功名既立正欲歸身草萊耳其年以疾遷金紫光祿大夫改封醴陵侯四年卒時年六十二高祖爲素服舉哀賻錢三萬布五十匹謚曰憲伯淹少以文章顯晚節才思微退時人皆謂之才盡凡所著述百餘篇自撰爲前後集并齊史十志並行於世子蒍襲封嗣自丹陽尹丞爲長城令有罪削爵普通四年高祖追念淹功復封蒍吳昌伯邑如先

任昉字彥昇樂安博昌人漢御史大夫敖之後也父遙齊中散大夫遙妻裴氏嘗晝寢夢有彩旗蓋四角懸鈴自天而墜其一鈴落入裴懷中心悸動既而有娠生昉身長七尺五寸幼好學早知名宋丹陽尹劉秉辟爲主簿時昉年十六以氣忤秉子久之爲奉朝請舉兗州秀才拜太常博士遷征北行參軍永明初衛將軍王儉領丹陽尹復引爲主簿儉雅欽重昉以爲當時無輩遷司徒刑獄參軍事入爲尚書殿中郎轉司徒竟陵王記室參軍以父憂去職性至孝居喪盡禮服闋續遭母憂常廬于墓側哭泣之地草爲不生服除拜太子步兵校尉管東宮書記初齊明帝既廢鬱陵王始爲侍中中書監驃騎大將軍開府儀同三司揚州刺史錄尚書事封宣城郡公加兵五千使昉具表草其辭曰臣本庸才智力淺短太祖高皇帝篤猶子之愛降家人之慈世祖武皇帝情等布衣寄深同氣武皇大漸實奉話言雖自見之明庸近所蔽愚夫一至偶識量已實不忍自固於綴衣之辰拒違於玉几之側遂荷顧託導揚末命雖嗣君棄常獲罪宣德王室不造職臣之由何者親則東牟任惟博陸徒懷子孟社稷之對何救昌邑爭臣之譏四海之議於何逃責陵土未乾訓誓在耳家國之事一至於斯非臣之尤誰任其咎將何以肅拜高寢虔奉武園悼心失圖泣血待旦寧容復徼榮於家恥宴安於國危驃騎上將之元勳神州儀刑之列岳尚書是稱司會中書實管王言且虛飾寵章委成禦侮臣知不愜物誰謂宜但命輕鴻毛責重山岳存沒同歸毀譽一貫辭一官不減身累增一職已黷朝經便當自同體國不爲飾讓至於功均一匡賞同千室光宅近甸奄有全邦殞越爲期不敢聞命亦願曲留降鑒即垂聽許鉅平之懇誠必固永昌之丹慊獲申乃知君臣之道綽有餘裕苟曰易昭敢守難奪帝惡其辭斥甚愠昉由是終建武中位不過列校昉雅善屬文尤長載筆才思無窮當世公王表奏莫不請焉昉起草即成不加點竄沈約一代詞宗深所推挹明帝崩遷中書侍郎永元末爲司徒右長史高祖克京邑霸府初開以昉爲驃騎記室參軍始高祖與昉遇竟陵王西邸從容謂昉曰我登三府當以卿爲記室昉亦戲高祖曰我若登三事當以卿爲騎兵謂高祖善騎也至是故引昉符昔言焉昉奉牋曰伏承以今令辰肅膺典策德顯功高光副四海含生之倫庶身有地況昉受教君子將二十年咳唾爲恩眄睞成飾小人懷惠顧知死所昔承清宴屬有緒言提挈之旨形乎善謔豈謂多幸斯言不渝雖情謬先覺而迹淪驕餌湯沐具而非弔大廈構而相驩明公道冠二儀勳超邃古將使伊周奉轡桓文扶轂神功無紀化物何稱府朝初建俊賢驤首惟此魚目唐突璵璠顧已循涯寔知塵忝千載一逢再造難荅雖則殞越且知非報梁臺建禪讓文誥多昉所具高祖踐阼拜黃門侍郎遷吏部郎中尋以本官掌著作天監二年出爲義興太守在任清潔兒妾食麥而已友人彭城到溉溉弟洽從昉共爲山澤游及被代登舟止有米五斛既至無衣鎮軍將軍沈約遣裙衫迎之重除吏部郎中參掌大選居職不稱尋轉御史中丞秘書監領前軍將軍自齊永元以來秘閣四部篇卷紛雜昉手自讐校由是篇目定焉六年春出爲寧朔將軍新安太守在郡不事邊幅率然曳杖徒行邑郭民通辭訟者就路決焉爲政清省吏民便之視事期歲卒於官舍時年四十九闔境痛惜百姓共立祠堂於城南高祖聞問即日舉哀哭之甚慟追贈太常卿謚曰敬子昉好交結獎進士友得其延譽者率多升擢故衣冠貴遊莫不爭與交好坐上賓客恒有數十時人慕之號曰任君言如漢之三君也陳郡殷芸與建安太守到溉書曰哲人云亡儀表長謝元龜何寄指南誰託其爲士友所推如此昉不治生產至乃居無室宅世或譏其多乞貸亦隨復散之親故昉常歎曰知我亦以叔則不知我亦以叔則昉墳籍無所不見家雖貧聚書至萬餘卷率多異本昉卒後高祖使學士賀縱共沈約勘其書目官所無者就昉家取之昉所著文章數十萬言盛行於世初昉立於士大夫間多所汲引有善已者則厚其聲名及卒諸子皆幼人罕贍卹之平原劉孝標爲著論曰客問主人曰朱公叔絶交論爲是乎爲非乎主人曰客奚此之問客曰夫草蟲鳴則阜螽躍雕虎嘯而清風起故絪緼相感霧涌雲蒸嚶鳴相召星流電激是以王陽登則貢公喜罕生逝而國子悲且心同琴瑟言鬱郁於蘭茝道叶膠漆志婉孌於塤篪聖賢以此鏤金版而鐫盤盂書玉牒而刻鍾鼎若匠人輟成風之妙巧伯牙息流波之雅引范張款款於下泉尹班陶陶於永夕駱驛縱橫煙霏雨散皆巧歷所不知心計莫能測而朱益州汨㶁敘越謨訓捶直切絶交遊視黔首以鷹鸇娭人靈於豺虎蒙有猜焉請辨其惑主人听然曰客所謂撫弦徽音未達燥濕變響張羅沮澤不覩鶤鴈高飛蓋聖人握金鏡闡風烈龍驤蠖屈從道汙隆日月聯璧歎亹亹之弘致雲飛電薄顯棣華之微旨若五音之變化濟九成之妙曲此朱生得玄珠於赤水謨神睿而爲言至夫組織仁義琢磨道德驩其愉樂恤其陵夷寄通靈臺之下遺迹江湖之上風雨急而不輟其音霜雪零而不渝其色斯賢達之素交歷萬古而一遇逮叔世民訛狙詐飈起谿谷不能踰其險鬼神無以究其變競毛羽之輕趨錐刀之末於是素交盡利交興天下蚩蚩鳥驚雷駭然利交同源派流則異較言其畧有五術焉若其寵鈞董石權壓

梁竇雕刻百工鑪錘萬物吐漱興雲雨呼吸下霜露九域聳其風塵四海疊其熛灼靡不望影星奔藉響川鶩雞人始唱鶴蓋成陰高門旦開流水接軫皆願摩頂至踵隳膽抽腸約同要離焚妻子誓徇荆卿湛七族是曰勢交其流一也富埒陶白貲巨程羅山擅銅陵家藏金穴出平原而聯騎居里閈而鳴鍾則有窮巷之賓繩樞之士冀宵燭之末光邀潤屋之微澤魚貫鳧躍颯沓鱗萃分鴈鶩之稻粱沾玉斝之餘瀝銜恩遇進款誠援青松以示心指白水而旌信是曰賄交其流二也陸大夫燕喜西都郭有道人倫東國公卿貴其籍甚搢紳羡其登仙加以顩頤蹙頞涕唾流沫騁黃馬之劇談縱碧雞之雄辯敘溫燠則寒谷成暄論嚴苦則春叢零葉飛沈出其顧指榮辱定其一言於是弱冠王孫綺紈公子道不絓於通人聲未遒於雲閣攀其鱗翼丐其餘論附騏驥之髦端軼歸鴻於碣石是曰談交其流三也陽舒陰慘生民大情憂合驩離品物恒性故魚以泉涸而呴沫鳥因將死而悲鳴同病相憐綴河上之悲曲恐懼寘懷昭谷風之盛典斯則斷金由於湫隘刎頸起於苫蓋是以伍員濯溉於宰嚭張王撫翼於陳相是曰窮交其流四也馳騖之俗澆薄之倫無不操權衡秉纖纊衡所以揣其輕重纊所以屬其鼻息若衡不能舉纊不能飛雖顏冉龍翰鳳雛曾史蘭薰雪白舒向金玉淵海卿雲黼黻河漢視若遊塵遇同土梗莫肯費其半菽罕有落其一毛若衡重錙銖纊微影撇雖共工之蒐慝驩兜之掩義南荆之跋扈東陵之巨猾皆爲匍匐委蛇折枝舐痔金膏翠羽將其意脂韋便辟導其誠故輪蓋所遊必非夷惠之室苞苴所入實行張霍之家謀而後動芒毫寡忒是曰量交其流五也凡斯五交義同賈鬻故桓譚譬之於闤闠林回喻之於甘醴夫寒暑遞進盛衰相襲或前榮而後悴或始富而終貧或初存而末亡或古約而今泰循環翻覆迅彼波瀾此則狗利之情未嘗異變化之道不得一由是觀之張陳所以凶終蕭朱所以隙末斷焉可知矣而翟公方規規然勒門以箴客何所見之晚乎然因此五交是生三釁敗德殄義禽獸相若一釁也難固易攜讐訟所聚二釁也名陷饕餮貞介所羞三釁也古人知三釁之爲梗懼五交之速尤故王丹威子以檟楚朱穆昌言而示絕有旨哉近世有樂安任昉海內髦傑早綰銀黃夙招民譽遒文麗藻方駕曹王英特儁邁聯橫許郭類田文之愛客同鄭莊之好賢見一善則盱衡扼腕遇一才則揚眉抵掌雌黃出其脣吻朱紫由其月旦於是冠蓋輻湊衣裳雲合輜軿擊轊坐客恒滿路其閭閫若升闕里之堂入其奧隅謂登龍門之坂至於顧盼增其倍價翦拂使其長鳴彯組雲臺者摩肩趨走丹墀者疊迹莫不締恩狎結綢繆想惠莊之清塵庶羊左之徽烈及瞑目東越歸骸雒浦繐帳猶懸門罕漬酒之彥墳未宿草野絕動輪之賓藐爾諸孤朝不謀夕流離大海之南寄命瘴癘之地自昔把臂之英金蘭之友曾無羊舌下泣之仁寧慕郈成分宅之德嗚呼世路險巇一至於此太行孟門豈云嶄絕是以耿介之士疾其若斯裂裳裹足棄之長騖獨立高山之頂懽與麋鹿同羣皦皦然絕其雰濁誠恥之也誠畏之也昉撰雜傳二百四十七卷地記二百五十二卷文章三十三卷

昉第四子東里頗有父風官至尚書外兵郎

陳吏部尚書姚察曰觀夫二漢求賢率先經術近世取人多由文史二子之作辭藻壯麗允值其時淹能沉靜昉持內行並以名位終始宜哉江非先覺任無舊恩則上秩顯贈亦未由也已

梁書卷十五

唐　散騎常侍　姚思廉　撰

列傳第九

謝朏　弟子覽

謝朏字敬沖陳郡陽夏人也祖弘微宋太常卿父莊右光祿大夫並有名前代朏幼聰慧莊器之常置左右年十歲能屬文莊遊土山賦詩使朏命篇朏攬筆便就琅邪王景文謂莊曰賢子足稱神童復爲後來特達莊笑因撫朏背曰眞吾家千金孝武帝遊姑孰敕莊攜朏從駕詔使爲洞井贊於坐奏之帝曰雖小奇童也起家撫軍法曹行參軍遷太子舍人以父憂去職服闋復爲舍人歷中書郎衞將軍袁粲長史粲性簡峻罕通賓客時人方之李膺朏謁既退粲曰謝令不死尋遷給事黃門侍郎出爲臨川內史以賄見劾案經袁粲粲寢之齊高帝爲驃騎將軍輔政選朏爲長史敕與河南褚炫濟陽江斅彭城劉俁俱入侍宋帝時號爲天子四友續拜侍中并掌中書散騎二省詔冊高帝進太尉又以朏爲長史帶南東海太守高帝方圖禪代思佐命之臣以朏有重名深所欽屬論魏晉故事因曰晉革命時事久兆石苞不早勸晉文死方慟哭方之馮異非知機也朏答曰昔魏臣有勸魏武即帝位者魏武曰如有用我其爲周文王乎晉文世事魏氏將必身終北面假使魏早依唐虞故事亦當三讓彌高帝不悅更引王儉爲左長史以朏侍中領秘書監及齊受禪朏當日在直百僚陪位侍中當解璽朏佯不知曰有何公事傳詔云解璽授齊王朏曰齊自應有侍中乃引枕臥傳詔懼乃使稱疾欲取兼人朏曰我無疾何所道遂朝服步出東掖門乃得車仍還宅是日遂以王儉爲侍中解璽既而武帝言於高帝請誅朏帝曰殺之則遂成其名正應容之度外耳遂廢于家永明元年起家拜通直散騎常侍累遷侍中領國子博士五年出爲冠軍將軍義興太守加秩中二千石在郡不省雜事悉付綱紀曰吾不能作主者吏但能作太守耳視事三年徵都官尚書中書令隆昌元年復爲侍中領新安王師未拜固求外出仍爲征虜將軍吳興太守受召便述職時明帝謀入嗣位朝之舊臣皆引參謀策朏內圖止足且實避事弟瀹時爲吏部尚書朏至郡致瀹數斛酒遺書曰可力飲此勿豫人事朏居郡每不治而常務聚斂衆頗譏之亦不屑也建武四年詔徵爲侍中中書令遂抗表不應召遣諸子還京師獨與母留築室郡之西郭明帝下詔曰夫超然榮觀風流自遠路彼幽人英華罕值故長揖楚相見稱南國高謝漢臣取貴良史新除侍中中書令朏早藉羽儀夙標清尚登朝樹績出守馳聲遂斂跡康衢拂衣林沚抱箕潁之餘芳甘顩領而無悶撫事懷人載留欽想宜加優禮用旌素槩可賜牀帳褥席俸以卿祿常出在所時國子祭酒廬江何胤亦抗表還會稽永明二年詔徵朏爲散騎常侍中書監胤爲散騎常侍太常卿並不屈三年又詔徵朏爲侍中太子少傅胤散騎常侍太子詹事時東昏皆下在所使迫遣之值義師已近故並得不到及高祖平京邑進位相國表請朏胤曰夫窮則獨善達以兼濟雖出處之道其揆不同用捨惟時賢哲是路前新除侍中太子少傅朏前新除散騎常侍太子詹事都亭侯胤羽儀世胄徽猷冠冕道業德聲康濟雅俗昔居朝列素無宦情賓客簡通公卿罕預簪紱未褫而風塵擺落且文宗儒肆互居其長清規雅裁兼擅其美並達照深識預覩亂萌見庸質之如初知貽厥之無寄拂衣東山眇絕塵軌雖解組昌運實避昏時家膺鼎食而甘茲橡艾世襲青紫而安此懸鶉自澆風肇扇用南成俗淳流素軌餘烈頗存誰其激貪功歸有道康俗振民朝野一致雖在江海而勲同魏闕今泰運甫開賤貧爲恥況乎久蘊瑚璉暫厭承明而可得求志海隅永追松子臣負荷殊重參贊萬機寔賴羣才共成棟幹思挹清源取鏡止水愚欲屈居僚首朝夕諮諏庶足以翼宣寡薄式是王度請並補臣府軍諮祭酒朏加後將軍並不至高祖踐阼徵朏爲侍中光祿大夫開府儀同三司胤散騎常侍特進右光祿大夫又並不屈仍遣領軍司馬王果宣旨敦譬明年六月朏輕舟出詣闕自陳既至詔以爲侍中司徒尚書令朏辭脚疾不堪拜謁乃角巾肩輿詣雲龍門謝詔見於華林園乘小車就席明旦輿駕出幸朏宅醼語盡懽朏固陳本志不許因請自還東迎母乃許之臨發輿駕復臨幸賦詩餞別王人送迎相望於道到京師敕材官起府於舊宅高祖臨軒遣謁者於府拜授詔停諸公事及朔望朝謁三年元會詔朏乘小輿升殿其年遭母憂尋有詔攝職如故後五年改授中書監司徒衞將軍並固讓不受遣謁者敦授乃拜受焉是冬薨於府時年六十六輿駕出臨哭詔給東園祕器朝服一具衣一襲錢十萬布百匹蠟百斤贈侍中司徒謚曰靖孝朏所著書及文章並行於世子諼官至司徒右長史坐殺牛免官卒於家次子譓頗有文才仕至晉安太守卒官

覽字景滌朏弟瀹之子也選尚齊錢唐公主拜駙馬都尉秘書郎太子舍人高祖爲大司馬召補東閤祭酒遷相國戶曹天監元年爲中書侍郎掌吏部事頃之即眞覽爲人美風神善辭令高祖深器之嘗侍坐受敕與侍中王暕爲詩答贈其文甚工高祖善之仍使重作復合旨乃賜詩云雙文既後進二少實名家豈伊止棟隆信乃俱國華以母憂去職服闋除中庶子又掌吏部郎事尋除吏部郎遷侍中覽頗樂酒因醼席與散騎常侍蕭琛辭相詆毀爲有司所奏高祖以覽年少不直出爲中權長史頃之敕掌東宮管記遷明威將軍新安太守九年夏山賊吳承伯破宣城郡餘黨散入新安叛吏鮑敘等與合攻沒黟歙諸縣進兵擊覽覽遣郡丞周興嗣於錦沙立塢拒戰不敵遂棄郡奔會稽臺軍平山寇覽復還郡左遷司徒諮議參軍仁威長史行南徐州事五兵尚書尋遷吏部尚書覽自祖至孫三世居選部當世以爲榮十二年春出爲吳興太守中書舍人黃睦之家居烏程子弟專橫前太守皆折節事之覽未到郡睦之子弟來迎覽逐去其船杖吏爲通者自是睦之家杜門不出不敢與公私門通郡邑多劫爲東道患覽下車肅然一境清謐初齊明帝及覽父瀹東海徐孝嗣並爲吳興

號爲明守覽皆欲過之昔覽在新安頗聚斂至是遂稱廉絜時人方之王懷祖卒於官時年三十七詔贈中書令子罕早卒

陳吏部尚書姚察曰謝朏之於宋代蓋忠義者歟當齊建武之世拂衣止足永元多難確然獨善其疎蔣之流乎洎高祖龍興旁求物色角巾來仕首陟台司極出處之致矣覽終能善政君子韙之

梁書卷十五考證

謝朏傳乃角巾肩輿詣雲龍門謝詔○肩監本訛自今從南本改正

梁書卷十六

唐 散 騎 常 侍 姚 思 廉 撰

列傳第十

王亮 張稷 王瑩

王亮字奉叔瑯邪臨沂人晉丞相導之六世孫也祖偃宋右光祿大夫開府儀同三司父攸給事黃門侍郎亮以名家子宋末選尚公主拜駙馬都尉祕書郎累遷桂陽王文學南郡王友祕書丞齊竟陵王子良開西邸延才俊以爲士林館使工圖畫其像亮亦預焉遷中書侍郎大司馬從事中郎出爲衡陽太守以南土卑濕辭不之官遷給事黃門侍郎尋拜晉陵太守在職清公有美政時齊明帝卽位聞而嘉之引爲領軍長史甚見賞納及卽位累遷太子中庶子尚書吏部郎詮序著稱遷侍中建武末爲吏部尚書是時尚書右僕射江祏管朝政多所進拔爲士子所歸亮自以身居選部每持異議始亮未爲吏部郎時以祏帝之內弟故深友祏祏爲之延譽益爲帝所器重至是與祏睽之如初及祏遇誅羣小放命凡所除拜悉由內寵亮更弗能止外若詳審內無明鑒其所選用拘資次而已當世不謂爲能頻加通直散騎常侍太子右衛率爲尚書右僕射中護軍既而東昏肆虐淫刑已逞亮傾側取容竟以免戮義師至新林內外百僚皆道迎其未能拔者亦間路送誠款亮獨不遣及城內既定獨推亮爲首亮出見高祖高祖曰顚而不扶安用彼相而弗之罪也霸府開以爲大司馬長史撫軍將軍瑯邪清河二郡太守梁臺建授侍中尚書令固讓不拜乃爲侍中中書監兼尚書令高祖受禪遷侍中尚書令中軍將軍引參佐命封豫寧縣公邑二千戶天監二年轉左光祿大夫侍中中軍如故元日朝會萬國亮辭疾不登殿設饌別省而語笑自若數日詔公卿問訊亮無疾色御史中丞樂藹奏大不敬論棄市刑詔削爵廢爲庶人四年夏高祖讌於華光殿謂羣臣曰朕日昃聽政思聞得失卿等可謂多士宜各盡獻替尚書左丞范縝起曰司徒謝朏本有虛名陛下擢之如此前尚書令王亮頗有治實陛下棄之如彼是愚臣所不知高祖變色曰卿可更餘言縝固執不已高祖不悅御史中丞任昉因奏曰臣聞息夫歷詆漢有正刑白褒一奏晉以明罰況乎附下訕上毁譽自口者哉風聞尚書左丞臣范縝自晉安還語人云我不詣餘人惟詣王亮不餉餘人惟餉王亮輒收縝白從左右萬休到臺辨問與風聞符同又今月十日御餞梁州刺史臣珍國宴私既洽羣臣竝已謁退時詔留侍中臣昂等十人訪以政道縝不答所問而橫議沸騰遂貶裁司徒臣朏褒舉庶人王亮臣于時預奉恩留肩隨竝立耳目所接差非風聞竊尋王有遊豫親御軒陛義深推轂情均湛露酒闌宴罷當扆正立記事在前記言在後軫早朝之念深求瘼之情而縝言不遜妄陳褒貶傷濟濟之風缺側席之望不有嚴裁憲准將頹縝卽主臣謹案尚書左丞臣范縝衣冠緒餘言行舛駮誇諾里落喧詬周行曲學謏聞未知去代弄口鳴舌祇足飾非乃者義師近次縝丁罹艱棘曾不呼門墨縗景附頗同先覺實奉龍顔而今黨協釁餘翻爲矛楯人而無恒成茲姦詖日者飮至策勳功微賞厚出守名邦入司管籥苞篚罔遺而假稱折轅衣裙所弊譏激失所許與疵廢廷辱民宗自居樞憲糾奏寂寞顧望縱容無至公之議惡直醜正有私訐之談宜寘之嚴纆肅正國典臣等參議請以見事免縝所居官輒勒外收付廷尉法獄治罪應諸連逮委之獄官以法制從事縝位應黃紙臣輒奉白簡詔聞可璽書語縝曰亮少乏才能無聞時輩昔經冒入羣英相與豈薄晚節諂事江祏爲吏部末協附梅蟲兒茹法珍遂執昏政比屋罹禍盡家塗炭四海沸騰天下橫潰此誰之咎食亂君之祿不死於治世亮協固凶黨作威作福靡衣玉食女樂盈房勢危事逼自相吞噬建石首題啓靡請罪朕錄其白旗之來貰其既往之咎亮反覆不忠姦賄彰暴有何可論妄相談述具以狀對所詰十條縝答支離而已亮因屛居閉埽不通賓客遭母憂居喪盡禮八年詔起爲祕書監俄加通直散騎常侍數日遷太常卿九年轉中書監加散騎常侍其年卒詔賻錢三萬布五千匹謚曰煬子

張稷字公喬吳郡人也父永宋右光祿大夫稷所生母遘疾歷時稷始年十一夜不解衣而養永異之及母亡毁瘠過人杖而後起性疎率朗悟有才略與族兄充融卷等俱知名時稱之曰充融卷稷是爲四張起家著作佐郎不拜頻居父母憂六載廬于墓側服除爲驃騎法曹行參軍遷外兵參軍齊永明中爲剡縣令略不視事多爲山水遊會賊唐瑤作亂稷率厲縣人保全縣境入爲太子洗馬大司馬東曹掾建安王友大司馬從事中郎武陵王曅爲護軍轉護軍司馬尋爲本州治中明帝領牧仍爲別駕時魏寇壽春以稷爲寧朔將軍軍主副尚書僕射沈文季鎭豫州魏衆稱百萬圍城累日時經略處分文季悉委稷焉軍退遷平西司馬寧朔將軍南平內史魏又寇雍州詔以本號都督荆雍諸軍事時雍州刺史曹虎度樊城岸以稷知州事虎師退稷還荆州就拜黃門侍郎復爲司馬新興永寧二郡太守郡犯私諱改永寧爲長寧尋遷司徒司馬加輔國將軍及江州刺史陳顯達舉兵反以本號鎭歷陽南譙二郡太守遷鎭南長史尋陽太守輔國將軍行江州事尋徵還爲持節輔國將軍都督北徐州諸軍事北徐州刺史出次白下仍遷都督南兗州諸軍事南兗州刺史俄進督北徐徐兗青冀五州諸軍事將軍竝如故永元末徵爲侍中宿衞宮城義師至兼衞尉江淹出奔稷兼衞尉副王瑩都督城內諸軍事時東昏淫虐義師圍城已久城內思亡而莫有先發北徐州刺史王珍國就稷謀之乃使直閤張齊害東昏于含德殿稷召尚書右僕射王亮等列坐殿前西鍾下謂曰昔桀有昏德鼎遷于殷商紂暴虐鼎遷于周今獨夫自絕于天四海已歸聖主斯實微子去殷之時項伯歸漢之日可不勉哉乃遣國子博士范雲舍人裴長穆等使石頭城詣高祖高祖以稷爲侍中左衞將軍高祖總百揆遷大司馬左司馬梁臺建爲散騎常侍中書令高祖受禪以功封江安縣侯邑一千戶又爲侍中國子祭酒領驍騎將軍遷護軍將軍揚州大中正以事免尋爲度支尚書前將軍太子右衞率又以公事免俄爲祠部尚書轉散騎常侍都官尚書揚州大中正以本職知領軍事尋遷領軍將軍中正侯如故時魏寇青州詔假節行州事會魏軍退仍出爲散騎常侍將軍吳興太守秩中二千石下車存問遺老引其子孫置之右職政稱寬恕進號雲麾將軍徵尚書左僕射輿駕將欲如稷宅以盛暑留幸僕射省舊臨幸供具皆酬太官饌直帝以稷清貧手詔不受出爲使持節散騎常侍都督青冀二州諸軍事安北將軍青冀二州刺史會魏寇朐山詔稷權頓六里都督衆軍還進號鎭北將軍初鬱州接邊陲民俗多與魏人交市及朐山叛或與魏通既不自安矣且稷寬弛無防僚吏頗侵漁之州人徐道角等夜襲州城害稷時年六十三有司奏削爵土稷性烈亮善與人交歷官無蓄聚俸祿皆頒之親故家無餘財初去吳興郡以僕射徵道由吳鄉侯稷者滿水陸稷單裝徑還京師人莫之識其率素如此稷長女楚瑗適會稽孔氏無子歸宗至稷見害女以身蔽刃先父卒稷子嶸別有傳卷字令遠稷從兄也少以知理著稱能清言仕至都官尚書天監初卒

王瑩字奉光瑯邪臨沂人也父懋光祿大夫南鄉僖侯瑩選尚宋臨淮公主拜駙馬都尉除著作佐郎累遷太子舍人撫軍功曹散騎侍郎司徒左西屬齊高帝爲驃騎將軍引爲從事中郎頃之出爲義興太守代謝超宗超宗去郡與瑩交惡既還間瑩於懋懋言之於朝廷以瑩供養不足坐失郡廢棄久之爲前軍諮議參軍中書侍郎大司馬從事中郎未拜丁母憂服闋爲給事黃門郎出爲宣城太守遷爲驃騎長史復爲黃門侍郎司馬太子中庶子仍遷侍中父憂去職服闋復爲侍中領射聲校尉又爲冠軍將軍東陽太守居郡有惠政遷吳興太守明帝勤憂庶政瑩頻處二郡皆有能名甚見褒美還爲太子詹事中領軍永元初政由羣小瑩守職而不能有所是非瑩從弟亮既當朝於瑩素雖不善時欲引與同事遷尚書左僕射未拜會護軍崔慧景自京口奉江夏王入伐瑩假節率衆拒慧景於湖頭夜爲慧景所襲衆散瑩赴水乘榜入樂遊因得還臺城慧景敗還居領軍府義師至復假節都督宮城諸軍事建康平高祖爲相國引瑩爲左長史加冠軍將軍奉法駕迎和帝于江陵帝至南洲遜位于別宮高祖踐阼遷侍中撫軍將軍封建城縣公邑千戶尋遷尚書左僕射侍中撫軍如故頃之爲護軍將軍復遷散騎常侍中軍將軍丹陽尹

視事三年遷侍中光祿大夫領左衞將軍俄遷尚書令雲麾將軍侍中如故累進號左中權將軍給鼓吹一部瑩性清愼居官恭恪高祖深重之天監十五年遷左光祿大夫開府儀同三司丹陽尹侍中如故瑩將拜印工鑄其印六鑄而龜六毁既成頸空不實補而用之居職六日暴疾卒贈侍中左光祿大夫開府儀同三司

陳吏部尚書姚察曰孔子稱殷有三仁微子去之箕子爲之奴比干諫而死王亮之居亂世勢位見矣其於取捨何與三仁之異歟及奉興王蒙寬政爲佐命固將愧於心迺自取廢敗非不幸也易曰非所據而據之身必危亮之進退失所據矣惜哉張稷因機制變亦其時也王瑩印章六毁豈神之害盈乎

梁書卷十六考證

張稷傳新興永寧二郡太守郡犯私諱改永寧爲長寧○臣人龍按諱謂稷父名永也以私諱而改郡名僅見於此

梁書卷十七

唐　散騎常侍姚思廉撰

列傳第十一

王珍國　馬仙琕　張齊

王珍國字德重沛國相人也父廣之齊世良將官至散騎常侍車騎將軍珍國起家冠軍行參軍累遷虎賁中郎將南譙太守治有能名時郡境苦飢乃發米散財以拯窮乏齊高帝手敕云卿愛人治國甚副吾意也永明初遷桂陽內史討捕盜賊境內肅清罷任還都路經江州刺史柳世隆臨渚餞別見珍國還裝輕素乃歎曰此眞可謂良二千石也還爲大司馬中兵參軍武帝雅相知賞每歎曰晚代將家子弟有如珍國者少矣復出爲安成內史入爲越騎校尉冠軍長史鍾離太守仍遷巴東建平二郡太守還爲游擊將軍以父憂去職建武末魏軍圍司州明帝使徐州刺史裴叔業攻拔渦陽以爲聲援起珍國爲輔國將軍率兵助焉魏將楊大眼大衆奄至叔業懼棄軍走珍國率其衆殿故不至大敗永泰元年會稽太守王敬則反珍國又率衆拒之敬則平遷寧朔將軍青冀二州刺史將軍如故義師起東昏召珍國以衆還京師入頓建康城義師至使珍國出屯朱雀門爲王茂軍所敗乃入城仍密遣郄纂奉明鏡獻誠於高祖高祖斷金以報之時城中咸思從義莫敢先發侍中衞尉張稷都督衆軍珍國潛結稷腹心張齊要稷稷許之十二月丙寅旦珍國引稷於衞尉府勒兵入自雲龍門卽東昏於內殿斬之與稷會尚書僕射王亮等於西鍾下使中書舍人裴長穆等奉東昏首歸高祖以功授右衞將軍辭不拜又授徐州刺史固乞留京師復賜金帛珍國又固讓敕答曰昔田子泰固辭絹穀卿體國情深良在可嘉後因侍宴帝問曰卿明鏡尚存昔金何在珍國答曰黃金謹在臣肘不敢失墜復爲右衞將軍加給事中遷左衞將軍加散騎常侍天監初封灄陽縣侯邑千戶除都官尚書常侍如故五年魏任城王元澄寇鍾離高祖遣珍國因問討賊方略珍國對曰臣常患魏衆少不苦其多高祖壯其言乃假節與衆軍同討焉魏軍退班師出爲使持節都督梁秦二州諸軍事征虜將軍南梁秦二州刺史會梁州長史夏侯道遷以州降魏珍國步道出魏興將襲之不果遂留鎮焉以無功累表請解高祖弗許改封宜陽縣侯戶邑如前徵還爲員外散騎常侍太子右衞率加後軍頃之復爲左衞將軍九年出爲使持節都督湘州諸軍事信武將軍湘州刺史視事四年徵還爲護軍將軍遷通直散騎常侍丹陽尹十四年卒詔贈車騎將軍給鼓吹一部賻錢十萬布百匹謚曰威子僧度嗣

馬仙琕字靈馥扶風郿人也父伯鸞宋冠軍司馬仙琕少以果敢聞遭父憂毁瘠過禮負土成墳手植松栢起家郢州主簿遷武騎常侍爲小將隨齊安陸王蕭緬緬卒事明帝永元中蕭遙光崔慧景亂累有戰功以勳至前將軍出爲龍驤將軍南汝陰譙二郡太守會壽陽新陷魏將王肅侵邊仙琕力戰以寡克衆魏人甚憚之復以功遷寧朔將軍豫州刺史義師起四方多響應高祖使仙琕故人姚仲賓說之仙琕於軍斬仲賓以殉義師至新林仙琕猶持兵於江西日鈔運漕建康城陷仙琕號哭經宿乃解兵歸罪高祖勞之曰射鉤斬袪昔人弗忌卿勿以戮使斷運苟自嫌絕也仙琕謝曰小人如失主犬後主飼之便復爲用高祖笑而美之俄而仙琕母卒高祖知其貧賻給甚厚仙琕號泣謂弟仲艾曰蒙大造之恩未獲上報今復荷殊澤當與爾以心力自効耳天監四年王師北討仙琕每戰勇冠三軍當其衝者莫不摧破與諸將論議口未嘗言功人問其故仙琕曰丈夫爲時所知當進不求名退不逃罪乃平生願也何功可論授輔國將軍宋安安蠻二郡太守遷南義陽太守累破山蠻郡境清謐以功封浛洭縣伯邑四百戶仍遷都督司州諸軍事司州刺史輔國將軍如故俄進號貞威將軍魏豫州人白皁生殺其刺史琅邪王司馬慶曾自號平北將軍推鄉人胡遜爲刺史以懸瓠來降高祖使仙琕赴之又遣直閤將軍武會超馬廣率衆爲援仙琕進頓楚王城遣副將齊苟兒以兵二千助守懸瓠魏中山王元英率衆十萬攻懸瓠仙琕遣廣會超等守三關十二月英破懸瓠執齊苟兒遂進攻馬廣又破廣生擒之送雒陽仙琕不能救會超等亦相次退散魏軍遂進據三關仙琕坐徵還爲雲騎將軍出爲仁威司馬府主豫章王轉號雲麾復爲司馬加振遠將軍十年朐山民殺琅邪太守劉晣以城降魏詔假仙琕節討之魏徐州刺史盧昶以衆十餘萬赴焉仙琕與戰累破之昶遁走仙琕縱兵乘之魏衆免者十一二收其兵糧牛馬器械不可勝數振旅還京師遷太子左衞率進爵爲侯增邑六百戶十一年遷持節督豫北豫霍三州諸軍事信武將軍豫州刺史領南汝陰太守初仙琕幼名仙婢及長以婢名不典乃以玉代女因成琕云自爲將及居州郡能與士卒同勞逸身衣不過布帛所居無帷幕衾屏行則飲食與厮養最下者同其在邊境常單身潛入敵庭伺知壁壘村落險要處所故戰多克捷士卒亦甘心爲之用高祖雅愛仗之在州四年卒贈左衞將軍謚曰剛子巖夫嗣

張齊字子響馮翊郡人世居橫桑或云橫桑人也少有膽氣初事荆府司馬垣歷生歷生酣酒遇下嚴酷不甚禮之歷生罷官歸吳郡張稷爲荆府司馬齊復從之稷甚相知重以爲心腹雖家居細事皆以任焉齊盡心事稷無所辭憚隨稷歸京師稷爲南兗州又擢爲府中兵參軍始委以軍旅齊永元中義師起東昏徵稷歸都督宮城諸軍事居尚書省義兵至外圍漸急齊日造王珍國陰與定計計定夜引珍國就稷造膝齊自執燭以成謀明旦與稷珍國卽東昏於內殿齊手刃焉明年高祖受禪封齊安昌縣侯邑五百戶仍爲寧朔將軍歷陽太守齊手不知書目不識字而在郡有清政吏事甚修天監二年還爲虎賁中郎將未拜遷天門太守寧朔將軍如故四年魏將王足寇巴蜀高祖以齊爲輔國將軍救蜀未至足退走齊進戍南安七年秋使齊置大劒寒冢二戍軍還益州其年遷武旅將軍巴西太守尋加征遠將軍十年郡人姚景和聚合蠻蜑抄斷江路攻破金井齊討景和於平昌破之初南鄭没於魏乃於益州西置南梁州州鎮草創皆仰益州取足齊上夷獠義租得米二十萬斛又立臺傳興冶鑄以應贍南梁十一年進假節督益州外水諸軍十二年魏將傅豎眼寇南安齊率衆距之豎眼退走十四年遷信武將軍巴西梓潼二郡太守是歲葭萌人任令宗因衆之患魏也殺魏晉壽太守以城歸款益州刺史鄱陽王遣齊帥衆三萬督南梁州長史席宗範諸軍迎令宗十五年魏東益州刺史元法僧遣子景隆來拒齊師南安太守皇甫諶及宗範逆擊之大破魏軍於葭萌屠十餘城魏將丘突王穆等皆降而魏更增傅豎眼兵復來拒戰齊兵少不利軍引還於是葭萌復没於魏齊在益部累年討擊蠻獠身無寧歲其居軍中能身親勞辱與士卒同其勤苦自晝頓舍城壘皆委曲得其便調給衣糧資用人人無所困乏既爲物情所附蠻獠亦不敢犯是以威名行於庸蜀巴西郡居益州之半又當東道衝要刺史經過軍府遠涉多所窮匱齊緣路聚糧食種蔬菜行者皆取給焉其能濟辦多此類也十七年遷持節都督南梁州諸軍事智武將軍南梁州刺史普通四年遷信武將軍征西鄱陽王司馬新興永寧二郡太守未發而卒時年六十七追贈散騎常侍右衞將軍賻錢十萬布百匹謚曰壯

陳吏部尚書姚察曰王珍國申胥徐元瑜李居士齊末咸爲列將擁彊兵或面縛請罪或斬關獻捷其能後服馬仙琕而已仁義何常蹈之則爲君子信哉及其臨邊撫衆雖李牧無以加矣張齊之政績亦有異焉胄元瑜居士入梁事迹鮮故不爲之傳

梁書卷十七考證

馬仙琕傳乃解兵歸罪高祖勞之○南史附仙琕於袁昂傳後叙其義烈甚詳此特從畧

以功封浛洭縣伯○浛南史作含

梁書卷十八

唐　散騎常侍姚思廉撰

列傳第十二

張惠紹　馮道根　康絢　昌義之

張惠紹字德繼義陽人也少有武幹齊明帝時為直閤後出補竟陵橫桑戍主永元初母喪歸葬於鄉里聞義師起馳歸高祖拔為中兵參軍加寧朔將軍軍主師次漢口高祖使惠紹與軍主朱思遠遊遏江中斷郢魯二城糧運郢城水軍主沈難當帥輕舸數十挑戰惠紹擊破斬難當盡獲其軍器義師次新林朱雀惠紹累有戰功建康城平遷輔國將軍前軍直閤左細仗主高祖踐阼封石陽縣侯邑五百戶遷驍騎將軍直閤細仗主如故時東昏餘黨數百人竊入南北掖門燒神虎門害衞尉張弘策惠紹馳率所領赴戰斬首數十級賊乃散走以功增邑二百戶遷太子右衞率天監四年大舉北伐惠紹與冠軍長史胡辛生寧朔將軍張豹子攻宿預執城主馬成龍送于京師使部將藍懷恭於水南立城為掎角俄而魏援大至敗陷懷恭惠紹不能守是夜奔還淮陰魏復得宿預六年魏軍攻鍾離詔左衞將軍曹景宗督衆軍為援進據邵陽惠紹與馮道根裴邃等攻斷魏連橋短兵接戰魏軍大潰以功增邑三百戶還為左驍騎將軍尋出為持節都督北兗州諸軍事冠軍將軍北兗州刺史魏宿預淮陽二城內附惠紹撫納有功進號智武將軍益封二百戶入為衞尉卿遷左衞將軍出為持節都督司州諸軍事信威將軍司州刺史領安陸太守在州和理吏民親愛之徵還為左衞將軍加通直散騎常侍甲仗百人直衞殿內十八年卒時年六十三詔曰張惠紹志略開濟幹用貞果誠懃義始績闡累任爰居禁旅盡心朝夕奄至殞喪惻愴于懷宜追寵命以彰勳烈可贈護軍將軍給鼓吹一部布百匹蠟二百斤謚曰忠子澄嗣澄初為直閤將軍丁父憂起為晉熙太守隨豫州刺史裴邃北伐累有戰功與湛僧智胡紹世魚弘文並當時之驍將歷官衞尉卿太子左衞率卒官謚曰愍

馮道根字巨基廣平酇人也少失父家貧傭賃以養母行得甘肥不敢先食必遽還以進母年十三以孝聞於鄉里郡召為主簿辭不就年十六鄉人蔡道斑為湖陽戍主道斑攻蠻錫城反為蠻所困道根救之匹馬轉戰殺傷甚多道斑以免由是知名齊建武末魏主托跋宏寇沒南陽等五郡明帝遣太尉陳顯達率衆復爭之師入汋均口道根與鄉里人士以牛酒候軍因說顯達曰汋均水迅急難進易退魏若守隘則首尾俱急不如悉棄船艦於酇城方道步進建營相次鼓行而前如是則立破之矣顯達不聽道根猶以私屬從軍及顯達敗軍人夜走多不知山路道根每及險要輒停馬指示之衆賴以全尋為汋均口戍副永元中以母喪還家聞高祖起義師乃謂所親曰金革奪禮古人不避揚名後世豈非孝乎時不可失吾其行矣率鄉人子弟勝兵者悉歸高祖時有蔡道福為將從軍高祖使道根副之皆隸於王茂茂伐沔攻郢城克加湖道根常為前鋒陷陳會道福卒於軍高祖令道根并領其衆大軍次新林隨王茂於朱雀航大戰斬獲尤多高祖即位以為驍騎將軍封增城縣男邑二百戶領文德帥遷游擊將軍是歲江州刺史陳伯之反道根隨王茂討平之天監二年為寧朔將軍南梁太守領阜陵城戍初到阜陵修城隍遠斥候有如敵將至者衆頗笑之道根曰怯防勇戰此之謂也修城未畢會魏將党法宗傅豎眼率衆二萬奄至城下道根塹壘未固城中衆少皆失色道根命廣開門緩服登城選精銳二百人出與魏軍戰敗之魏人見意閑且戰又不利因退走是時魏分兵於大小峴東桑等連城相持魏將高祖珍以三千騎軍其間道根率百騎橫擊破之獲其鼓角軍儀於是糧運既絕諸軍乃退遷道根輔國將軍豫州刺史韋叡圍合肥克之道根與諸軍同進所在有功六年魏攻鍾離高祖復詔叡救之道根率衆三千為叡前驅至徐州建計據邵陽洲築壘掘塹以逼魏城道根能走馬步地計足以賦功城隍立辦及淮水長道根乘戰艦攻斷魏連橋數百丈魏軍敗績益封三百戶進爵為伯還遷雲騎將軍領直閤將軍改封豫寧縣戶邑如前累遷中權中司馬右游擊將軍武旅將軍歷陽太守八年遷貞毅將軍假節督豫州諸軍事豫州刺史領汝陰太守為政清簡境內安定十一年徵為太子右衞率十三年出為信武將軍宣惠司馬新興永寧二郡太守十四年徵為員外散騎常侍右游擊將軍領朱衣直閤十五年為右衞將軍道根性謹厚木訥少言為將能檢御部曲所過村陌將士不敢虜掠每所征伐終不言功諸將讙譁爭競道根默然而已其部曲或怨非之道根喻曰明主自鑒功之多少吾將何事高祖嘗指道根示尚書令沈約曰此人口不論勳約曰此陛下之大樹將軍也處州郡和理清靜為部下所懷在朝廷雖貴顯而性儉約所居宅不營墻屋無器服侍衞入室則蕭然如素士之貧賤者當時服其清退高祖亦雅重之微時不學既貴粗讀書自謂少文常慕周勃之器重十六年復假節都督豫州諸軍事信武將軍豫州刺史將行高祖引朝臣宴別道根於武德殿召工視道根使圖其形像道根踧踖謝曰臣所可報國家惟餘一死但天下太平臣恨無可死之地豫部重得道根人皆喜悅高祖每稱曰馮道根所在能使朝廷不復憶有一州居州少時遇疾自表乞還朝徵為散騎常侍左軍將軍既至疾甚中使累加存問普通元年正月卒時年五十八是日輿駕春祠二廟既出宮有司以聞高祖問中書舍人朱异曰吉凶同日今行乎异對曰昔柳莊寢疾衞獻公當祭請於尸曰有臣柳莊非寡人之臣是社稷之臣也聞其死請往不釋祭服而往遂以禭之道根雖未為社稷之臣亦有勞王室臨之禮也高祖即幸其宅哭之甚慟詔曰豫寧縣開國伯新除散騎常侍領左軍將軍馮道根奉上能忠有功不伐撫人留愛守邊難犯祭遵馮異郭伋李牧不能過也奄致殞喪惻愴于懷可贈信威將軍左衞將軍給鼓吹一部賻錢十萬布百匹謚曰威子懷嗣

康絢字長明華山藍田人也其先出自康居初漢置都護盡臣西域康居亦遣侍子待詔於河西因留為黔首其後即以康為姓晉時隴右亂康氏遷于藍田絢曾祖因為苻堅太子詹事生穆穆為姚萇河南尹宋永初中穆舉鄉族三千餘家入襄陽之峴南宋為置華山郡藍田縣寄居于襄陽以穆為秦梁二州刺史未拜卒絢世父元隆父元撫並為流人所推相繼為華山太守絢少俶儻有志氣齊文帝為雍州刺史所辟皆取名家絢特以才力召為西曹書佐永明三年除奉朝請文帝在東宮以舊恩引為直後以母憂去職服闋除振威將軍華山太守推誠撫循荒餘悅服遷前軍將軍復為華山太守永元元年義兵起絢舉郡以應高祖身率敢勇三千人私馬二百五十匹以從除西中郎南康王中兵參軍加輔國將軍義師方圍張沖於郢城曠日持久東昏將吳子陽壁于加湖軍鋒甚盛絢隨王茂力攻屠之自是常領遊兵有急應赴斬獲居多天監元年封南安縣男邑三百戶除輔國將軍竟陵太守魏圍梁州刺史王珍國使請救絢以郡兵赴之魏軍退七年司州三關為魏所逼詔假絢節武旅將軍率衆赴援九年遷假節督北兗州緣淮諸軍事振遠將軍北兗州刺史及朐山亡徒以城降魏絢馳遣司馬霍奉伯分軍據嶮魏軍至不得越朐城明年青州刺史張稷為士人徐道角所殺絢又遣司馬茅榮伯討平之徵驃騎臨川王司馬加左驍騎將軍尋轉朱衣直閤十三年遷太子右衞率甲仗百人與領軍蕭景直殿內絢身長八尺容貌絕倫雖居顯官猶習武藝高祖幸德陽殿戲馬敕絢馬射撫弦貫的觀者悅之其日上使畫工圖絢形遣中使持以問絢曰卿識此圖不其見親如此時魏降人王足陳計求堰淮水以灌壽陽足引北方童謠曰荊山為上格浮山為下格潼沱為激溝併灌鉅野澤高祖以為然使水工陳承伯材官將軍祖暅視地形咸謂淮內沙土漂輕不堅實其功不可就高祖弗納發徐揚人率二十戶取五丁以築之假絢節都督淮上諸軍事并護堰作役人及戰士合衆二十萬於鍾離南起浮山北抵巉石依岸以築土合脊於中流十四年堰將合淮水漂疾輒復決潰衆患之或謂江淮多有蛟能乘風雨決壞崖岸其性惡鐵因是引東西二冶鐵器大則釜鬵小則鋘鋤數千萬斤沉于堰所猶不能合乃伐樹為井幹填以巨石加土其上緣淮百里內岡陵木石無巨細必盡負檐者肩上皆穿夏日疾疫死者相枕蠅蟲晝夜聲相合高祖愍役人淹久遣尚書右僕射袁昂侍中謝舉假節慰勞之并加蠲復是冬又寒甚淮泗盡凍士卒死者十七八高祖復遣賜以衣袴十一月魏遣將楊大眼揚聲決堰絢命諸軍撤營露次以待之遣其子悅挑戰斬魏咸陽王府司馬徐方興魏軍小郤十二月魏遣其尚書僕射李曇定督衆軍來戰絢與徐州刺史劉思祖等距之高祖又遣右衞將軍昌義之太僕卿魚弘文直閤曹世宗徐元和相次距守十五年四月堰乃成其長九里下闊一百四十丈上廣四十五丈高二十丈深十九丈五尺夾之以堤并樹杞柳軍人安堵列居其上其水清潔俯視居人墳墓了然皆在其下或人謂絢曰四瀆天所以節宣其氣不可久塞若鑿湫東注則游波寬緩堰得不壞絢然之開湫東注又縱反間於魏曰梁人所懼開湫不畏野戰魏人信之果鑿山深五丈開湫北注水日夜分流湫猶不減其月魏軍竟潰而歸水之所及夾淮方數百里地魏壽陽城戍稍徙頓於八公山北南居人散就岡壟初堰起於徐州界刺史張豹子宣言於境謂己必尸其事既而絢以他官來監作豹子甚慚俄而敕豹子受絢節度每事輒先諮焉由是遂譖絢與魏交通高祖雖不納猶以事畢徵絢尋以絢為持節都督司州諸軍事信武將軍司州刺史領安陸太守增封二百戶絢還後豹子不

修堰至其秋八月淮水暴長堰悉壞決奔流于海祖暅坐下獄絢在州三年大修城隍號爲嚴政十八年徵爲員外散騎常侍領長水校尉與護軍韋叡太子右衞率周捨直殿省普通元年除衞尉卿未拜卒時年五十七輿駕即日臨哭贈右衞將軍給鼓吹一部賻錢十萬布百匹諡曰壯絢寬和少喜懼在朝廷見人如不能言號爲長厚在省每寒月見省官繿縷輒遣以襦衣其好施如此子悅嗣

昌義之歷陽烏江人也少有武幹齊代隨曹虎征伐累有戰功虎爲雍州以義之補防閤出爲馮翊戍主及虎代還義之留事高祖時天下方亂高祖亦厚遇之義師起板爲輔國將軍軍主除建安王中兵參軍時竟陵芊口有邸閣高祖遣驅每戰必捷大軍次新林隨王茂於新亭并朱雀航力戰斬獲尤多建康城平以爲直閣將軍馬右夾轂主天監元年封永豐縣侯邑五百戶除驍騎將軍出爲盱眙太守二年遷假節督北徐州諸軍事輔國將軍北徐州刺史鎮鍾離魏寇州境義之擊破之三年進號冠軍將軍增封二百戶四年大舉北伐揚州刺史臨川王督衆軍軍洛口義之以州兵受節度爲前軍攻魏梁城戍克之五年高祖以征役久有詔班師衆軍各退散魏中山王元英乘勢追躡攻沒馬頭城內糧儲魏悉移之歸北議者咸曰魏運米北歸當無復南向高祖曰不然此必進兵非其實也乃遣土匠修營鍾離城敕義之爲戰守之備是冬英果率其安樂王元道明平東將軍楊大眼等衆數十萬來寇鍾離鍾離城北阻淮水魏人於邵陽洲西岸作浮橋跨淮通道英據東岸大眼據西岸以攻城時城中衆纔三千人義之督帥隨方抗禦魏軍乃以車載土塡塹使其衆負土隨之嚴騎自後蹙焉人有未及回者因以土迮之俄而塹滿英與大眼躬自督戰晝夜苦攻分番相代墜而復升莫有退者又設飛樓及衝車撞之所值城上輒頹落義之乃以泥補缺衝車雖入而不能壞義之善射其被攻危急之處輒馳往救之每彎弓所向莫不應弦而倒一日戰數十合前後殺傷者萬計魏軍死者與城平六年四月高祖遣曹景宗韋叡帥衆二十萬救焉既至與魏戰大破之英大眼等各脫身奔走義之因率輕兵追至洛口而還斬首俘生不可勝計以功進號軍師將軍增封二百戶遷持節督青冀二州諸軍事征虜將軍青冀二州刺史未拜改督南兗兗徐青冀五州諸軍事輔國將軍南兗州刺史坐禁物出藩爲有司所奏免其年補朱衣直閤除左驍騎將軍直閤如故遷太子右衞率領越騎校尉假節八年出爲持節督湘州諸軍事征遠將軍湘州刺史九年以本號還朝俄爲司空臨川王司馬將軍如故十年遷右衞將軍十三年徙爲左衞將軍是冬高祖遣太子右衞率康絢督衆軍作荆山堰明年魏遣將李曇定大衆逼荆山揚聲欲決堰詔假義之節帥太僕卿魚弘文直閤將軍曹世宗徐元和等救絢軍未至絢等已破魏軍魏又遣大將李平攻峽石圍直閤將軍趙祖悅義之又率朱衣直閤王神念等救之時魏兵盛神念攻峽石浮橋不能克故援兵不得時進遂陷峽石義之班師爲有司所奏高祖以其功臣不問也十五年復以爲使持節都督湘州諸軍事信威將軍湘州刺史其年改授都督北徐州緣淮諸軍事平北將軍北徐州刺史義之性寬厚爲將能撫御得人死力及居藩任吏民安之俄給鼓吹一部改封營道縣侯邑戶如先普通三年徵爲護軍將軍鼓吹如故四年十月卒高祖深痛惜之詔曰護軍將軍營道縣開國侯昌義之幹畧沉濟志懷寬隱誠著運始効彰邊服方申爪牙寄以禁旅奄至殞喪惻愴于懷可贈散騎常侍車騎將軍并鼓吹一部給東園秘器朝服一具賻錢二萬布二百匹蠟二百斤謚曰烈子寶業嗣官至直閤將軍譙州刺史

陳吏部尚書姚察曰張惠紹馮道根康絢昌義之初起從上其功則輕及羣盜焚門而惠紹以力戰顯合肥邵陽之逼而道根義之功多浮山之役起而康絢典其事互有厭勞寵進宜矣先是鎮星守天江而堰興及退舍而堰決非徒人事有天道矣

梁書卷十八考證

張惠紹傳累有戰功○監本缺戰功二字又下文歷官衞尉卿句缺卿二字今增入

昌義之傳絢等已破魏軍魏又遣大將李平攻峽石○南本脫軍魏二字

梁書卷十九

唐　散　騎　常　侍　姚　思　廉　撰

列傳第十三

宗夬　劉坦　樂藹

宗夬字明㪍南陽涅陽人也世居江陵祖景宋時徵太子庶子不就有高名父繁西中郎諮議參軍夬少勤學有局幹弱冠舉郢州秀才歷臨川王常侍驃騎行參軍齊司徒竟陵王集學士於西邸並見圖畫夬亦預焉永明中與魏和親敕夬與尚書殿中郎任昉同接魏使皆時選也武帝嫡孫南郡王居西州以夬管書記夬既以筆札被知亦以貞正見許故任焉俄而文惠太子薨王爲皇太孫夬仍管書記及太孫即位多失德夬頗自疏得爲秣陵令遷尚書都官郎隆昌末少帝見誅寵舊多罹其禍惟夬及傅昭以清正免明帝即位以夬爲郢州治中有名稱職以父老去官還鄉里南康王爲荆州刺史引爲別駕義師起遷西中郎諮議參軍別駕如故時西土位望惟夬與同郡樂藹劉坦爲州人所推信故領軍將軍蕭穎冑深相委仗每事諮焉高祖師發雍州穎冑遣夬出自楊口面稟經畧并護送軍資高祖甚禮之天興初遷御史中丞以父憂去職起爲冠軍將軍衞軍長史天監元年遷征虜長史東海太守將軍如故二年徵爲太子右衞率是冬遷五兵尚書參掌大選三年卒時年四十九子曜卿嗣夬從弟岳有名行州里稱之出於夬右仕歷尚書庫部郎郢州治中北中郎錄事參軍事

劉坦字德度南陽安衆人也晉鎮東將軍喬之七世孫坦少爲從兄虯所知齊建元初爲南郡王國常侍尋補孱陵令遷南中郎錄事參軍所居以幹濟稱南康王爲荆州刺史坦爲西中郎中兵參軍領長流義師起遷諮議參軍時輔國將軍楊公則爲湘州刺史帥師赴夏口西朝議行州事者坦謂衆曰湘境人情易擾難信若專用武士則百姓畏侵漁若遣文人則威畧不振必欲鎮靜一州城軍民足食則無踰老臣先零之役竊以自許遂從之乃除輔國長史長沙太守行湘州事坦嘗在湘州多舊恩道迎者甚衆下車簡選堪事吏分詣十郡悉發人丁運租米三十餘萬斛致之義師資糧用給時東昏遣安成太守劉希祖破西臺所選太守范僧簡於平都希祖移檄湘部於是始興內史王僧粲應之邵陵人逐其內史褚洊永陽人周𫐐起兵攻始安郡並應僧粲桂陽人邵曇弄鄧道介報復私讐因合黨亦同焉僧粲自號平西將軍湘州刺史以永陽人周舒爲謀主師于建寧自是湘部諸郡悉皆蜂起惟臨湘湘陰瀏陽羅四縣猶全州人咸欲汎舟逃走坦悉聚船焚之遣將尹法畧距僧粲相持未決前湘州鎮軍鍾玄紹潛謀應僧粲要結士庶數百人皆連名定計刻日反州城坦聞其謀僞爲不知因理訟至夜而城門遂不閉以疑之玄紹未及發明旦詣坦問其故坦久留與語密遣親兵收其家書玄紹在坐未起而收兵已報具得其文書本末玄紹即首伏於坐斬之焚其文書其餘黨悉無所問衆愧且服州部遂安法畧與僧粲相持累月建康城平公則還州羣賊始散天監初論功封荔浦縣男邑三百戶遷平西司馬新興太守天監三年遷西中郎卒時年六十二子泉嗣

樂藹字蔚遠南陽淯陽人晉尚書令廣之六世孫世居江陵其舅雍州刺史宗愨嘗陳器物試諸甥姪藹時尚幼而所取惟書愨由此奇之又取史傳各一卷授藹等使讀畢言所記藹畧讀具舉愨益善之宋建平王景素爲荆州刺史辟爲主簿景素爲南徐州復爲征北刑獄參軍遷龍陽相以父憂去職吏民詣州請之葬訖起焉時齊豫章王嶷爲武陵太守雅善藹爲政及嶷爲荆州刺史以藹爲驃騎行參軍領州主簿參知州事嶷嘗問藹風土舊俗城隍基跱山川險易藹隨問立對若按圖牒嶷益重焉州人嫉之或譖藹廨門如市嶷遣覘之方見藹閉閤讀書嶷還都以藹爲太尉刑獄參軍典書記遷枝江令還爲大司馬中兵參軍轉署記室永明八年荆州刺史巴東王子響稱兵反既敗焚燒府舍官曹文書一時蕩盡武帝引見藹問以西事藹上對詳敏帝悅焉用爲荆州治中敕付以脩復府州事藹還州繕脩廨署數百區頃之咸畢而役不及民荆部以爲自晉王悅移鎮以來府舍未之有也九年豫章王嶷薨藹解官赴喪率荆湘二牧故吏建碑墓所累遷車騎平西錄事參軍步兵校尉求助戍西歸南康王爲西中郎以藹爲諮議參軍義師起蕭穎冑引藹及宗夬劉坦任以經畧梁臺建遷鎮軍司馬中書侍郎尚書左丞時營造器甲舟艦軍糧及朝廷儀憲悉資藹焉尋遷給事黃門侍郎左丞如故和帝東下遷兼衞尉卿天監初遷驍騎將軍領少府卿俄遷御史中丞領本州大中正初藹發江陵無故於船得八車輻如中丞健步避道者至是果遷焉藹性公彊居憲臺甚稱職時長沙宣武王將葬而車府忽於庫火油絡欲推主者藹曰昔晉武庫火張華以爲積

油萬石必然今庫若有灰非吏罪也旣而檢之果有積灰時稱其博物弘恕焉二年出爲持節督廣交越三州諸軍冠軍將軍平越中郎將廣州刺史前刺史徐元瑜罷歸道遇始興人士反逐內史崔睦舒因掠元瑜財產元瑜走歸廣州借兵於藹託欲討賊而實謀襲藹藹覺之誅元瑜尋進號征虜將軍卒官藹姊適徵士同郡劉虬亦明識有禮訓藹爲州迎姊居官舍參分祿秩西土稱之子法才字元備幼與弟藏俱有美名少遊京師造沈約約見而稱之齊和帝爲相國召爲府參軍鎭軍蕭穎胄辟主簿梁臺建除起部郎天監二年藹出鎭嶺表法才留任京邑遷金部郎父憂去官服闋除中書通事舍人出爲本州別駕入爲通直散騎侍郎復掌通事遷尚書右丞晉安王爲荆州重除別駕從事史復徵爲尚書右丞出爲招遠將軍建康令不受俸秩比去任將至百金縣曹啓輸臺庫高祖嘉其清節曰居職若斯可以爲百城表矣卽日遷太府卿尋除南康內史恥以讓俸受名辭不拜俄轉雲騎將軍少府卿出爲信武長史江夏太守因被代表便道還鄉至家割宅爲寺棲心物表皇太子以法才舊臣累有優令召使東下未及發而卒時年六十三

陳吏部尚書姚察曰蕭穎胄起大州之衆以會義當其時人心未之能悟此三人者楚之鎭也經營締構蓋有力焉方面之功坦爲多矣當官任事藹則兼之咸登寵秩宜乎

梁書卷十九考證

宗夬傳西中郎諮議參軍○各本脫郎字

梁書卷二十

唐 散 騎 常 侍 姚 思 廉 撰

列傳第十四

劉季連 陳伯之

劉季連字惠續彭城人也父思考以宋高祖族弟顯於宋世位至金紫光祿大夫季連有名譽早歷清官齊高帝受禪悉誅宋室近屬將及季連等太宰褚淵素善之固請乃免建元中季連爲尚書左丞永明初出爲江夏內史累遷平南長沙內史冠軍長史廣陵太守並行府州事入爲給事黃門侍郎轉太子中庶子建武中又出爲平西蕭遙欣長史南郡太守時明帝諸子幼弱內親則仗遙欣兄弟外親則倚后弟劉暄內弟江祏遙欣之鎭江陵也意寄甚隆而遙欣至州多招賓客厚自封殖明帝甚惡之季連族甥琅邪王會爲遙欣諮議參軍美容貌頗才辯遙欣遇之甚厚會多所傲忽於公座與遙欣競侮季連季連憾之乃密表明帝稱遙欣有異迹明帝納焉乃以遙欣爲雍州刺史明帝心德季連四年以爲輔國將軍益州刺史令據遙欣上流季連父宋世爲益州貪鄙無政績州人猶以義故善待季連季連下車存問故老撫納新舊見父時故吏皆對之流涕辟遂寧人龔慍爲府主簿慍龔穎之孫累世有學行故引焉東昏卽位永元元年徵季連爲右衞將軍道斷不至季連聞東昏失德京師多故稍自驕矜本以文吏知名性忌而褊狹至是遂嚴愎酷狠土人始懷怨望其年九月季連因聚會發人丁五千人聲以講武遂遣中兵參軍宋買率之以襲中水穰人李託豫知之設備守險買與戰不利還州郡縣多叛亂矣是月新城人趙續伯殺五城令逐始平太守十月晉原人樂寶稱李難當殺其太守寶稱自號南秦州刺史難當益州刺史十二月季連遣參軍崔茂祖率衆二千討之齎三日糧值歲大寒羣賊相聚伐樹塞路軍人水火無所得大敗而還死者十七八明年正月新城人帛養逐遂寧太守譙希淵三月巴西人雍道晞率羣賊萬餘逼巴西去郡數里道晞稱鎭西將軍號建義巴西太守魯休烈與涪令李膺嬰城自守季連遣中兵參軍李奉伯率衆五千救之奉伯至與郡兵破擒道晞斬之涪市奉伯因獨進巴西之東鄉討餘賊李膺止之曰卒惰將驕乘勝履險非良策也不如小緩更思後計奉伯不納悉衆入山大敗而出遂奔還州六月江陽人程延期反殺太守何法藏魯休烈懼不自保奔投巴東相蕭慧訓十月巴西人趙續伯又反有衆二萬出廣漢乘佛輿以五綵裹青石誑百姓云天與我玉印當王蜀愚人從之者甚衆季連進討之遣長史趙越常前驅兵敗季連復遣李奉伯由涪路討之奉伯別軍自潺亭與大軍會於城進攻其柵大破之時會稽人石文安守休隱居鄉里專行禮讓代季連爲尚書左丞出爲江夏內史又代季連入爲御史中丞與季連相善子仲淵字欽回聞義師起率鄉人以應高祖天監初拜郢州別駕從高祖平京邑明年春遣左右陳建孫送季連弟通直郎子淵及季連二子使蜀喻旨慰勞季連受命飭還裝高祖以西臺將鄧元起爲益州刺史元起南郡人季連爲南郡之時素薄元起典籤朱道琛者嘗爲季連府都錄無賴小人有罪季連欲殺之逃叛以免至是說元起曰益州亂離已久公私府庫必多耗失劉益州臨歸空竭豈辦復能遠遣候遞道琛請先使檢校緣路奉迎不然萬里資糧未易可得元起許之道琛旣至言語不恭又歷造府州人士見器物輒奪之有不獲者語曰會當屬人何須苦惜於是軍府大懼謂元起至必誅季連禍及黨與競言之於季連季連亦以爲然又惡昔之不禮元起也益憤懣司馬朱士畧說季連求爲巴西郡留三子爲質季連許之頃之季連遂召佐史矯稱齊宣德皇后令聚兵復反收朱道琛殺之書報朱士畧兼召李膺膺士畧並不受使使歸元起收兵於巴西以待之季連誅士畧三子天監元年六月元起至巴西季連遣其將李奉伯等拒戰兵交互有得失久之奉伯乃敗退還成都季連驅畧居人閉城固守元起稍進圍之是冬季連城局參軍江希之等謀以城降不果季連誅之蜀中喪亂已二年矣城中食盡升米三千亦無所羅餓死者相枕其無親黨者又殺而食之季連食粥累月飢窘無計二年正月高祖遣主書趙景悅宣詔降季連季連肉袒請罪元起遷季連于城外俄而造焉待之以禮季連謝曰早知如此豈有前日之事元起誅李奉伯并諸渠帥送季連還京師季連將發人莫之視惟龔慍送焉初元起在道懼事不集無以爲賞士之至者皆許以辟命於是受別駕治中檄者將二千人季連旣至詣闕謝高祖引見之季連自東掖門入數步一稽顙以至高祖前高祖笑謂曰卿欲慕劉備而曾不及公孫述豈無卧龍之臣乎季連復稽顙謝赦爲庶人四年正月因出建陽門爲蜀人藺道恭所殺季連在蜀殺道恭父道恭出亡至是而報復焉

陳伯之濟陰睢陵人也幼有膂力年十三四好著獺皮冠帶刺刀候伺鄰里稻熟輒偷刈之嘗爲田主所見呵之云楚子莫動伯之謂田主曰君稻幸多一擔何苦田主將執之伯之因杖刀而進將刺之曰楚子定何如田主皆反走伯之徐擔稻而歸及年長在鍾離數爲劫盜嘗授面覘人船船人斫之獲其左耳後隨鄉人車騎將軍王廣之廣之愛其勇每夜卧下榻征伐嘗自隨齊安陸王子敬爲南兗州頗持兵自衞明帝遣廣之討子敬廣之至歐陽遣伯之先驅因城開獨入斬子敬又頻有戰功以勳累遷爲冠軍將軍驃騎司馬封魚復縣伯邑五百戶義師起東昏假伯之節督前驅諸軍事豫州刺史將軍如故尋轉江州據尋陽以拒義軍郢城平高祖得伯之幢主蘇隆之使說伯之卽以爲安東將軍江州刺史伯之雖受命猶懷兩端僞云大軍未須便下高祖謂諸將曰伯之此答其心未定及其猶豫宜逼之衆軍遂次尋陽伯之退保南湖然後歸附進號鎭南將軍與衆俱下伯之頓籬門尋進西明門建康城未平每降人出伯之輒喚與耳語高祖恐其復懷翻覆密語之曰聞城中甚忿卿舉江州降欲遣刺客中卿宜以爲慮伯之未之信會東昏將鄭伯倫降高祖使過伯之謂曰城中甚忿卿欲遣信誘卿以封賞須卿復降當生割卿手腳卿若不降復欲遣刺客殺卿宜深爲備伯之懼自是無異志矣力戰有功城平進號征南將軍封豐城縣公邑二千戶遣還之鎭伯之不識書及還江州得文牒辭訟惟作大諾而已有事典籤傳口語與奪決於主者伯之與豫章人鄧繕永興人戴永忠並有舊繕經藏伯之息英免禍伯之尤德之及在州用繕爲別駕永忠記室參軍河南褚緭京師之薄行者齊末爲揚州西曹遇亂居閭里而輕薄互能自致惟緭獨不達高祖卽位緭頻造尚書范雲雲不好緭堅距之緭益怨私語所知曰建武以後草澤底下悉化成貴人吾何罪而見棄今天下草創饑饉不已喪亂未可知陳伯之擁彊兵在江州非代來臣有自疑意且熒惑守南斗詎非爲我出今者一行事若無成入魏何遽減作河南郡於是遂投伯之書佐王思穆事之大見親狎及伯之鄉人朱龍符爲長流參軍並乘伯之愚闇恣行姦險刑政通塞悉共專之伯之子虎牙時爲直閤將軍高祖手疏龍符罪親付虎牙虎牙封示伯之高祖又遣代江州別駕鄧繕伯之並不受命答高祖曰龍符驍勇健兒鄧繕事有績効臺所遣別駕請以爲治中繕於是日夜說伯之云臺家府庫空竭復無器仗三倉無米東境饑流此萬代一時也機不可失緭永忠等每贊成之伯之謂繕今段啓卿若復不得便與卿共下使反高祖敕部內一郡處繕伯之於是集府州佐史謂曰奉齊建安王教率江北義勇十萬已次六合見使以江州見力運糧速下我荷明帝厚恩誓死以報今便纂嚴備辦使緭詐爲蕭寶寅書以示僚佐於聽事前爲壇殺牲以盟伯之先飲長史已下次第歃血緭說伯之曰今舉大事宜引衆望程元沖不與人同心臨川內史王觀僧虔之孫人身不惡便可召爲長史以代元沖伯之從之仍以緭爲尋陽太守加討逆將軍永忠輔義將軍龍符爲豫州刺史率五百人守大雷大雷

成主沈慧休鎮南參軍李延伯又遣鄉人孫隣李景受龍符節度隣爲徐州景爲郢州豫章太守鄭伯倫起郡兵距守程元沖既失職於家合率數百人使伯之典籤呂孝通戴元則爲內應伯之每旦常作伎日晡輒臥左右仗身皆休息元沖因其解弛從北門入徑至聽事前伯之聞叫聲自率出盪元沖力不能敵走逃廬山初元沖起兵要尋陽張孝季孝季從之既敗伯之追孝季不得得其母郎氏蠟灌殺之遣信還都報虎牙兄弟虎牙等走盱眙盱眙人徐安莊興紹張顯明邀擊之不能禁反見殺高祖遣王茂討伯之伯之聞茂來謂緭等曰王觀既不就命鄭伯倫又不肯從便應空手受困今先平豫章開通南路多發丁力益運資糧然後席卷北向以撲饑疲之衆不憂不濟也乃留鄉人唐蓋人守城遂相率趣豫章太守鄭伯倫堅守伯之攻之不能下王茂前軍既至伯之表裏受敵乃敗走間道亡命出江北與子虎牙及褚緭俱入魏魏以伯之爲使持節散騎常侍都督淮南諸軍事平南將軍光祿大夫曲江縣侯天監四年詔太尉臨川王宏率衆軍北討宏命記室丘遲私與伯之書曰陳將軍足下無恙幸甚將軍勇冠三軍才爲世出棄鷰雀之小志慕鴻鵠以高翔昔因機變化遭逢明主立功立事開國承家朱輪華轂擁旄萬里何其壯也如何一旦爲奔亡之虜聞鳴鏑而股戰對穹廬以屈膝又何劣耶尋君去就之際非有他故直以不能內審諸己外受流言沉迷猖蹶以至於此聖朝赦罪論功棄瑕錄用收赤心於天下安反側於萬物將軍之所知非假僕一二談也朱鮪涉血於友于張繡傳刃於愛子漢主不以爲疑魏君待之若舊況將軍無昔人之罪而勳重於當代夫迷塗知反往哲是與不遠而復先典攸高主上屈法申恩吞舟是漏將軍松柏不翦親戚安居高臺未傾愛妾尚在悠悠爾心亦何可述今功臣名將鴈行有序懷黃佩紫贊帷幄之謀乘軺建節奉疆埸之任並刑馬作誓傳之子孫將軍獨靦顏借命驅馳異域寧不哀哉夫以慕容超之强身送東市姚泓之盛面縛西都故知霜露所均不育異類姬漢舊邦無取雜種北虜僭盜中原多歷年所惡積禍盈理至燋爛況僞孽昏狡自相夷戮部落攜離酋豪猜貳方當繫頸蠻邸懸首藁街而將軍魚游於沸鼎之中鷰巢於飛幕之上不亦惑乎暮春三月江南草長雜花生樹羣鶯亂飛見故國之旗鼓感平生於疇日撫弦登陴豈不愴恨所以廉公之思趙將吳子之泣西河人之情也將軍獨無情哉想早勵良圖自求多福伯之乃於壽陽擁衆八千歸虎牙爲魏人所殺伯之既至以爲使持節都督西豫州諸軍事平北將軍西豫州刺史永新縣侯邑千戶未之任復以爲通直散騎常侍驍騎將軍又爲太中大夫久之卒於家其子猶有在魏者褚緭在魏魏人欲擢用之魏元會緭戲爲詩曰帽上著籠冠袴上著朱衣不知是今是不知非昔非魏人怒出爲始平太守日日行獵墮馬死

史臣曰劉季連之文吏小節而不能以自保全習亂然也陳伯之小人而乘君子之器羣盜又誣而奪之安能長久矣

梁書卷二十考證

陳伯之傳寄語之曰聞城中甚忿卿擧江州降欲遣刺客中卿○監本脫擧江州三字今從閣本增入

及在州用籓爲别駕永忠記室參軍○監本脫及在州三字用字下脫籓字永忠下衍爲字今俱從閣本改正

伯之子虎牙時爲直閣將軍高祖手疏龍符罪親付虎牙虎牙封示伯之○各本作伯之子虎牙封示伯之脫去十九字

梁書卷二十一

唐　散騎常侍姚思廉撰

列傳第十五

王瞻　王志　王峻　王暕子訓

王泰　王份孫錫　僉

張充　柳惲　蔡撙　江蒨

王瞻字思範琅邪臨沂人宋太保弘從孫也祖柳光祿大夫東亭侯父猷廷尉卿瞻年數歲嘗從師受業時有伎經其門同學皆出觀瞻獨不視習誦如初從父尚書僕射僧達聞而異之謂瞻父曰吾宗不衰寄之此子年十二居父憂以孝聞服闋襲封東亭侯瞻幼時輕薄好逸遊爲閭里所患及長頗折節有士操涉獵書記於基射尤善起家著作佐郎累遷太子舍人太尉主簿太子洗馬頃之出爲鄱陽內史秩滿授太子中舍人又爲齊南海王友尋轉司徒竟陵王從事中郎王甚相賓禮南海王爲護軍將軍瞻爲長史又出補徐州別駕從事史遷驃騎將軍王晏長史晏誅出爲晉陵太守瞻潔己爲政妻子不免飢寒時大司馬王敬則擧兵作亂路經晉陵郡民多附敬則軍敗臺軍討賊黨瞻言於朝曰愚人易動不足窮法明帝許之所全活者萬數徵拜給事黃門侍郎撫軍建安王長史御史中丞高祖霸府開以瞻爲大司馬相國諮議參軍領錄事梁臺建爲侍中遷左民尚書俄轉吏部尚書瞻性率亮居選部所擧多行其意頗嗜酒每飲或竟日而精神益朗贍不廢簿領高祖每稱瞻有三術射棊酒也尋加左軍將軍以疾不拜仍爲侍中領驍騎將軍未拜卒時年四十九謚康侯子長玄著作佐郎早卒

王志字次道琅邪臨沂人祖曇首宋左光祿大夫豫寧文侯父僧虔齊司空簡穆公竝有重名志年九歲居所生母憂哀容毀瘠爲中表所異弱冠選尙宋孝武女安固公主拜駙馬都尉秘書郎累遷太尉行參軍太子舍人武陵王文學褚淵爲司徒引志爲主簿淵謂僧虔曰朝廷之恩本爲殊特所可光榮在屈賢子累遷鎮北竟陵王功曹史安陸南郡二王友入爲中書侍郎尋除宣城內史清謹有恩惠郡民張倪吳慶爭田經年不決志到官父老乃相謂曰王府君有德政吾曹鄉里乃有此爭倪慶相攜請罪所訟地遂爲閑田徵拜黃門侍郎尋遷吏部侍郎出爲寧朔將軍東陽太守郡獄有重囚十餘人冬至日悉遣還家過節皆返惟一人失期獄司以爲言志曰此自太守事主者勿憂明旦果自詣獄辭以婦孕吏民益歎服之視事三年齊永明二年入爲侍中未拜轉吏部尚書在選以和理稱崔慧景平以例加右軍將軍封臨汝侯固讓不受改領右衞將軍義師至城內害東昏百僚署名送其首志聞而歎曰冠雖弊可加足乎因取庭中樹葉挼服之僞悶不署名高祖覽箋無志署心嘉之弗以讓也霸府開以志爲右軍將軍驃騎大將軍長史梁臺建遷散騎常侍中書令天監元年以本官領前軍將軍其年遷冠軍將軍丹陽尹爲政清靜去煩苛京師有寡婦無子姑亡舉債以斂葬既葬而無以還之志愍其義以俸錢償焉時年饑每旦爲粥於郡門以賦百姓民稱之不容口三年爲散騎常侍中書令領游擊將軍志爲中書令及居京尹便懷止足常謂諸子姪曰謝莊在宋孝武世位止中書令吾自視豈可以過之因多謝病簡通賓客遷前將軍太常卿六年出爲雲麾將軍安西始興王長史南郡太守明年遷軍師將軍平西鄱陽郡王長史江夏太守竝加秩中二千石九年遷爲散騎常侍金紫光祿大夫十二年卒時年五十四志善草隸當時以爲楷法齊游擊將軍徐希秀亦號能書常謂志爲書聖志家世居建康禁中里馬蕃巷父僧虔以來門風多寬恕志尤惇厚所歷職不以罪咎劾人門下客嘗盜脫志車幰賣之志知而不問待之如初賓客游其門者專覆其過而稱其善兄弟子姪皆篤實謙和時人號馬蕃諸王爲長者普通四年志改葬高祖厚賻賜之追謚曰安有五子緝休諲操素竝知名

王峻字茂遠琅邪臨沂人曾祖敬弘有重名於宋世位至左光祿大夫開府儀同三司祖瓚之金紫光祿大夫父秀之吳興太守峻少美風姿善擧止起家著作佐郎不拜累遷中軍廬陵王法曹行參軍太子舍人邵陵王文學太傅主簿府主齊竟陵王子良甚相賞遇遷司徒主簿以父憂去職服闋除太子洗馬建安王友出爲寧遠將軍桂陽內史會義師起上流諸郡多相驚擾峻閉門靜坐一郡帖然百姓賴之天監初還除中書侍郎高祖甚悅其風采與陳郡謝覽同見賞擢俄遷吏部當官不稱職轉征虜安成王長史又爲太子中庶子游擊將軍出爲宣城太守爲政清和吏民安之視事三年徵拜侍中遷度支尚書又以本官兼起部尚書監起太極殿事畢出爲征遠將軍平西長史南郡太守尋爲智武將軍鎭西長史蜀郡太守還爲左民尚書領步兵校尉遷吏部尚書處選甚得名譽峻性詳雅無趨競心嘗與謝覽約官至侍中不復謀進仕覽自吏部尚書出爲吳興郡平心不畏彊禦亦由處世之情既薄故也峻爲侍中以後雖不退身亦淡然自守無所營務久之以疾表解職遷金紫光祿大夫未拜普通二年卒時年五十六謚惠子子琮玩琮爲國子生尚始興王女繁昌縣主不惠爲學生所嗤遂離婚峻謝王王曰此自上意僕極不願如此峻曰臣太祖是謝仁祖外孫亦不藉殿下姻媾爲門戶

王暕字思晦琅邪臨沂人父儉齊太尉南昌文憲公暕年數歲而風神警拔有成人之度時文憲作宰賓客盈門見暕相謂曰公才公望復在此矣弱冠選尚淮南長公主拜駙馬都尉除員外散騎侍郎不拜改授晉安王文學遷廬陵王友秘書丞明帝詔求異士始安王遙光表薦暕及東海王僧孺曰臣聞求賢暫勞垂拱永逸方之疏壤取類導川伏惟陛下道隱旒纊信充符璽白駒空谷振鷺在庭猶懼隱鱗卜祝藏器屠佑物色關下委裘河上非取製於一狐諒求味於兼采而五聲倦響九工是詢寢議廟堂借聽輿皁臣位任隆重義兼邦家實欲使名實不違徼幸路絕勢門上品猶當格以淸談英俊下僚不可限以位貌竊見秘書丞琅邪王暕年二十一七葉重光海內冠冕神淸氣茂允迪中和叔寶理遺

之談彥輔名敎之樂故以暉映先達領袖後進居無塵雜家有賜書辭賦清新屬言玄遠室邇人曠物疎道親養素丘園台階虛位庠序公朝萬夫傾首豈徒荀令可想李公不亡而已哉乃東序之秘寶瑚璉之茂器除驃騎從事中郎高祖霸府開引爲戶曹屬遷司徒左長史天監元年除太子中庶子領驍騎將軍入爲侍中出爲寧朔將軍中軍長史又爲侍中領射聲校尉遷五兵尚書加給事中出爲晉陵太守徵爲吏部尚書俄領國子祭酒暕名公子少致美稱及居選曹職事脩理然世貴顯與物多隔不能留心寒素衆頗謂爲刻薄遷尚書右僕射尋加侍郎復遷右僕射以母憂去官起爲雲麾將軍吳郡太守還爲侍中尚書左僕射領國子祭酒普通四年冬暴疾卒時年四十七詔贈侍中中書令中軍將軍給東園秘器朝服一具衣一襲錢十萬布百匹謚曰靖有四子訓承穉許竝通顯

訓字懷範幼聰警有識量徵士何胤見而奇之年十三暕亡憂毀家人莫之識十六召見文德殿應對爽徹上目送久之顧謂朱异曰可謂相門有相矣補國子生射策高第除秘書郎遷太子舍人秘書丞轉宣城王文學友太子中庶子掌管記俄遷侍中旣拜入見高祖從容問何敬容曰褚彥回年幾爲宰相敬容對曰少過三十上曰今之王訓無謝彥回訓美容儀善進止文章之美爲後進領袖在春宮特被恩禮以疾終于位時年二十六贈本官謚溫子

王泰字仲通志長兄慈之子也慈齊時歷侍中吳郡知名在志右泰幼敏悟年數歲時祖母集諸孫姪散棗栗於牀上羣兒皆競之泰獨不取問其故對曰不取自當得賜由是中表異之旣長通和溫雅人不見其喜慍之色起家爲著作郎不拜改除秘書郎遷前將軍法曹行參軍司徒東閤祭酒車騎主簿高祖霸府建以泰爲驃騎功曹史天監元年遷秘書丞齊永元末後宮火延燒秘書圖書散亂殆盡泰爲丞表校定繕寫高祖從之頃之遷中書侍郎出爲南徐州別駕從事史居職有能名復徵中書侍郎敕掌吏部郎事累遷給事黃門侍郎員外散騎常侍竝掌吏部如故俄卽眞自過江吏部郎不復典大選令史以下小人求競者輻湊前後少能稱職泰爲之不通關求吏先至者卽補不爲貴賤請囑易意天下稱平累遷爲廷尉司徒左長史出爲明威將軍新安太守在郡和理得民心徵爲寧遠將軍安右長史俄遷侍中尋爲太子庶子領步兵校尉復爲侍中仍遷仁威長史南蘭陵太守行南康王府州國事王遷職復爲北中郎長史行豫章王府州國事太守如故入爲都官尚書泰能接人士士多懷泰每願其居選官頃之爲吏部尚書衣冠屬望未及選舉仍疾改除散騎常侍左驍騎將軍未拜卒時年四十五謚夷子初泰無子養兄子祁晚有子廓

王份字季文琅邪人也祖續明宋開府儀同三司元公父粹黃門侍郎份十四而孤解褐車騎主簿出爲寧遠將軍始安內史袁粲之誅親故無敢視者份獨往致慟由是顯名遷太子中舍人太尉屬出爲晉安內史累遷中書侍郎轉大司農份兄奐於雍州被誅奐子肅奔于魏份自拘請罪齊世祖知其誠款喻而遣之屬肅屢引魏人來侵疆埸世祖嘗因侍坐從容謂份曰比有北信不份斂容對曰肅旣近忘墳柏寧遠憶有臣帝亦以此亮焉尋除寧朔將軍零陵內史徵爲黃門侍郎以父終於此職固辭不拜遷秘書監天監初除散騎常侍領步兵校尉兼起部尚書高祖嘗於宴席問羣臣曰朕爲有爲無份對曰陛下應萬物爲有體至理爲無高祖稱善出爲宣城太守轉吳郡太守遷寧朔將軍北中郎豫章王長史蘭陵太守行南徐府州事遷太常卿太子右率散騎常侍侍東宮除金紫光祿大夫復爲智武將軍南康王長史秩中二千石復入爲散騎常侍金紫光祿南徐州大中正給親信二十人遷尚書左僕射尋加侍中時脩建二郊份以本官領大匠卿遷散騎常侍右光祿大夫加親信爲四十人遷侍中特進左光祿復以本官監丹陽尹普通五年三月卒時年七十九詔贈本官賻錢四十萬布四百匹蠟四百斤給東園秘器朝服一具衣一襲謚胡子長子琳字孝璋舉南徐州秀才釋褐征虜建安王法曹司徒東閤祭酒南平王文學尚義興公主拜駙馬都尉累遷中書侍郎衞軍謝朏長史員外散騎常侍出爲明威將軍東陽太守徵司徒左長史

錫字公嘏琳之第二子也幼而警悟與兄弟受業至應休散常獨留不起年七八歲猶隨公主入宮高祖嘉其聰敏常爲朝士說之精力不勌致損右目公主每節其業爲飾居宇雖童稚之中一無所好十二爲國子生十四舉清茂除秘書郎與范陽張伯緖齊名俱爲太子舍人丁父憂居喪盡禮服闋除太子洗馬時昭明尚幼未與臣僚相接高祖敕太子洗馬王錫秘書郎張纘親表英華朝中髦俊可以師友事之以戚屬封永安侯除晉安王友稱疾不行敕許受詔停都王冠日以府僚攝事普通初魏始連和使劉善明來聘敕使中書舍人朱异接之預讌者皆歸化北人善明負其才氣酒酣謂异曰南國辯學如中書者幾人异對曰异所以得接賓宴者乃分職是司二國通和所敦親好若以才辯相尚則不容見使善明乃曰王錫張纘北閒所聞云何可見异具啓敕卽使於南苑設宴錫與張纘朱异四人而已善明造席遍論經史兼以嘲謔錫纘隨方酬對無所稽疑未嘗訪彼一事善明甚相歎挹佗日謂异曰一日見二賢實副所期不有君子安能爲國轉中書郎遷給事黃門侍郎尚書吏部郎中時年二十四謂親友曰吾以外戚謬被時知多叨人爵本非其志兼比羸病庶務難擁安能捨其所好而狥所不能乃稱疾不拜便謝遣胥徒拒絕賓客掩扉覃思室宇蕭然中大通六年正月卒時年三十六贈侍中給東園秘器朝服一具衣一襲謚貞子子泛湜

僉字公會錫第五弟也八歲丁父憂哀毀過禮服闋召補國子生祭酒袁昂稱爲通理策高第除長史兼秘書郎中歷尚書殿中郎太子中舍人與吳郡陸襄對掌東宮管記出爲建安太守山酋方善謝稀聚徒依險屢爲民患僉潛設方略率衆平之有詔褒美頒示州郡除威武將軍始興內史丁所生母憂固辭不拜又除寧遠將軍南康內史屬盧循作亂復轉僉爲安成內史以鎭撫之還除黃門侍郎尋爲安西武陵王長史蜀郡太守僉憚岨嶮固以疾辭因以黜免久之除戎昭將軍尚書左丞復補黃門侍郎遷太子中庶子掌東宮管記太清二年十二月卒時年四十五贈侍中給東園秘器朝服一具衣一襲承聖三年世祖追詔曰賢而不伐曰恭謚恭子

張充字延符吳郡人父緖齊特進金紫光祿大夫有名前代充少時不持操行好逸游緖嘗請假還吳始入西郭値充出獵左手臂鷹右手牽狗遇緖船至便放紲脫韝拜於水次緖曰一身兩役無乃勞乎充跪對曰充聞三十而立今二十九矣請至來歲而敬易之緖曰過而能改顏氏子有焉及明年便脩身改節學不盈載多所該覽尤明老易能清言與從叔稷俱有令譽起家撫軍行參軍遷太子舍人尚書殿中郎武陵王友時尚書令王儉當朝用事武帝皆取決焉武帝嘗欲以充父緖爲尚書僕射訪於儉儉對曰張緖少有清望誠美選也然東士比無所執緖諸子又多薄行臣謂此宜詳擇帝遂止先是充兄弟皆輕俠充少時又不護細行故儉言之充聞而慍因與儉書曰吳國男子張充致書於琅邪王君侯侍者頃日路長愁霖韜晦涼暑未平想無虧攝充幸以魚釣之閒鎌採之暇時復以卷軸自娛逍遙前史縱橫萬古動黙之路多端紛綸百年昇降之徒不一故以圓行方止器之異也金剛水柔性之別也善御性者不違金水之質善爲器者不易方圓之用所以北海掛簪帶之高河南降璽言之貴充生平少偶不以利欲干懷三十六年差得以棲貧自澹介然之志峭聳霜崖確乎之情峰橫海岸彯纓天閣旣謝廓廟之華綴組雲臺終慙衣冠之秀所以擯跡江皐陽狂隴畔者寔由氣岸疏凝情塗狷隔獨師懷抱不見許於俗人孤秀神崖每邅回於在世故君山直上蹙壓於當年叔陽敻舉轗軻乎千載充所以長羣魚鳥畢影松阿半頃之田足以輸稅五畝之宅樹以桑麻嘯歌於川澤之間諷咏於澠池之上泛濫於漁父之遊偃息於卜居之下如此而已充何識焉若夫驚巖罩日壯海逢天竦石崩尋分危落仞桂蘭綺靡叢雜於山幽松栢森陰相繚於澗曲元卿於是乎不歸伯休亦以茲長往若遒飛竿釣渚濯足滄洲獨浪煙霞高卧風月悠悠琴酒岫遠誰來灼灼文談空罷方寸不覺鬱然千里路阻江川每至西風何嘗不眷聊因疾隙畧舉諸襟持此片言輕枉高聽丈人歲路未強學優而仕道佐蒼生功橫海望入朝則協長倩之誠出議則抗仲子之節可謂盛德維時孤松獨秀者也素履未詳斯旅尚邛茂陵之彥望冠蓋而長懷霸山之氓佇衣車而聳歎得無惜乎若鴻裝撰御鶴駕軒空則岸不辭枯山被其潤奇禽異羽或巖際而逢迎弱霧輕煙乍林端而奄藹東都不足奇南山豈爲貴充昆西之百姓岱表之一民蠶而衣耕且食不能事王侯覓知已造時人騁游說蓬轉於屠博之間其歡甚矣丈人早遇承華中逢崇禮肆上之眷望溢於早辰鄉下之言謬延於造次然舉世皆謂充爲狂充亦何能與諸君道之哉是以披聞見掃心胸述平生論語黙所以通夢交魂推衿送抱者其惟丈人而已關山敻阻書罷莫因儻遇樵者妄塵執事儉言之武帝免充官廢處久之後爲司徒諮議參軍與琅邪王思遠同郡陸慧曉等竝爲司徒竟陵王賓客入爲中書侍郎尋轉給事黃門侍郎明帝作相以充爲鎭軍長史出爲義興太守爲政清靜民吏便之尋以母憂去職服闋除太子中庶子遷侍中義師近次東昏召百官入宮省朝士慮禍或往來酣宴充獨居侍中省不出閤城內旣害東昏百官集西鍾下召充不至

高祖霸府開以克為大司馬諮議參軍遷梁王國郎中令祠部尚書領屯騎校尉轉冠軍將軍司徒左長史天監初除太常卿尋遷吏部尚書居選稱為平允俄為散騎常侍雲騎將軍尋除晉陵太守秩中二千石徵拜散騎常侍國子祭酒克長於義理登堂講說皇太子以下皆至時王侯多在學執經以拜克朝服而立不敢當也轉左衞將軍祭酒如故入為尚書僕射頃之除雲麾將軍吳郡太守下車卹貧老故舊莫不欣悅以疾自陳徵為散騎常侍金紫光祿大夫未及還朝十三年卒于吳時年六十六詔贈侍中護軍將軍謚穆子子晁嗣

柳惲字文暢河東解人也少有志行好學善尺牘與陳郡謝瀹鄰居瀹深所友愛初宋世有嵇元榮羊蓋並善彈琴云傳戴安道之法惲幼從之學特窮其妙齊竟陵王聞而引之以為法曹行參軍雅被賞狎王嘗置酒後園有晉相謝安鳴琴在側以授惲惲彈為雅弄子良曰卿巧越嵇心妙臻羊體良質美手信在今辰豈止當世稱奇足可追蹤古烈累遷太子洗馬父憂去官服闋試守鄱陽相聽吏屬得盡三年喪禮署之文教百姓稱焉還除驃騎從事中郎高祖至京邑惲候謁石頭以為冠軍將軍征東府司馬時東昏未平士猶苦戰惲上牋陳便宜請城平之日先收圖籍及遵漢祖寬大愛民之義高祖從之會蕭穎胄薨于江陵使惲西上迎和帝仍除給事黃門侍郎領步兵校尉遷相國右司馬天監元年除長史兼侍中與僕射沈約等共定新律惲立行貞素以貴公子早有令名少工篇什始為詩曰亭皋木葉下隴首秋雲飛琅邪王元長見而嗟賞因書齋壁至是預曲宴必被詔賦詩嘗奉和高祖登景陽樓中篇云太液滄波起長楊高樹秋翠華承漢遠雕輦逐風遊深為高祖所美當時咸共稱傳惲善弈棊帝每敕侍坐仍令定棊譜第其優劣二年出為吳興太守六年徵為散騎常侍遷左民尚書八年除持節都督廣交桂越四州諸軍事仁武將軍平越中郎將廣州刺史徵為秘書監領左軍將軍復為吳興太守六年為政清靜民吏懷之於郡感疾自陳解任父老千餘人拜表陳請事未施行天監十六年卒時年五十三贈侍中中護軍將軍惲既善琴嘗以今聲轉棄古法乃著清調論具有條流少子偃字彥游年十二引見詔問讀何書對曰尚書又曰有何美句對曰德惟善政政在養民衆咸異之詔尚長城公主拜駙馬都督都亭侯太子舍人洗馬廬陵鄱陽內史大寶元年卒

蔡撙字景節濟陽考城人父興宗宋左光祿大夫開府儀同三司有重名前代撙少方雅退默與兄寅俱知名選補國子生舉高第為司徒法曹行參軍齊左衞將軍王儉高選府僚以撙為主簿累遷建安王文學司徒主簿左西屬明帝為鎮軍將軍引為從事中郎遷中書侍郎中軍長史給事黃門侍郎丁母憂廬於墓側齊末多難服闋因居墓所除太子中庶子太尉長史並不就梁臺建為侍中遷臨海太守坐公事左遷太子中庶子復為侍中吳興太守天監元年宣城郡吏吳承伯挾祆道聚衆攻宣城殺太守朱僧勇因轉屠旁縣踰山寇吳興所過皆殘破衆有二萬奄襲郡城東道不習兵革吏民恇擾奔散並請撙避之撙堅守不動募勇敢固郡承伯盡銳攻撙撙命衆出拒戰於門應手摧破臨陣斬承伯餘黨悉平加信武將軍徵度支尚書遷中書令復為信武將軍晉陵太守還除通直散騎常侍國子祭酒遷吏部尚書居選弘簡有名稱又為侍中領秘書監轉中書令侍中如故普通二年出為宣毅將軍吳郡太守四年卒時年五十七追贈侍中金紫光祿大夫宣惠將軍謚康子子彥熙歷官中書郎宣城內史

江蒨字彥標濟陽考城人曾祖湛宋左光祿儀同三司父斆齊太常卿並有重名於前世蒨幼聰警讀書過目便能諷誦選為國子生通尚書舉高第起家秘書郎累遷司徒東閤祭酒廬陵王主簿居父憂以孝聞廬於墓側明帝敕遣齊仗二十人防墓所服闋除太子洗馬累遷司徒左南屬太子中舍人秘書丞出為建安內史視事朞月義師下次江州遣寧朔將軍劉諓之為郡蒨帥吏民據郡拒之及建康城平蒨坐禁錮俄被原起為後軍臨川王外兵參軍累遷臨川王友中書侍郎太子家令黃門侍郎領南兗州大中正遷太子中庶子中正如故轉中權始興王長史出為伏波將軍晉安內史在政清約務在寬惠吏民便之詔徵為寧朔將軍南康王長史行府州國事頃之遷太尉臨川王長史轉尚書吏部郎右將軍蒨方雅有風格僕射徐勉以權重自遇在位者並宿士敬之惟蒨及王規與抗禮不為之屈勉因蒨門客翟景為第七兒繇求蒨女婚蒨不荅景再言之乃杖景四十由此與勉有忤除散騎常侍不拜是時勉又為子求蒨弟葺及王泰女二人並拒之葺為吏部郎坐杖曹中幹免官泰以疾假出守乃遷散騎常侍皆勉意也初天監六年詔以侍中常侍並侍帷幄分門下二局入集書其官品視侍中而非華冑所悅故勉斥泰為之蒨尋遷司徒左長史初王泰出閤高祖謂勉云江蒨資歷應居選部勉對曰蒨有眼患又不悉人物高祖乃止遷光祿大夫大通元年卒時年五十三詔贈本官謚肅子蒨好學尤悉朝儀故事撰江左遺典三十卷未就卒文集十五卷子紑經在孝行傳

史臣曰王氏自姬姓以降及乎秦漢繼有英哲洎東晉王茂弘經綸江左時人方之管仲其後蟬冕交映台袞相襲勒名帝籍慶流子孫斯為盛族矣王瞻等承藉茲基國華是貴子有才行可得而稱張克少不持操晚乃折節在於典選寔號廉平柳惲以多藝稱蔡撙以方雅著江蒨以風格顯俱為梁室名士焉

梁書卷二十二

梁書卷二十二

唐 散騎常侍 姚 思廉 撰

列傳第十六

太祖五王

太祖十男張皇后生長沙宣武王懿永陽昭王敷高祖衡陽宣王暢李太妃生桂陽簡王融懿及融齊永明中為東昏所害敷暢建武中卒高祖踐阼並追封郡王陳太妃生臨川靜惠王宏南平元襄王偉吳太妃生安成康王秀始興忠武王憺費太妃生鄱陽忠烈王恢

臨川靜惠王宏字宣達太祖第六子也長八尺美鬚眉容止可觀齊永明十年為衞軍廬陵王法曹行參軍遷太子舍人時長沙王懿鎮梁州為魏所圍明年給宏精兵千人赴援未至魏軍退還驃騎晉安王主簿尋為北中郎桂陽王功曹史衡陽王暢有美名為始安王蕭遙光所禮及遙光作亂逼暢入東府暢懼禍先赴臺高祖在雍州常懼諸弟及禍謂南平王偉曰六弟明於事理必先還臺及信至果如高祖策高祖義師下宏至新林奉迎拜輔國將軍建康平遷西中郎將中護軍領石頭戍軍事天監元年封臨川郡王邑二千戶尋為使持節散騎常侍都督揚南徐州諸軍事後將軍揚州刺史又給鼓吹一部三年加侍中進號中軍將軍四年高祖詔北伐以宏為都督南北兗北徐青冀豫司霍八州北討諸軍事宏以帝之介弟所領皆器械精新軍容甚盛北人以為百數十年所未之有軍次洛口宏前軍剋梁城斬魏將鼂清會征役久有詔班師六年夏遷驃騎將軍開府儀同三司侍中如故其年遷司徒領太子太傅八年夏為使持節都督揚南徐二州諸軍事司空揚州刺史侍中如故其年冬以公事左遷驃騎大將軍開府同三司之儀侍中如故未拜遷使持節都督揚徐二州諸軍事揚州刺史侍中將軍如故十二年遷司空使持節侍中都督刺史將軍並如故十五年春所生母陳太妃寢疾宏與母弟南平王偉侍疾並衣不解帶每二宮參問輒對使涕泣及太妃薨水漿不入口者五日高祖每臨幸慰勉之宏少而孝謹齊之末年避難潛伏與太妃異處每遣使恭問起居或謂宏曰逃難須密不宜往來宏銜淚答曰乃可無我此事不容暫廢尋起為中書監驃騎大將軍使持節都督如故固辭弗許十七年夏以公事左遷侍中中軍將軍行司徒其年冬遷侍中中書監司徒普通元年遷使持節都督揚南徐州諸軍事太尉揚州刺史侍中如故二年改創南北郊以本官領起部尚書事竟罷七年三月以疾累表自陳詔許解揚州餘如故四月薨時年五十四自疾至于薨輿駕七出臨視及葬詔曰侍中太尉臨川王宏器宇沖貴雅量弘通爰初弱齡行彰素履逮于應務嘉猷載緝自皇業啓基地惟介弟久司神甸歷位台階論道登朝物無異議朕友于之至家國兼情方弘變贊儀刑列辟天不憖遺奄焉不永哀痛抽切震慟于厥心宜增峻禮秩式昭懋典可贈侍中大將軍揚州牧假黃鉞王如故并給羽葆鼓吹一部增班劍為六十人給溫明秘器斂以衮服謚曰靖惠宏性寬和篤厚在州二十餘年未嘗以吏事按郡縣時稱其長者宏有七子正仁正義正德正則正立正表正信世子正仁為吳興太守有治能天監十年卒謚曰哀世子無子高祖詔以羅平侯正立為世子由宏意也宏薨正立表讓正義為嗣高祖嘉而許之改封正立為建安侯邑千戶卒子貴嗣正義先封平樂侯正德西豐侯正則樂山侯正立羅平侯正表封山侯正信武化侯正德別有傳

安成康王秀字彥達太祖第七子也年十二所生母吳太妃亡秀母弟始興王憺時年九歲並以孝聞居喪累日不進漿飲太祖親取粥授之哀其早孤命側室陳氏

井母二子陳亦無子有母德親二子如親生焉秀既長美風儀性方靜雖左右近侍非正衣冠不見也由是親友及家人咸敬焉齊世弱冠爲著作佐郎累遷後軍法曹行參軍太子舍人永元中長沙宣武王懿入平崔慧景爲尚書令居端右弟衞陽王暢爲衞尉掌管籥東昏日夕逸遊出入無度衆頗勸懿因其出閉門舉兵廢之懿不聽帝左右既惡懿勳高又慮廢立並間懿懿亦危之自是諸王侯咸爲之備及難作臨川王宏以下諸弟姪各得奔避方其逃也皆不出京師而罕有發覺惟桂陽王融及禍高祖義師至新林秀與諸王侯並自拔赴軍高祖以秀爲輔國將軍是時東昏弟晉熙王寶嵩爲冠軍將軍南徐州刺史鎮京口長史范岫行府州事遣使降且請兵於高祖以秀爲冠軍長史南東海太守鎮京口建康平仍爲使持節都督南徐兖二州諸軍事南徐州刺史輔國將軍如故天監元年進號征虜將軍封安成郡王邑二千戶京口自崔慧景作亂累被兵革民戶流散秀招懷撫納惠愛大行仍值年饑以私財贍百姓所濟活甚多二年以本號徵領石頭戍軍加散騎常侍三年進號右將軍五年加領軍中書令給鼓吹一部六年出爲使持節都督江州諸軍事平南將軍江州刺史將發主者求堅船以爲齋舫秀曰吾豈愛財而不愛士乃教所由以牢者給參佐下者載齋物既而遭風齋舫遂破及至州聞前刺史取徵士陶潛曾孫爲里司秀歎曰陶潛之德豈可不及後世卽日辟爲西曹時盛夏水汎長津梁斷絕外司請依舊僦度收其價直秀教曰刺史不德水潦爲患可利之乎給船而已七年遭慈母陳太妃憂詔起視事尋遷都督荆湘雍益寧南北梁秦州九州諸軍事平西將軍荆州刺史其年遷號安西將軍立學校招隱逸下教曰夫鶉火之禽不匿影於丹山昭華之寶乍耀采於藍田是以江漢有濯纓之歌空谷著來思之詠弘風闡道靡不由茲處士河東韓懷明南平韓望南郡庾承先河東郭麻並脫落風塵高蹈其事兩韓之孝友純深庾郭之形骸枯槁或橡飯菁羹惟日不足或葭牆艾席樂在其中昔伯武貞堅就仕河內史雲孤劭屈志陳留豈曰場苗實惟攻玉可加引辟并遣喩意既同魏侯致禮之請庶無辟彊三緘之歎是歲魏懸瓠城民反殺豫州刺史司馬悅引司州刺史馬仙琕仙琕籤荆州求應赴衆咸謂宜待臺報秀曰彼待我而爲援援之宜速待勑雖舊非應急也卽遣兵赴之先是巴陵馬營蠻爲緣江寇害後軍司馬高江產以郢州軍伐之不剋江產死之蠻遂盛秀遣防閤文熾率衆討之燔其林木絕其蹊逕蠻失其嶮期歲而江路清於是州境盜賊遂絕及沮水暴長頗敗民田秀以穀二萬斛贍之使長史蕭琛簡府州貧老單丁吏一日散遣五百餘人百姓甚悅十一年徵爲侍中中衞將軍領宗正卿石頭戍事十三年復出爲使持節散騎常侍都督郢司霍三州諸軍事安西將軍郢州刺史郢州當涂爲劇地百姓貧至以婦人供役其弊如此秀至鎮務安之主者或求召吏秀曰不識救弊之術此州凋殘不可擾也於是務存約已省去遊費百姓安堵境內晏然先是夏口常爲兵衝露骸積骨於黃鶴樓下秀祭而埋之一夜夢數百人拜謝而去每冬月常作襦袴以賜凍者時司州叛蠻田魯生弟魯賢超秀據蒙籠來降高祖以魯生爲北司州刺史魯賢北豫州刺史超秀定州刺史爲北境捍蔽而魯生超秀互相讒毀有去就心秀撫喻懷納各得其用當時賴之十六年遷使持節都督雍梁南北秦四州郢州之竟陵司州之隨郡諸軍事鎮北將軍寧蠻校尉雍州刺史便道之鎮十七年春行至竟陵之石梵薨時年四十四高祖聞之甚痛悼焉遣皇子南康王績緣道迎候初秀之西也郢州民相送出境聞其疾百姓商賈咸爲請命既薨四州民裂裳爲白帽哀哭以迎送之雍州蠻迎秀聞薨祭哭而去喪至京師高祖使使冊贈侍中司空謚曰康秀有容觀每朝百僚屬目性仁恕喜慍不形於色左右嘗以石擲殺所養鵠齋帥請治其罪秀曰吾豈以鳥傷人在京師旦臨公事廚人進食誤而覆之去而登車竟朝不飯亦不之誚也精意術學搜集經記招學士平原劉孝摽使撰類苑書未及畢而已行於世秀於高祖布衣昆弟及爲君臣小心畏敬過於疏賤者高祖益以此賢之少偏孤於始興王憺尤篤梁典憺久爲荆州刺史自天監初帝以所得俸中分與秀秀稱心受之亦弗辭多也昆弟之睦時議歸之故吏夏侯亶等表立墓碑詔許焉當世高才遊王門者東海王僧孺吳郡陸倕彭城劉孝綽河東裴子野各製其文古未之有也世子機嗣機字智通天監二年除安成國世子六年爲寧遠將軍會稽太守還爲給事中普通元年襲封安成郡王其年爲太子洗馬遷中書侍郎二年遷明威將軍丹陽尹三年遷持節督湘衡桂三州諸軍事寧遠將軍湘州刺史大通二年薨于州時年三十機美姿容善吐納家既多書博學彊記然而好弄尚力遠士子近小人爲州專意聚斂無治績頻被案劾及將葬有司請謚高祖詔曰王好內怠政可謚曰煬所著詩賦數千言世祖集而序之子操嗣南浦侯推字智進機次弟也少清敏好屬文深爲太宗所賞普通六年以王子例封歷寧遠將軍淮南太守遷輕車將軍晉陵太守給事中太子洗馬秘書丞出爲戎昭將軍吳郡太守所臨必赤地大旱吳人號旱母焉侯景之亂守東府城賊設樓車盡銳攻之推隨方抗拒頻擊挫之至夕東北樓主許鬱華啓關延賊城遂陷推握節死之

南平元襄王偉字文達太祖第八子也幼清警好學齊世起家晉安鎮北法曹行參軍府遷驃騎轉外兵高祖爲雍州慮天下將亂求迎偉及始興王憺來襄陽俄聞已入沔高祖欣然謂佐吏曰吾無憂矣義師起南康王承制板爲冠軍將軍留行雍州關府事義師發後州內儲備及人皆虛竭魏興太守裴師仁齊興太守顏僧都並據郡不受命舉兵將襲雍州偉與始興王憺遣兵於始平郡待師仁等要擊大破之州境以安高祖既剋郢魯下尋陽圍建業而巴東太守蕭慧訓子璝及巴西太守魯休烈起兵逼荆州屯兵上明連破荆州鎮軍蕭穎冑遣將劉孝慶等距之反爲璝所敗穎冑憂憤暴疾卒西朝洶懼尚書僕射夏侯詳議徵兵雍州偉乃割州府將吏配始興王憺往赴之憺既至璝等皆降和帝詔以偉爲使持節都督雍梁南北秦四州郢州之竟陵司州之隨郡諸軍事寧蠻校尉雍州刺史將軍如故尋加侍中進號鎮北將軍天監元年加散騎常侍進督荆寧二州餘如故封建安郡王食邑二千戶給鼓吹一部四年徙都督南徐州諸軍事南徐州刺史使持節常侍將軍如故五年至都改爲撫軍將軍丹陽尹常侍如故六年遷使持節都督揚南徐二州諸軍事右軍將軍揚州刺史未拜進號中權將軍七年以疾表解州改侍中中撫軍知司徒事九年遷護軍石頭戍軍事侍中將軍鼓吹如故其年出爲使持節散騎常侍都督江州諸軍事鎮南將軍江州刺史鼓吹如故十一年以本號加開府儀同三司其年復以疾陳解十二年徵爲中撫將軍儀同常侍如故以疾不拜十三年改爲左光祿大夫加親信四十人歲給米萬斛布絹五千匹藥直二百四十萬厨供月二十萬并二衞兩營雜役二百人倍先置防閤白直左右職局一百人偉末年疾浸劇不復出藩故俸秩加焉十五年所生母陳太妃寢疾偉及臨川王宏侍疾並衣不解帶及太妃薨毁頓過禮水漿不入口累日高祖每臨幸譬抑之偉雖奉詔而毁瘠殆不勝喪十七年高祖以建安土瘠改封南平郡王邑戶如故遷侍中左光祿大夫開府儀同三司普通四年增邑一千戶五年進號鎮衞大將軍中大通元年以本官領太子太傅四年遷中書令大司馬五年薨時年五十八詔斂以袞冕給東園秘器又詔曰旌德紀功前王令典愼終追遠列代通規故侍中中書令大司馬南平王偉器宇宏曠鑒識弘簡爰在弱齡清風載穆翼佐草昧勳高樊沔契闊艱難劬勞任寄及贊務論道弘茲袞職奄焉薨逝朕用震慟于厥心宜隆寵命式昭茂典可贈侍中太宰王如故給羽葆鼓吹一部并班劒四十人謚曰元襄偉少好學篤誠通恕趨賢重士常如不及由是四方遊士當世知名者莫不畢至齊世青溪宮改爲芳林苑天監初賜偉爲第偉又加穿築增植嘉樹珍果窮極雕麗每與賓客遊其中命從事中郎蕭子範爲之記梁世藩邸之盛無以過焉而性多恩惠尤愍窮乏常遣腹心左右歷訪閭里人士其有貧困吉凶不舉者卽遣贍䘏之太原王曼穎卒家貧無以殯斂友人江革往哭之其妻兒對革號訴革曰建安王當知必爲營埋言未訖而偉使至給其喪事得周濟焉每祁寒積雪則遣人載樵米隨乏絕者卽賦給之晚年崇信佛理尤精玄學著二旨義別爲新通又製性情幾神等論其義僧寵及周捨殷鈞陸倕並名精解而不能屈偉四子恪恭虔祗世子恪嗣恭字敬範天監八年封衡山縣侯以元襄功加邑至千戶初樂山侯正則有罪勑讓諸王獨謂元襄曰汝兒非直無過並有義方恭起家給事中遷太子洗馬出爲督齊安等十一郡事寧遠將軍西陽武昌二郡太守徵爲秘書丞遷中書郎監丹陽尹行徐南徐州事轉衡州刺史母憂去職尋起爲雲麾將軍湘州刺史恭善解吏事所在見稱而性尚華侈廣營第宅重齋步櫚摸寫宮殿尤好賓友酣讌終辰座客滿筵言談不倦時世祖居藩頗事聲譽勤心著述卮酒未嘗妄進恭每從容謂人曰下官歷觀世人多有不好歡樂乃仰眠牀上看屋梁而著書千秋萬歲誰傳此者勞神苦思竟不成名豈如臨清風對朗月登山泛水肆意酣歌也尋以雍州蠻文道拘引魏寇詔恭赴援仍除持節仁威將軍寧蠻校尉雍州刺史便道之鎮太宗少與恭遊特被賞狎至是手令曰彼士流骯髒有關輔餘風黔首扞格但知重劒輕死降胡惟尚貪惏邊蠻不知敬讓懷抱不可皁白法律無所用施顧充實邊戍無數遷徙諜候惟遠箱庾惟積長以控短靜以制躁早蒙愛念敢布腹心恭至州治果有聲績

百姓陳奏乞於城南立碑頌德詔許焉先高祖以雍爲邊鎮運數州之粟以實儲倉恭後多取官米贍給私宅爲荊州刺史廬陵王所啓由是免官削爵數年竟不叙用侯景亂卒於城中時年五十二詔特復本封世祖追贈侍中左衞將軍諡曰僖世子靜字安仁有美名號爲宗室後進有文才而篤志好學旣內足於財多聚經史散書滿席手自讎校何敬容欲以女妻之靜忌其太盛距而不納時論服焉歷官太子舍人東宮領直遷丹陽尹丞給事黃門侍郎深爲太宗所愛賞太清三年卒贈侍中

鄱陽忠烈王恢字弘達太祖第九子也幼聰穎年七歲能通孝經論語義發擿無所遺旣長美風表涉獵史籍齊隆昌中明帝作相內外多虞明帝就長沙宣武王懿求諸弟有可委以腹心者宣武言恢焉明帝以恢爲寧遠將軍甲仗百人衞東府且引爲驃騎法曹行參軍明帝卽位東宮建爲太子舍人累遷北中郎外兵參軍前軍主簿宣武之難逃在京師高祖義兵至恢於新林奉迎以爲輔國將軍時三吳多亂高祖命出頓破崗建康平遷爲冠軍將軍右衞將軍天監元年爲侍中前將軍領石頭戍軍事封鄱陽郡王食邑二千戶二年出爲使持節都督南徐州諸軍事征虜將軍南徐州刺史四年改授都督郢司二州諸軍事後將軍郢州刺史持節如故義兵初郢城內疾疫死者甚多不及藏殯及恢下車遽命埋掩又遣四使巡行州部境內大治七年進號雲麾將軍進督霍州八年復進號平西將軍十年徵爲侍中護軍將軍石頭戍軍事領宗正卿十一年出爲使持節都督荊湘雍益寧南北梁南北秦九州諸軍事平西將軍荊州刺史給鼓吹一部十三年遷散騎常侍都督益寧南北秦沙七州諸軍事鎮西將軍益州刺史使持節如故便道之鎮成都去新城五百里陸路往來悉訂私馬百姓患焉累政不能改恢乃市馬千匹以付所訂之家資其騎乘有用則以次發之百姓賴焉十七年徵爲侍中安前將軍領軍將軍十八年出爲使持節散騎常侍都督荊湘雍梁益寧南北秦八州諸軍事征西將軍開府儀同三司荊州刺史普通五年進號驃騎大將軍七年九月薨于州時年五十一詔曰故使持節散騎常侍都督荊湘雍梁益寧南北秦八州諸軍事驃騎大將軍開府儀同三司荊州刺史鄱陽王恢風度開朗器情凝質爰在弱歲美譽克宣洎于從政嘉猷載緝方入正論道弘燮台階奄焉薨逝朕用傷慟于厥心宜隆寵命以申朝典可贈侍中司徒王如故并給班劒二十人諡曰忠烈遣中書舍人劉顯護喪事恢有孝性初鎮蜀所生費太妃猶停都後於都下不豫恢未之知一夜忽夢還侍疾旣覺憂皇便廢寢食俄而都信至太妃已瘳後又目有疾久廢視瞻有北渡道人慧龍得治眼術恢請之旣至空中忽見聖僧及慧龍下鍼豁然開朗咸謂精誠所致恢性通恕輕財好施凡歷四州所得俸祿隨而散之在荊州常從容問賓僚曰中山好酒趙王好吏二者孰愈衆未有對者顧謂長史蕭琛曰漢時王侯藩屛而已視事親民自有其職中山聽樂可得任性彭祖代吏近於侵官今之王侯不守藩國當佐天子臨民淸白其優乎坐賓咸服世子範嗣範字世儀溫和有器識起家太子洗馬秘書郎歷黃門郎還衞尉卿每夜自巡警高祖嘉其勞苦出爲益州刺史開通劒道剋復華陽增邑一千戶加鼓吹徵爲領軍將軍侍中範雖無學術而以籌畧自命愛奇翫古招集文才率意題章亦時有奇致復出爲使持節都督雍梁東益南北秦五州諸軍事鎮北將軍雍州刺史範作牧莅民甚得時譽撫循將士盡獲歡心太清元年大舉北伐以範爲使持節征北大將軍總督漢北征討諸軍事進伐穰城尋還安北將軍南豫州刺史侯景敗於渦陽退保壽陽乃改範爲合州刺史鎮合肥時景已蓄姦謀不臣將露範屢啓言之朱异每抑而不奏及景圍京邑範遣世子嗣與裴之高等入援遷開府儀同三司進號征北將軍京城不守範乃棄合肥出東關請兵于魏遣二子爲質魏人據合肥竟不出師助範範進退無計乃泝流西上軍于樅陽遣信告尋陽王尋陽要還九江欲共治兵西上範得書大喜乃引軍至湓城以晉熙爲晉州遣子嗣爲刺史江州郡縣輒更改易尋陽政令所行惟存一郡時論以此少之旣商旅不通信使距絕範數萬之衆皆無復食人多餓死範恚發背薨時年五十二世子嗣字長胤容貌豐偉腰帶十圍性驍果有膽畧倜儻不護細行而能傾身養士皆得其死力範之薨也嗣猶據晉熙城中食盡士乏絕景遣任約來攻嗣躬擐甲冑出壘距之時賊勢方盛咸勸且止嗣按劒叱之曰今之戰何有退乎此蕭嗣效命死節之秋也遂中流矢卒於陣

始興忠武王憺字僧達太祖第十一子也數歲所生母吳太妃卒憺哀感傍人齊世弱冠爲西中郎法曹行參軍遷外兵參軍義師起南康王承制以憺爲冠軍將軍西中郎諮議參軍遷相國從事中郎與南平王偉留守和帝立以憺爲給事黃門侍郎持巴東太守蕭慧訓子璝等及巴西太守魯休烈舉兵逼荊州屯軍上明鎮軍將軍蕭穎胄暴疾卒西朝甚懼尚書僕射夏侯詳議徵兵雍州南平王偉遣憺赴之憺以書喻璝等旬日皆請降是冬高祖平建業明年春和帝將發江陵詔以憺爲使持節都督荊湘益寧南北秦六州諸軍事平西將軍荊州刺史未拜天監元年加安西將軍都督刺史如故封始興郡王食邑二千戶時軍旅之後公私空乏憺厲精爲治廣闢屯田減省力役存問兵死之家供其窮困民甚安之憺自以少年始居重任思欲開導物情乃謂佐吏曰政之不臧士君子所宜共惜言可用用之可也如不用於我何傷吾開懷矣爾其無忝於是小人知恩而君子盡意民辭訟者皆立前待符教決於俄頃曹無留事下無滯獄民益悅焉三年詔加鼓吹一部六年州大水江溢堤壞憺親率府將吏冒雨賦丈尺築治之雨甚水壯衆皆恐或請憺避焉憺曰王尊尚欲身塞河堤我獨何心以免乃刑白馬祭江神俄而水退堤立邴州在南岸數百家見水長驚走登屋緣樹憺募人救之一口賞一萬估客數十人應募救焉州民乃以免又分遣行諸郡遭水死者給棺槥失田者與糧種是歲嘉禾生於州界吏民歸美憺謙讓不受七年慈母陳太妃薨水漿不入口六日居喪過禮高祖優詔勉之使攝州任是冬詔徵以本號還朝民爲之歌曰始興王民之爹（徒可反）赴人急如水火何時復來哺乳我八年爲平北將軍護軍將軍領石頭戍事尋遷中軍將軍中書令俄領衞尉卿憺性勞謙降意接士常與賓客連榻而坐時論稱之是秋出爲使持節散騎常侍都督南北兗徐青冀五州諸軍事鎮北將軍南兗州刺史九年春遷都督益寧南梁南北秦沙六州諸軍事鎮西將軍益州刺史開立學校勸課就業遣子映親受經焉由是多向方者時魏襲巴南西圍南安南安太守垣季珪堅壁固守憺遣軍救之魏人退走所收器械甚衆十四年遷都督荊湘雍寧南梁南北秦七州諸軍事鎮右將軍荊州刺史同母兄安成王秀將之雍州薨於道憺聞喪自投於地席稾哭泣不飲不食者數日傾財產賻送部伍小大皆取足焉天下稱其悌十八年徵爲侍中中撫將軍開府儀同三司領軍將軍普通三年十一月薨時年四十五追贈侍中司徒驃騎將軍給班劒三十人羽葆鼓吹一部冊曰咨故侍中司徒驃騎將軍始興王夫忠爲令德武謂止戈于以用之載在前志王有佐命之元勳利民之厚德契闊二紀始終不渝是用方軌往賢稽擇故訓鴻名美義允臻其極今遣兼大鴻臚程爽諡曰忠武魂而有靈歆茲顯號嗚呼哀哉憺未薨前夢改封中山王策授如他日意頗惡之數旬而卒世子亮嗣

史臣曰自昔王者創業廣植親親割裂州國封建子弟是以大旆少帛崇於魯衞盤石凝脂樹斯梁楚高祖遠遵前軌藩屛懿親至於安城南平鄱陽始興俱以名跡著蓋亦漢之閒平矣

梁書卷二十三

唐　散騎常侍　姚思廉　撰

列傳第十七

長沙嗣王業（子孝儼 弟藻）　永陽嗣王伯游

衡陽嗣王元簡　桂陽嗣王象

長沙嗣王業字靜曠高祖長兄懿之子也懿字元達少有令譽解褐齊安南邵陵王行參軍襲爵臨湘縣侯遷太子舍人洗馬建安王友出爲晉陵太守曾未朞月訟理人和稱爲善政入爲中書侍郎永明季授持節都督梁南北秦沙四州諸軍事西戎校尉梁南梁二州刺史加冠軍將軍是歲魏人入漢中遂圍南鄭懿隨機拒擊傷殺甚多乃解圍遁去懿又遣氐帥楊元秀攻魏歷城皐蘭駱火坑池等六戍剋之魏人震懼邊境遂寧進號征虜將軍增封三百戶遷督益寧二州軍事益州刺史入爲太子右衞率尚書吏部郎衞尉卿永元二年裴叔業據豫州反授持節征虜將軍督豫州諸軍事豫州刺史領歷陽南譙二郡太守討叔業叔業懼降于魏旣而平西將軍崔慧景入寇京邑奉江夏王寶玄圍臺城齊室大亂詔徵懿懿時方食投箸而起率銳卒三千人援城慧景遣其子覺來拒懿奔擊大破之覺單騎走乘勝而進慧景衆潰追奔之授侍中尚書右僕射未拜仍遷尚書令都督征討水陸諸軍事持節將軍如故增邑二千五百戶時東昏肆虐茹法珍王咺之等執政宿臣舊將並見誅夷懿旣立元勳獨居朝右深爲法珍等所憚乃說東昏曰懿將行隆昌故事陛下命在晷刻東昏信之將加酷害而懿所親知之密具舟江渚勸令西奔懿曰古皆有死豈有叛走尚書令耶遂遇禍中興元年追贈侍中中書監司徒宣德太后臨朝改贈太傅天監元年追崇丞相封長沙郡王諡曰宣武給九旒鸞輅轀輬車黃屋左纛前後部羽葆鼓吹挽歌二部虎賁班劒百

人葬禮一依晉安平王故事業幼而明敏識度過人仕齊爲著作郎太子舍人宣武之難與二弟藻象俱逃匿高祖既至乃赴于軍以爲寧朔將軍中興二年除輔國將軍南瑯邪清河二郡太守天監二年襲封長沙王徵爲冠軍將軍量置佐史遷秘書監四年改授侍中六年轉散騎常侍太子右衞率遷左驍騎將軍尋爲中護軍領石頭戍軍事七年出爲使持節都督南兗兗徐青冀五州諸軍事仁威將軍南兗州刺史八年徵爲護軍九年除中書令改授安後將軍鎭瑯邪彭城二郡領南瑯邪太守十年徵爲安右將軍散騎常侍十四年復爲護軍領南瑯邪彭城鎭牙瑯邪復徵中書令出爲輕車將軍湘州刺史業性敦篤所在留惠深信因果篤誠佛法高祖每嘉歎之普通三年徵爲散騎常侍護軍將軍四年改爲侍中金紫光祿大夫七年薨時年四十八謚曰元有文集行於世子孝儼嗣

孝儼字希莊聰慧有文才射策甲科除秘書郎太子舍人從幸華林園於座獻相風烏華光殿景陽山等頌其文甚美高祖深賞異之普通元年薨時年二十三謚曰章子眘嗣

藻字靖藝元王弟也少立名行志操清潔齊永元初釋褐著作佐郎天監元年封西昌縣侯食邑五百戶出爲持節都督益寧二州諸軍事冠軍將軍益州刺史時天下草創邊徼未安州民焦僧護聚衆數萬據郫繁作亂藻年未弱冠集僚佐議欲自擊之或陳不可藻大怒斬于階側乃乘平肩輿巡行賊壘賊弓亂射矢下如雨從者舉楯禦箭又命除之由是人心大安賊乃夜遁藻命騎追之斬首數千級遂平之進號信威將軍九年徵爲太子中庶子十年爲左驍騎將軍領南瑯邪太守入爲侍中藻性謙退不求聞達善屬文辭尤好古體自非公讌未嘗妄有所爲縱有小文成輒棄本十一年出爲使持節都督雍梁秦三州竟陵隨二郡諸軍事仁威將軍寧蠻校尉雍州刺史十二年徵爲使持節都督南兗兗徐青冀五州諸軍事兗州刺史軍號如故頻莅數鎭民吏稱之推善下人常如弗及徵爲太子詹事普通三年遷領軍將軍加侍中六年爲軍師將軍與西豐侯正德北伐渦陽輒班師爲有司所奏免官削爵土七年起爲宗正卿八年復封爵尋除左衞將軍領步兵校尉大通元年遷侍中中護軍時渦陽始降乃以藻爲使持節北討都督征北大將軍鎭于渦陽二年爲中權將軍金紫光祿大夫置佐史加侍中中大通元年遷護軍將軍中權如故三年爲中將軍太子詹事出爲丹陽尹高祖每歎曰子弟並如迦葉吾復何憂迦葉藻小名也入爲安左將軍尚書左僕射加侍中藻固辭不就詔不許大同五年遷中衞將軍開府儀同三司中書令侍中如故藻性恬靜獨處一室牀有膝痕宗室衣冠莫不楷則常以爵祿太過每思屛退門庭閑寂賓客罕通太宗尤敬愛之自遭家禍恒布衣蒲席不食鮮禽非在公庭不聽音樂高祖每以此稱之出爲使持節督南徐州刺史侯景亂藻遣長子彧率兵入援及城開加散騎常侍大將軍景遣其儀同蕭邕代之據京口藻因感氣疾不自療或勸奔江北藻曰吾國之台鉉位任特隆既不能誅翦逆賊正當同死朝廷安能投身異類欲保餘生因不食累日太清三年薨時年六十七

永陽嗣王伯游字士仁高祖次兄敷之子敷字仲達解褐齊後將軍征虜行參軍轉太子舍人洗馬遷丹陽尹丞入爲太子中舍人除建威將軍隨郡內史招懷遠近黎庶安之以爲前後之政莫之及也進號寧朔將軍徵爲廬陵王諮議參軍建武四年薨高祖卽位追贈侍中司空封永陽郡王謚曰昭伯游美風神善言玄理天監元年四月詔曰兄子伯游雖年識未弘意尚粗可淅東奧區宜須撫莅可督會稽東陽新安永嘉臨海五郡諸軍事輔國將軍會稽太守襲封永陽郡王五年薨時年二十三謚曰恭

衡陽嗣王元簡字熙遠高祖第四弟暢之子暢仕齊至太常封江陵縣侯卒天監元年追贈侍中驃騎大將軍開府儀同三司封衡陽郡王謚曰宣元簡三年襲封除中書郎遷會稽太守十三年入爲給事黃門侍郎出爲持節都督廣交越三州諸軍事平越中郎將廣州刺史還爲太子中庶子遷使持節都督郢司霍三州諸軍事信武將軍郢州刺史十八年正月卒於州謚曰孝子俊嗣

桂陽嗣王象字世翼長沙宣武王第九子也初叔父融仕齊至太子洗馬永元中宣武之難融遇害高祖平京邑贈給事黃門侍郎天監元年加散騎常侍撫軍大將軍封桂陽郡王謚曰簡無子乃詔象爲嗣襲封爵象容止閑雅善於交遊事所生母以孝聞起家寧遠將軍丹陽尹到官未幾簡王妃薨去職服闋復授明威將軍丹陽尹象生長深宮始親庶政舉無失德朝廷稱之出爲持節督司霍郢三州諸軍事征遠將軍郢州刺史尋遷湘衡二州諸軍事輕車將軍湘州刺史湘州舊多虎暴及象在任爲之靜息故老咸稱德政所感除中書侍郎俄以本官行石頭戍軍事轉給事黃門侍郎兼領軍又以本官兼宗正卿尋遷侍中太子詹事未拜改授持節督江州諸軍事信武將軍江州刺史以疾免尋除太常卿加侍中還秘書監領步兵校尉大同二年薨謚曰敦子慥嗣

史臣曰長沙諸嗣王並承襲土宇光有藩服桂陽王象以孝聞在於牧湘猛虎息暴蓋德惠所致也昔之善政何以加焉

梁書卷二十三考證

長沙嗣王業傳鎭牙瑯邪○牙或係守與于之訛

藻傳十一年出爲使持節都督雍梁秦三州○各本俱脫十字今據上文十年下文十二年增正

梁書卷二十四

唐　散騎常侍姚思廉　撰

列傳第十八

蕭景　弟昌　昂　昱

蕭景字子昭高祖從父弟也父崇之字茂敬卽左光祿大夫道賜之子道賜三子長子尚之字茂先次太祖文皇帝次崇之初左光祿居於鄉里專行禮讓爲衆所推仕歷宋太尉江夏王參軍終于治書侍御史齊末追贈散騎常侍左光祿大夫尚之敦厚有德器爲司徒建安王中兵參軍一府稱爲長者瑯邪王僧虔尤善之每事多與議決遷步兵校尉卒官天監初追謚文宣侯尚之子靈鈞仕齊廣德令高祖義師至行會稽郡事頃之卒高祖卽位追封東昌縣侯邑一千戶子謇嗣崇之以幹能顯爲政尚嚴厲官至冠軍將軍東陽太守永明中錢唐唐寓之反別衆破東陽崇之遇害天監初追謚忠簡侯景八歲隨父在郡居喪以毀聞旣長好學才辯能斷齊建武中除晉安王國左常侍遷永寧令政爲百城最永嘉太守范述曾居郡號稱廉平雅服景爲政乃牓郡門曰諸縣有疑滯者可就永寧令決頃之以疾去官永嘉人胡仲宣等千人詣闕表請景爲郡不許還爲驃騎行參軍永元二年以長沙宣武王懿勳除步兵校尉是冬宣武王遇害景亦逃難高祖義師至以景爲寧朔將軍行南兗州軍事時天下未定江北傖楚各據塢壁景示以威信渠帥相率面縛請罪旬日境內皆平中興二年遷督南兗州諸軍事輔國將軍監南兗州高祖踐阼封吳平縣侯食邑一千戶仍爲使持節都督北兗徐青冀四州諸軍事冠軍將軍南兗州刺史詔景母毛氏爲國太夫人禮如王國太妃假金章紫綬景居州清恪有威裁明解吏職文案無壅下不敢欺吏人畏敬如神會年荒計口賑卹爲饘粥於路以賦之死者給棺具人甚賴焉天監四年王師北伐景帥衆出淮陽進屠宿豫丁母憂詔起攝職五年班師除太子右衞率遷輔國將軍衞尉卿七年遷左驍騎將軍兼領軍將軍領軍管天下兵要監局官僚舊多驕侈景在職峻切官曹肅然制局監皆近倖頗不堪命以是不得久留中尋出爲使持節督雍梁南北秦郢州之竟陵司州之隨郡諸軍事信武將軍寧蠻校尉雍州刺史八年三月魏荊州刺史元志率衆七萬寇潺溝驅迫羣蠻羣蠻悉渡漢水來降議者以蠻累爲邊患可因此除之景曰窮來歸我誅之不祥且魏人來侵每爲矛楯若悉誅蠻則魏軍無礙非長策也乃開樊城受降因命司馬朱思遠寧蠻長史曹義宗中兵參軍孟惠儁擊志於潺溝大破之生擒志長史杜景斬首萬餘級流屍蓋漢水景遣中兵參軍崔績率軍士收而瘞焉景初到州省除參迎羽儀器服不得煩擾吏人修營城壘申警邊備理辭訟勸農桑郡縣皆改節自厲州內清肅緣漢水陸千餘里抄盜絕迹十一年徵右衞將軍領石頭戍軍事十二年復爲使持節督南北兗北徐青冀五州諸軍事信威將軍南兗州刺史十三年徵爲領軍將軍直殿省知十州損益事月加祿五萬景爲人雅有風力長於辭令其在朝廷爲衆所瞻仰於高祖屬雖爲從弟而禮寄甚隆軍國大事皆與議決十五年加侍中十七年太尉揚州刺史臨川王宏坐法免詔曰揚州應須緝理宜得其人侍中領軍將軍吳平侯景才任此舉可以安右將軍監揚州并置佐史侍中如故卽宅爲府景越親居揚州辭讓甚懇惻至于涕泣高祖不許在州尤稱明斷符教嚴整有田舍老姥嘗訴得符還至縣縣吏未卽發姥語曰蕭監州符火爛汝手何敢留之其爲人所畏敬如此十八年累表陳解高祖未之許明年出爲使持節散騎常侍都督郢司霍三州諸軍事安西將軍郢州刺史將發高祖幸建興苑餞別爲

之流涕既還宮詔給鼓吹一部在州復有能名齊安竟陵郡接魏界多盜賊景移書告示魏即禁塢戍保境不復侵略普通四年卒于州時年四十七詔贈侍中中撫軍開府儀同三司謚曰忠子勵嗣

昌字子建景第二弟也齊豫章末爲晉安王左常侍天監初除中書侍郎出爲豫章內史五年加寧朔將軍六年還持節督廣交越桂四州諸軍事輔國將軍平越中郎將廣州刺史七年進號征遠將軍九年分湘州置衡州以昌爲持節督廣州之綏建湘州之始安諸軍事信武將軍衡州刺史坐免十三年起爲散騎侍郎尋以本官兼宗正卿其年出爲安右長史累遷太子中庶子通直散騎常侍又兼宗正卿昌爲人亦明悟然性好酒酒後多過在州郡每醉輒遲出入人家或獨詣草野其於刑戮頗無期度醉時所殺醒或求焉亦無悔也屬爲有司所劾入留京師忽忽不樂遂縱酒虛悸在石頭東齋引刀自刺左右救之不殊十七年卒時年三十九子伯言

昂字子明景第三弟也天監初累遷司徒右長史出爲輕車將軍監南兗州初兄景再爲南兗德惠在人及昂來代時人方之馮氏徵爲琅邪彭城二郡太守軍號如先復以輕車將軍出爲廣州刺史普通二年爲散騎常侍信威將軍四年轉散騎侍郎中領軍太子中庶子出爲吳興太守大通二年徵爲仁威將軍衛尉卿尋爲侍中兼領軍將軍中大通元年爲領軍將軍二年封湘陰縣侯邑一千戶出爲江州刺史大同元年卒時年五十三謚曰恭

昱字子貞景第四弟也天監初除秘書郎累遷太子舍人洗馬中書舍人中書侍郎每求自試高祖以爲淮南永嘉襄陽郡並不就志願邊州高祖以其輕脫無威望抑而不許遷給事黃門侍郎上表曰夏初陳啓未垂採照追懷慙懼實戰胸心臣聞暑雨祁寒小人猶怨榮枯寵辱誰能忘懷臣藉以往因得預枝戚之重緣報既雜時逢坎壈之運昔在齊季義師之始臣乃幼弱粗有識慮東西阻絕歸赴無由雖未能負戈擐甲實銜淚憤懣潛伏東境備履艱危首尾三年亟移數處雖復飢寒切身亦不以凍餒爲苦每涉驚疑惶怖失魄既乖致命之節空有項領之憂希望開泰冀蒙共樂豈期二十餘年功名無紀畢此身骸方塡溝壑丹誠素願溘至長罷俯自哀憐能不傷歎夫自媒自衒誠哉可鄙自譽自伐實在可羞然量已揆分自知者審陳力就列寧敢空言是以常願一試屢成干請夫上應玄象實不易叨錦不輕裁誠難其製過去業鄣所以致乖算測聖監既謂臣愚短不可試用豈容久居顯禁徒穢黃樞忝竊稍積恐招物議請解今職乞屏退私門伏願天照特垂允許臣雖叨榮兩宮報効無地方違省闥伏深戀悚高祖手詔答曰昱表如此古者用人必前明試皆須績用既立乃可自退之高昔漢光武兄子章興二人並有名宗室就欲習吏事不過章爲平陰令興爲緱氏宰政事有能方遷郡守非直政績見稱卽是光武猶子昱之才地豈得比類焉往歲處以淮南郡既不肯行續用爲招遠將軍鎮北長史襄陽太守又以邊外致辭改除招遠將軍永嘉太守復云內地非願復問晉安臨川隨意所擇亦復不行解巾臨郡事不爲薄數有致辭意欲何在且昱諸兄遜居連率相繼推轂未嘗缺歲其同產兄景今正居藩鎮朕豈厚於景而薄於昱正是朝序物議次第若斯於其一門差自無愧無論今日不得如此昱兄弟昔在布衣以處成長於何取立豈得任情反道背天違地孰謂朝廷無有憲章特是未欲致之于理既表解職可聽如啓坐免官因此杜門絕朝覲國家慶弔不復通普通五年坐於宅內鑄錢爲有司所奏下廷尉得免死徙臨海郡行至上虞有敕追還且令受菩薩戒昱既至恂恂盡禮改意蹈道持戒又精潔高祖甚嘉之以爲招遠將軍晉陵太守下車勵名迹除煩苛明法憲嚴於姦吏優養百姓旬日之間郡中大化俄而暴疾卒百姓行坐號哭市里爲之諠沸設祭奠於郡庭者四百餘人田舍有女人夏氏年百餘歲扶曾孫出郡悲泣不自勝其惠化所感如此百姓相率爲立廟建碑以紀其德又詣京師求贈謚詔贈湘州刺史謚曰恭

史臣曰高祖光有天下慶命傍流枝戚屬婕咸被任遇蕭景之才辯識斷益政佐時蓋梁宗室令望者矣

梁書卷二十四考證

蕭景傳蕭景字子昭○昭南史作照

江北傖楚各據塢壁○江南史作洒

梁書卷二十五

唐 散騎常侍姚思廉撰

列傳第十九

周捨 徐勉

周捨字昇逸汝南安城人晉左光祿大夫顗之八世孫也父顒齊中書侍郎有名於時捨幼聰穎顒異之臨卒謂曰汝不患不富貴但當持之以道德旣長博學多通尤精義理善誦書背文諷說音韻清辯起家齊太學博士遷後軍行參軍建武中魏人吳包南歸有儒學尚書僕射江祏招包講捨造坐累折包辭理遒逸由是名爲口辯王亮爲丹陽尹聞而悅之辟爲主簿政事多委焉遷太常丞梁臺建爲奉常丞高祖卽位博求異能之士吏部尚書范雲與顒素善重捨才器言之於高祖召拜尚書祠部郎時天下草創禮儀損益多自捨出尋爲後軍記室參軍秣陵令入爲中書通事舍人累遷太子洗馬散騎常侍中書侍郎鴻臚卿時王亮得罪歸家故人莫有至者捨獨敦恩舊及卒身營殯葬時人稱之遷尚書吏部郎太子右衛率右衛將軍雖居職屢徙而常留省內罕得休下國史詔誥儀體法律軍旅謀謨皆兼掌之日夜侍上預機密二十餘年未嘗離左右捨素辯給與人汎論談謔終日不絕口而竟無一言漏泄機事衆尤歎服之性儉素衣服器用居處牀席如布衣之貧者每入官府雖廣夏華堂閨閤重邃捨居之則塵埃滿積以荻爲鄣壞亦不營爲右衛母憂去職起爲明威將軍右驍騎將軍服闋除侍中領步兵校尉未拜仍遷員外散騎常侍太子左衛率頃之加散騎常侍本州大中正還太子詹事普通五年南津獲武陵太守白渦書許遺捨面錢百萬津司以聞雖書自外入猶爲有司所奏捨坐免遷右驍騎將軍知太子詹事以其年卒時年五十六上臨哭哀慟左右詔曰太子詹事豫州大中正捨奄至殞喪惻愴于懷其學思堅明志行開敏劬勞機要多歷歲年才用未窮彌可嗟慟宜隆追遠以旌善人可贈侍中護軍將軍鼓吹一部給東園秘器朝服一具衣一襲喪事隨由資給謚曰簡子明年又詔曰故侍中護軍將軍簡子捨義該玄儒博窮文史奉親能孝事君盡忠歷掌機密清貞自居食不重味身靡兼衣終亡之日內無妻妾外無田宅兩兒單貧有過古烈往者南司白渦之劾恐外議謂朕有私致此黜免追愧若人一介之善外可量加褒異以旌善人二子弘義弘信

徐勉字脩仁東海郯人也祖長宗宋高祖霸府行參軍父融南昌相勉幼孤貧早勵清節年六歲時屬霖雨家人祈霽率爾爲文見稱耆宿及長篤志好學起家國子生太尉文憲公王儉時爲祭酒每稱勉有宰輔之量射策舉高第補西陽王國侍郎尋遷太學博士鎭軍參軍尚書殿中郎以公事免又除中兵郎領軍長史琅邪王元長才名甚盛嘗欲與勉相識每託人召之勉謂人曰王郎名高望促難可輕褰衣裾俄而元長及禍時人莫不服其機鑒初與長沙宣武王遊高祖深器賞之及義兵至京邑勉於新林謁見高祖甚加恩禮使管書記高祖踐阼拜中書侍郎遷建威將軍後軍諮議參軍本邑中正尚書左丞自掌樞憲多所糾舉時論以爲稱職天監二年除給事黃門侍郎尚書吏部郎參掌大選遷侍中時王師北伐候驛塡委勉參掌軍書劬勞夙夜動經數旬乃一還宅每還羣犬驚吠勉歎曰吾憂國忘家乃至於此若吾亡後亦是傳中一事六年除給事中五兵尚書遷吏部尚書勉居選官彝倫有序旣閑尺牘兼善辭令雖文案塡積坐客充滿應對如流手不停筆又該綜百氏皆爲避諱常與門人夜集客有虞暠求詹事五官勉正色答云今夕止可談風月不宜及公事故時人咸服其無私除散騎常侍領遊擊將軍未拜改領太子右衛率遷左衛將軍領太子中庶子侍東宮昭明太子尚幼敕知宮事太子禮之甚重每事詢謀嘗於殿內講孝經臨川靜惠王尚書令沈約備二傅勉與國子祭酒張充爲執經王瑩張稷柳憕王暕爲侍講時選極親賢妙盡時譽勉陳讓數四又與沈約書求換侍講詔不許然後就焉轉太子詹事領雲騎將軍尋加散騎常侍遷尚書右僕射詹事如故又改授侍中頻表解宮職優詔不許時人間喪事多不遵禮朝終夕殯相尚以速勉上疏曰禮記問喪云三日而後斂者以俟其生也三日而不生亦不生矣自項以來不遵斯制送終之禮殯以朞日潤屋豪家乃或半晷衣衾棺槨以速爲榮親戚徒隸各念休反故屬纊纔畢灰釘已具忘狐鼠之顧步愧燕雀之徊翔傷情滅理莫此爲大且人子承衾之時志懣心絕喪事所資悉關他手愛憎深淺事實難原如覘視或爽存沒違濫使萬有其一怨酷已多豈若緩其告斂之晨申其望生之冀請自今士庶宜悉依古三日大斂如有不奉加以糾繩詔可其奏尋授宣惠將軍置佐史侍中僕射如故又除尚書僕射中衛將軍勉以舊恩越升重位盡心奉上知無不爲爰自小選迄于此職常參掌衡石甚得士心禁省中事未嘗漏洩每有表奏輒焚

藁草博通經史多識前載朝儀國典婚冠吉凶勉皆預圖議普通六年上修五禮表曰臣聞立天之道曰陰與陽立人之道曰仁與義故稱導之以德齊之以禮夫禮所以安上治人弘風訓俗經國家利後嗣者也唐虞三代咸必由之在乎有周憲章尤備因殷革夏損益可知雖復經禮三百曲禮三千經文三百威儀三千其大歸有五卽宗伯所掌典禮吉爲上凶次之賓次之軍次之嘉爲下也故祠祭不以禮則不齊不莊喪紀不以禮則背死忘生者衆賓客不以禮則朝覲失其儀軍旅不以禮則致亂於師律冠婚不以禮則男女失其時爲國修身於斯攸急洎周室大壞王道旣衰官守斯文日失其序禮樂征伐出自諸侯小雅盡廢舊章缺矣是以韓宣適魯知周公之德叔侯在晉辨郊勞之儀戰國從横政教愈泯暴秦滅學掃地無餘漢氏鬱興日不暇給猶命叔孫於外野方知帝王之爲貴末葉紛綸遞有興毀或以武功銳志或好黃老之言禮義之式於焉中止及東京曹褒南宮制述集其散略百有餘篇雖寫以尺簡而終闕平奏其後兵革相尋異端互起章句旣淪俎豆斯輟方領矩步之容事滅於旌鼓蘭臺石室之文用盡於帷蓋至乎晉初爰定新禮荀顗制之於前摯虞刪之於末旣而中原喪亂罕有所遺江左草創因循而已釐革之風是則未暇伏惟陛下睿明啓運先天改物撥亂惟武經時以文作樂在乎功成制禮弘於業定光啓二學皇枝等於貴遊闢茲五館草萊升以好爵爰自受命迄于告成盛德形容備矣天下能事畢矣明明穆穆無德而稱焉至若玄符靈貺之祥浮溟棧山之賮固亦日書左史副在司存今可得而畧也是以命彼羣才搜甘泉之法延茲碩學闡曲臺之儀淄上淹中之儒連蹤繼軌負笈懷鉛之彥匪旦伊夕諒以化穆三雍人從五典秩宗之教勃焉以興伏尋所定五禮起齊永明三年太子步兵校尉伏曼容表求制一代禮樂于時參議置新舊學士十人止修五禮諮稟衛將軍丹陽尹王儉學士亦分住郡中製作歷年猶未克就及文憲薨殂遺文散逸後又以事付國子祭酒何胤經涉九載猶復未畢建武四年胤還東山齊明帝敕委尚書令徐孝嗣舊事本末隨在南第永元中孝嗣於此遇禍又多零落當時鳩斂所餘權付尚書左丞蔡仲熊驍騎將軍何佟之共掌其事時修禮局住在國子學中門外東昏之代頻有軍火其所散失又踰太半天監元年佟之啟審省置之宜敕使外詳時尚書參詳以天地初革庶務權輿宜俟隆平徐議刪撰欲且省禮局併還尚書儀曹詔旨云禮壞樂缺故國異家殊實宜以時修定以爲永准但頃之修撰以情取人不以學進其掌知者以貴總一不以稽古所以歷年不就有名無實此旣經國所先外可議其人人定便卽撰次於是尚書僕射沈約等參議請五禮各置舊學士一人人各自舉學士二人相助抄撰其中有疑者依前漢石渠後漢白虎隨源以聞請旨斷決乃以舊學士右軍記室參軍明山賓掌吉禮中軍騎兵參軍嚴植之掌凶禮中軍田曹行參軍兼太常丞賀瑒掌賓禮征虜記室參軍陸璉掌軍禮右軍參軍司馬褧掌嘉禮尚書左丞何佟之總參其事佟之亡後以鎮北諮議參軍伏暅代之後又以暅代嚴植之掌凶禮暅尋遷官以五經博士繆昭掌凶禮復以禮儀深廣記載殘缺宜須博論共盡其致更使鎮軍將軍丹陽尹沈約太常卿張充及臣三人同參厥務臣又奉別敕總知其事末又使中書侍郎周捨庾於陵二人復豫參知若有疑義所掌學士當職先立議通諮五禮舊學士及參知各言同異條牒啟聞決之制旨疑事既多歲時又積制旨裁斷其數不少莫不網羅經誥玉振金聲義貫幽微理入神契前儒所不釋後學所未聞凡諸奏決皆載篇首具列聖旨爲不刊之則洪規盛範冠絕百王茂實英聲方垂千載寧孝宣之能擬豈孝章之足云五禮之職事有繁簡及其列畢不得同時嘉禮儀注以天監六年五月七日上尚書合十有二秩百一十六卷五百三十六條賓禮儀注以天監六年五月二十日上尚書合十有七秩一百三十三卷五百四十五條軍禮儀注以天監九年十月二十九日上尚書合十有八秩一百八十九卷二百四十條吉禮儀注以天監十一年十一月十日上尚書合二十有六秩二百二十四卷一千五條凶禮儀注以天監十一年十一月十七日上尚書合四十有七秩五百一十四卷五千六百九十三條大凡一百二十秩一千一百七十六卷八千一十九條又列副秘閣及五經典書各一通繕寫校定以普通五年二月始獲洗畢竊以撰正履禮歷代罕就皇明在運厥功克成周代三千舉其盈數今之八千隨事附益質文相變故其數兼倍猶如八卦之爻因而重之錯綜成六十四也昔文武二王所以綱紀周室君臨天下公旦修之以致太平龍鳳之瑞自斯厥後甫備茲日孔子曰其有繼周雖百代可知豈所謂齊功比美者歟臣以庸識謬司其任淹留歷稔允當斯責兼勒成之初未遑表上實由才輕務廣思力不周永言慙惕無忘寤寐自今春輿駕將親六師搜尋軍禮閱其條章靡不該備所謂郁郁文哉煥乎洋溢信可以懸諸日月頒之天下者矣愚心喜忭彌思陳述兼前後聯官一時皆逝臣雖幸存耄已將及慮皇世大典遂闕騰奏不任下情輒具載撰脩始末并職掌人所成卷秩條目之數謹拜表以聞詔曰經禮大備政典載弘今詔有司案以行事也又詔曰勉表如此因革允釐憲章孔備功成業定於是乎在可以光被八表施諸百代俾萬世之下知斯文在斯主者其按以遵行勿有失墜尋加中書令給親信二十人勉以疾自陳求解內任詔不許乃令停下省三日一朝有事遣主書論決脚疾轉劇久闕朝覲固陳求解詔乃賚假須疾差還省勉雖居顯位不營產業家無蓄積俸祿分贍親族之窮乏者門人故舊或從容致言勉乃答曰人遺子孫以財我遺之以清白子孫才也則自致輜軿如其不才終爲他有嘗爲書誡其子崧曰吾家世清廉故常居貧素至於產業之事所未嘗言非直不經營而已薄躬遭逢遂至今日尊官厚祿可謂備之每念叨竊若斯豈由才致仰藉先代風範及以福慶故臻此耳古人所謂以清白遺子孫不亦厚乎又云遺子黃金滿籯不如一經詳求此言信非徒語吾雖不敏實有本志庶得遵奉斯義不敢墜失所以顯貴以來將三十載門人故舊亟薦便宜或使創闢田園或勸興立邸店又欲舳艫運致亦令貨殖聚斂若此衆事皆距而不納非謂拔葵去織且欲省息紛紜中年聊於東田閒營小園者非在播藝以要利入正欲穿池種樹少寄情賞又以郊際閑曠終可爲宅儻獲懸車致事實欲歌哭於斯慧日十住等旣應營婚又須住止吾清明門宅無相容處所以爾者亦復有以前割西邊施宣武寺旣失西廂不復方幅意亦謂此逆旅舍耳何事須華常恨時人謂是我宅古往今來豪富繼踵高門甲第連闥洞房宛其死矣定是誰室但不能不爲培塿之山聚石移果雜以花卉以娛休沐用託性靈隨便架立不在廣大惟功德處小以爲好所以內中逼促無復房宇近營東邊兒孫二宅乃藉十住南還之資其中所須猶爲不少旣牽挽不至又不可中塗而輟郊間之園遂不辦保貨與韋黯乃獲百金成就兩宅已消其半尋園價所得何以至此由吾經始歷年粗已成立桃李茂密桐竹成陰塍陌交通渠畎相屬華樓迥榭頗有臨眺之美孤峯叢薄不無糾紛之興瀆中並饒菰蔣湖裏殊富芰蓮雖云人外城闕密邇韋生欲之亦雅有情趣追述此事非有吝心蓋是筆勢所至耳憶謝靈運山家詩云中爲天地物今成鄙夫有吾此園有之二十載矣今爲天地物物之與我相校幾何哉此吾所餘今以分汝營小田舍親累旣多理亦須此且釋氏之教以財物謂之外命儒典亦稱何以聚人曰財況汝曹常情安得忘此聞汝所買姑孰田地甚爲舃鹵彌復何安所以如此非物競故也雖事異寢丘聊可髣髴孔子曰居家理治可移於官旣已營之宜使成立進退兩亡更貽恥笑若有所收獲汝可自分贍內外大小宜令得所非吾所知又復應沾之諸女耳汝旣居長故有此及凡爲人長殊復不易當使中外諧緝人無間言先物後己然後可貴老生云後其身而身先若能爾者更招巨利汝當自勗見賢思齊不宜忽畧以棄日也棄日乃是棄身身名美惡豈不大哉可不愼歟今之所敕畧言此意正謂爲家已來不事資產旣立墅舍以乖舊業陳其始末無愧懷抱兼吾年時朽暮心力稍殫牽課奉公畧不克舉其中餘暇裁可自休或復冬日之陽夏日之陰良辰美景文案閒隙負杖躡屩逍遙陋館臨池觀魚披林聽鳥濁酒一杯彈琴一曲求數刻之暫樂庶居常以待終不宜復勞家間細務汝交關旣定此書又行凡所資須付給如別自茲以後吾不復言及田事汝亦勿復與吾言之假使堯水湯旱吾豈知如何若其滿庾盈箱爾之幸遇如斯之事並無俟令吾知也記云夫孝者善繼人之志善述人之事今且望汝全吾此志則無所恨矣勉第二子悱卒痛悼甚至不欲久廢王務乃爲答客喻其辭曰普通五年春二月丁丑余第二息晉安內史悱喪之問至焉舉家傷悼心情若隕二宮並降中使以相慰勗親遊賓客畢來弔問輒慟哭失聲悲不自已所謂父子天性不知涕之所從來也於是門人慮其肆情所鍾容致委頓乃斂衽而進曰僕聞古往今來理運之常數春榮秋落氣象之定期人居其間譬諸逆旅生寄死歸著於通論是以深識之士悠爾忘懷東門歸無之旨見稱往哲西河喪明之過取誚友朋足下受遇於朝任居端右憂深責重休戚是均宜其遺情下流止哀加飯上存奉國俯示隆家豈可縱此無益同之兒女傷神損識或虧生務門下竊議咸爲君侯不取也余雪泣而答曰彭殤之達義延吳之雅言亦常聞之矣顧所以未能弭意者請陳其說夫植樹階庭欽柯葉之茂爲山累仞惜覆簣之功故秀而不實尼父爲之歎息析彼岐路楊子所以留連事有可深聖賢靡抑今吾所悲亦以悱始踰立

歲孝悌之至自幼而長文章之美得之天然好學不倦居無塵雜多所著述盈帙滿笥淡然得失之際不見喜愠之容及翰飛東朝參伍盛列其所遊往皆一時才俊賦詩頌詠終日忘疲每從容謂吾以遭逢時來位隆任要當應推賢下士先物後身然後可以報恩明主克保元吉俾余二紀之中忝竊若是幸無大過者繄此子之助焉自出閫區政存清靜冀其旋反少慰衰暮言念今日恥然長往加以闔棺千里之外未知歸骨之期雖復無情之倫庸詎不痛於昔夷甫孩抱中物尚盡慟以待賓安仁未及七旬猶懸懃於詞賦況夫名立官成半途而廢者亦焉可已已哉求其此懷可謂苗實之義諸賢旣貽格言喻以大理卽日輟哀命駕修職事焉中大通三年又以疾自陳移授特進右光祿大夫侍中中衞將軍置佐史餘如故增親信四十人兩宮參問冠蓋結轍服膳醫藥皆資天府有敕每欲臨幸勉以拜伏有虧頻啓停出詔許之遂停輿駕大同元年卒時年七十高祖聞而流涕卽日車駕臨殯乃詔贈特進右光祿大夫開府儀同三司餘並如故給東園祕器朝服一具衣一襲賻錢二十萬布百匹皇太子亦舉哀朝堂謚曰簡肅公

勉善屬文勤著述雖當幾務下筆不休嘗以起居注煩雜乃加刪撰爲別起居注六百卷左丞彈事五卷在選曹撰選品五卷齊時撰太廟祝文二卷以孔釋二教殊途同歸撰會林五十卷凡所著前後二集四十五卷又爲婦人集十卷皆行於世大同三年故佐史尚書左丞劉覽等詣闕陳勉行狀請刊石紀德卽降詔許立碑於墓云

悱字敬業幼聰敏能屬文起家著作佐郎轉太子舍人掌書記之任累遷洗馬中舍人猶管書記出入宮坊者歷稔以足疾出爲湘東王友遷晉安內史

陳吏部尚書姚察曰徐勉少而厲志忘食發憤脩身愼言行擇交遊加運屬興王依光日月故能明經術以綰靑紫出閭閻而取卿相及居重任竭誠事主動師古始依則先王提衡端軌物無異議爲梁宗臣盛矣

梁書卷二十五考證

徐勉傳又爲婦人集十卷○南史作又爲人章表集十卷

梁書卷二十六

唐　散騎常侍姚思廉撰

列傳第二十

范岫　傅昭弟映　蕭琛　陸杲

范岫字懋賓濟陽考城人也高祖宣晉徵士父義宋兗州別駕岫早孤事母以孝聞與吳興沈約俱爲蔡興宗所禮泰始中起家奉朝請興宗爲安西將軍引爲主簿累遷臨海長城二縣令驃騎參軍尚書刪定郎護軍司馬齊司徒竟陵王子良記室參軍累遷太子家令文惠太子之在東宮沈約之徒以文才見引岫亦預焉岫文雖不逮約而名行爲時輩所與博涉多通尤悉魏晉以來吉凶故事約常稱曰范公好事該博胡廣無以加南鄉范雲謂人曰諸君進止威儀當問范長頭以岫多識前代舊事也遷國子博士永明中魏使至有詔妙選朝士有詞辯者接使於界首以岫兼淮陰長史迎焉還遷尚書左丞母憂去官尋起攝職出爲寧朔將軍南蠻長史南義陽太守未赴職遷右軍諮議參軍郡如故除撫軍司馬出爲建威將軍安成內史入爲給事黃門侍郎遷御史中丞領前軍將軍南北兗二州大中正永元末出爲輔國將軍冠軍晉安王長史行南徐州事義師平京邑承制徵爲尚書吏部郎參大選梁臺建爲度支尚書天監五年遷散騎常侍光祿大夫侍皇太子給扶六年領太子左衞率七年徙通直散騎常侍右衞將軍中正如故其年表致事詔不許八年出爲晉陵太守秩中二千石九年入爲祠部尚書領右驍騎將軍其年遷金紫光祿大夫加親信二十人十三年卒官時年七十五賻錢五萬布百匹岫身長七尺八寸恭敬儼恪進止以禮自親喪之後蔬食布衣以終身每所居官恒以廉潔著稱爲長城令時有梓材巾箱至數十年經貴遂不改易在晉陵惟作牙管筆一雙猶以爲費所著文集禮論雜儀字訓行於世二子褒偉

傅昭字茂遠北地靈州人晉司隸校尉咸七世孫也祖和之父淡善三禮知名宋世淡事宋竟陵王劉誕誕反淡坐誅昭六歲而孤哀毀如成人者宗黨咸異之十一隨外祖於朱雀航賣曆日爲雍州刺史袁顗客顗嘗來昭所昭讀書自若神色不改顗歎曰此兒神情不凡必成佳器司徒建安王休仁聞之因欲致昭昭以宋氏多故遂不往或有稱昭於廷尉虞愿愿遣車迎昭時愿宗人通之在坐竝當世名流通之贈昭詩曰英妙擅山東才子傾洛陽清塵誰能嗣及爾遘遺芳太原王延秀薦昭於丹陽尹袁粲深爲所禮辟爲郡主簿使諸子從昭受學會明帝崩粲造哀策文乃引昭定其所制每經昭戶輒歎曰經其戶寂若無人披其帷其人斯在豈非名賢尋爲總明學士奉朝請齊永明中累遷員外郎司徒竟陵王子良參軍尚書儀曹郎先是御史中丞劉休薦昭於武帝永明初以爲南郡王侍讀王嗣帝位故時臣隸爭求權寵惟昭及南陽宗夬無所參入竟不罹其禍明帝踐阼引爲中書通事舍人時居此職者皆勢傾天下昭獨廉靜無所干豫器服率陋身安麤糲常插燭板牀明帝聞之賜漆合燭盤等敕曰卿有古人之風故賜卿古人之物累遷車騎臨海王記室參軍長史校尉太子家令驃騎晉安王諮議參軍尋除尚書左丞本州大中正高祖素悉昭能建康平引爲驃騎錄事參軍梁臺建遷給事黃門侍郎領著作郎頃之兼御史中丞黃門著作中正竝如故天監三年兼五兵尚書參選事四年卽眞六年徙爲左民尚書未拜出爲建威將軍平南安成王長史尋陽太守七年入爲振遠將軍中權長史八年遷通直散騎常侍領步兵校尉復領本州大中正十年復爲左民尚書十一年出爲信武將軍安成內史安成自宋已來兵亂郡舍號凶及昭爲郡郡內人夜夢見兵馬鎧甲甚盛又聞有人云當避善人軍衆相與騰虛而逝夢者驚起俄而疾風暴雨倏忽便至數間屋倶倒卽夢者所見軍馬踐蹈之所也自後郡舍遂安咸以昭正直所致郡溪無魚或有暑月薦昭魚者昭旣不納又不欲拒遂餧于門側十二年入爲秘書監領後軍將軍十四年遷太常卿十七年出爲智武將軍臨海太守郡有蜜巖前後太守皆自封固專收其利昭以周文之囿與百姓共之大可喻小乃教勿封縣令常餉栗寘絹于薄下昭笑而還之普通二年入爲通直散騎常侍光祿大夫領本州大中正尋領秘書監五年遷散騎常侍金紫光祿大夫中正如故昭所莅官常以淸靜爲政不尚嚴肅居朝廷無所請謁不畜私門生不交私利終日端居以書記爲樂雖老不衰博極古今尤善人物魏晉以來官宦簿伐姻通內外舉而論之無所遺失性尤篤愼子婦嘗得家餉牛肉以進昭召其子曰食之則犯法告之則不可取而埋之其居身行已不負闇室類皆如此京師後進宗其學重其道人人自以爲不逮大通二年九月卒時年七十五詔賻錢三萬布五十匹卽日舉哀謚曰貞子長子諝尚書郎臨安令次子肱

映字徽遠昭弟也三歲而孤兄弟友睦修身厲行非禮不行始昭之守臨海陸倕餞之賓主俱懽日昏不反映以昭年高不可連夜極樂乃自往迎候同乘而歸兄弟竝已斑白時人美而服焉及昭卒映喪之如父年踰七十哀戚過禮服制雖除每言輒感慟映泛涉記傳有文才而不以篇什自命少時與劉繪蕭琛相友善繪之爲南康相映時爲府丞文教多令具草褚彥回聞而悅之乃屈與子賁等遊處年未弱冠彥回欲令仕映以昭未解褐固辭須昭仕乃官永元元年參鎭軍江夏王軍事出爲武康令及高祖師次建康吳興太守袁昂自謂門世忠貞固守誠節乃訪於映曰卿謂時事云何映答曰元嘉之末開闢未有故太尉殺身以明節司徒當寄託之重理無苟全所以不顧夷險以殉名義今嗣主昏虐狎近羣小親賢誅戮君子道消外難屢作曾無悛改今荆雍協舉乘據上流背昏向明勢無不濟百姓思治天人之意可知旣明且哲忠孝之途無爽願明府更當雅慮無祇悔也尋以公事免天監初除征虜鄱陽王參軍建安王中權錄事參軍領軍長史烏程令所受俸祿悉歸于兄復爲臨川王錄事參軍南臺治書安成王錄事太子翊軍校尉累遷中散大夫光祿卿太中大夫大同五年卒年八十三子弘

蕭琛字彥瑜蘭陵人祖僧珍宋廷尉卿父惠訓太中大夫琛年數歲從伯惠開撫其背曰必興吾宗琛少而朗悟有縱橫才辯起家齊太學博士時王儉當朝琛年少未爲儉所識負其才氣欲候儉時儉宴于樂遊苑琛乃著虎皮靴策桃枝杖直造儉坐儉與語大悅儉爲丹陽尹辟爲主簿舉爲南徐州秀才累遷司徒記室永明九年魏始通好琛再銜命至桑乾還爲通直散騎侍郎時魏遣李道固來使齊帝讌之琛於御筵舉酒勸道固道固不受曰公庭無私禮不容受勸琛徐答曰詩所謂雨我公田遂及我私座者皆服道固乃受琛酒遷司徒右長史出爲晉熙王長史行南徐州事還兼少府卿尚書左丞東昏初嗣立時議以無廟見之典琛議據周頌烈文閔予皆爲卽位朝廟之典於是從之高祖定京邑引爲驃騎諮議領錄事遷給事黃門侍郎梁臺建爲御史中丞天監元年遷庶子出爲宣城太守徵爲衞尉卿俄遷員外散騎常侍三年除太子中庶子散騎常侍九年出爲寧遠將軍平西長史江夏太守始琛在宣城有北僧南度惟賫一葫蘆中有漢書序傳僧曰三輔舊老相傳以爲班固眞本琛固求得之其書多有異今者而紙墨亦古文字多如龍舉之例非隸非篆琛甚秘之及是

行也以書饋鄱陽王範範乃獻于東宮琛尋遷安西長史南郡太守母憂去官又丁父艱起爲信武將軍護軍長史俄爲貞毅將軍太尉長史出爲信威將軍東陽太守遷吳興太守郡有項羽廟土民名爲憤王甚有靈驗遂於郡廳事安施牀幕爲神座公私請禱前後二千石皆於廳拜祠而避居他室琛至徙神還廟處之不疑又禁殺牛解祀以脯代肉琛頻莅大郡不治產業有闕則取不以爲嫌普通元年徵爲宗正卿遷左民尚書領南徐州大中正太子右衞率徙度支尚書左驍騎將軍領軍將軍轉秘書監後軍將軍遷侍中高祖在西邸早與琛狎每朝讌接以舊恩呼爲宗老琛亦奉陳昔恩以早簉中陽夙忝同閈雖迷興運猶荷洪慈上答曰雖云早契闊乃自非同志勿談興運初且道狂奴異琛常言少壯三好音律書酒年長以來二事都廢惟書籍不衰而琛性通脫常自解竈事畢餕餘必陶然致醉大通二年爲金紫光祿大夫加特進給親信三十人中大通元年爲雲麾將軍晉陵太守秩中二千石以疾自解改授侍中特進金紫光祿大夫卒年五十二遺令諸子與妻同墳異藏祭以蔬菜葬日止車十乘事存率素乘輿臨哭甚哀詔贈本官加雲麾將軍給東園秘器朝服一具衣一襲賻錢二十萬布百匹謚曰平子

陸杲字明霞吳郡吳人祖徽宋輔國將軍益州刺史父叡揚州治中杲少好學工書畫舅張融有高名杲風韻舉動頗類於融時稱之曰無對日下惟舅與甥起家齊中軍法曹行參軍太子舍人衞軍王儉主簿遷尚書殿中曹郎拜日八座丞郎竝到上省交禮而杲至晚不及時刻坐免官久之以爲司徒竟陵王外兵參軍遷征虜宜都王功曹史驃騎晉安王諮議參軍司徒從事中郎梁臺建以爲驃騎記室參軍遷相國西曹掾天監元年除撫軍長史母憂去職服闋拜建威將軍中軍臨川王諮議參軍尋遷黃門侍郎右軍安成王長史五年遷御史中丞杲性婞直無所顧望山陰令虞肩在任臟汙數百萬杲奏收治中書舍人黃睦之以肩事託杲杲不答高祖聞之以問杲杲答曰有之高祖曰卿識睦之不杲答曰臣不識其人時睦之在御側上指示杲曰此人是也杲謂睦之曰君小人何敢以罪人屬南司睦之失色領軍將軍張稷是杲從舅杲嘗以公事彈稷稷因侍宴訴高祖曰陸杲是臣通親小事彈臣不貸高祖曰杲職司其事卿何得爲嫌杲在臺號稱不畏彊禦六年遷秘書監頃之爲太子中庶子光祿卿八年出爲義興太守在郡寬惠爲民下所稱還爲司空臨川王長史領揚州大中正十四年遷通直散騎侍郎俄遷散騎常侍中正如故十五年遷司徒左長史十六年入爲左民尚書遷太常卿普通二年出爲仁威將軍臨川內史五年入爲金紫光祿大夫又領揚州大中正中大通元年加特進中正如故四年卒時年七十四謚曰質子杲素信佛法持戒甚精著沙門傳三十卷弟煦學涉有思理天監初歷中書侍郎尚書左丞太子家令卒撰晉書未就又著陸史十五卷陸氏驪泉志一卷竝行於世子罩少篤學有文才仕至太子中庶子光祿卿

史臣曰范岫傅昭竝篤行清慎善始令終斯石建石慶之徒矣蕭琛陸杲俱以才學著名琛明悟辯捷加諳究朝典高祖在田與琛遊舊及踐天歷任遇甚隆美矣杲性婞直無所忌憚既而執法憲臺糾繩不避權幸可謂允茲正色詩云彼已之子邦之司直杲其有焉

梁書卷二十七

唐　散騎常侍　姚思廉　撰

列傳第二十一

陸倕　到洽　明山賓　殷鈞

陸襄

陸倕字佐公吳郡吳人也晉太尉玩六世孫祖子真宋東陽太守父慧曉齊太常卿倕少勤學善屬文於宅內起兩間茅屋杜絕往來晝夜讀書如此者數載所讀一遍必誦於口嘗借人漢書失五行志四卷乃暗寫還之畧無遺脫幼爲外祖張岱所異岱嘗謂諸子曰此兒汝家之陽元也十七舉本州秀才刺史竟陵王子良開西邸延英俊倕亦預焉辟議曹從事參軍廬陵王法曹行參軍天監初爲右軍安成王外兵參軍轉主簿倕與樂安任昉友善爲感知己賦以贈昉昉因此名以報之曰信偉人之世篤本侯服於陸鄉緬風流於道素襲袞衣與繡裳還伊人而世載竝三駿而龍光過龍津而一息望鳳條而曾翔彼白玉之雖潔此幽蘭之信芳思在物而取譬非斗斛之能量匹聳峙於東岳比凝厲於秋霜不一飯以妄過每三錢以投渭匪蒙袂之敢嗟豈溝壑之能衣既蘊藉其有餘又淡然而無味得意同乎卷懷違方似乎伏氣類平叔而靡雕似子雲之不朴冠衆善而貽操綜羣言而名學折高戴於后臺異鄒顏乎董帷探三詩於河間訪九師於淮曲術兼口傳之書藝廣鏗鏘之樂時坐睡而梁懸裁枝梧而錐握既文過而意深又理勝而辭縟咨余生之荏苒迫歲暮而傷情測徂陰於堂下聽鳴鍾於洛城唯忘年之陸子定一遇於班荆余獲田蘇之價爾等海上之名信落魄而無產終長對於短生飢虛表於徐步逃責顯於疾行子比我於叔則又方余於耀卿心照情交流言靡惑萬類闇求千里懸得言象可廢蹄筌自默居非連棟行則同車冬日不足夏日靡餘肴核非餌絲竹豈娛我未捨駕子已回輿中飯相顧悵然動色邦壤既殊離會莫測存異山陽之居沒非要離之側似膠投漆中離婁豈能識其爲士友所重如此遷驃騎臨川王東曹掾是時禮樂制度多所創革高祖雅愛倕才乃敕撰新漏刻銘其文甚美遷太子中舍人管東宮書記又詔爲石闕銘記奏之敕曰太子中舍人陸倕所製石闕銘辭義典雅足爲佳作昔虞丘辨物邯鄲獻賦賞以金帛前史美談可賜絹三十匹遷太子庶子國子博士母憂去職服闋爲中書侍郎給事黃門侍郎揚州別駕從事史以疾陳解遷鴻臚卿入爲吏部郎參選事出爲雲麾晉安王長史尋陽太守行江州府州事以公事免左遷中書侍郎司徒司馬太子中庶子廷尉卿又爲中庶子加給事中揚州大中正復除國子博士中庶子中正竝如故守太常卿中正如故普通七年卒年五十七文集二十卷行於世第四子纘早慧十歲通經爲童子奉車郎卒

到洽字茂沿彭城武原人也宋驃騎將軍彥之曾孫祖仲度驃騎江夏王從事中郎父坦齊中書郎洽年十八爲南徐州迎西曹行事洽少知名清警有才學士行謝朓文章盛於一時見洽深相賞好日引與談論每謂洽曰君非直名人乃亦兼資文武朓後爲吏部洽去職朓欲薦之洽覩世方亂深相拒絕除晉安王國左常侍不就遂築室巖阿幽居者積歲樂安任昉有知人之鑒與洽兄沼溉竝善嘗訪洽於田舍見之歎曰此子日下無雙遂申拜親之禮天監初沼溉俱蒙擢用洽尤見知賞從弟沆亦相與齊名高祖問待詔丘遲曰到洽何如沆溉遲對曰正清過於沆文章不減溉加以清言殆將難及即詔爲太子舍人御華光殿詔洽及沆蕭琛任昉侍讌賦二十韻詩以洽辭爲工賜絹二十匹高祖謂昉曰諸到可謂才子昉對曰臣常竊議宋得其武梁得其文二年遷司徒主簿直待詔省敕使抄甲部書五年遷尚書殿中郎洽兄弟羣從遞居此職時人榮之七年遷太子中舍人與庶子陸倕對掌東宮管記俄爲侍讀侍讀省仍置學士二人洽復充其選九年遷國子博士奉敕撰太學碑十二年出爲臨川內史在郡稱職十四年入爲太子家令遷給事黃門侍郎兼國子博士十六年遷太子中庶子普通元年以本官領博士頃之入爲尚書吏部郎請託一無所行俄遷員外散騎常侍復領博士母憂去職五年復爲太子中庶子領步兵校尉未拜仍遷給事黃門侍郎領尚書左丞準繩不避貴戚尚書省賄賂莫敢通時鑾輿欲親戎軍國容禮多自洽出六年遷御史中丞彈糾無所顧望號爲勁直當時肅清以公事左降猶居職舊制中丞不得入尚書下舍洽兄溉爲左民尚書洽引服親不應有礙刺省詳決左丞蕭子雲議許入溉省亦以其兄弟素篤不能相別也七年出爲貞威將軍雲麾長史尋陽太守大通元年卒於郡時年五十一贈侍中謚曰理子昭明太子與晉安王綱令曰明北兗到長史遂相係凋落傷怛悲惋不能已已去歲陸太常殂歿今茲二賢長謝陸生資忠履貞冰清玉潔文該四始學遍九流高情勝氣貞然直上明公儒學稽古淳厚篤誠立身行道始終如一儻值夫子必升孔堂到子風神開爽文義可觀當官莅事介然無私皆海內之俊乂東序之秘寶此之嗟惜更復何論但遊處周旋竝淹歲序造膝忠規豈可勝說幸免祇悔實二三子之力也談對如昨音言在耳零落相仍皆成異物每一念至何時可言天下之寶理當惻愴近張新安又致故其人文筆弘雅亦足嗟惜隨弟府朝東西日久尤當傷懷也比人物零落特可傷惋屬有今信乃復及之洽文集行於世子伯淮仲舉

明山賓字孝若平原鬲人也父僧紹隱居不仕宋末徵國子博士不就山賓七歲能言玄理十三博通經傳居喪盡禮服闋州辟從事史起家奉朝請兄仲璋婴痼疾家道屢空山賓乃行干祿齊始安王蕭遙光引爲撫軍行參軍後爲廣陽令頃之去官義師至高祖引爲相府田曹參軍梁臺建爲尚書駕部郎遷治書侍御史右軍記室參軍掌治吉禮時初置五經博士山賓首膺其選遷北中郎諮議參軍侍皇太子讀累遷中書侍郎國子博士太子率更令中庶子博士如故天監十五年出爲持節督緣淮諸軍事征遠將軍北兗州刺史普通二年徵爲太子右衞率加給事中遷御史中丞以公事左遷

黃門侍郎司農卿四年遷散騎常侍領青冀二州大中正東宮新置學士又以山賓居之俄以本官兼國子祭酒初山賓在州所部平陸縣不稔啓出倉米以贍人後刺史檢州曹失簿書以山賓爲耗闕有司追責籍其宅入官山賓默不自理更市地造宅昭明太子聞筑室不就有令曰明祭酒雖出撫大藩擁旄推轂珥金拖紫而恒事屢空聞構宇未成今送薄助并貽詩曰平仲古稱奇夷吾昔擅美令則挺伊賢東秦固多士筑室非道傍置宅歸仁里庚桑方有係原生今易擬必來三逕人將招五經士山賓性篤實家中嘗乏用貨所乘牛既售受錢乃謂買主曰此牛經患漏蹄治差已久恐後脫發無容不相語買主遽追取錢處士阮孝緒聞之歎曰此言足使還淳反朴激薄停澆矣五年又爲國子博士常侍中正如故其年以本官假節權攝北兗州事大通元年卒時年八十五詔贈侍中信威將軍謚曰質子昭明太子爲舉哀賻錢十萬布百匹并使舍人王顒監護喪事又與前司徒左長史殷芸令曰北兗信至明常侍遂至殞逝聞之傷怛此賢儒術該通志用稽古溫厚淳和倫雅弘篤授經以來迄今二紀若其上交不諂造膝忠規非顯外迹得之胷懷者蓋亦積矣攝官連率行當言歸不謂長往眇成疇日追憶談緒皆爲悲端往矣如何昔經聯事理當酸愴也山賓累居學官甚有訓導之益然性頗疏通接於諸生多所狎比人皆愛之所著吉禮儀注二百二十四卷禮儀二十卷孝經喪禮服儀十五卷子震字興道亦傳父業歷官太學博士太子舍人尚書祠部郎餘姚令

殷鈞字季和陳郡長平人也晉太常融八世孫父叡有才辯知名齊世歷官司徒從事中郎叡妻王奐女奐爲雍州刺史鎮北將軍乃言於朝以叡爲鎮北長史河南太守奐誅叡并見害鈞時年九歲以孝聞及長恬靜簡交遊好學有思理善隷書爲當時楷法南郡范雲樂安任昉竝稱賞之高祖與叡少舊故以女妻鈞即永興公主也天監初拜駙馬都尉起家秘書郎太子舍人司徒主簿秘書丞鈞在職啓校定秘閣四部書更爲目錄又受詔料檢西省法書古迹別爲品目遷驃騎從事中郎中書郎太子家令掌東宮書記頃之遷給事黃門侍郎中庶子尚書吏部郎司徒左長史侍中東宮置學士復以鈞爲之公事免復爲中庶子領國子博士左驍騎將軍博士如故出爲明威將軍臨川內史鈞體羸多疾閉閤卧治而百姓化其德劫盜皆奔出境嘗禽劫帥不加考掠但和言誚責劫帥稽顙乞改過鈞便命遣之後遂爲善人郡舊多山瘧更暑必動自鈞在任郡境無復瘧疾母憂去職居喪過禮昭明太子憂之手書誡喻曰知比諸德哀頓爲過又所進殆無一溢甚以酸耿迥然一身宗奠是寄毀而滅性聖教所不許宜微自遣割俯存禮制饘粥果蔬少加勉彊憂懷既深指故有及并令繆道臻口具鈞答曰奉賜手令并繆道臻宣旨伏讀感咽肝心塗地小人無情動不及禮但稟生尫劣假推年歲罪戾所鍾復加橫疾頊者綿微守盡晷漏目亂玄黃心迷哀樂惟救危苦未能以遠理自制蕢桂之滋實聞前典不避粱肉復黍今慈臣亦何人降此憂愍謹當循復聖言思自補續如脫申延實由亭造服闋還五兵尚書猶以頓瘵經時不堪拜受乃更授散騎常侍領步兵校尉侍東宮尋改領中庶子昭明太子薨官屬罷又領右游擊除國子祭酒常侍如故中大通四年卒時年四十九謚曰貞子二子構渥

陸襄字師卿吳郡吳人也父閑齊始安王遙光揚州治中永元末遙光據東府作亂或勸閑去之閑曰吾爲人吏何所逃死臺軍攻陷城閑見執將刑第二子絳求代死不獲遂以身蔽刃刑者俱害之襄痛父兄之酷喪過于禮服釋後猶若居憂天監三年都官尚書范岫表薦襄起家擢拜著作佐郎除永寧令秩滿累遷司空臨川王法曹外兵輕車廬陵王記室參軍昭明太子聞襄業行啓高祖引與遊處除太子洗馬遷中舍人竝掌管記出爲揚州治中襄父終此官固辭職高祖不許聽與府司馬換廨居之昭明太子敬耆老襄母年將八十與蕭琛傅昭陸杲每月常遣存問加賜珍羞衣服襄母嘗卒患心痛醫方須三升粟漿是時冬月日又逼暮求索無所忽有老人詣門貨漿量如方劑始欲酬直無何失之時以襄孝感所致也累遷國子博士太子家令復掌管記母憂去職襄年已五十毀頓過禮太子憂之日遣使誠喻服闋除太子中庶子復掌管記中大通三年昭明太子薨官屬罷妃蔡氏別居金華宮以襄爲中散大夫領步兵校尉金華宮家令知金華宮事七年出爲鄱陽內史先是郡民鮮于琛服食修道法嘗入山採藥拾得五色幡毦又於地中得石璽竊怪之琛先與妻別室望琛所處常有異氣益以爲神大同元年遂結其門徒殺廣晉令王筠號上願元年署置官屬其黨轉相誑惑有衆萬餘人將出攻郡襄先已帥民吏修城隍爲備禦及賊至連戰破之生獲琛餘衆逃散時鄰郡豫章安成等守宰案治黨與因求賄貨皆不得其實或有善人盡室離禍惟襄郡部枉直無濫民作歌曰鮮于平後善惡分民無枉死賴有陸君又有彭李二家先因忿爭遂相誣告襄引入內室不加責誚但和言解喻之二人感恩深自咎悔乃爲設酒食令其盡歡酒罷同載而還因相親厚民又歌曰陸君政無怨家鬬既罷讎共車在政六年郡中大治民李睍等四百二十人詣闕拜表陳襄德化求於郡立碑降敕許之又表乞留襄襄固求還徵爲吏部郎遷秘書監領揚州大中正太清元年遷度支尚書中正如故二年侯景舉兵圍宮城以襄直侍中省三年三月城陷襄逃還吳賊尋寇東境沒吳郡景將宋子仙進攻錢塘會海鹽人陸黯舉義有衆數千人夜出襲郡殺偽太守蘇單于推襄行郡事時淮南太守文成侯蕭寧逃賊入吳襄遣迎寧爲盟主遣黯及兄子映公帥衆拒子仙子仙聞兵起乃退還與黯等戰於松江黯敗走吳下軍聞之亦各奔散襄匿于墓下一夜憂憤卒時年七十襄弱冠遭家禍終身蔬食布衣不聽音樂口不言殺害五十許年侯景平世祖追贈侍中雲麾將軍以建義功追封餘干縣侯邑五百戶

陳吏部尚書姚察曰陸倕博涉文理到洽匪躬貞勁明山賓儒雅篤實殷鈞靜素恬和陸襄淳深孝性雖任遇有異皆列於名臣矣

梁書卷二十七考證

陸倕傳祖子真宋東陽太守○東陽南史作海陵

殷鈞傳又受詔料檢西省法書古迹別爲品目○法監本譌注今從南史

迥然一身宗奠是寄○迥字疑譌

陸襄傳民作歌曰鮮于平後善惡分民無枉死賴有陸君○南史無有字

梁書卷二十八

唐　散　騎　常　侍　姚　思　廉　撰

列傳第二十二

裴邃 兄子之高 之平 之橫　夏侯亶 弟夔 魚弘附

韋放

裴邃字淵明河東聞喜人魏襄州刺史綽之後也祖壽孫寓居壽陽爲宋武帝前軍長史父仲穆驍騎將軍邃十歲能屬文善左氏春秋齊建武初刺史蕭遙昌引爲府主簿壽陽有八公山廟遙昌爲立碑使邃爲文甚見稱賞舉秀才對策高第奉朝請東昏踐阼始安王蕭遙光爲撫軍將軍揚州刺史引邃爲參軍後遙光敗邃還壽陽值刺史裴叔業以壽陽降魏豫州豪族皆被驅掠邃遂隨衆北徙魏主宣武帝雅重之以爲司徒屬中書郎魏郡太守魏遣王肅鎮壽陽邃固求隨肅密圖南歸天監初自拔還朝除後軍諮議參軍邃求邊境自効以爲輔國將軍廬江太守時魏將呂頗率衆五萬奄來攻郡邃率麾下拒破之加右軍將軍五年征邵陽洲魏人爲長橋斷淮以濟邃築壘逼橋每戰輒克於是密作沒突艦會甚雨淮水暴溢邃乘艦徑造橋側魏衆驚潰邃乘勝追擊大破之進克羊石城斬城主元康又破霍丘城斬城主甯永仁平小峴攻合肥以功封夷陵縣子邑三百戶遷冠軍長史廣陵太守邃與鄉人共入魏武廟因論帝王功業其妻甥王篆之密啓高祖云裴邃多大言有不臣之迹由是左遷爲始安太守邃志欲立功邊陲不願閑遠乃致書於呂僧珍曰昔阮咸顏延有二始之歎吾才不逮古人今爲三始非其願也將如之何未及至郡會魏攻宿預詔邃拒焉行次直瀆魏衆退遷右軍諮議參軍豫章王雲麾府司馬率所領助守石頭出爲竟陵太守開置屯田公私便之遷爲游擊將軍朱衣直閤直殿省尋遷假節明威將軍西戎校尉北梁秦二州刺史復開創屯田數千頃倉廩盈實省息邊運民吏獲安乃相率餉絹千餘匹邃從容曰汝等不應爾吾又不可逆納其絹二匹而已還爲給事中雲騎將軍朱衣直閤將軍遷大匠卿普通二年義州刺史文僧明以州叛入於魏魏軍來援以邃爲假節信武將軍督衆軍討焉邃深入魏境從邊城道出其不意魏所署義州刺史封壽據檀公峴邃擊破之遂圍其城壽面縛請降義州平除持節督北徐州諸軍事信武將軍北徐州刺史未之職又遷督豫州北豫霍三州諸軍事豫州刺史鎮合肥四年進號宣毅將軍是歲大軍將北伐以邃督征討諸軍事率騎三千先襲壽陽九月壬戌夜至壽陽攻其郛斬關而入一日戰九合爲後軍蔡秀成失道不至邃以援絕拔還於是邃復整兵收集士卒令諸將各以服色相別邃自爲黃袍騎先攻狄丘甓城黎漿等城皆拔之屠安成馬頭沙陵等戍是冬始修芍陂明年復破魏新蔡郡略地至于鄭城汝潁之間所在響應魏壽陽守將長孫稚河間王元琛率衆五萬出城挑戰邃勒諸將爲四甄以待之令直閤將軍李祖憐偽遁以引稚稚等悉衆追之四甄競發魏衆大敗斬首萬餘級稚等奔走閉門自固不敢復出其年五月卒於軍中追贈侍中左

衞將軍給鼓吹一部進爵爲侯增邑七百戸謚曰烈邃少言笑沉深有思略爲政寬明能得士心居身方正有威重將吏憚之少敢犯法及其卒也淮肥閒莫不流涕以爲邃不死洛陽不足拔也子之禮字子義自國子生推第補邵陵王國左常侍信威行參軍王爲南兗除長流參軍未行仍留宿衞補直閤將軍丁父憂服闋襲封因請隨軍討壽陽除雲麾將軍遷散騎常侍又別攻魏廣陵城平之除信武將軍西豫州刺史加輕車將軍除黃門侍郎遷中軍宣城王司馬尋爲都督北徐仁睢三州諸軍事信武將軍北徐州刺史徵太子左衞率兼衞尉卿轉少府卿卒謚曰壯子政承聖中官至給事黃門侍郎江陵陷隨例入西魏

之高字如山邃兄中散大夫髦之子也起家州從事新都令奉朝請遷參軍頗讀書少負意氣常隨叔父邃征討所在立功甚爲邃所器重戎政咸以委焉壽陽之役邃卒于軍所之高隷夏侯夔平壽陽仍除平北豫章長史梁郡太守封都城縣男邑二百五十戸時魏汝陰來附敕之高應接仍除假節飈勇將軍潁州刺史士民夜反踰城而入之高率家僮與麾下奮擊賊乃散走父憂還京起爲光遠將軍合討陰陵盜賊平之以爲譙州刺史又還爲左軍將軍出爲南譙太守監北徐州遷員外散騎常侍尋除雄信將軍西豫州刺史餘如故侯景亂之高率衆入援南豫州刺史鄱陽嗣王範命之高總督江右援軍諸軍事頓于張公洲柳仲禮至橫江之高遣船舸二百餘艘迎致仲禮與韋粲等俱會青塘立營據建興苑及城陷之高還合肥與鄱陽王範西上稍至新蔡衆將一萬未有所屬元帝遣蕭慧正召之以爲侍中護軍將軍到江陵承制除特進金紫光祿大夫卒時年七十三贈侍中儀同三司鼓吹一部謚曰恭子畿累官太子右衞率雋州刺史西魏攻陷江陵畿力戰死之

之平字如原之高第五弟少亦隨邃征討以軍功封都亭侯歷武陵王常侍扶風弘農二郡太守不行除譙州長史陽平太守拒侯景城陷後還散騎常侍右衞將軍太子詹事

之橫字如岳之高第十三弟也少好賓遊重氣俠不事產業之高以其縱誕乃爲狹被蔬食以激厲之之橫歎曰大丈夫富貴必作百幅被遂與僮屬數百人於芍陂大營田墅遂致殷積太宗在東宮聞而要之以爲河東王常侍直殿主帥遷直閤將軍侯景亂出爲貞威將軍隸鄱陽王範討景景濟江仍與範長子嗣入援連營度淮據東城京都陷退還合肥與範泝流赴湓城景遣任約上逼晉熙範令之橫下援未及至範薨之橫乃還時尋陽王大心在江州範副梅思立密要大心襲湓城之橫斬思立而拒大心大心以州降景之橫率衆與兄之高同歸元帝承制除散騎常侍廷尉卿出爲河東內史又隨王僧辯拒侯景於巴陵景退遷持節平北將軍東徐州刺史中護軍封豫寧侯邑三千戸又隨僧辯追景平郢魯江晉等州恒爲前鋒陷陣仍至石頭破景景東奔僧辯令之橫與杜崱入守臺城及陸納據湘州叛又隸王僧辯南討焉於陣斬納將李賢明遂平之又破武陵王於硤口還除吳興太守乃作百幅被以成其初志後江陵陷齊遣上黨王高渙挾貞陽侯攻東關晉安王綱承制以之橫爲使持節鎭北將軍徐州刺史都督衆軍給鼓吹一部出守蘄城之橫營壘未周而魏軍大至兵盡矢窮遂於陣沒時年四十一贈侍中司空謚曰忠壯子鳳寶嗣

夏侯亶字世龍車騎將軍詳長子也齊初起家奉朝請永元末詳爲西中郎南康王司馬隨府鎭荊州亶留京師爲東昏聽政主帥及崔慧景作亂亶以捍禦功除驍騎將軍及高祖起師詳與長史蕭頴冑協同義舉密遣信下都迎亶亶乃齎宣德皇后令令南康王纂承大統封十郡爲宣城王進位相國置僚屬選百官建康城平以亶爲尚書吏部郎俄遷侍中奉璽於高祖天監元年出爲宣城太守尋入爲散騎常侍領右驍騎將軍六年出爲平西始興王長史南郡太守父憂解職居喪盡禮廬于墓側遺財悉推諸弟八年起爲持節督司州諸軍事信武將軍司州刺史領安陸太守服闋襲封豐城縣公居州甚有威惠爲邊人所悅服十二年以本號還朝除都官尚書遷給事中右衞將軍領豫州大中正十五年出爲信武將軍安西長史江夏太守十七年入爲通直散騎常侍太子右衞率遷左衞將軍領前軍將軍俄出爲明威將軍吳興太守在郡復有惠政吏民圖其像立碑頌美焉普通三年入爲散騎常侍領右驍騎將軍轉太府卿常侍如故以公事免未幾優詔復職五年遷中護軍六年大舉北伐先遣豫州刺史裴邃帥譙州刺史湛僧智歷陽太守明紹世南譙太守魚弘晉熙太守張澄竝世之驍將自南道伐壽陽城未克而邃卒乃加亶使持節馳驛代邃與魏將河間王元琛臨淮王元彧等相拒頻戰克捷尋有密敕班師合肥以休士馬須堰成復進七年夏淮堰水盛壽陽城將沒高祖復遣北道軍元樹帥彭寶孫陳慶之等稍進亶帥湛僧智魚弘張澄等通清流澗將入淮肥魏軍夾肥築城出亶軍後亶與僧智還襲破之進攻黎漿貞威將軍韋放自北道會焉兩軍既合所向皆降下凡降城五十二獲男女七萬五千人米二十萬石詔以壽陽依前代置豫州合肥鎭改爲南豫州以亶爲使持節都督豫州緣淮南豫霍義定五州諸軍事雲麾將軍豫南豫二州刺史壽春久離丘荒百姓多流散亶輕刑薄賦務農省役頃之民戸克復大通二年進號平北將軍三年卒於州鎭高祖聞之卽日素服舉哀贈車騎將軍謚曰襄州民夏侯簡等五百人表請爲亶立碑置祠詔許之亶爲人美風儀寬厚有器量涉獵文史辯給能專對宗人夏侯溢爲衡陽內史辭日亶侍御坐高祖謂亶曰夏侯溢於卿疏近亶荅曰是臣從弟高祖知溢於亶已疏乃曰卿傖人好不辯族從亶對曰臣聞服屬易疏所以不忍言族時以爲能對亶歷爲六郡三州不修產業祿賜所得隨散親故性儉率居處服用充足而已不事華侈晚年頗好音樂有妓妾十數人竝無被服姿容每有客常隔簾奏之時謂簾爲夏侯妓衣也亶二子誼損誼襲封豐城公歷官太子舍人洗馬太清中侯景入寇誼與弟損帥部曲入城竝卒圍內

夔字季龍亶弟也起家齊南康王府行參軍中興初遷司徒屬天監元年爲太子洗馬中舍人中書郎丁父憂服闋除大匠卿知造太極殿事普通元年爲邵陵王信威長史行府國事其年出爲假節征遠將軍隨機北討還除給事黃門侍郎二年副裴邃討義州平之三年代兄亶爲吳興太守尋遷假節征遠將軍西陽武昌二郡太守七年徵爲衞尉未拜改授持節督司州諸軍事信武將軍司州刺史領安陸太守八年敕夔帥壯武將軍裴之禮直閤將軍任思祖出義陽道攻平靜穆陵陰山三關克之是時譙州刺史湛僧智圍魏東豫州刺史元慶和於廣陵入其郛魏將元顯伯率軍赴援僧智逆擊破之夔自武陽會僧智斷魏軍歸路慶和於內築柵以自固及夔至遂請降夔讓僧智僧智曰慶和志欲降公不願降僧智今往必乖其意且僧智所將爲合募人不可御之以法公持軍素嚴必無犯令受降納附深得其宜於是夔乃登城拔魏幟建官軍旗鼓衆莫敢妄動慶和束兵以出軍無私焉凡降男女口四萬餘人粟六十萬斛餘物稱是顯伯聞之夜遁衆軍追之生擒二萬餘人斬獲不可勝數詔以僧智領東豫州鎭廣陵夔引軍屯安陽夔又遣偏將屠楚城盡俘其衆由是義陽北道遂與魏絕二年魏郢州刺史元顯達請降高祖敕郢州刺史元樹往迎顯達夔亦自楚城會之遂留鎭焉詔改魏郢州爲北司州以夔爲刺史兼督司州三年遷使持節進號仁威將軍封保城縣侯邑一千五百戸中大通二年徵爲右衞將軍丁所生母憂去職時魏南兗州刺史劉明以譙城入附詔遣鎭北將軍元樹帥軍應接起夔爲雲麾將軍隨機北討尋授使持節督南豫州諸軍事南豫州刺史六年轉使持節督豫淮陳潁建霍義七州諸軍事豫州刺史豫州積歲寇戎人頗失業夔乃帥軍人於蒼陵立堰溉田千餘頃歲收穀百餘萬石以充儲備兼贍貧人境內賴之夔兄亶先經此任至是夔又居焉兄弟竝有恩惠於鄉里百姓歌之曰我之有州頻仍夏侯前兄後弟布政優優在州七年甚有聲績遠近多附之有部曲萬人馬二千匹竝服習精强爲當時之盛性奢豪後房伎妾曳羅縠飾金翠者亦有百數愛好人士不以貴勢自高文武賓客常滿坐時亦以此稱之大同四年卒於州時年五十六有詔舉哀賻錢二十萬布二百匹追贈侍中安北將軍謚曰桓子譔嗣官至太僕卿譔弟譎少麤險薄行常停鄉里領其父部曲爲州助防刺史蕭淵明引爲府長史淵明彭城戰沒復爲侯景長史景尋舉兵反譎前驅濟江頓兵城西士林館破掠邸第及居人富室子女財貨盡略有之淵明在州有四妾章於王阮竝有國色淵明沒魏其妾竝還京第譎至破第納焉

魚弘襄陽人身長八尺白皙美姿容累從征討常爲軍鋒歷南譙盱眙竟陵太守常語人曰我爲郡所謂四盡水中魚鱉盡山中麞鹿盡田中米穀盡村里民庶盡丈夫生世如輕塵栖弱草白駒之過隙平生但歡樂富貴幾何時於是恣意酣賞侍妾百餘人不勝金翠服翫車馬皆窮一時之絕遷爲平西湘東王司馬新興永寧二郡太守卒官

韋放字元直車騎將軍叡之子初爲齊晉安王寧朔迎主簿高祖臨雍州又召爲主簿放身長七尺七寸腰帶八圍容貌甚偉天監元年爲盱眙太守還除通直郎尋爲輕車晉安王中兵參軍遷鎭右始興王咨議參軍以父憂去職服闋襲封永昌縣侯出爲輕車南平王長史襄陽太守轉假節明威將軍竟陵太守在郡和理爲吏民所稱六年大舉北伐以放爲貞威將軍與胡龍牙會曹仲宗進軍七年夏侯亶攻黎漿不克高祖復使帥軍

自北道會壽春城尋還雲麾南康王長史尋陽太守放累為藩佐並著聲績普通八年高祖遣兼領軍曹仲宗等攻渦陽又以放為明威將軍帥師會之魏大將費穆帥衆奄至放軍營未立麾下止有二百餘人放從弟洵驍果有勇力一軍所仗放令洵單騎擊刺屢折魏軍洵馬亦被傷不能進放冑又三貫流矢衆皆失色請放突去放厲聲叱之曰今日唯有死耳乃免冑下馬據胡牀處分於是士皆殊死戰莫不一當百魏軍遂退放逐北至渦陽魏又遣常山王元昭大將軍李奬乞佛寶費穆等衆五萬來援放率所督將陳度趙伯超等夾擊大破之渦陽城主王偉以城降放乃登城簡出降口四千二百人器仗充牣又遣降人三十分報李奬費穆等魏人棄諸營壘一時奔潰衆軍乘之斬獲略盡擒穆弟超并王偉送於京師還為太子右衛率轉通直散騎常侍出為持節督梁南秦二州諸軍事信武將軍梁南秦二州刺史中大通二年徙督北徐州諸軍事北徐州刺史增封四百戶持節將軍如故在鎮三年卒時年五十九謚曰宜侯放性弘厚篤實輕財好施於諸弟尤雍睦每將遠別及行役初還常同一室臥起時稱為三姜初放與吳郡張率皆有側室懷孕因指為婚姻其後各產男女未及成長而率亡遺嗣孤弱放常贍恤之及為北徐州時有勢族請婚姻者放曰吾不失信於故友乃以息岐娶率女又以女適率子時稱放能篤舊長子粲嗣別有傳

史臣曰裴邃之詞釆早著兼思略沉深夏侯亶之好學辯給夔之奢豪愛士韋放之弘厚篤行並遇主逢時展其才用矣及牧州典郡破敵安邊咸著功績允文武之任蓋梁室之名臣歟

梁書卷二十八考證

裴邃傳魏襄州刺史辯之後也○南史作冀州刺史巖

昔阮咸顏延有二始之歎○咸南史作咸應從之

之高傳合討陰陵盜賊平之○合南史作令

夏侯夔傳魏郢州刺史元願達請降○願南史作顯

韋放傳普通八年高祖遣兼領軍曹仲宗等攻渦陽又以放為明威將軍帥師會之○普通八年南史作大通元年 臣人龍按高祖本紀大通元年冬十月庚戌魏東豫州刺史元慶和以渦陽內屬不載放帥師會仲宗事蓋南書所以互異者普通改大通在是年三月間故或作普通八年或作大通元年而放之帥師或又在未改元前也

梁書卷二十九

唐 散騎常侍姚思廉 撰

列傳第二十三

高祖三王

高祖八男丁貴嬪生昭明太子統太宗簡文皇帝廬陵威王續阮脩容生世祖孝元皇帝吳淑媛生豫章王綜董淑儀生南康簡王績丁充華生邵陵攜王綸葛脩容生武陵王紀綜及紀別有傳

南康簡王績字世謹高祖第四子天監八年封南康郡王邑二千戶出為輕車將軍領石頭戍軍事十年遷使持節都督南徐州諸軍事南徐州刺史進號仁威將軍績時年七歲主者有受貨洗改解書長史王僧孺弗之覺績見而輒詰之便即時首服衆咸歎其聰警十六年徵為宣毅將軍領石頭戍軍事十七年出為使持節都督南北兗徐青冀五州諸軍事南兗州刺史在州著稱尋有詔徵還民曹嘉樂等三百七十人詣闕上表稱績尤異一十五條乞留州任優詔許之進號北中郎將普通四年徵為侍中雲麾將軍領石頭戍軍事五年出為使持節都督江州諸軍事江州刺史丁董淑儀憂居喪過禮高祖手詔勉之使攝州任固求解職乃徵授安右將軍領石頭戍軍事尋加護軍羸瘠弗堪視事大通三年因感病薨于任時年二十五贈侍中中軍將軍開府儀同三司給鼓吹一部謚曰簡績寡玩好少嗜慾居無僕妾躬事約儉所有租秩悉寄天府及薨後府有南康國無名錢數千萬子會理嗣字長才少聰慧好文史年十一而孤特為高祖所愛衣服禮秩與正王不殊年十五拜輕車將軍湘州刺史又領石頭戍軍事遷侍中兼領軍將軍尋除宣惠將軍丹陽尹置佐史出為使持節都督南北兗北徐青冀東徐譙七州諸軍事平北將軍南兗州刺史太清元年督衆軍北討至彭城為魏師所敗退歸本鎮二年侯景圍京邑會理治嚴將入援會北徐州刺史封山侯正表將應其兄正德外託赴援實謀襲廣陵會理擊破之方得進路臺城陷侯景遣前臨江太守董紹先以高祖手敕召會理其僚佐咸勸距之會理曰諸君心事與我不同天子年尊受制賊虜今有手敕召我入朝臣子之心豈得違背且遠處江北功業難成不若身赴京都圖之肘腋吾計決矣遂席卷而行以城輸紹先至京景以為侍中司空兼中書令雖在寇手每思匡復與西鄉侯勸等潛布腹心要結壯士時范陽祖皓斬紹先據廣陵城起義期以會理為內應皓敗辭相連及景矯詔免會理官猶以白衣領尚書令是冬景往晉熙京師虛弱會理復與柳敬禮謀之敬禮曰舉大事必有所資今無寸兵安有以動會理曰湖熟有吾舊兵三千餘人昨來相知克期響集聽吾日定便至京師計賊守兵不過千人耳若大兵外攻吾等內應直取王偉事必有成縱景後歸無能為也敬禮曰善因贊成之于時百姓厭賊咸思用命自丹陽至于京口靡不同之後事不果與弟祈陽侯通理並遇害乂理字季英會理第六弟也生十旬而簡王薨至三歲而能言見內人分散涕泣相送乂理問其故或曰此簡王宮人喪畢去爾乂理便號泣悲不自勝諸宮人見之莫不傷感為之停者三人焉服闋後見高祖又悲泣不自勝高祖為之流涕謂左右曰此兒大必為奇士大同八年封建安縣侯邑五百戶乂理性慷慨慕立功名每讀書見忠臣烈士未嘗不廢卷歎曰一生之內當無愧古人博覽多識有文才嘗祭孔文舉墓并為立碑製文甚美太清中侯景內寇乂理聚賓客數百輕裝赴南兗州隨兄會理入援恒親當矢石為士卒先及城陷又隨會理還廣陵因入齊為質乞師行二日會侯景遣董紹先據廣陵遂追會理因偽所獲紹先防之甚嚴不得與兄弟相見乃為請先還京得入辭母謂其姊固安公主曰事既如此豈可合家受斃兄若至願為言之善為計自勉勿顧以為念也家國阽危雖死非恨前途亦思立効但未知天命何如耳至京師以魏降人元貞立節忠正可以託孤乃以玉柄扇贈之貞怪其故不受乂理曰後當見憶幸勿推辭會祖皓起兵乂理奔長蘆收軍得千餘人其左右有應賊者因間劫會理其衆遂駭散為景所害時年二十一元貞始悟其前言往收葬焉

廬陵威王續字世訢高祖第五子天監八年封廬陵郡王邑二千戶十年拜輕車將軍南彭城琅邪太守十三年轉會稽太守十六年為都督江州諸軍事雲麾將軍江州刺史普通元年徵為宣毅將軍領石頭戍軍事續少英果膂力絕人馳射游獵應發命中高祖常歎曰此我之任城也嘗與臨賀王正德及胡貴通趙伯超等馳射於高祖前續冠於諸人高祖大悅三年為使持節都督南徐梁秦沙四州諸軍事西中郎將南徐州刺史七年加宣毅將軍中大通三年又為使持節都督雍梁秦沙四州諸軍事平北將軍寧蠻校尉雍州刺史給鼓吹一部續多聚馬仗蓄養驍雄金帛內盈倉廩外實四年遷安北將軍大同元年為使持節都督江州諸軍事安南將軍江州刺史三年徵為護軍將軍領石頭戍軍事五年為驃騎將軍開府儀同三司又出為使持節都督荊郢司雍西北秦梁巴華九州諸軍事荊州刺史中大同二年薨於州時年四十四贈司空散騎常侍驃騎大將軍鼓吹一部謚曰威長子安嗣

邵陵攜王綸字世調高祖第六子也少聰穎博學善屬文尤工尺牘天監十三年封邵陵郡王邑二千戶出為寧遠將軍琅邪彭城二郡太守遷輕車將軍會稽太守十八年徵為信威將軍普通元年領石頭戍軍事尋為江州刺史五年以西中郎將權攝南兗州坐事免官奪爵七年拜侍中大通元年復封爵尋加信威將軍置佐史中大通元年為丹陽尹四年為侍中宣惠將軍揚州刺史以侵漁細民少府丞何智通以事啓聞綸知之令客戴子高於都巷刺殺之智通子訴于闕下高祖令圍綸第捕子高綸匿之竟不出坐免為庶人頃之復封爵大同元年為侍中雲麾將軍七年出為使持節都督郢定霍司四州諸軍事平西將軍郢州刺史遷為安前將軍丹陽尹中大同元年出為鎮東將軍南徐州刺史太清二年進位中衛將軍開府儀同三司侯景構逆加征討大都督率衆討景將發高祖誡曰侯景小豎頗習行陣未可以一戰即殄當以歲月圖之綸次鍾離景已度釆石綸乃晝夜兼道遊軍入赴濟江中流風起人馬溺者十一二遂率寧遠將軍西豐公大春新塗公大成等步騎三萬發自京口將軍趙伯超曰若從黃城大道必與賊遇不如逕路直指鍾山出其不意綸從之衆軍奄至賊徒大駭分為三道攻綸綸與戰大破之斬首千餘級翌日賊又來攻相持日晚賊稍引却安南侯駿以數十騎馳之賊回拒駿駿部亂賊因逼大軍軍遂潰綸至鍾山衆裁千人賊圍之戰又敗乃奔還京口三年春綸復與東揚州刺史大連等入援至于驃騎洲進位司空臺城陷奔禹穴大寶元年綸至郢州刺史南平王恪讓州於綸綸不受乃上綸為假黃鉞都督中外諸軍事綸於是置百官改廳事為正陽殿數有災怪綸甚惡之時元帝圍河東王譽於長沙既久內外斷絕綸聞其急欲往救之為軍糧不繼遂止乃與世祖書曰伏以先朝聖德孝治天下九親雍睦四表無怨誠為國政實亦家風唯余與爾同奉神訓宜敦旨喻共承無改且道之斯美以和為貴況天時地利不及人和豈可手足肱支自相屠害日者聞譽專情先訓以幼陵長湘峽之內遂至交鋒方等身遇亂兵斃於行陣殞于吳局方此非冤聞問

號怛惟增摧憤念以兼悼當何可稱吾在州所居遥隔雖知其狀未喻所然及屆此蕃備加覩訪咸云譽應接多替兵糧閉壅弟教亦不悛故輿師以伐譽未識大體意斷所行雖存急難豈知竊思不能禮爭復以兵來蕭墻興變體親成敵一朝至此能不嗚呼既有書問雲雨傳流噂嗒其間委悉無因詳究方今社稷危耻創巨痛深人非禽虫在知君父即日大敵猶强天讐未雪余爾昆季在外三人如不匡難安用臣子唯應剖心嘗膽泣血枕戈感誓蒼穹憑靈宗祀晝謀夕計共思康復至於其餘小忿或宜寬貸誠復子臧須臾將柰國冤未逞正當輕重相推小大易奪遣無益之情割下流之悼弘豁以理通識勉之今已喪鍾山復誅猶子將非揚湯止沸吞冰療寒若以譽之無道近遠同疾弟復效尤攸非獨罪幸寬於衆議恐以事寧如使外寇未除家禍仍構料今訪古未或弗亡夫征戰之理義在克勝至於骨肉之戰愈勝愈酷捷則非功敗則有喪勞兵損義虧失多矣侯景之軍所以未窺江外者正爲藩屏盤固宗鎮强寄若自相魚肉是代景行師景便不勞兵力坐致成效醜徒聞此何快如之又莊鐵小豎作亂久挾觀寧懷安二侯以爲名號當陽有事克掣殊廢備境第閒征伐復致分兵便是自於瓜州至于湘雍莫非戰地悉以勞師侯景卒承虛藉釁浮江豕突豈不表裏成虞首尾難救可爲寒心其事已切弟若苦陷洞庭兵戈不戢雍川疑迫何以自安必引進魏軍以求形援侯景事等內癰西秦外同瘤腫直置關中已爲咽氣況復貪狼難測勢必侵吞弟若不安家國去矣吾非有深鑒獨能弘理正是採藉風謡溥參物論咸以爲疑皆欲解體故耳自我國五十許年恩格玄穹德彌赤縣雖有逆難未亂邕熙溥天率土忠臣憤慨比屋罹禍忠義奮發無不抱甲負戈衝冠裂眥咸欲剸刃於侯景腹中所須兵主唱耳今人皆樂死赴者如流弟英略振遠雄伯當代唯德唯藝資文資武拯溺濟難朝野咸屬一匡九合非弟而誰豈得自違物望致招羣議其間患難具如所陳斯理皎然無勞請箸驗之以實寧須確引吾所以間關險道出自東川政謂上游諸藩必連師狎至庶以殘命預在行間及到九江安北兄遂泝流更上全由飢饉懸斷卒食半菽阻以菜色無因進取侯景方延假息復緩誅刑信增號憤啓處無地計瀟湘穀粟猶當紅委若阻弟嚴兵唯事交切至於運轉恐無暇發遣即日萬心慺望唯在民天若遂等西河時事殆矣必希令弟豁照茲途解汨川之圍存社稷之計使其運輸糧儲應贍軍旅庶叶力一舉指日寧泰宗廟重安天下清復推弟之功豈非幸甚吾才懦兵寡安能爲役所寄令弟庶得申情朝聞夕死萬殞何恨聊陳聞見幸無怪焉臨紙號迷諸失次緒世祖復書陳河東有罪不可解圍之狀綸省書流涕曰天下之事一至於斯左右聞之莫不掩泣於是大修器甲將討侯景元帝聞其彊盛乃遣王僧辯帥舟師一萬以逼綸綸將劉龍武等降僧辯綸軍潰遂與子確等十餘人輕舟走武昌時綸長史韋質司馬姜律先在于外聞綸敗馳往迎之於是復收散卒屯于齊昌郡將引魏軍共攻南陽侯景將任約聞之使鐵騎二百襲綸綸無備又敗走定州定州刺史田龍祖迎綸綸以龍祖荆鎮所任懼爲所執復歸齊昌行至汝南西魏所署汝南城主李素者綸之故吏聞綸敗開城納之綸乃修浚城池收集士卒將攻竟陵西魏安州刺史馬岫聞之報于西魏西魏遣大將軍楊忠儀同侯幾通率衆赴焉二年二月忠等至于汝南綸嬰城自守會天寒大雪忠等攻之不能克死者甚衆後李素中流矢卒城乃陷忠等執綸綸不爲屈遂害之投于江岸經日顏色不變鳥獸莫敢近焉時年三十三百姓憐之爲立祠廟後世祖追謚曰攜長子堅字長白大同元年以例封汝南侯邑五百戶亦善草隸性頗庸短侯景圍城堅屯太陽門終日蒲飲不撫軍政吏士有功未嘗申理疫癘所加亦不存卹士咸憤怨太清三年三月堅書佐董勛華白曇朗尋以繩引賊登樓遂陷堅遇害弟確字仲正少驍勇有文才大同二年封爲正階侯邑五百戶後徙封永安常在第中習騎射學兵法時人皆以爲狂左右或以進諫確曰聽吾爲國家破賊使汝知之除秘書丞太子中舍人鍾山之役確苦戰所向披靡羣虜憚之確每臨陣對敵意氣詳贍帶甲據鞍自朝及夕馳驟往反不以爲勞諸將服其壯勇及侯景乞盟確在外慮爲後患啓求召確入城詔乃召確爲南中郎將廣州刺史增封二千戶確知此盟多貳城必淪沒因欲南奔攜王聞之逼確使入確猶不肯攜王流涕謂曰汝欲反邪時臺使周石珍在坐確謂石珍曰侯景雖云欲去而不解長圍以意而推其事可見今召我入未見其益也石珍曰敕旨如此侯豈得辭確執意猶堅攜王大怒謂趙伯超曰譙州卿爲我斬之當賫首赴闕伯超揮刃眄確曰我識君耳刀豈識君確於是流涕而出遂入城及景背盟復圍城城陷確排闥入啓高祖曰城已陷矣高祖曰猶可一戰不對曰不可臣向者親格戰勢不能禁自縋下城僅得至此高祖歎曰自我得之自我失之亦復何恨乃使確爲慰勞文確既出見景景愛其膂力恒令在左右後從景行見天上飛鳶羣虜爭射不中確射之應弦而落賊徒忿嫉咸勸除之先是攜王遣人密導確確謂使者曰侯景輕佻可一夫力致確不惜死正欲手刃之但未得其便耳卿還啓家王願勿以爲念也事未遂而爲賊所害

史臣曰自周漢廣樹藩屏固本深根高祖之封建將遵古制也南康廬陵並以宗室之貴據磐石之重績以孝著續以勇聞綸聰警有才學性險躁屢以罪黜及太清之亂忠孝獨存斯可嘉矣

梁書卷二十九考證

高祖三王傳董淑儀生南康簡王績○淑南史作昭

南康簡王績傳天監八年封南康郡王○八南史作七臣人龍按高祖紀係天監七年九月事南史是也

民曹嘉樂等三百七十人詣闕上表○南史無嘉字

與弟祈陽侯通理並遇害乂理字季英會理第六弟也○監本缺通字閣本訛乂爲通臣人龍按南史通理字仲宣今各補正之

封建安縣侯○建安南史作安樂

邵陵攜王綸傳權攝南兗州○南兗南史作南徐考本紀不載兼攝事

綸軍潰遂與子確等十餘人輕舟走武昌○確南史作躓

時綸長史韋質司馬姜律先在于外○律南史作偉

西魏所署汝南城主李素者○者南史作孝

梁書卷三十

唐　散　騎　常　侍　姚　思　廉　撰

列傳第二十四

裴子野　顧協　徐摛　鮑泉

裴子野字幾原河東聞喜人晉太子左率康八世孫兄黎弟楷綽並有盛名所謂四裴也曾祖松之宋太中大夫祖駰南中郎外兵參軍父昭明通直散騎常侍子野生而偏孤爲祖母所養年九歲祖母亡泣血哀慟家人異之少好學善屬文起家齊武陵王國左常侍右軍江夏王參軍遭父憂去職居喪盡禮每之墓所哭泣處草爲之枯有白兔馴擾其側天監初尚書僕射范雲嘉其行將表奏之會雲卒不果樂安任昉有盛名爲後進所慕遊其門者昉必相薦達子野於昉爲從中表獨不至昉亦恨焉久之除右軍安成王參軍俄遷兼廷尉正時三官通署獄牒子野嘗不在同僚輒署其名奏有不允子野從坐免職或勸言諸有司可得無咎子野笑而答曰雖慚柳季之道豈因訟以受服自此免黜久之終無恨意二年吳平侯蕭景爲南兗州刺史引爲冠軍錄事府遷職解時中書范縝與子野未遇聞其行業而善焉會遷國子博士乃上表讓之曰伏見前冠軍府錄事參軍河東裴子野年四十字幾原幼稟至人之行長厲國士之風居喪有禮毀瘠幾滅免憂之外蔬水不進棲遲下位身賤名微而性不憚憚情無汲汲是以有識嗟推州閭歎服且家傳素業世習儒史苑囿經籍遊息文藝著宋畧二十卷彌綸首尾勒成一代屬辭比事有足觀者且章句洽悉訓故可傳脫置之膠庠以弘獎後進庶一夔之辯可尋三豕之疑無謬矣伏惟皇家淳耀多士盈庭官人邁乎有嬀棫樸越於姬氏苟片善宜錄無論厚薄一介可求不由等級臣歷觀古今人君欽賢好善未有聖朝孜孜若是之至也敢緣斯義輕陳愚瞽乞以臣斯忝回授子野如此則賢否之宜各全其所訊之物議誰曰不允臣與子野雖未嘗銜杯訪之邑里差非虛謬不勝慺慺微見冒昧陳聞伏願陛下哀憐悾款鑒其愚實干犯之誓乞垂赦宥有司以資歷非次弗爲通尋除尚書比部郎仁威記室參軍出爲諸暨令在縣不行鞭罰民有爭者示之以理百姓稱悅合境無訟初子野曾祖松之宋元嘉中受詔續修何承天宋史未及成而卒子野常欲繼成先業及齊永明末沈約所撰宋書既行子野更刪撰爲宋畧二十卷其敘事評論多善約見而歎曰吾弗逮也蘭陵蕭琛北地傅昭汝南周捨咸稱重之至是吏部尚書徐勉言之於高祖以爲著作郎掌國史及起居注頃之兼中書通事舍人尋除通直正員郎著作舍人如故又敕掌中書詔誥是時西北徼外有白題及滑國遣使由岷山道入貢此二國歷代弗賓莫知所出子野曰漢潁陰侯斬胡白題將一人服虔注云白題胡名也又漢定遠侯擊虜八滑從之此其後乎時人服其博識敕仍使撰方國使圖廣述懷來之盛自要服至于海表凡二十國子野與沛國劉顯南陽劉之遴陳郡殷芸陳留阮孝緒吳郡顧協京兆韋棱皆博極羣書深相賞好顯尤推重之時吳平侯蕭勵范陽張纘每

討論墳籍咸折中於子野焉普通七年王師北伐敕子野爲喻魏文受詔立成高祖以其事體大召尚書僕射徐勉太子詹事周捨鴻臚卿劉之遴中書侍郎朱异集壽光殿以觀之時並歎服高祖目子野而言曰其形雖弱其文甚壯俄又敕爲書喻魏相元叉其夜受旨子野謂可待旦方奏未之爲也及五鼓敕催令開齋速上子野徐起操筆昧爽便就既奏高祖深嘉焉自是凡諸符檄皆令草創子野爲文典而速不尚麗靡之詞其制作多法古與今文體異當時或有詆訶者及其末皆翕然重之或問其爲文速者子野答云人皆成於手我獨成於心雖有見否之異其於刊改一也俄遷中書侍郎餘如故大通元年轉鴻臚卿尋領步兵校尉子野在禁省十餘年靜默自守未嘗有所請謁外家及中表貧乏所得俸悉分給之無宅借官地二畝起茅屋數間妻子恒苦飢寒唯以教誨爲本子姪祇畏若奉嚴君末年深信釋氏持其教戒終身飯麥食蔬中大通二年卒官年六十二先是子野自剋死期不過庚戌歲是年自省移病謂同官劉之亨曰吾其逝矣遺命儉約務在節制高祖悼惜爲之流涕詔曰鴻臚卿領步兵校尉知著作郎兼中書通事舍人裴子野文史足用廉白自居劬勞通事多歷年所奄致喪逝惻愴空懷可贈散騎常侍賻錢五萬布五十匹卽日舉哀謚曰貞子子野少時集注喪服續裴氏家傳各二卷抄合後漢事四十餘卷又敕撰衆僧傳二十卷百官九品二卷附益謚法一卷方國使圖一卷文集二十卷並行於世又欲撰齊梁春秋始草創未就而卒子謇官至通直郎

顧協字正禮吳郡吳人也晉司空和七世孫協幼孤隨母養於外氏外從祖宋右光祿張永嘗攜內外孫姪遊虎丘山協年數歲永撫之曰兒欲何戲協對曰兒正欲枕石漱流永歎息曰顧氏興於此子既長好學以精力稱外氏諸張多賢達有識鑒從內弟率尤推重焉起家揚州議曹從事史兼太學博士舉秀才尚書令沈約覽其策而歎曰江左以來未有此作遷安成王國左常侍兼廷尉正太尉臨川王聞其名召掌書記仍侍西豐侯正德讀正德爲巴西梓潼郡協除所部安都令未至縣遭母憂服闋出補西陽郡丞還除北中郎行參軍復兼廷尉正久之出爲廬陵郡丞未拜會西豐侯正德爲吳郡除中軍參軍領郡五官遷輕車湘東王參軍事兼記室普通六年正德受詔北討引爲府錄事參軍掌書記軍還會有詔舉士湘東王表薦協曰臣聞貢玉之士歸之潤山論珠之人出於枯岸是以芻蕘之言擇於廊廟者也臣府兼記室參軍吳郡顧協行稱鄉閭學兼文武服膺道素雅量邃遠安貧守靜奉公抗直傍闕知己志不自營年方六十室無妻子臣欲言於官人申其屈滯協必苦執貞退立志難奪可謂東南之遺寶矣伏惟陛下未明求衣思賢如渴爰發明詔各舉所知臣識非許郭雖無知人之鑒若守固無言懼貽蔽賢之咎昔孔愉表韓績之才庾亮薦翟湯之德臣雖未齒二臣協實無慙兩士卽召拜通直散騎侍郎兼中書通事舍人累遷步兵校尉守鴻臚卿員外散騎常侍卿舍人並如故大同八年卒時年七十三高祖悼惜之手詔曰員外散騎常侍鴻臚卿兼中書通事舍人顧協廉潔自居白首不衰久在省闥內外稱善奄然殞喪惻怛之懷不能已已傍無近親彌足哀者大殮既畢卽送其喪柩還鄉并營冢槨並皆資給悉使周辦可贈散騎常侍令便舉哀謚曰溫子協少清介有志操初爲廷尉正冬服單薄寺卿蔡法度謂人曰我願解身上襦與顧郎恐顧郎難衣食者竟不敢以遺之及爲舍人同官者皆潤屋協在省十六載器服飲食不改於常有門生始來事協知其廉潔不敢厚餉止送錢二千協發怒杖二十因此事者絕於饋遺自丁艱憂遂終身布衣蔬食少時將娉舅息女未成婚而協母亡免喪後不復娶至六十餘此女猶未他適協義而迎之晚雖判合卒無胤嗣協博極羣書於文字及禽獸草木尤稱精詳撰異姓苑五卷瑣語十卷並行於世

徐摛字士秀東海郯人也祖憑道宋海陵太守父超之天監初仕至員外散騎常侍摛幼而好學及長遍覽經史屬文好爲新變不拘舊體起家太學博士遷左衞司馬會晉安王綱出戍石頭高祖謂周捨曰爲我求一人文學俱長兼有行者欲令與晉安遊處捨曰臣外弟徐摛形質陋小若不勝衣而堪此選高祖曰必有仲宣之才亦不簡其容貌以摛爲侍讀後王出鎭江州仍補雲麾府記室參軍又轉平西府中記室王移鎭京口復隨府轉爲安北中錄事參軍帶郯令以母憂去職王爲丹陽尹起摛爲秣陵令普通四年王出鎭襄陽摛固求隨府西上遷晉安王諮議參軍大通初王總戎北伐以摛兼寧蠻府長史參贊戎政教命軍書多自摛出王入爲皇太子轉家令兼掌管記尋帶領直摛文體既別春坊盡學之宮體之號自斯而起高祖聞之怒召摛加讓及見應對明敏辭義可觀高祖意釋因問五經大義次問歷代史及百家雜說末論釋教摛商較縱橫應答如響高祖甚加歎異更被親狎寵遇日隆領軍朱异不說謂所親曰徐叟出入兩宮漸來逼我須早爲之所遂承間白高祖曰摛年老又愛泉石意在一郡以自怡養高祖謂摛欲之乃召摛曰新安大好山水任昉等並經爲之卿爲我臥治此郡大通三年遂出爲新安太守至郡爲治清靜敎民禮義勸課農桑朞月之中風俗便改秩滿還爲中庶子加戎昭將軍是時臨城公納夫人王氏卽太宗妃之姪女也晉宋已來初婚三日婦見舅姑衆賓皆列觀引春秋義云丁丑夫人姜氏至戊寅公使大夫宗婦覿用幣戊寅丁丑之明日故禮官據此皆云宜依舊貫太宗以問摛摛曰儀禮云質明贊見婦於舅姑雜記又云婦見舅姑兄弟姊妹皆立于堂下政言婦是外宗未審嫺令所以停坐三朝觀其七德舅延外客姑率內賓堂下之儀以備盛禮近代婦於舅姑本有戚屬不相瞻看夫人乃妃姪女有異他姻覿見之儀謂應可略太宗從其議除太子左衞率太清三年侯景攻陷臺城時太宗居永福省賊衆奔入舉兵上殿侍衞奔散莫有存者摛獨嶷然侍立不動徐謂景曰侯公當以禮見何得如此凶威遂折侯景乃拜由是常憚摛太宗嗣位進授左衞將軍固辭不拜太宗後被幽閉摛不獲朝謁因感氣疾而卒年七十八長子陵最知名

鮑泉字潤岳東海人也父機湘東王諮議參軍泉博涉史傳兼有文筆少事元帝早見擢任及元帝承制累遷至信州刺史太清三年元帝命泉征河東王譽於湘州泉至長沙作連城以逼之譽率衆攻泉泉據柵堅守譽不能克泉因其弊出擊之譽大敗盡俘其衆遂圍其城久未能拔世祖乃數泉罪遣平南將軍王僧辯代泉爲都督僧辯至泉愕然顧左右曰得王竟陵助我經略賊不足平矣僧辯既入乃背泉而坐曰鮑郎有罪令旨使我鎖卿卿勿以故意見期因出令示泉鎖之牀下泉曰稽緩王師甘罪是分但恐後人更思鮑泉之憒憒耳乃爲啓謝淹遲之罪世祖尋復其任令與僧辯等率舟師東逼邵陵王於郢州郢州平元帝以長子方諸爲刺史泉爲長史行府州事侯景密遣將宋子仙任約率精騎襲之方諸與泉不恤軍政唯蒲酒自樂賊騎至百姓奔告方諸與泉方雙陸不信曰徐文盛大軍在東賊何由得至既而傳告者衆始令闔門賊縱火焚之莫有抗者賊騎遂入城乃陷執方諸及泉送之景所後景攻王僧辯於巴陵不克敗還乃殺泉於江夏沉其屍於黃鵠磯初泉之爲南討都督也其友人夢泉得罪於世祖覺而告之後未旬果見囚執頃之又夢泉着朱衣而行水上又告泉曰君勿憂尋得免矣因說其夢泉密記之俄而復見任皆如其夢泉於儀禮尤明撰新儀四十卷行於世

陳吏部尚書姚察曰阮孝緒常言仲尼論四科始乎德行終乎文學有行者多尚質朴有文者少蹈規矩故衞石靡餘論可傳屈賈無立德之譽若夫憲章游夏祖述回騫體兼文行於裴幾原見之矣

梁書卷三十考證

顧協傳協除所部安都令○安都南史作新安

鮑泉傳父機○機南史作幾

梁書卷三十一

唐 散騎常侍 姚思廉 撰

列傳第二十五

袁昂 子君正

袁昂字千里陳郡陽夏人祖詢宋征虜將軍吳郡太守父顗冠軍將軍雍州刺史泰始初舉兵奉尋陽王子勛事敗誅死昂時年五歲乳媼攜抱匿於廬山會赦得出猶徙晉安至元徽中聽還時年十五初顗敗傳首京師藏於武庫至是始還之昂號慟嘔血絕而復蘇從兄彖嘗撫視抑譬昂更制服廬于墓次後與彖同見從叔司徒粲粲謂彖曰其幼孤而能至此故知名器自有所在齊初起家冠軍安成王行參軍遷征虜主簿太子舍人王儉鎭軍府功曹史儉時爲京尹經於後堂獨引見昂指北堂謂昂曰卿必居此累遷秘書丞黃門侍郎昂本名千里齊永明中武帝謂之曰昂昂千里之駒在卿有之今改卿名爲昂卽千里爲字出爲安南鄱陽王長史尋陽公相還爲太孫中庶子衞軍武陵王長史丁內憂哀毀過禮服未除而從兄彖卒昂幼孤爲彖所養乃制期服人有怪而問之者昂致書以喻之曰竊聞禮由恩斷服以情申故小功他邦加制一等同爨有緦明之典

藉孤子夙以不天幼傾乾廕資敬未奉過庭莫承藐藐沖人未達朱紫從兄提養訓敎示以義方每假其談價虛其聲譽得及人次實亦有由兼開拓房宇處以華曠同財共有忝其取足爾來三十餘年憐愛之至無異於已姊妹孤姪成就一時篤念之深在終彌固此恩此愛畢壤不追旣情若同生而服爲諸從言心即事實未忍安昔馬棱與弟毅同居毅亡棱爲心服三年由也之不除喪亦緣情而致制雖識不及古誠懷感慕常願千秋之後從服期齊不圖門衰禍集一旦草土殘息復罹今酷壽惟慟絕彌劇彌深今以餘喘欲遂素志庶寄其罔慕之痛少申無已之情雖禮無明據乃事有先例率迷而至必欲行之君問禮所歸謹以諸白臨紙號哽言不識次服闋除右軍邵陵王長史俄遷御史中丞時尚書令王晏弟詡爲廣州多納賕貨昂依事劾奏不憚權豪當時號爲正直出爲豫章內史丁所生母憂去職以喪還江路風浪暴駭昂乃縛衣著柩誓同沉溺及風止餘船皆沒唯昂所乘船獲全咸謂精誠所致葬訖起爲建武將軍吳興太守永元末義師至京師州牧郡守皆望風降款昂獨拒境不受命高祖手書喻曰夫禍福無門興亡有數天之所棄人孰能匡機來不再圖之宜早頃藉聽道路承欲狠顧一隅旣未悉雅懷聊申往意獨夫狂悖振古未聞窮凶極虐歲月滋甚天未絕齊聖明啓運兆民有賴百姓來蘇吾荷任前驅掃除京邑方撥亂反正伐罪弔民至止以來前無橫陣今皇威四臨長圍已合遐邇畢集人神同奮銳卒萬計鐵馬千羣以此攻戰何往不克況建業孤城人懷離阻面縛軍門日夕相繼屠潰之期勢不云遠兼熒惑出端門太白入氐室天文表於上人事符於下不謀同契實在茲辰且范岫申胄久薦誠款各率所由仍爲掎角沈法瑀孫肹朱端已先肅清吳會而足下欲以區區之郡禦堂堂之師根本旣傾枝葉安附童兒牧豎咸謂其非求之明鑒實所未達今竭力昏主未足爲忠家門屠滅非所謂孝忠孝俱盡將欲何依豈若飜然改圖自招多福進則遠害全身退則長守祿位去就之宜幸加詳擇若執迷遂往同惡不悛大軍一臨誅及三族雖貽後悔寧復云補欲布所懷故致今白昂荅曰都史至辱誨承藉以衆論謂僕有勤王之舉兼蒙誚責獨無送款循復嚴旨若臨萬仞三吳內地非用兵之所況以偏隅一郡何能爲役近奉敕以此境多虞見使安慰自承麾旆届止莫不膝袒軍門惟僕一人敢後至者政以內揆庸素文武無施直是東國賊男子耳雖欲獻心不增大師之勇置其愚默寧沮衆軍之威幸藉將軍含弘之大可得從容以禮竊以一飡微施尙復投殞況食人之祿而頓忘一旦非惟物議不可亦恐明公鄙之所以躊躇未遑薦璧遂以輕微妥降重命震灼于心忘其所盾誠推理鑒猶懼威臨建康城平昂東身詣闕高祖宥之不問也天監二年以爲後軍臨川王參軍事昂奉啓謝曰恩降絕望之辰慶集寒心之日焰灰非喻荑枯未擬握衣聚足顛狽不勝臣遍歷三墳備詳六典巡校賞罰之科調檢生死之律莫不嚴五辟於明君之朝峻三章於聖人之世是以塗山始會致防風之誅鄗邑方構有崇侯之伐未有緩憲於斯戮之人賒刑於耐罪之族出萬死入一生如臣者也推恩及罪在臣實大披心瀝血敢乞言之臣東國賤人學行何取旣殊鳴鴈直木故無結緩彈冠徒藉羽儀易農就仕往年濫職守秩東隅仰屬龔行風驅電掩當其時也負鼎圖者日至執玉帛者相望獨在愚臣頓昏大義殉鴻毛之輕忘同德之重但三吳險薄五湖交通屢起田儋之變每懼殷通之禍空慕君魚保境遂失師涓抱器後至者斬臣甘斯戮明刑殉衆誰曰不然幸約法之弘承解網之宥猶當降等薪粲遂乃頓釋鉗赭斂骨吹魂還編黔庶濯疵蕩穢入楚遊陳天波旣洗雲油遽沐古人有言非死之難處死之難臣之所荷曠古不書臣之死所未知何地高祖荅曰朕遺射鉤卿無自外俄除給事黃門侍郎其年遷侍中明年出爲尋陽太守行江州事六年徵爲吏部尙書累表陳讓徙爲左民尙書兼右僕射七年除國子祭酒兼僕射如故領豫州大中正八年出爲仁威將軍吳郡太守十一年入爲五兵尙書復兼右僕射未拜有詔即眞封尋以本官領起部尙書加侍中十四年馬仙琕破魏軍於朐山詔權假昂節往勞軍十五年還右僕射尋爲尙書令宣惠將軍普通三年爲中書監丹陽尹其年進號中衞將軍復爲尙書令即本號開府儀同三司給鼓吹未拜又領國子祭酒大通元年加中書監給親信三十人尋表解祭酒進號中撫軍大將軍遷司空侍中尙書令親信鼓吹竝如故五年加特進左光祿大夫增親信爲八十人大同六年薨時年八十詔曰侍中特進左光祿大夫司空昂奄至薨逝惻怛于懷公器寓凝素志誠貞方端朝燮理嘉猷載緝追榮表德實惟令典可贈本官鼓吹一部給東園祕器朝服一具衣一襲錢二十萬絹布一百匹蠟二百斤即日舉哀初昂臨終遺疏不受贈謚敕諸子不得言上行狀及立誌銘凡有所須悉皆停省復曰吾釋褐從仕不期富貴但官序不失等倫衣食粗知榮辱以此闔棺無慙鄉里往忝吳興屬在昏明之際旣闇於前覺無識於聖朝不知天命甘貽顯戮幸遇殊恩遂得全門戶自念罪私門階榮望絕保存性命以爲幸甚不謂叨竊寵靈一至於此常欲竭誠酬報申吾乃心所以朝廷每興師北伐吾輒啓求行誓之丹款實非矯言旣庸懦無施皆不蒙許雖欲罄命其議莫從今日瞑目畢恨泉壤若魂而有知方期結草聖朝遵古知吾名品或有追遠之恩雖是經國恒典在吾無應致此脫有贈官慎勿祗奉諸子累表陳奏詔不許冊謚曰穆正公

子君正美風儀善自居處以貴公子得當世名譽頃之兼吏部郎以母憂去職服闋爲邵陵王友北中郎長史東陽太守尋徵還都郡民徵士徐天祐等三百人詣闕乞留一年詔不許仍除豫章內史尋轉吳興太守侯景亂率數百人隨邵陵王赴援及京城陷還郡君正當官莅事有名稱而蓄聚財產服玩靡麗賊遣于子悅攻之新成戍主戴僧易勸令拒守吳陸映公等懼賊脫勝畧其資產乃曰賊軍甚銳其鋒不可當今若拒之恐民心不從也君正性怯懦乃送米及牛酒郊迎子悅子悅旣至掠奪其財物子女因是感疾卒

史臣曰夫天尊地卑以定君臣之位松筠等質無革歲寒之心袁千里命屬崩離身逢厄季雖獨夫喪德臣志不移及抗疏高祖無虧忠節斯亦存夷叔之風矣終爲梁室台鼎何其美焉

梁書卷三十一考證

袁昂傳憐愛之至無異於己○無異於己南史作言無異色

且范岫申胄久薦誠欵○申南本作甲訛

子君正傳賊遣于子悅攻之○于子悅南史作張君疊

吳陸映公等○監本鈌陸映二字今從南史增入

梁書卷三十二

唐 散騎常侍 姚思廉 撰

列傳第二十六

陳慶之 蘭欽

陳慶之字子雲義興國山人也幼而隨從高祖高祖性好棊每從夜達旦不輟等輩皆倦寐惟慶之不寢聞呼即至甚見親賞從高祖東下平建鄴稍爲主書散財聚士常思効用除奉朝請普通中魏徐州刺史元法僧於彭城求入內附以慶之爲武威將軍與胡龍牙成景儁率諸軍應接還除宣猛將軍文德主帥仍率軍二千送豫章王綜入鎭徐州魏遣安豐王元延明臨淮王元彧率衆二萬來拒屯據陟缺延明先遣其別將丘大千築壘潯梁觀兵近境慶之進薄其壘一鼓便潰後豫章王棄軍奔魏衆皆潰散諸將莫能制止慶之乃斬關夜退軍士得全普通七年安西將軍元樹出征壽春除慶之假節總知軍事魏豫州刺史李憲遣其子長鈞別築兩城相拒慶之攻之憲力屈遂降慶之入據其城轉東宮直閤賜爵關中侯大通元年隸領軍曹仲宗伐渦陽魏遣征南將軍常山王元昭等率馬步十五萬來援前軍至駝澗去渦陽四十里慶之欲逆戰韋放以賊之前鋒必是輕銳與戰若捷不足爲功如其不利沮我軍勢兵法所謂以逸待勞不如勿擊慶之曰魏人遠來皆已疲倦去我旣遠必不見疑及其未集須挫其氣出其不意必無不敗之理且聞虜所據營林木甚盛必不夜出諸君若疑惑慶之請獨取之於是與麾下二百騎奔擊破其前軍魏人震恐慶之乃還與諸將連營而進據渦陽城與魏軍相持自春至冬數十百戰師老氣衰魏之援兵復欲築壘於軍後仲宗等恐腹背受敵謀欲退師慶之杖節軍門曰共來至此涉歷一歲糜費糧仗其數極多諸軍竝無鬬心皆謀退縮豈是欲立功名直聚爲抄暴耳吾聞置兵死地乃可求生須虜大合然後與戰審欲班師慶之別有密敕今日犯者便依明詔仲宗壯其計乃從之魏人掎角作十三城慶之銜枚夜出陷其四壘渦陽城主王緯乞降所餘九城兵甲猶盛乃陳其俘馘鼓譟而攻之遂大奔潰斬獲畧盡渦水咽流降城中男女三萬餘口詔以渦陽之地置西徐州衆軍乘勝前頓城父高祖嘉焉賜慶之手詔曰本非將種又非豪家觖望風雲以至於此可深思奇畧善克令終開朱門而待賓揚聲名於竹帛豈非大丈夫哉大通初魏北海王元顥以本朝大亂自拔來降求立爲魏主高祖納之以

慶之爲假節飈勇將軍送元顥還北顥於渙水卽魏帝號授慶之使持節鎮北將軍護軍前軍大都督發自銍縣進拔滎城遂至睢陽魏將丘大千有衆七萬分築九城以相拒慶之攻之自旦至申陷其三壘大千乃降時魏征東將軍濟陰王元暉業率羽林庶子二萬人來救梁宋進屯考城城四面縈水守備嚴固慶之命浮水築壘攻陷其城生擒暉業獲租車七千八百輛仍趣大梁望旗歸款顥進慶之衞將軍徐州刺史武都公仍率衆而西魏左僕射楊昱西阿王元慶撫軍將軍元顯恭率御仗羽林宗子庶子衆凡七萬據滎陽拒顥兵既精强城又險固慶之攻未能拔魏將元天穆大軍復將至先遣其驃騎將軍爾朱吐沒兒領胡騎五千騎將魯安領夏州步騎九千援楊昱又遣右僕射爾朱隆西荆州刺史王羆騎一萬據虎牢天穆没兒前後繼至旗鼓相望時滎陽未拔士衆皆恐慶之乃解鞍秣馬宣喻衆曰吾至此以來屠城畧地實爲不少君等殺人父兄畧人子女又爲無算天穆之衆並是仇讎我等纔有七千虜衆三十餘萬今日之事義不圖存吾以虜騎不可爭力平原及未盡至前須平其城壘諸君無假狐疑自貽屠膾一鼓悉使登城壯士東陽宋景休義興魚天愍踰堞而入遂克之俄而魏陣外合慶之率騎三千背城逆戰大破之魯安於陣乞降元天穆爾朱吐沒兒單騎獲免收滎陽儲實牛馬穀帛不可勝計進赴虎牢爾朱隆棄城走魏主元子攸懼奔并州其臨淮王元彧安豐王元延明率百僚封府庫備法駕奉迎顥入洛陽宮御前殿改元大赦顥以慶之爲侍中車騎大將軍左光祿大夫增邑萬戶魏大將軍上黨王元天穆王老生李叔仁又率衆四萬攻陷大梁分遣老生費穆兵二萬據虎牢刁宣刁雙入梁宋慶之隨方掩襲並皆降款天穆與十餘騎北渡河高祖復賜手詔稱美焉慶之麾下悉著白袍所向披靡先是洛陽童謠曰名師大將莫自牢千兵萬馬避白袍自發銍縣至于洛陽十四旬平三十二城四十七戰所向無前初元子攸止單騎奔走宮衞嬪侍無改於常顥既得志荒于酒色乃日夜宴樂不復視事與安豐臨淮共立姦計將背朝恩絕賓貢之禮直以時事未安且資慶之之力用外同內異言多忌刻慶之心知之亦密爲其計乃說顥曰今遠來至此未伏尚多若人知虛實方更連兵而安不忘危須預爲其策宜啓天子更請精兵幷勒諸州有南人没此者悉須部送顥欲從之元延明說顥曰陳慶之兵不出數千已自難制今增其衆寧肯復爲用乎權柄一去動轉聽人魏之宗社於斯而滅顥由是致疑稍成疎貳慮慶之密啓乃表高祖曰河北河南一時已定唯爾朱榮尚敢跋扈臣與慶之自能擒討今州郡新服正須綏撫不宜更復加兵摇動百姓高祖遂詔衆軍皆停界首洛下南人不出一萬羌夷十倍軍副馬佛念言於慶之曰功高不賞震主身危二事既有將軍豈得無慮自古以來廢昏立明扶危定難鮮有得終今將軍威震中原聲動河塞屠顥據洛則千載一時也慶之不從顥前以慶之爲徐州刺史因固求之鎮顥心憚之遂不遣乃曰主上以洛陽之地全相任委忽聞捨此朝寄欲往彭城謂君遽取富貴不爲國計手敕頻仍恐成僕責慶之不敢復言魏天柱將軍爾朱榮右僕射爾朱隆大都督元天穆驃騎將軍爾朱吐没兒榮長史高歡鮮卑芮芮勒衆號百萬挾魏主元子攸來攻顥顥據洛陽六十五日凡所得城一時反叛慶之渡河守北中郎城三日中十有一戰傷殺甚衆榮將退時有劉助者善天文乃謂榮曰不出十日河南大定榮乃縛木爲筏濟自硤石與顥戰於河橋顥大敗走至臨潁遇賊被擒洛陽陷慶之馬步數千結陣東反榮親自來追值嵩高山水洪溢軍人死散慶之乃落鬚髮爲沙門間行至豫州豫州人程道雍等潛送出汝陰至都仍以功除右衞將軍封永興縣侯邑一千五百戶出爲持節都督緣淮諸軍事奮武將軍北兗州刺史會有妖賊沙門僧强自稱爲帝土豪蔡伯龍起兵應之僧强頗知幻術更相扇惑衆至三萬攻陷北徐州濟陰太守楊起文棄城走鍾離太守單希寶見害使慶之討焉車駕幸白下臨餞謂慶之曰江淮兵勁其鋒難當卿可以策制之不宜決戰慶之受命而行曾未浹辰斬伯龍僧强傳其首中大通二年除都督南北司西豫豫四州諸軍事南北司二州刺史餘並如故慶之至鎮遂圍懸瓠破魏潁州刺史婁起揚州刺史是云寶於溱水又破行臺孫騰大都督侯進豫州刺史堯雄梁州刺史司馬恭於楚城罷義陽鎮兵停水陸轉運江湖諸州並得休息開田六千頃二年之後倉廩充實高祖每嘉勞之又表省南司州復安陸郡置上明郡大同二年魏遣將侯景率衆七萬寇楚州刺史桓和陷没景仍進軍淮上貽慶之書使降敕遣湘潭侯退右衞夏侯夔等赴援軍至黎漿慶之已擊破景時大寒雪景棄輜重走慶之收之以歸進號仁威將軍是歲豫州饑慶之開倉賑給多所全濟州民李昇等八百人表請樹碑頌德詔許焉五年十月卒時年五十六贈散騎常侍左衞將軍鼓吹一部謚曰武敕義興郡發五百丁會喪慶之性祗慎衣不紈綺不好絲竹射不穿札馬非所便而善撫軍士能得其死力長子昭嗣第五子昕字君章七歲能騎射十二隨父入洛路遇疾還京師詣鴻臚卿朱异异訪北間形勢昕聚土畫地指麾分別异甚奇之大同四年爲邵陵王常侍文德主帥右衞仗主敕遣助防義陽魏豫州刺史堯雄北間驍將兄子寶樂特爲敢勇慶之圍懸瓠雄來赴其難寶樂求單騎校戰昕躍馬直趣寶樂雄卽散潰仍陷溱城六年除威遠將軍小峴城主以公事免十年妖賊王勤宗起於巴山郡以昕爲宣猛將軍假節討焉勤宗平除陰陵戍主北譙太守以疾不之官又除驃騎外兵俄爲臨川太守太清二年侯景圍歷陽敕召昕還昕啓云采石急須重鎮王質水軍輕弱恐慮不濟乃板昕爲雲騎將軍代質未及下渚景已渡江仍遣率所領遊防城外不得入守欲奔京口乃爲景所擒景見昕殷勤因留極飲曰我至此得卿餘人無能爲也令昕收集部曲將用之昕誓而不許景使其儀同范桃棒嚴禁之昕因說桃棒令率所領歸降襲殺王偉宋子仙爲信桃棒許之遂盟約射啓城中遣昕夜縋而入高祖大喜敕卽受降太宗遲疑累日不決外事發洩昕弗之知猶依期而下景邀得之乃逼昕令更射書城中云桃棒且輕將數十人先入景欲裹甲隨之昕既不肯爲書期以必死遂爲景所害時年三十三

蘭欽字休明中昌魏人也父子雲天監中軍功官至雲麾將軍冀州刺史欽幼而果決趫捷過人隨父北征授東宮直閤大通元年攻魏蕭城拔之仍破彭城別將郊仲進攻擬山城破其大都督劉屬衆二十萬進攻籠城獲馬千餘匹又破其大將柴集及襄城太守高宜別將范思念鄭承宗等仍攻厥固張龍子城未拔魏彭城守將楊目遣子孝邕率輕兵來援欽逆擊走之又破譙州刺史劉海游還拔厥固收其家口楊目又遣都督范思念別將曹龍牙數萬衆來援欽與戰於陣斬龍牙傳首京師又假欽節都督衡州三郡兵討桂陽陽山始興叛蠻至卽平破之封安懷縣男邑五百戶又破天漆蠻帥晚時得會衡州刺史元慶和爲桂陽人嚴容所圍遣使告急欽往應援破容羅溪於是長樂諸洞一時平蕩又密敕欽向魏興經南鄭屬魏將托跋勝寇襄陽仍敕赴援除持節督南梁南北秦沙四州諸軍事光烈將軍平西校尉梁南秦二州刺史增封五百戶進爵爲侯破通生擒行臺元子禮大將薛儁張菩薩魏梁州刺史元羅遂降梁漢底定進號智武將軍增封二千戶俄改授持節都督衡桂二州諸軍事衡州刺史未及赴職魏遣都督董紹張獻攻圍南鄭梁州刺史杜懷瑶請救欽率所領援之大破紹獻於高橋城斬首三千餘紹獻奔退追入斜谷斬獲畧盡西魏相宇文黑泰致馬二千匹請結隣好詔加散騎常侍進號仁威將軍增封五百戶仍令述職經廣州因破俚帥陳文徹兄弟並擒之至衡州進號平南將軍改封曲江縣公增邑五百戶在州有惠政吏民詣闕請立碑頌德詔許焉徵爲散騎常侍左衞將軍尋改授散騎常侍安南將軍廣州刺史既至任所前刺史南安侯密遣廚人置藥於食欽中毒而卒時年四十二詔贈侍中中衞將軍鼓吹一部子夏禮侯景至歷陽率其部曲邀擊景兵敗死之

史臣曰陳慶之蘭欽俱有將畧戰勝攻取蓋頗牧衞霍之亞歟慶之警悟早侍高祖既預舊恩加之謹肅蟬冕組珮亦一世之榮矣

梁書卷三十二考證

陳慶之傳屯據陟缺〇南史删此句故缺字不可考

破魏潁州刺史婁起揚州刺史是云寶於溱水〇各本或作玄云寶或注一作是玄寶今從北史魏書及姓氏譜訂正

蘭欽傳前刺史安南侯密〇安南一本作南安

梁書卷三十三

唐　散　騎　常　侍　姚　思　廉　撰

列傳第二十七

王僧孺　張　率　劉孝綽　王　筠

王僧孺字僧孺東海郯人魏衞將軍肅八代孫曾祖雅晉左光祿大夫儀同三司祖准宋司徒左長史僧孺年五歲讀孝經問授者此書所載述曰論忠孝二事僧孺曰若爾常願讀之六歲能屬文既長好學家貧常傭書以養母所寫既畢諷誦亦通仕齊起家王國左常侍太學博士尚書僕射王晏深相賞好晏爲丹陽尹召補郡

功曹使僧孺撰東宮新記遷大司馬豫章王行參軍又兼太學博士司徒竟陵王子良開西邸招文學僧孺亦遊焉文惠太子聞其名召入東宮直崇明殿欲擬爲宮僚文惠薨不果時王晏子得元出爲晉安郡以僧孺補郡丞除候官令建武初有詔舉士揚州刺史始安王遙光表薦秘書丞王暕及僧孺曰前候官令東海王僧孺年三十五理尚棲約思致悟敏既筆耕爲養亦傭書成學至乃照螢映雪編蒲緝柳先言往行人物雅俗甘泉遺儀南宮故事畫地成圖抵掌可述豈直鼮鼠有必對之辯竹書無落簡之謬訪對不休質疑斯在除尚書儀曹郎遷治書侍御史出爲唐令初僧孺與樂安任昉遇竟陵王西邸以文學友會及是將之縣昉贈詩其略曰惟子見知惟余知子觀行視言要終猶始敬之重之如蘭如芷形應影隨曩行今止百行之首立人斯著子之有之誰毀誰譽修名既立老至何遽誰其執鞭吾爲子御劉略班藝虞志荀錄伊昔有懷交相欣勗下帷無倦升高有屬嘉爾晨燈惜余夜燭其爲士友推重如此天監初除臨川王後軍記室參軍待詔文德省尋出爲南海太守郡常有高涼生口及海舶每歲數至外國賈人以通貨易舊時州郡以半價就市又買而卽賣其利數倍歷政以爲常僧孺乃歎曰昔人爲蜀部長史終身無蜀物吾欲遺子孫者不在越裝竝無所取視事朞月有詔徵還郡民道俗六百人詣闕請留不許既至拜中書郎領著作復直文德省撰中表簿及起居注遷尚書左丞領著作如故俄除游擊將軍兼御史中丞僧孺幼貧其母鬻紗布以自業嘗攜僧孺至市道遇中丞鹵簿驅迫溝中及是拜日引騶清道悲感不自勝尋以公事降爲雲騎將軍兼職如故頃之卽眞是時高祖製春景明志詩五百字敕在朝之人沈約已下同作高祖以僧孺詩爲工遷少府卿出監吳郡還除尚書吏部郎參大選請謁不行出爲仁威南康王長史行府州國事王典籤湯道愍暱於王用事府內僧孺每裁抑之道愍遂謗訟僧孺逮詣南司奉牋辭府曰下官不能避溺山隅而正冠李下旣貽疵辱方致徽繩解籙收簪且歸初服竊以董生偉器止相驕王賈子上才爰傅卑土下官生年有値謬仰淸塵假翼西雍竊步東閣多慙袪服取亂長裾高榻相望直居坐右長階如畫獨在僚端借其從容之詞假以寬和之色恩禮遠過申白榮望多厠應徐厚德難逢小人易說方謂離腸隕首不足以報一言露膽披誠何能以酬屢顧寧謂尉羅裁舉徽禽先落閶闔始吹細草仍墜一辭九畹方去五雲縱天網是漏聖恩可恃亦復孰寄心骸何施眉目方當橫潭亂海就魚鼈而爲羣披榛捫樹從虺蜮而相伍豈復仰聽金聲式瞻玉色顧步高軒悲如霰委踟躕下席淚若綆縻僧孺坐免官久之不調友人廬江何烱猶爲王府記室乃致書於烱以見其意曰近別之後將隔暄寒思子爲勞未能忘弭昔季叟入秦梁生適越猶懷悵恨且或吟謠況歧路之日將離嚴網辭無可憐罪有不測蓋畫地刻木昔人所惡叢棘旣累於何可聞所以握手戀戀離別珍重弟愛同鄒季淫淫承睫吾猶復抗手分背羞學婦人素鍾肇節金飈戒序起居無恙動靜履宜子雲筆札元瑜書記信用旣然可樂爲甚且使目明能袪首疾甚善甚善吾無昔人之才而有其病癲眩屢動消渴頻增委化任期故不復呼醫飲藥但恨一旦離大辱蹈明科去皎皎而非自汙抱鬱結而無誰告丁年蓄積與此銷亡徒切高價厚名橫叨公器人爵智能無所報筋力未之酬所以悲至撫膺泣盡而繼之以血顧惟不肖文質無所底蓋困於衣食迫於飢寒依隱易農所志不過鍾庾久爲尺板斗食之吏以從皁衣黑綬之役非有奇才絕學雄略高謨吐一言可以匡俗振民動一議可以固邦興國全璧歸趙飛矢救燕偃息藩魏甘卧安郢腦日逐髓月支擁十萬而橫行提五千而深入將能執圭裂壤功勒景鍾錦繢爲衣朱丹被轂斯大丈夫之志非吾曹之所能及已直以章句小才蟲篆末藝含吐緗縹之上翩躚樽俎之側委曲同之鍼縷繁碎譬之米鹽孰致顯榮何能至到加性疏濫拙於進取未嘗去來許史遨遊梁竇俛首脅肩先意承旨是以三葉靡遘不與運并十年未徙孰非能薄及除舊布新清蹕方旦抱樂衛圖訟訛有主而猶限一吏於岑石隔千里於泉亭不得奉板中涓預衣裳之會提戈後勁厠龍豹之謀及其投劾歸來恩均舊隷升文石登玉陛一見而降顏色再覲而接話言非藉左右之容無勞羣公之助又非同席共研之夙逢筍餌卮酒之早識一旦陪武帳仰文陛備聃佚之柱下克嚴朱之席上入班九棘出專千里據操撮之雄官參人倫之顯職雖古之爵人不次取士無名未有蹀景追風奔驟之若此者也蓋基薄牆高塗遙力躓傾壓必然顚匐可俟竟以福過災生人指鬼瞰將均脊器有驗傾卮是以不能早從曲影遂乃取疑邪徑故司隸懍懍思得應弦譬縣廚之獸如離繳之鳥將充庖鼎以餌鷹鸇雖事異鑽皮文非刺骨猶復因茲舌杪成此筆端上可以投畀北方次可以論輸左校變爲丹赭克彼春薪幸聖王留善貸之德紓好生之施解網祝禽下車泣罪愍玆恚詬憐其觳觫加肉朽胔布葉枯株輟薪止火得不銷爛所謂還魂斗極追氣泰山止復除名爲民幅巾家巷此五十年之後人君之賜焉木石感陰陽犬馬識厚薄員首方足孰不戴天而竊自有悲者蓋士無賢不肖在朝見嫉女無美惡入宮見妬家貧無苞苴可以事朋類惡其鄉原恥彼戚施何以從人何以徇物外無奔走之友內乏强近之親是以構市之徒隨相媒孽及一朝捐棄以快怨者之心呼悲可矣蓋先貴後賤古富今貧季倫所以發此哀音雍門所以和其悲曲又迫以嚴秋殺氣具物多悲長夜展轉百憂俱至況復霜銷草色風搖樹影寒蟲夕叫合輕重而同悲秋葉晩傷雜黃紫而俱墜蜘蛛絡幕熠燿爭飛故無車轍馬聲何聞鳴雞吠犬俛眉事妻子舉手謝賓遊方與飛走爲鄰永用蓬蒿自沒愾其長息忽不覺生之爲重素無一廛之田而有數口之累豈曰匏而不食方當長爲傭保糊口寄身溘死溝渠以實螻蟻悲夫豈復得與二三士友抱接膝之歡履足差肩摛綺縠之清文談希微之道德唯吳馮之遇夏馥范彧之値孔嵩愍其留賃憐此行乞耳儻不以垢累時存寸札則雖先犬馬猶松喬焉去矣何生高樹芳烈裁書代面筆淚俱下久之起爲安西安成王參軍累遷鎭右始興王中記室北中郎南康王諮議參軍入直西省知撰譜事普通三年卒時年五十八僧孺好墳籍聚書至萬餘卷率多異本與沈約任昉家書相埒少篤志精力於書無所不覩其文麗逸多用新事人所未見者世重其富僧孺集十八州譜七百一十卷百家譜集十五卷東南譜集抄十卷文集三十卷兩臺彈事不入集內爲五卷及東宮新記竝行於世

張率字士簡吳郡吳人祖永宋右光祿大夫父瓌齊世顯貴歸老鄉邑天監初授右光祿加給事中率年十二能屬文常日限爲詩一篇稍進作賦頌至年十六向二千許首齊始安王蕭遙光爲揚州召迎主簿不就起家著作佐郎建武三年舉秀才除太子舍人與同郡陸倕幼相友狎常同載詣左衞將軍沈約適值任昉在焉約乃謂昉曰此二子後進才秀皆南金也卿可與定交由此與昉友善遷尚書殿中郎出爲西中郎南康王功曹史以疾不就久之除太子洗馬高祖霸府建引爲相國主簿天監初臨川王已下竝置友學以率爲鄱陽王友遷司徒謝朏掾直文德待詔省敕使抄乙部書又使撰婦人事二十餘條勒成百卷使工書人瑯邪王深吳郡范懷約褚洵等繕寫以給後宮率又爲待詔賦奏之甚見稱賞手敕答曰省賦殊佳相如工而不敏枚皋速而不工卿可謂兼二子於金馬矣又侍宴賦詩高祖乃別賜率詩曰東南有才子故能服官政余雖慙古昔得人今爲盛率奏詩往返數首其年遷秘書丞引見玉衡殿高祖曰秘書丞天下清官東南胄望未有爲之者今以相處足爲卿譽其恩遇如此四年三月禊飲華光殿其日河南國獻舞馬詔率賦之曰臣聞天用莫如龍地用莫如馬故禮稱驪騵詩誦騋牝先景遺風之美世所得聞吐圖騰光之異有時而出洎我大梁光有區夏廣運自中員照無外日入之所浮琛委贄風被之域越險効珍輸服鳥號之駿騊駼豢龍之名而河南又獻赤龍駒有奇貌絕足能拜善舞天子異之使臣作賦曰維梁受命四載元符旣臻協律之事具舉膠庠之教必陳檀輿之用已偃玉輅之御方巡考帝文而率通披皇圖以大觀慶惟道而必先靈匪聖其誰贊見河龍之瑞唐燭天馬之禎漢旣叶符而比德且同條而共貫詢國美於斯今邁皇王於曩昔散大明以燭幽揚義聲而遠斥固施之於不窮諒無所乎朝夕竝承流以請吏咸向風而率職納奇貢於絕區致龍媒於殊域伊況古而赤文爰在茲而朱翼旣効德於炎運亦表祥於尙色資皎月而載生祖河房而挺授種北唐之絕類嗣西宛之鴻冑稟妙足而逸倫有殊姿而特茂善環旋於薺夏知蹈躡於今奏超六種於周閑踰八品於漢廄伊自然之有質寧改觀於肥瘦豈徒服皁而養安與進駕以馳驟爾其挾尺縣鑿之辨附蟬伏兔之別十形五觀之姿三毛八肉之勢臣何得而稱焉固已詳於前製徒觀其神爽視其豪異軼跨野而忽踰輪齊秀騏而竝末驅貶代盤而陋小華趨定單而少天驥信無等於漏面孰有取於決鼻可以迹章亥之所未遊踰禹益之所未至將不得而屈指亦何暇以理轡若跡遍而忘反非我皇之所事方潤色於前古邈深文而儲思旣而機事多暇靑春未移時惟上巳美景在斯遵鎬飲之故實陳洛濟之舊儀濬伊川而分派引激水以回池集國良於民儁列樹茂於皇枝紛高冠以連衽鏘鳴玉而肩隨淸輦道於上林肅華臺之金座望發色於綠苞佇流芬於紫裹聽磬鑄之畢舉聆韶夏之咸播承六奏之旣闋及九變之已成均儀禽於唐序同舞獸於虞庭懷夏后之九代想陳王之紫騂乃命涓人効良駿經周衞入鈎陳言右率之已來寧執

朴而後進既傾首於律同又蹀足於鼓振擢龍首回鹿軀睨兩鏡蹙雙梟既就場而雅拜時赴曲而徐趨斂躁中於促節捷繁外於驚桴騁行驤動虎發龍驤雀躍鸞集鵠引梟翔妍七盤之綽約陵九劒之抑揚豈借儀於褕袂寧假器於髦皇婉春投頌俛膺合雅露沫歕紅沾汗流赭乃郄走於集靈騁惠養於豐夏鬱風雷之壯心思展足於南野若彼符瑞之富可以臻介丘而昭卒業搢紳羣后誠希末光天子深穆爲度未之訪也何則進讓殊事豈非帝者之彌文哉今四衛外封五岳內郡宜弘下禪之規增上封之訓背清都而日行指云郊而玄運將絕塵而弭轍類飛鳥與駏驉總三才而驅騖按五御而超攄騁卿雲於華蓋翼條風於屬車無遠御於玉軫不泛駕於金輿飾中岳之絕軌營奉高之舊墟訓厚況於人神弘施育於黎獻垂景炎於長世集繁祉於斯萬在庸臣之方剛有從軍之大願必自茲而展采將同昇於庖煇悼長卿之遺書憫周南之留恨時與到洽周興嗣同奉詔爲賦高祖以率及興嗣爲工其年父憂去職其父侍妓數十人善謳者有色貌邑子儀曹郎顧玩之求娉焉謳者不願遂出家爲尼嘗因齋會率宅玩之乃飛書言與率姦南司以事奏聞高祖惜其才寢其奏然猶致世論焉服闋後久之不仕七年敕召出除中權建安王中記室參軍預長名問訊不限日俄有敕直壽光省治丙丁部書抄八年晉安王戍石頭以率爲雲麾中記室王遷南兗州轉宣毅諮議參軍並兼記室王還都率除中書侍郎十三年王爲荆州復以率爲宣惠諮議領江陵令府遷江州以諮議領記室出監豫章臨川郡率在府十年恩禮甚篤還除太子僕累遷招遠將軍司徒右長史揚州別駕率雖歷居職務未嘗留心簿領及爲別駕奏事高祖覽牒問之並無對但奉答云事在牒中高祖不悅俄遷太子家令與中庶子陸倕僕射劉孝綽對掌東宮管記遷黃門侍郎出爲新安太守秩滿還都未至丁所生母憂大通元年服未闋卒時年五十三昭明太子遣使贈賻與晉安王綱令曰近張新安又致故其人才筆弘雅亦足嗟惜隨弟府朝東西日久尤當傷懷也比人物零落特可潸慨屬有今信及復及之率嗜酒事事寬恕於家務尤忘懷在新安遣家僮載米三千石還吳宅既至遂耗太半率問其故答曰雀鼠耗也率笑而言曰壯哉雀鼠竟不研問少好屬文而七略及藝文志所載詩賦今亡其文者並補作之所著文衡十五卷文集三十卷行於世子長公嗣

劉孝綽字孝綽彭城人本名冉祖勔宋司空忠昭公父繪齊大司馬霸府從事中郎孝綽幼聰敏七歲能屬文舅齊中書郎王融深賞異之常與同載適親友號曰神童融每言曰天下文章若無我當歸阿士阿士孝綽小字也繪齊世掌詔誥孝綽年未志學繪常使代草之父黨沈約任昉范雲等聞其名並命駕先造焉昉尤相賞好范雲年長繪十餘歲其子季才與孝綽年並十四五及雲遇孝綽便申伯季乃命季才拜之天監初起家著作佐郎爲歸沐詩以贈任昉昉報章曰彼美洛陽子投我懷秋作詎慰耋嗟人徒深老夫託直史兼褒貶轄司專疾惡九折多美疹匪報庶良藥子其崇鋒穎春耕勵秋穫其爲名流所重如此遷太子舍人俄以本官兼尚書水部郎奉啓陳謝手敕答曰美錦未可便製簿領亦宜稍習頃之即眞高祖雅好蟲篆時因宴幸命沈約任昉等言志賦詩孝綽亦見引嘗侍宴於坐爲詩七首高祖覽其文篇篇嗟賞由是朝野改觀焉尋有敕知青北徐南徐三州事出爲平南安成王記室隨府之鎮尋補太子洗馬遷尚書金部侍郎復爲太子洗馬掌東宮管記出爲上虞令還除秘書丞高祖謂舍人周捨曰第一官當用第一人故以孝綽居此職公事免尋復除秘書丞出爲鎮南安成王諮議入以事免起爲安西記室累遷安西驃騎諮議參軍敕權知司徒右長史事遷太府卿太子僕復掌東宮管記時昭明太子好士愛文孝綽與陳郡殷芸吳郡陸倕琅邪王筠彭城到洽等同見賓禮太子起樂賢堂乃使畫工先圖孝綽焉太子文章繁富羣才咸欲撰錄太子獨使孝綽集而序之遷員外散騎常侍兼廷尉卿頃之即眞初孝綽與到洽友善同遊東宮孝綽自以才優於洽每於宴坐嗤鄙其文洽銜之及孝綽爲廷尉正攜妾入官府其母猶停私宅洽尋爲御史中丞遣令史案其事遂劾奏之云攜少妹於華省棄老母於下宅高祖爲隱其惡改妹爲姝坐免官孝綽諸弟時隨藩皆在荆雍乃與書論共洽不平者十事其辭皆鄙到氏又寫別本封呈東宮昭明太子命焚之不開視也時世祖出爲荆州至鎮與孝綽書曰君屛居多暇差得肆意典墳吟詠情性比復稀數古人不以委約而能不伎癢且虞卿史遷由斯而作想摛屬之興益當不少洛地紙貴京師名動彼此一時何其盛也近在道務閑微得點翰雖無紀行之作頗有懷舊之篇至此已來衆諸屑役小生之詆恐取辱於盧江遮道之姦慮與謀於從事方且褰帷自厲求瘼不休筆墨之功曾何暇豫至於心乎愛矣未嘗有歇思樂惠音清風靡聞譬夫夢想溫玉佩渴明珠雖愧卞隨猶爲好事新有所製想能示之勿等清慮徒虛其請無由賞悉遺此代懷數路計行遲還芳札孝綽答曰伏承自辭皇邑爰至荆臺未勞刺舉且摛高麗近雖預觀尺錦而不覩全玉昔臨淄詞賦悉與楊脩未殫寶笥顧慙先哲渚宮舊俗朝衣多故李固之薦二邦徐珍之奏七邑威懷之道兼而有之當欲使金石流功恥用翰墨垂迹雖乖知二偶達聖心爰自退居素里却掃窮閈比楊倫之不出譬張摯之杜門昔趙卿窮愁肆言得失漢臣鬱志廣敘盛衰彼此一時擬非其匹竊以文豹何辜以文爲罪由此而談又何容易故韜翰吮墨多歷寒暑既闕子幼南山之歌又微敬通渭水之賦無以自同獻笑少酬褒誘且才乖體物不擬作於玄根事殊宿諾寧貽懼於朱亥顧已反躬載懷累息但瞻言漢廣邈若天涯區區一心分宵九逝殿下降情白屋存問相尋食椹懷音矧伊人矣孝綽免職後高祖數使僕射徐勉宣旨慰撫之每朝宴常引與焉及高祖爲藉田詩又使勉先示孝綽時奉詔作者數十人高祖以孝綽尤工即日有敕起爲西中郎湘東王諮議啓謝曰臣不能銜珠避顚傾柯衞足以茲疎悴與物多忤兼逢匿怨之友遂居司隸之官交構是非用成萋斐日月昭回俯明枉直獄書每御輒鑒蔣濟之寃炙髮見明非關陳正之辯遂漏斯密網免彼嚴棘得使還同士伍比屋唐民生死肉骨豈侔其施臣誠無識孰不戴天疎遠亂離絕望高闕而降其接引優以旨喻於臣微物足爲榮隕況剛條落葉忽沾雲露周行所寘復齒盛流但雕朽汙糞徒成延獎捕影繫風終無效答又啓謝東宮曰臣聞之先聖以衆惡之必監焉衆好之必監焉豈非孤特則積毀所歸比周則積譽斯信知好惡之間必待明鑒故晏嬰再爲阿宰同前毀後譽後譽出於阿意前毀由於直道是以一犬所噬旨酒貧其甘酸一手所搖嘉樹變其生死又鄒陽有言士無賢愚入朝見嫉至若臧文之下展季靳尚之放靈均絳侯之排賈生平津之陷主父自茲厥後其徒實繁曲筆短辭不暇殫述寸管所窺常由切齒殿下誨道觀書俯同好學前載枉直備該神覽臣昔因立侍親承緒言飄風貝錦譬彼讒慝聖旨殷勤深以爲歎臣資愚履直不能杜漸防微曾未幾何逢訧罹難雖吹毛洗垢在朔而同嗟而嚴文峻法肆姦其必奏不顧賣友志欲要君自非上帝運超已之光昭陵陽之虐舞文虛謗不取信於宸明在縲嬰緤幸得鑄於庸瘖裁下免黜之書仍頒朝會之旨小人未識通方繫馬懸車息絕朝覲方願滅影銷聲遂移林谷不悟天聽罔已造次必彰不以距違見疵復使引籍雲陛降寬和之色垂布帛之言形之千載所蒙已厚況乃恩等特召榮同起家望古自惟彌覺多忝但未渝丹石永藏輪軌相彼工言構茲媒諓且款冬而生已凋柯葉空延德澤無謝陽春後爲太子僕母憂去職服闋除安西湘東王諮議參軍遷黃門侍郎尚書吏部郎坐受人絹一束爲餉者所訟左遷信威臨賀王長史頃之遷秘書監大同五年卒官時年五十九孝綽少有盛名而仗氣負才多所陵忽有不合意極言詆訾領軍臧盾太府卿沈僧杲等並被時遇孝綽尤輕之每於朝集會同處公卿閒無所與語反呼騶卒訪道途閒事由此多忤於物孝綽辭藻爲後進所宗世重其文每作一篇朝成暮遍好事者咸諷誦傳寫流聞絕域文集數十萬言行於世孝綽兄弟及羣從諸子姪當時有七十人並能屬文近古未之有也其三妹適琅邪王叔英吳郡張嵊東海徐悱並有才學悱妻文尤清拔悱僕射徐勉子爲晉安郡卒喪還京師妻爲祭文辭甚悽愴勉本欲爲哀文既覩此文於是閣筆孝綽子諒字有信少好學有文才尤博悉晉代故事時人號曰皮裏晉書歷官著作佐郎太子舍人王府主簿功曹史中城王記室參軍

王筠字元禮一字德柔琅邪臨沂人祖僧虔齊司空簡穆公父楫太中大夫筠幼警寤七歲能屬文年十六爲芍藥賦甚美及長清靜好學與從兄泰齊名陳郡謝覽覽弟舉亦有重譽時人爲之語曰謝有覽舉王有養炬炬是泰養即筠並小字也起家中軍臨川王行參軍遷太子舍人除尚書殿中郎王氏過江以來未有居郎署者或勸逡巡不就筠曰陸平原東南之秀王文度獨步江東吾得比蹤昔人何所多恨乃欣然就職尚書令沈約當世辭宗每見筠文咨嗟吟咏以爲不逮也嘗謂筠曰昔蔡伯喈見王仲宣稱曰王公之孫也吾家書籍悉當相與僕雖不敏請附斯言自謝朓諸賢零落已後平生意好殆將都絕不謂疲暮復逢於君約於郊居宅造閣齋筠爲草木十詠書之於壁皆直寫文詞不加篇題約謂人云此詩指物呈形無假題署約製郊居賦構思積時猶未都畢乃要筠示其草筠讀至雌霓五激反連蜷約撫掌欣抃曰僕嘗恐人呼爲霓五鷄反次至墜石磓星及氷懸埳而帶坻筠皆擊節稱贊約曰知音者希眞賞殆絕所以相要政在此數句耳筠又嘗爲詩呈約即報書

云覽所示詩實爲麗則聲和被紙光影盈字夔牙接響顧有餘慙孔翠羣翔豈不多愧古情拙目每佇新奇爛然總至權輿已盡會昌昭發蘭揮玉振克諧之義寧比笙簧思力所該一至乎此歎服吟研周流忘念昔時幼壯頗愛斯文含咀之間倏焉疲暮不及後進誠非一人擅美推能實歸吾子遲此閑日清覯乃申筠爲文能壓强韻每公宴竝作辭必妍美約常從容啓高祖曰晚來名家唯見王筠獨步累遷太子洗馬中舍人竝掌東宮管記昭明太子愛文學士常與筠及劉孝綽陸倕到洽殷芸等遊宴玄圃太子獨執筠袖撫孝綽肩而言曰所謂左把浮丘袖右拍洪崖肩其見重如此筠又與殷芸以方雅見禮焉出爲丹陽尹丞北中郎諮議參軍遷中書郎奉敕製開善寺寶誌大師碑文詞甚麗逸又敕撰中書表奏三十卷及所上賦頌都爲一集俄兼寧遠湘東王長史行府國郡事除太子家令復掌管記普通元年以母憂去職筠有孝性毀瘠過禮服闋後疾廢久之六年除尚書吏部郎遷太子中庶子領羽林監又改領步兵中大通二年遷司徒左長史三年昭明太子薨敕爲哀策文復見嗟賞尋出爲貞威將軍臨海太守在郡被訟不調累年大同初起爲雲麾豫章王長史遷秘書監五年除太府卿明年遷度支尚書中大同元年出爲明威將軍永嘉太守以疾固辭徙爲光祿大夫俄遷雲騎將軍司徒左長史太清二年侯景寇逼筠時不入城明年太宗即位爲太子詹事筠舊宅先爲賊所焚乃寓居國子祭酒蕭子雲宅夜忽有盜攻之驚懼墜井卒時年六十九家人十餘人同遇害筠狀貌寢小長不滿六尺性弘厚不以藝能高人而少擅才名與劉孝綽見重當世其自序曰余少好書老而彌篤雖遇見瞥觀皆即疏記後重省覽懽興彌深習與性成不覺筆倦自年十三四齊建武二年乙亥至梁大同六年四十載矣幼年讀五經皆七八十遍愛左氏春秋吟諷常爲口實廣略去取凡三過五抄餘經及周官儀禮國語爾雅山海經本草竝再抄子史諸集皆一遍未嘗倩人假手竝躬自抄錄大小百餘卷不足傳之好事蓋以備遺忘而已又與諸兒書論家世集云史傳稱安平崔氏及汝南應氏竝累世有文才所以范蔚宗世擅雕龍然不過父子兩三世耳非有七葉之中名德重光爵位相繼人人有集如吾門世者也沈少傳約語人云吾少好百家之言身爲四代之史自開闢已來未有爵位蟬聯文才相繼如王氏之盛者也汝等仰觀堂構思各努力筠自撰其文章以一官爲一集自洗馬中書中庶子吏部佐臨海太府各十卷尚書三十卷凡一百卷行於世

史臣陳吏部尚書姚察曰王僧孺之巨學劉孝綽之詞藻主非不好也才非不用也其拾靑紫取極貴何難哉而孝綽不拘言行自躓身名徒鬱抑當年非不遇也

梁書卷三十三考證

張率傳率奏詩往返數首○奏詩南本作奉詔

劉孝綽傳先聖以衆惡之必監焉衆好之必監焉○顧炎武日知錄察作監者梁宣帝諱詧故改之蓋襄陽以來國史之原文也

王筠傳史臣陳吏部尚書姚察○本書史臣論或稱史臣或稱陳吏部尚書姚察此則稱史臣陳吏部尚書姚察前後卷總不畫一

梁書卷三十四

唐　散　騎　常　侍　姚　思　廉　撰

列傳第二十八

張緬　弟纘　綰

張緬字元長車騎將軍弘策子也年數歲外祖中山劉仲德異之嘗曰此兒非常器爲張氏寶也齊永元末義師起弘策從高祖入伐留緬襄陽年始十歲每聞軍有勝負憂喜形於顏色天監元年弘策任衛尉卿爲妖賊所害緬痛父之酷喪過於禮高祖遣戒喻之服闋襲洮陽縣侯召補國子生起家秘書郎出爲淮南太守時年十八高祖疑其年少未閑吏事乃遣主書封取郡曹文案見其斷決允愜甚稱賞之還除太子舍人雲麾外兵參軍緬少勤學自課讀書手不輟卷尤明後漢及晉代衆家客有執卷質緬者隨問便對略無遺失殿中郎缺高祖謂徐勉曰此曹舊用文學且居鵷行之首宜詳擇其人勉舉緬充選頃之出爲武陵太守還拜太子洗馬中舍人緬母劉氏以父沒家貧葬禮有闕遂終身不居正室不隨子入官府緬在郡所得祿俸不敢用乃至妻子不易衣裳及還都竝供其母賑贍親屬雖累載所畜一朝隨盡緬私室常閴然如貧素者累遷北中郎諮議參軍寧遠長史出爲豫章內史緬爲政任恩惠不設鉤距吏人化其德亦不敢欺故老咸云數十年未之有也大通元年徵爲司徒左長史以疾不拜改爲太子中庶子領羽林監俄遷御史中丞坐收捕人與外國使鬬左降黃門郎兼領先職俄復爲眞緬居憲司推繩無所顧望號爲勁直高祖乃遣畫工圖其形於臺省以勵當官中大通三年遷侍中未拜卒時年四十二詔贈侍中加貞威將軍侯如故賻錢五萬布五十匹高祖舉哀昭明太子亦往臨哭與緬弟纘書曰賢兄學業該通莅事明敏雖倚相之讀墳典郄縠之敦詩書惟今望古蔑以斯過自列宮朝二紀將及義惟僚屬情實親友文筵講席朝遊夕宴何曾不同茲勝賞共此言寄如何長謝奄然不追且年甫强仕方申才力摧苗落穎彌可傷惋念天倫素睦一旦相失如何可言言及增哽揮筆無次緬性愛墳籍聚書至萬餘卷抄後漢晉書衆家異同爲後漢紀四十卷晉抄三十卷又抄江左集未及成文集五卷子傳嗣

纘字伯緒緬第三弟也出後從伯弘籍弘籍高祖舅也梁初贈廷尉卿纘年十一尚高祖第四女富陽公主拜駙馬都尉封利亭侯召補國子生起家秘書郎時年十七身長七尺四寸眉目疎朗神彩爽發高祖異之嘗曰張壯武云後八葉有逮吾者其此子乎纘好學兄緬有書萬餘卷晝夜披讀殆不輟手秘書郎有四員宋齊以來爲甲族起家之選待次入補其居職例數十百日便遷任纘固求不徙欲遍觀閣內圖籍嘗執四部書目曰若讀此畢乃可言優仕矣如此數載方遷太子舍人轉洗馬中舍人竝掌管記纘與瑯邪王錫齊名普通初魏遣彭城人劉善明詣京師請和求識纘纘時年二十三善明見而嗟服累遷太尉諮議參軍尚書吏部郎俄爲長史兼侍中時人以爲早達河東裴子野曰張吏部在喉舌之任已恨其晚矣子野性曠達自云年出三十不復詣人初未與纘遇便虛相推重因爲忘年之交大通元年出爲寧遠華容公長史行瑯邪彭城二郡國事二年仍遷華容公北中郎長史南蘭陵太守加貞威將軍行府州事三年入爲度支尚書母憂去職服闋出爲吳興太守纘治郡省煩苛務淸靜民吏便之大同二年徵爲吏部尚書纘居選其後門寒素有一介皆見引拔不爲貴要屈意人士翕然稱之五年高祖手詔曰纘外氏英華朝中領袖司空以後名冠范陽可尚書僕射初纘與參掌何敬容意趣不協敬容居權軸賓客輻湊有過詣纘者輒距不前曰吾不能對何敬容殘客及是遷爲表曰自出守股肱入尸衡尺可以仰首伸眉論列是非者矣而寸衿所滯近蔽耳目深淺清濁豈有能預加以矯心飾貌酷非所閑不喜俗人與之共事此言以指敬容也纘在職議南郊御乘素輦適古今之衷又議印綬官備朝服宜竝著綬時竝施行九年遷宣惠將軍丹陽尹未拜改爲使持節都督湘桂東寧三州諸軍事湘州刺史述職經途乃作南征賦其詞曰歲次娵訾月惟中呂余謁帝於承明將述職於南楚忽中川而反顧懷舊鄉而延佇路漫漫以無端情容容而莫與乃弭節歎曰人之寓於宇宙也何異夫栖蝸之爭戰附蝸之遊禽而盈虛倚伏俯仰浮沉矜榮華於尺景總萬慮於寸陰彼忘機於粹日乃聖達之明箴妙品物於貞觀曾何足而繫心撫余躬之末迹屬與王之盛世蒙三樂之休寵荷通家之渥惠登石渠之三閣典教文乎六藝振長纓於承華眷儲皇之上叡居銜觴而接席出方舟以同濟彼華坊與禁苑常宵盤而晝憩思德音其在耳若清塵之未逝經二紀以及茲悲明離之永翳惟平生之稱能實有志於棲息慙滅沒之千里謝韓哀於八極如蕢裹之代用譬輪轂之曲直愧周任之清規諒無取於陳力逢濯纓之嘉運遇井汲之明時懷君恩而未荅顧靈瑣而依遲總端揆以居副長庶僚而稱師猶深泉之短綆若高墉而無基伊吾人之菲薄豈斯滿之能持奉皇命以奏舉方驅傳於衡疑遵夕宿以言邁戒晨裝而永辭行搖搖於南逝心眷眷而西悲爾乃橫濟牽牛傍瞻雉庫前覿隱賑邪視雲布追晉氏之啟戎覆中州之鼎祚鞠三川於茂草霑兩京於朝露故黃旗紫蓋運在震方金陵之兆允符厭祥及歸命之銜璧爰獻璽於武王啟中興之英主宣十世而重光覩其內招人望外攘干紀草創江南締構基址豈徒能布其德主晉有祀雲漢作詩斯干見美而已哉乃得正朔相承于茲四代多歷年所二百餘載割疆埸於華戎拯生靈於宇內不被髮而左衽繫明德其是賚次臨滄之層巘尋叔寶之舊塋蘊珠玉之餘潤昭羅綺之遺妍懷若人之遠理豈喜慍其能遷雖魂埋於百世猶映徹於九泉經法王之梵宇覩因時之或躍從四海之宅心故取亂而誅虐在蒼精之將季翦洪柯以銷落旣觀蝸而逞刑又施獸而爲謔候高甍以巧笑侯長星而懽嚎何惵惵之黔首思假命其無託信人欲而天從爰物覩而聖作我皇帝膺籙受圖聰明神武乘豐而運席卷三楚師克在和仁義必取形猶

積泱應若飈舉於是墱桑林之封豨繳青丘之大風戢干戈以耀德肆時夏而成功放流聲於鄭衞屏豔質於傾宮配軒皇以邁迹豈商周之比隆化致升平于茲四紀六夷膜拜八蠻同軌教穆於上庠寃申於大理顯三光之照燭降五靈之休祉諒殊功於百王固無得而稱矣泝金牛之迅渚覿靈山之雄壯實江南之丘墟平雲霄而竦狀據素嶺乎青壁葺頳文於翠嶂跳巨石以驚湍批衡巖而駭浪鏟千尋之峭岸漂萬流之大壑隱日月以蔽虧搏風煙而回薄崖映川而晃朗水騰光而倏爍積霜霰之往還鼓波濤之前却下流沫以洊險上岑崟而將落闔知命之是虞故違風而靡託訊會骸之詭狀云怒特之來奔及漁人之垂餌沉潛鎖於洪源鑒幽塗於忠武驅四馬之高軒不語神以徵怪情存之而勿論驪姑熟之舊館訪遺迹兮宣武挾仲謀之雄氣朝委裘而作輔歷祖宗之明君猶負芒於盛主勢傾河以覆岱威日天而震宇雖明允之篤誠在伊稷而未舉矧有功而無志豈季葉其能處懼貽笑於文景憂象賢之覆餗雖苞蘖以代與終夷宗而殄族彼儋石之贏儲尚邀之而僥福況神明之大寶乃闇干於天祿造扃鍵之候司發傳書於關尉據轘轅乎伊洛守衡津於河渭無矯且以招賓關捐繻而待貴實秖敬於王典懷鞠躬而屏氣惟函谷之襟帶疑武庫之精兵採風謠於往昔聞乳虎於甯成在當今而簡易止譏鑒其姦情陋文仲之廢職鄙彤門之食征於是近睇赭岑遙瞻鵲岸島嶼蒼茫風雲蕭散屬時雨之新晴觀百川之浩淼水泓澄以闇夕山參差而辨旦忽臨睨於故鄉眇江天其無畔遡洄流而右阻遵長薄而左貫獨向風以舒情搴芳洲其誰翫息銅山而繫纜訪叔文之靈宇得舊名而猶存皆攢蕪而積楚想夫君之令問實有聲於前古拯巴漢之廢業爰配名於鄒魯辨山精以息訟對祠星而寤主每撫事以懷人非末學其能覩嘉梅根之孝女尚乘肥於媵姬嗟吳人之重辟憂峻網於將貽彼沉瓜而顯義指滄波而爲期此浮履以明節赴丹爛其何疑信禮感而情悼實悽悵於余悲空沉吟以遐想愧邯鄲之妙詞望南陵以寓目美牙門之守志當晉師之席卷豈藩籬而不庇攜老弱於窮城猶區區乎一簣雖挈瓶之小善寔君子之所識闕一句是謂事人之禮入雷池之長浦想恭岱之芳塵臨魚官以報膳賤寒蒲之抽筠又有生爲令德没爲明神或捐家事主攜手拜親或正身殉義哀感市人所以家稱純孝國號能臣揚清徽於上列竝異世而爲鄰發曉渚而遡風苦神吳之難習岸曜舟而不進水騰沙以驚急天曀曀其垂陰雨霏霏而來集愍征夫之勞瘁每搴帷而佇立由江沲之泒別望彭匯之通津塗未中乎及絳日已盈於浹旬於是千流共歸萬嶺分狀倒景懸高浮天瀉壯清江洗滌平湖夷暢飜光轉彩出没搖漾岷山嶓冢悠遠寂寥青湓赤岸控汐引潮望歸雲之翁翁揚清風之飄飄界飛流於翠薄耿長虹於青霄若夫灌莽川匯層潭水府游泳之所往還喧鳴之所攢聚羣飛沙漲掩薄草渚奇甲異鱗雕文綷羽聽寡鵠之偏鳴聞孤鴻之慕侶在客行而多思獨傷魂而悽楚美中流之衝要因習坎以守固既因之而設險又居之而務德南通珠崖夜郎西款玉津華墨莫不內清姦宄外弭苛慝籬屏京師事有均於齊德也聘匡嶺以躋踏想霞裳於雲仞流姮娥之逸響發王子之清韻若夜光而可投豈榮華之難擯美還丹其何術佇一丸於來信徑遵途乎鄂渚迹孫氏之霸基陳利兵而蓄粟抗十倍之銳師在賢才之必用寧推誠而忍欺圖富強以法立屬貞臣而日嬉識徐基於江畔云釣臺之舊址方戰國之多虞猶從容而宴喜欽輔吳之忠諒歎仲謀之虛己處君臣而竝得良致霸其有以伊文侯之雅望誠一代之偉人爾觀書以心服玉比德而譽均遘時雄之應運方協義以經綸名既遍而愈賞言雖閒而彌親惜勤王於延獻俾漢京之惟新何天命其弗與悲盛業之未申汎蘆洲以延佇聞伍員之所濟出懷珠而免讐歸投金以荅惠彼無求於萬鍾唯長歌而鼓枻慨斯誠之未感乃沉軀以明誓空負恨其何追徒臨飡而先祭及旋師於鄭國美邀福於來裔入郢都而抵掌壯天險之難窺允分荆之勝畧成百代之良規賈生方於指大應侯譬之木披所以居宗振末強本弱枝闢古今之通制歷盛衰而不移可不謂然與美經國之遠體也酌忠言於城郢播終古之芳猷忘我躬之匪閱顧社稷而懷憂服莊王之高義乃徵名於夏州恥蹊田之過罰納申叔之嘉謀觀巫臣之獻箴鑒周書以明踰何自謀其多僻要桑中而遠赴若葆申之誅丹實匡君以成務在兩臣而優劣居二主其竝裕臨赤崖而慷慨摧雄圖於魏武乘戰勝以長驅志吞吳而并楚總八州之毅卒期姑蘇而振旅時有便乎建瓴事無留於蕭斧霸孫赫其霆奮杖萬俗之英輔裂宇宙而三分誠決機乎一舉嗟玄德之矯矯思興復於舊京招臥龍於當世配管仲而稱英收散亡之餘弱結與國而連橫延五紀乎岷漢紹四百於炎精望巴丘以邅回遵洞庭而敞怳沉輕舟而不繫何靈胥之浩蕩眺君禱之雙峯徒臨風以增想償瑤觴而一酌駕彩蜺而獨往爾乃南奠衡霍北距沮漳包括沅澧汲引瀟湘淲淲長邁漫漫回翔蕩雲沃日吐霞含光青碧潭嶼萬頃澄澈綺蘭從風素沙被雪雜雲霞以舒卷閱河洲而斷絕回曉仄於中川起長飈而半滅稅遺構之舊浦矚汨羅以隕涕豈懷寶而迷邦猶殷勤而一致蘊芳華以襞積非黨人之所媢合小雅之怨誹兼國風之美志譬彈冠而振衣猶自別於泥滓且殺身以成義寧露才而揚己悲先生之不辰逢椒蘭之妬美有驊騮而不馭焉遑遑於千里既踐境以思人彌流連其無已倏行潦之薄薦敢憑誠於沼沚謁黃陵而展敬奠瑤席乎川湄具蘭香以膏沐懷椒糈而要之延帝子于三后降夔龍於九疑騰河靈之水駕下太一之靈旗撫安歌以會舞竦緩節而依遲日徘徊以將暮情眇默而無辭愠秦皇之川幸尤土壤以加戮昧天道之無親勤望祀以祈福將人怨而神怒故飛川而蕩谷推寘理以歸譽遂刑山而赭木於是下車入部班條理務砥課庸薄夕惕兢懼存問長老隱恤氓庶奉宣皇恩寬徭省賦遠哉盛乎斯邦之舊也有虞巡方以託終夏后開圖而疏決太伯讓嗣以來遊闕臣祈仙而齊潔固是明王之塵軌聖賢之蹤轍也若夫屈平懷沙之賦賈子遊湘之篇史遷摛文以投弔揚雄反騷而沉川其風謠雅什又是詞人之所流連也亦有仲寧咸德仍世相繼父子三台緇衣改敝古初抱於烈火劉先高而忤世蔣公琰之弘嶽之精靈常閒出而無替也至於殊庭之客帝鄉之賢通桓伯緒之匡濟鄧兗時之絕述谷思恭之藻麗實川神奔鬼化吐吸雲煙玉笥登之而却老金人植杖以尊泉蘇生騎龍而出入處靜駕鹿以周旋配北燭之神女偶南榮之偓佺時髣髴其遙見亦往往而有焉爾乃歷省府庭周行街衢山川遠覽邑居近悉割黔中以置守獻青陽而背質鄒生所謂還舟楚王於焉乘駟巡高山之累仞褒吳文之爲宰彼非劉而入王皆國士而身醢在長沙而著令經五葉其未改知天道之福謙勝一時之經始尋太傅之故宅今築室以安禪邑無改於舊井尚開流而洌泉懷伊管之政術遇庸臣而見遷終被知於時主嗟漢宗之得賢受齊居之遠託豈理謝而生全哀懷王之不秀遂抱恨而傷年倏定祀于北郭對林野而幽藹庶無吐於馨香祀瓊茅而沃酹景十三以啓國惟君王其能大迨炎正之中微實斯藩而是賴顧四皐之紆餘乍升高以遊目審山川之面帶將取名於衡麓下彌漫以爽塏上欽巋而重複風瑟瑟以鳴松水琤琤而響谷低四照於若華竦千尋於建木冀舊塵之可屏登巖阿而寤宿捨域中之常戀慕遊仙之靈族是時涼風暮節萬實西成華池迥遠飛閣凄明嘉南州之炎德愛蘭蕙之秋榮下名柑於曲樹採芳菊於高城樹羅軒而竝列竹被嶺而叢生翫棲禽之夕返送旅鴈之晨征悲去鄉而遠客寄覽物而娛情惟傳車之所鶩實鷹揚其是掌或解組以立威乍露服而加賞遵聖主之恩刑荷天地之厚德沾河潤於九里澤自家而刑國闕小道之可觀寧畏塗其易克聘高衢而顧騁憂取累於長纆闘困石之非據承炯戒乎明則愧壽陵之餘子學邯鄲而匍匐也纘至州停遣十郡尉勞解放老疾吏役及關市戍邏先所防人一皆省併州界零陵衡陽等郡有莫徭蠻者依山險爲居歷政不賓服因此向化益陽縣人作田二頃皆異畝同穎纘在政四年流人自歸戶口增益十餘萬州境大安太清二年徵爲領軍俄改授使持節都督雍梁北秦東益郢州之竟陵司州之隨郡諸軍事平北將軍寧蠻校尉纘初聞邵陵王綸當代已爲湘州其後更用河東王譽纘素輕少王州府候迎及資待甚薄譽深銜之及至州遂託疾不見纘仍檢括州府庶事留纘不遣會聞侯景寇京師譽飾裝當下援時荆州刺史湘東王赴援軍次郢州武城纘馳信報曰河東已豎檣上水將襲荆州王信之便回軍鎮荆湘因構嫌隙尋棄其部伍單舸赴江陵王即遣使責讓譽索纘部下既至仍遣纘向襄陽前刺史岳陽王詧推遷未去鎮但以城西白馬寺處之會聞賊陷京師詧因不受代州助防杜岸紿纘曰觀岳陽殿下必不容使君使君素得物情若走入西山招聚義衆遠近必當投集又帥部下繼至以此義舉無往不克纘信之與結盟約因夜遁入山岸反以告詧仍遣岸帥軍追纘纘衆望岸軍大喜謂是赴期既至即執纘并其衆竝俘送之始被囚縶尋又逼纘剃髮爲道人其年詧舉兵襲江陵常載纘隨後及軍退敗行至湕水南防守纘者慮追兵至遂害之棄屍而去時年五十一元帝承制贈纘侍中中衞將軍開府儀同三司謚簡憲公纘有識鑒自見元帝便推誠委結及元帝即位追思之嘗爲詩其序曰簡憲之爲人也不事王侯負才任氣見余則申旦達夕不能已已懷夫人之德何日忘之纘著鴻寶一百卷文集二十卷次子希字子顏早知名選尚太宗第九女海鹽公主承聖初官至

黃門侍郎

綰字孝卿纘第四弟也初爲國子生射策高第起家長兼秘書郎遷太子舍人洗馬中舍人竝掌管記累遷中書郎國子博士出爲北中郎長史蘭陵太守還除員外散騎常侍時丹陽尹西昌侯蕭淵藻以久疾未拜敕綰權知尹事遷中軍宣城王長史俄徙御史中丞高祖遣其弟中書舍人絢宣旨曰爲國之急惟在執憲直繩用人本不限升降晉宋之世周閔蔡廓竝以侍中爲之卿勿疑是左遷也時宣城王府望重故有此旨焉大同四年元日舊制僕射中丞坐位東西相當時綰兄纘爲僕射及百司就列兄弟導騶分趨兩陛前代未有也時人榮之歲餘出爲豫章內史綰在郡述制旨禮記正言義四姓衣冠士子聽者常數百人八年安成人劉敬官挾祆道遂聚黨攻郡內史蕭侻棄城走賊轉寇南康廬陵屠破縣邑有衆數萬人進寇豫章新淦縣南中久不習兵革吏民恇擾奔散或勸綰宜避其鋒綰不從仍修城隍設戰備募召敢勇得萬餘人刺史湘東王遣司馬王僧辯帥兵討賊受綰節度旬月閒賊黨悉平十年復爲御史中丞加通直散騎常侍綰再爲憲司彈糾無所回避豪右憚之是時城西開士林館聚學者綰與右衛朱异太府卿賀琛遞述制旨禮記中庸義太清二年遷左衛將軍會侯景寇至入守東掖門三年遷吏部尚書宮城陷綰出奔外轉至江陵湘東王承制授侍中左衛將軍相國長史侍中如故出爲持節雲麾將軍湘東內史承聖二年徵爲尚書右僕射尋加侍中明年江陵陷朝士皆俘入關綰以疾免後卒於江陵時年六十三次子交字少游頗涉文學選尚太宗第十一女安陽公主承聖二年官至太子洗馬秘書丞掌東宮管記

陳吏部尚書姚察曰太清版蕩親屬離貳纘不能叶和藩岳成溫陶之舉苟懷私怨構隙瀟湘遂及禍於身非由忠節纘以江陵淪覆實萌於此以纘之風格卒爲梁之亂階惜矣哉

梁書卷三十四考證

張緬傳此兒非常器爲張氏寶也○南史作非止爲張氏寶方爲海內令名也

綰傳南中久不習兵革○監本缺兵字今從各本增入

梁書卷三十五

唐 散騎常侍姚思廉撰

列傳第二十九

蕭子恪 弟子範 子顯 子雲 子暉

蕭子恪字景沖蘭陵人齊豫章文獻王嶷第二子也永明中以王子封南康縣侯年十二和從兄司徒竟陵王高松賦衛軍王儉見而奇之初爲寧朔將軍淮陵太守建武中遷輔國將軍吳郡太守及司馬王敬則於會稽舉兵反以奉子恪爲名明帝悉召子恪兄弟親從七十餘人入西省至夜當害之會子恪棄郡奔歸是日亦至明帝乃止以子恪爲太子中庶子東昏卽位遷祕書監領右軍將軍俄爲侍中中興二年遷輔國諮議參軍天監元年降爵爲子除散騎常侍領步兵校尉以疾不拜徙爲光祿大夫俄爲司徒左長史子恪與弟子範等嘗因事入謝高祖在文德殿引見之從容謂曰我欲與卿兄弟有言夫天下之寶本是公器非可力得苟無期運雖有項籍之力終亦敗亡所以班彪王命論云所求不過一金然終轉死溝壑卿不應不讀此書宋孝武爲性猜忌兄弟粗有令名者無不因事鴆毒所遺唯有景和至於朝臣之中或疑有天命而致害者枉濫相繼然而或疑有天命而不能害者或不知有天命而不疑者于時雖疑卿祖而無如之何此是疑而不得又有不疑者如宋明帝本爲庸常被免豈疑而得全又復我于時已年二歲彼豈知我應有今日當知有天命者非人所害害亦不能得我初平建康城朝廷內外皆勸我云時代革異物心須一宜行處分我于時依此而行誰謂不可我政言江左以來代謝必相誅戮此是傷於和氣所以國祚例不靈長所謂殷鑒不遠在夏后之代此是一義二者齊梁雖曰革代義異往時我與卿兄弟雖復絶服二世宗屬未遠卿勿言兄弟是親人家兄弟自有周旋者有不周旋者況五服之屬邪齊業之初亦是甘苦共嘗腹心在我卿兄弟年少理當不悉我與卿兄弟便是情同一家豈當都不念此作行路事此是二義我有今日非是本意所求且建武屠滅卿門致卿兄弟塗炭我起義兵非惟自雪門恥亦是爲卿兄弟報仇卿若能在建武永元之世撥亂反正我雖起樊鄧豈得不釋戈推奉其雖欲不已亦是師出無名我今爲卿報仇且時代革異望卿兄弟盡節報我耳且我自藉喪亂代明帝家天下耳不取卿家天下昔劉子輿自稱成帝子光武言假使成帝更生天下亦不復可得況子輿乎梁初人勸我相誅滅者我答之猶如向孝武時事彼若苟有天命非我所能殺若其無期運何忽行此政足示無度量曹志親是魏武帝孫陳思之子事晉武能爲晉室忠臣此卽卿事例卿是宗室情義異佗方坦然相期卿無復懷自外之意小待自當知我寸心又文獻王時內齋直帳閣人趙叔祖天監初入爲臺齋帥在壽光省高祖呼叔祖曰我本識汝在北第以汝舊人故每驅使汝比見北第諸郎不叔祖奉答云比多在直出外甚疏假使暫出亦不能得往高祖曰若見北第諸郎道我此意我今日雖是革代情同一家但今磐石未立所以未得用諸郎者非惟在我未宜亦是欲使諸郎得安耳但閉門高枕後自當見我心叔祖卽出外具宣敕語子恪尋出爲永嘉太守還除光祿卿秘書監出爲明威將軍零陵太守十七年入爲散騎常侍輔國將軍普通元年遷宗正卿三年遷都官尚書四年轉吏部六年遷太子詹事大通二年出爲寧遠將軍吳郡太守三年卒于郡舍時年五十二詔贈侍中中書令謚曰恭子恪兄弟十六人竝仕梁有文學者子恪子質子顯子雲子暉五人子恪嘗謂所親曰文史之事諸弟備之矣不煩吾復牽率但退食自公無過足矣子恪少亦涉學頗屬文隨棄其本故不傳文集子瑳亦知名太清中官至吏部郎避亂東陽後爲盜所害

子範字景則子恪第六弟也齊永明十年封祁陽縣侯拜太子洗馬天監初降爵爲子除後軍記室參軍復爲太子洗馬俄遷司徒主簿丁所生母憂去職子範有孝性居喪以毀聞服闋又爲司徒主簿累遷丹陽尹丞太子中舍人出爲建安太守還除大司馬南平王戶曹屬從事中郎王愛文學士子範偏被恩遇嘗曰此宗室奇才也使製千字文其辭甚美王命記室蔡薳注釋之自是府中文筆皆使草之王薨子範遷宣惠諮議參軍護軍臨賀王正德長史正德爲丹陽尹復爲正德信威長史領尹丞歷官十餘年不出藩府常以自慨而諸弟竝登顯列意不能平及是爲到府牋曰上藩首佐於茲再忝河南雌伏自此重昇以老少異時盛衰殊日雖佩恩寵還羞年鬢子範少與弟子顯子雲才名畧相比而風采容止不逮故宦途有優劣每讀漢書杜緩兄弟五人至大官唯中弟欽官不至而最知名常吟諷之以況已也尋復爲宣惠武陵王司馬不就仍除中散大夫遷光祿廷尉卿出爲戎昭將軍始興內史還除太中大夫遷秘書監太宗卽位召爲光祿大夫加金章紫綬以逼賊不拜其年葬簡皇后使與張纘俱製哀策文太宗覽讀之曰今葬禮雖闕此文猶不減於舊尋遇疾卒時年六十四賊平後世祖追贈金紫光祿大夫謚曰文前後文集三十卷二子滂確竝少有文章太宗東宮時嘗與邵陵王數諸蕭文士滂確亦預焉滂官至尚書殿中郎中軍宣城王記室先子範卒確太清中歷官宣城王友司徒右長史賊平後赴江陵因沒關西

子顯字景陽子恪第八弟也幼聰慧文獻王異之愛過諸子七歲封寧都縣侯永元末以王子例拜給事中天監初降爵爲子累遷安西外兵仁威記室參軍司徒主簿太尉錄事子顯偉容貌身長八尺好學工屬文嘗著鴻序賦尚書令沈約見而稱曰可謂得明道之高致蓋幽通之流也又採衆家後漢考正同異爲一家之書又啓撰齊史書成表奏之詔付秘閣累遷太子中舍人建康令邵陵王友丹陽尹丞中書郎守宗正卿出爲臨川內史還除黃門郎中大通二年遷長兼侍中高祖雅愛子顯才又嘉其容止吐納每御筵侍坐偏顧訪焉嘗從容謂子顯曰我造通史此書若成衆史可廢子顯對曰仲尼讚易道黜八索述職方除九丘聖製符同復在茲日時以爲名對三年以本官領國子博士高祖所製經義未列學官子顯在職表置助敎一人生十人又啓撰高祖集幷普通北伐記其年遷國子祭酒又加侍中於學遞述高祖五經義五年遷吏部尚書侍中如故子顯性凝簡頗負其才氣及掌選見九流賓客不與交言但舉扇一撝而已衣冠竊恨之然太宗素重其爲人在東宮時每引與促宴子顯嘗起更衣太宗謂坐客曰嘗聞異人間出今日始知是蕭尚書其見重如此大同三年出爲仁威將軍吳興太守至郡未幾卒時年四十九詔曰仁威將軍吳興太守子顯神韻峻舉宗中佳器分竹未久奄到喪殞惻愴于懷可贈侍中中書令今便舉哀及葬請謚手詔恃才傲物宜謚曰驕子顯嘗爲自序其畧云余爲邵陵王友忝還京師遠思前比卽楚之唐宋梁之嚴鄒追尋平生頗好辭藻雖在名無成求心已足若乃登高目極臨水送歸風動春朝月明秋夜早鴈初鶯開花落葉有來斯應每不能已也前世賈傅崔馬邯鄲繆路之徒竝以文章顯所以屢上歌頌自比古人天監十六年始預九日朝宴稠人廣坐獨受旨云今雲物甚美卿得不斐然賦詩詩既成又降帝旨曰可謂才子余退謂人曰一顧之恩非望而至遂方賈誼何如哉未易當也每有製作特寡思功須其自來不以力構少來

所爲詩賦則鴻序一作體兼衆製文備多方頗爲好事所傳故虛聲易遠子顯所著後漢書一百卷齊書六十卷普通北伐記五卷貴儉傳三十卷文集二十卷二子序愷並少知名序太清中歷官太子家令中庶子並掌管記及亂於城內卒愷初爲國子生對策高第州又舉秀才起家秘書郎遷太子中舍人王府主簿太子洗馬父憂去職服闋復除太子洗馬遷中舍人並掌管記累遷宣城王文學中書郎太子家令又掌管記愷才學譽望時論以方其父太宗在東宮早引接之時中庶子謝嘏出守建安於宣猷堂宴餞並召時才賦詩同用十五劇韻愷詩先就其辭又美太宗與湘東王令曰王筠本自舊手後進有蕭愷可稱信爲才子先是時太學博士顧野王奉令撰玉篇太宗嫌其書詳略未當以愷博學於文字尤善使更與學士刪改遷中庶子未拜徙爲吏部郎太清二年遷御史中丞頃之侯景寇亂愷於城內遷侍中尋卒官時年四十四文集並亡逸

子雲字景喬子恪第九弟也年十二齊建武四年封新浦縣侯自製拜章便有文彩天監初降爵爲子既長勤學以晉代竟無全書弱冠便留心撰著至年二十六書成表奏之詔付秘閣子雲性沉靜不樂仕進年三十方起家爲秘書郎遷太子舍人撰東宮新記奏之勅賜束帛累遷北中郎外兵參軍晉安王文學司徒主簿丹陽尹丞時湘東王爲京尹深相賞好如布衣之交遷北中郎廬陵王諮議參軍兼尚書左丞大通元年除黃門郎俄遷輕車將軍兼司徒左長史二年入爲吏部三年遷長兼侍中中大通元年轉太府卿三年出爲貞威將軍臨川內史在郡以和理稱民吏悅之還除散騎常侍俄復爲侍中大同二年遷員外散騎常侍國子祭酒領南徐州大中正頃之復爲侍中祭酒中正如故梁初郊廟未革牲牷樂辭皆沈約撰至是承用子雲始建言宜改啓曰伏惟聖敬率由尊嚴郊廟得西鄰之心知周孔之迹載革牢俎德通神明黍稷蘋藻竭誠嚴配經國制度方懸日月垂訓百王於是乎在臣比兼職齊官見伶人所歌猶用未革牲前曲圜丘眡燎尚言式備牲牷北郊誠雅亦奏牲云孔備清廟登歌而稱我牲以潔三朝食舉猶詠朱尾碧鱗聲被鼓鍾未符盛制臣職司儒訓意以爲疑未審應改定樂辭以不敕答曰此是主者守株宜急改也仍使子雲撰定敕曰郊廟歌辭應須典誥大語不得雜用子史文章淺言而沈約所撰亦多舛謬子雲答敕曰殷薦朝饗樂以雅名理應正採五經聖人成敎而漢來此製不全用經典約之所撰彌復淺雜臣前所易約十曲惟知牲牷既革宜改歌辭而猶承例不嫌流俗乖體既奉令旨始得發矇臣夙本庸滯昭然忽朗謹依成旨悉改約制惟用五經爲本其次爾雅周易尚書大戴禮卽是經誥之流愚意亦取兼用臣又尋唐虞諸書殷頌周雅稱美是一而復各述時事大梁革服偃武脩文制禮作樂義高三正而約撰歌辭惟浸稱聖德之美了不序皇朝制作事雅頌前例於體爲違伏以聖旨所定樂論鍾律緯緒文思深微命世一出方懸日月不刊之典禮樂之教致治所成謹一二採綴各隨事顯義以明制作之美覃思累日今始克就謹以上呈敕並施用子雲善草隸書爲世楷法自云善効鍾元常王逸少而微變字體答敕云臣昔不能拔賞隨世所貴規摹子敬多歷年所年二十六著晉史至二王列傳欲作論草隸法言不盡意遂不能成略指論飛白一勢而已十許年來始見敕旨論書一卷商略筆勢洞澈字體又以逸少之不及元常猶子敬之不及逸少自此研思方悟隸式始變子敬全範元常逮爾以來自覺功進其書迹雅爲高祖所重嘗論子雲書曰筆力勁駿心手相應巧踰杜度美過崔寔當與元常並驅爭先其見賞如此七年出爲仁威將軍東陽太守中大同元年還拜宗正卿太清元年復爲侍中國子祭酒領南徐州大中正二年侯景寇逼子雲逃民間三年三月宮城失守東奔晉陵餧卒于顯靈寺僧房年六十二所著晉書一百一十卷東宮新記二十卷第二子特字世達早知名亦善草隸高祖嘗謂子雲曰子敬之書不及逸少近見特迹遂逼於卿歷官著作佐郎太子舍人宣惠主簿中軍記室出爲海鹽令坐事免年二十五先子雲卒

子暉字景光子雲弟也少涉書史亦有文才起家員外散騎侍郎遷南中郎記室出爲臨安令性恬靜寡嗜好嘗預重雲殿聽制講三慧經退爲講賦奏之甚見稱賞遷安西武陵王諮議帶新繁令隨府轉儀同從事中騎長史卒

陳吏部尚書姚察曰昔魏藉兵威而革漢運晉因宰輔乃移魏歷異乎古之禪授以德相傳故抑前代宗枝用絕民望然劉曄曹志猶顯於朝及宋遂爲廢姓而齊代宋之戚屬一皆殲焉其祚不長抑亦由此有梁革命弗取前規故子恪兄弟及羣從並隨才任職通貴滿朝不失於舊豈惟魏與晉顯而已哉君子以是知高祖之弘量度越前代矣

梁書卷三十五考證

蕭子恪傳明帝悉召子恪兄弟親從七十餘人入西省○西省南史作永福省

子範傳王命記室蔡薳注釋之○顧炎武日知錄隋書經籍志千字文一卷梁國子祭酒蕭子雲注子雲乃子範之弟與本傳謂子範作之而蔡薳爲之注釋者又異矣

子雲傳三年遷長兼侍中中大通元年○監本脫中字

子暉傳隨府轉儀同從事中騎長史卒○中南本作驃

梁書卷三十六

唐　散騎常侍姚思廉撰

列傳第三十

孔休源　江革

孔休源字慶緒會稽山陰人也晉丹陽太守冲之八世孫曾祖遙之宋尚書水部郎父珮齊廬陵王記室參軍早卒休源年十一而孤居喪盡禮每見父手所寫書必哀慟流涕不能自勝見者莫不爲之垂泣後就吳興沈驎士受經略通大義建武四年州舉秀才太尉徐孝嗣省其策深善之謂同坐曰董仲舒華令思何以尚此可謂後生之准也觀其此對足稱王佐之才琅邪王融雅相友善乃薦之於司徒竟陵王爲西邸學士梁臺建與南陽劉之遴同爲太學博士當時以爲美選休源初到京寓於宗人少府卿孔登宅曾以祠事入廟侍中范雲一與相遇深加褒賞曰不期忽覯清顏頓袪鄙吝觀天披霧驗之今日後雲命駕到少府門登便拂筵整帶謂當詣已既而獨造休源高談盡日同載還家登深以爲愧尚書令沈約當朝貴顯軒蓋盈門休源或時後來必虛襟引接處之坐右商略文義其爲通人所推如此俄除臨川王府行參軍高祖嘗問吏部尚書徐勉曰今帝業初基須一人有學藝解朝儀者爲尚書儀曹郎爲朕思之誰堪其選勉對曰孔休源識具清通諳練故實自晉宋起居注誦略上口高祖亦素聞之卽日除兼尚書儀曹郎中是時多所改作每逮訪前事休源卽以所誦記隨機斷決曾無疑滯吏部郎任昉常謂之爲孔獨誦遷建康獄正及辨訟折獄時罕冤人後有選人爲獄司者高祖尙引休源以厲之除中書舍人司徒臨川王府記室參軍遷尚書左丞彈肅禮闈雅允朝望時太子詹事周捨撰禮疑義自漢魏至于齊梁並皆搜採休源所有奏議咸預編錄除給事黃門侍郎遷長兼御史中丞正色直繩無所回避百寮莫不憚之除少府卿又兼行丹陽尹事出爲宣惠晉安王府長史南郡太守行荊州府州事高祖謂之曰荊州總上流衝要義高分陝今以十歲兒委卿善匡翼之勿憚周昌之舉也對曰臣以庸鄙曲荷恩遇方揣丹誠効其一割上善其對乃敕晉安王曰孔休源人倫儀表汝年尚幼當每事師之尋而始興王憺代鎭荊州復爲憺府長史南郡太守行府州事如故在州累政甚有治績平心決斷請託不行高祖深嘉之除通直散騎常侍領羽林監轉秘書監遷明威將軍復爲晉安王府長史南蘭陵太守別敕專行南徐州事休源累佐名藩甚得民譽王深相倚仗軍民機務動止詢謀常於中齋別施一榻云此是孔長史坐人莫得預焉其見敬如此徵爲太府卿俄授都官尚書頃之領太子中庶子普通七年揚州刺史臨川王宏薨高祖與群臣議王代居州任者久之于時貴戚王公咸望遷授高祖曰朕已得人孔休源才識通敏實應此選乃授宣惠將軍監揚州休源初爲臨川王行佐及王薨而管州任時論榮之而神州都會簿領殷繁休源剖斷如流傍無私謁中大通二年加授金紫光祿大夫監揚州如故累表陳讓優詔不許在州晝決辭訟夜覽墳籍每車駕巡幸常以軍國事委之昭明太子薨有敕夜召休源入宴居殿與群公參定謀議立晉安王綱爲皇太子四年遘疾高祖遣中使候問并給醫藥日有十數其年五月卒時年六十四遺令薄葬節朔薦蔬菲而已高祖爲之流涕顧謂謝舉曰孔休源奉職清忠當官正直方欲共康治道以隆王化奄至殞歿朕甚痛之舉曰此人清介彊直當今罕有微臣竊爲陛下惜之詔曰愼終追遠歷代通規褒德疇庸先王令典宣惠將軍金紫光祿大夫監揚州孔休源風業貞正雅量沖邈升榮建禮譽重搢紳理務神州化覃歌詠方與仁壽穆是彝倫奄然永逝倍用悲惻可贈散騎常侍金紫光祿大夫賻第一材一具布五十匹錢五萬蠟二百斤剋日舉哀喪事所須隨便資給謚曰貞子皇太子手令曰金紫光祿大夫孔休源立身中正行已清恪昔歲西浮渚宮東泊枌壤毗佐蕃政實盡厥誠安國之詳審公儀之廉白無以過之奄至殞喪倩用惻怛今須舉哀外可備禮休源少孤立志操風範彊正明練治體持身儉約學窮文藝當官理務不憚彊禦常以天下爲已任高祖深委仗之累居顯職纖毫無犯性愼密寡嗜好出入帷幄未嘗言禁中事世以此重之聚書盈七十卷手自校治凡奏議彈文勒成

十五卷長子雲章頗有父風而篤信佛理遍持經戒官至岳陽王府諮議東揚州別駕少子宗軌聰敏有議度歷尚書都官郎司徒左西掾中書郎

江革字休映濟陽考城人也祖齊之宋尚書金部郎父柔之齊尚書倉部郎有孝行以母憂毀卒革幼而聰敏早有才思六歲便解屬文柔之深加賞器曰此兒必興吾門九歲丁父艱與弟觀同生孤貧傍無師友兄弟自相訓勗讀書精力不倦十六喪母以孝聞服闋與觀俱詣太學補國子生舉高第齊中書郎王融吏部謝朓雅相欽重朓嘗宿衛還過候革時大雪見革弊絮單席而耽學不倦嗟嘆久之乃脫所著襦并手割半氈與革充臥具而去司徒竟陵王聞其名引爲西邸學士弱冠舉南徐州秀才時豫章胡諧之行州事王融與諧之書令薦革諧之方貢琅邪王泯便以革代之解褐奉朝請僕射江祏深相引接祏爲太子詹事啟革爲府丞祏時權傾朝右以革才堪經國令參掌機務詔誥文檄皆委以具革防杜形迹外人不知祏諸賓客皆罹其罪革獨以智免除尚書駕部郎中興元年高祖入石頭時吳興太守袁昂據郡距義師乃使革製書與昂於坐立成辭義典雅高祖深賞歎之因令與徐勉同掌書記建安王爲雍州刺史表求管記以革爲征北記室參軍帶中盧令與弟觀少長共居不忍離別苦求同行乃以觀爲征北行參軍兼記室時吳興沈約樂安任昉並相賞重昉與革書云此段雍府妙選英才文房之職總卿昆季可謂馭二龍於長途騁騏驥於千里途次江夏觀遇疾卒革時在雍爲府王所禮款若布衣王被徵爲丹陽尹以革爲記室領五官掾除通直散騎常侍建康正頻遷秣陵建康令爲治明肅豪彊憚之入爲中書舍人尚書左丞司農卿復出爲雲麾晉安王長史尋陽太守行江州府事徙仁威廬陵王長史太守行事如故以清嚴爲百城所憚時少王行事多傾意於籤帥革以正直自居不與籤帥等同坐俄遷左光祿大夫南平王長史御史中丞彈奏豪權一無所避除少府卿出爲貞威將軍北中郎南康王長史廣陵太守改授鎮北豫章王長史將軍太守如故時魏徐州刺史元法僧降附革被敕隨府王鎮彭城城既失守革素不便馬乃泛舟而還途經下邳遂爲魏人所執魏徐州刺史元延明聞革才名厚加接待革稱患脚不拜延明將加害焉見革辭色嚴正更相敬重時祖暅同被拘執延明使暅作欹器漏刻銘革罵暅曰卿荷國厚恩已無報答今乃爲虜立銘孤負朝廷延明聞之乃令革作丈八寺碑并祭彭祖文革辭以囚執既久無復心思延明逼之逾苦將加箠撲革厲色而言曰江革行年六十不能殺身報主今日得死爲幸誓不爲人執筆延明知不可屈乃止日給脫粟三升僅餘性命值魏主討中山王元畧反北乃放革及祖暅還朝詔曰前貞威將軍鎮北長史廣陵太守江革才思通贍出內有聞在朝正色臨危不撓首佐台鉉實允僉諧可太尉臨川王長史時高祖盛於佛教朝賢多啟求受戒革精信因果而高祖未知謂革不奉佛教乃賜革覺意詩五百字云惟當勤精進自彊行勝脩豈可作底突如彼必死囚以此告江革并及諸貴遊又手敕云世間果報不可不信豈得底突如對元延明耶革因啟乞受菩薩戒重除少府卿長史校尉時武陵王在東州頗自驕縱上詔革面敕曰武陵王年少臧盾性弱不能匡正欲以卿代爲行事非卿不可不得有辭乃除折衝將軍東中郎武陵王長史會稽郡丞行府州事革門生故吏家多在東州聞革應至並齎持緣道迎候革曰我通不受餉不容獨當故人筐篚至鎮惟資公俸食不兼味郡境殷廣辭訟日數百革分判辨析曾無疑滯功必賞過必罰民安吏畏百城震恐琅邪王騫爲山陰令贓貨狼籍望風自解府王憚之遂雅相欽重每至侍宴言論必以詩書王因此耽學好文典籤沈熾文以王所製詩呈高祖高祖謂僕射徐勉曰江革果能稱職乃除都官尚書將還民皆戀惜之贈遺無所受送故依舊訂舫革並不納惟乘臺所給一舸舸艚偏欹不得安臥或謂革曰船既不平濟江甚險當移徙重物以迮輕艚革既無物乃於西陵岸取石十餘片以實之其清貧如此尋監吳郡于時境內荒儉劫盜公行革至郡惟有公給仗身二十人百姓皆懼不能靜寇反省遊軍尉民下逾恐革乃廣施恩撫明行制令盜賊靜息民吏安之武陵王出鎮江州乃曰我得江革文華清麗豈能一日忘之當與其同飽乃表革同行又除明威將軍南中郎長史尋陽太守徵入爲度支尚書好獎進閭閻爲後生延譽由是衣冠士子翕然歸之時尚書令何敬容掌選序用多非其人革性彊直每至朝宴恒有褒貶以此爲權勢所疾乃謝病還家除光祿大夫領步兵校尉南北兗二州大中正優遊閑放以文酒自娛大同元年二月卒謚曰彊子有集二十卷行於世革歷官八府長史四王行事二爲二千石傍無姬侍家徒壁立世以此高之長子行敏好學有才俊官至通直郎早卒有集五卷次子從簡少有文性年十七作採荷詞以刺敬容爲當時所賞歷官司徒從事中郎侯景亂爲任約所害子兼叩頭流血乞代父命以身蔽刃遂俱見殺天下莫不痛之

史臣曰高祖留心政道孔休源以識治見知既遇其時斯爲幸矣江革聰敏亮直亦一代之盛名歟

梁書卷三十六考證

孔休源傳父珮齊廬陵王記室參軍○南史作父佩齊通直郎

長子雲章頗有父風○章南史作童

少子宗軌○軌南史作範

江革傳此段雍府妙選英才○此段南史作比聞

長子行敏○南史無行字

梁書卷三十七

唐　散　騎　常　侍　姚　思　廉　撰

列傳第三十一

謝舉　何敬容

謝舉字言揚中書令覽之弟也幼好學能清言與覽齊名舉年十四嘗贈沈約五言詩爲約稱賞世人爲之語曰王有養炬謝有覽舉養炬王筠王泰小字也起家秘書郎遷太子舍人輕車功曹史秘書丞司空從事中郎太子庶子家令掌東宮管記深爲昭明太子賞接秘書監任昉出爲新安郡別舉詩云詎念耋嗟人方深老夫託其屬意如此嘗侍宴華林園高祖訪舉於覽覽對曰識藝過臣甚遠惟飲酒不及於臣高祖大悅轉太子中庶子猶掌管記天監十一年遷侍中十四年出爲寧遠將軍豫章內史爲政和理甚得民心十八年復入爲侍中領步兵校尉普通元年出爲貞毅將軍太尉臨川王長史四年入爲左民尚書其年遷掌吏部尋以公事免五年起爲太子中庶子領右軍將軍六年復爲左民尚書領步兵校尉俄徙爲吏部尚書尋加侍中出爲仁威將軍晉陵太守在郡清靜百姓化其德境內肅然罷郡還吏民詣闕請立碑詔許之大通二年入爲侍中五兵尚書未拜遷掌吏部侍中如故舉祖莊宋世再典選至舉又三爲此職前代未有也舉少博涉多通尤長玄理及釋氏義爲晉陵郡時常與義僧遞講經論徵士何胤自虎丘山赴之其盛如此先是北渡人盧廣有儒術爲國子博士於學發講僕射徐勉以下畢至舉造坐屢折廣辭理通邁廣深歎服仍以所執麈尾薦之以況重席焉四年加侍中五年遷尚書右僕射侍中如故大同三年以疾陳解徙爲右光祿大夫給親信二十人其年出爲雲麾將軍吳郡太守先是何敬容居郡有美績世稱爲何吳郡及舉爲政聲跡畧相比六年入爲侍中中書監未拜遷太子詹事翊左將軍侍中如故舉父瀹齊世終此官累表乞改授敕不許久之方就職九年遷尚書僕射侍中將軍如故舉雖居端揆未嘗肯預時務多因疾陳解敕輒賜假并手敕處方加給上藥其恩遇如此其年以本官參掌選事太清二年遷尚書令侍中將軍如故是歲侯景寇京師舉卒于圍內詔贈侍中中衞將軍開府儀同三司侍中尚書令如故文集亂中並亡逸二子禧嘏並少知名嘏太清中歷太子中庶子出爲建安太守

何敬容字國禮廬江人也祖攸之宋太常卿父昌寓齊吏部尚書並有名前代敬容以名家子弱冠選尚齊武帝女長城公主拜駙馬都尉天監初爲秘書郎歷太子舍人尚書殿中郎太子洗馬中書舍人秘書丞遷揚州治中出爲建安內史清公有美績民吏稱之還除黃門郎累遷太子中庶子散騎常侍侍中司徒左長史普通二年復爲侍中領羽林監俄又領本州大中正頃之守吏部尚書銓序明審號爲稱職四年出爲招遠將軍吳郡太守爲政勤恤民隱辨訟如神視事四年治爲天下第一吏民詣闕請樹碑詔許之大通二年徵爲中書令未拜復爲吏部尚書領右軍將軍俄加侍中中大通元年改太子中庶子敬容身長八尺白皙美鬚眉性矜莊衣冠尤事鮮麗每公庭就列容止出人三年遷尚書右僕射參掌選事侍中如故時僕射徐勉參掌機密以疾陳解因舉敬容自代故有此授焉五年遷左僕射加宣惠將軍置佐史侍中參掌如故大同三年正月朱雀門災高祖謂羣臣曰此門制卑狹我始欲構遂遭天火並相顧未有答敬容獨曰此所謂陛下先天而天不違時以爲名對俄遷中權將軍丹陽尹侍中參掌佐史如故五年入爲尚書令侍中將軍參掌佐史如故敬容久處臺閣詳悉舊事且聰明識治勤於簿領詰朝理事日旰

不休自晉宋以來宰相皆文義自逸敬容獨勤庶務爲世所嗤鄙時蕭琛子巡者頗有輕薄才因制卦名離合等詩以嘲之敬容處之如初亦不屑也十一年坐妾弟費慧明爲導倉丞夜盜官米爲禁司所執送領軍府時河東王譽爲領軍將軍敬容以書解慧明譽即封書以奏高祖大怒付南司推劾御史中丞張綰奏敬容挾私罔上合棄市刑詔特免職初天監中有沙門釋寶誌者嘗遇敬容謂曰君後必貴然終是何敗何耳及敬容爲宰相謂何姓當爲其禍故抑没宗族無仕進者至是竟爲河東所敗中大同元年三月高祖幸同泰寺講金字三惠經敬容請預聽敕許之又有敕聽朔望問訊尋起爲金紫光祿大夫未拜又加侍中敬容舊時賓客門生諠譁如昔冀其復用會稽謝郁致書戒之曰草萊之人聞諸道路君侯已得蟾望朝夕出入禁門醉尉將不敢呵灰然不無其漸甚休甚休敢賀於前又將弔也昔流言裁作公旦東奔燕書始來子孟不入夫聖賢被虛過以自斥未有嬰時釁而求親者也且縣鯢之鱗不念杯勺之水雲霄之翼豈顧籠樊之糧何者所託已盛也昔趙武帳可謂盛矣不以此時薦才拔士少報聖主之恩君侯納言加首鳴玉在要回豐貂以步文昌聳高蟬而今卒如爰絲之說受責見過方復欲更窺朝廷觖望萬分竊不爲左右取也昔竇嬰楊惲亦得罪明時不能謝絶賓客猶交黨援卒無後福終益前禍僕之所弔實在於斯人人所以頗猶有蹕君侯之門者未必皆感惠懷仁有灌夫任安之義乃戒翟公之大署冀君侯之復用也夫在思過之日而挾復用之意未可爲智者說矣君侯宜杜門念失無有所通築茅茨於鍾阜聊優游以卒歲見可憐之意著待終之情復仲尼能改之言惟子貢更也之譬少戢言於衆口微自救於竹帛所謂失之東隅收之桑榆如此令明主聞知尙有冀也僕東皋鄙人入穴幸無銜嬰恥天下之士不爲執事道之故披肝膽示情素君侯豈能鑒焉太清元年遷太子詹事侍中如故二年侯景襲京師敬容自府移家臺內初景於渦陽退敗未得審實傳者乃云其將暴顯反景身與衆並没朝廷以爲憂敬容尋見東宮太宗謂曰淮北始更有信侯景定得身免不如所傳敬容對曰得景遂死深是朝廷之福太宗失色問其故敬容曰景翻覆叛臣終當亂國是年太宗頻於玄圃自講老莊二書學士吳孜時寄詹事府每日入聽敬容謂孜曰昔晉代喪亂頗由祖尙玄虛胡賊殄覆中夏今東宮復襲此殆非人事其將爲戎乎俄而侯景難作其言有徵也三年正月敬容卒于圍內詔贈仁威將軍本官並如故何氏自晉司空充宋司空尙之世奉佛法並建立塔寺至敬容又捨宅東爲伽藍趨勢者因助財造構敬容並不拒故此寺堂宇校飾頗爲宏麗時輕薄者因呼爲衆造寺焉及敬容免職出宅止有常用器物及囊衣而已竟無餘財貨時亦以此稱之子㲄秘書丞早卒

陳吏部尙書姚察曰魏正始及晉之中朝時俗尙於玄虛貴爲放誕尙書丞郎以上簿領文案不復經懷皆成於令史逮乎江左此道彌扇惟卞壼以臺閣之務頗欲綜理阮孚謂之曰卿常無閑暇不乃勞乎宋世王敬弘身居端右未嘗省牒風流相尙其流遂遠望白署空是稱清貴恪勤匪懈終滯鄙俗是使朝經廢於上職事隳於下小人道長抑此之由嗚呼傷風敗俗曾莫之悟永嘉不競戎馬生郊宜其然矣何國禮之識治見譏薄俗惜哉

梁書卷三十八

唐 散 騎 常 侍 姚 思 廉 撰

列傳第三十二

朱异 賀琛

朱异字彥和吳郡錢唐人也父巽以義烈知名官至齊江夏王參軍吳平令异年數歲外祖顧歡撫之謂异祖昭之曰此兒非常器當成卿門戶年十餘歲好羣聚蒲博頗爲鄉黨所患既長乃折節從師遍治五經尤明禮易涉獵文史兼通雜藝博奕書算皆其所長年二十詣都尙書令沈約面試之因戲异曰卿年少何乃不廉异逡巡未達其旨約乃曰天下唯有文義棊書卿一時將去可謂不廉也其年上書言建康宜置獄司比廷尉敕付尙書議詳從之舊制年二十五方得釋褐時异適二十一特敕擢爲揚州議曹從事史尋有詔求異能之士五經博士明山賓表薦异曰竊見錢唐朱异年時尙少德備老成在獨無散逸之想處闇有對賓之色器宇弘深神表峯峻金山萬丈緣陟未登玉海千尋窺映不測加以珪璋新琢錦組初構觸響鏗鏘值采便發觀其信行非惟十室所稀若使負重遙途必有千里之用高祖召見使說孝經周易義甚悅之謂左右曰朱异實異後見明山賓謂曰卿所舉殊得其人仍召异直西省俄兼太學博士其年高祖自講孝經使异執讀遷尙書儀曹郎入兼中書通事舍人累遷鴻臚卿太子右衞率尋加員外常侍普通五年大舉北伐魏徐州刺史元法僧遣使請舉地內屬詔有司議其虛實异曰自王師北討剋獲相繼徐州地轉削弱咸願歸罪法僧法僧懼禍之至其降必非僞也高祖仍遣异報法僧并敕衆軍應接受异節度既至法僧遵承朝旨如异策焉中大通元年遷散騎常侍自周捨卒後异代掌機謀方鎭改換朝儀國典詔誥敕書並兼掌之每四方表疏當局簿領諮詢詳斷塡委於前异屬辭落紙覽事下議從橫敏贍不暫停筆頃刻之間諸事便了大同四年遷右衞將軍六年异啓於儀賢堂奉述高祖老子義敕許之及就講朝士及道俗聽者千餘人爲一時之盛時城西又開士林館以延學士异與左丞賀琛遞日述高祖禮記中庸義皇太子又召异於玄圃講易八年改加侍中太清元年遷左衞將軍領步兵二年遷中領軍舍人如故高祖夢中原平舉朝稱慶旦以語异异對曰此宇內方一之徵及侯景歸降敕召羣臣議尙書僕射謝舉等以爲不可高祖欲納之未決嘗夙興至武德閤自言我國家承平若此今便受地詎是事宜脫致紛紜悔無所及异探高祖微旨應聲答曰聖明御宇上應蒼玄北土遺黎誰不慕仰爲無機會未達其心今侯景分魏國大半輸誠送款遠歸聖朝豈非天誘其衷人奬其計原心審事殊有可嘉今若不容恐絶後來之望此誠易見願陛下無疑高祖深納异言又感前夢遂納之及貞陽敗沒自魏遣使還述魏相高澄欲更申和睦敕有司定議异又以和爲允高祖果從之其年六月遣建康令謝挺通直郎徐陵使北通好是時侯景鎭壽春累啓絶和及請追使又致書與异辭意甚切异但述敕旨以報之八月景遂舉兵反以討异爲名募兵得三千人及景至仍以其衆守大司馬門初景謀反合州刺史鄱陽王範司州刺史羊鴉仁並累有啓聞异以景孤立寄命必不應爾乃謂使者鄱陽王遂不許國家有一客並抑而不奏故朝廷不爲之備及寇至城內文武咸尤之皇太子又製圍城賦其末章云彼高冠及厚履並鼎食而乘肥升紫霄之丹地排玉殿之金扉陳謀謨之啓沃宣政刑之福威四郊以之多壘萬邦以之未綏問豺狼其何者訪虺蜴之爲誰蓋以指异异因慙憤發病卒時年六十七詔曰故中領軍异器宇弘通才力優贍諮謀帷幄多歷年所方贊朝經永申寄任奄先物化惻悼兼懷可贈侍中尙書右僕射給秘器一具凶事所須隨由資辦舊尙書官不以爲贈及异卒高祖惜之方議贈事左右有善异者乃啓曰异忝歷雖多然平生所懷願得執法高祖因其宿志特有此贈焉异居權要三十餘年善窺人主意曲能阿諛以承上旨故特被寵任歷官自員外常侍至侍中四官皆珥貂自右衞率至領軍四職並驅鹵簿近代未之有也异及諸子自潮溝列宅至青溪其中有臺池翫好每暇日與賓客遊焉四方所饋財貨充積性慳嗇未嘗有散施廚下珍羞腐爛每月常棄十數車雖諸子別房亦不分贍所撰禮易講疏及儀注文集百餘篇亂中多亡逸長子肅官至國子博士次子閏司徒掾並遇亂卒

賀琛字國寶會稽山陰人也伯父瑒步兵校尉爲世碩儒琛幼瑒授其經業一聞便通義理瑒異之常曰此兒當以明經致貴瑒卒後琛家貧常往還諸暨販粟以自給閑則習業尤精三禮初瑒於鄉里聚徒教授至是又依琛焉普通中刺史臨川王辟爲祭酒從事史琛始出都高祖聞其學術召見文德殿與語悅之謂僕射徐勉曰琛殊有世業仍補王國侍郎俄兼太學博士稍遷中衞參軍事尙書通事舍人參禮儀事累遷通直正員郎舍人如故又征西鄱陽王中錄事兼尙書左丞滿歲爲眞詔琛撰新謚法至今施用時皇太子議大功之末可以冠子嫁女琛駮之曰令旨以大功之末可得冠子嫁女不得自冠自嫁推以記文竊猶致惑案嫁冠之禮本是父之所成無父之人乃可自冠故稱大功小功並以冠子嫁子爲文非關惟得爲子已身不得也小功之末既得自嫁娶而亦云冠子娶婦其義益明故先列二服每明冠子嫁子結於後句方顯自娶之義既明小功自娶即知大功自冠矣蓋是約言而見旨若謂緣父服大功子服小功小功服輕故得爲子冠嫁大功服重故不得自嫁自冠者則小功之末非明父子服殊不應復云冠子嫁子也若謂小功之文言已可娶大功之文不言已冠故知身有大功不得自行嘉禮但得爲子冠嫁竊謂有服不行嘉禮本爲吉凶不可相干子雖小功之末可得行冠嫁猶應須父得爲其嫁冠若父於大功之末可以冠子嫁子是於吉凶禮無礙吉凶禮無礙豈不得自冠自嫁若自冠自嫁於事有礙則冠子嫁子寧獨可通今許其冠子而塞其自冠是琛之所惑也又令旨推下殤小功不可娶婦則降服大功亦不得爲子冠嫁伏尋此旨若謂降服大功不可冠子嫁子則降服小功亦

不可自冠自娶是爲凡厥降服大功小功皆不得冠娶矣記文應云降服則不可寧得惟稱下殤今不言降服的舉下殤實有其義夫出嫁出後或有再降出後之身於本姊妹降爲大功若是大夫服士又以尊降則成小功其於冠嫁義無以異所以然者出嫁則有受我出後則有傳重竝欲薄於此而厚於彼此服雖降彼服則隆昔實朞親雖再降猶依小功之禮可冠可嫁若夫朞降大功大功降爲小功止是一等降殺有倫服末嫁冠故無有異惟下殤之服特明不娶之義者蓋緣以幼稚之故夭喪情深既無受厚佗姓又異傳重彼宗嫌其年稚服輕頓成殺畧故特明不娶以示本重之恩是以凡厥降服冠嫁不殊惟在下殤乃明不娶其義若此則不得言大功之降服皆不可冠嫁也且記云下殤小功言下殤則不得通於中上語小功則不得兼於大功若實大小功降服皆不冠嫁上中二殤亦不嫁冠者記不得直云下殤小功則不可恐非文意此又琛之所疑也遂從琛議遷員外散騎常侍舊尚書南坐無貂貂自琛始也頃之遷御史中丞參禮儀事如先琛家產既豐買主第爲宅爲有司所奏坐免官俄復爲尚書左丞遷給事黃門侍郎兼國子博士未拜改爲通直散騎常侍領尚書左丞竝參禮儀事琛前後居職凡郊廟諸儀多所創定每見高祖與語常移晷刻故省中爲之語曰上殿不下有賀雅琛容止都雅故時人呼之遷散騎常侍參禮儀如故是時高祖任職者皆緣飾姦諂深害時政琛遂啓陳事條封奏曰臣荷拔擢之恩曾不能效一職居獻納之任又不能薦一言竊聞慈父不愛無益之子明君不畜無益之臣臣所以當食廢飱中宵而歎息也輒言時事列之於後非謂謀猷寧云啓沃獨緘胸臆不語妻子辭無粉飾削槀則焚脫得聽覽試加省鑒如不允合亮其戇愚其一事曰今北邊稽服戈甲解息政是生聚教訓之時而天下戶口減落誠當今之急務雖是處彫流而關外彌甚郡不堪州之控總縣不堪郡之裒削更相呼擾莫得治其政術惟以應赴徵斂爲事百姓不能堪命各事流移或依於大姓或聚於屯封蓋不獲已而竄亡非樂之也國家於關外賦稅蓋微乃至年常租課動致逋積而民失安居寧非牧守之過東境戶口空虛皆由使命繁數夫犬不夜吠故民得安居今大邦大縣舟舸銜命者非惟十數復窮幽之鄉極遠之邑亦皆必至每有一使屬所搔擾況復煩擾積理深爲民害駑困邑宰則拱手聽其漁獵桀黠長吏又因之而爲貪殘縱有

廉平郡猶掣肘故邑宰懷印類無考績細民棄業流冗者多雖年降復業之詔屢下蠲賦之恩而終不得反其居也其二事曰聖主恤隱之心納隍之念聞之遐邇至於翾飛蠕動猶且度脫況在兆庶而州郡無恤民之志故天下顒顒惟注仰於一人誠所謂愛之如父母仰之如日月敬之如鬼神畏之如雷霆苟須應痛逗藥豈可不治之哉今天下宰守所以皆尚貪殘罕有廉白者良由風俗侈靡使之然也淫奢之弊其事多端粗舉二條言其尤者夫食方丈於前所甘一味今之燕喜相競誇豪積果如山岳列肴同綺繡露臺之產不周一燕之資而賓主之間裁取滿腹未及下堂已同臭腐又歌姬儛女本有品制二八之錫良待和戎今言妓之夫無有等秩雖復庶賤微人皆盛姬姜務在貪汙爭飾羅綺故爲吏牧民者競爲剝削雖致貲巨億罷歸之日不支數年便已消散蓋由宴醑所費既破數家之產歌謠之具必俟千金之資所費事等丘山爲歡止在俄頃乃更追恨向所取之少今所費之多如復傅翼增其搏噬一何悖哉其餘淫侈著之凡百習以成俗日見滋甚欲使人守廉隅吏尚清白安可得邪今誠宜嚴爲禁制道之以節儉貶黜雕飾糾奏浮華使衆皆知變其耳目改其好惡夫失節之嗟亦民所自患正恥不及羣故勉强而爲之苟力所不至還受其弊矣今若釐其風而正其失易於反掌夫論至治者必以淳素爲先正雕流之弊莫有過儉樸者也其三事曰聖躬荷負蒼生以爲任弘濟四海以爲心不憚胼胝之勞不辭癯瘦之苦豈止日昃忘飢夜分廢寢至於百司莫不奏事上息責下之嫌下無逼上之咎斯實道邁百王事超千載但斗筲之人藻梲之子既得伏奏帷扆便欲詭競求進不說國之大體不知當一官處一職貴使理其紊亂匡其不及心在明恕事乃平章但務吹毛求疵擘肌分理運挈缾之智徼分外之求以深刻爲能以繩逐爲務迹雖似於奉公事更成其威福犯罪者多巧避滋甚曠官廢職長弊增姦寔由於此今誠願責其公平之效黜其讒愚之心則下安上謐無徼倖之患矣四事曰自征伐北境帑藏空虛今天下無事而猶日不暇給者良有以也夫國弊則省其事而息其費事省則養民費息則財聚止五年之中尚於無事必能使國豐民阜若積以歲月斯乃范蠡滅吳之術管仲霸齊之由今應內省職掌各檢其所部凡京師治署邸肆應所爲或十條宜省其五或三條宜除其一及國容戎備在昔應多在今宜少雖於後應多卽事未

須皆悉減省應四方屯傳邸治或舊有或無益或妨民有所宜除除之有所宜減減之凡厥興造凡厥費財有非急者有役民者又凡厥討召凡厥徵求雖關國計權其事宜皆息費休民不息費則無以聚財不休民則無以聚力故蓄其財者所以大用之也息其民者所以大役之也若言小事不足害財則終年不息矣以小役不足妨民則終年不止矣擾其民而欲求生聚殷阜不可得矣耗其財而務賦斂繁興則姦詐盜竊彌生是弊不息而其民不可使也則難可以語富強而圖遠大矣自普通以來二十餘年刑役荐起民力彫流今魏氏和親疆埸無警若不及於此時大息四民使之生聚減省國費令府庫蓄積一旦異境有虞關河可掃則國弊民疲安能振其遠畧事至方圖知不及矣書奏高祖大怒召主書於前口授敕責琛曰謇謇有聞殊稱所期但朕有天下四十餘年公車讜言見聞聽覽所陳之事與卿不異常欲承用無替懷抱每苦倥偬更增惛惑卿珥貂紆組博問洽聞不宜同於闒茸止取名字宜之行路言我能上事明言得失恨朝廷之不能用或誦離騷蕩蕩其無人遂不御乎千里或誦老子知我者希則我貴矣如是獻替莫不能言正旦獸鐏皆其人也卿可分別言事啓乃心沃朕心卿云今北邊稽服政是生聚教訓之時而民失安居牧守之過朕無則哲之知觸向多弊四聰不開四明不達內省責躬無處逃咎堯爲聖主四凶在朝況乎朕也能無惡人但大澤之中有龍有蛇縱不盡善不容皆惡卿可分明顯出某刺史橫暴某太守貪殘某官長凶虐尚書蘭臺主書舍人某人姦猾某人取與明言其事得以黜陟向令舜但聽公車上書四凶終自不知堯亦永爲闇主卿又云東境戶口空虛良由使命繁多但未知此是何使卿云駑困邑宰則拱手聽其漁獵桀黠長吏又因之而爲貪殘竝何姓名廉平掣肘復是何人朝廷思賢有如饑渴廉平掣肘實爲異事宜速條聞當更擢用凡所遣使多由民訟或復軍糧諸所飈急蓋不獲已而遣之若不遣使天下枉直云何綜理事實云何濟辦惡人日滋善人日蔽欲求安臥其可得乎不遣使而得事理此乃佳事無足而行無翼而飛能到在所不威而伏豈不幸甚卿既言之應有深見宜陳秘術不可懷寶迷邦卿又云守宰貪殘皆由滋味過度貪殘糜費已如前答漢文雖愛露臺之產鄧通之錢布於天下以此而治朕無愧焉若以下民飲食過差亦復不然天監之初思之已甚其勤力營產則無不富饒惰遊

緩事則家業貧窶勤脩產業以營盤案自己營之自己食之何損於天下無賴子弟惰營產業致於貧窶無可施設此何益於天下且又意雖曰同富富有不同慳而富者終不能設奢而富者於事何損若使朝廷緩其刑此事終不可斷若急其制則曲屋密房之中云何可知若家家搜檢其細已甚欲使吏不呼門其可得乎更相恐脅以求財帛足長禍萌無益治道若以此指朝廷我無此事昔之牲牢久不宰殺朝中會同菜蔬而已意粗得奢約之節若復減此必有蟋蟀之譏若以爲功德事者皆是園中之所產育功德之事亦無多費變一瓜爲數十種食一菜爲數十味不變瓜菜亦無多種以變故多何損於事亦豪芥不關國家如得財如法而用此不愧乎人我自除公宴不食國家之食多歷年稔乃至宮人亦不食國家之食積累歲月凡所營造不關材官及以國匠皆資雇借以成其事近之得財頗有方便民得其利國得其利我得其利營諸功德或以卿之心度我之心故不能得知所得財用暴於天下不得曲辭辯論卿又云女妓越濫此有司之責雖然亦有不同貴者多畜妓樂至於勳附若兩掖亦復不聞家有二八多畜女妓者此竝宜具言其人當令有司振其霜豪卿又云乃追恨所取爲少如復傅翼增其搏噬一何悖哉勇怯不同貪廉各用勇者可使進取怯者可使守城貪者可使捍禦廉者可使牧民向使叔齊守於西河豈能濟事吳起育民必無成功若使吳起而不重用則西河之功廢今之文武亦復如此取其搏噬之用不能得不重更任彼亦非爲朝廷爲之傅翼卿以朝廷爲悖乃自甘之當思致悖所以卿云宜導之以節儉又云至治者必以淳素爲先此言大善夫子言其身正不令而行其身不正雖令不從朕絕房室三十餘年無有淫佚朕頗自計不與女人同屋而寢亦三十餘年至於居處不過一牀之地雕飾之物不入於宮此亦人所共知受生不飲酒受生不好音聲所以朝中曲宴未嘗奏樂此羣賢之所觀見朕三更出理事隨事多少事少或中前得竟或事多至日昃方得就食日常一食若晝若夜無有定時疾苦之日或亦再食昔要腹過於十圍今之瘦削裁二尺餘舊帶猶存非爲妄說爲誰爲之救物故也書曰股肱惟人良臣惟聖向使朕有股肱可得中主今乃不免居九品之下不令而行徒虛言耳卿今慊言便罔知所答卿又云百司莫不奏事詭競求進此又是誰何者復是詭事今不使外人呈事於義可否無人廢職職可廢乎職

廢則人亂人亂則國安乎以咽廢飧此之謂也若斷呈事誰尸其任專委之人云何可得是故古人云專聽生姦獨任成亂猶二世之委趙高元后之付王莽呼鹿爲馬卒有閻樂望夷之禍王莽亦終移漢鼎卿云吹毛求疵復是何人所吹之疵擘肌分理復是何人乎事及深刻繩逐竝復是誰又云治署邸肆何者宜除何者宜省國容戎備何者宜省何者未須四方屯傳何者無益何者妨民何處興造而是役民何處費財而是非急若爲討召若爲徵賦朝廷從來無有此事靜息之方復何者宜各出其事具以奏聞卿云若不及於時大息其民事至方圓知無及也如卿此言卽時便是大役其民是何處所卿云國弊民疲誠如卿言終須出其事不得空作漫語夫能言之必能行之富國彊兵之術急民省役之宜號令遠近之法竝宜具列若不具列則是欺罔朝廷空示頰舌凡人有爲先須內省惟無瑕者可以戮人卿不得歷詆內外而不極言其事佇聞重奏當後省覽付之尚書班下海內庶亂羊永除害馬長息惟新之美復見今日琛奉勅但謝過而已不敢復有指斥久之遷太府卿太清二年遷雲騎將軍中軍宣城王長史侯景舉兵襲京師王移入臺內留琛與司馬楊曒守東府賊尋攻陷城放兵殺害琛被槍未至死賊求得之轝至闕下求見僕射王克領軍朱异勸開城納賊克等讓之涕泣而止賊復轝送莊嚴寺療治之明年臺城不守琛逃歸鄉里其年冬賊進寇會稽復執琛送出都以爲金紫光祿大夫後遇疾卒年六十九琛所撰三禮講疏五經滯義及諸儀法凡百餘篇子謝太清初自儀同西昌侯掾出爲巴山太守在郡遇亂卒

陳吏部尚書姚察云夏侯勝有言曰士患不明經術經術明取青紫如拾地芥耳朱异賀琛竝起微賤以經術逢時致於貴顯符其言矣而异遂徼寵幸任事居權不能以道佐君苟取容媚及延寇敗國實异之由禍難旣彰不明其罪至於身死寵贈猶殊罰旣弗加賞亦斯濫失於勸沮何以爲國君子是以知太清之亂能無及是乎

梁書卷三十八考證

朱异傳父巽以義烈知名○巽南史作異之

梁書卷三十九

唐　散騎常侍姚思廉　撰

列傳第三十三

元法僧　元樹　元願達

王神念 楊華　羊侃 子鵾　羊鴉仁

元法僧魏氏之支屬也其始祖道武帝父鍾葵江陽王法僧仕魏歷光祿大夫後爲使持節都督徐州諸軍事徐州刺史鎭彭城普通五年魏室大亂法僧遂據鎭稱帝誅鋤異己立諸子爲王部署將帥欲議匡復旣而魏亂稍定將討法僧法僧懼乃遣使歸款請爲附庸高祖許焉授侍中司空封始安郡公邑五千戸及魏軍旣逼法僧請還朝高祖遣中書舍人朱异迎之旣至甚加優寵時方事招攜撫悅降附賜法僧甲第女樂及金帛前後不可勝數法僧以在魏之日久處疆場之任每因寇掠殺戮甚多求兵自衞詔給甲仗百人出入禁闥大通二年加冠軍將軍中大通元年轉車騎將軍四年進太尉領金紫光祿其年立爲東魏王不行仍授使持節散騎常侍驃騎大將軍開府同三司之儀郢州刺史大同二年徵爲侍中太尉領軍師將軍薨時年八十三二子景隆景仲普通中隨法僧入朝景隆封沌陽縣公邑千戸出爲持節都督廣越交桂等十三州諸軍事平南將軍平越中郎將廣州刺史中大通三年徵侍中安右將軍四年爲征北將軍徐州刺史封彭城王不行俄除侍中度支尚書太清初又爲使持節都督廣越交桂等十三州諸軍事征南將軍平越中郎將廣州刺史行至雷首遇疾卒時年五十八景仲封枝江縣公邑千戸拜侍中右衞將軍大通三年增封并前爲二千戸仍賜女樂一部出爲持節都督廣越等十三州諸軍事宣惠將軍平越中郎將廣州刺史大同中徵侍中左衞將軍見景隆後爲廣州刺史侯景作亂以景仲元氏之族遣信誘之許奉爲主景仲乃舉兵將下應景會西江督護陳霸先與成州刺史王懷明等起兵攻之霸先徇其衆曰朝廷以元景仲與賊連從謀危社稷今使曲江公勃爲刺史鎭撫此州衆聞之皆棄甲而散景仲乃自縊而死

元樹字君立亦魏之近屬也祖獻文帝父僖咸陽王樹仕魏爲宗正卿屬尒朱榮亂以天監八年歸國封爲鄴王邑二千戸拜散騎常侍普通六年應接元法僧還朝遷使持節督郢司霍三州諸軍事雲麾將軍郢州刺史增封并前爲三千戸討南蠻賊平之加散騎常侍安西將軍又增邑五百戸中大通二年徵侍中鎭右將軍四年爲使持節鎭北將軍都督北討諸軍事加鼓吹一部以伐魏攻魏譙城拔之會魏將獨孤如願來援遂圍樹城陷被執發憤卒於魏時年四十八子貞大同中求隨魏使崔長謙至鄴葬父還拜太子舍人太清初侯景降請元氏戚屬願奉爲主詔封貞爲咸陽王以天子之禮遣還北會景敗而返

元願達亦魏之支庶也祖明元帝父樂平王願達仕魏爲中書令司州刺史普通中大軍北伐攻義陽願達舉州獻款詔封樂平公邑千戸賜甲第女樂仍出爲使持節散騎常侍都督湘州諸軍事平南將軍湘州刺史中大通二年徵侍中太中大夫翊左將軍大同三年卒時年五十七

王神念太原祁人也少好儒術尤明內典仕魏起家州主簿稍遷潁川太守遂據郡歸款魏軍至與家屬渡江封南城縣侯邑五百戸頃之除安成內史又歷武陽宣城內史皆著治績還除太僕卿出爲持節都督青冀二州諸軍事信武將軍青冀二州刺史神念性剛正所更州郡必禁止淫祠時青冀州東北有石鹿山臨海先有神廟妖巫欺惑百姓遠近祈禱糜費極多及神念至便令毀撤風俗遂改普通中大舉北伐徵爲右衞將軍六年遷使持節散騎常侍爪牙將軍右衞如故遘疾卒時年七十五詔贈本官衡州刺史兼給鼓吹一部謚曰壯神念少善騎射旣老不衰嘗於高祖前手執二刀楯左右交度馳馬往來冠絕羣伍時復有楊華者能作驚軍騎竝一時妙捷高祖深歎賞之子尊業仕至太僕卿卒贈信威將軍青冀二州刺史鼓吹一部次子僧辯別有傳

楊華武都仇池人也父大眼爲魏名將華少有勇力容貌雄偉魏胡太后逼通之華懼及禍乃率其部曲來降胡太后追思之不能已爲作楊白華歌辭使宮人晝夜連臂蹋足歌之辭甚悽惋焉華後累征伐有戰功歷官太僕卿太子左衞率封益陽縣侯太清中侯景亂華欲立志節妻子爲賊所擒遂降之卒於賊

羊侃字祖忻泰山梁甫人漢南陽太守續之裔也祖規宋武帝之臨徐州辟祭酒從事大中正會薛安都舉彭城降北規由是陷魏魏授衞將軍營州刺史父祉魏侍中金紫光祿大夫侃少而瓌偉身長七尺八寸雅愛文史博涉書記尤好左氏春秋及孫吳兵法弱冠隨父在梁州立功魏正光中稍爲別將時秦州羌有莫遮念生者據州反稱帝仍遣其弟天生率衆攻陷岐州遂寇雍州侃爲偏將隸蕭寶夤往討之潛身巡塹伺射天生應弦卽倒其衆遂潰以功遷使持節征東大將軍東道行臺領太山太守進爵鉅平侯初其父每有南歸之志常謂諸子曰人生安可久淹異域汝等可歸奉東朝侃至是將舉河濟以成先志兗州刺史羊敦侃從兄也密知之據州拒侃侃乃率精兵三萬襲之弗尅仍築十餘城以守之朝廷賞授一與元法僧同遣羊鴉仁王弁率軍應接李元履運給糧仗魏帝聞之使授侃驃騎大將軍司徒太山郡公長爲兗州刺史侃斬其使者以徇魏人大駭令僕射于暉率衆數十萬及高歡尒朱陽都等相繼而至圍侃十餘重傷殺甚衆柵中矢盡南軍不進乃夜潰圍而出且戰且行一日一夜乃出魏境至渣口衆尚萬餘人馬二千匹將入南士卒竝竟夜悲歌侃乃謝曰卿等懷土理不能見隨幸適去留於此別異因各拜辭而去侃以大通三年至京師詔授使持節散騎常侍都督瑕丘征討諸軍事安北將軍徐州刺史并其兄默及三弟忱給元皆拜爲刺史尋以侃爲都督北討諸軍事出頓日城會陳慶之失律停進其年詔以爲持節雲麾將軍青冀二州刺史中大通四年詔爲使持節都督瑕丘諸軍事安北將軍兗州刺史隨太尉元法僧北討法僧先啓云與侃有舊願得同行高祖乃召侃問方略侃具陳進取之計高祖因曰知卿願與太尉同行侃曰臣拔迹還朝常思効命然實未曾願與法僧同行北人雖謂臣爲吳南人已呼臣爲虜今與法僧同行還是羣類相逐非止有乖素心亦使匈奴輕漢高祖曰朝廷今者要須卿行乃詔以爲大軍司馬高祖謂侃曰軍司馬廢來已久此段爲卿置之行次官竹元樹又於譙城喪師軍罷入爲侍中五年封高昌縣侯邑千戸六年出爲雲麾將軍晉安太守閩越俗好反亂前後太守莫能止息侃至討擊斬其渠帥陳稱吳滿等於是郡內肅清莫敢犯者頃之徵太子左衞率大同三年車駕幸樂遊苑侃預宴時少府奏新造兩刃矟成長丈四尺圍一尺三寸高祖因賜侃馬令試之侃執矟上馬左右擊刺特盡其妙高祖善之又製武宴詩三十韻以示侃侃卽席應詔高祖覽曰吾聞仁者有勇今見勇者有仁可謂鄒魯遺風英賢不絕六年遷司徒左長史八年遷都官尚書時尚書令何敬容用事與之竝省未嘗遊造有宦者張僧胤候侃侃曰我牀非閹人所坐竟不前之時論美其貞正九年出爲使持節壯武將軍衡州刺史太清元年徵爲侍中會大舉北伐仍以侃爲持節冠軍監作韓山

堰事兩旬堰立侃勸元帥貞陽侯乘水攻彭城不納既而魏援大至侃頻勸乘其遠來可擊旦日又勸出戰並不從侃乃率所領出頓堰上及衆軍敗侃結陣徐還二年復爲都官尚書侯景反攻陷歷陽高祖問侃討景之策侃曰景反迹久見或容豕突宜急據采石令邵陵王襲取壽春景進不得前退失巢窟烏合之衆自然瓦解議者謂景未敢便逼京師遂寢其策令侃率千餘騎頓望國門景至新林追侃入副宣城王都督城內諸軍事時景既卒至百姓競入公私混亂無復次第侃乃區分防擬皆以宗室間之軍人爭入武庫自取器甲所司不能禁侃命斬數人方得止及賊逼城衆皆恟懼侃僞稱得射書云邵陵王西昌侯已至近路衆乃少安賊攻東掖門縱火甚盛侃親自距抗以水沃火火滅引弓射殺數人賊乃退加侍中軍師將軍有詔送金五千兩銀萬兩絹萬匹以賜戰士侃辭不受部曲千餘人並私加賞賚賊爲尖項木驢攻城矢石所不能制侃作雉尾炬施鐵鏃以油灌之擲驢上焚之俄盡賊又東西兩面起土山以臨城城中震駭侃命爲地道潛引其土山不能立賊又作登城樓車高十餘丈欲臨射城內侃曰車高壍虛彼來必倒可臥而觀之不勞設備及車動果倒衆皆服焉賊既頻攻不捷乃築長圍朱异張綰議欲出擊之高祖以問侃侃曰不可賊多日攻城既不能下故立長圍欲引城中降者耳今擊之出人若少不足破賊若多則一旦失利自相騰踐門隘橋小必大致挫衄此乃示弱非騁王威也不從遂使千餘人出戰未及交鋒望風退走果以爭橋赴水死者大半初侃長子鷟爲景所獲執來城下示侃侃謂曰我傾宗報主猶恨不足豈復計此一子幸汝早能殺之數日復持來侃謂鷟曰久以汝爲死猶復在邪吾以身許國誓死行陣終不以爾而生進退因引弓射之賊感其忠義亦不之害也景遣儀同傅士哲呼侃與語曰侯王遠來問訊天子何爲閉距不時進納尚書國家大臣宜啓朝廷侃曰侯將軍奔亡之後歸命國家重鎮方城懸相任寄何所患苦忽致稱兵今驅烏合之卒至王城之下虜馬飲淮矢集帝室豈有人臣而至於此吾荷國重恩當稟承廟筭以掃大逆耳不能妄受浮說開門揖盜幸謝侯王早自爲所士哲又曰侯王事君盡節不爲朝廷所知正欲面啓至尊以除姦佞既居戎旅故帶甲來朝何謂作逆侃曰聖上臨四海將五十年聰明叡哲無幽不照有何姦佞而得在朝欲飾其非寧無詭說且侯王親舉白刃以向城闕事君盡節正若是邪士哲無以應乃曰在北之日久挹風猷每恨平生未獲披敘願去戎服得一相見侃爲之免冑士哲瞻望久之而去其爲北人所欽慕如此後大雨城內土山崩賊乘之垂入苦戰不能禁侃乃令多擲火爲火城以斷其路徐於裏築城賊不能進十二月遘疾卒于臺內時年五十四詔給東園秘器布絹各五百匹錢三百萬贈侍中護軍將軍鼓吹一部侃少而雄勇旅力絕人所用弓至十餘石嘗於兗州堯廟蹋壁直上至五尋橫行得七跡泗橋有數石人長八尺大十圍侃執以相擊悉皆破碎侃性豪侈善音律自造採蓮棹歌兩曲甚有新致姬妾侍列窮極奢靡有彈箏人陸太喜著鹿角爪長七寸儛人張淨琬腰圍一尺六寸時人咸推能掌中儛又有孫荊玉能反腰帖地銜得席上玉簪敕賚歌人王娥兒東宮亦賚歌者屈偶之並妙盡奇曲一時無對初赴衡州於兩艖䑨起三間通梁水齋飾以珠玉加之錦繢盛設帷屏陳列女樂乘潮解纜臨波置酒緣塘傍水觀者填咽大同中魏使陽斐與侃在北嘗同學有詔令侃延斐同宴賓客三百餘人器皆金玉雜寶奏三部女樂至夕侍婢百餘人俱執金花燭侃不能飲酒而好賓客交遊終日獻酬同其醉醒性寬厚有器局嘗南還至漣口置酒有客張孺才者醉於船中失火延燒七十餘艘所燔金帛不可勝數侃聞之都不挂意命酒不輟孺才慙懼自逃匿侃慰喻使還待之如舊第三子鵾鵾字子鵬隨侃臺內城陷竄於陽平侯景呼還待之甚厚及景敗鵾密圖之乃隨其東走景於松江戰敗惟餘三舸下海欲向蒙山會景倦晝寢鵾語海師此中何處有蒙山汝但聽我處分遂直向京口至胡豆洲景覺大驚問岸上人云郭元建猶在廣陵景大喜將依之鵾拔刀叱海師使向京口景欲透水鵾抽刀斫之景乃走入船中以小刀抉船鵾以矟入刺殺之世祖以鵾爲持節通直散騎常侍都督青冀二州諸軍事明威將軍青州刺史封昌國縣公邑二千戶賜錢五百萬米五千石布絹各一千匹又領東陽太守征陸納加散騎常侍平峽中除西晉州刺史破郭元建於東關遷使持節信武將軍東晉州刺史承聖三年西魏圍江陵鵾赴援不及從王僧愔征蕭㱿於嶺表聞太尉僧辯敗乃還爲侯瑱所破於豫章遇害時年二十八

羊鴉仁字孝穆太山鉅平人也少驍果有膽力仕郡爲主簿普通中率兄弟自魏歸國封廣晉縣侯征伐青齊間累有功績稍遷員外散騎常侍歷陽太守中大通四年爲持節都督譙州諸軍事信威將軍譙州刺史大同七年除太子左衞率出爲持節都督南北司豫楚四州諸軍事輕車將軍北司州刺史侯景降詔鴉仁督土州刺史桓和之仁州刺史湛海珍等精兵三萬趨懸瓠應接景仍爲都督豫司淮冀殷應西豫等七州諸軍事司豫二州刺史鎮懸瓠會侯景敗於渦陽魏軍漸逼鴉仁恐糧運不繼遂還北司上表陳謝高祖大怒責之鴉仁懼又頓軍於淮上及侯景反鴉仁率所部入援太清二年景既背盟鴉仁乃與趙伯超及南康王會理共攻賊於東府城反爲賊所敗臺城陷鴉仁見景爲景所留以爲五兵尚書鴉仁常思奮發謂所親曰吾以凡流受寵朝廷竟無報效以答重恩社稷傾危身不能死偷生苟免以至于今若以此終沒有餘憤因遂泣下見者傷焉三年出奔江陵其故部曲數百人迎之將赴江陵至東莞爲故北徐州刺史荀伯道諸子所害

史臣曰高祖革命受終光期寶運威德所漸莫不懷來其皆狗難投身前後相屬元法僧之徒入國並降恩遇位重任隆擊鍾鼎食美矣而羊侃鴉仁值太清之難並竭忠奉國侃則臨危不撓鴉仁守義殞命可謂志等松筠心均鐵石古之殉節斯其謂乎

梁書卷三十九考證

元法僧傳大同中徵侍中左衞將軍見景隆後爲廣州刺史○見閣本作兄當改從之

王神念傳時青冀州東北有石鹿山臨海○南史無青字

羊侃傳監作韓山堰事○韓一本作寒

鵾傳從王僧愔征蕭㱿於嶺表○㱿南史作穀

羊鴉仁傳爲故北徐州刺史荀伯道諸子所害○諸子南史作子晷又載鴉仁兄子海珍報復事

梁書卷四十

唐　散　騎　常　侍　姚　思　廉　撰

列傳第三十四

司馬褧　到溉　劉顯　劉之遴 弟之亨

許懋

司馬褧字元素河內溫人也曾祖純之晉大司農高密敬王祖讓之員外常侍父燮善三禮仕齊官至國子博士褧少傳家業強力專精手不釋卷其禮文所涉書畧皆遍覩沛國劉瓛爲儒者宗嘉其學深相賞好少與樂安任昉善昉亦雅重焉初爲國子生起家奉朝請稍遷王府行參軍天監初詔通儒治五禮有司舉褧治嘉禮除尚書祠部郎中是時創定禮樂褧所議多見施行除步兵校尉兼中書通事舍人褧學尤精於事數國家吉凶禮當世名儒明山賓賀瑒等疑不能斷皆取決焉累遷正員郎鎮南諮議參軍兼舍人如故遷尚書右丞出爲仁威長史長沙內史還除雲騎將軍兼御史中丞頃之即眞十六年出爲宣毅南康王長史行府國并石頭戍軍事褧雖居外官有敕預文德武德二殿長名問訊不限日十七年遷明威將軍晉安王長史未幾卒王命記室庾肩吾集其文爲十卷所撰嘉禮儀注一百一十二卷

到漑字茂灌彭城武原人曾祖彥之宋驃騎將軍祖仲度驃騎江夏王從事中郎父坦齊中書郎漑少孤貧與弟洽俱聰敏有才學早爲任昉所知由是聲名益廣起家王國左常侍轉後軍法曹行參軍歷殿中郎出爲建安內史遷中書郎兼吏部太子中庶子湘東王繹爲會稽太守以漑爲輕車長史行府郡事高祖敕王曰到漑非直爲汝行事足爲汝師間有進止每須詢訪遭母憂居喪盡禮朝廷嘉之服闋猶蔬食布衣者累載除通直散騎常侍御史中丞太府卿都官尚書郢州長史江夏太守加招遠將軍入爲左民尚書漑身長八尺美風儀善容止所莅以清白自修性又率儉不好聲色虛室單牀傍無姬侍自外車服不事鮮華冠履十年一易朝服或至穿補傳呼清路示有朝章而已頃之坐事左遷金紫光祿大夫俄授散騎常侍侍中國子祭酒漑素謹厚特被高祖賞接每與對棊從夕達旦漑第山池有奇石高祖戲與賭之并禮記一部漑並輸焉未進高祖謂朱异曰卿謂到漑所輸可以送未漑斂板對曰臣既事君安敢失禮高祖大笑其見親愛如此後因疾失明詔以金紫光祿大夫散騎常侍就第養疾漑家門雍睦兄弟特相友愛初與弟洽常共居一齋洽卒後便捨爲寺因斷腥羶終身蔬食別營小室朝夕從僧徒禮誦高祖每月三致淨饌恩禮甚篤蔣山有延賢寺者漑家世創立故生平公俸咸以供焉略無所取性又不好交游惟與朱异劉之遴張綰同志友密及臥疾家園門可羅雀三君每歲時常鳴騶枉道以相存問置酒敘生平極歡而去臨終託張劉勒子孫以薄葬之禮卒時年七十二詔贈本官有集二十卷行於世時以漑洽兄弟比之二陸故世祖贈詩曰魏世重雙丁晉朝稱二陸何如今兩到復似凌寒竹子鏡字圓照安西湘東王法曹行參軍太

子舍人早卒鏡子藎早聰慧起家著作佐郎歷太子舍人宣城王主簿太子洗馬尚書殿中郎嘗從高祖幸京口登北顧樓賦詩藎受詔便就上覽以示溉曰藎定是才子翻恐卿從來文章假手於藎因賜溉連珠曰研磨墨以騰文筆飛毫以書信如飛蛾之赴火豈焚身之可恡必耄年其已及可假之於少藎其見知賞如此除丹陽尹丞太清亂赴江陵卒

劉顯字嗣芳沛國相人也父䎖晉安內史顯幼而聰敏當世號曰神童天監初舉秀才解褐中軍臨川王行參軍俄署法曹顯好學博涉多通任昉嘗得一篇缺簡書文字零落歷示諸人莫能識者顯云是古文尚書所刪逸篇昉檢周書果如其說昉因大相賞異丁母憂服闋尚書令沈約命駕造焉於坐策顯經史十事顯對其九約曰老夫昏忘不可受策雖然聊試數事不可至十也顯問其五約對其二陸倕聞之歎曰劉郎可謂差人雖吾家平原詣張壯武王粲謁伯喈必無此對其爲名流推賞如此及約爲太子少傅乃引爲五官掾俄兼廷尉正五兵尚書傅昭掌著作撰國史引顯爲佐九年始革尚書五都選顯以本官兼吏部郎又除司空臨川王外兵參軍遷尚書儀曹郎嘗爲上朝詩沈約見而美之時約郊居宅新成因命工書人題之於壁出爲臨川王記室參軍建康平復入爲尚書儀曹侍郎兼中書通事舍人出爲秣陵令又除驃騎鄱陽王記室兼中書舍人累遷步兵校尉中書侍郎舍人如故顯與河東裴子野南陽劉之遴吳郡顧協連職禁中遞相師友時人莫不慕之顯博聞强記過於裴顧時魏人獻古器有隱起字無能識者顯案文讀之無有滯礙考校年月一字不差高祖甚嘉焉遷尚書左丞除國子博士出爲宣遠岳陽王長史行府國事未拜遷雲麾邵陵王長史尋陽太守大同九年王遷鎮郢州除平西諮議參軍加戎昭將軍其年卒時年六十三友人劉之遴啓皇太子曰之遴嘗聞夷叔柳惠不逢仲尼一言則西山餓夫東國黜士名豈施於後世信哉生有七尺之形終爲一棺之土不朽之事寄之題目懷珠抱玉有歿世而名不稱者可爲長太息孰過於斯竊痛友人沛國劉顯韞櫝藝文研精覃奧聰明特達出類拔羣闔棺郢都歸魂有日須鐫墓板之遴已畧撰其事行今輒上呈伏願鴻慈降茲睿藻榮其枯骴以慰幽魂冐昧塵聞戰慄無地乃蒙令爲誌銘曰繁弱挺質空桑吐聲分器見重播樂傳名誰其均之美有髦士禮著幼年業明壯齒厭飫典墳研精名理一見弗忘過目則記若訪賈逵如問伯始額脫斯出學優而仕議獄既佐芸蘭乃握縛鳳池水推羊太學內參禁中外相藩岳斜光已道殞彼西浮百川到海還逐東流營營返魄汎汎虛舟白馬向郊丹旐背野埃興伏山雲輕重呂掩書壙楊歸玄冢爾其戒行途窮土壟弱葛方施叢柯日拱墜柳萇春禽寒歛氄長空常暗陰泉獨湧祔彼故塋流芬相踵顯有三子莠荏臻臻早著名

劉之遴字思貞南陽涅陽人也父虬齊國子博士謚文範先生之遴八歲能屬文十五舉茂才對策沈約任昉見而異之起家寧朔主簿吏部尚書王瞻嘗候任昉值之遴在坐昉謂瞻曰此南陽劉之遴學優未仕水鏡所宜甄擢瞻即辟爲太學博士時張稷新除尚書僕射託昉爲讓表昉令之遴代作操筆立成昉曰荊南秀氣果有異才後仕必當過僕御史中丞樂藹即之遴舅憲臺奏彈皆之遴草焉遷平南行參軍尚書起部郎延陵令荊州治中太宗臨荊州仍遷宣惠記室之遴篤學明審博覽羣籍時劉顯韋稜並强記之遴每與討論咸不能過也還除通直散騎侍郎兼中書通事舍人遷正員郎尚書右丞荊州大中正累遷中書侍郎鴻臚卿復兼中書舍人出爲征西鄱陽王長史南郡太守高祖謂曰卿母年德並高故令卿衣錦還鄉盡榮養之理後轉爲西中郎湘東王長史太守如故初之遴在荊府嘗寄居南郡廨忽夢前太守袁彖謂曰卿後當爲折臂太守即居此中之遴後果損臂遂臨此郡丁母憂服闋徵祕書監領步兵校尉出爲郢州行事之遴意不願出固辭高祖手敕曰朕聞妻子具孝衰於親爵祿具忠衰於君卿既內足理忘奉公之節遂爲有司所奏免久之爲太府卿都官尚書太常卿之遴好古愛奇在荊州聚古器數十百種有一器似甌可容一斛上有金錯字時人無能知者又獻古器四種於東宮其第一種鏤銅鴟夷榼二枚兩耳有銀鏤銘云建平二年造其第二種金銀錯鏤古鐏二枚有篆銘云秦容成侯適楚之歲造其第三種外國澡灌一口銘云元封二年龜茲國獻其第四種古製澡盤一枚銘云初平二年造時鄱陽嗣王範得班固所上漢書眞本獻之東宮皇太子令之遴與張纘到溉陸襄等參校異同之遴具異狀十事其大略曰案古本漢書稱永平十六年五月二十一日已酉郎班固上而今本無上書年月日字又案古本叙傳號爲中篇今本稱爲叙傳又今本叙傳載班彪事行而古本云稚生彪自有傳又今本紀及表志列傳不相合爲次而古本相合爲次總成三十八卷又今本外戚在西域後古本外戚次帝紀下又今本高五子文三王景十三王武五子宣元六王雜在諸傳秩中古本諸王悉次外戚下在陳項傳前又今本韓彭英盧吳述云信惟餓隸布實黥徒越亦狗盜芮尹江湖雲起龍驤化爲侯王古本述云淮陰毅毅杖劍周章邦之傑子實惟彭英化爲侯王雲起龍驤又古本第三十七卷解音釋義以助雅詁而今本無此卷之遴好屬文多學古體與河東裴子野沛國劉顯常共討論書籍因爲交好是時周易尚書禮記毛詩並有高祖義疏惟左氏傳尚闕之遴乃著春秋大意十科左氏十科三傳同異十科合三十事以上之高祖大悅詔答之曰省所撰春秋義比事論書辭微旨遠編年之教言闡義繁丘明傳洙泗之風公羊稟西河之學鐸椒之解不追瑕丘之說無取繼踵胡母仲舒云盛因脩穀梁千秋最篤張蒼之傳左氏賈誼之襲荀卿源本分鑣指歸殊致詳略紛然其來舊矣昔在弱年乃經研味一從遺置迄將五紀兼晚冬晷促機事罕暇夜分求衣未遑搜括須待夏景試取推尋若温故可求別酬所問也太清二年侯景亂之遴避難還鄉未至卒於夏口時年七十二前後文集五十卷行於世

之亨字嘉會之遴弟也少有令名舉秀才拜太學博士稍遷兼中書通事舍人步兵校尉司農卿又代兄之遴爲安西湘東王長史南郡太守在郡有異績數年卒於官時年五十荊土至今懷之不忍斥其名號爲大南郡小南郡云

許懋字昭哲高陽新城人魏鎮北將軍允九世孫祖珪宋給事中著作郎桂陽太守父勇惠齊太子家令冗從僕射懋少孤性至孝居父憂執喪過禮篤志好學爲州黨所稱十四入太學受毛詩旦領師說晚而覆講座下聽者常數十百人因撰風雅比興義十五卷盛行於世尤曉故事稱爲儀注之學起家後軍豫章王行參軍轉法曹茂才遷驃騎大將軍儀同中記室文惠太子聞而召之侍講于崇明殿除太子步兵校尉永元中轉散騎侍郎兼國子博士與司馬褧同志友善僕射江祏甚推重之號爲經史笥天監初吏部尚書范雲舉懋參詳五禮除征西鄱陽王諮議兼著作郎待詔文德省時有請封會稽禪國山者高祖雅好禮因集儒學之士草封禪儀將欲行焉懋以爲不可因建議曰臣案舜幸岱宗是爲巡狩而鄭引孝經鉤命決云封于太山考績柴燎禪乎梁甫刻石紀號此緯書之曲說非正經之通義也依白虎通云封者言附廣也禪者言成功相傳也若以禪授爲義則禹不應傳啟至桀十七世也湯又不應傳外丙至紂三十七世也又禮記云三皇禪奕奕謂盛德也五帝禪亭亭特立獨起於身也三王禪梁甫連延不絕父沒子繼也若謂禪奕奕爲盛惪者古義以伏羲神農黃帝是爲三皇伏羲封太山禪云云黃帝封太山禪亭亭皆不禪奕奕而云盛惪則無所寄矣若謂五帝禪亭亭特立獨起於身者顓頊封泰山禪云云帝嚳封泰山禪云云堯封太山禪云云舜封太山禪云云亦不禪亭亭若合黃帝以爲五帝者少昊即黃帝子又非獨立之義矣若謂三王禪梁甫連延不絕父沒子繼者禹封太山禪云云周成王封太山禪社首舊書如此異乎禮說皆道聽所得失其本文假使三王皆封太山禪梁甫者是爲封太山則有傳世之義禪梁甫則有揖讓之懷或欲禪位或欲傳子義既矛盾理必不然又七十二君夷吾所記此中世數裁可得二十餘主伏羲神農女媧大庭栢皇中央栗陸驪連赫胥尊盧混沌昊英有巢朱襄葛天陰康無懷黃帝少昊顓頊高辛堯舜禹湯文武中間乃有共工霸有九州非帝之數云何得有七十二君封禪之事且燧人以前至周之世未有君臣人心淳朴不應金泥玉檢升中刻石燧人伏羲神農三皇結繩而治書契未作未應有鐫文告成且無懷氏伏羲後第十六主云何得在伏羲前封太山禪云云夷吾又曰惟受命之君然後得封禪周成王非受命君云何而得封太山禪社首神農與炎帝是一主而云神農封太山禪云云炎帝封太山禪云云分爲二人妄亦甚矣若是聖主不須封禪若是凡主不應封禪當是齊桓欲行此事管仲知其不可故舉怪物以屈之也秦始皇登太山中坂風雨暴至休松樹下封爲五大夫而事不遂漢武帝宗信方士廣召儒生皮弁搢紳射牛行事獨與霍嬗俱上既而子侯暴卒厥足用傷至魏明使高堂隆撰其禮儀聞隆沒歎息曰天不欲成吾事高生捨我亡也晉武太始中欲封禪乃至太康議猶不定竟不果行孫皓遣兼司空董朝兼太常周處至陽羨封禪國山此朝君子有何功德不思古道而欲封禪皆是主好名於上臣阿旨於下也夫封禪者不出正經惟左傳說禹會諸侯於塗山執玉帛者萬國亦不謂爲封禪鄭玄有參柴之風不能推尋正經專信緯候之書斯爲謬矣蓋禮云因天事天因地事地因名山升中于天因吉土享帝于郊燔柴岱宗即因山之謂矣故曲禮云天子祭天地是也又祈

敎一報敎一禮乃不顯祈報地推文則有樂記云大樂
與天地同和大禮與天地同節和故百物不失節故祀
天祭地百物不失者天生之地養之故知地亦有祈報
是則一年三郊天三祭地周官有員丘方澤者總爲三
事郊祭天地故小宗伯云兆五帝於四郊此卽月令迎
氣之郊也舜典有歲二月東巡狩至於岱宗夏南秋西
冬北五年一周若爲封禪何其數也此爲九郊亦皆正
義至如大旅於南郊者非常祭也大宗伯國有大故則
旅上帝月令云仲春玄鳥至祀於高禖亦非常祭故詩
云克禋克祀以弗無子并有雩禱亦非常祭禮云雩禜
水旱也是爲合郊天地有三特郊天有九非常祀又有
三孝經云宗祀文王於明堂以配上帝雩祭與明堂雖
是祭天而不在郊是爲天祀有十六地祭有三惟大禘
祀不在此數大傳云王者禘其祖之所自出以其祖配
之異於常祭以故云大於時祭案繫辭云易之爲書也
廣大悉備有天道焉有地道焉有人道焉兼三才而兩
之故六六者非佗三才之道也乾象云大哉乾元萬物
資始乃統天雲行雨施品物流形大明終始六位時成
此則應六年一祭坤元亦爾誠敬之道盡此而備至於
封禪非所敢聞高祖嘉納之因推演懋議稱制旨以答
請者由是遂停十年轉太子家令宋齊舊儀郊天祀帝
皆用袞冕至天監七年懋始請造大裘至是有事于明
堂儀注猶云服袞冕懋駮云禮云大裘而冕祀昊天上
帝亦如之良由天神尊遠須貴誠質今泛祭五帝理不
容文改服大裘自此始也又降敕問凡求陰陽應各從
其類今雩祭燔柴以火祈水意以爲疑懋答曰雩祭燔
柴經無其文良由先儒不思故也按周宣雲漢之詩曰
上下奠瘞靡神不宗毛注云上祭天下祭地奠其幣瘞
其物以此而言爲旱而祭天地並有瘞埋之文不見有
燔柴之說若以祭五帝必應燔柴者今明堂之禮又無
其事且禮又云埋少牢以祭時時之功是五帝此又是
不用柴之證矣昔雩壇在南方正陽位有乖求神而已
移於東實柴之禮猶未革請停用柴其牲牢等物悉從
坎瘞以符周宣雲漢之說詔並從之凡諸禮儀多所刊
正以足疾出爲始平太守政有能名加散騎常侍轉天
門太守中大通三年皇太子召諸儒參錄長春義記四
年拜中庶子是歲卒時年六十九撰遠行記四卷有集
十五卷

陳吏部尚書姚察曰司馬褧儒術博通到溉文義優敏
顯懋之遴強學浹洽並職經便繁應對左右斯蓋嚴朱
之任焉而溉之遴遂至顯貴亟拾青紫然非遇時焉能
致此仕也

梁書卷四十考證

司馬褧傳司馬褧字元素○素南史作表
褧雖居外官有敕預文德武德二殿長名問訊不限日
○日一本作口
劉顯傳顯有三子莠荏臻臻早著名○荏南史作恁
劉之遴傳案古本漢書○閣本及南本俱脫古字今從
監本
雜在諸傳秩中○秩南史作表
淮陰毅杖劍周章○杖南史作伏
繼踵胡毋仲舒云盛因修穀梁千秋最篤○修南史作
循
許懋傳起家後軍豫章王行參軍○後軍南史訛後爲
神農與炎帝是一主○監本鈌農與二字今補入

梁書卷四十一

唐　散　騎　常　侍　姚　思　廉　撰

列傳第三十五

王規 劉瑴 宗懍　王承　褚翔
蕭介 從父兄洽　褚球　劉孺 弟覽 遵
劉潛 弟孝勝 孝威 孝先　殷芸
蕭幾

王規字威明琅邪臨沂人祖儉齊太尉南昌文憲公父
騫金紫光祿大夫南昌安侯規八歲以丁所生母憂居
喪有至性太尉徐孝嗣每見必爲之流涕稱曰孝童叔
父暕亦深器重之常曰此兒吾家千里駒也年十二五
經大義並略能通既長好學有口辯州舉秀才郡迎主
簿起家秘書郎累遷太子舍人安右南康王主簿太子
洗馬天監十二年改構太極殿功畢規獻新殿賦其辭
甚工拜秘書丞歷太子中舍人司徒左西屬從事中郎
晉安王綱出爲南徐州高選僚屬引爲雲麾諮議參軍
久之出爲新安太守父憂去職服闋襲封南昌縣侯除
中書黃門侍郎敕與陳郡殷鈞琅邪王錫范陽張緬同
侍東宮俱爲昭明太子所禮湘東王時爲京尹與朝士
宴集屬規爲酒令規從容對曰自江左以來未有茲舉
侍進蕭琛金紫傅昭在坐並謂爲知言普通初陳慶之
北伐剋復洛陽百僚稱賀規退曰道家有云非爲功難
成功難也羯寇遊魂爲日已久桓溫得而復失宋武竟
無成功我孤軍無援深入寇境威勢不接饋運難繼將
是役也爲禍階矣俄而王師覆沒其識達事機多如此
類六年高祖於文德殿餞廣州刺史元景隆詔羣臣賦
詩同用五十韻規援筆立奏其文又美高祖嘉焉卽日
詔爲侍中大通三年遷五兵尚書俄領步兵校尉中大
通二年出爲貞威將軍驃騎晉安王長史其年王立爲
皇太子仍爲吳郡太守主書芮珍宗家在吳前守宰皆
傾意附之是時珍宗假還規遇之甚薄珍宗還都密奏
規云不理郡事俄徵爲左民尚書郡吏民千餘人詣闕
請留表三奏上不許尋以本官領右軍將軍未拜復爲
散騎常侍太子中庶子領步兵校尉規辭疾不拜於鍾
山宗熙寺築室居焉大同二年卒時年四十五詔贈散
騎常侍光祿大夫賻錢二十萬布百疋謚曰章皇太子
出臨哭與湘東王繹令曰威明昨宵奄復殂化甚可痛
傷其風韻遒正神峯標映千里絕迹百尺無枝文辯縱
橫才學優贍跌宕之情彌遠濠梁之氣特多斯實俊民
也一爾過隙永歸長夜金刀掩芒長淮絕涸去歲冬中
巳傷劉子今茲寒孟復悼王生俱往之傷信非虛說規
集後漢衆家異同注續漢書二百卷文集二十卷子褒
字子漢七歲能屬文外祖司空袁昂愛之謂賓客曰此
兒當成吾宅相弱冠舉秀才除秘書郎太子舍人以父
憂去職服闋襲封南昌侯除武昌王文學太子洗馬兼
東宮管記遷司徒屬秘書丞出爲安成內史太清中侯
景陷京城江州刺史當陽公大心舉州附賊賊轉寇南
中褒猶據郡拒守大寶二年世祖命徵褒赴江陵旣至
以爲忠武將軍南平內史俄遷吏部尚書侍中承聖二
年遷尚書右僕射仍參掌選事又加侍中其年遷左僕
射參掌如故三年江陵陷入于周褒著幼訓以誡諸子
其一章云陶士行曰昔大禹不吝尺璧而重寸陰文士
何不誦書武士何不馬射若乃玄冬脩夜朱明永日肅
其居處崇其牆仞門無糅雜坐闕號呶以之求學則仲
尼之門人也以之爲文則賈生之升堂也古者盤盂有
銘几杖有誡進退循焉俯仰觀焉文王之詩曰靡不有
初鮮克有終立身行道終始若一造次必於是君子之
言歟儒家則尊卑等差吉凶降殺君南面而臣北面天
地之義也鼎俎奇而籩豆偶陰陽之義也道家則墮支
體黜聰明棄義絕仁離形去智釋氏之義見苦斷習證
滅循道明因辨果偶凡成聖斯雖爲教等差而義歸汲
引吾始乎幼學及于知命既崇周孔之教兼循老釋之
談江左以來斯業不墜汝能脩之吾之志也初有沛國
劉瑴南陽宗懍與褒俱爲中興佐命同參帷幄

劉瑴字仲寶晉丹陽尹眞長七世孫也少方正有器局
自國子禮生射策高第爲寧海令稍遷湘東王記室參
軍又轉中記室太清中侯景亂世祖承制上流書檄多
委瑴焉瑴亦竭力盡忠甚蒙賞遇歷尚書左丞御史中
丞承聖二年遷吏部尚書國子祭酒餘如故

宗懍字元懍八世祖承晉宜都郡守屬永嘉東徙子孫
因居江陵焉懍少聰敏好學晝夜不倦鄉里號爲童子
學士普通中爲湘東王府兼記室轉刑獄仍掌書記歷
臨汝建成廣晉等令後又爲世祖荆州別駕及世祖卽
位以爲尚書郎封信安縣侯邑一千戶累遷吏部郎中
五兵尚書吏部尚書承聖三年江陵沒與瑴俱入于周

王承字安期僕射暕子七歲通周易選補國子生年十
五射策高第除祕書郎歷太子舍人南康王文學邵陵
王友太子中舍人以父憂去職服闋復爲中舍人累遷
中書黃門侍郎兼國子博士時膏腴貴遊咸以文學相
尚罕以經術爲業惟承獨好之發言吐論造次儒者在
學訓諸生述禮易義中大通五年遷長兼侍中俄轉國
子祭酒承祖儉及父暕嘗爲此職三世爲國師前代未
之有也當世以爲榮久之出爲戎昭將軍東陽太守爲
政寬惠吏民悅之視事未朞卒於郡時年四十一謚曰
章子承性簡貴有風格時右衞朱异當朝用事每休下
車馬常塡門時有魏郡申英好危言高論以忤權右常
指异門曰此中輻輳皆以利往能不至者惟有大小王
東陽小東陽卽承弟稚也當時惟承兄弟及褚翔不至
异門時以此稱之

褚翔字世舉河南陽翟人曾祖淵齊太宰文簡公佐命
齊室祖蓁太常穆子父向字景政年數歲父母相繼亡
沒向哀毀若成人者親表咸異之旣長淹雅有器量高
祖踐阼選補國子生起家祕書郎遷太子舍人尚書殿
中郎出爲安成內史還除太子洗馬中舍人累遷太尉
從事中郎黃門侍郎鎭右豫章王長史頃之入爲長兼
侍中向風儀端麗眉目如點每公庭就列爲衆所瞻望
焉大通四年出爲寧遠將軍北中郎廬陵王長史三年
卒官外兄謝舉爲製墓銘其畧曰弘治推華子嵩慙量
酒歸月下風清琴上論者以爲擬得其人翔初爲國子
生舉高第丁父憂服闋除祕書郎累遷太子舍人宣城

王主簿中大通五年高祖宴羣臣樂遊苑別詔翔與王訓爲二十韻詩限三刻成翔於坐立奏高祖異焉卽日轉宣城王文學俄遷爲友時宣城友文學加它王二等故以翔超爲之時論美焉出爲義興太守翔在政潔已省繁苛去浮費百姓安之郡之西亭有古樹積年枯死翔至郡忽更生枝葉百姓咸以爲善政所感及秩滿吏民詣闕請之敕許焉尋徵爲吏部郎去郡百姓無老少追送出境涕泣拜辭翔居小選公清不爲請屬易意號爲平允俄遷侍中頃之轉散騎常侍領羽林監侍東宮出爲晉陵太守在郡未朞以公事免俄復爲散騎常侍侍東宮太清二年遷守吏部尚書其年冬侯景圍宮城翔於闈內丁母憂以毀卒時年四十四詔贈本官翔少有孝性爲侍中時母疾篤請沙門祈福中夜忽見戶外有異光又聞空中彈指及曉疾遂愈或以翔精誠所致焉

蕭介字茂鏡蘭陵人也祖思話宋開府儀同三司尚書僕射父惠蒨齊左民尚書介少穎悟有器識博涉經史兼善屬文齊永元末釋褐著作佐郎天監六年除太子舍人八年遷尚書金部郎十二年轉主客郎出爲吳令甚著聲績湘東王聞介名思共遊處表請之普通三年乃以介爲湘東王諮議參軍大通二年除給事黃門侍郎大同二年武陵王爲揚州刺史以介爲府長史在職清白爲朝廷所稱高祖謂何敬容曰蕭介甚貧可處以一郡敬容未對高祖曰始興郡頃無良守嶺上民頗不安可以介爲之由是出爲始興太守介至任宣布威德境內肅清七年徵爲少府卿尋加散騎常侍會侍中闕選司舉王筠等四人並不稱旨高祖曰我門中久無此職宜用蕭介爲之介博物強識應對左右多所匡正高祖甚重之遷都官尚書每軍國大事必先詢訪於介焉高祖謂朱异曰端右之材也中大同二年辭疾致事高祖優詔不許終不肯起乃遣謁者僕射魏祥就拜光祿大夫太清中侯景於渦陽敗走入壽陽高祖敕防主韋黙納之介聞而上表諫曰臣抱患私門竊聞侯景以渦陽敗績隻馬歸命陛下不悔前禍復敕容納臣聞凶人之性不移天下之惡一也昔呂布殺丁原以事董卓終誅董而爲賊劉牢反王恭以歸晉還背晉以構妖何者狼子野心終無馴狎之性養虎之喩必見飢噬之禍侯景獸心之種鳴鏑之類以凶狡之才荷高歡翼長之遇位忝台司任居方伯然而高歡墳土未乾卽還反噬逆力不逮乃復逃死關西宇文不容故復投身於我陛下前者所以不逆細流正欲以屬國降胡以討匈奴冀獲一戰之效耳今旣亡師失地直是境上之匹夫陛下受匹夫而棄與國之好臣竊不取也若國家猶待其更鳴之晨歲暮之效臣竊惟侯景必非歲暮之臣棄鄉國如脫屣背君親如遺芥豈知遠慕聖德爲江淮之純臣事跡顯然無可致惑一隅尚其如此觸類何可具陳臣朽老疾侵不應輒干朝政但楚囊將死有城郢之忠衞魚臨亡亦有屍諫之節臣忝爲宗室遺老敢忘劉向之心伏願天慈少思危苦之語高祖省表歎息卒不能用介性高簡少交遊惟與族兄琛從兄眎素及洽從弟淑等文酒賞會時人以比謝氏烏衣之遊初高祖招延後進二十餘人置酒賦詩臧盾以詩不成罰酒一斗盾飲盡顏色不變言笑自若介染翰便成文無加點高祖兩美之曰臧盾之飲蕭介之文卽席之美也年七十三卒於家第三子允初以兼散騎常侍聘魏還爲太子中庶子後至光祿大夫

洽字宏稱介從父兄也父惠基齊吏部尚書有重名前世洽幼敏寤年七歲誦楚辭畧上口及長好學博涉亦善屬文齊永明中爲國子生舉明經起家著作佐郎遷西中郎外兵參軍天監初爲前軍鄱陽王主簿尚書缺部郎遷太子中舍人出爲南徐州中從事近畿重鎭史數千人前從居之者皆致巨富洽爲之清身率職饋遺一無所受妻子不免饑寒還除司空從事中郎爲建安內史坐事免久之起爲護軍長史北中郎諮議參軍遷太府卿司徒臨川王司馬普通初拜員外散騎常侍兼御史中丞以公事免頃之爲通直散騎常侍洽少有才思高祖令製同泰大愛敬二寺剎下銘其文甚美二年遷散騎常侍出爲招遠將軍臨海太守爲政清平不尚威猛民俗便之還拜司徒左長史又敕撰當塗堰碑辭亦贍麗六年卒官時年五十五有詔出舉哀賻錢二萬布五十疋集二十卷行於世

褚球字仲寶河南陽翟人高祖叔度宋征虜將軍雍州刺史祖曖太宰外兵參軍父績太子舍人並尚宋公主球少孤貧篤志好學有才思宋建平王景素元徽中誅滅惟有一女得存其故吏何昌寓王思遠聞球清立以此女妻之因爲之延譽仕齊起家征虜行參軍俄署法曹遷右軍曲江公主簿出爲溧陽令在縣清白資公俸而已除平西主簿天監初遷太子洗馬散騎侍郎兼中書通事舍人出爲建康令母憂去職以本官起之固辭不拜服闋除北中郎諮議參軍俄遷中書郎復兼中書通事舍人除雲騎將軍累兼廷尉光祿卿舍人如故遷御史中丞球性公強無所屈撓在憲司甚稱職普通四年出爲北中郎長史南蘭陵太守入爲通直散騎常侍領羽林監七年遷太府卿頃之遷都官尚書中大同中出爲仁威臨川王長史江夏太守以疾不赴職改授光祿大夫未拜復爲太府卿領步兵校尉俄遷通直散騎常侍秘書監領著作遷司徒左長史常侍著作如故自魏孫禮晉荀組以後台佐加貂始有球也尋出爲貞威將軍輕車河東王長史南蘭陵太守入爲散騎常侍領步兵尋表致仕詔不許俄復拜光祿大夫加給事中卒官時年七十

劉孺字孝稚彭城安上里人也祖勔宋司空忠昭公父悛齊太常敬子孺幼聰敏七歲能屬文年十四居父喪毀瘠骨立宗黨咸異之服闋叔父瑱爲義興郡攜以之官常置坐側謂賓客曰此兒吾家之明珠也旣長美風采性通和雖家人不見其喜慍本州召迎主簿起家中軍法曹行參軍時鎭軍沈約聞其名引爲主簿常與遊宴賦詩大爲約所嗟賞累遷太子舍人中軍臨川王主簿太子洗馬尚書殿中郎出爲太末令在縣有清績還除晉安王友轉太子中舍人孺少好文章性又敏速嘗於御坐爲李賦受詔便成文不加點高祖甚稱賞之後侍宴壽光殿詔羣臣賦詩時孺與張率並醉未及成高祖取孺手板題戲之曰張率東南美劉孺雒陽才攬筆便應就何事久遲回其見親愛如此轉中書郎兼中書通事舍人頃之遷太子家令餘如故出爲宣惠晉安王長史領丹陽尹丞遷太子中庶子尚書吏部郎出爲輕車湘東王長史領會稽郡丞公事免頃之起爲王府記室散騎侍郎兼光祿卿累遷少府卿司徒左長史御史中丞號爲稱職大通二年遷散騎常侍三年遷左民尚書領步兵校尉中大通四年出爲仁威臨川王長史江夏太守加貞威將軍五年爲寧遠將軍司徒左長史未拜改爲都官尚書領右軍將軍大同五年守吏部尚書其年出爲明威將軍晉陵太守在郡和理爲吏民所稱七年入爲侍中領右軍其年復爲吏部尚書以母憂去職居喪未朞以毀卒時年五十九謚曰孝子孺少與從兄苞孝綽齊名苞早卒孝綽數坐免黜位並不高惟孺貴顯有文集二十卷子[illegible]著作郎早卒孺二弟覽遵

覽字孝智十六通老易歷官中書郎以所生母憂廬于墓再朞口不嘗鹽酪冬止著單布家人患其不勝喪中夜竊寘炭於牀下覽因暖氣得睡旣覺知之號慟歐血高祖聞其有至性數省視之服闋除尚書左丞性聰敏尚書令史七百人一見並記名姓當官清正無所私姊夫御史中丞褚湮從兄吏部郎孝綽在職頗通贓貨覽劾奏並免官孝綽怨之嘗謂人曰犬齧行路覽噬家人出爲始興內史治郡尤勵清節還復爲左丞卒官

遵字孝陵少清雅有學行工屬文起家著作郎太子舍人累遷晉安王宣惠雲麾二府記室甚見賓禮轉南徐州治中王後爲雍州復引爲安北諮議參軍帶邔縣令中大通二年王立爲皇太子仍除中庶子遵自隨藩及在東宮以舊恩偏蒙寵遇同時莫及大同元年卒官皇太子深悼惜之與遵從兄陽羨令孝儀令曰賢從中庶奄至殞逝痛可言乎其孝友淳深立身貞固內含玉潤外表瀾清美譽嘉聲流於士友言行相符始終如一文史該富琬琰爲心辭章博贍玄黃成采旣以鳴謙表性又以難進自居未嘗造請公卿締交榮利是以新沓莫之舉祉武弗之知自阮放之官野王之職棲遲門下已踰五載同僚已陟後進多升而怡然清靜不以少多爲念確爾之志亦何易得西河觀寶東江獨步書籍所載必不是過吾昔在漢南連翩書記及忝朱方從容坐首良辰美景清風月夜鷁舟乍動朱鷺徐鳴未嘗一日而不追隨一時而不會遇酒闌耳熱言志賦詩校覆忠賢榷揚文史益者三友此實其人及弘道下邑未申善政而能使民結去思野多馴雉此亦威鳳一羽足以驗其五德比在春坊載獲申晤博望無通賓之務司成多節文之科所賴故人時相媲偶而此子溘然實可嗟痛惟與善人此爲虛說天之報施豈若此乎想卿痛悼之誠亦當何已往矣奈何投筆惻愴吾昨欲爲誌銘并爲撰集吾之劣薄其生也不能揄揚吹歔使得騁其才用今者爲銘爲集何益旣往故爲痛惜之情不能已已耳

劉潛字孝儀秘書監孝綽弟也幼孤與兄弟相勵勤學並工屬文孝綽常曰三筆六詩三卽孝儀六孝威也天監五年舉秀才起家鎭右始興王法曹行參軍隨府益州兼記室王入爲中撫軍轉主簿遷尚書殿中郎敕令製雍州平等金像碑文甚宏麗晉安王綱出鎭襄陽引爲安北功曹史以母憂去職王立爲皇太子孝儀服闋仍補洗馬遷中舍人出爲戎昭將軍陽羨令甚有稱績擢爲建康令大同三年遷中書郎以公事左遷安西諮議參軍兼散騎常侍使魏還復除中書郎頃之權兼司徒右長史又兼寧遠長史行彭城琅邪二郡事累遷尚書左丞兼御史中丞在職彈糾無所顧望當時稱之十

年出爲伏波將軍臨海太守是時政網疏闊百姓多不遵禁孝儀下車宣示條制勵精綏撫境內翕然風俗大革中大同元年入守都官尚書太清元年出爲明威將軍豫章內史二年侯景寇京邑孝儀遣子勵帥郡兵三千人隨前衡州刺史韋粲入援三年宮城不守孝儀爲前歷陽太守莊鐵所逼失郡大寶元年病卒時年六十七孝儀爲人寬厚內行尤篤第二兄孝能早卒孝儀事寡嫂甚謹家內巨細必先諮決與妻子朝夕供事未嘗失禮世以此稱之有文集二十卷行於世第五弟孝勝歷官邵陵王法曹湘東王安西主簿記室尚書左丞出爲信義太守公事免久之復爲尚書右丞兼散騎常侍聘魏還爲安西武陵王紀長史蜀郡太守太清中侯景陷京師紀僭號於蜀以孝勝爲尚書僕射承聖中隨紀出峽口兵敗被執下獄世祖宥之起爲司徒右長史第六弟孝威初爲安北晉安王法曹轉主簿以母憂去職服闋除太子洗馬累遷中舍人庶子率更令並掌管記大同九年白雀集東宮孝威上頌其辭甚美太清中遷中庶子兼通事舍人及侯景冠亂孝威於圍城得出隨司州刺史柳仲禮西上至安陸遇疾卒第七弟孝先武陵王法曹主簿王遷益州隨府轉安西記室承聖中與兄孝勝俱隨紀軍出峽口兵敗至江陵世祖以爲黃門侍郎遷侍中兄弟並善五言詩見重於世文集值亂今不具存

殷芸字灌蔬陳郡長平人性倜儻不拘細行然不妄交遊門無雜客勵精勤學博洽羣書幼而廬江何憲見之深相歎賞永明中爲宜都王行參軍天監初爲西中郎主簿後軍臨川王記室七年遷通直散騎侍郎兼中書通事舍人十年除通直散騎侍郎兼尚書左丞又兼中書舍人遷國子博士昭明太子侍讀西中郎豫章王長史領丹陽尹丞累遷通直散騎常侍秘書監司徒左長史普通六年直東宮學士省大通三年卒時年五十九

蕭幾字德玄齊曲江公遙欣子也年十歲能屬文早孤有弟九人並皆稚小幾恩愛篤睦聞於朝野性溫和與物無競清貧自立好學善草隸書湘州刺史楊公則曲江之故吏也每見幾謂人曰康公此子可謂桓靈寶出及公則卒幾爲之誄時年十五沈約見而奇之謂其舅蔡撙曰昨見賢甥楊平南誄文不減希逸之作始驗康公積善之慶釋褐著作佐郎廬陵王文學尚書殿中郎太子舍人掌管記遷庶子中書侍郎尚書左丞末年專尚釋教爲新安太守郡多山水特其所好適性遊履遂爲之記卒于官子爲字元專亦有文才仕至太子舍人永康令

史臣曰王規之徒俱著名譽既逢休運才用各展美矣蕭洽當塗之制見偉辭人劉孝儀兄弟並以文章顯君子知梁代之有人焉

梁書卷四十一考證

蕭介傳以凶狡之才○狡監本訛稷今改正

劉潛傳第二兄孝能○能南史作熊

蕭幾傳康公此子可謂桓靈寶出○南史出字上有重字

子爲字元專○爲南本作清

梁書卷四十二

唐 散 騎 常 侍 姚 思 廉 撰

列傳第三十六

臧盾 弟厥　傅岐

臧盾字宣卿東莞莒人高祖燾宋左光祿大夫祖潭之左民尚書父未甄博涉文史有才幹少爲外兄汝南周顒所知宋末起家爲領軍主簿所奉即齊武帝入齊歷太尉祭酒尚書主客郎建安廬陵二王府記室前軍功曹史通直郎南徐州中正丹陽尹丞高祖平京邑霸府建引爲驃騎刑獄參軍天監初除後軍諮議中郎南徐州別駕入拜黃門郎遷右軍安成王長史少府卿出爲新安太守有能名還爲太子中庶子司農卿太尉長史丁所生母憂三年廬于墓側服闋除廷尉卿出爲安成王長史江夏太守卒官盾幼從徵士琅邪諸葛璩受五經通章句璩學徒常有數十百人盾處其間無所狎比璩異之歎曰此生重器王佐人也初爲撫軍行參軍遷尚書中兵郎盾美風儀善舉止每趨奏高祖甚悅焉入兼中書通事舍人除安右錄事參軍舍人如故盾有孝性隨父宿直於廷尉母劉氏在宅夜暴亡左手中指忽痛不得寢及曉宅信果報凶問其感通如此服制未終父又卒盾居喪五年不出廬舍形骸枯顇家人不復識鄉人王端以狀聞高祖嘉之敕累遣抑譬服闋除丹陽尹丞轉中書郎復兼中書舍人遷尚書左丞爲東中郎武陵王長史行府州國事領會稽郡丞還爲少府卿領步兵校尉遷御史中丞盾性公强居憲臺甚稱職中大通五年二月高祖幸同泰寺開講設四部大會衆數萬人南越所獻馴象忽於衆中狂逸乘轝羽衞及會皆駭散惟盾與散騎郎裴之禮嶷然自若高祖甚嘉焉俄有詔加散騎常侍未拜又詔曰總一六軍非才勿授御史中丞新除散騎常侍盾志懷忠密識用詳慎當官平允處務勤恪必能緝斯戎政可兼領軍常侍如故大同二年遷中領軍領軍管天下兵要監局事多盾爲人斂贍有風力長於撥繁職事甚理天監中吳平侯蕭景居此職著聲稱至是盾復繼之五年出爲仁威將軍吳郡太守視事未朞以疾陳解拜光祿大夫加金章紫綬七年疾愈復爲領軍將軍九年卒時年六十六即日有詔舉哀贈侍中領軍如故給東園秘器朝服一具衣一襲錢布各有差謚曰忠子長博字孟弘桂陽內史次子仲博曲阿令盾弟厥

厥字獻卿亦以幹局稱初爲西中郎行參軍尚書主客郎入兼中書通事舍人累遷正員郎鴻臚卿舍人如故遷尚書右丞未拜出爲晉安太守郡居山海常結聚逋逃前二千石雖募討捕而寇盜不止厥下車宣風化凡諸凶黨皆襁負而出居民復業商旅流通然爲政嚴酷少恩吏民小事必加杖罰百姓謂之臧虎還除驃騎廬陵王諮議參軍復兼舍人遷員外散騎常侍兼司農卿舍人如故大同八年卒官時年四十八厥前後居職所掌之局大事及蘭臺廷尉所不能決者敕並付厥厥辨斷精詳咸得其理厥卒後有撾登聞鼓訴者求付清直舍人高祖曰臧厥既亡此事便無可付其見知如此子操尚書三公郎

傅岐字景平北地靈州人也高祖弘仁宋太常祖琰齊世爲山陰令有治能自縣擢爲益州刺史父翽天監中歷山陰建康令亦有能名官至驃騎諮議岐初爲國子明經生起家南康王宏常侍遷行參軍兼尚書金部郎母憂去職居喪盡禮服闋後疾廢久之是時改創北郊壇初起岐監知繕築事畢除如新令縣民有因鬭相毆而死者死家訴郡郡錄其仇人考掠備至終不引咎郡乃移獄於縣岐即命脫械以和言問之便即首服法當償死會冬節至岐乃放其還家使過節一日復獄曹掾固爭曰古者乃有此於今不可行岐曰其若負信縣令當坐主者勿憂竟如期而反太守深相歎異遽以狀聞岐後去縣民無老小皆出境拜送啼號之聲聞於數十里至都除廷尉正入兼中書通事舍人遷寧遠岳陽王記室參軍舍人如故出爲建康令以公事免俄復爲舍人累遷安西中記室鎭南諮議參軍兼舍人如故岐美容止博涉能占對大同中與魏和親其使歲中再至常遣岐接對焉太清元年累遷太僕司農卿舍人如故在禁省十餘年機事密勿亞於朱异此年冬豫州刺史貞陽侯蕭淵明率衆伐彭城兵敗陷魏二年淵明遣使還述魏人欲更通和好敕有司及近臣定議左衞朱异曰高澄此意當復欲繼好不爽前和邊境且得靜寇息民於事爲便議者並然之岐獨曰高澄既新得志其勢非弱何事須和此必是設間故令貞陽遣使令侯景自疑當以貞陽易景景意不安必圖禍亂今若許澄通好正是墮其計中且彭城去歲喪師渦陽新復敗退今便就和益示國家之弱若如愚意此和宜不可許朱异等固執高祖遂從异議及遣和使侯景果有此疑累啟請追使敕但依違報之至八月遂舉兵反十月入寇京師請誅朱异三年遷中領軍舍人如故二月景於闕前通表乞割江右四州安其部下當解圍還鎭詔許之乃於城西立盟求遣宣城王出送岐固執宣城嫡嗣之重不宜許遣石城公大款送之及與景盟訖城中文武喜躍望得解圍岐獨言於衆曰賊舉兵爲逆未遂求和夷情猒心必不可信此和終爲賊所詐也衆並怨怪之及景背盟莫不歎服尋有詔以岐勤勞封南豐縣侯邑五百戶固辭不受宮城失守岐帶疾出圍卒於宅

陳吏部尚書姚察曰夫舉事者定於謀故萬舉無遺策信哉是言也傅岐識齊氏之僞和可謂善於謀事是時若納岐之議太清禍亂固其不作申子曰一言倚天下靡此之謂乎

梁書卷四十三

唐 散 騎 常 侍 姚 思 廉 撰

列傳第三十七

韋粲 江子一 弟子四 子五 張嵊
沈浚 柳敬禮

韋粲字長蒨車騎將軍叡之孫北徐州刺史放之子也有父風好學仗氣身長八尺容貌甚偉初爲雲麾晉安王行參軍俄署法曹遷外兵參軍兼中兵時潁川庾仲容吳郡張率前輩知名與粲同府竝忘年交好及王遷鎭雍州隨轉記室兼中兵如故王立爲皇太子粲還步兵校尉入爲東宮領直丁父憂去職尋起爲招遠將軍復爲領直服闋襲爵永昌縣侯除安西湘東王諮議累遷太子僕左衞率領直竝如故粲以舊恩任寄綢密雖居職屢徙常留宿衞頗擅權誕倨不爲時輩所平右衞朱异嘗於酒席厲色謂粲曰卿何得已作領軍面向人中大同十一年遷通直散騎常侍未拜出爲持節督衡州諸軍事安遠將軍衡州刺史皇太子出餞新亭執粲手曰與卿不爲久別太清元年粲至州無幾便表解職二年徵爲散騎常侍粲還至廬陵聞侯景作逆便簡閱部下得精卒五千馬百匹倍道赴援至豫章奉命報云賊已出橫江粲卽就內史劉孝儀共謀之孝儀曰必期如此當有別敕豈可輕信單使妄相驚動或恐不然時孝儀置酒粲怒以杯抵地曰賊已渡江便逼宮闕水陸俱斷何暇有報假令無敕豈得自安韋粲今日何情飲酒卽馳馬出部分將發會江州刺史當陽公大心遣使要粲粲乃馳往見大心曰上游蕃鎭江州去京最近殿下情計實宜在前但中流任重當須應接不可闕鎭今直且張聲勢移鎭湓城遣偏將賜隨於事便足大心然之遣中兵柳昕帥兵二千人隨粲粲悉留家累於江州以輕舸就路至南洲粲外弟司州刺史柳仲禮亦帥步騎萬餘人至橫江粲卽送糧仗贍給之并散私金帛以賞其戰士先是安北將軍鄱陽王範亦自合肥遣西豫州刺史裴之高與其長子嗣帥江西之衆赴京師屯於張公洲待上流諸軍至是時之高遣船渡仲禮與合軍進屯王遊苑粲建議推仲禮爲大都督報下流衆軍裴之高自以年位恥居其下乃云柳節下是州將何須我復鞭板累日不決粲乃抗言於衆曰今者同赴國難義在除賊所以推柳司州者政以久捍邊疆先爲侯景所憚且士馬精銳無出其前若論位次柳在粲下語其年齒亦少於粲直以社稷之計不得復論今日形勢貴在將和若人心不同大事去矣裴公朝之舊齒年德已隆豈應復挾私情以沮大計粲請爲諸君解釋之乃單舸至之高營切讓之曰前諸將之議豫州意所未同卽二宮危逼猾寇滔天臣子當戮力同心豈可自相矛盾豫州必欲立異鋒鏑便有所歸之高垂泣曰吾荷國恩榮自應帥先士卒顧恨衰老不能効命企望柳使君共平凶逆謂衆議已從無俟老夫耳若必有疑當剖心相示於是諸將定議仲禮方得進軍次新亭賊列陣於中興寺相持至晚各解歸是夜仲禮入粲營部分衆軍且日將戰諸將各有據守令粲頓青塘青塘當石頭中路粲慮柵壘未立賊必爭之頗以爲憚謂仲禮曰下官才非禦侮直欲以身狥國節下善量其宜不可致有虧喪仲禮曰青塘立柵迫近淮渚欲以糧儲船乘盡就泊之此是大事非兄不可若疑兵少當更差軍相助乃使直閤將軍劉叔胤師助粲帥所部水陸俱進時值昏霧軍人迷失道比及青塘夜已過半壘柵至曉未合景登禪靈寺門閣望粲營未立便率銳卒來攻軍副王長茂勸據柵待之粲不從令軍主鄭逸逆擊之命劉叔胤以水軍截其後叔胤畏懦不敢進逸遂敗賊乘勝入營左右牽粲避賊粲不動猶叱子弟力戰兵死略盡遂見害時年五十四粲子尼及三弟助警構從弟昂皆戰死親戚死者數百人賊傳粲首闕下以示城內太宗聞之流涕曰社稷所寄惟在韋公如何不幸先死行陣詔贈護軍將軍世祖平侯景追謚曰忠貞并追贈助警構及尼皆中書郎昂員外散騎常侍粲長子臧字君理歷官尚書三公郎太子洗馬東宮領直侯景至帥兵屯西華門城陷奔江州收舊部曲據豫章爲其部下所害

江子一字元貞濟陽考城人晉散騎常侍統之七世孫也父法成天監中奉朝請子一少好學有志操以家貧闕養因蔬食終身起家王國侍郎朝請啟求觀書祕閣高祖許之有敕直華林省其姑夫右衞將軍朱异權要當朝休下之日賓客輻湊子一未嘗造門其高潔如此稍遷尚書儀曹郎出爲遂昌曲阿令皆著美績除通直散騎侍郎出爲戎昭將軍南津校尉弟子四歷尚書金部郎大同初遷右丞兄弟性竝剛烈子四自右丞上封事極言得失高祖甚善之詔尚書詳擇施行焉左民郎沈炯少府丞顧璵嘗奏事不允高祖厲色呵責之子四乃趨前代炯等對言甚激切高祖怒呼縛之子四據地不受高祖怒亦止乃釋之猶坐免職及侯景反攻陷歷陽自橫江將渡子一帥舟師千餘人於下流欲邀之其副董桃生家在江北因與其黨散走子一乃退還南洲復收餘衆步道赴京師賊亦尋至子一啟太宗云賊圍未合猶可出盪若營柵一固無所用武請與其弟子四子五帥所領百餘人開承明門挑賊許之子一乃身先士卒抽戈獨進羣賊夾攻之從者莫敢繼子四子五見事急相引赴賊竝見害詔曰故戎昭將軍通直散騎侍郎南津校尉江子一前尚書右丞江子四東宮直殿主帥子五禍故有聞良以矜惻死事加等抑惟舊章可贈子一給事黃門侍郎子四中書侍郎子五散騎侍郎侯景平世祖又追贈子一侍中謚義子子四黃門侍郎謚毅子子五中書侍郎謚烈子子一續黃圖及班固九品并辭賦文筆數十篇行於世

張嵊字四山鎭北將軍稷之子也少方雅有志操能清言父臨青州爲土民所害嵊感家禍終身蔬食布衣手不執刀刃州舉秀才起家祕書郎累遷太子舍人洗馬司徒左西掾中書郎出爲永陽內史還除中軍宣城王司馬散騎常侍又出爲鎭南湘東王長史尋陽太守中大同元年徵爲太府卿俄遷吳興太守太清二年侯景圍京城嵊遣弟伊率郡兵數千人赴援三年宮城陷御史中丞沈浚違難東歸嵊往見而謂曰賊臣憑陵社稷危恥正是人臣効命之秋今若收集兵力保據貴鄉若天道無靈忠節不展雖復及死誠亦無恨浚曰鄙郡雖小仗義拒逆誰敢不從固勸嵊舉義於是收集士卒繕築城壘時邵陵王東奔至錢唐聞之遣板授嵊征東將軍加秩中二千石嵊曰朝廷危迫天子蒙塵今日何情復受榮號留板而已賊行臺劉神茂攻破義興遣使說嵊曰若早降附當還以郡相處復加爵賞嵊命斬其使仍遣軍主王雄等帥兵於鱸瀆逆擊之破神茂神茂退走侯景聞神茂敗乃遣其中軍侯子鑒帥精兵二萬人助神茂以擊嵊嵊遣軍主范智朗出郡西拒戰爲神茂所敗退歸賊騎乘勝焚柵柵內衆軍皆土崩嵊乃釋戎服坐於聽事賊臨之以刃終不爲屈乃執嵊以送景景刑之於都市子弟同遇害者十餘人時年六十二賊平世祖追贈侍中中衞將軍開府儀同三司謚曰忠貞子

沈浚字叔源吳興武康人祖憲齊散騎常侍齊史有傳浚少博學有才幹歷山陰吳建康令竝有能名入爲中書郎尚書左丞侯景逼京城遷御史中丞是時外援竝至侯景表請求和詔許之既盟景知城內疾疫復懷姦計遲疑不去數日皇太子令浚詣景所景曰卽已向熱非復行時十萬之衆何由可去還欲立効朝廷君可見爲申聞浚曰將軍此論意在得城城內兵糧尚支百日將軍儲積內盡國家援軍外集十萬之衆將何所資而反設此言欲脅朝廷邪景橫刃於膝瞋目叱之浚正色責景曰明公親是人臣舉兵向闕聖主申恩赦過已共結盟口血未乾而有翻背沈浚六十之年且天子之使死生有命豈畏逆臣之刀乎不顧而出景曰是眞司直也然密銜之及破張嵊乃求浚以害之

柳敬禮開府儀同三司慶遠之孫父津太子詹事敬禮與兄仲禮皆少以勇烈知名起家著作佐郎稍遷扶風太守侯景渡江敬禮率馬步三千赴援至都據青溪埭與景頻戰恒先登陷陳甚著威名臺城沒敬禮與仲禮俱見於景景遣仲禮經略上流留敬禮爲質以爲護軍景餞仲禮於後渚敬禮密謂仲禮曰景今來會敬禮抱之兄拔佩刀便可斫殺敬禮死亦無所恨仲禮壯其言許之及酒數行敬禮目仲禮仲禮見備衞嚴不敢動計遂不果會景征晉熙敬禮與南康王會理共謀襲其城剋期將發建安侯蕭賁知而告之遂遇害

史臣曰若夫義重於生前典垂誥斯蓋先哲之所貴也故孟子稱生者我所欲義亦我所欲二事必不可兼得寧捨生而取義至如張嵊二三子之徒捐軀狥節赴死如歸英風勁氣籠罩今古君子知梁代之有忠臣焉

梁書卷四十三考證

江子一傳江子一字元貞○貞南史作亮

梁書卷四十四

唐 散 騎 常 侍 姚 思 廉 撰

列傳第三十八

太宗十一王　世祖二子

太宗王皇后生哀太子大器南郡王大連陳淑容生潯陽王大心左夫人生南海王大臨安陸王大春謝夫人生瀏陽公大雅張夫人生新興王大莊包昭華生西陽王大鈞范夫人生武寧王大威褚脩華生建平王大球陳夫人生義安王大昕朱夫人生綏建王大摯自餘諸子本書不載

潯陽王大心字仁恕幼而聰朗善屬文中大通四年以皇孫封當陽公邑一千五百戶大同元年出爲使持節都督郢南北司定新五州諸軍事輕車將軍郢州刺史時年十三太宗以其幼恐未達民情戒之曰事無大小悉委行事纖毫不須措懷大心雖不親州務發言每合於理衆皆驚服七年徵爲侍中兼石頭戍軍事太清元年出爲雲麾將軍江州刺史二年侯景寇京邑大心招集士卒遠近歸之衆至數萬與上流諸軍赴援宮闕三年城陷上甲侯蕭韶南奔宣密詔加散騎常侍進號平南將軍大寶元年封潯陽王邑二千戶初歷陽太守莊鐵以城降侯景既而又奉其母來奔大心以鐵舊將厚爲其禮軍旅之事悉以委之仍以爲豫章內史侯景數遣軍西上寇抄大心輒令鐵擊破之賊不能進時鄱陽王範率衆棄合肥屯于柵口待援兵總集欲俱進大心聞之遣要範西上以湓城處之廩饋甚厚與戮力共除禍難會莊鐵據豫章反大心令中兵參軍韋約等將軍擊之鐵敗績又乞降鄱陽世子嗣先與鐵遊處因稱其人才畧從横且舊將也欲舉大事當資其力若降江州必不全其首領嗣請援之範從之乃遣將侯瑱率精甲五千往救鐵夜襲破韋約等營大心聞之大懼於是二藩釁起人心離貳景將任約畧地至于湓城大心遣司馬韋質拒戰敗績時帳下猶有勇士千餘人咸說曰既無糧儲難以守固若輕騎往建州以圖後舉策之上者也大心未決其母陳淑容曰卽日聖御年尊儲宮萬福汝久奉違顏色不念拜謁闕庭且吾已老而欲遠涉險路糧儲不給豈謂孝子吾終不行因撫胷慟哭大心乃止遂與約和二年秋遇害時年二十九

南海王大臨字仁宣大同二年封寧國縣公邑一千五百戶少而敏慧年十一遭左夫人憂哭泣毁瘠以孝聞後入國學明經射策甲科拜中書侍郎遷給事黃門侍郎十一年爲長兼侍中出爲輕車將軍琅邪彭城二郡太守侯景亂爲使持節宣惠將軍屯新亭俄又徵還屯端門都督城南諸軍事時議者皆勸收外財物擬供賞賜大臨獨日物乃賞士而牛可犒軍命取牛得千餘頭城內賴以饗士大寶元年封南海郡王邑二千戶出爲使持節都督揚南徐二州諸軍事安南將軍揚州刺史又除安東將軍吳郡太守時張彪起義於會稽吳人陸令公潁川庾孟卿等勸大臨走投彪大臨曰彪若成功不資我力如其撓敗以我說焉不可往也二年秋遇害于郡時年二十五

南郡王大連字仁靖少俊爽能屬文舉止風流雅有巧思妙達音樂兼善丹青大同二年封臨城縣公邑一千五百戶七年與南海王俱入國學射策甲科拜中書侍郎十年高祖幸朱方大連與兄大臨並從高祖問曰汝等習騎不對曰臣等未奉詔不敢輒習敕各給馬試之大連兄弟據鞍往還各得馳驟之節高祖大悅卽賜所乘馬及爲啓謝詞又甚美高祖佗日謂太宗曰昨見大臨大連風韻可愛足以慰吾年老遷給事黃門侍郎轉侍中尋兼石頭戍軍事太清元年出爲使持節輕車將軍東揚州刺史侯景入寇京師大連率衆四萬來赴及臺城沒援軍散復還揚州三年會稽山賊田領羣聚黨數萬來攻大連命中兵參軍張彪擊斬之大寶元年封爲南郡王邑二千戶景仍遣其將趙伯超劉神茂來討大連設備以待之會將留異以城應賊大連棄城走至信安爲賊所獲侯景以爲輕車將軍行揚州事遷平南將軍江州刺史大連既迫寇手恒思逃竄乃與賊約日軍民之事吾不預焉候我存亡但聽鍾響欲簡與相見因得亡逸賊亦信之事未果二年秋遇害時年二十五

安陸王大春字仁經少博涉書記天性孝謹體貌瓌偉腰帶十圍大同六年封西豐縣公邑一千五百戶拜中書侍郎後爲寧遠將軍知石頭戍軍事侯景內寇大春奔京口隨邵陵王入援戰于鍾山爲賊所獲京城既陷大寶元年封安陸郡王邑二千戶出爲使持節雲麾將軍東揚州刺史二年秋遇害時年二十二

劉陽公大雅字仁風大同九年封劉陽縣公邑一千五百戶少聰警美姿儀特爲高祖所愛太清三年京城陷賊已乘城大雅猶命左右格戰賊至漸衆乃自縋而下因發憤感疾薨時年十七

新興王大莊字仁禮大同九年封高唐縣公邑一千五百戶大寶元年封新興郡王邑二千戶嘗爲使持節都督南徐州諸軍事宣毅將軍南徐州刺史二年秋遇害時年十八

西陽王大鈞字仁輔性厚重不妄戲弄年七歲高祖嘗問讀何書對曰學詩因命諷誦音韻清雅高祖因賜王羲之書一卷大寶元年封西陽郡王邑二千戶出爲宣惠將軍丹陽尹二年監揚州將軍如故至秋遇害時年十三

武寧王大威字仁容美風儀眉目如畫大寶元年封武寧郡王邑二千戶二年出爲信威將軍丹陽尹其年秋遇害時年十三

建平王大球字仁珽大寶元年封建平郡王邑二千戶性明惠夙成初侯景圍京城高祖素歸心釋教每發誓願恒云若有衆生應受諸苦悉衍身代當時大球年甫七歲聞而驚謂母曰官家尚爾兒安敢辭乃六時禮佛亦云凡有衆生應獲苦報悉大球代受其早慧如此二年出爲輕車將軍兼石頭戍軍事其年秋遇害時年十一

義安王大昕字仁朗年四歲母陳夫人卒便哀慕毁瘠有若成人及高祖崩大昕奉慰太宗嗚咽不能自勝左右見之莫不掩泣大寶元年封義安郡王邑二千戶二年出爲寧遠將軍琅邪彭城二郡太守未之鎮遇害時年十一

綏建王大摯字仁瑛幼雄壯有膽氣及京城陷乃歎曰大丈夫會當滅虜屬妳媼驚掩其口曰勿妄言禍將及大摯笑曰禍至非由此言大寶元年封綏建郡王邑二千戶二年爲寧遠將軍遇害時年十歲

世祖諸男徐妃生忠壯世子方等王夫人生貞惠世子方諸其愍懷太子方矩本書不載所生別有傳夏賢妃生敬皇帝自餘諸子並本書無傳

忠壯世子方等字實相世祖長子也母曰徐妃少聰敏有俊才善騎射尤長巧思性愛林泉特好散逸嘗著論曰人生處世如白駒過隙耳一壺之酒足以養性一簞之食足以怡形生在蓬蒿死在溝壑瓦棺石槨何以異茲吾嘗夢爲魚因化爲鳥當其夢也何樂如之及其覺也何憂斯類良由吾之不及魚鳥者遠矣故魚鳥飛浮任其志性吾之進退恒存掌握舉手懼觸摇足恐墮若使吾終得與魚鳥同遊則去人間如脫屣耳初徐妃以嫉妬失寵方等意不自安世祖聞之又惡方等方等益懼故述論以申其志焉會高祖欲見諸王長子世祖遣方等入侍方等欣然升舟冀免憂辱行至繇水值侯景亂世祖召之方等啓曰昔申生不愛其死方等豈顧其生世祖省書歎息知無還意乃配步騎一萬使援京都賊每來攻方等必身當矢石宮城陷方等歸荆州收集士馬甚得衆和世祖始歎其能方等又勸修築城柵以備不虞既成樓雉相望周迴七十餘里世祖觀之甚悅入謂徐妃曰若更有一子如此吾復何憂徐妃不荅垂泣而退世祖忿之因疏其穢行牓于大閤方等入見益以自危時河東王爲湘州刺史不受督府之令方等乃乞征之世祖許焉拜爲都督令帥精卒二萬南討方等臨行謂所親曰吾此段出征必死無二死而獲所吾豈愛生及至麻溪河東王率軍逆戰方等擊之軍敗遂溺死時年二十二世祖聞之不以爲感後追思其才贈侍中中軍將軍揚州刺史諡曰忠壯世子并爲招魂以哀之方等注范曄後漢書未就所撰三十國春秋及靜住子行於世

貞惠世子方諸字智相世祖第二子母王夫人幼聰警博學明老易善談玄風采清越辭辯鋒生特爲世祖所愛母王氏又有寵及方等敗沒世祖謂之曰不有所廢其何以興因拜爲中撫軍以自副又出爲郢州刺史鎮江夏以鮑泉爲行事防遏下流時世祖遣徐文盛督衆軍與侯景將任約相持未決方諸恃文盛在近不恤軍政日與鮑泉蒲酒爲樂侯景知之乃遣其將宋子仙率輕騎數百從間道襲之屬風雨晦冥子仙至百姓奔告方諸與鮑泉猶不信曰徐文盛大軍在下虜安得來始命閉門賊騎已入城遂陷子仙執方諸以歸王僧辯軍至蔡洲景遂害之世祖追贈侍中大將軍諡曰貞惠世子

史臣曰太宗世祖諸子雖開土宇運屬亂離既拘寇賊多殞非命吁可嗟矣

梁書卷四十四考證

太宗十一王傳范夫人生武寧王大威○威南本作盛

自餘諸子本書不載○臣人龍按簡文帝有二十子今本傳載十一王其別見者有大成大封大圜大訓四人餘則不可考矣

西陽王大鈞傳大鈞字仁輔○輔南史作博

建平王大球傳大球字仁珽○珽南史作玉

忠壯世子方等傳所撰三十國春秋及靜住子行於世○靜住南史作篤靜

梁書卷四十五

唐　散　騎　常　侍　姚　思　廉　撰

列傳第三十九

王僧辯

王僧辯字君才右衛將軍神念之子也以天監中隨父來奔起家爲湘東王國左常侍王爲丹陽尹轉府行參軍王出守會稽兼中兵參軍事王爲荆州仍除中兵在限內時武寧郡反王命僧辯討平之遷貞威將軍武寧太守尋遷振遠將軍廣平太守秩滿還爲王府中錄事參軍如故王被徵爲護軍僧辯兼府司馬王爲江州仍

除雲騎將軍司馬守湓城俄監安陸郡無幾而還尋爲新蔡太守猶帶司馬將軍如故王除荆州爲貞毅將軍府諮議參軍事賜食千人代柳仲禮爲竟陵太守改號雄信將軍屬侯景反王命僧辯假節總督舟師一萬兼糧饋赴援纔至京都宮城陷沒天子蒙塵僧辯與柳仲禮兄弟及趙伯超等先屈膝於景然後入朝景悉收其軍實而厚加綏撫未幾遣僧辯歸于竟陵於是倍道兼行西就世祖世祖承制以僧辯爲領軍將軍及荆湘疑貳軍師失律世祖又命僧辯及鮑泉統軍討之分給兵糧剋日就道時僧辯以竟陵部下猶未盡來意欲待集然後上頓謂鮑泉曰我與君俱受命南討而軍容若此計將安之泉曰旣稟廟算驅率驍勇事等沃雪何所多慮僧辯曰不然君之所言故是文士之常談耳河東少有武幹兵刃又彊新破軍師養銳待敵自非精兵一萬不足以制之我竟陵甲士數經行陣已遣召之不久當及雖期日有限猶可重申欲與卿共入言之望相佐也泉曰成敗之舉繫此一行遲速之宜終當仰聽世祖性嚴忌微聞其言以爲遷延不肯去稍已含怒及僧辯將入謂泉曰我先發言君可見係泉又許之及見世祖世祖迎問曰卿已辦乎何日當發僧辯具對如向所言世祖大怒按劒厲聲曰卿憚行邪因起入內泉震怖失色竟不敢言須臾遣左右數十人收僧辯旣至謂曰卿拒命不行是欲同賊今唯有死耳僧辯對曰僧辯食祿旣深憂責實重今日就戮豈敢懷恨但恨不見老母世祖因斫之中其左髀流血至地僧辯悶絕久之方蘇卽送付廷尉幷收其子姪竝皆繫之會岳陽王軍襲江陵人情搔擾未知其備世祖遣左右往獄問計於僧辯僧辯具陳方略登卽赦爲城內都督俄而岳陽奔退而鮑泉力不能剋長沙世祖乃命僧辯代之數泉以十罪遣舍人羅重歡領齋仗三百人與僧辯俱發旣至遣通泉云羅舍人被令送王竟陵來泉甚愕然顧左右曰得王竟陵助我經略賊不足平俄而重歡齎令書先入僧辯從齋仗繼進泉方拂席坐而待之僧辯旣入背泉而坐曰鮑郎卿有罪令旨使我鏁卿勿以故意見待因語重歡出令泉卽下地鏁于牀側僧辯仍部分將帥幷力攻圍遂平湘土還復領軍將軍侯景浮江西寇軍次夏首僧辯爲大都督率巴州刺史淳于量定州刺史杜龕宜州刺史王琳郴州刺史裴之横等俱赴西陽軍次巴陵聞郢州已沒僧辯因據巴陵城世祖乃命羅州刺史徐嗣徽武州刺史杜崱竝會僧辯于巴陵景旣陷郢城兵衆益廣徒黨甚銳將進寇荆州乃使僞儀同丁和統兵五千守江夏大將宋子仙前驅一萬造巴陵景悉凶徒水步繼進於是緣江戍邏望風請服賊拓邏至于隱磯僧辯悉上江渚米糧竝沉公私船於水及賊前鋒次江口僧辯乃分命衆軍乘城固守偃旗臥鼓安若無人翌日賊衆濟江輕騎至城下問城內是誰答曰是王領軍賊曰語王領軍事勢如此何不早降僧辯使人答曰大軍但向荆州此城自當非礙僧辯百口在人掌握豈得便降賊騎旣去俄爾又來曰我王已至王領軍何爲不出與王相見邪僧辯不答頃之又執王珣等至于城下珣爲書誘說城內景帥船艦竝集北寺又分入港中登岸治道廣設氊屋耀軍城東隴上芟除草莽開八道向城遣五千兔頭肉薄苦攻城內同時鼓譟矢石雨下殺賊旣多賊乃引退世祖又命平北將軍胡僧祐率兵下援僧辯是日賊復攻巴陵水步十處鳴鼓吹脣肉薄斫上城上放木擲火爨礨石殺傷甚多午後賊退乃更起長柵繞城大列舸艦以樓船攻水城西南角又遣人渡洲岸引牂柯推蝦蟆車塡塹引障車臨城二日方止賊又於艦上豎木桔槔聚茅置火以燒水柵風勢不利自焚而退旣頻戰挫衂賊帥任約又爲陸法和所擒景乃燒營夜遁旋軍夏首世祖策勳行賞以僧辯爲征東將軍開府儀同三司江州刺史封長寧縣公於是世祖命僧辯卽率巴陵諸軍沿流討景師次郢城步攻魯山魯山城主支化仁景之騎將也率其黨力戰衆軍大破之化仁乃降僧辯仍督諸軍渡兵攻郢卽入羅城宋子仙蟻聚金城拒守攻之未剋子仙使其黨時靈護率衆三千開門出戰僧辯又大破之生擒靈護斬首千級子仙衆退據倉門帶江阻險衆軍攻之頻戰不剋景旣聞魯山已沒郢鎭復失羅城乃率餘衆倍道歸建業子仙等困蹙計無所之乞輸郢城身還就景僧辯僞許之命給船百艘以老其意子仙謂爲信然浮舟將發僧辯命杜龕率精勇千人攀堞而上同時鼓譟掩至倉門水軍主宋遙率樓船暗江四面雲合子仙行戰行走至于白楊浦乃大破之生擒子仙送江陵卽率諸軍進師九水賊僞儀同范希榮盧暉略尚據湓城及僧辯軍至希榮等因挾江州刺史臨城公棄城奔走世祖加僧辯侍中尚書令征東大將軍給鼓吹一部仍令僧辯且頓江州須衆軍齊集得時更進頃之世祖命江州衆軍悉同大舉僧辯乃表皇帝凶問告于江陵仍率大將百餘人連名勸世祖卽位將欲進軍又重奉表雖未見從竝蒙優答事見本紀僧辯於是發自江州直指建業乃先命南兗州刺史侯瑱率銳卒輕舸襲南陵鵲頭等戍至卽剋之先是陳霸先率衆五萬出自南江前軍五千行至湓口霸先倜儻多謀策名蓋僧辯僧辯畏之旣至湓口與僧辯會于白茅洲登壇盟誓霸先爲其文曰賊臣侯景凶羯小胡逆天無狀構造姦惡違背我恩義破掠我國家毒害我生民移毀我社廟我高祖武皇帝靈聖聰明光宅天下劬勞兆庶亭育萬民如我考妣五十所載哀景以窮見歸全景將戮之首置景要害之地崇景非次之榮我高祖於景何薄我百姓於景何怨而景長戟彊弩陵蹙朝廷鋸牙郊甸殘食含靈刳肝斮趾不厭其快曝骨焚屍不謂爲酷高祖菲食卑宮春秋九十屆志凝威憤終賊手大行皇帝溫嚴恭默丕守鴻名於景何有復加忍毒皇枝緫抱已上緦功以還窮刀極俎旣屠且膾豈有率土之濱謂爲王臣食人之禾飲人之水忍聞此痛而不悼心況臣僧辯臣霸先等荷稱國藩湘東王臣繹泣血銜哀之寄摩頂至足之恩世受先朝之德身當將帥之任而不能瀝膽抽腸共誅姦逆雪天地之痛報君父之仇則不可以稟靈含識戴天履地今日相國至孝玄感靈武斯發已破賊徒獲其元帥止餘景身尚在京邑臣僧辯與臣霸先協和將帥同心共契必誅凶豎尊奉相國嗣膺鴻業以主郊祭前途若有一功獲一賞臣僧辯等不推已讓物先身帥衆則天地宗廟百神之靈共誅共責臣僧辯臣霸先同心共事不相欺負若有違戾明神殛之於是升壇歃血共讀盟文皆淚下霑襟辭色慷慨及王師次于南洲賊帥侯子鑒等率步騎萬餘人於岸挑戰又以鵃舸千艘竝載士兩邊悉八十棹棹手皆越人去來趣襲捷過風電僧辯乃麾細船皆令退縮悉使大艦夾泊兩岸賊謂水軍欲退爭出趨之衆軍乃棹大艦截其歸路鼓譟大呼合戰中江賊悉赴水僧辯卽督諸軍沿流而下進軍于石頭之斗城作連營以逼賊賊乃横嶺上築五城拒守侯景自出與王師大戰於石頭城北霸先謂僧辯曰醜虜遊魂貫盈已稔逋誅送死欲爲一決我衆賊寡宜分其勢卽遣彊弩二千張攻賊西面兩城仍使結陣以當賊僧辯在後麾軍而進復大破之盧暉略聞景戰敗以石頭城降僧辯引軍入據之景之退也北走朱方於是景散兵走告僧辯僧辯令衆將入據臺城其夜軍人採梠失火燒太極殿及東西堂等時軍人鹵掠京邑剝剔士庶民爲其執縛者袒衣不免盡驅逼居民以求購贖自石頭至于東城緣淮號呌之聲震響京邑於是百姓失望僧辯命侯瑱裴之横率精甲五千東入討景僧辯收賊黨王偉等二十餘人送于江陵僞行臺趙伯超自吳松江降於侯瑱瑱時送至僧辯僧辯謂伯超曰趙公卿荷國重恩遂復同逆今日之事將欲何如因命送江陵伯超旣出僧辯顧坐客曰朝廷昔唯知有趙伯超耳豈識王僧辯社稷旣傾爲我所復人之興廢亦復何常賓客皆前稱歎功德僧辯瞿然乃謬答曰此乃聖上之威德羣帥之用命老夫雖濫居戎首何力之有焉於是逆寇悉平京都剋定世祖卽帝位以僧辯功進授鎭衞將軍司徒加班劒二十人改封永寧郡公食邑五千戶侍中尚書令鼓吹竝如故是後湘州賊陸納等攻破衡州刺史丁道貴於淥口盡收其軍實李洪雅又自零陵率衆出空靈灘稱助討納朝廷未達其心深以爲慮乃遣中書舍人羅重歡徵僧辯上就驃騎將軍宜豐侯循南征僧辯因督杜崱等衆軍發于建業師次巴陵詔僧辯爲都督東上諸軍事霸先爲都督西上諸軍事先時霸先讓都督於僧辯僧辯不受故世祖分爲東西都督而俱南討焉時納等下據車輪夾岸爲城前斷水勢士卒驍猛皆百戰之餘僧辯憚之不與輕進於是稍作連城以逼賊賊見不敢交鋒竝懷懈怠僧辯因其無備命諸軍水步攻之親執旗鼓以誡進止於是諸軍競出大戰於車輪與驃騎循并力苦攻陷其二城賊大敗步走歸保長沙驅逼居民入城拒守僧辯追躡乃命築壘圍之悉令諸軍廣建圍柵僧辯出坐壟上而自臨視賊望識僧辯知不設備賊黨吳藏李賢明等乃率銳卒千人開門掩出蒙楯直進逕趨僧辯時杜崱杜龕竝侍左右帶甲衞者止百餘人因下遣人與賊交戰李賢明乘鎧馬從者十騎大呼衝突僧辯尚據胡牀不爲之動於是指揮勇敢遂獲賢明因卽斬之賊乃退歸城內初陸納阻兵內逆以王琳爲辭云朝廷若殺王琳納等自當降伏時衆軍竝進未之許也而武陵王擁衆上流內外駭懼世祖乃遣琳和解之至是湘州平僧辯旋于江陵因被詔會衆軍西討督舟師二萬輿駕出天居寺餞行俄而武陵敗績僧辯自枝江班師于江陵旋鎭建業是月居少時復回江陵齊主高洋遣郭元建率衆二萬大列舟艦於合肥將謀襲建業又遣其大將邢景遠步六汗薩東方老等率衆繼之時陳霸先鎭建康旣聞此事馳報江陵世祖卽詔僧辯次于姑孰卽留鎭焉先命豫州刺史侯瑱率精甲三千人築壘於東關以拒北寇徵吳郡太守張彪吳興太守

裴之横會瑱於關因與北軍戰大敗之僧辯率衆軍振旅于建業承聖三年二月甲辰詔曰贊俊遂賢稱于秦典自上安下聞之漢制所以仰協台曜俯佐弘圖使持節侍中司徒尚書令都督揚南徐東揚三州諸軍事鎮衞將軍揚州刺史永寧郡開國公僧辯器宇凝深風格詳遠行爲士則言表身文學貫九流武該七略頃歲征討自西徂東師不疲勞民無怨讟王業艱難實兼夷險宜其燮此中台膺茲上將寄之經野匡我朝猷加太尉車騎大將軍餘悉如故頃之丁母太夫人憂世祖遣侍中謁者監護喪事策謚曰貞敬太夫人夫人姓魏氏神念以天監初董率徒衆據東關退保合肥漅湖西因娶以爲室生僧辯性甚安和善於綏接家門內外莫不懷之初僧辯下獄夫人流淚徒行將入謝罪世祖不與相見時貞惠世子有寵於世祖軍國大事多關領焉夫人詣閤自陳無訓涕泗嗚咽衆並憐之及僧辯免出夫人深相責勵辭色俱嚴云人之事君惟須忠烈非但保祐當世亦乃慶流子孫及僧辯剋復舊京功蓋天下夫人恒自謙損不以富貴驕物朝野咸共稱之謂爲明哲婦人也及既薨殞甚見愍悼且以僧辯勳業隆重故喪禮加焉靈柩將歸建康又遣謁者至舟渚弔祭命尚書左僕射王裒爲其文曰維爾世基武子族懋陽元金相比映玉德齊溫既稱女則兼循婦言書圖鏡覽辭章討論教胎俎豆訓及平原楚發將兵孟軻成德盡忠資敬自家刑國顯允其儀惟民之則反命師旅既修我戎補茲衮職奄有龜蒙母由子貴宣爾斯崇嘉命允集寵章所隆居高能降處貴思沖慶資善始榮兼令終崦嵫既夕蘂葭早秋奔駟難返衝濤詎留背龍門而西顧過夏首而東浮越三宮之遐岳經三江之泒流鬱鬱增嶺浮雲蔽虧滔滔江漢逝者如斯銘旌故旐宇毀遺碑卽虛舟而設奠想徂魂之有知嗚呼哀哉其年十月西魏相宇文黑泰遣兵及岳陽王衆合五萬將襲江陵世祖遣主書李膺徵僧辯於建業爲大都督荊州刺史別敕僧辯云黑泰背盟忽便舉斧國家猛將多在下流荊陝之衆悉非勁勇公宜率貔虎星言就路倍道兼行赴倒懸也僧辯因命豫州刺史侯瑱等爲前軍兗州刺史杜僧明等爲後軍處分既畢乃謂膺云泰兵驍猛難與爭鋭衆軍若集吾便直指漢江截其後路凡千里饋糧尚有飢色況賊越數千里者乎此孫臏剋龐涓時也俄而京城陷沒宮車晏駕及敬帝初卽梁主位僧辯預樹立之功承制進驃騎大將軍中書監都督中外諸軍事錄尚書與陳霸先參謀討伐時齊主高洋又欲納貞陽侯淵明以爲梁嗣因與僧辯書曰梁國不造禍難相仍侯景傾蕩建業武陵彎弓巴漢卿志格玄穹精貫白日戮力齊心芟夷逆醜凡在有情莫不嗟尚況我隣國緝事言前而西寇承間復相掩襲梁主不能固守江陵殞身宗祏王師未及便已降敗士民小大皆畢寇虜乃眷南顧憤歎盈懷卿臣子之情念當鯁裂如聞權立枝子號令江陵年甫十餘極爲沖藐梁釁未已負荷諒難祭則衞君政由甯氏幹弱枝彊終古所忌朕以天下爲家大道濟物以梁國淪滅有懷舊好存亡拯墜義在今辰扶危嗣事非長伊德彼貞陽侯梁武猶子長沙之胤以年以望堪保金陵故置爲梁主納於彼國便詔上黨王渙總攝羣將扶送江表雷動風馳助掃冤逆清河王岳前救荊城軍度安陸既不相及憤惋良深恐及西寇乘流復躡江左今轉次漢口與陸居士相會卿宜協我良規厲彼羣帥部分舟艫迎接今王鴆勒勁勇并心一力西羌烏合本非勍寇直是湘東怯弱致此淪胥今者之師何往不剋善建良圖副朕所望也貞陽承齊遣送將届壽陽貞陽前後頻與僧辯書論還國繼統之意僧辯不納及貞陽高渙至于東關散騎常侍裴之横率衆拒戰敗績僧辯因遂謀納貞陽仍定君臣之禮啓曰自秦兵寇陝臣便營赴援纔及下船荊城陷沒卽遣劉周入國具表丹誠左右勳豪初並同契周既多時不還人情疑阻比冊降中使復遣諸處詢謀物論參差未甚決定始得侯瑱信示西寇權景宣書令以眞跡上呈觀視將帥恣欲同泰若一朝仰違大國臣不辭灰粉悲梁祚永絕中興伏願陛下便事濟江仰藉皇齊之威憑陛下至聖之略樹君以長雪報可期社稷再輝死且非忝請押別使曹沖馳表齊都續啓事以聞伏遲拜奉在促貞陽答曰姜嵩至枉示具公忠義之懷家國喪亂于今積年三后蒙塵四海騰沸天命元輔匡救本朝弘濟艱難建武宗祏至於丘園板築尚想來儀公室皇枝豈不虛遲聞孤還國理會高懷但近再命行人或不宣具公既詢謀卿士訪逮藩維沿泝往來理淹旬月使乎届止殊副所期便是再立我蕭宗重興我梁國億兆黎庶咸蒙此恩社稷宗祧曾不相愧近軍次東關頻遣信裴之横處示其可否答對驕凶殊駭聞矚上黨王陳兵見衞欲敘安危無識之徒忽然逆戰前旌未舉卽自披猖驚悼之情彌以傷惻上黨王深自矜嗟不傳首級更蒙封樹飾棺厚殯務從優禮齊朝大德信感神民方仰藉皇威敬憑元宰討逆賊於咸陽誅叛子於雲夢同心叶力克定邦家覽所示權景宣書上流諸將本有忠略棄親向讎庶當不爾防奸定亂終在於公今且頓東關更待來信未知水陸何處見迎夫建國立君布在方策入盟出質有自來矣若公之忠節上感蒼旻羣帥同謀必匪攜貳則齊師反旆義不陵江如致爽言誓以無克韜旗側席遲復行人曹沖奉表齊都卽押送也渭橋之下惟遲敘言汜水之陽預有號懼僧辯又重啓曰員外常侍姜暠還奉敕伏具動止大齊仁義之風曲被隣國郵災救難申此大猷皇家枝戚莫不榮荷江東冠冕俱知憑賴今歃不忘信信實由衷謹遣臣第七息顯顯所生劉并弟子世珍往彼充質仍遣左民尚書周弘正至歷陽奉迎艫舳浮江俟一龍之渡清宮丹陛候六傳之入萬國傾心同榮晉文之反三善克宣方流宋昌之議國祚既隆社稷有奉則羣臣竭節報厚施于大齊戮力展愚效忠誠於陛下今遣吏部尚書王通奉啓以聞僧辯因求以敬帝爲皇太子貞陽又答曰王尚書通至復枉示知欲遣賢弟世珍以表誠質具悉憂國之懷復以庭中玉樹掌內明珠無累胸懷志在匡救豈非劬勞我社稷弘濟我邦家慙歎之懷用忘興寢晉安王東京貽厥之重西都繼體之賢嗣守皇家寧非民望但世道喪亂宜立長君以其蒙孽難可承業成昭之德自古希儔沖質之危何代無此孤身當否運志不圖生忽荷不世之恩仍致非常之舉自惟虛薄兢懼已深若建承華本歸皇胄心口相誓惟擬晉安如或虛言神明所殛覽今所示深遂本懷戢慰之情無寄言象但公憂勞之重既稟齊恩忠義之情復及梁貳華夷兆庶豈不懷風宗廟明靈豈不相感正爾迴旆仍向歷陽所期質累便望來彼衆軍不渡已著盟書斯則大齊聖主之恩規上黨英王之然諾得原失信終不爲也惟遲相見使在不賖鄉國非遙觸目號咽僧辯使送質于鄴貞陽求渡衞士三千僧辯慮其爲變止受散卒千人而已并遣龍舟法駕往迎貞陽濟江之日僧辯擁檝中流不敢就岸後乃同會于江寧浦貞陽既踐僞位仍授僧辯大司馬領太子太傅揚州牧餘悉如故陳霸先時爲司空南徐州刺史惡其翻覆與諸將議因自京口舉兵十萬水陸俱至襲于建康於是水軍到僧辯常處于石頭城是日正視事軍人已踰城北而入南門又馳白有兵來僧辯與其子頠遽走出閣左右心腹尚數十人衆軍悉至僧辯計無所出乃據南門樓乞命拜請霸先因命縱火焚之方共頠下就執霸先曰我有何辜公欲與齊師賜討又曰何意全無防備僧辯曰委公北門何謂無備爾夜斬之長子顗承聖初歷官至侍中初僧辯平建業遣霸先守京口都無備防顗屢以爲言僧辯不聽竟及於禍西魏寇江陵世祖遣顗督城內諸軍事荊城陷顗隨王琳入齊爲竟陵郡守齊遣琳鎮壽春將圖江左及陳平淮南執琳殺之顗聞琳死乃出郡城南登高冢上號哭一慟而絕顗弟頒少有志節恒隨從世祖及荊城陷覆沒于西魏

史臣曰自侯景寇逆世祖據有上游以全楚之兵委僧辯將率之任及剋平禍亂功亦著焉在乎策勳當上台之賞敬帝以高祖貽厥之重世祖繼體之尊泊渚宮淪覆理膺寶祚僧辯位當將相義存伊霍乃受脅齊師傍立支庶苟欲行夫忠義何忠義之遠矣樹國之道既虧謀身之計不足自致殲滅悲夫

梁書卷四十五考證

王僧辯傳肉薄苦攻○肉南史作內訛

民爲其執縛者袒衣不免○袒監本作祖南史同今改正

梁書卷四十六

唐 散騎常侍姚思廉撰

列傳第四十

胡僧祐 徐文盛 杜崱 兄岸 弟幼安 兄子龕 陰子春

胡僧祐字顧果南陽冠軍人少勇決有武幹仕魏至銀青光祿大夫以大通二年歸國頻上封事高祖器之拜假節超武將軍文德主帥使戍項城城陷復沒于魏中大通元年陳慶之送魏北海王元顥入洛陽僧祐又得還國除南天水天門二郡太守有善政性好讀書不解緝綴然每在公宴必彊賦詩文辭鄙俚多被嘲謔僧祐怡然自若謂己實工矜伐愈甚晩事世祖爲鎮西錄事參軍侯景亂西沮蠻反世祖令僧祐討之使盡誅其渠帥僧祐諫忤旨下獄大寶二年侯景寇陝圍王僧辯於巴陵世祖乃引僧祐於獄拜爲假節武猛將軍封新市縣侯令赴援僧祐將發謂其子曰汝可開兩門一門擬朱一門擬白吉則由朱門凶則由白門吾不捷不歸也世祖聞而壯之至楊浦景遣其將任約率鋭卒五千據白塔遙以待之僧祐由別路西上約謂畏已而退急追之及於南安芊口呼僧祐曰吳兒何爲不早降走何

處去僧祐不與之言潛引却至赤砂亭會陸法和至乃與幷軍擊約大破之擒約送于江陵侯景聞之遂遁世祖以僧祐爲侍中領軍將軍徵還荆州承聖二年進爲車騎將軍開府儀同三司餘悉如故西魏寇至以僧祐爲都督城東諸軍事魏軍四面起攻百道齊舉僧祐親當矢石晝夜督戰獎勵將士明於賞罰衆皆感之咸爲致死所向摧殄賊莫敢前俄而中流矢卒時年六十三世祖聞之馳往臨哭於是內外恇駭城遂陷

徐文盛字道茂彭城人也世仕魏爲將父慶之天監初率千餘人自北歸款未至道卒文盛仍統其衆稍立功績高祖甚優寵之大同末以爲持節督寧州刺史先是州在僻遠所管羣蠻不識教義貪欲財賄劫篡相尋前後刺史莫能制文盛推心撫慰示以威德夷獠感之風俗遂改太清二年聞國難乃召募得數萬人來赴世祖嘉之以爲持節散騎常侍左衞將軍督梁南秦沙東益巴北巴六州諸軍事仁威將軍秦州刺史授以東討之畧於是文盛督衆軍東下至武昌遇侯景將任約遂與相持久之世祖又命護軍將軍尹悅平東將軍杜幼安巴州刺史王珣等會之竝授文盛節度擊任約於貝磯約大敗退保西陽文盛進據蘆洲又與相持侯景聞之乃率大衆西上援約至西陽文盛不敢戰諸將咸曰景水軍輕進又甚飢疲可因此擊之必大捷文盛不許文盛妻石氏先在建業至是景載以還之文盛深德景遂密通信使都無戰心衆咸憤怨杜幼安宋遣等乃率所領獨進與景戰大破之獲其舟艦以歸會景密遣騎從間道襲陷郢州軍中恂懼遂大潰文盛奔還荆州世祖仍以爲城北面都督又聚賊汚甚多世祖大怒下令責之數其十罪除其官爵文盛既失兵權私懷怨望世祖聞之乃以下獄時任約被擒與文盛同禁文盛謂約曰汝何不早降令我至此約曰門外不見卿馬跡使我何遽得降文盛無以答遂死獄中

杜崱京兆杜陵人也其先自北歸南居於雍州之襄陽子孫因家焉祖靈啓齊給事中父懷寶少有志節常邀際會高祖義師東下隨南平王偉留鎮襄陽天監中稍立功績官至驍猛將軍梁州刺史大同初魏梁州刺史元羅舉州內附懷寶復進督華州值秦州所部武興氏王楊紹反懷寶擊破之五年卒於鎮崱卽懷寶第七子也幼有志氣居鄉里以膽勇稱釋褐廬江驃騎府中兵參軍世祖臨荆州仍參幕府後爲新興太守太清二年隨岳陽王來襲荆州世祖以與之有舊密邀之崱乃與兄岸弟幼安兄子龕等夜歸于世祖世祖以爲持節信威將軍武州刺史俄遷宣毅將軍領鎮蠻護軍武陵內史枝江縣侯邑千戶令隨王僧辯東討侯景至巴陵會景來攻數十日不剋而遁加侍中左衞將軍進爵爲公增邑五百戶仍隨僧辯追景至石頭與賊相持橫嶺及戰景親率精銳左右衝突崱從嶺後橫截之景乃大敗東奔晉陵崱入據城景平加散騎常侍持節督江州諸軍事江州刺史增邑千戶是月齊將郭元建攻秦州刺史嚴超遠於秦郡王僧辯令崱赴援陳霸先亦自歐陽來會與元建大戰於土林霸先令彊弩射元建衆却崱因縱兵擊大破之斬首萬餘級生擒千餘人元建收餘衆而遁時世祖執王琳於江陵其長史陸納等遂於長沙反世祖徵崱與王僧辯討之承聖二年及納等戰於車輪大敗陷其二壘納等走保長沙崱等圍之後納等降崱又與王僧辯西討武陵王於硤口至卽破平之於是旋鎮遘疾卒詔曰崱京兆舊姓元凱苗裔家傳學業世載忠貞自驅傳江渚政號廉能推轂淺源實閑清靜奄致殞喪惻愴于懷可贈車騎將軍加鼓吹一部謚曰武崱兄弟九人兄嵩岑嵸岌巘岸及弟幼安竝知名當世

岸字公衡少有武幹好從橫之術太清中與崱同歸世祖世祖以爲持節平北將軍北梁州刺史封江陵縣侯邑一千戶岸因請襲襄陽世祖許之岸乃晝夜兼行先往攻其城不剋岳陽至遂走依其兄巘於南陽巘時爲南陽太守岳陽尋遣攻陷其城岸及巘俱遇害

幼安性至孝寬厚雄勇過人太清中與兄崱同歸世祖世祖以爲雲麾將軍西荆州刺史封華容縣侯邑一千戶令與平南將軍王僧辯討河東王譽於長沙平之又命率精甲一萬助左衞將軍徐文盛東討侯景至貝磯遇景將任約來逆遂與戰大敗之斬其儀同叱羅子通湘州刺史趙威方等傳首江陵乃進軍大舉因與景相持別攻武昌拔之景渡蘆洲上流以壓文盛等幼安與衆軍攻之景大敗盡獲其舟艦會景密遣襲陷郢州執刺史方諸等以歸人情大駭徐文盛由漢口遁歸衆軍大敗幼安遂降于景景殺之以其多反覆故也

龕崱第二兄岑之子少驍勇善用兵亦太清中與諸父同歸世祖世祖以爲持節忠武將軍郢州刺史盧縣侯邑一千戶與叔幼安俱隨王僧辯討河東王平之又隨僧辯下繼徐文盛軍至巴陵聞侯景襲陷郢州西上將至乃與僧辯等守巴陵以待之景至圍之數旬不剋而遁遷太府卿安北將軍督定州諸軍事定州刺史加通直散騎常侍增邑五百戶仍隨僧辯追景至江夏圍其城景將宋子仙棄城遁龕追至楊浦生擒之大寶三年衆軍至姑孰景將侯子鑒逆戰龕與陳霸先王琳等率精銳擊之大敗子鑒遂至于石頭景親率其黨會戰龕與衆軍奮擊大破景景遂東奔論功爲最授平東將軍東揚州刺史益封一千戶承聖二年又與王僧辯討陸納等於長沙降之又征武陵王於西陵亦平之後江陵陷齊納貞陽侯以紹梁嗣以龕爲震州刺史吳興太守又除鎮南將軍都督南豫州諸軍事南豫州刺史溧陽縣侯給鼓吹一部又加散騎常侍鎮東大將軍會陳霸先襲陷京師執王僧辯殺之龕僧辯之壻也爲吳興太守以霸先既非貴素兵又猥雜在軍府日都不以霸先經心及爲本郡每以法繩其宗門無所縱捨霸先銜之切齒及僧辯敗龕乃據吳興以距之遣軍副杜泰攻陳蒨於長城反爲蒨所敗霸先乃遣將周文育討龕龕令從弟北叟出距又爲文育所破走義興霸先親率衆圍之會齊將柳達摩等襲京師霸先恐遂還與齊人連和龕聞齊兵還乃降遂遇害

陰子春字幼文武威姑臧人也晉義熙末曾祖襲隨宋高祖南遷至南平因家焉父智伯與高祖隣居少相友善嘗入高祖臥內見有異光成五色因握高祖手曰公後必大貴非人臣也天下方亂安蒼生者其在君乎高祖曰幸勿多言於是情好轉密高祖每有求索如外府焉及高祖踐阼官至梁秦二州刺史子春天監初起家宣惠將軍西陽太守普通中累遷至明威將軍南梁州刺史又遷信威將軍都督梁秦華三州諸軍事梁秦二州刺史太清二年討峽中叛蠻平之徵爲左衞將軍又遷侍中屬侯景亂世祖令子春隨領軍將軍王僧辯攻邵陵王於郢州平之又與左衞將軍徐文盛東討侯景至貝磯與景遇子春力戰恒冠諸軍頻敗景值郢州陷沒軍遂退敗大寶二年卒於江陵孫顥少知名釋褐奉朝請歷尚書金部郎後入周撰瓊林二十卷

史臣曰胡僧祐勇幹有聞搴旗破敵者數矣及捐軀狥節殞身王事雖古之忠烈何以加焉徐文盛始立功績不能終其成名爲不義也杜崱識機變之理知向背之宜加以身屢典軍頻殄冠逆勳庸顯著卒爲中興功臣義哉

梁書卷四十六考證

胡僧祐傳性好讀書不解緝綴○不解南史作愛

杜崱傳齊將郭元建攻秦州刺史嚴超遠於秦郡○遠南史作達

兄嵩岑嵸岌巘岸及弟幼安○南史作兄嵩岑嶷岌巘岸及弟嵸幼安與此小異

梁書卷四十七

唐　散　騎　常　侍　姚　思　廉　撰

列傳第四十一

孝行

滕曇恭 徐普濟 宛陵女子　沈崇傃　荀匠
庾黔婁　吉翂　甄恬　韓懷明
劉曇淨　何炯　庾沙彌　江紑
劉霽　褚脩　謝藺

經云夫孝德之本也此生民之爲大有國之所先歟高祖創業開基飭躬化俗澆弊之風以革孝治之術斯著每發絲綸遠加旌表而淳和比屋罕要詭俗之譽潛晦成風俯列踰羣之迹彰於視聽蓋無幾焉今採綴以備遺逸云爾

滕曇恭豫章南昌人也年五歲母楊氏患熱思食寒瓜土俗所不產曇恭歷訪不能得銜悲哀切俄值一桑門問其故曇恭具以告桑門曰我有兩瓜分一相遺曇恭拜謝因捧瓜還以薦其母舉室驚異尋訪桑門莫知所在及父母卒曇恭水漿不入口者旬日感慟嘔血絕而復蘇隆冬不著繭絮蔬食終身每至忌日思慕不自堪晝夜哀慟其門外有冬生樹二株時忽有神光自樹而起俄見佛像及夾侍之儀容光顯著自門而入曇恭家人大小咸共禮拜久之乃滅遠近道俗咸傳之太守王僧度引曇恭爲功曹固辭不就王儉時隨僧度在郡號爲滕曾子天監元年陸璉奉使巡行風俗表言其狀曇恭有子三人皆有行業時有徐普濟者長沙臨湘人居喪未及葬而隣家火起延及其舍普濟號慟伏棺上以身蔽火隣人往救之焚炙已悶絕累日方蘇宣城宛陵有女子與母同床寢母爲猛虎所搏女號叫拏虎虎毛盡落行十數里虎乃棄之女抱母還猶有氣經時乃絕太守蕭琛賻焉表言其狀有詔旌其門閭

沈崇傃字思整，吳興武康人也。父懷明，宋兗州刺史。崇傃六歲丁父憂，哭踊過禮。及長，傭書以養母焉。齊建武初，起家爲奉朝請。永元末，遷司徒行參軍。天監初，爲前軍鄱陽王參軍事。三年，太守柳惲辟爲主簿。崇傃從惲到郡，還迎其母，母卒。崇傃以不及侍疾，將欲致死，水漿不入口，晝夜號哭，旬日殆將絕氣。兄弟謂之曰：「殯葬未申，遽自毀滅，非全孝之道也。」崇傃之瘞所，不避雨雪，倚墳哀慟。每夜恒有猛獸來望之，有聲狀如歎息者。家貧無以遷窆，乃行乞經年，始獲葬焉。既而廬于墓側。自以初行喪禮不備，復以葬後更治服三年。久食麥屑，不噉鹽酢，坐臥於單薦，因虛腫不能起。郡縣舉其至孝。高祖聞，卽遣中書舍人慰勉之，乃下詔曰：「前軍沈崇傃，少有志行，居喪踰禮，齋制不終，未得大葬，自以行乞淹年，哀典多闕，方欲以永慕之晨，更爲再朞之始。雖卽情可矜，禮有明斷，可便令除釋，擢補太子洗馬，旌彼門閭，敦茲風教。」崇傃奉詔釋服，而涕泣如居喪，固辭不受官，苦自陳讓，經年乃得爲永寧令。自以祿不及養，恒恨愈甚，哀思不自堪，至縣卒，時年三十九。

荀匠字文師，潁陰人，晉太保勗九世孫也。祖瓊，年十五復父仇於成都市，以孝聞。宋元嘉末，渡淮赴武陵王義，爲元凶追兵所殺，贈員外散騎侍郎。父法超，齊中興末爲安復令，卒於官。凶問至，匠號慟氣絕，身體皆冷，至夜乃蘇。既而奔喪，每宿江渚，商旅皆不忍聞其哭聲。服未闋，兄斐起家爲鬱林太守，征俚賊，爲流矢所中，死於陣。喪還，匠迎于豫章，望舟投水，傍人赴救，僅而得全。既至，家貧不得時葬，居父憂幷兄服，歷四年不出廬戶。自括髮後，不復櫛沐，髮皆秃落。哭無時，聲盡則係之以泣，目眥皆爛，形體枯顇，皮骨裁連，雖家人不復識。郡縣以狀言，高祖詔遣中書舍人爲其除服，擢爲豫章王國左常侍。匠雖卽吉，毀顇逾甚。外祖孫謙誡之曰：「主上以孝治天下，汝行過古人，故發明詔，擢汝此職。非唯君父之命難拒，故亦揚名後世，所顯豈獨汝身哉。」匠於是乃拜。竟以毀卒於家，時年二十一。

庾黔婁字子貞，新野人也。父易，司徒主簿，徵不至，有高名。黔婁少好學，多講誦孝經，未嘗失色於人，南陽高士劉虬、宗測竝歎異之。起家本州主簿，遷平西行參軍，出爲編令，治有異績。先是，縣境多虎暴，黔婁至，虎皆渡往臨沮界，當時以爲仁化所感。齊永元初，除孱陵令，到縣未旬，易在家遘疾，黔婁忽然心驚，舉身流汗，卽日棄官歸家，家人悉驚其忽至。時易疾始二日，醫云：「欲知差劇，但嘗糞甜苦。」易泄痢，黔婁輒取嘗之，味轉甜滑，心逾憂苦。至夕，每稽顙北辰，求以身代。俄聞空中有聲曰：「徵君壽命盡，不復可延，汝誠禱既至，止得申至月末。」及晦而易亡。黔婁居喪過禮，廬于家側。和帝卽位，將起之，鎭軍蕭穎胄手書敦譬，黔婁固辭。服闋，除西臺尚書儀曹郎。梁臺建，鄧元起爲益州刺史，表黔婁爲府長史、巴西梓潼二郡太守。及成都平，城中珍寶山積，元起悉分與僚佐，惟黔婁一無所取。元起惡其異衆，厲聲曰：「長史何獨爾爲？」黔婁示不違之，請書數篋。尋除蜀郡太守，在職清素，百姓便之。元起死于蜀，部曲皆散，黔婁身營殯殮，攜持喪柩歸鄉里。還爲尚書金部郎，遷中軍表記室參軍。東宮建，以本官侍皇太子讀，甚見知重，詔與太子中庶子殷鈞、中舍人到洽、國子博士明山賓等，遞日爲太子講五經義。遷散騎侍郎、荊州大中正。卒，時年四十六。

吉翂字彥霄，馮翊蓮勺人也。世居襄陽。翂幼有孝性，年十一，遭所生母憂，水漿不入口，殆將滅性，親黨異之。天監初，父爲吳興原鄉令，爲姦吏所誣，逮詣廷尉。翂年十五，號泣衢路，祈請公卿，行人見者，皆爲隕涕。其父理雖清白，恥爲吏訊，乃虛自引咎，罪當大辟。翂乃撾登聞鼓，乞代父命。高祖異之，敕廷尉卿蔡法度曰：「吉翂請死贖父，義誠可嘉；但其幼童，未必自能造意，卿可嚴加脅誘，取其款實。」法度受敕還寺，盛陳徽纆，備列官司，厲色問翂曰：「爾求代父死，敕已相許，便應伏法。然刀鋸至劇，審能死不？且爾童孺，志不及此，必爲人所教，姓名是誰，可具列答。若有悔異，亦相聽許。」翂對曰：「囚雖蒙弱，豈不知死可畏憚。顧諸弟稚藐，唯囚爲長，不忍見父極刑，自延視息，所以內斷胷臆，上干萬乘。今欲殉身不測，委骨泉壤，此非細故，柰何受人教邪？明詔聽代，不異登仙，豈有回貳。」法度知翂至心有在，不可屈撓，乃更和顏誘語之曰：「主上知尊侯無罪，行當釋亮。觀君神儀明秀，足稱佳童，今若轉辭，幸父子同濟，奚以此妙年，苦求湯鑊？」翂對曰：「凡鯤鮞螻蟻，尚惜其生，況在人斯，豈願虀粉。但囚父挂深劾，必正刑書，故思殞仆，冀延父命。今瞑目引領，以聽大戮，情殫意極，無言復對。」翂初見囚，獄掾依法備加桎梏；法度矜之，命脫其二械，更令著一小者。翂弗聽，曰：「翂求代父死，死罪之囚，唯宜增益，豈可減乎？」竟不脫械。法度具以奏聞，高祖乃宥其父。丹陽尹王志求其在廷尉故事，并請鄉居，欲於歲首舉充純孝之選。翂曰：「異哉王尹，何量翂之薄乎！夫父辱子死，斯道固然。若翂有靦面目，當其此舉，則是因父買名，一何甚辱。」拒之而止。年十七，應辟爲本州主簿，出監萬年縣，攝官朞月，風化大行。自雍還至郢，湘州刺史柳忱復召爲主簿。後鄉人裴儉、丹陽尹丞臧盾、揚州中正張仄連名薦翂，以爲孝行純至，明通易老。敕付太常旌舉。初，翂以父陷罪，因成悸疾，後因發而卒。

甄恬字彥約，中山無極人也。世居江陵。祖欽之，長寧令。父標之，州從事。恬數歲喪父，哀感有若成人。家人矜其小，以肉汁和飯飼之，恬不肯食。年八歲，問其母恨生不識父，遂悲泣累日，忽若有見，言其形貌，則其父也，時以爲孝感。家貧，養母常得珍羞。及居喪，廬於墓側，恒有烏玄黃雜色，集於廬樹，恬哭則鳴，哭止則止。又有白雀栖宿其廬。州將始興王憺表其行狀，詔曰：「朕虛己欽賢，寤寐盈想，詔彼羣岳，務盡搜揚。恬既孝行殊異，聲著邦壤，敦風厲俗，弘益茲多。牧守騰聞，義同親覽，可旌表室閭，加以爵位。」恬官至安南行參軍。

韓懷明，上黨人也。客居荊州。年十歲，母患尸疰，每發輒危殆。懷明夜於星下稽顙祈禱，時寒甚切，忽聞香氣，空中有人語曰：「童子母須臾永差，無勞自苦。」未曉而母豁然平復，鄉里異之。十五喪父，幾至滅性，負土成墳，贈助無所受。免喪，與鄉人郭瓌俱師事南陽劉虬。虬嘗一日廢講，獨居涕泣，懷明竊問其故，虬家人答云是外祖亡日。時虬母亦亡矣，懷明聞之，卽日罷學，還家就養。虬歎曰：「韓生無虞丘之恨矣。」家貧，常肆力以供甘脆，嬉怡膝下，朝夕不離母側。母年九十一，以壽終，懷明水漿不入口一旬，號哭不絕聲。有雙白鳩巢其廬上，字乳馴狎，若家禽焉，服釋乃去。既除喪，蔬食終身，衣衾無改。天監初，刺史始興王憺表言之，州累辟不就，卒于家。

劉曇淨字元光，彭城莒人也。祖元眞，淮南太守，居郡得罪，父慧鏡歷詣朝士乞哀，懇惻甚至，遂以孝聞。曇淨篤行有父風。解褐安成王國左常侍。父卒於郡，曇淨奔喪，不食飲者累日，絕而又蘇，每哭輒嘔血。服闋，因毀瘠成疾。會有詔士姓各舉四科，曇淨叔父慧斐舉以應孝行，高祖用爲海寧令。曇淨以兄未爲縣，因以讓兄，乃除安西行參軍。父亡後，事母尤淳至，身營饘粥，不以委人。母疾，衣不解帶。及母亡，水漿不入口者殆一旬。母喪權瘞藥王寺，時天寒，曇淨身衣單布，廬於瘞所，晝夜哭泣不絕聲，哀感行路，未及朞而卒。

何炯字士光，廬江灊人也。父撙，太中大夫。炯年十五，從兄胤受業，一朞竝通五經章句。炯白皙，美容貌，從兄求、點每稱之曰：「叔寶神清，弘治膚清，今觀此子，復見衞、杜在目。」炯常慕恬退，不樂進仕。從叔昌寓謂曰：「求、點皆已高蹈，爾無宜復爾。且君子出處，亦各一途。」年十九，解褐揚州主簿，舉秀才，累遷王府行參軍，尚書兵、庫部二曹郎。出爲永康令，以和理稱。還爲仁威南康王限內記室，遷治書侍御史。以父疾經旬，衣不解帶，頭不櫛沐，信宿之間，形貌頓改。及父卒，號慟不絕聲，枕凷藉地，腰虛腳腫，竟以毀卒。

庾沙彌，潁陰人也，晉司空冰六世孫。父佩玉，輔國長史、長沙內史，宋昇明中坐沈攸之事誅。沙彌時始生，年至五歲，所生母爲製采衣，輒不肯服。母問其故，流涕對曰：「家門禍酷，用是何爲！」既長，終身布衣蔬食。起家臨川王國左常侍，遷中軍田曹行參軍。嫡母劉氏寢疾，沙彌晨昏侍側，衣不解帶，或應鍼灸，輒以身先試之。及母亡，水漿不入口累日，終喪不解衰絰，不出廬戶，晝夜號慟，鄰人不忍聞。墓在新林，因有旅松百餘株，自生墳側。族兄都官尚書詠表言其狀，應純孝之舉。高祖召見嘉之，以補歙令。還除輕車邵陵王參軍事，隨府會稽。復丁所生母憂，喪還都，濟浙江，中流遇風，舫將覆沒，沙彌抱柩號哭，俄而風靜，蓋孝感所致。服闋，除信威刑獄參軍，兼丹陽郡（缺三字），累遷寧遠錄事參軍，轉司馬，出爲長城令，卒。

江紑字含潔，濟陽考城人也。父蒨，光祿大夫。紑幼有孝性，年十三，父患眼，紑侍疾將朞月，衣不解帶。夜夢一僧云：「患眼者飲慧眼水必差。」及覺說之，莫能解者。紑第三叔祿與草堂寺智者法師善，往訪之。智者曰：「無量壽經云：『慧眼見眞，能渡彼岸。』」蒨乃因智者啓捨同夏縣界牛屯里舍爲寺，乞賜嘉名。敕答云：「純臣孝子，往往感應。晉世顏含，遂見冥中送藥。近見智者，知卿第二息感夢，云飲慧眼水。慧眼則是五眼之一號，若欲造寺，可以慧眼爲名。」及就創造，泄故井，井水清冽，異於常泉。依夢取水洗眼及煮藥，稍覺有瘳，因此遂差，時人謂之孝感。南康王爲南州，召爲迎主簿。紑性靜，好老莊玄言，尤善佛義，不樂進仕。及父卒，紑廬于墓，終日號慟不絕聲，月餘卒。

劉霽字士烜，平原人也。祖乘民，宋冀州刺史。父聞慰，齊工員郎。霽年九歲，能誦左氏傳，宗黨咸異之。十四居父憂，有至性，每哭輒嘔血。家貧，與弟杳、歊相篤勵學。既長，博涉多通。天監中，起家奉朝請，稍遷宣惠晉安王府參軍，兼限內記室，出補西昌相，入爲尚書主客侍郎。未朞，除海鹽令。霽前後宰二邑，竝以和理著稱。還爲建康正，非所好，頃之以疾免。尋除建康令，不拜。母明氏寢疾，霽年已五十衣不解帶者七旬誦觀世音經數至萬遍夜因感夢見一僧謂曰夫人算盡君精誠篤至當相爲申延後六十餘日乃亡霽廬于墓哀慟過禮常有雙白鶴馴翔廬側處士阮孝緒致書抑譬霽思慕不已服未終而卒時年五十二著釋俗語八卷文集十卷弟杳在文士傳猷在處士傳

褚脩吳郡錢塘人也父仲都善周易爲當時最天監中歷官五經博士脩少傳父業兼通孝經論語善尺牘頗解文章初爲湘東王國侍郎稍遷輕車湘東府行參軍竝兼國子助教武陵王爲揚州引爲宣惠參軍限內記室修性至孝父喪毀瘠過禮因患冷氣及丁母憂水漿不入口二十三日氣絕復蘇每號慟嘔血遂以毀卒

謝藺字希如陳郡陽夏人也晉太傅安八世孫父經中郎諮議參軍藺五歲每父母未飯乳媼欲令藺先飯藺曰既不覺飢彊食終不進舅阮孝緒聞之歎曰此兒在家則曾子之流事君則藺生之匹因名之曰藺稍受以經史過目便能諷誦孝緒每曰吾家陽元也及丁父憂晝夜號慟毀瘠骨立母阮氏常自守視譬抑之服闋後吏部尚書蕭子顯表其至行擢爲王府法曹行參軍累遷外兵記室參軍時甘露降士林館藺獻頌高祖嘉之因有詔使製北兗州刺史蕭楷德政碑又奉令製宣城王奉述中庸頌太清元年遷散騎侍郎兼散騎常侍使於魏會侯景舉地入附境上交兵藺母慮不得還感氣卒及藺還入境爾夕夢不祥旦便投劾馳歸既至號慟嘔血氣絕久之水漿不入口親友慮其不全相對悲慟彊勸以飲粥藺初勉彊受之終不能進經月餘日因夜臨而卒時年三十八藺所製詩賦碑頌數十篇

史臣曰孔子稱毀不滅性教民無以死傷生也故制喪紀爲之節文高柴仲由伏膺聖教曾參閔損虔恭孝道或水漿不入口泣血終年豈不知創鉅痛深蓼莪慕切所謂先王制禮賢者俯就至如丘吳終於毀滅若劉曇淨何炯江紑謝藺者亦二子之志歟

梁書卷四十七考證

滕曇恭傳太守王僧度引曇恭爲功曹固辭不就王儉時隨僧度在郡號爲滕曾子○度南史作虔 臣人龍按南齊書王儉爲叔父僧虔所養僧虔嘗爲豫章內史則南史是也

荀匠傳赴武陵王義爲元凶追兵所殺○義字上南史有舉字

梁書卷四十八

唐　散　騎　常　侍　姚　思　廉　撰

列傳第四十二

儒林

伏曼容　何佟之　范縝　嚴植之

賀瑒子革　司馬筠　卞華　崔靈恩

孔僉　盧廣　沈峻太史叔明

孔子袪　皇侃

漢氏承秦燔書大弘儒訓太學生徒動以萬數郡國黌舍悉皆充滿學於山澤者至或就爲列肆其盛也如是漢末喪亂其道遂衰魏正始以後仍尚玄虛之學爲儒者蓋寡時荀顗摯虞之徒雖刪定新禮改官職未能易俗移風自是中原橫潰衣冠殄盡江左草創日不暇給以迄于宋齊國學時或開置而勸課未博建之不及十年蓋取文具廢之多歷世祀其棄也忽諸鄉里莫或開館公卿罕通經術朝廷大儒獨學而弗肯養衆後生孤陋擁經而無所講習三德六藝其廢久矣高祖有天下深愍之詔求碩學治五禮定六律改斗歷正權衡天監四年詔曰二漢登賢莫非經術服膺雅道名立行成魏晉浮蕩儒教淪歇風節罔樹抑此之由朕日昃罷朝思聞俊異收士得人實惟酬奬可置五經博士各一人廣開館宇招內後進於是以平原明山賓吳興沈峻建平嚴植之會稽賀瑒補博士各主一館館有數百生給其餼廩其射策通明者卽除爲吏十數月間懷經負笈者雲會京師又選遣學生如會稽雲門山受業於廬江何胤分遣博士祭酒到州郡立學七年又詔曰建國君民立教爲首砥身礪行由乎經術朕肇基明命光宅區宇雖耕耘雅業傍闡藝文而成器未廣志本猶闕非以鎔範貴遊納諸軌度思欲式敦讓齒自家刑國今聲訓所漸戎夏同風宜大啓庠斅博延胄子務彼十倫弘此三德使陶鈞遠被微言載表於是皇太子皇子宗室王侯始就業焉高祖親屈輿駕釋奠於先師先聖申之以讌語勞之以束帛濟濟焉洋洋焉大道之行也如是其伏曼容何佟之范縝有舊名於世爲時儒者嚴植之賀瑒等首膺茲選今竝綴爲儒林傳云

伏曼容字公儀平昌安丘人曾祖滔晉著作郎父胤之宋司空主簿曼容早孤與母兄客居南海少篤學善老易倜儻好大言常云何晏疑易中九事以吾觀之晏了不學也故知平叔有所短聚徒教授以自業爲驃騎行參軍宋明帝好周易集朝臣於清暑殿講詔曼容執經曼容素美風采帝恒以方嵇叔夜使吳人陸探微畫叔夜像以賜之遷司徒參軍袁粲爲丹陽尹請爲江寧令入拜尚書外兵郎昇明末爲輔國長史南海太守齊初爲通直散騎侍郎永明初爲太子率更令侍皇太子講衞將軍王儉深相交好令與河內司馬憲吳郡陸澄共撰喪服義既成又欲與之定禮樂會儉薨遷中書侍郎大司馬諮議參軍出爲武昌太守建武中入拜中散大夫時明帝不重儒術曼容宅在瓦官寺東施高坐於聽事有賓客輒升高坐爲講說生徒常數十百人梁臺建以曼容舊儒召拜司馬出爲臨海太守天監元年卒官時年八十二爲周易毛詩喪服集解老莊論語義子暅在良吏傳

何佟之字士威廬江灊人豫州刺史惲六世孫也祖劭之宋員外散騎常侍父歆齊奉朝請佟之少好三禮師心獨學彊力專精手不輟卷讀禮論二百篇略皆上口時太尉王儉爲時儒宗雅相推重起家揚州從事仍爲總明館學士頻遷司徒車騎參軍事尚書祠部郎齊建武中爲鎮北記室參軍侍皇太子講領丹陽邑中正時步兵校尉劉瓛徵士吳苞皆已卒京邑碩儒唯佟之而已佟之明習事數當時國家吉凶禮則皆取決焉名重於世歷步兵校尉國子博士尋遷驃騎諮議參軍轉司馬永元末京師兵亂佟之常集諸生講論孜孜不息中興初拜驍騎將軍高祖踐阼尊重儒術以佟之爲尚書左丞是時百度草創佟之依禮定議多所裨益天監二年卒官年五十五高祖甚悼惜將贈之官故事左丞無贈官者特詔贈黃門侍郎儒者榮之所著文章禮義百許篇子朝隱朝晦

范縝字子眞南鄉舞陰人也晉安北將軍汪六世孫祖璩之中書郎父濛早卒縝少孤貧事母孝謹年未弱冠聞沛國劉瓛聚衆講說始往從之卓越不羣而勤學瓛甚奇之親爲之冠在瓛門下積年去來歸家恒芒屩布衣徒行於路瓛門多車馬貴游縝在其門聊無恥愧既長博通經術尤精三禮性質直好危言高論不爲士友所安唯與外弟蕭琛善琛名曰口辯每服縝簡詣起家齊寧蠻主簿累遷尚書殿中郎永明年中與魏氏和親歲通聘好特簡才學之士以爲行人縝及從弟雲蕭琛琅邪顏幼明河東裴昭明相繼將命皆著名隣國于時竟陵王子良盛招賓客縝亦預焉建武中遷領軍長史出爲宜都太守母憂去職歸居于南州義軍至縝墨絰來迎高祖與縝有西邸之舊見之甚悅及建康城平以縝爲晉安太守在郡清約資公祿而已視事四年徵爲尚書左丞縝去還雖親戚無所遺唯餉前尚書令王亮縝仕齊時與亮同臺爲郎舊相友至是亮被擯棄在家縝自迎王師志在權軸既而所懷未滿亦常怏怏故私相親結以矯時云後竟坐亮徙廣州語在亮傳初縝在齊世嘗侍竟陵王子良子良精信釋教而縝盛稱無佛子良問曰君不信因果世間何得有富貴何得有貧賤縝答曰人之生譬如一樹花同發一枝俱開一蔕隨風而墮自有拂簾幌墜於茵席之上自有關籬牆落於溷糞之側墜茵席者殿下是也落糞溷者下官是也貴賤雖復殊途因果竟在何處子良不能屈深怪之縝退論其理著神滅論曰或問予云神滅何以知其滅也答曰神卽形也形卽神也是以形存則神存形謝則神滅也問曰形者無知之稱神者有知之名知與無知卽事有異神之與形理不容一形神相卽非所聞也答曰形者神之質神者形之用是則形稱其質神言其用形之與神不得相異也問曰神故非用不得爲異其義安在答曰名殊而體一也問曰名既已殊體何得一答曰神之於質猶利之於刀形之於用猶刀之於利利之名非刀也刀之名非利也然而捨利無刀捨刀無利未聞刀沒而利存豈容形亡而神在問曰刀之與利或如來說形之與神其義不然何以言之木之質無知也人之質有知也人既有如木之質而有異木之知豈非木有一人有二邪答曰異哉言乎人若有如木之質以爲形又有異木之知以爲神則可如來論也今人之質質有知也木之質質無知也人之質非木質也木之質非人質也安有如木之質而復有異木之知哉問曰人之質所以異木質者以其有知耳人而無知與木何異答曰人無無知之質猶木無有知之形問曰死者之形骸豈非無知之質邪答曰是無人質問曰若然者人果有如木之質而有異木之知矣答曰死者如木而無異木之知生者有異木之知而無如木之質也問曰死者之骨骼非生之形骸邪答曰生形之非死形死形之非生形區已革矣安有生人之形骸而有死人之骨骼哉問曰若生者之形骸非死者之骨骼則應不由生者之形骸不由生者之形骸則此骨骼從何而至此邪答曰是生者之形骸變爲死者之骨骼也問曰生者之形骸雖變爲死者之骨骼豈不從生而有死則知死體猶生體也答曰如因榮木變爲枯木枯木之質寧是榮木之體問曰榮體變爲枯體枯體卽是榮體絲體變爲

縷體縷體卽是絲體有何別焉荅曰若枯卽是榮榮卽是枯應榮時凋零枯時結實也又榮木不應變爲枯木以榮卽枯無所復變也榮枯是一何不先枯後榮要先榮後枯何也絲縷之義亦同此破問曰生形之謝便應豁然都盡何故方受死形綿歷未已邪荅曰生滅之體要有其次故也夫欻而生者必欻而滅漸而生者必漸而滅欻而生者飄驟是也漸而生者動植是也有欻有漸物之理也問曰形卽是神者手等亦是邪荅曰皆是神之分也問曰若皆是神之分神既能慮手等亦應能慮也荅曰手等亦應能有痛癢之知而無是非之慮問曰慮爲一爲異荅曰知卽是慮淺則爲知深則爲慮問曰若爾應有二乎荅曰人體惟一神何得二問曰若不得二安有痛癢之知復有是非之慮荅曰如手足雖異總爲一人是非痛癢雖復有異亦總爲一神矣問曰是非之慮不關手足當關何處荅曰是非之慮心器所主問曰心器是五藏之心非邪荅曰是也問曰五藏有何殊別而心獨有是非之慮乎荅曰七竅亦復何殊而司用不均問曰慮思無方何以知是心器所主荅曰五藏各有所司無有能慮者是以心爲慮本問曰何不寄在眼等分中荅曰若慮可寄於眼分何故不寄於耳分邪問曰慮體無本故可寄之於眼分眼自有本不假寄於佗分也荅曰眼何故有本而慮無本苟無本於我形而可徧寄於異地亦可張甲之情寄王乙之軀李丙之性託趙丁之體然乎哉不然也問曰聖人形猶凡人之形而有凡聖之殊故知形神異矣荅曰不然金之精者能昭穢者不能昭有能昭之精金寧有不昭之穢質又豈有聖人之神而寄凡人之器亦無凡人之神而託聖人之體是以八采重瞳勛華之容龍顏馬口軒皞之狀形表之異也比干之心七竅列角伯約之膽其大若拳此心器之殊也是知聖人定分每絕常區非惟道革羣生乃亦形超萬有凡聖均體所未敢安問曰子云聖人之形必異於凡者敢問陽貨類仲尼項籍似大舜舜項孔陽智革形同其故何邪荅曰珉似玉而非玉雞類鳳而非鳳物誠有之人故宜爾項陽貌似而非實似心器不均雖貌無益問曰凡聖之殊形器不一可也員極理無有二而丘旦殊姿湯文異狀神不侔色於此益明矣荅曰聖同於心器形不必同也猶馬殊毛而齊逸玉異色而均美是以晉棘荊和等價連城驊騮騄驥俱致千里問曰形神不二既聞之矣形謝神滅理固宜然敢問經云爲之宗廟以鬼饗之何謂也荅曰聖人之敎然也所以弭孝子之心而厲偷薄之意神而明之此之謂矣問曰伯有被甲彭生豕見墳素著其事寧是設敎而已邪荅曰妖怪茫茫或存或亡彊死者衆不皆爲鬼彭生伯有何獨能然乍爲人豕未必齊鄭之公子也問曰易稱故知鬼神之情狀與天地相似而不違又曰載鬼一車其義云何荅曰有禽焉有獸焉飛走之別也有人焉有鬼焉幽明之別也人滅而爲鬼鬼滅而爲人則未之知也問曰知此神滅有何利用邪荅曰浮屠害政桑門蠹俗風驚霧起馳蕩不休吾哀其弊思拯其溺夫竭財以赴僧破產以趨佛而不恤親戚不憐窮匱者何良由厚我之情深濟物之意淺是以圭撮涉於貧友吝情動於顏色千鍾委於富僧歡意暢於容髮豈不以僧有多稌之期友無遺秉之報務施闕於周急歸德必於在己又惑以茫昧之言懼以阿鼻之苦誘以虛誕之辭欣以兜率之樂故捨逢掖襲橫衣廢俎豆列缾缽家家棄其親愛人人絕其嗣續致使兵挫於行閒吏空於官府粟罄於惰遊貨殫於泥木所以姦宄弗勝頌聲尚擁惟此之故其流莫已其病無限若陶甄稟於自然森羅均於獨化忽焉自有怳爾而無來也不禦去也不追乘夫天理各安其性小人甘其壟畝君子保其恬素耕而食食不可窮也蠶而衣衣不可盡也下有餘以奉其上上無爲以待其下可以全生可以匡國可以霸君用此道也此論出朝野諠譁子良集僧難之而不能屈縝在南累年追還京既至以爲中書郎國子博士卒官文集十卷子胥字長才傳父學起家太學博士胥有口辯大同中常兼主客郎對接北使還平西湘東王諮議參軍侍宣城王讀出爲鄱陽內史卒於郡

嚴植之字孝源建平秭歸人也祖欽宋通直散騎常侍植之少善莊老能玄言精解喪服孝經論語及長徧治鄭氏禮周易毛詩左氏春秋性淳孝謹厚不以所長高人少遭父憂因菜食二十三載後得風冷疾乃止齊永明中始起家爲廬陵王國侍郎遷廣漢王國右常侍王誅國人莫敢視植之獨奔哭手營殯殮徒跣送喪墓所爲起冢葬畢乃還當時義之建武中遷員外郎散騎常侍尋爲康樂侯相在縣清白民吏稱之天監二年板後軍騎兵參軍事高祖詔求通儒治五禮有司奏植之治凶禮四年初置五經博士各開館教授以植之兼五經博士植之館在潮溝生徒常百數植之講五館生必至聽者千餘人六年遷中撫軍記室參軍猶兼博士七年卒於館時年五十二植之自疾後便不受廩俸妻子困乏既卒喪無所寄生徒爲市宅乃得成喪焉植之性仁慈好陰德雖在闇室未嘗怠也少嘗山行見一患者植之問其姓名不能荅載與俱歸爲營醫藥六日而死植之爲棺殮殯之卒不知何許人也嘗緣柵塘行見患人臥塘側植之下車問其故云姓黃氏家本荊州爲人傭賃疾既危篤船主將發棄之于岸植之心惻然載還治之經年而黃氏差請終身充奴僕以報厚恩植之不受遺以資糧遣之其義行多如此撰凶禮儀注四百七十九卷

賀瑒字德璉會稽山陰人也祖道力善三禮仕宋爲尚書三公郎建康令瑒少傳家業齊時沛國劉瓛爲會稽府丞見瑒深器異之嘗與俱造吳郡張融指瑒謂融曰此生神明聰敏將來當爲儒者宗瓛還薦之爲國子生舉明經揚州祭酒俄兼國子助敎歷奉朝請太學博士太常丞遭母憂去職天監初復爲太常丞有司舉治賓禮召見說禮義高祖異之詔朝朔望預華林講四年初開五館以瑒兼五經博士別詔爲皇太子定禮撰五經義瑒悉禮舊事時高祖方創定禮樂瑒所建議多見施行七年拜步兵校尉領五經博士九年遇疾遣醫藥省問卒于館時年五十九所著禮易老莊講疏朝廷博議數百篇賓禮儀注一百四十五卷瑒於禮尤精館中生徒常百數弟子明經對策至數十人二子革字文明少通三禮及長徧治孝經論語毛詩左傳起家晉安王國侍郎兼太學博士侍湘東王讀敕於永福省爲邵陵湘東武陵三王講禮稍遷湘東王府行參軍轉尚書儀曹郎尋除秣陵令遷國子博士於學講授生徒常數百人出爲西中郎湘東王諮議參軍帶江陵令王初於府置學以革領儒林祭酒講三禮荊楚衣冠聽者甚衆前後再監南平郡爲民吏所德尋加貞威將軍兼平西長史南郡太守革性至孝常恨貪祿代耕不及養在荊州歷爲郡縣所得俸秩不及妻孥專擬還鄉造寺以申感思大同六年卒官時年六十二弟季亦明三禮歷官尚書祠部郎兼中書通事舍人累遷步兵校尉中書黃門郎兼著作

司馬筠字貞素河內溫人晉驃騎將軍譙烈王承七世孫祖亮宋司空從事中郎父端齊奉朝請筠孤貧好學師事沛國劉瓛彊力專精深爲瓛所器異既長博通經術尤明三禮齊建武中起家奉朝請遷王府行參軍天監初爲本州治中除暨陽令有清績入拜尚書祠部郎七年安成太妃陳氏薨江州刺史安成王秀荊州刺史始興王憺竝以慈母表解職詔不許還攝本任而太妃在都喪祭無主舍人周捨議曰賀彥先稱慈母之子不服慈母之黨婦又不從夫而服慈姑小功服無從故也庾蔚之云非徒子不從母而服其黨孫又不從父而服其慈由斯而言慈祖母無服明矣尋門內之哀不容自同於常按父之祥禫子竝受弔今二王諸子宜以成服日單衣一日爲位受弔制曰二王在遠諸子宜攝祭事捨又曰禮云緦冠玄武子姓之冠則世子衣服宜異於常可著細布衣絹領帶三年不聽樂又禮及春秋庶母不世祭蓋謂無王命者耳吳太妃既朝命所加得用安成禮秩則當祔廟五世親盡乃毀陳太妃命數之重雖則不異慈孫既不從服廟食理無傳祀子祭孫止是會經文高祖因是敕禮官議皇子慈母之服筠議宋朝五服制皇子服訓養母禮依庶母慈己宜從小功之制按曾子問曰子游曰喪慈母禮歟孔子曰非禮也古者男子外有傅內有慈母君命所使教子也何服之有鄭玄注云此指謂國君之子也若國君之子不服則王者之子不服可知又喪服經云君子子爲庶母慈己者傳曰君子子者貴人子也鄭玄引內則三母止施於卿大夫以此而推則慈母之服上不在五等之嗣下不逮三士之息儻其服者止卿大夫尋諸侯之子尚無此服況乃施之皇子謂宜依禮刊除以反前代之惑高祖以爲不然曰禮言慈母凡有三條一則妾子之無母使妾之無子者養之命爲母子服以三年喪服齊衰章所言慈母是也二則嫡妻之子無母使妾養之慈撫隆至雖均乎慈愛但嫡妻之子妾無爲母之義而恩深事重故服以小功喪服小功章所以不直言慈母而云庶母慈己者明異於三年之慈母也其三則子非無母正是擇賤者視之義同師保而不無慈愛故亦有慈母之名師保既無其服則此慈亦無服矣內則云擇於諸母與可者使爲子師其次爲慈母其次爲保母此其明文此言擇諸母是擇人而爲此三母非謂擇取兄弟之母也何以知之若是兄弟之母其先有子者則是長妾長妾之禮實有殊加何容次妾生子乃退成保母斯不可也又有多兄弟之人於義或可若始生之子便應三母俱闕邪由是推之內則所言諸母是謂三母非兄弟之母明矣子游所問自是師保之慈非三年小功之慈也故夫子得有此對豈非師保之慈母無服之證乎鄭玄不辯三慈混爲訓釋引彼無服以注慈己後人致謬實此之由經言君子子者此雖起於大夫明大夫猶爾自斯以上

彌應不異故傳云君子子者貴人之子也緫言曰貴則無所不包經傳互文交相顯發則知慈加之義通乎大夫以上矣宋代此科不乖禮意便加除削良是所疑於是筠等請依制改定嫡妻之子毋沒爲父妾所養服之五月貴賤竝同以爲永制累遷王府諮議權知左丞事尋除尚書左丞出爲始興內史卒官子壽傳父業明三禮大同中歷官尚書祠部郎出爲曲阿令

卞華字昭丘濟陰冤句人也晉驃騎將軍忠貞公壼六世孫父倫之給事中華幼孤貧好學年十四召補國子生通周易既長徧治五經與平原明山賓會稽賀瑒同業友善起家齊豫章王國侍郎累遷奉朝請征西行參軍天監初遷臨川王參軍事兼國子助教轉安成王功曹參軍兼五經博士聚徒教授華博涉有機辯說經析理爲當時之冠江左以來鍾律絕學至華乃通焉遷尚書儀曹郎出爲吳令卒

崔靈恩清河武城人也少篤學從師徧通五經尤精三禮三傳先在北仕爲太常博士天監十三年歸國高祖以其儒術擢拜員外散騎侍郎累遷步兵校尉兼國子博士靈恩聚徒講授聽者常數百人性拙朴無風采及解經析理甚有精致京師舊儒咸稱重之助教孔僉尤好其學靈恩先習左傳服解不爲江東所行及改說杜義每文句常申服以難杜遂著左氏條義以明之時有助教虞僧誕又精杜學因作申杜難服以報靈恩世竝行焉僧誕會稽餘姚人以左氏教授聽者亦數百人其該通義例當時莫及先是儒者論天互執渾蓋二義論蓋不合於渾論渾不合於蓋靈恩立義以渾蓋爲一焉出爲長沙內史還除國子博士講衆尤盛出爲明威將軍桂州刺史卒官靈恩集注毛詩二十二卷集注周禮四十卷制三禮義宗四十七卷左氏經傳義二十二卷左氏條例十卷公羊穀梁文句義十卷

孔僉會稽山陰人少師事何胤通五經尤明三禮孝經論語講說竝數十徧生徒亦數百人歷官國子助教三爲五經博士遷尚書祠部郎出爲海鹽山陰二縣令僉儒者不長政術在縣無績太清亂卒于家子俶玄頗涉文學官至太學博士僉兄子元素又善三禮有盛名早卒

盧廣范陽涿人自云晉司空從事中郎諶之後也諶沒死冉閔之亂晉中原舊族諶有後焉廣少明經有儒術天監中歸國初拜員外散騎侍郎出爲始安太守坐事免頃之起爲折衝將軍配千兵北伐還拜步兵校尉兼國子博士徧講五經時北來人儒學者有崔靈恩孫詳蔣顯竝聚徒講說而音辭鄙拙惟廣言論清雅不類北人僕射徐勉兼通經術深相賞好尋遷員外散騎常侍博士如故出爲信武桂陽嗣王長史尋陽太守又爲武陵王長史太守如故卒官

沈峻字士嵩吳興武康人家世農夫至峻好學與舅太史叔明師事宗人沈驎士門下積年晝夜自課時或睡寐輒以杖自擊其篤志如此驎士卒後乃出都徧遊講肆遂博通五經尤長三禮初爲王國中尉稍遷侍郎竝兼國子助教時吏部郎陸倕與僕射徐勉書薦峻曰五經博士庾季達須換計公家必欲詳擇其人凡聖賢可講之書必以周官立義則周官一書實爲羣經源本此學不傳多歷年世北人孫詳蔣顯亦經聽習而音革楚夏故學徒不至惟助教沈峻特精此書比日時開講肆羣儒劉嵒沈宏沈熊之徒竝執經下坐北面受業莫不歎服人無間言第謂宜卽用此人命其專此一學周而復始使聖人正典廢而更興累世絕業傳於學者勉從之奏峻兼五經博士於館講授聽者常數百人出爲華容令還除員外散騎侍郎復兼五經博士時中書舍人賀琛奉敕撰梁官乃啓峻及孔子袪補西省學士助撰錄書成入兼中書通事舍人出爲武康令卒官子文阿傳父業尤明左氏傳太清中自國子助教爲五經博士傳峻業者又有吳郡張及會稽孔子雲官皆至五經博士尚書祠部郎太史叔明吳興烏程人吳太史慈後也少善莊老兼治孝經禮記其三玄尤精解當世冠絕每講說聽者常五百餘人歷官國子助教邵陵王綸好其學及出爲江州攜叔明之鎮王遷郢州又隨府所至輒講授江外人士皆傳其學焉大同十三年卒時年七十三

孔子袪會稽山陰人少孤貧好學耕耘樵採常懷書自隨投閑則誦讀勤苦自勵遂通經術尤明古文尚書初爲長沙嗣王侍郎兼國子助教講尚書四十徧聽者常數百人中書舍人賀琛受敕撰梁官啓子袪爲西省學士助撰錄書成兼司文侍郎不就久之兼主客郎舍人學士如故累遷湘東王國侍郎常侍員外散騎侍郎又雲麾廬江公記室參軍轉兼中書通事舍人尋遷步兵校尉舍人如故高祖撰五經講疏及孔子正言專使子袪檢閱羣書以爲義證事竟敕子袪與右衛朱异左丞賀琛於士林館遞日執經累遷通直正員郎舍人如故中大同元年卒官時年五十一子袪凡著尚書義二十卷集注尚書三十卷續朱异集注周易一百卷續何承天集禮論一百五十卷

皇侃吳郡人青州刺史皇象九世孫也侃少好學師事賀瑒精力專門盡通其業尤明三禮孝經論語起家兼國子助教於學講說聽者數百人撰禮記講疏五十卷書成奏上詔付秘閣頃之召入壽光殿講禮記義高祖善之拜員外散騎侍郎兼助教如故性至孝常日限誦孝經二十徧以擬觀世音經丁母憂解職還鄉里平西邵陵王欽其學厚禮迎之侃既至因感心疾大同十一年卒於夏首時年五十八所撰論語義十卷與禮記義竝見重於世學者傳焉

陳吏部尚書姚察曰昔叔孫通講論馬上桓榮精力凶荒既逢平定自致光寵若夫崔伏何嚴互有焉曼容佟之講道於齊季不爲時改賀瑒嚴植之之徒遭梁之崇儒重道咸至高官稽古之力諸子各盡之矣范縝墨絰傲倖不遂其志宜哉

梁書卷四十八考證

賀瑒傳常恨貪祿代耕不及養○貪南史作食應從之

司馬筠傳喪服齊衰章所言慈母是也○慈母下南史有如母二字

崔靈恩傳制三禮義宗四十七卷○四十七南史作三十

孔子袪傳常懷書自隨投閒則誦讀○投南史作役

梁書卷四十九

唐　散　騎　常　侍　姚　思　廉　撰

列傳第四十三

文學上

到沆　丘遲　劉苞　袁峻
庾於陵弟肩吾　劉昭　何遜
鍾嶸　周興嗣　吳均

昔司馬遷班固書竝爲司馬相如傳相如不預漢廷大事蓋取其文章尤著也固又爲賈鄒枚路傳亦取其能文傳焉范氏後漢書有文苑傳所載之人其詳已甚然經禮樂而緯國家通古今而述美惡非文莫可也是以君臨天下者莫不敦悅其義縉紳之學咸貴尚其道古往今來未之能易高祖聰明文思光宅區寓旁求儒雅詔采異人文章之盛煥乎俱集每所御幸輒命羣臣賦詩其文善者賜以金帛詣闕庭而獻賦頌者或引見焉其在位者則沈約江淹任昉竝以文采妙絕當時至若彭城到沆吳興丘遲東海王僧孺吳郡張率等或入直文德通讌壽光皆後來之選也約淹昉僧孺率別以功迹論今綴到沆等文兼學者至太清中人爲文學傳云

到沆字茂瀣彭城武原人也曾祖彥之宋將軍父撝齊五兵尚書沆幼聰敏五歲時撝於屏風抄古詩沆請教讀一遍便能諷誦無所遺失既長勤學善屬文工篆隸美風神容止可悅齊建武中起家後軍法曹參軍天監初遷征虜主簿高祖初臨天下收拔賢俊甚愛其才東宮建以爲太子洗馬時文德殿置學士省召高才碩學者待詔其中使校定墳史詔沆通籍焉時高祖讌華光殿命羣臣賦詩獨詔沆爲二百字二刻使成沆於坐立奏其文甚美俄以洗馬管東宮書記散騎省優策文三年詔尚書郎在職清能或人才高妙者爲侍郎以沆爲殿中曹侍郎沆從父兄漑洽竝有才名時皆相代爲殿中當世榮之四年遷太子中舍人沆爲人不自伐不論人長短樂安任昉南鄉范雲皆友善其年遷丹陽尹丞以疾不能處職事遷北中郎諮議參軍五年卒官年三十高祖甚傷惜焉詔賜錢二萬布三十疋所著詩賦百餘篇

丘遲字希範吳興烏程人也父靈鞠有才名仕齊官至太中大夫遲八歲便屬文靈鞠常謂氣骨似我黃門郎謝超宗徵士何點竝見而異之及長州辟從事舉秀才除太學博士遷大司馬行參軍遭父憂去職服闋除西中郎參軍累遷殿中郎以母憂去職服除復爲殿中郎遷車騎錄事參軍高祖平京邑霸府開引爲驃騎主簿甚被禮遇時勸進梁王及殊禮皆遲文也高祖踐阼拜散騎侍郎俄遷中書侍郎領吳興邑中正待詔文德殿時高祖著連珠詔羣臣繼作者數十人遲文最美天監三年出爲永嘉太守在郡不稱職爲有司所糾高祖愛其才寢其奏四年中軍將軍臨川王宏北伐遲爲諮議參軍領記室時陳伯之在北與魏軍來距遲以書喻之伯之遂降還拜中書郎遷司徒從事中郎七年卒官時年四十五所著詩賦行於世

劉苞字孝嘗彭城人也祖勔宋司空父愃齊太子中庶

子苞四歲而父終，及年六七歲見諸父常泣時伯叔父悛繪等竝顯貴苞母謂其畏憚怒之苞對曰早孤不及有識聞諸父多相似故心中欲悲無有佗意因而歔欷母亦慟甚初苞父母及兩兄相繼亡沒悉假瘞焉苞年十六始移墓所經營改葬不資諸父未幾皆畢繪常歎服之少好學能屬文起家爲司徒法曹行參軍不就天監初以臨川王妃弟故自征虜主簿仍遷王中軍功曹累遷尚書庫部侍郎丹陽尹丞太子太傅丞尚書殿中侍郎南徐州治中以公事免久之爲太子洗馬掌書記侍講壽光殿自高祖即位引後進文學之士苞及從兄孝綽從弟孺同郡到溉溉弟洽從弟沆吳郡陸倕張率竝以文藻見知多預讌坐雖仕進有前後其賞賜不殊天監十年卒時年三十臨終呼友人南陽劉之遴託以喪事務從儉率苞居官有能名性和而直與人交面折其非退稱其美情無所隱士友咸以此歎惜之

袁峻字孝高陳郡陽夏人魏郎中令渙之八世孫也峻早孤篤志好學家貧無書每從人假借必皆抄寫自課日五十紙紙數不登則不休息訥言語工文辭義師剋京邑鄱陽王恢東鎮破岡峻隨王知管記事天監初都陽國建以峻爲侍郎從鎮京口王遷郢州兼都曹參軍高祖雅好辭賦時獻文於南闕者相望焉其藻麗可觀或見賞擢六年峻乃擬楊雄官箴奏之高祖嘉焉賜束帛除員外散騎侍郎直文德學士省抄史記漢書各爲二十卷又奉敕與陸倕各製新闕銘辭多不載

庾於陵字子介散騎常侍黔婁之弟也七歲能言玄理既長清警博學有才思齊隨王子隆爲荊州召爲主簿使與謝朓宗夬抄撰羣書子隆代還又以爲送故主簿子隆尋爲明帝所害僚吏畏避莫有至者唯於陵與夬獨留經理喪事始安王遙光爲撫軍引爲行參軍兼記室永元末除東陽遂安令爲民吏所稱天監初爲建康獄平遷尚書工部郎待詔文德殿出爲湘州別駕遷驃騎錄事參軍兼中書通事舍人俄領南郡邑中正拜太子洗馬舍人如故舊事東宮官屬通爲清選洗馬掌文翰尤其清者近世用人皆取甲族有才望時於陵與周捨竝擢充職高祖曰官以人而清豈限以甲族時論以爲美俄遷散騎侍郎改領荊州大中正累遷中書黃門侍郎舍人中正竝如故出爲宣毅晉安王長史廣陵太守行府州事以公事免復起爲通直郎尋除鴻臚卿復領荊州大中正卒官時年四十八文集十卷弟肩吾

肩吾字子慎八歲能賦詩特爲兄於陵所友愛初爲晉安王國常侍仍遷王宣惠府行參軍自是每王徙鎮肩吾常隨府歷王府中郎雲麾參軍竝兼記室參軍中大通三年王爲皇太子兼東宮通事舍人除安西湘東王錄事參軍俄以本官領荊州大中正累遷中錄事諮議參軍太子率更令中庶子初太宗在藩雅好文章士時肩吾與東海徐摛吳郡陸杲彭城劉遵劉孝儀儀弟孝威同被賞接及居東宮又開文德省置學士肩吾子信摛子陵吳郡張長公北地傅弘東海鮑至等充其選齊永明中文士王融謝朓沈約文章始用四聲以爲新變至是轉拘聲韻彌尚麗靡復逾於往時時太子與湘東王書論之曰吾輩亦無所遊賞止事披閱性既好文時復短詠雖是庸音不能閣筆有慙伎癢更同故態比見京師文體儒鈍殊常競學浮疎爭爲闡緩玄冬修夜思所不得既殊比興正背風騷若夫六典三禮所施則有地吉凶嘉賓用之則有所未聞吟詠情性反擬內則之篇操筆寫志更摹酒誥之作遲遲春日翻學歸藏湛湛江水遂同大傳吾既拙於爲文不敢輕有掎摭但以當世之作歷方古之才人遠則楊馬曹王近則潘陸顏謝而觀其遣辭用心了不相似若以今文爲是則古文爲非若昔賢可稱則今體宜棄俱爲盍各則未之敢許又時有效謝康樂裴鴻臚文者亦頗有惑焉何者謝客吐言天拔出於自然時有不拘是其糟粕裴氏乃是良史之才了無篇什之美是爲學謝則不屆其精華但得其冗長師裴則蔑絕其所長惟得其所短謝故巧不可階裴亦質不宜慕故胸馳臆斷之侶好名忘實之類方分肉於仁獸逞郤克於邯鄲入鮑忘臭效尤致禍決羽謝生豈三千之可及伏膺裴氏懼兩唐之不傳故玉徽金銑反爲拙目所嗤巴人下里更合郢中之聽陽春高而不和妙聲絕而不尋竟不精討錙銖覈量文質有異巧心終愧妍手是以握瑜懷玉之士瞻鄭邦而知退章甫翠履之人望閩鄉而歎息詩既若此筆又如之徒以煙墨不言受其驅染紙札無情任其搖襞甚矣哉文之橫流一至於此至如近世謝朓沈約之詩任昉陸倕之筆斯實文章之冠冕述作之楷模張士簡之賦周升逸之辯亦成佳手難可復遇文章未墜必有英絕領袖之者非弟而誰每欲論之無可與語思吾子建一共商搉辯茲清濁使如涇渭論茲月旦類彼汝南朱丹既定雌黃有別使夫懷鼠知慙濫竽自恥譬斯袁紹畏見子將同彼盜牛遙羞王烈相思不見我勞如何太清中侯景寇陷京都及太宗即位以肩吾爲度支尚書時上流蕃竝據州拒景景矯詔遣肩吾使江州喻當陽公大心大心尋舉州降賊肩吾因逃入建昌界久之方得赴江陵未幾卒文集行於世

劉昭字宣卿平原高唐人晉太尉寔九世孫也祖伯龍居父憂以孝聞宋武帝敕皇太子諸王竝往弔慰官至少府卿父彪齊征虜晉安王記室昭幼清警七歲通老莊義既長勤學善屬文外兄江淹早相稱賞天監初起家奉朝請累遷征北行參軍尚書倉部郎尋除無錫令歷爲宣惠豫章王中軍臨川記室初昭伯父肜集衆家晉書注干寶晉紀爲四十卷至昭又集後漢同異以注范曄書世稱博悉遷通直郎出爲剡令卒官集注後漢一百八十卷幼童傳十卷文集十卷子縚字言明亦好學通三禮大同中爲尚書祠部郎尋去職不復仕縚弟緩字含度少知名歷官安西湘東王記室時西府盛集文學緩居其首除通直郎俄遷鎮南湘東王中錄事復隨府江州卒

何遜字仲言東海郯人也曾祖承天宋御史中丞祖翼員外郎父詢齊太尉中兵參軍遜八歲能賦詩弱冠州舉秀才南鄉范雲見其對策大相稱賞因結忘年交好自是一文一詠雲輒嗟賞謂所親曰頃觀文人質則過儒麗則傷俗其能含清濁中今古見之何生矣沈約亦愛其文嘗謂遜曰吾每讀卿詩一日三復猶不能已其爲名流所稱如此天監中起家奉朝請遷中衛建安王水曹行參軍兼記室王愛文學之士日與遊宴及遷江州遜猶掌書記還爲安西安成王參軍事兼尚書水部郎母憂去職服闋除仁威廬陵王記室復隨府江州未幾卒東海王僧孺集其文爲八卷初遜文章與劉孝綽竝見重於世世謂之何劉世祖著論論之云詩多而能者沈約少而能者謝朓何遜時有會稽虞騫工爲五言詩名與遜相埒官至王國侍郎其後又有會稽孔翁歸濟陽江避竝爲南平王大司馬府記室翁歸亦工爲詩避博學有思理更注論語孝經二人竝有文集

鍾嶸字仲偉潁川長社人晉侍中雅七世孫也父蹈齊中軍參軍嶸與兄岏弟嶼竝好學有思理嶸齊永明中爲國子生明周易衞軍王儉領祭酒頗賞接之舉本州秀才起家王國侍郎遷撫軍行參軍出爲安國令永元末除司徒行參軍天監初制度雖革而日不暇給嶸乃言曰永元肇亂坐弄天爵勳非即戎官以賄就揮一金而取九列寄片札以招六校騎都塞市郎將填街服既纓組尚爲臧獲之事職唯黃散猶躬胥徒之役名實淆紊茲焉莫甚臣愚謂軍官是素族士人自有清貫而因斯受爵一宜削除以懲僥競若吏姓寒人聽極其門品不當因軍遂濫清級若僑雜傖楚應在綏附正宜嚴斷祿力絕其妨正直乞虛號而已謹竭愚忠不恤衆口敕付尚書行之遷中軍臨川王行參軍衡陽王元簡出守會稽引爲寧朔記室專掌文翰時居士何胤築室若邪山山發洪水漂拔樹石此室獨存元簡命嶸作瑞室頌以旌表之辭甚典麗遷西中郎晉安王記室嶸嘗品古今五言詩論其優劣名爲詩評其序曰氣之動物物之感人故搖蕩性情形諸舞詠欲以照燭三才暉麗萬有靈祇待之以致饗幽微藉之以昭告動天地感鬼神莫近於詩昔南風之辭卿雲之頌厥義敻矣夏歌曰鬱陶乎予心楚謠云名余曰正則雖詩體未全然略是五言之濫觴也逮漢李陵始著五言之目古詩眇邈人代難詳推其文體固是炎漢之制非衰周之倡也自王楊枚馬之徒辭賦競爽而吟詠靡聞從李都尉訖班婕妤將百年間有婦人焉一人而已詩人之風頓已缺喪東京二百載中唯有班固詠史質木無文致降及建安曹公父子篤好斯文平原兄弟鬱爲文棟劉楨王粲爲其羽翼次有攀龍託鳳自致於屬車者蓋將百計彬彬之盛大備於時矣爾後陵遲衰微訖於有晉太康中三張二陸兩潘一左勃爾復興踵武前王風流未沫亦文章之中興也永嘉時貴黃老尚虛談于時篇什理過其辭淡乎寡味爰及江表微波尚傳孫綽許詢桓庾諸公皆平典似道德論建安之風盡矣先是郭景純用儁上之才創變其體劉越石仗清剛之氣贊成厥美然彼衆我寡未能動俗逮義熙中謝益壽斐然繼作元嘉初有謝靈運才高辭盛富豔難蹤固已含跨劉郭陵轢潘左故知陳思爲建安之傑公幹仲宣爲輔陸機爲太康之英安仁景陽爲輔謝客爲元嘉之雄顏延年爲輔此皆五言之冠冕文辭之命世夫四言文約意廣取效風騷便可多得每苦文煩而意少故世罕習焉五言居文辭之要是衆作之有滋味者也故云會於流俗豈不以指事造形窮情寫物最爲詳切者邪故詩有六義焉一曰興二曰賦三曰比文已盡而意有餘興也因物喻志比也直書其事寓言寫物賦也弘斯三義酌而用之幹之以風力潤之以丹采使味之者無極聞之者動心是詩之至也若專用比興則患在意深意深則辭躓若但用賦體則患在意浮意浮則文散嬉成流移文無止泊有蕪漫之累矣若乃春風春鳥秋月秋蟬夏雲暑雨冬月祁寒

斯四候之感諸詩者也嘉會寄詩以親離羣託詩以怨至於楚臣去境漢妾辭宮或骨横朔野或魂逐飛蓬或負戈外戍或殺氣雄邊塞客衣單霜閨淚盡又士有解珮出朝一去忘反女有揚蛾入寵再盼傾國凡斯種種感蕩心靈非陳詩何以展其義非長歌何以釋其情故曰詩可以羣可以怨使窮賤易安幽居靡悶莫尚於詩矣故辭人作者罔不愛好今之士俗斯風熾矣裁能勝衣甫就小學必甘心而馳騖焉於是庸音雜體各爲家法至於膏腴子弟恥文不逮終朝點綴分夜呻吟獨觀謂爲警策衆覩終淪平鈍次有輕蕩之徒笑曹劉爲古拙謂鮑照羲皇上人謝朓今古獨步而師鮑照終不及日中市朝滿學謝朓劣得黃鳥度青枝徒自棄於高聽無涉於文流矣嶸觀王公搢紳之士每博論之餘何嘗不以詩爲口實隨其嗜欲商搉不同淄澠並汎朱紫相奪諠譁競起准的無依近彭城劉士章俊賞之士疾其淆亂欲爲當世詩品口陳標榜其文未遂嶸感而作焉昔九品論人七畧裁士校以賓實誠多未值至若詩之爲技較爾可知以類推之殆同博奕方今皇帝資生知之上才體沉鬱之幽思文麗日月學究天人昔在貴遊已爲稱首況八紘既掩風靡雲蒸抱玉者連肩握珠者踵武固以睨漢魏而弗顧吞晉宋於胷中諒非農歌轅議敢致流別嶸之今錄庶周遊於閭里均之於談笑耳頃之卒官岏字長岳官至府參軍建康平著良史傳十卷嶼字季望永嘉郡丞天監十五年敕學士撰徧畧嶼亦預焉兄弟並有文集

周興嗣字思纂陳郡項人漢太子太傅堪後也高祖凝晉征西府參軍宜都太守興嗣世居姑孰年十三遊學京師積十餘載遂博通記傳善屬文嘗步自姑孰投宿逆旅夜有人謂之曰子才學邁世初當見識貴臣卒被知英主言終不測所之齊隆昌中侍中謝朏爲吳興太守唯與興嗣談文史而已及罷郡還因大相稱薦本州舉秀才除桂陽郡丞太守王嶸素相賞好禮之甚厚高祖革命興嗣奏休平賦其文甚美高祖嘉之拜安成王國侍郎直華林省其年河南獻儛馬詔興嗣與待詔到沆張率爲賦高祖以興嗣爲工擢員外散騎侍郎進直文德壽光省是時高祖以三橋舊宅爲光宅寺敕興嗣與陸倕各製寺碑及成俱奏高祖用興嗣所製者自是銅表銘柵塘碣北伐檄次韻王羲之書千字並使興嗣爲文每奏高祖輒稱善加賜金帛九年除新安郡丞秩滿復爲員外散騎侍郎佐撰國史十二年遷給事中撰文如故興嗣兩手先患風疽是年又染癘疾左目盲高祖撫其手嗟曰斯人也而有斯疾也手疏治疽方以賜之其見惜如此任昉又愛其才常言曰周興嗣若無疾旬日當至御史中丞十四年除臨川郡丞十七年復爲給事中直西省左衛率周捨奉敕注高祖所製歷代賦啓興嗣助爲普通二年卒所撰皇帝實錄皇德記起居注職儀等百餘卷文集十卷

吳均字叔庠吳興故鄣人也家世寒賤至均好學有俊才沈約嘗見均文頗相稱賞天監初柳惲爲吳興召補主簿日引與賦詩均文體清拔有古氣好事者或斅之謂爲吳均體建安王偉爲揚州引兼記室掌文翰王遷江州補國侍郎兼府城局還除奉朝請先是均表求撰齊春秋書成奏之高祖以其書不實使中書舍人劉之遴詰問數條竟支離無對敕付省焚之坐免職尋有敕召見使撰通史起三皇訖齊代均草本紀世家功已畢唯列傳未就普通元年卒時年五十二均注范曄後漢書九十卷著齊春秋三十卷廟記十卷十二州記十六卷錢唐先賢傳五卷續文釋五卷文集二十卷先是有廣陵高爽濟陽江洪會稽虞騫並工屬文爽齊永明中贈衛軍王儉詩爲儉所賞及領丹陽尹舉爽郡孝廉天監初歷官中軍臨川王參軍出爲晉陽令坐事繫治作鑊魚賦以自況其文甚工後遇赦獲免頃之卒洪爲建陽令坐事死騫官至王國侍郎並有文集

梁書卷四十九考證

到沆傳時高祖讌華光殿○光監本訛元今從南史改正

袁峻傳峻乃擬揚雄官箴奏之○官南史作書

庾肩吾傳肩吾字子愼○子愼南史作愼之

周興嗣傳次韻王羲之書千字並使興嗣爲文○宋史李至傳言千字文乃梁武帝得鍾繇書破碑千餘字命周興嗣次韻而成今以爲王羲之異矣

梁書卷五十

唐 散 騎 常 侍 姚 思 廉 撰

列傳第四十四

文學下

劉峻　劉沼　謝幾卿　劉勰

王籍　何思澄　劉杳　謝徵

臧嚴　伏挺　庾仲容　陸雲公

任孝恭　顏協

劉峻字孝標平原平原人父珽宋始興內史峻生朞月母攜還鄉里宋泰始初青州陷魏峻年八歲爲人所畧至中山中山富人劉實愍峻以束帛贖之教以書學魏人聞其江南有戚屬更徙之桑乾峻好學家貧寄人廡下自課讀書常燎麻炬從夕達旦時或昏睡爇其髮既覺復讀終夜不寐其精力如此齊永明中從桑乾得還自謂所見不博更求異書聞京師有者必往祈借清河崔慰祖謂之書淫時竟陵王子良博招學士峻因人求爲子良國職吏部尚書徐孝嗣抑而不許用爲南海王侍郎不就至明帝時蕭遙欣爲豫州爲府刑獄禮遇甚厚遙欣尋卒久之不調天監初召入西省與學士賀蹤典校祕書峻兄孝慶時爲青州刺史峻請假省之坐私載禁物爲有司所奏免官安成王秀好峻學及還荊州引爲戶曹參軍給其書籍使抄錄事類名曰類苑未及成復以疾去因遊東陽紫巖山築室居焉爲山栖志其文甚美高祖招文學之士有高才者多被引進擢以不次峻率性而動不能隨衆沉浮高祖頗嫌之故不任用乃著辨命論以寄其懷曰主上嘗與諸名賢言及管輅歎其有奇才而位不達時有在赤墀之下預聞斯議歸以告余余謂士之窮通無非命也故謹述天旨因言其畧云臣觀管輅天才英偉珪璋特秀實海內之髦傑豈日者卜祝之流而官止少府丞年終四十八天之報施何其寡歟然則高才而無貴仕饕餮而居大位自古所歎焉獨公明而已哉故性命之道窮通之數夭閼紛綸莫知其辨仲任蔽其源子長闡其惑至於鶡冠甕牖必以懸天有期鼎貴高門則曰唯人所召譊譊讙咋異端俱起蕭遠論其本而不暢其流子玄語其流而未詳其本嘗試言之曰夫道生萬物則謂之道生而無主謂之自然自然者物見其然不知所以然同焉皆得不知所以得鼓動陶鑄而不爲功庶類混成而非其力生之無亭毒之心死之豈虔劉之志墜之淵泉非其怒昇之霄漢非其悅蕩乎大乎萬寶以之化確乎純乎一作而不易化而不易則謂之命命也者自天之命也定於冥兆終然不變鬼神莫能預聖哲不能謀觸山之力無以抗倒日之誠弗能感短則不可緩之於寸陰長則不可急之於箭漏至德未能踰上智所不免是以放勛之代浩浩襄陵天乙之時焦金流石文公疐其尾宣尼絕其糧顏回敗其叢蘭冉耕歌其芣苢夷叔斃淑媛之言子輿困臧倉之訴聖賢且猶若此而況庸庸者乎至乃伍員浮屍於江流三閭沉骸於湘渚賈大夫沮志於長沙馮都尉皓髮於郎署君山鴻漸鎩羽儀於高雲敬通鳳起摧迅翮於風穴此豈才不足而行有遺哉近代有沛國劉瓛瓛弟璡並一時之秀士也瓛則關西孔子通涉六經循循善誘服膺儒行璡則志烈秋霜心貞崐玉亭亭高竦不雜風塵皆毓德於衡門並馳聲於天地而官有微於侍郎位不登於執戟相繼徂落宗祀無饗因斯兩賢以言古則昔之玉質金相英髦秀達皆擯斥於當年韞奇才而莫用候草木以共凋與麋鹿而同死膏塗平原骨塡川谷湮滅而無聞者豈可勝道哉此則宰衡之與皂隸容彭之與殤子猗頓之與黔婁陽文之與敦洽咸得之於自然不假道於才智故曰死生有命富貴在天其斯之謂矣然命體周流變化非一或先號後笑或始吉終凶或不召自來或因人以濟交錯糾紛循環倚伏非可以一理徵非可以一途驗而其道密微寂寥忽慌無形可以見無聲可以聞必御物以效靈亦憑人而成象譬天王之冕旒任百官以司職而或者覩湯武之龍躍謂龕亂在神功聞孔墨之挺生謂英睿擅奇響視彭韓之豹變謂鷙猛致人爵見張桓之朱紱謂明經拾青紫豈知有力者運之而趨乎故言而非命有六蔽焉余請陳其梗槩夫靡顏膩理哆嗚顣頞形之異也朝秀辰終龜鶴千歲年之殊也聞言如響智昏菽麥神之辨也同知三者定乎造化榮辱之境獨曰由人是知二五而未識於十其蔽一也龍犀日角帝王之表河目龜文公侯之相撫鏡知其將刑壓紐顯其膺籙星虹樞電昭聖德之符夜哭聚雲鬱興王之瑞皆兆發於前期渙汗於後葉若謂驅貔虎奮尺劍入紫微升帝道則未達窅冥之情未測神明之數其蔽二也空桑之里變成洪川歷陽之都化爲魚鼈楚師屠漢卒睢河鯁其流秦人坑趙士沸聲若雷震火炎崐岳礫石與琬琰俱焚嚴霜夜零蕭艾與芝蘭共盡雖游夏之英才伊顏之殆庶焉能抗之哉其蔽三也或曰明月之珠不能無纇夏后之璜不能無考故亭伯死於縣長長卿卒於園令才非不傑

也主非不明也而碎結綠之鴻輝殘懸黎之夜色抑尺之量有短哉若然者主父偃公孫弘對策不升第歷說而不入牧豕淄原見棄州部設令忽如過隙溘死霜露其爲詬恥豈崖馬之流乎及至開東閣列五鼎電照風行聲馳海外寧前愚而後智先非而終是將榮悴有定數天命有至極而謬生妍蚩其蔽四也夫虎嘯風馳龍興雲屬故重華立而元凱升辛受生而飛廉進然則天下善人少惡人多闇主衆明君寡而薰蕕不同器梟鸞不接翼是使渾沌檮杌踵武雲臺之上仲容庭堅耕耘巖石之下橫謂廢興在我無繫於天其蔽五也彼戎狄者人面獸心宴安鴆毒以誅殺爲道德以蒸報爲仁義雖大風立於青丘鑿齒奮於華野比于狠戾曾何足踰自金行不競天地版蕩左帶沸脣乘閒電發遂覆瀍洛傾五都居先王之桑梓竊名號於中縣與三皇競其氓黎五帝角其區寓種落繁熾充牣神州嗚呼福善禍淫徒虛言耳豈非否泰相傾盈縮遞運而汨之以人其蔽六也然所謂命者死生焉貴賤焉貧富焉理亂焉禍福焉此十者天之所賦也愚智善惡此四者人之所行也夫神非舜禹心異朱均才絓中庸在於所習是以素絲無恒玄黃代起鮑魚芳蘭入而自變故季路學於仲尼厲風霜之節楚穆謀於潘崇成悖逆之禍而商臣之惡盛業光於後嗣仲由之善不能息其結纓斯則邪正由於人吉凶存乎命或以鬼神害盈皇天輔德故宋公一言法星三徙殷帝自翦千里來雲善惡無徵未洽斯義且于公高門以待封嚴母掃墓以望喪此君子所以自彊不息也如使仁而無報奚爲修善立名乎斯徑廷之辭也夫聖人之言顯而晦微而婉幽遠而難聞河漢而不極或立教以進庸惰或言命以窮性靈積善餘慶立教也鳳鳥不至言命也今以其片言辯其要趣何異乎夕死之類而論春秋之變哉且荆昭德音丹雲不卷周宣祈雨珪璧斯罄于叟種德不逮勛華之高延年殘獷未甚東陵之酷爲善一爲惡均而禍福異其流廢興殊其迹蕩蕩上帝豈如是乎詩云風雨如晦雞鳴不已故善人爲善焉有息哉夫食稻粱進芻豢衣狐貉襲冰紈觀窈眇之奇儛聽雲和之琴瑟此生人之所急非有求而爲也修道德習仁義敦孝悌立忠貞漸禮樂之腴潤蹈先王之盛則此君子之所急非有求而爲也然則君子居正體道樂天知命明其無可奈何識其不由智力逝而不召來而不距生而不喜死而不感瑤臺夏屋不能說其神土室編蓬未足憂其慮不充詘於富貴不遑遑於所欲豈有史公董相不遇之文乎論成中山劉沼致書以難之凡再反峻竝爲申析以答之會沼卒不見峻後報者峻乃爲書以序之曰劉侯既有斯難值余有天倫之感竟未之致也尋而此君長逝化爲異物緒言餘論蘊而莫傳或有自其家得而示余者悲其音徽未沫而其人已亡青簡尚新而宿草將列泫然不知涕之無從雖隙駟不留尺波電謝而秋菊春蘭英華靡絕故存其梗槩更酬其旨若使墨翟之言無爽宣室之談有徵冀東平之樹望咸陽而西靡蓋山之泉聞弦歌而赴節但懸劍空壟有恨如何其論文多不載峻又嘗爲自序其畧曰余自比馮敬通而有同之者三異之者四何則敬通雄才冠世志剛金石余雖不及之而節亮慷慨此一同也敬通值中興明君而終不試用余逢命世英主亦擯斥當年此二同也敬通有忌妻至於身操井臼余有悍室亦令家道轗軻此三同也敬通當更始之世手握兵符躍馬食肉余自少迄長戚戚無懽此一異也敬通有一子仲文官成名立余禍同伯道永無血胤此二異也敬通膂力方剛老而益壯余有犬馬之疾溘死無時此三異也敬通雖芝殘蕙焚終塡溝壑而爲名賢所慕其風流郁烈芬芳久而彌盛余聲塵寂漠世不吾知魂魄一去將同秋草此四異也所以自力爲敘遺之好事云峻居東陽吳會人士多從其學普通二年卒時年六十門人謚曰玄靖先生

劉沼字明信中山魏昌人六代祖輿晉驃騎將軍沼幼善屬文既長博學仕齊起家奉朝請冠軍行參軍天監初拜後軍臨川王記室參軍秣陵令卒

謝幾卿陳郡陽夏人曾祖靈運宋臨川內史父超宗齊黃門郎竝有重名於前代幾卿幼清辯當世號曰神童後超宗坐事徙越州路出新亭渚幾卿不忍辭訣遂投赴江流左右馳救得不沉溺及居父憂哀毀過禮服闋召補國子生齊文惠太子自臨策試謂祭酒王儉曰幾卿本長玄理今可以經義訪之儉承旨發問幾卿隨事辨對辭無滯者文惠大稱賞焉儉謂人曰謝超宗爲不死矣既長好學博涉有文采起家豫章王國常侍累遷車騎法曹行參軍相國祭酒出爲寧國令入補尚書殿中郎太尉晉安王主簿天監初除征虜鄱陽王記室尚書三公侍郎尋爲治書侍御史舊郎官轉爲此職者世謂爲南奔幾卿頗失志多陳疾臺事畧不復理徙爲散騎侍郎累遷中書郎國子博士尚書左丞幾卿詳悉故實僕射徐勉每有疑滯多詢訪之然性通脫會意便行不拘朝憲嘗預樂遊苑宴不得醉而還因詣道邊酒壚停車褰幔與車前三騶對飲時觀者如堵幾卿處之自若後以在省署夜著犢鼻褌與門生登閣道飲酒酣嘑爲有司糾奏坐免官尋起爲國子博士俄除河東太守秩未滿陳疾解尋除太子率更令還鎮衞南平王長史普通六年詔遣領軍將軍西昌侯蕭淵藻督衆軍北伐幾卿啓求行擢爲軍師長史加威戎將軍軍至渦陽退敗幾卿坐免官居宅在白楊石井朝中交好者載酒從之賓客滿坐時左丞庾仲容亦免歸二人意志相得竝肆情誕縱或乘露車歷遊郊野既醉則執鐸挽歌不屑物議湘東王在荆鎮與書慰勉之幾卿答曰下官自奉違南浦卷迹東郊望日臨風瞻言佇立仰尋惠渥陪奉遊宴漾桂棹於清池席落英於曾岨蘭香兼御羽觴競集側聽餘論沐浴玄流濤波之辯懸河不足譬春藻之辭麗文無以匹莫不相顧動容服心勝口不覺春日爲遥更謂脩夜爲促嘉會難常摶雲易遠言念如昨忽焉素秋恩光不遺善謔遠降因事罷歸豈云栖缺匪商官缺理就一廛田家作苦實符清誨本乏金羈之飾無假玉璧爲資徒以老使形疎疾令心阻沉滯牀簟彌歷七旬夢幻俄頃憂傷在念竟知無益思自祛遣尋理滌意卽以任命爲膏酥攀鏡照形翻以支離代萱樹故得仰慕徽猷永言前哲鬼谷深栖接輿高舉遯名屠肆發迹關市其人緬邈餘流可想若令亡者有知寧不縈悲玄壤悵隔芳塵如其逝者可作必當昭被光景懽同遊豫使夫一介老圃得遂虛心末席去日已疎來侍未孱連劒飛鳧擬非其類懷私茂德竊用涕零幾卿雖不持撿操然於家門篤睦兄才卿早卒其子藻幼孤幾卿撫養甚至及藻成立歷清官公府祭酒主簿皆幾卿獎訓之力也世以此稱之幾卿未及序用病卒文集行於世

劉勰字彥和東莞莒人祖靈眞宋司空秀之弟也父尚越騎校尉勰早孤篤志好學家貧不婚娶依沙門僧祐與之居處積十餘年遂博通經論因區別部類錄而序之今定林寺經藏勰所定也天監初起家奉朝請中軍臨川王宏引兼記室遷車騎倉曹參軍出爲太末令政有清績除仁威南康王記室兼東宮通事舍人時七廟饗薦已用蔬果而二郊農社猶有犧牲勰乃表言二郊宜與七廟同改詔付尚書議依勰所陳遷步兵校尉兼舍人如故昭明太子好文學深愛接之初勰撰文心雕龍五十篇論古今文體引而次之其序曰夫文心者言爲文之用心也昔涓子琴心王孫巧心心哉美矣夫故用之焉古來文章以雕縟成體豈取騶奭羣言雕龍也夫宇宙緜邈黎獻紛雜拔萃出類智術而已歲月飄忽性靈不居騰聲飛實制作而已夫肖貌天地稟性五才擬耳目於日月方聲氣乎風雷其超出萬物亦已靈矣形甚草木之脆名踰金石之堅是以君子處世樹德建言豈好辯哉不得已也予齒在踰立嘗夜夢執丹漆之禮器隨仲尼而南行旦而寤迺怡然而喜大哉聖人之難見也迺小子之垂夢歟自生人以來未有如夫子者也敷讚聖旨莫若注經而馬鄭諸儒弘之已精就有深解未足立家唯文章之用實經典枝條五禮資之以成六典因之致用君臣所以炳煥軍國所以昭明詳其本源莫非經典而去聖久遠文體解散辭人愛奇言貴浮詭飾羽尚畫文繡鞶帨離本彌甚將遂訛濫蓋周書論辭貴乎體要尼父陳訓惡乎異端辭訓之異宜體於要於是搦筆和墨乃始論文詳觀近代之論文者多矣至如魏文述典陳思序書應瑒文論陸機文賦仲治流別弘範翰林各照隅隙鮮觀衢路或臧否當時之才或銓品前脩之文或汎舉雅俗之旨或撮題篇章之意魏典密而不周陳書辯而無當應論華而疎畧陸賦巧而碎亂流別精而少功翰林淺而寡要又君山公幹之徒吉甫士龍之輩汎議文意往往間出竝未能振葉以尋根觀瀾而索源不述先哲之誥無益後生之慮蓋文心之作也本乎道師乎聖體乎經酌乎緯變乎騷文之樞紐亦云極矣若乃論文敘筆則囿別區分原始以表末釋名以章義選文以定篇敷理以舉統上篇以上綱領明矣至於割情析表籠圈條貫摛神性圖風勢苞會通閱聲字崇替於時序褒貶於才略怊悵於知音耿介於程器長懷序志以馭羣篇下篇以下毛目顯矣位理定名彰乎大易之數其爲文用四十九篇而已夫銓敘一文爲易彌綸羣言爲難雖復輕采毛髮深極骨髓或有曲意密源似近而遠辭所不載亦不勝數矣及其品評成文有同乎舊談者非雷同也勢自不可異也有異乎前論者非苟異也理自不可同也同之與異不屑古今擘肌分理唯務折衷案轡文雅之場而環絡藻繪之府亦幾乎備矣但言不盡意聖人所難識在缾管何能矩矱茫茫往代既洗予聞眇眇來世儻塵彼觀既成未爲時流所稱勰自重其文欲取定於沈約約時貴盛無由自達乃負其書候約出干之於車前狀若貨鬻者約便命取讀大重之謂爲深得文理常陳諸几案然勰爲文長於佛理京師寺塔及名僧碑誌必請勰製文有敕與慧

震沙門於定林寺撰經證功畢遂啓求出家先燔鬢髮以自誓敕許之乃於寺變服改名慧地未朞而卒文集行於世

王籍字文海琅邪臨沂人祖遠宋光祿勳父僧祐齊驍騎將軍籍七歲能屬文及長好學博涉有才氣樂安任昉見而稱之嘗於沈約坐賦詠得燭甚爲約賞齊末爲冠軍行參軍累遷外兵記室天監初除安成王主簿尚書三公郎廷尉正歷餘姚錢塘令竝以放免久之除輕車湘東王諮議參軍隨府會稽郡境有雲門天柱山籍嘗遊之或累月不反至若邪溪賦詩其略云蟬噪林逾靜鳥鳴山更幽當時以爲文外獨絕還爲大司馬從事中郎遷中散大夫尤不得志遂徒行市道不擇交遊湘東王爲荆州引爲安西府諮議參軍帶作塘令不理縣事日飲酒人有訟者鞭而遣之少時卒文集行於世子碧亦有文才先籍卒

何思澄字元靜東海郯人父敬叔齊征東錄事參軍餘杭令思澄少勤學工文辭起家爲南康王侍郎累遷安成王左常侍兼太學博士平南安成王行參軍兼記室隨府江州爲遊廬山詩沈約見之大相稱賞自以爲弗逮約郊居宅新構閣齋因命工書人題此詩於壁傅昭常請思澄製釋奠詩辭又典麗除廷尉正天監十五年敕太子詹事徐勉舉學士入華林撰徧略勉舉思澄等五人以應選遷治書侍御史宋齊以來此職稍輕天監初始重其選車前依尚書二丞給三騶執盛印青囊舊事糾彈官印綬在前故也久之遷秣陵令入兼東宮通事舍人除安西湘東王錄事參軍兼舍人如故時徐勉周捨以才具當朝竝好思澄學常遞日招致之昭明太子薨出爲黟縣令遷除宣惠武陵王中錄事參軍卒官時年五十四文集十五卷初思澄與宗人遜及子朗俱擅文名時人語曰東海三何子朗最多思澄聞之曰此言誤耳如其不然故當歸遜思澄意謂宜在已也子朗字世明早有才思工清言周捨每與共談服其精理嘗爲敗冢賦擬莊周馬棰其文甚工世人語曰人中爽爽何子朗歷官員外散騎侍郎出爲固山令卒時年二十四文集行於世

劉杳字士深平原平原人也祖乘民宋冀州刺史父懷慰齊東陽太守有清績在齊書良政傳杳年數歲徵士明僧紹見之撫而言曰此兒實千里之駒十三丁父憂每哭哀感行路天監初爲太學博士宣惠豫章王行參軍杳少好學博綜羣書沈約任昉以下每有遺忘皆訪問焉嘗於約坐語及宗廟犧樽約云鄭玄答張逸謂爲畫鳳皇尾娑娑然今無復此器則不依古杳曰此言未必可按古者樽彝皆刻木爲鳥獸鑿頂及背以出內酒頃魏世魯郡地中得齊大夫子尾送女器有犧樽作犧牛形晉永嘉賊曹嶷於青州發齊景公冢又得二樽形亦爲牛象二處皆古之遺器知非虛也約大以爲然約又云何承天纂文奇博其書載張仲師及長頸王事此何出杳曰仲師長尺二寸唯出論衡長頸是毗騫王朱建安扶南以南記云古來至今不死約即取二書尋檢一如杳言約郊居宅時新構閣齋杳爲贊二首并以所撰文章呈約約即命工書人題其贊于壁仍報杳書曰生平愛嗜不在人中林壑之懽多與事奪日暮塗殫此心往矣猶復少存閑遠徵懷清曠結宇東郊匪云止息政復頗寄夙心時得休偃仲長遊居之地休璉所述之美望慕空深何可髣髴君愛素情多惠以二贊辭采妍富事義畢舉句韻之間光影相照便覺此地自然十倍故知麗辭之益其事弘多輒當置之閣上坐臥嗟覽別卷諸篇並爲名製又山寺旣爲警策諸賢從時復高奇解頤愈疾義兼乎此遲比敘會更共申析其爲約所賞如此又在任昉坐有人餉昉搉酒而作榐字昉問杳此字是不杳對曰葛洪字苑作木旁右昉又曰酒有千日醉當是虛言杳云桂陽程鄉有千里酒飲之至家而醉亦其例也昉大驚曰吾自當遺忘實不憶此杳云出楊元鳳所撰置郡事元鳳是魏代人此書仍載其賦云三重五品商溪擦里時即檢楊記言皆不差王僧孺被敕撰譜訪杳血脈所因杳云桓譚新論云太史三代世表旁行邪上並效周譜以此而推當起周代僧孺歎曰可謂得所未聞周捨又問杳尚書官著紫荷橐相傳云挈囊竟何所出杳答曰張安世傳曰持橐簪筆事孝武皇帝數十年韋昭張晏注並云橐囊也近臣簪筆以待顧問范岫撰字書音訓又訪杳焉其博識彊記皆此類也尋佐周捨撰國史出爲臨津令有善績秩滿縣民三百餘人詣闕請留敕許焉杳以疾陳解還除雲麾晉安王府參軍詹事徐勉舉杳及顧協等五人入華林撰徧略書成以本官兼廷尉正又以足疾解因著林庭賦王僧孺見之歎曰郊居以後無復此作普通元年復除建康正遷尚書駕部郎數月徙署儀曹郎僕射勉以臺閣文議專委杳焉出爲餘姚令在縣清潔人有饋遺一無所受湘東王發教褒稱之還除宣惠湘東王記室參軍母憂去職服闋復爲王府記室兼東宮通事舍人大通元年遷步兵校尉兼舍人如故昭明太子謂杳曰酒非卿所好而爲酒廚之職政爲不愧古人耳俄有敕代裴子野知著作郎事昭明太子薨新宮建舊人例無停者敕特留杳焉仍注太子徂歸賦稱爲博悉僕射何敬容奏轉杳王府諮議高祖曰劉杳須先經中書仍除中書侍郎尋爲平西湘東王諮議參軍兼舍人知著作如故遷爲尚書左丞大同二年卒官時年五十杳治身清儉無所嗜好爲性不自伐不論人短長及覩釋氏經教常行慈忍天監十七年自居母憂便長斷腥羶持齋蔬食及臨終遺命斂以法服載以露車還葬舊墓隨得一地容棺而已不得設靈筵祭醊其子遵行之杳自少至長多所著述撰要雅五卷楚辭草木疏一卷高士傳二卷東宮新舊記三十卷古今四部書目五卷竝行於世

謝徵字玄度陳郡陽夏人高祖景仁宋尚書左僕射祖稚宋司徒主簿父璟少與從叔朓俱知名齊竟陵王子良開西邸招文學璟亦預焉隆昌中爲明帝驃騎諮議參軍領記室遷中書郎晉安內史高祖平京邑爲霸府諮議梁臺黃門郎天監初累遷司農卿秘書監左民尚書明威將軍東陽太守高祖用爲侍中固辭年老求金紫未序會疾卒徵幼聰慧璟異之常謂親從曰此兒非常器所憂者壽若天假其年吾無恨矣旣長美風采好學善屬文初爲安西安成王法曹遷尚書金部三公二曹郎豫章王記室兼中書舍人遷除平北諮議參軍兼鴻臚卿舍人如故徵與河東裴子野沛國劉顯同官友善子野嘗爲寒夜直宿賦以贈徵徵爲感友賦以酬之時魏中山王元略還北高祖餞於武德殿賦詩三十韻限三刻成徵二刻便就其辭甚美高祖再覽焉又爲臨汝侯淵猷製放生文亦見賞於世中大通元年以父喪去職續又丁母憂詔起爲貞威將軍還攝本任服闋除尚書左丞三年昭明太子薨高祖立晉安王綱爲皇太子將出詔唯召尚書左僕射何敬容宣惠將軍孔休源及徵三人與議徵時年位尚輕而任遇已重四年累遷中書郎鴻臚卿舍人如故六年出爲北中郎豫章王長史南蘭陵太守大同二年卒官時年三十七友人琅邪王籍集其文爲二十卷

臧嚴字彥威東莞莒人也曾祖壽宋左光祿祖凝齊尚書右丞父稜後軍參軍嚴幼有孝性居父憂以毀聞孤貧勤學行止書卷不離於手初爲安成王侍郎轉常侍從叔未甄爲江夏郡攜嚴之官於塗作屯遊賦任昉見而稱之又作七算辭亦富麗性孤介於人間未嘗造請僕射徐勉欲識之嚴終不詣還冠軍行參軍侍湘東王讀累遷王宣惠輕車府參軍兼記室嚴於學多所諳記尤精漢書諷誦略皆上口王嘗自執四部書目以試之嚴自甲至丁卷中各對一事并作者姓名遂無遺失其博洽如此王遷荆州隨府轉西中郎安西錄事參軍歷監義陽武寧郡累任皆蠻左前郡守常選武人以兵鎮之嚴獨以數門生單車入境羣蠻悅服遂絕寇盜王入爲石頭戍軍事除安右錄事王遷江州爲鎮南諮議參軍卒官文集十卷

伏挺字士標父暅爲豫章內史在良吏傳挺幼敏寤七歲通孝經論語及長有才思好屬文爲五言詩善効謝康樂體父友人樂安任昉深相歎異常曰此子日下無雙齊末州舉秀才對策爲當時第一高祖義師至挺迎謁於新林高祖見之甚悅謂曰顏子引爲征東行參軍時年十八天監初除中軍參軍事宅居在潮溝於宅講論語聽者傾朝遷建康正俄以劾免久之入爲尚書儀曹郎遷西中郎記室參軍累爲晉陵武康令罷縣還仍於東郊築室不復仕挺少有盛名又善處當世朝中勢素多與交遊故不能久事隱靜時僕射徐勉以疾假還宅挺致書以觀其意曰昔士德懷顧戀興數日輔嗣思友情勞一句故知深心所係貴賤一也況復恩隆世親義重知己道庇生人德弘覆蓋而朝野懸隔山川邈殊雖咳唾時沾而顏色不覿東山之歎豈云旋復西風可懷孰能無思加以靜居廓處顧影莫酬秋風四起園林易色涼野寂寞寒蟲吟叫懷抱不可直置情慮不能無託時因吟詠動輒盈篇揚生沈鬱且猶覆盎惠子五車彌多踳駁一日聊呈小文不期過賞還逮隆渥累牘兼翰紙縟字磨誦復無已徒恨許與過當有傷準的昔子建不欲妄讚陳琳恐見嗤哂後代今之過奢餘論將不有累清談挺竄迹草萊事絕聞見藉以謳謠得之輿牧仰承有事砭石仍成簡通娛陽悅耳稍從擯落宴處榮觀務在滌除綺羅絲竹三列頓遣方丈員案三梧僅存故以道變區中情沖域外操彼絃誦賁茲觀損追留侯之却粒念韓卿之辭榮瞻想東都屬懷南岳鑽仰來貺有符下風雖云幸甚然則未喻雖復帝道康寧走馬行却由庚得所寅亮有歸悠悠之人展氏猶且攘袂浩浩白水甯叟方欲褰裳是知君子拯物義非狥已思與赤松子遊誰其克遂願驅之仁壽綏此多福雖則不言四時行矣然後黔首有庇薦紳靡奪白駒不在空谷屠羊豫蒙其賚豈不休哉豈不休哉昔杜眞自閉深室郎宗

絕迹幽野難矣誠非所希井丹高潔相如慢世尙復遊涉權門雍容鄉邑常謂此道爲泰每竊慕之方念攡箒延思以陳侍者請至農隙無待邀求挺誠好屬文不會今世不能促節局步以應流俗事等昌菹謬彼偏嗜是用不羞固陋無憚龍門昔敬通之賞景卿孟公之知仲蔚止乎通人猶稱盛美況在時宗彌爲未易近以蒲槧勿用箋素多闕聊効東方獻書丞相須得善寫更請潤訶儻逢子侯比復削牘勉報曰復覽來書累牘兼翰事苞出處言兼語默事義周悉意致深遠發函伸紙倍增憤歎卿雄州擢秀弱冠升朝穿綜百家佃漁六學覩眸表其韶慧視色見其英朗若魯國之名駒遷雲中之白鶴及占顯邑試吏腴壤將有武城弦歌桐鄉謠詠豈與卓魯斷斷同年而語邪方當見賞良能有加寵授飾蒸簪帶寅彼周行而欲違慕卷舒用懷愚智既知益之爲累爰悟滿則辭多高蹈風塵良所欽挹況以金商戒節素秋御序蕭條林野無人相樂偃臥墳籍遊浪儒玄物我兼忘寵辱誰滯誠乃歡羨用有殊同今遂聽傍求與偃寤宿白駒空谷幽人引領貧賤爲恥鳥獸難羣故當捐此薜蘿出從鵷鷺無乖隱顯不亦休哉吾智乏佐時才慙濟世稟承朝則不敢荒寧力弱途遙愧心非一天下有道堯人何事得因疲病念從閑逸若使車書混合尉候無警作樂制禮紀石封山然後乃返服衡門實爲多幸但夙有風疢遘茲虛眩瘠類士安羸同長孺薄領沉廢臺閣未理娛耳爛腸因事而息非關欲追松子遠慕留侯若乃天假之年自當靖恭所職擬非倫匹良覺辭費覽復循環爽焉如失淸塵獨遠白雲飄蕩悵然何極猥降書札示之文翰覽復成誦流連縟紙昔仲宣才敏藉中郎而表譽正平穎悟頓北海以騰聲望古料今吾有慙德儻成卷帙力爲稱首無令獨耀隨掌空使辭人扼腕式閭願見宜事掃門亦有來思赴其懸榻輕苔魚網別當以薦城闕之歎曷日無懷所遲萱蘇書不盡意挺後遂出仕尋除南臺治書因事納賄當被推劾挺懼罪逐變服爲道人久之藏匿後遇赦乃出大心寺會邵陵王爲江州攜挺之鎭王好文義深被恩禮挺因此還俗復隨王遷鎭郢州徵入爲京尹挺留夏首久之還京師太淸中客遊吳興吳郡侯景亂中卒著邇說十卷文集二十卷子知命先隨挺事邵陵王掌書記亂中王於郢州奔敗知命仍下投侯景常以其父宦途不至深怨朝廷遂盡心事景景襲郢州圍巴陵軍中書檄皆其文也及景篡位爲中書舍人專任權寵勢傾內外景敗被執送江陵於獄中幽死挺弟捶亦有才名先爲邵陵王所引歷爲記室中記室參軍

庾仲容字仲容潁川鄢陵人也晉司空冰六代孫祖徽之宋御史中丞父漪齊邵陵王記室仲容幼孤爲叔父泳所養既長杜絕人事專精篤學晝夜手不輟卷初爲安西法曹行參軍泳時已貴顯吏部尙書徐勉擬泳子晏嬰爲宮僚泳垂泣曰兄子幼孤人才粗可願以晏嬰所忝迴用之勉許焉因轉仲容爲太子舍人遷安成王主簿時平原劉孝標亦爲府佐並以彊學爲王所禮接遷晉安功曹史歷爲永康錢唐武康令治縣並無異績多被劾久之除安成王中記室當出隨府皇太子以舊恩特降餞宴賜詩曰孫生陟陽道吳子朝歌縣未若樊林舉置酒臨華殿時輩榮之遷安西武陵王諮議參軍除尙書左丞坐推糾不直免仲容博學少有盛名頗任氣使酒好危言高論士友以此少之唯與王籍謝幾卿情好相得二人時亦不調遂相追隨誕縱酣飲不復持檢操久之復爲諮議參軍出爲黟縣令及太淸亂客遊會稽遇疾卒時年七十四仲容抄諸子書三十卷衆家地理書二十卷列女傳三卷文集二十卷並行於世

陸雲公字子龍吳郡人也祖閑州別駕父完寧遠長史雲公五歲誦論語毛詩九歲讀漢書略能記憶從祖倕沛國劉顯質問十事雲公對無所失顯歎異之既長好學有才思州舉秀才累遷宣惠武陵王平西湘東王行參軍雲公先製太伯廟碑吳興太守張纘罷郡經途讀其文歎曰今之蔡伯喈也纘至都掌選言之於高祖召兼尙書儀曹郎頃之卽眞入直壽光省以本官知著作郎事俄除著作郎累遷中書黃門郎並掌著作雲公善奕棊嘗夜侍御坐武冠觸燭火高祖笑謂曰燭燒卿貂高祖將用雲公爲侍中故以此言戲之也是時天淵池新製鯿魚舟形闊而短高祖暇日常汎此舟在朝唯引太常劉之遴國子祭酒到溉右衞朱异雲公時年位尙輕亦預焉其恩遇如此太淸元年卒時年三十七高祖悼惜之手詔曰給事黃門侍郎掌著作陸雲公風尙優敏後進之秀奄然殂謝良以惻然可剋日舉哀賻錢五萬布四十匹張纘時爲湘州與雲公叔襄兄晏子書曰都信至承賢兄子賢弟黃門殞折非唯貴門喪寶實有識同悲痛悅傷惜不能已已賢兄子賢弟神情早著標令弱年經目所覩殆無再問懷橘抱柰稟自天情倨坐列薪非因外獎學以聚之則一箸能立問以辯之則師心獨寤始踰弱歲辭藝逼洽升降多士秀也詩流見輿薗過肩隨禮殊拜絕懷抱相得忘其年義朝遊夕宴一載于斯歡古披文終晨訖暮平生知舊零落稍盡老夫記意其數幾何至若此生寧可多過賞心樂事所寄伊人弟遷職瀟湘維舟洛汭將離之際彌見情款夕次帝郊亟淹信宿徘徊握手忍分岐路行役數年羈病侵迫識慮惛恍久絕人世憑几口授素無其功翰動若飛彌有多愧京洛遊故咸成雲雨唯有此生音塵數嗣形迹之外不爲遠近隔情襟素之中豈以風霜改節客遊半紀志切首丘日望東歸更敦昔款如何此別永成異世揮袂之初人誰自保但恐衰謝無復前期不謂華齡方春掩質埋玉之恨撫事多情想引進之情懷抱素篤友于之至兼深家寶奄有此恤當何可言臨白增悲言以無次雲公從兄才子亦有才名歷官中書郎宣成王友太子中庶子廷尉卿先雲公卒才子雲公文集並行於世

任孝恭字孝恭臨淮臨淮人也曾祖農夫宋南豫州刺史孝恭幼孤事母以孝聞精力勤學家貧無書常崎嶇從人假借每讀一徧諷誦略無所遺外祖丘它與高祖有舊高祖聞其有才學召入西省撰史初爲奉朝請進直壽光省爲司文侍郎俄兼中書通事舍人勑遣製建陵寺刹下銘又啓撰高祖集序文並富麗自是專掌公家筆翰孝恭爲文敏速受詔立成若不留意每奏高祖輒稱善累賜金帛孝恭少從蕭寺雲法師讀經論明佛理至是蔬食持戒信受甚篤而性頗自伐以才能尙人於時輩中多有忽略世以此少之太淸二年侯景寇逼孝恭啓募兵隸蕭正德屯南岸及賊至正德舉衆入賊孝恭還赴臺臺門已閉因奔入東府尋爲賊所攻城陷見害文集行於世

顏協字子和琅邪臨沂人也七代祖含晉侍中國子祭酒西平靖侯父見遠博學有志行初齊和帝之鎭荊州也以見遠爲錄事參軍及卽位於江陵以爲治書侍御史俄兼中丞高祖受禪見遠乃不食發憤數日而卒高祖聞之曰我自應天從人何預天下士大夫事而顏見遠乃至於此也協幼孤養於舅氏少以器局見稱博涉羣書工於草隸釋褐湘東王國常侍又兼府記室世祖出鎭荊州轉正記室時吳郡顧協亦在蕃邸與協同名才學相亞府中稱爲二協舅陳郡謝暕卒協以有鞠養恩居喪如伯叔之禮議者重焉又感家門事義不求顯達恒辭徵辟遊於蕃府而已大同五年卒時年四十二世祖甚歎惜之爲懷舊詩以傷之其一章曰弘都多雅度信乃舍賓實鴻漸殊未昇上才淹下秩協所撰晉仙傳五篇日月災異圖兩卷遇火湮滅有二子之儀之推並早知名之推承聖中仕至正員郎中書舍人

陳吏部尙書姚察曰魏文帝稱古之文人鮮能以名節自全何哉夫文者妙發性靈獨拔懷抱易邈等夷必興矜露大則凌慢侯王小則慠茂朋黨速忌離訧啟自此作若夫屈賈之流斥桓馮之擯放豈獨一世哉蓋恃才之禍也羣士值文明之運摛豔藻之辭無鬱抑之虞不遭向時之患美矣劉氏之論命之徒也命也者聖人罕言歟就而必之非經意也

梁書卷五十考證

劉峻傳敬通鳳起摧迅翮於風穴○穴南本作夬

謝幾卿傳壽爲治書侍御史○南史無侍字

何思澄傳父敬叔齊征東錄事參軍餘杭令○南史父敬叔齊長城令有能名

梁書卷五十一

唐　散騎常侍　姚思廉　撰

列傳第四十五

處士

何點 弟胤　阮孝緒　陶弘景　諸葛璩

沈顗　劉慧斐　范元琰　劉訏

劉歊　庾詵　張孝秀　庾承先

易曰君子遯世無悶獨立不懼孔子稱長沮桀溺隱者也古之隱者或恥聞禪代高讓帝王以萬乘爲垢辱之死亡而無悔此則輕生重道希世間出隱之上者也或託仕監門寄臣柱下居易而以求其志處汙而不愧其色此所謂大隱隱於市朝又其次也或躶體佯狂盲瘖絕世棄禮樂以反道忍孝慈而不恤此全身遠害得大雅之道又其次也然同不失語默之致有幽人貞吉矣與夫沒身亂世爭利干時者豈同年而語哉孟子曰今人之於爵祿得之若其生失之若其死淮南子曰人皆鑒於止水不鑒於流潦夫可以揚淸激濁抑貪止競其惟隱者乎自古帝王莫不崇尙其道雖唐堯不屈巢許周武不降夷齊以漢高肆慢而長揖黃綺光武按法而折意嚴周自茲以來世有人矣有梁之盛繼紹風猷斯

乃道德可宗學藝可範故以備處士篇云

何點字子晳廬江灊人也祖尚之宋司空父鑠宜都太守鑠素有風疾無故害妻坐法死點年十一幾至滅性及長感家禍欲絕婚宦尚之彊爲之娶瑯邪王氏禮畢將親迎點累涕泣求執本志遂得罷容貌方雅博通羣書善談論家本甲族親姻多貴仕點雖不入城府而遨遊人世不簪不帶或駕柴車躡草屩恣心所適致醉而歸士大夫多慕從之時人號爲通隱兄求亦隱居吳郡虎丘山求卒點菜食不飲酒訖于三年要帶減半宋泰始末徵太子洗馬齊初累徵中書郎太子中庶子並不就與陳郡謝瀹吳國張融會稽孔稚珪爲莫逆友從弟遁以東籬門園居之稚珪爲築室焉園內有卞忠貞冢點植花卉於冢側每飲必舉酒酹之初褚淵王儉爲宰相點謂人曰我作齊書贊云淵既世族儉亦國華不賴舅氏遑恤國家王儉聞之欲候點知不可見乃止豫章王嶷命駕造點點從後門遁去司徒竟陵王子良欲就見之點時在法輪寺子良乃往請點角巾登席子良欣悅無已遺點嵇叔夜酒杯徐景山酒鐺點少時嘗患渴痢積歲不愈後在吳中石佛寺建講於講所晝寢夢一道人形貌非常授丸一掬夢中服之自此而差時人以爲淳德所感性通脫好施與遠近致遺一無所逆隨復散焉嘗行經朱雀門街有自車後盜點衣者見而不言傍有人擒盜與之點乃以衣施盜盜不敢受點命告有司盜懼乃受之催令急去點雅有人倫識鑒多所甄拔知吳興丘遲於幼童稱濟陽江淹於寒素悉如其言點既老又娶魯國孔嗣女嗣亦隱者也點雖婚亦不與妻相見築別室以處之人莫喻其意也吳國張融少時免官而爲詩有高尚之言點答詩曰昔聞東都日不在簡書前雖戲也而融久病之及點後婚融始爲詩贈點曰惜哉何居士薄暮遘荒淫點亦病之而無以釋也高祖與點有舊及踐阼手詔曰昔因多暇得訪逸軌坐修竹臨清池忘今語古何其樂也暫別丘園十有四載人事艱阻亦何可言自應運在天每思相見密邇物色勞甚山阿嚴光排九重踐九等談天人敘故舊有所不臣何傷於高文先以皮弁謁子桓伯況以穀綃見文叔求之往策不無前例今賜卿鹿皮巾等後數日望能入也點以巾褐引入華林園高祖甚悅賦詩置酒恩禮如舊仍下詔曰前徵士何點高尚其道志安容膝脫落形骸棲志窅冥朕日昃思治尚想前哲況親得同時而不與爲政喉脣任切必俟邦良誠望惠然屈居獻替可徵爲侍中辭疾不赴乃復詔曰徵士何點居貞物表縱心塵外夷坦之風率由自遠往因素志頗申讌言眷彼子陵情兼惟舊昔仲虞邁俗受俸漢朝安道勉志不辭晉祿此蓋前代盛軌往賢所同可議加資給竝出在所日費所須太官別給既人高曜卿故事同垣下天監三年卒時年六十八詔曰新除侍中何點棲遲衡泌白首不渝奄至殞喪倍懷傷惻可給第一品材一具賻錢二萬布五十疋喪事所須內監經理又敕點弟胤曰賢兄徵君弱冠拂衣華首一操心遊物表不滯近跡脫落形骸寄之遠理性情勝致遇興彌高文會酒德撫際逾遠朕膺籙受圖思長聲教朝多君子既貴成雅俗野有外臣宜弘此難進方賴淸徽式隆大業昔在布衣情期早著賚以仲虞之秩待以子陵之禮聽覽暇日角巾引見窅然汾射茲焉有託一旦萬古良懷震悼卿友于純至親從凋亡偕老之願致使反奪纏綿永恨伊何可任永矣奈何點無子宗人以其從弟耿子遲任爲嗣

胤字子季點之弟也年八歲居憂哀毀若成人既長好學師事沛國劉瓛受易及禮記毛詩又入鍾山定林寺聽內典其業皆通而縱情誕節時人未之知也唯瓛與汝南周顒深器異之起家齊秘書郎遷太子舍人出爲建安太守爲政有恩信民不忍欺每伏臘放囚還家依期而返入爲尚書三公郎不拜遷司徒主簿注易又解禮記於卷背書之謂爲隱義累遷中書郎員外散騎常侍太尉從事中郎司徒右長史給事黃門侍郎太子中庶子領國子博士丹陽邑中正尚書令王儉受詔撰新禮未就而卒又使特進張緒續成之緒又卒屬在司徒竟陵王子良子良以讓胤乃置學士二十人佐胤撰錄永明十年遷侍中領步兵校尉轉爲國子祭酒鬱林嗣位胤爲后族甚見親待累遷左民尚書領驍騎中書令領臨海巴陵王師胤雖貴顯常懷止足建武初已築室郊外號曰小山恒與學徒遊處其內至是遂賣園宅欲入東山未及發聞謝朏罷吳興郡不還恐後之乃拜表辭職不待報輒去明帝大怒使御史中丞袁昂奏收胤尋有詔許之胤以會稽山多靈異往遊焉居若邪山雲門寺初胤二兄求點竝棲遁求先卒至是胤又隱世號點爲大山胤爲小山亦曰東山永元中徵太常太子詹事竝不就高祖霸府建引胤爲軍謀祭酒與書曰想恒清豫縱情林壑致足懽也既內絕心戰外勞物役以道養和履候無爽若邪擅美東區山川相屬前世嘉賞是爲樂土僕推遷簿官自東徂西悟言素對用成睽闊傾首東顧曷日無懷疇昔懽遇曳裾儒肆實欲臥遊千載畋漁百氏一行爲吏此事遂乖屬以世道威夷仍離屯故投袂數千剋黜釁禍思得矚卷諮款寓情古昔夫豈不懷事與願謝君淸襟素託棲寄不近中居人世殆同隱淪既俯拾靑組又脫屣朱紱但理存用捨義貴隨時往識禍萌實爲先覺超然獨善有識欽嗟今者爲邦貧賤咸恥好仁由己幸無凝滯比別具白此未盡言今遣候承音息矯首還翰慰其引領胤不至高祖踐阼詔爲特進右光祿大夫手敕曰吾猥當期運膺此樂推而顧已蒙蔽昧於治道雖復劬勞日昃思致隆平而先王遺範尚蘊方策自舉之用存乎其人兼以世道澆暮爭詐繁起改俗遷風良有未易自非以儒雅弘朝高尚軌物則汩流所至莫知其限治人之與治身獨善之與兼濟得失去取爲用孰多吾雖不學頗好博古尚想高塵每懷擊節今世務紛亂憂責是當不得不屈道巖阿共成世美必望深達往懷不吝濡足今遣領軍司馬王果宣旨諭意遲面在近果至胤單衣鹿巾執經卷下牀跪受詔書就席伏讀胤因謂果曰吾昔於齊朝欲陳兩三條事一者欲正郊丘二者欲更鑄九鼎三者欲樹雙闕世傳晉室欲立闕王丞相指牛頭山云此天闕也是則未明立闕之意闕者謂之象魏縣象法於其上浹日而收之象者法也魏者當塗而高大貌也鼎者神器有國所先故王孫滿斥言楚子頓盡圓丘國郊舊典不同南郊祀五帝靈威仰之類圓丘祀天皇大帝北極大星是也往代合之郊丘先儒之巨失今梁德告始不宜遂因前謬卿宜詣闕陳之果曰僕之鄙劣豈敢輕議國典此當敬俟叔孫生耳胤曰卿詎不遺傳詔還朝拜表留與我同遊邪果愕然曰古今不聞此例胤曰檀弓兩卷皆言物始自卿而始何必有例果曰今君遂當邈然絕世猶有致身理不胤曰卿但以事見推吾年已五十七月食四斗米不盡何容得有宦情昔荷聖王眄識今又蒙旌賁甚願詣闕謝恩但比腰腳大惡此心不遂耳果還以胤意奏聞有敕給白衣尚書祿胤固辭又敕山陰庫錢月給五萬胤又不受乃敕胤曰頃者學業淪廢儒術將盡閭閻搢紳鄙聞好事吾每思弘獎其風未移當扆興言爲歎本欲屈卿暫出開導後生既屬廢業此懷未遂延佇之勞載盈夢想理舟虛席須俟來秋所望惠然申其宿抱耳卿門徒中經明行修厥數有幾且欲瞻彼堂堂寘此周行便可具以名聞副其勞望又曰比歲學者殊爲寡少良由無復聚徒故明經斯廢每一念此爲之慨然卿居儒宗加以德素當敕後進有意向者就卿受業想深思誨誘使斯文載興於是遣何子朗孔壽等六人於東山受學太守衡陽王元簡深加禮敬月中常命駕式閭談論終日胤以若邪處勢迫隘不容生徒乃遷秦望山山有飛泉西起學舍即林成援因巖爲堵別爲小閣室寢處其中躬自啟閉僮僕無得至者山側營田二頃講隙從生徒遊之胤初遷將築室忽見二人著玄冠容貌甚偉問胤曰君欲居此邪乃指一處云此中殊吉忽不復見胤依其言而止焉尋而山發洪水樹石皆倒拔唯胤所居室巋然獨存元簡乃命記室參軍鍾嶸作瑞室頌刻石以旌之及元簡去郡入山與胤別送至都賜埭去郡三里因曰僕自棄人事交遊路斷自非降貴山藪豈容復望城邑此埭之遊於今絕矣執手涕零何氏過江自晉司空充竝葬吳西山胤家世年皆不永唯祖尚之至七十二胤年登祖壽乃移還吳作別山詩一首言甚悽愴至吳居虎丘西寺講經論學徒復隨之東境守宰經途者莫不畢至胤常禁殺有虞人逐鹿鹿徑來趨胤伏而不動又有異鳥如鶴紅色集講堂馴狎如家禽焉初開善寺藏法師與胤遇於秦望後還都卒於鍾山其死日胤在般若寺見一僧授胤香奩并函書云呈何居士言訖失所在胤開函乃是大莊嚴論世中未有又於寺內立明珠柱乃七日七夜放光太守何遠以狀啟昭明太子欽其德遣舍人何思澄致手令以褒美之中大通三年卒年八十六先是胤疾妻江氏夢神人告之曰汝夫壽盡既有至德應獲延期爾當代之妻覺說焉俄得患而卒胤疾乃瘳至是胤夢一神女并八十許人竝衣帢行列至前俱拜牀下覺又見之便命營凶具既而疾動因不自治胤注百法論十二門論各一卷注周易十卷毛詩總集六卷毛詩隱義十卷禮記隱義二十卷禮答問五十五卷子撰亦不仕廬陵王辟爲主簿不就

阮孝緒字士宗陳留尉氏人也父彥之宋太尉從事中郎孝緒七歲出後從伯胤之胤之母周氏卒有遺財百餘萬應歸孝緒孝緒一無所納盡以歸胤之姊瑯邪王晏之母聞者咸歎異之幼至孝性沉靜雖與兒童遊戲恒以穿池築山爲樂年十三徧通五經十五冠而見其父彥之誡曰三加彌尊人倫之始宜思自勗以庇爾躬答曰願迹松子於瀛海追許由於穹谷庶保促生以免塵累自是屛居一室非定省未嘗出戶家人莫見其面親友因呼爲居士外兄王晏貴顯屢至其門孝緒度之

必至顛覆常逃匿不與相見曾食醬美問之云是王家所得便吐飧覆醢及晏誅其親戚咸爲之懼孝緒曰親而不黨何坐之及竟獲免義師圍京城家貧無以爨僮妾竊鄰人樵以繼火孝緒知之乃不食更令撤屋而炊所居室唯有一鹿牀竹樹環繞天監初御史中丞任昉尋其兄履之欲造而不敢望而歎曰其室雖邇其人甚遠爲名流所欽尚如此十二年與吳郡范元琰俱徵竝不到陳郡袁峻謂之曰往者天地閉賢人隱今世路已清而子猶遁可乎答曰昔周德雖興夷齊不厭薇蕨漢道方盛黃綺無悶山林爲仁由己何關人世況僕非往賢之類邪後於鍾山聽講母王氏忽有疾兄弟欲召之母曰孝緒至性冥通必當自到果心驚而返鄰里嗟異之合藥須得生人葠舊傳鍾山所出孝緒躬歷幽險累日不値忽見一鹿前行孝緒感而隨後至一所遂滅就視果獲此草母得服之遂愈時皆歎其孝感所致時有善筮者張有道謂孝緒曰見子隱跡而心難明自非考之龜蓍無以驗也及布卦旣揲五爻曰此將爲咸應感之法非嘉遁之兆孝緒曰安知後爻不爲上九果成遁卦有道歎曰此謂肥遁無不利象實應德心迹并也孝緒曰雖獲遁卦而上九爻不發升遐之道便當高謝許生乃著高隱傳上自炎黃終于天監之末斟酌分爲三品凡若干卷又著論云夫至道之本貴在無爲聖人之跡存乎拯弊弊拯由跡跡用有乖於本本旣無爲爲非道之至然不垂其跡則世無以平不究其本則道實交喪丘旦將存其跡故宜權晦其本老莊但明其本亦宜深抑其跡跡旣可抑數子所以有餘本方見晦尼丘是故不足非得一之士闕彼明智體之之徒獨懷鑒識然聖已極照反創其跡賢未居宗更言其本良由跡須拯世非聖不能本實明理在賢可照若能體茲本跡悟彼抑揚則孔莊之意其過半矣南平元襄王聞其名致書要之不赴孝緒曰非志驕富貴但性畏廟堂若使麏麚可驂何以異夫驥騄初建武末清溪宮東門無故自崩大風拔東宮門外楊樹或以問孝緒孝緒曰青溪皇家舊宅齊爲木行東者木位今東門自壞木其衰矣鄱陽忠烈王妃孝緒之姊王嘗命駕欲就之遊孝緒鑿垣而逃卒不肯見諸甥歲時饋遺一無所納人或怪之答云非我始願故不受也其恒所供養石像先有損壞心欲治補經一夜忽然完復衆竝異之大同二年卒時年五十八門徒誄其德行諡曰文貞處士所著七錄等書二百五十卷行於世

陶弘景字通明丹陽秣陵人也初母夢青龍自懷而出并見兩天人手執香爐來至其所已而有娠遂產弘景幼有異操年十歲得葛洪神仙傳晝夜研尋便有養生之志謂人曰仰青雲覩白日不覺爲遠矣及長身長七尺四寸神儀明秀朗目疎眉細形長耳讀書萬餘卷善琴棊工草隸未弱冠齊高帝作相引爲諸王侍讀除奉朝請雖在朱門閉影不交外物唯以披閱爲務朝儀故事多取決焉永明十年上表辭祿詔許之賜以束帛及發公卿祖之於征虜亭供帳甚盛車馬塡咽咸云宋齊以來未有斯事朝野榮之於是止于句容之句曲山恒曰此山下是第八洞宮名金壇華陽之天周回一百五十里昔漢有咸陽三茅君得道來掌此山故謂之茅山乃中山立館自號華陽隱居始從東陽孫遊岳受符圖經法徧歷名山尋訪仙藥每經澗谷必坐臥其間吟詠盤桓不能已已時沈約爲東陽郡守高其志節累書要之不至弘景爲人圓通謙謹出處冥會心如明鏡遇物便了言無煩舛有亦輒覺建武中齊宜都王鏗爲明帝所害其夜弘景夢鏗告別因訪其幽冥中事多說秘異因著夢記焉永元初更築三層樓弘景處其上弟子居其中賓客至其下與物遂絕唯一家僮得侍其旁特愛松風每聞其響欣然爲樂有時獨遊泉石望見者以爲仙人性好著述尚奇異顧惜光景老而彌篤尤明陰陽五行風角星筭山川地理方圖產物醫術本草著帝代年歷又嘗造渾天象云修道所須非止史官是用義師平建康聞議禪代弘景援引圖讖數處皆成梁字令弟子進之高祖旣早與之遊及卽位後恩禮逾篤書問不絕冠蓋相望天監四年移居積金東澗善辟穀導引之法年逾八十而有壯容深慕張良之爲人云古賢莫比曾夢佛授其菩提記名爲勝力菩薩乃詣鄮縣阿育王塔自誓受五大戒後太宗臨南徐州欽其風素召至後堂與談論數日而去太宗甚敬異之大通初令獻二丹於高祖其一名善勝一名成勝竝爲佳寶大同二年卒時年八十五顏色不變屈申如恒詔贈中散大夫諡曰貞白先生仍遣舍人監護喪事弘景遺令薄葬弟子遵而行之

諸葛璩字幼玟琅邪陽都人世居京口璩幼事徵士關康之博涉經史復師徵士臧榮緖榮緖著晉書稱璩有發擿之功方之壺遂齊建武初南徐州行事江祀薦璩於明帝曰璩安貧守道悅禮敦詩未嘗投刺邦宰曳裾府寺如其簡退可以揚淸厲俗請辟爲議曹從事帝許之璩辭不去陳郡謝朓爲東海太守教曰昔長孫東組降龍丘之節文舉北輜高通德之稱所以激貪立懦式揚風範處士諸葛璩高風所漸結轍前修豈懷珠披褐韜玉待價將幽貞獨往不事王侯者邪聞事親有啜菽之窶就養寡藜蒸之給豈得獨享萬鍾而忘茲五秉可餉穀百斛天監中太守蕭琛刺史安成王秀鄱陽王恢竝禮異焉璩丁母憂毀瘠恢累加存問服闋舉秀才不就璩性勤於誨誘後生就學者日至居宅狹陋無以容之太守張友爲起講舍璩處身清正妻子不見喜慍之色旦夕孜孜講誦不輟時人益以此宗之七年高祖敕問太守王份份卽具以實對未及徵用是年卒於家璩所著文章二十卷門人劉曒集而錄之

沈顗字處默吳興武康人也父坦之齊都官郎顗幼淸靜有至行慕黃叔度徐孺子之爲人讀書不爲章句著述不尚浮華常獨處一室人罕見其面顗從叔勃貴顯齊世每還吳興賓客塡咽顗不至其門勃就之顗送迎不越於閫勃歎息曰吾乃今知貴不如賤俄徵爲南郡王左常侍不就顗內行甚修事母兄最孝友爲鄉里所稱慕永明三年徵著作郎建武二年徵太子舍人俱不赴永元二年又徵通直郎亦不赴顗素不治家產值齊末兵荒與家人并日而食或有饋其粱肉者閉門不受唯以樵採自資怡怡然恒不改其樂天監四年大舉北伐訂民丁吳興太守柳惲以顗從役揚州別駕陸任以書責之惲大慙厚禮而遣之其年卒於家所著文章數十篇

劉慧斐字文宣彭城人也少博學能屬文起家安成王法曹行參軍嘗還都途經尋陽遊於匡山過處士張孝秀相得甚歡遂有終焉之志因不仕居於東林寺又於山北構園一所號曰離垢園時人乃謂爲離垢先生慧斐尤明釋典工篆隸在山手寫佛經二千餘卷常所誦者百餘卷晝夜行道孜孜不怠遠近欽慕之太宗臨江州遺以几杖論者云自遠法師沒後將二百年始有張劉之盛矣世祖及武陵王等書問不絕大同二年卒時年五十九

范元琰字伯珪吳郡錢唐人也祖悅之太學博士徵不至父靈瑜居父憂以毀卒元琰時童孺哀慕盡禮親黨異之及長好學博通經史兼精佛義然性謙敬不以所長驕人家貧惟以園蔬爲業嘗出行見人盜其菜元琰遽退走母問其故具以實答母問盜者爲誰答曰向所以退畏其愧恥今啟其名願不泄也於是母子秘之或有涉溝盜其筍者元琰因伐木爲橋以渡之自是盜者大慙一鄉無復草竊居常不出城市獨坐如對嚴賓見之者莫不改容正色沛國劉瓛深加器異嘗表稱之齊建武二年始徵爲安北參軍事不赴天監九年縣令管慧辨上言義行揚州刺史臨川王宏辟命不至十年王拜表薦焉竟未徵其年卒于家時年七十

劉訏字彥度平原人也父靈眞齊武昌太守訏幼稱純孝數歲父母繼卒訏居喪哭泣孺慕幾至滅性赴弔者莫不傷焉後爲伯父所養事伯母及昆姊孝友篤至爲宗族所稱自傷早孤人有誤觸其諱者未嘗不感結流涕長兄絜爲之娉妻剋日成婚訏聞而逃匿事息乃還本州刺史張稷辟爲主簿不就主者檄召訏乃挂檄於樹而逃訏善玄言尤精釋典曾與族兄劉歊聽講於鍾山諸寺因共卜築宋熙寺東澗有終焉之志天監十七年卒於歊舍時年三十一臨終執歊手曰氣絕便斂斂畢卽埋靈筵一不須立勿設饗祀無求繼嗣歊從而行之宗人至友相與刊石立銘諡曰玄貞處士

劉歊字士光訏族兄也祖乘民宋冀州刺史父聞慰齊正員郎世爲二千石皆有清名歊幼有識慧四歲喪父與羣兒同處獨不戲弄六歲誦論語毛詩意所不解便能問難十一讀莊子逍遙篇曰此可解耳客因問之隨問而答皆有情理家人每異之及長博學有文才不娶不仕與族弟訏竝隱居求志遨遊林澤以山水書籍相娛而已常欲避人世以母老不忍違離每隨兄霽杳從宦少時好施務周人之急人或遺之亦不距也久而歎曰受人者必報不則有愧於人吾固無以報人豈可常有愧乎天監十七年無何而著革終論其辭曰死生之事聖人罕言之矣孔子曰精氣爲物遊魂爲變知鬼神之情狀與天地相似而不違其言約其旨妙其事隱其意深未可以臆斷難得而精覈聊肆狂瞽請試言之夫形慮合而爲生魂質離而稱死合則起動離則休寂當其動也人皆知其神及其寂也物莫測其所趣皆知則不言而義顯莫測則逾辯而理微是以勖華曠而莫陳姬孔抑而不說前達往賢互生異見季札云骨肉歸於土魂氣無不之莊周云生爲徭役死爲休息尋此二說如或相反何者氣無不之神有也死爲休息神無也原憲云夏后氏用明器示民無知也殷人用祭器示人有知也周人兼用之示民疑也考之記籍驗之前志有無之辯不可歷言若稽諸內教判乎釋部則諸子之言可尋三代之禮無越何者神爲生本形爲生具死者神離

此具而即非彼具也雖死者不可復反而精靈遞變未嘗滅絕當其離此之日識用廓然故夏后明器示其弗反即彼之時魂靈知滅故殷人祭器顯其猶存不存則合乎莊周猶存則同乎季札各得一隅無傷厥義設其實也則亦無故周人有兼用之禮尼父發遊魂之唱不其然乎若廢偏攜之論探中途之旨則不仁不智之譏於是乎可息夫形也者無知之質也神也者有知之性也有知不獨存依無知以自立故形之於神逆旅之館耳及其死也神去此而適彼也神已去此館何用存速朽得理也神已適彼祭何所祭祭則失理面姬孔之教不然者其有以乎蓋禮樂之興出於澆薄俎豆綴兆生於俗弊施靈筵陳棺椁設饋奠建丘隴蓋欲令孝子有追思之地耳夫何補於已遷之神乎故上古衣之以薪棄之中野可謂尊盧赫胥皇雄炎帝蹈於失理哉是以子羽沉川漢伯方壙文楚黃壤士安麻索此四子者得理也忘教也若從四子而遊則平生之志得矣然積習生常難卒改革一朝肆志儻不見從今欲翦截煩厚務存儉易進不裸尸退異常俗不傷存者之念有合至人之道孔子云斂首足形還葬而無椁斯亦貧者之禮也余何陋焉且張奐止用幅巾王肅唯盥手足范冉殮畢便葬奚珍無設筵几文度故舟爲椁子廉牛車載柩叔起誠絕墳隴康成使無卜吉此數公者尚或如之況於吾人而尚華泰今欲髣髴景行以爲軌則儻合中庸之道庶免徒費之譏氣絕不須復魂盥洗而斂以一千錢市治棺單故裙衫衣巾枕履此外送往之具棺中常物及餘閣之祭一不得有所施世多信李彭之言可謂惑矣余以孔釋爲師差無此惑斂訖載以露車歸於舊山隨得一地地足爲埳埳足容棺不須塼甓不勞封樹勿設祭饗勿置几筵無用茅君之虛座伯夷之杅木其蒸嘗繼嗣言象所絕事止余身無傷世教家人長幼內外姻戚凡厥友朋爰及寓所咸願成余之志幸勿奪之明年疾卒時年三十二歆幼時嘗獨坐空室有一老公至門謂歆曰心力勇猛能精死生但不得久滯一方耳因彈指而去歆既長精心學佛有道人釋寶誌者時人莫測也遇歆於興皇寺驚起曰隱居學道清淨登佛如此三說歆未死之春有人爲其庭中栽柿歆謂兄子弇曰吾不見此實爾其勿言至秋而亡人以爲知命親故誄其行迹謚曰貞節處士

庾詵字彥寶新野人也幼聰警篤學經史百家無不該綜緯候書射棊筭機巧竝一時之絕而性託夷簡特愛林泉十畝之宅山池居半蔬食弊衣不治產業嘗乘舟從田舍還載米一百五十石有人寄載三十石既至宅寄載者曰君三十斛我百五十石詵嘿然不言恣其取足鄰人有彼誣爲盜者被治劾妄款詵矜之乃以書質錢二萬令門生詐爲其親代之酬備鄰人獲免謝詵詵曰吾矜天下無辜豈期謝也其行多如此類高祖少與詵善雅推重之及起義署爲平西府記室參軍詵不屈平生少所遊狎河東柳惲欲與之交詵距而不納後湘東王臨荊州板爲鎮西府記室參軍不就普通中詔曰明敭振滯爲政所先旌賢求士夢佇斯急新野庾詵止足棲退自事却掃經史文藝多所貫習潁川庾承先學通黃老該涉釋教竝不競不營安茲枯槁可以鎮躁敦俗詵可黃門侍郎承先可中書侍郎勒州縣時加敦遣庶能屈志方冀鹽梅詵稱疾不赴晚年以後尤遵釋教宅內立道場環繞禮懺六時不輟誦法華經每日一遍後夜中忽見一道人自稱願公容止甚異呼詵爲上行先生授香而去中大通四年因晝寢忽驚覺曰願公復來不可久住顏色不變言終而卒時年七十八舉室咸聞空中唱上行先生已生彌陁淨域矣高祖聞而下詔曰旌善表行前王所敦新野庾詵荊山珠玉江陵杞梓靜侯南度固有名德獨貞苦節孤芳素履奄隨運往惻愴于懷宜謚貞節處士以顯高烈詵所撰帝歷二十卷易林二十卷續伍端休江陵記一卷晉朝雜事五卷總抄八十卷行於世子曼倩字世華亦早有令譽世祖在荊州辟爲主簿遷中錄事每出世祖常目送之謂劉之遴曰荊南信多君子雖美歸田鳳清屬桓階賞德摽奇未過此子後轉諮議參軍所著喪服儀文字體例莊老義疏注筭經及七曜歷術并所製文章凡九十五卷子季才有學行承聖中仕至中書侍郎江陵陷隨例入關

張孝秀字文逸南陽宛人也少仕州爲治中從事史遭母憂服闋爲建安王別駕頃之遂去職歸山居于東林寺有田數十頃部曲數百人率以力田盡供山衆遠近歸慕赴之如市孝秀性通率不好浮華常冠穀皮巾躡蒲履手執并櫚皮麈尾服寒食散盛冬能臥於石博涉羣書專精釋典善談論工隸書凡諸藝能莫不明習普通三年卒時年四十二室中皆聞有非常香氣太宗聞甚傷悼焉與劉慧斐書述其貞白云

庾承先字子通潁川鄢陵人也少沉靜有志操是非不涉於言喜慍不形於色人莫能窺也弱歲受學於南陽劉虬彊記敏識出於羣輩玄經釋典靡不該悉九流七畧咸所精練郡辟功曹不就乃與道士王僧鎮同遊衡岳晚以弟疾還鄉里遂居于土臺山鄱陽忠烈王在州欽其風味要與遊處又令講老子遠近名僧咸來赴集論難鋒起異端競至承先徐相酬答皆得所未聞忠烈王尤加欽重徵州主簿湘東王聞之亦板爲法曹參軍竝不赴中大通三年廬山劉慧斐至荊州承先與之有舊往從之荊陝學徒因請承先講老子湘東王親命駕臨聽論議終日深相賞接留連月餘日乃還山王親祖道并贈篇什隱者美之其年卒時年六十

陳吏部尚書姚察曰世之誣處士者多云純盜虛名而無適用蓋有負其實者若諸葛璩之學術阮孝緒之簿閥其取進也豈難哉終於隱居固亦性而已矣

梁書卷五十一考證

阮孝緒傳非得一之士闕彼明智體之之徒獨懷鑒識○臣人龍按體之疑當作體貳二字見南齊書

梁書卷五十二

唐 散騎常侍姚思廉撰

列傳第四十六

止足

顧憲之　陶季直　蕭眎素

易曰亢之爲言也知進而不知退知存而不知亡知進退存亡而不失其正者其唯聖人乎傳曰知足不辱知止不殆然則不知夫進退不達乎止足殆辱之累期月而至矣古人之進也以康世濟務也以弘道厲俗也然其進也光寵夷易故愚夫之所乾沒其退也苦節艱貞故庸曹之所忌憚雖禍敗危亡陳乎耳目而輕舉高路寡乎前史漢世張良功成身退病臥却粒比於樂毅范蠡至乎顛狽斯爲優矣其後薛廣德及二疏等去就以禮有可稱焉魚豢魏畧知足傳方田徐於管胡則其道本異謝靈運晉書止足傳先論晉世文士之避亂者殆非其人唯阮思曠遺榮好遁遠殆辱矣宋書止足傳有羊欣王微咸其流亞齊時沛國劉瓛字子珪辭祿懷道棲遲養志不戚戚於貧賤不躭躭於富貴儒行之高者也梁有天下小人道消賢士大夫相招在位其量力守志則當世罔闕時或有致事告老或有寡志少欲國史書之亦以爲止足傳云

顧憲之字士思吳郡吳人也祖覬之宋鎮軍將軍湘州刺史憲之未弱冠州辟議曹從事舉秀才累遷太子舍人尚書比部郎撫軍主簿元徽中爲建康令時有盜牛者被主所認盜者亦稱己牛二家辭證等前後令莫能決憲之至覆其狀謂二家曰無爲多言吾得之矣乃令解牛任其所去牛逕還本主宅盜者始伏其辜發姦擿伏多如此類時人號曰神明至於權要請託長吏貪殘據法直繩無所阿縱性又清儉彊力爲政甚得民和故京師飲酒者得醇旨輒號爲顧建康言醑清且美焉遷車騎功曹晉熙王友齊高帝執政以爲驃騎錄事參軍遷太尉西曹掾齊臺建爲中書侍郎齊高帝即位除衡陽內史先是郡境連歲疾疫死者太半棺木尤貴悉裹以葦席棄之路傍憲之下車分告屬縣求其親黨悉令殯葬其家人絕滅者憲之爲出公祿使綱紀營護之又土俗山民有病輒云先人爲禍皆開冢剖棺水洗枯骨名爲除祟憲之曉喻爲陳生死之別事不相由風俗遂改時刺史王奐新至唯衡陽獨無訟者乃歎曰顧衡陽之化至矣若九郡率然吾將何事還爲太尉從事中郎出爲東中郎長史行會稽郡事山陰人呂文度有寵於齊武帝於餘姚立邸頗縱橫憲之至郡即表除之文度後還葬母郡縣爭赴弔憲之不與相聞文度深銜之卒不能傷也遷南中郎巴陵王長史加建威將軍行婺州事時司徒竟陵王於宣城臨成定陵三縣界立屯封山澤數百里禁民樵採憲之固陳不可言甚切直王答之曰非君無以聞此德音即命無禁遷給事黃門侍郎兼尚書吏部郎中宋世其祖覬之嘗爲吏部於庭植嘉樹謂人曰吾爲憲之種耳至是憲之果爲此職出爲征虜長史行南兗州事遭母憂服闋建武中復除給事黃門侍郎領步兵校尉未拜仍遷太子中庶子領吳邑中正出爲寧朔將軍臨川內史未赴改授輔國將軍晉陵太守頃之遇疾陳解還鄉里永元初徵爲廷尉不拜除豫章太守有貞婦萬晞者少孀居無子事舅姑尤孝父母欲奪而嫁之誓死不許憲之賜以束帛表其節義中興二年義師平建康高祖爲揚州牧徵憲之爲別駕從事史比至高祖已受禪憲之風疾漸篤固求還吳天監二年就家授太中大夫憲之雖累經宰郡資無擔石及歸環堵不免飢寒八年卒於家年七十四臨終爲制以勅其子曰夫出生入死理均晝夜生既不知所從死亦安識所往延陵所云精氣上歸于天骨肉下歸于地魂氣

則無所不之良有以也雖復茫昧難徵要若非妄百年之期迅若馳隙吾今豫爲終制瞑目之後念並遵行勿違吾志也莊周澹臺達生者也王孫士安矯俗者也吾進不及達退無所矯常謂中都之制允理愜情衣周於身示不違禮棺周於衣足以蔽臭入棺之物一無所須載以輴車覆以麤布爲使人勿惡也漢明帝天子之尊猶祭以杅水脯糗范史雲烈士之高亦奠以寒水乾飯況吾卑庸之人其可不節衷也喪易寧戚自是親親之情禮奢寧儉差可得由吾意不須常施靈筵可止設香燈使致哀者有憑耳朔望祥忌可權安小牀暫設几席唯下素饌勿用牲牢蒸嘗之祀貴賤罔替備物雖辦多致疎怠祀先人自有舊典不可有闕自吾以下祀止用蔬食時果勿同於上世也示令子孫四時不忘其親耳孔子云雖菜羹瓜祭必齊如也本貴誠敬豈求備物哉所著詩賦銘讚并衡陽郡記數十篇

陶季直丹陽秣陵人也祖愍祖宋廣州刺史父景仁中散大夫季直早慧愍祖甚愛異之愍祖嘗以四函銀列置於前令諸孫各取季直時甫四歲獨不取人問其故季直曰若有賜當先父伯不應度及諸孫是故不取愍祖益奇之五歲喪母哀若成人初母未病令於外染衣卒後家人始贖季直抱之號慟聞者莫不酸感及長好學淡於榮利起家桂陽王國侍郎北中郎鎮西行參軍並不起時人號曰聘君父憂服闋尚書令劉秉領丹陽尹引爲後軍主簿領郡功曹出爲望蔡令頃之以病免時劉秉袁粲以齊高帝權勢日盛將圖之秉素重季直欲與之定策季直以袁劉儒者必致顛殞固辭不赴俄而秉等伏誅齊初爲尚書比部郎時褚淵爲尚書令與季直素善頻以爲司空司徒主簿委以府事淵卒尚書令王儉以淵有至行欲謚爲文孝公季直請曰文孝是司馬道子謚恐其人非具美不如文簡儉從之季直又請儉爲淵立碑終始營護甚有吏節時人美之遷太尉記室參軍出爲冠軍司馬東莞太守在郡號爲清和還除散騎侍郎領左衞司馬轉鎮西諮議參軍齊武帝作相誅鋤異已季直不能阿意明帝頗忌之乃出爲輔國長史北海太守邊職上佐素士罕爲之者或勸季直造門致謝明帝既見便留之以爲驃騎諮議參軍兼尚書左丞仍遷建安太守政尚清靜百姓便之還爲中書侍郎遷游擊將軍兼廷尉梁臺建遷給事黃門侍郎常稱仕至二千石始願畢矣無爲務人間之事乃辭疾還鄉里天監初就家拜太中大夫高祖曰梁有天下遂不見此人十年卒于家時年七十五季直素清苦絕倫又屏居十餘載及死家徒四壁子孫無以殯斂聞者莫不傷其志焉

蕭眎素蘭陵人也祖思話宋征西儀同三司父惠明吳興太守皆有盛名眎素早孤貧爲叔父惠休所收卹起家爲齊司徒法曹行參軍遷著作佐郎太子舍人尚書三公郎永元末爲太子洗馬梁臺建高祖引爲中尉驃騎記室參軍天監初爲臨川王友復爲太子中舍人丹陽尹丞初拜高祖賜錢八萬眎素一朝散之親友又遷司徒左西屬南徐州治中性靜退少嗜欲好學能清言榮利不關於口喜怒不形於色在人間及居職並任情通率不自矜高天然簡素士人以此咸敬之及在京口便有終焉之志乃於攝山築室會徵爲中書侍郎遂辭不就因還山宅獨居屏事非親戚不得至其籬門妻太尉王儉女久與別居遂無子八年卒親故迹其事行謚曰貞文先生

史臣曰顧憲之陶季直引年者也蕭眎素則宦情鮮焉比夫懷祿躭寵婆娑人世則殊間矣

梁書卷五十三

唐 散騎常侍 姚思廉 撰

列傳第四十七

良吏

庾蓽 沈瑀 范述曾 丘仲孚
孫謙 伏暅 何遠

昔漢宣帝以爲政平訟理其惟良二千石乎前史亦云今之郡守古之諸侯也故長吏之職號爲親民是以導德齊禮移風易俗咸必由之齊末昏亂政移羣小賦調雲起徭役無度守宰多倚附權門互長貪虐掊克聚斂侵愁細民天下搖動無所厝其手足高祖在田知民疾苦及梁臺建仍下寬大之書昏時雜調咸悉除省於是四海之內始得息肩逮踐皇極躬覽庶事日昃聽政求民之瘼乃命輶軒以省方俗置肺石以達窮民務加隱卹舒其急病元年始去人貲計丁爲布身服浣濯之衣御府無文飾宮掖不過綾綵無珠璣錦繡太官撤牢饌每日膳菜蔬飲酒不過三醆以儉先海內每選長吏務簡廉平皆召見御前親勗治道始擢尚書殿中郎到溉爲建安內史左民侍郎劉鬷爲晉安太守溉等居官並以廉潔著又著令小縣有能遷爲大縣大縣有能遷爲二千石於是山陰令丘仲孚治有異績以爲長沙內史武康令何遠清公以爲宣城太守剖符爲吏者往往承風焉若新野庾蓽諸任職者以經術潤飾吏政或所居流惠或去後見思蓋後來之良吏也綴爲良吏篇云

庾蓽字休野新野人也父深之宋應州刺史蓽年十歲遭父憂居喪毀瘠爲州黨所稱弱冠爲州迎主簿舉秀才累遷安西主簿尚書殿中郎驃騎功曹史博涉羣書有口辯齊永明中與魏和親以蓽兼散騎常侍報使還拜散騎侍郎知東宮管記事鬱林王即位廢掌中書詔誥出爲荊州別駕仍遷西中郎諮議參軍復爲州別駕前後綱紀皆致富饒蓽再爲之清身率下杜絕請託布被蔬食妻子不免飢寒明帝聞而嘉焉手敕褒美州里榮之遷司徒諮議參軍通直散騎常侍高祖平京邑霸府建引爲驃騎功曹參軍遷尚書左丞出爲輔國長史會稽郡丞行郡府事時承凋弊之後百姓凶荒所在穀貴米至數千人多流散蓽撫循甚有治理唯守公祿清節逾厲至有經日不舉火太守襄陽王聞而饋之蓽謝不受天監元年卒停屍無以殮柩不能歸高祖聞之詔賜絹百匹米五十斛初蓽爲西楚望族早歷顯官鄉人樂藹有幹用素與蓽不平互相陵競藹事齊豫章王嶷嶷薨藹仕不得志自步兵校尉求助戍歸荊州時蓽爲州別駕益忽藹及高祖踐阼藹以西朝勳爲御史中丞蓽始得會稽行事既恥之矣會職事微有譴高祖以藹其鄉人也使宣旨誨之蓽大憤故發病卒

沈瑀字伯瑜吳興武康人也叔父昶事宋建平王景素景素謀反昶先去之及敗坐繫獄瑀詣臺陳請得免罪由是知名起家州從事奉朝請嘗詣齊尚書右丞殷瀰瀰與語及政事甚器之謂曰觀卿才幹當居吾此職司徒竟陵王子良聞瑀名引爲府參軍領揚州部傳從事時建康令沈徽孚恃勢陵瑀瑀以法繩之衆憚其彊子良甚相知賞雖家事皆以委瑀子良薨瑀復事刺史始安王遙光嘗被使上民丁速而無怨遙光謂同使曰爾何不學沈瑀所爲乃令專知州獄事湖熟縣方山埭高峻冬月公私行侶以爲艱難明帝使瑀行治之瑀乃開四洪斷行客就作三日立辦揚州書佐私行詐稱州使不肯就作瑀鞭之三十書佐歸訴遙光遙光曰沈瑀必不枉鞭汝覆之果有詐明帝復使瑀築赤山塘所費減材官所量數十萬帝益善之永泰元年爲建德令教民一丁種十五株桑四株柿及梨栗女丁半之人咸歡悅頃之成林去官還京師兼行選曹郎隨陳伯之軍至江州會義師圍郢城瑀說伯之迎高祖伯之泣曰余子在都不得出城不能不愛之瑀曰不然人情匈匈皆思改計若不早圖衆散難合伯之遂舉衆降瑀從在高祖軍中初瑀在竟陵王家素與范雲善齊末嘗就雲宿夢坐屋梁柱上仰見天中字曰范氏宅至是瑀爲高祖說之高祖曰雲得不死此夢可驗及高祖即位雲深薦瑀自暨陽令擢兼尚書右丞時天下初定陳伯之表瑀催督運轉軍國獲濟高祖以爲能遷尚書駕部郎兼右丞如故瑀薦族人沈僧隆僧照有吏幹高祖並納之以母憂去職起爲振武將軍餘姚令縣大姓虞氏千餘家請謁如市前後令長莫能絕自瑀到非訟所通其有至者悉立之堦下以法繩之縣南又有豪族數百家子弟縱橫遞相庇蔭厚自封植百姓甚患之瑀召其老者爲石頭倉監少者補縣僮皆號泣道路自是權右屏跡瑀初至富吏皆鮮衣美服以自彰別瑀怒曰汝等下縣吏何自擬貴人耶悉使著芒屩麤布侍立終日足有蹉跌輒加榜棰瑀微時嘗自至此鬻瓦器爲富人所辱故因以報焉由是士庶駭怨然瑀廉白自守故得遂行其志後王師北伐徵瑀爲建威將軍督運漕尋兼都水使者頃之遷少府卿出爲安南長史尋陽太守江州刺史曹景宗疾篤瑀行府州事景宗卒仍爲信威蕭穎達長史太守如故瑀性崛彊每忤穎達穎達銜之天監八年因入諮事辭又激厲穎達作色曰朝廷用君作行事耶瑀出謂人曰我死而後已終不能傾側面從是日於路爲盜所殺時年五十九多以爲穎達害焉子續累訟之遇穎達亦尋卒事遂不窮竟續乃布衣蔬食終其身

范述曾字子玄吳郡錢唐人也幼好學從餘杭呂道惠受五經略通章句道惠學徒常有百數獨稱述曾曰此子必爲王者師齊文惠太子竟陵文宣王幼時高帝引述曾爲之師友起家爲宋晉熙王國侍郎齊初至南郡王國郎中令遷尚書主客郎太子步兵校尉帶開陽令述曾爲人謇諤在官多所諫爭太子雖不能全用然亦弗之罪也竟陵王深相器重號爲周舍時太子左衞率沈約亦以述曾方汲黯以父母年老乞還就養乃拜中散大夫明帝即位除游擊將軍出爲永嘉太守爲政清平不尚威猛民俗便之所部橫陽縣山谷嶮峻爲逋逃所聚前後二千石討捕莫能息述曾下車開示恩信凡諸凶黨繈負而出編戶屬籍者二百餘家自是商賈流通居民安業在郡勵志清白不受饋遺明帝甚嘉之下詔褒美焉徵爲游擊將軍郡送故舊錢二十餘萬述曾

一無所受始之郡不將家屬及還吏無荷擔者民無老少皆出拜辭號哭聞于數十里東昏時拜中散大夫還鄉里高祖踐阼乃輕舟出詣闕仍辭還東高祖詔曰中散大夫范述曾昔在齊世忠直奉主往莅永嘉治身廉約宜加禮秩以厲清操可太中大夫賜絹二十匹述曾生平得奉祿皆以分施及老遂壁立無所資以天監八年卒時年七十九注易文言著雜詩賦數十篇

丘仲孚字公信吳興烏程人也少好學從祖靈鞠有人倫之鑒常稱爲千里駒也齊永明初選爲國子生舉高第未調還鄉里家貧無以自資乃結羣盜爲之計畫劫掠三吳仲孚聰明有智略羣盜畏而服之所行皆果故亦不發太守徐嗣召補主簿歷揚州從事太學博士于湖令有能名太守呂文顯當時倖臣陵詆屬縣仲孚獨不爲之屈以父喪去職明帝卽位起爲烈武將軍曲阿令值會稽太守王敬則舉兵反乘朝廷不備反問始至而前鋒已屆曲阿仲孚謂吏民曰賊乘勝雖銳而烏合易離今若收船艦鑿長崗埭瀉瀆水以阻其路得留數日臺軍必至則大事濟矣敬則軍至值瀆涸果頓兵不得進遂敗散仲孚以距守有功遷山陰令居職甚有聲稱百姓爲之謠曰二傅沈劉不如一丘前世傅琰父子沈憲劉玄明相繼宰山陰並有政績言仲孚皆過之也齊末政亂頗有贓賄爲有司所舉將收之仲孚竊逃逕還京師詣闕會赦得不治高祖踐阼復爲山陰令仲孚長於撥煩善適權變吏民敬服號稱神明治爲天下第一起遷車騎長史長沙內史視事未朞徵爲尚書右丞遷左丞仍擢爲衞尉卿恩任甚厚初起雙闕以仲孚領大匠事畢出爲安西長史南郡太守遷雲麾長史江夏太守行郢州州府事遭母憂起攝職坐事除名復起爲司空參軍俄遷豫章內史在郡更勵清節頃之卒時年四十八詔曰豫章內史丘仲孚重試大邦責以後效非直悔吝云亡實亦政績克舉不幸殞喪良以傷惻可贈給事黃門侍郎仲孚喪將還豫章老幼號哭攀送車輪不得前仲孚爲左丞撰皇典二十卷南宮故事百卷又撰尚書具事雜儀行於世焉

孫謙字長遜東莞莒人也少爲親人趙伯符所知謙年十七伯符爲豫州刺史引爲左軍行參軍以治幹稱父憂去職客居歷陽躬耕以養弟妹鄉里稱其敦睦宋江夏王義恭聞之引爲行參軍歷仕大司馬太宰二府出爲句容令清愼彊記縣人號爲神明泰始初事建安王休仁休仁以爲司徒參軍言之明帝擢爲明威將軍巴東建平二郡太守郡居三峽恒以威力鎭之謙將述職敕募千人自隨謙曰蠻夷不賓蓋待之失節耳何煩兵役以爲國費固辭不受至郡布恩惠之化蠻獠懷之競餉金寶謙慰喻而遣一無所納及掠得生口皆放還家俸秩出吏民者悉原除之郡境翕然威信大著視事三年徵還爲撫軍中兵參軍元徽初遷梁州刺史辭不赴職遷越騎校尉征北司馬府主簿建平王將稱兵患謙彊直託事遣使京師然後作亂及建平誅遷左軍將軍齊初爲寧朔將軍錢唐令治煩以簡獄無繫囚及去官百姓以謙在職不受餉遺追載縑帛以送之謙却不受每去官輒無私宅常借官空車廄居焉永明初爲冠軍長史江夏太守坐被代輒去郡繫尚方頃之免爲中散大夫明帝將廢立欲引謙爲心膂使兼衞尉給甲仗百人謙不願處際會輒散甲士帝雖不罪而弗復任焉出爲南中郎司馬東昏永元元年遷[缺二字]大夫天監六年出爲輔國將軍零陵太守已衰老猶彊力爲政吏民安之先是郡多虎暴謙至絕跡及去官之夜虎卽害居民謙爲郡縣常勤勸課農桑務盡地利收入常多於鄰境九年以年老徵爲光祿大夫既至高祖嘉其清潔甚禮異焉每朝見猶請劇職自效高祖笑曰朕使卿智不使卿力十四年詔曰光祿大夫孫謙清愼有聞白首不怠高年舊齒宜加優秩可給親信二十人并給扶謙自少及老歷二縣五郡所在廉潔居身儉素牀施蘧蒢屏風冬則布被莞席夏日無幬帳而夜臥未嘗有蚊蚋人多異焉年逾九十彊壯如五十者每朝會輒先衆到公門力於仁義行己過人甚遠兄靈慶常病寄於謙謙出行還問起居靈慶曰向飲冷熱不調卽時猶渴謙退遣其妻有彭城劉融者行乞疾篤無所歸友人輿送謙舍謙開廳事以待之及融死以禮殯葬之衆咸服其行義十五年卒官時年九十二詔賻錢三萬布五十匹高祖爲舉哀甚悼惜之謙從子廉便辟巧宦齊時已歷大縣尚書右丞天監初沈約范雲當朝用事廉傾意奉之及中書舍人黃睦之等亦尤所結附凡貴要每食廉必日進滋旨皆手自煎調不辭勤劇遂得爲列卿御史中丞晉陵吳興太守時廣陵高爽有險薄才客於廉廉委以文記爽嘗有求不稱意乃爲屐謎以喻廉曰刺鼻不知嚏蹋面不知嗔齧齒作步數持此得勝人譏其不計恥辱以此取名位也

伏暅字玄耀曼容之子也幼傳父業能言玄理與樂安任昉彭城劉曼俱知名起家齊奉朝請仍兼太學博士尋除東陽郡丞秩滿爲鄞令時曼容已致仕故頻以外職處暅令其得養焉齊末始爲尚書都官郎仍爲衞軍記室參軍高祖踐阼遷國子博士父憂去職服闋爲車騎諮議參軍累遷司空長史中書侍郎前軍將軍兼五經博士與吏部尚書徐勉中書侍郎周捨總知五禮事出爲永陽內史在郡清潔治務安靜郡民何貞秀等一百五十四人詣州言狀湘州刺史以聞詔勘有十五事爲吏民所懷高祖善之徵爲東陽太守在郡清恪如永陽時民賦稅不登者輒以太守田米助之郡多麻苧家人乃至無以爲繩其厲志如此屬縣始新遂安海寧並同時生爲立祠徵爲國子博士領長水校尉時始興內史何遠累著清績高祖詔擢爲黃門侍郎俄遷信武將軍監吳郡暅自以名輩素在遠前爲吏俱稱廉白遠累見擢暅遷階而已意望不滿多託疾居家尋求假到東陽迎妹喪因留會稽築宅自表解高祖詔以爲豫章內史暅乃出拜治書御史虞皭奏曰臣聞失忠與信一心之道以虧貌是情非兩觀之誅宜及未有陵犯名教要冒君親而可緯俗經邦者也風聞豫章內史伏暅去歲啓假以迎妹喪爲解因停會稽不去入東之始貨宅賣車以此而推則是本無還意暅歷典二邦少免貪濁此自爲政之本豈得稱功常謂人才品望居何遠之右而遠以清公見擢名位轉隆暅深誹怨形於辭色興居歎咤寤寐失圖天高聽卑無私不照去年十二月二十一日詔曰國子博士領長水校尉伏暅爲政廉平宜加將養勿使恚望致虧士風可豫章內史豈有人臣奉如此之詔而不亡魂破膽歸罪有司擢髮抽腸少自論謝而循奉慠然了無異色暅識見所到足達此旨而冒寵不辭忝斯苟得故以士流解體行路沸騰辨跡求心無一可恕竊以暅踉蹡落魄三十餘年皇運勃興咸與維始除舊布新濯之江漢一紀之間三世隆顯曾不能少懷感激仰答萬分反覆拙謀成茲巧罪不忠不敬於斯已及請以暅大不敬論以事詳法應棄市刑輒收所近獄洗結以法從事如法所稱暅卽主臣謹案豫章內史臣伏暅含疵表行藉悖成心語嘿一違資敬兼盡幸屬昌時擢以不次溪壑可盈志欲無滿要君東走豈曰止足之歸負志解巾異乎激處之致甘此脂膏孰非荼苦佩茲龜組豈殊縲紲宜明風憲肅正簡書臣等參議請以見事免暅所居官凡諸位任一皆削除有詔勿治暅遂得就郡視事三年徵爲給事黃門侍郎領國子博士未及起普通元年卒於郡時年五十九尚書右僕射徐勉爲之墓誌其一章曰東區南服愛結民胥相望伏闕繼軌奏書或臥其轍或扳其車或圖其像或式其閭思耿借寇曷以尚諸初暅父曼容與樂安任瑤皆匿於齊太尉王儉瑤子昉及暅並見知頃之昉才遇稍盛齊末昉已爲司徒右長史暅猶滯於參軍事及其終也名位略相侔暅性儉素車服麤惡外雖退靜內不免心競故見譏於時能推薦後來常若不及少年士子或以此依之

何遠字義方東海郯人也父慧炬齊尚書郎遠釋褐江夏王國侍郎轉奉朝請永元中江夏王寶玄於京口爲護軍將軍崔慧景所奉入圍宮城遠豫其事事敗乃亡抵長沙宣武王王深保匿焉遠求得桂陽王融保藏之既而發覺收捕者至遠踰垣以免融及遠家人皆見執融遂遇禍遠家屬繫尚方遠亡渡江使其故人高江產共聚衆欲迎高祖義師東昏黨聞之使捕遠等衆復潰散遠因降魏入壽陽見刺史王肅欲同義舉肅不能用乃求迎高祖肅許之遣兵援送得達高祖高祖見遠謂張弘策曰何遠美丈夫而能破家報舊德未易人也板輔國將軍隨軍東下既破朱雀軍以爲建康令高祖踐阼爲步兵校尉以奉迎勳封廣興男邑三百戶遷建武將軍後軍鄱陽王恢錄事參軍遠與恢素善在府盡其志力知無不爲恢亦推心仗之恩寄甚密頃之遷武昌太守遠本倜儻尚輕俠至是乃折節爲吏杜絕交遊饋遺秋毫無所受武昌俗皆汲江水盛夏遠患水溫每以錢買民井寒水不取錢者則摙水還之其佗事率多如此跡雖似偽而能委曲用意焉車服尤弊素器物無銅漆江左多水族甚賤遠每食不過乾魚數片而已然性剛嚴吏民多以細事受鞭罰者遂爲人所訟徵下廷尉被劾數十條當時士大夫坐法皆不受立遠度己無贓就立三七日不款猶以私藏禁仗除名後起爲鎭南將軍武康令愈厲廉節除淫祀正身率職民甚稱之太守王彬巡屬縣諸縣盛供帳以待焉至武康遠獨設糗水而已彬去遠送至境進斗酒隻鵝爲別彬戲曰卿禮有過陸納將不爲古人所笑乎高祖聞其能擢爲宣城太守自縣爲近畿大郡近代未之有也郡經寇抄遠盡心綏理復著名迹朞年遷樹功將軍始興內史時泉陵侯淵朗爲桂州緣道剽掠入始興界草木無所犯遠在官好開途巷修葺牆屋民居市里城隍廄庫所過若營家爲田秩俸錢並無所取歲暮擇民尤窮者充其租調以此爲常然其聽訟猶人不能過絕而性果斷民不敢非畏而惜之所至皆生爲立祠表言治狀高祖每優詔答

焉天監十六年詔曰何遠前在武康已著廉平復莅二邦彌盡清白政先治道惠留民愛雖古之良二千石無以過也宜升內榮以顯外績可給事黃門侍郎遠卽還仍爲仁威長史頃之出爲信武將軍監吳郡在吳頗有酒失遷東陽太守遠處職疾強富如仇讎視貧細如子弟特爲豪右所畏憚在東陽歲餘復爲受罰者所謗坐免歸遠耿介無私曲居民間絕請謁不造詣與貴賤書疏抗禮如一其所會遇未嘗以顏色干人以此多爲俗士所惡其清公實爲天下第一居數郡見可欲終不變其心妻子飢寒如下貧者及去東陽歸家經年歲口不言榮辱士類益以此多之其輕財好義周人之急言不虛妄蓋天性也每戲語人云卿能得我一妄語則謝卿以一縑衆共伺之不能記也後復起爲征西諮議參軍中撫司馬普通二年卒時年五十二高祖厚贈賜之

陳吏部尚書姚察曰前史有循吏何哉世使然也漢武役繁姦起循平不能故有苛酷誅戮以勝之亦多怨濫矣梁興破觚爲圓斲雕爲樸教民以孝悌勸之以農桑於是桀黠化爲由余輕薄變爲忠厚淳風已洽民自知禁堯舜之民比屋可封信矣若夫酷吏於梁無取焉

梁書卷五十四

唐　散騎常侍　姚思廉　撰

列傳第四十八

諸夷

海南諸國　東夷　西北諸戎

海南諸國大抵在交州南及西南大海洲上相去近者三五千里遠者二三萬里其西與西域諸國接漢元鼎中遣伏波將軍路博德開百越置日南郡其徼外諸國自武帝以來皆朝貢後漢桓帝世大秦天竺皆由此道遣使貢獻及吳孫權時遣宣化從事朱應中郎康泰通焉其所經及傳聞則有百數十國因立記傳晉代通中國者蓋尠故不載史官及宋齊至者有十餘國始爲之傳自梁革運其奉正朔修貢職航海歲至踰於前代矣今採其風俗粗著者綴爲海南傳云

林邑國者本漢日南郡象林縣古越裳之界也伏波將軍馬援開漢南境置此縣其地縱廣可六百里城去海百二十里去日南界四百餘里北接九德郡其南界水步道二百餘里有西國夷亦稱王馬援植兩銅柱表漢界處也其國有金山石皆赤色其中生金金夜則出飛狀如螢火又出瑇瑁貝齒吉貝沉木香吉貝者樹名也其華成時如鵝毳抽其緒紡之以作布潔白與紵布不殊亦染成五色織爲斑布也沉木者土人斫斷之積以歲年朽爛而心節獨在置水中則沉故名曰沉香次不沉不浮者曰箋香也漢末大亂功曹區達殺縣令自立爲王傳數世其後王無嗣立外甥范熊熊死子逸嗣晉成帝咸康三年逸死奴文篡立文本日南西捲縣夷帥范稚家奴常牧牛於山澗得鱧魚二頭化而爲鐵因以鑄刀鑄成文向石而呪曰若斫石破者文當王此國因舉刀斫石如斷芻藁文心獨異之范稚常使之商賈至林邑因敎林邑王作宮室及兵車器械王寵任之後乃讒王諸子各奔餘國及王死無嗣文僞於鄰國迎王子置毒於漿中而殺之遂脅國人自立舉兵攻旁小國皆吞滅之有衆四五萬人時交州刺史姜莊使所親韓戢謝稚前後監日南郡竝貪殘諸國患之穆帝永和三年臺遣夏侯覽爲太守侵刻尤甚林邑先無田土貪日南地肥沃常欲略有之至是因民之怨遂舉兵襲日南殺覽以其屍祭天留日南三年乃還林邑交州刺史朱藩後遣督護劉雄戍日南文復屠滅之進寇九德郡殘害吏民遣使告藩願以日南北境橫山爲界藩不許又遣督護陶緩李衢討之文歸林邑尋復屯日南五年文死子佛立猶屯日南征西將軍桓溫遣督護滕畯九眞太守灌邃帥交廣州兵討之佛嬰城固守邃令畯盛兵於前邃帥勁卒七百人自後踰壘而入佛衆驚潰奔走邃追至林邑佛乃請降哀帝昇平初復爲寇暴刺史溫放之討破之安帝隆安三年佛孫須達復寇日南執太守炅源又進寇九德執太守曹炳交阯太守杜瑗遣都護鄧逸等擊破之卽以瑗爲刺史義熙三年須達復寇日南殺長史瑗遣海邏督護阮斐討破之斬獲甚衆九年須達復寇九眞行郡事杜慧期與戰斬其息交龍王甄知及其將范健等生俘須達息𨚗能及虜獲百餘人自瑗卒後林邑無歲不寇日南九德諸郡殺蕩甚多交州遂致虛弱須達死子敵眞立其弟敵鎧攜母出奔敵眞追恨不能容其母弟捨國而之天竺禪位於其甥國相藏驎固諫不從其甥既立而殺藏驎藏驎子又攻殺之而立敵鎧同母異父之弟曰文敵文敵後爲扶南王子當根純所殺大臣范諸農平其亂而自立爲王諸農死子陽邁立宋永初二年遣使貢獻以陽邁爲林邑王陽邁死子咄立慕其父復曰陽邁其國俗居處爲閣名曰于闌門戶皆北向書樹葉爲紙男女皆以橫幅吉貝繞腰以下謂之干漫亦曰都縵穿耳貫小鐶貴者著革屣賤者跣行自林邑扶南以南諸國皆然也其王著法服加瓔珞如佛像之飾出則乘象吹螺擊鼓罩吉貝繖以吉貝爲幡旗國不設刑法有罪者使象踏殺之其大姓號婆羅門嫁娶必用八月女先求男由賤男而貴女也同姓還相婚姻使婆羅門引壻見婦握手相付呪曰吉利吉利以爲成禮死者焚之中野謂之火葬其寡婦孤居散髮至老國王事尼乾道鑄金銀人像大十圍元嘉初陽邁侵暴日南九德諸郡交州刺史杜弘文建牙欲討之聞有代乃止八年又寇九德郡入四會浦口交州刺史阮彌之遣隊主相道生帥兵赴討攻區粟城不剋乃引還爾後頻年遣使貢獻而寇盜不已二十三年使交州刺史檀和之振武將軍宗慤伐之和之遣司馬蕭景憲爲前鋒陽邁聞之懼欲輸金一萬斤銀十萬斤還所略日南民戶其大臣𡩋僧達諫止之乃遣大帥范扶龍戍其北界區粟城景憲攻城剋之斬扶龍首獲金銀雜物不可勝計乘勝逕進卽剋林邑陽邁父子竝挺身逃奔獲其珍異皆是未名之寶又銷其金人得黃金數十萬斤和之後病死見胡神爲祟孝武建元大明中林邑王范神成累遣長史奉表貢獻明帝泰豫元年又遣使獻方物齊永明中范文贊累遣使貢獻天監九年文贊子天凱奉獻白猴詔曰林邑王范天凱介在海表乃心款至遠脩職貢良有可嘉宜班爵號被以榮澤可持節督緣海諸軍事威南將軍林邑王十年十三年天凱累遣使獻方物俄而病死子弼毳跋摩立奉表貢獻普通七年王高式勝鎧遣使獻方物詔以爲持節督緣海諸軍事綏南將軍林邑王大通元年又遣使貢獻中大通二年行林邑王高式律陁羅跋摩遣使貢獻詔以爲持節督緣海諸軍事綏南將軍林邑王六年又遣使獻方物

扶南國在日南郡之南海西大灣中去日南可七千里在林邑西南三千餘里城去海五百里有大江廣十里西北流東入於海其國輪廣三千餘里土地洿下而平博氣候風俗大較與林邑同出金銀銅錫沉木香象牙孔翠五色鸚鵡其南界三千餘里有頓遜國在海崎上地方千里城去海十里有五王竝羈屬扶南頓遜之東界通交州其西界接天竺安息徼外諸國往還交市所以然者頓遜迴入海中千餘里漲海無崖岸船舶未曾得逕過也其市東西交會日有萬餘人珍物寶貨無所不有又有酒樹似安石榴采其花汁停瓮中數日成酒頓遜之外大海洲中又有毗騫國去扶南八千里傳其王身長丈二頭長三尺自古來不死莫知其年王神聖國中人善惡及將來事王皆知之是以無敢欺者南方號曰長頸王國俗有室屋衣服噉粳米其人言語小異扶南有山出金金露生石上無所限也國法刑罪人竝於王前噉其肉國內不受估客有往者亦殺而噉之是以商旅不敢至王常樓居不血食不事鬼神其子孫生死如常人唯王不死扶南王數遣使與書相報答常遺扶南王純金五十人食器形如圓盤又如瓦塸名爲多羅受五升又如椀者受一升王亦能作天竺書書可三千言說其宿命所由與佛經相似竝論善事又傳扶南東界卽大漲海海中有大洲洲上有諸薄國國東有馬五洲復東行漲海千餘里至自然大洲其上有樹生火中洲左近人剝取其皮紡績作布極得數尺以爲手巾與焦麻無異而色微青黑若小垢洿則投火中復更精潔或作燈炷用之不知盡扶南國俗本躶文身被髮不制衣裳以女人爲王號曰柳葉年少壯健有似男子其南有徼國有事鬼神者字混塡夢神賜之弓乘賈人舶入海混塡晨起卽詣廟於神樹下得弓便依夢乘船入海遂入扶南外邑柳葉人衆見舶至欲取之混塡卽張弓射其舶穿度一面矢及侍者柳葉大懼舉衆降混塡混塡乃敎柳葉穿布貫頭形不復露遂治其國納柳葉爲妻生子分王七邑其後王混盤況以詐力閒諸邑令相疑阻因舉兵攻并之乃遣子孫中分治諸邑號曰小王盤況年九十餘乃死立中子盤盤以國事委其大將范蔓盤盤立三年死國人共舉蔓爲王蔓勇健有權略復以兵威攻伐旁國咸服屬之自號扶南大王乃治作大船窮漲海攻屈都昆九稚典孫等十餘國開地五六千里次當伐金鄰國蔓遇疾遣太子金生代行蔓姊子旃時爲二千人將因篡蔓自立遣人詐金生而殺之蔓死時有乳下兒名長在民間至年二十乃結國中壯士襲殺旃旃大將范尋又殺長而自立更繕治國內起觀閣遊戲之朝旦中晡三四見客民人以焦蔗龜鳥爲禮國法無牢獄有罪者先齋戒三日乃燒斧極赤令訟者捧行七步又以金鐶雞卵投沸湯中令探取之若無實者手卽焦爛有理者則不又於城溝中養鰐魚門外圈猛獸有罪者輒以餵猛獸及鰐魚魚獸不食爲無罪三日乃放之鰐大者長二丈餘狀如鼉有四足喙長六七尺兩邊有齒利如刀劍常食魚遇得麞鹿及人亦噉之蒼梧以南及外國皆有之吳時遣中郎康泰宣化從事朱應使於尋國國人猶裸唯婦人著貫頭泰應謂曰國

中實佳但人褻露可怪耳尋始令國內男子著橫幅橫幅今干縵也大家乃截錦爲之貧者乃用布晉武帝太康中尋始遣使貢獻穆帝升平元年王竺旃檀奉表獻馴象詔曰此物勞費不少駐令勿送其後王憍陳如本天竺婆羅門也有神語曰應王扶南憍陳如心悅南至盤盤扶南人聞之舉國欣戴迎而立焉復改制度用天竺法憍陳如死後王持梨陁跋摩宋文帝世奉表獻方物齊永明中王闍邪跋摩遣使貢獻天監二年跋摩復遣使送珊瑚佛像并獻方物詔曰扶南王憍陳如闍邪跋摩介居海表世纂南服厥誠遠著重譯獻賝宜蒙酬納班以榮號可安南將軍扶南王今其國人皆醜黑拳髮所居不穿井數十家共一池引汲之俗事天神天神以銅爲像二面者四手四面者八手手各有所持或小兒或鳥獸或日月其王出入乘象嬪侍亦然王坐則偏踞翹膝垂左膝至地以白疊敷前設金盆香鑪於其上國俗居喪則剃除鬚髮死者有四葬水葬則投之江流火葬則焚爲灰燼土葬則瘞埋之鳥葬則棄之中野人性貪吝無禮義男女恣其奔隨十年十三年跋摩累遣使貢獻其年死庶子留陁跋摩殺其嫡弟自立十六年遣使竺當抱老奉表貢獻十八年復遣使送天竺旃檀瑞像婆羅樹葉并獻火齊珠鬱金蘇合等香普通元年中大通二年大同元年累遣使獻方物五年復遣使獻生犀又言其國有佛髮長一丈二尺詔遣沙門釋雲寶隨使往迎之先是三年八月高祖改造阿育王寺塔出舊塔下舍利及佛爪髮髮青紺色衆僧以手伸之隨手長短放之則旋屈爲蠡形案僧伽經云佛髮青而細猶如藕莖絲佛三昧經云我昔在宮沐頭以尺量髮長一丈二尺放已右旋還成蠡文則與高祖所得同也阿育王卽鐵輪王王閻浮提一天下佛滅度後一日一夜役鬼神造八萬四千塔此卽其一也吳時有尼居其地爲小精舍孫綝尋毀除之塔亦同泯吳平後諸道人復於舊處建立焉晉中宗初渡江更脩飾之至簡文咸安中使沙門安法師程造小塔未及成而亡弟子僧顯繼而修立至孝武太元九年上金相輪及承露其後西河離石縣有胡人劉薩何遇疾暴亡而心下猶煖其家未敢便殯經十日更蘇說云有兩吏見錄向西北行不測遠近至十八地獄隨報重輕受諸楚毒見觀世音語云汝緣未盡若得活可作沙門洛下齊城丹陽會稽竝有阿育王塔可往禮拜若壽終則不墮地獄語竟如墮高巖忽然醒寤因此出家名慧達遊行禮塔次至丹陽未知塔處乃登越城四望見長干里有異氣色因就禮拜果是育王塔所屢放光明由是定知必有舍利乃集衆就掘之入一丈得三石碑竝長六尺中一碑有鐵函函中有銀函函中又有金函盛三舍利及爪髮各一枚髮長數尺卽遷舍利近北對簡文所造塔西造一層塔十六年又使沙門僧尚伽爲三層卽高祖所開者也初穿土四尺得龍窟及昔人所捨金銀鐶釧釵鑷等諸雜寶物可深九尺許方至石磉磉下有石函函內有鐵壺以盛銀坩坩內有金鏤罌盛三舍利如粟粒大圓正光潔函內又有琉璃椀內得四舍利及髮爪爪有四枚竝爲沉香色至其月二十七日高祖又到寺禮拜設無㝵大會大赦天下是日以金鉢盛水汎舍利其最小者隱鉢不出高祖禮數十拜舍利乃於鉢內放光旋回久之乃當鉢中而止高祖問大僧正慧念今日見不可思議事不慧念答曰法身常住湛然不動高祖曰弟子欲請一舍利還臺供養至九月五日又於寺設無㝵大會遣皇太子王侯朝貴等奉迎是日風景明和京師傾屬觀者百數十萬人所設金銀供具等物竝留寺供養并施錢一千萬爲寺基業至四年九月十五日高祖又至寺設無㝵大會竪二刹各以金罌次玉罌重盛舍利及爪髮內七寶塔中又以石函盛寶塔分入兩刹下及王侯妃主百姓富室所捨金銀鐶釧等珍寶充積十一年十一月二日寺僧又請高祖於寺發般若經題爾夕二塔俱放光明敕鎮東將軍邵陵王綸製寺大功德碑文先是二年改造會稽鄮縣塔開舊塔出舍利遣光宅寺釋敬脫等四僧及舍人孫照暫迎還臺高祖禮拜竟卽送還縣入新塔下此縣塔亦是劉薩何所得也晉咸和中丹陽尹高悝行至張侯橋見浦中五色光長數尺不知何怪乃令人於光處撈視之得金像未有光趺悝乃下車載像還至長干巷首牛不肯進悝乃令馭人任牛所之牛徑牽車至寺悝因留像付寺僧每至中夜常放光明又聞空中有金石之響經一歲捕魚人張係世於海口忽見有銅花趺浮出水上係世取送縣縣以送臺乃施像足宛然合會簡文咸安元年交州合浦人董宗之採珠沒水於底得佛光豔交州押送臺以施像又合焉自咸和中得像至咸安初歷三十餘年光趺始具初高悝得像後西域胡僧五人來詣悝曰昔於天竺得阿育王造像來至鄴下值胡亂埋像於河邊今尋覓失所五人嘗一夜俱夢見像曰已出江東爲高悝所得悝乃送此五僧至寺見像嘘欷涕泣像便放光照燭殿宇又瓦宮寺慧達欲模寫像形寺主僧尚慮虧損金色謂達曰若能令像放光回身西向乃可相許慧達便懇到拜請其夜像卽轉坐放光回身西向明旦便許模之像趺先有外國書莫有識者後有三藏那求跋摩識之云是阿育王爲第四女所造也及大同中出舊塔舍利敕市寺側數百家宅地以廣寺域造諸堂殿并瑞像周回閣等窮於輪奐焉其圖諸經變竝吳人張繇運手繇丹青之工一時冠絕

盤盤國宋文帝元嘉孝武孝建大明中竝遣使貢獻大通元年其王使使奉表曰揚州閻浮提震旦天子萬善莊嚴一切恭敬猶如天淨無雲明耀滿目天子身心清淨亦復如是道俗濟濟竝蒙聖王光化濟度一切永作舟航臣聞之慶善我等至誠敬禮常勝天子足下稽首問訊今奉薄獻願垂哀受中大通元年五月累遣使貢牙像及塔并獻沉檀等香數十種六年八月復使送菩提國眞舍利及畫塔并獻菩提樹葉詹糖等香

丹丹國中大通二年其王遣使奉表曰伏承聖主至德仁治信重三寶佛法興顯衆僧殷集法事日盛威嚴整肅朝望國執慈愍蒼生八方六合莫不歸服化隣諸天非可言喩不任慶善若蹔奉見尊足謹奉送牙像及塔各二軀并獻火齊珠吉貝雜香藥等大同元年復遣使獻金銀瑠璃雜寶香藥等物

干陁利國在南海洲上其俗與林邑扶南略同出斑布吉貝檳榔檳榔特精好爲諸國之極宋孝武世王釋婆羅那憐陁遣長史竺留陁獻金銀寶器天監元年其王瞿曇脩跋陁羅以四月八日夢見一僧謂之曰中國今有聖主十年之後佛法大興汝若遣使貢奉敬禮則土地豐樂商旅百倍若不信我則境土不得自安脩跋陁羅初未能信旣而又夢此僧曰汝若不信我當與汝往觀之乃於夢中來至中國拜覲天子旣覺心異之陁羅本工畫乃寫夢中所見高祖容質飾以丹青仍遣使并畫工奉表獻玉盤等物使人旣至模寫高祖形以還其國比本畫則符同焉因盛以寶函日加禮敬後跋陁死子毗邪跋摩立十七年遣長史毗員跋摩奉表曰常勝天子陛下諸佛世尊常樂安樂六通三達爲世間尊是名如來應供正覺遺形舍利造諸塔像莊嚴國土如須彌山邑居聚落次第羅滿城郭館宇如忉利天宮具足四兵能伏怨敵國土安樂無諸患難人民和善受化正法慶無不通猶處雪山流注雪水八味清淨百川洋溢周回屈曲順趨大海一切衆生咸得受用於諸國土殊勝第一是名震旦大梁揚郡天子仁廕四海德合天心雖人是天降生護世功德寶藏救世大悲爲我尊生威儀具足是故至誠敬禮天子足下稽首問訊奉獻金芙蓉雜香藥等願垂納受普通元年復遣使獻方物

狼牙脩國在南海中其界東西三十日行南北二十日行去廣州二萬四千里土氣物產與扶南略同偏多䕡沉婆律香等其俗男女皆袒而被髮以吉貝爲干縵其王及貴臣乃加雲霞布覆胛以金繩爲絡帶金鐶貫耳女子則被布以瓔珞繞身其國累塼爲城重門樓閣王出乘象有幡毦旗鼓罩白蓋兵衞甚設國人說立國以來四百餘年後嗣衰弱王族有賢者國人歸之王聞知乃加囚執其鏁無故自斷王以爲神因不敢害乃斥逐出境遂奔天竺天竺妻以長女俄而狼牙王死大臣迎還爲王二十餘年死子婆伽達多立天監十四年遣使阿撒多奉表曰大吉天子足下離淫怒癡哀愍衆生慈心無量端嚴相好身光明朗如水中月普照十方眉間白毫其白如雪其色照曜亦如月光諸天善神之所供養以垂正法寶梵行衆增莊嚴都邑城閣高峻如乾陁山樓觀羅列道途平正人民熾盛快樂安穩著種種衣猶如天服於一切國爲極尊勝天王愍念羣生民人安樂慈心深廣律儀清淨正法化治供養三寶名稱宣揚布滿世界百姓樂見如月初生譬如梵王世界之主人天一切莫不歸依敬禮大吉天子足下猶如現前忝承先業慶嘉無量今遣使問訊大意欲自往復畏大海風波不達今奉薄獻願大家曲垂領納

婆利國在廣州東南海中洲上去廣州二月日行國界東西五十日行南北二十日行有一百三十六聚土氣暑熱如中國之盛夏穀一歲再熟草木常榮海出文螺紫貝有石名蚶貝羅初採之柔軟及刻削爲物乾之遂大堅彊其國人披吉貝如帊及爲都縵王乃用斑絲布以瓔珞繞身頭著金冠高尺餘形如弁綴以七寶之飾帶金裝劍偏坐金高坐以銀蹬支足侍女皆爲金花雜寶之飾或持白毦拂及孔雀扇王出以象駕輿輿以雜香爲之上施羽蓋珠簾其導從吹螺擊鼓王姓憍陳如自古未通中國問其先及年數不能記焉而言白淨王夫人卽其國女也天監十六年遣使奉表曰伏承聖王信重三寶興立塔寺校飾莊嚴周徧國土四衢平坦清淨無穢臺殿羅列狀若天宮壯麗微妙世無與等聖主出時四兵具足羽儀導從布滿左右都人士女麗服光飾市廛豐富充積珍寶王法清整無相侵奪學徒皆至

三乘競集敷說正法雲布雨潤四海流通交會萬國長江眇漫清泠深廣有生咸資莫能消穢陰陽和暢災厲不作大梁揚都聖王無等臨覆上國有大慈悲子育萬民平等忍辱怨親無二加以周窮無所藏積靡不照燭如日之明無不受樂猶如淨月宰輔賢良羣臣貞信盡忠奉上心無異想伏惟皇帝是我眞佛臣是婆利國主今敬稽首禮聖王足下惟願大王知我此心此心久矣非適今也山海阻遠無緣自達今故遣使獻金席等表此丹誠普通三年其王頻伽復遣使珠貝智貢白鸚鵡青蟲兜鍪瑠璃器吉貝螺杯雜香藥等數十種

中天竺國在大月支東南數千里地方三萬里一名身毒漢世張騫使大夏見邛竹杖蜀布國人云市之身毒身毒卽天竺蓋傳譯音字不同其實一也從月支高附以西南至西海東至槃越列國數十每國置王其名雖異皆身毒也漢時羈屬月支其俗土著與月支同而卑濕暑熱民弱畏戰弱於月支國臨大江名新陶源出崑崙分爲五江總名曰恒水其水甘美下有眞鹽色正白如水精土俗出犀象貂鼲瑇瑁火齊金銀鐵金縷織成金皮罽細摩白疊好裘毾㲪火齊狀如雲母色如紫金有光耀別之則薄如蟬翼積之則如紗縠之重沓也其西與大秦安息交市海中多大秦珍物珊瑚琥珀金碧珠璣琅玕鬱金蘇合蘇合是合諸香汁煎之非自然一物也又云大秦人採蘇合先笮其汁以爲香膏乃賣其滓與諸國賈人是以展轉來達中國不大香也鬱金獨出罽賓國華色正黃而細與芙蓉華裏被蓮者相似國人先取以上佛寺積日香稿乃糞去之賈人從寺中徵顧以轉賣與佗國也漢桓帝延熹九年大秦王安敦遣使自日南徼外來獻漢世唯一通焉其國人行賈往往至扶南日南交趾其南徼諸國人少有到大秦者孫權黃武五年有大秦賈人字秦論來到交趾交趾太守吳邈遣送詣權權問方土謠俗論具以事對時諸葛恪討丹陽獲黝歙短人論見之曰大秦希見此人權以男女各十人差吏會稽劉咸送論咸於道物故論乃徑還本國漢和帝時天竺數遣使貢獻後西域反叛遂絕至桓帝延熹二年四年頻從日南徼外來獻魏晉世絕不復通唯吳時扶南王范旃遣親人蘇物使其國從扶南發投拘利口循海大灣中正西北入歷灣邊數國可一年餘到天竺江口逆水行七千里乃至焉天竺王驚曰海濱極遠猶有此人卽呼令觀視國內仍差陳宋等二人以月支馬四匹報旃遣物等還積四年方至其時吳遣中郎康泰使扶南及見陳宋等具問天竺土俗云佛道所興國也人民敦厖土地饒沃其王號茂論所都城郭水泉分流繞于渠壍下注大江其宮殿皆雕文鏤刻街曲市里屋舍樓觀鍾鼓音樂服飾香華水陸通流百賈交會奇玩珍瑋恣心所欲左右嘉維舍衞葉波等十六大國去天竺或二三千里共尊奉之以爲在天地之中也天監初其王屈多遣長史竺羅達奉表曰伏聞彼國據江傍海山川周固衆妙悉備莊嚴國土猶如化城宮殿莊飾街巷平坦人民充滿歡娛安樂大王出遊四兵隨從聖明仁愛不害衆生國中臣民循行正法大王仁聖化之以道慈悲羣生無所遺棄常修淨戒式導不及無上法船沉溺以濟百官氓庶受樂無恐諸天護持萬神侍從天魔降服莫不歸仰王身端嚴如日初出仁澤普潤猶如大雲於彼震旦最爲殊勝臣之所住國土首羅天守護令國安樂王王相承未曾斷絕國中皆七寶形像衆妙莊嚴臣自脩檢如化王法臣名屈多奕世王種惟願大王聖體和平今以此國羣臣民庶山川珍重一切歸屬五體投地歸誠大王使人竺達多由來忠信是故今遣大王若有所須珍奇異物悉當奉送此之境土便是大王之國王之法令善道悉當承用願二國信使往來不絕此信返還願賜一使具宣聖命備勅所宜款至之誠望不空返所白如允願加採納今奉獻琉璃唾壺雜香吉貝等物

師子國天竺旁國也其地和適無冬夏之異五穀隨人所種不須時節其國舊無人民止有鬼神及龍居之諸國商估來共市易鬼神不見其形但出珍寶顯其所堪價商人依價取之諸國人聞其土樂因此競至或有停住者遂成大國晉義熙初始遣獻玉像經十載乃至像高四尺二寸玉色潔潤形製殊特殆非人工此像歷晉宋世在瓦官寺寺先有徵士戴安道手製佛像五軀及顧長康維摩畫圖世人謂爲三絕至齊東昏遂毀玉像前截臂次取身爲嬖妾潘貴妃作釵釧宋元嘉六年十二年其王剎利摩訶遣使貢獻大通元年後王伽葉伽羅訶梨邪使奉表曰謹白大梁明主雖山海殊隔而音信時通伏承皇帝道德高遠覆載同於天地明照齊乎日月四海之表無有不從方國諸王莫不奉獻以表慕義之誠或泛海三年陸行千日畏威懷德無遠不至我先王以來唯以脩德爲本不嚴而治奉事正法道天下欣人爲善慶若己身欲與大梁共弘三寶以度難化信還伏聽告敕今奉薄獻願垂納受

東夷之國朝鮮爲大得箕子之化其器物猶有禮樂云魏時朝鮮以東馬韓辰韓之屬世通中國自晉過江泛海東使有高句驪百濟而宋齊間常通職貢梁興又有加焉扶桑國在昔未聞也普通中有道人稱自彼而至其言元本尤悉故并錄焉

高句驪者其先出自東明東明本北夷櫜離王之子離王出行其侍兒於後任娠離王還欲殺之侍兒曰前見天上有氣如大雞子來降我因以有娠王囚之後遂生男王置之豕牢豕以口氣噓之不死王以爲神乃聽收養長而善射王忌其猛復欲殺之東明乃奔走南至淹滯水以弓擊水魚鼈皆浮爲橋東明乘之得渡至夫餘而王焉其後支別爲句驪種也其國漢之玄菟郡也在遼東之東去遼東千里漢魏世南與朝鮮穢貊東與沃沮北與夫餘接漢武帝元封四年滅朝鮮置玄菟郡以高句驪爲縣以屬之句驪地方可二千里中有遼山遼水所出其王都於丸都之下多大山深谷無原澤百姓依之以居食澗水雖土著無良田故其俗節食好治宮室於所居之左立大屋祭鬼神又祠零星社稷人性凶急喜寇抄其官有相加對盧沛者古鄒加主簿優台使者皁衣先人尊卑各有等級言語諸事多與夫餘同其性氣衣服有異本有五族有消奴部絕奴部愼奴部雚奴部桂婁部本消奴部爲王微弱桂婁部代之漢時賜衣幘朝服鼓吹常從玄菟郡受之後稍驕不復詣郡但於東界築小城以受之至今猶名此城爲幘溝婁溝婁者句驪名城也其置官有對盧則不置沛者有沛者則不置對盧其俗喜歌儛國中邑落男女每夜羣聚歌戲其人潔清自喜善藏釀跪拜申一脚行步皆走以十月祭天大會名曰東明其公會衣服皆錦繡金銀以自飾大加主簿頭所著似幘而無後其小加著折風形如弁其國無牢獄有罪者則會諸加評議殺之沒入妻子其俗好淫男女多相奔誘已嫁娶便稍作送終之衣其死葬有槨無棺好厚葬金銀財幣盡於送死積石爲封列植松柏兄死妻嫂其馬皆小便登山國人尙氣力便弓矢刀矛有鎧甲習戰鬭沃沮東穢皆屬焉王莽初發高驪兵以伐胡不欲行彊迫遣之皆亡出塞爲寇盜州郡歸咎於句驪侯騶嚴尤誘而斬之王莽大悅更名高句驪爲下句驪當此時爲侯矣光武八年高句驪王遣使朝貢始稱王至殤安之閒其王名宮數寇遼東玄菟太守蔡風討之不能禁宮死子伯固立順和之閒復數犯遼東寇抄靈帝建寧二年玄菟太守耿臨討之斬首虜數百級伯固乃降屬遼東公孫度之雄海東也伯固與之通好伯固死子伊夷摸立伊夷摸自伯固時已數寇遼東又受亡胡五百餘戶建安中公孫康出軍擊之破其國焚燒邑落降胡亦叛伊夷摸伊夷摸更作新國其後伊夷摸復擊玄菟玄菟與遼東合擊大破之伊夷摸死子位宮立位宮有勇力便鞍馬善射獵魏景初二年遣太傅司馬宣王率衆討公孫淵位宮遣主簿大加將兵千人助軍正始三年位宮寇西安平五年幽州刺史毋丘儉將萬人出玄菟討位宮位宮將步騎二萬人逆軍大戰於沸流位宮敗走儉軍追至峴懸車束馬登丸都山屠其所都斬首虜萬餘級位宮單將妻息遠竄六年儉復討之位宮輕將諸加奔沃沮儉使將軍王頎追之絕沃沮千餘里到肅愼南界刻石紀功又到丸都山銘不耐城而還其後復通中夏晉永嘉亂鮮卑慕容廆據昌黎大棘城元帝授平州刺史句驪王乙弗利頻寇遼東廆不能制弗利死子劉代立康帝建元元年慕容廆子晃率兵伐之劉與戰大敗單馬奔走晃乘勝追至丸都焚其宮室掠男子五萬餘口以歸孝武太元十年句驪攻遼東玄菟郡後燕慕容垂遣弟農伐句驪復二郡垂死子寶立以句驪王安爲平州牧封遼東帶方二國王安始置長史司馬參軍官後略有遼東郡至孫高璉晉安帝義熙中始奉表通貢職歷宋齊並授爵位年百餘歲死子雲齊隆昌中以爲使持節散騎常侍都督營平二州征東大將軍樂浪公高祖卽位進雲車騎大將軍天監七年詔曰高驪王樂浪郡公雲乃誠款著貢驛相尋宜隆秩命式弘朝典可撫東大將軍開府儀同三司持節常侍都督王並如故十一年十五年累遣使貢獻十七年雲死子安立普通元年詔安纂襲封爵持節督營平二州諸軍事寧東將軍七年安卒子延立遣使貢獻詔以延襲爵中大通四年六年大同元年七年累奉表獻方物太清二年延卒詔以其子襲延爵位

百濟者其先東夷有三韓國一曰馬韓二曰辰韓三曰弁韓弁韓辰韓各十二國馬韓有五十四國大國萬餘家小國數千家總十餘萬戶百濟卽其一也後漸彊大兼諸小國其國本與句驪在遼東之東晉世句驪既略有遼東百濟亦據有遼西晉平二郡地矣自置百濟郡晉太元中王須義熙中王餘映宋元嘉中王餘毗並遣獻生口餘毗死立子慶慶死子牟都立都死立子牟太齊永明中除大都督百濟諸軍事鎭東大將軍百濟王天監元年進太號征東將軍尋爲高句驪所破衰弱者

累年遷居南韓地普通二年王餘隆始復遣使奉表稱累破句驪今始與通好而百濟更爲彊國其年高祖詔曰行都督百濟諸軍事鎮東大將軍百濟王餘隆守藩海外遠脩貢職迺誠款到朕有嘉焉宜率舊章授玆榮命可使持節都督百濟諸軍事寧東大將軍百濟王五年隆死詔復以其子明爲持節督百濟諸軍事綏東將軍百濟王號所治城曰固麻謂邑曰檐魯如中國之言郡縣也其國有二十二檐魯皆以子弟宗族分據之其人形長衣服淨潔其國近倭頗有文身者今言語服章略與高驪同行不張拱拜不申足則異呼帽曰冠襦曰複衫袴曰褌其言參諸夏亦秦韓之遺俗云中大通六年大同七年累遣使獻方物并請涅盤等經義毛詩博士并工匠畫師等敕並給之太清三年不知京師寇賊猶遣使貢獻既至見城闕荒毀並號慟涕泣侯景怒囚執之及景平方得還國

新羅者其先本辰韓種也辰韓亦曰秦韓相去萬里傳言秦世亡人避役來適馬韓馬韓亦割其東界居之以秦人故名之曰秦韓其言語名物有似中國人名國爲邦弓爲弧賊爲寇行酒爲行觴相呼皆爲徒不與馬韓同又辰韓王常用馬韓人作之世相係辰韓不得自立爲王明其流移之人故也恒爲馬韓所制辰韓始有六國稍分爲十二新羅則其一也其國在百濟東南五千餘里其地東濱大海南北與句驪百濟接魏時曰新盧宋時曰新羅或曰斯羅其國小不能自通使聘普通二年王名募秦始使使隨百濟奉獻方物其俗呼城曰健牟羅其邑在內曰啄評在外曰邑勒亦中國之言郡縣也國有六啄評五十二邑勒土地肥美宜植五穀多桑麻作縑布服牛乘馬男女有別其官名有子賁旱支齊旱支謁旱支壹告支奇貝旱支其冠曰遺子禮襦曰尉解袴曰柯半靴曰洗其拜及行與高驪相類無文字刻木爲信語言待百濟而後通焉

倭者自云太伯之後俗皆文身去帶方萬二千餘里大抵在會稽之東相去絕遠從帶方至倭循海水行歷韓國乍東乍南七千餘里始度一海海闊千餘里名瀚海至一支國又度一海千餘里名未盧國又東南陸行五百里至伊都國又東南行百里至奴國又東行百里至不彌國又南水行二十日至投馬國又南水行十日陸行一月日至祁馬臺國卽倭王所居其官有伊支馬次曰彌馬獲支次曰奴往鞮民種禾稻紵麻蠶桑織績有薑桂橘椒蘇出黑雉真珠青玉有獸如牛名山鼠又有大蚝吞此獸蚝皮堅不可斫其上有孔乍開乍閉時或有光射之中蚝則死矣物產略與儋耳朱崖同地溫暖風俗不淫男女皆露紒富貴者以錦繡雜采爲帽似中國胡公頭食飲用籩豆其死有棺無槨封土作冢人性皆嗜酒俗不知正歲多壽考多至八九十或至百歲其俗女多男少貴者至四五妻賤者猶兩三妻婦人無婬妒無盜竊少諍訟若犯法輕者沒其妻子重則滅其宗族漢靈帝光和中倭國亂相攻伐歷年乃共立一女子卑彌呼爲王彌呼無夫壻挾鬼道能惑衆故國人立之有男弟佐治國自爲王少有見者以婢千人自侍唯使一男子出入傳敎令所處宮室常有兵守衞至魏景初三年公孫淵誅後卑彌呼始遣使朝貢魏以爲親魏王假金印紫綬正始中卑彌呼死更立男王國中不服更相誅殺復立卑彌呼宗女臺與爲王其後復立男王並受中國爵命晉安帝時有倭王贊贊死立弟彌彌死立子濟濟死立子興興死立弟武齊建元中除武持節督新羅任那伽羅秦韓慕韓六國諸軍事鎮東大將軍高祖卽位進武號征東將軍其南有侏儒國人長三四尺又南黑齒國裸國去倭四千餘里船行可一年至又西南萬里有海人身黑眼白裸而醜其肉美行者或射而食之

文身國在倭國東北七千餘里人體有文如獸其額上有三文文直者貴文小者賤土俗歡樂物豐而賤行客不齎糧有屋宇無城郭其王所居飾以金銀珍麗繞屋爲壍廣一丈實以水銀雨則流于水銀之上市用珍寶犯輕罪者則鞭杖犯死罪則置猛獸食之有枉則猛獸避而不食經宿則赦之

大漢國在文身國東五千餘里無兵戈不攻戰風俗並與文身國同而言語異

扶桑國者齊永元元年其國有沙門慧深來至荊州說云扶桑在大漢國東二萬餘里地在中國之東其土多扶桑木故以爲名扶桑葉似桐而初生如筍國人食之實如梨而赤績其皮爲布以爲衣亦以爲綿作板屋無城郭有文字以扶桑皮爲紙無兵甲不攻戰其國法有南北獄若犯輕者入南獄重罪者入北獄有赦則赦南獄不赦北獄在北獄者男女相配生男八歲爲奴生女九歲爲婢犯罪之身至死不出貴人有罪國乃大會坐罪人於坑對之宴飲分訣若死別焉以灰繞之其一重則一身屏退二重則及子孫三重則及七世名國王爲乙祁貴人第一者爲大對盧第二者爲小對盧第三者爲納咄沙國王行有鼓角導從其衣色隨年改易甲乙年青丙丁年赤戊己年黃庚辛年白壬癸年黑有牛角甚長以角載物至勝二十斛車有馬車牛車鹿車國人養鹿如中國畜牛以乳爲酪有桑梨經年不壞多蒲桃其地無鐵有銅不貴金銀市無租估其婚姻壻往女家門外作屋晨夕灑掃經年而女不悅卽驅之相悅乃成婚婚禮大抵與中國同親喪七日不食祖父母喪五日不食兄弟伯叔姑姊妹三日不食設靈爲神像朝夕拜奠不制縗絰嗣王立三年不視國事其俗舊無佛法宋大明二年罽賓國嘗有比丘五人游行至其國流通佛法經像敎令出家風俗遂改慧深又云扶桑東千餘里有女國容貌端正色甚潔白身體有毛髮長委地至二三月競入水則任娠六七月產子女人胸前無乳項後生毛根白毛中有汁以乳子一百日能行三四年則成人矣見人驚避偏畏丈夫食鹹草如禽獸鹹草葉似邪蒿而氣香味鹹天監六年有晉安人渡海爲風所飄至一島登岸有人居止女則如中國而言語不可曉男則人身而狗頭其聲如吠其食有小豆其衣如布築土爲牆其形圓其戶如竇云

西北諸戎漢世張騫始發西域之迹甘英遂臨西海或遣侍子或奉貢獻于時雖窮兵極武僅而克捷比之前代其略遠矣魏時三方鼎跱日事干戈晉氏平吳以後少獲寧息徒置戊己之官諸國亦未賓從也繼以中原喪亂胡人遞起西域與江東隔礙重譯不交呂光之涉龜茲亦猶蠻夷之伐蠻夷非中國之意也自是諸國分并勝負強弱難得詳載明珠翠羽雖仞於後宮蒲梢龍文希入於外署有梁受命其奉正朔而朝闕庭者則仇池宕昌高昌鄧至河南龜茲于闐滑諸國焉今綴其風俗爲西北戎傳云

河南王者其先出自鮮卑慕容氏初慕容奕洛干有二子庶長曰吐谷渾嫡曰廆洛干卒廆嗣位吐谷渾避之西徙廆追留之而牛馬皆西走不肯還因遂從上隴度枹罕出凉州西南至赤水而居之其地則張掖之南隴西之西在河之南故以爲號其界東至疊川西鄰于闐北接高昌東北通秦嶺方千餘里蓋古之流沙地焉乏草木少水潦四時恒有冰雪唯六七月雨雹甚盛若晴則風飄沙礫常蔽光景其地有麥無穀有青海方數百里放牝馬其側輒生駒土人謂之龍種故其國多善馬有屋宇雜以百子帳卽穹廬也著小袖袍小口袴大頭長裙帽女子披髮爲辮其後吐谷渾孫葉延頗識書記自謂曾祖奕洛干始封昌黎公吾蓋公孫之子也禮以王父字爲國氏因姓吐谷渾亦爲國號至其末孫阿豺始受中國官爵弟子慕延宋元嘉末又自號河南王慕延死從弟拾寅立乃用書契起城池築宮殿其小王並立宅國中有佛法拾寅死子度易侯立易侯死子休留代立齊永明中以代爲使持節都督西秦河沙三州鎮西將軍護羌校尉西秦河二州刺史梁興進代爲征西將軍代死子休運籌襲爵位天監十三年遣使獻金裝馬腦鍾二口又表於益州立九層佛寺詔許焉十五年又遣使獻赤舞龍駒及方物其使或歲再三至或再歲一至其地與益州鄰常通商賈民慕其利多往從之敎其書記爲之辭譯稍桀黠矣普通元年又奉獻方物籌死子呵羅真立大通三年詔以爲寧西將軍護羌校尉西秦河二州刺史真死子佛輔襲爵位其世子又遣使獻白龍駒於皇太子

高昌國闞氏爲主其後爲河西王沮渠茂虔弟無諱襲破之其王闞爽奔于芮芮無諱據之稱王一世而滅國人又立麴氏爲王名嘉元魏授車騎將軍司空公都督秦州諸軍事秦州刺史金城郡開國公在位二十四年卒謚曰昭武王子子堅使持節驃騎大將軍散騎常侍都督瓜州諸軍事瓜州刺史河西郡開國公儀同三司高昌王嗣位其國蓋車師之故地也南接河南東連燉煌西次龜茲北鄰敕勒置四十六鎮交河田地高寧臨川橫截柳婆洿林新興由寧始昌篤進白刀等皆其鎮名官有四鎮將軍及雜號將軍長史司馬門下校郎中兵校郎通事舍人通事令史諮議校尉主簿國人言語與中國略同有五經歷代史諸子集面貌類高驪辮髮垂之於背著長身小袖袍縵襠袴女子頭髮辮而不垂著錦纈纓珞環釧姻有六禮其地高燥築土爲城架木爲屋土覆其上寒暑與益州相似備植九穀人多噉麨及羊牛肉出良馬蒲陶酒石鹽多草木草實如繭繭中絲如細纑名爲白疊子國人多取織以爲布布甚軟白交市用焉有朝烏者旦旦集王殿前爲行列不畏人日出然後散去大同中子堅遣使獻鳴鹽枕蒲陶良馬氍毹等物

滑國者車師之別種也漢永建元年八滑從班勇擊北虜有功勇上八滑爲後部親漢侯自魏晉以來不通中國至天監十五年其王厭帶夷栗陁始遣使獻方物普通元年又遣使獻黃師子白貂裘波斯錦等物七年又奉表貢獻元魏之居桑乾也滑猶爲小國屬芮芮後稍

彊大征其旁國波斯盤盤罽賓焉耆龜茲疎勒姑墨于闐句盤等國開地千餘里土地溫暖多山川樹木有五穀國人以麨及羊肉爲糧其獸有師子兩脚駱駝野驢有角人皆善射著小袖長身袍用金玉爲帶女人被裘頭上刻木爲角長六尺以金銀飾之少女子兄弟共妻無城郭氊屋爲居東向開戸其王坐金牀隨太歲轉與妻竝坐接客無文字以木爲契與旁國通則使旁國胡爲胡書羊皮爲紙無職官事天神火神每日則出戸祀神而後食其跪一拜而止葬以木爲槨父母死其子截一耳葬訖卽吉其言語待河南人譯然後通

周古柯國滑旁小國也普通元年使使隨滑來獻方物

呵跋檀國亦滑旁小國也凡滑旁之國衣服容貌皆與滑同普通元年使使隨滑使來獻方物胡蜜丹國亦滑旁小國也普通元年使使隨滑使來獻方物白題國王姓支名史稽毅其先蓋匈奴之別種胡也漢灌嬰與匈奴戰斬白題騎一人今在滑國東去滑六日行西極波斯土地出粟麥瓜菓食物略與滑同普通三年遣使獻方物

龜茲者西域之舊國也後漢光武時其王名弘爲莎車王賢所殺滅其族賢使其子則羅爲龜茲王國人又殺則羅匈奴立龜茲貴人身毒爲王由是屬匈奴然龜茲在漢世常爲大國所都曰延城魏文帝初卽位遣使貢獻晉太康中遣子入侍太元七年秦主苻堅遣將呂光伐西域至龜茲龜茲王帛純載寶出奔光入其城城有三重外城與長安城等室屋壯麗飾以琅玕金玉光立帛純弟震爲王而歸自此與中國絕不通普通二年王尼瑞摩珠那勝遣使奉表貢獻

于闐國西域之屬也後漢建武末王俞爲莎車王賢所破徙爲驪歸王以其弟君得爲于闐王暴虐百姓患之永平中其種人都末殺君得大人休莫霸又殺都末自立爲王霸死兄子廣得立後擊虜莎車王賢以歸殺之遂爲彊國西北諸小國皆服從其地多水潦沙石氣溫宜稻麥蒲桃有水出玉名曰玉河國人善鑄銅器其治曰西山城有屋室市井菓蓏菜蔬與中國等尤敬佛法王所居室加以朱畫王冠金幘如今胡公帽與妻竝坐接客國中婦人皆辮髮衣裘袴其人恭相見則跪其跪則一膝至地書則以木爲筆札以玉爲印國人得書戴於首而後開札魏文帝時王山習獻名馬天監九年遣使獻方物十三年又獻波羅婆步鄣十八年又獻瑠璃罌大同七年又獻外國刻玉佛

渴盤陁國于闐西小國也西鄰滑國南接罽賓國北連沙勒國所治在山谷中城周迴十餘里國有十二城風俗與于闐相類衣吉貝布著長身小袖袍小口袴地宜小麥資以爲糧多牛馬駱駝羊等出好氊金玉王姓葛沙氏中大同元年遣使獻方物

末國漢世且末國也勝兵萬餘戸北與丁零東與白題西與波斯接土人翦髮著氊帽小袖衣爲衫則開頸而縫前多牛羊騾驢其王安末深盤普通五年遣使來貢獻

波斯國其先有波斯匿王者子孫以王父字爲氏因爲國號國有城周迴三十二里城高四丈皆有樓觀城內屋宇數百千間城外佛寺二三百所西去城十五里有土山山非過高其勢連接甚遠中有鷲鳥噉羊土人極以爲患國中有優鉢曇花鮮華可愛出龍駒馬鹹池生珊瑚樹長一二尺亦有琥珀馬腦眞珠玫瑰等國內不以爲珍市買用金銀婚姻法下聘訖女壻將數十人迎婦壻著金綠錦袍師子錦袴戴天冠婦亦如之婦兄弟便來捉手付度夫婦之禮於茲永畢國東與滑國西及南俱與婆羅門國北與汎慄國接中大通二年遣使獻佛牙

宕昌國在河南之東南益州之西北隴西之西羌種也宋孝武世其王梁瑾忽始獻方物天監四年王梁彌博來獻甘草當歸詔以爲使持節都督河涼二州諸軍事安西將軍東羌校尉河涼二州刺史隴西公宕昌王佩以金章彌博死子彌泰立大同十年復授以父爵位其衣服風俗與河南略同

鄧至國居西涼州界羌別種也世號持節平北將軍西涼州刺史宋文帝時王象屈躭遣使獻馬天監元年詔以鄧至王象舒彭爲督西涼州諸軍事號安北將軍五年舒彭遣使獻黃耆四百斤馬四匹其俗呼帽曰突何其衣服與宕昌同

武興國本仇池楊難當自立爲秦王宋文帝遣裴方明討之難當奔魏其兄子文德又聚衆茄盧宋因授以爵位魏又攻之文德奔漢中從弟僧嗣又自立復戍茄盧卒文德弟文度立以弟文洪爲白水太守屯武興宋世以爲武都王武興之國自於此矣難當族弟廣香又攻殺文度自立爲陰平王茄盧鎮主卒子炅立炅死子崇祖立崇祖死子孟孫立齊永明中魏氏南梁州刺史仇池公楊靈珍據泥切山歸款齊世以靈珍爲北梁州刺史仇池公文洪死以族人集始爲北秦州刺史武都王天監初以集始爲使持節都督秦雍二州諸軍事輔國將軍平羌校尉北秦州刺史武都王靈珍爲冠軍將軍孟孫爲假節督沙州刺史陰平王集始死子紹先襲爵位二年以靈珍爲持節督隴右諸軍事左將軍北梁州刺史仇池王十年孟孫死詔贈安沙將軍北雍州刺史子定襲封爵紹先死子智慧立大同元年剋復漢中智慧遣使上表求率四千戸歸國詔許焉卽以爲東益州其國東連秦嶺西接宕昌去宕昌八百里南去漢中四百里北去岐州三百里東去長安九百里本有十萬戸世世分減其大姓有符氏姜氏言語與中國同著烏皁突騎帽長身小袖袍小口袴皮鞾地植九穀婚姻備六禮知書疏種桑麻出紬絹精布漆蠟椒等山出銅鐵

芮芮國蓋匈奴別種魏晉世匈奴分爲數百千部各有名號芮芮其一部也自元魏南遷因擅其故地無城郭隨水草畜牧以穹廬爲居辮髮衣錦小袖袍小口袴深雍鞾其地苦寒七月流澌亘河宋昇明中遣王洪軌使焉引之共伐魏齊建元元年洪軌始至其國國王率三十萬騎出燕然山東南三千餘里魏人閉關不敢戰後稍侵弱永明中爲丁零所破更爲小國而南移其居天監中始破丁零復其舊土始築城郭名曰木末城十四年遣使獻烏貂裘普通元年又遣使獻方物是後數歲一至焉大同七年又獻馬一匹金一斤其國能以術祭天而致風雪前對皎日後則泥潦橫流故其戰敗莫能追及或於中夏爲之則曀而不雨問其故以暵云

史臣曰海南東夷西北戎諸國地窮邊裔各有疆域若山奇海異怪類殊種前古未聞往諜不記故知九州之外八荒之表辯方物土莫究其極高祖以德懷之故朝貢歲至美矣

梁書卷五十四考證

海南諸國傳叙自武帝以來皆朝貢○朝貢南本作獻見

林邑國傳陽邁死子咄立篡其父復曰陽邁○篡疑作纂然考南史亦同此

扶南國傳十六年又使沙門僧尚伽爲三層○伽南史作加

中天竺國傳積日香稿○稿應作槁

滑國傳自魏晉以來不通中國○監本來字下缺三字今增入

梁書卷五十五

唐　散騎常侍姚思廉　撰

列傳第四十九

豫章王綜　武陵王紀　臨賀王正德

河東王譽

豫章王綜字世謙高祖第二子也天監三年封豫章郡王邑二千戸五年出爲使持節都督南徐州諸軍事仁威將軍南徐州刺史尋進號北中郎將十年遷都督郢司霍三州諸軍事雲麾將軍郢州刺史十三年遷安右將軍領石頭戍軍事十五年遷西中郎將兼護軍將軍又遷安前將軍丹陽尹十六年復爲北中郎將南徐州刺史普通二年入爲侍中鎮右將軍置佐史初其母吳淑媛自齊東昏宮得幸於高祖七月而生綜宮中多疑之者及淑媛寵衰怨望遂陳疑似之說故綜懷之既長有才學善屬文高祖御諸子以禮朝見不甚數綜恒怨不見知每出藩淑媛恒隨之鎮至年十五六尚裸袒嬉戲於前晝夜無別內外咸有穢議綜在徐州政刑酷暴又有勇力手制奔馬常微行夜出無有期度每高祖有敕疏至輒忿恚形於顏色羣臣莫敢言者恒於別室祀齊氏七廟又微服至曲阿拜齊明帝陵然猶無以自信聞俗說以生者血瀝死者骨滲卽爲父子綜乃私發齊東昏墓出骨瀝臂血試之皆有驗自此常懷異志四年出爲使持節都督南兗兗徐青冀五州諸軍事平北將軍南兗州刺史給鼓吹一部聞齊建安王蕭寶寅在魏遂使人入北與之相知謂爲叔父許舉鎮歸之會大舉北伐六年魏將元法僧以彭城降高祖乃令綜都督衆軍鎮于彭城與魏將安豐王元延明相持高祖以連兵既久慮有釁生敕綜退軍綜懼南歸則無因復與寶寅相見乃與數騎夜奔于延明魏以爲侍中太尉高平公丹陽王邑七千戸錢三百萬布絹三千匹雜彩千匹馬五十匹羊五百口奴婢一百人綜乃改名纘字德文追爲齊東昏服斬衰於是有司奏削爵土絕屬籍改其姓爲悖氏俄有詔復之封其子直爲永新侯邑千戸大通二年蕭寶寅在魏據長安反綜自洛陽北遁將赴之爲津吏所執魏人殺之時年四十九初綜既不得志嘗作聽鍾鳴悲落葉辭以申其志大畧曰聽鍾鳴當知在帝城參差定難數歷亂百愁生去聲懸窈窕來響急徘徊誰憐傳漏子辛苦建章臺聽鍾鳴聽非一所懷瑾握瑜空擲去攀松折桂誰相許昔朋舊愛各東西譬如落葉不更齊漂漂孤鴈何所栖依

依別鶴夜半啼聽鍾鳴聽此何窮極二十有餘年淹留在京域窺明鏡罷容色雲悲海思徒揜抑其悲落葉云悲落葉連翩下重疊落且飛從橫去不歸悲落葉落葉悲人生譬如此零落不可持悲落葉落葉何時還凡昔共根本無復一相關當時見者莫不悲之

武陵王紀字世詢高祖第八子也少勤學有文才屬辭不好輕華甚有骨氣天監十三年封爲武陵郡王邑二千戶歷位寧遠將軍琅邪彭城二郡太守輕車將軍丹陽尹出爲會稽太守尋以其郡爲東揚州仍爲刺史加使持節東中郎將徵爲侍中領石頭戍軍事出爲宣惠將軍江州刺史徵爲使持節宣惠將軍都督揚南徐二州諸軍事揚州刺史尋改授持節都督益梁等十三州諸軍事安西將軍益州刺史加鼓吹一部大同十一年授散騎常侍征西大將軍開府儀同三司初天監中震太陽門成字曰紹宗梁位唯武王解者以爲武王者武陵王也於是朝野屬意焉及太清中侯景亂紀不赴援高祖崩後紀乃僭號於蜀改年曰天正立子圓照爲皇太子圓正爲西陽王圓滿竟陵王圓普南譙王圓肅宜都王以巴西梓潼二郡太守永豐侯撝爲征西大將軍益州刺史封秦郡王司馬王僧略直兵參軍徐怦並固諫紀以爲貳於己皆殺之永豐侯撝歎曰王不免矣夫善人國之基也今反誅之不亡何待又謂所親曰昔桓玄年號大亨識者謂之二月了而玄之敗實在仲春今年曰天正在文爲一止其能久乎太清五年夏四月紀帥軍東下至巴郡以討侯景爲名將圖荆陝聞西魏侵蜀遣其將南梁州刺史譙淹迴軍赴援五月日西魏將尉遲迥帥衆逼涪水潼州刺史楊乾運以城降之迥分軍據守卽趨成都丁丑紀次于西陵舳艫翳川旌甲曜日軍容甚盛世祖命護軍將軍陸法和於硤口夾岸築二壘鎭江以斷之時陸納未平蜀軍復逼物情恇擾世祖憂焉法和告急旬日相繼世祖乃拔任約於獄以爲晉安王司馬撤禁兵以配之幷遣宣猛將軍劉棻共約西赴六月約棻連城攻絕鐵鎖世祖復於獄拔謝答仁爲步兵校尉配衆一旅上赴法和世祖與紀書曰皇帝敬問假黃鉞太尉武陵王自九黎侵軼三苗寇擾天長喪亂獯醜馮陵虔劉象魏黍離王室朕枕戈東望泣血西浮殞愛子於二方無諸侯之八百身被屬甲手貫流矢俄而風樹之酷萬恨始纏霜露之悲百憂總集扣心飲膽志不圖全直以宗社綴旒鯨鯢未翦嘗膽待旦龔行天罰獨運四聰坐揮八柄雖復結壇待將褰帷納士拒赤壁之兵無謀於魯肅燒烏巢之米不訪於荀攸才智將殫金貝殆竭傍無寸功險阻備嘗遂得斬長狄於駒門挫蚩尤於楓木怨恥既雪天下無塵經營四方專賁一力方與岳牧同茲清靜隆暑炎赫弟比何如文武具僚當有勞弊今遣散騎常侍光州刺史鄭安忠指宣往懷仍令喻意於紀許其還蜀專制岷方紀不從命報書如家人禮庚申紀將侯叡率衆緣山將規進取任約謝答仁與戰破之旣而陸納平諸軍並西赴世祖又與紀書曰甚苦大智季月煩暑流金爍石聚蚊成雷封狐千里以茲玉體辛苦行陣乃眷西顧我勞如何自獯醜憑陵羯胡叛換吾年爲一日之長屬有平亂之功膺此樂推事歸當璧儻遣使乎良所遲也如曰不然於此投筆友于兄弟分形共氣兄肥弟瘦無復相代之期讓棗推梨長罷懽愉之日上林靜拱聞四鳥之哀鳴宣室披圖嗟萬始之長逝心乎愛矣書不盡言大智紀之別字也紀遣所署度支尚書樂奉業至于江陵論和緝之計依前喻還蜀世祖知紀必破遂拒而不許丙戌巴興人符昇徐子初等斬紀硤口城主公孫晃降于衆軍王琳宋簉任約謝答仁等因進攻侯叡陷其三壘於是兩岸十餘城遂俱降將軍樊猛獲紀及其第三子圓滿俱殺之於硤口時年四十六有司奏請絕其屬籍世祖許之賜姓饕餮氏初紀將僭號妖怪非一其最異者內寢柏殿柱繞節生花其莖四十有六靃靡可愛狀似荷花識者曰王敦杖花非佳事也紀年號天正與蕭棟暗合僉曰天字二人也正字一止也棟紀僭號各一年而滅

臨賀王正德字公和臨川靖惠王第三子也少麤險不拘禮節初高祖未有男養之爲子及高祖踐極便希儲貳後立昭明太子封正德爲西豐侯邑五百戶自此怨望恒懷不軌睥睨宮扆覬幸災變普通六年以黃門侍郎爲輕車將軍置佐史頃之遂逃奔于魏有司奏削封爵七年又自魏逃歸高祖不之過也復其封爵仍除征虜將軍中大通四年爲信武將軍吳郡太守徵爲侍中撫軍將軍置佐史封臨賀郡王邑二千戶又加左衞將軍而凶暴日甚招聚亡命侯景知其有姦心乃密令誘說厚相要結遺正德書曰今天子年尊姦臣亂國憲章錯謬政令顚倒以景觀之計日必敗況大王屬當儲貳中被廢辱天下義士竊所痛心在景愚忠能無忿慨今四海業業歸心大王大王豈得顧此私情棄茲億兆景雖不武實思自奮願王允副蒼生鑒斯誠款正德覽書大喜曰侯景意暗與我同此天贊也遂許之及景至江正德潛運空舫詐稱迎荻以濟景焉朝廷未知其謀猶遣正德守朱雀航景至正德乃引軍與景俱進景推正德爲天子改年爲正平元年景爲丞相臺城沒復太清之號降正德爲大司馬正德有怨言景聞之慮其爲變矯詔殺之

河東王譽字重孫昭明太子第二子也普通二年封枝江縣公大通三年改封河東郡王邑二千戶除寧遠將軍石頭戍軍事出爲琅邪彭城二郡太守還除侍中輕車將軍置佐史出爲南中郎將湘州刺史未幾侯景寇京邑譽率軍入援至青草湖臺城沒有詔班師譽還湘鎭時世祖軍于武城新除雍州刺史張纘密報世祖曰河東起兵岳陽聚米共爲不逞將襲江陵世祖甚懼因步道間還遣諮議周弘直至譽所督其糧衆譽曰各自軍府何忽隷人前後使三反譽竝不從世祖大怒乃遣世子方等征之反爲譽所敗死又令信州刺史鮑泉討譽幷與書陳示禍福許其遷善譽不答修浚城池爲拒守之計謂鮑泉曰敗軍之將勢豈語勇欲前卽前無所多說泉軍于石槨寺譽帥衆逆擊之不利而還泉進軍于橘洲譽又盡銳攻之不剋會已暮士卒疲弊泉因出擊大敗之斬首三千級溺死者萬餘人譽於是焚長沙郭邑驅居民於城內鮑泉度軍圍之譽幼而驍勇兼有膽氣能撫循士卒甚得衆心及被圍旣久雖外內斷絕而備守猶固後世祖又遣領軍將軍王僧辯代鮑泉攻譽僧辯築土山以臨城內日夕苦攻矢石如雨城中將士死傷者太半譽窘急乃潛裝海船將潰圍而出會其麾下將慕容華引僧辯入城譽顧左右皆散遂被執謂守者曰勿殺我得一見七官申此讒賊死亦無恨主者曰奉命不許遂斬之傳首荆鎭世祖反其首以葬焉初譽之將敗也私引鏡照面不見其頭又見長人蓋屋兩手據地瞰其齋又見白狗大如驢從城而出不知所在譽甚惡之俄而城陷

史臣曰蕭綜蕭正德竝悖逆猖狂自致夷滅宜矣太清之寇蕭紀據庸蜀之資遂不勤王赴難申臣子之節及賊景誅翦方始起兵師出無名成其釁禍嗚呼身當管蔡之罰蓋自貽哉

梁書卷五十六

唐 散騎常侍 姚思廉 撰

列傳第五十

侯景

侯景字萬景朔方人或云鴈門人少而不羈見憚鄉里及長驍勇有旅力善騎射以選爲北鎭戍兵稍立功效魏孝昌元年有懷朔鎭兵鮮于脩禮於定州作亂攻沒郡縣又有柔玄鎭兵吐斤洛周率其黨與復寇幽冀與脩禮相合衆十餘萬後脩禮見殺部下潰散懷朔鎭將葛榮因收集之攻殺吐斤洛周盡有其衆謂之葛賊四年魏明帝殂其后胡氏臨朝天柱將軍爾朱榮自晉陽入弒胡氏幷誅其親屬景始以私衆見榮榮甚奇景卽委以軍事會葛賊南逼榮自討命景先驅至河內擊大破之生擒葛榮以功擢爲定州刺史大行臺封濮陽郡公景自是威名遂著頃之齊神武帝爲魏相又入洛誅爾朱氏景復以衆降之仍爲神武所用景性殘忍酷虐馭軍嚴整然破掠所得財寶皆班賜將士故咸爲之用所向多捷總攬兵權與神武相亞魏以爲司徒南道行臺擁衆十萬專制河南及神武疾篤謂子澄曰侯景狡猾多計反覆難知我死後必不爲汝用乃爲書召景景知之慮及於禍太清元年乃遣其行臺郎中丁和來上表請降曰臣聞股肱體合則四海和平上下猜貳則封疆幅裂故周邵同德越常之貢來臻飛惡離心諸侯所以背叛此蓋成敗之所由古今如畫一者也臣昔與魏丞相高王竝肩戮力共平災釁扶危戴主匡弼社稷中興以後無役不從天平及此有事先出攻城每陷野戰必殄筋力消於鞍甲忠貞竭於寸心乘藉機運位階鼎輔宜應誓死罄節仰報時恩隕首流腸溘焉罔貳何言翰墨一旦論此臣所恨義非死所壯士弗爲臣不愛命但恐死之無益耳而丞相旣遺疾患政出子澄澄天性險忌觸類猜嫌諂諛迭進共相搆毀而部分未周累信賜召不顧社稷之安危惟恐私門之不植甘言厚幣規滅忠梗其父若殞將何賜容懼讒畏戮拒而不返遂觀兵汝潁擁旆周韓乃與豫州刺史高成廣州刺史郎椿襄州刺史李密兗州刺史邢子才南兗州刺史石長宣齊州刺史許季良東豫州刺史丘元征洛州刺史朱渾願揚州刺史樂恂北荆州刺史梅季昌北揚州刺史元神和等皆河南牧伯大州帥長各陰結私圖剋相影會秣馬潛戈待時卽發函谷以東瑕丘以西咸願歸誠聖朝息肩有道戮力同心死無二志惟有青徐數州僅須

折簡一驛走來不勞經略且臣與高氏釁隙已成臨患賜徵前已不赴縱其平復終無合理黃河以南臣之所職易同反掌附化不難羣臣顒仰聽臣而唱若齊宋一平徐事燕趙伏惟陛下天網宏開方同書軌闡茲寸款惟應霈然丁和旣至高祖召羣臣廷議尚書僕射謝舉及百辟等議皆云納侯景非宜高祖不從是議而納景及齊神武卒其子澄嗣是爲文襄帝高祖乃下詔封景河南大將軍使持節董督河南南北諸軍事大行臺承制輒行如鄧禹故事給鼓吹一部齊文襄遣大將軍慕容紹宗圍景於長社景請西魏爲援西魏遣其五城王元慶等率兵救之紹宗乃退景復請兵於司州刺史羊鴉仁鴉仁遣長史鄧鴻率兵至汝水元慶軍又夜遁於是據懸瓠項城求遣刺史以鎭之詔以羊鴉仁爲豫司二州刺史移鎭懸瓠西陽太守羊思建爲殷州刺史鎭項城魏旣新喪元帥景又舉河南內附齊文襄慮景與西南合從方爲己患乃以書諭景曰蓋聞位爲大寶守之未易仁誠重任終之實難或殺身成名或去食存信比性命於鴻毛等節義於熊掌夫然者舉不失德動無過事進不見惡退無謗言先王與司徒契闊夷險孤子相於偏所眷屬繾綣衿期綢繆寤語義貫終始情存歲寒司徒自少及長從微至著共相成生非無恩德旣爵冠通侯位標上等門容駟馬室饗萬鍾財利潤於鄉黨榮華被於親戚意氣相傾人倫所重感於知己義在忘軀眷爲國士者乃立漆身之節饋以壺飧者便致扶輪之效若然尚不能已況其重於此乎幸以故舊之義欲持子孫相託方爲秦晉之匹共成劉范之親假使日往月來時移世易門無强蔭家有幼孤猶加璧不遺分宅相濟無忘先德以恤後人況聞負杖行歌便已狼顧犬噬於名無所成於義無所取不蹈忠臣之跡自陷叛人之地力不足以自强勢不足以自保率烏合之衆爲累卵之危西求救於黑秦南請援於蕭氏以狐疑之心爲首鼠之事入則秦人不容歸則吳人不信當今相視未見其可不知終久持此安歸相推本心必不應爾當是不逞之人曲爲口端之說遂懷市虎之疑乃致投杼之惑耳比來舉止事已可見人相疑誤想自覺知合門大小竝付司寇近者聊命偏師前驅致討南兗揚州應時剋復卽欲乘機長驅懸瓠屬以炎暑欲爲後圖方憑國靈龔行天罰器械精新士馬彊盛內外感德上下齊心三令五申可蹈湯火若使旗鼓相望埃塵相接勢如沃雪事等注螢夫明者去危就安智者轉禍爲福寧使我負人不使人負我當開從善之門決改先迷之路今刷心盪意除嫌去惡想猶致疑未便見信若能卷甲來朝垂橐還闕者當授豫州刺史卽使終君之世所部文武更不追攝進得保其祿位退則不喪功名君門眷屬可以無恙寵妻愛子亦送相還仍爲通家卒成親好所不食言有如皦日君旣不能東封函谷南向稱孤受制於人威名頓盡空使兄弟子姪足首異門垂髮戴白同之塗炭聞者酸鼻見者寒心矧伊骨肉能無愧也孤子今日不應方遣此書但見蔡遵道云司徒本無歸西之心深有悔禍之意聞西兵將至遣遵道向崤中參其多少少則與其同力多則更爲其備又云房長史在彼之日司徒嘗欲遣書啓將改過自新已差李龍仁垂欲發遣聞房已遠遂復停發未知遵道此言爲虛爲實但旣有所聞不容不相盡告吉凶之理想自圖之景報書曰蓋聞立身揚名者義也在躬所寶者生也苟事當其義則節士不愛其軀刑罰斯舛則君子實重其命昔微子發狂而去殷陳平懷智而背楚者良有以也僕鄉曲布衣本乖藝用初逢天柱賜忝帷幄之謀晚遇永熙委以干戈之任出身爲國綿歷二紀犯危履難豈避風霜遂得躬被衮衣口餐玉食富貴當年光榮身世何爲一旦舉旌旆援桴鼓而北面相抗者何哉寔以畏懼危亡恐招禍害捐軀非義身名兩滅故耳何者往年之暮尊王遘疾神不祐善祈禱莫瘳遂使嬖幸擅威權閽寺肆詭惑上下相猜心腹離貳僕妻子在宅無事見圍段康之謀莫知所以盧潛入軍未審何故翼翼小心常懷戰慄有靦面目寧不自疑及迴師長社希自陳狀簡書未達斧鉞已臨旣旌旗相對咫尺不送飛書每奏兼申鄙情而羣卒恃雄眇然不顧運戟推鋒專欲屠滅築圍堰水三板僅存舉目相看命懸晷刻不忍死亡出戰城下禽獸惡死人倫好生送地拘秦非樂爲也但尊王平昔見與比肩共獎帝室雖形勢參差寒暑小異丞相司徒鴈行而已福祿官榮自是天爵勞而後受理不相干欲求吞炭何其謬也然竊人之財猶謂爲盜祿去公室相爲不取今魏德雖衰天命未改祈恩私第何足關言賜示不能東封函谷受制於人當似教僕賢祭仲而褒季氏無主之國在禮未聞動而不法何以取訓竊以分財養幼事歸令終捨宅存孤誰云隙末復言僕衆不足以自强危如累卵然紂有億兆夷人卒降十亂桀之百剋終自無後潁川之戰卽是殷監輕重由人非鼎在德苟能忠信雖弱必强殷憂啓聖處危何苦況今梁道邕熙招攜以禮被我獸文縻之好爵方欲苑五岳而池四海掃夷穢以拯黎元東羈甌越西通汧隴吳楚剽勁帶甲千羣吳兵冀馬控弦十萬兼僕所部義勇如林奮義取威不期而發大風一振枯幹必摧凝霜暫落秋蔕自殞此而爲弱誰足稱彊又見誣兩端受疑二國斟酌物情一何至此昔陳平背楚歸漢則王百里出虞入秦斯霸蓋昏明由主用捨在時奉禮而行神其庇也書稱士馬精新剋日齊舉誇張形勝指期盪滅竊以寒飈白露節候乃同秋風揚塵馬首何異徒知北方之力爭未識西南之合從苟欲徇意於前途不覺坑穽在其側若云去危令歸正朔轉禍以脫網羅彼旣嗤僕之愚迷此亦笑君之晦昧今已引二邦揚旌北討熊豹齊奮剋復中原荆襄廣潁已屬關右項城懸瓠亦奉南朝幸自取之何勞恩賜然權變不一理有萬途爲君計者莫若割地兩和二分鼎峙燕衛晉趙足相奉祿齊曹宋魯悉歸大梁使僕得輸力南朝北敦姻好束帛交行戎車不動僕立當世之功君卒祖禰之業各保疆界躬享歲時百姓乂寧四民安堵孰若驅農夫於隴畝抗勍敵於三方避干戈於首尾當鋒鏑於心腹縱太公爲將不能獲存歸之高明何以剋濟復尋來書云僕妻子悉拘司寇以之見要庶其可及當是見疑禍心未識大趣何者昔王陵附漢母在不歸太上四楚乞羹自若矧伊妻子而可介意脫謂誅之有益欲止不能殺之無損徒復坑戮家累在君何關僕也而遵道所傳頗亦非謬但在縲紲恐不備盡故重陳辭更論款曲所望良圖時惠報旨然昔與盟主事等琴瑟讒人間之翻爲讐敵撫弦搦矢不覺傷懷裂帛還書知何能述十二月景率軍圍譙城不下退攻城父拔之又遣其行臺左丞王偉左民郎中王則詣闕獻策求諸元子弟立爲魏主輔以北伐許之詔遣太子舍人元貞爲咸陽王須渡江許卽僞位乘輿副御以資給之齊文襄又遣慕容紹宗追景景退入渦陽馬尚有數千匹甲卒數萬人車萬餘輛相持於渦北景軍食盡士卒竝北人不樂南渡其將暴顯等各率所部降於紹宗景軍潰散乃與腹心數騎自峽石濟淮稍收散卒得馬步八百人奔壽春監州韋黯納之景啓求貶削優詔不許仍以爲豫州牧本官如故景旣據壽春遂懷反叛屬城居民悉召募爲軍士輒停責市估及田租百姓子女悉以配將卒又啓求錦萬匹爲軍人袍領軍朱异議以御府錦署止充頒賞遠近不容以供邊城戎服請送青布以給之景得布悉用爲袍衫因尚青色又以臺所給仗多不能精啓請東冶鍛工欲更營造敕竝給之景自渦陽敗後多所徵求朝廷含弘未嘗拒絕先是豫州刺史貞陽侯淵明督衆軍圍彭城兵敗沒于魏至是遣使還述魏人請追前好二年二月高祖又與魏連和景聞之懼馳啓固諫高祖不從爾後表疏跋扈言辭不遜鄱陽王範鎭合肥及司州刺史羊鴉仁俱累啓稱景有異志領軍朱异曰侯景數百叛虜何能爲役竝抑不奏聞而逾加賞賜所以姦謀益果又知臨賀王正德怨望朝廷密令要結正德許爲內啓八月景遂發兵反攻馬頭木柵執太守劉神茂戍主曹璆等於是詔郢州刺史鄱陽王範爲南道都督北徐州刺史封山侯正表爲北道都督司州刺史柳仲禮爲西道都督通直散騎常侍裴之高爲東道都督同討景濟自歷陽又令開府儀同三司丹陽尹邵陵王綸持節董督衆軍十月景留其中軍王顯貴守壽春城出軍僞向合肥遂襲譙州助防董紹先開城降之執刺史豐城侯泰高祖聞之遣太子家令王質率兵三千巡江遏防景進攻歷陽歷陽太守莊鐵遣弟均率數百人夜斫景營不克均戰沒鐵又降之蕭正德先遣大船數十艘僞稱載荻實裝濟景景至京口將渡慮王質爲梗俄而質無故退景聞之尚未信也乃密遣覘之謂使者曰質若審退可折江東樹枝爲驗覘人如言而返景大喜曰吾事辦矣乃自採石濟馬數百匹兵千人京師不之覺景卽分襲姑孰執淮南太守文成侯寧遂至慈湖於是詔以揚州刺史宣城王大器爲都督城內諸軍事都官尚書羊偘爲軍師將軍以副焉南浦侯推守東府城西豐公大春守石頭城輕車長史謝禧守白下旣而景至朱雀航蕭正德先屯丹陽郡至是率所部與景合建康令庾信率兵千餘人屯航北見景至航命徹航始除一舶遂棄軍走南塘遊軍復閉航渡景皇太子以所乘馬授王質配精兵三千使援庾信質至領軍府與賊遇未陣便奔走景乘勝至闕下西豐公大春棄石頭城走景遣其儀同于子悅據之謝禧亦棄白下城走景於是百道攻城持火炬燒大司馬東西華諸門城中倉卒未有其備乃鑿門樓下水沃火久之方滅賊又斫東掖門將開羊偘鑿門扇刺殺數人賊乃退又登東宮牆射城內至夜太宗募人出燒東宮東宮臺殿遂盡景又燒城西馬廄士林館太府寺明日景又作木驢數百攻城城上飛石擲之所值皆碎破景苦攻不剋傷損甚多乃止攻築長圍以絕內外啓求誅中領軍朱异太子右衛率陸驗兼少府卿徐驎制局監周石珍

等城內亦射賞格出外有能斬景首授以景位并錢一億萬布絹各萬匹女樂二部十一月景立蕭正德爲帝即僞位於儀賢堂改年曰正平初童謡有正平之言故立號以應之景自爲相國天柱將軍正德以女妻之景又攻東府城設百尺樓車鉤城堞盡落城遂陷景使其儀同盧暉略率數千人持長刀夾城門悉驅城內文武躶身而出賊交兵殺之死者二千餘人南浦侯推是日遇害景使正德子見理儀同盧暉略守東府城景又於城東西各起一土山以臨城內城內亦作兩山以應之王公以下皆負土初景至便望克定京師號令甚明不犯百姓既攻城不下人心離阻又恐援軍總集衆必潰散乃縱兵殺掠交屍塞路富室豪家恣意裒剝子女妻妾悉入軍營及築土山不限貴賤晝夜不息亂加毆棰疲羸者因殺之以塡山號哭之聲響動天地百姓不敢藏隱並出從之旬日之間衆至數萬景儀同范桃棒密遣使送款乞降會事泄見殺至是邵陵王綸率西豐公大春新塗將軍永安侯確超武將軍南安鄉侯駿前譙州刺史趙伯超武州刺史蕭弄璋步兵校尉尹思合等馬步三萬發自京口直據鍾山景黨大駭具船舟咸欲逃散分遣萬餘人距綸綸大破之斬首千餘級旦日景復陳兵覆舟山北綸亦列陣以待之景不進相持會日暮景引軍還南安侯駿率數十騎挑之景迴軍與戰駿退時趙伯超陳於玄武湖北見駿急不赴乃率軍前走衆軍因亂遂敗績綸奔京口賊盡獲輜重器甲斬首數百級生俘千餘人獲西豐公大春綸司馬莊丘惠達直閤將軍胡子約廣陵令霍儁等來送城下徇之逼云已擒邵陵王儁獨云王小小失利已全軍還京口城中但堅守援軍尋至賊以刀毆之儁言辭顔色如舊景義而釋之是日鄱陽世子嗣裴之高至後渚結營于蔡洲景分軍屯南岸十二月景造諸攻具及飛樓橦車登城車登堞車階道車火車並高數丈一車至二十輪陳於闕前百道攻城並用焉以火車焚城東南隅大樓賊因火勢以攻城城上縱火悉焚其攻具賊乃退又築土山以逼城城內作地道以引其土山賊又不能立焚其攻具還入于柵材官將軍宋嶷降賊因爲立計引玄武湖水灌臺城城外水起數尺闕前御街並爲洪波矣又燒南岸民居營寺莫不咸盡司州刺史柳仲禮衡州刺史韋粲南陵太守陳文徹宣猛將軍李孝欽等皆來赴援鄱陽世子嗣裴之高又濟江仲禮營朱雀航南裴之高營南苑韋粲營青塘陳文徹李孝欽屯丹陽郡鄱陽世子嗣營小航南並緣淮造柵及曉景方覺乃登禪靈寺門樓望之見韋粲營壘未合先渡兵擊之粲拒戰敗績景斬粲首狗于城下柳仲禮聞粲敗不遑貫甲與數十騎馳赴之遇賊交戰斬首數百投水死者千餘人仲禮深入馬陷泥亦被重創自是賊不敢濟岸邵陵王綸與臨成公大連等自東道集于南岸荆州刺史湘東王繹遣世子方等兼司馬吳曄天門太守樊文皎下赴京師營于湘子岸前高州刺史李遷仕前司州刺史羊鴉仁又率兵繼至既而鄱陽世子嗣永安侯確羊鴉仁李遷仕樊文皎率衆渡淮攻賊東府城前柵破之遂結營于青溪水東景遣其儀同宋子仙頓南平王第緣水西立柵相拒景食稍盡至是米斛數十萬人相食者十五六初援兵至北岸百姓扶老攜幼以候王師纔得過淮便競剝掠賊黨有欲自拔者聞之咸止賊之始至城中纔得固守平蕩之事期望援軍既而四方雲合衆號百萬連營相持已月餘日城中疾疫死者太半景自歲首以來乞和朝廷未之許至是事急乃聽焉請割江右四州之地并求宣城王大器出送然後解圍濟江仍許遣其儀同于子悅左丞王偉入城爲質中領軍傅岐議以宣城王嫡嗣之重不容許之乃請石城公大款出送詔許焉遂於西華門外設壇遣尚書僕射王克兼侍中上甲鄉侯韶兼散騎常侍蕭瑳與于子悅王偉等登壇共盟左衞將軍柳津出西華門下景出其柵門與津遥相對刑牲歃血南兗州刺史南康嗣王會理前青冀二州刺史湘潭侯退西昌侯世子彧率衆三萬至于馬卬州景慮北軍自白下而上斷其江路請悉勒聚南岸敕乃遣北軍進江潭苑景啓稱永安侯趙威方頻隔柵見詬臣云天子自與汝盟我終當逐汝乞召入城即當進發敕並召之景又啓云西岸信至高澄已得壽春鍾離便無處安足權借廣陵譙州須征得壽春鍾離即以奉還朝廷初彭城劉邈說景曰大將軍頓兵已久攻城不拔今援衆雲集未易而破如聞軍糧不支一月運漕路絕野無所掠嬰兒掌上信在於今未若乞和全師而返此計之上者景然其言故請和後知援軍號令不一終無勤王之効又聞城中死疾轉多必當有應之者景謀臣王偉又說曰王以人臣舉兵背叛圍守宮闕已盈十旬逼辱妃主淩穢宗廟今日持此何處容身願王且觀其變景然之乃抗表曰臣聞書不盡言言不盡意然則意非言不宣言非筆不盡臣所以含憤蓄積不能默已者也竊惟陛下睿智在躬多才多藝昔因世季龍翔漢沔夷凶剪亂克雪家怨然後踵武前王光宅江表憲章文武祖述堯舜兼屬魏國凌遲外無勍敵故能西取華陵北封淮泗結好高氏輶軒相屬疆埸無虞十有餘載躬覽萬機劬勞治道刊正周孔之遺文訓釋眞如之秘奥享年長久本枝盤石人君藝業莫之與京臣所以踊躍一隅望南風而歎息也豈圖名與實爽聞見不同臣自委質策名前後事跡從來表奏已具之矣不勝憤懣復爲陛下陳之陛下與高氏通和歲踰一紀舟車往復相望道路必將分災卹患同休等戚寧可納臣一介之服貪臣汝潁之地便絕好河北檄詈高澄聘使未歸陷之虎口揚兵擊鼓侵逼彭宋夫敵國相伐聞喪則止匹夫之交託孤寄命豈有萬乘之主見利忘義若此者哉其失一也臣與高澄既有仇憾義不同國歸身有道陛下授以上將任以專征歌鍾女樂車服弓矢臣受命不辭實思報效方欲挂旆嵩華懸旌冀趙劉夷蕩滌一匡宇內陛下朝服濟江告成東岳使大梁與軒黃等盛臣與伊呂比功垂裕後昆流名竹帛此實生平之志也而陛下欲分其功不能賜任使臣擊河北欲自舉徐方遣庸懦之貞陽任驕貪之胡趙裁見旗鼓鳥散魚潰慕容紹宗乘勝席卷渦陽諸鎮靡不棄甲疾雷不及掩耳散地不可固全使臣狼狽失據妻子爲戮斯實陛下負臣之深其失二也韋黯之守壽陽衆無一旅慕容凶銳欲飲馬長江非臣退保淮南其勢未之可測既而逃遁邊境獲寧令臣作牧此州以爲蕃捍方欲收合餘燼勞來安集勵兵秣馬剋申後戰封韓山之屍雪渦陽之恥陛下喪其精魄無復守氣便信貞陽謬啟復請通和臣頻陳執疑閉不聽飜覆若此童子猶且羞之況在人君二三其德其失三也夫畏懦逗留軍有常法子玉小敗見誅於楚王恢失律受戮于漢貞陽精甲數萬器械山積慕容輕兵衆無百乘不能拒抗身受囚執以帝之猶子而面縛敵庭實宜絕其屬籍以釁征鼓陛下曾無追責怜其苟存欲以微臣規相貿易人君之法當如是哉其失四也懸瓠大藩古稱汝潁臣舉州內附羊鴉仁固不肯入既入之後無故棄之陛下曾無嫌責使還居北司鴉仁棄之既不爲罪臣得之不以爲功其失五也臣渦陽退衄非戰之罪實由陛下君臣相與見誤乃還壽春曾無悔色祇奉朝廷掩惡揚善鴉仁自知棄州切齒歎恨內懷慙懼遂啓臣欲反欲反當有形迹何所徵驗誣陷頓爾陛下曾無辯究默而信納豈有誣人莫大之罪而可並肩事主者乎其失六也趙伯超拔自無能任居方伯惟漁獵百姓多蓄士馬非欲爲國立功直是自爲富貴行貨權幸徵買聲名朱异之徒積受金貝遂使咸稱胡趙比昔關張誣掩天聽謂爲眞實韓山之役女妓自隨裁聞敵鼓與妾俱逝不待貞陽故隻輪莫返論其此罪應誅九族而納賄中人還處州任伯超無罪臣功何論賞罰無章何以爲國其失七也臣御下素嚴無所侵物關市征稅咸悉停原壽陽之民頗懷優復裴之悌等助戍在彼憚臣檢制遂無故遁歸又啟臣欲反陛下不責違命離局方受其浸潤之譖處臣如此使何地自安其失八也臣雖才謝古人實頗更事撫民率衆自幼至長少來運動多無遺策及歸身有道罄竭忠規每有陳奏恒被抑遏朱异專斷軍旅周石珍總尸兵仗陸驗徐驎典司穀帛皆明言求貨非令不行境外虛實定計於舍人之省舉將出師責奏於主者之命臣無賄於中故恒被抑折其失九也鄱陽之鎮合肥與臣鄰接臣推以皇枝每相祗敬而嗣王庸怯虛見備御臣有使命必加彈射或聲言臣反或啟臣纖介招攜當須以禮忠烈何以堪於此哉其失十也其餘條目不可具陳進退惟谷頻有表疏言直辭强有忤龍鱗遂發嚴詔便見討襲重華純孝猶逃凶父之杖趙盾忠賢不討殺君之賊臣何親何罪而能坐受殲夷韓信雄桀亡項霸漢末爲女子所烹方悔蒯通之說臣每覽書傳心常笑之豈容遵彼覆車而快陛下佞臣之手是以興晉陽之甲亂長江而直濟願得升赤墀踐文石口陳枉直指畫臧否誅君側之惡臣清國朝之粃政然後還守藩翰以保忠節實臣之至願也三月朔旦城內以景違盟舉烽鼓譟於是羊鴉仁柳敬禮鄱陽世子嗣進軍於東府城北柵壘未立爲景將宋子仙所襲敗績赴淮死者數千人賊送首級於闕下景又遣于子悅至更請和遣御史中丞沈浚至景所景無去意浚固責之景大怒既決石闕前水百道攻城晝夜不息城遂陷於是悉鹵掠乘輿服玩後宮嬪妾收王侯朝士送永福省撤二宮侍衞使王偉守武德殿于子悅屯太極東堂矯詔大赦天下自爲大都督督中外諸軍事錄尚書兵侍中使持節大丞相王如故初城中積屍不暇埋瘞又有已死而未斂或將死而未絕景悉聚而燒之臭氣聞十餘里尚書外兵郎鮑正疾篤賊曳出焚之宛轉火中久而方絕於是援兵並散景矯詔曰日者姦臣擅命幾危社稷賴丞相英發入輔朕躬征鎮牧守可各復本任降蕭正德爲侍中大司馬百官皆復其職景遣董紹先率兵襲廣陵南兗州刺史南康嗣王

會理以城降之景以紹先爲南兗州刺史初北兗州刺史定襄侯祗與湘潭侯退及前潼州刺史郭鳳同起兵將赴援至是鳳謀以淮陰應景祗等力不能制竝奔于魏景以蕭弄璋爲北兗州刺史州民發兵拒之景遣廂公丘子英直閤將軍羊海率衆赴援海斬子英率其軍降于魏魏遂據其淮陰景又遣儀同于子悅張大黑率兵入吳吳郡太守袁君正迎降子悅等既至破掠吳中多自調發逼掠女子毒虐百姓吳人莫不怨憤於是各立城柵拒守是月景移屯西洲遣儀同任約爲南道行臺鎭姑孰五月高祖崩于文德殿初臺城旣陷景先遣王偉陳慶入謁高祖高祖曰景今安在卿可召來時高祖坐文德殿景乃入朝以甲士五百人自衞帶劍升殿拜訖高祖問曰卿在戎日久無乃爲勞景默然又問卿何州人而敢至此乎景又不能對從者代對及出謂廂公王僧貴曰吾常據鞍對敵矢刃交下而意氣安緩了無怖心今日見蕭公使人自慴豈非天威難犯吾不可再見之高祖雖外跡已屈而意猶忿憤時有事奏聞多所譴却景深敬憚亦不敢逼景遣軍人直殿省內高祖問制局監周石珍曰是何物人對曰丞相高祖乃謬曰何物丞相對曰是侯丞相高祖怒曰是名景何謂丞相是後每所徵求多不稱旨至於御膳亦被裁抑遂憂憤感疾而崩景乃密不發喪權殯于昭陽殿自外文武咸莫知之二十餘日升梓宮於太極前殿迎皇太子卽皇帝位於是矯詔赦北人爲奴婢者冀收其力用焉又遣儀同來亮率兵攻宣城宣城內史楊華誘亮斬之景復遣其將李賢明討華華以郡降景遣儀同宋子仙等率衆東次錢塘新城戍戴僧易據縣拒之是月景遣中軍侯子鑒入吳軍收于子悅張大黑還京誅之時東揚州刺史臨成公大連據州吳興太守張嵊據郡自南陵以上皆各據守景制命所行惟吳郡以西南陵以北而已六月景以儀同郭元建爲尚書僕射北道行臺總江北諸軍事鎭新秦郡人陸緝戴文擧等起兵萬餘人殺景太守蘇單于推前淮南太守文成侯寧爲王以拒景宋子仙聞而擊之緝等棄城走景乃分吳郡海鹽胥浦二縣爲武原郡至是景殺蕭正德於永福省封元羅爲西秦王元景龍爲陳留王諸元子弟封王者十餘人以柳敬禮爲使持節大都督隸大丞相參戎事景遣其中軍侯子鑒監行臺劉神茂等軍東討破吳興執太守張嵊父子送京師景竝殺之景以宋子仙爲司徒任約爲領軍將軍爾朱季伯叱羅子通彭儁董紹先張化仁于慶魯伯和紇奚斤史安和時靈護劉歸義竝爲開府儀同三司是月鄱陽嗣王範率兵次柵口江州刺史尋陽王大心要之西上景出頓姑孰範將裴之悌夏侯威生以衆降景十一月宋子仙攻錢塘戴僧易降景以錢塘爲臨江郡富陽爲富春郡以王偉元羅竝爲儀同三司十二月宋子仙趙伯超劉神茂進攻會稽東揚州刺史臨成公大連棄城走遣劉神茂追擒之景以裴之悌爲使持節平西將軍合州刺史以夏侯威生爲使持節平北將軍南豫州刺史是月百濟使至見城邑丘墟於端門外號泣行路見者莫不灑淚景聞之大怒送小莊嚴寺禁止不聽出入大寶元年正月景矯詔自加班劍四十人給前後部羽葆鼓吹置左右長史從事中郎四人前江都令祖皓起兵於廣陵斬景刺史董紹先推前太子舍人蕭勔爲刺史又結魏人爲援馳檄遠近將以討景景聞之大懼卽日率侯子鑒等出自京口水陸竝集皓嬰城拒守景攻城陷之景車裂皓以徇城中無少長皆斬之以侯子鑒監南兗州事是月景召宋子仙還京口四月景以元思虔爲東道行臺鎭錢塘以侯子鑒爲南兗州刺史文成侯寧於吳西鄉起兵旬日之間衆至一萬率以西上景廂公孟振侯子榮擊破之斬寧傳首於景七月景以秦郡爲西兗州陽平郡爲北兗州任約盧暉略攻晉熙郡殺鄱陽世子嗣景以王偉爲中書監任約進軍襲江州江州刺史尋陽王大心降之世祖時聞江州失守遣衞軍將軍徐文盛率衆軍下武昌拒約景又矯詔自進位爲相國封太山等二十郡爲漢王入朝不趨讚拜不名劍履上殿如蕭何故事景以柳敬禮爲護軍將軍姜詢義爲相國左長史徐洪爲左司馬陸約爲右長史沈衆爲右司馬是月景率舟師上皖口十月盜殺武林侯諮於廣莫門諮常出入太宗臥內景黨不能平故害之景又矯詔曰蓋懸象在天四時取則於辰斗羣生育地萬物仰照於大明是以垂拱當扆則八紘共軌負圖正位則九域同歸故乃雲名水號之君龍官人爵之后莫不啓符河洛封禪岱宗奔走四夷來朝萬國逮聽虞夏厥道彌新爰及商周未之或改逮幽厲不競戎馬生郊惠懷失御胡塵犯蹕遂使豺狼肆毒侵穴伊瀍獫狁孔熾巢栖咸洛自晉鼎東遷多歷年代周原不復歲實永久雖宋祖經略中息遠圖齊號和親空勞冠蓋我大梁膺符作帝出震登皇浹寓歸仁綿區飲化開疆闢土跨瀚海以揚鑣來庭入覲等塗山而比轍立龜出洛白雉歸豐鳥塞同文胡天共軌不謂高澄跋扈虔劉魏邦扇動華夷不供王職遂乃狼顧北侵馬首南向値天厭昏僞醜徒數盡龍豹應期風雲會節相國漢王上德英姿蓋惟天授雄謨勇略出自懷抱珠魚表應辰昴叶暉剖析六韜錙銖四履騰文豹變鳳集虬翔奮翼來儀負圖而降爰初秉律實先啓行奉茲廟算克除獯醜直以鼎湖上征六龍宴駕干戈蹔止九伐未申而惡稔貫盈元凶殞斃弟洋繼逆續長亂階異彼洋音同茲蔦食偷竊僞號心希舉斧豈木君臣奉圖乞援關河百姓泣血請師咸願承奉國靈思覩王化朕以寡昧纂戎下武庶拯堯黎冀康禹跡且夫車服以庸名因事著周師克殷鷹揚創自尙父漢征戎狄明友實始度遼況乃神規叡算耼乎難測大功懋績事絕言象安可以習彼常名保茲守固相國可加宇宙大將軍都督六合諸軍事餘悉如故以詔文呈太宗太宗驚曰將軍乃有宇宙之號乎齊遣其將辛術圍陽平景行臺郭元建率兵赴援術退徐文盛入資磯任約率水軍逆戰文盛大破之仍進軍大舉口時景屯於皖口京師虛弱南康王會理及北兗州司馬成欽等將襲之建安侯賁知其謀以告景景遣收會理與其弟祁陽侯通理柳敬禮成欽等竝害之十二月景矯詔封賁爲竟陵王賁發南康之謀也是月張彪起義於會稽攻破上虞景太守蔡臺樂討之不能禁至是彪又破諸曁永興等諸縣景遣儀同田遷趙伯超謝荅仁等東伐彪二年正月彪遣別將寇錢塘富春田遷進軍與戰破之景以王克爲太師宋子仙爲太保元羅爲太傅郭元建爲太尉張化仁爲司徒任約爲司空于慶爲太子太師時靈護爲太子太保紇奚斤爲太子太傅王偉爲尚書左僕射索超世爲尚書右僕射北兗州刺史蕭邑謀降魏事泄景誅之是月世祖遣巴州刺史王珣等率衆下武昌助徐文盛任約以西臺益兵告急於景三月景自率衆二萬西上援約四月景次西陽徐文盛率水軍邀戰大破之景訪知郢州無備兵少又遣宋子仙率輕騎三百襲陷之執刺史方諸行事鮑泉盡獲武昌軍人家口徐文盛等聞之大潰奔歸江陵景乘勝西上初世祖遣領軍王僧辯率衆東下代徐文盛軍次巴陵會景至僧辯因堅壁拒之景設長圍築土山晝夜攻擊不克軍中疾疫死傷大半世祖遣平北將軍胡僧祐率兵二千人救巴陵景聞遣任約以精卒數千逆擊僧祐僧祐與居士陸法和退據赤亭以待之約至與戰大破之生擒約景聞之夜遁以丁和爲郢州刺史留宋子仙時靈護等助和守以張化仁閻洪慶守魯山城景還京師王僧辯乃率衆東下次漢口攻魯山及郢城皆陷之自是衆軍所至皆捷景乃廢太宗幽於永福省作詔草成逼太宗寫之至先皇念神器之重思社稷之固歔欷嗚咽不能自止是日景迎豫章王棟卽皇帝位升太極前殿大赦天下改元爲天正元年有回風自永福省吹其文物皆倒折見者莫不驚駭初景旣平京邑便有篡奪之志以四方須定且未自立旣巴陵失律江郢喪師猛將外殲雄心內沮便欲僭大號遂其姦心其謀臣王偉云自古移鼎必須廢立故景從之其太尉郭元建聞之自秦郡馳還諫景曰四方之師所以不至者政爲二宮萬福若遂行弑逆結怨海內事幾一去雖悔無及王偉固執不從景乃矯棟詔追尊昭明太子爲昭明皇帝豫章安王爲安皇帝金華敬妃爲敬皇后豫章國太妃王氏爲皇太后妃張氏爲皇后以劉神茂爲司空徐洪爲平南將軍秦晃之王曅李賢明徐永徐珍國宋長寶尹思合竝爲儀同三司景以哀太子妃賜郭元建元建曰豈有皇太子妃而降爲人妾竟不與相見十月壬寅夜景遣其衞尉彭儁王修纂奉酒於太宗曰丞相以陛下處憂旣久故令臣等奉進一觴太宗知其將弑乃大酣飲酒旣醉還寢修纂以帊盛土加於腹因崩焉歛用法服以薄棺瘞於城北酒庫初太宗久見幽縶朝士莫得接覲慮禍將及常不自安惟舍人殷不害後稍得入太宗指所居殿謂之曰龐涓當死此下又曰吾昨夜夢吞土卿試爲思之不害曰昔重耳饋塊卒反晉國陛下所夢將符是乎太宗曰儻幽冥有徵冀斯言不妄耳至是見弑實以土焉是月景司空東道行臺劉神茂儀同尹思合劉歸義王曅雲麾將軍桑乾王元頵等據東陽歸順仍遣元頵及別將李占趙惠朗下據建德江口尹思合收景新安太守元義奪其兵張彪攻永嘉永嘉太守秦遠降彪十一月景以趙伯超爲東道行臺鎭錢塘遣儀同田遷謝荅仁等將兵東征神茂景矯蕭棟詔自加九錫之禮置丞相以下百官陳備物於庭忽有野鳥翔於景上赤足丹觜形似山鵲賊徒悉駭競射之不能中景以劉勸戚霸朱安王爲開府儀同三司索九昇爲護軍將軍南兗州刺史侯子鑒獻白獐建康獲白鼠以獻蕭棟歸之于景景以郭元建爲南兗州刺史太尉北行臺如故景又矯蕭棟詔追崇其祖爲大將軍考爲丞相自加冕十有二旒建天子旌旗出警入蹕乘金根車駕六馬備五時副車置旄頭雲罕樂儛八佾鍾虡宮懸之樂一如舊儀景又矯蕭棟

詔禪位於己於是南郊柴燎于天升壇受禪文物竝依舊儀以轜車牀載鼓吹槀駝負犧牲輦上置筌蹄垂腳坐景所帶劒水精標無故墮落手自拾之將登壇有兎自前而走俄失所在又白虹貫日景還升太極前殿大赦改元爲太始元年封蕭棟爲淮陰王幽于監省僞有司奏改警蹕爲永蹕避景名也改梁律爲漢律改左民尙書爲殿中尙書五兵尙書爲七兵尙書直殿主帥爲直寢景三公之官動置十數儀同尤多或匹馬孤行自執羈絆其左僕射王偉請立七廟景曰何謂爲七廟偉曰天子祭七世祖考故置七廟幷請七世之諱敕太常具祭祀之禮景曰前世吾不復憶惟阿爺名標衆聞咸竊笑之景黨有知景祖名周者自外悉是王偉制其名位以漢司徒侯霸爲始祖晉徵士侯瑾爲七世祖於是追尊其祖周爲大丞相父標爲元皇帝十二月謝答仁李慶等至建德攻元頵李占柵大破之執頵占送景景截其手足狥之經日乃死景二年正月朔臨軒朝會景自巴丘挫衄軍兵畧盡恐齊人乘釁與西師掎角乃遣郭元建率步軍趣小峴侯子鑒率舟師向濡須曜兵肥水以示武威子鑒至合肥攻羅城剋之郭元建侯子鑒俄聞王師旣近燒合肥百姓邑居引軍退子鑒保姑孰元建還廣陵將謝答仁攻劉神茂神茂別將王華麗通竝據外營降答仁劉歸義尹思合等懼各棄城走神茂孤危復降答仁王僧辯軍至蕪湖蕪湖城主宵遁景遣史安和宋長貴等率兵二千助子鑒守姑孰追田遷等還京師是月景黨郭長獻馬駒生角三月景往姑孰巡視壘柵又誡子鑒曰西人善水戰不可與爭鋒往年任約敗績良爲此也若得馬步一交必當可破汝但堅壁以觀其變子鑒乃捨舟登岸閉營不出僧辯等遂停軍十餘日賊黨大喜告景曰西師懼吾之彊必欲遁逸不擊將失之景復命子鑒爲水戰之備子鑒乃率步騎萬餘人渡洲幷引水軍俱進僧辯逆擊大破之子鑒僅以身免景聞子鑒敗大懼涕下覆面引衾以臥良久方起歎曰誤殺乃公僧辯進軍次張公洲景以盧暉畧守石頭紇奚斤守捍國城悉逼百姓及軍士家累入臺城內僧辯焚景水柵入淮至禪靈寺渚景大驚乃緣淮立柵自石頭至朱雀航僧辯及諸將遂於石頭城西步上連營立柵至于落星墩景大恐自率侯子鑒于慶史安和王僧貴等於石頭東北立柵拒守使王偉索超世呂季畧守臺城宋長貴守延祚寺遣掘王僧辯父墓剖棺焚屍王僧辯等進營於石頭城北景列陣挑戰僧辯率衆軍奮擊大破之侯子鑒史安和王僧貴各棄柵走盧暉畧紇奚斤竝以城降景旣退敗不入宮歛其散兵屯于闕下遂將逃竄王偉攬轡諫曰自古豈有叛天子今宮中衞士尙足一戰寧可便走棄此欲何所之景曰我在北打賀拔勝破葛榮揚名河朔與高王一種人今來南渡大江取臺城如返掌打邵陵王於北山破柳仲禮於南岸皆乃所親見今日之事恐是天亡乃好守城我當復一決耳仰觀石闕逡巡歎息久之乃以皮囊盛二子挂馬鞍與其儀同田遷范希榮等百餘騎東奔王偉委臺城竄逸侯子鑒等奔廣陵王僧辯遣侯瑱率軍追景景至晉陵劫太守徐永東奔吳郡進次嘉興趙伯超據錢塘拒之景退還吳郡達松江而侯瑱軍掩至景衆未陣皆舉幡乞降景不能制乃與腹心數十人單舸走推墮二子於水自滬瀆入海至壺豆洲前太子舍人羊鯤殺之送屍于王僧辯傳首西臺曝屍於建康市百姓爭取屠膾噉食焚骨揚灰曾罹其禍者乃以灰和酒飲之及景首至江陵世祖命梟之於市然後煑而漆之付武庫景長不滿七尺而眉目疎秀性猜忍好殺戮刑人或先斬手足割舌劓鼻經日方死曾於石頭立大舂碓有犯法者皆擣殺之其慘虐如此自簒立後時著白紗帽而尙披青袍或以牙梳插髻牀上常設胡牀及筌蹄著靴垂腳坐或匹馬遊戲於宮內及華林園彈射烏鳥謀臣王偉不許輕出於是鬱怏更成失志所居殿常有鵂鶹鳥鳴景惡之每使人窮山野討捕焉普通中童謠曰青絲白馬壽陽來後景果乘白馬兵皆青衣所乘馬每戰將勝輒躑躅嘶鳴意氣駿逸其奔衂必低頭不前初中大同中高祖嘗夜夢中原牧守皆以地來降舉朝稱慶寤甚悅之旦見中書舍人朱异說所夢异曰此豈宇內方一天道前見其徵乎高祖曰吾爲人少夢昨夜感此良足慰懷及太清二年景果歸附高祖欣然自悅謂與神通乃議納之而意猶未決曾夜出視事至武德閤獨言我家國猶若金甌無一傷缺今便受地詎是事宜脫致紛紜非可悔也朱异接聲而對曰聖明御宇上應蒼玄北土遺黎誰不慕仰爲無機會未達其心今侯景據河南十餘州分魏土之半輸誠送款遠歸聖朝豈非天誘其衷人奬其計原心審事殊有可嘉今若拒而不容恐絕後來之望此誠易見願陛下無疑高祖深納异言又信前夢乃定議納景及貞陽覆敗邊鎮恇擾高祖固已憂之曰吾今段如此勿作晉家事乎先是丹陽陶弘景隱於華陽山博學多識嘗爲詩曰夷甫任散誕平叔坐談空不意昭陽殿化作單于宮大同末人士競談玄理不習武事至是景果居昭陽殿天監中有釋寶誌曰掘尾狗子自發狂當死未死嚙人傷須臾之間自滅亡起自汝陰死三湘又曰山家小兒果攘臂太極殿前作虎視掘尾狗子山家小兒皆猴狀景遂覆陷都邑毒害皇室大同大醫令朱耽嘗直禁省無何夜夢犬羊各一在御坐覺而惡之告人曰犬羊者非佳物也今據御坐將有變乎旣而天子蒙塵景登正殿焉及景將敗有僧通道人者意性若狂飲酒噉肉不異凡等世間遊行已數十載姓名鄉里人莫能知初言隱伏久乃方驗人竝呼爲闍梨景甚信敬之景嘗於後堂與其徒共射時僧通在坐奪景弓射景陽山大呼云得奴已景後又宴集其黨又召僧通僧通取肉揾鹽以進景問曰好不景答所恨太鹹僧通曰不鹹則爛臭果以鹽封其屍王偉陳留人少有才學景之表啓書檄皆其所製景旣得志規摹簒奪皆偉之謀及囚送江陵烹於市百姓有遭其毒者竝割炙食之

史臣曰夫道不恒夷運無常泰斯則窮通有數盛衰相襲時屯陽九蓋在茲焉若乃侯景小豎叛換本國識不周身勇非出類而王偉爲其謀主成此姦慝驅率醜徒陵江直濟長戟強弩淪覆宮闕禍纏宸極毒徧黎元肆其恣睢之心成其簒盜之禍嗚呼國之將亡必降妖孽雖曰人事抑乃天時昔夷羿亂夏犬戎厄周漢則莽卓流災晉則敦玄搆禍方之羯賊有逾其酷悲夫

編修臣人龍謹言唐貞觀三年詔姚思廉與魏徵同撰梁書思廉梁史官姚察子推其父意復採謝吴等所記以成是書徵惟裁其總論編次筆削則皆出於思廉蓋書成於一手業紹乎一家述作之盛與李百藥父子輝映一時亦猶史記之有談遷漢書之有彪固褚亮謂其苦志精勤洵不虛矣舊唐書經籍志及思廉本傳俱云五十卷新書則云五十六卷與今本合蓋嘉祐以來鋟版日次然也臣等奉
勅校刊深愧學殖淺陋謹將南史與本文詳加參校辨其訛舛條其同異錄爲考證以附卷末云臣謹識

原任詹事臣陳浩洗馬臣陸宗楷編修臣孫人龍
貢生臣楊茂遷等奉
敕恭校刊

陳書

陳書序

陳書六本紀三十列傳凡三十六篇唐散騎常侍姚思廉撰始思廉父察梁陳之史官也錄二代之事未就而陳亡隋文帝見察甚重之每就察訪梁陳故事察因以所論載每一篇成輒奏之而文帝亦遣虞世基就察求其書又未就而察死察之將死屬思廉以繼其業唐興武德五年高祖以自魏以來二百餘歲世統數更史事放逸乃詔撰次而思廉遂受詔爲陳書久之猶不就貞觀三年遂詔論撰於秘書內省十年正月壬子始上之觀察等之爲此書歷三世傳父子更數十歲而後乃成蓋其難如此然及其旣成與宋魏梁齊等書世亦傳之者少故學者於其行事之迹亦罕得而詳也而其書亦以罕傳則自秘府所藏往往脫誤嘉祐六年八月始詔校讐使可鏤板行之天下而臣等言梁陳等書缺獨館閣所藏恐不足以定著願詔京師及州縣藏書之家使悉上之先皇帝爲下其事至七年冬稍稍始集臣等以相校至八年七月陳書三十六篇者始校定可傳之學者其疑者亦不敢損益特各疏于篇末其書舊無目列傳名氏多闕謬因別爲目錄一篇使覽者得詳焉夫陳之爲陳蓋偷爲一切之計非有先王經紀禮義風化之美制治之法可章示後世然而兼權尚計明於任使恭儉愛人則其始之所以興或於邪臣溺於嬖妾忘患縱欲則其終之所以亡興亡之端莫非自己致者至於有所因造以爲號令威刑職官州郡之制雖其事已淺然亦各施於一時皆學者之所不可不考也而當時之士自爭奪詐僞苟得偷合之徒尚不得不列以爲世戒而況於壞亂之中蒼皇之際士之安貧樂義取舍去就不爲患禍勢利動其心者亦不絕於其間若此人者可謂篤於善矣蓋古人之所思見而不可得風雨之詩所爲作者也安可使之泯泯不少槪見於天下哉則陳之史其可廢乎蓋此書成之旣難其後又久不顯及宋興已百年古文遺事靡不畢講而始得盛行於天下列於學者其傳之之難又如此豈非遭遇固自有時也哉臣恂臣穆臣藻臣覺臣彥若臣洙臣鞏謹敘目錄昧死上

陳書目錄

唐 散 騎 常 侍 姚 思 廉 撰

陳書卷一

唐　散　騎　常　侍　姚　思　廉　撰

本紀第一

高祖上

高祖武皇帝諱霸先字興國小字法生吳興長城下若里人漢太丘長陳寔之後也世居潁川寔玄孫準晉太尉準生匡匡生達永嘉南遷爲丞相掾歷太子洗馬出爲長城令悅其山水遂家焉嘗謂所親曰此地山川秀麗當有王者興二百年後我子孫必鍾斯運達生康復爲丞相掾咸和中土斷故爲長城人康生盱眙太守英英生尚書郎公弼公弼生步兵校尉鼎鼎生散騎侍郎高高生懷安令詠詠生安成太守猛猛生太常卿道巨道巨生皇考文讚高祖以梁天監二年癸未歲生少俶儻有大志不治生產既長讀兵書多武藝明達果斷爲當時所推服身長七尺五寸日角龍顏垂手過膝嘗遊義興館於許氏夜夢天開數丈有四人朱衣捧日而至令高祖開口納焉及覺腹中猶熱高祖心獨負之大同初新喻侯蕭暎爲吳興太守甚重高祖嘗目高祖謂僚佐曰此人方將遠大及暎爲廣州刺史高祖爲中直兵參軍隨府之鎮暎令高祖招集士馬衆至千人仍命高祖監宋隆郡所部安化二縣元不賓高祖討平之尋監西江督護高要郡守先是武林侯蕭諮爲交州刺史以裒刻失衆心土人李賁連結數州豪傑同時反臺遣高州刺史孫冏新州刺史盧子雄將兵擊之冏等不時進皆於廣州伏誅子雄弟子略與冏子姪及其主帥杜天合杜僧明共舉兵執南江督護沈顗進寇廣州晝夜苦攻州中震恐高祖率精兵三千卷甲兼行以救之頻戰屢捷天合中流矢死賊衆大潰僧明遂降梁武帝深歎異焉授直閤將軍封新安子邑三百戶仍遣畫工圖高祖容貌而觀之其年冬蕭暎卒明年高祖送喪還都至大庾嶺會有詔高祖爲交州司馬領武平太守與刺史楊瞟南討高祖益招勇敢器械精利瞟喜曰能剋賊者必陳司武也委以經略高祖與衆軍發自番禺是時蕭勃爲定州刺史於西江相會勃知軍士憚遠役陰購誘之因詭說瞟瞟集諸將問計高祖對曰交阯叛渙罪由宗室遂使僭亂數州彌歷年稔定州復欲昧利目前不顧大計節下奉辭伐罪故當生死以之豈可畏憚宗室輕於國憲今若奪人沮衆何必交州討賊問罪之師卽回有所指矣於是勒兵鼓行而進十一年六月軍至交州賁衆數萬於蘇歷江口立城柵以拒官軍瞟推高祖爲前鋒所向摧陷賁走典徹湖於屈獠界立砦大造船艦充塞湖中衆軍憚之頓湖口不敢進高祖謂諸將曰我師已老將士疲勞歷歲相持恐非良計且孤軍無援入人心腹若一戰不捷豈望生全今藉其屢奔人情未固夷獠烏合易爲摧殄正當共出百死決力取之無故停留時事去矣諸將皆默然莫有應者是夜江水暴起七丈注湖中奔流迅激高祖勒所部兵乘流先進衆軍鼓譟俱前賊衆大潰賁竄入屈獠洞中屈獠斬賁傳首京師是歲太清元年也賁兄天寶遁入九真與刧帥李紹隆收餘兵二萬殺德州刺史陳文戒進圍愛州高祖仍率衆討平之除振遠將軍西江督護高要太守督七郡諸軍事二年冬侯景寇京師高祖將率兵赴援廣州刺史元景仲陰有異志將圖高祖高祖知其計與成州刺史王懷明行臺選郎殷外臣等密議戒嚴三年七月集義兵於南海馳檄以討景仲景仲窮蹙縊于閤下高祖迎蕭勃鎮廣州是時臨賀內史歐陽頠監衡州蘭裕蘭京禮扇誘始興等十郡共舉兵攻頠頠請援於勃勃令高祖率衆救之悉擒裕等仍監始興郡十一月高祖遣杜僧明胡穎將二千人頓于嶺上并厚結始興豪傑同謀義舉侯安都張偲等率千餘人來附蕭勃聞之遣鍾休悅說高祖曰侯景驍雄天下無敵前者援軍十萬士馬精彊然而莫敢當鋒遂令羯賊得志君以區區之衆將何所之如聞嶺北王侯又皆鼎沸河東桂陽相次屠戮邵陵開建親尋干戈李遷仕許身當陽便奪馬仗以君疎外詎可暗投未若且住始興遙張聲勢保此太山自求多福高祖泣謂休悅曰僕本庸虛蒙國成造往聞侯景渡江卽欲赴援遭值元蘭梗我中道今京都覆没主上蒙塵君辱臣死誰敢愛命君侯體則皇枝任重方岳不能摧鋒萬里雪此冤痛見遣一軍猶賢乎已乃降後旨使人慨然僕行計決矣憑爲披述乃遣使間道往江陵稟承軍期節度時蔡路養起兵據南康勃遣腹心譚世遠爲曲江令與路養相結同過義軍大寶元年正月高祖發自始興次大庾嶺路養出軍頓南野依山水立四城以拒高祖高祖與戰大破之路養脫身竄走高祖進頓南康湘東王承制授高祖員外散騎常侍持節明威將軍交州刺史改封南野縣伯六月高祖修崎頭古城徙居焉高州刺史李遷仕據大皐遣主帥杜平虜率千人入灨石魚梁高祖命周文育將兵擊走之遷仕奔寧都承制授高祖通直散騎常侍使持節信威將軍豫州刺史領豫章內史改封長城縣侯尋授散騎常侍使持節都督六郡諸軍事軍師將軍南江州刺史餘如故時寧都人劉藹等資遷仕舟艦兵仗將襲南康高祖遣杜僧明等率二萬人據白口築城以禦之遷仕亦立城以相對二年三月僧明等攻拔其城生擒遷仕送南康高祖斬之承制命高祖進兵定江州仍授江州刺史餘如故六月高祖發自南康南康灨石舊有二十四灘灘多巨石行旅者以爲難高祖之發也水暴起數丈三百里閒巨石皆没進軍頓西昌有龍見于水濱高五丈許五采鮮耀軍民觀者數萬人是時承制遣征東將軍王僧辯督衆軍討侯景八月僧辯軍次湓城高祖率

杜僧明等眾軍及南川豪帥合三萬人將會焉時西軍乏食高祖先貯軍糧五十萬石至是分三十萬以資之仍頓巴丘會侯景廢簡文帝立豫章嗣王棟高祖遣兼長史沈袞奉表於江陵勸進十一月承制授高祖使持節都督會稽東陽新安臨海永嘉五郡諸軍事平東將軍東揚州刺史領會稽太守豫章內史餘並如故三年正月高祖率甲士三萬人彊弩五千張舟艦二千乘發自豫章二月次桑落洲遣中記室參軍江元禮以事表江陵承制加高祖鼓吹一部是時僧辯已發湓城會高祖於白茅灣乃登岸結壇刑牲盟約進軍次蕪湖侯景城主張黑棄城走三月高祖與諸軍進剋姑孰仍次蔡洲侯景登石頭城觀望形勢意甚不悅謂左右曰此軍上有紫氣不易可當乃以舣艓貯石沉塞淮口緣淮作城自石頭迄青溪十餘里中樓雉相接諸將未有所決僧辯遣杜崱問計於高祖高祖曰前柳仲禮數十萬兵隔水而坐韋粲之在青溪竟不渡岸賊乃登高望之表裏俱盡肆其凶虐覆我王師今圍石頭須渡北岸諸將若不能當鋒請先往立柵高祖即於石頭城西橫隴築柵眾軍次連八城直出東北賊恐西州路斷亦於東北果林作五城以遏大路景率眾萬餘人鐵騎八百餘匹結陣而進高祖曰軍志有之善用兵者如常山之蛇首尾相應今我師既眾賊徒甚寡應分賊兵勢以弱制彊何故聚其鋒銳令必死於我乃命諸將分處置兵賊直衝王僧志僧志小縮高祖遣徐度領弩手二千橫截其後賊乃却高祖與王琳杜龕等以鐵騎悉力乘之賊退據其柵景儀同盧暉略開石頭北門來降盪主戴晃曹宣等攻拔果林一城眾軍又剋其四城賊復還殊死戰又盡奪所得城柵高祖大怒親率攻之士卒騰柵而入賊復散走景與百餘騎棄矟執刀左右衝陣陣不動景眾大潰逐北至西明門景至闕下不敢入臺遣腹心取其二子而遁高祖率眾出廣陵應接會景將郭元建奔齊高祖納其部曲三千人而還僧辯啓高祖鎮京口五月齊遣辛術圍嚴超達於秦郡高祖命徐度領兵助其固守齊眾七萬塡壍起土山穿地道攻之甚急高祖乃自率萬人解其圍縱兵四面擊齊軍弓弩亂發齊平秦王中流矢死斬首數百級齊人收兵而退高祖振旅南歸遣記室參軍劉本仁獻捷於江陵七月廣陵僑民朱盛張象潛結兵襲齊刺史溫仲邕遣使來告高祖率眾濟江以應之會齊人來聘求割廣陵之地王僧辯許焉仍報高祖高祖於是引軍還南徐州江北人隨軍而南者萬餘口承制授高祖使持節散騎常侍都督南徐州諸軍事征北大將軍開府儀同三司南徐州刺史餘並如故及王僧辯率眾征陸納於湘州承制命高祖代鎮揚州十一月湘東王即位於江陵改大寶三年為承聖元年湘州平高祖旋鎮京口三年三月進高祖位司空餘如故十一月西魏攻陷江陵高祖與王僧辯等進啓江州請晉安王以太宰承制又遣長史謝哲奉牋勸進十二月晉安王至自尋陽入居朝堂給高祖班劍二十人四年五月齊送貞陽侯淵明還主社稷王僧辯納之即位改元曰天成以晉安王為皇太子初齊之請納貞陽也高祖以為不可遣使詣僧辯苦爭之往返數四僧辯竟不從高祖居常憤歎密謂所親曰武皇雖磐石之宗遠布四海至於剋雪讎恥寧濟艱難唯孝元而已功業茂盛前代未聞我與王公俱受重寄語未絕音聲猶在耳豈期一旦便有異圖嗣主高祖之孫元皇之子海內屬目天下宅心竟有何辜坐致廢黜遠求夷狄假立非次觀其此情亦可知矣乃密具袍數千領及錦綵金銀以為賞賜之具九月壬寅高祖召徐度侯安都周文育等謀之仍部列將士分賞金帛水陸俱進是夜發南徐州討王僧辯甲辰高祖步軍至石頭前遣勇士自城北踰入時僧辯方視事外白有兵俄而兵自內出僧辯遽走與其第三子頠相遇俱出閤左右尚數十人苦戰高祖大兵尋至僧辯眾寡不敵走登城南門樓高祖因風縱火僧辯窮迫乃就擒是夜縊僧辯及頠丙午貞陽侯遜位百僚奉晉安王上表勸進十月己酉晉安王即位改承聖四年為紹泰元年壬子詔授高祖侍中大都督中外諸軍事車騎將軍揚南徐二州刺史持節司空班劍鼓吹並如故仍詔高祖甲仗百人出入殿省震州刺史杜龕據吳興與義興太守韋載同舉兵反高祖命周文育率眾攻載於義興龕遣其從弟北叟將兵拒戰北叟敗歸義興辛未高祖表自東討留高州刺史侯安都石州刺史杜稜宿衛臺省甲戌軍至義興丙子拔其水柵秦州刺史徐嗣徽據其城以入齊又要南豫州刺史任約共舉兵應龕載齊人資其兵食嗣徽等以京師空虛率精兵五千奄至闕下侯安都領驍勇五百人出戰嗣徽等退據石頭丁丑載及北叟來降高祖撫而釋之以嗣徽寇逼卷甲還都命周文育進討杜龕十一月己卯齊遣兵五千濟渡據姑孰高祖命合州刺史徐度於冶城寺立柵南抵淮渚齊又遣安州刺史翟子崇楚州刺史劉仕榮淮州刺史柳達摩領兵萬人於胡墅渡米粟三萬石馬千匹入於石頭癸未高祖遣侯安都領水軍夜襲胡墅燒齊船千餘艘周鐵虎率舟師斷齊運輸擒其北徐州刺史張領州獲運舫米數千石仍遣韋載於大航築城使杜稜據守齊人又於倉門水南立二柵以拒官軍甲辰嗣徽等攻冶城柵高祖領鐵騎精甲出自西明門襲擊之賊眾大潰嗣徽留柳達摩等守城自率親屬腹心往南州采石以迎齊援十二月癸丑高祖遣侯安都領舟師襲嗣徽家口於秦州俘獲數百人官軍連艦塞淮口斷賊水路先是太白自十一月丙戌不見乙卯出於東方丙辰高祖盡命眾軍分部甲卒對冶城立航渡兵攻其水南二柵柳達摩等渡淮置陣高祖督兵疾戰縱火燒柵煙塵漲天賊潰爭舟相排擠溺死者以千數時百姓夾淮觀戰呼聲震天地軍士乘勝無不一當百盡收其船艦賊軍懾氣是日嗣徽約等領齊兵水步萬餘人還據石頭高祖遣兵往江寧據要險以斷賊路賊水步不敢進頓江寧浦口高祖遣侯安都領水軍襲破之嗣徽等乘單舸脫走盡收其軍資器械己未官軍四面攻城自辰訖酉得其東北小城及夜兵不解庚申達摩遣使侯子欽劉仕榮等詣高祖請和高祖許之乃於城門外刑牲盟約其將士部曲一無所問恣其南北辛酉高祖出石頭南門陳兵數萬送齊人歸北者壬戌齊和州長史烏丸遠自南州奔還歷陽江寧令陳嗣黃門侍郎曹朗據姑孰反高祖命侯安都徐度等討平之斬首數千級聚為京觀石頭采石南州悉平收獲馬仗船米不可勝計是月杜龕以城降二年正月癸未誅杜龕於吳興龕從弟北叟司馬沈孝敦並賜死二月庚申高祖遣侯安都周鐵虎率舸艦備江州仍頓梁山起柵甲子敕司空有軍旅之事可騎馬出入城內戊辰前寧遠石城公外兵參軍王位於石頭沙際獲玉璽四紐高祖表以送臺三月戊戌齊遣水軍儀同蕭軌庫狄伏連堯難宗東方老侍中裴英起東廣州刺史獨孤辟惡洛州刺史李希光并任約徐嗣徽等率眾十萬出柵口向梁山帳內盪主黃叢逆擊敗之燒其前軍船艦齊頓軍保蕪湖高祖遣定州刺史沈泰吳郡太守裴忌就侯安都共據梁山以禦之自去冬至是甘露頻降於鍾山梅崗南澗及京口江寧縣境或至三數升大如奕棊子高祖表以獻臺四月丁巳高祖詣梁山軍巡撫五月甲申齊兵發自蕪湖丙申至秣陵故治高祖遣周文育屯方山徐度頓馬牧杜稜頓大航南己亥高祖率宗室王侯及朝臣將帥於大司馬門外白虎闕下刑牲告天以齊人背約發言慷慨涕泗交流同盟皆莫能仰視士卒觀者益奮辛丑齊軍於秣陵故縣跨淮立橋柵引渡兵馬其夜至方山侯安都周文育徐度等各引還京師癸卯齊兵自方山進及兒塘游騎至臺周文育侯安都頓白土崗旗鼓相望都邑震駭高祖潛撤精卒三千配沈泰渡江襲齊行臺趙彥深於瓜步獲舟艦百餘艘陳粟萬斛即日天子總羽林禁兵頓于長樂寺六月甲辰齊兵潛至鍾山龍尾丁未進至莫府山高祖遣錢明領水軍出江乘要擊齊人糧運盡獲其船米齊軍於是大餒殺馬驢而食之庚戌齊軍踰鍾山高祖眾軍分頓樂遊苑東及覆舟山北斷其衝要壬子齊軍至玄武湖西北莫府山南將據北郊壇眾軍自覆舟東移頓郊壇北與齊人相對其夜大雨震電暴風拔木平地水丈餘齊軍晝夜坐立泥中懸鬲以爨而臺中及潮溝北水退路燥官軍每得番易甲寅少霽高祖命眾軍秣馬蓐食遲明攻之乙卯旦自率帳內麾下出莫府山南吳明徹沈泰等眾軍首尾齊舉縱兵大戰侯安都自白下引兵橫出其後齊師大潰斬獲數千人相蹂藉而死者不可勝計生執徐嗣徽及其弟嗣宗斬之以徇追奔至於臨沂其江乘攝山鍾山等諸軍相次克捷虜蕭軌東方老王敬寶李希光裴英起等將帥凡四十六人其軍士得竄至江者縛荻筏以濟中江而溺流屍至京口翳水彌岸丁巳眾軍出南州燒賊舟艦己未斬劉歸義徐嗣彥傅野豬於建康市是日解嚴庚申蕭軌東方老王敬寶李希光裴英起皆伏誅高祖表解南徐州以授侯安都七月丙子詔授高祖中書監司徒揚州刺史進爵為公增邑并前五千戶侍中使持節都督中外諸軍事將軍尚書令班劍鼓吹甲仗並如故并給油幢皁輪車是月侯瑱以江州入附遣侯安都鎮上流定南中諸郡八月癸卯太府卿何敳新州刺史華志各上玉璽一高祖表以送臺詔歸之高祖是日詔高祖食安吉武康二縣合五千戶九月壬寅改年曰太平元年進高祖位丞相錄尚書事鎮衛大將軍改刺史為牧進封義興郡公侍中司徒都督班劍鼓吹甲仗皁輪車並如故丁未中散大夫王彭牋稱今月五日平旦於御路見龍跡自大社至象闕亘三四里庚申詔追贈高祖考侍中光祿大夫加金章紫綬封義興郡公諡曰恭十月甲戌敕丞相自今入問訊可施別榻以近扆坐二年正月壬寅天子朝萬國於太極東堂加高祖班劍十人并前三十人餘如故丁未詔贈高祖兄道談散騎常侍使持節平北將軍

南兗州刺史長城縣公諡曰昭烈弟休先侍中使持節驃騎將軍南徐州刺史武康縣侯諡曰忠壯食邑各二千戸甲寅遣兼侍中謁者僕射陸緝策拜長城縣夫人章氏爲義興國夫人丁卯詔贈高祖祖侍中太常卿諡曰孝追封高祖祖母許氏吳郡嘉興縣君諡曰敬妣張氏義興國太夫人諡曰宣二月庚午蕭勃舉兵自廣州度嶺頓南康遣其將歐陽頠傅泰及其子孜爲前軍至於豫章分屯要險南江州刺史余孝頃起兵應勃高祖命周文育侯安都率衆討平之八月甲午進高祖位太傅加黃鉞劒履上殿入朝不趨贊拜不名并給羽葆鼓吹一部其侍中都督録尚書鎮衞大將軍揚州牧義興郡公班劒甲仗油幢皁輪車並如故丙申加高祖前後部羽葆鼓吹是時湘州刺史王琳擁兵不應命高祖遣周文育侯安都率衆討之九月辛丑詔曰肇昔元胎剖判太素氤氳崇建人皇必憑洪宰故賢哲之后牧伯征於四方神武之君大監治乎萬國又有一匡九合渠門之賜以隆戮帶闔溫行宮之寵斯茂時危所以貞固運泰所以光熙斯乃千載同風百王不刊之道也太傅義興公允文允武迺聖迺神因天生德康濟黔首昔在休期早隆朝寄遠踰滄海大拯交趾皇運不造書契未聞中國其亡兵凶總至哀哀噍類懸彼窮牢悠悠上天莫云斯極否終則泰元輔應期仗此將崩援茲已溺乘舟履輦架險浮深經略中途畢殲羣醜洎乎石頭姑孰流觴履陽一朝指撝六合清晏是用光昭下武翼亮中都雪三后之勍讎戎三靈之巨慝堯台禹佐未始能偕殷相周師固非云擬重之以屯剝餘象荊楚大崩天地無心乘輿委御五胡薦食鼓譟諸夏八方基跱莫有匡救彊臣放命黯我沖人顧影於荼蓼之魂甘心於甯卿之辱卻按下髻求哀之路莫從竊鈇逃責容身之地無所公神兵奄至不日清澄惟是房蒙再膺天錄斯又巍巍蕩蕩無德而稱焉加以伏茲忠義居彼妖逆震部夷氛稽山罷祲番禺蠡澤北鄙西郊殲厥凶徒務無遺種斯則兆民之命修短所懸宰士之基興亡是賴於是刑禮兼訓沿革有章中外成平遐邇寧一用能使陽光合魄曜象呈輝棲閣遊庭抱仁含信宏勳該於厚地大道格於玄天羲農炎昊以來卷領垂衣之世聖人濟物未有如斯者也夫備物典策栢文是膺功理陰陽蕭曹不讓未有功高於寓縣而賞薄於伊周凡厥人祇固懷延佇實由公謙撝自牧降損爲懷嘉數遲回永言增歎豈可申茲雅尚久廢朝猷宜戒司勳敬升鴻典且重華大聖

嬀汭惟賢盛德之祀無忘公侯之門必復是以殷嘉亶甫繼后稷之官堯命羲和纂重黎之位況其本枝攸建宜誓山河者乎其進公位相國總百揆封十郡爲陳公備九錫之禮加璽紱遠遊冠綠綟綬位在諸侯王上其鎮衞大將軍揚州牧如故策曰大哉乾元資日月以貞觀至哉坤元憑山川以載物故惟天爲大陟配者欽明惟王建國翼輔者齊聖是以文武之佐磻磎蘊其玉璜堯舜之臣榮河鏤其金版況乎體得一之鴻姿寧陽九之危厄拯橫流於碣石撲燎火於崑岑驅馭於韋彭跨躡於齊晉神功行而靡用聖道運而無名者乎今將授公典策其敬聽朕命日者昊天不弔鍾亂於我國家網漏吞舟彊胡內鼎茫茫宇宙慄慄黎元方足圓顱萬不遺一太清否亢橋山之痛已深大寶屯如平陽之禍相繼上宰膺運康救兆民鞠旅於滇池之南揚旌於桂嶺之北懸三光於已墜謐四海於羣飛屠獯寇於中原斬鯨鯢於濛汜蕩寧上國光啟中興此則公之大造於皇家者也既而天未悔禍夷醜薦臻南夏崩騰西京蕩覆羣胡孔熾藉亂乘間推納藩枝盜假神器冢司昏撓旁引寇讎既見貶於桐宮方謀危於漢閣皇運已殆何殊贅旒中國搖然非徒如綫公赫然投袂匡救本朝復莒齊都平戎王室朕所以還膺寶歷重履宸居挹建武之風猷詠宣王之雅頌此又公之再造於皇家者也公應務之初登庸惟始三川五嶺莫不窺臨銀洞珠宮所在寧謐孫盧擊斂越貊爲災番部阽危勢將淪殄公赤旗所指祆壘洞開白羽纔撝兇徒粉潰非其神武久喪南藩此又公之功也大同之末邊政不修李賁狂迷竊我交愛敢稱大號驕恣甚於尉陀據有連州雄豪熾於梁碩公英謩雄筭電掃風行馳御樓船直跨滄海新昌典澈備履艱難蘇歷嘉寧盡爲京觀三山獠洞八角蠻陬逖矣水寓之鄉悠哉火山之國馬援之所不屆陶璜之所未聞莫不懼我王靈爭朝邊候歸賝天府獻狀鴻臚此又公之功也自寇虜陵江宮闈幽辱公枕戈嘗膽提劒撫心氣涌青霄神飛紫闥而番禺連率本自諸夷言得其朋是懷同惡公仗此忠誠乘機勦定執沛令而釁鼓平新野而據鞍此又公之功也世道初艱方隅多難勳門桀黠作亂衡嶷兵切池隍衆兼夷獠公以國盜邊讐知無不爲郵是同盟誅其醜類莫不魚驚鳥散面縛頭懸南土黔黎重保蘇息此又公之功也長驅嶺嶠蒙想京畿緣道酋豪遞爲榛梗路養渠率全據大都蓄聚逋逃方謀阻亂百樓不戰雲梯之所未窺萬弩齊張高

棚之所非敵公龍驤虎步嘯吒風雲山靡堅城野無彊陣清祆氛於灘石滅沴氣於雩都此又公之功也遷仕凶慝屯據大皐乞活類馬騰之軍流民多杜弢之衆推鋒轉鬬自北徂南頻歲稽誅寔惟勍虜公坐揮三略遙制六奇義勇同心貔貅騁力雷奔電擊谷靜山空列郡無犬吠之驚叢祠罷狐鳴之盜此又公之功也王師討虜久屈淪波兵乏兼儲士有飢色公回麾蠡澤積穀巴丘億庾之詠斯豐壺漿之迎是衆軍民轉漕會無砥柱之難艫舳相望如運敖倉之府犀渠貝冑顧蔑雷霆高艦層樓仰捫霄漢故使三軍勇銳百戰無前承此兵糧遂殄凶逆此又公之功也若夫英圖邁俗義旅如雲盜壘猜攜用淹戎略公志唯同獎師克在和鵠塞非虞鴻門是會若晉侯之誓白水如蕭王之推赤心屈禮交盟人祇感咽故能使舟師並路遠邇朋心此又公之功也姑孰襟要崤函阻憑寇虜據其關梁大盜負其扃鐍公一校裁撝三雄並奮左賢右角沙潰土崩木甲殪於中原氈裘赴於江水他他藉藉萬計千羣鄂坂之隘斯開夷庚之道無塞此又公之功也義軍大衆俱集帝京逆豎凶徒猶屯皇邑若夫表裏山河金湯嶮固疏龍首以抗殿揄華岳以爲城雜虜憑焉彊兵自若公回茲地軸抗此天羅曾不崇朝俾無遺噍軍容甚穆國政方脩物重覩於衣冠民還瞻於禮樂楚人滿道爭覩於葉公漢老銜悲俱歡於司隸此又公之功也內難初靜諸侯出關外郡傳烽鮮卑犯塞莫非且渠當戶中貴名王冀馬迥於淮南胡笳動於徐北公舟師步甲亘野橫江殲厥羣羝遂殫封豨莫不絓木而止戎車靡遺遇濘而旋歸驂盡殪此又公之功也公克黜禍難勦勞皇室而孫甯之黨翻啟狄心伊洛之間咸爲虜戍雖金陵佳氣石壘天嚴朝闕戎塵夜喧胡鼓公三籌既畫八陣斯張裁舉靈鉦亦抽金僕咸俘醜類悉反高墉異李廣之皆誅同龐元之盡赦此又公之功也任約叛渙梟聲不悛戎羯貪婪狼心無改穹廬氊幕抵北闕而爲營烏孫天馬指東都而成陣公左甄右落箕張翼舒埽是攙搶驅其猃狁長狄之種埋於國門椎髻之酋烹於軍市投秦坑而盡沸壅濉水而不流此又公之功也一相居中自折彝鼎五湖小守妄懷同惡公夙駕兼道秉羽杖戈玉斧將揮金鉦且戒祆酋震懾遽請灰釘藝櫬以表其含弘焚書以安其反側此又公之功也賊龕凶橫陵虐具區阻兵安忍憑災怙亂自古蟲言鳥跡渾沌洪荒凡或虔劉未此殘酷公雖宗居汝潁世寓東南育聖誕賢之鄉含

章挺生之地眷言桑梓公私憤切卓爾英狀丞規奉筭黎此大憝如烹小鮮此又公之功也亂離永久羣盜孔多浙左凶渠連兵構逆豈止千兵五校白雀黃龍而已哉公以中軍無率選是親賢奸寇途窮潅然冰泮刑濬（又作唐）之所文命動其大威雷門之間句踐行其嚴戮英規聖跡異代同風此又公之功也同姓有扈頑凶不賓憑藉宗盟圖危社稷觀兵匯澤勢震京師驅率南蠻已爲東帝公論兵於廟堂之上決勝於罇俎之間寇賈禁勝浮江下瀨一朝擒撲無待旬師萬里澄清非勞新息此又公之功也豫章祆寇依憑山澤繕甲完聚多歷歲時結從連橫爰洎交廣呂嘉既獲吳濞已擒命我還師征其不恪連營盡拔僞黨斯擒曜聖武於匡山同神旌於蠡浿此又公之功也自八紘九野瓜剖豆分竊帝偷王連州比縣公武靈已暢文德又宣折簡馳書風猷斯遠至於蒼蒼浴日杳杳無雷北洎丈夫之鄉南踰女子之國莫不屈膝膜拜求吏款關此又公之功也京師禍亂亟積寒暄幾關低昂九門寥豁寧泰宮之可覩豈魯殿之猶存五都暋弁百僚卿士胡服縵纓咸爲戎俗高冠厚履希復華風宋微子麥穟之歌周大夫黍離之歎方之於斯未足爲悲矣公求衣昧旦昃食高春興構宮闈具瞻遐邇郊庠宗稷之典六符十等之章還聞太始之風流重覩永平之遺事此又公之功也公有濟天下之動重之以明德凝神體道合德符天用百姓以爲心隨萬機而成務恥一物非唐虞之民歸含靈於仁壽之域上德不德無爲以爲夏長春生顯仁藏用忠信爲寶風雨弗愆仁惠爲基牛羊勿踐功成治定樂奏咸雲安上治民禮兼文質物色丘園衣褐里巷朝多君子野無遺賢菽粟同水火之饒工商富猗頓之旅是以天無蘊寶地有呈祥潏露卿雲朝團曉映山車澤馬服馭登閑既景煥於圖書方葳蕤於史諜高勳踰於象緯積德冠於嵩華固無德而稱者矣朕又聞之前王宰世茂賞尊賢式樹蕃長總征羣伯二南崇絕四履遐曠泱泱表海祚土維齊巖巖泰山俾侯於魯抑又勤王反鄭夾輔淵周召伯之命斯隆河陽之禮咸備況復經營宇宙寧唯斷鼇足之功弘濟蒼生非直鑿龍門之嶮而疇庸報德寂爾無聞朕所以垂拱當宁載懷慙愧者也今授公相國以南豫州之陳留南丹陽宣城揚州之吳興東陽新安新寧南徐州之義興江州之鄱陽臨川十郡封公爲陳公錫茲青土苴以白茅爰定爾邦用建冢社昔旦奭分陝俱爲保師晉鄭諸侯咸作卿士兼其內外禮實攸

宜今命使持節兼太尉王通授相國印綬陳公璽紱使持節兼司空王瑒授陳公茅土金虎符第一至第五左竹使符第一至第十相國秩踰三鉉任總百司位絕朝班禮由事革其以相國總百揆除錄尚書之號上所假節侍中貂蟬中書監印章中外都督太傅印綬義興公印策其鎭衛大將軍揚州牧如故又加公九錫其敬聽後命以公禮爲楨榦律等衡策四維皆舉八柄有章是用錫公大輅戎輅各一玄牡二駟以公賤寶崇穀疏爵待農室富京坻民知榮辱是用錫公袞冕之服赤舄副焉以公調理陰陽燮諧風雅三靈允降萬國同和是用錫公軒縣之樂六佾之舞以公宣導王猷弘闡風敎光景所照襲象必通是用錫公朱戶以居以公抑揚淸濁褒德進賢髦士盈朝幽人虛谷是用錫公納陛以登以公嶷然廊廟爲世鎔範折衝四表臨御八荒是用錫公虎賁之士三百人以公執茲明罰期在刑措象恭無赦干紀必誅是用錫公斧鉞各一以公英猷遠量跨厲嵩滇包一車書括囊寰宇是用錫公彤弓一彤矢百玈弓十玈矢千以公天經地義貫徹幽明春露秋霜允恭粢盛是用錫公秬鬯一卣圭瓚副焉陳國置丞相已下一遵舊式往欽哉其恭循朕命克相皇天弘建邦家允興洪業以光我高祖之休命十月戊辰進高祖爵爲王以揚州之會稽臨海永嘉建安南徐州之晉陵信義江州之潯陽豫章安成廬陵并前爲二十郡益封陳國其相國揚州牧鎭衛大將軍竝如故又命陳王冕十有二旒建天子旌旗出警入蹕乘金根車駕六馬備五時副車置旄頭雲罕樂舞八佾設鍾虡宮縣王妃王子王女爵命之號陳臺百官一依舊典辛未梁帝禪位於陳詔曰五運更始三正迭代司牧黎庶是屬聖賢用能經緯乾坤彌綸區宇大庇黔首闡揚鴻烈革晦以明積代同軌百王踵武咸由此則梁德湮微禍亂荐發太淸云始見困長蛇承聖之季又罹封豕爰至天成重竊神器三光亟沉七廟乏祀含生已泯鼎命斯墜我武元之祚有如綴旒靜惟屯剝夕惕載懷相國陳王有命自天降神惟嶽天地合德晷曜齊明拯社稷之橫流提億兆之塗炭東誅逆叛北殲獯醜威加四海仁漸萬國復張崩樂重興絕禮儒館聿脩戎亭虛候大功在舜盛績惟禹巍巍蕩蕩無得而稱來獻白環豈直皇虞之世入貢素雉非止隆周之日固以效珍川陸表瑞烟雲甘露醴泉旦夕凝涌嘉禾朱草孳植郊甸道昭於悠代勳格於皇穹明明上天光華日月革故著於玄象代德彰於圖讖獄訟

有歸謳訶爰適天之歷數寔有攸在朕雖庸藐闇於古昔永稽崇替爲日已久敢忘列代之遺典人祇之至願乎今便遜位別宮敬禪於陳一依唐虞宋齊故事策曰咨爾陳王惟昔上古厥初生民驪連栗陸之前容成大庭之代竝結繩寫鳥杳冥慌忽故靡得而詳焉自羲農軒昊之君陶唐有虞之主或垂衣而御四海或無爲而子萬姓居之如馭朽索去之如脫敝屣裁遇許由便能捨帝暫逢善卷卽以讓王故知玄扈琁璣非關尊貴金根玉輅示表君臨及南觀河渚東沉刻璧精華旣竭耄勤已倦則抗首而笑唯賢是與謗然作歌簡能斯授遺風餘烈昭晰圖書漢魏因循是爲故實宋齊授受又弘斯義我高祖應期撫運握樞御宇三后重光祖宗齊聖及時屬陽九封豕荐食西都失馭夷狄交侵乃皋天成輕弄龜鼎惵惵黔首若崩厥角徽徽皇極將甚綴旒惟王乃聖乃神欽明文思二儀竝運四時合序天錫智勇人挺雄傑珠庭日角龍行虎步爰初投袂日迺勤王電掃番禺雲撤彭蠡掬其元惡定我京畿及王賀帝弘貿茲冠屨旣行伊霍用保冲人震澤稽陰竝懷叛逆獯羯醜虜三亂皇都裁命偏師二邦自殄薄伐獫狁六戎盡殪嶺南叛渙湘郢結連賊帥旣擒凶渠傳首用能百揆時序四門允穆無思不服無遠不屆上達穹昊下漏淵泉蛟魚竝見謳歌攸屬況乎長彗橫天已徵布新之兆璧日斯旣寔表更姓之符是以始創義師紫雲曜彩肇惟尊主黃龍負舟楛矢素翬梯山以至白環玉玦慕德而臻若夫安國字萌本因萬物之志時乘御宇艮會樂推之心七百無常期皇王非一族昔木德旣季而傳祚於我有梁天之歷數允集明哲式遵前典廣詢羣議王公卿尹莫不攸屬敬從人祇之願授帝位於爾躬四海困窮天祿永終王其允執厥中軌儀前式以副溥天之望禋祀上帝時膺大禮永固洪業豈不盛歟又璽書曰君子者自昭明德達人者先天弗違故能進退咸亨動靜元吉朕雖蒙寡庶乎景行何則三才剖判九有區分情性相乖亂離云起是以建彼司牧推乎聖賢授受者任其時來皇王者本非一族人謀是與屆已從萬物之心天意斯歸鞠躬奉百靈之命謳訶所往則褰袂以膺之菁華已竭乃褰裳而去之昔在唐虞鑒於天道舉其黎獻授彼明哲雖復質文殊軌沿革不同歷代因循斯風靡替我大梁所以考庸太室接禮貳宮月正元日受終文祖但運不常夷道無恒泰山岳傾偃河海沸騰電目雷聲之酋鉤爪鋸牙之獸咀嚼含生不知紀極二后

英聖相仍在天六夷貪狡爭侵中國縣王都帝人懷干紀一民尺土皆非梁地朕以不造幼罹閔凶仰憑衡佐亟移年序周成漢惠邈矣無階惟是童蒙必貽顚蹷若使時無聖哲世靡艱難猶當高蹈於滄洲自求於泰伯者矣惟王應期誕秀開籙握圖性道故其難聞嘉庸已其被物乾行同其燾覆日御比其貞明登承聖於復禹之功樹鞠子於興周之業滅陸渾於伊洛殲驪戎於鎬京大小二震之驍徒東南兩越之勍寇遠行天討無遺神策於是祖述堯舜憲章文武大樂與天地同和大禮與天地同節鼓之以雷霆潤之以風雨仁霑葭葦信及豚魚殷牖斯空夏臺虛設民惟大畜野有同人升平頌平無偏無黨固以雲飛紫蓋水躍黃龍東伐西征瞻映川陸榮光曖曖已冐郊䴥甘露瀼瀼亟流庭苑車轍馬跡誰不率從蟠水流沙誰不懷德祥圖遠至非唯赤伏之符靈命昭然何止黃星之氣海口河目賢聖之表旣彰握旄執鉞君人之狀斯偉且自攝提無紀孟陬殄滅枉矢宵飛天弧曉映久矣夷羊之在牧時哉蛟龍之出泉革運之兆咸徵惟新之符竝集朕所以欽若勛華屢回星琯昔者木運斯盡予高祖受焉今歷去炎精神歸樞紐敬以火德傳于爾陳遠鑒前王近謀羣辟明靈有悅率土同心今遣使持節兼太保侍中尚書左僕射平樂亭侯王通兼太尉司徒左長史王瑒奉皇帝璽綬受終之禮一依唐虞故事王其時陟元后寧育兆民光闡洪猷以承昊天之休命是日梁帝遜于別宮高祖謙讓再三羣臣固請乃許

陳書卷一考證

高祖紀上吳興長城下若里人○若監本誤春一統志湖州長興晉名長城有上若下若若亦作箬今從南史改正

授直閤將軍封新安子○安南史作枋

李遷仕許身當陽○許一本作託

乃以舣艕貯石沉塞淮口○舣南史作艘

改大寶三年爲承聖元年湘州平高祖旋鎭京口○梁書湘州平係承聖二年事

丙午貞陽侯遜位○丙字南本俱作景此本俱作丙蓋後人所改也

丁丑載及北叟來降○南史北叟上有龕從弟三字蓋韋載杜龕已見上文突云北叟不知爲何人矣

楚州刺史劉仕榮淮州刺史柳達摩領兵萬人於胡墅渡○南史仕作士胡作湖

先是太白自十一月丙戌不見乙卯出於東方○乙卯上南史有十二月三字

襄齊行臺趙彥琛於瓜步○琛南史作深

屠𢧐竄於中原○竄閣本注一作竄

乃皋天成輕弄龜鼎○皋南史閣一本誤衆

時乘御宇○宇監本誤寓今改從南本

陳書卷二

唐　散騎常侍姚思廉撰

本紀第二

高祖下

永定元年冬十月乙亥高祖卽皇帝位于南郊柴燎告天曰皇帝臣霸先敢用玄牡昭告于皇皇后帝梁氏以圮剝荐臻歷運有極欽若天應以命于霸先夫肇有烝民乃樹司牧選賢與能未常厥姓放勛重華之世咸無意於受終當塗典午之君雖有心於揖讓皆以英才處萬乘高勳御四海故能大庇黔首光宅區縣有梁末運仍葉遘屯獯醜憑陵久移神器承聖在外非能祀夏天未悔禍復罹寇逆嫡嗣廢黜宗枝僭詐天地蕩覆紀綱泯絕霸先爰初投袂大拯橫流重舉義兵實戡多難廢王立帝寔有厥功安國定社用盡其力是謂小康方期大道旣而烟雲表色日月呈瑞緯聚東井龍見譙邦除舊布新旣彰玄象遷虞事夏且協謳訶九域八荒同布衷款百神羣祀皆有誠願梁帝高謝萬邦授以大寶霸先自惟菲薄讓德不嗣至于再三辭弗獲許僉以百姓須主萬機難曠皇靈眷命非可謙拒畏天之威用膺嘉祚永言夙志能無慙德敬簡元辰升壇受禪告類上帝用答民心永保于我有陳惟明靈是饗先是氛霧晝夜晦冥至于是日景氣淸晏識者知有天道焉禮畢輿駕還宮臨太極前殿詔曰五德更運帝王所以御天三正相因夏殷所以宰世雖色分辭翰時異文質揖讓征伐迄用參差而育德振民義歸一揆朕以寡昧時屬艱危國步屢屯天維三絕肆勤先后拯厥橫流藉將帥之功兼猛士之力一匡天下再造黔黎梁氏以天祿永終歷數攸在遵與能之典集大命于朕躬顧惟菲德辭不獲亮式從天聽俯協民心受終文祖升禋上帝繼迹百王君臨萬宇若涉川水罔知攸濟寶業初建皇祚惟新思

俾惠澤覃被億兆可大赦天下改梁太平二年爲永定元年賜民爵二級文武二等鰥寡孤獨不能自存者人穀五斛逋租宿債皆勿復收其有犯鄉里清議贓汙淫盜者皆洗除先注與之更始長徒敕繫特皆原之亡官失爵禁錮奪勞一依舊典又詔曰禮陳杞宋詩詠二客弗臣之重歷代斯敦梁氏欽若人祇憲章在昔濟河沉璧高謝萬邦茅賦所加宜遵舊典其以江陰郡奉梁主爲江陰王行梁正朔車旗服色一依前準宮館資待務盡優隆又詔梁皇太后爲江陰國太妃皇后爲江陰國妃又詔百司依位攝職丙子輿駕幸鍾山祀蔣帝廟戊寅輿駕幸華林園親覽詞訟臨赦囚徒己卯分遣大使宣勞四方下璽書敕州郡曰夫四王革代商周所以應天五勝相推軒羲所以當運梁德不造喪亂積年東夏崩騰西都蕩覆蕭勃干紀非唯趙倫侯景滔天踰於劉載貞陽反篡賊約連兵江左累屬於鮮卑金陵久非於梁國自有氤氳混沌之世龍圖鳳紀之前東漢興平之初西朝永嘉之亂天下分崩未有若於梁朝者也朕以虛薄屬當興運自昔登庸首清諸越徐門浞泊靡不征行浮海乘山所在戡定冐慰風塵騁馳師旅六延梁祀十翦强寇豈曰人謀皆由天啓梁氏以天祿斯改期運永終欽若唐虞推其鼎玉朕東西退讓拜手陳辭避舜子於箕山之陽求支伯於滄洲之野而公卿敦逼率土翹惶天命難稽遂享嘉祚今月乙亥升禮太壇言念遷桐但有慙德自梁氏將末頻月亢陽火運斯終秋霖奄降翌日成禮圓丘宿設埃雲曉霽星象夜張朝景重輪泫三危之膏露晨光合璧帶五色之卿雲顧惟寡薄彌慙休祉昧旦丕顯方思至治卿等擁旄方岳相任股肱剖符名宇方寄恤隱王歷惟新念有欣慶想深求民瘼務在廉平愛惠以撫孤貧威刑以禦彊猾若有萑蒲之盜或犯戎商山谷之酋擅彊幽險皆從肆赦咸使知聞如或迷途俾在無貸今遣使人具宣往旨念思善政副此虛懷庚辰詔出佛牙於杜姥宅集四部設無遮大會高祖親出闕前禮拜初齊故僧統法獻於烏纏國得之常在定林上寺梁天監末爲攝山慶雲寺沙門慧興保藏慧興將終以屬弟慧志承聖末慧志密送于高祖至是乃出辛巳追尊皇考曰景皇帝廟號太祖皇妣董太夫人曰安皇后追謚前夫人錢氏號爲昭皇后世子克爲孝懷太子立夫人章氏爲皇后癸未尊景帝陵曰瑞陵昭皇后陵曰嘉陵依梁初園陵故事立刪定郎治定律令戊子遷景皇帝神主祔于太廟辛卯以中權將軍開府儀同三司丹陽尹王沖爲左光祿大夫癸巳追贈皇兄梁故散騎常侍平北將軍兗州刺史長城縣公道譚驃騎大將軍太尉封始興郡王弟梁故侍中驃騎將軍南徐州刺史武康縣侯休先車騎大將軍司徒封南康郡王是月西討都督周文育侯安都於郢州敗績囚于王琳十一月丙申詔曰東都齊國義乃親賢西漢城陽事兼功烈散騎常侍使持節都督會稽等十郡諸軍事宣毅將軍會稽太守長城縣侯蒨學尚清優神寓凝正文參禮樂武定妖氛心力謀猷爲家治國擁旄作守朞月有成辟彼關河功踰蕭寇萑蒲之盜自反耕農箕竹之豪用稟聲朔朕以虛寡屬當興運提彼三尺賓子四門王業艱難賴乎此子宜隆上爵稱是元功可封臨川郡王邑二千戶兄子梁中書侍郎頊襲封始興王弟子梁中書侍郎曇朗襲封南康王禮秩一同正王己亥甘露降于鍾山松林彌滿巖谷庚子開善寺沙門採之以獻敕頒賜羣臣丙辰以鎮西將軍南豫州刺史徐度爲鎮右將軍領軍將軍庚申京師太火十二月庚辰皇后謁太廟

二年春正月乙未詔曰夫設官分職因事重輕羽儀車馬隨時隆替晉之五校鳴笳啟途漢之九卿傳呼竝迥虞官夏禮豈曰同科殷朴周文固無恒格朕膺茲寶歷代是天工留念官方庶允時衷梁天監中左右驍騎領朱衣直閤竝給儀從北徐州刺史昌義之初首爲此職亂離歲久朝典不存後生年少希聞舊則今去左右驍騎宜通文武文官則用腹心武官則用功臣所給儀從同太子二衛率此外衆官尚書詳爲條制車騎將軍開府儀同三司侯瑱進位司空中權將軍開府儀同三司新除左光祿大夫王沖爲太子少傅左衛將軍徐世譜爲護軍將軍南兗州刺史吳明徹進號安南將軍衡州刺史歐陽頠進號鎮南將軍辛丑輿駕親祀南郊詔曰朕受命君臨初移星琯孟陬嘉月備禮泰壇景候昭華人祇允慶思令億兆咸與惟新且往代祅氛于今猶梗軍機未息徵賦咸繁事不獲已久知下弊言念黔黎無忘寢食夫罪無輕重已發覺未發覺在今昧爽以前皆赦除之西寇自王琳以下竝許返迷一無所問近所募義軍本擬西寇竝宜解遣留家附業輓訂軍資未送者竝停元年軍糧逋餘者原其半州郡縣軍戍竝不得輒遣使民間務存優養若有侵擾嚴爲法制乙巳輿駕親祀北郊甲辰振遠將軍梁州刺史張立表稱云乙亥歲八月丹徒蘭陵二縣界遺山側一旦因濤水涌生沙漲周旋千餘頃竝膏腴堪墾植戊午輿駕親祀明堂二月壬申南豫州刺史沈泰奔于齊辛卯詔車騎將軍司空侯瑱總督水步衆軍以過齊寇三月甲午詔曰罰不及嗣自古通典罪疑惟輕布在方策沈泰反覆無行遐邇所知昔有微功仍荷朝寄剖符名郡推轂累藩漢口班師還居方岳良田有逾於四百食客不止於三千富貴顯榮政當如此鬼害其盈天奪之魄無故猖狂自投獯醜雖復知人則哲惟帝其難光武有蔽於龐萌魏武不知於于禁但令朝廷無我負人其部曲妻兒各令復業所在及軍人若有恐脅侵掠者皆以劫論若有男女口爲人所藏竝許詣臺申訴若樂隨臨川王及節將立効者悉皆聽許乙卯高祖幸後堂聽訟還於橋上觀山水賦詩示羣臣是月王琳立梁永嘉王蕭莊于郢州夏四月甲子輿駕親祀太廟乙丑江陰王薨詔遣太宰弔祭司空監護喪事凶禮所須隨由備辦以梁武林侯蕭諮息季卿嗣爲江陰王丙寅輿駕幸石頭餞司空侯瑱戊辰重雲殿東鴟尾有紫煙屬天五月乙未京師地震癸丑齊廣陵南城主張顯和長史張僧那各率其所部入附辛酉輿駕幸大莊嚴寺捨身壬戌羣臣表請還宮六月己巳詔司空侯瑱領軍將軍徐度率舟師爲前軍以討王琳秋七月戊戌輿駕幸石頭親送瑱等己亥江州刺史周迪擒王琳將李孝欽樊猛余孝頃于工塘甲辰遣吏部尚書謝哲諭王琳甲寅嘉禾一穗六岐生五城初侯景之平也火焚太極殿承聖中議欲營之獨闕一柱至是有樟木大十八圍長四丈五尺流泊陶家後渚監軍鄒子度以聞詔中書令沈衆兼起部尚書少府卿蔡儔兼將作大匠起太極殿八月丙寅以廣梁郡爲陳留郡辛未詔臨川王蒨西討以舟師五萬發自京師輿駕幸冶城寺親送焉前開府儀同三司南豫州刺史周文育前鎮北將軍南徐州刺史新除開府儀同三司侯安都等於王琳所逃歸自劾廷尉即日引見竝宥之戊寅詔復文育等本官壬午追封皇子立爲豫章王謚曰獻權爲長沙王謚曰思長女爲永世公主謚曰懿謝哲反命王琳請還鎮湘川詔追衆軍緩其伐癸未西討衆軍至自大雷丁亥以信威將軍江州刺史周迪爲開府儀同三司進號平南將軍改南徐州所領南蘭陵郡復爲東海郡冬十月庚午遣鎮南將軍開府儀同三司周文育都督衆軍出豫章討余孝勱乙亥輿駕幸莊嚴寺發金光明經題丁酉以仁威將軍高州刺史黃法𣰰爲開府儀同三司進號鎮南將軍甲寅太極殿成匠各給復十二月庚申侍中安東將軍臨川王蒨率百僚朝前殿拜上牛酒甲子輿駕幸大莊嚴寺設無㝵大會捨乘輿法物羣臣備法駕奉迎即日輿駕還宮丙寅高祖於太極殿東堂宴羣臣設金石之樂以路寢告成也壬申割吳郡鹽官海鹽前京三縣置海寧郡屬揚州以安成所部廣興六洞置安樂郡丙戌以寧遠將軍北江州刺史熊曇朗爲開府儀同三司進號平西將軍丁亥詔曰梁時舊仕亂離播越始還朝廷多未銓序又起兵已來軍勳甚衆選曹即條文武簿及節將應九流者量其所擬於是隨材擢用者五十餘人

三年春正月己丑青龍見于東方丁酉以鎮南將軍廣州刺史歐陽頠即本號開府儀同三司是夜大雪及旦太極殿前有龍跡見甲午廣州刺史歐陽頠表稱白龍見于州江南岸長數十丈大可八九圍歷州城西道入天井崗仙人見于羅浮山寺小石樓長三丈所通身潔白衣服楚麗辛丑詔曰南康始興王諸妹已有封爵依禮止是藩主此二王者有殊恒情宜隆禮數諸主儀秩及尚主可竝同皇女戊申詔臨川王蒨省揚徐二州辭訟二月辛酉以平西將軍桂州刺史淳于量爲開府儀同三司進號鎮西大將軍壬午司空侯瑱督衆軍自江入合州焚齊舟艦三月丙申侯瑱至自合肥衆軍獻捷夏閏四月庚寅詔曰開廪賑絕育民之大惠巡方恤患前王之令典朕當斯季俗膺此樂推君德未孚民瘼猶甚重茲多壘彌疚納隍良由四聰弗達千里勿應博施之仁何其或爽殘弊之軌致此未康吳州縉州去歲蝗旱郢田雖疏鄭渠終涸室靡盈積之望家有塡壑之嗟百姓不足兆民何賴近已遣中書舍人江德藻銜命東陽與令長二千石問民疾苦仍以入臺倉見米分恤雖德非既飽庶微慰阻飢甲午詔依前代置西省學士兼以伎術者預焉丁酉遣鎮北將軍徐度率衆城南皖口是時久不雨丙午輿駕幸鍾山祀蔣帝廟是日降雨迄于月晦五月丙辰朔日有食之有司奏舊儀御前殿服朱紗袍通天冠詔曰此乃前代承用意有未同合朔仰助太陽宜備袞冕之服自今已去永可爲准丙寅扶南國遣使獻方物乙酉北江州刺史熊曇朗殺都督周文育于軍舉兵反王琳遣其將常衆愛曹慶率兵援余孝勱六月戊子儀同侯安都敗衆愛等於左里獲琳從弟襲主帥羊暕等三十餘人衆愛遁走庚寅廬山民斬之傳首京師甲午衆師凱歸詔曰曇朗醜逆罪不容誅分命衆軍仍事掩討方加梟磔以明刑憲徵臨川王蒨往

晥口置城柵以錢道戢守焉丁酉高祖不豫遣兼太宰尚書左僕射王通以疾告太廟兼太宰中書令謝哲告大社南北郊辛丑高祖疾小瘳故司空周文育之柩至自建昌壬寅高祖素服哭于東堂哀甚癸卯高祖臨訊獄訟是夜熒惑在天尊高祖疾甚丙午崩于璿璣殿時年五十七遺詔追臨川王蒨入纂甲寅大行皇帝遷殯于太極殿西階秋八月甲午羣臣上謚曰武皇帝廟號高祖丙申葬萬安陵高祖智以綏物武以寧亂英謀獨運人皆莫及故能征伐四克靜難夷凶至升大麓之日居阿衡之任恒崇寬政愛育爲本有須發調軍儲皆出於事不可息加以儉素自率常膳不過數品私饗曲宴皆瓦器蚌盤肴核庶羞裁令充足而已不爲虛費初平侯景及立紹泰子女玉帛皆班將士其充闈房者衣不重綵飾無金翠哥鍾女樂不列於前及乎踐阼彌屬恭儉故隆功茂德光有天下焉

陳吏部尚書姚察曰高祖英略大度應變無方蓋漢高魏武之亞矣及西都盪覆誠貫天人王僧辯闕伊尹之才空結桐宮之憤貞陽假秦兵之送不思穆嬴之泣高祖乃蹈玄機而撫末運乘勢隙而拯橫流王迹所基始自於此何止戡黎升陑之捷而已焉故於慎徵時序之世變聲改物之辰兆庶歸以謳謌炎靈去如釋負方之前代何其美乎

陳書卷二考證

高祖紀下輿駕幸大莊嚴寺設無㝵大會○宋書㝵同礙浮屠字也南史作碍

甲午廣州刺史歐陽頠表稱白龍見於州江南岸○臣人龍按上文書丁酉夜大雪則甲午爲前二日不應顛倒在後若南史稱甲子則以下文辛丑考之又不相合定有譌字不可考矣

徵臨川王蒨○蒨一本作諱蒨仍姚察之舊也

陳書卷三

唐　散騎常侍　姚思廉　撰

本紀第三

世祖

世祖文皇帝諱蒨字子華始興昭烈王長子也少沈敏有識量美容儀留意經史舉動方雅造次必遵禮法高祖甚愛之常稱此兒吾宗之英秀也梁太清初夢兩日闘一大一小大者光滅墜地色正黃其大如斗世祖因三分取一而懷之侯景之亂鄉人多依山湖寇抄世祖獨保家無所犯時亂日甚乃避地臨安及高祖舉義兵侯景遣使收世祖及衡陽獻王世祖乃密袖小刀冀因入見而害景至便屬吏故其事不行高祖大軍圍石頭景欲加害者數矣會景敗世祖乃得出赴高祖營起家爲吳興太守時宣城劫帥紀機郝仲等各聚衆千餘人侵暴郡境世祖討平之承聖二年授信武將軍監南徐州三年高祖北征廣陵使世祖爲前軍每戰克捷高祖之將討王僧辯也先召世祖與謀時僧辯女婿杜龕據吳興兵衆甚盛高祖密令世祖還長城立柵以備龕世祖收兵纔數百人戰備又少龕遣其將杜泰領精兵五千乘虛奄至將士相視失色而世祖言笑自若部分益明於是衆心乃定泰知柵內人少日夜苦攻世祖激厲將士身當矢石相持數旬泰乃退走及高祖遣周文育率兵討龕世祖與并軍往吳興時龕兵尚衆斷據衝要水步連陣相結世祖命將軍劉澄蔣元舉率衆攻龕龕軍大敗窘急因請降東揚州刺史張彪起兵圍臨海太守王懷振懷振遣使求救世祖與周文育輕兵往會稽以掩彪後彪將沈泰開門納世祖世祖盡收其部曲家累彪至又破走若邪村民斬彪傳其首以功授持節都督會稽等十郡諸軍事宣毅將軍會稽太守山越深險皆不賓附世祖分命討擊悉平之威惠大振高祖受禪立爲臨川郡王邑二千戶拜侍中安東將軍及周文育侯安都敗於沌口高祖詔世祖入衛軍儲戎備皆以委焉尋命率兵城南晥永定三年六月丙午高祖崩遺詔徵世祖入纂甲寅至自南晥入居中書省皇后令曰昊天不弔上玄降禍大行皇帝奄捐萬國率土哀號普天如喪窮酷煩寃無所迨及諸孤藐爾反國無期須立長主以寧寓縣侍中安東將軍臨川王蒨體自景皇屬惟猶子建殊功於牧野敷盛業於戡黎納麓時敘之辰負扆乘機之日竝佐時雍是同草創祧祏所繫遐邇宅心宜奉大宗嗣膺寶錄使七廟有奉兆民寧晏未亡人假延餘息嬰此百罹尋繹纏綿興言感絕世祖固讓至于再三羣公卿士固請其日即皇帝位於太極前殿詔曰上天降禍奄集邦家大行皇帝背離萬國率土崩心若喪考妣龍圖寶歷眇屬朕躬運鍾擾攘事切機務南面須主西讓禮輕今便式膺景命光宅四海可大赦天下罪無輕重悉皆蕩滌逋租宿債吏民愆負可勿復收文武內外量加爵敘孝悌力田爲父後者賜爵一級庶祗畏在心公卿畢力勝殘去殺無待百年興言號哽深增慟絕又詔州郡悉停奔赴秋七月丙辰尊皇后爲皇太后己未以鎮南將軍開府儀同三司廣州刺史歐陽頠進號征南將軍平南將軍開府儀同三司周迪進號鎮南將軍平南將軍開府儀同三司高州刺史黃法氍進號安南將軍庚申以鎮南大將軍開府儀同三司桂州刺史淳于量進號征南大將軍辛酉以侍中車騎將軍司空侯瑱爲太尉鎮西將軍開府儀同三司南豫州刺史侯安都爲司空侍中中權將軍開府儀同三司王沖爲特進左光祿大夫鎮北將軍南徐州刺史徐度爲侍中中撫軍將軍開府儀同三司壬戌以侍中護軍將軍徐世譜爲特進安右將軍侍中忠武將軍杜稜爲領軍將軍乙丑重雲殿災八月癸巳以平北將軍南徐州刺史留異爲安南將軍縉州刺史平南將軍北江州刺史魯悉達進號安左將軍庚戌封皇子伯茂爲始興王奉昭烈王後徙封始興嗣王頊爲安成王九月辛酉立皇子伯宗爲皇太子王公以下賜帛各有差乙亥立妃沈氏爲皇后冬十一月乙卯王琳寇大雷詔遣太尉侯瑱司空侯安都儀同徐度率衆以禦之

天嘉元年春正月癸丑詔曰朕以寡昧嗣纂洪業哀惸在疚治道弗昭仰惟前德幽顯遐暢恭已不言庶幾無改雖宏圖懋軌日月方弘而淸廟廓然聖靈浸遠感尋永往瞻言罔極今四象運周三元告獻華夷胥洎玉帛駿奔思覃遺澤播之億兆其大赦天下改永定四年爲天嘉元年鰥寡孤獨不能自存者賜穀人五斛孝悌力田殊行異等加爵一級甲寅分遣使者宣勞四方辛酉輿駕親祀南郊詔曰朕式饗上玄虔奉牲玉高禋禮畢誠敬兼弘且陰霾浹辰霽在日雲物韶朗風景清和慶動人祇忻流庶俗思俾黎元同此多祐可賜民爵一級辛未輿駕親祀北郊二月辛卯老人星見乙未高州刺史紀機自軍叛還宣城據郡以應王琳涇令賀當遷討平之丙申太尉侯瑱敗王琳于梁山齊兵于博望生擒齊將劉伯球盡收其資儲船艦俘馘以萬計王琳及其主蕭莊奔于齊戊戌詔曰夫五運遞來三靈眷命皇王因之改創殷周所以樂推朕統歷承基丕隆鼎運期理攸屬數祚斯在豈僥倖所至寧卜祝可求故知神器之重必在符命是以逐鹿貽譏斷蛇定業亂臣賊子異世同尤王琳識暗挈瓶智慙衛足干紀亂常自貽顛沛而縉紳君子多被縶維雖涇渭合流蘭鮑同肆求之厥理或有脅從今九服既設八紘斯掩天網恢恢吞舟是漏至如伏波遊說永作漢蕃延壽脫歸終爲魏守器改秦虞材通晉楚行藏用捨亦豈有恒宜加寬仁以彰雷作其衣冠士族預在凶黨悉皆原宥將帥戰兵亦同肆眚並隨才銓引庶收力用又詔師旅以來將士死王事者並加贈謚己亥詔曰日者凶渠肆虐衆軍進討舟艦輸積權倩民丁師出經時役勞日久今氛祲廓清宜有甄被可蠲復丁身夫妻三年於役不幸者復其妻子庚子分遣使者齎璽書宣勞四方乙巳遣太尉侯瑱鎮湓城庚戌以高祖第六子昌爲驃騎將軍湘州牧立爲衡陽王三月丙辰詔曰自喪亂以來十有餘載編戶凋亡萬不遺一中原氓庶蓋云無幾頃者寇難仍接筭斂繁多且興師以來千金日費府藏虛竭杼軸歲空近所置軍資本充戎備今元惡克殄八表已康兵戈靜戢息肩方在思俾餘黎陶此寬賦今歲軍糧通減三分之一尚書申下四方稱朕哀矜之意守宰明加勸課務急農桑庶鼓腹含哺復在茲日蕭莊所署郢州刺史孫瑒舉州內附丁巳江州刺史周迪平南中斬賊率熊曇朗傳首京師先是齊軍守魯山城戊午齊軍棄城走詔南豫州刺史程靈洗守之甲子分荊州之天門義陽南平郢州之武陵四郡置武州其刺史督沅州領武陵太守治武陵郡其都尉所部六縣爲沅州別置通寧郡以刺史領太守治都尉城省舊都尉以安南將軍南兗州刺史新除右衛將軍吳明徹爲安西將軍武州刺史爲郢州刺史孫瑒爲安南將軍湘州刺史丙子衡陽王昌薨丁丑詔曰蕭莊僞署文武官屬還朝者量加錄序夏四月丁亥立皇子伯信爲衡陽王奉獻王後乙未以安南將軍荀朗爲安北將軍合州刺史五月乙卯改桂陽之汝成縣爲盧陽郡分衡州之始興安遠二郡置東衡州六月辛巳改謚皇祖妣景安皇后曰景文皇后壬辰詔曰梁孝元遭離多難靈櫬播越朕昔經北面有異常倫遣使迎接以次近路江寧既有舊塋宜即安卜車旗禮章悉用梁典依魏葬漢獻帝故事甲午追策故始興昭烈王妃曰孝妃丁酉以開府儀同三司徐度爲

侍中中軍將軍辛丑國哀周忌上臨于太極前殿百僚陪哭赦京師殊死已下是月葬梁元帝於江寧秋七月甲寅詔曰朕以眇身屬當大寶負荷至重憂責實深而庶績未康胥怨猶結佇沓賢良發於夢想每有一言入聽片善可求何嘗不褒獎抽揚緘書紳帶而傳巖虛往窮谷尚淹蒲幣空陳旌弓不至豈當有乖則哲使草澤遺才將時運澆流今不逮古側食長懷寢興增歎新安太守陸山才有啟薦梁前征西從事中郎蕭策梁前尚書中兵郎王暹竝世冑清華羽儀著族或文史足用或孝德可稱竝宜登之朝序擢以不次王公已下其各進舉賢良申薦淪屈庶衆才必萃大廈可成使棫樸載歌由庚在詠乙卯詔曰自頃喪亂編戶播遷言念餘黎良可哀傷其亡鄉失土逐食流移者今年內隨其適樂來歲不問僑舊悉令著籍同土斷之例丙辰立皇子伯山爲鄱陽王八月庚辰老人星見壬午詔曰菽粟之貴重於珠玉自頃寇戎游手者衆民失分地之業士有佩犢之譏朕哀矜黔庶念康弊俗思俾阻饑方存富教麥之爲用要切斯甚今九秋在節萬寶可收其班宜遠近竝合播種守宰親臨勸課務使及時其有尤貧量給種子癸未世祖臨景陽殿聽訟戊子詔曰汙罇土鼓誠則難追畫卵彫薪或可易革梁氏末運奢麗已甚芻豢厭於胥史歌鍾列於管庫土木被朱丹之采車馬飾金玉之珍逐欲澆流遷訛遂遠朕自諸生頗爲內足而家敦朴素室靡浮華觀覽時俗常所扼腕今妄假時乘臨馭區極屬當淪季思聞治道菲食卑宮自安儉陋俾玆薄俗獲反淳風維雕鏤淫飾非兵器及國容所須金銀珠玉衣服雜玩悉皆禁斷甲午周將賀若敦率馬步一萬奄至武陵武州刺史吳明徹不能拒引軍還巴陵丁酉上幸正陽堂閱武九月癸丑彗星見乙卯周將獨孤盛領水軍將趣巴湘與賀若敦水陸俱進太尉侯瑱自尋陽往禦之辛酉遣儀同徐度率衆會瑱于巴丘丙子太白晝見丁丑詔侯瑱衆軍進討巴湘十月癸巳侯瑱襲破獨孤盛於楊葉洲盡獲其船艦盛收兵登岸築城以保之丁酉詔司空侯安都率衆會侯瑱南討十二月乙未詔曰古者春夏二氣不決重罪蓋以陽和布澤天秩是弘寬網省刑義符含育前王所以則天象地立法垂訓者也朕屬當澆季思求民瘼哀矜惻隱念甚納隍常欲式遵舊軌用長風化自今孟春訖于夏首罪人大辟事已款者宜且申停己亥周巴陵城主尉遲憲降遣巴州刺史侯安都守之庚子獨孤盛將餘衆自楊葉洲潛遁

二年春正月庚戌大赦天下以雲麾將軍晉陵太守杜稜爲侍中領軍將軍辛亥以始興王伯茂爲宣惠將軍揚州刺史乙卯合州刺史裴景徽奔于齊辛未周湘州城主殷亮降湘州平二月丙戌以太尉侯瑱爲車騎將軍湘州刺史庚寅曲赦湘州諸郡三月乙卯太尉車騎將軍湘州刺史侯瑱薨丁丑以鎮東將軍會稽太守徐度爲鎮南將軍湘州刺史夏四月分荊州之南平宜都羅河東四郡置南荊州鎮河東郡以安西將軍武州刺史吳明徹爲南荊州刺史庚寅以安左將軍魯悉達爲安南將軍吳州刺史辛卯老人星見秋七月丙午周將賀若敦自拔遁歸人畜死者十七八武陵天門南平義陽河東宜都郡悉平九月甲寅詔曰姬業方闡望載渭濱漢歷既融道通圯上若乃擒精辰宿降靈惟岳風雲有感夢寐是求斯固舟楫鹽梅遞相表裏長世建國罔或不然至於銘德太常從祀清廟以貽厥後來垂諸不朽者也前皇經濟區宇裁成品物靈貺式甄光膺寶命雖睿明濬發幽顯協從亦文武賢能翼宣王業故大司馬驃騎大將軍瑱故司空文育故平北將軍開府儀同三司僧明故中護軍頟故領軍將軍擬或締構艱難經綸夷險或推鋒冒刃殉義遺生或宣哲協規綢繆帷幄或披荊汗馬終始勤劬莫不罄誠悉力屯泰以之朕以寡昧嗣膺丕緒永言勳烈思弘典訓便可式遵故實載揚盛軌可竝配食高祖廟庭俾茲大猷永傳宗祏丙辰以侍中中權將軍特進左光祿大夫開府儀同三司王沖爲丹陽尹丹陽尹沈君理爲左民尚書領步兵校尉冬十月乙巳霍州西山蠻率部落內屬十一月乙卯高麗國遣使獻方物甲子以武昌國川爲竟陵郡以安流民十二月辛巳以安東將軍吳郡太守孫瑒爲中護軍甲申立始興國廟於京師用王者之禮太子中庶子虞荔御史中丞孔奐以國用不足奏立煮海鹽賦及榷酤之科詔竝施行先是縉州刺史留異應于王琳等反丙戌詔司空侯安都率衆討之

三年春正月庚戌設帷宮於南郊幣告胡公以配天辛亥輿駕親祀南郊詔曰朕負荷寶圖亟回星琯兢兢業業庶幾治定而德化不孚俗弊滋甚永言念之無忘日夜陽和布氣昭事上玄躬奉牲玉誠兼饗敬思與黎元被斯寬惠可普賜民爵一級其孝悌力田別加一等辛酉輿駕親祀北郊閏二月己酉以百濟王餘明爲撫東大將軍高句驪王高湯爲寧東將軍江州刺史周迪舉兵應留異襲湓城攻豫章郡竝不剋辛亥以南荊州刺史吳明徹爲安右將軍甲子改鑄五銖錢三月丙子安成王頊至自周詔授侍中中書監中衞將軍置佐史丁丑以安右將軍吳明徹爲安南將軍江州刺史督衆軍南討甲申大赦天下庚寅司空侯安都破留異於桃支嶺異脫身奔晉安東陽郡平夏四月癸卯曲赦東陽郡乙巳齊遣使來聘六月丙辰以侍中中衞將軍安成王頊爲驃騎將軍揚州刺史以會稽東陽臨海永嘉新安新寧晉安建安八郡置東揚州以揚州刺史始興王伯茂爲鎮東將軍東揚州刺史征北將軍司空南徐州刺史侯安都爲侍中征北大將軍秋七月己丑皇太子納妃王氏在位文武賜帛各有差孝悌力田爲父後者賜爵二級九月戊辰朔日有食之以侍中都官尚書到仲舉爲尚書右僕射丹陽尹丁亥周迪請降詔安成王頊督衆軍以招納之是歲周所立梁王蕭詧死子巋代立

四年春正月丙子千陁利國遣使獻方物甲申周迪棄城走閩州刺史陳寶應納之臨川郡平壬辰以平西將軍郢州刺史章昭達爲護軍將軍仁武將軍新州刺史華皎進號平南將軍鎮南將軍開府儀同三司高州刺史黃法𣰰爲鎮北大將軍南徐州刺史安西將軍領臨川太守周敷爲南豫州刺史中護軍孫瑒爲鎮右將軍罷高州隸入江州二月戊戌征南將軍開府儀同三司廣州刺史歐陽頠進號征南大將軍庚戌以侍中司空征北大將軍侯安都爲征南大將軍江州刺史庚申以平南將軍華皎爲南湘州刺史三月辛未以鎮南將軍開府儀同三司徐度爲侍中中軍大將軍辛巳詔贈討周迪將士死王事者夏四月辛丑設無㝵大會於太極前殿乙卯以侍中中書監中衞將軍驃騎將軍揚州刺史安成王頊爲開府儀同三司五月丁卯安前將軍右光祿大夫徐世譜卒六月癸巳太白晝見司空侯安都賜死七月丁丑以鎮北大將軍開府儀同三司南徐州刺史黃法𣰰爲鎮南大將軍江州刺史九月壬戌開府儀同三司廣州刺史歐陽頠薨癸亥曲赦京師辛未周迪復寇臨川詔護軍章昭達率衆討之十一月辛酉章昭達大破周迪悉擒其黨與迪脫身潛竄十二月丙申大赦天下詔護軍將軍章昭達進軍建安以討陳寶應信威將軍益州刺史余孝頃督會稽東陽臨海永嘉諸軍自東道會之癸丑以前安南將軍江州刺史吳明徹爲鎮前將軍

五年春正月庚辰以吏部尚書領右軍將軍袁樞爲丹陽尹辛巳輿駕親祀北郊乙酉江州湓城火燒死者二百餘人三月丁丑以征南大將軍開府儀同三司桂州刺史淳于量爲中撫軍大將軍壬午詔以故護軍將軍周鐵虎配食高祖廟庭夏四月庚子周遣使來聘五月庚午罷南丹陽郡是月周齊竝遣使來聘六月丁未夜有白氣兩道出于北斗東南屬地秋七月丁丑詔曰朕以寡昧屬當負重星籥亟改晷旋弗曠不能仰協璿衡用調玉燭傍慰蒼生以安黔首兵無寧歲民乏有年移風之道未弘習俗之患猶在致令氓多觸網吏繁筆削獄犴滋章雖由物犯囹圄淹滯亦或有寃念俾納隍載勞負扆加以膚湊不適攝衞有虧比獲微痊思覃寬惠可曲赦京師九月城西城冬十一月丁亥以左衞將軍程靈洗爲中護軍己丑章昭達破陳寶應于建安擒寶應留異送京師晉安郡平甲辰以護軍將軍章昭達爲鎮前將軍開府儀同三司十二月甲子曲赦建安晉安二郡討陳寶應將士死王事者竝給棺槥送還本鄉并復其家瘡痍未瘳者給其醫藥癸未齊遣使來聘

六年春正月甲午皇太子加元服王公以下賜帛各有差孝悌力田爲父後者賜爵一級鰥寡孤獨不能自存者穀人五斛庚戌以領軍將軍杜稜爲翊左將軍丹陽尹丹陽尹袁樞爲吏部尚書衞尉卿沈欽爲中領軍三月乙未詔侯景以來遭亂移在建安晉安義安郡者竝許還本土其被畧爲奴婢者釋爲良民夏四月甲寅以侍中中書監中衞將軍驃騎將軍開府儀同三司揚州刺史安成王頊爲司空辛酉有彗星見周遣使來聘秋七月癸未大風至自西南廣百餘步激壞靈臺候樓甲申儀賢堂無故自壞丙戌臨川太守駱文牙斬周迪傳首京師梟於朱雀航丁酉太白晝見八月丁丑詔曰梁室多故禍亂相尋兵甲紛紜十年不解不逞之徒虐流生氣無賴之屬暴及徂魂江左肇基王者攸宅金行水位之主木運火德之君時更四代歲逾二百若其經綸三業縉紳民望忠臣孝子何世無才而零落山丘變移陵谷或皆剪伐莫不侵殘玉杯得於民間漆簡傳於世載無復五株之樹罕見千年之表自大祚光啓恭惟揖讓爰暨朕躬聿脩祖武雖復旂旗服色猶行杞宋之計每車駕巡遊眇瞻河雒之路故喬山之祀蘋藻弗虧驪山之墳松栢恒守唯戚藩舊壟士子故塋掩殣未周樵牧猶衆或親屬流隸負土無期子孫冥滅手植何寄漢高留連於無忌宋祖惆悵於子房丘墓生哀性靈共惻前代王侯自古忠烈墳冢被發絕無後者可檢行脩治墓中樹木勿得樵

採庶幽顯咸暢稱朕意焉己卯立皇子伯固爲新安郡王伯恭爲晉安王伯仁爲廬陵王伯義爲江夏王九月癸未罷豫章郡是月新作大航冬十月辛亥齊遣使來聘十二月乙卯立皇子伯禮爲武陵王丁巳以鎮前將軍開府儀同三司章昭達爲鎮南將軍江州刺史鎮南大將軍江州刺史黃法𣰰爲中衞大將軍中護軍程靈洗爲宣毅將軍郢州刺史軍師將軍郢州刺史沈恪爲中護軍鎮東將軍吳興太守吳明徹爲中領軍戊午以東中郎將吳郡太守鄱陽王伯山爲平北將軍南徐州刺史癸亥詔曰朕自居民牧之重託在王公之上顧其寡昧鬱于治道加以屢虧聽覽事多壅積寃滯靡申幽枉莫鑒念兹罪戾有甚納隍而惠澤未流愆陽累月今歲序云暮元正向華欲使幽圄之內同被時和可曲赦京師

天康元年春二月丙子詔曰朕以寡德纂承洪緒日昃劬勞思弘景業而政道多昧黎庶未康兼疹患淹時亢陽累月百姓何咎寔由朕躬念兹在兹痛如疾首可大赦天下改天嘉七年爲天康元年三月己卯以驃騎將軍開府儀同三司揚州刺史司空安成王頊爲尚書令夏四月乙卯皇孫至澤生在位文武賜絹帛各有差爲父後者賜爵一級癸酉世祖疾甚是日崩于有覺殿遺詔曰朕疾苦彌留遂至不救脩短有命夫復何言但王業艱難頻歲軍旅生民多弊無忘愧惕今方隅乃定俗教未弘便及大漸以爲遺恨社稷任重太子可即君臨王侯將相善相輔翊內外協和勿違朕意山陵務存儉速大斂竟羣臣三日一臨公除之制率依舊典六月甲子羣臣上謚曰文皇帝廟號世祖丙寅葬永寧陵世祖起自艱難知百姓疾苦國家資用務從儉約常所調斂事不獲已者必咨嗟改色若在諸身主者奏決妙識眞僞下不容姦人知自勵矣一夜內刺閨取外事分判者前後相續每雞人伺漏傳更籤於殿中乃敕送者必投籤於階石之上令鎗然有聲云吾雖眠亦令驚覺也始終梗槩若此者多焉

陳吏部尚書姚察曰世祖繼體守文宗枝承統得失之間蓋亦詳矣大抵以奉而勿墜爲賢能撓而易之爲不肖其有光揚前軌克荷曾構固以少焉世祖自初發跡功庸顯著寧亂靜寇首佐大業及國禍奄臻入承寶祚兢兢業業眞若馭朽加以崇尚儒術愛悅文義見善如弗及用人如由己恭儉以御身勤勞以濟物自昔允文允武之君東征西怨之后賓實之迹可爲聯類至於杖聰明用鑒識斯則承平之政前史其論諸

陳書卷三考證

世祖紀若乃擒精辰宿降靈惟岳○擒一本作儲

設無导大會於太極前殿○大會下南史有捨身二字

陳書卷四

唐　散騎常侍　姚思廉　撰

本紀第四

廢帝

廢帝諱伯宗字奉業小字藥王世祖嫡長子也梁承聖三年五月庚寅生永定二年二月戊辰拜臨川王世子三年世祖嗣位八月庚戌立爲皇太子自梁室亂離東宮焚燼太子居于永福省天康元年四月癸酉世祖崩其日太子即皇帝位于太極前殿詔曰上天降禍大行皇帝奄棄萬國攀號靡及五內崩殞朕以寡德嗣膺寶命煢煢在疚懼甚綴旒方賴宰輔匡其不逮可大赦天下又詔內外文武各復其職遠方悉停奔赴五月乙卯尊皇太后曰太皇太后皇后曰皇太后庚寅以驃騎將軍司空揚州刺史新除尚書令安成王頊爲驃騎大將軍進位司徒錄尚書都督中外諸軍事丁酉中軍大將軍開府儀同三司徐度進位司空鎮南將軍開府儀同三司江州刺史章昭達爲侍中進號征南將軍鎮東將軍東揚州刺史始興王伯茂進號征東將軍開府儀同三司平北將軍南徐州刺史鄱陽王伯山進號鎮北將軍吏部尚書袁樞爲尚書左僕射雲麾將軍吳興太守沈欽爲尚書右僕射新除中領軍吳明徹爲領軍將軍新除中護軍沈恪爲護軍將軍平南將軍湘州刺史華皎進號安南將軍散騎常侍御史中丞徐度爲吏部尚書六月辛亥翊右將軍右光祿大夫王通進號安右將軍秋八月丁酉立妃王氏爲皇后冬十月庚申輿駕奉祠太廟十一月乙亥周遣使來弔十二月甲子高麗國遣使獻方物

光大元年春正月癸酉尚書左僕射袁樞卒乙亥詔曰昔昊天成命降集寶圖二后重光九區咸乂閔余沖薄王道未昭荷兹神器如涉靈海庶親賢竝建牧伯惟良天下雍熙絪同刑措今三元改歷萬國充庭淸廟無追具僚斯在言瞻宁位觸感崩心思播遺恩俾覃黎獻可大赦天下改天康二年爲光大元年孝悌力田賜爵一級己卯以領軍將軍吳明徹爲丹陽尹辛卯輿駕親祀南郊二月辛亥宣毅將軍南豫州刺史余孝頃謀反伏誅癸丑以征東將軍開府儀同三司東揚州刺史始興王伯茂爲中衞大將軍開府儀同三司黃法𣰰爲鎮北將軍南徐州刺史鎮北將軍南徐州刺史鄱陽王伯山爲鎮東將軍東揚州刺史三月甲午以尚書右僕射沈欽爲侍中尚書左僕射夏四月乙卯太白晝見五月癸巳以領軍將軍丹陽尹吳明徹爲安南將軍湘州刺史乙未以鎮右將軍杜稜爲領軍將軍安南將軍湘州刺史華皎謀反丙申以中撫大將軍淳于量爲使持節征南大將軍總率舟師以討之六月壬寅以中軍大將軍司空徐度進號車騎將軍總督京邑衆軍步道襲湘州閏月癸巳以雲麾將軍新安王伯固爲丹陽尹秋七月戊申立皇子至澤爲皇太子賜天下爲父後者爵一級王公卿士已下賚帛各有差九月乙巳詔曰逆賊華皎極惡窮凶遂樹立蕭巋謀危社稷棄親即讐人神憤惋王師電速水陸爭前梟翦之期匪朝伊暮其家口在北里尚方宜從誅戮用明國憲丙辰百濟國遣使獻方物是月周將長胡公拓跋定率步騎二萬入郢州與華皎水陸俱進都督淳于量吳明徹等與戰大破之皎單舸奔江陵擒拓跋定俘獲萬餘人馬四千餘匹送京師冬十月辛巳赦湘巴二郡爲皎所詿誤者甲申輿駕親祀太廟十一月己未以護軍將軍沈恪爲平西將軍荊州刺史甲子侍中中權將軍開府儀同三司特進左光祿大夫王沖薨十二月庚寅以兼從事中郎孔英哲爲奉聖亭侯奉孔子祀

二年春正月己亥侍中都督中外諸軍事驃騎大將軍司徒錄尚書揚州刺史安成王頊進位太傅領司徒加殊禮劍履上殿侍中征南將軍開府儀同三司江州刺史章昭達進號征南大將軍淳于量爲侍中中軍大將軍開府儀同三司安南將軍湘州刺史吳明徹即本號開府儀同三司進號鎮南將軍雲麾將軍郢州刺史程靈洗進號安西將軍庚子詔討華皎軍人死王事者竝給棺槥送還本鄉仍復其家甲子罷吳州以鄱陽郡還屬江州侍中司空車騎將軍徐度薨夏四月辛巳太白晝見丁亥割東揚州晉安郡爲豐州五月丙辰太傅安成王頊獻玉璽一六月丁卯彗星見秋七月丙午輿駕親祀太廟戊申新羅國遣使獻方物壬戌立皇弟伯智爲永陽王伯謀爲桂陽王九月甲辰林邑國遣使獻方物丙午狼牙脩國遣使獻方物以侍中征南大將軍開府儀同三司江州刺史章昭達爲中撫大將軍戊午太白晝見冬十月庚午輿駕親祀太廟十一月丙午以前平西將軍荊州刺史沈恪爲護軍將軍壬子以鎮北將軍開府儀同三司南徐州刺史黃法𣰰爲鎮西將軍郢州刺史新除中軍大將軍開府儀同三司淳于量爲鎮北將軍南徐州刺史甲寅慈訓太后集羣臣於朝堂令曰中軍儀同鎮北儀同鎮右將軍護軍將軍八座卿士昔梁運季末海內沸騰天下蒼生殆無遺噍高祖武皇帝撥亂反正膺圖御籙重懸三象還補二儀世祖文皇帝克嗣洪基光宣寶業惠養中國綏寧外荒竝戰戰兢兢劬勞締構庶幾鼎運方隆殷夏伯宗昔在儲宮本無令問及居崇極遂騁凶淫居處諒闇固不哀戚嬪嬙弗角就館相仍豈但依車所納是譏宗正衰絰生子得詢右師七百之祚何慸三千之罪爲大且費引金帛令充椒闈內府中藏軍備國儲未盈朞稔皆已空竭太傅親承顧託鎮守宮闈遺詔綢繆義深垣屏而欑塗未御翌日無淹仍遣劉師知殷不佞等顯言排斥韓子高小豎輕佻推心委仗陰謀禍亂決起蕭牆元相雖持但除君側又以余孝頃密邇京師便相徵召殃慝之咎凶徒自擒宗社之靈祆氛是滅於是密詔華皎稱兵上流國祚憂惶幾移醜類乃至要招遠近叶力巴湘支黨縱橫寇擾黔歙又別敕歐陽紇等攻逼衡州嶺表紛紜殊淹弦望豈止罪浮於昌邑非唯聲醜於太和但賊豎皆亡祆徒已散日望懲改猶加掩抑而悖禮忘德情性不悛樂禍思亂昏慝無已張安國蕞爾凶狡窮爲小盜仍遣使人蔣裕鉤出上京即置行臺分選凶黨賊皎妻呂春從爲戮納自奚宮藏諸永巷使其結引親舊規圖戕禍盪主侯法喜等太傅麾下恒遊府朝啗以深利謀興肘腋適又盪主孫泰等潛相連結大有交通兵力殊彊指期挻亂皇家有慶歷數遐長天誘其衷同然開發此諸文迹今以相示是而可忍誰則不容祖宗基業將懼傾隕豈可復肅恭禋祀臨御兆民式稽故實宜在流放今可特降爲臨海郡王送還藩邸太傅安成王固天生睿聖廣深二后鍾心三靈佇眷自前朝不悆任總邦家威惠相宣刑禮兼設指揮嚌咤湘郢廓淸闢地開疆荊益風靡若太戊之承殷歷中都之奉漢家校以功名曾何髣髴且地彰靈璽天表長彗布新除舊禎祥咸顯文皇

知子之鑒事甚帝堯傳弟之懷久符太伯今可還申曩志崇立賢君方固宗祧載貞辰象中外宜依舊典奉迎輿駕未亡人不幸屬此殷憂不有崇替容危社稷何以拜祠高寢歸祔武園攬筆潸然兼懷悲慶是日出居別第太建二年四月薨時年十九帝仁弱無人君之器世祖每慮不堪繼業既居冢嫡廢立事重是以依違積載及疾將大漸召高宗謂曰吾欲遵太伯之事高宗初未達旨後寤乃拜伏涕泣固辭其後宣太后依詔廢帝焉

史臣曰臨海雖繼體之重仁厚懦弱混一是非不驚得喪蓋帝摯漢惠之流也世祖知神器之重諒難負荷深鑒堯旨弗傳寶祚焉

陳書卷五

唐　散　騎　常　侍　姚　思　廉　撰

本紀第五

宣帝

高宗孝宣皇帝諱頊字紹世小字師利始興昭烈王第二子也梁大通二年七月辛酉生有赤光滿堂室少寬大多智畧及長美容儀身長八尺三寸手垂過膝有勇力善騎射高祖平侯景鎭京口梁元帝徵高祖子姪入侍高祖遣高宗赴江陵累官爲直閤將軍中書侍郎時有馬軍主李總與高宗有舊每同遊處高宗嘗夜被酒張燈而寐總適出尋返乃見高宗身是大龍總便驚駭走避佗室及江陵陷高宗遷于關右永定元年遥襲封始興郡王邑二千戶三年世祖嗣位改封安成王天嘉三年自周還授侍中中書監中衞將軍置佐史尋授使持節都督揚南徐東揚南豫北江五州諸軍事揚州刺史進號驃騎將軍餘如故四年加開府儀同三司六年遷司空天康元年授尚書令餘竝如故廢帝即位拜司徒進號驃騎大將軍錄尚書都督中外諸軍事給班劒三十人光大二年正月進位太傅領司徒加殊禮劒履上殿增邑幷前三千戶餘竝如故十一月甲寅慈訓太后令廢帝爲臨海王以高宗入纂

太建元年春正月甲午即皇帝位于太極前殿詔曰夫聖人受命王者中興竝由懿德方作元后高祖武皇帝揖拜堯圖經綸禹跡配天之業光辰象而利貞格地之功侔川岳而長遠世祖文皇帝體上聖之姿當下武之運築宮示儉所務雅德定鼎初基厥謀斯在朕以寡薄才非聖賢夙荷前規方傳景祚雖復親承訓誨志守蕃維詠季子之高風思城陽之遠託自元儲紹國正位君臨無道非幾佇聞刑措豈圖王室不造頻謀亂階天步艱難將傾寶歷仰惟嘉命爰集朕躬我心貞確堅誓蒼旻而羣辟啓請相誼渭橋文母尊嚴懸心長樂對揚璽紱非止殷湯之三辭履涉春冬何但代王之五讓今便肅奉天策欽承介圭若據滄溟踰增兢業思所以雲行雨施品物咸亨當與黔黎普同斯慶可改光大三年爲太建元年大赦天下在位文武賜位一階孝悌力田及爲父後者賜爵一級異等殊才竝加策序鰥寡孤獨不能自存者人賜穀五斛復太皇太后尊號曰皇太后立妃柳氏爲皇后世子叔寶爲皇太子皇子南中郎將江州刺史康樂侯叔陵爲始興王奉昭烈王祀乙未輿駕謁太廟丁酉分命大使巡行四方觀省風俗征南大將軍開府儀同三司新除中撫大將軍章昭達進號車騎大將軍新除中軍大將軍開府儀同三司南徐州刺史淳于量爲征北大將軍鎭北將軍開府儀同三司南徐州刺史新除鎭西將軍郢州刺史黃法𣰰進號征西大將軍新除安南將軍開府儀同三司湘州刺史吳明徹進號鎭南將軍鎭東將軍揚州刺史鄱陽王伯山進號中衞將軍尚書僕射沈欽爲尚書左僕射度支尚書王勱爲尚書右僕射護軍將軍沈恪爲鎭南將軍廣州刺史辛丑輿駕親祀南郊壬寅以皇子建安侯叔英爲宣惠將軍東揚州刺史改封豫章王豐城侯叔堅改封長沙王癸卯以明威將軍周弘正爲特進戊午輿駕親祀太廟二月庚午皇后謁太廟辛未皇太子謁太廟乙亥輿駕親耕藉田夏五月甲午齊遣使來聘丁巳以吏部尚書領大著作徐陵爲尚書右僕射太子詹事駙馬都尉沈君理爲吏部尚書秋七月辛卯皇太子納妃沈氏王公已下賜帛各有差丁酉以平東將軍吳郡太守晉安王伯恭爲中護軍進號安南將軍九月甲辰以新除中護軍晉安王伯恭爲中領軍冬十月新除左衞將軍歐陽紇據廣州舉兵反辛未遣車騎將軍開府儀同三司章昭達率衆討之壬午輿駕親祀太廟

二年春正月乙酉以征西大將軍開府儀同三司郢州刺史黃法𣰰爲中權大將軍丙午輿駕親祀太廟二月癸未儀同章昭達擒歐陽紇送都斬于建康市廣州平三月丙申皇太后崩丙午曲赦廣衡二州丁未大赦天下又詔自討周迪華皎已來兵交之所有死亡者竝命收斂并給棺槥送還本鄉瘡痍未瘳者各給醫藥夏四月乙卯臨海王伯宗薨戊寅皇太后祔葬萬安陵閏月戊申輿駕謁太廟己酉太白晝見五月乙卯儀同黃法𣰰獻瑞璧一壬午齊遣使來弔六月戊子新羅國遣使獻方物辛卯大雨雹乙巳分遣大使巡行州郡省理冤屈戊申車騎將軍開府儀同三司章昭達進號車騎大將軍安南將軍廣州刺史沈恪進號鎭南將軍秋八月甲申詔曰懷遠以德抑惟恒典去戎即華民之本志頃年江介襁負相隨崎嶇歸化亭候不絕宜加卹養答其誠心維是荒境自投有在都邑及諸州鎭不問遠近竝蠲課役若克平舊土反我侵地皆許還鄉一無拘限州郡縣長明加甄別良田廢村隨便安處若輒有課訂即以擾民論又詔曰民惟邦本著在典謨治國愛民抑又通訓朕聽朝晏罷日昃劬勞方流惠澤覃被億兆有梁之季政刑廢缺條綱弛紊僭盜荐興役賦征徭尤爲煩刻大陳御寓拯茲餘弊滅扈戡黎弗遑創改年代彌流將及成俗如弗解張物無與厝夕惕疚懷有同首疾思從卑菲約己濟民雖府帑未充君孰與足便可刪革去其泰甚冀永爲定准令簡而易從自今維作田值水旱未收即列在所言上折除軍士年登六十悉許放還巧手於役死亡及與老疾不勞訂補其籍有巧隱幷王公百司輒受民爲程蔭解還本屬開恩聽首在職治事之身須通相檢示有失不推當局任罪令長代換具條解舍戶數付度後人戶有增進即加擢賞若致減散依事准結有能墾起荒田不問頃畝少多依舊蠲稅戊子太白晝見九月乙丑以散騎常侍鎭東將軍吳興太守杜稜爲特進護軍將軍冬十月乙酉輿駕親祀太廟十一月辛酉高麗國遣使獻方物十二月癸巳夜西北有雷聲

三年春正月癸丑以尚書右僕射領大著作徐陵爲尚書僕射辛酉輿駕親祀南郊辛未親祀北郊二月辛巳輿駕親祀明堂丁酉親耕藉田三月丁丑大赦天下自天康元年訖太建元年逋餘軍糧祿秩夏調未入者悉原之又詔犯逆子弟支屬逃亡異境者悉聽歸首見縶者量可散釋其有居宅竝追還夏四月壬辰齊遣使來聘五月戊申太白晝見辛亥遼東新羅丹丹天竺盤盤等國竝遣使獻方物六月丁亥江陰王蕭季卿以罪免甲辰封東中郎將長沙王府諮議參軍蕭彝爲江陰王秋八月辛丑皇太子親釋奠于太學二傅祭酒以下可賚帛各有差九月癸酉太白晝見冬十月甲申輿駕親祀太廟乙酉周遣使來聘己亥丹丹國遣使獻方物十二月壬辰車騎大將軍司空章昭達薨

四年春正月丙午以雲麾將軍江州刺史始興王叔陵爲湘州刺史進號平南將軍東中郎將吳郡太守長沙王叔堅爲宣毅將軍江州刺史尚書僕射領大著作徐陵爲尚書左僕射中書監王勱爲尚書右僕射庚申以丹陽尹衡陽王伯信爲信威將軍中護軍庚午輿駕親祀太廟二月乙酉立皇子叔卿爲建安王授東中郎將東揚州刺史三月壬子以散騎常侍孫瑒爲安西將軍荆州刺史乙丑扶南林邑國竝遣使來獻方物夏四月戊子以中權大將軍開府儀同三司黃法𣰰爲征南大將軍南豫州刺史五月癸卯尚書右僕射王勱卒六月辛巳侍中鎭右將軍右光祿大夫杜稜卒秋八月辛未周遣使來聘丁丑景雲見戊寅詔曰國之大事受脤興戎師出以律禀策於廟所以又安九有克成七德自頃掃滌羣穢廓淸諸夏乃貔貅之勠力亦帷幄之運籌雖左衽已戡干戈載戢呼韓來謁亭鄣無警但不敎民戰是謂棄之仁必有勇無忘武備磻溪之傳韜訣穀城之授神符文叔懸制戎規孟德頗言兵略朕既慙暗合良皆披覽兼昔經督戎備嘗行陳齊以七步肅之三鼓得自胷襟指掌可述今竝條制凡十三科宜即班宣以爲永准乙未詔停督湘江二州逋租無錫等十五縣流民竝蠲其繇賦秋九月庚子朔日有蝕之辛亥大赦天下又詔曰舉善從諫在上之明規進賢謁言爲臣之令範朕以寡德嗣守寶圖雖世襲隆平治非寧一辨方分職旰食早衣傍闕爭臣下無貢士何其闕爾鮮能抗直豈余獨運匪薦讜言置鼓公車罕論得失施石象魏莫陳可否朱雲攀檻良所不逢禽息觸楹又爲難値至如衣褐以見擔簦以遊或耆艾絶倫或妙年異等干時而不偶左右莫之譽黜貂改弊黃金且殫終身滯淹可爲太息又貴爲百辟賤有十品工拙竝騖勸沮莫分街謠徒擁廷議斯闕寔朕之弗明而時無獻替永言至治何迺爽歟外可通示文武凡厥在位風化乖殊朝政紕蠹正色直辭有犯無隱兼各舉所知隨才明試其莅政廉穢在職能否分別矢言俟茲黜陟丙寅以故太尉徐度儀

同杜稜儀同程靈洗配食高祖廟庭故車騎將軍章昭達配食世祖廟庭冬十月乙酉輿駕親祀太廟戊戌以鎮南將軍廣州刺史沈恪爲領軍將軍十月己亥夜地震閏月辛未詔曰姑孰饒曠荆河斯擬博望關巖天限嚴峻龍山南指牛渚北臨對熊繹之餘城邇全琮之故壘良疇美柘畦畎相望連宇高甍阡陌如繡自梁末兵災凋殘略盡比雖務優寬猶未克復咫尺封畿宜須殷阜且衆將部下多寄上下軍民雜俗極爲蠹耗自今有罷任之徒許分留部下其已在江外亦令迎還悉住南州津裏安置有無交貨不責市估萊荒墾闢亦停租稅臺遣鎮監一人共刺史津主分明檢押給地賦田各立頓舍十二月壬寅甘露降樂遊苑甲辰輿駕幸樂遊苑採甘露宴羣臣丁卯詔曰梁氏之季兵火荐臻承華焚蕩頓無遺構寶命惟新迄將二紀頻事戎旅未遑脩繕今工役差閑椽楹有擬來歲開肇創築東宮可權置起部尚書將作大匠用主監作

五年春正月癸酉以征北大將軍開府儀同三司南徐州刺史淳于量爲中權大將軍宣惠將軍豫章王叔英爲南徐州刺史進號平北將軍吏部尚書駙馬都尉沈君理爲尚書右僕射領吏部辛巳輿駕親祀南郊甲午輿駕親祀太廟二月辛丑輿駕親祀明堂乙卯夜有白氣如虹自北方貫北斗紫宮三月壬午分命衆軍北伐以鎮前將軍開府儀同三司吳明徹都督征討諸軍事丙戌西衡州獻馬生角己丑皇孫胤生內外文武賜帛各有差爲父後者爵一級北討大都督吳明徹統衆十萬發自白下夏四月癸卯前巴州刺史魯廣達克齊大峴城辛亥吳明徹克秦州水柵庚申齊遣兵十萬援歷陽儀同黃法𣰰破之辛酉齊軍救秦州吳明徹又破之癸亥詔北伐衆軍所殺齊兵竝令埋掩甲子南譙太守徐槾克石梁城五月己巳石梁城降癸酉陽平郡城降甲戌徐槾克廬江郡城丙子黃法𣰰克歷陽城己卯北高唐郡城降辛巳詔征南大將軍開府儀同三司南豫州刺史黃法𣰰徙鎮歷陽齊改縣爲郡者竝復之乙酉南齊昌太守黃詠克齊昌外城丙戌廬陵內史任忠軍次東關克其東西二城進克蘄城戊子又克譙郡城秦州城降癸巳瓜步胡墅二城降六月庚子郢州刺史李綜克灄口城乙巳任忠克合州外城庚戌淮陽沭陽郡竝棄城走癸丑景雲見豫章內史程文季克涇州城乙卯宣毅司馬湛陁克新蔡城癸卯周遣使來聘黃法𣰰克合州城吳明徹師次仁州甲子克其州城是月治明堂秋七月乙丑鎮前將軍開府儀同三司吳明徹進號征北大將軍戊辰齊遣衆二萬援齊昌西陽太守周炅破之己巳吳明徹軍次峽口克其北岸城南岸守者棄城走周炅克巴州城淮北絳城及穀陽士民竝誅其渠帥以城降丙戌吳明徹克壽陽外城八月乙未山陽城降壬寅盱眙城降戊申罷南齊昌郡壬子戎昭將軍徐敬辯克海安城青州東海城降戊午平固侯陳敬泰等克晉州城九月甲子陽平城降壬申高唐太守沈善度克馬頭城甲戌齊安城降丙子左衞將軍樊毅克廣陵楚子城癸未尚書右僕射領吏部駙馬都尉沈君理卒丁亥前鄱陽內史魯天念克黃城小城齊軍退保大城戊子割南兗州之盱眙郡屬譙州壬辰晦夜明黃城大城降冬十月甲午郭默城降戊戌以中書令王瑒爲吏部尚書己亥以特進領國子祭酒周弘正爲尚書右僕射乙巳吳明徹克壽陽城斬王琳傳首京師梟于朱雀航丁未齊兵萬人至潁口樊毅擊走之辛亥齊遣兵援蒼陵又破之丙辰詔曰梁末得懸瓠以壽陽爲南豫州今者克復可還爲豫州以黃城爲司州治下爲安昌郡漣湍爲漢陽郡三城依梁爲義陽郡竝屬司州以征北大將軍開府儀同三司吳明徹爲豫州刺史進號車騎大將軍征南大將軍開府儀同三司南豫州刺史黃法𣰰爲征西大將軍合州刺史戊午湛陁克齊昌城十一月甲戌淮陰城降庚辰威虜將軍劉桃根克朐山城辛巳樊毅克濟陰城己丑魯廣達等克北徐州十二月壬辰朔詔曰古者反噬叛逆盡族誅夷所以藏其首級誠之後世比者所戮止在一身子胤或存梟懸自足不容久歸武庫長比月支惻隱之懷有仁不忍維熊曇朗留異陳寶應周廸鄧緒等及今者王琳首竝還親屬以弘廣宥乙未譙城降乙巳立皇子叔明爲宜都王叔獻爲河東王壬午任忠克霍州城

六年春正月壬戌朔詔曰王者以四海爲家萬姓爲子一物乖方夕惕猶厲六合未混旰食彌憂朕嗣纂鴻基思弘經略上符景宿下叶人謀命將興師大拯淪溺灰琯未周凱捷相繼拓地數千連城將百蠢彼餘黎毒茲異境江淮年少猶有剽掠鄉閭無賴摘出陰私將帥軍人罔顧刑典今使苛法蠲除仁聲載路且肇元告慶邊服來荒始覩皇風宜覃曲澤可赦江右淮北南司定霍光建朔合豫北徐仁北兗青冀南譙南兗十五州郢州之齊安西陽江州之齊昌新蔡高唐南豫州之歷陽臨江郡士民罪無輕重悉皆原宥將帥職司軍人犯法自依常科以翊前將軍新安王伯固爲中領軍進號安前將軍安前將軍中領軍晉安王伯恭爲安南將軍南豫州刺史壬午輿駕親祀太廟甲申廣陵金城降周遣使來聘高麗國遣使獻方物二月壬辰朔日有蝕之辛亥輿駕親耕藉田丙辰以中權大將軍開府儀同三司淳于量爲征西大將軍郢州刺史三月癸亥詔曰去歲南川頗言失稔所督田租于今未即豫章等六郡太建五年田租可申半至秋豫章又逋太建四年檢首田稅亦申至秋南康一郡嶺下應接民間尤弊太建四年田租未入者可特原除庶脩墾無廢歲取方實夏四月庚子彗星見辛丑詔曰戢情懷善有國之令圖拯弊救危聖範之通訓近命師薄伐義在濟民青齊舊隸膠光部落久患凶戎爭歸有道棄彼農桑忘其衣食而大軍未接中途止憩朐山黃郭車營布滿扶老攜幼蓬流草跋旣喪其本業咸事遊手饑饉疾疫不免流離可遣大使精加慰撫仍出陽平倉穀拯其懸罄并充糧種勸課士女隨近耕種石鼈等屯適意脩墾六月壬辰尚書右僕射領國子祭酒周弘正卒乙巳以中衞將軍揚州刺史鄱陽王伯山爲征北將軍南徐州刺史中護軍衡陽王伯信爲宣毅將軍揚州刺史冬十一月乙亥詔北討行軍之所竝給復十年十二月癸巳平南將軍湘州刺史始興王叔陵進號鎮南將軍戊戌以吏部尚書王瑒爲尚書右僕射度支尚書孔奐爲吏部尚書丙午安右將軍左光祿大夫王通加特進

七年春正月辛未輿駕親祀南郊乙亥左衞將軍樊毅克潼州城辛巳輿駕親祀北郊二月戊申樊毅克下邳高柵等六城三月辛未詔豫二兗譙徐合霍南司定九州及南豫江郢所部在江北諸郡置雲旗義士往大軍及諸鎮備防戍寅以新除征西大將軍合州刺史開府儀同三司黃法𣰰爲豫州刺史改梁東徐州爲安州武州爲沅州移譙州鎮於新昌郡以秦郡屬之盱眙神農二郡還隸南兗州夏四月丙戌有星孛于大角庚寅監豫州陳桃根於所部得青牛獻之詔遣還民甲午輿駕親祀太廟乙未陳桃根又表上織成羅文錦被裘各二詔於雲龍門外焚之壬子郢州獻瑞鍾六五月乙卯割譙州之秦郡還隸南兗州分北譙縣置北譙郡領陽平所屬北譙西譙二縣合州之南梁郡隸入譙州六月丙戌爲北討將士死王事者克日舉哀壬辰以尚書右僕射王瑒爲尚書右僕射己酉改作雲龍神虎門秋八月壬寅移西陽郡治保城癸卯周遣使來聘閏九月壬辰都督吳明徹大破齊軍於呂梁是月甘露頻降樂遊苑丁未輿駕幸樂遊苑採甘露宴羣臣詔於苑龍舟山立甘露亭冬十月戊午以征北將軍南徐州刺史鄱陽王伯山爲征南將軍江州刺史安前將軍中領軍新安王伯固爲南徐州刺史進號鎮北將軍信威將軍江州刺史長沙王叔堅爲雲麾將軍中領軍己巳立皇子叔齊爲新蔡王叔文爲晉熙王十一月庚戌以征西大將軍開府儀同三司郢州刺史淳于量爲中軍大將軍十二月丙辰以新除雲麾將軍郢州刺史長沙王叔堅爲平越中郎將廣州刺史東中郎將東揚州刺史建安王叔卿爲雲麾將軍郢州刺史宣惠將軍宜都王叔明爲東揚州刺史壬戌以尚書僕射王瑒爲尚書左僕射太子詹事揚州大中正陸繕爲尚書右僕射國子祭酒徐陵爲領軍將軍甲子南康郡獻瑞鍾

八年春正月庚辰西南有紫雲見二月壬申車騎大將軍開府儀同三司吳明徹進位司空丁丑詔江東道太建五年以前租稅夏調逋在民間者皆原之夏四月甲寅詔曰元戎凱旋羣師振旅旌功策賞宜有饗宴今月十七日可幸樂遊苑設絲竹之樂大會文武己未輿駕親祀太廟庚寅尚書左僕射王瑒卒六月癸丑以雲麾將軍廣州刺史長沙王叔堅爲合州刺史進號平北將軍甲寅以尚書右僕射陸繕爲尚書左僕射新除晉陵太守王克爲尚書右僕射秋八月丁卯以車騎大將軍司空吳明徹爲南兗州刺史九月戊戌以皇子叔彪爲淮南王冬十一月乙酉以平南將軍湘州刺史長沙王叔堅爲平西將軍郢州刺史丁酉分江州晉熙高唐新蔡三郡爲晉州辛丑以冠軍將軍廬陵王伯仁爲中領軍十二月丁卯以新除太子詹事徐陵爲右光祿大夫

九年春正月辛卯輿駕親祀北郊壬寅以湘州刺史新除中衞將軍始興王叔陵爲揚州刺史雲麾將軍建安王叔卿爲湘州刺史進號平南將軍二月壬午輿駕親耕藉田夏五月丙子詔曰朕昧旦求衣日旰方食思弘億兆用臻俾乂而牧守莅民廉平未洽年常租賦多致逋餘即此務農宜弘寬省可起太建以來訖八年流移叛戶所帶租調七年八年叛義丁五年訖八年叛軍丁六年七年逋租田米粟夏調綿絹絲石麥等五年訖七年逋貲絹皆悉原之秋七月乙亥以輕車將軍丹陽尹江夏王伯義爲合州刺史己卯百濟國遣使獻方物庚辰大雨震萬安陵華表己丑震慧日寺刹及瓦官寺重門一女子於門下震死冬十月戊午司空吳明徹破周

將梁士彥衆數萬于呂梁十二月戊申東宮成皇太子移于新宮

十年春正月己巳朔以中領軍廬陵王伯仁爲平北將軍南徐州刺史翊左將軍右光祿大夫領太子詹事徐陵爲領軍將軍二月甲子北討衆軍敗績於呂梁司空吳明徹及將卒已下竝爲周軍所獲三月辛未震武庫丙子分命衆軍以備周中軍大將軍開府儀同三司淳于量爲大都督總水陸諸軍事明威將軍孫瑒都督荆郢水陸諸軍事進號鎭西將軍左衞將軍樊毅爲大都督督朱沛清口上至荆山緣淮衆軍進號平北將軍武毅將軍任忠都督壽陽新蔡霍州等衆軍進號寧遠將軍乙酉大赦天下丁酉以中軍大將軍開府儀同三司護軍將軍淳于量爲南兗州刺史進號車騎將軍夏四月庚戌詔曰懋賞之言明於訓誥捄續之美著在撫巡近歲薄伐廓淸淮泗摧鋒致果文武畢力櫛風沐雨寒暑亟離念功在兹無忘終食宜班榮賞用酬厥勞應在軍者可竝賜爵二級并加賚郵付選即便量處又詔曰惟堯葛衣鹿裘則天爲大伯禹弊衣菲食夫子曰無間然故儉德之恭約失者鮮朕君臨宇宙十變年籥旰日勿休乙夜忘寢跂予思治若濟巨川念兹在兹懍同馭朽非貪四海之富非念黃屋之尊導仁壽以寘羣生寧勞役以奉諸已但承梁季亂離斯瘼宮室禾黍有名亡處雖輪奐未覩頗事經營去泰去甚猶爲勞費加以戎車屢出千金日損府帑未充民疲征賦百姓不足君孰與足輿言靜念夕惕懷抱垂訓立法良所多慙斲雕爲朴庶幾可慕雉頭之服既焚弋綈之衣方襲損撤之制前自朕躬草偃風行冀以變俗應御府堂署所營造禮樂儀服軍器之外其餘悉皆停息掖庭常供王侯妃主諸有俸卹竝各量減丁巳以新除鎭右將軍新安王伯固爲護軍將軍戊午樊毅遣軍度淮北對清口築城庚申大雨雹壬戌清口城不守五月甲申太白晝見六月丁卯大雨震大皇寺刹莊嚴寺露盤重陽閣東樓千秋門內槐樹鴻臚府門秋七月戊戌新羅國遣使獻方物乙巳以散騎常侍兼吏部尚書袁憲爲吏部尚書八月乙丑朔改秦郡爲義州戊寅隕霜殺稻菽九月壬寅以平北將軍樊毅爲中領軍乙巳立方明壇于婁湖戊申以中衞將軍揚州刺史始興王叔陵兼王官伯臨盟甲寅輿駕幸婁湖臨誓乙卯分遣大使以盟誓班下四方上下相警戒也壬戌以宣惠將軍江夏王伯義爲東揚州刺史冬十月戊寅罷義州及琅邪彭城二郡立建興郡領建安同夏烏山江乘臨沂湖熟等六縣屬揚州戊子以尚書左僕射陸繕爲尚書僕射十一月辛丑以鎭西將軍孫瑒爲郢州刺史十二月乙亥合州廬江蠻田伯興出寇樅陽刺史魯廣達討平之

十一年春正月丁酉龍見于南兗州永寧樓側池中二月癸亥輿駕親耕籍田三月丁未詔淮北義人率戶口歸國者建其本屬舊名置立郡縣即隸近州賦給田宅唉訂一無所預五月乙巳詔曰昔軒轅命于風后力牧放勛咨爾稷契朱虎冕旒垂拱化致隆平爰逮漢列五曹周分六職設官理務各有攸司亦幾期刑措卜世彌永竝賴羣才用康庶績朕日昃劬勞思弘治要而機事尚擁政道未凝夕惕于懷罔知攸濟方欲仗兹舟檝委成股肱徵名責實取寧多士自今應尚書曹府寺內省監司文案悉付局參議分判其軍國興造徵發選序三獄等事前須詳斷然後啓聞凡諸辯決務令淸乂約法守制較若畫一不得前後舛互自相矛楯致有枉滯紆意舞文糾聽所知靡有攸赦甲寅詔曰舊律以枉法受財爲坐雖重直法容賄其制甚輕豈不長彼貪殘生其舞弄事涉貨財寧不尤切今可改不枉法受財者科同正盜六月庚辰以鎭前將軍豫章王叔英爲鎭南將軍江州刺史丙戌以征南將軍江州刺史鄱陽王伯山爲中權將軍護軍將軍秋七月辛卯初用大貨六銖錢八月甲子青州義主朱顯宗等率所領七百戶入附丁卯輿駕幸大壯觀閱武戊寅輿駕還宮冬十月甲戌以安前將軍祠部尚書晉安王伯恭爲軍師將軍尚書僕射陸繕爲尚書左僕射十一月辛卯詔曰晝冠弗犯革此澆風孥戮是蹈化於薄俗朕肅膺寶命迄將一紀思經邦濟治憂國愛民日昃劬勞夜分輟寢而還淳反朴其道靡階雍熙盛美莫云能致遂乃鞫訊之牒盈於聽覽春釱之人塡於牢犴周成刑措漢文斷獄杅軸空勞邈焉既遠加以蕞爾醜徒軼我彭汴淮汝氓庶企踵王略治兵誓旅義存拯救飛芻挽粟征賦頗煩暑雨祁寒寧忘咨怨兼宿度乖舛次舍違方若曰之誡責歸元首愧心斯積馭朽非懼即建子令月微陽初動應此嘉辰宜播寬澤可大赦天下甲午周遣柱國梁士彥率衆至肥口戊戌周軍進圍壽陽辛丑以車騎將軍開府儀同三司南兗州刺史淳于量爲上流水軍都督中領軍樊毅都督北討諸軍事加安北將軍散騎常侍左衞將軍任忠都督北討諸軍事加平北將軍前豐州刺史皐文奏率步騎三千趣陽平郡癸卯任忠率步騎七千趣秦郡丙午新除仁威將軍右衞將軍魯廣達率衆入淮是日樊毅領水軍二萬自東關入焦湖武毅將軍蕭摩訶率步騎趣歷陽戊申豫州陷辛亥霍州又陷癸丑以新除中衞大將軍揚州刺史始興王叔陵爲大都督總督水步衆軍十二月乙丑南北兗晉三州及盱眙山陽陽平馬頭秦歷陽沛北譙南梁等九州竝自拔還京師譙北徐州又陷自是淮南之地盡沒于周矣己巳詔曰昔堯舜在上茅屋土階湯禹爲君藜杖韋帶至如甲帳珠絡華榱璧璫未能雍熙徒聞侈欲朕企仰前聖思求訟平正道多違澆風又扇至今貴里豪家金鋪玉舄貧居陋巷彘食牛衣稱物平施何其遼遠爟烽未息役賦兼勞文吏姦貪妄動科格重以旗亭關市稅斂繁多不廣都內之錢非供水衡之費逼遏商賈營謀私蓄靖懷衆弊宜事改張弗弘王道安拯民[illegible]今可宜勅主衣尚方諸堂署等自非軍國資須不得繕造衆物後宮僚列若有游長掖庭啓奏即皆量遣大予祕戲非會禮經樂府倡優不合雅正竝可刪改市估津稅軍令國章更須詳定唯務平允別觀離宮郊閒野外非恒饗宴勿復脩治并勅內外文武車馬宅舍皆循儉約勿尚奢華違我嚴規抑有刑憲所由具爲條格標榜宣示令喻朕心焉癸酉遣平北將軍沈恪電威將軍裴子烈鎭南徐州開遠將軍徐道奴鎭柵口前信州刺史楊寶安鎭白下戊寅以中領軍樊毅爲鎭西將軍都督荆郢巴武四州水陸諸軍事

十二年春正月戊戌以散騎常侍左衞將軍任忠爲平南將軍南豫州刺史督緣江軍防事三月壬辰以平北將軍廬陵王伯仁爲翊左將軍中領軍夏四月癸亥尚書左僕射陸繕卒乙丑以宣毅將軍河東王叔獻爲南徐州刺史己卯大雩壬午雨五月癸巳以軍師將軍尚書右僕射晉安王伯恭爲尚書僕射六月壬戌大風壞皐門中闥秋八月己未周使持節上柱國鄖州總管滎陽郡公司馬消難以鄖隨溫應土順沔儇岳等九州魯山甑山沌陽應城平靖武陽上明涓水等八鎭內附詔以消難爲使持節侍中大都督總督安隨等九州八鎭諸軍事車騎將軍司空封隨郡公給鼓吹女樂各一部庚申詔鎭西將軍樊毅進督沔漢諸軍事遣平南將軍南豫州刺史任忠率衆趣歷陽通直散騎常侍超武將軍陳慧紀爲前軍都督趣南兗州戊辰以新除司空司馬消難爲大都督水陸諸軍事庚午通直散騎常侍淳于陵克臨江郡癸酉智武將軍魯廣達克郭默城甲戌大雨霖丙子淳于陵克祐州城九月癸未周臨江太守劉顯光率衆內附是夜天東南有聲如風水相擊三夜乃止丙戌改安陸郡爲南司州丁亥周將王延貴率衆援歷陽任忠擊破之生擒延貴等己酉周廣陵義主曹藥率衆入附冬十月癸丑大雨雹震十一月己丑詔曰朕君臨四海日旰劬勞思弘至治未臻斯道而兵車驟出軍費尤煩芻漕控引不能徵賦夏中亢旱傷農畿內爲甚民失所資歲取無託此則政刑未理陰陽舛度黎元阻饑君孰與足靖言興念余責在躬宜布惠澤溥沾氓庶其丹陽吳興晉陵建興義興東海信義陳留江陵等十郡并諸署即年田稅祿秩竝各原半其丁租半申至來歲秋登十二月庚辰宣毅將軍南徐州刺史河東王叔獻薨

十三年春正月壬午以車騎將軍開府儀同三司淳于量爲左光祿大夫中權將軍護軍將軍鄱陽王伯山即本號開府儀同三司鎭右將軍國子祭酒新安王伯固爲揚州刺史軍師將軍尚書僕射晉安王伯恭爲尚書左僕射右將軍丹陽尹徐陵爲中書監領太子詹事吏部尚書袁憲爲尚書右僕射庚寅以輕車將軍衞尉卿宜都王叔明爲南徐州刺史二月甲寅詔賜司馬消難所部周大將軍田廣等封爵各有差乙亥輿駕親耕籍田夏四月乙巳分衡州始興郡爲東衡州衡州爲西衡州五月丙辰以前鎭西將軍樊毅爲中護軍六月辛卯以新除中護軍樊毅爲護軍將軍秋九月癸亥夜大風至自西北發屋拔樹大雷震雹冬十月癸未以散騎常侍丹陽尹毛喜爲吏部尚書護軍將軍樊毅爲鎭西將軍荆州刺史改鄱陽郡爲吳州壬寅丹丹國遣使獻方物十二月辛巳彗星見己亥以翊右將軍衞尉卿沈恪爲護軍將軍

十四年春正月己酉高宗弗豫甲寅崩于宣福殿時年五十三遺詔曰朕爰自遘疾會未浹旬醫藥不瘳便屬大漸終始定分夫復奚言但君臨寰宇十有四載誠則雖休勿休日愼一日知宗廟之負重識王業之艱難而邊鄙多虞生民未乂方欲蕩淸四海包吞八荒有志莫從遺恨幽壤皇太子叔寶纘體正嫡年業韶茂纂統洪基社稷有主羣公卿士文武內外俱罄心力同竭股肱送往事居盡忠誠之節當官奉職弘翼亮之功務在叶和無違朕意凡厥終制事從省約金銀之飾不須入壙明器之具皆令用瓦唯使儉而合禮勿得奢而乖度以日易月既有通規公除之制悉依舊制在位百司三日

一臨四方州鎭五等諸侯各守所職竝停奔赴二月辛卯上謚孝宣皇帝廟號高宗癸巳葬顯寧陵高宗在田之日有大度幹畧及乎登庸寔允天人之望梁室喪亂淮南地竝入齊高宗太建初志復舊境乃運神畧授律出師至於戰勝攻取獻捷相繼遂獲反侵地功實懋焉及周滅齊乘勝畧地還達江際矣

史臣曰高宗器度弘厚亦有人君之量焉世祖知冢嗣仁弱弗可傳於寶位高宗地居姬旦世祖情存太伯及乎弗悆大事咸悉焉至於纂業萬機平理命將出師克淮南之地開拓土宇靜謐封疆享國十餘年志大意逸呂梁覆軍大喪師徒矣江左削弱抑此之由嗚呼蓋德不逮文智不及武雖得失自我無禦敵之畧焉

陳書卷五考證

宣帝紀梁大通二年七月辛酉生○大通南史作中大通

時有馬軍主李總與高宗有舊○南史無馬字

十月己亥夜地震○臣人龍按上文書冬十月乙酉祀太廟戊戌以沈恪爲領軍則此不應複書十月若南史作十一月而不書朔以上戊戌證之亦恐有誤

分命衆軍北伐○南史云是歲諸軍略地所在尅捷與下文詳叙者小異

壬辰以尚書右僕射王瑒爲尚書右僕射○下右字衍　臣人龍按南史云以尚書右僕射爲尚書僕射則知右字之爲衍文矣

己酉周廣陵義主曹藥率衆入附○南史主字上有軍字

陳書卷六

唐　散　騎　常　侍　姚　思　廉　撰

本紀第六

後主

後主諱叔寶字元秀小字黃奴高宗嫡長子也梁承聖二年十一月戊寅生于江陵明年江陵陷高宗遷關右留後主于穰城天嘉三年歸京師立爲安成王世子天康元年授寧遠將軍置佐史光大二年爲太子中庶子尋還侍中餘如故太建元年正月甲午立爲皇太子十四年正月甲寅高祖崩乙卯始興王叔陵作逆伏誅丁巳太子即皇帝位于太極前殿詔曰上天降禍大行皇帝奄棄萬國攀號擗踊無所迨及朕以哀煢嗣膺寶歷若涉巨川罔知攸濟方賴羣公用匡寡薄思播遺德覃被億兆凡厥遐邇咸與惟新可大赦天下在位文武及孝悌力田爲父後者竝賜爵一級孤老鰥寡不能自存者賜穀人五斛帛二匹癸亥以侍中翊前將軍丹陽尹長沙王叔堅爲驃騎將軍開府儀同三司揚州刺史右衞將軍蕭摩訶爲車騎將軍南徐州刺史鎭西將軍荆州刺史樊毅進號征西將軍平南將軍豫州刺史任忠進號鎭南將軍護軍將軍沈恪爲特進金紫光祿大夫平西將軍魯廣達進號安西將軍仁武將軍豐州刺史章大寶爲中護軍乙丑尊皇后爲皇太后宮曰弘範丙寅以冠軍將軍晉熙王叔文爲宣惠將軍丹陽尹丁卯立弟叔重爲始興王奉昭烈王祀己巳立妃沈氏爲皇后辛未立皇弟叔儼爲尋陽王皇弟叔愼爲岳陽王皇弟叔達爲義陽王皇弟叔熊爲巴山王皇弟叔虞爲武昌王壬申侍中中權將軍開府儀同三司鄱陽王伯山進號中權大將軍軍師將軍尚書左僕射晉安王伯恭進號翊前將軍侍中翊右將軍中領軍廬陵王伯仁進號安前將軍鎭南將軍江州刺史豫章王叔英進號征南將軍平南將軍湘州刺史建安王叔卿進號安南將軍以侍中中書監安右將軍徐陵爲左光祿大夫領太子少傅甲戌設無㝵大會於太極前殿三月辛亥詔曰躬推爲勸義顯前經力農見賞事昭往誥斯乃國儲是資民命攸屬豐儉隆替靡不由之夫入賦自古輸藁惟舊沃饒貴于十金磽确至於三易腴瘠既異盈縮不同詐僞日興簿書歲改稻田使者著自西京不實峻刑聞諸東漢老農懼於祗應俗吏因而侮文輟耒成羣游手爲伍永言妨蠹良可太息今陽和在節膏澤潤下宜展春耨以望秋坻其有新闢塍畎進墾蒿萊廣袤勿得度量征租悉皆停免私業久廢咸許占作公田荒縱亦隨肆勤儻良守教耕淳民載酒有茲督課議以賞擢外可爲格班下稱朕意焉癸亥詔曰夫體國經野長世字氓雖因革儻殊弛張或異至於旁求俊乂爰逮側微用道和羹是隆大廈上智中主咸由此術朕以寡薄嗣膺景祚雖哀疚在躬情慮惛舛而宗社任重黎庶務殷無由自安拱默敢忘康濟思所以登顯髦彥式備周行但空勞宵夢屢勤史卜五就莫來五能不至是用甲旦凝慮丙夜損懷豈以食玉炊桂無因自達將懷寶迷邦咸思獨善應內外衆官九品已上可各薦一人以會彙征之吉且取備實難舉長或易小大之用明言所施勿得南箕北斗名而非實其有負能仗氣擯壓當時著賓戲以自憐草客嘲以慰志人生一世逢遇誠難亦宜去此幽谷翔茲天路趨銅駝以觀國望金馬而來庭便當隨彼方圓飭之矩矱又詔曰昔睿后宰民哲王御寓雖德稱汪濊明能普燭猶復紆己乞言降情訪道高咨岳牧下聽輿臺故能政若神明事無悔吝朕纂承丕緒思隆大業常懼九重已邃四聰未廣欲聽昌言不疲痺足若逢廷折無憚批鱗而口柔之辭儻聞於在位腹誹之意或隱於具僚非所以弘理至公緝熙帝載者也內外卿士文武衆司若有智周政術心練治體救民俗之疾苦辯禁網之疎密者各進忠讜無所隱諱朕將虛己聽受擇善而行庶深鑒物情匡我王度己巳以侍中尚書左僕射新除翊前將軍晉安王伯恭爲安南將軍湘州刺史新除翊左將軍永陽王伯智爲尚書僕射中護軍章大寶爲豐州刺史夏四月丙申立皇子永康公胤爲皇太子賜天下爲父後者爵一級王公已下賚帛各有差庚子詔曰朕臨御區宇撫育黔黎方欲康濟澆薄蠲省繁費奢僭乖衷實宜防斷應鏤金銀薄及庶物化生土木人綵花之屬及布帛幅尺短狹輕疎者竝傷財廢業尤成蠹患又僧尼道士挾邪左道不依經律民間淫祀祆書諸珍怪事詳爲條制竝皆禁絕癸卯詔曰中歲克定淮泗爰涉青徐彼土酋豪竝輸罄誠款分遣親戚以爲質任今舊土淪陷復成異域南北阻遠未得會同念其分乖殊有愛戀夷狄吾民斯事一也何獨譏禁使彼離析外可即檢任子館及東館并帶保任在外者竝賜衣糧頒之酒食遂其鄉路所之阻遠便發遣船仗衞送必令安達若已預仕宦及別有事義不欲去者亦隨其意六月癸酉朔以明威將軍通直散騎常侍孫瑒爲中護軍秋七月辛未大赦天下是月江水色赤如血自京師至于荆州八月癸未夜天有聲如風水相擊乙酉夜亦如之丙戌以使持節都督緣江諸軍事安西將軍魯廣達爲安左將軍九月丙午設無㝵大會於太極殿捨身及乘輿御服大赦天下辛亥夜天東北有聲如蟲飛漸移西北乙卯太白晝見丙寅以驃騎將軍開府儀同三司揚州刺史長沙王叔堅爲司空征南將軍江州刺史豫章王叔英即本號開府儀同三司

至德元年春正月壬寅詔曰朕以寡薄嗣守鴻基哀惸切慮疹恙纏織訓俗少方臨下靡算懼甚踐冰慄同馭朽而四氣易流三光遞至纓紱列陛玉帛充庭具物匪新節序疑舊緬思前德永慕昔辰對軒闥而哽心顧扆筵而慓氣思所以仰遵遺構俯勵薄躬陶鑄九流休息百姓用弘寬簡取叶陽和可大赦天下改太建十五年爲至德元年以征南將軍江州刺史新除開府儀同三司豫章王叔英爲中衞大將軍驃騎將軍開府儀同三司揚州刺史長沙王叔堅爲江州刺史征東將軍開府儀同三司東揚州刺史司馬消難進號車騎將軍宣惠將軍丹陽尹晉熙王叔文爲揚州刺史鎭南將軍南豫州刺史任忠爲領軍將軍安左將軍魯廣達爲平南將軍南豫州刺史祠部尚書江總爲吏部尚書癸卯立皇子深爲始安王二月丁丑以始興王叔重爲揚州刺史夏四月戊辰交州刺史李幼榮獻馴象己丑以前輕車將軍揚州刺史晉熙王叔文爲江州刺史秋八月丁卯以驃騎將軍開府儀同三司長沙王叔堅爲司空九月丁巳天東南有聲如蟲飛冬十月丁酉立皇弟叔平爲湘東王叔敖爲臨賀王叔宣爲陽山王叔穆爲西陽王戊戌侍中安右將軍左光祿大夫太子少傅徐陵卒癸丑立皇弟叔儉爲南安王叔澄爲南郡王叔興爲沅陵王叔韶爲岳山王叔純爲新興王十二月丙辰頭和國遣使獻方物司空長沙王叔堅有罪免戊午夜天開自西北至東南其內有靑黃色隆隆若雷聲

二年春正月丁卯分遣大使巡省風俗平南將軍豫州刺史魯廣達進號安南將軍癸巳大赦天下夏五月戊子以尚書僕射永陽王伯智爲平東將軍東揚州刺史輕車將軍江州刺史晉熙王叔文爲信威將軍湘州刺史仁威將軍揚州刺史始興王叔重爲江州刺史信武將軍南琅邪彭城二郡太守南平王嶷爲揚州刺史吏部尚書江總爲尚書僕射秋七月戊辰以長沙王叔堅爲侍中鎭左將軍壬午太子加元服在位文武賜帛各有差孝悌力田爲父後者各賜一級鰥寡癃老不能自存者人穀五斛九月癸未太白晝見冬十月己酉詔曰耕鑿自足乃曰淳風貢賦之興其來尚矣蓋由庚亟務不獲已而行焉但法令滋章姦盜多有俗尚澆詐政鮮惟良朕日旰夜分矜一物之失所泣辜罪己愧三千之未措望訂初下使彊蔭兼出如聞貧富均起單弱重弊斯豈振窮扇暍之意歟是乃下吏箕斂之苛也故云百姓不足君孰與足自太建十四年望訂租調逋未入者竝悉原除在事百僚辯斷庶務必去取平允無得便公害民爲己聲績妨紊政道十一月丙寅大赦天下壬申盤盤國遣使獻方物戊寅百濟國遣使獻方物

三年春正月戊午朔日有蝕之庚午以鎮左將軍長沙王叔堅卽本號開府儀同三司征西將軍荊州刺史樊毅爲護軍將軍守吏部尚書領著作陸瓊爲吏部尚書金紫光祿大夫袁敬加特進三月辛酉前豐州刺史章大寶舉兵反夏四月庚戌豐州義軍主陳景詳斬大寶傳首京師秋八月戊子夜老人星見己酉以左民尚書謝伷爲吏部尚書九月甲戌特進金紫光祿大夫袁敬卒冬十月己丑丹丹國遣使獻方物十一月己未詔曰宣尼誕膺上哲體資至聖祖述憲章之典並天地而合德樂正雅頌之奧與日月而偕明垂後昆之訓範開生民之耳目梁季湮微靈寢忘處鞠爲茂草三十餘年敬仰如在永惟愾息今雅道雍熙由庚得所斷琴故履零落不追閟笥開書無因循復外可詳之禮典改築舊廟蕙房桂棟咸使惟新芳蘩潔潦以時饗奠辛巳輿駕幸長干寺大赦天下十二月丙戌太白晝見辛卯皇太子出太學講孝經戊戌講畢辛丑釋奠于先師禮畢設金石之樂會宴王公卿士癸卯高麗國遣使獻方物是歲蕭巋死子琮代立

四年春正月甲寅詔曰堯施諫鼓禹拜昌言求之異等久著前徽舉以淹滯復聞昔典斯乃治道之深規帝王之切務朕以寡昧丕承鴻緒未明虛己日旰興懷萬機多紊四聰弗達思聞蹇諤採其謀計王公已下各薦所知旁詢管庫爰及輿皁一介有能片言可用朕親加聽覽佇於啓沃中權大將軍開府儀同三司鄱陽王伯山進號鎮衞將軍中衞大將軍開府儀同三司豫章王叔英進號驃騎大將軍鎮左將軍開府儀同三司長沙王叔堅進號中軍大將軍安南將軍晉安王伯恭進號鎮右將軍翊右將軍宜都王叔明進號安右將軍二月丙戌以鎮右將軍晉安王伯恭爲特進丙申立皇弟叔謨爲巴東王叔顯爲臨江王叔坦爲新會王叔隆爲新寧王夏五月丁巳立皇子莊爲會稽王秋九月甲午輿駕幸玄武湖肆艫艦閱武宴羣臣賦詩戊戌以鎮衞將軍開府儀同三司鄱陽王伯山爲東揚州刺史智武將軍岳陽王叔愼爲丹陽尹丁未百濟國遣使獻方物冬十月癸亥尚書僕射江總爲尚書令吏部尚書謝伷爲尚書僕射十一月己卯詔曰惟刑止暴惟德成物三才是資百王不改而世無抵角時鮮犯鱗渭橋驚馬弗聞廷爭桃林逸牛未見其旨雖剽悍輕侮理從鉗釱蠢愚杜默宜肆矜弘政乏良哉明慙則哲求諸刑措安可得乎是用屬寤寐以軫懷負黼扆而於邑復茲合璧輪缺連珠緯舛黃鍾獻呂和氣始萌玄英告中履長在御因時宥過抑乃斯得可大赦天下

禎明元年春正月丙子以安前將軍衡陽王伯信進號鎮前將軍安東將軍吳興太守廬陵王伯仁爲特進智武將軍丹陽尹岳陽王叔愼爲湘州刺史仁武將軍義陽王叔達爲丹陽尹戊寅詔曰栢皇大庭鼓淳和於曩日姬王嬴后被澆風於末載刑書已鑄善化匪融禮義既乖姦宄斯在何其淳朴不反浮華競扇者歟朕居中御物納隍在眷頻恢天網屢絕三邊元元黔庶終罹五辟蓋乃康哉寡薄抑焉法令滋章是用當宁弗怡矜此向隅之意今三元具序萬國朝辰靈芝之獻於始陽膏露疑於聿歲從春施令仰乾布德思與九有惟新七政可大赦天下改至德五年爲禎明元年乙未地震癸卯以鎮前將軍衡陽王伯信爲鎮南將軍西衡州刺史二月丁未以特進鎮右將軍晉安王伯恭進號中衞將軍中書令建安王叔卿爲中書監丁卯詔至德元年望訂租調逋未入者並原之秋八月癸卯老人星見丁未以車騎將軍蕭摩訶爲驃騎將軍九月乙亥以驃騎將軍開府儀同三司豫章王叔英爲驃騎大將軍庚寅蕭琮所署尚書令太傅安平王蕭巖中軍將軍荊州刺史義興王蕭瓛遣其都官尚書沈君公詣荊州刺史陳紀請降辛卯巖等率文武男女十萬餘口濟江甲午大赦天下冬十一月乙亥割揚州吳郡置吳州割錢塘縣爲郡屬焉丙子以蕭巖爲平東將軍開府儀同三司東揚州刺史蕭瓛爲安東將軍吳州刺史丁亥以驃騎大將軍開府儀同三司豫章王叔英兼司徒十二月丙辰以前鎮衞將軍開府儀同三司東揚州刺史鄱陽王伯山爲鎮衞大將軍開府儀同三司前中衞將軍晉安王伯恭爲中衞將軍右光祿大夫

二年春正月辛巳立皇子恮爲東陽王恬爲錢塘王是月遣散騎常侍周羅睺帥兵屯峽口夏四月戊申有羣鼠無數自蔡洲岸入石頭渡淮至于青塘兩岸數日死隨流出江戊午以左民尚書蔡徵爲吏部尚書是月郢州南浦水黑如墨五月壬午以安前將軍廬陵王伯仁爲特進甲午東冶鑄鐵有物赤色如數斗自天墜鎔所有聲隆隆如雷鐵飛出牆外燒民家六月戊戌扶南國遣使獻方物庚子廢皇太子胤爲吳興王立軍師將軍揚州刺史始安王深爲皇太子辛丑平南將軍江州刺史南平王嶷進號鎮南將軍忠武將軍南徐州刺史永嘉王彥進號安北將軍會稽王莊爲翊前將軍揚州刺史宣惠將軍尚書令江總進號中權將軍雲麾將軍太子詹事袁憲爲尚書僕射尚書僕射謝伷爲特進寧遠將軍新除吏部尚書蔡徵進號安右將軍甲辰以安右將軍魯廣達爲中領軍丁巳大風至自西北激濤水入石頭城淮渚暴溢漂沒舟乘冬十月己亥立皇子蕃爲吳郡王辛丑以度支尚書領大著作姚察爲吏部尚書己酉輿駕幸莫府山大校獵十一月丁卯詔曰夫議獄緩刑皇王之所垂範勝殘去殺仁人之所用心自畫冠既息刻吏斯起法令滋章手足無措朕君臨區宇屬當澆末輕重之典在政未康小大之情與言多愧眷茲狴犴有軫哀矜可克日於大政殿訊獄壬申以鎮南將軍江州刺史南平王嶷爲征西將軍郢州刺史安北將軍南徐州刺史永嘉王彥爲安南將軍江州刺史軍師將軍南海王虔爲安北將軍南徐州刺史丙子立皇弟叔榮爲新昌王叔匡爲太原王是月隋遣晉王廣衆軍來伐自巴蜀沔漢下流至廣陵數十道俱入緣江鎮戍相繼奏聞時新除湘州刺史施文慶中書舍人沈客卿掌機密用事並抑而不言故無備禦

三年春正月乙丑朔霧氣四塞是日隋總管賀若弼自北道廣陵濟京口總管韓擒虎趣橫江濟采石自南道將會弼軍丙寅采石戍主徐子建馳啓告變丁卯召公卿入議軍旅戊辰內外戒嚴以驃騎將軍蕭摩訶護軍將軍樊毅中領軍魯廣達並爲都督遣南豫州刺史樊猛帥舟師出白下散騎常侍皐文奏將兵鎮南豫州庚午賀若弼攻陷南徐州辛未韓擒虎又陷南豫州文奏敗還至是隋軍南北道並進後主遣驃騎大將軍司徒豫章王叔英屯朝堂蕭摩訶屯樂遊苑樊毅屯耆闍寺魯廣達屯白土岡忠武將軍孔範屯寶田寺己卯鎮東大將軍任忠自吳興入赴仍屯朱雀門辛巳賀若弼進據鍾山頓白土岡之東南甲申後主遣衆軍與弼合戰衆軍敗績弼乘勝至樂遊苑魯廣達猶督散兵力戰不能拒弼進攻宮城燒北掖門是時韓擒虎率衆自新林至于石子岡任忠出降於擒虎仍引擒虎經朱雀航趣宮城自南掖門而入於是城內文武百司皆遁出唯尚書僕射袁憲在殿內尚書令江總吏部尚書姚察度支尚書袁權前度支尚書王瑗侍中王寬在省中後主聞兵至從宮人十餘出後堂景陽殿將自投于井袁憲侍側苦諫不從後閤舍人夏侯公韻又以身蔽井後主與爭久之方得入焉及夜爲隋軍所執丙戌晉王廣入據京城三月己巳後主與王公百司發自建業入于長安隋仁壽四年十一月壬子薨於洛陽時年五十二追贈大將軍封長城縣公謚曰煬葬河南洛陽之芒山

史臣侍中鄭國公魏徵曰高祖拔起壠畝有雄桀之姿始佐下藩奮英奇之畧弭節南海職思靜亂援旗北邁義在勤王掃侯景於旣成拯梁室於已墜天網絕而復續國步屯而更康百神有主不失舊物魏王之延漢鼎祚宋武之反晉乘與懋績鴻勳無以尚也于時內難未弭外鄰勍敵王琳作梗於上流周齊搖蕩於江漢畏首畏尾若存若亡此之不圖遠移天歷雖皇靈有眷何其速也然志度弘遠懷抱豁如或取士於仇讐或擢才於亡命掩其受金之過宥其吠堯之罪委以心腹爪牙咸能得其死力故乃決機百勝成此三分方諸鼎峙之雄足以無慙權備矣世祖天姿叡哲清明在躬早預經綸知民疾苦思擇令典庶幾至治德刑並用戡濟艱虞羣兇授首彊鄰震懾雖忠厚之化未能及遠恭儉之風足以垂訓若不尚明察則守文之良主也臨川年長於成王過微於太甲宣帝有周公之親無伊尹之志明辟不復桐宮遂往欲加之罪其無辭乎高宗爰自在田雅量宏廓登庸御極民歸其厚惠以使下寬以容衆智勇爭奮師出有名揚旆分麾風行電掃闢土千里奄有淮泗戰勝攻取之勢近古未之有也旣而君侈民勞將驕卒惰帑藏空竭折衂師徒於是秦人方彊遂窺兵於江上矣李克以爲吳之先亡由乎數戰數勝數戰則民疲數勝則主驕以驕主御疲民未有不亡者也信哉言乎高宗始以寬大得人終以驕侈致敗文武之業墜于茲矣後主生深宮之中長婦人之手旣屬邦國殄瘁不知稼穡艱難初懼阽危屢有哀矜之詔後稍安集復扇淫侈之風賓禮諸公唯寄情於文酒昵近羣小皆委之以衡軸謀謨所及遂無骨鯁之臣權要所在莫匪侵漁之吏政刑日紊尸素盈朝躭荒爲長夜之飲嬖寵同豔妻之孽危亡弗恤上下相蒙衆叛親離臨機不寤自投於井冀以苟生視其以此求全抑亦民斯下矣遐觀列辟纂武嗣興其始也皆欲齊明日月合德天地高視五帝俯協三王然而靡不有初克終蓋寡其故何哉並以中庸之才懷可移之性口存於仁義心怵於嗜慾仁義利物而道遠嗜欲遂性而便身便身不可久違道遠難以固志佞諂之倫承顏候色因其所好以悅導之若下坂以走丸譬順流而決壅非夫感靈辰象降生明德孰能遺其所樂而以百姓爲心哉此所以成康文景千載而罕遇癸辛幽厲靡代而不有毒被宗社身嬰戮辱爲天下

笑可不痛乎古人有言亡國之主多有才藝考之梁陳及隋信非虛論然則不崇教義之本偏尚淫麗之文徒長澆僞之風無救亂亡之禍矣

史臣曰後主昔在儲宮早標令德及南面繼業寔允天人之望矣至於禮樂刑政咸遵故典加以深弘六藝廣闢四門是以待詔之徒爭趨金馬稽古之秀雲集石渠且梯山航海朝貢者往往歲至矣自魏正始晉中朝以來貴臣雖有識治者皆以文學相處罕關庶務朝章大典方參議焉文案簿領咸委小吏浸以成俗迄至于陳後主因循未遑改革故施文慶沈客卿之徒專掌軍國要務姦黠左道以裒刻爲功自取身榮不存國計是以朝經墮廢禍生隣國斯亦運鍾百六鼎玉遷變非唯人事不昌蓋天意然也

陳書卷六考證

後主紀丁卯立弟叔重爲始興王奉昭烈王祀○重一本作敦南史同

是用甲旦凝慮丙夜損懷○甲應作申

肄艫艦閱武宴羣臣賦詩○肄各本訛肆今改從南史

陳書卷七

唐 散 騎 常 侍 姚 思 廉 撰

列傳第一

高祖章皇后　世祖沈皇后

廢帝王皇后　高宗柳皇后

後主沈皇后 張貴妃

周禮王者立后六宮三夫人九嬪二十七世婦八十一御妻以聽天下之內治然受命繼體之主非獨外相佐也蓋亦有內德助焉漢魏已來六宮之職因襲增置代不同矣高祖承微接亂光膺天歷以朴素自處故後宮員位多闕世祖天嘉初詔立後宮員數始置貴妃貴嬪貴姬三人以擬古之三夫人又置淑媛淑儀淑容昭華昭儀昭容脩華脩儀脩容九人以擬古之九嬪又置婕妤容華充華承徽烈榮五人謂之五職亞於九嬪又置美人才人良人三職其職無員數號爲散位世祖性恭儉而嬪嬙多闕高宗後主內職無所改作今之所綴略備此篇

高祖宣皇后章氏諱要兒吳興烏程人也本姓鈕父景明爲章氏所養因改焉景明梁代官至散騎侍郎后母蘇嘗遇道士以小龜遺己光采五色曰三年有徵及期后生而紫光照室因失龜所在少聰慧美容儀手爪長五寸色並紅白每有期功之服則一爪先折高祖先娶同郡錢仲方女早卒後乃聘后后善書計能誦詩及楚辭高祖自廣州南征交阯命后與衡陽王昌隨世祖由海道歸于長城侯景之亂高祖下至豫章后爲景所囚景平而高祖爲長城縣公后拜夫人及高祖踐阼永定元年立爲皇后追贈后父景明特進金紫光祿大夫加金章紫綬拜后母蘇安吉縣君二年安吉君卒與后父合葬吳興明年追封后父爲廣德縣侯邑五百戶謚曰溫高祖崩后與中書舍人蔡景歷定計祕不發喪召世祖入纂事在蔡景歷及侯安都傳世祖即位尊后爲皇太后宮曰慈訓廢帝即位尊后爲太皇太后光大二年后下令黜廢帝爲臨海王命高宗嗣位太建元年尊后爲皇太后二年三月丙申崩于紫極殿時年六十五遺令喪事所須並從儉約諸有饋奠不得用牲牢其年四月羣臣上謚曰宣太后祔葬萬安陵后親屬無在朝者唯族兄鈕洽官至中散大夫

世祖沈皇后諱妙容吳興武康人也父法深梁安前中錄事參軍后年十餘歲以梁大同中歸于世祖高祖之討侯景世祖時在吳興景遣使收世祖及后景平乃獲免高祖踐阼永定元年后爲臨川王妃世祖即位爲皇后追贈后父法深光祿大夫加金章紫綬封建成縣侯邑五百戶謚曰恭追贈后母高綏安縣君謚曰定廢帝即位尊后爲皇太后宮曰安德時高宗與僕射到仲舉舍人劉師知等並受遺輔政師知與仲舉恒居禁中參決衆事而高宗爲揚州刺史與左右三百人入居尚書省師知見高宗權重陰忌之乃矯勑謂高宗曰今四方無事王可還東府經理州務高宗將出而諮議毛喜止之曰今若出外便受制於人譬如曹爽願作富家翁不可得也高宗乃稱疾召師知留之與語使毛喜先入言之於后后曰今伯宗年幼政事並委二郎此非我意喜又言於廢帝帝曰此自師知等所爲非朕意也喜出以報高宗高宗因囚師知自入見后及帝極陳師知之短仍自草勑請畫以師知付廷尉治罪其夜於獄中賜死自是政無大小盡歸高宗后憂悶計無所出乃密賂宦者蔣裕令誘建安人張安國使據郡反冀因此以圖高宗安國事覺並爲高宗所誅時后左右近侍頗知其事后恐連逮黨與並殺之高宗即位以后爲文皇后陳亡入隋大業初自長安歸于江南頃之卒后兄欽隨世祖征伐以功至貞威將軍安州刺史世祖即位襲爵建城侯加通直散騎常侍持節會稽等九郡諸軍事明威將軍會稽太守入爲侍中左衞將軍衞尉卿光大中爲尚書右僕射尋遷左僕射欽素無技能奉己而已高宗即位出爲雲麾將軍義興太守秩中二千石太建元年卒時年六十七贈侍中特進翊左將軍謚曰成子觀嗣頗有學識官至御史中丞

廢帝王皇后金紫光祿大夫固之女也天嘉元年爲皇太子妃廢帝即位立爲皇后廢帝爲臨海王后爲臨海王妃至德中薨后生臨海嗣王至澤至澤以光大元年爲皇太子太建元年襲封臨海嗣王尋爲宣惠將軍置佐史陳亡入長安

高宗柳皇后諱敬言河東解人也曾祖世隆齊侍中司空尚書令貞陽忠武公祖惲有重名於梁代官至祕書監贈侍中中護軍父偃尚梁武帝女長城公主拜駙馬都尉大寶中爲鄱陽太守卒官后時年九歲幹理家事有若成人侯景之亂后與弟盼往江陵依梁元帝元帝以長城公主之故待遇甚厚及高宗赴江陵元帝以后配焉承聖二年后生後主於江陵明年江陵陷高宗遷于關右后與後主俱留穰城天嘉二年與後主還朝后爲安成王妃高宗即位立爲皇后后美姿容身長七尺二寸手垂過膝初高宗居鄉里先娶吳興錢氏女及即位拜爲貴妃甚有寵后傾心下之每尚方供奉之物其上者皆推於貴妃而己御其次焉高宗崩始興王叔陵爲亂後主賴后與樂安君吳氏救而獲免事在叔陵傳後主即位尊后爲皇太后宮曰弘範當是之時新失淮南之地隋師臨江又國遭大喪後主病瘡不能聽政其誅叔陵供大行喪事邊境防守及百司衆務雖假以後主之命實皆決之於后後主瘡愈乃歸政焉陳亡入長安大業十一年薨於東都年八十三葬洛陽之邙山后性謙謹未嘗以宗族爲請雖衣食亦無所分遺弟盼太建中尚世祖女富陽公主拜駙馬都尉後主即位以帝舅加散騎常侍盼性愚戇使酒常因醉乘馬入殿門爲有司所劾坐免官卒於家贈侍中中護軍后從祖弟莊清警有鑒識太建末爲太子洗馬掌東宮管記後主即位稍遷至散騎常侍衞尉卿禎明元年轉右衞將軍兼中書舍人領雍州大中正自盼卒後太后宗屬唯莊爲近兼素有名望由是深被恩遇尋遷度支尚書陳亡入隋爲岐州司馬

後主沈皇后諱婺華儀同三司望蔡貞憲侯君理女也母即高祖女會稽穆公主主早亡時后尚幼而毀瘠過甚及服畢每至歲時朔望恒獨坐涕泣哀動左右內外咸敬異焉太建三年納爲皇太子妃後主即位立爲皇后后性端靜寡嗜慾聰敏彊記涉獵經史工書翰初後主在東宮而后父君理卒后居憂處於別殿哀毀逾禮後主遇后既薄而張貴妃寵傾後宮後宮之政並歸之后澹然未嘗有所忌怨而居處儉約衣服無錦繡之飾左右近侍纔百許人唯尋閱圖史誦佛經爲事陳亡與後主俱入長安及後主薨后自爲哀辭文甚酸切隋煬帝每所巡幸恒令從駕及煬帝爲宇文化及所害后自廣陵過江還鄉里不知所終后無子養孫姬子胤爲己子后宗族多有顯官事在君理傳后叔君公自梁元帝敗後常在江陵禎明中與蕭瓛蕭巖率衆叛隋歸朝後主擢爲太子詹事君公博學有才辯善談論後主深器之陳亡隋文帝以其叛己命斬于建康

後主張貴妃名麗華兵家女也家貧父兄以織席爲事後主爲太子以選入宮是時龔貴嬪爲良娣貴妃年十歲爲之給使後主見而說焉因得幸遂有娠生太子深後主即位拜爲貴妃性聰惠甚被寵遇後主每引貴妃與賓客遊宴貴妃薦諸宮女預焉後宮等咸德之競言貴妃之善由是愛傾後宮又好厭魅之術假鬼道以惑後主置淫祀於宮中聚諸妖巫使之鼓舞因參訪外事人間有一言一事妃必先知之以白後主由是益重妃內外宗族多被引用及隋軍陷臺城妃與後主俱入于井隋軍出之晉王廣命斬貴妃牓於青溪中橋

史臣侍中鄭國公魏徵考覽記書參詳故老云後主初即位以始興王叔陵之亂被傷臥于承香閣下時諸姬並不得進唯張貴妃侍焉而柳太后猶居柏梁殿即皇后之正殿也後主沈皇后素無寵不得侍疾別居求賢殿至德二年乃於光照殿前起臨春結綺望仙三閣閣高數丈並數十間其窗牖壁帶懸楣欄檻之類並以沈檀香木爲之又飾以金玉間以珠翠外施珠簾內有寶牀寶帳其服玩之屬瑰奇珍麗近古所未有每微風暫至香聞數里朝日初照光暎後庭其下積石爲山引水爲池植以奇樹雜以花藥後主自居臨春閣張貴妃居結綺閣龔孔二貴嬪居望仙閣並複道交相往來又有王李二美人張薛二淑媛袁昭儀何婕妤江脩容等七人並有寵遞代以遊其上以宮人有文學者袁大捨等爲女學士後主每引賓客對貴妃等遊宴則使諸貴人及女學士與狎客共賦新詩互相贈答採其尤豔麗者以爲曲詞被以新聲選宮女有容色者以千百數令習

而謌之分部迭進持以相樂其曲有玉樹後庭花臨春樂等大指所歸皆美張貴妃孔貴嬪之容色也其略曰璧月夜夜滿瓊樹朝朝新而張貴妃髮長七尺鬒黑如漆其光可鑒特聰惠有神采進止閑暇容色端麗每瞻視盼睞光采溢目照暎左右常於閣上靚粧臨于軒檻宮中遙望飄若神仙才辯彊記善候人主顏色是時後主怠於政事百司啓奏並因宦者蔡脫兒李善度進請後主置張貴妃於膝上共決之李蔡所不能記者貴妃並爲條疏無所遺脫由是益加寵異冠絕後庭而後宮之家不遵法度有挂於理者但求哀於貴妃貴妃則令李蔡先啓其事而後從容爲言之大臣有不從者亦因而譖之所言無不聽於是張孔之勢薰灼四方大臣執政亦從風而靡閹宦便佞之徒內外交結轉相引進賄賂公行賞罰無常綱紀瞀亂矣

史臣曰詩表關雎之德易著乾坤之基然夫婦之際人道之大倫也若夫作儷天則變贊王化則宣太后有其懿焉

陳書卷七考證

高祖宣皇后章氏傳后母蘇○后監本誤後今改正

高祖先娶同郡錢仲方女○方一本作芳

後主沈皇后傳后自廣陵過江還鄉里不知所終○南史自廣陵過江於毗陵天靜寺爲尼名觀音貞觀中卒與此小異

陳書卷八

唐　散　騎　常　侍　姚　思　廉　撰

列傳第二

杜僧明　周文育子寶安　侯安都

杜僧明字弘照廣陵臨澤人也形貌眇小而膽氣過人有勇力善騎射梁大同中盧安興爲廣州南江督護僧明與兄天合及周文育並爲安興所啓請與俱行頻征俚獠有功爲新州助防天合亦有材幹預在征伐安興死僧明復副其子子雄及交州土豪李賁反逐刺史蕭諮諮奔廣州臺遣子雄與高州刺史孫冏討賁時春草已生癉癘方起子雄請待秋討之廣州刺史新渝侯蕭暎不聽蕭諮又促之子雄等不得已遂行至合浦死者十六七衆並憚役潰散禁之不可乃引其餘兵退還蕭諮啓子雄及冏與賊交通逗遛不進梁武帝勑於廣州賜死子雄弟子略子烈並雄豪任俠家屬在南江天合謀於衆曰盧公累代待遇我等亦甚厚矣今見枉而死不能爲報非丈夫也我弟僧明萬人之敵若圍州城召百姓誰敢不從城破斬二侯祭孫盧然後待臺使至東手詣廷尉死猶勝生縱其不捷亦無恨矣衆咸慷慨曰是願也唯足下命之乃與周文育等率衆結盟奉子雄弟子略爲主以攻刺史蕭暎子略頓城南天合頓城北僧明文育分據東西吏人並應之一日之中衆至數萬高祖時在高要聞事起率衆來討大破之殺天合生擒僧明及文育等高祖並釋之引爲主帥高祖征交阯及討元景仲僧明文育並有功侯景之亂俱隨高祖入援京師高祖於始興破蘭裕僧明爲前鋒擒裕斬之又與蔡路養戰於南野僧明馬被傷高祖馳往救之以所乘馬授僧明僧明乘馬與數十人復進衆皆披靡因而乘之大敗路養高州刺史李遷仕又據大臯入灨石以逼高祖高祖遣周文育爲前軍與僧明擊走之遷仕與寧都人劉孝尚併力將襲南康高祖又令僧明與文育等拒之相持連戰百餘日卒擒遷仕送于高祖軍及高祖下南康留僧明頓西昌督安成廬陵二郡軍事元帝承制授假節清野將軍新州刺史臨江縣子邑三百戶侯景遣于慶等寇南江高祖頓豫章命僧明爲前驅所向克捷高祖表僧明爲長史仍隨東討軍至蔡州僧明率麾下燒賊水門大艦及景平以功除員外散騎常侍明威將軍南兗州刺史進爵爲侯增邑并前五百戶仍領晉陵太守承聖二年從高祖北圍廣陵加使持節遷通直散騎常侍平北將軍餘如故荆州陷高祖使僧明率吳明徹等隨侯瑱西援於江州病卒時年四十六贈散騎常侍謚曰威世祖即位追贈開府儀同三司天嘉二年配享高祖廟庭子晉嗣

周文育字景德義興陽羨人也少孤貧本居新安壽昌縣姓項氏名猛奴年十一能反覆游水中數里跳高五六尺與羣兒聚戲衆莫能及義興人周薈爲壽昌浦口戍主見而奇之因召與語文育對曰母老家貧兄姊並長大困於賦役薈哀之乃隨文育至家就其母請文育養爲己子母遂與之及薈秩滿與文育還都見於太子詹事周捨請製名字捨因爲立名文育字景德命兄子弘讓教之書計弘讓善隸書寫蔡邕勸學及古詩以遺文育文育不之省也謂弘讓曰誰能學此取富貴但有大槊耳弘讓壯之教之騎射文育大悅司州刺史陳慶之與薈同郡素相善啓薈爲前軍軍主慶之使薈將五百人往新蔡懸瓠慰勞白水蠻蠻謀執薈以入魏事覺薈與文育拒之時賊徒甚盛一日之中戰數十合文育前鋒陷陣勇冠軍中薈於陣戰死文育馳取其尸賊不敢逼及夕各引去文育身被九創創愈辭請還葬慶之壯其節厚加賵遺而遣之葬訖會盧安興爲南江督護啓文育同行累征俚獠所在有功除南海令安興死後文育與杜僧明攻廣州爲高祖所敗高祖赦之語在僧明傳後監州王勱以文育爲長流令深被委任勱被代文育欲與勱俱下至大庾嶺詣卜者卜者曰君北下不過作令長南入則爲公侯文育曰足錢便可誰望公侯卜人又曰君須臾當暴得銀至二千兩若不見信以此爲驗其夕宿逆旅有賈人求與文育博文育勝之得銀二千兩旦日辭勱勱問其故文育以告勱乃遣之高祖在高要聞其還也大喜遣人迎之厚加賞賜分麾下配焉高祖之討侯景文育與杜僧明爲前軍克蘭裕援歐陽頠皆有功高祖破蔡路養於南野文育爲路養所圍四面數重矢石雨下所乘馬死文育右手搏戰左手解鞍潰圍而出因與杜僧明等相得并力復進遂大敗之高祖乃表文育爲府司馬李遷仕之據大臯遣其將杜平虜入灨石魚梁作城高祖命文育擊之平虜棄城走文育據其城遷仕聞平虜敗留老弱於大臯悉選精兵自將以攻文育其鋒甚銳軍人憚之文育與戰遷仕稍却相持未解會高祖遣杜僧明來援別破遷仕水軍遷仕衆潰不敢過大臯直走新淦梁元帝授文育假節雄信將軍義州刺史遷仕又與劉孝尚謀拒義軍高祖遣文育與侯安都杜僧明徐度杜稜築城於白口拒之文育頻出與戰遂擒遷仕高祖發自南康遣文育將兵五千開通江路侯景將王伯醜據豫章文育擊走之遂據其城累前後功除游騎將軍員外散騎常侍封東遷縣侯邑五百戶高祖軍至白茅灣命文育與杜僧明常爲軍鋒平南陵鵲頭諸城及至姑孰與景將侯子鑒戰破之景平授通直散騎常侍改封南移縣侯邑一千戶拜信義太守累遷南丹陽蘭陵晉陵太守智武將軍散騎常侍高祖誅王僧辯命文育督衆軍會世祖於吳興圍杜龕克之又濟江襲會稽太守張彪得其郡城及世祖爲彪所襲文育時頓城北香巖寺世祖夜往趨之因共立柵頃之彪又來攻文育悉力苦戰彪不能克遂破平彪高祖以侯瑱擁據溫州命文育討之仍除都督南豫州諸軍事武威將軍南豫州刺史率兵襲湓城未克徐嗣徽引齊寇渡江據蕪湖詔徵文育還京嗣徽等列艦於青墩至于七磯以斷文育歸路及夕文育鼓譟而發嗣徽等不能制至旦反攻嗣徽嗣徽驍將鮑砰獨以小艦殿軍文育乘單舴艋與戰跳入艦斬砰仍牽其艦而還賊衆大駭因留船蕪湖自丹陽步上時高祖拒嗣徽於白城適與文育大會將戰風急高祖曰兵不逆風文育曰事急矣當決之何用古法抽槊上馬而進衆軍從之風亦尋轉殺傷數百人嗣徽等移營莫府山文育從頓對之頻戰功最加平西將軍進爵壽昌縣公并給鼓吹一部廣州刺史蕭勃舉兵踰嶺詔文育督衆軍討之時新吳洞主余孝頃舉兵應勃遣其弟孝勱守郡城自出豫章據于石頭勃使其子孜將兵與孝頃相會又遣其別將歐陽頠頓軍苦竹灘傅泰據墌口城以拒官軍官軍船少孝頃有舴艋三百艘艦百餘乘在上牢文育遣軍主焦僧度羊柬潛軍襲之悉取而歸仍於豫章立柵時官軍食盡並欲退還文育不許乃使人間行遺周迪書約爲兄弟并陳利害迪得書甚喜許饋糧餉於是文育分遣老小乘故船舫沿流俱下燒豫章郡所立柵僞退孝頃望之大喜因不設備文育由間道兼行信宿達芊韶芊韶上流則歐陽頠蕭勃下流則傅泰余孝頃文育據其中間築城饗士賊徒大駭歐陽頠乃退入泥溪作城自守文育遣嚴威將軍周鐵虎與長史陸山才襲頠擒之於是盛陳兵甲與頠乘舟而讌以巡傅泰城下因而攻泰克之蕭勃在南康聞之衆皆股慄莫能自固其將譚世遠斬勃欲降爲人所害世遠軍主夏侯明徹持勃首以降蕭孜余孝頃猶據石頭高祖遣侯安都助文育攻之孜降文育孝頃退走新吳廣州平文育還頓豫章以功授鎮南將軍開府儀同三司都督江廣衡交等州諸軍事江州刺史王琳擁據上流詔命侯安都爲西道都督文育爲南道都督同會武昌與王琳戰於沌口爲琳所執後得逃歸語在安都傳尋授使持節散騎常侍鎮南將軍開府儀同三司壽昌縣公給鼓吹一部及周迪破余孝頃孝頃子公颺弟孝勱猶據舊柵扇動南土高祖復遣文育及周迪黃法𣰰等討之豫章內史熊曇朗亦率軍來會衆且萬人文育遣吳明徹爲水軍配周迪運糧自率衆軍入象牙江城於金口公颺領五百人僞降謀執文育事覺文育囚之送于京師以其

部曲分隸衆軍乃捨舟爲步軍進據三陂王琳遣將曹慶帥兵二千人以救孝勱慶分遣主帥常衆愛與文育相拒自帥所領徑攻周迪吳明徹軍迪等敗績文育退據金口熊曇朗因其失利謀害文育以應衆愛文育監軍孫白象頗知其事勸令先之文育曰不可我舊兵少客軍多若取曇朗人人驚懼亡立至矣不如推心以撫之初周迪之敗也棄船走莫知所在及得迪書文育喜齎示曇朗曇朗害之於座時年五十　高祖聞之即日舉哀贈侍中司空謚曰忠愍初文育之據三陂有流星墜地其聲如雷地陷方一丈中有碎炭數斗又軍市中忽聞小兒啼一市竝驚聽之在土下軍人掘得棺長三尺文育惡之俄而迪敗文育見殺天嘉二年有詔配享高祖廟廷子寶安嗣文育本族兄景曜因文育官至新安太守

寶安字安民年十餘歲便習騎射以貴公子驕蹇遊逸好狗馬樂馳騁靡衣媮食文育之爲晉陵以征討不遑之郡令寶安監知郡事尤聚惡少年高祖患之及文育西征敗績縶於王琳寶安便折節讀書與士君子遊綏御文育士卒甚有威惠除員外散騎侍郎文育歸復除貞威將軍吳興太守文育爲熊曇朗所害徵寶安還起爲猛烈將軍領其舊兵仍令南討世祖即位深器重之寄以心膂精卒利兵多配焉及平王琳頗有功周迪之破熊曇朗寶安南入窮其餘燼天嘉二年重除雄信將軍吳興太守襲封壽昌縣公三年征留異爲侯安都前軍異平除給事黃門侍郎衞尉卿四年授持節都督南徐州諸軍事貞毅將軍南徐州刺史徵爲左衞將軍加信武將軍尋以本官領衞尉卿又進號仁威將軍天康元年卒時年二十九贈侍中左衞將軍謚曰成子碧嗣寶安卒後碧亦爲偏將征歐陽紇平定淮南竝有功封江安縣伯邑四百戶歷晉陵定遠二郡太守太建九年卒時年二十四贈電威將軍

侯安都字成師始興曲江人也世爲郡著姓父文捍少仕州郡以忠謹稱安都貴後官至光祿大夫始興內史秩中二千石安都工隸書能鼓琴涉獵書傳爲五言詩亦頗清靡兼善騎射爲邑里雄豪梁始興內史蕭子範辟爲主簿侯景之亂招集兵甲至三千人高祖入援京邑安都引兵從高祖攻蔡路養破李遷仕克平侯景竝力戰有功元帝授猛烈將軍通直散騎常侍富川縣子邑三百戶隨高祖鎮京口除蘭陵太守高祖謀襲王僧辯諸將莫有知者唯與安都定計仍使安都率水軍自京口趨石頭高祖自率馬步從江乘羅落會之安都至石頭北棄舟登岸僧辯弗之覺也石頭城北接崗阜雉堞不甚危峻安都被甲帶長刀軍人捧之投於女垣內衆隨而入進逼僧辯臥室高祖大軍亦至與僧辯戰于聽事前安都自內閤出腹背擊之遂擒僧辯紹泰元年以功授使持節散騎常侍都督南徐州諸軍事仁威將軍南徐州刺史高祖東討杜龕安都留臺居守徐嗣徽任約等引齊寇入據石頭游騎至于闕下安都閉門偃旗幟示之以弱令城中曰登陴看賊者斬及夕賊收軍還石頭安都夜令士卒密營禦敵之具將旦賊騎又至安都率甲士三百人開東西掖門與戰大敗之賊乃退還石頭不敢復逼臺城及高祖至以安都爲水軍於中流斷賊糧運又襲秦郡破嗣徽栅收其家口幷馬驢輜重得嗣徽所彈琵琶及所養鷹遣信餉之曰昨至弟住處得此今以相還嗣徽等見之大懼尋而請和高祖聽其還北及嗣徽等濟江齊之餘軍猶據采石守備甚嚴又遣安都攻之多所俘獲明年春詔安都率兵鎮梁山以備齊徐嗣徽等復入丹陽至湖熟高祖追安都還率馬步拒之於高橋又戰於耕壇南安都率十二騎突其陣破之生擒齊儀同乞伏無勞又刺齊將東方老墮馬會賊騎至救老獲免賊北渡蔣山安都又與齊將王敬寶戰於龍尾使從弟曉軍主張纂前犯其陣曉被槍墜馬張纂死之安都馳往救曉斬其騎士十一人因取纂尸而還齊軍不敢逼高祖與齊軍戰於莫府山命安都領步騎千餘人自白下橫擊其後齊軍大敗安都又率所部追至攝山俘獲首虜不可勝計以功進爵爲侯增邑五百戶給鼓吹一部又進號平南將軍改封西江縣公仍都督水軍出豫章助豫州刺史周文育討蕭勃安都未至文育已斬勃幷擒其將歐陽頠傅泰等唯余孝頃與勃子孜猶據豫章之石頭作兩城孝頃與孜各據其一又多設船艦夾水而陣安都至乃銜枚夜燒其艦文育率水軍安都領步騎登岸結陣孝頃俄斷後路安都乃令軍士多伐松木豎栅列營漸進頻戰屢克孜乃降孝頃奔歸新吳請入子爲質許之師還以功進號鎮北將軍加開府儀同三司仍率衆會於武昌與周文育西討王琳將發王公已下餞於新林安都躍馬渡橋人馬俱墮水中又坐艒內墜於橋井時以爲不祥至武昌琳將樊猛棄城走文育亦自豫章至時兩將俱行不相統攝因部下交爭稍不平軍至郢州琳將潘純陁於城中遙射官軍安都怒進軍圍之未能克而王琳至于弇口安都乃釋郢州悉衆往沌口以禦之遇風不得進琳據東岸官軍據西岸相持數日乃合戰安都等敗績安都與周文育徐敬成並爲琳所囚琳總以一長鎖繫之置于艫下令所親宦者王子晉掌視之琳下至湓城白水浦安都等甘言許厚賂子晉子晉乃僞以小船依艫而釣夜載安都文育敬成上岸入深草中步投官軍還都自劾詔竝赦之復其官爵尋爲丹陽尹出爲都督南豫州諸軍事鎮西將軍南豫州刺史令繼周文育攻余孝勱及王琳將曹慶常衆愛等安都自宮亭湖出松門躡衆愛後文育爲熊曇朗所害安都回取大艦值琳將周炅周協南歸與戰破之生擒炅協孝勱弟孝猷率部下四千家欲就王琳遇炅協敗乃詣安都降安都又進軍於禽奇洲破曹慶常衆愛等焚其船艦衆愛奔于廬山爲村人所殺餘衆悉平還軍至南皖而高祖崩安都隨世祖還朝仍與羣臣定議翼奉世祖時世祖謙讓弗敢當太后又以衡陽王故未肯下令羣臣猶豫不能決安都曰今四方未定何暇及遠臨川王有功天下須共立之今日之事後應者斬便按劒上殿白太后出璽又手解世祖髮推就喪次世祖即位遷司空仍爲都督南徐州諸軍事征北將軍南徐州刺史給扶王琳下至栅口大軍出頓蕪湖時侯瑱爲大都督而指麾經略多出安都天嘉元年增邑千戶及王琳敗走入齊安都進軍湓城討琳餘黨所向皆下仍別奉中旨迎衡陽獻王昌初昌之將入也致書於世祖辭甚不遜世祖不懌乃召安都從容而言曰太子將至須別求一蕃吾其老焉安都對曰自古豈有被代天子臣愚不敢奉詔因請自迎昌昌濟漢而薨以功進爵淸遠郡公邑四千戶自是威名甚重羣臣無出其右安都父文捍爲始興內史卒於官世祖徵安都還京師爲發喪尋起復本官贈其父散騎常侍金紫光祿大夫拜其母爲淸遠國太夫人仍迎還都母固求停鄉里上乃下詔改桂陽之汝城縣爲盧陽郡分衡州之始興安遠二郡合三郡爲東衡州以安都從弟曉爲刺史安都第三子秘年九歲上以爲始興內史竝令在鄉侍養其年改封安都桂陽郡公王琳敗後周兵入據巴湘安都奉詔西討及留異擁據東陽又奉詔東討異本謂臺軍由錢塘江而上安都乃步由會稽之諸暨出于永康異大恐奔桃枝嶺處嶺谷間於巖口豎栅以拒王師安都作連城攻異躬自接戰爲流矢所中血流至踝安都乘轝麾軍容止不變因其山壠之勢迮而爲堰天嘉三年夏潦水漲滿安都引船入堰起樓艦與異城等放拍碎其樓雉異與第二子忠臣脫身奔晉安安都虜其妻子盡收其人馬甲仗振旅而歸以功加侍中征北大將軍增邑并前五千戶仍還本鎮其年吏民詣闕表請立碑頌美安都功績詔許之自王琳平後安都勳庸轉大又自以功安社稷漸用驕矜數招聚文武之士或射馭馳騁或命以詩賦第其高下以差次賞賜之文士則褚介馬樞陰鏗張正見徐伯陽劉刪祖孫登武士則蕭摩訶裴子烈等竝爲之賓客齋內動至千人部下將帥多不遵法度檢問收攝則奔歸安都世祖性嚴察深銜之安都弗之改日益驕橫每有表啓封訖有事未盡乃開封自書之云又啓某事及侍讌酒酣或箕踞傾倚嘗陪樂遊禊飲乃白帝曰何如作臨川王時帝不應安都再三言之帝曰此雖天命抑亦明公之力宴訖又啓便借供帳水飾將載妻妾於御堂歡會世祖雖許其請甚不懌明日安都坐於御坐賓客居羣臣位稱觴上壽初重雲殿災安都率將士帶甲入殿帝甚惡之自是陰爲之備又周迪之反朝望常使安都討之帝乃使吳明徹討迪又頻遣臺使案問安都部下檢括亡叛安都內不自安三年冬遣其別駕周弘實自託於舍人蔡景歷并問省中事景歷錄其狀具奏之希旨稱安都謀反世祖慮其不受制明年春乃除安都爲都督江吳二州諸軍事征南大將軍江州刺史自京口還都部伍入于石頭世祖引安都讌於嘉德殿又集其部下將帥會于尚書朝堂於坐收安都囚于嘉德西省又收其將帥盡奪馬仗而釋之因出舍人蔡景歷表以示於朝乃詔曰昔漢厚功臣韓彭肇亂晉倚蕃牧敦約稱兵託六尺於龐萌野心竊發寄股肱於霍禹凶謀潛構追惟往代挻逆一揆永言自古患難同規侯安都素乏遙圖本慙令德幸屬興運預奉經綸拔跡行間假之毛羽推於偏帥委以馳逐位極三槐任居四嶽名器隆赫禮數莫儔而志唯矜己氣在陵上招聚逋逃窮極輕狡無賴無行不畏不恭受賑專征剽掠一逞推轂所鎮裒斂無厭寄以徐蕃接鄰齊境貿遷禁貨鬻賣居民推埋發掘毒流泉壤睚眦僵尸罔顧彝憲朕以爰初締構頗著功績飛驂代邸預定嘉謀所以淹抑有司每懷遵養杜絕百辟日望自新款襟期於話言推丹赤於造次策馬甲第羽林息警置酒高堂陛戟無衞何嘗內隱片嫌去柏人而勿宿外協猜防入成皐而不留而勃戾不悛驕暴滋甚招誘文武密懷異圖去年十二月十一日獲中書舍人蔡景歷啓稱侯安都去月十日遣別駕周弘

實來景歷私省宿訪問禁中具陳反計朕猶加隱忍待之如初爰自北門遷授南服受命經停姦謀益露今者欲因初鎮將行不軌此而可忍孰不可容賴社稷之靈近侍誠愨醜情彰暴逆節顯聞外可詳案舊典速正刑書止在同謀餘無所問明日於西省賜死時年四十四尋有詔宥其妻子家口葬以士禮喪事所須務加資給初高祖在京城嘗與諸將讌杜僧明周文育侯安都爲壽各稱功伐高祖曰卿等悉良將也而竝有所短杜公志大而識闇狎於下而驕於尊矜其功不收其拙周侯交不擇人而推心過差居危履險猜防不設侯郎傲誕而無厭輕佻而肆志竝非全身之道卒皆如其言安都長子敦年十二爲員外散騎侍郎天嘉二年墮馬卒追謚桂陽國愍世子太建三年高宗追封安都爲陳集縣侯邑五百戶子亶爲嗣安都從弟曉累從安都征討有功官至員外散騎常侍明威將軍東衡州刺史懷化縣侯邑五百戶天嘉三年卒年四十一

史臣曰杜僧明周文育竝樹功業成於興運頗牧韓彭足可連類矣侯安都情異向時權踰曩日因之以侵暴加之以縱誕苟曰非夫逆亂奚用免於亡滅昔漢高醢之爲賜宋武拉於坐右良有以而然也

陳書卷八考證

周文育傳傅泰據墌口城○墌南史作墉

侯安都傳父文捍○南史無文字

生擒齊儀同乞伏無勞○勞南史作芳

又手解世祖髮○又南史作叉

安都作連城收異○收字各本同臣人龍按上文謂留異豎柵拒王師則此收字疑攻字之訛也

文士則褚介馬樞陰鏗張正見徐伯陽劉刪祖孫登○南史介作玠刪作珊

陳書卷九

唐　散騎常侍　姚思廉　撰

列傳第三

侯瑱　歐陽頠子紇　吳明徹裴子烈

侯瑱字伯玉巴西充國人也父弘遠世爲西蜀酋豪蜀賊張文萼據白崖山有衆萬人梁益州刺史鄱陽王蕭範命弘遠討之弘遠戰死瑱固請復讎每戰必先鋒陷陣遂斬文萼由是知名因事範範委以將帥之任山谷夷獠不賓附者竝遣瑱征之累功授輕車府中兵參軍晉康太守範爲雍州刺史瑱除超武將軍馮翊太守範遷鎮合肥瑱又隨之侯景圍臺城範乃遣瑱輔其世子嗣入援京邑京城陷瑱與嗣退還合肥仍隨範徙鎮湓城俄而範及嗣皆卒瑱領其衆依于豫章太守莊鐵鐵疑之瑱懼不自安詐引鐵謀事因而刃之據有豫章之地侯景將于慶南略地至豫章城邑皆下瑱窮蹙乃降於慶慶送瑱於景景以瑱與己同姓託爲宗族待之甚厚留其妻子及弟爲質遣瑱隨慶平定蠡南諸郡及景敗於巴陵景將宋子仙任約等竝爲西軍所獲瑱乃誅景黨與以應義軍景亦盡誅其弟及妻子梁元帝授瑱武臣將軍南兗州刺史郫縣侯邑一千戶仍隨都督王僧辯討景恒爲前鋒每戰却敵既復臺城景奔吳郡僧辯使瑱率兵追之與景戰於吳松江大敗景盡獲其軍實進兵錢塘景將謝答仁呂子榮等皆降以功除南豫州刺史鎮于姑熟承聖二年齊遣郭元建出自濡須僧辯遣瑱領甲士三千築壘於東關以扞之大敗元建除使持節鎮北將軍給鼓吹一部增邑二千戶西魏來寇荊州王僧辯以瑱爲前軍赴援未至而荊州陷瑱之九江因衞晉安王還都承制以瑱爲侍中使持節都督江晉吳齊四州諸軍事江州刺史改封康樂縣公邑五千戶進號車騎將軍司徒陸法和據郢州引齊兵來寇乃使瑱都督衆軍西討未至法和率其部北度入齊齊遣慕容恃德鎮于夏首瑱控引西還水陸攻之恃德食盡請和瑱還鎮豫章僧辯使其弟僧愔率兵與瑱共討蕭勃及高祖誅僧辯僧愔陰欲圖瑱而奪其軍瑱知之盡收僧愔徒黨僧愔奔齊紹泰二年以本號加開府儀同三司餘並如故是時瑱據中流兵甚彊盛又以本事王僧辯雖外示臣節未有入朝意初余孝頃爲豫章太守及瑱鎮豫章乃於新吳縣別立城柵與瑱相拒瑱留軍人妻子於豫章令從弟奫知後事悉衆以攻孝頃自夏及冬弗能克乃長圍守之盡收其禾稼奫與其部下侯方兒不協方兒怒率所部攻奫虜掠瑱軍府妓妾金玉歸于高祖瑱既失根本兵衆皆潰輕歸豫章豫章人拒之乃趨湓城投其將焦僧度僧度勸瑱投齊瑱以高祖有大量必能容己乃詣闕請罪高祖復其爵位永定元年授侍中車騎將軍二年進位司空王琳至於沌口周文育侯安都竝沒乃以瑱爲都督西討諸軍事瑱至于梁山世祖卽位進授太尉增邑千戶王琳至于柵口又以瑱爲都督侯安都等竝隸焉瑱與琳相持百餘日未決天嘉元年二月東關春水稍長舟艦得通琳引合肥漅湖之衆舳艫相次而下其勢甚盛瑱率軍進獸檻洲琳亦出船列于江西隔洲而泊明日合戰琳軍少却退保西岸及夕東北風大起吹其舟艦舟艦益壞沒于沙中溺死者數十百人浪大不得還浦夜中又有流星墜于賊營及旦風靜琳入浦治船以荻船塞于浦口又以鹿角繞岸不敢復出是時西魏遣大將軍史寧躡其上流瑱聞之知琳不能持久收軍却據湖浦以待其敝及史寧至圍郢州琳恐衆潰乃率船艦來下去蕪湖十里而泊擊柝聞於軍中明日齊人遣兵數萬助琳琳引衆向梁山欲越官軍以屯險要齊儀同劉伯球率兵萬餘人助琳水戰行臺慕容恃德子子會領鐵騎二千在蕪湖西岸博望山南爲其聲勢瑱令軍中晨炊蓐食分搥湓頓蕪湖洲尾以待之將戰有微風至自東南衆軍施拍縱火定州刺史章昭達乘平虜大艦中江而進發拍中于賊艦其餘冒突青龍各相當值又以牛皮冒蒙衝小船以觸賊艦幷鎔鐵灑之琳軍大敗其步兵在西岸者自相蹂踐馬騎竝淖于蘆荻中棄馬脫走以免者十二三盡獲其舟艦器械幷禽齊將劉伯球慕容子會自餘俘馘以萬計琳與其黨潘純陁等乘單舴艋冒陣走至湓城猶欲收合離散衆無附者乃與妻妾左右十餘人入齊其年詔以瑱爲都督湘巴郢江吳等五州諸軍事鎮湓城周將賀若敦獨孤盛等寇巴湘又以瑱爲西討都督與盛戰於西江口大敗盛軍虜其人馬器械不可勝數以功授使持節都督湘桂郢巴武沅六州諸軍事湘州刺史改封零陵郡公邑七千戶餘如故二年以疾表求還朝三月於道薨時年五十二贈侍中驃騎大將軍大司馬加羽葆鼓吹班劒二十人給東園祕器謚曰壯肅其年九月配享高祖廟庭子淨藏嗣淨藏尚世祖第二女富陽公主以公主除員外散騎侍郎太建三年卒贈司徒主簿淨藏無子弟就襲封

歐陽頠字靖世長沙臨湘人也爲郡豪族祖景達梁代爲本州治中父僧寶屯騎校尉頠少質直有思理以言行篤信著聞於嶺表父喪毀瘠甚至家產累積悉讓諸兄州郡頻辟不應乃廬於麓山寺傍專精習業博通經史年三十其兄逼令從宦起家信武府中兵參軍遷平西邵陵王中兵參軍事梁左衞將軍蘭欽之少也與頠相善故頠常隨欽征討欽爲衡州仍除清遠太守欽南征夷獠擒陳文徹所獲不可勝計獻大銅鼓累代所無頠預其功還爲直閤將軍仍除天門太守伐蠻左有功刺史廬陵王蕭續深嘉之引爲賓客欽征交州復啓頠同行欽度嶺以疾終頠除臨賀內史啓乞送欽喪還都然後之任時湘衡之界五十餘洞不賓敕命衡州刺史韋粲討之粲委頠爲都督悉皆平殄粲啓梁武稱頠誠幹降詔褒賞仍加超武將軍征討廣衡二州山賊侯景構逆粲自解還都征景以頠監衡州京城陷後嶺南互相吞併蘭欽弟前高州刺史裕攻始興內史蕭紹基奪其郡裕以兄欽與頠有舊遣招之頠不從乃謂使云高州昆季隆顯莫非國恩今應赴難援都豈可自爲跋扈及高祖入援京邑將至始興頠乃深自結託裕遣兵攻頠高祖援之裕敗高祖以王懷明爲衡州刺史遷頠爲始興內史高祖之討蔡路養李遷仕也頠率兵度嶺以助高祖及路養等平頠有功梁元帝承制以始興郡爲東衡州以頠爲持節通直散騎常侍都督東衡州諸軍事雲麾將軍東衡州刺史新豐縣伯邑四百戶侯景平元帝遍問朝宰今天下始定極須良才卿各舉所知羣臣未有對者帝曰吾已得一人侍中王褒進曰未審爲誰帝云歐陽頠公正有匡濟之才恐蕭廣州不肯致之乃授武州刺史尋授郢州刺史欲令出嶺蕭勃留之不獲拜命尋授使持節散騎常侍都督衡州諸軍事忠武將軍衡州刺史進封始興縣侯時蕭勃在廣州兵彊位重元帝深患之遣王琳代爲刺史琳已至小桂嶺勃遣其將孫瑒監州盡率部下至始興避琳兵鋒頠別據一城不往謁勃閉門高壘亦不拒戰勃怒遣兵襲頠盡收其貲財馬仗尋赦之還復其所復與結盟荊州陷頠委質於勃及勃度嶺出南康以頠爲前軍都督頓豫章之苦竹灘周文育擊破之擒送于高祖高祖釋之深加接待蕭勃死後嶺南擾亂頠有聲南土且與高祖有舊乃授頠使持節通直散騎常侍都督衡州諸軍事安南將軍衡州刺史始興縣侯未至嶺南頠子紇已克定始興及頠至嶺南皆懾伏乃進廣州盡有越地改授都督廣交越成定明新高合羅愛建德宜黃利安石雙十九州諸軍事鎮南將軍平越中郎將廣州刺史持節常侍侯並如故王琳據有中流頠自海道及東嶺奉使不絕永定三年進授散騎常侍增都督衡州諸軍事卽本號開府儀同三司世祖嗣位進號征南將軍改封陽山郡公邑一千五百戶又給鼓吹一部初交州刺史袁曇緩密以金五百兩寄頠令以百兩還合浦太守龔爲四百兩付兒智矩餘人弗之知也頠尋爲蕭勃所破貲財並盡唯所寄金獨在曇緩亦尋卒至是頠竝依信還之時人莫不嘆服其重然諾如此時頠弟盛爲交州刺史次弟邃爲衡州刺史合門顯貴名振南土又多致銅鼓生口

獻奉珍異前後委積頗有助於軍國焉頠以天嘉四年薨時年六十六贈侍中車騎大將軍司空廣州刺史謚曰穆子紇嗣

紇字奉聖頗有幹略天嘉中除黃門侍郎員外散騎常侍累遷安遠將軍衡州刺史襲封陽山郡公都督交廣等十九州諸軍事廣州刺史在州十餘年威惠著於百越進號輕車將軍光大中上流蕃鎮並多懷貳高宗以紇久在南服頗疑之太建元年下詔徵紇爲左衞將軍紇懼未欲就徵其部下多勸之反遂舉兵攻衡州刺史錢道戢道戢告變乃遣儀同章昭達討紇屢戰兵敗執送京師伏誅時年三十三家口籍沒子詢以年幼免

吳明徹字通昭秦郡人也祖景安齊南譙太守父樹梁右軍將軍明徹幼孤性至孝年十四感墳塋未備家貧無以取給乃勤力耕種時天下亢旱苗稼焦枯明徹哀憤每之田中號泣仰天自訴居數日有自田還者云苗已更生明徹疑之謂爲紿已及往田所竟如其言秋而大穫足充葬用時有伊氏者善占墓謂其兄曰君葬之日必有乘白馬逐鹿者來經墳所此是最小孝子大貴之徵至時果有此應明徹即樹之最小子也起家梁東宮直後及侯景寇京師天下大亂明徹有粟麥三千餘斛而隣里飢餒乃白諸兄曰當今草竊人不圖久奈何有此而不與鄉家共之於是計口平分同其豐儉羣盜聞而避焉賴以存者甚衆及高祖鎮京口深相要結明徹乃詣高祖高祖爲之降階執手即席與論當世之務明徹亦微涉書史經傳就汝南周弘正學天文孤虛遁甲略通其抄頗以英雄自許高祖深奇之承聖三年授戎昭將軍安州刺史紹泰初隨周文育討杜龕張彪等東道平授使持節散騎常侍安東將軍南兗州刺史封安吳縣侯高祖受禪拜安南將軍仍與侯安都周文育將兵討王琳及衆軍敗沒明徹自拔還京世祖即位詔以本官加右衞將軍王琳敗授都督武沅二州諸軍事安西將軍武州刺史餘並如故周遣大將軍賀若敦率馬步萬餘人奄至武陵明徹衆寡不敵引軍巴陵仍破周別軍於雙林天嘉三年授安西將軍及周迪反臨川詔以明徹爲安南將軍江州刺史領豫章太守總督衆軍以討迪明徹雅性剛直統內不甚和世祖聞之遣安成王頊慰曉明徹令以本號還朝尋授鎮前將軍五年遷鎮東將軍吳興太守及引辭之郡世祖謂明徹曰吳興雖郡帝鄉之重故以相授君其勉之及世祖弗豫徵拜中領軍廢帝即位授領軍將軍尋遷丹陽尹仍詔明徹以甲仗四十人出入殿省到仲舉之矯令出高宗也毛喜知其謀高宗疑懼遣喜與明徹籌焉明徹謂喜曰嗣君諒闇萬機多闕外隣彊敵內有大喪殿下親實周邵德冠伊霍社稷至重願留中深計愼勿致疑及湘州刺史華皎陰有異志詔授明徹使持節散騎常侍都督湘桂武三州諸軍事安南將軍湘州刺史給鼓吹一部仍與征南大將軍淳于量等率兵討皎皎平授開府儀同三司進爵爲公太建元年授鎮南將軍四年徵爲侍中鎮前將軍餘並如故會朝議北伐公卿互有異同明徹決策請行五年詔加侍中都督征討諸軍事仍賜女樂一部明徹總統衆軍十餘萬發自京師緣江城鎮相續降款軍至秦郡克其水柵齊遣大將尉破胡將兵爲援明徹破走之斬獲不可勝計秦郡乃降高宗以秦郡明徹舊邑詔具太牢令拜祠上冢文武羽儀甚盛鄉里以爲榮進克仁州授征北大將軍進爵南平郡公增邑并前二千五百戶次平峽石岸二城進逼壽陽齊遣王琳將兵拒守琳至與刺史王貴顯保其外郭明徹以琳初入衆心未附乘夜攻之中宵而潰齊兵退據相國城及金城明徹令軍中益脩治攻具又迮肥水以灌城城中苦濕多腹疾手足皆腫死者十六七會齊遣大將軍皮景和率兵數十萬來援去壽春三十里頓軍不進諸將咸曰堅城未拔大援在近不審明公計將安出明徹曰兵貴在速而彼結營不進自挫其鋒吾知其不敢戰明矣於是躬擐甲冑四面疾攻城中震恐一鼓而克生禽王琳王貴顯扶風王可朱渾孝裕尚書盧潛左丞李騊駼送京師景和惶懼遁走盡收其駝馬輜重琳之獲也其舊部曲多在軍中琳素得士卒心見者皆歔欷不能仰視明徹慮其有變遣左右追殺琳傳其首詔曰壽春者古之都會襟帶淮汝控引河洛得之者安是稱要害侍中使持節都督征討諸軍事征北大將軍開府儀同三司南平郡開國公明徹雄圖克舉宏略蓋世在昔屯夷締構皇業乃掩衡岳用清氛沴實吞雲夢即敘上游今茲蕩定恢我王略風行電掃貔虎爭馳月陣雲梯金湯奪險威陵殊俗惠漸邊氓惟功與能元戎是屬崇麾廣賦茂典恒宜可都督豫合建光朔北徐六州諸軍事車騎大將軍豫州刺史增封并前三千五百戶餘如故詔遣謁者蕭淳風就壽陽冊明徹於城南設壇士卒二十萬陳旗鼓戈甲明徹登壇拜受成禮而退將卒莫不踊躍焉初秦郡屬南兗州後隸譙州至是詔以譙之秦盱眙神農三郡還屬南兗州以明徹故也六年自壽陽入朝輿駕幸其第賜鍾磬一部米一萬斛絹布二千匹七年進攻彭城軍至呂梁齊遣援兵前後至者數萬明徹又大破之八年進位司空餘如故又詔曰昔者軍事建旌交鋒作鼓頃日訛替多乖舊章至於行陣不相甄別今可給司空大都督鈇鉞龍麾其次將各有差尋授都督南北兗南北青譙五州諸軍事南兗州刺史會周氏滅齊高宗將事徐兗九年詔明徹進軍北伐令其世子戎昭將軍員外驃騎侍郎惠覺攝行州事明徹軍至呂梁周徐州總管梁士彥率衆拒戰明徹頻破之因退兵守城不復敢出明徹仍迮清水以灌其城環列舟艦於城下攻之甚急周遣上大將軍王軌將兵救之軌輕行自清水入淮口橫流豎木以鐵鎖貫車輪遏斷船路諸將聞之甚惶恐議欲破堰拔軍以舫載馬馬主裴子烈議曰若決堰下船船必傾倒豈可得乎不如前遣馬出於事爲允適會明徹苦背疾甚篤知事不濟遂從之乃遣蕭摩訶帥馬軍數千前還明徹仍自決其堰乘水勢以退軍冀其獲濟及至清口水勢漸微舟艦並不得渡衆軍皆潰明徹窮蹙乃就執尋以憂憤遘疾卒於長安時年六十七至德元年詔曰李陵矢竭不免請降于禁水漲猶且生獲固知用兵上術世罕其人故侍中司空南平郡公明徹爰初躡足迄屆元戎百戰百勝之奇決機決死之勇斯亦侔於古焉及拓定淮肥長驅彭汴覆勍寇如舉毛掃銳師同沃雪風威慴於異俗功効著於同文方欲息駕陰山解鞍瀚海旣而師出已老數亦終奇不就結纓之功無辭入褚之屈望封崤之爲易冀平翟之非難雖志在屈伸而奄中霜露埋恨絕域甚可嗟傷斯事已往累逢肆赦凡厥罪戾皆蒙洒濯獨此孤魂未霑寬惠遂使爵土湮沒饗醊無主棄瑕錄用宜在茲辰可追封邵陵縣開國侯食邑一千戶以其息惠覺爲嗣惠覺歷黃門侍郎以平章大寶功授豐州刺史

明徹兄子超字逸世少倜儻以幹略知名隨明徹征伐有戰功官至忠毅將軍散騎常侍桂州刺史封汝南縣侯邑一千戶卒贈廣州刺史謚曰節

裴子烈字大士河東聞喜人梁員外散騎常侍猗之子子烈少孤有志氣遇梁末喪亂因習武藝以驍勇聞頻從明徹征討所向必先登陷陳官至電威將軍北譙太守岳陽內史海安縣伯邑五伯戶至德四年卒

史臣曰高祖撥亂創基光啓天歷侯瑱歐陽頠並歸身有道位貴鼎司美矣吳明徹居將帥之任初有軍功及呂梁敗績爲失算也斯以勇非韓白識異孫吳遂使璧境喪師金陵虛弱禎明淪覆蓋由其漸焉

陳書卷九考證

侯瑱傳瑱令軍中晨炊蓐食分搥濫頓蕪湖洲尾以待之○南史無分搥濫三字

及與妻妾左右十餘人入齊○上文謂王琳走至湓城衆無附者故遂入齊此及字係乃字之訛也

歐陽頠傳獻大銅鼓○南史作大獻銅鼓

吳明徹傳又迮肥水以灌城○迮南史作遏

詔遣謁者蕭淳風就壽陽冊明徹○高史淳字下無風字冊字上有授字

裴子烈傳梁員外散騎常侍猗之子○猗一本作琦

陳書卷十

唐　散騎常侍姚思廉撰

列傳第四

周鐵虎　程靈洗子文季

周鐵虎不知何許人也梁世南渡語音傖重膂力過人便馬槊事梁河東王蕭譽以勇敢聞譽板爲府中兵參軍譽爲廣州刺史以鐵虎爲興寧令譽遷湘州又爲臨蒸令侯景之亂元帝於荊州遣世子方等代譽且以兵臨之譽拒戰大捷方等死鐵虎功最譽委遇甚重及王僧辯討譽於陣獲鐵虎僧辯命烹之鐵虎呼曰侯景未滅奈何殺壯士僧辯奇其言乃宥之還其麾下及侯景西上鐵虎從僧辯克任約獲宋子仙每戰皆有功元帝承制授仁威將軍潼州刺史封沌陽縣子邑三百戶又從僧辯克定京邑降謝答仁平陸納於湘州承聖二年以前後戰功進爵爲侯增邑并前五百戶仍爲散騎常侍領信義太守將軍如故高祖誅僧辯鐵虎率所部降因復其本職徐嗣徽引齊寇渡江鐵虎於板橋浦破其水軍盡獲甲仗船舸又攻歷陽襲齊寇步營並皆克捷嗣徽平紹泰二年遷散騎常侍嚴威將軍太子左衞率尋隨周文育於南江擄蕭勃恒爲前軍文育又命鐵虎

偏軍於苦竹灘襲勃前軍歐陽頠又隨文育西征王琳於沌口敗績鐵虎與文育侯安都並爲琳所擒琳引見諸將與之語唯鐵虎辭氣不屈故琳盡宥文育之徒獨鐵虎見害時年四十九高祖聞之下詔曰天地之寶所貴曰生形骸之徒所重唯命至如捐生立節効命酬恩追遠懷昔信宜加等散騎常侍嚴威將軍太子左衞率潼州刺史領信義太守沌陽縣開國侯鐵虎器局沉厚風力勇壯北討南征竭忠盡力推鋒江夏致陷凶徒神氣彌雄肆言無撓豈直溫序見害方其理鬚龐德臨危猶能瞋目忠貞如此惻愴兼深可贈侍中護軍將軍青冀二州刺史加封一千戶并給鼓吹一部侯如故天嘉五年世祖又詔曰漢室功臣形寫宮觀魏朝猛將名配宗祧功烈所以長存世代因之不朽故侍中護軍將軍青冀二州刺史沌陽縣開國侯鐵虎誠節鯁亮力用雄敢王業初基行間累及垂翅賊壘正色寇庭古之遺烈有識同壯隕身不屈雖隆榮等營魂易遠言追嘉惜宜仰陪壖寢恭頒饗奠可配食高祖廟庭子瑜嗣時有盱眙馬明字世朗梁世事鄱陽嗣王蕭範侯景之亂據廬江之東界拒賊臨城柵元帝授散騎常侍平北將軍北兗州刺史領廬江太守荊州陷沒歸于高祖紹泰中復官位封西華縣侯邑二千戶亦隨文育西征王琳於沌口軍敗明力戰死之贈使持節征西將軍郢州刺史

程靈洗字玄滌新安海寧人也少以勇力聞步行日二百餘里便騎善游梁末海寧黟歙等縣及鄱陽宣城郡界多盜賊近縣苦之靈洗素爲鄉里所畏伏前後守長恒使召募少年逐捕劫盜侯景之亂靈洗聚徒據黟歙以拒景景軍據有新安新安太守湘西鄉侯蕭隱奔依靈洗靈洗奉以主盟梁元帝於荊州承制又遣使間道奉表劉神茂自東陽建義拒賊靈洗攻下新安與神茂相應元帝授持節通直散騎常侍都督新安郡諸軍事雲麾將軍譙州刺史資領新安太守封巴丘縣侯邑五百戶神茂爲景所破景偏帥呂子榮進攻新安靈洗退保黟歙及景敗子榮退走靈洗復據新安進軍建德擒賊帥趙桑乾以功授持節散騎常侍都督青冀二州諸軍事青州刺史增邑并前一千戶將軍太守如故仍令靈洗率所部下揚州助王僧辯鎮防還吳興太守未行僧辯命靈洗從侯瑱西援荊州荊州陷還都高祖誅僧辯靈洗率所領來援其徒力戰於石頭西門軍不利遣使招諭久之乃降高祖深義之紹泰元年授使持節信武將軍蘭陵太守常侍如故助防京口及平徐嗣徽靈洗有功除南丹陽太守封遂安縣侯增邑并前一千五百戶仍鎮采石隨周文育西討王琳於沌口敗績爲琳所拘明年與侯安都等逃歸兼丹陽尹出爲高唐太原二郡太守仍鎮南陵遷太子左衞率高祖崩王琳前軍東下靈洗於南陵破之虜其兵士并獲青龍十餘乘以功授持節都督南豫州緣江諸軍事信武將軍南豫州刺史侯瑱等敗王琳于柵口靈洗乘勝逐北據有魯山徵爲衞士將軍餘如故天嘉四年周迪重寇臨川以靈洗爲都督自鄱陽別道擊之迪又走山谷間五年遷中護軍常侍如故出爲使持節都督郢巴武三州諸軍事宣毅將軍郢州刺史廢帝卽位進號雲麾將軍華皎之反也遣使招誘靈洗靈洗斬皎使以狀聞朝廷深嘉其忠增其守備給鼓吹一部因推心待之使其子文季領水軍助防是時周遣其將長胡公拓跋定率步騎二萬助皎攻圍靈洗靈洗嬰城固守及皎退乃出軍躡定定不獲濟江以其衆降因進攻周沔州克之擒其刺史裴寬以功進號安西將軍改封重安縣公增邑并前二千戶靈洗性嚴急御下甚苛刻士卒有小罪必以軍法誅之造次之間便加捶撻而號令分明與士卒同甘苦衆亦以此依附性好播植躬勤耕稼至於水陸所宜刈穫早晚雖老農不能及也伎妾無游手並督之紡績至於散用貲財亦弗儉吝光大二年卒於州時年五十五贈鎮西將軍開府儀同三司謚曰忠壯太建四年詔配享高祖廟庭子文季嗣

文季字少卿幼習騎射多幹略果決有父風弱冠從靈洗征討必前登陷陣靈洗與周文育侯安都等敗於沌口爲王琳所執高祖召陷賊諸將子弟厚遇之文季最有禮容深爲高祖所賞永定中累遷通直散騎侍郎句容令世祖嗣位除宣惠始興王府限內中直兵參軍是時王爲揚州刺史鎮冶城府中軍事悉以委之天嘉二年除貞毅將軍新安太守仍隨侯安都東討留異異黨向文政據有新安文季率精甲三百輕往攻之文政遣其兄子瓚來拒文季與戰大破瓚軍文政乃降三年始興王伯茂出鎮東州復以文季爲鎮東府中兵參軍帶剡令四年陳寶應與留異連結又遣兵隨周迪更出臨川世祖遣信義太守余孝頃自海道襲晉安文季爲之前軍所向克捷陳寶應平文季戰功居多還轉府諮議參軍領中直兵出爲臨海太守尋乘金翅助父鎮郢城華皎平靈洗及文季並有扞禦之功及靈洗卒文季盡領其衆起爲超武將軍仍助防郢州文季性至孝雖軍旅奪禮而毀瘠甚至太建二年爲豫章內史將軍如故服闋襲封重安縣公隨都督章昭達率軍往荊州征蕭巋巋與周軍多造舟艦置于青泥水中時水長漂疾昭達乃遣文季共錢道戢輕舟襲之盡焚其舟艦昭達因蕭巋等兵稍怠又遣文季夜入其外城殺傷甚衆既而周兵大出巴陵內史雷道勤拒戰死之文季僅以身免以功加通直散騎常侍安遠將軍增邑五百戶五年都督吳明徹北討秦郡秦郡前江浦通塗水齊人並下大柱爲杙柵水中乃前遣文季領驍勇拔開其柵明徹率大軍自後而至攻秦郡克之又別遣文季圍涇州屠其城進攻盱眙拔之仍隨明徹圍壽陽文季臨事謹急御下嚴整前後所克城壘率皆迮水爲堰土木之功動踰數萬每置陣役人文季必先諸將夜則早起迄暮不休軍中莫不服其勤幹每戰恒爲前鋒齊軍深憚之謂爲程虎以功除散騎常侍明威將軍增邑五百戶又帶新安內史進號武毅將軍八年爲持節都督譙州諸軍事安遠將軍譙州刺史其年又督北徐仁州諸軍事北徐州刺史餘並如故九年又隨明徹北討於呂梁作堰事見明徹傳十年春敗績爲周所囚仍授開府儀同三司十一年自周逃歸至渦陽爲邊吏所執還送長安死于獄中後主是時既與周絕不之知也至德元年後主始知之追贈散騎常侍前重安縣開國公文季纂承門緒克荷家聲早歲出軍雖非元帥啓行爲最致果有聞而覆喪車徒允從黜削但靈洗之立功捍禦久而見思文季之埋魂異域有足可憫言念勞舊傷茲廢絕宜存廟食無使餒而可降封重安縣侯邑一千戶以子饗襲封

史臣曰程靈洗父子並御下嚴苛治兵整肅然與衆同其勞苦匪私財利士多依焉故臨戎克辦矣

陳書卷十考證

程靈洗傳其徒力戰於石頭西門○徒南史作夜

程靈洗子文季以子饗襲封○饗南史作響

陳書卷十一

唐　散騎常侍　姚思廉　撰

列傳第五

黃法氍　淳于量　章昭達

黃法氍字仲昭巴山新建人也少勁捷有膽力步行日三百里距躍三丈頗便書疏閑明簿領出入郡中爲鄉閭所憚侯景之亂於鄉里合徒衆太守賀詡下江州法氍監知郡事高祖將踰嶺入援建業李遷仕作梗中途高祖命周文育屯于西昌法氍遣兵助文育時法氍出頓新淦縣景遣行臺于慶至豫章慶分兵來襲新淦法氍拒戰敗之高祖亦遣文育進軍討慶文育疑慶兵彊未敢進法氍率衆會之因進克笙屯俘獲甚衆梁元帝承制授超猛將軍交州刺史資領新淦縣令封巴山縣子邑三百戶承聖三年除明威將軍游騎將軍進爵爲侯邑五百戶貞陽侯僭位除左驍騎將軍敬帝卽位改封新建縣侯邑如前太平元年割江州四郡置高州以法氍爲使持節散騎常侍都督高州諸軍事信武將軍高州刺史鎮于巴山蕭勃遣歐陽頠攻法氍法氍與戰破之永定二年王琳遣李孝欽樊猛余孝頃攻周迪且謀取法氍法氍率兵援迪擒孝頃等三將進號宣毅將軍增邑并前一千戶給鼓吹一部又以拒王琳功授平南將軍開府儀同三司熊曇朗於金口反害周文育法氍共周迪討平之語在曇朗傳世祖嗣位進號安南將軍天嘉二年周迪反法氍率兵會都督吳明徹討迪於工塘迪平法氍功居多徵爲使持節散騎常侍都督南徐州諸軍事鎮北大將軍南徐州刺史儀同鼓吹並如故未拜尋又改授都督江吳二州諸軍事鎮南大將軍江州刺史六年徵爲中衞大將軍廢帝卽位進爵爲公給扶光大元年出爲使持節都督南徐州諸軍事鎮北將軍南徐州刺史二年徙爲都督郢巴武三州諸軍事鎮西將軍郢州刺史持節如故太建元年進號征西大將軍二年徵爲侍中中權大將軍四年出爲使持節散騎常侍都督南豫州諸軍事征南大將軍南豫州刺史五年大舉北伐都督吳明徹出秦郡以法氍爲都督出歷陽齊遣其歷陽王步騎五萬來援於小峴築城法氍遣左衞將軍樊毅分兵於大峴禦之大破齊軍盡獲人馬器械於是乃爲拍車及步艦豎拍以逼歷陽歷陽人窘蹙乞降法氍緩之則又堅守法氍怒親率士卒攻城施拍加其樓堞時又大雨城崩克之盡誅戍卒進兵合肥望旗降款法氍不令軍士侵掠躬自撫勞而與之盟

竝放還北以功加侍中改封義陽郡公邑二千戶其年遷都督合霍二州諸軍事征西大將軍合州刺史增邑五百戶七年徙都督豫建光朔合北徐六州諸軍事豫州刺史鎮壽陽侍中散騎常侍持節將軍儀同鼓吹扶竝如故八年十月薨時年五十九贈侍中中權大將軍司空謚曰威子玩嗣

淳于量字思明其先濟北人也世居京師父文成仕梁爲將帥官至光烈將軍梁州刺史量少善自居處偉姿容有幹略便弓馬梁元帝爲荆州刺史文成分量人馬令往事焉起家湘東王國常侍兼西中郎府中兵參軍累遷府佐常兼中兵直兵者十餘載兵甲士卒盛於府中荆雍之界蠻左數反山帥文道期積爲邊患中兵王僧辯征之頻戰不利遣量助之量至與僧辯并力大破道期斬其酋長俘虜萬計以功封廣晉縣男邑三百戶授涪陵太守歷爲新興武寧二郡太守侯景之亂梁元帝凡遣五軍入援京邑重預其一臺城陷量還荆州元帝承制以量爲假節通直散騎常侍都督巴州諸軍事信威將軍巴州刺史侯景西上攻巴州元帝使都督王僧辯入據巴陵量與僧辯并力拒景大敗景軍擒其將任約進攻郢州獲宋子仙仍隨僧辯克平侯景承聖元年以功授左衞將軍封謝沐縣侯邑五百戶尋出爲持節都督桂定東西寧等四州諸軍事信威將軍安遠護軍桂州刺史荆州陷量保據桂州王琳擁割湘郢累遣召量量外雖與琳往來而別遣使從間道歸於高祖高祖受禪授持節散騎常侍平西大將軍給鼓吹一部都督刺史竝如故尋進號鎮南將軍仍授都督鎮西大將軍開府儀同三司世祖嗣位進號征南大將軍王琳平後頻請入朝天嘉五年徵爲中撫大將軍常侍儀同鼓吹竝如故量所部將帥多戀本土竝欲逃入山谷不願入朝世祖使湘州刺史華皎征衡州界黃洞且以兵迎量天康元年至都以在道淹留爲有司所奏免儀同餘竝如故光大元年給鼓吹一部華皎構逆以量爲使持節征南大將軍西討大都督總率大艦自郢州樊浦拒之皎平并降周將長胡公拓跋定等以功授侍中中軍大將軍開府儀同三司進封醴陵縣公增邑一千戶未拜出爲使持節都督南徐州諸軍事鎮北將軍南徐州刺史侍中儀同鼓吹竝如故大建元年進號征北大將軍給扶三年坐就江陰王蕭季卿買梁陵中樹季卿坐免量免侍中尋復加侍中五年徵爲中護大將軍侍中儀同鼓吹扶竝如故吳明徹之西伐也量貸成其事遣第六子岑率所領從軍淮南克定量改封始安郡公增邑一千五百戶六年出爲使持節都督郢巴南司定四州諸軍事征西大將軍郢州刺史侍中儀同鼓吹扶竝如故七年徵爲中軍大將軍護軍將軍九年以公事免侍中尋復加侍中十年吳明徹陷没加量使持節都督水陸諸軍事仍授散騎常侍都督南北兗譙三州諸軍事車騎將軍南兗州刺史餘竝如故十三年加左光祿大夫增邑五百戶餘竝如故十四年四月薨時年七十二贈司空

章昭達字伯通吳興武康人也祖道蓋齊廣平太守父法尚梁揚州議曹從事昭達性倜儻輕財尚氣少時嘗遇相者謂昭達曰卿容貌甚善須小虧損則當富貴梁大同中昭達爲東宮直後因醉墜馬鬢角小傷昭達喜之相者曰未也及侯景之亂昭達率募鄉人援臺城爲流矢所中眇其一目相者見之曰卿相善矣不久當貴京城陷昭達還鄉里與世祖遊因結君臣之分侯景平世祖爲吳興太守昭達杖策來謁世祖世祖見之大喜因委以將帥恩寵優渥超於儕等及高祖討王僧辯令世祖還長城招聚兵衆以備杜龕頻使昭達往京口稟承計畫僧辯誅後龕遣其將杜泰來攻長城世祖拒之命昭達總知城內兵事及杜泰退走因從世祖東進軍吳興以討杜龕龕平又從世祖東討張彪於會稽克之累功除明威將軍定州刺史是時留異擁據東陽私署守宰高祖患之乃使昭達爲長山縣令居其心腹永定二年除武康令世祖嗣位除員外散騎常侍天嘉元年追論長城之功封欣樂縣侯邑一千戶尋隨侯安都等拒王琳于沌口戰于蕪湖昭達乘平虜大艦中流而進先鋒發拍中于賊艦王琳平昭達冊勳第一二年除使持節散騎常侍都督郢巴武沅四州諸軍事智武將軍郢州刺史增邑并前千五百戶尋進號平西將軍周迪據臨川反詔令昭達便道征之及迪敗走徵爲護軍將軍給鼓吹一部改封邵武縣侯增邑并前二千戶常侍如故四年陳寶應納周迪復共寇臨川又以昭達爲都督討迪至東興嶺而迪又退走昭達仍踰嶺頓于建安以討陳寶應寶應據建安晉安二郡之界水陸爲柵以拒官軍昭達與戰不利因據其上流命軍士伐木帶枝葉爲筏施拍於其上綴以大索相次列營夾于兩岸寶應數挑戰昭達按甲不動俄而暴雨江水大長昭達放筏衝突寶應水柵水柵盡破又出兵攻其步軍方大合戰會世祖遣余孝頃出自海道適至因并力乘之寶應大潰遂克定閩中盡擒留異寶應等以功授鎮前將軍開府儀同三司初世祖嘗夢昭達升於台鉉及旦以夢告之至是侍醮世祖顧昭達曰卿憶夢不何以償夢昭達對曰當效犬馬之用以盡臣節自餘無以奉償尋又出爲使持節都督江郢吳三州諸軍事鎮南將軍江州刺史常侍儀同鼓吹如故廢帝即位遷侍中征南將軍改封邵陵郡公華皎之反也其移書文檄竝假以昭達爲辭又頻遣使招之昭達盡執其使送于京師皎平進號征南大將軍增邑并前二千五百戶秩滿徵爲中撫大將軍侍中儀同鼓吹如故高宗即位進號車騎大將軍以還朝遲留爲有司所劾降號車騎將軍歐陽紇據有嶺南反詔昭達都督衆軍討之昭達倍道兼行達于始興紇聞昭達奄至恇擾不知所爲乃出頓洭口多聚沙石盛以竹籠置于水柵之外用遏舟艦昭達居其上流裝艫造拍以臨賊柵又令軍人銜刀潛行水中以斫竹籠籠篾皆解因縱大艦隨流突之賊衆大敗因而擒紇送於京師廣州平以功進車騎大將軍遷司空餘竝如故大建二年率師征蕭巋于江陵時蕭巋與周軍大蓄舟艦於青泥中昭達分遣偏將錢道戢程文季等乘輕舟襲之焚其舟艦周兵又於峽下南岸築壘名曰安蜀城於江上橫引大索編葦爲橋以度軍糧昭達乃命軍士爲長戟施於樓船之上仰割其索索斷糧絶因縱兵以攻其城降之三年遘疾薨時年五十四贈大將軍增邑五百戶給班劒二十人昭達性嚴刻每奉命出征必晝夜倍道然有所克捷必推功將帥廚膳飲食竝同於羣下將士亦以此附之每飲會必盛設女伎雜樂備盡羌胡之聲音律姿容竝一時之妙雖臨對寇敵旗鼓相望弗之廢也四年配享世祖廟庭子大寶襲封邵陵郡公累官至散騎常侍護軍出爲豐州刺史在州貪縱百姓怨酷後主以太僕卿李暈代之至德二年四月暈將到州大寶乃襲殺暈舉兵反遣其將楊通寇建安建安內史吳慧覺據郡城拒之通累攻不克官軍稍近人情離異大寶計窮乃與通俱逃臺軍主陳景詳率兵追躡大寶大寶既入山山路阻險不復能行通背負之稍進尋爲追兵所及生擒送都於路死傳首梟于朱雀航夷三族

史臣曰黃法氍淳于量值梁末喪亂劉項未分其有辯明暗見是非者蓋鮮二公達向背之理位至鼎司亦其智也昭達與世祖鄉壤惟舊義等鄧蕭世祖纂歷委任隆重至於戰勝攻取累平寇難斯亦良臣良將一代之吳耿矣

陳書卷十二

唐散騎常侍姚思廉撰

列傳第六

胡穎 徐度子敬成

杜稜 沈恪

胡穎字方秀吳興東遷人也其先寓居吳興土斷爲民穎偉姿容性寬厚梁世仕至武陵國侍郎東宮直前出番禺征討俚洞廣州西江督護高祖在廣州穎仍自結高祖高祖與其同郡接遇甚隆及南征交阯穎從行役餘諸將帥皆出其下及平李賁高祖旋師穎隸在西江出兵多以穎留守侯景之亂高祖克元景仲仍渡嶺援臺平蔡路養李遷仕穎皆有功歷平固遂興二縣令高祖進軍頓西昌以穎爲巴丘縣令鎮大皁督糧運下至豫章以穎監豫章郡高祖率衆與王僧辯會於白茅灣同討侯景以穎知留府事梁承聖初元帝授穎假節鐵騎將軍羅州刺史封漢陽縣侯邑五百戶尋除豫章內史隨高祖鎮京口齊遣郭元建出關都督侯瑱率師禦之高祖選府內驍勇三千人配穎令隨瑱於東關大破之三年高祖圍廣陵齊人東方光據宿預請降以穎爲五原太守隨杜僧明援光不克退還除曲阿令尋領馬軍從高祖襲王僧辯又隨周文育於吳興討杜龕紹泰元年除假節都督南豫州諸軍事輕車將軍南豫州刺史太平元年除持節散騎常侍仁威將軍尋兼丹陽尹高祖受禪兼左衞將軍餘如故永定三年隨侯安都征王琳於宮亭破賊帥常衆愛等世祖嗣位除侍中都督吳州諸軍事宣惠將軍吳州刺史不行尋爲義興太守將軍如故天嘉元年除散騎常侍吳興太守其年六月卒時年五十四贈侍中中護軍謚曰壯二年配享高祖廟庭子六同嗣穎弟鑠亦隨穎將軍穎卒鑠統其衆歷東海豫章二郡守遷員外散騎常侍隨章昭達南平歐

陽紇爲廣州東江督護還預北伐除雄信將軍歷陽太守太建六年卒贈桂州刺史

徐度字孝節安陸人也世居京師少倜儻不拘小節及長姿貌瓌偉嗜酒好博恒使僮僕屠酤爲事梁始興內史蕭介之郡度從之將領士卒征諸山洞以驍勇聞高祖征交阯厚禮招之度乃委質侯景之亂高祖克定廣州平蔡路養破李遷仕計畫多出於度兼統兵甲每戰有功歸至白茅灣梁元帝授寧朔將軍合州刺史侯景平後追錄前後戰功加通直散騎常侍封廣德縣侯邑五百戶遷散騎常侍高祖鎮朱方除信武將軍蘭陵太守高祖遣衡陽獻王平荆州度率所領從焉江陵陷間行東歸高祖平王僧辯度與侯安都爲水軍紹泰元年高祖東討杜龕奉敬帝幸京口以度領宿衞并知留府事徐嗣徽任約等來寇高祖與敬帝還都時賊已據石頭城市鄽居民並在南路去臺遙遠恐爲賊所乘乃使度將兵鎮于冶城寺築壘以斷之賊悉衆來攻不能克高祖尋亦救之大敗約等明年嗣徽等又引齊寇濟江度隨衆軍破之於北郊壇以功除信威將軍郢州刺史兼領吳興太守尋遷鎮右將軍領軍將軍徐州緣江諸軍事鎮北將軍南徐州刺史給鼓吹一部周文育侯安都等西討王琳敗績爲琳所拘乃以度爲前軍都督鎮于南陵世祖嗣位遷侍中中撫軍將軍開府儀同三司進爵爲公未拜出爲使持節散騎常侍鎮東將軍吳郡太守天嘉元年增邑千戶以平王琳功改封湘東郡公邑四千戶秩滿爲侍中中軍將軍出爲使持節都督會稽東陽臨海永嘉新安新寧信安晉安建安九郡諸軍事鎮東將軍會稽太守未行而太尉侯瑱薨于湘州乃以度代瑱爲都督湘沅武巴郢桂六州諸軍事鎮南將軍湘州刺史秩滿爲侍中中軍大將軍儀同鼓吹並如故世祖崩度預顧命以甲仗五十人入殿省廢帝即位進位司空華皎據湘州反引周兵下至沌口與王師相持乃加度使持節車騎將軍總督步軍自安成郡由嶺路出于湘東以襲湘州盡獲其所留軍人家口以歸光大二年薨時年六十贈太尉給班劍二十人謚曰忠肅太建四年配享高祖廟庭子敬成嗣

敬成幼聰慧好讀書少機警善占對結交文義之士以識鑒知名起家著作郎永定九年領度所部士卒隨周文育侯安都征王琳於沌口敗績爲琳所縶二年隨文育安都得歸除太子舍人遷洗馬度爲吳郡太守以敬成監郡天嘉二年遷太子中舍人拜湘東郡公世子四年度自湘州還朝士馬精鋭敬成盡領其衆隨章昭達征陳寶應晉安平除貞威將軍豫章太守光大元年華皎謀反以敬成爲假節都督巴州諸軍事雲旗將軍巴州刺史尋詔爲水軍隨吳明徹征華皎皎平還州太建二年以父憂去職尋起爲持節都督南豫州諸軍事壯武將軍南豫州刺史四年襲爵湘東郡公授太子右衞率五年除貞威將軍吳興太守其年隨都督吳明徹北討出秦郡別遣敬成爲都督乘金翅自歐陽引埭上泝江由廣陵齊人皆城守弗敢出自繁梁湖下淮圍淮陰城仍監北兖州淮泗義兵相率響應一二日間衆至數萬遂克淮陰山陽盬城三郡并連口朐山二戍仍進攻鬱州克之以功加通直散騎常侍雲旗將軍增邑五百戶又進號壯武將軍鎮朐山坐於軍中輒科訂并誅新附免官尋復爲持節都督安元潼三州諸軍事安州刺史將軍如故鎮宿預七年卒時年三十六贈散騎常侍謚曰思子敞嗣

杜稜字雄盛吳郡錢塘人也世爲縣大姓稜頗涉書傳少落泊不爲當世所知遂遊嶺南事梁廣州刺史新渝侯蕭暎暎卒從高祖恒典書記侯景之亂命稜將領平蔡路養李遷仕皆有功軍至豫章梁元帝承制授稜仁威將軍石州刺史上陌縣侯邑八百戶侯景平高祖鎮朱方稜監義興瑯邪二郡高祖誅王僧辯引稜與侯安都等共議稜難之高祖懼其泄已乃以手巾絞稜稜悶絶于地因閉於别室軍發召與同行及僧辯平後高祖東征杜龕等留稜與安都居守徐嗣徽任約引齊寇濟江攻臺城安都與稜隨方抗拒稜晝夜巡警綏撫士卒未常解帶賊平以功除通直散騎常侍右衞將軍丹陽尹永定元年加侍中忠武將軍尋遷中領軍侍中將軍如故三年高祖崩世祖在南晥時內無嫡嗣外有彊敵侯瑱侯安都徐度等並在軍中朝廷宿將唯稜在都獨典禁兵乃與蔡景歷等秘不發喪奉迎世祖事見景歷傳世祖即位遷領軍將軍天嘉元年以預建立之功改封永城縣侯增邑五百戶出爲雲麾將軍晉陵太守加秩中二千石二年徵爲侍中領軍將軍尋遷翊左將軍丹陽尹廢帝即位遷鎮右將軍特進侍中尹如故光大元年解尹量置佐史給扶重授領軍將軍太建元年出爲散騎常侍鎮東將軍吳興太守秩中二千石二年徵爲侍中鎮右將軍尋加特進護軍將軍三年以公事免侍中護軍四年復爲侍中右光祿大夫并給鼓吹一部將軍佐史扶並如故稜歷事三帝並見恩寵末年不預征役優遊京師賞賜優洽頃之卒于官時年七十贈開府儀同三司喪事所須並令資給謚曰成其年配享高祖廟庭子安世嗣

沈恪字子恭吳興武康人也深沉有幹局梁新渝侯蕭暎爲郡將召爲主簿暎遷北徐州恪隨暎之鎮暎遷廣州以恪兼府中兵參軍常領兵討伐俚洞盧子略之反也恪拒戰有功除中兵參軍高祖與恪同郡情好甚暱蕭暎卒後高祖南討李賁仍遣妻子附恪還鄉尋補東宮直後以嶺南勳除員外散騎侍郎仍令招集宗從子弟侯景圍臺城恪率所領入臺隨例加右軍將軍賊起東西二土山以逼城城內亦作土山以應之恪爲東土山主晝夜拒戰以功封東興縣侯邑五百戶遷員外散騎常侍京城陷恪間行歸鄉里高祖之討侯景遣使報恪乃於東起兵相應賊平恪謁高祖於京口即日授都軍副尋爲郡司馬及高祖謀討王僧辯恪預其謀時僧辯女壻杜龕鎮吳興高祖乃使世祖還長城立柵備龕又使恪還武康招集兵衆及僧辯誅龕果遣副將杜泰率衆襲世祖於長城恪時已率兵士出縣誅龕黨與高祖尋遣周文育來援長城文育至泰乃遁走世祖仍與文育進軍出郡恪軍亦至屯于郡南及龕平世祖襲東揚州刺史張彪以恪監吳興郡太平元年除宣猛將軍交州刺史其年遷永嘉太守不拜復令監吳興郡自吳興入朝高祖受禪使中書舍人劉師知引恪令勒兵入因衞敬帝如别宮恪乃排闥入見高祖叩頭謝曰恪身經事蕭家來今日不忍見許事分受死耳決不奉命高祖嘉其意乃不復逼更以盪主王僧志代之高祖踐阼除吳興太守永定二年徙監會稽郡會余孝頃謀應王琳出兵臨川攻周迪以恪爲壯武將軍率兵踰嶺以救迪余孝頃聞恪至退走二年遷使持節通直散騎常侍智武將軍吳州刺史便道之鄱陽尋有詔追還行會稽郡事其年除散騎常侍忠武將軍會稽太守世祖嗣位進督會稽東陽新安臨海永嘉建安晉安新寧信安九郡諸軍事將軍太守如故天嘉元年增邑五百戶二年徵爲左衞將軍俄出爲都督郢武巴定四州諸軍事軍師將軍郢州刺史六年徵爲中護軍尋遷護軍將軍光大二年遷使持節都督荆武祐三州諸軍事平西將軍荆州刺史未之鎮改爲護軍將軍高宗即位加散騎常侍都督廣衡東衡交越成定新合羅愛德宜黄利安石雙等十八州諸軍事鎮南將軍平越中郎將廣州刺史恪未至嶺前刺史歐陽紇舉兵拒險恪不得進朝廷遣司空章昭達督衆軍討紇紇平乃得入州州罹兵荒所在殘毁恪綏懷安緝被以恩惠嶺表賴之太建四年徵爲領軍將軍及代還以途遠不時至爲有司所奏免十一年起爲散騎常侍衞尉卿其年授平北將軍假節監南兖州十二年改授散騎常侍翊右將軍監南徐州又遣電威將軍裴子烈領馬五百匹助恪緣江防戍明年入爲衞尉卿常侍將軍如故尋加侍中遷護軍將軍後主即位以疾改授散騎常侍特進金紫光祿大夫其年卒時年七十四贈翊左將軍詔給東園祕器仍出舉哀喪事所須並令資給謚曰元子法興嗣

史臣曰胡穎徐度杜稜沈恪並附騏驥而騰躍依日月之光輝始覯王佐之才方悟公輔之量生則肉食終以配饗盛矣哉

陳書卷十二考證

杜稜傳高祖誅王僧辯○誅字上南史有謀字

沈恪傳仍令招集宗從子弟○招南史作總

陳書卷十三

唐 散騎常侍姚思廉撰

列傳第七

徐世譜 魯悉達 周敷

荀朗子法尚 周炅

徐世譜字興宗巴東魚復人也世居荆州爲主帥征伐蠻蜒至世譜尤敢勇有膂力善水戰梁元帝之爲荆州刺史世譜將領鄉人事焉侯景之亂因預征討累遷至員外散騎常侍尋領水軍從司徒陸法和討景與景戰於赤亭湖時景軍甚盛世譜乃别造樓船拍艦火舫水車以益軍勢將戰又乘大艦居前大敗景軍生擒景將任約景退走因隨王僧辯攻郢州世譜復乘大艦臨其倉門賊將宋子仙據城降以功除使持節信武將軍信州刺史封魚復縣侯邑五百戶仍隨僧辯東下恒爲軍鋒又破景將侯子鑒於湖熟侯景平後以功除通直散騎常侍衡州刺史資鎮河東太守增邑并前一千戶西魏來寇荆州世譜鎮馬頭岸據有龍州元帝授侍中使持節都督江南諸軍事鎮南將軍護軍將軍給鼓吹一部江陵陷没世譜東下依侯瑱紹泰元年徵爲侍中左衞將軍高祖之拒王琳其水戰之具悉委世譜世譜性

機巧諳解舊法所造器械竝隨機損益妙思出人永定二年遷護軍將軍世祖嗣位加特進進號安右將軍天嘉元年增邑五百戶二年出爲使持節散騎常侍都督宣城郡諸軍事安西將軍宣城太守秩中二千石還爲安前將軍右光祿大夫尋以疾失明謝病不朝四年卒時年五十五贈本官謚曰桓侯世譜從弟世休隨世譜自梁征討亦有戰功官至員外散騎常侍安遠將軍枳縣侯邑八百戶光大二年隸都督淳于量征華晈卒贈通直散騎常侍謚曰壯

魯悉達字志通扶風郿人也祖斐齊通直散騎常侍安遠將軍衡州刺史陽塘侯父益之梁雲麾將軍新蔡義陽二郡太守悉達幼以孝聞起家爲梁南平嗣王中兵參軍侯景之亂悉達糾合鄉人保新蔡力田蓄穀時兵荒饑饉京都及上川餓死者十八九有得存者皆攜老幼以歸焉悉達分給糧廩其所濟活者甚衆仍於新蔡置頓以居之招集晉熙等五郡盡有其地使其弟廣達領兵隨王僧辯討侯景景平梁元帝授持節仁威將軍散騎常侍北江州刺史敬帝即位王琳據有上流留異余孝頃周迪等所在蜂起悉達撫綏五郡甚得民和士卒皆樂爲之用琳授悉達鎮北將軍高祖亦遣趙知禮授征西將軍江州刺史各送鼓吹女樂悉達兩受之遷延顧望皆不就高祖遣安西將軍沈泰潛師襲之不能克齊遣行臺慕容紹宗以衆三萬來攻鬱口諸鎮兵甲甚盛悉達與戰敗齊軍紹宗僅以身免王琳欲圖東下以悉達制其中流恐爲己患頻遣使招誘悉達終不從琳不得下乃連結於齊共爲表裏齊遣清河王高岳助之相持歲餘會裨將梅天養等懼罪乃引齊軍入城悉達勒麾下數千人濟江而歸高祖高祖見之甚喜曰來何遲也悉達對曰臣鎮撫上流願爲蕃屏陛下授臣以官恩至厚矣沈泰襲臣威亦深矣然臣所以自歸於陛下者誠以陛下豁達大度同符漢祖故也高祖歎曰卿言得之矣授平南將軍散騎常侍北江州刺史封彭澤縣侯世祖即位進號安左將軍悉達雖仗氣任俠不以富貴驕人雅好詞賦招禮才賢與之賞會遷安南將軍吳州刺史遭母憂哀毀過禮因遘疾卒時年三十八贈安左將軍江州刺史謚曰孝侯子覽嗣弟廣達別有傳

周敷字仲遠臨川人也爲郡豪族敷形貌眇小如不勝衣而膽力勁果超出時輩性豪俠輕財重士鄉黨少年任氣者咸歸之侯景之亂鄉人周續合徒衆以討賊爲名梁內史始興藩王蕭毅以郡讓續續所部內有欲侵掠於毅敷擁護之親率其黨捍衛送至豫章時觀寧侯蕭永長樂侯蕭基豐城侯蕭泰避難流寓聞敷信義皆往依之敷愍其危懼屈體崇敬厚加給卹送之西上俄而續部下將帥爭權復反殺續以降周迪迪素無簿閥恐失衆心倚敷族望深求交結敷未能自固事迪甚恭迪大憑仗之漸有兵衆迪據臨川之工塘敷鎮臨川故郡侯景平梁元帝授敷使持節通直散騎常侍信武將軍寧州刺史封西豐縣侯邑一千戶高祖受禪王琳據有上流余孝頃與琳黨李希欽等共圍周迪敷大致人馬以助於迪迪擒孝頃等敷功居多熊曇朗之殺周文育據豫章將兵萬餘人襲敷徑至城下敷與戰大敗之追奔五十餘里曇朗單馬獲免盡收其軍實曇朗走巴山郡收合餘黨敷因與周迪黃法𣰰等進兵圍曇朗屠之王琳平授散騎常侍平西將軍豫章太守是時南江酋帥竝顧戀巢窟私署令長不受召朝廷未遑致討但羈縻之唯敷獨先入朝天嘉二年詣闕進號安西將軍給鼓吹一部賜以女妓一部令還鎮豫章周迪以敷素出己下超致顯貴深不平乃舉兵反遣弟方興以兵襲敷敷與戰大破方興仍率衆從都督吳明徹攻迪破之擒其弟方興并諸渠帥詔以敷爲安西將軍臨川太守餘竝如故尋徵爲使持節都督南豫北江二州諸軍事鎮南將軍南豫州刺史增邑五百戶常侍鼓吹如故五年迪又收合餘衆還襲東興世祖遣都督章昭達征迪敷又從軍至定川縣與迪相對迪給敷曰吾昔與弟勠力同心宗從匪他豈規相害今願伏罪還朝因弟披露心腑先乞挺身共立盟誓敷許之方登壇爲迪所害時年三十五詔曰使持節散騎常侍都督南豫州緣江諸軍事鎮南將軍南豫州刺史西豐縣開國侯敷受任遐征淹時違律虛衿姦詭遂貽喪身但夙著勤誠亟勞戎旅猶深惻愴憫悼于懷可存其茅賦量所賻卹還葬京邑謚曰脫子智安嗣敷兄象共敷據本鄉亦授臨川太守

荀朗字深明潁川潁陰人也祖延祖梁潁川太守父伯道衛尉卿朗少慷慨有將帥大略起家梁廬陵王行參軍侯景之亂朗招率徒旅據巢湖間無所屬臺城陷後簡文帝密詔授朗雲麾將軍豫州刺史令與外藩討景景使儀同宋子仙任約等頻往征之朗據山立砦自守子仙不能克時京師大饑百姓皆於江外就食朗更招致部曲解衣推食以相賑贍衆至數萬人侯景敗於巴陵朗出自濡須截景破其後軍王僧辯東討朗遣其將范寶勝及弟曉領兵二千助之侯景平後又別破齊將郭元建於踟蹰山梁承聖二年率部曲萬餘家濟江入宣城郡界立頓梁元帝授朗持節通直散騎常侍安南將軍都督南兗州諸軍事南兗州刺史未行而荊州陷高祖入輔齊遣蕭軌東方老等來寇據石頭城朗自宣城來赴因與侯安都等大破齊軍永定元年賜爵興寧縣侯邑二千戶以朗兄昂爲左衛將軍弟晷爲太子右衛率尋遣朗隨世祖拒王琳於南皖高祖崩宣太后與舍人蔡景歷祕不發喪朗弟曉在都微知之乃謀率其家兵襲臺事覺景歷殺曉仍繫其兄弟世祖即位竝釋之因厚撫慰朗令與侯安都等共拒王琳琳平遷使持節安北將軍散騎常侍都督霍晉合三州諸軍事合州刺史天嘉六年卒時年四十八贈南豫州刺史謚曰壯子法尚嗣

法尚少俶儻有文武幹略起家江寧令襲爵興寧縣侯太建五年隨吳明徹北伐尋授通直散騎侍郎除涇令歷梁安城太守禎明中爲都督郢巴武三州諸軍事郢州刺史及隋軍濟江法尚降于漢東道元帥秦王入隋歷邵觀綿豐四州刺史巴東燉煌二郡太守

周炅字文昭汝南安成人也祖彊齊太子舍人梁州刺史父靈起梁通直散騎常侍廬桂二州刺史保城縣侯炅少豪俠任氣有將帥才梁大同中爲通直散騎侍郎朱衣直閤太清元年出爲弋陽太守侯景之亂元帝承制改授西陽太守封西陵縣伯景遣兄子思穆據守齊安炅率驍勇襲破思穆擒斬之以功授持節高州刺史是時炅據武昌西陽二郡招聚卒徒甲兵甚盛景將任約來據樊山炅與寧州長史徐文盛擊約斬其部將叱羅子通趙迦婁等因乘勝追之頻克約衆殆盡承聖元年遷使持節都督江定二州諸軍事戎昭將軍江州刺史進爵爲侯邑五百戶高祖踐阼王琳擁據上流炅以州從之及王琳遣其將曹慶等攻周迪仍使炅將兵犄角而進爲侯安都所敗擒炅送都世祖釋炅授戎威將軍定州刺史帶西陽武昌二郡太守天嘉二年留異據東陽反世祖召炅還都欲令討異未至而異平炅還本鎮天康元年預平華晈之功授員外散騎常侍太建元年遷持節龍驤將軍通直散騎常侍五年進授使持節西道都督安蘄江衡司定六州諸軍事安州刺史改封龍源縣侯增邑并前一千戶其年隨都督吳明徹北討所向克捷一月之中獲十二城齊遣尚書左丞陸騫以衆二萬出自巴蘄與炅相遇炅留羸弱輜重設疑兵以當之身率精銳由間道邀其後大敗齊軍虜獲器械馬驢不可勝數進攻巴州克之於是江北諸城及穀陽士民竝誅渠帥以城降進號和戎將軍散騎常侍增邑并前一千五百戶仍敕追炅入朝初蕭詧定州刺史田龍升以城降詔以爲振遠將軍定州刺史封赤亭王及炅入朝龍升以江北六州七鎮叛入于齊齊遣歷陽王高景安帥師應之於是令炅爲江北道大都督總統衆軍以討龍升龍升使弋陽太守田龍琰率衆二萬陣於亭川高景安於水陵陰山爲其聲援龍升引軍別營山谷炅乃分兵各當其軍身率驍勇先擊龍升龍升大敗龍琰望塵而奔竝追斬之高景安遁走盡復江北之地以功增邑并前二千戶進號平北將軍定州刺史持節都督如故仍賜女妓一部太建八年卒官時年六十四贈司州刺史封武昌郡公謚曰壯子法僧嗣官至宣城太守

史臣曰彼數子者或驅馳前代或擁據故鄉竝識運知歸因機景附位升列牧爵致通侯美矣昔張耳陳餘自同於至戚周敷周迪亦誓等暱親尋鋒刃而誅殘斯甚夫胡越矣雖隙因於勢利何其鄙歟

陳書卷十四

唐 散騎常侍姚思廉撰

列傳第八

衡陽獻王昌 南康愍王曇朗子方泰 方慶

衡陽獻王昌字敬業高祖第六子也梁太清末高祖南征李賁命昌與宣后隨沈恪還吳興及高祖東討侯景昌與宣后世祖竝爲景所囚景平拜長城國世子吳興太守時年十六昌容貌偉麗神情秀朗雅性聰辯明習政事高祖遣陳郡謝哲濟陽蔡景歷輔昌爲郡又遣吳郡杜之偉授昌以經書昌讀書一覽便誦明於義理剖析如流尋與高祖俱往荊州梁元帝除員外散騎常侍荊州陷又與高祖俱遷關右西魏以高祖故甚禮之高祖即位頻遣使請高宗及昌周人許之而未遣及高祖崩乃遣之是時王琳梗於中流昌未得還居于安陸王琳平後天嘉元年二月昌發自安陸由魯山濟江而巴陵王蕭沇等率百僚上表曰臣聞宗子維城隆周之懋軌封建藩屏有漢之弘規是以卜世斯永式資邢衛鼎命靈長實賴河楚伏惟陛下神猷光大聖德欽明道高日月德侔造化往者王業惟始天步方艱叅奉權謨匡合義烈威略外舉神武內定故以再康禹迹大庇生民

者矣及聖武升遐王師遠次皇嗣寬隔纘業靡歸宗祧危殆綴旒非喻既而傳車言反公卿定策纂我洪基光昭景運民心有奉國寇克寧后來其蘇復在茲日物情天意皎然可求王琳逆命遺誅歲久今者連結犬羊乘流縱釁舟旗野陣綿江蔽陸兵拔民弊杼軸用空中外騷然藩籬罔固乃旰食當朝憑流授律蒼兕既馳長蛇自翦廓清四表澄滌八紘雖圖遐舉仁聲遠暢德化所覃風行草偃故以功深於微禹道大於惟堯豈直社稷用寧斯乃黔黎是賴第六皇弟昌近以妙年出質提契寇手偏隔關徼旋踵未由陛下天倫之愛既深克讓之懷常切伏以大德無私至公有在豈得徇匹夫之恒情忘王業之大計憲章故實式遵典禮欽若姬漢建樹賢戚湘中地維形勝控帶川阜扞城之寄匪親勿居宜啓服衛疑兼崇徽飾臣等參議以昌爲使持節散騎常侍都督湘州諸軍事驃騎將軍湘州牧封衡陽郡王邑五千戶加給皁輪三望車後部鼓吹一部班劍二十人啓可奉行詔曰可三月入境詔令主書舍人緣道迎接丙子濟江於中流船壞以溺薨四月庚寅喪柩至京師上親出臨哭乃下詔曰夫寵章所以嘉德禮數所以崇親乃歷代之通規固前王之令典新除使持節散騎常侍都督湘州諸軍事驃騎將軍湘州牧衡陽王昌明哲在躬珪璋早秀孝敬內湛聰睿外宣梁季艱虞宗社顛墜西京淪覆陷身關隴及鼎業初基外蕃逆命聘問斯阻音介莫通睠彼機橋將嗟烏引今者羣公戮力多難廓清輕傳入郛無勞假道周朝敦其維好驂駕歸來欣此朝聞庶歡昏定報施徒語曾莫輔仁人之云亡殄悴斯在奄焉薨殞倍增傷悼津門之慟空在相軸之切不追靜言念之心焉如割宜隆懋典以協徽猷可贈侍中假黃鉞都督中外諸軍事太宰揚州牧給東園溫明祕器九旒鑾輅黃屋左纛虎賁班劍百人輼輬車前後部羽葆鼓吹葬送之儀一依漢東平憲王齊豫章文獻王故事仍遣大司空持節迎護喪事大鴻臚副其羽衛殯送所須隨由備辦謚曰獻無子世祖以第七皇子伯信爲嗣

南康愍王曇朗高祖母弟忠壯王休先之子也休先少倜儻有大志梁簡文之在東宮深被知遇太清中既納侯景有事北方乃使休先召募得千餘人授文德主帥頃之卒高祖之有天下也每稱休先曰此弟若存河洛不足定也梁敬帝即位追贈侍中使持節驃騎將軍南徐州刺史封武康縣公邑一千戶高祖受禪追贈侍中車騎大將軍司徒封南康郡王邑二千戶謚曰忠壯曇朗少孤尤爲高祖所愛寵踰諸子有膽力善綏御侯景平後起家爲著作佐郎高祖北濟江圍廣陵宿預人東方光據鄉建義乃遣曇朗與杜僧明自淮入泗應赴之齊援大至曇朗與僧明築壘抗禦尋奉命班師以宿預義軍三萬家濟江高祖誅王僧辯留曇朗鎮京口知留府事紹泰元年除中書侍郎監南徐州二年徐嗣徽任約引齊寇攻逼京師尋而請和求高祖子姪爲質時四方州郡竝多未賓京都虛弱糧運不繼在朝文武咸願與齊和親高祖難之而重違衆議乃言於朝曰孤謬輔王室而使蠻夷猾夏不能戡殄何所逃責今在位諸賢且欲息肩偃武與齊和好以靜邊疆若違衆議必謂孤惜子姪今決遣曇朗棄之寇庭且齊人無信窺窬不已謂我浸弱必當背盟齊寇若來諸君須爲孤力鬭也高祖慮曇朗憚行或奔竄東道乃自率步騎往京口迎之以曇朗還京師仍使爲質於齊齊果背約復遣蕭軌等隨嗣徽渡江高祖與戰大破之虜蕭軌東方老等齊人請割地并入馬牛以贖之高祖不許及軌等誅齊人亦害曇朗于晉陽時年二十八是時既與齊絕弗之知也高祖踐祚猶以曇朗襲封南康王奉忠莊王祀禮秩一同皇太子天嘉二年齊人結好方始知之世祖詔曰夫追遠慎終抑聞前誥南康王曇朗明哲懋親蕃維是屬入質北齊用紓時難皇運兆興未獲旋反永言跂予日夜不忘齊使始至凶問奄及追懷痛悼兼倍常情宜隆寵數以光恒序可贈侍中安東將軍開府儀同三司南徐州刺史謚曰愍乃遣兼郎中令隨聘使江德藻劉師知迎曇朗喪柩以三年春至都初曇朗未質於齊生子方泰方慶及將適齊以二妾自隨在北又生兩子方華方曠亦同得還

方泰少麤獷與諸惡少年羣聚遊逸無度世祖以南康王故特寬貰之天嘉元年詔曰南康王曇朗出隔齊庭反身莫測國廟方修負羹須主可以長男方泰爲南康世子嗣南康王後聞曇朗薨於是襲爵南康嗣王尋爲仁威將軍丹陽尹置佐史太建四年遷使持節都督廣衡交越成定明新合羅德宜黃利安建石崖十九州諸軍事平越中郎將廣州刺史爲政殘暴爲有司所奏免官尋起爲仁威將軍置佐史六年授持節都督豫章郡諸軍事豫章內史在郡不修民事秩滿之際屢放部曲爲劫又縱火延燒邑居因行暴掠驅錄富人徵求財賄代至又淹留不還至都詔以爲宗正卿將軍佐史如故未拜爲御史中丞宗元饒所劾免官以王還第十一年起爲寧遠將軍直殿省尋加散騎常侍量置佐史其年八月高宗幸大壯觀因大閱武命都督任忠領步騎十萬陳於玄武湖都督陳景領樓艦五百出於瓜步江高宗登玄武門親宴羣臣以觀之因幸樂遊苑設絲竹會仍重幸大壯觀集衆軍振旅而還是時方泰當從啓稱所生母疾不行因與亡命楊鍾期等二十人微服往民間淫人妻爲州所錄又率人仗抗拒傷禁司爲有司所奏上大怒下方泰獄方泰初但承行淫不承拒格禁司上曰不承則上刑方泰乃投列承引於是兼御史中丞徐君敷奏曰臣聞王者之心匪漏網而私物至治之本無屈法而由慈謹案南康王陳方泰宗屬雖遠幸託葭莩刺擧莫成共治罕績聖上弘以悔往許其錄用宮闈寄切宿衛是尸豈有金門旦啓玉輿曉蹕百司馳騖千隊騰驤憚此翼從之勞妄與晨昏之請飾以危冠淇上袪服桑中臣子之譽莫斯爲大宜從霜簡允寘冬官臣等參議請依見事解方泰所居官下宗正削爵土謹以白簡奏聞上可其奏尋復本官爵禎明初遷侍中將軍如故三年隨師濟江方泰與忠武將軍南豫州刺史樊猛左衛將軍蔣元遜領水軍於白下往來斷遏江路隋遣行軍元帥長史高熲領船艦泝流當之猛及元遜竝降方泰所部將士離散乃棄船走及臺城陷與後主俱入關隋大業中爲掖令

方慶少清警涉獵書傳及長有幹略天嘉中封臨汝縣侯尋爲給事中太子洗馬權兼宗正卿直殿省太建九年出爲輕車將軍假節都督定州諸軍事定州刺史秩滿又爲散騎常侍兼宗正卿至德二年進號智武將軍武州刺史初廣州刺史馬靖久居嶺表大得人心士馬彊盛朝廷疑之至是以方慶爲仁威將軍廣州刺史以兵襲靖靖誅進號宣毅將軍方慶性清謹甚得民和四年進號雲麾將軍禎明三年隋師濟江衡州刺史王勇遣高州刺史戴智烈將五百騎迎方慶欲令承制總督征討諸軍事是時隋行軍總管韋洸帥兵度嶺宣隋文帝勅云若嶺南平定留勇與豐州刺史鄭萬頃且依舊職方慶聞之恐勇賣己乃不從率兵以拒智烈智烈與戰敗之斬方慶於廣州虜其妻子王勇太建中爲晉陵太守在職有能名方慶之襲馬靖也朝廷以勇爲超武將軍東衡州刺史領始興內史以爲方慶聲勢靖誅以功封龍陽縣子及隋軍臨江詔授勇使持節光勝將軍總督衡廣交桂武等二十四州諸軍事平越中郎將仍入援會京城陷勇因移檄管內徵兵據守使其同產弟鄧暠將兵五千頓于嶺上又遣使迎方慶欲假以爲名而自執兵要及方慶敗績虜其妻子收其貲產分賞將帥又令其將王仲宣曾孝武迎西衡州刺史衡陽王伯信伯信懼奔于清遠郡孝武追殺之是時韋洸兵已上嶺豐州刺史鄭萬頃據州不受勇召而高梁女子洗氏擧兵應隋軍攻陷傍郡勇計無所出乃以其衆降行至荊州道病卒隋贈大將軍宋州刺史歸仁縣公鄭萬頃滎陽人梁司州刺史紹叔之族子也父旻梁末入魏萬頃通達有材幹周武帝時爲司城大夫出爲溫州刺史至德中與司馬消難來奔尋拜散騎常侍昭武將軍豐州刺史在州甚有惠政吏民表請立碑詔許焉初萬頃之在周深被隋文帝知遇及隋文踐祚常思還北及王勇之殺方慶萬頃乃率州兵拒勇遣使由間道降于隋軍拜上儀同尋卒

史臣曰獻愍二王聯華霄漢或擢子之寵或猶子之寵而機橋爲阻驂駕無由有隔於休辰終之以早世悲夫

陳書卷十五

唐 散 騎 常 侍 姚 思 廉 撰

列傳第九

陳擬 陳詳 陳慧紀

陳擬字公正高祖疏屬也少孤貧性質直彊記高祖南征交阯擬從焉及進討侯景至豫章以擬爲羅州刺史與胡潁共知後事并應接軍糧高祖作鎮朱方擬除步兵校尉曲阿令紹泰元年授貞威將軍義興太守二年入知衞尉事除員外散騎常侍明威將軍雍州刺史尋監南徐州高祖踐祚詔曰維城宗子實固有周磐石懿親用隆大漢故會盟則異姓爲後啓土則非劉勿王所以糾合枝幹廣樹蕃屏前王懋典列代恒規從子持節員外散騎常侍明威將軍雍州刺史監南徐州擬持節通直散騎侍郎貞威將軍北徐州刺史褒從子晃炅從孫假節員外散騎常侍明威將軍診假節信威將軍北徐州刺史吉陽縣開國侯詡假節通直散騎侍郎信武將軍祏假節散騎侍郎雄信將軍青州刺史廣梁太守詳貞威將軍通直散騎侍郎慧紀從孫敬雅敬泰竝枝戚密近劬勞王室宜列河山以光利建擬可永脩縣開國侯褒鍾陵縣開國侯晃建城縣開國侯炅上饒縣開

國侯訬虔化縣開國侯竝仍前封祏豫章縣開國侯詳遂興縣開國侯慧紀宜黃縣開國侯敬雅寧都縣開國侯敬泰平固縣開國侯各邑五百戶擬尋除輕車將軍兼南徐州刺史常侍如故其年授通直散騎常侍中領軍三年復以本官監南徐州世祖嗣位除丹陽尹常侍如故坐事又以白衣知郡尋復本職天嘉元年卒時年五十八贈領軍將軍凶事所須竝官資給謚曰定二年配享高祖廟廷子黨嗣

陳詳字文幾少出家爲桑門善書記談論清雅高祖討侯景召詳令反初服配以兵馬從定京邑高祖東征杜龕詳躬下安吉原鄉故鄣三縣龕平以功授散騎侍郎假節雄信將軍青州刺史資割故鄣廣德置廣梁郡以詳爲太守高祖踐阼改廣梁爲陳留又以爲陳留太守永定二年封遂興縣侯食邑五百戶其年除明威將軍通直散騎常侍三年隨侯安都破王琳將常衆愛於宮亭湖世祖嗣位除宣城太守將軍如故王琳下據柵口詳隨吳明徹襲湓城取琳家口不克因入南湖自鄱陽步道而歸琳平詳與明徹竝無功天嘉元年隨例增邑并前一千五百戶仍除通直散騎常侍兼右衞將軍三年出爲假節都督吳州諸軍事仁威將軍吳州刺史周迪據臨川舉兵詳自州從他道襲迪於濡城別營獲其妻子迪敗走詳還復本鎭五年周迪復出臨川乃以詳爲都督率水步討迪軍至南城與賊相遇戰敗死之時年四十二以所統失律無贈謚子正理嗣

陳慧紀字元方高祖之從孫也涉獵書史負才任氣高祖平侯景慧紀從焉尋配以兵馬累平從征杜龕除貞威將軍通直散騎常侍高祖踐阼封宜黃縣侯邑五百戶除黃門侍郎世祖卽位出爲安吉縣令還明威將軍軍副司空章昭達征安蜀城慧紀爲水軍都督於荆州燒青泥船艦光大元年以功除持節通直散騎常侍宣遠將軍豐州刺史增邑并前一千戶太建十年吳明徹北討敗績以慧紀爲持節智武將軍緣江都督兗州刺史增邑并前二千戶餘如故周軍乘勝據有淮南江外騷擾慧紀收集士卒自海道還都尋除使持節散騎常侍宣毅將軍都督郢巴二州諸軍事郢州刺史增邑并前二千五百戶至德二年遷使持節散騎常侍雲麾將軍都督荆信二州諸軍事荆州刺史賜女伎一部增邑并前三千戶禎明元年蕭琮尚書左僕射安平王蕭巖晉熙王蕭瓛等率其部衆男女二萬餘口詣慧紀請降慧紀以兵迎之其年以應接功加侍中金紫光祿大夫開府儀同三司征西將軍增邑并前六千戶餘如故及隋師濟江元帥清河公楊素下自巴硤慧紀遣其將呂忠肅陸倫等拒之戰敗素進據馬頭是時隋將韓擒虎及賀若弼等已濟江據蔣山慧紀聞之留其長史陳文盛等居守身率將士三萬人樓船千餘乘沿江而下欲趣臺城至漢口爲秦王軍所拒不得進因與湘州刺史晉熙王叔文巴州刺史畢寶等請降入隋依例授儀同三司頃之卒子正平頗有文學

史臣曰詩云宗子維城無俾城壞又曰綿綿瓜瓞葛藟纍之西京皆豐沛故人東都亦南陽多顯有以哉

陳書卷十五考證

陳慧紀傳增邑并前二千五百戶○增各本譌贈今改正

慧紀遣其將呂忠肅陸倫等拒之○南史無忠字亦不載陸倫

是時隋將韓擒虎及賀若弼等○此下南史較詳

陳書卷十六

唐　散騎常侍　姚思廉　撰

列傳第十

趙知禮　蔡景歷　劉師知　謝岐

趙知禮字齊旦天水隴西人也父孝穆梁候官令知禮涉獵文史善隸書高祖之討元景仲也或薦之引爲記室參軍知禮爲文贍速每占授軍書下筆便就率皆稱旨由是恒侍左右深被委任當時計畫莫不預焉知禮亦多所獻替高祖平侯景軍至白茅灣上表梁元帝及與王僧辯論述軍事其文竝知禮所製侯景平授中書侍郎封始平縣子邑三百戶高祖爲司空以爲從事中郎高祖入輔遷給事黃門侍郎兼衞尉卿高祖受命遷通直散騎常侍直殿省尋遷散騎常侍守太府卿權知領軍事天嘉元年進爵爲伯增邑通前七百戶王琳平授持節督吳州諸軍事明威將軍吳州刺史知禮沉靜有謀謨每軍國大事世祖輒令璽書問之秩滿爲明威將軍太子右衞率遷右衞將軍領前軍將軍六年卒時年四十七詔贈侍中謚曰忠子允恭嗣

蔡景歷字茂世濟陽考城人也祖點梁尚書左民侍郎父大同輕車岳陽王記室參軍掌京邑行選景歷少俊爽有孝行家貧好學善尺牘工草隸解褐諸王府佐出爲海陽令爲政有能名侯景亂梁簡文帝爲景所幽景歷與南康嗣王蕭會理謀欲挾簡文出奔事泄見執賊黨王偉保護之獲免因客遊京口侯景平高祖鎭朱方素聞其名以書要之景歷對使人答書筆不停輟文不重改曰業降札書曲垂引逮伏覽循回載深欣暢竊以世求名駿行地能致千里時愛奇寶照車遂有徑寸但雲咸斯奏自輟巴渝杞梓方雕豈盼樗櫪仰惟明將軍使君侯節下英才挺茂雄姿秀拔運屬時艱志匡多難振衡嶽而綏五嶺滌灨源而登九派帶甲十萬彊弩數千誓勤王之師總義夫之力鯨鯢式翦役不踰時氛霧廓清士無血刃雖漢誅祿產舉朝寔賴絳侯晉討約峻中外一資陶牧比事論功彼奚足算加以抗威兗服冠蓋通于北門整旆徐方咏歌溢于東道能使邊亭卧鼓行旅路宿巷不拾遺市無異價洋洋乎功德政化曠古未儔諒非膚淺所能碑述是以天下之人向風慕義接踵披衿雜遝而至矣或帝室英賢貴遊令望齊楚秀異荆吳岐嶷武夫則猛氣紛紜雄心四據陸拔山嶽水斷虯龍六鈞之弓左右馳射萬人之劒短兵交接攻壘若文鴦焚艦如黃蓋百戰百勝貔貅爲羣文人則通儒博識英才偉器雕麗暉煥摛掞絢藻子雲不能抗其筆元瑜無以高其記尺翰馳而聊城下清談奮而嬴軍却復有三河辯客改哀樂於須臾六奇謀士斷變反於倏忽治民如子賤踐境有成折獄如仲由片詞從理直言如毛遂能厲主威銜使若相如不辱君命懷忠抱義感恩狗己誠斷黃金精貫白日海內雄賢牢籠斯備明將軍徹鞍下馬推案止食申爵以榮之築館以安之輕財重氣卑躬厚士盛矣哉盛矣哉抑又聞之戰國將相咸推引賓遊中代岳牧竝盛延僚友濟濟多士所以成將軍之貴但量能校實稱才任使員行方止各盡其宜受委責成誰不畢力至如走賤妄庸人耳秋冬讀書終慙專學刀筆爲吏竟闕異等衡門衰素無所聞達薄官輕資焉能遠大自陽九遘屯天步艱阻同彼貴仕溺於巨寇亟隣危殆備踐薄氷今王道中興慇憂啓運獲存微命足爲幸甚方歎飲啄是謂來蘇然皇鑾未反宛洛無曠四壁固三軍之餘長夏無半菽之產邀遊古人聊爲借貸屬此樂土洵美忘歸竊服高義暫謁門下明將軍降以顏色二三士友假其餘論菅蒯不棄折簡賜留欲以鷄鶩廁鴛鴻於池沼將移瓦礫參金碧之聲價昔折脅遊秦忽逢盼採擔簦入趙便致留連今雖羈旅方之非匹樊林之賁何用克堪但眇眇纖蘿憑喬松以自聳蠢蠢輕蚋託驥尾而遠騖竊不自涯願備下走且爲腹背之毛脫充鳴吠之數增容改觀爲幸已多海不厭深山不讓高敢布心腹惟將軍覽焉高祖得書甚加欽賞仍更賜書報答卽日板征北府中記室參軍仍領記室衡陽獻王時爲吳興郡昌年尚少吳興王之鄉里父老故人尊卑有數高祖恐昌年少接對乖禮乃遣景歷輔之承聖中授通直散騎侍郎還掌府記室高祖將討王僧辯獨與侯安都等數人謀之景歷弗之知也部分既畢召命草檄景歷援筆立成辭義感激事皆稱旨僧辯誅高祖輔政除從事中郎掌記室如故紹泰元年遷給事黃門侍郎兼掌相府記室高祖受禪遷祕書監中書通事舍人掌詔誥永定二年坐妻弟劉淹詐受周寶安餉馬爲御史中丞沈炯所劾降爲中書侍郎舍人如故三年高祖崩時外有彊寇世祖鎭于南皖朝無重臣宣后呼景歷及江大權杜稜定議乃秘不發喪疾召世祖景歷躬共宦者及內人密營斂服時旣暑熱須治梓宮恐斤斧之聲或聞于外仍以蠟爲祕器文書詔誥依舊宣行世祖卽位復爲祕書監舍人如故以定策功封新豐縣子邑四百戶累遷散騎常侍世祖誅侯安都景歷勸成其事天嘉三年以功遷太子左衞率進爵爲侯增邑百戶常侍舍人如故六年坐妻兄劉洽依倚景歷權勢前後姦訛并受歐陽武威餉絹百匹免官廢帝卽位起爲鎭東鄱陽王諮議參軍兼太府卿華皎反以景歷爲武勝將軍吳明徹軍司皎平明徹於軍中輒戮安成內史楊文通又受降人馬仗有不分明景歷又坐不能匡正被收付治久之獲宥起爲鎭東鄱陽王諮議參軍高宗卽位遷宣惠豫章王長史帶會稽郡守行東揚州府事秩滿遷戎昭將軍宣毅長沙王長史尋陽太守行江州府事以疾辭遂不行入爲通直散騎常侍中書通事舍人掌詔誥仍復封邑遷太子左衞率常侍舍人如故太建五年都督吳明徹北伐所向克捷與周將梁士彥戰於呂梁大破之斬獲萬計方欲進圖彭城是時高宗銳意河南以爲指麾可定景歷諫稱師老將驕不宜過窮遠略高祖惡其沮衆大怒猶以朝廷舊臣不深罪責出爲宣遠將軍豫章內史未行爲飛章所劾以在省之日贓汙狼藉帝令有司按問景歷但承其半於是御史中丞宗元饒奏曰臣聞士之行已忠以事上廉以持身苟違斯道刑茲罔赦謹按宣遠將軍豫章內史新豐縣開國侯景歷因藉多幸豫奉興王皇運權輿頗參締構

天嘉之世贓賄狼藉聖恩錄用許以更鳴裂壞崇階不遠斯復不能改節自勵以報曲成遂乃專擅貪汙彰於遠近一則已甚其可再乎宜寘刑書以明秋憲臣等參議以見事免景歷所居官下鴻臚削爵土謹奉白簡以聞詔曰可於是徙居會稽及吳明徹敗帝思景歷前言即日追還復以爲征南鄱陽王諮議參軍數日遷員外散騎常侍兼御史中丞復本封爵入守度支尚書舊式拜官在午後景歷拜日適值輿駕幸玄武觀在位皆侍宴帝恐景歷不豫特令早拜其見重如此是歲以疾卒官時年六十贈太常卿謚曰敬十三年改葬重贈中領軍禎明元年配享高祖廟庭二年輿駕親幸其宅重贈景歷侍中中撫將軍謚曰忠敬給鼓吹一部并於墓所立碑景歷屬文不尚雕靡而長於敘事應機敏速爲當世所稱有文集三十卷

劉師知沛國相人也家世素族祖奚之齊晉安王諮議參軍淮南太守有能政齊武帝手詔頻褒賞父景彥梁尚書左丞司農卿師知好學有當世才博涉書史工文筆善儀體臺閣故事多所詳悉梁世歷王府參軍紹泰初高祖入輔以師知爲中書舍人掌詔誥是時兵亂之後禮儀多闕高祖爲丞相及加九錫并受禪其儀注並師知所定焉高祖受命仍爲舍人性疎簡與物多忤雖位宦不遷而委任甚重其所獻替皆有弘益及高祖崩六日成服朝臣共議大行皇帝靈座俠御人所服衣服吉凶之制博士沈文阿議宜服吉服師知議云既稱成服本備喪禮靈筵服物皆悉縞素今雖無大行俠御官事按梁昭明太子薨成服俠侍之官悉着縗斬惟着鎧不異此即可擬愚謂六日成服俠靈座須服縗絰中書舍人蔡景歷亦云雖不悉準按山陵有凶吉羽儀成服唯凶無吉文武俠御不容獨鳴玉珥貂情禮二三理宜縗斬中書舍人江德藻謝岐等並同師知議文阿重議云檢晉宋山陵儀靈輿梓宮降殿各侍中奏又成服儀稱靈輿梓宮容俠御官及香橙又檢靈輿梓宮進止儀稱直靈俠御吉服在吉鹵簿中又云梓宮俠御縗絰在凶鹵簿中是則在殿吉凶兩俠御也時以二議不同乃啓取左丞徐陵決斷陵云梓宮祔山陵靈筵祔宗廟有此分判便驗吉凶按山陵鹵簿吉部伍中公卿以下導引者爰及武賁鼓吹執蓋奉車並是吉服豈容俠御獨爲縗絰邪斷可知矣若言公卿胥吏並服縗苴此與梓宮部伍有何差別若言文物並吉司事者凶豈容衽絰而奉華蓋縗衣而升玉輅邪同博士議師知又議曰左丞引梓宮祔山陵靈筵祔宗廟必有吉凶二部成服不容上凶博士猶執前斷終是山陵之禮若龍駕啓殯鑾輿兼設吉凶之儀由來本備準之成服愚有未安夫喪禮之制自天子達按王文憲喪服明記云官品第三侍靈人二十官品第四下達士禮侍靈之數並有十人皆白布袴褶著白絹帽內喪女侍數如外而著齊縗或問內外侍靈是同何忽縗服有異答云若依君臣之禮則外侍斬內侍齊項世多故禮隨事省諸侯以下臣吏蓋微至於侍奉多出義附君臣之節不全縗冠之費實闕所以因其常服止變帽而已婦人侍者皆是卑隸君妾之道既純服章所以備矣皇朝之典猶自不然以此而推是知服斬彼有侍靈則猶俠御既著白帽理無彤服且梁昭明儀注今則見存二文顯證差爲成準且禮出人情可得消息凡人有喪既陳筵几繐帷靈房變其常儀蘆箔草廬即其凶禮堂室之內親賓具來齊斬麻緦差池哭次玄冠不弔莫非素服豈見門生故吏綃縠間趨左姬右姜紅紫相揉況四海遏密率土之情是同三軍縞素爲服之制斯一遂使千門旦啓非塗堊於彤闈百僚戾止變服纛於朱鼓而耀金在列鳴玉節行求之懷抱固爲未愜準以禮經彌無前事豈可成服之儀譬以山陵之禮葬既始終已畢故有吉凶之儀所謂成服本成喪禮百司外內皆變吉容俠御獨不何謂成服若靈無俠御則已有則必應縗服謝岐議曰靈筵祔宗廟梓宮祔山陵實如左丞議但山陵鹵簿備有吉凶從靈輿者儀服無變從梓宮者皆服苴縗爰至士禮悉同此制此自是山陵之儀非關成服今謂梓宮靈扆共在西階稱爲成服亦無鹵簿直是爰自胥吏上至王公四海之內必備縗絰案梁昭明太子薨略是成例豈容凡百士庶悉皆服重而侍中至於武衞最是近官反鳴玉紆青與平吉不異左丞既推以山陵事愚意或謂與成服有殊若爾日俠御文武不異惟侍靈之人主書宣傳齋幹應勅悉應不改蔡景歷又議云俠御之官本出五百爾日備服居廬仍於本省引上登殿豈應變服貂玉若別攝餘官以充簪珥則爾日便有不成服者山陵自有吉凶二儀成服凶而不吉猶依前議同劉舍人德藻又議云愚謂祖葬之辰始終永畢達官有追贈須表恩榮有吉鹵簿恐由此義私家放敩因以成俗上服本變吉爲凶理不應猶襲紈綺劉舍人引王衞軍喪儀及檢梁昭明故事此明據已審博士左丞乃各盡事衷既未取證須更詢詳宜諮八座詹事太常中丞及中庶諸通袁樞張種周弘正弘讓沈炯孔奐時八座以下並請案臺議斟酌舊儀梁昭明太子喪成服儀注明文見存足爲準的成服日侍官理不容猶從吉禮其葬禮分吉自是山陵之時非關成服之日愚謂劉舍人議於事爲允陵重答云老病屬纊不能多說古人爭議多成怨府傳玄見尤於晉代王商取陷於漢朝謹自三緘敬同高命若萬一不死猶得展言庶與朝賢更申揚榷文阿猶執所見衆議不能決乃具錄二議奏聞從師知議尋遷鴻臚卿舍人如故天嘉元年坐事免初世祖勅師知撰起居注自永定二年秋至天嘉元年冬爲十卷起爲中書舍人復掌詔誥天康元年世祖不豫師知與尚書僕射到仲舉等入侍醫藥世祖崩預受顧命及高宗爲尚書令入輔光大元年師知與仲舉等遣舍人殷不佞矯詔令高宗還東府事覺於北獄賜死

謝岐會稽山陰人也父達梁太學博士岐少機警好學見稱於梁世爲尚書金部郎山陰令侯景亂岐流寓東陽景平依于張彪彪在吳郡及會稽庶事一以委之彪每征討恒留岐監郡知後事彪敗高祖引岐參預機密以爲兼尚書右丞時軍旅屢興糧儲多闕岐所在幹理深被知遇永定元年爲給事黃門侍郎中書舍人兼右丞如故天嘉二年卒贈通直散騎常侍岐弟嶠篤學爲世通儒

史臣曰高祖開基創業剋定禍亂武猛固其立功文翰亦乃展力趙知禮蔡景歷早識攀附預締構之臣焉劉師知博涉多通而闇於機變雖欲存乎節義終陷極刑斯不智矣

陳書卷十六考證

趙知禮傳子允恭嗣○允南史作元

蔡景歷傳即日板征北府中記室參軍○板南史作授

并受歐陽武威餉絹百匹○南史無武字

兼太府卿○府監本誤舟今改正

陳書卷十七

唐　散騎常侍　姚思廉　撰

列傳第十一

王沖　王通弟勱　袁敬兄子樞

王沖字長深琅邪臨沂人也祖僧衍齊侍中父茂璋梁給事黃門侍郎沖母梁武帝妹新安穆公主卒於齊世武帝以沖偏孤深所鍾愛年十八起家梁秘書郎尋爲永嘉太守入爲太子舍人以父憂去職服闋除太尉臨川王府外兵參軍東宮領直累遷太子洗馬中舍人出爲招遠將軍衡陽內史遷武威將軍安成嗣王長史長沙內史將軍如故王薨於湘州仍以沖監湘州事入爲太子庶子遷給事黃門侍郎大同三年以帝甥賜爵安東亭侯邑一百五十戶歷明威將軍南郡太守太子中庶子侍中出監吳郡滿歲即真徵爲通直散騎常侍兼左民尚書出爲明威將軍輕車當陽公府長史江夏太守行郢州事還平西邵陵王長史轉驃騎廬陵王長史南郡太守王薨行州府事梁元帝鎮荊州爲鎮西長史將軍太守如故沖性和順事上謹肅習於法令政在平理佐藩莅人鮮有失德雖無赫赫之譽久而見思由是推重累居二千石又曉音樂習歌舞善與人交貴游之中聲名籍甚侯景之亂梁元帝於荊州承制沖求解南郡以讓王僧辯并獻女妓十人以助軍賞元帝授持節督衡桂成合四州諸軍事雲麾將軍衡州刺史元帝第四子元良爲湘州刺史仍以沖行州事領長沙內史侯景平授翊左將軍丹陽尹武陵王舉兵至峽口王琳偪將陸納等據湘州應之沖爲納所拘納降重授侍中中權將軍量置佐史尹如故江陵陷敬帝爲太宰承制以沖爲左長史紹泰中累遷左光祿大夫尚書右僕射遷左僕射開府儀同三司侍中將軍如故尋復領丹陽尹南徐州大中正給扶高祖受禪解尹以本官領左光祿大夫未拜改領太子少傅文帝嗣位解少傅加特進左光祿大夫尋又以本官領丹陽尹參撰律令廢帝即位給親信十人初高祖以沖前代舊臣特申長幼之敬文帝即位益加尊重嘗從文帝幸司空徐度宅宴筵之上賜以几其見重如此光大元年薨時年七十六贈侍中司空謚曰元簡沖有子三十人並致通官第十二子瑒別有傳

王通字公達琅邪臨沂人也祖份梁左光祿大夫父琳司空左長史琳齊代娶梁武帝妹義興長公主有子九人並知名通梁世起家國子生舉明經爲秘書郎太子

舍人以帝甥封武陽亭侯累遷王府主簿限外記室參軍司徒主簿太子中庶子驃騎廬陵王府給事中郎中權何敬容府長史給事黃門侍郎坐事免侯景之亂奔于江陵元帝以爲散騎常侍遷守太常卿自侯景亂後臺內宮室並皆焚燼以通兼起部尚書歸于京師專掌繕造江陵陷敬帝承制以通爲吏部尚書紹泰元年加侍中尚書如故尋爲尚書右僕射吏部如故高祖受禪遷左僕射侍中如故文帝嗣位領太子少傅天康元年爲翊右將軍右光祿大夫量置佐史廢帝卽位號安右將軍又領南徐州大中正太建元年遷左光祿大夫六年加特進侍中將軍光祿佐史並如故未拜卒時年七十二詔贈本官謚曰成葬日給鼓吹一部弟質弟固各有傳

勱字公濟通之弟也美風儀博涉書史恬然清簡未嘗以利欲干懷梁世爲國子周易生射策舉高第除秘書郎太子舍人宣惠武陵王主簿輕車河東王功曹史王出鎭京口勱將隨之藩范陽張纘時典選舉勱造纘言別纘嘉其風采乃曰王生才地豈可遊外府乎奏爲太子洗馬遷中舍人司徒左西屬出爲南徐州別駕從事史大同末梁武帝謁園陵道出朱方勱隨例迎候勅勱令從輦側所經山川莫不顧問勱隨事應對咸有故實又從登北顧樓賦詩辭義清典帝甚嘉之時河東王爲廣州刺史乃以勱爲冠軍河東王長史南海太守王至嶺南多所侵掠因懼罪稱疾委州還朝勱行廣州府事越中饒沃前後守宰例多貪縱勱獨以清白著聞入爲給事黃門侍郎侯景之亂西奔江陵元帝承制以爲太子中庶子掌相府管記出爲寧遠將軍晉陵太守時兵饑之後郡中凋弊勱爲政清簡吏民便安之徵爲侍中遷五兵尚書及西魏寇江陵元帝徵湘州刺史宜豐侯蕭循入援以勱監湘州江陵陷敬帝承制以爲中書令紹泰元年加侍中高祖爲司空以勱兼司空長史高祖爲丞相勱兼丞相長史侍中中書令並如故時吳中遭亂民多乏絕乃以勱監吳興郡及蕭勃平後又以勱舊在嶺表早有政勣乃授使持節都督廣州等二十州諸軍事平南將軍平越中郎將廣州刺史未行改爲衡州刺史持節都督並如故王琳據有上流衡廣攜貳勱不得之鎭留于大庾嶺天嘉元年徵爲侍中都官尚書未拜復爲中書令遷太子詹事行東宮事侍中並如故加金紫光祿大夫領度支尚書廢帝卽位加散騎常侍太建元年遷尚書右僕射時東境大水百姓饑饉以勱爲仁武將軍晉陵太守在郡甚有威惠郡人表請立碑頌勱政績詔許之徵爲中書監重授尚書右僕射領右軍將軍四年五月卒時年六十七贈侍中中書監謚曰溫

袁敬字子恭陳郡陽夏人也祖顗宋侍中吏部尚書雍州刺史父昂梁侍中司空謚穆公敬純孝有風格幼便篤學老而無倦釋褐秘書郎累遷太子舍人洗馬中舍人江陵淪覆流寓嶺表高祖受禪敬在廣州依歐陽頠及頠卒其子紇據州將有異志敬累諫紇爲陳逆順之理言甚切至紇終不從高宗卽位遣章昭達率衆討紇紇將敗之時恨不納敬言朝廷義之其年徵爲太子中庶子通直散騎常侍俄轉司徒左長史尋遷左民尚書轉都官尚書領豫州大中正累遷太常卿散騎常侍金紫光祿大夫加特進至德三年卒時年七十九贈左光祿大夫謚曰靖德子元友嗣弟泌自有傳兄子樞

樞字踐言梁吳郡太守君正之子也美容儀性沉靜好讀書手不釋卷家世顯貴貲產充積而樞獨居處率素傍無交往端坐一室非公事未嘗出遊榮利之懷淡如也起家梁秘書郎歷太子舍人輕車河東王主簿安前邵陵王中軍宣成王二府功曹史侯景之亂樞往吳郡省父因丁父憂時四方擾亂人求苟免樞居喪以至孝聞王僧辯平侯景鎭京城衣冠爭往造請樞獨杜門靜居不求聞達紹泰元年徵爲給事黃門侍郎未拜除員外散騎常侍兼侍中二年兼吏部尚書其年出爲吳興太守永定二年徵爲左民尚書未至改侍中掌大選事三年遷都官尚書掌選如故樞博聞彊識明悉舊章初高祖長女永世公主先適陳留太守錢蕆生子岊主及岊並卒于梁世高祖受命唯公主追封至是將葬尚書主客請詳議欲加蕆駙馬都尉幷贈岊官樞議曰昔王姬下嫁必適諸侯同姓爲主聞於公羊之說車服不繫顯於詩人之篇漢氏初興列侯尚主自斯以後降嬪素族駙馬都尉置由漢武或以假諸功臣或以加於戚屬是以魏曹植表駙馬奉車趣爲一號齊職儀曰凡尚公主必拜駙馬都尉魏晉以來因爲瞻準蓋以王姬之重庶姓之輕若不加其等級寧可合卺而酳所以假駙馬之位乃崇於皇女也今公主早薨伉儷已絕既無禮數致疑何須駙馬之授案杜預尚晉宣帝第二女高陵宣公主晉武踐阼而主已亡泰始中追贈公主元凱無復駙馬之號梁之帝女新安穆公主早薨天監初王氏無追拜之事遠近二例足以據明公主所生既未及成人之禮無勞此授今宜追贈亭侯時以樞議爲長天嘉元年守吏部尚書三年卽眞尋領右軍將軍又領丹陽尹本官如故五年以葬父拜表自解詔賜絹布五十匹錢十萬令葬訖停宅視郡事葬服闋還復本職其年秩滿解尹加散騎常侍將軍尚書並如故是時僕射到仲舉雖參掌選事銓衡汲引並出於樞其所舉薦多會上旨謹愼周密清白自居文武職司鮮有遊其門者廢帝卽位遷尚書左僕射光大元年卒時年五十一贈侍中左光祿大夫謚曰簡懿有集十卷行於世弟憲自有傳

史臣曰王沖王通並以貴游早升清貫而允蹈禮節篤誠奉上斯爲美焉王勱之襟神夷澹袁樞之端操沉冥雖拘放爲異而勝槩一揆古所謂名士者蓋在其人乎

陳書卷十七考證

王通傳父琳司空左長史○南史作司徒

王通弟勱乃以勱監吳興郡○監一本作兼

陳書卷十八

唐　散騎常侍姚思廉撰

列傳第十二

沈衆　袁泌　劉仲威

陸山才　王質　韋載族弟翽

沈衆字仲師吳興武康人也祖約梁特進父旋梁給事黃門侍郎衆好學頗有文才起家梁鎭衛南平王法曹參軍太子舍人是時梁武帝制千字詩衆爲之注解與陳郡謝景同時召見于文德殿帝令衆爲竹賦賦成奏之帝手勅答曰卿文體翩翩可謂無忝爾祖當陽公蕭大心爲郢州刺史以衆爲限內記室參軍尋除鎭南湘東王記室參軍遷太子中舍人兼散騎常侍聘魏還遷驃騎廬陵王諮議參軍舍人如故侯景之亂衆表於梁武帝稱家代所隸故義部曲並在吳興求還召募以討賊梁武許之及景圍臺城衆率宗族及義附五千餘人入援京邑頓于小航對賊東府置陣軍容甚整景深憚之梁武於城內遙授衆爲太子右衛率京城陷衆降於景景平西上荊州元帝以爲太子中庶子本州大中正尋遷司徒左長史江陵陷爲西魏所虜尋而逃還敬帝承制授御史中丞紹泰元年除侍中遷左民尚書高祖受命遷中書令中正如故高祖以衆州里知名甚敬重之賞賜優渥超於時輩衆性吝嗇內治產業財帛以億計無所分遺其自奉養甚薄每於朝會之中衣裳破裂或躬提冠屨永定二年兼起部尚書監起太極殿恒服布袍芒屩以麻繩爲帶又攜乾魚蔬菜飯獨噉之朝士共誚其所爲衆性狷急於是忿恨遂歷詆公卿非毀朝廷高祖大怒以衆素有令望不欲顯誅之後因其休假還武康遂於吳中賜死時年五十六

袁泌字文洋左光祿大夫敬之弟也清正有幹局容體魁岸志行修謹釋褐員外散騎侍郎歷諸王府佐侯景之亂泌欲求爲將是時泌兄君正爲吳郡太守梁簡文板泌爲東宮領直令往吳中召募士卒及景圍臺城泌率所領赴援京城陷退保東陽景使兵追之乃自會稽東嶺出湓城依於鄱陽嗣王蕭範範卒泌乃降景景平王僧辯表泌爲富春太守兼丹陽尹貞陽侯僭位以泌爲侍中奉使於齊高祖受禪王琳據有上流泌自齊從梁永嘉王蕭莊達琳所及莊僭立以泌爲侍中丞相長史天嘉二年泌與琳輔莊至于柵口琳軍敗衆皆奔散唯泌獨乘輕舟送莊達于北境屬莊於御史中丞劉仲威令共入齊然後拜辭而歸詣闕請罪文帝深義之尋授寧遠始興王府法曹參軍轉諮議參軍除通直散騎常侍兼侍中領豫州大中正聘于周使還授散騎常侍御史中丞其中正如故高宗入輔以泌爲雲旗將軍司徒左長史光大元年卒年五十八臨終戒其子蔓華曰吾於朝廷素無功績瞑目之後斂手足旋葬無得輒受贈謚其子遵泌遺意表請之朝廷不許贈金紫光祿大夫謚曰質

劉仲威南陽涅陽人也祖虬齊世以國子博士徵不就父之遴荊州治中從事史仲威少有志氣頗涉文史梁承聖中爲中書侍郎蕭莊僞署御史中丞隨莊入齊終於鄴中仲威從弟廣德亦好學負才任氣父之亨梁安西湘東王長史南郡太守廣德承聖中以軍功官至給事黃門侍郎湘東太守荊州陷後依于王琳琳平文帝以廣德爲寧遠始興王府限外記室參軍仍領其舊兵尋爲太尉侯瑱湘州府司馬歷樂山豫章二郡太守新安內史光大中假節員外散騎常侍雲旗將軍河東太守太建元年卒於郡時年四十三贈左衞將軍

陸山才字孔章吳郡吳人也祖翁寶梁尚書水部郎父泛散騎常侍山才少倜儻好尚文史范陽張纘纘弟綰並欽重之起家王國常侍遷外兵參軍尋以父疾東歸

侍養承聖元年王僧辯授山才儀同府西曹掾高祖誅僧辯山才奔會稽依張彪彪敗乃歸高祖紹泰中都督周文育出鎮南豫州不知書疏乃以山才爲長史政事悉以委之文育南討蕭勃擒歐陽頠計畫多出山才及文育西征王琳留山才監江州事乃鎮豫章文育與侯安都於沌口敗績余孝頃自新林來寇豫章山才收合餘衆依于周迪擒余孝頃李孝欽等遣山才自都陽之樂安嶺東道送于京師除中書侍郎復由樂安嶺綏撫南川諸郡文育重鎮豫章金口山才復爲貞威將軍鎮南長史豫章太守文育爲熊曇朗所害曇朗囚山才等送于王琳未至而侯安都敗琳將常衆愛於宮亭湖由是山才獲反除貞威將軍新安太守爲王琳未平留鎮富陽以捍東道入爲員外散騎常侍遷宣惠始興王長史行東揚州事侯安都討留異山才率王府之衆從焉異平除明威將軍東陽太守入爲鎮東始興王長史帶會稽郡丞行東揚州事未拜改授散騎常侍兼度支尚書滿歲爲眞高宗南征周迪以山才爲軍司迪平復職余孝頃自海道襲晉安山才又以本官之會稽指授方畧還朝坐侍宴與蔡景歷言語過差爲有司所奏免官尋授散騎常侍遷雲旗將軍西陽武昌二郡太守天康元年卒時年五十八贈右衞將軍謚曰簡子

王質字子貞右光祿大夫通之弟也少慷慨涉獵書史梁世以武帝甥封甲口亭侯補國子周易生射策高第起家祕書郎太子舍人尚書殿中郎遭母憂居喪以孝聞服闋除太子洗馬東宮領直累遷中舍人庶子太清元年除假節寧遠將軍領東宮兵從貞陽侯北伐及貞陽敗績質脫身逃還侯景於壽陽構逆質又領舟師隨衆軍拒之景軍濟江質便退走尋領步騎頓于宣陽門外景軍至京師質不戰而潰乃翦髮爲桑門潛匿人間及柳仲禮等會援京邑軍據南岸質又收合餘衆從之京城陷後西奔荊州元帝承制以質爲右長史帶河東太守俄遷侍中尋出爲持節都督吳州諸軍事寧遠將軍吳州刺史領鄱陽內史荊州陷侯瑱鎮于湓城與質不協遣偏將羊亮代質且以兵臨之質率所部度信安嶺依于留異文帝鎮會稽以兵助質令鎮信安縣永定二年高祖命質率所部踰嶺出豫章隨都督周文育以討王琳質與琳素善或譖云於軍中潛信交通高祖命周文育殺質文育啓請救之獲免尋授散騎常侍晉陵太守文帝嗣位徵守五兵尚書高宗爲揚州刺史以質爲仁威將軍驃騎府長史天嘉二年除晉安太守高宗輔政以爲司徒左長史將軍如故坐公事免官尋爲通直散騎常侍遷太府卿都官尚書太建二年卒時年六十贈本官謚曰安子

韋載字德基京兆杜陵人也祖叡梁開府儀同三司永昌嚴公父政梁黃門侍郎載少聰慧篤志好學年十二隨叔父稜見沛國劉顯顯問漢書十事載隨問應答曾無疑滯及長博涉文史沉敏有器局起家梁邵陵王法曹參軍遷太子舍人尚書三公郎侯景之亂元帝承制以爲中書侍郎尋爲建威將軍尋陽太守隨都督王僧辯東討侯景是時僧辯軍于湓城而魯悉達樊俊等各擁兵保境觀望成敗元帝以載爲假節都督太原高唐新蔡三郡諸軍事高唐太守仍銜命喻悉達等令出軍討景及大軍東下載率三郡兵自焦湖出柵口與僧辯會于梁山景平除冠軍將軍琅邪太守尋奉使往東陽晉安招撫留異陳寶應等仍授信武將軍義興太守高祖誅王僧辯乃遣周文育輕兵襲載未至而載先覺乃嬰城自守文育攻之甚急載所屬縣卒並高祖舊兵多善用弩載收得數十人繫以長鏁命所親監之使射文育軍約曰十發不兩中者則死每發輒中所中皆斃文育軍稍却因於城外據水立柵相持數旬高祖聞文育軍不利乃自將征之剋其水柵仍遣載族弟翽齎書喻載以誅王僧辯意并奉梁敬帝勑勑載解兵載得書乃以衆降于高祖高祖厚加撫慰卽以其族弟翽監義興郡所部將帥並隨才任使引載恒置左右與之謀議徐嗣徽任約等引齊軍濟江據石頭城高祖問計於載載曰齊軍若分兵先據三吳之路畧地東境則時事去矣今可急於淮南卽侯景故壘築城以通東道轉輸別命輕兵絕其糧運使進無所虜退無所資則齊將之首旬日可致高祖從其計永定元年除和戎將軍通直散騎常侍二年進號輕車將軍尋加散騎常侍太子右衞率將軍如故天嘉元年以疾去官載有田十餘頃在江乘縣之白山至是遂築室而居屏絕人事吉凶慶弔無所往來不入籬門者幾十載太建中卒於家時年五十八

載族弟翽字子羽少有志操祖愛梁輔國將軍父乾向汝陰太守翽弱冠喪父哀毀甚至養母撫孤兄弟子以仁孝著稱高祖爲南徐州刺史召爲征北參軍尋監義興郡永定元年授貞毅將軍步兵校尉遷驍騎將軍領朱衣直閤驍騎之職舊領營兵兼統宿衞自梁代已來其任踰重出則羽儀清道入則與二衞通直臨軒則升殿俠侍翽素有名望每大事恒令俠侍左右時人榮之號曰俠御將軍尋出爲宣城太守天嘉二年預平王琳之功封清源縣侯邑二百戶太建中卒官贈明霍羅三州刺史子宏字德禮有文學歷官至永嘉王府諮議參軍陳亡入隋

史臣曰昔鄧禹基於文學杜預出自儒雅卒致軍功名著前代晉氏喪亂播遷江左顧榮郗鑒之輩溫嶠謝玄之倫莫非巾褐書生搢紳素譽抗敵以衞社稷立勳而升台鼎自斯以降代有其人但梁室沸騰懦夫立志既身逢際會見仗於時主美矣

陳書卷十九

唐 散騎常侍 姚思廉 撰

列傳第十三

沈炯 虞荔弟寄 馬樞

沈炯字禮明吳興武康人也祖瑀梁尋陽太守父續王府記室參軍炯少有雋才爲當時所重釋褐王國常侍遷爲尚書左民侍郎出爲吳令侯景之難吳郡太守袁君正入援京師以炯監郡京城陷景將宋子仙據吳興遣使召炯委以書記之任炯固辭以疾子仙怒命斬之炯解衣將就戮礙於路間桑樹乃更牽往他所或遽救之僅而獲免子仙愛其才終逼之令掌書記及子仙爲王僧辯所敗僧辯素聞其名於軍中購得之酬所獲者鐵錢十萬自是羽檄軍書皆出於炯及簡文遇害四方岳牧皆上表於江陵勸進僧辯令炯製表其文甚工當時莫有逮者高祖南下與僧辯會于白茅灣登壇設盟炯爲其文及侯景東奔至吳郡獲炯妻虞氏子行簡並殺之炯弟攜其母逃而獲免侯景平梁元帝愍其妻子嬰戮特封原鄉縣侯邑五百戶僧辯爲司徒以炯爲從事中郎梁元帝徵爲給事黃門侍郎領尚書左丞荊州陷爲西魏所虜魏人甚禮之授炯儀同三司炯以母老在東恒思歸國恐魏人愛其文才而留之恒閉門却掃無所交遊時有文章隨卽棄毀不令流布嘗獨行經漢武通天臺爲表奏之陳已思歸之意其辭曰臣聞喬山雖掩鼎湖之靈可祠有魯既荒大庭之迹無泯伏惟陛下降德猗蘭纂靈豐谷漢道既登神仙可望射之罘於海浦禮日觀而稱功橫中流於汾河指柏梁而高宴何其樂也豈不然歟既而運屬上仙道窮晏駕甲帳珠簾一朝零落茂陵玉椀宛出人間陵雲故基共原田而膴膴別風餘趾對陵阜而茫茫羈旅縲臣能不落淚昔承明既厭嚴助東歸駟馬可乘長卿西返恭聞故實竊有愚心黍稷非馨敢忘徼福奏訖其夜炯夢見有宮禁之所兵衞甚嚴炯便以情事陳訴聞有人言甚不惜放卿還幾時可至少日便與王克等並獲東歸紹泰二年至都除司農卿遷御史中丞高祖受禪加通直散騎常侍中丞如故以母老表請歸養詔不許文帝嗣位又表曰臣嬰生不幸弱冠而孤母子零丁兄弟相長謹身爲養仕不擇官宦成梁朝命存亂世冒危履險自死輕生妻息誅夷昆季眞滅餘臣母子得逢興運臣母妾劉今年八十有一臣叔母妾丘七十有五臣門弟姪故自無人妾丘兒孫又久亡泯兩家侍養餘臣一人前帝知臣之孤煢養臣以州里不欲使頓居草萊又復矜臣溫凊所以一年之內再三休沐臣之屢披丹款頻冒宸鑒非欲苟違朝廷遠離輦轂一者以年將六十湯火居心每跪讀家書前懼後喜溫枕扇席無復成童二者職居彝憲邦之司直若自虧身體何問國章前德綢繆始許哀放內侍近臣多悉此旨正以選賢與能廣求明哲趦趄在苒未始取才而上玄降戾奄至今日德音在耳墳土遽乾悠悠昊天哀此罔極兼臣私心煎切彌迫近時慺慺之祈轉忘塵觸伏惟陛下睿哲聰明嗣興下武刑于四海弘此孝治寸管求天仰歸帷扆有感必應實望聖明特乞霈然申其私禮則王者之德覃及無方矧彼翔沉孰非涵養詔答曰省表具懷卿譽馳咸雒淸深宛沛日者理切倚閭言歸異域復牽時役遂乖侍養雖周生之思每欲棄官戴禮垂文得遺從政前朝光宅四海勠勞萬幾以卿才爲獨步職居專席方深委任屢屈情禮朕嗣奉洪基思弘景業顧茲寡薄兼纏哀疚實賴賢哲同致雍熙豈便釋簡南闕解紱東路當令馮親入舍荀母從官用覩朝榮不虧家禮尋勑所由相迎尊累使卿公私得所並無廢也初高祖嘗稱炯宜居王佐軍國大政多預謀謨文帝又重其才用欲寵貴之會王琳入寇大雷留異擁據東境帝欲使炯因是立功乃解中丞加明威將軍遣還鄉里收合徒衆以疾卒于吳中時年五十九文帝聞之卽日舉哀并遣弔祭贈侍中謚曰恭子有集二十卷行於世

虞荔字山披會稽餘姚人也祖權梁廷尉卿永嘉太守父檢平北始興王諮議參軍荔幼聰敏有志操年九歲隨從伯闡候太常陸倕倕問五經凡有十事荔隨問輒應無有遺失倕甚異之又嘗詣徵士何胤時太守衞陽王亦造焉胤言之於王王欲見荔荔辭曰未有板刺無容拜謁王以荔有高尚之志雅相欽重還郡卽辟爲主

簿荔又辭以年小不就及長美風儀博覽墳籍善屬文釋褐梁西中郎行參軍尋署法曹外兵參軍兼丹陽詔獄正梁武帝於城西置士林館荔乃製碑奏上帝命勒之于館仍用荔爲士林學士尋爲司文郎遷通直散騎侍郎兼中書舍人時左右之任多參權軸內外機務互有帶掌唯荔與顧協淡然靖退居于西省但以文史見知當時號爲清白尋領大著作及侯景之亂荔率親屬入臺除鎮西諮議參軍舍人如故臺城陷逃歸鄉里侯景平元帝徵爲中書侍郎貞陽侯授揚州別駕竝不就張彪之據會稽也荔時在焉及文帝平彪高祖遺荔書曰喪亂已來賢哲凋散君才用有美聲聞許洛當今朝廷維新廣求英儁豈可棲遲東土獨善其身今令兄子將接出都想必副朝廷虛遲也文帝又與書曰君東南有美聲譽洽聞自應翰飛京許共康時弊而削迹丘園保兹獨善豈使稱空谷之望耶必願便爾俶裝且爲出都之計唯遲披覿在於兹日迫切之不得已乃應命至都高祖崩文帝嗣位除太子中庶子仍侍太子讀書尋領大著作東揚揚州二州大中正庶子如故初荔母隨荔入臺卒於臺內尋而城陷情禮不申由是終身蔬食布衣不聽音樂雖任遇隆重而居止儉素淡然無營文帝深器之常引在左右朝夕顧訪荔性沉密少言論凡所獻替莫有見其際者故不列于後焉時荔第二弟寄寓於閩中依陳寶應荔每言之輒流涕文帝哀而謂曰我亦有弟在遠此情甚切他人豈知乃勑寶應求寄寶應終不遣荔因以感疾帝數往臨視令荔將家口入省荔以禁中非私居之所乞停城外文帝不許乃令住於蘭臺乘輿再三臨問手勑中使相望於道又以荔蔬食積久非羸疾所堪乃勑曰能敦布素乃當爲高卿年事已多氣力稍減方欲仗委良須克壯今給卿魚肉不得固從所執也荔終不從天嘉二年卒時年五十九文帝甚傷惜之贈侍中諡曰德子及喪柩還鄉里上親出臨送當時榮之子世基世南竝少知名

寄字次安少聰敏年數歲客有造其父者遇寄於門因嘲之曰郎君姓虞必當無智寄應聲答曰文字不辯豈得非愚客大慚入謂其父曰此子非常人文舉之對不是過也及長好學善屬文性沖靜有棲遁之志弱冠舉秀才對策高第起家梁宣城王國左常侍大同中嘗驟雨殿前往往有雜色寶珠梁武觀之甚有喜色寄因上瑞雨頌帝謂寄兄荔曰此頌典裁清拔卿家之士龍也將如何擢用寄聞之歎曰美盛德之形容以申擊壤之情耳吾豈買名求仕者乎乃閉門稱疾唯以書籍自娛岳陽王爲會稽太守引寄爲行參軍遷記室參軍領郡五官掾又轉中記室掾如故在職簡略煩苛務存大體曹局之內終日寂然侯景之亂寄隨兄荔入臺除鎮南湘東王諮議參軍加貞威將軍京城陷遁還鄉里及張彪往臨川彊寄俱行寄與彪將鄭瑋同舟而載瑋嘗忤彪意乃刼寄奔于晉安時陳寶應據有閩中得寄甚喜高祖平侯景寄勸令自結寶應從之乃遣使歸誠承聖元年除和戎將軍中書侍郎寶應愛其才託以道阻不遣每欲引寄爲僚屬委以文翰寄固辭獲免及寶應結婚留異潛有逆謀寄微知其意言說之際每陳逆順之理微以諷諫寶應輒引說他事以拒之又嘗令左右誦漢書臥而聽之至蒯通說韓信曰相君之背貴不可言寶應蹶然起曰可謂智士寄正色曰覆酈驕韓未足稱智豈若班彪王命識所歸乎寄知寶應不可諫慮禍及已乃爲居士服以拒絕之常居東山寺僞稱腳疾不復起寶應以爲假託使燒寄所臥室寄安臥不動親近將扶寄出寄曰吾命有所懸避欲安往所縱火者旋自救之寶應自此方信及留異稱兵寶應資其部曲寄乃因書極諫曰東山虞寄致書於明將軍使君節下寄流離世故飄寓貴鄉將軍待以上賓之禮申以國士之眷意氣所感何日忘之而寄沉痾彌留惕陰將盡常恐卒塡溝壑涓塵莫報是以敢布腹心冒陳丹款願將軍留須臾之慮少思察之則瞑目之日所懷畢矣夫安危之兆禍福之機匪獨天時亦由人事失之毫釐差以千里是以明智之士據重位而不傾執大節而不失豈惑於浮辭哉將軍文武兼資英威不世往因多難杖劍興師援旗誓衆抗威千里豈不以四郊多壘共謀王室匡時報主寧國庇民乎此所以五尺童子皆願荷戟而隨將軍者也及高祖武皇肇基草昧初濟艱難于時天下沸騰民無定主豺狼當道鯨鯢橫擊海內業業未知所從將軍運動微之鑒折從衡之辯策名委質自託宗盟此將軍妙筭遠圖發於衷誠者也及主上繼業欽明睿聖選賢與能羣臣輯睦結將軍以維城之重崇將軍以裂土之封豈非宏謨廟略推赤心於物也屢申明詔款篤殷勤君臣之分定矣骨肉之恩深矣不意將軍惑於邪說遽生異計寄所以疾首痛心泣盡而繼之以血萬全之策竊爲將軍惜之寄雖疾侵耄及言無足採千慮一得請陳愚筭願將軍少戢雷霆賒其晷刻使得盡狂瞽之說披肝膽之誠則雖死之日由生之年也自天厭梁德多難荐臻寰宇分崩英雄互起不可勝紀人人自以爲得之然夷凶翦亂拯溺扶危四海樂推三靈眷命揖讓而居南面者陳氏也豈非歷數有在惟天所授當璧應運其事甚明一也主上承基明德遠被天綱再張地維重紐夫以王琳之彊侯瑱之力進足以搖蕩中原爭衡天下退足以屈强江外雄長偏隅然或命一旅之師或資一士之說琳則瓦解冰泮投身異域瑱則厥角稽顙委命闕庭斯又天假之威而除其患其事甚明二也今將軍以藩戚之重擁東南之衆盡忠奉上戮力勤王豈不勳高竇融寵過吳芮析珪判野南面稱孤其事甚明三也且聖朝棄瑕忘過寬厚得人改過自新咸加敘擢至於余孝頃潘純陁李孝欽歐陽頠等悉委以心腹任以爪牙胷中豁然曾無纖芥況將軍疊非張繡罪異畢諶當何慮於危亡何失於富貴此又其事甚明四也方今周齊鄰睦境外無虞并兵一向匪朝伊夕非劉項競逐之機楚趙連從之勢何得雍容高拱坐論西伯其事甚明五也且留將軍狼顧一隅亟經摧衂聲實虧喪膽氣衰沮高瓌向文政留瑜黃子玉此數人者將軍所知首鼠兩端唯利是視其餘將帥亦可見矣孰能披堅執銳長驅深入繫馬埋輪奮不顧命以先士卒者乎此又其事甚明六也且將軍之彊孰如侯景將軍之衆孰如王琳武皇滅侯景於前今上摧王琳於後此乃天時非復人力且兵革已後民皆厭亂其孰能棄墳墓捐妻子出萬死不顧之計從將軍於白刃之間乎此又其事甚明七也歷觀前古鑒之往事子陽季孟傾覆相尋餘善右渠危亡繼及天命可畏山川難恃況將軍欲以數郡之地當天下之兵以諸侯之資拒天子之命彊弱逆順可得侔乎此又其事甚明八也且非我族類其心必異不愛其親豈能及物留將軍身縻國爵子尚王姬猶且棄天屬而弗顧背明君而孤立危急之日豈能同憂共患不背將軍者乎至於師老力屈懼誅利賞必有韓智晉陽之謀張陳井陘之勢此又其事甚明九也且北軍萬里遠鬭鋒不可當將軍自戰其地人多顧後梁安背向爲心脩眸匹夫之力衆寡不敵將帥不侔師以無名而出事以無機而動以此稱兵未知其利夫以漢朝吳楚晉室潁顒連城數十長戟百萬拔本塞源自圖家國其有成功者乎此又其事甚明十也爲將軍計者莫若不遠而復絕親留氏秦郎快郎隨遣入質釋甲偃兵一遵詔旨且朝廷許以鐵券之要申以白馬之盟朕弗食言誓之宗社寄聞明者鑒未形智者不再計此成敗之效將軍勿疑吉凶之幾間不容髮方今藩維尚少皇子幼沖凡預宗枝皆蒙寵樹況以將軍之地將軍之才將軍之名將軍之勢而能克修藩服北面稱臣寧與劉澤同年而語其功業哉豈不身與山河等安名與金石相敝願加三思慮之無忽寄氣力綿微餘陰無幾感恩懷德不覺狂言鈇鉞之誅甘之如薺寶應覽書大怒或謂寶應曰虞公病勢漸篤言多錯謬寶應意乃小釋亦爲寄有民望且優容之及寶應敗走夜至蒲田顧謂其子扞秦曰早從虞公計不至今日扞秦但泣而已寶應既擒凡諸賓客微有交涉者皆伏誅唯寄以先識免禍初沙門慧摽涉獵有才思及寶應起兵作五言詩以送之曰送馬猶臨水離旗稍引風好看今夜月當入紫微宮寶應得之甚悅慧摽賫以示寄寄一覽便止正色無言摽退寄謂所親曰摽公既以此始必以此終後竟坐是誅文帝尋勑都督章昭達以理發遣令寄還朝及至即日引見謂寄曰管寧無恙其慰勞之懷若此頃之文帝謂到仲舉曰衡陽王既出閤雖未置府僚然須得一人旦夕遊處兼掌書記宜求宿士有行業者仲舉未知所對文帝曰吾自得之乃手勑用寄寄入謝文帝曰所以暫屈卿遊藩者非止以文翰相煩乃令以師表相事也尋兼散騎常侍聘齊寄辭老疾不行除國子博士頃之又表求解職歸鄉里文帝優旨報答許其東還仍除東揚州別駕寄又以疾辭高宗即位徵授揚州治中及尚書左丞竝不就乃除東中郎建安王諮議加戎昭將軍又辭以疾不任旦夕陪列王於是特令停王府公事其有疑議就以決之但朔望牋修而已太建八年加太中大夫將軍如故十一年卒時年七十寄少篤行造次必於仁厚雖僮豎未嘗加以聲色至於臨危執節則辭氣凜然白刃不憚也自流寓南土與兄荔隔絕因感氣病每得荔書氣輒奔劇危殆者數矣前後所居官未嘗至秩滿纔期年數月便自求解退常曰知足不辱吾知足矣及謝病私庭每諸王爲州將下車必造門致禮命釋鞭板以几杖侍坐常出遊近寺閭里傳相告語老幼羅列望拜道左或言誓爲約者但指寄便不欺其至行所感如此所製文筆遭亂多不存

馬樞字要理扶風郿人也祖靈慶齊竟陵王錄事參軍樞數歲而父母俱喪爲其姑所養六歲能誦孝經論語老子及長博極經史尤善佛經及周易老子義梁邵陵王綸爲南徐州刺史素聞其名引爲學士綸時自講大品經令樞講維摩老子周易同日發題道俗聽者二千

人王欲極觀優劣乃謂衆曰與馬學士論義必使屈伏不得空立主客於是數家學者各起問端樞乃依次剖判開其宗旨然後枝分流別轉變無窮論者拱默聽受而已綸甚嘉之將引薦於朝廷尋遇侯景之亂綸舉兵援臺乃留書二萬卷以付樞樞肆志尋覽殆將周遍乃喟然歎曰吾聞貴爵位者以巢由爲桎梏愛山林者以伊呂爲管庫束名實則芻芥柱下之言翫清虛則糠粃席上之說稽之篤論亦各從其好也然支父有讓王之介嚴子有傲帝之規千載美談所不廢也比求志之士望塗而息豈天之不惠高尚何山林之無聞甚乎乃隱于茅山有終焉之志天嘉元年文帝徵爲度支尚書辭不應命時樞親故並居京口每秋冬之際時往遊焉及鄱陽王爲南徐州刺史欽其高尚鄙不能致乃卑辭厚意令使者邀之前後數反樞固辭以疾門人或進曰鄱陽王待以師友非關爵位市朝之間何妨靜默樞不得已乃行王別築室以處之樞惡其崇麗乃於竹林間自營茅茨而居焉每王公饋餉辭不獲已者率十分受一樞少屬亂離每所居之處盜賊不入依託者常數百家目精洞黃能視闇中物常有白鷰一雙巢其庭樹馴狎櫚廡時集几案春來秋去幾三十年太建十三年卒時年六十撰道覺論二十卷行於世

史臣曰沈炯仕於梁室年在知命冀郎署之薄官止邑宰之卑職及下筆盟壇屬辭勸表激揚旨趣信文人之偉者歟虞荔之獻替沉密盡其誠款可謂有益明時矣

陳書卷十九考證

馬樞傳○臣人龍按南史馬樞載隱逸傳今本卷載沈炯虞荔馬樞三人而下文史臣論止言沈虞不及馬樞未知何故

陳書卷二十

唐 散騎常侍姚思廉撰

列傳第十四

到仲舉　韓子高　華皎

到仲舉字德言彭城武原人也祖坦齊中書侍郎父洽梁侍中仲舉無他藝業而立身耿正釋褐著作佐郎太子舍人王府主簿出爲長城令政號廉平文帝居鄉里嘗詣仲舉時天陰雨仲舉獨坐齋內聞城外有簫鼓之聲俄而文帝至仲舉異之乃深自結託文帝又嘗因飲夜宿仲舉帳中忽有神光五采照于室內由是祇承益恭侯景之亂仲舉依文帝及景平文帝爲吳興郡守以仲舉爲郡丞與潁川庾持俱爲文帝賓客文帝爲宣毅將軍以仲舉爲長史尋帶山陰令文帝嗣位授侍中參掌選事天嘉元年守都官尚書封寶安縣侯邑五百戶三年除都官尚書其年遷尚書右僕射丹陽尹參掌並如故尋改封建昌縣侯仲舉既無學術朝章非所長選舉引用皆出自袁樞性疏簡不干涉世務與朝士無所親狎但聚財酣飲而已六年秩滿解尹是時文帝積年寢疾不親御萬機尚書中事皆使仲舉斷決天康元年遷侍中尚書僕射參掌如故文帝疾甚入侍醫藥及文帝崩高宗受遺詔爲尚書令入輔仲舉與左丞王暹中書舍人劉師知殷不佞等以朝望有歸乃遣不佞矯宣旨遣高宗還東府事發師知下北獄賜死暹不佞並付治乃以仲舉爲貞毅將軍金紫光祿大夫初仲舉子郁尚文帝妹信義長公主官至中書侍郎出爲宣城太守文帝配以士馬是年遷爲南康內史以國哀未之任仲舉既廢居私宅與郁皆不自安時韓子高在都人馬素盛郁每乘小輿蒙婦人衣與子高謀子高軍主告言其事高宗收子高仲舉及郁並付廷尉詔曰到仲舉庸力小才坐叨顯貴受任前朝榮寵隆赫父參王政子據大邦禮盛外姻勢均戚里而肆此驕闇凌傲百司遏密之初擅行國政排黜懿親欺茂台衮韓子高蕞爾細微擢自卑末入參禁衛委以心腹蜂蠆有毒敢行反噬仲舉子高共爲表裏陰構姦謀密爲異計安成王朕之叔父親莫重焉受命導揚稟承顧託以朕沖弱屬當保祐家國安危事歸宰輔伊周之重物無異議將相舊臣咸知宗仰而率聚凶徒欲相掩襲屯據東城進逼崇禮規樹仲舉以執國權陵斥司徒意在專政潛結黨附方危社稷賴祖宗之靈姦謀顯露前上虞令陸昉等具告其事並有據驗并剋今月七日縱其凶惡領軍將軍明徹左衛將軍衛尉卿寶安及諸公等又並知其事二三舋迹彰於朝野反道背德事駭聞見今大憝克殲罪人斯得並可收付廷尉肅正刑書罪止仲舉父子及子高三人而已其餘一從曠蕩並所不問仲舉及郁並於獄賜死時年五十一郁諸男女以帝甥獲免

韓子高會稽山陰人也家本微賤侯景之亂寓在京都景平文帝出守吳興子高年十六爲總角容貌美麗狀似婦人於淮渚附部伍寄載欲還鄉文帝見而問之曰能事我乎子高許諾子高本名蠻子文帝改名之性恭謹勤於侍奉恒執備身刀及傳酒炙文帝性急子高恒會意旨及長稍習騎射頗有膽決願爲將帥及平杜龕配以士卒文帝甚寵愛之未嘗離於左右文帝嘗夢見騎馬登山路危欲墮子高推捧而升文帝之討張彪也沈泰等先降文帝據有州城周文育鎮北郭香巖寺張彪自剡縣夜還襲城文帝自北門出倉卒闇夕軍人擾亂文育亦未測文帝所在唯子高在側文帝乃遣子高自亂兵中往見文育反命酬答於闇中又往慰勞衆軍文帝散兵稍集子高引導入文育營因共立柵明日與彪戰彪將申縉復降彪奔松山浙東平文帝乃分麾下多配子高子高亦輕財禮士歸之者甚衆文帝嗣位除右軍將軍天嘉元年封文招縣子邑三百戶王琳至于柵口子高宿衛臺內及琳平子高所統益多將士依附之者子高盡力論進文帝皆任使焉二年遷員外散騎常侍壯武將軍成州刺史及征留異隨侯安都頓桃支嶺巖下時子高兵甲精銳別御一營單馬入陳傷項之左一髻半落異平除假節貞毅將軍東陽太守五年章昭達等自臨川征晉安子高自安泉嶺會于建安諸將中人馬最爲彊盛晉安平以功遷通直散騎常侍進爵爲伯增邑并前四百戶六年徵爲右衛將軍至都鎮領軍府文帝不豫入侍醫藥廢帝即位遷散騎常侍右衛如故移頓于新安寺高宗入輔子高兵權過重深不自安好參訪臺閣又求出爲衡廣諸鎮光大元年八月前上虞縣令陸昉及子高軍主告其謀反高宗在尚書省因召文武在位議立皇太子子高預焉平旦入省執之送廷尉其夕與到仲舉同賜死時年三十父延慶及子弟並原宥延慶因子高之寵官至給事中山陰令

華皎晉陵暨陽人世爲小吏皎梁代爲尚書比部令史侯景之亂事景黨王偉高祖南下文帝爲景所囚皎遇文帝甚厚景平文帝爲吳興太守以皎爲都錄事軍府穀帛多以委之皎聰慧勤於簿領及文帝平杜龕仍配以人馬甲仗猶爲都錄事御下分明善於撫養時兵荒之後百姓饑饉皎解衣推食多少必均因稍擢爲暨陽山陰二縣令文帝即位除開遠將軍左軍將軍天嘉元年封懷仁縣伯邑四百戶王琳東下皎隨侯瑱拒之琳平鎮湓城知江州事時南州守宰多鄉里酋豪不遵朝憲文帝令皎以法馭之王琳奔散將卒多附於皎三年除假節通直散騎常侍仁武將軍新州刺史資監江州尋詔督尋陽太原高唐南北新蔡五郡諸軍事尋陽太守假節將軍州資監如故周迪謀反遣其兄子伏甲於船中僞稱賈人欲於湓城襲皎未發事覺皎遣人逆擊之盡獲其船仗其年皎隨都督吳明徹征迪迪平以功授散騎常侍平南將軍臨川太守進爵爲侯增封并前五百戶未拜入朝仍授使持節都督湘巴等四州諸軍事湘州刺史常侍將軍如故皎起自下吏善營產業湘川地多所出所得並入朝廷糧運竹木委輸甚衆至于油蜜脯菜之屬莫不營辦又征伐川洞多致銅鼓生口並送于京師廢帝即位進號安南將軍改封重安縣侯食邑一千五百戶文帝以湘州出杉木舟使皎營造大艦金翅等二百餘艘并諸水戰之具欲以入漢及峽韓子高誅後皎內不自安繕甲聚徒厚禮所部守宰高宗頻命皎送大艦金翅等推遷不至光大元年密啓求廣州以觀時主意高宗僞許之而詔書未出皎亦遣使句引周兵又崇奉蕭巋爲主士馬甚盛詔乃以吳明徹爲湘州刺史實欲以輕兵襲之是時慮皎先發乃前遣明徹率衆三萬乘金翅直趨郢州又遣撫軍大將軍淳于量率衆五萬乘大艦以繼之又令假節冠武將軍楊文通別從安城步道出茶陵又令巴山太守黃法慧別從宜陽出澧陵往掩襲出其不意并與江州刺史章昭達郢州刺史程靈洗等參謀討賊是時蕭巋遣水軍爲皎聲援周武又遣其弟衛國公宇文直率衆屯魯山又遣其柱國長胡公拓跋定人馬三萬攻圍郢州蕭巋授皎司空巴州刺史戴僧朔衡陽內史任蠻奴巴陵內史潘智虔岳陽太守章昭裕桂陽太守曹宣湘東太守錢明並隸於皎又長沙太守曹慶等本隸皎下因爲之用帝恐上流宰守並爲皎扇惑乃下詔曰賊皎輿皂微賤特逢獎擢任據藩牧屬當寵寄背斯造育興搆姦謀樹立蕭氏盟約彰露鴆毒存心志危宗社扇結邊境驅逼士庶蟻聚巴湘豕突鄢郢逆天反地人神忿嫉征南將軍量安南將軍明徹郢州刺史靈洗受律專征備盡心力撫勞驍雄舟師俱進義烈爭奮兇惡奔殄獻捷相望重氛載廓言念泣罪思與惟新可曲赦湘巴二州凡厥爲賊所逼制預在凶黨悉皆不問其賊主帥節相並許開恩出首一同曠蕩先是詔又遣司空徐度與楊文通等自安成步出湘東以襲皎後時皎陣于巴州之白螺列舟艦與王師相持未決及聞徐度趨湘州乃率兵自巴郢因便風下戰淳于量吳明徹等募軍中小艦多賞金銀令先出當賊大艦受其拍賊艦發拍皆盡然後官軍以大艦拍之賊艦皆碎沒于中流賊又以大艦載薪因風放火俄而風轉自焚賊軍大敗皎乃與戴僧朔單舸走過巴陵不敢登城徑奔江陵拓跋定等無復船渡步

趨巴陵巴陵城邑爲官軍所據乃向湘州至水口不得濟食且盡詣軍請降俘獲萬餘人馬四千餘匹送于京師皎黨曹慶錢明潘智虔魯閑席慧略等四十餘人竝誅唯任蠻奴章昭裕曹宣劉廣業獲免戴僧朔吳郡錢塘人也有膂力勇健善戰族兄右將軍僧錫甚愛之僧錫年老征討恒使僧朔領衆平王琳有功僧錫卒仍代爲南丹陽太守鎭采石從征留異侯安都於巖下出戰爲賊斫傷僧朔單刀步援以功除壯武將軍北江州刺史領南陵太守又從征周廸有功遷巴州刺史假節將軍如故至是同皎爲逆伏誅於江陵曹慶本王琳將蕭莊僞署左衞將軍吳州刺史部領亞於潘純陁琳敗文帝以配皎官至長沙太守錢明本高祖主帥後歷湘州諸郡守潘智虔純陁之子少有志氣年二十爲巴陵內史魯閑吳郡錢塘人席慧略安定人閑本張彪主帥慧略王琳部下文帝皆配于皎官至郡守竝伏誅章昭裕昭達之弟劉廣業廣德之弟曹宣高祖舊臣任蠻奴嘗有密啓於朝廷由是竝獲宥

史臣曰韓子高華皎雖復瓶筲小器輿臺末品文帝鑒往古之得人救當今之急弊達聰明目之術安黎和衆之宜寄以腹心不論胄閥皎早參近昵嘗預艱虞知其無隱賞以悉力有見信之誠非可疑之地皎據有上游忠於文帝仲舉子高亦無爽於臣節者矣

陳書卷二十一

唐　散騎常侍　姚思廉　撰

列傳第十五

謝哲　蕭乾　謝嘏　張種

王固　孔奐　蕭允弟引

謝哲字穎豫陳郡陽夏人也祖朏梁司徒父譓梁右光祿大夫哲美風儀擧止醞藉而襟情豁然爲士君子所重起家梁祕書郎累遷廣陵太守侯景之亂以母老因寓居廣陵高祖自京口渡江應接郭元建哲乃委質深被敬重高祖爲徐州刺史表哲爲長史荆州陷高祖使哲奉表於晉安王勸進敬帝承制徵爲給事黃門侍郎領步兵校尉貞陽侯僭位以哲爲通直散騎常侍侍東宮敬帝卽位遷長兼侍中高祖受命遷都官尚書豫州大中正吏部尚書出爲明威將軍晉陵太守入爲中書令世祖嗣位爲太子詹事出爲明威將軍衡陽內史秩中二千石遷長沙太守將軍加秩如故還除散騎常侍中書令廢帝卽位以本官領前將軍高宗爲錄尚書引爲侍中仁威將軍司徒左長史未拜光大元年卒時年五十九贈侍中中書監謚康子

蕭乾字思惕蘭陵人也祖嶷齊丞相豫章文獻王父子範梁祕書監乾容止雅正性恬簡善隸書得叔父子雲之法年九歲召補國子周易生梁司空袁昂時爲祭酒深敬重之十五擧明經釋褐東中郎湘東王法曹參軍遷太子舍人建安侯蕭正立出鎭南豫州又板錄事參軍累遷中軍宣城王中錄事諮議參軍侯景平高祖鎭南徐州引乾爲貞威將軍司空從事中郎遷中書侍郎太子家令永定元年除給事黃門侍郎是時熊曇朗在豫章周廸在臨川留異在東陽陳寶應在建晉共相連結閩中豪帥往往立砦以自保高祖甚患之乃令乾往使諭以逆順并觀虛實將發高祖謂乾曰建晉恃嶮好爲姦宄方今天下初定難便出兵昔陸賈南征趙佗歸順隨何奉使黥布來臣追想清風髣髴在目況卿坐鎭雅俗才高昔賢宜勉建功名不煩更勞師旅乾旣至曉以逆順所在渠帥竝率部衆開壁款附其年就除貞威將軍建安太守天嘉二年留異反陳寶應將兵助之又資周廸兵糧出寇臨川因逼建安乾單使臨郡素無士卒力不能守乃棄郡以避寶應時閩中守宰竝爲寶應迫脅受其署置乾獨不爲屈徙居郊野屏絕人事及寶應平乃出詣都督章昭達昭達以狀表聞世祖甚嘉之超授五兵尚書光大元年卒謚曰靜子

謝嘏字含茂陳郡夏陽人也祖瀹齊金紫光祿大夫父擧梁中衞將軍開府儀同三司嘏風神清雅頗善屬文起家梁祕書郎稍遷太子中庶子掌東宮管記出爲建安太守侯景之亂嘏之廣州依蕭勃承聖中元帝徵爲五兵尚書辭以道阻轉授智武將軍蕭勃以爲鎭南長史南海太守勃敗還至臨川爲周廸所留久之又度嶺之晉安依陳寶應世祖前後頻召之嘏崎嶇寇虜不能自拔及寶應平嘏方詣闕爲御史中丞江德藻所擧劾世祖不加罪責以爲給事黃門侍郎尋轉侍中天康元年以公事免尋復本職光大元年爲信威將軍中衞始興王長史遷中書令豫州大中正都官尚書領羽林監中正如故太建元年卒贈侍中中書令謚曰光子有文集行於世二子儼伸儼官至散騎常侍御史中丞太常卿出監東揚州禎明二年卒於會稽贈中護軍

張種字士苗吳郡人也祖辯宋司空右長史廣州刺史父略梁太子中庶子臨海太守種少恬靜居處雅正不妄交遊傍無造請時人爲之語曰宋稱敷演梁則卷充清虛學尚種有其風仕梁王府法曹遷外兵參軍以父憂去職服闋爲中軍宣城王府主簿種時年四十餘家貧求爲始豐令入除中衞西昌侯府西曹掾時武陵王爲益州刺史重選府僚以種爲征西東曹掾種辭以母老抗表陳請爲有司所奏坐黜免侯景之亂種奉其母東奔久之得達鄉里俄而母卒種時年五十而毀瘠過甚又迫以凶荒未獲時葬服制雖畢而居處飲食恒若在喪及景平司徒王僧辯以狀奉聞起爲貞威將軍治中從事史并爲具葬禮葬訖種方卽吉僧辯又以種年老傍無胤嗣賜之以妾及居處之具貞陽侯僭位除廷尉卿太子中庶子敬帝卽位爲散騎常侍遷御史中丞領前軍將軍高祖受禪爲太府卿天嘉元年除左民尚書二年權監吳郡尋徵復本職遷侍中領步兵校尉以公事免白衣兼太常卿俄而卽眞廢帝卽位加領右軍將軍未拜改領弘善宮衞尉又領揚東揚二州大中正高宗卽位重爲都官尚書領左驍騎將軍遷中書令驍騎中正竝如故以疾授金紫光祿大夫種沉深虛靜而識量宏博時人皆以爲宰相之器僕射徐陵嘗抗表讓位於種曰臣種器懷沉密文史優裕東南貴秀朝廷親賢克壯其猷宜居左執其爲時所推重如此太建五年卒時年七十贈特進謚曰元子種仁恕寡欲雖歷居顯位而家產屢空終日晏然不以爲病太建初女爲始興王妃以居處僻陋特賜宅一區又累賜無錫嘉興縣侯秩嘗於無錫見有重囚在獄天寒呼出曝日遂失之世祖大笑而不深責有集十四卷種弟稜亦清靜有識度官至司徒左長史太建十一年卒時年七十贈光祿大夫種族子稚才齊護軍孫冲之少孤介特立仕爲尚書金部郎中遷右丞建康令太府卿揚州別駕從事史兼散騎常侍使于周還爲司農廷尉卿所歷竝以清白稱

王固字子堅左光祿大夫通之弟也少清正頗涉文史以梁武帝甥封莫口亭侯擧秀才起家梁祕書郎遷太子洗馬掌東宮管記丁所生母憂去職服闋除丹陽尹丞侯景之亂奔于荆州梁元帝承制以爲相國戶曹屬掌管記尋聘于西魏魏人以其梁氏外戚待之甚厚承聖元年遷太子中庶子尋爲貞威將軍安南長史尋陽太守荆州陷固之鄱陽隨兄質度東嶺居信安縣紹泰元年徵爲侍中不就永定中移居吳郡世祖以固清靜且欲申以婚姻天嘉二年至都拜國子祭酒三年遷中書令四年又爲散騎常侍國子祭酒其年以固女爲皇太子妃禮遇甚重廢帝卽位授侍中金紫光祿大夫時高宗輔政固以廢帝外戚妳媼恒往來禁中頗宣密旨事洩比將伏誅高宗以固本無兵權且居處清潔止免所居官禁錮太建二年隨例爲招遠將軍宣惠豫章王諮議參軍遷太中大夫太常卿南徐州大中正七年卒官時年六十三贈金紫光祿大夫喪事所須隨由資給至德二年改葬謚曰恭子固清虛寡欲居喪以孝聞又崇信佛法及丁所生母憂遂終身蔬食夜則坐禪晝誦佛經兼習成實論義而於玄言非所長嘗聘于西魏因宴饗之際請停殺一羊羊於固前跪拜又宴於昆明池魏人以南人嗜魚大設罟網固以佛法呪之遂一鱗不獲子寬官至司徒左長史侍中

孔奐字休文會稽山陰人也曾祖琇之齊左民尚書吳興太守祖琇太子舍人尚書三公郎父稚孫梁寧遠枝江公主簿無錫令奐數歲而孤爲叔父虔孫所養好學善屬文經史百家莫不通涉沛國劉顯時稱學府每共奐討論深相歎服乃執奐手曰昔伯喈墳素悉與仲宣吾當希彼蔡君足下無愧王氏所保書籍尋以相付州擧秀才射策高第起家揚州主簿宣惠湘東王行參軍竝不就又除鎭西湘東王外兵參軍入爲尚書倉部郎中遷儀曹侍郎時左民郎沈炯爲飛書所謗將陷重辟事連臺閣人懷憂懼奐廷議理之竟得明白丹陽尹何敬容以奐剛正請補功曹史出爲南昌侯相值侯景亂不之官京城陷朝士竝被拘縶或薦奐於賊帥侯子鑒子鑒命脫桎梏厚遇之令掌書記時景軍士悉恣其凶威子鑒景之腹心委任又重朝士見者莫不卑俯屈折奐獨敖然自若無所下或諫奐曰當今亂世人思苟免獯羯無知豈可抗之以義奐曰吾性命有在雖未能死豈可取媚凶醜以求全乎時賊徒剝掠子女拘逼士庶奐每保持之得全濟者甚衆尋遭母憂哀毀過禮時天下喪亂皆不能終三年之喪唯奐及吳國張種在寇亂中守持法度竝以孝聞及景平司徒王僧辯先下辟書引奐爲左西曹掾又除丹陽尹丞梁元帝於荆州卽位徵奐及沈炯竝令西上僧辯累表請留之帝手勑報僧

辯曰孔沈二士今且借公其爲朝廷所重如此仍除太尉從事中郎僧辯爲揚州刺史又補揚州治中從事史時侯景新平每事草創憲章故事無復存者奐博物彊識甄明故實問無不知儀注體式牋表書翰皆出於奐高祖作相除司徒右長史遷給事黃門侍郎齊遣東方老蕭軌等來寇軍至後湖都邑騷擾又四方壅隔糧運不繼三軍取給唯在京師乃除奐爲貞威將軍建康令時累歲兵荒戶口流散勍敵忽至徵求無所高祖剋日決戰乃令奐多營麥飯以荷葉裹之一宿之間得數萬裹軍人旦食訖棄其餘因而決戰遂大破賊高祖受禪遷太子中庶子永定二年除晉陵太守晉陵自宋齊以來舊爲大郡雖經寇擾猶爲全實前後二千石多行侵暴奐清白自守妻子竝不之官唯以單船臨郡所得秩俸隨卽分贍孤寡郡中大悅號曰神君曲阿富人殷綺見奐居處素儉乃餉衣一襲氈被一具奐曰太守身居美祿何爲不能辦此但民有未周不容獨享溫飽耳勞卿厚意幸勿爲煩初世祖在吳中聞奐善政及踐阼徵爲御史中丞領揚州大中正奐性剛直善持理多所糾劾朝廷甚敬憚之深達治體每所敷奏上未嘗不稱善百司滯事皆付奐決之遷散騎常侍領步兵校尉中書舍人掌詔誥揚東揚二州大中正天嘉四年重除御史中丞尋爲五兵尚書常侍中正如故時世祖不豫臺閣衆事竝令僕射到仲舉共奐決之及世祖疾篤奐與高宗及仲舉并吏部尚書袁樞中書舍人劉師知等入侍醫藥世祖嘗謂奐等曰今三方鼎峙生民未乂四海事重宜須長君朕欲近則晉成遠隆殷法卿等須遵此意奐乃流涕歔欷而對曰陛下御膳違和痊復非久皇太子春秋鼎盛聖德日躋安成王介弟之尊足爲周旦阿衡宰輔若有廢立之心臣等愚誠不敢聞詔世祖曰古之遺直復見於卿天康元年乃用奐爲太子詹事二州中正如故世祖崩廢帝卽位除散騎常侍國子祭酒光大二年出爲信武將軍南中郎康樂侯長史尋陽太守行江州事高宗卽位進號仁威將軍雲麾始興王長史餘竝如故奐在職清儉多所規正高宗嘉之賜米五百斛并累降敕書殷勤勞問太建三年徵爲度支尚書領右軍將軍五年改領太子中庶子與左僕射徐陵參掌尚書五條事六年遷吏部尚書七年加散騎常侍八年改加侍中時有事北討剋復淮泗徐豫酋長降附相繼封賞選敘紛紜重疊奐應接引進門無停賓加以鑒識人物詳練百氏凡所甄拔衣冠搢紳莫不悅伏性耿介絕請託雖儲副之尊公侯之重溺情相及終不爲屈始與王叔陵之在湘州累諷有司固求台鉉奐曰袞章之職本以德舉未必皇枝因抗言於高宗高宗曰始興那忽望公且朕兒爲公須在鄱陽王後奐曰臣之所見亦如聖旨後主時在東宮欲以江總爲太子詹事令管記陸瑜言之於奐奐謂瑜曰江有潘陸之華而無園綺之實輔弼儲宮竊有所難瑜具以白後主後主深以爲恨乃自言於高宗高宗將許之奐乃奏曰江總文華之人今皇太子文華不少豈藉於總如臣愚見願選敦重之才以居輔導帝曰卽如卿言誰當居此奐曰都官尚書王廓世有懿德識性敦敏可以居之後主時亦在側乃曰廓王泰之子不可居太子詹事奐又奏曰宋朝范曄卽范泰之子亦爲太子詹事前代不疑後主固爭之帝卒以總爲詹事由是忤旨其梗正如此初後主欲官其私寵以屬奐奐不從及右僕射陸繕遷職高宗欲用奐已草詔訖爲後主所抑遂不行九年遷侍中中書令領左驍騎將軍揚東揚豐三州大中正十一年轉太常卿侍中中正竝如故十四年遷散騎常侍金紫光祿大夫領前軍將軍未拜改領弘範宮衞尉至德元年卒時年七十贈散騎常侍本官如故有集十五卷彈文四卷子紹薪紹忠紹忠字孝揚亦有才學官至太子洗馬儀同鄱陽王東曹掾

蕭允字叔佐蘭陵人也曾祖思話宋征西將軍開府儀同三司尚書右僕射封陽穆公祖惠蒨散騎常侍太府卿左民尚書父介梁侍中都官尚書允少知名風神凝遠通達有識鑒容止醖藉動合規矩起家邵陵王法曹參軍轉湘東王主簿遷太子洗馬侯景攻陷臺城百僚奔散允獨整衣冠坐于宮坊景軍人敬而弗之逼也尋出居京口時寇賊縱横百姓波駭衣冠士族四出奔散允獨不行人問其故允答曰夫性命之道自有常分豈可逃而獲免乎但患難之生皆生於利苟不求利禍從何生方今百姓爭欲奮臂而論大功一言而取卿相亦何事於一書生哉莊周所謂畏影避迹吾弗爲也乃閉門靜處并日而食卒免於患侯景平後高祖鎮南徐州以書召之允又辭疾永定中侯安都爲南徐州刺史躬造其廬以申長幼之敬天嘉三年徵爲太子庶子三年除稜威將軍丹陽尹丞五年兼侍中聘于周還拜中書侍郎大匠卿高宗卽位遷黃門侍郎五年出爲安前晉安王長史六年晉安王爲南豫州允復爲王長史時王尚少未親民務故委允行府州事入爲光祿卿允性敦重未嘗以榮利干懷及晉安出鎭湘州又苦攜允允少與蔡景歷善景歷子徵脩父黨之敬聞允將行乃詣允曰公年德竝高國之元老從容坐鎭旦夕自爲列曹何爲方復辛苦在外允答曰已許晉安豈可忘信其恬於榮勢如此至德三年除中衞豫章王長史累遷通直散騎常侍光勝將軍司徒左長史安德宮少府鎭衞鄱陽王出鎭會稽允又爲長史帶會稽郡丞行經延陵季子廟設蘋藻之薦託爲異代之交爲詩以敘意辭理清典後主嘗問蔡徵曰卿世與蕭允相知此公志操何如徵曰其清虛玄遠殆不可測至於文章可得而言因誦允詩以對後主嗟賞久之其年拜光祿大夫及隋師濟江允遷于關右是時朝士至長安者例竝授官唯允與尚書僕射謝伷辭以老疾隋文帝義之竝厚賜錢帛尋以疾卒於長安時年八十四弟引

引字叔休方正有器局望之儼然雖造次之間必由法度性聰敏博學善屬文釋褐著作佐郎轉西昌侯儀同府主簿侯景之亂梁元帝爲荆州刺史朝士多往歸之引曰諸王力爭禍患方始今日逃難未是擇君之秋吾家再世爲始興郡遺愛在民正可南行以存家門耳於是與弟彤及宗親等百餘人奔嶺表時始興人歐陽頠爲衡州刺史引往依焉頠後遷爲廣州病死子紇領其衆引每疑紇有異因事規正由是情禮漸疎及紇舉兵反時京都士人岑之敬公孫挺等竝皆惶駭唯引恬然謂之敬等曰管幼安袁曜卿亦但安坐耳君子正身以明道直己以行義亦復何憂懼乎及章昭達平番禺引始北還高宗召引問嶺表事引具陳始末帝甚悅卽日拜金部侍郎引善隸書爲當時所重高宗嘗披奏事指引署名曰此字筆勢翩翩似鳥之欲飛引謝曰此乃陛下假其羽毛耳又謂引曰我每有所忿見卿輒意解何也引曰此自陛下不遷怒臣何預此恩太建七年加戎昭將軍九年除中衞始興王諮議參軍兼金部侍郎引性抗直不事權貴左右近臣無所造請高宗每欲遷用輒爲用事者所裁及呂梁覆師戎儲空匱乃轉引爲庫部侍郎掌知營造弓弩矟箭等事引在職一年而器械充牣頻加中書侍郎貞威將軍黃門郎十二年吏部侍郎缺所司屢舉王寬謝變等帝竝不用乃中詔用引時廣州刺史馬靖甚得嶺表人心而兵甲精練每年深入俚洞又數有戰功朝野頗生異議高宗以引悉嶺外物情且遣引觀靖審其舉措諷令送質引奉密旨南行外託收督賧物旣至番禺靖卽悟旨盡遣兒弟下都爲質還至瀨水而高宗崩後主卽位轉引爲中庶子以疾去官明年京師多盜乃復起爲貞威將軍建康令時殿內隊主吳璡及宦官李善度蔡脫兒等多所請屬引一皆不許引族子密時爲黃門郎諫引曰李蔡之勢在位皆畏憚之亦宜小爲身計引曰吾之立身自有本末亦安能爲李蔡改行就令不平不過解職耳吳璡竟作飛書李蔡證之坐免官卒於家時年五十八子德言最知名引宗族子弟多以行義知名弟彤以恬靜好學官至太子中庶子南康王長史密字士機幼而聰敏博學有文詞祖琛梁特進父遊少府卿密太建八年兼散騎常侍聘于齊歷位黃門侍郎太子中庶子散騎常侍

史臣曰謝王張蕭咸以清淨爲風文雅流譽雖更多難終克成名奐謇諤在公英飈振俗詳其行事抑古之遺愛矣固之蔬菲蟬蛻斯乃出俗者焉猶且致絓於黜免有懼於傾覆是知上官博陸之權勢閻鄧梁竇之震動吁可畏哉

陳書卷二十一考證

蕭允傳蕭允字叔佐○叔一本作升又下文弟引附傳

引字叔休亦作升休

陳書卷二十二

唐　散　騎　常　侍　姚　思　廉　撰

列傳第十六

陸子隆　錢道戢　駱牙

陸子隆字興世吳郡吳人也祖敞之梁嘉興令父悛封氏令子隆少慷慨有志功名起家東宮直後侯景之亂於鄉里聚徒是時張彪爲吳郡太守引爲將帥彪徙鎭會稽子隆隨之及世祖討彪彪將沈泰吳寶眞申縉等皆降而子隆力戰敗績世祖義之復使領其部曲板爲中兵參軍歷始豐永興二縣令世祖嗣位子隆領甲仗宿衞尋隨侯安都拒王琳於沌口王琳平授左中郎將天嘉元年封益陽縣子邑三百戶出爲高唐郡太守二年除明威將軍廬陵太守時周迪據臨川反東昌縣人脩行師應之率兵以攻子隆其鋒甚盛子隆設伏於外仍閉門偃甲示之以弱及行師至腹背擊之行師大敗因乞降子隆許之送于京師四年周迪引陳寶應復出臨川子隆隨都督章昭達討迪迪退走因隨昭達踰東興嶺討陳寶應軍至建安以子隆監郡寶應據建安之湖際以拒官軍子隆與昭達各據一營昭達先與賊戰不利亡其鼓角子隆聞之率兵來救大破賊徒盡獲昭

達所亡羽儀甲仗晉安平子隆功最遷假節都督武州諸軍事將軍如故尋改封朝陽縣伯邑五百戶廢帝卽位進號智武將軍加員外散騎常侍餘如故華皎據湘州反以子隆居其心腹皎深患之頻遣使招誘子隆不從皎因遣兵攻之又不能剋及皎敗於郢州子隆出兵以襲其後因與王師相會授持節通直散騎常侍都督武州諸軍事進爵爲侯增邑并前七百戶尋遷都督荆信祐三州諸軍事宣毅將軍荆州刺史持節常侍如故是時荆州新置治于公安城池未固子隆修建城郭綏集夷夏甚得民和當時號爲稱職三年吏民詣都上表請立碑頌美功績詔許之太建元年進號雲麾將軍二年卒時年四十七贈散騎常侍謚曰威子之武嗣之武年十六領其舊軍隨吳明徹北伐有功官至王府主簿弘農太守仍隸明徹明徹於呂梁敗績之武逃歸爲人所害時年二十二子隆弟子才亦有幹略從子隆征討有功除南平太守封始興縣子邑三百戶從吳明徹北伐監安州鎭于宿預除中衛始興王諮議參軍遷飆猛將軍信州刺史太建十三年卒時年四十二贈員外散騎常侍

錢道戢字子韜吳興長城人也父景深梁漢壽令道戢少以孝行著聞及長頗有幹略高祖微時以從妹妻焉從平盧子略於廣州除濱江令高祖輔政遣道戢隨世祖平張彪于會稽以功拜直閤將軍除員外散騎常侍假節東徐州刺史封永安縣侯邑五百戶仍領甲卒三千隨侯安都鎭防梁山尋領錢塘餘杭二縣令永定三年隨世祖鎭于南晥口天嘉元年又領剡令鎭于縣之南巖尋爲臨海太守鎭巖如故侯安都之討留異也道戢帥軍出松陽以斷其後異平以功拜持節通直散騎常侍輕車將軍都督東西二衡州諸軍事衡州刺史領始興內史光大元年增邑并前七百戶高宗卽位徵歐陽紇入朝紇疑懼乃舉兵來攻衡州道戢與戰却之及都督章昭達率兵討紇以道戢爲步軍都督由間道斷紇之後紇平除左衛將軍太建二年又隨昭達征蕭巋於江陵道戢別督衆軍與陸子隆焚青泥舟艦仍爲昭達前軍攻安蜀城降之以功加散騎常侍仁武將軍增邑并前九百戶其年遷仁威將軍吳興太守未行改授使持節都督郢巴武三州諸軍事郢州刺史王師北討道戢與儀同黃法𣰰圍歷陽歷陽城平因以道戢鎭之以功加雲麾將軍增邑并前一千五百戶其年十一月遘疾卒時年六十三贈本官謚曰肅子邈嗣

駱牙字旗門吳興臨安人也祖祕道梁安成王田曹參軍父裕鄱陽嗣王中兵參軍事牙年十二宗人有善相者云此郞容貌非常必將遠致梁太淸末世祖嘗避地臨安牙母陳視世祖儀表知非常人賓待甚厚及世祖爲吳興太守引牙爲將帥因從平杜龕張彪等每戰輒先鋒陷陣勇冠衆軍以功授直閤將軍太平二年以母憂去職世祖鎭會稽起爲山陰令永定三年除安東府中兵參軍出鎭冶城尋從世祖拒王琳於南晥世祖卽位授假節威虜將軍員外散騎常侍封常安縣侯邑五百戶尋爲臨安令遷越州刺史餘竝如故初牙母之卒也于時饑饉兵荒至是始葬詔贈牙母常安國太夫人謚曰恭遷牙爲貞威將軍晉陵太守三年以平周迪之功遷冠軍將軍臨川內史太建三年授安遠將軍衡陽內史未拜從爲桂陽太守八年還朝遷散騎常侍入直殿省十年授豐州刺史餘竝如故至德二年卒時年五十七贈安遠將軍廣州刺史子義嗣

史臣曰陸子隆錢道戢或舉門願從或舊齒樹勳有統領之才充師旅之寄至於受任藩屏功績竝著美矣駱牙識眞有奉知世祖天授之德蓋張良之亞歟牙母智深先覺符柏谷之禮君子知鑒識弘遠其在兹乎

陳書卷二十二考證

錢道戢傳以功拜直閤將軍除員外散騎常侍假節東徐州刺史封永安縣侯邑五百戶○一本缺將軍至五百戶共二十五字

駱牙傳○南史作駱文牙

牙母陳視世祖儀表知非常人○陳各本俱誤陵今從南史

陳書卷二十三

唐　散騎常侍　姚思廉　撰

列傳第十七

沈君理　王瑒　陸繕

沈君理字仲倫吳興人也祖僧旻梁左民尚書父巡素與高祖相善梁太淸中爲東陽太守侯景平後元帝徵爲少府卿荆州陷蕭詧署金紫光祿大夫君理美風儀博涉經史有識鑒起家湘東王法曹參軍高祖鎭南徐州巡遣君理自東陽謁于高祖高祖器之命尚會稽長公主辟爲府西曹掾稍遷中衛豫章王從事中郞尋加明威將軍兼尚書吏部侍郞還給事黃門侍郞監吳郡高祖受禪拜駙馬都尉封永安亭侯出爲吳郡太守是時兵革未寧百姓荒弊軍國之用咸資東境君理招集士卒脩治器械民下悅附深以幹理見稱世祖嗣位徵爲侍中遷守左民尚書未拜爲明威將軍丹陽尹天嘉三年重授左民尚書領步兵校尉尋改前軍將軍四年侯安都徙鎭江州以本官監南徐州六年出爲仁威將軍東陽太守天康元年以父憂去職君理因自請往荆州迎喪柩朝議以在位重臣難令出境乃令長兄君嚴往焉及還將葬詔贈巡侍中領軍將軍謚曰敬子其年起君理爲信威將軍左衛將軍又起爲持節都督東衡衡二州諸軍事仁威將軍東衡州刺史領始興內史又起爲明威將軍中書令前後奪情者三竝不就太建元年服闋除太子詹事行東宮事遷吏部尚書二年高宗以君理女爲皇太子妃賜爵望蔡縣侯邑五百戶四年加侍中五年遷尚書右僕射領吏部侍中如故其年有疾輿駕親臨視九月卒時年四十九詔贈侍中太子少傅喪事所須隨由資給重贈翊左將軍開府儀同三司侍中如故謚曰貞憲君理子遵儉早卒以弟君高子遵禮爲嗣君理第五叔邁亦方正有幹局仕梁爲尚書金部郞永定中累遷中書侍郞天嘉中歷太僕廷尉出爲鎭東始興王長史會稽郡丞行東揚州事光大元年徐尚書吏部郞太建元年遷爲通直散騎常侍侍東宮二年卒時年五十二贈散騎常侍君理第六弟君高字季高少知名性剛直有吏能以家門外戚早居清顯歷太子舍人洗馬中舍人高宗司空府從事中郞廷尉卿太建元年東境大水百姓饑弊乃以君高爲貞威將軍吳令尋除太子中庶子尚書吏部郞衛尉卿出爲宣遠將軍平南長沙王長史南海太守行廣州事以女爲王妃固辭不行復爲衛尉卿八年詔授持節都督交廣等十八州諸軍事寧遠將軍平越中郞將廣州刺史嶺南俚獠世相攻伐君高本文吏無武幹推心撫御甚得民和十年卒于官時年四十七贈散騎常侍謚曰祁子

王瑒字子璵司空沖之第十二子也沉靜有器局美風儀舉止醞藉梁大同中起家祕書郞遷太子洗馬元帝承制徵爲中書侍郞直殿省仍掌相府管記出爲東宮內史遷太子中庶子丁所生母憂歸于丹陽江陵陷梁敬帝承制除仁威將軍尚書吏部郞中貞陽侯僭位以敬帝爲太子授瑒散騎常侍侍東宮尋遷長史兼侍中高祖入輔以爲司徒左長史永定九年遷守五兵尚書世祖嗣位授散騎常侍領太子庶子侍東宮遷領左驍騎將軍太子中庶子常侍侍中如故瑒爲侍中六載父沖嘗爲瑒辭領中庶子世祖顧謂沖曰所以久留瑒於承華政欲使太子微有瑒風法耳廢帝嗣位以侍中領左驍騎將軍光大元年以父憂去職高宗卽位太建元年復除侍中領左驍騎將軍遷度支尚書領羽林監出爲信威將軍雲麾始興王長史行州府事未行遷中書令尋加散騎常侍除吏部尚書常侍如故瑒性寬和及居選職務在淸靜謹守文案無所抑揚尋授尚書右僕射未拜加侍中遷左僕射參掌選事侍中如故瑒兄弟三十餘人居家篤睦每歲時饋遺遍及近親敦誘諸弟竝稟其規訓太建六年卒時年五十四贈侍中特進護軍將軍喪事隨所資給謚曰光子瑒第十三弟瑜字子珪亦知名美容儀早歷淸顯年五十官至侍中永定元年使於齊以陳郡袁憲爲副齊以王琳之故執而囚之齊文宣帝每行載死囚以從齊人呼曰供御囚每有他怒則召殺之以快其意瑜及憲竝危殆者數矣齊僕射楊遵彥憫其無辜每救護之天嘉二年還朝詔復侍中頃之卒時年四十贈本官謚曰貞子

陸繕字士繻吳郡吳人也祖惠曉齊太常卿父任梁御史中丞繕幼有志尚以雅正知名起家梁宣惠武陵王法曹參軍承聖中授中書侍郞掌東宮管記江陵陷繕微服遁還京師紹泰元年除司徒右長史御史中丞以父任所終固辭不就高祖引繕爲司徒司馬遷給事黃門侍郞領步兵校尉通直散騎常侍兼侍中永定元年遷侍中時留異擁割東陽新安人向文政與異連結因據本郡朝廷以繕爲貞威將軍新安太守世祖嗣位徵爲太子中庶子領步兵校尉掌東宮管記繕儀表端麗進退閑雅世祖使太子諸王咸取則焉其趨步躡履皆令習繕規矩除尚書吏部郞中步兵如故仍侍東宮陳寶應平後出爲貞毅將軍建安太守秩滿爲散騎常侍御史中丞猶以父之所終固辭不許乃權換廨宇徙居之太建初遷度支尚書侍中太子詹事行東宮事領揚州大中正及太子親莅庶政解行事加散騎常侍改加侍中遷尚書右僕射尋遷左僕射參掌選事侍中如故更爲尚書僕射領前將軍重授左僕射領揚州大中正別勑令與徐陵等七人參議政事十二年卒時年六十三贈侍中特進金紫光祿大夫謚曰安子太子以繕東宮舊臣特賜祖奠繕子辯惠年數歲詔引入殿內辯惠應對進止有父風高宗因賜名辯惠字敬仁云繕兄子

見賢亦方雅高宗爲揚州牧乃以爲治中從事史深被知遇歷給事黃門侍郎長沙鄱陽二王長史帶尋陽太守少府卿太建十年卒時年五十贈廷尉卿謚曰平子史臣曰夫衣冠雅道廊廟嘉猷諒以操履敦脩局宇詳正經日容止可觀詩言其儀罔忒彼三子者其有斯風焉

陳書卷二十三考證

沈君理傳拜駙馬都尉封永安亭侯○亭監本誤定今改從南史

陸繕傳陸繕字士繻○繻一本作儒

父任梁御史中丞○任一本作侄

陳書卷二十四

唐　散騎常侍　姚思廉　撰

列傳第十八

周弘正 弟弘直 弘直子確　袁憲

周弘正字思行汝南安城人晉光祿大夫顗之九世孫也祖顒齊中書侍郎領著作父寶始梁司徒祭酒弘正幼孤及弟弘讓弘直俱爲叔父侍中護軍捨所養年十歲通老子周易捨每與談論輒異之曰觀汝神情穎晤清理警發後世知名當出吾右河東裴子野深相賞納請以女妻之十五召補國子生仍於國學講周易諸生傳習其義以季春入學孟冬應舉學司以其日淺弗之許焉博士到洽議曰周郎年未弱冠便自講一經雖曰諸生實堪師表無俟策試起家梁太學博士晉安王爲丹陽尹引爲主簿出爲鄅令丁母憂去職服闋歷曲阿安吉令普通中初置司文義郎直壽光省以弘正爲司義侍郎大通二年梁昭明太子薨其嗣華容公不得立乃以晉安王爲皇太子弘正乃奏記曰竊聞撝謙之象起於羲軒爻畫揖讓之源生於堯舜禪受其來尚矣可得而詳焉夫以廟堂汾水殊途而同歸稷契巢許異名而一貫出者稱爲元首處者謂之外臣莫不內外相資表裏成治斯蓋萬代同規百王不易者也暨于三王之世寖以陵夷各親其親各子其子乃至七國爭雄劉項競逐皇漢扇其俗有晉揚其波謙讓之道廢多歷年所矣夫文質遞變澆淳相革還樸反古今也其時伏惟明大王殿下天挺將聖聰明神武百辟冠冕四海歸仁是以皇上發德音下明詔以大王爲國之儲副乃天下之本焉雖復夏啓周誦漢儲魏兩此數君者安足爲大王道哉意者願聞殿下抗目夷上仁之義執子臧大賢之節逃玉輿而弗乘棄萬乘如脫屣庶改澆競之俗以大吳國之風古有其人今聞其語能行之者非殿下而誰能使無爲之化復興于遂古讓王之道不墜於來葉豈不盛歟豈不盛歟弘正陋學書生義慚稽古家自汝穎世傳忠烈先人決曹掾燕抗辭九諫高節萬乘正色三府雖盛德之業將絕而狂直之風未墜是以敢布腹心肆其愚瞽如使芻言野說少陳於聽覽縱復委身烹鼎之下絕命肺石之上雖死之日猶生之年其抗直守正皆此類也累遷國子博士時於城西立士林館弘正居以講授聽者傾朝野焉弘正啓梁武帝周易疑義五十條又請釋乾坤二繫曰臣聞易稱立象以盡意繫辭以盡言然後知聖人之情幾可見矣自非含微體極盡化窮神豈能通志成務探賾致遠而宣尼比之桎梏絕韋編於漆字軒轅之所聽瑩遺玄珠於赤水伏惟陛下一日萬機匪勞神於瞬息凝心妙本常自得於天眞聖智無以隱其幾深明神無以淪其不測至若爻畫之苞於六經文辭之窮於兩繫名儒劇談以歷載鴻生抵掌以終年莫有試游其藩未嘗一見其涘自制旨降談裁成易道析至微於秋毫渙曾冰於幽谷臣親承音旨職司宣授後進誂誂不無傳業但乾坤之蘊未剖繫表之妙莫詮使一經深致尚多所惑臣不涯庸淺輕率短陋謹與受業諸生清河張譏等三百一十二人於乾坤二繫象爻未啓伏願聽覽之閑曲垂提訓得使微臣鑽仰成其篤習後昆好事專門有奉自惟多幸權沐道於堯年肄業終身不知老之將至天尊不聞而冒陳請冰谷寘懷罔識攸厝詔答曰設卦觀象事遠文高作繫表言辭深理奧東魯絕編之思西伯幽憂之作事逾三古人更七聖自商瞿稟承子庸傳授篇簡湮沒歲月遼遠田生表菑川之譽梁丘擅琅邪之學代郡范生山陽王氏人藏荊山之寶各盡玄言之趣說或去取意有詳略近搢紳之學咸有稽疑隨答所問已具別解知與張譏等三百一十二人須釋乾坤文言及二繫萬機小暇試當討論弘正博物知玄象善占候大同末嘗謂弟弘讓曰國家厄運數年當有兵起吾與汝不知何所逃之及梁武帝納侯景弘正謂弘讓曰亂階此矣京城陷弘直爲衡陽內史元帝在江陵遺弘直書曰適有都信賢兄博士平安但京師搢紳無不附逆王克已爲家臣陸緬身充卒伍唯有周生確乎不拔言及西軍潺湲掩淚恒思吾至如望歲焉松柏後凋一人而已王僧辯之討侯景也弘正與弘讓自拔迎軍僧辯得之甚喜即日啓元帝元帝手書與弘正曰獯醜逆亂寒暑亟離海內相識零落略盡韓非之智不免秦獄劉歆之學猶弊亡新音塵不嗣每以耿灼常欲訪山東而尋子雲問關西而求伯起遇有今信力附相聞遲比來郢慰其延佇仍遣使迎之謂朝士曰晉氏平吳喜獲二陸今我破賊亦得兩周今古一時足爲連類及弘正至禮數甚優朝臣無與比者授黃門侍郎直侍中省俄遷左民尚書尋加散騎常侍元帝嘗著金樓子曰余於諸僧重招提琰法師隱士重華陽陶貞白士大夫重汝南周弘正其於義理淸轉無窮亦一時之名士也及侯景平僧辯啓送祕書圖籍敕弘正讎校時朝議遷都朝士家在荊州者皆不欲遷唯弘正與僕射王裒言於元帝曰若東脩以上諸士大夫微見古今者知帝王所都本無定處無所與疑至如黔首萬姓若未見輿駕入建業謂是列國諸王未名天子今宜赴百姓之心從四海之望時荊陝人士咸云王周皆是東人志願東下恐非良計弘正面折之曰若東人勸東謂爲非計君等西人欲西豈成良策元帝乃大笑之竟不還都及江陵陷弘正遁圍而出歸於京師敬帝以爲大司馬王僧辯長史行揚州事太平元年授侍中領國子祭酒遷太常卿都官尚書高祖受禪授太子詹事天嘉元年遷侍中國子祭酒往長安迎高宗三年自周還詔授金紫光祿大夫加金章紫綬領慈訓太僕廢帝嗣位領都官尚書總知五禮事仍授太傅長史加明威將軍高宗即位遷特進重領國子祭酒豫州大中正加扶太建五年授尚書右僕射祭酒中正如故尋勅侍東宮講論語孝經太子以弘正朝廷舊臣德望素重於是降情屈禮橫經請益有師資之敬焉弘正特善玄言兼明釋典雖碩學名僧莫不請質疑滯六年卒于官時年七十九詔曰追遠褒德抑有恒規故尚書右僕射領國子祭酒豫州大中正弘正識宇凝深藝業通備辭林義府國老民宗道映庠門望高禮閣卒聞殂殞朕用惻然可贈侍中中書監喪事所須量加資給便出臨哭謚曰簡子所著周易講疏十六卷論語疏十一卷莊子疏八卷老子疏五卷孝經疏兩卷集二十卷行于世子墳官至吏部郎弘正二弟弘讓弘直弘讓性簡素博學多通天嘉初以白衣領太常卿光祿大夫加金章紫綬

弘直字思方幼而聰敏解褐梁太學博士稍遷西中郎湘東王外兵記室參軍與東海鮑泉南陽宗懍平原劉緩沛郡劉穀同掌書記入爲尚書儀曹郎湘東王出鎭江荊二州累除錄事諮議參軍帶柴桑當陽二縣令及梁元帝承制授假節英果將軍世子長史尋除智武將軍衡陽內史遷貞毅將軍平南長史長沙內史行湘州府州事湘濱縣侯邑六百戶歷邵陵零陵太守雲麾將軍昌州刺史王琳之舉兵也弘直在湘州琳敗乃還朝天嘉中歷國子博士廬陵王長史尚書左丞領羽林監中散大夫祕書監掌國史遷太常卿光祿大夫加金章紫綬太建七年遇疾且卒乃遺疏勅其家曰吾今年已來筋力減耗可謂衰矣而好生之情曾不自覺唯務行樂不知老之將至今時制云及將同朝露七十餘年頗經稱足啓手告全差無遺恨氣絕已後便買市中見材材必須小形者使易提挈斂以時服古人通制但下見先人必須備禮可著單衣裙衫故履旣應侍養宜備紛帨或逢善友又須香烟棺內唯安白布手巾麤香爐而已其外一無所用卒于家時年七十六有集二十卷子確

確字士潛美容儀寬大有行檢博涉經史篤好玄言世父弘正特所鍾愛解褐梁太學博士司徒祭酒晉安王主簿高祖受禪除尚書殿中郎累遷安成王限內記室高宗即位授東宮通事舍人丁母憂去職及歐陽紇平起爲中書舍人命於廣州慰勞服闋爲太常卿歷太子中庶子尚書左丞太子家令以父憂去職尋起爲貞威將軍吳令確固辭不之官至德元年授太子左衞率中書舍人遷散騎常侍加貞威將軍信州南平王府長史行揚州事爲政平允稱爲良吏遷都官尚書禎明初遘疾卒于官時年五十九詔贈散騎常侍太常卿官給喪事

袁憲字德章尚書左僕射樞之弟也幼聰敏好學有雅量梁武帝修建庠序別開五館其一館在憲宅西憲常招引諸生與之談論每有新議出人意表同輩咸嗟服焉大同八年武帝撰孔子正言章句詔下國學宣制旨義憲時年十四被召爲國子正言生謁祭酒到溉溉目而送之愛其神彩在學一歲國子博士周弘正謂憲父

君正曰賢子今茲欲策試不君正曰經義猶淺未敢令試居數日君正遣門下客岑文豪與憲候弘正會弘正將登講坐弟子畢集乃延憲入室授以麈尾令憲樹義時謝岐何妥在坐弘正謂曰二賢雖窮奧賾得無憚此後生耶何謝於是遞起義端深極理致憲與往復數番酬對閑敏弘正謂妥曰恣卿所問勿以童稚相期時學衆滿堂觀者重沓而憲神色自若辯論有餘弘正請起數難終不能屈因告文豪曰卿還咨袁吳郡此郎已堪見代爲博士矣時生徒對策多行賄賂文豪請具束脩君正曰我豈能用錢爲兒買第耶學司銜之及憲試爭起劇難憲隨問抗答剖析如流到溉顧憲曰袁君正其有後矣及君正將之吳郡溉祖道於征虜亭謂君正曰昨策生蕭敏孫徐孝克非不解義至於風神器局去賢子遠矣尋舉高第以貴公子選尚南沙公主卽梁簡文之女也大同元年釋褐祕書郎太清二年遷太子舍人侯景寇逆憲東之吳郡尋丁父憂哀毀過禮敬帝承制徵授尚書殿中郎高祖作相除司徒戶曹永定元年授中書侍郎兼散騎常侍與黃門侍郎王瑜使齊數年不遣天嘉初乃還四年詔復中書侍郎直侍中省太建元年除給事黃門侍郎仍知太常事二年轉尚書吏部侍郎尋除散騎常侍侍東宮三年遷御史中丞領羽林監時豫章王叔英不奉法度逼取人馬憲依事劾奏叔英由是坐免黜自是朝野皆嚴憚焉憲詳練朝章尤明聽斷至有獄情未盡而有司具法者卽伺閑暇常爲上言之其所申理者甚衆嘗陪醮承香閣賓退之後高宗留憲與衛尉樊俊徙席山亭談宴終日高宗目憲而謂俊曰袁家故爲有人其見重如此五年入爲侍中六年除吳郡太守以父任固辭不拜改授明威將軍南康內史九年秩滿除散騎常侍兼吏部尚書尋而爲眞憲以久居清顯累表自求解任高宗曰諸人在職屢有謗讟卿處事已多可謂清白別相甄錄且勿致辭十三年遷右僕射參掌選事先是憲長兄簡懿子爲左僕射至是憲爲右僕射臺省內目簡懿爲大僕射憲爲小僕射朝廷榮之及高宗不豫憲與吏部尚書毛喜俱受顧命始興王叔陵之肆逆也憲指麾部分預有力焉後主被瘡病篤執憲手曰我兒尚幼後事委卿憲曰羣情喁喁冀聖躬康復後事之旨未敢奉詔以功封建安縣伯邑四百戶領太子中庶子餘並如故尋除侍中信威將軍太子詹事至德元年太子加元服二年行釋奠之禮憲於是表請解職後主不許給扶二人進號雲麾將軍置佐史皇太子頗不率典訓憲手表陳諫凡十條皆援引古今言辭切直太子雖外示容納而心無悛改後主欲立寵姬張貴妃子始安王爲嗣嘗從容言之吏部尚書蔡徵順旨稱賞憲厲色折之曰皇太子國家儲嗣億兆宅心卿是何人輕言廢立夏竟廢太子爲吳興王後主知憲有規諫之事歎曰袁德章實骨鯁之臣卽日詔爲尚書僕射禎明元年隋軍來伐隋將賀若弼進燒宮城北掖門宮衛皆散走朝士稍各引去惟憲衛侍左右後主謂憲曰我從來待卿不先餘人今日見卿可謂歲寒知松栢後凋也後主遑遽將避匿憲正色曰北兵之入必無所犯大事如此陛下安之臣願陛下正衣冠御前殿依梁武見侯景故事後主不從因下榻馳去憲從後堂景陽殿入後主投下井中憲拜哭而出京城陷入于隋隋授使持節昌州諸軍事開府儀同三司昌州刺史開皇十四年詔授晉王府長史十八年卒時年七十贈大將軍安城郡公諡曰簡長子承家仕隋至祕書丞國子司業

史臣曰梁元帝稱士大夫中重汝南周弘正信哉斯言也觀其雅量標舉尤善玄言亦一代之國師矣袁憲風格整峻徇義履道韓子稱爲人臣委質心無有二憲弗渝終始良可嘉焉

陳書卷二十五

唐　散　騎　常　侍　姚　思　廉　撰

列傳第十九

裴忌　孫瑒

裴忌字無畏河東聞喜人也祖髦梁中散大夫父之平倜儻有志略召補文德主帥梁普通中衆軍北伐之平隨都督夏侯亶克定渦潼以功封費縣侯會衡州部民相聚寇抄詔以之平爲假節超武將軍都督衡州五郡征討諸軍事及之平至卽皆平殄梁武帝甚嘉賞之元帝承聖中累遷散騎常侍右衛將軍晉陵太守世祖卽位除光祿大夫慈訓宮衛尉並不就乃築山穿池植以卉木居處其中有終焉之志天康元年卒贈仁威將軍光祿大夫諡曰僖子忌少聰敏有識量頗涉史傳爲當時所稱解褐梁豫章王法曹參軍侯景之亂忌招集勇力隨高祖征討累功爲寧遠將軍及高祖誅王僧辯僧辯弟僧智舉兵據吳郡高祖遣黃他率衆攻之僧智出兵於西昌門拒戰他與相持不能克高祖謂忌曰三吳奧壤舊稱饒沃雖凶荒之餘猶爲殷盛而今賊徒扇聚天下搖心非公無以定之宜善思其策忌乃勒部下精兵輕行倍道自錢塘直趣吳郡夜至城下鼓譟薄之僧智疑大軍至輕舟奔杜龕忌入據其郡高祖嘉之表授吳郡太守高祖受禪徵爲左衛將軍天嘉初出爲持節南康內史時義安太守張紹賓據郡反世祖以忌爲持節都督嶺北諸軍事率衆討平之還除散騎常侍司徒左長史五年授雲麾將軍衛尉卿封東興縣侯邑六百戶及華皎稱兵上流高宗時爲錄尚書輔政盡命衆軍出討委忌總知中外城防諸軍事及皎平高祖卽位太建元年授東陽太守改封樂安縣侯邑一千戶四年入爲太府卿五年轉都官尚書吳明徹督衆軍北伐詔忌以本官監明徹軍淮南平授軍師將軍豫州刺史忌善於綏撫甚得民和改授使持節都督譙州諸軍事譙州刺史未及之官會明徹受詔進討彭汴以忌爲都督與明徹掎角俱進呂梁軍敗陷于周周授上開府隋開皇十四年卒於長安時年七十三

孫瑒字德璉吳郡吳人也祖文惠齊越騎校尉清遠太守父循道梁中散大夫以雅素知名瑒少倜儻好謀略博涉經史尤便書翰起家梁輕車臨川嗣王行參軍累遷爲安西邵陵王水曹中兵參軍事王出鎮郢州瑒盡室隨府甚被賞遇太清之難授假節宣猛將軍軍主王僧辯之討侯景也王琳爲前軍琳與瑒同門乃表薦爲戎昭將軍宜都太守仍從僧辯救徐文盛於武昌會郢州陷乃留軍鎮巴陵脩戰守之備俄而侯景兵至日夜攻圍瑒督所部兵悉力拒戰賊衆奔退瑒從大軍沿流而下及克姑孰瑒力戰有功除員外散騎常侍封富陽縣侯邑一千戶尋授假節雄信將軍衡陽內史未及之官仍遷衡州平南府司馬破黃洞蠻賊有功除東莞太守行廣州刺史尋除智武將軍監湘州事敬帝嗣位授持節仁威將軍巴州刺史高祖受禪王琳立梁永嘉王蕭莊於郢州徵瑒爲太府卿加通直散騎常侍及王琳入寇以瑒爲使持節散騎常侍都督郢荆巴武湘五州諸軍事安西將軍郢州刺史總留府之任周遣大將史寧率衆四萬乘虛奄至瑒助防張世貴舉外城以應之所失軍民男女三千餘口周軍又起土山高梯日夜攻逼因風縱火燒其內城南面五十餘樓時瑒兵不滿千人乘城拒守瑒親自撫巡行酒賦食士卒皆爲之用命周人苦攻不能克乃矯授瑒柱國郢州刺史封萬戶郡公瑒僞許以緩之而潛修戰具樓雉器械一朝嚴設周人甚憚焉及聞大軍敗王琳乘勝而進周兵乃解瑒於是盡有中流之地集其將士而謂之曰吾與王公陳力協義同奬梁室亦已勤矣今時事如此天可違乎遂遣使奉表詣闕天嘉元年授使持節散騎常侍安南將軍湘州刺史封定襄縣侯邑一千戶瑒懷不自安乃固請入朝徵爲散騎常侍中領軍未拜而世祖從容謂瑒曰昔朱買臣願爲本郡卿豈有意乎仍改授持節安東將軍吳郡太守給鼓吹一部及將之鎭乘輿幸近畿餞送鄉里榮之秩滿徵拜散騎常侍中護軍鼓吹如故留異之反東陽詔瑒督舟師進討異平遷鎭右將軍常侍鼓吹並如故頃之出爲使持節安東將軍建安太守光大中以公事免尋起爲通直散騎常侍高宗卽位以瑒功名素著深委任焉太建四年授都督荆信二州諸軍事安西將軍荆州刺史出鎭公安瑒增脩城池懷服邊遠爲隣境所憚居職六年又以事免更爲通直散騎常侍及吳明徹軍敗呂梁授使持節督緣江水陸諸軍事鎭西將軍給鼓吹一部尋授散騎常侍都督荆郢巴武湘五州諸軍事郢州刺史持節將軍鼓吹並如故十二年坐壇場交通抵罪後主嗣位復除通直散騎常侍兼起部尚書尋除中護軍復爵邑入爲度支尚書領步兵校尉俄加散騎常侍遷侍中祠部尚書後主頻幸其第及著詩賦述勳德之美展君臣之意焉又爲五兵尚書領右軍將軍侍中如故以年老累乞骸骨優詔不許禎明元年卒官時年七十二後主臨哭盡哀贈護軍將軍侍中如故給鼓吹一部朝服一具衣一襲喪事量加資給諡曰桓子瑒事親以孝聞於諸弟甚篤睦性通泰有財物散之親友其自居處頗失於奢豪庭院穿築極林泉之致歌鍾舞女當世罕儔賓客塡門軒蓋不絕及出鎭郢州乃合十餘船爲大舫於中立亭池植荷芰每良辰美景賓僚並集泛長江而置酒亦一時之勝賞焉常於山齋設講肆集玄儒之士冬夏資奉爲學者所稱而處己率易不以名位驕物時興皇寺朗法師該通釋典瑒每造講筵時有抗論法侶莫不傾心又巧思過人爲起

部尚書軍國器械多所創立有鑒識男女婚姻皆擇素
貴及卒尚書令江總爲其誌銘後主又題銘後四十字
遣左民尚書蔡徵宣敕就宅鐫之其詞曰秋風動竹煙
水驚波幾人樵徑何處山阿今時日月宿昔綺羅天長
路遠地久靈多功臣未勒此意如何時論以爲榮瑒二
十一子咸有父風世子讓早卒第二子訓頗知名歷臨
湘令直閤將軍高唐太守陳亡入隋

史臣曰在梁之季寇賊實繁高祖建義杖旗將寧區夏
裴忌早識攀附每預戎麾摧鋒郤敵立功者數矣孫瑒
有文武幹略見知時主及行軍用兵師司馬之法至於
戰勝攻取屢著勳庸加以好施接物士咸慕向然性不
循恒頻以罪免蓋亦陳湯之徒焉

陳書卷二十五考證

孫瑒傳孫瑒字德璉○瑒一本作陽

陳書卷二十六

唐散騎常侍姚思廉撰

列傳第二十

徐陵子儉 份 儀 弟孝克

徐陵字孝穆東海郯人也祖超之齊鬱林太守梁員外
散騎常侍父摛梁戎昭將軍太子左衞率贈侍中太子
詹事謚貞子母臧氏嘗夢五色雲化而爲鳳集左肩上
已而誕陵焉時寶誌上人者世稱其有道陵年數歲家
人攜以候之寶誌手摩其頂曰天上石麒麟也光宅惠
雲法師每嗟陵早成就謂之顏回八歲能屬文十二通
莊老義既長博涉史籍縱橫有口辯梁普通二年晉安
王爲平西將軍寧蠻校尉父摛爲王諮議王又引陵參
寧蠻府軍事大通二年王立爲皇太子東宮置學士陵
充其選稍遷尚書度支郎出爲上虞令御史中丞劉孝
儀與陵先有隙風聞劾陵在縣贓汙因坐免久之起爲
南平王府行參軍遷通直散騎侍郎梁簡文在東宮撰
長春殿義記使陵爲序又令於少傅府述所製莊子義
尋遷鎮西湘東王中記室參軍太清二年兼通直散騎
常侍使魏魏人授館宴賓是日甚熱其主客魏收嘲陵
曰今日之熱當由徐常侍來陵即答曰昔王肅至此爲
魏始制禮儀今來聘使卿復知寒暑收大慙及侯景
寇京師陵父摛先在圍城之內陵不奉家信便蔬食布
衣若居憂恤會齊受魏禪梁元帝承制於江陵復通使
於齊陵累求復命終拘留不遣陵乃致書於僕射楊遵
彥曰夫一言所感凝暉照於魯陽一志冥通飛泉涌於
疏勒況復元首康哉股肱良哉鄰國相聞風教相期者
也天道窮剝鍾亂本朝情計馳惶公私哽懼而骸骨之
請徒淹歲寒顛沛之祈空盈卷軸是所不圖也非所仰
望也執事不聞之乎昔分鼇命鳳之世觀河拜洛之年
則有日烏流災風禽騁暴天傾西北地缺東西盛旱坼
三川長波含五嶽我大梁應金圖而有亢纂玉鏡而猶
屯何則聖人不能爲時斯固窮通之恒理也至於荊州
刺史湘東王機神之本無寄名言陶鑄之餘猶爲堯舜
雖復六代之舞陳於總章九州之歌登於司樂虞夔拊
石晉曠調鍾未足頌此英聲無以宣其盛德者也若使
郊禋楚翼寧非祀夏之君戡定艱難便是匡周之霸豈
徒豳王徙雍朞月爲都姚帝遷河周年成邑方今越裳
藐藐馴雉北飛肅昚茲茲風牛南偃吾君之子含識知
歸而答旨云何所投身斯其未喻一也又晉熙等郡皆
入貴朝去我尋陽經塗何幾至於鏘鏘曉漏的的宵烽
隔溆浦而相聞臨高臺而可望泉流寶盌遙憶溢城峯
號香鑪依然廬嶽日者鄱陽嗣王治兵匯派屯戍淪波
朝夕歲書春秋方物吾無從以躡屩彼何路而齊鑣豈
其然乎斯不然矣又近者邵陵王通和此國郢中上客
雲聚魏都鄴下名卿風馳江浦豈盧龍之徑於彼新開
銅駝之街於我長閉何彼途甚易非勞於五丁我路爲
難如登於九折地不私載何其爽歟而答旨云還路無
從斯所未喻二也晉熙廬江義陽安陸皆云款附非復
危邦計彼中途便當靜晏自斯以北桴鼓不鳴自此以
南封疆未壹如其境外脫殞輕軀幸非邊吏之羞何在
匹夫之命又此賓遊通無貨殖忝非韓起聘鄭私買玉
環吳札過徐躬要寶劍由來宴錫凡厥囊裝行役淹留
皆已虛罄散有限之微財供無期之久客斯可知矣且
據圖刎首愚者不爲運斧全身庸流所鑒何則生輕一
髮自重千鈞不以貪盜明矣骨肉不任充鼎俎皮毛不
足入貨財盜有道焉吾無憂矣又公家遣使脫有資須
本朝非隆平之時遊客豈皇華之勢輕裝獨宿非勞聚
橐之儀微騎間行寧望輶軒之禮歸人將從私具驢騾
緣道亭郵唯希蔬粟若曰留之無煩於執事遣之有費
於官司或以顛沛爲言或云資裝可懼固非通論皆是
外篇斯所未喻三也又若以吾徒應還侯景侯景凶逆
殲我國家天下含靈人懷憤厲既不獲投身社稷衞難
乘輿四冢磔蚩尤千刃剸王莽安所謂俛首頓膝歸奉
寇讎佩弭腰韃爲其皁隸日者通和方敦曩睦凶人狙
詐遂駭狼心頗疑宋萬之誅彌懼荀罃之請所以奔蹄
勁角專恣憑陵凡我行人偏膺讎憾政復菹筋醢骨抽
舌探肝於彼凶情猶當未雪海內之所知也君侯之所
具焉又聞本朝公主都人士女風行雨散東播西流京
邑丘墟蕘蓬蕭瑟偃師還望咸爲草萊霸陵回首俱霑
霜露此又君之所知也彼以何義爭免寇讎我以何親
爭歸委質昔鉅平貴將懸重於陸公叔向名流深知於
鬷篾吾雖不敏常慕前修不圖明庶有懷翻其以此量
物昔魏氏將亡羣凶挺爭諸賢戮力想得其朋爲葛榮
之黨邪爲邢杲之徒邪如曰不然斯所未喻四也假使
吾徒還爲凶黨侯景生於趙代家自幽恒居則台司行
爲連率山川形勢軍國彝章不勞請箸爲籌便當屈指
能算景以逋逃小醜羊豕同羣身寓江皐家留河朔舂
舂井井如鬼如神其不然乎抑又君之所知也且夫宮
闈秘事並若雲霄英俊訏謨寧非帷幄或陽驚以定策
或焚藁而奏書朝廷之士猶難參預羇旅之人何階耳
目至於禮樂沿革刑政寬猛則謳歌已遠萬舞成風不
知手之舞之足之蹈之也安在搖其牙齒爲間諜者哉
若謂復命西朝終奔東虜雖齊梁有隔尉候奚殊豈以
河曲之難浮而曰江關之可濟河橋馬度寧非宋典之
姦關路雞鳴皆曰田文之客何其通蔽乃爾相妨斯所
未喻五也又兵交使在雖著前經儻同徇僕之尤追肆
寒山之怒則凡諸元帥並釋縲囚爰及偏裨同無翦馘
乃至鍾儀見赦朋笑遵途襄老蒙歸虞歌引路吾等張
旝拭玉修好尋盟涉泗之與浮河郊勞至于贈賄公恩
既被賓敬無違今者何愆翻蒙貶責若以此爲言斯所
未喻六也若曰祆氛永久喪亂悠然哀我奔波存其形
魄固已銘茲厚德戴此洪恩譬渤澥而俱深方嵩華而
猶重但山梁飲啄非有意於籠樊江海飛浮本無情於
鍾鼓況吾等營魂已謝餘息空留悲默爲生何能支久
是則雖蒙養護更夭天年若以此爲言斯所未喻七也
若云逆豎殲夷當聽反命高軒繼路飛蓋相隨未解其
言何能善謔夫屯亨治亂豈有意於前期謝常侍今年
五十有一吾今年四十有四介已知命賓又杖鄉計彼
侯生肩隨而已豈銀臺之要彼未從師金竈之方吾知
其決政恐南陽菊水竟不延齡東海桑田無由可望若
以此爲言斯所未喻八也足下清襟勝託書囿文林凡
自洪荒終乎幽厲如吾今日寧有其人爰至春秋微宜
商畧夫宗姬殄墜霸道昏凶或執政之多門或陪臣之
涼德故臧孫有禮翻囚與國之賓周伯無愆空怒天王
之使遷箕卿於兩館縶驟子於三年斯匪貪亂之風邪
寧當今之高例也至於雙崤且帝四海爭雄或搆趙而
侵燕或連韓而謀魏身求盟於楚殿躬奪璧於秦庭輸
寶鼎以託齊王馳安車而誘梁客其外膏脣販舌分路
揚鑣無罪無辜如兄如弟逮乎中陽受命天下同規巡
省諸華無聞幽辱及三方之霸也孫甘言以賦媚曹屈
詐以羈縻旍軫歲到於句吳冠蓋年馳於庸蜀則客嘲
殊險賓戲已深共盡遊談誰云猜忤若使搜求故實脫
有前蹤恐是叔世之姦謀而非爲邦之勝畧也抑又聞
之雲師火帝澆淳乃異其風龍躍麟驚王霸雖殊其道
莫不從君親以銘物敦敬養以治民預有邦司曾無隆
替吾奉違溫凊仍屬亂離寇虜猖狂公私播越蕭軒靡
御王舫誰持瞻望鄉關何心天地自非生憑廩竹源出
空桑行路含情猶其相愍常謂擇官而仕非曰孝家擇
事而趨非云忠國況乎欽承有道學駕前王郎吏明經
鴞鳶知禮巡省方化咸問高年東序西膠皆尊耆耋吾
以圭璋玉帛通聘來朝屬世道之屯期鍾生民之否運
兼年累載無申元直之祈銜泣吞聲長對公閭之怒情
禮之訴將同逆鱗忠孝之言皆應齚舌是所不圖也非
所仰望也且天倫之愛何得忘懷妻子之情誰能無累
夫以清河公主之貴餘姚書佐之家莫限高卑皆被驅
畧自東南醜虜抄販饑民臺署郎官俱餓墻壁況吾生
離死別多歷暄寒孀室嬰兒何可言念如得身還鄉土
躬自推求猶冀提攜俱免凶虐夫四聰不達華陽君所
謂亂臣百姓無冤孫叔敖稱爲良相足下高才重譽參
贊經綸非豹非貔聞詩聞禮而中朝大議曾未矜論清
禁嘉謀安能相及諤諤非周舍容容類胡廣何其無諍
臣哉歲月如流平生何幾晨看旅鴈心赴江淮昏望牽
牛情馳揚越朝千悲而掩泣夜萬緒而迴腸不自知其
爲生不自知其爲死也足下素挺詞鋒兼長理窟匡丞
相解頤之說樂令君清耳之談向所諮疑誰能曉喻若
鄙言爲戮來旨必通分請灰釘甘從斧鑊何但規規默
默齰舌低頭而已哉若一理存焉猶希矜眷何必期令
我等必死齊都足趙魏之黃塵加幽并之片骨遂使東
平拱樹長懷向漢之悲西洛孤墳恒表思鄉之夢千祈
以屢哽慟增深遵彥竟不報書及江陵陷齊送貞陽侯

蕭淵明爲梁嗣乃遣陵隨還太尉王僧辯初拒境不納淵明往復致書皆陵詞也及淵明之入僧辯得陵大喜接待饋遺其禮甚優以陵爲尚書吏部郎掌詔誥其年高祖率兵誅僧辯仍進討韋載時任約除嗣徽乘虛襲石頭陵感僧辯舊恩乃往赴約及約等平高祖釋陵不問尋以爲貞威將軍尚書左丞紹泰二年又使于齊還除給事黃門侍郎祕書監高祖受禪加散騎常侍左丞如故天嘉初除太府卿四年遷五兵尚書領大著作六年除散騎常侍御史中丞時安成王頊爲司空以帝弟之尊勢傾朝野直兵鮑叔叡假王威權抑塞辭訟大臣莫敢言者陵聞之乃爲奏彈導從南臺官屬引奏案而入世祖見陵服章嚴肅若不可犯爲斂容正坐陵進讀奏版時安成王殿上侍立仰視世祖流汗失色陵遣殿中御史引王下殿遂劾免侍中中書監自此朝廷肅然天康元年遷吏部尚書領大著作陵以梁末以來選授多失其所於是提舉綱維綜覈名實時有冒進求官諠競不已者陵乃爲書宣示曰自古吏部尚書者品藻人倫簡其才能尋其門冑逐其大小量其官爵梁元帝承侯景之凶荒王太尉接荊州之禍敗爾時喪亂無復典章故使官方窮此紛雜永定之時聖朝草創干戈未息亦無條序府庫空虛賞賜懸乏白銀難得黃札易營權以官階代於錢絹義存撫接無計多少致令員外常侍路上比肩諮議參軍市中無數豈是朝章應其如此今衣冠禮樂日富年華何可猶作舊意非理望也所見諸君多踰本分猶言大屈未喻高懷若問梁朝朱領軍异亦爲卿相此不踰其本分邪此是天子所拔非關選序梁武帝云世間人言有目色我特不目色范悌宋文帝亦云人世豈無運命每有好官缺輒憶羊玄保此則清階顯職不由選也秦有車府令趙高直至丞相漢有高廟令田千秋亦爲丞相此復可爲例邪既忝衡流應須粉墨所望諸賢深明鄙意自是衆咸服焉時論比之毛玠廢帝卽位高宗入輔謀黜異志者引陵預其議高宗纂歷封建昌縣侯邑五百戶太建元年除尚書右僕射二年遷尚書左僕射陵抗表推周弘正王勱等高宗召陵入內殿曰卿何爲固辭此職而舉人乎陵曰周弘正從陛下西還舊藩長史王勱太平相府長史張種帝鄉賢戚若選賢與舊臣宜居後固辭累日高宗苦屬之陵乃奉詔及朝議北伐高宗曰朕意已決卿可舉元帥衆議咸以中權將軍淳于量位重共署推之陵獨曰不然吳明徹家在淮左悉彼風俗將畧人才當今亦無過者於是爭論累日不能決都官尚書裴忌曰臣同徐僕射陵應聲曰非但明徹良將裴忌卽良副也是日詔明徹爲大都督令忌監軍事遂克淮南數十州之地高宗因置酒舉杯屬陵曰賞卿知人陵避席對曰定策出自聖衷非臣之力也其年加侍中餘竝如故七年領國子祭酒南徐州大中正以公事免侍中僕射尋加侍中給扶又除領軍將軍八年加翊右將軍太子詹事置佐史俄遷右光祿大夫餘竝如故十年重爲領軍將軍尋遷安右將軍丹陽尹十三年爲中書監領太子詹事給鼓吹一部侍中將軍右光祿中正如故陵以年老累表求致仕高宗亦優之乃詔將作爲造大齋令陵就第攝事後主卽位遷左光祿大夫太子少傅餘如故至德元年卒時年七十七詔曰愼終有典抑乃舊章令德可甄諒宜追遠侍中安右將軍左光祿大夫太子少傅南徐州大中正建昌縣開國侯陵弱齡學尚登朝秀穎業高名輩文曰詞宗朕近歲承華特相引狎雖多臥疾方期克壯奄然殞逝震悼于懷可贈鎭右將軍特進其侍中左光祿鼓吹侯如故并出舉哀喪事所須量加資給謚曰章陵器局深遠容止可觀性又清簡無所營樹祿俸與親族共之太建中食建昌邑邑戶送米至于水次陵親戚有貧匱者皆令取之數日便盡陵家尋致乏絕府僚怪而問其故陵云我有車牛衣裳可賣餘家有可賣不其周給如此少而崇信釋教經論多所精解後主在東宮令陵講大品經義學名僧自遠雲集每講筵商較四座莫能與抗目有青睛時人以爲聰惠之相也自有陳創業文檄軍書及禪授詔策皆陵所製而九錫尤美爲一代文宗亦不以此矜物未嘗詆訶作者其於後進之徒接引無倦世祖高宗之世國家有大手筆皆陵草之其文頗變舊體緝裁巧密多有新意每一文出手好事者已傳寫成誦遂被之華夷家藏其本後逢喪亂多散失存者三十卷有四子儉份儀僔

儉一名衆幼而修立勤學有志操汝南周弘正重其爲人妻以女梁太清初起家豫章王府行參軍侯景亂陵使魏未反儉時年二十一攜老幼避于江陵梁元帝聞其名召爲尚書金部郎中嘗侍宴賦詩元帝歎賞曰徐氏之子復有文矣江陵陷復還於京師永定初爲太子洗馬遷鎭東從事中郎天嘉三年遷中書侍郎太建初廣州刺史歐陽紇舉兵反高宗令儉持節喻旨紇初見儉盛列仗衞言辭不恭儉曰呂嘉之事誠當已遠將軍獨不見周迪陳寶應乎轉禍爲福未爲晚也紇默然不答懼儉沮其衆不許入城置儉於孤園寺遣人守衞累旬不得還紇嘗出見儉儉謂之曰將軍業已舉事儉須還報天子儉之性命雖在將軍將軍成敗不在於儉幸不見留紇於是乃遣儉從間道馳還高宗乃命章昭達率衆討紇仍以儉悉其形勢敕儉監昭達軍紇平高宗嘉之賜奴婢十人米五百斛除鎭北鄱陽王諮議參軍兼中書舍人累遷國子博士大匠卿餘竝如故尋遷黃門侍郎轉太子中庶子加通直散騎常侍兼尚書左丞以公事免尋起爲中衞始興王限外諮議參軍兼中書舍人又爲太子中庶子遷貞威將軍太子左衞率舍人如故後主立授和戎將軍宣惠晉熙王長史行丹陽郡國事俄以父憂去職尋起爲和戎將軍累遷尋陽內史爲政嚴明盜賊靜息遷散騎常侍襲封建昌侯入爲御史中丞儉性公平無所阿附尚書令江總望重一時亦爲儉所糾劾後主深委任焉又領右軍禎明二年卒份少有父風年九歲爲夢賦陵見之謂所親曰吾幼屬文亦不加此解褐爲祕書郎轉太子舍人累遷豫章王主簿太子洗馬出爲海鹽令甚有治績秩滿入爲太子洗馬份性孝悌陵嘗遇疾甚篤份燒香泣涕跪誦孝經晝夜不息如此者三日陵疾豁然而愈親戚皆謂份孝感所致太建二年卒時年二十二儀少聰警以周易生舉高第爲祕書郎出爲烏傷令禎明初遷尚書殿中郎尋兼東宮學士陳亡入隋開皇九年隱于錢塘之赭山煬帝召爲學士尋除著作郎大業四年卒

孝克陵之第三弟也少爲周易生有口辯能談玄理旣長遍通五經博覽史籍亦善屬文而文不逮義梁太清初起家爲太學博士性至孝遭父憂殆不勝喪事所生母陳氏盡就養之道梁末侯景寇亂京邑大饑餓死者十八九孝克養母饘粥不能給妻東莞臧氏領軍將軍臧盾之女也甚有容色孝克乃謂之曰今饑荒如此供養交闕欲嫁卿與富人望彼此俱濟於卿意如何臧氏弗之許也時有孔景行者爲侯景將富於財孝克密因媒者陳意景行多從左右逼而迎之臧涕泣而去所得穀帛悉以供養孝克又剃髮爲沙門改名法整兼乞食以充給焉臧氏亦深念舊恩數私致饋餉故不乏絕後景行戰死臧伺孝克於途中累日乃見謂孝克曰往日之事非爲相負今旣得脫當歸供養孝克默然無答於是歸俗更爲夫妻後東遊居于錢塘之佳義里與諸僧討論釋典遂通三論每日二時講旦講佛經晚講禮傳道俗受業者數百人天嘉中除郯令非其好也尋復去職太建四年徵爲祕書丞不就乃蔬食長齋持菩薩戒晝夜講誦法華經高宗甚嘉其操行六年除國子博士遷通直散騎常侍兼國子祭酒尋爲眞孝克每侍宴無所食噉至席散當其前膳羞損減高宗密記以問中書舍人管斌斌不能對自是斌以意伺之見孝克取珍果內紳帶中斌當時莫識其意後更尋訪方知還以遺母斌以實啓高宗嗟歎良久乃敕所司自今宴享孝克前餕並遣將還以餉其母時論美之至德中皇太子入學釋奠百司陪列孝克發孝經題後主詔皇太子北面致敬禎明元年入爲都官尚書自晉以來尚書官僚皆攜家屬居省省在臺城內下舍門中有閤道東西跨路通于朝堂其第一卽都官之省西抵閤道年代久遠多有鬼怪每昏夜之際無故有聲光或見人著衣冠從井中出須臾復沒或門閤自然開閉居省者多死亡尚書周確卒於此省孝克代確便卽居之經涉兩載妖變皆息時人咸以爲貞正所致孝克性清素而好施惠故不免飢寒後主敕以石頭津稅給之孝克悉用設齋寫經隨得隨盡二年爲散騎常侍侍東宮陳亡隨例入關家道壁立所生母患欲粳米爲粥不能常辦母亡之後孝克遂常噉麥有遺粳米者孝克對而悲泣終身不復食之焉開皇十年長安疾疫隋文帝聞其名行召令於尚書都堂講金剛般若經尋授國子博士後侍東宮講禮傳十九年以疾卒時年七十三臨終正坐念佛室內有非常異香氣隣里皆驚異之子萬載仕至晉安王功曹史太子洗馬

史臣曰徐孝穆挺五行之秀稟天地之靈聰明特達籠罩今古及締構興王遭逢泰運位隆朝宰獻替謀猷蓋亮直存矣孝克砥身厲行養親逾禮亦參閔之志歟

陳書卷二十六考證

徐陵傳述所製莊子義○義一本誤二

徐陵子儉一名衆○衆南史作報

徐陵弟孝克妻東莞臧氏領軍將軍臧盾之女也○盾一本作質

陳書卷二十七

唐　散　騎　常　侍　姚　思　廉　撰

列傳第二十一

江總　姚察

江總字總持濟陽考城人也晉散騎常侍統之十世孫五世祖湛宋左光祿大夫開府儀同三司忠簡公祖蒨梁光祿大夫有名當代父紑本州迎主簿少居父憂以毀卒在梁書孝行傳總七歲而孤依于外氏幼聰敏有至性舅吳平光侯蕭勱名重當時特所鍾愛嘗謂總曰爾操行殊異神采英拔後之知名當出吾右及長篤學有辭采家傳賜書數千卷總晝夜尋讀未嘗輟手年十八解褐宣惠武陵王府法曹參軍中權將軍丹陽尹何敬容開府置佐史並以貴胄充之仍除敬容府主簿遷尚書殿中郎梁武帝撰正言始畢製述懷詩總預同此作帝覽總詩深降嗟賞仍轉侍郎尚書僕射范陽張纘度支尚書琅邪王筠都官尚書南陽劉之遴並高才碩學總時年少有名纘等雅相推重爲忘年友會之遴嘗酬總詩其畧曰上位居崇禮寺署隣栖息邑闘曉騶唱每畏晨光絶高談意未窮晤對賞無極探急共遨遊休沐忘退食曷用銷鄙吝枉趾覯顔色下上數千載揚搉吐胸臆其爲通人所欽挹如此遷太子洗馬又出爲臨安令還爲中軍宣城王府限內錄事參軍轉太子中舍人及魏國通好勑以總及徐陵攝官報聘總以疾不行侯景寇京都詔以總權兼太常卿守小廟臺城陷總避難崎嶇累年至會稽郡憩於龍華寺乃製修心賦畧序時事其辭曰太清四年秋七月避地于會稽龍華寺此伽藍者余六世祖宋尚書右僕射州陵侯元嘉二十四年之所構也侯之王父晉護軍將軍彪昔莅此邦卜居山陰都陽里貽厥子孫有終焉之志寺域則宅之舊基左江右湖面山背壑東西連跨南北紆縈聊與苦節名僧同銷日用曉脩經戒夕覽圖書寢處風雲憑棲水月不意華戎莫辨朝市傾淪以此傷情情可知矣啜泣濡翰豈攄鬱結庶後生君子憫余此概焉嘉南斗之分次肇東越之靈祕表檜風於韓什著鎮山於周記蘊大禹之金書鐫暴秦之在字太史來而探穴鍾離去而開笥信竹箭之爲珍何球琳之罕値奉盛德之鴻祀寓安禪之古寺寔豫章之舊圖成黄金之勝地遂寂默之幽心若鏡中而遠尋面曾阜之超忽邇平湖之迥深山條偃蹇水葉侵淫挂猿朝落飢鼯夜吟果叢藥苑桃蹊橘林梢雲拂日結暗生陰保自然之雅趣鄙人間之荒雜望島嶼之邅回面江原之重沓泛流月之夜迥曳光煙之曉匝風引蜩而嘶譟雨鳴林而修颸鳥稍狎而知來雲無情而自合爾迺野開靈塔地築禪居喜園迢遞樂樹扶踈經行籍草宴坐臨渠持戒振錫度影甘蔬堅固之林可喻寂滅之場暫如異曲終而悲起非木落而悲始豈降志而辱身不露才而揚己鍾風雨之如晦倦雞鳴之聒耳幸避地而高棲憑調御之遺旨折四辯之微言悟三乘之妙理遣十纏之繫縛祛五惑之塵滓久遺榮於勢利庶忘累於妻子感意氣於疇日寄知音於來祀何遠客之可悲知自憐其何已總第九舅蕭勃先據廣州總又自會稽往依焉梁元帝平侯景徵總爲明威將軍始興內史以郡秩米八百斛給總行裝會江陵陷遂不行總自此流寓嶺南積歲天嘉四年以中書侍郎徵還朝直侍中省累遷司徒右長史掌東宮管記給事黄門侍郎領南徐州大中正授太子中庶子通直散騎常侍東宮中正如故遷左民尚書轉太子詹事中正如故以與太子爲長夜之飲養良娣陳氏爲女太子微行總舍上怒免之尋爲侍中領左驍騎將軍復爲左民尚書領左軍將軍未拜又以公事免尋起爲散騎常侍明烈將軍司徒左長史遷太常卿後主即位除祠部尚書又領左驍騎將軍參掌選事轉散騎常侍吏部尚書尋遷尚書僕射參掌如故至德四年加宣惠將軍量置佐史尋授尚書令給鼓吹一部加扶餘並如故策曰於戲夫文昌政本司會治經韋彪謂之樞機李固方之斗極況其五曹斯綜百揆是諧同冢宰之司專臺閣之任惟爾道業摽峻寓量弘深勝範清規風流以爲准的辭宗學府衣冠以爲領袖故能師長六官具瞻允塞明府八座儀形載遠其端朝握揆朕所望焉往欽哉懋建爾徽猷亮采我邦國可不慎歟禎明二年進號中權將軍京城陷入隋爲上開府開皇十四年卒於江都時年七十六總嘗自叙其畧曰歷升清顯備位朝列不邀世利不涉權幸嘗撫躬仰天太息曰莊青翟位至丞相無迹可紀趙元叔爲上計吏光乎列傳官陳以來未嘗逢迎一物干預一事悠悠風塵流俗之士頗致怨憎榮枯寵辱不以介意太建之世權移羣小謟嫉作威屢被摧黜奈何命也後主昔在東朝留意文藝夙荷昭晉恩紀契闊嗣位之日時寄謬隆儀形天府釐正庶績八法六典無所不統昔晉武帝策荀公曾曰周之冢宰今之尚書令也況復才未半古尸素若茲晉太尉陸玩云以我爲三公知天下無人矣軒冕儻來之一物豈是預要乎弱歲歸心釋教年二十餘入鍾山就靈曜寺則法師受菩薩戒暮齒官陳與攝山布上人遊款深悟苦空更復練戒運善於心行慈於物頗知自勵而不能蔬菲尚染塵勞以此負愧平生耳總之自叙時人謂之實錄總篤行義寛和溫裕好學能屬文於五言七言尤善然傷於浮豔故爲後主所愛幸多有側篇好事者相傳諷翫于今不絶後主之世總當權宰不持政務但日與後主遊宴後庭共陳暄孔範王瑳等十餘人當時謂之狎客由是國政日頽綱紀不立有言之者輒以罪斥之君臣昏亂以至于滅有文集三十卷並行於世焉長子溢字深源頗有文辭性傲誕恃勢驕物雖近屬故友不免詆欺歷官著作佐郎太子舍人洗馬中書黄門侍郎太子中庶子入隋爲秦王文學第七子漼駙馬都尉祕書郎隋給事郎直祕書省學士

姚察字伯審吳興武康人也九世祖信吳太常卿有名江左察幼有至性事親以孝聞六歲誦書萬餘言弱不好弄博奕雜戲初不經心勤苦厲精以夜繼日年十二便能屬文父上開府僧坦知名梁武代二宮禮遇優厚每得供賜皆回給察兄弟爲遊學之資察並用聚蓄圖書由是聞見日博年十三梁簡文帝時在東宮盛脩文義卽引於宣猷堂聽講論難爲儒者所稱及簡文嗣位尤加禮接起家南海王國左常侍兼司文侍郎除南郡王行參軍兼尚書駕部郎值梁室喪亂於金陵隨二親還鄉里時東土兵荒人飢相食告糴無處察家口既多並採野蔬自給察每崎嶇艱阻求請供養之資糧粒恒得相繼又常以己分減推諸弟妹乃至故舊乏絶者皆相分卹自甘唯藜藿而已在亂離之間篤學不廢元帝於荊州卽位父隨朝士例往赴西臺元帝授察原鄉令時邑境蕭條流亡不反察輕其賦役勸以耕種於是戶口殷盛民至今稱焉中書侍郎領著作杜之偉與察深相眷遇表用察佐著作仍撰史永定初拜始興王府功曹參軍尋補嘉德殿學士轉中衛儀同始興王府記室參軍吏部尚書徐陵時領著作復引爲史佐及陵讓官致仕等表並請察製焉陵見歎曰吾弗逮也太建初補宣明殿學士除散騎侍郎左通直尋兼通直散騎常侍報聘于周江左耆舊先在關右者咸相傾慕沛國劉臻竊于公館訪漢書疑事十餘條並爲剖析皆有經據臻謂所親曰名下定無虛士著西聘道里記所叙事甚詳使還補東宮學士于時濟陽江總吳國顧野王陸瓊從弟瑜河南褚玠北地傅縡等皆以才學之美晨夕娛侍察每言論製述咸爲諸人宗重儲君深加禮異情越羣僚宮內所須方幅手筆皆付察立草又數令共野王遞相策問恒蒙賞激遷尚書祠部侍郎此曹職司郊廟昔魏王肅奏祀天地設宮縣之樂八佾之舞爾後因循不革梁武帝以爲事人禮縟事神禮簡古無宮縣之文陳初承用莫有損益高宗欲設備樂付有司立議以梁武帝爲非時碩學名儒朝端在位者咸希上旨並卽注同察乃博引經籍獨違羣議據梁樂爲是當時驚駭莫不慙服僕射徐陵因改同察議其不順時隨俗皆此類也拜宣惠宜都王中錄事參軍帶東宮學士歷仁威淮南王平南建安王二府諮議參軍丁內憂去職俄起爲戎昭將軍知撰梁史事固辭不允後主纂業勑兼東宮通事舍人將軍知撰史如故又勑專知優冊謚議等文筆至德元年除中書侍郎轉太子僕餘並如故初梁季淪沒父僧坦入于長安察蔬食布衣不聽音樂至是凶問因聘使到江南時察母韋氏喪制適除後主以察羸瘠慮加毁頓乃密遣中書舍人司馬申就宅發哀仍勑申專加譬抑爾後又遣申宣旨誡喻曰知比哀毁過禮甚用爲憂卿迥然一身宗奠是寄毁而滅性聖教所不許宜微自遣割以存禮制憂懷既深故有此及尋以忠毅將軍起兼東宮通事舍人察志在終喪頻有陳讓並抑而不許又推表其畧曰臣私門釁禍併罹殃罰偷生晷漏冀申情禮而疢疹相仍苴葈穢質非復人流將畢苫壤豈期朝恩曲覃被之纓紱尋斯寵服彌見慙靦且宮閫祕奧趨奏便繁寧可以茲荒毁所宜叨預伏願至德孝治矜其理奪使殘魂喘息以遂餘生詔答曰省表具懷卿行業淳深聲譽素顯理徇情禮未膺刀筆但參務承華良所期寄允茲抑奪不得致辭也俄勑知著作郎事服闋除給事黄門侍郎領著作察既累居憂服兼齋素日久自免憂後因加氣疾後主嘗別召見見察柴瘠過甚爲之動容乃謂察曰朝廷惜卿卿宜自惜既蔬菲歲久可停持長齋又遣度支尚書王瑳宣旨重加慰喻令從晚食手勑曰卿羸瘠如此齋菲累年不宜一飯有乖將攝若從所示甚爲佳也察雖奉此勑而猶敦宿誓又詔授祕書監領著作如故乃累進讓並優荅不許察在祕書省大加刪正又奏撰中書表集拜散騎常侍尋授度支尚書旬月遷吏部尚書領著作並如故察既博極墳素尤善人物至於姓氏所起枝葉所分官職姻娶興衰高下舉而論之無所遺失且澄鑒之職時人久以梓匠相許及遷選部雅允朝望初吏部尚書蔡徵移中

書令後主方擇其人尚書令江總等咸共薦察勑荅曰姚察非唯學藝優博亦是操行清修典選難才今得之矣乃神筆草詔讀以示察察辭讓甚切別日召入論選事察垂涕拜請曰臣東皐賤族身才庸近情忘遠致念絕脩途項來忝竊久知逾分特以東朝攀奉恩紀謬加今日叨濫非由才舉縱陛下特升庸薄其如朝序何臣九世祖信名高往代當時纔居選部自後罕有繼蹤臣遭逢成擢沐浴恩造累致非據每切妨賢且雖無識頗知審己言行所踐無期榮貴豈意銓衡之重妄委非才且皇明御歷事高昔代羽儀世胄帷幄名臣若授受得宜方爲稱職臣夙陶教義必知不可後主曰選衆之舉僉議所歸昔毛玠雅量清恪盧毓心平體正王蘊銓量得地山濤舉不失才就卿而求必兼此矣且我與卿雖君臣禮隔情分殊常藻鏡人倫良所期寄亦以無慙則悊也察自居顯要甚勵清潔且稟錫以外一不交通嘗有私門生不敢厚餉止送南布一端花練一匹察謂之曰吾所衣著止是麻布蒲練此物於吾無用旣欲相款接幸不煩爾此人遜請猶冀受納察厲色驅出因此伏事者莫敢饋遺陳滅入隋開皇九年詔授祕書丞別勑成梁陳二代史又勑於朱華閣長參文帝知察蔬菲別日乃獨召入內殿賜菓菜乃指察謂朝臣曰聞姚察學行當今無比我平陳唯得此一人十三年襲封北絳郡公察往歲之聘周也因得與父僧坦相見將別之際絕而復蘇至是承襲愈更悲感見者莫不爲之歔欷察幼年嘗就鍾山明慶寺尚禪師受菩薩戒及官陳祿俸皆捨寺起造并追爲禪師樹碑文甚遒麗及是遇見梁國子祭酒蕭子雲書此寺禪齋詩覽之愴然乃用蕭韻述懷爲詠詞又哀切法俗益以此稱之丁後母杜氏喪解職在服制之中有白鳩巢于戶上仁壽二年詔曰前祕書丞北絳郡開國公姚察彊學待問博極羣典脩身立德白首不渝雖在哀疚宜奪情禮可員外散騎常侍封如故又勑侍晉王昭讀煬帝初在東宮數被召見訪以文籍即位之始詔授太子內舍人餘並如故車駕巡幸恒侍從焉及改易衣冠刪正朝式切問近對察一人而已年七十四大業二年終于東都遺命薄葬務從率儉其略曰吾家世素士自有常法吾意斂以法服並宜用布上周於身又恐汝等不忍行此必不爾須松板薄棺纔可周身土周於棺而已葬日止麤車即送厝舊塋北吾在梁世當時年十四就鍾山明慶寺尚禪師受菩薩戒自爾深悟苦空頗知回向矣嘗得留連山寺一去忘歸及仕陳代諸名流遂許與聲價兼時主恩遇官途遂至通顯自入朝來又蒙恩渥旣牽纏人世素志弗從且吾習蔬菲五十餘年旣歷歲時循而不失瞑目之後不須立靈置一小牀每日設清水六齋日設齋食菓菜任家有無不須別經營也初察願讀一藏經並已究竟將終曾無痛惱但西向坐正念云一切空寂其後身體柔軟顏色如恒兩宮悼惜賵賻甚厚察性至孝有人倫鑒識冲虛謙遜不以所長矜人終日恬靜唯以書記爲樂於墳籍無所不覩每有製述多用新奇人所未見咸重富博且專志著書白首不倦手自抄撰無時蹔輟尤好研覈古今諟正文字精采流贍雖老不衰兼諳識內典所撰寺塔及衆僧文章特爲綺密在位多所稱引一善可錄無不賞薦若非分相干咸以理遣盡心事上知無不爲侍奉機密未嘗洩漏且任遇已隆衣冠攸屬深懷退靜避於聲勢清潔自處貲產每虛或有勸營生計笑而不荅穆於親屬篤於舊故所得祿賜咸充周䘏後主所製文筆卷軸甚多乃別寫一本付察有疑悉令刊定察亦推心奉上事在無隱後主嘗從容謂朝士曰姚察達學洽聞手筆典裁精當自古猶難輩匹在於今世足爲師範且訪對甚詳明聽之使人忘倦察每製文筆勑便索本上曰我于姚察文章非唯翫味無已故是一宗匠徐陵名高一代每見察製述尤所推重嘗謂子儉曰姚學士德學無前汝可師之也尚書令江總與察尤篤厚善每有製作必先以簡察然後施用總爲詹事時嘗製登宮城五百字詩當時副君及徐陵以下諸名賢並同此作徐公後謂江曰我所和弟五十韻寄弟集內及江編次文章無復察所和本迹徐此意謂察曰高才碩學庶光拙文今須公所和五百字用偶徐侯章也察謙遜未付江曰若不得公此製僕詩亦須棄本復乖徐公所寄豈得見令兩失察不獲已乃寫本付之爲通人推挹例皆如此所著漢書訓纂三十卷說林十卷西聘玉璽建康三鍾等記各一卷悉窮該博并文集二十卷並行於世察所撰梁陳史雖未畢功隋文帝開皇之時遣內史舍人虞世基索本且進上今在內殿梁陳二史本多是察之所撰其中序論及紀傳有所闕者臨亡之時仍以體例誡約子思廉博訪撰續思廉泣涕奉行思廉在陳爲衡陽王府法曹參軍轉會稽王主簿入隋補漢王府行參軍掌記室尋除河間郡司法大業初內史侍郎虞世基奏思廉踵成梁陳二代史自爾以來稍就補續

史臣曰江總持清標簡貴加潤以辭采及師長六官雅允朝望史臣先臣稟茲令德光斯百行可以厲風俗可以厚人倫至於九流七畧之書名山石室之紀汲郡孔堂之書玉箱金板之文莫不窮研旨奧遍探坎井故道冠人師縉紳以爲準的旣歷職貴顯國典朝章古今疑議後主皆取先臣斷決焉

陳書卷二十七考證

江總傳蘊大禹之金書鐫暴泰之在字○在字疑誤

總之自叙時人謂之實錄○時人謂之實錄南史作時人議其言跡之乖

姚察傳乃神筆草詔讀以示察○神疑伸字之訛

陳書卷二十八

唐　散騎常侍　姚思廉　撰

列傳第二十二

世祖九王　　高宗二十九王

後主十一子

世祖十三男沈皇后生廢帝始興王伯茂嚴淑媛生鄱陽王伯山晉安王伯恭潘容華生新安王伯固劉昭華生衡陽王伯信王充華生廬陵王伯仁張脩容生江夏王伯義韓脩華生武陵王伯禮江貴妃生永陽王伯智孔貴妃生桂陽王伯謀其伯固犯逆別有傳二男早卒本書無名

始興王伯茂字鬱之世祖第二子也初高祖兄始興昭烈王道談仕於梁世爲東宮直閤將軍侯景之亂領弩手二千援臺於城中中流矢卒紹泰二年追贈侍中使持節都督南兗州諸軍事南兗州刺史封義興郡公謚曰昭烈高祖受禪重贈驃騎大將軍太傅揚州牧改封始興郡王邑二千戶王生世祖及高宗高宗以梁承聖末遷于關右至是高祖遙以高宗襲封始興嗣王以奉昭烈王祀永定三年六月高祖崩是月世祖入纂帝位時高宗在周未還世祖以本宗乏饗其年十月下詔曰日者皇基肇建封樹枝戚朕親地攸在特啓大邦弟頊嗣承門祀雖土宇開建蕃饗莫由重以遭家不造閔凶夙遘儲貳遐隔轊車未返猥以眇身膺茲景命式循龜鼎冰谷載懷今旣入奉太宗事絕藩祼始興國廟烝嘗無主瞻言霜露感尋慟絕其徙封嗣王頊爲安成王封第二子伯茂爲始興王以奉昭烈王祀賜天下爲父後者爵一級庶申罔極之情永保山河之祚舊制諸王受封未加戎號者不置佐史於是尚書八座奏曰夫增崇徽號飾表車服所以闡彰厥德下變民望第二皇子新除始興王伯茂體自尊極神姿明穎玉映觽辰蘭芬綺歲清暉美譽日茂月升道鬱平河聲超袞植皇情追感聖性大深以本宗闕緒纂承藩嗣雖珪社是膺而戎章未襲豈所以光崇睿哲寵樹皇枝臣等參議宜加寧遠將軍置佐史詔曰可尋除使持節都督南琅邪彭城二郡諸軍事彭城太守天嘉二年進號宣惠將軍揚州刺史伯茂性聰敏好學謙恭下士又以太子母弟世祖深愛重之是時征北軍人於丹徒盜發晉郗曇墓大獲晉右將軍王羲之書及諸名賢遺跡事覺其書並沒縣官藏于祕府世祖以伯茂好古多以賜之由是伯茂大工草隸甚得右軍之法三年除鎮東將軍開府儀同三司東揚州刺史廢帝即位時伯茂在都劉師知等矯詔出高宗也伯茂勸成之師知等誅後高宗恐伯茂扇動朝廷光大元年乃進號中衞將軍令入居禁中專與廢帝遊處是時四海之望咸歸高宗伯茂深不平日夕憤怨數肆惡言高宗以其無能不以爲意及建安人蔣裕與韓子高等謀反伯茂並陰豫其事二年十一月皇太后令黜廢帝爲臨海王其日又下令曰伯茂輕薄爰自弱齡辜負嚴訓彌肆凶狡常以次居介弟宜秉國權不涯年德逾逞狂躁圖爲禍亂扇動宮闈要招麤險觖望臺閣嗣君喪道由此亂階是諸凶德咸作謀主允宜罄彼司甸刑斯剭人言念皇支尚懷悲灧可特降爲温麻侯宜加禁止別遣就第不意如此言增泫歎時六門之外有別館以爲諸王冠婚之所名爲婚第至是命伯茂出居之於路遇盜殞于車中時年十八

鄱陽王伯山字靜之世祖第三子也偉容儀舉止閑雅喜愠不形於色世祖深器之初高祖時天下草創諸王受封儀注多闕及伯山受封世祖欲重其事天嘉元年七月丙辰尚書八座奏曰臣聞本枝惟允宗周之業以弘盤石旣建皇漢之基斯遠故能協宣五運規範百王式固靈根克隆卜世第三皇子伯山發睿德於鄰年表

岐嶷於丱日光昭丹掖暉映靑闈而玉圭未秉金錫靡篤豈所以敦序維翰建樹藩戚臣等參議宜封鄱陽郡王詔曰可乃遣散騎常侍度支尚書蕭睿持節兼太宰告于太廟又遣五兵尚書王質持節兼太宰告于大社其年十月上臨軒策命之曰於戲夫建樹藩屏翼奬王室欽若前典咸必由之惟爾夙挺珪璋坐知孝敬令德茂親僉譽所集啓建大邦寔惟倫序是用敬遵民瞻錫此圭瑞往欽哉其勉樹聲業永保宗社可不愼歟策訖敕令王公已下並醼於王第仍授東中郎將吳郡太守六年爲緣江都督平北將軍南徐州刺史天康元年進號鎭北將軍高宗輔政不欲令伯山處邊光大元年徙爲鎭東將軍東揚州刺史太建元年徵爲中衞將軍中領軍六年又爲征北將軍南徐州刺史尋爲征南將軍江州刺史十一年入爲護軍將軍加開府儀同三司仍給鼓吹并扶後主卽位進號中權大將軍至德四年出爲持節都督東揚豐二州諸軍事東揚州刺史加侍中餘並如故禎明元年丁所生母憂去職明年起爲鎭衞大將軍開府儀同三司給班劍十人三年正月薨時年四十伯山性寬厚美風儀又於諸王最長後主深敬重之每朝廷有冠婚饗醮之事恒使伯山爲主及丁所生母憂居喪以孝聞後主嘗幸吏部尚書蔡徵宅因往弔之伯山號慟殆絕因起爲鎭衞將軍仍謂羣臣曰鄱陽王至性可嘉又是西第之長豫章已兼司空其亦須遷太尉未及發詔而伯山薨尋値陳亡遂無贈謚長子君範太建中拜鄱陽國世子尋爲貞威將軍晉陵太守未襲爵而隋師至是時宗室王侯在都者百餘人後主恐其爲變乃並召入令屯朝堂使豫章王叔英總督之而又陰爲之備及六軍敗績相率出降因從後主入關至長安隋文帝並配于隴右及河西諸州各給田業以處之初君範與尚書僕射江總友善至是總贈君範書五言詩以敘他鄉離別之意辭甚酸切當世文士咸諷誦之大業二年隋煬帝以後主第六女女婤爲貴人絕愛幸因召陳氏子弟盡還京師隨才敘用由是並爲守宰遍於天下其年君範爲溫令

晉安王伯恭字肅之世祖第六子也天嘉六年立爲晉安王尋爲平東將軍吳郡太守置佐史時伯恭年十餘歲便留心政事官曹治理太建元年入爲安前將軍中護軍遷中領軍尋爲中衞將軍揚州刺史以公事免四年起爲安左將軍尋爲鎭右將軍特進給扶六年出爲安南將軍南豫州刺史九年入爲安前將軍祠部尚書十一年進號軍師將軍尚書右僕射十二年遷僕射十三年遷左僕射十四年出爲安南將軍湘州刺史未拜至德元年爲侍中中衞將軍光祿大夫丁所生母憂去職禎明元年起爲中衞將軍右光祿大夫置佐史扶並如故三年入關隋大業初爲成州刺史太常卿

衡陽王伯信字孚之世祖第七子也天嘉元年衡陽獻王昌自周還朝於道薨其年世祖立伯信爲衡陽王奉獻王祀尋爲宣惠將軍丹陽尹置佐史太建四年爲中護軍六年爲宣毅將軍揚州刺史尋加侍中散騎常侍十一年進號鎭前將軍太子詹事餘並如故禎明元年出爲鎭南將軍西衡州刺史三年隋軍濟江與臨汝侯方慶並爲西衡州刺史王勇所害事在方慶傳

廬陵王伯仁字壽之世祖第八子也天嘉六年立爲廬陵王太建初爲輕車將軍置佐史七年遷冠軍將軍中領軍尋爲平北將軍南徐州刺史十二年爲翊左將軍中領軍禎明元年加侍中國子祭酒領太子中庶子三年入關卒于長安長子番先封湘濱侯隋大業中爲沓陽令

江夏王伯義字堅之世祖第九子也天嘉六年立爲江夏王太建初爲宣惠將軍東揚州刺史置佐史尋爲宣毅將軍持節散騎常侍都督合霍二州諸軍事合州刺史十四年徵爲侍中忠武將軍金紫光祿大夫禎明三年入關遷于瓜州於道卒長子元基先封湘潭侯隋大業中爲穀熟縣令

武陵王伯禮字用之世祖第十子也天嘉六年立爲武陵王太建初爲雲旗將軍持節都督吳興諸軍事吳興太守在郡恣行暴掠驅録民下逼奪財貨前後委積百姓患之太建九年爲有司所劾上曰王年少未達治道皆由佐史不能匡弼所致特降軍號後若更犯必致之以法有司不言與同罪十一年春被代徵還伯禮遂還延不發其年十月散騎常侍御史中丞徐君敷奏曰臣聞車服不俟君命之通規夙夜匪懈臣子之恒節謹案雲旗將軍持節都督吳興諸軍事吳興太守武陵王伯禮昔擅英猷久馳令問惟良寄重枌鄉是屬聖上愛育黔黎留情政本共化求瘼早赴皇心遂復稽緩歸驂取移涼燠遲回去鷁空淹載路淑愼未彰違惰斯在繩愆檢迹以爲懲戒臣等參議以見事免伯禮所居官以王還第謹以白簡奏聞詔曰可禎明三年入關隋大業中爲散騎侍郎臨洮太守

永陽王伯智字策之世祖第十二子也少敦厚有器局博涉經史太建中立爲永陽王尋爲侍中加明威將軍置佐史尋加散騎常侍累遷尚書左僕射出爲使持節都督東揚豐二州諸軍事平東將軍領會稽內史至德二年入爲侍中翊左將軍加特進禎明三年入關隋大業中爲岐州司馬遷國子司業

桂陽王伯謀字深之世祖第十三子也太建中立爲桂陽王七年爲明威將軍置佐史尋爲信威將軍丹陽尹十年加侍中出爲持節都督吳興諸軍事東中郎將吳興太守十一年加散騎常侍至德元年薨子鄱嗣大業中爲番禾令

高宗四十二男柳皇后生後主彭貴人生始興王叔陵曹淑華生豫章王叔英何淑儀生長沙王叔堅宜都王叔明魏昭容生建安王叔卿錢貴妃生河東王叔獻劉昭儀生新蔡王叔齊袁昭容生晉熙王叔文義陽王叔達新會王叔坦王姬生淮南王叔彪巴山王叔雄吳姬生始興王叔重徐姬生尋陽王叔儼淳于姬生岳陽王叔愼王修華生武昌王叔虞韋修容生湘東王叔平施姬生臨賀王叔敖沅陵王叔興曾姬生陽山王叔宣楊姬生西陽王叔穆申婕好生南安王叔儉南郡王叔澄岳山王叔韶太原王叔匡袁姬生新興王叔純吳姬生巴東王叔謨劉姬生臨海王叔顯秦姬生新寧王叔隆新昌王叔榮其皇子叔叡叔忠叔弘叔毅叔訓叔武叔處叔封等八人並未及封叔陵犯逆別有傳三子早卒本書無名

豫章王叔英字子烈高宗第三子也少寬厚仁愛天嘉元年封建安侯太建元年改封豫章王仍爲宣惠將軍都督東揚州諸軍事東揚州刺史五年進號平北將軍南豫州刺史十一年爲鎭前將軍江州刺史後主卽位進號征南將軍尋加開府儀同三司中衞大將軍餘並如故四年進號驃騎大將軍禎明元年給鼓吹一部班劍十人其年遷司空三年隋師濟江叔英知石頭軍戍事尋令入屯朝堂及六軍敗績降于隋將韓擒虎其年入關隋大業中爲涪陵太守長子弘至德元年拜豫章國世子

長沙王叔堅字子成高宗第四子也母本吳中酒家隷高宗微時嘗往飲遂與通及貴召拜淑儀叔堅少傑黠凶虐使酒尤好數術卜筮祝禁鎔金琢玉並究其妙天嘉中封豐城侯太建元年立爲長沙王仍爲東中郎將吳郡太守四年爲宣毅將軍江州刺史置佐史七年進號雲麾將軍郢州刺史未拜轉爲平越中郎將廣州刺史尋爲平北將軍合州刺史八年復爲平西將軍郢州刺史十一年入爲翊左將軍丹陽尹初叔堅與始興王叔陵並招聚賓客各爭權寵甚不平每朝會鹵簿不肯爲先後必分道而趨左右或爭道而鬭至有死者及高宗弗豫叔堅叔陵等並從後主侍疾叔陵陰有異志乃命典藥吏曰切藥刀甚鈍可礪之及高宗崩倉卒之際又命其左右於外取劒左右弗悟乃取朝服所佩木劒以進叔陵怒叔堅在側聞之疑有變伺其所爲及翌日小斂叔陵袖剉藥刀趨進斫後主中項後主悶絕于地皇太后與後主乳母樂安君吳氏俱以身捍之獲免叔堅自後扼叔陵擒之并奪其刀將殺之問後主曰卽盡之爲待也後主不能應叔陵舊多力須臾自奮得脫出雲龍門入于東府城召左右斷靑溪橋道放東城囚以充戰士又遣人往新林追其所部兵馬仍自被甲着白布帽登城西門招募百姓是時衆軍並緣江防守臺內空虛叔堅乃白太后使太子舍人司馬申以後主命召蕭摩訶令討之卽日擒其將戴溫譚騏驎等送臺斬于尚書閣下持其首徇于東城叔陵惶擾不知所爲乃盡殺其妻妾率左右數百人走趨新林摩訶追之斬于丹陽郡餘黨悉擒其年以功進號驃騎將軍開府儀同三司揚州刺史尋遷司空將軍刺史如故是時後主患創不能視事政無大小悉委叔堅決之於是勢傾朝廷叔堅因肆驕縱事多不法後主由是踈而忌之孔範管斌施文慶之徒並東宮舊臣日夜陰持其短至德元年乃詔令卽本號用三司之儀出爲江州刺史未發尋有詔又以爲驃騎將軍重爲司空實欲去其權勢叔堅不自安稍怨望乃爲左道厭魅以求福助刻木爲偶人衣以道士之服施機關能拜跪晝夜於日月下醮之祝詛於上其年冬有人上書告其事案驗並實後主召叔堅囚于西省將殺之其夜令近侍宣敕數之以罪叔堅對曰臣之本心非有他故但欲求親媚耳臣旣犯天憲罪當萬死臣死之日必見叔陵願宣明詔責於九泉之下後主感其前功乃赦之特免所居官以王還第尋起爲侍中鎭左將軍二年又給鼓吹油幢車三年出爲征西將軍荊州刺史四年進號中軍大將軍開府儀同三司禎明二年秩滿還都三年入關遷于瓜州更名叔賢叔賢素貴不知家人生產至是與妃沈氏酤酒以傭保爲事隋大業中爲遂寧郡太守

建安王叔卿字子弼高宗第五子也性質直有材器容貌甚偉太建四年立爲建安王授東中郎將東揚州刺

史七年爲雲麾將軍郢州刺史置佐史九年進號平南將軍湘州刺史後主卽位進號安南將軍又爲侍中鎭右將軍中書令遷中書監禎明三年入關隋大業中爲都官郎上黨通守

宜都王叔明字子昭高宗第六子也儀容美麗舉止和弱狀似婦人太建五年立爲宜都王尋授宣惠將軍置佐史七年授東中郎將東揚州刺史尋爲輕車將軍衞尉卿十三年出爲使持節雲麾將軍南徐州刺史又爲侍中翊右將軍至德四年進號安右將軍禎明三年入關隋大業中爲鴻臚少卿

河東王叔獻字子恭高宗第九子也性恭謹聰敏好學太建五年立爲河東王七年授宣毅將軍置佐史尋爲散騎常侍軍師將軍都督南徐州諸軍事南徐州刺史十二年薨年十三贈侍中中撫將軍司空謚曰康簡子孝寬嗣孝寬以至德元年襲爵河東王禎明三年入關隋大業中爲汶城令

新蔡王叔齊字子肅高宗第十一子也風彩明贍博涉經史善屬文太建七年立爲新蔡王尋爲智武將軍置佐史出爲東中郎將東揚州刺史至德二年入爲侍中將軍佐史如故禎明元年除國子祭酒侍中將軍佐史如故三年入關隋大業中爲尚書主客郎

晉熙王叔文字子才高宗第十二子也性輕險好虛譽頗涉書史太建七年立爲晉熙王尋爲侍中散騎常侍宣惠將軍置佐史進號輕車將軍揚州刺史至德元年授持節都督江州諸軍事江州刺史二年還信威將軍督湘衡武桂四州諸軍事湘州刺史禎明二年秩滿徵爲侍中宣毅將軍佐史如故未還而隋軍濟江破臺城隋漢東道行軍元帥秦王至于漢口時叔文自湘州還朝至巴州乃率巴州刺史畢寶等請降致書於秦王曰竊以天無二日聯明之序不差土無二王尊卑之位乃别今車書混壹文軌大同敢披丹欵申其屈膝秦王得書因遣行軍吏部郗莊與元帥府僚屬等往巴州迎勞叔文叔文於是與畢寶荆州刺史陳紀及文武將吏赴于漢口秦王並厚待之置于賓館隋開皇九年三月梟軍凱旋文帝親幸温湯勞之叔文與陳紀周羅睺荀法尚等并諸降人見于路次數日叔文從後主及諸王侯將相并乘輿服御天文圖籍等並以次行列仍以鐵騎圍之隨晉王秦王等獻凱而入列于廟庭明日隋文帝坐于廣陽門觀叔文又從後主至朝堂南文帝使內史令李德林宣旨責其君臣不能相弼以致喪亡後主與其羣臣並慙懼拜伏莫能仰視叔文獨欣然而有自得之志旬有六日乃上表曰昔在巴州已先送欵乞知此情望異常例文帝雖嫌其不忠而方欲懷柔江表乃授開府拜宜州刺史

淮南王叔彪字子華高宗第十三子也少聰慧善屬文太建八年立爲淮南王尋位侍中仁威將軍置佐史禎明三年入關卒于長安

始興王叔重字子厚高宗第十四子也性質朴無伎藝高宗崩始興王叔陵爲逆誅死其年立叔重爲始興王以奉昭烈王後至德元年爲仁威將軍揚州刺史置佐史二年加使持節都督江州諸軍事江州刺史禎明三年入關隋大業中爲太府少卿卒

尋陽王叔儼字子思高宗第十五子也性凝重舉止方正後主卽位立爲尋陽王至德元年爲侍中仁武將軍置佐史禎明三年入關尋卒

岳陽王叔愼字子敬高宗第十六子也少聰敏十歲能屬文太建十四年立爲岳陽王時年十一至德四年拜侍中智武將軍丹陽尹是時後主尤愛文章叔愼與衡陽王伯信新蔡王叔齊等日夕陪侍每應詔賦詩恒被嗟賞禎明元年出爲使持節都督湘衡桂武四州諸軍事智武將軍湘州刺史三年隋師濟江破臺城前刺史晉熙王叔文還至巴州與巴州刺史畢寶荆州刺史陳紀並降隋行軍元帥清河公楊素兵下荆門別遣其將龐暉將兵畧地南至湘州城內將士莫有固志刻日請降叔愼乃置酒會文武僚吏酒酣叔愼歎曰君臣之義盡於此乎長史謝基伏而流涕湘州助防遂興侯正理在坐乃起曰主辱臣死諸君獨非陳國之臣乎今天下有難實是致命之秋也縱其無成猶見臣節青門之外有死不能今日之機不可猶豫後應者斬衆咸許諾乃刑牲結盟仍遣人詐奉降書於龐暉暉信之克期而入叔愼伏甲待之暉令數百人屯于城門自將左右數十人入于廳事俄而伏兵發縛暉以徇盡擒其黨皆斬之叔愼坐于射堂招合士衆數日之中兵至五千人衡陽太守樊通武州刺史鄔居業皆請赴難未至隋遣中牟公薛冑爲湘州刺史聞龐暉死乃益請兵隋又遣行軍總管劉仁恩救之未至薛冑兵次鵝羊山叔愼遣正理及樊通等拒之因大合戰自旦至于日昃隋軍迭息迭戰而正理兵少不敵於是大敗冑乘勝入城生擒叔愼是時鄔居業率其衆自武州來赴出橫橋江聞叔愼敗績乃頓于新康口隋總管劉仁恩兵亦至橫橋據水置營相持信宿因合戰居業又敗仁恩虜叔愼正理居業及其黨與十餘人秦王斬之于漢口叔愼時年十八

義陽王叔達字子聰高宗第十七子也太建十四年立爲義陽王尋拜仁武將軍置佐史禎明元年除丹陽尹三年入關隋大業中爲內史至絳郡通守

巴山王叔雄字子猛高宗第十八子也太建十四年立爲巴山王禎明三年入關卒于長安

武昌王叔虞字子安高宗第十九子也太建十四年立爲武昌王尋爲壯武將軍置佐史禎明三年入關隋大業中爲高苑令

湘東王叔平字子康高宗第二十子也至德元年立爲湘東王禎明三年入關隋大業中爲湖蘇令

臨賀王叔敖字子仁高宗第二十一子也至德元年立爲臨賀王尋爲仁武將軍置佐史禎明三年入關隋大業初拜儀同三司

陽山王叔宣字子通高宗第二十二子也至德元年立爲陽山王禎明三年入關隋大業中爲涇城令

西陽王叔穆字子和高宗第二十三子也至德元年立爲西陽王禎明三年入關卒于長安

南安王叔儉字子約高宗第二十四子也至德元年立爲南安王禎明三年入關卒于長安

南郡王叔澄字子泉高宗第二十五子也至德元年立爲南郡王禎明三年入關隋大業中爲靈武令

沅陵王叔興字子推高宗第二十六子也至德元年立爲沅陵王禎明三年入關隋大業中爲給事郎

岳山王叔韶字子欽高宗第二十七子也至德元年立爲岳山王尋爲智武將軍置佐史四年除丹陽尹禎明三年入關卒于長安

新興王叔純字子共高宗第二十八子也至德元年立爲新興王禎明三年入關隋大業中爲河北令

巴東王叔謨字子軌高宗第二十九子也至德四年立爲巴東王禎明三年入關隋大業中爲岍陽令

臨海王叔顯字子明高宗第三十子也至德四年立爲臨海王禎明三年入關隋大業中爲鶉觚令

新會王叔坦字子開高宗第三十一子也至德四年立爲新會王禎明三年入關隋大業中爲涉令

新寧王叔隆字子遠高宗第三十二子也至德四年立爲新寧王禎明三年入關卒于長安

新昌王叔榮字子徹高宗第三十三子也禎明二年立爲新昌王三年入關隋大業中爲內黃令

太原王叔匡字子佐高宗第三十四子也禎明二年立爲太原王三年入關隋大業中爲壽光令

後主二十二男張貴妃生皇太子深會稽王莊孫姬生吳興王胤高昭儀生南平王嶷呂淑媛生永嘉王彦邵陵王兢龔貴嬪生南海王虔錢塘王恬張淑華生信義王祗徐淑儀生東陽王恮孔貴人生吳郡王蕃其皇子總觀明綱統沖洽緒緯威辯十一人並未及封

皇太子深字承源後主第四子也少聰慧有志操容止儼然雖左右近侍未嘗見其喜愠以母張貴妃故特爲後主所愛至德元年封始安王邑二千戶尋爲軍師將軍揚州刺史置佐史禎明二年皇太子胤廢後主乃立深爲皇太子三年隋師濟江六軍敗績隋將韓擒虎自南掖門入百僚逃散深時年十餘歲閉閤而坐舍人孔伯魚侍焉隋軍排閤而入深使宣令勞之曰軍旅在途不乃勞也軍人咸敬焉其年入關隋大業中爲枹罕太守

吳興王胤字承業後主長子也太建五年二月乙丑生于東宮母孫姬因產卒沈皇后哀而養之以爲己子時後主年長未有胤嗣高宗因命以爲嫡孫其日下詔曰皇孫初誕國祚方熙思與羣臣共同斯慶內外文武賜帛各有差爲父後者賜爵一級十年封爲永康公後主卽位立爲皇太子胤性聰敏好學執經肄業終日不倦博通大義兼善屬文至德二年躬出太學講孝經講畢又釋奠於先聖先師其日設金石之樂於太學王公卿士及太學生並預宴是時張貴妃孔貴嬪並愛幸沈皇后無寵而近侍左右數於東宮往來太子亦數使人至后所後主疑其怨望甚惡之而張孔二貴妃又日夜構成后及太子之短孔範之徒又於外合成其事禎明二年廢爲吳興王仍加侍中中衞將軍三年入關卒于長安

南平王嶷字承嶽後主第二子也方正有器局年數歲風采舉動有若成人至德元年立爲南平王尋除信武將軍南琅邪彭城二郡太守置佐史遷揚州刺史進號鎭南將軍尋爲使持節都督郢荆湘三州諸軍事征西將軍郢州刺史未行而隋軍濟江禎明三年入關卒于長安

永嘉王彦字承懿後主第三子也至德元年立爲永嘉王尋爲忠武將軍南徐州刺史進號安南將軍授散騎常侍使持節都督江巴東衡三州諸軍事平南將軍江州刺史未行隋師濟江禎明三年入關隋大業中爲襄

武令

南海王虔字承恪後主第五子也至德元年立爲南海王尋爲武毅將軍置佐史進號軍師將軍禎明二年出爲平北將軍南徐州刺史三年入關隋大業中爲涿令

信義王祗字承敬後主第六子也至德元年立爲信義王尋爲壯武將軍置佐史授使持節都督智武將軍瑯邪彭城二郡太守禎明三年入關隋大業中爲通議郎

邵陵王兢字承檢後主第七子也禎明元年立爲邵陵王邑一千戶尋爲仁武將軍置佐史三年入關隋大業中爲國子監丞

會稽王莊字承肅後主第八子也容貌最陋性嚴酷數歲左右有不如意輒剟刺其面或加燒爇以母張貴妃有寵後主甚愛之至德四年立爲會稽王尋爲翊前將軍置佐史除使持節都督揚州諸軍事揚州刺史禎明三年入關隋大業中爲會昌令

東陽王恮字承厚後主第九子也禎明二年立爲東陽王邑一千戶未拜三年入關隋大業中爲通議郎

吳郡王蕃字承廣後主第十子也禎明二年封吳郡王三年入關隋大業中爲涪城令

錢塘王恬字承惔後主第十一子也禎明二年立爲錢塘王邑一千戶三年入關卒于長安

江左自西晉相承諸王開國並以戶數相差爲大小三品大國置上中下三將軍又置司馬一人次國置中下二將軍小國置將軍一人餘官亦准此爲差高祖受命自永定訖于禎明唯衡陽王昌特加殊寵至五千戶其餘大國不過二千戶小國即千戶而舊史殘缺不能別知其國戶數故綴其遺事附于此

史臣曰世祖高宗後主並建藩屏以樹懿親固乃本根隆斯盤石鄱陽王伯山有風采德器亦一代令藩矣岳陽王叔慎屬社稷傾危情哀家國竭誠赴敵志不圖生嗚呼古之忠烈致命斯之謂也

陳書卷二十八考證

始興王伯茂傳時高宗在周未還○宗監本誤祖今從本紀改正

陳書卷二十九

唐　散騎常侍　姚思廉　撰

列傳第二十三

宗元饒　司馬申　毛喜　蔡徵

宗元饒南郡江陵人也少好學以孝敬聞仕梁世解褐本州主簿遷征南府行參軍仍轉外兵參軍及司徒王僧辯幕府初建元饒與沛國劉師知同爲主簿高祖受禪除晉陵令入爲尚書功論郎使齊還爲廷尉正遷大僕卿領本邑大中正中書通事舍人尋轉廷尉卿加通直散騎常侍兼尚書左丞時高宗初即位軍國務廣事無巨細一以咨之臺省號爲稱職遷御史中丞知五禮事時合州刺史陳裒贓汙狼籍遣使就渚斂魚又於六郡乞米百姓甚苦之元饒劾奏曰臣聞建旗求瘼寶寄廉平褰帷恤隱本資仁恕如或貪汙是肆徵賦無猒天網雖疏茲焉弗漏謹案鍾陵縣開國侯合州刺史臣裒因藉多幸預逢抽擢爵由恩被官以私加無德無功坐尸榮貴譙肥之地久淪非所皇威剋復物仰仁風新邦用輕彌俟寬惠應斯作牧其寄尤重爰降曲恩祖行宣室親承規誨事等言提雖廉潔之懷誠無素蓄而稟茲嚴訓可以厲精遂乃擅行賦斂專肆貪取求粟不猒愧王沉之出賑徵魚無限異羊續之懸枯寘以嚴科實惟明憲臣等參議請依旨免裒所應復除官其應禁錮及後選左降本資悉依免官之法遂可其奏吳興太守武陵王伯禮豫章內史南康嗣王方泰並驕蹇放橫元饒案奏之皆見削黜元饒性公平善持法諳曉故事明練治體吏有犯法政不便民及於名教不足者隨事糾正多所裨益遷貞威將軍南康內史以秩米三千餘斛助民租課存問高年拯救乏絕百姓甚賴焉以課最入朝詔加散騎常侍荊雍湘巴武五州大中正尋以本官重領尚書左丞又爲御史中丞歷左民尚書右衛將軍領前將軍吏部尚書太建十三年卒時年六十四詔贈侍中金紫光祿大夫官給喪事

司馬申字季和河內溫人也祖慧遠梁都水使者父玄通梁尚書左民郎申早有風槩十四便善弈棋嘗隨父候吏部尚書到仲舉時梁州刺史陰子春領軍朱异在焉子春素知申即於坐所呼與對弈申每有妙思异觀而奇之因引申遊處梁邵陵王爲丹陽尹以申爲主簿屬太清之難父母俱沒因此自誓菜食終身梁元帝承制起爲開遠將軍遷鎮西外兵記室參軍及侯景寇郢州申隨都督王僧辯據巴陵每進籌策皆見行用僧辯歎曰此生要鞬汗馬或非所長若使撫衆守城必有奇績僧辯之討陸納也申在軍中于時賊衆奄至左右披靡申躬蔽僧辯蒙楯而前會裴之橫救至賊乃退僧辯顧申而笑曰仁者必有勇豈虛言哉除散騎侍郎紹泰初遷儀同侯安都從事中郎高祖受禪除安東臨川王諮議參軍天嘉三年遷征北諮議參軍兼廷尉監五年除鎮東諮議參軍兼起部郎出爲戎昭將軍江乘令甚有治績入爲尚書金部郎遷左民郎以公事免太建初起爲貞威將軍征南鄱陽王諮議參軍九年除秣陵令在職以清能見紀有白雀巢于縣庭秩滿頃之預東宮賓客尋兼東宮通事舍人遷員外散騎常侍舍人如故及叔陵之肆逆也事既不捷出據東府申馳召右衛蕭摩訶帥兵先至追斬之因入城中收其府庫後主深嘉之以功除太子左衛率封文始縣伯邑四百戶兼中書通事舍人尋遷右衛將軍加通直散騎常侍以疾還第就加散騎常侍右衛舍人如故至德四年卒後主嗟悼久之下詔曰慎終追遠欽若舊則闔棺定謚抑乃前典故散騎常侍右衛將軍文始縣開國伯申忠肅在公清正立己治繁處約投軀殉義朕任寄情深方康庶績奄然化往傷惻于懷可贈侍中護軍將軍進爵爲侯增邑爲五百戶謚曰忠給朝服一具衣一襲剋日舉哀喪事所須隨由資給及葬後主自製誌銘辭情傷切卒章曰嗟乎天不與善殲我良臣其見幸如此申歷事三帝內掌機密至於倉卒之間軍國大事指麾斷決無有滯留子琇嗣官至太子舍人

毛喜字伯武滎陽陽武人也祖稱梁散騎侍郎父栖忠梁尚書比部侍郎中權司馬喜少好學善草隸起家梁中衛西昌侯行參軍尋遷記室參軍高祖素知於喜及鎮京口命喜與高宗俱往江陵仍勑高宗曰汝至西朝可諮稟毛喜喜與高宗同謁梁元帝即以高宗爲領直喜爲尚書功論侍郎及江陵陷喜及高宗俱遷關右世祖即位喜自周還進和好之策朝廷乃遣周弘正等通聘及高宗反國喜於郢州奉迎又遣喜入關以家屬爲請周冢宰宇文護執喜手曰能結二國之好者卿也仍迎柳皇后及後主還天嘉三年至京師高宗時爲驃騎將軍仍以喜爲府諮議參軍領中記室府朝文翰皆喜詞也世祖嘗謂高宗曰我諸子皆以伯爲名汝諸兒宜用叔爲稱高宗以訪于喜喜即條牒自古名賢杜叔英虞叔卿等二十餘人以啓世祖世祖稱善世祖崩廢帝沖昧高宗錄尚書輔政僕射到仲舉等知朝望有歸乃矯太后令遣高宗還東府當時疑懼無敢措言喜即馳入謂高宗曰陳有天下日淺海內未夷兼國禍併鍾萬邦危懼皇太后深惟社稷至計令王入省方當共康庶績比德伊周今日之言必非太后之意宗社之重願加三思以喜之愚須更聞奏無使姦賊得肆其謀竟如其策右衛將軍韓子高始與仲舉通謀其事未發喜請高宗曰宜簡選人馬配與子高并賜鐵炭使修器甲高宗驚曰子高謀反即欲收執何爲更如是邪喜荅曰山陵始畢邊寇尚多而子高受委前朝名爲杖順然甚輕狷恐不時授首脫其稽誅或愆王度宜推心安誘使不自疑圖之一壯士之力耳高宗深然之卒行其計高宗即位除給事黃門侍郎兼中書舍人典軍國機密高宗將議北伐勑喜撰軍制凡十三條詔頒天下文多不載尋遷太子右衛率右衛將軍以定策功封東昌縣侯邑五百戶又以本官行江夏武陵桂陽三王府國事太建三年丁母憂去職詔追贈喜母庾氏東昌國太夫人賜布五百匹錢三十萬官給喪事又遣員外散騎常侍杜緬圖其墓田高宗親與緬案圖指畫其見重如此尋起爲明威將軍右衛舍人如故改授宣遠將軍義興太守尋以本號入爲御史中丞服闋加散騎常侍五兵尚書參掌選事及衆軍北伐得淮南地喜陳安邊之術高宗納之即日施行又問喜曰我欲進兵彭汴於卿意如何喜對曰臣實才非智者安敢預兆未然竊以淮左新平邊民未乂周氏始吞齊國難與爭鋒豈以弊卒疲兵復加深入且棄舟檝之工踐車騎之地去長就短非吳人所便臣愚以爲不若安民保境寢兵復約然後廣募英奇順時而動斯久長之術也高宗不從後吳明徹陷周高宗謂喜曰卿之所言驗於今矣十二年加侍中十三年授散騎常侍丹陽尹遷吏部尚書常侍如故及高宗崩叔陵構逆勑中庶子陸瓊宣旨令南北諸軍皆取喜處分賊平又加侍中增封并前九百戶至德元年授信威將軍永嘉內史加秩中二千石初高宗委政於喜喜亦勤心納忠多所匡益數有諫諍事並見從由是十餘年間江東狹小遂稱全盛唯略地淮北不納喜謀而吳明徹竟敗高宗深悔之謂袁憲曰不用毛喜計遂令至此朕之過也喜既益親乃言無回避而皇太子好酒德每共幸人爲長夜之宴喜嘗爲言高宗以誡太子太子陰患之至是稍見疏遠初後主爲始興王所傷及瘡愈而自慶置酒於後殿引江總以下展樂賦詩醉而命喜于時山陵初畢未及踰年喜見之不懌欲諫而後主已醉

喜升階佯爲心疾仆于階下移出省中後主醒乃疑之謂江總曰我悔召毛喜知其無疾但欲阻我懽宴非我所爲故姦詐耳乃與司馬申謀曰此人負氣我欲將乞鄱陽兄弟聽其報讎可乎對曰終不爲官用願如聖旨傅縡爭之曰不然若許報讎欲置先皇何地後主曰當乞一小郡勿令見人事耳乃以喜爲永嘉內史喜至郡不受俸秩政弘清靜民吏便之遇豐州刺史章大寶舉兵反郡與豐州相接而素無備禦喜乃修治城隍嚴飾器械又遣所部松陽令周磻領千兵援建安賊平授南安內史禎明元年徵爲光祿大夫領左驍騎將軍喜在郡有惠政乃徵入朝道路追送者數百里其年道病卒時年七十二有集十卷子處沖嗣官至儀同從事中郎中書侍郎

蔡徵字希祥侍中中撫軍將軍景歷子也幼聰敏精識彊記年六歲詣梁吏部尚書河南褚翔翔字仲舉嗟其穎悟七歲丁母憂居喪如成人禮繼母劉氏性悍忌視之不以道徵供侍益謹初無怨色徵本名覽景歷以爲有王祥之性更名徵字希祥梁承聖初高宗爲南徐州刺史召補迎主簿尋授太學博士天嘉初遷始興王府法曹行參軍歷外兵參軍尚書主客郎所居以幹理稱太建初遷太子少傅丞新安王主簿通直散騎侍郎晉安王功曹史太子中舍人兼東宮領直中舍人如故丁父憂去職服闋襲封新豐縣侯授戎昭將軍鎮右新安王諮議參軍至德二年遷廷尉卿尋爲吏部郎遷太子中庶子中書舍人掌詔誥尋授左民尚書與僕射江總知撰五禮事尋加寧遠將軍後主器其才幹任寄日重遷吏部尚書安右將軍每十日一往東宮於太子前論述古今得喪及當時政務又勑以廷尉寺獄事無大小取徵議決俄有勑遣徵收募兵士自爲部曲徵善撫卹得物情旬月之間衆近一萬徵位望既重兼聲勢熏灼物議咸忌憚之尋徙爲中書令將軍如故中令清簡無事或云徵有怨言事聞後主後主大怒收奪人馬將誅之有固諫者獲免禎明三年隋軍濟江後主以徵有幹用權知中領軍日夜勤苦備盡心力後主嘉焉謂曰事寧有以相報及決戰於鍾山南崗勑徵守宮城西北大營尋令督衆軍戰事城陷隨例入關徵美容儀有口辯多所詳究至於士流官宦皇家戚屬及當朝制度憲章儀軌戶口風俗山川土地問無不對然性頗便佞進取不能以退素自業初拜吏部尚書啓後主借鼓吹後主謂所司曰鼓吹軍樂有功乃授蔡徵不自量揆紊我朝章然其父景歷既有締構之功宜且如所啓拜訖即追還徵不修廉隅皆此類也隋文帝聞其敏贍召見顧問言輒會旨然累年不調久之除太常丞歷尚書民部儀曹郎轉給事卒時年六十七子翼治尚書官至司徒屬德教學士入隋爲東宮學士

史臣曰宗元饒夙夜匪懈濟務益時司馬申清恪在朝攻苦立行加之以忠節美矣毛喜深達事機匡贊時主蔡徵聰敏才贍而擅權自躓惜哉

陳書卷三十

唐 散騎常侍 姚思廉 撰

列傳第二十四

蕭濟 陸瓊子從典
顧野王 傅縡章華

蕭濟字孝康東海蘭陵人也少好學博通經史諮梁武帝左氏疑義三十餘條尚書僕射范陽張纘太常卿南陽劉之遴並與濟討論纘等莫能抗對解褐梁祕書郎遷太子舍人預平侯景之功封松陽縣侯邑五百戶及高祖作鎮徐方以濟爲明威將軍征北長史承聖二年徵爲中書侍郎轉通直散騎常侍世祖爲會稽太守又以濟爲宣毅府長史遷司徒左長史世祖即位授侍中尋遷太府卿丁所生母憂不拜濟毗佐二主恩遇甚篤賞賜加於凡等歷守蘭陵陽羨臨津臨安等郡所在皆著聲績太建初入爲五兵尚書與左僕射徐陵特進周弘正度支尚書王瑒散騎常侍袁憲俱侍東宮復爲司徒長史尋授度支尚書領羽林監遷國子祭酒領羽林如故加金紫光祿大夫兼安德宮衛尉尋遷仁威將軍揚州長史高宗嘗勑取揚州曹事躬自省覽見濟條理詳悉文無滯害乃顧謂左右曰我本期蕭長史長於經傳不言精練繁劇乃至於此遷祠部尚書加給事中復爲金紫光祿大夫未拜而卒時年六十六詔贈本官官給喪事

陸瓊字伯玉吳郡吳人也祖完梁琅邪彭城二郡丞父雲公梁給事黃門侍郎掌著作瓊幼聰惠有思理六歲爲五言詩頗有詞采大同末雲公受梁武帝詔校定棊品到溉朱异以下並集瓊時年八歲於客前覆局由是京師號曰神童异言之武帝有勑召見瓊風神警亮進退詳審帝甚異之十一丁父憂毀瘠有至性從祖襄歎曰此兒必荷門基所謂一不爲少及侯景作逆攜母避地于縣之西鄉勤苦讀書晝夜無怠遂博學善屬文永定中州舉秀才天嘉元年爲寧遠始興王府法曹行參軍尋以本官兼尚書外兵郎以文學轉兼殿中郎滿歲爲眞瓊素有令名深爲世祖所賞及討周迪陳寶應等都官符及諸大手筆並中勑付瓊遷新安王文學掌東宮管記及高宗爲司徒妙簡僚佐吏部尚書徐陵薦瓊於高宗曰新安王文學陸瓊見識優敏文史足用進居郎署歲月過淹左西掾缺允膺茲選階次小踰其屈滯已積乃除司徒左西掾尋兼通直散騎常侍聘齊太建元年重以本官掌東宮管記除太子庶子兼通事舍人轉中書侍郎太子家令長沙王爲江州刺史不循法度高宗以王年少授瓊長史行江州府國事帶尋陽太守瓊以母老不欲遠出太子亦固請留之遂不行累遷給事黃門侍郎領羽林監轉太子中庶子領步兵校尉又領大著作撰國史後主即位直中書省掌詔誥俄授散騎常侍兼度支尚書領揚州大中正至德元年除度支尚書參掌詔誥并判廷尉建康二獄事初瓊父雲公奉梁武帝勑撰嘉瑞記瓊述其旨而續焉自永定訖于至德勒成一家之言遷吏部尚書著作如故瓊詳練譜諜雅鑒人倫先是吏部尚書宗元饒卒右僕射袁憲舉瓊高宗未之用也至是居之號爲稱職後主甚委任焉瓊性謙儉不自封植雖位望日隆而執志愈下園池室宇無所改作車馬衣服不尚鮮華四時祿俸皆散之宗族家無餘財暮年深懷止足思避權要恒謝病不視事俄丁母憂去職初瓊之侍東宮也母隨在官舍後主賞賜優厚及喪柩還鄉詔加賻贈并遣謁者黃長貴持冊奠祭後主又自製誌銘朝野榮之瓊哀慕過毀以至德四年卒時年五十詔贈領軍將軍官給喪事有集二十卷行於世長子從宜仕至武昌王文學第三子從典字由儀幼而聰敏八歲讀沈約集見回文研銘從典援筆擬之便有佳致年十三作柳賦其詞甚美瓊時爲東宮管記宮僚並一時俊偉瓊示以此賦咸奇其異才從父瑜特所賞愛及瑜將終家中墳籍皆付從典從典乃集瑜文爲十卷仍製集序其文甚工從典篤好學業博涉羣書於班史尤所屬意年十五本州舉秀才解褐著作佐郎轉太子舍人時後主賜僕射江總并其父瓊詩總命從典爲謝啓俄頃便就文華理暢總甚異焉尋授信義王文學轉太子洗馬又遷司徒左西掾兼東宮學士丁父憂去職尋起爲德教學士固辭不就後主勑留一員以待從典俄屬金陵淪沒隨例遷關右仕隋爲給事郎兼東宮學士又除著作佐郎右僕射楊素奏從典續司馬遷史記迄于隋其書未就值隋末喪亂寓居南陽郡以疾卒時年五十七

顧野王字希馮吳郡吳人也祖子喬梁東中郎武陵王府參軍事父烜信威臨賀王記室兼本郡五官掾以儒術知名野王幼好學七歲讀五經畧知大旨九歲能屬文嘗製日賦領軍朱异見而奇之年十二隨父之建安撰建安地記二篇長而遍觀經史精記嘿識天文地理蓍龜占候蟲篆奇字無所不通梁大同四年除太學博士遷中領軍臨賀王府記室宣城王爲揚州刺史野王及琅邪王褒並爲賓客王甚愛其才野王又善丹青王於東府起齋乃令野王畫古賢命王褒書贊時人稱爲二絕及侯景之亂野王丁父憂歸本郡乃召募鄉黨數百人隨義軍援京邑野王體素清羸裁長六尺又居喪過毀殆不勝衣及杖戈被甲陳君臣之義逆順之理抗辭作色見者莫不壯之京城陷野王逃會稽尋往東陽與劉歸義合軍據城拒賊侯景平太尉王僧辯深嘉之使監海鹽縣高祖作宰爲金威將軍安東臨川王府記室參軍尋轉府諮議參軍天嘉元年勑補撰史學士尋加招遠將軍光大元年除鎮東鄱陽王諮議參軍太建二年遷國子博士後主在東宮野王兼東宮管記本官如故六年除太子率更令尋領大著作掌國史知梁史事兼東宮通事舍人時宮僚有濟陽江總吳國陸瓊北地傅縡吳興姚察並以才學顯著論者推重焉遷黃門侍郎光祿卿知五禮事餘官並如故十三年卒時年六十三詔贈祕書監至德二年又贈右衛將軍野王少以篤學至性知名在物無過辭失色觀其容貌似不能言及其勵精力行皆人所莫及第三弟充國早卒野王撫養孤幼恩義甚厚其所撰著玉篇三十卷輿地志三十卷符瑞圖十卷顧氏譜傳十卷分野樞要一卷續洞冥紀一卷玄象表一卷並行於世又撰通史要畧一百卷國史紀傳二百卷未就而卒有文集二十卷

傅縡字宜事北地靈州人也父彝梁臨沂令縡幼聰敏七歲誦古詩賦至十餘萬言長好學能屬文梁太清末攜母南奔避難俄丁母憂在兵亂之中居喪盡禮哀毀骨立士友以此稱之後依湘州刺史蕭循循頗好士廣集墳籍縡肆志尋閱因博通羣書王琳聞其名引爲府記室琳敗隨琳將孫瑒還都時世祖使顏晃賜瑒雜物瑒託縡啓謝詞理優洽文無加點晃還言之世祖召爲撰史學士除司空府記室參軍遷驃騎安成王中記室

撰史如故綽篤信佛教從興皇寺惠朗法師受三論盡通其學時有大心暠法師著無諍論以詆之綽乃爲明道論用釋其難其畧曰無諍論言比有弘三論者雷同訶詆恣言罪狀歷毁諸師非斥衆學論中道而執偏心語忘懷而競獨勝方學數論更爲讐敵讐敵既搆諍鬭大生以此之心而成罪業罪業不止豈不重增生死大苦聚集答曰三論之興爲日久矣龍樹創其源除內學之偏見提婆揚其旨蕩外道之邪執欲使大化流而不擁玄風闡而無墜其言曠其意遠其道博其流深斯固龍象之騰驤鯤鵬之摶運蹇乘決羽豈能觖望其間哉頃代澆薄時無曠士苟習小學以化蒙心漸染成俗遂迷正路唯競穿鑿各肆營造枝葉徒繁本源日翳一師解釋復異一師更改舊宗各立新意同學之中取寤復別如是展轉添糅倍多總而用之心無的准擇而行之何者爲正豈不渾沌傷竅嘉樹弊牙雖復人說非馬家握靈蛇以無當之巵同畫地之餅矣其於失道不亦宜乎攝山之學則不如是守一遵本無改作之過約文申意杜臆斷之情言無預說理非宿構覩緣爾乃應見敵然後動縱橫絡繹忽恍杳冥或彌綸而不窮或消散而無所煥乎有文章蹤朕不可得深乎不可量卽事而非遠凡相酬對隨理詳覈有何嫉詐干犯諸師且諸師所說爲是可毁爲不可毁若可毁者毁故爲衰若不可毁毁自不及法師何獨蔽護不聽毁乎且教有大小備在聖諦大乘之文則指斥小道今弘大法寧得不言大乘之意耶斯則褒貶之事從弘放學與奪之辭依經議論何得見佛說而信順在我語而忤逆無諍平等心如是耶且忿恚煩惱凡夫恒性失理之徒率皆有此豈可以三修未愜六師懷恨而蘊涅槃妙法永不宣揚但冀其忿憤之心既極恬淡之寤自成耳人面不同其心亦異或有辭意相反或有心口相符豈得必謂他人說中道而心偏執己行無諍外不違而內平等讐敵鬭訟豈我事焉罪業聚集鬬諍者所畏耳無諍論言攝山大師誘進化導則不如此卽習行於無諍者也導悟之德既往淳一之風已澆競勝之心阿毁之曲盛於茲矣吾願息諍以通道讓勝以忘德何必排拂異家生其恚怒者乎若以中道之心行於成實亦能不諍若以偏著之心說於中論亦得有諍固知諍與不諍偏在一法答曰攝山大師實無諍矣但法師所賞未衷其節彼靜守幽谷寂爾無爲凡有訓勉莫匪同志從容語嘿物無間然故其意雖深其言甚約今之敷暢地勢不然處王城之隅居聚落之內呼吸顧望之客脣吻縱橫之士奮鋒穎勵羽翼明目張膽被堅執銳騁異家衒别解窺伺閒隙邀冀長短與相酬對摘其輕重豈得默默無言唯唯應命必須掎摭同異發擿玭瑕忘身而弘道忤俗而通教以此爲病益知未達若令大師當此之地亦何必默已而爲法師所貴耶法師又言吾願息諍以通道讓勝以忘德道德之事不止在諍與不諍讓與不讓也此語直是人間所重法師慕而言之竟未知勝若爲可讓也若他人道高則自勝不勞讓矣他人道劣則雖讓而無益矣欲讓之辭將非虛設中道之心無處不可成實三論何事致乖但須息守株之解除膠柱之意是事皆中也來旨言諍與不諍偏在一法何爲獨褒無諍耶詎非矛楯無諍論言邪正得失勝負是非必生於心矣非謂所說之法而有定相論勝劣也若異論是非以偏著爲失言無是無非消彼得失以此論爲勝妙者他論所不及此亦爲失也何者凡心所破豈無心於能破則勝負之心不忘寧不存勝者乎斯則矜我爲得棄他之失卽有取舍大生是非便是增諍答曰言爲心使心受言詮和合根塵鼓動風氣故成語也事必由心實如來說至於心造僞以使口口行詐以應心外和而內險言隨而意逆求利養引聲名入道之人在家之士斯輩非一聖人所以曲陳教誡深致防杜說見在之殃咎敍將來之患害此文明著甚於日月猶有忘愛軀冐峻制蹈湯炭甘齏粉必行而不顧也豈能悅無諍之作而回首革音耶若弘道之人宣化之士心知勝也口言勝也心知劣也口言劣也亦無所苞藏亦無所忌憚但直心而行之耳他道雖劣聖人之教也己德雖優亦聖人之教也我勝則聖人勝他劣則聖人劣聖人之優劣蓋根緣所宜爾於彼於此何所厚薄哉雖復終日按劒極夜擊柝瞋目以爭得失作氣以求勝負在誰處乎有心之與無心徒欲分別虛空耳何意不許我論說而使我謙退此謂鵷鶵已翔於寥廓而虞者猶窺藪澤而求之嗟乎丈夫當弘斯道矣無諍論言無諍之道通於內外子所言須諍者此用末而救本失本而營末者也今爲子言之何則若依外典尋書契之前至淳之世朴質其心行不言之教當于此時民至老死不相往來而各得其所復有何諍乎固知本來不諍是物之眞矣答曰諍與無諍不可偏執本之與末又安可知由來不諍寧知非末於今而諍何驗非本夫居後而望前則爲前居前而望後則爲後而前後之事猶如彼此彼呼此爲彼此呼彼爲彼彼此之名的居誰處以此言之萬事可知矣本末前後是非善惡可恒守邪何得自信聰明廢他耳目夫水泡生滅火輪旋轉入牢穽受羈紲生憂畏起煩惱其失何哉不與道相應而起諸見故也相應者則不然無爲也無不爲也善惡不能偕而未曾離善惡生死不能至亦終然在生死故得永離而任放焉是以聖人念繞桎之不脫愍黏膠之難離故殷勤敎示備諸便巧希向之徒涉求有類雖驎角難成象形易失寧得不髣髴遐路勉勵短晨且當念己身之善惡莫揣他物而欲分別而言我聰明我知見我計校我思惟以此而言亦爲疎矣他人者實難測或可是凡夫眞爾亦可是聖人俯同時俗所宜見果報所應覩安得肆胷衿盡情性而生譏誚乎正應虛己而遊乎世俛仰於電露之間耳明月在天衆水咸見清風在林羣籟畢響吾豈逆物哉不入鮑魚不甘腐鼠吾豈同物哉誰能知我共行斯路浩浩堂堂乎豈復見有諍爲非無諍爲是此則諍者自諍無諍者自無諍吾俱取而用之寧勞法師費功夫點筆紙但申於無諍弟子疲脣舌消晷漏唯對於明道戲論於糟粕哉必欲且考眞僞蹔觀得失無過依賢聖之言檢行藏之理始終研究表裏綜覈使浮辭無所用詐道自然消請待後筵以觀其妙矣尋以本官兼通直散騎侍郎使齊還除散騎侍郎鎮南始興王諮議參軍兼東宮管記歷太子庶子僕兼管記如故後主卽位遷祕書監右衞將軍兼中書通事舍人掌詔誥綽爲文典麗性又敏速雖軍國大事下筆輒成未嘗起草沉思者亦無以加焉甚爲後主所重然性木彊不持檢操負才使氣陵侮人物朝士多銜之會施文慶沈客卿以便佞親幸專制衡軸而綽益疎文慶等因共譖綽受高麗使金後主收綽下獄綽素剛因憤恚乃於獄中上書曰夫君人者恭事上帝子愛下民省嗜欲遠諂佞未明求衣日旰忘食是以澤被區宇慶流子孫陛下頃來酒色過度不虔郊廟之神專媚淫昬之鬼小人在側宦豎弄權惡忠直若仇讐視生民如草芥後宮曳綺繡廐馬餘菽粟百姓流離僵尸蔽野貨賂公行帑藏損耗神怒民怨衆叛親離恐東南王氣自斯而盡書奏後主大怒頃之意稍解遣使謂綽曰我欲赦卿卿能改過不綽對曰臣心如面臣面可改則臣心可改後主於是益怒令宦者李善慶窮治其事遂賜死獄中時年五十五有集十卷行於世時有吳興章華字仲宗家世農夫至華獨好學與士君子遊處頗覽經史善屬文侯景之亂乃遊嶺南居羅浮山寺專精習業歐陽頠爲廣州刺史署爲南海太守及歐陽紇敗乃還京師太建中高宗使吏部侍郎蕭引喻廣州刺史馬靖令入子爲質引奏華與俱行使還而高祖崩後主卽位朝臣以華素無伐閱競排抵之乃除大市令既雅非所好乃辭以疾鬱鬱不得志禎明初上書極諫其大略曰昔高祖南平百越北誅逆虜世祖東定吳會西破王琳高宗克復淮南辟地千里三祖之功亦至勤矣陛下卽位于今五年不思先帝之艱難不知天命之可畏溺於嬖寵惑於酒色祀七廟而不出拜妃嬪而臨軒老臣宿將棄之草莽諂佞讒邪昇之朝廷今疆埸日蹙隋軍壓境陛下如不改弦易張臣見麋鹿復遊於姑蘇臺矣書奏後主大怒卽日命斬之

史臣曰蕭濟陸瓊俱以才學顯著顧野王博極羣典傅縡聰警特達竝一代之英靈矣然縡不能循道進退遂寘極網悲夫

陳書卷三十一

唐　散　騎　常　侍　姚　思　廉　撰

列傳第二十五

蕭摩訶 子世廉　任忠

樊毅 弟猛　魯廣達

蕭摩訶字元胤蘭陵人也祖靚梁右將軍父諒梁始興郡丞摩訶隨父之郡年數歲而父卒其姑夫蔡路養時在南康乃收養之稍長果毅有勇力侯景之亂高祖赴援京師路養起兵拒高祖摩訶時年十三單騎出戰軍中莫有當者及路養敗摩訶歸于侯安都安都遇之甚厚自此常隸安都征討及任約徐嗣徽引齊兵爲寇高祖遣安都北拒齊軍於鍾山龍尾及北郊壇安都謂摩訶曰卿驍勇有名千聞不如一見摩訶對曰今日令公見矣及戰安都墜馬被圍摩訶獨騎大呼直衝齊軍齊軍披靡因稍解去安都乃免天嘉初除本縣令以平留異歐陽紇之功累遷巴山太守太建五年衆軍北伐摩訶隨都督吳明徹濟江攻秦郡時齊遣大將尉破胡等率衆十萬來援其前隊有蒼頭犀角大力之號皆身長八尺膂力絕倫其鋒甚銳又有西域胡妙於弓矢弦無虛發衆軍尤憚之及將戰明徹謂摩訶曰若殪此胡則

彼軍奪氣君有關張之名可斬顏艮矣摩訶曰願示其形狀當爲公取之明徹乃召降人有識胡者云胡著絳衣樺皮裝弓兩端骨弭明徹遣人覘伺知胡在陣乃自酌酒以飲摩訶摩訶飲訖馳馬衝齊軍胡挺身出陣前十餘步彀弓未發摩訶遙擲銑鋧正中其額應手而仆齊軍大力十餘人出戰摩訶又斬之於是齊軍退走以功授明毅將軍員外散騎常侍封廉平縣伯邑五百戶尋進爵爲侯轉太僕卿餘如故七年又隨明徹進圍宿預擊走齊將王康德以功除晉熙太守九年明徹進軍呂梁與齊人大戰摩訶率七騎先入手奪齊軍大旗齊衆大潰以功授持節武毅將軍譙州刺史及周武帝滅齊遣其將宇文忻率衆爭呂梁戰於龍晦時忻有精騎數千摩訶領十二騎深入周軍縱橫奮擊斬馘甚衆及周遣大將軍王軌來赴結長圍連鏁於呂梁下流斷大軍還路摩訶謂明徹曰聞王軌始鏁下流其兩頭築城今尚未立公若見遣擊之彼必不敢相拒水路未斷賊勢不堅彼城若立則吾屬且爲虜矣明徹乃奮髯曰搴旗陷陣將軍事也長筭遠略老夫事也摩訶失色而退一旬之間周兵益至摩訶又請於明徹曰今求戰不得進退無路若潛軍突圍未足爲恥願公引步卒乘馬轝徐行摩訶領鐵騎數千驅馳前後必當使公安達京邑明徹曰弟之此計乃良圖也然老夫受脤專征不能戰勝攻取今被圍逼蹙慙實無地且步軍既多吾爲總督必須身居其後相率兼行弟馬軍宜須在前不可遲緩摩訶因率馬軍夜發先是周軍長圍既合又於要路下伏數重摩訶選精騎八十率先衝突自後衆騎繼焉比旦達淮南高宗詔徵還授右衞將軍十一年周兵寇壽陽摩訶與樊毅等衆軍赴援無功而還十四年高宗崩始興王叔陵於殿內手刃後主傷而不死叔陵奔東府城時衆心猶預莫有討賊者東宮舍人司馬申啓後主馳召摩訶入見受勑乃率馬步數百先趣東府城西門屯軍叔陵惶遽自城南門而出摩訶勒兵追斬之以功授散騎常侍車騎大將軍封綏遠郡公邑三千戶叔陵素所蓄聚金帛累巨萬後主悉以賜之尋改授侍中驃騎大將軍加左光祿大夫舊制三公黃閣聽事置鴟尾後主特賜摩訶開黃閤門施行馬聽事寢堂竝置鴟尾仍以其女爲皇太子妃會隋總管賀若弼鎮廣陵窺覦江左後主委摩訶備禦之任授南徐州刺史餘竝如故禎明三年正月元會徵摩訶還朝賀若弼乘虛濟江襲京口摩訶請兵逆戰後主不許及若弼進軍鍾山摩訶又請曰賀若弼懸軍深入聲援猶遠且其壘塹未堅人情惶懼出兵掩襲必大克之後主又不許及隋軍大至將出戰後主謂摩訶曰公可爲我一決摩訶曰從來行陣爲國爲身今日之事兼爲妻子後主多出金帛頒賞諸軍令中領軍魯廣達陳兵白土崗居衆軍之南偏鎮東大將軍任忠次之護軍將軍樊毅都官尚書孔範次之摩訶軍最居北衆軍南北亘二十里首尾進退各不相知賀若弼初謂未戰將輕騎登山觀望形勢及見衆軍因馳下置陣廣達首率所部進薄弼軍屢却俄而復振更分軍趣北突諸將孔範出戰兵交而走諸將支離陣猶未合騎卒潰散駐之弗止摩訶無所用力焉爲隋軍所執及京城陷賀若弼置後主於德教殿令兵衞守摩訶請弼曰今爲囚虜命在斯須願得一見舊主死無所恨弼哀而許之摩訶入見後主俯伏號泣仍於舊廚取食而進之辭訣而出守衞者皆不能仰視其年入隋授開府儀同三司尋從漢王諒詣并州同諒作逆伏誅時年七十三摩訶訥於語言恂恂長者至於臨戎對寇志氣奮發所向無前年未弱冠隨侯安都在京口性好射獵無日不畋遊及安都東征西伐戰勝攻取摩訶功實居多子世廉少警俊敢勇有父風性至孝及摩訶因終服闋後追慕彌切其父時賓故脫有所言及世廉對之哀慟不自勝言者爲之歔欷終身不執刀斧時人嘉焉摩訶有騎士陳智深者勇力過人以平叔陵之功爲巴陵內史摩訶之戮也其妻子先已籍沒智深收摩訶屍手自殯斂哀感行路君子義之潁川陳禹亦隨摩訶征討聰敏有識量涉獵經史解風角兵書頗能屬文便騎射官至王府諮議

任忠字奉誠小名蠻奴汝陰人也少孤微不爲鄉黨所齒及長譎詭多計略膂力過人尤善騎射州里少年皆附之梁鄱陽王蕭範爲合州刺史聞其名引置左右侯景之亂忠率鄉黨數百人隨晉熙太守梅伯龍討景將王貴顯於壽春每戰却敵會土人胡通聚衆寇抄範命忠與主帥梅思立并軍討平之仍隨範世子嗣率衆入援會京城陷旋戍晉熙侯景平授蕩寇將軍王琳立蕭莊署忠爲巴陵太守琳敗還朝遷明毅將軍安湘太守仍隨侯瑱進討巴湘累遷豫寧太守衡陽內史華皎之舉兵也忠預其謀及皎平高宗以忠先有密啓於朝廷釋而不問太建初隨章昭達討歐陽紇於廣州以功授直閤將軍遷武毅將軍廬陵內史秩滿入爲右軍將軍五年衆軍北伐忠將兵出西道擊走齊歷陽王高景安於大峴逐北至東關仍克其東西二城進軍蘄譙竝拔之徑襲合肥入其郛進克霍州以功授員外散騎常侍封安復縣侯邑五百戶呂梁之喪師也忠全軍而還尋詔忠都督壽陽新蔡霍州緣淮衆軍進號寧遠將軍霍州刺史入爲左衞將軍十一年加北討前軍事進號平北將軍率衆步騎趣秦郡十二年遷使持節散騎常侍都督南豫州諸軍事平南將軍南豫州刺史增邑并前一千五百戶仍率步騎趣歷陽周遣王延貴率衆爲援忠大破之生擒延貴後主嗣位進號鎮南將軍給鼓吹一部入爲領軍將軍加侍中改封梁信都郡公邑三千戶出爲吳興內史加秩中二千石及隋兵濟江忠自吳興入赴屯軍朱雀門後主召蕭摩訶以下於內殿定議忠執議曰兵家稱客主異勢客貴速戰主貴持重宜且益兵堅守宮城遣水軍分向南豫州及京口道斷寇糧運待春水長上江周羅睺等衆軍必沿流赴援此良計矣衆議不同因遂出戰及敗忠馳入臺見後主言敗狀啓云陛下唯當具舟檝就上流衆軍臣以死奉衞後主信之勑忠出部分忠辭云臣處分訖即當奉迎後主令宮人裝束以待忠久望不至隋將韓擒虎自新林進軍忠乃率數騎往石子崗降之仍引擒虎軍共入南掖門臺城陷其年入長安隋授開府儀同三司卒時年七十七子幼武官至儀同三司時有沈客卿者吳興武康人性便佞忍酷爲中書舍人每立異端唯以刻削百姓爲事由是自進有施文慶者吳興烏程人起自微賤有吏用後主拔爲主書遷中書舍人俄擢爲湘州刺史未及之官會隋軍來伐四方州鎮相繼以聞文慶客卿俱掌機密外有表啓皆由其呈奏文慶心悅湘州重鎮冀欲早行遂與客卿共爲表裏抑而不言後主弗之知遂以無備至乎敗國二人之罪也隋軍既入竝戮之前闕

樊毅字智烈南陽湖陽人也祖方興梁散騎常侍仁威將軍司州刺史魚復縣侯父文熾梁散騎常侍信武將軍益州刺史新蔡縣侯毅累葉將門少習武善射侯景之亂毅率部曲隨叔父文皎援臺文皎於青溪戰歿毅將宗族子弟赴江陵仍隸王僧辯討河東王蕭譽以功除假節威戎將軍右中郎將代兄俊爲梁興太守領三州遊軍隨宜豐侯蕭循討陸納於湘州軍次巴陵營頓未立納潛軍夜至薄營大譟營中將士皆驚擾毅獨與左右數十人當營門力戰斬十餘級擊鼓申命衆乃定焉以功授持節通直散騎常侍貞威將軍封夷道縣伯食邑三百戶尋除天門太守進爵爲侯增邑并前一千戶及西魏圍江陵毅率兵赴援江陵陷爲岳陽王所執久之逃歸高祖受禪毅與弟猛舉兵應王琳琳敗奔齊太尉侯瑱遣使招毅毅率子弟部曲還朝天嘉二年授通直散騎常侍仍隨侯瑱進討巴湘累遷武州刺史太建初轉豐州刺史封高昌縣侯邑一千戶入爲左衞將軍五年衆軍北伐毅率衆攻廣陵楚子城拔之擊走齊軍於潁口齊援滄陵又破之七年進克潼州下邳高柵等六城及呂梁喪師詔以毅爲大都督進號平北將軍率衆渡淮對清口築城與周人相抗霖雨城壞毅全軍自拔尋遷中領軍十一年周將梁士彥將兵圍壽陽詔以毅爲都督北討前軍事率水軍入焦湖尋授鎮西將軍都督荊郢巴武四州水陸諸軍事十二年進督沔漢諸軍事以公事免十三年徵授中護軍尋遷護軍將軍荊州刺史後主即位進號征西將軍改封逍遙郡公邑三千戶餘竝如故入爲侍中護軍將軍及隋兵濟江毅謂僕射袁憲曰京口采石俱是要所各須銳卒數千金翅二百都下江中上下防捍如其不然大事去矣諸將咸從其議會施文慶等寢隋兵消息毅計不行京城陷隨例入關頃之卒

猛字智武毅之弟也幼倜儻有幹略既壯便弓馬膽氣過人青溪之戰猛自旦訖暮與虜短兵接殺傷甚衆臺城陷隨兄毅西上京累戰功爲威戎將軍梁南安侯蕭方矩爲湘州刺史以猛爲司馬會武陵王蕭紀舉兵自漢江東下方矩遣猛率湘郢之卒隨都督陸法和進軍以拒之時紀已下樓船戰艦據巴江爭峽口相持久之不能決法和揣紀師老卒惰因令猛率驍勇三千輕舸百餘乘衝流直上出其不意鼓譟薄之紀衆倉卒驚駭不及整列皆棄艦登岸赴水死者以千數時紀心膂數百人猶在左右猛將部曲三千餘人蒙楯橫戈直登紀舟瞋目大呼紀侍衞皆披靡相枕藉不敢動猛手擒紀父子三人斬於艑中盡收其船艦器械以功授游騎將軍封安山縣伯邑一千戶仍進軍撫定梁益蜀境悉平軍還遷持節散騎常侍輕車將軍司州刺史進爵爲侯增邑并前二千戶永定元年周文育等敗於沌口爲王琳所獲琳乘勝將略南中諸郡遣猛與李孝欽等將兵攻豫章進逼周迪軍敗爲迪所執尋遁歸王琳王琳敗還朝天嘉二年授通直散騎常侍永陽太守遷安成王府司馬光大元年授壯武將軍廬陵內史太建初遷武毅將軍始興平南府長史領長沙內史尋隸章昭達西討江陵潛軍入峽焚周軍船艦以功封富川縣侯邑五

百戶歷散騎常侍遷使持節都督荊信二州諸軍事宣遠將軍荊州刺史入爲左衞將軍後主卽位增邑并前一千戶餘並如故至德四年授使持節都督南豫州諸軍事忠武將軍南豫州刺史隋將韓擒虎之濟江也猛在京師第六子巡攝行州事擒虎進軍攻陷之巡及家口並見執時猛與左衞將軍蔣元遜領青龍八十艘爲水軍於白下遊弈以禦隋六合兵後主知猛妻子在隋軍懼其有異志欲使任忠代之又重傷其意乃止禎明三年入于隋

魯廣達字遍覽吳州刺史悉達之弟也少慷慨志立功名虛心愛士賓客或自遠而至時江表將帥各領部曲動以千數而魯氏尤多釋褐梁邵陵王國右常侍遷平南當陽公府中兵參軍侯景之亂與兄悉達聚衆保新蔡梁元帝承制授假節壯武將軍晉州刺史王僧辯之討侯景也廣達出境候接資奉軍儲僧辯謂沈炯曰魯晉州亦是王師東道主人仍率衆隨僧辯景平加員外散騎常侍餘如故高祖受禪授征遠將軍東海太守尋徙爲桂陽太守固辭不拜入爲員外散騎常侍除假節信武將軍北新蔡太守隨吳明徹討周迪於臨川每戰功居最仍代兄悉達爲吳州刺史封中宿縣侯邑五百戶光祿大夫元年授通直散騎常侍都督南豫州諸軍事南豫州刺史華皎稱兵上流詔司空淳于量率衆軍進討軍至夏口皎舟師彊盛莫敢進者廣達首率驍勇直衝賊軍戰艦旣交廣達憤怒大呼登艦樓奬勵士卒風急艦轉樓搖動廣達足跌墮水沉溺久之因救獲免皎平授持節智武將軍都督巴州諸軍事巴州刺史太建初與儀同章昭達入峽口拓定安蜀等諸州鎭時周氏將圖江左大造舟艦於蜀并運糧靑泥廣達與錢道戢等將兵掩襲縱火焚之以功增封并前二千戶仍還本鎭廣達爲政簡要推誠任下吏民便之及秩滿皆詣闕表請於是詔留二年五年衆軍北伐畧淮南舊地廣達與齊軍會於大峴大破之斬其敷城主張元範虜獲不可勝數進克北徐州乃授都督北徐州諸軍事徐州刺史尋加散騎常侍入爲右衞將軍八年出爲北兗州刺史遷晉州刺史十年授使持節都督合霍二州諸軍事進號仁威將軍合州刺史十一年周將梁士彥將兵圍壽春詔遣中領軍樊毅左衞將軍任忠等分部趣陽平秦郡廣達率衆入淮爲掎角以擊之周軍攻陷豫霍二州南北兗晉等各自拔諸將並無功盡失淮南之地廣達因免官以侯還第十二年與豫州刺史樊毅率衆北討克郭默城尋授使持節平西將軍都督郢州以上十州諸軍事率舟師四萬頓江夏周安州總管元景將兵寇江外廣達命偏師擊走之後主卽位入爲安左將軍尋授平南將軍南豫州刺史至德二年授安南將軍徵拜侍中又爲安左將軍改封綏越郡公封邑如前尋爲中領軍及賀若弼進軍鍾山廣達率衆於白土崗南置陣與弼旗鼓相對廣達躬擐甲胄手執桴鼓率厲敢死冒刃而前隋軍退走廣達逐北至營殺傷甚衆如是者數四焉及弼攻敗諸將乘勝至宮城燒北掖門廣達猶督餘兵苦戰不息斬獲數十百人會日暮乃解甲面臺再拜慟哭謂衆曰我身不能救國負罪深矣士卒皆涕泣歔欷於是乃就執禎明三年依例入隋廣達愴本朝淪覆遘疾不治尋以憤慨卒時年五十九尚書令江總撫柩慟哭乃命筆題其棺頭爲詩曰黃泉雖抱恨白日自流名悲君感義死不作負恩生總又製廣達墓銘其畧曰災流淮海險失金湯時屯運極代革天亡爪牙背義介胄無良獨摽忠勇率禦有方誠貫皎日氣厲嚴霜懷恩感報撫事何忘初隋將韓擒虎之濟江也廣達長子世眞在新蔡乃與其弟世雄及所部奔擒虎擒虎遣使致書招廣達廣達時屯兵京師乃自劾廷尉請罪後主謂之曰世眞雖異路中大夫公國之重臣吾所恃賴豈得自同嫌疑之間乎加賜黃金卽日還營廣達有隊主楊孝辯時從廣達在軍中力戰陷陣其子亦隨孝辯揮刃殺隋兵十餘人力窮父子俱死

史臣曰蕭摩訶氣冠三軍當時良將雖無智畧亦一代匹夫之勇矣然口訥心勁恂恂李廣之徒歟任忠雖勇決彊斷而心懷反覆誣紿君上自躓其惡鄙矣至於魯廣達全忠守道殉義忘身蓋亦陳代之良臣也

陳書卷三十一考證

蕭摩訶傳其姑夫蔡路養時在南康○姑南史作姊

陳書卷三十二

唐 散 騎 常 侍 姚 思 廉 撰

列傳第二十六

孝行

殷不害 弟不佞 謝貞

司馬暠 張昭

孔子曰夫聖人之德何以加於孝乎孝者百行之本人倫之至極也凡在性靈孰不由此若乃奉生盡養送終盡哀或泣血三年絕漿七日思蓼莪之慕切追顧復之恩深或德感乾坤誠貫幽顯在於歷代蓋有人矣陳承梁室喪亂風漓化薄及迹曠閭閻無聞視聽今之採綴以備闕云

殷不害字長卿陳郡長平人也祖任齊豫章王行參軍父高明梁尚書中兵郎不害性至孝居父憂過禮由是少知名家世儉約居甚貧窶有弟五人皆幼弱不害事老母養小弟勤劇無所不至士大夫以篤行稱之年十七仕梁廷尉平不害長於政事兼飾以儒術名法有輕重不便者輒上書言之多見納用大同五年遷鎭西府記室參軍尋以本官兼東宮通事舍人是時朝廷政事多委東宮不害與舍人庾肩吾直日奏事梁武帝嘗謂肩吾曰卿是文學之士吏事非卿所長何不使殷不害來邪其見知如此簡文又以不害善事親賜其母蔡氏錦裙襦氈席被褥單複畢備七年除東宮步兵校尉太清初遷平北府諮議參軍舍人如故侯景之亂不害從簡文入臺及臺城陷簡文在中書省景帶甲將兵入朝陛見過謁簡文景兵士皆羌胡雜種衝突左右甚不遜侍衞者莫不驚恐辟易唯不害與中庶子徐摛侍側不動及簡文爲景所幽遣人請不害與居處景許之不害供侍益謹簡文夜夢吞一塊土意甚不悅以告不害不害曰昔晉文公出奔野人遺之塊卒反晉國陛下此夢事符是乎簡文曰若天有徵冀斯言不妄梁元帝立以不害爲中書郎兼廷尉卿因將家屬西上江陵之陷也不害先於別所督戰失母所在于時甚寒氷雪交下老弱凍死者填滿溝塹不害行哭道路遠近尋求無所不至遇見死人溝水中卽投身而下扶捧閱視擧體凍濕水漿不入口號泣不輟聲如是者七日始得母屍不害憑屍而哭每擧音輒氣絕行路無不爲之流涕卽於江陵權殯與王裒庾信俱入長安自是蔬食布衣枯槁骨立見者莫不哀之太建七年自周還朝其年詔除司農卿尋遷光祿大夫八年加明威將軍晉陵太守在郡感疾詔以光祿大夫徵還養疾後主卽位加給事中初不害之還也周留其長子僧首因居關中禎明三年京城陷僧首來迎不害道病卒時年八十五

不佞字季卿不害弟也少立名節居父喪以至孝稱好讀書尤長吏術仕梁起家爲尚書中兵郎甚有能稱梁元帝承制授戎昭將軍武陵王諮議參軍承聖初遷武康令時兵荒饑饉百姓流移不佞巡撫招集繈負而至者以千數會江陵陷而母卒道路隔絕久不得奔赴四載之中晝夜號泣居處飲食常爲居喪之禮高祖受禪起爲戎昭將軍除婁令至是第四兄不齊始之江陵迎母喪柩歸葬不佞居處之節如始聞問若此者又三年身自負土手植松栢每歲時伏臘必三日不食世祖卽位除尚書左民郎不就後爲始興王諮議參軍兼尚書右丞遷東宮通事舍人及世祖崩廢帝嗣位高宗爲太傅錄尚書輔政甚爲朝望所歸不佞素以名節自立又受委東宮乃與僕射到仲擧中書舍人劉師知尚書右丞王暹等謀矯詔出高宗衆人猶豫未敢先發不佞乃馳詣相府面宣勅令相王還第及事發仲擧等皆伏誅高宗雅重不佞特赦之免其官而已高宗卽位以爲軍師始興王諮議參軍加招遠將軍尋除大匠卿未拜加員外散騎常侍又兼尚書右丞俄遷通直散騎常侍右丞如故太建五年卒時年五十六詔贈祕書監第三兄不疑次不占次不齊並早亡不佞最小事第二寡嫂張氏甚謹所得祿俸不入私室長子梵童官至尚書金部郎

謝貞字元正陳郡陽夏人晉太傅安九世孫也祖綏梁著作佐郎太子舍人父藺正員外郎兼散騎常侍貞幼聰敏有至性祖母阮氏先苦風眩每發便一二日不能飲食貞時年七歲祖母不食貞亦不食往往如是親族莫不奇之母王氏授貞論語孝經讀訖便誦八歲嘗爲春日閑居五言詩從舅尚書王筠奇其有佳致謂所親曰此兒方可大成至如風定花猶落乃追步惠連矣由是名輩知之年十三畧通五經大旨尤善左氏傳工草隸蟲篆十四丁父艱號頓於地絕而復蘇者數矣初父藺居母阮氏憂不食泣血而卒家人賓客懼貞復然從父洽族兄暠乃共往華嚴寺請長爪禪師爲貞說法仍謂貞曰孝子旣無兄弟極須自愛若憂毀滅性誰養母邪自後少進饘粥太清之亂親屬散亡貞於江陵陷沒暠逃難番禺貞母出家於宣明寺及高祖受禪暠還鄉里供養貞母將二十年太建五年貞乃還朝除智武府

外兵參軍事俄遷尚書駕部郎中尋遷侍郎及始興王叔陵爲揚州刺史引祠部侍郎阮卓爲記室辟貞爲主簿貞不得已乃行尋遷府錄事參軍領丹陽丞貞度叔陵將有異志因與卓自疎於王每有宴遊輒辭以疾未嘗參預叔陵雅欽重之弗之罪也俄而高宗崩叔陵肆逆府僚多相連逮唯貞與卓獨不坐後主仍詔貞入掌中宮管記遷南平王友加招遠將軍掌記室事府長史汝南周確新除都官尚書請貞爲讓表後主覽而奇之嘗因宴席問確曰卿表自製邪確對曰臣表謝貞所作後主因勑舍人施文慶曰謝貞在王處未有祿秩可賜米百石至德三年以母憂去職頃之勑起還府仍加招遠將軍掌記室貞累啓固辭勑報曰省啓具懷雖知哀煢在疚而官俟得才禮有權奪可便力疾還府也貞哀毁羸瘠終不能之官舍時尚書右丞徐祚尚書左丞沈客卿俱來候貞見其形體骨立祚等愴然歎息徐喻之曰弟年事已衰禮有恒制小宜引割自全貞因更感慟氣絕良久二人涕泣不能自勝憫默而出祚謂客卿曰信哉孝門有孝子客卿曰謝公家傳至孝士大夫誰不仰止此恐不能起如何吏部尚書吳興姚察與貞友善及貞病篤察往省之問以後事貞曰孤子釁禍所集將隨灰壤族子凱等粗自成立已有疏付之此固不足仰塵厚德即日迷喘將不可移便爲永訣弱兒年甫六歲名靖字依仁情累所不能忘敢以爲託耳是夜卒勑賻米一百斛布三十匹後主問察曰謝貞有何親屬察因啓曰貞有一子年六歲即有勑長給衣糧初貞之病亟也遺疏告族子凱曰吾少罹酷罰十四傾外蔭十六鍾太清之禍流離絕國二十餘載號天蹐地遂同有感得還侍奉守先人墳墓於吾之分足矣不悟朝廷採拾空薄累致清階縱其殞絕無所酬報今在憂棘晷漏將盡斂手而歸何所多念氣絕之後若直棄之草野依僧家屍陁林法是吾所願正恐過爲獨異耳可用薄板周身載以露車覆以葦莢坎山而埋之又吾終鮮兄弟無他子孫靖年幼少未閑人事但可三月施小牀設香水盡卿兄弟相厚之情即除之無益之事勿爲也初貞在周嘗侍趙王讀王即周武帝之愛弟也厚相禮遇王嘗聞左右說貞每獨處必晝夜涕泣因私使訪問知貞母年老遠在江南乃謂貞曰寡人若出居藩當遣侍讀還家供養後數年王果出因辭見而奏曰謝貞至孝而母老臣願放還帝奇王仁愛而遣之因隨聘使杜子暉還國所有集值兵亂多不存

司馬暠字文昇河內温人也高祖晉侍中光祿勳柔之以南頓王孫紹齊文獻王攸之後父子產梁尚書水部侍郎岳陽太守即梁武帝之外兄也暠幼聰警有至性年十二丁內艱孺慕過禮水漿不入口殆經一旬每至號慟必致悶絕內外親戚皆懼其不勝喪父子產每曉喻之逼進饘粥然毀瘠骨立服闋以姻戚子弟預入問訊梁武帝見暠羸瘦歎息良久謂其父子產曰昨見羅兒面顏顦顇使人惻然便是不墜家風爲有子矣羅兒即暠小字也釋褐太學博士累遷正員郎丁父艱哀毀逾甚廬于墓側一日之內唯進薄麥粥一升墓在新林連接山阜舊多猛獸暠結廬數載豺狼絕迹常有兩鳩棲宿廬所馴狎異常新林至今猶傳之承聖中除太子庶子江陵陷隨例入關而梁室屠戮太子瘞殯失所暠以宮臣乃抗表周朝求還江陵改葬辭甚酸切周朝優詔答曰昔主父從戮孔車有長者之風彭越就誅欒布得陪臣之禮庶子鄉國已改猶懷送往之情始驗忠貞方知臣道即勑荊州以禮安厝太建八年自周還朝高宗特降殊禮賞錫有加除宜都王諮議參軍事徙安德宮長秋卿通直散騎常侍太中大夫司州大中正卒于官有集十卷子延義字希忠少沉敏好學江陵之陷隨父入關丁母憂喪過于禮及暠還都延義乃躬負靈櫬晝伏宵行冒履冰霜手足皆皸瘃及至都以中風冷遂致攣廢數年方愈稍遷鄱陽王錄事參軍沅陵王友司徒從事中郎

張昭字德明吳郡吳人也幼有孝性色養甚謹禮無違者父熯常患消渴嗜鮮魚昭乃身自結網捕魚以供朝夕弟乾字玄明聰敏博學亦有至性及父卒兄弟並不衣綿帛不食鹽醋日唯食一升麥屑粥而已每一感慟必致嘔血鄰里聞其哭聲皆爲之涕泣父服未終母陸氏又亡兄弟遂六年哀毀形容骨立親友見者莫識焉家貧未得大葬遂布衣蔬食十有餘年杜門不出屏絕人事時衡陽王伯信臨郡舉乾孝廉固辭不就兄弟並因毀成疾昭失一眼乾亦中冷苦癖年並未五十終于家子亂俱絕

高宗世有太原王知玄者僑居于會稽剡縣居家以孝聞及丁父憂哀毀而卒高宗嘉之詔改其所居清苦里爲孝家里

史臣曰人倫之德莫大於孝是以報本反始盡性窮神孝乎惟孝不可不勗矣故記云塞乎天地盛哉

陳書卷三十二考證

殷不害傳祖任齊豫章王行參軍○任南史作仼

陳書卷三十三

唐　散　騎　常　侍　姚　思　廉　撰

列傳第二十七

儒林

沈文阿　沈洙　戚衮

鄭灼（張崖　沈德威）（陸詡　賀德基）　全緩

張譏　顧越　沈不害

王元規

蓋今儒者本因古之六學以敎之典籍斯則先聖所以明天道正人倫致治之成法也秦始皇焚書坑儒六學自此缺矣漢武帝立五經博士置弟子員設科射策勸以官祿其傳業者甚衆焉自兩漢登賢咸資經術魏晉浮蕩儒教淪歇公卿士庶罕通經業矣宋齊之間國學時復開置梁武帝開五館建國學總以五經教授經各置助教云武帝或紆鑾駕臨幸庠序釋奠先師躬親試胄申之讌語勞之束帛濟濟焉斯蓋一代之盛矣高祖創業開基承前代離亂衣冠殄盡寇賊未寧旣日不暇給弗遑勸課世祖以降稍置學官雖博延生徒成業蓋寡今之采綴蓋亦梁之遺儒云

沈文阿字國衞吳興武康人也父峻以儒學聞於梁世授桂州刺史不行文阿性剛彊有膂力少習父業研精章句祖舅太史叔明舅王慧興並通經術而文阿頗傳之又博採先儒異同自爲義疏治三禮三傳察孝廉爲梁臨川王國侍郎累遷兼國子助教五經博士梁簡文在東宮引爲學士深相禮遇及撰長春義記多使文阿撮異聞以廣之及侯景寇逆簡文別遣文阿招募士卒入援京師城陷與張嵊共保吳興嵊敗文阿竄于山野景素聞其名求之甚急文阿窮迫不知所出登樹自縊遇有所親救之便自投而下折其左臂及景平高祖以文阿州里表爲原鄉令監江陰郡紹泰元年入爲國子博士尋領步兵校尉兼掌儀禮自泰清之亂臺閣故事無有存者文阿父峻梁武世嘗掌朝儀頗有遺藁於是斟酌裁撰禮度皆自之出及高祖受禪文阿輒棄官還武康高祖大怒發使往誅之時文阿宗人沈恪爲郡請使者寬其死即面縛鎖頸致於高祖高祖視而笑曰腐儒復何爲者遂赦之高祖崩文阿與尚書左丞徐陵中書舍人劉師知等議大行皇帝靈座俠御衣服之制語在師知傳及世祖即皇帝位尅日謁廟尚書右丞庾持奉詔遣博士議其禮文阿議曰民物推移質文殊軌聖賢因機而立教王公隨時以適宜夫千人無君不散則亂萬乘無主不危則亡當隆周之日公旦叔父呂召爪牙成王在喪禍幾覆國是以旣葬便有公冠之儀始殯受麻冕之策斯蓋示天下以有主慮社稷之艱難逮乎末葉縱橫漢承其弊雖文景刑厝而七國連兵或踰月即尊或崩日稱詔此皆有爲而爲之非無心於禮制也今國諱之日雖抑哀於璽紱之重猶未序於君臣之儀古禮朝廟退坐正寢聽羣臣之政今皇帝拜廟還宜御太極殿以正南面之尊此即周康在朝一二臣衞者也其壤奠之節周禮以玉作贄公侯以珪子男執璧此瑞玉也奠贄旣竟又復致享天子以璧王后用琮秦燒經典威儀散滅叔孫通定禮尤失前憲奠贄不珪致享無帛公王同璧鴻臚奏賀若此數事未聞於古後相沿襲至梁行之夫稱觴奉壽家國大慶四廂雅樂歌奏懽欣今君臣吞哀萬民抑割豈同於惟新之禮乎且周康賓稱奉珪無萬壽之獻此則前準明矣三宿三咤上宗曰饗斯蓋祭儐受福寧謂賀酒邪愚以今坐正殿止行薦璧之儀無賀酒之禮謹撰謁廟還升正寢羣臣陪薦儀注如別詔可施行尋遷通直散騎常侍兼國子博士領羽林監仍令於東宮講孝經論語天嘉四年卒時年六十一詔贈廷尉卿文阿所撰儀禮八十餘卷經典大義十八卷並行於世諸儒多傳其學

沈洙字弘道吳興武康人也祖休稚梁餘杭令父山卿梁國子博士中散大夫洙少方雅好學不妄交遊治三禮春秋左氏傳精識彊記五經章句諸子史書問無不答解巾梁湘東王國左常侍轉中軍宣城王限內參軍板仁威臨賀王記室參軍遷尚書祠部郎中時年蓋二十餘大同中學者多涉獵文史不爲章句而洙獨積思經術吳郡朱异會稽賀琛甚嘉之及异琛於士林館講制旨義常使洙爲都講侯景之亂洙竄於臨安時世祖在焉親就習業及高祖入輔除國子博士與沈文阿同

掌儀禮高祖受禪加員外散騎常侍歷揚州別駕從事史大匠卿有司奏前寧遠將軍建康令沈孝軌門生陳三兒牒稱主人翁靈柩在周主人奉使關內因欲迎喪久而未返此月晦卽是再周主人弟息見在此者爲至月末除靈內外卽吉爲待主人還情禮申竟以事諮左丞江德藻德藻議王衞軍云久喪不葬唯主人不變其餘親各終月數而除此蓋引禮文論在家內有事故未得葬者耳孝軌既在異域雖已迎喪還期無指諸弟若遂不除永絕婚嫁此於人情或爲未允中原淪陷已後理有事例宜諮沈常侍詳議洙議曰禮有變正又有從宜禮小記云久而不葬者唯主祭者不除其餘以麻終月數者除喪則已注云其餘謂傍親如鄭所解衆子皆應不除王衞軍所引此蓋禮之正也但魏氏東關之役既失亡屍柩葬禮無期議以爲禮無終身之喪故制使除服晉氏喪亂或死於虜庭無由迎殯江左故復申明其制李胤之祖王華之父竝存亡不測其子制服依時釋縗此竝變禮之宜也孝軌雖因奉使便欲迎喪而戎狄難親還期未剋愚謂宜依東關故事在此國內者竝應釋除縗麻毀靈附祭若喪柩得還別行改葬之禮自天下寇亂西朝傾覆流播絕域情禮莫申若此之徒諒非一二寧可喪期無數而弗除衰服朝廷自應爲之限制以義斷恩通訪博識折之禮衷德藻依洙議奏可世祖卽位遷通直散騎常侍侍東宮讀尋兼尚書左丞領揚州大中正遷光祿卿侍讀如故廢帝嗣位重爲通直散騎常侍兼尚書左丞遷戎昭將軍輕車衡陽王長史行府國事帶琅邪彭城二郡丞梁代舊律測囚之法日一上起自晡鼓盡于二更及比部郎范泉刪定律令以舊法測立時久非人所堪分其刻數日再上廷尉以爲新制過輕請集八座丞郎并祭酒孔奐行事沈洙五舍人會尚書省詳議時高宗錄尚書集衆議之都官尚書周弘正曰未知獄所測人有幾人款幾人不款須前責取人名及數并其罪目然後更集得廷尉監沈仲由列稱別制已後有壽羽兒一人坐殺壽慧劉磊渴等八人坐偷馬仗家口渡北依法測之限訖不款劉道朔坐犯七改偷依法測立首尾二日而款陳法滿坐被使封藏阿法受錢未及上而款弘正議曰凡小大之獄必應以情正言依準五聽驗其虛實豈可全恣考掠以判刑罪且測人時節本非古制近代已來方有此法起自晡鼓迄于二更豈是常人所能堪忍所以重械之下危墮之上無人不服誣枉者多朝晚二時同等刻數進退而求於事爲衷若謂小促前期致實罪不伏如復時節延長則無愆妄款且人之所堪既有彊弱人之立意固亦多途至如貫高榜笞刺爇身無完膚戴就熏針竝極困篤不移豈關時刻長短掠測優劣夫與殺不辜寧失不經罪疑惟輕功疑惟重斯則古之聖王垂此明法愚謂依范泉著制於事爲允舍人盛權議曰比部范泉新制尚書周弘正明議咸允虞書惟輕之旨殷頌敷正之言竊尋廷尉監沈仲由等列新制以後凡有獄十一人其所測者十人款者唯一愚謂染罪之囚獄官宜明加辯析窮考事理若罪有可疑自宜啓審分判幸無濫測若罪有實驗乃可啓審測立此則枉直有分刑宥斯理范泉今牒述漢律云死罪及除名罪證明白考掠已至而抵隱不服者處當列上杜預注云處當證驗明白之狀到其抵隱之意竊尋舊制深峻百中不款者一新制寬優十中不款者九參會兩文寬猛寔異處當列上未見釐革愚謂宜付典法更詳處當列上之文洙議曰夜中測立緩急易欺兼用晝漏於事爲允但漏刻賒促今古不同漢書律歷何承天祖沖之暅之父子漏經竝自關鼓至下鼓自晡鼓至關鼓皆十三刻冬夏四時不異若其日有長短分在中時前後今用梁末改漏下鼓之後分其短長夏至之日各十七刻冬至之日各十二刻伏承命旨刻同勒令檢一日之刻乃同而四時之用不等廷尉今牒以時刻短促致罪人不款愚意願去夜測之昧從晝漏之明斟酌今古之間參會二漏之義捨秋冬之少刻從夏日之長晷不問寒暑竝依今之夏至朝夕上測各十七刻比之古漏則上多昔四刻卽用今漏則冬至多五刻雖冬至之時數刻侵夜正是少日於事非疑庶罪人不以漏短而爲捍獄囚無以在夜而致誣求之鄙意竊謂允合衆議以爲宜依范泉前制高宗曰沈長史議得中宜更博議左丞宗元饒議曰竊尋沈議非頓異范正是欲使四時均其刻數兼斟酌其佳以會優劇卽同牒請寫還刪定曹詳改前制高宗依事施行洙以太建元年卒時年五十二

戚袞字公文吳郡鹽官人也祖顯齊給事中父霸梁臨賀王府中兵參軍袞少聰慧遊學京都受三禮於國子助教劉文紹一二年中大義略備年十九梁武帝勑策孔子正言并周禮禮記義袞對高第仍除揚州祭酒從事史就國子博士宋懷方質儀禮義懷方北人自魏攜儀禮禮記疏祕惜不傳及將亡謂家人曰吾死後戚生若赴便以儀禮禮記義本付之若其不來卽宜隨屍而殯其爲儒者推許如此尋兼太學博士梁簡文在東宮召袞講論又嘗置宴集玄儒之士先命道學互相質難次令中庶子徐摛馳騁大義間以劇談摛辭辯縱橫難以答抗諸人懾氣皆失次序時袞說朝聘義摛與往復袞精采自若對答如流簡文深加歎賞尋除員外散騎侍郎又遷員外散騎常侍敬帝承制出爲江州長史仍隨沈泰鎮南豫州泰之奔齊也逼袞俱行後自鄴下遁還又隨程文季北伐呂梁軍敗袞没于周久之得歸仍兼國子助教除中衞始興王府錄事參軍太建十三年卒時年六十三袞於梁代撰三禮義記值亂亡失禮記義四十卷行於世

鄭灼字茂昭東陽信安人也祖惠梁衡陽太守父季徽通直散騎侍郎建安令灼幼而聰敏勵志儒學少受業于皇侃梁中大通五年釋褐奉朝請累遷員外散騎侍郎給事中安東臨川王府記室參軍轉平西邵陵王府記室簡文在東宮雅愛經術引灼爲西省義學士承聖中除通直散騎侍郎兼國子博士尋爲威戎將軍兼中書通事舍人高祖世祖之世歷安東臨川鎮北鄱陽二王府諮議參軍累遷中散大夫以本職兼國子博士未拜太建十三年卒時年六十八灼性精勤尤明三禮少時嘗夢與皇侃遇於途侃謂灼曰鄭郎開口侃因唾灼口中自後義理逾進灼家貧抄義疏以日繼夜筆毫盡每削用之灼常蔬食講授多苦心熱若瓜時輒偃臥以瓜鎮心起便誦讀其篤志如此時有晉陵張崖吳郡陸詡吳興沈德威會稽賀德基俱以禮學自命

張崖傳三禮於同郡劉文紹仕梁歷王府中記室天嘉元年爲尚書儀曹郎廣沈文阿儀注撰五禮出爲丹陽令王府諮議參軍御史中丞宗元饒表薦爲國子博士

陸詡少習崔靈恩三禮義宗梁世百濟國表求講禮博士詔令詡行還除給事中定陽令天嘉初侍始興王伯茂讀遷尚書祠部郎中

沈德威字懷遠少有操行梁太清末遁於天目山築室以居雖處亂離而篤學無倦遂治經業天嘉元年徵出都侍太子講禮傳尋授太學博士轉國子助教每自學還私室卽講授道俗受業者數十百人率常如此遷太常丞兼五禮學士尋爲尚書儀曹郎後爲祠部郎俄丁母憂去職禎明三年入隋官至秦王府主簿年五十五卒

賀德基字承業世傳禮學祖文發父淹仕梁俱爲祠部郎竝有名當世德基少遊學于京邑積年不歸衣資罄乏又恥服故弊盛冬止衣裌襦袴嘗於白馬寺前逢一婦人容服甚盛呼德基入寺門脫白綸巾以贈之仍謂德基曰君方爲重器不久貧寒故以此相遺耳德基問嫗姓名不答而去德基於禮記稱爲精明居以傳授累遷尚書祠部郎德基雖不至大官而三世儒學俱爲祠部時論美其不墜焉

全緩字弘立吳郡錢塘人也初受易于博士褚仲都篤志研翫得其精微梁太清初歷王國侍郎奉朝請俄轉國子助教兼司義郎專講詩易紹泰元年除尚書水部郎太建中累遷南始興王府諮議參軍隨府詣湘州以疾卒時年七十四緩治周易老莊時人言玄者咸推之

張譏字直言清河武城人也祖僧寶梁散騎侍郎太子洗馬父仲悅梁廬陵王府錄事參軍尚書祠部郎中譏幼聰俊有思理年十四通孝經論語篤好玄言受學于汝南周弘正每有新意爲先輩推服梁大同中召補國子正言生梁武帝嘗於文德殿釋乾坤文言譏與陳郡袁憲等預焉勑令論議諸儒莫敢先出譏乃整容而進諮審循環辭令溫雅梁武帝甚異之賜裙襦絹等仍云表卿稽古之力譏幼喪母有錯綵經帕卽母之遺製及有所識家人具以告之每歲時輒對帕哽噎不能自勝及丁父憂居喪過禮服闋召補湘東王國左常侍轉田曹參軍遷士林館學士簡文在東宮出士林館發孝經題譏論議往復甚見嗟賞自是每有講集必遣使召譏及侯景寇逆於圍城之中猶侍哀太子於武德後殿講老莊梁臺陷譏崎嶇避難卒不事景景平歷臨安令高祖受禪除太常丞轉始興王府刑獄參軍天嘉中遷國子助教是時周弘正在國學發周易題弘正第四弟弘直亦在講席譏與弘正論議弘正乃屈弘直危坐厲聲助其申理譏乃正色謂弘直曰今日義集辯正名理雖知兄弟急難四公不得有助弘直曰僕助君師何爲不可舉座以爲笑樂弘正嘗謂人曰吾每登座見張譏在席使人懍然高宗世歷建安王府記室參軍兼東宮學士轉武陵王限內記室學士如故後主在東宮集官僚置宴時造玉柄麈尾新成後主親執之曰當今雖復多士如林至於堪捉此者獨張譏耳卽手授譏仍令於溫文殿講莊老高宗幸宮臨聽賜御所服衣一襲後主嗣位領南平王府諮議參軍東宮學士尋遷國子博士學士如故後主嘗幸鍾山開善寺召從臣坐於寺西南松林下勑召譏豎義時索麈尾未至後主勑取松枝手以屬譏曰可代麈尾顧謂羣臣曰此卽是張譏後事譏明

三年入隋終於長安時年七十六識性恬靜不求榮利常慕閑逸所居宅營山池植花果講周易老莊而教授焉吳郡陸元朗朱孟博一乘寺沙門法才法雲寺沙門慧休至真觀道士姚綏皆傳其業議所撰周易義三十卷尚書義十五卷毛詩義二十卷孝經義八卷論語義二十卷老子義十一卷莊子內篇義十二卷外篇義二十卷雜篇義十卷玄部通義十二卷又撰遊玄桂林二十四卷後主嘗勅人就其家寫入祕閣子孝則官至始安王記室參軍

顧越字思南吳郡鹽官人也所居新坡黃岡世有鄉校由是顧氏多儒學焉越少孤以勤苦自立聰慧有口辯說毛氏詩傍通異義梁太子詹事周捨甚賞之解褐揚州議曹史兼太子左率丞越於義理精明尤善持論與會稽賀文發俱爲梁南平王偉所重引爲賓客尋補五經博士紹泰元年遷國子博士世祖即位除始興王諮議參軍侍東宮讀世祖以越篤老厚遇之除給事黃門侍郎又領國子博士侍讀如故廢帝嗣立除通直散騎常侍中書舍人華皎之構逆也越在東陽或譖之於高宗言其有異志詔下獄因坐免太建元年卒於家時年七十八時有東陽龔孟舒者亦治毛氏詩善談名理梁武世仕至尋陽郡丞元帝在江州遇之甚重躬師事焉承聖中兼中書舍人天嘉初除員外散騎常侍兼國子助教太中大夫太建中卒

沈不害字孝和吳興武康人也祖總齊尚書祠部郎父懿梁邵陵王參軍不害幼孤而脩立好學十四名補國子生舉明經累遷梁太學博士轉廬陵王府刑獄參軍長沙王府諮議帶汝南令天嘉初除衡陽王府中記室參軍兼嘉德殿學士自梁季喪亂至是國學未立不害上書曰臣聞立人建國莫尚於尊儒成俗化民必崇於教學故東膠西序事隆乎三代環林璧水業盛於兩京自淳源既遠澆波已扇物之感人無窮人之逐欲無節是以設訓垂範啓導心靈譬彼染藍類諸琢玉然後人倫以睦卑高有序忠孝之理既明君臣之道攸固執禮自基魯公所以難侮歌樂已細鄭伯于是前亡干戚舞而有苗至泮宮成而淮夷服長想洙泗之風載懷淹稷之盛有國有家莫不尚已梁太清季年數鍾否剝戎狄外侵姦回內舋朝聞鼓鞞夕炤烽火洪儒碩學解散甚於坑夷五典九丘湮滅逾乎帷蓋成均自斯墜業瞽宗於是不脩裒成之祠弗陳裸享釋菜之禮無稱俎豆頌聲寂寞遂踰一紀後生敦悅不見函丈之儀晚學鑽仰徒深倚席之歎陛下繼歷升統握鏡臨寓道洽寰中威加無外濁流已清重氛載廓含生熙阜品庶咸亨宜其弘振禮樂建立庠序式稽古典紆迹儒宮選公卿門子皆入于學助教博士朝夕講肄使擔簦貿笈鏘鏘接衽方領矩步濟濟成林如切如磋聞詩聞禮一年可以功倍三冬於是足用故能擢秀雄州揚庭觀國入仕登朝資優學以自輔莅官從政有經業以治身輔駕列庭青紫拾地古者王世子之貴猶與國子齒降及漢儲茲禮不墜暨乎兩晉斯事彌隆所以見師嚴而道尊者也皇太子天縱生知無待審喻猶宜晦迹俯同專經請業貢爵前師肅若舊典昔闕里之堂草萊自闢舊宅之內絲竹流音前聖遺烈深以炯戒況復江表無虞海外有截豈得不開闡大猷恢弘至道寧可使玄教儒風弗興聖世盛德大業遂蘊堯年臣末學小生詞無足算輕獻瞽言伏增悚惕詔答曰省表聞之自舊章弛廢微言將絕朕嗣膺寶業念在緝熙而兵革未息軍國草創常恐前王令典一朝泯滅卿才思優洽文理可求弘惜大體殷勤名教付外詳議依事施行又表改定樂章詔使製三朝樂歌八首合二十八曲行之樂府五年除灊令入爲尚書儀曹郎遷國子博士領羽林監勅治五禮掌策文謚議太建中除仁武南康嗣王府長史行丹陽郡事轉員外散騎常侍光祿卿尋爲戎昭將軍明威武陵王長史行吳興郡事俄入爲通直散騎常侍兼尚書左丞十二年卒時年六十三不害治經術善屬文雖博綜墳典而家無卷軸每製文操筆立成曾無尋檢僕射汝南周弘正常稱之曰沈生可謂意聖人乎著治五禮儀一百卷文集十四卷子志道字崇基少知名解褐揚州主簿尋兼文林著士歷安東新蔡王記室參軍禎明三年入隋

王元規字正範太原晉陽人也祖道寶齊員外散騎常侍晉安郡守父瑋梁武陵王府中記室參軍元規八歲而孤兄弟三人隨母依舅氏往臨海郡時年十二郡土豪劉瑱者資財巨萬以女妻之元規母以其兄弟幼弱欲結彊援元規泣請曰因不失親古人所重豈得苟安異壤輒婚非類母感其言而止元規性孝事母甚謹晨昏未嘗離左右梁時山陰縣有暴水流漂居宅元規唯有一小船倉卒引其母妹并孤姪入船元規自執楫棹而去留其男女三人閣於樹杪及水退獲全時人皆稱其至行元規少好學從吳興沈文阿受業十八通春秋左氏孝經論語喪服梁中大通元年詔策春秋舉高第時名儒咸稱賞之起家湘東王國左常侍轉員外散騎侍郎簡文之在東宮引爲賓客每令講論甚見優禮除中軍宣城王府記室參軍及侯景寇亂攜家屬還會稽天嘉中除始興王府功曹參軍領國子助教轉鎮東鄱陽王府記室參軍領助教如故後主在東宮引爲學士親受禮記左傳喪服等義賞賜優厚遷國子祭酒新安王伯固嘗因入宮適會元規將講乃啓請執經時論以爲榮俄除尚書祠部郎自梁代諸儒相傳爲左氏學者皆以賈逵服虔之義難駮杜預凡一百八十條元規引證通析無復疑滯每國家議吉凶大禮常參預焉丁母憂去職服闋除鄱陽王府中錄事參軍俄轉散騎侍郎遷南平王府限內參軍王爲江州元規隨府之鎮四方學徒不遠千里來請道者常數十百人禎明三年入隋爲秦王府東閤祭酒年七十四卒於廣陵元規著春秋發題辭及義記十一卷續經典大義十四卷孝經義記兩卷左傳音三卷禮記音兩卷子大業聰敏知名時有吳郡陸慶少好學遍知五經尤明春秋左氏傳節操甚高釋褐梁武陵王國右常侍歷征西府墨曹行參軍除婁令值梁季喪亂乃覃心釋典經論靡不該究天嘉初徵爲通直散騎侍郎不就永陽王爲吳郡太守聞其名欲與相見慶固辭以疾時宗人陸榮爲郡五官掾慶嘗詣焉王乃微服往榮第穿壁以觀之王謂榮曰觀陸慶風神凝峻殆不可測嚴君平鄭子真何以尚茲鄱陽晉安王俱以記室徵並不就乃築室屏居以禪誦爲事由是傳經受業者蓋鮮焉

史臣曰夫砥身勵行必先經術樹國崇家率由茲道故王政因之而至治人倫得之而攸序若沈文阿之徒各專經授業亦一代之鴻儒焉文阿加復草創禮儀蓋叔孫通之流亞矣

陳書卷三十三考證

沈洙傳祖休稚○稚南史作季

比之古漏則上多昔四刻○南史則字下有一字

張譏傳法雲寺沙門慧休○休南史作拔

顧越傳顧越字思南○思南史作允

王元規傳祖道寶○寶南史作賓

元規唯有一小船倉卒引其母妹并孤姪入船○孤南史作姑

陳書卷三十四

唐 散騎常侍姚思廉撰

列傳第二十八

文學

杜之偉 顏晃 江德藻 庾持

許亨 褚玠 岑之敬

陸琰弟瑜 瑜從父兄玠 從父弟琛

何之元 徐伯陽 張正見 蔡凝

阮卓

易曰觀乎人文以化成天下孔子曰煥乎其有文章也自楚漢以降辭人世出洛汭江左其流彌暢莫不思侔造化明並日月大則憲章典謨裨贊王道小則文理清正申紓性靈至於經禮樂綜人倫通古今述美惡莫尚乎此後主嗣業雅尚文詞傍求學藝煥乎俱集每臣下表疏及獻上賦頌者躬自省覽其有辭工則神筆賞激加其爵位是以搢紳之徒咸知自勵矣若名位文學晃著者別以功迹論今綴杜之偉等學既兼文備于此篇云爾

杜之偉字子大吳郡錢塘人也家世儒學以三禮專門父規梁奉朝請與光祿大夫濟陽江革都官尚書會稽孔休源友善之偉幼精敏有逸才七歲受尚書稍習詩禮略通其學十五遍觀文史及儀禮故事時輩稱其早成僕射徐勉嘗見其文重其有筆力中大同元年梁武帝幸同泰寺捨身勅勉撰定儀注勉以臺閣先無此禮召之偉草具其儀乃啓補東宮學士與學士劉陟等鈔撰羣書各爲題目所撰富教政道二篇皆之偉爲序及湘陰侯蕭昂爲江州刺史以之偉掌記室昂卒廬陵王續代之又手教招引之偉固辭不應命乃送昂喪柩還京仍侍臨成公讀尋除揚州議曹從事南康嗣王墨曹參軍兼太學限內博士七年梁皇太子釋奠於國學時樂府無孔子顏子登歌詞尚書參議令之偉製其文伶人傳習以爲故事轉補安前邵陵王田曹參軍又轉刑獄參軍之偉年位甚卑特以彊識俊才頗有名當世吏部尚書張纘深知之以爲廊廟器也侯景反之偉逃竄山澤及高祖爲丞相素聞其名召補記室參軍遷中書侍郎領大著作高祖受禪除鴻臚卿餘並如故之偉啓求解著作曰臣以紹泰元年忝中書侍郎掌國史于今四載臣本庸賤謬蒙盼識思報恩獎不敢廢官皇歷惟新驅馭軒昊記言記事未易其人著作之材更宜選衆御史中丞沈炯尚書左丞徐陵梁前兼大著作虞荔梁

前黃門侍郎孔奐或清文贍筆或强識稽古遷董之任允屬羣才臣無容遼變市朝再妨賢路堯朝皆讓誠不可追陳力就列庶幾知免優勑不許尋轉大匠卿遷太中大夫仍勑撰梁史永定三年卒時年五十二高祖甚悼惜之詔贈通直散騎常侍賻錢五萬布五十匹棺一具克日舉哀之偉爲文不尚浮華而温雅博贍所製多遺失存者十七卷

顔晃字元明琅邪臨沂人也少孤貧好學有辭采解褐梁邵陵王兼記室參軍時東宮學士庾信嘗使于府中王使晃接對信輕其尚少曰此府兼記室幾人晃答曰猶當少於宮中學士當時以爲善對侯景之亂西奔荆州承聖初除中書侍郎時杜龕爲吳興太守專好勇力其所部多輕險少年元帝患之乃使晃管其書翰仍勑龕曰卿年時尚少習讀未曉顔晃文學之士使相毗佐造次之間必宜諮稟及龕誅晃歸世祖世祖委以書記親遇甚篤除宣毅府中錄事兼記室參軍永定二年高祖幸大莊嚴寺其夜甘露降晃獻甘露頌詞義該典高祖甚奇之天嘉初遷員外散騎常侍兼中書舍人掌詔誥三年卒時年五十三詔贈司農卿謚曰貞子并賜墓地晃家世單門傍無戚援而介然脩立爲當世所知其表奏詔誥下筆立成便得事理而雅有氣質有集二十卷

江德藻字德藻濟陽考城人也祖柔之齊尚書倉部郎中父革梁度支尚書光祿大夫德藻好學善屬文美風儀身長七尺四寸性至孝事親盡禮與異產昆弟居恩惠甚篤起家梁南中郎武陵王行參軍大司馬南平王蕭偉聞其才召爲東閤祭酒遷安西湘東王府外兵參軍尋除尚書比部郎以父憂去職服闋之後容貌毁瘁如居喪時除安西武陵王記室不就久之授廬陵王記室參軍除廷尉正尋出爲南兗州治中及高祖爲司空征北將軍引德藻爲府諮議轉中書侍郎遷雲麾臨海王長史陳臺建拜尚書吏部侍郎高祖受禪授秘書監兼尚書左丞尋以本官兼中書舍人天嘉四年兼散騎常侍與中書郎劉師知使齊著北征道理記三卷還拜太子中庶子領步兵校尉頃之遷御史中丞坐公事免尋拜振遠將軍通直散騎常侍自求宰縣出補新喻令政尚恩惠頗有異績六年卒於官時年五十七世祖甚悼惜之詔贈散騎常侍所著文筆十五卷子椿亦善屬文歷太子庶子尚書左丞

庾持字允德頴川鄢陵人祖佩玉宋長沙內史父沙彌梁長城令持少孤性至孝居父憂過禮篤志好學尤善書記以才藝聞解褐梁南平王國左常侍輕車河東王府行參軍兼尚書郎尋而爲真出爲安吉令遷鎮東邵陵王府限外記室兼建康令天監初世祖與持有舊及世祖爲吳興太守以持爲郡丞兼掌書翰自是常依文帝文帝剋張彪鎮會稽又令持監臨海郡以貪縱失民和爲山盜所劫幽執十旬世祖遣劉澄討平之持乃獲免高祖受禪授安東臨川王府諮議參軍天嘉初遷尚書左丞以預長城之功封崇德縣子邑三百戶拜封之日請令史爲客受其餉遺世祖怒之因坐免尋爲宣惠始興王府諮議參軍除臨安令坐杖殺縣民免封還爲給事黃門侍郎除稜威將軍鹽官令光大元年遷祕書監知國史事又爲少府卿領羽林監遷太中大夫領步兵校尉太建元年卒時年六十二詔贈光祿大夫持善字書每屬辭好爲奇字文士亦以此譏之有集十卷

許亨字亨道高陽新城人晉徵士詢之六世孫也曾祖珪歷給事中委桂陽太守高尚其志居永興之究山即詢之所隱也祖勇慧齊太子家令冗從僕射父懋梁始平天門二郡守太子中庶子散騎常侍以學藝聞撰毛詩風雅比興義類十五卷述行記四卷亨少傳家業孤介有節行博通羣書多識前代舊事名輩皆推許之甚爲南陽劉之遴所重每相稱述解褐梁安東王行參軍兼太學博士尋除平西府記室參軍太清初爲征西中記室兼太常丞侯景之亂避地郢州會梁邵陵王自東道至引爲諮議參軍王僧辯之襲郢州也素聞其名召爲儀同從事中郎遷太尉從事中郎與吳興沈炯對掌書記府朝政務一以委焉晉安王承制授給事黃門侍郎亨奉牋辭府僧辯答曰省告承有朝授良爲德舉卿操尚惇深文藝該洽學優而官自致青紫況久羈駿足將成頓轡匡輔虛闇期寄實深既欣遊處用忘勞屈而枳棘栖鵷常以增歎夕郎之選雖爲清顯位以才升差自無愧且卿始云知命方騁康衢未有執戟之疲便深夜行之慨循復來翰殊用憮然古人相思千里命駕素心不昧寧限城闉存顧之深荒慙無已高祖受禪授中散大夫領羽林監遷太中大夫領大著作知梁史事初僧辯之誅也所司收僧辯及其子頠屍於方山同坎埋瘞至是無敢言者亨以故吏抗表請葬之乃與故義徐陵張種孔奐等相率以家財營葬凡七柩皆改窆焉光大初高宗入輔以亨貞正有古人之風甚相欽重常以師禮事之及到仲舉之謀出高宗也毛喜知其詐高宗問亨亨勸勿奉詔高宗即位拜衛尉卿太建二年卒時年五十四初撰齊書并志五十卷遇亂失亡後撰梁史成者五十八卷梁太清之後所製文筆六卷子善心早知名官至尚書度支侍郎

褚玠字温理河南陽翟人也曾祖炫宋昇明初與謝朏江斆劉俁入侍殿中謂之四友官至侍中吏部尚書謚貞子祖澐梁御史中丞父蒙太子舍人玠九歲而孤爲叔父驃騎從事中郎隨所養早有令譽先達多以才器許之及長美風儀善占對博學能屬文詞義典實不好豔靡起家王府法曹歷轉外兵記室天嘉中兼通直散騎常侍聘齊還爲桂陽王友遷太子庶子中書侍郎太建中山陰縣多豪猾前後令皆以贓汙免高宗患之謂中書舍人蔡景歷曰稽陰大邑久無良宰卿文士之內試思其人景歷進曰褚玠廉儉有幹用未審堪其選不高宗曰甚善卿言與朕意同乃除戎昭將軍山陰令縣民張次的王休達等與諸猾吏賄賂通姦全丁大戶類多隱没玠乃鎖次的等具狀啓臺高宗手勑慰勞并遣使助玠搜括所出軍民八百餘戶時舍人曹義達爲高宗所寵縣民陳信家富於財諂事義達信父顯文恃勢橫暴玠乃遣使執顯文鞭之一百於是吏民股慄莫敢犯者信後因義達譖玠竟坐免官玠在任歲餘守祿俸而已去官之日不堪自致因留縣境種蔬菜以自給或嗤玠以非百里之才玠答曰吾委輸課最不後列城除殘去暴姦吏局蹐若謂其不能自潤脂膏則如來命以爲不達從政吾未服也時人以爲信然皇太子知玠無還裝手書賜粟米二百斛於是還都太子愛玠文辭令入直殿省十年除電威將軍仁威淮南王長史頃之以本官掌東宮管記十二年遷御史中丞卒於官時年五十二玠剛毅有膽決兼善騎射嘗從司空侯安都於徐州出獵遇有猛虎玠引弓射之再發皆中口入腹俄而虎斃及爲御史中丞甚有直繩之稱自梁末喪亂朝章廢弛司憲因循守而勿革玠方欲改張大爲條例綱維畧舉而編次未訖故不列于後焉及卒太子親製誌銘以表惟舊至德二年追贈祕書監所製章奏雜文二百餘篇皆切事理由是見重於時子亮有才學官至尚書殿中侍郎

岑之敬字思禮南陽棘陽人也父善紆梁世以經學聞官至吳寧令司義郎之敬年五歲讀孝經每燒香正坐親戚咸加歎異年十六策春秋左氏制旨孝經義擢爲高第御史奏曰皇朝多士例止明經若顔閔之流乃應高第梁武帝省其策曰何妨我復有顔閔邪因召入面試令之敬升講座勑中書舍人朱异執孝經唱士孝章武帝親自論難之敬剖釋縱橫應對如響左右莫不嗟服乃除童子奉車郎賞賜優厚十八預重雲殿法會時武帝親行香熟視之敬曰未幾見兮突而弁兮即日除太學限內博士尋爲壽光學士司義郎又除武陵王安西府刑獄參軍事太清元年表請試吏除南沙令侯景之亂之敬率所部赴援京師至郡境聞臺城陷乃與衆辭訣歸鄉里承聖二年除晉安王宣惠府中記室參軍是時蕭勃據嶺表勑之敬宣旨慰喻會江陵陷仍留廣州太建初還朝授東宮義省學士太子素聞其名尤降賞接累遷鄱陽王中衛府記室鎮北府中錄事參軍南臺治書侍御史征南府諮議參軍之敬始以經業進而博涉文史雅有詞筆不爲醇儒性謙謹未嘗以才學矜物接引後進恂恂如也每忌日營齋必躬自洒掃涕泣終日士君子以篤行稱之十一年卒時年六十一太子嗟惜賻贈甚厚有集十卷行於世子德潤有父風官至中軍吳興王記室

陸琰字温玉吏部尚書瓊之從父弟也父令公梁中軍宣城王記室參軍琰幼孤好學有志操州舉秀才解褐宣惠始興王行參軍累遷法曹外兵參軍直嘉德殿學士世祖聽覽餘暇頗留心史籍以琰博學善占誦引置左右嘗使製刀銘琰援筆即成無所點竄世祖嗟賞久之賜衣一襲俄兼通直散騎常侍副琅邪王厚聘齊及至鄴下而厚病卒琰自爲使主時年二十餘風神韶亮占對閑敏齊士大夫甚傾心焉還爲雲麾新安王主簿遷安成王長史寧遠府記室參軍太建初爲武陵王明威府功曹史兼東宮管記丁母憂去官五年卒時年三十四太子甚傷悼之手令舉哀加其賻贈又自製誌銘至德二年追贈司農卿琰寡嗜慾鮮矜競遊心經籍晏如也其所製文筆多不存本後主求其遺文撰成二卷有弟瑜

瑜字幹玉少篤學美詞藻州舉秀才解褐驃騎安成王行參軍轉軍師晉安王外兵參軍東宮學士兄琰時爲管記竝以才學娛侍左右時人比之二應太建二年太子釋奠于太學宮臣竝賦詩命瑜爲序文甚贍麗還尚書祠部郎中丁母憂服闋爲桂陽王明威將軍功曹史兼東宮管記累遷永陽王文學太子洗馬中舍人瑜幼長讀書晝夜不廢聰敏彊記一覽無遺嘗受莊老於汝南周弘正學成實論於僧滔法師竝通大旨時皇太子

好學欲博覽羣書以子集繁多命瑜鈔撰未就而卒時年四十四太子爲之流涕手令舉哀官給喪事并親製文遣使弔祭仍與詹事江總書曰管記陸瑜奄然殂化悲傷悼惜此情何已吾生平愛好卿等所悉自以學涉儒雅不逮古人欽賢慕士是情尤篤梁室亂離天下糜沸書史殘缺禮樂崩淪晚生後學匪無牆面卓爾出羣斯人而已吾識覽雖局未曾以言議假人至於片善小才特用嗟賞況復洪識奇士此故忘言之地論其博綜子史諳究儒墨經耳無遺觸目成誦一褒一貶一激一揚語玄析理披文摘句未嘗不聞者心伏聽者解頤會意相得自以爲布衣之賞吾監撫之暇事隙之辰頗用譚笑娛情琴樽間作雅篇豔什迭互鋒起每淸風朗月美景良辰對羣山之參差望巨波之滉瀁或翫新花時觀落葉既聽春鳥又聆秋鴈未嘗不促膝舉觴連情發藻且代琢磨間以嘲謔俱怡耳目竝留情致自謂百年爲速朝露可傷豈謂玉折蘭摧遽從短運爲悲爲恨當復何言遺迹餘文觸目增泫絕絃投筆恒有酸梗以卿同志聊復敍懷涕之無從言不寫意其見重如此至德二年追贈光祿卿有集十卷瑜從父兄玠從父弟琛

玠字潤玉梁大匠卿晏之子弘雅有識度好學能屬文舉秀才對策高第吏部尙書袁樞薦之於世祖超授衡陽王文學直天保殿學士太建初遷長沙王友領記室後主在東宮聞其名徵爲管記仍除中舍人管記如故甚見親待尋以疾失明將還鄉里太子解衣贈玠爲之流涕八年卒時年三十七有令舉哀并加賵贈至德二年追贈少府卿有集十卷

琛字潔玉宣毅臨川王長史丘公之子少警俊事後母以孝聞世祖爲會稽太守琛年十八上善政頌甚有詞采由此知名舉秀才起家爲衡陽王主簿兼東宮管記歷豫章王文學領記室司徒主簿直宣明殿學士尋遷尙書三公侍郎兼通直散騎常侍聘齊還爲司徒左西掾又掌東宮管記太子愛琛才辯深禮遇之後主嗣位遷給事黃門侍郎中書舍人參掌機密琛性頗疏坐漏洩禁中語詔賜死時年四十二

何之元廬江灊人也祖僧達齊南臺治書侍御史父法勝以行業聞之元幼好學有才思居喪過禮爲梁司空袁昂所重天監末昂表薦之因得召見解褐梁太尉臨川王揚州議曹從事史尋轉主簿及昂爲丹陽尹辟爲丹陽五官掾總戶曹事尋除信義令之元宗人敬容者勢位隆重頻相顧訪之元終不造焉或問其故之元曰昔楚人得寵於觀起有馬者皆亡夫德薄任隆必近覆敗吾恐不獲其利而招其禍識者以是稱之會安西武陵王爲益州刺史以之元爲安西刑獄參軍侯景之亂武陵王以太尉承制授南梁州長史北巴西太守武陵王自成都舉兵東下之元與蜀中民庶抗表請無行王以爲沮衆囚之元于艦中及武陵兵敗之元從邵陵太守劉恭之郡俄而江陵陷劉恭卒王琳召爲記室參軍梁敬帝冊琳爲司空之元除司空府諮議參軍領記室王琳之立蕭莊也署爲中書侍郎會齊文宣帝薨令之元赴弔還至壽春而王琳敗齊主以爲揚州別駕所治卽壽春也及衆軍北伐得淮南地湘州刺史始興王叔陵遣功曹史柳咸賚書召之元之元始與朝廷有隙及書至大惶恐讀書至孔璋無罪左車見用之元仰而歎曰辭旨若此豈欺我哉遂隨咸至湘州太建八年除中衞府功曹參軍事尋還諮議參軍及叔陵誅之元乃屏絕人事銳精著述以爲梁氏肇自武皇終于敬帝其興亡之運盛衰之跡足以垂鑒戒定襃貶究其始終起齊永元元年迄于王琳遇獲七十五年行事草創爲三十卷號曰梁典其序曰記事之史其流不一編年之作無若春秋則魯史之書非帝皇之籍也案三皇之簡爲三墳五帝之策爲五典此典義所由生也至乃尙書述唐帝爲堯典虞帝爲舜典斯又經文明據是以典之爲義久矣哉若夫馬史班漢述帝稱紀自茲厥後因相祖習及陳壽所撰名之曰志總其三國分路揚鑣唯何法盛晉書變帝紀爲帝典既云師古在理爲優故今之所作稱爲梁典梁有天下自中大同以前區寓寧晏太淸以後寇盜交侵首尾而言未爲盡美故開此一書分爲六意以高祖創基因乎齊末尋宗討本起自永元今以前如千卷爲追述高祖生自布衣長於弊俗知風敎之臧否識民黎之情僞爰逮君臨弘斯政術四紀之內實云殷阜今以如千卷爲太平世不常夷時無恒治非自我後仍屬橫流今以如千卷爲敍亂洎高祖晏駕之年太宗幽辱之歲謳歌獄訟向西陝不向東都不庭之民流逸之士征伐禮樂歸世祖不歸太宗撥亂反正厥庸斯在治定功成其勳有屬今以如千卷爲世祖至於四海困窮五德升替則敬皇紹立仍以禪陳今以如千卷爲敬帝驃騎王琳崇立後嗣雖不達天命然是其忠節今以如千卷爲後嗣主至在太宗雖加美謚而大寶之號世所不遵蓋以拘於賊景故也承聖紀歷自接太淸神筆詔書非宜輒改詳之後論蓋有理焉夫事有始終人有業行本末之間頗宜詮敍案臧榮緒稱史無裁斷猶起居注耳由此而言實資詳悉又編年而舉其歲次者蓋取分明而易尋也若夫獫狁孔熾鯁我中原始自一君終爲二主事有相涉言成混漫今以未分之前爲北魏既分之後高氏所輔爲東魏宇文所挾爲西魏所以相分別也重以蓋彰殊體繁省異文其間損益頗有凡例禎明三年京城陷乃移居常州之晉陵縣隋開皇十三年卒于家

徐伯陽字隱忍東海人也祖度之齊南徐州議曹從事史父僧權梁東宮通事舍人領祕書以善書知名伯陽敏而好學善色養進止有節年十五以文筆稱學春秋左氏家有史書所讀者近三千餘卷試策高第尙書板補梁河東王國右常侍東宮學士臨川嗣王府墨曹參軍大同中出爲侯官令甚得民和侯景之亂伯陽浮海南至廣州依於蕭勃勃平還朝仍將家屬之吳郡天嘉二年詔侍晉安王讀尋除司空侯安都府記室參軍事安都素聞其名見之降席爲禮甘露降樂遊苑詔賜安都令伯陽爲謝表世祖覽而奇之太建初中記室李爽記室張正見左民郎賀徹學士阮卓黃門郎蕭詮三公郎王由禮處士馬樞記室祖孫登北部賀循長史劉刪等爲文會之友後有蔡凝劉助陳暄孔範亦預焉皆一時之士也遊晏賦詩勒成卷軸伯陽爲其集序盛傳於世及新安王爲南徐州刺史除鎭北新安王府中記室參軍兼南徐州別駕帶東海郡丞鄱陽王爲江州刺史伯陽嘗奉使造焉王率府僚與伯陽登匡嶺置宴酣命筆賦劇韻二十伯陽與祖孫登前成王賜以奴婢雜物及新安王還京除臨海嗣王府限外諮議參軍十一年春皇太子幸太學詔新安王於辟雍發論語題仍命伯陽爲辟雍頌甚見嘉賞除鎭右新安王府諮議參軍事十三年聞姊喪發疾而卒時年六十六

張正見字見賾淸河東武城人也祖蓋之魏散騎常侍勃海長樂二郡太守父脩禮魏散騎侍郎歸梁仍拜本職遷懷方太守正見幼好學有淸才梁簡文在東宮正見年十三獻頌簡文深贊賞之簡文雅尙學業每自升座說經正見嘗預講筵請決疑義吐納和順進退詳雅四座咸屬目焉太淸初射策高第除邵陵王國左常侍梁元帝立拜通直散騎侍郎遷彭澤令屬梁季喪亂避地於匡俗山時焦僧度擁衆自保遣使請交正見懼之遜辭延納然以禮法自持僧度亦雅相敬憚高祖受禪詔正見還都除鎭東鄱陽王府墨曹行參軍兼衡陽王府長史歷宜都王限外記室撰史著士帶尋陽郡丞累遷尙書度支郎通直散騎侍郎著士如故太建中卒時年四十九有集十四卷其五言詩尤善大行於世

蔡凝字子居濟陽考城人也祖撙梁吏部尙書金紫光祿大夫父彥高梁給事黃門侍郎凝幼聰晤美容止既長博涉經傳有文辭尤工草隸天嘉四年釋褐受祕書郎轉廬陵王文學光大元年除太子洗馬司徒主簿太建元年遷太子中舍人以名公子選尙信義公主拜駙馬都尉中書侍郎遷晉陵太守及將之郡更令左右緝治中書廨宇謂賓友曰庶來者無勞不亦可乎尋授寧遠將軍尙書吏部侍郎凝年位未高而才地爲時所重常端坐西齋自非素貴名流罕所交接趣時者多譏焉高祖常謂凝曰我欲用義興主壻錢肅爲黃門郎卿意何如凝正色對曰帝鄉舊戚恩由聖旨則無所復問若格以僉議黃散之職故須人門兼美惟陛下裁之高宗默然而止肅聞而有憾令義興主日譖之於高宗尋免官遷交阯頃之追還後主嗣位授晉安王諮議參軍轉給事黃門侍郎後主嘗置酒會羣臣歡甚將移醼於弘範宮衆人咸從唯凝與袁憲不行後主曰卿何爲者凝對曰長樂尊嚴非酒後所過臣不敢奉詔衆人失色後主曰卿醉矣卽令引出他日後主謂吏部尙書蔡徵曰蔡凝負地矜才無所用也尋遷信威晉熙王府長史鬱鬱不得志乃喟然歎曰天道有廢興夫子云樂天知命斯理庶幾可達因製小室賦以見志甚有辭理陳亡入隋道病卒時年四十七子君知頗知名

阮卓陳留尉氏人祖詮梁散騎侍郎父問道梁寧遠岳陽王府記室參軍卓幼而聰敏篤志經籍善談論尤工五言詩性至孝其父隨岳陽王出鎭江州遇疾而卒卓時年十五自都奔赴水漿不入口者累日屬侯景之亂道路阻絕卓冒履險艱載喪柩還都在路遇賊卓形容毀瘁號哭自陳賊哀而不殺之仍護送出境及渡彭蠡湖中流忽遇疾風船幾沒者數四卓仰天悲號俄而風息人皆以爲孝感之至焉世祖卽位除輕車鄱陽王府外兵參軍天康元年轉雲麾新安王府記室參軍仍隨府轉翌右記室帶撰史著士還鄱陽王中衞府錄事轉晉安王府記室著士如故及平歐陽紇交阯夷獠往往相聚爲寇抄卓奉使招慰交阯通日南象郡多金翠珠貝珍怪之產前後使者皆致之唯卓挺身而還衣裝無他時論咸服其廉遷衡陽王府中錄事參軍入爲尙書祠部郎遷始興王中衞府記室參軍叔陵之誅也後主

謂朝臣曰阮卓素不同逆宜加旌異至德元年入爲德教殿學士尋兼通直散騎常侍副王話聘隋隋主夙聞卓名乃遣河東薛道衡琅邪顏之推等與卓談讌賦詩賜遺加禮還除招遠將軍南海王府諮議參軍以目疾不之官退居里舍改構亭宇脩山池卉木招致賓友以文酒自娛禎明三年入于隋行至江州追感其父所終因遘疾而卒時年五十九時有武威陰鏗字子堅梁左衛將軍子春之子幼聰慧五歲能誦詩賦日千言及長博涉史傳尤善五言詩爲當時所重釋褐梁湘東王法曹參軍天寒鏗嘗與賓友宴飲見行觴者因回酒炙以授之衆坐皆笑鏗曰吾儕終日酣飲而執爵者不知其味非人情也及侯景之亂鏗嘗爲賊所擒或救之獲免鏗問其故乃前所行觴者天嘉中爲始興王府中錄事參軍世祖嘗讌羣臣賦詩徐陵言之於世祖即日召鏗預讌使賦新成安樂宮鏗援筆便就世祖甚歎賞之累遷招遠將軍晉陵太守員外散騎常侍頃之卒有集三卷行於世

史臣曰夫文學者蓋人倫之所基歟是以君子異乎衆庶昔仲尼之論四科始乎德行終於文學斯則聖人亦所貴也至於杜之偉之徒值於休運各展才用之偉尤著美焉

陳書卷三十四考證

江德藻傳○藻一本作操

何之元傳之元從邵陵太守劉恭之郡○恭南史作荼

徐伯陽傳學士阮卓○阮一本作元南史同然以下文觀之阮卓自有傳當以此爲是

張正見傳祖蓋之○蓋南史作善

陳書卷三十五

唐　散　騎　常　侍　姚　思　廉　撰

列傳第二十九

熊曇朗　周迪　留異　陳寶應

熊曇朗豫章南昌人也世爲郡著姓曇朗跅弛不羈有膂力容貌甚偉侯景之亂稍聚少年據豐城縣爲柵桀黠刼盜多附之梁元帝以爲巴山太守荊州陷曇朗兵力稍彊刼掠鄰縣縛賣居民山谷之中最爲巨患及侯瑱鎮豫章曇朗外示服從陰欲圖瑱侯方兒之反瑱也曇朗爲之謀主瑱敗曇朗獲瑱馬仗子女甚多及蕭勃踰嶺歐陽頠爲前軍曇朗紿頠共往巴山襲黃法𣰰又報法𣰰期共破頠約曰事捷與我馬仗及出軍與頠掎角而進又紿頠曰余孝頃欲相掩襲須分留奇兵甲仗既少恐不能濟頠乃送甲三百領助之及至城下將戰曇朗僞北法𣰰乘之頠失援狼狽退衂曇朗取其馬仗而歸時巴山陳定亦擁兵立寨曇朗僞以女妻定子又謂定曰周迪余孝頃並不願此婚必須以彊兵來迎定乃遣精甲三百并土豪二十人往迎既至曇朗執之收其馬仗並論價責贖紹泰二年曇朗以南川豪帥隨例除游騎將軍尋爲持節飆猛將軍桂州刺史資領豐城令歷宜新豫章二郡太守王琳遣李孝欽等隨余孝頃於臨川攻周迪曇朗率所領赴援其年以功除持節通直散騎常侍寧遠將軍封永化縣侯邑一千戶給鼓吹一部又以抗禦王琳之功授平西將軍開府儀同三司餘並如故及周文育攻余孝勱於豫章曇朗出軍會之文育失利曇朗乃害文育以應王琳事見文育傳於是盡執文育所部諸將據新淦縣帶江爲城王琳東下世祖徵南川兵江州刺史周迪高州刺史黃法𣰰欲沿流應赴曇朗乃據城列艦斷遏迪等與法𣰰因帥南中兵築城圍之絶其與琳信使及王琳敗走曇朗黨援離心迪攻陷其城虜其男女萬餘口曇朗走入村中村民斬之傳首京師懸于朱雀觀於是盡收其黨族無少長皆棄市

周迪臨川南城人也少居山谷有膂力能挽彊弩以弋獵爲事侯景之亂迪宗人周續起兵於臨川梁始興王蕭毅以郡讓續迪召募鄉人從之每戰必勇冠衆軍續所部渠帥皆郡中豪族稍驕橫續頗禁之渠帥等並怨望乃相率殺續推迪爲主迪乃據有臨川之地築城于工塘梁元帝授迪持節通直散騎常侍壯武將軍高州刺史封臨汝縣侯邑五百戶紹泰二年除臨川內史尋授使持節散騎常侍信威將軍衡州刺史領臨川內史周文育之討蕭勃也迪按甲保境以觀成敗文育使長史陸山才說迪迪乃大出糧餉以資文育勃平以功加振遠將軍遷江州刺史高祖受禪王琳東下迪欲自據南川乃總召所部八郡守宰結盟聲言入赴朝廷恐其爲變因厚慰撫之琳至湓城新吳洞主余孝頃舉兵應琳琳以爲南川諸郡可傳檄而定乃遣其將李孝欽樊猛等南徵糧餉猛等與余孝頃相合衆且二萬來趨工塘連八城以逼迪迪使周敷率衆頓臨川故郡截斷江口因出與戰大敗之屠其八城生擒李孝欽樊猛余孝頃送于京師收其軍實器械山積并虜其人馬迪並自納之永定二年以功加平南將軍開府儀同三司增邑一千五百戶給鼓吹一部世祖嗣位進號安南將軍熊曇朗之反也迪與周敷黃法𣰰等率兵共圍曇朗屠之盡有其衆王琳敗後世祖徵迪出鎮湓城又徵其子入朝迪趑趄顧望並不至豫章太守周敷本屬於迪至是與黃法𣰰率其所部詣闕世祖錄其破熊曇朗之功並加官賞迪聞之甚不平乃陰與留異相結及王師討異迪疑懼不自安乃使其弟方興率兵襲周敷敷與戰破之又別使兵襲華皎於湓城事覺盡爲皎所擒三年春世祖乃下詔赦南川士民爲迪所詿誤者使江州刺史吳明徹都督衆軍與高州刺史黃法𣰰豫章太守周敷討迪於是尚書下符曰告臨川郡士庶昔西京爲盛信越背誕東都中興萌寵違戾是以鷹鸇競逐葅醢極誅自古有之其來尚矣逆賊周迪本出輿臺有梁喪亂暴掠山谷我高祖躬率百越師次九川濯其泥沙假以毛羽裁解豚佩仍剖虎符𠕋翼之恩方斯莫踰皇運肇基頗布誠欵國步艱阻竟微効力龍節繡衣藉王爵而御下熊旗組甲因地險而陵上日者王琳始貳蕭勃未夷西結三湘南通五嶺衡廣勘定既安反側江郢紛梗復生攜背擁據一郡苟且百心志貌常違言迹不副特以新吳未靜地遠兵彊互相兼并成其形勢收獲器械俘虜士民並曰私財曾無獻捷時遣一介終持兩端朝廷光大含弘引納崇遇遂乃位等三槐任均四嶽富貴隆赫超絶功臣加以出師逾嶺遠相響援按甲斷江翻然猜拒故司空愍公敦以宗盟情同骨肉城池連接勢猶脣齒彭亡之禍坐觀雖作階此釁故結其黨與于時北寇侵軼西賊憑陵扉屨糇糧悉以資寇爵號軍容一遵僞黨及王師凱振大定區中天網恢弘棄之度外璽書綸誥撫慰綢繆冠蓋縉紳敦授重疊至於熊曇朗勦滅豐城克定蓋由儀同法𣰰之元功安西周敷之効力司勳有典懋賞斯舊惡直醜正自爲仇讎悖禮姦謀因此滋甚徵出湓城歷年不就求遣侍子累載未朝外誘逋亡招集不逞中詷京輦規冀非常擅斂征賦罕歸九府擁遏二賈害及四民潛結賊異共爲表裏同惡相求密加應援謂我六軍薄伐三越未寧屠破述城虜縛妻息分襲湓鎮稱兵蠡邦拘逼酋豪攻圍城邑幸國有備應時鯽殄假節通直散騎常侍仁武將軍尋陽太守懷仁縣伯華皎明威將軍廬陵太守益陽縣子陸子隆並破賊徒剋全郡境持節散騎常侍安西將軍定州刺史領豫章太守西豐縣侯周敷躬扞溝壘身當矢石率茲義勇以寡摧衆斬馘萬計俘虜千羣迪方收餘燼還固墉堞使持節安南將軍開府儀同三司高州刺史新建縣侯法𣰰雄績早宣忠誠夙著未奉王命前率義旅既援敷等又全子隆裹糧擐甲仍躡飛走批熊之旅驅馳越電振武之衆叱咤移山以此追奔理無遺類雖復朽株將拔非待尋斧落葉就殞無勞烈風但去草絶根在於未蔓撲火止燎貴乎速滅分命將帥寔賫英果今遣鎮南儀同司馬湘東公相劉廣德兼平西司馬孫曉北新蔡太守魯廣達持節安南將軍吳州刺史彭澤縣侯魯悉達甲士萬人步出興口又遣前吳興太守胡櫟樹功將軍前宣城太守錢法成天門義陽二郡太守樊毅雲麾將軍合州刺史南固縣侯焦僧度嚴武將軍建州刺史辰縣子張智達持節都督江吳二州諸軍事安南將軍江州刺史安吳縣侯吳明徹樓艦馬步直指臨川前安成內史劉士京巴山太守蔡僧貴南康內史劉峯廬陵太守陸子隆安成內史闕慎並受儀同法𣰰節度同會故郡又命尋陽太守華皎光烈將軍巴州刺史潘純陁平西將軍郢州刺史欣樂縣侯章昭達並率貔豹逕造賊城使持節散騎常侍鎮南將軍開府儀同三司湘州刺史湘東郡公度分遣偏裨相繼上道戈船蔽水彀騎彌山又詔鎮南將軍開府儀同三司歐陽頠率其子弟交州刺史盛新除太子右率遂衡州刺史侯曉等以勁越之兵踰嶺北邁千里同期百道俱集如脫稽誅更淹旬晦司空大都督安都已平賊異凱歸非久飲至禮畢乘勝長驅勦撲凶醜如燎毛髮已有明詔罪唯迪身黎民何辜一皆原宥其有因機立功賞如別格執迷不改刑茲罔赦吳明徹至臨川令衆軍作連城攻迪相拒不能剋世祖乃遣高宗總督討之迪衆潰妻子悉擒乃脫身踰嶺之晉安依于寶應寶應以兵資迪留異又遣第二子忠臣隨之明年秋復越東興嶺東興南城永成縣民皆迪故人復共應之世祖遣都督章昭達征迪迪又散于山谷初侯景之亂也百姓皆棄本業羣聚爲盜唯迪所部獨不侵擾並分給田疇督其耕作民下肆業各有贏儲政教嚴明徵斂必至餘部乏絶者皆仰以取給迪性質朴不事威儀冬則短身布袍夏則紫紗袜腹居常徒跣雖外列兵衛內有女伎挼繩破篾傍若無人然輕財好施凡所周贍毫釐必鈞訥於言語而襟懷信實臨川人皆德之至是並共藏匿雖加誅戮無肯言者昭達仍度嶺頓于建安與陳寶應相抗迪復收合出東

興時宣城太守錢肅鎮東興以城降迪吳州刺史陳詳率師攻迪詳兵大敗虔化侯陳訬陳留太守張遂並戰死於是迪衆復振世祖遣都督程靈洗擊破之迪又與十餘人竄于山穴中日月轉久相隨者亦稍苦之復遣人潛出臨川郡市魚鮭足痛舍於邑子邑子告臨川太守駱牙牙執之令取迪自効因使腹心勇士隨入山中誘迪出獵伏兵於道傍斬之傳首京都梟于朱雀觀三日

留異東陽長山人也世爲郡著姓異善自居處言語醞藉爲鄉里雄豪多聚惡少陵侮貧賤守宰皆患之梁代爲蟹浦戍主歷晉安安固二縣令侯景之亂還鄉里召募士卒東陽郡丞與異有隙引兵誅之及其妻子太守沈巡援臺讓郡於異異使兄子超監知郡事率兵隨巡出都及京城陷異隨臨城公蕭大連大連板爲司馬委以軍事異性殘暴無遠略督責大連軍主及以左右私樹威福衆並患之會景將軍宋子仙濟浙江異奔還鄉里尋以其衆降于子仙是時大連亦趣東陽之信安嶺欲之鄱陽異乃爲子仙鄉導令執大連侯景署異爲東陽太守收其妻子爲質景行臺劉神茂建義拒景異外同神茂而密契於景及神茂敗績爲景所誅異獨獲免侯景平後王僧辯使異慰勞東陽仍糾合鄉閭保據巖阻其徒甚盛州郡憚焉元帝以爲信安令荆州陷王僧辯以異爲東陽太守世祖平定會稽異雖轉輸糧饋而擁擅一郡威福在已紹泰二年以應接之功除持節通直散騎常侍信武將軍縉州刺史領東陽太守封永興縣侯邑五百戶其年遷散騎常侍信威將軍增邑三百戶餘並如故又以世祖長女豐安公主配異第三子貞臣永定二年徵異爲使持節散騎常侍都督南徐州諸軍事平北將軍南徐州刺史異遷延不就世祖即位改授都督縉州諸軍事安南將軍縉州刺史領東陽太守異頻遣其長史王澌爲使入朝澌每言朝廷虛弱異信之雖外示臣節恒懷兩端與王琳自鄱陽信安嶺潛通信使王琳又遣使往東陽署守宰及琳敗世祖遣左衞將軍沈恪代異爲郡實以兵襲之異出下淮抗禦恪與戰敗績退還錢塘異乃表啓遜謝是時衆軍方事湘郢乃降詔書慰喻且羈縻之異亦知朝廷終討於己乃使兵戍下淮及建德以備江路湘州平世祖乃下詔曰昔四罪難弘大媯之所無赦九黎亂德少昊之所必誅自古皇王不貪征伐苟爲時蠹事非獲已逆賊留異數應亡滅繕甲完聚由來積年進謝羣龍自躍於千里退懷首鼠恒持於百心中歲密契番禺既弘天網賜以名爵敦以國姻黨望懷音猶能革面王琳竊據中流翻相應接別引南川之嶺路專爲東道之主人結附凶渠唯欣禍亂既祆氛盪定氣沮心孤類傷鳥之驚弦等窮獸之謀觸雖復遣家入質子陽之態轉遒侍子還朝隗囂之心方熾朕志相成養不計瑕慝披襟解帶敦喻殷勤蜂目彌彰梟聲無改遂置軍江口嚴戍下淮顯然反叛非可容匿且縉邦膏腴稽南殷曠永割王賦長壅國民竹箭良材絕望京輦萑蒲小盜共肆貪殘念彼餘甿兼其慨息西戎屈膝自款重關秦國依風並輸侵地三邊已乂四表咸寧唯此微妖所宜清殄可遣使持節都督南徐州諸軍事征北將軍司空南徐州刺史桂陽郡開國公安都指往擒戮罪止異身餘無所問異本謂官軍自錢塘江而上安都乃由會稽諸暨步道襲之異聞兵至大恐棄郡奔于桃支嶺於嶺口立柵自固明年春安都大破其柵異與第二子忠臣奔于陳寶應於是虜其餘黨男女數千人天嘉五年陳寶應平并擒異送都斬于建康市子姪及同黨無少長皆伏誅唯第三子貞臣以尚主獲免

陳寶應晉安侯官人也世爲閩中四姓父羽有材幹爲郡雄豪寶應性反覆多變詐梁代晉安數反累殺郡將羽初並扇惑合成其事後復爲官軍鄉導破之由是一郡兵權皆自已出侯景之亂晉安太守賓化侯蕭雲以郡讓羽羽年老但治郡事令寶應典兵是時東境饑饉會稽尤甚死者十七八平民男女並皆自賣而晉安獨豐沃寶應自海道寇臨安永嘉及會稽餘姚諸暨又載米粟與之貿易多致玉帛子女其有能致舟乘者亦並奔歸之由是大致貲產士衆彊盛侯景平元帝因以羽爲晉安太守高祖輔政羽請歸老求傳郡于寶應高祖許之紹泰元年授壯武將軍晉安太守尋加員外散騎常侍二年封候官縣侯邑五百戶時東西嶺道寇賊擁隔寶應自海道趨于會稽貢獻高祖受禪授持節散騎常侍信武將軍閩州刺史領會稽太守世祖嗣位進號宣毅將軍又加其父光祿大夫仍命宗正錄其本系編爲宗室并遣使條其子女無大小並加封爵寶應娶留異女爲妻侯安都之討異也寶應遣助之又資周迪兵糧出寇臨川及都督章昭達於東興南城破迪世祖因命昭達都督衆軍由建安南道渡嶺又命益州刺史領信義太守余孝頃都督會稽東陽臨海永嘉諸軍自東道會之以討寶應并詔宗正絕其屬籍於是尚書下符曰告晉安士庶昔隴西旅拒漢不稽誅遼東叛渙魏申宏畧若夫無諸漢之策勳有扈夏之同姓至於納吳濞之子致橫海之師違姒啓之命有甘誓之討况迺族不繫於宗盟名無紀於庸器而顯成三叛疊深四罪者乎案閩寇陳寶應父子卉服支孽本迷愛敬梁季喪亂閩隅阻絕父既豪俠扇動蠻陬椎髻箕坐自爲渠帥無聞訓義所資姦諂爰肆蜂豺俄而解印炎行方謝網漏吞舟日月居諸棄之度外自東南王氣寔表聖基斗牛聚星允符王迹梯山航海雖若款誠擅割瓌珍竟微職貢朝廷遵養含弘寵靈隆赫起家臨郡兼晝繡之榮裂地置州假藩麾之盛即封戶牖仍邑櫟陽乘華轂者十人保樊廬而萬石又以盛漢君臨推恩婁敬隆周朝會迺長滕侯由是紫泥青紙遠賁恩澤鄉亭龜組頒及嬰孩自谷遷喬孰復爲擬而苞藏鴆毒敢行狠戾連結留異表裏周迪盟歃婚姻自爲脣齒屈彊山谷推移歲時及我穀騎防山定秦望之西部戈船下瀨克匯澤之南川遂敢舉斧並助凶孽莫不應弦摧衄盡殪醜徒每以罪在酋渠憫茲驅逼所收俘馘並勒矜放仍遣中使爰降詔書天網恢弘猶許改思異既走險迪又逃刑誑侮王人爲之川藪遂使袁熙請席遠歎頭行馬援觀蛙猶安井底至如遏絕九賦剽掠四民閩境貲財盡室封奪凡厥倉頭皆畧黔首蠻賊相扇叶契連蹤乃復踰超瀛溟寇擾浹口侵軼嶺嶠掩襲述城縛掠吏民焚燒官寺此而可縱孰不可容今遣沙州刺史俞文冏明威將軍程文季假節宣猛將軍成州刺史甘他假節雲旗將軍譚瑱假節宣猛將軍前監臨海郡陳思慶前軍將軍徐智遠明毅將軍宜黃縣開國侯慧紀開遠將軍新除晉安太守趙彖持節通直散騎常侍壯武將軍定州刺史康樂縣開國侯林馮假節信威將軍都督東討諸軍事益州刺史余孝頃率羽林二萬蒙衝蓋海乘跨滄波掃蕩巢窟此皆明恥教戰濡須鞠旅累從楊僕亟走孫恩斬蛟中流命馮夷而鳴鼓黿鼉爲駕轔方壺而建旗義安太守張紹賓忠誠款到累使求軍南康內史裴忌新除輕車將軍劉峯東衡州刺史錢道戢並即遣人仗與紹賓同行故司空歐陽公昔有表奏請宣薄伐遙途意合若伏波之論兵長逝遺誠同子顏之勿赦征南薨謝上策無忘周南餘恨嗣子弗忝廣州刺史歐陽紇克符家聲事遵廣畧舟師步卒二萬分趨水扼長鯨陸掣封豨董率衡廣之師會我六軍潼州刺史李脂明州刺史戴晃新州刺史區白獸壯武將軍脩行師陳留太守張遂前安成內史闕慎前盧陵太守陸子隆前豫章太守任蠻奴巴山太守黃法慈戎昭將軍湘東公世子徐敬成吳州刺史魯廣達前吳州刺史遂興縣開國侯詳使持節都督征討諸軍事散騎常侍護軍將軍昭達率緹騎五千組甲二萬直渡邵武仍頓晉安按轡揚旌夷山堙谷指期犄角以制飛走前宣威太守錢肅臨川太守駱牙太子左衞率孫詡尋陽太守莫景隆豫章太守劉廣德並隨機鎮遏絡驛在路使持節散騎常侍鎮南將軍開府儀同三司江州刺史新建縣開國侯法氍戒嚴中流以爲後殿斧鉞所臨罪唯元惡及留異父子其黨主帥雖有請泥函谷相背淮陰若能翻然改圖因機立効非止肆眚仍加賞擢其建晉士民久被驅迫者大軍明加撫慰各安樂業流寓失鄉即還本土其餘立功立事已具賞格若執迷不改同惡趦趄斧鉞一臨罔知所赦昭達既剋周迪踰東興嶺頓于建安余孝頃又自臨海道襲于晉安寶應據建安之湖際逆拒王師水陸爲柵昭達深溝高壘不與戰但命軍士伐木爲簰俄而水盛乘流放之突其水柵仍水步薄之寶應衆潰身奔山草間窘而就執并其子弟二十人送都斬于建康市

史臣曰梁末之災沴羣凶競起郡邑巖穴之長村屯鄔壁之豪資剽掠以致彊恣陵侮而爲大高祖應期撥亂戡定安輯熊曇朗周迪留異陳寶應雖身逢興運猶志在亂常曇朗姦慝翻覆夷滅斯爲幸矣寶應及異世祖或敦以婚姻或處其類族豈有不能威制蓋以德懷也遂乃背恩負義各立異圖地匪淮南有爲帝之志勢非庸蜀啓自王之心嗚呼既其迷暗所致五宗屠勦宜哉

陳書卷三十五考證

熊曇朗傳懸於朱雀觀○觀南史作航

陳書卷三十六

唐　散騎常侍姚思廉撰

列傳第三十

始興王叔陵　新安王伯固

始興王叔陵字子嵩高宗之第二子也梁承聖中高宗在江陵爲直閤將軍而叔陵生焉江陵陷高宗遷關右叔陵留于穰城高宗之還也以後主及叔陵爲質天嘉三年隨後主還朝封康樂侯邑五百戶叔陵少機辯狥聲名彊梁無所推屈光大元年除中書侍郎二年出爲持節都督江州諸軍事南中郎將江州刺史太建元年

封始興郡王奉昭烈王祀進授使持節都督江郢晉三州諸軍事軍師將軍刺史如故叔陵時年十六政自己出僚佐莫預焉性嚴刻部下懾憚諸公子姪及罷縣令長皆逼令事己豫章內史錢法成詣府進謁即配其子季卿將領馬仗季卿慙恥不時至叔陵大怒侵辱法成法成憤怨自縊而死州縣非其部內亦徵攝案治之朝貴及下吏有乖忤者輒誣奏其罪陷以重辟尋進號雲麾將軍加散騎常侍三年加侍中四年遷都督湘衡桂武四州諸軍事平南將軍湘州刺史侍中使持節如故諸州鎮聞其至皆震恐股慄叔陵日益暴橫征伐夷獠所得皆入己絲毫不以賞賜徵求役使無有紀極夜常不臥燒燭達曉呼召賓客說民間細事戲謔無所不爲性不飲酒唯多置餚胾晝夜食噉而已自旦至中方始寢寐其曹局文案非呼不得輒自呈答罪者皆繫獄動數年不省視瀟湘以南皆逼爲左右墟里殆無遺者其中脫有逃竄輒殺其妻子州縣無敢上言高宗弗之知也尋進號鎮南將軍給鼓吹一部還中衛將軍九年除使持節都督揚徐東揚南豫四州諸軍事揚州刺史侍中將軍鼓吹如故十年至都加扶給油幢車叔陵治在東府事務多關涉省閣執事之司承意順旨即諷上進用之微致違忤必抵以大罪重者至殊死道路籍籍皆言其有非常志叔陵脩飾虛名每入朝常於車中馬上執卷讀書高聲長誦陽陽自若歸坐齋中或自執斧斤爲沐猴百戲又好遊冢墓間遇有塋表主名可知者輒令左右發掘取其石誌古器并骸骨肘脛持爲翫弄藏之庫中府內民間少妻處女微有色貌者並即逼納十一年丁所生母彭氏憂去職頃之起爲中衛將軍使持節都督刺史如故晉世王公貴人多葬梅嶺及彭卒叔陵啓求於梅嶺葬之乃發故太傅謝安舊墓棄去安柩以葬其母初喪之日僞爲哀毀自稱刺血寫涅槃經未及十日乃令庖廚擊鮮日進甘膳又私召左右妻女與之姦合所作尤不軌浸淫上聞高宗譴責御史中丞王政以不舉奏免政官又黜其典籤親事仍加鞭棰高宗素愛叔陵不繩之以法但責讓而已服闋又爲侍中中軍大將軍及高宗不豫太子諸王並入侍疾高宗崩于宣福殿翌日旦後主哀頓俯伏叔陵以剉藥刀斫後主中項太后馳來救焉叔陵又斫太后數下後主乳媼吳氏時在太后側自後掣其肘後主因得起叔陵仍持後主衣後主自奮得免長沙王叔堅手搤叔陵奪去其刀仍牽就柱以其褶袖縛之時吳媼已扶後主避賊叔堅求後主所在將受命焉叔陵因奮袖得脫突走出雲龍門馳車還東府呼其甲士散金銀以賞賜外召諸王將帥莫有應者唯新安王伯固聞而赴之叔陵聚兵僅千人初欲據城保守俄而右衛將軍蕭摩訶將兵至府西門叔陵事急惶恐乃遣記室韋諒送其鼓吹與摩訶仍謂之曰如其事捷必以公爲台鼎摩訶紿報之曰須王心膂節將自來方敢從命叔陵即遣戴溫譚騏驎二人詣摩訶所摩訶執以送臺斬於閣道下叔陵自知不濟遂入內沉其妃張氏及寵妾七人于井中叔陵有部下兵先在新林於是率人馬數百自小航渡欲趨新林以舟艦入北行至白楊路爲臺軍所邀伯固見兵至旋避入巷叔陵馳騎拔刀追之伯固復還叔陵部下多棄甲潰散摩訶馬客陳智深迎刺叔陵僵斃于地閹豎王飛禽抽刀斫之十數下馬客陳仲華就斬其首送于臺自寅至巳乃定尚書八座奏曰逆賊故侍中中軍大將軍始興王叔陵幼而狠戾長肆貪虐出撫湘南及鎮九水兩藩甿庶掃地無遺蜂目豺聲狎近輕薄不孝不仁阻兵安忍無禮無義唯戮是聞及居偏憂婬樂自恣產子就館日月相接晝伏夜遊恒習姦詭抄掠居民歷發丘墓謝太傅晉朝佐命草創江左斲棺露骸事驚聽視自大行皇帝寢疾翌日未瘳叔陵以貴介之地參侍醫藥外無戚容內懷逆弒大漸之後聖躬號擗遂因匍匐手犯乘輿皇太后奉臨又加鋒刃窮凶極逆曠古未傳賴長沙王叔堅誠孝懇至英果奮發手加挫拉身蔽聖躬叔陵仍奔東城招集兇黨餘毒方熾自害妻孥雖應時梟懸猶未攄憤怨臣等參議請依宋代故事流尸中江汙潴其室并毀其所生彭氏墳廟還謝氏之塋制曰凶逆梟獍反噬宮闈賴宗廟之靈時從殄滅撫情語事酸憤兼懷朝議有章宜從所奏也叔陵諸子即日並賜死前衞陽內史彭暠諮議參軍兼記室鄭信中錄事參軍兼記室韋諒典籤俞公喜並伏誅暠叔陵舅也初隨高宗在關中頗有勤効因藉叔陵將領歷陽衡陽二郡信以便書記有寵謀謨皆預焉諒京兆人梁侍中護軍將軍粲之子也以學業爲叔陵所引陳智深以誅叔陵之功爲巴陵內史封游安縣子陳仲華爲下雋太守封新夷縣子王飛禽除伏波將軍賜金各有差

新安王伯固字牟之世祖之第五子也生而龜胷目通精揚白形狀眇小而俊辯善言論天嘉六年立爲新安郡王邑二千戶廢帝嗣立爲使持節都督南琅邪彭城東海三郡諸軍事雲麾將軍彭城琅邪二郡太守尋入爲丹陽尹將軍如故太建元年進號智武將軍尹如故秩滿進號翊右將軍尋授使持節都督吳興諸軍事平東將軍吳興太守四年入爲侍中翊前將軍遷安前將軍中領軍七年出爲使持節散騎常侍都督南徐南豫南北兗四州諸軍事鎮北將軍南徐州刺史伯固性嗜酒而不好積聚所得祿俸用度無節酣醉已後多所乞丐於諸王之中最爲貧窶高宗每矜之特加賞賜伯固雅性輕率好行鞭捶在州不知政事日出田獵或乘眠轝至於草間輒呼民下從遊動至旬日所捕麞鹿多使生致高宗頗知之遣使責讓者數矣十年入朝又爲侍中鎮右將軍尋除護軍將軍其年爲國子祭酒領左驍騎將軍侍中鎮右並如故伯固頗知玄理而墮業無所通至於擿句問難往往有奇意爲政嚴苛國學有惰遊不脩習者重加檟楚生徒懼焉由是學業頗進十二年領宗正卿十三年爲使持節都督揚南徐東陽南豫四州諸軍事揚州刺史侍中將軍如故後主初在東宮與伯固甚相親狎伯固又善嘲謔高宗每宴集多引之叔陵在江州心害其寵陰求疵瑕將中之以法及叔陵入朝伯固懼罪諂求其意乃共訕毀朝賢歷詆文武雖耆年高位皆面折之無所畏忌伯固性好射雉叔陵又好開發冢墓出遊野外必與偕行於是情好大叶遂謀不軌伯固侍禁中每有密語必報叔陵及叔陵出奔東府遣使告之伯固單騎馳赴助叔陵指揮知事不捷便欲遁走會四門已閉不得出因同趣白楊道臺馬客至爲亂兵所殺屍於東昌館門時年二十八詔曰伯固同茲悖逆殞身途路今依外議意猶弗忍可特許以庶人禮葬又詔曰伯固隨同巨逆自絕于天俾無遺育抑有恒典但童孺靡識兼預葭莩寘之甸人良以惻憫及伯固所生王氏可並特宥爲庶人國除

史臣曰孔子稱富與貴是人之所欲非其道得之不處也上自帝王至於黎獻莫不嫡庶有差長幼攸序叔陵險躁奔競遂行悖逆轘磔形骸未臻其罪汙潴居處不足彰過悲哉

陳書卷三十六考證

始興王叔陵傳叔陵有部下兵先在新林○林南史作安然覩下文云自有航渡欲趨新林自以此爲是

編修臣人龍謹言按梁史官姚察在陳嘗撰梁陳事未成而陳亡隋文帝問陳事於察察以所論載者每一篇成輒奏之察子思廉復繼其業唐貞觀中與梁書同上其書世罕傳頗多脫誤至宋嘉祐時始詔求藏書與秘府本參校鏤板行世故宋臣曾鞏目錄序謂此書成之難傳之又難其疑者不敢損益特各疏於篇末蓋其慎也今古本既不可見國子監所存舊板外訛殊甚而鞏等篇末所疏疑義亦無一存者用是知此書已非復嘉祐之舊屢經改刻其爲脫漏者不少矣臣等奉

敕校刊別無他書可據惟就南史中參其異同辨其譌謬不敢率漏亦不敢臆斷以志考慎之義云臣謹識

原任詹事臣陳浩洗馬臣陸宗楷編修臣孫人龍

貢生臣曾尚渭王積光等奉

敕恭校刊

魏書

魏書目録

齊 魏 收 撰

魏書十二紀九十二列傳十志凡一百一十四篇舊分爲一百三十卷北齊尚書右僕射魏收撰初魏史官鄧淵崔浩高允皆作編年書遺落時事三不存一太和中李彪崔光始分紀傳表志之目宣武時邢巒撰高祖起居注崔鴻王遵業補續下逮明帝其後溫子昇作莊帝紀三卷濟陰王暉業撰辨宗室錄三十卷魏末山偉以代人諂附元天穆爾朱世隆與綦儁更主國書二十餘年事迹蕩然萬不記一北齊文宣天保二年詔魏收修魏史博訪百家譜狀搜采遺軼包舉一代始終頗爲詳悉收所取史官本欲才不逮已故房延祐辛元植睦仲刀柔裴昂之高孝幹皆不工纂述其三十五例二十五序九十四論前後二表一啓咸出於收五年表上之悉焚崔李舊書收黨齊毀魏褒貶肆情時論以爲不平文宣命收於尚書省與諸家子孫訴訟者百餘人評論收始亦辨荅後不能抗范陽盧斐頓丘李庶太原王松年並坐謗史受鞭配甲坊有致死者衆口沸騰號爲穢史時僕射楊愔高正德用事收皆爲其家作傳二人深黨助之抑塞訴辭不復重論亦未頒行孝昭皇建中命收更加審覈收請寫二本一送并省一付鄴下欲傳錄者聽之羣臣競攻其失武成復敕收更易刊正收既以魏史招衆怨咎齊亡之歲盜發其冢棄骨于外隋文帝以收書不實平繪中興書敘事不倫命魏澹顏之推辛德源更撰魏書九十二卷以西魏爲正東魏爲僞義例簡要大矯收繪之失文帝善之煬帝以澹書猶未盡善更敕楊素及潘徽褚亮歐陽詢別修魏書未成而素卒唐高祖武德五年詔侍中陳叔達等十七人分撰後魏北齊周隋梁陳六代史歷年不成太宗初從祕書奏罷修魏書止撰五代史高宗時魏澹孫同州刺史克己續十志十五卷魏之本系附焉唐書藝文志又有張大素後魏書一百卷裴安時元魏書三十卷今皆不傳稱魏史者惟以魏收書爲主焉孔子稱質勝文則野文勝質則史三代文章莫盛於周東周秦漢雖戰爭喪亂前古遺風餘烈流而未絕賢君忠臣蹈道之徒功業行誼彰灼顯布高才秀士詞章論議諫諍辯說嘉謀奇策皆可以驚聽動俗爲後世軌範而左丘明司馬遷班固以良史之才博學善敘事不虛美隱惡故傳之簡牘千餘年而不磨滅東漢魏晉去聖人稍遠史官才益淺薄永嘉失政戎狄亂華先王之澤掃地盡矣拓跋氏乘後燕之衰蠶食并冀暴師喋血三十餘年而中國略定其始也公卿方鎮皆故部落酋大雖參用趙魏舊族往往以猜忌夷滅爵而無祿故吏多貪墨刑法峻急故人相殘賊不貴禮義故士無風節貨賂大行故俗尚傾奪遷洛之後稍用夏禮宣武柔弱孝明沖幼政刑弛緩風俗媮惡上下相蒙紀綱大壞母后亂於內羣盜撓其外禍始於六鎮釁成於爾朱國分爲二而亡矣雖享國百餘年典章制度內外風俗大抵與劉石慕容苻姚略同道武太武暴戾甚於聽虎孝文之彊不及苻堅其文章儒學之流既無足紀述謀臣辯士將帥功名又不可希望前世而修史者言詞質俚取捨失衷其文不直其事不核終篇累卷皆官爵州郡名號雜以冗委瑣曲之事覽之厭而遺忘學者陋而不習故數百年間其書亡逸不完者無慮三十卷今各疏于逐篇之末然上繼魏晉下傳周齊隋唐六十年廢與大略不可闕也臣攽臣恕臣燾臣祖禹謹敘目錄昧死上

魏書目錄考證

魏書卷三卷十二卷十三卷十四卷十五卷十六卷十七卷十八卷十九上卷二十卷二十一卷二十二卷二十五卷三十四卷八十一卷八十二卷八十三上下卷八十四卷八十五卷八十六卷八十七卷八十九卷九十一卷九十二卷一百一卷一百二卷一百三卷一百四卷一百五之三四共二十九卷或闕或不全○馮夢禎云元魏書顛末范祖禹序之詳矣時魏收原書已闕三十餘卷乃雜採李延壽北史修文御覽高氏小史等書補綴成之非完璧也

列傳第二武衛將軍謂注與都子東陽王丕○臣人龍按東陽王名丕樂平王亦名丕他若諸王子孫名相同者如臨淮王譚趙郡王幹子亦名譚東平王略廣川王亦名略中山王纂東平王略弟亦名纂陽平王新成孫融章武王太洛孫亦名融昌樂王誕濟陽王小新城子欝欝弟子亦名誕其他錯見於列傳者更不可勝數豈傳聞異辭沿襲易舛故致然歟

列傳第七濟陰王小新城注欝弟子誕○本書濟陰王傳欝小新成子據此應首書子欝今突書欝弟子誕不知欝爲何人此句上脫子欝二字

列傳第二十五司馬景之注兄準○準諸本皆作準之本書景之傳準字巨之今改正

列傳第四十三劉芳注芳從子思祖芳從子懋○下芳從子三字衍

魏書卷一

齊　魏收　撰

帝紀第一

序紀

昔黃帝有子二十五人或內列諸華或外分荒服昌意少子受封北土國有大鮮卑山因以爲號其後世爲君長統幽都之北廣漠之野畜牧遷徙射獵爲業淳樸爲俗簡易爲化不爲文字刻木紀契而已世事遠近人相傳授如史官之紀錄焉黃帝以土德王北俗謂土爲托謂后爲跋故以爲氏其裔始均入仕堯世逐女魃於弱水之北民賴其勤帝舜嘉之命爲田祖爰歷三代以及秦漢獯鬻獫狁山戎匈奴之屬累代殘暴作害中州而始均之裔不交南夏是以載籍無聞焉積六十七世至成皇帝諱毛立聰明武略遠近所推統國三十六大姓九十九威振北方莫不率服崩

節皇帝諱貸立崩

莊皇帝諱觀立崩

明皇帝諱樓立崩

安皇帝諱越立崩

宣皇帝諱推寅立南遷大澤方千餘里厥土昏冥沮洳謀更南徙未行而崩

景皇帝諱利立崩

元皇帝諱俟立崩

和皇帝諱肆立崩

定皇帝諱機立崩

僖皇帝諱蓋立崩

威皇帝諱儈立崩

獻皇帝諱隣立時有神人言於國曰此土荒遐未足以建都邑宜復徙居帝時年衰老乃以位授子

聖武皇帝諱詰汾獻帝命南移山谷高深九難八阻於是欲止有神獸其形似馬其聲類牛先行導引歷年乃出始居匈奴之故地其遷徙策略多出宣獻二帝故人並號曰推寅蓋俗云鑽研之義初聖武帝嘗率數萬騎田於山澤欻見輜軿自天而下既至見美婦人侍衞甚盛帝異而問之對曰我天女也受命相偶遂同寢宿旦請還曰明年周時復會此處言終而別去如風雨及期帝至先所田處果復相見天女以所生男授帝曰此君之子也善養視之子孫相承當世爲帝王語訖而去子即始祖也故時人諺曰詰汾皇帝無婦家力微皇帝無舅家帝崩

始祖神元皇帝諱力微立生而英叡

元年歲在庚子先是西部內侵國民離散依於沒鹿回部大人竇賓始祖有雄傑之度時人莫測後與賓攻西部軍敗失馬步走始祖使人以所乘駿馬給之賓歸令其部內求與馬之人當加重賞始祖隱而不言久之賓乃知大驚將分國之半以奉始祖始祖不受乃進其愛女賓猶思報恩固問所欲始祖請率所部北居長川賓乃敬從積十數歲德化大洽諸舊部民咸來歸附

二十九年賓臨終戒其二子使謹奉始祖其子不從乃陰謀為逆始祖召殺之盡并其眾諸部大人悉皆款服控弦上馬二十餘萬

三十九年遷於定襄之盛樂夏四月祭天諸部君長皆來助祭唯白部大人觀望不至於是徵而戮之遠近肅然莫不震懾始祖乃告諸大人曰我歷觀前世匈奴蹋頓之徒苟貪財利抄掠邊民雖有所得而其死傷不足相補更招寇讎百姓塗炭非長計也於是與魏和親

四十二年遣子文帝如魏且觀風土魏景元二年也文皇帝諱沙漠汗以國太子留洛陽為魏賓之冠聘問交市往來不絕魏人奉遺金帛繒絮歲以萬計始祖與鄰國交接篤信推誠不為倚伏以要一時之利寬恕任眞而遐邇歸仰魏晉禪代和好仍密始祖春秋已邁帝以父老求歸晉武帝具禮護送

四十八年帝至自晉

五十六年帝復如晉其年冬還國晉遺帝錦罽繒綵綿絹諸物咸出豐厚車牛百乘行達并州晉征北將軍衛瓘以帝為人雄異恐為後患乃密啟晉帝請留不遣晉帝難於失信不許瓘復請以金錦賂國之大人令致間隙使相危害晉帝從之遂留帝於是國之執事及外部大人皆受瓘貨

五十八年方遣帝始祖聞帝歸大悅使諸部大人詣陰館迎之酒酣帝仰視飛鳥謂諸大人曰我為汝曹取之援彈飛丸應弦而落時國俗無彈眾咸大驚乃相謂曰太子風彩被服同於南夏兼奇術絕世若繼國統變易舊俗吾等必不得志不若在國諸子習本淳樸咸以為然且離間素行乃謀危害並先馳還始祖問曰我子既歷他國進德何如皆對曰太子才藝非常引空弓而落飛鳥是似得晉人異法怪術亂國害民之兆惟願察之自帝在晉之後諸子愛寵日進始祖年踰期頤頗有所惑聞諸大人之語意乃有疑因曰不可容者便當除之於是諸大人乃馳詣塞南矯害帝既而始祖甚悔之帝身長八尺英姿瓌偉在晉之日朝士英俊多與親善雅為人物歸仰後乃追謚焉其年始祖不豫烏丸王庫賢親近任勢先受衛瓘之貨故欲沮動諸部因在庭中礪鉞斧諸大人問欲何為答曰上恨汝曹讒殺太子今欲盡收諸大人長子殺之大人皆信各各散走始祖尋崩凡饗國五十八年年一百四歲太祖即位尊為始祖

章皇帝諱悉鹿立始祖之子也諸部離叛國內紛擾饗國九年而崩

平皇帝諱綽立章帝之少弟也雄武有智略威德復舉

七年匈奴宇文部大人莫槐為其下所殺更立莫槐弟普撥為大人帝以女妻撥子丘不懃帝饗國七年而崩

思皇帝諱弗立文帝之少子也聰哲有大度為諸父兄所重政崇寬簡百姓懷服饗國一年而崩

昭皇帝諱祿官立始祖之子也分國為三部帝自以一部居東在上谷北濡源之西東接宇文部以文帝之長子桓皇帝諱猗㐌統一部居代郡之參合陂北以桓帝之弟穆皇帝諱猗盧統一部居定襄之盛樂故城自始祖以來與晉和好百姓乂安財畜富實控弦騎士四十餘萬是歲穆帝始出并州遷雜胡北徙雲中五原朔方又西渡河擊匈奴烏桓諸部自杏城以北八十里迄長城原夾道立碣與晉分界

二年葬文帝及皇后封氏初思帝欲改葬未果而崩至是述成前意焉晉成都王司馬穎遣從事中郎田思河間王司馬顒遣司馬靳利并州刺史司馬騰遣主簿梁天並來會葬遠近赴者二十萬人

三年桓帝度漠北巡因西略諸國

四年東部未耐婁大人倍斤入居遼東

五年宇文莫廆之子遜昵延朝貢帝嘉其誠款以長女妻焉

七年桓帝至自西略諸降附者二十餘國凡積五歲今始東還

十年晉惠帝為成都王穎逼留在鄴匈奴別種劉淵反於離石自號漢王并州刺史司馬騰來乞師桓帝率十餘萬騎帝亦同時大舉以助之大破淵眾於西河上黨會惠帝還洛騰乃辭師桓帝與騰盟於汾東而還乃使輔相衛雄段繁於參合陂西累石為亭樹碑以記行焉

十一年劉淵攻司馬騰騰復乞師桓帝以輕騎數千救之斬淵將綦毋豚淵南走蒲子晉假桓帝大單于金印紫綬是歲桓帝崩帝英傑魁岸馬不能勝常乘安車駕大牛牛角容一石帝曾中蠱嘔吐之地仍生榆木參合陂土無榆樹故世人異之至今傳記帝統部凡十一年後定襄侯衛操樹碑於大邗城以頌功德子普根代立

十二年賨人李雄僭帝號於蜀自稱大成

十三年昭帝崩徒何大單于慕容廆遣使朝貢是歲羯胡石勒與晉馬牧帥汲桑反

穆皇帝天姿英特勇略過人昭帝崩後遂總攝三部以為一統

元年劉淵僭帝號自稱大漢

三年晉并州刺史劉琨遣使以子遵為質帝嘉其意厚報饋之白部大人叛入西河鐵弗劉虎舉眾於鴈門以應之攻琨新興鴈門二郡琨來乞師帝使弟子平文皇帝將騎二萬助琨擊之大破白部次攻劉虎屠其營落虎收其餘燼西走度河竄居朔方晉懷帝進帝大單于封代公帝以封邑去國懸遠民不相接乃從琨求句注陘北之地琨自以託附聞之大喜乃徙馬邑陰館樓煩繁畤崞五縣之民於陘南更立城邑盡獻其地東接代郡西連西河朔方方數百里帝乃徙十萬家以充之劉琨又遣使乞師救洛陽帝遣步騎二萬助之晉太傅東海王司馬越辭以洛中饑饉師乃還是年劉淵死子聰僭立

四年劉琨牙門將邢延據新興叛招引劉聰帝遣軍討之聰退走

五年劉琨遣使乞師以討劉聰石勒帝以琨忠義矜而許之會聰遣其子粲襲晉陽害琨父母而據其城琨來告難帝大怒遣長子六脩桓帝子普根及衛雄范班姬澹等為前鋒帝躬統大眾二十萬為後繼粲懼焚輜重突圍遁走縱騎追之斬其將劉儒劉豐簡令張平邢延伏尸數百里琨來拜謝帝以禮待之琨固請進軍帝曰吾不早來致卿父母見害誠以相愧今卿已復州境然吾遠來士馬疲弊且待終舉賊奚可盡乎饋琨馬牛羊各千餘車令百乘又面動鈗戍之而還是年晉雍州刺史賈疋京兆太守閻鼎以晉懷帝為劉聰所執共立懷帝兄子秦王業為太子於長安稱行臺帝復戒嚴與琨更剋大舉命琨自列晉行臺部分諸軍帝將遣十萬騎從西河鑿谷南出晉軍從蒲坂東度會於平陽就食聰粟迎復晉帝事不果待

六年城盛樂以為北都脩故平城以為南都帝登平城西山觀望地勢乃更南百里於灅水之陽黃瓜堆築新平城晉人謂之小平城使長子六脩鎮之統領南部

七年帝復與劉琨約期會於平陽會石勒擒王浚國有匈奴雜胡萬餘家多勒種類聞勒破幽州乃謀為亂欲以應勒發覺伏誅討聰之計於是中止

八年晉愍帝進帝為代王置官屬食代常山二郡帝忿聰勒之亂志欲平之先是國俗寬簡民未知禁至是明刑峻法諸部民多以違命得罪凡後期者皆舉部戮之或有室家相攜而赴死所人問何之答曰當往就誅其威嚴伏物皆此類也

九年帝召六脩六脩不至帝怒討之失利乃微服民間遂崩普根先守外境聞難來赴攻六脩滅之衛雄姬澹率晉人及烏丸三百餘家隨劉遵南奔并州普根立月餘而薨普根子始生桓帝后立之其冬普根子又薨是年李雄遣使朝貢

平文皇帝諱鬱律立思帝之子也姿質雄壯甚有威略

元年歲在丁丑

二年劉虎據朔方來侵西部帝逆擊大破之虎單騎迸走其從弟路孤率部落內附帝以女妻之西兼烏孫故地東吞勿吉以西控弦上馬將有百萬劉聰死子粲僭立為其將靳準所殺淵族子曜僭立帝聞晉愍帝為曜所害顧謂大臣曰今中原無主天其資我乎劉曜遣使請和帝不納是年司馬叡僭稱大位於江南

三年石勒自稱趙王遣使乞和請為兄弟帝斬其使以絕之

四年私署涼州刺史張茂遣使朝貢

五年僭晉司馬叡遣使韓暢加崇爵服帝絕之治兵講武有平南夏之意桓帝后以帝得眾心恐不利於己子害帝遂崩大人死者數十人天興初尊曰太祖

惠皇帝諱賀傉立桓帝之中子也以五年為元年未親政事太后臨朝遣使與石勒通和時人謂之女國使

二年司馬叡死子紹僭立

四年帝始臨朝以諸部人情未悉款順乃築城於東木根山徙都之是年張茂死兄寔子駿立遣使朝貢

五年帝崩是年司馬紹死子衍僭立

煬皇帝諱紇那立惠帝之弟也以五年為元年

三年石勒遣石虎率騎五千來寇邊部帝禦之於句注陘北不利遷於大寧時烈帝居於舅賀蘭部帝遣使求之賀蘭部帥藹頭擁護不遣帝怒召宇文部并勢擊藹頭宇文眾敗帝還大寧

四年石勒擒劉曜

五年帝出居於宇文部賀蘭及諸部大人共立烈帝

烈皇帝諱翳槐立平文之長子也以五年為元年石勒

遣使求和帝遣弟昭成皇帝如襄國從者五千餘家

二年石勒僭立自稱大趙王

五年勒死子大雅僭立慕容廆死子元眞代立

六年石虎廢大雅僭立李雄死兄子班立雄子期殺班自立

七年翳頭不脩臣職召而戮之國人復貳煬帝自宇文部還入諸部大人復奉之

煬皇帝復立以七年爲後元年烈帝出居於鄴石虎奉第宅伎妾奴婢什物

三年石虎遣將李穆率騎五千納烈帝於大甯國人六千餘落叛煬帝煬帝出居於慕容部

烈皇帝復立以三年爲後元年城新盛樂城在故城東南十里一年而崩

昭成皇帝諱什翼犍立平文之次子也生而奇偉寬仁大度喜怒不形于色身長八尺隆準龍顏立髮委地臥則乳垂至席烈帝臨崩顧命曰必迎立什翼犍社稷可安烈帝崩帝弟孤乃自詣鄴奉迎與帝俱還事在孤傳十一月帝卽位於繁畤之北時年十九稱建國元年是歲李雄從弟壽殺期僭立自號曰漢

二年春始置百官分掌衆職東自濊貊西及破洛那莫不欵附夏五月朝諸大人於參合陂議欲定都灅源川連日不決乃從太后計而止語在皇后傳娉慕容元眞妹爲皇后

三年春移都於雲中之盛樂宮

四年秋九月築盛樂城於故城南八里皇后慕容氏崩冬十月劉虎寇西境帝遣軍逆討大破之虎僅以身免虎死子務桓立始來歸順帝以女妻之十二月慕容元眞遣使朝貢并薦其宗女

五年夏五月幸參合陂秋七月七日諸部畢集設壇埒講武馳射因以爲常八月還雲中是年秋司馬衍死弟岳僭立

六年秋八月慕容元眞遣使請薦女是年李壽死子勢僭立遣使朝貢

七年春二月遣大人長孫秩迎后慕容氏元眞之女於境夏六月皇后至自和龍秋七月慕容元眞遣使奉聘求交婚帝許之九月以烈帝女妻之其年司馬岳死子聃僭立

八年慕容元眞遣使朝貢是年張駿私署假涼王

九年石虎遣使朝貢是年張駿死子重華代立

十年遣使詣鄴觀釁是年司馬聃擒李勢張重華遣使朝貢

十一年慕容元眞死子儁代立

十二年西巡至河而還是年石虎死子世立世兄遵殺世自立遵兄鑒殺遵自立

十三年魏郡人冉閔殺石鑒僭立

十四年帝曰石胡衰滅冉閔肆禍中州紛梗莫有匡救吾將親率六軍廓定四海乃勑諸部各率所統以俟大期諸大人諫曰今中州大亂誠宜進取如聞豪彊竝起不可一舉而定若或留連經歷歲稔恐無永逸之利或有虧損之憂帝乃止是歲氏苻健僭稱大位自號大秦

十五年慕容儁滅冉閔僭尊號

十六年慕容儁遣使朝貢是年張重華死子曜靈立重華庶兄祚殺曜靈而自立稱涼公

十七年遣使於慕容儁張祚復稱涼王置百官遣使朝貢

十八年太后王氏崩是年苻健死子生僭立羌姚襄自稱大將軍大單于張瓘宋混殺張祚立重華少子玄靖稱涼王

十九年春正月劉務桓死其弟閼頭立潛謀反叛二月帝西巡因而臨河使人招喻閼頭從命冬慕容儁來請婚許之

二十年夏五月慕容儁奉納禮幣是年苻堅殺苻生而僭立姚襄爲苻眉所殺

二十一年閼頭部民多叛懼而東走渡河半濟而冰陷後衆盡歸閼頭兄子悉勿祈初閼頭之叛悉勿祈兄弟十二人在帝左右盡遣歸欲其自相猜離至是悉勿祈奪其衆閼頭窮而歸命帝待之如初

二十二年春帝東巡至於桑乾川三月慕容儁遣使朝貢夏四月帝還雲中悉勿祈死弟衛辰立秋八月衛辰遣子朝貢

二十三年夏六月皇后慕容氏崩秋七月衛辰來會葬因而求婚許之是歲慕容儁死子暐立遣使致賻

二十四年春衛辰遣使朝聘是年司馬聃死衍子千齡僭立

二十五年帝南巡至君子津冬十月行幸代十一月慕容暐薦女備後宮

二十六年冬十月帝討高車大破之獲萬口馬牛羊百餘萬頭是年張重華弟天錫殺玄靖而自立

二十七年春車駕還雲中冬十一月討沒歌部破之獲牛馬羊數百萬頭

二十八年春正月衛辰謀反東渡河帝討之衛辰懼而遁走冬十二月苻堅遣使朝貢是歲司馬千齡死弟奕僭立

二十九年夏五月遣燕鳳使苻堅

三十年冬十月帝征衛辰時河冰未成帝乃以葦絙約澌俄然冰合猶未能堅乃散葦於上冰草相結如浮橋爲衆軍利涉出其不意衛辰與宗族西走收其部落而還俘獲生口及馬牛羊數十萬頭

三十一年春帝至自西伐班賞各有差

三十二年正月帝南幸君子津冬十月幸代

三十三年冬十一月征高車大破之是年苻堅擒慕容暐

三十四年春長孫斤謀反伏誅斤之反也拔刃向御座太子獻明皇帝諱寔格之傷脅夏五月薨後追謚焉秋七月皇孫珪生大赦是年司馬奕臣桓溫廢奕爲海西公立歡子昱

三十五年司馬昱死子昌明僭立

三十六年夏五月遣燕鳳使苻堅

三十七年帝征衛辰衛辰南走

三十八年衛辰求援於苻堅

三十九年苻堅遣其大司馬苻洛率衆二十萬及朱彤張蚝鄧羌等諸道來寇侵逼南境冬十一月白部獨孤部禦之敗績南部大人劉庫仁走雲中帝復遣庫仁率騎十萬逆戰於石子嶺王師不利帝時不豫羣臣莫可任者乃率國人避於陰山之北高車雜種盡叛四面寇鈔不得芻牧復度漠南堅軍稍退乃還十二月至雲中旬有二日帝崩時年五十七太祖卽位尊曰高祖帝雅性寬厚智勇仁恕時國中少縑帛代人許謙盜絹二匹守者以告帝匿之謂燕鳳曰吾不忍視謙之面卿勿泄言謙或慙而自殺爲財辱士非也帝嘗擊西部叛賊流矢中目賊破之後諸大臣執射者各持錐刀欲屠割之帝曰彼各爲其主何罪也乃釋之是歲苻堅滅張天錫

史臣曰帝王之興也必有積德累功博利道協幽顯方契神祇之心有魏奄迹幽方世居君長淳化育民與時無競神元生自天女桓穆勤於晉室靈心人事夫豈徒然昭成以雄傑之姿包君子之量征伐四克威被荒遐乃立號改都恢隆大業終於百六十載光宅區中其原固有由矣

魏書卷一考證

序紀始均之裔不交南夏是以載籍無聞焉積六十七世至成皇帝諱毛立○臣照按北史作六七十代蓋李延壽意謂始均自堯時以迄兩漢豈能確數爲六十七世故約略其文耳顧外域傳習舊聞臚周專壹魏收必非無據而定爲六十七者不可以彼議此也

昭帝紀帝英傑魁岸○北史帝字上有桓字蓋上文稱桓帝率十餘萬騎帝亦同時大舉以助之帝謂昭帝也則此帝字及下帝統部凡十一年句皆指桓帝北史文較明顯

徒何大單于慕容廆○綱目集覽何作河徒河漢縣名屬平州故城在遼東廣寧中屯衛境北史慕容氏與段氏俱稱徒河本書或作河或作何前後互異

穆帝紀乃從琨求句注陘北之地○注監本訛作主句注山名在今代州地本卷帝禦之于句注陘北亦作注今改正

然吾遠來士馬疲弊且待終舉賊矣可盡乎○臣照按文義疑應作且待終舉矣賊可盡乎終舉猶言後舉也賊可盡乎即左傳盡敵而返敵可盡乎之義蓋音儘

晉雍州刺史賈疋○疋監本訛匹疋即雅字古文也从一从止與疋字或作匹者不同今改正

昭成帝紀娉慕容元眞妹爲皇后○元眞北史作晃又一本娉作聘晉書載記晃字元眞今不稱晃蓋避景穆諱也說文娉同聘與娉婷字作平聲者別

魏書卷二

齊　魏收　撰

帝紀第二

太祖紀

太祖道武皇帝諱珪昭成皇帝之嫡孫獻明皇帝之子也母曰獻明賀皇后初因遷徙遊于雲澤既而寢息夢日出室內寤而見光自牖屬天歘然有感以建國三十四年七月七日生太祖於參合陂北其夜復有光明昭成大悅羣臣稱慶大赦告於祖宗保者以帝體重倍於常兒竊獨奇怪明年有榆生於埋胞之坎後遂成林蒻

而能言目有光曜廣顙大耳衆咸異之年六歲昭成崩苻堅遣將內侮將遷帝於長安既而獲免語在燕鳳傳堅軍既還國衆離散堅使劉庫仁劉衞辰分攝國事南部大人長孫嵩及元他等盡將故民南依庫仁帝於是轉幸獨孤部

元年葬昭成皇帝於金陵營梓宮木柹盡生成林帝雖沖幼而嶷然不羣庫仁常謂其子曰帝有高天下之志興復洪業光揚祖宗者必此主也

二年冬十月苻堅敗于淮南是月慕容文等殺庫仁庫仁弟眷攝國部

八年慕容暐弟沖僭立姚萇自稱大單于萬年秦王慕容垂僭稱燕王

九年庫仁子顯殺眷而代之乃將謀逆商人王霸知之履帝足於衆中帝乃馳還是時故大人梁蓋盆子六眷爲顯謀主盡知其計密使部人穆崇馳告帝乃陰結舊臣長孫犍元他等秋八月乃幸賀蘭部其日顯果使人求帝不及語在獻明太后傳是歲鮮卑乞伏國仁私署大單于苻堅爲姚萇所殺子丕僭立

登國元年春正月戊申帝卽代王位郊天建元大會於牛川復以長孫嵩爲南部大人以叔孫普洛爲北部大人班爵敘勳各有差二月幸定襄之盛樂息衆課農三月劉顯自善無南走馬邑其族奴眞率所部來降夏四月改稱魏王五月車駕東幸陵石護佛侯部帥侯辰乙弗部帥代題叛走諸將追之帝曰侯辰等世修職役雖有小愆宜且忍之當今草剏人情未一愚近者固應趑趄不足追也秋七月己酉車駕還盛樂代題復以部落來降旬有數日亡奔劉顯帝使其孫倍斤代領部落是月劉顯弟亢泥率騎掠奴眞部落既而率以來降初帝叔父窟咄爲苻堅徙于長安因隨慕容永永以爲新興太守八月劉顯遣弟亢泥迎窟咄以兵隨之來逼南境於是諸部騷動人心顧望帝左右于桓等與諸部人謀爲逆以應之事泄誅造謀者五人餘悉不問帝慮內難乃北踰陰山幸賀蘭部阻山爲固遣行人安同長孫賀使于慕容垂以徵師垂遣使朝貢幷令其子賀驎帥步騎以隨同等冬十月賀驎軍未至而寇已前逼於是北部大人叔孫普洛等十三人及諸烏丸亡奔衞辰帝自弩山遷幸牛川屯于延水南出代谷會賀驎於高柳大破窟咄窟咄奔衞辰衞辰殺之帝悉收其衆十二月慕容垂遣使朝貢奉帝西單于印綬封上谷王帝不納是歲慕容垂僭稱皇帝於中山自號大燕苻丕死苻登自立於隴東姚萇稱皇帝於長安自號大秦慕容沖爲部下所殺慕容永僭立

二年春正月班賜功臣長孫嵩等七十三人各有差二月帝幸寧川夏五月遣行人安同徵兵於慕容垂垂使子賀驎率衆來會六月帝親征劉顯於馬邑南追至彌澤大破之顯南奔慕容永盡收其部落秋八月帝至自代顯冬十月癸卯幸濡源遣外朝大人王建使於慕容垂十一月遂幸赤城十有二月巡松漠還幸牛川

三年春二月帝東巡夏四月幸東赤城五月癸亥北征庫莫奚六月大破之獲其四部雜畜十餘萬渡弱落水班賞將士各有差秋七月庚申庫莫部帥鳩集遺散夜犯行宮縱騎撲討盡殺之其月帝還赤城八月使九原公元儀使於慕容垂冬十月慕容垂遣使朝貢十有二月辛卯車駕西征至女水討解如部大破之獲男女雜畜十數萬是歲乞伏國仁死弟乾歸立私署河南王

四年春正月甲寅襲高車諸部落大破之二月癸巳至女水討叱突鄰部大破之戊戌賀染干兄弟率諸部來救與大軍相遇逆擊走之夏四月行還赤城五月陳留公元虔使於慕容垂冬十月垂遣使朝貢是歲氐呂光自稱三河王遣使朝貢

五年春三月甲申帝西征次鹿渾海襲高車袁紇部大破之虜獲生口馬牛羊二十餘萬慕容垂遣子賀驎率衆來會夏四月丙寅行幸意辛山與賀驎討賀蘭紇突鄰紇奚諸部落大破之六月還幸牛川衞辰遣子直力鞮寇賀蘭部圍之賀納等請降告困秋七月丙子帝引兵救之至羊山直力鞮退走八月還幸牛川遣秦王觚使於慕容垂九月壬申討叱奴部於囊曲河大破之冬十月遷雲中討高車豆陳部於狼山破之十有二月紇奚部大人庫寒舉部內屬十有二月紇突鄰大人屈地鞬舉部內屬帝還次白漠

六年春二月幸紐垤川三月遣九原公元儀陳留公元虔等西討黜弗部大破之夏四月祠天六月慕容賀驎破賀訥於赤城帝引兵救之驎退走秋七月壬申講武於牛川行還紐垤川慕容垂止元觚而求名馬帝絕之乃遣使於慕容永永使其大鴻臚慕容鈞奉表勸進尊號其月衞辰遣子直力鞮出棝陽塞侵及黑城九月帝襲五原屠之收其積穀還紐垤川於棝陽塞北樹碑記功冬十月戊戌北征蠕蠕追之及於大磧南牀山下大破之班賜從臣各有差其東西二部主匹候跋及縕紇提斬別帥屋擊于事具蠕蠕傳十有一月戊辰還幸紐垤川戊寅衞辰遣子直力鞮寇南部己卯車駕出討壬午大破直力鞮軍於鐵岐山南獲其器械輜重牛羊二十餘萬戊子自五原金津南渡河辛卯次其所居悅跋城衞辰父子奔遁壬辰詔諸將追之擒直力鞮十有二月獲衞辰尸斬以徇遂滅之語在衞辰傳衞辰少子屈丐亡奔薛干部車駕次于鹽池自河以南諸部悉平簿其珍寶畜產名馬三十餘萬匹牛羊四百餘萬頭班賜大臣各有差收衞辰子弟宗黨無少長五千餘人盡殺之山胡酋大幡頹業易于等率三千餘家降附出居于馬邑是歲起河南宮

七年春正月幸木根山遂次黑鹽池饗宴羣臣覲諸國貢使北之美水三月甲子宴羣臣於水濱還幸河南宮西部泣黎大夫茂鮮叛走遣南部大人長孫嵩追討大破之夏五月班賜諸官馬牛羊各有差秋八月行幸漠南仍築巡臺冬十有二月慕容永遣使朝貢是歲皇子嗣生

八年春正月帝南巡二月幸羖羊原赴白樓三月車駕西征侯呂鄰部夏四月至苦水大破之五月還幸白樓慕容垂討慕容永於長子六月車駕北巡永來告急遣陳留公元虔將軍庾岳率騎五萬東度河救之破類拔部帥劉曜等徙其部落元虔等因屯秀容慕容垂遂圍長子秋七月車駕臨幸新壇庚寅宴羣臣仍講武先是衞辰子屈丐奔薛干部徵之不送八月帝南征薛干部帥太悉佛於三城會其先出擊曹覆帝乘虛屠其城獲太悉佛子珍寶徙其民而還太悉佛聞之來赴不及遂奔姚興九月還幸河南宮是歲姚萇死

九年春三月帝北巡使東平公元儀屯田於河北五原至於棝陽塞外夏五月田於河東秋七月還幸河南宮冬十月蠕蠕社崘等率部落西走事具蠕蠕傳是歲姚萇子興僭立殺苻登慕容垂滅永

十年春正月太悉佛自長安還嶺北上郡以西皆應之夏五月幸鹽池六月還幸河南宮秋七月慕容垂遣其子寶來寇五原造舟收穀帝遣右司馬許謙徵兵於姚興東平公元儀徙據朔方八月帝親治兵於河南九月進師臨河築臺告津連旌沿河東西千里有餘是時陳留公元虔五萬騎在東以絕其左元儀五萬騎在河北以承其後畧陽公元遵七萬騎塞其中山之路冬十月辛未寶燒船夜遁十一月己卯帝進軍濟河乙酉夕至參合陂丙戌大破之語在寶傳生擒其陳留王紹魯陽王倭奴桂林王道成濟陰公尹國北地王世子鍾葵安定王世子羊兒以下文武將吏數千人器甲輜重軍資雜財十餘萬計於俘虜之中擢其才識者賈彝賈閏晁崇等與參謀議憲章故實班賞大臣將校各有差十有二月還幸雲中之盛樂

皇始元年春正月大蒐于定襄之虎山因東幸善無北陂三月慕容垂來寇桑乾川陳留公元虔先鎮平城時徵兵未集虔率麾下邀擊失利死之垂遂至平城西北踰山結營聞帝將至乃築城自守疾甚遂遁走死於上谷子寶匿喪而還至中山乃僭立夏六月癸酉遣將軍王建等三軍討寶廣寧太守劉亢泥斬之徙其部落寶上谷太守慕容普鄰捐郡奔走丁亥皇太后賀氏崩是月葬獻明太后秋七月左司馬許謙上書勸進尊號帝始建天子旌旗出入警蹕於是改元八月庚寅治兵于東郊己亥大舉討慕容寶帝親勒六軍四十餘萬南出馬邑踰于句注旌旗駱驛二千餘里鼓行而前民屋皆震別詔將軍封眞等三軍從東道出襲幽州圍薊九月戊午次陽曲乘西山臨觀晉陽命諸將引騎圍脅已而罷還寶并州牧遼西王農大懼將妻子棄城夜出東道并州平初建臺省置百官封公侯將軍刺史太守尚書郎已下悉用文人帝初拓中原留心慰納諸士大夫詣軍門者無少長皆引入賜見存問周悉人得自盡苟有微能咸蒙敘用己未詔輔國將軍奚牧畧地晉川獲慕容寶丹陽王買得等於平陶城冬十月乙酉車駕出井陘使冠軍將軍王建左軍將軍李栗五萬騎先驅啓行十有一月庚子朔帝至眞定自常山以東守宰或捐城奔竄或稽顙軍門唯中山鄴信都三城不下別詔征東大將軍東平公儀五萬騎南攻鄴冠軍將軍王建左軍將軍李栗等攻信都軍之所行不得傷民桑棗戊午進軍中山己未引騎圍之帝謂諸將曰朕量寶不能出戰必當憑城自守偷延日月急攻則傷士久守則費糧不如先平鄴信都然後還取中山於計爲便若移軍遠去寶必散衆求食民間如此則人心離阻攻之易克諸將稱善丁卯車駕幸魯口城是歲司馬昌明死子德宗僭立遣使朝貢呂光僭稱天王號大涼遣使朝貢

二年春正月己亥朔大饗羣臣於魯口慕容寶遣其左衞將軍慕容騰寇博陵殺中山太守及高陽諸縣令長抄掠租運是時信都未下庚申乃進軍壬戌引騎圍之其夜寶冀州刺史宜都王慕容鳳踰城奔走歸于中山癸亥寶輔國將軍張驤護軍將軍徐超率將吏已下舉城降寶聞帝幸信都乃趣博陵之深澤屯滹沲水遣弟

賀驎寇楊城殺常山守兵三百餘人寶悉出珍寶及宮人招募郡縣羣盜無賴者多應之二月己巳帝進幸楊城丁丑軍于鉅鹿之柏肆塢臨滹沱水其夜寶悉衆犯營燎及行宮兵人駭散帝驚起不及衣冠跣出擊鼓俄而左右及中軍將士稍稍來集帝設奇陳列烽營外縱騎衝之寶衆大敗斬首萬餘級擒其將軍高長等四千餘人戊寅寶走中山獲其器仗輜重數十萬計寶尚書閔亮祕書監崔逞太常孫沂殿中侍御史孟輔等並降降者相屬賜拜職爵各有差平原徐超聚衆反於畔城詔將軍奚辱捕斬之并州守將封真率其種族與徒何爲逆將攻刺史元延延討平之是時柏肆之役遠近流言賀蘭部帥附力眷紇突鄰部帥匿物尼紇奚部帥叱奴根聚黨反於陰館南安公元順率軍討之不克死者數千詔安遠將軍庾岳總萬騎還討叱奴根等滅之三月己酉車駕次于盧奴寶遣使求和請送元觚割常山以西奉國乞守中山以東帝許之已而寶背約辛亥車駕次中山命諸將圍之是夜寶弟賀驎將妻子出走西山寶見賀驎走恐先據和龍壬子夜遂將其妻子及兄弟宗族數千騎北遁寶將李沈王次多張超賈歸等來降遣將軍長孫肥追之至范陽不及受還城內共立慕容普鄰爲主夏四月帝以軍糧未繼乃詔征東大將軍東平公元儀罷鄴圍徙屯鉅鹿積租楊城普鄰出步卒六千餘人伺間犯諸屯兵詔將軍長孫肥等輕騎挑之帝以虎隊五千橫截其後斬首五千生虜七百人宥而遣之夏五月庚子大賞功臣帝以中山城內爲普鄰所脇而大軍迫之欲降無路乃密招喻之甲辰曜兵揚威以示城內命諸軍罷圍南徙以待其變甲寅以東平公元儀爲驃騎大將軍都督中外諸軍事兗豫雍荊徐揚六州牧左丞相封衞王襄城公元題進封爲王秋七月普鄰遣烏丸張驤率五千餘人出城求食寇常山之靈壽殺害吏民賀驎自丁零中入于驤軍因其衆復入中山殺普鄰而自立帝還幸魯口遣將軍長孫肥一千騎襲中山入其郛而還八月丙寅朔帝自魯口進軍常山之九門時大疫人馬牛多死帝問疫於諸將對曰在者纔十四五是時中山猶拒守而饑疫並臻羣下咸思還北帝知其意因謂之曰斯固天命將若之何四海之人皆可與爲國在吾所以撫之耳何恤乎無民羣臣乃不敢復言遣撫軍大將軍畧陽公元遵襲中山芟其禾菜入郛而還九月賀驎饑窮率三萬餘人出寇新市甲子晦帝進軍討之太史令晁崇奏曰不吉帝曰其義云何對曰昔紂以甲子亡兵家忌之帝曰紂以甲子亡周武不以甲子勝乎崇無以對冬十月丙寅帝進軍新市賀驎退阻泒水依漸洳澤以自固甲戌帝臨其營戰於義臺塢大破之斬首九千餘級賀驎單馬走西山遂奔鄴慕容德殺之甲申其所署公卿尚書將吏士卒降者二萬餘人其將張驤李沈慕容文等先來降尋皆亡還是日復獲之皆赦而不問獲其所傳皇帝璽綬圖書府庫珍寶簿列數萬班賜功臣及將士各有差中山平乙酉襄城王題薨丁亥遣三萬騎赴衞王儀將以攻鄴是歲鮮卑禿髮烏孤私署大單于西平王

天興元年春正月慕容德走保滑臺儀克鄴收其倉庫詔賞將士各有差儀追德至於河不及而還庚子車駕自中山行幸常山之真定次趙郡之高邑遂幸于鄴民有老不能自存者詔郡縣賑恤之帝至鄴巡登臺榭遍覽宮城將有定都之意乃置行臺以龍驤將軍日南公和跋爲尚書與左丞賈彝率郎吏及兵五千人鎮鄴車駕自鄴還中山所過存問百姓詔大軍所經州郡復貲租一年除山東民租賦之半車駕將北還發卒萬人治直道自望都鐵關鑿恒嶺至代五百餘里帝慮還後山東有變乃置行臺於中山詔左丞相守尚書令衞王儀鎮中山撫軍大將軍畧陽公元遵鎮勃海之合口右軍將軍尹國先督租于冀州聞帝將還謀反欲襲信都安南將軍長孫嵩執送斬之辛酉車駕發自中山至于望都堯山徙山東六州民吏及徒何高麗雜夷三十六萬百工伎巧十萬餘口以充京師車駕次于恒山之陽博陵勃海章武羣盜並起畧陽公元遵等討平之廣川太守賀盧殺冀州刺史王輔驅勒守兵抄掠陽平頓丘諸郡遂南渡河奔慕容德二月車駕自中山幸繁畤宮更選屯衞詔給內徙新民耕牛計口受田三月離石胡帥呼延鐵西河胡帥張崇等聚黨數千人叛詔安遠將軍庾岳討平之漁陽羣盜庫傉官韜聚衆反詔中堅將軍伊謂討之徵左丞相衞王儀還京師詔畧陽公遵代鎮中山夏四月壬戌進遵封常山王南安公元順進封毗陵王征虜將軍歷陽公穆崇爲太尉安南將軍鉅鹿公長孫嵩爲司徒帝祠天於西郊旗幟有加焉廣平太守遼西公元意烈謀反於郡賜死原其妻子鄃城屠各董羌杏城盧水郝奴河東蜀薛榆氐帥符興各率其種內附六月丙子詔有司議定國號羣臣曰昔周秦以前世居所生之土有國有家及王天下即承爲號自漢以來罷侯置守時無世繼其應運而起者皆不由尺土之資今國家萬世相承啓基雲代臣等以爲若取長遠應以代爲號詔曰昔朕遠祖總御幽都控制遐國雖踐王位未定九州逮于朕躬處百代之季天下分裂諸華之主民俗雖殊撫之在德故躬率六軍掃平中土凶逆蕩除遐邇率服宜仍先號以爲魏焉布告天下咸知朕意秋七月遷都平城始營宮室建宗廟立社稷漁陽羣盜庫傉官韜復聚黨爲寇詔冠軍將軍王建討平之八月詔有司正封畿制郊甸端徑術標道里平五權較五量定五度遣使循行郡國舉奏守宰不法者親覽察黜陟之九月烏丸張驤子超收合亡命聚黨二千餘家據勃海之南皮自號征東大將軍烏丸王抄掠諸郡詔將軍庾岳討之冬十月起天文殿十有一月辛亥詔尚書吏部郎中鄧淵典官制立爵品定律呂協音樂儀曹郎中董謐撰郊廟社稷朝覲饗宴之儀三公郎中王德定律令申科禁太史令晁崇造渾儀考天象吏部尚書崔玄伯總而裁之閏月左丞相驃騎大將軍衞王儀及諸王公卿士詣闕上書曰臣等聞宸極居中則列宿齊其晷帝王順天則羣后仰其度伏惟陛下德協二儀道隆三五仁風被於四海盛化塞于大區澤及昆蟲恩霑行葦謳歌所屬八表歸心軍威所及如風靡草萬姓顒顒咸思係命而躬履謙虛退身後已宸儀未彰衮服未御非所以上允皇天之意下副樂推之心宜光崇聖烈示軌憲於萬世臣等謹昧死以聞帝三讓乃許之十有二月己丑帝臨天文殿太尉司徒進璽綬百官咸稱萬歲大赦改年追尊成帝已下及后號謚樂用皇始之舞詔百司議定行次尚書崔玄伯等奏從土德服色尚黃數用五未祖辰臘犧牲用白五郊立氣宣贊時令敬授民時行夏之正徙六州二十二郡守宰豪傑吏民二千家于代都是歲蘭汗殺慕容寶而自立寶子盛殺汗僭立慕容德自稱燕王

二年春正月甲子初祠上帝于南郊以始祖神元皇帝配降壇視燎成禮而反乙丑曲赦京師始制三駕之法庚午車駕北巡分命諸將大襲高車大將軍常山王遵等三軍從東道出長川鎮北將軍高涼王樂真等七軍從西道出牛川車駕親勒六軍從中道自駮髯水西北二月丁亥朔諸軍同會破高車雜種三十餘部獲七萬餘口馬三十餘萬匹牛羊百四十餘萬驃騎大將軍衞王儀督三萬騎別從西北絕漠千餘里破其遺迸七部獲二萬餘口馬五萬餘匹牛羊二十餘萬頭高車二十餘萬乘并服玩諸物還次牛山及薄山並刻石記功班賜從臣各有差庚戌征虜將軍庾岳破張超於勃海超走平原爲其黨所殺以所獲高車衆起鹿苑於南臺陰北距長城東包白登屬之西山廣輪數十里鑿渠引武川水注之苑中疏爲三溝分流宮城內外又穿鴻鴈池三月己未車駕至自北伐甲子初令五經羣書各置博士增國子太學生員三千人是月氐人李辯叛慕容德求援於鄴行臺尚書和跋跋輕騎往應之克滑臺收德宮人府藏又破德桂林王鎮及郎吏將士千餘人丙子遣建義將軍庾真越騎校尉奚斤討庫狄部帥葉亦干宥連部帥寶羽泥於太渾川破之庫狄勤支子沓亦干率其部落內附真等進破侯莫陳部獲馬牛羊十餘萬頭追殄遺迸入大峨谷中山太守仇儒亡匿趙郡推羣盜趙准爲主號使持節征西大將軍冀青二州牧鉅鹿公仇儒爲准長史聚黨扇惑詔中領軍長孫肥討平之夏四月前清河太守傅世聚黨千餘家自號撫軍將軍五月癸亥征虜將軍庾岳討破之秋七月起天華殿辛酉大閱于鹿苑饗賜各有差陳郡河南流民萬餘口內徙遣使者存勞之姚興遣衆圍洛陽司馬德宗將辛恭靖請救八月遣太尉穆崇率騎六千往赴之增啓京師十二門作西武庫除州郡民租賦之半辛亥詔禮官備撰衆儀著于新令范陽人盧溥聚衆海濱稱使持節征北大將軍幽州刺史攻掠郡縣殺幽州刺史封沓干慕容盛遼西太守李朗舉郡內屬西河胡帥護諾于丁零帥翟同蜀帥韓礱並相率內附冬十月太廟成遷神元平文昭成獻明皇帝神主于太廟十有二月甲午慕容盛征虜將軍燕郡太守高湖率戶三千內屬辛亥詔材官將軍和突討盧溥天華殿成是歲呂光立其子紹爲天王自稱太上皇光死庶子纂殺紹僭立禿髮烏孤死弟鹿孤代立遣使朝貢

三年春正月戊午和突破盧溥於遼西生獲溥及其子煥傳送京師轘之癸亥有事於北郊分命諸官循行州郡觀民風俗察舉不法賜羣臣布帛各有差二月丁亥詔有司祀日于東郊始耕籍田壬寅皇子聰薨三月戊午立皇后慕容氏是月穿城南渠通於城內作東西魚池夏四月姚興遣使朝貢五月戊辰詔謁者僕射張濟使於姚興己巳車駕東巡遂幸涿鹿遣使者以太牢祠帝堯帝舜廟西幸馬邑觀灅源秋七月壬子車駕還宮起中天殿及雲母堂金華室十有一月高車別帥勑力犍率九百餘落內屬十有二月乙未詔曰世俗謂漢高起於布衣而有天下此未達其故也夫劉承堯統曠世

繼德有虵龍之徵致雲彩之應五緯上聚天人俱協明革命之主大運所鍾不可以非望求也然狂狡之徒所以顛蹶而不已者誠惑於逐鹿之說而迷於天命也故有踵覆車之軌蹈釁逆之蹤毒甚者傾州郡害微者敗邑里至乃身死名頹殃及九族從亂隨流死而不悔豈不痛哉春秋之義大一統之美吳楚僭號久加誅絕君子賤其僞名比之塵垢自非繼聖載德天人合會帝王之業夫豈虛應歷觀古今不義而求非望者徒喪其保家之道而伏刀鋸之誅有國有家者誠能推廢興之有期審天命之不易察徵應之潛授杜競逐之邪言絕姦雄之僭肆思多福於止足則幾於神智矣如此則可以保榮祿於天年流餘慶於後世夫然故禍悖無緣而生兵甲何因而起凡厥來世勗哉戒之可不愼歟時太史屢奏天文錯亂帝親覽經占多云改王易政故數革官號一欲防塞凶狡二欲消災應變已而慮羣下疑惑心謗腹非丙申復詔曰上古之治尚德下名有任而無爵易治而事序故邪謀息而不起姦慝絕而不作周姬之末下凌上替以號自定以位制祿卿世其官大夫遂事陽德不暢議發家倍故釁由此起兵由此作秦漢之弊捨德崇侈能否混雜賢愚相亂庶官失序任非其人於是忠義之道寢廉恥之節廢退讓之風絕毀譽之議興莫不由乎貴尚名位而禍敗及之矣古置三公職大憂重故曰待罪宰相將委任責成非虛寵祿也而今世俗僉以台輔爲榮貴企慕而求之夫此職司在人主之所任耳用之則重捨之則輕然則官無常名而任有定分是則所貴者至矣何取於鼎司之虛稱也夫桀紂之南面雖高而可薄姬旦之爲下雖卑而可尊一官可以效智蓽門可以垂範苟以道德爲實賢於覆餗蔀家矣故量己者令終而義全昧利者身陷而名滅利之與名毀譽之疵競道之與德神識之家寶是故道義治之本名爵治之末名不本於道不可以爲宜爵無補於時不可以爲用用而不禁爲病深矣能通其變不失其正者其惟聖人乎來者誠思成敗之理察治亂之由鑒殷周之失革秦漢之弊則幾於治矣是歲乞伏乾歸爲姚興所破李暠私署涼州牧涼公

四年春正月高車別帥率其部三十餘落內附二月丁亥命樂師入學習舞釋菜于先聖先師丁酉分命使者循行州郡聽察辭訟糾劾不法三月帝親漁薦于寢廟夏四月辛卯罷鄴行臺詔有司明揚隱逸五月起紫極殿玄武樓涼風觀石池鹿苑臺秋七月詔鎮遠將軍兗州刺史長孫肥步騎二萬南徇許昌彭城詔賜天下鎮戍將士布帛各有差冬十二月辛亥詔征西大將軍常山王遵等率衆五萬討破多蘭部帥木易于材官將軍和突率騎六千襲黜弗素古延等諸部集博士儒生比衆經文字義類相從凡四萬餘字號曰衆文經是歲慕容盛死寶弟熙僭立呂光弟子隆殺纂自立盧水胡沮渠蒙遜私署涼州牧張掖公蒙遜及李暠並遣使朝貢

五年春正月丁丑慕容熙遣將寇遼西虎威將軍宿沓干等拒戰不利棄令支而還帝聞姚興將寇邊庚寅大簡輿徒詔并州諸軍積穀于平陽之乾壁戊子材官將軍和突破黜弗素古延等諸部獲馬三千餘匹牛羊七萬餘頭辛卯蠕蠕社崙遣騎救素古延等和突逆擊破之于山南河曲獲鎧馬二千餘匹班師賞賜將士各有差二月癸丑征西大將軍常山王遵等至安定之高平木易于率數千騎與衞辰屈丐棄國遁走追至隴西瓦亭不及而還獲其輜重庫藏馬四萬餘匹駱駝犛牛三千餘頭牛羊九萬餘口班賜將士各有差徙其民於京師沙門張翹自號無上王與丁零鮮于次保聚黨常山之行唐夏四月太守樓伏連討斬之五月姚興遣其弟安北將軍義陽公平率衆四萬來侵平陽乾壁爲平所陷六月治兵于東郊部分衆軍詔鎮西大將軍毗陵王順長孫肥等三將六萬騎爲前鋒秋七月戊辰朔車駕西討八月乙巳至於柴壁平固守進軍圍之姚興悉舉其衆來救甲子帝渡蒙坑逆擊興軍大破之冬十月平赴水而死俘其餘衆三萬餘人語在興傳獲興征虜將軍尚書右僕射狄伯支越騎校尉唐小方積弩將軍姚梁國建忠將軍雷星康官北中郎將康猥平從弟伯禽已下四品將軍已上四十餘人獲先亡臣王次多斬勲並斬以徇興頻使請和帝不許羣臣勸進平蒲坂帝慮蠕蠕爲難戊申班師十有一月車駕次晉陽徵相州刺史庾岳爲司空遣左將軍莫題討上黨羣盗秦頗丁零翟都於壺關丁丑上黨太守捕頗斬之都走林慮十有二月辛亥至自西征蠕蠕社崙犯塞詔常山王遵追之不及而還越勤莫弗率其部萬餘家內屬居五原之北是歲禿髮鹿孤病死弟傉檀統任遣使朝貢

六年春正月辛未朔方尉遲部別帥率萬餘家內屬入居雲中夏五月大簡輿徒將略江淮平荊揚之亂秋七月鎮西大將軍司隸校尉毗陵王順有罪以王還第戊子車駕北巡築離宮于犲山縱士校獵東北踰罽嶺出參合代谷九月行幸南平城規度灅南面夏屋山背黃瓜堆將建新邑辛未車駕還宮冬十月起西昭陽殿乙卯立皇子嗣爲齊王加車騎大將軍位相國紹爲清河王加征南大將軍熙爲陽平王曜爲河南王封故秦愍王子夔爲豫章王陳留王子右將軍悅爲朱提王丁巳詔將軍伊謂率騎二萬北襲高車司馬德宗遣使朝貢十有一月庚午伊謂大破高車是年島夷桓玄廢其主司馬德宗而自立僭稱大楚

天賜元年春正月遣離石護軍劉託率騎三千襲蒲子三月丙寅擒姚興寧北將軍泰平太守衡譚獲三千餘口初限縣戶不滿百罷之夏四月詔尚書郎中公孫表使於江南以觀桓玄之釁也值玄敗而還蠕蠕社崙從弟悅伐大那等謀殺社崙而立大那發覺來奔五月置山東諸冶發州郡徒謫造兵甲秋九月帝臨昭陽殿分置衆職引朝臣文武親自簡擇量能敘用制爵四等曰王公侯子除伯男之號追錄舊臣加以封爵各有差是秋江南大亂流民繦負而奔淮北行道相尋冬十月辛巳大赦改元築西宮十有一月上幸西宮大選朝臣令各辨宗黨保舉才行諸部子孫失業賜爵者二千餘人十有二月戊辰車駕幸犲山宮是歲島夷劉裕起兵誅桓玄

二年春二月癸亥車駕還宮夏四月車駕有事于西郊車旗盡黑是歲司馬德宗復僭立慕容德死兄子超僭立

三年春正月甲申車駕北巡幸犲山宮校獵至屋孤山二月乙亥幸代園山建五石亭三月庚子車駕還宮夏四月庚申復幸犲山宮占授著作郎王宜弟造兵法孤虛立成圖三百六十時遂登定襄角史山又幸馬城甲戌車駕還宮是月蠕蠕寇邊夜召兵將旦賊走乃罷六月發八部五百里內男丁築灅南宮門闕高十餘丈引溝穿池廣苑囿規立外城方二十里分置市里經塗洞達三十日罷秋七月大尉穆崇薨八月甲辰行幸犲山宮遂至青牛山丙辰西登武要北原觀九十九泉造石亭遂之石漠九月甲戌朔幸漠南鹽池壬午至漠中觀天鹽池度漠北之吐鹽池癸巳南還長川丙申臨觀長陂冬十月庚申車駕還宮

四年春二月封皇子脩爲河間王處文爲長樂王連爲廣平王黎爲京兆王夏五月北巡自參合陂東過蟠羊山大雨暴水流輜重數百乘殺百餘人遂東北踰石漠至長川幸濡源常山王遵有罪賜死秋七月車駕自濡源西幸參合陂築北宮垣三旬而罷乃還宮八月幸犲山宮是月誅司空庾岳冬十有一月車駕還宮是歲慕容寶養子高雲殺熙自立赫連屈丐自稱大單于大夏天王

五年春正月行幸犲山宮遂如參合陂觀漁於延水至寧川三月姚興遣使朝貢是歲皇孫燾生

六年夏帝不豫初帝服寒食散自太醫令陰羌死後藥數動發至此逾甚而災變屢見憂懣不安或數日不食或不寢達旦歸咎羣下喜怒乖常謂百寮左右人不可信慮如天文之占或有肘腋之虞追思既往成敗得失終日竟夜獨語不止若傍有鬼物對揚者朝臣至前追其舊惡皆見殺害其餘或以顏色變動或以喘息不調或以行步乖節或以言辭失措帝皆以爲懷惡在心變見於外乃手自毆擊死者皆陳天安殿前於是朝野人情各懷危懼有司懈怠莫相督攝百工偷劫盜賊公行巷里之間人爲希少帝亦聞之曰朕縱之使然待過災年當更清治之爾秋七月慕容支屬百餘家謀欲外奔發覺伏誅死者三百餘人八月衞王儀謀叛賜死冬十月戊辰帝崩於天安殿時年三十九永興二年九月甲寅上諡宣武皇帝葬於盛樂金陵廟號太祖泰常五年改諡曰道武

史臣曰晉氏崩離戎羯乘釁僭僞紛糺犲狼競馳太祖顯晦安危之中屈申潛躍之際驅率遺黎奮其靈武克剪方難遂啓中原朝拱人神顯登皇極雖冠履不暇棲遑外土而制作經謨咸存長世所謂大人利見百姓與能抑不世之神武也而屯厄有期禍生非慮將人事不足豈天實爲之嗚呼

魏書卷二考證

太祖紀帝左右于植等與諸部人謀爲逆以應之事泄○植北史作桓本書列傳同穆崇傳亦作于植

遣秦王觚使于慕容垂○綱目書于晉太元十六年是爲魏登國六年此書作五年

魏書卷三

齊　魏收　撰

帝紀第三

太宗紀

太宗明元皇帝諱嗣太祖長子也母曰劉貴人登國七年生於雲中宮太祖晚有子聞而大悅乃大赦天下帝明叡寬毅非禮不動太祖甚奇之天興六年封齊王拜相國加車騎大將軍初帝母劉貴人賜死太祖告帝曰昔漢武帝將立其子而殺其母不令婦人後與國政使外家爲亂汝當繼統故吾遠同漢武爲長久之計帝素純孝哀泣不能自勝太祖怒之帝還宮哀不自止日夜號泣太祖知而又召之帝欲入左右曰孝子事父小杖則受大杖避之今陛下怒盛入或不測陷帝於不義不如且出待怒解而進不晚也帝懼從之乃遊行逃於外天賜六年冬十月清河王紹作逆太祖崩帝入誅紹壬申卽皇帝位大赦改年爲永興元年追尊皇妣爲宣穆皇后公卿大臣先罷歸第不與朝政者悉復登用之詔南平公長孫嵩北新侯安同對理民訟簡賢任能彝倫攸敍閏十月丁亥朱提王悅謀反賜死詔都兵將軍山陽侯奚斤巡行諸州問民疾苦撫恤窮乏十有二月戊戌封衞王儀子良爲南陽王陰平公元烈進爵爲王高涼王樂眞改封平陽王己亥帝始居西宮御天文殿蠕蠕犯塞是歲乞伏乾歸據金城自稱秦王高雲爲海夷馮跋所滅跋僭號自稱大燕天王

二年春正月甲寅朔詔南平公長孫嵩等北伐蠕蠕平陽民黃苗等依汾自固受姚興官號并州刺史元六頭討平之二月癸未朔詔將軍于栗磾領步騎一萬鎭平陽夏五月長孫嵩等自大漠還蠕蠕追圍之於牛川壬申帝北伐蠕蠕聞而遁走車駕還幸參合陂秋七月丁巳立馬射臺於陂西仍講武敎戰乙丑車駕至自北伐八月章武民劉牙聚衆反山陽侯奚斤討平之九月甲寅葬太祖宣武皇帝於盛樂金陵冬十有二月辛巳詔將軍周觀率衆詣西河離石鎭撫山胡是歲司馬德宗將劉裕滅慕容超於廣固

三年春二月戊戌詔曰衣食足知榮辱夫人饑寒切己唯恐朝夕不濟所急者溫飽而已何暇及於仁義之事乎王敎之多違蓋由於此也非夫耕婦織內外相成何以家給人足矣其簡宮人非所當御及執作伎巧自餘悉出以配鰥民己亥詔北新侯安同等持節循行并定二州及諸山居雜胡丁零問其疾苦察舉守宰不法其寃窮失職彊弱相陵孤寡不能自存者各以事聞昌黎遼東民二千餘家內屬三月己未詔侍臣常帶劒夏四月戊寅河東蜀民黃思郭綜等率營部七百餘家內屬五月丁卯車駕謁金陵於盛樂己巳昌黎王慕容伯兒謀反伏誅六月姚興遣使來聘西河胡張賢等率營部內附秋七月戊申賜衞士酺三日布帛各有差辛酉賜附國大人錦罽衣服各有差八月戊寅詔將軍束州侯尉古眞統兵五千鎭西境太洛城冬十二月甲戌蠕蠕斛律宗黨吐觝于等百餘人內屬甲午詔南平公長孫嵩任城公嵇拔白馬侯崔玄伯等坐朝堂錄決囚徒務在平當

四年春二月癸未登虎圈射虎賜南平公長孫嵩等布帛各有差夏四月乙未宴羣臣於西宮使各獻直言秋七月己巳朔東巡置四廂大將又放十二時置十二小將以山陽侯奚斤元城侯元屈行左右丞相己卯大獮于石會山戊子臨去畿陂觀漁庚寅至于濡源西巡幸北部諸落賜以繒帛八月庚戌車駕還宮壬子幸西宮臨板殿大饗羣臣將吏以田獵所獲賜之命民大酺三日乙卯賜王公以下至宿衞將士布帛各有差冬十有一月乙丑賜宗室近屬南陽王良已下至於緦麻之親布帛各有差十有二月丁巳車駕北巡至長城而還是年乞伏乾歸爲兄子公府所殺子熾磐立沮渠蒙遜自稱河西王

五年春正月己巳大閱畿內男子十二以上悉集己卯幸西宮頒拔大渠帥四十餘人詣闕奉貢賜以繒帛錦罽各有差乙酉詔諸州六十戶出戎馬一匹庚寅大閱於東郊部署將帥以山陽侯奚斤爲前軍衆三萬陽平王熙等十二將各一萬騎帝臨白登躬自校覽焉二月戊申賜陽平王熙及諸王公侯將士布帛各有差庚戌幸高柳川甲寅車駕還宮癸丑穿魚池於北苑庚午姚興遣使來聘詔分遣使者巡求儁逸其豪門彊族爲州閭所推者及有文武才幹臨疑能決或有先賢世胄德行清美學優義博可爲人師者各令詣京師當隨才敍用以贊庶政夏四月河東民薛相率部內屬乙巳上黨民勞聰士臻羣聚爲盜殺太守令長相率外奔乙卯車駕西巡詔前軍奚斤等先行討越勤部於跋那山夏五月乙亥行幸雲中舊宮之大室丙子大赦天下西河張外建興王紹自以所犯罪重不敢解散庚戌遣元城侯元屈等率衆三千鎭并州乙卯詔會稽公劉潔永安侯魏勤等率衆二千鎭西河六月西幸五原校獵于骨羅山獲獸十萬濩澤劉逸自號征東將軍三巴王王紹爲署置官屬攻逼建興郡元屈等討平之秋七月己巳還幸薄山帝登觀太祖遊幸刻石頌德之處乃於其旁起石壇而薦饗焉賜從者大酺於山下奚斤等破越勤倍泥部落於跋那山西獲馬五萬匹牛二十萬頭徙二萬餘家於大甯計口受田河西胡曹龍張大頭等各領部擁衆二萬人來入蒲子逼脇張外於研子壘外懼給以牛酒殺馬盟誓推龍爲大單于奉美女良馬於龍丙戌車駕自大室西南巡諸部落賜其渠帥繒帛各有差遂南次定襄大落城東踰七嶺山田於善無川八月癸卯車駕還宮癸丑奚斤等班師甲寅帝臨白登觀降民數軍實曹龍降執送張外斬之辛未賜征還將士牛馬奴婢各有差置新民於大甯川給農器計口受田丁丑幸犲山宮癸未車駕還宮冬十月丁巳將軍元屈會稽公劉潔永安侯魏勤等擊吐京叛胡失利潔被傷勤死之十一月癸酉大饗于西宮姚興遣使朝貢來請進女帝許之

神瑞元年春正月辛酉以禎瑞頻集大赦改元辛巳幸繁畤賜王公已下至於士卒百工布帛各有差二月戊戌車駕還宮是月赫連屈孑入寇河東蒲子殺掠吏民三城護軍張昌等要擊走之庚戌幸犲山宮西河胡曹成吐京民劉初原攻殺屈孑所置吐京護軍及其守三百餘人乙卯起豐宮於平城東北夏五月辛酉車駕還宮六月司馬德宗冠軍將軍太山太守劉研弟輔國將軍領東平太守陽平趙鸞廣威將軍平昌太守羅卓斗城屠各帥張文興等率流民七千餘家內屬河西胡酋劉遮劉退孤率部落等萬餘家渡河內屬戊申幸犲山宮丁亥車駕還宮秋八月戊子詔馬邑侯元陋孫使於姚興辛丑遣謁者悅力延撫慰蠕蠕于什門招諭馮跋詔平南將軍相州刺史尉古眞與司馬德宗太尉劉裕相聞使博士王諒假平南參軍將命焉姚興遣使來聘冬十一月壬午詔使者巡行諸州校閱守宰資財非自家所齎悉簿爲贓詔守宰不如法聽民詣闕告言之十二月丙戌朔蠕蠕犯塞丙申帝北伐蠕蠕河內人司馬順宰自號晉王太守討捕不獲是歲禿髮傉檀爲乞伏熾磐所滅

二年春正月丙辰車駕至自北伐賜從征將士布帛各有差二月丁亥大饗于西宮賜附國大渠帥朝歲首者繒帛金罽各有差司馬德宗琅邪太守劉朗率二千餘家內屬庚子河西胡劉雲等率數萬戶內附甲辰立太祖廟於白登之西三月詔曰刺史守宰率多逋慢前後怠惰數加督罰猶不悛改今年貲調懸違者謫出家財充之不聽徵發於民河西饑胡屯聚上黨推白亞栗斯爲盟主號大將軍反於上黨自號單于稱建平元年以司馬順宰爲之謀主夏四月詔將軍公孫表等五將討之河南流民二千餘家內屬衆廢栗斯而立劉虎號率善王司馬德宗遣使朝貢己卯車駕北巡五月丁亥次於參合東幸大甯丁未田于四岬山六月戊午幸去畿陂觀漁辛酉次于濡源築立蟒臺射白熊於頹牛山獲之丁卯幸赤城親見長老問民疾苦復租一年南次石亭幸上谷問百年訪賢俊復田租之半壬申幸涿鹿登橋山觀溫泉使使者以太牢祠黃帝廟至廣甯登歷山祭舜廟秋七月還宮復所過田租之半九月闕有差河南流民前後三千餘家內屬京師民饑聽出山東就食冬十月壬子姚興使散騎常侍東武侯姚敞尚書姚泰送其西平公主來帝以后禮納之辛酉行幸沮洳城癸亥車駕還宮丙寅詔曰古人有言百姓足則君有餘未有民富而國貧者也頃者以來頻遇霜旱年穀不登百姓饑寒不能自存者甚衆其出布帛倉穀以賑貧窮十有一月丁亥幸犲山宮庚子車駕還宮

泰常元年春正月甲申中行幸犲山宮戊子車駕還宮三月己丑長樂王處文薨常山民霍季自言名載圖讖持一黑石以爲天賜玉印誑惑聚黨入山爲盜州郡捕斬之夏四月壬子大赦改元庚申河間王脩薨六月丁巳車駕北巡秋七月甲申帝自白鹿陂西行大獮于牛川登釜山臨殷繁水而南觀于九十九泉戊戌車駕還宮九月戊午前并州刺史叔孫建等大破山胡劉虎渡河東走至陳留爲從人所殺司馬順宰等皆死司馬德宗相劉裕泝河伐姚泓遣其部將王仲德爲前鋒從陸道至梁城兗州刺史尉建畏懦棄州北渡王仲德遂入滑臺詔將軍叔孫建等渡河曜威滑臺斬尉建於城下冬十月壬戌幸犲山宮徒何部落庫傉官斌先降後復叛歸馮跋驍騎將軍延普渡濡水討擊大破之斬斌及馮跋幽州刺史漁陽公庫傉官昌征北將軍關內侯庫傉官提等首生擒庫傉官女生縛送京師幽州平十一月甲戌車駕還宮築蓬臺於北苑十二月南陽王良薨是歲姚興卒子泓立

二年春二月丙午詔曰九州之民隔遠京邑時有壅滯守宰至不以聞今東作方興或有貧窮失農務者其遣使者巡行天下省諸州觀民風俗問民疾苦察守宰治

行諸有不能自申皆因以聞辛酉司馬德宗滎陽守將傅洪遣使詣叔孫建請以虎牢降求軍赴接德宗譙王司馬文思遣使王艮詣闕上書請軍討劉裕詔司徒長孫嵩率諸軍邀擊劉裕戰於畔城更有負捷帝詔止諸軍不克夏四月丁未榆山丁零翟蜀率營部遣使通劉裕馮跋使人王特兒等通於司馬德宗章武太守捕特兒等四送京師丁巳幸高柳壬戌車駕還宮五月汝南民胡譯等萬餘家相率內屬乙未司馬德宗齊郡太守王懿來降車駕西巡至于雲中遂濟河田于大漠秋七月作白臺於城南高二十丈司馬順之入常山流言惑衆稱受天帝命年二十五應爲人君遂聚黨於封龍山趙郡大盜趙德執送京師斬之八月劉裕滅姚泓九月癸酉司馬德宗平西將軍荊州刺史司馬休之息譙王文思章武王子司馬國璠司馬道賜輔國將軍溫楷竟陵內史魯軌荊州治中韓延之殷約平西參軍桓謐桓璲及桓溫孫道子勃海刁雍陳郡袁式等數百人來降姚泓匈奴鎮將姚成都與弟和都舉鎮來降冬十月己酉詔司徒長孫嵩等還京師遣叔孫建鎮鄴癸丑豫章王夔薨十有一月司徒長孫嵩等諸軍至樂平詔嵩遣娥清周幾等與叔孫建討西山丁零翟蜀洛支等悉滅餘黨而還復諸州租稅十有二月己酉詔河東河內有姚泓子弟播越民間能有送致京師者賞之庚申田于西山癸亥車駕還宮氐豪徐駭奴齊元子等擁部落三萬於雍遣使內附詔將軍王洛生及河內太守楊聲等西行以應之壬申幸大寧長川姚泓尚書東武侯姚敞敞弟鎮遠將軍僧光右將軍姚定世自洛來奔是年李暠卒子歆立遣使朝貢

三年春正月丁酉朔帝自長川詔護高車中郎將薛繁率高車丁零十二部大人衆北略至弱水降者二千餘人獲牛馬二萬餘頭河東胡蜀五千餘家相率內屬三月司馬德宗遣使來貢庚戌幸西宮以范陽去年水復其租稅夏四月己巳徙冀定幽三州徒何於京師五月丙午詔叔孫建鎮廣阿壬子車駕東巡至于濡源及甘松遣征東將軍長孫道生給事黃門侍郎奚觀率精騎二萬襲馮跋又命驍騎將軍延普自幽州北趣遼西爲聲勢帝自突門嶺待之道生至龍城徙其民萬餘家而還六月乙酉車駕西返秋七月戊午至於京師八月鴈門河內大雨水復其租稅九月甲寅詔諸州調民租戶五十石積於定相冀三州冬十月戊辰築宮於西苑是歲司馬德宗卒弟德文僭立赫連屈丐僭稱皇帝

四年正月壬辰朔車駕臨河大蒐于犢渚癸卯車駕還宮三月癸丑築宮於蓬臺北司馬德文寧朔將軍平陽太守匈奴護軍薛辯及司馬楚之司馬順明司馬道恭竝遣使請降夏四月庚辰車駕有事於東廟遠藩助祭者數百國辛巳南巡幸鴈門賜所過無出今年租賦五月庚寅朔觀漁于㶟水己亥車駕還宮復所過一年租賦六月司馬德文建威將軍河西太守馮翊羌酋党道子遣使內屬秋八月辛未東巡遣使祭恒岳甲申車駕還宮所過復一年田租九月築宮於白登山冬十有二月癸亥西巡至雲中踰白道北獵野馬於辱孤山至于黃河從君子津西渡大狩於薛林山

五年春正月丙戌朔自薛林東還至于屋竇城饗勞將士大酺二日班禽獸以賜之己亥車駕還宮三月丙戌南陽王意文薨夏四月河西屠各帥黃大虎羌酋不蒙娥等遣使內附丙寅起㶟南宮五月乙酉詔曰宣武皇帝體道得一天縱自然大行大名未盡美非所以光揚洪烈垂之無窮也今因啓緯圖始覩尊號天人之意煥然著明其改宣曰道更上尊謚曰道武皇帝以彰靈命之先啓聖德之玄同告祀郊廟宣于八表庚戌淮南侯司馬國璠池陽侯司馬道賜等謀反伏誅六月丙寅行幸翳犢山秋七月丁酉西至于五原丁未幸雲中大室賜從者大酺八月癸亥車駕還宮閏月甲午陰平王烈薨冬十有一月詔驍騎將軍延普城乾城十有二月丁亥杏城羌酋狄溫子率三千餘家內附是歲劉裕廢殺其主司馬德文僭自稱皇帝號宋李歆爲沮渠蒙遜所滅歆弟恂自立於敦煌

六年春正月辛未行幸公陽二月調民二十戶輸戎馬一匹大牛一頭三月甲子陽平王熙薨乙亥制六部民羊滿百口輸戎馬一匹發京師六千人築苑起自舊苑東包白登周回四十餘里夏六月乙酉北巡至蟠羊山秋七月西巡獵于柞山親射虎獲之遂至于河八月庚子大獮于犢渚九月庚戌車駕還宮壬申劉裕遣使朝貢冬十月己亥行幸代十有二月丙申西巡狩至于雲中是歲沮渠蒙遜滅李恂

七年春正月甲辰朔自雲中西行幸屋竇城賜從者大酺三日蕃渠帥繒帛各有差二月丙戌車駕還宮賜從者布帛各有差大饗于西宮三月乙丑河南王曜薨夏四月甲戌封皇子燾爲泰平王燾字佛釐拜相國加大將軍丕爲樂平王加車騎大將軍彌爲安定王加衞大將軍範爲樂安王加中軍大將軍健爲永昌王加撫軍大將軍崇爲建寧王加輔國大將軍俊爲新興王加鎮軍大將軍獻懷長公主子嵇敬封長樂王拜大司馬大將軍初帝素服寒食散頻年動發不堪萬機五月詔皇太子臨朝聽政是月泰平王攝政劉裕卒子義符僭立秋九月詔假司空奚斤節都督前鋒諸軍事爲晉兵大將軍行揚州刺史交阯侯周幾爲宋兵將軍交州刺史安固子公孫表爲吳兵將軍廣州刺史前鋒伐劉義符乙巳幸㶟南宮遂如廣寧己酉詔泰平王率百國以法駕田于東苑車乘服物皆以乘輿之副辛亥築平城外郭周回三十二里辛酉幸橋山遣使者祠黃帝唐堯廟因東幸幽州見耆年問其所苦賜爵號分遣使者循行州郡觀察風俗冬十月甲戌車駕還宮復所過田租之半奚斤伐滑臺不克帝怒議親南討爲其聲援壬辰車駕南巡出自天門關踰恒嶺四方蕃附大人各率所部從者五萬餘人十有一月泰平王親統六軍出鎮塞上安定王彌與北新公安同居守丙午曲赦司州殊死已下劉義符東郡太守王景度棄滑臺走詔成皋侯元苟兒爲兗州刺史鎮滑臺十有二月遣壽光侯叔孫建等率衆自平原東渡徇下青兗諸郡劉義符兗州刺史徐琰聞渡河棄守走叔孫建遂東入青州司馬愛之秀之先聚黨濟東皆率衆來降

八年正月丙辰行幸鄴存恤民俗司空奚斤既平兗豫還圍虎牢劉義符守將毛德祖距守不下河東蜀薛定薛輔率五千餘家內屬蠕蠕犯塞二月戊辰築長城於長川之南起自赤城西至五原延袤二千餘里備置戍衞三月乙巳帝田於鄴南韓陵山幸汲郡至于枋頭乙卯濟自靈昌津幸陳留東郡乙丑濟河而北西之河內造浮橋於冶坂津夏四月丁卯幸成皋城觀虎牢而城內乏水懸綆汲河帝令連艦上施轒轀絕其汲路又穿地道以奪其井遂至洛陽觀石經蠻王梅安率渠帥數千人來貢方物閏月己未還幸河內北登太行幸高都虎牢潰獲劉義符冠軍將軍司州刺史觀陽伯毛德祖冠軍司馬滎陽太守翟廣建威將軍竇霸振武將軍姚勇錯振威將軍吳寶之司州別駕姜元興治中竇溫士衆大疫死者十二三辛酉帝還至晉陽班賜從官王公已下逮於厮賤無不霑給五月丙寅還次鴈門皇太子率留臺王公迎于句注之北庚寅車駕至自北巡六月己亥太尉宜都公穆觀薨丙辰北巡至於參合陂遊于蟠羊山秋七月幸三會屋侯泉詔皇太子率百官以從八月幸馬邑觀于㶟源九月乙亥車駕還宮詔司空奚斤還京師昌平侯娥清交阯侯周幾等鎮枋頭劉義符潁川太守李元德竊入許昌詔周幾擊之元德遁闕三字許昌還軍枋頭冬十月癸卯廣西宮起外垣牆周回二十里十有一月己巳帝崩於西宮時年三十二遺詔以司空奚斤所獲軍實賜大臣自司徒長孫嵩已下至士卒各有差十有二月庚子上謚曰明元皇帝葬于雲中金陵廟稱太宗帝禮愛儒生好覽史傳以劉向所撰新序說苑於經典正義多有所闕乃撰新集三十篇採諸經史該洽古義兼資文武焉

史臣曰太祖英雄北驅朔漠末年內多釁隙明元抱純孝之心逢梟鏡之禍權以濟事危而獲安隆基固本內和外輯以德見宗良無愧也

魏書卷三考證

帝紀第三○魏收書此紀闕後人補以北史又取高氏小史修文殿御覽附益之

太宗紀司馬休之息譙王文思章武王子司馬國璠司馬道賜輔國將軍溫楷竟陵內史魯軌荊州治中韓延之殷約平西參軍桓謐桓璲及桓溫孫道子渤海刁雍陳郡袁式等數百人來降○臣人龍按晉書宗室傳安帝反正追贈尚之衞將軍以休之長子文思爲嗣襲封譙郡王後文思怨望稱兵爲裕所敗而死不言降魏與此異

魏書卷四上

齊　魏　收　撰

帝紀第四

世祖紀上

世祖太武皇帝諱燾太宗明元皇帝之長子也母曰杜貴嬪天賜五年生於東宮體貌瓌異太祖奇而悅之曰成吾業者必此子也泰常七年四月封泰平王五月爲監國太宗有疾命帝總攝百揆聰明大度意豁如也八年十月壬申卽皇帝位大赦天下十有二月追尊皇妣爲密皇太后進司徒長孫嵩爵爲北平王司空奚斤爲

宜城王藍田公長孫翰爲平陽王其餘普增爵位各有差於是除禁錮釋嫌怨開倉庫賑窮乏河南流民相率内屬者甚衆

始光元年春正月丙寅安定王彌薨夏四月甲辰東巡幸大甯秋七月車駕還宮八月蠕蠕率六萬騎入雲中殺掠吏民攻陷盛樂宮赭陽子尉普文率輕騎討之虜乃退走詔平陽王長孫翰等擊蠕蠕别帥破之殺數千人獲馬萬餘匹語在蠕蠕傳九月大簡輿徒治兵於東郊部分諸軍五萬騎將北討冬十有二月遣平陽王長孫翰等討蠕蠕車駕次祚山蠕蠕北遁諸軍追之大獲而還是年劉義符爲其臣徐羡之等所廢殺立義符弟義隆

二年春正月己卯車駕至自北伐以其雜畜班賜將士各有差二月慕容渴悉隣反於北平攻破郡治太守與守將擊敗之三月丙辰尊保母竇氏曰保太后丁巳以北平王長孫嵩爲太尉平陽王長孫翰爲司徒宜城王奚斤爲司空庚申營故東宮爲萬壽宮起永安安樂二殿臨望觀九華堂初造新字千餘詔曰昔在帝軒剏制造物乃命倉頡因鳥獸之跡以立文字自兹以降隨時改作故篆隸草楷並行於世然經歷久遠傳習多失其眞故令文體錯謬會義不愜非所以示軌則於來世也孔子曰名不正則事不成此之謂矣今制定文字世所用者頒下遠近永爲楷式夏四月詔龍驤將軍步堆謁者僕射胡覲使於劉義隆五月詔天下十家發大牛一頭運粟塞上秋九月永安安樂二殿成丁卯大饗以落之冬十月治兵於西郊癸卯車駕北伐平陽王長孫翰等絕漠追之蠕蠕北走事具蠕蠕傳是年赫連屈丐死子昌僭立

三年春正月壬申車駕至自北伐班軍實以賜將士行留各有差乞伏熾磐遣使朝貢請討赫連昌二月起大學於城東祀孔子以顏淵配夏五月辛卯中山公元纂進爵爲王南安公元素復先爵常山王六月幸雲中舊宮謁陵廟西至五原田於陰山東至和兜山秋七月築馬射臺于長川帝親登臺觀走馬王公諸國君長馳射中者賜金錦繒絮各有差八月車駕還宮劉義隆遣使朝貢帝以屈丐既死諸子相攻九月遣司空奚斤率義兵將軍封禮雍州刺史延普襲蒲坂宋兵將軍周幾率洛州刺史于栗磾襲陜城冬十月丁巳車駕西伐幸雲中臨君子津會天暴寒數日氷結十有一月戊寅帝率輕騎二萬襲赫連昌壬午至其城下徙萬餘家而還語在昌傳至祚山班所虜獲以賜將士各有差奚斤未至蒲坂昌守將赫連乙升棄城西走昌弟助興守長安乙升復與助興自長安西走安定奚斤遂入蒲坂十有二月詔斤西據長安秦雍氐羌皆叛昌詣斤降武都氐王楊玄及沮渠蒙遜等皆遣使内附

四年春正月乙酉車駕至自西伐賜留臺文武生口繒帛馬牛各有差從人在道多死其能到都者纔十六七己亥行幸幽州赫連昌遣其弟平原公定率衆二萬向長安帝聞之乃遣就陰山伐木大造攻具二月車駕還宮三月丙子遣高涼王禮鎮長安詔執金吾桓貸造橋於君子津丁丑廣平王連薨夏四月丁未詔員外散騎常侍步堆謁者僕射胡覲等使於劉義隆是月治兵講武分諸軍司徒長孫翰廷尉長孫道生宗正娥清三萬騎爲前驅常山王素太僕丘堆將軍元太毗步兵三萬爲後繼南陽王伏眞執金吾桓貸將軍姚黄眉步兵三萬部攻城器械將軍賀多羅精騎三千爲前候五月車駕西討赫連昌辛巳濟君子津三城胡酋鵲子相率内附帝次拔隣山築城舍輜重以輕騎三萬先行戊戌至于黑水帝親祈天告祖宗之靈而誓衆焉六月甲辰昌引衆出城大破之事在昌傳昌將麾下數百騎西南走奔上邽諸軍乘勝追至城北死者萬餘人臨陣殺昌弟河南公滿及其兄子蒙遜會日暮昌尚書僕射問至拔城夜將昌母出走乙巳車駕入城虜昌羣弟及其諸母姊妹妻妾宫人萬數府庫珍寶車旗器物不可勝計擒昌尚書王買薛超等及司馬德宗將毛脩之秦雍人士數千人獲馬三十餘萬匹牛羊數千萬以昌宮人及生口金銀珍翫布帛班賚將士各有差昌弟平原公定拒司空奚斤於長安城娥清率騎五千討之西走上邽辛酉班師留常山王素執金吾桓貸鎮統萬秋七月己卯築壇於祚嶺戲馬馳射賜射中者金錦繒絮各有差蠕蠕寇雲中聞破赫連昌懼而還走八月壬子車駕至自西伐飲至策動告於宗廟班軍實以賜留臺百寮各有差九月丁酉安定民舉城歸降冬十有一月以氐王楊玄爲都督荆梁益寧四州諸軍事假征南大將軍梁州刺史南秦王十有二月行幸中山守宰貪汚免者十數人癸卯車駕還宮復所過田租之半

神䴥元年春正月以天下守令多行非法精選忠良悉代之辛未京兆王黎薨二月改元赫連昌退屯平涼司空奚斤進軍安定將軍丘堆爲昌所敗監軍侍御史安頡出戰擒昌昌餘衆立昌弟定爲王走還平涼三月癸酉詔侍中古弼迎赫連昌辛巳弼等以昌至于京師司空奚斤追定於平涼馬髦嶺爲定所擒丘堆先守輜重在安定聞斤敗棄甲東走蒲坂帝聞大怒詔安頡斬堆夏四月赫連定遣使朝貢帝詔諭之壬子西巡戊午田于河西大赦天下南秦王楊玄遣使朝貢六月丁酉并州胡酋卜田謀反伏誅餘衆不安詔淮南公王倍斤鎮慮虒撫慰之甲寅行幸長川秋七月車駕還宮八月東幸廣甯臨觀溫泉以太牢祭黄帝堯舜廟蠕蠕大檀遣子將萬餘騎入塞事具蠕蠕傳上郡休屠胡酋金崖率部内屬九月車駕還宮上洛巴渠泉午觸等萬餘家内附冬十月甲辰北巡壬子田于牛川劉義隆淮北鎮將王仲德遣步騎二千餘入寇濟陽陳留是月車駕還宮閏月辛巳義隆又遣將王玄謨兖州刺史竺靈秀步騎二千人寇滎陽將襲虎牢豫州遣軍逆擊走之上郡屠各隗詰歸率萬餘家内屬定州丁零鮮于臺陽翟喬等二千餘家叛入西山劫掠郡縣州軍討之失利詔鎮南將軍壽光侯叔孫建擊之十有一月行幸河西大校獵十有二月甲申車駕還宮是歲皇子晃生乞伏熾磐死子暮末僭立沮渠蒙遜遣使朝貢

二年春正月赫連定弟酒泉公儁自平涼來奔丁零鮮于臺陽等歸罪詔赦之二月上黨李禹聚衆殺太守自稱無上王署置將帥河内守將擊破之禹亡走入山爲人執送斬之夏四月治兵于南郊劉義隆遣使朝貢庚寅車駕北伐以太尉北平王長孫嵩衛尉廣陵公樓伏連留守京師從東道與長孫翰等期會於賊庭五月丁未次于沙漠舍輜重輕騎兼馬至栗水蠕蠕震怖焚燒廬舍絶跡西走事具蠕蠕傳是月赫連定來侵統萬東至侯尼城而還秋七月車駕東轅至黑山校數軍實班賜王公將士各有差八月帝以東部高車屯已尼陂詔左僕射安原率騎萬餘討之事具蠕蠕傳冬十月振旅凱旋于京師告於宗廟列置新民於漠南東至濡源西暨五原陰山竟三千里詔司徒平陽王長孫翰尚書令劉絜左僕射安原侍中古弼鎮撫之十有一月西巡狩田于河西至祚山而還

三年春正月庚子車駕還宮壬寅大赦天下癸卯行幸廣甯臨溫泉作溫泉之歌二月丁卯司徒平陽王長孫翰薨戊辰車駕還宮三月壬寅進會稽公赫連昌爲秦王癸卯雲中河西勑勒千餘家叛尚書令劉絜追滅之帝聞劉義隆將寇邊乃詔冀定相三州造船三千艘簡幽州以南戍兵集于河上以備之夏四月甲子行幸雲中勑勒萬餘落叛走詔尚書封鐵追討滅之五月戊戌詔曰夫士之爲行在家必孝處朝必忠然後身榮於時名揚後世矣近遣尚書封鐵翦除亡命其所部將士有盡忠竭節以殞軀命者今皆追贈爵號或有蹈鋒履難以自效者以功次進位或有故違軍法私離幢校者以軍法行戮夫有功蒙賞有罪受誅國之常典不可暫廢自今後以不善者可以自改其宣勑内外咸使聞知六月詔平南大將軍假丹陽王太毗屯于河上以司馬楚之爲安南大將軍琅邪王屯潁川秋七月己亥詔曰昔太祖撥亂制度草剏太宗因循未遑改作軍國官屬至乃闕然今諸征鎮將軍王公仗節邊遠者聽開府辟召其次增置吏員庚子詔大鴻臚卿杜超假節都督冀定相三州諸軍事行征南大將軍太宰進爵爲王鎮鄴爲諸軍節度八月清河羣盜殺太守劉義隆將到彦之自清水入河泝流西行帝以河南兵少詔攝四鎮乃治兵將西討丙寅到彦之遣將渡河攻冶坂冠軍將軍安頡督諸軍擊破之斬首五千餘級投水死者甚衆甲戌行幸南宮獵于南山戊寅詔征西大將軍長孫道生屯于河上九月己丑赫連定遣弟謂以代寇鄜城平西將軍始平公隗歸等率諸軍討之擒賊將王卑殺萬餘人謂以代遁走癸卯立密皇太后廟于鄴甲辰行幸統萬遂征平涼冬十月庚申到彦之王仲德沿河置守還保東平乙亥冠軍將軍安頡濟河攻洛陽丙子拔之擒義隆將二十人斬首五千級時河北諸軍會于七女津彦之恐軍南度遣將王蟠龍泝流欲盜官船征南大將軍杜超等擊破斬之辛巳安頡平虎牢義隆司州刺史尹沖墜城死十有一月乙酉車駕至平涼先是赫連定將數萬人東禦於鄜城留其弟上谷公社于廣陽公度洛孤城守帝至平涼登北原使赫連昌招諭之社于不降詔安西將軍古弼等擊安定攻平涼定聞之棄鄜城入于安定自率步騎三萬從鶉觚原將救平涼與弼相遇弼擊之殺數千人乃還走詔諸軍四面圍之甲午壽光侯叔孫建汝陰公長孫道生濟河到彦之王仲德從清入濟東走青州義隆兖州刺史竺靈秀棄須昌南奔湖陸丁酉定乏水引衆下原詔武衛將軍丘眷擊之定衆大潰死者萬餘人定中重創單騎遁走獲定弟丹陽公烏視拔武陵公禿骨及公侯百餘人是日諸將乘勝進軍遂取安定定從兄東平公乙升棄城奔長安劫掠數千家西奔上邽戊戌叔孫建大破竺靈秀於湖陸殺獲五千餘人己亥帝幸安定獲乞伏熾磐質子及定車旗簿

其生口財畜班賜將士各有差庚子帝自安定還臨平涼遂掘塹圍守之行幸紐城安慰初附赦秦雍之民賜復七年定隴西守及將士數千人來降辛丑冠軍將軍安頡率諸軍攻滑臺琅邪王司馬楚之破劉義隆將於長社沮渠蒙遜遣使朝貢壬寅封壽光侯叔孫建爲丹陽王十有二月丁卯定弟社于度洛孤面縛出降平涼平收其珍寶定長安臨晉武功守將皆奔走關中平壬申車駕東還留巴東公延普等鎭安定是歲馮跋死弟文通僭立

四年春正月壬午車駕次于木根山大饗羣臣賜布帛各有差丙申劉義隆將檀道濟王仲德從淸水救滑臺丹陽王叔孫建汝陰公長孫道生拒之道濟等不敢進是月乞伏暮末爲赫連定所滅二月辛酉安頡司馬楚之平滑臺擒義隆將朱脩之李元德及東郡太守申謨癸酉車駕還宮飲至策勳告於宗廟賜留臺百官各有差戰士賜復十年丁丑行幸南宮定州民饑詔啟倉以賑之義隆將檀道濟王仲德東走諸將追之至歷城而還三月庚戌冠軍將軍安頡獻義隆俘萬餘人甲兵三萬夏五月庚寅行幸雲中六月赫連定北襲沮渠蒙遜爲吐谷渾慕璝所執閏月乙未蠕蠕國遣使朝獻詔散騎侍郎周紹使于劉義隆秋七月己酉行幸河西起承華宮八月乙酉沮渠蒙遜遣子安周入侍吐谷渾慕璝遣使奉表請送赫連定己丑以慕璝爲大將軍西秦王九月癸丑車駕還宮庚申加太尉長孫嵩柱國大將軍特進左光祿大夫崔浩爲司徒征西大將軍長孫道生爲司空癸亥詔兼太常李順持節拜河西王沮渠蒙遜爲假節加侍中都督涼州及西域羌戎諸軍事行征西大將軍太傅涼州牧涼王壬申詔曰頃逆命縱逸方夏未寧戎車屢駕不遑休息今二寇摧殄士馬無爲方將偃武脩文遵太平之化理廢職舉逸民拔起幽窮延登儁乂昧旦思求想遇師輔雖殷宗之夢板築罔以加也訪諸有司咸稱范陽盧玄博陵崔綽趙郡李靈河間邢穎勃海高允廣平游雅太原張偉等皆賢儁之胄冠冕州邦有羽儀之用詩不云乎鶴鳴九皐聲聞于天庶得其人任之政事共臻邕熙之美易曰我有好爵吾與爾縻之如玄之比隱跡衡門不耀名譽者盡勑州郡以禮發遣遂徵玄等及州郡所遣至者數百人皆差次敘用冬十月戊寅詔司徒崔浩改定律令行幸漠南十一月丙辰北部勑勒莫弗庫若于率其部數萬騎驅鹿數百萬詣行在所帝因而大狩以賜從者勒石漠南以記功德宜城王奚斤坐事降爵爲公十二月丁丑車駕還宮

延和元年春正月丙午尊保太后爲皇太后立皇后赫連氏立皇子晃爲皇太子謁于太廟大赦改年己巳詔曰朕以眇身獲奉宗廟思闡洪基廓淸九服遭値季運天下分崩是用屢征罔或寧息自始光至今九年之間戎車十舉羣帥文武荷戈被甲櫛風沐雨路履鋒刃與朕均勞賴神祇之助將士宣力用能摧折彊竪克翦大憝兵不極武而二寇俱滅師不違律而遐方以寧加以時氣和洽嘉瑞並降遍於郡國不可勝紀豈朕一人獨應此祐斯亦羣后協同之所致也公卿因茲稽諸天人之會請建副貳夫慶賞之行所以褒崇勳舊旌顯賢能以永無疆之休其王公將軍以下普增爵秩啟國承家脩廢官舉儁逸蠲除煩苛更定科制務從輕約除故革新以正一統羣司當深思效績直道正身立功立事無或懈怠稱朕意焉二月丙子行幸南宮三月丁未追贈夫人賀氏爲皇后壬申西秦王吐谷渾慕璝送赫連定於京師夏五月大簡輿徒于南郊將討馮文通劉義隆遣使朝貢六月庚寅車駕伐和龍詔尚書左僕射安原等屯于漠南以備蠕蠕辛卯兼散騎常侍鄧穎使於劉義隆秋七月己未車駕至濡水庚申遣安東將軍宜城公奚斤發幽州民及密雲丁零萬餘人運攻具出南道俱會和龍帝至遼西文通遣其侍御史崔聘奉獻牛酒己巳車駕至和龍臨其城文通石城太守李崇建德太守王融十餘郡來降發其民三萬人穿圍塹以守之是月築東宮八月甲戌文通使數萬人出城挑戰昌黎公元丘與河間公元齊擊破之死者萬餘人文通尚書高紹率萬餘家保羌胡固己卯車駕討紹辛巳斬之詔平東將軍賀多羅攻文通帶方太守慕容玄於猴固撫軍大將軍永昌王健攻建德驃騎大將軍樂平王丕攻冀陽皆拔之虜獲生口班賜將士各有差九月乙卯車駕西還徙營丘成周遼東樂浪帶方玄菟六郡民三萬家于幽州開倉以賑之冬十月癸酉車駕至濡水吐谷渾慕璝遣使朝貢十有一月乙巳車駕至自伐和龍十有二月己丑馮文通長樂公崇及其母弟朗朗弟邈以遼西內屬文通遣將封羽圍遼西先是辟召賢良而州郡多逼遣之詔曰朕除僞平暴征討累年思得英賢緝熙治道故詔州郡搜揚隱逸進舉賢俊古之君子養志衡門德成業就才爲世使或雍容雅步三命而後至或棲棲遑遑負鼎而自達雖徇尚不同濟時一也諸召人皆當以禮申諭任其進退何逼遣之有也此刺史守宰宣揚失旨豈復光益乃所以彰朕不德自今以後各令鄉閭推舉守宰但宣朕虛心求賢之意既至當待以不次之舉隨才文武任之政事其明宣勑咸使聞知是年禿髮傉檀子保周棄沮渠蒙遜來奔以保周爲張掖公

二年春正月乙卯撫軍大將軍永昌王健督諸軍救遼西丙寅以樂安王範爲假節加侍中都督秦雍涇梁益五州諸軍事衞大將軍儀同三司鎭長安二月庚午詔兼鴻臚卿李繼持節假馮崇車騎大將軍遼西王承制聽置尚書已下賜崇功臣爵秩各有差征西將軍金崖與安定鎭將延普及涇州刺史狄子玉爭權構隙舉兵攻普不克退保胡空谷驅掠平民據險自固詔散騎常侍平西將軍安定鎭將陸俟討獲之壬午行幸河西詔兼散騎常侍宋宣使於劉義隆丙申馮崇母弟朗來朝三月司馬德宗驃騎將軍司馬元顯子天助來降壬子車駕還宮夏五月己亥行幸山北六月遣撫軍大將軍永昌王健尚書左僕射安原督諸軍討和龍將軍樓勃別將五千騎圍苑城文通守將封羽以城降收其民三千餘家辛巳詔樂安王範發秦雍兵萬人築小城於長安城內秋八月遼西王馮崇上表求說降其父帝不聽九月劉義隆遣使朝貢奉馴象一戊午詔兼大鴻臚卿崔賾持節拜征虜將軍楊難當爲征南大將軍儀同三司封南秦王冬十月南秦王楊難當率衆圍漢中十有一月甲寅車駕自山北還宮十有二月己巳大赦天下辛未幸陰山之北隴西休屠王弘祖率衆內屬金崖既死部人立崖從弟當川領其衆詔兼散騎常侍盧玄使於劉義隆是歲沮渠蒙遜死以其子牧犍爲車騎將軍改封河西王

三年春正月乙未車駕次于女水大饗羣臣班賜各有差戊戌馮文通遣其給事黃門侍郎伊臣乞和帝不許丙辰金當川反楊難當克漢中送雍州流民七千家于長安二月丁卯蠕蠕吳提奉其妹并遣其異母兄禿鹿傀及左右數百人朝貢獻馬二千匹戊寅詔曰朕承統之始羣凶縱逸四方未賓所在逆僭蠕蠕陸梁於漠北鐵弗肆虐於三秦是以旰食忘寢抵掌扼腕期在掃淸逋殘寧濟萬寓故頻年屢征有事西北運輸之役百姓勤勞廢失農業遭離水旱致使生民貧富不均未得家給人足或有寒窮不能自贍者朕甚愍焉今四方順軌兵革漸寧宜寬徭賦與民休息其令州郡縣隱括貧富以爲三級其富者租賦如常中者復二年下窮者復三年刺史守宰當務盡平當不得阿容以罔政治明相宣約咸使聞知辛卯車駕還宮三月甲寅行幸河西閏月甲戌秦王赫連昌叛走丙子河西候將格殺之驗其謀反羣弟皆伏誅己卯車駕還宮彭城公元栗進爵爲王辛巳馮文通遣尚書高顒上表稱藩詔徵其侍子戊子金當川率其衆圍西川侯彭文暉於陰密夏四月乙未詔征西大將軍常山王素討當川丁未行幸河西壬戌獲當川斬之于長安以徇六月甲辰車駕還宮辛亥撫軍大將軍永昌王健司空汝陰公長孫道生侍中古弼督諸軍討和龍芟其禾稼徙民而還秋七月辛巳東宮成備置屯衞三分西宮之一壬午行幸美稷遂至隰城命諸軍討山胡白龍于西河九月戊子克之斬白龍及其將帥屠其城冬十月癸巳蠕蠕國遣使朝貢甲午破白龍餘黨于五原詔山胡爲白龍所逼及歸降者聽爲平民諸與白龍同惡斬數千人虜其妻子班賜將士各有差十有一月車駕還宮十有二月甲辰行幸雲中

太延元年春正月壬午降死刑已下各一等癸未出太祖太宗宮人令得嫁甲申大赦改年二月庚子蠕蠕焉耆車師諸國各遣使朝獻詔長安及平涼民徙在京師其孤老不能自存者聽還鄉里丁未車駕還宮三月癸亥馮文通遣大將渴燭通朝獻辭以子疾夏五月庚申進宜都公穆壽爲宜都王汝陰公長孫道生爲上黨王宜城公奚斤爲恒農王廣陵公樓伏連爲廣陵王本官各如故遣使者二十輩使西域甲戌行幸雲中六月甲午詔曰頃者寇逆消除方表漸晏思崇政化敷洪治道是以屢詔有司班宣恩惠綏理百揆羣公卿士師尹牧守或未盡導揚之美致令陰陽失序和氣不平去春小旱東作不茂憂勤克己祈請靈祇上下咸秩豈朕精誠有感何報應之速雲雨震灑流澤霑渥有鄙婦人持方寸玉印詣潞縣侯孫家既而亡去莫知所在玉印鮮白光照內映印有三字爲龍鳥之形要妙奇巧不類人迹文曰旱疫平推尋其理蓋神靈之報應也朕用嘉焉比者已來禎瑞仍臻所在甘露流液降於殿內嘉瓜合蔕生于中山野木連理殖於魏郡在先后載誕之鄉白鷰集于盛樂舊都玄鳥隨之蓋有千數嘉禾頻歲合秀於恒農白雉白兔並見於勃海白雉三隻又集於平陽太祖之廟天降嘉貺將何德以酬之所以內省驚震欣懼交懷其令天下大酺五日禮報百神守宰祭界內名山大川上答天意以求福祿丙午高麗鄯善國並遣使朝獻戊申詔驃騎大將軍樂平王丕等五將率騎四萬東伐文通秋七月田於棝陽己卯丕等至於和龍徙男女

六千口而還八月丙戌遂幸河西粟特國遣使朝獻九
月甲戌車駕還宮冬十月癸卯尚書左僕射安原謀反
伏誅甲辰行幸定州次于新城宮十有一月乙丑行幸
冀州己巳校獵于廣川丙子行幸鄴祀密太后廟諸所
過對問高年褒禮賢俊十有二月甲申詔曰操持六柄
王者所以統攝平政理訟公卿之所司存勸農平賦宰
民之所專急盡力三時黔首之所克濟各修其分謂之
有序今更不然何以爲治越職侵局有紊綱紀上無定
令民知何從自今以後亡匿避難羇旅他鄉皆當歸還
舊居不問前罪民相殺害牧守依法平決不聽私輒報
者誅及宗族鄰伍相助與同罪州郡縣不得妄遣吏卒
煩擾民庶若有發調縣宰集鄉邑三老計貲定課裒多
益寡九品混通不得縱富督貧避彊侵弱太守覆檢能
否覈其殿最列言屬州刺史明考優劣抑退姦吏升進
貞良歲盡舉課上臺牧守荷治民之任當宣揚恩化奉
順憲典與國同憂直道正身肅居官次不亦善乎癸卯
遣使者以太牢祀北岳

二年春正月甲寅車駕還宮二月戊子馮文通遣使朝
貢求送侍子帝不許壬辰遣使者十餘輩詣高麗東夷
諸國詔諭之三月丙辰劉義隆遣使朝貢辛未平東將
軍娥清安西將軍古弼率精騎一萬討馮文通平州刺
史元嬰又率遼西將軍會之文通迫急求救於高麗高
麗使其大將葛蔓盧以步騎二萬人迎文通甲戌以闕
鎮虎牢夏四月甲申皇子小兒苗兒並薨五月乙卯馮
文通奔高麗戊午詔散騎常侍封撥使高麗徵送文通
丁卯行幸河西赫連定之西也楊難當竊據上邽秋七
月庚戌詔驃騎大將軍樂平王丕等督河西高平諸軍
討之詔散騎侍郎廣平子游雅等使於劉義隆八月丁
亥遣使六輩使西域帝校獵于河西詔廣平公張黎發
定州七郡一萬二千人通沙泉道甲辰高車國遣使朝
獻九月庚戌驃騎大將軍樂平王丕等至略陽難當奉
詔攝上邽守高麗不送文通遣使奉表稱當與文通俱
奉王化帝以高麗違詔議將擊之納樂平王丕計而止
冬十有一月己酉行幸棝陽驅野馬於雲中置野馬苑
閏月壬子車駕還宮乙丑頴川王提改封武昌王河西
王沮渠牧犍遣使朝貢是歲吐谷渾慕璝死

三年春正月癸未征東大將軍中山王纂薨戊子太尉
北平王長孫嵩薨乙巳鎮南大將軍丹陽王叔孫建薨
二月乙卯行幸幽州存恤孤老問民疾苦還幸上谷遂
至代所過復田租之半高麗契丹國並遣使朝獻三月
丁丑以南平王渾爲鎮東大將軍儀同三司鎮和龍己
卯車駕還宮癸巳龜茲悅般焉耆車師粟特疏勒烏孫
渴槃陁鄯善諸國各遣使朝獻丁酉劉義隆遣使朝貢
夏五月己丑詔曰方今寇逆消殄天下漸晏比年以來
屢詔有司班宣惠政與民寧息而內外羣官及牧守令
長不能憂勤所司糾察非法廢公帶私更相隱置濁貨
爲官政存苟且夫法之不用自上犯之其令天下吏民
得舉告守令不如法者丙申行幸雲中秋七月戊子使
撫軍大將軍永昌王健司空上黨王長孫道生討山胡
白龍餘黨於西河滅之八月甲辰行幸河西九月甲申
車駕還宮丁酉遣使者拜西秦王慕璝弟慕利延爲鎮
西大將軍儀同三司改封西平王冬十月癸卯行幸雲
中十有一月壬申車駕還宮甲申破洛那者舌國各遣
使朝獻奉汗血馬是歲河西王沮渠牧犍世子封壇來
朝

四年春三月庚辰鄯善王弟素延耆來朝癸未罷沙門
年五十已下江陽王根薨是月高麗殺馮文通夏五月
戊寅大赦天下丙申行幸五原秋七月壬午車駕北伐
事具蠕蠕傳冬十月乙丑大饗六軍十二月丁巳車駕
至自北伐上洛巴泉蕇等相率內附詔兼散騎常侍高
雅使劉義隆

五年春正月庚寅行幸定州三月丁卯詔衛大將軍樂
安王範遣雍州刺史葛那取上洛劉義隆上洛太守鐔
長生棄郡走辛未車駕還宮庚寅以故南秦王世子楊
保宗爲征南大將軍秦州牧武都王鎮上邽夏四月丁
酉鄯善龜茲疏勒焉耆諸國遣使朝獻五月丁丑治兵
於西郊癸未遮逸國獻汗血馬六月甲辰車駕西討沮
渠牧犍侍中宜都王穆壽輔皇太子決留臺事大將軍
長樂王嵇敬輔國大將軍建寧王崇二萬人屯漠南以
備蠕蠕秋七月己巳車駕至上郡屬國城大饗羣臣講
武馬射壬午留輜重分部諸軍撫軍大將軍永昌王健
尚書令鉅鹿公劉潔諸軍與常山王素二道並進爲前
鋒驃騎大將軍樂平王丕太宰陽平王杜超督平涼鄜
城諸軍爲後繼八月甲午永昌王健獲牧犍牛馬畜產
二十餘萬牧犍遣弟董來率萬餘人拒戰於城南望塵
退走丙申車駕至姑臧牧犍兄子祖踰城來降乃分軍
圍之九月丙戌牧犍兄子萬年率麾下來降是日牧犍
與左右文武五千人面縛軍門帝解其縛待以藩臣之
禮收其城內戶口二十餘萬倉庫珍寶不可稱計進張
掖公禿髮保周爵爲王與龍驤將軍穆羆安遠將軍源
賀分略諸郡雜人降者亦數十萬牧犍弟張掖太守宜
得燒倉庫西奔酒泉樂都太守安周南奔吐谷渾遣鎮
南將軍奚眷討張掖遂至酒泉牧犍弟酒泉太守無諱
及宜得復奔晉昌使弋陽公元潔守酒泉鎮北將軍封
沓討樂都掠數千家而還班賜將士各有差戊子蠕蠕
犯塞遂至七介山京師大駭皇太子命上黨王長孫道
生等拒之事具蠕蠕傳冬十月辛酉車駕東還徙涼州
民三萬餘家于京師留驃騎大將軍樂平王丕征西將
軍賀多羅鎮涼州癸亥遣張掖王禿髮保周諭諸部鮮
卑保周因率諸部叛於張掖十有一月乙巳劉義隆遣
使朝獻并獻馴象一是月高麗及粟特渴盤陁破洛那
悉居半諸國各遣使朝獻十有二月壬午車駕至自西
伐飲至策勳告於宗廟楊難當寇上邽鎮將元勿頭擊
走之是歲鄯善龜茲疏勒焉耆高麗粟特渴盤陁破洛
那悉居半等國並遣使朝貢

魏書卷四上考證

世祖紀初造新字千餘○臣人龍按本書太祖紀天興
　四年比衆經文字凡四萬餘字此則初造新字須之
　遠近蓋天興所集者經傳所有也始光所造者時俗
　所行而衆經文所不及收者也金石文字記謂說文
　所無而後人積添之字大都出此然三國志云有山
　陰朱育依體像類造作異字千名以上則知別撰之
　字自漢有之矣

馮文通長樂公崇及其母弟朗朗弟邈○北史作馮文
　通子長樂公崇考列傳崇朗邈皆文通子也加一子
　字義較明

魏書卷四下

齊　魏收　撰

帝紀第四下

世祖紀下　恭宗紀

太平真君元年春正月己酉沮渠無諱圍酒泉辛亥分
遣侍臣巡行州郡觀察風俗問民疾苦壬子無諱誘執
弋陽公元潔二月己巳詔假通直常侍邢穎使於劉義
隆發長安五千人浚昆明池三月酒泉陷夏四月庚辰
無諱寇張掖禿髮保周屯于刪丹丙戌詔撫軍大將軍
永昌王健等督諸軍討保周五月辛卯行幸北部乙巳
無諱復圍張掖不克退還丙辰車駕還宮六月丁丑皇
孫濬生大赦改年秋七月行幸陰山己丑永昌王健至
番禾破保周保周遁走丙申皇太后竇氏崩于行宮癸
丑保周自殺傳首京師八月甲申無諱降送弋陽公元
潔及諸將士九月壬寅車駕還宮冬十有一月丁亥行
幸山北十二月車駕還宮是歲州鎮十五民饑開倉賑
恤以河南王曜子羯兒爲河間王後改封畧陽王

二年春正月癸卯拜沮渠無諱爲征西大將軍涼州牧
酒泉王甲辰行幸溫泉二月壬戌車駕還宮三月辛卯
葬惠太后於崞山庚戌新興王俊畧陽王羯兒有罪並
黜爲公辛亥封蠕蠕郁久閭乞列歸爲朔方王沮渠萬
年爲張掖王夏四月丁巳劉義隆遣使朝貢庚辰詔鎮
南將軍南陽公奚眷征酒泉五月辛卯行幸山北秋八
月辛亥詔散騎侍郎張偉等使劉義隆行幸河西九月
戊戌撫軍大將軍永昌王健薨冬十有一月庚子鎮南
將軍奚眷平酒泉獲沮渠天周臧嗟屈德男女四千口
十有二月甲戌車駕還宮丙子劉義隆遣使朝貢

三年春正月甲申帝至道壇親受符籙備法駕旗幟盡
青語在釋老志二月壬寅北平王長孫頹有罪削爵爲
侯夏四月無諱走渡流沙據鄯善李暠孫寶據敦煌遣
使內附三月行幸陰山之北閏月劉義隆龍驤將軍裴
方明梁州刺史劉康祖寇南秦王楊難當敗奔於
上邽六月丙戌難當朝於行宮先是起殿於陰山之北
殿始成而難當至因名曰廣德焉秋七月丙寅詔安西
將軍建興公古弼督隴右諸軍及殿中虎賁與武都王
楊保宗等從祁山南入征西將軍淮陽公皮豹子與琅
邪王司馬楚之等督關中諸軍從散關西入俱會仇池
鬱林公司馬文思爲征南大將軍進爵譙王督洛豫諸
軍事南趣襄陽征南將軍東安公刁雍東趣廣陵邀方
明歸路冬十月己卯封皇子伏羅爲晉王翰爲秦王譚
爲燕王建爲楚王余爲吳王十有二月辛巳侍中太保
襄城公盧魯元薨丁酉車駕還宮李寶遣使朝貢以寶
爲鎮西大將軍開府儀同三司沙州牧封敦煌公

四年春正月己巳征西將軍皮豹子等大破劉義隆將
於樂鄉擒其將王奐之王長卿等彊玄明辛伯奮棄下
辨遁走追斬之盡虜其衆庚午行幸中山二月丙子車
駕至于恒山之陽詔有司刊石勒銘是月克仇池三月
庚申車駕還宮壬戌烏洛侯國遣使朝貢夏四月武都
王楊保宗謀反諸將擒送京師諸氐羌復推保宗弟文
德爲主圍仇池丁酉大赦天下己亥行幸陰山五月將

軍古弼大破諸氏解他池圖六月庚寅詔曰朕承天子民憂理萬國欲令百姓家給人足興於禮義而牧守令宰不能助朕宣揚恩德勤恤民隱至乃侵奪其產加以殘虐非所以爲治也今復民貲賦三年其田租歲輸如常牧守之徒各厲精爲治勸課農桑不得妄有徵發有司彈糾勿有所縱癸巳大閱于西郊秋九月辛丑行幸漠南甲辰捨輜重以輕騎襲蠕蠕分軍爲四道事具蠕蠕傳鎮北將軍封沓亡入蠕蠕冬十一月將軍皮豹子等追破劉義隆將於濁水甲子車駕至於朔方詔曰朕承祖宗重光之緒思闡洪基恢隆萬世自經營天下平暴除亂埽清不順二十年矣夫陰陽有往復四時有代謝授子任賢所以休息優隆功臣式圖長久蓋古今不易之令典也其令皇太子副理萬機總統百揆諸朕功臣勤勞日久皆當以爵歸第隨時朝請饗宴朕前論道陳謨而已不宜復煩以劇職更舉賢俊以備百官主者明爲科制以稱朕心十二月辛卯車駕至自北伐

五年春正月壬寅皇太子始總百揆侍中中書監宜都王穆壽司徒東郡公崔浩侍中廣平公張黎侍中建興公古弼輔太子以決庶政諸上書者皆稱臣上疏儀與表同戊申詔曰愚民無識信惑妖邪私養師巫挾藏讖記陰陽圖緯方伎之書又沙門之徒假西戎虛誕生致妖孽非所以壹齊政化布淳德於天下也自王公已下至於庶人有私養沙門師巫及金銀工巧之人在其家者皆遣詣官曹不得容匿限今年二月十五日過期不出師巫沙門身死主人門誅明相宣告咸使聞知庚戌詔曰自頃以來軍國多事未宣文教非所以整齊風俗示軌則於天下也今制自王公已下至於卿士其子息皆詣太學其百工伎巧騶卒子息當習其父兄所業不聽私立學校違者師身死主人門誅二月辛未中山王辰等八將以北伐後期斬于都南癸酉驃騎大將軍樂平王丕薨庚辰行幸廬闕三月戊戌大會于那南池遣使者四輩使西域甲辰車駕還宮癸丑詔征西大將軍司空上黨王長孫道生鎮統萬夏四月乙亥侍中太宰陽平王杜超爲帳下所殺五月丁酉行幸陰山之北六月北部民殺立義將軍衡陽公莫孤率五千餘落北走追擊于漠南殺其渠帥餘徒居冀相定三州爲營戶西平王吐谷渾慕利延殺其兄子緯代是月緯代弟叱力延等來奔乞師以叱力延爲歸義王秋七月癸卯東雍州刺史沮渠秉謀叛伏誅八月乙丑田于河西壬午詔員外散騎常侍高濟使於劉義隆晉王伏羅督高平涼州諸軍討吐谷渾慕利延九月帝自河西至馬邑觀于崞川己亥車駕還宮丁未行幸漠南冬十月癸未晉王伏羅大破慕利延慕利延走奔白蘭慕利延從弟伏念長史鵠鳩黎部大崇娥等率其部一萬三千落內附十一月劉義隆遣使朝貢十二月粟特國遣使朝貢丙戌車駕還宮

六年春正月辛亥車駕行幸定州引見長老存問之詔兼員外散騎常侍宋愔使劉義隆二月遂西幸上黨觀連理樹於泫氏西至吐京討徙叛胡出配郡縣三月庚申車駕還宮詔諸有疑獄皆付中書以經義量決是月酒泉公郝溫反於杏城殺守將王幡縣吏蓋鮮率宗族討溫溫棄城走自殺家屬伏誅夏四月庚戌征西大將軍高涼王那等討吐谷渾慕利延於陰平白蘭詔秦州刺史天水公封勑文擊慕利延兄子什歸於枹罕散騎常侍成周公萬度歸乘傳發涼州以西兵襲鄯善六月壬辰車駕北巡什歸聞軍將至棄城夜遁秋八月丁亥封勑文入枹罕分徙千家還上邽壬辰度歸以輕騎至鄯善執其王真達以詣京師帝大悅厚待之車駕幸陰山之北次于廣德宮詔發天下兵三分取一各當戒嚴以須後命徙諸種雜人五千餘家於北邊令民北徙畜牧至廣漠以餌蠕蠕壬寅高涼王那軍到曼頭城慕利延驅其部落西渡流沙那急追故西秦王慕璝世子被囊逆軍拒戰那擊破之被囊輕騎遁走中山公杜豐精騎追之度三危至雪山生擒被囊什歸及熾磐子成龍送于京師慕利延遂西入于闐國九月盧水胡蓋吳聚衆反於杏城冬十月戊子長安鎮副將元紇率衆討之爲吳所殺吳黨遂盛民皆渡渭奔南山於是詔發高平勑勒騎赴長安詔將軍叔孫拔乘傳領攝并秦雍兵屯渭北十有一月高涼王那振旅還京師己未遣那及殿中尚書安定公韓茂率騎屯相州之陽平郡發冀州民造浮橋於碻磝津蓋吳遣其部落帥白廣平西掠新平安定諸夷酋皆聚衆應之殺汧城守將吳遂進軍李閏堡分兵掠臨晉巴東將軍章直與戰大敗之兵溺死於河者三萬餘人吳又遣兵西掠至長安將軍叔孫拔與戰於渭北大破之斬首三萬餘級庚申遼東王竇漏頭薨河東蜀薛永宗聚黨盜官馬數千匹驅三千餘人入汾曲西通蓋吳受其位號秦州刺史金城公周鹿觀率衆討之不克而還庚午詔殿中尚書扶風公元處真尚書平陽公慕容嵩二萬騎討薛永宗詔殿中尚書乙拔率五將三萬騎討蓋吳西平公寇提三將一萬騎討吳黨白廣平蓋吳自號天台王署置百官辛未車駕還宮選六州兵勇猛者二萬人使永昌王仁高涼王那分領爲二道各一萬騎南略淮泗以北徙青徐之民以實河北癸未車駕西征

七年春正月戊辰車駕次東雍州庚午圍薛永宗營壘永宗出戰大敗六軍乘之永宗衆潰永宗男女無少長赴汾水死辛未車駕南幸汾陰庚辰帝臨戲水蓋吳退走北地二月丙戌幸長安存問父老丁亥幸昆明池丙申幸盩厔誅叛民耿青孫溫二壘與蓋吳通謀者軍次陳倉誅散關氐害守將者還幸雍城田於岐山之陽北道諸軍乙拔等大破蓋吳於杏城吳棄馬遁走永昌王仁至高平擒劉義隆將王章略金鄉方與遷其民五千家於河北高涼王那至濟南東平陵遷其民六千餘家於河北三月詔諸州坑沙門毀諸佛像徙長安城工巧二千家於京師車駕旋軫幸洛水分軍誅李閏叛羌是月金城邊冏天水梁會反據上邽東城秦州刺史封勑文擊之斬冏衆復推會爲帥夏四月甲申車駕至自長安戊子鄴城毀五層佛圖於泥像中得玉璽二其文皆曰受命於天既壽永昌其一刻其旁曰魏所受漢傳國璽五月癸亥安豐公閭根率騎詣上邽與勑文討梁會會走漢中蓋吳復聚杏城自號秦地王假署山民衆旅復振於是遣永昌王仁高涼王那督北道諸軍同討之六月甲申發定冀相三州兵二萬人屯長安南山諸谷以防越逸丙戌發司幽定冀四州十萬人築畿上塞圍起上谷西至于河廣袤皆千里秋八月蓋吳爲其下人所殺傳首京師永昌王仁平其遺燼高涼王那破蓋吳黨白廣平生擒屠各路那羅於安定斬于京師復略陽公羯兒王爵

八年春正月吐京胡阻險爲盜詔征東將軍武昌王提征南將軍淮南王他討之不下山胡曹僕渾等渡河西保山以自固招引朔方諸胡提等引軍討僕渾二月己卯高涼王那等自安定討平朔方胡因與提等合軍共攻僕渾斬之其衆赴險死者以萬數癸未行幸中山頒賜從官文武各有差高陽易縣民不從官命討平之徙其餘燼於北地三月河西王沮渠牧犍謀反伏誅徙安州丁零三千家於京師夏五月車駕還宮六月西征諸將扶風公元處真等八將坐盜沒軍資所在虜掠贓各千萬計並斬之八月衞大將軍樂安王範薨冬十月侍中中書監宜都王穆壽薨十二月鄯善遮逸國並遣子朝獻晉王伏羅薨

九年春正月劉義隆遣使朝貢氐楊文德受義隆官號守葭蘆城招誘武都陰平五部氐民詔仇池鎮將皮豹子討之文德棄城南走擒其妻子僚屬義隆白水太守郎啓玄率衆救文德豹子逆擊大破之啓玄文德走還漢中宕昌羌酋梁瑾慈遣使內附并貢方物二月癸卯行幸定州山東民饑啓倉賑之罷塞圍作遂西幸上黨誅潞叛民二千餘家徙西河離石民五千餘家于京師詔於壺關東北大王山累石爲三封又斬其北鳳皇山南足以斷之三月車駕還宮夏五月甲戌以交趾公韓拔爲假節征西將軍領護西戎校尉鄯善王鎮鄯善賦役其民比之郡縣六月辛酉行幸廣德宮丁卯悅般國遣使求與王師俱討蠕蠕帝許之秋八月詔中外諸軍戒嚴九月乙酉治兵于西郊丙戌上幸陰山是月成周公萬度歸千里驛上大破焉耆國其王鳩尸卑那奔龜茲冬十月辛丑恒農王奚斤薨癸卯以婚姻奢靡喪葬過度詔有司更爲科限癸亥大赦天下十有二月詔成周公萬度歸自焉耆西討龜茲皇太子朝于行宮遂從北討至于受降城不見蠕蠕因積糧城內留守而還北平王長孫敦坐事降爵爲公

十年春正月戊辰朔帝在漠南大饗百寮班賜有差甲戌北伐二月蠕蠕渠帥爾綿他拔等率其部落千餘家來降蠕蠕吐賀真恐懼遠遁事具蠕蠕傳三月遂蒐于河西庚寅車駕還宮夏五月庚寅行幸陰山秋七月浮圖沙國遣使貢獻九月閱武磧上遂北伐事具蠕蠕傳冬十月庚子皇太子及羣官奉迎於行宮壬午大饗班賜所獲及布帛各有差十有一月龜茲疏勒破落那員闊諸國各遣使朝獻十有二月戊申車駕至自北伐己酉以平昌公元託真爲中山王

十一年春正月乙酉行幸洛陽所過郡國皆親對高年存恤孤寡以高涼王那爲儀同三司二月甲午大蒐於梁川皇子真薨是月大治宮室皇太子居于北宮車駕遂征懸瓠益遣使者安慰境外之民其不服者誅之永昌王仁大破劉義隆將劉坦之程天祚於汝東斬坦之擒天祚夏四月癸卯輿駕還宮賜從者及留臺郎吏已上生口各有差六月己亥誅司徒崔浩辛丑北巡陰山秋七月義隆遣其輔國將軍蕭斌之率衆六萬寇濟州刺史王買得棄州走斌之遂入城仍使寧朔將軍王玄謨西攻滑臺詔枋頭鎮將平南將軍南康公杜道儁助守兗州八月癸亥田於河西癸未治兵於西郊九月辛卯輿駕南伐癸巳皇太子北伐屯於漠南吳王余留守

京都庚子曲赦定冀相三州死罪已下發州郡兵五萬分給諸軍冬十月癸亥車駕止枋頭詔殿中尚書長孫眞率騎五千自石濟渡備玄謨遁走乙丑車駕濟河玄謨大懼棄軍而走衆各潰散追躡斬首萬餘級器械山積帝遂至東平蕭斌之棄濟州退保歴城乃命諸將分道並進使征西大將軍永昌王仁自洛陽出壽春尚書長孫眞趨馬頭楚王建趨鍾離高凉王那自青州趨下邳車駕自中道十有一月辛卯至于鄒山劉義隆魯郡太守崔邪利率屬城降使使者以太牢祀孔子壬子次于彭城遂趨盱眙賴盾國獻師子十有二月丁卯車駕至淮詔刈萑葦作筏數萬而濟義隆盱眙守將臧質閉門拒守將軍胡崇之等率衆二萬援盱眙燕王譚大破之梟崇之等斬首萬餘級淮南皆降是月永昌王仁攻懸瓠拔之獲義隆守將趙淮送京師斬之過定項城及淮西大破義隆將劉康祖斬之幷虜將軍胡盛之王羅漢等傳致行宮癸未車駕臨江起行宮於瓜步山永昌王仁自歴陽至於江西高凉王那自山陽至於廣陵諸軍皆同日臨江所過城邑莫不望塵奔潰其降者不可勝數甲申義隆使獻百牢貢其方物又請進女於皇孫以求和好帝以師婚非禮許和而不許婚使散騎侍郎夏侯野報之詔皇孫爲書致馬通問焉

正平元年春正月丙戌朔大會羣臣於江上班賞各有差文武受爵者二百餘人丁亥輿駕北旋是月破洛那劉賔迷密諸國各遣使朝獻二月戊寅車駕濟河癸未次于魯口皇太子朝於行宮三月已亥車駕至自南伐飲至策勳告於宗廟以降民五萬餘家分置近畿賜留臺文武所獲軍資生口各有差夏五月壬寅大赦六月壬戌改年車師國王遣子入侍詔曰夫刑網太密犯者更衆朕甚愍之有司其案律令務求厥中自餘有不便於民者依比增損詔太子少傅游雅中書侍郎胡方回等改定律制略陽王羯兒儀同三司高凉王那有罪賜死戊辰皇太子薨壬申葬景穆太子於金陵秋七月丁亥行幸陰山省諸曹吏員三分之一九月癸巳車駕還宮冬十月庚申行幸陰山劉義隆遣使朝貢詔殿中將軍郎法祐使於義隆已已司空上黨王長孫道生薨十有二月丁丑車駕還宮封皇孫濬爲高陽王尋以皇孫世嫡不宜在藩乃止封秦王翰爲東平王燕王譚爲臨淮王楚王建爲廣陽王吳王余爲南安王

二年春正月庚辰朔南來降民五千餘家於中山謀叛州軍討平之冀州刺史張掖王沮渠萬年與降民通謀賜死三月甲寅帝崩於永安宮時年四十五祕不發喪中常侍宗愛矯皇后令殺東平王翰迎南安王余入而立之大赦改元爲永平尊皇后赫連氏爲皇太后三月辛卯上尊謚曰太武皇帝葬於雲中金陵廟號世祖夏六月劉義隆將檀和之寇濟州梁坦及魯安生軍于京索龐萌薛安都寇弘農秋七月征南將軍安定公韓元興討之和之退梁坦安生亦走八月冠軍將軍封禮率騎二千從洹津南渡赴弘農九月司空高平公兒烏干屯潼關平南將軍昌黎公元遐屯河內冬十月丙午朔余爲宗愛所賊殿中尚書長孫渴侯與尚書陸麗迎立皇孫是爲高宗焉帝生不逮密太后及有所識言則悲慟哀感傍人太宗聞而嘉歎暨太宗不豫衣不釋帶性清儉率素服御飲膳取給而已不好珍麗食不二味所幸昭儀貴人衣無兼綵羣臣白帝更峻京邑城隍以從周易設險之義又陳蕭何壯麗之說帝曰古人有言在德不在險屈丐蒸土築城而朕滅之豈在城也今天下未平方須民力土功之事朕所未爲蕭何之對非雅言也每以財者軍國之本無所輕費至賞賜皆是死事勳績之家親戚愛寵未曾橫有所及臨敵常與士卒同在矢石之間左右死傷者相繼而帝神色自若是以人思効命所向無前命將出師指授節度從命者無不制勝違爽者率多敗失性又知人拔士於卒伍之中惟其才效所長不論本末兼甚嚴斷明於刑賞功者賞不遺賤罪者刑不避親雖寵愛之終不虧法常曰法者朕與天下共之何敢輕也故大臣犯法無所寛假雅長聽察瞬息之間下人無以措其姦隱然果於誅戮後多悔之司徒崔浩旣死之後帝北伐時宣城公李孝伯疾篤傳者以爲卒也帝聞而悼之謂左右曰李宣城可惜又曰朕向失言崔司徒可惜李宣城可哀褒貶雅意皆此類也

恭宗景穆皇帝諱晃太武皇帝之長子也母賀夫人延和元年春正月丙午立爲皇太子時年五歲明慧彊識聞則不忘及長好讀經史皆通大義世祖甚奇之世祖東征和龍詔恭宗錄尚書事西征凉州詔恭宗監國初世祖之伐河西也李順等咸言姑臧無水草不可行師恭宗有疑色及車駕至姑臧乃詔恭宗曰姑臧城東西門外流泉合於城北其大如河自餘溝渠流入澤中其間乃無燥地澤草茂盛可供大軍數年人之多言亦可惡也故有此勑以釋汝疑恭宗謂宮臣曰爲人臣不實若此豈是忠乎吾初聞有疑但帝決行耳幾誤人大事言者復何面見帝也眞君四年恭宗從世祖討蠕蠕至鹿渾谷與賊相遇虜惶怖部落擾亂恭宗言於世祖曰今大軍卒至宜速進擊掩其不備破之必矣尚書令劉潔固諫以爲塵盛賊多出至平地恐爲所圍須軍大集然後擊之可也恭宗謂潔曰此塵之盛由賊恇擾軍人亂故何有營上而有此塵世祖疑之遂不急擊蠕蠕遠遁旣而獲虜候騎世祖問之對曰蠕蠕不覺官軍卒至上下惶懼引衆北走經六七日知無追者始乃徐行世祖深恨之自是恭宗所言軍國大事多見納用遂知萬機初恭宗監國曾令曰周書言任農以耕事貢九穀任圃以樹事貢草木任工以餘材貢器物任商以市事貢貨賄任牧以畜事貢鳥獸任嬪以女事貢布帛任衡以山事貢其材任虞以澤事貢其物其制有司課畿內之民使無牛家以人牛力相貿墾殖鋤耨其有牛家與無牛家一人種田二十二畝償以私鋤功七畝如是爲差至與小老無牛家種田七畝小老者償以鋤功二畝皆以五口下貧家爲率各列家別口數所勸種頃畝明立簿目所種者於地首標題姓名以辨種殖之功又禁飲酒雜戲棄本沽販者墾田大爲增闢正平元年六月戊辰薨於東宮時年二十四庚午冊曰嗚呼惟爾誕資明叡岐嶷夙成正位少陽克荷基構賔于四門百揆時敘允釐庶績風雨不迷宜享無疆隆我皇祚如何不幸奄焉殂殞朕用悲慟于厥心今使使持節兼太尉張黎兼司徒竇瑾奉策即柩賜謚曰景穆以顯昭令德魂而有靈其尚嘉之高宗即位追尊爲景穆皇帝廟號恭宗

史臣曰世祖聰明雄斷威靈傑立藉二世之資奮征伐之氣遂戎軒四出周旋險夷掃統萬平秦隴翦遼海盪河源南夷荷擔北蠕削跡廓定四表混一戎華其爲功也大矣遂使有魏之業光邁百王豈非神叡經綸事當命世至於初則東儲不終末乃釁成所忽固本貽防危弗思乎恭宗明德令聞夙世殂夭其戾園之悼歟

魏書卷四下考證

世祖紀明於刑賞功者賞不遺賤罪者刑不避親○賤監本譌賊今改正

魏書卷五

齊　魏收　撰

帝紀第五

高宗紀

高宗文成皇帝諱濬恭宗景穆皇帝之長子也母曰閭氏眞君元年六月生於東宮帝少聰達世祖愛之常置左右號世嫡皇孫年五歲世祖北巡帝從在後逢虜帥桎一奴欲加其罰帝謂之曰奴今遭我汝宜釋之帥奉命解縛世祖聞之曰此兒雖小欲以天子自處意奇之旣長風格異常每有大政常參決可否正平二年十月戊申即皇帝位於永安前殿大赦改年

興安元年冬十月以驃騎大將軍元壽樂爲太宰都督中外諸軍事錄尚書事尚書長孫渴侯爲尚書令加儀同三司十有一月丙子二人爭權並賜死癸未廣陽王建薨臨淮王譚薨甲申皇妣薨太尉張黎司徒古弼以議不合旨黜爲外都大官平南將軍宋子侯周忸進爵樂陵王南部尚書章安子陸麗爲平原王文武各加位一等壬寅追尊景穆太子爲景穆皇帝皇妣爲恭皇后尊保母常氏爲保太后隴西屠各王景文叛詔統萬鎮將南陽王惠壽討平之十有二月戊申祔葬恭皇后於金陵乙卯初復佛法丁巳以樂陵王周忸爲太尉平原王陸麗爲司徒鎮西將軍杜元寶爲司空保達沙獵國各遣使朝獻戊寅建業公陸俟進爵東平王廣平公杜遺進爵爲王癸亥詔以營州蝗開倉賑恤甲子太尉樂陵王周忸有罪賜死濮陽公閭若文進爵爲王

二年春正月辛巳司空杜元寶進爵京兆王廣平王杜遺薨尚書僕射東安公劉尼進爵爲王封建寧王崇子麗爲濟南王癸未詔與民雜調十五丙戌尚書西平公源賀進爵爲王二月己未司空京兆王杜元寶謀反伏誅建寧王崇崇子濟南王麗爲元寶所引各賜死乙丑發京師五千人穿天淵池是月劉義隆子劭殺其父而自立三月壬午尊保太后爲皇太后安豐公閭虎皮進爵爲河間王乙未疏勒國遣使朝獻夏五月乙酉行幸崞山辛卯還宮是月劉劭弟駿殺劭而自立閏月乙亥太皇太后赫連氏崩秋七月辛亥行幸陰山濮陽王閭若文征西大將軍永昌王仁謀反乙丑賜仁死於長安若文伏誅己巳車駕還宮是月築馬射臺於南郊八月辛未渴槃陁國遣使朝貢戊戌詔曰朕以眇身纂承太業懼不能宣慈惠和寧濟方寓夙夜兢兢若臨淵谷然即位以來百姓晏安風雨順序邊方無事衆瑞兼呈不

可稱歎又於苑內獲方寸玉印其文曰子孫長壽羣公卿士咸曰休哉豈朕一人克臻斯應實由天地祖宗降祐之所致也思與兆庶共茲嘉慶其令民大酺三日諸殊死已下各降罪一等九月壬子閱武於南郊冬十有一月辛酉行幸信都中山觀察風俗十有二月誅河間鄚民為賊盜者男年十五以下為生口班賜從臣各有差甲午車駕還宮庫莫奚契丹罽賓等十餘國各遣使朝貢復北平公長孫敦王爵

興光元年春正月乙丑以侍中河南公伊馛為司空二月甲午帝至道壇登受圖籙禮畢曲赦京師班賞各有差夏六月丙寅行幸陰山秋七月庚子皇子弘生辛丑大赦改年八月甲戌趙王深薨乙亥車駕還宮己丑皇叔虎頭龍頭薨九月庚申庫莫奚國獻名馬有一角狀如麟是月閉都城門大索三日獲姦人亡命數百人冬十有一月北鎮將房杖擊蠕蠕虜其將豆渾與句等獲馬千餘匹戊戌行幸中山遂幸信都十有二月丙子還幸靈丘至溫泉宮庚辰車駕還宮出于叱萬單國各遣使朝獻

太安元年春正月辛酉奉世祖恭宗神主于太廟車騎大將軍樂平王拔有罪賜死二月癸未武昌王提薨二月己亥詔曰今始奉世祖恭宗神主于太廟又於西苑遍秩羣神朕以大慶饗賜百寮而犯罪之人獨節刑戮非所以子育羣生矜及眾庶夫聖人之教自近及遠是以周文刑於寡妻至于兄弟以御家邦化苟從近恩亦宜然其曲赦京師死四已下夏六月壬戌詔名皇子曰弘曲赦京城改年癸酉詔曰夫為治者因宜以設官舉賢以任職故上下和平民無怨謗若官非其人姦邪在位則政教陵遲至於凋薄思明黜陟以隆治道今遣尚書穆伏真等三十人巡行州郡觀察風俗入其境農不墾殖田畝多荒則徭役不時廢於力也耆老飯蔬食少壯無衣褐則聚斂煩數匱於財也閭里空虛民多流散則綏導無方疏於恩也盜賊公行劫奪不息則威禁不設失於刑也眾謗並興大小嗟怨善人隱伏佞邪當途則為法混淆昏於政也諸如此比黜而戮之善於政者褒而賞之其有阿枉不能自申聽詣使告狀使者檢治若信清能眾所稱美誣告以求直反其罪使者受財斷察不平聽詣公車上訴其不孝父母不順尊長為吏姦暴及為盜賊各具以名上其容隱者以所匿之罪罪之是月遮逸國遣使朝貢戊寅帝畋於犢倪山甲申還宮秋七月丙辰行幸河西八月丁亥車駕還宮冬十月波斯疏勒國並遣使朝貢庚午以遼西公常英為太宰進爵為王

二年春正月乙卯立皇后馮氏二月丁巳立皇子弘為皇太子大赦天下丁零數千家亡匿井陘山聚為寇盜詔定州刺史許宗之并州刺史乞佛成龍討平之夏六月羽林郎于判元提等謀逆伏誅秋八月甲申畋於河西是月平西將軍漁陽公尉眷北擊伊吾克其城大獲而還九月辛巳河東公閭毗零陵公閭紇並進爵為王冬十月甲申車駕還宮甲午曲赦京師十有一月尚書西平王源賀改封隴西王嚈噠普嵐國並遣使朝獻劉駿濮陽太守姜龍駒新平太守楊伯倫各棄郡率吏民來降

三年春正月壬戌畋於崞山戊辰還宮粟特于闐國各遣使朝貢徵漁陽公尉眷拜太尉進爵為王錄尚書事夏五月庚申畋於松山己巳還宮封皇弟新成為陽平王六月癸卯行幸陰山秋八月畋於陰山之北己亥還宮冬十月將東巡詔太宰常英起行宮於遼西黃山十有一月蠻王文虎龍率千餘家內附十有二月以州鎮五蝗民饑使使者開倉以賑之是月于闐扶餘等五十餘國各遣使朝獻

四年春正月丙午朔初設酒禁乙卯行幸廣甯溫泉宮遂東巡平州庚午至於遼西黃山宮遊宴數日親對高年勞問疾苦二月丙子登碣石山觀滄海大饗羣臣於山下班賞進爵各有差改碣石山為樂遊山築壇記行於海濱戊寅南幸信都畋於廣川三月丁未觀馬射於中山所過郡國賜復一年丙辰車駕還宮起太華殿乙丑東平王陸俟薨夏五月壬戌詔曰朕即阼至今屢下寬大之旨蠲除煩苛去諸不急欲令物獲其所人安其業而牧守百里不能宣揚恩意求欲無厭斷截官物以入於己使課調懸少而深文極墨委罪於民苟求免咎曾不改懼國家之制賦役乃輕比年已來雜調減省而所在州郡咸有逋懸非在職之官綏導失所貪穢過度誰使之然自今常調不充民不安業宰民之徒加以死罪申告天下稱朕意焉六月丙申畋於松山秋七月庚午行幸河西九月乙巳還宮辛亥太華殿成丙寅饗羣臣大赦天下冬十月甲戌北巡至陰山有故冢毀廢詔曰昔姬文葬枯骨天下歸仁自今有穿毀墳壟者斬之劉駿將殷孝祖脩兩城於清水東詔鎮西將軍天水公封勑文等擊之辛卯車駕次于車輪山累石記行征西將軍皮豹子等三將三萬騎助擊孝祖車駕度漠蠕蠕絕跡遠遁其別部烏朱賀頹庫世頹率眾來降十有二月征東將軍中山王託真薨

五年春正月己巳朔征西將軍皮豹子略地至高平大破孝祖斬獲五千餘級二月己酉侍中司空河南公伊馛薨三月庚寅曲赦京師死罪已下夏四月乙巳封皇弟子推為京兆王五月居常國遣使朝獻六月戊申行幸陰山秋八月庚戌遂幸雲中壬戌還宮九月戊辰詔曰夫褒賞必於有功刑罰審於有罪此古今之所同由來之常式牧守莅民侵食百姓以營家業王賦不充雖歲滿去職應計前逋正其刑罪而主者失於督察不加彈正使有罪者優游獲免無罪者妄受其辜是啟姦邪之路長貪暴之心豈所謂原情處罪以正天下自今諸遷代者仰列在職殿最案制治罪克舉者加之爵寵有愆者肆之刑戮使能否殊貫刑賞不差主者明為條制以為常楷儀同三司敦煌公李寶薨冬十有二月戊申詔曰朕承洪業統御羣有思恢政化以濟兆民故薄賦斂以實其財輕徭役以紓其力欲令百姓修業人不匱乏而六鎮雲中高平二雍秦州徧遇災旱年穀不收其遣開倉廩以賑之有流徙者諭還桑梓欲市糴他界為關傍郡通其交易之路若典司之官分職不均使上恩不達於下下民不贍於時加以重罪無有攸縱

和平元年春正月甲子朔大赦改元庚午詔散騎常侍馮闡使於劉駿二月衛將軍樂安王良督東雍吐京六壁諸軍西趣河西征西將軍皮豹子等督河西諸軍南趣石樓以討河西叛胡夏四月戊戌皇太后常氏崩於壽安宮五月癸酉葬昭太后於廣甯鳴雞山六月甲午詔征西大將軍陽平王新成等督統萬高平諸軍出南道南郡公李惠等督涼州諸軍出北道討吐谷渾什寅崔浩之誅也史官遂廢至是復置河西叛胡詣長安首罪遣使者安慰之秋七月乙丑劉駿遣使朝貢壬午行幸河西八月西征諸軍至西平什寅走保南山九月諸軍濟河追之遇瘴氣多有疫疾乃引軍還獲畜二十餘萬庚午輿駕還宮冬十月居常王獻馴象三十有一月詔散騎侍郎盧度世員外郎朱安興使於劉駿

二年春正月乙酉詔曰刺史牧民為萬里之表自頃每因發調逼民假貸大商富賈要射時利旬日之間增贏十倍上下通同分以潤屋故編戶之家困於凍餒豪富之門日有兼積為政之弊莫過於此其一切禁絕犯者十疋以上皆死布告天下咸令知禁二月辛卯行幸中山丙午至於鄴遂幸信都三月劉駿遣使朝貢輿駕所過皆親對高年問民疾苦詔民年八十以上一子不從役靈丘南有山高四百餘丈乃詔羣官仰射山峰無能踰者帝彎弧發矢出山三十餘丈過山南二百二十步遂刊石勒銘是月發并肆州五千人治河西獵道辛巳輿駕還宮夏四月乙未侍中征東大將軍河東王閭毗薨五月癸未詔南部尚書黃盧頭李敷等考課諸州秋七月戊寅封皇弟小新成為濟陰王加征東大將軍鎮平原天賜為汝陰王加征南大將軍鎮虎牢萬壽為樂浪王加征北大將軍鎮和龍洛侯為廣平王壬午行巡山北八月戊辰波斯國遣使朝獻丁丑輿駕還宮冬十月詔假員外散騎常侍游明根員外郎昌邑侯和天德使于劉駿傅陵之深澤章武之東州盜殺縣令州軍討平之廣平王洛侯薨

三年春正月壬午以車騎大將軍東郡公乙渾為太原王癸未樂浪王萬壽薨二月癸酉畋于崞山遂觀漁于旋鴻池三月甲申劉駿遣使朝貢高麗蓰王契嚙思厭於師疏勒石那悉居半渴槃陁諸國各遣使朝獻夏六月庚申行幸陰山詔將軍陸真討雍州叛氐仇傉檀等平之秋七月壬寅幸河西九月壬辰征西大將軍常山王素薨冬十月丙辰詔曰朕承洪緒統御萬國垂拱南面委政羣司欲緝熙治道以致寧一夫三代之隆莫不崇尚年齒今選舉之官多不以次令班白處後晚進居先豈所謂彝倫攸敘者也諸曹選補宜各先盡勞舊才能是月詔員外散騎常侍游明根員外郎昌邑侯和天德使于劉駿十有一月壬寅輿駕還宮十有二月乙卯制戰陳之法十有餘條因大儺耀兵有飛龍騰蛇魚麗之變以示威武戊午零陵王閭拔薨

四年春三月乙未賜京師民年七十以上太官厨食以終其年皇子胡仁薨追封樂陵王乙巳詔曰朕憲章舊典分職設官欲令敷揚治化緝熙庶績然在職之人皆蒙顯擢委以事任當厲己竭誠務省徭役使兵民優逸家給人贍今內外諸司州鎮守宰侵使兵民勞役非一自今擅有召役逼雇不程皆論同枉法夏四月癸亥上幸西苑親射虎三頭五月壬辰侍中漁陽王尉眷薨壬寅行幸陰山秋七月壬午詔曰朕每歲以秋日閑月命羣官講武平壤所幸之處必立宮壇糜費之功勞損非一宜仍舊貫何必改作也八月丙寅遂畋于河西詔曰義其勑從官及典圍將校自今已後不聽濫殺其畋獲皮肉別自頒賚壬申詔曰前以民遭饑寒不自存濟有

賣鬻男女者盡仰還其家或因緣勢力或私行請託共相通容不時檢校令良家子息仍爲奴婢今仰精究不聽取贖有犯加罪若仍不檢還聽其父兄上訴以掠人論九月辛巳車駕還宮冬十月以定相二州實霜殺稼免民田租是月詔員外散騎常侍游明根驍騎將軍昌邑子婁內近寧朔將軍襄平子李五鱗使于劉駿十有二月辛丑詔曰名位不同禮亦異數所以殊等級示軌儀今喪葬嫁娶大禮未備貴勢豪富越度奢靡非所謂式昭典憲者也有司可爲之條格使貴賤有章上下咸序著之于令壬寅詔曰夫婚姻者人道之始是以夫婦之義三綱之首禮之重者莫過於斯尊卑高下宜令區別然中代以來貴族之門多不率法或貪利財賄或因緣私好在於苟合無所選擇令貴賤不分巨細同貫塵穢清化虧損人倫將何以宣示典謨垂之來裔今制皇族師傅王公侯伯及士民之家不得與百工伎巧卑姓爲婚犯者加罪

五年春正月丁亥封皇弟雲爲任城王二月詔以州鎭十四去歲蟲水開倉賑恤夏四月癸卯頓丘公李峻進爵爲王閏月戊子帝以旱故減膳責躬是夜澍雨大降五月庚申劉駿死子子業僭立六月丁亥行幸陰山秋七月辛丑北鎭游軍大破蠕蠕壬寅行幸河西九月辛丑車駕還宮冬十月琅邪王司馬楚之薨十有二月南秦王楊難當薨吐呼羅國遣使朝獻

六年春正月丙申大赦天下三月丁丑行幸樓煩宮高麗蓰王對曼諸國各遣使朝獻三月戊戌相州刺史西平郡王吐谷渾權薨乙巳車駕還宮夏四月破洛那國獻汗血馬普嵐國獻寶劒五月癸卯帝崩于太華殿時年二十六六月丙寅上尊謚曰文成皇帝廟號高宗八月葬雲中之金陵

史臣曰世祖經略四方內頗虛耗旣而國釁時艱朝野楚楚高宗與時消息靜以鎭之養威布德懷緝中外自非機悟深裕矜濟爲心亦何能若此可謂有君人之度矣

魏書卷五考證

高宗紀李敷等考課諸州○等北史作業

魏書卷六

齊　魏　收　撰

帝紀第六

顯祖紀

顯祖獻文皇帝諱弘高宗文成皇帝之長子也母曰李貴人興光元年秋七月生於陰山之北太安二年二月立爲皇太子聰叡機悟幼而有濟民神武之規仁孝純至禮敬師友和平六年夏五月甲辰卽皇帝位大赦天下尊皇后曰皇太后車騎大將軍乙渾矯詔殺尚書楊保年平陽公賈愛仁南陽公張天度于禁中戊申侍中司徒平原王陸麗自湯泉入朝渾又殺之己酉以侍中車騎大將軍乙渾爲太尉錄尚書事東安王劉尼爲司徒尚書左僕射和其奴爲司空壬子以淮南王他爲鎭西大將軍儀同三司鎭涼州六月封繁陽侯李嶷爲丹陽王征東大將軍馮熙爲昌黎王乙丑詔曰夫賦斂煩則民財匱課調輕則用不足是以十一而稅頌聲作矣先朝權其輕重以惠百姓朕承洪業上惟祖宗之休命夙興待旦惟民之恤欲令天下同於逸豫而徭賦不息將何以塞煩去苛拯濟黎元者哉今兵革不起畜積有餘諸有雜調一以與民秋七月癸巳太尉乙渾爲丞相位居諸王上事無大小皆決於渾九月庚子曲赦京師丙午詔曰先朝以州牧親民宜置良佐故勑有司班九條之制使前政選吏以待俊乂必謂銓衡允衷朝綱應敘然牧司寬情不祗憲旨舉非其人愆于典度今制刺史守宰到官之日仰自舉民望忠信以爲選官不聽前政共相干冐若簡任失所以罔上論是月劉子業征北大將軍義陽王劉昶自彭城來降冬十月徵陽平王新成京兆王子推濟陰王小新成汝陰王天賜任城王雲入朝是歲劉子業叔父彧殺子業僭立

天安元年春正月乙丑朔大赦改年二月庚申丞相太原王乙渾謀反伏誅乙亥以侍中元孔雀爲濮陽王侍中陸定國爲東郡王三月庚子以隴西王源賀爲太尉辛丑高宗文成皇帝神主祔于太廟辛亥帝幸道壇親受符籙曲赦京師高麗波斯于闐阿襲諸國遣使朝獻秋七月闕二字　詔諸有詐取爵位罪特原之削其爵職其有祖父假爵號貨賕以正名者不聽繼襲諸非勞進超遷者亦各還初不以實聞者以大不敬論九月劉彧司州刺史常珍奇以懸瓠內屬己酉初立鄉學郡置博士二人助敎二人學生六十人劉彧徐州刺史薛安都以彭城內屬彧將張永沈攸之擊安都詔北部尚書尉元爲鎭南大將軍都督諸軍事鎭東將軍城陽公孔伯恭爲副出東道救彭城殿中尚書鎭西大將軍西河公元石都督荊豫南雍州諸軍事給事中京兆侯張窮奇爲副出西道救懸瓠冬十月曹利彤曷國各遣使朝獻十有一月壬子劉彧兗州刺史畢衆敬遣使內屬十有二月己未尉元軍次于秺彧將周凱張永沈攸之相繼退走皇弟安平王薨是歲州鎭十一旱民饑開倉賑恤

皇興元年春正月癸巳尉元大破張永沈攸之於呂梁東斬首數萬級凍死者甚衆獲劉彧秦州刺史垣恭祖羽林監沈承伯永攸之單騎走免獲軍資器械不可勝數劉彧遣使朝貢庚子東平王道符謀反於長安殺副將駙馬都尉萬古眞鉅鹿公李恢雍州刺史魚玄明丙午詔司空平昌公和其奴東陽公元丕等討道符丁未道符司馬段太陽攻道符斬之傳首京師道符兄弟皆伏誅閏月以頓丘王李峻爲太宰劉彧青州刺史沈文秀冀州刺史崔道固並遣使請舉州內屬詔平東將軍長孫陵平南將軍廣陵公侯窮奇赴援之二月詔使持節都督諸軍事征南大將軍慕容白曜督騎五萬次於碻磝爲東道後援濟陰王小新成薨高麗庫莫奚具伏弗郁羽陵日連匹黎尒于闐諸國各遣使朝貢劉彧東平太守申纂戍無鹽遏絕王使詔征南大將軍慕容白曜督諸軍以討之三月甲寅尅之沈文秀崔道固復叛歸劉彧白曜回師討之拔彧肥城垣苗麋溝三戍夏四月白曜攻升城戍主房崇吉遁走秋八月白曜攻歷城丁酉行幸武州山石窟寺戊申皇子宏生大赦改年九月壬子高麗于闐普嵐粟特國各遣使朝獻丁巳進馮翊公李白爵梁郡王是月詔賜六鎭貧人布人三匹冬十月癸卯田於那男池濮陽王孔雀坐怠慢降爵爲公

二年春二月癸未田于西山親射虎豹崔道固及劉彧梁鄒戍主平原太守劉休賓舉城降是月徐州羣盜司馬休符自稱晉王將軍尉元討平之三月白曜進圍東陽戊午劉彧遣使朝貢夏四月辛丑以南郡公李惠爲征南大將軍儀同三司都督關右諸軍事雍州刺史進爵爲王高麗庫莫奚契丹具伏弗郁羽陵日連匹黎尒叱六手悉萬丹阿大何羽眞侯于闐波斯國各遣使朝獻五月乙卯田于崞山遂幸繁畤辛酉還宮六月庚辰以河南闢地曲赦京師殊死以下以昌黎王馮熙爲太傅秋九月辛亥封皇叔楨爲南安王長壽爲城陽王太洛爲章武王休爲安定王冬十月辛丑上田於冷泉十有一月以州鎭二十七水旱開倉賑恤十有二月甲午詔曰頃張永迷擾敢拒王威暴骨原隰殘廢不少死生冤痛朕甚愍焉天下民一也可勑郡縣永軍殘廢之士聽還江南露骸草莽者收瘞之是月悉萬丹等十餘國各遣使朝貢

三年春正月乙丑東陽潰虜沈文秀戊辰司空平昌公和其奴薨二月蠕蠕高麗庫莫奚契丹國各遣使朝獻己卯以上黨公慕容白曜爲都督青齊東徐三州諸軍事征南大將軍開府儀同三司青州刺史進爵濟南王夏四月壬辰劉彧遣使朝貢丙申名皇子曰宏大赦天下丁酉田于崞山五月徙青州民於京師六月辛未立皇子宏爲皇太子秋七月蠕蠕國遣使朝貢冬十月侍中太宰頓丘王李峻薨十有一月吐谷渾別帥白楊提度汗率戶內附襄城公韓頹進爵爲王

四年春正月詔州鎭十一民饑開倉賑恤二月以東郡王陸定國爲司空高麗庫莫奚契丹各遣使朝獻吐谷渾拾寅不供職貢詔使持節征西大將軍上黨王長孫觀討之廣陽王石侯薨三月丙戌詔曰朕思百姓病苦民多非命明發不寐疚心疾首是以廣集良醫遠採名藥欲以救護兆民可宣告天下民有病者所在官司遣醫就家診視所須藥物任醫量給之夏四月辛丑大赦天下戊申長孫觀軍至曼頭山大破拾寅拾寅與麾下數百騎宵遁拾寅從弟豆勿來及其渠帥匹婁拔累等率所領降附五月封皇弟長樂爲建昌王六月劉彧遣使朝貢秋八月羣盜入彭城殺鎭將元解愁長史勒兵滅之蠕蠕犯塞九月丙寅輿駕北伐諸將俱會于女水大破虜衆事具蠕蠕傳司徒東安王劉尼坐事免壬申車駕至自北伐飲至策勳告於宗廟冬十月誅濟南王慕容白曜高平公李敷十有一月詔弛山澤之禁十有二月甲辰幸鹿野苑石窟寺陽平王新成薨

五年春三月乙亥詔曰天安以來軍國多務南定徐方北掃遺虜征戍之人亡竄非一雖罪合刑書每加哀宥然寬政猶水逋逃遂多宜申明典刑以肅姦僞自今諸有逃亡之兵及下代守宰浮游不赴者限六月三十日悉聽歸首不首者論如律詔假員外散騎常侍邢祐使於劉彧夏四月西部勑勒叛詔汝陰王天賜給事中羅雲討之雲爲勑勒所襲殺死者十五六北平王長孫敦薨六月丁未行幸河西秋七月丙寅遂至陰山八月丁亥車駕還宮帝雅薄時務常有遺世之心欲禪位於叔父京兆王子推語在任城王雲傳羣臣固請帝乃止丙午冊命太子曰昔堯舜之禪天下也皆由其子不肖若

丹朱商均能負荷者豈捜揚仄陋而授之哉爾雖沖弱有君人之表必能恢隆王道以濟兆民今使太保建安王陸馛太尉源賀持節奉皇帝璽綬致位於爾躬其踐昇帝位克廣洪業以光祖宗之烈使朕優游履道頤神養性可不善歟丁未詔曰朕承洪業運屬太平淮岱率從四海清晏是以希心玄古志存澹泊躬覽萬務則損頤神之和一日或曠政有淹滯之失但子有天下歸尊於父父有天下傳之於子今稽協靈運考會羣心爰命儲宮踐昇大位朕方優遊恭己栖心浩然社稷乂安克廣其業不亦善乎百官有司其祗奉肩子以答天休宣布寓內咸使聞悉於是羣公奏曰昔三皇之世澹泊無爲故稱皇是以漢高祖既稱皇帝尊其父爲太上皇明不統天下今皇帝幼沖萬機大政猶宜陛下總之謹上尊號太上皇帝乃從之己酉太上皇帝徙御崇光宮採椽不斲土階而已國之大事咸以聞承明元年年二十三崩於永安殿上尊謚曰獻文皇帝廟號顯祖葬雲中金陵

史臣曰聰叡夙成兼資能斷其顯祖之謂乎故能更清漠野大啓南服而早懷厭世之心終致宮闈之變將天意哉

魏書卷六考證

顯祖紀廣陵公侯窮奇○前云給事中京兆侯張窮奇此云廣陵公侯窮奇疑或有誤

魏書卷七上

齊　魏　收　撰

帝紀第七

高祖紀上

高祖孝文皇帝諱宏顯祖獻文皇帝之長子母曰李夫人皇興元年八月戊申生於平城紫宮神光照於室內天地氛氳和氣充塞帝生而潔白有異姿襁褓岐嶷長而淵裕仁孝綽然有君人之表顯祖尤愛異之三年夏六月辛未立爲皇太子五年秋八月丙午卽皇帝位於太華前殿大赦改元延興元年丁未劉彧遣使朝貢九月壬戌詔在位及民庶直言極諫有利民益治損政傷化悉心以聞壬午青州高陽民封辯自號齊王聚黨千餘人州軍討滅之高麗民奴久等相率來降各賜田宅冬十月丁亥沃野統萬二鎭勅勒叛詔太尉隴西王源賀追擊至枹罕滅之斬首三萬餘級徙其遺迸於冀定相三州爲營戶庚寅以征東大將軍南安王楨爲假節都督涼州及西戎諸軍事領護西域校尉儀同三司鎭涼州朔方民曹平原招集不逞破石樓堡殺軍將劉彧將垣崇祖率衆二萬自郁洲寇東兗州屯于南城固十有一月刺史于洛侯討破之崇祖還郁洲妖賊司馬小君聚衆反於平陵齊州刺史武昌王平原討擒之十有二月乙酉以駙馬都尉穆亮爲趙郡王壬辰詔訪舜後獲東萊郡民媯苟之復其家畢世以彰盛德之不朽復前濮陽王孔雀本封辛丑趙郡王穆亮徙封長樂王

二年春正月乙卯統萬鎭胡民相率北叛詔寧南將軍交阯公韓拔等追滅之大陽蠻酋桓誕率戶內屬拜征南將軍封襄陽王曲赦京師及河西南至秦涇西至枹罕北至涼州諸鎭詔假員外散騎常侍邢祐使於劉彧二月乙巳詔曰尼父稟達聖之姿體生知之量窮理盡性道光四海頃者淮徐未賓廟隔非所致令祠典寢頓禮章殄滅遂使女巫妖覡淫進非禮殺生鼓舞倡優媟狎豈所以尊明神敬聖道者也自今已後有祭孔子廟制用酒脯而已不聽婦女合雜以祈非望之福犯者以違制論其公家有事自如常禮犧牲粢盛務盡豐潔臨事致敬令肅如也牧司之官明糾不法使禁令必行蠕蠕犯塞太上皇帝次於北郊詔諸將討之虜遁走其別帥阿大千率千餘落來降東部勅勒叛奔蠕蠕太上皇帝追之至石磧不及而還壬子高麗國遣使朝貢三月太上皇帝至自北討戊辰以散騎常侍駙馬都尉萬安國爲大司馬大將軍封安城王庚午車駕耕於籍田石城郡獲曹平原送京師斬之連川勅勒謀叛徙配青徐齊兗四州爲營戶夏四月庚子詔工商雜伎盡聽赴農諸州郡課民益種菜果辛亥劉彧遣使朝貢癸酉詔沙門不得去寺浮遊民間行者仰以公文是月劉彧死子昱僭立五月丁巳詔軍警給璽印傳符次給馬印六月安州民遇水雹丐租賑恤丙申詔曰頃者州郡選貢多不以實碩人所以窮處幽仄鄙夫所以超分妄進豈所謂旌賢樹德者也今年貢舉尤爲猥濫自今所遣皆門盡州郡之高才極鄉閭之選閏月壬子蠕蠕寇敦煌鎭將尉多侯擊走之又寇晉昌守將薛奴擊走之戊午行幸陰山秋七月光州民孫晏等聚黨千餘人叛通劉昱刺史叔孫璝討平之辛丑高麗國遣使朝貢壬寅詔州郡縣各遣二人才堪專對者赴九月講武當親問風俗八月丙辰百濟國遣使奉表請師伐高麗辛酉地豆于庫莫奚國遣使朝貢昌亭國遣使獻蜀馬河西費也頭反薄骨律鎭將擊走之九月辛巳車駕還宮戊申統萬鎭將河間王閭虎皮坐貪殘賜死己酉詔以州鎭十一水丐民田租開倉賑恤又詔流迸之民皆令還本違者配徙邊鎭冬十月蠕蠕犯塞及於五原十有一月太上皇帝親討之將度漠襲擊蠕蠕聞軍至大懼北走數千里以窮寇遠遁不可追乃止丁亥封皇叔略爲廣川王壬辰分遣使者巡省風俗問民疾苦帝每月一朝崇光宮十有二月庚戌詔曰書云三載一考三考黜陟幽明頃者已來官以勞升未久而代牧守無恤民之心競爲聚斂送故迎新相屬於路非所以固民志隆治道也自今牧守溫仁清儉克己奉公者可久於其任歲積有成遷位一級其有貪殘非道侵削黎庶者雖在官甫爾必加黜罰著之於令永爲彝準詔以代郡事同豐沛代民先配邊戍者皆免之

三年春正月庚辰詔員外散騎常侍崔演使於劉昱丁亥改崇光宮爲寧光宮戊戌太上皇帝還至雲中是月相州執送妖人榮永安於京師斬之詔赦其支黨二月戊申高麗契丹國並遣使朝貢癸丑詔牧守令長勤率百姓無令失時同部之內貧富相通家有兼牛通借無者若不從詔一門之內終身不仕守宰不督察免所居官戊午太上皇帝至自北討飲至策勳告於宗廟死王事者復其家詔畿內民從役死事者郡縣爲迎喪給以葬費甲戌詔縣令能靜一縣劫盜者兼治二縣卽食其祿能靜二縣者兼治三縣三年遷爲郡守二千石能靜二郡上至三郡亦如之三年遷爲刺史三月壬午詔諸倉囷穀麥充積者出賜貧民夏四月戊申詔假司空上黨王長孫觀等討吐谷渾拾寅壬子契丹國遣使朝貢詔以孔子二十八世孫魯郡孔乘爲崇聖大夫給十戶以供酒埽六月甲子詔曰往年縣召民秀二人問以守宰治狀善惡具聞將加賞罰而賞者未幾罪者衆多肆法傷生情所未忍今特垂寬恕之恩申以解網之惠諸爲民所列者特原其罪盡可代之秋七月詔河南六州之民戶收絹一匹綿一斤租三十石乙亥行幸陰山蠕蠕寇敦煌鎭將樂洛生擊破之事具蠕蠕傳劉昱遣將寇緣淮諸鎭徐州刺史淮陽公尉元擊走之八月己酉高麗庫莫奚國並遣使朝獻庚申帝從太上皇帝幸河西拾寅謝罪請降許之九月辛巳車駕並還宮乙亥劉昱遣使朝貢己亥詔曰自今京師及天下之囚罪未分判在獄致死無近親者公給衣衾棺櫝葬埋之不得曝露辛丑詔遣使者十人循行州郡檢括戶口其有仍隱不出者州郡縣戶主並論如律庫莫奚國遣使朝獻冬十月太上皇帝親將南討詔州郡之民十丁取一以充行戶收租五十石以備軍糧悉萬斤國遣使朝獻武都王反攻仇池詔長孫觀仍回師討之十有一月戊寅詔以河南七州牧守多不奉法致新邦之民莫能上達遣使者觀風察獄黜陟幽明其有鰥寡孤獨貧不自存者復其雜徭年八十已上一子不從役力田孝悌才器有益於時信義著於鄉閭者具以名聞癸巳太上皇帝南巡至於懷州所過問民疾苦賜高年孝悌力田布帛十有二月庚戌詔關外苑囿聽民樵採壬子蠕蠕犯邊柔玄鎭二部勅勒叛應之癸丑沙門慧隱謀反伏誅是歲州鎭十一水旱丐民田租開倉賑恤相州民餓死者二千八百四十五人吐谷渾部內羌民鍾豈渴干等二千三百戶內附是年妖人劉舉自稱天子齊州刺史武昌王平原捕斬之

四年春正月丁丑侍中太尉隴西王源賀以病辭位辛己粟特國遣使朝獻二月甲辰太上皇帝至自南巡辛亥吐谷渾拾寅遣子費斗斤入侍并獻方物辛未禁斷寒食三月丁亥詔員外散騎常侍許赤虎使於劉昱高麗吐谷渾曹利諸國各遣使朝貢夏五月甲戌蠕蠕國遣使朝貢六月乙卯詔曰朕應歷數開一之期屬千載光熙之運雖仰嚴誨猶懼德化不寬至有門房之誅然下民兇戾不顧親戚一人爲惡殃及合門朕爲民父母深所愍悼自今以後非謀反大逆干紀外奔罪止其身而已今德被殊方文軌將一宥刑寬禁不亦善乎闕悉國遣使朝貢秋七月庚午高麗國遣使朝獻己卯曲赦仇池癸巳蠕蠕寇敦煌鎭將尉多侯大破之八月庚子吐谷渾國遣使朝獻戊申大閱於北郊九月以劉昱內相攻戰詔將軍元蘭等五將三萬騎及假東陽王丕爲後繼伐蜀漢丙子契丹庫莫奚地豆于諸國各遣使朝獻冬十月庚子劉昱遣使朝貢十有一月分遣侍臣循河南七州觀察風俗撫慰初附戊寅吐谷渾國遣使朝獻是歲州鎭十三大饑丐民田租開倉賑之十有二月詔西征吐谷渾兵在句律城初叛軍者斬次分配柔玄武川二鎭斬者千餘人

五年春二月庚子高麗國遣使朝獻癸丑詔定考課明黜陟閏月戊午吐谷渾國遣使朝獻夏四月丁丑龜茲國遣使朝獻癸未詔天下賦調縣專督集牧守對檢送京師違者免所居官詔禁畜鷹鷂開相告之制五月丁酉契丹庫莫奚國各遣使獻名馬丙午詔員外散騎常侍許赤虎使於劉昱丁未幸武州山辛酉幸車輪山六月庚午禁殺牛馬壬申曲赦京師死罪遣備蠕蠕秋八月丁卯高麗吐谷渾地豆于諸國遣使朝獻九月癸卯洛州人賈伯奴豫州人田智度聚黨千餘人伯奴稱恒農王智度稱上洛王夜攻洛州州郡擊之斬伯奴於緱氏執智度送京師冬十月蠕蠕國遣使朝獻太上皇帝大閱於北郊十有二月丙寅建昌王長樂改封安樂王己丑城陽王長壽薨庚寅劉昱遣使朝貢

承明元年春二月蠕蠕高麗庫莫奚波斯諸國並遣使朝貢是月司空東郡王陸定國坐事免官爵爲兵夏五月冀州武邑民宋伏龍聚衆自稱南平王郡縣捕斬之蠕蠕國遣使朝貢六月甲子詔中外戒嚴分京師見兵爲三等第一軍出遣第一兵二等兵亦如之辛未太上皇帝崩壬申大赦改年大司馬大將軍安城王萬安國坐矯詔殺神部長奚買奴於苑中賜死戊寅征西大將軍安樂王長樂爲太尉尚書左僕射南平公目辰爲司徒進封宜都王南部尚書李訢爲司空尊皇太后爲太皇太后臨朝稱制秋七月甲辰追尊皇妣李貴人爲思皇后以汝陰王天賜爲征西大將軍儀同三司高麗庫莫奚國並遣使朝貢濮陽王孔雀有罪賜死八月甲子詔曰朕猥承前緒纂戎洪烈思隆先志緝熙政道羣公卿士其各勉厥心匡朕不逮諸有便民利國者具狀以聞壬午蠕蠕國遣使朝貢甲申以長安二蠶多死丐民歲賦之半九月丁亥曲赦京師高麗庫莫奚契丹諸國並遣使朝獻癸丑宕昌悉萬斤國並遣使朝貢冬十月丁巳起七寶永安行殿乙丑進征西大將軍假東陽王元丕爵爲正王己未詔曰朕纂承皇極照臨萬方思闡遐風光被兆庶使朝有不諱之音野無自蔽之響嗟咨帝載詢及芻蕘自今已後羣官卿士下及吏民各聽上書直言極諫勿有所隱諸有便宜益治利民可以正風俗者有司以聞朕將親覽與三事大夫論其可否裁而用之辛未輿駕幸建明佛寺大宥罪人濟南公羅拔進爵爲王十有一月蠕蠕國遣使朝貢戊子以太尉安樂王長樂爲定州刺史京兆王子推爲青州刺史司空李訢爲徐州刺史並開府儀同三司

太和元年春正月乙酉朔詔曰朕夙承寶業懼不堪荷而天貺具臻地瑞並應風和氣晼天人交協豈朕沖昧所能致哉實賴神祇七廟降福之助今三正告初祗感交切宜因陽始協典革元其改今號爲太和元年辛亥詔曰今牧民者與朕共治天下也宜簡以徭役先之勸奬相其水陸務盡地利使農夫外布桑婦內勤若輕有徵發致奪民時以侵擅論民有不從長教惰於農桑者加以罪刑起太和安昌二殿己酉秦州略陽民王元壽聚衆五千餘家自號爲衝天王雲中饑開倉賑恤二月丙寅漢川民泉會譚酉等相率內屬處之井州辛未秦益二州刺史武都公尉洛侯討破元壽獲其妻子送京師癸未高麗契丹庫莫奚國各遣使朝獻三月庚子徵征西大將軍雍州刺史東陽王丕爲司徒丙午詔曰朕政治多闕災眚屢興去年牛疫死傷大半耕墾之利當有虧損今東作既興人須肄業其勑在所督課田農有牛者加勤於常歲無牛者倍庸於餘年一夫制治田四十畝中男二十畝無令人有餘力地有遺利庫莫奚契丹國各遣使朝獻夏四月丙寅蠕蠕國遣使朝貢丁卯幸白登山壬申幸崞山樂安王良薨詔復前東郡王陸定國官爵五月乙酉車駕祈雨於武州山俄而澍雨大洽蠕蠕國遣使朝貢秋七月壬辰侍中開府儀同三司青州刺史京兆王子推薨庚子定三等死刑己酉太和安昌二殿成起朱明思賢門是月劉昱死弟準僭立八月壬子大赦天下丙子詔曰工商皂隸各有厥分而有司縱濫或染清流自今戶內有工役者唯止本部丞已下準次而授若階藉元勳以勞定國者不從此制戊寅劉準遣使朝貢九月癸未蠕蠕國遣使朝貢乙酉詔羣臣定律令於太華殿辛卯高麗國遣使朝貢庚子起永樂遊觀殿於北苑穿神淵池車多羅西天竺舍衛疊伏羅諸國各遣使朝貢冬十月癸酉宴京邑耆老年七十已上於太華殿賜以衣服是月庫莫奚契丹國各遣使朝獻又詔七十已上一子不從役龜茲國遣使朝獻劉準葭蘆戍主楊文度遣弟鼠襲陷仇池丙子誅徐州刺史李訢庫莫奚契丹國各遣使朝貢十有二月癸未詔征西將軍廣川公皮懽喜鎮西將軍梁醜奴平西將軍楊靈珍等率衆四萬討楊鼠乙酉吐谷渾國遣使朝獻丁亥懷州民伊祁苟初自稱堯後應王聚衆於重山洛州刺史馮熙討滅之閏月懽喜等軍到建安楊鼠棄城南走癸亥粟提婆國遣使朝獻庚子詔員外散騎常侍李長仁使於劉準十有二月壬寅懽喜攻陷葭蘆斬文度傳首京師甲辰員闊吐谷渾國並遣使朝貢丁未詔以州郡八水旱蝗民飢開倉賑恤以安定王休爲儀同三司

二年春正月丁巳封昌黎王馮熙第二子始興爲北平王戊午吐谷渾遣使朝獻二月丁亥行幸代之湯泉所過問民疾苦以宮人賜貧民無妻者戊戌蠕蠕國遣使朝獻癸卯車駕還宮三月丙子以河南公梁彌機爲宕昌王夏四月甲申幸崞山丁亥還宮己丑劉準遣使朝貢京師蝗甲辰祈天災於北苑親自禮焉減膳避正殿丙午澍雨大洽曲赦京師五月詔曰婚娉過禮則嫁娶有失時之弊厚葬送終則生者有糜費之苦聖王知其如此故申之以禮數約之以法禁迺者民漸奢尚婚葬越軌致貧富相高貴賤無別又皇族貴戚及士民之家不惟氏族高下與非類婚偶先帝親發明詔爲之科禁而百姓習常仍不肅改朕今憲章舊典祗案先制著之律令永爲定準犯者以違制論六月己丑幸鹿野苑庚子皇叔若薨秋七月戊辰龜茲國遣使獻名駝七十頭劉準遣將寇仇池陰平太守楊廣香擊走之八月分遣使者考察守宰問民疾苦丙戌詔罷諸州禽獸之貢丁亥匆吉國遣使朝獻九月丙辰曲赦京師龜茲國遣使獻大馬名駝珍寶甚衆冬十月壬辰詔員外散騎常侍鄭羲使於劉準十有一月庚戌詔曰懸爵於朝而有功者必縻其賞懸刑於市而有罪者必罹其辜斯乃古今之成典治道之實要諸州刺史牧民之官自頃以來遂各怠慢縱姦納賂背公緣私致令賊盜並興侵劫滋甚姦宄之聲屢聞朕聽朕承大平之運屬千載之期思光洪緒惟新庶績亦望藩翰羣司敷德宣惠以助沖人共成斯美幸克己復禮思愆改過使寡昧無愧於祖宗百姓見德於當世有司明爲條禁稱朕意焉十有一月癸巳誅南郡王李惠是歲州鎮二十餘水旱民飢開倉賑恤三年春正月癸丑坤德六合殿成庚申詔罷行察官二月辛巳帝太皇太后幸代郡溫泉問民疾苦鰥貧者以宮女妻之己亥還宮壬寅乾象六合殿成三月甲辰曲赦京師戊午吐谷渾高麗國各遣使朝獻夏四月壬申劉準遣使朝獻癸未樂浪王樂平薨辛卯蠕蠕國遣使朝獻丙申幸崞山己亥還宮庚子淮陽公尉元進爵爲王吐谷渾國遣使獻氂牛五十頭雍州刺史宜都王目辰有罪賜死五月丁巳帝祈雨於北苑閉陽門是日澍雨大洽辛酉詔曰昔四代養老問道乞言朕雖沖昧每尚其美今賜國老各衣一襲綿五斤絹布各五疋六月辛未以雍州民飢開倉賑恤起文石室靈泉殿於方山秋七月壬寅詔宮人年老及疾病者免之八月壬申詔羣臣直言盡規靡有所隱乙亥幸方山起思遠佛寺丁丑還宮九月壬子以侍中司徒東陽王丕爲太尉侍中尚書右僕射趙郡公陳建爲司徒進爵魏郡王侍中尚書河南公苟頹爲司空進爵河東王侍中尚書太原公王叡進爵中山王侍中尚書隴東公張祐進爵新平王己未定州刺史安樂王長樂有罪徵詣京師賜死庚申隴西王源賀薨高麗吐谷渾地豆于契丹庫莫奚龜茲諸國各遣使朝獻冬十月己巳朔大赦天下十有一月癸卯賜京師貧窮高年疾患不能自存者衣服布帛各有差癸丑進假梁郡公元嘉爵爲假王督二將出淮陰隴西公元琛三將出廣陵河東公薛虎子三將出壽春蠕蠕率騎十餘萬南寇至塞而還十有二月粟特州逸河龔疊伏羅員闊悉萬斤諸國各遣使朝貢是年島夷蕭道成廢其主劉準而僭立自號曰齊

四年春正月癸卯乾象六合殿成洮陽羌叛枹罕鎮將討平之隴西公元琛等攻剋蕭道成馬頭戍乙卯廣川王略薨雍州氐齊男王反殺美陽令州郡捕斬之丁巳罷畜鷹鷂之所以其地爲報德佛寺戊午襄城王韓頹有罪削爵徙邊蕭道成徐州刺史崔文仲寇淮北陷茌眉戍二月遣尚書游明根率騎二千南討癸巳詔曰朕承乾緒君臨海內夙興昧旦如履薄氷今東作方興庶類萌動品物資生膏雨不降歲一不登百姓飢乏朕甚懼焉其敕天下祀山川羣神及能興雲雨者修飾祠堂薦以牲璧民有疾苦所在存問三月丙午詔車騎大將軍馮熙督衆迎還假梁郡王嘉等諸軍乙卯蠕蠕國遣使朝貢四月乙卯幸廷尉籍坊二獄引見諸囚詔曰廷尉者天下之平民命之所懸也朕得惟刑之恤者仗獄官之稱其任也一夫不耕將或受其餒一婦不織將或受其寒今農時要月百姓肆力之秋而愚民陷罪者甚衆宜隨輕重決遣以赴耕耘之業辛巳幸白登山甲申賜天下貧人一戶之內無雜財穀帛者廩一年五月丙申朔幸火山壬寅還宮六月丁卯以澍雨大洽曲赦京師以紬綾絹布百萬匹及南伐所俘賜王公已下秋七月辛亥行幸火山壬子改作東明觀詔會京師耆老賜錦綵衣服几杖稻米蜜麪復家人不徭役悉萬斤國遣使朝貢閏月丁亥幸虎圈親錄囚徒輕者皆免之壬辰頓丘王李鍾葵有罪賜死蕭道成角城戍主請舉城內屬八月丁酉詔徐州刺史假梁郡王嘉赴接之又遣平

南將軍郎大檀三將出朐城將軍白吐頭二將出海西將軍元泰二將出連口將軍封匹三將出角城鎮南將軍賀羅出下蔡甲辰幸方山戊申幸武州山石窟寺庚戌還宮乙卯詔諸州置米室蕭道成梁州刺史崔慧景遣長史裴叔保率衆寇武興關城氐帥楊鼠擊破之叔保還南鄭九月蕭道成汝南太守常元眞龍驤將軍胡青苟率戶內屬乙亥思義殿成壬午東明觀成戊子詔曰隆寒雪降諸在徽纆及轉輸在都或有凍餒朕用愍焉可遣侍臣詣廷尉獄及有囚之所周巡省察飢寒者給以衣食桎梏者代以輕鏁假梁郡王嘉破蕭道成將盧紹之玄元度於朐山其下蔡戍主棄城遁走冬十月丁未詔昌黎王馮熙爲西道都督與征南將軍桓誕出義陽鎮南將軍賀羅自下蔡東出鍾離蘭陵民桓富殺其縣令與昌慮桓和北連太山羣盜張和顏等聚黨保五固推司馬朗之爲主詔淮陽王尉元等討之是歲詔以州鎮十八水旱民飢開倉賑恤

五年春正月己卯車駕南巡丁亥至中山親見高年問民疾苦二月辛卯朔大赦天下賜孝悌力田孤貧不能自存者穀帛有差免宮人年老者還其所親丁酉車駕幸信都存問如中山癸卯還中山己酉講武于唐水之陽庚戌車駕還都沙門法秀謀反伏誅南征諸將擊破蕭道成游擊將軍桓康於淮陽道成豫州刺史垣崇祖冦下蔡昌黎王馮熙擊破之假梁郡王嘉大破道成將俘獲三萬餘口送京師三月辛酉朔車駕幸肆州癸亥講武于雲水之陽所經考察守宰加以黜陟己巳車駕還宮詔曰法秀妖詐亂常妄說符瑞蘭臺御史張求等一百餘人招結奴隸謀爲大逆有司科以族誅誠合刑憲且矜愚重命猶所弗忍其五族者降止同祖三族止一門門誅止身夏四月己亥行幸方山建永固石室於山上立碑於石室之庭又銘太皇太后終制于金冊又起鑒玄殿壬子以南俘萬餘口班賜羣臣甲寅詔曰時雨不霑春苗萎悴諸有骸骨之處皆敕埋藏勿令露見有神祇之所悉可禱祈任城王雲薨五月庚申朔詔曰廼者邊兵屢動勞役未息百姓因之輕陷刑網獄訟煩興四民失業朕每念之用傷懷抱農時要月民須肆力其敕天下勿使有留獄久囚壬戌鄧至國遣使朝貢庚午青州主簿崔次恩聚衆謀叛州軍擊之次恩走郁洲六月甲辰中山王叡薨戊午封皇叔簡爲齊郡王猛爲安豐王秋七月甲子蕭道成遣使朝貢辛酉蠕蠕別帥他稽率衆內附甲戌班乞養雜戶及戶籍之制五條九月庚午閱武於南郊大饗羣臣蕭道成使車僧朗以班在劉準使殷靈誕之後辭不就席劉準降人解奉君刃僧朗於會中詔誅奉君等乙亥封昌黎王馮熙世子誕爲南平王兗州斬司馬朗之傳首京師冬十月癸卯蠕蠕國遣使朝貢十有二月癸巳詔以州鎮十二民飢開倉賑恤

六年春正月甲戌大赦天下二月辛卯詔曰靈丘郡土既褊堉又諸州路衝官私所經供費非一往年巡行見其勞瘁可復民租調十五年癸巳白蘭王吐谷渾翼世以誣罔伏誅乙未詔曰蕭道成逆亂江淮戎旗頻舉七州之民既有征運之勞深乖輕徭之義朕甚愍之其復常調三年戊申地豆于國遣使朝貢癸丑賜王公已下清勤著稱者穀帛有差三月庚辰行幸虎圈詔曰虎狼猛暴食肉殘生取捕之日每多傷害既無所益損費良多從今勿復捕貢辛巳幸武州山石窟寺賜貧老者衣服壬午幸方山是月蕭道成死子賾僭立夏四月甲辰賜畿內鰥寡孤獨不能自存者粟帛有差六月蠕蠕國遣使朝貢秋七月發州郡五萬人治靈丘道八月癸未朔分遣大使巡行天下遭水之處丐民租賦貧儉不自存者賜以粟帛庚子罷山澤之禁九月辛酉以氐楊後起爲武都王冬十有一月乙卯吐谷渾國遣使朝貢十有二月丁亥詔曰朕以寡薄政缺平和不能仰緝緯象蠲兹六沴去秋淫雨洪水爲災百姓嗷然朕用嗟愍故遣使者循方賑恤而牧守不思利民之道期於取辦愛毛反裘甚無謂也今課督未入及將來租筭一以丐之有司勉加勸課以要來穰稱朕意焉

七年春正月庚申詔曰朕每思知百姓之所疾苦以增修寬政而明不燭遠是有缺焉故具問守宰苛虐之狀於州郡使者秀孝計掾而對多不實甚乖朕虛求之意宜案以大辟明罔上必誅然情猶未忍可恕罪聽歸申下天下使知後犯無恕丁卯詔青齊光東徐四州之民戶運倉粟二十萬石送瑕丘琅邪復租筭一年三月甲戌以冀定二州民飢詔郡縣爲粥於路以食之又弛關津之禁任其去來夏四月庚子幸崞山賜所過鰥寡不能自存者衣服粟帛壬寅車駕還宮閏月癸丑皇子生大赦天下五月戊寅朔幸武州山石窟佛寺六月定州上言爲粥給飢人所活九十四萬七千餘口秋七月丁丑帝太皇太后幸神淵池甲申幸方山詔假員外散騎常侍李彪員外郎蘭英使於蕭賾濟南王羅拔改封趙郡王九月壬寅詔曰朕承祖宗夙夜惟懼然聽政之際猶慮未周至於案文審獄思聞己過自今羣官奏事當獻可替否無或面從俾朕之過彰於遠近冀州上言爲粥給飢民所活七十五萬一千七百餘口冬十月戊午皇信堂成十有一月辛丑蕭賾遣使朝貢十有二月癸丑詔曰淳風行於上古禮化用乎近葉是以夏殷不嫌一族之婚周世始絕同姓之娶斯皆教隨時設治因事改者也皇運初基中原未混撥亂經綸日不暇給古風遺樸未遑釐改後遂因循迄茲莫變朕屬百年之期當後仁之政思易質舊式昭惟新自今悉禁絕之有犯以不道論庚午開林慮山禁與民共之詔以州鎮十三民飢開倉賑恤

八年春正月詔隴西公元琛尚書陸叡爲東西二道大使褒善罰惡二月蠕蠕國遣使朝獻夏四月甲寅幸方山戊午車駕還宮庚申行幸旋鴻池遂幸崞山丁卯還宮五月己卯詔賑賜河南七州戍兵甲申詔員外散騎常侍李彪員外郎蘭英使於蕭賾六月丁卯詔曰置官班祿行之尙矣周禮有食祿之典二漢著受俸之秩逮于魏晉莫不聿稽往憲以經綸治道自中原喪亂茲制中絕先朝因循未遑釐改朕永鑒四方求民之瘼夙興昧旦至於憂勤故憲章舊典始班俸祿罷諸商人以簡民事戶增調三匹穀二斛九斗以爲官司之祿均預調爲二匹之賦卽兼商用雖有一時之煩終克永逸之益祿行之後贓滿一匹者死變法改度宜爲更始其大赦天下與之惟新戊辰武州水泛濫壞民居舍秋七月乙未行幸方山石窟寺八月甲辰詔曰帝業至重非廣詢無以致治王務至繁非博採無以興功先王知其如此故虛己以求過明恕以思咎是以諫鼓置於堯世謗木立於舜庭用能耳目四達庶類咸熙朕承累聖之洪基屬千載之昌運每布遐風景行前式承明之初班下內外聽人各盡規以補其闕中旨雖宜允稱者少故變時法遠遵古典班制俸祿改更刑書寬猛未允人或異議思言者莫由申情求諫者無因自達故令上明不周下情壅塞今制百辟卿士工商吏民各上便宜利民益治損化傷政直言極諫勿有所隱務令辭無煩華理從簡實朕將親覽以知世事之要使言之者無罪聞之者足以爲戒九月甲午蕭賾遣使朝貢戊戌詔曰俸制已立宜時班行其以十月爲首每季一請於是內外百官受祿有差冬十月高麗國遣使朝貢蕭賾雙城戍主王繼宗內屬十有一月乙未詔員外散騎常侍李彪員外郎蘭英使於蕭賾十有二月詔以州鎮十五水旱民飢遣使者循行問所疾苦開倉賑恤

九年春正月戊寅詔曰圖讖之興起於三季既非經國之典徒爲妖邪所憑自今圖讖祕緯及名爲孔子閉房記者一皆焚之留者以大辟論又諸巫覡假稱神鬼妄說吉凶及委巷諸卜非墳典所載者嚴加禁斷癸未大饗羣臣于太華殿班賜皇誥二月己亥制皇子封王者皇孫及曾孫紹封者皇女封者歲祿各有差以廣陽王建第二子嘉紹建後爲廣陽王乙巳詔曰昔之哲王莫不博採下情勤求箴諫建設旌鼓詢納芻蕘朕班祿删刑慮不周允虛懷讜直思顯洪猷百司卿士及工商吏民其各上書極諫靡有所隱三月丙申宕昌國遣使朝貢封皇弟禧爲咸陽王幹爲河南王羽爲廣陵王雍爲潁川王勰爲始平王詳爲北海王夏四月癸丑幸方山甲寅還宮五月高麗國及蕭賾並遣使朝貢六月辛亥幸方山遂幸靈泉池丁巳還宮秋七月丙寅朔新作諸門癸未遣使拜宕昌王梁彌機兄子彌承爲其國王戊子幸魚池登青原岡甲午還宮八月己亥行幸彌澤甲寅登牛頭山庚申詔曰數州災水饑饉荐臻致有賣鬻男女者天之所譴在予一人而百姓無辜橫罹艱毒朕用殷憂夕惕忘食與寢今自太和六年已來買定冀幽相四州飢民良口者盡還所親雖娉爲妻妾遇之非理情不樂者亦離之甲子還宮冬十月丁未詔曰朕承乾在位十有五年每覽先王之典經綸百氏儲畜既積黎元永安爰暨季葉斯道陵替富強者并兼山澤貧弱者望絕一廛致令地有遺利民無餘財或爭畝畔以亡身或因饑饉以棄業而欲天下太平百姓豐足安可得哉今遣使者循行州郡與牧守均給天下之田還受以生死爲斷勸課農桑興富民之本戊申高麗吐谷渾國並遣使朝貢辛酉侍中司徒魏郡王陳建薨詔員外散騎常侍李彪尚書郎公孫阿六頭使蕭賾十有二月乙卯侍中淮南王他爲司徒蠕蠕犯塞詔任城王澄率衆討之是年京師及州鎮十三水旱傷稼宕昌高麗吐谷渾等國並遣使朝貢

魏書卷七上考證

高祖紀武都王反攻仇池○綱目癸丑冬十月武都王楊僧嗣卒弟文度立降魏卽延興三年事也本卷後云劉準葭蘆戍主楊文度遣弟鼠襲陷仇池不稱武都王此云武都王反攻仇池又不稱姓名莫可詳也

唯止本部丞已下準次而授○唯止二字監本作推上

今依北史改
乾象六合殿成○臣人龍按本卷前云太和三年二月
壬寅乾象六合殿成此處又云四年正月癸卯乾象
六合殿成何句爲正何句爲重不可考矣

魏書卷七下

齊　魏　收　撰

帝紀第七

高祖紀下

十年春正月癸亥朔帝始服袞冕朝饗萬國壬午蠕蠕
犯塞二月甲戌初立黨里鄰三長定民戶籍三月丙申
蠕蠕國遣使朝貢庚申蕭賾遣使朝貢夏四月辛酉朔
始制五等公服甲子帝初以法服御輦祀於西郊癸酉
幸靈泉池戊寅車駕還宮是月高麗吐谷渾國並遣使
朝貢六月辛酉幸方山己卯名皇子曰恂大赦天下秋
七月戊戌幸方山八月乙亥給尚書五等品爵已上朱
衣玉珮大小組綬九月辛卯詔起明堂辟雍冬十月癸
酉有司議依故事配始祖於南郊十有一月議定州郡
縣官依戶給俸十有二月壬申蠕蠕犯塞癸未勿吉國
遣使朝貢乙酉詔以汝南潁川大饑丐民田租開倉賑
恤

十有一年春正月丁亥朔詔定樂章非雅者除之二月
甲子詔以肆州之鴈門及代郡民饑開倉賑恤夏四月
己未吐谷渾國遣使朝貢五月壬辰幸靈泉池遂幸方
山癸巳南平王渾薨甲午車駕還宮詔復七廟子孫及
外戚緦服已上賦役無所與詔南部尚書公孫文慶上
谷張伏千率衆南討舞陰山蠻高麗吐谷渾國遣使朝
貢六月辛巳秦州民飢開倉賑恤癸未詔曰春旱至今
野無青草上天致譴寔由匪德百姓無辜將罹饑饉寤
寐思求罔知所益公卿內外股肱之臣謀猷所寄其極
言無隱以救民瘼秋七月己丑詔曰今年穀不登聽民
出關就食遣使者造籍分遣去留所在開倉賑恤八月
壬申蠕蠕犯塞遣平原王陸叡討之事具蠕蠕傳庚辰
大議北伐進策者百有餘人辛巳罷山北苑以其地賜
貧民悉萬斤國遣使朝獻九月庚戌詔曰去夏以歲旱
民飢須遣就食舊籍雜亂難可分簡故依局割民閱戶
造籍欲令去留得實賑貸平均然迺者以來猶有餓死
衢路無人收識良由本部不明籍貫未實廩恤不周以
至於此朕猥居民上聞用慨然可重遣精檢勿令遺漏
冬十月辛未詔罷起部無益之作出宮人不執機杼者
甲戌詔曰鄉飲禮廢則長幼之敘亂孟冬十月民閑歲
隙宜於此時導以德義可下諸州黨里之內推賢而長
者教其里人父慈子孝兄友弟順夫和妻柔不率長教
者具以名聞十有一月丁未詔罷尚方錦繡綾羅之工
四民欲造任之無禁其御府衣服金銀珠玉綾羅錦繡
太官雜器太僕乘具內庫弓矢出其太半班賚百官及
京師士庶下至工商皁隸逮於六鎮戍士各有差戊申
詔曰朕惟上政不明令民陷身罪戾今寒氣勁切杖捶
難任自今月至來年孟夏不聽拷問罪人又歲既不登
民多飢窘輕繫之囚宜速決了無令薄罪久留獄犴十
有二月詔祕書丞李彪著作郎崔光改析國記依紀傳
之體是歲大饑詔所在開倉賑恤

十有二年春正月辛巳朔初建五牛旌旗乙未詔曰鎮
戍流徙之人年滿七十孤單窮獨雖有妻妾而無子孫
諸如此等聽解名還本諸犯死刑者父母祖父母年老
更無成人子孫旁無朞親者具狀以聞二月壬戌高麗
國遣使朝貢三月丁亥宕昌國遣使朝獻中散梁衆保
等謀反伏誅夏四月高麗吐谷渾國並遣使朝貢蕭賾
將陳顯達等寇邊甲寅詔豫州刺史元斤率衆禦之甲
子大赦天下乙丑幸靈泉池丁卯遂幸方山己巳還宮
陳顯達攻陷醴陽左僕射長樂王穆亮率騎一萬討之
五月丁酉詔六鎮雲中河西及關內六郡各修水田通
渠溉灌壬寅增置彝器於太廟六月甲寅宕昌國遣使
朝貢秋七月己丑幸靈泉池遂幸方山己亥還宮八月
甲子勿吉國貢楛矢石砮九月吐谷渾宕昌國遣使朝
貢甲午詔曰日月薄蝕陰陽之恒度耳聖人懼人君之
放怠因之以設誡故稱日蝕修德月蝕修刑迺癸巳夜
月蝕盡公卿已下宜慎刑罰以答天意丁酉起宣文堂
經武殿癸卯侍中司徒淮南王他薨吐谷渾宕昌武興
諸國各遣使朝貢閏月甲子帝觀築圓丘於南郊乙丑
高麗國遣使朝貢辛未幸靈泉池癸酉還宮十有一月
詔以二雍豫三州民飢開倉賑恤梁州刺史臨淮王提
坐貪縱徙配北鎮十有二月蠕蠕伊吾戍主高羔子率
衆三千以城內附以侍中安豐王猛爲開府儀同三司

十有三年春正月辛亥車駕有事於圓丘於是初備大
駕乙丑兗州民王伯恭聚衆勞山自稱齊王東萊鎮將
孔伯孫討斬之戊辰蕭賾遣衆寇邊淮陽太守王僧儁
擊走之二月壬午高麗國遣使朝獻庚子引羣臣訪政
道得失損益之宜三月甲子吐谷渾國遣使朝獻夏州
刺史章武王彬以貪賕削封夏四月丁丑詔曰昇樓散
物以賚百姓至使人馬騰踐多有毀傷今可斷之以本
所費之物賜窮老貧獨者丁亥幸靈泉池遂幸方山己
丑還宮吐谷渾國遣使朝貢州鎮十五大饑詔所在開
倉賑恤五月庚戌車駕有事於方澤六月汝陰王天賜
南安王楨並坐贓賄免爲庶人高麗國遣使朝貢秋七
月甲辰陰平國遣使朝貢丙寅幸靈泉池與羣臣御龍
舟賦詩而罷立孔子廟於京師八月乙亥詔兼員外散
騎常侍邢產兼員外散騎侍郎侯靈紹使於蕭賾戊子
詔諸州鎮有水田之處各通溉灌遣匠者所在指授中
尺國遣使朝貢九月丁未吐谷渾武興宕昌諸國各遣
使朝獻出宮人以賜北鎮人貧鰥無妻者冬十月甲申
高麗國遣使朝貢十有一月己未安豐王猛薨十有二
月丙子侍中司空河東王苟頹薨甲午蕭賾遣使朝貢
己亥以尚書令尉元爲司徒左僕射穆亮爲司空是歲
蠕蠕別帥叱呂勤率衆內附

十有四年春正月乙丑行幸方山二月辛未行幸靈泉
池壬申還宮戊寅初詔定起居注制己卯詔遣侍臣循
行州郡問民疾苦三月壬申吐谷渾宕昌武興陰平諸
國並遣使朝貢夏四月地豆于頻犯塞甲戌征西大將
軍陽平王頤擊走之甲午詔兼員外散騎常侍邢產兼
員外散騎侍郎蘇季連使於蕭賾五月己酉庫莫奚犯
塞安州都將樓龍兒擊走之沙門司馬惠御自言聖王
謀破平原郡擒獲伏誅秋七月甲辰詔罷都牧雜制丙
午行幸方山丙辰遂幸靈泉池高麗國遣使朝貢八月
丙寅朔車駕還宮辛卯宕昌國遣使朝貢詔議國之行
次九月癸丑太皇太后馮氏崩壬戌高麗國遣使朝貢
詔聽蕃鎮會經內侍者前後奔赴冬十月戊辰詔曰自
丁荼苦奄踰晦朔仰遵遺旨祖奠有期朕將親侍龍輿
奉訣陵隧諸常從之具悉可停之其武衞之官防侍如
法癸酉葬文明太皇太后於永固陵甲戌車駕謁永固
陵羣臣固請公除帝不許己卯車駕謁永固陵庚辰帝
居廬引見羣寮於太和殿太尉東陽王丕等據權制固
請帝引古禮往復羣臣乃止詔在禮志京兆王太興有
罪免官削爵詔曰公卿屢依金冊遺旨中代權式請過
葬即吉朕思遵遠古終三年之制依禮既虞卒哭此月
二十一日授服以葛易麻既衰服在上公卿不得獨釋
於下故於朕之授服變從練禮已下復爲節降斟酌今
古以制厥衷且取遺旨速除之一端粗申臣子罔極之
巨痛癸未詔曰朕遠遵古式欲終三年之禮百辟羣官
據金冊顧命將奪朕心從先朝之制朕仰惟金冊俯自
推省取諸二衷不許衆議以衰服過朞終四節之慕又
奉聖訓聿修誥旨不敢闇嘿自居以曠機政庶不忽遺
令之意差展哀慕之情普下州鎮長至三元絕告慶之
禮甲申車駕謁永固陵辛卯詔曰羣官以萬機事重請
求聽政朕仰祇遺命亦思無怠但哀慕纏綿心神迷塞
未堪自力以親政事近侍先掌機衡者皆謀猷所寄且
可任之如有疑事當時與論決十有一月甲寅詔曰垂
及至節感慕崩摧凡在臣列誰不哽切內外職人先朝
班次及諸方雜客冬至之日盡聽入臨三品以上衰服
者至夕復臨其餘唯旦臨而已其拜哭之節一依別儀
丁巳蕭賾遣使朝貢十有二月壬午詔依準丘井之式
遣使與州郡宣行條制隱口漏丁即聽附實若朋附豪
勢陵抑孤弱罪有常刑

十五年春正月丁卯帝始聽政於皇信東室初分置左
右史官吐谷渾國遣使朝貢二月乙亥枹罕鎮將長孫
百年請討吐谷渾所置洮陽泥和二戍許之己丑蕭賾
遣使朝貢三月甲辰車駕謁永固陵己酉悉萬斤等五
國遣使朝貢夏四月癸亥帝始進蔬食乙丑謁永固陵
自正月不雨至于癸酉有司奏祈百神詔曰昔成湯遇
旱齊景逢災並不由祈山川而致雨皆至誠發中澍潤
千里萬方有罪在予一人今普天喪恃幽顯同哀神若
有靈猶應未忍安饗何宜四氣未周便欲祀事唯當考
躬責己以待天譴甲戌詔員外散騎常侍李彪尚書郎
公孫阿六頭使於蕭賾己卯經始明堂改太廟五月己
亥議改律令於東明觀折疑獄乙卯百年攻洮陽泥和
二戍克之俘獲三千餘人詔悉免歸高麗國遣使朝獻
丙辰詔造五輅六月丁未濟陰王鬱以貪殘賜死秋七
月乙丑謁永固陵規建壽陵戊寅吐谷渾國遣使朝貢
己卯詔議祖宗以道武爲太祖乙酉車駕巡省京邑聽
訟而還八月壬辰議養老又議肆類上帝禋于六宗之
禮帝親臨決詔郡國有特物可以薦宗廟者貢之戊戌
移道壇於桑乾之陰改曰崇虛寺己亥詔諸州舉秀才
先盡才學乙巳親定禘祫之禮丁巳議律令事仍省雜
祀九月辛巳蕭賾遣使朝貢壬午吐谷渾高麗宕昌鄧
至諸國並遣使朝獻冬十月庚寅車駕謁永固陵是月

明堂太廟成十有一月丁卯遷七廟神主於新廟乙亥大定官品戊寅考諸牧守詔假通直散騎常侍李彪假散騎侍郎蔣少遊使蕭賾丙戌初罷小歲賀丁亥詔二千石考在上上者假四品將軍賜乘黃馬一匹上中者五品將軍上下者賜衣一襲十有二月壬辰遷社於內城之西癸巳班賜刺史已下衣冠以安定王休爲太傅齊郡王簡爲太保帝爲高麗王璉舉哀於城東行宮己酉車駕迎春於東郊辛亥詔簡選樂官

十有六年春正月戊午朔饗羣臣於太華殿帝始爲王公興懸而不樂己未宗祀顯祖獻文皇帝於明堂以配上帝遂升靈臺以觀雲物降居青陽左个布政事每朔依以爲常辛酉始以太祖配南郊壬戌詔定行次以水承金甲子詔罷祖禖疑乙丑制諸遠屬非太祖子孫及異姓爲王皆降爲公公爲侯侯爲伯子男仍舊皆除將軍之號戊辰帝臨思義殿策問秀孝丙子始以孟月祭廟二月戊子帝移御永樂宮庚寅壞太華殿經始太極殿辛卯罷寒食饗壬辰北部曹歷觀諸省巡省京邑聽理冤訟甲午初朝日于東郊遂以爲常丁酉詔祀唐堯於平陽虞舜於廣寧夏禹於安邑周文於洛陽丁未改謚宣尼曰文聖尼父告謚孔廟三月丁卯巡省京邑癸酉省西郊郊天雜事乙亥車駕初迎氣南郊自此爲常辛巳以高麗王璉孫雲爲其國王蕭賾遣使朝貢是月高麗鄧至國並遣使朝貢四月丁亥朔班新律令大赦天下癸巳契齧國遣使朝貢甲寅幸皇宗學親問博士經義五月癸未詔羣臣於皇信堂更定律條流徒限制帝親臨決之六月己丑高麗國遣使朝貢甲辰詔曰務農重穀王政所先勸率田疇君人常事今四氣休序時澤滂潤宜用天分地悉力東畝然京師之民遊食者衆不加督勸或芸耨失時可遣明使撿察勤惰以聞秋七月庚申吐谷渾世子賀虜頭來朝壬戌詔曰王者設官分職垂拱責成振綱舉綱衆目斯理朕德謝知人豈能一見鑒識徒乖爲君委授之義自今選舉每以季月本曹與吏部銓簡甲戌詔兼員外散騎常侍宋弁兼員外散騎侍郎房亮使於蕭賾八月庚寅車駕初夕月於西郊遂以爲常辛卯高麗國遣使朝貢乙未詔陽平王頤左僕射陸叡督十二將七萬騎北討蠕蠕丙午宕昌王梁彌承來朝司徒尉元以老遜位己酉以尉元爲三老游明根爲五更又養國老庶老將行大射之禮雨不克成癸丑詔曰文武之道自古並行威福之施必也相藉故三五至仁尚有征伐之事夏殷明叡未捨兵甲之行然則天下雖平忘戰者殆不教民戰可謂棄之是以周立司馬之官漢置將軍之職皆所以輔文强武威肅四方者矣國家雖崇文以懷九服修武以寧八荒然於習武之方猶爲未盡今則訓文有典教武闕然將於馬射之前先行講武之式可勑有司豫修場埒其列陣之儀五戎之數別俟後勑九月甲寅朔大序昭穆於明堂祀文明太皇太后於玄室辛未帝以文明太皇太后再周忌日哭於陵左絕膳三日哭不輟聲辛巳武興王楊集始來朝冬十月乙酉鄧至國遣使朝獻己亥以太傅安定王休爲大司馬特進馮誕爲司徒甲辰詔以功臣配饗太廟丙午高麗國遣使朝獻庚戌太極殿成大饗羣臣十有一月乙卯依古六寢權制三室以安昌殿爲內寢皇信堂爲中寢四下疑爲外寢十有二月賜京邑老人鳩杖是月蕭賾遣使朝貢

十有七年春正月壬子朔帝饗百寮於太極殿乙丑詔曰夫駿奔入覲臣下之常式錫馬賜車君人之恒惠今諸邊君蕃胄皆虔集象魏趨鏘紫庭貢饗既畢言旋無遠各可依秩賜車旗衣馬務令優厚其武興宕昌各賜錦繒纊一千吐谷渾世子八百鄧至世子雖因緣至都亦宜賚及可賜三百命數之差皆依別牒詔兼員外散騎侍郎劉承叔使於蕭賾乙亥勿吉國遣使朝獻丙子以吐谷渾伏連籌爲其國王庚辰聽大司馬安定王休太保齊郡王簡朔望之朝二月乙酉詔賜議律令之官各有差己酉車駕始籍田於都南三月戊辰改作後宮帝幸永興園徙御宣文堂吐谷渾國遣使朝獻夏四月戊戌立皇后馮氏是月蕭賾征虜將軍直閤將軍蠻酋田益宗率部落四千餘戶內屬五月乙卯宕昌陰平契丹庫莫奚諸國並遣使朝獻壬戌宴四廟子孫於宣文堂帝親與之齒行家人之禮甲子帝臨朝堂引見公卿已下決疑政錄囚徒丁丑以旱撤膳襄陽蠻酋雷婆思等率一千三百餘戶內徙居於太和川六月丙戌帝將南伐詔造河橋己丑詔免徐南豫陜岐東徐洛豫七州軍糧乙未講武乙巳詔曰六職備于周經九列炳於漢晉務必有恒人守其職比百秩雖陳事典未叙自八元樹位躬加省覽遠依往籍近採時宜作職員令二十一卷事迫戎期未善周悉雖不足綱範萬度永垂不朽且可釋滯目前釐整時務須待軍回更論所闕權可付外施行其有當局所疑而令文不載者隨事以聞當更附之立皇子恂爲皇太子戊申高麗國遣使朝獻秋七月癸丑以皇太子立詔賜民爲人後者爵一級爲公士會爲吏屬者爵二級爲上造鰥寡孤獨不能自存者人粟五斛戊午中外戒嚴是月蕭賾死孫昭業僭立八月乙酉三老山陽郡公尉元薨丙戌車駕類於上帝遂臨尉元喪丁亥帝辭永固陵己丑車駕發京師南伐步騎百餘萬大尉丕奏請以宮人從詔曰臨戎不語內事宜停來請壬寅車駕至肆州民年七十已上賜爵一級路見眇跛者停駕親問賜衣食終身戊申幸并州親見高年問所疾苦九月壬子詔兼員外散騎常侍高聰兼員外散騎侍郎賈禎使於蕭昭業丁巳詔以車駕所經傷民秋稼者畝給穀五斛戊辰濟河詔洛懷并肆所過四州之民百年以上假縣令九十以上賜爵三級八十以上賜爵二級七十以上賜爵一級鰥寡孤獨不能自存者粟人五斛帛二匹孝悌廉義文武應求者皆以名聞又詔厮養之戶不得與士民婚有文武之才積勞應進者同庶族例聽之庚午幸洛陽周巡故宮基址帝顧謂侍臣曰晉德不修早傾宗祀荒毀至此用傷朕懷遂詠黍離之詩爲之流涕壬申觀洛橋幸太學觀石經乙亥鄧至王像舒彭遣子舊詣闕朝貢并奉表求以位授舊詔許之丙子詔六軍發軫丁丑戎服執鞭御馬而出羣臣稽顙於馬前請停南伐帝乃止仍定遷都之計冬十月戊寅朔幸金墉城詔徵司空穆亮與尚書李沖將作大匠董爵經始洛京己卯幸河南城乙酉幸豫州癸巳次於石濟乙未解嚴設壇於滑臺城東告行廟以遷都之意大赦天下起滑臺宮又詔京師及諸州從戎者賜爵一級應募者加二級主將加三級癸卯幸鄴城乙巳詔安定王休率從官迎家於代京車駕送於漳水上初帝之南伐也起宮殿於鄴西十有一月癸亥宮成徙御焉十有二月戊寅巡省六軍庚寅陰平國遣使朝貢乙未詔隱恤軍士死亡疾病務令優給

十有八年春正月丁未朔朝羣臣於鄴宮澄鸞殿丁巳高麗國遣使朝獻癸亥車駕南巡詔相兗豫三州百年以上假縣令九十以上賜爵二級七十以上賜爵一級孤老鰥寡不能自存者賜粟五石帛二疋孝悌廉義文武應求者皆以名聞戊辰經殷比干之墓祭以大牢乙亥幸洛陽西宮二月己丑行幸河陰規建方澤之所丙申河南王幹徙封趙郡潁川王雍徙封高陽壬寅車駕北巡癸卯濟河蕭昭業遣使朝貢甲辰詔天下喻以遷都之意閏月癸亥次句注陘南皇太子朝于蒲池壬申至平城宮癸酉臨朝堂部分遷留甲戌謁永固陵三月庚辰罷西郊祭天壬辰帝臨太極殿諭在代羣臣以遷移之略夏五月乙亥詔罷五月五日七月七日饗六月己巳詔兼員外散騎常侍盧昶兼員外散騎侍郎王清石使於蕭昭業秋七月乙亥以宋王劉昶爲大將軍壬午侍中大司馬安定王休薨辛卯高麗國遣使朝貢壬辰車駕北巡戊戌謁金陵辛丑幸朔州是月島夷蕭鸞殺其主蕭昭業立昭業弟昭文八月癸卯皇太子朝於行宮甲辰行幸陰山觀雲川丁未幸閱武臺臨觀講武癸丑幸懷朔鎮己未幸武川鎮辛酉幸撫冥鎮甲子幸柔玄鎮乙丑南還所過皆親見高年問民疾苦貧窘孤老賜以粟帛丙寅詔六鎮及禦夷城人年八十以上而無子孫兄弟終身給其廩粟七十以上家貧者各賜粟十斛又詔諸北城人年滿七十以上及廢疾之徒校其元犯以準新律事當從坐者聽一身還鄉又令一子扶養終命之後乃遣歸邊自餘之處如此之犯年八十以上皆聽還戊辰車駕次旋鴻池庚午謁永固陵辛未還平城宮九月壬申朔詔曰三載考績自古通經三考黜陟以彰能否今若待三考然後黜陟可黜者不足爲遲可進者大成賒緩是以朕今三載一考考卽黜陟欲令愚滯無妨於賢者才能不壅於下位各令當曹考其優劣爲三等六品以下尚書重問五品以上朕將親與公卿論其善惡上上者遷之下下者黜之中中者守其本任壬午帝臨朝堂親加黜陟壬辰陰平王楊炅來朝冬十月甲辰以太尉東陽王丕爲太傅戊申親告太廟奉遷神主辛亥車駕發平城宮壬戌次於中山之唐湖乙丑分遣侍臣巡問民所疾苦己巳幸信都庚午詔曰比聞緣邊之蠻多有竊掠致有父子乖離室家分絕旣虧和氣有傷仁厚方一區宇子育萬姓若苟如此南人豈知朝德哉可詔荆郢東荆三州勒敕蠻民勿有侵暴是月蕭鸞廢殺其主蕭昭文而僭立十有一月辛未朔詔冀定二州民百年以上假以縣令九十以上賜爵三級八十以上賜爵二級七十以上賜爵一級鰥寡孤獨不能自存者賜以穀帛孝義廉貞文武應求者具以名聞丁丑車駕幸鄴甲申經比干之墓傷其忠而獲戾親爲弔文樹碑而刊之己丑車駕至洛陽蕭鸞雍州刺史曹虎據襄陽請降十有二月辛丑朔遣行征南將軍薛眞度督四將出襄陽大將軍劉昶出義陽徐州刺史元衍出鍾離平南將軍劉藻出南鄭壬寅革衣服之制癸卯詔中外戒嚴戊申優復代遷之戶租賦三歲己酉詔王公侯伯子男開國食邑者王食半公三分食一侯伯四分食一子男五分食一辛亥車駕南伐丁卯詔郢豫二

州之民百齡以上假縣令九十以上賜爵三級八十以上賜爵二級七十以上賜爵一級孤寡鰥老不能自存者賜以穀帛緣路之民復田租一歲孝悌廉義文武應求具以名聞戊辰車駕至懸瓠己巳詔壽陽鍾離馬頭之師所獲男女之口皆放還南

十有九年春正月辛未朔饗羣臣於懸瓠癸酉詔禁淮北之民不得侵掠犯者以大辟論甲戌撽喻蕭鸞丙子鸞龍陽縣開國侯王朗自渦陽來降壬午講武於汝水之西大賚六軍丙申平南將軍王肅頻破蕭鸞將擒其寧州刺史董巒己亥車駕濟淮二月甲辰幸八公山路中雨甚詔去蓋見軍士病者親隱恤之戊申車駕巡淮而東民皆安堵租運屬路壬子高麗國遣使朝獻丙辰車駕至鍾離戊午軍士擒蕭鸞三千卒帝曰在君爲君其民何罪於是免歸辛酉車駕發鍾離將臨江水司徒馮誕薨壬戌乃詔班師丁卯遣使臨江數蕭鸞殺主自立之罪惡三月戊寅幸邵陽戊子太師馮熙薨乙未幸下邳鄧至國遣使朝貢夏四月庚子車駕幸彭城辛丑帝爲太師馮熙舉哀於行在所丁未曲赦徐豫二州其運漕之士復租賦三年辛亥詔賜百歲以上假縣令九十以上賜爵三級八十以上賜爵二級七十以上賜爵一級孤寡老疾不能自存者賜以穀帛德著丘園者具以名聞蕭鸞民降者給復十五年癸丑幸小沛遣使以太牢祭漢高祖廟己未行幸瑕丘遣使以太牢祠岱岳詔宿衛武官增位一級庚申行幸魯城親祠孔子廟辛酉詔拜孔氏四人顏氏二人爲官詔兗州刺史舉部內士人才堪軍國及守宰治行具以名聞又詔賜兗州民爵及粟帛如徐州又詔選諸孔宗子一人封崇聖侯邑一百戶以奉孔子之祀又詔兗州爲孔子起園栢修飾墳壠更建碑銘褒揚聖德戊辰行幸碻磝太和廟成五月己巳城陽王鸞赭陽失利降爲定襄縣王廣川王諧薨庚午遷文成皇后馮氏神主于太和廟甲戌行幸滑臺丙子次于石濟庚辰皇太子朝於平桃城高麗吐谷渾國並遣使朝貢癸未車駕至自南伐告于太廟甲申減閑官祿以裨軍國之用乙酉行飲至之禮班賜有差甲午皇太子冠於廟六月己亥詔不得以北俗之語言於朝廷若有違者免所居官辛丑詔復軍士從駕渡淮者租賦三年癸卯詔皇太子赴平城宮壬子詔濟州東郡滎陽及河南諸縣車駕所經者百年以上賜假縣令九十以上賜爵三級八十以上賜爵二級七十以上賜爵一級孤老鰥寡不能自存賜以穀帛孝悌廉義文武應求者具以名聞癸丑詔求天下遺書祕閣所無有裨益時用者加以優賞乙卯曲赦梁州復民田租三歲丙辰詔遷洛之民死葬河南不得還北於是代人南遷者悉爲河南洛陽人戊午詔改長尺大斗依周禮制度班之天下八月甲辰幸西宮路見壞冢露棺駐輦殣之乙巳詔選天下武勇之士十五萬人爲羽林虎賁以充宿衛丁巳詔諸從兵從征被傷者皆聽還本金墉宮成甲子引羣臣歷宴殿堂九月庚午六宮及文武盡遷洛陽丙戌行幸鄴丁亥詔曰諸有舊墓銘記見存昭然爲時人所知者三公及位從公者去墓三十步尚書令僕九列十五步黃門五校十步各不聽墾殖壬辰遣黃門郎以太牢祭比干之墓乙未車駕還宮冬十月甲辰曲赦相州民百年以上假郡守九十以上假縣令八十以上賜爵三級七十以上賜爵二級孤老痼疾不能自存者賜以穀帛丙辰車駕至自鄴辛酉詔州郡諸有士庶經行脩敏文思遒逸才長吏治堪幹政事者以時發遣壬戌詔諸州牧精品屬官考其得失爲三等之科以聞將親覽而升降焉詔徐兗光南青荆洛六州纂嚴戎備應須赴集十有二月行幸委粟山議定圜丘甲申有事於圜丘丙戌大赦天下十有二月乙未朔引見羣臣於光極堂宣示品令爲大選之始辛酉驃騎大將軍司州牧咸陽王禧爲長兼太尉前南安王楨復本封以特進廣陵王羽爲征東大將軍開府儀同三司青州刺史甲子引見羣臣於光極堂班賜冠服

二十年春正月丁卯詔改姓爲元氏壬辰改封始平王勰爲彭城王以定襄縣王鸞復封城陽王二月辛丑帝幸華林聽訟於都亭壬寅詔自非金革聽終三年喪丙午詔畿內七十以上暮春赴京師將行養老之禮庚戌幸華林聽訟於都亭癸丑詔介山之邑聽爲寒食自餘禁斷三月丙寅宴羣臣及國老庶老於華林園詔國老黃耇以上假中散大夫郡守耆年以上假給事中縣令庶老直假郡縣各賜鳩杖衣裳丁丑詔諸州中正各舉其鄉之民望年五十以上守素衡門者授以令長夏四月甲辰廣州刺史薛法護南叛五月丙子詔曰農惟政首稷實民先澍雨豐洽所宜敦勵其令畿內嚴加課督墮業者申以楚撻力田者具以名聞丙戌初營方澤於河陰遣使者以太牢祭漢光武及明章三帝陵又詔漢魏晉諸帝陵各禁方百步不得樵蘇踐蹋丁亥車駕有事於方澤七月廢皇后馮氏戊寅帝以久旱咸秩羣神自癸未不食至于乙酉是夜澍雨大洽丁亥詔曰炎陽爽節秋霖卷澍在予之責實深悚慄故輟膳三晨以命上訴靈鑒誠款曲流雲液雖休勿休寧敢忿怠將有賢人湛德高士疑棲雖加銓採未能招致其精訪幽谷舉茲賢彥直言極諫匡予不及又邪佞毀朝固唯治蠹貪夫竊位大政以虧主者彈劾不肖明黜盜祿又法爲治要民命尤重在京之囚悉命條奏朕將親案以時議決又疾苦六極人神所矜宜時訪恤以拯窮廢鰥寡困乏不能自存者明加矜恤令得存濟又輕徭薄賦君人常理歲中恒役具以狀聞又夫婦之道生民所先仲春奔會禮有達式男女失時者以禮會之又京民始業農桑爲本田稼多少課督不具以狀言八月壬辰朔幸華林園親錄囚徒咸降本罪二等決遣之戊戌車駕幸嵩高甲寅還宮丁巳南安王楨薨幸華林園聽訟九月戊辰車駕閱武於小平津癸酉還宮丁亥將通洛水入穀帝親臨觀冬十月戊戌以代遷之士皆爲羽林虎賁司州之民十二夫調一吏爲四年更卒歲開番假以供公私力役己酉曲赦京師十有一月乙酉復封前汝陰王天賜孫景和爲汝陰王前京兆王太興爲西河王閏月丙辰右將軍元隆大破汾州叛胡十有二月甲子以西北州郡旱儉遣侍臣循察開倉賑恤乙丑開鹽池之禁與民共之丙寅廢皇太子恂爲庶人丁卯告太廟戊辰置常平倉恒州刺史穆泰等在州謀反遣行吏部尚書任城王澄案治之樂陵王思譽坐知泰陰謀不告削爵爲庶人

二十有一年春正月丙申立皇子恪爲皇太子賜天下爲父後者爵一級己亥遣兼侍中張彝崔光兼散騎常侍劉藻巡方省察問民疾苦黜陟守宰宣揚風化乙巳車駕北巡二月壬戌次於太原親見高年問所不便乙丑詔并州士人年六十已上假以郡守先是定州民王金鉤訛言惑衆自稱應王丙寅州郡捕斬之癸酉車駕至平城甲戌謁永固陵癸未行幸雲中三月庚寅車駕至自雲中辛卯謁金陵乙未車駕南巡己酉次離石叛胡歸罪宥之甲寅詔汾州民百年以上假縣令九十以上賜爵三級八十以上賜爵二級七十以上賜爵一級丙辰車駕次平陽遣使者以太牢祭唐堯夏四月庚申幸龍門遣使者以太牢祭夏禹癸亥行幸蒲坂遣使者以太牢祭虞舜戊辰詔脩堯舜夏禹廟辛未行幸長安壬申武興王楊集始來朝乙亥親見高年問所疾苦丙子遣侍臣分省縣邑賑賜穀帛戊寅幸未央殿阿房宮遂幸昆明池癸未大將軍宋王劉昶薨丙戌遣使者以太牢祀漢帝諸陵五月丁亥朔衛大國遣使朝貢己丑車駕東旋汎渭入河庚寅詔雍州士人百年以上假華郡太守九十以上假荒郡八十以上假華縣令七十以上假荒縣庶老以年各減一等七十以上賜爵三級其營船之夫賜爵一級孤寡鰥貧窮痾廢疾各賜帛二匹穀五斛其孝友德義文學才幹悉仰貢舉壬辰遣使者以太牢祭周文王於酆祭武王於鎬癸卯遣使祭華嶽六月庚申車駕至自長安壬戌詔冀定瀛相濟五州發卒二十萬將以南討癸亥司空穆亮遜位丁卯部分六師以定行留秋七月甲午立昭儀馮氏爲皇后戊辰以前司空穆亮爲征北大將軍開府儀同三司冀州刺史甲寅帝親爲羣臣講喪服於清徽堂八月丙辰詔中外戒嚴壬戌立皇子愉爲京兆王懌爲清河王懷爲廣平王壬申行幸河南城甲戌講武於華林園庚辰車駕南討九月丙申詔曰哀貧恤老王者所先鰥寡六疾尤宜矜愍可勑司州洛陽之民年七十已上無子孫六十以上無朞親貧不自存者給以衣食及不滿六十而有廢痼之疾無大功之親窮困無以自療者皆於別坊遣醫救護給醫師四人豫請藥物以療之丁酉詔河南尹李崇討梁州叛羌受征西源懷節度辛丑帝留諸將攻赭陽引師而南癸卯至宛城夜襲其郛克之丁未車駕發南陽留太尉咸陽王禧前將軍元英攻之己酉車駕至新野冬十月丁巳四面進攻不克詔左右軍築長圍以守之乙亥追廢貞皇后林氏爲庶人十有一月甲午蕭鸞前軍將軍韓秀方弋陽太守王副之後軍將軍趙祖悅等十五將來降丁酉大破賊軍於沔北獲其將軍王伏保等於是民皆復業九十以上假以郡守六十五以上假以縣令新野民張睹柵萬餘家拒守不下十有二月庚申破之俘斬萬餘丁卯詔流徙之四皆勿決遣有登城之際令其先鋒自效庚午車駕臨沔遂巡沔東還戊寅車駕還新野己卯親行營壘隱恤六軍蕭鸞將王曇紛等萬餘人寇南青州黃郭戍戍主崔僧淵擊破之悉虜其衆以齊郡王子瑛紹河間王若後高昌國遣使朝貢

二十有二年春正月癸未朔朝饗羣臣於新野行宮丁亥拔新野獲蕭鸞輔國將軍新野太守劉忌斬之於宛戊子鸞湖陽戍主蔡道福棄城遁走辛卯鸞赭陽戍主成公期軍主胡松棄城遁走壬辰鸞輔國將軍舞陰戍主黃瑤起及直閤將軍臺軍主鮑舉南鄉太守席謙相尋遁走瑤起鮑舉爲軍人所獲送庚戌行幸南陽二月

乙卯進攻宛北城甲子拔之鸞冠軍將軍南陽太守房伯玉面縛出降庚午車駕幸新野辛未詔以穰民首歸大順終始若一者給復三十年標其所居曰歸義鄉次降者給復十五年三月壬午朔大破鸞平北將軍崔惠景黃門郎蕭衍軍於鄧城斬獲首虜二萬有餘庚寅行幸樊城觀兵襄沔耀武而還曲赦二荊魯陽郡鎮南將軍王肅攻鸞義陽鸞遣將裴叔業寇渦陽乙未詔將軍鄖思明嚴虛敬宇文福等三軍繼援辛丑行幸渦陽乙未次比陽戊申詔荊州諸郡之民初降次附復同穰縣辛亥行幸懸瓠夏四月甲寅從征武直之官進位三階文官二級外官一階庚午發州郡兵二十萬人限八月中旬集懸瓠趙郡王幹薨五月丙午詔在征身喪者四品已下及卑兼之職給帛有差六月庚申詔諸王將士戰沒皆加優賵秋七月壬午詔曰朕以寡德屬茲靖亂實賴羣英凱清南夏宜約躬賞效以勸茂績后之私府便可損半六宮嬪御五服男女常恤恒供亦令減半在戎之親三分省一是月蕭鸞死子寶卷僭立八月辛亥皇太子自京師來朝壬子蕭寶卷奉朝請鄧學擁其齊興郡內屬勅勒樹者相率反叛詔平北將軍江陽王繼都督北討諸軍事以討之壬戌高麗國遣使朝獻九月己亥帝以蕭鸞死禮不伐喪乃詔反旆庚子仍將北伐叛虜丙午車駕發懸瓠冬十月己酉朔曲赦二豫殊死已下復民田租一歲十有一月辛巳幸鄴十有二月甲寅以江陽王繼定勅勒乃詔班師

二十有三年春正月戊寅朔朝羣臣以帝疾瘳上壽大饗於澄鸞殿壬午幸西門豹祠遂歷漳水而還蕭寶卷遣太尉陳顯達寇荊州癸未詔前將軍元英討之乙酉車駕發鄴戊戌至自鄴庚子告於廟社癸卯行飲至策勳之禮甲辰大赦天下太保齊郡王簡薨二月辛亥以長兼太尉咸陽王禧爲正太尉癸亥以中軍大將軍彭城王勰爲司徒復樂陵王思譽本封癸酉顯達攻陷馬圈戍三月庚辰車駕南伐癸未次梁城甲申以順陽被圍危急詔振武將軍慕容平城率騎五千赴之丙戌帝不豫司徒彭城王勰侍疾禁中且攝百揆丁酉車駕至馬圈詔鎮南大將軍廣陽王嘉斷均口邀顯達歸路戊戌頻戰破之其夜顯達及崔惠景曹虎等宵遁己亥收其戎資億計班賜六軍諸將追奔及於漢水斬獲及赴水而死者十八九斬寶卷左軍將軍張千達等賊將蔡道福成公期率數萬人棄順陽遁走庚子帝疾甚車駕北次穀塘原甲辰詔賜皇后馮氏死詔司徒勰徵太子於魯陽踐阼詔以侍中護軍將軍北海王詳爲司空公鎮南將軍王肅爲尚書令鎮南大將軍廣陽王嘉爲尚書左僕射尚書宋弁爲吏部尚書與侍中太尉公禧尚書右僕射任城王澄等六人輔政顧命宰輔曰粵爾太尉司空尚書令左右僕射吏部尚書惟我太祖丕丕之業與四象齊茂累聖重明屬鴻歷於寡昧兢兢業業思纂乃聖之遺蹤遷都嵩極定鼎河瀍庶南蕩甌吳復禮萬國以仰光七廟俯濟蒼生困窮早滅不永乃志公卿其善毗繼子隆我魏室不亦善歟可不勉之夏四月丙午朔帝崩於穀塘原之行宮時年三十三祕諱至魯陽發哀還京師上謚曰孝文皇帝廟曰高祖五月丙申葬長陵帝幼有至性年四歲顯祖曾患癰帝親自吮膿五歲受禪悲泣不能自勝顯祖問帝帝曰代親之感內切於心顯祖甚歎異之文明太后以帝聰聖後或不利於馮氏將謀廢帝乃於寒月單衣閉室絕食三朝召咸陽王禧將立之元丕穆泰李沖固諫乃止帝初不有憾唯深德丕等撫念諸弟始終曾無纖介惇睦九族禮敬俱深雖於大臣持法不縱然性寬慈每垂矜捨進食者曾以熱羹傷帝手又曾於食中得蟲穢之物並笑而恕之宦者先有譖帝於太后太后大怒杖帝數十帝默然而受不自申明太后崩後亦不以介意聽覽政事莫不從善如流哀矜百姓恒思所以濟益天地五郊宗廟二分之禮常必躬親不以寒暑爲倦尚書奏案多自尋省百官大小無不留心務於周洽每言凡爲人君患於不均不能推誠御物苟能均誠胡越之人亦可親如兄弟常從容謂史官曰直書時事無諱國惡人君威福自己史復不書將何所懼南北征巡有司奏請治道帝曰粗脩橋梁通輿馬便止不須去草剗令平也凡所脩造不得已而爲之不爲不急之事損民力也巡幸淮南如在內地軍事須伐民樹者必留絹以酬其直民稻粟無所傷踐諸有禁忌禳厭之方非典籍所載者一皆除罷雅好讀書手不釋卷五經之義覽之便講學不師受探其精奧史傳百家無不該涉善談莊老尤精釋義才藻富贍好爲文章詩賦銘頌任興而作有大文筆馬上口授及其成也不改一字自太和十年已後詔冊皆帝之文也自餘文章百有餘篇愛奇好士情如飢渴待納朝賢隨才輕重常寄以布素之意悠然玄邁不以世務嬰心又少而善射有膂力年十餘歲能以指彈碎羊髆骨及射禽獸莫不隨所志斃之至年十五便不復殺生射獵之事悉止性儉素常服澣濯之衣鞍勒鐵木而已帝之雅志皆此類也

史臣曰有魏始基代朔廓平南夏闢壤經世咸以威武爲業文教之事所未遑也高祖幼承洪緒早著叡聖之風時以文明攝事優游恭己玄覽獨得著自不言神契所標固以符於冥化及躬總大政一日萬機十許年間曾不暇給殊途同歸百慮一致至夫生民所難行人倫之高迹雖尊居黃屋盡蹈之矣若乃欽明稽古協御天人帝王制作朝野軌度斟酌用捨煥乎其有文章海內生民咸受耳目之賜加以雄才大略愛奇好士視下如傷役己利物亦無得而稱之其經緯天地豈虛謚也

魏書卷七下考證

高祖紀征西大將軍陽平王熙擊走之。臣人龍按熙本傳泰常六年薨距太和十四年薨已五六十年矣考天象志地豆于頻犯塞詔征西大將軍陽平王頤擊走之蓋熙與頤俱稱陽平王音復相近是以訛也

詔罷祖禊疑。臣照按詔罷祖禊句無上下文舊本旁注一疑字北史則作詔罷祖禊但果禁民祖禊則當云禁不當云罷祖禊字亦復可疑或是拓跋國語有音無字當時則其文自明而今不可考耶

魏書卷八

齊　魏收　撰

帝紀第八

世宗紀

世宗宣武皇帝諱恪高祖孝文皇帝第二子母曰高夫人初夢爲日所逐避於牀下日化爲龍繞己數匝寤而驚悸既而有娠太和七年閏四月生帝於平城宮二十一年正月丙申立爲皇太子二十三年夏四月丁巳卽皇帝位于魯陽大赦天下帝居諒闇委政宰輔五月丙子朔高麗國遣使朝貢六月乙卯分遣侍臣巡行郡國問民疾苦考察守令黜陟幽明文武應求道著丘園者皆加褒禮戊辰追尊皇妣曰文昭皇后秋八月戊申遵遺詔高祖三夫人已下悉歸家癸丑宮臣增位一級癸亥南徐州刺史沈陵南叛冬十月辛未鄧至國王像舒彭來朝丙戌車駕謁長陵丁酉有事於太廟十有一月幽州民王惠定聚衆反自稱明法皇帝刺史李肅捕斬之是歲州鎮十八水民飢分遣使者開倉賑恤高麗國遣使朝獻

景明元年春正月壬寅車駕謁長陵乙巳大赦改年丁未蕭寶卷豫州刺史裴叔業以壽春內屬驃騎大將軍彭城王勰帥車騎十萬赴之二月戊戌復以彭城王勰爲司徒寶卷將胡松李居士率衆萬餘屯宛陳伯之水軍泝淮而上以逼壽春夏四月丙申彭城王勰車騎將軍王肅大破之斬首萬數己亥皇弟恌薨五月甲寅以北鎮大饑遣兼侍中楊播巡撫賑恤六月丙子司徒彭城王勰進位大司馬車騎將軍王肅加開府儀同三司癸未大陽蠻酋田育丘等率戶內附秋七月寶卷又遣陳伯之寇淮南庚子吐谷渾國遣使朝獻八月乙酉彭城王勰破伯之於肥口乙未高麗國遣使朝貢九月乙丑東豫州刺史田益宗破寶卷將吳子陽鄧元起於長風齊州民柳世明聚衆反冬十月丁卯朔車駕謁長陵庚寅齊兗二州討世明平之丁亥改授彭城王勰爲司徒錄尚書事甲午詔壽春置兵四萬人十有一月己亥荊州刺史桓道進攻寶卷下笮戍拔之降者二千餘戶丁巳陽平王頤薨是歲十七州大饑分遣使者開倉賑恤是冬島夷蕭衍起兵東下伐其主蕭寶卷

二年春正月丙申朔車駕謁長陵庚戌帝始親政遵遺詔聽司徒彭城王勰以王歸第太尉咸陽王禧進位太保司空北海王詳爲大將軍錄尚書事丁巳引見羣臣於太極前殿告以覽政之意辛酉高麗國遣使朝獻壬戌以太保咸陽王禧領太尉大將軍廣陵王羽爲司徒詔曰朕幼承寶曆猥憂在疚庶事不親風化未洽今始覽政務義協惟新思使四方風從率善可分遣大使黜陟幽明二月庚午宿衛之官進位一級甲戌大赦天下三月乙未朔詔曰比年以來連有軍旅役務既多百姓彫敝宜時矜量以拯民瘼正調之外諸妨害損民一時蠲罷辛亥詔曰諸州刺史不親民事緩於督察郡縣稽違旬月之間纔一覽決淹獄久訟動延時序百姓怨嗟方成困敝尚書可明條制申下四方令日親庶事嚴勒守宰不得因循寬怠虧政壬戌詔曰治尚簡靜任貴應事州府佐史除板稍多方成損敝無益政道又京師百司寮局殷雜官有閑長者亦同此例苟非稱要悉從蠲省青齊徐兗四州大饑民死者萬餘口是月蕭衍立寶卷弟南康王寶融爲主年號中興東赴建業夏五月壬子廣陵王羽薨壬戌太保咸陽王禧謀反賜死六月丁亥考諸州刺史加以黜陟秋七月乙巳蠕蠕犯塞乙未東豫州刺史田益宗破蕭寶卷將黃天賜於赤亭辛酉大赦天下壬戌車騎將軍儀同三司王肅薨九月丁酉發畿內夫五萬五千人築京師三百二十三坊四旬而罷己亥立皇后于氏乙卯免壽春營戶爲揚州民冬十

月丁卯吐谷渾國遣使朝獻辛未蕭寶卷零陵戍主華侯率戶內屬十有一月丙申以驃騎大將軍穆亮爲司空丁酉大將軍北海王詳爲太傅領司徒壬寅改築圜丘於伊水之陽乙卯仍有事焉十二月高麗國遣使朝貢是月寶卷直後張齊殺其主寶卷降蕭衍衍克建業

三年春二月戊寅詔曰比陽旱積時農民廢殖寤言增愧在予良多申下州郡有骸骨暴露者悉可埋瘞三月魯陽蠻反蕭寶卷弟建安王寶夤來降夏四月詔撫軍將軍李崇討魯陽反蠻是月蕭衍又廢其主寶融而僭立自稱曰梁閏月丁巳司空穆亮薨五月揚州小峴戍主党法宗襲蕭衍大峴戍破之擒其龍驤將軍邾菩薩送之京師秋七月癸酉于闐國遣使朝獻詔加文官從征顯達宿衞者二階閑散者一階八月癸卯蕭寶融鎭南大將軍江州刺史陳伯之遣使請降乙卯以前太傅平陽公丕爲三老九月丁巳車駕行幸鄴丁卯詔使者弔殷比干墓戊寅閱武於鄴南庚辰武興國世子楊紹先遣使朝獻冬十月庚子帝親射遠及一里五十步羣臣勒銘於射所甲辰車駕還宮十有一月己卯詔京洛兵蕪歲踰十紀先皇定鼎舊都惟新魏曆翦掃榛荒規茲雲構鴻功茂績規模長遠今廟社乃建宮極斯崇便當以來月中旬蠲吉徙御仰尋遺意感慶交衷既禮盛周宣斯干之制事高漢祖壯麗之儀可依典故備茲考告以稱遐邇人臣之望十有二月戊子詔曰民本農桑國重蠶籍粢盛所憑冕織攸寄比京邑初基耕桑暫缺遺規往旨宜必祗修今寢殿顯成移御維始春郊無遠拂羽有辰便可表營千畝開設宮壇秉耒援筐躬勸億兆壬寅饗羣臣于太極前殿賜布帛有差以初成也甲辰揚州破蕭衍將張囂之斬級二千是歲疏勒罽賓婆羅捺烏萇阿喻陁羅婆不崘陁拔羅弗波女提斯羅噠舍伏耆奚那太羅槃烏稽悉萬斤朱居槃訶盤陁撥斤厭味朱沴洛南天竺持沙那斯頭諸國並遣使朝貢河州大饑死者二千餘口

四年春正月乙亥車駕籍田於千畝梁州氐楊會反詔行梁州事楊椿左將軍羊祉討之三月己巳皇后先蠶於北郊庚辰揚州破蕭衍將於陰山斬其龍驤將軍吳道爽等數千級夏四月癸未朔以蕭寶夤爲鎭東將軍東揚州刺史封丹陽郡開國公齊王庚寅南天竺國獻辟支佛牙戊戌詔曰酷吏爲禍綿古同患孝婦淫刑東海燋壤今不雨十旬意者其有冤獄乎尚書鞫京師見囚務盡聽察之理己亥帝以旱減膳徹懸辛丑澍雨大洽五月甲戌揚椿羊祉大破反氐斬首數千級六月壬午朔封皇弟悅爲汝南王丙戌發冀定瀛相并濟六州二萬人馬千疋增配壽春秋七月乙卯三老平陽公元丕薨庚午詔還收鹽池利以入公辛未以彭城王勰爲太師八月庚子以吏部尚書元英假鎭南將軍攻蕭衍義陽勿吉國貢楛矢辛丑行幸河南城離宮冬十有一月壬子揚州大破蕭衍軍斬其徐州刺史潘伽憐擒司馬明素己未以武興國世子楊紹先爲其國王癸亥詔尚書左僕射源懷撫勞代都北鎭隨方拯恤乙亥鎭南將軍元英大破蕭衍將吳子陽於白沙擒斬千數十有二月庚寅詔鎭南將軍李崇討東荆反蠻丙申詔曰先朝制立軌式庶事惟允但歲積人移物情乖惰比或擅有增損廢墜不行或守舊遺宜時有舛妨或職分錯亂互相推委其下百司列其疑闕速以奏聞癸卯蕭衍梁州刺史平陽縣開國侯翟遠徐州刺史永昌縣開國侯陳虎牙降

正始元年春正月庚戌江州刺史曲江公陳伯之破蕭衍將趙祖悅於東關丙辰東荆州刺史楊大眼大破羣蠻樊季安等丙寅大赦改年二月戊子蕭衍將姜慶眞襲陷壽春外郭州軍擊走之丁酉揚州統軍劉思祖大破衍衆於邵陽擒其冠軍將軍邵陽縣開國侯張惠紹驃騎將軍祁陽縣開國男趙景悅等十將斬獲數千級三月壬申元英破衍將王僧炳於樊城夏四月辛卯高麗國遣使朝獻五月丁未朔太傅北海王詳以罪廢爲庶人六月以旱徹樂減膳癸巳詔曰朕以匪德政刑多舛陽旱歷旬京甸枯瘁在予之責夙宵疚懷有司可循案舊典祗行六事囹圄冤滯平處決之庶尹廢職重加脩舉鰥寡困窮在所存恤役賦殷煩咸加蠲省賢良讜直以禮進之貪殘佞諛時加屛黜男女怨曠務令媾會稱朕意焉甲午帝以旱親薦享於太廟戊戌詔立周旦夷齊廟於首陽山庚子以旱見公卿已下引咎責躬又錄京師見囚殊死已下皆減一等鞭杖之坐悉皆原之秋七月癸丑蕭衍角城戍主柴慶宗以城來降李崇大破諸蠻帥樊素安八月丙子元英破蕭衍將馬仙琕於義陽詔洛陽令有大事聽面敷奏乙酉元英攻義陽拔之擒送蕭衍冠軍將軍蔡靈恩等十餘將辛卯英又大破衍將仍清三關丁酉封元英爲中山王戊戌西羌宋萬率戶四千內附九月丙午詔緣淮南北所在鎭戍皆令及秋播麥春種粟稻隨其土宜水陸兼用必使地無遺利兵無餘力比及來稔令公私俱濟也又詔諸州蠲停徭役不得横有徵發甲子詔中山王英所執蕭衍冠軍將軍監司州事蔡靈恩等隨才擢敍乙丑蕭衍霍州刺史田道龍義州刺史張宗之遣使內附蠕蠕犯塞詔左僕射源懷討之冬十月乙未詔斷羣官白衣募吏十有一月戊午詔曰古之哲王剏業垂統安民立化莫不崇建膠庠開訓國胄昭宣三禮崇明四術使道暢羣邦風流萬宇自皇基徙構光宅中區軍國務殷未遑經建靖言思之有慙古烈可勑有司依漢魏舊章營繕國學十有二月丙子以苑牧公田分賜代遷之戶己卯詔羣臣議定律令己亥行幸伊闕閏月癸卯朔蕭衍行梁州事夏侯道遷據漢中來降假尚書邢巒鎭西將軍率衆以赴之乙丑驃騎大將軍高陽王雍爲司空尚書令廣陽王嘉加儀同三司

二年春正月丙子以宕昌國世子梁彌博爲其國王鄧至國遣使朝貢二月梁州氐反絕漢中運路刺史邢巒頻大破之夏四月己未城陽王鸞薨乙丑詔曰任賢明治自昔通規宣風贊務實惟多士而中正所銓但存門第吏部彝倫仍不才舉遂使英德罕昇司務多滯不精厥選將何考陟八座可審議往代貢士之方擢賢之體必令才學並申資望兼致丙寅以仇池氐叛詔光祿大夫楊椿假平西將軍率衆以討之邢巒遣統軍王足西伐頻破蕭衍諸軍遂入劒閣執衍輔國將軍范始男送京師五月辛巳氐賊（闕字）虎率衆降六月己丑詔曰先朝勳臣或身罹譴黜子孫沉滯或宦途失次有替舊流因而弗采何以奬勸言念前績倘有親疏宗及庶族祖曾功績可紀而無朝官有官而才堪優引者隨才銓授甲寅蕭衍冠軍將軍李畋等置營始平郡東涪水之北王足逆擊敗之斬衍冠軍將軍張湯輔國將軍馬市寧朔將軍李當姜見祖輔國將軍馮文豪龍驤將軍何營之等甲子詔尚書李崇太府卿于忠散騎常侍游肇諫議大夫鄧美崇忠使持節並兼侍中美兼黃門俱爲大使糾斷外州畿內其守令之徒咎失彰露者卽便施決州鎭重職聽爲表聞乙丑蕭衍冠軍將軍王景胄輔國將軍魯方達等攻竹亭王足大破之斬其輔國將軍王明達龍驤將軍張方熾丁卯揚州刺史薛眞度大破蕭衍將王超宗俘斬三千級戊辰蕭衍將魯方達屯戍新城足又遣統軍盧祖遷等擊敗之斬衍冠軍將軍楊伯仁寧朔將軍任安定秋七月甲戌詔曰朕纂馭寶曆於今七載德澤未敷鑒不燭遠人之冤瘼所在猶滋而糾察之獄未暢于下賢愚靡分皂白均貫非所以革民耳目使善惡勵心今分遣大使省方巡檢隨其愆負與風響相符者卽加糾黜以明雷霆之威以申旌軒之舉因以觀風辨俗採訪功過褒賞賢者糾罰淫慝理窮恤弊以稱朕心戊子王足擊破蕭衍軍斬其龍驤將軍騎增暉寧朔將軍庫保壽輔國將軍魯天惠建武將軍王文標王足逼涪城壬辰蕭衍巴西太守龐域冠軍將軍統軍主李畋等逆戰足擊破之俘斬千數八月壬寅詔中山王英南討襄沔庚戌王足遣統軍紀洪雅盧祖遷等攻破衍軍斬其秦梁二州刺史魯方達等十五人壬子王足又遣統軍盧祖遷等擊破衍軍斬其都督冠軍將軍梓潼縣開國子王景胄劉達等二十四將甲寅揚州擊衍將姜慶眞於羊石破之是月衍沔東太守田青喜率郡七縣三十一戶萬九千內附九月己巳揚州刺史元嵩擊破衍湘州刺史楊公則等斬獲數千冬十有一月戊辰朔武興國王楊紹先叔父集起謀反詔光祿大夫楊椿討之王足圍涪城益州諸郡戍降者十二三民送編籍者五萬餘戶既而足引軍而退十有二月庚申又詔驃騎大將軍源懷愼令討武興反氐

三年春正月丁卯朔皇子生大赦天下壬申梁秦二州刺史邢巒連破氐賊克武興蕭衍冀州刺史桓和入寇南青州州軍擊走之秦州民王智等聚衆二千自號王公尋推秦州主簿呂苟兒爲主年號建明己卯楊集起兄弟相率降二月丙辰詔曰昔虞戒面從昌言屢進周任諫輔王闕必箴朕仰纘鴻基伏膺寶曆思康庶績一日萬幾是以側望忠言虛求讜直而良策弗進規畫無聞豈所謂弼諧元首匡救不逮者乎可詔王公已下其有嘉謀深圖直言忠諫利國便民矯時厲俗者咸令指事陳奏無或依違戊午詔右衞將軍元麗等討呂苟兒乙丑平南將軍陳伯之破蕭衍徐州刺史昌義之於梁城是月衍將蕭昞率衆五萬寇淮陽三月己巳以戎旅大興詔罷諸作己卯詔荆州刺史趙怡平南將軍奚康生赴淮陽衆潰王長命坐殺人賜死國除戊子名皇子曰昌庚寅平南將軍曲江縣開國公陳伯之自梁城南奔夏四月乙未詔罷鹽池禁甲辰詔遣使者巡慰北邊倉庶庚戌以中山王英爲征南將軍都督揚徐二道諸軍事指授邊將蕭衍江州刺史王茂先寇荆州屯於河南城詔平南將軍楊大眼討之辛酉大破之斬其輔國將軍王花首虜二千餘進攻河南城茂先逃潰追奔至於漢水拔其五城將軍宇文福略衍司州俘獲千餘口而還五月乙丑朔詔尚書拯義陽初附之戶丙寅詔曰

掩骼埋胔古之令典順辰修令朝之恒式今時澤未降春稼已旱或有孤老餧疾無人贍救因以致死暴露溝塹者洛陽部尉依法棺埋壬申蕭衍將張惠紹入寇陷宿豫乙亥衍將蕭容陷梁城辛巳衍將韋叡陷合肥城壬午詔尚書元遙率衆南討癸未以秦隴未平詔征西將軍于勁節度諸軍己丑衍將又陷羊石霍丘二城六月辛丑又陷小峴戍乙巳安西將軍元麗大破秦賊斬賊帥王智五人梟首六千丁未假平南將軍奚康生破蕭衍將張惠紹斬其徐州刺史宋黑丁巳詔尚書邢巒出討徐兗秋七月丙寅衍將桓和寇孤山陷固城庚辰元麗大破秦賊降呂苟兒及其王公三十餘人秦涇二州平戊子中山王英大破衍徐州刺史王伯敖於陰陵斬其將二十五人首虜五千有餘己丑詔發定冀瀛相并肆六州十萬人以濟南軍八月壬寅安東將軍邢巒破蕭衍將桓和於孤山斬首萬餘級將軍元恒別克固城斬衍冠軍將軍桓方慶統軍畢祖朽別克蒙山斬衍龍驤將軍矯道儀等斬賊及赴沂死者四千餘人兗州平己酉詔平南將軍安樂王詮督後發諸軍以赴淮南壬戌曲赦涇秦岐涼河五州九月癸酉邢巒大破衍軍於宿豫斬其大將藍懷恭等四十餘人張惠紹棄宿豫蕭昞棄淮陽南走追斬數萬級徐州平己丑中山王英大破衍軍於淮南衍中軍大將軍臨川王蕭宏尚書右僕射柳惔徐州刺史昌義之等棄梁城沿淮東走追奔次於馬頭衍冠軍將軍戍主朱思遠棄城宵遁擒送衍將四十餘人斬獲士卒五萬有餘英遂攻鍾離高麗國遣使朝貢蕭衍遣將士卒三萬寇義陽丁酉夜遁走郢州刺史婁悅追擊破之戊申蠕蠕國遣使朝貢己未征虜將軍趙遐大破衍衆於濡城桑坪十有一月甲子帝爲京兆王愉清河王懌廣平王懷汝南王悅講孝經於式乾殿庚寅詔曰往歲隴右扇逆合境不民其中猶有卒能自守無豫釁亂疾風知勁良在可嘉尚書可甄量報賞以表誠義是月梁州再破反獠

四年春二月丙午吐谷渾宕昌國並遣使朝獻己未勿吉國貢楛矢三月丙子疊伏羅國遣使朝貢夏四月戊戌鍾離大水中山王英敗績而還壬寅吐谷渾鳩磨羅阿拔磨拔切磨勒悉萬斤諸國並遣使朝獻夏六月己丑朔詔曰高祖德格兩儀明並日月播文教以懷遠人調禮學以旌儁造徙縣中區光宅天邑總霜露之所均一姬卜於洛涘戎繕兼興未遑儒教朕纂承鴻緒君臨寶曆思模聖規述遵先志今天平地寧方隅無事可敕有司準訪前式置國子立太學樹小學於四門丙午蕭衍龍驤將軍馮翊太守宇文子生等七郡相率內附丁未社蘭達那羅舍彌比羅直諸國並遣使朝獻秋八月辛卯契丹國遣使朝獻己亥中山王英齊王蕭寶夤坐鍾離敗退並除名爲民庚子庫莫奚宕昌吐谷渾諸國遣使朝獻辛丑敦煌民飢開倉賑恤九月己未詔曰朕秉曆承天履年將紀徙正宮極歲浹歸餘台懿茂親祗勤已久列司英彥庸績未酬非所謂有功見知賞以時及其以司空高陽王雍爲太尉尚書令廣陽王嘉爲司空百官悉進位一級庚申夏州長史曹明謀反伏誅甲子開斜谷舊道疏勒車勒阿駒南天竺婆羅等諸國遣使朝獻丙戌司州民飢開倉賑恤閏月甲午禁大司馬門不得車馬出入冬十月丁巳高麗半社悉萬斤可流伽比沙疏勒于闐等諸國並遣使朝獻丁卯皇后于氏崩戊辰疏勒國遣使朝貢庚午淮陽太守安樂以城南叛辛未嚈噠波斯渴槃陁渴文提不那杖忸杖提等諸國並遣使朝獻乙酉葬順皇后於永泰陵十有一月丁未禁河南畜牝馬自碣石至於劍閣東西七千里置二十二都尉己酉阿與陁呵羅槃陁跋吐羅諸國並遣使朝獻十有二月戊午詔兵士鍾離沒落者復一房田租三年辛酉特那杖提莎鉢離阿失勒摩致鉢諸國遣使朝貢甲子蠕蠕高車民他莫孤率部來降丁丑鉢崘波利伏佛胄善乾達諸國遣使朝貢

永平元年春正月戊戌潁川太守王神念奔於蕭衍二月辛未勿吉南天竺國並遣使朝獻三月戊子皇子昌薨己亥斯羅阿陁比羅阿夷义多婆那伽伽師達于闐諸國並遣使朝獻丙午以去年旱儉遣使者所在賑恤夏四月阿伏至羅國遣使朝貢五月癸未高麗國遣使朝獻辛卯帝以旱故減膳徹懸六月壬申詔曰慎獄重刑著於往誥朕御茲寶曆明鑒未遠斷決煩疑實有攸愧可依洛陽舊圖修聽訟觀農隙起功及冬令就當與王公卿士親臨錄問癸酉高車國遣使朝貢秋七月辛卯高車契丹汗畔罽賓諸國並遣使朝獻甲午以夫人高氏爲皇后乙未詔曰察獄以情審之五聽枷杖小大各宜定準然比廷尉司州河南洛陽河陰及諸獄官鞫訊之理未盡矜恕掠拷之苦每多切酷非所以祗憲量衷愼刑重命者也推濫究枉良軫於懷可付尚書精檢枷杖違制之由斷罪聞奏八月癸亥冀州刺史京兆王愉據州反乙丑假尚書李平鎮北將軍行冀州事以討之丁卯大赦改年庚午吐谷渾庫莫奚國並遣使朝貢九月辛巳朔李平大破元愉於草橋丙戌復前中山王英本封壬辰蠕蠕國遣使朝貢定州刺史安樂王詮大破元愉於信都北戊戌殺侍中太師彭城王勰辛丑詔赦冀州民雜工役爲元愉所詿誤者其能斬獲逆黨別加優賞癸卯李平克信都元愉北走斬其所署冀州牧韋超右衞將軍睦雅尚書僕射劉子直吏部尚書崔朏等統軍叔孫頭執愉送信都羣臣請誅愉帝弗許詔送京師冀州平庚子郢州司馬彭珍治中督榮祖等謀叛潛引蕭衍衆入義陽郢州刺史婁悅擊走之詔將軍胡季智屈祖等南赴義陽三關戍主侯登陽鳳省等以城南叛婁悅嬰城固守遣中山王英督步騎三萬以赴之冬十月丁巳詔復故北海王詳本封葬以王禮豫州彭城人白早生殺刺史司馬悅據城南叛蕭衍遣將齊苟仁等四將以助之詔尚書邢巒行豫州事督將軍崔暹率騎討之丙子邢巒大破早生及苟仁軍於鮑口丁丑前宿豫戍主成安樂子景儁殺宿豫戍主嚴仲賢以城南叛十有一月庚寅詔安東將軍楊椿率衆四萬攻宿豫十有二月己未邢巒克懸瓠斬白早生擒齊苟仁等俘蕭衍卒三千餘人分賜王公已下癸亥中山王英破衍將於楚城擒衍寧朔將軍張疑等郢州刺史婁悅破衍將馬仙琕於金山壬申漢東蠻民一萬七千戶相率內附丙子高麗國遣使朝獻是歲高昌國王麴嘉遣其兄子私署左衞將軍孝亮奉表來朝因求內徙乞師迎接二年春正月蕭衍遣王神念寇南兗詔輔國將軍長孫稚假平南將軍爲都督率統軍邴虬等五軍以討之丁亥胡密步就磨忸密槃是悉萬斤辛豆那越拔忸諸國並遣使朝獻壬辰嚈噠薄知國遣使來朝貢白象一乙未高昌國遣使朝貢丙申中山王英進逼蕭衍長薄戍戊戌戍潰殺傷千數丁酉拔武陽關擒衍雲騎將軍松滋縣開國侯馬廣冠軍將軍遷陵縣開國子彭甕生驍騎將軍當陽縣開國伯徐元季等二十六將俘獲七千餘人進攻黃峴西關衍將馬仙琕棄西關李元履棄黃峴遁走是月涇州沙門劉惠汪聚衆反詔華州刺史奚康生討之二月乙卯詔曰比軍役頻興仗多毀敗在庫戎器見有無幾安不忘危古人所戒五兵之器事須充積經造既殷非衆莫舉今可量造四萬人雜仗三月癸未磨豆羅阿曜社蘇突闍地伏羅諸國並遣使朝獻夏四月己酉詔以武川鎮饑開倉賑恤甲子詔曰聖人濟世隨物汙隆或正或權理無恒在先朝以雲駕甫遷嵩基始構河洛民庶徙舊未安代來新宅尚不能就伊闕西南羣蠻塡聚沔陽賊城連邑作戍蠢爾愚巴心未純款故暫抑造育之仁權緩肅姦之法今京師天固與昔不同揚郢荆益皆悉我有保險諸蠻罔不歸附商洛民情誠倍往日唯樊襄已南仁乖道政被拘隔化非民之咎而無賴之徒輕相劫掠屠害良善離人父兄衍之爲酷實亦深矣便可放彼掠民示其大惠捨此殘賊未令之愆并勑緣邊州鎮自今已後不聽境外寇盜犯者罪同境內若州鎮主將知容不糾坐之如律五月高麗國遣使朝獻辛丑帝以旱故減膳徹懸禁斷屠殺甲辰幸華林都亭親錄囚徒犯死罪已下降一等六月高昌國遣使朝獻辛亥詔曰江海方同車書宜一諸州軌轍南北不等今可申勑四方使遠近無二秋七月癸未契丹國遣使朝獻八月丁未鄧至國遣使朝獻戊申以鄧至國世子像覽蹄爲其國王高昌勿吉庫莫奚諸國並遣使朝獻九月辛巳封故北海王子顥爲北海王壬午詔定諸門闥名冬十月癸丑以司空廣陽王嘉爲司徒庚午郢州獻七寶牀詔不納十有一月甲申詔禁屠殺含孕以爲永制己丑帝於式乾殿爲諸僧朝臣講維摩詰經十有二月詔曰五等諸侯比無選式其同姓者出身公正六下侯從六上伯從六下子正七上男正七下異族出身公從七上侯從七下伯正八上子正八下男從八上清脩出身公從八下侯正九上伯正九下子從九上男從九下可依此叙之疊伏羅弗菩提朝陁咤波羅諸國並遣使朝獻

三年春二月丙午高昌鄧至國並遣使朝獻壬子秦州沙門劉光秀謀反州郡捕斬之癸亥秦州隴西羌殺鎮將趙儁阻兵反叛州軍討平之三月丙戌皇子生大赦天下高麗吐谷渾宕昌諸國並遣使朝獻夏四月平陽郡之禽昌襄陵二縣大疫自正月至此月死者二千七百三十人五月丁亥詔以冀定二州旱儉開倉賑恤六月壬寅詔重求遺書於天下丁卯名皇子曰詡閏月己亥吐谷渾高麗契丹諸國各遣使朝貢秋七月己未吐谷渾國遣使朝貢八月己卯勿吉國遣使朝貢九月壬寅烏萇伽秀沙尼諸國並遣使朝獻丙辰高車別帥可略汗等率衆一千七百內屬冬十月辛卯中山王英薨丙申詔曰朕乘乾御曆年周一紀而道謝擊壤教慙刑厝至於下民之煢鰥疾苦心常愍之此而不恤豈爲民父母之意也可勑太常於閑敞之處別立一館使京畿內外疾病之徒咸令居處嚴勑醫署分師療治考其能否而行賞罰雖齡數有期脩短分定然三疾不同或賴

針石庶秦扁之言理驗今日又經方浩博流傳處廣應病投藥卒難窮究更令有司集諸醫工尋篇推簡務存精要取三十餘卷以班九服郡縣備寫布下鄉邑使知救患之術耳戊戌高車適茲難地那竭庫莫奚等諸國並遣使朝獻十有二月己卯高麗比沙杖國遣使朝獻辛巳江陽王繼坐事除名甲申詔於青州立高祖廟殿中侍御史王敞謀反伏誅

四年春正月丁巳汾州劉龍駒聚衆反詔諫議大夫薛和率衆討之甲子阿悅陁不數羅國並遣使朝獻二月壬午青齊徐兗四州民飢甚遣使賑恤三月癸卯婆比幡彌烏萇比地乾達諸國並遣使朝獻壬戌司徒廣陽王嘉薨夏四月琅邪民王萬壽斬蕭衍輔國將軍琅邪東莞二郡太守劉晣首以朐山來降徐州刺史盧昶遣琅邪戍主傅文驥率衆據之甲戌薛和大破山胡蕭衍遣其鎮北將軍張稷及馬仙琕寇朐山詔盧昶率衆赴之五月己亥遷代京銅龍置天淵池丙辰詔禁天文之學六月乙亥乾達阿婆羅達舍越伽使密不流沙諸國並遣使朝獻秋七月辛酉吐谷渾契丹國並遣使朝獻八月辛未阿婆羅達舍越伽使密不流沙等諸國並遣使朝獻癸巳勿吉國獻楛矢九月甲寅蕭衍九山戍主荀仁以戍來降嚈噠朱居槃波羅莫伽陁移婆僕羅俱薩羅舍彌羅樂陁等諸國並遣使朝獻冬十月丁丑婆比幡彌烏萇比地乾達等諸國並遣使朝獻十有一月甲午宕昌國遣使朝獻己亥詔李崇奚康生等治兵壽春以分朐山之寇戊申難地伏羅國並遣使朝獻朐城陷盧昶大敗而還十有二月壬申詔曰進善退惡治之通規三載考察政之明典正始二年以來于今未考功過難齊寧無昇降從景明二年至永平四年通考以聞戊子大羅汗婆來伽國遣使朝獻

延昌元年春正月乙巳以頻水旱百姓飢敝分遣使者開倉賑恤戊申疏勒國遣使朝獻丙辰以車騎大將軍尚書令高肇爲司徒公光祿大夫清河王懌爲司空司州牧廣平王懷進號驃騎大將軍儀同三司二月辛卯朔渴槃陁國遣使朝獻甲午州郡十一大水詔開倉賑恤以京師穀貴出倉粟八十萬石以賑貧者己未安樂王詮薨夏四月詔以旱故食粟之畜皆斷之丁卯詔曰遷京嵩縣年將二紀虎闈闕唱演之音四門絕講誦之業傅士端然虛祿歲祀貴遊之胄歎同子衿靖言念之有兼愧慨可嚴勅有司國子學孟冬使成太學四門明年暮春令就戊辰以旱詔尚書與羣司鞫理獄訟詔河北民就穀燕恒二州辛未詔飢民就穀六鎮丁丑帝以旱故減膳徹懸癸未詔曰肆州地震陷裂死傷甚多言念毀沒有酸懷抱亡者不可復追生病之徒宜加療救可遣大醫折傷醫并給所須之藥就治之乙酉大赦改年詔立理訴殿申訟車以盡冤窮之理五月辛卯疏勒及高麗國並遣使朝獻丙午詔天下有粟之家供年之外悉貸飢民自二月不雨至於是晦六月壬申澍雨大洽戊寅通河南牝馬之禁己卯詔曰去歲水災今春炎旱百姓飢餒救命靡寄雖經蠲月不能養績今秋輸將及郡縣期於責辦尚書可嚴勒諸州量民資產明加檢校以救艱敝庚辰詔出太倉粟五十萬石以賑京師及州郡飢民秋七月吐谷渾契丹國並遣使朝獻八月壬戌吐谷渾國遣使朝貢丁亥勿吉國貢楛矢冬十月乙亥立皇子詡爲皇太子是月嚈噠于闐高昌及庫莫奚諸國並遣使朝獻十有一月丙申詔曰朕運承天休統御宸宇太子體藉靈明肇建宮華明兩既孚三善方洽宜澤均率壤榮沭庶肩其賜天下爲父後者爵一級孝子順孫廉夫節婦旌表門閭量給粟帛十有二月己巳詔守宰爲御史所彈遇赦免者及考在中第皆代之

二年春正月戊戌帝御申訟車親理冤訟高麗國遣使朝獻二月丙辰朔賑恤京師貧民甲戌以六鎮大饑開倉賑贍己卯太尉高陽王雍進位太保庚辰蕭衍郁州民徐玄明等斬送衍鎮北將軍青冀二州刺史張稷首以州內附詔前南兗州刺史樊魯率衆赴之閏二月辛丑以苑牧之地賜代遷民無田者癸卯定奴良之制以景明爲斷三月丙寅高昌國遣使朝獻是春民飢餓死者數萬口夏四月庚子以絹十五萬匹賑恤河南郡飢民五月壽春大水遣平東將軍奚康生等步騎數千赴之高麗國遣使朝獻六月乙酉青州民飢詔使者開倉賑恤甲午曲赦揚州辛亥帝御申訟車親理冤訟是夏州郡十三大水秋八月辛卯詔曰頃水旱互侵頻年饑儉百姓窘弊多陷罪辜煩刑之愧朕用懼矣其殺人掠賣人羣強盜首及雖非首而殺傷財主曾經再犯公斷道路劫奪行人者依法行決自餘恕死徒流已下各準減降庚戌嚈噠于闐槃陁及契丹庫莫奚諸國並遣使朝獻九月丙辰以貴族豪門崇習奢侈詔尚書嚴立限級節其流宕是月勿吉吐谷渾鄧至國並遣使朝貢冬十月詔以恒肆地震民多死傷蠲兩河一年租賦十有二月丙戌丐洛陽河陰二縣租賦乙巳詔以恒肆地震民多離災其有課丁沒盡老幼單辛家無受復者各賜廩以接來稔高麗國遣使朝獻

三年春二月乙未詔曰肆州秀容郡敷城縣鴈門郡原平縣並自去年四月以來山鳴地震于今不已告譴彰咎朕甚懼焉祗畏兢兢若臨淵谷可恤瘼寬刑以答災譴三月三關別將李世哲大破羣蠻斬蕭衍龍驤將軍文思之文天生夏四月青州民飢辛巳開倉賑恤乙巳上御申訟車親理冤訟六月南荊州刺史桓叔興大破蕭衍軍於九山斬其虎旅將軍新豐縣開國子蔡令孫冠軍將軍席世興貞義將軍藍太孫秋七月丙子勿吉國遣使朝貢八月甲申帝臨朝堂考百司而加黜陟九月吐谷渾契丹勿吉諸國並遣使朝貢冬十月庚辰詔驍騎將軍馬義舒慰諭蠕蠕庫莫奚國遣使朝貢十有一月庚戌南天竺佐越費實諸國並遣使朝獻辛亥詔司徒高肇爲大將軍平蜀大都督步騎十五萬西伐益州刺史傅豎眼出巴北平南將軍羊祉出涪城安西將軍奚康生出綿竹撫軍將軍甄琛出劍閣乙卯以中護軍元遙爲征南將軍東道都督鎮遏梁楚丁巳幽州沙門劉僧紹聚衆反自號淨居國明法王州郡捕斬之甲戌高麗國遣使朝獻十有二月庚寅詔立明堂

四年春正月甲寅帝不豫丁巳崩于式乾殿時年三十三二月甲戌朔上尊謚曰宣武皇帝廟號世宗甲午葬景陵帝幼有大度喜怒不形於色雅性儉素初高祖欲觀諸子志尚乃大陳寶物任其所取京兆王愉等皆競取珍玩帝唯取骨如意而已高祖大奇之庶人恂失德高祖謂彭城王勰曰吾固疑此兒有非常志相今果然矣乃立爲儲貳雅愛經史尤長釋氏之義每至講論連夜忘疲善風儀美容貌臨朝淵嘿端嚴若神有人君之量矣

史臣曰世宗承聖考德業天下想望風化垂拱無爲邊徼稽服而寬以攝下從容不斷太和之風替矣比夫漢世元成安順之儔歟

魏書卷八考證

世宗紀太和七年閏四月生帝於平城宮○臣人龍按歷代甲子圖魏太和七年歲在癸亥閏月魏子恂生本書高祖紀閏月癸丑皇子生亦謂恂也此云閏四月生則宣武帝實與廢太子恂生爲同月

魏書卷九

齊　魏收　撰

帝紀九

肅宗紀

肅宗孝明皇帝諱詡世宗宣武皇帝之第二子母曰胡充華永平三年三月丙戌帝生于宣光殿之東北有光照于庭中延昌元年十月乙亥立爲皇太子四年春正月丁巳夜即皇帝位戊午大赦天下己未徵下西討東防諸軍庚申詔太保高陽王雍入居西柏堂決庶政又詔任城王澄爲尚書令百官總已以聽於二王己巳勿吉達槃地豆和尼步伽拔但佐越費實等諸國遣使朝獻二月庚辰尊皇后高氏爲皇太后辛巳司徒高肇至京師以罪賜死蕭衍寧州刺史任太洪率衆寇關城益州長史成興孫擊破之癸未太保高陽王雍進位太傅領太尉司空清河王懌爲司徒驃騎大將軍廣平王懷爲司空己亥尊胡充華爲皇太妃宕昌國遣使朝獻三月甲辰朔皇太后出俗爲尼徙御金墉丙辰詔進宮臣位一級先是蕭衍於浮山堰淮規爲揚徐之害詔平南將軍楊大眼討之乙丑進文武羣官位一級夏四月梁州刺史薛懷古破反氐於沮水五月甲寅南秦州刺史崔暹擊破氐賊解武興圍六月沙門法慶聚衆反於冀州殺阜城令自稱大乘秋七月癸卯蠕蠕國遣使朝獻丁未詔假右光祿大夫元遙征北大將軍攻討法慶宕昌國遣使朝獻八月乙亥領軍于忠矯詔殺左僕射郭祚尚書裴植免太傅領太尉高陽王雍官以王還第丙子尊皇太妃爲皇太后己卯吐谷渾國遣使朝獻庚辰蕭衍定州刺史田超秀率衆三千請降戊子帝朝皇太后於宣光殿大赦天下己丑司徒清河王懌進位太傅領太尉司空廣平王懷爲太保領司徒驃騎大將軍任城王澄爲司空庚寅車騎大將軍于忠爲尚書令特進崔光爲車騎大將軍並儀同三司壬辰復前江陽王繼本國以濟南王彧復先封爲臨淮王羣臣奏請皇太后臨朝稱制九月乙巳皇太后親覽萬機詔曰高祖革禮成治遺澤在民世宗纂承丕業聖德昭遠朕以沖闇當寶圖洪基至重若履冰薄王公百辟羣牧庶官皆受遇先朝寵榮自昔宜各勉崇共康世道戮力竭誠以匡輔不逮其有懷道丘園晦跡板築山栖谷飲舒卷從時者宜廣戔帛緝和鼎飪有能讜言直諫濟世益時者在所以聞當待以不次之位孝子順孫義夫節婦表其門閭以彰厥美高年孤獨不能自存者賜以粟帛若因饑

失業天屬流離或賣鬻男女以爲僕隸者各聽歸還比冀方未肅徐城宼擾將統久勞士卒疲敝並遣撫慰賜以衣馬緣邊州鎮固捍之勞朔方曾庶北面所委亦令勞賚以副其心其有先朝舊事寢而不舉頃來便習不依軌式者並可疏聞當加覽裁若益時利治不拘常制者自依別例其明相申約稱朕意焉甲寅征北元遙破斬法慶及渠帥百餘人傳首京師安定王燮薨庚申高昌庫莫奚契丹諸國並遣使朝獻蕭衍將趙祖悅襲據硤石癸亥詔定州刺史崔亮假鎮南將軍率諸將討之冀州刺史蕭寶夤爲鎮東將軍攻淮堰戊辰鄧至國遣使朝貢冬十月庚午朔勿吉國貢楛矢壬午高麗吐谷渾國並遣使朝獻乙酉以安定公胡國珍爲中書監儀同三司甲午蕭衍弘化太守杜桂舉郡內屬十有二月辛丑以高陽王雍爲太師己酉鎮南崔亮破祖悅遂圍硤石丁卯帝皇太后謁景陵高車國遣使朝獻

熙平元年春正月戊辰朔大赦改年荆沔都督元志大破蕭衍軍斬其恒農太守王世定等以吏部尚書李平爲鎮軍大將軍兼尚書右僕射爲行臺節度討硤石諸軍二月乙巳鎮東蕭寶夤大破衍將於淮北癸亥初聽秀才對策第居中上已上敍之乙丑鎮南崔亮鎮軍李平等克硤石斬衍豫州刺史趙祖悅傳首京師盡俘其衆是月吐谷渾宕昌鄧至諸國並遣使朝貢三月辛未以揚州刺史李崇爲驃騎將軍儀同三司壬辰以硤石俘虜分賜百寮夏四月戊戌以瀛州民飢開倉賑恤高昌陰平國並遣使朝獻五月丁卯朔詔曰炎旱積辰苗稼萎悴比雖微澍猶未霑洽晚種不納企望憂勞在予之責思自兢厲尚書可釐恤獄犴察其淹枉簡量輕重隨事以聞無使一人怨嗟增傷和氣土木作役權皆休罷勸農省務肆力田疇庶嘉澤近降豐年可必蕭衍衡州刺史張齊宼益州復以傅豎眼爲刺史以討之頻破賊軍斬其將任太洪首庚午詔放華林野獸於山澤丙戌吐谷渾遣使朝獻秋七月庚午重申殺牛之禁丙子詔兵士征硤石者復租賦一年傅豎眼大破張齊齊遁走乙酉高昌國遣使朝獻八月乙巳以侍中中書監儀同三司安定郡開國公胡國珍爲都督雍涇岐華東秦豳六州諸軍事驃騎大將軍開府儀同三司雍州刺史丙午詔曰先賢列聖道冠生民仁風盛德煥乎圖史暨曆數永終迹隨物變陵埏杳藹鞠爲茂草古帝諸陵多見踐藉可明勑所在諸有帝王墳陵四面各五十步勿聽耕稼宕昌國遣使朝貢九月丁丑淮堰破蕭衍緣淮城戍村落十餘萬口皆漂入于海十有二月癸巳詔洛陽河陰及諸曹雜人年七十已上鰥寡貧困不能自存及年雖少而痼疾長廢窮苦不濟者研實具列以聞

二年春正月大乘餘賊復相聚結攻瀛州刺史宇文福討平之甲戌大赦天下戊子勿吉國遣使朝貢庚寅詔遣大使巡行四方問疾苦恤孤寡黜陟幽明又詔選曹用人務在得才廣求栖遁共康治道州鎮城隍各令嚴固齊會聚集糾執妖讁囹圄皆令造屋桎梏務存輕小工巧浮進不得隱藏絹布繒綵長短合式偷竊軍階亦悉沙汰籍貫不實普使糾案聽自歸首違遠加罪詔中尉元匡考定權衡癸丑地伏羅罽賓國並遣使朝獻二月庚子契丹鄧至宕昌諸國並遣使朝獻丁未封御史中尉元匡爲東平王三月甲戌吐谷渾國遣使朝獻丁亥太保領司徒廣平王懷薨夏四月甲午高麗波斯疏勒嚈噠諸國並遣使朝獻丁酉詔京尹所統百年以上賜大郡板九十以上賜小郡板戊申以中書監開府儀同三司胡國珍爲司徒公特進汝南王悅爲中書監儀同三司乙卯皇太后幸伊闕石窟寺卽日還宮安定王超改封北平王五月辛酉詔曰揚州硤石荆山新淮鄣城兵士戰沒者追給斂財復一房五年若無妻子復其家一人二年身被三瘡賞一階雖一瘡而四體廢落者亦同此賞庚辰重申天文之禁犯者以大辟論乙酉鄧至國遣使朝貢秋七月乙丑地伏羅罽賓國並遣使朝獻乙亥中書監儀同三司汝南王悅坐殺人免官以王還第己巳車駕有事於太廟八月戊戌宴太祖以來宗室年十五以上於顯陽殿申家人之禮己亥詔庶族子弟年未十五不聽入仕詔曰皇魏開基道邁周漢蟬連二都德盛百祀雖帝胄蕃衍親賢並茂而猶沉屈素履巾褐衡門非所謂廣命戚族翼屏王室者也今可依世近遠敍之列位庚子詔咸陽京兆二王子女還附屬籍壬寅吐谷渾國遣使朝獻丁未詔侍中太師高陽王雍入居門下參決尚書奏事己酉契丹國遣使朝貢九月辛酉吐谷渾國遣使朝貢丙寅詔曰察訟理冤實維政首朕親聽覽民信所由比日諒闇之中治綱未振獄犴繁廣嗟訴騷聞雖曰司存每多諐壅眚是寡德實深矜慨自今月望當躬出城闉親納滯枉主者可宣諸近遠咸使聞知是月城青齊兗涇平營肆七州所治東陽歷城瑕丘平涼肥如和龍九原七城冬十月庚寅以幽冀滄瀛四州大饑遣尚書長孫稚兼尚書鄧羨元纂等巡撫百姓開倉賑恤丁酉年呂國貢楛矢戊戌以光州饑斂遣使賑恤乙卯詔曰北京根舊帝業所基南遷二紀猶有留住懷本樂故未能自遣若未遷者悉可聽其仍停安堵永業門才術藝應於時求者自別徵引不在斯例周之子孫漢之劉族遍於海內咸致蕃衍豈拘南北千里而已哉十有一月甲子蕭衍平西將軍巴州刺史牟漢寵遣使請降十有二月丁未蠕蠕國遣使朝貢

神龜元年春正月甲子詔以氐酋楊定爲陰平王丙寅以特進江陽王繼爲驃騎大將軍儀同三司壬申詔曰朕沖昧撫運政道未康民之疾苦弗遑紀恤夙宵矜慨鑒寐深懷眷彼百齡悼茲六極京畿百年以上給大郡板九十以上給小郡板八十以上給大縣板七十以上給小縣板諸州百姓百歲以上給小郡板九十以上給上縣板八十以上給中縣板鰥寡孤獨不能自存者賜粟五斛帛二匹庚辰詔以雜役之戶或冒入清流所在職人皆五人相保無人任保者奪官還役乙酉加特進汝南王悅儀同三司秦州羌反幽州大饑民死者三千七百九十九人詔刺史趙邕開倉賑恤二月戊申嚈噠高麗勿吉吐谷渾宕昌疏勒久末陁末久半諸國並遣使朝獻己酉詔以神龜表瑞大赦改年東益州氐反蠕蠕國遣使朝貢三月辛酉以尚書右僕射于忠爲儀同三司辛巳儀同三司尚書右僕射于忠薨南秦州氐反遣龍驤將軍崔襲持節喻之吐谷渾國遣使朝貢夏四月丁酉司徒胡國珍薨甲辰江陽王繼改封京兆王辛亥舍摩國遣使朝獻五月高麗高車高昌諸國並遣使朝貢自正月不雨至于六月辛卯澍雨乃降秋七月河州民却鐵忽聚衆反自稱水池王詔行臺源子恭討之閏月戊戌吐谷渾國遣使朝貢甲辰開恒州銀山之禁與民共之丁未波斯疏勒烏萇龜茲諸國並遣使朝獻八月癸丑朔詔曰朕沖昧纂曆未閑政道皇太后殷憂在疚始覽萬幾故獄犴淹枉百姓冤斂言念繁刑思存降省京師見囚殊死以下可悉減一等丁巳詔曰頃年以來戎車頻動服制未終奪哀從役罔極之痛弗申鞠育之恩靡報非所謂敦崇至道者也自今雖金革之事皆不得請起居喪甲子勿吉國遣使朝貢鐵忽相率降於行臺源子恭九月癸未朔以右光祿大夫劉騰爲衛將軍儀同三司戊申皇太后高氏崩于瑤光寺冬十月丁卯以尼禮葬於北邙十有二月辛未詔曰民生有終下歸兆域京邑隱賑口盈億萬貴賤攸憑未有定所爲民父母尤宜存恤今制乾脯山以西擬爲九原

二年春正月丁亥詔曰朕以沖眇纂承寶位夙夜惟寅若涉淵海賴皇太后慈仁被以夙訓自臨朝踐極歲將半紀天平地成四海寧乂天道高遠魏巍難名猶以撝挹自居稱號弗備非所以崇奉坤元允協億兆者也宜遵舊典稱詔宇內以副黎蒸元元之望是月改葬文昭皇太后高氏二月乙丑齊郡王祐薨庚午羽林千餘人焚征西將軍張彝第毆傷彝燒殺其子始均吐谷渾宕昌國並遣使朝貢乙亥大赦天下丁丑詔求直言諸有上書者聽密封通奏壬寅詔曰農要之月時澤弗應嘉穀未納二麥枯悴德之無感歎懼兼懷可勑內外依舊雩祈率從祀典察獄理冤掩骴埋骼冀瀛之境往經寇暴死者既多白骨橫道可遣專令收葬賑窮恤寡救疾存老準訪前式務令周備三月甲辰澍雨大洽夏四月乙丑嚈噠國遣使朝貢五月戊戌以司空任城王澄爲司徒驃騎大將軍儀同三司京兆王繼爲司空秋八月己未御史中尉東平王匡坐事削除官爵辛未以左光祿大夫皇甫集爲征西將軍儀同三司九月庚寅皇太后幸嵩高山癸巳還宮瀛州民劉宣明謀反事覺伏誅冬十有一月乙酉蠕蠕莫緣梁賀侯豆率男女七百人來降十有二月癸丑司徒任城王澄薨庚申大赦天下詔除淫祀焚諸雜神是歲高麗王雲死以世子安爲其國王

正光元年春正月乙酉詔曰建國緯民立教爲本尊師崇道茲典自昔來歲仲陽節和氣潤釋奠孔顏乃其時也有司可豫繕國學圖飾聖賢置官簡牲擇吉備禮夏四月丙辰詔尚書長孫稚巡撫北蕃觀察風俗五月辛巳詔曰朕以寡薄運膺寶曆雖未明求衣惕懼終日而闇昧多闕炎旱爲災在予之愧無忘寢食今刑獄繁多囹圄尚積宜敷仁惠以濟斯民八座可推鞫見四獄申枉濫癸未詔曰攘災招應修政爲本民乃神主實宜率先刺史守令與朕共治天下宜哀矜勿喜視民如傷況今炎旱歷時萬姓彫敝而不撫恤窮冤理決庶獄可嚴勑州郡善加綏隱務盡聰明加之祗肅必使事允人神時致靈應其賦役不便於民者具以狀聞便當蠲罷秋七月丙子侍中元乂侍中劉騰奉帝幸前殿矯皇太后詔曰魏有天下奕葉重光高祖孝文皇帝以英聖馭天徙京定鼎世宗宣武皇帝以睿明承業廓寧區夏而鴻勳未半早已登遐乃令車書弗同鯨寇尚熾幼主稚弱夙纂寶曆曾是宗祐莫克祗奉朕所以敬順羣請臨朝總政帝年以長久思退身所以往歲殷勤具陳情旨百官內外已照此懷而僉爾衆意苦見勤奪僶俛從事以

迄于茲自此春來先疾屢發藥石攝療莫能善瘳夏首及今數加動劇便不堪日覽萬務巨細兼省帝齒周星紀識學逾蹟日就月將人君道茂足以撫輯萬邦諧決百揆朕當率前志敬遜別宮遠惟復子明辟之義以自綏養實望羣公逮于黎庶深鑒斯理如此則上下休嘉天地清晏魏道熙隆人神慶悅不其善歟乃幽皇太后於北宮殺太傅領太尉清河王懌總勒禁旅決事殿中辛卯帝加元服大赦改年內外百官進位一等八月甲寅相州刺史中山王熙舉兵欲誅乂騰不果見殺九月壬寅蠕蠕主阿那瓌來奔戊戌以太師高陽王雍爲丞相加後部羽葆鼓吹班劍四十人冬十月乙卯以驃騎大將軍儀同三司汝南王悅爲太尉公十有一月己亥詔曰蠕蠕世雄朔方擅制漠裔隣通上國百有餘載自神鼎南底累紀于茲虔貢雖違邊燧靜息憑心象魏濬欵彌純今其主阿那瓌屬離時難邦分親析萬里遠馳庇命有道悲同申伍忠孝足矜方存輿滅之師以隆繼絕之舉宜且優以賓禮期之立功疏爵胙土大啓河岳可封朔方郡開國公蠕蠕王食邑一千戶錫以衣冕加以軺車祿恤儀衞同乎戚蕃十有二月壬子詔曰蠕蠕王阿那瓌遭離寇禍遠來投庇邦分衆析猶無定主而永懷北風思還綏集啓訴情切良用愍然夫存亡恤敗自古通典可差國使及彼前後三介與阿那瓌相隨并勑懷朔都督簡銳騎二千躬自率護送達境首令觀機招納若彼俟迎宜錫筐篚車馬之屬務使優隆禮餞而返如不容受任聽還闕其行裝資遣付尚書量給辛酉以司空京兆王繼爲司徒公

二年春正月南秦州氐反二月庚戌假光祿大夫邴虬撫軍將軍以討之癸亥車駕幸國子學講孝經三月庚午帝幸國子學祠孔子以顏淵配甲午右衞將軍奚康生於禁內將殺元乂不果爲乂矯害以儀同三司劉騰爲司空公夏四月庚子司徒京兆王繼進位太保壬寅車騎大將軍儀同三司崔光爲司徒公蕭衍義州刺史文僧明率衆內屬五月辛巳南荆州刺史桓叔與自安昌南叛乙酉烏萇國遣使朝貢閏月丁巳居密波斯國並遣使朝貢六月己巳高昌國遣使朝貢癸巳勿吉國遣使朝貢秋七月癸丑詔曰時澤弗降禾稼形損在予之責夙宵震懼雖克躬撤降仍無招感有司可修案舊典祗行六事圄犴淹枉隨速鞫決庶尹廢職量加脩厲鰥獨困窮在所存恤役賦煩民咸加蠲省賢良讜直以時升進貪殘邪佞即就屏黜男女怨曠務令會偶庶革止黴違有弭災沴八月己巳伏羅國遣使朝貢蠕蠕後主郁久閭侯匿代來奔懷朔鎮十有一月乙未朔高昌國遣使朝貢戊申衞大將軍儀同三司皇甫集薨癸丑侍中車騎大將軍侯剛加儀同三司十有二月甲戌詔司徒崔光安豐王延明等議定服章庚辰以東益南秦氐反詔中軍將軍河間王琛討之失利

三年春正月辛亥帝耕籍田夏四月庚辰以高車國主覆羅伊匐爲鎮西將軍西海郡開國公高車王六月己巳詔曰朕以沖眇夙纂寶歷不能祗奉上靈感延和氣致令炎旱頻歲嘉雨弗洽百稼燋萎晚種未下將成災年秋稔莫覬在予之責憂懼震懷今可依舊分遣有司馳祈嶽瀆及諸山川百神能興雲雨者盡其虔肅必令感降玉帛牲牢隨應薦享上下羣官側躬自厲理冤獄止土功減膳撤懸禁止屠殺秋七月壬子波斯不漢龜茲諸國遣使朝貢冬十月己巳吐谷渾國遣使朝貢十有一月乙巳車駕有事於圜丘丙午詔曰治歷明時前王茂軌考辰正律弈代通規是以北平革定於漢年楊偉草算於魏世自皇運肇基典章猶缺推步晷曜未盡厥理先朝仍世每所慨然至神龜中始命儒官改搠疎踳囘度易憲始會璇衡今天正斯始陽煦將開品物初萌宜變耳目所謂魏雖舊邦其歷維新者也便可班宣內外號曰正光歷又首節嘉辰獲展丘禘神人交和理契幽顯思與億兆共此維新可大赦天下十有二月癸酉以左光祿大夫皇甫度爲儀同三司乙酉以車騎大將軍尚書右僕射元欽爲儀同三司太保京兆王繼爲太傅司徒崔光爲太保丁亥以牧守妄立碑頌輒興寺塔第宅豐侈店肆商販詔中尉端衡肅厲威風以見事糾劾七品六品祿足代耕亦不聽錮貼店肆爭利城市

四年春二月壬申追封故咸陽王禧爲敷城王京兆王愉爲臨洮王清河王懌爲范陽王以禮加葬丁丑河間王琛章武王融並以貪汙削爵除名己卯以蠕蠕主阿那瓌率衆犯塞遣尚書左丞元孚兼尚書爲北道行臺持節喻之蠕蠕後主俟匿代來朝京師宕昌國遣使朝貢司空劉騰薨夏四月阿那瓌執元孚驅掠畜牧北遁甲申詔驃騎大將軍尚書令李崇中軍將軍兼尚書右僕射元纂率騎十萬討蠕蠕出塞三千餘里不及而還秋七月辛亥詔曰達尊斯在齒預一焉崇敬黃耇先代通訓故方叔以元老處位充國緣自彊見留雖七十致仕明乎典故然以德尚壯許其縶維今庶寮之中或年迫懸車循禮宜退但少收其力老弃其身言念勤舊聰然未忍或戴白在朝未當外任或停私歷紀甫受考級如此之徒雖滿七十聽其莅民以終常限或新解郡縣或外佐始停已滿七十方求更敘者吏部可依令不奏其有高名俊德老成耄士灼然顯達爲時所知者不拘斯例若才非秀異見在朝官依令合解者可給本官半祿以終其身使辭朝之叟不恨歸於閭巷矣八月己巳詔曰狂蠢肆暴陵竊北垂雖軍威時接賊徒懾遁然獯虐所過多離其禍言念斯敝有軫深懷可勑北道行臺遣使巡檢遭寇之處饑餒不粒者厚加賑恤務令存濟戊寅詔曰朕以眇闇忝承鴻緒因祖宗之基託王公之上每鑒寐屬慮思康億兆比雨旱愆時星運舛錯政理闕和靈祇表異永尋夕惕載悉于懷宜詔百司各勤厥職諸有鰥寡窮疾冤滯不申者並加釐恤若孝子順孫廉貞義節才學超異獨行高時者具以言上朕將親覽加以旌命癸未追復故范陽王懌爲清河王九月丁酉庫莫奚國遣使朝獻詔侍中太尉汝南王悅入居門下與丞相高陽王雍參決尚書奏事冬十有一月丙申趙郡王謐薨丁酉太保崔光薨十有二月蕭衍遣將寇邊詔假征南將軍崔延伯討之以太尉汝南王悅爲太保徐州刺史北海王顥坐貪汙削除官爵

五年春正月辛丑車駕有事於南郊閏二月癸巳蠕蠕國遣使朝貢三月沃野鎮人破落汗拔陵聚衆反殺鎮將號眞王元年詔臨淮王彧爲鎮軍將軍假征北將軍都督北征諸軍事以討之夏四月高平酋長胡琛反自稱高平王攻鎮以應拔陵別將盧祖遷擊破之琛北遁五月臨淮王彧敗於五原削除官爵壬申詔尚書令李崇爲大都督率廣陽王淵等北討六月秦州城人莫折太提據城反自稱秦王殺刺史李彥詔雍州刺史元志討之南秦州城人孫掩張長命韓祖香據城反殺刺史崔遊以應太提太提遣城人卜朝襲克高平殺鎮將赫連略行臺高元榮太提尋死子念生代立僭稱天子號年天建置立百官丁酉大赦秋七月甲寅詔吏部尚書元脩義兼尚書僕射爲西道行臺率諸將西討戊午復河間王琛臨淮王彧本封都督崔暹失利于白道大都督李崇率衆還平城坐長史祖瑩截沒軍資免除官爵丁丑念生遣其都督楊伯年樊元張朗等攻仇鳩河池二戍東益州刺史魏子建遣將尹祥黎叔和擊破之斬樊元首殺賊千餘人是月涼州幢帥于菩提呼延雄執刺史宋穎據州反念生遣其兄高陽王天生下隴東寇八月甲午元志大敗於隴東退守岐州丙申詔曰賞貴宿勞明主恒德恩沾舊績哲后常範太祖道武皇帝應期撥亂大造區夏世祖太武皇帝纂戎丕緒光闡王業躬率六師掃清逋穢諸州鎮城人本充牙爪服勤征旅契闊行間備嘗勞劇逮顯祖獻文皇帝自北被南淮海思乂便差割彊族分衞方鎮高祖孝文皇帝遠遵盤庚將遷嵩洛規遏北疆蕩闢南境選良家酋帥增戍朔垂戎捍所寄實惟斯等先帝以其誠効既亮方加酬錫會宛郢馳烽朐泗告警軍旗頻動兵連積歲茲恩仍寢用迄于今怨叛之興頗由於此朕叨承乾歷撫馭宇宙調風布政思廣惠液宜追述前恩敷茲後施諸州鎮軍貫元非犯配者悉免爲民鎮改爲州依舊立稱此等世習干戈率多勁勇今旣甄拔應思報効可三五簡發討彼沙隴當使人齊其力奮擊先驅妖黨狂醜必可蕩滌衝鋒斬級自依恒賞丁酉南秀容牧子于乞眞反殺太僕卿陸延別將爾朱榮討平之戊戌莫折念生遣都督竇雙攻盤頭郡東益州刺史魏子建遣將竇念祖討之斬雙擒斬千餘人九月壬申詔尚書左僕射齊王蕭寶夤爲西道行臺大都督率征西將軍都督崔延伯又詔復撫軍將軍北海王顥官爵爲都督並率諸將西討乙亥帝幸明堂餞寶夤等是月蕭衍遣將裴邃虞鴻襲據壽春外城刺史長孫稚擊走之邃退屯黎漿詔河間王琛總衆援之衍又遣將寇淮陽詔祕書監安樂王鑒率衆討之吐谷渾主伏連籌兵討涼州于菩提棄城走追斬之城民趙天安復推宋穎爲刺史冬十月營州城人劉安定就德興據城反執刺史李仲遵城人王惡兒斬安定以降德興東走自號燕王胡琛遣其將宿勤明達寇豳夏北華三州壬午詔都督北海王顥率諸將討之十有一月戊申莫折天生攻陷岐州執都督元志及刺史裴芬之高平人攻殺卜朝共迎胡琛十有二月壬辰詔太傅京兆王繼爲太師大將軍率諸將討之嚈噠契丹地豆于庫莫奚諸國並遣使朝貢汾州正平平陽山胡叛逆詔復征東將軍章武王融封爵爲大都督率衆討之山南行臺東益州刺史魏子建招降南秦氐民復六郡十二戍又斬賊王韓祖香南秦賊王張長命畏逼乃告降於蕭寶夤是月莫折念生遣兵攻涼州城人趙天安復執刺史以應之

孝昌元年春正月庚申徐州刺史元法僧據城反害行臺高諒自稱宋王號年天啓遣其子景仲歸於蕭衍衍遣其將胡龍牙成景儁元略等率衆赴彭城詔祕書監安樂王鑒回師以討之鑒於彭城南擊元略大破之盡

俘其衆旣而不備爲法僧所敗行遣其豫章王綜入守彭城法僧擁其寮屬守令兵戍及郭邑士女萬餘口南入詔鎭軍將軍臨淮王彧尚書李憲爲都督衞將軍國子祭酒安豐王延明爲東道行臺復儀同三司李崇官爵爲東道大都督俱討徐州崇以疾不行癸亥蕭寶夤崔延伯大破秦賊於黑水斬獲數萬天生退走入隴西涇岐及隴東悉平以太師大將軍京兆王繼爲太尉餘官如故二月以領軍將軍元乂爲驃騎大將軍儀同三司詔追復樂浪王長命本爵以其子忠紹之侍中特進衞大將軍穆紹爲儀同三司戊戌大赦壬辰莫折念生遣都督楊鮓梁下辯姜齊等攻仇池郡城行臺東益州刺史魏子建遣將盛遷擊破之斬下辯齊等首壬寅詔曰勸善黜惡經國茂典其令每歲一終郡守列令長刺史列守相以定考課辯其能否若有濫謬以考功失衷論是月齊州魏郡民房伯和聚衆反會赦乃散三月己巳詔太尉西道都督京兆王繼班師壬申詔曰丞相高陽王道德淵廣明允篤誠儀型太階垂風下國實所以予違汝弼致治責成宜班新制宣之遐邇其州郡先上司徒公文悉可改上相府施行符告皆亦如之甲戌詔曰選衆而舉其來自昔朕纘承大業綜理萬幾求賢致治心爲若渴知人則哲振古所難宜博訪公卿採茲聲實可令第一品以下五品以上人各薦其所知不限素身居職必使精辯器藝具注所能然後依牒簡擢隨才收敘庶濟濟之美無替往時謇謇之直有申茲歲蕭衍遣其北梁州長史錫休儒司馬魚和上庸太守姜平洛等入寇直城梁州刺史傅豎眼遣息敬紹率衆拒擊大破之擒斬三千餘人休儒等走還魏興是月齊州清河民崔畜殺太守董遵廣川民傅堆執太守劉莽反青州刺史安樂王鑒討平之是月破落汗拔陵別帥王也不盧等攻陷懷朔鎭夏四月蕭衍益州刺史蕭淵猷遣將樊文熾蕭世澄等率衆圍小劍戍益州刺史邴虬遣子子達行臺魏子建遣別將淳于誕拒擊之辛卯皇太后復臨朝攝政引羣臣面陳得失詔曰朕以寡昧夙承天歷茫若涉海罔知所濟實憑宗社降祐之靈庶勉幼志以康世道而神軀之末權臣擅命元乂劉騰陰相影響遂使皇太后幽隔後宮太傅清河王無辜致害相州刺史中山王熙横被夷滅右衞將軍奚康生仍見誅翦從此已後無所畏忌恣諸侵求任所與奪無君之心積習稍久不臣之迹緣事彌彰蔽耳目之明專生殺之柄天下爲之不康四郊由茲多壘此而可忍孰不可懷雖屢

經赦宥未容致之于法猶宜辨正以謝朝野騰身旣往可追削爵位乂之罪狀誠合徽纆但以宗枝舅戚特加全貸可除名爲民壬辰征西將軍都督崔延伯大敗於涇川戰歿五月戊辰淳于誕等大破蕭衍軍俘斬萬計擒蕭世澄等十一將文熾僅以身免走成都戊子驃騎大將軍儀同三司李崇薨六月癸未大赦改年詔文武之官從軍二百日文官優一級武官優二級蠕蠕主阿那瓌率衆大破拔陵斬其將孔雀等諸將逼彭城蕭綜夜潛出降蕭衍諸將奔退衆軍追躡免者十一二秋八月癸酉詔斷遠近貢獻珍麗違者免官柔玄鎭人杜洛周率衆反於上谷號年眞王攻沒郡縣南圍燕州戊子莫折念生遣都督杜黑兒杜光等攻仇池郡行臺魏子建遣將成遷擊破之斬杜光首九月乙卯詔減天下諸調之半丙辰詔左將軍幽州刺史常景爲行臺征虜將軍元譚爲都督以討洛周辛酉詔曰追功表德爲善者勸祖宗功臣勒銘王府而子孫廢替淪於凡民爵位無聞遷流有失潁川名守重泉令宰惠風美政結於民心而猶同常品未蒙褒陟非所謂愛及甘棠彝倫攸敘者也其功臣名將爲先朝所知子孫屈塞不見齒敘牧守令長聲稱卓然者皆仰有司具以名聞朕將振彼幽滯用闡治風壬戌詔百官五品已上各舉所知辛未曲赦南北兩秦州冬十月蠕蠕國主阿那瓌遣使朝貢是月吐谷渾國復討趙天安降之河州長史元永平治中孟賓等推默噠使主高徽行州事而前刺史梁釗子景進攻殺之景進又自行州事冬十有一月辛亥詔曰大孝榮親著之昔典故安平耄耋諸子滿朝自今諸有父母年八十以上者皆聽居官祿養溫凊朝夕時四方多事諸蠻復反十有二月壬午詔曰高祖以大明定功世宗以下武寧亂聲溢朔南化清中宇業盛隆周祚延七百朕幼齡纂歷夙馭鴻基戰戰兢兢若臨淵谷闇於治道政刑未孚權臣擅命亂我朝式致使西秦跋扈朔漠搆妖蠢爾荆蠻氛埃不息孔熾甚於涇陽出軍切於細柳而師旅盤桓留滯不進北淯懸危南陽告急將虧荆沔之地以致蹙國之憂今茅轂扼腕爪牙歎憤並欲摧挫封豕勦截長蛇使人神兩泰幽明獻吉朕將躬馭六師埽蕩逋穢其配衣六軍分隸熊虎前驅後隊左翼右師必令將帥雄果軍吏朋濟糧仗車馬速度時須其有失律亡軍兵戍逃叛盜賊劫掠伏竄山澤者免其往咎録其後効別立募格聽其自新廣下州郡令赴軍所今先討荆蠻疆理南服戈旗東指埽平淮外然後奮七萃於

西戎騰五牛於北狄躬撫亂離之苦面恤饑寒之患爾乃還蹕嵩宇飮至廟庭沉璧河洛告成泰岱豈不盛歟百官內外牧守軍宰宜各肅勤用明爾職山胡劉蠡升反自稱天子置官寮是月以臨淮王彧爲征南大將軍率衆討魯陽蠻

二年春正月庚戌封廣平王懷庶長子太常少卿誨爲范陽王壬子以太保汝南王悅領太尉是月都督元譚次於軍都爲洛周所敗五原降戶鮮于修禮反於定州號魯興元年詔左光祿大夫長孫稚爲使持節假驃騎將軍大都督北討諸軍事與都督河間王琛率將討之二月甲申帝皇太后臨大夏門親覽寃訟是月疊伏羅國遣使朝貢三月庚子以驃騎大將軍徐州刺史安豐王延明爲儀同三司追復中山王熙本爵子叔仁紹之甲寅西部勑勒斛律洛陽反於桑乾西與河西牧子通連別將爾朱榮擊破之夏四月大赦天下癸巳以侍中車騎大將軍城陽王徽爲儀同三司朔州城人鮮于阿胡庫狄豐樂據城反丁未都督李琚次於薊城之北又爲洛周所敗琚戰歿戊申以驃騎大將軍開府齊王寶夤爲儀同三司北討都督河間王琛長孫稚失利奔還詔免琛稚官爵庫莫奚國遣使朝貢五月丁未車駕將北討內外戒嚴前給事黃門侍郎元略自蕭衍還朝封義陽王以丞相高陽王雍爲大司馬吏部尚書廣陽王淵爲驃騎大將軍儀同三司尋爲大都督率都督章武王融北討脩禮戊申燕州刺史崔秉率衆棄城南走中山乙丑以安西將軍光祿大夫宗正珍孫爲都督討汾州反胡六月己巳曲赦齊州絳蜀陳雙熾聚衆反自號始建王曲赦平陽建興正平三郡詔假鎭西將軍都督長孫稚討雙熾平之丙子義陽王略改封東平王衞大將軍西道都督元恒芝爲車騎大將軍儀同三司戊寅詔復京兆王繼本封江陽王戊子詔曰自運屬艱棘歷載於茲烽驛交馳旌鼓不息祖宗盛業危若綴旒社稷鴻基殆將淪墜朕威德不能遐被經略無以及遠俾令蒼生罹此塗炭何以苟安黃屋無愧黔黎今便避居正殿蔬餐素服當親自招募收集忠勇其有直言正諫之士敢決徇義之夫二十五日悉集華林東門人別引見共論得失班告內外咸使聞知乙未以衞將軍東平王略爲左光祿大夫儀同三司秋七月丙午杜洛周遣其別帥曹紇眞寇掠幽州行臺常景遣都督于榮邀于粟園大破之斬紇眞獲三千餘級牛驢二萬餘頭戊申恒州陷行臺元纂奔冀州甲子蕭衍將元樹湛僧珍等寇

壽春八月丙子進封廣川縣開國公元邵爲常山王以驃騎大將軍東道行臺臨淮王彧爲儀同三司戊寅帝幸南石窟寺卽日還宮戊子進散騎常侍御史中尉武城縣開國公子攸爲長樂王都督伊瓮生討巴失利戰歿癸巳賊帥元洪業斬鮮于修禮請降爲賊黨葛榮所殺都督爾朱榮於肆州執刺史尉慶賓令其從叔羽生統州事九月辛亥葛榮敗都督廣陽王淵章武王融於博野白牛邏融歿於陣榮自稱天子號曰齊國年稱廣安甲申常景又破洛周斬其武川王賀拔文興別帥侯莫陳升生擒男女四百口牛驢五千餘頭就德興攻陷平州殺刺史王買奴是月莫折天生請降蕭寶夤使行臺左丞崔士和入據秦州天生復叛送士和於胡琛殺之冬十有一月戊戌杜洛周攻陷幽州執刺史王延年及行臺常景丙午稅京師田租畝五升借貸公田者畝一升閏月稅市人出入者各一錢店舍爲五等齊州平原民劉樹劉蒼生聚衆反州軍破走之劉樹奔蕭衍行將原樹逼壽春揚州刺史李憲力屈以城降之初留州郡縣及長史司馬戍主副質子於京師衍又遣將攻逼新野詔都督魏承祖討之詔曰頃舊京淪覆中原喪亂宗室子女屬籍在七廟之內爲雜戶濫門所拘辱者悉聽離絕

三年春正月甲戌以司空公皇甫度爲司徒儀同三司蕭寶夤爲司空車騎將軍北海王顥爲車騎大將軍儀同三司徐州民任道棱聚衆反襲據蕭城以叛州軍討平之辛巳葛榮陷殷州刺史崔楷固節死之遂東圍冀州甲申詔峻鑄錢之制蕭寶夤元恒芝大敗于涇州大隴都督南平王仲冏小隴都督高聿並相尋退散東秦州刺史潘義淵以汧城降賊高平虜賊逼岐州城人執刺史魏蘭根以城應之豳州刺史畢祖暉行臺羊深並奔退祖暉於陣歿北海王顥尋亦敗走賊帥胡引祖據北華州以應之賊帥比于騏驎入據豳州曲赦豳西及正平平陽建興戊子以司徒皇甫度爲太尉己丑以四方未平詔內外戒嚴將親出討辛卯蕭衍將湛僧珍圍東豫州詔散騎常侍元暐爲都督以討之是月衍又遣將彭羣王辯等率衆數萬逼瑯邪詔靑州南靑二州討之二月丁酉詔曰關隴遭罹寇難燕趙賊逆憑陵蒼生波流耕農靡業加諸轉運勞役已甚州倉儲實無宜懸匱自非開輸賞之格何以息漕運之煩凡有能輸粟入瀛定岐雍四州者官斗二百斛賞一階入二華州者五百石賞一階不限多少粟畢授官虜賊據潼關丁未追

復故東平王匡爵改封濟南王庚申東郡民趙顯德反殺太守裴烟自號都督立其兄子爲大守詔都督李叔仁討之是月蕭衍將成景儁寇彭城詔員外常侍崔孝芬爲行臺率將擊走之三月甲子詔將西討中外戒嚴虜賊走復潼關戊辰詔將回駕北討詔金紫光祿大夫源子邕爲大都督討葛榮辛未齊州廣川民劉鈞執清河太守邵懷聚衆反自署大行臺清河民房須自署大都督屯據昌國城夏四月別將元斌之討東郡斬顯德己酉蠕蠕國遣使朝貢六月蠕蠕國遣使朝貢是月詔都督李叔仁討劉鈞平之秋七月陳郡民劉獲鄭辯反於西華號年天授州軍討平之相州刺史安樂王鑒據州反己丑大赦天下是月青州刺史彭城王劭南青州刺史胡平遣將斬蕭衍將彭羣首俘獲二千餘人八月都督源子邕李軌裴衍攻鄴丁未斬鑒相州平仍令子邕等討葛榮九月辛卯東豫州刺史元慶和以城南叛戊子蠕蠕國遣使朝貢秦州城民杜粲殺莫折念生自行州事南秦州城民辛琛自行州事遣使歸罪冬十月戊申曲赦恒農巴西河北正平平陽邵郡及關西諸州辛亥以衞將軍討虜大都督爾朱榮爲車騎將軍儀同三司甲寅雍州刺史蕭寶夤據州反自號曰齊年稱隆緒詔尚書右僕射長孫稚討之十有一月己丑葛榮攻陷冀州執刺史元孚逐出居民凍死者十六七十有二月戊申都督源子邕裴衍與葛榮戰敗於陽平東北漳水曲並戰歿是月杜粲爲駱超所殺遣使歸罪

武泰元年春正月癸亥以北海王顥爲驃騎大將軍開府儀同三司相州刺史乙丑定州爲杜洛周所陷執刺史楊津瀛州刺史元寧以城降於洛周皇女生祕言皇子丙寅大赦改元丙子長孫稚平潼關丁丑雍州城人侯終德相率攻寶夤寶夤攜南陽公主及子與百餘騎渡渭而走雍州平二月以長孫稚爲車騎大將軍開府儀同三司雍州刺史兼尚書僕射西道行臺羣盜燒劫鞏縣以西關口以東公路澗以南詔武衞將軍李神軌爲都督討平之癸丑帝崩於顯陽殿時年十九甲寅皇子卽位大赦天下皇太后詔曰皇家握歷受圖年將二百祖宗累聖社稷載安高祖以文思先天世宗以下武經世股肱惟良元首穆穆及大行在御重以寬仁奉養率由溫明恭順朕以寡昧親臨萬國識謝塗山德慙文母屬妖逆遞興四郊多故實望穹靈降祐麟趾衆繁自潘充華有孕椒宮冀誕儲兩而熊羆無兆維虺遂彰于時直以國步未康假稱統胤欲以底定物情係仰宸極何圖一旦弓劍莫追國道中微大行絕祀皇曾孫故臨洮王寶暉世子釗體自高祖天表卓異大行平日養愛特深義齊若子事符當璧及翊日弗愈大漸彌留乃延入青蒲受命玉几暨陳衣在庭登策靡及允膺大寶卽日踐阼朕是用惶懼忸怩心焉靡洎今喪君有君宗祏惟固宜崇賞卿士爰及百辟凡厥在位並加陟敍內外百官文武督將征人遭艱解府普加軍功二階其禁衞武官直閤以下直從以上及主帥可軍功三階其亡官失爵聽復封位謀反大逆削除者不在斯限清議禁錮亦悉蠲除若二品以上不能自受者任授兒弟可班宣遠邇咸使知之乙卯幼主卽位儀同三司大都督爾朱榮抗表請入奔赴勒兵而南是月杜洛周爲葛榮所并三月癸未葛榮攻陷滄州執刺史薛慶之居民死者十八九甲申上尊謚曰孝明皇帝乙酉葬於定陵廟號肅宗夏四月戊戌爾朱榮濟河庚子皇太后幼主崩

史臣曰魏自宣武已後政綱不張肅宗沖齡統業靈后婦人專制委用非人賞罰乖舛於是釁起四方禍延畿甸卒於享國不長抑亦淪胥之始也嗚呼

魏書卷九考證

肅宗紀無人任保者○任監本訛在今依北史改正

元邵爲常山王○邵一本誤劭

魏書卷十

齊　魏收　撰

帝紀第十

孝莊紀

孝莊皇帝諱子攸彭城王勰之第三子母曰李妃肅宗初以勰有魯陽翼衞之勳封武城縣開國公幼侍肅宗書於禁內及長風神秀慧姿貌甚美拜中書侍郎城門校尉兼給事黃門侍郎雅爲肅宗所親待長直禁中遷散騎常侍御史中尉孝昌二年八月進封長樂王轉侍中中軍將軍三年十月以兄彭城王劭事轉爲衞將軍左光祿大夫中書監實見出也及武泰元年春二月肅宗崩大都督爾朱榮將向京師謀欲廢立以帝家有忠勳且兼民望陰與帝通榮乃率衆來赴夏四月丙申帝與兄弟夜北渡河丁酉會榮於河陽戊戌南濟河卽帝位以兄彭城王劭爲無上王弟霸城公子正爲始平王以榮爲使持節侍中都督中外諸軍事大將軍尚書令領軍將軍領左右封太原王己亥百寮相率有司奉璽紱備法駕奉迎於河梁庚子車駕巡河西至陶渚榮以兵權在己遂有異志乃害靈太后及幼主次害無上王劭始平王子正又害丞相高陽王雍司空公元欽儀同三司元恒芝儀同三司東平王略廣平王悌常山王邵北平王超任城王彝趙郡王毓中山王叔仁齊郡王溫公卿已下二千餘人列騎衞帝遷於便幕既而榮悔稽顙謝罪語在榮傳辛丑車駕入宮御太極殿詔曰太祖誕命應期龍飛燕代累世重光載隆帝緒冀欲闡兹洪業永在無窮豈圖多難遘兹百六致使妖悖四起內外競侵朝無恤政之臣野多怨酷之士寔由女主專朝致兹顛覆孝明皇帝大情沖順深存隱忍奄棄萬國衆用疑焉苟求胡出入守神器凡厥有心莫不解體太原王榮世抱忠孝功格古今赴義晉陽大會河洛乃推翼朕躬應兹大命德謝少康道愧前緒猥以眇身君臨萬國如涉淵海罔知所濟可大赦天下改武泰爲建義元年從太原王督將軍士普加五階在京文官兩階武官三級復天下租役三年壬寅太原王爾朱榮上表請追謚無上王爲皇帝餘死於河陰者諸王刺史贈三司三品者令僕五品者刺史七品以下及民郡鎭諸死者子孫聽立後授封爵詔從之癸卯以前太尉公江陽王繼爲太師司州牧驃騎大將軍開府儀同三司相州刺史北海王顥爲太傅開府仍刺史平東將軍光祿大夫清淵縣開國侯李延寔爲太保進封陽平王尋轉太傅安南將軍幷州刺史元天穆爲太尉公封上黨王侍中車騎大將軍儀同三司楊椿爲司徒公車騎大將軍儀同三司頓丘郡開國公穆紹爲司空公領尚書令進爵爲王使持節車騎大將軍雍州刺史上黨公長孫稚爲驃騎大將軍開府儀同三司進爵爲王尋改封馮翊王中軍將軍殿中尚書元諶爲儀同三司尚書左僕射封魏郡王中軍將軍給事黃門侍郎元瑱爲東海王金紫光祿大夫廣陵王恭爲儀同三司甲辰追復故廣陽王淵故樂安王鑒爵通直散騎常侍數城王坦爲咸陽王諫議大夫元貴平爲東萊王直閤將軍元肅爲魯郡王祕書郎中元曄爲長廣王馮翊郡開國公源紹景復先爵隴西王扶風郡開國公馮冏東郡公陸子彰北平公長孫悅並復其先王爵以北平王超還復爲安定王丁未詔內外解嚴庚戌封大將軍爾朱榮次子义羅爲梁郡王詔蠕蠕主阿那瓌贊拜不名上書不稱臣是月汝南王悅北海王顥臨淮王彧前後奔蕭衍郢州刺史元願達據城南叛五月丁巳朔加大將軍爾朱榮北道大行臺以尚書右僕射元羅爲東道大使征東將軍光祿勳元欣副之巡方黜陟先行後聞辛酉大將軍爾朱榮還晉陽帝餞於邙陰丙寅詔曰自孝昌之季法令昏泯懷忠守素擁隔莫申深怨宿憾控告靡所其有事在通途橫被疑異名例無爽枉見排抑或選舉不平或賦役煩苛諸如此者不可具說其有訴人經公車注不合者悉集華林東門朕當親理冤獄以申積滯己巳齊州郡民賈結聚衆反夜襲州城會明退走乙亥晉州刺史樊子鵠克唐州斬刺史崔元珍行臺酈惲傳首京師壬午詔求德行文藝政事强直者縣令太守刺史皆敍其志業具以表聞得三人以上縣令太守刺史賞一階舉非其人亦黜一階又以舊敍軍勳不過征虜自今以後宜依前式以上餘階積而爲品其從輿駕北來之徒不在此例悉不聽破品受階破階請帛先是蕭衍遣其將曹義宗寇荊州癸未以中軍將軍吏部尚書費穆爲使持節都督南征諸軍事節度荊州刺史王羆以討之六月丁亥朔追封兄眞定縣開國公子直爲陳留王庚寅以鎭軍將軍金紫光祿大夫李虔爲車騎大將軍儀同三司特進辛卯南荊州刺史李志據城南叛通直散騎常侍高乾邕及弟等率合流民起兵於齊州之平原頻破州軍詔東道大使元欣喻旨乃降是月葛榮飢使其僕射任褎率車三萬餘乘南寇至沁水癸卯以高昌王世子光爲平西將軍瓜州刺史襲爵泰臨縣開國伯高昌王太尉公上黨王天穆爲大都督東北道諸軍事率都督宗正珍孫奚毅賀拔勝爾朱陽都等討任褎帝以寇難未夷避正殿責躬徹膳又班募格收集忠勇其有直言正諫之士敢決徇義之夫陳國家利害之謀赴君親危難之節者集華林園面論事幽州平北府主簿河間邢杲率河北流民十餘萬戶反於青州之北海自署漢王號年天統戊申以征東將軍金紫光祿大夫李叔仁爲車騎大將軍儀同三司率衆討之詔直寢紀業持節募新免牧戶有投名効力者授九品官己酉詔諸有私馬仗從戎者職人優兩大階亦授實官白民出身外優兩階

亦授實官若武藝超倫者雖無私馬亦依前條雖不超倫但射槊翹關一藝而膽略有施者依第出身外特優一大階授實官若無姓第者從八品出身階依前加特授實官辛亥詔曰朕當親御六戎埽靜燕代大將軍太原王爾朱榮率精甲十萬爲左軍上黨王天穆總衆八萬爲前軍司徒公楊椿勒兵十萬爲右軍司空公穆紹統卒八萬爲後軍是夜葛榮衆退屯相州之北秋七月丁巳詔從四品以上從征者不得優階正四品者優一階軍級從三品以上從征四品者優一大階正五品以下還依前格若有征階十餘計入四品三品限授五階己未詔前試守東郡太守唐景宣爲持節都督於東郡召募僑居流民二千人渡河隨便爲柵準望臺軍是月齊獻武王於鄴西北慰喻葛榮別帥稱王者七人衆萬餘降之乙丑加大將軍爾朱榮柱國大將軍錄尚書事辛巳尚書奏斷百官公給衣冠劍佩綬舄壬子光州人劉舉聚衆數千反於濮陽自稱皇武大將軍是月高平鎮人万俟醜奴僭稱大位署置百官是月臨淮王彧自江南還朝八月太山太守羊侃據郡引蕭衍將軍王僧辯攻兗州甲辰詔大都督宗正珍孫率南廣州刺史都督鄭先護討劉舉於濮陽破平之以侍中驃騎大將軍臨淮王彧爲儀同三司是月葛榮率衆圍相州九月己丑詔太尉公上黨王天穆討葛榮次於朝歌之南己巳以征東將軍齊州刺史元欣爲沛郡王壬申柱國大將軍爾朱榮率騎七千討葛榮於滏口破擒之餘衆悉降冀定滄瀛殷五州平乙亥以平葛榮大赦天下改爲永安元年辛巳以柱國大將軍太原王爾朱榮爲大丞相都督河北畿外諸軍事以榮子平昌郡開國公文殊昌樂郡公文暢並進爵爲王以司徒公楊椿爲太保城陽王徽爲司徒冬十月丁亥爾朱榮檻送葛榮於京師帝臨閶闔門榮稽顙謝罪斬於都市丙申以撫軍將軍太常卿太原王世子菩提爲使持節驃騎大將軍開府儀同三司丁酉以冀州之長樂相州之南趙定州之博陵滄州之浮陽平州之遼西燕州之上谷幽州之漁陽七郡各萬戶增封太原王爾朱榮爲太原國戊戌又加榮太師庚戌以侍中鎮南將軍太原郡開國公于暉兼尚書左僕射爲行臺與齊獻武王討羊侃壬子太師江陽王繼薨癸丑以膠東縣開國侯李侃希復其祖爵南郡王是月車騎大將軍儀同三司李叔仁討邢杲於濰水失利而還大都督費穆大破蕭衍軍擒其將曹義宗檻送京師蕭衍以北海王顥爲魏王號年孝基入據南兗之銍城十有一月戊午以無上王世子韶爲彭城王陳留王子寬爲陳留王寬弟剛爲浮陽王剛弟質爲林慮王癸亥齊獻武王行臺于暉與徐兗行臺崔孝芬大都督刁宣大破羊侃於瑕丘侃奔蕭衍兗州平戊寅以上黨王天穆爲大將軍開府世襲幷州刺史封前將軍太中大夫元凝爲東安王十有二月庚子詔行臺于暉回師討邢杲次於歷下是歲葛榮餘黨韓樓復據幽州反

二年春正月甲寅于暉所部都督彭樂率二千餘騎北走於韓樓乃班師二月癸未朔詔諸禁衞之官從戎有功及傷夷者赴選先敘甲午尊皇考爲文穆皇帝廟號肅祖皇妣爲文穆皇后燕州民王慶祖聚衆於上黨自稱爲王柱國大將軍爾朱榮討擒之壬寅詔散騎常侍濟陰王暉業兼行臺尚書督都督李德龍丘大千鎮梁國三月壬戌詔大將軍上黨王天穆與齊獻武王討邢杲夏四月癸未遷肅祖文穆皇帝及文穆皇后神主于太廟內外百寮普汎加一級曲赦畿內死罪至流人減一等徒刑以下悉免庚子詔太原王爾朱榮下將士並汎加二級辛丑上黨王天穆齊獻武王大破邢杲於齊州之濟南杲降送京師斬於都市元顥攻陷考城執行臺元暉業都督丘大千五月壬子朔元顥克梁國丁巳以撫軍將軍前徐州刺史楊昱爲使持節鎮東將軍東南道大都督率衆鎮滎陽尚書僕射爾朱世隆鎮虎牢侍中爾朱世承鎮崿岅辛酉詔私馬仗從戎優階授官壬戌又詔募士一依征葛榮甲子又詔職人及民出馬優階各有差乙丑內外戒嚴癸酉元顥陷滎陽執楊昱爾朱世隆棄虎牢遁還甲戌車駕北巡乙亥幸河內丙子元顥入洛丁丑進封城陽縣開國公元祉爲平原王安昌縣開國侯元鷙爲華山王並加儀同三司戊寅行臺崔孝芬大都督刁宣破元顥後軍都督侯暄於梁國斬之擒其卒三千人以侍中車騎將軍尚書右僕射爾朱世隆爲使持節行臺僕射本將軍相州刺史鎮鄴城以便宜從事又詔上黨百年以下九十以上板三品郡八十以上四品郡七十以上五品郡太原王爾朱榮會車駕於長子即日反旆上黨王天穆北渡會車駕於河內六月己丑儀同三司費穆爲顥所害壬寅克河內斬太守元襲都督宗正珍孫秋七月戊辰都督爾朱兆賀拔勝從硤石夜濟破顥子冠受及安豐王延明軍元顥敗走庚午車駕入居華林園昇大夏門大赦天下以使持節車騎將軍都督潁川郡開國公爾朱兆爲車騎大將軍儀同三司詔以前朝勳書多竊冒宜一切焚棄之若立效灼然爲時所知者別加科賞蕃客及邊酋翻城降有勳未敘者不在焚斷之限北來軍士及隨駕文武諸立義加汎五級河北執事之官二級河南立義及迎駕之官并中途扈從亦二級壬申以柱國大將軍太原王爾朱榮爲天柱大將軍加前後部羽葆鼓吹癸酉臨穎縣卒江豐斬元顥傳首京師甲戌以大將軍上黨王天穆爲太宰司徒公城陽王徽爲大司馬太尉公乙亥宴勞天柱大將軍爾朱榮上黨王天穆及北來督將於都亭出宮人三百繒錦雜綵數萬匹班賜有差又諸州郡遣使奉表行宮者並加一大階丁丑獲元顥弟瑱斬於都市詔受元顥爵賞階級悉追奪之己卯以鎮東將軍南青州刺史元旭爲襄城王平南將軍南兗州刺史元暹爲汝陽王閏月辛巳帝始居宮內辛卯以車騎將軍兼吏部尚書楊津爲司空巴州刺史嚴始欣據州南叛蕭衍遣其將蕭玩張鴻江茂達等率衆赴援八月庚戌朔詔諸有公私債負一錢以上巨萬以還悉皆禁斷不得徵責己未以侍中太傅李延寔爲司徒公丁卯封瓜州刺史元太榮爲東陽王甲戌侍中太保楊椿致仕乙亥詔車騎將軍右光祿大夫奚毅板授天柱大將軍爾朱榮太宰天穆下勳及祖父叔伯耆年者牧守有差九月大都督侯淵討韓樓於薊破斬之幽州平万俟醜奴攻東秦城陷之殺刺史高子朗冬十月丁丑以前司空公丹陽王蕭贊爲司徒公十有一月己卯就德興自營州遣使請降丁亥詔羣官休停在外者皆令赴闕程會有差丙午以大司馬太尉公城陽王徽爲太保司徒公丹陽王蕭贊爲太尉公開府儀同三司雍州刺史長孫稚爲司徒公十有二月辛亥蕭衍兗州刺史張景邕荊州刺史李靈起雄信將軍蕭進明來降

三年春正月己丑益州刺史長孫壽梁州刺史元儁等遣將與征巴州都督元景夏討嚴始欣斬之蕭衍都督蕭玩何難尉陳愁敗走斬玩首俘獲萬餘人辛丑東徐州城民呂文欣王赦等殺刺史元大賓據城反以撫軍將軍都官尚書樊子鵠兼右僕射爲行臺督征南將軍都督賈顯智征東將軍徐州刺史嚴思達以討之二月甲寅克之東徐平三月醜奴大行臺尉遲菩薩寇岐州大都督賀拔岳可朱渾道元大破之夏四月丁巳以侍中太尉公丹陽王蕭贊爲使持節都督齊濟兗三州諸軍事驃騎大將軍開府儀同三司齊州刺史丁卯雍州刺史爾朱天光討醜奴蕭寶夤於安定破擒之四送京師甲戌以關中平大赦天下醜奴斬於都市寶夤賜死於驪牛署六月戊午詔胡民親屬受爵於朝者黜附編民嚈噠國獻師子一是月白馬龍涸胡王慶雲僭稱大位於永洛城署置百官秋七月丙子天光平永洛城擒慶雲坑其城民一萬七千癸巳蕭衍民華虬卜湯世率堡聚內附庚子車騎大將軍儀同三司李叔仁坐事除名爲民九月辛卯天柱大將軍爾朱榮上黨王天穆自晉陽來朝戊戌帝殺榮天穆於明光殿及榮子儀同三司菩提乃昇閶闔門詔曰蓋天道忌盈人倫嫉惡疏而不漏刑之無捨是以呂霍之門禍譴所伏梁董之家咎徵斯在頃孝昌之末天步孔艱女主亂政監國無主爾朱榮爰自晉陽同憂王室義旗之建大會盟津與世樂推共成鴻業論其始圖非無勞效但致遠恐泥終之實難曾未崇朝豺聲已露河陰之役安忍無親王公卿士一朝塗地宗戚靡遺內外俱盡假弄天威殆危神器時事倉卒未遑問罪尋以葛賊橫行馬首南向捨過責成用平醜虜及元顥問鼎大駕北巡復致勤王展力行所以此論功且可補過既位極宰衡地踰齊魯容養之至豈復是過但心如猛火山林無以供其暴意等漏卮江河無以充其溢既見金革稍寧方隅漸泰不推天功專爲己力與奪任情臧否肆意無君之跡日月以甚拔髮數罪蓋不足稱斬竹書愆豈云能盡方復托名朝宗陰圖釁逆睥睨天居窺覦聖曆乃有裂冠毀冕之心將爲拔本塞源之事天既厭亂人亦悔禍同惡之臣密來投告將而必誅罪無容捨又元天穆宗室末屬名望素微遭逢際會頗參義舉不能竭其忠誠以奉家國乃復棄本逐末背同即異爲之謀主成彼禍心是而可忍孰不可恕並以伏辜自貽伊戚元惡既除人神慶泰便可大赦天下遣武衞將軍奚毅前燕州刺史崔淵率兵鎮北中是夜僕射爾朱世隆榮妻鄉郡長公主率榮部曲焚西陽門出屯河陰己亥攻河橋擒毅等於逆害之據北中城南逼京邑詔以驃騎大將軍雍州刺史廣宗郡開國公爾朱天光爲侍中儀同三司以侍中司空公楊津爲使持節督幷肆燕恒雲朔顯汾蔚九州諸軍事驃騎大將軍幷州刺史兼尚書令北道大行臺經略幷肆庚子詔諸舊代人赴華林園帝將親簡敘以撫軍將軍金紫光祿大夫高乾邕爲侍中河北大使招集驍勇冬十月癸卯朔封安南將軍大鴻臚卿元寶炬爲南陽王大宗正卿汝陽縣開國公元脩爲平陽王通直散騎常侍龍驤將軍新陽縣開國伯元誕爲昌樂王復通直散騎常侍琅邪縣開國公李叔仁官爵仍爲使持節大都督

以討世隆甲辰以魏郡王諶徙封趙郡王諶弟子趙郡王寘改封平昌王儀同三司李虔薨丁未班募攻河橋格賞帛授官各有差戊申皇子生大赦天下文武百寮汎二級以平南將軍中書令魏蘭根兼尙書左僕射爲河北行臺定相殷三州稟蘭根節度乙卯通直散騎常侍假平西將軍都督李苗以火船焚河橋爾朱世隆退走丙辰詔大都督兼尙書僕射行臺源子恭率步騎一萬出自西道行臺楊昱領都督李侃希等部募勇士八千從東路防討之子恭仍鎭太行丹谷世隆至建州刺史陸希質拒守城陷盡屠之唯希質獲免以中軍將軍前東荆州刺史元顯恭爲使持節都督晉建南汾三州諸軍事鎭西將軍晉州刺史兼尙書左僕射爲征西道行臺節度都督薛善樂薛修義裴元儁薛崇禮薛憘族等丁卯詔以世隆北叛河內固守其在城督將文武普加二級兵士給復三年壬申爾朱世隆停建興之高都爾朱兆自晉陽來會之共推太原太守行并州刺史長廣王曄爲主大赦所部號年建明普汎四級徐州刺史爾朱仲遠反率衆向京師十有一月癸酉朔詔車騎將軍左衞將軍鄭先護爲使持節大將軍大都督與都督李侃希赴行臺楊昱以討之乙亥以使持節兼尙書令西道大行臺司徒公長孫稚爲太尉公侍中尙書令驃騎大將軍開府儀同三司臨淮王彧爲司徒公丙子以驃騎大將軍儀同三司雍州刺史廣宗郡開國公爾朱天光開府進爵爲王丁丑爾朱仲遠陷西兗州執刺史王衍癸未以右衞將軍賀拔勝爲東征都督壬辰又以左衞將軍大都督鄭先護兼尙書左僕射爲行臺與勝並討仲遠戊戌詔罷魏蘭根行臺以後將軍定州刺史薛曇尙爲使持節兼尙書爲北道行臺隨機召發行豫州刺史元崇禮殺後行州事陰導和擅攝豫州庚子賀拔勝與仲遠戰於滑臺東失利仍奔之十有二月壬寅朔爾朱兆寇丹谷都督崔伯鳳戰歿都督羊文義史五龍降兆大都督源子恭奔退甲辰爾朱兆爾朱度律自富平津上率騎涉渡以襲京城事出倉卒禁衞不守帝出雲龍門兆逼帝幸永寧佛寺殺皇子并殺司徒公臨淮王彧左僕射范陽王誨戊申元曄大赦天下爾朱度律自鎭京師甲寅爾朱兆遷帝於晉陽甲子崩於城內三級佛寺時年二十四并害陳留王寬是月河西人紇豆陵步蕃破落韓常大敗爾朱兆於秀容齊州城人趙洛周據西城反應爾朱兆刺史丹陽王蕭贊棄城走南陽太守趙脩延執荆州刺史李琰之自行州事中興二年諡爲武懷皇帝太昌元年又諡孝莊皇帝廟號敬宗十一月葬於靜陵

史臣曰魏自孝昌之末天下淆然外侮內亂神器固將無主莊帝潛思變化招納勤王雖時事孔棘而卒有四海猾逆既翦權强擅命抑是兆謀運智之秋勞謙夕惕之日也未聞長轡之筴遽深負剌之恐謀謨罕術授任乖方猜嫌行戮禍不旋踵嗚呼胡醜之爲釁也豈周衰晉末而已哉至於高祖不祀武宣享廟三后降鑒福祿固不永矣

魏書卷十考證

孝莊帝紀以高昌王世子光爲平西將軍瓜州刺史襲爵泰臨縣開國伯○泰監本訛作秦今从本傳改正

魏書卷十一

齊　魏收　撰

帝紀第十一

前廢帝廣陵王紀

後廢帝安定王紀

出帝平陽王紀

前廢帝諱恭字脩業廣陵惠王羽之子也母曰王氏少端謹有志度長而好學事祖母嫡母以孝聞正始中襲爵延昌中拜通直散騎常侍神龜中進兼散騎常侍正光二年正常侍領給事黃門侍郎帝以元乂擅權遂稱疾不起久之因託瘖病五年執除金紫光祿大夫加散騎常侍建義元年除儀同三司王既絕言垂將一紀居於龍花寺無所交通永安末有白莊帝者言王不語將有異圖民間遊聲又云有天子之氣王懼禍逃匿上洛尋見追躡執送京師拘禁多日以無狀獲免及莊帝崩爾朱世隆等以元曄疎遠又非人望所推以王潛嘿晦身有過人之量將謀廢立恐實不語乃令王所親申其意且兼迫脅王遂答曰天何言哉世隆等大悅春三月己巳曄進至邙南世隆等奉王東郭之外行禪讓之禮羣臣上表曰否泰沿時殷憂啓聖故六飛在御三石與符伏惟陛下運屬千齡智周萬物獨昭繫象妙極天人寶歷有歸光宅攸屬而將安獨善不務兼濟靈命徘徊幽明載佇伏願時順謳謠念茲宗祏用捨勞疾允答人神王答曰自量眇身是以讓執然王公勤至不可拒違今敬承所陳惟愧弗堪負荷耳太尉公爾朱度律奉進璽綬袞冕之服乃就輅車百官侍衞入自建春雲龍門昇太極前殿羣臣拜賀禮畢登閶闔門詔曰朕以寡薄撫臨萬邦思與億兆同茲慶泰可大赦天下以魏爲大魏改建明二年爲普泰元年其稅市及稅鹽之官可悉廢之百雜之戶貸賜民名官任仍舊天下調絹四百一疋內外文武普汎四階合敍未定第者亦沾級除名免官者特復本資品封依舊頴川王爾朱兆彭城王爾朱仲遠隴西王爾朱天光樂平王爾朱世隆常山王爾朱度律車騎大將軍儀同三司齊獻武王都督斛斯椿下軍士普汎六級庚午詔曰朕以眇身臨王公之上夕惕祗懷若履氷谷賴七廟之靈百辟忠誠之舉庶免墜殞夫三皇稱皇五帝云帝三代稱王迭沖挹也自秦之末競爲皇帝忘負乘之深殃垂貪鄙於萬葉予今稱帝已爲褒矣可普告令知是月鎭遠將軍清河崔祖螭聚靑州七郡之衆十餘萬人圍東陽幽州刺史劉靈助起兵於薊撫軍將軍金紫光祿大夫兼侍中河北大使高乾邕及弟平北將軍通直散騎常侍敖曹率衆夜襲冀州執刺史元嶷殺監軍孫白鷂共推前河內太守封隆之行州事三月癸酉封長廣王曄爲東海王詔太師驃騎大將軍靑州刺史魯郡王肅還爲太師特進車騎大將軍沛郡王欣爲太傅司州牧改封淮陽王驃騎大將軍開府儀同三司徐州刺史彭城王爾朱仲遠驃騎大將軍儀同三司雍州刺史隴西王爾朱天光並爲大將軍柱國大將軍并州刺史頴川王爾朱兆爲天柱大將軍驃騎大將軍儀同三司左衞將軍大都督晉州刺史平陽郡開國公齊獻武王封渤海王增邑五百戶特進車騎大將軍淸河王亶爲儀同三司侍中太傅驃騎大將軍開府儀同三司尙書令樂平王爾朱世隆爲太保開府前司徒公長孫稚爲太尉公錄尙書事侍中驃騎大將軍開府儀同三司趙郡王諶爲司空公稚固辭尋除驃騎大將軍開府儀同三司丙子帝引見尙書右僕射元羅及皇宗於顯陽殿勞勉之丁丑加驃騎大將軍北華州刺史公孫略儀同三司己卯詔右衞將軍賀拔勝并尙書一人募伎作及雜戶從征者正入出身皆授實官私馬者優一大階庚辰以侍中衞將軍咸陽王坦衞將軍尙書左僕射南陽王寶炬侍中征東將軍平陽王脩並儀同三司乙酉詔簡北來及在京二官員外剩置者己丑以持節驃騎將軍涇州刺史賀拔岳爲儀同三司岐州刺史使持節車騎大將軍渭州刺史侯莫陳悅爲儀同三司秦州刺史庚寅詔天下有德孝仁賢忠義志信者可以禮召赴闕不應召者以不敬論丙申劉靈助率衆次於安國城定州刺史侯淵破斬之傳首京師戊戌以使持節侍中車騎大將軍斛斯椿侍中衞將軍元受並特進儀同三司詔曰頃官方失序仍令沙汰定員簡剩已有判決退下之徒微亦可愍諸在簡下可特優一級皆授將軍預參選限隨能補用是春冠軍將軍南靑州刺史茹懷朗使其部將何寶率步騎三千擊蕭衍守將於琅邪擒其尙書左僕射儀同三司雲麾將軍徐兗二州刺史劉相如夏四月癸卯幸華林都亭燕射班錫有差太樂奏伎有倡優爲愚癡者帝以非雅戲詔罷之壬子有事於太廟癸丑詔以齊獻武王爲使持節侍中都督冀州諸軍事驃騎大將軍開府儀同三司大都督東道大行臺冀州刺史驃騎大將軍安定王爾朱智虎爲開府儀同三司肆州刺史乙卯以右衞將軍賀拔勝武衞將軍大野拔並爲儀同三司己未帝於顯陽殿簡試通直散騎常侍散騎侍郎通直郎剩員非才他轉之癸亥隴西王爾朱天光大破宿勤明達擒送京師斬之丙寅以侍中驃騎大將軍爾朱彥伯爲司徒公詔有司不得復稱僞梁罷細作之條無禁鄰國往還詔員外諫議大夫步兵校尉奉車都尉羽林監給事中積射將軍奉朝請殿中將軍宮門僕射殿中司馬督治禮郎十一官得俸而不給力老合外選者依常格其未老欲外選者聽解其七品以上朔望入朝若正員有闕隨才進補前員外簡退優階者追之稱事簡下者仍優一級先是南陽太守趙脩延執刺史李琰之五月丙子荆州城民斬脩延送首還推琰之爲刺史爾朱仲遠使其都督魏僧勗等討崔祖螭於東陽擒斬之六月庚申齊獻武王以爾朱逆亂始興義兵於信都西定殷州斬其刺史爾朱羽生命南趙郡太守李元忠爲刺史鎭廣阿癸亥帝臨顯陽殿親理冤訟戊辰以使持節驃騎大將軍開府爾朱弼爲儀同三司秋七月壬申爾朱世隆等害前太保楊椿前司空公楊津及其家丙戌司徒公爾朱彥伯以旱遜位戊子除彥伯侍中開府儀同三司庚寅以侍中太保開府尙書令樂平王爾朱世隆爲儀同三司位次上公八月庚子詔隴西王爾朱天光下文武討

宿勤明達者汎三級頴川王爾朱兆率步騎二萬出井陘趣殷州李元忠棄城還信都丙午常山王爾朱度律彭城王爾朱仲遠等率衆出抗義旗九月丁丑以侍中驃騎將軍盧同驃騎大將軍杜德車騎大將軍橋寧並爲儀同三司己卯以使持節都督東道諸軍事兼尚書令東道大行臺彭城王爾朱仲遠爲太宰庚辰加使持節大將軍都督關中諸軍事兼尚書令西道大行臺隴西王爾朱天光爲大司馬驃騎大將軍青州刺史開府儀同三司穆紹薨癸巳追尊皇考爲先帝皇妣王氏爲先太妃封皇弟永業爲高密王皇子恕爲渤海王冬十月壬寅齊獻武王推渤海太守元朗即皇帝位於信都

二年春三月齊獻武王敗爾朱天光等於韓陵夏四月辛巳齊獻武王與廢帝至邙山使魏蘭根慰諭洛邑且觀帝之爲人蘭根忌帝雅德還致毀謗竟從崔㥄議廢帝於崇訓佛寺而立平陽王脩爲帝帝既失位乃賦詩曰朱門久可患紫極非情翫顛覆立可待一年三易換時運正如此唯有脩眞觀太昌初帝殂於門下外省時年三十五出帝詔百司赴會大鴻臚監護喪事葬用王禮加以九旒鑾輅黃屋左纛班劒百二十人二衞羽林備儀衞

後廢帝諱朗字仲哲章武王融第三子也母曰程氏少稱明悟永安二年爲肆州魯郡王後軍府錄事參軍儀同開府司馬元曄之建明二年正月戊子爲冀州渤海太守及齊獻武王起義兵將誅暴逆乃推戴之冬十月壬寅即皇帝位於信都城西昇壇焚燎大赦稱中興元年文武百官普汎四級以齊獻武王爲侍中丞相都督中外諸軍事大將軍錄尚書事大行臺增邑三萬戶以兼侍中撫軍將軍河北大使高乾邕爲侍中司空公前平北將軍通直散騎常侍高敖曹爲驃騎大將軍儀同三司冀州刺史以終其身以前刺史元嶷爲儀同三司己酉爾朱度律爾朱仲遠斛斯椿賀拔勝賈顯智次於陽平將抗義師齊獻武王縱反間構之遂與爾朱兆相疑敗散而還辛亥齊獻武王大破爾朱兆於廣阿虜其卒五千餘人詔將士汎五級留守者二級詔征東將軍吏部尚書封隆之爲使持節北道大使隨方處分十有一月己巳詔曰王度剏開彝倫方始所班官秩不改舊章而無識之徒因茲僥倖謬增軍級虛名顯位皆言前朝所授理難推抑自非嚴爲條制無以防其僞竊諸有虛增官號爲人發糺罪從軍法若入格檢覆無名者退爲平民終身禁錮庚辰齊獻武王率師攻鄴城是年南兗城民王乞德逼前刺史劉世明以州降蕭衍衍使其將元樹入據譙城

二年春正月壬午拔鄴擒刺史劉誕詔諸將士汎四級封侯增邑九十七人各有差等癸未詔曰自中興草昧典制權與郡縣之官率多行督假有正者風化未均眷彼周餘專爲漁獵朕所以夙興夜寐有惕於懷有司明加糾罰稱朕意焉二月辛亥上孝莊皇帝謚曰武懷皇帝甲子以齊獻武王爲大丞相柱國大將軍太師增封三萬戶并前爲六萬戶三月丙寅以齊文襄王起家爲驃騎大將軍儀同三司丙子以侍中車騎大將軍尚書左僕射孫騰爲驃騎大將軍儀同三司丁丑車駕幸鄴乙酉詔文武家屬自信都赴鄴城閏月乙未以安北將軍光祿大夫博野縣開國伯尉景爲驃騎大將軍儀同三司丙申以衞將軍金紫光祿大夫庫狄干爲車騎大將軍儀同三司壬寅爾朱天光兆度律仲遠等屯於洹水之南癸丑齊獻武王出頓紫陌庚申爾朱兆率輕騎三千夜襲鄴城叩西門不剋退走壬戌齊獻武王大破爾朱天光等四胡於韓陵前廢帝鎮軍將軍賀拔勝徐州刺史杜德於陳降爾朱兆走趣并州仲遠奔東郡天光度律將赴洛陽大都督斛斯椿賈顯智倍道先還夏四月甲子朔椿等據河橋懼罪自劾尋擒天光度律於河橋西北大行臺長孫稚都督賈顯智等率騎入京師執爾朱世隆彥伯斬於都街四送天光度律於齊獻武王辛未前廢帝驃騎大將軍行濟州事侯景據城降仍除儀同三司兼尚書僕射南道大行臺濟州刺史甲戌以車騎將軍尚書右僕射魏蘭根爲驃騎大將軍儀同三司乙亥以車騎大將軍儀同三司中軍大都督高盛兼尚書僕射北道行臺隨機處分爾朱仲遠奔蕭衍青州刺史爾朱弼爲其部下馮紹隆所殺傳首京師丙子前廢帝安東將軍辛永右將軍建州大都督張悅舉城降辛巳車駕至河陽遜位於別邸太昌元年五月封安定郡王邑一萬戶後以罪殂於門下外省時年二十永熙二年葬於鄴西南野馬岡

出帝諱脩字孝則廣平武穆王懷之第三子也母李氏性沉厚少言好武事始封汝陽縣開國公拜通直散騎侍郎轉中書侍郎建義初除散騎常侍尋遷平東將軍兼太常卿又爲鎮東將軍宗正卿永安三年封平陽王普泰初轉侍中鎮東將軍儀同三司兼尚書右僕射又加侍中尚書左僕射中興二年夏四月安定王自以疎遠未允四海之心請遜大位齊獻武王與百寮會議僉謂高祖不可無後乃共奉王戊子即帝位於東郭之外入自東陽雲龍門御太極前殿羣臣朝賀禮畢昇閶闔門詔曰否泰相沿廢興互有玄天無所隱精靈弗能論大魏統乾德漸區寓牢籠九服旁礴三光而上天降禍運踵多難禮樂崩淪憲章漂沒赫赫宗周翦爲戎寇肅肅清廟將成茂草胡羯乘機肆其昏虐殺君害王刳剔海內競其吞噬之意不識醉飽之心自書契以來未有若斯者已大丞相渤海王忠存本朝精貫白日爰舉義旗志雪國恥故廣阿之軍貔虎奪氣鄴下之師金湯失險近者四胡相率實繁有徒驅天下之兵盡華戎之銳桴鼓暫交一朝盪滅元兇授首大憝斯擒揚旆濟河掃清伊洛士民安堵不失舊章社稷危而復安洪基毀而還構朕以託體宸極猥當樂推祗握寶圖承茲大業得以眇身託於王公之上若涉淵水罔識攸津思與兆民同茲嘉慶可大赦天下改中興二年爲太昌元年詔前御史中尉樊子鵠起復本官兼尚書左僕射東南道大行臺都督儀同三司徐州刺史杜德討元樹齊獻武王上言建義之家枉爲爾朱氏籍沒者悉皆蠲免帝以世易復除齊獻武王爲大丞相天柱大將軍太師世襲定州刺史增封九萬并前十五萬戶庚寅加齊文襄王侍中開府儀同餘如故壬辰齊獻武王還鄴車駕餞別於乾脯山五月丙申前廢帝廣陵王殂以太傅淮陽王欣爲太師封沛郡王司徒公趙郡王諶爲太保侍中驃騎大將軍開府儀同三司清河王亶儀同三司使持節侍中驃騎大將軍開府儀同三司司州牧南陽王寶炬爲太尉公侍中太保錄尚書事長孫稚爲太傅侍中驃騎大將軍尚書左僕射元羅儀同三司尚書令驃騎大將軍吏部尚書元世儁儀同三司戊戌以齊獻武王固讓聽解天柱大將軍減封五萬戶餘悉如故辛丑以前司空高乾邕復爲司空公乙巳帝幸華林都亭宴羣臣班賚有差羽林隊主唐猛突入稱慶帝以猛犯禁衞杖之猛辭色有忤斬之階下丁未詔曰無侮惸獨事炳前經惠此鰥寡聲留往册朕以薄德作民父母乃眷元元寤言增歎今理運惟新哀矜伊始如有孤老疾病無所依歸者有司明加隱括依格賑贍又詔曰理有一準則民無覬覦法啓二門則吏多威福前主爲律後主爲令歷世永久實用滋章非所以準的庶品隄防萬物可令執事之官四品以上集於都省取諸條格議定一途其不可施用者當局停記新定之格勿與舊制相連務在約通無致冗滯己酉以侍中驃騎大將軍儀同三司清河王亶爲司徒公庚戌詔曰頃西土年饑百姓流徙或身倚溝渠或命懸道路皆見棄草土取厭烏鳶言念於此有警夜寐掩骼之禮誠所庶幾行墐之義冀亦可勉其諸有露屍令所在埋覆可宣告天下乙卯詔外內解嚴六月癸亥朔帝於華林園納訟丙寅蠕蠕厭噠高麗契丹庫莫奚國並遣使朝貢丁卯太尉公司州牧南陽王寶炬坐事降爲驃騎大將軍開府王如故歸第令羽林衞守改謚武懷皇帝曰孝莊癸酉蠕蠕厭噠國遣使朝貢戊寅詔內外百司普汎六級在京百寮加中興四級義師將士並加軍汎六級在鄴百官三級河北同義之州兩級河橋建義者加五級關西二級諸受建明普泰封爵汎級優特之階悉追己卯帝臨顯陽殿納訟乙酉高麗契丹庫莫奚國遣使朝貢丙戌以前驃騎大將軍開府儀同三司斛斯椿還爲前官詔曰間者凶權誕恣法令變常遂立夷貊輕賦冀收天下之意隨以箕斂之重終納十倍之征掩目捕雀何能過此朕屬念蒸黎無忘寢食加田桑始事生業未滋若頓依常格或不周展今歲租調且兩收一丐來年復舊辛卯以使持節衞大將軍儀同三司尚書左僕射賈顯度爲驃騎大將軍開府儀同三司秋七月乙未詔曰頃永安馭運載育皇儲遂錫汎階以申國慶近經普泰便爾中追今罪人既殄舊章斯復宜述往旨用卒前恩皇子汎二級悉可還授文穆廟汎故宜停寢若已受者依例追之庚子以驃騎大將軍開府南陽王寶炬爲太尉公壬寅齊獻武王率衆入自滏口大都督庫狄干入自井陘討爾朱兆乙巳齊獻武王以爾朱天光爾朱度律送之京師斬於都市己酉以兼尚書左僕射東南道大行臺樊子鵠爲儀同三司庚戌詔侍中驃騎將軍左光祿大夫高隆之爲使持節驃騎大將軍儀同三司兼尚書左僕射北道行臺率步騎十萬趨大行會齊獻武王隆之解行臺仍爲大丞相軍司齊獻武王次於武鄉爾朱兆大掠晉陽北走秀容并州平乙卯帝臨顯陽殿親理冤獄丙辰以宗師東萊王貴平爲車騎大將軍儀同三司是月夏州徙民郭遷據宥州反刺史元嶷棄城走詔行臺侯景率齊州刺史尉景濟州刺史蔡儁等攻討之城陷遷奔蕭衍東南道大行臺樊子鵠大破蕭衍軍於譙城擒其鄴王元樹及譙州刺史朱文開八月壬戌朔齊文襄王來朝燕射班賚部下各有差丁卯以西中郞將元寧爲高平王甲戌以車騎大將軍左光祿大夫李琰之爲儀同三司

庚寅以車騎將軍左光祿大夫崔秉爲驃騎大將軍儀同三司辛卯以車騎將軍右光祿大夫高岳爲驃騎大將軍儀同三司九月癸未以侍中驃騎大將軍左光祿大夫封津爲儀同三司庚子帝幸華林都亭引見元樹及公卿百寮蕃使督將等宴射班賚各有差癸卯燕郡開國公賀拔允進爵爲王乙巳帝幸都水南過洛汭遂至澀澗己酉復田于北原癸丑以太師沛王欣爲廣陵王前廢帝子渤海王子恕改封沛郡王甲寅以侍中驃騎大將軍封隆之任祥並爲儀同三司以車騎大將軍河南尹元仲景爲驃騎大將軍儀同三司乙卯車駕謁山陵丙辰蠕蠕高昌國遣使朝貢庚申以衞將軍前吏部尚書李神儁撫軍將軍右衞將軍婁昭並爲驃騎大將軍儀同三司冬十月甲子以使持節衞將軍光州刺史高仲密爲車騎大將軍儀同三司丁卯以車騎大將軍左光祿大夫潘鑾爲儀同三司己卯以車騎大將軍左光祿大夫高琛爲特進驃騎開府儀同三司庚寅以使持節驃騎將軍肆州刺史劉貴爲驃騎大將軍儀同三司十有一月甲午以車騎將軍揚州刺史斛斯敦爲驃騎大將軍儀同三司丁酉日南至車駕有事於圜丘戊戌朝會百官於太極前殿甲辰安定王朗及東海王曄坐事死乙巳蠕蠕國遣使朝貢己酉以前太尉公汝南王悅爲侍中大司馬開府葬靈太后胡氏十有二月丙寅以驃騎大將軍領御史中尉綦儁爲儀同三司乙亥以侍中廣平王贊爲驃騎大將軍開府儀同三司丁亥殺大司馬汝南王悅大赦天下改太昌爲永興以太宗號尋改爲永熙元年

二年春正月庚寅朔朝饗羣臣于太極前殿甲午齊獻武王自晉陽出討爾朱兆丁酉大破之於赤洪嶺兆遁走自殺己亥車駕幸崧高石窟靈巖寺庚子又幸散施各有差庚戌儀同三司李琰之薨丁巳追尊皇考爲武穆帝皇太妃馮氏爲武穆后皇妣李氏爲皇太妃以驃騎將軍前滄州刺史高聿爲驃騎大將軍儀同三司蕭衍勞州刺史曹鳳東荆州刺史雷能勝等舉城內屬二月庚申以使持節鎭東將軍行汾州事張瓊爲驃騎大將軍儀同三司辛酉以司空公高乾邕爲使持節驃騎大將軍開府儀同三司咸陽王坦爲司空公三月己丑朔加驃騎大將軍滄州刺史賈顯智開府儀同三司辛卯詔以前普解諸行臺今阿至羅相率降欵復以齊獻武王爲大行臺隨機裁處甲午以車騎將軍蔚州刺史竇泰爲使持節車騎大將軍開府儀同三司相州刺史使持節驃騎大將軍開府儀同三司徐州刺史高乾邕坐事賜死太師魯郡王肅薨戊申以使持節都督河渭部三州諸軍事驃騎大將軍世襲河州刺史梁景叡爲儀同三司丁巳以侍中太保司州牧趙郡王諶爲太尉公加羽葆鼓吹侍中太尉公南陽王寶炬爲太尉開府尚書令夏四月戊辰詔諸參佐自三府以下爰及外州皆不得復加常侍及兼兩員雖已授者亦悉追之是月青州人耿翔襲據膠州殺刺史裴粲通於蕭衍五月庚寅詔諸幽枉未申事經一周已上悉集華林將親覽察脫事已經年有司不列者聽其人各自陳訴若事連州郡由緣淹歲者亦仰尚書總集以聞壬寅以使持節驃騎大將軍儀同三司齊州刺史侯淵復爲開府儀同三司乙巳詔曰大夫之職位秩貴顯員外之官亦爲匪賤而下及胥吏帶領非一高卑渾雜有損彝章自今已後京官樂爲稱事小職者直加散號將軍願罷卑官者聽爲大夫及員外之職不宜仍前散實叅領其中旨特加者不在此例東徐州城民王早簡實等殺刺史崔庠據州入蕭衍六月壬申以驃騎大將軍開府儀同三司尚書右僕射樊子鵠爲青膠大使督濟州刺史大都督蔡儁討耿翔丁丑以驃騎大將軍前行南兗州事念賢爲儀同三司秋七月辛卯以使持節鎭北將軍大都督泰州刺史万俟普撥爲驃騎大將軍儀同三司壬辰以太師司州牧廣陵王欣爲大司馬侍中以太尉公趙郡王諶爲太師並開府庚戌以前司徒公燕郡王賀拔允爲太尉公八月乙丑齊文襄王來朝帝燕於華林都亭班賚部下各有差以驃騎大將軍前南岐州刺史司馬子如爲儀同三司戊辰車駕餞文襄王於河梁仍濟河而返癸酉齊獻武王上表固讓王爵不許請分邑十萬戶節降爲品回授勳義從之九月壬子以散騎常侍車騎大將軍左光祿大夫崔孝芬爲儀同三司冬十月癸未以衞將軍瓜州刺史泰臨縣開國伯高昌王麴子堅爲儀同三司進爵郡王十有一月癸巳持節征北將軍殷州刺史邸珍爲徐州大都督東道行臺僕射率將討東徐州十有二月丁巳車駕狩於嵩陽己巳遂幸溫湯丁丑車駕還宮

三年春正月壬辰齊獻武王討費也頭於河西苦洩河大破之獲其帥紇豆陵伊利遷其部落於內地二月東梁州爲夷民侵逼詔使持節車騎大將軍行東雍州事泉企爲東梁州行臺都督以討之己未蕭衍假節豫州刺史南昌王毛香舉城內附授以持節安南將軍信州刺史義昌王壬戌大赦天下丙子帝親釋奠禮先師辛巳幸洪池陂遂遊田壬午以衞將軍前徐州刺史元祐爲衞大將軍儀同三司以驃騎將軍左衞將軍元斌之爲潁昌王三月壬寅以前侍中車騎大將軍李彧爲驃騎大將軍儀同三司夏四月戊午契丹國遣使朝貢辛未高平王寧坐事降爵爲公丙子高麗國遣使朝貢五月丙戌增置勳府庶子廂別六百人又增騎官廂別二百人依第出身騎官秩比直齋辛卯詔曰大魏得一居宸乘六馭寓考風雲之所會宅日月之所中自北而南東征西怨后來其蘇無思不偃而句吳負險久遺度外世祖太武皇帝握金鏡以照耀擊玉鼓以鏗鏘神武之所牢籠威風之所轥轢莫不雲徹霧卷瓦解冰消長江已北盡爲魏土頃天步中圮國綱時屯凶豎因機乎窺上國疆埸侵蹙州郡淪胥乃眷東顧無忘寢食自非五牛警旆七萃按部何以復文武之舊業拯塗炭於遺黎朕將親總六軍徑臨彭汴一勞永逸庶保無疆內外百寮便可嚴備出頓之期更聽後勑時帝爲斛斯椿元毗王思政魏光等諂佞間阻貳於齊獻武王託討蕭衍盛暑徵發河南諸州之兵天下怪惡之語在斛斯椿傳丙申以使持節侍中大司馬開府司州牧廣陵王欣爲左軍大都督太傅錄尚書事長孫稚爲中軍四面大都督丁酉帝幸華林都亭集京畿都督及軍士三千餘人慰勉之庚子又幸華林都亭納訟壬寅又以長孫稚爲後軍大都督六月丁卯大都督源子恭鎭胡陽汝陽王暹守石濟儀同三司賈顯智率豫州刺史斛斯壽東趣濟州庚午吐谷渾國遣使朝貢丙子詔曰頃年以來天步時阻干戈不戢荆棘斯生或狥節感恩奮不顧命或臨戎對敵赴難如歸身首橫分骸骨不斂勳誠靡錄榮贈莫加寤寐矜之良有嗟悼可普告內外所在言列若無親近聽故友陳之尚書檢實隨狀科贈庶粗慰冤魂少申惻隱庚辰以使持節車騎大將軍中軍大都督斛律沙門爲開府儀同三司秋七月辛巳朔以鎭東將軍前大鴻臚卿太原王昶特爲車騎大將軍儀同三司己丑帝親總六軍十餘萬衆次於河橋以斛斯椿爲前軍大都督尋詔椿鎭虎牢又詔荆州刺史賀拔勝赴於行所勝率所部次於汝水庚子以使持節征西將軍岐州刺史越肱特爲儀同三司丁未帝爲椿等迫脅遂出於長安己酉齊獻武王入洛賀拔勝走還荆州八月甲寅推司徒公清河王亶爲大司馬承制總萬幾居尚書省辛酉齊獻武王西迎車駕戊辰制曰晦爲明始亂實治基爰著天道又符人事故姬祚中微踐土有勤王之役劉氏將傾北軍致左袒之舉用能隆此遠年克茲卜世永熙之季權佞擅朝羣小是崇勳賢見害官緣價以貴賤獄因貨而死生宗祏飄若綴旒民命棄如草莽大丞相位居晉鄭任屬桓文興甲汾川問罪伊洛羣姦畏威擁迫人主以自蔽衞遠出秦方雖車駕流移未即返御然權佞將除天下延頸魏邦雖舊其化惟新思與兆民同茲更始可大赦天下行臺侯景討荆州賀拔勝戰敗走奔蕭衍九月癸巳以衞大將軍河南尹元子思爲使持節行臺僕射使持節驃騎大將軍開府儀同三司領軍將軍婁昭爲西道大都督并率左右侍官西迎車駕己酉椿黨毛鴻賓守潼關齊獻武王破擒之是日齊獻武王東還於洛是月東清河人傳晶殺太守韓子捷據郡反會赦乃降冬十月戊辰使持節驃騎大將軍開府儀同三司行青州事侯淵克東揚州斬刺史東萊王貴平傳首京師閏十二月癸巳帝爲宇文黑獺所害時年二十五

史臣曰廣陵廢於前中興廢於後平陽猜惑自絕宗廟普泰雅道居多永熙悖德爲甚是俱亡滅天下所棄歟

魏書卷十一考證

前廢帝紀詔隴西王爾朱天光下文武討宿勤明達○勤一本作勒北史亦作勒本書爾朱天光傳初賊帥夏州人宿勤明達降天光于平涼亦作勤臣照按人名之字互異無憑可定但既係夏州人宿勤明達與番語近恐當是勒字

紫極非情翫○情一本作倩北史亦作倩

後廢帝紀旁礴三光○旁一本作磅

出帝紀齊獻武王次於武鄉○鄉監本譌卿今改正

魏書卷十二

齊　魏　收　撰

帝紀第十二

孝靜紀

孝靜皇帝諱善見清河文宣王亶之世子也母曰胡妃永熙三年拜通直散騎侍郎八月爲驃騎大將軍開府儀同三司出帝既入關齊獻武王奉迎不克乃與百寮會議推帝以奉肅宗之後時年十一冬十月丙寅即位于城東北大赦天下改永熙三年爲天平元年庚午以太師趙郡王諶爲大司馬以司空咸陽王坦爲太尉以

開府儀同三司高盛爲司徒以開府儀同三司高昂爲司空壬申有事于太廟詔曰安安能遷自古之明典所居靡定往昔之成規是以殷遷八城周卜三地吉凶有數隆替無恒事由於變通理出於不得已故也高祖孝文皇帝式觀乾象俯協人謀發自武州來幸嵩縣魏雖舊國其命惟新及正光之季國步孔棘喪亂不已寇賊交侵俾我生民無所措手今遠遵古式深驗時事考龜襲吉遷宅漳滏庶克隆洪基再昌寶曆主者明爲條格及時發邁丙子車駕北遷于鄴詔齊獻武王留後部分改司州爲洛州以衞大將軍尚書令元弼爲驃騎大將軍儀同三司洛州刺史鎭洛陽詔從遷之戶百官給復三年安居人五年十有一月兗州刺史樊子鵠南青州刺史大野拔據瑕丘反庚寅車駕至鄴居北城相州之廨改相州刺史爲司州牧魏郡太守爲魏尹徙鄴舊人西徑百里以居新遷之人分鄴置臨漳縣以魏郡林慮廣平陽丘汲郡黎陽東濮陽清河廣宗等郡爲皇畿十有二月丁卯燕郡王賀拔允薨庚午詔內外解嚴百司悉依舊章從容雅服不得以矛釤從事丙子遣侍中封隆之等五人爲大使巡諭天下丁丑赦畿內閏月蕭衍以元慶和爲鎭北將軍魏王入據平瀨鄉宇文黑獺旣害出帝乃以南陽王寶炬僭尊號初置四中郎將於礓石橋置東中蒲泉置西中濟北置南中洛水置北中

二年春正月寶炬渭州刺史可朱渾道元擁部來降齊獻武王迎納之賑其廩食己巳詔以齊獻武王爲相國假黃鉞劍履上殿入朝不趨餘悉如故王固讓不受乙亥兼尚書右僕射東南道行臺元晏討元慶和破走之二月壬午以太尉咸陽王坦爲太傅以司州牧西河王悰爲太尉己丑前南青州刺史大野拔斬樊子鵠以降兗州平戊戌蕭衍司州刺史陳慶之寇豫州刺史堯雄擊走之三月辛酉以司徒高盛爲太尉以司空高昂爲司徒濟陰王暉業爲司空齊獻武王討平山胡劉蠡升斬之其子南海王復僭帝號獻武王進擊破擒之及其弟西海王皇后夫人已下四百人并逋逃之人二萬餘戶辛未以旱故詔京邑及諸州郡縣收瘞骸骨是春高麗契丹並遣使朝貢夏四月前青州刺史侯淵反攻掠青齊癸未濟州刺史蔡儁討平之壬辰降京師見囚五月大旱勒城門殿門及省府寺署坊門澆人不簡王公無限日得雨乃止六月元慶和寇南頓豫州刺史堯雄大破之秋七月甲戌封汝南王悅孫綽爲琅邪王八月辛卯司空濟陰王暉業坐事免甲午發衆七萬六千人營新宮九月齊獻武王以治民之官多不奉法請選朝士清正者州別遣一人問疾苦丁巳以開府儀同三司襄城王旭爲司空冬十有一月丁未蕭衍將柳仲禮寇荊州刺史王元摯破之癸丑祀圓丘甲寅閶闔門災龍見并州人家井中丙寅詔齊文襄王起家爲散騎常侍驃騎大將軍左光祿大夫儀同三司太原郡開國公食邑三千戶十有二月壬午車駕狩于鄴東甲午文武百官量事各給祿

三年春正月癸卯朔饗羣臣於前殿戊申詔百官舉士舉不稱才者兩免之齊獻武王襲寶炬西夏州克之詔加齊獻武王九錫之禮侍中元子思敦諭固讓乃止二月丁未蕭衍光州刺史郝樹以州內附丁酉詔加齊文襄王使持節尚書令大行臺大都督以鮮卑高車酋庶皆隸之三月甲寅以開府儀同三司華山王鷙爲大司馬丁卯陽夏太守盧公纂據郡南叛大都督元整破之夏四月丁酉昌樂王誕薨五月癸卯賜鰥寡孤獨貧窮者衣物各有差丙辰以錄尚書事西河王悰爲司州牧戊辰太尉高盛薨六月辛巳趙郡王諶薨秋七月庚子大赦天下蕭衍夏州刺史田獨鞞潁川防城都督劉鸞慶並以州內附八月并肆汾建四州隕霜大饑九月壬寅以定州刺史侯景兼尚書右僕射南道行臺節度諸軍南討丙辰陽平人路季禮聚衆反辛酉御史中尉竇泰討平之冬十有一月戊申詔尚書可遣使巡檢河北流移飢人邢陘滏口所經之處若有死屍卽爲藏掩勿使靈臺枯骨有感於通夢廣漢露骸時聞於夜哭侯景攻克蕭衍楚州獲刺史桓和十有二月以并州刺史尉景爲太保辛未遣使者板假老人官百歲已下各有差壬申大司馬清河王亶薨丁丑齊獻武王自晉陽西討次於蒲津司徒公大都督高敖曹趣上洛車騎大將軍竇泰入自潼關癸未以太傅咸陽王坦爲太師乙酉勿吉國遣使朝貢是歲高麗國遣使朝貢

四年春正月禁十五日相偷戲竇泰失利自殺丁巳高敖曹攻上洛克之擒寶炬驃騎大將軍洛州刺史泉企以汝陽王暹爲錄尚書事夏四月辛未遷七帝神主入新廟大赦天下內外百官普進一階先是滎陽人張儉等聚衆反於大醜山通寶炬壬辰武衞將軍高元盛討破之六月己巳幸華林園理訟辛未詔尚書掩骼埋胔推錄囚徒壬午閶闔門災先是蕭衍因益州刺史傅和請通好秋七月甲辰遣兼散騎常侍李楷兼吏部郎中盧元明兼通直散騎常侍李鄴使于蕭衍八月寶炬宇文黑獺寇陝州城陷刺史李徽伯爲黑獺所殺九月侍中元子思與其弟子華謀西入並賜死閏月乙丑衞將軍右光祿大夫蔣天樂謀反伏誅禁京酤酒冬十月以咸陽王坦爲錄尚書事壬辰齊獻武王西討至沙苑不克而還己酉寶炬行臺宮景壽都督楊白駒寇洛州大都督韓延大破之寶炬又遣其子大行臺元季海大都督獨孤如願逼洛州刺史廣陽王湛棄城退還季海如願遂據金墉潁州長史賀若徽執刺史田迅西叛引寶炬都督梁回據城寶炬又遣其都督趙繼宗右丞韋孝寬等攻陷豫州十有一月丙子以驃騎大將軍儀同三司万俟普爲太尉十有二月甲寅蕭衍遣使朝貢河間人邢摩納范陽人盧仲禮等各聚衆反是歲高麗蠕蠕國並遣使朝貢

元象元年春正月有巨象自至碭郡陂中南兗州獲送于鄴丁卯大赦改元大都督賀拔仁攻寶炬南汾州己卯拔之擒其刺史韋子粲行臺任祥率豫州刺史堯雄等與大行臺侯景司徒高敖曹大都督万俟受洛于等於北豫相會俱討潁州梁回等棄城遁走潁州平二月豫州刺史堯雄攻揚州拔之擒寶炬義州刺史韓顯揚州長史丘岳送京師丙辰遣兼散騎常侍鄭伯猷使于蕭衍三月齊獻武王固請解大丞相詔從之夏四月庚寅曲赦畿內壬辰齊獻武王還晉陽請開酒禁六月壬辰帝幸華林都堂聽訟是夏山東大水蝦蟇鳴于樹上秋七月己亥高麗國遣使朝貢行臺侯景司徒公高敖曹圍寶炬將獨孤如願於金墉寶炬宇文黑獺並來赴救大都督庫狄干率諸將前驅齊獻武王總衆繼進八月辛卯戰于河陰大破之斬其大都督儀同三司寇洛生等二十餘人俘獲數萬司徒公高敖曹大都督李猛宋顯並戰沒寶炬留其將長孫子彥守金墉壬辰齊獻武王濟河子彥棄城走九月大都督賀拔仁擊邢摩納盧仲禮等破平之冬十月蕭衍遣使朝貢十有一月庚寅遣陸操使于蕭衍齊獻武王來朝十有二月甲辰還晉陽

興和元年春正月辛酉以尚書令孫騰爲司徒三月甲寅朔封常山郡王劭第二子曜爲陳郡王夏五月齊文襄王來朝甲戌立皇后高氏乙亥大赦天下是月高麗國遣使朝貢六月乙酉以尚書左僕射司馬子如爲山東黜陟大使尋爲東北道大行臺差選勇士庚寅前潁州刺史奚思業爲河南大使簡發勇士丁酉蕭衍遣使朝貢戊申開府儀同三司汝陽王暹薨秋七月丁丑詔以齊獻武王爲相國錄尚書事大行臺固辭相國八月壬辰兼散騎常侍王元景兼通直散騎常侍魏收使于蕭衍九月甲子發畿內民夫十萬人城鄴城四十日罷辛未曲赦畿內死罪以下各有差冬十有一月癸亥以新宮成大赦天下改元八十以上賜綾帽及杖七十以上賜帛及有疾廢者賜粟帛築城之夫給復一年

二年春正月壬申以太保尉景爲太傅以驃騎大將軍開府儀同三司庫狄干爲太保丁丑徙御新宮大赦內外百官普進一階營構主將別優一階三月己卯蕭衍遣使朝貢夏五月己酉西魏行臺宮延和陝州刺史宮元慶率戶內屬置之河北新附賑廩各有差壬子遣兼散騎常侍李象使于蕭衍閏月己丑封皇子景植爲宜陽王皇弟威爲清河王謙爲潁川王六月壬子大司馬華山王鷙薨冬十月丁未蕭衍遣使朝貢十有二月乙卯遣兼散騎常侍崔長謙使於蕭衍是歲蠕蠕高麗勿吉國並遣使朝貢

三年春二月甲辰阿至羅出吐拔那渾大率部來降三月己酉梁州人公孫貴賓聚衆反自號天王陽夏鎭將討擒之夏四月戊申阿至羅國主副伏羅越居子去賓來降封爲高車王六月乙丑蕭衍遣使朝貢秋七月齊文襄王如晉陽己卯宜陽王景植薨八月甲子遣兼散騎常侍李騫使于蕭衍冬十月癸卯齊文襄王自晉陽來朝先是詔文襄王與羣臣於麟趾閣議定新制甲寅班於天下己巳發夫五萬人築漳濱堰三十五日罷癸亥車駕狩于西山十有一月戊寅還宮丙戌以開府儀同三司彭城王韶爲太尉以度支尚書胡僧敬爲司空是歲蠕蠕高麗勿吉國並遣使朝貢

四年春正月丙辰蕭衍遣使朝貢夏四月丙寅遣兼散騎常侍李繪使于蕭衍乙酉以侍中廣陽王湛爲太尉以尚書右僕射高隆之爲司徒以太尉彭城王韶爲錄尚書事丁亥太傅尉景坐事降爲驃騎大將軍開府儀同三司辛卯以太保庫狄干爲太傅以領軍將軍婁昭爲大司馬封祖裔爲尚書右僕射五月辛巳齊獻武王來朝請令百官月一面敷政事明揚仄陋納諫屏邪親理獄訟褒黜勤怠牧守有愆節級相坐椒掖之內進御以序後園鷹犬悉皆放棄六月還晉陽丙申復前侍中樂浪王忠爵丁酉復陳留王景皓常山王紹宗高密王永業爵秋八月庚戌以開府儀同三司吏部尚書侯景爲兼尚書僕射河南行臺隨機討防冬十月甲寅蕭衍遣使朝貢齊獻武王圍寶炬玉壁十有一月壬午班師

驃騎大將軍開府儀同三司青州刺史西河王悰薨十有二月辛亥遣兼散騎常侍楊斐使于蕭衍是歲蠕蠕高麗吐谷渾國並遣使朝貢

武定元年春正月壬戌朔大赦天下改元已巳車駕蒐于邯鄲之西山癸酉還宮二月壬申北豫州刺史高仲密據虎牢西叛三月寶炬遣其子突與宇文黑獺率衆來援仲密庚子圍河橋南城丙午帝親納訟戊申齊獻武王討黑獺戰於邙山大破之擒寶炬兄子臨洮王森蜀郡王榮宗江夏王昇鉅鹿王闡譙郡王亮驃騎大將軍儀同三司太子詹事趙善督將參寮等四百餘人俘斬六萬餘甲仗牛馬不可勝數豫洛二州平齊獻武王追奔至恒農而還夏四月封彭城王韶弟襲爲武安王五月壬辰以克復虎牢降天下死罪以下囚乙未以吏部尚書侯景爲司空六月乙亥蕭衍遣使朝貢戊寅封前員外散騎侍郎元長春爲南郡王秋八月乙丑以汾州刺史斛律金爲大司馬壬午遣兼散騎常侍李渾使于蕭衍是月齊獻武王召夫五萬於肆州北山築城西自馬陵戍東至土隥四十日罷冬十有一月甲午車駕狩于西山乙巳還宮是歲吐谷渾高麗蠕蠕國並遣使朝貢

二年春正月地豆于國遣使朝貢二月丁卯徐州人劉烏黑聚衆反遣行臺慕容紹宗討平之三月蕭衍遣使朝貢以旱故宥死罪以下囚丙午以開府儀同三司孫騰爲太保壬子以齊文襄王爲大將軍領侍中其文武職事賞罰衆典詢稟之中書監元弼爲錄尚書左僕射司馬子如爲尚書令以今上爲左僕射夏四月室韋國遣使朝貢五月甲午遣散騎常侍魏季景使于蕭衍丁酉太尉廣陽王湛薨秋八月癸酉尚書令司馬子如坐事免九月甲申以開府儀同三司濟陰王暉業爲太尉太師咸陽王坦坐事免以王還第冬十月丁巳太保孫騰大司馬高隆之各爲括戶大使凡獲逃戶六十餘萬十有一月西河地陷有火出甲申以司徒高隆之爲尚書令以前大司馬婁昭爲司徒齊文襄王如晉陽庚子車駕有事於圓丘辛丑蕭衍遣使朝貢壬寅齊文襄王從獻武王討山胡破之俘獲一萬餘戶分配諸州是歲吐谷渾高麗蠕蠕勿吉國並遣使朝貢

三年春正月丙申遣兼散騎常侍李獎使于蕭衍丁未齊獻武王請於并州置晉陽宮以處配沒之口二月庚申吐谷渾國奉其從妹以備後庭納爲容華嬪夏五月甲辰大赦天下秋七月庚子蕭衍遣使朝貢冬十月遣中書舍人尉瑾使于蕭衍乙未齊獻武王請邙山之俘釋其桎梏配以人間寡婦十有二月以司空侯景爲司徒以中書令韓軌爲司空戊子以太保孫騰爲錄尚書事是歲高麗吐谷渾蠕蠕國並遣使朝貢

四年夏五月壬寅蕭衍遣使朝貢六月庚子以司徒侯景爲河南大行臺隨機討防秋七月壬寅遣兼散騎常侍元廓使于蕭衍八月移洛陽漢魏石經于鄴齊獻武王自鄴帥衆西伐文襄王會于晉州九月圍玉壁以挑之寶炬黑獺不敢應冬十有一月齊獻武王有疾班師文襄王如晉陽是歲室韋勿吉地豆于高麗蠕蠕國並遣使朝貢

五年春正月丙午齊獻武王薨於晉陽祕不發喪辛亥司徒侯景反潁州刺史司馬世雲以城應之景入據潁城誘執豫州刺史高元成襄州刺史李密廣州刺史暴顯等遣司空韓軌驃騎大將軍儀同三司賀拔勝可朱渾道元左衛將軍劉豐等帥衆討之景乃遣使降於寶炬請師救援寶炬遣其將李景和王思政帥騎赴之思政等入據潁川景乃出走豫州乙丑蕭衍遣使朝貢二月侯景復背寶炬歸於蕭衍衍署景河南大將軍承制夏四月壬申大將軍齊文襄王來朝甲午遣兼散騎常侍李緯使于蕭衍五月丁酉朔大赦天下戊戌以尚書右僕射襄城王旭爲太尉甲辰以太原公今上爲尚書令領中書監餘如故詢以政事以青州刺史尉景爲大司馬以開府儀同三司庫狄干爲太師以錄尚書事孫騰爲太傅以汾州刺史賀仁爲太保以司空韓軌爲司徒以領軍將軍可朱渾道元爲司空以司徒高隆之錄尚書事以徐州刺史慕容紹宗爲尚書左僕射高陽王斌爲右僕射戊午大司馬尉景薨六月司徒韓軌司空可朱渾道元等自潁州班師乙酉帝爲齊獻武王舉哀於東堂服緦縗詔尚書右僕射高陽王斌兼大鴻臚卿赴晉陽監護喪事太尉襄城王旭兼尚書令奉詔宣慰秋七月戊戌詔贈王假黃鉞使持節相國都督中外諸軍事齊王璽紱轀輬車黃屋左纛前後羽葆鼓吹輕車介士兼備九錫之禮謚曰獻武王以齊文襄王爲使持節大丞相都督中外諸軍事錄尚書事大行臺渤海王壬寅詔王攝理軍國遣中使敦諭八月齊文襄王入朝固辭丞相詔復授大將軍餘如故甲申葬齊獻武王於鄴城西北車駕祖於漳濱九月齊文襄王還晉陽辛酉蕭衍遣其兄子貞陽侯淵明帥衆寇徐州堰泗水於寒山灌彭城以應侯景冬十月乙酉以尚書左僕射慕容紹宗爲東南道行臺與驃騎大將軍儀同三司大都督高岳潘相樂討淵明十有一月大破之擒淵明及其二子瑀道將帥二百餘人俘斬五萬級凍乏赴水死者不可勝數十有二月乙亥蕭淵明至闕帝御閶闔門讓而宥之岳等回師討侯景是歲高麗勿吉國並遣使朝貢

六年春正月己亥大都督高岳等於渦陽大破侯景俘斬五萬餘人其餘溺死於渦水水爲之不流景走淮南己未齊文襄王來朝請以寒山獲士賜百官及督將等各有差二月己卯蕭衍遣使款闕乞和并修書弔齊文襄王文襄王還晉陽三月癸巳以太尉襄城王旭爲大司馬以開府儀同三司高岳爲太尉辛亥以冬春亢旱赦罪人各有差夏四月甲子吏部令史張永和青州人崔闊等僞假人官事覺糺檢首者六萬餘人秋八月甲戌以尚書左僕射慕容紹宗爲大行臺與太尉高岳司徒韓軌大都督劉豐等討王思政於潁川引洧水灌其城九月乙酉蕭衍遣使朝貢冬十月戊申侯景濟江推蕭衍弟子臨賀王正德爲主以攻建業是歲高麗室韋蠕蠕吐谷渾國並遣使朝貢

七年春正月戊辰蕭衍弟子北徐州刺史中山侯蕭正表以鍾離內屬封蘭陵郡開國公吳郡王三月丁卯侯景剋建業還以蕭衍爲主衍弟子北兗州刺史定襄侯蕭祇相譚侯蕭退來降衍江北郡國皆內屬夏四月大行臺慕容紹宗大都督劉豐遇暴風溺水死甲辰詔以齊文襄王爲相國齊王綠綟綬讚拜不名入朝不趨劒履上殿食冀州之渤海長樂安德武邑瀛州之河間五郡邑十五萬戶餘如故王固讓是月侯景殺蕭衍立子綱爲主五月齊文襄王帥衆自鄴赴潁川六月丙申克潁州擒寶炬大將軍尚書左僕射東道大行臺太原郡開國公王思政潁州刺史皇甫僧顯等及戰士一萬餘人男女數萬口齊文襄王遂如洛州秋七月齊文襄王至自南討請宥思政之罪八月辛卯詔立皇子長仁爲皇太子齊文襄王薨於第祕不發喪癸巳大赦天下內外百官並加二級甲午齊王如晉陽冬十月癸未以開府儀同三司咸陽王坦爲太傅甲午以開府儀同三司潘相樂爲司空十有二月甲辰吳郡王蕭正表薨己酉以并州刺史彭樂爲司徒是歲蠕蠕地豆于室韋高麗吐谷渾國並遣使朝貢

八年春正月辛酉帝爲齊文襄王舉哀於東堂丁卯詔贈齊文襄王假黃鉞使持節相國都督中外諸軍事齊王璽紱轀輬車黃屋左纛前後部羽葆鼓吹輕車介士備九錫之禮謚曰文襄王戊辰詔齊王爲使持節丞相都督中外諸軍事錄尚書事大行臺齊郡王食邑一萬戶甲戌地豆于契丹國並遣使朝貢二月甲申葬齊文襄王車駕祖於漳濱庚寅以尚書令高隆之爲太保三月庚申進齊郡王爵爲齊王夏四月乙巳蠕蠕遣使朝貢五月甲寅詔齊王爲相國總百揆封冀州之渤海長樂安德武邑瀛州之河間高陽章武定州之中山常山博陵十郡二十萬戶備九錫之禮以齊國太妃爲王太后王妃爲王后丙辰詔歸帝位於齊國即日遜於別宮

齊天保元年五月己未封帝爲中山王邑一萬戶上書不稱臣答不稱詔載天子旌旗行魏正朔乘五時副車封王諸子爲縣公邑各一千戶奉絹三萬匹錢一千萬粟二萬石奴婢三百人水碾一具田百頃園一所於中山國立魏宗廟二年十二月己酉中山王殂時年二十八三年二月奉謚曰孝靜皇帝葬于漳西山崗其後發之陵崩死者六十人帝好文學美容儀力能挾石師子以踰牆射無不中嘉辰宴會多命羣臣賦詩從容沉雅有孝文風齊文襄王嗣事甚忌焉以大將軍中兵參軍崔季舒爲中書黃門侍郎令監察動靜小大皆令季舒知文襄與季舒書曰癡人復何似癡勢小差未帝嘗與獵於鄴東馳逐如飛監衞都督烏那羅受工伐從後呼帝曰天子莫走馬大將軍怒文襄嘗侍飲大舉觴曰臣澄勸陛下酒帝不悅曰自古無不亡之國朕亦何用此活文襄怒曰朕朕狗腳朕文襄使季舒毆帝三拳奮衣而出明日文襄使季舒勞帝帝亦謝焉賜絹季舒未敢受以啓文襄文襄使取一段帝束百匹以與之曰亦一段耳帝不堪憂辱詠謝靈運詩曰韓亡子房奮秦帝魯連恥本自江海人忠義動君子常侍侍講荀濟知帝意乃與華山王大器元瑾密謀於宮內爲山而作地道向北城至千秋門門者覺地下響動以告文襄文襄勒兵入宮曰陛下何意反邪臣父子功存社稷何負陛下邪將殺諸妃嬪帝正色曰王自欲反何關於我我尚不惜身何況妃嬪文襄下牀叩頭大啼謝罪於是酣飲夜久乃出居三日幽帝於含章堂大器瑾等皆見烹於市及將禪位於文宣襄城王旭及司徒潘相樂侍中張亮黃門郎趙彥琛等求入奏事帝在昭陽殿見之旭曰五行遞運有始有終齊王聖德欽明萬姓歸仰臣等昧死聞奏願陛下則堯禪舜帝便斂容答曰此事推挹已久謹當遜避又云若爾須作詔書侍郎崔劼裴讓之奏云詔已作訖即付楊愔進於帝凡十條書訖帝曰將安朕何

所復若爲而去楊愔對曰在北城別有館宇還備法駕依常仗衛而去帝乃下御座步就東廊口詠范蔚宗後漢書贊云獻生不辰身播國屯終我四百永作虞賓所司奏請發帝曰古人念遺簪敝履欲與六宮別可乎高隆之曰今天下猶陛下之天下況在後宮乃與夫人妃嬪已下訣莫不歔欷掩涕嬪趙國李氏誦陳思王詩云王其愛玉體俱享黃髮期皇后已下皆哭直長趙德以故犢車一乘候於東上閤帝上車德超上車持帝肘帝肘之曰朕畏天順人授位相國何物奴敢逼人趙德尚不下及出雲龍門王公百寮衣冠拜辭帝曰今日不減常道鄉公漢獻帝衆皆悲愴高隆之泣灑遂入北城下司馬子如南宅及文宣行幸常以帝自隨帝后封太原公主常爲帝嘗食以護視焉竟遇酖而崩

魏書卷十二考證

帝紀第十二○魏收書孝靜紀亡後人所補

孝靜帝紀車駕北遷於鄴○北史曰高歡推淸河王亶子善見爲主徙都鄴是爲東魏魏於此始分爲二矣

寶炬渭州刺史○本書以齊得統於東魏故直稱西魏文帝爲寶炬

春正月壬戌朔大赦天下改元○臣人龍按朔日爲壬戌則下文己巳車駕蒐於邯鄲之西山乃初八日癸酉還宮乃十二日直須至三月初十日乃有壬申不知二月內何以又有壬申也北史亦同

以今上爲左僕射○北史以太原公高洋爲左僕射齊天保二年詔魏收修魏史故稱今上也

移洛陽漢魏石經于鄴○綱目漢靈帝熹平四年立石經四部本碑凡四十六枚

齊王如晉陽○齊王亦謂高洋也前稱今上未有封號莫可稱也稱太原公今上嫌公爵亦人臣也此稱齊王則雖臣而近于君矣收之書法云爾

魏書卷十三

齊　魏收　撰

列傳第一

皇后列傳

漢因秦制帝之祖母曰太皇太后母曰皇太后妃曰皇后餘則多稱夫人隨世增損非如周禮有夫人嬪婦御妻之定數焉魏晉相因時有昇降前史言之具矣魏氏王業之兆雖始於神元至於昭成之前世崇儉質妃嬙嬪御率多闕焉惟以次第爲稱而章平思昭穆惠煬烈八帝妃后無聞太祖追尊祖妣皆從帝謚爲皇后始立中宮餘妾或稱夫人多少無限然皆有品次世祖稍增左右昭儀及貴人椒房中式數等後庭漸已多矣又魏故事將立皇后必令手鑄金人以成者爲吉不成則不得立也又世祖高宗緣保母劬勞之恩並極尊崇之義雖事乖典禮而觀過知仁高祖改定內官左右昭儀位視大司馬三夫人視三公三嬪視三卿六嬪視六卿世婦視中大夫御女視元士後置女職以典內事內司視尚書令僕作司大監女侍中三官視二品監女尚書美人女史女賢人書史書女小書女五官視三品中才人供人中使女生才人恭使宮人視四品春衣女酒女饗女食奚官女奴視五品

神元皇后竇氏沒鹿回部大人賓之女也賓臨終誡其二子速侯回題令善事帝及賓卒速侯等欲因帝會喪爲變語頗漏泄帝聞之知其終不奉順乃先圖之於是伏勇士於宮中晨起以佩刀殺后馳使告速侯等言后暴崩速侯等驚走來赴因執而殺之

文帝皇后封氏生桓穆二帝早崩昭帝立乃葬焉高宗初穿天淵池獲一石銘稱桓帝葬母封氏遠近赴會二十餘萬人有司以聞命藏之太廟

次妃蘭氏生二子長子曰藍早卒次子思帝也

桓帝皇后祁氏生三子長曰普根次惠帝次煬帝平文崩后攝國事時人謂之女國后性猛忌平文之崩后所爲也

平文皇后王氏廣甯人也年十三因事入宮得幸於平文生昭成帝平文崩昭成在襁褓時國有內難將害諸皇子后匿帝於袴中懼人知呪曰若天祚未終者汝便無聲遂良久不啼得免於難昭成初欲定都於灅源川築城郭起宮室議不決后聞之曰國自上世遷徙爲業今事難之後基業未固若城郭而居一旦寇來難卒遷動乃止烈帝之崩國祚殆危興復大業后之力也十八年崩葬雲中金陵太祖卽位配饗太廟

昭成皇后慕容氏元眞之女也初帝納元眞妹爲妃未幾而崩元眞復請繼好遣大人長孫秩逆后元眞送于境上后至有寵生獻明帝及秦明王后性聰敏多知沉厚善決斷專理內事每事多從初昭成遣衞辰兄悉勿祈還部落也后戒之曰汝還必深防衞辰辰姦猾終當滅汝悉勿祈死其子果爲衞辰所殺卒如后言建國二十三年崩太祖卽位配饗太廟

獻明皇后賀氏父野干東部大人后少以容儀選入東宮生太祖苻洛之內侮也后與太祖及故臣吏避難北徙俄而高車奄來抄掠后乘車與太祖避賊而南中路失轄后懼仰天而告曰國家胤冑豈止爾絕滅也惟神靈扶助遂馳輪正不傾行百餘里至七介山南而得免難後劉顯使人將害太祖帝姑爲顯弟亢埿妻知之密以告后梁眷亦來告難后乃令太祖去之后夜飲顯使醉向晨故驚廐中羣馬顯使起視馬后泣而謂曰吾諸子始皆在此今盡亡失汝等誰殺之故顯不使急追太祖得至賀蘭部羣情未甚歸附后從弟外朝大人悅舉部隨從供奉盡禮顯怒將害后后夜奔亢埿家匿神車中三日亢埿舉室請救乃得免會劉顯部亂始得亡歸後后弟染干忌太祖之得人心舉兵圍逼行宮后出謂染干曰汝等今安所置我而欲殺吾子也染干慙而去後后少子秦王觚使于燕慕容垂止之后以觚不返憂念寢疾皇始元年崩時年四十六祔葬于盛樂金陵後追加尊謚配饗焉

道武皇后慕容氏寶之季女也中山平入充掖庭得幸左丞相衞王儀等奏請立皇后帝從羣臣議令后鑄金人成乃立之告於郊廟封后母孟爲漂陽君後崩

道武宣穆皇后劉氏劉眷女也登國初納爲夫人生華陰公主後生太宗后專理內事寵待有加以鑄金人不成故不得登后位魏故事後宮產子將爲儲貳其母皆賜死太祖末年后以舊法薨太宗卽位追尊謚號配饗太廟自此後宮人爲帝母皆正位配饗焉

明元昭哀皇后姚氏姚興女也興封西平長公主太宗以后禮納之後爲夫人後以鑄金人不成未昇尊位然帝寵幸之出入居處禮秩如后焉是後猶欲正位而后謙讓不當泰常五年薨帝追恨之贈皇后璽綬而後加謚焉葬雲中金陵

明元密皇后杜氏魏郡鄴人陽平王超之妹也初以良家子選入太子宮有寵生世祖及太宗卽位拜貴嬪泰常五年薨謚曰密貴嬪葬雲中金陵世祖卽位追尊號謚配饗太廟又立后廟于鄴刺史四時薦祀以魏郡太后所生之邑復其調役後甘露降于廟庭高宗時相州刺史高閭表修后廟詔曰婦人外成理無獨祀陰必配陽以成天地未聞有莘之國立太姒之饗此乃先皇所立一時之至感非經世之遠制便可罷祀先是世祖保母竇氏初以夫家坐事誅與二女俱入宮操行純備進退以禮太宗命爲世祖保母性仁慈勤撫導世祖感其恩訓奉養不異所生及卽位尊爲保太后後尊爲皇太后封其弟漏頭爲遼東王太后訓釐內外甚有聲稱性恬素寡欲喜怒不形於色好揚人之善隱人之過世祖征涼州蠕蠕吳提入寇太后命諸將擊走之眞君元年崩時年六十三詔天下大臨三日太保盧魯元監護喪事謚曰惠葬崞山從后意也初后嘗登崞山顧謂左右曰吾母養帝躬敬神而愛人若死而不滅必不爲賤鬼然於先朝本無位次不可違禮以從園陵此山之上可以終託故葬焉別立后寢廟於崞山建碑頌德

太武皇后赫連氏赫連屈丐女也世祖平統萬納后及二妹俱爲貴人後立爲皇后高宗初崩祔葬金陵

太武敬哀皇后賀氏代人也初爲夫人生恭宗神䴥元年薨追贈貴嬪葬雲中金陵後追加號謚配饗太廟

景穆恭皇后郁久閭氏河東王毗妹也少以選入東宮有寵眞君元年生高宗世祖末年薨高宗卽位追尊號謚葬雲中金陵配饗太廟

高宗乳母常氏本遼西人太延中以事入宮世祖選乳高宗慈和履順有劬勞保護之功高宗卽位尊爲保太后尋爲皇太后謁於郊廟和平元年崩詔天下大臨三日謚曰昭葬於廣寧磨笄山俗謂之鳴鷄山太后遺志也依惠太后故事別立寢廟置守陵二百家樹碑頌德

文成文明皇后馮氏長樂信都人也父朗秦雍二州刺史西城郡公母樂浪王氏后生於長安有神光之異朗坐事誅后遂入宮世祖左昭儀后之姑也雅有母德撫養教訓年十四高宗踐極以選爲貴人後立爲皇后高宗崩故事國有大喪三日之後御服器物一以燒焚百官及中宮皆號泣而臨之后悲叫自投火中左右救之良久乃蘇顯祖卽位尊爲皇太后丞相乙渾謀逆顯祖年十二居于諒闇太后密定大策誅渾遂臨朝聽政及高祖生太后躬親撫養是後罷令不聽政事太后行不正內寵李奕顯祖因事誅之太后不得意顯祖暴崩時言太后爲之也承明元年尊曰太皇太后復臨朝聽政

太后性聰達自入宮掖粗學書計及登尊極省決萬機高祖詔曰朕以虛寡幼纂寶歷仰恃慈明緝寧四海欲報之德正覺是憑諸鷙鳥傷生之類宜放之山林其以此地爲太皇太后經始靈塔於是罷鷹師曹以其地爲報德佛寺太后與高祖遊于方山顧瞻川阜有終焉之志因謂羣臣曰舜葬蒼梧二妃不從豈必遠祔山陵然後爲貴哉吾百年之後神其安此高祖乃詔有司營建壽陵於方山又起永固石室將終爲清廟焉太和五年起作八年而成刊石立碑頌太后功德太后以高祖富於春秋乃作勸戒歌三百餘章又作皇誥十八篇文多不載太后立文宣王廟於長安又立思燕佛圖於龍城皆刊石立碑太后又制內屬五廟之孫外戚六親緦麻皆受復除性儉素不好華飾躬御縵繒而已宰人上膳案裁徑尺羞膳滋味減於故事十分之八太后嘗以體不安服菴蘭子宰人昏而進粥有蝘蜓在焉后舉匕得之高祖侍側大怒將加極罰太后笑而釋之自太后臨朝專政高祖雅性孝謹不欲參決事無巨細一稟於太后太后多智畧猜忍能行大事生殺賞罰決之俄頃多有不關高祖者是以威福兼作震動內外故杞道德王遇張祐苻承祖等拔自微閹歲中而至王公王叡出入臥內數年便爲宰輔賞賚財帛以千萬億計金書鐵券許以不死之詔李沖雖以器能受任亦由見寵帷幄密加錫賚不可勝數后性嚴明假有寵待亦無所縱左右纖介之愆動加捶楚多至百餘少亦數十然性不宿憾尋亦待之如初或因此更加富貴是以人人懷於利欲至死而不思退太后曾與高祖幸靈泉池燕羣臣及藩國使人諸方渠帥各令爲其方舞高祖帥羣臣上壽太后忻然作歌帝亦和歌遂命羣臣各言其志於是和歌者九十人太后外禮民望元丕游明根等頒賜金帛輿馬每至褒美叡等皆引丕等參之以示無私又自以過失懼人議己小有疑忌便見誅戮迄后之崩高祖不知所生至如李訢李惠之徒猜嫌覆滅者十餘家死者數百人率多枉濫天下寃之十四年崩於太和殿時年四十九其日有雄雉集于太華殿高祖酌飲不入口五日毁慕過禮謚曰文明太皇太后葬於永固陵日中而反虞於鑒玄殿詔曰尊旨從儉不申罔極之痛稱情允禮仰損儉訓之德進退思惟倍用崩感又山陵之節亦有成命內則方丈外裁掩坎脫於孝子之心有所不盡者室中可二丈墳不得過三十餘步今以山陵萬世所仰復廣爲六十步辜負遺旨益以痛絕其幽房大小棺槨質約不設明器至於素帳縵茵瓷瓦之物亦皆不置此則遵先志從冊令俱奉遺事而有從有違未達者或以致怪梓宮之裏玄堂之內聖靈所憑是以一一奉遵仰昭儉德其餘外事有所不從以盡痛慕之情其宜示遠近著告羣司上明儉誨之善下彰違命之失及卒哭孝文服衰近臣從服三司已下外臣衰服者變服就練七品已下盡除即吉設祔祭於太和殿公卿已下始親公事高祖毁瘠絕酒肉不內御者三年初高祖孝於太后乃於永固陵東北里餘豫營壽宮有終焉瞻望之志及遷洛陽乃自表瀍西以爲山園之所而方山虛宮至今猶存號曰萬年堂云

文成元皇后李氏梁國蒙縣人母頓丘王峻之妹也后之生也有異於常父方叔恒言此女當大貴及長姿質美麗世祖南征永昌王仁出壽春軍至后宅因得后及仁鎮長安遇事誅后與其家人送平城宮高宗登白樓望見美之謂左右曰此婦人佳乎左右咸曰然乃下臺后得幸於齋庫中遂有娠常太后後問后后云爲帝所幸仍有娠時守庫者亦私書壁記之別加驗問皆相符同及生顯祖拜貴人太安二年太后令依故事令后具條記在南兄弟及引所結宗兄洪之悉以付託臨訣每一稱兄弟輒拊胷慟泣遂薨後謚曰元皇后葬金陵配饗太廟

獻文思皇后李氏中山安喜人南郡王惠之女也姿德婉淑年十八以選入東宮顯祖即位爲夫人生高祖皇興三年薨上下莫不悼惜葬金陵承明元年追崇號謚配饗太廟

孝文貞皇后林氏平原人也叔父金閭起自閹官有寵於常太后官至尚書平涼公金閭兄勝爲平涼太守金閭顯祖初爲定州刺史未幾爲乙渾所誅兄弟皆死勝無子有二女入掖庭后容色美麗得幸於高祖生皇子恂以恂將爲儲貳太和七年后依舊制薨高祖仁恕不欲襲前事而稟文明太后意故不果行謚曰貞皇后葬金陵及恂以罪賜死有司奏追廢后爲庶人

孝文廢皇后馮氏太師熙之女也太和十七年高祖既終喪太尉元丕等表以長秋未建六宮無主請正內位高祖從之立后爲皇后高祖每遵典禮后及夫嬪以下妾御皆以次進車駕南伐后留京師高祖又南征后率六宮遷洛陽及后父熙兄誕薨高祖爲書慰以敘哀情及車駕還洛恩遇甚厚高祖後重引后姊昭儀至洛稍有寵后禮愛漸衰昭儀自以年長且前入宮掖素見待念輕后而不率妾禮后雖性不妬忌時有愧恨之色昭儀規爲內主譖構百端尋廢后爲庶人后貞謹有德操遂爲練行尼後終於瑤光佛寺

孝文幽皇后亦馮熙女母曰常氏本微賤得幸於熙熙元妃公主薨後遂主家事生后與北平公夙文明太皇太后欲家世貴寵乃簡熙二女俱入掖庭時年十四其一早卒后有姿媚偏見愛幸未幾疾病文明太后乃遣還家爲尼高祖猶留念焉歲餘而太后崩高祖服終頗存訪之又聞后素疹痊除遣閹官雙三念璽書勞問遂迎赴洛陽及至寵愛過初專寢當夕宮人稀復進見拜爲左昭儀後立爲皇后始以疾歸頗有失德之聞高祖頻歲南征后遂與中官高菩薩私亂及高祖在汝南不豫后便公然醜恣中常侍雙蒙等爲其心腹中常侍劇鵬諫而不從憤懼致死是時彭城公主宋王劉昶子婦也年少嫠居北平公馮夙后之同母弟也后求婚於高祖高祖許之公主志不願后欲強之婚有日矣公主密與侍婢及家僮十餘人乘輕車冒霖雨赴懸瓠奉謁高祖自陳本意因言后與菩薩亂狀高祖聞而駭愕未之全信而祕匿之惟彭城王侍疾左右具知其事此後后漸憂懼與母常氏求託女巫禱厭無所不至願高祖疾不起一旦得如文明太后輔少主稱命者賞報不貲又取三牲宮中妖祠假言祈福專爲左道母常或自詣宮中或遣侍婢與相報答高祖自豫州北幸鄴后慮還見治檢彌懷危怖驟令閹人託參起居皆賜之衣裳殷勤託寄勿使漏泄亦令雙蒙充行省其信不然惟小黃門蘇興壽密陳委曲高祖問其本末勑以勿泄至洛執問菩薩雙蒙等六人迭相證舉具得情狀高祖以疾臥含溫室夜引后并列菩薩等於戶外后臨入令閹人搜衣中稍有寸刃便斬后頓首泣謝乃賜坐東楹去御筵二丈餘高祖令菩薩等陳狀又讓后曰汝母有妖術可具言之后乞屏左右有所密啓高祖勑中侍悉出唯令長秋卿白整在側取衞直刀拄之后猶不言高祖乃以綿堅塞整耳自小語呼整再三無所應乃令后言事隱人莫知之高祖乃喚彭城北海二王令入坐言昔是汝嫂今乃他人但入勿避二王固辭不獲命及入高祖云此老嫗乃欲白刃插我肋上可窮問本末勿有所難高祖深自引過致愧二王又云馮家女不能復相廢逐且使在宮中空坐有心乃能自死汝等勿謂吾猶有情也高祖素至孝猶以文明太后故未便行廢良久二王出乃賜后辭死訣再拜稽首涕泣歔欷令入東房及入宮後帝命閹人有所問於后后屬曰天子婦親面對豈令汝傳也高祖怒勑后母常入示與后狀常撻之百餘乃止高祖尋南伐后留京師雖以罪失寵而夫人嬪妾奉之如法惟令世宗在東宮無朝謁之事高祖疾甚謂彭城王勰曰後宮久乖陰德自絕於天若不早爲之所恐成漢末故事吾死之後可賜自盡別宮葬以后禮庶掩馮門之大過高祖崩梓宮達魯陽乃行遺詔北海王詳奉宣遺旨長秋卿白整等入授后藥后走呼不肯引決曰官豈有此也是諸王輩殺我耳整等執持強之乃含椒而盡殯以后禮梓宮次洛南咸陽王禧等知審死相視曰若無遺詔我兄弟亦當作計去之豈可令失行婦人宰制天下殺我輩也謚曰幽皇后葬長陵塋內

孝文昭皇后高氏司徒公肇之妹也父颺母蓋氏凡四男三女皆生於東裔高祖初乃舉室西歸近龍城鎮鎮表后德色婉艷任充宮掖及至文明太后親幸北部曹見后姿貌奇之遂入掖庭時年十三初后幼曾夢在堂內立而日光自窗中照之灼灼而熱後東西避之光猶斜照不已如是數夕后自怪之以白其父颺颺以問遼東人閔宗宗曰此奇徵也貴不可言颺曰何以知之宗曰夫日者君人之德帝王之象也光照女身必有恩命及之女避猶照者主上來求女不獲已也昔有夢月入懷猶生天子況日照之徵此女必將被帝命誕育人君之象也遂生世宗後生廣平王懷次長樂公主及馮昭儀寵盛密有母養世宗之意后自代如洛陽暴薨於汲郡之共縣或云昭儀遣人賊后也世宗之爲皇太子三日一朝幽后后拊念慈愛有加高祖出征世宗入朝必久留后宮親視櫛沐母道隆備其後有司奏請加昭儀號謚曰文昭貴人高祖從之世宗踐阼追尊配饗后先葬城西長陵東南陵制卑局因就起山陵號終寧陵置邑戶五百家肅宗詔曰文昭皇太后德協坤儀美符文姒作合高祖實誕英聖而夙世淪暉孤塋弗祔先帝孝感自衷遷奉未遂永言哀恨義結幽明廢呂尊薄禮伸漢代又詔曰文昭皇太后尊配高祖祔廟定號促令遷奉自終及始太后當主可更上尊號稱太皇太后以同漢晉之典正姑婦之禮廟號如舊文昭遷靈櫬於長陵兆西北六十步初開終寧陵數丈於梓宮上獲大蛇長丈餘黑色頭有王字蟄而不動靈櫬既遷置蛇舊處

宣武順皇后于氏太尉烈弟勁之女也世宗始親政事烈時爲領軍總心膂之任以嬪御未備因左右諷諭稱后有容德世宗乃迎入爲貴人時年十四甚見寵愛立

爲皇后謁于太廟后靜默寬容性不妬忌生皇子昌三歲夭歿其後暴崩宮禁事祕莫能知悉而世議歸咎于高夫人葬永泰陵謚曰順皇后

宣武皇后高氏文昭皇后弟偃之女也世宗納爲貴人生皇子早夭又生建德公主後拜爲皇后甚見禮重性妬忌宮人希得進御及肅宗即位上尊號曰皇太后尋爲尼居瑤光寺非大節慶不入宮中建德公主始五六歲靈太后恒置左右撫愛之神龜元年太后出覲母武邑君時天文有變靈太后欲以后當禍是夜暴崩天下冤之喪還瑤光佛寺殯葬皆以尼禮初高祖幽后之寵也欲專其愛後宮接御多見阻遏高祖時言于近臣稱婦人妬防雖王者亦不能免況士庶乎世宗暮年高后悍忌夫人嬪御有至帝崩不蒙侍接者由是在洛二十餘年皇子全育者惟肅宗而已

宣武靈皇后胡氏安定臨涇人司徒國珍女也母皇甫氏產后之日赤光四照京兆山北縣有趙胡者善於卜相國珍問之胡云賢女有大貴之表方爲天地母生天地主勿過三人知也后姑爲尼頗能講道世宗初入講禁中積數歲諷左右稱后姿行世宗聞之乃召入掖庭爲承華世婦而椒掖之中以國舊制相與祈祝皆願生諸王公主不願生太子唯后每謂夫人等言天子豈可獨無兒子何緣畏一身之死而令皇家不育冢嫡乎及肅宗在孕同列猶以故事相恐勸爲諸計后固意確然幽夜獨誓云但使所懷是男次第當長子子生身死所不辭也既誕肅宗進爲充華嬪先是世宗頻喪皇子自以春秋長矣深加慎護爲擇乳保皆取良家宜子者養於別宮皇后及充華嬪皆莫得而撫視焉及肅宗踐阼尊后爲皇太妃後尊爲皇太后臨朝聽政猶稱殿下下令行事後改令稱詔羣臣上書曰陛下自稱曰朕太后以肅宗沖幼未堪親祭欲傍周禮夫人與君交獻之義代行祭禮訪尋故式門下召禮官博士議以爲不可而太后欲以幃幔自鄣觀三公行事重問侍中崔光光便據漢和熹鄧后薦祭故事太后大悅遂攝行初祀太后性聰悟多才藝姑既爲尼幼相依託略得佛經大義親覽萬機手筆斷決幸西林園法流堂命侍臣射不能者罰之又自射針孔中之大悅賜左右布帛有差先是太后勑造申訟車時御焉出自雲龍大司馬門從宮西北入自千秋門以納冤訟又親策孝秀州郡計吏於朝堂太后與肅宗幸華林園宴羣臣于都亭曲水令王公已下各賦七言詩太后詩曰化光造物含氣貞帝詩曰恭已無爲賴慈英王公已下賜帛有差太后父薨百寮表請公除太后不許尋幸永寧寺親建剎於九級之基僧尼士女赴者數萬人及改葬文昭高后太后不欲令肅宗主事乃自爲喪主出至終寧陵親奠遣事還哭於太極殿至於訖事皆自主焉後幸嵩高山夫人九嬪公主已下從者數百人昇于頂中廢諸淫祀而胡天神不在其列後幸左藏王公嬪主已下從者百餘人皆令任力負布絹即以賜之多者過二百匹少者百餘匹唯長樂公主手持絹二十匹而出示不異衆而無勞也世稱其廉儀同陳留公李崇章武王融並以所負過多顛仆於地崇乃傷腰融至損腳時人爲之語曰陳留章武傷腰折股貪人敗類穢我明主尋幸闕口溫水登雞頭山自射象牙簪一發中之敕示文武時太后得志逼幸清河王懌淫亂肆情爲天下所惡領軍元乂長秋卿劉騰等奉肅宗於顯陽殿幽太后於北宮於禁中殺懌其後太后從子都統僧敬與備身左右張車渠等數十人謀殺乂復奉太后臨朝事不克僧敬坐徙邊車渠等死胡氏多免黜後肅宗朝太后於西林園讌文武侍臣飲至日夕乂乃起至太后前自陳外云太后欲害已及騰太后答云無此語遂至于極昏太后乃起執肅宗手下堂言母子不聚久今暮共一宿諸大臣送我入太后與肅宗向東北小閤左衞將軍奚康生謀欲殺乂不果自劉騰死乂又寬怠太后與肅宗及高陽王雍爲計解乂領軍太后復臨朝大赦改元自是朝政疎緩威恩不立天下牧守所在貪惏鄭儼汙亂宮掖勢傾海內李神軌徐紇並見親侍一二年中位總禁要手握王爵輕重在心宣淫於朝爲四方之所厭穢文武解體所在亂逆土崩魚爛由於此矣僧敬又因聚集親族遂涕泣諫曰陛下母儀海內豈宜輕脫如此后大怒自是不召僧敬太后自以行不修懼宗室所嫌於是內爲朋黨防蔽耳目肅宗所親幸者太后多以事害焉有蜜多道人能胡語肅宗置於左右太后慮其傳致消息三月三日於城南大巷中殺之方懸賞募賊又於禁中殺領左右鴻臚少卿谷會紹達並帝所親也母子之間嫌隙屢起鄭儼慮禍乃與太后計因潘充華生女太后詐以爲男便大赦改年肅宗之崩事出倉卒時論咸言鄭儼徐紇之計於是朝野憤歎太后乃奉潘嬪女言太子即位經數日見人心已安始言潘嬪本實生女今宜更擇嗣君遂立臨洮王子釗爲主年始三歲天下愕然及武泰元年爾朱榮稱兵渡河太后盡召肅宗六宮皆令入道太后亦自落髮榮遣騎拘送太后及幼主於河陰太后對榮多所陳說榮拂衣而起太后及幼主並沉於河太后妹馮翊君收瘞於雙靈佛寺出帝時始葬以后禮而追加謚

孝明皇后胡氏靈太后從兄冀州刺史盛之女靈太后欲榮重門族故立爲皇后肅宗頗有酒德專嬖充華潘氏后及嬪御並無過寵太后爲肅宗選納抑屈人流時博陵崔孝芬范陽盧道約隴西李瓚等女但爲世婦諸人訴訟咸見忿責武泰初后既入道遂居於瑤光寺

孝靜皇后高氏齊獻武王之第二女也天平四年詔娉以爲皇后王前後固辭帝不許興和初詔侍中司徒公孫騰司空公襄城王旭兼尚書令司州牧西河王悰兼太常卿及宗正卿元孝友等奉詔致禮并備宮官侍衞以后駕迎於晉陽之丞相第五月立爲皇后大赦天下齊受禪降爲中山王妃後降于尚書左僕射楊遵彥

史臣曰始祖生自天女克昌後葉靈后婬恣卒亡天下傾城之戒其在茲乎鉤弋年稚子幼漢武所以行權魏世遂爲常制子貴母死矯枉之義不亦過哉高祖終革其失良有以也

魏書卷十三考證

皇后列傳○魏收書亡後人所補

桓帝皇后傳祁氏○祁北史作惟綱目亦作惟

孝文昭皇后傳近龍城鎮○近監本譌迮今從北史改

魏書卷十四

齊　魏收　撰

列傳第二

神元平文諸帝子孫

上谷公紇羅神元皇帝之曾孫也初從太祖自獨孤如賀蘭部招集舊戶得三百家與弟建議勸賀訥推太祖爲主及太祖登王位紇羅常翼衞左右又從征伐有大功紇羅有援立謀特見優賞及即帝位與弟建同日賜爵爲公卒

子題少以雄武知名賜爵襄城公從征中山受詔徇下諸郡撫慰新城皆安化樂業進爵爲王擊慕容驎於義臺中流矢薨帝以太醫令陰光爲視療不盡術伏法

子悉襲降爵爲襄陽公卒贈襄城王

建德公嬰文神元皇帝之後也少明辯有決斷太宗器之典出納詔命常執機要世祖踐阼拜護東夷校尉進爵建德公鎮遼西卒

眞定侯陸神元皇帝之後也世祖時以武功頗蒙恩遇拜散騎常侍賜爵眞定侯卒

陸曾孫軌字法寄稍遷洛陽令時天下多事軌惟以深刻遇下死多酷濫識者非之孝靜時鄴宮創制以軌爲營構使除徐州刺史軌風望既陋又無學術雖歷名位時人輕之卒於州

武陵侯因章帝之後也從太祖平中原以功封曲逆侯世祖時改爵武陵

長樂王壽樂章帝之後也位選部尚書南安王改封長樂王高宗即位壽樂有援立功拜太宰大都督中外諸軍錄尚書事矜功與尚書令長孫渴侯爭權並伏法

望都公頹昭帝之後也隨太祖平中原賜爵望都侯世祖以頹美儀容進止可觀使迎左昭儀於蠕蠕進爵爲公卒

曲陽侯素延桓帝之後也以小統從太祖征討諸部初定并州爲刺史太祖之驚於栢肆也并州守將封竇眞爲逆素延斬之時太祖意欲撫悅新附悔參合之誅而素延殺戮過多坐免官中山平拜幽州刺史豪奢放逸左遷上谷太守後賜爵曲陽侯時太祖留心黃老欲以純風化俗雖乘輿服御皆去彫飾咸尚質儉而素延奢侈過度太祖深銜之積其過因徵坐賜死

順陽公郁桓帝之後也少忠正亢直初以羽林中郎內侍勤幹有稱高宗時位殿中尚書從高宗東巡臨海以勞賜爵順陽公高宗崩乙渾專權隔絕內外百官震恐計無所出郁率殿中衞士數百人從順德門入欲誅渾渾懼逆出問郁曰君入何意郁曰不見天子羣臣憂懼求見主上渾窘怖謂郁曰今大行在殯天子諒闇故未接百官諸君何疑遂奉顯祖臨朝後渾心規爲亂朝臣側目郁復謀殺渾爲渾所誅顯祖錄郁忠正追贈順陽王謚曰簡

宜都王目辰桓帝之後也初以羽林郎從太祖南伐至江高宗即位以勞累遷侍中尚書左僕射封南平公乙渾之謀亂也目辰與兄郁議欲殺渾事泄被誅目辰逃隱得免顯祖傳位有定策勳高祖即位遷司徒封宜都

王除雍州刺史鎮長安目辰性亢直耿介不爲朋黨朝臣咸憚之然好財利在州政以賄成有罪伏法爵除

穆帝長子六脩少而兇悖穆帝五年遣六脩爲前鋒與輔相衞雄范班及姬澹等救劉琨帝躬統大兵爲後繼劉粲懼焚燒輜重突圍遁走縱騎追之殺傷甚衆帝因大獵於壽陽山陳閱皮肉山爲變赤及晉懷帝爲劉聰所執穆帝遣六脩與桓帝子普根率精騎助劉琨初穆帝少子比延有寵欲以爲後六脩出居新平城而黜其母六脩有驊騮駿馬日行五百里穆帝欲取以給比延後六脩來朝穆帝又命拜比延六脩不從穆帝乃坐比延於已所乘步輦使人導從出遊六脩望見以爲穆帝謁伏路左及至乃是比延慙怒而去召之不逮穆帝怒率衆伐之帝軍不利六脩殺比延帝改服微行民間有賤婦人識帝遂暴崩普根先守于外聞難率衆來赴攻六脩滅之

吉陽男比干太祖族弟也以司衞監討白澗丁零有功賜爵吉陽男後爲南道都將戰沒

江夏公呂太祖族弟也從世祖平涼州有功封江夏公位外都大官委以朝政大見尊重卒贈江夏王陪葬金陵

高涼王孤平文皇帝之第四子也多才藝有志略烈帝之前元年國有內難昭成如襄國後烈帝臨崩顧命迎昭成立之社稷可安及崩羣臣咸以新有大故內外未安昭成在南來未可果比至之間恐生變詐宜立長君以鎮衆望次弟屈剛猛多變不如孤之寬和柔順於是大人梁蓋等殺屈共推孤孤曰吾兄居長自應繼位我安可越次而處大業乃自詣鄴奉迎請身留爲質石虎義而從之昭成卽位乃分國半部以與之薨

子斤失職懷怨構寔君爲逆死於長安太祖時以孤勳高追封高涼王謚曰神武

斤子眞樂頻有戰功後襲祖封太宗初改封平陽王薨

子禮襲本爵高涼王薨謚懿王

子那襲爵拜中都大官驍猛善攻戰正平初坐事伏法

顯祖卽位追那功命子紇紹封薨

子大曹性愿直高祖時諸王非太祖子孫者例降爵爲公以大曹先世讓國功重高祖眞樂勳著前朝改封太原郡公卒無子國除世宗又以大曹從兄子洪威紹恭謙好學爲潁川太守有政績孝靜初在潁川聚衆應關西齊獻武王遣將討平之

禮弟陵世祖賜爵襄邑男進爵爲子卒

子瓌位柔玄鎮司馬

瓌子鷙字孔雀容貌魁壯腰帶十圍爲羽林隊仗副高祖末以征討有功賜爵晉陽男累遷領軍畿部都督武泰元年爾朱榮至河陰殺戮朝士鷙與榮共登高冢俯而觀之自此後與榮合元顥之逼也鷙從駕北迎旣到河內欲入城鷙奏曰河內晝則閉門夜引駕入此之意趣難以測量本圖有在願便發邁帝從之前至長子以爾朱榮赴援除鷙車騎將軍封華山王莊帝旣殺爾朱榮榮從子兆爲亂帝欲率諸軍親討鷙與兆陰通乃勸帝曰黃河萬仞寧可卒渡帝遂自安及兆入殿鷙又約止衞兵帝見逼京邑破皆由鷙之謀孝靜初入爲大司馬加侍中鷙有武藝木訥少言性方厚每息直省閨雖暑月不解衣冠曾於侍中高岳之席咸陽王坦恃力使酒陵侮一坐衆皆下之不敢應答坦謂鷙曰孔雀老武官何因得王鷙卽答曰斬反人元禧首是以得之衆皆失色鷙怡然如故興和三年薨贈假黃鉞尚書令司徒公

子大器襲爵後與元瑾謀害齊文襄王見害

孤孫度太祖初賜爵松滋侯位比部尚書卒

子乙斤襲爵襄陽侯顯祖崇舊齒拜外都大官甚見優重卒

子平字楚國襲世爵松滋侯以軍功賜艾陵男卒

子萇高祖時襲爵松滋侯例降侯賜艾陵伯萇性剛毅雖有吉慶事未嘗開口而笑高祖遷都萇以代尹留鎮除懷朔鎮都大將因別賜萇酒雖拜飲而顏色不泰高祖曰聞公一生不笑今方隔山當爲朕笑竟不能得高祖曰五行之氣偏有所不入六合之間亦何事不有左右見者無不扼腕大笑世宗時爲北中郎將帶河內太守萇以河橋船絙路狹不便行旅又秋水汎漲年常破壞乃爲船路遂廣闕空車從京出者率令輸石一雙累以爲岸橋闕來往便利近橋諸郡無復勞擾公私賴之歷位度支尚書侍中雍州刺史卒謚曰成萇中年以後官位微達乃自尊倨閨門無禮昆季不穆性又貪虐論者鄙之

萇子子華字伏榮襲爵孝莊初除齊州刺史先是州境數經反逆邢杲之亂人不自保而子華撫集豪右委之管籥衆皆感悅境內帖然而性甚褊急當其急也口不擇言手自捶擊長史鄭子湛子華親友也見侮罵遂卽去之子華雖自悔厲終不能改在官不爲矯潔之行凡有餽贈者辭多受少故人不厭其取鞫獄訊囚務加仁恕齊人樹碑頌德後除濟州刺史爾朱兆之入洛也齊州城人趙洛周逐刺史丹陽王蕭贊表濟南太守房士達攝行州事洛周子元顯先隨子華在濟州邀路改表請子華復爲齊州刺史子華母房氏曾就親人飲食夜還大吐人以爲中毒甚憂懼子華遂掬吐盡噉之其母乃安尋以母憂還都孝靜初除南兗州刺史弟子思通使關西朝廷使右衞將軍郭瓊收之子思謂瓊曰速可見殺何爲久執國士子華謂子思曰由汝麤疏令我如此以頭叩床涕泣不自勝子思以手捋鬚顧謂子華曰君惡體氣尋與子思俱死於門下外省

子思字衆念性剛暴恒以忠烈自許元天穆當朝權以親從薦爲御史中尉先是兼尚書僕射元順奏以尚書百揆之本至於公事不應送御史至子思奏曰案御史令云中尉督司百寮治書侍御史糾察禁內又云中尉出行車輻前驅除道一里王公百辟避路時經四帝前後中尉二十許人奉以周旋未曾暫廢府寺臺省並從此令唯肅宗之世爲臨洮舉哀故兼尚書左僕射臣順不肯與名又不送簿故中尉臣酈道元舉而奏之而順復啓云尚書百揆之本令僕納言之貴不宜下隸中尉送名御史尋亦蒙勅聽如其奏從此迄今使無準一臣初上臺具見其事意欲申請決議但以權兼未宜便爾日復一日遂歷炎涼去月朔旦臺移尚書索應朝名帳而省稽留不送尋復移催并主吏忽爲尚書郎中裴獻伯後注云案舊事御史中尉逢臺郎於複道中尉下車執板郎中車上舉手禮之以此而言明非敵體臣既見此深爲怪愕旋省二三未解所以正謂都省別被新式改易高祖舊命卽遣移問事何所依又獲尚書郎中王元旭報出蔡氏漢官似非穿鑿始知裴王亦規壞典謨兩人心欲自矯臣案漢書宣秉傳云詔徵秉爲御史中丞與司隸校尉尚書令俱會殿庭並專席而坐京師號之爲三獨坐又尋魏書崔琰傳晉文陽闕傳嘏傳皆云旣爲中丞百寮震悚以此而言則中丞不揖省郎蓋已久矣憲臺不屬都堂亦非今日又尋職令云朝會失時卽加彈糾則百官簿帳應送上臺灼然明矣又皇太子以下違犯憲制皆得糾察則令僕朝名宜付御史又亦彰矣不付名至否臧何驗臣順專執未爲平通先朝曲遂豈是正法謹案尚書郎中臣裴獻伯王元旭等望班士流早參清宦輕弄短札斐然若斯苟執異端忽焉至此此而不綱將隳朝令請以見事免獻伯等所居官付法科處尚書納言之本令僕百揆之要同彼浮虛助之乖失宜明首從節級其罪詔曰國異政不可據之古事付司檢高祖舊格推處得失以聞尋從子思奏仍爲元天穆所忿遂停元顥之敗封安定縣子孝靜時位侍中而死

萇弟珍字金省襲爵艾陵男世宗時曲事高肇遂爲帝寵昵彭城王勰之死珍率壯士害之卒於尚書左僕射

平弟長生位游騎將軍卒孝莊時以子天穆貴盛贈司空

天穆性和厚美形貌善射有能名年二十起家員外郎六鎮之亂尚書令李崇廣陽王深北討天穆奉使慰勞諸軍路出秀容爾朱榮見其法令齊整有將領氣深相結託約爲兄弟未幾榮請天穆爲行臺朝廷不許改授別將令赴秀容是時北鎮紛亂所在蜂起六鎮蕩然無復蕃捍惟榮當職路衝招聚散亡天穆爲榮腹心除并州刺史及榮赴洛天穆參其始謀乃令天穆留後爲之繼援莊帝踐阼天穆以榮之眷昵特除太尉封上黨王徵赴京師榮之討葛榮詔天穆爲前軍都督率京師之衆以赴之榮擒葛榮天穆增封通前三萬戶尋監國史錄尚書事開府世襲并州刺史初杜洛周鮮于修禮爲寇瀛冀諸州人多避亂南向幽州前北平府主簿河間邢杲擁率部曲屯據鄚城以拒洛周葛榮垂將三載及廣陽王深等敗後杲南度居青州北海界靈太后詔流人所在皆置命屬郡縣選豪右爲守令以撫鎮之時青州刺史元世儁表置新安郡以杲爲太守未報會臺申休疑簡授郡縣以杲從子子瑤資蔭居前乃授河間太守杲深恥恨於是遂反所在流人先爲土人凌忽聞杲起逆率來從之旬朔之間衆踰十萬劫掠村塢毒害民人齊人號之爲餡榆賊先是河南人常笑河北人好食榆葉故因以號之杲東掠光州盡海而還又破都督李叔仁軍詔天穆與齊獻武王討大破之杲乃請降傳送京師斬之增天穆邑萬戶時元顥乘虛陷榮陽天穆聞莊帝北巡自畢公壘北渡會車駕於河內爾朱榮以天時炎熱欲還師天穆苦執不可榮乃從之莊帝還宮加太宰羽葆鼓吹增邑通前七萬戶天穆以疎屬本無德望憑藉爾朱爵位隆極當時熛灼朝野傾悚王公已下每旦盈門受納財貨珍寶充積而寬柔容物不甚見疾於時莊帝以其榮黨外示寵敬詔天穆乘車馬出入大司馬門天穆與榮相倚情寄特甚榮常以兄禮事之而爾朱世隆等雖榮子姪位遇已重畏憚天穆俯仰承迎

天穆曾言世隆之失榮即加杖其相親任如此莊帝內畏惡之與榮同時見殺前廢帝初贈丞相柱國大將軍雍州刺史假黃鉞謚曰武昭

子儼襲美才貌位都官尚書及齊受禪聞勅召假病遂怖而卒

西河公敦平文帝之曾孫也太祖初從征破堅執銳名冠諸將後從征中山所向無前太宗時拜中都大官世祖時進爵西河公寵遇彌篤卒

子撥襲

司徒石平文帝之玄孫也忠勇有膽略尤善騎射從世祖南討至瓜步位尚書令雍州刺史歷比部侍郎華州刺史累遷征南大將軍卒贈司徒公

武衛將軍謂烈帝之第四子也寬雅有將略常從太祖征討有功除武衛將軍後謝老歸家顯祖善禮遇之賜几杖服物致膳於第卒賜祕器

子烏眞膂力絕人隨太祖征伐屢有戰功官至鉅鹿太守

子興都聰敏剛毅高宗時爲河間太守賜爵樂城子爲政嚴猛百姓憚之顯祖初以子丕貴重進爵樂城侯謝老歸家顯祖益禮之賜几杖服物致膳於第其妻婁氏爲東陽王太妃卒追贈定州刺史河間公謚曰宣

子提襲父侯爵

提弟丕世祖擢拜羽林中郎從駕臨江賜爵興平子顯祖即位累遷侍中丞相乙渾謀反丕以奏聞詔丕帥元賀牛益得收渾誅之遷尚書令改封東陽公高祖時封東陽王拜侍中司徒公時有諸疑事三百餘條勅丕制決率皆平允丕子超生車駕親幸其第特加賞賜以執心不二詔賜丕入八議傳示子孫犯至百鞭責數恕之放其同籍丁口雜使役調求受復除若有姦邪人方便讒毁者即加斬戮尋遷太尉錄尚書事時淮南王他淮陽王尉元河東王苟頹並以舊老見禮每有大事引入禁中乘步挽杖于朝進退相隨丕他元三人皆容貌壯偉腰帶十圍大耳秀眉鬚鬢斑白百寮觀瞻莫不祗聳唯苟頹小爲短劣姿望亦不逮之高祖文明太后重年敬舊存問周渥賜以珍寶丕聲氣高朗博記國事饗讌之際恒居坐端必抗音大言敍列既往成敗帝后敬納焉然諂事要人驕侮輕賤每見王叡苻承祖常傾身下之時文明太后爲王叡造宅故亦爲丕造甲第第成帝后親幸之率百官文武饗落焉使尚書令王叡宣詔賜丕金印一紐太后親造勸戒歌辭以賜羣官丕上疏贊謝太后令曰臣哉隣哉隣哉臣哉君則亡逸於上臣則履冰於下若能如此太平豈難致乎及丕妻段氏卒謚曰恭妃又特賜丕金券高祖文明太后引見公卿於皇信堂太后曰今京師旱儉欲聽飢貧之人出關逐食如欲給過所恐稽延時日不救災窘若任其外出復慮姦良難辨卿等可議其所宜丕議請畫下大夫以上人各將二吏別掌給過所州郡亦然不過三日給之便訖有何難也高祖從之四日而訖丕請立東宮詔曰年尚幼小有何急之丕曰臣年在西夕思觀盛禮於臣實急不許後例降王爵封平陽郡公求致仕詔不許及車駕南伐丕與廣陵王羽留守京師並加使持節詔丕羽曰留守非賢莫可太尉年尊德重位總阿衡羽朕之懿弟溫柔明斷故使二人留守京邑授以二節賞罰在手其祗允成憲以稱朕心丕對曰謹以死奉詔羽對曰太尉宜專節度臣但可副貳而已高祖曰老者之智少者之決何得辭也及高祖還代丕請作歌詔許之歌訖高祖曰公傾朕還車故親歌述志今經構既有次第故暫還舊京願後時亦同茲適及高祖欲遷都臨太極殿引見留守之官大議乃詔丕等如有所懷各陳其志燕州刺史穆羆進曰移都事大如臣愚見謂爲未可高祖曰卿便言不可之理羆曰北有獫狁之寇南有荊揚未賓西有吐谷渾之阻東有高句麗之難四方未平九區未定以此推之謂爲不可征伐之舉要須戎馬如其無馬事不可克高祖曰卿言無馬此理粗可馬常出北方厩在此置卿何慮無馬今代在恒山之北爲九州之外以是之故遷于中原羆曰臣聞黃帝都涿鹿以此言之古昔聖王不必悉居中原高祖曰黃帝以天下未定居于涿鹿既定之後亦遷于河南尚書于杲曰臣誠不識古事如聞百姓之言先皇建都於此無何欲移以爲不可中原其如是所由擬數有纂奪自建邑平城以來與天地並固日月齊明臣雖管見膚淺性不昭達終不以恒代之地而擬伊洛之美但以安土重遷物之常性一旦南移懼不樂也丕曰陛下去歲親御六軍討蕭氏至洛遣任城王澄宣旨勅臣等議都洛初奉恩旨心情惶越凡欲遷移當訊之卜筮審定吉否然後可高祖謂丕曰往在鄴中司徒公誕咸陽王禧尚書李沖等皆欲請龜占移洛吉凶之事朕時謂誕等曰昔周邵卜宅伊洛乃識至兆今無若斯之人卜亦無益然卜者所以決疑此既不疑何須卜也昔軒轅卜兆龜焦卜者請訪諸賢哲軒轅乃問天老天老謂爲善遂從其言終致昌吉然則至人之量未然審於龜矣朕既以四海爲家或南或北遲速無常南移之民朕自多積倉儲不令窘乏丕曰臣仰奉慈詔不勝喜舞高祖詔羣官曰卿等或以朕無爲移徙也昔平文皇帝棄背率土昭成營居盛樂太祖道武皇帝神武應天遷居平城朕雖虛寡幸屬勝殘之運故移宅中原肇成皇宇卿等當奉先君令德光迹洪規前懷州刺史青龍前秦州刺史呂受恩等仍守愚固帝皆撫而答之辭屈而退帝又將北巡丕遷太傅錄尚書事頻表固讓詔斷表啓就家拜授及車駕發代丕留守詔曰中原始構須朕營視在代之事一委太傅賜上所乘車馬往來府省丕雅愛本風不達新式至於變俗遷洛改官制服禁絕舊言皆所不願高祖知其如此亦不逼之但誘示大理令其不生同異至於衣冕已行朱服列位而丕猶常服列在坐隅晚乃稍加弁帶而不能修飾容儀高祖以丕年衰體重亦不強責及罷降非太祖子孫及異姓王者雖較於公爵而利享封邑亦不快疑高祖南征丕表乞少留思更圖後舉會司徒馮誕薨詔六軍反旆丕又以熙薨于代都表求鑾駕親臨詔曰今洛邑肇構跂望成勞開闢暨今豈有以天子之重遠赴舅國之喪朕縱欲爲孝其如大孝何縱欲爲義其如大義何天下至重君臣道懸豈宜苟相誘引陷君不德令僕已下可付法官貶之又詔以丕爲都督領并州刺史後詔以平陽畿甸改封新興公初李沖又德望所屬既當時貴要有杖情疑遂與子超娶沖兄女即伯尚妹也丕前妻子隆同產數人皆與別居後得宮人所生同宅共產父子情因此偏丕父子大意不樂遷洛高祖之發平城太子恂留於舊京及將還洛隆與超等密謀留恂因舉兵斷關規據陘北時丕以老居并州雖不預其始計而隆超咸以告丕丕外慮不成口雖致難心頗然之及高祖幸平城推穆泰等首謀隆兄弟並是黨丕亦隨駕至平城每於測問令丕坐觀隆超與元業等兄弟並以謀逆伏誅有司奏處孥戮詔以丕應連坐但以先許不死之詔躬非染逆之身聽免死仍爲太原百姓其後妻二子聽隨隆超母弟及餘庶兄弟皆徙敦煌丕時年垂八十猶自平城力載隨駕至洛陽高祖每遣左右慰勉之乃還晉陽高祖崩丕自并州來赴世宗引見之以丕舊老禮有加焉尋勅留洛陽後宴于華林都亭特令二子扶侍坐起丕仕歷六世垂七十年位極公輔而還爲民庶然猶心戀京邑不能自絕人事尋詔以丕爲三老景明四年薨年八十二詔贈左光祿大夫冀州刺史謚曰平

長子隆先以反誅

隆弟乙升超亦同誅

超弟傳邕並有軍功傳封新安縣男邕封涇縣男

淮陵侯大頭烈帝之曾孫也善騎射擢爲內三郎從世祖有戰功賜爵高宗初封淮陵性謹密帝甚重之位寧北將軍遷右將軍卒贈高平公謚曰烈

河間公齊烈帝之玄孫也少雄傑魁岸世祖愛其勇壯引侍左右從征赫連昌世祖馬蹶賊衆逼帝齊以身蔽捍決死擊賊賊乃退世祖得上馬是日微齊世祖幾至危殆世祖以微服入其城齊固諫不許乃與數人從世祖入城內既覺諸門悉閉世祖及齊等因入其宮中得婦人裙繫之槊上世祖乘而上因此得拔齊有力焉賜爵浮陽侯從征和龍以功拜尚書進爵爲公後與新興王俊討禿髮保周坐事免官爵劉義隆將裴方明陷仇池世祖復授齊前將軍與建興公古弼討之遂尅仇池威振羌氐復賜爵河間公與武都王楊保宗對鎮駱谷時保宗弟文德說保宗閉險自固有期矣秦州主簿邊因知之密告齊齊晨詣保宗呼曰古弼至欲宣詔保宗出齊叱左右扶保宗上馬馳驛送臺諸氐遂推文德爲主求援於劉義隆義隆遣將房亮之苻昭啖龍等率衆助文德齊擊斬殺龍擒亮之氐遂平以功拜內都大官卒謚曰敬

長子陵襲爵陵性抗直天安初爲乙渾所害

陵弟蘭以忠謹見寵高祖初賜爵建陽子卒於武川鎮將

子志字猛略少清辯強幹歷覽書傳頗有文才爲洛陽令不避強禦與御史中尉李彪爭路俱入見面陳得失彪言御史中尉避承華車蓋駐論道劍鼓安有洛陽縣令與臣抗衡志言神鄉縣主普天之下誰不編戶豈有俯同衆官避中尉高祖曰洛陽我之豐沛自應分路揚鑣自今以後可分路而行及出與彪折尺量道各取其半高祖謂邢巒曰此兒竟可所謂王孫公子不鏤自彫巒曰露竹霜條故多勁節非鸞則鳳其在本枝也員外郎馮俊昭儀之弟恃勢恣擅所部里正志令主吏收繫處刑除官由此忤旨左遷太尉主簿俄爲從事中郎車駕南征高祖微服觀戰所有箭欲犯帝志以身障之高祖便得免矢中志目因此一目喪明以志行恒州事世宗時除荊州刺史還朝御史中尉王顯奏志在州日抑買良人爲婢兼乘請供朝會赦免肅宗初兼廷尉卿後

除揚州刺史賜爵建忠伯志在州威名雖減李崇亦爲荆楚所憚尋爲雍州刺史晩年躭好聲伎在揚州日侍側將百人器服珍麗冠於一時及在雍州逾尚華侈聚斂無極聲名遂損及莫折念生反詔志爲西征都督討之念生遣其弟天生屯隴口與志相持爲賊所乘遂棄大衆奔還岐州賊遂攻城刺史裴芬之疑城人與賊潛通將盡出之志不聽城人果開門引賊鏁志及芬之送念生見害前廢帝初贈尚書僕射太保

扶風公處眞烈帝之後也少以壯烈聞位殿中尚書賜爵扶風公委以大政甚見尊禮吐京胡曹僕渾等叛招引朔方胡爲援處眞與高涼王那等討滅之性貪婪在軍烈暴坐事伏法

文安公泥國之疎族也性忠直壯烈有智畫太祖厚遇之賜爵文安公拜安東將軍卒

子屈襲爵太宗時居門下出納詔命性明敏善奏事每合上旨賜爵元城侯加功勞將軍與南平公長孫嵩白馬侯崔玄伯等並決獄訟太宗東巡命屈行右丞相山陽侯奚斤行左丞相命掌軍國甚有聲譽後吐京胡與離石胡出以兵等叛置立將校外引赫連屈丐屈督會稽公劉潔永安侯魏勤捍之勤沒於陳潔墜馬胡執送屈丐唯屈衆猶存太宗以屈沒失二將欲斬之時并州刺史元六頭荒淫怠事乃赦屈令攝州事屈縱酒頗廢政事太宗積其前後失檻車徵還斬於市

子磨渾少爲太宗所知元紹之逆也太宗潛隱於外磨渾與叔孫俊詐云太宗所在紹使帳下二人隨磨渾往規爲逆磨渾既得出便縛帳下詣太宗斬之太宗得磨渾大喜因爲羽翼以勳賜爵長沙公拜尚書出爲定州刺史卒

魏書卷十四考證

神元平文諸帝子孫列傳○魏收書亡後人所補

曲陽侯素延傳并州守將封實眞○道武本紀并州守將封眞率其種族與徒何爲逆將攻刺史元延延討平之今稱封實眞前後互異

魏書卷十五

齊　魏收　撰

列傳第三

昭成子孫

寔君者昭成皇帝之庶長子也性愚憃安忍不仁昭成季年苻堅遣其行唐公苻洛等來寇南境昭成遣劉庫仁逆戰於石子嶺昭成時不豫不能親勒衆軍乃率諸部避難陰山度漠北高車四面寇抄復度漠南苻洛軍退乃還雲中初昭成以弟孤讓國乃以半部授孤孤卒子斤失職懷怨欲伺隙爲亂是時獻明皇帝及秦明王翰皆先終太祖年六歲昭成不豫慕容后子閼婆等雖長而國統未定斤因是說寔君曰帝將立慕容所生而懼汝爲變欲先殺汝是以頃日以來諸子戎服夜持兵仗遶汝廬舍伺便將發吾愍而相告時苻洛等軍猶在君子津夜常警備諸皇子挾仗彷徨廬舍之間寔君視察以斤言爲信乃率其屬盡害諸皇子昭成亦暴崩其夜諸皇子婦及宮人奔告苻洛軍堅將李柔張蚝勒兵內逼部衆離散苻堅聞之召燕鳳問其故以狀對堅曰天下之惡一也乃執寔君及斤轘之於長安西市

寔君孫勿期位定州刺史賜爵林慮侯卒

子六狀眞定侯

秦明王翰昭成皇帝第三子少有高氣年十五便請率騎征討帝壯之使領二千騎及長統兵號令嚴信周旋征討多有剋捷建國十年卒太祖卽位追贈秦王諡曰明

子儀長七尺五寸容貌甚偉美鬚髯有筭略少能舞劒騎射絶人太祖幸賀蘭部侍從出入登國初賜爵九原公從破諸部有謀戰功及太祖將圖慕容垂遣儀觀釁垂問儀太祖不自來之意儀曰先人以來世據北土子孫相承不失其舊乃祖受晉正朔爵稱代王東與燕世爲兄弟儀之奉命理謂非失垂壯其對因戲曰吾威加四海卿主不自見吾云何非失儀曰燕若不修文德欲以兵威自強此乃本朝將帥之事非儀所知也及還報曰垂死乃可圖今則未可太祖作色問之儀曰垂年已暮其子寶弱而無威謀不能決慕容德自負才氣非弱主之臣釁將內起是可計之太祖以爲然後改封平原公太祖征衞辰儀出別道獲衞辰尸傳首行宮太祖大喜徙封東平公命督屯田於河北自五原至椆陽塞外分農稼大得人心慕容寶之寇五原儀躡據朔方要其還路及并州平儀功多遷尚書令從圍中山慕容德之敗也太祖以普驎妻周氏賜儀并其僮僕財物尋遷都督中外諸軍事左丞相進封衞王中山平復遣儀討鄴平之太祖將還代都置中山行臺詔儀守尚書令以鎮之遠近懷附尋徵儀以丞相入輔又從征高車儀別從西北破其別部又從討姚平有功賜以絹布綿牛馬羊等儀膂力過人弓力將十石陳留公虔矟大稱異時人云衞王弓桓王矟世祖之初育也太祖喜夜召儀入太祖曰卿聞夜嗅乃不怪懼乎儀曰臣惟誠以事陛下陛下明察臣輒自安忽奉夜詔怪有之懼實無也太祖告以世祖生儀起拜而歌舞遂對飲申旦召羣臣入賜儀御馬御帶縑錦等先是上谷侯岌張袞代郡許謙等有名于時學博今古初來入國聞儀待士先就儀儀並禮之共談當世之務指畫山河分別城邑成敗要害造次備舉謙等歎服相謂曰平原公有大才不世之略吾等當附其尾太祖以儀器望待之尤重數幸其第如家人禮儀矜功恃寵遂與宜都公穆崇謀爲亂伏武士伺太祖欲爲逆崇子遂留在伏士中太祖召之將有所使遂留聞召恐發踰牆告狀太祖祕而恕之天賜六年天文多變占者云當有逆臣伏尸流血太祖惡之頗殺公卿欲以厭當天災儀內不自安單騎遁走太祖使人追執之遂賜死葬以庶人禮儀十五子

子纂五歲太祖命養於宮中少明敏動止有禮太祖愛之恩與諸皇子同世祖踐阼除定州刺史封中山公進爵爲王賜步挽几以優異之纂好酒愛佞政以賄成世祖殺其親嬖人後悔過修謹拜內大將軍居官清約簡愼更稱廉平纂於宗屬最長宗室有事咸就諮焉薨諡曰簡

纂弟良性忠篤太宗追錄儀功封南陽王以紹儀後

良弟幹機悟沉勇善弓馬少有父風太宗卽位拜內將軍都將入備禁中太宗出遊於白登之東北幹以騎從有雙鴟飛鳴於上太宗命左右射之莫能中鴟旋飛稍高幹自請射之以二箭下雙鴟太宗嘉之賜御馬弓矢金帶一以旌其能軍中於是號曰射鴟都將從世祖南巡進爵新蔡公高宗卽位拜都官尚書卒諡曰昭

子禎通解諸方之語便騎射世祖時爲司衞監從征蠕蠕忽遇賊別部多少不敵禎乃就山解鞍放馬以示有伏賊果疑而避之高祖初賜爵沛郡公後拜南豫州刺史太胡山蠻時時鈔掠前後守牧多羈縻而已禎乃設畫召新蔡襄城蠻魁三十餘人禎盛武裝於州西爲置酒使之觀射先選左右能射者二十餘人禎自發數箭皆中然後命左右以次而射並中先出一囚犯死罪者使服軍衣亦參射限命射不中禎卽責而斬之蠻魁等伏伎畏威相視股慄又豫敎左右取死四十人皆著蠻衣云是鈔賊禎乃臨坐僞舉目瞻天微有風動禎謂蠻曰風氣少暴似有鈔賊入境不過十人當在西南五十里許卽命騎追掩果縛送十人禎告諸蠻曰爾鄉里作賊如此合死以不蠻等皆叩頭曰合萬死禎卽斬之乃遣蠻還并加慰諭諸蠻大服自是境無暴掠淮南之人相率投附者三千餘家置之城東汝水之側名曰歸義坊初豫州城豪胡丘生數與外交通及禎爲刺史丘生嘗有犯懷恨圖爲不軌詐以婚進城人告云刺史欲還城中大家送之向代共謀翻城城人石道起以事密告禎速掩丘生并諸預謀者禎曰吾不負人人何以叛但丘生誑誤若卽收掩衆必大懼吾靜以待之不久自當悔服語未訖而城中三百人自縛詣州門陳丘生譎誑之罪丘生單騎逃走禎恕而不問後徵爲都牧尚書薨贈侍中儀同三司諡簡公有八子

第五子瑞初瑞母尹氏有娠致傷後晝寢夢一老翁具衣冠告之曰吾賜汝一子汝勿憂也寤而私喜又問筮者筮者曰大吉未幾而生瑞禎以爲協夢故名瑞字天賜位太中大夫卒贈太常卿

儀弟烈剛武有智畧元紹之逆百寮莫敢有聲惟烈行出外詐附紹募執太宗紹信之自延秋門出遂迎立太宗以功進爵陰平王薨諡曰熹

子裘襲

烈弟觚勇畧有膽氣少與兄儀從太祖侍衞左右使於慕容垂垂末年政在羣下遂止觚以求賂太祖絶之觚率左右數十騎殺其衞將走歸爲慕容寶所執歸中山垂待之逾厚觚因留心學業誦讀經書數十萬言垂之國人咸稱重之太祖之討中山慕容普驎既自立遂害觚以固衆心太祖聞之哀慟及平中山發普驎柩斬其尸收議害觚者傳高霸程同等皆夷五族以大刃剉殺之乃改葬觚追諡秦愍王封子夔爲豫章王以紹觚

常山王遵昭成子壽鳩之子也少而壯勇不拘小節太祖初有佐命勳賜爵畧陽公慕容寶之敗也別率騎七百邀其歸路由是有參合之捷及平中山拜尚書左僕射加侍中領渤海之合口及博陵渤海羣盜起遵討平之遷州牧封常山王遵好酒天賜四年坐醉亂失禮於太原公主賜死葬以庶人禮

子素太宗從母所生特見親寵少引內侍頻歷顯官賜

爵尚安公拜外都大官世祖初復襲爵休屠郁原等叛素討之斬渠率徙千餘家於涿鹿之陽立平原郡以處之及平統萬以素有威懷之略拜假節征西大將軍以鎮之後拜內都大官高宗即位務崇寬征罷諸雜調有司奏國用不足固請復之惟素曰臣聞百姓不足君孰與足帝善而從之詔羣臣議定皇子名素及司徒陸麗議曰古帝王之制名其體有五有信有義有象有假有類伏惟陛下當盛明之運應昌發之期誕生皇子宜以德命高宗從之素宗屬之懿又年老帝每引入訪以治國政事固辭疾歸第雅性方正居官五十載終始如一時論賢之薨謚曰康陪葬金陵配饗廟庭

長子可悉陵年十七從世祖獵遇一猛虎陵遂空手搏之以獻世祖曰汝才力絕人當爲國立事勿如此也即拜內行阿干又從平涼州沮渠茂虔令一驍將與陵相擊兩槊皆折陵抽箭射之墜馬陵恐其救至未及拔劍以刀子戾其頸使身首異處世祖壯之即日拜都幢將封暨陽子卒于中軍都將

弟陪斤襲爵坐事國除

陪斤子昭小字阿倪尚書張彝引兼殿中郎高祖將爲齊郡王簡舉哀而昭乃作宮縣高祖大怒詔曰阿倪愚駭誰引爲郎於是黜彝白衣守尚書昭遂停廢世宗時昭從弟暉親寵用事稍遷左丞世宗崩于忠執政昭爲黃門郎又曲事之忠專權擅威枉陷忠賢多昭所指導也靈太后臨朝爲尚書河南尹聾而佷戾理務峭急所在患之尋出爲雍州刺史在州貪虐大爲人害後入爲尚書諂事劉騰進號征西將軍卒贈尚書左僕射納貨元叉所以贈禮優越

昭子玄字彥道以節儉知名莊帝時爲洛陽令及前廢帝即位玄上表乞葬莊帝時議善之後除尚書左丞出帝即位以孫騰爲左僕射騰即齊獻武王心膂仗入省玄依法舉劾當時咸爲玄懼出帝重其強正封臨淄縣子後從帝入關

昭弟紹字醜倫少聰慧遷尚書右丞紹斷決不避強禦世宗詔令檢趙脩獄以脩佞幸因此遂加杖罰令其致死帝責紹不重聞紹曰脩姦佞甚於董賢臣若不因釁除之恐陛下復被哀帝之名以其言正遂不罪焉及出廣平王懷拜紹賀曰阿翁乃皇家之正直雖朱雲汲黯何以仰過紹曰但恨戮之稍晚以爲愧耳卒於涼州刺史

陪斤弟忠字仙德少沉厚以忠謹聞高祖時累遷右僕射賜爵城陽公加侍中鎮西將軍有翼贊之勤百寮咸敬之太和四年病篤辭退養疾於高柳輿駕親送都門之外賜雜綵二百匹羣寮侍臣執別者莫不涕泣及卒皆悼惜之謚曰宣命有司爲立碑銘有十七子

子盛字始興襲爵位謁者僕射卒

盛弟壽興少聰慧好學世宗初爲徐州刺史在官貪虐失於人心其從兄侍中暉深害其能因譖之於帝詔尚書崔亮馳驛檢覈亮發日受暉旨遂鞭撻三寡婦令其自誣稱壽興壓己爲婢壽興終恐不免乃令其外弟中兵參軍薛脩義將車十乘運小麥經其禁之旁壽興因踰牆出脩義以大木函盛壽興其上加麥載之而出遂至河東匿脩義家逢赦乃出見世宗自陳爲暉所譖世宗亦更無所責初壽興爲中庶子時王顯在東宮賤因公事壽興杖之三十及顯有寵爲御史中尉奏壽興在家每有怨言誹謗朝廷因帝極飲無所覺悟遂奏其事命帝注可直付壽興賜死帝書半不成字當時見者亦知非本心但懼暉等威不敢申拔及行刑日顯自往看之壽與命筆自作墓誌銘曰洛陽男子姓元名景有道無時其年不永餘文多不載顧謂其子曰我棺中可著百張紙筆兩枚吾欲訟顯於地下若高祖之靈有知百日內必取顯如遂無知亦何足戀及世宗崩顯尋被殺壽興之死時論亦以爲前任中尉彈高〔闕〕讒諷所致靈太后臨朝三公郎中崔鴻上疏理壽興詔追雪贈豫州刺史謚曰莊

壽興弟益生少亡

忠弟德封河間公卒於鎮南將軍贈曹州刺史

德子悝潁川太守卒於光州刺史謚曰恭

子嶷字子仲出帝初授兗州刺史于時城人王奉伯等相扇謀逆棄城出走懸門發斷嶷要〔闕〕而出詔齊州刺史尉景本州刺史蔡儁各部在州士往討之嶷返復任封濮陽縣伯孝靜時轉尚書令攝選部嶷雖居重任隨時而已薨於瀛州刺史贈司徒公謚曰靖懿

忠子暉字景襲少沉敏頗涉文史世宗即位拜尚書主客郎巡省風俗還奏事稱旨爲給事黃門侍郎初高祖遷洛而在位舊貴皆難於移徙時欲和合衆情遂許冬則居南夏便居北世宗頗惑左右之言外人遂有還北之問至乃牓賣田宅不安其居暉乃請間言事世宗曰先皇遷都之日本期冬南夏北朕欲聿遵成詔故有外人之論暉曰先皇移都爲百姓戀土故發冬夏二居之詔權寧物意耳乃是當時之言實非先皇深意且北來遷人安居歲久公私計立無復還情陛下終高祖定鼎之業勿信邪臣不然之說世宗從之再遷侍中領右衞將軍雖無補益深被親寵凡在禁中要密之事暉別奉旨藏之於櫃唯暉入乃開其餘侍中黃門莫有知者侍中盧昶亦蒙恩眄故時人號曰餓虎將軍飢鷹侍中遷吏部尚書納貨用官皆有定價大郡二千匹次郡一千匹下郡五百匹其餘受職各有差天下號曰市曹出爲冀州刺史下州之日連車載物發信都至湯陰間首尾相繼道路不斷其車少脂角即於道上所逢之牛生截取角以充其用暉撿括丁戶聽其歸首出調絹五萬匹然聚斂無極百姓患之肅宗初徵拜尚書左僕射詔攝吏部選事上疏曰臣聞治人之本寔委牧守之官得其才則政平物理失其人則訟興怨結自非察訪善惡明加貶賞將何以黜彼貪怠陟此清勤也竊以大使巡省必廣迎送之費御史馳糾頗同威濫之刑且暫爾往還理不委悉縱有簡舉良未平當愚謂宜令三司八座侍中黃門各布耳目外訪州鎮牧將治人守令能不若德教有方清白獨著宜以名聞即加褒陟若治績無効貪暴遠聞亦便示牒登加貶退如此則不出庭戶坐知四方端委垂拱明賞審罰矣又表以御史之職鷹鸇是任必逞爪牙有所噬搏若選後生年少血氣方剛者恐其輕肆勁直傷物處廣愚謂宜簡宿官經事忠良平慎者爲之詔付外依此施行後詔暉與任城王澄京兆王愉東平王匡共決門下大事暉又上書論政要其一曰御史之職務使得賢必得其人不拘階秩久於其事責其成功其二曰安人寧邊觀時而動頃來邊將亡遠大之略貪萬一之功楚梁之好未聞而蠶婦之怨屢結斯乃庸人所爲銳於姦利之所致也平吳之計自有良圖不在於一城一戍也又河北數州國之基本飢荒多年戶口流散方今境上兵復徵發即如此日何易舉動愚謂數年以來唯宜靜邊以息召役安人勸農惠此中夏請嚴勑邊將自今有賊戍求內附者不聽輒遣援接皆須表聞違者雖有功請以違詔書論三曰國之資儲唯藉河北饑饉積年戶口逃散生長姦詐因生隱藏出縮老小妄注死失收人租調割入於己人困於下官損於上自非更立權制善加檢括損耗之來方在未已請求其議明宣條格帝納之暉頗愛文學招集儒士崔鴻等撰錄百家要事以類相從名爲科錄凡二百七十卷上起伏羲迄於晉宋凡十四代暉疾篤表上之神龜元年卒賜東園祕器贈使持節都督中外諸軍事司空公謚曰文憲將葬給羽葆班劍鼓吹二十人羽林百二十人

陳留王虔昭成子紇根之子也少以壯勇知名登國初賜爵陳留公與衞王儀破黜弗部從攻衞辰慕容寶來寇虔絕其左翼寶敗垂恚憤來桑乾虔勇而輕敵於陳戰沒虔姿貌魁傑武力絕倫每以常矟細短大作之猶患其輕復綴鈴於刃下其弓力倍加常人以其殊異於世代京武庫常存而志之虔常臨陣以矟刺人遂貫而高舉又嘗以一手頓矟於地馳馬僞退敵人爭取引不能出虔引弓射之一箭殺二三人搖矟之徒亡魂而散徐乃令人取矟而去每從征討常先登陷陳勇冠當時敵無衆寡莫敢抗其前者及薨舉國悲歎爲之流涕太祖追惜傷慟者數焉追謚陳留桓王配饗廟庭封其子悅爲朱提王

悅外和內佷太祖常以桓王死王事特加親寵爲左將軍襲封後爲宗師悅恃寵驕矜每謂所親王洛生之徒言曰一旦宮車晏駕吾止避衞公除此誰在吾前衞王儀美髯爲內外所重悅故云初姚興之贖狄伯支悅送之路由鴈門悅因背誘姦豪以取其意後遇事譴逃亡投鴈門規收豪傑欲爲不軌爲土人執送太祖恕而不罪太宗即位引悅入侍仍懷姦計說帝云京師雜人不可保信宜誅其非類者又鴈門人多詐幷可誅之欲以雪其私忿太宗不從悅內自疑懼懷刀入侍謀爲大逆叔孫俊疑之竊視其懷有刀執而賜死

弟崇世祖詔令襲桓王爵崇性沉厚初衞王死後太祖欲敦宗親之義詔引諸王子弟入宴常山王素等三十餘人咸謂與衞王相坐疑懼皆出逃遁將奔蠕蠕唯崇獨至太祖見之甚悅厚加禮賜遂寵敬之素等於是亦安久之拜幷州刺史有政績從征蠕蠕別督諸軍出大澤越涿邪山威懾漠北薨謚曰景王

子建襲降爵爲公位鎮北將軍懷荒鎮大將卒

建子琛位恒朔二州刺史

琛子翌尚書左僕射

虔兄顗性嚴重少言太祖常敬之雅有謀策從平中山以功賜爵蒲城侯平盧太守特見寵厚給鼓吹羽儀禮同岳牧莅政以威信著稱居官七年乃以元易干代顗爲郡時易干子萬言得寵於太祖易干恃其子輕忽於顗不告其狀輕騎卒至排顗墜牀而據顗坐顗不知代己謂以罪見捕既而知之恥其侮慢謂易干曰我更滿被代常也汝無禮見辱豈可容哉遂搏而殺之以狀具聞太祖壯之萬言累以訴請乃詔顗輸贖顗乃自請罪

太祖赦之復免其眞病卒

子崘世祖時襲父爵以功除統萬鎮將後從永昌王仁南征別出汝陰濟淮劉義隆將劉康祖屯於慰武亭以邀軍路師人患之崘曰今大風旣勁若令推草車方軌並進乘風縱煙火以精兵自後乘之破之必矣從之斬康祖傳首行宮高宗卽位除秦州刺史進爵隴西公卒諡定公

子琛襲爵

毗陵王順昭成子地干之子也性疎佷登國初賜爵南安公及太祖討中山留順守京師柘肆之敗軍人有亡歸者言大軍奔散不知太祖所在順聞之欲自立納莫題諫乃止時賀力眷等聚衆作亂於陰館順討之不剋乃從留宮自白登南入繁畤故城阻㶟水爲固以寧人心太祖善之進封爲王位司隸校尉太祖好黃老數召諸王及朝臣親爲說之在坐莫不祗肅順獨坐寐欠伸不顧而唾太祖怒廢之以王薨於家

遼西公意烈昭成子力眞之子也先沒於慕容垂太祖征中山棄妻子迎於井陘及平中原有戰獲勳賜爵遼西公除廣平太守時和跋爲鄴行臺意烈性雄耿自以帝屬恥居跋下遂陰結徒黨將襲鄴發覺賜死

子拔干博知古今父雖有罪太祖以拔干宗親委之心腹有計畧屢效忠勤太宗踐阼除渤海太守吏人樂之賜爵武遂子轉平原鎮將得將士心卒諡曰靈公

子受洛襲進爵武邑公卒

子叱奴武川鎮將

叱奴子洪超頗有學涉大乘賊亂之後詔洪超持節兼黃門侍郞綏慰冀部還上言冀土寬廣界去州六七百里負海險遠宜分置一州鎮遏海曲朝議從之後遂立滄州卒於北軍將光祿大夫

意烈弟勃善射御以勳賜爵彭城公卒陪葬金陵

長子粟襲世祖時督諸軍屯漠南蠕蠕闕表聞粟亮直善馭衆撫恤將士必與之同勞逸征和龍以功進封爲王薨陪葬金陵

粟弟渾少善弓馬世祖嘉之會有諸方使命渾射獸三頭發皆中之舉坐咸以爲善及爲宰官尚書頗以驕縱爲失坐事免從長社爲人所害

子庫汗爲羽林中郞將從北巡有兔起乘輿前命庫汗射之應弦而斃世祖悅賜一金兔以旌其能高宗起恭宗廟賜爵陽豐侯顯祖卽位復造高宗廟拜殿中給事進爵爲公庫汗明於斷決每奉使察行州鎮折獄以情所歷皆稱之秦州父老詣闕乞庫汗爲刺史者前後千餘人朝廷許之未及遣遇病卒

子古辰襲

昭成子窟咄昭成崩後苻洛以其年長逼徙長安苻堅禮之教以書學因亂隨慕容永東遷永以爲新興太守劉顯之敗遣弟亢埿等迎窟咄遂逼南界於是諸部騷動太祖左右于桓等謀應之同謀人單烏干以告太祖慮駭人心沉吟未發後三日桓以謀白其舅穆崇崇又告之太祖乃誅桓等五人餘莫題等七姓悉原不問太祖慮內難乃北踰陰山幸賀蘭部遣安同及長孫賀徵兵於慕容垂賀亡奔窟咄安同間行遂達中山慕容垂遣子賀驎步騎六千以隨之安同與垂使人蘭紇俱還達牛川窟咄兄子意烈捍之安同乃隱藏於商賈囊中至暮乃入空井得免仍奔賀驎軍旣不至而稍前逼賀染干染干陰懷異端乃爲窟咄來侵北部人皆驚駭莫有固志於是北部大人叔孫普洛節及諸烏丸亡奔衞辰賀驎聞之遽遣安同朱譚等來旣知賀驎軍近衆乃少定太祖自弩山幸牛川窟咄進屯高柳太祖復使安同詣賀驎因剋會期安同還太祖踰參合出代北與賀驎會於高柳窟咄困迫望旗奔走遂爲衞辰殺之帝悉收其衆賀驎別帝歸於中山

魏書卷十五考證

昭成子孫列傳○魏收書亡後人所補

秦王翰傳子裘襲○北史裘作求又此下尚有裘弟道子道子子洛洛子乞乞子宴四人今俱不載蓋後人補亡固不盡從北史也

常山王遵傳卽拜內行阿干○臣照按晉書吐谷渾傳鮮卑謂兄爲阿干慕容廆追思其兄有阿干之歌此云拜內行阿干則阿干非必兄矣蓋長者貴者之稱內行猶今云內廷行走也

登加貶退○臣人龍按登字之義起于公羊傳隱五年登來之也注云蓋齊語也今律有登時之文猶言卽刻

陳留王虔傳子琛襲爵○本傳虔子悅悅弟崇崇子建建子琛是琛爲虔之曾孫也此則虔弟覬覬子崘崘子琛又爲虔之從孫矣互異如此

魏書卷十六

齊 魏收 撰

列傳第四

道武七王列傳

清河王 陽平王 河南王 河間王 長樂王

廣平王 京兆王

道武皇帝十男宣穆劉皇后生明元皇帝賀夫人生清河王紹大王夫人生陽平王熙王夫人生河南王曜河間王修長樂王處文二王母氏闕段夫人生廣平王連京兆王黎皇子渾及聰母氏並闕皆早薨無後

清河王紹天興六年封兇佷險悖不遵教訓好輕遊里巷刼剝行人斫射犬豕以爲戲樂太祖嘗怒之倒懸井中垂死乃出太宗常以義方責之遂與不協恒懼其爲變而紹母夫人賀氏有譴太祖幽之於宮將殺之會日暮未決賀氏密告紹曰汝將何以救吾紹乃夜與帳下及宦者數人踰宮犯禁左右侍御呼曰賊至太祖驚起求弓刀不獲遂暴崩明日宮門至日中不開紹稱詔召百寮於西宮端門前北面而立紹從門扇間謂羣臣曰我有父亦有兄公卿欲從誰也王公已下皆驚愕失色莫有對者良久南平公長孫嵩曰從王羣臣乃知宮車晏駕而不審登遐之狀唯陰平公元烈哭泣而去於是朝野兇兇人懷異志肥如侯賀護舉烽於安陽城北故賀蘭部人皆往赴之其餘舊部亦率子弟招集族人往往相聚紹聞人情不安乃出布帛班賜王公以下上者數百匹下者十匹先是太宗在外聞變乃還潛于山中使人夜告北新侯安同衆皆響應太宗至城西衞士執送紹於是賜紹母子死誅帳下閹官宮人爲內應者十數人其先犯乘輿者羣臣於城南都街生臠割而食之紹時年十六紹母卽獻明皇后妹也美而麗初太祖如賀蘭部見而悅之告獻明后請納焉后曰不可此過美不善且已有夫太祖密令人殺其夫而納之生紹終致大逆焉

陽平王熙天興六年封聰達有雅操爲宗屬所欽重太宗治兵於東部詔熙督十二軍校閱甚得軍儀太宗嘉之賞賜隆厚後討西部越勤有功泰常六年薨時年二十三太宗哀慟不已賜溫明祕器禮物備焉熙有七子

長子他襲爵身長八尺美姿貌性謹厚武藝過人從世祖討山胡白龍於西河屠其城別破餘黨斬首數千級改封臨淮王拜鎮東將軍尋改封淮南王除使持節都督豫洛河南諸軍事鎮南大將軍開府儀同三司鎮虎牢威名甚著後與武昌王提率并州諸軍討吐京叛胡曹僕渾於河西平之拜使持節前鋒大將軍都督諸軍事北討蠕蠕破之運軍儲於比干城劉義隆遣將寇邊他從征於懸瓠破之拜使持節都督雍秦二州諸軍事鎮西大將軍開府儀同三司雍州刺史鎮長安綏撫秦土得民夷之心時義隆寇南鄙以他威信素著復爲虎牢鎮都大將高宗時轉使持節都督涼州諸軍事鎮西大將軍儀同如故高祖初入爲中都大官拜侍中轉征西大將軍遷司徒賜安車几杖入朝不趨太和十二年薨年七十三時高祖有事宗廟始薦聞薨爲之廢祭輿駕親臨哀慟詔有司監護喪事禮賵有加追贈平東大將軍定州牧司徒如故諡曰靖王他三子

世子吐萬早卒贈冠軍并州刺史晉陽順侯

子顯襲祖爵薨諡曰僖王

子世遵襲世宗時拜前軍將軍行幽州事兼西中郞將又行青州事尋遷驍騎將軍出爲征虜將軍幽州刺史世遵性清和推誠化導百姓樂之肅宗時以本將軍爲荆州刺史尋加前將軍初在漢陽復有聲迹後頗行貨賄散費邊儲由是聲望有損沔南蠻首及襄陽民望入密信引世遵請以襄陽內附世遵表求赴應朝議從之詔加世遵持節都督荆州及沔南諸軍事平南將軍加散騎常侍餘如故遣洛州刺史伊瓮生冠軍將軍魯陽太守崔模爲別將率步騎二萬受世遵節度軍至漢水模等皆疑不渡世遵怒臨之以兵模乃濟而內應者謀泄爲蕭衍雍州刺史所殺築門以自固模焚襄陽邑郭燒殺數萬口會是夜大風雨雪模等班師士卒凍死十二三世遵及瓮生模並坐免官後除散騎常侍平北將軍定州刺史百姓安之孝昌元年薨於州贈散騎常侍征西將軍雍州刺史諡曰康王

子敬先襲歷諫議大夫散騎常侍領主衣都統元顥入洛莊帝北巡敬先與叔父均等於河梁起義爲顥所害追贈侍中車騎大將軍太尉公定州刺史

子宣洪襲歷諫議大夫光祿少卿武定中與元瑾謀反誅國除

世遵弟均字世平累遷通直常侍征虜將軍以河梁立義之功封安康縣開國伯食邑五百戶除散騎常侍平東將軍卒贈使持節征東將軍青州刺史出帝時復贈驃騎大將軍儀同三司冀州刺史均六子

長子忻之性麤武幼有氣力釋褐定州平北府中兵參軍稍遷尚書右中兵郞以河渚起義之勳賜爵東阿侯

初，孝莊之圖爾朱榮元天穆也，忻之密啟臨事之日乞得侍立手斬二人及榮之死百寮入賀忻之獨蒙勞問莊帝崩於晉陽忻之內懼及齊獻武王起義河北忻之奔赴後廢帝時除散騎常侍大丞相右長史出帝初襲先封安康縣開國伯除撫軍將軍北徐州刺史便道之州屬樊子鵠據瑕丘反遂於中途遇害以死王事追贈使持節都督定殷二州諸軍事驃騎大將軍司空公定州刺史諡曰文貞

忻之弟慶鸞武定末司徒諮議參軍

慶鸞弟慶哲終於司農少卿贈中軍將軍濟州刺史

均弟禹容貌魁偉起家司空參軍轉符璽郎太常丞鎮遠將軍東海太守帶峒峿戍主禹頗好內學每云晉地有福孝昌末遂詣爾朱榮建義元年與榮同入洛除中軍將軍金紫光祿大夫封鄄城縣開國伯邑五百戶爲并州東面大都督鎮樂平榮死之後爲土民王惡氈起義殺之後贈征西將軍雍州刺史

子長淵襲武定中南青州長史齊受禪爵例降

禹弟菩薩給事中卒贈濟南太守

吐萬弟鍾葵早卒

長子法壽侍御中散累遷中散大夫出除龍驤將軍安州刺史法壽先令所親微服入境觀察風俗下車便大行賞罰於是境內肅然吏滿還朝吏人詣闕訴乞肅宗嘉之詔復州任後徵爲太中大夫加左將軍遷平東將軍光祿大夫建義初於河陰遇害贈車騎將軍相州刺史

子慶始大司農丞與父同時見害贈前將軍廣州刺史

慶始弟慶遵武定末瀛州騎府司馬

慶遵弟慶智美容貌有几案才著作佐郎司徒中兵參軍卒於太尉主簿

法壽弟法僧自太尉行參軍稍轉通直郎寧遠將軍司徒司馬掾龍驤將軍益州刺史素無治幹加以貪虐殺戮自任威怒無恒王賈諸姓州內人士法僧皆召爲卒伍無所假縱於是合境皆反招引外寇蕭衍遣將張齊率衆攻逼城門晝閉行旅不通法僧上表曰臣忝守遐方變生慮表賊衆侜張所在強盛統內城戍悉已陷沒近州之民亦皆擾叛唯獨州治僅存而已亡滅之期非旦則夕臣自思忖必是死人但恐不得謝罪闕庭既忝宗枝累辱不淺若死爲鬼永曠天顏九泉之下實深重恨今募使間行偷路奔告若臺軍速至猶希全保哭送使者不知所言肅宗詔曰比勑傅豎眼倍道兼行而猶未達可更遣尚書郎堪幹者一人馳驛催遣庶令拔彼倒懸救茲危急豎眼頻破張齊於是獲全徵拜光祿大夫出爲平東將軍兗州刺史轉安東將軍徐州刺史孝昌元年法僧殺行臺高諒反於彭城自稱尊號號年天啟大軍致討法僧擕諸子擁掠城內及文武南奔蕭衍

鍾葵弟篤字阿成太子右率北中郎將撫寘鎮將光祿卿出除平北將軍幽州刺史卒諡曰貞

長子浩字洪達太尉長史

他弟渾繼叔父廣平王連

渾弟比陵太延五年爲司空賜爵牂牁公除安遠將軍懷荒鎮大將卒

子天琚襲高祖時征虜將軍青州刺史從駕南征拜後將軍尋降公爲侯除西中郎將世祖時征虜將軍夏州刺史卒贈本將軍濟州刺史

子延伯襲卒

河南王曜天興六年封五歲嘗射雀於太祖前中之太祖驚歎焉及長武藝絕人與陽平王熙等並督諸軍講武衆咸服其勇泰常七年薨時年二十二有七子

長子提驍烈有父風世祖時襲爵改封潁川王迎昭儀于塞北時年十六有夙成之量殊域敬焉後改封武昌拜使持節鎮東大將軍平原鎮都大將在任十年大著威名後與淮南王他討平吐京叛胡還使持節車騎大將軍統萬鎮都大將賜馬百匹羊千口甚見寵待太安元年薨年四十七諡曰成王

長子平原襲爵忠果有智略顯祖時蠕蠕犯塞從駕擊之平原戰功居多拜假節都督齊兗二州諸軍事鎮南將軍齊州刺史善於懷撫邊民歸附者千有餘家高祖時妖賊司馬小君自稱晉後聚黨三千餘人屯聚平陵號年聖君攻破郡縣殺害長吏平原身自討擊殺七人擒小君送京師斬之又有妖人劉舉自稱天子扇惑百姓復討斬之時歲穀不登齊民飢饉平原以私米三千餘斛爲粥以全民命北州戍卒一千餘人還者皆給路糧百姓咸稱詠之州民韓疑之等千餘人詣闕頌之高祖覽而嘉歎及還京師每歲率諸軍屯於漠南以備蠕蠕遷都督雍秦梁益四州諸軍事征南大將軍開府雍州刺史鎮長安太和十一年薨贈以本官加羽葆鼓吹諡曰簡王有五子長子和爲沙門捨其子顯以爵讓其次弟鑒鑒固辭詔許鑒身終之後令顯襲爵鑒乃受之

鑒字紹達少有父風頗覽書傳沉重少言寬和好士拜通直散騎常侍尋加冠軍將軍守河南尹車駕南伐以鑒爲平南將軍還除左衞將軍出爲征虜將軍齊州刺史時革變之始百度惟新鑒上書上遵高祖之旨下采齊之舊風軌制粲然皆合規矩高祖覽其所上嗟美者久之顧謂侍臣曰諸州刺史皆能如此變風易俗更有何難下詔褒美班之天下一如鑒所上齊人愛詠咸曰耳目更新高祖崩後和罷沙門歸俗棄其妻子納一寡婦曹氏爲妻曹氏年齒已長擕男女五人隨鑒至歷城干亂政事和與曹及五子七處受納鑒皆順其意言無不從於是獄以賄成取受狼籍齊人苦之鑒治名大損世宗初以本將軍轉徐州刺史屬徐兗大水民多飢饉鑒表加賑恤民賴以濟先是京兆王愉爲徐州王既年少長史盧淵寬以馭下郡縣多不奉法鑒表曰梁郡太守程靈虬唯酒是躭貪財爲事虐政殘民寇盜並起黷音悖響盈於道路部境呼嗟僉爲怨酷梁郡密邇僞畿醜聲易布非直有黷清風臣恐取嗤荒遠請免所居官以明刑憲詔免靈虬郡徵還京師於是徐境肅然蕭衍角城戍主柴慶宗以城內附鑒遣淮陽太守吳秦生率兵千餘赴之衍淮陰援軍已來斷路秦生屢戰破之乘勝而進遂剋角城世宗詔鑒曰知摧角城威謀展稱良以欣然此城襟帶淮滸川路衝要自昔經算未能剋之蟻固積紀每成邊害將軍淵規潛運妙略克宣闢境剋城功著不日據要扼喉津徑勢阻可謂勳高三捷朕甚嘉焉守禦諸宜善以量度矜慰之使尋當別遣年四十二薨贈衞大將軍齊州刺史王如故諡曰悼王

長子伯宗員外郎

次仲淵蘭陵太守並早卒

仲淵弟季偉武定中太尉中兵參軍

和字善意鑒薨之後與鑒子伯宗競求承襲尚書令肇奏和太和中出爲沙門讓爵於鑒鑒後以和子顯年在弱冠宜承基緒求遜王爵以歸正胤先朝詔終鑒身聽如其請鑒既薨逝和求襲封謹尋詔旨聽傳子顯不許其身和先讓後求有乖道素請令伯宗承襲世宗詔曰和初以讓鑒而鑒還讓其子交讓之道於是乎著其子早終可聽和襲尋拜諫議大夫兼太子率更令轉通直散騎常侍兼東中郎將肅宗時出爲輔國將軍涼州刺史坐事免久之除東郡太守正光四年薨贈安東將軍相州刺史

子謙字思義襲爵後拜前軍將軍征蠻都督莊帝初於河陰遇害贈散騎常侍征東大將軍儀同三司相州刺史

子琹襲齊受禪爵例降

鑒弟榮字㒟生高祖時直寢從駕征新野終於羽林監

榮弟亮字辟邪威遠將軍羽林監卒贈河間太守

亮弟旭字道明太尉府行參軍司徒掾鎮遠將軍太僕少卿出除安西將軍東秦州刺史建義初卒於州贈征東將軍青州刺史

河間王修天賜四年封泰常元年薨無子世祖繼絕世詔河南王曜之子羯兒襲修爵改封略陽後與永昌王健督諸軍討禿髮保周於番和徙張掖民數百家於武威遂與諸將私自沒入坐貪暴降爵爲公後統河西諸軍襲蠕蠕至於漠南仍復王爵加征西大將軍正平初有罪賜死爵除

長樂王處文天賜四年封聰辯夙成年十四泰常元年薨太宗悼傷之自小斂至葬常親臨哀慟陪葬金陵無子爵除

廣平王連天賜四年封始光四年薨無子世祖繼絕世以陽平王熙之第二子渾爲南平王以繼連後加平西將軍渾好弓馬射鳥輒歷飛而殺之時皆歎異焉世祖嘗命左右分射勝者中的籌滿詔渾解之三發皆中世祖大悅器其藝能常引侍左右賜馬百匹僮僕數十人後拜假節都督平州諸軍事領護東夷校尉鎮東大將軍儀同三司平州刺史鎮和龍在州綏導有方民夷悅之徙涼州鎮將都督西戎諸軍事領護西域校尉賜御馬二匹臨鎮清慎恩著涼土更滿還京父老皆涕泣追送若違所親太和十一年從駕巡方山道薨

子飛龍襲後賜名霄身長九尺腰帶十圍容貌魁偉雅有風則貞白卓然好直言正諫朝臣憚之高祖特垂欽重除宗正卿右光祿大夫詔曰自今奏事諸臣相稱可云姓名惟南平王一人可直言其封遷左光祿大夫太和十七年薨賜朝服一具衣一襲東園第一祕器絹千匹高祖緦衰臨霄喪哀動左右輟不舉樂贈衞將軍定州刺史賜帛五百匹諡曰安王子纂襲

纂亦有譽於時除恢武將軍進平西將軍領西中郎將出爲安北將軍平州刺史景明元年薨於平城

子伯和襲永平三年薨贈散騎侍郎諡曰哀王闕版一統卒贈涼州刺史

子思略武定末瀛州治中

思略弟叔略武定中太尉主簿

京兆王黎天賜四年封神䴥元年薨

子根襲改封江陽王加平北將軍薨無子顯祖以南平

王胥第二子繼爲根後

繼字世仁襲封江陽王加平北將軍高祖時除使持節安北將軍撫冥鎮都大將轉都督柔玄撫冥懷荒三鎮諸軍事鎮北將軍柔玄鎮大將入爲左衞將軍兼侍中又兼中領軍留守洛京尋除持節平北將軍鎮攝舊都高車酋帥樹者擁部民反叛詔繼都督北討諸軍事自懷朔已東悉稟繼節度繼表高車頑黨不識威憲輕相合集背役逃歸計其兇戾事合窮極若悉追戮恐遂擾亂請遣使鎮別推檢斬魯首一人自餘加以慰喻若悔悟從役者即令赴軍詔從之於是叛徒往往歸順高祖善之顧謂侍臣曰江陽良足大任也車駕北巡至鄴而高車悉降恒朔清定繼以高車擾叛頻表請罪高祖優詔喻之世宗時除征虜將軍青州刺史轉平北將軍恒州刺史入爲度支尚書繼在青州之日民飢餒爲家僮取民女爲婦妾又以良人爲婢爲御史所彈坐免官爵後大將軍高肇伐蜀世宗以繼爲平東將軍鎮遏徐揚世宗崩班師及靈太后臨朝繼子叉先納太后妹復繼尚書本封尋除侍中領軍將軍又除特進驃騎將軍侍中領軍如故繼頻表固讓許之又詔還依前授太師高陽王雍太傅清河王懌太保廣平王懷及門下八座奏追論繼太和中慰喻高車安輯四鎮之勳增邑一千五百戶繼又上表陳讓詔聽減戶五百靈太后以子叉姻戚數與肅宗幸繼宅置酒高會班賜有加尋加侍中驃騎大將軍儀同三司特進領軍如故徙封京兆王繼疾患積年枕養于家每至靈太后與肅宗遊幸於外時令扶入居守禁內及節慶宴饗皆力疾參焉遷司空公侍中如故寬和容裕號爲長者神龜末子叉得志轉司徒公仍加侍中繼以蕃王宿宦舊貴高祖時歷內外顯任意遇已隆靈太后臨朝入居心膂兼處門下歷轉台司叉又居權重榮赫一世繼頻表遜位乞以司徒授崔光詔遣侍中安豐王延明給事黃門侍郎盧同敦勸繼又啟固讓轉太保侍中如故加後部鼓吹頻表陳辭不許詔曰至節嘉辰禮有朝慶親尊戚老理宜優異王位高年宿可依齊郡王簡故事朝訖引坐免其拜伏轉太傅侍中如故頻讓不許又遣使敦勸乃受之時叉執殺生之柄威福自己門生故吏遍於省闥拜受之日送者傾朝當世以爲榮有識者爲之致懼太官給酒膳供賓客又詔令乘步挽至殿庭兩人扶侍禮秩與丞相高陽王相埒後除使持節侍中太師大將軍錄尚書事大都督節度西道諸軍及出師之日車駕臨餞傾朝祖送賞賜萬計轉太尉公侍中太師錄尚書都督並如故尋詔班師繼啟求還復江陽詔從之繼晚更貪婪聚斂無已牧守令長新除赴官無不受納貨賄以相託付妻子各別請屬至乃郡縣微吏亦不得平心選舉憑叉威勢法官不敢糾擿天下患之叉黜繼廢於家初爾朱榮之爲直寢也數以名馬奉叉叉接以恩意榮甚德之建義初復以繼爲太師司州牧永安二年薨贈假黃鉞都督雍華涇邠秦岐河梁益九州諸軍事大將軍錄尚書大丞相雍州刺史王如故諡曰武烈

叉繼長子字伯儁小字夜叉世宗時拜員外郎靈太后臨朝以叉妹夫除通直散騎侍郎叉妻封新平郡君後遷馮翊郡君拜女侍中叉以此意勢日盛尋遷散騎常侍光祿少卿領嘗食典御轉光祿卿叉女夭靈太后詔曰叉長女年垂弱笄奄致夭喪悼念兼懷可贈鄉主尋遷侍中餘官如故加領軍將軍既在門下兼總禁兵深爲靈太后所信委太傅清河王懌以親賢輔政參決機事以叉恃寵驕盈志欲無限懌裁之以法叉輕其爲人每欲斥黜之叉遂令通直郎宋維告司染都尉韓文殊欲謀逆立懌懌坐禁止後窮治無實懌雖得免猶以兵衞守於宮西別館久之叉恐懌終爲己害乃與侍中劉騰密謀靈太后時在嘉福未御前殿騰詐取主食中黃門胡玄度胡定列誣懌云許度等金帛令以毒藥置御食中以害帝自望爲帝許度兄弟以富貴騰以具奏肅宗聞而信之乃御顯陽殿騰閉永巷門靈太后不得出懌入遇叉於含章殿後欲入徽章東閤叉厲聲不聽懌曰汝欲反邪叉曰元叉不反正欲縛反人叉命宗士及直齋等三十人執懌衣袂將入含章東省使數十人防守之騰稱詔召集公卿議以大逆論咸畏憚叉無敢異者唯僕射游肇執意不同語在其傳叉騰持公卿議入奏俄而事可夜中殺懌於是假爲靈太后辭遜之詔叉遂與太師高陽王雍等輔政常直禁中肅宗呼爲姨父自後專綜機要巨細決之威振於內外百寮重跡相州刺史中山王熙抗表起義以討叉爲名不果見誅叉尋遷衞將軍餘如故後靈太后與肅宗讌於西林園日暮還宮右衞將軍奚康生復欲圖叉不克而誅語在其傳是後肅宗徙御徽音殿叉亦入居殿右既在密近曲盡佞媚以承上旨遂蒙寵信出入禁中恒令勇士持刀劍以自先後公私行止彌加威防叉於千秋門外廠下施木闌檻有時出入止息其中腹心防守以備竊發人物求見者遙對之而已乃封其子亮平原郡開國公食邑一千戶及拜肅宗御南門臨觀并賜御馬帛千匹初叉之專政矯情自飾勞謙待士時事得失頗以關懷而才術空淺終無遠致得志之後便驕傲就酒好色與奪任情乃於禁中自作別庫掌握之寶充牣其中又嘗臥婦人於食輿以帊覆之令人輦入禁內出亦如之直衞雖知莫敢言者輕薄趣勢之徒以酒色事之姑姊婦女朋淫無別政事怠惰綱紀不舉州鎮守宰多非其人於是天下遂亂矣從劉騰死後防衞微緩叉頗亦自寬時宿於外每日出遊留連他邑靈太后微察知之叉積習生常無復虞慮其所親諫叉叉不納正光五年秋靈太后對肅宗謂羣臣曰隔絕我母子不聽我往來兒間復何用我爲放我出家我當永絕人間修道於嵩高閑居寺先帝聖鑒鑒於未然本營此寺者正爲我今日欲自下髮肅宗與羣臣大懼叩頭泣涕殷勤苦請靈太后聲色甚厲意殊不回肅宗乃宿於嘉福殿積數日遂與太后密謀圖叉肅宗內雖圖之外形彌密靈太后嗔忿之言欲得往來顯陽之意皆以告叉又對叉流涕敘太后欲出家憂怖之心如此密言日有數四叉殊不爲疑乃勸肅宗從太后意於是太后數御顯陽二宮無復禁礙叉舉其親元法僧爲徐州刺史法僧據州反叛靈太后數以爲言叉深愧悔丞相高陽王雍雖位重於叉而甚畏憚欲進言於肅宗而事無因會太后與肅宗南遊洛水雍邀請車駕遂幸雍第日宴肅宗及太后至雍內室從者莫得而入遂定圖叉之計後雍從肅宗朝太后乃進言曰臣不慮天下諸賊唯慮元叉何者叉總握禁旅兵皆屬之父率百萬之衆虎視京西弟爲都督總三齊之衆元叉無心則已若其有心聖朝將何以抗叉雖曰不反誰見其心而不可不懼太后曰然元郎若忠於朝廷而無反心何故不去此領軍以餘官輔政叉聞之甚懼免冠求解乃以叉爲驃騎大將軍儀同三司尚書令侍中領左右叉雖去兵權然總任內外殊不慮有黜廢之理也後叉出宿遂解其侍中旦欲入宮門者不納尋除名爲民初咸陽王禧以逆見誅其子樹奔蕭衍衍封爲鄴王及法僧反叛後樹遺公卿百寮書曰魏室不造姦豎擅朝社稷阽危綴旒非譬元叉險慝狠戾人倫不齒屬籍疏遠素無問望特以太后姻婭早蒙寵擢曾不懷音公行反噬肆茲悖逆人神同憤自項境土所傳皆云叉狼心蠆毒藉權位而日滋含忍諂詐與日月而彌甚無君之心非復一日篡逼之事旦暮必行抑又聞之夫名以出信信以制義山川隱疾且猶不以名成師兆亂臣君不臣求之史籍有自來矣元叉本名夜叉弟羅實名羅剎夜叉羅剎此鬼食人非遇黑風事同飄墮嗚呼魏境離此二災惡木盜泉不息不飲勝名梟稱不入不爲況昆季此名表能噬物日露久矣始信斯言況乃母后幽辱繼主蒙塵釋位揮戈言謀王室不在今日何謂人臣諸賢或奕世載德或將相繼踵或受任累朝或職居機要或姻戚匪他或忠義是秉俛眉逆手見制凶威臣節未申徒有勤悴又聞自叉專政億兆離德重以歲時災厲年年水旱牛馬殪踣桑柘焦枯饑饉相仍菜色滿道妖災告譴人皆歎息溼潤西北羌戎陸梁泗汴左右戍漕流離加以剖斮忠賢殲殄宗室哀彼本邦一朝橫潰今既率師將除君側區區之懷庶令冠屨得所大憝同必誅之戮魏祀無忽諸之非叉爲遠近所惡如此其後靈太后顧謂侍臣曰劉騰元叉昔邀朕索鐵券望得不死朕賴不與中書舍人韓子熙曰事關殺活豈計與否陛下昔雖不與何解今日不殺靈太后憮然未幾有人告叉及其弟爪謀反欲令其黨攻近京諸縣破市燒邑郭以驚動內外先遣其從弟洪業率六鎮降戶反於定州又令人勾魯陽諸蠻侵擾伊闕叉兄弟爲內應起事有日得其手書靈太后以妹壻之故未忍便決黃門侍郎李琰之曰元叉之罪具騰遐邇豈容復停以惑視聽黃門徐紇趣前欲諫逡巡未敢羣臣固執不已肅宗又以爲言太后乃從之於是叉及弟爪並賜死於家太后猶以妹故復追贈叉侍中驃騎大將軍儀同三司尚書令冀州刺史

叉子亮襲祖爵齊受禪例降

叉庶長子稚祕書郎中叉死之後遂亡奔蕭衍

叉弟羅字仲綱以儉素著稱起家司空參軍事轉司徒主簿領嘗食典御散騎侍郎散騎常侍雖父兄貴盛而虛己謙退恂恂接物遷平東將軍青州刺史叉當朝專政羅望傾四海于時才名之士王元景邢子才李奬等咸爲其賓客從遊青土時蕭衍遣將寇邊以羅行撫軍將軍都督青光南青三州諸軍事罷州入爲宗正卿孝莊初除尚書右僕射東道大使出帝時還尚書令尋除使持節驃騎大將軍開府儀同三司梁州刺史羅既懦怯孝靜初蕭衍遣將圍逼羅以州降叉死之後羅通叉妻時人穢之或云其救命之計也

羅弟爽字景喆少而機警尤爲父所寵愛解褐祕書郎稍遷給事黃門侍郎金紫光祿大夫永熙二年卒贈使持節都督涇岐秦三州諸軍事衞將軍尚書左僕射秦

州刺史諡曰懿

爽子德隆武定末太子中庶子

爽弟鸞武定末光祿卿

爪字景邕給事中與兄乂同以罪誅

繼弟羅侯遷洛之際以墳陵在北遂家於燕州之昌平郡內豐資產唯以意得爲適不入京師有賓客往來者必厚相禮遺豪據北方甚有聲稱乂權重以羅侯不樂入仕就拜昌平太守正光末逆賊大俄佛保陷郡見害

子景遵直寢太常丞

史臣曰梟獍爲物天實生之知母忘父蓋亦禽獸元紹其人此之不若乎陽平以下降年夭促英才武略未顯於時靜簡二王爲時稱首鑒旣有聲渾亦見器胥荷遇高祖繼受任太和苟無其才名位豈徒及也乂階緣寵私智小謀大任重才弱遂亂天下殺身全祀不亦幸哉

魏書卷十六考證

陽平王熙傳鎭遠將軍東海太守帶峒峿戍主○前漢地理志東海郡司吾注地名或從山今齊東有峒峿驛此云峒峿殆峒峿之訛也

禹顧好內學每云晉地有福○顧炎武云後漢書方術傳自是習爲內學注蓋謂圖讖之書其事秘密故稱內也褚少孫補滑稽傳以傳記雜說爲外家是以六經爲內也東漢儒者則以七緯爲內學六經爲外學

行臺高諒○諒監本作謨本書肅宗紀云孝昌元年正月徐州刺史元法僧據城反害行臺高諒又高祐傳祐孫顥顥弟雅雅弟諒爲徐州行臺屬元法僧反叛逼諒同之諒不許爲僧法所害謨自是諒字之訛今改正

廣平王連傳子伯和襲下闕一版○伯和胥之孫也本書目錄廣平王連下注云南平王渾渾子胥胥曾孫仲冏而無下文統統子思略思略弟叔略等名疑所闕者爲仲冏事蹟而統者其子也目錄世系不可詳故并删去耳

京兆王黎傳太傅淸河王懌以親賢輔政參決機事以乂持寵驕盈志欲無限懌裁之法乂輕其爲人每欲斥黜之○乂輕其爲人句乂疑當作又推尋文義蓋言懌輕乂非乂輕懌也

魏書卷十七

齊　魏　收　撰

列傳第五

明元六王

樂平王　安定王　樂安王　永昌王

建寧王　新興王

明元皇帝七男杜密皇后生世祖太武皇帝大慕容夫人生樂平戾王丕安定殤王彌闕母氏慕容夫人生樂安宣王範尹夫人生永昌莊王健建寧王崇新興王俊二王並闕母氏

樂平王丕少有才幹爲世所稱太宗以丕長愛其器度特優異之泰常七年封拜車騎大將軍後督河西高平諸軍討南秦王楊難當軍至畧陽禁令齊肅所過無私百姓爭致牛酒難當懼還仇池而諸將議曰若不誅豪帥軍還之後必聚而爲寇又以大衆遠出不有所掠則無以充軍實賞將士將從之時中書侍郞高允參丕軍事諫曰今若誅之是傷其向化之心恐大軍一還爲亂必速丕以爲然於是綏懷初附秋毫無犯初馮弘之奔高麗世祖詔遣送之高麗不遣世祖怒將討之丕上疏以爲和龍新定宜優復之使廣修農殖以饒軍實然後進圖可一舉而滅帝納之乃止後坐劉潔事以憂薨事在潔傳諡曰戾王子拔襲爵後坐事賜死國除丕之薨及日者董道秀之死也高允遂著筮論曰昔明元末起白臺其高二十餘丈樂平王嘗夢登其上四望無所見王以問日者董道秀筮之曰大吉王默而有喜色後事發王遂憂死而道秀棄市道秀若推六爻以對王曰易稱亢龍有悔窮高曰亢高而無民不爲善也夫如是則上寧於王下保於已福祿方至豈有禍哉今舍於本而從其末咎釁之至不亦宜乎

安定王彌泰常七年封太宗討滑臺留守京師薨諡殤王無子國除

樂安王範泰常七年封雅性沉厚寬和仁恕世祖以長安形勝之地非範莫可任者乃拜範都督五州諸軍事衛大將軍開府儀同三司長安鎭都大將高選才能以爲僚佐範謙恭惠下推心撫納百姓稱之時秦土新罹寇賊流亡者相繼範請崇易簡之治帝納之於是遂寬徭與人休息後劉潔之謀範聞而不告事發因疾暴薨長子良世祖未有子嘗曰兄弟之子猶子也親撫養之長而壯勇多知常參軍國大計高宗時襲王拜長安鎭都大將雍州刺史爲內都大官薨諡曰簡王

永昌王健泰常七年封健姿貌魁壯善弓馬達兵法所在征戰常有大功才藝比陳留桓王而智畧過之從世祖破赫連昌遂西畧至木根山討和龍健別攻拔建德後平叛胡白龍餘黨于西河世祖襲蠕蠕越涿邪山車駕還詔健殿後蠕蠕萬騎追之健與數十騎擊之矢不虛發所中皆應弦而斃遂退威震漠北尋從平涼州健功居多又討破禿髮保周自殺傳首京師復降沮渠無諱無疾薨諡曰莊王

子仁襲仁亦驍勇有父風世祖奇之後與濮陽王閭若文謀爲不軌發覺賜死國除

建寧王崇泰常七年封拜輔國將軍從討北虜有功高宗時封崇子麗濟南王後與京兆王杜元寶謀逆父子並賜死

新興王俊泰常七年封拜鎭東大將軍少善騎射多才藝坐法削爵爲公俊好酒色多越法度又以母先遇罪死而已被貶削恒懷怨望頗有悖心後事發賜死國除

魏書卷十七考證

明元六王列傳○魏收書亡後人所補

永昌王列傳後與濮陽王閭若文○北史若作著

魏書卷十八

齊　魏　收　撰

列傳第六

太武五王

晉王　東平王　臨淮王　廣陽王　南安王

太武皇帝十一男賀皇后生景穆皇帝越椒房生晉王伏羅舒椒房生東平王翰弗椒房生臨淮王譚伏椒房生楚王建閭昭儀生南安王余其小兒猫兒虎頭龍頭並闕母氏皆早薨無傳

晉王伏羅眞君三年封加車騎大將軍後督高平涼州諸軍討吐谷渾慕利延軍至樂都謂諸將曰若從正道恐軍聲先振必當遠遁若潛軍出其非意此鄧艾擒蜀之計也諸將咸難之伏羅曰夫將軍制勝萬里擇利專之可也遂間道行至大母橋慕利延衆驚奔白蘭慕利延子拾寅走河曲斬首五千餘級降其一萬餘落八年薨無子國除

東平王翰眞君三年封秦王拜侍中中軍大將軍參典都曹事忠貞雅正百僚憚之太傅高允以翰年少作諸侯箴以遺之翰覽之大悅後鎭枹罕以信惠撫衆羌戎敬服改封東平王世祖崩諸大臣等議欲立翰而中常侍宗愛與翰不協矯太后令立南安王余遂殺翰

子道符襲爵中軍大將軍顯祖踐阼拜長安鎭都大將皇興元年謀反司馬段太陽討斬之傳首京師

臨淮王譚眞君三年封燕王拜侍中參都曹事後改封臨淮王世祖南討授中軍大將軍先是劉義隆以鄒山險固有榮胡家乃積糧爲守禦之備譚率衆攻之獲米三十萬以供軍儲義隆待淮之阻素不設備譚造筏數十潛軍而濟賊衆驚潰遂斬其將胡崇賊首萬餘級薨諡宣王

子提襲爲梁州刺史以貪縱削除加罰從配北鎭久之提子員外郞穎免冠請解所居官代父邊戍高祖不許後詔提從駕南伐至洛陽參定遷都之議尋卒以豫參遷都功追封長鄕縣侯世宗時贈雍州刺史諡曰懿

提子昌字法顯好文學居父母喪哀號孺慕悲感行人世宗時復封臨淮王未拜而薨贈齊州刺史諡曰康王追封濟南

子彧字文若紹封彧少有才學時譽甚美侍中崔光見彧退而謂人曰黑頭三公當此人也少與從兄安豐王延明中山王熙並以宗室博古文學齊名時人莫能定其優劣尚書郞范陽盧道將謂吏部淸河崔休曰三人才學雖無優劣然安豐少於造次中山皂白太多未若濟南風流沉雅時人爲之語曰三王楚琳琅未若濟南備圓方彧姿制閑裕吐發流靡琅邪王誦有名人也見之未嘗不心醉忘疲拜前軍將軍中書侍郞奏郊廟歌辭時稱其美除給事黃門侍郞彧本名亮字仕明時侍中穆紹與彧同署避紹父諱啟求改名詔曰仕明風神運吐常自以比荀文若可名彧以取定體相倫之美彧求復本封詔許復封臨淮寄食相州魏郡又長兼御史中尉彧以爲倫叙得之不謝領軍于忠忿言之朝廷曰臨淮雖復風流可觀而無骨鯁之操中尉之任恐非所堪遂去威儀單車而還朝流爲之歎息累遷侍中衛將軍左光祿大夫兼尚書左僕射攝選是時蕭衍遣將圍逼溫湯進彧以本官爲東道行臺會爾朱榮入洛殺害元氏彧撫膺慟哭遂奔蕭衍衍遣其舍人陳建孫迎接并觀彧爲人建孫還報稱彧風神閑儁衍亦先聞名深相器待見彧於樂遊園因設宴樂彧聞樂聲歔欷涕淚交下悲感傍人衍爲之不樂自前後奔叛皆希旨稱魏爲僞唯彧上表啟常云魏臨淮王衍體彧雅性不以爲責及知莊帝踐阼彧以母老請還辭旨懇切衍惜其人才又難違其意遣其僕射徐勉私勸彧曰昔王陵在漢

姜維相蜀在所成名何必本土或曰死猶願北況於生也衍乃以禮遣或性至孝事父母盡禮自經違離不進酒肉容貌憔悴見者傷之累除位尚書令大司馬兼錄尚書莊帝追崇武宣王爲文穆皇帝廟號肅祖母李妃爲文穆皇后將遷神主於太廟以高祖爲伯考或表諫曰漢祖創業香街有太上之廟光武中興南頓立舂陵之寢元帝之於光武疏爲絕服猶尚身奉子道入繼大宗高祖之於聖躬親實猶子陛下旣纂洪緒豈宜加伯考之名且漢宣之繼孝昭斯乃上後叔祖豈忘宗承考妣蓋以大義斯奪及金德將興宣王受寄自茲而降世秉威權景王意存毀冕文王心規裂冠雖祭則魏王而權歸晉室昆之與季實傾曹氏且子元宣王冢胤文王成其大業故晉武繼文祖宣景王有伯考之稱以今類古恐或非儔又臣子一例義彰舊典禘祫失序著譏前經高祖德溢寰中道超無外肅祖雖勳格宇宙猶曾奉贊稱臣穆皇后稟德坤元復將配享乾位此乃君臣並筵嫂叔同室歷觀墳籍未有其事時莊帝意銳朝臣無敢言者唯或與吏部尚書李神儁並有表聞詔報曰文穆皇帝勳格四表道邁百王是用考循舊軌恭上尊號王表云漢太上於香街南頓於舂陵漢高不因瓜瓞之緒光武又無世及之德皆身受符命不由父祖別廟異寢於理何差文穆皇帝天眷人宅歷數有歸朕忝承下武遂主神器旣帝業有統漢氏非倫若以昔況今不當移寢則魏太祖晉景帝雖王跡已顯皆以人臣而終豈得與餘帝別廟有闕餘序疑漢郡國立廟者欲尊高祖之德使饗遍天下非關太廟神主獨在外祠薦漢宣之父亦非勳德所出雖不追尊不亦可乎伯考之名自是尊卑之稱何必準古而言非類也復云君臣同列嫂叔共室當以文穆皇帝昔遂臣道以此爲疑禮天子元子猶士禘祫豈不得同室乎且晉文景共爲一代議者云世限七主無定數昭穆旣同明有共室之理禮旣有祔嫂叔何嫌禮士祖禰一廟豈無婦舅共室也若專以共室爲疑容可更議遷毀莊帝旣逼諸妹之請此辭意黃門侍郎常景中書侍郎邢子才所替成也又追尊兄彭城王爲孝宣皇帝或又面諫曰陛下中興意欲憲章前古作而不法後世可觀歷尋書籍未有其事願割友于之情使名器無爽帝不從及神主入廟復勑百官悉陪從一依乘輿之式或上表以爲爰自中古迄於下葉崇尚君親褒明功懿乃有皇號終無帝名今若去帝直留皇名求之古義少有依準又不納爾朱榮死除或司徒公爾朱世隆率部北叛詔或防河陰及爾朱兆率衆奄至或出東掖門爲賊所獲見兆辭色不屈爲羣胡所毆薨出帝贈太師太尉公雍州刺史或美風韻善進止衣冠之下雅有容則博覽羣書不爲章句所著文藻雖多亡失猶有傳於世者然居官不能清白所進舉止於親姬爲議者所譏無子

弟孝友少有時譽襲爵臨淮王累遷滄州刺史爲政溫和好行小惠不能清白而無所侵犯百姓亦以此便之孝靜帝宴齊文襄王於華林園孝友因醉自譽又云陛下許賜臣能帝笑曰朕恒聞王自道清文襄曰臨淮王雅旨舍罪於是君臣俱笑而不罪孝友明於政理嘗奏表曰令制百家爲黨族二十家爲閭五家爲比鄰百家之內有帥二十五徵發皆免苦樂不均羊少狼多復有蠶食此之爲弊久矣京邑諸坊或七八百家唯一里正二史庶事無闕而況外州乎請依舊置三正之名不改而百家爲四閭閭二比計族省十二丁得十二疋貲絹畧計見管之戶應二萬餘族一歲出貲絹二十四萬疋十五丁出一番兵計得一萬六千兵此富國安人之道也古諸侯娶九女士有一妻二妾晉令諸王置妾八人郡公侯妾六人官品令第一第二品有四妾第三第四有三妾第五第六有二妾第七第八有一妾所以陰教聿脩繼嗣有廣廣繼嗣孝也脩陰教禮也而聖朝忽棄此數由來漸久將相多尚公主王侯亦娶后族故無妾媵習以爲常婦人多幸生逢今世舉朝略是無妾天下殆皆一妻設令人強志廣娶則家道離索身事迍邅內外親知共相嗤怪凡今之人通無準節父母嫁女則教之以妒姑姊逢迎必相勸以忌持制夫爲婦德以能妒爲女工自云受人欺畏他笑我王公猶自一心已下何敢二意夫妒忌之心生則妻妾之禮廢妻妾之禮廢則姦淫之兆興斯臣之所以毒恨者也請以王公第一品娶八通妻以備九女稱事二品備七三品四品備五五品六品則一妻二妾限以一周悉令充數若不充數及待妾非禮使妻妒加捶撻免所居官其妻無子而不娶妾斯則自絕無以血食祖父請科不孝之罪離遣其妻臣之赤心義唯家國欲使吉凶無不合禮貴賤各有其宜省人帥以出兵丁立倉儲以豐穀食設賞格以擒姦盜行典令以示朝章庶使足食足兵人信之矣又冒申妻妾之數正欲使王侯將相功臣子弟苗胤滿朝傳祚無窮此臣之志也詔付有司議奏不同孝友又言今人生爲皂隸葬擬王侯存沒異途無復節制崇壯丘壠盛飾祭儀鄰里相榮稱爲至孝又夫婦之始王化所先共食合瓢足以成禮而今之富者彌奢同牢之設甚於祭槃累魚成山山有林木林木之上鸞鳳斯存徒有煩勞終成委棄仰惟天意其或不然請自茲以後若婚葬過者以違旨論官司不加糾劾卽與同罪孝友在郡積年以法自守甚著聲稱然性無骨鯁善事權勢爲正直者所譏齊受禪爵例降

昌弟孚字秀和少有令譽侍中游肇并州刺史高聰司徒崔光等見孚咸曰此子當準的人物恨吾徒衰暮不及見耳累遷兼尚書右丞靈太后臨朝宦者干政孚乃總括古今名妃賢后凡爲四卷奏之遷左丞蠕蠕王阿那瓌旣得返國其人大饑相率入塞阿那瓌上表請臺賑給詔孚爲北道行臺詣彼賑恤孚陳便宜表曰皮服之人未嘗粒食宜從俗因利拯其所無昔漢建武中單于款塞時轉河東米糒二萬五千斛牛羊三萬六千頭以給之斯卽前代和戎撫新柔遠之長策也乞以牸牛產羊餬其口命且畜收繁息是其所便毛血之利惠兼衣食又尚書奏云如其仍住七州隨寬置之臣謂人情戀本寧肯徙內若依臣請給賑雜畜愛本重鄉必還舊土如其不然禁留益損假令逼徙事非久計何者人面獸心去留難測旣易水草痾恙將多憂愁致困死亡必甚兼其餘類尚在沙磧脫出狂悖翻歸舊巢必殘掠邑里遺毒百姓亂而方塞未若杜其未萌又貿遷起於上古交易行於中世漢與胡通亦立關市今北人阻飢命懸溝壑公給之外必求市易彼若願求宜見聽許又云營大者不計小名圖遠者弗拘近利雖戎狄衰盛歷代不同叛服之情畧可論討周之北伐僅獲中規漢氏外攘裁收下策昔在代京恒爲重備將帥勞止甲士疲力前世苦之計未能致今天祚大魏亂亡在彼朝廷垂天覆之恩廓大造之德鳩其散亡禮送令返宜因此時善思遠策竊以理雖萬變可以一觀來事雖懸易以往卜昔漢宣之世呼韓款塞漢遣董忠韓昌領邊郡士馬送出朔方因留衞助又光武時亦令中郎將段彬置安集掾史隨單于所在參察動靜斯皆守吉之元龜安邊之勝策計今朝廷成功不減曩時蠕蠕國敝亦同疇日宜準昔成謨畧依舊事借其所閑地聽使田牧粗置官屬示相慰撫嚴戒邊兵以見保衞馭以寬仁縻以久策使親不至矯詐疏不容叛反今北鎭諸將舊常云一人代外邏因令防察所謂天子有道守在四夷者也又云先人有奪人之心待降如受彊敵武非專外亦以防內若從處分割配諸州鎭遼遠非轉輸可到悔叛之情變起難測又居人畜業布在原野戎夷性貪見則思盜防彼肅此少兵不堪渾流之際易相干犯驅之還本未必樂去配州內徙復不肯從旣其如此爲費必大朝廷不許孚持白虎幡勞阿那瓌於柔玄懷荒二鎭間阿那瓌衆號三十萬陰有異意遂拘留孚載以韞車日給酪一升肉一段每集其衆坐孚東廂稱爲行臺甚加禮敬阿那瓌遂南過至舊京後遣孚等還因上表謝罪有司以孚事下廷尉丞高謙之云孚辱命處孚流罪後拜冀州刺史孚勸課農桑境內稱爲慈父鄰州號曰神君先是州人張孟都張洪建馬潘崔獨憐張叔緒崔醜張天宜崔思哲等八家皆屯保林野不臣王命州郡號曰八王孚至皆請入城願致死効力後爲葛榮所陷爲榮所執兄祐爲防城都督兄子子禮爲錄事參軍榮欲先害子禮孚請先死以贖子禮叩頭流血榮乃捨之又大集將士議其死事孚兄弟各誣己引過爭相爲死又孟都潘紹等數百人皆叩頭就法請活使君榮曰此魏之誠臣義士也凡同禁五百人皆得免榮平還除冀州刺史元顥入洛授孚東道行臺彭城郡王孚封顥逆書送朝廷天子嘉之顥平封孚萬年鄉男永安末樂器殘缺莊帝命孚監儀注孚上表曰昔太和中中書監高閭太樂令公孫崇修造金石數十年間乃奏成功時大集儒生考其得失太常卿劉芳請別營造久而方就復召公卿量校合否論者沸騰莫有適從登被旨勑並見施用往歲大軍入洛戎馬交馳所有樂器亡失垂盡臣至太樂署問太樂令張乾龜等云承前以來置宮懸四箱簨簴六架東北架編黃鍾之磬十四雖器名黃鍾而聲實夷則考之音制不甚諧韻姑洗懸於東北太蔟編於西北蕤賓列於西南並皆器象差位調律不和又有儀鍾十四虡懸架首初不叩擊今便刪廢以從正則臣今據周禮鳧氏修廣之規磬氏倨句之法吹律求聲叩鍾求音損除繁雜討論實錄依十二月爲十二宮各準辰次當位懸設月聲旣備隨用擊奏則會還相爲宮之義又得律呂相生之體今量鍾磬之數各以十二架爲定奏可于時搢紳之士咸往觀聽靡不咨嗟歎服而返太傅錄尚書長孫承業妙解聲律特復稱善後從出帝入關

廣陽王建閭眞君三年封楚王後改封廣陽王薨諡曰簡王

子石侯襲薨諡曰哀王

子遺興襲薨諡曰定王無子

石侯弟嘉少沈敏喜慍不形於色兼有武畧高祖初拜徐州刺史甚有威惠後封廣陽王以紹建闓後高祖南伐詔嘉斷均口嘉違失指授令賊得免帝怒責之曰叔祖定非世孫何太不上類也及將大漸遺詔以嘉爲尚書左僕射與咸陽王禧等輔政遷司州牧嘉表請於京四面築坊三百二十各周一千二百步乞發三正復丁以充茲役雖有暫勞姦盜永止詔從之拜衞大將軍尚書令除儀同三司嘉好飮酒或沈醉在世宗前言笑自得無所顧忌帝以其屬尊年老常優容之與彭城北海高陽諸王每入宴集極懽彌夜數加賞賜帝亦時幸其第性好儀飾車服鮮華旣居儀同又任端首出入容衞道路榮之後遷司空轉司徒嘉好立功名有益公私多所敷奏帝雅委付之愛敬人物後來才俊未爲時知者侍坐之次轉加談引時人以此稱之薨遺命薄葬世宗悼惜之贈侍中太保謚曰懿烈嘉後妃宜都王穆壽孫女司空從妹也聰明婦人及爲嘉妃多所匡贊光益家道

子深字智遠襲爵肅宗初拜肆州刺史豫行恩信胡人便之劫盜止息後爲恒州刺史在州多所受納政以賄成私家有馬千匹者必取百匹以此爲恒累遷殿中尚書未拜坐淫城陽王徽妃于氏爲徽表訟詔付丞相高陽王雍等宗室議決其罪以王還第及沃野鎭人破六韓拔陵反叛臨淮王彧討之失利詔深爲北道大都督受尚書令李崇節度時東道都督崔暹敗於白道深上書曰邊豎構逆以成紛梗其所由來非一朝也昔皇始以移防爲重盛簡親賢擁麾作鎭配以高門子弟以死防遏不但不廢仕宦至乃偏得復除當時人物忻慕爲之及太和在歷僕射李沖當官任事涼州土人悉免厮役豐沛舊門仍防邊戍自非得罪當世莫肯與之爲伍征鎭驅使但爲虞候白直一生推遷不過軍主然其往世房分留居京者得上品通官在鎭者便爲淸途所隔或投彼有北以御魑魅多復逃胡鄉乃峻邊兵之格鎭人浮遊在外皆聽流兵捉之於是少年不得從師長者不得遊宦獨爲匪人言者流涕自定鼎伊洛邊任益輕唯底滯凡才出爲鎭將轉相模習專事聚斂或有諸方姦吏犯罪配邊爲之指蹤過弄官府政以賄立莫能自改咸言姦吏爲此無不切齒憎怒及阿那瓌背恩縱掠竊奔命師追之十五萬衆度沙漠不日而還邊人見此援師便自意輕中國尚書令臣崇時卽申聞求改鎭爲州將允其願抑亦先覺朝廷未許而高闕戍主率下失和拔陵殺之爲逆命攻城掠地所見必誅王師屢北賊黨日盛此段之舉指望銷平其崔暹隻輪不反臣崇與臣逡巡復路今者相與還次雲中馬首是瞻未便西邁將士之情莫不解體今日所慮非止西北將恐諸鎭尋亦如此天下之事何易可量時不納其策東西部勑勒之叛朝議更思深言遣兼黃門侍郎酈道元爲大使欲復鎭爲州以順人望會六鎭盡叛不得施行深後上言今六鎭俱叛二部高車亦同惡黨以疲兵討之不必制敵請簡選兵或留守恒州要處更爲後圖及李崇徵還深專總戎政拔陵避蠕蠕南移渡河先是別將李叔仁以拔陵來逼請求迎援深赴之前後降附二十萬人深與行臺元纂表求恒州北別立郡縣安置降戶隨宜賑賚息其亂心不從詔遣黃門侍郎楊昱分散之於冀定瀛三州就食深謂纂曰此輩復爲乞活矣禍亂當由此作旣而鮮于脩禮叛於定州杜洛周反於幽州其餘降戶猶在恒州遂欲推深爲主深乃上書乞還京師令左衞將軍楊津代深爲都督以深爲侍中右衞將軍定州刺史時中山太守趙叔隆別駕崔融討賊失利臺使劉審考覈未訖會賊逼中山深乃令叔隆防境審馳驛還京云深擅相放縱城陽王徽與深有隙因此構之乃徵深爲吏部尚書兼中領軍及深至都肅宗不欲使徽深相憾勑因宴會令相和解徽銜不已後河間王琛等爲鮮于脩禮所敗乃除深儀同三司大都督章武王融爲左都督裴衍爲右都督並受深節度徽因奏靈太后構深曰廣陽以愛子握兵在外不可測也乃勑章武王等潛相防備融遂以勑示深深懼事無大小不敢自決靈太后聞之乃使問深意狀乃具言曰往者元义執權移天徙日而徽託附無翼而飛今大明反政任寄唯重以徽褊心銜臣切骨臣以疎滯遠離京輦被其構阻無所不爲然臣昔不在其後自此以來翻成陵谷徽遂一歲八遷位居宰相臣乃積年淹滯有功不錄自徽執政以來非但抑臣而已北征之勳皆被擁塞將士告捷終無片賞雖爲表請多不蒙遂前留元標據于盛樂後被重圍析骸易子倒懸一隅嬰城二載賊散之後依階乞官徽乃盤退不允所請而徐州下邳戍主賈勳法僧叛後暫被圍逼固守之勳比之未重乃立得州卽授開國天下之事其流一也功同賞異不平謂何又驃騎李崇北征之日啓募八州之人聽用關西之格及臣在後依此科賞復言北道征者不得同於關西定襄陵廟之至重平城守國之要鎭若計此而論功亦何負於秦楚但以嫉臣之故便欲望風排抑然其當途以來何直退勳而已但是隨臣征者卽便爲所嫉統軍袁叔和曾經省訴徽初言有理又聞北征隸臣爲統應時變色復令臣兄子仲顯異端訟臣緝緝翩翩謀相誹謗言臣惡者接以恩顏稱臣善者卽被嫌責甄琛曾理臣屈乃覯之若仇讎徐紇頗言臣短卽待之如親戚又驃騎長史祖瑩昔在軍中妄增首級矯亂戎行蠹害軍府獲罪有司避命山澤直以謗臣之故徽乃還雪其罪臣府司馬劉敬比送降人旣到定州翻然背叛賊如決河豈其能擁且以臣府參寮不免身首異處徽旣怒遷捨其元惡（闕）及胥徒從臣行者莫不悚懼頃恒州之人乞臣爲刺史徽乃斐然言不可測及降戶結謀臣頻表啓徽乃因執言此事及向定州遠彼姦惡又復論臣將有異志翻覆如此欲相陷沒致令國朝遽賜遷代賊起之由誰使然也徽旣優幸任隆一世慕勢之徒於臣何有是故餘人攝選車駕塡門及臣居邊賓遊罕至臣近比爲慮其爲梗是以孜孜乞赴京闕屬流人舉斧元戎垂翅復從後命自安無所僶俛先驅不敢辭事及臣出都行塵未滅已聞在後復生異議言臣將兒自隨證爲可疑之兆忽稱此以構亂悠悠之人復傳音響言左軍臣融右軍臣衍皆受密勑伺察臣事徽旣用心如此臣將何以自安竊以天步未夷國難猶梗方伯之任於斯爲急徽昔臨藩乃有人譽及居端右蔑爾無聞今求出之爲州使得申其利用徽若外從所長臣無內慮之切脫蒙（闕）公私幸甚深以兵士頻經退散人無鬬情連營轉柵日行十里行達交津隔水而陳賊脩禮常與葛榮謀後稍信朔州人毛普賢榮常銜之普賢昔爲深統軍及在交津深使人諭之普賢乃有降意又使錄事參軍元晏說賊程殺鬼果相猜貳葛榮遂殺普賢脩禮而自立榮以新得大衆上下未安遂北度瀛州深便率衆北轉榮東攻章武王融戰敗於白牛邏深遂退走趨定州聞刺史楊津疑其有異志乃止於州南佛寺停三日夜乃召都督毛謚等六七人臂肩爲約危難之際期相拯恤謚疑深意異乃密告津云深謀不軌津遣謚討深深走出謚叫譟追躡深與左右行至博陵郡界逢賊遊騎乃引詣葛榮賊徒見深頗有喜者榮新自立內惡之乃害深莊帝追復王爵贈司徒公謚曰忠武

子湛字士淵少有風尚莊帝初襲封孝靜初累遷冀州刺史所在聚斂風政不立入爲侍中後行司州牧時齊獻武王作相以湛頗有器望啓超拜太尉公薨贈假黃鉞大司馬尚書令謚曰文獻初湛名位漸重留連聲色始以婢紫光遺尚書郎中宋遊道後乃私耽出爲冀州竊而攜去遊道大致紛紛乃云紫光湛父所寵湛母遺已將致公文久乃停息論者兩非之

湛弟瑾尚書祠部郎後謀殺齊文襄事泄合門伏法

湛子法輪紫光所生也齊王矜湛覆滅乃啓原之復其爵土

南安王余眞君三年封吳王後改封南安王世祖暴崩中常侍宗愛矯皇太后令迎余而立之然後發喪大赦改年爲永平余自以非次而立厚賞羣下取悅於衆爲長夜之飮聲樂不絕旬月之閒帑藏空罄尤好弋獵出入無度邊方告難余不恤之百姓憤惋而余晏如也宗愛權恣日甚內外憚之余疑愛將謀變奪其權愛怒因余祭廟夜殺余高宗葬以王禮謚曰隱

魏書卷十八考證

太武五王列傳○魏收書闕後人所補

太武皇帝十一男○臣照按本書所載景穆帝晉王東平王臨淮王楚王南安王小兒猫兒虎頭龍頭凡十人而云十一男者蓋其一不特闕母氏而并未有名故不可得紀也

臨淮王譚傳所替成也○替北史作贊臣人龍按文義當以贊字爲順然唐書文藝傳杜審言曰我在久壓公等但恨不見替人今諺猶以替字作代字解或魏宋間語以代作爲替成亦未可定

魏書卷十九上

齊　魏收　撰

列傳第七上

景穆十二王

陽平王　京兆王　濟陰王　汝陰王　樂浪王
廣平王

景穆皇帝十四男恭皇后生文成皇帝袁椒房生陽平幽王新成尉椒房生京兆康王子推濟陰王小新成陽椒房生汝陰靈王天賜樂浪厲王萬壽廣平殤王洛侯母並闕孟椒房生任城康王雲劉椒房生南安惠王楨

城陽康王長壽慕容椒房生章武敬王太洛尉椒房生樂陵康王胡兒孟椒房生安定靖王休趙王深早薨無傳母闕魏舊太子後庭未有位號高宗卽位恭宗宮人有子者並號爲椒房

陽平王新成太安三年封拜征西大將軍後爲內都太官薨諡曰幽

長子安壽襲爵高祖賜名頤累遷懷朔鎮大將都督三道諸軍事北討詔徵赴京昜以戰伐之事對曰當仰仗廟算使呼韓同渭橋之禮帝歎曰壯哉王言朕所望也未發遭母憂詔遣侍臣以金革敦喻旣殯而發與陸叡集三道諸將議軍途所詣於是中道出黑山東道趨士盧河西道向侯延河軍過大磧大破蠕蠕頤入朝詔曰王之前言果不虛也後除朔州刺史及恒州刺史穆泰謀反遣使推頤爲主頤密以狀聞泰等伏誅帝甚嘉之世宗景明元年薨於青州刺史諡曰莊王傳國至孫宗胥肅宗時坐殺叔父賜死爵除

頤弟衍字安樂賜爵廣陵侯位梁州刺史表請假王以崇威重詔曰可謂無厭求也所請不合轉徐州刺史至州病重帝勑徐成伯乘傳療疾差成伯還帝曰卿定名醫賚絹三千匹成伯辭請受一千帝曰詩云人之云亾邦國殄瘁以是而言豈惟三千匹乎其爲帝所重如此後所生母雷氏卒表請解州詔曰先君餘尊之所厭禮之明文季末陵遲斯典或廢侯旣親王之子宜從餘尊之義便可大功後卒於雍州刺史諡曰康侯衍性清慎所在廉潔又不營產業歷牧四州皆有稱績亾日無斂屍具子暢

暢弟融字叔融貌甚短陋驍武過人莊帝謀殺爾朱榮以融爲直閤將軍及爾朱兆入洛融逃人間

衍弟欽字思若位中書監尚書右僕射儀同三司欽色尤黑故時人號爲黑面僕射欽淫從兄麗妻崔氏爲御史中尉封回劾奏遇赦免尋除司州牧欽少好學早有令譽時人語曰皇宗畧畧壽安思若及晚年貴重不能有所匡益識者輕之欽曾託青州人高僧壽爲子求師師至未幾逃去欽以讓僧壽僧壽性滑稽反謂欽曰凡人絕粒七日乃死始經五朝便爾逃遁去食就信實有所闕欽乃大慙於是待客稍厚後除司空公封鉅平縣公於河陰遇害贈假黃鉞太師太尉公

子子孝字季業早有令譽年八歲司徒崔光見而異之曰後生領袖必此人也

京兆王子推太安五年封位侍中征南大將軍長安鎮都大將子推性沉雅善於綏接秦雍之人服其威惠入爲中都大官察獄有稱顯祖將禪位於子推以大臣固諫乃傳高祖高祖卽位拜侍中本將軍開府儀同三司青州刺史未至道薨

子太興襲拜長安鎮都大將以黷貨削除官爵後除祕書監還復前爵拜統萬鎮將改封西河後改鎮爲夏州仍以太興爲刺史除守衞尉卿初太興遇患請諸沙門行道所有資財一時布施乞求病愈名曰散生齋及齋後僧皆四散有一沙門方云乞齋餘食太興戲之曰齋食旣盡唯有酒肉沙門曰亦能食之因出酒一斗羊脚一隻食盡猶言不飽及辭出後酒肉俱在出門追之無所見太興遂佛前乞願向者之師當非俗人若此病得差卽捨王爵入道未幾便愈遂請爲沙門表十餘上乃見許時高祖南討在軍詔皇太子於四月八日爲之下髮施帛二千匹旣爲沙門更名僧懿居嵩山太和二十二年終

子昴字伯暉襲薨

子悰字魏慶襲孝靜時累遷太尉錄尚書事司州牧青州刺史薨於州贈假黃鉞太傅司徒公諡曰文悰寬和有度量美容貌風望儼然得喪之間不見於色性清儉不營產業身死之日家無餘財

昴弟仲景性嚴峭莊帝時兼御史中尉京師肅然每向臺恒駕赤牛時人號赤牛中尉太昌初爲河南尹奉法無私時吏部尚書樊子鵠部下縱橫又爲盜竊仲景密加收捕悉獲之咸卽行決於是豪貴寒心出帝將西行授仲景中軍大都督留京師齊獻武王欲至洛陽仲景遂棄妻子而遁

仲景弟暹字叔照莊帝初除南兗州刺史在州猛暴多所殺害元顥入洛暹據州不屈莊帝還宮封汝陽王遷秦州刺史先時秦州城人屢爲反覆暹盡誅之存者十一二普泰元年除涼州刺史貪暴無極欲規府人及商胡富人財物詐一臺符誑諸豪等云欲加賞一時屠戮所有資財生口悉沒自入孝靜時位侍中錄尚書事薨贈太師錄尚書

子沖襲無子國絕

太興弟遙字太原有器望以左衞將軍從高祖南征賜爵饒陽男世宗初遭所生母憂表請解任詔以餘尊所厭不許肅宗初累遷左光祿大夫仍領護軍遷冀州刺史遙以諸胡先無籍貫姦良莫辨悉令造籍又以諸胡設籍當欲稅之以充軍用胡人不願乃共構遙云取納金馬御史按驗事與胡同遙坐除名遙陳枉不已勑有司重究乃披雪遷右光祿大夫時冀州沙門法慶旣爲妖幻遂說渤海人李歸伯歸伯合家從之招率鄉人推法慶爲主法慶以歸伯爲十住菩薩平魔軍司定漢王自號大乘殺一人者爲一住菩薩殺十人爲十住菩薩又合狂藥令人服之父子兄弟不相知識唯以殺害爲事於是聚衆殺阜城令破渤海郡殺害吏人刺史蕭寶夤遣兼長史崔伯驎討之敗於煑棗城伯驎戰沒凶衆遂盛所在屠滅寺舍斬戮僧尼焚燒經像云新佛出世除去舊魔詔以遙爲使持節都督北征諸軍事帥步騎十萬以討之法慶相率攻遙遙並擊破之遙遣輔國將軍張虯等率騎追掩討破擒法慶并其妻尼惠暉等斬之傳首京師後擒歸伯戮於都市初遙大功昆弟皆是恭宗之孫至肅宗而本服絕故除遙等屬籍遙表曰竊聞聖人所以南面而聽天下其不可得變革者則親也尊也四世而緦服窮五世而袒免六世而親屬竭矣去茲以往猶繫之以姓而弗別綴之以食而弗殊又律云議親者非唯當世之屬親歷謂先帝之五世謹尋斯旨將以廣帝宗重磐石先皇所以變茲事條爲此別制者太和之季方有意於吳蜀經始之費慮深在初割減之起蹔出當時也且臨淮王提分屬籍之始高祖賜帛三千匹所以重分離樂浪王長命亦賜縑二千匹所以存慈恤此皆先朝殷勤克念不得已而然者也古人有言百足之蟲至死不僵者以其輔己者衆臣誠不欲妄親太階苟求潤屋但傷大宗一分則天子屬籍不過十數人而已在漢諸王之子不限多少皆列土而封謂之曰侯至于魏晉莫不廣胙河山稱之曰公者蓋惡其大宗之不固骨肉之恩疎矣臣去皇上雖是五世之遠於先帝便是天子之孫高祖所以國秩祿賦復給衣食后族唯給其賦不與衣食者欲以別外內限異同也今諸廟之感在心未忘行道之悲儵然已及其諸封者身亾之日三年服終然後改奪今朝廷猶在遏密之中便議此事實用未安詔付尚書博議以聞尚書令任城王澄尚書左僕射元暉奏同遙表靈太后不從卒諡曰宣公

遙弟恒字景安粗涉書史恒以春秋之義爲名不以山川表求改名芝歷位太常卿中書監侍中後於河陰遇害贈太傅司徒公諡曰宣穆公

濟陰王小新成和平二年封頗有武畧庫莫奚侵擾詔新成率衆討之新成乃多爲毒酒賊旣漸逼便棄營而去賊至喜而競飲聊無所備遂簡輕騎因醉縱擊俘馘甚多後位外都大官薨贈大將軍諡曰惠公

子鬱字伏生襲位開府爲徐州刺史以黷貨賜死國除

長子弼字邕明剛正有文學位中散大夫以世嫡應襲先爵爲季父尚書僕射麗因于氏親寵遂奪弼王爵橫授同母兄子誕於是弼絕棄人事託疾還私第世宗徵爲侍中弼上表固讓入嵩山以穴爲室布衣蔬食卒建義元年子暉業訴復王爵永安三年追贈尚書令司徒公諡曰文獻初弼嘗夢人謂之曰君身不得傳世封其紹先爵者君長子紹遠也弼覺卽語暉業終如其言

暉業少險薄多與寇盜交通長乃變節涉子史亦頗屬文而慷慨有志節歷位司空太尉加特進領中書監錄尚書事齊文襄嘗問之曰比何所披覽對曰數尋伊霍之傳不讀曹馬之書暉業以時運漸謝不復圖全唯事飲啗一日三羊三日一犢又嘗賦詩云昔居王道泰濟濟富羣英今逢世路阻狐兎鬱縱橫齊初降封美陽縣公開府儀同三司特進暉業之在晉陽也無所交通居常閑暇乃撰魏藩王家世號爲辨宗室錄四十卷行於世

暉業弟昭業頗有學尚位諫議大夫莊帝將幸洛南昭業立於閶闔門外扣馬諫帝避之而過後勞勉之位給事黃門侍郎衞將軍右光祿大夫卒諡曰文侯

鬱弟偃字仲琁位太中大夫卒

子誕字曇首初誕伯父鬱以貪汙賜死爵除景明三年誕訴云伯鬱前朝之封正以年長襲封以罪除爵爵由謬襲襲應歸正詔以偃正元妃息曇首濟陰王嫡孫可聽紹封以纂先緒誕旣襲爵除齊州刺史在州貪暴大爲人患牛馬騾驢無不逼奪家之奴隷悉迫取良人爲婦有沙門爲誕採藥還而見之誕曰師從外來有何消息對曰唯聞王貪願王早代誕曰齊州七萬戶吾至來一家未得三十錢何得言貪後爲御史中尉元纂所糾會赦免薨諡曰靜王

子撫字伯懿襲莊帝初爲從兄暉業訴奪王爵

偃弟麗字寶掌位兼宗正卿右衞將軍遷光祿勳宗正右衞如故時秦州屠各王法智推州主簿呂苟兒爲主號建明元年置立百官攻逼州郡涇州人陳瞻亦聚衆自稱王號聖明元年詔以麗爲使持節都督秦州刺史與別駕楊椿討之苟兒率衆十餘萬屯孤山列據諸險圍逼州城麗出擊大破之便進軍永洛賊徒逆戰麗夜擊走之行秦州事李韶破苟兒于孤山乘勝追奔三十里獲其父母妻子斬賊王五人其餘相繼歸降諸城之

圖亦悉奔散苟兒率其王公三十餘人詣麗請罪椿又斬贍麗因平賊之勢枉掠良善七百餘人世宗嘉其功詔有司不聽追檢拜雍州刺史爲政嚴酷吏人患之其妻崔氏誕一男麗遂出州獄囚死及徒流案未申臺者一時放免遷冀州刺史入爲尚書左僕射帝問曰聞公在州殺戮無理枉濫非一又大殺道人對曰臣在冀州可殺道人二百許人亦復何多帝曰一物不得其所若納諸隍況殺道人二百而言不多麗脫冠謝賜坐卒謚曰威

子顯和少有節操歷司徒記室參軍司徒崔光每見之曰元參軍風流清秀容止閑雅乃宰相之器除徐州安東府長史刺史元法僧叛顯和與戰被擒執手命與連坐顯和曰顯和與阿翁同源別派皆是磐石之宗一朝以地外叛若遇董狐能無慙德遂不肯坐法僧猶欲慰喻顯和曰乃可死作惡鬼不能生爲叛臣及將殺之神色自若建義初贈秦州刺史

汝陰王天賜和平三年封拜鎮南大將軍虎牢鎮都大將後爲內都大官高祖初殿中尚書胡莫寒簡西部敕勒豪富兼丁者爲殿中武士而大納財貨簡選不平衆怒殺莫寒及高平假鎮將奚陵於是諸部敕勒悉叛詔天賜與給事中羅雲督諸軍討之前鋒敕勒詐降雲信之副將元伏曰敕勒色動恐將有變今不設備將爲所圖雲不從敕勒輕騎數千襲殺雲天賜僅得自全後除征北大將軍護匈奴中郎將累遷懷朔鎮大將坐貪殘恕死削除官爵卒高祖哭於思政觀贈本爵葬從王禮謚曰靈王

子逞字萬安卒於齊州刺史謚曰威

逞子慶和東豫州刺史爲蕭衍將所攻舉城降之衍以爲北道總督魏王至項城朝廷出師討之望風退走衍責之曰言同百舌膽若鼷鼠遂徙合浦

逞弟汎字普安自元士稍遷營州刺史性貪殘人不堪命相率逐之汎走平州後除光祿大夫宗正卿封東燕縣男於河陰遇害

天賜第五子脩義字壽安涉獵書傳頗有文才爲高祖所知自元士稍遷左將軍齊州刺史脩義以齊州頻喪刺史累表固辭詔曰脩短有命吉凶由人何得過致憂憚以爭維城之寄違凶就吉時亦有之可聽更立館宇於是移理東城脩義爲政寬和愛人在州四歲不殺一人百姓以是追思之遷秦州刺史肅宗初表陳庶人禧庶人愉等請宥前愆賜葬陵域靈太后詔曰收葬之恩事由上旨藩岳何得越職干陳在州多受納累遷吏部尚書及在銓衡唯事貨賄授官大小皆有定價時中散大夫高居者有旨先敘時上黨郡缺居遂求之脩義私已許人抑居不與居大言不遜脩義命左右牽曳之居對大衆呼天唱賊人問居曰白日公庭安得有賊居指脩義曰此座上者違天子明詔物多者得官京師白劫此非大賊乎脩義失色居行罵而出後欲邀車駕論脩義罪狀左僕射蕭寶夤諭之乃止二秦反假脩義兼尚書右僕射西道行臺行秦州事爲諸軍節度脩義性好酒每飲連日遂遇風病神明昏喪雖至長安竟無部分之益元志敗沒賊東至黑水更遣蕭寶夤討之以脩義爲雍州刺史卒於州贈司空謚曰文

子均位給事黃門侍郎

樂浪王萬壽和平三年封拜征東大將軍鎮和龍性貪暴徵還道憂薨謚曰厲王

子康王樂平襲薨

子長命襲坐殺人賜死國除

子忠肅宗時復前爵位太常少卿出帝汎舟天淵池命宗室諸王陪宴忠愚而無智性好衣服遂著紅羅襦繡作領碧紬袴錦爲緣帝謂曰朝廷衣冠應有常式何爲著百戲衣忠曰臣少來所愛情存綺羅歌衣舞服是臣所願帝曰人之無良乃至此乎

廣平王洛侯和平二年封薨謚曰殤無子後以陽平幽王第五子匡後之

匡字建扶性耿介有氣節高宗器之謂曰叔父必能儀刑社稷匡輔朕躬今可改名爲匡以成克終之美世宗即位累遷給事黃門侍郎茹皓始有寵百寮微憚之世宗曾於山陵還詔匡陪乘又命皓登車皓褰裳將上匡諫止世宗推之令下皓恨匡失色當時壯其忠謇世宗親政除肆州刺史匡既忤皓懼爲所害廉慎自修甚有聲績遷恒州刺史徵爲大宗正卿河南邑中正匡奏親王及始蕃二蕃王妻悉有妃號而三蕃已下皆謂之妻上不得同爲妃名而下不及五品已上有命婦之號竊爲疑詔曰夫貴於朝妻榮於室婦女無定升從其夫三蕃既啓王封妃名亦宜同等妻者齊也理與己齊可從妃例自是三蕃王妻名號始定後除度支尚書匡表引樂陵章武之例求紹洛侯封詔付尚書議尚書奏聽襲封以明興絕之義匡與尚書令高肇不平常無降下之色時世宗委政於肇朝廷傾憚唯匡與肇抗衡先自造棺置於廳事意欲輿棺詣闕論肇罪惡自殺切諫肇聞而惡之後因與太常劉芳議爭權量遂與肇聲色御史中尉王顯奏匡曰自金行失御羣僞競興禮壞樂崩彝倫攸斁大魏應期奄有四海高祖孝文皇帝以睿聖統天克復舊典乃命故中書監高閭廣旌儒林推尋樂府依據六經參諸國志以黍裁寸將均周漢舊章屬雲構中遷尚未云就高祖睿思玄深參考經記以一黍之大用成分體準之爲尺宣布施行暨正始中故太樂令公孫崇輒自立意以黍十二爲寸別造尺度定律刊鍾皆向成訖表求觀試時敕太常卿臣芳以崇造既成請集朝英議其得否芳疑崇尺度與先朝不同察其作者於經史復異推造鮮據非所宜行時尚書令臣肇清河王懌等以崇造乖謬與周禮不同遂奏臣芳依周禮更造成訖量校從其善者而芳以先朝尺度事合古典乃依前詔書以黍刊寸並呈朝廷用裁金石于時議者多云芳是唯黃門侍郎臣孫惠蔚與崇扶同二途參差頻經考議而尚書令臣肇以芳造崇物故之後而惠蔚亦造一尺仍云扶以比崇尺自相乖背量省二三謂芳爲得而尚書臣匡表云劉孫二尺長短相傾稽考兩律所容殊異言取中黍校彼二家云並參差抑中無所自立一途請求議判當時議者或是於匡兩途舛駮未即時定肇又云權斛斗尺班行已久今者所論豈踰先旨宜仰依先朝故尺爲定自爾以後而匡與肇厲言都座聲色相加高下失其常倫喧競無復彝序匡更表列據已十是云芳十非又云肇前被敕旨共芳營督規立鍾石之名希播製作之譽乃憑樞衡之尊藉舅氏之勢與奪任心臧否自己阿黨劉芳遏絕臣事望勢雷同者接以恩言依經按古者即被怒責雖未指鹿化馬移天徙日實使蘊藉之士聳氣坐端懷道之夫結舌筵次又言芳昔與崇競恒言自作今共臣論忽稱先朝豈不前謂可行輒欲自取後知錯謬便推先朝殊非大臣之體深失爲下之義復考校勢臣之前量度偏頗之手臣必刖足內朝抱璞人外嚣言肆意彰於朝野然臣職當出納獻替所在斗尺權度正是所司若己有所見能練臧否宜應首唱義端早辨諸惑何故嘿心隨從不關一言見芳成事方有此語計芳才學與臣殊懸所見淺深不應相匹今乃始發恐此由心借智於人規成虛譽況臣表云所據銅權形如古誌明是漢作非莽別造及案權銘云黃帝始祖德布於虞虞帝始祖德布於新若莽佐漢時事寧有銘僞新之號哉又尋莽傳云莽居攝即變漢制度考校二證非漢權明矣復云芳之所造又短先朝之尺臣既比之權然相合更云芳尺與千金堰不同臣復量比因見其異二三浮濫難可據準又云共構虛端妄爲疑似託以先朝云非己製臣按此欺詐乃在於匡不在於芳何以言之芳先被敕專造鍾律管籥優劣是其所裁權斛尺度本非其事比前門下索芳尺度而芳牒報云依先朝所班新尺復應下黍更不增損爲造鍾律調正分寸而已檢匡造時在牒後一歲芳於爾日匡未共爭已有此牒豈爲詐也計崇造寸積黍十二羣情共知而芳造寸唯止十黍亦俱先朝詔書以黍成寸首尾歷然寧有輒欲自取之理肇任居端右百寮是望言行動靜必副具瞻若恃權阿黨詐託先詔將指鹿化馬徙日移天即是魏之趙高何以宰物肇若無此匡既誣毀宰相訕謗明時豈應談議之間便有指鹿之事可否之際輕生刖足之言趙高矯惑事屬衰秦卞和抱璞時遇暴楚何宜以濟濟之朝而有斯謗者哉阻惑朝聽不敬至甚請以肇匡並禁尚書推窮其原付廷尉定罪詔曰可有司奏匡誣肇處匡死刑世宗恕死降爲光祿大夫又兼宗正卿出爲兗州刺史匡臨發帝引見於東堂勞勉之匡猶以尺度金石之事國之大經前雖爲南臺所彈然猶許更議若議之日願聽臣暫赴世宗曰劉芳學高一時深明典故其所據者與先朝尺乃寸過一黍何得復云先朝之意也兗州既所執不經後議之日何待赴都也肅宗初入爲御史中尉匡嚴於彈糾始奏于忠次彈高聰等免官靈太后並不許以違其糾惡之心又慮匡辭解欲奬安之進號安南將軍後加鎮東將軍匡屢請更權衡不已於是詔曰謹權審度自昔令典定章革歷往代良規匡宗室賢亮留心既久可令更集儒貴以時驗決必務權衡得衷令寸籥不舛又詔曰故廣平殤王洛侯體自恭宗茂年薨殞國除祀廢不祀忽諸匡親同若子私繼歲久宜樹維城永茲磐石可特襲王爵封東平郡王匡所制尺度訖請集朝士議定是非詔付門下尚書三府九列議定以聞太師高陽王雍等議曰伏惟高祖創改權量已定匡今新造微有參差且匡云所造尺度與漢志王莽權斛不殊又晉中書監荀勖云後漢至魏尺長於古四分有餘於是依周禮積黍以起度量惟古玉律及鍾遂改正之尋勗所造之尺與高祖所定毫釐略同又侍中崔光得古象尺于時亦準議令施用仰惟孝文皇帝德邁前王睿明下燭不刊之式事難變改臣等參論請停匡議永遵先皇之制詔從之匡每有奏請尚書令任城王澄時致執奪匡剛隘內遂不平

先所造棺猶在僧寺乃復修事將與澄相攻澄頗知之後將赴省與臣逢遇騶卒相撾朝野駭愕澄因是奏臣罪狀三十餘條廷尉處以死刑詔付八座議特加原宥削爵除官三公郎中辛雄奏理之後特除平州刺史徙青州刺史尋爲關右都督兼尚書行臺遇疾還京孝昌初卒謚曰文貞後追復本爵改封濟南王

第四子獻襲齊受禪爵例降

魏書卷十九上考證

景穆十二王列傳上○魏收書闕後人所補

樂浪王萬壽傳○浪目錄作良

魏書卷十九中

齊　魏　收　撰

列傳第七中

景穆十二王

任城王

任城王雲年五歲恭宗崩號哭不絕聲世祖聞之而呼抱之泣曰汝何知而有成人之意也和平五年封拜使持節侍中征東大將軍和龍鎮都大將顯祖時拜都督中外諸軍事中都坐大官聽理民訟甚收時譽延興中顯祖集羣寮欲禪位於京兆王子推王公卿士莫敢先言雲進曰陛下方隆太平臨覆四海豈得上違宗廟下棄兆民父子相傳其來久矣皇魏之興未之有革皇儲正統聖德夙章陛下必欲割捐塵務頤神清曠者冢副之寄宜紹寶曆若欲捨儲輕移宸極恐非先聖之意駭動人情又天下是祖宗之天下而陛下輒改神器上乖七廟之靈下長姦亂之道此是禍福所由願深思慎之太尉源賀又進曰陛下今欲外選諸王而禪位于皇叔者臣恐春秋蒸嘗昭穆有亂脫萬世之後必有逆饗之譏深願思任城之言東陽公元丕等進曰皇太子雖聖德夙彰然實沖幼陛下富於春秋始覽機政普天景仰率土係心欲隆獨善不以萬物爲意其若宗廟何其若億兆何顯祖曰儲宮正統受終文祖羣公相之有何不可於是傳位於高祖後蠕蠕犯塞雲爲中軍大都督從顯祖討之遇於大磧事具蠕蠕傳後仇池氐反以雲爲征西大將軍討平之除都督徐兗二州緣淮諸軍事征東大將軍開府徐州刺史雲以太妃蓋氏薨表求解任顯祖不許雲悲號動疾乃許之性善撫綏得徐方之心爲百姓所追戀送遺錢貨一無所受顯祖聞而嘉之復拜侍中中都大官賜帛千匹羊千口出爲冀州刺史仍本將軍雲留心政事甚得下情於是合州請戶輸絹五尺粟五升以報雲恩高祖嘉之遷使持節都督陝西諸軍事征南大將軍長安鎮都大將雍州刺史雲廉謹自修留心庶獄挫抑豪強羣盜息止州民頌之者千有餘人文明太后嘉之賜帛千匹太和五年薨於州遺令薄葬勿受賵襚諸子奉遵其旨喪至京師車駕親臨哭之哀慟贈以本官謚曰康陪葬雲中之金陵

雲長子澄字道鎮少而好學及康王薨澄居喪以孝聞襲封加征北大將軍高祖時蠕蠕犯塞加澄使持節都督北討諸軍事以討之蠕蠕遁走又以氐羌反叛除都督梁益荆三州諸軍事征南大將軍梁州刺史文明太后引見澄誡厲之顧謂中書令李沖曰此兒風神吐發德音閑婉當爲宗室領袖是行使之必稱我意卿但記之我不妄談人物也梁州氐帥楊仲顯婆羅楊卜兄弟及符叱盤等自以居邊地險世爲凶狡澄至州量彼風俗誘導懷附表送婆羅授仲顯循城鎮副將楊卜廣業太守叱盤固道鎮副將自餘首帥各隨才而用之款附者賞違命加誅於是仇池帖然西南款順加侍中賜衣一襲乘馬一匹以旌其能後轉征東大將軍開府徐州刺史甚有聲績朝於京師引見於皇信堂高祖詔澄曰昔鄭子產鑄刑書而晉叔向非之此二人皆是賢士得失竟誰對曰鄭國寡弱攝於強鄰民情去就非刑莫制故鑄刑書以示威雖乖古式合今權道隨時濟世子產爲得而叔向譏議示不忘古可與論道未可語權高祖曰任城當欲爲魏之子產也澄曰子產道合當時聲流竹素臣既庸近何敢庶幾今陛下以四海爲家宣文德以懷天下但江外尚阻車書未一季世之民易以威伏難以禮治愚謂子產之法猶應暫用大同之後便以道化之高祖心方革變深善其對笑曰非任城無以識變化之體朕方勑改朝制當與任城共萬世之功耳後徵爲中書令改授尚書令蕭賾使庾蓽來朝蓽見澄音韻遒雅風儀秀逸謂主客郎張彝曰往魏任城以武著稱今魏任城乃以文見美也時詔延四廟之子下逮玄孫之胄申宗宴於皇信堂不以爵秩爲列悉序昭穆爲次用家人之禮高祖曰行禮已畢欲令宗室各言其志可率賦詩特令澄爲七言連韻與高祖往復賭賽遂至極懽際夜乃罷後高祖外示南討意在謀遷齋於明堂左个詔太常卿王諶親令龜卜易筮南伐之事其兆遇革高祖曰此是湯武革命順天應人之卦也羣臣莫敢言澄進曰易言革者更也將欲應天順人革君臣之命湯武得之爲吉陛下帝有天下重光累葉今曰卜征乃可伐叛不得云革命此非君人之卦未可全爲吉也高祖厲聲曰象云大人虎變何言不吉也澄曰陛下龍興既久豈可方同虎變高祖勃然作色曰社稷我社稷任城而欲沮衆也澄曰社稷誠知陛下之社稷然臣是社稷之臣子豫參顧問敢盡愚衷高祖既銳意必行惡澄此對久之乃解曰各言其志亦復何傷車駕還宮便召澄未及昇階遙謂曰向者之革卦今更欲論之明堂之忿懼衆人競言沮我大計故厲色怖文武耳想解朕意也乃獨謂澄曰今日之行誠知不易但國家興自北土徙居平城雖富有四海文軌未一此間用武之地非可文治移風易俗信爲甚難崤函帝宅河洛王里因茲大舉光宅中原任城意以爲何如澄曰伊洛中區均天下所據陛下制御華夏輯平九服蒼生聞此應當大慶高祖曰北人戀本忽聞將移不能不驚擾也澄曰此既非常之事當非常人所知唯須決之聖懷此輩亦何能爲也高祖曰任城便是我之子房加撫軍大將軍太子少保又兼尚書左僕射及駕幸洛陽定遷都之策高祖詔曰遷移之旨必須訪衆當遣任城馳驛向代問彼百司論擇可否近日論革今眞所謂革也王其勉之既至代都衆聞遷詔莫不驚駭澄援引今古徐以曉之衆乃開伏澄遂南馳還報會車駕於滑臺高祖大悅曰若非任城朕事業不得就也從幸鄴宮除吏部尚書及幸代車駕北巡留澄銓簡舊臣初魏自公侯以下迄于選臣動有萬數冗散無事澄品爲三等量其優劣盡其能否之用咸無怨者駕還洛京復兼右僕射高祖至北邙遂幸洪池命澄侍昇龍舟因賦詩以序懷高祖曰朕昨夜夢一老公頭鬢皓白正理冠服拜立路左朕怪而問之自云晉侍中嵇紹故此奉迎神爽卑懼似有求焉澄對曰晉世之亂嵇紹以身衞主殞命御側亦是晉之忠臣比干遭紂凶虐忠諫剖心可謂殷之良士二人俱死於王事墳塋並在於道周然陛下徙御殷洛經瀍墟而弔比干至洛陽而遺嵇紹當是希恩而感夢高祖曰朕何德能幽感達士也然實思追禮先賢標揚忠懿比干嵇紹皆是古之誠烈而朕務濃於比干禮略於嵇紹情有愧然既有此夢或如任城所言於是求其兆域遣使弔祭焉蕭鸞既殺蕭昭業而自立昭業雍州刺史曹虎請以襄陽內附分遣諸將車駕將自赴之豫州又表虎奉誠之使不復重來高祖引澄及咸陽王禧彭城王勰司徒馮誕司空穆亮鎮南李沖等議之高祖曰比得邊州表云襄陽慕化朕將鳴鑾江沔爲彼聲勢今復表稱更無後信於行留之計竟欲如何禧等或云宜行或言宜止高祖曰衆人紛紜意見不等朕莫知所從必欲盡行留之勢使言理俱暢者宜有客主共相起發任城與鎮南爲應留之議朕當爲宜行之論諸公俱坐聽得失長者從之於是高祖曰二賢試言留計也沖對曰臣等正以徙御草剏人斯樂安內而應者未審不宜輕爾動發高祖曰襄陽款問似當是虛亦知初遷之民無宜勞役脫歸誠有實卽當乘其悅附遠則有會稽之會近則略平江北如其送款是虛且可遊巡淮楚問民之瘼使彼土蒼生知君德之所在復何所損而惜此一舉脫降問是實而停不撫接不亦稽阻款誠毀朕大略也澄曰降問若審應有表質而使人一返靜無音問其詐也可見今代遷之衆人懷戀本細累相攜始就洛邑居無一椽之室家闕儋石之糧而使怨苦卽戎泣當白刃恐非歌舞之師也今茲區宇初構又東作方興正是子來百堵之日農夫肆力之秋宜寬彼逋誅惠此民庶且三軍已援無稽赴接苟其款實力足納撫待剋平襄沔然後動駕今無故勞涉空爲往返恐挫損天威更成賊膽願上覽盤庚始遷之艱難下矜詩人由庚之至詠輯寧新邑惠康億兆而司空亮以爲宜行公卿皆同之澄謂亮曰公在外見旌鉞既張而有憂色每聞談論不願此行何得對聖顏更如斯之語也面背不同事涉欺佞非所謂論道之德更失國士之體或有傾側當由公輩佞臣李沖曰任城王可謂忠於社稷願陛下深察其言臣等在外皆憚征行唯貴與賤不謀同辭仰願聖心裁其可否高祖曰任城適以公等從朕有如此論不從朕者何必皆忠而通識安危也小忠是大忠之賊無乃似諸澄曰臣既愚闇不識大理所可言者雖涉小忠要是竭盡微款不知大忠者竟何據高祖曰任城脫居台鼎之任欲令大忠在己也澄曰臣誠才非台弼智闕和鼎脫得濫居公

銓庶當官而行不負愚志高祖大笑澄又謂亮曰昔汲黯於漢武前面折公孫食脫粟飯臥布被云其詐也于時公孫謙讓下之武帝歎汲黯至忠公孫長者二人稱賢公旣道均昔士願思長者之言高祖笑曰任城欲自比汲黯也且所言是公未知得失所在何便謝司空也駕遂南伐五等開建食邑一千戶後從征至懸瓠以篤疾還京駕餞之汝濆賦詩而別車駕還洛引見王公侍臣於淸徽堂高祖曰此堂成來未與王公行宴樂之禮後東閤廡堂粗復始就故今與諸賢欲無高而不升無小而不入因之流化渠高祖曰此曲水者亦有其義取乾道曲成萬物無滯次之洗煩池高祖曰此池中亦有嘉魚澄曰此所謂魚在在藻有頒其首高祖曰且取王在靈沼於牣魚躍次之觀德殿高祖曰射以觀德故遂命之次之凝閑堂高祖曰名目要有其義此蓋取夫子閑居之義不可縱奢以忘儉自安以忘危故此堂後作茅茨堂謂李沖曰此東曰步元廡西曰遊凱廡此堂雖無唐堯之君卿等當無愧於元凱沖對曰臣旣遭唐堯之君不敢辭元凱之譽高祖曰光景垂落朕同宗則有載考之義卿等將出無遠何得默爾不示德音卽命黃門侍郎崔光郭祚通直郎邢巒崔休等賦詩言志燭至公卿辭退李沖再拜上千萬歲壽高祖曰卿向以燭至致辭復獻千萬之壽朕報卿以南山之詩高祖曰燭至辭退庶姓之禮在夜載考宗族之義卿等且還朕與諸王宗室欲成此夜飲又從幸鄴還洛以出納之勞增邑五百戶坐公事免官尋兼吏部尚書恒州刺史穆泰在州謀反推朔州刺史陽平王頤爲主頤表其狀高祖召澄入見凝閑堂曰適得陽平表曰穆泰謀爲不軌招誘宗室脫或必然遷京甫爾北人戀舊南北紛擾朕洛陽不立也此事非任城不辦可謂我力疾向北如其弱也直往擒翦若其勢彊可承制發并肆兵以殄之雖知王患旣是國家大事不容辭也澄曰泰等愚惑正戀本爲此非有遠圖臣誠怯弱不憚是輩雖復患慢豈敢有辭謹當罄盡心力繼之以死願陛下勿憂高祖笑曰得任城此行朕復何憂也遂授節銅虎竹使符御仗左右仍行恒州事行達鴈門太守夜告泰已握衆西就陽平城下聚結唯見弓仗澄聞便速進時右丞孟斌曰事不可量須依勅召并肆兵然後徐動澄曰泰旣構逆應據堅城而更迎陽平度其所爲似當勢弱泰旣不相拒無故發兵非宜也但速往鎭之民心自定遂倍道兼行出其不意又遣治書侍御史李煥先赴至卽擒泰民情怡然窮其黨與罪人皆得鉅鹿公陸叡安樂侯元隆等百餘人皆獄禁具狀表聞高祖覽表大悅召集公卿以下以表示之曰我任城可謂社稷臣也尋其罪案正復皐陶斷獄豈能過之顧謂咸陽王等曰汝等脫當其處不能辦此車駕尋幸平城勞澄曰任城此行深副遠寄對曰陛下威靈遠被罪人無所逃刑臣何勞之有引見逆徒無一人稱枉時人莫不歎之高祖顧謂左右曰昔仲尼云聽訟吾猶人也必也使無訟乎然聖人之聽訟殆非常人所匹必也無訟今日見之矣以澄正尚書車駕南伐留澄居守復兼右僕射澄表請以國秩一歲租布帛助供軍資詔受其半高祖幸鄴値高車樹者反叛車駕將親討之澄表諫不宜親行會江陽王繼平之乃止高祖還洛引見公卿高祖曰營國之本禮教爲先朕離京邑以來禮教爲日新以不澄對曰臣謂日新高祖曰朕昨入城見車上婦人冠帽而著小襦襖者若爲如此尚書何爲不察澄曰著猶少於不著者高祖曰深可怪也任城意欲令全著乎一言可以喪邦者斯之謂歟可命史官書之又曰王者不降佐於蒼旻皆拔才而用之朕失於舉人任許一羣婦人輩奇事當更銓簡耳任城在省爲舉天下綱維爲當署事而已澄曰臣實署事而已高祖曰如此便一令史足矣何待任城又曰我遣舍人宣詔何爲使小人聞之澄曰時雖有幹吏去榜亦遠高祖曰遠則不聞聞則不遠旣得聞詔理故可知於是留守羣臣遂免冠謝罪尋除尚書右僕射蕭寶卷遣其太尉陳顯達入寇漢陽是時高祖不豫引澄入見淸徽堂詔曰顯達侵亂沔陽不安朕不親行莫攘此賊朕疾患淹年氣力惙敝如有非常委任城大事是段任城必須從朕澄涕泣對曰臣謹當竭股肱之力以命上報遂從駕南伐高祖崩澄受顧命世宗初有降人嚴叔懋告尚書令王肅遣孔思達潛通寶卷圖爲叛逆寶卷遣俞公喜送勅於肅公喜還南肅與裴叔業馬爲信澄信之乃表肅將叛輒下禁止咸陽北海二王奏澄擅禁宰輔免官歸第尋出爲平西將軍梁州刺史辭以母老除安東將軍相州刺史復固辭改授安西將軍雍州刺史尋徵赴季秋講武除都督淮南諸軍事鎭南大將軍開府揚州刺史下車封孫叔敖之墓毀蔣子文之廟頻表南伐世宗不許又辭母老乞解州任寢而不報加散騎常侍澄表曰臣參訓先朝藉規有日前言舊軌頗亦聞之又昔在恒代親習皇宗熟祕序〔疑〕庭無闕日臣每於侍坐先帝未嘗不以書典在懷禮經爲事周旋之則不輟於時自鳳舉中京方隆禮教宗室之範每蒙委及四門之選負荷銓量自先皇升遐未遑修述學宮虛荷四門之名宗人有闕四時之業靑衿之緒於茲將廢臣每惟其事竊所傷懷伏惟聖略宏遠四方罕務宴安之辰於是乎在何爲太平之世而令子衿之歎興焉聖明之日而使宗人之訓闕焉愚謂可勅有司修復皇宗之學開闢四門之教使將落之族日就月將詔曰胄子崇業自古盛典國均之訓無應久廢尚書更可量宜修立澄又表母疾解州任不聽蕭衍將張囂之寇陷夷陵戍澄遣輔國將軍成興步騎赴討大破之復夷陵囂之遁走又遣長風戍主奇道顯攻蕭衍陰山戍破之斬其戍主龍驤將軍都亭侯梅興祖仍引攻白槀戍又破之斬其寧朔將軍關內侯吳道爽澄表曰蕭衍頻斷東關欲令巢湖汎溢湖周回四百餘里東關合江之際廣不過數十步若賊計得成大湖傾注者則淮南諸戍必同晉陽之事矣又吳楚便水且灌且掠淮南之地將非國有壽陽去江五百餘里衆庶惶惶並懼水害脫乘民之願攻敵之虛豫勒諸州纂集士馬首秋大集則南瀆可爲飮馬之津霍嶺必成徙倚之觀事貴應機經略須早縱混一不可必果江西自是無虞若猶豫緩圖不加除討關塞旣成襄陵方及平原民戍定爲魚矣詔發冀定瀛相幷濟六州二萬人馬一千五百匹令仲秋之中畢會淮南幷壽陽先兵三萬委澄經略先是朝議有南伐之意以蕭寶夤爲東揚州刺史據東城陳伯之爲江州刺史戍陽石以澄總督二鎭授之節度至是勒兵進討以東關水衝大峴險要東關綴水陽右合肥有急懸之切不圖大峴則歷陽有乘險之援淮陵陸道九山水路並宜經略於是遣統軍傅豎眼王神念等進次大峴東關九山淮陵皆分部諸將倍道據之總勒大衆絡繹相接而神念剋其關要潁川二城斬衍軍主費尼而寧朔將軍韋惠龍驤將軍李伯由仍固大峴澄遣統軍党法宗傅豎眼等進軍剋之遂圖白塔牽城數日之間便卽逃潰衍靑溪戍望風散走衍徐州刺史司馬明素率衆三千欲援九山徐州長史潘伯隣規固淮陵寧朔將軍王燮負險焦城法宗進克焦城破淮陵擒明素斬伯隣其濟陰太守王厚彊廬江太守裴邃卽亦奔退詔澄曰將軍文德內昭武功外暢奮揚大略將蕩江吳長旌始舒賊徒懾氣銳旅方馳東關席卷想江湖弭波在旦夕耳所送首虜並已聞之初澄出討之後衍將姜慶眞襲據壽春外郭齊王蕭寶夤擊走之長史韋纘坐免官澄以在外無坐遂攻鍾離又詔鍾離若食盡三月已前固有可尅如至四月淮水泛長舟行無礙宜善量之前事捷也此實將軍經略勳有常焉如或以水盛難圖亦可爲萬全之計不宜昧利無成以貽後悔也蕭衍冠軍將軍張惠紹遊擊將軍殷暹驍騎將軍趙景悅龍驤將軍張景仁等率衆五千送糧鍾離澄遣統軍王足劉思祖等邀擊惠紹等大破之獲惠紹殷暹景仁及其屯騎校尉史文淵等軍主以上二十七人旣而遇雨淮水暴長引歸壽春還旣狼狽失兵四千餘人頻表解州世宗不許有司奏軍還失路奪其開府又降三階時蕭衍有移求換張惠紹澄表請不許詔付八座會議尚書令廣陽王嘉等奏宜還之詔乃聽還後果復寇邊轉澄鎭北大將軍定州刺史初民中每有橫調百姓煩苦前後牧守未能蠲除澄多所省減民以忻賴又明黜陟賞罰之法表減公園之地以給無業貧口禁造布絹不任衣者母孟太妃薨居喪毀瘠當世稱之服闋除太子太保於是高肇當朝猜忌賢戚澄爲肇間構常恐不全乃終日昏飮以示荒敗所作詭越時謂爲狂世宗夜崩時事倉卒高肇擁兵於外肅宗冲幼朝野不安澄疎斥不預機要而朝望所屬領軍于忠侍中崔光等奏澄爲尚書令於是衆心忻服又加散騎常侍驃騎大將軍尋遷司空加侍中俄詔領尚書令初正始之末詔百司普昇一級而執事者不達旨意刺史守令限而不及澄奏曰竊惟雲構鬱起澤及百司企春望榮內外同慶至於賞陟不及守宰爾來十年寃訟不絕封回自鎭遠安州入爲太尉長史元匡自征虜恒州入作宗卿二人遷授並在先詔應蒙之理備在於斯兼州佐停私之徒陪臣郡丞之例尚蒙天澤下降榮及當時然參佐之來皆因府主今府主不霑佐官獨預棄本賞末愚謂未允今計刺史守宰之官請準封回悉同汎限上允初旨百司之章下覆訟者元元之心詔曰自今已後內外之事嘗經先朝者不得重聞澄奏曰臣聞堯懸諫諍之鼓舜置誹謗之木皆所以廣耳目於芻蕘達四聰於天下伏惟太祖開基化隆自遠累聖相承於今九帝重光疊照汚隆必同與奪隨時道無恒體思過如渴言重千金故稱無諱之朝邁蹤三五高祖沖年纂曆文明協統變官易律未爲違典及慈聖臨朝母儀寓縣爰發慈令垂心滯獄深枉者仰日月於九泉微屈者希曲照於盆下今乃格以先朝限以一例斯誠奉遵之本心實乖元元之至望在于謙挹有乖舊典謹尋抱枉求直或經累朝毫釐之差正之宜速謬若千

里駟馬弗追故禮有損益事有可否父有諍子君有諫臣琴瑟不調理宜改作是以防川之論小決則通鄉校之言擁則敗國矧伊陳屈而可抑以先朝且先朝屈者非故屈之或有司愛憎或執事濁僻空文致法以誤視聽如此冤塞彌在可哀偕之與濫寧失不經乞收今旨還依前詔詔曰省奏深體毗贊之情三皇異軌五代殊風一時之制何必詮改必謂虛文設旨理在可申者何容不同來執可依往制澄表上皇誥宗制并訓詁各一卷意欲皇太后覽之思勸戒之益又奏利國濟民所宜振舉者十條一曰律度量衡公私不同所宜一之二曰宜興學校以明黜陟之法三曰宜興滅繼絕各舉所知四曰五調之外一不煩民任民之力不過三日五曰臨民之官皆須黜陟以旌賞罰六曰逃亡代輸去來年久者若非伎作任聽即住七曰邊兵逃走或實陷沒皆須精檢三長及近親若實隱之徵其代輸不隱勿論八曰工商世業之戶復徵租調無以堪濟今請免之使專其業九曰三長禁姦不得隔越相領戶不滿者隨近并合十曰羽林虎賁邊方有事暫可赴戰常戍宜遣蕃兵代之靈太后下其奏百寮議之事有同否時四中郎將兵數寡弱不足以襟帶京師澄奏宜以東中帶滎陽郡南中帶魯陽郡西中帶恒農郡北中帶河內郡選二品三品親賢兼稱者居之省非急之作配以彊兵如此則深根固本彊幹弱枝之義也靈太后初將從之後議者不同乃止澄又重奏曰固本宜彊防微在豫故雖有文事不忘武功況今南蠻仍獷北妖頻結來事難圖勢同往變脫暴勃忽起振動關畿四府羸卒何以防擬平康之世可以寄安遺之久長恐非善策如臣愚見郎將領兵兼總民職省官實祿於是乎在求還依前增兵益號將位既重則念報亦深軍郡相依則表裏俱濟朝廷無四顧之憂姦宄絕窺覦之望矣卒不納又以流人初至遠鎮衣食無資多有死者奏并其妻子給糧一歲從之尋以疾患求解任不許蕭衍於浮山斷淮為堰以灌壽春乃除使持節大將軍大都督南討諸軍事勒衆十萬將出彭宋尋淮堰自壞不行澄以北邊鎮將選舉彌輕恐賊虜闚邊山陵危迫奏求重鎮將之選修警備之嚴詔不從賊虜入寇至於舊都鎮將多非其人所在叛亂犯逼山陵如澄所慮澄奏都城府寺猶未周悉今軍旅初寧無宜發衆請取諸職人及司州郡縣犯十杖已上百鞭已下收贖之物絹一匹輸塼二百以漸修造詔從之太傅清河王懌表奏其事遂寢不行澄又奏曰臣聞賞必以道用防淫人之姦罰不濫及以戒良士之困刑者侀也每垂三宥秉律執請不得已而用之是故小大之獄察之以情一人呼嗟或虧王道刑罰得失乃興廢之所由也竊聞司州牧高陽王臣雍拷殺奉朝請韓元昭前門下錄事姚敬賢雖因公事理實未盡何者太平之世草不橫伐行葦之感事驗隆周若昭等狀彰死罪以定應刑於都市與衆棄之如其疑似不分情理未究不宜以三清九流之官杖下便死輕絕民命傷理敗法往年州於大市鞭殺五人及檢贓狀全無寸尺今復酷害一至於此朝野云云咸懷驚愕若殺生在下虐專於臣人君之權安所復用自聞古以來明明之世未聞斯比也武王曰吾不以一人之命而易天下蓋重民命也請以見事付廷尉推究驗其為劫之狀察其拷殺之理使是非分明幽魂獲雪詔從之澄當官而行無所回避又奏墾田授受之制八條甚有綱貫大便於時前來尚書文簿諸曹須則出借時公車署以理冤事重奏請真案澄執奏以尚書政本特宜遠慎故凡所奏事閤道通之蓋以祕要之切防其宣露寧有古制所重今反輕之內猶設禁外更寬也宜繕寫事意以付公車詔從之西域嚈噠波斯諸國各因公使並遺澄駿馬一匹澄請付太僕以充國閑詔曰王廉貞之德有過楚相可勅付廄以成君子大哉之美御史中尉東平王匡奏請取景明元年以來內外考簿吏部除書中兵勳案并諸殿最欲以案校竊階盜官之人靈太后許之澄表曰臣聞三季之弊由於煩刑火德之興在於三約是以老聃云法令滋彰盜賊多有又曰天網恢恢疏而不漏是故欲求治本莫若省事清心昔漢文斷獄四百幾致刑措省事所致也蕭曹為相載其清靜畫一之歌清心之本也今欲求之於本宜以省事為先使在位羣官纂蕭曹之心以毗聖化如此則上下相安遠近相信百司不怠事無愆失豈宜擾世教以深文烹小鮮以煩手哉臣竊惟景明之初暨永平之末內外羣官三經考課逮延昌之始方加黜陟五品以上引之朝堂親決聖目六品以下例由勅判自世宗晏駕大宥三行所以蕩除故意與物更始革世之事方相窮覈以臣愚見謂為不可又尚書職分樞機出納昔魏明帝卒至尚書門陳矯亢辭帝慙而返夫以萬乘之重非所宜行猶屈一言慙而回駕羣官百司而可相亂乎故陳平不知錢穀之數丙吉不問僵道之死當時以為達治歷代用為美談但宜各守其職思不出位潔已以勵時靖恭以致節又尋御史之體風聞是司至於冐勳妄考皆有處別若一處有風謠即應攝其一簿研檢虛實若差舛不同僞情自露然後繩以典刑人孰不服豈有移一省之案取天下之簿尋兩紀之事窮革世之尤如此求過誰堪其罪斯實聖朝所宜重慎也靈太后納之乃止後遷司徒公侍中尚書令如故澄又表曰伏惟世宗宣武皇帝命將授旗隨陸啓顙運籌制勝淮漢自賓節用勞心志清六合是故纘武修文仍世彌盛陛下當周康靖治之時豈得宴安於玄默然取外之理要由內彊圖人之本先在自備蕭衍雖虐使其民而窺覦不已若遇我虛疲士民凋窘賊衍年老志張思播虺毒此之弗圖恐受其病伏惟陛下妙齡在位聖德方昇皇太后總御天機乾乾夕惕若留意於負荷忿車書之未一進賢拔能重官人之舉標賞忠清旌養人之器修干戈之用畜熊虎之士愛時鄙財輕寶重穀七八年間陛下聖略方剛親王德幹壯茂將相膂力未衰愚臣猶堪戎伍荷戈帶甲之衆蓄銳於今燕弧冀馬之盛充牣在昔又賊衍惡積禍盈勢不能久子弟闇悖釁逆已彰亂亡之兆灼然可見兼弱有徵天與不遠大同之機宜須蓄備昔漢帝力疾討滅英布高皇臥病親除顯達夫以萬乘之主豈忘宴安實以侵名亂正計不得已今宜慕二帝之遠圖以肅寧為大任然頃年以來東西難寇艱虞之興首尾連接雖尋得翦除亦大損財力且饑饉之氓散亡莫保收入之賦不增出用之費彌衆不愛力以悅民無豐資以待敵此臣所以夙夜懷憂悚息不寧者也易曰何以守位曰仁何以聚人曰財故曰財者非天不生非地不長非時不成非人不聚生聚之由如此其難集人守位若此之重興替之道焉可不慮又古者使民歲不過三日食壯者之糧任老者之智此雖太平之法難卒而因然妨民害財不亦宜戒今墉雉素修廄庫崇列雖府寺膠墊少有未周大抵省府粗得庇慰理務諸寺靈塔俱足致虔講道唯明堂辟雍國禮之大來冬司徒兵至請籌量減徹專力經營務令早就其廣濟數施之財酬商互市之弊凡所營造自非供御切須戎仗急要亦宜微減以務阜積庶府無橫損民有全力夫食土簋而媯德昭寢畢室而禹功盛章臺麗而楚力衰阿宮壯而秦財竭存亡之由灼然可觀願思前王一同之功畜力聚財以待時會靈太后銳於繕興在京師則起永寧太上公等佛寺功費不少外州各造五級佛圖又數為一切齋會施物動至萬計百姓疲於土木之功金銀之價為之踊上削奪百官事力費損庫藏兼曲賚左右日有數千澄故有此表雖卒不從常優答禮之政無大小皆引參決澄亦盡心匡輔事有不便於民者必於諫諍雖不見用殷勤不已內外咸敬憚之神龜二年薨年五十三賻布一千二百匹錢六十萬蠟四百斤給東園溫明祕器朝服一具衣一襲大鴻臚監護喪事詔百寮會喪贈假黃鉞使持節都督中外諸軍事太傅領太尉公加以殊禮備九錫依晉大司馬齊王攸故事謚曰文宣王澄之葬也凶飾甚盛靈太后親送郊外停輿悲哭哀動左右百官會赴千餘人莫不歔欷當時以為哀榮之極第四子彝襲

彝字子倫繼室馮氏所生頗有父風拜通直散騎常侍及元叉專權而彝恥於託附故不得顯職莊帝初河陰遇害贈車騎將軍儀同三司青州刺史謚曰文

子度世襲武定中金紫光祿大夫齊受禪爵例降

彝兄順字子和九歲師事樂安陳豐初書王羲之小學篇數千言晝夜誦之旬有五日一皆通徹豐奇之白澄曰豐十五從師迄于白首耳目所經未見此比江夏黃童不得無雙也澄笑曰藍田生玉何容不爾十六通杜氏春秋恒集門生討論同異于時四方無事國富民康豪貴子弟率以朋遊為樂而順下帷讀書篤志愛古性謇諤淡於榮利好飲酒解鼓琴每長吟永歎吒詠虛室世宗時上魏頌文多不載起家為給事中時尚書令高肇帝舅權重天下人士望塵拜伏順曾懷刺詣肇門門者以其年少答云在坐大有貴客不肯為通順叱之曰任城王兒可是賤也及見直往登牀捧手抗禮王公先達莫不怪慴而順辭吐傲然若無所覩肇謂衆賓曰此兒豪氣尚爾況其父乎及出肇加敬送之澄聞之大怒杖之數十後超轉中書侍郎俄遷太常少卿以父憂去職哭泣嘔血身自負土時年二十五便有白髮免喪抽去不復更生世人以為孝思所致尋除給事黃門侍郎時領軍元叉威勢尤盛凡有遷授莫不造門謝謁順拜表而已曾不詣叉叉謂順曰卿何謂聊不見我順正色曰天子富於春秋委政宗輔叔父宜以至公為心舉士報國如何賣恩責人私謝豈所望也至於朝論得失順常鯁言正議曾不阿旨由此見憚出除平北將軍恒州刺史順謂叉曰北鎮紛紜方為國梗桑乾舊都根本所繫請假都督為國捍屏叉心疑難不欲授以兵官謂順曰此朝廷之事非我所裁順曰叔父既握國柄殺生由己自言天之歷數應在我躬何得復有朝廷也叉彌忿

憚之轉爲安東將軍齊州刺史順自負有才不得居內每懷鬱怏形於言色遂縱酒歡娛不親政事又解領軍徵爲給事黃門侍郎親友郊迎賀其得入順曰不患不入正恐入而復出耳俄兼殿中尚書轉侍中初中山王熙起兵討元叉不畢而誅及靈太后反政方得改葬順侍坐西遊園因奏太后曰臣昨往看中山家葬非唯宗親哀其冤酷行路士女見其一家七喪皆爲潛然莫不酸泣叉妻時在太后側順指之曰陛下柰何以一妹之故不伏元叉之罪使天下懷冤太后嘿然不語就德興反於營州使尚書盧同往討之大敗而返屬侍中穆紹與順侍坐因論同之罪同先有近宅借紹紹頗欲爲言順勃然曰盧同終將無罪太后曰何得如侍中之言順曰同有好宅與要勢侍中豈慮罪也紹懃不敢復言靈太后頗事粧飾數出遊幸順面諍曰禮婦人夫喪自稱未亡人首去珠玉衣不被綵陛下母臨天下年垂不惑過甚修飾何以示後世靈太后慙而不出還入宮責順曰千里相徵豈欲衆中見辱也順曰陛下盛服炫容不畏天下所笑何恥臣之一言乎初城陽王徽慕順才名偏相結納而廣陽王淵姦徽妻于氏大爲嫌隙及淵自定州被徵入爲吏部尚書兼中領軍順爲詔書辭頗優美徽疑順爲淵左右由是與徐紇間順於靈太后出順爲護軍將軍太常卿順奉辭於西遊園徽紇侍側順指之謂靈太后曰此人魏之宰嚭魏國不滅終不死亡紇脅肩而出順遂抗聲叱之曰爾刀筆小人正堪爲机案之吏寧應忝茲執戟虧我彝倫遂振衣而起靈太后嘿而不言時追論順父顧託之功增任城王彝邑二千戶又析彝邑五百戶以封順爲東阿縣開國公順疾徽等間之遂爲蠅賦曰余以仲秋休沐端坐衡門寄想琴書託情紙翰而蒼蠅小蟲往來牀几疾其變白聊爲賦云遐哉大道廓矣洪氛肇立秋夏爰啓冬春既含育於萬性又芻狗而不仁隨因緣以授體齊美惡而無分生玆穢類靡益於人名備羣品聲損衆倫欻歷纖翼紫首蒼身飛不能迥聲若遠聞點緇成素變白爲黑寡愛蘭芳偏貪穢食集桓公之屍居平叔之側亂鷄鳴之響毀皇宮之飾習習戶庭營營榛棘反覆往還譬彼讒賊膚受既通譖潤罔極緝緝幡幡交亂四國於是妖姬進邪士來聖賢擯忠孝摧周昌拘於牖里天乙囚於夏臺伯奇爲之痛結申生爲之蒙災鴟鴞悲其室採葛懼其懷小弁隕其涕靈均表其哀自古明哲猶如此何況中庸與凡才若夫天生地養各有所親獸必依地鳥亦憑雲或來儀以呈祉或自擾而見文或負圖而歸德或銜書以告眞或夭胎而奉味或殘軀以獻珍或主皮而興禮或牢豢以供神雖死生之異質俱有益於國人非如蒼蠅之無用唯構亂於蒸民遂屬疾在家杜絕慶弔後除吏部尚書兼右僕射及上省登階向榻見榻甚故問都令史徐仵起仵起曰此榻曾經先王坐順即哽塞涕泗交流久而不能言遂令撰之時三公曹令史朱暉素事錄尚書高陽王雍雍欲以爲廷尉評頻請託順順不爲用雍遂下命用之順投之於地雍聞之大怒昧爽坐都廳召尚書及丞郎畢集欲待順至於衆挫之順日高方至雍攘袂撫几而言曰身天子之子天子之弟天子之叔天子之相四海之內親尊莫二元順何人以身成命投棄於地順鬚鬢俱張仰面看屋憤氣奔涌長歔而不言久之搖一白羽扇徐而謂雍曰高祖遷宅中土刱定九流官方淸濁軌儀萬古而朱暉小人身爲省吏何合爲廷尉淸官殿下既先皇同氣宜遵成旨自有恆規而復踰之也雍曰身爲丞相錄尚書如何不得用一人爲官順曰庖人雖不治庖尸祝不得越樽俎而代之未聞有別旨令殿下參選事順又厲聲曰殿下必如是順當依事奏聞雍遂笑而言曰豈可以朱暉小人便相忿恨遂起呼順入室與之極飲順之亢毅不撓皆此類也後除征南將軍右光祿大夫轉兼左僕射爾朱榮之奉莊帝召百官悉至河陰素聞順數諫諍惜其亮直謂朱瑞曰可語元僕射但在省不須來順不達其旨聞害衣冠遂便出走爲陵戶鮮于康奴所害家徒四壁無物斂屍止有書數千卷而已門下通事令史王才達裂裳覆之莊帝還宮遣黃門侍郎山偉巡喻京邑偉臨順喪悲慟無已既還莊帝怪而問曰黃門何爲聲散偉以狀對莊帝敕侍中元祉曰宗室喪亡非一不可周贍元僕射淸苦之節死乃益彰特贈絹百匹餘不得例贈驃騎大將軍尚書令司徒公定州刺史諡曰文烈順撰帝錄二十卷詩賦表頌數十篇今多亡失

長子朗時年十七枕戈潛伏積年乃手刃康奴以首祭於順墓然後詣闕請罪朝廷嘉而不問朗涉歷書記爲司徒屬天平中爲奴所害贈都督瀛冀二州諸軍事闕二字將軍尚書右僕射冀州刺史

順弟淑淑弟悲並早卒

悲弟紀字子綱永熙中給事黃門侍郎隨出帝沒於關中

澄弟嵩字道岳高祖時自中大夫遷員外常侍轉步兵校尉大司馬安定王休薨未及卒哭嵩便遊田高祖聞而大怒詔曰嵩不能克已復禮企心典憲大司馬薨殂甫爾便以鷹鷂自娛有如父之痛無猶子之情捐心棄禮何其太速便可免官後從平沔北累有戰功除左中郎將兼武衛將軍高祖南伐蕭寶卷將陳顯達率衆拒戰嵩身備三仗免冑直前將士從之顯達奔潰斬獲萬計嵩於爾日勇冠三軍高祖大悅而言曰任城康王大有福德文武頓出其門以功賜爵高平縣侯賚帛二千五百疋初高祖之發洛也馮皇后以罪幽於宮內既平顯達回次穀唐原高祖疾甚將賜后死曰使人不易可得顧謂任城王澄曰任城必不負我嵩亦當不負任城可使嵩也於是引嵩入內親詔遣之世宗即位以武衛將軍兼侍中出爲平南將軍荊州刺史嵩表曰蕭寶卷骨肉相殘忠良先戮臣下囂然莫不離背君臣攜貳干戈日尋流聞寶卷雍州刺史蕭衍兄懿於建業阻兵與寶卷相持荊郢二州刺史並是寶卷之弟必有圖衍之志臣若遣書相聞迎其本謀冀獲同心并力除衍一衍之後彼必旋師赴救丹陽當不能復經營疆陲全固襄沔臣之軍威已得臨據則沔南之地可一舉而收緣漢曜兵示以威德思歸有道者則引而納之受疑告危者則援而接之總兵竚銳觀釁伺隙若其零落之形已彰怠懈之勢已著便可順流摧鋒長驅席卷詔曰所陳嘉謀深是良計如當機形可進任將軍裁之既而蕭衍尋克建業乃止除平北將軍恒州刺史轉平東將軍徐州刺史又轉安南將軍揚州刺史蕭衍湘州刺史楊公則率衆二萬屯軍洛口姜慶眞領卒五千據於首陂又遣其左軍將軍騫小眼軍主何天祚張俊興等率衆七千攻圍陸城嵩乃遣統軍封邁王會等步騎八千討之邁達陸城賊皆夜遁追擊破之斬獲數千公則慶眞退還馬頭衍徐州刺史昌義之屯據高皇遣三軍潛寇陰陵以淮水淺竭不通船艦屯於馬頭衍將田道龍何景先等領卒三千已至衡山規寇陸城寇並充逼嵩遣兼統軍李叔仁等援合肥小峴楊石頻戰破之衍征虜將軍趙革屯於黃口嵩遣軍司趙熾等往討之先遣統軍安伯醜潛師夜渡伏兵下蔡革率卒四千逆來拒戰伯醜與下蔡戍主王虎等前後夾擊大敗之俘斬溺死四千徐人統軍李叔仁等夜襲硤石之賊又破之衍將姜慶眞專據肥汭冠軍將軍曹天寶屯於雞口軍主尹明世屯東硤石嵩遣別將羊引次于淮西去賊營十里司馬趙熾率兵一萬爲表裏聲勢衆軍既會分擊賊之四壘四壘之賊戰敗奔走斬獲數千溺死萬數統軍牛敬賓攻硤石明世宵遁慶眞合餘燼浮淮下下蔡戍主王略截流擊之俘斬大半於是威名大振後爲蒼頭李太伯等同謀害嵩并妻穆氏及子世賢世宗爲嵩舉哀於東堂賻絹一千疋贈車騎將軍領軍謚曰剛侯

第二子世儁頗有幹用而無行業襲爵除給事中東宮舍人伯父澄表求轉階授之於是除員外散騎常侍肅宗時追論嵩勳封世儁衞縣開國男食邑二百戶遷冠軍將軍宗正少卿又爲散騎常侍安南將軍武衞將軍河南尹尋除鎮東將軍青州刺史轉征東將軍加散騎常侍邢杲之亂圍逼州城世儁憑城拒守遂得保全孝莊時除衞將軍吏部尚書爾朱兆寇京師詔世儁以本官爲都督防守河橋及兆至河世儁初無拒守意便隔岸遙拜時論疾之前廢帝世爲驃騎將軍仍加尚書尤爲爾朱世隆所昵出帝初加儀同三司改封武陽縣開國子食邑五百戶世儁居選曹不能厲心多所受納爲中尉彈糾坐免官尋復本職孝靜初加侍中尚書右僕射遷尚書令世儁輕薄好去就詔送晉陽興和中薨贈侍中都督冀定瀛殷四州諸軍事驃騎大將軍太傅定州刺史尚書令開國公如故謚曰躁戾

子景遠襲散騎侍郎

世賢弟世哲武定中吏部郎

嵩弟贍字道周高祖時自闕大夫稍遷宗正少卿龍驤將軍光州刺史散騎常侍左將軍遷平東將軍兗州刺史頗愛書史而貪暴好殺澄深恥忿之絕其往來有四子

長子遠尚書郎

史臣曰顯祖之將禪讓可謂國之大節康王毅然庭諍德音孔昭一言興邦其斯之謂歟文宣貞固俊遠鬱爲宗傑身因累朝寧濟夷險既社稷是任其梁棟之望也順謇諤俶儻有汲黯之風不用於時橫招非命惜矣嵩有行陳之氣儁則裂冠之徒歟

魏書卷十九中考證

任城王雲傳拜都督中外諸軍事中都坐大官○北史作中都大官無坐字

諸寺靈塔○石林燕語漢以來九卿官府皆名曰寺鴻臚其一也本以待四裔賓客明帝時攝摩騰竺法蘭自西域以白馬負經至舍於鴻臚寺既死尸不壞因留寺中後遂以爲浮圖之居即雒中白馬寺也僧居

禰寺本此

魏書卷十九下

齊　魏　收　撰

列傳第七下

景穆十二王

南安王　城陽王　章武王　樂陵王　安定王

南安王楨皇興二年封加征南大將軍中都大官尋遷內都大官高祖卽位除涼州鎮都大將尋以綏撫有能加都督西戎諸軍事征西大將軍領護西域校尉儀同三司涼州刺史徵爲內都大官出爲使持節侍中本將軍開府長安鎮都大將雍州刺史楨性忠謹事母以孝聞賜帛千匹以褒之徵赴講武高祖引見於皇信堂戒之曰翁孝行著於私庭令問彰於邦國每欽忠懿思一言展故因講武遠徵赴闕仰戀仁慈情在未已但長安鎮年饑民儉理須綏撫不容久留翁今還州其勤隱恤無令境內有飢餒之民翁既國之懿親終無貧賤之慮所宜慎者略有三事一者恃親驕矜違禮僭度二者傲慢貪奢不恤政事三者飲酒遊逸不擇交友三者不去患禍將生但能慎此是以全身遠害光國榮家終始之德成矣而楨不能遵奉後乃聚斂肆情文明太后高祖並臨皇信堂引見王公太后令曰汝陰王天賜南安王楨不順法度黷貨聚斂依犯論坐將至不測卿等爲當存親以毀令爲欲滅親以明法羣臣咸以二王託體先皇宜蒙矜恕太后不答高祖乃詔曰南安王楨以懿戚之貴作鎮關右不能潔己奉公助宣皇度方肆貪欲殖貨私庭放縱姦囚壅絕訴訟貨遺諸使邀求虛稱二三之狀皆犯刑書昔魏武翦髮以齊衆叔向戮弟以明法克己忍親以率天下夫豈不懷有爲而然耳今者所犯事重疇日循古推刑實在難恕皇太后天慈寛篤恩矜國屬每一尋惟高宗孔懷之近發言哽塞悲慟于懷且以南安王孝養之名聞於內外特一原恕削除封爵以庶人歸第禁錮終身後高祖南伐楨從至洛及議遷都首從大計高祖甚悅楨母劉太妃薨高祖親幸臨慰及葬贈布帛綵五百段又以楨議定遷都復封南安王食邑一千戶出爲鎮北大將軍相州刺史高祖餞楨於華林都亭詔曰從祖南安既之蕃任將曠違千里豫懷悄戀然今者之集雖曰分岐實爲曲宴並可賦詩申意射者可以觀德不能賦詩者可聽射也當使武士彎弓文人下筆高祖送楨於階下流涕而別太和二十年五月至鄴入治日暴風大雨凍死者十數人楨又以旱祈雨于羣神鄴城有石虎廟人奉祀之楨告虎神像云三日不雨當加鞭罰請雨不驗遂鞭像一百是月疽發背薨諡曰惠贈帛一千疋及葬又賜帛千疋遣黃門郎監護喪事及恒州刺史穆泰謀反楨知而不告雖薨猶追奪爵封國除有五子

子英字虎兒性識聰敏博聞彊記便弓馬解吹笛微曉醫術高祖時爲平北將軍武川鎮都大將假魏公未幾遷都督梁益寧三州諸軍事安南將軍領護西戎校尉仇池鎮都大將梁州刺史高祖南伐爲梁漢別道都將後大駕臨鍾離詔英率衆備寇境上英以大駕親動勢傾東南漢中有可乘之會表求進討高祖許之師次沮水蕭鸞將蕭懿遣將尹紹祖梁季羣等領衆二萬徼山立柵分爲數處居高視下隔水爲營英乃謀曰彼帥賤民慢莫能相服衆而無上罔知適從若選精卒幷攻一營彼不相救我克必矣若克一軍四營自拔於是簡兵三面騰上果不相救既破一處四營俱潰生擒梁季羣斬三千餘級俘七百人鸞白馬戍將其夜逃潰乘勝長驅將逼南鄭漢川之民以爲神也相率歸附梁州民李天幹等詣英降待以國士之禮天幹等家在南鄭之西請師迎接英遣迎之蕭懿聞而遣將姜脩率衆追襲逮夜交戰頗有殺傷脩後屢敗復更請軍懿遣衆赴之迎者告急英率騎一千倍道赴救未至賊已退還英恐其入城別遣統軍元拔以隨其後英徼其前合擊之盡俘其衆懿續遣軍英不虞賊至且衆力已疲軍少人懼咸欲奔走英乃緩騎徐行神色自若登高望賊東西指麾狀似處分然後整列而前賊謂有伏兵俄然賊退乘勢追殄遂圍南鄭禁止三軍一無所犯遠近皆供租運先是英未至也蕭懿遣軍主范潔領三千餘人伐獠潔聞大軍圍城欲還救援英遣統軍李平敵李鐵騎等收合巴西晉壽土人以斷其路潔以死決戰遂敗平敵之軍英候其稍近以奇兵掩之盡皆擒獲攻圍九十餘日戰無不克被勑班師英於是先遣老弱身勒精卒留後遣使與懿告別懿以爲詐也英還一日猶閉門不開二日之後懿乃遣將追英英親自殿後與士卒下馬交戰賊衆莫敢逼之四日四夜然後賊退全軍而還會山氐並反斷英歸路英勒衆奮擊且戰且行爲流矢所中軍人莫有知者以功遷安南大將軍賜爵廣武伯在仇池六載甚有威惠之稱父憂解任高祖討漢陽起英爲左衞將軍加前將軍尋遷大宗正又轉尚書仍本將軍鎮荊州蕭寶卷將陳顯達等寇荊州英連戰失利車駕至南陽免英官爵世宗卽位行徐州還復尚書廣武伯蕭寶卷遣將軍陳伯之寇淮南司徒彭城王勰鎮壽春以英爲鎮南將軍率衆討之英未至賊已引退勰還詔英行揚州後英還京師上表曰臣聞取亂侮亡有國之常道陳師鞠旅因機而致發竊以區區寶卷罔顧天常憑恃山河敢抗中國今妖逆數亡驕縱日甚威侮五行怠棄三正淫刑以逞虐害無辜其雍州刺史蕭衍東伐秣陵埽土興兵順流而下唯有孤城更無重衞此則皇天授我之日曠載一逢之秋事易走丸理同拾芥此而不乘將欲何待臣乞躬率步騎三萬直指沔陰據襄陽之城斷黑水之路昏虐君臣自相魚肉我居上流威震遐邇長驅南出進拔江陵其路既近不盈五百則三楚之地一朝可收岷蜀之道自成斷絕又命揚徐二州聲言俱舉緣江焚毀靡使所遺建業窮蹙魚遊釜內士治之師再興孫皓之縛重至齊文軌而大同混天地而爲一伏惟陛下暫闢旒纊少垂聽覽獨決聖心無取疑議此期脫爽幷吞未日事寢不報英又奏曰臣聞乘虛討弱事在速舉因危攻昧徵捷可期今寶卷亂常骨肉相賊蕃戍鼎立莫知所歸義陽孤絕密邇天境外靡糧援之期內無兵儲之固此乃臨焚之鳥不可去薪授首之寇何容緩斧若此行有果則江右之地斯爲經略之基如脫否也非直後舉難圖亦或居要生疾今豫州刺史司馬悅已戒嚴垂邁而東豫州刺史田益宗方擬守三關請遣軍司爲之節度世宗遣直寢羊靈引爲軍司以軍功拜吏部尚書以前後軍功進爵常山侯英奏謹案學令諸州郡學生三年一校所通經數因正使列之然後遣使就郡練考臣伏惟聖明崇道顯成均之風蘊義光膠序之美是以太學之館久置於下國四門之教方構於京瀍計習淹年聽受累紀然儁造之流應問於魏闕不革之輩宜返於齊民使就郡練考覈其最殿頃以皇都遷構江揚未一故鄉校之訓弗遑正試致使薰蕕之質均誨學庭蘭蕭之體等教文肆今外宰京官銓考向訖求遣四門博士明通五經者道別校練依令黜陟詔曰學業墮廢爲日已久非一使能勸比當別勑尋詔英使持節假鎮南將軍都督征義陽諸軍事率衆南討蕭衍司州刺史蔡道恭聞英將至遣其驍騎將軍楊由率城外居民三千餘家於城西南十里賢首山卽嶺爲二柵作表裏之勢英勒諸軍圍賢首壘焚其柵門楊由乃驅水牛從營而出繼之以兵軍人避牛師遂退下尋分兵圍守其夜柵民任馬駒斬由以降三軍館穀降民安堵蕭衍遣其平西將軍曹景宗後將軍王僧炳等率步騎三萬來救義陽僧炳統衆二萬據鑿峴景宗率一萬繼後英遣冠軍將軍元逞揚烈將軍曹文敬進據樊城以抗之英部勒將士掎角討之大破僧炳軍俘斬四千餘人英又於士雅山結壘與景宗相抗分遣諸統伏於四山示之以弱衍將馬仙琕率衆萬餘來掩英營英命諸軍僞北誘之既至平地統軍傅永等三軍擊之賊便奔退進擊潰之斬首二千三百級斬賊羽林監軍鄧終年仙琕又率一萬餘人重來決戰英勒諸將隨便分擊又破之復斬賊將陳秀之統軍王買奴別破東嶺之陣斬首五百道恭憂死驍騎將軍行州事蔡靈恩復憑窮城短兵日接景宗仙琕知城將拔盡銳決戰一日三交皆大敗而返靈恩勢窘遂降三關戍聞之亦棄城而走詔曰知賊城已下復克三關展威闢境聲略宣振公私稱泰良以欣然將軍淵規內斷忠謨外舉受律揚旌克中廟算雖方叔之制蠻荊召虎之掃淮浦匹茲蔑如也新州初附宜廣經略想善加檢督必令周固有所委付然後凱旋耳初高祖之平漢陽英有戰功許復其封反爲顯達所敗遂寢是役也世宗大悅乃復之改封中山王食邑一千戶遣大使鴻臚少卿睦延吉持節就拜英送蔡靈恩及衍尚書郎蔡僧勰前軍將軍義陽太守馮道要遊擊將軍鮑懷慎天門太守王承伯平北府司馬宗象平北府諮議參軍伏桑給事中寧朔將軍蔡道基中兵參軍麗脩等數十人詔曰會平江南此等便可放歸也英既還世宗引見深嘉勞之後增封一千戶蕭衍遣將軍寇肥梁詔英使持節加散騎常侍征南將軍都督揚徐二道諸軍事率衆十萬討之所在皆以便宜從事詔英曰賊勢滋甚圍逼肥梁邊將後規以至於此故有斯舉必期勝捷而出軍淹滯肥梁已陷閫之惋懣實乖本圖今衆軍雲集十有五萬進取之方其算安在克殄之期復當遠近竟以幾日可至賊所必勝之規何者

爲先故遣步兵校尉領中書舍人王雲指取機要英表陳事機乃擊破陰陵斬衍將二十五人及虜首五千餘級又頻破賊軍於梁城斬其支將四十二人殺獲及溺死者將五萬衍中軍大將軍臨川王蕭宏尚書左僕射柳惔等大將五人沿淮南走凡收米三十萬石詔勞英曰知大摧鯨寇威振南海江浦無塵三楚卷壒聲被荒隅同軌斯始公私慶慰亙副朕懷便當乘威藉響長驅吳會翦拉遺燼截彼東南也英追至于馬頭衍馬頭戍主委城遁走遂圍鍾離詔曰師行已久士馬疲瘠賊城險固卒難攻屠冬春之交稍非勝便十萬之衆日費無貲方圖後舉不待全事且可密裝徐嚴爲振旅之意整疆完土開示威略左右蠻楚素應逃亡或竄山湖或難制掠若凶渠黠黨有須翦除者便可撲掃以清疆界如其彊狡憑阻未易致力者亦不煩肆兵凱旋遲近不復委曲英表曰臣奉辭伐罪志殄逋寇想敵量攻期至二月將末三月之初理在必克但自此月一日以來霖雨連併可謂天違人願然王者行師舉動不易不可以少致聯淹便生異議臣亦諦思若入三月已後天晴地燥憑陵是常如其連雨仍接不得進攻者臣已更高邵陽之橋防其汎突意外洪長慮其破橋臣亦部分造船復於鍾離城隨水狹處營造浮橋至三月中旬橋必克成晴則攻騰雨則圍守水陸二圖以得爲限實願朝廷特開遠略少復賜寬假以日月無使爲山之功中途而廢詔曰大軍野次已成勞久攻守之方理可豫見比頻得啓制勝不過暮春及省後表復期孟夏之末彼土蒸溼無宜久淹勢雖必取乃將軍之深計兵久力殆亦朝廷之所憂故遣主書曹道往觀軍勢使還三具聞及道還英猶表云可克四月水盛破橋英及諸將狼狽奔走士衆沒者十有五六英至揚州遣使送節及衣冠貂蟬章綬詔以付典有司奏英經算失圖案劾處死詔恕死爲民後京兆王愉反英復王封邑一千戶除使持節假征東將軍都督冀州諸軍事英未發而冀州已平時郢州治中督榮祖潛引蕭衍軍以義陽應之三關之戍並據城降衍郢州刺史婁悅嬰城自守懸瓠城民白早生等殺豫州刺史司馬悅據城南叛衍將齊荀仁率衆守懸瓠悅子尚華陽公主并爲所劫詔英使持節都督南征諸軍事假征南將軍出自汝南世宗引英謂之曰婁悅綏御失和銓衡闇於簡授故使郢民引寇關戍外奔義陽孤窘有倒懸之切王國之召虎威名宿震故屈王親總元戎掃清氛穢昔衛霍以匈奴之故居無寧歲今南疆不靖王不得以屢勞爲辭也英對曰臣才非韓白識闇孫吳徒以宗室之長頻荷推轂之寄規略淺短失律喪師宜章子反之戮以謝天下陛下慈深念屢愛等鍾牛使臣得同荀伯再生明世誓追孟氏以報復爲期關郢微寇何足平殄滅賊方略已在臣目中願陛下勿勞聖慮也世宗曰截彼東南再清隨楚所望於將軍鍾離一眚豈足以損大德今王董彼三軍朕無憂矣世宗以邢巒頻破早生詔英南赴義陽英以衆少累表請軍世宗弗許而英輒與邢巒分兵共攻懸瓠克之乃引軍而進初荀仁之據懸瓠衍寧朔將軍張道凝等率衆據楚城聞英將至棄城南走英追擊斬道凝及衍虎賁中郎曹苦生盡俘其衆既次義陽將取三關英策之曰三關相須如左右手若克一關兩關不待攻而定攻難不如攻易東關易攻宜須先取卽黃石公所謂戰如風發攻如河決英恐其并力於東乃使長史李華率五統向西關分其兵勢身督諸軍向東關先是馬仙琕使雲騎將軍馬廣率衆拒屯於長薄軍主胡文超別屯松峴英至長薄馬廣夜遁入於武陽英進師攻之聞衍遣其冠軍將軍彭甕生驃騎將軍徐超秀援武陽英乃緩軍曰縱之使入此城吾先曾覩其形勢易攻耳吾取之如拾遺也諸將未之信甕生等既入武陽英促圍攻之六日而廣等降於是進擊黃峴衍太子左衛率李元履棄城奔竄又討西關衍司州刺史馬仙琕亦卽退走果如英策凡擒其大將六人支將二十人卒七千米四十萬石軍資稱是還朝除尚書僕射永平三年英薨給東園祕器朝服一具帛七百匹贈司徒公謚曰獻武王英五子

攸字玄興東宮洗馬早卒贈散騎侍郎

攸弟熙字眞興好學俊爽有文才聲著於世然輕躁浮動英深慮非保家之主常欲廢之立第四子略爲世子宗議不聽略又固請乃止起家祕書郎延昌二年襲封累遷兼將作大匠拜太常少卿給事黃門侍郎尋轉光祿勳時領軍于忠執政熙忠之壻也故歲中驟遷尋除平西將軍東秦州刺史進號安西將軍祕書監尋以本將軍授相州刺史熙以七月入治其日大風寒雨凍死者二十餘人驢馬數十匹熙聞其祖父前事心惡之又有蛆生其庭初熙兄弟並爲清河王懌所昵及劉騰元叉隔絕二宮矯詔殺懌熙乃起兵上表曰臣聞安危無常時有休否臣早屬休明曉逢多難自皇基緜茂九葉承光高祖世宗徽明相襲皇太后聖敬自天德同馬鄧至尊神叡纂御神鑒燭遠四海晏如八表歸化而領軍將軍元叉寵藉外親叨榮左右豺狼爲心飽便反噬遂使二宮阻隔溫凊闕禮又太傅清河王橫被屠害致使忠臣烈士喪氣闕庭親賢宗戚憤恨內外妄指鹿馬孰能踰之王董權逼方此非譬臣仰瞻雲闕泣血而生以細草不除將爲爛漫況叉悖逆如此孰可忍之臣忝藉枝葉思盡力命碎首屠肝甘之若薺今輒起義兵實甲八萬大徒既進文武爭先與幷州刺史城陽王徽恆州刺史廣陽王淵徐州刺史齊王蕭寶夤等同以今月十四日俱發庶仰憑祖宗之靈俯罄義夫之命掃翦兇醜更清京邑臣親總三軍星邁赴難置兵溫城伏聽天旨王公宰輔或世著忠烈或宿佩恩顧如能同力翦除元叉使太后至尊忻然奉對者臣卽解甲散兵赴謝朝闕臣雖才乖昔人位居蕃屏寧容坐觀姦醜虛受榮祿哉熙兵起甫十日爲其長史柳元章別駕游荊魏郡太守李孝怡率諸城人鼓譟而入殺熙左右四十餘人執熙置之高樓幷其子弟叉遣尚書左丞盧同斬之於鄴街傳首京師始熙妃于氏知熙必敗不從其謀自刎哭泣不絕至於熙死熙臨刑爲五言詩示其寮吏曰義實勳君子主辱死忠臣何以明是節將解七尺身與知友別曰平生方寸心殷勤屬知己從今一銷化悲傷無極已熙既蕃王之貴加有文學好奇愛異交結偉俊風氣甚高名美當世先達後進多造其門始熙之鎭鄴也知友才學之士袁翻李琰李神儁王誦兄弟裴敬憲等咸餞於河梁賦詩告別及熙將死復與知故書曰吾與弟並蒙皇太后知遇兄據大州弟則入侍殷勤言色恩同慈母今皇太后見廢北宮太傅清河王橫受屠酷主上幼年獨在前殿君親如此無以自安故率兵民建大義於天下但智力淺短旋見囚執上慙朝廷下愧相知本以名義干心不得不爾流腸碎首復何言哉昔李斯憶上蔡黃犬陸機想華亭鶴唳豈不以怳惚無際一去不還者乎今欲對秋月臨春風藉芳草蔭花樹廣召名勝賦詩洛濱其可得乎凡百君子各敬爾宜爲國爲身善勗名節立功立事爲身而已吾何言哉時人憐之叉熙於任城王澄薨前夢有人告之曰任城當死死後二百日外君亦不免若其不信試看任城家熙夢中顧瞻任城第舍四面牆崩無遺堵焉熙惡之覺而以告所親及熙之死也果如所夢兄弟三人每從英征伐在軍貪暴或因迎降逐北至有斬殺無辜多增首級以爲功狀又于忠之誣郭祚裴植也忠意未決害之由熙勸獎遂至極法世以爲冤及熙之禍議者以爲有報應焉靈太后反政贈使持節都督冀定瀛相幽五州諸軍事大將軍太尉公冀州刺史增本封一千戶謚曰文莊王

長子景獻次仲獻次叔獻並與熙同被害後贈景獻中軍將軍青州刺史葬以王禮仲獻左將軍兗州刺史叔獻右將軍齊州刺史

叔獻弟叔仁以年幼獲全與母于氏徙朔州孝昌初靈太后詔叔仁歸京師還其財宅襲先爵除征虜將軍通直散騎常侍孝莊初遇害於河陰贈衞大將軍儀同三司幷州刺史

子琳襲齊受禪爵例降

熙弟誘字惠興自員外郞稍遷通直郞太子中庶子征虜將軍衞尉少卿出爲右將軍南秦州刺史叉斬之於岐州妻子得不坐追贈車騎大將軍雍州刺史後贈儀同三司追封都昌縣開國伯食邑八百戶謚曰恭

子始伯襲給事中齊受禪爵例降

誘弟略字儁興才氣劣於熙而有和遂之譽自員外郞稍遷羽林監通直散騎常侍冠軍將軍給事黃門侍郞清河王懌死後叉黜略爲懷朔鎭副將未及赴任會熙起兵與略書來去尋値熙敗略遂潛行自託舊識河內司馬始賓始賓便爲荻筏夜與略俱渡盟津詣上黨屯留縣栗法光法光素敦信義忻而納之略舊識刁雙時爲西河太守略復歸之停止經年雙乃令從子昌送略潛遁江左蕭衍甚禮敬之封略爲中山王邑一千戶宣城太守俄而徐州刺史元法僧據城南叛州內士庶皆爲法僧擁逼衍乃以略爲大都督令詣彭城接誘初附略至屯於河南爲安樂王鑒所破略唯數十騎入城衍尋遣其豫章王綜鎭徐州徵略與法僧同還略雖在江南自以家禍晨夜哭泣身若居喪又惡法僧爲人與法僧言未嘗一笑衍復除略衡州刺史未行會綜以城歸國綜長史江革司馬祖暅將士五千人悉見擒虜肅宗勑有司悉遣革等還南因以徵略衍乃備禮遣之略之將還也衍爲置酒餞別賜金銀百斤衍之百官悉送別江上遣其右衞徐確率百餘人送至京師肅宗詔光祿大夫刁雙境首勞問又勑徐州賜絹布各一千匹除略侍中義陽王食邑一千戶還達石人驛亭詔宗室親黨內外百官先相識者聽迎之近郊賜帛三千匹宅一區粟五千石奴婢三十人其司馬始賓除給事中領直後栗法光本縣令刁昌東平太守刁雙西兗州刺史其略所至一餐一宿之處無不霑賞尋改封東平王又拜車騎大將軍左光祿大夫儀同三司領左衞將軍侍中如

故又本官領國子祭酒遷大將軍尚書令靈太后甚寵
任之其見委信殆與元徽相埒於時天下多事軍國萬
端略守常自保無他裨益唯唯具臣而已爾朱榮略之
姑夫略素所輕忽略又黨於鄭儼徐紇榮兼銜之榮入
洛也見害於河陰贈以本官加太保司空徐州刺史謚
曰文貞
子景式襲武定中北廣平太守齊受禪爵例降
略弟纂字紹興頗有將略爲司徒祭酒聞熙舉兵因逃
奔於鄴至郎見擒與熙俱死追封北平縣公贈安北將
軍恒州刺史改封高唐縣開國侯食邑八百戶
子子獻襲卒於涇州司馬
熙異母弟義興出後叔父並洛肅宗初除員外散騎侍
郎及熙之遇害也義興以別後故得不坐稍遷輔國將
軍通直散騎常侍孝莊初於河陰遇害贈中軍將軍瀛
州刺史後贈散騎常侍征東將軍餘如故義興妻趙郡
李氏李頗有婦工爲爾朱榮妻所親昵永安中追封義
興燕郡王邑五百戶尋改封鉅鹿王又改封武邑王
子遠襲天平中通直郎齊受禪爵例降
英弟怡起家步兵校尉轉城門校尉遷鄯善鎭將所在
貪暴爲有司所糾逃竄得免延昌中卒莊帝初以爾朱
榮婦兄超贈驃騎大將軍太尉公雍州刺史扶風王
長子肅起家員外散騎侍郎轉直寢莊帝初封肅魯郡
王邑千戶除散騎常侍出爲後將軍廣州刺史後除衛
將軍肆州刺史其弟曄僭立拜肅侍中太師錄尚書事
尋改除使持節都督青膠光齊南青五州諸軍事驃騎
大將軍東南道大行臺青州刺史不行永熙二年薨贈
使持節侍中都督并恒二州諸軍事本將軍司徒公并
州刺史
子道與襲除前將軍齊受禪爵例降
曄字華興小字盆子性輕躁有膂力起家祕書郎稍遷
通直散騎常侍莊帝初封長廣王邑一千戶出爲太原
太守行并州事爾朱榮之死也世隆等奔還并州與爾
朱兆會於建興乃推曄爲主大赦所部號年建明尋爲
世隆等所廢前廢帝立封曄爲東海王邑萬戶出帝初
坐事賜死於第無子爵除
城陽王長壽皇興二年封拜征西大將軍外都大官出
爲沃野鎭都大將性聰惠善撫接在鎭甚有威名延興
五年薨謚康王
長子多侯早卒
次子鸞字宣明始繼叔章武敬王及兄卒還襲父爵身
長八尺胥帶十圍以武藝著稱頻爲北都大將高祖時
拜外都大官又出爲持節都督河西諸軍事征西大將
軍領護西戎校尉涼州鎭都大將改鎭立州以鸞爲涼
州刺史姑臧鎭都大將餘如故後朝于京師會車駕南
討領鎭軍將軍定都洛陽高祖幸鄴詔鸞留守及開建
五等食邑一千戶除使持節征南大將軍都督豫荆郢
三州河內山陽東郡諸軍事與安南將軍盧淵李佐攻
赭陽不克敗退而還時高祖幸瑕丘鸞請罪行宮高祖
引見鸞等責之曰卿等總率戎徒義應奮節而進不能
夷拔賊城退不能殄兹小寇虧損王威罪應大辟朕革
變之始事從寬貸今捨卿等死罪城陽降爲定襄縣王
削戶五百古者軍行必載廟社之主所以示其威惠各
有攸歸今徵卿等敗軍之罪於社主之前以彰厥咎後
以留守之功還復本封增邑二百戶除冠軍將軍河內
太守轉并州刺史世宗初除平東將軍青州刺史後轉
安北將軍定州刺史鸞愛樂佛道脩持五戒不飲酒食
肉積歲長齋繕起佛寺勸率百姓共爲土木之勞公私
費擾頗爲民患世宗聞而詔曰鸞親唯宗懿作牧大州
民物殷繁綏寧所屬宜克已厲誠崇清樹惠而乃驟相
徵發專爲煩擾編戶嗷嗷家懷嗟怨北州土廣姦亂是
由準法尋愆應加肅黜以鸞戚屬情有未忍可遣使者
以義督責奪祿一周徵示威罰也正始二年薨時年三
十八贈帛六百匹詔中書舍人王雲宣旨臨弔贈鎭北
將軍冀州刺史謚懷王
子徽字顯順粗涉書史頗有吏才世宗時襲封除遊擊
將軍出爲河內太守在郡清整有民譽徵拜長兼散騎
常侍肅宗時除右將軍涼州刺史徽以徑途阻遠固請
不行除散騎常侍其年除後將軍并州刺史先是州界
夏霜禾稼不熟民庶逃散安業者少徽輒開倉賑之文
武咸共諫止徽曰昔汲長孺郡守耳尚輒開倉救民災
敝況我皇家親近受委大藩豈可拘法而不救民困也
先給後表肅宗嘉之加安北將軍後拜安西將軍秦州
刺史詔書旦至夕發徽以將之秦部請詣闕恭授仍表
啓固陳請不之職改授輔國將軍加度支尚書進號鎭
軍將軍于時戎馬在郊王師屢敗徽以軍旅之費上國
封絹二千匹粟一萬石以助軍用肅宗不納又以本官
兼吏部尚書加侍中征東將軍遷衞將軍右光祿大夫
拜尚書左僕射轉車騎將軍儀同三司固辭不拜聽解
侍中然後受詔尋除尚書令加開府西道行臺不行時
靈太后專制朝綱頹褫徽既居寵任無所匡弼與鄭儼
之徒更相阿黨外似柔謹內多猜忌睚眦之忿必思報
復識者嫉之又不能防閑其妻于氏遂與廣陽王淵姦
通及淵受任軍府每有表啓論徽罪過雖涉誣毀頗亦
實焉莊帝踐阼拜司州牧尋除司徒仍領牧元顥入洛
徽從莊帝北巡及車駕還宮以與謀之功除侍中大司
馬太尉公加羽葆鼓吹增邑通前二萬戶餘官如故徽
表辭官封前後屢上又啓云河上之功將士之力求回
所封加諸勳義徽爲莊帝親待內懼榮寵故有此辭以
防外議莊帝識其意聽其辭封不許讓官徽後妻莊帝
舅女侍中李彧帝之姊婿徽性佞媚善自取容挾內外
之意宗室親戚莫與比焉遂與彧等勸帝圖榮莊帝亦
先有意榮死世隆等屯據不解除徽太保仍大司馬宗
師錄尚書事總統內外徽本意謂榮死後枝葉自應散
亡及爾朱宗族聚結謀難徽算略無出憂怖而已性多
嫉妬不欲人居其前每入參謀議獨與帝決朝臣有上
軍國籌策者並勸帝不納乃云小賊何慮不除又恡惜
財用自家及國於是有所賞錫咸出薄少或多而中減
與而復追徒有糜費恩不感物莊帝雅自約狹尤亦徽
所贊成太府少卿李苗徽司徒時司馬也徽待之頗厚
苗每致忠言徽自得志多不採納苗謂人曰城陽本自
蜂目而豺聲復將露也及爾朱兆之入禁衞奔散莊帝
步出雲龍門徽乘馬奔度帝頻呼之徽不顧而去遂走
山南至故吏寇彌宅彌外雖容納內不自安乃怖徽云
官捕將至令其避他所使人於路邀害送屍於爾朱兆
出帝初贈使持節侍中太師大司馬錄尚書事司州牧
謚曰文獻
子延襲爵武定末官至太子中庶子齊受禪爵例降
徽兄顯魏給事中司徒掾卒贈輔國將軍東豫州刺史
徽次兄顯恭字懷忠揚州別駕以軍功封平陽縣開國
子邑三百戶孝莊初除北中郎將遷左將軍東徐州刺
史入爲安東將軍大司農卿尋除中軍將軍荆州刺史
莊帝既殺爾朱榮乃除顯恭使持節都督晉建南汾三
州諸軍事鎭西將軍兼尚書左僕射西北道行臺晉州
刺史爾朱兆入洛後死於晉陽出帝初贈衞大將軍并
州刺史重贈車騎大將軍儀同三司
子彥昭襲武定中漁陽太守齊受禪爵例降
顯恭弟旭字顯和莊帝時封襄城郡王邑一千戶武定
末位至大司馬齊受禪爵例降
章武王太洛皇興二年薨追贈征北大將軍章武郡王
謚曰敬無子高祖初以南安惠王第二子彬爲後
彬字豹兒襲爵勇健有武用出爲使持節都督東秦豳
夏三州諸軍事鎭西大將軍西戎校尉統萬鎭都大將
朔州刺史以貪惏削封是時吐京胡反詔彬持節假平
北將軍行汾州事率并肆之衆往討之胡平仍除征虜
將軍汾州刺史胡民去居等六百餘人保險謀反扇動
徒類彬請兵二萬有司奏許之高祖大怒曰何有動兵
馬理也可隨宜肅治若不能權方靜帖必須大衆者則
先斬刺史然後發兵彬奉詔大懼而率州兵身先將士
討胡平之太和二十三年卒賜錢十萬絹二百匹贈以
本官加散騎常侍彬有五子
長子融字永興儀貌壯麗衣冠甚偉性通率有豪氣高
祖時拜祕書郎世宗初復先爵除驍騎將軍蕭衍遣將
寇逼淮陽梁城陷沒詔融假節征虜將軍別將南討大
摧賊衆還復梁城于時揚州刺史元嵩爲奴所害勑融
行揚州事尋除假節征虜將軍并州刺史及世宗崩兼
司空營陪景陵拜宗正卿以本官行瀛州事遇疾不行
未幾除散騎常侍平東將軍青州刺史還爲祕書監遷
中護軍進號撫軍將軍領河南尹加征東將軍性尤貪
殘恣情聚斂爲中尉糾彈削除官爵汾夏山胡叛逆連
結正平平陽詔復融前封征東將軍持節都督以討之
融寡於經略爲胡所敗久之加散騎常侍衞將軍左光
祿大夫後賊帥鮮于脩禮寇暴瀛定二州長孫稚等討
之失利除融車騎將軍爲前驅左軍都督與廣陽王淵
等共討脩禮師渡交津葛榮殺脩禮而自立轉營至白
牛邏輕騎擊融融苦戰終日更無外援遂大奔敗於陳
見殺肅宗爲舉哀於東堂賜東園祕器朝服一具綵二
千八百段贈侍中都督雍華岐三州諸軍事本將軍司
空雍州刺史尋以融死王事進贈司徒加前後部鼓吹
謚曰莊武
子景哲襲武定中開府儀同三司齊受禪爵例降
景哲弟朗卽後廢帝語在帝紀
子黃頭襲封安定王改封安平王齊受禪爵例降
融弟凝字定興起家恒州征虜錄事參軍累遷護軍長
史凝姑爾朱榮妻莊帝初封東安王食邑五百戶除持
節安東將軍兗州刺史轉濟州刺史仍本將軍永熙二
年薨贈持節都督滄瀛冀三州諸軍事驃騎大將軍冀
州刺史
子彥友襲武定中光祿大夫齊受禪爵例降
凝弟湛字鎭興起家祕書郎轉尚書左司郎中遷廷尉
少卿莊帝初遇害河陰贈征東將軍青州刺史追封漁

陽王食邑五百戶

子俊襲齊受禪爵例降

湛弟晏字俊興卒於祕書丞贈平東將軍祕書監豫州刺史

樂陵王胡兒和平四年薨追封樂陵王贈征北大將軍謚曰康無子顯祖詔胡兒兄汝陰王天賜之第二子永全後之襲封後改名思譽高祖初蠕蠕犯塞以思譽為鎮北大將軍北征大都將後除使持節本將軍領護匈奴校尉都督中軍都將出為使持節鎮東大將軍和龍鎮都大將營州刺史加領護東夷校尉轉為鎮北將軍行鎮北大將軍高祖引見百官於光極堂謂思譽曰恒代路懸舊都意重故屈叔父遠臨此任不可不敬慎所臨以副朕望及穆泰陰謀不軌思譽知而不告恕死削封為庶人太和末還復其王封正始四年薨贈光州刺史謚曰密王

子景略字世彥世宗時襲封拜驍騎將軍除持節冠軍將軍幽州刺史熙平元年薨贈本將軍豫州刺史賜帛四百疋謚曰惠王

子霸字休邦襲武定中鉅鹿太守齊受禪爵例降

景略弟慶略散騎侍郎

子子政通直散騎常侍

慶略弟洪略恒農太守中軍將軍行東雍州刺史

洪略弟子業平原太守

定安王休皇興二年封拜征南大將軍外都大官休少而聰慧治斷有稱高祖初庫莫奚寇邊以休為使持節侍中都督諸軍事征東大將軍領護東夷校尉儀同三司和龍鎮將休撫防有方賊乃款附入為中都大官蠕蠕犯塞出為使持節征北大將軍撫冥鎮大將休身先將士擊虜退之入為內都大官遷太傅及開建五等食邑二千戶車駕南伐領大司馬高祖親行諸軍遇休以三盜人徇於六軍將斬之有詔赦之休執曰陛下將遠清衡霍故親御六師跋涉野次軍行始爾已有姦竊如其不斬何以息盜請必行刑以肅姦慝詔曰大司馬執憲誠應如是但因緣會朕閱王者之體亦時有非常之澤雖違軍法可特原之休乃奉詔高祖謂司徒馮誕曰大司馬嚴而秉法諸軍不可不慎於是六軍肅然定都洛邑休從駕幸鄴命休率從駕文武迎家于平城高祖親餞休於漳水之北十八年休寢疾高祖幸其第流涕問疾中使醫藥相望於路薨賵帛三千匹自薨至殯車駕三臨高祖至其門改服錫衰素弁加絰皇太子百官皆從行弔禮及將葬又贈布帛二千匹謚曰靖王詔假黃鉞加羽葆鼓吹虎賁班劍六十三人悉準三老尉元之儀高祖親送出郊慟哭而返諸王恩禮莫比焉世宗世配饗廟庭

長子安幼年早卒

次子燮除下大夫世宗初襲拜太中大夫除征虜將軍華州刺史燮表曰謹惟州治李潤堡雖是少梁舊地晉芮錫壤然胡夷內附遂為戎落城非舊邑先代之名爰自國初護羌小戍及改鎮立郡依岳立州因籍倉府未刊名實竊見馮翊古城羌魏兩民之交許洛水陸之際先漢之左輔皇魏之右翼形勝名都實惟西蕃奧府今州之所在豈唯非舊至乃居岡飲澗井谷穢雜升降劬勞往還數里譐諮明昏有虧禮教未若馮翊面華渭包原澤井淺池平樵牧饒廣採材華陰陸運七十伐木龍門順流而下陪削舊雉功省力易人各為己不以為勞昔宋民無井穿井而忻得人況合城無水得水而不家慶竊聞前政刺史非是無意或值兵舉或遇年災緣此契闊稽延至此去歲已熟秋方大登四境晏安京師無事丁不十錢之費人無八旬之勤損輕益重乞垂昭鑒遂詔曰一勞永逸便可聽移後除征虜將軍幽州刺史延昌四年薨贈本將軍朔州刺史

子超字化生肅宗初襲時以胡國珍封安定公改封北平王拜城門校尉通直散騎常侍東中郎將尋除光祿大夫領將作大匠後復本封爾朱榮之入洛超避難洛南遇寇見害莊帝初贈車騎大將軍儀同三司岐州刺史

子孝景襲武定中通直郎齊受禪爵例降

燮弟願平清狂無行高祖末拜員外郎世宗初遷給事中悖惡日甚殺人劫盜公私咸患世宗以其戚近未忍致之於法乃免官禁之別館館名愁思堂冀其克念世宗崩願平乃得出靈太后臨朝以其暴亂不悛詔曰願平志行輕疎每乖憲典可還於別館依前禁錮久之解禁還家付師嚴加誨獎後拜通直散騎常侍前將軍坐裸其妻王氏於其男女之前又彊姦妻妹於妻母之側御史中丞侯剛案以不道處死絞刑會赦免黜為員外常侍孝昌中卒

子緒幽州安西府功曹參軍莊帝初直閤將軍尋為持節兼武衛將軍關右慰勞十二州大使遂沒吐谷渾

子長春員外散騎侍郎武定初封南郡王邑五百戶齊受禪爵例降

願平弟永平征虜將軍南州刺史為城民華延明所害太昌初追贈使持節侍中都督定瀛幽三州諸軍事衛將軍定州刺史

永平弟珍平司州治中

子叔達員外散騎常侍

珍平弟貴平羽林監轉射聲校尉莊帝初除散騎常侍宗正少卿封東萊王邑百戶除平北將軍南相州刺史莊帝既殺爾朱榮加武衛將軍兼侍中為河北山東慰勞大使至定州東北為幽州大都督侯淵所執送於晉陽後還洛前廢帝時以本官行青州事屬土民崔祖螭作逆賊徒甚盛圍逼東陽一百餘日貴平率城民固守又令將士開門交戰大軍救至遂擒祖螭等斬之還除車騎將軍加散騎常侍遷左衛將軍宗師又遷車騎大將軍左光祿大夫儀同三司貴平人才險薄為出帝所信出為青州刺史又加驃騎大將軍開府儀同三司為幽州大都督侯淵所害

史臣曰南安原始要終善不掩惡英將帥之用有聲於時熙略兄弟早播民譽或才疎志大或器狹任廣咸不能就其功名俱至非命惜也康王不永鸞起家聲徽飾智矯情外諂內忌永安之禍誰任其責宛其死也固其宜哉章武樂陵蓋不足數靜王聰斷威重見稱太和美矣

魏書卷十九下考證

南安王楨傳景宗率一萬竉後○萬監本訛驍今改正

魏書卷二十

齊　魏收　撰

列傳第八

文成五王

安樂王　廣川王　齊郡王　河間王

安豐王

文成皇帝七男孝元皇后生獻文皇帝李夫人生安樂厲王長樂曹夫人生廣川莊王略沮渠夫人生齊郡順王簡乙夫人生河間孝王若悅夫人生安豐匡王猛玄夫人生韓哀王安平王早薨無傳

安樂王長樂皇興四年封建昌王後改封安樂王長樂性凝重顯祖器愛之承明元年拜太尉出為定州刺史鞭撻豪右頓辱衣冠多不奉法為人所患百姓詣闕訟其過高祖罰杖三十貪暴彌甚以罪徵詣京師後與內行長乙肆虎謀為不軌事發賜死於家葬以王禮謚曰厲

子詮字搜賢襲世宗初為涼州刺史在州貪穢政以賄成後除定州刺史及京兆王愉之反詐言國變在北州鎮咸疑朝廷有釁遣使觀詮動靜詮具以狀告州鎮帖然愉奔信都詮與李平高殖等四面攻燒愉突門而出尋除侍中兼以首告之功除尚書左僕射薨謚曰武康

子鑒字長文襲後除相州刺史北討大都督討葛榮仍兼尚書右僕射北道行臺尚書令與都督裴衍共救信都鑒既庸才諸弟麤暴見天下多事遂謀反降附葛榮都督源子邕與裴衍合圍鑒斬首傳洛詔改其元氏莊帝初許復本族又特復鑒王爵贈司空

鑒弟斌之字子爽性險無行及與鑒反敗遂奔葛榮滅得還出帝時封潁川郡王委以腹心之任帝入關斌之奔蕭衍後還長安

廣川王略延興二年封位中都大官性明敏鞫獄稱平太和四年薨謚曰莊

子諧字仲和襲十九年薨詔曰朕宗室多故從弟諧喪逝悲痛摧割不能已已古者大臣之喪有三臨之禮此蓋三公已上至於卿司已下故應闕自漢已降多無此禮朕欲遵古典哀感從情雖以尊降伏私痛寧爽欲令諸王有朞親者為之三臨大功之親者為之再臨小功緦麻為之一臨廣川王於朕大功必欲再臨再臨者欲於大殮之日親臨盡哀成服之後緦麻而弔既殯之緦麻理在無疑大殮之臨當否如何為須撫柩於始喪為應盡哀於闔棺早晚之宜擇其厥中黃門侍郎崔光宋弁通直常侍劉芳典命下大夫李元凱中書侍郎高敏等議曰三臨之事乃自古禮爰及漢魏行之者稀陛下至聖慈仁方遵前軌志必哀喪慮同寧戚臣等以為若朞親三臨大功宜再始喪之初哀之至極既以情降宜從始喪大殮之臨伏如聖旨詔曰魏晉已來親臨多闕至於戚臣必於東堂哭之頃大司馬安定王薨朕既臨之後復更受慰於東堂今日之事應更哭否光等議曰東堂之哭蓋以不臨之故今陛下躬親撫視羣臣從駕臣等參議以為不宜復哭詔曰若大司馬戚尊位重必哭於東堂而廣川既是諸王之子又年位尚幼卿等議

之朕無異焉諸將大殮高祖素服深衣哭之入室哀慟撫尸而出有司奏廣川王妃薨於代京未審以新尊從於卑舊爲宜卑舊來就新尊詔曰遷洛之人自茲厥後悉可歸骸邙嶺皆不得就塋恒代其有夫先葬在北婦今喪在南婦人從夫宜還代葬若欲移父就母亦得任之其有妻墳於恒代夫死於洛不得以尊就卑欲移母就父宜亦從之若異葬亦從之若不在葬限身在代喪葬之彼此皆得任之其戶屬恒燕身官京洛去留之宜亦從所擇其屬諸州者各得任意詔贈諸武衞將軍謚曰剛及葬高祖親臨送之

子靈道襲卒謚悼王

齊郡王簡字叔亮太和五年封位中都大官簡母沮渠牧犍女也簡性貌特類外祖後爲內都大官高祖嘗與簡俱朝文明太后於皇信堂簡居帝之右行家人禮遷太保高祖仁孝以諸父零落存者唯簡每見立以待之俟坐致敬問起居停簡拜伏簡性好酒不能理公私之事妻常氏燕郡公常喜女也文明太后以賜簡性幹綜家事頗節斷簡酒乃至盜竊求乞婢侍卒不能禁二十三年薨時高祖不豫詔曰叔父薨背痛慕摧絕不自勝任但虛頓床枕未堪奉赴當力疾發哀謚曰靈王世宗時改謚曰順

子祐字伯授襲母常氏高祖以納不以禮不許其爲妃世宗以母從子貴詔特拜爲齊國太妃祐位涇州刺史薨謚曰敬

河間王若字叔儒年十六未封而薨追封河間謚曰孝詔京兆康王子太安爲後太安於若爲從弟非相後之義廢之以齊郡王子琛繼

琛字曇寶幼而敏慧高祖愛之世宗時拜定州刺史琛妃世宗舅女高皇后妹琛憑恃內外多所受納貪惏之極及還朝靈太后詔曰琛在定州惟不將中山宮來自餘無所不致何可更復敍用由是遂廢于家琛以肅宗始學獻金字孝經又無方自達乃與劉騰爲養息賂騰金寶巨萬計騰屢爲之言乃得兼都官尚書出爲秦州刺史在州聚斂百姓吁嗟屬東益南秦二州氐反詔琛爲行臺仍充都督還攝州事琛性貪暴既總軍省求欲無厭百姓患害有甚狼虎進討氐羌大被摧破士卒死者千數率衆走還內恃劉騰無所畏憚爲中尉糾彈會赦除名爲民尋復王爵後討鮮于脩禮敗免官爵後討汾晉胡蜀卒於軍追復王爵

安豐王猛字季烈太和五年封加侍中出爲和龍鎮都大將營州刺史猛寬仁雄毅甚有威略戎夷畏愛之薨于州贈太尉謚曰匡

子延明襲世宗時授太中大夫延昌初歲大饑延明乃減家財以拯賓客數千人并贍其家至肅宗初爲豫州刺史甚有政績累遷給事黃門侍郎延明既博極羣書兼有文藻鳩集圖籍萬有餘卷性清儉不營產業與中山王熙及弟臨淮王彧等並以才學令望有名於世雖風流造次不及熙彧而稽古淳篤過之尋遷侍中詔與侍中崔光撰定服制後兼尚書右僕射以延明博識多聞勑監金石事及元法僧反詔爲東道行臺徐州大都督節度諸軍事與都督臨淮王彧尚書李憲等討法僧蕭衍遣其豫章王綜鎮徐州延明先牧徐方甚得民譽招懷舊土遠近歸之綜既降延明因以軍乘之復東南之境至宿豫而還遷都督徐州刺史頻經師旅人物凋弊延明招攜新故人悉安業百姓咸附莊帝時兼尚書令大司馬及元顥入洛延明受顥委寄率衆守河橋顥敗遂將妻子奔蕭衍死於江南莊帝末喪還出帝初贈太保王如故謚曰文宣所著詩賦讚頌銘誄三百餘篇又撰五經宗略詩禮別義注帝王世紀及列仙傳又以河間人信都芳工筭術引之在館其撰古今樂事九章十二圖又集器準九篇芳別爲之注皆行於世

魏書卷二十考證

文成五王列傳○魏收書闕後人所補

文成皇帝七男○文載八人而總書七男葢八訛作七也

魏書卷二十一上

齊　魏收　撰

列傳第九上

獻文六王

咸陽王　趙郡王　高陽王　廣陵王　北海王

獻文皇帝七男李思皇后生孝文皇帝封昭儀生咸陽王禧韓貴人生趙郡靈王幹高陽文穆王雍孟椒房生廣陵惠王羽潘貴人生彭城武宣王勰高椒房生北海平王詳勰別有傳

咸陽王禧字永壽太和九年封加侍中驃騎大將軍中都大官文明太后令曰自非生知皆由學誨皇子皇孫訓教不立溫故求新葢有闕矣可於閑靜之所別置學館選忠信博聞之士爲之師傅以匠成之高祖以諸弟典三都誡禧等曰汝等國之至親皆幼年任重三都折獄特宜用心夫未能操刀而使割錦非傷錦之尤寔授刀之責皆可修身慎行勿有乖爽文明太后亦誡禧等曰汝兄繼承先業統御萬機戰戰兢兢恒恐不稱汝所治雖小亦宜克念高祖又曰周文王小心翼翼聿懷多福如有周公之才使驕且吝其餘不足觀汝等宜小心畏慎勿自驕怠出爲使持節開府冀州刺史高祖餞於南郊又以濟陰王鬱枉法賜死之事遣使告禧因而誡之後禧朝京師高祖謂王公曰皇太后平日以朝儀闕然遂命百官更欲撰緝今將畢修遺志卿等謂可行不當各盡對無以面從禧對曰儀制之事用捨各隨其時而人可使由之不可使知之臣謂宜述元志備行朝式高祖然之詔曰仲尼在鄉黨猶尚恂恂周文王爲世子卑躬求道禧等雖連蔓宸暉得不尊尚師傅也故爲置之以加令德廷尉卿李沖可咸陽王師禧將還州高祖親餞之賦詩敍意加禧都督冀相兗東兗南豫東荆六州諸軍事於時王國舍人應取八族及清修之門禧取任城王隸戶爲之深爲高祖所責詔曰夫婚姻之義曩葉攸崇求賢擇偶綿代斯慎故剛柔著於易經鵲巢載于詩典所以重夫婦之道美尸鳩之德作配君子流芳後昆者也然則婚者合二姓之好結他族之親上以事宗廟下以繼後世必敬慎重正而後親之夫婦既親然後父子君臣禮義忠孝於斯備矣太祖龍飛九五始稽遠則而撥亂創業日昃不暇至於諸王娉合之儀宗室婚姻之戒或得賢淑或乖好逑自茲以後其風漸缺皆人乏窈窕族非百兩擬匹卑濫舅氏輕微違典滯俗深用爲歎以皇子茂年宜簡令正前者所納可爲妾媵將以此年爲六弟娉室長弟咸陽王禧可娉故潁川太守隴西李輔女次弟河南王幹可娉故中散代郡穆明樂女次弟廣陵王羽可娉驃騎諮議叅軍滎陽鄭平城女次弟潁川王雍可娉故中書博士范陽盧神寶女次弟始平王勰可娉廷尉卿隴西李沖女季弟北海王詳可娉吏部郎中滎陽鄭懿女有司奏冀州人蘇僧瓘等三千人稱禧清明有惠政請世胙冀州詔曰利建雖古未必今宜經野由君理非下請邑采之封自有別式入除司州牧都督司豫荆郢洛東荆六州諸軍事開府如故賜帛二千匹粟五千斛詔以禧元弟之重食邑三千戶自餘五王皆食邑二千戶高祖引見朝臣詔之曰卿等欲令魏朝齊美於殷周爲令漢晉獨擅於上代禧曰陛下聖明御運實願邁迹前王高祖曰若然將以何事致之爲欲修身改俗爲欲仍染前事禧對曰宜應改舊以成日新之美高祖曰爲欲止在一身爲欲傳之子孫禧對曰既卜世靈長願欲傳之來業高祖曰若然必須改作卿等當各從之不得違也禧對曰上命下從如風靡草高祖曰自上古以來及諸經籍焉有不先正名而得行禮乎今欲斷諸北語一從正音年三十以上習性已久容或不可卒革三十以下見在朝廷之人語音不聽仍舊若有故爲當降爵黜官各宜深戒如此漸習風化可新若仍舊俗恐數世之後伊洛之下復成被髮之人王公卿士咸以然不禧對曰實如聖旨宜應改易高祖曰朕嘗與李沖論此沖言四方之語竟知誰是帝者言之卽爲正矣何必改舊從新沖之此言應合死罪乃謂沖曰卿實負社稷合令御史牽下沖免冠陳謝又引見王公卿士責留京之官曰昨望見婦女之服仍爲夾領小袖我徂東山雖不三年既離寒暑卿等何爲而違前詔禧對曰陛下聖過堯舜光化中原臣雖仰稟明規每事乖互將何以宣布皇經敷贊帝則舛違之罪實合刑憲高祖曰若朕言非卿等當須庭論如何入則順旨退有不從昔舜語禹汝無面從退有後言其卿等之謂乎尋以禧長兼太尉公後高祖幸禧第謂司空穆亮僕射李沖曰既有天地又有君臣太尉位居台鉉在冢宰之上三槐九棘不可久空元弟禧雖在事不長而戚連皇極且長兼太尉以和飪鼎朕常恐君有空授之名臣貽彼已之刺今幸其宅徒屈二賓良以爲愧高祖有事於方澤質明羣臣問起居高祖曰昨日方澤殊自大暑遇天雲蔭密行人差得無敝禧對曰陛下德感天地故雲物凝彩雖復雨師灑掃風伯清塵豈過於此高祖曰伊洛南北之中此乃天地氤氳陰陽風雨之所交會自然之應非寡德所能致此高祖篤於兄弟以禧次長禮遇優隆然亦知其性貪每加切誡雖當時遵奉而終不改操禧表曰國朝偃武崇文偏捨來久州鎭兵人或有雄勇不閑武藝今取歲暮之暇番上之日訓其兵法弓矢干稍三分竝教使人閑其能臨事無闕詔曰雖云教武未練其方既逼北行疑聞教武脫生羣惑且可停之後從平漢陽以剋南陽之勳加侍中正太尉及高祖崩禧受遺輔政雖爲宰輔之首而從容推委無所是非而潛受賄賂陰爲威惠者禧特甚焉是年八座奏增邑千戶

世宗從之固辭不受禧性驕奢貪淫財色姬妾數十意尚不已衣被繡綺車乘鮮麗猶遠有簡娉以恣其情由是昧求貨賄奴婢千數田業鹽鐵徧於遠近臣吏僮隸相繼經營世宗頗惡之景明二年春禧等爲將礿祭入齋世宗詔領軍于烈率左右召禧等入於光極殿詔曰恪雖寡昧忝承寶曆比纏尫疹實憑諸父苟延視息奄涉三齡父等歸遜殷勤今便親攝百揆且還府司當別處分尋詔曰朕以寡昧夙罹閔凶憂煢在疚罔知攸濟寔賴先帝聖德遺澤所覃宰輔忠賢劬勞王室用能撫和上下肅清內外乃式遵復子歸政告遜辭理懇至邈然難奪便當勵茲空乏親覽機務王尊惟元叔道性淵凝可進位太保領太尉司空北海王季父英明聲略茂舉可大將軍錄尚書事世宗既覽政禧意不安而其國齋帥劉小苟每稱左右言欲誅禧禧聞而歎曰我不負心天家豈應如此由是常懷憂懼加以趙修專寵王公罕得進見禧遂與其妃兄兼給事黃門侍郎李伯尚謀反時世宗幸小平津禧在城西小宅初欲勒兵直入金墉衆懷沮異禧心因緩自旦達晡計不能決遂約不洩而散武興王楊集始出便馳告而禧意不疑乃與臣妾向洪池別墅遣小苟奉啓云檢行田牧小苟至邙嶺已逢軍人怪小苟赤衣將欲殺害小苟困迫言欲告反乃緩之禧是夜宿於洪池大風暴雨拔樹折木禧不知事露其夜或說禧曰殿下集衆圖事見意而停恐必漏洩今夕何宜自寬恐危禍將至禧曰有此軀命應知自惜豈待人言又說曰殿下兒婦已渡河兩頭不相知今俛眉自安不其危乎禧曰初遣去日令如行人渡河聽我動靜我久已遣人追之計今應還而尹仵期與禧長子通已入河內郡列兵仗放囚徒而將士所在追禧禧自洪池東南走僮僕不過數人左右從禧者唯兼防閤尹龍虎禧憂迫不知所爲謂龍虎曰吾憒憒不能堪試作一謎當思解之以釋毒悶龍虎欻憶舊謎云眠則俱眠起則俱起貪如豺狼贓不入已都不有心於規刺也禧亦不以爲諷已因解之曰此是眼也而龍虎謂之是箸渡洛水至栢谷塢從者唯禧二舅及龍虎而已顧謂龍虎曰凡夫尚有節義相爲取死汝可勉心作與太尉公同死計龍虎曰龍虎東野常人遭殿下寬明接處左右今屬危難恨無遠計匡濟聖躬若與殿下同命雖死猶生俄而禧被擒獲送華林都亭世宗親問事源著千斤鏁格龍虎羽林掌衛之初高祖閑宴從容言於禧等我後子孫邂逅不逮汝等觀望輔取之理無令他人有也禧臨盡雖言不次第猶尚泣涕追述先旨然畏迫喪志不能慷慨有所感激也及與諸妹公主等訣言及一二愛妾公主哭且罵之云坐多取此婢輩貪逐財物畏罪作反致今日之事何復囑問此等禧慚而無言遂賜死私第其宮人歌曰可憐咸陽王奈何作事誤金牀玉几不能眠夜蹋霜與露洛水湛湛彌岸長行人那得度其歌遂流至江表北人在南者雖富貴絃管奏之莫不灑泣同謀誅斬者數十人潛瘞禧於北邙絕其諸子屬籍禧之諸女微給資產奴婢自餘家財悉以分賚高肇趙脩二家其餘賜內外百官逮于流外多者百餘匹下至十匹於後禧諸子每乏衣食獨彭城王勰歲中再三賑給之禧有子八人

長子通字曇和竊入河內太守陸琇初與通情既聞禧敗乃殺之

通弟翼字仲和後會赦詣闕上書求葬其父頻年泣請世宗不許翼乃與弟昌曄奔於蕭衍翼與昌申屠氏出曄李妃所生也翼容貌魁壯風制可觀衍甚重之封爲咸陽王翼讓其嫡弟曄衍不許後以爲信武將軍青冀二州刺史鎮郁州翼謀舉州入國爲衍所移昌爲衍直閤將軍翼弟顯和昌弟樹後亦奔於衍顯和卒於江南樹字秀和美姿貌善吐納兼有將略衍尤器之封爲魏郡王後改封鄴王數爲將領窺覦邊服時揚州降衍兵武既衆衍將湛僧珍慮其翻異盡欲殺之樹以家國遂皆聽還衍以樹爲鎮西將軍郢州刺史爾朱榮之害百官也樹聞之乃請衍討榮衍乃資其士馬侵擾境上前廢帝時竊據譙城出帝初詔御史中尉樊子鵠爲行臺率徐州刺史大都督杜德以討之樹城守不下子鵠使金紫光祿大夫張安期往說之樹乃請委城還南子鵠許之樹恃誓約不爲戰備杜德襲擊之擒樹送京師禁於永寧佛寺未幾賜死孝靜時其子貞自建業赴鄴啓求葬樹許之詔贈樹侍中都督青徐兗揚豫五州諸軍事太師司徒公尚書令揚州刺史貞既葬還於江南曄字世茂衍封爲桑乾王拜散騎常侍卒於秣陵初正光中詔曰周德崇厚蔡仲享國漢道仁恕淮南畢王皆所以申恩懿戚錫盡舊賚義彰襃葉詠流前史頃者咸陽京兆王自貽禍敗事由間惑猶有可矜兩門諸子並可聽附屬籍復禧王爵葬以王禮詔曄弟坦襲改封敦城王邑八百戶坦傲佷兇麤從叔安豐王延明責之曰汝兇悖性與身而長昔有宋東海王禕志性凡劣時人號曰驢王我熟觀汝所作亦恐不免驢號莊帝初還復本封武定中爲太師齊受禪爵例降

坦弟昶起家通直散騎常侍琅邪縣開國公邑五百戶莊帝初特封太原王累遷鴻臚卿超拜車騎大將軍儀同三司天平二年薨贈太尉公

子善慧襲齊受禪爵例降

趙郡王幹字思直太和九年封河南王加衞大將軍除侍中中都大官尋授車騎將軍左光祿大夫領吏部尚書所生母薨高祖詔曰太妃韓氏薨逝情以傷慟太妃先朝之世位擬九嬪豫班上族誕我同氣念此孤稚但用感惻明當暫往臨哭可勑外備辦遣侍御史假節監護喪事贈綵八百匹詔曰季世多務情緣理奪幹既居要任銓衡是荷豈容遂其私志致曠所司可遣黃門郎敦諭令勉從王事朕尋當與之相見拜使持節都督南豫郢東荊三州諸軍事征南大將軍開府豫州刺史及車駕南伐以幹爲使持節車騎大將軍都督關右諸軍事給銅虎符十別賜詩書高祖篤愛諸弟以幹總戎別道誡之曰司空穆亮年器可師散騎常侍盧淵才堪詢訪汝其師之尋以蕭賾死班師還洛改封趙郡王除都督冀定瀛三州諸軍事征東大將軍冀州刺史開府如故賜雜物五百段又密賜黃金十斤高祖親餞於近郊詔幹曰夫刑獄之理先哲所難然既有邦國得不自勵也汝我之懿弟當聿修厥德光崇有魏深思遠圖如臨深履薄若恃親重不務世政國有常憲方增悲感高祖詔以李憑爲長史唐茂爲司馬盧尚之爲諮議參軍以匡弼之而憑等諫諍幹殊不納州表斬盜馬人於律過重而尚書以幹初臨縱而不劾詔曰夫刑以節人罪必無濫故刑罰不中民無措足若必以威殺爲良則應汎通衆牧苟須有禁何得不稽之正典又律令條憲無聽新君加戮之文典禮舊章不著始臨專威之美尚書曲阿朕意實傷皇度幹闇於治理律外重刑竝可推聞後轉特進司州牧車駕南討詔幹都督中外諸軍事給鼓吹一部甲士三百人出入殿門幹貪淫不遵典法御史中尉李彪將糾劾之會遇幹於尚書下舍因屏左右而謂幹曰殿下比有風聞即欲起彈恐損聖明委託之旨若改往修來彪當不言脫不悛改夕聞旦發而幹悠然不以爲意彪乃表彈之高祖省之忿惋詔幹與北海王詳俱隨太子詣行在所既至詳獨得朝見幹不蒙引接密令左右察其意色知無憂悔乃親數其過杖之一百免所居官以王還第二十三年薨年三十一給東園祕器斂服十五稱賵帛三千匹諡曰靈王陪葬長陵

子謐世宗初襲封幹妃穆氏表謐母趙等悖禮愆常不遜日甚尊卑義阻母子道絕詔曰妾之於女君猶婦人事舅姑君臣之禮義無乖二妾子之於君母禮加如子之恭何得黷我風政可付宗正依禮治罪謐在母喪聽音聲飲戲爲御史中尉李平所彈遇赦復封除通直散騎常侍加龍驤將軍遷太子中庶子出爲冠軍將軍岐州刺史謐性嚴暴虐下人肅宗初臺使元延到其州界以驛邏無兵攝帥檢覈隊主高保願列言所有之兵王皆私役謐聞而大怒鞭保願等五人各二百數日之間謐召近州夫閉城四門內外嚴固搜掩城中楚掠備至又無事而斬六人合城兇懼衆遂大呼屯門謐怖登樓毀梯以自固土人散走城人分守四門靈太后遣遊擊將軍王靖馳驛諭之城人既見靖至開門謝罪奉送管籥乃罷謐州還除大司農卿又除散騎常侍平北將軍幽州刺史謐妃胡氏靈太后從女也未發坐毆其妃免官後除都官尚書加安南將軍正光四年薨給東園祕器朝服一具衣一襲賵帛五百匹高陽王雍幹之母弟啓論謐故超贈假侍中征南將軍司州牧諡曰貞景子毓字子春襲莊帝初河陰遇害贈衞大將軍儀同三司青州刺史諡曰宣恭無子詔以謐弟譿子寘字景融爲後襲爵及寘伯諶復封趙郡改封平昌王齊受禪爵例降

謐兄諶字興伯性平和自通直正員郎遷太子庶子司空司馬鴻臚少卿遷後將軍肆州刺史固辭不拜改授平南將軍光祿少卿轉黃門侍郎進號安南將軍光祿大夫出爲散騎常侍中軍將軍相州刺史罷州除宗正卿都官尚書以親例封上蔡縣開國公食邑四百戶讓而不受莊帝初拜車騎將軍儀同三司尚書左僕射封魏郡王食邑一千戶又加侍中諶本年長應襲王封其父靈王寵愛其弟謐以爲世子莊帝詔復諶封趙郡王進號驃騎大將軍加開府遷司空公出帝時轉太保司州牧太尉公又遷太師錄尚書事孝靜初爲大司馬三年薨贈假黃鉞侍中都督冀州刺史諡曰孝懿諶無他才識歷位雖重時人忽之

子煒襲齊受禪爵例降

謐弟譚頗強立少爲宗室所推敬自羽林監出爲高陽太守爲政嚴斷豪右畏之肅宗初入爲直閤將軍歷太僕宗正少卿加冠軍將軍元法僧外叛詔譚爲持節假左將軍別將以討之徐州平遷光祿少卿行南兗州事征虜將軍涇州刺史入爲武衞將軍尋詔譚爲都督以

討杜洛周次於軍都爲洛周所敗還除安西將軍秦州刺史卒贈撫軍將軍儀同三司青州刺史

諶弟讞爲人貪暴無禮自羽林監遷司徒主簿肅宗時除正員郎稍遷左將軍太中大夫封平鄉縣開國男邑二百戶莊帝初河陰遇害贈車騎大將軍儀同三司定州刺史

子景暄直閤將軍從出帝沒於關西

讞弟讜羽林監直閤將軍早卒賵帛五百匹贈鎮遠將軍恒州刺史

廣陵王羽字叔翻太和九年封加侍中征東大將軍爲外都大官羽少而聰慧有斷獄之稱後罷三都羽爲大理加衛將軍典決京師獄訟微有聲譽遷特進尚書左僕射又爲太子太保錄尚書事高祖將南討遣羽持節安撫六鎮發其突騎夷人寧悅還領廷尉卿車駕既發羽與太尉丕留守加使持節語在丕傳高祖友愛諸弟及將別不忍早分詔羽從至鴈門乃令羽歸望其稱効故賜如意以表心遷都議定詔羽兼太尉告于廟社遷京之後北蕃人夷多有未悟羽鎮撫代京內外肅然高祖嘉之十八年春羽表辭廷尉不許羽奏外考令文每歲終州鎮列牧守治狀及至再考隨其品第以彰黜陟去十五年中在京百寮盡已經考爲三等此年便是三載雖外有成令而內令未班內外考察理應同等臣輒推準外考以定京官治行詔曰雖內考未宣績已久著故明堂月令載公卿大夫論考屬官之治職區分著三公疑尚書三載殿最之義此之考內已爲明矣但論考之事理在不輕問績之方應關朕聽輒爾輕發殊爲躁也每考之義應在年終既云此年何得春初也今始維夏且待至秋後高祖臨朝堂議政事謂羽曰遷都洛陽事格天地但汝之迷徒未開沉鄣耳朕家有四海往來何難朕初發洛陽敎示永壽皆謂分別比自來後諸處分之事已差前勅今舉大功寧爲虛費且朕無周召之弟豈容宴安日逸今便北巡遷留之事當稱朕懷後高祖臨朝堂謂羣臣曰兩儀既闢人生其間故上天不言樹君以代是以書稱三考之績禮云考成之章自皇王以降斯道靡易朕以寡德猥荷洪基思與百辟允釐庶務然朕識乏知人不能使朝絕素餐之譏野無考槃之刺夙宵寤寐載懷怵惕卿等皆是朝賢國彥匡弼是寄各率乃心以旌考績之義如乖忠正國有常刑賢者雖疎必進不肖者雖親必黜顧謂羽曰上下二等可爲三品中等但爲一品所以然者上下是黜陟之科故旌絲髮之美中等守本事可大通羽先呈廷尉五局司直高祖曰夫刑獄之難實惟自古必也斷訟夫子所稱然五局所司專主刑獄比聞諸風聽多論五局不精知人之難朕豈獨決當與羣臣同之卿等各陳所聞高祖謂羽及少卿鄧述曰五局司直卿等以何爲品羽對曰諸司直竝簡聖心往者百官初置擢爲獄官聽訟察辭無大差越所以爲二等者或以視事甫爾或以見機遲速朝廷既有九品之制故計其絲髮之差以爲品第統論所得大都相似高祖曰朕頃年以其人識見可取故簡司獄官小優劣不足爲差然廷尉所司人命之本事須心平性正抑彊哀弱不避貴勢直情折獄者可爲上等今正欲聽採風謠虛實難悉正欲不採事無所據然人言惡者未必是惡言善者不必是善所以然者或斷訟不避豪貴故人以爲惡或將勢抑賤貴人以爲好然關朕之聽皆貴者言是以遲迴三復良由於此局事須冰清玉潔明揚褒貶卿等既是親典邪正得失悉所具之可精辨以聞鄧述對曰陛下行賞得人餘者甘心若實不盡能無以勸勵如臣愚見願不行賞高祖曰朕昔置此官許三年考績必行賞罰既經今考若無黜陟恐正直者莫肯用心邪曲者無以改肅自非釋之于公何能盡其至理雖不可精其徵致且望粗有殿最諸尚書更與羣官善量所以高祖謂尚書等曰朕仰纂乾構君臨萬宇往者稽古典章樹茲百職然尚書之任樞機是司豈惟總括百揆緝和人務而已朕之得失寔在於斯自卿等在任年垂二周未嘗言朕之一失獻可否之片規又未嘗進一賢而退一不肖此二事罪之大者高祖又謂羽曰汝之淺薄固不足以況晉之巨源考之今世民斯下矣汝始爲廷尉及初作尚書內外瞻望以吾有弟自往秋南旆之後近小人遠君子在公阿黨虧我皇憲出入無章動乖禮則計汝所行應在下下之第高祖又謂羽曰汝既是宸極之弟而居樞端之任汝自在職以來功勤之績不聞於朝阿黨之音頻干朕聽汝之過失已備積於前不復能別敘今黜汝錄尚書廷尉但居特進太保又謂尚書令陸叡曰叔翻在省之初甚有善稱自近以來偏頗懈怠豈不由卿等隨其邪僞之心不能相導以義雖不成大責已致小罰今奪卿尚書令祿一周謂左僕射元贊曰卿夙德老成久居機要不能光贊物務奬勵同寮賊人之謂豈不在卿計叔翻之黜卿應大辟但以咎歸一人不復相罪又爲少師未允所授今解卿少師之任削祿一周詔吏部尚書澄曰叔父既非端右又非座元豈宜濫歸衆過也然觀叔父神志驕傲少保之任似不能存意可解少保謂長兼尚書于杲曰卿履歷卑淺超升名任不能勤謹夙夜數辭以疾長兼之職位亞正員今解卿長兼可光祿大夫守尚書削祿一周又謂守尚書尉羽曰卿在集書殊無憂存左史之事今降爲長兼常侍亦削祿一周又謂守尚書盧淵曰卿始爲守尚書未合考績然卿在集書雖非高功爲一省文學之士嘗不以左史在意如此之咎罪無所歸今降卿長兼王師守常侍尚書如故奪常侍祿一周謂左丞公孫良右丞乞伏義受曰二丞之任所以協贊尚書光宣出納而卿等不能正心直言規佐尚書論卿之罪應合大辟但以尚書之失事鍾叔翻故不能別致貶責二丞可以白衣守本官冠服祿恤盡皆削奪若三年有成還復本任如其無成則永歸南畝又謂散騎常侍元景曰卿等自任集書合省逋墮致使王言遺滯起居不修如此之咎責在於卿今降爲中大夫守常侍奪祿一周謂諫議大夫李彥曰卿雖處諫議之官實人不稱職可去諫議退爲元士又謂中庶子游肇等曰自建承華已經一稔然東宮之官無直言之士雖未經三載事須考黜肇及中舍人李平識學可觀可爲中安樂王詮可爲下中解東華之任退爲員外散騎常侍馮夙可爲下下免中庶子免爵兩任員外常侍如故中舍人閭賢保可爲下下退爲武騎常侍又謂公孫良曰頃年用人多乖觀才之授實是武人而授以文官黜同大例於理未均諸如此比黜官如初高祖引陸叡元贊等於前曰北人每言北人何用知書朕聞此深用憮然今知書者甚衆豈皆聖人朕自行禮九年置官三載正欲開導兆人致之禮教朕爲天子何假中原欲令卿等子孫博見多知若永居恒北值不好文主卿等子孫不免面牆也陸叡對曰實如明詔金氏若不入仕漢朝七世知名亦不可得也高祖太悅及五等開建羽食渤海之東光二千戶車駕南伐羽進號衛將軍除使持節都督青齊光南青四州諸軍事征東大將軍開府青州刺史以留守代京之功增邑五百戶高祖幸羽第與諸弟言曰朕昨親受人訟始知廣陵之明了咸陽王禧對曰臣年爲廣陵兄明爲廣陵弟高祖曰我爲汝兄汝爲羽昆汝復何恨又曰叔翻沉疴緜惙遂有辰歲我每爲深憂恐其不振今得痊愈晚成婚媾且喜其吉慶故命駕耳高祖親餞之華林園後詔羽曰吾因天歷運乘時樹功開荊拓沔威振楚越時暨三炎息駕汝潁勢臨荊徐聲遏江外未容解甲凱入三川纂兵修律俟秋方舉海服之寄故惟宗良善開經策寧我東夏敬慎汝儀勿墜嘉問唯酒唯田可不戒歟加散騎常侍進號車騎大將軍餘如故世宗即位遷司州牧常侍如故羽頻表辭牧至于三四詔不許世宗覽政引羽入內面授司徒羽辭曰彥和本自不願而陛下彊與今新去此官而以臣代之必招物議季豫既轉取之無嫌請爲司空世宗猶彊焉固辭乃許之羽先婬員外郎馮俊興妻夜因私遊爲俊興所擊積日祕匿薨於府年三十二世宗親臨哀慟詔給東園溫明祕器朝服一具衣一襲錢六十萬布一千匹蠟三百斤大鴻臚護喪事大殮帝親臨之舉哀都亭贈使持節侍中驃騎大將軍司徒公冀州刺史給羽葆鼓吹班劒四十人謚曰惠及葬帝親臨送子恭襲語在紀

恭兄欣字慶樂性麤率好鷹犬肅宗初除通直散騎常侍北中郎將出爲冠軍將軍荊州刺史轉征虜將軍齊州刺史欣在二州頗得人和又爲征東將軍太僕卿孝莊初封沛郡王邑一千戶後改封淮陽王出帝時加太師開府復封廣陵王除太傅司州牧尋除大司馬隨出帝沒於關中

欣弟永業普泰元年特封高密郡王食邑二千戶武定末金紫光祿大夫齊受禪爵例降

高陽王雍字思穆少而倜儻不恒高祖曰吾亦未能測此兒之深淺然觀其任眞率素或年器晚成也太和九年封潁川王加侍中征南大將軍或說雍曰諸王皆待士以營聲譽王何以獨否雍曰吾天子之子位爲諸王用聲名何爲久之拜中護軍領鎮北大將軍改封高陽奉遷七廟神主於洛陽五等開建食邑二千戶車駕南伐雍行鎮軍大將軍總攝留事還衞尉加散騎常侍除使持節鎮北將軍相州刺史常侍如故高祖誡雍曰相州乃是舊都自非朝賢德望無由居此是以使汝作牧爲牧之道非難非易其身正不令而行故便是易其身不正雖令不從故便是難又當愛賢士存信約無用人言而輕與奪也進號征北將軍世宗初遷使持節都督冀相瀛三州諸軍事征北大將軍開府冀州刺史常侍如故雍在二州微有聲稱入拜驃騎大將軍司州牧世宗時幸雍第皆盡家人之禮遷司空公議定律令雍常入參大議轉太尉公加侍中時雍以旱故再表遜位優詔不許除太保領太尉侍中如故世宗行考陟之法雍表曰竊惟三載考績百王通典今任事上中者三年升一階散官上第者四載登一級閑冗之官本非虛置或

以賢能而進或因累勤而舉如其無能不應忝茲高選既其以能進之朝伍或任官外戍遠使絕域催督逋懸察檢州鎭皆是散官以充劇使及於考陟排同閑伍檢散官之人非才皆劣稱事之輩未必悉賢而考閑以多年課煩以少歲上乖天澤之均下生不等之苦又尋景明之格無折考之文正始之奏有與奪之級明參差之考非聖慈之心改典易常乃有司之意又尋考級之奏委於任事之手涉議科勤絕於散官之筆遂使在事者得展自勤之能散輩者獨絕披衿之所抑以上下之閑限以旨格之判致使近侍禁職抱槃屈之辭禁衞武夫懷不申之恨欲勉平四海何以獲諸又散官在直一玷成尤銜使愆失差毫卽坐徽纆所逮未以事閑優之節慶之賚不以祿微加賞罪殿之犯未殊任事考陟之機推年不等臣聞君舉必書書而不法後代何觀詩云王事靡盬不遑啓處又曰豈不懷歸畏此簡書依依楊柳以敘治兵之役霏霏雨雪又申振旅之勤若折往來日月便是採薇杕杜之歌罷又任事之官吉凶請假定省掃拜動歷十旬或因患重請動輒經歲征役在途勤泰百倍苦樂之勢非任事之倫在家私閑非理務之日論優語劇先宜折之武人本挽上格者爲羽林次格者爲虎賁下格者爲直從或累紀征戍靡所不涉或帶甲連年負重千里或經戰損傷或年老衰竭今試以本格責其如初有爽於先退階奪級此便責以不衰理未通也又蕃使之人必抽朝彥或歷嶮千餘或履危萬里登有死亡之憂咸懷不返之感魂骨奉忠以尸將命先朝賞格酬以爵品今朝改式止及階勞折以代考有乖使望非所以獎勵皇華而敦崇四牡者也復尋正始之格汎後任事上中者三年升一階汎前任事上中者六年進一級三年一考自古通經今以汎前六年昇一階檢無愆犯倍年成級以此推之明以汎代考新除一日同霑階榮下第之人因汎上陟上第之士由汎而退臣又見部尉資品本居流外刊諸明令行之已久然近爲里巷多盜以其威輕不肅欲進品清流以壓姦宄甄深啓云爲法者施而觀之不便則改竊謂斯言有可採用聖慈昭覽更高宰尉之秩今考格始宣懷怨者衆臣竊觀之亦謂不可有光國典改之何難世宗乃引雍共論時務肅宗初詔雍入居太極西柏堂諮決大政給親信二十人又詔雍爲宗師進太傅侍中領太尉公王如故別勑將作營國子學寺給雍居之領軍于忠擅權專恣僕射郭祚勸雍出之忠怒矯詔殺祚及尚書裴植廢

雍以王歸第朝有大事使黃門郎就諮訪之忠尋復矯詔將欲殺雍以問侍中崔光光拒之乃止未幾靈太后臨朝出忠爲冀州刺史雍表曰臣初入柏堂見詔旨之行一由門下而臣出君行不以悛意每覽傷矜視之慊目深知不可不能禁制臣之罪一也臣近忝內樞兼尸師傅宜保護聖躬溫凊晨夕而于忠身居武司禁勒自在限以內外朝謁簡絕皇居寢食所在不知社稷安危又亦不預出入柏堂尸位而已臣之罪二也忠規欲殺臣賴在事執拒又令僕卿相任情進黜遷官授職多不經旬斥退賢良專納心腹威振百寮勢傾朝野臣見其如此欲出忠爲雍州刺史鎭撫關右在心未行反爲忠廢忝官尸祿孤負恩私臣之罪三也先帝升遐儲宮纂統斯乃君父之恒謨臣子之永則加賞之義自古無之忠既人臣受恩先帝喪禍之際竭節是常迎陛下於東宮臣下之恒事如其不爾更欲何爲而忠意氣凌雲坐要封爵爾日抑之交恐爲禍臣以權臣所欲不敢輒違卽集王公卿士議其多少清河王臣懌先帝懿弟識度寬明臨泉唱議非以勤而賞之憚違權臣之旨望顏而授臣知不可因而從之臣之罪四也忠秉權門下且居宰執又總禁旅爲崇訓衞尉身兼內外橫于宮掖臣之罪五也古者重罪必令三公會期至旬日所以重死刑也先帝登極十有七年細人犯刑猶寬憲墨朝廷貴仕不戮一人今陛下踐阼年未半周殺僕射尚書如夭一草是忠秉權矯旨擅行誅戮臣知不能救臣之罪六也臣位荷師相年未及終難恕之罪顯露非一何情以處何顏以生雖經恩宥猶有餘責謹反私門伏聽司敗靈太后感忠保護之勳不問其罪增雍封一千戶除侍中太師又加使持節以本官領司州牧雍表請王公以下賤妾悉不聽用織成錦繡金玉珠璣違者以違旨論奴婢悉不得衣綾綺纈止於縵繒而已奴則布服並不得以金銀爲釵帶犯者鞭一百太后從之而不能久行也詔雍乘步挽出入掖門又以本官錄尚書事雍頻表辭遜優答不許詔侍中敦諭詔雍朝夕侍講肅宗覽政除使持節司州牧侍中太師錄尚書如故肅宗加元服雍兼太保與兼太尉崔光攝行冠禮詔雍乘車出入大司馬門進位丞相給羽葆鼓吹倍加班劒餘悉如故又賜帛八百疋與一千人供具催令速拜詔雍依齊郡順王簡太和故事朝訖引坐特優拜伏之禮總攝內外與元乂同決庶政歲祿萬餘粟至四萬伎侍盈房諸子璠晃榮貴之盛昆弟莫及焉元妃盧氏薨後更納博陵崔顯

妹甚有色寵欲以爲妃世宗初以崔氏世號東崔地寒望劣難之久乃聽許延昌已後多幸妓侍近百許人而疎弃崔氏別房幽禁不得關豫內政僅給衣食而已至乃左右無復婢使子女欲省其母必啓聞許乃得見未幾崔暴薨多云雍毆殺之也靈太后許賜其女妓未及送之雍遣其閹豎丁鸞自至宮內料簡四口冒以還第太后責其專擅追停之孝昌初詔曰比相府弗開陰陽未變王秉哲居宗勳望隆重道庇蒼生威被華裔體國猶家匪躬在節可開府置佐史尋罷司徒以爲丞相府孝莊初爾朱榮欲害朝士遂云雍將謀逆於河陰遇害贈假黃鉞相國諡文穆王雍識懷短淺又無學業雖位居朝首不爲時情所推既以親尊地當宰輔自熙平以後朝政褫落不能守正匡弼唯唯而已及清河王懌之死元乂專政天下大責歸焉

嫡子泰字昌顯有時譽爲中書侍郎尋遷通直散騎常侍鎭東將軍太常卿與雍同時遇害追贈侍中特進驃騎大將軍太尉公武州刺史高陽王諡曰文孝

子斌襲武定中官至尚書右僕射齊受禪爵例降

泰兄端字宣雅美容貌頗涉書史起家散騎侍郎累遷通直常侍鴻臚太常少卿散騎常侍出爲安東將軍青州刺史是時蕭衍遣將寇逼徐揚除端撫軍將軍金紫光祿大夫使持節東南道大使處分軍機賊平拜鎭軍將軍兗州刺史俄而衍將復寇徐兗圍逼州城端率在州文武拒守得全以功封安得縣開國公食邑五百戶還除都官尚書與雍俱遇害贈車騎大將軍儀同三司相州刺史子峻襲爵齊受禪例降

泰弟叡字子哲輕忽榮利愛翫琴書起家拜通直散騎侍郎遷衞尉少卿轉光祿少卿封濟北郡王與雍俱遇害贈車騎大將軍司空公雍州刺史

子徽普泰中襲爵起家通直郎武定五年坐與元瑾等謀反伏法

叡弟誕字文發少聰慧有風儀起家通直郎遷中書侍郎通直散騎常侍封新陽縣開國伯食邑三百戶加龍驤將軍進封昌樂王食邑七百戶遷平南將軍散騎常侍黃門侍郎孝靜初拜侍中車騎大將軍儀同三司司州牧天平三年薨贈使持節侍中太保司徒公尚書令將軍牧如故諡曰文獻無子以斌第二子亮爲後

誕弟勸乂勸乂弟亶亶弟伏陁伏陁弟彌陁彌陁弟僧育僧育弟居羅出帝初勸乂封陽平縣亶封濮陽縣伏陁封武陽縣彌陁封新陽縣僧育封頓丘縣居羅封衞縣竝開國伯食邑四百戶天平中竝除鎭遠將軍散騎侍郎僧育走關西國除其餘齊受禪爵例降

北海王詳字季豫美姿容善舉止太和九年封加侍中征北大將軍後拜光祿大夫解侍中將軍又兼侍中從高祖南伐爲散騎常侍高祖自洛北巡詳常與侍中彭城王勰竝在輿輦陪侍左右至高宗射銘之所高祖停駕詔諸弟及侍臣皆試射遠近唯詳箭不及高宗箭所十餘步高祖嘉之拊掌欣笑遂詔勒銘親自爲制五等開建食邑二千戶遷侍中轉祕書監車駕南伐詳行中領軍留守給鼓吹一部甲仗三百人兼督營構之務高祖賜詳璽書曰比遊神何業也丘墳六籍何事非娛善正風猷肅是禁旅詳後朝於行宮高祖引見之詳慶平沔北高祖曰朕以叢南未清神麾暫動沔北數城竝皆柔服此乃將士之效非朕之功詳對曰陛下德邁唐虞功微周漢自南之風於是乎始詳還洛高祖餞之詔詳曰昔者淮夷叛命故有三年之舉鬼方不令乃致淹載之師況江吳竊命于今十紀朕必欲蕩滌南海然後言歸今夏停此故與汝相見善守京邑副我所懷趙郡王幹薨以詳行司州牧除護軍將軍兼尚書左僕射高祖臨崩顧命詳爲司空輔政世宗卽位以詳有營構之勤增邑一千戶詳以帝居諒闇不受世宗覽政遷侍中大將軍錄尚書事咸陽王禧之謀反也詳表求解任詔曰一人之身愆不累德形乖性別忠逆固殊是以父殛子興義高唐世弟戮兄登迹顯周魯禧之與國異體同氣既肆無君之逆安顧弟友之親叔父忠顯二朝誠貫廟社寔勗贊沖昧保乂鴻猷豈容以微介之慮忘阿衡之重貂章卽己勑還願不再述祚屬眇躬言及斯事臨紙慙恨惋慨兼深詳重表陳解詔復不許除太傅領司徒侍中錄尚書事如故詳固辭詔遣敦勸乃受詳與八座奏曰竊惟姦劫難除爲蠹日久郡盜作患有國攸病故五刑爲用猶陷觸網之誅道幾勝殘寧息狗竊之響是以班制垂式名爲治本整網提目政之大要謹尋奪祿事條班已周歲然京邑尹令善惡易聞邊州遠守或難聽審皆上下同情迭相掩沒設有賊發隱而不言或以劫爲偷或過掠成盜更令賊發雖知壤竊惟甚臣等參議若依制削奪則縣無朞月之宰附條貶黜郡靡歲稔之守此制必行所謂法令滋章盜賊多有昔黃龔變風不由削祿張趙稱美豈憚貶退然綏導之體得失在人乃可重選慎官依律劾禁不宜輒改法令削黜群司今請改制條還附律處其屬己公清賞有常典風謠穢賄

案爲考第世宗從之詳之拜命其夜暴風震電拔其庭中桐樹大十圍倒立本處初世宗之覽政也詳聞彭城王勰有震主之慮而欲奪其司徒大懼物議故爲大將軍至是乃居之天威如此識者知其不終世宗講武於鄴詳與右僕射高肇領軍于勁留守京師初太和末詳以少弟延愛景明初復以季父崇寵位望兼極百寮憚之而貪冒無厭多所取納公私營販侵剥遠近嬖狎羣小所在請託珍麗充盈聲色侈縱建飾第宇開起山池所費巨萬矣又於東掖門外大路之南驅逼細人規占第宅至有喪柩在堂請延至葬而不見許乃令輿櫬巷次行路哀嗟詳母高大妃頗亦助爲威虐親命毆擊怨響嗷嗷妃宋王劉昶女不見答禮寵妾范氏愛等伉儷及其死也痛不自勝乃至葬訖猶毀遂視之表請贈平昌縣君詳又蒸於安定王燮妃高氏高氏卽茹皓妻姊嚴禁左右閉密始末詳既素附於皓又緣婭好往來綢密皓之取妻也詳親至其家忻飲極醉詳雖貪侈聚斂朝野所聞而世宗禮敬尚隆憑寄無替軍國大事總而裁決每所敷奏事皆協允詳常別住華林園之西隅與都亭宮館密邇相接亦通後門世宗每潛幸其所肆飲終日其寵如此又詳拜受因其私慶啓請世宗世宗頻幸南第御其後堂與高太妃相見呼爲阿母伏而上酒禮若家人臨出高每拜送舉觴祝言願官家千萬歲壽歲歲一至妾母子舍也初世宗之親政也詳與咸陽王禧彭城王勰竝被召入共乘犢車防衛嚴固高時遑迫以爲詳必死亦乘車傍路哭而送至金墉及詳得免高云自今而後不願富貴但令母子相保共汝掃市作活也至此貴寵崇盛不復言有禍敗之理後爲高肇所譖云詳與皓等謀爲逆亂于時詳在南第世宗召中尉崔亮入禁勑糾詳貪婬及茹皓劉胄常季賢陳掃靜等專恣之狀亮乃奏詳貪害公私婬亂典禮朝廷比以軍國費廣禁斷諸蕃雜獻而詳擅作威令命寺署酬直驅奪人業崇侈私第蒸穢無道失尊卑之節塵敗軍章虧風教之紀請以見事免所居官爵付鴻臚削奪輒下禁止付廷尉治罪并劾皓等夜卽收禁南臺又虎賁百人圍守詳第慮其驚懼奔越遣左右郭翼開金墉門馳出諭之示以中尉彈狀詳母高見翼頓首號泣不自勝詳言審如中尉所糾何憂也正恐更有大罪橫至耳人奉我珍異貨物我實愛之果爲取受吾何憂乎私以自寬至明皓等皆賜死引高陽王雍等五王入議詳罪單車防守還華林之館母妻相與哭入所居小奴弱婢數人隨從官防甚嚴終夜擊柝列坐圍守外內不通世宗爲此不幸圍十餘日徙詳就太府寺圍禁彌切詔曰王位兼台輔親懿莫二朝野屬賴具瞻所歸不能勵德存道宣融軌訓方乃肆茲貪覩穢暴顯聞遠負先朝友愛之寄近乖家國推敬所期理官執憲寔合刑典天下爲公豈容私抑但朕諸父傾落存者無幾便極遽坐情有未安可免爲庶人別營坊館如法禁衛限以終身邦家不造言尋感慨遂別營館於洛陽縣東北隅二旬而成將徙詳居之會其家奴數人陰結黨輩欲以劫出詳密抄名字潛託侍婢通於詳詳始得執省而門防主司遙見突入就詳手中攬得呈奏至夜守者以聞詳哭數聲而暴死詳自至太府令其母妻還居南宅五日一來與其相見此夜母妻不在死於婢手中至明告其凶問詔曰北海叔奄至傾背痛慕抽慟情不自任明便舉哀可勑備辦喪還南宅諸王皇宗悉令奔赴給東園祕器賵物之數一依廣陵故事詳之初禁也乃以蒸高事告母母大怒詈之苦切曰汝自有妻妾侍婢少盛如花何忽共許高麗婢姦通令致此罪我得高麗當噉其肉乃杖詳背及兩脚百餘下自行杖力疲乃令奴代高氏素嚴詳每有微罪常加責罰以絮裹杖至是去絮皆至瘡膿詳苦杖十餘日乃能立又杖其妃劉氏數十云新婦大家女門戶匹敵何所畏也而不檢校夫婿婦人皆妬獨不妬也劉笑而受罰卒無所言詳貪淫之失雖聞遠近而死之日罪無定名遠近歎怪之停殯五載永平元年十月詔曰故太傅北海王體自先皇特鍾友愛受遺訓輔沖昧攸託不圖暮節將德終缺哀榮便可追復王封剋日營厝少慰幽魂以旌陰疑戚諡曰平王

子顥字子明襲少慷慨有壯氣除龍驤將軍通直散騎常侍轉宗正卿光祿大夫長兼宗正卿散騎常侍平東將軍轉都官尚書加安南將軍出除散騎常侍撫軍將軍徐州刺史尋爲御史彈劾除名其後賊帥宿勤明達叱干騏驎等寇亂豳華諸州乃復顥王爵以本將軍加使持節假征西將軍都督華豳東秦諸軍事兼左僕射西道行臺以討明達顥轉戰而前頻破賊衆解豳華之圍以功增封八百戶進號征西將軍又除尚書右僕射持節行臺都督如故尋遷車騎大將軍儀同三司餘如故值蕭寶夤等大敗於平涼顥亦奔還京師於時葛榮南進稍逼鄴城武泰初以顥爲侍中驃騎大將軍開府儀同三司相州刺史以禦榮顥至汲郡屬爾朱榮入洛推奉莊帝詔授顥太傅開府侍中刺史王竝如故顥以葛榮南侵爾朱縱害遂盤桓顧望圖自安之策先是顥啓其舅范遵爲殷州刺史遵以葛榮克逼未得行顥令遵權停於鄴顥既懷異謀乃遣遵行相州事代前刺史李神爲己表裏之援相州行臺甄先受朝旨委其守鄴知顥異圖恐遵爲變遂相率廢遵還推李神攝理州事然後遣軍侯顥逆順之勢顥以事意不諧遂與子冠受率左右奔於蕭衍顥見衍泣涕自陳言辭壯烈衍奇之遂以顥爲魏王假之兵將令其北入永安二年四月於梁國城南登壇燔燎號孝基元年莊帝詔濟陰王暉業爲都督於考城拒之爲顥所擒又剋行臺楊昱於滎陽爾朱世隆自虎牢走退莊帝北幸顥遂入洛改稱建武元年顥以數千之衆轉戰輒剋據有都邑號令自己天下人情想其風政而自謂天之所授頗懷驕怠宿昔賓客近習之徒咸見寵待干擾政事又日夜縱酒不恤軍國所統南兵凌竊市里朝野莫不失望時又酷斂公私不安莊帝與爾朱榮還師討顥自於河梁拒戰王師渡於馬渚冠受戰敗被擒因相繼而敗顥率帳下數百騎及南兵勇健者自轘轅而出至臨潁顥部騎分散爲臨潁縣卒所斬出帝初贈使持節侍中都督冀定相殷四州諸軍事驃騎大將軍大司馬冀州刺史武定中子娑羅襲齊受禪爵例降

顥弟頊字寶意起家爲通直郎轉中書郎歷武衛將軍光祿少卿黃門郎出除平北將軍相州刺史爲大宗正卿封平樂縣開國公食邑八百戶莊帝初拜侍中車騎將軍封東海王食邑千戶俄遷中書監左光祿大夫兼尚書右僕射又拜車騎大將軍加侍中頊無他才幹以親屬早居重任兄顥入洛成敗未分便以意氣自得爲時人所笑顥敗潛竄爲人執送斬於都市出帝初贈侍中都督雍華岐三州諸軍事驃騎大將軍太尉公尚書令雍州刺史

子衍襲爵武定中通直散騎侍郎齊受禪爵例降

史臣曰顯祖諸子俱聞道於太和之日咸陽望重位隆自猜謀亂趙郡愆於王度終諡曰靈廣陵夙稱明察不幸中天惜矣高陽器術缺然終荷棟幹孝昌之叛蓋不足以責之北海義昧鶺鴒奢淫自喪雖禍由間言亦自貽伊戚顥取若拾遺亡不旋踵豈守之無術其天將覆之

魏書卷二十一上考證

趙郡王幹傳銓衡是荷○荷一本作何

北海王詳傳閉密始末○閉一本作秘

魏書卷二十一下

齊　魏收　撰

列傳第九下

獻文六王

彭城王

彭城王勰字彥和少而岐嶷姿性不羣太和九年封始平王加侍中征西大將軍勰生而母潘氏卒其年顯祖崩及有所知啓求追服文明太后不許乃毀瘠三年弗參吉慶高祖大奇之敏而耽學不舍晝夜博綜經史雅好屬文高祖革創解侍中將軍拜光祿大夫復除侍中長直禁內參決軍國大政萬機之事無不預焉及車駕南伐以勰行撫軍將軍領宗子軍宿衛左右開建五等食邑二千戶轉中書令侍中如故改封彭城王高祖與侍臣升金墉城顧見堂後梧桐竹曰鳳凰非梧桐不棲非竹實不食今梧桐竹竝茂詎能降鳳乎勰對曰鳳凰應德而來豈竹梧桐能降高祖曰何以言之勰曰昔在虞舜鳳凰來儀周之興也鸑鷟鳴於岐山未聞降桐食竹高祖笑曰朕亦未望降之也後宴侍臣於清徽堂日宴移於流化池芳林之下高祖曰向宴之始君臣肅然及將末也醺情始暢而流景將頹竟不盡適戀戀餘光故重引卿等因仰觀桐葉之茂曰其桐其椅其實離離愷悌君子莫不令儀今林下諸賢足敷歌詠遂令黃門侍郎崔光讀暮春羣臣應詔詩至勰詩高祖乃爲之改一字曰昔祁奚舉子天下謂之至公今見勰詩始知中令之舉非私也勰對曰臣露此拙方見聖朝之私賴蒙神筆賜刊得有令譽高祖曰雖琢一字猶是玉之本體勰曰臣聞詩三百一言可蔽今陛下賜刊一字足以價等連城勰表解侍中詔曰蟬貂之美待汝而光人乏之秋何容方退也克念作聖庶必有資耳後幸代都次于上黨之銅鞮山路旁有大松樹十數根時高祖進繖遂

行而賦詩令人示勰曰吾始作此詩雖不七步亦不言遠汝可作之比至吾所令就之也時勰去帝十餘步遂且行且作未至帝所而就詩曰問松林松林經幾冬山川何如昔風雲與古同高祖大笑曰汝此詩亦調責吾耳詔曰弟勰所生母潘早齡謝世顯號未加勰禰與身具痛隨形起今因其展思有足悲矜可贈彭城國太妃以慰存亡又除中書監侍中如故高祖南討漢陽假勰中軍大將軍加鼓吹一部勰以寵受頻煩乃面陳曰臣聞兼親疏而兩並異同而建此旣成文於昔臣願誦之於後陳思求而不允愚臣不請而得豈但今古云殊遇否人異非獨曹植遠羡於臣是亦陛下踐魏文而不顧高祖大笑執勰手曰二曹才名相忌吾與汝以道德相親緣此而言無慙前烈汝但克己復禮更何多及高祖親講喪服於清徽堂從容謂羣臣曰彥和季豫等年在蒙稚早登纓紱失過庭之訓並未習禮每欲令我一解喪服自審義解浮疎抑而不許頃因酒醉坐脫爾言從故屈朝彥遂親傳說將臨講坐慙戰交情御史中尉李彪對曰自古及今未有天子講禮陛下聖叡淵明事超百代臣得親承音旨千載一時從征沔北賜帛三千匹除使持節都督南征諸軍事中軍大將軍開府又詔曰明便交敵可勅將士肅爾軍儀勰於是親勒大衆須臾有二大鳥從南而來一向行宮一向府幕各爲人所獲勰言於高祖曰始有一鳥望旗顚仆臣謂大吉高祖戲之曰鳥之畏威豈獨中軍之略也吾亦分其一爾此乃大善兵法咸說至明便大破崔慧景蕭衍其夜大雨高祖曰昔聞國軍獲勝每逢雲雨今破新野南陽及摧此賊果降時潤誠哉斯言勰對曰水德之應遠稱天心高祖令勰爲露布勰辭曰臣聞露布者布於四海露之耳目必須宣揚威略以示天下臣小才豈足大用高祖曰汝豈獨親詔亦爲才達但可爲之及就尤類帝文有人見者咸謂御筆高祖曰汝所爲者人謂吾製非兄則弟誰能辨之勰對曰子夏被嗤於先聖臣又荷責於來今及至豫州高祖爲家人書於勰曰教風密微禮政嚴嚴若不深心日勸何以敬諸每欲立一宗師肅我元族汝親則宸極位乃中監風標才器實足師範屢有口勅仍執沖遜難違清挹荏苒至今宗制之重捨汝誰寄便委以宗儀責成汝躬有不遵教典隨事以聞吾別肅治之若宗室有愆隱而不舉鍾罰汝躬綱維相厲庶有勤敗吾朝聞夕逝不爲恨也勰翌日面陳曰奉詔令專主宗制糾舉非違臣聞其身正不令而行其身不正雖令不從臣處宗乏長幼之順接物無國士之禮每因啓請已蒙哀借不謂今詔終不矜免猶願聖慈賜垂鑒遂高祖曰汝諧往欽哉勰表以一歲國秩職俸親恤以裨軍國詔曰割身存國理爲遠矣但汝亦我乃減已助國職俸便停親國二事聽三分受一高祖不豫勰內侍醫藥外總軍國之務遐邇肅然人無異議徐謇當世之上醫也先是假還洛陽及召至勰引之別所泣涕執手而謂之曰君今世元化至尊氣力危惙願君竭心專思方治若聖體日康令四海有賴當獲意外之賞不然便有不測之誅非但榮辱乃存亡由此君其勉之左右見者莫不嗚咽及引入謇便欲進治勰以高祖神力虛弱唯令以食味消息勰乃密爲壇於汝水之濱依周公故事告天地顯祖請命乞以身代高祖翊日有瘳損自懸瓠幸鄴勰常侍坐輿輦晝夜不離於側飲食必先嘗之而後手自進御車駕還京會百寮於宣極堂行飲至策勳之禮命舍人宣旨勰翼弼六師纂戎荆楚沔北之勳每毗廟筭從討新野有克城之謀受命鄧城致大捷之効功爲羣將之最也別當授賞不替厥庸高祖謂勰曰吾與汝等早羅艱苦中逢契闊每謂情義隨事而疎比纏患經歲危如寒葉非汝孔懷情敦忠孝孰能動止躬親必先藥膳每尋此事感思殊遠勰悲泣對曰臣等宿遭不天酷恨長世賴陛下撫育得參人伍豈謂上靈無鑒復使聖躬違和萬國所懸蒼生繫氣寢興之勞豈申荼蓼以破慧景等勳增邑五百戶又詔曰朕形疲稚年心勞長歲積思成痾頓發汝潁第六弟勰孝均周弟感侔姬旦遺食捨寐動止必親敦醫勸膳誠力俱竭致茲保康實賴同氣又秉務緝政百司是憑綱維折衷萬揆獲濟撫師於霖浩之辰處戎於荐逼之日安外靜內功臣大道侍省之績可以孔懷無褒翼亮之勤實乃勳存社稷宜有酬賞以旌國功可增邑一千戶勰辭曰臣受遇緣親榮枯事等以此獲賞殊乖情願乞追成旨用息謗言詔曰汝在私能孝處公必忠比來勤憂足布朝野但可祗膺尋以勰爲司徒太子太傅侍中如故俄而蕭寶卷將陳顯達內寇高祖復親討之詔勰使持節都督中外諸軍事總攝六師是時高祖不豫勰辭曰臣侍疾無暇六軍須有所託事不兩興情力又竭更請一王總當軍要高祖曰戎務侍疾皆憑於汝牽痾如此吾深慮不濟安六軍保社稷者捨汝而誰何容方便請人以違心寄宗祏所賴唯在於汝諸葛孔明霍子孟異姓受託而況汝乎行次淯陽高祖謂勰曰吾患轉惡汝其努力車駕至馬圈去賊營數里顯達等出戰諸將大破之勰部分諸軍將攻賊壘其夜奔退高祖疾甚謂勰曰修短命也死生大分今吾氣力危惙當成不濟矣雖敗顯達國家安危在此一舉社稷所仗唯在汝身霍子孟以異姓受付況汝親賢可不勉也勰泣曰士於布衣猶爲知己盡命況臣託靈先皇聯暉陛下誠應竭股肱之力加之以忠貞但臣出入喉膂每跨時要及於寵靈輝赫聞之遐邇復參宰匠機政畢歸震主之聲見忌必矣此乃周旦遁逃成王疑惑陛下愛臣便爲未盡始終之美臣非所以惡華捐勢非所以辭勤請逸正希仰成陛下日鏡之明下念愚臣忘退之禍高祖久之曰吾尋思汝言理實難奪乃手詔世宗曰汝第六叔父勰清規懋賞與白雲俱潔厭榮捨紱以松竹爲心吾少與綢繆提攜道趣每請解朝纓恬眞丘壑吾以長兄之重未忍離遠何容仍屈素業長嬰世網吾百年之後其聽勰辭蟬捨冕遂其沖挹之性無使成王之朝翻疑姬旦之聖不亦善乎汝爲孝子勿違吾勅及高祖崩于行宮遏祕喪事獨與右僕射任城王澄及左右數人爲計奉遷高祖於安車中勰等出入如平常視疾進膳可決外奏累日達宛城乃夜進安車於郡廳事得加斂櫬還載臥輿六軍內外莫有知者遣中書舍人張儒奉詔徵世宗會駕梓宮至魯陽乃發喪行服世宗即位勰跪授高祖遺勅數紙咸陽王禧疑勰爲變停在魯陽郡外久之乃入謂勰曰汝非但辛勤亦危險至極勰恨之對曰兄識高年長故知有夷險彥和握蛇騎虎不覺艱難禧曰汝恨吾後至耳自高祖不豫勰常居中親侍醫藥夙夜不離左右至於衣帶罕解亂首垢面帝患久多忿因之以遷怒勰每被誚詈言至厲切威責近侍動將誅斬勰承顏悉心多所匡濟及高祖昇遐陳顯達奔遁始爾處凶問洩漏致有逼迫勰內雖悲慟外示吉容出入俯仰神貌無異及至魯陽也東宮官屬多疑勰有異志竊懷防懼而勰推誠盡禮卒無纖介勰上高祖謚議謹案謚法協時肇享曰孝五宗安之曰孝道德博聞曰文經緯天地曰文仰惟大行皇帝義實該之宜上尊號爲孝文皇帝廟曰高祖陵曰長陵世宗從之既葬世宗固以勰爲宰輔勰頻口陳遺旨請遂素懷世宗對勰悲慟每不許之勰頻煩表聞辭義懇切世宗難違遺勅遂其雅情猶逼以外任乃以勰爲使持節侍中都督冀定幽瀛營安平七州諸軍事驃騎大將軍開府定州刺史勰仍陳讓又面申前意世宗固執不許乃述職尚書令王肅等奏臣等聞旌功表德道貴前王庸勳親親義高盛典是故姬旦翼周光宅曲阜東平宰漢寵絕列蕃彭城王勰景思內昭英風外發協廓乾規埽氛漢沔屬先帝在天鳳旌旋旆靜一六師肅寧南服登聖皇於天衢開有魏之靈祐論道中鉉王猷以穆七德丕宣九功在詠臣等參詳宜增邑一千五百戶詔曰覽奏倍增崩絕未足以上酬勳德且可如奏勰頻表固讓世宗許之世宗與勰書曰恪奉辭暨今悲戀哽咽歲月易遠便迫暮冬每思聞道奉承風教父旣辭榮閑外無容頓違至德出蕃累朔荒馳寔深今遣主書劉道斌奉宣悲戀願父來望必當屆京展洩哀窮指不云遠勰乃朝於京師景明初蕭寶卷豫州刺史裴叔業以壽春內屬詔勰都督南征諸軍事餘官如故與尚書令王肅迎接壽春詔曰五教治框古難其選自非親賢兼切莫應斯舉王以明德懋親任屬保傅出居蕃陝入御袞章內外克諧民神攸屬今董率戎麾威號宜重可復授司徒以光望實又詔勰以本官領揚州刺史勰簡刑導禮與民休息州境無虞遐邇安靜揚州所統建安戍主胡景畧猶爲寶卷拒守不下勰水陸討之景畧面縛出降自勰之至壽春東定城戍至於陽石西降建安山蠻順命斬首獲生以數萬計進位大司馬領司徒餘如故增邑八百戶又寶卷遣將陳伯之屯於肥口胡松又據梁城水軍相繼二百餘里勰部分將士分攻諸營伯之胡松率衆出戰諸將擊之斬首九千俘獲一萬伯之等僅以身免屯於烽火勰又分命諸將頻戰伯之計窮宵遁淮南平詔曰王威尊上輔德勳莫二孤心昧識訓保攸憑比以壽春初開鎮壓任重故令王親董元戎遠撫淮外冒茲炎蒸衝蓋飄飆經畧踰時必有虧損淹違諮覿夙夜係情兼制勝宜規威効兼著公私允稱義所欽嘉雖凱旋有期無申延屬可遣給事黃門侍郎鄭道昭就彼祗勞徵勰還朝勰政崇寬裕絲毫不犯淮南士庶追其餘惠至今思之初勰之定壽春也獲蕭寶卷汝陰太守王果豫州治中庾稷等數人勰傾衿禮之常參坐席果承閒進曰果等契闊生平皓首播越顧瞻西夕餘光幾何今遭聖化正應力茲愚老申展尺寸但在南百口生死分張乞還江外以申德澤勰矜而許之果又謝曰殿下賜處有過國士果等今還仰負慈澤請聽仁駕振旅反跡江外至此乃還其爲遠人所懷如此勰至京師世宗臨東堂引見詔勰曰比鳳凰未一棲蒼黎二化故仰屈尊謨綏懷邊附而寇豎昏迷敢闚淮楚叔父英畧高明應機殄定凱旋今辰伏慰悲佇勰謝曰

臣忝充戎帥撫安新故而不能宣武導恩威懷遐邇致小豎伯之驅率蟻徒侵擾邊堡非唯仰慙天顏實亦俯愧朝列春秋責帥臣實當之賴陛下慈深捨過故使愚臣獲免罪責勰頻表辭大司馬領司徒及所增邑乞還中山有詔不許乃除錄尚書侍中司徒如故固辭不免勰雅好恬素不以勢利嬰心高祖重其事幹縶維不許雖臨崩遺詔復世宗留連每乖情願常悽然歎息以詔旨殷勤僶俛應命時咸陽王禧漸以憍矜頗有不法北海王詳陰言於世宗世宗深忌之又言勰大得人情不宜久在宰輔勸世宗遵高祖遺勅禧等又出領軍于烈爲恒州非烈情願固強之烈深以爲忿烈子忠嘗在左右密令忠言於世宗云諸王等意不可測宜廢之早自覽政時將礿祭王公並齋於廟東坊世宗遣于烈將宿衞壯士六十餘人召禧勰詳等引入見之於光極殿世宗謂勰曰頃來南北務殷不容仰遂沖操恪是何人而敢久違先勅今遂叔父高蹈之意勰謝曰先帝不以臣虛薄曲垂罔已之澤出入綢繆公私無捨自陛下龍飛九五屢求解落既爲宰輔所抑亦不爲陛下所許先歲夏中重塵天聽時蒙優借出爲定州往年還洛陽勑總戎淮肥雖無功効幸免罪戾云歸未幾復委臣以非據之任臣頻煩干請具簡聖聽陛下孝深無改仰遵先詔上成睿明之美下遂微臣之志感惟今往悲喜交深乃詔曰王宿尚閑靜志捐世務先帝愛亮之至弗奪此情遺勅炳然許遂沖退雅操不移朕亦未敢違奪今乃釋位歸第丘園是營高尚之節確爾貞固賁履之操邈焉難追而王宅初構財力多闕成立之期歲月莫就可量遣工役分給材瓦稟王所好速令制辦務從簡素以稱王心勰因是作蠅賦以諭懷惡讒構也又以勰爲太師勰遂固辭詔曰蓋二儀分象君臣之位形焉上下既位唱和之義生焉自古統天位主曷嘗不頼明師仗賢輔而後燮和陰陽彝倫民物者哉往而不返者先民誠有之斯所謂獨善其身而亂大倫山林之士耳賢人君子則不然也屈己以安民艱身以濟物所謂以先知覺後知同塵而與天下俱潔者也朕猥以沖年纂臨寶歷實賴叔父匡濟之功誠宜永兼將相以綱維內外但逼奪先旨憚違沖挹俛志割心以遂高素自比水旱乖和陰陽失序是以屈王論道庶燮茲玉燭且師宰從容無廢清尚故周旦復辟而居之尚父期頤以終位王義兼家國理絕獨高可遣侍中敦諭世宗又修家人書於勰曰恪言奉還告承猶執沖遜恪實闇寡政術多秕匡弼之寄仰屬親尊父德望兼重師訓所歸豈得近遺家國遠崇清尚也便願紓降時副傾注之心勰不得已而應命

世宗後頻幸勰第及京兆廣平暴虐不法詔宿衞隊主率羽林虎賁幽守諸王於其第勰上表切諫世宗不納勰既無山水之適又絕知己之遊唯對妻子鬱鬱不樂議定律令勰與高陽王雍八座朝士有才學者五日一集參論軌制應否之宜而勰夙侍高祖兼聰達博聞凡所裁決時彥歸仰加以美容貌善風儀端嚴若神折旋合度出入言笑觀者忘疲又加侍中勰敦尚文史物務之暇披覽不輟撰自古帝王賢達至於魏世子孫三十卷名曰要略小心謹慎初無過失雖閑居宴處亦無慢色惰容愛敬儒彥傾心禮待清正儉素門無私謁性仁孝言於朝廷以其舅潘僧固爲冀州樂陵太守京兆王愉構逆僧固見逼從之尚書令高肇性既兇愎賊害賢俊又肇之兄女入爲夫人順皇后崩世宗欲以爲后勰固執以爲不可肇於是屢譖勰於世宗世宗不納因僧固之同愉逆肇誣勰北與愉通南招蠻賊勰國郎中令魏偃前防閤高祖珍希肇提攜搆成其事肇初令侍中元暉以奏世宗暉不從令左衞元珍言之世宗訪之於暉暉明勰無此世宗更以問肇肇以魏偃祖珍爲證世宗乃信之永平元年九月召勰及高陽王雍廣陽王嘉清河王懌廣平王懷及高肇等入時勰妃方產勰乃固辭不赴中使相繼不得已乃令命駕意甚憂懼與妃訣而登車入東掖門度一小橋牛不肯進遂擊之良久更有使者責勰來遲乃令去牛人挽而進宴於禁中至夜皆醉各就別所消息俄而元珍將武士齎毒酒而至勰曰吾忠於朝廷何罪見殺一見至尊死無恨也珍曰至尊何可復見王但飲酒勰曰至尊聖明不應無事殺我求與告我罪者一對曲直武士以刀鐶築勰二下勰大言曰皇天忠而見殺武士又以刀鐶築勰勰乃飲毒酒武士就殺之向晨以褥裹屍與從屛門而出載屍歸第云王因飲而薨勰妃李氏司空沖之女也號哭大言曰高肇枉理殺人天道有靈汝還當惡死及肇以罪見殺論者知有報應焉世宗爲舉哀於東堂給東園第一祕器朝服一襲賻錢八十萬布二千匹蠟五百斤大鴻臚護喪事勰既有大功於國無罪見害百姓冤之行路士女流涕而言曰高令公枉殺如此賢王在朝貴賤莫不喪氣追崇假黃鉞使持節都督中外諸軍事司徒公侍中太師王如故給鑾輅九旒虎賁班劍百人前後部羽葆鼓吹轀輬車有司奏太常卿劉芳議勰謚曰王挺德弱齡誕資至孝睿性過人學不師授卓爾之操發自天然不羣之美幼而獨出及入參政務綸綍有光爰登中鉉敷明五教漢北告危皇赫問罪王內親藥膳外總六師及宮車晏駕上下哀慘奮猛銜感英畧潛通翼衞靈輿整戎振旆歷次宛謝迄于魯陽送往奉居無慙周霍稟遺作輔遠至邇安分陝恒方流詠燕趙廓靖江西威懾南越入釐百揆庶績咸熙履勤不憚在功愈挹溫恭愷悌忠雅寬仁興居有度善終篤始高尚厥心功成身退義亮聖衷美光世典依謚法保大定功曰武善問周達曰宣謚曰武宣王及莊帝卽位追號文穆皇帝妃李氏爲文穆皇后遷神主於太廟廟稱肅祖語在臨淮王彧傳前廢帝時去其神主

嫡子劭字子訥襲封善武藝少有氣節肅宗初蕭衍遣將犯邊劭上表曰僞豎遊魂闚覦邊境勞兵兼時日有千金之費臣仰藉先資紹饗厚秩思以埃塵用裨山海臣國封徐州去軍差近謹奉粟九千斛絹六百匹國吏二百人以充軍用靈太后嘉其至意而不許之起家宗正少卿又除使持節假散騎常侍平東將軍青州刺史于時齊州民劉均房項等扇動三齊蕭衍遣將彭城郡王辯等攻擾邊陲劭頻有防拒之効孝昌末靈太后失德四方紛擾劭遂有異志爲安豐王延明所啓乃徵入爲御史中尉莊帝卽位尊爲無上王尋遇害河陰追謚曰孝宣皇帝妻李氏爲文恭皇后有二子

韶字世胄襲武定末司州牧齊受禪爵例降

韶弟襲字世紹武定初封武安王邑一千戶武定末中書侍郎齊受禪爵例降

劭兄子直字方言少知名爲清河文獻王所賞愛起家除散騎侍郎轉中書侍郎後除通直散騎常侍遷給事黃門侍郎靈太后詔曰故太師彭城武宣王道隆德盛功高微管協契先朝導揚末命扶痾濟難効漢北之誠送往奉居盡魯南之節宗社頼之以安皇基由之永固而謙光守約屢撝增邑之賞辭多受少終保初錫之封非所謂追舊報恩念勳酬德者也可以前後所封戶別封三子爲縣公食邑各一千戶庶以少慰仁魂微申朝典

子直封眞定縣開國公出爲冠軍將軍梁州刺史未幾遇患優游南鄭無他政績徵還京師病卒贈散騎常侍安南將軍都官尚書冀州刺史孝莊踐阼追封陳留王邑二千戶贈假黃鉞太師大司馬太尉加前後部羽葆鼓吹

子寬字思猛襲王爵除散騎常侍平南將軍尋除侍中撫軍將軍永安三年爾朱兆害之於晉陽無後國除出帝初追贈使持節散騎常侍都督青齊濟三州諸軍事衞大將軍青州刺史重贈司徒公

弟剛字金明莊帝初封浮陽王邑千戶武定末宗正少卿齊受禪爵例降

剛弟質莊帝初林慮王邑千戶永安三年薨出帝時贈車騎大將軍左光祿大夫儀同三司

劭弟子正美貌性寬和肅宗初封霸城縣公邑一千戶歷散騎侍郎太常少卿莊帝卽位除尚書令封始平王與兄劭俱遇害贈假黃鉞侍中都督中外諸軍事大將軍錄尚書事相王如故鸞輅九旒黃屋左纛前後部羽葆鼓吹虎賁班劍一百人謚曰貞

子欽字世道襲武定中散騎侍郎齊受禪爵例降

史臣曰武宣王孝以爲質忠而樹行文謀武畧自得懷抱綢繆太和之世豈徒然哉至夫在安處危之操送往事居之節周旦匪他之義霍光異姓之誠事兼之矣功高震主德隆動俗閒言一入卒不全志嗚呼周成漢昭亦未易過也

魏書卷二十一下考證

彭城王勰傳鷃倩始暢○鷃一本作鶬

從討新野○新一本誤薪今改正

行次清陽○清一本作育

劭兄子直○本書目錄彭城王勰下注子劭子直子正今上文云嫡子劭字子訥下文云劭弟子正則劭屬子直嫡弟也

魏書卷二十二

齊　魏收　撰

列傳第十

孝文五王

廢太子　京兆王　清河王　廣平王　汝南王

孝文皇帝七男林皇后生廢太子恂文昭皇后生宣武皇帝廣平文穆王懷袁貴人生京兆王愉羅夫人生清河文獻王懌汝南文宣王悅鄭充華生皇子恌未封早夭

廢太子庶人恂字元道生而母死文明太后撫視之常

置左右年四歲太皇太后親爲立名恂字元道於是大赦太和十七年七月癸丑立恂爲皇太子及冠恂於廟高祖臨光極東堂引恂入見誡以冠義曰夫冠禮表之百代所以正容體齊顏色順辭令容體正顏色齊辭令順故能正君臣親父子和長幼然母見必拜兄弟必敬責以成人之禮字汝元道所寄不輕汝當尋名求義以順吾旨二十年改字宣道遷洛詔恂詣代都其進止儀禮高祖皆爲定及恂入辭高祖曰今汝不應向代但太師薨於恒壤朕既居皇極之重不容輕赴舅氏之喪欲使汝展哀舅氏拜汝母墓一寫爲子之情汝至彼太師事畢後日宜一拜山陵拜訖汝族祖南安可一就問訊在途當溫讀經籍今日親見吾也後高祖每歲征幸恂常留守主執廟祀恂不好書學體貌肥大深忌河洛暑熱意每追樂北方中庶子高道悅數苦言致諫恂甚銜之高祖幸崧岳恂留守金墉於西掖門內與左右謀欲召牧馬輕騎奔代手刃道悅於禁中領軍元儼勒門防遏夜得寧靜厥明尚書陸琇馳啓高祖於南高祖聞之駭惋外寢其事仍至汴口而還引恂數罪與咸陽王禧等親杖恂又令禧等更代百餘下扶曳出外不起者月餘拘於城西別館引見羣臣於清徽堂議廢之司空太子太傅穆亮尚書僕射少保李沖並免冠稽首而謝高祖曰卿所謝者私也我所議者國也古人有言大義滅親今恂欲違父背尊跨據恒朔天下未有無父國何其包藏心與身俱此小兒今日不滅乃是國家之大禍脫待我亡後恐有永嘉之亂乃廢爲庶人置之河陽以兵守之服食所供粗免飢寒而已恂在困躓頗知咎悔恒讀佛經禮拜歸心於善高祖幸代遂如長安中尉李彪承間密表告恂復與左右謀逆高祖在長安使中書侍郎邢巒與咸陽王禧奉詔齎椒酒詣河陽賜恂死時年十五殮以麤棺常服瘞於河陽城二十二年冬御史臺令史龍文觀坐法當死告廷尉稱恂前被攝左右之日有手書自理不知狀而中尉李彪侍御史賈尚寢不爲聞賈坐繫廷尉時彪免歸高祖在鄴尚書表收彪赴洛會赦遂不窮其本末賈尚出繫暴病數日死初高祖將爲恂娉司徒馮誕長女以女幼待年長先爲娉彭城劉長文滎陽鄭懿女爲左右孺子時恂年十三四高祖泛舟天淵池謂郭祚崔光宋弁曰人生須自放不可終朝讀書我欲使恂旦出省經傳食後還內晡時復出日夕而罷卿等以爲何如光曰孔子稱血氣未定戒之在色傳曰晝以訪事夜以安身太子以幼年涉學之日不宜於正晝之時捨書御內又非所以安柔弱之體固永年之命高祖以光言爲然乃不令恂晝入內無子

京兆王愉字宣德太和二十一年封拜都督徐州刺史以彭城王中軍府長史盧陽烏兼長史州事巨細委之陽烏世宗初爲護軍將軍世宗留愛諸弟愉等常出入宮掖晨昏寢處若家人焉世宗每日華林戲射衣衫騎從往來無間遷中書監世宗爲納順皇后妹爲妃而不見禮荅愉在徐州納妾李氏本姓楊東郡人夜聞其歌悅之遂被寵嬖罷州還京欲進貴之託右中郎將趙郡李恃顯爲之養父就之禮逆產子寶月順皇后召李入宮毀擊之彊令爲尼於內以子付妃養之歲餘后父于勁以后久無所誕乃上表勸廣嬪侍因令后歸李於愉舊愛更甚愉好文章頗著詩賦時引才人宋世景李神儁祖瑩邢晏王遵業張始均等共申宴喜招四方儒學賓客嚴懷眞等數十人館而禮之所得穀帛率多散施又崇信佛道用度常至不接與弟廣平王懷頗相夸尚競慕奢麗貪縱不法於是世宗攝愉禁中推案杖愉五十出爲冀州刺史始愉自以職求侍要既勢劣二弟潛懷愧恨頗見言色又以幸妾屢被頓辱內外離抑及在州謀逆愉遂殺長史羊靈引及司馬李遵稱得清河王密疏云高肇謀殺害主上於是遂爲壇於信都之南柴燎告天即皇帝位赦天下號建平元年立李氏爲皇后世宗詔尚書李平討愉愉出拒王師頻敗遂嬰城自守愉知事窮攜李及四子數十騎出門諸軍追之見執以送詔徵赴京師申以家人之訓愉每止宿亭傳必攜李手盡其私情雖鏁縶之中飲食自若畧無愧懼之色至野王愉語人曰雖主上慈深不忍殺我吾亦何面目見於至尊於是歔欷流涕絕氣而死年二十一或云高肇令人殺之歛以小棺瘞之諸子至洛皆赦之後靈太后令愉之四子皆附屬籍追封愉臨洮王子寶月襲乃改葬父母追服三年

寶月弟寶炬輕躁薄行躭淫酒色孝莊時特封南陽王從出帝沒於關西宇文黑獺害出帝寶炬乃僭大號

清河王懌字宣仁幼而敏惠美姿貌高祖愛之彭城王勰甚器異之並曰此兒風神外偉黃中內潤若天假之年比二南矣博涉經史兼綜羣言有文才善談理寬仁容裕喜怒不形於色太和二十一年封世宗初拜侍中轉尚書僕射懌才長從政明於斷決剖判衆務甚有聲名司空高肇以帝舅寵任既擅威權謀去良宗屢譖懌及愉等愉不勝其忿慾遂舉逆冀州因愉之逆又構殺勰懌恐不免肇又錄囚徒以立私惠懌因侍宴酒酣乃謂肇曰天子兄弟詎有幾人而炎炎不息昔王莽頭禿亦藉渭陽之資遂篡漢室今君曲形見矣恐復終成亂階又言於世宗曰臣聞唯器與名不可以假人是故季氏旅泰宣尼以爲深譏仲叔軒懸丘明以爲至誡諒以天尊地卑君臣道別宜杜漸防萌無相僭越至於減膳錄囚人君之事今乃司徒行之詎是人臣之義且陛下修政教解獄訟則時雨可降玉燭知和何使明君失之於上姦臣竊之於下長亂之基於此在矣世宗笑而不應肅宗初遷太尉侍中如故詔懌裁門下之事又典經義注時有沙門惠憐者自云呪水飲人能差諸病病人就之者日有千數靈太后詔給衣食事力優重使於城西之南治療百姓病懌表諫曰臣聞律深惑衆之科禮絕妖淫之禁皆所以大明居正防遏姦邪昔在漢末有張角者亦以此術熒惑當時論其所行與今不異遂能詿誘生人致黃巾之禍天下塗炭數十年間角之由也昔新垣姦不登於明堂五利僥終嬰於顯戮靈太后以懌肅宗懿叔德先具瞻委以朝政事擬周霍懌竭力匡輔以天下爲己任領軍元乂太后之妹夫也恃寵驕盈懌裁之以法每抑黜之爲乂所疾乂黨人通直郎宗準愛希乂旨告懌謀反禁懌門下訊問左右及朝貴貴人分明乃得雪釋焉懌以忠而獲謗乃鳩集昔忠烈之士爲顯忠錄二十卷以見意焉正光元年七月乂與劉騰逼肅宗於顯陽殿閉靈太后於後宮囚懌於門下省誣懌罪狀遂害之時年三十四朝野貴賤知與不知含悲喪氣驚振遠近夷人在京及歸聞懌之喪爲之劈面者數百人

廣平王懷〔闕〕有魏諸王召入華林別館禁其出入令四門博士董徵授以經傳世宗崩乃得歸

汝南王悅好讀佛經覽書史爲性不倫俶儻難測悅妃閭氏即東海公之女也生一子不見禮荅有崔延夏者以左道與悅遊合服仙藥松术之屬時輕與出採之宿於城外小人之所遂斷酒肉粟稻唯食麥飯又絕房中而更好男色輕忿妃妾至加捶撻同之婢使悅之出也妃住於別第靈太后勑撿問之引入窮悅事故妃病杖伏牀蓐瘡尚未愈太后因悅之杖妃乃下令禁斷令諸親王及三蕃其有正妃疾患百日已上皆遣奏聞若有猶行捶撻就削封位及清河王懌爲元乂所害悅了無讐恨之意乃以桑落酒候伺之盡其私佞乂大喜以悅爲侍中太尉臨拜日就懌子亶求懌服翫之物不時稱旨乃召亶杖之百下亶居廬未葬形氣羸弱暴加威撻殆至不濟〔闕〕仍呼阿兒親自循撫〔闕〕悅爲大剉碓置於州門盜者便欲斬其手時人懼其無常能行異事姦偷畏之而暫息及爾朱榮舉兵向洛既憶入間〔疑〕俄而聞榮肆毒於河陰遂南奔蕭衍衍立爲魏主號年更興衍遣其將軍王僧辯送置於境上以覬侵逼及齊獻武王既誅榮以悅高祖子宜承大業乃令人示意悅既至清狂如故動爲罪失不可扶持乃止出帝初除大司馬卒

魏書卷二十二考證

孝文五王列傳○魏收書闕後人所補

清河王懌傳昔新垣姦不登於明堂五利僥終嬰於顯戮○載懌表諫終于此句文尚未了定係殘鈌此傳本取北史補北史於此亦同殘鈌遂莫可考

聞懌之喪爲之劈面者數百人○劈面係剺面之訛

魏書卷二十三

齊 魏收 撰

列傳第十一

衛操 莫含 劉庫仁

衛操字德元代人也少通俠有才略晉征北將軍衛瓘以操爲牙門將數使於國頗自結附始祖崩後與從子雄及其宗室鄉親姬澹等十數人同來歸國說桓穆二帝招納晉人於是晉人附者稍衆桓帝嘉之以爲輔相任以國事及劉淵石勒之亂勸桓帝匡助晉氏東瀛公司馬騰聞而善之表加將號稍遷至右將軍封定襄侯桓帝崩後操立碑於大邗城南以頌功德云魏軒轅之苗裔言桓穆二帝馳名域外九譯宗焉治國御衆威禁大行聲著華裔齊光純靈智深謀遠窮幽極明治則清斷沉浮得情仁如春陽威若秋零彊不淩弱隱恤孤煢道教仁行化而不刑國無姦盜路有頌聲自西訖東變化無形威武所向下無交兵南壹王室北服丁零招諭六狄咸來歸誠超前絕後致此有成奉承晉皇扞禦邊疆王室多難天網弛綱豪心遠濟靡離其殃歲覇逆命姦盜豺狼永安元年歲次甲子姦黨猾逆東西狼跱敢逼天王兵甲屢起怙衆肆暴虐用將士鄴洛搆隙棄親

求疏乃招異類屠各匈奴劉淵姦賊結黨同呼敢擊并土殺害無辜殘破狼籍城邑丘墟交刃千里長蛇塞塗晉道應天言展亘謨使持節平北將軍并州刺史護匈奴中郞將東嬴公司馬騰才神絕世規略超遠時逢多難懼損皇祀欲引兵駕猃狁孔熾造設權策濟難奇思欲招外救朝臣莫應高算獨斷決謀盟意爰命外國引軍內備簡賢選士命茲亘使遣參軍壺倫牙門中行嘉義陽亭侯衞謨協義亭侯衞雄等馳奉檄書至晉陽城又稱桓穆二帝心在宸極輔相二衞對揚毗翼操展文謀雄奮武烈承命會議諮論奮發昔桓文匡佐功著周室顯名載籍列賞備物大衆迴動熙同靈集與軍百萬期不經日兄弟齊契決勝廟筭鼓譟南征平夷險難又云二帝到鎮言若合符引接款密信義不渝會盟汾東銘篆丹書永世奉承慎終如初契誓命將精銳先驅南救湼縣東解壽陽碞迫之邑幽而復光太原西河樂平上黨遂遭寇暴白骨交橫羯賊肆虐六郡凋傷羣惡相應圖及華堂旌旗輕指羯黨破喪遣騎十萬前臨淇漳鄴遂振潰凶逆奔亡軍據州南曜鋒太行翼衞內外鎮靜四方志在竭力奉戴天王忠恕用暉外動亦攘於是曜武振旅而旋長路匪夷出入經年毫毛不犯百姓稱傳周覽載籍自古及今未聞外域奔救內患棄家憂國以危易安惟公遠略臨難能權應天順人恩德素宣和戎靜朔危邦復存又云非桓天挺忠孝自然孰能超常不爲異端回動大衆感公之言功濟方州勳烈光延升平之日納貢充蕃憑贍鑾蓋步趾三川有德無祿大命不延年三十有九以永興三年六月二十四日寢疾薨殂背棄華殿雲中名都國失惠主哀感欷歔悲痛煩冤載號載呼舉國崩絕攀援靡訴遠近齊軌奔赴梓廬人百其身盈塞門塗高山其頹茂林凋枯仰訴造化痛延悲夫又云桓帝忠於晉室驗奔長衢隆冬凄凄四出行誅蒙犯霜雪疹人脉膚用致薨殞不永桑榆以死勤事經勳同模垂名金石載美晉書平北哀悼祭以豐厨考行論勳諡曰義烈功施於人祀典所說又云桓帝經濟存亡繼絕荒服是賴祚存不輟金龜簫鼓軺蓋殊制反及二代莫與同列幷域嘉歎北國感榮各竭其心思揚休名刊石紀功圖像存形靡輟享祀饗以犧牲永垂于後没有餘靈長存不朽延於億齡其頌又稱桓帝金堅玉剛應期順會王有北方行能濟國武平四荒無思不服區域大康世路紛糾運遭播揚羯胡因釁敢害幷土哀痛下民死亡失所率衆百萬平夷險阻存亡繼絕一州蒙祐功烈桓桓龍文虎武朱邑小善遺愛桐鄉勳擭大患六郡無闕　恐之來由功而存刊石勒銘垂示後昆時晉光熙元年秋也皇輿初雍州別駕鴈門段繁於大邘掘得此碑文雖非麗事宜載焉故錄於傳桓穆二帝並禮重操穆帝三年卒始操所與宗室鄉親入國者衞懃安樂亭侯衞崇衞淸並都亭侯衞沉段繁並信義將軍都亭侯王發建武將軍都亭侯范班折衝將軍廣武亭侯賈慶建武將軍上洛亭侯賈循都亭侯李壹關中侯郭乳關內侯皆爲桓帝所表授也六修之難存者多隨劉琨任子遵南奔衞雄姬澹莫含等名皆見碑

雄字世遠澹字世雅並勇健多計畫晉世州從事既與衞操俱入國桓帝壯其膂力並以爲將常隨征伐大著威名桓帝之赴難也表晉列其勳效皆拜將軍雄連有戰功稍遷至左將軍雲中侯澹亦以勇績著名桓帝末至信義將軍樓煩侯穆帝初並見委任衞操卒後俱爲左右輔相六修之逆國內大亂新舊猜嫌迭相誅戮雄澹並爲羣情所附謀欲南歸言於衆曰聞諸舊人忌新人悍戰欲盡殺之吾等不早爲計恐無種矣晉人及烏丸驚懼皆曰死生隨二將軍於是雄澹與劉琨任子遵率烏丸晉人數萬衆而叛琨聞之大悅率數百騎馳如平城撫納之會石勒攻琨樂平太守韓據請救於琨琨以得雄澹之衆欲因其銳以滅石勒雄澹諫曰亂民飢疲未可便用宜休息觀釁而動琨不從使雄澹率衆討勒琨屯廣牧爲之聲援勒率輕騎與雄澹戰澹大敗率騎千餘奔于代郡勒遣孔萇追滅之

莫含鴈門繁畤人也家世貨殖貲累巨萬劉琨爲并州辟含從事含居近塞下常往來國中穆帝愛其才器善待之及爲代王備置官屬求含於琨琨遣入國含心不願琨諭之曰當今胡寇滔天泯滅諸夏百姓流離死亡塗地主上幽執沉溺醜虜唯此一州介在羣胡之間以吾薄德能自存立者賴代王之力是以傾身竭寶長子遠質覬滅殘賊報雪大耻卿爲忠節亦是奮義之時何得苟惜共事之小誠以忘出身之大益入爲代王腹心非但吾願亦一州所賴含乃入代參國官後琨徙五縣之民於陘南含家獨留含甚爲穆帝所重常參軍國大謀卒於左將軍關中侯其故宅在桑乾川南世稱莫含壁或音訛謂之莫回城云

子顯知名於時昭成世爲左常侍

顯子題亦有策謀太祖使題與將軍王建等三軍討慕容寶廣甯太守劉亢埿斬之徙亢埿部落于平城寶上谷太守騂捐郡逃走太祖追討題爲大將別出東道以功賜爵東宛侯及還京師常與李栗侍宴栗坐不敬徵罪題亦被黜爲濟陽太守後太祖欲廣宮室規度平城四方數十里將模鄴洛長安之制運材數百萬根以題機巧徵令監之召入與論興造之宜題久侍頗怠賜死

題弟雲好學善射太祖時常典選曹轉給事中以功賜爵安德侯遷執金吾常參軍國謀議世祖之剋赫連昌詔雲與常山王素留鎮統萬進爵安定公加平西將軍後遷鎮西大將軍時初幷河西人心未一雲撫慰新舊皆得其所神䴥中卒諡曰敬公

劉庫仁本字没根劉虎之宗也一名洛垂少豪爽有智略母平文皇帝之女昭成皇帝復以宗女妻之爲南部大人建國三十九年昭成暴崩太祖未立苻堅以庫仁爲陵江將軍關內侯令與衞辰分國部衆而統之自河以西屬衞辰自河以東屬庫仁於是獻明皇后攜太祖及衞秦二王自賀蘭部來居焉庫仁盡忠奉事不以興廢易節撫納離散恩信甚彰苻堅進庫仁廣武將軍給幢麾鼓蓋儀比諸侯處衞辰在庫仁之下衞辰怒殺堅五原太守而叛攻庫仁西部庫仁又伐衞辰破之追至陰山西北千餘里獲其妻子盡收其衆庫仁西征庫狄部大獲畜產徙其部落置之桑乾川苻堅賜庫仁妻公孫氏厚其資送庫仁又詣堅加庫仁振威將軍後慕容垂圍苻丕于鄴又遣將平規攻堅幽州刺史王永于薊庫仁自以受堅爵命遣妻兄公孫希率騎三千助永擊規大破之阬規降卒五千餘人乘勝長驅進據唐城與垂子麟相持庫仁聞希破規復將大舉以救丕發鴈門上谷代郡兵次於繁畤先是慕容文等當徙長安遁依庫仁部常思東歸其計無由至是役也知人不樂文等乃夜率三郡人攻庫仁庫仁匿於馬廄文執殺之乘其駿馬奔慕容垂公孫希聞亂自唐城走於丁零

庫仁弟眷繼攝國事白部大人絜佛叛眷力不能討乃引苻堅幷州刺史張蚝擊佛破之眷又破賀蘭部于善無又擊蠕蠕別帥肺渥于意親山破之獲牛羊數十萬頭眷第二子羅辰性機警有智謀謂眷曰比來行兵所向無敵心腹之疾願早圖之眷曰誰也曰從兄顯忍人也爲亂非旦則夕耳眷不以爲意其後徙牧于牛川庫仁子顯果殺眷而代立羅辰奔太祖事在外戚傳

顯本名醜伐既殺眷代立又欲謀逆語在太祖紀太祖卽位顯自善無南走馬邑族人奴眞領部來附奴眞兄犍先居賀蘭部至是奴眞請召犍而讓部焉太祖義而許之犍既領部自以久託賀訥德之乃使弟去斤遺之金馬訥弟染干因謂之曰我待汝兄弟厚汝今領部宜來從我去斤請之奴眞奴眞曰父爲國家附臣世効忠貞我志全名節是故推讓今汝等無狀乃欲叛主懷貳於是殺犍及去斤染干聞其殺兄率騎討之奴眞懼徙部來奔太祖太祖自迎之遣使責止染干奴眞感恩請奉妹充後宮太祖納之後太祖討顯于馬邑追至彌澤大破之衞辰與慕容垂通好送馬三千疋於垂垂遣慕容良迎之顯擊敗良軍掠馬而去垂怒遣子麟兄子楷討之顯奔馬邑西山麟輕騎追之遂奔慕容永於長子部衆悉降於麟麟徙之中山顯弟亢埿事在皇后傳

史臣曰始祖及桓穆之世也王迹初基風德未展操含託身馳騖之秋自立功之地可謂志識之士矣劉庫仁兄弟忠以爲心盛衰不二純節所存其意蓋遠而並貽非命惜乎

魏書卷二十三考證

衞操等列傳論自立功之地○功字下北史有名字應以彼爲是

魏書卷二十四

齊　魏收　撰

列傳第十二

燕鳳　許謙　張袞　崔玄伯　鄧淵

燕鳳字子章代人也好學博綜經史明習陰陽讖緯昭成素聞其名使人以禮迎致之鳳不應聘乃命諸軍圍代城謂城人曰燕鳳不來吾將屠汝代人懼送鳳昭成與語大悅待以賓禮後拜代王左長史參決國事又以經授獻明帝苻堅遣使牛恬朝貢令鳳報之堅問鳳代王何如人鳳對曰寬和仁愛經略高遠一時之雄主常有并吞天下之志堅曰卿輩北人無剛甲利器敵弱則進彊卽退走安能并兼鳳曰北人壯悍上馬持三仗驅馳若飛主上雄儁率服北土控弦百萬號令若一軍無輜重樵爨之苦輕行速捷因敵取資此南方所以疲敝而北方之所常勝也堅曰彼國人馬實爲多少鳳曰控弦之士數十萬馬百萬匹堅曰卿言人衆可爾說馬太多是虛辭耳鳳曰雲中川自東山至西河二百里北山至南山百有餘里每歲孟秋馬常大集略爲滿川以此推之使人之言猶當未盡鳳還堅厚加賵遺及昭成崩太祖將遷長安鳳以太祖幼弱固請於苻堅曰代主初

崩臣子亡叛遺孫沖幼莫相輔立其別部大人劉庫仁勇而有智鐵弗衛辰狡猾多變皆不可獨任宜分諸部爲二令此兩人統之兩人素有深讎其勢莫敢先發此禦邊之良策待其孫長乃存而立之是陛下施大惠於亡國也堅從之鳳尋東還太祖卽位歷吏部郎給事黃門侍郎行臺尚書甚見禮重太宗世與崔玄伯封懿梁越等入講經傳出議朝政世祖初以舊勳賜爵平舒侯加鎮遠將軍神䴥元年卒

子才襲散騎常侍平遠將軍卒

子元孫襲官至博陵太守卒

子世宗襲

許謙字元遜代人也少有文才善天文圖讖之學建國時將家歸附昭成嘉之擢爲代王郎中令兼掌文記與燕鳳俱授獻明帝經從征衞辰以功賜僮隸三十戶昭成崩後謙徙長安苻堅從弟行唐公洛鎮和龍請謙之鎮未幾以繼母老辭還登國初遂歸太祖太祖悅以爲右司馬與張袞等參贊初基慕容寶來寇也太祖使謙告難於姚興興遣將楊佛嵩率衆來援而佛嵩稽緩太祖命謙爲書以遺佛嵩曰夫杖順以翦逆乘義而攻昧未有非其運而顯功無其時而著業慕容無道侵我疆埸師老兵疲天亡期至是以遣使命軍必望克赴將軍據方邵之任總熊虎之師事與機會今其時也因此而舉役不再駕千載之勳一朝可立然後高會雲中進師三魏舉觴稱壽不亦綽乎佛嵩乃倍道兼行太祖大悅賜謙爵關內侯重遣謙與佛嵩盟曰昔殷湯有鳴條之誓周武有河陽之盟所以藉神靈昭忠信夫親仁善隣古之令軌歃血割牲以敦永穆今旣盟之後言歸其好分災恤患休戚是同有違此盟神祇斯殛寶敗佛嵩乃還明年慕容垂復來寇太祖謂謙曰今事急矣非卿豈能復致姚師卿其行也謙未發而垂退乃止及聞垂死謙上書勸進太祖善之并州平以謙爲陽曲護軍賜爵平舒侯安遠將軍皇始元年卒官時年六十三贈平東將軍左光祿大夫幽州刺史高陽公諡曰文

子洛陽襲從征慕容寶爲冠軍司馬後爲祁令太宗追錄謙功以洛陽爲鴈門太守洛陽家田三生嘉禾皆異壟合穎世祖善之進爵北地公加鎮南將軍出爲明壘鎮將居八年卒諡曰恭

子寄生襲爵降爲侯皇興元年卒

洛陽弟安國中山太守

安國弟安都廣甯滄水二郡太守加揚威將軍賜爵東光子天安初卒贈平遠將軍冀州刺史東光侯諡曰烈

子白虎襲爵爲侍御中散後以罪免官奪爵

張袞字洪龍上谷沮陽人也祖翼遼東太守父卓昌黎太守袞初爲郡五官掾純厚篤實好學有文才太祖爲代王選爲左長史從太祖征蠕蠕蠕蠕遁走追之五六百里諸部帥因袞言於太祖曰今賊遠糧盡不宜深入請速還軍太祖令袞問諸部帥若殺副馬足三日食否皆言足也太祖乃倍道追之及於廣漠赤地南床山下大破之既而太祖問袞卿曹外人知我前問三日糧意乎對曰皆莫知也太祖曰此易知耳蠕蠕奔走數日畜產之餘至水必留計其道程三日足及輕騎卒至出其不意彼必驚散其勢然矣袞以太祖言出告部帥咸曰聖策長遠非愚近所及也袞常參大謀決策幃幄太祖器之禮遇優厚袞每告人曰昔樂毅杖策於燕昭公遠委身於魏武蓋命世難可期千載不易遇主上天姿傑邁逸志凌霄必能囊括六合混一四海夫遭風雲之會不建騰躍之功者非人豪也遂策名委質竭誠伏事時劉顯地廣兵彊跨有朔裔會其兄弟乖離共相疑阻袞言於太祖曰顯志大意高希冀非望乃有參天貳地籠罩宇宙之規吳不并越將爲後患今因其內釁宜速乘之若輕師獨進或恐越逸可遣使告慕容垂共相聲援東西俱舉勢必擒之然後總括英雄撫懷遐邇此千載一時不可失也太祖從之遂破走顯又從破賀訥遂命羣官登勿居山遊宴終日從官及諸部大人請聚石爲峯以記功德命袞爲文慕容寶之來寇也袞言於太祖曰寶乘滑臺之功因長子之捷傾資竭力難與爭鋒愚以爲宜羸師卷甲以侈其心太祖從之果破之參合皇始初遷給事黃門侍郎太祖南伐師次中山袞言於太祖曰寶憑三世之資城池之固雖皇威震赫勢必擒殄然窮兵極武非王者所宜昔酈生一說田橫委質魯連飛書聊將授首臣誠德非古人略無奇策仰憑靈威庶必有感太祖從之袞遺寶書喻以成敗寶見書大懼遂奔和龍旣剋中山聽入八議拜袞奮武將軍幽州刺史賜爵臨渭侯袞清儉寡欲勸課農桑百姓安之天興初徵還京師後與崔逞荅司馬德宗將郗恢書失旨黜袞爲尚書令史袞遇創業之始以有才謨見任率心奉上不顧嫌疑太祖曾問南州人於袞袞與盧溥州里數談薦之又袞未嘗與崔逞相見聞風稱美及中山平盧溥聚黨爲逆崔逞荅書不允並乖本言故忿之袞年過七十闔門守靜手執經書刊定乖失愛好人物善誘無倦士類以此高之永興二年疾篤上疏曰臣旣庸人志無殊操值太祖誕膺期運天地始開參戎氛霧之初馳驅革命之會託翼鄧林寄鱗溟海遂荷恩寵榮兼出內陛下龍飛九五仍參顧問曾無微誠塵山露海今舊疾彌留氣力虛頓天罰有罪將塡溝壑然犬馬戀主敢不盡言方今中夏雖平九域未一西有不賓之羌南有逆命之虜岷蜀殊風遼海異教雖天挺明聖撥亂乘時而因幾撫會實須經略介焉易失功在人謀伏願恢崇叡道克廣德心使揖讓與干戈並陳文德與武功俱運則太平之化康哉之美復隆於今不獨前世昔子囊將終寄言城郢荀偃辭唅遺恨在齊臣雖闇劣敢忘前志魂而有靈結草泉壤後數日卒年七十二後世祖追錄舊勳遣大鴻臚卽墓策贈太保諡曰文康公

子溫外都大官廣甯太守卒

子貳興昌黎太守

溫弟楷州主簿

子誕有學尚性尤雅直初與高允同時被徵後除中書侍郎通直散騎常侍建威將軍賜爵容城子

袞次子度少有志尚襲爵臨渭侯上谷太守入爲武昌王師加散騎常侍除使持節都督幽州廣陽安樂二郡諸軍事平東將軍崎城鎮都大將又轉和龍鎮都大將所在著稱還朝爲中都大官卒贈征東大將軍冀州刺史諡康侯

子陵襲爵後爲赤城典作都將卒

子狀襲爲中散卒

子法襲太和中例降爲伯世宗時除懷荒鎮金城戍將

陵弟延散騎常侍左將軍庫部尚書賜爵永寧侯

延弟孫白澤年十一遭母憂居喪以孝聞世祖聞而嘉之長而好學博通歛於當世高宗初除中散遷殿中曹給事中甚見寵任參預幾密後蠕蠕犯塞顯祖引見羣臣議之尚書僕射元目辰進曰若車駕親行恐京師危懼不如持重固守自安虜懸軍深入糧無繼運以臣量之自退不久遣將追擊破之必矣白澤曰陛下欽明則天比蹤前聖而蠢爾荒愚輕犯王略寇乃顯沛於遠圖我將宴安於近毒仰惟神略則不然矣今若鑾輿親動賊必望麾崩散寧容仰挫神兵坐而縱敵萬乘之尊嬰城自守進失可乘之機退非無前之義惟陛下留神顯祖從之遂大破虜衆白澤本字鍾葵顯祖賜名白澤納其女爲嬪出行雍州刺史淸心少欲吏民安之顯祖詔諸監臨之官所監治受羊一口酒一斛者罪至大辟與者以從坐論糾告得尚書已下罪狀者各隨所糾官輕重而授之白澤上表諫曰伏見詔書禁尚書以下受禮者刑身糾之者代職伏惟三載考績黜陟幽明斯乃不易之令軌百王之通式今之都曹古之公卿也皆翊扶萬幾讚徽百揆風化藉此而平治道由茲而穆且周之下士尚有代耕況皇朝貴仕而服勤無報豈所謂祖襲堯舜憲章文武者乎羊酒之罰若行不已臣恐姦人闚望忠臣懈節而欲使事靜民安治淸務簡至於委任責成下民難辯如臣愚量請依律令舊法稽同前典班祿酬廉首去亂羣常刑無赦苟能如此則升平之軌朞月可望刑措之風三年必致矣顯祖納之太和初懷州民伊祁苟初三十餘人謀反將殺刺史文明太后欲盡誅一城之民白澤諫曰臣聞上天愛物之生明王重民之命故殺一人而取天下仁者不爲且周書父子兄弟罪不相及今羣凶肆虐輒裂誅盡合城無辜柰何極辟不誣十室而況一州或有忠焉或有仁者若淫刑濫及殺忠與仁斯乃西伯所以歎息於九侯孔子所以回輪於河上伏惟聖德昭明殷鑒水鏡前禮止迅烈之怒抑雷霆之威則溥天知幸矣昔厲防民口卒滅宗姬文聽輿頌終摧彊楚願不以人廢言留神省察太后從之轉散騎常侍遷殿中尚書太和五年卒詔賜帛一千疋粟三千石遣侍御史營護喪事册贈鎮南將軍相州刺史廣平公諡曰簡

長子倫字天念年十餘歲入侍左右稍遷護軍長史員外常侍轉大司農少卿燕州大中正熙平中蠕蠕主醜奴遣使來朝抗敵國之書不修臣敬朝議將依漢荅匈奴故事遣使報之倫表曰臣聞古之聖王疆理物土辨章要甸荒遐之俗政所不及故禮有壹見之文書著羈縻之事太祖以神武之姿聖明之略經略帝圖日有不暇遂令豎子遊魂一方亦由中國多虞急諸華而緩夷狄也高祖光宅土中業隆卜世赫雷霆之威振熊羆之旅方役南轅未遑北伐昔舊京烽起虜使在郊主上按劒璽書不出世宗運籌帷幄開境揚旌衣裳所及舟車萬里于時醜類款關上亦述尊遺志今大明臨朝澤及行葦國富兵彊能言率職何憚而爲之何求而行此往日蕭衍通敬求和以誠肅未純抑而不許先帝棄戎於前陛下交夷於後無乃上乖高祖之心下違世宗之意且虜雖慕德亦來觀我懼之以彊儻卽歸附示之以弱窺覦或起春秋所謂以我卜也又小人難近夷狄無親疎之則怨狎之則侮其所由來久矣是以高祖世宗知

其若此來既莫逆去又不追不一之義於是乎在必其委贄玉帛之辰屈膝蕃方之禮則可豐其勞賄籍以珍物至於王人遠役銜命虜庭優以匹敵之尊加之相望之寵恐徒生虜慢無益聖朝假令選衆而舉使乎稱職資酈生之辯騁終軍之辭憑軾下齊長纓繫越苟異曩時猶爲不願而況極之以隆崇申之以宴好臣雖下愚輒敢固執若事不獲已應頒制詔示其上下之儀宰臣致書諷以歸順之道若聽受忠誨明我話言則萬乘之盛不失位於域中天子之聲必籠罩於無外脫或未從焉能損益徐舞干戚以招之敷文德而懷遠如迷心不已或肆犬羊則當命辛李之將勒衛霍之師蕩定雲沙埽清逋孽飲馬瀚海之濱鏤石燕然之上開都護置戊巳斯亦陛下之高功不世之盛事如思按甲養民務農安邊之術經國之防豈可以戎夷兼并而遽虧典制將取笑於當時貽醜於來葉昔文公請隧襄后有言荊莊問鼎王孫是抑以古方今竊爲陛下不取又陛下方欲禮神岷瀆致禮衡山登稽嶺窺蒼梧而反與夷虜之君酋渠之長結昆弟之忻抗分庭之義將何以瞰文命之遐景迹重華之高風者哉臣以爲報使甚失如彼不報甚得如此願留須臾之聽察愚臣之言不從出爲後將軍肆州刺史還朝除燕州大中正孝莊初退太常少卿不拜轉大司農卿卒官

倫弟恩奉朝請員外郎

白澤弟庫瀛州刺史宜陽侯

庫長子蘭累遷龍驤將軍行光州事

蘭弟修虎都牧駕部二曹給事中上谷公司農少卿奉使柔玄察民疾苦遷平北將軍燕州刺史

度弟太平西將軍荊州刺史沮陽侯

太弟那寧遠將軍雍城鎮將

崔玄伯清河東武城人也名犯高祖廟諱魏司空林六世孫也祖悅仕石虎官至司徒左長史關內侯父潛仕慕容暐爲黃門侍郎並有才學之稱玄伯少有儁才號曰冀州神童苻融牧冀州虛心禮敬拜陽平公侍郎領冀州從事管征東記室出總庶事入爲賓友衆務修理處斷無滯苻堅聞而奇之徵爲太子舍人辭以母疾不就左遷著作佐郎苻丕牧冀州爲征東功曹太原郝軒世名知人稱玄伯有王佐之才近代所未有也堅亡避難於齊魯之間爲丁零翟釗及司馬昌明叛將張願所留縶郝軒歎曰斯人而遇斯時不因扶摇之勢而與鷃雀飛沉豈不惜哉慕容垂以爲吏部郎尚書左丞高陽內史所歷著稱立身雅正與世不羣雖在兵亂猶勵志篤學不以資產爲意妻子不免飢寒太祖征慕容寶次於常山玄伯棄郡東走海濱太祖素聞其名遣騎追求執送於軍門引見與語悅之以爲黃門侍郎與張袞對總機要草創制度時司馬德宗遣使來朝太祖將報之詔有司博議國號玄伯議曰三皇五帝之立號也或因所生之土或即封國之名故虞夏商周始皆諸侯及聖德既隆萬國宗戴稱號隨本不復更立唯商人屢徙改號曰殷然猶兼行不廢始基之稱故詩云殷商之旅又云天命玄鳥降而生商宅殷土茫茫此其義也昔漢高祖以漢王定三秦滅彊楚故遂以漢爲號國家雖統北方廣漠之土逮于陛下應運龍飛雖曰舊邦受命惟新是以登極之初改代曰魏又慕容永亦奉進魏土夫魏者大名神州之上國斯乃革命之徵驗利見之玄符也臣愚以爲宜號爲魏太祖從之於是四方賓王之貢咸稱大魏矣太祖幸鄴歷問故事於玄伯應對若流太祖善之及車駕還京師次於恒嶺太祖親登山頂撫慰新民適遇玄伯扶老母登嶺太祖嘉之賜以牛米因詔諸從人不能自進者給以車牛遷吏部尚書命有司制官爵撰朝儀協音樂定律令申科禁玄伯總而裁之以爲永式及置八部大夫以擬八坐玄伯通署三十六曹如令僕統事深爲太祖所任勢傾朝廷而儉約自居不營產業家徒四壁出無車乘朝晡步上母年七十供養無重膳太祖嘗使人密察聞而益重之厚加饋賜時人亦或譏其過約而玄伯爲之踰甚太祖常引問古今舊事王者制度治世之則玄伯陳古人制作之體及明君賢臣往代廢興之由甚合上意未嘗謇諤忤旨亦不諂諛苟容及太祖季年大臣多犯威怒玄伯獨無譴者由於此也太祖曾引玄伯講漢書至婁敬說漢祖欲以魯元公主妻匈奴善之嗟歎者良久是以諸公主皆釐降于賓附之國朝臣子弟雖名族美彥不得尚焉尚書職罷賜玄伯爵白馬侯加周兵將軍與舊功臣庾岳奚斤等同班而信寵過之太祖崩太宗未即位清河王紹聞人心不安大出財帛班賜朝士玄伯獨不受太宗即位命玄伯居門下虛已訪問以不受紹財帛特賜帛二百匹長孫嵩已下咸愧焉詔遣使者巡行郡國糾察守宰不如法者令玄伯與宜都公穆觀等按之太宗稱其平當又詔玄伯與長孫嵩等坐朝堂決刑獄太宗以郡國豪右大爲民蠹乃優詔徵之民多戀本而長吏逼遣於是輕薄少年因相扇動所在聚結西河建興盜賊竝起守宰討之不能禁太宗乃引玄伯及北新侯安同壽光侯叔孫建元城侯元屈等問曰前以兇俠亂民故徵之京師而守宰失於綏撫令有逃竄今犯者已多不可悉誅朕欲大赦以紓之卿等以爲何如屈對曰民逃不罪而反赦之似若有求於下不如先誅首惡赦其黨類玄伯曰王者治天下以安民爲本何能顧小曲直也譬琴瑟不調必改而更張法度不平亦須蕩而更制夫赦雖非正道而可以權行自秦漢以來莫不相踵屈言先誅後赦會於不能兩去孰與一行便定若其赦而不改者誅之不晚太宗從之神瑞初詔玄伯與南平公嵩等坐止車門右聽理萬機事并州胡數萬家南掠河內遣將軍公孫表等率師討之敗績太宗問羣臣曰胡寇縱暴人衆不少表等已不能制若不早誅則良民大受其禍今既盛秋不可爲此小盜而復興衆以廢民業將若之何玄伯對曰表等諸軍不爲不足但失於處分故使小盜假息耳胡衆雖盛而無猛健主將所謂千奴共一膽也宜得大將軍爲胡所服信者將數百騎就攝表軍以討之賊聞之必望風震怖壽光侯建前在并州號爲威猛胡醜畏服諸將莫及太宗從之遂平胡寇尋拜天部大人進爵爲公泰常三年夏玄伯病篤太宗遣侍中宜都公穆觀就受遺言更遣侍臣問疾一夜數返及卒下詔痛惜贈司空謚文貞公喪禮一依安城王叔孫俊故事詔羣臣及附國渠帥皆會葬自親王以外盡令拜送太和中高祖追録先朝功臣以玄伯配饗廟庭玄伯自非朝廷文誥四方書檄初不染翰故世無遺文尤善草隸行押之書爲世摹楷玄伯祖悅與范陽盧諶竝以博藝著名諶法鍾繇悅法衛瓘而俱習索靖之草皆盡其妙諶傳子偃偃傳子邈悅傳子潛潛傳玄伯世不替業故魏初重崔盧之書又玄伯之行押特盡精巧而不見遺迹子浩襲爵別有傳

次子簡字沖亮一名覽好學少以善書知名太祖初歷位中書侍郎征虜將軍爵五等侯參著作事卒

簡弟恬字叔玄小名白歷給事中賜爵繹幕子出爲上黨太守平南將軍豫州刺史進爵陽武侯坐浩伏誅始玄伯因苻堅亂欲避地江南於泰山爲張願所獲本圖不遂乃作詩以自傷而不行於時蓋懼罪也及浩誅中書侍郎高允受勑收浩家始見此詩允知其意允孫綽録於允集始玄伯父潛爲兄渾誅手筆草本延昌初著作佐郎王遵業買書於市而遇得之計誅至今將二百載寶其書迹深藏祕之武定中遵業子松年以遺黃門郎崔季舒人多摹搨之左光祿大夫姚元標以工書知名於時見潛書謂爲過於己也

玄伯弟徽字玄猷少有文才與渤海高演俱知名初徵相州別駕中書侍郎稍遷祕書監賜爵貝丘侯加龍驤將軍樂安王範鎮長安世祖以範年少而三秦民夷恃險多變乃選忠清舊德之士與範俱鎮以徽爲散騎常侍督雍涇梁秦四州諸軍事平西將軍副將行樂安王傅進爵濟南公徽爲政務存大體不親小事性好人倫引接賓客或談及平生或講論道義誨誘後進終日不止以疾徵還京師真君四年卒謚曰元公士類無不歎惜時清河崔寬字景仁祖彤隨晉南陽王保避地隴右遂仕於沮渠李暠父剖字伯宗每慷慨有懷東土常歎曰風雨如晦雞鳴不已吾所庶幾及世祖西巡剖乃總率同義使寬送款世祖嘉之拜寬威遠將軍岐陽令賜爵沂水男遣使與寬俱西撫慰初附徵剖詣京師未至病卒高宗以剖誠著先朝贈散騎常侍鎮西將軍涼州刺史武陵公謚曰元寬還京拜散騎侍郎寧朔將軍安國子未幾出爲弘農太守初寬之通款也見司徒浩浩與相齒次厚存撫之及浩誅以遠來疎族獨得不坐遂家于武城居司空林舊墟以一子繼浩弟覽妻封氏相奉如親寬後襲爵武陵公鎮西將軍拜陝城鎮西將崤地嶮民多寇劫寬性滑稽誘接豪右宿盜魁帥與相交結傾衿待遇不逆微細是以能得民庶忻心莫不感其意氣時官無祿力唯取給於民寬善撫納招致禮遺大有受取而與之者無恨又弘農出漆蠟竹木之饒路與南通販貿來往家產豐富而百姓樂之諸鎮之中號爲能政及解鎮還京民多追戀詣闕上章者三百餘人書奏高祖嘉之延興二年卒年六十三遺命薄葬斂以時服長子衡字伯玉少以孝行著稱學崔浩書頗亦類焉天安元年擢爲內祕書中散班下詔命及御所覽書多其迹也衡舉李沖李元愷程駿等終爲名器世以是稱之承明元年遷內都坐令善折獄高祖嘉之太和二年襲爵武陵公鎮西將軍遷給事中車駕巡狩以衡爲大都督長史衡涉獵書史陳備禦之方便國利民之策凡五十餘條以本將軍除秦州刺史徙爵齊郡公先是河東年饑劫盜大起衡至修龔遂之法勸課農桑周年之間寇盜止息十二年卒年五十四贈散騎常侍左光祿大夫本將軍冀州刺史帛一千匹穀一千斛謚曰惠公

衡有五子

長子敞字公世襲爵例降爲侯自謁者僕射出爲平原

相敞性狷急與刺史楊椿迭相表列敞坐免官世宗初爲鉅鹿太守弟朏之逆敞爲黃木軍主韓文殊所藏其家悉見籍沒唯敞妻李氏以公主之甥自隨奴婢田宅二百餘口得免正光中普釋禁錮敞復爵齊郡侯拜龍驤將軍中散大夫孝昌中趙郡太守卒

敞弟鍾字公祿奉朝請弟朏之逆以出後被原歷尚書郎國子博士司徒右長史征北將軍金紫光祿大夫冀州大中正敞亡後鍾貪其財物誣敞息子積等三人非兄之胤辭訴累歲人士嫉之爾朱世隆爲尚書令奏除其官終身不齒

朏好學有文才歷治書侍御史京兆王愉錄事參軍與愉同逆伏法

衡弟恕尚書郎又有崔模字思範魏中尉崔琰兄霸後也父遵慕容垂少府卿叔父整廣川太守模慕容熙末南渡河外爲劉裕滎陽太守戍虎牢神䴥中平滑臺模歸降後賜爵武陵男加寧遠將軍始模在南妻張氏有二子沖智季柔模至京師賜妻金氏生子幼度沖智等以父隔遠乃聚貨物間託開境規贖模歸其母張氏每謂之曰汝父性懷本自無決必不能來也行人遂以財賄至都當竊模還模果顧念幼度等指幼度謂行人曰吾何忍捨此輩令坐致刑辱當爲爾取一人使名位不減於我乃授以申謨謨劉義隆東郡太守與朱脩之守滑臺神䴥中被執入國俱得賜妻生子靈度申謨聞此乃棄妻子走還江外靈度刑爲閹人模長者篤厚不營榮利頗爲崔浩輕侮而守志確然不爲浩屈與崔頤相親往來如家和平中卒皇興初幼度隨慕容白曜爲將時季柔爲崔道固長史帶濟南太守城將降先馳馬赴白曜軍幼度亦豫令左右覘迎之而差互不相値爲亂兵所害初眞君末車駕南克鄒山模兄協子邪利爲劉義隆魯郡太守以郡降賜爵臨淄子拜廣甯太守卒於郡邪利二子懷順以父入國故不出仕及國家克青州懷順迎邪利喪還葬青州次恩累政州主簿至刺史陸龍成時謀叛聚城北高柳村將攻州城龍成討斬之懷順與沖智子徽伯等俱奔江外始邪利與二女俱入國一女爲張氏婦一女爲劉休賓妻生子文華邪利後生庶子法始邪利亡後二女侮法始庶孽常欲令文華襲外祖爵臨淄子法始恨忿無所不爲後懷順歸化迎喪始與法始相見未幾法始得襲爵傳至孫延族正光中爲冠軍將軍中散大夫季柔孫睦正光三年自郁州歸降

模孫景茂冀州別駕青州長史隨郡太守武城男

景茂子彥遠襲武定中北徐州司馬始睦來降也與高陵張炅郭緼俱至陵蕭寶夤西討開府西閤祭酒寶夤反陵其黃門侍郎關中平還洛歷尚書郎定州別駕齊文襄王作相以陵頗有文學引參賓客終於征南將軍司空長史贈驃騎大將軍大司農卿顯祖時有崔道固字季堅琰八世孫也祖瓌慕容垂車騎屬父輯南徙青州爲泰山太守道固賤出適母兄攸之目連等輕侮之輯謂攸之曰此兒姿識如此或能興人門戶汝等何以輕之攸之等遇之彌薄略無兄弟之禮時劉義隆子駿爲徐兗二州刺史得辟他州民爲從事輯乃資給道固令其南仕既至彭城駿以爲從事道固美形容善舉止便弓馬好武事駿稍嘉之會青州刺史新除過彭城駿謂之曰崔道固人身如此豈可爲寒士至老乎而世人以其偏庶便相陵侮可爲歎息青州刺史至州辟爲主簿轉治中後爲義隆諸子參軍事被遣向青州募人長史已下皆詣道固道固諸兄等逼道固所生母自致酒炙於客前道固驚起接取謂客曰家無人力老親自執劬勞諸客皆知其兄弟所作咸起拜謝其母母謂道固曰我賤不足以報貴賓汝宜荅拜諸客皆歎美道固母子賤其諸兄後爲寧朔將軍冀州刺史移鎮歷城劉彧既殺子業自立徐州刺史薛安都與道固等舉兵推立子業弟子勛子勛敗乃遣表歸誠顯祖以爲安南將軍南冀州刺史淸河公劉彧遣說道固以爲前將軍徐州刺史復叛受彧命皇興初顯祖詔征南大將軍慕容白曜攻其城東郭道固面縛請罪表曰臣資生南境限隔大化本朝不以甲末委授藩任而劉氏蕭牆內侮擢貽大戮前遣崔啓之奉表歸誠幸蒙陛下過垂矜納并賜爵寵慶佩罔極應奔闕庭但劉彧尋續遣使恕臣百死愚以世奉劉氏深愆蒙宥若猶違背則是不忠於本朝而欲求忠於大魏雖曰希生懼大魏之所不許是用迷回孤負天日冒萬死之艱固執拒守僕臣白曜振曜威靈漸經二載大將臨城以今月十四日臣東郭失守於臣款彧之誠庶可以彰於大魏矣臣勢窮力屈以十七日面縛請罪白曜奉宣皇恩恕臣生命斯實陛下起臣死尸肉臣枯骨天地造物所不能行而陛下育之雖虞舜之格有苗姬文之宥崇壘方之聖澤未足以喩既未奉朝旨無由親馳道路謹遣大息景徽束骸歸闕伏聽刑斧既而白曜送道固赴都有司案劾奏聞詔恕其死乃徙青齊士望共道固守城者數百家於桑乾立平齊郡於平城西北北新城以道固爲太守賜爵臨淄子加寧朔將軍尋徙治京城西南二百餘里舊陰館之西是時頻歲不登郡內飢敝道固雖在任積年撫慰未能周盡是以多有怨叛延興中卒年五十初道固之在客邸與薛安都畢衆敬鄰館時以朝集相見本既同由武達頗結寮舊時安都志已衰朽於道固情乃疎略而衆敬每盡殷勤道固謂劉休賓房法壽曰古人云非我族類其心必異信不虛也安都視人殊自蕭索畢捺固依依也

子景徽字文叡襲父爵臨淄子加寧朔將軍出爲青州廣陵王羽征東府司馬大鴻臚少卿出除龍驤將軍平州刺史卒贈本將軍南青州刺史諡曰定

子休纂襲爵

景徽弟景業字文季別有功太和中賜爵昌國子加建威將軍卒

子休緒襲爵員外郎

景業弟景淵亦有別功贈爵武城男鷹揚將軍平齊太守卒於郡

道固兄目連子僧祐白曜之圍歷城也僧祐母明氏弟僧淵並在城內劉彧授僧祐輔國將軍領衆數千與青齊人家口在歷城梁鄒者明同慶明菩薩等爲將佐從淮海揚聲救援將至不其聞道固已敗母弟入國徘徊不進白曜圍東陽時表請景徽往喩僧祐乃歸降白曜送之在客數載賜爵層城侯與房法壽畢薩諸人皆不穆法壽等訟其歸國無誠拘之歲餘因赦乃釋後坐與沙門法秀謀反伏法

子道寧給事中

僧淵入國坐兄弟從於薄骨律鎮太和初得還高祖聞其有文學又問佛經善談論勑以白衣賜褠幘入聽于永樂經武殿後以僧淵爲尚書儀曹郎遷洛之後爲青州中正尋出爲征東大將軍廣陵王羽諮議參軍加顯武將軍討海戒於黃郭大破之蕭鸞乃遣其族兄惠景遺僧淵書說以入國之屈規令改圖僧淵復書曰主上之爲人也無幽不照無細不存仁則無遠不及博則無典不究殫三墳之微盡九丘之極至於文章錯綜煥然蔚炳猶夫子之牆矣遂乃開獨悟之明尋先王之迹安遷靈荒兆變帝基惟新中壤宅臨伊域三光起重輝之照庶物蒙再化之始分氏定族料甲乙之科班官命爵淸九流之貫禮俗之敘粲然復興河洛之間重隆周道巷歌邑頌朝熙門穆濟濟之盛非可備陳矣加以累葉重光地兼四岳士馬彊富人神欣仰道德仁義民不能名且大人出本無所在況從上聖至天子天孫者乎聖上諸弟風度相類咸陽王已下莫不英越枝葉扶疎遍在天下所稱稍蝎殊爲未然文士競謀於廟堂武夫效通於疆埸若論事勢此爲實矣計彼主纂殺之迹人鬼同知疑親猜貴早暴遐邇兄投心逆節千載何名物患無施器非時用生不振世没無令聲先師以爲鄙君子以爲恥此則事困伎殫自勉無益故其宜矣以兄之才夙超鄉土如弟之徒誰不瞻仰每尋昔念未敢忘懷雖復途遙二千心想若對敬遵軌範以資一生令名可揚矣而不能顯親事可變矣而不能離辱故世之所未解也且君子在家也不過孝於其親入朝也不過忠於其君主上之於兄恩則不可酬義則不可背身可殺也故非其酬功不逮也故非其報今可以效矣而又弗爲非孝也卽實而言兄之不變得爲忠乎至於講武爭彊不敵者久矣論安與危不同者驗矣舉情背去獨留者謬矣願深察之王晏道絕外交器非雄朗專華保望便就屠割方之於兄其全百倍且淮蕃海捍本出北豪壽春之任兄何由免以是而言猜嫌已決又宗門未幾南北莫寄先構之重非兄何託受社之榮鄙心之相望矣今執志不寤忠孝兩忘王晏之辜安能自保見機而作其在茲乎國家西至長安東盡卽墨營造器甲必盡堅精晝夜不息者於茲數載今秋中月雲羅必舉賈不及時雖貴不用若不早圖況枉連城矣枚乘有言欲出不出間不容髮精哉斯談弟中於北京身罹事譴大造之及有獲爲幸比蒙清舉起崖疑非一犬馬之心誠有在矣雖復彼此爲異猶昔情不移也況於今日哉如兄之誨如弟之規改張易調易於反掌萬一乖情此將運也出除龍驤將軍南青州刺史久之坐擅出師無據檢覈幽禁後乃獲免僧淵元妻房氏生二子伯驎伯驥後薄房氏更納平原杜氏僧淵之徙也與杜俱去生四子伯鳳祖龍祖螭祖虬得還之後棄絕房氏遂與杜氏及四子家於青州伯驥與母房氏居于冀州雖往來父間而心存母氏孝慈之道頓阻一門僧淵卒年七十餘伯驎雖往奔赴不敢入家哭沙門寺

伯驎自奉朝請稍遷步兵校尉樂陵太守加中堅將軍後兼冀州長史大乘賊起伯驎率州軍討之於煮棗城爲賊所殺贈龍驤將軍洛州刺史

伯驥爲京兆王愉法曹參軍愉反伯驥不從見害詔贈東海太守

伯鳳少便弓馬壯勇有膂力自奉朝請員外郎稍遷鎮遠將軍前將軍數爲將帥永安末與都督源子恭守單父戰歿

祖龍司空行參軍性剛躁父亡後與兄伯驎訟競嫡庶並以刀劒自衞若怨讎焉

祖螭小字社客驍武有氣力刺史元羅板爲兼統軍率衆討海賊普泰初與張僧皓俱反圍青州爾朱仲遠遣將討平之傳首京師

祖虯少而好學下帷誦書不驅競當世舉秀才不就

僧淵從弟和平昌太守家巨富而性吝嗇埋錢數百斛其母李春思堇惜錢不買

子軌字敬則盜錢百萬背和亡走後爲儀同開府鎧曹參軍坐貪汙死於晉陽

玄伯同郡董謐謐父京與同郡崔康時廣陽霍原等俱以碩學播名遼海謐好學傳父業中山平入朝拜儀曹郎撰朝覲饗宴郊廟社稷之儀

鄧淵字彥海安定人也祖羌苻堅車騎將軍父翼河間相慕容垂之圍鄴以翼爲後將軍冀州刺史真定侯翼泣對使者曰先君忠于秦室翼豈可先叛乎忠臣不事二主自古通義未敢聞命垂遣使喻之曰吾與車騎結異姓兄弟卿亦猶吾之子弟安得辭乎翼曰冀州宜任親賢翼請他役效命垂乃用爲建武將軍河間太守尚書左丞皆有聲稱卒於趙郡內史淵性貞素言行可復博覽經書長於易筮太祖定中原擢爲著作郎出爲蒲丘令誅翦姦猾盜賊肅清入爲尚書吏部郎淵明解制度多識舊事與尚書崔玄伯參定朝儀律令音樂及軍國文記詔策多淵所爲從征平陽以功賜爵漢昌子改下博子加中壘將軍太祖詔淵撰國記淵造十餘卷惟次年月起居行事而已未有體例淵謹於朝事未嘗忤旨其從父弟暉爲尚書郎兇俠好奇與定陵侯和跋厚善跋有罪誅其子弟奔長安或告暉將送出之由是太祖疑淵知情遂賜淵死既而恨之時人咸愍惜焉

子穎襲爵爲太學生稍遷中書侍郎世祖詔太常崔浩集諸文學撰述國書穎與浩弟覽等俱參著作事駕幸漠南高車莫弗庫若干率騎數萬餘驅鹿百餘萬詣行在所詔穎爲文銘于漠南以紀功德兼散騎常侍使於劉義隆進爵爲侯加龍驤將軍延和三年從征胡賊白龍還卒於路謚曰文恭

子怡襲爵官至荊州刺史假寧南將軍賜爵南陽公和平中卒長子艮奴襲爵艮奴弟侍高祖賜名述歷吏職以貞謹見稱遷中大夫守廷尉少卿出爲建忠將軍齊州刺史初改置百官始重公府元佐時太傅元丕出爲并州刺史以述爲太傅長史帶太原太守尋徵爲司空長史卒官詔賜錢十萬布五十匹謚曰貞

長子纂奉朝請累遷中散大夫

纂弟獻奉朝請司空西閤祭酒員外常侍河陰令尋遷鎮遠將軍諫議大夫肅宗末除冠軍將軍穎州刺史建義初聞爾朱榮入洛朝士見害遂奔蕭衍

怡弟宗慶以中書學生入爲中散稍遷尚書加散騎常侍賜爵定安侯轉典南部宗慶在南部積年多所敷奏州鎮憚之號爲稱職進爵南陽公除安南將軍涇州刺史從趙郡公宗慶在州爲民所訟雖訊鞫獲情上下大不相得轉徐州刺史仍本將軍未幾坐妻韓巫蠱伏誅宗慶子伯忻與父俱死

伯忻子儼逃越得免後歷尚書郎除常山太守轉安南將軍光祿大夫持節兼尚書左丞郢州行臺又加撫軍將軍卒贈鎮南將軍荊州刺史

穎弟權從世祖征伐官至龍驤將軍豫州刺史賜爵新野侯從征蠕蠕坐法死

弟顥卒於中書侍郎

顥長子靈珍中學生祕書中散卒贈員外散騎常侍

子羨歷中書學生侍御史以明謹見知出爲齊州武昌王征虜長史後李元護之爲齊州仍爲長史帶東魏郡太守在治十年經三刺史以清勤著稱齊人懷其恩德號曰良二千石及代還大受民故送遺頗以此爲損中山王英攻義陽羨爲軍司罷除諫議大夫兼給事黃門侍郎副侍中游肇爲畿內大使後行貨於錄尚書北海王詳轉大司農少卿出行荊州事轉征虜將軍郢州刺史鎮義陽在州銳於聚斂又納賄於于忠徵爲給事黃門侍郎尋加後將軍河南尹黃門如故未拜而靈太后臨朝以元昭爲河南尹羨仍黃門加平南將軍羨以義陽軍司之勳封安陽縣開國子邑三百戶羨曲附左右故獲封焉時幽瀛滄冀大水頻經寇難民飢詔羨兼尚書假散騎常侍持節詣州隨方賑恤多有所濟神龜初發疽卒年五十四詔賻帛三百匹朝服一襲贈鎮東將軍青州刺史謚曰恭

長子隮字伯昇頗有意尚祕書郎朝議以羨本不合山河之賞故不許隮襲隮訴訟久之始聽紹封稍遷前將軍太中大夫梁州開府長史與刺史元羅同陷蕭衍卒於江南

子孝緒元象中以隮柩還國興和中襲爵齊受禪例降

靈珍弟靈奇立忠將軍齊州刺史進號冠軍將軍賜爵昌國侯爲政清簡有威惠

子恭伯右光祿大夫

史臣曰爲國馭民莫不文武兼運燕鳳以博識多聞昭成致禮和跋存國賢之効歟許謙才術俱美馳騁艱難之日觀幾獨動事契冥符張衮以才策見知早蒙恩遇時無寬政斯言貽咎玄伯世家雋偉仍屬權輿總機任重守正成務禮從淸廟不亦宜乎寬模俱能見幾而動道固窮而委質鄧淵貞白幹事才業秉筆禍非其罪悲哉

魏書卷二十四考證

崔玄伯傳行押之書○押北史誤狎　臣人龍按集古錄有五代時帝王將相等署字一卷所謂署字者皆草書其名今俗謂之畫押岳珂古冢盆杅記言得晉永寧元年甓有匠者姓名下有文如押字則晉已有之黃伯思謂魏晉以來法書梁御府所藏皆是朱异唐懷克沈熾文姚懷珍等題名於首尾紙縫間或謂之押縫或謂之押尾後人花押蓋沿於此不知南北諸史言押字者甚多也

崔模字思範○北史崔模附崔逞傳後又本書崔辯傳長子景儁高祖賜名爲邈邈弟模字叔軌是別一崔模也

討海戒於黃郭○海戒二字不可考當海賊字之訛

魏書卷二十五

齊　魏收　撰

列傳第十三

長孫嵩　長孫道生

長孫嵩代人也太祖賜名焉父仁昭成時爲南部大人嵩寬雅有器度年十四代父統軍昭成末年諸部乖亂苻堅使劉庫仁攝國事嵩與元他等率部衆歸之劉顯之謀難也嵩率舊人及鄉邑七百餘家叛顯走將至五原時寔君之子亦聚衆自立嵩欲歸之見于烏渥稱逆父之子勸嵩歸太祖嵩未決烏渥回其牛首嵩僶俛從之見太祖于三漢亭太祖承大統復以爲南部大人累著軍功後從征中山除冀州刺史賜爵鉅鹿公歷侍中司徒相州刺史封南平公所在著稱太宗即位與山陽侯奚斤北新侯安同白馬侯崔宏等八人坐止車門右聽理萬幾故世號八公晉將劉裕之伐姚泓太宗假嵩節督山東諸軍事傳詣平原緣河北岸列軍次於畔城軍頗失利詔假裕道裕於舟中望嵩麾蓋遺以鄠酒及江南食物嵩皆送京師詔嵩厚答之又勑簡精兵爲戰備若裕西過者便率精銳南出彭沛如不時過但引軍隨之彼至崤陝間必與姚泓相持一死一傷衆力疲敝比及秋月徐乃乘之則裕首可不戰而懸於是叔孫建等尋河趣洛遂入關嵩與建等自成皋南濟晉諸屯戍皆望塵奔潰裕剋長安嵩乃班師太宗寢疾問後事於嵩嵩曰立長則順以德則人服今長皇子賢而世嫡天所命也請立乃定策禁中於是詔世祖臨朝監國嵩爲左輔世祖即位進爵北平王司州中正詔問公卿赫連蠕蠕征討何先嵩與平陽王長孫翰司空奚斤等曰赫連居土未能爲患蠕蠕世爲邊害宜先討大檀及則收其畜產足以富國不及則校獵陰山多殺禽獸皮肉筋角以充軍實亦愈於破一小國太常崔浩曰大檀遷徙鳥逝疾追則不足經久大衆則不能及之赫連屈丐土宇不過千里其刑政殘虐人神所弃宜先討之尚書劉潔武京侯安原請先平馮跋帝默然遂西巡狩後聞屈丐死關中大亂議欲征之嵩等曰彼若城守以逸代勞大檀聞之乘虛而寇危道也帝乃問幽徵於天師寇謙之謙之勸行杜超之贊成之崔浩又言西伐利嵩等固諫不可帝大怒責嵩在官貪汙使武士頓辱尋遷太尉久之加柱國大將軍自是輿駕征伐嵩以元老多留鎮京師坐朝堂平斷刑獄薨年八十謚曰宣王後高祖追錄先朝功臣以嵩配饗廟庭

子頹善騎射彎弓三百斤襲爵加侍中征南大將軍有罪黜爲戍兵後復爵薨謚曰安王

子敦字孝友位北鎮都將坐黷貨降爲公高祖時自頌先世勳重復其王爵薨謚簡王

子道字念僧襲爵久之隨例降爲公位右衞將軍卒謚慎

子悅襲爵建義初復本王爵尋降爲公位光祿少卿卒贈司空

長孫道生嵩從子也忠厚廉謹太祖愛其慎重使掌幾密與賀毗等四人內侍左右出入詔命太宗即位除南

統將軍冀州刺史後取人美女以獻太宗切責之以舊
臣不加罪黜世祖即位進爵汝陰公遷廷尉卿從征蠕
蠕與尉眷等率衆出白黑兩漠間大捷而還世祖征赫
連昌道生與司徒長孫翰宗正娥清爲前驅遂平其國
昌弟定走保平凉劉義隆遣將到彥之王仲德寇河南
以救定詔道生與丹陽王太之屯河上以禦之遂誘義
隆將檀道濟邀其前後追至歷城而還除司空加侍中
進封上黨王薨年八十二贈太尉謚曰靖道生廉約身
爲三司而衣不華飾食不兼味一熊皮鄣泥數十年不
易時人比之晏嬰第宅卑陋出鎭後其子弟頗更修繕
起堂廡道生還歎曰昔霍去病以匈奴未滅無用家爲
今彊寇尚遊魂漠北吾豈可安坐華美也乃切責子弟
令毀宅其恭愼如此世祖世所在著績每建大議多合
時機爲將有權畧善待士衆帝命歌工歷頌羣臣曰智
如崔浩廉如道生及年老頗惑其妻孟氏以此見譏與
從父嵩俱爲三公當世以爲榮

子抗位少卿早卒

抗子覯少以壯勇知名後襲祖爵上黨王時異姓諸王
襲爵多降爲公帝以其祖道生佐命先朝故特不降以
征西大將軍假司空督河西七鎭諸軍討吐谷渾部帥
拾寅遁藏焚其所居城邑而還高祖初拜殿中尚書侍
中吐谷渾又侵逼復假覯司空討降之後爲征南大將
軍薨謚曰定葬禮依其祖靖王故事陪葬雲中金陵

子冀歸六歲襲爵降爲公高祖以其幼承家業賜名稚
字承業稚聰敏有才藝虛心愛士爲前將軍從高祖南
討授七兵尚書太常卿右將軍世宗時侯剛子淵稚之
女壻剛爲元乂所厚故稚驟得轉進出爲撫軍大將軍
領揚州刺史假鎭南大將軍都督淮南諸軍事蕭衍將
裴邃虞鴻襲據壽春稚諸子驍果邃頗難之號曰鐵小
兒詔河間王琛總衆援之琛欲決戰稚以雨久更須持
重琛弗從遂戰爲賊所乘稚後殿初稚既總彊兵久不
決戰議者疑有異圖朝廷重遣河間王琛及臨淮王彧
尚書李憲等三都督外聲助稚內實防之會鮮于脩禮
反於中山以稚爲大都督北討尋以本使達鄴城詔稚
解行臺罷大使遣河間王琛爲大都督酈道元爲行臺
稚遣子子裕奉表稱與琛同在淮南俱當國難琛敗臣
全遂生私隙且臨機奪帥非算所長書奏不納琛與稚
前到呼沱稚未欲戰而琛不從行達五鹿爲脩禮邀擊
琛不赴之賊總至遂大敗稚與琛竝除名尋而正平郡
蜀反復假稚鎭西將軍討蜀都督頻戰有功除平東將
軍復本爵後除尚書右僕射未幾雍州刺史蕭寶夤據
州反復以稚爲行臺討之稚時背疽未愈靈太后勞之
曰卿疹源如此朕欲相停更無可寄如何稚答曰死而
後已敢不自力時子彥亦患脚痺扶杖入辭尚書僕射
元順顧相謂曰吾等備位大臣各居寵位危難之日病
者先行無乃不可乎莫有對者時薛鳳賢反於正平薛
脩義屯聚河東分據鹽池攻圍蒲坂東西連結以應寶
夤稚乃據河東時有詔廢鹽池稅稚上表曰鹽池天資
賄貨密邇京畿唯須寶而護之均贍以理今四境多虞
府藏罄竭然冀定二州且亡且亂常調之絹不復可收
仰惟府庫有出無入必須經綸出入相補略論鹽稅一
年之中準絹而言猶不應減三十萬匹也便是移冀定
二州置於畿甸今若廢之事同再失臣前仰違嚴旨不
先討關賊而解河東者非是閑長安而急蒲坂蒲坂一
陷沒失鹽池三軍口命濟贍理絕天助大魏茲計不爽
昔高祖昇平之年無所乏少猶創置鹽官而加典護非
爲物而競利恐由利而亂俗也況今王公素餐百官尸
祿租徵六年之粟調折來歲之資此皆出人私財奪人
膂力豈是顧言事不獲已臣輙符司監將尉還率所部
依常收稅更聽後敕稚克寶夤將侯終德寶夤出走雍
州平除雍州刺史莊帝初封上黨王尋改馮翊王後降
爲郡公遷司徒公加侍中兼尚書令大行臺仍鎭長安
前廢帝立遷大尉公錄尚書事及韓陵之敗斛斯椿先
據河橋謀誅爾朱使稚入洛啓帝誅世隆兄弟之意出
帝初轉太傅錄尚書事以定策功更封開國子稚表請
回授其姨兄廷尉卿元洪超次子悍初稚生而母亡爲
洪超母所撫養是以求讓許之出帝入關稚時鎭虎牢
亦隨赴長安稚妻張氏生二子子彥子裕後與羅氏私
通遂殺其夫棄張納羅羅年大稚十餘歲妬忌防限稚
雅相愛敬旁無姻妾僮侍之中嫌疑致死者乃有數四
羅生三子紹遠士亮季亮兄弟皆廉武稚少輕俠鬭雞
走馬力爭殺人因亡抵龍門將陳興德家會赦乃免因
以後妻羅前夫女呂氏妻興德兄興恩以報之

子彥本名儁有膂力以累從父征討功封槐里縣子出
帝與齊獻武王構隙加子彥中軍大都督行臺僕射鎭
弘農以爲心膂後從帝入關子彥少常墜馬折臂肘上
骨起寸餘乃命開肉鋸骨流血數升言戲自若時以爲
踰於關羽

子裕位衛尉少卿

魏書卷二十五考證

列傳第十三○魏收書闕後人所補

長孫嵩傳見太祖於三漢亭○三北史作二

長孫道生傳子抗○抗北史作瓶

魏書卷二十六

齊　魏　收　撰

列傳第十四

長孫肥　尉古眞

長孫肥代人也昭成時年十三以選內侍少有雅度果
毅少言太祖之在獨孤及賀蘭部肥常侍從禦侮左右
太祖深信仗之登國初與莫題等俱爲大將從征劉顯
自濡源擊庫莫奚討賀蘭部竝有戰功太祖征蠕蠕大
破之肥降其主匹候跋事具蠕蠕傳又從征衞辰及薛
干部破滅之蠕蠕別主縕紇提子曷多汗等率部落棄
父西走肥以輕騎追至上郡斬之後從征中山拜中領
軍將軍車駕次晉陽慕容寶幷州刺史遼西王農棄城
宵遁肥追之至蒲泉獲其妻子太祖將圍中山慕容寶
棄城奔和龍肥與左將軍李栗三千騎追之至范陽不
及而還遂破其研城戍俘千餘人中山城內人立慕容
普驎爲主太祖圍之普驎乃出步卒千餘人欲伺間犯
圍太祖命肥挑戰僞退普驎衆追肥太祖截其後盡擒
斬之時以士馬少糧遂罷中山之圍就穀河間慕容賀
驎殺普驎而自立車駕次魯口遣肥帥七千騎襲中山
入其郛而還賀驎以步騎四千追肥至泒水肥自魏昌
擊之獲鎧騎二百肥中流矢瘡重乃還中山平以功賜
爵琅邪公遷衞尉卿改爵盧鄉時中山太守仇儒不樂
內徙亡匿趙郡推羣盜趙準爲主妄造妖言云燕東傾
趙當續欲知其名準水不足準喜而從之自號使持節
征西大將軍青冀二州牧鉅鹿公儒爲長史聚黨二千
餘人據關城連引丁零殺害長吏扇動常山鉅鹿廣平
諸郡遣肥率三千騎討之破準於九門斬仇儒生擒準
詔以儒肉食準傳送京師轘之於市夷其族除肥鎭遠
將軍兗州刺史給步騎二萬南徇許昌略地至彭城司
馬德宗將劉該遣使詣肥請降貢其方物姚平之寇平
陽太祖將討之還諸將無加肥者乃徵還京師遣肥與
毗陵王順等六萬騎爲前鋒車駕次永安平慕遣勇將
率精騎二百闚軍肥逆擊擒之匹馬不返平退保柴壁
太祖進攻屠之遣肥還鎭兗州肥撫慰河南得吏民心
威信著於淮泗善策謀勇冠諸將每戰常爲士卒先前
後征討未嘗失敗故每有大難令肥當之南平中原西
摧羌寇肥功居多賞賜奴婢數百口畜物以千計後降
爵爲藍田侯天賜五年卒謚曰武陪葬金陵子翰襲爵

翰少有父風太祖時以善騎射爲獵郎太宗之在外翰
與元磨渾等潛謀奉迎太宗即位遷散騎常侍與磨渾
等拾遺左右以功遷平南將軍率衆鎭北境威名甚著
蠕蠕憚之後爲都督北部諸軍事平北將軍眞定侯給
殿中細拾隊加旌旗鼓吹蠕蠕每犯塞翰拒擊有功進
爵爲公世祖即位徵還京師進封平陽王加安集將軍
蠕蠕大檀之入寇雲中世祖親征之遣翰率北部諸將
尉眷自參合以北擊大檀別帥阿伏干於柞山斬首數
千級獲馬萬餘匹又與東平公娥清出長川以討大檀
大檀衆北遁追擊克獲而還尋遷司徒襲赫連昌破之
世祖復征昌翰與廷尉道生宗正娥清率騎三萬爲前
驅昌戰敗奔上邽翰以八千騎追之至高平不及而還
從襲蠕蠕車駕度漠大檀奔走其弟匹黎率衆赴之遇
翰交戰匹黎衆潰走斬其渠帥數百人翰淸正嚴明善
撫將士太祖甚重之神䴥三年薨深見悼惜爲之流涕
親臨其喪禮依安城王叔孫俊故事賻賜有加謚曰威
陪葬金陵

子平成襲爵降爲公平成少以父任爲中散累遷南部
尚書卒陪葬金陵

子渾襲爵渾初爲中散久之爲彭城鎭將太和中卒

子盛襲爵

翰弟受與世祖時從征平涼以功賜爵長進子除河間
太守卒

子安都襲爵顯祖時爲典馬令

受與弟陳世祖時爲羽林郎征和龍賊自西門出將犯
外圍陳擊退之追斬至長城下以功賜爵五等男又從
征涼州爲都將領入官遷殿中給事中進爵爲子遷駕
部尚書復出爲北鎭都將陳性寬厚好學愛士所歷輙
爲人追思之高祖即位進爵吳郡公加安東將軍興光
二年卒贈散騎常侍吳郡王謚曰恭陪葬金陵

子頭襲爵高宗時爲中散遷內行長典龍牧曹天安初
卒

子拔襲爵

陳弟蘭世祖初爲中散常從征伐典御兵器賞賜甚厚後以破平涼功賜爵睢陽子加奮武將軍遷散騎常侍北部尚書後除豫州刺史卒

子烏孤襲爵高祖初出爲武都鎮將入爲散令

子樂孝靜時金紫光祿大夫

肥弟亦干太祖初爲羽林郎從平中原除廣平太守卒

子石洛世祖初爲羽林郎稍遷散騎常侍從征赫連昌爲都將以功拜樂部尚書賜爵臨淮公加寧西將軍神䴥中卒謚曰簡

子眞少以父任爲中散從征平涼以功賜爵臨城子拜員外散騎侍郎廣武將軍襲父爵降爲建義將軍臨淮侯遷司衛監征蓋吳遷殿中尚書加散騎常侍從駕征劉義隆至江進爵南康公加冠軍將軍卒於軍

子吳兒襲爵高祖初爲中散武川鎮將太和初卒贈恒州刺史

子長樂襲坐事爵除後歷陵江將軍羽林監

子榮族武定中征西將軍繁昌男

吳兒弟突朔州長史

子元慶平州倉曹參軍

尉古眞代人也太祖之在賀蘭部賀染干遣侯引乙突等詣行宮將肆逆古眞知之密以馳告侯引等不敢發染干疑古眞泄其謀乃執拷之以兩車軸押其頭傷一目不伏乃免之登國初從征庫莫奚及叱突隣並有功又從救賀蘭破衞辰子直力鞮復擊慕容寶於參合陂又從平中原以功賜爵東州侯加建節將軍太宗初爲鴻飛將軍率衆五千鎮大洛城太宗西巡古眞與奚斤等率前軍討越勤部大破之獲馬五萬匹牛羊二十萬頭掠二萬餘家西還泰常三年除定州刺史卒

子億萬襲卒

子盛襲

古眞弟太眞太宗初爲平南將軍相州刺史

太眞弟諾少侍太祖以忠謹著稱從圍中山諾先登傷一目太祖歎曰諾兄弟並毀其目以建功效誠可嘉也寵侍遂隆除平東將軍賜爵安樂子從討姚平還拜國部大人太宗初爲幽州刺史加東統將軍進爵爲侯長孫道生之討馮跋也諾與驍騎將軍延普率師次遼西轉寧東將軍進爵武陵公諾之在州有惠政民吏追思之世祖時薊人張廣達等二百餘人詣闕請之復除安東將軍幽州刺史改邑遼西公兄弟並爲方伯當世榮之燕土亂久民戶凋敝散諾在州前後十數年還業者萬餘家延和中卒

第八子觀襲爵卒

子崘襲

諾長子眷忠謹有父風太宗時執事左右爲大官令時侍臣受斤亡入蠕蠕詔眷追之遂至虜庭大檀問其故眷曰受斤負罪天子逃刑在此不時執送是以來取眷遂擒受斤於大檀前左右救之乃免由是以驍烈聞遷司衛監太宗幸幽州詔眷輔世祖居守後征河南督高車騎臨陣衝突所向無前賊憚之世祖卽位命眷與散騎常侍劉庫仁等八人分典四部綰奏機要賜爵山桑侯加陳兵將軍又爲安北將軍出鎮北境與平陽王長孫翰擊蠕蠕別帥阿伏干於祚山率師至歌劇山擊蠕蠕別帥便度弟庫仁直引師而北蠕蠕部帥莫孤率高車騎五千乘來逆眷擊破之斬首千餘級又從征蠕蠕眷出白黑兩漠之間擊其東部大獲而還又從征赫連昌眷出南道擊昌於上邽士衆乏糧臨淮公丘堆等督租於郡縣爲昌所敗昌乘勝抄掠諸將患之眷與侍御史安頡陰謀設伏邀擊擒昌以功拜寧北將軍加散騎常侍進爵源陽公後從征和龍眷督萬騎前驅慰喻降二千餘戶尋爲假節加侍中都督豫洛二州及河內諸軍事安南將軍開府鎮虎牢張掖王禿髮保周之反也徵眷與永昌王健等率師討之破保周於番禾保周遁走眷率騎追之保周窮迫自殺詔眷留鎮涼州加都督涼沙河三州諸軍事安西將軍領護羌戎校尉轉敦煌鎮將又擊破吐谷渾俘三千餘口眷歷鎮四蕃威名並著高宗時率師北擊伊吾剋其城大獲而還尋拜侍中太尉進爵爲王與太宰常英等評尚書事高宗北巡狩以寒雪方降議還眷諫曰今動大衆以威北敵去都不遠而便旋駕虜必疑我有內難雖方寒雪兵人勞苦以經略大體宜便前進高宗從之遂渡漠而還以眷元老賜杖履上殿和平四年薨高宗悼惜之贈大將軍謚曰莊子多侯襲爵多侯少有武幹顯祖時爲假節征西將軍領護羌戎校尉敦煌鎮將至鎮上表求率輕騎五千西入于闐兼平諸國因敵取資平定爲效弗許高祖初蠕蠕部帥无盧眞率三萬騎入塞圍鎮多侯擊走之以功進號征西大將軍後多侯獵于南山蠕蠕遣部帥度拔入圍敦煌斷其還路多侯且前且戰遂衝圍而入率衆出戰大破之追北數十里斬首千餘級因上疏求北取伊吾斷蠕蠕通西域之路高祖善其計以東作方興難之太和元年爲妻元氏所害

子建襲爵歷位給事中卒無子

建弟那襲爵卒

子範襲

範弟顯業散騎常侍與太原公主姦通生子彥武定中衞將軍南營州刺史

多侯弟子慶賓善騎射有將略高祖時釋褐員外散騎侍郎稍遷左將軍太中大夫肅宗時議欲送蠕蠕主阿那瓌還國慶賓上表固爭不從後蠕蠕遂執行臺元孚大掠北境詔尚書令李崇討之慶賓別將隸崇出塞而返元法僧之外叛蕭衍遣其豫章王蕭綜鎮徐州又詔慶賓爲別將隸安豐王延明討之尋除後將軍肆州刺史時爾朱榮兵威漸盛曾經肆州慶賓畏惡之據城不出榮恨慶賓舉兵襲之慶賓別駕姚和內應榮遂害慶賓僚屬拘慶賓還秀容呼爲假父後以母憂還都尋起爲平東將軍光祿大夫都督鎮汝陰還朝永安二年卒贈車騎將軍雍州刺史又追加侍中司空公

慶賓子豹起家員外郎肅宗時行潁州事與蕭衍將裴之禮戰歿

豹弟瑾武定中東平太守

眷弟地干機悟有才藝馳馬立射五的時人莫能及太宗時爲左機令世祖少而善之卽位擢爲庫部尚書加散騎常侍左光祿大夫領侍輦郎地干奉上忠謹尤善嘲笑世祖見其效人舉措忻悅不能自勝甚見親愛參軍國大謀世祖將征平涼試衝車以攻冢地干爲索所罥折脅而卒世祖親往臨撫哭之甚慟贈中領軍將軍燕郡公謚曰惠贈賜豐厚

子長壽幼拜散騎常侍遷殿中右曹尚書仍加散騎常侍從征劉義隆至江賜爵會稽公加冠軍將軍高宗時除涇州刺史和平五年卒

子彌眞襲爵彌眞卒無子

弟狀德襲爵

地干弟侯頭襲地干職爲庫部尚書

侯頭弟力斤亦以忠謹聞歷位御史中尉并州刺史有政績加冠軍將軍賜爵晉陽侯卒贈平南將軍

力斤弟焉陳尚書安樂侯

古眞族玄孫聿字成興性耿介肅宗時爲武衞將軍是時領軍元叉秉權百寮莫不致敬而聿獨長揖不拜尋出爲平西將軍東涼州刺史涼州緋色天下之最叉送白綾二千疋令聿染拒而不許叉諷御史劾之繫徵至京覆驗無狀還復任尋卒於州時年五十贈安北將軍朔州刺史

子儉武定中開府祭酒

史臣曰長孫肥結髮內侍雄烈知名軍鋒所指罔不奔散闕張萬人之敵未足多也翰有父風不隕先構庶爽加禮抑有由哉尉眞兄弟忠勇奮發義以忘生眷威略著時增隆家業青紫麾旄亦其宜矣

魏書卷二十六考證

尉古眞傳擊蠕蠕別帥阿伏干於祚山○本卷上文世祖遣長孫翰率北部諸將尉眷自參合以北擊大檀別帥阿干于柞山此作祚亦小異

魏書卷二十七

齊　魏收　撰

列傳第十五

穆崇

穆崇代人也其先世效節於神元桓穆之時崇機捷便辟少以盜竊爲事太祖之居獨孤部崇常往來奉給時人無及者後劉顯之謀逆也平文皇帝外孫梁眷知之密遣崇告太祖眷謂崇曰顯若知之問汝者丈夫當死節雖刀劒刳割勿泄也因以寵妻及所乘良馬付崇曰事覺吾當以此自明崇來告難太祖馳如賀蘭部顯果疑眷泄其謀將囚之崇乃唱言曰梁眷不顧恩義獎顯爲逆今我掠得其妻馬足以雪忿顯聞而信之窟咄之難崇外甥于桓等謀執太祖以應之告崇曰今窟咄已立衆咸歸附富貴不可失願舅圖之崇乃夜告太祖太祖誅桓等北踰陰山復幸賀蘭部崇甚見寵待太祖爲魏王拜崇征虜將軍從平中原賜爵歷陽公散騎常侍後遷太尉加侍中徙爲安邑公又從征高車大勝而還姚興圍洛陽司馬德宗將辛恭靖請救太祖遣崇六千騎赴之未至恭靖敗詔崇卽鎮野王除豫州刺史仍本將軍徵爲太尉又從宜都公天賜三年薨先是衛王儀

謀逆崇豫焉太祖惜其功而祕之及有司奏諡太祖親覽諡法至述義不克曰丁太祖曰此當矣乃諡曰丁公初太祖避窟咄之難遣崇還察人心崇夜至民中留馬與從者乃微服入其營會有火光爲舂妾所識賊皆驚起崇求從者不得因匿於坑中徐乃竊馬奔走宿於大澤有白狼向崇而號崇乃覺悟馳馬隨狼而走適去賊黨追者已至遂得免難太祖異之命崇立祀子孫世奉焉太和中追錄功臣以崇配饗

崇長子遂留歷顯官討蠕蠕有功賜爵零陵侯後以罪廢

子乙九內行長者以功賜爵富城公加建忠將軍遷散騎常侍內乘黃令侍中卒諡曰靜

子眞起家中散轉侍東宮尚長城公主拜駙馬都尉後勑離婚納文明太后姊尋除南部尚書侍中卒諡曰宣高祖追思崇勳令著作郎韓顯宗與眞撰定碑文建於白登山

眞子泰本名石洛高祖賜名焉以功臣子孫尚章武長公主拜駙馬都尉典羽獵四曹事賜爵馮翊侯遷殿中尚書加散騎常侍安西將軍進爵爲公出爲鎭南將軍洛州刺史例降爲侯尋徵爲右光祿大夫尚書右僕射又出爲使持節鎭北將軍定州刺史改封馮翊縣開國侯食邑五百戶進征北將軍初文明太后幽高祖於別室將謀黜廢泰切諫乃止高祖德之錫以山河寵待隆至泰自陳病久乞爲恒州遂轉陸叡爲定州以泰代焉泰不願遷都叡未及發而泰已至遂潛相扇誘圖爲叛乃與叡及安樂侯元隆撫冥鎭將魯郡侯元業驍騎將軍元超陽平侯賀頭射聲校尉元樂平前彭城鎭將元拔代郡太守元珍鎭北將軍樂陵王思譽等謀推朔州刺史陽平王頤爲主頤不從僞許以安之密表其事高祖乃遣任城王澄率并肆兵以討之澄先遣治書侍御史李煥單車入代出其不意泰等驚駭計無所出煥曉諭逆徒示以禍福於是凶黨離心莫爲之用泰自度必敗乃率麾下數百人攻煥郭門冀以一捷不克單馬走出城西爲人擒送澄亦尋到窮治黨與高祖幸代親見罪人問其反狀泰等伏誅

子伯智八歲侍學東宮十歲拜太子洗馬散騎侍郎尚饒陽公主拜駙馬都尉早卒子階

伯智弟士儒字叔賢從涼州後乃得還爲太尉參軍事

子容武定中汲郡太守

乙九弟忸頭侍中北部尚書卒贈司空公諡曰敬

子蒲坂虞曹尚書征虜將軍涇州刺史贈征西將軍雍州刺史諡曰昭

子韶字伏興員外散騎侍郎代郡太守征東將軍金紫光祿大夫卒贈使持節都督冀相殷三州諸軍事驃騎大將軍冀州刺史諡曰文

子遵伯幽州司馬

遂留弟觀字闥拔襲崇爵少以文藝知名選充內侍太祖嘉之太宗卽位爲左衞將軍綰門下中書出納詔命及訪舊事未嘗有所遺漏太宗奇之尚宜陽公主拜駙馬都尉稍遷太尉世祖之監國觀爲右弼出則統攝朝政入則應對左右事無巨細皆關決焉終日怡怡無慍喜之色勞謙善誘不以富貴驕人泰常八年暴疾薨於苑內時年三十五太宗親臨其喪悲動左右賜以通身隱起金飾棺喪禮一依安城王叔孫俊故事贈宜都王諡曰文成世祖卽位每與羣臣談宴未嘗不歎惜慇懃以爲自泰常以來佐命勳臣文武兼濟無及之者見稱如此

子壽襲爵少以父任選侍東宮尚樂陵公主拜駙馬都尉明敏有父風世祖愛重之擢爲下大夫敷奏機辯有聲內外遷侍中中書監領南部尚書進爵宜都王加征東大將軍壽辭曰臣祖崇先皇之世屬值艱危幸天贊梁眷誠心密告故得效功前朝流福於後昔陳平受賞歸功無知今眷元勳未錄而臣獨奕世受榮豈惟仰愧古賢抑亦有虧國典世祖嘉之乃求眷後得其孫賜爵郡公輿駕征涼州命壽輔恭宗總錄要機內外聽焉行次雲中將濟河宴諸將於宮世祖別御靜室召壽及司徒崔浩尚書李順世祖謂壽曰蠕蠕吳提與牧犍連和今聞朕征涼州必來犯塞若伏兵漠南殄之爲易朕故留壯兵肥馬使卿輔佐太子收田旣訖便可分伏要害以待虜至引使深入然後擊之擒之必矣涼州路遠朕不得救卿若違朕指授爲虜侵害朕還斬卿崔浩李順爲證非虛言也壽頓首受詔壽信卜筮之言謂賊不來竟不設備而吳提果至侵及善無京師大駭壽不知所爲欲築西郭門請恭宗避保南山惠太后不聽乃止遣司空長孫道生等擊走之世祖還以無大損傷故不追咎恭宗監國壽與崔浩等輔政人皆敬浩壽獨凌之又自恃位任以爲人莫已及謂其子師曰但令吾兒及我亦足勝人不須苦教之遇諸父兄弟有如僕隸夫妻坐坐共食而令諸父餕餘其自矜無禮如此爲時人所鄙笑眞君八年薨贈太尉諡曰文宣

子平國襲爵尚城陽長公主拜駙馬都尉侍中中書監爲太子四輔正平元年卒

子伏干襲爵尚濟北公主拜駙馬都尉和平二年卒諡曰康無子

伏干弟羆襲爵尚新平長公主拜駙馬都尉又除虎牢鎭將頻以不法致罪高祖以其勳德之胄讓而赦之轉征東將軍吐京鎭將羆賞善罰惡深自克勵時西河胡叛羆欲討之而離石都將郭洛頭拒違不從羆遂上表自劾以威不攝下請就刑戮高祖乃免洛頭官山胡劉什婆寇掠郡縣羆討滅之自是部內肅然莫不敬憚後改吐京鎭爲汾州仍以羆爲刺史前吐京太守劉升在郡甚有威惠限滿還都胡民八百餘人詣羆請之前定陽令吳平仁亦有恩信戶增數倍羆以吏民懷之並爲表請高祖皆從焉羆旣頻薦升等所部守令咸自砥礪威化大行百姓安之州民李軌郭及祖等七百餘人詣闕頌羆恩德高祖以羆政和民悅增秩延限後徵爲光祿勳隨例降王爲魏郡開國公邑五百戶又除鎭北將軍燕州刺史鎭廣寧尋遷都督夏州高平鎭諸軍事本將軍夏州刺史鎭統萬又除侍中中書監穆泰之反羆與潛通赦後事發削封爲民卒于家世宗時追贈鎭北將軍恒州刺史

子建字晚興性通率頗好文史起家祕書郎稍遷直閤將軍兼武衞建妻爾朱榮之妹建常依附榮榮入洛之後除鎭東將軍金紫光祿大夫征北將軍封濟北郡開國公後遷散騎常侍車騎大將軍左光祿大夫兼尚書北道行臺并州事元曄之立建兼尚書右僕射俄轉侍中驃騎大將軍出帝末本將軍儀同三司洛州刺史天平中坐事自殺於五原城北

子千牙武定中開府祭酒

建弟衍字進興解褐員外郎封新興縣開國子稍遷通直常侍行雲州事

羆弟亮字幼輔初字老生早有風度顯祖時起家爲侍御中散尚中山長公主拜駙馬都尉封趙郡王加侍中征南大將軍從封長樂王高祖初除使持節秦州刺史在州未期大著聲稱徵爲殿中尚書又遷使持節征西大將軍西戎校尉敦煌鎭都大將政尚寬簡賑恤窮乏被徵還朝百姓追思之除都督秦梁益三州諸軍事征南大將軍領護西戎校尉仇池鎭將時宕昌王梁彌機死子彌博立爲吐谷渾所逼來奔仇池亮以彌機蕃款素著矜其亡滅彌博凶悖氐羌所棄彌機兄子彌承戎民歸樂表請納之高祖從焉於是率騎三萬次于龍鵠擊走吐谷渾立彌承而還是時階陵比谷羌董耕奴斯甲等率衆數千人寇仇池屯于陽遐嶺亮副將楊靈珍率騎擊走之氐豪楊卜自延興以來從軍征伐二十一戰前來鎭將抑而不聞亮表卜爲廣業太守豪右咸悅境內大安徵爲侍中尚書右僕射于時復置司州高祖曰司州始立未有寮吏須立中正以定選舉然中正之任必須德望兼資者世祖時崔浩爲冀州中正長孫嵩爲司州中正可謂得人公卿等宜自相推舉必令稱允尚書陸叡舉亮爲司州大中正時蕭賾遣將陳顯達攻陷醴陽加亮使持節征南大將軍都督懷洛南北豫徐兗六州諸軍事以討之顯達遁走乃還尋遷司空參議律令例降爵爲公時文明太后崩已過期月高祖毀瘠猶甚亮表曰王者居極至尊至重父天母地懷柔百靈是以古先哲王制禮成務施政立治必順天而後動宣憲垂範必依典而後行用能四時不忒陰陽和暢若有過舉咎徵必集故大舜至慕事在納麓之前孔子至聖喪無過瘠之紀堯書稽古之美不錄在服之痛禮備諸侯之喪而無天子之式雖有上達之言未見居喪之典然則位重者爲世以屈己居聖者達命以忘情伏惟陛下至德參二儀惠澤覃河海宣禮明刑動遵古式以至孝之痛服期年之喪練事既闋號慕如始統重極之尊同衆庶之制廢越紼之大敬闕宗祀之舊軌誠由文明太皇太后聖略超古惠訓深至欲報之德昊天罔極比之前代感爲過甚豈所謂順帝之則約躬隨衆者也陛下旣爲天地所子又爲萬民父母子過哀父則爲之慘悴父過感子則爲之憂傷近蒙接見咫尺旒冕聖容哀毀驟感無止況神祇至靈而不久虧和氣微致風旱者哉書稱一人有慶兆民賴之今一人過哀黎元焉繫羣官所以顚殞震懼率土所以危惶悚慄百姓何仰而不憂嘉禾何由而播殖願陛下上承金冊遺訓下稱億兆之心時襲輕服數御常膳修崇郊祠垂惠咸秩輿駕時動以釋憂煩博採廣諮以導性氣息無益之戀行利見之德則休徵可致嘉應必臻禮敎並宣孝慈兼備普天蒙賴含生幸甚詔曰苟孝悌之至無所不通今飄風亢旱時雨不降寔由誠慕未濃幽顯無感也所言過哀之咎諒爲未衷省啓以增悲愧尋領太子太傅時將建太極殿引見羣臣於太華殿高祖曰朕仰遵先意將營殿宇役夫既至興功有日今欲徙居永樂以避囂埃土木雖復無心毀之能不悽愴今故臨對卿等與之取別此

殿乃高宗所制，爰歷顯祖逮朕沖年受位於此但事來奪情將有改制仰惟疇昔惟深悲感亮稽首對曰臣聞稽之卜筮載自典經占以決疑古今攸尚興建之功事在不易願陛下訊之蓍龜以定可否又去歲役作爲功甚多太廟明堂一年便就若仍歲頻興恐民力凋弊且材幹新伐爲功不固願得逾年小康百姓高祖曰若終不爲可如卿言後必爲之逾年何益朕遠覽前王無不興造故有周創業經建靈臺洪漢受終未央是作草創之初猶尚若此況朕承累聖之運屬太平之基且今八表清晏年穀又登爰及此時以就大功人生定分修短命也蓍蔡雖智其如之何當委之大分豈假卜筮遂移御永樂宮後高祖臨朝堂謂亮曰三代之禮日出視朝自漢魏已降禮儀漸殺晉令有朔望集公卿於朝堂而論政事亦無天子親臨之文今因卿等日中之集中前則卿等自論政事中後與卿等共議可否遂命讀奏案高祖親自決之又謂亮曰徐州表給歸化人稟王者民之父母誠宜許之但今荆揚不賓書軌未一方欲親御六師問罪江介計萬戶投化歲食百萬若聽其給也則蓄儲虛竭雖得戶千萬猶未成一同且欲臨貧賑恤卿意何如亮對曰所存遠大實如聖旨及車駕南遷遷武衞大將軍以本官董攝中軍事高祖南伐以亮錄尚書事留鎮洛陽後高祖將自小平汎舟幸石濟亮諫曰臣聞垂堂之誨振古成規於安思危著於周易是以憑險弗防沒而不弔匹夫之賤猶不自輕況萬乘之尊含生所仰而可忽乎是故處則深宮廣廈行則萬騎千乘昔漢帝欲乘舟渡渭廣德將以首血汙車輪帝乃感而就橋夫一渡小水猶尚若斯況洪河浩汗有不測之慮且車乘由人猶有奔逸致敗之害況水之緩急非人所制脫難出慮表其如宗廟何高祖曰司空言是也及亮兄羆預穆泰反事亮以府事付司馬慕容契上表自劾高祖優詔不許還令攝事亮頻煩固請久乃許之尋除使持節征北大將軍開府儀同三司冀州刺史徙封頓丘郡開國公食邑五百戶以紹崇爵世宗即位遷定州刺史尋除驃騎大將軍尚書令俄轉司空公景明三年薨時年五十二給東園溫明祕器朝服一具衣一襲錢四十萬布七百匹蠟二百斤世宗親臨小斂贈太尉公領司州牧謚曰匡

子紹字永業高祖以其貴臣世胄顧念之九歲除員外郎侍學東宮轉太子舍人十一尚琅琊長公主拜駙馬都尉散騎侍郎領京兆王愉文學世宗初通直散騎常侍高陽王雍友遭父憂詔起襲爵散騎常侍領主衣都統遷祕書監侍中金紫光祿大夫光祿卿又遷衞將軍太常卿尋除使持節都督冀瀛二州諸軍事本將軍冀州刺史以母老固辭忤旨免官除中書令轉七兵尚書徙殿中尚書遭所生憂免居喪以孝聞又除衞大將軍左光祿大夫中書監復爲侍中領本邑中正紹無他才能而資性方重罕接賓客希造人門領軍元叉當權熏灼曾往候紹紹迎送下階而已時人歎尚之及皇太后欲黜叉猶豫未決紹贊成之以功加特進又拜其次子巖爲給事中尋加儀同三司領左右時侍中元順與紹同直順嘗因醉入其寢所紹擁被而起正色讓順曰老身二十年侍中與卿先君亟連職事縱卿後進何宜相排突也遂謝事還家詔喻久乃起除車騎大將軍開府定州刺史固辭不拜又除侍中託疾未起河陰之役故得免害莊帝立爾朱榮遣人徵之紹以爲必死哭辭家廟及往見榮於邙山捧手不拜榮亦矯意禮之顧謂人曰穆紹不虛大家兒車駕入宮尋授尚書令司空公進爵爲王給班劍四十人仍加侍中時河南尹李獎往詣紹獎以紹郡民謂必加敬紹又恃封邑是獎國主待之不爲動膝獎憚其位望致拜而還議者兩譏焉爾朱榮之討葛榮也詔上黨王天穆爲前鋒次於懷縣司徒公楊椿爲右軍紹爲後繼未發會擒葛榮乃止未幾降王復本爵元顥入洛以紹爲兗州刺史行達東郡顥敗而反普泰元年除都督青齊兗光四州諸軍事驃騎大將軍開府青州刺史未行其年九月薨時年五十二贈侍中都督冀相殷三州諸軍事大將軍尚書令太保冀州刺史謚曰文獻

子長嵩字子岳起家通直郎再遷散騎常侍襲爵轉鎮東將軍光祿少卿興和中卒贈都督冀滄二州諸軍事征東將軍冀州刺史

子巖武定中司徒諮議參軍

平國弟相國官至安東將軍濟州刺史上洛公

相國弟正國尚長樂公主拜駙馬都尉

子平城早卒高祖時始平公主薨於宮追贈平城駙馬都尉與公主合葬

平城弟長城司徒左長史

子世恭武定中朱衣直閣

長城弟彧符璽郎中卒

子永延尚書騎兵郎青州征東司馬

正國弟應國征西將軍張掖公

子度孤襲爵平南將軍梁城鎮將

子清休頗有將略司農少卿武衞將軍左光祿大夫出爲驃騎大將軍夏州刺史

子鐵槌祕書郎

應國弟安國歷金部長殿中尚書加右衞將軍賜爵新平子爲乙渾所殺追贈征虜將軍

子吐萬襲爵襄城鎮將

子金寶祕書郎

壽弟伏眞高宗世稍遷倘書賜爵任城侯出爲兗州刺史假寧東將軍濮陽公

子常貴南陽太守

伏眞弟多侯歷位殿中給事左將軍賜爵長寧子遷司衞監高宗崩乙渾專權時司徒陸麗在代郡溫湯療病渾忌之遣多侯追麗多侯謂麗曰渾有無君之心大王衆所望也去必危宜徐歸而圖之麗不從遂爲渾所害多侯亦見殺謚曰烈

子胡兒襲爵

觀弟翰平原鎮將西海王薨

子龍仁襲爵降爲公卒

子豐國襲爵

豐國弟子弼有風格善自位置涉獵經史與長孫稚陸希道等齊名於世矜已陵物頗以損焉高祖初定氏族欲以弼爲國子助教弼辭曰先臣以來蒙恩累世比校徒流實用慙屈高祖曰朕欲敦厲胄子故屈卿先之白玉投泥豈能相汙弼曰旣遇明時恥沉泥滓會司州牧咸陽王禧入高祖謂禧曰朕與卿作州都擧一主簿卽命弼謁之因爲高祖所知輿駕南征特勑隨從世宗初除尚書郎以選爲高平王懷國郎中令數有匡諫之益世宗善之除中書舍人轉司州治中別駕歷任有稱肅宗時河州羌却鐵忽反勑兼黃門慰喩忽以功加前將軍賜以錢帛尋以本將軍行揚州事追拜平西將軍華州刺史卒於州時年五十一贈使持節征北將軍定州刺史謚曰懿

子季齊釋褐司徒參軍事開府騎兵參軍

翰弟顗忠謹有材力太宗時爲中散轉侍御郎從世祖征赫連昌勇冠一時世祖嘉之遷侍輦郎殿中將軍賜爵泥陽子從征和龍功超諸將拜司衞監加龍驤將軍進爵長樂侯曾從世祖田於崞山有虎突出顗搏而獲之世祖歎曰詩所謂有力如虎顗乃過之後從駕西征白龍北討蠕蠕以功加散騎常侍鎭北將軍進爵建安公出爲北鎮都將徵拜殿中尚書出鎮涼州所在著稱還加散騎常侍領太倉尚書高宗時爲征西大將軍督諸軍事西征吐谷渾出南道坐擊賊不進免官爵徙邊高祖又以顗著勳前朝徵爲內都大官天安元年卒贈征西大將軍建安王謚曰康

子寄生襲

寄生弟栗涼州鎮將安南公

子祁字顧德通直常侍上谷河內二郡太守司州治中太子右衞率卒贈齊州刺史

子景相字霸都中書舍人上黨太守

栗弟泥乾爲羽林中郎賜爵臨安男後稍歷顯職除冀州刺史假安南將軍鉅鹿公卒

子渾襲爵祕書中散

子令宣通直常侍

崇宗人醜善太祖初率部歸附與崇同心勠力禦侮左右從征窟咄劉顯破平之又從擊賀蘭部平庫莫奚拜天部大人居於東蕃卒

子莫提從平中原爲中山太守除寧南將軍相州刺史假陽陵侯卒

子吐太宗世散騎常侍卒於侍中鎮東將軍

子敦輔國將軍西部都將賜爵富平子卒

子純襲爵歷散騎常侍光祿勳高祖時右衞將軍尋除右將軍河州刺史卒贈鎮北將軍并州刺史

子盛襲爵直閤將軍

盛弟裕輔國將軍中散大夫

裕子禮東牟太守

禮弟略武定末魏尹丞

純弟鐵歷東宮庶子汲郡太守世宗時爲懷朔鎮將東北中郎將幽涼三州刺史肅宗世除平北將軍并州刺史金紫光祿大夫在公以威猛見稱卒時年七十四贈散騎常侍征東將軍相州刺史謚曰安

子顯壽長水校尉

顯壽弟顯業卒於散騎侍郎

子子琳擧秀才爲安戎令頗有吏幹隨長孫稚征蜀有功除尚書屯田郎中出帝卽位以攝儀曹事封高唐縣開國男邑二百戶孝靜初鎮東將軍司州別駕以占奪民田免官爵久之何至羅國主副羅越居爲蠕蠕所破其子去賓來奔齊獻武王奏去賓爲安北將軍肆州刺史封高車王招慰夷虜表子琳爲去賓長史復其前封尋遷儀同開府長史齊獻武王丞相司馬卒時年五十

三贈驃騎大將軍都官尚書瀛州刺史

子伯昱

弟朏武定中開府中兵參軍

子琳弟亘字先德司空行參軍將作丞司徒祭酒安東將軍南鉅鹿太守頗有民譽入爲司徒司馬大將軍從事中郎中書舍人武定六年卒贈征東將軍徐州刺史

史臣曰穆崇夙奉龍顏早著誠節遂膺寵眷位極台鼎至乃身豫逆謀卒蒙全護明主之於勞臣不亦厚矣從享廟庭抑亦尚功之義觀少當公輔之任業器其優乎顗壯烈顯達亮寬厚致位紹立虛簡之操弼有風格之名世載不隕青紫兼列盛矣至於壽以貴終羆止削廢人之無禮爲幸益多醜之子孫不乏名位亦有人哉

魏書卷二十七考證

穆崇傳領軍元乂當權熏灼○監本乂誤文當誤官今改正

魏書卷二十八

齊　魏收　撰

列傳第十六

和跋　奚牧　莫題　庾業延　賀狄干

李栗　劉潔　古弼　張黎

和跋代人也世領部落爲國附臣跋以才辯知名太祖擢爲外朝大人參軍國大謀雅有智筭頻使稱旨拜龍驤將軍未幾賜爵日南公從平中原以功進爲尚書鎮鄴慕容德使兄子和守滑臺和長史李辯殺和求援於跋跋率輕騎赴之旣至辯悔閉門拒守跋使尚書郎鄧暉說之辯乃開門跋入收其府藏德聞之遣將率三千騎擊跋跋逆擊大破之擒其將士千餘人而還於是陳潁之民多來向化改封定陵公與常山王遵率衆五萬討賀蘭部別帥木易干破之出爲平原太守太祖寵遇跋冠於諸將時羣臣皆敦尚恭儉而跋好修虛譽眩曜於時性尤奢淫太祖戒之弗革後車駕北狩豺山收跋刑之路側妻劉氏自殺以從初將刑跋太祖命其諸弟毗等視訣跋謂毗曰灅北地瘠可居水南就耕良田廣爲產業各相勉勵務自纂修令之背己曰汝曹何忍視吾之死也毗等解其微意詐稱使者云奔長安追之不及太祖怒遂誅其家後世祖西巡五原回幸豺山校獵忽遇暴風雲霧四塞世祖怪而問之羣下僉言跋世居此土祠冢猶存其或者能致斯變帝遣建興公古弼祭以三牲霧卽除散後世祖蒐狩之日每先祭之

少子歸從征赫連昌有功拜統萬將軍賜爵成皐男與西平公安頡攻虎牢拔之進爵高陽侯後以罪徙配涼州爲民蓋吳作亂於關中復拜歸龍驤將軍往討之還拜使持節冠軍將軍雍城鎭都大將高陽侯卒

子度襲爵尚書都官郎昌平太守卒

度子延穆司州郡從事早卒

子安武定末給事黃門侍郎

奚牧代人也重厚有智謀太祖寵遇之稱之曰仲兄初劉顯謀害太祖梁眷知其謀潛使牧與穆崇至七介山以告語在崇傳太祖錄先帝舊臣又以牧告顯之功拜爲治民長敷奏政事參與計謀太祖征慕容寶加輔國將軍略地晉川獲寶丹陽王買得及離石護軍高秀和於平陶以軍功拜并州刺史賜爵任城公州與姚興接界興頗寇邊牧乃與興書稱頓首鈞禮抗之責興侵邊不直之意興以與國通和恨之有言於太祖太祖戮之

莫題代人也多智有才用初爲幢將領禁兵太祖之征慕容寶也寶夜來犯營軍人驚駭遂有亡還京師者言官軍敗於栢肆京師不安南安公元順因之欲攝國事題謂順曰此大事不可輕爾宜審待後要不然禍將及矣順乃止以功拜平遠將軍賜爵扶栁公進號左將軍改爲高邑公出除中山太守督司州之山東七郡事車駕征姚興次於晉陽而上黨羣盜秦頗丁零翟都等聚衆於壺關詔題帥衆三千以討之上黨太守捕頗斬之都走林慮詔題搜山窮討盡平之初昭成末太祖季父窟咄徙於長安苻堅敗從慕容永東遷及永自立以窟咄爲新興太守登國初劉顯遣弟亢埿等迎窟咄寇南鄙題時貳於太祖遺箭於窟咄謂之曰三歲犢豈勝重載言窟咄長而太祖少也太祖旣銜之天賜五年有告題居處倨傲擬則人主太祖乃使人示之箭告之曰三歲犢能勝重載不題奉詔父子對泣詰朝乃刑之

庾業延代人也後賜名岳其父及兄和辰世典畜牧稍轉中部大人昭成崩氐寇內侮事難之間收歛畜產富擬國君劉顯謀逆太祖外幸和辰奉獻明太后歸太祖又得其資用以和辰爲內侍長和辰分別公私舊畜頗不會旨太祖由是恨之岳獨恭慎修謹善處危難之間太祖喜之與王建等俱爲外朝大人參預軍國太祖旣絕慕容垂以岳爲大人使詣慕容永永服其辭義垂圍永於長子永告急求援岳與陳留王虔以五萬騎東渡河救之次於秀容破山胡部高車門等徙其部落會永滅乃班師從平中原拜安遠將軍官軍之驚於栢肆也賀蘭部帥附力眷紇突隣部帥匿物尼紇奚部帥叱奴根等聞之聚黨反於陰館南安公元順討之不克死者數千人太祖聞之詔岳率萬騎還討叱奴根等殄之百姓乃安離石胡帥呼延鐵西河胡帥張崇等不樂內徙聚黨反叛岳率騎三千討破之斬鐵擒崇搜山窮討散其餘黨以功賜爵西昌公進號征虜將軍又討反人張超清河太守傅世並破平以岳爲鄴行臺岳爲將有謀略治軍清整常以少擊多士衆服其智勇名冠諸將及罷鄴行臺以所統六郡置相州卽拜岳爲刺史公廉平當百姓稱之舊有園池時果初熟丞吏送之岳不受曰果未進御吾何得先食其謹如此後遷司空岳兄子路有罪諸父兄弟悉誅特赦岳父子天賜四年詔賜岳舍地於南宮岳將家僮治之候官告岳衣服鮮麗行止風采擬儀人君太祖時旣不豫多所猜惡遂誅之時人咸寃惜焉岳葬在代西善無之界後世祖討赫連氏經其基宅愴然動容遂下詔爲立廟令一州之民四時致祭求其子孫任爲將帥者得其子陵從征有功聽襲爵

路皇始初從征慕容寶爲城門校尉遷司隷校尉爵高平公而誅

賀狄干代人也家本小族世忠厚爲將以平當稱稍遷北部大人登國初與長孫嵩爲對明於聽察爲人愛敬太祖遣狄干致馬千匹結婚於姚萇會萇死興立因止狄干而絕婚與弟平率衆寇平陽太祖討平之擒其將狄伯支唐小方等三十餘人天賜中詔北新侯安同送唐小方於長安後蠕蠕社崘與興和親送馬八千匹始濟河赫連屈孑忿興與國交好乃叛興邀留社崘馬興乃遣使請以駿馬千匹贖伯支而遣狄干還太祖意在離間二寇於是許之狄干在長安幽閉因習讀書史通論語尚書諸經舉止風流有似儒者初太祖普封功臣狄干雖爲姚興所留遙賜爵襄武侯加秦兵將軍及狄干至太祖見其言語衣服有類羌俗以爲慕而習之故忿焉旣而殺之

弟歸亦剛直方雅與狄干俱死

李栗鴈門人也昭成時父祖入國少辯捷有才能兼有將略初隨太祖幸賀蘭部在元從二十一人中太祖愛其藝能時王業草創爪牙心腹多任親近唯栗一介遠寄兼非戚舊當世榮之數有戰功拜左軍將軍太祖征慕容寶栗督五萬騎爲前驅軍之所至莫不降下遷左將軍慕容寶棄中山東走也栗以輕騎追之不及而還栗性簡慢矜寵不率禮度每在太祖前舒放倨傲不自祗肅咳唾任情太祖積其宿過天興三年遂誅之於是威嚴始厲制勤羣下盡卑謙之禮自栗始也

劉潔長樂信都人也祖父生頗解卜筮昭成時慕容氏來獻女爲公主家臣仍隨入朝賜以妻生子父提太祖時官至樂陵太守賜爵信都男卒潔性彊力多智數從征討有功進爵會稽公河西胡張外建興王紹等聚黨爲逆潔與永安侯魏勤率衆三千人屯於西河以鎭撫之又與勤及功勞將軍元屈等擊吐京叛胡時離石胡出以眷引屈丐騎斷截山嶺邀潔潔失馬登山力戰矢刃俱盡爲胡所執送詣屈丐潔聲氣不撓呼其字而與之言神色自若屈丐壯而釋之後得還國典東部事太宗寢疾世祖監國潔與古弼等選侍東宮對綜機要敷奏百揆世祖卽位以告反者又獻直言所在合旨奇其有柱石之用委以大任及議軍國朝臣咸推其能於是超遷尚書令改爲鉅鹿公世祖破蠕蠕大檀于雲中潔言於世祖曰大檀恃衆雖破膽奔北恐不懼往敗將復送死請收田訖復一大舉東西並進爲二道討之世祖然其言後大議征討潔言宜先平馮跋世祖不從敕勒新民以將吏侵奪咸出怨言期牛馬飽草當赴漠北潔與左僕射安原奏欲及河冰未解徙之河西冰解之後不得北遁世祖曰不然此等習俗放散日久有似圍中之鹿急則衝突緩之則定吾自處之有道不煩徙也潔等固執乃聽分徙三萬餘落於河西西至白鹽池新民驚駭皆曰圖我於河西之中是將殺我也欲西走涼州潔與侍中古弼屯五原河北左僕射安原屯悅拔城北備之旣而新民數千騎北走潔追討之走者糧絕相枕而死時南州大水百姓阻飢潔奏曰臣聞天地至公故萬物咸育帝王無私而黎民戴賴伏惟陛下以神武之姿紹重光之緒恢隆大業育濟羣生威之所振無思不服澤之所洽無遠不懷太平之治於是而在自頃邊寇內侵戎車屢駕天資聖明所在克殄方難旣平皆蒙酬錫勳高者受爵功卑者獲賞寵賜優崇有過古義而郡國之民雖不征討服勤農桑以供軍國實經世之大本府庫之所資自山以東偏遇水害頻年不收就食他所臣聞率土之濱莫非王臣應加哀矜以鴻覆育今南摧彊寇西敗醜虜四海晏如人神協暢若與兆民共饗其

福則惠感和氣蒼生悅樂矣世祖從之於是復天下一歲租賦潔與樂平王丕督諸軍取上邽軍至略陽百姓爭致牛酒潔至上邽諸將咸欲斬其豪帥以示王威潔不聽撫慰秦隴秋豪無犯人皆安業世祖將發隴右騎卒東伐高麗潔進曰隴土新民始染大化宜賜優復以饒實之兵馬足食然後可用世祖深納之車駕西伐潔爲前鋒沮渠牧犍弟董來率萬餘人拒戰於城南潔信卜者之言日辰不協擊鼓却陳故後軍不進董來得入城世祖微嫌之後潔與建寧王崇督諸軍於三城胡部中簡兵六千將以戍姑臧胡不從命千餘人叛走潔與崇擊誅之虜男女數千人潔朝夕在樞密深見委任性既剛直恃寵自專世祖心稍不平時議伐蠕蠕潔意不欲言於世祖曰虜非有邑居遷徙無常前來出軍無所擒獲不如廣農積穀以待其來羣臣皆從其議世祖決行乃問於崔浩浩固言可伐世祖從浩議既出與諸將期會鹿渾谷而潔恨其計不用欲沮諸將乃矯詔更期故諸將不至時虜衆大亂恭宗欲擊之潔執不可語在帝紀停鹿渾谷六日諸將猶不進賊已遠遁追至石水不及而還師次漠中糧盡士卒多死潔陰使人驚軍勸世祖棄軍輕還世祖不從潔以軍行無功奏歸罪於崔浩世祖曰諸將後期及賊不擊罪在諸將豈在於浩浩又言潔矯詔事遂發輿駕至五原收潔幽之世祖之征也潔私謂親人曰若軍出無功車駕不返者吾當立樂平王潔又使右丞張嵩求圖讖問劉氏應王繼國家後我審有名姓否嵩對曰有姓而無名窮治款引搜嵩家果得讖書潔與南康公狄鄰及嵩等皆夷三族死者百餘人潔既居勢要擅作威福諸阿附者登長仵恨者黜免內外憚之側目而視拔城破國者聚斂財貨與潔分之籍其家產財盈巨萬世祖追忿言則切齒

古弼代人也少忠謹好讀書又善騎射初爲獵郎使長安稱旨轉門下奏事以敏正著稱太宗嘉之賜名曰筆取其直而有用後改名弼言其輔佐材也令弼典西部與劉潔等分綰機要敷奏百揆世祖即位以功拜立節將軍賜爵靈壽侯征幷州叛胡還進爲侍中吏部尚書典南部奏事與安原降東部高車於已尼陂又與劉潔屯五原河北以備叛民拜安西將軍從征赫連定駕至平涼次于涇南遣弼與侍中張黎擊平涼赫連定自安定率步騎二萬來救與弼等相遇弼僞退以誘之世祖使高車勑勤騎擊定斬首數千級弼乘勝取安定又與永昌王健等討馮文通文通嬰城固守弼芟其禾而還後又征文通文通求救於高麗高麗救至文通將東奔民多難之其大臣古泥因民心之不欲遂率衆攻文通開城門以引官軍弼疑古泥譎詐不入城高麗軍至文通乃隨之文通之奔也令婦人被甲居中其精卒及高麗陳兵於外弼部將高苟子率騎衝擊賊軍弼酒醉拔刀止之故文通得東奔將士皆怨弼不擊世祖大怒徵還黜爲廣夏門卒尋復爲侍中與尚書李順使于涼州拜安西將軍賜爵建興公鎭長安甚著威名及議征涼州弼與順咸言涼州乏水草不宜行師世祖不從既克姑臧微嫌之以其有將略故弗之責也劉義隆遣將裴方明等擊南秦王楊難當難當遣使請救兵未至難當奔上邽方明克仇池立楊玄庶子保熾於是假弼節督隴右諸軍義隆遣其秦州刺史胡崇之屯仇池弼與平西將軍元齊邀崇之於濁水臨陣擒之其衆走還漢中弼等從祥郊山南入與東道將皮豹子等討仇池遣永安侯賀純攻義隆塞狹道守將姜道祖退守狹亭諸將以山道嶮峻時又雪深用馬不便皆遲留不進弼獨進軍使元齊賀純等擊狹亭道祖南走仇池平未幾諸氐復推楊文德爲主圍仇池弼發上邽高平汧城諸軍討之仇池圍解文德走漢川時豹子督關中諸軍次於下辨聞仇池圍解議欲還軍弼使謂豹子曰比連破賊軍恐彼君臣未體大分耻其負敗或來報復若其班師寇衆復至後舉爲難不如繕兵練甲蓄力待之不出秋冬南寇必來以逸待勞百勝之策豹子乃止世祖聞之曰弼之言長策也制南秦弼謀多矣恭宗總攝萬幾徵爲東宮四輔與宜都王穆壽等並參政事詔以弼保傅東宮有老成之勤賜帛千匹綿千斤遷尚書令弼雖事務殷湊而讀書不輟端謹慎密口不言禁中之事功名等於張黎而廉不及也上谷民上書言苑囿過度民無田業乞減大半以賜貧人弼覽見之入欲陳奏遇世祖與給事中劉樹碁志不聽事弼侍坐良久不獲申聞乃起於世祖前捽樹頭掣下床以手搏其耳以拳毆其背曰朝廷不治實爾之罪世祖失容放碁曰不聽奏事實在朕躬樹何罪置之弼具狀以聞世祖奇弼公直皆可其所奏以丐百姓弼曰爲臣而逞其志於君前者非無罪也乃詣公車免冠徒跣自劾請罪世祖遣使者召之及至世祖曰卿其冠履吾聞築社之役蹇蹶而築之端冕而事之神與之福然則卿有何罪自今以後苟利社稷益國便民者雖復顛沛造次卿則爲之無所顧也世祖大閱將校獵於河西弼留守詔以肥馬給騎人弼命給弱者世祖大怒曰尖頭奴敢裁量朕也朕還臺先斬此奴弼頭尖世祖常名之曰筆頭是以時人呼爲筆公弼屬官惶怖懼誅弼告之曰吾以爲事君使畋獵不適盤遊其罪小也不備不虞使戎寇恣逸其罪大也今北狄孔熾南虜未滅狡焉之志闚何邊境是吾憂也故選肥馬備軍實爲不虞之遠慮苟使國家有利吾何避死乎明主可以理干此自吾罪非卿等之咎世祖聞而歎曰有臣如此國之寶也賜衣一襲馬二匹鹿十頭後車駕畋於山北大獲麋鹿數千頭詔尚書發車牛五百乘以運之世祖尋謂從者曰筆公必不與我汝輩不如馬運之速遂還行百餘里而弼表至曰今秋穀懸黃麻菽布野猪鹿竊食鳥鴈侵費風波所耗朝夕參倍乞賜矜緩使得收載世祖謂左右曰筆公果如朕所卜可謂社稷之臣初楊難當之來也詔弼悉送其子弟於京師楊玄少子文德以黃金四十斤賂弼弼受金留文德而遇之無禮文德亡入劉義隆世祖以其正直有戰功弗加罪責也世祖崩吳王立以弼爲司徒高宗即位與張黎並坐議不合旨俱免有怨謗之言其家人告巫蠱俱伏法時人冤之

張黎鴈門平原人也善書計太祖知待之太宗器其忠亮賜爵廣平公管綜機要世祖以其功舊任以輔弼除大司農卿軍國大議黎常與焉加鎭北將軍以征赫連定功進號征北大將軍與樂安王範濟南公崔徽鎭長安清約公平甚著聲稱代下之日家無餘財世祖詔黎領兵一萬二千人通莎泉道車駕征涼州蠕蠕吳提乘虛入寇黎與司空道生拒擊之恭宗初總百揆黎與東郡公崔浩等輔政忠於奉上非公事不言詔曰侍中廣平公黎東郡公浩等保傅東宮有老成之勤朕甚嘉焉其賜布帛各千匹以褒舊勳恭宗薨於東宮黎兼太尉持節奉策謚焉吳王余立以黎爲太尉後以議不合旨免仍與古弼並誅

史臣曰和跋奚牧莫題賀狄干李栗劉潔等並有忠勤征伐之効任遇仍優俱至誅滅岳身犯危難之中受事草創之際智勇既申功名尤舉乃良將之材弼謀算輔國遠略正情有柱石之量張黎誠謹兼方功舊見重纖介之間一朝殞覆宥及十世乃徒言爾惜乎

魏書卷二十八考證

劉潔傳日辰不協擊鼓却陳○臣人龍按漢書明帝時公卿以反支日不受章奏帝以民廢農桑遠來詣闕而拘以禁忌豈爲政之意詔捐其制此言日辰不協蓋其類也

潔與南康公狄鄰○狄北史作秋

魏書卷二十九

齊 魏收 撰

列傳第十七

奚斤 叔孫建

奚斤代人也世典馬牧父簞有寵於昭成皇帝時國有良馬曰騧騮一夜忽失求之不得後知南部大人劉庫仁所盜養於窟室簞聞而馳往取馬庫仁以國甥恃寵慙而逆擊簞簞捽其髮落傷其一乳及苻堅使庫仁與衞辰分領國部簞懼將家竄於民間庫仁求之急簞遂西奔衞辰及太祖滅衞辰簞晚乃得歸故名位後於舊臣斤機敏有識度登國初與長孫肥等俱統禁兵後以斤爲侍郎親近左右從破慕容寶於參合皇始初從征中原以斤爲征東長史拜越騎校尉典宿衞禁旅車駕還京師博陵勃海章武諸郡羣盜並起所在屯聚拒害長吏斤與略陽公元遵等率山東諸軍討平之從征高車諸部大破之又破庫狄宥連部徙其別部諸落於塞南又進擊侯莫陳部俘虜獲雜畜十餘萬至大峨谷置戍而還遷都水使者出爲晉兵將軍幽州刺史賜爵山陽侯太宗即位爲鄭兵將軍循行州郡問民疾苦章武民劉牙聚黨爲亂斤討平之詔以斤世忠孝贈其父簞爲長寧子太宗幸雲中斤留守京師昌黎王慕容伯兒收合輕俠失志之徒李沈等三百餘人謀反斤聞而召伯兒入天文殿東廡下窮問款引悉收其黨誅之詔與南平公長孫嵩等俱坐朝堂錄決囚徒太宗大閱于東郊治兵講武以斤行左丞相大蒐於石會山車駕西巡詔斤爲先驅討越勒部於鹿那山大破之獲馬五萬匹牛羊二十萬頭徙二萬餘家而還又詔斤與長孫嵩等八人坐止車門右聽理萬機蠕蠕犯塞令斤等追之事具蠕蠕傳拜天部大人進爵爲公命斤出入乘軺軒備威儀導從世祖之爲皇太子臨朝聽政以斤爲左輔劉

義符立其大臣不附國內離阻乃遣斤收劉裕前侵河南地假斤節都督前鋒諸軍事司空公晉兵大將軍行揚州刺史率吳兵將軍公孫表等南征用表計攻滑臺不拔求濟師太宗怒其不先略地切責之乃親南巡次中山義符東郡太守王景度捐城遁走司馬楚之等並遣使詣斤降斤自滑臺趣洛陽義符虎牢守將毛德祖遣其司馬翟廣將軍姚勇錯竇霸等率五千人據土樓以拒斤斤進擊破之廣等單馬走免盡殪其衆斤長驅至虎牢軍於汜東留表守輜重自率輕兵徇下河南潁川陳郡以南百姓無不歸附義符陳留太守嚴稜以郡降斤遂平兗豫諸郡還圍虎牢德祖拒守不下及虎牢潰斤置守宰以撫之自魏初大將行師唯長孫嵩距劉裕斤征河南獨給漏刻及十二牙旗太宗崩斤乃班師世祖即位進爵宜城王仍爲司空世祖征赫連昌遣斤率義兵將軍封禮等督四萬五千人襲蒲坂昌守將赫連乙升聞斤將至遣使告昌使至統萬見大軍已圍其城還告乙升曰昌已敗矣乙升懼棄蒲坂西走斤追敗之乙升遂奔長安斤入蒲坂收其資器百姓安業昌弟助興先守長安乙升至復與助興棄長安西走安定斤又西據長安於是秦雍氐羌皆來歸附與赫連定相持累戰破定定聞昌敗遂走上邽斤追之至雍不及而還詔斤班師斤上疏曰赫連昌亡保上邽鳩合餘燼未有盤據之資今因其危滅之爲易請益鎧馬平昌而還世祖曰昌亡國叛夫擊之勞傷將士且可息兵取之不晚斤抗表固執乃許之給斤萬人遣將軍劉拔送馬三千匹與斤斤進討安定昌退保平涼斤屯軍安定以糧竭馬死遂深壘自固監軍侍御史安頡擊昌擒之語在頡傳昌衆復立昌弟定爲主守平涼斤自以元帥而擒昌之功更不在己深恥之乃舍輜重輕齎三日糧追定於平涼娥清欲尋水而往斤不從自北道邀其走路定衆將出會一小將有罪亡入賊具告其實定知斤軍無糧乏水乃邀斤前後斤衆大潰斤及娥清劉拔爲定所擒士卒死者六七千人後世祖克平涼斤等得歸免爲宰人使負酒食從駕還京師以辱之尋拜安東將軍降爵爲公車駕將討馮文通詔斤發幽州民及密雲丁零萬餘人運攻具出南道太延初爲衞尉改爲弘農王加征南大將軍後爲萬騎大將軍世祖大集羣臣於西堂議伐涼州斤等三十餘人議曰河西王牧犍西垂下國雖內不純臣而外修職貢宜加寬宥恕其微愆去歲新征士馬疲敝未可大舉宜且羈縻其地鹵薄略無水草大軍既到不得久停彼聞軍來必嬰城固守攻則難拔野無所掠終無克獲世祖不從征之涼州平以戰功賜僮隸七十戶以斤元老賜安車平決刑獄諮訪朝政斤聰辯彊識善於談論遠說先朝故事雖未皆是時有所得聽者歎美之每議大政多見從用朝廷稱爲眞君九年薨時年八十世祖親臨哀慟謚曰昭王斤有數十婦子男二十餘人

長子他觀襲爵世祖曰斤關西之敗國有常刑以其佐命先朝故復其爵秩將收孟明之効今斤終其天年君臣之分全矣於是降他觀爵爲公除廣平太守後爲都將征懸瓠卒於軍

子延襲爵出爲禿城鎮將卒

子緒襲爵初爲散令後爲太中大夫加左將軍開建五等封弘農郡開國侯食邑三百戶後例降爲縣改封澄城縣開國侯增邑九百戶卒

子遵襲封卒贈鎮遠將軍洛州刺史謚曰哀侯無子國除太和中高祖追錄先朝功臣以斤配食廟庭世宗繼絕世詔以緒弟子鑒特紹其後以承封邑鑒卒於中堅將軍司徒從事中郎贈龍驤將軍肆州刺史

子紹宗武定中開府田曹參軍

他觀弟和觀太祖時內侍左右太宗以其世典戎御遂拜典御都尉賜爵廣興子建威將軍尋進爲宣陽侯加龍驤將軍領牧官中郎將出爲冀青二州刺史卒

子冀州襲爵

冀州弟受眞爲中散高宗即位拜龍驤將軍賜爵成都侯遷給事中出爲離石鎮將

和觀弟拔太宗時內侍左右世祖即位稍遷侍中選部尚書鎮南將軍賜爵樂陵公後以罪徙邊徵爲散騎常侍從征蠕蠕戰沒

子買奴有寵於顯祖官至神部長與安成王萬安國不平安國矯詔殺買奴於苑內高祖賜安國死追贈買奴爲并州刺史新興公

斤弟普回陽曲護軍

普回子烏侯世祖時拜治書御史建義將軍賜爵夷餘侯從征蠕蠕及赫連昌以功進爵城陽公加員外散騎常侍出爲虎牢鎮將興光中卒喪禮依其伯父弘農王故事陪葬金陵

烏侯子兜世祖時親侍左右隨從征討常持御劍後以罪徙龍城尋徵爲知臣監出爲薄骨律鎮將假鎮遠將軍賜爵富城侯時高車叛圍鎮城兜擊破之斬首千餘級延興中卒

叔孫建代人也父骨爲昭成母王太后所養與皇子同列建少以智勇著稱太祖之幸賀蘭部建常從左右登國初以建爲外朝大人與安同等十三人迭典庶事參軍國之謀隨秦王觚使慕容垂歷六載乃還拜後將軍頃之爲都水使者中領軍賜爵安平公加龍驤將軍出爲并州刺史後以公事免守鄴城園太宗即位念建前功乃以建爲正直將軍相州刺史飢胡劉虎等聚黨反叛公孫表等爲虎所敗太宗假建前號安平公督表等以討虎斬首萬餘級餘衆奔走投沁而死水爲不流虜其衆十萬餘口司馬德宗將劉裕伐姚泓令其部將王仲德爲前鋒將逼滑臺兗州刺史尉建率所部棄城濟河仲德遂入滑臺乃宣言曰晉本意欲以布帛七萬匹假道於魏不謂魏之守將便爾棄城太宗聞之詔建自河內向枋頭以觀其勢仲德入滑臺月餘又詔建渡河曜威斬尉建投其屍於河呼仲德軍人與語詰其侵境之意仲德遣司馬竺和之建命公孫表與言和之曰王征虜爲劉太尉所遣入河西行將取洛城掃山陵之寃非敢侵犯魏境太尉自遣使請魏帝陳將假道而魏兗州刺史不相體解望風捐去因空城而入非戰攻相逼也魏晉和好之義不廢於前表曰尉建失守之罪自有常刑將更遣良牧彼軍宜西不然將以小致大乖和好之體和之曰王征虜權住於此以待衆軍之集比當西過滑臺還爲魏有何必建旗鼓以耀威武乎仲德卑辭常自言不敢與大魏抗衡建不能制之太宗令建與劉裕相聞以觀其意裕答言洛是晉之舊京而羌姚據之晉欲修復山陵之計久矣而內難屢興不暇經營司馬休之魯宗之父子司馬國璠兄弟諸桓宗屬皆晉之蠹也而姚氏收集此等欲以圖晉是以伐之道由於魏軍之初舉將以重幣假途會彼邊鎮棄守而去故晉前軍得以西進非敢憑陵魏境裕以官軍在河南恐斷其前路乃命引軍北寇及班師乃止語在帝紀建與南平公長孫嵩各簡精兵二千觀劉裕事勢語在嵩傳遷廣阿鎮將羣盜斂跡威名甚震久之除使持節都督前鋒諸軍事楚兵將軍徐州刺史率衆自平原濟河徇下青兗諸郡建濟河劉裕兗州刺史徐琰奔彭城建遂東入青州司馬受之秀之先聚黨於濟東皆率衆降建入臨淄劉義符前東牟太守清河張幸先匿孤山聞建至率二千人迎建於女水遂圍義符青州刺史竺夔於東陽城義符遣將檀道濟王仲德救夔建不克而還建以功賜爵壽光侯加鎮南將軍建表曰臣前遣沙門僧護詣彭城僧護還稱賊發軍向北前鋒將徐卓之已至彭城大將軍到彥之軍在泗口發馬戒嚴必有舉斧之志臣聞爲國之道存不忘亡宜繕甲兵增益屯戍先爲之備以待其來若不豫設卒難擒殄且吳越之衆便於舟檝今至北土舍其所長逆順既殊勞逸不等平寇定功在於此日臣雖衰敝謀略寡淺過蒙殊寵忝荷重任討除寇暴臣之志也是以秣馬枕戈思效微節願陛下不以南境爲憂世祖優詔答之賜以衣馬建與汝陰公長孫道生濟河而南彥之仲德等自清入濟東走青州劉義隆兗州刺史竺靈秀棄須昌南奔湖陸建追擊大破之斬首五千餘級遂至鄒魯還屯范城世祖以建威名南震爲義隆所憚除平原鎮大將封丹陽王加征南大將軍都督冀青徐濟四州諸軍事先是簡幽州以南戍兵集于河上一道討洛陽一道攻滑臺義隆將檀道濟王仲德救滑臺建與汝陰公道生拒擊之建分軍挾戰縱輕騎邀其前後焚燒穀草以絕其糧道道濟兵飢叛者相繼由是安頡等得拔滑臺建沉敏多智東西征伐常爲謀主治軍清整號令嚴明又雅尚人倫禮賢愛士在平原十餘年綏懷內外甚得邊稱魏初名將尠有及之南方憚其威略青兗輟不爲寇太延三年薨時年七十三世祖悼惜之謚曰襄王賜葬金陵

長子俊字醜歸少聰敏年十五內侍左右性謹密初無過行以便弓馬轉爲獵郎太祖崩清河王紹閉宮門太宗在外紹逼俊以爲己援俊外雖從紹內實忠款仍與元磨渾等說紹得歸太宗事在磨渾傳是時太宗左右唯車路頭王洛兒等及得俊等大悅以爲爪牙太宗即位命俊與磨渾等拾遺左右遷衞將軍賜爵安城公朱提王悅懷刃入禁中將爲大逆俊覺悅舉動有異便引手掣之乃於悅懷中得兩刃匕首遂殺之太宗以俊前後功重軍國大計一以委之羣官上事先由俊銓校然後奏聞性平正柔和未嘗有喜怒之色忠篤愛厚不諂上抑下每奉詔宣外必告示殷勤受事者皆飽之而退事密者倍至蒸仍是以上下嘉歎泰常元年卒時年二十八太宗甚痛悼之親臨哀慟朝野無不追惜贈侍中司空安城王謚孝元賜溫明祕器載以轀輬車衞士導從陪葬金陵子蒲襲爵後有大功及寵幸貴臣薨賻送終禮皆依俊故事無得踰之者初俊既卒太宗命其妻桓氏曰夫生既共榮沒宜同穴能殉葬者可任意桓氏乃縊而死遂合葬焉俊既爲安城王俊弟隣襲父爵降

為丹陽公少聰慧知名稍遷北部尚書有當官之稱轉尚書令出為涼州鎮大將加鎮西將軍𬀩與鎮副將奚牧並以貴戚子弟競貪財貨專作威福遂相糾發坐伏誅

史臣曰奚斤世稱忠孝征伐有克平涼之役師殲身虜雖敗崤之責已赦封尸之効靡立而恩禮隆渥沒祀廟庭叔孫建少展誠勤終著庸伐治邊有術威震夷楚俊委節太宗義彰顛沛察朱提之變有日磾之風加以柔而能正見美朝野可謂世不乏賢矣

魏書卷二十九考證

叔孫建傳青兗輟不為寇○輟北史作輒

魏書卷三十

齊　魏收　撰

列傳第十八

王建　安同　樓伏連　丘堆　娥清

劉尼　奚眷　車伊洛　宿石　來大千

周幾　豆代田　周觀　閭大肥　尉撥

陸真　呂洛拔

王建廣甯人也祖姑為平文后生昭成皇帝伯祖豐以帝舅貴重豐子支尚昭成女甚見親待建少尚公主登國初為外朝大人與和跋等十三人迭典庶事參與計謀太祖幸濡源遣建使慕容垂辭色高亢垂壯之還為左右大夫建兄回諸子多不順法建具以狀聞回父子伏誅其謹直如此從征伐諸國破二十餘部以功賜奴婢數十口雜畜數千從征衛辰破之賜僮隸五千戶為中部大人從破慕容寶於參合陂太祖乘勝將席卷南夏於是簡擇俘衆有才能者留之其餘欲悉給衣糧遣歸令中州之民咸知恩德乃召羣臣議之建曰慕容寶覆敗於此國內虛空圖之為易今獲而歸之無乃不可乎且縱敵生患不如殺之太祖謂諸將曰若從建言吾恐後南人創乂絕其向化之心非伐罪弔民之義諸將咸以建言為然建又固執乃坑之太祖既而悔焉後從征慕容寶拜冠軍將軍并州既平車駕東出井陘命建率五萬騎先驅啓路車駕次常山諸郡皆降惟中山鄴信都三城不下乃遣衛王儀南攻鄴建攻信都衆各五萬建等攻城六十餘日不能尅士卒多傷太祖乃自中山幸信都慕容寶冀州刺史慕容鳳夜踰城走信都降車駕幸鉅鹿破慕容寶於栢肆塢遂進圍中山寶棄城走和龍城內無主百姓惶惑東門不閉太祖將夜入乘城據守其門建貪而無謀意在虜獲恐士卒肆掠盜亂府庫請俟天明太祖乃止是夜徒河人共立慕容普驎為主遂閉門固守太祖乃悉衆攻之連日不拔使人登巢車臨城招其衆曰慕容寶捐城奔走汝曹百姓將為誰守何不識天命取死亡也皆曰羣小無知但復恐如參合之衆故求全月日之命耳太祖聞之顧視建而唾其面中山平賜建爵濮陽公烏丸庫傉宮鳴聚黨為寇詔建討平之遷太僕徙為真定公加散騎常侍冀青二州刺史卒陪葬金陵初建兄豆居以建功賜爵即丘侯無子建以子斤襲兄爵太宗初給事中任職用事轉大長秋世祖征赫連昌遣斤部造攻具進爵淮南公加平北將軍時并州胡酋田卜謀反誅餘衆不安遣斤鎮虒慮以撫慰之斤綏靜胡魏甚收聲稱劉義隆遣將到彥之寇河南世祖西征赫連定以斤為衛兵將軍鎮蒲坂關隴平斤徙鎮長安假節鎮西將軍斤遂驕矜不順法度信用左右調役百姓民不堪之南奔漢川者數千家而委罪於雍州刺史陽文祖秦州刺史任延明世祖召問二人各以狀對世祖知為斤所誣遣宜陽公伏樹覆按虛實得數十事遂斬斤以徇

建孫度太宗時為虎牢鎮監軍世祖即位徵拜殿中給事遷尚書從征赫連昌討蠕蠕並有功賜爵濟陽公加散騎常侍平南將軍部度率五千騎與叔孫建合擊劉義隆兗州刺史竺靈秀於湖陸大破之後出鎮長安假節都督秦涇梁益雍五州諸軍事開府卒謚曰莊

子安都襲降爵為侯世祖拜為太子庶子出為鄯善鎮將高宗時為內都大官卒

子買得襲

建曾孫樹以善射有寵於顯祖為內侍長稍遷尚書賜爵歷陽侯加龍驤將軍員外常侍出為平西將軍涇州刺史卒

安同遼東胡人也其先祖曰世高漢時以安息王侍子入洛歷魏至晉避亂遼東遂家焉父屈仕慕容暐為殿中郎將苻堅滅暐屈友人公孫眷之妹沒入苻氏宮出賜劉庫仁為妻庫仁貴寵之同因隨眷商販見太祖有濟世之才遂留奉侍性端嚴明惠好長者之言登國初太祖徵兵於慕容垂事在窟咄傳同頻使稱旨遂見寵異以為外朝大人與和跋等出入禁中迭典庶事太祖班賜功臣同以使功居多賜以妻妾及隸戶三十馬二匹羊五十口加廣武將軍從征姚平於柴壁姚興悉衆救平太祖乃增築重圍以拒興同進計曰臣受遣詣絳督租見汾東有蒙坑東西三百餘里徑路不通姚興來必從汾西乘高臨下直至柴壁如此則寇內外勢接重圍難固不可制也宜截汾曲為南北浮橋乘西岸築圍西圍既固賊至無所施其智力矣從之興果視平屠滅而不能救以謀功賜爵北新侯加安遠將軍詔同送姚興將越騎校尉唐小方等於長安清河王紹之亂太宗在外使夜告同令收合百工伎巧衆皆響應奉迎太宗即位命同與南平公長孫嵩並理民訟又詔與肥如侯賀護持節循察并定二州及諸山居雜胡丁零宣詔撫慰問其疾苦糾舉守宰不法同至并州表曰竊見并州所部守宰多不奉法又刺史擅用御府鍼工古彤為晉陽令交通財賄共為姦利請案律治罪太宗從之於是郡國肅然同東出井陘至鉅鹿發衆四戶一人欲治大嶺山通天門關又築塢於宋子以鎮靜郡縣護疾同得衆心因此使人告同築城聚衆欲圖大事太宗以同擅徵發於外檻車徵還召羣官議其罪皆曰同擅興事役勞擾百姓宜應窮治以肅來犯太宗以同雖專命而本在為公意無不善釋之世祖監國臨朝聽政以同為左輔太宗征河南拜同右光祿大夫世祖出鎮北境同與安定王彌留鎮京師世祖即位進爵高陽公拜光祿勳尋除征東大將軍冀青二州刺史同長子屈太宗時典太倉事盜官粳米數石欲以養親同大怒奏求戮屈自劾不能訓子請罪太宗嘉而恕之遂詔長給同粳米其公清奉法皆此類也同在官明察長於校練家法修整為世所稱及在冀州年老頗殖財貨大興寺塔為百姓所苦神䴥二年卒追贈高陽王謚曰恭惠

屈子陽烈散騎侍郎賜爵北新子

屈弟原雅性矜嚴沉勇多智略太宗時為獵郎出監雲中軍事時赫連屈丐犯河西原以數十騎擊之殺十餘人太宗以原輕敵違節度加其罪責然知原驍勇遂任以為將鎮守雲中寬和愛下甚得衆心蠕蠕屢犯塞原輒摧破之以功賜爵武原侯加鎮兵將軍世祖即位徵拜駕部尚書車駕征蠕蠕大檀分軍五道並進大檀驚駭北遁遷尚書左僕射河間公加侍中征南大將軍從征赫連昌入其城而還車駕北伐蠕蠕遁走世祖聞東部高車在巳尼陂人畜甚衆將遣襲之諸將皆以為難世祖不從遣原與侍中古弼率萬騎討之大獲而還車駕征昌黎原與建寧王崇屯于漠南以備蠕蠕原在朝無所比周然恃寵驕恣多所排抑為子求襄城公盧魯元女魯元不許原告其罪狀事相連逮歷時不決原懼不勝遂謀為逆事洩伏誅臨刑上疏曰臣聞聖不獨明而治鼎不單足而立是以螢火之光猶增日月之曜先臣同往因聖運歸身太祖竭誠戮力立效於險難之中臣以頑闇忝備股肱陛下恩育委以朝政思展微誠仰報恩澤而魯元姦佞構成貝錦天威遂加合門俱戮此乃命也非臣之枉但魯元外類忠貞內懷姦詐而陛下任以腹心恐釁發肘腋臣與魯元生為怨人死為讐鬼非以私故謗毀魯元不復眷眷披露誠款原弟頡弟聰為內侍聰弟薩為龍驤將軍給事黃門侍郎賜爵廣宗侯原兄弟外節儉而內實積聚及誅後籍其財至數萬

頡辯慧多策畧最有父風太宗初為內侍長令察舉百寮糾刺姦慝無所回避嘗告其父陰事太宗以為忠特親寵之宜城王奚斤自長安追擊赫連昌至于安定頡為監軍侍御史斤以馬多疫死士衆乏糧乃深壘自固遣太僕丘堆等督租於民間為昌所敗昌遂驕矜日來侵掠芻牧者不得出士卒患之頡進計曰本奉詔誅賊今乃退守窮城若不為賊殺當以法誅進退安有生路而王公諸將晏然無謀將何以報恩塞責斤曰今若出戰則馬力不足以步擊騎終無捷理當須京師救騎至然後步陳擊於內騎兵襲其外所謂萬全之計也頡曰今猛寇遊逸於外而吾等兵疲力屈士有飢色不一決戰則死在旦夕何救兵之可待也等死當戰死寧可坐受困乎斤猶以馬為辭頡曰今兵雖無馬但將帥所乘足得二百騎頡請募壯勇出擊之就不能破可以折其銳且昌狷而無謀每好挑戰衆皆識之若伏兵掩擊昌可擒也斤猶難之頡乃陰與尉眷等謀選騎待焉昌來攻壘頡出應之昌於陳前自接戰軍士識昌爭往赴之會天大風揚塵晝昏衆亂昌退頡等追擊昌馬蹶而墜頡擒昌送於京師世祖大悅拜頡建節將軍賜爵西平公代堆統攝諸軍斤恥功不在已輕追昌弟定於平涼敗績定將復入長安詔頡鎮蒲坂以拒之劉義隆遣將

到彥之率衆寇河南以援赫連定世祖以兵少乃攝河南三鎮北渡彥之遂列守南岸至于衡關世祖西征赫連定以頡爲冠軍將軍督諸軍擊彥之彥之遣將姚縱夫渡河攻冶坂頡督諸軍擊之斬首三千餘級投水者甚衆遂濟河攻洛陽拔之擒義隆將二十餘人斬首五千級進攻虎牢虎牢潰義隆司州刺史尹沖墜城死又與琅邪王司馬楚之平滑臺擒義隆將朱脩之李元德及東郡太守申謨俘獲萬餘人乃振旅還京師神䴥四年卒贈征南大將軍儀同三司進爵爲王謚曰襄頡爲將善綏士衆及卒義隆士卒降者無不歎惜

同弟腨太宗時爲樂陵太守卒

長子國位至冠軍將軍賜爵北平侯杏城鎮將

國弟難有巧思陽平王杜超督諸將擊劉義隆難參征南軍事以功表爲清河太守世祖時諸將頻征和龍皆以難爲長史鑿山堙谷省力兼功遷給事中從駕南征造浮橋於河以功賜爵清河子卒

子平城襲爵官至虞曹令爲乙渾所殺

樓伏連代人也世爲酋帥伏連忠厚有器量年十三襲父位領部落太祖初從破賀蘭部又從平中山爲太守斬逆賊張翹從征姚平於柴壁以功賜爵安邑侯太祖時爲晉兵將軍并州刺史伏連招誘西河胡曹成等七十餘人襲殺赫連屈子吐京護軍及其守士三百餘人并擒叛胡阿度支等二百餘家太宗嘉之拜成等將軍賜爵列侯徵伏連爲內都大官世祖卽位進爲廣陵公轉衛尉從光祿勳世祖征蠕蠕伏連留鎮京師進爵爲王加平南大將軍又除假節督河西諸軍鎮西大將軍出鎮統萬眞君十年薨謚曰恭王

子眞襲降爵爲公從世祖征伐有功官至散騎常侍尚書安北將軍從爲湘東公從征涼州還卒於路謚曰莊公

子千襲降爵爲侯

眞次弟大拔歷位尚書散騎常侍征西將軍賜爵永平侯高祖初爲中都大官卒贈平東將軍定州刺史謚曰康

子稟字法生襲拜太子宮門大夫稍遷趙郡太守更滿還京除冠軍將軍城門校尉出爲征虜將軍平城鎮將遷朔州刺史仍本將軍入爲衛尉少卿卒年五十八贈撫軍將軍恒州刺史

子貴宗武定中伏波將軍開府水曹參軍

伏連兄孫安文從征平涼有功賜爵霸城男加虎威將軍後遷三郎幢將卒高祖初以其子毅貴追贈安東將軍冀州刺史陽平公謚曰定

毅歷位內外稍遷殿中尚書散騎常侍賜爵常山公加安南將軍遷尚書右僕射以擒反人梁衆保加侍中本官如故後例降爲侯出除使持節鎮東將軍定州刺史時太極殿成將行考室之禮引集羣臣而雪不克饗高祖曰朕經始正殿功構初成將集百寮考行大禮然同雲仍結霏雪驟零將由寡昧未能仰答天心此之不德咎竟焉在卿等宜各陳所懷以匡不逮毅稽首對曰雪霜風雨天地之常夏霖冬霰四時恒節今隆冬雪降固是其時又禮云雨沾服失容則廢禮自古而然不足爲異高祖曰昔劉秀將濟滹沱爲之冰合但朕德謝古人不能仰感天意故也後轉都督涼河二州鄯善鎮諸軍事涼州刺史車駕南伐毅表諫曰伏承六軍雲動問罪荊楊弔民淮表一同厥越但臣愚見私竊未安何者京邑新遷百姓易業公私草剏生途索然兼往歲弗稔民多饑饉二三之際嗟惋易興天道悠長宜遵養時晦願抑赫斯以待後日詔曰時不自來因人則合今年人事殊非昔歲守株之唱便可停也陽九利涉豈卿所知也太和二十一年卒賜錢二十萬布二百匹

丘堆代人也美容儀以忠謹親侍太宗卽位拾遺左右稍遷散騎常侍與叔孫建等討滅山胡劉裕泝河西伐詔堆與建自河內次枋頭以備寇盜姚泓旣滅堆留鎮并州赫連屈子遣三千騎寇河西堆自并州與游擊將軍王洛生擊走之以功賜爵爲侯世祖監國臨朝堆與太尉穆觀等爲右弼世祖卽位進爵臨淮公加鎮西將軍從爲太僕世祖征赫連昌堆與常山王素督步兵三萬人爲後繼昌戰敗南奔世祖遣堆與宗正娥清率五千騎畧地關右昌貳城守將堅守不下堆與清攻拔之詔堆班師宜城王奚斤表留堆等進平昌許之堆斤合軍與昌相拒擊士馬乏糧堆與義兵將軍封禮督租於民間士卒暴掠爲昌所襲敗績堆將數百騎還城斤追擊赫連定留堆守輜重斤爲定所擒堆聞而棄甲走長安復將高涼王禮棄守東走蒲坂世祖大怒遣西平公安頡斬堆延和初詔曰堆國之肺腑勳著先朝西征喪師遂從軍法國除祀絕朕甚愍之可賜其子跋爵淮陵侯加安遠將軍後征蓋吳戰沒

子麟襲爵歷位駕部令出爲瑕丘鎮將假平南將軍東海公遷東兗州刺史卒官

娥清代人也少有將畧累著戰功稍遷振威將軍劉裕遣將朱超石寇平原至畔城道還清與長孫道生追之至河獲其將楊豐還拜給事黃門侍郎先是徒河民散居三州頗爲民害詔清徙之平城清善綏撫徙者如歸太宗南巡幸鄴以清爲中領軍將軍與宋兵將軍周幾等渡河畧地至湖陸高平民屯聚林藪拒射官軍清等因誅數千家虜獲萬餘口賜爵須昌侯清與幾等遂鎮枋頭世祖初清自枋頭還京師假征南將軍進爲東平公蠕蠕大檀徙居漠南清與平陽王長孫翰從東道出長川討之大獲而還轉宗正卿尋從征蠕蠕又從平統萬遂與奚斤追赫連昌至安定與昌相持及安頡擒昌昌弟定西走斤追之清欲尋水而往斤不從遂與斤俱爲定所擒世祖克平涼乃得還後詔清鎮并州討山胡白龍於西河斬白龍父及其將帥遂屠其城遷平東將軍與古弼等東討馮文通以不急戰文通奔高麗檻車徵黜爲門卒遂卒於家

子延官至員外散騎常侍賜爵南平公

劉尼代人也本姓獨孤氏曾祖敦有功於太祖爲方面大人父婁冠軍將軍卒贈并州刺史尼少壯健有膂力勇果善射世祖見而善之拜羽林中郎賜爵昌國子加振威將軍宗愛旣殺南安王余於東廟秘之惟尼知狀尼勸愛立高宗愛自以負罪於景穆聞而驚曰君大癡人皇孫若立豈忘正平時事乎尼曰若爾今欲立誰愛曰待還宮擢諸王子賢者而立之尼懼其有變密以狀告殿中尚書源賀賀時與尼俱典兵宿衛仍共南部尚書陸麗謀曰宗愛旣立南安還復殺之今不能奉戴皇孫以順民望社稷危矣將欲如何麗曰唯有密奉皇孫耳於是賀與尚書長孫渴侯嚴兵守衛尼與麗迎高宗於苑中麗抱高宗於馬上入京城尼馳還東廟大呼曰宗愛殺南安王大逆不道皇孫已登大位有詔宿衛之士皆可還宮衆咸唱萬歲賀及渴侯登執宗愛賈周等勒兵而入奉高宗於宮門外入登永安殿以尼爲內行長進爵建昌侯遷散騎常侍安南將軍又進爵東安公尋遷尚書右僕射加侍中進封爲王出爲征南將軍定州刺史在州清愼然率多酒醉治日甚少徵爲殿中尚書加侍中特進高宗末遷司徒顯祖卽位以尼有大功於先朝彌加尊重賜別戶三十皇興四年車駕北征帝親誓衆而尼昏醉兵陳不整顯祖以其功重特恕之免官而已延興四年薨

子杜生襲爵世宗時寧朔將軍步兵校尉熙平初卒贈龍驤將軍朔州刺史謚曰克

奚眷代人也少有將畧太祖時有戰功太宗時爲尚書假安南將軍虎牢鎮將爲寇所憚世祖初爲中軍都曹尚書復鎮虎牢賜爵南陽公加使持節侍中都督豫洛二州河內諸軍事鎮南將軍開府尋徙鎮長安世祖幸美稷眷受詔督諸軍共討山胡白龍于西河破之屠其城斬首數千級虜其妻子而還世祖平姑臧遣眷討沮渠牧犍弟私署張掖太守宜得宜得奔酒泉酒泉太守無諱與宜得奔高昌獲其二城後沮渠天周復據酒泉眷討平之虜男女四千餘人世祖征蠕蠕以眷爲尚書督偏將出別道詔會鹿渾海眷與中山王辰等諸大將俱後期斬于都南爵除

車伊洛焉耆胡也世爲東境部落帥恒修職貢世祖錄其誠欵延和中授伊洛平西將軍封前部王賜絹一百匹綿一百斤繡衣一具金帶鞾帽伊洛大悅規欲歸闕沮渠無諱斷路伊洛與無諱連戰破之時無諱卒其弟天周奪無諱子乾壽兵規領部曲伊洛前後遣使招喻乾壽等率戶五百餘家來奔伊洛送之京師又招喻李寶弟欽等五十餘人送詣敦煌伊洛又率部衆二千餘人伐高昌討破焉耆東關七城虜獲男女二百人駝千頭馬千匹以金一百斤奉獻先是伊洛征焉耆留其子歇守城而安周乘虛引蠕蠕三道圍歇并遣使謂歇曰爾父已投大魏爾速歸首當賜爾爵號歇固守連戰久之外無救援爲安周所陷走奔伊洛伊洛收集遺散一千餘家歸焉耆鎮世祖嘉之正平元年詔伊洛曰歇年尚幼能固守城邑忠節顯著朕甚嘉之可遣歇詣闕伊洛令歇將弟波利等十餘人赴都正平二年伊洛朝京師賜以妻妾奴婢田宅牛羊拜上將軍王如故興安二年卒贈鎮西大將軍秦州刺史謚曰康王賜綿絹雜綵五百匹衣二十七襲葬禮依盧魯元故事

歇襲爵皇興末拜使持節平西將軍豫州刺史延興三年卒

子伯主襲爵

波利天安二年拜立節將軍樂官侯皇興三年卒

兄子洛都襲爵

宿石朔方人也赫連屈子弟文陳之曾孫也天興四年文陳父子歸闕太祖嘉之以宗女妻焉賜奴婢數十口拜爲上將軍祖若豆根太宗時賜姓宿氏襲上將軍父沓干世祖時虎賁幢將從征平涼有功拜虎威將軍侍御郎賜爵漢安男轉中散遷給事兼領工曹從駕討和龍以功賜奴婢十七戶眞君四年從駕討蠕蠕戰沒世

祖悼惜之詔求沓千子時石年甫十一引見以幼聽歸年十三襲爵擢爲中散從駕至江拜宣威將軍興光中遷侍御史拜中壘將軍進爵蔡陽子典宜官曹遷內行令從幸苑內遊獵石於高宗前走馬道峻馬倒殞絕久之乃蘇由是御馬得制高宗嘉之賜綿一百斤帛五十匹駿馬一匹改爵義陽子嘗從獵高宗親欲射虎石叩馬而諫引高宗至高原上後虎騰躍殺人詔曰石爲忠臣鞚馬切諫免虎之害後有犯罪宥而勿坐賜駿馬一匹尚上谷公主拜駙馬都尉天安初遷散騎常侍吏部尚書進爵太山公爲北中道都大將延興元年卒追贈太原王諡曰康葬禮依盧魯元故事太和初子倪襲爵比部侍御

來大千代人也父初眞從太祖避難叱候山參創業之功官至後將軍武原侯與在八議大千驍果善騎射爲騎都尉永興初襲爵遷中散至於朝賀之日大千常著御鎧盤馬殿前朝臣莫不嗟歎遷內幢將典宿衞禁旅大千用法嚴明上下齊肅嘗從太宗校獵見虎在高巖上大千持稍直前刺之應手而死太宗嘉其勇壯又爲殿中給事世祖踐祚與襄城公盧魯元等七人俱爲常侍持仗侍衞晝夜不離左右從討赫連昌共長孫道生與賊交戰道生馬倒爲賊所擊大千馳救賊衆散走大千扶道生上馬遂得免從討蠕蠕戰功居多遷征北大將軍賜爵廬陵公鎮雲中兼統白道軍事闕賊北叛大千前後追擊莫不平殄延和初車駕北伐大千爲前鋒大破虜軍世祖以其壯勇數有戰功兼悉北境險要詔大千巡撫六鎮以防寇虜經畧布置甚得事宜後吐京胡反以大千爲都將討平之在吐京卒喪還停於平城南世祖出還見而問之左右以對世祖悼歎者良久詔曰大千忠勇盡節功在可嘉今聽喪入殯城內贈司空諡曰莊公

子丘頹襲爵降爲晉興侯拜安遠將軍從駕到江進右將軍和平中遷中散轉相曹都典奏事皇興四年卒贈寧南將軍陳留公諡曰簡

子萬襲爵

丘頹弟提官至監御曹給事冠軍將軍兗州刺史濮陽侯太和十年卒

周幾代人也父千有功太祖之世賜爵順陽侯坐事死幾少以善騎射爲獵郎太祖即位爲殿中侍御史掌宿衞禁兵斷決稱職遷左民尚書神瑞中并州飢民遊食山東詔幾領衆鎮博陵之魯口以安集之泰常初白澗行唐民數千家負嶮不供輸稅幾與安康子長孫道生宣示禍福逃民遂還于時郡縣斬叛胡翟猛雀於林慮山猛雀遺種竄於行唐及襄國幾追討盡誅之後爲寧朔將軍拒司馬德宗將劉裕於南破毛德祖於土樓以功賜爵交阯侯世祖以幾有智勇遣鎮河南威信著于外境幾常嫌奚斤等殺撫關中失和百姓不附每至言論形於聲色斤等憚焉進號宋兵將軍率洛州刺史于栗磾以萬人襲陝城卒于軍軍人無不歎惜之歸葬京師追贈交阯公諡曰桓

子步襲爵卒

子安國襲爵太和中討蠕蠕失利伏法爵除

豆代田代人也太宗時以善騎射爲內細射從攻虎牢詔代田登樓射賊矢不虛發與奚斤前鋒先入擒劉義隆將毛德祖并長史司馬三人以功遷內三郎從討赫連昌乘勝追賊入其宮門門閉代田踰宮而出世祖壯之拜勇武將軍後從駕平昌以戰功賜奴婢十五口黃金百斤銀百斤神䴥中討蠕蠕賜爵關中侯從討平涼擊破赫連定得奚斤等世祖以定妻賜之詔斤膝行授酒於代田敕斤曰全爾身命者代田功也改爵井陘侯加散騎常侍右衞將軍領內都幢將從討和龍戰功居多遷殿中尚書賜奴婢六十口以前後軍功進爵長廣公加平東將軍從駕南討轉太子太保出爲統萬鎮大將興安中卒贈侍中安東大將軍長廣王諡曰恭

子求周爲內三郎從駕到江賜爵五等子又進爵爲侯後襲父爵爲吏部尚書皇興二年卒贈征北大將軍長廣王諡曰簡

子多侯襲爵

周觀代人也驍勇有膂力每在軍陳必應募先登以功進爲軍將長史尋轉軍將擊赫連屈丐有功賜爵安川子遷北鎮軍將世祖即位從討蠕蠕以軍功進爲都副將鎮雲中神䴥中又討蠕蠕大獲增爵爲侯從征平涼進爵金城公遷爲都將從破離石胡加散騎常侍轉高平鎮將觀善撫士卒號有威名眞君初詔觀統五軍西討禿髮保周於張掖徙其民數百家將置於京師至武威輒與諸將私分之世祖大怒黜觀爲金城侯改授內都大官出除平南將軍秦州刺史復爵金城公撫馭失和民薛永宗聚衆於汾曲以叛觀討永宗爲流矢所中世祖幸蒲坂觀聞帝至驚怖而起瘡重遂卒世祖怒絕其爵

子豆初爲三郎遷軍將卒于長樂太守

閭大肥蠕蠕人也太祖時與其弟大埿倍頤率宗族歸國太祖善之尚華陰公主賜爵其思子與其弟並爲上賓入八議太宗即位進大肥爲內都大官增爵爲侯神瑞中爲都將討越勤部於䟦那山大破之泰常初復爲都將領禁兵討蠕蠕獲其大將莫孤渾宜城王奚斤之攻虎牢也大肥與娥清領十二軍出中道畧地高平金鄉東至泰山假大肥使持節安陽公鎮撫陳汝世祖初復與奚斤出雲中白道討大檀破之還爲內都大官出除使持節冀青二州刺史假榮陽公尋徵還位特進復出爲冀青二州刺史尋入爲內都大官從討赫連昌以功授榮陽公公主薨復尚濩澤公主又爲都將擊大檀大破之還至渴侯山遂討東部高車於巳尼陂又征平涼並有功世祖將拜大肥爲王遇疾卒追贈中山王

子賀早卒

大肥弟驎襲爵出爲仇池鎮將卒無子

弟鳳襲爵高宗時爲內都大官出爲鎮南將軍肆州刺史卒無子爵除

尉撥代人也父那濮陽太守撥爲太學生募從兗州刺史羅忸擊賊於陳汝有功賜爵介休男從討和龍遷虎賁帥轉千人軍將又從樂平王丕討和龍除涼州軍將擊吐谷渾獲其人一千餘落後吐谷渾小將率三百餘落來降尋復亡叛撥率騎追之盡獲而還以功進爲子遷晉昌鎮將綏懷邊民甚著稱績入爲知臣監出爲杏城鎮將在任九年大收民和山民一千餘家上郡徒各盧水胡八百餘落盡附爲民高宗以撥清平有惠績賜以衣服顯祖即位爲北征都將復爲都將南攻懸瓠破劉彧將朱湛之水軍三千人拜懸瓠鎮將加員外散騎常侍進爵安城侯顯祖嘉其聲效復賜衣服轉平南將軍北豫州刺史後洛州民田智度聚黨謀逆詔撥乘傳發豫州兵與洛州刺史丘頓擊之獲智度送京師撥卒贈冠軍將軍諡敬侯

陸眞代人也父洛侯秦州刺史眞少善騎射世祖初以眞膂力過人拜內三郎數從征伐所在摧鋒陷陳前後以功屢受賞賜眞君中從討蠕蠕以功賜爵關內侯後攻懸瓠登樓臨射城中弦不虛發劉義隆將王玄謨衆數萬人寇滑臺眞從世祖討之夜與數人乘小船突玄謨軍入城撫慰登城巡行賊營中乃還渡河至明玄謨敗走從駕至江眞再破賊軍拜建武將軍石城子還攻盱眙眞功居多遷給事中典太倉事高宗即位拜冠軍將軍進爵都昌侯遷散騎常侍選部尚書時丁零數千家寇竊并定眞與并州刺史乞伏成龍自樂平東入與定州刺史許崇之併力討滅從駕巡東海以眞爲寧西將軍尋遷安西將軍長安鎮將假建平公胡賊帥賀略孫聚衆千餘人叛于石樓眞擊破之殺五百餘人是時初置長蛇鎮眞率衆築城未訖而氐豪仇傉檀等反叛氐民咸應其衆甚盛眞擊平之殺四千餘人卒城長蛇而還東平王道符反于長安殺雍州刺史魚玄明關中草草以眞爲長安鎮將賜爵河南公長安兵民素伏威信眞到撫慰之皆怡然安靜咸陽民趙昌受劉彧署龍驤將軍扇動鄠盩厔二縣聚黨數百人據赤谷以叛眞與雍州刺史劉邈討平之昌單騎走免後鄠縣民王稚兄弟聚一千餘人招引趙昌始平石安池陽靈武四縣人皆應之衆至五千據治谷堡時詔南郡王李惠等領步騎六千討昌眞以大軍未至慮昌滋蔓與雍州刺史劉邈討昌昌出營拒戰眞擊破之斬昌及賊首三千餘級傳首京師并誅其黨與七百餘人獲男女一千餘口雍州民夷莫不震伏在鎮數年甚著威稱延興二年卒歸葬京師諡曰烈

子延字契胡提頗有氣幹襲爵河南公累遷歷長安鎮將拜安南將軍濟州刺史例降改封汝陽侯京兆王愉爲徐州刺史以延爲愉府司馬帶彭城內史正始初除武川鎮將入除太僕卿都督沃野武川懷朔三鎮諸軍事安北將軍懷朔鎮大將加散騎常侍正光初拜金紫光祿大夫復除太僕卿受使綏慰秀容爲牧子所害

弟什寅太府卿平東將軍光祿大夫建義初拜都官尚書卒於平南將軍光祿大夫

呂洛拔代人也曾祖渴侯昭成時率戶五千歸國祖肥濮陽太守父匹知世祖時爲西部長榮陽公洛拔以壯勇知名高宗末爲平原鎮都將劉彧徐州刺史薛安都歸誠請援詔遣尉元率衆救之洛拔隨元入彭城彧將張永遣將王茂之領兵五千向武原援其運車元遣洛拔率騎詣武原擊之格戰二日手殺九人奪賊運車二百餘乘牛二百五十頭仍共擊張永大敗之賜爵成武侯加建義將軍年五十六卒

長子文祖以其勳臣子補龍牧曹奏事中散以牧產不滋坐徙於武川鎮後文祖以舊語譯注皇誥辭義通辯超授陽平太守未拜轉爲外都曹奏事中散後坐事伏法

史臣曰仁人之言必有博利參合之役威罰實行蓋王建之罪欸安同異類之人智識入用任等時俊當有由

哉頡擒赫連昌摧義隆衆遂爲名將未易輕也樓伏連丘堆娥清俱以壯勇征伐四克劉尼忠國翼主豈徒驍猛之用乎奚眷將畧致位不能以功名自終車伊洛自遠宅心異凡戎矣宿石等並忠勤勇畧有將帥之才自致青雲豈徒然也

魏書卷三十考證

安同傳同長子屈○本卷安同父屈仕慕容暐爲殿中郎將此云同長子屈是祖孫同一名也當有誤

丘堆傳可賜其子跋爵淮陵侯○臣人龍按前云堆進爵臨淮公此云淮陵恐即臨淮之訛也

魏書卷三十一

齊 魏收 撰

列傳第十九

于栗磾

于栗磾代人也能左右馳射武藝過人登國中拜冠軍將軍假新安子後與寧朔將軍公孫蘭領步騎二萬潛自太原從韓信故道開井陘路襲慕容寳於中山既而車駕後至見道路修理大悅即賜其名馬及趙魏平定太祖置酒高會謂栗磾曰卿即吾之黥彭大賜金帛進假新安公太祖田於白登山見熊將數子顧謂栗磾曰卿勇幹如此寧能搏之乎對曰天地之性人爲貴若搏之不勝豈不虛斃一壯士自可驅致御前坐而制之尋皆擒獲太祖顧而謝之永興中關東羣盜大起西河反叛栗磾受命征伐所向皆平即以本號留鎮平陽轉鎮遠將軍河內鎮將賜爵新城男栗磾撫導新邦甚有威惠劉裕之伐姚泓也栗磾慮其北擾遂築壘於河上親自守焉禁防嚴密斥候不通裕甚憚之不敢前進裕遺栗磾書遠引孫權求討關羽之事假道西上題書曰黑矟公麾下栗磾以狀表聞太宗許之因授黑矟將軍栗磾好持黑矟以自標裕望而異之故有是語奚斤之征虎牢也栗磾別率所部攻德宗河南太守王涓之於金墉涓之棄城遁走遷豫州刺史將軍如故進爵新安侯洛陽雖歷代所都久爲邊裔城闕蕭條野無煙火栗磾刊闢榛荒勞來安集德刑既設甚得百姓之心太宗南幸盟津謂栗磾曰河可橋乎栗磾曰杜預造橋遺事可想乃編次大船構橋於冶坂六軍既濟太宗深歎美之世祖之征赫連昌敕栗磾與宋兵將軍交阯侯周幾襲陝城昌弘農太守曹達不戰而走乘勝長驅仍至三輔進爵爲公加安南將軍平統萬遷蒲坂鎮將時弘農河內上黨三郡賊起栗磾討之轉虎牢鎮大將加督河內軍尋遷使持節都督兗相二州諸軍事鎮南將軍枋頭都將又爲外都大官平刑折獄甚有聲稱卒年七十五賜東園祕器朝服一具衣一襲贈太尉公栗磾自少治戎迄于白首臨事善斷所向無前加以謙虛下士刑罰不濫世祖甚悼惜之

子洛拔襲爵少以功臣子拜侍御中散有姿容善應對恭慎小心世祖甚加愛寵因賜名焉車駕征討恒在侍衛擢領監御曹事從征涼州既平賜奴婢四十口轉監御曹令恭宗之在東宮厚加禮遇洛拔以恭宗雖則儲君不宜逆自結納恒畏避屏退左轉領侯官曹事頃之襲爵出爲使持節散騎常侍寧東將軍和龍鎮都大將營州刺史以治有能名進號安東將軍又爲外都大官會隴西屠各王景文等恃險竊命私署王侯高宗詔洛拔與南陽王惠壽督四州之衆討平之徙其惡黨三千餘家於趙魏轉拜侍中殿中尚書遷尚書令侍中如故在朝祗肅百寮憚之太安四年卒時年四十四洛拔有六子

長子烈善射少言有不可犯之色少拜羽林中郎遷羽林中郎將延興初敕領寧光宮宿衛事遷屯田給納太和初秦州刺史尉洛侯雍州刺史宜都王目辰長安鎮將陳提等貪殘不法烈受詔案驗咸獲贓罪洛侯目辰等皆致大辟提坐徙邊仍以本官行秦雍二州事遷司衛監總督禁旅從幸中山車駕還次肆州司空苟頹表沙門法秀詿惑百姓潛謀不軌詔烈與吏部尚書〔闕〕丞祖馳驛討之會秀已平轉左衞將軍賜爵昌國子遷殿中尚書賜帛三千疋于時高祖幼沖文明太后稱制烈與元丕陸叡李沖等各賜金策許以有罪不死加散騎常侍遷前將軍進爵洛陽侯尋轉衞尉卿從駕南征加鎮南將軍及遷洛陽人情戀本多有異議高祖問烈曰卿意云何烈曰陛下聖略淵遠非愚管所測若隱心而言樂遷之與戀舊唯中半耳高祖曰卿既不唱異即是同深感不言之益宜且還舊都以鎮代邑敕留臺庶政一相參委車駕幸代執烈手曰宗廟至重翼衞不輕卿當祗奉靈駕時遷洛邑朕以此事相託頗非不重也烈與高陽王雍奉遷神主於洛陽高祖嘉其勳誠遷光祿卿十九年大選百僚烈子登引例求進烈表曰臣上或近臣下不決引一人〔疑〕而恩出分外冀荷榮祿當今聖明之朝理應謙讓而臣子登引人求進是臣素無教訓請乞黜落高祖曰此乃有識之言不謂烈能辨此乃引見登詔曰朕今創禮新邑明揚天下卿父乃行謙讓之表而有直士之風故進卿爲太子翊軍校尉又加烈散騎常侍封聊城縣開國子食邑二百戶及穆泰陸叡謀反舊京高祖幸代泰等伏法賜烈及李沖璽書述金策之意語在陸叡傳是逆也代鄉舊族同惡者多唯烈一宗無所染預高祖嘉其忠操益器重之歎曰元儼決斷威恩深自不惡然而爲臣盡忠猛決不如烈也爾日烈在代都必即斬其五三元首耳烈之節槩不謝金日磾也詔除領軍將軍以本官從征荊沔加鼓吹一部高祖謂彭城王勰曰烈先朝舊德智勇兼有軍之大計宜共參決宛鄧既平車駕還洛論功加散騎常侍金紫光祿大夫二十三年蕭寶卷遣其太尉陳顯達入寇馬圈高祖輿疾赴之執烈手曰都邑空虛維捍宜重可鎮衞二宮以輯遠近之望顯達破走高祖崩於行宮彭城王勰總一六軍祕諱而返稱詔召世宗會駕魯陽以烈留守之重密報凶問烈處分行留神色無變世宗即位寵任如前咸陽王禧爲宰輔權重當時曾遣家僮傳言於烈曰須舊羽林虎賁執仗出入領軍可爲差遣烈曰天子諒闇事歸宰輔領軍但知典掌宿衞有詔不敢違理無私給奴僩然而返傳烈言報禧禧復遣謂烈曰我是天子兒天子叔元輔之命與詔何異烈厲色而荅曰向者亦不道王非是天子兒叔若是詔應遣官人所由遣私奴索官家羽林烈頭可得羽林不可得禧惡烈剛直遂議出之乃授使持節散騎常侍征北將軍恒州刺史烈不願藩授頻表乞停輒優荅弗許烈乃謂彭城王勰曰殿下忘先帝南陽之詔乎而逼老夫乃至於此遂以疾固辭世宗以禧等專擅潛謀廢之會二年正月初祭三公並致齋於廟世宗夜召烈子忠謂曰卿父忠允貞固社稷之臣明可早入當有處分忠奉詔而出質明烈至世宗詔曰諸父慢怠漸不可任今欲使卿以兵召之卿其行乎烈對曰老臣歷奉累朝頗以幹勇賜識今日之事所不敢辭乃將直閤已下六十餘人宣旨召咸陽王禧彭城王勰北海王詳衞送至于帝前諸公各稽首歸政以烈爲散騎常侍車騎大將軍領軍進爵爲侯增邑三百戶并前五百戶自是長直禁中機密大事皆所參焉太尉咸陽王禧謀反也武興王楊集始馳於北邙以告時世宗從禽於野左右分散直衞無幾倉卒之際莫知計之所出乃敕烈子忠馳覘虛實烈時留守已處分有備因忠奏曰臣雖朽邁心力猶可此等猖狂不足爲慮願緩蹕徐還以安物望世宗聞之甚以慰悅及駕還宮禧已遁逃詔烈遣直閤叔孫侯將虎賁三百人追執之順后既立以世父之重彌見優禮八月暴疾卒時年六十五世宗舉哀於朝堂給東園第一祕器朝服一具衣一襲賜錢二百萬布五百匹贈使持節侍中大將軍太尉公雍州刺史追封鉅鹿郡開國公增邑五百戶并前千戶烈有五子

長子祚字萬年太和中爲中散稍遷恒州別駕襲父爵除假節振威將軍沃野鎮將貪殘多所受納坐免官以公還第卒贈平州刺史

祚子若襲爵多酒過爲叔父景所撾殺

子順襲卒

子馥襲

祚弟忠字思賢本字千年弱冠拜侍御中散文明太后臨朝刑政頗峻侍臣左右多以微譴得罪忠朴直少言終無過誤太和中授武騎侍郎因賜名登轉太子翊軍校尉世宗即位遷長水校尉尋除左右郎將領直寢元禧之謀亂也車駕在外變起倉卒未知所之忠進曰臣世蒙殊寵乃心王室臣父領軍付留守之重計防遏有在必無所慮世宗即遣忠馳騎觀之而烈分兵嚴備果如所量世宗還宮撫背曰卿差強人意賜帛五百匹又曰先帝賜卿名登誠爲美稱朕嘉卿忠款今改卿名忠既表貞固之誠亦所以名實相副也父憂去職未幾起復本官遷司空長史于時太傅錄尚書北海王詳親尊權重將作大匠王遇多隨詳所欲而給之後因公事忠於詳前謂遇曰殿下國之周公阿衡王室所須材用自應關旨何至阿諛附勢損公惠私也遇既不寧詳亦慙謝遷征虜將軍餘如故以平元禧功封魏郡開國公食邑九百戶尋遷散騎常侍兼武衞將軍每以鯁氣正辭爲北海王詳所忿面責忠曰我憂在前見爾死不憂爾見我死時也忠曰人生於世自有定分若應死於王手避亦不免若其不爾王不能殺詳因忠表讓之際密勸

世宗以忠爲列卿令解左右聽其讓爵於是詔停其封優進太府卿正始二年秋詔忠以本官使持節兼侍中爲西道大使刺史鎮將贓罪顯暴者以狀申聞守令已下便卽行決與撫軍將軍尚書李崇分使二道忠劾并州刺史高聰贓罪二百餘條論以大辟還除平西將軍華州刺史遭繼母憂不行服闋授安北將軍相州刺史又爲衞尉卿河南邑中正詔忠與吏部尚書元暉度支尚書元匡河南尹元萇等推定代方姓族高肇忌其爲人欲密出之乃言於世宗稱中山要鎮作捍須才以忠器能宜居其位於是出授安北將軍定州刺史世宗既而悔之復授衞尉卿領左衞將軍恒州大中正密遣中使詔曰自比股肱褫落心膂無寄方任雖重比此爲輕故輟茲外任委以內務當勤夙無怠稱朕所寄也延昌初除都官尚書加平南將軍領左衞中正如故又加散騎常侍嘗因侍宴賜之劒杖舉酒屬忠曰卿世秉貞節故恒以禁衞相委昔以卿行忠賜名曰忠今以卿才堪禦侮以所御劒杖相賜循名取義意在不輕其出入周旋恒以自防也忠頓首陳謝遷侍中領軍將軍忠面陳讓云臣無學識不堪兼文武之任世宗曰當今學識有文者不少但心直不如卿欲使卿劬勞於下我當無憂於上及世宗崩夜中與侍中崔光遣右衞將軍侯剛迎肅宗於東宮而卽位忠與門下議以肅宗幼年未親機政太尉高陽王雍屬尊望重宜入居西柏堂省決庶政任城王澄明德茂親可爲尚書令總攝百揆奏中宮請卽敕授御史中尉王顯欲逞姦計與中常侍給事中孫伏連等厲色不聽寢門下之奏宮闈侍中黃門但牒六輔姓字齎來孫伏連等密欲矯太后令以高肇錄尚書事顯與高猛爲侍中忠卽於殿中收顯殺之忠既居門下又總禁衞遂秉朝政權傾一時初太和中軍國多事高祖以用度不足百官之祿四分減一忠既擅權欲以惠澤自固乃悉歸所減之祿職人進位一級舊制天下之民絹布一匹之外各輸綿麻八兩忠悉以與之忠白高陽王雍自云世宗本許優轉雍憚忠威權便順其意加忠車騎大將軍忠自謂新故之際有安社稷之功諷動百寮令加已賞於是太尉雍清河王懌廣平王懷難違其意議封忠常山郡開國公食邑二千戶百寮咸以爲然忠又難於獨受乃諷朝廷同在門下者皆加封邑尚書左僕射郭祚尚書裴植以忠權勢日盛勸雍出忠忠聞之逼有司誣奏其罪郭祚有師傅舊恩裴植擁地入國忠並矯詔殺之朝野憤怨莫不切齒王公以下畏之累跡又欲殺高陽王雍侍中崔光固執乃止遂免雍太尉以王還第自此之後詔命生殺皆出於忠既尊靈太后爲皇太后居崇訓宮忠爲儀同三司尚書令領崇訓衞尉侍中領軍如故靈太后臨朝解忠侍中領軍崇訓衞尉止爲儀同尚書令加侍中忠爲令旬餘靈太后引門下侍官于崇訓宮問曰忠在端右聲聽何如咸曰不稱厥位乃出忠使持節都督冀定瀛三州諸軍事征北大將軍冀州刺史太傅清河王等奏曰竊惟先帝升遐之初皇上登極之始四海謐然宇內晏清至於奉迎乘輿侍衞省闥斯乃臣子之常節職司之恒理不容以此爲功妄開井邑臣等前議所以廣建茅土者正以畏迫威權苟免暴戾故也是以中議之際以十三日夜入爲無勳唯以拒違矯令抑黜姦回微可褒敘以前侍中臣忠總攝文武侍中臣光久在樞密讚同其意故唯賞二人今尚書臣昭等無涯上訴奉敕重議案王顯陰結姦徒志爲不逞高肇遠同凶逆遥搆禍端無將之罪事合湾戮而忠等徽罪唯以厥身不至孥戮又出罪人窮治不盡案律準憲事在不輕暨皇上纂曆聖后別宮母子隔異溫清道絶皆忠等之咎過方厥勳功微罪重又忠專權之後擅殺樞納輒廢宰輔令朝野駭心遠近怪愕功過相除悉不合賞請悉追奪靈太后從之熙平元年春御史中尉元匡奏曰臣聞事主不以幽貞革心奉上不以趣捨虧節是以倚秦宮而慟哭復楚之功已多陟盧龍而樹勳廣魏之動不淺而申包避賞君子於是義之田疇拒命良史所以稱美竊唯宮車晏駕天人位易正是忠臣孝子致節之秋前領軍將軍臣忠不能砥礪名行自求多福方因矯制擅相除假清官顯職歲月隆崇臣等在蕃之時乃心家國書訪往來憤氣成疢傷禮敗德臣忠卽主謹案臣忠世以鴻勳盛德受遇累朝出入承明左右機近幸國大災肆其愚戇專擅朝命無人臣之心裴郭受冤於既往宰輔黜辱於明世又自矯爲儀同三司尚書令領崇訓衞尉原其此意便欲無上自處既事在恩後宜加顯戮請御史一人令史一人就州行決崔光與忠雖同受召而謂光既儒望朝之禮宗攝心虛遠不關世務但忠以光意望崇重逼光光若不同又有危禍伏度二聖欽明深垂昭恕而自去歲正月十三日世宗晏駕以後八月一日皇太后未親覽以前諸有不由階級而權臣用命或發門下詔書或由中書宣勅擅相拜授者已經恩宥正可免其叨竊之罪既非時望朝野所知冒階而進者並求追奪靈太后令曰直繩所糺實允朝憲但忠事經肆宥又蒙特原無宜追罪餘如奏又詔曰忠以往年大諱之際開崇邑土然酬庸理乖有司執奪豈宜一謬棄其餘勳也但忠歷任禁要誠節皎然宜褒錫山河以安厥望可靈壽縣開國公邑五百戶初世宗崩後高太后將害靈太后劉騰以告侯剛剛以告忠忠請計於崔光光曰宜置胡嬪於別所嚴加守衞理必萬全計之上者忠等從之具以此意啓靈太后太后意乃安故太后深德騰等四人並有寵授忠以毀之者多懼不免禍願還京師欲自營救靈太后不許二年四月除尚書右僕射加侍中將軍如故神龜元年三月復儀同三司疾病未拜見裴郭爲祟忠自知必死表曰先帝錄臣父子一介之誠昭臣家世奉公之節故申之以婚姻重之以爵祿至乃位亞三槐秩班九命自大明利見之始百官總已之初臣復得猥攝禁戎緝寧內外斯誠社稷之靈兆民之福臣何力之有焉但陛下以叡明御寓皇太后以聖善臨朝衽席不遺簪履弗棄復乃寵窮出內榮遍宮闈外牧兩河入參百揆顧服知妖省躬識戾而臣將慎靡方致茲痾疢自去秋苦痢纏綿迄今藥石備嘗日增無損又今年已來力候轉惡微喘緒息振復艮難鴻慈未酬伏枕涕咽臣薄福無男遺體莫嗣貪及餘生謹陳宿抱臣先養亡第四弟第二子司徒掾永超爲子猶子之念實切於心乞立爲嫡傳此山河靈太后令曰于忠表如此既誠勳宜錄又無子可矜臨危所祈不容致奪可特聽如請以彰殊效忠薨年五十七給東園祕器朝服一具衣一襲錢二十萬布七百疋蠟三百斤贈侍中司空公有司奏太常少卿元端議忠剛直猛暴專戇好殺案諡法剛彊理直曰武怙威肆行曰醜宜諡武醜公太常卿元脩義議忠盡心奉上剪除凶逆依諡法除僞寧眞曰武夙夜恭事曰敬諡武敬公二卿不同事奏靈太后令曰可依正卿議于氏自曾祖四世貴盛一皇后四贈三公領軍尚書令三開國公忠性多猜忌不交勝已唯與直閤將軍章初瓌千牛備身楊保元爲斷金之交李世哲求寵於忠私以金帛寶貨事初瓌保元初瓌保元談之遂被賞愛引爲腹心忠擅權昧進爲崇訓之由皆世哲計也忠後妻中山王尼須女微解詩書靈太后臨朝引爲女侍中賜號范陽郡君

永超名譏襲爵尋卒

子世衡襲齊受禪例降

忠弟景字百年自司州從事稍遷步兵校尉寧朔將軍高平鎮將坐貪殘受納爲御史中尉王顯所彈會赦免忠薨後景爲武衞將軍謀廢元乂乂黜爲征虜將軍懷荒鎮將及蠕蠕主阿那瓌叛亂鎮民固請糧廩而景不給鎮民不勝其忿遂反叛執縛景及其妻拘守別室皆去其衣服令景著皮裘妻著故絳襖其被毀辱如此月餘乃殺之

烈弟敦自中散遷驍騎將軍景明中假節行并州事除征虜將軍恒州刺史卒官贈使持節平北將軍恒州刺史

子昕員外郎直後主衣都統揚烈將軍懷朔武川鎮將中散大夫孝昌中使蠕蠕與阿那瓌擒逆賊破洛汗聽明出六斤等轉輔國將軍北中郎將恒州大中正又遷撫軍將軍衞尉卿出爲鎮東將軍殷恒州刺史還拜征東將軍領左右天平中卒贈都督冀定州諸軍事衞將軍尚書僕射儀同三司諡曰文恭

長子揚仁武定中渤海太守

揚仁弟乂羅字仲綱中軍將軍光州刺史

乂羅弟子榮魯郡太守

敦弟果嚴毅直亮有父兄之風自中散稍遷光祿大夫守尚書賜爵武城子太和中歷朔華并恒四州刺史

子磔襲太子舍人通直散騎常侍卒贈右將軍洛州刺史諡曰哀

子曅征東將軍金紫光祿大夫

曅弟道揚儀同開府諮議參軍

磔弟祗卒於司徒掾贈鎮遠將軍朔州刺史諡曰悼

祗子元伯中散大夫

果弟勁事在外戚傳

勁弟須中散遷長水校尉稍遷武衞將軍太府卿鎮南將軍肆州刺史卒贈侍中車騎大將軍尚書右僕射儀同三司冀州長史重贈征南將軍燕州刺史諡曰武

子翊太尉從事中郎燕州刺史

子長文字士端武定中尚書考功郎

須弟文仁太中大夫

史臣曰魏定中原于栗磾有武功于三世兼以虛已下物罰不濫加斯亦諸將所希矣拔任參內外以著能名烈氣槩沉遠受任艱危之際有柱石之質殆禦侮之臣忠以㥏朴見親乘非其據遂擅威權生殺自已苟非女主之世何以全其門族其不誅滅抑天幸也

魏書卷三十一考證

于栗磾傳詔忠與吏部尚書元匡河南尹元萇等推定代方姓族○本書官氏志云時代人猶以姓族辭訟又使尚書于忠尚書于匡侍中穆詔尚書元長等量定之與此處互異

殷恒州刺史○殷字不可曉殆假字之訛也

魏書卷三十二

齊 魏收 撰

列傳第二十

高湖 崔逞 封懿

高湖字大淵渤海蓨人也漢太傅裒之後祖慶慕容垂司空父泰吏部尚書湖少機敏有器度與兄韜俱知名於時雅爲鄉人崔逞所敬異少歷顯職爲散騎常侍登國十年垂遣其太子寶來伐也湖言於垂曰魏燕之與國彼有內難此遣赴之此有所求彼無違者和好多年行人相繼往求馬不得遂留其弟曲在於此非彼之失政當敦修舊好又寧國家而復令太子率衆遠伐且魏主雄略兵馬精彊險阻艱難備嘗之矣太子富於春秋意果心銳輕敵好勝難可獨行兵凶戰危願以深慮言頗切厲垂怒免湖官既而寶果敗於參合寶立乃起湖爲征虜將軍燕郡太守寶走和龍兄弟交爭湖見其衰亂遂率戶三千歸國太祖賜爵東阿侯加右將軍總代東諸部世祖時除寧西將軍涼州鎮都大將鎮姑臧甚有惠政年七十卒贈鎮西將軍秦州刺史諡曰敬有四子

第三子謐字安平有文武才度天安中以功臣子召入禁中除中散專典秘閣肅勤不倦高宗深重之拜祕書郎謐以墳典殘缺奏請廣訪羣書大加繕寫由是代京圖籍莫不審正顯祖之御寧光宮也謐恒侍講讀拜蘭臺御史尋轉治書掌攝內外彈糾非法當官而行無所畏避甚見稱賞延興二年九月卒時年四十五太昌初追贈使持節侍中都督青徐齊濟兗五州諸軍事驃騎大將軍太尉公青州刺史諡武貞公妻叔孫氏陳留郡君

長子樹生性通達重節義交結英雄不事生產有識者兹宗奇之蠕蠕侵掠高祖詔懷朔鎮將陽平王頤率衆討之頤假樹生鎮遠將軍都將先驅有功樹生尚氣俠意在浮沉自適不願職位辭不受賞論者高之居宅數有赤光紫氣之異鄰伍驚恐僉謂怪變宅不可居樹生曰何往非善安之自若雅好音律常以絲竹自娛孝昌初北州大亂詔發衆軍廣開募賞以樹生有威略授以大都督令率勁勇鎮捍舊蕃二年卒時年五十五太昌初追贈使持節都督冀相滄瀛殷定六州諸軍事大將軍太師錄尚書事冀州刺史追封渤海王諡曰文穆妻韓氏爲渤海王國太妃永熙中後贈假黃鉞侍中都督中外諸軍事加後部羽葆鼓吹餘如故長子卽齊獻武王也

王弟琛字永寶天平中驃騎大將軍開府儀同三司御史中尉南趙郡開國公

子叡襲武定末太子庶子

樹生弟翻字飛雀亦以器度知名卒於侍御中散元象中贈假黃鉞使持節侍中都督冀定洛瀛并肆燕恒雲朔十州諸軍事大將軍太傅太尉公錄尚書事冀州刺史諡曰孝宣

子嶽武定末侍中太傅公清河郡開國公

謐長兄眞有志行兄弟俱至孝父亡治喪墓次甘露白雉降集焉有司以聞詔旌閭里自涇州別駕稍遷安定太守甚著聲績卒贈龍驤將軍涇州刺史帶金城太守

神龜初卒太昌元年贈使持節侍中都督定相殷三州諸軍事驃騎大將軍儀同三司定州刺史諡曰武康

子仁正光中卒於河州別駕太昌初贈使持節侍中都督青齊濟三州諸軍事儀同三司青州刺史諡曰明穆

子貫字小胡永興末通直散騎常侍金紫光祿大夫尚食典御

拔弟腊兒美容貌膂力過人尤善弓馬顯祖時羽林幢將皇興中主仗令高祖初給事中累遷散騎常侍內侍長坐事死

子春字明珍有器向初除侍御史拜奉朝請員外散騎侍郎與叔嶽俱使西域還至河州遇賊攻圍城陷見害太昌初贈使持節都督冀滄二州諸軍事征東將軍冀州刺史永熙中重贈侍中都督青徐光三州諸軍事驃騎大將軍儀同三司青州刺史諡曰文景

子永樂興和中驃騎大將軍儀同三司濟州刺史陽川縣開國公

永樂弟弼武定中安西將軍營州刺史安陵縣開國男

腊兒弟徽字榮顯小字苟兒聰敏有氣幹爲任城王澄所知賞景明中起家奉朝請延昌中假員外散騎常侍使於嚈噠西域諸國莫不敬憚之破洛侯烏孫竝因之以獻名馬還拜冗從僕射神龜中遷射聲校尉左中郎將游擊將軍又假平西將軍員外散騎常侍使嚈噠還至枹罕屬莫折念生反於秦隴時河州刺史元祚爲前刺史梁釗息景進等招引念生攻河州祚以憂死長史元永平治中孟賓臺使元湛共推徽行河州事綏接有方兵士用命別駕乞伏世則潛通景進徽殺之徵兵於吐谷渾吐谷渾率衆救之景進敗退走奔秦州景進尋率羌夷復來攻逼徽遣統軍六景相馳表請師詔徽仍行河州事久無援救力屈城陷爲賊所害永熙中喪還洛陽贈使持節侍中都督冀定相瀛滄五州諸軍事司徒公冀州刺史諡曰文宣

子歸義有志烈初除奉朝請加威烈將軍與父徽俱使西域還都稍遷龍驤將軍中散大夫西征都督每有戰功後沒於陣太昌初贈侍中驃騎大將軍儀同三司雍州刺史諡曰孝貞

子普武定末安南將軍太子左衞率

歸義弟歸彥武定末驃騎大將軍開府儀同三司徐州刺史安喜縣開國男

眞弟各拔廣昌鎮將卒贈燕州刺史

子猛虎鄯善鎮錄事及居喪以至性稱遂絕宦情

子元國早卒

次顯國武定末撫軍將軍汶陽男

顯國弟逵武定中驃騎將軍行滄州事

逵弟永國征虜將軍中散大夫

永國弟子國武衞將軍

各拔少子盛天平中侍中太尉公廣平郡開國公

子子瑗武定末兼武衞將軍

謐弟稚字幼寧薄骨律鎮將營州刺史

子陁字難拖沃野鎮長卒贈琅邪太守

子雍字景雲司徒從事後與少子思義俱奔蕭衍卒於江南元象初喪還特贈使持節散騎常侍都督冀定瀛滄幽五州諸軍事驃騎大將軍尚書令司徒公冀州刺史

子思宗武定末中軍將軍儀同三司兗州刺史上洛郡開國男思義特贈使持節散騎常侍都督青兗齊三州諸軍事車騎大將軍尚書僕射儀同三司青州刺史

陁弟興早卒

興子貴孫晉州刺史

湖弟恒字叔宗慕容垂鉅鹿太守太祖時率郡降賜爵涇縣侯加龍驤將軍仍守鉅鹿卒贈安東將軍幽州刺史諡曰惠

子道字始悟襲爵拜都牧令還鎮南將軍相州刺史未及之職卒仍以爲贈諡曰莊

子幹字干奴好學寬厚有雅度襲爵涇縣侯後例降爲伯歷南青州征虜府司馬威遠將軍鄯善鎮遠府長史仍轉汾州後軍府長史白水太守所在以廉平著稱太昌初卒贈使持節都督秦雍二州諸軍事車騎大將軍司空公雍州刺史諡曰孝穆

子偘字伯欣襲除南秦州長史卒贈輔國將軍涼州刺史諡曰宣

子紹字廣祖襲爵興和初征虜將軍滄州刺史

偘弟騰字伏興卒於安東將軍光州刺史襄城縣開國公

子陟字祖遷司空中郎太尉主簿

陟弟憬通直郎

憬弟覬襲父爵

騰弟隆之武定末太保尚書令平原郡開國公

崔逞字叔祖清河東武城人也魏中尉琰之六世孫曾祖諒晉中書令祖遇仕石虎爲特進父瑜黃門郎逞少好學有文才遭亂孤貧躬耕于野而講誦不廢慕容暐時郡舉上計掾補著作郎撰燕記遷黃門侍郎及苻堅并慕容暐以爲齊郡太守堅敗司馬昌明以逞爲清河平原二郡太守爲翟遼所虜授以中書令慕容垂滅翟釗以爲祕書監慕容寶東走和龍爲留臺吏部尚書及慕容驎立逞攜妻子亡歸太祖張袞先稱美逞及見禮遇甚重拜爲尚書任以政事錄三十六曹別給吏屬居門下省尋除御史中丞太祖攻中山未克六軍乏糧民多匿穀問羣臣以取粟方略逞曰取椹可以助糧故飛鴞食椹而改音詩稱其事太祖雖銜其侮慢然兵旣須食乃聽以椹當租逞又曰可使軍人及時自取過時則落盡太祖怒曰內賊未平兵人安可解甲仗入林野而收椹乎是何言歟以中山未拔故不加罪天興初姚興侵司馬德宗襄陽戍將郗恢馳使乞師於常山王遵遵以聞太祖詔逞與張袞爲遵書以荅初恢與遵書云賢兄虎步中原太祖以言悖君臣之體勅逞袞亦貶其主號以報之逞袞乃云貴主太祖怒曰使汝貶其主以荅乃稱貴主何若賢兄也遂賜死後司馬德宗荊州刺史司馬休之等數十人爲桓玄所逐皆將來奔至陳留

南分爲二輩一奔長安一歸廣固太祖初聞休之等降大悅後怪其不至詔兗州尋訪獲其從者問故皆曰國家威聲遠被是以休之等咸欲歸闕及聞崔逞被殺故奔二處太祖深悔之自是士人有過者多見優容逞七子二子早亡第三子義義弟禕禕弟嚴嚴弟頤逞之內徙也終慮不免乃使其妻張氏與四子留冀州令歸慕容德遂奔廣固逞獨與小子頤在平城及逞之死亦以此爲譴

頤字泰冲初爲太子洗馬後稍遷散騎尚書賜爵清河侯後世祖問劉義隆以諱爲冀州刺史乃曰義隆知用其兄我豈無冀州也乃以頤爲平東將軍冀州刺史又爲大鴻臚持節策拜楊難當爲南秦王奉使數返光揚朝命世祖善之及驃騎大將軍樂平王丕等督諸軍取上邽使頤齎詔於丕前喻難當奉詔後與方士韋文秀詣王屋山造金丹不就眞君初卒頤五子

長子秉字公禮早終無子

秉弟廣字公淵襲爵拜平東將軍

子法度早終

廣弟軌字公則太子中舍人鎮南司馬

軌弟穆字公和早終

穆弟叡字哲小字男季高祖初以交通境外伏誅從兄景眞以子思叔繼叡

思叔少爲中書學生遷中書博士世宗時歷上黨鉅鹿太守自逞之死至叡之誅三世積五十餘年而在北一門盡矣初三齊平禕孫相如入國以才學知名舉冀州秀才早卒

相如弟彧在術藝傳

逞兄遹字寧祖亦有名於時慕容垂尚書左丞范陽昌黎二郡太守

遹曾孫延壽冀州主簿輕財好施甚收鄉曲之譽

延壽子隆宗簡率愛友居喪以孝聞歷位冀州別駕蘭陵燕郡二郡太守司空諮議參軍冀州中正中軍大將軍府長史仁信待物出於至誠故見重於世卒贈前將軍齊州刺史謚曰孝

子敬保員外散騎侍郎冀州儀同府從事中郎卒贈冀州刺史

子子恒官至征虜將軍魯郡太守早卒

子恒弟子安冠軍將軍西兗州司馬

子安弟子昇開府參軍武定中坐連元瑾事兄弟竝伏法

封懿字處德渤海蓨人也曾祖釋晉東夷校尉父放慕容暐吏部尚書兄孚慕容超太尉懿儁偉有才氣能屬文與孚雖器行有長短然名位略齊仕慕容寶位至中書令民部尚書寶敗歸闕除給事黃門侍郎都坐大官寧朔將軍章安子太祖數引見問以慕容舊事懿應對疎慢廢還家太宗初復徵拜都坐大官進爵爲侯泰常二年卒懿撰燕書頗行於世

子玄之坐與司馬國璠溫楷等謀亂伏誅臨刑太宗謂之曰終不令絕汝種也將宥爾一子玄之請曰弟虔之子磨奴字君明早孤乞全其命乃殺玄之四子而赦磨奴

磨奴被刑爲官人崔浩之誅也世祖謂磨奴曰汝本應全所以致刑者事由浩之故後爲中曹監西使張掖賜爵富城子加建威將軍給事中久之出爲冠軍將軍懷州刺史太和七年卒贈平東將軍冀州刺史渤海公謚曰定以族子叔念爲後高祖賜名回

回父鑒卽慕容暐太尉弈之後也回皇興初爲中書學生襲爵富城子累遷太子家令世宗卽位以回行華州事回在州鞭中散大夫党智孫爲尚書左丞韋續糾奏免除鎮遠將軍安州刺史山民愿朴父子賓旅同寢一室回下車勸令別處其俗遂改徵爲太尉長史頻行定州徐州事尋除後將軍汾州刺史肅宗初轉涼州刺史加右將軍固辭不拜仍授平北將軍瀛州刺史時大乘寇亂之後加以水潦百姓困乏回表求賑恤免其兵調州內甚賴之又爲度支尚書尋轉都官尚書冀州大中正榮陽鄭雲諂事長秋卿劉騰貨騰紫纈四百匹得爲安州刺史除書旦出暮往詣回坐未定謂回曰我爲安州卿知之否彼土治生何事爲便回荅之曰卿荷國寵靈位至方伯雖不能拔園葵去織婦宜思方略以濟百姓如何見造而問治生乎封回不爲商賈何以相示雲慙媿失色靈太后臨朝召百官問得失羣臣莫敢言回對曰昔孔丘爲司寇十日而誅少正卯魯國肅然歎巧自息姬旦行戮不避兄弟周道用隆徐偃專行仁義其國乃滅自古及今未有不厲威刑而能治者頃來頗由長吏寬怠侵剝百姓盜賊羣起請肅刑書以懲未犯太后意納之而不能用轉爲七兵尚書領御史中尉尚書右僕射元欽與從父兄麗妻崔氏姦通回乃劾奏時人稱之除鎮東將軍冀州刺史肅宗末徵爲殿中尚書頻表遜職以爲右光祿大夫莊帝初遇害於河陰時年七十七贈侍中車騎大將軍司空公定州刺史謚曰孝宣

長子隆之武定中開府儀同三司齊州刺史安德郡開國公

子子繪武定中渤海太守

隆之弟興之字祖胄經明行修恬素清靜起家太學博士員外郎出爲瀛冀二州平北府長史所歷有當官之譽孝昌中卒天平中追贈散騎常侍撫軍將軍雍州刺史尋重贈殿中尚書謚曰文

子孝琬字士蒨武定末開府中郎

子琬弟孝琰祕書郎

興之弟延之字祖業天平中驃騎大將軍青州刺史剡縣開國子磨奴既以回爲後請於顯祖贈鑒寧遠將軍滄水太守

鑒長子琳字彥寶顯祖末本州表貢拜中書博士高祖初大軍南討琳參鎮南軍事後爲河南七州大使還拜中書侍郎與侍中南平王馮誕等議定律令賜布帛六百疋粟六百石馬牛各一遷太尉長史轉司宗下大夫有長者之稱行東兗州事及改定百官除司空長史出爲立忠將軍南青州刺史兼散騎常侍持節西道大使還爲長兼太中大夫轉廣平內史又爲光祿大夫世宗末除後將軍夏州刺史徵爲安東將軍光祿大夫神龜二年卒贈使持節撫軍將軍相州刺史

子元稱

元稱弟子盛竝早卒

子盛弟子施武定末沛郡太守

琳子肅在文苑傳

懿從兄子愷字思悌弈之孫也父勸慕容垂侍中太常卿愷給事黃門侍郎散騎常侍後入代都名出懿子玄之右俱坐司馬氏事死愷妻盧玄姊也愷子伯達棄母及妻李氏南奔河表改婚房氏顯祖末伯達子休傑內入祖母盧猶存垂百歲矣而李已死休傑高祖時以歸國勳爲河間太守兼冀州咸陽王府諮議參軍

休傑從弟靈祐仕劉義隆爲青州治中渤海太守慕容白曜平三齊靈祐率二百人詣白曜降賜爵下密子後除建威將軍渤海太守卒

子進壽襲爵肅宗時爲揚州治中以失義州爲刺史元志所殺事具志傳

子子游武定中開府中兵參軍

進壽弟蚌卒於冀州別駕

蚌弟粲起家荆州長流參軍司空水曹參軍殿中侍御史累遷征東將軍廣州長史還除光祿大夫卒贈衞將軍冀州刺史

回族叔軌字廣度沉謹好學博通經傳與光祿大夫武邑孫惠蔚同志友善惠蔚每推軌曰封生之於經義非但章句可奇其標明綱格統括大歸吾所弗如者多矣善自修潔儀容甚偉或曰學士不事修飾此賢何獨如此軌聞笑曰君子整其衣冠尊其瞻視何必蓬頭垢面然後爲賢言者慙退太和中拜著作佐郎稍遷尚書儀曹郎中兼員外散騎常侍銜命高麗高麗王雲恃其偏遠稱疾不親受詔軌正色詰之喻以大義雲乃北面受詔先是契丹虜掠邊民六十餘口又爲高麗擁掠東歸軌具聞其狀移書徵之雲悉資給遣還有司奏軌遠使絕域不辱朝命權宜曉慰邊民來蘇宜加爵賞世宗詔曰權宜徵口使人常體但光揚有稱宜賞一階轉考功郎中除本郡中正渤海太守崔休入爲吏部郎以兄考事干軌軌曰法者天下之平不可以舊君故虧之也休歎其守正軌在臺中稱爲儒雅奏請遣四門博士明經學者檢試諸州學生詔從之尋除國子博士加揚武將軍假通直散騎常侍慰勞汾州山胡司空清河王懌表修明堂辟雍詔百寮集議軌議曰明堂者布政之宮在國之陽所以嚴父配天聽朔設教其經構之式蓋已尚矣故周官匠人職云夏后氏世室殷人重屋周人明堂五室九階四戶八窗鄭玄曰或舉宗廟或舉王寢或舉明堂互之以見同制然則三代明堂其制一也案周與夏殷損益不同至於明堂因而弗革明五室之義得天數矣是以鄭玄又曰五室者象五行也然則九階者法九土四戶者達四時八窗者通八風誠不易之大範有國之恒式若其上圓下方以則天地通水環宮以節觀省茅蓋白盛爲之質飾赤綴白綴爲之戶牖皆典籍所具載制度之明義也在秦之世焚滅五典毀黜三代變更先聖不依舊憲故呂氏月令見九室之義大戴之禮著十二堂之論漢承秦法亦未能改東西二京俱爲九室是以黃圖白虎通蔡邕應劭等咸稱九室以象九州十二堂以象十二辰夫室以祭天堂以布政依天而祭故室不過五依時布政故堂不踰四州之與辰非所可法九與十二其用安在今聖朝欲尊道訓民備禮化物宜則五室以爲永制至如廟學之嫌臺沼之雜袁準之徒已論正矣遺論具在不復須載尋以本官行東郡太守還前軍將軍行夏州事好立條教所在有績轉太子僕射遷廷尉少卿加征虜將軍卒贈右將軍濟州刺史

初軌深爲郭祚所知祚常謂子景尚曰封軌高綽二人並幹國之才必應遠至吾平生不妄進舉而每薦此二公非直爲國進賢亦爲汝等將來之津梁也其見重如此軌既以方直自業高綽亦以風槩立名尚書令高肇拜司徒綽送迎往來軌竟不詣綽顧不見軌乃遽歸曰吾一生自謂無愆規矩今日舉措不如封生遠矣軌以務德慎言修身之本姦回讒佞世之巨害乃爲務德慎言遠佞防姦四戒文多不載

軌長子偉伯字君良博學有才思弱冠除太學博士每朝廷大議偉伯皆預焉雅爲太保崔光僕射游肇所知賞太尉清河王懌辟參軍事懌親爲孝經解詁命偉伯爲難例九條皆發起隱漏偉伯又討論禮傳詩易疑事數十條儒者咸稱之尋將經始明堂廣集儒學議其制度九五之論久而不定偉伯乃搜撿經緯上明堂圖說六卷正光末尚書僕射蕭寶夤以爲關西行臺郎及寶夤爲逆偉伯乃與南平王冏潛結關中豪右韋子粲等謀舉義兵事發見殺年三十六時人惜之永安中追贈散騎常侍征虜將軍瀛州刺史聽一子出身偉伯無子轉授第三弟翼偉伯撰封氏本錄六卷并詩賦碑誄雜文數十篇

偉伯弟業字君修奉朝請領殿中侍御史早卒

業弟翼字君贊美容貌腰帶十圍以兄偉伯立節之勳除給事中後加揚烈將軍武定初卒

翼弟述字君義武定末廷尉少卿

述弟詢字景文尚書起部郎

史臣曰高敬侯才鑒明遠見機而作身名俱劭世載人英天所贊也崔逞文學器識當年之俊慮遠忽微俱以爲禍頤有茲休烈厥世不延封懿獲全爲幸回乃克光家世不乏人矣

魏書卷三十二考證

高湖傳拔弟勝兒○臣人龍按傳無拔事而載拔弟勝兒不知拔何人也或疑北齊書趙郡王琛傳琛子叡小名須拔當係叡弟但叡生三旬而孤未必有弟又叡於武定末爲太子庶子而勝兒於皇興中早爲主仗令相隔數十年今以下文陽川縣開國公永樂推而上之似勝兒乃永樂祖而拔其伯祖也永樂爲神武從祖兄子是拔與勝兒皆神武從父行

勝兒弟徽○北齊書徽附見於其子平秦王歸彥傳中傳稱歸彥字仁英神武族弟也

詔徵仍行河州事久無救援力屈城陷爲賊所害○北齊書高徽魏末坐事以解胡言爲西域大使以功得河東守尋卽死焉此傳云力屈城陷爲賊所害則北齊書所爲死焉者死王事也

眞弟各拔○北齊書中各拔之孫爲齊襄樂王顯國則各拔乃神武從祖而顯國其從祖弟也

各拔少子盛○北齊書盛封廣平郡公與本書合但以世系考之則盛當爲神武從叔而北齊書與北史俱稱爲從叔祖

子子瑗○北齊書盛無子以兄子瑗嗣乃神武兄弟行也若以盛爲從叔祖則舛矣

對懿傳子孝琬○一本無孝字北史亦作孝琬

子琬弟孝琰○一本無子字北史作孝琬弟孝琰子字乃孝字之訛

魏書卷三十三

齊　魏收　撰

列傳第二十一

宋隱　王憲　屈遵　張蒲　谷渾　公孫表

張濟　李先　賈彝　薛提

宋隱字處默西河介休人也曾祖奭晉昌黎太守後爲慕容廆長史祖活中書監父恭尚書徐州刺史慕容儁徙鄴恭始家於廣平列人焉隱性至孝年十三便有成人之志專精好學不以兵難易操仕慕容垂歷尚書郎太子中舍人本州別駕太祖平中山拜隱尚書吏部郎車駕還北詔隱以本官輔衞王儀鎭中山尋轉行臺右丞領選如故屢以老病乞骸骨太祖不許尋以母喪歸列人既葬被徵固辭以病而州郡切以期會隱乃棄妻子間行避焉後匿於長樂之經縣數年而卒臨終謂其子姪等曰苟能入順父兄出悌鄉黨仕郡幸而至功曹史以忠清奉之則足矣不勞遠詣臺閣恐汝不能富貴而徒延門戶之累耳若忘吾言是爲無若父也使鬼而有知吾不歸食矣有五子

第三子溫世祖時徵拜中書博士卒追贈建威將軍豫州刺史列人定侯

溫弟演顯祖初從征彭城有功拜明威將軍濟北太守

演子鮒字伯魚州別駕

隱弟輔字處仁少慷慨有大操博覽羣書州辟別駕早卒

隱叔父洽爲慕容垂尚書太祖之圍中山也洽率所領專守北圍當洽所統官軍多被傷殺太祖特深忿恨及城平遂殺之子順訓並下腐刑洽第四子宣字道茂時年數歲親人竊逃以免後與范陽盧玄渤海高允及從子愔俱被徵拜中書博士尋兼散騎常侍使劉義隆加冠軍將軍賜爵中都侯領中書侍郎行司隸校尉眞君七年卒贈司隸謚簡侯

子謨字乾仁襲爵卒於遼西太守

子鸞字珍和襲爵東莞太守

鸞弟瓊字普賢少以孝行稱母曾病季秋之月思瓜不已瓊夢想見之求而遂獲時人稱異母終州郡屢辟皆不就卒於家

子仲美武定末尚書水部郎

王憲字顯則北海劇人也祖猛苻堅丞相父休河東太守憲幼孤隨伯父永在鄴苻丕稱尊號復以永爲丞相永爲慕容永所殺憲奔清河匿於民家皇始中輿駕次趙郡之高邑憲乃歸誠太祖見之曰此王猛孫也厚禮待之以爲本州中正領選曹事兼掌門下世祖卽位行廷尉卿出爲上谷太守加中壘將軍賜爵高唐子清身率下風化大行尋拜外都大官後爲中都歷任二曹斷獄稱旨進爵劇縣侯加龍驤將軍出爲幷州刺史加安南將軍進爵北海公境內清肅及還京師以憲元老特賜錦繡布帛綿絲珍羞禮膳天安初卒年八十九贈鎭南將軍青州刺史謚曰康

子崇襲早卒

子仲智襲歷中書侍郎安西將軍幽州刺史有清平之稱

崇弟嶷字道長少以父任爲中書學生稍遷南部大夫高祖初出使巡察青徐兗豫撫慰新附觀省風俗還遷南部尚書在任十四年時南州多事文奏盈几訟者塡門嶷性懦緩委隨不斷終日在坐昏睡而已李訢鄧宗慶等號爲明察勤理時務而二人終見誅戮餘十數人或黜或免唯嶷卒得自保時人爲之語曰實癡實昏終得保存加散騎常侍右將軍賜爵東平侯未幾拜安東將軍進爵樂安公出爲持節鎭西將軍秦州刺史改爲華山公散騎常侍如故後入爲內都大官卒

子祖念襲爵官至東平太守例降爵爲侯卒贈寧朔將軍光州刺史

子慶鍾襲爵給事中貪穢無行坐事爵除祖念弟雲字羅漢頗有風尚自尚書郎入爲中書舍人轉司州別駕光祿少卿改授衞尉少卿出爲冠軍將軍尚書兗州刺史尋進號征虜將軍在州坐受所部荊山戍主杜虞財貨又取官絹因染割易御史糾劾付廷尉遇赦免熙平二年卒官贈平南將軍豫州刺史謚曰文昭有九子

長子昕字元景武定末太子詹事

昕弟暉字元旭早稱機悟歷尚書儀曹郎中書舍人贈散騎常侍鎭軍將軍兗州刺史

暉弟旰字仲明秘書郎司徒主簿天平中爲盜所害

屈遵字子皮昌黎徒河人也博學多藝名著當時爲慕容永尚書僕射武垣公永滅垂以爲博陵令太祖南伐車駕幸魯口博陵太守申永南奔河外高陽太守崔玄伯東走海濱屬城長吏率多逃竄遵獨告其吏民曰往年寶師大敗今茲垂征不還天之棄燕人弗支也魏帝神武命世寬仁善納御衆百萬號令若一此湯武之師吾欲歸命爾等勉之勿遇嘉運而爲禍先遂歸太祖太祖素聞其名厚加禮爲拜中書令出納王言兼總文誥中原既平賜爵下蔡子從駕還京師卒時年七十

子須襲除長樂太守加鎭遠將軍進爵信都侯卒贈寧北將軍昌黎公謚曰恭

少子處珍襲爵處珍卒

子車渠襲爵高祖初出爲東陽鎭將卒贈青州刺史謚曰莊

須長子恒字長主沉深有局量少纂家業尤善書計太祖初給事諸曹太宗世遷將作監統京師諸署世祖卽位稍遷尚書右僕射加侍中以破平涼功賜爵濟北公加平南將軍後轉中領軍恭宗在東宮恒領太子少傅後督諸軍東伐進號鎭東大將軍師次和龍馮文通致牛酒以犒軍獻甲三千恒責其不送侍子數之以王命遂掠男女六千口而還恒在宮公正內外稱其平當世祖信任之委以大政車駕出征常居中留鎭與襄城公盧魯元俱賜甲第世祖數臨幸賞賜隆厚眞君四年墜馬卒時年五十五時世祖幸陰山恭宗遣使乘傳奏狀世祖甚悼惜之謂使人曰汝等殺朕良臣何用乘馬遂令步歸贈征西大將軍謚曰成公

長子觀早卒世祖愍之賜其子男爵觀弟道賜襲祖爵道賜少以父任內侍左右稍遷主客進爲尚書加散騎

常侍善騎射機辯有辭氣世祖甚器之從征蓋吳還尚書右僕射加侍中還至鴈門暴疾卒謚曰哀公子拔襲爵

拔少好陰陽學世祖追思其父祖年十四以爲南部大夫時世祖南伐擒劉義隆將胡盛之以付拔拔酒醉不覺盛之逃去世祖大怒命斬之將伏鑕世祖愴然曰若鬼而有知長生問其子孫朕何以應之乃赦拔免爲散大夫後顯祖以其功臣子拜營州刺史卒

子永興襲爵

張蒲字玄則河南修武人本名謨後改爲蒲漢太尉延之後父攀慕容垂御史中丞兵部尚書以清方稱蒲少有父風頗涉文史以端謹見知爲慕容寶陽平河間二郡太守尚書左丞太祖定中山寶之官司敘用者多降品秩既素聞蒲名仍拜爲尚書左丞天興中以蒲清謹方正遷東部大夫後拜太中大夫太宗即位爲內都大官賜爵泰昌子參決庶獄私謁不行號爲公正泰常初丁零翟猛雀驅逼吏民入白㵎山謀爲大逆詔蒲與冀州刺史長孫道生等往討道生等欲徑以大兵擊之蒲曰吏民所以從猛雀者非樂亂而爲皆逼凶威彊服之耳今若直以大軍臨之吏民雖欲返善其道無由又懼誅夷必并勢而距官軍然後入山恃阻誑惑愚民其變未易圖也不如先遣使喻之使民不與猛雀同謀者無坐則民必喜而俱降矣道生甚以爲然具以奏聞太宗詔蒲軍前慰喻乃下數千家還其本屬蒲皆安集之猛雀與親黨百餘人奔逃蒲與道生等追斬猛雀首送京師後劉裕寇竊河表以蒲爲南中郎將南蠻校尉隸平南大將軍長孫嵩往禦之裕入長安乃還後改爲壽張子與安平公叔建將兵自平原東渡徇下劉義符青兗諸郡詔加陳兵將軍濟州刺史又與建攻青州不剋而還世祖即位以蒲清貧妻子衣食不給乃出爲相州刺中扶弱抑彊進善黜惡教化大行始光三年卒於州年七十二吏民痛惜之蒲在謀臣之列屢出爲將朝廷清論常爲稱首贈平東將軍廣平公謚曰文恭

子昭有志操天興中以功臣子爲太學生太宗即位爲內主書後襲父爵神䴥中從征蠕蠕以功進爵修武侯加平遠將軍延和二年出爲幽州刺史開府加寧東將軍時幽州年穀不登州廩虛罄民多菜色昭謂民吏曰何我之不德而遇其時乎乃使富人通濟貧乏車馬之家羅運外境貧弱者勸以農桑歲乃大熟士女稱頌之在任三年卒

子䄄襲爵早卒

䄄弟靈符眞君八年補中書博士和平中咸陽郡民趙昌聚黨作逆百姓騷動詔靈符宣旨慰喻民乃復業天安初遷中書侍郎賜爵昌國子延興中使南豫州觀察風俗太和四年除建威將軍廣平太守還爲尚書左丞司州大中正後除鎮遠將軍齊州刺史十六年轉光州刺史加立忠將軍卒

谷渾字元冲昌黎人也父袞膂力兼人彎弓三百斤勇冠一時仕慕容垂至廣武將軍渾少有父風任俠好氣以父母在常自退抑晚乃折節受經業遂覽羣籍被服類儒者太祖時以善隸書爲內侍左右太宗世遷前鋒將軍從幸河南還以選給事東宮世祖即位爲中書侍郎加振威將軍從征赫連昌爲驍騎將軍遷侍中安南將軍領儀曹尚書賜爵濮陽公渾正直有操行性不苟合趣舍不與己同者視之蔑如也然反重舊故不以富貴驕人時人以此稱之在官廉直爲世祖所器重詔以渾子孫十五以上悉補中書學生延和二年春卒世祖悼惜之親臨其喪贈賜豐厚謚曰文宣

子闓字崇基小字長命襲爵少侍東宮稍遷平南將軍相州刺史入爲外都大官延興四年卒謚曰簡公

闓弟季孫襲爵中書學生入爲秘書中散遷中部大夫出爲吐京鎮將

闓子洪字元孫少受學中書世祖以洪機敏有祖風令入授高宗經高宗即位以舊恩爲散騎常侍南部長遷尚書賜爵滎陽公洪性貪奢僕妾衣服錦綺貲累千金而求欲滋劇時顯祖舅李峻等初至京師官給衣服洪輒截沒爲有司所糾并窮其前後贓罪坐以伏法

子穎青州征東大將軍廣陵王羽田曹參軍員外散騎侍郎給事中尚書郎加威遠將軍除員外散騎常侍尋轉中散大夫大軍伐蜀時益州刺史傅豎眼出爲別將以穎權行州事後除假節鎮遠將軍涼州刺史不行改授太府少卿又加前將軍神龜二年卒贈平東將軍營州刺史謚曰貞

長子纂字靈紹頗有學涉解褐太學博士領侍御史稍遷著作郎司州治中黃門郎散騎常侍又爲侍中兼殿中尚書遷驃騎大將軍左光祿大夫營州大中正纂前爲著作又監國史不能有所緝綴

纂弟士恢字紹達少好琴書初爲世宗挽郎除奉朝請正光中入侍甚爲肅宗寵待元乂之出靈太后反政紹達預有力焉遷諫議大夫俄轉通直散騎常侍直閤將軍鴻臚少卿封元城縣開國侯邑七百戶太后嬖幸鄭儼懼紹達間構於帝每因言次導紹達爲州紹達眈寵不願出外太后誣其罪而殺之

公孫表字玄元燕郡廣陽人也遊學爲諸生慕容沖以爲尚書郎慕容垂破長子從入中山慕容寶走乃歸闕以使江南稱旨拜尚書郎後爲博士初太祖以慕容垂諸子分據勢要權柄推移遂至亾滅且國俗敦樸嗜欲寡少不可啓其機心而導其巧利深非之表承指上韓非書二十卷太祖稱善太宗初表參功勞將軍元屈軍事討吐京叛胡爲胡所敗表以先諫止屈太宗善之賜爵固安子河西饑胡劉虎聚結流民反於上黨南寇河內詔表討虎又令表與姚興洛陽戍將結期使備河南岸然後進軍討之時胡內自疑阻更相殺害表以其有解散之勢遂不與戍將相聞率衆討之法令不整爲胡所敗軍人大被傷殺太宗深銜之及劉裕征姚興兗州刺史尉建聞寇至棄滑臺北走詔表隨壽光侯叔孫建屯枋頭泰常七年劉裕死議取河南侵地太宗以爲掠地至淮滑臺等三城自然面縛表固執宜先攻城太宗從之於是以奚斤爲都督以表爲吳兵將軍廣州刺史斤等濟河表攻滑臺歷時不拔太宗乃南巡爲之聲援表等既剋滑臺引師西伐大破劉義隆將翟廣等於王樓遂圍虎牢車駕次汲郡始昌子蘇坦太史令王亮奏表置軍虎牢東不得利便之地故令賊不時滅太宗雅好術數又積前忿及攻虎牢士卒多傷乃使人夜就帳中縊而殺之時年六十四太宗以賊未退秘而不宣初表與勃海封愷友善後爲子求愷從女愷不許表甚銜之及封氏爲司馬國璠所逮太宗以舊族欲原之表固證其罪乃誅封氏表爲人外和內忌時人以此薄之表本與王亮同營署及其出也輕侮亮故至於死

第二子軌字元慶少以文學知名太宗時爲中書郎出從征討補諸軍司馬世祖平赫連昌引諸將帥入其府藏各令任意取金玉諸將取之盈懷軌獨不探把世祖乃親探金賜之謂軌曰卿可謂臨財不苟得朕所以增賜者欲顯廉於衆人後兼大鴻臚持節拜氐王楊玄爲南秦王及境玄不郊迎軌數玄曰昔尉他跨據及陸賈至匍匐奉順故能垂名竹帛今君王無肅恭之禮非蕃臣也玄使其屬趙客子對曰天子以六合爲家孰非王庭是以敢請入國然後受謁軌答曰大夫入境尚有郊勞而況王命者乎請奉策以還玄懼詣郊受命軌使還稱旨拜尚書賜爵燕郡公加平南將軍及劉義隆將到彥之遣其部將姚縱夫濟河攻冶坂世祖慮更北入遣軌屯壺關會上黨丁零叛軌討平之出爲虎牢鎮將初世祖將北征發民驢以運糧使軌部詣雍州軌令驢主皆加絹一匹乃與受之百姓爲之語曰驢無彊弱輔脊自壯衆共嗤之坐徵還眞君二年卒時年五十一軌既死世祖謂崔浩曰吾行過上黨父老皆曰公孫軌爲受貨縱賊使至今餘姦不除軌之咎也其初來單馬執鞭返去從車百兩載物而南丁零渠帥乘山罵軌軌怒取罵者之母以矛刺其陰而殺之曰何以生此逆子從下到擘分磔四支於山樹上以肆其忿是忍行不忍之事軌幸而早死至今在者吾必族而誅之軌終得娶于封氏生二子斌叡

斌襲爵拜內都大官正光二年卒贈幽州刺史

叡字文叔初爲東宮吏稍遷儀曹長賜爵陽平公時顯祖於苑內立殿敕中秘羣官制名叡曰臣聞至尊至貴莫崇於帝王天人挹損莫大於謙光伏惟陛下躬唐虞之德存道頤神逍遙物外宮居之名當協叡旨臣愚以爲宜曰崇光奏可後卒於南部尚書贈安東將軍幽州刺史謚曰宣叡妻崔浩弟女也生子良字遵伯聰明好學爲尚書左丞雅有幹用爲高祖所知遇

良弟衡字道津良推爵讓之仕至司直良以別功賜爵昌平子

子崇基襲

軌弟質字元直有經義頗屬文初爲中書學生稍遷博士世祖征涼州留宜都王穆壽輔恭宗時蠕蠕乘虛犯塞候騎至於京師京師大震壽雅信任質以爲謀主質性好卜筮卜筮者咸云寇必不來故不設備由質幾致敗國後深自督厲屢進讜言超遷尚書眞君九年卒追贈中護軍將軍光祿勳幽州刺史廣陽侯謚曰恭

第二子邃字文慶初爲選部吏以積勤稍遷南部長敷奏有稱遷南部尚書賜爵范陽侯加左將軍高祖詔邃與內都幢將上谷公張儵率衆討蕭賾舞陰戍後高祖與文明太后引見王公以下高祖曰比年方割畿內及京城三部於百姓頗有益否邃對曰先者人民離散主司猥多至於督察實難齊整自方割以來衆賦易辦實有大益太后曰諸人多言無益卿言可謂識治機矣詔醴陽被掠之兵有得還者賜絹二十匹邃奏爲貴賤等級高祖稱善依例降侯改爲襄平伯出爲使持節安東將軍青州刺史以邃在公遺迹可紀下詔褒述加鎮東將軍領東夷校尉刺史如故太和十九年卒於官高祖

在鄴宮爲之舉哀時百度唯新青州佐吏疑爲所服詔曰今古時殊禮或隆殺專古也理與今違專今也大乖曩義當斟酌兩途商量得失吏民之情亦不可苟順也主簿近代相承服斬過葬便除可如故事自餘無服大成寥落可準諸境內之民爲齊衰三月

子同始襲爵卒於給事中

同始弟同慶篤厚廉愼爲司徒田曹參軍李崇驃騎府外兵參軍隨崇北征有方直之稱遂叙爲從父兄弟而叙才器小優又封氏之生崔氏之壻遂母鴈門李氏地望縣隔鉅鹿太守祖李眞多識北方人物每云士大夫當須好婚親二公孫同堂兄弟耳吉凶會集便有士庶之異

張濟字士度西河人也父千秋慕容永驍騎將軍永滅來奔太祖善之拜建節將軍賜爵成紀侯隨從征代累著功績登國末卒濟涉獵書傳清辯美儀容太祖愛之引侍左右與公孫表等俱爲行人拜散騎侍郎襲爵先是姚興遣將攻洛陽司馬德宗雍州刺史楊佺期遣使乞師於常山王遵遵以狀聞太祖遣濟爲遵從事中郎報之濟自襄陽還太祖問濟江南之事濟對曰司馬昌明死子德宗代立所部州鎮迭相攻擊今雖小定君弱臣彊全無綱紀臣等既至襄陽佺期問臣魏初伐中山幾十萬衆臣答三十餘萬佺期曰魏國被甲戎馬可有幾匹臣答中軍精騎十有餘萬外軍無數佺期曰以此討羌豈足滅也又曰魏定中山徙幾戶於北臣答七萬餘家佺期曰治在何城臣答定都平城佺期曰有如許大衆亦何用城爲又曰魏帝爲欲久都平城將復遷乎臣答非所知也佺期聞朝廷不都山東貌有喜色曰晉魏通和乃在往昔非唯今日羌寇狡猾頻侵河洛夙夜憂危今此寡弱倉庫空竭與君便爲一家義所無諱洛城救援仰恃於魏若獲保全當必厚報如其爲羌所乘寧使魏取臣等欲分向楊州佺期曰蠻賊互起水行甚難魏之車馬已據滑臺於此而還從北道東下乃更便直晉之法制有異於魏今都督襄陽委以外事有欲征討輒便興發然後表聞令朝廷知之而已如其事勢不舉亦不承臺命太祖嘉其辭順乃厚賞其使許救洛陽後遷謁者僕射報使姚興以累使稱旨拜勝兵將軍頻從車駕北伐濟謀功居多賞賜奴婢百口馬牛數百羊二千餘口天賜五年卒

子多羅襲爵坐事除

李先字容仁中山盧奴人也本字犯高祖廟諱少好學善占相之術師事清河張御御奇之仕苻堅尚書郎後慕容永聞其名迎爲謀主先勸永據長子城永遂稱制以先爲黃門郎秘書監垂滅永徙於中山皇始初先於井陘歸順太祖問先曰卿何國人先曰臣本趙郡平棘人太祖曰朕聞中山土廣民殷信爾以不先曰臣少官長安仍事長子後乃還鄉觀望民士實自殷廣又問先曰朕聞長子中有李先者卿其是乎先曰小臣是也太祖曰卿識朕不先曰陛下聖德膺符澤被八表龍顏挺特臣安敢不識太祖又問曰卿祖父及身官悉歷何官先對曰臣大父重晉平陽太守大將軍右司馬父樊石虎樂安太守左中郎將臣苻丕尚書右主客郎慕容永秘書監高密侯太祖曰卿既宿士屢歷名官經學所通何典爲長先對曰臣才識愚闇少習經史年荒廢忘十猶通六又問兵法風角卿悉通不先曰亦曾習讀不能明解太祖曰慕容永時卿用兵不先曰臣時蒙顯任實參兵事太祖後以先爲丞相衞王府左長史從儀平鄴到義臺破慕容驎軍回定中山先每一進策所向剋平車駕還代以先爲尚書右中兵郎太祖謂先曰今蠕蠕屢來犯塞朕欲討之卿以爲何如先曰蠕蠕不識天命竄伏荒朔屢來偷竊驚動邊民陛下神武威德遐振舉兵征之必將摧殄車駕於是北伐大破蠕蠕賞先奴婢三口馬牛羊五十頭轉七兵郎遷博士定州大中正太祖問先曰天下何書最善可以益人神智先對曰唯有經書三皇五帝治化之典可以補王者神智又問曰天下書籍凡有幾何朕欲集之如何可備對曰伏羲創制帝王相承以至於今世傳國記天文秘緯不可計數陛下誠欲集之嚴制天下諸州郡縣搜索備送主之所好集亦不難太祖於是班制天下經籍稍集太祖之討姚興於柴壁也問先曰興屯天渡平據柴壁相爲表裏今欲殄之計將安出先對曰臣聞兵以正合戰以奇勝如聞姚興欲屯兵天渡利其糧道及其未到之前遣奇兵先邀天渡柴壁左右嚴設伏兵備其表裏以陛下神策觀時而動興欲進不得退又乏糧夫高者爲敵所棲深者爲敵所囚兵法所忌而興居之可不戰而取太祖從其計興果敗歸太宗卽位問左右舊臣之中爲先帝所親信者有誰時新息公王洛兒對曰有李先者最爲先帝所知太宗召先引見問曰卿有何功行而蒙先帝所識先對曰臣愚細才行無聞適以忠直奉上更無異能太宗曰卿試言舊事先對曰臣聞堯舜之教化民如子三王任賢天下懷服今陛下躬秉勞謙六合歸德士女能言莫不慶抃俄而召先讀韓子連珠二十二篇太公兵法十一事詔有司曰先所知者皆軍國大事自今常宿於內賜先絹五十匹絲五十斤雜綵五十匹御馬一匹拜安東將軍壽春侯賜隸戶二十二詔先與上黨王長孫道生率師襲馮跋乙連城克之悉虜其衆乃進討和龍先言於道生曰宜密使兵人人備青草一束各五尺圍用塡城塹攻其西南絕其外援勤兵急攻賊必可擒道生不從遂掠民而還後出爲武邑太守有治名世祖卽位徵爲內都大官神䴥二年卒年九十五詔賜金縷命服一襲贈定州刺史中山公諡曰文懿

子冏襲爵爲京兆濟陰二郡太守卒

子鍾葵襲爵降爲子

鍾葵弟鳳子鳳子弟虬子並中書博士

鳳子子預字元愷少爲中書學生聰敏彊識涉獵經史太和初歷秘書令齊郡王友出爲征西大將軍長史帶馮翊太守積數年府解罷郡遂居長安每美古人餐玉之法乃採訪藍田躬往攻掘得若環璧雜器形者大小百餘稍得麤黑者亦篋盛以還而至家觀之皆光潤可玩預乃椎七十枚爲屑日服食之餘多惠人後預及聞者更求於故處皆無所見馮翊公源懷等得其玉琢爲器佩皆鮮明可寶預服經年云有效驗而世事寢食不禁節又加之好酒損志及疾篤謂妻子曰服玉屏居山林排棄嗜欲或當大有神力而吾酒色不絕自致於死非藥過也然吾尸體必當有異勿便速殯令後人知餐服之妙時七月中旬長安毒熱預停尸四宿而體色不變其妻常氏以玉珠二枚唅之口閉常謂之曰君自云餐玉有神驗何故不受唅也言訖齒啓納珠因噓屬其口都無穢氣舉斂於棺堅直不傾委死時猶有遺玉屑數斗橐盛納諸棺中初天興中先子密問於先曰子孫永爲魏臣將復事他主也先告曰未也國家政化長遠不可卒窮自皇始至齊受禪實百五十餘歲矣

賈彝字彥倫本武威姑臧人也六世祖敷魏幽州刺史廣川都亭侯子孫因家焉父爲苻堅鉅鹿太守坐訕謗繫獄彝年十歲詣長安訟父獲申遠近歎之僉曰此子英俊賈誼之後莫之與京弱冠爲慕容垂驃騎大將軍遼西王農記室參軍太祖先聞其名嘗遣使者求彝於垂垂彌增器敬更加寵秩遷驃騎長史帶昌黎太守垂遣其太子寶來寇大敗於參合陂執彝及其從兄代郡太守潤等太祖卽位拜尚書左丞參預國政加給事中於鄴置行臺與尚書和跋鎭鄴招攜初附久乃召還天賜末彝請詣溫湯療病爲叛胡所拘執送於姚興積數年遁歸又爲屈丏所執與語悅之拜秘書監年六十一卒世祖平赫連昌子秀迎其尸柩葬于代南

秀歷中書博士遷中書侍郎太子中庶子揚烈將軍賜爵陽都男本州大中正恭宗崩以爵還第既而掌吏曹事高宗以秀東宮舊臣進爵陽都子加振威將軍時丞相乙渾擅作威福多所殺害渾妻庶姓而求公主之號屢言於秀秀默然渾曰公事無所不從我請公主不應何意秀慷慨大言對曰公主之稱王姬之號尊寵之極非庶族所宜若假竊此號當必自咎秀寧死於今朝不取笑於後日渾左右莫不失色爲之震懼而秀神色自若渾夫妻默然含忿他日乃書太醫給事楊惠富臂作老奴官慳字令以示秀渾每欲伺隙陷之會渾伏誅遂得免難秀執正守志皆此類也時秀與中書令渤海高允俱以儒舊見重於時皆選擬方岳以詢訪見留各聽長子出爲郡守秀辭曰爰自愚微承乏之累紀少而受恩老無成效恐先草露無報殊私豈直無功之子超齊先達雖仰感聖慈而俯深驚懼乞收成命以安微臣遂固讓不受自始及終歷奉五帝雖不至大官常掌機要而廉清儉約不營資產年七十三遇疾給醫藥賜几杖時朝廷舉動及大事不決每遣尚書高平公李敷就第詔決皇興三年卒贈本將軍冀州刺史武邑公諡曰簡

子儁字興鱗襲爵拜秘書中散軍曹令出爲顯武將軍荊州刺史依例降爵爲伯先是上洛置荊州後改爲洛州在重山中民不知學儁乃表置學官選聰悟者以教之在州五載清靖寡事吏民亦安遷洛後儁朝京師賞以素帛景明初卒贈本將軍光州刺史

子叔休襲爵除給事中卒

子興襲爵

興弟寘歷尚書郎以清素稱出爲黎陽太守卒官

潤曾孫禎字叔願學涉經史居喪以孝聞太和中爲中書博士副中書侍郎高聰使於江左還以母老患輒過家定省坐免官久之徵爲京兆王愉郎中令行洛陽令轉治書侍御史國子博士加威遠將軍行魯陽太守清素善撫接得百姓情稍遷司徒諮議參軍通直散騎常侍加冠軍將軍正光中卒贈平北將軍齊州刺史

子子儒司空田曹參軍

禎兄子景儁亦以學識知名奉朝請遷京兆王愉府外兵參軍愉起逆於冀州將授其官景儁不受愉殺之永平中贈東清河太守諡曰貞

景儁弟景興清峻鯁正少爲州主簿遂栖遲不仕後葛榮陷冀州爲榮所虜稱疾不拜景興每捫膝而言曰吾不負汝以不拜葛榮故也

薛提太原人也皇始中補太學生拜侍御史累遷散騎常侍太子太保賜爵歷陽侯加晉兵將軍出爲鎭東大將軍冀州刺史進爵太原公所在有聲績徵爲侍中治都曹事世祖崩秘不發喪尚書左僕射蘭延侍中和匹等議以爲皇孫幼沖宜立長君徵秦王翰置之祕室提曰皇孫有世嫡之重民望所係春秋雖少令問聞於天下成王孝昭所以隆周漢廢所宜立而更求君必不可延等猶豫未決中常侍宗愛知其謀矯皇后令徵提等入遂殺之

提弟浮子高宗卽位以提有謀立之誠詔襲兄爵太原公有司奏降爲侯皇興元年卒

提孫令保太和中襲爵歷陽侯

史臣曰宋隱操行貞白遺畧榮利王憲名祖之孫老見優禮屈遵學藝知機垣乃局量受遇張蒲谷渾文武爲用人世仍顯公孫表初則一介見知終以輕薄致戾軌始受授金之賞末陷財利之徵鮮克有終固不虛也張濟使於四方有延譽之美李先學術嘉謀荷遇三世賈彝早播時學秀則不畏彊禦薛提正議忠謀見害姦閹悲夫

魏書卷三十三考證

列傳第二十一〇臣人龍按本書目錄卷三十三不注闕字而舊本于本卷卷末有跋云此傳全寫高氏小史疑收書亡而後人補之史臣論亦悉出北史諸論合而成文然頗詳備與本史它卷略同據此則本書所闕甚多更不止如目錄所注二十九卷矣

公孫表傳鉅鹿太守祖季眞〇季監本作李北史亦作季眞又本書祖瑩傳父季眞多識前言往行位中書侍郎卒於安遠將軍鉅鹿太守自應從季

李先傳勤兵急攻〇勒監本訛作勤今改正

魏書卷三十四

齊　魏收　撰

列傳第二十二

王洛兒　車路頭　盧魯元　陳建　萬安國

王洛兒京兆人也少善騎射太宗在東宮給事帳下侍從遊獵夙夜無怠性謹愿未嘗有過太宗嘗獵于灅南乘冰而濟冰陷沒馬洛兒投水奉太宗出岸水沒洛兒殆將凍死太宗解衣以賜之自是恩寵日隆天賜末太宗出居于外洛兒晨夜侍衞無須臾違離恭勤發於至誠元紹之逆太宗左右唯洛兒與車路頭而已晝居山嶺夜還洛兒家洛兒隣人李道潛相奉給晨昏往復衆庶頗知喜而相告紹聞收道斬之洛兒猶冒難往返京都通問於大臣大臣遂出奉迎百姓奔赴太宗還宮社稷獲全洛兒有功焉太宗卽位拜散騎常侍詔曰士處家必以孝敬爲本在朝則以忠節爲先不然何以立身於當世揚名於後代也散騎常侍王洛兒車路頭等服勤左右十有餘年忠謹恭肅久而彌至未嘗須臾之頃有廢替之心及在艱難人皆易志而洛兒等投命不移貞操踰厲雖漢之樊灌魏之許典無以加焉勤而不賞何以獎勸將來爲臣之節其賜洛兒爵新息公加直意將軍又追贈其父爲列侯賜僮隸五十戶永興五年卒贈太尉建平王賜温明祕器載以轀輬車使殿中衞士爲之導從太宗親臨哀慟者數四焉乃鴆其妻周氏與洛兒合葬

子長成襲爵卒無子

弟德成襲爵徙爲建城公加鎭遠將軍官至散騎常侍典作長安眞君十一年卒

子定州襲爵降爲建陽侯安遠將軍後定州弟升爲侍御中散有寵於顯祖以祖父洛兒著勳先朝詔復定州爵爲公高祖初爲長安鎭將卒子陵襲升爵承明初遷監御長賜爵始新子加寧朔將軍員外散騎常侍卒

車路頭代人也少以忠厚選給東宮爲太宗帳下帥善自修立謹愼無過天賜末太宗出於外路頭隨侍竭力及太宗卽位拜爲散騎常侍賜爵金鄉公加忠意將軍後改爲宣城公太宗性明察羣臣多以職事遇譴至有杖罰故路頭優游不任事侍宿左右從容談笑而已路頭性無害每至評獄處理常獻寬恕之議以此見重於朝太宗亦敬納之寵待隆厚賞賜無數當時功臣親幸莫及泰常六年卒太宗親臨哀慟贈侍中左衞大將軍太師宣城王謚曰忠貞喪禮一依安成王叔孫俊故事陪葬金陵

子眷襲爵

盧魯元昌黎徒河人也曾祖副鳩仕慕容垂爲尚書令臨澤公祖父並至大官魯元敏而好學寬和有雅度太宗時選爲通直郎以忠謹給侍東宮恭勤盡節世祖親愛之及卽位以爲中書侍郎拾遺左右寵待彌深而魯元益加謹肅世祖逾親信之內外大臣莫不敬憚焉性多容納善與人交好掩人之過揚人之美由是公卿咸親附之魯元以工書有文才累遷中書監領秘書事賜爵襄城公加散騎常侍右將軍贈其父爲信都侯從征赫連昌世祖親追擊之入其城門魯元隨世祖出入是日微魯元幾至危殆從征平涼以功拜征北大將軍加侍中後遷太保錄尚書事世祖貴異之常從征伐出入臥內每有平殄輒以功賞賜僮隸前後數百人布帛以萬計世祖臨幸其第不出旬日欲其居近易於往來乃賜甲第於宮門南衣食車馬皆乘輿之副眞君三年冬車駕幸陰山魯元以疾不從侍臣問疾送醫藥傳驛相屬於路及薨世祖甚悼惜之還臨其喪哭之哀慟東西二宮命太官日送奠晨昏哭臨訖則備奏鐘鼓伎樂輿駕比葬三臨之喪禮依安成王故事而賵送有加贈襄城王謚曰孝葬於崞山爲建碑闕自魏興貴臣恩寵無與爲比子統襲爵

少子內給侍東宮恭宗深昵之常與臥起同衣食父子有寵兩宮勢傾天下內性寬厚有父風而恭順不及正平初宮臣伏誅世祖以魯元故唯殺內而厚撫其兄弟統以父任侍東宮世祖以元舅陽平王杜超女南安長公主所生妻之車駕親自臨送太官設供具賜賚以千計高宗卽位典選部主客二曹興安二年卒贈襄城王謚曰景無子

弟彌娥襲爵拜北鎭都將卒贈襄城王謚曰恭子興仁襲爵

陳建代人也祖渾太祖末爲右衞將軍父陽尚書建以善騎射擢爲三郎稍遷下大夫內行長世祖討山胡白龍意甚輕之單將數十騎登山臨嶮每日如此白龍乃伏壯士十餘處出於不意世祖墮馬幾至不測建以身捍賊大呼奮擊殺賊數人身被十餘創世祖壯之賜戶二十高宗初賜爵阜城侯加冠軍將軍出爲幽州刺史假秦郡公高宗以建貪暴懦弱遣使就州罰杖五十高祖初徵爲尚書右僕射加侍中進爵趙郡公建與侍中尚書晉陽侯元仙德殿中尚書長樂王穆亮比部尚書平原王陸叡密表曰皇天輔德命集大魏臣等祖父翼贊初興勤過蜀漢誓固山河享茲景福寵辱休戚與國均焉臣以凡近識無遠達階藉先寵遂荷今任彼已之譏播於羣口仰感生成俯自策厲顧省駑鈍終於無益然飮冰驚寐實懷慙負至於顧天高地厚何日忘之自永嘉之末封豕橫噬馬叡南據奄有荆楚及桓劉跋扈禍難相繼岱宗隔望秩之敬青徐限見德之風獻文皇帝髫齔龍飛道光率土干戚暫舞淮海從風車書旣同華裔將一昊天不弔奄背萬邦竊聞劉昱夭亡權臣殺害思正之民翹想罔極愚謂時不再來機宜易失毫分之差致悔千里天與不取反受其咎所謂見而不作過在介石者也宜簡雄將號令八方義陽王臣昶深悟存亡遠同孫氏苟歷運響從則吳會可定脫事有難成則振旅而返進可以揚義聲於四海退可以通德信於遐裔宜乘之會運鍾今日如合聖聽乞速施行脫忤天心願存臣表徐觀後驗賞罰隨焉高祖嘉之遷司徒征西大將軍進爵魏郡王高祖與文明太后頻幸建第賜建妻宴於後庭太和九年薨

子念襲爵爲中山守坐掠良人爲御史中尉王顯所彈遇赦免爵除

萬安國代人也祖眞世爲酋帥恒率部民從世祖征伐以功除平西將軍敦煌公轉驃騎大將軍儀同三司父振尚高陽長公主拜駙馬都尉遷散騎常侍寧西將軍長安鎭將賜爵馮翊公安國少明敏有姿貌以國甥復尚河南公主拜駙馬都尉遷散騎常侍顯祖特親寵之與同臥起爲立第宅賞賜至巨萬超拜大司馬大將軍封安城王安國先與神部長奚買奴不平承明初矯詔殺買奴於苑中高祖聞之大怒遂賜安國死年二十三

子翼襲王爵太和十五年薨高祖以其父受寵先朝特贈并州刺史

子纂字輔興襲依例降爲公世宗時起家司徒倉曹參軍遷南秦平西府司馬護軍長史加右軍將軍正光二年卒贈假節征虜將軍荆州刺史

子金剛襲武定末開府祭酒齊受禪爵例降有奚拔者世爲紇奚部帥其父根皇始初率衆歸魏太祖嘉之尚昭成女生子拔卒於尚書令拔尚華陰公主生子敬元紹之逆也主有功超授敬大司馬大將軍封長樂王薨子護襲爵拜外都大官太和中詔以護年邁旣未致仕令依舊養老之例卒子彥嗣根事迹遺落故略附云

史臣曰王洛兒車路頭盧魯元陳建咸以誠至發衷竭

節危難苟非志烈過人亦何能以若此宜其生受恩遇歿盡哀榮至如安國貴寵異於數子哉

魏書卷三十四考證

列傳第二十二〇魏收書闕後人所補

陳建傳晉陽侯元仙德〇仙北史作仚

魏書卷三十五

齊 魏 收 撰

列傳第二十三

崔浩

崔浩字伯淵清河人也白馬公玄伯之長子少好文學博覽經史玄象陰陽百家之言無不關綜研精義理時人莫及弱冠爲通直郎天興中給事祕書轉著作郎太祖以其工書常置左右太祖季年威嚴頗峻宮省左右多以微過得罪莫不逃隱避目下之變浩獨恭勤不怠或終日不歸太祖知之輒命賜以御粥其砥直任時不爲窮通改節皆此類也太宗初拜博士祭酒賜爵武城子常授太宗經書每至郊祠父子竝乘軒軺時人榮之太宗好陰陽術數聞浩說易及洪範五行善之因命浩筮吉凶參觀天文考定疑惑浩綜覈天人之際舉其綱紀諸所處決多有應驗恒與軍國大謀甚爲寵密是時有兔在後宮驗問門官無從得入太宗怪之命浩推其咎徵浩以爲當有鄰國貢嬪嬙者善應也明年姚興果獻女神瑞二年秋穀不登太史令王亮蘇坦因華陰公主等言讖書國家當治鄴應大樂五十年勸太宗遷都浩與特進周澹言於太宗曰今國家遷都於鄴可救今年之飢非長久之策也東州之人常謂國家居廣漠之地民畜無算號稱牛毛之衆今留守舊都分家南徙恐不滿諸州之地參居郡縣處榛林之間不便水土疾疫死傷情見事露則百姓意沮四方聞之有輕侮之意屈丏蠕蠕必提挈而來雲中平城則有危殆之慮阻隔恒代千里之險雖欲救援赴之甚難如此則聲實俱損矣今居北方假令山東有變輕騎南出燿威桑梓之中誰知多少百姓見之望塵震服此是國家威制諸夏之長策也至春草生乳酪將出兼有菜果足接來秋若得中熟事則濟矣太宗深然之曰唯此二人與朕意同復使中貴人問浩澹曰今既糊口無以至來秋來秋或復不熟將如之何浩等對曰可簡窮下之戶諸州就穀若來秋無年願更圖也但不可遷都太宗從之於是分民詣山東三州食出倉穀以稟之來年遂大熟賜浩澹妾各一人御衣一襲絹五十疋綿五十斤初姚興死之前歲也太史奏熒惑在匏瓜星中一夜忽然亡失不知所在或謂下入危亡之國將爲童謠妖言而後行其災禍太宗聞之大驚乃召諸碩儒十數人令與史官求其所詣浩對曰案春秋左氏傳說神降于莘其至之日各以其物祭也請以日辰推之庚午之夕辛未之朝天有陰雲熒惑之亡當在此二日之內庚之與未皆主於秦辛爲西夷今姚興據咸陽是熒惑入秦矣諸人皆作色曰天上失星人安能知其所詣而妄說無徵之言浩笑而不應後八十餘日熒惑果出於東井留守盤旋秦中大旱赤地昆明池水竭童謠訛言國內諠擾明年姚興死二子交兵三年國滅於是諸人皆服曰非所及也泰常元年司馬德宗將劉裕伐姚泓舟師自淮泗入清欲泝河西上假道於國詔羣臣議之外朝公卿咸曰函谷關號曰天險一人荷戈萬夫不得進裕舟船步兵何能西入脫我乘其後還路甚難若北上河岸其行爲易揚言伐姚意或難測假其水道寇不可縱宜先發軍斷河上流勿令西過又議之內朝咸同外計太宗將從之浩曰此非上策司馬休之之徒擾其荊州劉裕切齒來久今興死子劣乘其危亡而伐之臣觀其意必欲入關勁躁之人不顧後患今若塞其西路裕必上岸北侵如此則姚無事而我受敵今蠕蠕內寇民食又乏不可發軍發軍赴南則北寇進擊若其救北則東州復危未若假之水道縱裕西入然後興兵塞其東歸之路所謂卞莊刺虎兩得之勢也使裕勝也必德我假道之惠令姚氏勝也亦不失救鄰之名縱使裕得關中縣遠難守彼不能守終爲我物今不勞兵馬坐觀成敗關兩虎而收長久之利上策也夫爲國之計擇利而爲之豈顧婚姻酬一女子之惠哉假令國家棄恒山以南裕必不能發吳越之兵與官軍爭守河北也居然可知議者猶曰裕西入函谷則進退路窮腹背受敵北上岸則姚軍必不出關助我揚聲西行意在北進其勢然也太宗遂從羣議遣長孫嵩發兵拒之戰於畔城爲裕將朱超石所敗師人多傷太宗聞之恨不用浩計二年司馬德宗齊郡太守王懿來降上書陳計稱劉裕在洛勸國家以軍絕其後路則裕軍可不戰而克書奏太宗善之會浩在前進講書傳太宗問浩曰劉裕西伐前軍已至潼關其事如何以卿觀之事得濟不浩對曰昔姚興好養虛名而無實用子泓又病衆叛親離裕乘其危兵精將勇以臣觀之克之必矣太宗曰劉裕武能何如慕容垂浩曰裕勝太宗曰試言其狀浩曰慕容垂承父祖世君之資生便尊貴同類歸之若夜蛾之赴火少加倚仗便足立功劉裕挺出寒微不階尺土之資不因一卒之用奮臂大呼而夷滅桓玄北擒慕容超南摧盧循等僭晉陵遲遂執國命裕若平姚而還必篡其主其勢然也秦地戎夷混并虎狼之國裕亦不能守之風俗不同人情難變欲行荊揚之化於三秦之地譬無翼而欲飛無足而欲走不可得也若留衆守之必資於寇孔子曰善人爲邦百年可以勝殘去殺今以秦之難制一二年間豈裕所能哉且可治戎東甲息民備境以待其歸秦地亦當終爲國有可坐而守也太宗曰裕已入關不能進退我遣精騎南襲彭城壽春裕亦何能自立浩曰今西北二寇未殄陛下不可親御六師兵衆雖盛而將無韓白長孫嵩有治國之用無進取之能非劉裕敵也臣謂待之不晚太宗笑曰卿量之已審矣浩曰臣嘗私論近世人物不敢不上聞若王猛之治國苻堅之管仲也慕容玄恭之輔少主慕容暐之霍光也劉裕之平逆亂司馬德宗之曹操也太宗曰卿謂先帝如何浩曰小人管窺懸象何能見玄穹之廣大雖然太祖用漢北醇樸之人南入中地變風易俗化洽四海自與羲農齊烈臣豈能仰名太宗曰屈丏何如浩曰屈丏家國夷滅一身孤寄爲姚氏封殖不思樹黨疆鄰報讎雪恥乃結忿於蠕蠕背德於姚興撅豎小人無大經略正可殘暴終爲人所滅耳太宗大悅語至中夜賜浩御縹醪酒十觚水精戎鹽一兩曰朕味卿言若此鹽酒故與卿同其旨也三年彗星出天津入太微經北斗絡紫微犯天棓八十餘日至漢而滅太宗復召諸儒術士問之曰今天下未一四方岳峙災咎之應將在何國朕甚畏之盡情以言勿有所隱咸共推浩令對浩曰古人有言夫災異之生由人而起人無釁焉妖不自作故人失於下則變見於上天事恒象百代不易漢書載王莽篡位之前彗星出入正與今同國家主尊臣卑上下有序民無異望唯僭晉卑削主弱臣彊累世陵遲故桓玄逼奪劉裕秉權彗孛者惡氣之所生是爲僭晉將滅劉裕篡之之應也諸人莫能易浩言太宗深然之五年裕果廢其主司馬德文而自立南鎮上裕改元赦書時太宗幸東南潟滷池射鳥聞之驛召浩謂之曰往年卿言彗星之占驗矣朕於今日始信天道初浩父疾篤浩乃剪爪截髮夜在庭中仰禱斗極爲父請命求以身代叩頭流血歲餘不息家人罕有知者及父終居喪盡禮時人稱之襲爵白馬公朝廷禮儀優文策詔軍國書記盡關於浩浩能爲雜說不長屬文而留心於制度科律及經術之言作家祭法次序五宗蒸嘗之禮豐儉之節義理可觀性不好老莊之書每讀不過數十行輒棄之曰此矯誣之說不近人情必非老子所作老聃習禮仲尼所師豈設敗法之書以亂先王之教袁生所謂家人筐篋中物不可揚於王庭也太宗恒有微疾怪異屢見乃使中貴人密問於浩曰春秋星孛北斗七國之君皆將有咎今茲日蝕於胃昴盡光趙代之分野朕疾彌年療治無損恐一旦奄忽諸子竝少將如之何其爲我設圖後之計浩曰陛下春秋富盛聖業方融德以除災幸就平愈且天道懸遠或消或應昔宋景見災修德熒惑退舍願陛下遣諸憂虞恬神保和納御嘉福無以闇昧之說致損聖思必不得已請陳瞽言自聖化龍興不崇儲貳是以永興之始社稷幾危今宜早建東宮選公卿忠賢陛下素所委仗者使爲師傅左右信臣簡在聖心者以充賓友入總萬機出統戎政監國撫軍六柄在手若此則陛下可以優游無爲頤神養壽進御醫藥萬歲之後國有成主民有所歸則奸宄息望旁無覬覦此乃萬世之令典塞禍之大備也今長皇子燾年漸一周明叡溫和衆情所繫時登儲副則天下幸甚立子以長禮之大經若須竝待成人而擇倒錯天倫則生履霜堅冰之禍自古以來載籍所記興衰存亡尠不由此太宗納之於是使浩奉策告宗廟命世祖爲國副主居正殿臨朝司徒長孫嵩山陽公奚斤北新公安同爲左輔坐東廂西面浩與太尉穆觀散騎常侍丘堆爲右弼坐西廂東面百寮總已以聽焉太宗避居西宮時隱而窺之聽其決斷大悅謂左右侍臣曰長孫嵩宿德舊臣歷事四世功存社稷奚斤辯捷智謀名聞遐邇安同曉解俗情明練於事穆觀達於政要識吾旨趣崔浩溥聞彊識精於天人之會丘堆雖無大用然在公專謹以此六人輔相吾與汝曹遊行四境伐叛柔服可得志於天下矣羣臣時奏所疑太宗曰此非我所知當決之汝曹國主也會聞劉裕死太宗欲取洛陽虎牢滑臺浩曰陛下不以劉裕欻起納其使貢裕亦敬事陛下不幸今死乘喪伐之雖得之不令春秋晉士丏帥師侵齊聞齊侯卒乃還君子大其不伐喪以爲恩足以感孝子義

足以動諸侯今國家亦未能一舉而定江南宜遣人弔祭存其孤弱恤其凶災布義風於天下令德之事也若此則化被荆揚南金象齒羽毛之珍可不求而自至裕新死黨與未離兵臨其境必相率拒戰功不可必不如緩之待其惡稔如其彊臣爭權變難必起然後命將揚威可不勞士卒而收淮北之地太宗銳意南伐詰浩曰劉裕因姚興死而滅其國裕死我伐之何爲不可浩固執曰興死二子交爭裕乃伐之太宗大怒不從浩言遂遣奚斤南伐議於監國之前曰先攻城也先略地也斤曰請先攻城浩曰南人長於守城苻氏攻襄陽經年不拔今以大國之力攻其小城若不時剋挫損軍勢敵得徐嚴而來我怠彼銳危道也不如分軍略地至淮爲限列置守宰收斂租穀滑臺虎牢反在軍北絕望南救必沿河東走若或不然即是囿中之物公孫表請先圖其城斤等濟河先攻滑臺經時不拔表請濟師太宗怒乃親南巡拜浩相州刺史加左光祿大夫隨軍爲謀主及車駕之還也浩從太宗幸西河太原登憩高陵之上下臨河流傍覽川域慨然有感遂與同寮論五等郡縣之是非考秦始皇漢武帝之違失好古識治時伏其言天師寇謙之每與浩言聞其論古治亂之迹常自夜達旦竦意斂容無有懈倦既而歎美之曰斯言也惠皆可底行亦當今之皐繇也但世人貴遠賤近不能深察之耳因謂浩曰吾行道隱居不營世務忽受神中之訣當兼修儒教輔助泰平眞君繼千載之絕統而學不稽古臨事闇昧卿爲吾撰列王者治典幷論其大要浩乃著書二十餘篇上推太初下盡秦漢變弊之迹大旨先以復五等爲本世祖即位左右忌浩正直共排毀之世祖雖知其能不免羣議故出浩以公歸第及有疑議召而問焉浩纖妍白晳如美婦人而性敏達長於謀計常自比張良謂己稽古過之既得歸第因欲修服食養性之術而寇謙之有神中錄圖新經浩因師之始光中進爵東郡公拜太常卿時議討赫連昌羣臣皆以爲難唯浩曰往年以來熒惑再守羽林皆成鉤已其占秦亡又今年五星併出東方利以西伐天應人和時會並集不可失也世祖乃使奚斤等擊蒲坂而親率輕騎襲其都城大獲而還及世祖復討昌次其城下收衆僞退昌鼓譟而前舒陣爲兩翼會有風雨從東南來揚沙昏冥宦者趙倪進曰今風雨從賊後來我向彼背天不助人又將士飢渴願陛下攝騎避之更待後日浩叱之曰是何言歟千里制勝一日之中豈得變易賊前行不止後已離絕

宜分軍隱出掩擊不意風道在人豈有常也世祖曰善分騎奮擊昌軍大潰初太祖詔尚書郎鄧淵著國記十餘卷編年次事體例未成逮于太宗廢而不述神䴥二年詔集諸文人撰錄國書浩及弟覽高讜鄧穎晁繼范亨黃輔等共參著作敘成國書三十卷是年議擊蠕蠕朝臣內外盡不欲行保太后固止世祖世祖皆不聽唯浩贊成策略尚書令劉潔左僕射安原等乃使黃門侍郎仇齊推赫連昌太史張淵徐辯說世祖曰今年己巳三陰之歲歲星襲月太白在西方不可舉兵北伐必敗雖剋不利於上又羣臣共贊和淵等云淵少時嘗諫苻堅不可南征堅不從而敗今天時人事都不和協何可舉動世祖意不決乃召浩令與淵等辯之浩難淵曰陽者德也陰者刑也故日蝕修德月蝕修刑夫王者之用刑大則陳諸原野小則肆之市朝戰伐者用刑之大者也以此言之三陰用兵蓋得其類修刑之義也歲星襲月年饑民流應在他國遠期十二年太白行蒼龍宿於天文爲東不妨北伐淵等俗生志意淺近牽於小數不達大體難與遠圖臣觀天文比年以來月行掩昴至今猶然其占三年天子大破旄頭之國蠕蠕高車旄頭之衆也夫聖明御時能行非常之事古人語曰非常之原黎民懼焉及其成功天下晏然願陛下勿疑也淵等慙而言曰蠕蠕荒外無用之物得其地不可耕而食得其民不可臣而使輕疾無常難得而制有何汲汲而苦勞士馬也浩曰淵言天時是其所職若論形勢非彼所知斯乃漢世舊說常談施之於今不合事宜也何以言之夫蠕蠕者舊是國家北邊叛隸今誅其元惡收其善民令復舊役非無用也漠北高涼不生蚊蚋水草美善夏則北遷田牧其地非不可耕而食也蠕蠕子弟來降貴者尚公主賤者將軍大夫居滿朝列又高車號爲名騎非不可臣而畜也夫以南人追之則患其輕疾於國兵則不然何者彼能遠走我亦能遠逐與之進退非難制也且蠕蠕往數入國民吏震驚今夏不乘虛掩進破滅其國至秋復來不得安臥自太宗之世迄於今日無歲不警豈不汲汲乎哉世人皆謂淵辯通解數術明決成敗臣請試之問其西國未滅之前有何亡徵知而不言是其不忠若實不知是其無術時赫連昌在座淵等自以無先言慙赧而不能對世祖大悅謂公卿曰吾意決矣亡國之臣不可與謀信矣哉而保太后猶難之復令羣臣於保太后前評議世祖謂浩曰此等意猶不伏卿善曉之令悟既罷朝或有尤浩者曰今吳賊南寇而舍

之北伐行師千里其誰不知若蠕蠕遠遁前無所獲後有南賊之患危之道也浩曰不然今年不摧蠕蠕則無以禦南賊自國家幷西國以來南人恐懼揚聲動衆以衛淮北彼北我南彼勞我息其勢然矣比破蠕蠕往還之間故不見其至也何以言之劉裕得關中留其愛子精兵數萬良將勁卒猶不能固守舉軍盡沒號哭之聲至今未已如何正當國家休明之世士馬彊盛之時而欲以駒犢齒虎口也設令國家與之河南彼必不能守之自量不能守是以必不來若或有衆備邊之軍耳夫見瓶水之凍知天下之寒嘗肉一臠識鑊中之味物有其類可推而得也且蠕蠕恃其絕遠謂國家力不能至自寬來久故夏則散衆放畜秋肥乃聚背寒向溫南來寇抄今出其慮表攻其不備大軍卒至必驚駭星分望塵奔走牡馬護羣牝馬戀駒驅馳難制不得水草未過數日則聚而困敝可一舉而滅暫勞永逸長久之利時不可失也唯患上無此意今聖慮已決發曠世之謀如何止之陋矣哉公卿也諸軍遂行天師謂浩曰是行也如之何果可克乎浩對曰天時形勢必克無疑但恐諸將瑣瑣前後顧慮不能乘勝深入使不全舉耳及軍入其境蠕蠕先不設備民畜布野驚怖四奔莫相收攝於是分軍搜討東西五千里南北三千里凡所俘虜及獲畜產車廬彌漫山澤蓋數百萬高車殺蠕蠕種類歸降者三十餘萬落虜遂散亂矣世祖沿弱水西行至涿邪山諸大將果疑深入有伏兵勸世祖停止不追天師以浩曩日之言固勸世祖窮討不聽後有降人言蠕蠕大檀先被疾不知所爲乃焚燒穹廬科車自載將數百人入山南走民畜窘聚方六十里中無人領統相去百八十里追軍不至乃徐徐西遁唯此得免後聞涼州賈胡言若復前行二日則盡滅之矣世祖深恨之大軍旣還南賊竟不能動如浩所量浩明識天文好觀星變常置金銀銅鋌於酢器中令青夜有所見即以鋌畫紙作字以記其異世祖每幸浩第多問以異事或倉卒不及束帶奉進蔬食不暇精美世祖爲舉匕箸或立嘗而旋其見寵愛如此於是引浩出入臥內加侍中特進撫軍大將軍左光祿大夫賞謀謨之功世祖從容謂浩曰卿才智淵博事朕祖考忠著三世朕故延卿自近其思盡規諫匡予弼予勿有隱懷朕雖當時遷怒若或不用久久可不深思卿言也因令歌工歷頌羣臣事在長孫道生傳又召新降高車渠帥數百人賜酒食於前世祖指浩以示之曰汝曹視此人尫纖懦弱手不能彎弓持矛其

胸中所懷乃踰於甲兵朕始時雖有征討之意而慮不自決前後克捷皆此人導吾令至此也乃勑諸尚書曰凡軍國大計卿等所不能決皆先諮浩然後施行俄而南藩諸將表劉義隆大嚴欲犯河南請兵三萬先其未發逆擊之因誅河北流民在界上者絕其鄉導足以挫其銳氣使不敢深入詔公卿議之咸言宜許浩曰此不可從也往年國家大破蠕蠕馬力有餘南賊震懼常恐輕兵奄至臥不安席故先聲動衆以備不虞非敢先發又南土下濕夏月蒸暑水潦方多草木深邃疾疫必起非行師之時且彼先嚴有備必堅城固守屯軍攻之則糧食不給分兵肆討則無以應敵未見其利就使能來待其勞倦秋涼馬肥因敵取食徐往擊之萬全之計勝必可克在朝羣臣及西北守將從陛下征討西滅赫連北破蠕蠕多獲美女珍寶馬畜成羣南鎮諸將聞而生羨亦欲南抄以取資財是以披毛求瑕妄張賊勢冀得肆心既不獲聽故數稱賊動以恐朝廷背公存私爲國生事非忠臣也世祖從浩議南鎮諸將復表賊至而自陳兵少簡幽州以南戍兵佐守就漳水造船嚴以爲備公卿議者僉然欲遣騎五千幷假署司馬楚之魯軌韓延之等令誘引邊民浩曰非上策也彼聞幽州已南精兵悉發大造舟船輕騎在後欲存立司馬誅除劉族必舉國駭擾懼於滅亡當悉發精銳來備北境後審知官軍有聲無實恃其先聚必喜而前行徑來至河肆其侵暴則我守將無以禦之若彼有見機之人善設權譎乘間深入虞我國虛生變不難非制敵之良計今公卿欲以威力攘賊乃所以招令速至也夫張虛聲而召實害此之謂矣不可不思後悔無及我使在彼期四月前還可待使至審而後發猶未晚也且楚之之徒是彼所忌將奪其國彼安得端坐視之故楚之往則彼來止則彼息其勢然也且楚之等瑣才能招合輕薄無賴而不能成就大功爲國生事使兵連禍結必此之羣矣臣嘗聞魯軌說姚興求入荆州至則散敗乃不免蠻賊掠賣爲奴使禍及姚泓已然之效浩復陳天時不利於彼曰今茲害氣在揚州不宜先舉兵一也午歲自刑先發者傷二也日蝕滅光晝昏星見飛鳥墮落宿值斗牛憂在危亡三也熒惑伏匿於翼軫戒亂及喪四也太白未出進兵者敗五也夫興國之君先修人事次盡地利後觀天時故萬舉而萬全國安而身盛今義隆新國是人事未周也災變屢見是天時不協也舟行水涸是地利不盡也三事無一成自守猶或不安何得先發而攻人哉彼

必聽我虛聲而嚴我亦承彼嚴而動兩推其咎皆自以爲應敵兵法當分災迎受害氣未可舉動也世祖不能違衆乃從公卿議浩復固爭不從遂遣陽平王杜超鎭鄴琅邪王司馬楚之等屯潁川於是賊來遂疾到彥之自淸水入河泝流西行分兵列守南岸西至潼關世祖聞赫連定與劉義隆懸分河北乃治兵欲先討赫連羣臣曰義隆猶在河中舍之西行前寇未可必剋而義隆乘虛則失東州矣世祖疑焉問計於浩浩曰義隆與赫連定同惡相招連結馮跋牽引蠕蠕規肆逆心虛相唱和義隆望定進定待義隆前皆莫敢先入以臣觀之有似連雞不得俱飛無能爲害也臣始謂義隆軍來當屯住河中兩道北上東道向冀州西道衝鄴如此則陛下當自致討不得徐行今則不然東西列兵徑二千里一處不過數千形分勢弱以此觀之儜兒情見止望固河自守免死爲幸無北度意也赫連定殘根易摧擬之必仆剋定之後東出潼關席卷而前則威震南極江淮以北無立草矣聖策獨發非愚近所及願陛下西行勿疑平涼旣平其日宴會世祖執浩手以示蒙遜使曰所云崔公此是也才略之美當今無比朕行止必問成敗決焉若合符契初無失矣後冠軍將軍安頡軍還獻南俘因說南賊之言云義隆勅其諸將若北國兵動先其未至徑前入河若其不動住彭城勿進如浩所量世祖謂公卿曰卿輩前謂我用浩計爲謬驚怖固諫常勝之家始皆自謂踰人遠矣至於歸終乃不能及遷浩司徒時方士祁纖奏立四王以日東西南北爲名欲以致禎吉除災異詔浩與學士議之浩對曰先王建國以作蕃屛不應假名以爲其福夫日月運轉周歷四方京都所居在於其內四王之稱實奄邦畿名之則逆不可承用先是纖奏改代爲萬年浩曰昔太祖道武皇帝應天受命開拓洪業諸所制置無不循古以始封代土後稱爲魏故代魏兼用猶彼殷商國家積德著在圖史當享萬億不宜假名以爲益也纖之所聞皆非正義世祖從之是時河西王沮渠牧犍內有貳意世祖將討焉先問於浩浩對曰牧犍惡心已露不可不誅官軍往年北伐雖不剋獲實無所損于時行者內外軍馬三十萬匹計在道死傷不滿八千歲常羸死恒不減萬乃不少於此而遠方承虛便謂大損不能復振今出其不意不圖大軍卒至必驚駭騷擾不知所出擒之必矣且牧犍劣弱諸弟驕恣爭權從橫民心離解加比年以來天災地變都在秦涼成滅之國也世祖曰善吾意亦以爲然命公卿議之弘農王奚斤等三十餘人皆曰牧犍西垂下國雖心不純臣然繼父職貢朝廷接以蕃禮又王姬釐降罪未甚彰謂且羈縻而已今士馬勞止宜可小息又其地鹵斥略無水草大軍旣到不得久停彼聞軍來必完聚城守攻則難拔野無所掠於是尚書古弼李順之徒皆曰自溫圉河以西至於姑臧城南天梯山上冬有積雪深一丈餘至春夏消液下流成川引以溉灌彼聞軍至決此渠口水不通流則致渴乏去城百里之內赤地無草又不任久停軍馬斤等議是也世祖乃命浩以其前言與斤共相難抑諸人不復餘言唯曰彼無水草浩曰漢書地理志稱涼州之畜爲天下饒若無水草何以畜牧又漢人爲居終不於無水草之地築城郭立郡縣也又雪之消液纔不斂塵何得通渠引漕溉灌數百萬頃乎此言大誣誣於人矣李順等復曰耳聞不如目見吾曹目見何可共辨浩曰汝曹受人金錢欲爲之辭謂我目不見便可欺也世祖隱聽聞之乃出親見斤等辭旨嚴厲形於神色羣臣乃不敢復言唯唯而已於是遂討涼州而平之多饒水草如浩所言乃詔浩曰昔皇祚之興世隆北土積德累仁多歷年載澤流蒼生義聞四海我太祖道武皇帝協順天人以征不服應期撥亂奄有區夏太宗承統光隆前緒釐正刑典大業維新然荒域之外猶未賓服此祖宗之遺志而貽功於後也朕以眇身獲奉宗廟戰戰兢兢如臨淵海懼不能負荷至重繼名丕烈故卽位之初不遑寧處揚威朔裔掃定赫連逮於神䴥始命史職注集前功以成一代之典自爾已來戎旗仍舉秦隴克定徐兗無塵平逋寇於龍川討孽豎於涼域豈朕一人獲濟於此賴宗廟之靈羣公卿士宜力之效也而史闕其職篇籍不著每懼斯事之墜焉公德冠朝列言爲世範小大之任望君存之命公留臺綜理史務述成此書務從實錄浩於是監祕書事以中書侍郎高允散騎侍郎張偉參著作續成前紀至於損益褒貶折中潤色浩所總焉及恭宗始總百揆浩復與宜都王穆壽輔政事時又將討蠕蠕劉潔復致異議世祖逾欲討之乃召問浩浩對曰往擊蠕蠕師不多日潔等各欲回還後獲其生口云軍還之時去賊三十里是潔等之計過矣夫北土多積雪至冬時常避寒南徙若因其時潛軍而出必與之遇則可擒獲世祖以爲然乃分軍爲四道詔諸將俱會鹿渾海期日有定而潔恨計不用沮誤諸將無功而還事在潔傳世祖西巡詔浩與尚書順陽公蘭延都督行臺中外諸軍事世祖至東雍親臨汾曲觀叛賊薛永宗壘進軍圍之永宗出兵欲戰世祖問浩曰今日可擊不浩曰永宗未知陛下自來人心安閑北風迅疾宜急擊之須臾必碎若待明日恐其見官軍盛大必夜遁走世祖從之永宗潰滅車駕濟河前驅告賊在渭北世祖至洛水橋賊已夜遁詔問浩曰蓋吳在長安北九十里渭北地空穀草不備欲渡渭南西行何如浩對曰蓋吳營去此六十里賊魁所在擊蛇之法當須破頭頭破則尾豈能復動宜乘勢先擊吳今軍往一日便到平吳之後回向長安亦一日而至一日之內未便損傷愚謂宜從北道若從南道則蓋吳徐入北山卒未可平世祖不從乃渡渭南吳聞世祖至盡散入北山果如浩言軍無所克世祖悔之後以浩輔東宮之勤賜繒絮布帛各千段著作令史太原閔湛趙郡郄標素諂事浩乃請立石銘刊載國書幷勒所注五經浩贊成之恭宗善焉遂營於天郊東三里方百三十步用功三百萬乃訖世祖蒐于河西詔浩詣行在所議軍事浩表曰昔漢武帝患匈奴彊盛故開涼州五郡通西域勸農積穀爲滅賊之資東西迭擊故漢未疲而匈奴已敝後遂入朝昔平涼州臣愚以爲北賊未平征役不息可不徙其民案前世故事計之長者若遷民人則土地空虛雖有鎭戍適可禦邊而已至於大舉軍資必乏陛下以此事闊遠竟不施用如臣愚意猶如前議募徙豪彊大家充實涼土軍舉之日東西齊勢此計之得者浩又上五寅元曆表曰太宗卽位元年勑臣解急就章孝經論語詩尚書春秋禮記周易三年成訖復詔臣學天文星曆易式九宮無不盡看至今三十九年晝夜無廢臣稟性弱劣力不及健婦人更無餘能是以專心思書忘寢與食至乃夢共鬼爭義遂得周公孔子之要術始知古人有虛有實妄語者多眞正者少自秦始皇燒書之後經典絕滅漢高祖以來世人妄造曆術者有十餘家皆不得天道之正大誤四千小誤甚多不可言盡臣愍其如此今遺陛下太平之世除僞從眞宜改誤曆以從天道是以臣前奏造曆今始成訖謹以奏呈唯恩省察以臣曆術宣示中書博士然後施用非但時人天地鬼神知臣得正可以益國家萬世之名過於三皇五帝矣事在律曆志眞君十一年六月誅浩淸河崔氏無遠近范陽盧氏太原郭氏河東柳氏皆浩之姻親盡夷其族初郄標等立石銘刊國記浩盡述國事備而不典而石銘顯在衢路往來行者咸以爲言事遂聞發有司按驗浩取祕書郎吏及長曆生數百人意狀浩伏受賕其祕書郎吏已下盡死浩始弱冠太原郭逸以女妻之浩晚成不曬華采故時人未知逸妻王氏劉義隆鎭北將軍王仲德姊也每奇浩才能自以爲得壻俄而女亡王深以傷恨復以少女繼婚逸及親屬以爲不可王固執與之逸不能違遂重結好浩非毀佛法而妻郭氏敬好釋典時時讀誦浩怒取而焚之捐灰於廁中及浩幽執置之檻內送於城南使衞士數十人溲其上呼聲嗷嗷聞于行路自宰司之被戮辱未有如浩者世皆以爲報應之驗也初浩構害李順基萌已成夜夢秉火爇順寢室火作而順死浩與室家羣立而觀之俄而順弟息號哭而出曰此輩吾賊也以戈擊之悉投於河寤而惡之以告館客馮景仁景仁曰此眞不善也非復虛事夫以火爇人暴之極也階亂兆禍復已招也商書曰惡之易也如火之燎於原不可向邇其猶可撲滅乎且兆始惡者有終殃積不善者無餘慶厲階成矣公其圖之浩曰吾方思之而不能悛至是而族浩既工書人多託寫急就章從少至老初無憚勞所書蓋以百數必稱馮代彊以示不敢犯國其謹也如此浩書體勢及其先人而妙巧不如也世寶其迹多裁割綴連以爲模楷浩母盧氏諶孫女也浩著食經敍曰余自少及長耳目聞見諸母諸姑所修婦功無不蘊習酒食朝夕養舅姑四時祭祀雖有功力不任僮使常手自親焉昔遭喪亂饑饉仍臻饘蔬餬口不能具其物用十餘年間不復備設先妣慮久廢忘後生無知見而少不習業書乃占授爲九篇文辭約舉婉而成章聽辨彊記皆此類也親沒之後値國龍興之會平暴除亂拓定四方余備位台鉉與參大謀賞獲豐厚牛羊蓋澤貲累巨萬衣則重錦食則粱肉遠惟平生思季路負米之時不可復得故序遺文垂示來世始浩與冀州刺史頤滎陽太守模等年皆相次浩爲長次模次頤三人別祖而模頤爲親浩恃其家世魏晉公卿常侮模頤模謂人曰桃簡正可欺我何合輕我家周兒也浩小名桃簡頤小名周兒世祖頗聞之故誅浩時二家獲免浩既不信佛道模深所歸向每雖糞土之中禮拜形像浩大笑之云持此頭顱不淨處跪是胡神也

史臣曰崔浩才藝通博究覽天人政事籌策時莫之二此其所以自比於子房也屬太宗爲政之秋值世祖經營之日言聽計從寧廓區夏遇既隆也勤亦茂哉謀雖蓋世威未震主末途邂逅遂不自全豈鳥盡弓藏民惡其上將器盈必槩陰害貽禍何斯人而遭斯酷悲夫

魏書卷三十五考證

崔浩傳必稱馮代彊○臣人龍按急就篇有馮漢彊魏起漠北以漢彊爲諱故改云代彊魏初國號曰代故也顔師古曰急就篇序曰避諱改易漸就蕪舛正指此酈道元水經注廣漢並作廣魏即其例也

魏書卷三十六

齊　魏收　撰

列傳第二十四

李順

李順字德正趙郡平棘人也父系慕容垂散騎侍郎東武城令治有能名太祖定中原以系爲平棘令年老卒於家贈寧朔將軍趙郡太守平棘男順博涉經史有才策知名於世神瑞中中書博士轉中書侍郎始光初從征蠕蠕以籌略之功拜後軍將軍仍賜爵平棘子加奮威將軍世祖將討赫連昌謂崔浩曰朕前北征李順獻策數事實合經略大謀今欲使揔攝前驅之事卿以爲何如浩對曰順智足周務實如聖旨但臣與之婚姻深知其行然性果於去就不可專委世祖乃止初浩弟娶順妹又以弟子娶順女雖二門婚媾而浩頗輕順順又弗之伏也由是潛相猜忌故浩毀之至統萬大破昌軍順謀功居右轉拜左軍將軍後征統萬遷前將軍授之以兵昌出逆戰順督勒士衆破其左軍及克統萬世祖賜諸將珍寶雜物順固辭唯取書數十卷世祖善之至京論功以順爲給事黃門侍郎賜奴婢十五戶帛千匹又從擊赫連定於平涼三秦平遷散騎常侍進爵爲侯加征虜將軍遷四部尚書甚見寵待沮渠蒙遜以河西內附世祖欲精簡行人崔浩曰蒙遜稱蕃款著河右若俾遐域流通殊荒畢至宜令清德重臣奉詔褒慰尚書李順即其人也世祖曰順納言大臣固不宜先爲此使若蒙遜身執玉帛而朝於朕復何以加之浩曰邢貞使吳亦魏之太常苟事是宜無嫌於重爾日之行豈吳王入覲也世祖從之以順爲太常策拜蒙遜爲太傅涼王使還拜使持節都督秦雍梁益四州諸軍事寧西將軍開府長安鎮都大將進爵高平公未幾復徵爲四部尚書加散騎常侍延和初復使涼州蒙遜遣中兵校郎楊定歸白順曰年衰多疹舊患發動腰脚不隨不堪拜伏比三五日消息小差當相見順曰王之年老朝廷所知以王祇執臣禮別有詔旨豈得自安不見上使也蒙遜翌日延順入至庭中而蒙遜箕坐隱几無動起之狀順正色大言曰不謂此叟無禮乃至於是今則覆亡之不恤而敢陵侮天地魂神逝矣何用見之將握節而出蒙遜使定歸追順於庭曰太常既雅恕衰疾傳云朝廷有不拜之詔是以敢自安耳若太常曰爾拜爾跽而不祇命斯乃小臣之罪矣順益怒曰齊桓公九合諸侯一匡天下周王賜胙命曰伯舅無下拜而桓公奉遵臣節降而拜受今君雖功高勲厚未若小白之勤朝廷雖相崇重未有不拜之詔如便偃蹇自大此乃速禍之道非圖久安之計若朝廷震怒遂相吞滅悔何及哉蒙遜曰太常規之以古烈懼之以天威敢不勑悚敬聽休命遂拜伏盡禮禮畢蒙遜曰夫恃德者昌恃力者亡朝廷頃來征伐屢克境宇已博但當循理此民亦足興治然專務討擊恐不可常勝順曰昔太祖廓定洪基造有區夏太宗承統王業惟新自聖上臨御志寧四海是以戎車屢駕親冒風霜滅赫連於三秦走蠕蠕於漠北闢土開邊隸首不紀僵屍蔵蔵所在成觀除蕩暴虐存恤黎庶威震八荒聲被九域自古以來用兵之美未有今日之盛是以遐方荒俗之氓莫不翹足抗手歛袵屈膝天兵四臨昭德罰罪何云恃力夫聖王之用兵也征南蠻則北狄怨討西戎則東夷恨天子安得已哉蒙遜曰誠如來言則涼土之民亦願魏帝遠至何爲復遽驛告警不舍晝夜意君之所言殆爲虛事順曰苗民叛帝舜而親暴君有扈違后啓而從逆主咸慴逼於近地牽制於凶威自古而然豈獨涼民也順既使還世祖問與蒙遜往復之辭及蒙遜政教得失順曰蒙遜專威河右三十許年經涉艱難粗識機變又綏集荒隅遠人頗亦畏服雖不能貽厥孫謀猶足以終其一世前歲表許十月送曇無讖及臣往迎便乖本意不忠不信於是而甚禮者身之輿敬者行之本未有無禮不敬而能久享福祿以臣觀之不復周矣世祖曰若如卿言則効在無遠其子必復襲世襲世之後早晚當滅順對曰臣略見其子並非才俊能保一隅如聞敦煌太守牧犍器性粗立若繼蒙遜者必此人也然比之於父僉云不逮殆天所用資聖明也世祖曰朕今方事于東未暇營西如卿所言三五年間不足爲晚且停前計以爲後圖既而蒙遜死問至世祖謂順曰卿言蒙遜死今則驗矣又言牧犍立何其妙哉朕剋涼州亦當不遠於是賜絹千匹廐馬一乘進號安西將軍寵待彌厚政之巨細無所不參崔浩惡之順凡使涼州十有二返世祖稱其能而蒙遜數與順遊宴頗有悖慢之言恐順東還泄之朝廷尋以金寶納順懷中故蒙遜罪釁得不聞徹浩知之密言於世祖世祖未之信太延三年順復使涼州及還世祖曰昔與卿密圖期之無遠但以頃年東伐未遑西顧荏苒之間遂及于此今和龍既平三方無事比繕甲治兵指營河右掃蕩萬里今其時也卿往復積歲洞鑒廢興若朕此年行師當剋以不順對曰臣嚮日所啓私謂如然但民勞既久未獲寧息不可頻動以增勞悴願待他年世祖從之五年議征涼州順議以涼州乏水草不宜遠征與崔浩庭諍浩固執以爲宜征世祖從浩議及至姑臧甚豐水草世祖與恭宗書以言其事頗銜順後謂浩曰卿昔所言今果驗矣浩曰臣之所言虛實皆如此類初蒙遜有西域沙門曇無讖微有方術世祖詔順令蒙遜送之京邑順受蒙遜金聽其殺之世祖克涼州後聞而嫌順涼土既平詔順差次羣臣賜以爵位順頗受納品第不平涼州人徐桀發其事浩又毀之云順昔受牧犍父子重賂每言涼州無水草不可行師及陛下至姑臧水草豐足其詐如此幾誤國事不忠若是反言臣讒之於陛下世祖大怒眞君三年遂刑順於城西順死後數年其從父弟孝伯爲世祖知重居中用事及浩之誅世祖怒甚謂孝伯曰卿從兄往雖誤國朕意亦未便至此由浩譖毀朕忿遂盛殺卿從兄者浩也皇興初順子敷等貴寵顯祖追贈順侍中鎮西大將軍太尉公高平王謚曰宣王妻邢氏曰孝妃順四子

長子敷字景文眞君二年選入中書教學以忠謹給侍東宮又爲中散與李訢盧遐度世等並以聰敏內參機密出入詔命敷性謙恭加有文學高宗寵遇之遷祕書下大夫典掌要切加前軍將軍賜爵平棘子後兼錄南部遷散騎常侍南部尚書中書監領內外祕書襲爵高平公朝政大議事無不關及劉彧徐州刺史薛安都司州刺史常珍奇以彭城懸瓠降附于時朝議謂彼誠僞未可信保敷乃固執必然曰劉氏喪亂釁起蕭墻骨肉內離藩屏外叛今以皇朝之靈兵馬之力兼幷之會宜在於今況安都珍奇識機歸命奉誠萬里小民元元企仰皇化今之事機安可復失於是衆議乃同遣師接援淮海寧輯敷有力焉敷既見待二世兄弟親戚在朝者十有餘人弟奕又有寵於文明太后李訢列其惡罪二十餘條顯祖大怒皇興四年冬誅敷兄弟削順位號爲庶人敷從弟顯德妹夫廣平宋叔珍等皆坐鬬亂公私同時伏法敷兄弟敦崇孝義家門有禮至於居喪法度吉凶書記皆合典則爲北州所稱美既至斯禍時人歎惜之

敷長子伯和次仲艮與父俱死伯和走竄歲餘爲人執送殺之伯和有庶子孝祖年小藏免後敷妻崔氏得出宮養之至平涼太守

敷弟式字景則學業知名歷散騎常侍平東將軍西兗州刺史濮陽侯式自以家據權要心慮危禍常敕津吏臺有使者必先啓告然後渡之既而使人平曉卒至津吏欲先告式使者紿云我須南還不停此州不煩令刺史知也津人信之與使俱渡使者既濟突入執式赴都與兄俱死

式子憲字仲軌清粹善風儀好學有器度太和初襲爵又降爲伯拜祕書中散雅爲高祖所賞稍遷散騎侍郎接對蕭衍使蕭琛范雲以母老乞歸養拜趙郡太守趙脩與其州里脩歸葬父母也牧守以下畏之累跡推憲不爲之屈時人高之轉授驍騎將軍尚書左丞長兼吏部郎中遷長兼司徒左長史定州大中正尋遷河南尹參議新令於尚書上省永平三年出爲左將軍兗州刺史四年坐事除名後以黨附高肇爲御史所劾事具高聰傳正光二年二月肅宗講於國子堂召憲預聽又以子騫爲國子生四年拜光祿大夫復本爵濮陽伯五年除持節安西將軍行雍州刺史尋除七兵尚書加撫軍將軍孝昌初元法僧據徐州反叛詔憲爲使持節假鎮東將軍徐州都督與安豐王延明臨淮王彧等討之會蕭衍遣其豫章王綜據彭城俄而綜降徐州既平詔遣兼黃門侍郎常景詣軍慰勞賜憲驊騮馬一匹仍除征東將軍揚州刺史淮南大都督二年蕭衍遣其北平將軍元樹右衛將軍胡龍牙護軍將軍夏侯亶等來寇壽陽樹等從下蔡軍於城之東北亶從黎漿而屯於城南憲謂不先破元樹等則夏侯亶無由可剋乃遣子長鈞率衆逆戰軍敗長鈞見執樹等乘之憲力屈以城降因求還國衍聽歸既至敕付廷尉三年秋憲女壻安樂王鑒據相州反靈太后謂鑒心懷劫脅遂詔賜憲死時年五十八永熙中贈使持節侍中都督定冀相殷四州諸軍事驃騎大將軍儀同三司尚書令定州刺史謚曰文靜

子希遠字景沖早卒

子祖悛襲祖爵，齊受禪例降

希遠兄長鈞興和中梁州驃騎府長史

希遠第二弟希宗字景玄出後憲兄性寬和儀貌雅麗涉獵書傳有文才起家太尉參軍事轉直後領侍御史遷通直散騎常侍壽爲東南道行臺郎珍右丞與諸軍討賊於彭沛克之轉齊獻武王大行臺郎中遷散騎常侍中軍大將軍金紫光祿大夫獻武王擢爲中外府長史爲齊王納其第二女希宗以人望兼美深見禮遇出行上黨太守尋而遘疾興和二年四月卒於郡年四十贈使持節都督定冀滄瀛殷五州諸軍事驃騎大將軍司空公殷州刺史謚曰文簡

長子祖昇武定末太子洗馬

希宗弟希仁字景山武定末國子祭酒兼給事黃門侍郎

希仁弟騫字希義博涉經史文藻富盛年十四國子學生以聰達見知歷大將軍府法曹參軍太宰府主簿轉中散大夫遷中書舍人加通直散騎常侍曾爲釋情賦日單閼之年無射之月余承乏攝官直於本省對九重之清切望八襲之崢嶸感代序以長懷覿爽氣而軫慮籠樊之念既多寥廓之想彌切含毫有思斐然成賦猶潘生之秋興王子之登閣也厠鄭璞於周寶編魚目於隋珠未敢自同作者蓋亦各言爾志云荷峻極之層構導積石之洪流有馬形而謨舜亦龍德而史周爰相趙之鴻烈逮藩魏之優遊爲衞樽於上葉號木鐸於前修若豢龍之不隕似窮葉之世濟故抱玉而懷珠且滋蘭而樹蕙或舟楫以匡時或棲遲以卒歲尚無忝於先人諒貽厥於來裔書金冊以葳蕤布銀繩而昭晰清風忽其緬邈啓皇祖於庚寅李伯仁上東門銘曰上東少陽厥位在寅係風動物月值孟春王武子詩曰於顯我王纘乘斯民俊明有德嚴恭惟寅逢軒教之方洽遇周命之惟新譬龍虎其有合信山川而降神若勝庭之五傑似不遠之三人協嗜欲於將至豈物色而方臻荷天寵以來儀步康衢而騁力如乾元之利貞若坤四之方直內焉諾於本朝外關土於殊域乘紫氣以厲羽負青天而鼓翼既公侯之必復亦慶緒之所融績竝樹於八凱道俱升於二宮遂遵流以至海且因岳而爲嵩同羽儀於班氏均載德於楊公何日月之逾邁引寒暑而相終委晉會於弱齒遺堂構於微躬嗟蒙昧之無取故告舍而不及已淺落而少成又擁腫而無立愧精堅於百鍊慚忠信於十邑非珪璋之特達詎芳菲之易襲未砥礪以自進寧琢磨而成章乖宋子之萬字異應生之五行不誚觀於石室豈借書於晉皇求班莊而不遂況蔡文之可望參四科其未獲入三選而誰許本無聲於梁魏故未闚於陳汝居玉石以多逃宅顯晦而乖所旣無懷於四至安有情於再舉雖衣冠之末胄而世祿之緒餘等渤澥之乘鴈類九叒之逃魚處江淮而不變對朝市而閑居空闔門以靖軌非論道而修書少賓客於季彥謝朋交於太初在正光之御歷實明皇之拱已曾周政於上學著爲君而我菌叫閽人以望予遂陟降於庭止同崔駰之謁帝若謝兼之來仕逮孝莊之入統乃道喪而時昏水羣飛於滇海火載燎於中原延膠船而越水若朽索而乘奔玉羊失而無御金雞亡而不存天步忽其多難橫流且其云始旣雲擾而海沸亦岳立而碁峙睇三綱之日紊見四維之不理顧茂草以傷懷覩匪車而思起雖風雨之如晦亮膠喈而不已自牽役於宰朝實有懷於胥恥在下僚而栖屑願奮迅於泥滓聽故鄉以臨睨悵有動於思歸越來流以鼓枻遡北風而結軿入成都之舊宅反覲津之故扉乃曲肱而不周信抱甕而無機且耕而食且蠶而衣恒一日以自省亦三月而無違遊仁義之肴覈採墳素之精微誠因閑而養拙亦有樂於嘉肥及勾芒御節姑洗之首散遲遲於麗日發依依於弱柳鳥閒關以呼庭花芬披而落牖聽乃越於笙簧望有踰於新婦襲成服以逍遙願良辰而聊厚乃席壠而踞石遂嘯儔而命偶同浴沂之五六似祓洛之八九或促膝以持肩或援笙而鼓缶賓奉萬年之觴主報千金之壽各笑語而卒獲傳禮義於不朽斯蓋先民之所樂而余心之所守也至於少昊爲帝庚辛處曆覜墟里之蕭蕭過寒夜之綿綿積霜露於近援起沉寥於遠天思多端以類長若臨水而登山幸出遊之或寫冀觀濤之可溺遂杖策緩步或漁或田弋鳧鴈於清溪釣魴鯉於深泉張廣幕布長筵酌濁酒割芳鮮起白雪於促柱奉綠水於危弦賦湛露而不已歌驪駒而未旋跌蕩世俗之外疎散造化之間人生行樂聊用永年悟柱下之稱工聞首陽之爲拙旣有惜於茲懸且自悲於井渫訪鄭詹之格言求季主之高說去衡門以策駟望象魏而投轍服蟊衣以從務乘大車而就列比汗海而無紀喻江河而有鈌聽重地而懼深念索米而慙結運有折於玉斗時忽亡於金鏡始蒙塵以播蕩卒流彘而居鄭彼上天之降鑒實下民之請命因艱難以隆基據殷憂而啓聖調南風以負扆居北辰而爲政創彝倫於九疇班平章於百姓喻繩契以論曠援成昭而比盛酌徙鎬之故典究遷亳之遺令奄四海以爲家開七百而增慶覩禮樂之方隆信光華之始映百揆㬨以時序四門穆其惟清如得人於漢世比多士於周庭有一匡以作相或十亂而爲楨各秉文而經武故天平而地成伊余身之忝穢得再入於承明執綸言之猶紼戴會弁之如星非巡潰以窺井信夕陽而懷驚承周任之有言攬老子之知足奉炯誡以周旋抱徽猷而與屬每有偃於唯塵恒與言於寵辱思散髮以抽簪願全眞而守朴聽疎傳以俳佪望申公而躑躅冀鄗志之獲展庶微願之逢時歌致命而可卜詠歸田而有期揖帝城以高逝與人事而長辭擊壤而頌結草而嬉援巢父以戲潁追許子而升箕供暮餐於沆瀣給朝餌於瓊芝同糟醨而無別混名實而不治放言肆慾無慮無思何鶉鷃之可賦鴻鵠之爲詩哉尋加散騎常侍殷州大中正鎭南將軍尚書左丞仍以本官兼散騎常侍使蕭衍後坐事免論者以爲非罪騫嘗贈親友盧元明魏收詩曰幽棲多暇日總駕萃荒坰南瞻帶宮雉北睇拒畦瀛流火時將末懸炭漸云輕寒風率已厲秋水寂無聲層陰蔽長野凍雨暗窮汀侶浴浮還沒孤飛息且驚三秋儺終歲一丸曾未營閒居同洛涘歸身款武城稍旅原思藿坐夢尹懃荊監河愛斗水蘇子惜餘明益州達友趣廷尉辯交情豈若忻蓬蓽收志偶沉冥後詔兼太府少卿尋除征南將軍給事黃門侍郎死於晉陽所著詩賦碑誄別有集錄贈本將軍太常殷州刺史齊受禪重贈使持節侍中都督殷滄二州諸軍事車騎大將軍儀同三司仍殷州刺史謚曰文惠

騫弟希禮字景節武定末通直散騎常侍

希遠庶長兄劭興和中梁州驃騎府長史

式弟奕字景世美容貌有才藝早歷顯職散騎常侍宿衞監都官尚書安平侯與兄敷同死太和初文明太后追念奕兄弟乃誅李訢存問憲等一二家歲時賜以布帛

奕別生弟冏字道度少爲中散逃避得免太和中拜下大夫南部給事出爲龍驤將軍南豫州刺史還拜冠軍將軍尋除光祿大夫守度支尚書二十一年高祖幸長安冏以咸陽山河險固秦漢舊都古稱陸海勸高祖去洛陽而都之後高祖引見笑而謂之曰卿一昨有啓欲朕都此昔婁敬一說漢祖卽日西駕尚書今以西京說朕仍使朕不廢東轅當是獻可理殊所以今古相反耳冏對曰昔漢祖起於布衣欲藉險以自固婁敬之言合於本旨今陛下百世重光德洽四海事同隆周均其職貢是以愚臣獻說不能上動高祖大悅其年冏卒賜錢二十萬布百匹朝服一具衣一襲冏性鯁烈敢直言常面折高祖彈駁公卿無所回避百寮皆憚之高祖常加優禮故車駕巡幸恒兼尚書右僕射雖才學不及諸兄然公彊當世堪濟過之

子祐字長禧篤穆友于見稱於世歷位給事中尚書祠部郎相州撫軍府長史司空從事中郎博陵太守所在亦以清幹著稱

祐弟太字季寧涉歷書傳太尉行軍員外郎

順弟修基陳留太守卒

子探幽

探幽兄子洪鸞河閒太守

洪鸞孫悕傑樂陵太守武定中以貪汙賜死

修基季弟僤字善祖小字藥囊少有高名爲中書侍郎從世祖征涼州戰沒時人咸惜焉初順與從兄靈從弟孝伯竝以學識器業見重於時故能砥礪宗族競名修尚靈與族叔詵族弟熙等俱被徵事在高允高士頌

詵字令孫京兆太守詵後繼闕

秀林小名榼性彊直太和中自中書博士爲頓丘相豪右畏之景明初試守博陵郡抑彊扶弱政以威嚴爲名以母憂去職後爲太尉諮議參軍假節行荊州事拜司徒司馬加冠軍將軍定州大中正太中大夫正光中卒年六十三贈左將軍齊州刺史

子裔字徽伯出後秀林兄鳳林裔初除汝南王悅常侍稍遷定州別駕孝昌中爲定州鎭軍長史加輔國將軍帶博陵太守于時逆賊杜洛周侵亂州界尋假平北將軍防城都督賊旣圍城裔潛引洛周州遂陷沒洛周僭竊特無綱紀至於市令驛帥咸以爲王呼曰市王驛王乃封裔爲定州王洛周尋爲葛榮所滅裔仍事榮永安初爾朱榮旣擒葛榮遂縶裔及高敖曹薛修義李無爲等於晉陽從榮至洛榮死乃免普泰初以裔爲持節散騎常侍安北將軍兼給事黃門侍郎慰勞山東大使永熙中除鎭東將軍金紫光祿大夫齊獻武王大丞相諮議參軍天平初以預定策之功封固安縣開國伯食邑四百戶加征東將軍車駕遷鄴爲大行臺右丞留在洛陽監修宮殿尋除使持節大將軍陝州刺史四年八月宇文黑獺攻陷州城被執見害年五十詔贈使持節都督定冀瀛殷四州諸軍事驃騎大將軍尚書令司徒公定州刺史

子直襲武定末司徒屬齊受禪例降
裔弟景義大司馬諮議參軍殷州大中正
景義弟伯穆武定末合州刺史
秀林從弟煥字仲文小字醜瓌有幹用少與酈道元俱爲李彪所知自給事中轉治書侍御史恒州刺史穆泰據代都謀反高祖詔煥與任城王澄推治之煥先驅至州宣旨曉喻仍誅泰等景明初遷司空從事中郎蕭寶卷豫州刺史裴叔業以壽春歸附詔煥以本官爲軍司與楊大眼奚康生等率衆迎接煥至淮西叔業兄子植遣使送質煥等濟師入城撫慰民咸忻悅仍行揚州事賜爵容城伯軍還行河內郡事拜司徒右長史以荆蠻擾動敕煥兼散騎常侍慰勞之降者萬餘家除輔國將軍梁州刺史時武興氐楊集起舉兵作逆令弟集義邀斷白馬戍敕假煥平西將軍督別將石長樂統軍王祐等與軍司荀金養俱討之大破集起軍會秦州民呂苟兒反煥仍令長樂等由麥積崖赴援屬都督元麗至遂共平之時氐王楊定進猶據方山與苟兒影響煥密募氏趙芒路斬定進還朝遇患卒時年四十四贈征虜將軍幽州刺史諡曰昭
子密武定中襄州刺史
秀林族子肅字彥邕歷奉朝請清河王懌郎中令稍遷洛陽令步兵校尉員外常侍初詔附侍中元暉後以左道事侍中穆紹常裸身被髮晝腹銜刀於隱屏之處爲紹求福故紹愛之延昌四年薦肅爲黃門郎加光祿大夫肅爲性酒狂熙平初從靈太后幸江陽王繼第肅時侍飲頗醉言辭不遜抗辱太傅清河王懌爲有司彈劾靈太后怒之出爲章武內史歲餘遷右將軍夏州刺史卒贈左將軍齊州刺史
肅從弟曒字景林有學識初除奉朝請太學博士司空主簿以母憂去職服闋拜左軍將軍正光中元乂以其弟羅爲青州刺史曒爲羅平東府長史遷廷尉少卿殷州大中正孝昌二年冬卒年五十七贈平東將軍齊州刺史諡曰宣
子愼武定中東平太守
曒從弟仲琁奉朝請定雍二州長史太尉諮議中散太中大夫東郡汲郡二郡太守司徒左長史弘農太守先是宮牛二姓阻嶮爲害仲琁示以威惠竝即歸伏還除衞將軍金紫光祿大夫仍除北雍州刺史將軍如故轉車騎將軍左光祿大夫天平初遷都於鄴以仲琁爲營構將作進號衞大將軍出除車騎大將軍兖州刺史仲琁以孔子廟牆宇頹有穨毀遂改修爲還除將作大匠所歷竝清勤有聲年六十六卒贈驃騎大將軍儀同三司青州刺史
子希良侍御史
誂從子善犯孝靜諱趙郡太守
子顯進州主簿
顯進子映字輝道南安王國常侍光州征虜府主簿相州治中寧朔將軍步兵校尉孝昌三年冬卒年四十二天平中贈通直散騎常侍輔國將軍殷州刺史
子普濟武定中北海太守
映弟育字仲遠奉朝請稍遷揚烈將軍奉車都尉都督相州防城別將以拒葛榮之勳賜爵趙郡公後除征東將軍金紫光祿大夫天平四年夏卒年五十七贈驃騎大將軍都官尚書定州刺史諡曰貞
子偕襲武定末齊文襄王大將軍府記室參軍齊受禪爵例降
顯進弟侍顯位至左中郎將卒贈中壘將軍安州刺史
侍顯養京兆王愉妾楊氏爲女愉改楊姓爲李而親念侍顯侍顯子道舒與愉同逆愉敗走免
第三子道璩武定末范陽太守
道璩弟道瓘少以父譴被刑位至中常侍
侍顯弟曄字季顯涉歷書史司徒行參軍稍遷濟州輔國府長史坐兄事免後除尚書中兵郎遷冠軍中散大夫正光二年南荆州刺史桓叔興驅掠城民叛入蕭衍衍資以兵糧令築谷陂城以立洛州逼土山戍詔曄持節兼尚書左丞爲行臺督諸軍討叔興大破之乘勝拔谷陂叔興退走軍還仍除尚書左丞出除洛州刺史將軍如故未拜卒贈左將軍齊州刺史
子暉賓美容貌寬和沉雅太學博士
暉賓弟山儒少而清立學涉羣書山儒少弟大蓋竝早卒
曄族弟孝怡字悅宗中書學生相州高陽王雍主簿廣陵王羽掾新蔡太守別將蕭寶夤長史從中山王英破蕭衍臨川王蕭宏於梁城除朔州安北府長史又爲中堅將軍相州鎮北府長史遷冠軍將軍魏郡太守相州刺史中山王熙據鄴起兵也孝怡陰結募城民與熙長史柳元章別駕游荆之等率衆擒熙賞爵昌樂伯靈太后反政以孝怡乂黨除名爲民後安樂王鑒鎭鄴起孝怡爲別將永安初除左將軍太中大夫仍爲防城都督以拒葛榮之勳賜爵趙郡公拜撫軍將軍光祿大夫永安三年行殷州事遷驃騎大將軍左光祿大夫武定六年卒八十
子思道儀同開府中兵參軍武城縣公
熙字仲熙神䴥中與高允等俱被徵拜中書博士轉侍郎以使沮渠有功賜爵元氏子加中壘將軍卒贈鎭東將軍豫州刺史諡曰莊
子季王襲卒贈青州刺史諡曰貞
子遺元襲初除冀州趙郡王幹東閤祭酒累轉尚書左民郎中冀州京兆王愉功曹參軍帶扶柳令爲愉所親逼與同反愉敗遺元逃竄會赦乃雪復除兖州平東府長史後拜中堅將軍殷州征北將軍長史卒年六十三贈征北將軍定州刺史
子恃寧以父事被刑武定末官至中尹
恃寧弟子寧襲爵開府默曹參軍齊禪爵例降
熙族孫藺和自右軍將軍歷平陽勃海二郡太守
藺和弟藺集平昌太守
熙族孫同軌體貌魁岸腰帶十圍學綜諸經多所治誦兼讀釋氏又好醫術年二十二舉秀才射策除奉朝請領國子助教轉著作郎典儀注修國史遷國子博士加征虜將軍永熙二年出帝幸平等寺僧徒講說敕同軌論難音韻閑朗往復可觀出帝善之三年春釋菜詔延公卿學官於顯陽殿敕祭酒劉廞講孝經黃門李郁講禮記中書舍人盧景宣解大戴禮夏小正篇時廣招儒學引令預聽同軌經義素優辯析兼美而不得執經深爲慨恨太平中轉中書侍郎與和中兼通直散騎常侍使蕭衍衍深耽釋學遂集名僧於其愛敬同泰二寺講涅槃大品經引同軌預席衍兼遣其臣竝共觀聽同論難久之道俗咸以爲善盧景裕卒齊獻武王引同軌在館敎諸公子甚嘉禮之每旦入授日暮始歸緇素請業者同軌夜爲解說四時恒爾不以爲倦武定四年夏卒年四十七時人傷惜之齊獻武王亦殊嗟悼賻襚甚厚贈驃騎大將軍瀛州刺史諡曰康
同軌兄義深武定中齊州刺史
同軌弟幼舉安德太守武定中以在郡貪汙輒召部曲還京師棄市
幼舉弟之良有幹用前將軍尚書金部郎卒
之良弟稚廉武定末并州儀同開府長史
史臣曰李順器宇才識一時推重謀宣中國氣折外蕃所以世祖垂心而崔浩側目數式兄弟位望竝高憲風度恢雅夙重朝列而遭隋有命報施俱爽嗚呼以茲盛德克廣其猷宗緒扶疎人位盛顯可謂李雖舊族其世唯新矣

魏書卷三十六考證

李順傳推憲不爲之屈○北史作憲不爲屈此推字殆惟字之訛也

啓皇祖於庚寅○本書本無注此獨引李伯仁上東門銘厥位在寅王武子詩嚴恭唯寅作注又與本句庚寅全不相涉未詳其故

魏書卷三十七

齊　魏　收　撰

列傳第二十五

司馬休之　司馬楚之　司馬景之
司馬叔璠　司馬天助

司馬休之字季豫本河內溫人晉宣帝季弟譙王進之後也司馬叡僭立江南又以進子孫襲封至休之父恬爲司馬昌明鎭北將軍青兖二州刺史天興五年休之爲司馬德宗平西將軍荆州刺史爲桓玄逼逐奔慕容德劉裕誅玄後還建鄴裕復以休之爲荆州刺史休之頗得江漢人心劉裕疑其有異志而休之子文思繼休之兄尚之爲譙王謀圖裕裕執送休之令自爲其所休之表廢文思并與裕書陳謝神瑞中裕收休之子文寶兄子文祖並殺之乃率衆討休之休之上表自陳於德宗與德宗鎭北將軍魯宗之宗之子竟陵太守軌等起兵討裕裕軍至江陵休之不能敵遂與軌奔襄陽裕復進軍討之太宗遣長孫嵩屯河東將爲之援時姚興征虜將軍姚成王冠軍將軍司馬國璠亦將兵救之不及而還休之遂與子文思及宗之等奔於姚興裕滅姚泓休之與文思及德宗河間王子道賜輔國將軍溫楷竟陵內史魯軌荆州治中韓延之殷約平西參軍桓謐桓璲及桓溫孫道度道子勃海刁雍陳郡袁式等數百人皆將妻子詣嵩降月餘休之卒于嵩軍詔曰司馬休之率其同義萬里歸誠雅操不遂中年殞喪朕甚愍焉其追贈征西大將軍右光祿大夫諡始平聲公
文思與淮南公國璠池陽子道賜不平而僞親之引與飲宴國璠性疏直因酒醉遂語文思言已將與溫楷及三城胡酋王珍曹栗等外叛因說京師豪彊可與爲謀數十人文思告之皆坐誅以文思爲廷尉卿賜爵鬱林公善於其職聽訟斷獄百姓不復匿其情劉義隆遣將

表方明擊楊難當於仇池世祖以文思爲假節征南大將軍進爵譙王督洛豫諸軍南趣襄陽邀其歸路還京爲懷朔鎮將興安初薨

子彌隨襲爵以選尚臨涇公主而薨以先取毗陵公竇瑾女與瑾並坐祝詛伏誅

司馬楚之字德秀晉宣帝弟太常馗之八世孫父榮期司馬德宗梁益二州刺史爲其參軍楊承祖所殺楚之時年十七送父喪還丹陽值劉裕誅夷司馬戚屬叔父宣期兄貞之並爲所殺楚之乃亡匿諸沙門中濟江自歷陽西入義陽竟陵蠻中及從祖荊州刺史休之爲裕所敗乃亡於汝潁之間楚之少有英氣能折節待士與司馬順明道恭等所在聚黨及劉裕自立楚之規欲報復收衆據長社歸之者常萬餘人劉裕深憚之遣刺客沐謙害楚之楚之待謙甚厚謙夜詐疾知楚之必自來因欲殺之楚之聞謙病果自齎湯藥往省之謙感其意乃出匕首於席下以狀告之曰將軍爲裕所忌憚願不輕率以保全爲先楚之歎曰若如來言雖有所防恐有所失謙遂委身以事之其推誠信物得士之心皆此類也太宗末山陽公奚斤略地河南楚之遣使請降因表曰江淮以北聞王師南首無不抃舞思奉德化而逼於寇逆無由自致臣因民之欲請率慕義爲國前驅今皆白衣無以制服人望若蒙偏裨之號假王威以唱義則莫不率從於是假楚之使持節征南將軍荊州刺史奚斤既平河南以楚之所率戶民分置汝南南陽南頓新蔡四郡以益豫州世祖初楚之遣妻子內居於鄴尋徵入朝時南藩諸將表劉義隆欲入爲寇以楚之爲使持節安南大將軍封琅邪王屯潁州以距之其長史臨邑子步還表曰楚之渡河百姓思舊義衆雲集汝潁以南望風翕然回首革面斯誠陛下應天順民聖德廣被之所致也世祖大悅璽書勞勉賜前後部鼓吹義隆將到彥之泝河而西列守南岸至於潼關及彥之等退走楚之破其別軍於長社又與冠軍將軍安頡攻滑臺拔之擒義隆將朱脩之李元德及東郡太守申謨俘萬餘人上疏曰臣奉命南伐受任一方而智力淺短誠節未効所以夙夜憂惶忘寢與食臣屢遣人至荊揚所在陳說具論天朝盛化之美莫不忻承聖德傾首北望而義隆兄弟知人情搖動遣臣私讐順爲司州刺史統淮北七郡代垣苗守懸瓠自聳洛滑臺敗散以來義隆恥其敗北多加罪罰到彥之削位退同卒伍殺姚縱夫於壽春斬竺靈秀於彭城王休元託疾檀道濟斥放凡在腹心悉懷疑阻民怨臣猜可謂今日臣聞平殄寇逆必乘戰勝之威建立功勳亦因離貳之勢伏惟陛下聖德膺符道光四海神旌所指莫不摧服其未賓者義隆而已今天網遐舉殊方仰德固宜掃清東南齊一區宇使濟濟之風被於江漢世祖以兵久勞不從以散騎常侍徵還從征涼州以功賜隸戶一百義隆遣將裴方明胡崇之寇仇池以楚之爲假節與淮陽公皮豹子等督關中諸軍從散關西入擊走方明擒崇之仇池平而還車駕伐蠕蠕詔楚之與濟陰公盧中山等督運以繼大軍時鎮北將軍封沓亡入蠕蠕說令擊楚之等以絕糧運蠕蠕乃遣奸覘入楚之軍截驢耳而去有告失驢耳者諸將莫能察楚之曰必是覘賊截之以爲驗耳賊將至矣即使軍人伐柳爲城水灌之令凍城立而賊至冰峻城固不可攻逼賊乃走散世祖聞而嘉之尋拜假節侍中鎮西大將軍開府儀同三司雲中鎮大將朔州刺史王如故在邊二十餘年以清儉著聞和平五年薨時年七十五高宗悼惜之贈都督梁益秦寧四州諸軍事征南大將軍領護西戎校尉揚州刺史諡貞王陪葬金陵

長子寶胤與楚之同入國拜中書博士鴈門太守卒

楚之後尚諸王女河內公主生子金龍字榮則少有父風初爲中書學生入爲中散顯祖在東宮擢爲太子侍講後襲爵拜侍中鎮西大將軍開府雲中鎮大將朔州刺史徵爲吏部尚書太和八年薨贈大將軍司空公冀州刺史諡康王賻絹一千疋金龍初納太尉隴西王源賀女生子延宗次纂次悅後娶沮渠氏生徽亮即河南王沮渠牧犍女世祖妹武威公主所生也有寵於文明太后故以徽亮襲例降爲公坐連穆泰罪失爵延宗父亡後數年卒

子裔字承業世宗時悅等爲裔理嫡還襲祖爵位至後軍將軍卒贈征虜將軍洛州刺史

子藏襲齊受禪例降

纂字茂宗中書博士歷司州治中別駕河內邑中正丞平元年卒贈鎮遠將軍南青州刺史諡曰肅

子澄字元鏡司州秀才司空功曹參軍給事中卒贈龍驤將軍夏州刺史

澄弟仲粲武定中尚書左丞

悅字慶宗自司空司馬出爲立節將軍建興太守轉寧朔將軍司州別駕遷太子左衞率河北太守世宗初除鎮遠將軍豫州刺史時有汝南上蔡董毛奴者齎錢五千死在道路郡縣疑民張堤爲劫又於堤家得錢五千堤懼拷掠自誣言殺獄既至州悅觀色察言疑其不實引見毛奴兄靈之謂曰殺人取錢當時狼狽應有所遺此賊竟遺何物靈之云唯得一刀鞘而已悅取鞘視之曰此非里巷所爲也乃召州城刀匠示之有郭門者前曰此刀鞘門手所作去歲賣與郭民董及祖悅收及祖詰之曰汝何故殺人取錢而遺刀鞘及祖款引靈之又於及祖身上得毛奴所著皂襦及祖伏法悅之察獄多此類也豫州于今稱之悅與鎮南將軍元英攻義陽克之詔改蕭衍司州爲郢州以悅爲征虜將軍郢州刺史蕭衍遣其豫州刺史馬仙琕左軍將軍永陽戍主陳可等率衆一萬於三關南六十里因山起城名爲竹墩遣其輔國將軍濟陰太守蓟沛精卒二千以戍之後於關南四十里麻陽舊柵起城仙琕輕騎東南爲之節度關南之民多懷兩望悅令西關統軍諸靈鳳掩擊敗之盡燔其城樓儲積擒蓟沛及其輔國將軍軍主劉靈秀詔曰司馬悅首謀義陽征略有捷且違京既久屢請入朝可遂此志聽其赴闕尋詔以本將軍爲豫州刺史論義陽之勳封漁陽縣開國子食邑三百戶永元元年城人白早生謀爲叛逆遂斬悅首送蕭衍既而邢巒復懸瓠詔曰司馬悅暴罹橫酷身首異所國戚舊勳特可悼念主書董紹銜命公行因漂殊域事可矜愍尚書可量賊將齊苟兒等四人之中分遣二人敕揚州爲移以易悅首及紹迎接還本用慰亡存贈平東將軍青州刺史賜帛三百疋諡曰莊子朏襲爵

朏尚世宗妹華陽公主拜駙馬都尉特除員外散騎常侍加鎮遠將軍正光五年公主薨月餘朏卒贈左將軍滄州刺史

子鴻字慶雲性麤武襲爵位至都水使者坐與西賊交通賜死

子孝政襲齊受禪爵例降

金龍弟躍字寶龍尚趙郡公主拜駙馬都尉代兄爲雲中鎮將朔州刺史假安北將軍河內公躍表罷河西苑封與民墾殖有司執奏此麋鹿所聚太官取給今若與民至於奉獻時禽懼有所闕詔曰此地若任稼穡雖有獸利事須廢封若是山澗虞禁何損尋先朝置此豈苟藉斯禽亮亦以俟軍行薪蒸之用其更論之躍固請宜以與民高祖從之還爲祠部尚書大鴻臚卿潁川王師以疾表求解任太和十九年卒贈金紫光祿大夫賜朝服一具衣一襲絹一千匹楚之父子相繼鎮雲中朔土服其威德

司馬景之字洪略晉汝南王亮之後太宗時歸闕爵蒼梧公加征南大將軍清直有節操太宗甚重之卒贈汝南王

子師子襲爵

景之兄準字巨之以泰常末率三千餘家歸國時太宗在虎牢授寧遠將軍新蔡公假相州刺史隨駕至京出除廣甯太守悅近來遠清儉有稱世祖嘉之賜布六百疋後降號爲平遠將軍改爲密陵侯興光初卒

子安國襲爵

司馬叔璠晉安平獻王孚之後也父曇之司馬德宗河間王桓玄劉裕之際叔璠與兄國璠北奔慕容超後西投姚興劉裕滅姚泓北奔屈丐世祖平統萬兄弟俱入國國璠賜爵淮南公卒無子爵除叔璠安遠將軍丹楊侯卒

長子靈壽神䴥中與弟道壽俱來歸國靈壽冠軍將軍溫縣侯道壽寧朔將軍宜陽子靈壽出除陳郡太守劉義隆侵境詔靈壽招引義士得二千餘人從西平公安頡破虎牢滑臺洛陽三城徙五百餘家入河內又從討蠕蠕西征涼州所在著功出爲遼西太守治有清儉之稱太和九年卒贈懷州刺史諡曰靖靈壽娶太宰頓丘王李峻女與婦父雅不相善每見抑退故位不大至

子惠安高祖時襲爵歷恒州別駕桑乾太守太尉諮議參軍事卒

子祖珍年十五舉司州秀才解褐員外散騎侍郎年十八先父卒

祖珍弟宗麗世宗時父惠安以久病啓以爵轉授解褐安定王府騎兵參軍洛州龍驤府司馬善射未曾自伐性閑淡少所交遊議者云其淳至永安中卒

子嵩亮襲

惠安弟直安歷位尚書郎濟北濟南二郡太守員外散騎常侍蕭寶夤征鍾離引爲長史坐軍退免官加刑以疾得免尋除東平原太守還京爲中散大夫加征虜將軍太中大夫遷左將軍正光四年卒贈大將軍濟州刺史

子龍泉滄州開府長史

道壽長子元興襲父爵

子景和給事中稍遷揚州驃騎府長史清河內史正光元年卒贈左將軍平州刺史

元興弟仲明侍御史中書舍人以謹敏著稱稍遷衞尉少卿仍領舍人出爲征虜將軍涼州刺史坐貪殘爲御

史所犟過赦免積年不敘後娶靈太后從姊爲繼室除武衞將軍征虜將軍轉光祿大夫武衞如故遷大司農卿加安東將軍散騎常侍出爲安北將軍恒州刺史常侍如故正光五年卒

子彥邕有風望正員郎稍遷相州刺史驃騎大將軍左光祿大夫天平四年卒贈散騎常侍都督懷洛二州諸軍事驃騎大將軍儀同三司懷州刺史

司馬天助自云司馬德宗驃騎將軍元顯之子劉裕自立乃來歸闕除平東將軍青徐二州刺史東海公天助招率義士欲襲裕東平濟北二郡及城戍又破裕將閭萬齡軍前後多所虜獲拜侍中都督青徐兗三州諸軍事征東將軍青兗二州刺史公如故眞君三年與司馬文思等南討還又從駕北征在陣歿

子元伯字歸都襲爵後降溫縣子太和中爲建威將軍泰山太守

史臣曰諸司馬以亂亡歸命楚之風槩器略最可稱乎其餘未足論也而以往代遺緒竝當位遇可謂幸矣

魏書卷三十七考證

司馬叔璠傳丹楊侯○楊一本作陽晉書地理志丹陽郡有丹楊縣注丹陽山多赤柳在西也今人槩改楊爲陽誤矣

魏書卷三十八

齊　魏　收　撰

列傳第二十六

刁雍　王慧龍　韓延之　袁式

刁雍字淑和勃海饒安人也高祖攸晉御史中丞曾祖協從司馬叡渡江居于京口位至尚書令父暢司馬德宗右衞將軍初暢兄逵以劉裕輕狡薄行負社錢三萬違時不還執而徵焉及裕誅桓玄以嫌故先誅刁氏雍爲暢故吏所匿奔姚興豫州牧姚紹於洛陽後至長安雍博覽書傳姚興以雍爲太子中庶子泰常二年姚泓滅與司馬休之等歸國上表陳誠於南境自効太宗許之假雍建義將軍雍遂於河濟之間招集流散得五千餘人南阻大峴擾動徐兗建牙誓衆傳檄邊境劉裕遣將李嵩等討雍雍斬之於蒙山於是衆至二萬進屯固山七年三月雍從弟彌亦率衆入京口規共討裕裕遣兵破之六月雍又侵裕青州雍敗乃收散卒保於馬耳山又爲裕青州軍所逼遂入大鄉山八年太宗南幸鄴朝於行觀問先聞卿家縛劉裕於卿親疎雍曰是臣伯父太宗笑曰劉裕父子當應憚卿又謂之曰朕先遣叔孫建等攻青州民盡藏避城猶未下彼既素憚卿威士民又相信服今欲遣卿助建等卿宜勉之於是假雍鎭東將軍青州刺史東光侯給五萬騎使別立義軍建先攻東陽雍至招集義衆得五千人遣撫慰郡縣土人盡下送租供軍是時攻東陽平其北城三十許步劉義符青州刺史竺夔於城內鑿地道南下入澠水澗以爲退路雍謂建曰此城已平宜時入取不者走盡建懼傷兵士難之雍曰若懼傷官兵者雍今請將義兵先入建不聽夔欲東走會義符遣其將檀道濟等救青州雍謂建曰賊畏官軍突騎以鎖連車爲函陣大峴已南處處狹隘不得方軌雍求將義兵五千要喩破之建不聽曰兵人不宜水土疫病過半若相持不休兵自死盡何須復戰今不損大軍安全而返計之上也建乃引還雍遂鎭尹卯固又詔令南入以亂賊境雍攻克項城會有勅追令隨機立効雍於是招集譙梁彭沛民五千餘家置二十七營遷鎭濟陰延和二年立徐州於外黃城置譙梁彭沛四郡九縣以雍爲平南將軍徐州刺史賜爵東安侯在鎭七年太延四年徵還京師頻歲爲邊民所請世祖嘉之眞君二年復授使持節侍中都督揚豫兗徐四州諸軍事征南將軍徐豫二州刺史三年劉義隆將裴方明寇陷仇池詔雍與建興公古弼等十餘將討平之五年以本將軍爲薄骨律鎭將至鎭表曰臣蒙寵出鎭奉辭西藩總統諸軍戶口殷廣又總勒戎馬以防不虞督課諸屯以爲儲積夙夜惟憂不遑寧處以今年四月末到鎭時以夏中不及東作念彼農夫雖復布野官渠乏水不得廣殖乘前以來功不充課兵人口累率皆飢儉略加檢行知此土稼穡艱難夫欲育民豐國事須大田此土乏雨正以引河爲用觀舊渠堰乃是上古所制非近代也富平西南三十里有艾山南北二十六里東西四十五里鑿以通河似禹舊迹其兩岸作溉田大渠廣十餘步山南引水入此渠中計昔爲之高於水不過一丈河水激急沙土漂流今日此渠高於河水二丈三尺又河水浸射往往崩頽渠溉高懸水不得上雖復諸處按舊引水水亦難求今艾山北河中有洲渚水分爲二西河小狹水廣百四十步臣今求入來年正月於河西高渠之北八里分河之下五里平地鑿渠廣十五步深五尺築其兩岸令高一丈北行四十里還入古高渠卽循高渠而北復八十里合百二十里大有良田計用四千人四十日功渠得成訖所欲鑿新渠口河下五尺水不得入今求從小河東南岸斜斷到西北岸計長二百七十步廣十步高二丈絕斷小河二十日功計得成畢合計用功六十日小河之水盡入新渠水則充足溉官私田四萬餘頃一旬之間則水一遍水凡四溉穀得成實官課常充民亦豐贍詔曰卿憂國愛民知欲更引河水勸課大田宜便興立以克就爲功何必限其日數也有可以便國利民者動靜以聞七年雍表曰奉詔高平安定統萬及臣所守四鎭出車五千乘運屯穀五十萬斛付沃野鎭以供軍糧臣鎭去沃野八百里道多深沙輕車來往猶以爲難設令載穀不過二十石每涉深沙必致滯陷又穀在河西轉至沃野越渡大河計車五千乘運十萬斛百餘日乃得一返大廢生民耕墾之業車牛艱阻難可全至一歲不過二運五十萬斛乃經三年臣前被詔有可以便國利民者動靜以聞臣聞鄭白之渠遠引淮海之粟泝流數千周年乃得一至猶稱國有儲糧民用安樂今求於牽屯山河水之次造船二百艘二船爲一舫一船勝穀二千斛一舫十人計須千人臣鎭內之兵率皆習水一運二十萬斛方舟順流五日而至自沃野牽上十日還到合六十日得一返從三月至九月三返運送六十萬斛計用人功輕於車運十倍有餘不費牛力又不廢田詔曰知欲造船運穀一冬卽成大省民力既不費牛又不廢田甚善非但一運自可永以爲式今別下統萬鎭出兵以供運穀卿鎭可出百兵爲船工豈可專廢千人須遣船匠猶須卿指授未可專主也諸有益國利民如此者續復以聞九年雍表曰臣聞安不忘亂先聖之政也況綏服之外帶接邊城防守不備無以禦敵者也臣鎭所綰河西爰在邊表常懼不虞平地積穀實難守護兵人散居無所依恃脫有妖姧必致狼狽雖欲自固無以得全今求造城儲穀置兵備守鎭自建立更不煩官又於三時之隙不令廢農一歲二歲不訖三歲必成立城之所必在水陸之次大小高下量力取辦詔許之至十年三月城訖詔曰卿深思遠慮憂勤盡思知城已周訖邊境無不虞之憂千載有永安之固朕甚嘉焉卽名此城爲刁公城以旌爾功也興光二年詔雍還都拜特進將軍如故和平六年表曰臣聞有國有家者莫不禮樂爲先故樂記云禮所以制外樂所以修內和氣中釋恭敬溫文是以安上治民莫善於禮易俗移風莫善於樂且於一民一俗尚須崇而用之況統御八方陶鈞六合者哉故帝堯修五禮以明典章作咸池以諧萬類顯皇軌於云岱揚鴻化於介丘令木石革心鳥獸率舞包天地之情達神明之德夫感天動神莫近於禮樂故大樂與天地同和大禮與天地同節和故百物阜生節故報天祭地禮行於郊則上下和肅肅者禮之情和者樂之致樂至則無怨禮至則不違揖讓而治天下者禮樂之謂歟唯聖人知禮樂之不可以已故作樂以應天制禮以配地所以承天之道治人之情故王者治定制禮功成作樂虞夏殷周易代而起及周之末王政陵遲仲尼傷禮樂之崩亡痛文武之將墜自衞返魯各得其中逮乎秦皇翦棄道術灰滅典籍坑燼儒士盲天下之目絕象魏之章簫韶來儀不可復矣賴大漢之興改正朔易服色協音樂制禮儀正聲古禮粗欲周備至於孝章每以三代損益優劣殊軌歎其薄德無以易民視聽博士曹褒覩斯詔也知上有制作之意乃上疏求定諸儀以爲漢禮終於休廢寢而不行及魏晉之日修而不備伏惟陛下無爲以恭己使賢以御世方鳴和鸞以陟岱宗陪羣后以昇中岳而三禮闕於唐辰象舞替於周日夫君舉必書古之典也柴望之禮帝王盛事臣今以爲有其時而無其禮有其德而無其樂史闕封石之文工絕清頌之饗良由禮樂不興王政有缺致也臣聞樂由禮所以象德禮由樂所以防淫五帝殊時不相沿三王異世不相襲事與時竝名與功偕故也臣識昧儒先管窺不遠謂宜修禮正樂以光大聖之治詔令公卿集議會高宗崩遂寢皇興中雍與隴西王源賀及中書監高允等竝以耆年特見優禮錫雍几杖劍履上殿月致珍羞焉雍性寬柔好尚文典手不釋書明敏多智凡所爲詩賦頌論并雜文百有餘篇又汎施愛士怙靜寡欲篤信佛道著教誡二十餘篇以訓導子孫太和八年冬卒年九十五賜命服一襲贈帛五百疋贈儀同三司冀州刺史將軍如故諡曰簡

雍長子纂字奉宗中書侍郎早卒

纂弟遵字奉國襲爵

遵弟紹字奉世武騎侍郎汝陰王天賜涼州征西府司

馬

紹弟獻字奉章祕書郎

獻弟融字奉業汝陰太守

融弟肅字奉誠中書博士遵少不拘小節長更修改太和中倒降爲侯景明中除相州魏郡太守還爲太尉諮議參軍年七十志力不衰嘗經篤疾幾死見神明救免言是福門之子當享長年延昌三年遷司農少卿尋拜龍驤將軍洛州刺史遵招誘有方蕭衍新化太守杜性新化令杜龍振平陽令杜臺定等率戶三千據地內附熙平元年七月卒年七十六贈平東將軍兗州刺史謚曰惠侯有子十三人

長子楷字景伯州舉秀才早卒

子沖字文助在儒林傳

楷弟尚字景勝本州治中早卒

尚弟整字景智少有大度頗涉書史郡功曹太和十五年奉朝請高祖都洛親自臨選除司空法曹參軍高祖南討以廣陽王嘉鎮荊州整爲嘉外兵參軍事尋轉太尉咸陽王禧外兵參軍景明中除給事中領本州中正尋除尚書左中兵郎中正始中蕭衍江州刺史王茂先來寇南境平南將軍楊大眼討之詔整持節爲大眼軍司大破茂先斬衍輔國將軍王花等永平初以軍功除員外散騎常侍仍除郎中延昌三年秋世宗親選百官於朝堂拜右軍將軍仍除郎中尋轉驍騎將軍未幾丁父憂相州刺史山陽王熙在鄴起兵將誅元乂等事敗傳首京師熙之親故莫敢視整弟婦即熙姊遂收其屍藏之後乃還熙所親乂聞而致憾因以熙弟略南走蕭衍誣整將叛送整與弟宜及子恭等幽繫之賴御史王基前軍將檢事使魏子建理雪獲免後自征虜將軍出除范陽太守時已兵亂整郡獲全去郡之後尋被陷沒靈太后反政除安南將軍光祿大夫元略曾於整坐泣謂黃門王誦尚書袁翻曰刁公收斂我家卿等宜知整以母老河北喪亂時整族弟雙爲西兗州刺史整遂攜家依焉永安初拜金紫光祿大夫二年兼黃門元顥入洛用爲滄州刺史莊帝還朝坐免官後歸鄉里及莊帝殺爾朱榮就除鎮東將軍行滄州事普泰初假征東大將軍滄冀瀛三州刺史大都督將軍如前尋加車騎將軍右光祿大夫逢本鄉賊亂奉母客於齊州加衞大將軍天平四年卒於鄴贈司空公謚曰文獻整解音律輕財好施交結名勝聲酒自娛然貪而好色爲議者所貶

初雍與從弟寶惠俱入國

寶惠字道明太祖以爲上客卒有六子

子連城爲冀州開府椽刁氏世有榮祿而門風不甚修潔爲時所鄙

雍族孫雙字子山高祖藪晉齊郡太守藪因晉亂居青州之樂安父道賾皇興初除平原太守至雙始還本鄉雙少好學兼涉文史雅爲中山王英所知賞拜西河太守正光初中山王熙之誅也熙弟略投命於雙雙護之周年時購略甚切略乃謂雙曰我兄弟屠滅已盡唯我一身漏刃相託卿雖厚恩久見容蔽但事留變生終恐難保脫萬一發覺我死分也無事相累卿若送吾出境便是再生之惠如其不爾輒欲自裁雙曰人生會有一死死所難遇耳今遭知已視死如歸願不以爲慮略後苦求南轉雙乃遣從子昌送達江左靈太后返政知略因雙獲免徵拜光祿大夫時略姊饒安公主刁宣妻也頻訴靈太后乞徵略還朝廷乃以徐州所獲俘江革祖恤二人易之以雙與略有舊乃令至境迎接略肅宗末除西兗州刺史時賊盜蜂起州人張桃弓等招聚亡命公行刼掠雙至境先遣使諭桃弓陳示禍福桃弓即隨使歸罪雙捨而不問後有盜發之處令桃弓追捕咸悉擒獲於是州境清肅莊帝初行濟州刺史以功封曲城鄉男出帝初遷驃騎大將軍左光祿大夫興和三年卒贈車騎大將軍儀同三司齊州刺史謚曰清穆

王慧龍自云太原晉陽人司馬德宗尚書僕射愉之孫散騎侍郎緝之子也幼聰慧愉以爲諸孫之龍故名焉初劉裕微時愉不爲禮及得志愉合家見誅慧龍年十四爲沙門僧彬所匿百餘日將慧龍過江爲津人所疑曰行意怱怱徬徨得非王氏諸子乎僧彬曰貧道從師有年止西岸今暫欲定省還期無遠此隨吾受業者何至如君言既濟遂西上江陵依叔祖忱故吏荊州前治中習辟彊時刺史魏詠之卒辟彊與江陵令羅脩前別駕劉期公土人王騰等謀舉兵推慧龍爲盟主剋日襲州城而劉裕聞詠之卒亦懼江陵有變遣其弟道規爲荊州衆遂不果羅脩將慧龍又與僧彬北詣襄陽司馬德宗雍州刺史魯宗之資給慧龍送渡江遂自虎牢奔于姚興其自言也如此泰常二年姚泓滅慧龍歸國太宗引見與言慧龍請効力南討言終俯而流涕天子爲之動容謂曰朕方混一車書席卷吳會卿情計如此豈不能相資以衆乎然亦未之用後拜洛城鎮將配兵三千人鎮金墉既拜十餘日太宗崩世祖初即位咸謂南人不宜委以師旅之任遂停前授初崔浩弟恬聞慧龍王氏子以女妻之浩既婚姻及見慧龍曰信王家兒也王氏世齇鼻江東謂之齇王慧龍鼻大浩曰眞貴種矣數向諸公稱其美司徒長孫嵩聞之不悅言於世祖以其嘆服南人則有訕鄙國化之意世祖怒召浩責之浩免冠陳謝得釋及魯宗之子軌奔姚興後歸國云慧龍是王愉家豎僧彬所通生也浩雖聞之以女之故成贊其族慧龍由是不調久之除樂安王範傅領并荊揚三州大中正慧龍抗表願得南垂自効崔浩固言之乃授南蠻校尉安南大將軍左長史及劉義隆荊州刺史謝晦起兵江陵引慧龍爲援慧龍督司馬盧壽等一萬人拔其思陵戍進圍項城晦敗乃班師後劉義隆將王玄謨寇滑臺詔假慧龍楚兵將軍與安頡等同討之相持五十餘日諸將以賊盛莫敢先慧龍設奇兵大破之世祖賜以劒馬錢帛授龍驤將軍賜爵長社侯拜滎陽太守仍領長史在任十年農戰並修大著聲績招攜邊遠歸附者萬餘家號爲善政其後劉義隆將到彥之檀道濟等頻頓淮潁大相侵掠慧龍力戰屢摧其鋒彥之與友人蕭斌書曰魯軌頑鈍馬楚孱狂亡人之中唯王慧龍及韓延之可爲深憚不意儒生懦夫乃令老子訝之劉義隆縱反間云慧龍自以功高而位不至欲引寇入邊因執安南大將軍司馬楚之以叛世祖聞曰此必不然是齊人忌樂毅耳乃賜慧龍璽書曰義隆畏將軍如虎欲相中害朕自知之風塵之言想不足介意也劉義隆計既不行復遣刺客呂玄伯購慧龍首二百戶男絹一千疋玄伯僞爲反間來求屏人有所論慧龍疑之使人探其懷有尺刀玄伯叩頭請死慧龍曰各爲其主也吾不忍害此人左右皆言義隆賊心未已不殺玄伯無以制將來慧龍曰死生有命彼亦安能害我且吾方以仁義爲干櫓又何憂乎刺客遂捨之時人服其寬恕慧龍自以遭難流離常懷憂悴乃作祭伍子胥文以寄意爲生一男一女遂絕房室布衣蔬食不參吉事舉動必以禮太子少傅游雅言於朝曰慧龍古之遺孝也撰帝王制度十八篇號曰國典眞君元年拜使持節寧南將軍虎牢鎮都副將未至鎮而卒臨沒謂功曹鄭曄曰吾羇旅南人恩非舊結蒙聖朝殊特之慈得在疆埸効命誓願鞭屍吳市戮墳江陰不謂嬰此重疾有心莫遂非唯仰愧國靈實亦俯慙后土修短命也夫復何言身歿後乞葬河內州縣之東鄉依古墓而不墳足藏髮齒而已庶魂而有知猶希結草之報時制南人入國者皆葬桑乾曄等申遺意詔許之贈安南將軍荊州刺史謚穆侯吏人及將士共於墓所起佛寺圖慧龍及僧彬象讚之呂玄伯感全宥之恩留守墓側終身不去

子寶興襲爵

寶興少孤事母至孝尚書盧遐妻崔浩女也初寶興母及遐妻俱孕浩謂曰汝等將來所生皆我之自出可指腹爲親及婚浩爲撰儀躬自監視謂諸客曰此家禮事宜盡其美及浩被誅盧遐後妻寶興從母也緣坐沒官寶興亦逃避未幾得出盧遐妻時官賜度河鎮高車滑骨寶興盡賣貨產自出塞贖之以歸州辟治中從事別駕舉秀才皆不就閉門不交人事襲爵長社侯龍驤將軍卒子瓊襲爵

瓊字世珍高祖賜名焉太和九年爲典寺令十六年降侯爲伯高祖納其長女爲嬪拜前軍將軍并州太中正正始中爲光州刺史有受納之響爲中尉王顯所劾終得雪免神龜中除左將軍兗州刺史去州歸京多年沉滯所居在司空劉騰宅西騰雖勢傾朝野初不候之騰既權重吞并隣宅增廣舊居唯瓊終不肯與以此久見抑屈瓊女適范陽盧道亮不聽歸其夫家及女卒哀慟無已瓊仍葬之別所冢不即塞常於壙內哭泣久之乃掩當時深怪疑其穢行加以聾疾每見道俗乞丐無已造次見之令人笑愕道逢太保廣平王懷據鞍抗禮自言馬瘦懷即以誕馬并乘具與之嘗詣尚書令李崇騎馬至其黃閤見崇子世哲直問繼伯在否崇遽出瓊乃下崇儉而好以紙帖衣領瓊哂而掣去之崇小子青肫嘗盛服聞寵勢亦不足恨領軍元乂使奴遺瓊馬并留奴王誦聞之笑曰東海之風於茲墜矣孝昌三年除鎭東將軍金紫光祿大夫中書令時瓊子遵業爲黃門郎故有此授卒年七十四贈征北將軍中書監并州刺史自慧龍入國三世一身至瓊始有四子

長子遵業風儀清秀涉歷經史位著作佐郎與司徒左長史崔鴻同撰起居注遷右軍將軍兼散騎常侍慰勞蠕蠕乃詣代京採拾遺文以補起居所闕與崔光安豐王延明等參定服章及光爲肅宗講孝經遵業預講延明錄義並應詔作釋奠侍宴詩時人語曰英英濟濟王家兄弟轉司徒左長史黃門郎監典儀注遵業有譽當時與中書令陳郡袁翻尚書瑯琊王誦並領黃門郎號曰三哲時政歸門下世謂侍中黃門爲小宰相而遵業從容恬素若處丘園嘗著穿角履好事者多毀新履以學之以胡太后臨朝天下方亂謀避地自求徐州太后曰王誦罷幽州始作黃門卿何乃欲徐州更待一二年

當有好處分遵業兄弟並交遊時俊乃爲當時所美及爾朱榮入洛兄弟在父喪中以於莊帝有從姨兄弟之親相率奉迎俱見害河陰議者惜其人才而譏其躁競贈并州刺史著三晉記十卷

遵業子松年尚書庫部郎

韓延之字顯宗南陽赭陽人魏司徒暨之後也司馬德宗平西府錄事參軍劉裕率伐司馬休之未至江陵密使與延之書招之延之報曰聞親率戎馬遠履西畿闔境士庶莫不恠駭何者莫知師出之名故也司馬平西體國忠貞欽愛待物當於古人中求耳劉裕足下海內之人誰不見足下此心而復欲欺誑國士天地所不容在彼不在此矣今伐人之君啗人以利眞可謂處懷期物自有由來者矣以平西之至德寧無授命之臣乎假令天長喪亂九流渾濁當與臧洪遊於地下不復多言裕得書歎息以示諸佐曰事人當應如此劉裕父名翹字顯宗於是延之字顯宗名子爲翹蓋示不臣劉氏也後奔姚興泰常二年與司馬文思來入國以延之爲虎牢鎮將爵魯陽侯初延之曾來往栢谷塢省魯宗之墓有終焉之志因謂子孫云河洛三代所都必有治於此者我死不勞向北代葬也卽可就此及卒子從其言遂葬於宗之墓次延之死後五十餘年而高祖從都其孫卽居於墓北栢谷塢延之前妻羅氏生子措措隨父入國又以淮南王女妻延之生道仁措推道仁爲嫡襲父爵位至殿中尚書進爵西平公

袁式字季祖陳郡陽夏人漢司徒滂之後父淵司馬昌明侍中式在南歷武陵王遵諮議參軍與司馬文思等歸姚興泰常二年歸國爲上客賜爵陽夏子與司徒崔浩一面便盡國士之交是時朝儀典章悉出於浩浩以式博於古事每所草創恒顧訪之性長者雖羇旅飄泊而清貧守度不失士節時人甚敬重之皆呼曰袁諮議延和三年衞大將軍樂安王範爲雍州刺史詔式與中書侍郎高允俱爲從事郎中辭而獲免式沉靖樂道周覽書傳至於詁訓倉雅偏所留懷作字釋未就以天安二年卒贈豫州刺史謚肅侯

子濟襲位魏郡太守政有清稱加寧遠將軍子姪遂居潁川之陽夏

史臣曰刁雍才識恢遠著聲立事禮遇優隆世有人爵堂構之義也王慧龍援難自歸頗歷夷險撫人督衆見憚嚴敵世珍實有令子克播家聲韓延之報書劉裕國體在焉袁式贊禮儀崔浩時稱長者一時有稱信爲美哉

魏書卷三十八考證

刁雍傳山陽王熙在鄴起兵○本書南安王楨子英世宗時改封中山王英子熙延昌二年襲爵尋授相州刺史卽起兵上表此處作山陽王亦互異

魏書卷三十九

齊　魏收　撰

列傳第二十七

李寶

李寶字懷素小字衍孫隴西狄道人私署涼王暠之孫也父翻字士舉小字武彊私署驍騎將軍祁連酒泉晉昌三郡太守寶沉雅有度量驍勇善撫接伯父歆爲沮渠蒙遜所滅寶徙於姑臧歲餘隨舅唐契北奔伊吾臣於蠕蠕其遺民歸附者稍至二千寶傾身禮接甚得其心衆皆樂爲用每希報雪屬世祖遣將討沮渠無諱於敦煌無諱捐城遁走寶自伊吾南歸敦煌遂修繕城府規復先業遣弟懷達奉表歸誠世祖嘉其忠款拜懷達散騎常侍敦煌太守別遣使授寶使持節侍中都督西垂諸軍事鎭西大將軍開府儀同三司領護西戎校尉沙州牧敦煌公仍鎭敦煌四品以下聽承制假授眞君五年因入朝遂留京師拜外都大官轉鎭南將軍并州刺史還除內都大官高宗初代司馬文思鎭懷荒改授鎭北將軍太安五年薨年五十三詔賜命服一襲贈以本官謚曰宣有六子承茂輔佐公業沖公業早卒沖別有傳

承字伯業少有策畧初寶欲謀歸款民僚多有異議承時年十三勸寶速定大計於是遂決仍令承隨表入質世祖深相器異禮遇甚優賜爵姑臧侯後遭父憂居喪以孝聞承應傳先封以自有爵乃讓弟茂時論多之承方裕有鑒裁爲時所重高宗末以姑臧侯出爲龍驤將軍榮陽太守爲政嚴明甚著聲稱延興五年卒時年四十五贈使持節本將軍雍州刺史謚曰穆

長子韶字元伯學涉有器量與弟彥虔蕤並爲高祖賜名焉韶又爲季父沖所知重延興中補中書學生襲爵姑臧侯除儀曹令時修改車服及羽儀制度皆令韶典焉遷給事黃門侍郎後例降侯爲伯兼大鴻臚卿黃門如故高祖將創遷都之計詔引侍臣訪以古事韶對洛陽九鼎舊所七百攸基地則土中實均朝貢惟王建國莫尚於此高祖稱善遷太子右詹事尋罷左右仍爲詹事秦州大中正出爲安東將軍兗州刺史高祖自鄴還洛韶朝於路言及庶人恂事高祖曰卿若不出東宮或未至此世宗初徵拜侍中領七兵尚書尋除撫軍將軍并州刺史以從弟伯尚同元禧之逆在州禁止徵還京師雖不知謀猶坐功親免除官爵久之起兼將作大匠勑參定朝儀律令呂苟兒反於秦州除撫軍將軍西道都督行秦州事與右衞將軍元麗率衆討之事平卽眞璽書勞勉復其先爵時隴右新經師旅之後百姓多不安業韶善撫納甚得夷夏之心徵還行定州事尋轉相州刺史將軍如故肅宗初入爲殿中尚書行雍州事後除中軍大將軍吏部尚書加散騎常侍韶在選曹不能平心守正通容而已議者貶之出爲冀州刺史清簡愛民甚收名譽政績之美聲冠當時肅宗嘉之就加散騎常侍遷車騎大將軍賜劍佩貂蟬各一具驊騮馬一匹并衣服寢具詔以年及懸車抗表遜位優旨不許轉定州刺史常侍如故及赴中山冀州父老皆送出西境相聚而泣二州境既連接百姓素聞風德州內大治正光五年四月卒於官年七十二詔賵帛七百疋贈侍中持節散騎常侍車騎大將軍司空公雍州刺史謚曰文恭既葬之後有冀州兵千餘人戍於荊州還經韶墓相率培冢數日方歸其遺愛如此初韶克定秦隴永安中追封安城縣開國伯邑四百戶

長子璵字道璠襲武定中驃騎大將軍東徐州刺史

璵弟瑾字道瑜美容貌頗有才學特爲韶所鍾愛清河王懌知賞之懌爲司徒辟參軍轉著作佐郎加龍驤將軍稍遷通直散騎侍郎與給事黃門侍郎王遵業尚書郎盧觀典領儀注臨淮王彧謂瑾等曰卿等三儁共掌帝儀可謂舅甥之國士盧卽瑾之外兄也肅宗崩上謚策文瑾所制也莊帝初於河陰遇害年四十九贈冠軍將軍齊州刺史

長子產之字孫僑容貌短陋而撫訓諸弟愛友篤至年四十九亡

產之弟蒨之武定末司空主簿

瑾弟瓚字道璋少有風尚辟司徒參軍事神龜中卒贈漢陽太守

子修年大將軍開府士曹參軍早亡

韶弟彥字次仲頗有學業高祖初舉司州秀才除中書博士轉諫議大夫後因考課降爲元士尋行主客曹事從郊廟下大夫時朝儀典章咸未周備彥留心考定號爲稱職高祖南伐彥以蕞爾江閩不足親勞鑾駕頻有表諫雖不從納然亦嘉其至誠及六軍次於淮南徵爲廣陵王羽長史加恢武將軍西翼副將軍還除冀州趙郡王幹長史轉青州廣陵王羽長史帶齊郡太守徵爲龍驤將軍司徒右長史轉左長史秦州大中正出行揚州事尋徵拜河南尹還至汝陰復勑行徐州事轉平北將軍平州刺史還平東將軍徐州刺史延昌二年夏大霖雨川瀆皆溢彥相水陸形勢隨便疏通得無淹潰之害朝廷嘉之頻詔勞勉入爲河南尹遷金紫光祿大夫光祿勳卿轉度支尚書出爲撫軍將軍秦州刺史是時破落汗拔陵等反於北鎭二夏豳涼所在蜂起而彥刑政過猛爲下所怨城民薛珍劉慶杜超等因四方離叛遂潛結逆謀正光五年六月突入州門擒彥於內齋囚於西府推其黨莫折大提爲帥遂害彥永安中追贈侍中驃騎大將軍司徒公雍州刺史謚曰孝貞

子燮字德諧少有風望解褐司徒參軍著作佐郎司徒祭酒轉主簿卒贈輔國將軍太常少卿

燮弟德廣終於中散大夫

德廣弟德顯太尉行參軍稍遷散騎侍郎卒贈征虜將軍東秦州刺史

德顯弟德明祕書郎

彥弟虔字叔恭太和初爲中書學生遷祕書中散轉冀州驃騎府長史太子中舍人世宗初遷太尉從事中郎出爲清河太守屬京兆王愉反虔棄郡奔闕世宗聞虔至謂左右曰李虔在冀州日久恩信著物今拔難而來衆情自解矣乃授虔別領軍前慰勞事事平轉長樂太守延昌初冀州大乘賊起令虔以本官爲別將與都督元遙討平之遷後將軍燕州刺史還爲光祿大夫加平西將軍兼大司農卿出爲散騎常侍安東將軍兗州刺史追論平冀州之功賜爵高平男還京除河南邑中正遷鎭軍將軍金紫光祿大夫孝莊初授特進車騎大將軍儀同三司加散騎常侍又進號驃騎大將軍開府儀同三司永安三年冬薨年七十四贈侍中都督冀定瀛三州諸軍事驃騎大將軍太尉公冀州刺史男如故謚曰宣景

長子暖字仁明解褐司空行參軍稍遷尚書左外兵郎孝莊初於河陰遇害年四十贈安東將軍度支尚書青

州刺史

子褒武定中太師法曹參軍

曖弟昞字仁曜起家高陽王雍常侍員外散騎侍郎太尉錄事參軍孝莊初與兄曖同時遇害年四十八贈散騎常侍左將軍兗州刺史

子爲武定中司空長流參軍

昞弟昭字仁照卒於散騎侍郎贈征虜將軍涼州刺史

子士元操武定中竝儀同開府參軍事

昭弟曉字仁略武定末太尉諮議參軍

虔弟蕤字延賓歷步兵校尉東郡太守司農少卿卒贈龍驤將軍豫州刺史

長子詠字義興有幹局起家太學博士領殿中侍御史稍遷東郡太守莊帝初遷安東將軍濟州刺史轉廣州刺史加散騎常侍前廢帝時與第三弟通直散騎常侍義眞第七弟中書侍郎太常少卿義邕同時爲爾朱仲遠所害義邕莊帝居蕃之日以外親甚見親暱及有天下特蒙信任爾朱榮之誅義邕與其事由是竝及於禍出帝初贈詠侍中驃騎將軍吏部尚書冀州刺史義眞贈前將軍齊州刺史義邕贈安東將軍青州刺史

詠次弟義愼司空屬第四弟義遠國子博士莊帝初竝於河陰遇害義愼贈散騎常侍征東將軍雍州刺史

承弟茂字仲宗高宗末襲父爵鎭西將軍敦煌公高祖初除長安鎭都將轉西兗州刺史將軍如故入爲光祿大夫例降爲侯茂性謙愼以弟沖寵盛懼於盈遂託以老疾固請遜位高祖不奪其志聽食大夫祿還私第因居定州之中山自是優遊早舍不入京師景明三年卒時年七十一謚曰恭侯

子靜字紹安襲解褐太尉參軍事定州別駕東平原太守神龜三年卒年五十五

子遐字智遠有几案才起家司空行參軍襲爵稍遷右將軍尚書駕部郎中出爲河內太守爾朱榮稱兵向洛次其郡境莊帝潛濟河北相會遐旣聞榮推奉莊帝遂開門謁候仍從駕南渡及河陰爲亂兵所害時年四十二事寧追贈散騎常侍車騎大將軍尚書右僕射秦州刺史以候駕之功封盧鄉縣開國伯邑三百戶

子孝儒襲齊受禪爵例降

靜弟季字仲安恭順篤厚起家鎭北府公曹參軍定州別駕汝陽汝南中山三郡太守孝莊初以外親超授撫軍將軍金紫光祿大夫出除鎭東將軍滄州刺史加散騎常侍普泰元年卒年六十二有五子

長子惠昭太傅開府城局參軍

惠昭弟惠諶武定中齊州別駕

季弟敬安奉朝請早亡

敬安弟季安粗涉書史解褐彭城王行參軍稍遷寧朔將軍步兵校尉出爲徐州北海王顥撫軍府長史正光末顥爲關西都督復引爲長史委以戎政尋加驍騎將軍孝昌三年卒於軍時年五十三贈征虜將軍涼州刺史

子處默少清惠起家青州彭城王府主簿稍遷通直散騎常侍安東將軍光祿大夫撫軍將軍廣州開府長史天平初卒年三十九

茂弟輔字督眞亦有人望解褐中書博士遷司徒議曹掾太和初高祖爲咸陽王禧納其女爲妃除鎭遠將軍潁川太守帶長社戍輔綏懷招集甚得邊和六年卒於郡年四十七贈征虜將軍秦州刺史襄武侯謚曰惠

長子伯尚少有重名弱冠除祕書郎高祖每云此李氏之千里駒稍遷通直散騎侍郎勑撰太和起居注尋遷祕書丞世宗初兼給事黃門侍郎景明二年坐與咸陽王禧謀反誅時年二十九

伯尚弟仲尚儀貌甚美少以文學知名二十著前漢功臣序讚及季父司空沖誄時兼侍中高聰尚書邢巒見而歎曰後生可畏非虛言也起家京兆王愉行參軍景明中坐兄事賜死年二十五

仲尚弟季凱沉敏有識量坐兄事與母弟俱徙邊久之會赦免遂寓居於晉陽沉廢積年孝昌中解褐太尉參軍事加威遠將軍尋除并州安北府長史肅宗崩爾朱榮陰圖義舉季凱豫謀莊帝踐阼徵拜給事黃門侍郎封博平縣開國侯邑七百戶尋加散騎常侍東平將軍轉祕書監進號中軍將軍普泰元年七月爾朱世隆以榮之死謂季凱通知於是見害年五十五出帝初追贈侍中驃騎將軍吏部尚書定州刺史

子統字基伯襲武定末太尉刑獄參軍齊受禪爵例降

季凱弟延慶孝昌中解褐定州鎭北城局參軍稍遷奉車都尉陳留太守遷鎭東將軍金紫光祿大夫永熙二年卒年五十二贈本將軍雍州刺史

子惠矩武定中儀同開府參軍事

延慶弟延度武定中衞將軍安德太守

輔弟佐字季翼有文武才幹高祖初兼散騎常侍銜命使高麗以奉使稱旨還拜常山太守賜爵眞定子遷冠軍將軍懷州刺史賜爵山陽侯尋加安南將軍河內公轉安東將軍相州刺史所在有稱績車駕南討拜安南將軍副大司馬咸陽王禧爲殿中將軍尋被勑與征南將軍城陽王鸞安南將軍盧淵等軍攻赭陽各不相節度諸軍皆坐甲城下欲以不戰降賊佐獨勒所部晨夜攻擊屬蕭鸞遣其太子右衞率垣歷生率衆來援咸以勢弱不敵規欲班師佐乃簡騎二千逆賊爲賊所敗坐徙瀛州爲民車駕征宛鄧復起佐假平遠將軍統軍蕭鸞新野太守劉忌憑城固守佐率所領攻拔之以功封涇陽縣開國子邑三百戶沔北旣平廣陽王嘉爲荊州刺史仍以佐爲嘉鎭南府長史加輔國將軍別鎭新野及大軍凱旋高祖執佐手曰沔北洛陽南門卿旣爲朕平之亦當爲朕善守高祖崩遺勅以佐行荊州事仍本將軍佐在州威信大行邊民悅附前後歸之者二萬許家尋正刺史世宗初徵兼都官尚書景明二年卒年七十一贈征虜將軍秦州刺史謚曰莊子遵襲

遵爽儁有父風歷相州治中轉別駕冀州征北府長史司空司馬卒贈龍驤將軍洛州刺史孝莊初以外戚超贈車騎大將軍儀同三司定州刺史

子果襲司空諮議參軍武定中坐通西賊伏誅

遵弟東字休賢郡辟功曹以父憂去職遂終身不食酒肉因屏居鄉里肅宗初司空任城王澄嘉其操尚以爲參軍事尋轉司徒外兵參軍歷任城濟北二郡太守孝莊初還鎭遠將軍濟州刺史卒贈安北將軍殿中尚書相州刺史

子經司徒諮議參軍行豫州事興和初坐妖言賜死

東弟神儁小名提少以才學知名爲太常劉芳所賞釋褐奉朝請轉司徒祭酒從事中郎頃之拜驍騎將軍中書侍郎太常少卿出爲前將軍荊州刺史時四方多事所在連兵蕭衍遣將曹敬宗來寇攻圍積時又引水灌城城不沒者數版神儁循撫兵民勠力固守詔遣都督崔暹別將王羆裴衍等赴援敬宗退走時寇賊之後城外多有露骸神儁敎令收葬之徵拜大司農卿肅宗末除鎭軍將軍行相州事於時葛榮南逼神儁憂懼乃故墜馬傷腳仍停汲郡有詔追還莊帝纂統以神儁外戚之望拜散騎常侍殿中尚書追論固守荊州之功封千乘縣開國侯邑一千戶轉中書監吏部尚書神儁意尚風流情在推引人物而不能守正奉公無多聲譽有鉅鹿人李炎上書言神儁之失天柱將軍爾朱榮曾補人爲曲陽縣令神儁以階縣不用榮聞大怒謂神儁自樹親黨排抑勳人神儁懼啓求解官乃除衞將軍左光祿大夫尋屬爾朱兆入京乘輿幽執神儁遂逃竄民間出帝初始來歸闕拜散騎常侍驃騎大將軍左光祿大夫儀同三司孝靜初行并州事尋除驃騎大將軍肆州刺史入爲侍中興和二年薨年六十四贈都督雍秦涇三州諸軍事驃騎大將軍尚書左僕射司徒公雍州刺史侍中開國公如故神儁風韻秀舉博學多聞朝廷舊章及人倫氏族多所諳記篤好文雅老而不輟凡所交遊皆一時名士汲引後生爲其光價四方才子咸宗附之而性通率不持檢度至於少年之徒皆與褻狎不能清正方重識者以此爲譏神儁喪二妻又欲娶鄭嚴祖妹神儁之從甥也盧元明亦將爲婚遂至紛競二家閱於嚴祖之門鄭卒歸元明神儁惆悵不已時人謂神儁鳳德之衰神儁無子從弟延度以第三子容兒後之

韶從弟元珍小名大墨起家奉朝請太尉錄事參軍卒於步兵校尉

元珍弟仲遵有業尚彭城王勰爲定州請爲開府參軍累轉員外散騎常侍遊擊將軍太中大夫出爲京兆內史大將軍京兆王繼西伐請而諮議參軍尋除左將軍營州刺史時四方州鎭謀逆叛亂相續營州城內咸有異心仲遵單車赴州旣至與大使盧同以恩信懷誘率皆怡悅後肅宗又詔盧同爲行臺北出慰勞同疑彼人情難信聚兵將往城民劉安定等先有異志謂欲圖己還相恐動遂執仲遵二子清石阿罕尋亦見殺唯兄子徽仁得免

韶從叔思穆字叔仁父抗自涼州渡江左仕劉駿歷晉壽安東東萊三郡太守思穆有度量善談論工草隸爲當時所稱太和十七年攜家累自漢中歸國除步兵校尉遭母憂解任起爲都水使者及車駕南伐以本官兼直閤將軍從平南陽以功賜爵爲伯尋除司徒司馬彭城王勰爲定州請爲司馬帶鉅鹿太守勰徙鎭揚州仍請爲司馬府解除征虜將軍太中大夫出爲京兆內史在郡八年頗有政績徵拜光祿大夫肅宗初除平北將軍中山太守未拜遷安北將軍營州刺史卒於位時年六十一贈安西將軍華州刺史永安中子獎爲莊帝所親待復超贈思穆衞將軍中書監左光祿大夫謚曰宜惠有子十四人

嫡子斌襲官至散騎侍郎早卒

斌兄獎武定末司徒左長史李氏自初入魏人位兼舉因沖寵遇遂爲當世盛門而仁義吉凶情禮淺薄朞功之服殆無慘容相視窘乏不加拯濟識者以此貶之

史臣曰李寶家難流離晚獲歸正大享名器世業不殞諸子承基俱有位望韶清身履度聲績洽美矣神儁才尚風流殆民望也貞粹之地君子或未許焉

魏書卷三十九考證

李寶傳隨舅唐契北奔伊吾○唐監本誤廣各本同考本書唐和傳和與兄契携外甥李寶避難伊吾北史亦云携其甥武昭王孫寶臣於蠕蠕乃諸本俱作廣契傳寫之謬也今改正

年四十○臣人龍按暖弟昞傳云孝莊初與兄暖同時遇害年四十八暖既昞兄矣反年四十耶二者必有一誤

請而詣議參軍○而當作爲

魏書卷四十

齊　魏收　撰

列傳第二十八

陸俟

陸俟代人也曾祖幹祖引世領部落父突太祖時率部民隨從征伐數有戰功拜厲威將軍離石鎭將天興中爲上黨太守關內侯俟少聰慧有策略太宗踐阼拜侍郎遷內侍襲爵關內侯轉龍驤將軍給事中典選部蘭臺事當官而行無所屈撓世祖親征赫連昌詔俟督諸軍鎭大磧以備蠕蠕車駕還復典選部蘭臺事與西平公安頡督諸軍攻虎牢剋之賜爵建業公拜冀州刺史仍本將軍時考州郡治功唯俟與河內太守丘陳爲天下第一轉都督洛豫二州諸軍事本將軍虎牢鎭大將平涼休屠金崖羌狄子玉等叛復轉爲使持節散騎常侍平西將軍安定鎭大將既至懷柔羌戎莫不歸附追討崖等皆獲之徵還拜散騎常侍出爲平東將軍懷荒鎭大將未朞諸高車莫弗訟俟嚴急待下無恩還請前鎭將郎孤世祖詔許之徵俟還京既至朝見言於世祖曰陛下今以郎孤復鎭以臣愚量不過周年孤身必敗高車必叛世祖疑謂不實切責之以公歸第明年諸莫弗果殺郎孤而叛世祖聞之大驚卽召俟問其知敗之意俟曰夫高車上下無禮無禮之人難爲其上臣所以莅之以威嚴節之以憲網欲漸加訓導使知分限而惡直醜正實繁有徒故訟臣無恩稱孤之美孤獲還鎭欣其名譽必加恩於百姓讒臣爲失專欲以寬惠治之仁恕待之無禮之人易生陵傲不過朞年無復上下然後收之以威則人懷怨懟怨懟既多敗亂彰矣世祖笑曰卿身乃短慮何長也卽日復除散騎常侍世祖征蠕蠕破涼州常隨駕別督輜重又與高涼王那渡河南略地至濟南東平陵徙其民六千家於河北又以俟都督秦雍二州諸軍事平西將軍長安鎭大將與高涼王那擊蓋吳於杏城大破之獲吳二叔諸將欲送京師俟獨不許曰夫長安一都險絕之土民多剛彊類乃非一清平之時仍多叛動今雖良民猶以爲懼況其黨與乎若不斬吳恐長安之變未已吳一身藏竄非其親信誰能獲之若停十萬之衆以追一人非上策也不如私許吳叔免其妻子使自追吳擒之必也諸將咸曰今來討賊既破之獲其二叔唯吳一人何所復至俟曰吳之悖逆本自天性今若獲免必誑惑愚民稱王者不死妄相扇動爲患必大諸君不見毒蛇乎斷其頭猶能爲害況除腹心疾而曰必遺其類其可乎諸將曰公言是也但得賊不殺更有所求遂去不返其如罪何俟曰此罪我與諸君當之高涼王那亦從俟計遂遣吳二叔與之期及吳叔不至諸將各咎於俟俟曰此未得其便耳必不背也後數日果斬吳以至皆如其言俟之明略獨決皆此類也遷內都大官安定盧永劉超等聚黨萬餘以叛世祖以俟威恩被於關中詔以本官加都督秦雍諸軍事鎭長安世祖曰秦川險絕奉化日近吏民未被恩德故項年己來頻有叛動今超等恃險不順王命朕若以重兵與卿則超等必合而爲一據險拒戰未易攻也若以輕兵與卿則不制矣今使卿以方略定之於是俟單馬之鎭超等聞之大欣以爲無能爲也既至申揚威信示以成敗誘納超女外若姻親超猶自警初無降意俟乃率其帳下往見超觀其舉措設掩襲之計超使人逆曰三百人以外當以弓馬相待三百人以內當以酒食相供俟乃將二百騎詣超超設備甚嚴俟遂縱酒盡醉而還後謂將士曰超可取也乃密選精兵五百人陳國恩德激厲將士言至懇切士卒奮勇各曰以死從公必無二也遂僞獵而詣超與士卒約曰今會發機當以醉爲限俟於是詐醉上馬大呼手斬超首士卒應聲縱擊殺傷千數遂平之世祖大悅徵俟還京師轉外都大官散騎常侍如故高宗踐阼以子麗有策立之勳拜俟征西大將軍進爵東平王太安四年薨年六十七謚曰成王有子十二人

長子馛多智有父風高宗見馛而悅之謂朝臣曰吾常歎其父智過其軀是復踰於父矣少爲內都下大夫奉上接下行止取與每能逆曉人意與其從事者無不愛之興安初賜爵聊城侯出爲散騎常侍安南將軍相州刺史假長廣公爲政清平抑彊扶弱州中有德宿老名望重者以友禮待之詢之政事責以方略如此者十人號曰十善又簡取諸縣彊門百餘人以爲假子誘接殷勤賜以衣服令各歸家爲耳目於外於是發奸擿伏事無不驗百姓以爲神明無敢劫盜者在州七年家至貧約徵爲散騎常侍民乞留馛者千餘人顯祖不許謂羣臣曰馛之善政雖復古人何以加之賜絹五百疋奴婢十口馛之還也吏民大斂布帛以遺之馛一皆不受民亦不取於是以物造佛寺焉名長廣公寺後襲父爵改封建安王時劉彧司州刺史常珍奇以懸瓠內附而新民猶懷去就馛銜旨撫慰諸有陷軍爲奴婢者馛皆免之百姓忻悅民情乃定車駕討蠕蠕詔馛爲選部尚書錄留臺事督兵運糧一委處分顯祖將禪位於京兆王子推任城王雲隴西王源賀等竝皆固諫馛抗言曰皇太子聖德承基四海屬望不可橫議干國之紀臣請刎頸殿庭有死無貳久之帝意乃解詔曰馛直臣也其能保吾子乎遂以馛爲太保與太尉源賀持節奉皇帝璽紱傳位于高祖延興四年薨贈以本官謚曰貞王馛有六子琇凱知名

琇字伯琳馛第五子母赫連氏身長七尺九寸甚有婦德馛有以爵傳琇之意琇年九歲馛謂之曰汝祖東平王有十二子我爲嫡長承襲家業今己年老屬汝幼沖詎堪爲陸氏宗首乎琇對曰苟非鬬力何患童稚馛奇之遂立琇爲世子馛薨襲爵琇沉毅少言雅好讀書以功臣子孫爲侍御長給事中遷黃門侍郎轉太常少卿散騎常侍太子左詹事領北海王師光祿大夫轉祠部尚書司州大中正會從兄叡事免官景明初試守河內郡咸陽王禧謀反令子畧和與尹忤期薛繼祖等先據河內琇聞禧敗斬畧和首時以琇不先送畧和禧敗始斬首責其通情徵詣廷尉廷尉少卿崔振窮治罪狀按琇大逆陸宗大小咸見收捕會將赦先薨於獄琇弟凱仍上書訴冤世宗詔復琇爵

子景祚襲

凱字智君謹重好學年十七爲中書學生拜侍御中散轉通直散騎侍郎還太子庶子給事黃門侍郎凱在樞要十餘年以忠厚見稱希言屢中高祖嘉之後遇患頻上書乞骸骨詔不許勑大醫給湯藥除正平太守在郡七年號爲良吏初高祖將議革變舊風大臣竝有難色又每引劉芳郭祚等密與規謨共論時政而國戚謂遂疎己快快有不平之色乃令凱私諭之曰至尊但欲廣知前事直當問其古式耳終無親彼而相疎也國戚舊人意乃稍解咸陽王禧謀逆凱兄琇陷罪凱亦被收遇赦乃免凱痛兄之死哭無時節目幾失明訴冤不已備盡人事至正始初世宗復琇官爵凱大喜置酒集諸親曰吾所以數年之中抱病忍死者顧門戶計耳逝者不追今願畢矣遂以其年卒贈龍驤將軍南青州刺史謚曰惠

長子暐字道暉與弟恭之竝有時譽洛陽令賈禎見其兄弟歎曰僕以老年更覩雙璧又嘗兄弟共候黃門郎孫惠蔚惠蔚謂諸賓曰不意二陸復在座隅吾德謝張公無以延譽暐起家司徒行參軍太尉西閤祭酒兼尚書右民三公郎坐事免後除伏波將軍正光中卒贈司州治中孝昌中重贈冠軍將軍恒州刺史暐擬急就篇爲悟蒙章及七誘十醉章表數十篇暐與恭之晚不睦爲時所鄙

子元規武定中尚書郎

恭之字季順有操尚釋褐侍御史著作佐郎建義初除中書侍郎領著作郎尋除河北太守轉征虜將軍殷州刺史前廢帝初拜廷尉卿加鎭西將軍所歷竝有聲績後坐事免孝靜初還復本位出除征南將軍東荆州刺史天平四年卒贈散騎常侍衞將軍吏部尚書定州刺史謚曰懿恭之所著文章詩賦凡千餘篇

子彞開府中兵參軍

馛弟石跋涇州刺史

石跋弟歸東宮舍人駕部校尉

歸弟尼內侍校尉東陽鎭都將

尼弟麗少以忠謹入侍左右太武特親昵之舉動審愼而無愆失賜爵章安子稍遷南部尚書太武崩南安王余立既而爲中常侍宗愛等所殺百寮憂惶莫知所立麗以高宗世嫡之重民望所係乃首建大義與殿中尚書長孫渴侯尚書源賀羽林郎劉尼奉迎高宗於苑中立之社稷獲安麗之謀矣由是受心膂之任在朝者無

出其右興安初封平原王加撫軍將軍麗辭曰陛下以一統之重承基繼業至於奉迎守順臣闕二字常豈敢昧冒以千大典頻讓再三詔不聽麗乃啓曰臣父歷奉先朝忠勤著稱今年至西夕未登王爵臣叨荷寵榮於分已過愚款之情未申犬馬之劾未展願裁過恩聽遂所請高宗曰朕爲天下主豈不能得二王封卿父子也乃以其父俟爲東平王麗尋遷侍中撫軍大將軍司徒公復其子孫賜妻妃號麗以優寵既頻固辭不受高宗益重之領太子太傅麗好學愛士常以講習爲業其所待者皆篤行之流士多稱之性又至孝遭父憂毁瘠過禮和平六年高宗崩先是麗療疾於代郡溫泉聞諱欲赴左右止之曰宮車晏駕王德望素重姧臣若疾民譽慮有不測之禍願少遲回朝廷寧靜然後奔赴猶爲未晚麗曰安有聞君父之喪方慮禍難不卽奔波者遂便馳赴乙渾尋擅朝政忌而害之初渾悖傲每爲不法麗數諍之由是見忌顯祖甚追惜麗謚曰簡王陪葬金陵高祖追錄先朝功臣以麗配饗廟庭麗二妻長曰杜氏次張氏長子定國杜氏所生次叡張氏所生

定國在襁抱高宗幸其第詔養宮內至於遊止常與顯祖同處年六歲爲中庶子及顯祖踐阼拜散騎常侍特賜封東郡王加鎭南將軍定國以承父爵頻辭不許又求以父爵讓弟叡乃聽之俄遷侍中儀曹尚書轉殿中尚書前後大駕征巡每擢爲行臺錄都曹事超遷司空定國恃恩不循法度延興五年坐事免官爵爲兵太和初復除侍中鎭南將軍秦益二州刺史復王爵八年薨於州賵以本官謚曰莊王賜命服一襲

子昕之字慶始風望端雅襲爵例降爲公尚顯祖女常山公主拜駙馬都尉歷通直郞景明中以從叔琇罪免官尋以主壻除通直散騎常侍未幾遷司徒司馬加輔國將軍出爲兗州刺史尋進號安東將軍治有名績仍除青州刺史在州著寬平之稱轉安北將軍相州刺史永平四年夏卒贈鎭東將軍冀州刺史謚曰惠初定國娶河東柳氏生子安保後納范陽盧度世女生昕之二室俱爲舊族而嫡妾不分定國亡後兩子爭襲父爵僕射李沖有寵於時與度世子泉婚親相好沖遂左右申助昕之由是承爵尚主職位赫奕安保沉廢貧賤不免飢寒昕之容貌柔謹高祖以其主壻特垂昵眷世宗時年未四十頻撫三蕃當世以此榮之昕之卒後母盧悼念過哀未幾而亡公主奉姑有孝稱神龜初與穆氏頓丘長公主竝爲女侍中又性不妬忌以昕之無子爲納妾媵而皆育女公主有三女無男以昕之從兄希道第四子子彰爲後

子彰字明遠本名士沉年十六出後事公主盡禮丞相高陽王雍嘗言曰常山妹雖無男以子彰爲兒乃過自生矣正光中襲爵東郡公尋除散騎侍郞拜山陽太守莊帝卽位徵拜給事黃門侍郞子彰妻卽咸陽王禧女禧誅養於彭城王第莊帝親之略同諸姊建義初爾朱榮欲修舊事庶姓封王由是封子彰濮陽王食邑七百戶尋而詔罷仍復先爵除安西將軍洛州刺史還拜征東將軍金紫光祿大夫領廣平王贊開府諮議參軍事天平中拜衞將軍潁州刺史以母憂去職元象中以本將軍除齊州刺史又加驃騎將軍行懷州事轉北豫州刺史仍除徐州刺史將軍竝如故一年歷三州當世榮之還朝除衞大將軍右光祿大夫又行瀛州事尋拜侍中復行滄州事進號驃騎大將軍行冀州事除侍讀兼七兵尚書行青州事子彰之爲州以聚斂爲事晩節修改自行青冀滄瀛甚有時譽加以虛已納物人敬愛之武定八年二月除中書監三月卒年五十四賻帛一百疋追贈都督青光齊三州諸軍事驃騎大將軍開府儀同三司青州刺史公如故謚曰文宣子彰崇好道術曾嬰重疾藥中須桑螵蛸子彰不忍害物遂不服焉其仁恕如此教訓六子雅有法度

子昴武定中中書舍人

昴弟駿太子洗馬

駿弟杳尚書倉部郞

叡字思弼其母張氏字黃龍本恭宗宮人以賜麗生叡麗之亡也叡始十餘歲襲爵撫軍大將軍平原王沉雅好學折節下士年未二十時人便以宰輔許之娶徐州刺史博陵崔鑒女鑒謂所親云平原王才度不惡但恨其姓名殊爲重複時高祖未改其姓叡婚自東徐還經於鄴見李彪甚敬悅之仍與俱趣京師以爲館客資給衣馬僮使待之甚厚爲北征都督拜北部長轉尚書加散騎常侍太和八年正月叡與隴西公元琛竝持節爲東西二道大使褒善罰惡聲稱聞於京師五月詔賜叡夏服一具後以叡爲北征都督擊蠕蠕大破之還侍中都曹尚書時蠕蠕又犯塞詔叡率騎五千以討之蠕蠕遁走追至石磧擒其帥赤阿突等數百人而還加散騎常侍遷尚書左僕射領北部尚書十六年降五等之爵以麗勳著前朝封叡鉅鹿郡開國公食邑三百戶尋爲使持節鎭北大將軍與陽平王頤竝爲都督督領軍將軍斛律桓等北征三道諸軍事步騎十萬以討蠕蠕叡以下各賜衣物有差闕二字親幸城北訓誓羣帥除尚書令衞將軍闕大破蠕蠕而還尋以母憂解令高祖將有南伐之事以本官起之叡授征南將軍叡固辭請終情禮詔曰叡猶執私痛致違往旨金革方馳何宜曲遂也加領衞尉可重勑有司速令敦喻後除使持節都督恒肆朔三州諸軍事本將軍恒州刺史行尚書令高祖大考百官奪叡尚書令祿一周十九年叡表曰臣聞先天有弗違之略後天有順時之見今蕭鸞盜有名目竊據江左惡盈罪稔天人棄之取亂攻昧誠在茲日愚以長江浩蕩彼之巨防可以德招難以力屈又南土昏霧暑氣鬱蒸師人經夏必多疾病而鼎遷草創庶事甫爾臺省無論政之館府寺靡聽治之所百寮居止事等行路沉雨炎陽自成癘疫且兵徭竝舉聖王所難今介冑之士外攻讐寇羸弱之夫內勤土木運給之費日損千金驅罷敝之兵討堅城之虜將何以取勝乎陛下往冬之舉政欲曜武江漢示威衡湘自春幾夏理宜釋甲願鑾旌卷旆爲持久之方崇成帝居深重本之固聖懷無內念之虞兆庶休斤板之役修禮華區諷風洛浦然簡英略之將任猛毅之雄南取荆湘據其要府則梁秦以西覩機自服撫附振威同麾東指則義陽以左馳聲可制然後布仁化以綏近播恩施以懷遠凡在有情孰不思奮還遺慕德之人効其餘力乘流而下勢勝萬倍蕞爾閩賊敢不稽顙豈必茲年競斯寸尺惟願顧存近勑納降而旋不紆鑾輿久臨炎暑高祖從之叡表請車駕還代親臨太師馮熙之葬坐削奪都督三州諸軍事尋除都督恒朔三州諸軍事進號征北大將軍以有順遷之表加邑四百戶時穆泰爲定州刺史辭以疾病上溫則甚請恒州自効高祖許之乃以叡爲散騎常侍定州刺史將軍如故叡未發遂與泰等同謀搆逆賜死獄中聽免孥戮徙其妻子爲遼西郡民詔僕射李沖領軍于烈曰陸叡元不早闕五字大臣自與卿等同受非常之詔朕許以不死之旨思得上下齊信以保大義朕於卿等常忘短棄瑕務相含養豈謂陸叡無心之甚一年於斯乃與穆泰結禍數圖反噬以朕還洛內懷不可擬舉諸王議引子恂若斯之論前後非一始欲推故南安王次推陽平王若不肯從欲逼樂陵王訕謗朝廷書信炳然事旣垂就叡以洛都休明勸令小緩於是之後兩人復競然猶隱而弗聞賴陽平王忠貞奮發獲泰之言便爾馳表得使正人料懸恒岳無塵是以叡之愆失處入門誅朕諦尋前旨許不盡法反逆之志自負幽冥違誓在彼不關朕也反心逆意旣異餘犯雖欲矜恕末如之何然猶憶先言兼以末頗異議聽自死別府免厥孥戮其門子孫永世不齒元丕二子一弟首爲賊端其父無人明證理在可覩但以言無炳灼隱而弗窮以連坐應死特恕爲民朕本期有終而彼自棄卿等之間忽及今日違心乖念一何可悲故此別示想無致怪也謀反之外皎如白日耳沖烈表曰臣等邀逢幸會生遇昌辰才非利用坐班位列功無汗馬猥受山河叨忝之寵終古無比莫大之施萬殞靡酬而叡丕識乖犬馬心同梟獍潛引童稚搆茲妖逆違悖天常罪踰萬殞叡結釁在心陰搆不息聞說戚蕃擬窺乾象雖覩休平未懷疑惑何嘗片辭披露宿志原心語跡實爲賊首丕之二子從惡累年交扇東西規擾并夏測觀此狀無容不知雖聖慈含育恕其生命其若天地何其若神祇何夫劾誠盡節爲下之常分刑茲無捨在上之常法況曲蒙莫大之恩獎以忠貞之義而更違天背道包藏姧逆求情推理罪乃常誅而慈造寬渥更流恩貸續叡三斷之骸還丕已絕之魄二三縱宥實虧憲典猶復上延天眷言念疇日不以臣等背負餘黨別垂明詔再申齊信之恩重踰皎日之旨伏讀悲慚惟深愧惕

叡長子希道字洪度有風貌美鬚髯歷覽經史頗有文致初拜中散遷通直郞坐父事徙於遼西於後得還從征自効以軍功拜給事中遷司徒記室司空主簿征南將軍元英攻蕭衍司州以希道爲副及克義陽以功賜爵淮陽男拜諫議大夫以學闕今古參議新令轉廷尉少卿加龍驤將軍南青州刺史以本將軍轉梁州刺史希道頻表辭免又除東夏州刺史不拜轉北中郞將還前將軍郢州刺史希道善於馭邊甚有威略轉平西將軍涇州刺史正光四年卒官贈撫軍將軍定州刺史希道有六子

士懋字元偉天平中以其曾祖麗有翼戴之勳詔特復鉅鹿郡開國公邑三百戶令士懋襲武定中平東將軍營州刺史

士懋弟士宗字仲彥尚書左外兵郞中

士宗弟士述字幼文符璽郞中士宗士述建義初竝於河陰遇害

士述弟士沉出繼從叔昕之

士沉弟士廉字季脩建州平北府長史永安末爲爾朱世隆攻陷州城見害

士廉弟士佩字季偉武定中安東將軍司州治中

希道弟希悅尚書外兵郎中驃騎諮議參軍通直散騎常侍平南將軍光祿大夫遇害於河陰贈散騎常侍衞將軍相州刺史

希悅弟希諡太尉參軍早卒

希諡弟希靜字季默司徒默曹稍遷邵郡太守

希靜弟希質字幼成起家員外郎領侍御史稍遷散騎侍郎陽城太守孝莊初除龍驤將軍膠州刺史蕭衍遣將率衆數萬從郁洲浮海據島來侵州界希質討破之轉建州刺史將軍如故爾朱榮之死也世隆率衆北還晉陽希質固守拒之城陷兄子被害希質妻元氏榮妻之兄孫由是獲免天平初給事黃門侍郎遷魏尹轉太常卿衞大將軍都官尚書武定七年夏卒年五十八贈驃騎大將軍中書監青州刺史謚曰文希質名家子位宦又通不能平心於物唯與山偉宇文忠之等共爲朋黨排毀朝俊有識者薄之

子珣字子琰開府參軍

次瑾字子瑜性並麤險乃爲劫盜珣瑾俱死

瑾弟璀字子璧次悉達武定中並儀同開府參軍

璀弟頹早卒子闕字清都性機巧歷位長水校尉賜爵廣牧子遷龍驤將軍游擊將軍北中郎將轉南中郎將帶魯陽太守進號前將軍卒贈本將軍夏州刺史謚曰順

頹弟陵成中校尉河間太守祕書中散新城子

陵成弟龍成有父兄之風少以功臣子爲中散稍遷散騎常侍賜爵永安子加平遠將軍出爲安南將軍青州刺史假樂安公愛民恤下百姓稱之卒

子昶字細文襲爵正始中爲太尉屬加寧遠將軍以本官行滎陽郡事被劾會赦免久之進號廣武將軍遷司空司馬尋拜光祿大夫昶無他才能唯飲酒爲事出爲平西將軍京兆內史固辭不拜轉平北將軍肆州刺史入爲衞將軍大鴻臚卿仍除車騎將軍左光祿大夫天平中進號驃騎大將軍加散騎常侍領左右兼給事黃門侍郎仍兼太僕卿復以本將軍爲東徐州刺史尋卒贈本將軍衞尉卿青州刺史

龍成季弟騏驎侍郎中散轉侍御長太和初新平太守銀青光祿大夫以彭城勳除夏州刺史

子高貴孝昌中兗州鎮東府法曹參軍

子操武定末度支尚書

操弟楚

高貴弟順宗員外郎秘書中散

子築之武定末東莞太守

俟族弟宜雲中鎮將

子雋高宗世歷侍中給事顯祖初侍御長以謀誅乙渾拜侍中樂部尚書遷散騎常侍吏部尚書賜爵安樂公甚見委任尋拜尚書令後除安東將軍定州刺史轉征東大將軍相州刺史政尚寬惠民吏安定卒謚貞公

子登潞城太守

子匡司空倉曹參軍

登弟子景元元象初衞將軍儀同三司南青州刺史

史臣曰陸俟威略智器有過人者馛識幹明厲不替家風麗忠國奉主爲時梁棟蹈忠履義制於一豎惜哉叡琇以沉雅顯達而釁逆陷禍深山大澤實有龍蛇希道風度有聲子彰令終之美也

魏書卷四十考證

陸俟傳與度世子泉婚親相好。泉北史作伯源 臣照按本書盧度世傳度世子淵字伯源北史避唐高祖諱書字知此則改淵爲泉唐時例以泉代淵也

然簡英略之將任猛毅之雄南取荆湘據其要府。然字下疑脫後字

上溫則甚。臣照按此四字北史無之汲古閣本則闕之蓋以義不可曉也推尋文意上字乃土字之訛時已除叡都督恒朔二州諸軍事矣因定州刺史穆泰在定疾病辭稱居定土溫則疾愈甚請恒州自効蓋恒北而定南恒必涼于定故以叡與泰對調也

魏書卷四十一

齊　魏收　撰

列傳第二十九

源賀

源賀自署河西王禿髮傉檀之子也傉檀爲乞伏熾磐所滅賀自樂都來奔賀偉容貌善風儀世祖素聞其名及見器其機辯賜爵西平侯加龍驤將軍謂賀曰卿與朕源同因事分姓今可爲源氏從擊叛胡白龍又討吐京胡皆先登陷陳進號平西將軍世祖征涼州以賀爲鄉導詔問攻戰之計賀對曰姑臧城外有四部鮮卑各爲之援然皆是臣祖父舊民臣願軍前宣國威信示其福禍必相率歸降外援既服然後攻其孤城拔之如反掌耳世祖曰善於是遣賀率精騎歷諸部招慰下三萬餘落獲雜畜十餘萬頭及圍姑臧由是無外慮故得專力攻之涼州平遷征西將軍進號西平公又從征蠕蠕擊五城吐京胡討蓋吳諸賊皆有功拜散騎常侍從駕臨江爲前鋒大將賀爲人雄果每遇强寇輒自奮擊世祖戒之曰兵凶戰危不宜輕犯卿可運籌處分勿恃身力也賀本名破羌是役也世祖曰人之立名宜其得實何可濫也賜名賀焉拜殿中尚書南安王余爲宗愛所殺也賀部勒禁兵靜遏外內與南部尚書陸麗決議定策翼戴高宗令麗與劉尼馳詣苑中奉迎高宗賀守禁中爲之內應俄而麗抱高宗單騎而至賀乃開門高宗即位社稷大安賀有力焉轉征北將軍加給事中以定策之勳進爵西平王高宗即位班賜百僚謂賀曰朕大賚善人卿其任意取之勿謙退也賀辭固使取之賀唯取戎馬一疋而已是時斷獄多濫賀上書曰案律謀反之家其子孫雖養他族追還就戮所以絕罪人之類彰大逆之辜其爲劫賊應誅者兄弟子姪在遠道隔關津皆不坐竊惟先朝制律之意以不同謀非絕類之罪故特垂不死之詔若年十三已下家人首惡計謀所不及愚以爲可原其命沒入縣官高宗納之出爲征南將軍冀州刺史改封隴西王賀上書曰臣聞人之所寶莫寶於生全德之厚者莫厚於宥死然犯死之罪難以盡恕權其輕重有可矜恤今勍寇遊魂於北狡賊負險於南其在疆場猶須防戍臣愚以爲自非大逆赤手殺人之罪其坐贓及盜與過誤之愆應入死者皆可原命謫守邊境是則已斷之體更受全生之恩徭役之家漸蒙休息之惠刑措之化庶幾在茲虞書曰流宥五刑此其義也臣受恩深重無以仰荅將違闕庭豫增係戀敢上瞽言唯加裁察高宗納之已後入死者皆恕死徙邊久之高宗謂羣臣曰源賀勸朕宥諸死刑徙充北番諸戍自爾至今一歲所活殊爲不少生濟之理既多邊戍之兵有益卿等事朕致何善意也苟人人如賀朕治天下復何憂哉顧憶誠言利實廣矣羣臣咸曰非忠臣不能進此計非聖明不能納此言賀之臨州鞫獄以情徭役簡省武邑郡姦人石華告沙門道可與賀謀反有司以聞高宗謂羣臣曰賀誠心事國朕爲卿等保之無此明矣乃精加訊檢華果引誣於是遣使者詔賀曰卿以忠誠欵至著自先朝以丹青之潔而受蒼蠅之汙朕登時研檢己加極法故遣宣意其善綏所莅勿以譖訴之言致損慮也賀上書謝書奏高宗顧謂左右曰以賀之忠誠尚致其誣不若是者可無慎乎時考殿最賀治爲第一賜衣馬器物班宣天下賀上表請代朝議以賀得民情不許在州七年乃徵拜太尉蠕蠕寇邊賀從駕追討破之顯祖將傳位于京兆王子推時賀都督諸軍屯漠南乃馳傳徵賀賀既至乃命公卿議之賀正色固執不可即詔賀持節奉皇帝璽綬以授高祖是歲河西勑勒叛遣賀率衆討之降二千餘落倍道兼行追賊黨郁朱于等至枹罕大破之斬首五千餘級虜男女萬餘口雜畜三萬餘頭復追統萬高平上邽三鎮叛勑勒至于金城斬首三千級賀依古今兵法及先儒耆舊之說略採至要爲十二陳圖以上之顯祖覽而嘉焉賀以年老辭位詔不許又詔都督三道諸軍屯于漠南是時每歲秋冬遣軍三道並出以備北寇至春中乃班師賀以勞役京都又非禦邊長計乃上言請募諸州鎮有武健者三萬人復其徭賦厚加賑恤分爲三部二鎮之間築城城置萬人給彊弩十二床武衞三百乘弩一床給牛六頭武衞一乘給牛二頭多造馬槍及諸器械使武略大將二人以鎮撫之冬則講武春則種殖並戍並耕則兵未勞而有盈畜矣又於白道南三處立倉運近州鎮租粟以充之足食足兵以備不虞於宜爲便不可歲常舉衆連動京師令朝廷恒有北顧之慮也事寢不報又上書稱病篤乞骸骨至于再三乃許之朝有大議皆就詢訪又給衣藥珍羞太和元年二月療疾於溫湯高祖文明太后遣使者屢問消息太醫視疾患篤還京師賀乃遺令勑諸子曰吾頂以老患辭事不悟天慈降恩爵逮於汝汝其毋傲吝毋荒怠毋奢越毋嫉妬疑思問言思審行思恭服思度遏惡揚善親賢遠佞目觀必真耳屬必正誠勤以事君清約以行己吾終之後所葬時服單櫝足申孝心芻靈明器一無用也三年秋薨年七十三贈侍中太尉隴西王印綬謚曰宣贈雜綵五百疋賜轀輬車及命服溫明祕器陪葬于金陵

長子延性謹厚好學初以功臣子拜侍御中散賜爵武城子西治都將卒贈涼州刺史廣武侯謚曰簡

子鱗襲

延弟思禮後賜名懷謙恭寬雅有大度高宗末爲侍御中散父賀辭老詔懷受父爵拜征南將軍尋爲持節督諸軍屯於漠南還除殿中尚書出爲長安鎮將雍州刺史清儉有惠政善於撫恤劫盜息止流民皆相率來還

歲餘復拜殿中尚書加侍中參都曹事又督諸軍征蠕蠕六道大將啓受節度遷尚書令參議律令後例降爲公除司州刺史從駕南征加衞大將軍領中軍事以母憂去職賜帛三百疋穀千石十九年除征北大將軍夏州刺史轉都督雍岐東秦諸軍事征西大將軍雍州刺史景明二年徵爲尚書左僕射加特進時有詔以奸吏犯罪每多逃遁因眚乃出並皆釋然自今已後犯罪不問輕重而藏竄者悉遠流若永避不出兄弟代徙懷乃奏曰謹按條制逃吏不在赦限竊惟聖朝之恩事異前宥諸流徙在路尚蒙旋反況有未發而仍遣邊戍按守宰犯罪逃走者衆祿潤既優尚有茲失及蒙恩宥卒然得還今獨苦此等恐非均一之法如臣管執謂宜免之書奏門下以成式既班駁奏不許懷重奏曰臣以爲法貴經通治尚簡要刑憲之設所以網羅罪人苟理之所備不在繁典行之可通豈容峻制此乃古今之達政救世之恒規伏尋條制勳品已下罪發逃亡遇恩不宥仍流妻子雖欲抑絶奸途匪爲通式謹按事條侵官敗法專據流外豈九品已上人皆貞白也其諸州守宰職任清流至有貪濁事發逃竄而遇恩免罪勳品已下獨乖斯例如此則寬縱上流法切下吏育物有差惠罰不等又謀逆滔天輕恩尚免吏犯微罪獨不蒙赦使大宥之經不通開生之路致壅進違古典退乖今律輒率愚見以爲宜停書奏世宗納之其年除車騎大將軍涼州大中正懷奏曰南賊遊魂江揚職爲亂逆肆厥滔昏月滋日甚貴臣重將靡有孑遺崇信姦回昵比閹豎內外離心骨肉猜叛蕭寶融僭號於荆郢其雍州刺史蕭衍勒兵而東襲上流之衆已逼其郊廣陵京口各持兵而懷兩望鍾離淮陰並鼎峙而覘得失秣陵孤危制不出門君子小人並羅災禍延首北望朝不及夕斯實天啓之期吞并之會乘厥蕭墻之釁藉其分崩之隙東據歷陽兼指瓜步緣江鎭戍達於荆郢然後奮雷電之威布山河之信則江西之地不刃自來吳會之鄉指期可舉昔士治有言皓若暴死更立賢主文武之官各得其任則勍敵也若蕭衍克就上下同心非直後圖之難實亦揚境危逼何則壽春之去建鄴七百而已山川水陸彼所諳利脫江湘無波君臣效職藉水憑舟倏忽而至壽春容不自保江南將若之何今寶卷邑居有土崩之形邊城無繼援之兆清蕩江區寔在今日臣受恩既重不敢不言詔曰不君不臣江南常弊有粟不食其在斯矣上天將欲亡之諸蕃又願取之人事天道孰云匪會但以養害仁者不爲且十月五日衍軍已達大航其大傷小亡之勢久應有決假令天罰寶卷衍兵獲進則衍之主佐又是亂亡遺孽皇靈其能久祐之乎今之所矜者正以南黔企德邊書繼至殄悴之氓理須救接若爾者揚州兵力配積不少但可速遣任城委以處分別加慰勉令妙盡邊算也以衍事克遂停懷又表曰昔世祖昇遐南安在位出拜東廟爲賊臣宗愛所弒時高宗避難龍潛死中宗愛異圖神位未定臣亡父先臣賀與長孫渴侯陸麗等表迎高宗纂徽寶命麗以扶負聖躬親所見識蒙授撫軍大將軍司徒公平原王興安二年追論定策之勳進先臣爵西平王皇興季年顯祖將傳大位於京兆王先臣時都督諸將屯於武川被徵詣京特見顧問先臣固執不可顯祖久乃許之遂命先臣持節授皇帝璽綬於高祖至太和十六年麗息叡狀私書稱其亡父與先臣援立高宗朝廷追錄封叡鉅鹿郡開國公臣時丁艱草土不容及例至二十年除臣雍州刺史臨發奉辭面奏先帝申先臣舊勳時勑旨但赴所臨尋當別判至二十一年車駕幸雍臣復陳聞時蒙勑旨征還當授自宮車晏駕遂爾不白竊惟先臣遠則援立高宗寶歷不墜近則陳力顯祖神器有歸如斯之勳超世之事麗以父功而獲河山之賞臣有家勳不霑茅社之賜得否相懸請垂裁處詔曰宿老元臣云如所訴訪之史官頗亦言此可依比授馮翊郡開國公邑九百戶又詔爲使持節加侍中行臺巡行北邊六鎭恒燕朔三州賑給貧乏兼採風俗考論殿最事之得失皆先決後聞自京師遷洛邊朔遙遠加連年旱儉百姓困敝懷銜命巡撫存恤有方便宜運轉有無通濟時后父于勁勢傾朝野勁兄于祚與懷宿昔通婚時爲沃野鎭將頗有受納懷將入鎭祚郊迎道左懷不與語卽劾祚免官懷朔鎭將元尼須與懷少舊亦貪穢狼籍置酒請懷謂懷曰命之長短由卿之口豈可不相寬貸懷曰今日之集乃是源懷與故人飲酒之坐非鞫獄之所也明日公庭始爲使人檢鎭將罪狀之處尼須揮淚而已無以對之懷旣而表劾尼須其奉公不撓皆此類也懷又表曰景明以來北蕃連年災旱高原陸野不任營殖唯有水田少可菑畝然主將參僚專擅腴美瘠土荒疇給百姓因此困敝日月滋甚諸鎭水田請依地令分給細民先貧後富若分付不平令一人怨訟者鎭將已下連署之官各奪一時之祿四人已上奪祿一周北鎭邊蕃事異諸夏往日置官全不差別沃野一鎭自將已下八百餘人黎庶怨嗟僉曰煩猥邊隅事尠實少畿服請主帥吏佐五分減二詔曰省表具恤民之懷已勑有司一依所上下爲永準如斯之比不便於民損化害政者其備列以聞時細民爲豪彊陵壓積年枉滯一朝見申者日有百數所上事宜便於北邊者凡四十餘條皆見嘉納正始元年九月有告蠕蠕率十二萬騎六道並進欲直趨沃野懷朔南寇恒代詔懷以本官加使持節侍中出據北蕃指授規略隨須徵發諸所處分皆以便宜從事又詔懷子直寢徽隨懷北行詔賜馬一匹細鎧一具御矟一枚懷拜受訖乃於其庭跨鞍執矟躍馬大呼顧謂賓客曰氣力雖衰尚得如此蠕蠕雖畏壯輕老我亦未便可欺今奉廟勝之規總驍捍之衆足以擒其酋帥獻俘闕下耳時年六十一懷至雲中蠕蠕亡遁懷旋至恒代案視諸鎭左右要害之地可以築城置戍之處皆量其高下揣其厚薄及儲糧積仗之宜犬牙相救之勢凡表五十八條表曰蠕蠕不羈自古而爾遊魂鳥集水草爲家中國患者皆斯類耳歷代驅逐莫之能制雖北拓榆中遠臨瀚海而智臣勇將力算俱竭胡人頗遁中國以疲于時賢哲思造化之至理推生民之習業量夫中夏粒食邑居之民蠶衣儒步之士荒表茹毛飲血之類鳥宿禽居之徒親校短長因宜防制知城郭之固暫勞永逸自皇魏統極都於平城威震天下德籠宇宙今定鼎成周去北遙遠代表諸蕃北固高車外叛尋遭旱儉戎馬甲兵十分闕八去歲復鎭陰山庶事蕩盡遣尚書郎中韓貞宋世量等檢行要險防遏形便謂準舊鎭東西相望令形勢相接築城置戍分兵要害觀農積粟警急之日隨便翦討如此則威形增廣兵勢亦盛且北方沙漠夏乏水草時有小泉不濟大衆脫有非意要待秋冬因雲而動若至冬日冰沙凝厲遊騎之寇終不敢攻城亦不敢越城南出如此北方無憂矣世宗從之今北鎭諸戍東西九城是也遷驃騎大將軍時武興氐王楊紹先叔集起反叛詔懷使持節侍中都督平氐諸軍事以討之須有興廢任從權計其邢巒李煥並禀節度三年六月卒年六十三詔給東園祕器朝服一具衣一襲錢二十萬布七百疋蠟三百斤贈司徒冀州刺史兼吏部尚書盧昶奏太常寺議謚曰懷體尚寬柔器操平正依謚法柔直考終曰靖宜謚靖公司徒府議懷作牧陝西民餘惠化入總端貳朝列歸仁依謚法布德執義曰穆宜謚穆公二謚不同詔曰府寺所執並不克允愛民好與曰惠可謚惠公懷性寬容簡約不好煩碎恒語人曰爲貴人理世務當舉綱維何必須太子細也譬如爲屋但外望高顯楹棟平正基壁完牢風雨不入足矣斧斤不平斲削不密非屋之病也又性不飮酒而喜以飮人好接賓友雅善音律雖在白首至宴居之暇常自操絲竹懷有七子

長子規字靈度中書學生羽林監襲爵年三十三卒

子肅襲卒

子紹襲景明初詔復王爵尋除隴西郡開國公卒於光祿大夫贈度支尚書冀州刺史謚曰文

子文遠襲齊受禪例降

規弟榮字靈並年三十二卒於司徒掾贈光州刺史

榮弟徽字靈祚年二十八卒於直閤將軍特贈洛州刺史謚曰質

徽弟玄諒出後懷弟奐卒贈代郡太守

玄諒弟子雍字靈和少好文雅篤志於學推誠待士士多歸之自祕書郎除太子舍人涼州中正肅宗踐阼以宮臣例轉奉車都尉遷司徒屬轉太中大夫司徒司馬除恒農太守遷夏州刺史時沃野鎭人破落汗拔陵首爲反亂所在蜂起統萬逆胡與相應接子雍嬰城自守城中糧盡煮馬皮而食之子雍善綏撫得士心人人戮力無有離貳以饑饉轉切欲自出求糧留子延伯據守寮屬僉云今天下分析寇賊萬重四方音信莫不斷絶俄頃之間變在不意何宜父子如此分張未若棄城俱去更展規略子雍泣而謂衆曰吾世荷國恩早受藩寄此是吾死地更欲何求然守禦以來歲月不淺所患乏糧不得制勝吾今向東州得數月之食還與諸人保全必矣遂自率羸弱向東夏運糧延伯與將士送出城外哭而拜辭三軍莫不嗚咽子雍行數日爲朔方胡帥曹阿各拔所邀力屈見執子雍乃密遣人齎書間行與城中文武云大軍在近努力固守必令諸人福流苗裔又勑延伯令共固守子雍雖被囚執雅爲胡人所敬常以民禮事之子雍爲陳安危禍福之理勸阿各拔令降阿各拔將從之未果而死拔弟桑生代總部衆竟隨子雍降時北海王顥爲大行臺子雍具陳賊可滅之狀顥給子雍兵馬令其先行時東夏合境反叛所在屯結子雍轉鬬而前九旬之中凡數十戰仍平東夏徵稅租粟運於統萬於是二夏漸寧及蕭寶夤等爲賊所敗賊帥宿勤明達遣息阿非率衆邀路華州白水被圍逼關右騷擾咫尺不通時子雍新平黑城遂率士馬并夏州募義之民攜家席卷鼓行南出賊帥康維摩擁率羌胡守鏁

谷斷氍棠橋子雍與交戰大破之生禽維摩又攻賊帥契官斤於楊氏堡破之子雍出自西夏漸至於東轉戰千里至是朝廷始得其委問除散騎常侍使持節假撫軍將軍都督兼行臺尚書復破賊帥紇單步胡提於曲沃堡肅宗璽書勞勉之子雍在白水郡復破阿非軍多所斬獲詔遣侍中尚書令城陽王徽於潼關宣旨慰勞除中軍將軍金紫光祿大夫給事黃門侍郎封樂平縣開國公邑一千戶還洛以葛榮久逼信都詔假子雍征北將軍爲北討都督時相州刺史安樂王鑒據鄴反勑子雍與都督李神軌先討之子雍行達湯陰鑒遣弟斌之夜襲子雍軍不克奔敗而返子雍乘機繼進徑圍鄴城與裴衍神軌等攻鑒平之改封陽平縣開國公增邑千五百戶進號鎮東將軍遂與裴衍發鄴以討葛榮而信都城陷除子雍冀州刺史餘官如故子雍以冀州不守上書曰賊中甚飢專仰野掠今朝廷足食兵卒飽暖高壁深壘勿與爭鋒彼求戰則不得野掠無所獲不盈數旬可坐制凶醜時裴衍復表求行詔子雍與衍速進子雍重表固請如謂不可乞令裴衍獨行若不賜解求停裴衍苟逼固行取敗旦夕詔不聽遂與衍俱進至陽平郡東北漳曲榮率賊十萬來逼官軍子雍戰敗被害年四十朝野痛惜之贈車騎大將軍儀同三司雍州刺史公如故永安中重贈司空謚曰莊穆

長子延伯出後從伯

次子士則早亡

士則弟士正士規並坐事死

次楷字士質小字邪延襲武定中齊文襄王府參軍齊受禪例降

延伯初爲司空參軍事時南秦民吳富反叛詔以河間王琛爲都督延伯叔父子恭爲軍司延伯爲統軍隨子恭西討戰必先鋒子恭見其年幼常訶制之而不能禁子雍在夏州表乞兵援詔延伯率羽林一千人赴之城闔野戰勇冠三軍子雍之向東夏留延伯城守付以後事延伯與兵士共分湯菜防固城隍及子雍爲胡所執合城憂懼延伯乃人人曉喻曰吾父吉凶不測方寸焦爛實難裁割但奉命守城所爲處重若以私害公誠孝並闕諸君幸得此心無虧所寄於是衆咸其義莫不勵憤朝廷聞而嘉之除龍驤將軍行夏州事封五城縣開國子食邑三百戶卒能固守及後刺史至延伯率領義衆還赴子雍共平黑城在氍棠橋戰先鋒陷陳身擒維摩及至白水首摧阿非隨子雍至都進爵浮陽伯增封百戶爲諫議大夫假冠軍將軍別將隨子雍北討與葛榮戰歿時年二十四贈持節平北將軍涼州刺史開國如故

子孝孫襲齊受禪爵例降

子雍弟子恭字靈順聰慧好學初辟司空參軍事司徒祭酒尚書北主客郎中攝南主客事蕭衍亡人許周自稱爲衍給事黃門侍郎朝士翕然咸共信待子恭奏曰徐州表投化人許團并其弟周等究其牒狀周列云己蕭衍黃門侍郎又稱心存山水不好榮宦屢曾辭讓貽彼赫怒遂被出爲齊康郡因爾歸國願畢志嵩嶺比加採訪略無證明尋其表狀又復莫落案牒推理實有所疑何者昔夷齊獨往周王不屈其志伯況辭祿漢帝因成其美斯實古先哲王必有不臣之人者也蕭衍雖復崎嶇江左竊號一隅至於處物未甚悖禮豈有士辭榮祿而苟不聽之哉推察情理此則孟浪假蕭衍皆狂不存雅道逼士出郡未爲死急何宜輕去生養之土長辭父母之邦乎若言不好榮官志願嵩嶺者初届之日郎應杖策尋山負帙沿水而乃廣尋知己遍造執事希榮之心已見逃宦之志安在昔梁鴻去鄉終傭吳會逢萌浮海遠客遼東並全志養性逍遙而已考之事實何其懸哉又其履歷清華名位高達計其家累應在不輕今者歸化何其孤迥設使當時忽遽不得攜將及其來後家貲產業應見簿歛尊卑口累亦當從法而周兄弟怡然嘗無憂慼若無種族理或可通如有不坐便應是衍故遣非周投化推究二三真僞難辨請下徐揚二州密訪必令獲實不盈數旬玉石可覩於是詔推訪周果以罪歸闕假稱職位如子恭所疑河州羌却鐵怱反殺害長吏詔子恭持節爲行臺率諸將討之子恭嚴勒州郡及諸軍不得犯民一物輕與賊戰然後示以威恩兩旬間悉皆降欵朝廷嘉之正光元年爲行臺左丞巡行北邊轉爲起部郎明堂辟雍並未建就子恭上書曰臣聞辟臺望氣軌物之德既高方堂布政範世之道斯遠是以書契之重理冠於造化推尊之美事絕於生民至如郊天饗帝蓋以對越上靈宗祀配天是用酬膺下土大孝莫之能加嚴父以茲爲大乃皇王之休業有國之盛典竊惟皇魏居震統極總宙馭宇革制土中垂式無外自北徂南同卜維於洛食定鼎遷民均氣候於寒暑高祖所以始基世宗於是恢構按功成作樂治定制禮乃訪遺文修廢典建明堂立學校興一代之茂矩標千載之英規永平之中始創雉構基趾草昧迄無成功故尚書令任城王臣澄按故司空臣沖所造明堂樣并連表詔答兩京模式奏求營起緣期發旨即加葺繕侍中領軍臣乂物動作官宣贊授令自茲厥後方配兵人或給一千或與數百進退節縮曾無定準欲望速了理在難克若使專役此功長得營造委成責辦容有就期但所給之夫本自寡少諸處競借動即千計雖有繕作之名終無就功之實爽塏荒茫淹積年載結架崇構指就無兆仍令肆肖之禮掩仰而不進養老之儀寂寥而不返搆厦止於尺土爲山頓於一簣良可惜歟愚謂召民經始必有子來之歌興造勿亟將致不日之美況本兵不多兼之牽役廢此與彼循環無極便是輟創禮之重資不急之費廢經國之功供寺館之役求之遠圖不亦闕矣今諸寺大作稍以粗舉並可徹減專事經綜嚴勒工匠務令克成使祖宗有薦配之期蒼生覩禮樂之富書奏從之除冠軍將軍中散大夫又領治書侍御史秦益氏反詔子恭持節爲都督河間王琛軍司以討之事平仍行南秦州事及六鎮反以子恭兼給事黃門郎持節慰勞還拜河內太守加後將軍平絳蜀反丹谷清廉二路險隘不通以子恭爲當闕字郡別將俄而建興蜀復反相與連勢進子恭爲持節散騎常侍假平北將軍征建興都督仍兼尚書行臺與正平都督長孫稚合勢進討大破之正平賊帥范明遠與賊帥劉牙奴並面縛請降事平除平南將軍豫州刺史尋加散騎常侍撫軍將軍武泰初郢州刺史元願達以城降蕭衍詔徵都督尉慶賓還京師回衆隸子恭以討之行將夏侯夔率衆數萬來寇遠近不安夔乘勢分兵遂逼新蔡自攻毛城子恭隨方應援賊並破走蕭衍豫州刺史夏侯亶復遣四將率衆三萬入圍南頓北攻陳項子恭遣軍禦之賊復奔退加鎮南將軍又兼尚書行臺子恭勒衆渡淮徙民於淮北立郡縣置戍而還蕭衍直閤將軍軍主胡智達等八將與其監軍閻次洪入寇屯於州城東北四十餘里子恭擊破之斬智達生擒次洪元顯之入洛也加子恭車騎將軍子恭不敢拒之而頻遣間使參莊帝動靜未幾顯敗車駕還洛進征南將軍兼右僕射假車騎將軍後加散騎常侍板橋蠻文石活石忌龜受蕭衍印節扇誘黨類據險寇竊子恭躬率將士徑襲其柵數日之中殲殪略盡諸蠻欵服咸求輸稅徵拜右光祿大夫給事黃門侍郎仍本將軍錄其前後征討功封臨潁縣開國侯食邑六百戶加散騎常侍俄遷侍中爾朱榮之死也世隆度律據斷河橋詔子恭爲都督以討之出頓於大夏門北尋而太府卿李苗夜燒河橋世隆退走仍以子恭兼尚書僕射爲大行臺大都督尋遷衞將軍假車騎將軍率諸將於太行築壘以防之既而爾朱兆率衆南出子恭所部都督史仵龍羊文義開柵降兆子恭退走爲兆所破衆既退散兆因入洛子恭竄于絳氏仍被執送俄而見釋前廢帝初除驃騎將軍左光祿大夫侍中如故尋授散騎侍郎都督三州諸軍事本將軍假車騎大將軍行臺僕射荊州刺史以與定策之勳封臨汝縣開國子食邑三百戶時叛蠻雷亂清受蕭衍兗州刺史章綏入爲寇掠諸蠻從之置立郡縣子恭討平之永熙中入爲吏部尚書加驃騎大將軍以子恭前在豫州戰功追賞襄城縣開國男食邑二百戶又論子恭餘勍封新城縣開國子食邑四百戶子恭尋表請轉授第五子文盛許之天平初除中書監三年拜魏尹又爲齊獻武王軍司元象元年興和二年贈都督徐兗二州諸軍事驃騎大將軍尚書左僕射司空公兗州刺史謚曰文獻

子彪字文宗子恭存日轉授臨潁縣開國侯武定末太子洗馬

彪弟文瑤武定中襲襄城縣開國男齊受禪爵並降

子恭弟纂字靈秀員外散騎侍郎累遷征虜將軍通直散騎常侍涼州大中正轉大府少卿建義初遇害河陰年三十七贈散騎常侍征北將軍定州刺史

懷弟奐字思周少而謹密初爲中書學生隨父討勑勤有斬獲之功遷中散前後使檢察州鎭十餘所皆有功績除長樂太守以母老解官歸養卒無子

史臣曰源賀堂堂非徒武節而已其翼戴高宗庭抑禪讓殆社稷之臣也懷幹略兼舉出內有聲繼迹賢考不墜先業子雍効立夏方身亡冀野惜乎

魏書卷四十一考證

源賀傳時年二十四○二監本譌三臣人龍按本傳云子雍戰敗被害年四十今延伯隨父北討與葛榮同時戰歿安有父年四十而子已三十四耶今依冊本改

掩仰而不進○仰字疑抑字之訛

元象元年興和二年贈都督徐兗二州諸軍事○臣人龍按孝靜帝紀即位之五年改元元象其明年又改元興和元象元年句下當脫一卒字蓋子恭卒於元象元年至興和二年乃邮贈也

魏書卷四十二

齊　魏收　撰

列傳第三十

薛辯　寇讃　酈範　韓秀　堯暄

薛辯字允白其先自蜀徙於河東之汾陰因家焉祖陶與薛祖薛落等分統部衆故世號三薛父彊復代領部落而祖落子孫微劣彊遂總攝三營善綏撫爲民所歸歷石虎苻堅常憑河自固仕姚興爲鎮東將軍入爲尚書彊卒辯復襲統其營爲興尚書郎建威將軍河北太守辯稍憍傲頗失民心劉裕平姚泓辯舉營降裕司馬德宗拜爲寧朔將軍平陽太守及裕失長安辯來歸國仍立功於河際太宗授平西將軍雍州刺史賜爵汾陰侯泰常七年卒於位年四十四

子謹字法順容貌魁偉頗覽史傳劉裕擒泓辟相府行參軍隨裕渡江尋轉記室參軍辯將歸國密使報謹遂自彭城來奔朝廷嘉之授河東太守後襲爵平西將軍汾陰侯謹所治與屈丐連接結士抗敵甚有威惠始光中世宗詔奚斤討赫連昌勑謹領偏師前鋒鄉導旣剋蒲坂世祖以新舊之民并爲一郡謹仍爲太守遷秦州刺史將軍如故山胡白龍憑險作逆世祖詔鎮南將軍奚眷與謹自太平北入討平之除安西將軍涪陵公刺史如故太延初征吐沒骨平之謹自郡遷州威惠兼備風化大行時兵荒之後儒雅道息謹命立庠教以詩書三農之暇悉令受業躬巡邑里親加考試於是河汾之地儒道興焉眞君元年徵還京師除內都坐大官五年爲都將從駕北討以後期與中山王辰等斬於都南時年四十四壽贈鎮西將軍秦雍二州刺史謚曰元公

長子初古拔一曰車轂拔本名洪祚世祖賜名沉毅有器識年始弱冠司徒崔浩見而奇之眞君中蓋吳擾動關右薛永宗屯據河側世祖親討之乃詔拔糾合宗鄉壁於河際斷二寇往來之路事平除中散賜爵永康侯世祖南討以拔爲都將從駕臨江而還又共陸眞討反氐仇傉檀彊免生平之皇興三年除散騎常侍尚西河長公主拜駙馬都尉其年拔族叔劉彧徐州刺史安都據城歸順勑拔詣彭城勞迎除冠軍將軍南豫州刺史延興二年除鎮西大將軍開府進爵平陽公三年拔與南兗州刺史游明根南平太守許含等以治民著稱徵詣京師顯祖親自勞勉復令還州太和六年改爵爲河東公八年三月詔拔入朝暴病卒年五十八贈左光祿大夫謚曰康

長子僧字寧宗少有父風弱冠拜中散襲爵鎮西大將軍河東公除懸瓠鎮將蕭賾遣將寇邊詔僧爲都將與穆亮等拒於淮上尋授持節義陽道都將十四年文明太后崩高祖詔諸刺史鎮將曾經近侍者皆聽赴闕僧隨例入朝屬開革五等降公爲侯十七年高祖南討詔趙郡王幹司空穆亮爲西道都將時幹年少未涉軍旅高祖乃除僧假節假平南將軍爲幹副軍行達襄父以蕭賾死班師又爲都將共討秦州反賊支酉疑生擒斬之除立忠將軍河北太守郡帶山河路多盜賊有韓馬兩姓各二千餘家恃彊憑險最爲狡害劫掠道路侵暴鄉閭僧至郡之日卽收其奸魁二十餘人一時戮之於是羣盜懾氣郡中淸肅二十三年秋遇疾卒於郡時年四十四謚曰敬

子裔字豫孫襲爵性豪爽盛營園宅賓客聲伎以恣嬉遊歷尚書左外兵郎左軍將軍遷征虜將軍中散大夫出爲洛州刺史卒贈平西將軍岐州刺史

子孝紳襲爵稍遷前將軍太中大夫孝紳立行險薄坐事爲河南尹元世儁所劾死後贈征西將軍華州刺史

僧弟字崇業廣平王懷字闕一中令汝陰太守

子修仁司空行參軍

修仁弟玄景陳留太守

拔弟洪隆字菩提解褐陽平王國常侍稍遷河東太守

長子驎駒好讀書舉秀才除中書博士太和九年蕭賾使至乃詔驎駒兼主客郎以接之十年秋遇疾卒時年三十五贈寧朔將軍河東太守謚曰宣

長子慶之字慶集頗以學業聞解褐奉朝請領侍御史遷廷尉寺廨接北城曾夏日於寺傍執得一狐慶之與廷尉正博陵崔纂或以城狐狡害宜速殺之或以長育之月宜待秋分二卿裴延儁袁翻互有同異雖曰戲謔詞義可觀事傳於世轉尚書郎兼尚書左丞爲并肆行臺賜爵龍丘子行并州事遷征虜將軍滄州刺史爲葛榮攻圍城陷尋患卒後贈右將軍華州刺史

慶之弟英集性通率隨舅李崇在揚州積年以軍功歷司徒鎧曹參軍稍遷治書侍御史通直散騎常侍卒

驎駒弟鳳子自徙都洛邑鳳子兄弟移屬華州河西郡焉太和二十年爲太子詹事丞本州中正世宗登阼轉太尉府鎧曹參軍稍遷治書侍御史正始初爲持節征義陽軍司還京其年秋卒時年四十九贈陵江將軍光城太守

鳳子弟驥奴州主簿

洪隆弟破胡州治中別駕稍遷河東太守征仇池都將有六子

長子聰字延智有世譽累遷治書侍御史直閤將軍爲高祖所知世宗踐阼除輔國將軍齊州刺史卒於州贈征虜將軍華州刺史

長子景茂司州記室從事猗氏令早卒

景茂弟孝通頗有文學永安中中尉高道穆引爲御史歷中書舍人中書侍郎常山太守遇惡疾而卒

聰弟道智尚書郎卒

子長瑜天平中爲征東將軍洛州刺史擊賊潼關沒於陳贈都督冀定太三州諸軍事車騎將軍冀州刺史

道智弟仙智郡功曹

仙智弟曇賢卒於國子博士

小子景淵尚書左民郎

曇賢弟和字導穆解褐大將軍劉昶府行參軍轉司空長流參軍除太尉府主簿遷諫議大夫永平四年正月山賊劉龍駒擾亂夏州詔和發汾華東秦夏四州之衆討龍駒平之和因表立東夏州世宗從之又行正平潁川二郡事除通直散騎常侍蕭衍遣將張齊寇晉壽詔和兼尚書左丞爲西道行臺節度都督傅豎眼諸軍大破齊軍正光初除左將軍南青州刺史卒於州年五十五贈安北將軍瀛州刺史

長子元信武定末中軍將軍儀同開府長史

和弟季令奉朝請

破胡弟破氐爲本州別駕早卒四子

長子敬賢爲鉅鹿太守

破氐弟積善爲中書博士臨淮王提友

子隆宗太原太守

寇讃字奉國上谷人因難徙馮翊萬年父脩之字延期苻堅東萊太守讃弟謙之有道術世祖敬重之故追贈脩之安西將軍秦州刺史馮翊公賜命服謚曰哀公詔秦雍二州爲立碑於墓又贈脩之母爲馮翊夫人及宗從追贈太守縣令侯子男者十六人其臨民者七郡五縣讃少以淸素知名身長八尺姿容嚴嶷非禮不動苻堅僕射韋華州里高達雖年時有異恒以風味相待華爲馮翊太守召爲功曹後除襄邑令姚泓滅秦雍人千有餘家推讃爲主歸順拜綏遠將軍魏郡太守其後秦雍之民來奔河南滎陽河內者戶至萬數拜讃安遠將軍南雍州刺史軹縣侯治于洛陽立雍州之郡縣以撫之由是流民繈負自遠而至參倍於前賜讃爵河南公加安南將軍領護南蠻校尉仍刺史分洛豫二州之僑郡以益之雖位高爵重而接待不倦初讃之未貴也嘗從相者唐文相文曰君額上黑子入幘位當至方伯封公及貴也文以民禮拜謁仍曰明公憶民疇昔之言乎爾日但知公當貴然不能自知得爲州民也讃曰往時卿言杜瓊不得官長人咸謂不然及瓊被選爲盩厔令卿猶言相中不見而瓊果以暴疾未拜而終昔魏舒見主人兒死自知己必至公吾常以卿言瓊之驗亦復不息此望也乃賜文衣服良馬讃在州十七年甚獲公私之譽年老表求致仕眞君九年卒年八十六遺令薄葬歛以時服世祖悼惜之謚曰宣穆

長子元寶襲爵爲豫州別駕興安元年卒贈安南將軍豫州刺史

子祖襲爵高祖時爲安南將軍東徐州刺史卒

子靈孫襲赭陽太守

元寶弟虎皮有才器本縣令

虎皮弟臻字仙勝年十二遭父憂居喪以孝稱輕財好士顯祖末爲中川太守時馮熙爲洛州刺史政號貪虐仙勝微能附之甚得其意轉弘農太守後以母老屢求解任久乃從之高祖初母憂未闋以恒農大盜張熉等賊害良善徵爲都將與荊州刺史公孫初頭等追捕之拜振武將軍北陽鎮將有威惠之稱遷建威將軍郢州刺史及高祖南遷郢州地爲王畿除弘農太守坐受納爲御史所彈遂廢卒於家

長子祖訓順陽太守

祖訓弟治字祖禮自洛陽令稍遷鎮遠將軍東荊州刺史代下之後蠻民以刺史酈道元峻刻請治爲刺史朝議以邊民宜悅乃以治代道元進號征虜將軍坐遣戍兵送道元免官治兄弟並孝友敦穆白首同居父亡雖久而猶於平生所處堂宇備設幃帳几杖以時節開堂列拜垂淚陳薦若宗廟然吉凶之事必先啓告遠出行反亦如之治世宗末遷前將軍河州刺史在任數年遇郤鐵忽反又爲城民詣都列其貪狀十六條會赦免久之兼廷尉卿又兼尚書畏避勢家承顏候色不能有所執據尋遷金紫光祿大夫是時蠻反於三鵶治爲都督追討戰沒贈持節都督雍華岐三州諸軍事衞大將軍七兵尚書雍州刺史昌平男

治弟彌兼尚書郎爲城陽王徽所親待永安末徽避爾朱兆脫身南走歸命於彌彌不納遣人加害時論深責之後沒關西

治長子朏之字長明自直後奉朝請再遷鎮遠將軍諫議大夫仍直後建義中出除冠軍將軍東荊州刺史兼尚書爲荊郢行臺代遷除征虜將軍普泰中襲爵又爲東荊州刺史永熙中鎮東將軍金紫光祿大夫武定四年卒年五十八

酈範字世則小名記祖范陽涿鹿人祖紹慕容寶濮陽太守太祖定中山以郡迎降授兗州監軍父嵩天水太守範世祖時給事東宮高宗踐阼追錄先朝舊勳賜爵永寧男加寧遠將軍以治禮郎奉遷世祖恭宗神主於太廟進爵爲子征南大將軍慕容白曜南征範爲左司馬師次無鹽劉彧戍主申纂憑城拒守識者僉以攻具未周不宜便進範曰今輕軍遠襲深入敵境無宜淹留久稽機候且纂必以我軍來速不去攻守謂方城可憑弱卒可恃此天亡之時也今若外潛威形內整戎旅密厲將士出其非意可一攻而剋之白曜曰一日縱敵數世之患今若舒遲民心固矣司馬之策是也遂潛軍僞退示以不攻纂果不設備於是卽夜部分旦便騰城崇朝而剋白曜將盡以其人爲軍實範曰齊四履之地世號東秦不遠爲經略恐未可定也今皇威始被民未霑澤連城有懷貳之將此邑有拒守之夫宜先信義示之軌物然後民心可懷二州可定白曜曰此艮策也乃免之進次肥城白曜將攻之範曰肥城雖小攻則淹日得之無益軍聲失之有損威勢且見無鹽之卒死者塗炭成敗之機足爲鑒矣若飛書告喻可不攻自伏縱其不降亦當逃散白曜乃以書曉之肥城果潰白曜目範於衆曰此行也得卿三齊不足定矣軍達升城劉彧太原太守房崇吉棄母妻東走彧青州刺史沈文秀遣其寧朔將軍張元孫奉牋歸款請軍接援白曜將遣偏師赴之範曰桑梓之戀有懷同德文秀家在江南青土無墳栢之累擁衆數萬勁甲堅城彊則拒戰勢屈則走師未逼之朝夕無患竟何所畏已求援軍且觀其使詞煩而顏愧視下而志怯幣厚言甘誘我也若不遠圖懼虧軍勢既進無所取退逼強敵抵羊觸藩贏角之謂未若先守歷城平盤陽下梁鄒剋樂陵然後方軌連鑣揚旌直進何患不壺漿路左以迎明公者哉白曜曰卿前後納策皆不失衷今日之算吾所不取何者道固孤城裁能自守盤陽諸戍勢不野戰文秀必剋殄意在先誠天與不取後悔何及範曰短見猶謂不虛歷城足食足兵非一朝可拔文秀既據東陽爲諸城根本多遣軍則歷城之固不立少遣衆則無以懼敵心脫文秀還叛閉門拒守偏師在前爲其所挫梁鄒諸城追擊其後文秀身率大軍必相乘迫腹背受敵進退無途雖有韓白恐無全理願更思審勿入賊計中白曜乃止遂表範爲青州刺史以撫新民後進爵爲侯加冠軍將軍遷尚書右丞後除平東將軍青州刺史假范陽公範前解州還京也夜夢陰毛拂踝他日說之時齊人有占夢者曰史武進云豪盛於齊下矣使君臨撫東秦道光海岱必當重牧全齊再祿營丘矣範笑而荅曰吾將爲卿必驗此夢果如其言是時鎮將元伊利表範與外賊交通高祖詔範曰卿身非功舊位無重班所以超遷顯爵任居方夏者正以勤能致遠雖外無殊效亦未有負時之愆而將鎮伊利妄生姦撓表卿造船市玉與外賊交通規陷卿罪窺覦州任有司推驗虛實自顯有罪者今伏其辜矣卿其明爲算略勿復懷疑待卿別犯處刑及鞭令怒刑罷鞭止罰五十卿宜克循綏輯邊服稱朕意也還朝年六十二卒於京師謚曰穆範五子道元在酷吏傳

道元第四弟道慎字善季涉歷史傳有幹略自奉朝請遷尚書二千石郎中加威遠將軍爲漢川行臺迎接降欸以功除員外常侍領郎中轉輔國將軍驍騎將軍出爲正平太守治有能名遷長樂相正光五年卒年三十八贈後將軍平州刺史

子中字伯偉武定初司徒刑獄參軍

道慎弟道約字善禮起家奉朝請再遷冠軍將軍司徒諮議參軍樸質遲鈍頗愛琴書性多造請好以榮利干謁乞丐不已多爲人所笑弄坎壈於世不免飢寒晚歷東萊魯郡二郡太守爲政清靜吏民安之年六十三武定七年卒

範弟神虎尚書左民郎中

神虎弟夔子惲字幼和好學有文才尤長吏幹正光中刺史裴延儁用爲主薄令其修起學校又舉秀才射策高第爲奉朝請後延儁爲討胡行臺尚書引爲行臺郎以招撫有稱除尚書外兵郎仍行臺郎及延儁解還行臺長孫雅又引爲行臺郎加征虜將軍惲頗兼武用常以功名自許每進計於雅多見納用以功賞魏昌縣開國子邑三百戶惲在軍啓求減身官爵爲父請贈詔贈夔征虜將軍安州刺史惲後與唐州刺史崔元珍固守平陽武泰中爾朱榮稱兵赴洛惲與元珍不從其命爲榮行臺郎中樊子鵠所攻城陷被害時年三十六世咸痛惜之所作文章頗行於世撰慕容氏書不成

子懷則武定末司空長流參軍

夔弟神期中書博士

神期弟顯度司州秀才尚書庫部郎

韓秀字白虎昌黎人也祖宰慕容儁謁者僕射父昞皇始初歸國拜宣威將軍騎都尉秀歷吏任稍遷尚書郎賜爵遂昌子拜廣武將軍高宗稱秀聰敏清辯才任喉舌遂命出納王言幷掌機密行幸遊獵隨侍左右顯祖踐阼轉給事中參征南慕容白曜軍事延興中尚書奏以敦煌一鎮介遠西北寇賊路衝慮或不固欲移就涼州羣官會議僉以爲然秀獨謂非便曰此慮國之事非闢土之宜愚謂敦煌之立其來已久雖土隣彊寇而兵人素習縱有姦竊不能爲害循常置戍足以自全進斷北狄之覬途退塞西夷之闚路若徙就姑臧慮人懷異意或貪留重遷情不願徙脫引寇內侵深爲國患且敦煌去涼州及千餘里捨遠就近遙防有闕一旦廢罷是啓戎心則夷狄交構互相來往恐醜徒協契侵竊涼土及近諸戍則關右荒擾烽警不息邊役煩興艱難方甚乃從秀議太和初遷內侍長後爲平東將軍青州刺史假漁陽公在州數年卒子務襲爵

務字道世性端謹有治幹初爲中散稍遷太子翊軍校尉時高祖南征行梁州刺史楊靈珍謀叛以務爲統軍受都督李崇節度以討靈珍有戰功授後軍長史徵赴行在所還遷長水校尉景明初假節行肆州事轉左中郎將寧朔將軍試守常山郡又爲征蠻都督李崇司馬崇撫蕩羣蠻除近畿之患務有力焉後除鎮北府司馬初試守常山府解復爲平北長史務頗有受納爲御史中尉李平所劾付廷尉會赦免後除龍驤將軍郢州刺史務獻七寶牀象牙席詔曰晉武帝焚雉頭裘朕常嘉之今務所獻亦此之流也奇麗之物有乖風素可付其家人邊人李旻馬道進等詐殺蕭衍黃坂戍主率戶來降務信之遣兵千餘人迎接戶既不至而詐表破賊坐以免官久之拜冠軍將軍太中大夫進號左將軍神龜初卒

堯暄字辟邪上黨長子人也本名鍾葵後賜爲暄祖僧賴太祖平中山與趙郡呂舍首來歸國暄聰了美容貌爲千人軍將東宮吏高宗以其恭謹擢爲中散奉使齊州檢平原鎮將及長史貪暴事推情診理皆得其實除太尉中給事兼北部曹事後轉南部太和中遷南部尚書于時始立三長暄爲東道十三州使更比戶籍賜獨車一乘廐馬四匹時蕭賾遣其將陳顯達寇邊以暄爲使持節假中護軍都督南征諸軍事平陽公軍次許昌會陳顯達遁走暄乃班師暄前後從征及出使檢察三十餘許度皆有克已奉公之稱賞賜衣服二十具綵絹十四紬絹千餘叚奴婢十口賜爵平陽伯及改置百官授太僕卿車駕南征加安南將軍轉大司農卿太和十九年卒於平城高祖爲之舉哀贈安北將軍相州刺史賻帛七百匹初暄使徐州見州城樓觀嫌其華盛乃令往往毀撤由是後更損落及高祖幸彭城聞之曰暄猶可追斬

暄長子洪襲鎮北府錄事參軍

子桀字永壽元象中開府儀同三司樂城縣開國公

洪弟遵伏波將軍河州冠軍府長史臨洮太守卒贈龍驤將軍謚曰思

遵弟榮員外散騎侍郎

子雄字休武元象中儀同三司豫州刺史城平縣開國公

雄弟奮字彥舉興和中驃騎將軍潁州刺史

奮弟難宗武定中征西將軍南岐州刺史征羌縣開國伯

呂舍旣歸國從至京師給賜田宅

子方生機識明辯卒於主書郎贈建武將軍定州刺史高邑子謚曰敬

子受恩爲侍御中散典宜官曹累遷外都曹令轉北部給事秦州刺史卒於官

史臣曰薛辯寇讚歸身有道竝以欸効見嘉議敦煌得馭遠之算務武夫鄙詐貢牀飾寶棄而不御斯乃人主之盛德堯暄聰察奉公以致名位禮加存歿有餘榮矣

魏書卷四十二考證

酈範傳長孫雅又引爲行臺郎○北史行臺長孫承業引爲行臺郎 臣人龍按本書長孫道生傳子抗抗子觀觀子冀歸高祖以其幼承家業賜名稚字承業北史書其字而此又改作雅疑唐臣避高宗嫌名而易其文

魏書卷四十三

齊　魏　收　撰

列傳第三十一

嚴稜　毛脩之　唐和　劉休賓　房法壽

嚴稜，馮翊臨晉人。遇亂避地河南劉裕以爲廣威將軍陳留太守戍倉垣泰常中山陽公奚斤南討軍至潁川稜率文武五百人詣斤降驛送稜朝太宗於冀州嘉其誠款拜平遠將軍賜爵郃陽侯假荆州刺史隨駕南討還爲上客及世祖踐祚以稜歸化之功除中山太守有清廉之稱年九十卒於家

子雅玉襲爵眞君中詔雅玉副長安鎮將元蘭率衆一萬迎漢川附化之民入自斜谷至甘亭劉義隆梁州刺史王玄載遣將拒嶮路不得通班師太和二年太倉令五年出爲平南將軍東兗州刺史假馮翊公卒

子曇襲爵

毛脩之字敬文滎陽陽武人也父瑾司馬德宗梁秦二州刺史劉裕之擒姚泓留子義眞鎮長安以脩之爲司馬及赫連屈丏破義眞於青泥脩之被俘遂没統萬世祖平赫連昌獲脩之神䴥中以脩之領吳兵討蠕蠕大檀以功拜吳兵將軍領步兵校尉後從世祖征平涼有功遷散騎常侍前將軍光祿大夫脩之能爲南人飲食手自煎調多所適意世祖親待之進太官尚書賜爵南郡公加冠軍將軍常在太官主進御膳從討和龍別破三堡賜奴婢牛羊是時諸軍攻城宿衞之士多在戰陳行宮人少雲中鎮將朱脩之劉義隆故將也時從在軍欲率吳兵謀爲大逆因入和龍冀浮海南歸以告脩之脩之不聽乃止是日無脩之大變幾作朱脩之遂亡奔馮文通又以脩之收三堡功多遷特進撫軍大將軍金紫光祿大夫位次崔浩之下浩以其中國舊門雖學不博洽而猶涉獵書傳每推重之與共論說言次遂及陳壽三國志有古良史之風其所著述文義典正皆揚于王廷之言微而顯婉而成章班史以來無及壽者脩之曰昔在蜀中聞長老言壽曾爲諸葛亮門下書佐被撻百下故其論武侯云應變將畧非其所長浩乃與論曰承祚之評亮乃有故義過美之譽案其迹也不爲貶之非挾恨之矣何以云然夫亮之相劉備當九州鼎沸之會英雄奮發之時君臣相得魚水爲喻而不能與曹氏爭天下委棄荆州退入巴蜀誘奪劉璋僞連孫氏守窮踦遐之地僭號邊夷之間此策之下者可與趙他爲偶而以爲管蕭之亞匹不亦過乎謂壽貶亮非爲失實且亮既據蜀恃山嶮之固不達時宜弗量勢力嚴威切決控勒蜀人矜才負能高自矯舉欲以邊夷之衆抗衡上國出兵隴右再攻祁山一攻陳倉疎遲失會摧衂而反後入秦川不復攻城更求野戰魏人知其意閉壘堅守以不戰屈之知窮勢盡憤結攻中發病而死由是言之豈合古之善將見可而進知難而退者乎脩之謂浩言爲然太延二年爲外都大官卒謚曰恭公脩之在南有四子唯子法仁入國高宗初爲金部尚書襲爵後轉殿中尚書加散騎常侍法仁言聲壯大至於軍旅田狩唱呼處分振於山谷和平六年卒贈征東大將軍南郡王謚曰威

長子猛虎太安中爲東宮主書轉中舍人又遷中散大夫初襲爵爲散騎常侍皇興中蠕蠕犯塞從顯祖討之有勇決之稱太和初卒贈豫州刺史謚曰康公

子泰寶襲爵征虜長史例降爲侯卒

子乾祐襲

朱脩之者劉義隆司徒從事中郎守滑臺安頡圍之其母在家乳汁忽出母號慟告家人曰我年老非復有乳汁之時今忽如此兒必殁矣果以其日爲頡所擒世祖善其固守授以內職以宗室女妻之而佞巧輕薄爲人士所賤爲雲中鎮將及入馮文通文通送之江南

唐和字稚起晉昌宜安人也父繇以涼土喪亂民無所歸推隴西李暠於敦煌以寧一州李氏爲沮渠蒙遜所滅和與兄契攜外甥李寶避難伊吾招集民衆二千餘家臣於蠕蠕蠕蠕以契爲伊吾王經二十年和與契遣使來降爲蠕蠕所逼遂擁部落至于高昌蠕蠕遣部帥阿若率騎討和至白力城和率騎五百先攻高昌契與阿若戰殁和收餘衆奔前部王國時沮渠安周屯橫截城和攻拔之斬安周兄子樹又剋高寧白力二城斬其戍主遣使表狀世祖嘉其誠款屢賜和和後與前部王車伊洛擊破安周斬首三百世祖遣成周公萬度歸討焉耆詔和與伊洛率所領赴度歸和奉詔會度歸喻下柳驢以東六城因共擊波居羅城拔之後同征龜茲度歸令和鎮焉耆時柳驢戍主乙眞伽率諸胡將據城而叛和領輕騎一百匹入其城擒乙眞伽斬之由是諸胡款附西域剋平和有力也正平元年和詣闕世祖優寵之待以上客高宗以和歸誠先朝拜鎮南將軍酒泉公太安中出爲濟州刺史甚有稱績徵爲內都大官評決獄訟不加捶楚察疑獲實者甚多世以是稱之皇興中卒年六十七贈征西大將軍太常卿酒泉王謚曰宣

子欽字孟直中書學生襲爵太和中拜鎮南將軍長安鎮副將轉陜州刺史將軍如故後降爵爲侯二十年卒

子景宣襲爵歷并州城陽王徽後軍府長史加中堅將軍還東郡太守普泰中卒贈撫軍將軍秦州刺史

景宣弟季弼武定中滄州別駕

契子玄達性果毅有父風與叔父和歸闕俱爲上客拜安西將軍晉昌公顯祖時出爲華州刺史將軍如故杏城民蓋平定聚衆爲逆顯祖遣給事楊鍾葵擊平定不剋而還詔玄達討平之杏城民成赤李又聚黨自號爲王逼掠郡縣殘害百姓玄達率騎二百邀其狹路擊破之叛民會平原復聚爲亂玄達追擊悉平之延興二年有罪免官太和十六年降爵爲侯卒

子崇字繼祖襲爵盛樂太守

崇弟興業定陽關熙二郡太守

劉休賓字處幹本平原人祖昶從慕容德度河家于北海之都昌縣父奉伯劉裕時北海太守休賓少好學有文才兄弟六人乘民延和等皆有時譽休賓爲劉彧虎賁中郎將稍遷幽州刺史鎮梁鄒及慕容白曜軍至升城遣人說之令降休賓不從劉彧龍驤將軍崔靈延行勃海郡房靈建等數十家皆入梁鄒同舉休賓爲征虜兗州會劉彧遣使授休賓輔國將軍兗州刺史休賓妻崔邪利女也生一男字文曄崔氏先歸寧在魯郡邪利之降也文曄母子遂與俱入國至是白曜表請崔與文曄既至白曜以報休賓又於北海執延和妻子送至梁鄒巡視城下休賓答白曜許歷城降當卽歸順密遣兼主簿尹文達向歷城觀國軍形勢文達詣白曜詐言聞王臨境故來祇候私謂白曜曰劉休賓父子兄弟累郡連州今若識運知機束手歸化不審明王加何賞敘白曜曰休賓仕南爵寵如此今若不勞兵甲望風自降者非直處卿富貴兼還其婦兒休賓縱令不畏攻圍豈不憐其妻子也今升城卿自往見文達乃至升城見休賓妻子文曄攀援文達哭泣號咷以爪髮爲信文達回還復經白曜誓約而去白曜曰卿是休賓耳目腹心親見其妻子又知我衆旅少多善共量議自求多福文達還見休賓出其妻兒爪髮兼宣白曜所言及國軍形勢謂休賓曰升城已敗歷城非朝則夕公可早圖之休賓撫爪髮泣涕曰妻子幽隔誰不愍乎吾荷南朝厚恩受寄邊任今顧妻子而降於臣節足乎然而密與其兒子聞慰議爲降計聞慰曰此故當文達詐耳年常抄掠豈有多軍也但可撫彊兵勤肅衞方城狹嶮何爲便生憂怯示人以弱也休賓又謂文達曰卿勿憚危苦更爲吾作一返善觀形勢於是遣文達偷道而出令與白曜爲期剋日許送降款文達既至白曜喜曰非直休賓父子荷榮城內賢豪亦隨人補授卿便卽爲梁鄒城主以酒灌地啓告山河曰若負休賓使我三軍覆没初白曜之表取休賓妻子也顯祖以道固既叛詔授休賓持節平南將軍冀州刺史平原公至是付文達詔策文達還謂休賓曰白曜信誓如此公可早爲決計恐攻逼之後降悔無由休賓於是告兄子聞慰曰事勢可知汝早作降書聞慰沉疑因執不作遂差本契白曜尋遣著作佐郎許赤虎夜至梁鄒南門下告城上人曰汝語劉休賓何由遣文達頻造僕射許送降文歸誠大化何得無信違期不來於是門人唱告城內悉知遂相維持欲降不得皆云劉休賓父子欲以我城內人易榮位也尋被攻逼經冬至春歷城降白曜遣道固子景業與文曄至城下休賓知道固降乃出請命白曜送休賓及宿有名望者十餘人俱入代都爲客及立平齊郡乃以梁鄒民爲懷寧縣休賓爲縣令延興二年卒

文曄有志尚綜覽羣書輕財重義太和中坐從兄聞慰南叛與二弟文顥季友被徙北邊高祖特聽還代高祖曾幸方山文曄大言於路側曰求見聖明申宣久屈高祖遣尚書李沖宣詔問曰卿欲何言聽卿面自申盡於是引見文曄對曰臣之陋族出自平原往因燕亂流離河表居齊以來八九十載眞君十一年世祖太武皇帝巡江之日時年二歲隨外祖魯郡太守崔邪利於鄒山歸國邪利蒙賜四品除廣寧太守以臣年小不及齒錄至天安之初皇威遠被臣亡父休賓劉氏持節兗州刺史戍梁鄒時慕容白曜以臣父居全齊之要水陸道衝青冀二城往來要路三城岳跱並拒王師白曜知臣母子先在代京表請臣母子慰勞臣卽被先帝詔遣乘傳詣軍又賜亡父官爵白曜遣右司馬盧河內等送臣母子至鄒臣既見亡父備申皇澤云吾蒙本朝寵遇捍禦藩屏尊卑百口並在二城吾若先降百口必被誅滅既不固誠於本朝又令尊卑塗炭豈堪爲人臣以奉大魏乎汝且申吾意白僕射降意已判平歷城卽率士衆送款軍前既剋歷城白曜遣赤虎送臣并崔道固子景業等向梁鄒亡父既見赤虎之信仰感聖朝遠遣妻子又知天命有歸擁衆一萬以城降款乘驛赴臺蒙爲客例臣私釁深重亡父以延興二年孤背明世血誠徵心未獲申展如臣等比並蒙榮爵爲在事孤抑以人廢勲高

祖曰卿訴父賞而卿父無勳歷城齊之西關歸命請順梁鄒小戍豈能獲全何足以爲功也文曄對曰誠如聖旨愚臣所見猶有未申何者昔樂毅破齊七十餘城唯有卽墨獨在此豈非根亡而條立且夫降順之人驗之古今未有不由危逼者故黃權無路歸款列地封侯且薛安都畢衆敬危急投命並受茅土之爵論古則如彼語今則如此明明之世不及比流竊惟梁鄒嚴固地據中齊粟支十載控弦數千萬方之升城不可同日而語升城猶能抗兵累旬傷殺甚衆若臣亡父固守孤城則非一朝可剋高祖曰歷城既陷梁鄒便是掌中何煩兵力對曰若如聖旨白曜便應窮兵極意取勝俯仰何爲上假赤虎之信下銜知變之民高祖曰卿父此勳本自至少以卿才地豈假殷勤對曰臣庖愚六蔽文武無施響絕九皋闇天無日遭逢聖運萬死猶生但臣竊見徐兗是賊藩要徐兗既降諸戍皆應國有而東徐州刺史張讜所戍團城領二郡而已徐兗降後猶閉門拒命授以方嶽始乃歸降父子二人並蒙侯爵論功比勤不先臣父高祖曰卿引張讜讜事小異對曰臣未識異狀高祖曰張讜始來送欵終不差信卿父進非先覺退又拒守何得不異對曰張讜父子始有歸順之名後有閉門之罪以功補過免罪爲幸臣又見崔僧祐母弟隨其叔父道固在歷城僧祐遙聞王威遠及恐母弟淪亡督率鄉閭來欲救援既至郁洲歷城已沒束手歸誠救母弟之命聖朝嘉其附化賞以三品亡父之誠豈後僧祐高祖曰僧祐身居東海去留任意來則有位去則他人是故賞之卿父被圍孤城已是己物所以不賞對曰亡父據城歸國至公也僧祐意計而來爲私也爲私蒙賞至公不酬臣未見其可高祖笑而不言比部尚書陸叡叱文曄曰假令先朝謬賞僧祐豈可謬相賞也文曄曰先帝中代聖主與日月等曜比隆堯舜宰相則十亂五臣今言謬賞豈不仰誣先朝乎尚書高閭曰卿謂母弟與妻子何者爲重文曄曰母弟爲重閭曰卿知母弟爲重朝廷賞僧祐是也卿父爲妻子而來事何相反對曰僧祐若無母弟來歸以不閭曰不來文曄曰若僧祐赴母弟之難此是其私而亡父本爲大丈夫立身處世豈可顧妻子而虧高節也昔樂羊食子有顧以不亡父本心實不垂顧所以歸化者自知商周不敵天命有所歸高祖謂文曄曰卿之所許頗亦有途賞從重罰從輕尋勅酬敘文曄泣曰臣愚頓理極再見無期陛下旣垂慈澤願勅有司特賜矜理高祖曰王者無戲何得懃懃既而賜文曄爵都昌子深見待遇拜協律郎中攺授羽林監世宗世除高陽太守延昌中卒贈平遠將軍光州刺史謚曰貞

子元襲拜員外郎襄威將軍青州別駕卒

文顒性仁孝篤厚徐州安豐王府騎兵參軍季友南青州左軍府錄事參軍

聞慰博識有才思至延興中南叛

休賓叔父旋之其妻許氏二子法鳳法武而旋之早亡東陽平許氏攜二子入國孤貧不自立並疎薄不洽爲時人所棄母子皆出家爲尼既而反俗太和中高祖選盡物望河南人士才學之徒咸見申擢法鳳兄弟無可收用不蒙選授後俱奔南法武後攺名孝標云

房法壽小名烏頭清河繹幕人也幼孤少好射獵輕率勇果結羣小而爲劫盜從叔元慶紇鎮等坐法壽被州郡切責時月相繼宗族甚患之弱冠州迎主簿後以母老不復應州郡之命常盜殺豬牛以供其母招集壯士常有百數母亡歲餘遇沈文秀崔道固起兵應劉子勛明僧暠劉乘民起兵應劉彧攻討文秀法壽亦與清河太守王玄邈起兵西屯合討道固玄邈以法壽爲司馬累破道固軍甚爲歷城所憚加法壽綏邊將軍魏郡太守子勛死道固文秀悉復歸彧乃罷兵道固慮其扇亂百姓遂切遣之而法壽外託裝辦而內不欲行會從弟崇吉在升城爲慕容白曜所破母妻沒於白曜軍崇吉奔還舊宅法壽與崇吉年志粗相諧協而親則從祖兄弟也崇吉以母妻見獲託法壽爲計法壽旣不欲南行恨道固逼切又矜崇吉情理時道固以兼治中房靈賓督清河廣川郡事戍盤陽法壽遂與崇吉潛謀襲靈賓克之仍歸款於白曜以贖母妻白曜遣將軍長孫觀等自大山南入馬耳關以赴盤陽還崇吉母妻初道固遣軍圍盤陽法壽等拒守二十餘日觀軍至賊乃散走觀軍入城詔以法壽爲平遠將軍與韓騏驎對爲冀州刺史督上租糧以法壽從父弟靈民爲清河太守思順爲濟南太守靈悅爲平原太守伯憐爲廣川太守叔玉爲高陽太守叔玉兄伯玉爲河間太守伯玉從父弟思安爲樂陵太守思安弟幼安爲高密太守以安初附及歷城梁鄒降法壽崇吉等與崔道固劉休賓俱至京師以法壽爲上客崇吉爲次客崔劉爲下客法壽供給亞於安都等以功賜爵壯武侯加平遠將軍給以田宅奴婢性好酒愛施親舊賓客率同飢飽坎壈常不豐足畢衆敬等皆尚其通愛太和中卒贈平東將軍青州刺史謚敬侯

子伯祖襲例降爲伯歷齊郡內史伯祖闇弱委事於功曹張僧皓僧皓大有受納伯祖衣食不充後廣陵王羽爲青州伯祖爲從事郎中平原相轉幽州輔國長史坐公事免官卒

子翼襲宣威將軍大城戍主永安中青州太傅開府從事中郎

伯祖弟叔祖別以功賜爵魏昌子歷廣陵王國郎中令長廣東萊二郡太守龍驤將軍中散大夫永安中安東將軍郢州刺史

叔祖弟幼愍安豐新蔡二郡太守坐事奪官居家忽聞有客聲出無所見還至庭中爲家羣犬所噬遂卒初長孫觀之將至盤陽也城中稍以震懼時劉彧給事中崔平仲欲歸江南自歷下至團城軍中與十餘騎遙共法壽語靈賓密遣人捕執之始法壽克盤陽之後常禁靈賓於別齋既得平仲引與同室致酒食敘國軍明將入意夜中北城上縋出平仲靈賓等十餘人厥明官軍至城靈賓遂歸梁鄒

靈賓文藻不如兄靈建而辯悟過之靈建在南官至州治中渤海太守以才名見稱兄弟俱入國爲平齊民雖流漂屯圮操尚卓然竝卒於平齊

靈建子宣明亦文學著稱雅有父風高祖擢爲中書博士遷洛轉議郎試守東清河郡正始中京兆王愉出除征東冀州以宣明爲記室參軍愉反逼宣明爲太守

靈賓從父弟堅字千秋少有才名亦內徙爲平齊民太和初高祖擢爲祕書郎遷司空諮議齊州大中正高祖臨朝令諸州中正各舉所知千秋與幽州中正陽尼各舉其子高祖曰昔有一祁名垂往史今有二奚當聞來牒出爲濮陽太守世宗時復爲司空諮議加立忠將軍卒贈南青州刺史謚曰懿

長子祖淵羽林監從章武王融討葛榮沒於陳贈安東將軍濟州刺史

祖淵弟祖皓長水校尉後討蕭衍將於九山戰歿贈撫軍將軍兗州刺史

崔平仲自東陽南奔妻子於歷城入國太和中高祖聽其還南

思安有勇力伯玉果敢有將畧思安賜爵西安子建威將軍北平太守遷大司馬司馬齊州武昌王府司馬高祖南伐徵爲步兵校尉直閤將軍中統軍善撫士衆高祖嘉之漢陽既平復爲武昌王司馬帶東魏郡太守加寧朔將軍攺爵清河子卒官子敬寶襲爵

敬寶亦壯健奉朝請征北中兵參軍北征統軍寧遠將軍每有戰功早卒

子去病襲

伯玉坐弟叔玉南奔徙於北邊後亦南叛爲蕭鸞南陽太守高祖南伐剋宛外城命舍人公孫延景宣詔於伯玉曰天無二日土無兩王是以躬總六師蕩一四海宛城小戍豈足以禦抗王威深可三思封侯胙土事在俯仰伯玉對曰外臣荷國厚恩奉任疆境爲臣之道未敢聽命伏惟遊鑾遠涉願不損神高祖又遣謂曰朕親率麾旆遠清江沔此之小戍豈足徘徊王師但戎輅所經纖介須殄宜量力三思自求多福且卿早蒙蕭賾殊常之眷曾不懷恩報以塵露蕭鸞妄言入繼道成賾子無子遺卿不能建忠於前君方立節於逆豎卿之罪一又頃年傷我偏師卿之罪二今鑾旆親戎清一南服不先面縛待罪麾下卿之罪三卿之此戍多則一年中則百日少則三旬剋殄豈遠宜善思之後悔無及伯玉對曰昔蒙武帝愷悌之恩忝侍左右此之厚遇無忘夙夜但繼主失德民望有歸主上龍飛踐極光紹太宗非直副億兆之深望實兼武皇之遺勅是以懃懃懇懇不敢失墜往者北師深入寇擾邊民輒厲將士以救蒼生此乃邊戍常事陛下不得垂責及剋宛伯玉面縛而降高祖引見伯玉幷其參佐二百人詔伯玉曰朕承天馭宇方欲清一寰域卿蕞爾小戍敢拒六師卿之愆罪理在不赦伯玉對曰臣既小人備荷驅使緣百口在南致拒皇畧罪合萬死高祖曰凡立忠抱節皆應有所至若奉逆君守迷節古人所不爲卿何得事逆賊蕭鸞自貽伊譴伯玉對曰臣愚癡晚悟罪合萬斬今遭陛下願乞生命高祖曰凡人惟有兩途知機獲福背機受禍勞我王師彌歷歲月如此爲降何人有罪且朕前遣舍人公孫延景城西共卿語云天無二日土無二王卿答云在此不在彼天道攸遠變化無方卿寧知今日在此不在彼乎伯玉乞命而已更無所言高祖以思安頻爲伯玉泣請故特宥之伯玉在南之日放妾楊氏爲尼入國遂令還俗復愛幸焉爲有司所奏高宗聽之世宗卽位拜長史兼游擊將軍出爲馮翊相卒官

崇吉少驍勇爲沈文秀中兵參軍及太原戍守傅靈越率衆棄郡南赴子勛文秀以崇吉督郡事既而背文秀同於劉彧母叔在歷城爲崔道固所拘繫又將致刑於市以恐之而崇吉卒無所顧會道固歸彧乃出其母彧

以崇吉爲龍驤將軍幷州刺史領太原太守戍升城崇吉以其從兄靈獻爲長史姨兄賈延年爲司馬未幾而白曜軍至白曜遣人招之崇吉不降遂閉門固守升城至小人力不多勝仗者不過七百人而白曜侮之乃遣衆陵城崇吉設土蘽方梁下相舂擊不時尅殄白曜遂築長城圍三重更造攻具日夜攻擊自二月至四月糧矢俱盡崇吉突圍出走遁藏民舍母妻見獲道固遣治中房靈賓慰引之崇吉不肯見道固遂東歸舊村陰募壯士欲以偷母還奔河南白曜慮其如此守備嚴固後與法壽取盤陽俱降及立平齊郡以歷城民爲歸安縣崇吉爲縣令頗懷昔憾與道固接事意甚不平後委縣出臺訟道固罪狀數條會赦不問崇吉乞解縣許之停京師半歲乃南奔崇吉夫婦異路剃髮爲沙門改名僧達投其族叔法延住歲餘清河張略之亦豪俠士也崇吉遺其金帛得以自遣妻從幽州南出亦得相會崇吉至江東尋病死

崇吉從父弟三益字敬安於南陽內附高祖與語善之曰三益了了殊不惡拜員外散騎侍郎尋出爲太山太守遷兗州左軍府司馬所在以清和著稱還除左將軍正光中卒年六十三九子

長子士隆興和中東清河太守帶盤陽鎮將

士隆弟士達少有才氣其族兄景先有鑒識每日此兒俶儻終當大其門戶起家齊州左將軍府倉曹參軍時京兆王繼爲大將軍出鎮關右聞其名徵補騎兵參軍領帳內統軍孝昌中其鄉人劉蒼生劉鈞房須等作亂攻陷郡縣頻敗州軍時士達父憂在家刺史元欣欲逼其爲將士達以禮固辭欣乃命其友人馮元興謂之曰今合境從逆賊徒轉熾若萬一陷州君家豈得獨全旣急病如此安得顧名教也士達不得已而起率州郭之人二千餘人東西討擊悉破平之武泰初就家拜平原太守抑挫豪彊境內肅然時邢杲寇亂憚其威名越郡城西度不敢攻逼永安末轉濟南太守士達不入京師而頻爲本州郡時人榮之永安末爾朱兆入洛刺史蕭贊爲城民趙洛周所逐城內無主洛周等以士達鄉情所歸乃就郡請之命攝州事永熙二年卒年三十八時人傷惜之贈平東將軍齊州刺史謚曰武

士達弟士素武定末太尉諮議參軍

士素弟士章尚書郎

法壽族子景伯字長暉高祖諶避地渡河居於齊州之東清河繹幕焉祖元慶仕劉駿歷七郡太守後爲沈文秀青州建威府司馬劉彧之殺子業自立也子業弟子勛起兵攻之文秀遣其將劉珍之率兵助彧後背彧歸于子勛元慶不同爲文秀所害父愛親率勒鄉部攻文秀劉彧嘉之起家授龍驤將軍尋會文秀降彧乃止顯祖時三齊平隨例內徙爲平齊民以父非命疏服終身景伯生於桑乾少喪父以孝聞家貧傭書自給養母甚謹尚書盧淵稱之於李沖沖時典選拔爲奉朝請司空祭酒給事中尚書儀曹郎除齊州輔國長史值刺史死勑行州事政存寬簡百姓安之後值清河太守杜昶外叛郡居山嶮盜賊羣起除清河太守郡民劉簡虎曾失禮於景伯聞其臨郡闔家逃亡景伯督切屬縣捕擒之即署其子爲西曹掾命喻山賊賊以景伯不念舊惡一時俱下論者稱之舊守令六年爲限限滿將代郡民韓靈和等三百餘人表訴乞留復加二載後還太尉中郎司徒諮議參軍輔國將軍司空長史以母疾去官景伯性淳和涉獵經史諸弟宗之如事嚴親及弟妓亡蔬食終喪朞不內御憂毀之容有如居重其次弟景先亡其幼弟景遠朞年哭臨亦不內寢鄉里爲之語曰有義有禮房家兄弟廷尉卿崔先韶好標牓人物無所推尚每云景伯有士大夫之行業及母亡景伯居喪不食鹽菜因此遂爲水病積年不愈孝昌三年卒于家時年五十贈左將軍齊州刺史

子文烈武定中尚書三公郎中

景先字光胄幼孤貧無資從師其母自授毛詩曲禮年十二請其母曰豈可使兄傭賃以供景先也請自求衣然後就學母哀其小不許苦請從之遂得一羊裘忻然自足晝則樵蘇夜誦經史自是精勤遂大通贍太和中例得還鄉郡辟功曹州舉秀才值州將卒不得對策解褐太學博士時太常劉芳侍中崔光當世儒宗歎其精博光遂奏兼著作佐郎修國史尋除司徒祭酒員外郎侍中穆紹又啓景先撰世宗起居注累遷步兵校尉領尚書郎齊州中正所歷皆有當官之稱景先沉敏方正事兄恭謹出告反面晨昏參省側立移時兄亦危坐相敬如對賓客兄曾寢疾景先侍湯藥衣冠不解形容毀瘁親友見者莫不哀之神龜元年蕭衍龍驤將軍田甲在軍遇疾而還其年卒於家時年四十三贈持節冠軍將軍洛州刺史謚曰文景先作五經疑問百餘篇其言該典今行於時文多畧舉其切於世教者

問王者受命木火相生曰五精代感稟靈者與金德方隆禎發華渚木運告昌瑤光啓祚人道承天天理應實受謝旣彰玄命若契相生之義有允不違至如湯武革命殺伐是用水火爲次違而不改旣事乖代終而數同納麓逆順且殊禎運宜異而兆徵不差有疑符應

問禹以鮌配天舜不尊父曰明明在上下土是冒道高者負扆四方神積者郊原斯主是以則天不能私其子紹堯不敢尊其父鮌旣罪彰於山川受殛於羽裔化質與鱗甲爲羣銘精不能上乘箕尾而厚尊配於國陽當升煙之大禮苟存及躬以亂祀典降上帝爲罪鬼之賓奏夾鍾爲介蟲之樂奉天之道不乃有淪乎

問湯尊稷廢柱曰神積道存異世同尊列山見享綿紀前代成湯革命承天當愆陽之運不思理數之有時黜元功於百世且畢箕感應風雨異徵尊播殖之靈而邀滂澍之潤升廢之道無乃謬與若柱不合薦虞夏應失之於前如以歲久宜遷百神可討日而代求之二三未究往旨

問湯尅桀欲遷夏社爲不可武王滅紂以亳社爲亡國之誡曰神無定方唯人爲主道協無爲天地是依棄德弗崇百靈更祀周武承天禮存咸秩升后稷當四圭之尊貶土祇隔牲幣之享就如言之稷稟靈威誠允聿追之宜社非商祖孝孚乃考之咎殷鑒致誠何獨在斯

問易著革命之爻而無揖讓之象曰玄黃剖判人道爲尊含靈佇化故義始元首是以飛龍啓徵大人載就及理運相推帝圖異序虞賓以爲善終順守有慙未盡不顯揖讓之象而著已日之美豈可兆巨釁爲貽厥之謀訓萬世而開安忍之(闕一字)求之反衷未識理恕

問周禮秋官司烜氏邦若屋誅爲明竁焉曰王道貴産法理尚恩舊德見食八象載其美五宥三刺禮經寶其仁是以祿父巨釁殷禮不輟三監亂德蔡佾猶存罪莫極於無上逆莫甚於違天行大辟禍不及族理正刑愆止於身何惡當參夷之禍何戾受淪殄之辜

問儀禮繼母出嫁從爲之服傳云貴終其恩曰繼母配父本非天屬與尊合德名義以興兼鞠育有加禮服是重旣體違義盡棄節毀慈作嬪異門爲鬼他族神道不全何終恩之有方齊服是追哭於野次苟存降重無乃過猶不及乎

問禮記生不及祖父母父母稅喪已則否曰服以恩制禮由義立慈母三年孫無緦葛者以戚非天屬報養止身祖雖異域恩不及已但正體於下可無服乎且縞冠玄武子姓之服緦練之後纏經已除猶懷慘素未忍從吉況斬焉初之創巨方始復弔之賓尚改緇襲奉哀苦次而無追變孝子孝孫豈天理是與

問左氏傳齊人殺哀姜君子以爲不可曰受醮從天人倫所重保育異宗承奉郊冥而乃肆極昏淫禍傾合卺之尊怙亂無終殄滅誕鞠之愛齊桓匡翼四方正存刑矩割不忍之恩行至公之法方生貶違以殺爲甚而神道幽默禍降未期雖窮勃履朝臣不宜糾旣事反人靈咎將有所施之取衷孰爲優允

問公羊傳王者之後郊天曰神不謬享帝無妄尊介丘偏祀猶不歆季氏之旅昊天至重豈可納廢饗之虔唐虞已往事無斯典三后已降始見其文揖讓之胄禮不上通昏痛後燼四圭是主此便至道相承乾無二統純風旣誠玄牡肆尊禮不虛革庶昭異聞

問穀梁傳魯僖三十一年夏四月卜郊不從乃免牲傳曰乃者亡乎人之辭也曰樂以觀風禮爲教本其細已甚民不堪命齊不加兵屈於周典僖公魯之盛君告誠虔祀穆卜迎吉而休徵不至若推咎於天則神不棄鑒歸愆於人則頌聲宜替旣命龜失辰靈威弗眷郊享不從配天斯缺即傳所言殆非虛美何承而制

問尚書胤征羲和詰其罪乃季秋月朔辰弗合於房曰衡紀不移日月有度炎涼啓辰次舍無代履端屢臻歸餘成閏是以爰命羲和升準徂節使晷數應時火流協運致望舒後律耀靈爽次即官(闕)示容可爲愆玄象一差未成巨戾且杪秋豈回星之辰授衣非合璧之月欽食弗當積失加誅律度暫差便遘殄絕仁者之兵義不妄興王赫斯舉將有異說

問毛詩十月之交朔日辛卯日有食之亦孔之醜曰日月次周行舍有常分至之候不爲愆咎今同之辰而爲深戾者專以金木相殘指日成釁推步不一容可如之若謫見正陽日維戊午生育相因猶子歸母但以陰陽得無深忌乎若爲忌也朔亦應爲災如不忌也辛卯豈獨成醜且舉凡之始以屬月時繫之在日有爽明例義不妄構理用何依

問論語河不出圖泣麟自傷曰聖人稟靈天地賫識未形齊生死於一同等榮辱於彼我孔子自生不辰從心告齒樂正旣修素王斯著方興吾已之歎結反袂之悲進涉無上之心退深負杖之懼聖達之理無乃鈌如符璽郎王神貴答之名爲辯疑合成十卷亦有可觀前廢帝時奏上之帝親自執卷與神貴往復嘉其用心特除神貴子鴻彥爲奉朝請

景先子延祐武定末太子家令

景遠字叔遐重然諾好施與頻歲凶儉分贍宗親又於通衢以食餓者存濟甚衆平原劉郁行經齊兗之境忽遇劫賊已殺十餘人次至郁郁呼曰與君鄉近何恐見殺賊曰若言鄉里親親是誰郁曰齊州主簿房陽是我姨兄陽是景遠小字賊曰我食其粥得活何得殺其親遂還衣服蒙活者二十餘人景遠好史傳不爲章句天性小急不類家風然事二兄至謹撫養兄孤恩訓甚篤益州刺史傅豎眼慕其名義啓爲昭武府功曹參軍以母老不應豎眼頗恨之卒於家

子敬道永熙中開府參軍事

史臣曰嚴稜夙款可嘉脩之晚有誠効唐和萬里慕義歸身著績休賓窮而委質法壽伯玉末能投命景伯兄弟儒風雅業良可稱焉

魏書卷四十三考證

劉休賓傳母子皆出家爲尼○北史母子皆出家爲尼僧此少僧字

房法壽傳法壽族子景伯字長暉○長北史作良

魏書卷四十四

齊　魏　收　撰

列傳第三十二

羅結　伊馛　乙瓌　和其奴　苟頽

薛野䐗　宇文福　費于　孟威

羅結代人也其先世領部落爲國附臣劉顯之謀逆也太祖去之結翼衞鑾輿從幸賀蘭部後以功賜爵屈虵侯太宗時除持節散騎常侍寧南將軍河內鎮將世祖初遷侍中外都大官摠三十六曹事年一百七歲精爽不衰世祖以其忠慤甚見信待監典後宮出入卧內因除長信卿年一百一十詔聽歸老賜大寧東川以爲居業并爲築城郎號曰羅侯城至今猶在朝廷每有大事驛馬詢訪焉年一百二十歲卒贈寧東將軍幽州刺史謚曰貞

子斤太宗時爲侍御中散後從世祖討赫連昌世祖追奔入城昌邀擊左右多死斤力戰有功世祖嘉之後錄勳除散騎常侍侍中四部尚書又加平西將軍後平涼州攻城野戰多有克捷以功賜爵帶方公除長安鎮都大將會蠕蠕侵境馳驛徵還除柔玄鎮都大將後以斤機辯勅與王俊使蠕蠕迎女備後宮又以本將軍開府爲長安鎮都大將卒贈本將軍雍州刺史謚曰靜陪葬金陵

子敦襲爵有姿貌善舉止自太子洗馬稍遷散騎常侍庫部尚書卒贈安東將軍幽州刺史謚曰恭

子伊利高宗時襲爵除內行長以沉密小心恭勤不怠領御食羽獵諸曹事伊利曾病顯祖幸其宅自視醫藥其見待如此稍遷散騎常侍儀曹尚書出爲安東將軍兗州刺史善撫導在州數年邊民歸之五千餘戶高祖時蠕蠕來寇詔伊利追擊之不及而反後依例降爲侯除司農卿光祿大夫卒世宗初贈征北將軍燕州刺史謚曰靜

子阿奴亦忠實寡言有智度以勳臣之子除侍御中散襲爵稍遷中散大夫卒

子殺鬼襲爵武泰中驃騎將軍南青州刺史

敦弟拔歷殿中尚書賜爵濟南公高祖時進爵爲王除征西將軍吏部尚書改封趙郡王後例降爲公卒贈寧東將軍定州刺史謚曰康陪葬金陵

子道生肆州安北府外兵參軍卒

子延天興中驃騎將軍左光祿大夫

結從子渥渥子提竝歷通顯提從世祖討赫連昌有功賜昌女爲妻

子雲早有名位顯祖時給事中西征勅勒爲賊所襲殺

子蓋世宗時左將軍直閤將軍轉龍驤將軍濟州刺史卒贈本將軍兗州刺史

長子鑒累遷冠軍將軍岐州刺史入除散騎常侍金紫光祿大夫主衣都統卒贈侍中都督冀定瀛三州諸軍事尚書右僕射司空公衞將軍冀州刺史以孝靜外戚故也

鑒弟衡累遷天水樂陵二郡太守輔國將軍光州刺史

結宗人彌善射有膂力世祖時爲軍將數從征伐有功官至范陽太守卒贈幽州刺史

彌孫念字子懷武定中驃騎將軍膠州刺史

伊馛代人也少而勇健走及奔馬善射多力曳牛却行神䴥初擢爲侍郎轉三郎賜爵汾陽子加振威將軍世祖之將討涼州也議者咸諫唯司徒崔浩勸世祖決行羣臣出後馛言於世祖曰若涼州無水草何得爲國議者不可用也宜從浩言世祖善之旣剋涼州世祖大會於姑臧謂羣臣曰崔公智謀有餘吾亦不復奇之吾正奇馛弓馬之士而所見能與崔同此深自可奇顧謂浩曰馛智力如此終至公相浩曰何必讀書然後爲學衞青霍去病亦不讀書而能大建勳名致位公輔世祖笑曰誠如公言馛性忠謹世祖愛之親待日殊賞賜優厚眞君初世祖欲拜馛爲尚書封郡公馛辭曰尚書務殷公爵至重非臣年少愚近所宜荷任請收過恩世祖問其欲馛曰中祕二省多諸文士若恩矜不已請參其次世祖賢之遂拜爲中護將軍祕書監以功賜爵魏安侯加冠軍將軍後出爲東雍州刺史恩化大行百姓思之轉殿中尚書常典宿衞世祖親任之從幸瓜步頻有戰功進號鎮軍將軍興安二年遷征北大將軍都曹尚書加侍中進爵河南公興光元年拜司空及爲三公清約自守爲政舉大綱而已不爲苛碎太安二年領太子太保三年與司徒陸麗等竝平尚書事五年薨

子蘭襲散騎常侍庫部尚書卒

子盆生驍勇有膽氣初爲統軍累有戰功遂爲名將以勳賜爵平城子神龜二年自驍騎將軍直閤將軍爲持節右將軍洛州刺史與荆州刺史淮南王世遵曾陽太守崔模俱討襄陽不剋而還坐免官後除安西將軍光祿大夫又爲撫軍將軍太僕卿假鎮西將軍西道別將每戰頻捷自崔延伯之後盆生爲次焉進號征西將軍行岐州刺史復爲西道都督戰歿贈車騎將軍雍州刺史永熙中重贈驃騎大將軍儀同三司定州刺史

子武平司徒祭酒

武平弟武榮直閤將軍

馛族孫豹子武衞將軍

豹子從子琳亦武衞將軍

乙瓌代人也其先世統部落世祖時瓌父匹知慕國威化遣瓌入貢世祖因留之瓌便弓馬善射手格猛獸膂力過人數從征伐甚見信待尚上谷公主世祖之女也除鎮南將軍駙馬都尉賜爵西平公從駕南征除使持節都督前鋒諸軍事每戰身先士卒勇冠三軍後除侍中征東將軍儀同三司定州刺史進爵爲西道都將和平中薨時年二十九贈太尉公謚曰恭

子乾歸襲爵年十二爲侍御中散及長身長八尺有氣幹頗習書疏尤好兵法復尚恭宗女安樂公主除駙馬都尉侍中顯祖初除征西將軍秦州刺史有惠政高祖初即位爲征西道都將又爲中道都將延興五年卒時年三十一贈左光祿大夫開府儀同謚曰康

子海字懷仁少歷侍御中散散騎侍郎卒時年四十一贈散騎常侍衞將軍濟州刺史謚曰孝

子瑗字雅珍尚淮陽公主高祖之女也除駙馬都尉汝南王友固辭不拜歷濟南太守時爲逆賊劉桃攻郡瑗踰城獲免後都督李叔仁討桃平之瑗乃還郡後除司農少卿銀青金紫左右光祿大夫中軍將軍西兗州刺史天平元年舉兵應樊子鵠與行臺左丞宗顯戰敗死時年四十六

瑗弟諸字遵和武定中司馬

諧弟琛字仲珍解褐司空參軍事稍遷東平濟陰二郡太守散騎常侍卒時年四十九

和其奴代人也少有操行善射御初爲三郎轉羽林中郎以恭勤致稱賜爵東陽子除奮武將軍高祖初遷尚書加散騎常侍進爵平昌公拜安南將軍遷尚書左僕射太安元年詔羣臣議立皇太子名其奴與司徒麗等以爲宜以德命名帝從之又與河東王閭毗太宰常英等竝平尚書事在官慎法不受私請時以西征吐谷渾諸將淹停不進久囚未決其奴與尚書毛法仁等窮問其狀連日具伏和平六年遷司空加侍中高宗崩乙渾與林金閭擅殺尚書楊保年等殿中尚書元郁率殿中宿衞士欲加兵於渾渾懼歸咎於金閭執金閭以付郁時其奴以金閭罪惡未分乃出之爲定州刺史皇興元年長安鎮將東平王道符反詔其奴領征西大將軍率殿中精甲萬騎以討之未至而道符敗軍還三年薨內外咸歎惜之贈平昌王謚曰宣

子天受襲爵初爲內行令太和六年遷弩庫曹下大夫卒

苟頽代人也曾祖烏提登國初有動於太祖賜爵寧子父洛跋內行長頽性厚重少言嚴毅清直武力過人擢爲中散小心謹敬世祖南討以頽爲前鋒都將每臨敵對戰常先登陷陳世祖至江賜爵建德男加寧遠將軍還遷奏事中散典涼州作曹遷內行令轉給事中遷司衞監以本將軍拜洛州刺史爲政剛嚴抑彊扶弱山蠻畏威不敢爲寇承明元年文明太后令百官舉才堪幹事人足委此者於是公卿咸以頽應選徵拜散騎常侍殿中尚書進爵成德侯加後將軍太和元年加散騎常侍尋遷侍中安東將軍都曹尚書進爵河南公頽方正好直言雖文明太后生殺不允頽亦言至懇切未曾阿諛李訢李敷之誅也頽竝致諫太后不從三年遷征北大將軍司空公進爵河東王以舊老聽乘步挽杖於朝大駕行幸三川頽留守京師沙門法秀謀反頽率禁衞收掩畢獲內外晏然駕還飲至文明太后曰當爾之日卿若持疑不即收捕處分失所則事成不測矣今京畿

不擾宗社獲安者實卿之功也七年詔曰頹爲台鼎論道是寄歷奉四朝庸積彌遠宜加崇異以彰厥功自玆已後可永受復除十三年冬薨高祖痛悼者久之贈賵有加諡僖王

長子愷累遷冠軍將軍柔玄懷荒武川鎮大將襲爵河東王例降爲公正光二年卒贈平北將軍恒州刺史

子寶武定中北梁太守

愷弟養步兵校尉早卒

養弟賚武騎侍郎河間太守太僕少卿汲郡太守遷龍驤將軍肆州刺史還除武衞將軍加後將軍延昌末卒贈平北將軍并州刺史并給帛二百匹布一百匹諡曰愍

子景叡莊帝時撫軍將軍金紫光祿大夫

頹弟若周散騎常侍尚書太和中安南將軍豫州刺史潁川侯卒贈光祿大夫

若周弟壽樂太和中北部尚書安南將軍懷州刺史假山陽公未拜尋除散騎常侍殿中尚書晉安侯卒贈安東將軍冀州刺史

頹從叔孤少以忠直稱太宗即位以定策功拜車騎將軍後除鎮軍大將軍并州刺史博陵公不治產業死之日家無餘財百姓追思之

薛野賭代人也父達頭自姚萇時率部落歸國太祖嘉其忠款賜爵聊城侯散員大夫待以上客之禮賜妻鄭氏達頭閑雅恭慎太祖深器之卒贈平南將軍冀州刺史諡曰悼野賭少失父母養於宗人利家及長好學善射高宗初召補羽林遷給事中典民籍事校計戶口號爲稱職賜爵順陽子野賭少孤父侯不襲至是錫爵和平中除平南將軍并州刺史進爵河東公轉太州刺史在治有聲卒年六十一贈散騎常侍大將軍并州刺史諡曰簡

子虎子姿貌壯偉明斷有父風年十三入侍高宗太安中遷內行長典奏諸曹事當官正直內外憚之及文明太后臨朝出虎子爲枋頭鎮將虎子素剛簡爲近臣所疾因小過黜爲鎮門士及顯祖南巡次於山陽虎子拜訴於路曰臣昔事先帝過霑重恩陛下在諒闇之日臣橫罹非罪自擯黜此蕃已經多載不悟今日得奉聖顏遂流涕嗚咽顯祖曰卿先帝舊臣久屈非所良用憮然詔虎子侍行訪以政事數十里中占對不絕時山東饑饉盜賊競起相州民孫誨等五百餘人稱虎子在鎮之日土境淸晏訴乞虎子仍復除枋頭鎮將即日之任至鎮數州之地姦徒屏跡顯祖璽書慰喻後除平南將軍相州刺史顯祖崩不行太和二年襲爵三年詔虎子督三將出壽春與劉昶南討四年徐州民桓和等叛逆屯於五固詔虎子爲南征都副將與尉元等討平之以本將軍爲彭城鎮將至鎮雅得民和除開府徐州刺史時州鎮戍兵資絹自隨不入公庫任其私用常苦飢寒虎子上表曰臣聞金湯之固非粟不守韓白之勇非糧不戰故自用兵以來莫不先積聚然後圖兼幷者也今江左未賓鯨鯢待戮自不委粟彭城以彊豐沛將何以拓定江關掃一衡霍竊惟在鎮之兵不減數萬資糧之絹人十二匹即自隨身用度無準未及代下不免飢寒論之於公無毫釐之潤語其利私則橫費不足非所謂納民軌度公私相益也徐州左右水陸壤沃淸汴通流足盈激灌其中良田十萬餘頃若以兵絹市牛分減戍卒計其牛數足得萬頭興力公田必當大獲粟稻一歲之中且給官食半兵耘植餘兵尚衆且耕且守不妨捍邊一年之收過於十倍之絹暫時之耕足充數載之食於後兵資唯須內庫五稔之後穀帛俱溢匪直戍士有豐飽之資於國有吞敵之勢昔杜預田宛葉以平吳充國耕西零以彊漢臣雖識謝古人任當邊守庶竭塵露有增山海高祖納之又上疏曰臣聞先王建不易之軌萬代承之聖主垂不刊之制千載共仰伏惟陛下道洽羣生恩齊造化仁德所覃迹超前哲遠崇古典留意治方革前王之弊法申當今之宜用定貢賦之輕重均品秩之厚薄庶令百辟足以代耕編戶享其餘畜巍乎煥焉不可量也臣竊尋居邊之民蒙化日淺戎馬之所資計素微小戶者一丁而已計其徵調之費終歲乃有七縑去年徵責不備或有貨易田宅質妻賣子呻吟道路不可忍聞今淮南之人思慕聖化延頸企足十室而九恐聞賦重更懷進退非惟損皇風之盛慮傷慕義之心且臣所居與南連接民情去就實所諳知特宜寬省以招未至其小郡太守數戶而已一請止六尺絹歲不滿匹旣委邊捍取其必死邀之士重何吝君輕今班制已行布之天下不宜忤冒以亂朝章但猥藉恩私備位蕃岳憂責之地敢不盡言書奏文明太皇太后令曰俸制已行不可以小有不平便虧通式在州戍兵每歲交代虎子必親自勞送喪者給其斂帛州內遭水二麥不收上表請貸民粟民有車牛者求詣東兗給之並如所奏民得安堵高祖曾從容問祕書丞李彪曰卿頻使江南徐州刺史政績何如彪曰綏邊布化甚得其和高祖曰朕亦知之沛郡太守邵安下邳太守張攀咸以贓汚虎子案之於法安等遣子弟上書誣虎子南通賊虜高祖曰此其妄矣朕度虎子必不然也推案果虛乃下詔曰夫君臣體合則功業可興上下猜懼則治道替矣沛郡太守邵安下邳太守張攀咸以貪惏獲罪各遣子弟詣闕告刺史虎子縱民通賊妄稱無端安宜賜死攀及子僧保鞭一百配敦煌安息他生鞭一百可集州官兵民等宣告行決塞彼輕狡之源開此陳力之效在州十一載太和十五年卒年五十一贈散騎常侍鎮南將軍相州刺史諡曰文有六子

長子世遵襲爵例降爲侯景明中爲秦州刺史稍遷左將軍年四十二

長子忱字安民正光中襲爵稍遷鎮南將軍鉅鹿太守定州儀同開府諮議參軍齊獻武王大行臺左丞中外府司馬出爲殷州驃騎府長史武定五年除鎮北將軍北廣平太守爲治暴虐曾因公事一家之內併殺數人爲民所訟將致之罪遇患卒於郡贈征西將軍西兗州刺史

忱弟安顯武定末東豫州征西府長史

世遵弟曇慶少有度量永平中員外散騎常侍遷尚書郎年五十一卒

子衍字元孫輕財慕義熙平中爲侍御史奉朝請永安中尚書駕部郎中行河陰縣事卒於正平太守贈征東將軍徐州刺史

曇慶弟曇寶初補散騎高祖詔曇寶採遺書於天下歷侍御中散直閤將軍太子步兵校尉世宗時遣使巡行四方以曇寶持節兼散騎常侍龍驤將軍南道大使曇寶達豫州卒年二十九

曇寶弟曇尚有容貌性寬和初辟御史加奉朝請熙平二年除徐州穀陽戍主行南陽平郡事毋憂去職正光中詔以陽平隣接蕭衍綏捍須人仰尚書舉才而遣左僕射蕭寶夤舉曇尚應選馳驛之郡孝昌初徐州刺史元法僧叛入蕭衍曇尚斬其使人送首於都督安樂王鑒鑒不能援遂爲蕭衍將王希朔所陷拘曇尚送蕭衍衍以禮遇之曇尚乞歸衍乃聽還肅宗復其本秩武泰初爾朱榮擅彊并肆朝廷欲揣其情除曇尚員外常侍使於榮託以慰喻密以觀之建義初除司徒左長史兼吏部尚書授太原王爾朱榮官還賜爵永安侯尋除後將軍定州刺史爾朱榮之死授持節兼尚書北道行臺代魏蘭根後爲鎮東將軍金紫光祿大夫太昌初加征東將軍行兗州事天平中除驃騎大將軍齊州刺史曇尚凡歷三州俱稱貪虐還除將作大匠卒於官年六十一贈都督瀛滄二州諸軍事本將軍儀同三司瀛州刺史

子仲芬武定中齊文襄王中外府中兵參軍

曇尚弟琡字曇珍武定末儀同三司尚書右僕射

宇文福河南洛陽人其先南單于之遠屬世爲擁部大人祖活撥仕慕容垂爲唐郡內史遼東公太祖之平慕容寶活撥入國爲第一客福少驍果有膂力太和初拜羽林郎將遷建節將軍賜爵新昌侯南征都將擊蕭賾有功授顯武將軍尋除恢武將軍北征都將特賜戎服破蠕蠕別部獲萬餘還除都牧給事十七年車駕南討假冠軍將軍後軍將軍時仍遷洛勅福檢行牧馬之所福規石濟以西河內以東拒黃河南北千里爲牧地事尋施行今之馬場是也及從代移雜畜於牧所福善於將養並無損耗高祖嘉之尋補司衞監從駕豫州加冠軍將軍西道都將假節征虜將軍領精騎一千專殿駕後未幾轉驍騎將軍仍領太僕典牧令從駕征南陽兼武衞將軍二十二年車駕南討遣福與右衞將軍楊播爲前軍至鄧城福選兵簡將爲攻圍之勢高祖望福軍法齊整將士閑習大被褒歎蕭鸞遣其尚書崔慧景黃門郎蕭衍率衆十萬來救高祖指麾將士勅福領高車羽林五百騎出賊南面奪其橋道遏絕歸路賊衆大恐六道來戰福據鞍誓衆身先士卒賊不得前遂大奔潰賜爵昌黎伯正武衞加征虜將軍尋以高車叛命加征北將軍北征都將追討之軍敗被黜景明初乃起拜平遠將軍南征統軍進討於都督彭城王勰曰建安是淮南重鎮彼此要衝得之則義陽易圖不獲則壽春難保勰然之及勰爲州遂令福攻建安建安降以勳封襄樂縣開國男邑二百戶除太僕少卿尋以衍將寇邊假節征虜將軍領兵出三關討之又詔福行豫州事與東豫州刺史田益宗共相影援綏邊蠻楚還爲光祿大夫轉太僕卿延昌中以本官領左衞將軍除散騎常侍都官尚書加安東將軍營州大中正熙平初除鎮北將軍瀛州刺史福性忠淸在公嚴毅以信御民甚得聲譽解任復除太僕卿又爲金紫光祿大夫出除散騎常侍都督懷朔沃野武川三鎮諸軍事征北將軍懷朔鎮將至鎮遇病卒詔遣主書樂安嘉赴弔贈車騎大將軍定州刺史開國如故諡曰貞惠

長子善字慶孫襲爵自司空掾稍遷平南將軍光祿大

夫孝昌末北征戰歿贈車騎將軍冀州刺史
善弟延字慶壽體貌魁岸眉目疎朗永平中釋褐奉朝請直後員外散騎常侍以父老詔聽隨侍在瀛州屬大乘妖黨突入州城延率奴客戰死者數人身被重瘡賊乃小退而縱火燒齋閣福時在內延突火而入抱福出外支體灼爛髮盡爲燼於是勒衆與賊苦戰賊乃散走以此見稱孝昌中授假節建威將軍西道別將赴援豳隴有戰功除員外散騎常侍轉直寢與萬俟醜奴戰没贈冠軍將軍豫州刺史
于仲鸞武定末齊王丞相府長流參軍
慶壽弟慶安歷給事中尚書殿中郎中後加平北將軍武衞將軍河陰遇害贈征東將軍兗州刺史
長子仲融
融弟仲衍
費于代人也祖峻仕赫連昌爲寧東將軍泰常末率衆來降拜龍驤將軍賜爵捷爲公後遷征南將軍廣阿鎮大將徙爵下邳公父郁以隨父歸誠勳賜五等男除燕郡太守卒贈幽州刺史于少有節操起家內三郎世祖南伐從駕至江以宿衞之勤除寧遠將軍賜爵松陽男還商賈部二曹令除平南將軍懷州刺史卒
子萬襲太和初除平南將軍梁國鎮將後高祖南伐萬從駕渡淮戰歿贈鎮東將軍冀州刺史
子穆字朗興性剛烈有壯氣頗涉書史好尚功名世宗初襲男爵後除夏州別駕尋加寧遠將軍轉涇州平西府長史時刺史皇甫集靈太后之元舅侍外戚之親多爲非法穆正色匡諫集亦憚之轉安定太守仍爲長史還朝拜左軍將軍轉河陰令有嚴明之稱時蠕蠕主婆羅門自涼州歸降其部衆因饑侵掠邊邑詔穆銜命宜慰便皆款附明年復叛入寇涼州除穆輔國將軍假征虜將軍兼尚書左丞西北道行臺仍爲別將往討之穆至涼州蠕蠕遁走穆謂其所部曰夷狄獸心唯利是視見敵便走乘虛復出今王師來討雖畏威逃跡然軍還之後必來侵暴今欲羸師誘致冀獲一戰若不令其破膽終恐疲於奔命衆咸然之穆乃簡練精騎伏於山谷使羸劣之衆爲外營以誘之賊騎覘見謂爲信弱俄而競至穆伏兵奔擊大破之斬其帥郁厥烏爾俟斤十代等獲生口雜畜甚衆及六鎮反叛詔穆爲別將隸都督李崇北伐都督崔暹失利崇將班師會諸將議曰朔州是白道之衝賊之咽喉若此處不全則并肆危矣今欲選諸將一人留以鎮捍不知誰堪此任僉曰無過穆者崇乃請爲朔州刺史仍本將軍尋改除雲州刺史穆招離聚散頗得人心時北境州鎮悉皆淪没唯穆獨據一城四面抗拒久之援軍不至兼行路阻塞糧仗俱盡穆知勢窮乃棄城南走投爾朱榮於秀容既而詣闕請罪詔原之孝昌中二絳蜀反以穆爲都督討平之拜前將軍散騎常侍遷平南將軍光祿大夫妖賊李洪於陽城起逆連結蠻左詔穆兼武衞將軍率衆討擊破於關口之南遷金紫光祿大夫正武衞將軍爾朱榮向洛靈太后徵穆令屯小平及榮推奉莊帝河梁不守穆遂棄衆先降穆素爲榮所知見之甚悅穆潛說榮曰公士馬不出萬人今長驅向洛前無橫陳者正以推奉主上順民心故耳既無戰勝之威羣情素不厭伏今以京師之衆百官之盛一知公之虛實必有輕侮之心若不大行誅罰更樹親黨公還北之日恐不得度太行而內難作矣榮心然之於是遂有河陰之事天下聞之莫不切齒榮入洛穆遷中軍將軍吏部尚書魯縣開國侯食邑八百戶又領夏州大中正蕭衍遣將軍曹義宗逼荊州詔穆爲使持節南征將軍都督南征諸軍事大都督以援之穆潛軍徑進出其不意至即大破之生擒義宗送闕以功還衞將軍進封趙平郡開國公增邑一千戶還使持節加侍中車騎將軍假儀同三司前鋒大都督與大將軍元天穆東討邢杲破平之時元顥內逼莊帝北幸顥入京師穆與天穆既平齊地回師將擊顥穆先驅圍虎牢盡銳攻之將拔屬天穆北渡既無後繼人情離沮穆遂降顥以河陰酷濫事起於穆引人詰讓出而殺之時年五十三莊帝還宮追贈侍中司徒公謚曰武宜
長子慶遠永安中龍驤將軍青州開府司馬
第二子孝遠襲天平中叛入關西
孟威字能重河南洛陽人頗有氣尚尤曉北土風俗歷東宮齊帥羽林監時四鎮高車叛投蠕蠕高祖詔威曉喻禍福追還逃散分配爲民後以明解北人之語勅在著作以備推訪永平中自鎮遠將軍前軍將軍左右直長加龍驤將軍出使高昌還遷城門校尉直閤將軍沃野鎮將正光初蠕蠕主阿那瓌歸國詔遣前郢州刺史陸希道兼侍中爲使主以威兼散騎常侍爲副遠幾迎接阿那瓌之還國也復以威爲平北將軍光祿大夫假員外常侍爲使主護送之前後頻使遠蕃粗皆稱旨復加撫軍將軍普泰中除大鴻臚卿尋加驃騎大將軍左光祿大夫天平三年卒贈使持節侍中本將軍都督冀瀛滄三州諸軍事司空公冀州刺史子恂嗣
威弟季朔遷鎮遠將軍左中郎將廷尉監以本將軍除廣州刺史預爾朱榮義舉封鉅鹿縣開國公食邑一千戶除撫軍將軍廷尉卿轉司農卿出爲平西將軍華州刺史卒贈車騎大將軍雍州刺史
史臣曰羅結枝附葉從當舊之眷子孫顯祿俱至公王伊馛以勇力見擢而能贊伐姑臧之策請參中祕之官世祖嘉之於前良有以也乙瓌之驍猛和奴之貞正苟頹之剛直虎子之威彊宇文之氣幹咸亦有用之士費穆出身致力遂有功名而末路一言禍被簪帶校之文和異世同咎其死也幸哉孟威致力荒裔其勤可錄矣

羅結孫拔高祖時進爵濟南王拔孫延天興中驃騎將軍案太祖初即位年號天興拔仕高祖其孫必非太祖時蓋年號誤也

魏書卷四十四考證

伊馛傳子延天興中驃騎將軍左光祿大夫。臣人龍按道武紀天興爲太祖年號今延之祖拔於高祖時進爵爲王已距天興七八十年矣安有其孫先於爾時爲驃騎將軍光祿大夫者耶年號當有訛
費于傳引人詰讓。人北史作入

魏書卷四十五

齊　魏收　撰

列傳第三十三

韋閬　杜銓　裴駿　辛紹光　柳崇

韋閬字友觀京兆杜陵人世爲三輔冠族祖楷晉建威將軍長樂清河二郡太守父逵慕容垂吏部郎大長秋卿閬少有器望值慕容氏政亂避地於薊城世祖徵拜咸陽太守轉武都太守屬杏城鎮將郝溫及蓋吳反關中擾亂閬盡心撫納所部獨全在郡十六年卒
子範歷鎮西大將軍府司馬試守華山郡高宗時賜爵興平男卒
子儁字穎超早有學識少孤事祖母以孝聞性溫和廉讓爲州里所稱太和中襲爵除荊州治中轉梁州寧朔府長史還爲太尉外兵參軍本州中正遷都水使者所在有聲世宗崩領軍于忠矯擅威刑與左僕射郭祚尚書裴植同時遇害語在植傳時年五十七儁與祚婚家爲忠所惡故及於難臨終儁訴枉於尚書元欽欽知而不敢申理儁歎曰吾一生爲善未蒙善報常不爲惡今爲惡終悠悠蒼天抱直無訴時人咸怨傷焉熙平元年追贈中壘將軍洛州刺史謚曰貞有子十三人
長子榮緒字子光頗涉文史襲爵除員外散騎侍郎齊王蕭寶夤儀同開府屬因戰敗歿
榮緒弟榮茂字子曄以幹局知名歷侍御史尚書考功郎中出爲征虜將軍東秦州刺史永熙末兄弟竝歿關西
榮茂弟子粲爲寶炬南汾州刺史
子粲少弟道諧爲南汾州鎮城都督齊獻武王命將出討陷城克之武定末子粲官至南兗州刺史
閬兄子真喜起家中書博士遷中書侍郎馮翊太守
子祉卒於太府少卿
祉子義遠出帝時爲岐州刺史歿關西
祉弟禎有識幹起家奉朝請尚書郎中司徒主簿太子中舍人廷尉少卿給事黃門侍郎光祿大夫卒贈安西將軍秦州刺史
子文殊員外散騎侍郎早卒
閬從叔道福父羆爲苻堅丞相王猛所器重以女妻焉爲堅東海太守堅滅奔江左仕劉裕爲輔國將軍秦州刺史道福有志略歷劉駿盱眙南沛二郡太守領鎮北府錄事參軍時徐州刺史薛安都謀欲擁州內附道福參贊其事以功除安遠將軍賜爵高密侯因此仍家於彭城卒贈征虜將軍兗州刺史謚曰簡
子欣宗以歸國勳別賜爵杜縣侯高祖初拜彭城內史遷大將軍宋王劉昶諮議參軍廣陵侯元衍爲徐州刺史又請爲長史帶彭城內史撫綏內外甚得民和世宗初除通直散騎常侍出爲河北太守不行尋轉太中大夫行幽州事卒贈龍驤將軍南兗州刺史謚曰簡
子元叡武定中穎州驃騎府長史
欣宗從父弟合宗卒於東海太守
子元恢有氣幹孝昌初值刺史元法僧據州外叛元恢招聚同志潛規克復事泄爲法僧所害時人傷惜之
閬從子崇字洪基父肅字道壽劉義眞鎮關中辟爲主簿仍隨義眞度江歷魏郡弋陽二郡太守豫州刺史崇年十歲父卒母鄭氏以入國因寓居河洛少爲兗州刺史鄭義所器賞解褐中書博士轉司徒從事中郎高祖納其女爲充華嬪除南穎川太守不好發擿細事常云何用小察以傷大道吏民感之郡中大治高祖聞而嘉賞賜帛二百匹還洛以崇爲司州中正尋除右將軍咸陽王禧開府從事中郎復爲河南邑中正崇頻居衡品以平直見稱出爲鄉郡太守吏滿應代吏民詣闕乞留復延三年在郡九年轉司徒諮議久之除華山太守

卒

子猷之釋褐奉朝請轉給事中步兵校尉稍遷前將軍太中大夫卒

猷之弟休之起家安州左將軍府城局參軍轉給事中河南邑中正稍遷安西將軍光祿大夫休之貞和自守未嘗以言行忤物卒

子道建武定末定州儀同開府長史帶中山太守

道建弟道儒齊文襄王大將軍府東閤祭酒

閬族弟珍字靈智高祖賜名焉父尚字文叔樂安王良安西府從事中郎卒贈安遠將軍雍州刺史珍少有志操解褐京兆王子推常侍轉尚書南部郎高祖初蠻首桓誕歸欵朝廷思安邊之略以誕爲東荆州刺史令珍爲使與誕招慰蠻左珍自懸瓠西入三百餘里至桐栢山窮淮源宣揚恩澤莫不降附淮源舊有祠堂蠻俗恒用人祭之珍乃曉告曰天地明靈即是民之父母豈有父母甘子肉味自今已後悉宜以酒脯代用羣蠻從約至今行之凡所招降七萬餘戶置郡縣而還以奉使稱旨除左將軍樂陵鎮將賜爵霸城子蕭道成司州民謝天蓋自署司州刺史規欲以州內附事泄爲道成將崔慧景攻圍詔珍率在鎮士馬渡淮援接時道成聞珍將至遣將苟元賓據淮逆拒珍乃分遣鐵馬於上流潛渡親率步士與賊對接旗鼓始交甲騎奄至腹背奮擊破之天蓋尋爲左右所殺降於慧景珍乘勝馳進又破慧景擁降民七千餘戶內徙表置城陽剛陵義陽三郡以處之高祖詔珍移鎮北陽蕭賾遣其雍州刺史陳顯達率衆來寇城中將士咸欲出戰珍曰彼初至氣銳未可便挫且共堅守待其攻我疲懈擊之未晚於是憑城拒戰殺傷甚衆相持旬有二日夜開城門掩擊之賊遂奔潰以功進爵爲侯車駕南討珍上便宜并自陳在邊歲久悉其要害願爲前驅詔珍爲隴西公源懷衛大將軍府長史轉太保齊郡王長史還顯武將軍郢州刺史在州有聲績朝廷嘉之還龍驤將軍賜驊騮二匹帛五十匹穀三百斛珍乃召集州內孤貧者謂曰天子以我能綏撫卿等故賜以穀帛吾何敢獨當遂以所賜悉分與之尋加平南將軍荆州刺史與尚書盧淵征赭陽爲蕭鸞將垣歷生蔡道貴所敗免歸鄉里臨別謂淵曰主上聖明志吞吳會用兵機要在於上流若有事荆楚恐老夫復不得停耳後車駕征樊鄧復起珍爲中軍大將軍彭城王勰長史沔北既平以珍爲建威將軍試守魯陽郡高祖復南伐路經珍郡加中壘將軍正太守珍從至濟水高祖曰朕頃戎車再駕卿常翼務中軍今日之舉亦欲與卿同行但三鵶險要非卿無以守也因勑珍辭還及高祖崩於行宮祕匿而還至珍郡始發大諱還除中散大夫尋加鎮遠將軍太尉諮議參軍永平元年卒時年七十四贈本將軍南青州刺史謚曰懿

長子纘字遵彥年十三補中書學生聰敏明辯爲博士李彪所稱除祕書中散遷侍御中散高祖每與名德沙門談論往復纘掌綴錄無所遺漏頗見知賞轉散騎侍郎從太子中舍人仍兼黃門又兼司徒右長史尋轉長兼尚書左丞壽春內附尚書令王肅出鎮揚州請纘爲長史加平遠將軍帶梁郡太守肅薨勑纘行州事任城王澄代肅爲州復啓纘爲長史澄出征之後蕭衍將姜慶眞乘虛攻襲遂據外郭雖尋克復纘坐免官永平三年卒年四十五

纘弟或字遵慶亦有學識解褐奉朝請遷太尉騎兵參軍出爲雍州治中轉別駕入爲司徒掾尋轉散騎侍郎稍遷平遠將軍東豫州刺史或綏懷蠻左頗得其心蠻首田益宗子魯生魯賢先叛父南入數爲寇掠自或至州魯生等咸懱啓修敬不復爲害或以蠻俗荒梗不識禮儀乃表立太學選諸郡生徒於州總教又於城北置崇武館以習武焉境內清肅遷遇大將軍京兆王繼西征請爲長史拜通直散騎常侍尋以本官兼尚書爲幽夏行臺以功封陰盤縣開國男邑二百戶孝昌元年秋卒於長安贈撫軍將軍雍州刺史謚曰文

子彪襲歷本州治中轉別駕孝莊末藍田太守沒於關西彪弟融解褐員外散騎侍郎以軍功賜爵長安伯稍遷大司馬開府司馬融娶司農卿趙郡李瑾女天平中疑其妻與章武王景哲姦通乃刺殺之懼不免仍亦自害

或弟朏字遵顯少有志業年十八辟州主簿時屬歲儉朏以家粟造粥以飼飢人所活甚衆解褐太學博士遷祕書郎中稍遷左軍將軍爲荆郢和糴大使南郢州刺史田夷啓稱朏父珍往任荆州恩洽夷夏乞朏充南道別將領荆州驍勇共爲腹背詔從之未幾行南荆州事肅宗末除征虜將軍東徐州刺史尋遷東安將軍加散騎常侍蕭衍遣其郢州刺史田麤愔率衆來寇朏於石羊崗破斬之以功封杜縣開國子邑二百戶永安三年卒於州贈侍中車騎將軍雍州刺史謚曰宣

長子鴻字道衍頗有幹用解褐奉朝請遷尚書令吏部郎中中書舍人天平三年坐漏泄賜死於家時年三十二

鴻弟道植武定末儀同開府中兵參軍

太祖時有安定梁穎先仕慕容寶歷黃門郎入國拜建德太守賜爵朝那男

孫景儁起家趙郡王幹行參軍稍遷治書侍御史司徒中兵參軍卒

子師禮早卒

師禮族弟嵩遵少有氣俠起家奉朝請歷司空外兵參軍後蕭寶夤爲雍州刺史引爲中兵參軍深見信任寶夤反令嵩遵率衆出征嵩遵僞受其署既行之後遂與侯終德等還來襲城以功封烏氏縣開國伯邑五百戶後除光州平東府長史轉荆州驃騎府司馬卒官年四十四

嵩遵弟嵩景武定中燕郡太守又有武功

蘇湛字景儁魏侍中則之後也晉亂避地河右世祖平涼州還鄉里父權字天祐秦州撫軍府司馬湛少有器行頗涉羣書年二十餘舉秀才除奉朝請領侍御史轉員外散騎侍郎蕭寶夤之討關西以湛爲行臺郎中深見委任孝昌中寶夤大敗東還朝廷以爲雍州刺史後自猜懼害中尉酈道元乃稱兵反時湛臥疾於家寶夤令姜儉報湛云元略受蕭衍意旨乃欲見除酈道元之來事不可測吾不能坐受死亡今便爲身計不復作魏臣也與卿契闊故以相報死生榮辱與君共之湛聞之舉聲大哭儉遽止之曰何得便爾湛曰百口居家即時屠戮云何不哭哭數十聲徐謂儉曰爲我白濟王王本以窮鳥投人賴朝廷假王羽翼榮寵至此屬國步多虞不能竭忠報德乃欲乘人間隙有不臧之心信惑行路無識之語欲以羸敗之兵守關問鼎今魏德雖衰天命未改且王之恩義未洽於民但見其敗未見有成蘇湛不能以百口居家爲王族滅寶夤復報曰此自救命之計不得不爾所以不先相白者恐沮吾計故爾湛復曰凡爲大事常得天下奇士今但共長安博徒小兒輩計校辦有成理不湛恐荆棘必生庭闕願乞骸骨還鄉里脫得因此病死可以下見先人寶夤素重之以湛病且知不爲己用聽還武功寶夤敗莊帝即位徵補尚書郎既至莊帝曰前聞卿荅蕭寶夤甚有美辭爲我說也湛頓首謝曰臣雖言辭不如伍被始終不易自謂過之然臣與寶夤周遊契闊言得盡心而不能令其不反臣之罪也莊帝悅拜散騎都尉仍領郎尋遷中書侍郎出帝初病還鄉里終於家贈散騎常侍鎮西將軍雍州刺史

湛從母弟天水姜儉字文簡父郘自平寇司直出爲兗州安東長史帶高平太守卒於營構都將儉少有幹用勤濟過人起家徐州車騎府田曹參軍轉太尉外兵參軍蕭寶夤出討關西引爲開府屬軍機謀略多所參預儉亦自謂遭逢知己遂竭誠委託寶夤爲雍州仍請爲開府從事中郎帶長安令及寶夤反以爲左丞尤見信任爲羣下所讎疾寶夤敗城人殺之時年三十九蘇湛每謂人曰以姜儉才志堪致富貴惜其不遇命也如何

儉弟素武定末中散大夫

杜銓字士衡京兆人晉征南將軍預五世孫也祖曹苻堅太尉長史父嶷慕容垂祕書監仍僑居趙郡銓學涉有長者風與盧玄高允等同被徵爲中書博士初密太后父豹喪在濮陽世祖欲命迎葬於鄴謂司徒崔浩曰天下諸杜何處望高浩對京兆爲美世祖曰朕今方改葬外祖意欲取京兆中長老一人以爲宗正令營護凶事浩曰中書博士杜銓其家今在趙郡是杜預之後於今爲諸杜之最即可取之詔召見銓器貌瓌雅世祖感悅謂浩曰此眞吾所欲也以爲宗正令與杜超子道生迎豹喪柩致葬鄴南銓遂與超如親超謂銓曰既是宗近何緣復僑居趙郡乃延引同屬魏郡焉遷散騎侍郎轉中書侍郎賜爵新豐侯卒贈平南將軍相州刺史魏縣侯謚曰宣

子振字季元太和初舉秀才卒於中書博士

子遇字慶期起家奉朝請轉員外散騎侍郎尚書起部郎中竊官材瓦起立私宅清論鄙之遷龍驤將軍中散大夫出爲河東太守卒贈中軍將軍都官尚書豫州刺史謚曰惠

子鴻永熙中司徒倉曹參軍

銓族子洪太字道廓延興中爲中書博士後使高麗除安遠將軍下邳太守轉梁郡太守太和中除鷹揚將軍絳城鎮將帶新昌陽平二郡太守卒年五十二

子祖悅字士豁頗有識尚大將軍劉昶參軍事稍遷天水仇池二郡太守行南秦州事正光中入爲太尉汝南王悅諮議參軍出除高陽太守卒於郡

子長文字子儒肅宗挽郎員外散騎侍郎稍遷尚書郎以隨叔顒守岐州勳賜爵始平伯加平東將軍天平末卒於安西將軍光祿大夫贈中軍將軍度支尚書雍州刺史

長文第四弟子達武定中齊文襄王大都督府戶曹參軍

祖悅弟顥字思顏頗有幹用解褐北中府錄事參軍正光中稍遷厲威將軍盱眙太守帶大徐戍主元法僧之叛也顥逃竄獲免後爲諫議大夫孝昌二年爲西征軍司行岐州事蕭寶夤起逆顥據州不從還除征虜將軍東荆州刺史以守岐州勳封平陽縣開國伯邑五百戶武泰中轉授岐州刺史永安中除涇州刺史時萬俟醜奴充斥關右不行乃爲都督防守岐州醜奴攻之不剋事寧除鎭西將軍光祿大夫以勳又賞安平縣開國伯食邑五百戶以平陽伯轉授弟二子景仲後爲征西將軍金紫光祿大夫沒於關西

裴駿字神駒小名皮河東聞喜人父雙碩本縣令假建威將軍恒農太守安邑子卒贈平南將軍東雍州刺史聞喜侯駿幼而聰慧親表異之稱爲神駒因以爲字弱冠通涉經史好屬文性方檢有禮度鄉里宗敬焉蓋吳作亂於關中汾陰人薛永宗聚衆應之屢殘破諸縣來襲聞喜縣中先無兵仗人情駭動縣令憂惶計無所出駿在家聞之便率厲鄉豪曰在禮君父有危臣子致命府縣今爲賊所逼是吾等徇節之秋諸君可不勉乎諸豪皆奮激請行駿乃簡騎驍勇數百人奔赴賊聞救至引兵退走刺史嘉之以狀表聞會世祖親討蓋吳引見駿駿陳敘事宜甚會機理世祖大悅顧謂崔浩曰裴駿有當世才具且忠義可嘉補中書博士浩亦深器駿目爲三河領袖轉中書侍郎劉駿遣使明僧暠朝貢以駿有才學乃假給事中散騎常侍於境上勞接皇興二年卒贈平南將軍秦州刺史聞喜侯謚曰康

子修字元寄清辯好學年十三補中書學生遷祕書中散轉主客令以婦父李訢事出爲張掖子都大將張掖境接胡夷前後數致寇掠修明設烽候以方略禦之在邊六年關塞清靜高祖嘉之徵爲中部令轉中大夫兼祠部曹事職主禮樂每有疑議修斟酌故實咸有條貫太和十六年卒時年五十一高祖悼惜之賻帛一百匹謚曰恭伯世宗時追贈輔國將軍東秦州刺史修早孤居喪以孝聞二弟三妹並在幼弱撫養訓誨甚有義方次弟務早喪修哀傷之感於行路愛育孤姪同於已子及將異居奴婢田宅悉推與之時人以此稱焉

子詢字敬叔美儀貌多藝能音律博奕咸所開解起家奉朝請太尉集曹參軍轉長流尚書起部郎中平昌太守時太原長公主寡居與詢私姦肅宗仍詔詢尚焉尋以主壻特除散騎常侍特本邑中正關司徒召詢爲之詢族叔昞自陳情願此官詢遂讓焉時論善之尋監起居事遷祕書監出爲平南將軍郢州刺史詢以凡司戍土蠻酋田朴特地居要險衆踰數萬足爲邊捍遂表朴特爲西郢州刺史朝議許之蕭衍遣將李國興寇邊時四方多事朝廷未遑外略緣境城戍多爲國興所陷賊既乘勝遂向州城詢率厲固守垂將百日援軍既至賊乃退走加散騎常侍安南將軍朴特自國興來寇便與詢掎角爲表裏聲援郢州獲全朴特頗有力焉徵爲七兵尚書至都未幾除豫州刺史尋進號撫軍將軍加散騎常侍未之州還爲七兵尚書常侍如故武泰初詔詢以本官兼侍中爲關右大使賞擢慕義之徒未及發會爾朱榮入洛於河陰遇害年五十一贈侍中車騎大將軍司空公雍州刺史謚曰貞烈無子

修弟務字陽仁少而聰慧舉秀才州辟主簿早卒

子美字師伯少有美名舉秀才州主簿太尉咸陽王雍相賞愛欲以女妻之美拒而不納除奉朝請亦早卒無子

務弟宣字叔令通辯博物早有聲譽少孤事母兄以孝友稱舉秀才至都見司空李訢與言自旦及夕訢嗟善不已司空李沖有人倫鑒識見而重之高祖初徵爲尚書主客郎與蕭賾使顏幼明劉思效蕭琛范雲等對接轉都官郎邊員外散騎侍郎舊令與吏部郎同班闕高祖會集沙門講佛經因命宣論難甚有理詣高祖稱善遷都洛陽以宣爲採材副將奉使稱旨遷除司空諮議參軍府解轉司州治中兼司徒右長史又轉別駕仍長史宣明敏有器幹總攝州府事無凝滯遠近稱之世宗初除太中大夫領本郡中正仍別駕又爲司州都督遷太尉長史宣上言曰自遷都已來凡戰陳之處及軍罷兵還之道所有骸骼無人覆藏者請悉令州郡戍邏檢行埋掩并符出兵之鄉其家有死於戎役者使皆招魂復魄祔祭先靈復其年租調身被傷痍者免其兵役朝廷從之出爲征虜將軍益州刺史宣善於綏撫甚得羌戎之心後晉壽更置益州改宣所莅爲南秦州先是有陰平氐酋楊孟孫擁戶數萬自立爲王通引蕭衍數爲邊患宣乃遣使招喻曉以逆順孟孫感恩卽遣子詣闕武興氐姜謨等千餘人上書乞延更限世宗嘉焉宣家世以儒學爲業常慕廉退每歎曰以賈誼之才仕漢文之世不歷公卿將非運也乃謂親賓曰吾本閭閻之士素無當世之志直隨牒推移遂至於此祿後養親道不光國贈言往哲可以言歸矣因表求解世宗不許乃作懷田賦以敘心焉永平四年患篤世宗遣太醫令馳驛就視并賜御藥宣素明陰陽之書自始患便知不起因自剋亡日果如其言時年五十八世宗悼惜之贈左將軍豫州刺史謚曰定尋改爲穆子敬憲莊伯並在文苑傳

第四子獻伯武定末廷尉卿

駿從弟安祖少而聰慧年八九歲就師講詩至鹿鳴篇語諸兄云鹿雖禽獸得食相呼而況人也自此之後未曾獨食弱冠州辟主簿民有兄弟爭財詣州相訟安祖召其兄弟以禮義責讓之此人兄弟明日相率謝罪內外欽服之復有人勸其入仕安祖曰高尚之事非敢庶幾且京師遼遠實憚於栖屑耳於是閑居養志不出城邑安祖曾行值天熱舍於樹下鷙鳥逐雉雉急投之遂觸樹而死安祖愍之乃取置陰地徐徐護視良久得蘇安祖喜而放之後夜忽夢一丈夫衣冠甚偉著繡衣曲領向安祖再拜安祖怪而問之此人云感君前日見放故來謝德聞者異焉後高祖幸長安至河東存訪故老安祖朝於蒲坂高祖與語甚悅仍拜安邑令安祖以老病固辭詔給一時俸以供湯藥焉年八十三卒於家

子思濟亦有志操早卒

子宗賢

思濟弟幼儁卒於猗氏令

辛紹先隴西狄道人五世祖怡晉幽州刺史父淵私署涼王李暠驍騎將軍暠子歆亦厚遇之歆與沮渠蒙遜戰於蓼泉軍敗失馬淵以所乘馬授歆而身死於難以義烈見稱西土世祖之平涼州紹先內徙家於晉陽明敏有識量與廣平游明根范陽盧度世同郡李承等甚相友善有至性丁父憂三年口不甘味頭不櫛沐髮遂落盡故常著垂裙皁帽自中書博士轉神部令皇興中薛安都以彭城歸國時朝廷欲綏安初附以紹先爲下邳太守加寧朔將軍爲政不苟激察舉其大綱而已雅敎民治產禦賊之備及劉彧將陳顯達蕭道成蕭順之來寇道成謂順之曰辛紹先未易侵也宜共慎之於是不歷郡境遂徑屯呂梁太和十三年卒贈冠軍將軍并州刺史晉陽公謚曰惠

子鳳達號道樂古有長者之名卒於京兆王子推國常侍

鳳達子祥字萬福舉司州秀才司空行參軍遷主簿太傳元丕爲并州刺史祥爲丕府屬初行建興郡咸陽王禧妃卽祥妻妹及禧構逆親知多罹塵謗祥獨蕭然不預轉并州平北府司馬會刺史喪朝廷以其公清遂越長史勑行州事祥初在司馬有白璧還兵藥道顯被誣爲賊官屬推處咸以爲然祥曰道顯面有悲色察獄以色其此之謂乎苦執申之月餘別獲眞賊後除郢州龍驤府長史帶義陽太守白早生之反也蕭衍遣衆來援因此緣淮鎭戍相繼降没唯祥堅城獨守蕭衍遣將胡武城陶平虜於州南金山之上連營侵逼衆情大懼祥從容曉喻人心遂安時出挑戰僞退以驕賊賊果日來攻逼不復自備乃夜出襲其營將曉矢刃交下賊大崩散擒平虜斬武城以送京師州境獲全論功方有賞授而刺史婁悅恥勳出其下間之執政事竟不行胡賊劉龍駒作逆華州勑除祥華州安定王燮征虜府長史仍爲別將與討胡使薛和討滅之神龜元年卒時年五十五永安二年贈冠軍將軍南青州刺史

長子琨字懷玉少聰敏解褐相州倉曹參軍稍遷陳郡太守輕車將軍濟州征虜府長史卒年四十六

琨弟懷仁武定末長樂太守

懷仁弟賁字叔文少有文學識度沉雅起家北中府中兵參軍員外散騎侍郎建義初修起居注除濟州撫軍府長史出帝時轉膠州車騎府長史遷平東將軍太師咸陽王坦開府長史武定中中尉崔暹表薦賁除闕太守吏民懷其恩惠還卒於鄴時年五十八

賁弟烈字季武歷太傅東閤祭酒卒於梁州鎭南府長史

烈弟匡字季政頗有文學永安初釋褐封丘令加威烈將軍時經河陰之役朝士多求出外故匡爲之後除平遠將軍符璽郎中卒於龍驤將軍通直散騎侍郎時年三十五贈散騎常侍前將軍雍州刺史

祥弟少雍字季和少聰穎有孝行尤爲祖父紹先所愛紹先性嗜羊肝常呼少雍共食及紹先卒少雍終身不食肝性仁厚有禮義門內之法爲時所重釋褐奉朝請太學博士員外散騎侍郎司空高陽王雍引爲田曹參軍少雍性清正不憚彊禦積年久訟造次決之請託路絕時稱賢明正始中詔百官各舉所知高陽王雍及吏部郎中李憲俱以少雍爲舉首遷給事中侍中游肇後亦薦之會卒年四十二少雍妻王氏有德義與其從子懷仁兄弟同居懷仁等事之甚謹閨門禮讓人無比焉士大夫以此稱美

子元植武定中儀同府司馬

元植弟士遜太師開府功曹參軍

鳳達弟穆字叔宗舉茂才東雍州別駕初隨父在下邳

與彭城陳敬文友善敬文弟敬武少爲沙門從師遠學經久不反敬文病臨卒以雜綾二十四託穆與敬武穆久訪不得經二十餘年始於洛陽見敬武以物還之封題如故世稱其廉信歷東荊州司馬轉長史帶義陽太守領戍雅有恤民之稱轉汝陽太守值水澇民飢上表請輕租賦帝從之遂勑汝陽一郡聽以小絹爲調遷中散大夫加龍驤將軍正光四年以老啓求致仕詔引見謂穆志力尚可除平原相穆善撫導民吏懷之孝昌二年徵爲征虜將軍太中大夫未發卒於郡年七十七贈後將軍幽州刺史諡曰貞

長子子馥字元穎早有學行孝昌初釋褐南司州龍驤府錄事參軍丁父艱居喪有禮後除給事中南冀州防城都督素爲莊帝所知識及卽位除宣威將軍尚書右主客郎中持節爲南濟冀濟青四州慰勞使尋除寧朔將軍員外散騎常侍仍領郎中太宰元天穆征邢杲引爲行臺郎中尋除平原相子馥父子並爲此郡吏民懷安之元顥入洛子馥不受其赦刺史元仲景附顥拘子馥幷禁家口莊帝反政詔封三門縣開國男食邑二百戶天平中爲東南道行臺左丞徐州開府長史入除太尉府司馬長白山連接三齊瑕丘數州之界多有盜賊子馥受使檢覆因辨山谷要害宜立鎭戍之所又諸州豪右在山鼓鑄姦黨多依之又得密造兵仗亦請破罷諸冶朝廷善而從之還除尚書右丞出爲清河太守武定八年卒於郡子馥以三傳經同說異遂總爲一部傳注並出校比短長會亡未就

子德維武定末司徒行參軍

子馥弟子華字仲夷天平中右光祿大夫

柳崇字僧生河東解人也七世祖軌晉廷尉卿崇方雅有器量身長八尺美鬚明目兼有學行舉秀才射策高第解褐太尉主簿尚書右外兵郎中于時河東河北二郡爭境其間有鹽池之饒虞坂之便守宰及民皆恐外割公私朋競紛囂臺府高祖乃遣崇檢斷民官息訟屬荊郢新附南寇窺擾又詔崇持節與州郡經略兼加慰喩還遷太子洗馬本郡邑中正轉中壘將軍散騎侍郎遷司空司馬兼衞尉少卿又領邑中正出爲河北太守崇初屆郡郡民張明失馬疑十餘人崇見之不問賊事人人別借以溫顏更問其親老存不農桑多少而微察其辭色卽獲眞賊呂穆等二人餘皆放遣郡中畏服境內怗然卒於官年五十六贈輔國將軍岐州刺史諡曰穆崇所製文章寇亂遺失

長子慶和性沉靜不競於時起家奉朝請稍遷輕車將軍給事中本郡邑中正卒

子德逸武定末齊王丞相府主簿

慶和弟楷字孝則身長八尺善草書頗涉文史解褐員外散騎侍郎蕭闕西征引爲車騎主簿仍爲行臺郎中征還以員外郎領殿中侍御史轉太尉記室參軍遷寧遠將軍通直散騎侍郎本郡邑中正普泰初簡定集書省官出除征虜將軍司徒從事中郎轉儀同開府長史天平中爲肆州驃騎府長史頗有聲譽又加中軍將軍興和中撫軍司馬遇病卒

崇從父弟元章姿貌魁偉歷太尉中兵參軍司空錄事司徒從事中郎遷相州平東府長史屬刺史元熙起兵欲除元乂元章與魏郡太守李孝怡等執熙賜爵猗氏伯除正平太守後靈太后反政削除官爵卒於家

崇族弟敬起字華之起家中書博士轉城陽王文學除寧遠將軍尚書儀曹郎中龍驤將軍平陽太守卒有五子

長子永字神護性麤率解褐奉朝請轉員外散騎侍郎除太尉記室參軍諫議大夫又轉征虜將軍太中大夫本郡邑中正以母老解官歸養卒於家贈征西將軍秦州刺史

永弟暢字叔智自奉朝請三遷伏波將軍岐州征虜府長史遷征虜將軍魯陽太守還除左將軍太中大夫轉安東將軍光祿大夫卒贈衞大將軍雍州刺史諡曰穆

暢弟範字洪禮卒於前將軍給事中本州大中正

範弟粹字季義出後叔仲起武定末平東後軍遷遼西太守

敬起弟仲起字紹隆舉秀才咸陽王禧爲牧辟西曹書佐無子兄子粹繼之

崇族子僑起少有志尚解褐奉朝請轉太尉默曹參軍伏波將軍司徒倉曹參軍卒

長子達摩武定末陽城太守

僑起從父弟援字乾護身長八尺儀望甚偉解褐太尉鎧曹參軍轉護軍司馬稍遷冠軍將軍司空長史轉廷尉少卿出除安西將軍南秦州刺史尋爲散騎常侍鎭軍將軍轉征西將軍金紫光祿大夫遷車騎將軍右光祿大夫卒贈本將軍秦州刺史

長子粲武定末青州驃騎府中兵參軍

援從父弟仲景汝南王悅常侍

史臣曰韋杜舊族門風名亦不殞裴辛柳氏素業有資器行仍世所以布於列位不替其美

魏書卷四十五考證

韋閬傳崇年十歲○年監本譌弟今改從北史

少爲舅兗州刺史鄭義所器賞○義北史作羲本書鄭羲傳羲嘗出爲安東將軍西兗州刺史

魏書卷四十六

齊　魏收　撰

列傳第三十四

竇瑾　許彥　李訢

竇瑾字道瑜頓丘衞國人也自云漢司空融之後高祖成爲頓丘太守因家焉瑾少以文學知名自中書博士爲中書侍郎賜爵繁陽子加寧遠將軍參與軍國之謀屢有軍功遷祕書監進爵衞國侯加冠軍將軍轉西部尚書初定三秦人猶去就拜使持節散騎常侍都督秦雍二州諸軍事寧西將軍長安鎭將毗陵公在鎭八年甚著威惠徵爲殿中都官尚書仍散騎常侍世祖親待之賞賜甚厚從征蓋吳先驅慰諭因平巴西氐羌酋領降下數千家不下者誅之又降蠻酋仇天爾等三千家於五將山蓋吳平瑾留鎭長安還京復爲殿中都官典左右執法世祖歎曰古者右賢左戚國之良輔毗陵公之謂矣恭宗薨於東宮瑾兼司徒奉詔冊諡出爲鎭南將軍冀州刺史清約沖素憂勤王事著稱當時還爲內都大官興光初瑾女壻鬱林公司馬彌陁以選尚臨涇公主瑾教彌陁辭託有誹謗呪詛之言與彌陁同誅瑾有四子秉持依並爲中書學生與父同時伏法唯少子遵逃匿得免

遵善楷篆北京諸碑及臺殿樓觀宮門題署多遵書也官至尚書郎濮陽太守多所受納其子僧演姦通民婦爲民賈邈所告免官後以善書拜庫部令卒官

許彥字道謨小字嘉屯高陽新城人也祖茂慕容氏高陽太守彥少孤貧好讀書後從沙門法叡受易世祖初被徵以卜筮頻驗遂在左右參與謀議拜散騎常侍賜爵博陵侯彥質厚愼密與人言不及內事世祖以此益親待之進爵武昌公拜安東將軍相州刺史在州受納多違法度詔書切讓之然以彥腹心近臣弗之罪也眞君二年卒諡曰宣公

子宗之初入爲中散領內祕書世祖臨江賜爵高鄉侯高宗踐阼遷殿中尚書出爲鎭東將軍定州刺史潁川公受勑討丁零丁零既平宗之因循郡縣求取不節深澤人馬超毀謗宗之宗之怒遂毆殺超懼超家人告狀上超謗訕朝政高宗聞之曰此必妄也朕爲天下主何惡於超而超有此言必是宗之懼罪誣超按驗果然事下有司司空伊馛等以宗之腹心近臣出居方伯不能宣揚本朝盡心綏導而侵損齊民枉殺良善妄列無辜上塵朝廷誣詐不道理合極刑太安二年冬遂斬於都南

宗之孫亮字元規正光中盪寇將軍稍遷冀州驃騎長史司徒諮議參軍年五十二卒

宗之長兄熙字德融襲爵武昌公中書郎早卒

子安仁襲除中書郎卒贈安東將軍冀州刺史諡曰簡

子元康襲爵後降爲侯拜冠軍將軍長安鎭副將還監河州諸軍事河州刺史將軍如故入爲廷尉少卿除魏郡太守固辭不拜尋卒贈征虜將軍營州刺史諡曰肅

子廓字崇遠襲爵除奉朝請累遷頓丘東太原二郡太守卒年二十八子子躬襲

子躬武定末中外府水曹參軍齊受禪爵例降

子躬弟子憲太尉中兵參軍

元康弟護州主簿

子瑞字徵之亦州主簿卒

瑞弟絢字伯禮頗有業尚閨門雍睦三世同居吏部尚書李神儁常稱其家風自侍御史累遷尚書左民郎司徒諮議參軍修起居注後拜太中大夫興和初卒年四十七贈使持節都督冀瀛二州諸軍事征東將軍吏部尚書冀州刺史

絢弟遜武定末東陽平太守

遜弟曄字叔明性開率州治中別駕西高陽太守太中大夫興和三年卒年四十一贈鎭東將軍瀛州刺史

曄弟惇字季良武定末兼大司農卿

熙弟龍官至趙郡太守

孫琰字長琳有幹用初除太學博士累遷尚書南主客郎瀛州中正孝昌中卒年四十七贈平東將軍滄州刺史永熙中重贈散騎常侍衞將軍尚書右僕射瀛州刺史

琰弟璣字仲衡有識尚廣平王常侍員外散騎侍郎諫議大夫遷通直散騎常侍瀛州大中正散騎常侍榮陽

太守行南青州事卒年五十五琰兄弟竝通率多與勝流交遊又有博陵許赤虎涉獵經史善嘲謔延興中著作佐郎與慕容白曜南討後使江南應對敏捷雖言不典故而南人頗稱機辯滑稽焉使還爲東郡太守卒官子随定州長史

李訢字元盛小名真奴范陽人也曾祖産産子績二世知名於慕容氏父崇馮跋吏部尚書石城太守延和初車駕至和龍崇率十餘郡歸降世祖甚禮之呼曰李公以崇爲平西將軍北幽州刺史固安侯卒年八十一謚曰襄侯訢母賤爲諸兄所輕崇曰此子之生相者言貴吾每觀察或未可知遂使入都爲中書學生世祖幸中書學見而異之指謂從者曰此小兒終效用於朕之子孫矣因識眄之世祖舅陽平王杜超有女將許貴戚世祖聞之謂超曰李訢後必官達益人門戶可以女妻之勿許他貴也遂勸成婚南人李哲嘗言訢必當貴達杜超之死也世祖親哭三日訢以超壻得在喪位出入帝目而指之謂左右曰觀此人舉動豈不有異於衆必爲朕家幹事之臣訢聰敏機辯彊記明察初李靈爲高宗博士諮議詔崔浩選中書學生器業優者爲助教浩舉其弟子箱子與盧度世李敷三人應之給事高讜子祐尚書段霸兒姪等以爲浩阿其親戚言於恭宗恭宗以浩爲不平聞之於世祖世祖意在於訢曰云何不取幽州刺史李崇老翁兒也浩對曰前亦言訢合選但以其先行在外故不取之世祖曰可待訢還箱子等罷之訢爲世祖所識如此遂除中書助教博士稍見任用入授高宗經高宗卽位訢以舊恩親寵遷儀曹尚書領中祕書賜爵扶風公加安東將軍贈其母孫氏爲容城君高宗顧謂羣臣曰朕始學之歲情未能專既總萬機溫習靡暇是故儒道實有闕焉豈惟予咎抑亦師傅之不勤所以爵賞仍隆者蓋不遺舊也訢免冠拜謝出爲使持節安南將軍相州刺史爲政清簡明於折獄姦盜止息百姓稱之訢上疏求立學校曰臣聞至治之隆非文德無以經綸王道太平之美非良才無以光贊皇化是以昔之明主建庠序於京畿立學官於郡邑教國子弟習其道藝然後選其俊異以爲造士今聖治欽明道隆三五九服之民咸仰德化而所在州土學校未立臣雖不敏誠願備之使後生聞雅頌之音童幼覩經教之本臣昔蒙恩寵長管中祕時課修學有成立之人髦俊之士已蒙進用臣今重荷榮遇顯任方岳思闡帝猷光宣於外自到以來訪諸文學舊德已老後生未進歲首所貢雖依制遣對問之日懼不克堪臣愚欲仰依先典於州郡治所各立學官使士望之流冠冕之胄就而受業庶必有成其經藝通明者貢之王府則郁郁之文於是不墜書奏顯祖從之以訢治爲諸州之最加賜衣服自是遂有驕矜自得之志乃受納民財及商胡珍寶兵民告言尚書李敷與訢少長相好每左右之或有勸以奏聞敷不許顯祖聞訢罪狀檻車徵訢拷劾抵罪時敷兄弟將見疎斥有司諷訢以中旨嫌敷兄弟之意令訢告列敷等隱罪可得自全訢深所不欲且弗之知也乃謂其女壻裴攸曰吾宗與李敷族世雖遠情如一家在事既有此勸竟如何也昨來每欲爲此取死引簪自刺以帶自絞而不能致絕且亦不知其事攸曰何爲爲他死也敷兄弟事釁可知有馮闡者先爲敷所敗其家切恨之但呼闡弟問之足知委曲訢從其言又趙郡范檦具條列敷兄弟事狀有司以聞敷坐得罪詔列訢貪冒罪應死以糾李敷兄弟故得降免百鞭髡刑配爲廝役訢之廢也平壽侯張讜見訢與語奇之謂人曰此佳士也終不久屈未幾而復爲太倉尚書攝南部事用范檦陳端等計令千里之外戶别轉運詣倉輸之所在委滯停延歲月百姓競以貨賂各求在前於是遠近大爲困敝道路羣議曰畜聚斂之臣未若盜臣訢弟左將軍璞謂訢曰范檦善能降人以色假人以辭未聞德義之言但有勢利之說聽其言也甘察其行也賊所謂諂諛讒慝貪冒姦佞不早絕之後悔無及訢不從彌信之腹心之事皆以告檦訢既寵於顯祖參決軍國大議兼典選舉權傾内外百寮莫不曲節以事之檦以無功起家拜盧奴令延興末詔曰尚書李訢著勳先朝弼諧皇極讜言嘉謀旬日屢進實國家之楨幹當今之老成也是以擢授南部綜理煩務自在厥位夙夜惟寅乃心匪懈克己復禮退食自公利上之事知無不爲賞罰所加不避疎戚雖孝子之思慈母鷹鸇之逐鳥雀何以方之若鄭之子産魯之季文亦未加也然惡直醜正盜憎主人自往年以來羣姦不息劫訢宗人李英等四家焚燒舍宅傷害良善此而可忍孰不可恕有司可明加購募必令擒殄六月顯祖崩訢遷司空進爵范陽公七月以訢爲侍中鎮南大將軍開府儀同三司徐州刺史范檦知文明太后忿訢也又知内外疾之太和元年二月希旨告訢外叛文明太后徵訢至京師言其叛狀訢曰無之引檦證訢訢言爾妄云知我吾又何言雖然爾不顧余之厚德而忍爲此不仁甚矣檦曰公德於檦何若李敷之德於公公昔忍於敷檦今敢不忍於公乎訢慨然曰吾不用璞言自貽伊戚方悔於心何嗟及矣遂見誅訢有三子長子遂起家拜侍御中散東宮門大夫遷散騎常侍加平東將軍先訢卒

子睛字誨明逃竄遇赦免

睛子衡字伯琳武定中中堅將軍齊獻武王丞相府水曹參軍

遂弟令和令度與訢同時死

訢長兄恭字元順成周太守卒贈幽州刺史容成侯謚曰簡侯

恭弟璀字元衡營丘太守襲父爵固安侯平西將軍卒贈兗州刺史謚曰康侯

子長生襲長生卒

子元宗襲廣平郡丞陳郡太守

璞字季真性惇厚多識人物歷中書博士侍郎漁陽王尉眷傅左將軍長安副將賜爵宜陽侯太常卿承明元年年五十一先訢卒贈安西將軍雍州刺史謚曰穆

子暉中書議郎

暉弟固太學博士高密太守

固弟欽州主簿

欽子爽字元熾武定末鎮西將軍南營州别駕

爽弟盛字仲炎安東將軍開府諮議參軍

盛弟叔樊平西將軍太中大夫

欽弟藴字宗令有器幹中書學生祕書中散侍御中散出爲燕郡范陽二郡太守入爲員外散騎常侍尚書右丞中堅將軍還左丞延昌三年卒贈平遠將軍南青州刺史謚曰敬初崇之歸魏也與州里北平田彪俱降而彪子孫遂微劣焉

史臣曰魏氏之有天下百餘年中任刑爲治蹉跌之間便至夷滅賓瑾李訢器識既美時曰良幹瑾以片言疑似訢以夙故猜嫌而嬰合門之戮悲夫宗之不全自貽伊戚矣

魏書卷四十六考證

李訢傳父崇○本書李崇傳崇頓邱人文成元皇后第二兄誕之子此名崇别一李崇也

魏書卷四十七

齊 魏收 撰

列傳第三十五

盧玄

盧玄字子真范陽涿人也曾祖諶晉司空劉琨從事中郎祖偃父邈竝仕慕容氏爲郡太守皆以儒雅稱神䴥四年辟召儒儁以玄爲首授中書博士司徒崔浩玄之外兄每與玄言輒歎曰對子真使我懷古之情更深浩大欲齊整人倫分明姓族玄勸之曰夫創制立事各有其時樂爲此者詎幾人也宜其三思浩當時雖無異言竟不納浩敗頗亦由此後轉寧朔將軍兼散騎常侍使劉義隆義隆見之與語良久歎曰中郎卿曾祖也既還病卒

子度世字子遷幼而聰達有計數爲中書學生應選東宮弱冠與從兄遐俱以學行爲時流所重度世後以崔浩事棄官逃於高陽鄭羆家羆匿之使者囚羆長子將加捶楚羆戒之曰君子殺身以成仁汝雖死勿言子奉父命遂被拷掠至乃火爇其體因以物故卒無所言度世後令弟娶羆妹以報其恩世祖臨江劉義隆使其殿中將軍黄延年朝貢世祖問延年曰范陽盧度世坐與崔浩親通逃命江表應已至彼延年對曰都下無聞當必不至世祖詔東宮赦度世宗族逃亡及籍沒者度世乃出赴京拜中書侍郎襲爵興安中兼太常卿立保太后父遼西獻王廟加鎮遠將軍進爵爲侯後除散騎侍郎使劉駿遣其侍中柳元景與度世對接度世應對失衷還被禁劾經年乃釋除假節鎮遠將軍齊州刺史州接邊境將士數相侵掠度世乃禁勒所統還其俘虜二境以寧後坐事囚繫久之還鄉里尋徵赴京除平東將軍青州刺史未拜遇患延興元年卒年五十三謚曰惠侯四子淵敏昶尚初玄有五子嫡唯度世餘皆别生崔浩之難其庶兄弟常欲危害之度世常深忿恨及度世有子每誡約令絕妾孽不得使長以防後患至淵兄弟婢賤生子雖形貌相類皆不舉接爲識者所非

淵字伯源小名陽烏性溫雅寡欲有祖父之風敦尚學業閨門和睦襲侯爵拜主客令典屬國遷祕書令始平王師以例降爵爲伯給事黄門侍郎遷兼散騎常侍祕書監本州大中正是時高祖將立馮后方集朝臣議之高祖先謂淵曰卿意以爲何如對曰此自古所慎如臣愚意宜更簡卜高祖曰以先后之姪朕意已定淵曰雖奉勅如此然於臣心實有未盡及朝臣集議執意如前

馮誕有盛寵深以爲恨淵不以介懷及高祖議伐蕭賾淵表曰臣誠識不周覽頗尋篇籍自魏晉以前承平之世未有皇輿親御六軍決勝行陳之間者勝不足爲武弗勝有虧威德明千鈞之弩不爲鼷鼠發機故也昔魏武以敝卒一萬而袁紹土崩謝玄以步兵三千而苻堅瓦解勝負不由衆寡成敗在於須臾若用田豐之謀則坐制孟德矣魏既并蜀迄于晉世吳介有江水居其上流大小勢殊德政理絕然猶君臣協謀垂數十載逮孫皓暴戾上下攜爽水陸俱進一舉始克今蕭氏以篡殺之燼政虐役繁又支屬相屠人神同棄吳會之民延踵皇澤正是齊軌之期一同之會若大駕南巡必左衽革面閩越倒戈其猶運山壓卵有征無戰然愚謂萬乘親戎轉漕難繼千里饋糧士有饑色大軍之後必有凶年不若命將簡銳盪滌江右然後鳴鑾巡省告成東岳則天下幸甚率土賴臣又聞流言關右之民自比年以來競設齋會假稱豪貴以相扇惑顯然於衆坐之中以謗朝廷無上之心莫此之甚愚謂宜速懲絕戮其魁帥不爾懼成黃巾赤眉之禍育其微萌不芟之毫末斧斤一加恐蹈害者衆臣世奉皇家義均休戚誠知干忤之愆實深然不忠之罪莫大詔曰至德雖一樹功多途三聖殊文五帝異律或張或弛豈必相因遠惟承平之主所以不親旆五戎者蓋有由矣英明之主或以同軌無征守庸之君或緣志劣寢伐今若喻之英皇時非昔類比之庸后意有恧焉脫元極之尊本不宜駕二公之徒革轄之戎寧非謬歟尋夫昔人若必須已而濟世豈不克廣先業也定火之雄未聞不武世祖之行匪皆疑懾且曹操勝袁蓋由德義內舉苻堅瓦解當緣立政未至定非敝卒之力彊十萬之衆寡也今則驅馳先天之術駕用仁義之師審觀成敗庶免斯咎長江之阻未足可憚踰紀之略何必可師洞庭彭蠡竟非殷固奮臂一呼或成漢業經略之義當付之臨機足食之籌望寄之蕭相將希混一豈好輕動利見之事何得委人也又水旱之運未必由兵堯湯之難詎因興旅頗豐之後雖靜有之鬭左小紛已勑禁勸流言之細曷足以紆天功深錄誠心勿恨不相遂耳及車駕南伐趙郡王幹督關右諸軍事詔加淵使持節安南將軍爲副勒衆七萬將出子午尋以蕭賾死停師是時涇州羌叛殘破城邑淵以步騎六千衆號三萬徐行而進未經三旬賊衆逃散降者數萬口唯梟首惡餘悉不問詔兼侍中初淵年四十嘗詣長安將還諸相餞送者五十餘人別於渭北有相者扶風人王伯達曰諸君皆不如此盧郎雖位不副實然德聲甚盛望踰公輔後二十餘年當制命關右願不相忘此行也相者年過八十詣軍門請見言敍平生未幾拜儀曹尚書高祖考課在位降淵以王師守常侍尚書奪常侍祿一周尋除豫州刺史以母老固辭會蕭昭業雍州刺史曹虎遣使請降乃以淵爲使持節安南將軍督前鋒諸軍徑赴樊鄧淵面辭曰臣本儒生頗聞俎豆軍旅之事未之學也惟陛下裁之軍期已逼高祖不許淵曰但恐曹虎爲周魴耳陛下宜審之虎果僞降淵至葉具曹虎譎詐之問兼陳其利害詔淵進取南陽淵以兵少糧乏表求先攻赭陽以近葉倉故也高祖許焉乃進攻赭陽蕭鸞遣將垣歷生來救淵素無將略爲賊所敗坐免官爵爲民尋遭母憂高祖遣謁者詣宅宣慰服闋兼太尉長史高祖南討又兼彭城王中軍府長史尋爲徐州京兆王愉兼長史賜絹百匹愉既年少事無巨細多決於淵淵以誠信御物甚得東南民和南徐州刺史沈陵密謀外叛淵覺其萌漸潛勑諸戍微爲之備屢有表聞朝廷不納陵果殺將佐勒宿豫之衆逃叛濱淮諸戍由備得全陵在邊歷年陰結旣廣二州人情咸相扇惑陵之餘黨頗見執送淵皆撫而赦之惟歸罪於陵由是衆心乃安景明初除祕書監二年卒官年四十八贈安北將軍幽州刺史復本爵固安伯謚曰懿初諶父志法鍾繇書傳業累世有能名至邈以上兼善草迹淵習家法代京宮殿多淵所題白馬公崔玄伯亦善書世傳衞瓘體魏初工書者崔盧二門淵與僕射李沖特相友善沖重淵門風而淵私沖才官故結爲婚姻往來親密至於淵荷高祖意遇頗亦由沖淵有八子

長子道將字祖業應襲父爵而讓其第八弟道舒有司奏聞詔曰長嫡承重禮之大經何得輒授也而道將引清河國王常侍韓子熙讓弟仲穆爵陽男之例尚書李平重申奏詔乃聽許道將涉獵經史風氣謇諤頗有文才爲一家後來之冠諸父並敬憚之彭城王勰任城王澄皆虛襟相待勰爲中軍大將軍辟行參軍遷司徒東閤祭酒尚書左外兵郎中轉祕書丞出爲燕郡太守道將下車表樂毅霍原之墓而爲之立祠優禮儒生勵勤學業敦課農桑墾田歲倍入爲司徒司馬卒贈龍驤將軍太常少卿謚曰獻所爲文筆數十篇

子懷祖太學博士員外散騎侍郎卒

懷祖弟懷仁武定中太尉鎧曹參軍

道將弟亮字仁業不仕而終

子思道

亮弟道裕字寧祖少以學尚知名風儀兼美尚顯祖女樂良長公主拜駙馬都尉太子舍人尋轉洗馬遷散騎侍郎轉安遠將軍中書侍郎兼祕書丞尋以母憂去官服終復拜中書侍郎遷龍驤將軍太子中庶子幽州大中正轉長兼散騎侍郎加左將軍神龜二年除左將軍涇州刺史其年七月卒官年四十四贈撫軍將軍青州刺史賜帛三百匹謚曰文侯

子景緒武定中儀同開府錄事參軍

道裕弟道虔字慶祖粗閑經史兼通算術尚高祖女濟南長公主公主驕淫聲穢遐邇先無疹患倉卒暴薨時云道虔所害世宗祕其醜惡不苦窮治尚書嘗奏道虔爲國子博士靈太后追主薨事乃黜道虔爲民終身不仕孝昌末臨淮王彧因將出征啓除道虔奉車都尉道虔外生李彧尚莊帝姊豐亭公主因相藉託永安中除輔國將軍通直常侍尋加征虜將軍以議歷勳賜爵臨淄伯還散騎常侍天平初征南將軍轉都官尚書本州大中正出除驃騎將軍幽州刺史尋加衞大將軍卒於官贈都督幽瀛二州諸軍事驃騎大將軍尚書右僕射司空公瀛州刺史謚曰恭文公主二子昌寓昌仁昌寓不慧昌仁早卒道虔又娶司馬氏有子昌裕及司馬見出之後更娶元氏生二子昌期昌衡兄弟競父爵至今未襲

道虔弟道侃字希祖州主簿沉雅有學尚孝昌末卒二子早夭以弟道約子正達爲後武定中征虜將軍太尉記室參軍

道侃弟道和字叔維兄弟之中人望最下冀州中軍府中兵參軍卒

子景豫

景豫弟景熙武定中儀同開府諮議

道和弟道約字季恭起家員外郎累遷司空錄事參軍司徒屬幽州大中正輔國將軍光祿大夫轉司徒右長史太傅李延實出除青州延實先被病道約延實之妻弟詔以道約爲延實長史加散騎常侍寄以匡維也永熙中車騎將軍左光祿大夫領廣平王贊儀同開府長史天平中開府儀同高岳請爲長史岳轉除青冀二州道約仍爲長史隨岳兩藩有毗佐之稱興和末除衞大將軍兗州刺史在州頗得民和武定元年卒年五十八贈使持節驃騎大將軍儀同三司幽州刺史

子正通開府諮議少有令譽徵赴晉陽遇患卒妻鄭氏與正通弟正思姪亂武定中爲御史所劾人士疾之

道約弟道舒字幼安襲父爵自尚書左主客郎中爲冠軍將軍中書侍郎卒

淵弟敏字仲通小字紅崖少有大量太和初拜議郎早卒贈威遠將軍范陽太守謚曰靖高祖納其女爲嬪敏五子

義僖字遠慶早有學尚識度沉雅年九歲喪父便有至性少爲僕射李沖所歎美起家祕書郎歷太子舍人司徒中郎神龜初任城王澄奏舉義僖除散騎侍郎轉冠軍將軍中散大夫以母憂去職幽州刺史王誦與義僖交款每與舊故李神儁等書曰盧冠軍在此時復惠好輒留連數日得諮詢政道其見重若此齊王蕭寶夤啓爲開府諮議參軍辭疾不赴尋兼司空長史拜征虜將軍太中大夫散秩多年澹然自得李神儁勸其干謁當途義僖曰學先王之道貴行先王之志何能苟求富貴也孝昌中除散騎常侍時靈太后臨朝黃門侍郎李神軌勢傾朝野求結婚姻義僖慮其必敗拒而不許王誦謂義僖曰昔人不以一女易五男卿豈易之也義僖曰所以不從正爲此耳從之恐禍大而速誦乃堅握義僖之手曰我聞有命不敢以告人遂適他族臨婚之夕靈太后遣中常侍服景就家勑停內外惶怖義僖夷然自若建義初兼都官尚書尋除安東將軍衞尉卿普泰中除都官尚書加驃騎大將軍左光祿大夫義僖少時幽州頻遭水旱先有穀數萬石貸民義僖以年穀不熟乃燔其契州閭悅其恩德性寬和畏慎不妄交款與魏子建情好尤篤言無所隱義僖性清儉不營財利雖居顯位每至困乏麥飯蔬食忻然甘之永熙中風疾頓發興和中卒年六十四贈大將軍儀同三司瀛州刺史謚孝簡

子遜之武定中太尉記室參軍

遜之弟世猷齊王開府集曹參軍

義僖弟義悰字叔預司空行參軍本州治中散騎侍郎司徒諮議參軍

子孝章儀同開府行參軍早亡

義悰弟義敦字季和征北府獸曹參軍

子景開字子達武定中儀同開府屬

義敦弟義安字幼仁不仕義僖諸弟並遠不逮兄也

敏弟昶字叔達小字師顏學涉經史早有時譽太和初爲太子中舍人兼員外散騎常侍使於蕭昭業高祖詔昶曰卿便至彼勿存彼我密邇江揚不早當晚會是朕

物卿等欲言便無相疑難又勑副使玉清石曰卿莫以本是南人言語致慮若彼先有所知所識欲見便見須論卽論盧昶正是寬柔君子無多文才或主客命卿作詩可率卿所知莫以昶不作便復罷也凡使人之體以和爲貴勿遞相矜誇見於色貌失將命之體卿等各率所知以相規誨及昶至彼值蕭鸞僭立於是高祖南討之昶兄淵爲別道將而蕭鸞以朝廷加兵遂酷遇昶等昶本非骨鯁聞南人云兄既作將弟爲使者乃大恐怖淚汗交橫鸞以腐米臭魚莝豆供之而謁者張思寧辭氣謇諤曾不屈撓遂以壯烈死於館中昶還高祖責之曰銜命之禮有死無辱雖流放海隅猶宜抱節致殞卿不能長纓羈首已是可恨何乃俛眉飲啄自同犬馬有生必死修短幾何卿若殺身成名貽之竹素如何甘彼芻菽以辱君父乎縱不遠慙蘇武寧不近愧思寧昶對曰臣器乏陸隨忝使閩越屬蕭鸞昏狂誅戮無道恐不得仰奉明時歸養老母苟存尺蠖屈以求伸負辱朝命罪宜萬死乞歸司寇伏聽斧鉞遂見罷黜久之復除彭城王友轉祕書丞景明初除中書侍郎遷給事黃門侍郎本州大中正昶請外祿世宗不許遷散騎常侍兼尚書時洛陽縣獲白鼠昶奏曰謹案瑞典外鎮刺史二千石令長不祗上命刻暴百姓人民怨嗟則白鼠至臣聞禎不虛見德合必符妖不妄出咎彰則至是以古之人君或怠瑞以失德或祗變而立功斯乃萬古之殷鑒千齡之炯誡比者災氣作沴恒陽虧度陛下流如傷之慈降納隍之旨哀百姓之無辜引在予之深責舉賢黜佞之詔道映於堯先進思納諫之言事光於舜右伏讀明旨俯觀徵譴敢布庸瞽以陳萬一竊惟一夫之耕食裁充口一婦之織衣止蔽形年租歲調則惟常理此外徵求於何取足然自比年以來兵革屢動荊揚二州屯戍不息鍾離義陽師旅相繼兼荊蠻凶狡王師薄伐暴露原野經秋淹夏汝潁之地率戶從戎河冀之境連丁轉運又戰不必勝加之退負死喪離曠十室而九細役煩徭日月滋甚苛兵酷吏因逞威福至使通原遙畛田蕪罕耘連村接閈蠶飢莫食而監司因公以貪求豪彊恃私而逼掠遂令鬻裋褐以益千金之資制口腹而充一朝之急此皆由牧守令長多失其人郡闕黃霸之君縣無魯恭之宰不思所以安民正思所以潤屋故士女呼嗟相望於道路守宰暴貪風聞於魏闕往歲法官案驗多挂刑網謂必顯戮以明勸誡然後遣使覆訊公違憲典或承風俠請輕樹私恩或容情受賄輒施已惠御史所劾皆言誣枉申雪罪人更云清白長侮上之源滋陵下之路忠清之人見之而自息犯暴之夫聞之以益快白鼠之至信而有徵矣伏願陛下垂叡喆之鑒察妖災之起延對公卿廣詢庶政引見樞納博求民隱存問孤寡去其苛碎輕徭省賦與民休息貞良忠讜置之於朝姦回貪佞棄之於市則九官勿戒而恒敬百縣不嚴而自肅士女欣欣人有望矣詔曰朕纂承鴻緒伏膺寶歷思靖八方惠康四海當必世之期麟鳳不降屬勝殘之會白鼠告咎萬邦有罪實唯朕躬尚書敷納機猷獻替是寄讜言有聞朕實嘉美轉侍中又兼吏部尚書尋卽正仍侍中昶守職而已無所激揚也與侍中元暉等更相朋附爲世宗所寵時論鄙之出除鎮東將軍徐州刺史永平四年夏昶表曰蕭衍琅邪郡民王萬壽等款誠內結潛來詣臣云朐山戍今將交換有可圖之機臣卽許以雄賞遣其還入至三月二十四夜萬壽等獎率同盟攻掩朐城斬衍輔國將軍琅邪東莞二郡太守帶朐山戍主劉晣并將士四十餘人傳首至州臣卽遣兼郯城戍副張天惠率驍勇二百徑往赴之琅邪諸戍絡繹繼援而衍郁洲已遣二軍以拒天惠天惠與萬壽等內外齊擊俘斬數百便卽據城詔昶曰彭宋地接邊彊勢連淮海威禦之術功在不易朐山險塞寇之要防水陸交湊揚郁路衝蓄聚凶徒虔劉邊鄙青光齊兗每罹其患卿妙算既敷克城殄衆展彊闢土何善如之庸勳之懋朕用嘉止故遣左右直長閻遵業具宣往懷此戍郁洲之本存亡所繫今既失守有不存之心彼見扼喉將圖救援之計今水雨盛行宜須防守卿可深思擬捍之規擴敵之略使還具聞昶又表蕭衍將張稷馬仙琕陰虔和等各領精兵分屯諸堰昌義之張惠紹王神念王茂光承彼傳信續發建鄴自存之計并歸於此量力準寇事恐不輕何者此兵九千賊衆四萬名將健士遠近畢集邀憑兩熱決死來戰藉衆乘凶希固巢穴所以傾國而舉非爲朐山將恐王師固六里據湖衝南截淮浦勢崩難測海利鹽物交關常貢所慮在大有必爭之心若皇家經略方有所討必須簡將增兵加益糧仗與之亢擬相持至秋天麾一動開拓爲易圖南之計事本在今請增兵六千米十萬石如其不也伏聽朝議昶又表賊徒大集衆旅彊盛置柵朐山屯守門井并圍固城晝夜連戰恐狡勢既彊後難除擿輒欲令征虜將軍趙遐率勒見兵與之決勝遐慮衆少不敵若一舉失利則衆心挫怯求待大衆俱至奮銳擊之竊謂此謀非爲孟浪具臣本奉朝規令相拒守以待涼月今歲已云秋高風漸舉經算大圖時事既至且飽口以東陸連無閡朐固之間本無停潦宜時掩擊邊陲而賊自夏以來貫甲不歇從六里以北城柵相連役使兵人便已疲殆若大衆臨之必可禽捷一城退潰衆壘土崩乘勝圖之易於振朽脫兵不速至長彼熾心軍士憂惶自生異議請速簡配以及事機詔曰克獲朐山計本於昶乘勝之規終宜有寄是以起兵之始卽委處分前機經略一以任之今既請兵理宜速遂可遣冀定瀛相四州中品羽林虎賁四千人赴之又詔昶曰朐山之克寔由於卿開彊拓土實爲長策然經討未服非卿而誰而蟻徒送死規侵王略天亡小賊數在無遠故前者命卿親臨指授尋以卿疾未瘳且待消息今既痊復宜遵前旨秉戈揮銳殄寇爲懷已發虎旅五萬應機電赴指辰而至遂卿本請截彼東南亮委高算又詔昶曰取朐置戍竝是卿計始終成敗悉歸於卿卿以兵少請益今已遂卿本意如聞東唐陸道甚狹一軌之外皆是大水彼必據之以斷軍路若已如此更設何策其軍奇兵變遽以表聞又聞衍軍將帥每有流言云魏博淮陽宿豫乃是兩宜若實有此卿可量朐山薪水得支幾時脫事容往返馳驛速聞如薪水少急卽可量計若理不可爾亦將軍裁決昶既儒生本少將略又羊祉子夔爲昶司馬專任戎事掩昶耳目將士怨之朐山戍主傅文驥糧樵俱罄以城降衍昶見城降於是先走退諸軍相尋奔遁遇大寒雪軍人凍死及落手足者三分而二自國家經略江左唯有中山王英敗於鍾離昶於朐山失利最爲甚焉世宗遣黃門甄琛馳驛鏁昶窮其敗狀詔曰朐山之敗傷損實深推始究末罪鍾元帥雖經大宥輕重宜別昶一人可以免官論坐自餘將統以下悉聽依赦復任未幾拜太常卿仍除安西將軍雍州刺史又進號鎮西將軍加散騎常侍熙平元年卒於官贈征北將軍冀州刺史謚曰穆昶寬和矜恕善於綏撫其在徐州戍兵疾親自檢恤至番兵年滿不歸容充後役終昶一政然後始還人庶稱之子元聿字仲訓無他才能尚高祖女義陽長公主拜駙馬都尉位太尉司馬光祿大夫卒贈中書監

子士晟儀同開府掾

元聿第五弟元明字幼章涉歷羣書兼有文義風彩閑潤進退可觀永安初長兼尚書令臨淮王彧欽愛之及彧開府引爲兼屬仍領部曲出帝登阼以郎任行禮封城陽縣子遷中書侍郎永熙末居洛東緱山乃作幽居賦焉於時元明友人王由居潁川忽夢由攜酒就之言別賦詩爲贈及明憶其詩十字云自茲一去後市朝不復遊元明歎曰由性不狎俗旅寄人間乃今有夢又復如此必有他故經三日果聞由爲亂兵所害尋其亡日乃是得夢之夜天平中兼吏部郎中副李諧使蕭衍南人稱之還拜尚書右丞轉散騎常侍監起居積年在史館了不厝意又兼黃門郎本州大中正元明善自標置不妄交遊飲酒賦詩遇興忘返性好玄理作史子新論數十篇文筆別有集錄少時常從鄉還洛途遇相州刺史中山王熙熙博識之士見而歎曰盧郎有如此風神唯須誦離騷飲美酒自爲佳器遂留之數日贈帛及馬而別元明凡三娶次妻鄭氏與元明兄子士啓淫汙元明不能離絕又好以世地自矜時論以此貶之

元明弟元緝字幼緒凶率好酒曾於婦氏飲宴小有不平手刃其客起家祕書郎轉司徒祭酒稍遷輔國將軍司徒司馬卒於官贈散騎常侍都督幽瀛二州諸軍事驃騎大將軍吏部尚書幽州刺史謚曰宣

子士深開府行參軍

昶弟尚之字季儒小字羡夏亦以儒素見重太和中拜議郎轉趙郡王征東諮議參軍母憂去官後爲太尉主簿司徒屬范陽太守章武內史兼司徒右長史加冠軍將軍轉左長史出爲前將軍濟州刺史入除光祿大夫正光五年卒年六十二贈散騎常侍安東將軍青州刺史

長子文甫字元祐少有器尚涉歷文史有譽於時位司空參軍年四十九卒

子敬舒有文學早卒

文甫弟文翼字仲祐少甚輕躁晚頗改節爲員外郎因歸鄉里永安中爲都督守范陽三城拒賊帥韓婁有功賜爵范陽子永熙中除右將軍太中大夫棲遲桑井而卒年六十

子士偉興和中中散大夫

文翼弟文符字叔僖性通率位員外郎羽林監尚書主客郎中遷通直散騎侍郎永安中卒年四十

子子潛武定中齊文襄王中外府中兵參軍度世李氏之甥其爲濟州也國家初平升城無鹽房宗吉母傅氏度世繼外祖母兄之子婦也兗州刺史申纂妻賈氏崇吉之姑女也皆亡破軍途老病憔悴而度世推計中表致其恭恤每覲見傅氏跪問起居隨時奉送衣被食物亦存賑賈氏供其服膳青州既陷諸崔墜落多所收贖

及淵祀等竝循父風遠親疎屬叙爲尊行長者莫不畢拜致敬閨門之禮爲世所推謙退簡約不與世競父母亡然同居共財自祖至孫家內百口在洛時有饑年無以自贍然尊卑怡穆豐儉同之親從昆弟常旦省謁諸父出坐別室至暮乃入朝府之外不妄交遊其相易以禮如此又一門三主當時以爲榮淵兄弟亡及道將卒後家風衰損子孫多非法帷薄混穢爲論者所鄙

度世從祖弟神寶中書博士太和中高祖爲高陽王雍納其女爲妃初玄從祖兄溥慕容寶之末揔攝鄉部屯於海濱遂殺其鄉姻諸祖十餘人稱征北大將軍幽州刺史攻掠郡縣天興中討禽之事在帝紀

溥玄孫洪字曾孫太和中歷中書博士稍遷高陽王雍鎮北府諮議參軍幽州中正樂陵陽平二郡太守洪三子

長子崇字元禮少立美名有識者許之以遠大景明中驃騎府法曹參軍早卒

子子剛司空行參軍荊州驃騎府主簿沒於關中

崇弟仲義小名黑知名於世高陽王雍司空行參軍員外散騎侍郎幽州別駕

弟三子叔矩字子規武定中尚書郎

子規弟子正司徒法曹參軍崇兄弟官雖不達至於婚姻常與玄家齊等

仲義弟幹字幼禎州主簿

子讓儀同開府參軍

洪弟光宗子觀觀弟仲宣事在文苑傳

仲宣弟叔虔武定初司徒諮議參軍

洪從弟附伯附伯弟侍伯竝有學識附伯位至滄州平東府長史侍伯永熙中衛大將軍南岐州刺史

侍伯從弟文偉興和中驃騎大將軍青州刺史大夏縣開國男

史臣曰盧玄緒業著聞首應旌命子孫繼迹爲世盛門其文武功烈殆無足紀而見重於時聲高冠帶蓋德業儒素有過人者淵之兄弟亦有二方之風流雅道家聲諸子不逮餘烈所被弗及盈乎

魏書卷四十七考證

盧玄傳定火之雄未聞不武○定火二字未詳

弟三子叔矩○弟應作第

魏書卷四十八

齊　魏　收　撰

列傳第三十六

高允

高允字伯恭渤海人也祖泰在叔父湖傳父韜少以英朗知名同郡封懿雅相敬慕爲慕容垂太尉從事中郎太祖平中山以韜爲丞相參軍早卒允少孤夙成有奇度清河崔玄伯見而異之歎曰高子黃中內潤文明外照必爲一代偉器但恐吾不見耳年十餘奉祖父喪還本郡推財與二弟而爲沙門名法淨未久而罷性好文學擔笈負書千里就業博通經史天文術數尤好春秋公羊郡召功曹神䴥三年世祖舅陽平王杜超行征南大將軍鎮鄴以允爲從事中郎年四十餘矣超以方春而諸州囚多不決乃表允與中郎呂熙等分詣諸州共評獄事熙等皆以貪穢得罪唯允以清平獲賞府解還家教授受業者千餘人四年與盧玄等俱被徵拜中書博士遷侍郎與太原張偉竝以本官領衞大將軍樂安王範從事中郎範世祖之寵弟西鎮長安允甚有匡益秦人稱之尋被徵還允曾作塞上翁詩有混欣戚遺得喪之致驃騎大將軍樂平王丕西討上邽復以本官參丕軍事語在丕傳涼州平以參謀之勳賜爵汶陽子加建武將軍後詔允與司徒崔浩述成國記以本官領著作郎時浩集諸術士考校漢元以來日月薄蝕五星行度并譏前史之失別爲魏歷以示允允曰天文歷數不可空論夫善言遠者必先驗於近且漢元年冬十月五星聚於東井此乃歷術之淺今譏漢史而不覺此謬恐後人譏今猶今之譏古浩曰所謬云何允曰案星傳金水二星常附日而行冬十月日在尾箕昏沒於申南而東井方出於寅北二星何因背日而行是史官欲神其事不復推之於理浩曰欲爲變者何所不可君獨不疑三星之聚而怪二星之來允曰此不可以空言爭宜更審之時坐者咸怪唯東宮少傅游雅曰高君長於歷數當不虛也後歲餘浩謂允曰先所論者本不注心及更考究果如君語以前三月聚於東井非十月也又謂雅曰高允之術陽元之射也衆乃歎服允雖明於歷數初不推步有所論說唯游雅數以災異問允允曰昔人有言知之甚難既知復恐漏泄不如不知也天下妙理至多何遽問此雅乃止尋以本官爲秦王翰傅後勑以經授恭宗甚見禮待又詔允與侍郎公孫質李虛胡方回共定律令世祖引允與論刑政言甚稱旨因問允曰萬機之務何者爲先是時多禁封良田又京師遊食者衆允因言曰臣少也賤所知唯田請言農事古人云方一里則爲田三頃七十畝百里則田三萬七千頃若勤之則畝益三升不勤則畝損三升方百里損益之率爲粟二百二十二萬斛況以天下之廣乎若公私有儲雖遇饑年復何憂哉世祖善之遂除田禁悉以授民初崔浩薦冀定相幽并五州之士數十人各起家郡守恭宗謂浩曰先召之人亦州郡選也在職已久勞勤未答今可先補前召外任郡縣以新召者代爲郎吏又守令宰民宜使更事者浩固爭而遣之允聞之謂東宮博士管恬曰崔公其不免乎苟逞其非而校勝於上何以能濟遼東公翟黑子有寵於世祖奉使并州受布千疋事尋發覺黑子請計於允曰主上問我爲首爲諱乎允曰公帷幄寵臣答詔宜實又自告忠誠罪必無慮中書侍郎崔覽公孫質等咸言首實罪不可測宜諱之黑子以覽等爲親已而反怒允曰如君言誘我死何其不直遂與允絕黑子以不實對竟爲世祖所疎終獲罪戮是時著作令史閔湛郄標性巧佞爲浩信待見浩所注詩論語尚書易遂上疏言馬鄭王賈雖注述六經竝多疏謬不如浩之精微乞收境內諸書藏之祕府班浩所注命天下習業并求勑浩注禮傳令後生得觀正義浩亦表薦湛有著述之才既而勸浩刊所撰國史于石用垂不朽欲以彰浩直筆之跡允聞之謂著作郎宗欽曰閔湛所營分寸之間恐爲崔門萬世之禍吾徒無類矣未幾而難作初浩之被收也允直中書省恭宗使東宮侍郎吳延召允仍留宿宮內翌日恭宗入奏世祖命允驂乘至宮門謂曰入當見至尊吾自導卿脫至尊有問但依吾語允請曰爲何等事也恭宗曰入自知之既入見帝恭宗曰中書侍郎高允自在臣宮同處累年小心密愼臣所委悉雖與浩同事然允微賤制由於浩請赦其命世祖召允謂曰國書皆崔浩作不允對曰太祖記前著作郎鄧淵所撰先帝記及今記臣與浩同作然浩綜務處多總裁而已至於注疏臣多於浩世祖大怒曰此甚於浩安有生路恭宗曰天威嚴重允是小臣迷亂失次耳臣向備問皆云浩作世祖問如東宮言不允曰臣以下才謬參著作犯逆天威罪應滅族今已分死不敢虛妄殿下以臣侍講日久哀臣乞命耳實不問臣臣無此言臣以實對不敢迷亂世祖謂恭宗曰直哉此亦人情所難而能臨死不移不亦難乎且對君以實貞臣也如此言寧失一有罪宜宥之允竟得免於是召浩前使人詰浩浩惶惑不能對允事事申明皆有條理時世祖怒甚勑允爲詔自浩已下僮吏已上百二十八人皆夷五族允持疑不爲頻詔催切允乞更一見然後爲詔詔引前允曰浩之所坐若更有餘釁非臣敢知直以犯觸罪不至死世祖怒命介士執允恭宗拜請世祖曰無此人忿朕當有數千口死矣浩竟族滅餘皆身死宗欽臨刑歎曰高允其殆聖乎恭宗後讓允曰人當知機不知機學復何益當爾之時吾導卿端緒何故不從人言怒帝如此每一念之使人心悸允曰臣東野凡生本無宦意屬休延之會應旌弓之舉釋褐鳳池仍參麟閣尸素官榮妨賢已久夫史籍者帝王之實錄將來之烱戒今之所以觀往後之所以知今是以言行舉動莫不備載故人君愼焉然浩世受殊遇榮曜當時孤負聖恩自貽灰滅卽浩之跡時有可論浩以蓬蒿之才荷棟梁之重在朝無謇諤之節退私無委蛇之稱私欲沒其公廉愛憎蔽其直理此浩之責也至於書朝廷起居之跡言國家得失之事此亦爲史之大體未爲多違然臣與浩實同其事死生榮辱義無獨殊誠荷殿下大造之慈違心苟免非臣之意恭宗動容稱歎允後與人言我不奉東宮導旨者恐負翟黑子恭宗季年頗親近左右營立田園以取其利允諫曰天地無私故能覆載王者無私故能包養昔之明王以至公宰物故藏金於山藏珠於淵示天下以無私訓天下以至儉故美聲盈溢千載不衰今殿下國之儲貳四海屬心言行舉動萬方所則而營立私田畜養雞犬乃至販酤市鄽與民爭利議聲流布不可追掩夫天下者殿下之天下富有四海何求而不獲何欲而弗從而與販夫販婦競此尺寸昔虢之將亡神乃下降賜之土田卒喪其國漢之靈帝不修人君之重好與宮人列肆販賣私立府藏以營小利卒有顚覆傾亂之禍前鑒若此甚可畏懼夫爲人君者必審於擇人故稱知人則哲惟帝難之商書云無邇小人孔父有云小人近之則不遜遠之則怨矣武王愛周召齊畢所以王天下殷紂愛飛廉惡來所以喪其國歷觀古今存亡之際莫不由之今東宮誠曰乏人儁乂不少頃來侍御左右者恐非在朝之選故願殿下少察愚言斥出佞邪親近忠良所在田園分給貧下畜產販賣以時收散如此則休聲日至謗議可除恭宗不納恭宗之崩也允久不進見後世祖召允升階歔欷悲不能止世祖流淚命允使出左右莫知其故相謂曰高允無何悲泣令至尊哀傷何也世祖聞之召而謂曰汝不知高允悲乎左右曰臣

等見允無言而泣陛下爲之悲傷是以竊言耳世祖曰崔浩誅時允亦應死東宮苦諫是以得免今無東宮允見朕因悲耳允表曰往年被勑令臣集天文災異使事類相從約而可觀臣聞箕子陳謨而洪範作宣尼述史而春秋著皆所以章明列辟景測皇天者也故先其善惡而驗以災異隨其失得而效以禍福天人誠遠而報速如響甚可懼也自古帝王莫不尊崇其道而稽其法數以自修飭厥後史官並載其事以爲鑒誡漢成時光祿大夫劉向見漢祚將危權歸外戚屢陳妖眚而不見納遂因洪範春秋災異報應者而爲其傳覬以感悟人主而終不聽察卒以危亡豈不哀哉伏惟陛下神武則天叡鑒自遠欽若稽古率由舊章前言往行靡不究鑒前皇所不逮也臣學不洽聞識見寡薄懼無以裨廣聖德仰酬明旨今謹依洪範傳天文志撮其事要略其文辭凡爲八篇世祖覽而善之曰高允之明災異亦豈減崔浩乎及高宗卽位允頗有謀爲司徒陸麗等皆受重賞允既不蒙褒異又終身不言其忠而不伐皆此類也給事中郭善明性多機巧欲逞其能勸高宗大起宮室允諫曰臣聞太祖道武皇帝既定天下始建都邑其所營立非因農隙不有所興今建國已久宮室已備永安前殿足以朝會萬國西堂溫室足以安御聖躬紫樓臨望可以觀望遠近若廣修壯麗爲異觀者宜漸致之不可倉卒計斫材運土及諸雜役須二萬人丁夫充作老小供餉合四萬人半年可訖古人有言一夫不耕或受其飢一婦不織或受其寒況數萬之衆其所損廢亦已多矣推之於古驗之於今必然之效也誠聖主所宜思量高宗納之允以高宗纂承平之業而風俗仍舊婚娶喪葬不依古式允乃諫曰前朝之世屢發明詔禁諸婚娶不得作樂及葬送之日歌謠鼓舞殺牲燒葬一切禁斷雖條旨久頒而俗不革變將由居上者未能悛改爲下者習以成俗敎化陵遲一至於斯昔周文以百里之地修德布政先於寡妻及於兄弟以至家邦三分天下而有其二明爲政者先自近始詩云爾之敎矣民胥效矣人君舉動不可不愼禮云嫁女之家三日不息燭娶婦之家三日不舉樂今諸王納室皆樂部給伎以爲嬉戲而獨禁細民不得作樂此一異也古之婚者皆揀擇德義之門妙選貞閑之女先之以媒娉繼之以禮物集寮友以重其別親御輪以崇其敬婚姻之際如此之難今諸王十五便賜妻別居然所配者或長少差舛或罪人掖庭而作合宗王妃嬪藩懿失禮之甚無復此過往年及今頗有檢劾誠是諸王過酒致責跡其元起亦由色衰相棄致此紛紜今皇子娶妻多出宮掖令天下小民必依禮限此二異也萬物之生靡不有死古先哲王作爲禮制所以養生送死折諸人情若毀生以奉死則聖人所禁也然葬者藏也死者不可再見故深藏之昔堯葬穀林農不易畝舜葬蒼梧市不改肆秦始皇作爲地市下錮三泉金玉寶貨不可計數死不旋踵尸焚墓掘由此推之堯舜之儉始皇之奢是非可見今國家營葬費損巨億一旦焚之以爲灰燼苟靡費有益於亡者古之臣奚獨不然今上爲之不輟而禁下民之必止此三異也古者祭必立尸序其昭穆使亡者有憑致食饗之禮今已葬之魂人直求貌類者事之如父母燕好如夫妻損敗風化瀆亂情理莫此之甚上未禁之下不改絕此四異也夫饗者所以定禮儀訓萬國故聖王重之至乃爵盈而不飲肴乾而不食樂非雅聲則不奏物非正色則不列今之大會內外相混酒醉喧譊罔有儀式又俳優鄙藝汚辱視聽朝廷積習以爲美而責風俗之清純此五異也今陛下當百王之末踵晉亂之弊而不矯然釐改以厲頹俗臣恐天下蒼生永不聞見禮敎矣允言如此非一高宗從容聽之或有觸迕帝所不忍聞者命左右扶出事有不便允輒求見高宗知允意逆屏左右以待之禮敬甚重晨入暮出或積日居中朝臣莫知所論或有上事陳得失者高宗省而謂羣臣曰君父一也父有是非子何爲不作書於人中諫之使人知惡而於家內隱處也豈不以父親恐惡彰於外也今國家善惡不能面陳而上表顯諫此豈不彰君之短明己之美至如高允者眞忠臣矣朕有是非常正言面論至朕所不樂聞者皆侃侃言說無所避就朕聞其過而天下不知其諫豈不忠乎汝等在左右曾不聞一正言但伺朕喜時求官乞職汝等把弓刀侍朕左右徒立勞耳皆至公王此人把筆匡我國家不過著作郎汝等不自愧乎於是拜允中書令著作如故司徒陸麗曰高允雖蒙寵待而家貧布衣妻子不立高宗怒曰何不先言今見朕用之方言其貧是日幸允第惟草屋數間布被縕袍廚中鹽菜而已高宗歎息曰古人之淸貧豈有此乎卽賜帛五百匹粟千斛拜長子忱爲綏遠將軍長樂太守允頻表固讓高宗不許初與允同徵游雅等多至通官封侯及允部下吏百數十人亦至刺史二千石而允爲郎二十七年不徙官時百官無祿允常使諸子樵采自給初尚書竇瑾坐事誅瑾子遵亡在山澤遵母焦沒入縣官後焦以老得免瑾之親故莫有恤者允愍焦年老保護在家積六年遵始蒙赦其篤行如此轉太常卿本官如故允上代都賦因以規諷亦二京之流也文多不載時中書博士索敞與侍郎傅默梁祚論名字貴賤著議紛紜允遂著名字論以釋其惑甚有典證復以本官領祕書監解太常卿進爵梁城侯加左將軍初允與游雅及太原張偉同業相友雅嘗論允曰夫喜怒者有生所不能無也而前史載卓公寬中文饒洪量褊心者或之弗信余與高子遊處四十年矣未嘗見其是非慍喜之色不亦信哉高子內文明而外柔弱其言呐呐不能出口余常呼爲文子崔公謂余云高生豐才博學一代佳士所乏者矯矯風節耳余亦然之司徒之譴起於纖微及於詔責崔公聲嘶股戰不能言宗欽已下伏地流汗都無人色高子敷陳事理申釋是非辭義淸辯音韻高亮明主爲之動容聽者無不稱善仁及寮友保茲元吉向之所爲矯矯者更在斯乎宗愛之任勢也威振四海嘗召百司於都坐王公以下望庭畢拜高子獨升階長揖由此觀之汲長孺可臥見衞青何抗禮之有向之所謂風節者得不謂此乎知人固不易人亦不易知吾既失之於心內崔亦漏之於形外鍾期止聽於伯牙夷吾見明於鮑叔良有以也其爲人物所推如此高宗重允常不名之恒呼爲令公令公之號播於四遠矣高宗崩顯祖居諒闇乙渾專擅朝命謀危社稷文明太后誅之引允禁中參決大政又詔允曰自頃以來庠序不建爲日久矣道肆陵遲學業遂廢子衿之歎復見于今朕既纂統大業八表宴寧稽之舊典欲置學官於郡國使進修之業有所津寄卿儒宗元老朝望舊德宜與中祕二省參議以聞允表曰臣聞經綸大業必以敎養爲先咸秩九疇亦由文德成務故辟雍光於周詩泮宮顯於魯頌自永嘉以來舊章殄滅鄉閭蕪沒雅頌之聲京邑杜絕釋奠之禮道業陵夷百五十載仰惟先朝每欲憲章昔典經闡素風方事尚殷弗遑克復陛下欽明文思纂成洪烈萬國咸寧百揆時叙申祖宗之遺志興周禮之絕業爰發德音惟新文教搢紳黎獻莫不幸甚臣承旨勑並集二省披覽史籍備究典紀靡不敦儒以勸其業貴學以篤其道伏思明詔玄同古義宜如聖旨崇建學校以厲風俗使先王之道光演於明時郁郁之音流聞於四海請制大郡立博士二人助教二人學生一百人次郡立博士二人助教二人學生八十人中郡立博士二人助教二人學生六十人下郡立博士一人助教一人學生四十人其博士取博關經典世履忠清堪爲人師者年限四十以上助教亦與博士同年限三十以上若道業夙成才任教授不拘年齒學生取郡中清望人行修謹堪循名教者先盡高門次及中第顯祖從之郡國立學自此始也後允以老疾頻上表乞骸骨詔不許於是乃著告老詩又以昔歲同徵零落將盡感逝懷人作徵士頌蓋止於應命者其有命而不至則闕焉羣賢之行舉其梗槩矣今著之於左

中書侍郎固安侯范陽盧玄子眞
郡功曹史博陵崔綽茂祖
河內太守下樂侯廣寧燕崇玄略
上黨太守高邑侯廣寧常陟公山
征南大將軍從事中郎勃海高毗子翼
征南大將軍從事中郎勃海李欽道賜
河西太守饒陽子博陵許堪祖根
中書郎新豐侯京兆杜銓士衡
征西大將軍從事中郎京兆韋閬友規
京兆太守趙郡李詵令孫
太常博士鉅鹿公趙郡李靈虎符
中書郎中郎丘子趙郡李遐仲熙
營州刺史建安公太原張偉仲業
輔國大將軍從事中郎范陽祖邁
征東大將軍從事中郎范陽祖侃士倫
東郡太守蒲陰子中山劉策
濮陽太守眞定子常山許琛
行司隸校尉中都侯西河宋宣道茂
中書郎燕郡劉遐彥鑒
中書郎武恒子河間邢穎宗敬
滄水太守浮陽侯勃海高濟叔民
太平太守平原子鴈門李熙士元
祕書監梁郡公廣平游雅伯度
廷尉正安平子博陵崔建興祖
廣平太守列人侯西河宋愔
州主簿長樂潘天符
郡功曹長樂杜熙
征東大將軍從事中郎中山張綱
中書郎上谷張誕叔術
祕書郎鴈門王道雅
祕書郎鴈門閔弼
衞大將軍從事中郎中山郎苗

大司馬從事中郎上谷侯辯

陳留郡太守高邑子趙郡呂季才

夫百王之御世也莫不資仗羣才以隆治道故周文以多士克寧漢武以得賢爲盛此載籍之所記由來之常義魏自神䴥已後宇內平定誅赫連積世之僭掃窮髮不羈之寇南摧江楚西盪涼域殊方之外慕義而至於是偃兵息甲修立文學登延儁造酬諮政事夢想賢哲思遇其人訪諸有司以求名士咸稱范陽盧玄等四十二人皆冠冕之冑著問州邦有羽儀之用親發明詔以徵玄等乃曠官以待之懸爵以縻之其就命三十五人自餘依例州郡所遣者不可稱記爾乃髦士盈朝而濟濟之美興焉昔與之俱蒙斯舉或從容廊廟或游集私門上談公務下盡忻娛以爲千載一時始於此矣日月推移吉凶代謝同徵之人凋殲殆盡在者數子然復分張往昔之忻變爲悲戚張仲業東臨營州遲其還返一敘于懷齊衿于垂殁之年寫情於桑榆之末其人不幸復至殞殁在朝者皆後進之士居里者非疇昔之人進涉無寄心之所出入無解顏之地顧省形骸所以永歎而不已夫頌者美盛德之形容亦可以長言寄意不爲文二十年矣然事切於心豈可默乎遂爲之頌詞曰紫氣干霄羣雄亂夏王襲徂征戎車屢駕掃盪遊氛克剪妖霸四海從風八垠漸化政教無外旣寧且一偃武橐兵唯文是恤帝乃旁求搜賢舉逸巖隱投竿異人並出亹亹盧生量遠思純鑽道據德遊藝依仁旌弓旣招釋褐投巾攝齊升堂嘉謀日陳自東徂南躍馬馳輪僭馮影附劉以和親茂祖煢單夙罹不造克己勉躬聿隆家道敦心六經遊思文藻終辭寵命以之自保燕常篤信百行靡遺位不苟進任理栖遲居沖守約好讓善推思賢樂古如渴如飢子翼致遠道賜悟深相期以義相和若琴並參幕府俱發德音優游卒歲聊以寄心祖根運會克光厥猷仰緣朝恩俯因德友功雖後建祿實先受班同舊臣位並羣后士衡孤立內省靡疚言不崇華交不遺舊以產則貧論道則富所謂伊人實邦之秀卓矣友規稟兹淑量存彼大方擯此細讓神與理冥形隨流浪雖屈王侯莫廢其尚趙實名區世多奇士山岳所鍾挺生三李矯矯清風抑抑容止初九而潛望雲而起詵尹西都蠶惟作傅垂訓皇宮載理雲霧熙雖中夭迹階郎署餘塵可挹終亦顯著仲業淵長雅性清到憲章古式綢繆典誥時値險艱常一其操納衆以仁訓下以孝化被龍川民歸其敎邁則英賢侃亦稱選聞達邦家名行素顯志在兼濟豈伊獨善繩匠弗顧功不獲展劉許履忠竭力致躬出能騁說入獻其功輶軒一舉撓燕下崇名彰魏世享業亦隆道茂夙成弱冠播名與朋以信行物以誠怡怡昆弟穆穆家庭發響九皐翰飛紫冥頻在省闥亦司于京刑以之中政以之平猗歟彥鑒思參文雅率性任眞器成非假靡矜于高莫耻于下乃謝朱門歸迹林野宗敬延譽號爲四儁華藻雲飛金聲夙振中遇沉痾賦詩以諷忠顯于辭理出于韻高滄朗達默識淵通領新悟異發自心質侔和璧文炳雕龍燿姿天邑衣錦舊邦士元先覺介焉不惑振袂來庭始賓王國蹈方履正好是繩墨淑人君子其儀不忒孔稱游夏漢美淵雲越哉伯度出類踰羣司言祕閣作牧河汾移風易俗理亂解紛融彼滯義渙此潛文儒道以析九流以分崔宋二賢誕性英偉擢穎閭閻聞名象魏蹇蹇儀形邈邈風氣達而不矜素而能貴潘符標尚杜熙好和清不潔流渾不同波絕希龍津止分常科幽而逾顯損而逾多張綱柔謙叔衡正直道雅洽聞弼爲兼識拔萃衡門俱漸鴻翼發憤忘餐豈要斗食率禮從仁罔愆于式失不繫心得不形色郎苗始舉用均已試智足周身言足爲治性協於時情敏於事與今而同與古曷異物以利移人以酒昏侯生潔己唯義是敦日縱醇醪逾敬逾溫其在私室如涉公門李才之性柔而執競屆彼南秦申威致命誘之以權矯之以正帝道用光邊土納慶羣賢遭世顯名有代志竭其忠才盡其槩體襲朱裳腰紉雙佩榮曜當時風高千載君臣相遇理實難階昔因朝命與之克諧披衿散想解帶舒懷此昕如昨存亡奄乖靜言思之中心九摧揮毫頌德潛爾增哀皇興中詔允兼太常至兗州祭孔子廟謂允曰此簡德而行勿有辭也後允從顯祖北伐大捷而還至武川鎭上北伐頌其詞曰皇矣上天降鑒惟德眷命有魏照臨萬國禮化丕融王猷允塞靜亂以威穆民以則北虜舊隸禀政在蕃往因時闕逃命北轅世襲凶軌背忠食言招亡聚盜醜類實繁敢率犬羊圖縱猖蹶乃詔訓師興戈北伐躍馬裹糧星馳電發撲討虔劉肆陳斧鉞斧鉞暫陳馘翦厥旅積骸塡谷流血成浦元凶狐奔假息窮壁爪牙旣摧腹心亦阻周之忠厚存及行葦翼翼聖明有兼斯美澤被京觀垂此仁旨封尸野獲惠加生死生死蒙惠人欣覆育理貫幽冥澤漸殊域物歸其誠神獻其福遐邇斯懷無思不服古稱善兵歷時始捷今也用師辰不及浹六軍克合萬邦以協義著春秋功銘玉牒載與頌聲播之來葉顯祖覽而善之又顯祖時有不豫以高祖沖幼欲立京兆王子推集諸大臣以次召問允進跪上前涕泣曰臣不敢多言以勞神聽願陛下上思宗廟託付之重追念周公抱成王之事顯祖於是傳位於高祖賜帛千匹以標忠亮又遷中書監加散騎常侍雖久典史事然而不能專勤屬述時與校書郎劉模有所緝綴大較續崔浩故事準春秋之體而時有刊正自高宗迄于顯祖軍國書檄多允文也末年乃薦高閭以自代以定議之勳進爵咸陽公加鎭東將軍尋授使持節散騎常侍征西將軍懷州刺史允秋月巡境問民疾苦至邵縣見邵公廟廢毀不立乃曰邵公之德闕而不禮爲善者何望乃表聞修葺之允於時年將九十矣勸民學業風化頗行然儒者優遊不以斷決爲事後正光中中散大夫中書舍人河內常景追思允帥郡中故老爲允立祠於野王之南樹碑紀德焉太和二年又以老乞還鄉里十餘章上卒不聽許遂以疾告歸其年詔以安車徵允勅州郡發遣至都拜鎭軍將軍領中書監固辭不許又扶引就內改定皇誥允上酒訓曰臣被勅論集往世酒之敗德以爲酒訓臣以朽邁遺人倫所棄而殊恩過隆錄臣於將殁之年勗臣於已墜之地奉命驚惶喜懼兼甚不如何事可以上答伏惟陛下以叡哲之姿撫臨萬國太皇太后以聖德之廣濟育羣生普天之下罔不稱賴然日昃憂勤虛求不已思監往事以爲警戒此之至誠悟通百靈而況於百官士民不勝踴躍謹竭其所見作酒訓一篇但臣愚短加以荒廢辭義鄙拙不足觀採伏願聖慈體臣悾悾之情恕臣狂瞽之意其詞曰自古聖王其爲饗也玄酒在堂而酹酒在下所以崇本重原降於滋味雖汎爵旅行不及於亂故能禮章而敬不虧事畢而儀不忒非由斯致是失其道將何以範時軌物垂之於世歷觀往代成敗之效吉凶由人不在數也商辛耽酒殷道以之亡公旦陳誥周德以之昌子反昏酣而致斃穆生不飲而身光或長世而爲戒或百代而流芳酒之爲狀變惑情性雖曰哲人孰能自競在官者殆於政也爲下者慢於令也聰達之士荒於聽也柔順之倫興於諍也久而不悛致於病也豈止於病乃損其命諺亦有云其益如毫其損如刀言所益者止於一味之益不亦寡乎言所損者夭年亂志夭亂之損不亦夥乎無以酒荒而陷其身無以酒狂而喪其倫迷邦失道流浪漂津不師不遵反將何因詩不言乎如切如磋如琢如磨明友之義也作官以箴之申謨以禁之君臣之道也其言也善則三覆而佩之言之不善則哀矜而貸之此實先王納規之意往者有晉士多失度肆散誕以爲不羇縱長酣以爲高達調酒之頌以相眩曜稱堯舜有千鍾百觚之飮著非法之言引大聖爲譬以則天之明豈其然乎且子思有云夫子之飮不能一升以此推之千鍾百觚皆爲妄也今大魏應圖重明御世化之所曁無思不服仁風敦洽於四海太皇太后以至德之隆誨而不倦憂勤備於皇情誥訓行於無外故能道協兩儀功同覆載仁恩下逮罔有不遵普天率土靡不蒙賴在朝之士有志之人宜克己從善履正存貞節酒以爲度順德以爲經悟昏飮之美疾審敬愼之彌榮遵孝道以致養顯父母而揚名路閔曾之前軌遺仁風於後生仰以答所授俯以保其成可不勉歟可不勉歟高祖悅之常置左右詔允乘車入殿朝賀不拜明年詔允議定律令雖年漸期頤而志識無損猶心存舊職披考史書又詔曰允年涉危境而家貧養薄可令樂部絲竹十人五日一詣允以娛其志特賜允蜀牛一頭四望蜀車一乘素几杖各一蜀刀一口又賜珍味每春秋常致之尋詔朝晡給膳朔望致牛酒衣服綿絹每月送給允皆分之親故是時貴臣之門皆羅列顯官而允子弟皆無官爵其廉退若此遷尚書散騎常侍時延入備几杖問以政治十年加光祿大夫金章紫綬朝之大議皆咨訪焉魏初法嚴朝士多見杖罰允歷事五帝出入三省五十餘年初無譴咎初眞君中以獄訟留滯始令中書以經義斷諸疑事允據律評刑三十餘載內外稱平允以獄者民之命也常歎曰臯陶至德也其後英蓼先亡劉項之際英布黥而王經世雖久猶有刑之餘釁況凡人能無咎乎其年四月有事西郊詔以御馬車迎允就郊所板殿觀矚馬忽驚奔車覆傷眉三處高祖文明太后遣醫藥護治存問相望司駕將處重坐允啓陳無恙乞免其罪先是命中黃門蘇興壽扶侍允曾雪中遇犬驚倒扶者大懼允慰勉之不令聞徹興壽稱共允接事三年未嘗見其忿色恂恂善誘誨人不倦晝夜手常執書吟詠尋覽篤親念故虛已存納雖處貴重志同貧素性好音樂每至伶人弦歌鼓舞常擊節稱善又雅信佛道時設齋講好生惡殺性又簡至不妄交遊顯祖平青齊徙其族望於代時諸士人流移遠至率皆飢寒徙人之中多允姻媾皆徒步造門允散財竭產以相贍賑慰問周至無不感其仁厚收其才能表奏申用時議者皆以新附致異允謂取材任能無宜抑屈先是允被召在方山作頌

志氣猶不多損談說舊事了無所遺十一年正月卒年九十八初允每謂人曰吾在中書時有陰德濟救民命若陽報不差吾壽應享百年矣先卒旬外微有不適猶不寢臥呼醫請藥出入行止吟詠如常高祖文明太后聞而遣醫李脩往脉視之告以無恙脩入密陳允榮衞有異懼其不久於是遣使備賜御膳珍羞自酒米至於鹽醢百有餘品皆盡時味及牀帳衣服茵被几杖羅列於庭王官往還慰問相屬允喜形於色語人曰天恩以我篤老大有所賚得以贍客矣表謝而已不有他慮如是數日夜中卒家人莫覺詔給絹一千匹布二千匹綿五百斤錦五十匹雜綵百匹穀千斛以周喪用魏初以來存亡蒙賚者莫及焉朝廷榮之將葬贈侍中司空公冀州刺史將軍公如故謚曰文賜命服一襲允所製詩賦誄頌箴論表讚左氏公羊釋毛詩拾遺論雜解議何鄭膏肓事凡百餘篇別有集行於世允明算法爲算術三卷子忱襲

忱字士和以父任除綏遠將軍長樂太守爲政寬惠民庶安之後例降爵爲侯尋卒

孫貴賓襲除州治中卒官

忱弟懷字士仁任城王雲郎中令大將軍從事中郎授中散恬淡退靜不競世利在散輩十八年不易官太和中除太尉東陽王諮議參軍而卒

子綽字僧裕少孤恭敏自立身長八尺腰帶十圍沉雅有度量博涉經史太和十五年拜奉朝請太尉法曹行參軍尋兼尚書祠部郎以母憂去職久之除治書侍御史轉洛陽令綽爲政强直不避豪貴邑人憚之又詔參議律令遷長兼國子博士行潁川郡事詔假節行涇州刺史延昌初遷尚書右丞參議壬子歷肅宗初司徒清河王懌司馬冠軍又隨懌遷太尉司馬其年秋大乘賊起於冀州都督元遙率衆討之詔綽兼散騎常侍持節以白虎幡軍前招慰綽信著州里降者相尋軍還除汲郡太守固辭不拜御史中尉元匡奏高聰及綽等朋附高肇詔並原罪俄行滎陽郡事以本將軍出除豫州刺史爲政清平抑强扶弱百姓愛之流民歸附者二千餘戶還後將軍并州刺史正光三年冬暴疾卒年四十八四年九月詔贈安東將軍冀州刺史謚曰簡

子炳字仲彰太尉行參軍稍遷征虜將軍開府掾早卒

允弟推字仲讓小名檀越早有名譽太延中以前後南使不稱妙簡行人游雅薦推應選詔兼散騎常侍使劉義隆南人稱其才辯遇疾卒於建業朝廷悼惜之喪還贈輔國將軍臨邑子謚曰恭賜命服衣冠允爲之作誄

推弟燮字季和小字淳于亦有文才世祖每詔徵辟疾不應恒譏笑允屈折久宦栖泊京邑常從容於家州辟主簿卒

孫市賓奉朝請冀州京兆王愉城局參軍愉構逆市賓逃歸京後除青州安南府司馬永熙中冠軍將軍開府從事中郎始神䴥中允與從叔濟族兄毗及同郡李金俱被徵

濟字叔民初補中書博士又爲楚王傅眞君中假員外常侍賜爵浮陽子使於劉義隆世祖臨江於行所除盱眙太守後超授游擊將軍尋出除滄水太守卒年六十七贈鎮遠將軍冀州刺史謚曰宣

子矯襲卒子師襲

師字孝則有學識歷詹事丞太子舍人尚書主客郎轉通直散騎侍郎從事正員郎累遷光祿少卿行涇州事卒贈龍驤將軍河州刺史

子和仁字德紓襲釋褐員外散騎侍郎領殿中御史少清脩有文才曾爲五言詩贈太尉屬盧仲宣仲宣甚歎重之常有高尚之志後爲洛州錄事參軍不赴服餌於汲郡白鹿山未幾卒時人悼惜之

和仁弟德偉武定末東宮齋帥

矯弟遵自有傳

毗字子翼鄉邑稱爲長者官至從事中郎

孫當尚書郎卒贈樂陵太守謚曰恭初允所引劉模者長樂信都人也少時竊遊河表闕遂至河南尋復潛歸頗涉經籍微有注疏之用允領祕書典著作選爲校書郎允修撰國記與俱緝著常令模持管籥每日同入史閣接膝對筵屬述時事允年已九十目手稍衰多遺模執筆而指授裁斷之如此者五六歲允所成篇卷著論上下模預有功焉太和初模遷中書博士與李彪爲寮友並相愛好至於訓導國胄甄明風範遠不及彪也出除潁州刺史王肅之歸闕路經懸瓠羇旅窮悴時人莫識模獨給所須弔待以禮肅深感其意及肅臨豫州模猶在郡徵報復之由是爲新蔡太守在二郡積十年寬猛相濟頗有治稱正始元年復出爲陳留太守時年七十餘矣而飾老隱年昧禁自效遂家於南潁川不復歸其舊鄉矣

子懷恕聰率多闕甚收潁川情和至襄武將軍本州冠軍府功曹參軍

懷恕弟懷遜頗解醫術歷位給事中卒於左軍將軍鎮遠將軍

史臣曰依仁遊藝執義守詰其司空高允乎蹈危禍之機抗雷電之氣處死夷然忘身濟物卒悟明主保己全身自非體鄰知命鑒照窮達亦何能以若此宜其光寵四世終享百齡有魏以來斯人而已僧裕學治有聞聿脩之義也

魏書卷四十八考證

高允傳賦詩以訊○訊監本作迅今改正

執義守詰○玉篇詰同哲守詰卽明哲保身之義也

魏書卷四十九

齊　魏收　撰

列傳第三十七

李靈　崔鑒

李靈字虎符趙郡人高平公順從父兄也父勰字小同恬靜好學有聲趙魏太祖平中原聞勰已亡哀惜之贈宣威將軍蘭陵太守神䴥中世祖徵天下才儁靈至拜中書博士轉侍郎從駕臨江除淮陽太守靈以學優溫謹選授高宗經後加建威將軍中散內博士賜爵高邑子高宗踐祚除平南將軍洛州刺史而卒時年六十三帝追悼之贈散騎常侍平東將軍定州刺史鉅鹿公謚曰簡

子恢襲子爵高宗以恢師傅之子拜員外散騎常侍安西將軍長安鎮副將進爵爲侯假鉅鹿公皇興元年鎮軍大將軍東平王道符謀反殺恢及雍州刺史魚玄明雍州別駕李允等恢時年四十八顯祖愍之追贈恢散騎常侍鎮西將軍定州刺史鉅鹿公謚曰貞

恢長子悅祖襲爵高邑侯例降爲伯卒

子瑾字伯瓊太和中拜奉朝請後襲爵轉司徒廣陽王嘉集曹參軍太尉高陽王雍長流參軍太尉清河王懌記室參軍後除中堅將軍步兵校尉葛榮反於河北所在殘害詔瑾持節兼吏部郎中東北道弔慰大使至冀州値葛榮圍逼勑授瑾防城都督時瑾以三子自隨欵子戰死瑾恐動人情忍哀輟哭城陷沒賊既而走免永安初拜左將軍太中大夫殷州大中正累遷衞將軍右光祿大夫太尉諮議參軍天平初除車騎將軍大司農卿中正如故瑾淳謹好學老而不倦元象元年秋卒年六十五贈使持節都督定瀛殷三州諸軍事驃騎大將軍司徒公定州刺史

子景威襲武定末西汝陰太守齊受禪爵例降

悅祖弟顯甫本州別駕遷步兵校尉從駕南討以功賜爵平棘子行并州事尋除河北太守卒贈顯武將軍安州刺史謚曰威

子元忠武定中驃騎大將軍儀同三司晉陽縣開國伯

子播武定末河內太守

顯甫次弟華字寧夏初爲羽林中郎武騎侍郎步兵校尉轉直閣將軍武衞將軍華膂力過人頗有將略每從征伐頻著軍功賜爵欒城子定州驃騎長史輔國將軍中山太守卒贈前將軍幽州刺史有八子

長子構襲爵至通直散騎常侍卒贈殷州刺史

次敬義司徒長流參軍兼光祿少卿平北將軍光祿大夫卒贈本將軍殷州刺史

次叔向爲徐州鎧曹參軍帶郭浦戍主値刺史元法僧叛逼入蕭衍

次幼緒早亡

次季脩博陵常山二郡太守

次世幹次稚明兄弟並不修名行險暴無禮爲時所賤

華弟憑字青龍祕書主文中散累遷冀州征東長史太子中舍人阿附趙脩超遷司空長史給事黃門侍郎武衞將軍定州大中正坐脩黨免官後除趙郡太守卒

子道嘉字同吉豫州外兵參軍汝陽太守

同吉弟文衡開府行參軍

恢弟綜行河間郡早卒

綜子道字艮軌有業尚初拜奉朝請尚書度支郎遷洛爲營構將高祖南伐爲行臺郎車駕還拜太子步兵校尉世宗初轉步兵校尉兼散騎侍郎副盧昶東北道使拜司空諮議加中壘將軍京兆王愉以征東將軍爲冀州刺史道爲愉府司馬愉反召集州府以告之道不從爲愉所害時年四十四事平詔賜帛二百匹贈征虜將軍幽州刺史謚曰簡拜子渾給事中

渾字季初武定末大司農卿

渾弟繪字敬文齊王丞相府司馬

繪弟系字乾經少聰惠有才學與舅子河間邢昕少相倫輩晚不逮之初爲征東法曹參軍後除奉車都尉加寧遠將軍尋拜大司馬廣陵王錄事參軍府解還鄉里徵拜冠軍將軍中散大夫齊獻武王從子永樂爲濟州刺史聞而請與相見待以賓交之禮及永樂甍系送葬還都蕭衍遣使朝貢侍中李神儁舉系爲尚書南主客郎系前後接對凡十八人頗爲稱職齊文襄王擴選以系爲司徒諮議參軍因謂之曰自郎署至此所謂不次

以卿人才故有此舉耳尋加征虜將軍武定五年兼散騎常侍使蕭衍與其二兄前後將命時人稱之太尉高岳出討以系爲大都督司馬師還拜太子家令七年八月卒時年四十六時人傷惜之齊初贈平東將軍北徐州刺史謚曰文

靈弟均趙郡太守

均子璨字世顯身長八尺五寸衣冠魁偉受學於梁祚與安中爲祕書中散本州別駕轉趙郡常山二郡太守遷中書郎雅爲高允所知天安初劉彧徐州刺史薛安都舉彭城降詔鎮南大將軍博陵公尉元鎮東將軍陽城公孔伯恭等率衆迎之顯祖復以璨參二府軍事軍達九里山安都率文武出迎元不加禮接安都還城使遂不至時劉彧將張永沈攸之等率衆先屯下礚元令璨與中書郎高閭入彭城說安都安都即與俱載赴軍元等入城收管籥其夜永攻南門不剋退還時永輜重在武原璨勸元乘永之失據攻永米船大破之斬首數千級時大雪寒永軍凍死者萬計於是遂定淮北加璨寧朔將軍與張讜對爲兗州刺史綏安初附以參定徐州之功賜爵始豐侯加建武將軍延興元年年四十卒謚曰懿

子元茂太和八年襲爵加建武將軍以寬雅著稱闕又例降拜司徒司馬尋除振威將軍南征別將彭城鎮副將民吏安之賞帛百匹穀二百斛太和二十年年四十四卒贈顯武將軍徐州刺史謚曰順

子秀之字鳳起初除京兆王參軍轉員外散騎侍郎襲爵拜尚書都官郎

秀之弟子雲字鳳昇司空參軍轉外兵參軍本州治中

子雲弟子羽字鳳降征南法曹參軍

子羽弟子岳字鳳跱員外郎大司馬祭酒秀之等早孤事母孝謹兄弟並容貌魁偉風度審正而皆早卒

鳳昇子道宗武定末直閤將軍

道宗弟道林司徒中兵參軍

元茂弟宣茂太和初拜中書博士稍遷司空諮議轉司馬監營構事出除寧朔將軍試守正平郡不拜兼定州大中正坐受鄉人財貨爲御史所劾除名爲民從駕征新野又從討樊鄧持節兼散騎常侍東南二道使景明中除平陽太守以罪左遷步兵校尉正始初除太中大夫遷光祿大夫宣茂議明堂之制以五室爲長與游肇往復肇善之還平東將軍幽州刺史延昌二年卒年五十九遺言薄葬贈本將軍齊州刺史謚曰惠

子藉之字脩遠性謹正粗涉書史歷員外郎給事中司徒諮議參軍前將軍太中大夫著忠誥一篇文多不載永熙初卒年五十四贈中軍將軍定州刺史

子徹字伯倫武定末司空主簿

藉之弟志字敬遠有氣尚州主簿子長瑜郡功曹

敬遠弟幼遠性麤暴每爲劫盜刺史錄殺之

宣茂弟叔肖舉秀才著作佐郎歷廣陵王諮議南趙郡太守在位九載有政績景明三年卒年三十六謚曰惠

子弼字延軌位至相州錄事參軍

弼弟翼字景業初爲盪寇將軍齋帥又除員外郎遷尚書郎仍齋帥建義初遇害河陰贈平北將軍定州刺史

叔肖弟仲肖自中書學生歷公府主簿從事中郎諫議大夫尚書左丞卒賜帛一百匹布五十匹綿五十斤贈鎮遠將軍光州刺史謚曰恭

少子子仁尚書主客郎

崔鑒字神具博陵安平人父綽少孤學行修明有名於世與盧玄高允李靈等俱被徵語在允傳尋以母老固辭後爲郡功曹而卒鑒頗有文學自中書博士轉侍郎延興中受詔使齊州觀省風俗行兗州事以功賜爵桐盧縣子出爲奮威將軍東徐州刺史鑒欲安悅新附民有年老者表求假以守令詔從之又於州內治銅以爲農具兵民獲利卒贈冠軍將軍青州刺史安平侯謚曰康

子合字貴和少有時譽襲爵桐盧子爲中書學生主文中散太尉諮議參軍本州大中正出爲常山太守卒於郡時年二十七

長子脩義有風望襲爵自司徒默曹參軍再遷寧遠將軍新野太守還除太尉掾出爲冀州征東府長史卒年四十五

長子放寬襲爵齊受禪例降

合弟秉少有志氣太和中爲中書學生拜奉朝請轉徐州安東府錄事參軍陽平王顯之爲定州秉復爲衛軍府錄事參軍帶毋極令時甄琛爲長史因公事言競之間秉以拳擊琛墜于牀下琛以本縣長笑而不論其豪率若此彭城王勰征壽春秉從行招致壯俠以爲部卒勰目之謂左右曰吾當寄膽氣於此人後爲司空主簿轉掾城門校尉長兼司空司馬遷長史加輔國將軍出除左將軍廣平內史大納財貨爲清論所鄙入爲司徒左長史未幾除平東將軍光祿大夫尋加安西將軍出除燕州刺史時天下多事遂爲杜洛周攻圍秉堅守歷年朝廷遣都督元譚與秉第二子仲哲赴救譚敗仲哲死之秉遂率城民奔定州坐免官尋除撫軍將軍行相州事轉征東將軍金紫光祿大夫孝昌末冀州流民聚於河外因立東冀州除秉爲刺史加征東將軍不之任永安二年遷衞將軍右光祿大夫秉年老被疾上表辭事詔不許元顥入洛秉避居陽武二年除散騎常侍車騎將軍左光祿大夫太昌中除驃騎大將軍儀同三司常侍左光祿如故頻以老病乞解永熙三年去職天平四年薨年七十八贈使持節侍中都督定瀛滄三州諸軍事本將軍尚書令司徒公定州刺史謚曰靖穆

長子忻字伯悅有世幹爲荊州平南府外兵參軍北道行臺常景引爲行臺郎又啓除員外郎復爲安遠將軍尚書左中兵郎中以鄭儼之甥兼尚書左丞莊帝初遇害於河陰年四十二贈鎮軍將軍殿中尚書冀州刺史

忻弟仲哲生爲祖母宋氏所養早有知識六歲宋亡啼慕不止見者悲之性慷達常以將略自許辟司徒行參軍假寧朔將軍統軍從廣陽王淵北討擊柔玄賊破之賜爵安平縣男及父秉於燕州被圍泣訴朝廷遂除別將與都督元譚赴援到下口遇賊仲哲戰歿時年三十五

長子長瑜武定中儀同開府中兵參軍

長瑜弟叔瓚司徒田曹參軍

仲哲弟叔彥撫軍將軍

叔彥弟季通武定中兼司農少卿

季通小弟季良風望閑雅自太學博士從都督李神軌征討有功賜爵蒲陰縣男尋除著作佐郎通直散騎侍郎轉征虜將軍員外散騎常侍太尉長史及秉還鄉季良亦去職歸養後除中軍將軍光祿大夫先秉卒於家時年三十六贈車騎將軍尚書右僕射定州刺史謚曰簡

秉弟習字貴禮有世譽歷司徒主簿彭城王勰開府屬遷幽州長史博陵太守吏民愛敬之在郡九年轉河東太守卒於郡年五十一贈中山太守孝昌三年重贈後將軍并州刺史

長子世儒字希業卒於大司馬從事中郎

世儒第三弟叔業武定中南兗州別駕

秉從父弟廣字仲慶有議幹初爲中書學生高祖時殿中郎中歷通直散騎侍郎太子步兵校尉詔守尚書左丞父憂去職後任城王澄爲揚州引廣爲鎮南府長史以母老辭景明末卒於家贈安遠將軍光州刺史

子元獻字世儁頗有學識舉秀才不行後卒於鄉里

廣弟文業爲中書博士轉司徒主簿城陽王鸞爲定州刺史引爲治中年四十九卒子伯謙武定末司空諮議參軍

史臣曰李以儒俊之風當旌帛之舉崔以文雅之烈應利用之科世家有業餘慶不已人位繼軌亦爲盛哉

魏書卷四十九考證

李靈傳繪弟系○系北史作緯按李氏宗族見於北史者趙郡太守頤字彥祖生三子思系曾其名系者即順之父也順與靈爲從父兄繪系俱靈之曾孫不應犯其五世從祖之諱當以緯爲是

魏書卷五十

齊　魏收　撰

列傳第三十八

尉元　慕容白曜

尉元字苟仁代人也世爲豪宗父目斤勇略聞於當時泰常中爲前將軍從平虎牢頗有軍功拜中山太守元年十九以善射稱神䴥中爲虎賁中郎將轉羽林中郎小心恭肅以匪懈見知世祖嘉其寬雅有風貌稍遷駕部給事中從幸海隅賜爵富城男加寧遠將軍和平中遷北部尚書加散騎常侍進爵太昌侯拜冠軍將軍天安元年薛安都以徐州內附請師救援顯祖以元爲使持節都督東道諸軍事鎮南大將軍博陵公與城陽公孔伯恭赴之劉彧東平太守無鹽戍主申纂詐降元知非誠款外示容納而密備焉劉彧兗州刺史畢衆敬遣東平太守章仇摽詣軍歸款元並納之遂長驅而進賊將周凱望聲遁走彧遣將張永沈攸之等率衆討安都屯于下礚永乃分遣羽林監王穆之領卒五千守輜重於武原龍驤將軍謝善居領卒二千據呂梁散騎侍郎張引領卒二千守茱萸督上租糧供其軍實安都出城見元元依朝旨授其徐州刺史遣中書侍郎高閭李璨

等與安都俱還入城別令孔伯恭精甲二千撫安內外然後元入彭城元以張永仍據險要攻守勢倍懼傷士卒乃命安都與璨等固守身率精銳揚兵于外分擊呂梁絕其糧運善居遁奔茱萸仍與張引東走武原馳騎追擊斬首八百餘級武原窮寇八千餘人拒戰不下元親擐甲冑四面攻之破穆之外營殺傷太半獲其輜重五百餘乘以給彭城諸軍然後收師緩戰開其走路穆之率餘燼奔于永軍永勢挫力屈元乘勝圍之攻其南門永遂捐城夜遁伯恭安都乘勢追擊時大雨雪泗水冰合永棄船而走元豫測永必將奔亡身率衆軍邀其走路南北奮擊大破於呂梁之東斬首數萬級追北六十餘里死者相枕手足凍斷者十八九生擒劉彧使持節都督梁南北秦三州諸軍事梁秦二州刺史寧朔將軍益陽縣開國侯垣恭祖龍驤將軍羽林監沈承伯等永攸之輕騎走免收其船車軍資器械不可勝數劉彧東徐州刺史張讜據團城徐州刺史王玄載守下邳輔國將軍兗州刺史樊昌侯王整龍驤將軍蘭陵太守桓忻驅掠近民保險自固元遣慰喻張讜及青州刺史沈文秀等皆遣使通誠王整桓忻相與歸命元表曰彭城倉廩虛罄人有飢色求運冀相濟兗四州粟取張永所棄船九百艘沿清運致可以濟救新民顯祖從之又表分兵置戍進定青冀復表曰彭城賊之要藩不有積粟彊守不可以固若儲糧廣戍雖劉彧師徒悉動不敢窺覦淮北之地此自然之勢也詔曰待後軍到量宜守防其青冀已遣軍援須待尅定更運軍糧元又表曰臣受命出疆再離寒暑進無鄧艾一舉之功退無羊祜保境之略雖淮岱獲振而民情未安臣以愚智屬當偏任苟事宜宣徹敢不以聞臣前表以下邳水陸所湊先規殄滅遣兵屢討猶未擒定然彭城下邳信命未斷而此城之人元居賊界心尚戀土輒相誑惑希幸非望南來息耗壅塞不達雖至窮迫仍不肯降彭城民任玄朗從淮南到鎮稱劉彧將任農夫陳顯達領兵三千來循宿豫臣即以其日密遣覘使驗其虛實如朗所言臣欲自出擊之以運糧未接又恐新民生變遣子都將于沓千劉龍駒等步騎五千將往赴擊但征人淹久逃亡者多迭相扇動莫有固志器仗敗毀無一可用臣聞伐國事重古人所難功雖可立必須經略而舉若賊向彭城必由清泗過宿豫歷下邳趨青州路亦由下邳入沂水經東安即爲賊用師之要今若先定下邳平宿豫鎮淮陽戍東安則青冀諸鎮可不攻而尅若四處不服青冀雖拔百姓狼顧猶懷僥倖之心臣愚以爲宜釋青冀之師先定東南之地斷劉彧北顧之意絕愚民南望之心夏水雖盛無津途可因冬路雖通無高城可固如此則淮自舉暫勞永逸今雖向熱猶可行師兵尚神速久則生變若天雨既降或因水通運糧益衆規爲進取恐近淮民庶翻然改圖青冀二州卒未可拔臣輒與寮佐共議咸謂可然若隱而不陳懼有損敗之責陳而無驗恐成誣罔之罪惟天鑒懸量照臣愚款彧復遣沈攸之吳憘公領卒數萬從泝清而進欲援下邳元遣孔伯恭率步騎一萬以拒之幷以攸之前敗軍人傷殘手足瘃瓦膝行者盡送令還以沮其衆又表求濟師詔遣征南大將軍慕容白曜赴之白曜到瑕丘遇患會泗水暴竭賊軍不得前進白曜遂不行伯恭大破賊軍攸之憘公等輕騎遁走元書與劉彧徐州刺史王玄載示其禍福玄載狼狽夜走宿豫淮陽皆棄城而遁於是遣南中郎將中書侍郎高閭領騎一千與張讜對爲東徐州刺史中書侍郎李璨與畢衆敬對爲東兗州刺史以安初附拜元都督徐南北兗州諸軍事鎮東大將軍開府徐州刺史淮陽公持節散騎常侍尚書如故詔元曰賊將沈攸之吳憘公等驅率蟻衆進寇下邳卿戎昭果毅智勇奮發水陸邀絕應時摧殄自淮以北蕩然清定皆是元帥經略將士效力之所致也朕用嘉焉所獲諸城要害之處分兵置戍以怗民情今方欲清蕩吳會懸旌秣陵至於用兵所宜形勢進止善加量度動靜以聞是時徐州妖人假姓司馬字休符自稱晉王扇惑百姓元遣將追斬之四年詔徵元還京赴西郊尋還所鎮延興元年五月假元淮陽王三年劉昱將蕭順之王敕懃等領衆三萬入寇淮北諸城元分遣諸將逆擊走之元表淮陽郡上黨令韓念祖始臨之初舊民南叛全無一人令撫綏招集愛民如子南來民費係先等前後歸附戶至二百有餘南濟陰郡睢陵縣人趙憐等辭稱念祖善於綏撫清身潔已請乞念祖爲睢陵令若得其人必能招集離叛成立一縣顯祖詔曰樹君爲民民情如此可聽如請元好申下人之善皆此類也太和初徵爲內都大官既而出爲使持節鎮西大將軍開府統萬鎮都將甚得夷民之心三年進爵淮陽王以舊老見禮聽乘步挽杖於朝蕭道成既將立多遣間諜扇動新民不逞之徒所在蜂起以元威名夙振徵爲使持節侍中都督南征諸軍事征西大將軍大都將餘官如故總率諸軍以討之元討五固賊桓和等皆平之東南清晏遠近怗然入爲侍中都曹尚書還尚書令十三年進位司徒十六年例降庶姓王爵封山陽郡開國公食邑六百戶元表曰臣以天安之初奉律總戎廓寧淮右海內既平仍忝徐岳素餐尸祿積有年歲彼土安危竊所具悉每惟彭城水陸之要江南用兵莫不因之威陵諸夏夫國之大計豫備爲先且臣初尅徐方青齊未定從河以南猶懷彼此時劉彧遣張永沈攸之陳顯達蕭順之等前後數度規取彭城勢連青兗唯以彭城既固而永等摧屈今計彼戍兵多是胡人臣前鎮徐州之日胡人子都將呼延籠達因於負罪便爾叛亂鳩引胡類一時扇動賴威靈遐被罪人斯戮又團城子都將胡人王敕懃負釁南叛每懼姧圖狡誘同黨闕誠所見宜以彭城胡軍換取南豫州徙民之兵轉戍彭城又以中州鮮卑增實兵數於事爲宜詔曰公之所陳甚合事機其年頻表以老乞身八月詔曰元年尊識遠屢表告退朕以公秉德清挹體懷平隱仁雅淵廣謀猷是仗方委之以政用康億兆故頻文累札仍違沖志而謙光逾固三請彌切若不屈從高謨復何以成其美德也已許其致仕主者可出表付外如禮申遂元詣闕謝老引見於庭命升殿勞宴賜玄冠素服又詔曰夫大道凝虛至德沖挹故尹王法玄猷以御世聖人崇謙光而降美是以天子父事三老兄事五更所以明孝悌於萬國垂教本於天下自非道高識博孰能處之是故五帝憲德三王乞言若求備一人同之古哲叔世之老孰能克堪師上聖則難爲其舉傳中庸則易爲其選朕既虛寡德謝曩喆更老之選差可有之前司徒山陽郡開國公尉元前大鴻臚卿新泰伯游明根並元亨利貞明允誠素少著英風老敦雅迹位顯台宿歸終私第可謂知始知卒希世之賢也公以八十之年宜處三老之重卿以七十之齡可充五更之選於是養三老五更於明堂國老庶老於階下高祖再拜三老親袒割牲執爵而饋於五更行肅拜之禮賜國老庶老衣服有差既而元言曰自天地分判五行施則人之所崇莫重於孝順然五孝六順天下之所先願陛下重之以化四方臣既衰老不究遠趣心耳所及敢不盡誠高祖曰孝順之道天地之經今承三老明言銘之于懷明根言曰夫至孝通靈至順感幽故詩云孝悌之至通於神明光於四海如此則孝順之道無所不格願陛下念之以濟黎庶臣年志朽敝識見昧然在於心慮不敢不盡高祖曰五更助三老以言至範敷展德音當克己復禮以行來授禮畢乃賜步挽一乘詔曰夫尊老尚更列聖同致欽年敬德綿哲齊軌朕雖道謝玄風識昧叡則仰稟先誨企遵猷旨故推老以德立更以元父焉斯彰兄焉斯顯矣前司徒公元前鴻臚卿明根並以沖德懸車懿量歸老故尊公以三事更以五雖更老非官耋耄罔祿然況事既高宜加殊養三老可給上公之祿五更可食元卿之俸供食之味亦同其例十七年七月元疾篤高祖親幸省疾八月元薨時年八十一詔曰元至行寬純仁風美富內秉越羣之武外挺溫懿之容自少暨長勳勤備至歷奉五朝美隆四葉南曜河淮之功北光燕然之効魯宋懷仁中鉉載德所謂立身備於本末行道著於終始勳書玉牒惠結民志者也爰及五福攸集懸車歸老謙損既彰遠近流詠陛茲父事儀我萬方謂極眉壽彌贊王業天不遺老奄爾薨逝念功惟善抽怛于懷但戎事致奪恨不盡禮耳可賜布帛綵物二千匹溫明祕器朝衣一襲幷爲營造墳域謚曰景桓公葬以殊禮給羽葆鼓吹假黃鉞班劍四十人賜帛一千匹

子羽名犯肅宗廟諱頗有器望起家祕書中散駕部令轉主客給事加通直散騎常侍守殿中尚書兼侍中以父憂去職又起復本官詔襲爵加平南將軍高祖親考百司以羽怠惰降常侍爲長兼仍守尚書奪祿一周遷洛以山陽在畿內改爲博陵郡開國公後爲征虜將軍恒州刺史卒仍以爲贈謚曰順

子景興襲正始元年卒贈兗州刺史無子

景興弟景儁襲爵員外散騎常侍延昌中坐杖國吏死降封深澤縣開國公

子伯永襲無子爵除

羽弟靜寬雅有才識世宗時爲尚書左民郎中卒贈博陵太守重贈鎮軍將軍洛州刺史謚曰敬

子祐之通直散騎常侍護軍長史卒

慕容白曜慕容元眞之玄孫父琚歷官以廉清著稱賜爵高都侯卒於冠軍將軍尚書左丞贈安南將軍幷州刺史高都公謚曰簡白曜少爲中書吏以敦直給事東宮高宗即位拜北部下大夫襲爵遷北部尚書在職執法無所阿縱高宗厚待之高宗崩與乙渾共秉朝政遷尚書右僕射進爵南鄉公加安南將軍劉彧徐州刺史薛安都兗州刺史畢衆敬並以城內附詔鎮南大將軍尉元鎮東將軍孔伯恭率師赴之而彧東平太守申纂屯無鹽幷州刺史房崇吉屯升城遏絕王使皇興初加白曜使持節都督諸軍事征南大將軍上黨公屯於碻磝以爲諸軍後繼白曜攻纂於無鹽城拔其東郭其夜

篡遁遣兵追執之獲其男女數千口先是劉彧青州刺史沈文秀冀州刺史崔道固並遣使內附既而彧遣招慰復歸於彧白曜既拔無鹽回攻升城肥城戍主聞軍至棄城遁走獲粟三十萬斛既至升城垣苗麋溝二戍拒守不下白曜以千餘騎襲麋溝麋溝潰自投濟水死者千餘人擊垣苗又破之得粟十餘萬斛由是軍糧克足先是淮陽公皮豹子等再征垣苗不剋白曜以一旬之內頻拔四城威震齊土顯祖嘉焉詔曰卿總率戎旅討除不賓霜戈所向無不摧靡旬日之內剋拔四城韓白之功何以加此雖升城戍將房崇吉守遠不順危亡已形潰在旦夕宜勉崇威略務存長轡不必窮兵極武以爲勞頓且伐罪弔民國之令典當招懷以德使來蘇之澤加於百姓升城不降白曜忿之縱兵陵城殺數百人崇吉夜遁白曜撫慰其民無所殺戮百姓懷之獲崇吉母妻待之以禮劉彧遣其將吳憘公率衆數萬欲寇彭城鎮南大將軍尉元表請濟師顯祖詔白曜赴之白曜到瑕丘遇患時泗水暴竭船不得進憘公退白曜因停瑕丘會崇吉與從弟法壽盜彧盤陽城以贖母妻白曜自瑕丘遣將軍長孫觀等率騎入自馬耳關赴之觀至盤陽諸郡悉降平東將軍長孫陵寧東將軍尉眷東討青州白曜自瑕丘進攻歷城白曜乃爲書以喻之曰天棄劉彧禍難滋興骨肉兄弟自相誅戮君臣上下靡復紀綱徐州刺史薛安都豫州刺史常珍奇兗州刺史畢衆敬等深覩存亡飄然歸義故朝廷納其誠款委以南蕃皆目前之見事東西所備聞也彼無鹽戍主申纂升城尋卽潰散自襄陽以東至于淮海莫不風靡服從正化謂東陽歷城有識之士上思安都之榮顯下念申纂之死亡追悔前惑改圖後悟然執守愚迷不能自革猥總戎旅掃定北方濟黃河知十二之虛說臨齊境想一變之清風躑躅周覽依然何極故先馳書以喻成敗夫見機而動周易所稱去危就安人事常理若以一介爲高不悛爲美則微子負嫌於時紀季受譏於世我皇魏重光累葉德懷無外軍威所拂無不披靡固非三吳弱卒所能擬抗況於今者勢已土崩劉彧威不制秣陵政不出閫外豈能復浮江越海赴危救急恃此爲援何異於蹄涔之魚冀拯江海夫蝮蛇螫手則斷手螫足則斷足誠忍肌體以救性命若推義而行之無割身之痛也而可以保家寧宗長守安樂此智士所宜深思重慮自求多福道固固守不降白曜築長圍以攻之長孫陵等既至青州沈文秀遣使請降軍人入其西郭頗有採掠文秀悔之遂嬰城拒守二年崔道固及兗州刺史梁鄒守將劉休賓並面縛而降白曜皆釋而禮之送道固休賓及其寮屬于京師後乃徙二城民望於下館朝廷置平齊郡懷寧歸安二縣以居之自餘悉爲奴婢分賜百官白曜雖在軍旅而接待人物寬和有禮獲崇吉母妻申纂婦女皆別營安置不令士卒諠雜乃進討東陽冬入其西郭三年春剋東陽擒沈文秀凡獲倉粟八十五萬斛米三千斛弓九千張箭十八萬八千刀二萬二千四百甲冑各三千三百銅五千斤錢十五萬城內戶八千六百口四萬一千吳蠻戶三百餘始末三年築圍攻擊日日交兵雖士卒死傷無多怨叛督上土人租絹以爲軍資不至侵苦三齊欣然安堵樂業剋城之日以沈文秀抗拒不爲之拜忿而箠撻唯以此見譏以功拜使持節都督青齊東徐州諸軍事開府儀同三司青州刺史濟南王將軍如故四年冬見誅初乙渾專權白曜頗所俠附緣此追以爲責及將誅也云謀反叛時論寃之

白曜少子眞安年十一聞父被執將自殺家人止之曰輕重未可知眞安曰王位高功重若有小罪終不至此我何忍見父之死遂自縊焉

白曜弟如意亦從白曜平歷下與白曜同誅太和中著作佐郎成淹上表理白曜曰臣聞經疆啓宇實良將之功褒德酬庸乃聖王之務昔姜公杖鉞開隆周之基韓生秉旄興鴻漢之業故能賞超當時名垂前史若閫外功成而流言內作人主猜疑良將懷懼樂毅所以背燕章邯所以奔楚至如鄧艾懷忠矯命寧國赤心皎然幽顯同見而橫受屠戮良可悲哀及士治伐吳奮不顧命萬里浮江應機直指使孫皓君臣輿櫬入洛大功亦舉讒書驟至內外唱和貝錦將成微晉武之鑒亦幾於顚沛矣每鑒其事常爲痛心聖主明王固宜深察臣伏見故征南大將軍開府儀同三司青州刺史濟南王慕容白曜祖父相資世會東裔值皇運廓被委節臣妾白曜生長王國飲服道教爵列上階位登帝伯去天安初江陰夷楚敢拒王命三方阻兵連城岳峙海岱蒼生翹首拯援聖朝乃眷南顧思救荒黎大議廟堂顯舉元將百寮同音僉曰惟允遂推轂委誠授以專征之任握兵十萬杖鉞一方威陵河濟則淮徐震懼師出無鹽而申纂授首濟北太原同時消潰麋溝垣苗相尋奔走及回麾東掃道固銜璧盤陽梁鄒肉袒請命于時東陽未平人懷去就沈文靜高崇仁擁衆不朝扇擾邊服崔僧祐蓋次陽陳顯達連兵淮海水陸鋒起揚旌而至規援青齊士民悩悩莫不南顧時兵役既久咸有歸心而白曜外宣皇風內盡方略身擐甲冑與士卒同安撫初附示以恩厚三軍懷挾纊之溫新民欣來蘇之澤遂使僧祐擁徒弭旆効順軍門文靜崇仁棄城竄海次陽顯達望塵南奔聲震江吳風偃荊漢及青州剋平文秀面縛海波清靜三齊克定逖彼東南永爲國有使天府納六州之貢濟泗息烽警之虞開岱宗封禪之略闢山川望秩之序斯誠宗廟之靈神筭所授然抑亦白曜與有力矣及氛翳既靜爵命亦隆榮燭當時聲譽日遠而民惡其上妄生尤隙因其功高流言惑聽巧僞眞朱紫難辨傷夷未瘳合門屠戮鴻勳盛德蔑爾無聞有識之徒能不悽愴臣謂白曜策名王庭累荷榮授歷司出內世載忠美秉鉞啓蕃折衝敵國開疆千里拔城十二辛勤於戎旅之際契闊於矢石之間登鋒履危志存靜亂及方難既夷身膺高賞受胙河山與國升降六十之年寵靈已極觀其立功足明機運豈容僥倖更邀非望者乎且於時國家士馬屯積京南跨州連鎮勢侔雲岳主將驍雄按鉀在所莫不殉忠死難效節奉時此之不可生心白曜足知之矣況潛逆阻兵營岱厭亂加以王師仍舉州郡屠裂齊民勞止神膽俱喪亡燼之衆不可以圖存離敗之民不可以語勇哉白曜果毅習戎體閑兵勢寧不知士民之不可藉將士之不同己據彊兵之勢因塗炭之民而欲立非常之事此愚夫之所弗爲也料此推之事可知矣伏惟陛下聖鑒自天仁孝宰世風冠宇宙道超百王開國以來諸有罪犯極刑不得骸骨者悉聽收葬大造之恩振古未有而白曜人舊功高嬰禍淪覆名滅國除爵命無紹天下衆庶咸共哀憐方之餘流應有差異願陛下揚日月之光明勳臣之績垂天地之施慰僵屍之魂使合棺定謚歿有餘稱選其宗近才堪驅策錫以微爵繼其絕世進可以獎勸將來退可以顯國恩澤使存者荷莫大之恩死者受骨肉之惠豈不美哉仰惟聖明霈然昭覽狂瞽之言伏待刑憲高祖覽表嘉愍之

白曜弟子契輕薄無檢太和初以名家子擢爲中散遷宰官南安王楨有貪暴之響遣中散閭文祖詣長安察之文祖受楨金寶之賂爲楨隱而不言事發坐之文明太后引見羣臣謂之曰前論貪淸皆云克修文祖時亦在中後竟犯法以此言之人心信不可知高祖曰古有待放之臣亦有離俗之士卿等自審不勝貪心者聽辭位歸第契進曰臣卑微小人聞識不遠過蒙曲照處忝今職小人之心無定帝王之法有常以無恒之心奉有常之法非所克堪乞垂退免高祖曰昔鄭相嗜魚人有獻魚者相曰若取此魚恐削名祿遂不肯受契若知心不可常卽知貪之惡矣何爲求退遷宰官令微好碎事頗曉工作主司厨宰稍以見知及營洛陽基構征新野南陽起諸攻具契皆參典太和末以功遷太中大夫光祿少卿營州大中正賜爵定陶男正始初除征虜將軍營州刺史徙都督沃野薄骨律二鎮諸軍事沃野鎮將轉都督禦夷懷荒二鎮諸軍事平城鎮將將軍並如故轉都督朔州沃野懷朔武川三鎮三道諸軍事後將軍朔州刺史熙平元年卒贈鎮北將軍幷州刺史謚曰克初慕容破後種族仍繁天賜末頗忌而誅之時有遺免不敢復姓皆以輿爲氏延昌末詔復舊姓而其子女先入掖庭者猶號慕容特多於他族

契長子昇字僧度建興太守遷鎮遠將軍沃野鎮將進號征虜將軍甚得邊民情

契第二子僧濟自奉朝請稍轉至五校躭淫酒色不事名行

契弟畢歷涇州長史新平太守有惠政景明中大使于忠賞粟二百石卒贈幽州刺史

孫善儀同開府主簿

史臣曰魏之諸將罕立方面之功尉元以寬雅之風受將帥之任取瑕丘如覆掌剋彭城猶拾遺擒將馘醜威名遠被位極公老聖主乞言無乃近世之一人歟白曜有敦正之風出當薄伐席卷三齊如風靡草接物有禮海垂欣慰其勞固不細矣功名難處追猜嬰戮宥賢議勤未聞於斯日也

魏書卷五十考證

慕容白曜傳皆以輿爲氏〇史炤釋文慕容氏音訛又爲慕輿胡三省辨之謂慕容慕輿同出於鮮卑其得姓之初各自爲氏猶拓跋之與拔拔非音訛也　臣人龍按本書官氏志莫輿氏後改爲輿氏乃神元皇帝時餘部諸姓內入者若此以輿爲氏則慕容種族緣懼禍而托之耳

魏書卷五十一

齊　魏收　撰

列傳第三十九

韓茂　皮豹子　封敕文　呂羅漢

孔伯恭

韓茂字元興安定武安人也父耆字黃老永興中自赫連屈丐來降拜綏遠將軍遷龍驤將軍常山太守假安武侯仍居常山之九門卒贈涇州刺史諡曰成侯茂年十七膂力過人尤善騎射太宗曾親征丁零翟猛茂爲中軍執幢時有風諸軍旌旗皆偃仆茂於馬上持幢初不傾倒太宗異而問之徵茂所屬具以狀對太宗謂左右曰記之尋徵詣行在所試以騎射太宗深奇之以茂爲虎賁中郎將後從世祖討赫連昌大破之世祖謂諸將曰今若窮兵極武非弔民之道明年當共卿等取之徙其民而還以軍功賜茂爵蒲陰子加彊弩將軍遷侍輦郎又從征統萬大破之從平平涼當茂所衝莫不應弦而殪由是世祖壯之拜內侍長進爵九門侯加冠軍將軍後從征蠕蠕頻戰大捷與樂平王丕等伐和龍徙其居民從平涼州茂爲前鋒都將戰功居多遷司衞監錄前後功拜散騎常侍殿中尚書進爵安定公加平南將軍從破薛永宗伐蓋吳轉都官尚書從征懸瓠頻破賊軍車駕南征分爲六道茂與高涼王那出青州諸軍渡淮降者相繼拜茂徐州刺史以撫之車駕還以茂爲侍中尚書左僕射加征南將軍世祖崩劉義隆遣將檀和之寇濟州南安王余令茂討之至濟州和之遁走高宗踐阼拜尚書令加侍中征南大將軍茂沉毅篤實雖無文學每議論合理爲將善於撫衆勇冠當世爲朝廷所稱太安二年夏領太子少師冬卒贈涇州刺史安定王諡曰桓王

長子備字延德初爲中散賜爵江陽男加揚烈將軍又進爵行唐侯拜冠軍將軍太子庶子遷寧西將軍典遊獵曹加散騎常侍襲爵安定公征南大將軍卒贈雍州刺史諡曰簡公

備弟均字天德少而善射有將略初爲中散賜爵范陽子加寧朔將軍遷金部尚書加散騎常侍兄備卒無子均襲爵安定公征南大將軍出爲使持節散騎常侍本將軍定州刺史轉青冀二州刺史餘如故恤民廉謹甚有治稱廣阿澤在定冀相三州之界土廣民稀多有寇盜乃置鎮以靜之以均在冀州劫盜止息除本將軍廣阿鎮大將加都督三州諸軍事均清身率下明爲耳目廣設方略禁斷奸邪於是趙郡屠各西山丁零聚黨山澤以劫害爲業者均皆誘慰追捕遠近震跼先是河外未賓民多去就故權立東青州爲招懷之本新附之民咸受優復然舊人奸逃者多往投焉均表陳非便朝議罷之後均所統劫盜頗起顯祖詔書誚讓之又以五州民戶殷多編籍不實以均忠直不阿詔均檢括出十餘萬戶復授定州刺史輕徭寬賦百姓安之延興五年卒諡曰康公

子寶石襲爵

均弟天生爲內廐令後典龍牧曹出爲持節平北將軍沃野鎮將

皮豹子漁陽人少有武略泰常中爲中散稍遷內侍左右世祖時爲散騎常侍賜爵新安侯加冠軍將軍又拜選部尚書餘如故出除使持節侍中都督秦雍荊梁四州諸軍事安西將軍開府儀同三司進爵淮陽公鎮長安尋加征西將軍後坐盜官財徙於統萬眞君三年劉義隆遣將裴方明等侵南秦王楊難當遂陷仇池世祖徵豹子復其爵位尋拜使持節仇池鎮將督關中諸軍與建興公古弼等分命諸將十道並進四年正月豹子進擊樂鄉大破之擒義隆將王奐之王長卿等六人斬首二千餘級俘獲一千人豹子進軍下辨義隆將強玄明辛伯奮棄城逍走追斬之悉獲其衆義隆使其秦州刺史胡崇之鎮仇池至漢中聞官軍已西懼不敢進方明益其兵而遣之豹子與司馬楚之至於濁水擊擒崇之盡虜其衆進至高平義隆將姜道祖降仇池平未幾諸氐復反推楊文德爲主以圍仇池古弼率諸軍討平之時豹子次於下辨聞圍解欲還弼遣使謂豹子曰賊恥其負敗必求報復後舉爲難不如陳兵以待之豹子以爲然尋除都督秦雍荊梁益五州諸軍事進號征西大將軍開府仇池鎮將持節公如故十一月義隆復遣楊文德姜道盛率衆二萬人寇濁水別遣將靑陽顯伯守斧山以拒豹子濁水城兵射殺道盛豹子至斧山斬顯伯悉俘其衆豹子又與河間公元齊俱會于濁水賊衆震恐棄其兵甲夜遁初南秦王楊難當歸命詔送楊氏子弟詣京師文德以行賂得留亡奔漢中義隆以文德爲武都王給兵二千人守葭蘆城招誘氐羌於是武都陰平五部氐民叛應文德詔豹子率諸軍討之文德阻兵固險拒豹子文德將楊高來降引諸軍向其城文德棄城南走收其妻子寮屬軍資及故武都王保宗妻公主送京師義隆白水太守郭啓玄率衆救文德豹子分軍逆擊大破之啓玄文德走還漢中興安二年正月義隆遣其將蕭道成王虬馬光等入漢中別令楊文德楊頭等率諸氐羌圍武都城中拒之殺賊二百餘人豹子分兵將救之至女磊聞賊停軍豹子遣人於祁山取馬欲往赴援文德謂豹子欲斷其糧運回軍還入覆津據險自固義隆恐其輒回又增兵益將令晉壽白水送糧覆津漢川武興運粟甘泉皆置倉儲豹子表曰義隆增兵運糧剋必送死臣所領之衆本自不多唯仰民兵專恃防固其統萬安定二鎮之衆從戎以來經三四歲長安之兵役過期月未有代期衣糧俱盡形顏枯悴窘切戀家逃亡不已既臨寇難不任攻戰士民奸通知臣兵弱南引文德共爲脣齒計文德去年八月與義隆梁州刺史劉秀之同征長安聞臺遣大軍勢援雲集長安地平用馬爲便畏國騎軍不敢北出但承仇池局（本或作句）（或作告疑）勾人稱臺軍不多戍兵鄣少諸州雜人各有還思軍勢若及必自奔逃進軍取城有易反掌承信其語回趣長安之兵遣文德蕭道成王虬等將領來攻武都仇池望連秦隴進圍武都已經積日畏臣截後斷其糧路闕鎮少兵未有大損今外寇兵彊臣力寡弱拒賊備敵非兵不擬乞選壯兵增戍武都牢城自守可以無患今事已切急若不馳聞損失城鎮恐招深責願遣高平突騎二千賫糧一月速赴仇池且可抑折逆民支對賊虜須長闕上邽安定戍兵至可得自全糧者民之命也雖有金城湯池無糧不守仇池本無儲積今歲不收苦高平騎至不知云何以得供援請遣秦州之民送軍祁山臣隨迎致詔高平鎮將苟莫于率突騎二千以赴之道成等乃退徵豹子爲尚書出爲內都大官劉駿遣其將殷孝祖脩兩當城於清東以逼南境天水公封敕文擊之不剋詔豹子與給事中周丘等助擊之豹子以南寇城守攻圍費日遂略地至高平劉駿瑕丘鎮遣步卒五千助戍兩當去城八里與豹子前鋒候騎相遇卽便交戰豹子軍繼至大破之縱騎追擊殺之至於城下其免者十餘人而已城內恐懼不敢出救既而班師先是河西諸胡亡匿避命豹子及前涇州刺史封阿君督河西諸軍南趣石樓與衞大將軍樂安王良以討羣胡豹子等與賊相對不覺胡走無捷而還又坐免官尋以前後戰功復擢爲內都大官和平五年六月卒高宗追惜之贈淮陽王諡曰襄賜命服一襲

子道明襲爵

道明第八弟喜高宗以其名臣子擢爲侍御中散遷侍御長高祖初吐谷渾拾寅部落飢窘侵掠澆（一作洮）河大爲民患詔假喜平西將軍廣川公領涼州枹罕高平諸軍與上黨王長孫觀討拾寅又拜爲使持節侍中都督秦雍荊梁益五州諸軍事本將軍開府仇池鎮將假公如故以其父豹子昔鎮仇池有威信故也喜至申恩布惠夷民大悅酋帥強奴子等各率戶歸附於是置廣業固道二郡以居之徵爲南部尚書賜爵南康侯加左將軍太和元年劉準葭蘆戍主楊文度遣弟鼠竊據仇池喜率衆四萬討鼠軍到建安鼠棄城南走進次濁水遣平西將軍楊靈珍擊文度所置仇池太守楊眞眞衆潰僅而得免喜遂軍於覆津文度將強大黑固守津道懸崖險絕偏閣單行喜部分將士攀崖涉水衝擊大黑大黑潰走追奔西入攻葭蘆城拔之斬文度傳首京師殺一千餘人詔曰夫忠臣生於德義之門智勇出於將相之族往年氐羌放命侵竊邊戍都將皮喜梁醜奴等或資父舊勳或身建殊效威名著於庸漢公義列於天府故授以節鉞委閫外之任並膂力盡銳克荷所司霜戈始動蟻賊奔散仇池旋復民夷晏安及討葭蘆又梟凶醜元惡俱殲闔閭永息朕甚嘉之其所陳計略商校利害料其應否寧邊益國專之可也今軍威既振羣愚懾服革弊崇新有易因之勢寬猛之宜任其量處應立郡縣者亦聽銓置其楊文度楊鼠親屬家累部送赴臺仇池南秦之根本守禦資儲特須豐積險阻之要尤宜守防令奸覘之徒絕其僥倖勉勤戎務綏靜新俗懷民安土稱朕意焉又詔喜等曰卿受命專征薄伐邊寇軍威所及卽皆平蕩復仇池之舊鎮破葭蘆之新邦梟擒首逆剋剪凶黨勳庸之美朕無間然仇池國之要蕃防守事宜尤須完實從前以來駱谷置鎮是以奸賊息闚闞之心邊城無危敗之禍近由徙就建安致有往年之役前敕卿等部率兵將駱谷築城雖有一時之勤終致永延之固而卿等不祗詔命至于今日徒使兵人稽頓無事閑停方復曲辭表求罷下豈是臣將忘身憂國盡忠之謂也諸州之兵已復一歲宜暫戮力成此要功卿等表求來年築城豈不更勞兵將孰若因今之勢卽令就築城使四月盡必令成就訖若不時營築乃築而不成成而不固以軍法從事南天水郡民柳旃據險不順喜率衆討滅之轉散騎常侍安南將軍豫州刺史詔讓其在州寬怠以飲酒廢事威不禁下遣使者就州決以杖罰七年卒贈以本官諡曰恭公

子承宗襲爵

喜弟雙仁冠軍將軍仇池鎭將

封敕文代人也祖豆皇始初領衆三萬東征幽州平定三郡拜幽州刺史後爲使持節都督冀青二州諸軍事前將軍開府冀青二州刺史關內侯父涅太宗時爲侍御長卒贈龍驤將軍定州刺史章武侯謚曰隱敕文始光初爲中散稍遷西部尚書出爲使持節散騎常侍鎭西將軍開府領護西夷校尉秦益二州刺史賜爵天水公鎭上邽詔敕文率步騎七千征吐谷渾慕利延兄子拾歸於枹罕衆少不能制詔遣安遠將軍廣川公乙烏頭等二軍與敕文會隴右軍次武始拾歸夜遁敕文引軍入枹罕虜拾歸妻子及其民戶分徙千家於上邽留烏頭守枹罕金城邊冏天水梁會謀反扇動秦益二州雜人萬餘戶據上邽東城攻逼西城敕文先已設備殺賊百餘人被傷者衆賊乃引退冏會復率衆四千攻城氐羌一萬屯於南嶺休官屠各及諸雜戶二萬餘人屯於北嶺爲冏等形援敕文遣二將領騎二百設備門內別令騎出擊之旣而僞退冏率衆騰逐敕文輕騎橫衝大破之斬冏而北嶺之賊從高射敕文軍人飛矢如雨梁會得奔北嶺騎乃引還復推會爲主敕文分兵二百人突入南城燒其門樓賊見火起衆皆驚亂又遣步卒攻門剋之便率騎士馳入賊餘衆開門出走奔入東城乘背追擊殺千餘人安豐公閭根率軍助敕文敕文表曰安定逆賊帥路那羅遣使齎書與逆帥梁會以那羅書射於城中那羅稱纂集衆旅剋期助會又仇池城民李洪自稱應王天授玉璽擅作符書誑惑百姓梁會遣使招引楊文德而文德遣權壽胡將兵二十人來到會間扇動州土云李洪自稱應王兩雄不並若欲須我先殺李洪我當自往梁會欲引致文德誘說李洪來入東城即斬洪首送與文德仇池鎭將淮陽公臣豹子遣使潛行以今月二十四日來達臣鎭稱楊文德受劉義隆職爵領兵聚衆在仇池境中沮動民人規竊城鎭且梁會反逆以來南勾文德援勢相連武都氐羌盡相脣齒爲文德起軍所在屯結兵衆已集剋來不遠臣備邊鎭與賊相持賊在東城隔墻而已但以腹背有敵攻城有疑討度文德剋來助會若文德旣至百姓響應賊黨遂甚用功益難今文德未到麥復未熟事宜速擊於時爲便伏願天鑒特遣大軍助臣誅翦表未及報梁會謀欲逃遁先是敕文掘重塹於東城之外斷賊走路夜中會乃車陳飛梯騰塹而走敕文先嚴兵於塹外拒鬬從夜至旦敕文謀於衆曰困獸猶鬬而況於人賊衆知無生路人自致死必傷士衆未易可平若開其生路賊必上下離心剋之易矣衆咸以爲然敕文以白虎幡宣告賊衆曰若能歸降原其生命應時降者六百餘人會知人心沮壞於是分遁敕文縱騎躡之死者大半俘獲四千五百餘口略陽王元達因梁會之亂聚衆攻城招引休官屠各之衆推天水休官王官興爲秦地王敕文與臨淮公莫眞討之軍次略陽敕文遣使慰喻而元達等三千餘人屯於松多川乃部分諸軍三道並攻賊出營拒戰大破之俘三千人高宗時與新平公周盆擊劉駿將殷孝祖於清東不剋天安元年五月卒

長子萬護讓爵於弟翰於時議者惟萬護及元氏侯趙辟惡子元伯讓其弟次興朝廷議而許之

翰族孫靜世宗時歷位征虜將軍武衞將軍太子左衞率以幹用稱延昌中遷平北將軍恒州刺史臨朐都護坐事免卒

子熙奉朝請遷員外散騎侍郎給事中與薛曇尚迎蠕蠕主婆羅門於涼州又除鎭遠將軍河陰令卒贈輔國將軍朔州刺史

子纘武定末潁川太守

呂羅漢本東平壽張人其先石勒時徙居幽州祖顯字子明少好學性廉直鄉人有分爭者皆就而質焉慕容垂以爲河間太守皇始初以郡來降太祖嘉之賜爵魏昌男拜鉅鹿太守清身奉公務存贍恤妻子不免飢寒民頌之曰時惟府君克己清明緝我荒土民胥樂生願壽無疆以享長齡卒官父溫字晞陽善書好施有文武才略世祖伐赫連昌以溫爲幢將先登陷陳每戰必捷以功拜宣威將軍奉車都尉出爲秦州司馬遷上黨太守善勸課有治名卒贈平遠將軍豫州刺史野王侯謚曰敬羅漢仁篤愼密弱冠以武幹知名父溫之佐秦州羅漢隨侍隴右氐楊難當率衆數萬寇上邽秦民多應之鎭將元意頭知羅漢善射共登西城樓令羅漢射難當隊將及兵二十三人應弦而殪賊衆轉盛羅漢進計曰今若不出戰示敵以弱衆情攜貳大事去矣意頭善之卽簡千餘騎令羅漢出戰羅漢與諸騎策馬大呼直衝難當軍衆皆披靡殺難當左右隊騎八人難當大驚會世祖賜難當璽書責其跋扈難當乃引還仇池意頭具以狀聞世祖嘉之徵爲羽林中郎上邽休官呂豐屠各王飛廉等八千餘家據險爲逆詔羅漢率騎一千討擒之從征懸瓠羅漢與琅邪王司馬楚之駕前招慰降者九千餘戶比至盱眙頻破賊軍擒其將顧儼李觀之等以功遷羽林中郎幢將賜爵烏程子加建威將軍及南安王余立羅漢猶典宿衞高宗之立羅漢有力爲遷少卿仍幢將進爵野王侯加龍驤將軍拜司衞監遷散騎常侍殿中尚書進爵山陽公加鎭西將軍及蠕蠕犯塞顯祖討之羅漢與右僕射南平公元目振都督中外軍事出爲鎭西將軍秦益二州刺史時仇池氐羌反攻逼駱谷鎭將吳保元走登百頃請援於羅漢羅漢帥步騎隨長孫觀掩擊氐羌大破之斬其渠帥賊衆退散詔羅漢曰卿以勞勤獲敘才能致用內總禁旅外臨方岳褒寵之隆可謂備矣自非盡節竭誠將何以垂名竹帛仇池接近邊境兵革屢興旣勞士卒亦動民庶皆由鎭將不明綏禁不理之所致也卿應機赴擊殄此兇醜隴右土險民亦剛悍若不導之以德齊之以刑寇賊莫由可息百姓無以得靜朕垂心治道欲使遠近清穆卿可召集豪右擇其事宜以利民爲先益國爲本隨其風俗以施威惠其有安土樂業奉公勤私者善加勸督無奪時利明相宣告稱朕意焉涇州民張羌郎扇惑隴東聚衆千餘人州軍討之不能制羅漢率步騎一千擊羌郎擒之仇池氐羌叛逆遂甚所在鋒起道路斷絕其賊帥蛩廉符祈等皆受劉昱官爵鐵券略陽公伏阿奴爲都將與羅漢赴討所在破之生擒廉祈等秦益阻遠南連仇池西接赤水諸羌恃險數爲叛逆自羅漢莅州撫以威惠西戎懷德土境怗然高祖詔羅漢曰朕總攝萬機統臨四海思隆古道光顯風教故內委羣司外任（闕四字）志士建節之秋忠臣立功之會然赤水諸羌居邊土非卿善誘何以招輯卿所得口馬表求貢奉朕嘉乃誠便敕領納其馬印付都牧口以賜卿徵拜內都大官聽訟察獄多得其情太和六年卒於官高祖深悼惜之賜命服一襲贈以本官謚曰莊公

長子興祖襲爵山陽公後例降爲侯景明元年卒

與祖弟伯慶爲中散咸陽王禧郎中令

伯慶弟世興校書郎

羅漢弟大檀爲中散恒農太守

大檀弟豹子東萊鎭將後改鎭爲州行光州事

豹子弟七寶侍御中散遷少卿出爲假節龍驤將軍東雍州刺史

孔伯恭魏郡鄴人也父昭始光初以密皇后親賜爵汝陰侯加安東將軍徙爵魏縣侯遷安南將軍昭性柔曠有才用出爲趙郡太守治有能名徵拜光祿大夫轉中都大官善察獄訟明於政刑遷侍中鎭東將軍幽州刺史進爵魯郡公和平二年卒謚曰康公長子羅漢東宮洗馬次伯恭以父任拜給事中後賜爵濟陽男加鷹揚將軍出爲安南將軍濟州刺史進爵成陽公入爲散騎常侍顯祖初劉彧徐州刺史薛安都以彭城內附彧遣將張永沈攸之等擊安都安都上表請援顯祖進伯恭號鎭東將軍副尚書尉元救之軍次于秺賊將周凱聞伯恭等軍至棄衆遁走張永仍屯下磕永輜重在武原伯恭等攻而剋之永計無所出引師而退時皇興元年正月天大寒雪泗水冰合永與攸之棄船而走伯恭等進擊首虜及凍死甚衆八月伯恭以書喻下邳宿豫城內曰劉彧肆逆滔天弗鑒靈命猶謂絕而復興長江可恃敢遣張永周凱等率此蟻衆送死彭城大軍未臨逆首奔潰今乘機電舉當屠此城遂平吳會弔民伐罪幸時歸款自求多福時攸之吳憘公等率衆數萬來援下邳屯軍焦墟曲去下邳五十餘里伯恭遣子都將侯汾等率騎五百在水南奚升等五百餘騎在水北南北邀之伯恭密造火車攻具欲水陸俱進攸之等旣聞將戰引軍退保樊階城伯恭又令子都將孫天慶等步騎六千向零中峽斫木斷清水路劉彧寧朔將軍陳顯達領衆二千溯清而上以迎攸之屯于睢清合口伯恭率衆渡水大破顯達軍俘斬十九攸之聞顯達軍敗順流退下伯恭部分諸將俠清南北尋攸之軍後伯恭從睢陵城東向零中峽分軍爲二道遣司馬范師子等在清南伯恭從清西與攸之合戰遂大破之斬其將姜產之高遵世及丘幼弼丘隆先沈榮宗陸道景等首攸之憘公等輕騎遁走乘勝追奔八十餘里軍資器械虜獲萬計進攻宿豫劉彧戍將魯僧遵棄城夜遁又遣將孔太恒等領募騎一千南討淮陽彧太守崔武仲焚城南走遂據淮陽二年以伯恭爲散騎常侍都督徐南兗州諸軍事鎭東將軍彭城鎭將東海公三年十月卒贈鎭東大將軍東海王謚曰桓

伯恭弟伯遜爲中書（闕）士襲父爵魯郡公拜鎭東將軍東萊鎭將轉本將軍東徐州刺史先事免官卒于家

史臣曰韓茂皮豹子封敕文呂羅漢孔伯恭之爲將也皆以沉勇篤實仁厚撫衆功成事立不徒然矣與夫苟要一戰之利僥倖暫勝之名豈同年而語也

魏書卷五十一考證

韓茂傳韓茂字元興安定武安人也○武安北史作安

武下文云假安武侯似以北史爲正

封敕文傳討度文德剋來助會若文德既至百姓響應賊黨遂甚用功益難○討度討字應是討字之訛

魏書卷五十二

齊　魏收　撰

列傳第四十

趙逸　胡方回　胡叟　宋繇　張湛

宗欽　段承根　闞駰　劉昞　趙柔

索敞　陰仲達

趙逸字思羣天水人也十世祖融漢光祿大夫父昌石勒黃門郎逸好學夙成仕姚興歷中書侍郎爲興將齊難軍司征赫連屈丐難敗爲屈丐所虜拜著作郎世祖平統萬見逸所著曰此豎無道安得爲此言乎作者誰也其速推之司徒崔浩進曰彼之謬述亦猶子雲之美新皇王之道固宜容之世祖乃止拜中書侍郎神䴥二年三月上巳帝幸白虎殿命百寮賦詩逸製詩序時稱爲善久之拜寧朔將軍赤城鎮將綏和荒服十有餘年百姓安之頻表乞免久乃見許性好墳典白首彌勤年踰七十手不釋卷凡所著述詩賦銘頌五十餘篇

逸兄溫字思恭博學有高名姚泓天水太守劉裕滅泓遂没於氐氐王楊盛盛子難當既有漢中以溫爲輔國將軍秦梁二州刺史及難當稱蕃世祖以溫爲難當府司馬卒于仇池

長子廣夏中書博士

第三子琰語在孝感傳初姚萇以逸伯父遷爲尚書左僕射卒于長安劉裕滅姚泓徙遷子孫於建業遷玄孫翼翼從子超宗令勝遐叔隆穆等太和景明中相尋歸降

翼粗涉書傳通率有器藝初爲平昌太守甚有治稱入歷軍校加鎮遠將軍長史深爲領軍元乂所知待遷光祿大夫卒贈左將軍齊州刺史

超宗身長八尺頗有將略太和末爲豫州平南府長史帶汝南太守加建威將軍賜爵尋陽伯入爲驍騎將軍超宗在汝南多所受納貨賂太傅北海王詳詳言之於世宗除持節征虜將軍岐州刺史徙河東太守卒官超宗在河東更自修厲清靖愛民百姓追思之贈本將軍華州刺史謚曰成伯

子懿襲爵歷員外常侍尚書郎

超宗弟令勝亦長八尺疎狂有膂力歷河北恒農二郡太守並坐貪暴爲御史所彈遇赦免神龜末自後將軍太中大夫出爲恒農太守卒官令勝寵惑妾潘離棄其妻羊氏夫妻相訟迭發陰私醜穢之事彰於朝野

遐初爲軍主從高祖征南陽景明初爲梁城戍主被蕭衍將攻圍以固守及戰功封牟平縣開國子食邑二百戶後以左軍將軍假征虜將軍督巴東諸軍事鎮南鄭時蕭衍冠軍將軍軍主姜脩衆二萬屯羊口輔國將軍姜白龍據南城龍驤將軍泉建率土民北入桑坯姜脩又分軍據與勢龍驤將軍譚思文據夾石司州刺史王僧炳頓南安並扇動夷獠規翻南鄭遐率甲士九千所在衝擊數百里中莫不摧靡前後斬首五千餘級還以輔國將軍出爲榮陽太守時蕭衍將馬仙琕率衆攻圍朐城戍主傅文驥嬰城固守以遐持節假平東將軍爲別將與劉思祖等救之次於鮑口去朐城五十里夏雨頻降厲涉長驅將至朐城仙琕見遐營壘未就逕來逆戰思祖率彭沛之衆望陳奔退遐孤軍奮擊獨破仙琕斬其直閤將軍軍主李魯生直後軍主葛景羽等仙琕先分軍於朐城之西阻水列柵以圍固城遐身自潛行觀水深淺結草爲筏銜枚夜進破其六柵遂解固城之圍進救朐城都督盧昶率大軍繼之未幾而文驥力竭以城降賊衆軍大崩昶棄其節傳輕騎而走惟遐獨握節而還時仲冬寒盛兵士凍死者朐山至於郯城二百里間僵尸相屬昶儀衛失盡於郯城借假節以爲軍威遐坐失利免官延昌中起爲光祿大夫使持節假前將軍爲別將防捍西荊又爲別將隸蕭寶夤東征淮堰熙平初出爲平西將軍汾州刺史在州貪濁聞於遠近卒贈安南將軍豫州刺史謚曰襄

子子獻襲爵

子獻第四弟子素司空長流參軍

叔隆步兵校尉永平初同懸瓠城民白早生之逆鎮南邢巒平豫州獲而宥之後以貨自通得爲秦州闕西府長史加鎮遠將軍秦州殷富去京懸遠叔隆與敕使元脩義同心聚斂納貨巨萬拜冠軍將軍中散大夫尋遷左軍將軍太中大夫賂司空劉騰出爲中山內史在郡無德政專以貨賄爲事叔隆姦詐無行忘背恩義懸瓠之免是其族人前軍將軍趙文相之力後無報德之意更與文相斷絕文相長者不以爲恨及文相爲汝南內史猶經紀其家後文相卒叔隆了不恤其子弟時論賤薄之

穆善書記有刀筆之用爲汾州平西府司馬翼臨亡以穆託領軍元乂以穆爲汝南刺史

胡方回安定臨涇人父義周姚泓黃門侍郎方回赫連屈丐中書侍郎涉獵史籍辭彩可觀爲屈丐統萬城銘虵祠碑諸文頗行於世世祖破赫連昌方回入國雅有才尚未爲時所知也後爲北鎮司馬爲鎮修表有所稱慶世祖覽之嗟美問誰所作既知方回召爲中書博士賜爵臨涇子遷侍郎與太子少傅游雅等改定律制司徒崔浩及當時朝賢並愛重之清貧守道以壽終

子始昌亦長者有父風歷位南部主書

子醜孫中書學生祕書郎中散世不治產業家甚貧約兄弟並早亡

胡叟字倫許安定臨涇人也世有冠冕爲西夏著姓叟少聰敏年十三辨疑釋理知名鄉國其意之所悟與成人交論尠有屈焉學不師受友人勸之叟曰先聖之言精義入神者其唯易乎猶謂可思而過半末世腐儒粗別剛柔之位寧有探賾未兆者哉就道之義非在今矣及披讀羣籍再閱於目皆誦於口好屬文既善爲典雅之詞又工爲鄙俗之句以姚政將衰遂入長安觀風化隱匿名行懼人見知時京兆韋祖思少閱典墳多蔑時輩知叟至召而見之祖思習常待叟不足叟聊與敘溫涼拂衣而出祖思固留之曰當與君論天人之際何遽而反乎叟對曰論天人者其亡久矣與君相知何夸言若是也遂不坐而去至主人家賦韋杜二族一宿而成時年十有八矣其述前載無違舊美敘中世有協時事而末及鄙黷人皆奇其才畏其筆世猶傳誦之以爲笑狎叟孤飄坎壈未有仕路遂入漢中劉義隆梁秦二州刺史馮翊吉翰以叟才士頗相禮接授叟末佐不稱其懷未幾翰遷益州叟隨入蜀多爲豪儁所尚時蜀沙門法成鳩率僧旅幾于千人鑄丈六金像劉義隆惡其聚衆將加大辟叟聞之卽赴丹陽啓申其美遂得免焉復還於蜀法成感之遺其珍物價直千餘匹叟謂法成曰緯蕭何人能棄明珠吾爲德請財何爲也一無所受在益土五六載北至楊難當乃西入沮渠牧犍遇之不重叟亦本無附之之誠乃爲詩示所知廣平程伯達其略曰羣犬吠新客佞閽排疎賓直途既以塞曲路非所遵望衛惋祝鮀眄楚悼靈均何用宣憂懷託翰寄輔仁伯達見詩謂叟曰涼州雖地居戎域然自張氏以來號有華風今則憲章無虧曷祝鮀之有也叟曰古人有言君子聞鞞鼓之聲則思戰爭之士貴主奉正朔而弗淳慕仁義而未允地陋僻而僭徽號居小事大寧若茲乎徐偃之轍故不旋踵矣吾之擇木夙在大魏與子暫違非久闊也歲餘牧犍破降叟既先歸國朝廷以其識機拜虎威將軍賜爵始復男家於密雲蓬室草筵惟以酒自適謂友人金城宗舒曰我此生活似勝焦先志意所栖謝其高矣後叟被徵至謝恩并獻詩一篇高宗時召叟及舒並使作檄劉駿蠕蠕文舒文劣於叟舒尋歸家叟不治產業常苦飢貧然不以爲恥養子字螟蛉以自給養每至貴勝之門恒乘一牸牛敝韋袴褶而已作布囊容三四斗飲噉醉飽便盛餘肉餅以付螟蛉見車馬榮華者視之蔑如也尚書李敷嘗遺之以財都無所取初叟一見高允曰吳鄭之交以紵縞爲美談吾之於子以弦韋爲幽贄以此言之彼可無愧也於允館見中書侍郎趙郡李璨璨被服華靡叟貧老衣褐璨頗忽之叟謂之曰老子今若相許脫體上袴褶衣帽君欲作何計也譏其惟假盛服璨惕然失色叟少孤每言及父母則淚下若孺子之號春秋當祭之前則先求旨酒美膳將其所知廣寧常順陽馮翊田文宗上谷侯法儁攜壺執榼至郭外空靜處設坐奠拜盡孝思之敬時敦煌氾潛家善釀酒每節送一壺與叟著作佐郎博陵許赤虎河東裴定宗等謂潛曰再三之惠以爲過厚子惠於叟何其恒也潛曰我恒給祭者以其恒於孝思也論者以潛爲君子矣順陽等數子稟叟獎示頗涉文流高閭曾造其家值叟短褐曳柴從田歸舍爲閭設濁酒蔬食皆手自辦集其館宇卑陋園疇褊局而飯菜精潔醯醬調美見其二妾並年衰跛眇衣布穿敝閭見其貧約以物直十餘匹贈之亦無辭愧閭作宣命賦叟爲之序密雲左右皆祗仰其德歲時奉以麻布穀麥叟隨分散之家無餘財年八十而卒叟元妻敦煌宋氏先亡無子後庶養者亦皆早夭竟以絕後叟死無有家人營主凶事胡始昌迎而殯之于家葬於墓次卽令一弟繼之襲其爵始復男虎威將軍叟與始昌雖爲宗室而性氣殊詭不相好附於其存也往來乃簡及亡而收恤至厚議者以爲非必敦哀疎宗或緣求利品秩也

宋繇字體業敦煌人也曾祖配祖悌世仕張軌子孫父

僚張玄靚龍驤將軍武興太守繇生而僚爲張邕所誅五歲喪母事伯母張氏以孝聞八歲而張氏卒居喪過禮繇少而有志尚喟然謂妹夫張彥曰門戶傾覆負荷在繇不衒膽自厲何以繼承先業遂隨彥至酒泉追師就學閉室誦書晝夜不倦博通經史諸子羣言靡不覽綜呂光時舉秀才除郎中後奔段業業拜繇中散常侍繇以業無經濟遠略西奔李暠歷位通顯家無餘財雅好儒學雖在兵難之間講誦不廢每聞儒士在門常倒屣出迎停寢政事引談經籍尤明斷決時事亦無滯也沮渠蒙遜平酒泉於繇室得書數千卷鹽米數十斛而已蒙遜歎曰孤不喜剋李歆欣得宋繇耳拜尚書吏部郎中委以銓衡之任蒙遜之將死也以子牧犍委託之牧犍以繇爲左丞送其妹興平公主於京師世祖拜繇爲河西王右丞相賜爵清水公加安遠將軍世祖并涼州從牧犍至京師卒謚曰恭

長子巖襲爵改爲西平侯

巖子㥄中書議郎樂安王範從事中郎卒贈輔國將軍咸陽太守

子超尚書度支郎

超弟稚字季預師事安邑李紹伯受諸經傳性清嚴治家如官府太和中拜司徒屬又以例降除西中府戶曹參軍轉并州城陽王鸞城局參軍景明二年拜白水縣令在縣十一年頗得民和遷青州渤海太守正光三年卒

子遊道武定末太尉長史

張湛字子然一字仲玄敦煌人魏執金吾恭九世孫也湛弱冠知名涼土好學能屬文沖素有大志仕沮渠蒙遜黃門侍郎兵部尚書涼州平入國年五十餘矣賜爵南浦男加寧遠將軍司徒崔浩識而禮之浩注易敍曰國家西平河右敦煌張湛金城宗欽武威段承根三人皆儒者並有儁才見稱於西州每與余論易余以左氏傳卦解之遂相勸爲注故因退朝之餘暇而爲之解焉其見稱如此湛至京師家貧不粒操尚無虧浩常給其衣食每歲贈浩詩頌浩常報答及浩被誅湛懼悉燒之兄懷義閑粹有才幹遭母憂哀毀過人服制雖除而蔬糲弗改卒于征西參軍

長子廣平高平令

宗欽字景若金城人也父燮字文友呂光太常卿欽少而好學有儒者之風博綜羣言聲著河右仕沮渠蒙遜爲中書郎世子洗馬欽上東宮侍臣箴曰恢恢玄古悠悠生民五才迭用經敍彝倫匡父維子弼君伊臣顯而能扶屈而能申昔在上聖妙鑒厥趣不曰我明而乖其度不曰我新而忽其故如彼在泉臨深是懼如彼覆車望途改步是以令問宣流英風遠布及於三季道喪純遷桀起瓊臺紂礙糟山周滅妖姒羿喪以田險詖蔽其耳目鄭衞陳於其前怙才肆虐異端是纏豈伊害身厥胤殲焉茫茫禹跡畫爲九區昆蟲鳥獸各有巢居雲歌唐后垂橫美虞疎網改祝殷道攸敷龍盤應德隋蛇銜珠勿謂無心識命不殊勿謂理絕千載同符爰在子桓靈數攸臻儀形徐阮左右劉陳披文採友叩典問津用能重離襲曜魏鼎維新於昭儲后運應玄籙夕惕乾乾虛衿遠屬外撫幽荒內懷兇獨猶懼思不逮遠明不邇燭君有諍臣庭立謗木本枝克昌永符天祿微臣作箴敢告在僕世祖平涼州入國賜爵臥樹男加鷹揚將軍拜著作郎欽與高允書曰昔皇綱未振華裔殊風九服分隔金蘭莫遂希懷寄契延想積久天遂其願爰邁京師才非季札而眷深孫喬德乖程子而義均傾蓋曠齡罕遇會之一朝比公私理異訓諮路塞端拱蓬宇歎慨如何不量鄙拙貢詩數韻若夫泉江相忘之談遺言存意之美雖莊生之所尚非淺識所宜循愛敬既深情期往返思遲德意以袪鄙吝若能紆鳳彩以燿榛薈迴連城以映瓦礫者是所望也詩曰鬼喪恒嶺滉瀁滄溟山挺其和水燿其精啓茲令族應期誕生華冠衆彥偉邁羣英其一於穆吾子含貞藉茂如彼松竹陵霜擢秀味老思沖翫易體復戢翼九皋聲溢宇宙其二我皇龍興重離疊映剛德外彰柔明內鏡乾象奄氣坤厚山競風無殊音俗無異徑其三經緯曰文著述曰史斟酌九流錯綜幽旨帝用訓諮明發虛擬廣闢四門披延髦士其四爾應其求翰飛東觀口吐瓊音手揮霄翰彈毫珠零落紙錦粲墳無疑刮典無滯泮其五山降則讓合柔爲信林崇日漸明升斯進有邈夫子兼茲四慎弱而難勝通而不峻其六南董邈矣史功不申固傾佞實雄穢美新遷以陵腐邕由卓泯時無逸勤路盈摧輪其七尹佚謨周孔明述魯抑揚羣致憲章三五昂昂高生纂我遐武勿謂古今建規易矩其八自昔索居沉淪西藩風馬既殊標榜莫緣開通有運闇遇當年披衿暫面定交一言其九諮疑祕省訪滯京都水鏡叔度洗各田蘇望儀神婉卽象心虛悟言禮樂採研詩書其十履霜悼遷撫節感變嗟我年邁迅踰激電進乏由賜退非回憲素髮掩玄枯顏落蒨其十一文以會友友由知己詩以明言言以通理盼坎迷流覿艮闇止伊爾虬光四鱗曲水其十二允答書曰頃因行李承足下高問延佇之勞爲日久矣王途一啓得敘其懷欣於相遇情無有已足下兼愛爲心每能存顧養之以風味惠之以德音執翫反覆銘於心抱吾少乏尋常之操長無老成之致憑賴賢勝以自克勉而來喻褒飾有過其分既承雅贈卽應有答但唱高則難和理深則難訓所以留連日月以至於今今往詩一篇誠不足標明來旨且表以心幸恕其鄙滯領其至意詩曰湯湯流漢藹藹南都載稱多士載耀靈珠邈矣高族世記丹圖啓基郢城振彩涼區其一吾生朗到誕發英風紹熙前緒奕世克隆方圓備體淑德斯融望傾羣儁響駭華戎其二響駭伊何金聲允著匡贊西藩拯厥時務肅志琴書恬心初素潛思淵渟秀藻雲布其三上天降命祚鍾有代協耀紫宸與乾作配仁邁春陽功隆覆載招延隱叟永貽大賚其四伊余樸散才至庸微遭緣幸會忝與樞機竊名華省廁足丹墀愧無螢爝少益天暉其五明升非論信慚難兼體卑處下豈曰能謙進不弘道退失淵潛既慙朱闕亦愧閭閻其六史班稱達楊蔡致深負荷典策載蹈於心四轍同軌覆車相尋敬承嘉誨永佩明箴其七遠思古賢內尋諸己仰謝丘明長揖南史遐武雖存高蹤難擬夙興夕惕豈獲怙止其八世之圮矣靈運未通風馬殊隔區域異封有懷西望路險莫從王澤遠灑九服來同其九在昔平吳二陸稱寶今也剋涼吾生獨矯道映儒林義爲羣表我思與之均於紵縞其十仁乏田蘇量非叔度韓生屬降林宗仍顧千載曠遊遘茲一遇藻詠風流鄙心已悟其十一年時迅邁物我俱逝任之斯通擁之則滯結駟貽塵屢空亦敝兩間可守安有回賜其十二詩以言志志以表丹慨哉刎頸義已中殘雖曰不敏請事金蘭爾其勵之無忘歲寒崔浩之誅也欽亦賜死欽在河西撰蒙遜記十卷無足可稱

弟舒字景太蒙遜庫部郎中與兄同歸國賜爵句町男加威遠將軍名亞於兄子孫皆衰替

段承根武威姑臧人自云漢太尉熲九世孫也父暉字長祚身長八尺餘師事歐陽湯湯甚器愛之有一童子與暉同志後二年童子辭歸從暉請馬暉戲作木馬與之童子甚悅謝暉曰吾太山府君子奉敕遊學今將欲歸煩子厚贈無以報德子後位至常伯封侯非報也且以爲好言終乘木馬騰空而去暉乃自知必將貴也乞伏熾磐以暉爲輔國大將軍涼州刺史御史大夫西海侯磐子暮末襲位國政衰亂暉父子奔吐谷渾暮璝暮璝內附暉與承根歸國世祖素聞其名頗重之以爲上客後暉從世祖至長安有人告暉欲南奔世祖問曰何以知之告者曰暉置金於馬韉中不欲逃走何由爾也世祖密遣覘之果如告者之言斬之於市暴尸數日時有儒生京兆林白奴欽暉德音夜竊其尸置之枯井女爲敦煌張氏婦久而聞之乃向長安收葬承根好學機辯有文思而性行疎薄有始無終司徒崔浩見而奇之以爲才堪注述言之世祖請爲著作郎引與同事世咸重其文而薄其行甚爲敦煌公李寶所敬待承根贈寶詩曰世道衰陵淳風殆緬衞交問鼎路盈訪璽狗競爭馳天機莫踐不有眞宰榛棘誰揃其一於皇我后重明襲煥文以息煩武以靜亂剖蜯求珍搜巖采幹野無投綸朝盈逸翰其二自昔涼季林焚淵涸矯矯公子鱗羽靡託靈慧雖奮氛祆未廓鳳戢崐丘龍潛玄漠其三數不常擾艱極則夷奮翼幽裔翰飛京師珥蟬紫闥杖節方畿弼我王度庶績緝熙其四自余幽淪眷參舊契庶庇餘光優游卒歲析路未淹離轡已際顧難分岐載張載繼其五聞諸交舊累聖疊曜淳源雖濟民懷餘劭思樂哲人靜以鎮躁藹彼繁音和此清調其六詢下曰文辨訐曰明化由禮洽政以寬成勉崇仁教播德簡刑傾首景風遲聞休聲其七浩誅承根與宗欽等俱死承根外孫長水校尉南陽張令言美鬚髯言談舉止有異武人李琰之李神儁一時名士並稱美之

闞駰字玄陰敦煌人也祖倞有名於西土父玖爲一時秀士官至會稽令駰博通經傳聰敏過人三史羣言經目則誦時人謂之宿讀注王朗易傳學者藉以通經撰十三州志行於世蒙遜甚重之常侍左右訪以政治損益拜秘書考課郎中給文吏三十人典校經籍刊定諸子三千餘卷加奉車都尉牧犍待之彌重拜大行遷尚書姑臧平樂平王丕鎭涼州引爲從事中郎王薨之後還京師家甚貧敝不免飢寒性能多食一飯至三升乃飽卒無後

劉昞字延明敦煌人也父寶字子玉以儒學稱昞年十四就博士郭瑀學時瑀弟子五百餘人通經業者八十餘人瑀有女始笄妙選良偶有心於昞遂別設一席於坐前謂諸弟子曰吾有一女年向成長欲覓一快女壻誰坐此席者吾當婚焉昞遂奮衣來坐神志肅然曰向聞先生欲求快女壻昞其人也瑀遂以女妻之昞後隱居酒泉不應州郡之命弟子受業者五百餘人李暠私署徵爲儒林祭酒從事中郎暠好尚文典書史穿落者

親自補治昞時侍側前請代書昞曰躬自執者欲人重此典籍吾與卿相值何異孔明之會玄德遷撫夷護軍雖有政務手不釋卷昞曰卿注記篇籍以燭繼晝白日且然夜可休息昞曰朝聞道夕死可矣不知老之將至孔聖稱焉昞何人斯敢不如此昞以三史文繁著略記百三十篇八十四卷涼書十卷敦煌實錄二十卷方言三卷靖恭堂銘一卷注周易韓子人物志黃石公三略並行於世蒙遜平酒泉拜秘書郎專管注記築陸沉觀於西苑躬往禮焉號玄處先生學徒數百月致羊酒牧犍尊爲國師親自致拜命官屬以下皆北面受業焉時同郡索敞陰興爲助教並以文學見舉每巾衣而入世祖平涼州士民東遷夙聞其名拜樂平王從事中郎世祖詔諸年七十以上聽留本鄉一子扶養昞時老矣在姑臧歲餘思鄉而返至涼州西四百里韭本或作悲亦作匪谷窟遇疾而卒昞六子

長子僧衍早亡

次仲禮留鄉里

次字仲次貳歸少歸仁並遷代京後分屬諸州爲城民

歸仁有二子

長買奴

次顯宗太和十四年尚書李沖奏昞河右碩儒今子孫沉屈未有祿潤賢者子孫宜蒙顯異於是除其一子爲郢州雲陽令正光三年太保崔光奏曰臣聞太上立德其次立功立言死而不朽前哲所尚思人愛樹自古稱美故樂平王從事中郎敦煌劉昞著業涼城遺文茲在篇籍之美頗足可觀如或愆釁當蒙數世之宥況乃維祖逮孫相去未遠而令久淪皂隸不獲收異儒學之士所爲竊歎臣忝職史敢冒以聞奏乞敕尚書推檢所屬甄免碎役用廣聖朝旌善繼絕敦化厲俗於是乎在四年六月詔曰昞德冠前世蔚爲儒宗太保啓陳深合勸善其孫等三家特可聽免河西人以爲榮

趙柔字元順金城人也少以德行才學知名河右沮渠牧犍時爲金部郎世祖平涼州內徙京師高宗踐祚拜爲著作郎後以歷效有績出爲河內太守甚著仁惠柔嘗在路得人所遺金珠一貫價直數百縑柔呼主還之後有人與柔鏵數百枚者柔與子善明鬻之於市有從柔買索絹二十匹有商人知其賤與柔三十匹善明欲取之柔曰與人交易一言便定豈可以利動心也遂與之搢紳之流聞而敬服焉其推誠秉信皆此類也隴西王源賀採佛經幽旨作祇洹精舍圖偈六卷柔爲之注解咸得理衷爲當時儁僧所欽味焉又憑立銘讚頗行於世

子黙字沖明武威太守

索敞字巨振敦煌人爲劉昞助教專心經籍盡能傳昞之業涼州平入國以儒學見拔爲中書博士篤勤訓授肅而有禮京師大族貴遊之子皆敬憚威嚴多所成益前後顯達位至尚書牧守者數十人皆授業於敞敞遂講授十餘年敞以喪服散在衆篇遂撰比爲喪服要記其名字論文多不載後出補扶風太守在位清貧未幾卒官時舊同學生等爲請詔贈平南將軍涼州刺史謚曰獻

敞子僧養中書議郎京兆太守

僧養子演貴征東府參軍

演貴子懷眞字公道武定末侍御史初敞在州之日與鄉人陰世隆文才相友世隆至京師被罪徙和龍屆上谷困不前達土人徐能抑掠爲奴五年敞因行至上谷遇見世隆語其由狀對泣而別敞爲訴理得免世隆子孟貴性至孝每向田耘耨早朝拜父來亦如之鄉人欽其篤於事親

陰仲達武威姑臧人祖訓字處道仕李暠爲武威太守父華字季文姑臧令仲達少以文學知名世祖平涼州內徙代都司徒崔浩啓仲達與段承根云二人俱涼土才華同修國史除秘書著作郎卒

華次子周達徐州平南司馬太山太守

周達子遵和小名虎頭好音律尚武事初爲高祖挽郎拜奉朝請後廣平王懷取爲國常侍遵和便辟善事人深爲懷所親愛轉司空法曹太尉中兵參軍又爲汝南王悅郎中令復被愛信稍遷龍驤將軍驍騎將軍豫州都督鎮懸瓠孝莊末除左將軍行豫州刺史時前行州事元崇禮被徵將還既聞爾朱兆入洛遂矯殺遵和擅攝州任後追贈平南將軍涼州刺史

遵和兄子道方性和雅頗涉書傳深爲李神儁所知賞神儁爲前將軍荊州刺史請道方爲其府長流參軍神儁曾使道方詣蕭衍雍州刺史蕭綱論邊事道方風神沉正爲綱所稱正光末蕭綱遣其軍主曹義宗等擾動邊蠻神儁令道方馳傳向新野處分軍事於路爲土因村蠻所掠送於義宗義宗又傳致襄陽仍送於蕭衍囚之尚方孝昌中始得還國既至拜奉朝請轉員外散騎侍郎孝莊初遷尚書左民郎中修起居注永安二年詔道方與儀曹郎中王元旭使於蕭衍至南兖州有詔追還轉安東將軍光祿大夫領右民郎中太昌初卒年四十二人士咸嗟惜之贈撫軍將軍荊州刺史

史臣曰趙逸等皆通涉經史才志不羣價重西州有聞東國故於流播之中拔泥滓之上人之不可以無能信也胡叟顯晦之間優遊無悶亦一世之異人乎

魏書卷五十二考證

宗欽傳宗欽○宗監本訛作宋今改正

無忘歲寒○詩凡十三章此句下應如前注其十三字

魏書卷五十三

齊　魏收　撰

列傳第四十一

李孝伯　李沖

李孝伯趙郡人也高平公順從父弟父曾少治鄭氏禮左氏春秋以教授爲業郡三辟功曹不就門人勸之曾曰功曹之職雖曰鄉選高第猶是郡吏耳北面事人亦何容易州辟主簿到官月餘乃歎曰梁叔敬有云州郡之職徒勞人耳道之不行身之憂也遂還家講授太祖時徵拜博士出爲趙郡太守令行禁止劫盜奔竄太宗嘉之并州丁零數爲山東之害知曾能得百姓死力憚不入境賊於常山界得一死鹿謂趙郡地也賊長責之還令送鹿故處隣郡爲之謠曰詐作趙郡鹿猶勝常山粟其見憚如此卒贈平南將軍荊州刺史栢仁子謚曰懿孝伯少傳父業博綜羣言美風儀動有法度從兄順言之於世祖徵爲中散世祖見而異之謂順曰眞卿家千里駒也遷祕書奏事中散轉侍郎光祿大夫賜爵南昌子加建威將軍委以軍國機密甚見親寵謀謨切祕時人莫能知也遷北部尚書以頻從征伐規略之功進爵壽光侯加建義將軍眞君末車駕南伐將出彭城劉義隆子安北將軍徐州刺史武陵王駿遣將馬文恭率步騎萬餘至蕭城前軍擊破之文恭走免執其隊主蒯應義隆聞大駕南巡又遣其弟太尉江夏王義恭率衆赴彭城世祖至彭城登亞父冢以望城內遣送蒯應至小市門宣世祖詔勞問義恭幷遣自陳蕭城之敗義恭等問應魏帝自來以不應曰自來又問今在何處應曰在城西南又問士馬多少應曰中軍四十餘萬駿遣人獻酒二器甘蔗百梃幷請駱駝世祖明旦復登亞父冢遣孝伯至小市駿亦遣其長史張暢對孝伯孝伯遙問暢姓暢曰姓張孝伯曰是張長史也暢曰君何得見識孝伯曰既涉此境何容不悉暢問孝伯曰君復何姓居何官也孝伯曰我戎行一夫何足致問然足與君相敵孝伯曰主上有詔太尉安北可暫出門欲與相見朕亦不攻彭城何爲勞苦將士城上嚴備今遣賜駱駝及貂裘雜物暢曰有詔之言政可施於彼國何得稱之於此孝伯曰卿家太尉安北是人臣不暢曰是也孝伯曰我朝廷奄有萬國率土之濱莫敢不臣縱爲隣國之君何爲不稱詔於隣國之臣孝伯又問暢曰何至忽遽杜門絕橋暢曰二王以魏帝壁壘未立將士疲勞此精甲十萬人思致命恐輕相凌踐故且閉城耳待休息士馬然後共治戰場剋日交戲孝伯曰令行禁止主將常事宜當以法裁物何用廢橋杜門窮城之中復何以十萬誇大我亦有良馬百萬復可以此相矜暢曰王侯設險何但法令而已也我若誇君當言百萬所以言十萬者正是二王左右素所畜養者耳此城內有數州士庶工徒營伍猶所未論我本鬭人不鬭馬足且冀之北土馬之所生君復何以逸足見誇也孝伯曰王侯設險誠如來言開閉有常何爲杜塞絕橋之意義在何也此城守君之所習野戰我之所長我之恃馬猶如君之恃城耳城內有具思者嘗至京師義恭遣視之思識是孝伯思前問孝伯曰李尚書行途有勞孝伯曰此事應相與共知思答曰緣共知所以仰勞孝伯曰感君至意既開門暢屏人却仗出受賜物孝伯曰詔以貂裘賜太尉駱駝騾馬賜安北蒲萄酒及諸食味當相與同進暢曰二王敬白魏帝知欲垂見常願面接但受命本朝忝居藩任人臣無境外之交故無容私覿義恭獻皮袴褶一具駿奉酒二器甘蔗百梃孝伯曰又有詔太尉安北久絕南信殊當憂悒若欲遣信者當爲獲送脫須騎者亦當以馬送之暢曰此方閒路甚多使命日夕往復不復以此勞魏帝也孝伯曰亦知有水路似爲白賊所斷暢曰君著白衣稱白賊也孝伯大笑曰今之白賊似異黃巾赤眉暢曰黃巾赤眉不在江南孝伯曰雖不在江南亦不離徐方也孝伯曰向與安北相聞何以久而不報暢曰二王貴遠啓聞爲難孝伯曰周公握髮吐餔二王何獨貴遠暢曰握髮吐餐不謂隣國之人也孝伯曰本邦尚爾隣國彌應盡恭且賓至有禮主人宜以禮接暢曰昨見衆賓至門未爲有禮孝伯曰非是賓至無禮直是主人怱怱無待賓調度耳孝伯又言有詔程天祚一介常人誠知非江南之選近於汝陽身被九槍落在溵水我使牽而出之凡人骨肉分張並思集聚聞其弟在此如

何不遣暫出尋自令反豈復苟留一人暢曰知欲程天祚兄弟集聚已勸遣之但其固辭不往孝伯曰豈有子弟聞其父兄而反不肯相見此便禽獸之不若貴土風俗何至如此世祖又遣賜義恭駿等氈各一領鹽各九種并胡豉孝伯曰有後詔凡此諸鹽各有所宜白鹽食鹽主上自食黑鹽治腹脹氣滿末之六銖以酒而服胡鹽治目痛戎鹽治諸瘡赤鹽駮鹽臭鹽馬齒鹽四種並非食鹽太尉安北何不遣人來至朕間彼此之情雖不可盡要復見朕小大知朕老少觀朕爲人暢曰魏帝久爲往來所具李尚書親自銜命不患彼此不盡故不復遣信義恭獻蠟燭十梃駿獻錦一匹孝伯曰君南土士人何爲著屩君而著此將士云何暢曰士人之言誠爲多愧但以不武受命統軍戎陳之間不容緩服孝伯曰永昌王自頃恒鎮長安今領精騎八萬直造淮南壽春亦閉門自固不敢相禦向送劉康祖首彼之所見王玄謨甚是所悉亦是常才耳何意作如此任使以致奔敗自入境七百餘里主人竟不能一相拒抗鄒山之險彼之所憑前鋒始得接手崔邪利便爾入穴將士倒曳出之主上丐其生命今從在此復何以輕脫遣馬文恭至蕭縣使望風退撓也彼之民人甚相忿怨言清平之時賦我租帛至有急難不能相拯暢曰知永昌已過淮南康祖爲其所破比有信使無此消息王玄謨南土偏將不謂爲才但以其北人故爲前驅引導耳大軍未至而河冰向合玄謨量宜反旆未爲失算但因夜回歸致戎馬驚亂耳我家懸瓠小城陳憲小將魏帝傾國攻圍累旬不剋胡盛之偏裨小帥衆無三旅始濟翮水魏國君臣奔散僅得免脫滑臺之師無所多愧鄒山小戍雖有微險河畔之民多是新附始慕政化姦盜未息示使崔邪利撫之而已今雖陷沒何損於國魏帝自以十萬之師而制一崔邪利乃復足言也近聞蕭縣百姓並依山險聊遣馬文恭以十隊迎之耳文恭前以三隊出還走彼大營嵇玄敬以百舸至留城魏軍奔敗輕敵致此亦非所卹王境人民列居河畔二國交兵當互加撫養而魏師入境事生意外官不負民民亦何怨知入境七百里無相捍拒此自上由太尉神算次在武陵聖略軍國之要雖不預聞然用兵有機間亦不容相語孝伯曰君藉此虛談支離相對可謂遁辭知其所窮且主上當不圍此城自率衆軍直造瓜步南事若辦城故不待攻圍南行不捷彭城亦非所欲也我今當南欲飲馬江湖耳暢曰去留之事自適彼懷若魏帝遂得飲馬長江便爲無復天道孝伯曰自北而南實惟人化飲馬長江豈獨天道暢將還城謂孝伯曰冀蕩定有期相見無遠君若得還宋朝今爲相識之始孝伯曰今當先至建業以待君耳恐爾日君與二王面縛請罪不暇爲容孝伯風容閑雅應答如流暢及左右甚相嗟歎世祖大喜進爵宣城公興安二年出爲使持節散騎常侍平西將軍秦州刺史太安三年卒高祖甚悼惜之贈鎮南大將軍定州刺史謚曰文昭公孝伯體度恢雅明達政事朝野貴賤咸推重之恭宗曾啓世祖廣徵俊秀世祖曰朕有一孝伯足治天下何用多爲假復求訪此人輩亦何可得其見賞如此性方慎忠厚每朝廷大事有不足必手自書表切言陳諫或不從者至於再三削滅藁草家人不見公庭論議常引綱紀或有言事者孝伯恣其所陳假有是非終不抑折及見世祖言其所長初不隱人姓名以爲已善故衣冠之士服其雅正自崔浩誅後軍國之謀咸出孝伯世祖寵眷有亞於浩亦以宰輔遇之獻替補闕其迹不見時人莫得而知也卒之日遠近哀傷焉孝伯美名聞於遐邇李彪使於江南蕭賾謂之曰孝伯於卿遠近其爲遠人所知若此孝伯妻崔賾女高明婦人生一子元顯崔氏卒後納翟氏不以爲妻也憎忌元顯後遇劫元顯見害世云翟氏所爲也元顯志氣甚高爲時人所傷惜翟氏二子安民安上並有風度

安民襲爵壽光侯司徒司馬卒贈郢州刺史無子爵除

安上鉅鹿太守亦早卒

安民弟豹子正光三年上書曰竊惟庸勳賞勞有國恒典興滅繼絕哲后所先是以積德累忠春秋許宥十世立功著節河山誓其永久伏惟世祖太武皇帝英叡自天籠罩日域東清遼海西定玉門凌滅漠北飲馬江水臣亡父故尚書宣城公先臣孝伯冥基感會邀幸昌辰綢繆幃幄繾綣侍從廟算嘉謀每蒙顧採于時儲后監國奏請徵賢詔報曰朕有一孝伯足以治天下何用多爲其見委遇乃至於此是用寵以元凱爵以公侯詔冊曰江陽之巡奇謀屢進六師大捷亦有勳焉出內勤王寵遇隆厚方開大賞而世祖登遐梓宮始遷外任名岳高宗沖年纂運未及追敘臣行舛百甕先臣棄世微績未甄誠志長奪搢紳僉傷早世朝野咸哀不永臣亡兄襲無子封除永惟宗構五情崩圮先臣榮寵前朝勳書王府同之常倫爵封堙墜準古量今實深荼苦竊惟朝例廣川王遵太原公元大曹等並以勳重先朝世絕繼祀或以傍親或聽弟襲皆傳河山之功垂不世之賞況先臣在蒙委任運籌幃帟勳著於中聲傳於外事等功均今古無易是以漢賞信布裁重叚平魏酬張徐不棄荀郭今數族追賞於先朝之世先臣絕封於聖明之時瞻流顧侶存亡永恨竊見正始中爰發存亡之詔褒賢報功之旨熙平元年故任城王澄所請十事復新前澤成一時之盛事垂曠代之茂典凡在纓紱誰不感慶蓋以獎勸來今垂範萬古且劉氏僞書翻流上國尋其訕謗百無一實前後使人不書姓字亦無名爵至於張暢傳中略敘先臣對問雖改脫略盡自欲矜高然逸韻難虧猶見稱載非直存益於時沒亦有彰國美乞覽此書昭然可見則微微衰構重起一朝先臣潛魂結草於千載矣卒不得襲

孝伯兄祥字元善學傳家業鄉黨宗之世祖詔州郡舉賢良祥應貢對策合旨除中書博士時南土未賓世祖親駕遣尚書韓元興率衆出青州以祥爲軍司略地至于陳汝淮北之民詣軍降者七千餘戶遷之於兗豫之南置淮陽郡以撫之拜祥爲太守加綏遠將軍流民歸之者萬餘家勸課農桑百姓安業世祖嘉之賜以衣馬遷河間太守有威恩之稱太安中徵拜中書侍郎民有千餘上書乞留數年高宗不許卒官追贈定州刺史平棘子謚曰憲

子安世幼而聰悟興安二年高宗引見侍郎博士之子簡其秀儁者欲爲中書學生安世年十一高宗見其尚小引問之安世陳說祖父甚有次第即以爲學生高宗每幸國學恒獨被引問詔曰汝但守此至大不慮不富貴居父憂以孝聞天安初拜中散以溫敏敬慎高宗親愛之累遷主客令蕭賾使劉纘朝貢安世美容貌善舉止纘等自相謂曰不有君子其能國乎纘等呼安世爲典客安世曰三代不共禮五帝各異樂安足以亡秦之官稱於上國纘曰世異之號凡有幾也安世曰周謂掌客秦改典客漢名鴻臚今曰主客君等不欲影響文武而殷勤亡秦纘又指方山曰此山去燕然遠近安世曰亦由石頭之於番禺耳國家有江南使至多出藏內珍物令都下富室好容服者貨之令使任情交易使至金玉肆問價纘曰北方金玉大賤當是山川所出安世曰聖朝不貴金玉所以賤同瓦礫又皇上德通神明山不愛寶故無川無金無山無玉纘初將大市得安世言慚而罷遷主客給事中時民困飢流散豪右多有占奪安世乃上疏曰臣聞量地畫野經國大式邑地相參致治之本井稅之興其來日久田萊之數制之以限蓋欲使土不曠功民罔游力雄擅之家不獨膏腴之美單陋之夫亦有頃畝之分所以恤彼貧微抑茲貪欲同富約之不均一齊民於編戶竊見州郡之民或因年儉流移棄賣田宅漂居異鄉事涉數世三長既立始返舊墟廬井荒毀桑榆改植事已歷遠易生假冒彊宗豪族肆其侵凌遠認魏晉之家近引親舊之驗又年載稍久鄉老所惑羣證雖多莫可取據各附親知互有長短兩證徒具聽者猶疑爭訟遷延連紀不判良疇委而不開柔桑枯而不採僥倖之徒興繁多之獄作欲令家豐歲儲人給資用其可得乎愚謂今雖桑井難復宜更均量審其徑術令分藝有準力業相稱細民獲資生之利豪右靡餘地之盈則無私之澤乃播均於兆庶如阜如山可有積於比戶矣又所爭之田宜限年斷事久難明悉屬今主然後虛妄之民絕望於覬覦守分之士永免於凌奪矣高祖深納之後均田之制起於此矣出爲安平將軍相州刺史假節趙郡公敦勸農桑禁斷淫祀西門豹史起有功於民者爲之修飾廟堂表薦廣平宋飜陽平路恃慶皆爲朝廷善士初廣平人李波宗族彊盛殘掠生民前刺史薛道摽親往討之波率其宗族拒戰大破摽軍遂爲逋逃之藪公私成患百姓爲之語曰李波小妹字雍容褰裙逐馬如卷蓬左射右射必疊雙婦女尚如此男子那可逢安世設方略誘波及諸子姪三十餘人斬于鄴市境內肅然以病免太和十七年卒于家安世妻博陵崔氏生一子瑒崔氏以妬悍見出又尚滄水公主生二子謐郁

瑒字琚羅涉歷史傳頗有文才氣尚豪爽公彊當世延昌末司徒行參軍遷司徒長兼主簿太師高陽王雍表薦瑒爲其友正主簿于時民多絕戶而爲沙門瑒上言禮以教世法導將來跡用既殊區流亦別故三千之罪莫大不孝不孝之大無過於絕祀然則絕祀之罪重莫甚焉安得輕縱背禮之情而肆其向法之意也正使佛道亦不應然假令聽然猶須裁之以禮一身親老棄家絕養既非人理尤乖禮情堙滅大倫且闕王貫交缺當世之禮而求將來之益孔子云未知生焉知死斯言之至亦爲備矣安有棄堂堂之政而從鬼教乎又今南服未靜衆役仍煩百姓之情方多避役若復聽之恐捐棄孝慈比屋而是沙門都統僧暹等忿瑒鬼教之言以瑒爲謗毀佛法泣訴靈太后太后責之瑒自理曰竊欲清明佛法使道俗兼通非敢排棄眞學妄爲訾毀且鬼神之名皆通靈達稱自百代正典敘三皇五帝皆號爲鬼

天地曰神祇人死曰鬼易曰知鬼神之情狀周公自美亦曰能事鬼神禮曰明則有禮樂幽則有鬼神是以明者爲堂堂幽者爲鬼教佛非天非地本出於人應世導俗其道幽隱名之爲鬼愚謂非謗且心無不善以佛道爲教者正可未達衆妙之門耳靈太后雖知瑒言爲允然不免暹等之意獨罰瑒金一兩轉尚書郎加伏波將軍隨蕭寶夤西征以瑒爲統軍假寧遠將軍瑒德洽鄉閭招募雄勇其樂從者數百騎瑒傾家賑恤率之西討寶夤見瑒至乃拊瑒肩曰子遠來吾事辦矣故其下每有戰功軍中號曰李公騎寶夤又啓瑒爲左丞仍爲別將軍機戎政皆與參決寶夤又啓爲中書侍郎還朝除鎮遠將軍岐州刺史坐辭不赴任免官建義初於河陰遇害時年四十五初贈鎮東將軍尚書右僕射殷州刺史太昌中重贈散騎常侍驃騎大將軍儀同三司冀州刺史瑒俶儻有大志好飲酒篤於親知每謂弟郁曰士大夫學問稽博古今而罷何用專經爲老博士也與弟謐特相友愛謐在鄉物故瑒慟哭絕氣久而方蘇不食數日暮年之中形骸毀悴人倫哀歎之瑒三子

長子義盛武定中司徒倉曹參軍

瑒弟謐字永和在逸士傳

謐弟郁字永穆好學沉靜博通經史自著作佐郎爲廣平王懷友懷深相禮遇時學士徐遵明教授山東生徒甚盛懷徵遵明在館令郁問其五經義例十餘條遵明所答數條而已稍遷國子博士自國學之建諸博士率不講說朝夕教授惟郁而已謙虛雅寬甚有儒者之風遷廷尉少卿加冠軍將軍轉通直散騎常侍建義中以兄瑒卒遂撫育孤姪歸於鄉里永熙初除散騎常侍大將軍左光祿大夫兼都官尚書尋領給事黃門侍郎三年春於顯陽殿講禮詔郁執經解說不窮羣難鋒起無廢談笑出帝及諸王公凡預聽者莫不嗟善尋病卒贈散騎常侍都督定冀相滄殷五州軍事驃騎大將軍尚書左僕射儀同三司定州刺史

子士謙儀同開府參軍事

李沖字思順隴西人敦煌公寶少子也少孤爲長兄滎陽太守承所攜訓承常言此兒器量非恒方爲門戶所寄沖沉雅有大量隨兄至官是時牧守子弟多侵亂民庶輕有乞奪沖與承長子韶獨清簡皎然無所求取時人美焉顯祖末爲中書學生沖善交遊不妄戲雜流輩重之高祖初以例遷祕書中散典禁中文事以修整敏惠漸見寵待遷內祕書令南部給事中舊無三長惟立宗主督護所以民多隱冒五十三十家方爲一戶沖以三正治民所由來遠於是創三長之制而上之文明太后覽而稱善引見公卿議之中書令鄭羲祕書令高祐等曰沖求立三長者乃欲混天下一法言似可用事實難行羲又曰不信臣言但試行之事敗之後當知愚言之不謬太尉元丕曰臣謂此法若行於公私有益咸稱方今有事之月校比民戶新舊未分民必勞怨請過今秋至冬閑月徐乃遣使於事爲宜沖曰民者冥也可使由之不可使知之若不因調時百姓徒知立長校戶之勤未見均徭省賦之益心必生怨宜及課調之月令知賦稅之均既識其事又得其利因民之欲爲之易行著作郎傅思益進曰民俗既異險易不同九品差調爲日已久一旦改法恐成擾亂太后曰立三長則課有常準賦有恒分苞蔭之戶可出僥倖之人可止何爲而不可羣議雖有乖異然惟以變法爲難更無異義遂立三長公私便之遷中書令加散騎常侍給事中如故尋轉南部尚書賜爵順陽侯沖爲文明太后所幸恩寵日盛賞賜月至數十萬進爵隴西公密致珍寶御物以充其第外人莫得而知焉沖家素清貧於是始爲富室而謙以自牧積而能散近自姻族逮于鄉閭莫不分及虛己接物垂念羇寒衰舊淪屈由之躋敘者亦以多矣時以此稱之初沖兄佐與河南太守來崇同自涼州入國素有微嫌佐因緣成崇罪餓死獄中後崇子護又糾佐贓罪佐及沖等悉坐幽繫會赦乃免佐甚銜之至沖寵貴綜攝內外護爲南部郎深慮爲沖所陷常求退避而沖每慰撫之護後坐贓罪懼必不濟沖乃具奏與護本末嫌隙乞原恕之遂得不坐沖從甥陰始孫孤貧往來沖家至如子姪有人求官因其納馬於沖始孫輒受而不爲言後假方便借沖此馬馬主見沖乘馬而不得官後乃自陳始末沖聞之大驚執始孫以狀款奏始孫坐死其處要自厲不念愛惡皆此類也是時循舊王公重臣皆呼其名高祖常謂沖爲中書而不名之文明太后崩後高祖居喪引見待接有加及議禮儀律令潤飾辭旨刊定輕重高祖雖自下筆無不訪決焉沖竭忠奉上知無不盡出入憂勤形於顏色雖舊臣戚輔莫能逮之無不服其明斷慎密而歸心焉於是天下翕然及殊方聽望咸宗奇之高祖亦深相仗信親敬彌甚君臣之間情義莫二及改置百司開建五等以沖參定典式封滎陽郡開國侯食邑八百戶拜廷尉卿尋遷侍中吏部尚書咸陽王師東宮既建拜太子少傅高祖初依周禮置夫嬪之列以沖女爲夫人詔曰昔軒皇誕御垂棟宇之構爰歷三代興宮觀之式然茅茨土階昭德於上代層臺廣夏崇威於中業良由文質異宜華朴殊禮故也是以周成繼業營明堂於東都漢祖聿興建未央於咸鎬蓋所以尊嚴皇威崇重帝德豈好奢惡儉苟敝民力者哉我皇運統天協纂乾歷銳意四方未遑建制宮室之度頗爲未允太祖初基雖粗有經式自茲厥後復多營改至於三元慶饗萬國充庭觀光之使具瞻有闕朕以寡德猥承洪緒運屬休期事鍾昌運宜遵遠度式茲宮宇指訓規模事昭於平日明堂太廟已成於昔年又因往歲之豐資藉民情之安逸將以今春營改正殿違犯時令行之惕然但朔土多寒事殊南夏自非裁度當春興役徂暑則廣制崇基莫由克就成功立事非委賢莫可改制規模非任能莫濟尚書沖器懷淵博經度明遠可領將作大匠司空長樂公亮可與大匠共監興繕其去故崇新之宜修復太極之制朕當別加指授車駕南伐加沖輔國大將軍統衆翼從自發都至於洛陽霖雨不霽仍詔六軍發軫高祖戎服執鞭御馬而出羣臣啓顙於馬首之前高祖曰長驅之謀廟算已定今大將軍進公等更欲何云沖進曰臣等不能折衝帷幄坐制四海而令南有竊號之渠實臣等之咎陛下以文軌未一親勞聖駕臣等誠思亡軀盡命效死戎行然自離都淫雨士馬困弊前路尚遙水潦方甚且伊洛境內小水猶尚致難況長江浩汗越在南境若營舟檝必須停滯師老糧乏進退爲難矜喪反旆於義爲允高祖曰一同之意前已具論卿等正以水雨爲難然天時頗亦可知何者夏既炎旱秋故雨多玄冬之初必當開爽比後月十間若雨猶不已此乃天也脫於此而晴行則無害古不伐喪謂諸侯同軌之國非王者統一之文已至於此何容停駕沖又進曰今者之舉天下所不願惟陛下欲之漢文言吾獨乘千里馬竟何至也臣有意而無其辭敢以死請高祖大怒曰方欲經營宇宙一同區域而卿等儒生屢疑大計斧鉞有常卿勿復言策馬將出於是大司馬安定王休兼左僕射任城王澄等竝殷勤泣諫高祖乃諭羣臣曰今者興動不小動而無成何以示後苟欲班師無以垂之千載朕仰惟遠祖世居幽漠違衆南遷以享無窮之美豈其無心輕遺陵壤今之君子寧獨有懷當由天工人代王業須成故也若不南鑾即當移都於此光宅土中機亦時矣王公等以爲何如議之所決不得旋踵欲遷者左不欲者右安定王休等相率如右南安王楨進曰夫愚者闇於成事智者見於未萌行至德者不議於俗成大功者不謀於衆非常之人乃能非常之事廓神都以延王業度土中以制帝京周公啓之於前陛下行之於後固其宜也且天下至重莫若皇居人之所貴寧如遺體請上安聖躬下慰民望光宅中原輟彼南伐此臣等願言蒼生幸甚羣臣咸唱萬歲高祖初謀南遷恐衆心戀舊乃示爲大舉因以協定羣情外名南伐其實遷也舊人懷土多所不願內憚南征無敢言者於是定都洛陽沖言於高祖曰陛下方修周公之制定鼎成周然營建六寢不可遊駕待就與築城郛難以馬上營訖願暫還北都令臣下經造功成事訖然後備文物之章和玉鑾之響巡時南從軌儀土中高祖曰朕將巡省方岳至鄴小停春始便還未宜遂不歸北尋以沖爲鎮南將軍侍中少傅如故委以營構之任改封陽平郡開國侯邑戶如先車駕南伐以沖兼左僕射留守洛陽車駕渡淮別詔安南大將軍元英平南將軍劉藻討漢中召雍涇岐三州兵六千人擬戍南鄭剋城則遣沖表諫曰秦州險阨地接羌夷自西師出後餉援連續加氐胡叛逆所在奔命運糧擐甲迄茲未已今復豫差戍卒懸擬山外雖加優復恐猶驚駭脫終攻不剋徒動民情連胡結夷事或難測輒依旨密下刺史待軍剋鄭城然後差遣如臣愚見猶謂未足何者西道險阨單徑千里今欲深戍絕界之外孤據羣賊之口敵攻不可卒援食盡不可運糧古人有言雖鞭之長不及馬腹南鄭於國實爲馬腹也且昔人攻伐或城降而不取仁君用師或撫民而遺地且王者之舉情在拯民夷寇所守意在惜地校之二義德有淺深惠聲已遠何遽於一城哉且魏境所掩九州過八民人所臣十分而九所未民者惟漠北之與江外耳羈之在近豈急於今日也宜待大開疆宇廣拔城聚多積資糧食足支敵然後置邦樹將爲吞并之舉今鍾離壽陽密邇未拔諸城新野跂步弗降所剋者舍之而不取所降者撫之而旋戮東道既未可以近力守西蕃寧可以遠兵固若果欲置者臣恐終以資敵也又今建都土中地接寇壤方須大收死士平蕩江會輕遣單寡棄令陷沒恐後舉之日衆以留守致懼求其死效未易可獲推此而論不戍爲上高祖從之車駕還都引見沖等謂之曰本所以多置官者慮有令僕闇弱百事稽壅若明獨聰專則權勢大併今朕雖不得爲聰明又不爲劣闇卿等不爲大賢亦不爲大惡且可一兩年許少置官司高祖自鄴還京汎舟洪池乃

從容謂沖曰朕欲從此通渠於洛南伐之日何容不從此入洛從洛入河從河入汴從汴入清以至於淮下船而戰猶開戶而鬭此乃軍國之大計今溝渠若須二萬人以下六十日有成者宜以漸修之沖對曰若爾便是士無遠涉之勞戰有兼人之力遷尚書僕射仍領少傅改封清淵縣開國侯邑戶如前及太子恂廢沖罷少傅高祖引見公卿於清徽堂高祖曰聖人之大寶惟位與功是以功成作樂治定制禮今從極中天創居嵩洛雖大構未成要自條紀略舉但南有未賓之豎兼兇蠻密邇朕夙夜悵惋良在於茲取南之計決矣朕行之謀必矣若依近代也則天子下帷深宮之內準上古也則有親行祚延七百魏晉不征旋踵而殞祚之脩短在德不在征今但以行期未知早晚知幾其神乎朕既非神焉能知也而頃來陰陽卜術之士咸勸朕今征必剋此既家國大事宜共君臣各盡所見不得以朕先言便致依違退有同異沖對曰夫征戰之法先之人事然後卜筮今卜筮雖吉猶恐人事未備今年秋稔有損常實又京師始遷衆業未定加之征戰以爲未可宜至來秋高祖曰僕射之言非爲不合朕意之所慮乃有社稷之憂然咫尺寇戎無宜自安理須如此僕射言人事未從亦不必如此朕去十七年擁二十萬衆行不出畿甸此人事之盛而非天時往來乘機天時乃可而闕人事又致不捷若待人事備復非天時若之何如僕射之言便終無征理朕若秋行無剋捷三君子並付司寇不可不人盡其心罷議而出後世宗爲太子高祖醼於清徽堂高祖曰皇儲所以纂歷三才光昭七祖斯乃億兆咸悅天人同泰故延卿就此一醼以暢忻情高祖又曰天地之道一盈一虛豈有常泰天道猶爾況人事乎故有升有黜自古而然悼往欣今良用深歎沖對曰東暉承儲蒼生咸幸但臣前忝師傅弗能弼諧仰慙天日慈造寬含得預此醼慶愧交深高祖曰朕尚不能革其昏師傅何勞愧謝也後尚書疑元拔穆泰罪事沖奏曰前彭城鎮將元拔與穆泰同逆養子降壽宜從拔罪而太尉咸陽王禧等以爲律文養子而爲罪父及兄弟不知情者不坐謹審律意以養子於父非天性於兄弟非同氣敦薄既差故刑典有降是以養子雖爲罪而兄弟不預然父兄爲罪養子不知謀易地均情豈獨從戮乎理固不然臣以爲依據律文追戮於所生則從坐於所養明矣又律惟言父不從子稱子不從父當是優尊厲卑之義臣禧等以爲律雖不正見互文起制於乞也舉父之罪於養也見子坐是爲互起互起兩明無罪必矣若以嫡繼養與生同則父子宜均祇明不坐且繼養之注云若有別制不同此律又令文云諸有封爵若無親子及其身卒雖有養繼國除不襲是爲有福不及已有罪便預坐均事等情律令之意便相矛盾伏度律旨必不然也臣沖以爲指例條尋罪在無疑準令語情頗亦同式詔曰僕射之議據律明矣太尉等論於曲矯也養所以從戮者緣其已免所生故不得復甄於所養此獨何福長處吞舟于國所以不襲者重列爵特立制因天之所絕推而除之耳豈復報對刑賞于斯則應死可特原之沖機敏有巧思北京明堂圓丘太廟及洛都初基安處郊兆新起堂寢皆資於沖勤志彊力孜孜無怠旦理文簿兼營匠制几案盈積剞劂在手終不勞厭也然顯貴門族務益六姻兄弟子姪皆有爵官一家歲祿萬匹有餘是其親者雖復癡聾無不超越官次時論亦以此少之年纔四十而鬢髮班白姿貌豐美未有衰狀李彪之入京也孤微寡援而自立不羣以沖好士傾心宗附沖亦重其器學禮而納焉每言之於高祖公私共相援益及彪爲中尉兼尚書爲高祖知待便謂非復藉沖而更相輕背惟公坐斂袂而已無復宗敬之意也沖頗銜之後高祖南征沖與吏部尚書任城王澄並以彪倨傲無禮遂禁止之奏其罪狀沖手自作家人不知辭甚激切因以自劾高祖覽其表歎悵者久之既而曰道固可謂溢也僕射亦爲滿矣沖時震恐數數責彪前後愆悖瞋目大呼投折几案盡收御史皆泥首面縛詈辱肆口沖素性溫柔而一旦暴恚遂發病荒悸言語亂錯猶扼腕叫詈稱李彪小人醫藥所不能療或謂肝藏傷裂旬有餘日而卒時年四十九高祖爲舉哀於懸瓠發聲悲泣不能自勝詔曰沖貞和資性德義樹身訓業自家道素形國太和之始朕在弱齡早委機密實康時務鴻漸瀍洛朝選開清升冠端右惟允出納忠肅柔明足敷睿範仁恭信惠有結民心可謂國之賢也朝之望也方昇寵秩以旌功舊奄致喪逝悲痛于懷既留勤應陟兼良宿宜襃可贈司空公給東園祕器朝服一具衣一襲贈錢三十萬布五百匹蠟三百斤有司奏謚曰文穆葬於覆舟山近杜預冢高祖之意也後車駕自鄴還洛路經沖墓左右以聞高祖卧疾望墳掩泣久之詔曰司空文穆公德爲時宗勳簡朕心不幸徂逝託墳邙嶺旋鑾覆舟躬睇塋域悲仁惻舊有慟朕衷可遣太牢之祭以申吾懷及與留京百官相見皆敘沖亡沒之故言及流涕高祖得留臺啓知沖患狀謂右衛宋弁曰僕射執我樞衡總釐朝務清儉居躬知寵已久朕以仁明忠雅委以台司之寄使我出境無後顧之憂一朝忽有此患朕甚懷愴慨其相痛惜如此沖兄弟六人四母所出頗相忿鬩及沖之貴封祿恩賜皆以共之內外輯睦父亡後同居二十餘年至洛乃別第宅更相友愛久無間然皆沖之德也始沖之見私寵也兄子韶恒有憂色慮致傾敗後榮名日顯稍乃自安而沖明目當官圖爲己任自始迄終無所避屈其體時推運皆此類也

子延寔等語在外戚傳

史臣曰燕趙信多奇士李孝伯風範鑒略蓋亦過人遠甚世祖雄猜嚴斷崔浩已見誅夷而入參心膂出幹政事獻可替否無際可尋故能從容任遇以功名始卒其智器固以優乎安世識具通雅時幹之良瑒以豪俊達郁則儒博顯李沖早延寵眷入幹腹心風流識業固乃一時之秀終協契聖主佐命太和位當端揆身任梁棟德洽家門功著王室蓋有魏之亂臣也

魏書卷五十三考證

列傳第四十一〇高氏小史魏書列傳第四十五高祐崔挺李安世三人其傳云李安世趙郡人也宣城公孝伯之兄子父詳中書博士今魏書諸本詳及安世事皆附此卷孝伯傳後李肇經史釋題楊九齡目錄第四十五卷高祐崔挺李安世三人宗諫史目殷藏用十三代史目惟高祐崔挺而無李安世此卷史臣論安世及瑒郁與北史同疑李延壽用魏收舊語或後人移安世傳附孝伯因取北史論安世父子事於此篇亦不可考證故載諸目錄同異以傳疑

魏書卷五十四

齊　魏收　撰

列傳第四十二

游雅　高閭

游雅字伯度小名黃頭廣平任人也少好學有高才世祖時與渤海高允等俱知名徵拜中書博士東宮內侍長還著作郎使劉義隆授散騎侍郎賜爵廣平子加建威將軍稍遷太子少傅領禁兵進爵爲侯加建義將軍受詔與中書侍郎胡方回等改定律制出爲散騎常侍平南將軍東雍州刺史假梁郡公在任廉白甚有惠政徵爲祕書監委以國史之任不勤著述竟無所成詔雅爲太華殿賦文多不載雅性剛戇好自矜誕陵獵人物高允重雅文學而雅輕薄允才允性柔寬不以爲恨允將婚于邢氏雅勸允娶于其族允不從雅曰人貴河間邢不勝廣平游人自棄伯度我自敬黃頭貴已賤人皆此類也允著徵士頌殊爲重雅事在允傳雅因論議長短忿儒者陳奇遂陷奇至族議者深責之和平二年卒贈相州刺史謚曰宣侯

子僧奴襲爵卒

子雙鳳襲

雅弟恒子曇護太和中爲中散遷典寺令後慰勞仇池爲賊所害贈肆州刺史

高閭字閻士漁陽雍奴人五世祖原晉安北軍司上谷太守關中侯有碑在薊中祖雅少有令名州別駕父洪字季願陳留王從事中郎閭貴乃贈寧朔將軍幽州刺史固安貞子閭早孤少好學博綜經史文才儁偉下筆成章本名驢司徒崔浩見而奇之乃改爲閭而字焉眞君九年徵拜中書博士和平末遷中書侍郎高宗崩乙渾擅權內外危懼文明太后臨朝誅渾引閭與中書令高允入於禁內參決大政賜爵安樂子加南中郎將與鎮南大將軍尉元南赴徐州閭先入彭城收管籥元表閭以本官領東徐州刺史與張讜對鎮團城後還京城以功進爵爲侯加昭武將軍顯祖傳位徙御崇光宮閭上表頌曰臣聞刑制改物者應天之聖君龍凝順常者守文之庸主故五帝異規而化興三王殊禮而致治用能憲章萬祀垂範百王歷葉所以挹其遺風後君所以酌其軌度伏惟太上皇帝道光二儀明齊日月至德潛通武功四暢霜威南被則淮徐來同齊斧北斷則獫狁覆巢西摧三危之酋東引肅愼之貢荒遐款塞九有宅心於是從容閒覽希心玄奧尚鼎湖之奇風崇巢由之高潔疇咨熙載亮采羣后爰挹大位傳祚聖人開古之高範爰萃於一朝曠葉之希事載見於今日昔唐堯禪舜前典大其成功太伯讓季孔子稱其至德苟位以聖傳臣子一也謹上至德頌一篇其詞曰茫茫太極悠悠遐古三皇刑制五帝垂祜仰察璿璣俯鑒后土雍容端拱惟德是與夏殷世傳周漢纂烈道風雖邈仍誕明哲爰暨三季下凌上替九服三分禮樂四缺上靈降鑒思皇反正乃眷有魏配天承命功冠前王德侔往聖移風革俗天保載定於穆太皇克廣聖度玄化外暢惠鑒內悟遺此崇高挹彼沖素道映當今慶流後祚明明我皇

承乾紹煥比誦熙周方文隆漢重光麗天晨暉疊旦六府孔修三辰貞觀功均乾造雲覆雨潤養之以仁敦之以信綏之斯和動之斯震自東徂西無思不順禎候並應福祿來格嘉穀秀町素文表石玄烏呈皓醴泉流液黃龍蜿蜿遊鱗弈弈沖訓旣布率土咸寧穆穆四門灼灼典刑勝殘豈遠期月有成翹翹東岳庶見翠旌先民有言千載一泰昔難其運今易其會沐浴淳澤被服冠帶飲和陶潤載欣載賴文以寫意功由頌宣吉甫作歌式昭永年唐政緝熙康哉垂篇仰述徽烈被之管絃高允以閭文章富逸舉以自代遂爲顯祖所知數見引接參論政治命造鹿苑頌北伐碑顯祖善之永明初爲中書令加給事中委以機密文明太后甚重閭詔令書檄碑銘贊頌皆其文也太和三年出師討淮北閭表曰伏見廟算有事淮海雖成事不說猶可思量臣以愚劣本非武用至於軍旅尤所不學直以無諱之朝敢肆狂瞽區區短見竊有所疑臣聞兵者凶器不得已而用之今天下開泰四方無虞豈宜盛世干戈妄動疑一也淮北之城凡有五處難易相兼皆須攻擊然攻守難圖力懸百倍反覆思量未見其利疑二也縱使如心於國無用發兵遠入費損轉多若不置城是謂空爭疑三也脫不如意當延日月屯衆聚費于何不有疑四也伏願思此四疑時速返旆文明太后令曰六軍電發有若摧朽何慮四難也還尚書中書監淮南王他奏求依舊斷祿文明太后令召羣臣議之閭表曰天生烝民樹之以君明君不能獨理必須臣以作輔君使臣以禮臣事君以忠故車服有等差爵命有分秩德高者則位尊任廣者則祿重下者祿足以代耕上者俸足以行義庶民均其賦以展奉上之心君王聚其材以供事業之用君班其俸垂惠則厚臣受其祿感恩則深於是貪殘之心止竭効之誠篤兆庶無侵削之煩百辟備禮容之美斯則經世之明典爲治之至術自堯舜以來逮于三季雖優劣不同而斯道弗改自中原崩否天下幅裂海內未一民戶耗減國用不充俸祿遂廢此則事出臨時之宜良非久長之道大魏應期紹祚照臨萬方九服既和八表咸謐二聖欽明文思道冠百代動遵禮式稽考舊章准百王不易之勝法述前聖利世之高軌置立鄰黨班宣俸祿事設令行於今已久苛慝不生上下無怨姦巧革慮闚覦絕心利潤之厚同於天地以斯觀之如何可改又洪波奔激則隄防宜厚姦悖充斥則禁網須嚴且飢寒切身慈母不保其子家給人足禮讓可得而生但廉清之

人不必皆富豐財之士未必悉賢今給其俸則清者足以息其濫竊貪者足以感而勸善若不班祿則貪者肆其姦情清者不能自保難易之驗灼然可知如何一朝便欲去俸淮南之議不亦謬乎詔從閭議高祖又引見王公已下於皇信堂高祖曰政雖多途治歸一體朕每蒙慈訓猶自昧然誠知忠佞有損益而未識其異同恒懼忠貞見毀佞人便進寤寐思此如有隱憂國彥朝賢休戚所共宜辨斯眞僞以釋朕懷尚書游明根對曰忠佞之士實亦難知依古爵人先試之以官官定然後祿之三載考績然後忠佞可明閭曰竊謂袁盎徹愼夫人席是其忠譖殺晁錯是其佞若以異人言之望之爲忠石顯是佞高祖曰自非聖人忠佞之行時或互有但忠功顯即謂之忠佞迹成斯謂之佞史官據成事而書於今觀之有別明矣朕所問者未然之前卿之所對已然之後閭曰佞者飾智以行事忠者發心以附道譬如玉石皦然可知高祖曰玉石同體而異名忠佞異名而同理求之於同則得其所以異尋之於異則失其所以同出處同異之間交換忠佞之境豈是皦然易明哉或有託佞以成忠或有假忠以飾佞如楚子綦後事顯忠初非佞也閭曰子綦諫楚初雖隨述終致忠言此適欲幾諫非爲佞也子綦若不設初權後忠無由得顯高祖善閭對閭後上表曰臣聞爲國之道其要有五一曰文德二曰武功三曰法度四曰防固五曰刑賞故遠人不服則修文德以來之荒狡放命則播武功以威之民未知戰則制法度以齊之暴敵輕侵則設防固以禦之臨事制勝則明刑賞以勸之用能闢國寧方征伐四剋北狄悍愚同於禽獸所長者野戰所短者攻城若以狄之所短奪其所長則雖衆不能成患雖來不能內逼又狄散居野澤隨逐水草戰則與家產並至奔則與畜牧俱逃不齎資糧而飲食足是以古人伐北方攘其侵掠而已歷代爲邊患者良以倏忽無常故也六鎭勢分倍衆不鬬互相圍逼難以制之昔周命南仲城彼朔方趙靈秦始長城是築漢之孝武踵其前事此四代之君皆帝王之雄傑所以同此役者非智術之不長兵衆之不足乃防狄之要事其理宜然故也易稱天險不可升地險山川丘陵王公設險以守其國長城之謂歟今宜依故於六鎭之北築長城以禦北虜雖有暫勞之勤乃有永逸之益如其一成惠及百世即於要害往往開門造小城於其側因地却敵多置弓弩狄來有城可守有兵可捍既不攻城野掠無獲草盡則走終必懲艾宜發近州武

勇四萬人及京師二萬人合六萬人爲武士於苑內立征北大將軍府選忠勇有志幹者以充其選下置官屬分爲三軍二萬人專習弓射二萬人專習戈楯二萬人專習騎矟修立戰場十日一習採諸葛亮八陣之法爲平地禦寇之方使其解兵革之宜識旌旗之節器械精堅必堪禦寇使將有定兵兵有常主上下相信晝夜如一七月發六部兵六萬人各備戎作之具敕臺北諸屯倉庫隨近作米俱送北鎭至八月征北部率所領與六鎭之兵直至磧南揚威漠北狄若來拒與之決戰若其不來然後散分其地以築長城計六鎭東西不過千里若一夫一月之功當三步之地三百人三里三千人三十里三萬人三百里則千里之地強弱相兼計十萬人一月必就運糧一月不足爲多人懷永逸勞而無怨計築長城其利有五罷遊防之苦其利一也北部放牧無抄掠之患其利二也登城觀敵以逸待勞其利三也省境防之虞息無時之備其利四也歲常遊運永得不匱其利五也又任將之道特須委信遣之以禮恕之以情閫外之事有利輒決赦其小過要其大功足其兵力資其給用君臣相體若身之使臂然後忠勇可立則勝可果是以忠臣盡其心征將竭其力雖三敗而踰榮雖三背而彌寵詔曰覽表具卿安邊之策比當與卿面論一二高祖又引見羣臣議伐蠕蠕帝曰蠕蠕前後再擾朔邊近有投化人云敕勒渠帥興兵叛之蠕蠕主身率徒衆追至西漠今爲應乘弊致討爲應休兵息民左僕射穆亮對曰自古以來有國有家莫不以戎爲首蠕蠕子孫襲其凶業頻爲寇擾爲惡不悛自相違叛如臣愚見宜興軍討之雖不頓除巢穴且以挫其醜勢閭曰昔漢時天下一統故得窮追北狄今南有吳寇不宜懸軍深入高祖曰先朝屢興征伐者以有未賓之虜朕承太平之基何爲搖動兵革夫兵者凶器聖王不得已而用之便可停也高祖又曰今欲遣蠕蠕使還應有書問以不羣臣以爲宜有乃詔閭爲書於時蠕蠕國有喪而書不敘凶事高祖曰卿爲中書監職典文詞所造旨書不論彼之凶事若知而不作罪在灼然若情思不至應謝所任閭對曰昔蠕蠕主敦崇和親其子不遵父志屢犯邊境如臣愚見謂不宜弔高祖曰敬其父則子悅敬其君則臣悅卿云不合弔慰是何言歟閭遂引愆免冠謝罪高祖謂閭曰蠕蠕使牟提小心恭慎甚有使人之禮同行疾其敦厚每至陵辱恐其還北必被謗誣昔劉準使殷靈誕每禁下人不爲非禮之事及其還國果被譖愬

以致極刑今爲旨書可明牟提忠於其國使蠕蠕主知之是年冬至高祖文明太后大饗羣官高祖親舞於太后前羣臣皆舞高祖乃歌仍率羣臣再拜上壽閭進曰臣聞大夫行孝行合一家諸侯行孝聲著一國天子行孝德被四海今陛下聖性自天敦行孝道稱觴上壽靈應無差臣等不勝慶踊謹上千萬歲壽高祖大悅賜羣臣帛人三十匹又議政於皇信堂高祖曰百揆多途萬機事猥未周之闕卿等宜有所陳閭對曰臣伏思太皇太后十八條之令及仰尋聖朝所行事周於百揆理兼於庶務孔子至聖三年有成子產治鄭歷載乃就今聖化方宣風政驟改行之積久自然致治理之必明不患事闕又爲政之道終始若一民可使由之不可使知之政令既宣若有不合於民者因民之心而改之願終成其事使至教必行臣反覆三思理畢於此不知其他但使今之法度必理必明必行必久勝殘去殺可不遠而致高祖曰刑法者王道之所用何者爲法何者爲刑施行之日何先何後閭對曰臣聞刑制立會軌物齊衆謂之法犯違制約致之於憲謂之刑然則法必先施刑必後著自鞭杖已上至於死罪皆謂之刑刑者成也成而不可改高祖曰論語稱冉子退朝孔子問曰何晏也對曰有政子曰其事也如有政雖不吾以吾其與聞之何者是政何者爲事閭對曰臣聞政者君上之所施行合於法度經國治民之屬皆謂之政臣下奉教承旨作而行之謂之事然則天下大同風軌齊一則政出於天子王道衰則政出於諸侯君道缺則政出於大夫故詩敘曰王道衰政教失則國異政家殊俗政者上之所行事者下之所奉高祖曰若君命爲政子夏爲莒父宰問政此應奉命而已何得稱政尚書游明根曰子夏宰民故得稱政帝善之十四年秋閭上表曰奉癸未詔書以春夏少雨憂饑饉之方臻愍黎元之傷瘁同禹湯罪己之誠齊堯舜引咎之德虞災致懼詢及卿士令各上書極陳損益深恩被於蒼生厚惠流于后土伏惟陛下天啓聖姿利見纂極欽若昊天光格宇宙太皇太后以叡哲贊世稽合三才高明柔克道被無外七政昭宣於上九功咸序於下君人之量逾高謙光之旨彌篤修復祭儀宗廟所以致敬飾正器服禮樂所以宣和增儒官以重文德簡勇士以昭武功慮獄訟之未息定刑書以理之懼蒸民之姦宄置鄰黨以穆之究庶官之勤劇班俸祿以優之知勞逸之難均分民土以齊之甄忠明孝矜貧恤獨開納讜言抑絕讒佞明訓以體率土移風雖未勝

殘去殺成無為之化足以仰答三靈者矣臣聞皇天無私降鑒在下休咎之徵咸由人召故帝道昌則九疇敘君德衰而彝倫斁休瑞並應享以五福則康于其邦咎徵屢臻罰以六極則害于其國斯乃洪範之實徵神祇之明驗及其厄運所纏世鍾陽九數乖於天理事違於人謀時則有之矣故堯湯逢歷年之災周漢遭水旱之患然立功修行終能弭息今考治則有如此之風計運未有如彼之害而陛下殷勤引過事邁前王從星澍雨之徵指辰可必消災滅禍之符灼然自見雖王畿之內頗為少雨關外諸方禾稼仍茂苟勤之以禮綏之以和一歲不收未為大損但豫備不虞古之善政安不忘危有國常典竊以北鎮新徙家業未就思親戀本人有愁心一朝有事難以禦敵可寬其往來頗使欣慰開雲中馬城之食以賑恤之足以感德致力邊境矣明察畿甸之民飢甚者出靈丘下館之粟以救其乏可以安慰孤貧樂業保土使幽定安并四州之租隨運以溢其處開關弛禁薄賦賤糴以消其費清道路恣其東西隨豐逐食貧富相贍可以免度凶年不為患苦又聞常士困則濫竊生匹婦餒則慈心薄凶儉之年民輕違犯可緩其使役急其禁令宜於未然之前申敕外牧又一夫幽枉王道為虧京師之獄或恐未盡可集見囚於都曹使明折庶獄者重加究察輕者即可決遣重者定狀以聞罷非急之作放無用之獸此乃救凶之常法且以見憂於百姓論語曰不患貧而患不安苟安而樂生雖遭凶年何傷於民庶也愚臣所見如此而已詔曰省表聞之當敕有司依此施行後詔閭與太常採雅樂以營金石又領廣陵王師出除鎮南將軍相州刺史以參定律令之勤賜布帛千匹粟一千斛牛馬各三閭上疏陳伐吳之策高祖納之遷都洛陽閭表諫言遷有十損必不獲已請遷於鄴高祖頗嫌之蕭鸞雍州刺史曹虎據襄陽請降詔劉昶薛真度等四道南伐車駕親幸懸瓠閭表諫曰洛陽草創虎既不遣質任必非誠心無宜輕舉高祖不納虎果虛詐諸將皆無功而還高祖攻鍾離未剋將於淮南修故城而置鎮戍以撫新附之民賜閭璽書具論其狀閭表曰南土亂亡僭主屢易陛下命將親征威陵江左望風慕化剋拔數城施恩布德攜民襁負可謂澤流邊方威惠普著矣然元非大舉軍輿後時本為迎降戎卒實少兵法十則圍之倍則攻之所率既寡東西懸闊難以並稱伏承欲留戍淮南招撫新附昔世祖以回山倒海之威步騎數十萬南臨瓜步諸郡盡降而盱眙小城攻而弗剋班師之日兵不戍一郡土不闢一廛夫豈無人以大鎮未平不可守小故也堰水先塞其源伐木必拔其本源不塞本不拔雖翦枝竭流終不可絕矣壽陽盱眙淮陰淮南之源本也三鎮不剋其一而留兵守郡不可自全明矣既逼敵之大鎮隔深淮之險少置兵不足以自固多留衆糧運難可充又欲附渠通漕路必由于泗口泝淮而上須經角城淮陰大鎮舟船素畜敵因先積之資以拒始行之路若元戎旋旆兵士挫怯夏雨水長救援實難忠勇雖奮事不可濟淮陰東接山陽南通江表兼近江都海西之資西有盱眙壽陽之鎮且安土樂本人之常情若必留戍軍還之後恐為敵擒何者鎮戍新立懸在異境以勞禦逸以新擊舊而能自固者未之有也昔彭城之役既剋其城戍鎮已定而思叛外向者猶過數方角城蕞爾處在淮北去淮陽十八里五固之役攻圍歷時卒不能剋以今比昔事兼數倍今以向熱水雨方降兵刃既交難以恩恤降附之民及諸守令亦可徙置淮北如其不然進兵臨淮速度士卒班師還京踵太武之成規營皇居於伊洛畜力以待敵釁布德以懷遠人使中國清穆化被遐裔淮南之鎮自効可期天安之捷指辰不遠車駕還幸石濟閭朝於行宮高祖謂閭曰朕往年之意不欲決征但兵士已集恐為幽王之失不容中止發洛之日正欲至於懸瓠以觀形勢然機不可失遂至淮南而彼諸將並列州鎮至無所獲定由晚一月日故也閭對曰人皆是其所事而非其所不事猶犬之吠非其主且古者攻戰之法倍則攻之十則圍之聖駕親戎誠應大捷所以無大獲者良由兵少故也且徙都者天下之大事今京邑甫爾庶事草創臣聞詩云惠此中國以綏四方臣願陛下從容伊瀍優遊京洛使德被四海中國緝寧然後向化之徒自然樂附高祖曰願從容伊瀍實亦不少但未獲耳閭曰司馬相如臨終恨不見封禪今雖江介不賓小賊未殄然中州之地略亦盡平豈可於聖明之辰而闕盛禮齊桓公霸諸侯猶欲封禪而況萬乘高祖曰由此桓公屈於管仲荊揚未一豈得如卿言也閭曰漢之名臣皆不以江南為中國且三代之境亦不能遠高祖曰淮海惟揚州荊及衡陽惟荊州此非近中國乎及車駕至鄴高祖頻幸其州館詔曰閭昔在中禁有定禮正樂之勳作藩於州有廉清公幹之美自大軍停軫庶事咸豐可謂國之老成善始令終者也每惟厥德朕甚嘉焉可賜帛五百匹粟一千斛馬一匹衣一襲以褒厥勤閭每請本州以自劾詔曰閭以懸車之年方求衣錦知進忘退有塵謙德可降號平北將軍朝之老成宜遂情願徙授幽州刺史令存勸兩修恩法並舉閭以諸州罷從事依府置參軍於治體不便表宜復舊高祖不悅歲餘表求致仕優荅不許徵為太常卿頻表陳遜不聽又車駕南討漢陽閭上表諫求回師高祖不納漢陽平賜閭璽書閭上表陳謝世宗踐祚閭累表遜位詔曰閭貞幹早聞儒雅素著出內清華朝之儁老以年及致仕固求辭任宜聽解宗伯遂安車之禮特加優授崇老成之秩可光祿大夫金印紫綬使散騎常侍兼吏部尚書邢巒就家拜授及辭引見於東堂賜以餚羞訪之大政以其先朝儒舊告老永歸世宗為之流涕詔曰閭歷官六朝著勳五紀年禮致辭義光進退歸軒首路感悵兼懷安駟籯金漢世榮貺可賜安車几杖輿馬繒綵衣服布帛事從豐厚百寮餞之猶昔羣公之祖二疏也閭進陟北邙上望闕表以示戀慕之誠景明三年十月卒于家世宗遣使弔慰賵帛四百匹四年三月贈鎮北將軍幽州刺史謚曰文侯閭好為文章軍國書檄詔令碑頌銘贊百有餘篇集為三十卷其文亦高允之流後稱二高為當時所服閭彊果敢直諫其在私室言裁聞耳及於朝廷廣衆之中則談論鋒起人莫能敵高祖以其文雅之美每優禮之然貪褊矜慢初在中書好詈辱諸博士博士學生百有餘人有所干求者無不受其財貨及老為二州乃更廉儉自謹有良牧之譽有三子

長子元昌襲爵位至遼西博陵二郡太守

子欽字希叔頗有文學莫折念生之反也欽隨元志西討志敗為賊所擒念生以為黃門郎死於秦州

子穆宗襲祖爵興和中定州開府祭酒

欽弟石頭小石皆早卒

元昌弟定殷中壘將軍漁陽太守卒贈征虜將軍安州刺史

子洪景少有名譽早卒

次子宣景武定中開府司馬

定殷弟幼成員外郎頗有文才性清狂為奴所害

閭弟悅篤志好學有美於閭早卒

史臣曰游雅才業亦高允之亞歟至於陷族陳奇斯所以絕世而莫祀也高閭發言有章句下筆富文彩亦一代之偉人故能受遇累朝見重高祖挂冠謝事禮備懸輿美矣

魏書卷五十四考證

游雅傳趙靈秦始長城是築○史記匈奴傳趙武靈王北破林胡樓煩築長城自代並陰山下至高闕為塞而置雲中鴈門代郡此所稱趙靈之築長城也又秦滅六國而始皇帝使蒙恬將十萬之衆北擊胡悉收河南地因河為塞築四十四縣城臨河徙適戍充之而通直道自九原至雲陽因邊山險塹谿谷可繕者治之起臨洮至遼東萬餘里又度河據陽山北假中此所稱秦始之築長城也

魏書卷五十五

齊　魏收　撰

列傳第四十三

游明根　劉芳

游明根字志遠廣平任人也祖鱓慕容熙樂浪太守父幼馮跋假廣平太守和龍平明根乃得歸鄉里游雅稱薦之世祖擢為中書學生性貞慎寡欲綜習經典及恭宗監國與公孫叡俱為主書高祖踐祚遷都曹主書賜爵安樂男寧遠將軍高祖以其小心敬慎每嗟美之假員外散騎常侍冠軍將軍安樂侯使於劉駿直使明僧暠相對前後三返駿稱其長者迎送之禮有加常使顯祖初以本將軍出為東青州刺史加員外常侍遷散騎常侍平東將軍都督兗州諸軍事瑕丘鎮將尋就拜東兗州刺史改爵新泰侯為政清平新民樂附高祖初入為給事中遷儀曹長加散騎常侍清約恭謹號為稱職後王師南討詔假安南將軍儀曹尚書廣平公與梁郡王嘉參謀軍計後兗州民叛詔明根慰喻敕南征沔西仇城連口三道諸軍稟明根節度還都正尚書仍加散騎常侍詔以與蕭賾絕使多年今宜通否羣臣會議尚書陸叡曰先以三吳不靖荊梁有難故權停之將觀釁而動今彼方既靖宜還通使明根曰中絕行人是朝廷之事深築醴陽侵彼境土二三之理直在蕭賾我今遣使於理為長高祖從之文明太后崩羣臣固請公除高祖與明根往復事在禮志遷大鴻臚卿河南王幹師尚書如故隨例降侯為伯又參定律令屢進讜言明根以年踰七十表求致仕詔不許頻表固請乃詔曰明根風度清幹志尚貞敏溫恭靜密乞言是寄故抑其高略之操至于再三表請殷勤不容違奪便已許其告辨可出前後表付外依禮施行引明根入見高祖曰卿年耆德茂服勤累朝歷職內外並著顯績逮于耆年履道不渝

是以釐革之始，委以禮任，遲能迂德臣贊於朕然高尚悠邈便爾言歸君臣之禮於斯而畢眷德思仁情何可已夫七十致仕典禮所稱位隆固辭賢者達節但季俗陵遲斯道弗繼卿獨秉冲操居今行古有魏以來首振頹俗進可以光我朝化退可以榮慰私門明根對曰臣桑榆之年鍾鳴漏盡蒙陛下之澤首領獲全待盡私庭下奉先帝陛下大恩臣之願也但犬馬之戀不勝悲塞因泣不自勝高祖命之令進言別殷勤仍爲流涕賜青紗單衣委貌冠被褥錦袍等物其年以司徒尉元爲三老明根爲五更行禮辟雍語在元傳賜步挽一乘給上卿之祿供食之味太官就第月送之以定律令之勤賜布帛一千匹穀一千斛後明根歸廣平賜絹五百匹安車一乘馬二匹幄帳被褥車駕幸鄴明根朝于行宮詔曰游五更光素蓬簷歸終衡里可謂朝之舊德國之老成可賜帛五百匹穀五百斛敕太官備送珍羞後車駕幸鄴又朝行宮賜穀帛如前爲造甲第國有大事恒璽書訪之舊疹發動手詔問疾太醫送藥太和二十三年卒於家年八十一世宗遣使弔祭賻錢一十萬絹三百匹布二百匹贈光祿大夫加金章紫綬謚靖侯明根歷官內外五十餘年處身以仁和接物以禮讓時論貴之高祖初明根與高閭以儒老學業特被禮遇公私出入每相追隨而閭以才筆時侔明根世號高游焉子肇襲爵

肇字伯始高祖賜名焉幼爲中書學生博通經史及蒼雅林說高祖初爲內祕書侍御中散司州初建爲都官從事轉通直郎祕閣令遷散騎侍郎典命中大夫車駕南伐肇上表諫止高祖不納尋遷太子中庶子肇謙素敦重文雅見任以父老求解官扶侍高祖欲令遂祿養乃出爲本州南安王楨鎮北府長史帶魏郡太守王薨復爲高陽王雍鎮北府長史太守如故爲政清簡加以匡贊歷佐二王甚有聲迹數年以父憂解任景明末徵爲廷尉少卿固辭乃授黃門侍郎遷散騎常侍黃門如故兼侍中爲畿內大使黜陟善惡賞罰分明轉太府卿徙廷尉卿兼御史中尉黃門如故肇儒者動存名教直繩所舉莫非傷風敗俗持法仁平斷獄務於矜恕尚書令高肇世宗之舅爲百寮慴憚以肇名與己同欲令改易肇以高祖所賜秉志不許高肇甚銜之世宗嘉其剛梗盧昶之在朐山也肇諫曰朐山蕞爾僻在海濱山湖下墊民無居者於我非急於賊爲利爲利故必致死而爭之非急故不得已而戰以不得已之衆擊必死之師恐稽延歲月所費遂甚假令必得朐山徒致交爭終難全守所謂無益之田也知賊將屢以宿豫求易朐山臣愚謂此言可許朐山久捍危敝宜速審之若必如此宿豫不征而自伏持此無用之地復彼舊有之疆兵役時解其利爲大世宗將從之尋而昶敗遷侍中蕭衍軍主徐玄明斬其青冀二州刺史張稷首以郁洲內附朝議遣兵赴援肇表曰玄明之款雖是當然事有損益或慴舉而功多或因小而生患不可必也今六里朐山地實接海陂湖下濕人不可居郁洲又在海中所謂雖獲石田終無所用若不待連兵六里雖剋尚不可守況方事連兵而爭非要也且六里於賊逾要去此閑遠若以閑遠之兵攻逼近之衆其勢既殊不可敵也災儉之年百姓飢敝餓死者亦復不少何以得宜靜之辰興干戈之役軍糧資運取濟無所唯見其損未覩其益且新附之民服化猶近特須安帖不宜勞之勞則怨生怨生則思叛思叛則不自安不安則擾動脫爾則連兵難解事不可輕宜損茲小利不使大損世宗並不納大將軍高肇伐蜀肇諫曰臣聞遠人不服則修文德以來之兵者凶器不得已而後用當今治雖太平論征未可何者山東關右殘傷未復頻年水旱百姓空虛宜在安靜不宜勞役然往昔開拓皆因城主歸欵故有征無戰今之據者雖假官號眞僞難分或有怨於彼不可全信且蜀地險隘稱之自古鎮戍晏然更無異趣豈得虛承浮說而動大軍舉不慎始悔將何及討蜀之略願俟後圖世宗又不納肅宗卽位遷中書令光祿大夫加金章紫綬相州大中正出爲使持節加散騎常侍鎮東將軍相州刺史有惠政徵爲太常卿遷尚書右僕射固辭詔不許肇於吏事斷決不速主者諮呈反覆論叙有時不曉至於再三必窮其理然後下筆雖寵勢干請終無回撓方正之操時人服之及領軍元乂之廢靈太后將害太傅清河王懌乃集公卿會議其事於時羣官莫不失色順旨肇獨抗言以爲不可終不下署正光元年八月卒年六十九詔給東園祕器朝服一襲賜帛七百匹肅宗舉哀於朝堂贈使持節散騎常侍驃騎大將軍儀同三司冀州刺史謚文貞公肇外寬柔內剛直躭好經傳手不釋書治周易毛詩尤精三禮爲易集解撰冠婚儀白珪論詩賦表啓凡七十五篇皆傳於世謙廉不競曾撰儒碁以表其志焉清貧寡欲資仰俸祿而已肇之爲廷尉也世宗嘗私敕肇有所降恕肇執而不從曰陛下自能恕之豈足令臣曲筆也其執意如此及肅宗初近侍羣官豫在奉迎者自侍中崔光已下並加封邑時封肇文安縣開國侯邑八百戶肇獨曰子襲父位今古之常因此獲封何以自處固辭不應論者高之

子祥字宗良頗有學歷祕書郎襲爵新泰伯遷通直郎國子博士領尚書郎中肅宗以肇昔辭文安之封復欲封祥祥守其父意卒亦不受又追論肇前議清河守正不屈乃封祥高邑縣開國侯邑七百戶孝昌元年卒年三十六贈征虜將軍給事黃門侍郎幽州刺史謚曰文

子皓字實多襲侍御史早卒

皓弟安居襲爵新泰伯武定中司空墨曹參軍齊受禪爵例降

明根叔父嬌中書博士濮陽鉅鹿二郡太守卒贈冠軍將軍相州刺史

嬌孫馥國子博士

馥弟思進尚書郎中

劉芳字伯文彭城人也漢楚元王之後也六世祖訥晉司隸校尉祖該劉義隆征虜將軍青徐二州刺史父邕劉駿兗州長史芳出後伯父遜之遜之劉駿東平太守也邕同劉義宣之事身死彭城芳隨伯母房逃竄青州會赦免舅元慶爲劉子業青州刺史沈文秀建威府司馬爲文秀所殺芳母子入梁鄒城慕容白曜南討青齊梁鄒降芳北徙爲平齊民時年十六南部尚書李敷妻司徒崔浩之弟女芳祖母浩之姑也芳至京師詣敷門崔恥芳流播拒不見之芳雖處窮窘之中而業尚貞固聰敏過人篤志墳典晝則傭書以自資給夜則讀誦終夕不寢至有易衣併日之敝而澹然自守不汲汲於榮利不慼慼於賤貧乃著窮通論以自慰焉芳常爲諸僧傭寫經論筆迹稱善卷直以一縑歲中能入百餘匹如此數十年賴以頗振由是與德學大僧多有還往時有南方沙門惠度以事被責未幾暴亡芳因緣閹知文明太后召入禁中鞭之一百時中官李豐主其始末知芳篤學有志行言之於太后太后微愧於心會蕭賾使劉纘至芳之族兄也擢芳兼主客郎與纘相接尋拜中書博士後與崔光宋弁邢產等俱爲中書侍郎俄而詔芳與產入授皇太子經遷太子庶子兼員外散騎常侍從駕洛陽自在路及旋京師恒侍坐講讀芳才思深敏特精經義博聞强記兼覽蒼雅尤長音訓辨析無疑於是禮遇日隆賞賚豐渥正除員外散騎常侍俄兼通直常侍從駕南巡撰述行事尋而除正王肅之來奔也高祖雅相器重朝野屬目芳未及相見高祖宴羣臣於華林肅語次云古者唯婦人有笄男子則無芳曰推經禮正文古者男子婦人俱有笄肅曰喪服稱男子免而婦人髽男子冠而婦人笄如此則男子不應有笄芳曰此專謂凶事也禮初遭喪男子免時則婦人髽男子冠時則婦人笄言俱時變而男子婦人免髽冠笄之不同也又冠尊故奪其笄稱且互言也非謂男子無笄又禮內則稱子事父母雞初鳴櫛纚笄總以茲而言男子有笄明矣高祖稱善者久之肅亦以芳言爲然曰此非劉石經邪昔漢世造三字石經於太學學者文字不正多往質焉芳音義明辨疑者皆往詢訪故時人號爲劉石經酒闌芳與肅俱出肅執芳手曰吾少來留意三禮在南諸儒亟共討論皆謂此義如吾向言今聞往釋頓袪平生之惑芳理義精通類皆如是高祖遷洛路由朝歌見殷比干墓愴然悼懷爲文以弔之芳爲注解表上之詔曰覽卿注殊爲富博但文非屈宋理慙張賈既有雅致便可付之集書詔以芳經學精洽超遷國子祭酒以母憂去官高祖南征宛鄧起爲輔國將軍太尉長史從太尉咸陽王禧攻南陽蕭鸞將裴叔業入寇徐州疆埸之民頗懷去就高祖憂之以芳爲散騎常侍國子祭酒徐州大中正行徐州事後兼侍中從征馬圈高祖崩於行宮及世宗卽位芳手加衮冕高祖自襲斂暨于啓祖山陵練除始末喪事皆芳撰定咸陽王禧等奉申遺旨令芳入授世宗經及南徐州刺史沈陵外叛徐州大水遣芳撫慰賑恤之尋正侍中祭酒中正並如故芳表曰夫爲國家者罔不崇儒尊道學敎爲先誠復政有質文茲範不易諒由萬端資始衆務稟法故也唐虞已往典籍無據隆周以降任居虎門周禮大司樂云師氏掌以媺詔王居虎門之左司王朝掌國中之事以教國子弟蔡氏勸學篇云周之師氏居虎門左敷陳六藝以教國子今之祭酒卽周師氏洛陽記國子學宮與天子宮對太學在開陽門外案學記云古之王者建國親民教學爲先鄭氏注云內則設師保以教使國子學焉外則有太學庠序之官由斯而言國學在內太學在外明矣案如洛陽記猶有仿像臣愚謂今旣徙縣崧瀍皇居伊洛宮闕府寺僉復故趾至於國學豈可舛替校量舊事應在宮門之左至如太學基所炳在仍舊營構又云太和二十年發敕立四門博士於四門置學臣案自周已上學惟以二或尚西或尚東或貴在國或貴在郊爰暨周室學蓋有六師氏居內太學在國四小在郊禮記云周人養庶老於虞庠虞庠在國之西郊禮又云天子設四學當

入學而太子齒注云四學周四郊之虞庠也案大戴保傳篇云帝入東學尚親而貴仁帝入南學尚齒而貴信帝入西學尚賢而貴德帝入北學尚貴而尊爵帝入太學承師而問道周之五學於此彌彰案鄭注學記周則六學所以然者注云內則設師保以教使國子學焉外則有太學庠序之官此其證也漢魏已降無復四郊謹尋先旨宜在四門案王肅注云天子四郊有學去王都五十里考之鄭氏不云遠近今太學故坊基趾寬曠四郊別置相去遼闊檢督難周計太學坊并作四門猶爲太廣以臣愚量同處無嫌且今時制置多循中代未審四學應從古不求集名儒禮官議其定所從之遷中書令祭酒如故出除安東將軍青州刺史爲政儒緩不能禁止姦盜廉清寡欲無犯公私還朝議定律令芳斟酌古今爲大議之主其中損益多芳意也世宗以朝儀多闕其一切諸議悉委芳修正於是朝廷吉凶大事皆就諮訪焉轉太常卿芳以所置五郊及日月之位去城里數於禮有違又靈星周公之祀不應隸太常乃上疏曰臣聞國之大事莫先郊祀郊祀之本實在審位是以列聖格言彪炳綿籍先儒正論昭著經史臣學謝全經業乖通古豈可輕薦瞽言妄陳管說竊見所置壇祠遠近之宜考之典制或未允衷既曰職司請陳膚淺孟春令云其數八又云迎春於東郊盧植云東郊八里之郊也賈逵云東郊木帝太昊八里許慎云東郊八里郊也鄭玄孟春令注云王居明堂禮曰王出十五里迎歲蓋殷禮也周禮近郊五十里鄭玄別注云東郊去都城八里高誘云迎春氣於東方八里郊也王肅云東郊八里因木數也此皆同謂春郊八里之明據也孟夏令云其數七又云迎夏於南郊盧植云南郊七里郊也賈逵云南郊火帝炎帝七里許慎云南郊七里郊也鄭玄云南郊去都城七里高誘云南郊七里之郊也王肅云南郊七里因火數也此又南郊七里之審據也中央令云其數五盧植云中郊五里之郊也賈逵云中央黃帝之位并南郊之季故云兆五帝於四郊也鄭玄云中郊西南未地去都城五里此又中郊五里之審據也孟秋令云其數九又曰迎秋於西郊盧植云西郊九里郊賈逵云西郊金帝少皞九里許慎云西郊九里郊也鄭玄云西郊去都城九里高誘云西郊九里之郊也王肅云西郊九里因金數也此又西郊九里之審據也孟冬令云其數六又云迎冬於北郊盧植云北郊六里郊也賈逵云北郊水帝顓頊六里許慎云北郊六里郊也鄭玄云北郊去都城六里高誘云北郊六里之郊也王肅云北郊六里因水數也此又北郊六里之審據也宋氏含文嘉注云周禮王畿千里二十分其一以爲近郊近郊五十里倍之爲遠郊迎王氣蓋於近郊漢不設王畿則以其方數爲郊處故東郊八里南郊七里西郊九里北郊六里中郊在西南未地五里祭祀志云建武二年正月初制郊兆於雒陽城南七里依採元始中故事北郊在雒陽城北四里此又漢世南北郊之明據也今地祇準此至如三十里之郊進乖鄭玄所引殷周二代之據退違漢魏所行故事凡邑外曰郊今計四郊各以郭門爲限里數依上禮朝拜日月皆於東西門外今日月之位去城東西路各三十竊又未審禮又云祭日於壇祭月於坎今計造如上禮儀志云立高禖祠于城南不云里數故今仍舊靈星本非禮事兆自漢初專爲祈田恒隸郡縣郊祀志云高祖五年制詔御史其令天下立靈星祠牲用太牢縣邑令長得祠晉祠令云郡縣國祠稷社先農縣又祠靈星此靈星在天下諸縣之明據也周公廟所以別在洛陽者蓋姬旦創成洛邑故傳世洛陽崇祠不絕以彰厥庸夷齊廟者亦世爲洛陽界內神祠今並移太常恐乖其本天下此類甚衆皆當部郡縣修理公私施之禱請竊惟太常所司郊廟神祇自有常限無宜臨時斟酌以意若遂爾妄營則不免淫祀二祠在太常在洛陽於國一也然貴在審本臣以庸蔽謬忝今職考括墳籍博採羣議既無異端謂粗可依據今玄冬務隙野罄人閑遷易郊壇二三爲便詔曰所上乃有明據但先朝置立已久且可從舊先是高祖於代都詔中書監高閭太常少卿陸琇并公孫崇等十餘人修理金石及八音之器後崇爲太樂令乃上請尚書僕射高肇更共營理世宗詔芳共主之芳表以禮樂事大不容輒決自非博延公卿廣集儒彥討論得失研窮是非則無以垂之萬葉爲不朽之式被報聽許數旬之間頻煩三議于時朝士頗以崇專綜既久不應乖謬各嘿然無發論者芳乃探引經誥搜括舊文共相難質皆有明據以爲盈縮有差不合典式崇雖示相酬答而不會問意卒無以自通尚書述奏仍詔委芳別更考制於是學者彌歸宗焉芳以社稷無樹又上疏曰依合朔儀注日有變以朱絲爲繩以繞係社樹三匝而今無樹又周禮司徒職云設其社稷之壝而樹之田主各以其社之所宜木鄭玄注云所宜木謂若松柏栗也此其一證也又小司徒封人職云掌設王之社壝爲畿封而樹之鄭玄注云不言稷者王主於社稷社之細也此其二證也又論語曰哀公問社於宰我宰我對曰夏后氏以松殷人以栢周人以栗是乃土地之所宜也此其三證也又白虎通云社稷所以有樹何也尊而識之也使民望見即敬之又所以表功也案此正解所以有樹之義了不論有之與無也此其四證也此云社稷所以有樹何然則稷亦有樹明矣又五經通義云天子太社王社諸侯國社侯社制度柰何曰社皆有垣無屋樹其中以木有木者土主生萬物萬物莫善於木故樹木也此其五證也此最其丁寧備解有樹之意也又五經要義云社必樹之以木周禮司徒職曰班社而樹之各以土地所生尚書逸篇曰太社惟松東社惟栢南社惟梓西社惟栗北社惟槐此其六證也此又太社及四方皆有樹別之明據也又見諸家禮圖社稷圖皆畫爲樹唯誡社誡稷無樹此其七證也雖辨有樹之據猶未正所植之木按論語稱夏后氏以松殷人以栢周人以栗便是世代不同而尚書逸篇則云太社惟松東社惟栢南社惟梓西社惟栗北社惟槐如此便以一代之中而五社各異也愚以爲宜植以松何以言之逸書云太社惟松今者植松不慮失禮惟稷無成證乃社之細蓋亦不離松也世祖從之芳沉雅方正槩尚甚高經傳多通高祖尤器敬之動相顧訪太子恂之在東宮高祖欲爲納芳女芳辭以年貌非宜高祖歎其謙慎更敕芳舉其宗女芳乃稱其族子長文之女高祖乃爲恂聘之與鄭懿女對爲左右孺子焉崔光於芳有中表之敬每事詢仰芳撰鄭玄所注周官儀禮音干寶所注周官音王肅所注尚書音何休所注公羊音范甯所注穀梁音韋昭所注國語音范曄後漢書音各一卷辨類三卷徐州人地錄二十卷急就篇續注音義證三卷毛詩箋音義證十卷禮記義證十卷周官儀禮儀證各五卷崔光表求以中書監讓芳世宗不許延昌二年卒年六十一詔賜帛四百匹贈鎮東將軍徐州刺史謚文貞

長子懌字祖欣雅有父風頗好文翰歷徐州別駕兗州左軍府長史司空諮議參軍屢爲行臺出使所歷皆有當官之稱轉通直散騎常侍徐州大中正行郢州事尋遷安南將軍大司農卿卒贈鎮東將軍徐州刺史謚曰簡無子弟廞以第三子琰爲後

琰天平中走江南武定末歸國賜爵臨潁縣子

懌弟廞字景興好學彊立善事當世高肇之盛及清河王懌爲宰輔廞皆與其子姪交遊往來靈太后臨朝又與太后兄弟往還相好太后令廞以詩賦授弟元吉歷尚書郎太尉屬中書侍郎冠軍將軍行南青州事尋徵安南將軍光祿大夫孝莊初除國子祭酒復以本官行徐州事前廢帝時除驃騎將軍左光祿大夫出帝初除散騎常侍遷驃騎大將軍復領國子祭酒出帝於顯陽殿講孝經廞爲執經雖訓答論難未能精盡而風采音制足有可觀尋兼都官尚書又兼殿中尚書及出帝入關齊獻武王至洛責廞而誅之時年五十二

子騭字子昇少有風氣頗涉文史弱冠州辟主簿奉使詣闕見莊帝於顯陽殿問以邊事騭應對閑敏帝善之遂敕除員外散騎侍郎出補徐州開府從事中郎父廞之死騭率鄉部赴兗州與刺史樊子鵠抗禦王師每戰流涕突陳城陷擒送晉陽齊獻武王矜而赦之文襄王之爲儀同開府以騭爲屬本州大中正武定初轉中書舍人加安東將軍於時與蕭衍和通騭前後受敕接對其使十六人出爲司徒右長史未幾遷左長史六年受使兗州行達東郡暴疾卒時人嗟惜之追贈本將軍南青州刺史

廞弟悅永安中開府記室

悅弟緘武定中鎮南將軍金紫光祿大夫

緘弟粹徐州別駕朱衣直閤粹少尚氣俠兄廞死粹招合部曲就兗州刺史樊子鵠謀應關西大將軍攻討城陷殺之

芳叔撫之孫思祖勇健有將略高祖末入朝歷羽林監梁沛二郡太守員外常侍屢爲統軍南征累著功捷任城王之圍鍾離也蕭衍遣其冠軍將軍張惠紹及彭瓮張豹子等率衆一萬送糧鍾離時思祖爲平遠將軍領兵數千邀衍餉軍於邵陽遣其長史元少騎一千於鍾離之北過其前鋒錄事參軍繆球掩其後思祖身率精銳橫衝其陳三軍合擊大破之擒惠紹及衍驍騎將軍祁陽縣開國男趙景悅悅弟寧遠將軍景脩寧遠將軍梅世和屯騎校尉任景攸長水校尉邊欣越騎校尉賈慶眞龍驤將軍徐敞等俘斬數千人尚書論功擬封千戶侯思祖有二婢美姿容善歌舞侍中元暉求之不得事遂停寢後除揚烈將軍遼西太守思祖於路叛奔蕭衍衍以思祖爲輔國將軍北徐州刺史領寇淮北數年而死

續子晣歷蕭衍琅邪東莞二郡太守戍朐山朐山人王萬壽斬晣送首以朐山內附并晣子猴於京師數年後以猴爲給事中汝陽太守正光初自郡南叛

芳從子懋字仲華祖泰之父承伯仕於劉彧並有名位懋聰敏好學博綜經史善草隸書多識奇字世宗初入朝拜員外郎遷尚書外兵郎中加輕車將軍芳甚重之凡所撰制朝廷軌儀皆與參量尚書博議懋與殿中郎袁翻常爲議主達於從政臺中疑事咸所訪決受詔參議新令性沉雅厚重善與人交器宇淵曠風流甚美時論高之尚書李平與之結莫逆之友遷步兵校尉領郎中兼東宮中舍人轉員外常侍鎭遠將軍領考功郎中立考課之科明黜陟之法甚有條貫肅宗初大軍攻硤石懋爲李平行臺郎中城拔懋頗有大功太傅淸河王懌愛其風雅常目而送之曰劉生堂堂搢紳領袖若天假之年必爲魏朝宰輔詔懋與諸才學之士撰成儀令懌爲宰相積年禮懋尤重令諸子師之遷太尉司馬熙平二年冬暴病卒家甚淸貧亡之日徒四壁而已太傅懌及當時才儁莫不痛惜之贈持節前將軍南秦州刺史諡曰宣簡懋詩誄賦頌及諸文筆見稱於時又撰諸品物造作之始十五卷名曰物祖

子鈞字士貞司員外散騎侍郎歷河南郡丞中散大夫徐州大中正祕書丞天平初卒贈前將軍徐州刺史

子規早卒

鈞弟箏字士文少而聰惠年十二詣尚書王衍衍與語大奇之遂與太傅李延寔祕書李凱上疏薦之拜祕書郎箏亦善士興和元年卒年二十八無子兄子矩繼

懋從叔元孫養志丘園不求聞達高祖幸彭城起家拜蘭陵太守治以淸白爲名卒官

子長文高祖擢爲南兗州冠軍府長史帶譙郡太守被圍糧竭固節全城以功賜爵下邑子遷魯郡太守高祖爲太子恂納其女爲孺子卒

子敬先襲爵

敬先弟徵奉朝請徐州治中

長文弟永字履南頗有將略累著征戰之勤歷位中散大夫龍驤將軍神龜中兼大鴻臚卿持策拜高麗王安還除范陽太守

芳族兄僧利輕財通俠甚得鄉情高祖幸徐州引見善之拜徐州別駕遷沛郡太守後遂從容鄉里不樂臺官積十餘年朝議慮其有二志徵拜輕車將軍羽林監卒官

長子世雄至太山太守

世雄弟世明字伯楚頗涉書傳自奉朝請稍遷蘭陵太守彭城內史屬刺史元法僧以城外叛遂送蕭衍衍欲加封爵世明固辭不受頻請衍乞還衍聽之肅宗時徵爲諫議大夫孝莊末除征虜將軍南兗州刺史時爾朱世龍等威權自己四方怨叛城民王乞得逼劫世明據州歸蕭衍衍封世明開國縣侯食邑千戶征西大將軍郢州刺史又加儀同三司世明復辭不受固請北歸衍不奪其意乃躬餞之於樂遊苑世明旣還奉送所持節身歸鄉里自是不復入朝常以射獵爲適興和三年卒於家贈驃騎大將軍儀同三司徐州刺史

子禕字彥英武定末冠軍將軍中散大夫

初蘭陵繆僾靈奇與彭城劉氏才望略等及彭城內附靈奇弟子承先隨薛安都至京師賜爵襄賁子尋還徐州數十年間了無從宦者世宗末承先子彥植襲爵見叙稍遷伏波將軍羽林監彥植恭愼長厚爲時所稱

時滎陽鄭演仕劉彧爲琅邪太守屬徐州刺史薛安都將謀內附演贊成其事顯祖初入朝以功除冠軍將軍彭城太守洛陽侯後拜太中大夫改爵雲陽伯卒贈幽州刺史諡曰懿其子孫因此遂家彭泗

子長猷以父勳起家拜寧遠將軍東平太守尋轉沛郡入爲南主客郎中太尉屬襲爵雲陽伯車駕南伐旣剋宛城拜長猷南陽太守及鑾輿將反詔長猷曰昔曹公剋荊州留滿寵於後朕今委卿此郡兼統戎馬非直綏初附以扞城相託特賜縑二百疋高祖崩於南陽猷於其郡尋徵護軍長史世宗初壽春歸欵兼給事黃門侍郎持節宣慰及任城王爲揚州刺史詔長猷爲諮議參軍帶安豐太守轉徐州武昌王府長史帶彭城內史徵拜諫議大夫轉司徒諮議遷通直散騎常侍永平五年卒諡曰貞侯

子廓襲卒

子元休襲興和中雍州刺史齊受禪爵例降

元休弟憑字元祐武定中司徒從事中郎

史臣曰游明根雅道儒風終受非常之遇以太和之盛當乞言之重抑亦曠世一時肇旣聿修克隆堂構正情梗氣顚沛不渝辭爵主幼之年亢節臣權之日顧視羣公其風固以遠矣劉芳𡡉然特立沉深好古博通洽識爲世儒宗亦當年之師表也懋才流識學有名士之風見重於世不虛然矣

魏書卷五十五考證

游明根傳游明根字志遠廣平任人也○臣人龍按本書游雅傳雅字伯度小名黃頭廣平任人也北史游明根卽附雅傳後謂爲雅從祖弟竊疑本書五十四五兩卷亦必有一非魏收之舊者否則此處應如北史稱雅從祖弟不應復云廣平任人矣

劉芳傳遣其長史元少騎一千於鍾離之北○元字下汲古閣本有一寵字

魏書卷五十六

齊　魏收　撰

列傳第四十四

鄭羲　崔辯

鄭羲字幼驎滎陽開封人魏將作大匠渾之八世孫也曾祖豁慕容垂太常卿父曄不仕娶于長樂潘氏生六子粗有志氣而羲第六文學爲優弱冠舉秀才尚書李孝伯以女妻之高宗末拜中書博士天安初劉彧司州刺史常珍奇據汝南來降顯祖詔殿中尚書元石爲都將赴之并招慰淮汝遣羲參石軍事到上蔡珍奇率文武三百人來迎旣相見議欲頓軍於汝北未卽入城羲謂石曰機事尙速今珍奇雖來意未可量不如直入其城奪其管籥據有府庫雖出其非意要以全制爲勝石從羲言遂策馬徑入其城城中尙有珍奇親兵數百人在珍奇宅內石旣剋城意益驕怠置酒嬉戲無警防之虞羲謂石曰觀珍奇甚有不平之色可嚴兵設備以待非常其夜珍奇果使人燒府廂屋欲因救火作難以石有備乃止明旦羲齎白虎幡慰郭邑衆心乃定明年春又引軍東討汝陰劉彧汝陰太守張超城守不下石率精銳攻之不克遂退至陳項議欲還軍長社待秋擊之諸將心樂早還咸稱善計羲曰今張超驅市負檐石蟻聚窮城命不延月宜安心守之超食已盡不降當走可翹足而待成擒物也而欲棄還長社道塗懸遠超必修城深壍多積薪穀將來恐難圖矣石不納遂旋師長社至冬復往攻超超果設備無功而還歷年超死楊文長代戍食盡城潰乃剋之竟如羲策淮北平還中書侍郎延興初陽武人田智度年十五妖惑動衆擾亂京索以羲河南民望爲州郡所信遣羲乘傳慰諭羲到宣示禍福重加募賞旬日之間衆皆歸散智度奔潁川尋見擒斬以功賜爵平昌男加鷹揚將軍高祖初兼員外散騎常侍假寧朔將軍陽武子使於劉準中山王叡寵幸當世並置王官羲爲其傅是後歷年不轉資產亦乏因請假歸遂盤桓不返及李沖貴寵與羲姻好乃就家徵爲中書令文明太后爲父燕宣王立廟於長安初成以羲兼太常卿假滎陽侯具官屬詣長安拜廟刊石建碑於廟門還以使功仍賜侯爵加給事中出爲安東將軍西兗州刺史假南陽公羲多所受納政以賄成性又嗇吝民有禮餉者皆不與杯酒臠肉西門受羊酒東門酤賣之以李沖之親法官不之糾也酸棗令鄭伯孫鄄城令董騰別駕賈德治中申靈度並在任廉貞勤恤百姓羲皆申表稱薦時論多之文明太后爲高祖納其女爲嬪徵爲祕書監太和十六年卒贈帛五百疋尙書奏諡曰宣詔曰蓋棺定諡先典成式激揚淸濁治道明範故何曾勿孝良史不改繆醜之名賈充寵晉直士猶立荒公之稱羲雖宿有文業而治闕廉淸稽古之効未光於朝策昧貨之談已形於民聽諡以善問殊乖其衷又前歲之選匪由備行克舉自荷後任勳績未昭尙書何乃情遺至公愆違明典依諡法博聞多見曰文不勤成名曰靈可贈以本官加諡文靈

長子懿字景伯涉歷經史善當世事解褐中散尙書郎稍遷驃騎長史尙書吏部郎太子中庶子襲爵滎陽伯懿閑雅有治才爲高祖所器遇拜長兼給事黃門侍郎司徒左長史世宗初以從弟思和同咸陽王禧之逆與弟通直常侍道昭俱坐繫親出禁拜太常少卿加冠軍將軍出爲征虜將軍齊州刺史尋進號平東將軍懿好勸課善斷決雖不潔淸義然後取百姓猶思之永平三年卒贈本將軍兗州刺史諡曰穆

子恭業襲爵武定三年坐與房子遠謀逆伏誅

懿弟道昭字僖伯少而好學綜覽羣言初爲中書學生遷祕書郎拜主文中散從員外散騎侍郎祕書丞兼中書侍郎從征沔漢高祖饗侍臣於懸瓠方丈竹堂道昭與兄懿俱侍坐焉樂作酒酣高祖乃歌曰白日光天兮無不曜江左一隅獨未照彭城王勰續歌曰願從聖明兮登衡會萬國馳誠混內外鄭懿歌曰雲雷大振兮天門闢率土來賓一正歷邢巒歌曰舜舞干戚兮天下歸文德遠被莫不思道昭歌曰皇風一鼓兮九地匝戴日依天淸六合高祖又歌曰遵彼汝墳兮昔化貞未若今日道風明宋弁歌曰文王政敎兮暉江沼寧如大化光四表高祖謂道昭曰自比遷務雖猥與諸才儁不廢詠綴遂命邢巒總集叙記當爾之年卿頻丁艱禍每眷文

席常用慨然尋正除中書郎轉通直散騎常侍北海王詳爲司徒以道昭與琅邪王秉爲諮議參軍遷國子祭酒道昭表曰臣竊以爲崇治之道必也須才養才之要莫先於學今國子學堂房粗置弦誦闃爾城南太學漢魏石經丘墟殘毀藜藿蕪穢遊兒牧豎爲之歎息有情之輩實亦悼心況臣親司而不言露伏願天慈回神紆眄賜垂鑒察若臣微意萬一合允求重勑尚書門下考論營制之模則五雍可翹立而興毀銘可不日而就樹舊經於帝京播茂範於不朽斯有天下者之美業也不從廣平王懷爲司州牧以道昭與宗正卿元匡爲州都道昭又表曰臣聞唐虞啓運以文德爲本殷周致治以道藝爲先然則禮樂者爲國之基不可斯須廢也是故周敷文教四海宅心爵秉周禮彊齊歸義及至戰國紛紜干戈遞用五籍灰焚羣儒坑殄賊仁義之經貴戰爭之術遂使天下分崩黔黎荼炭數十年間民無聊生者斯之由矣爰暨漢祖於行陳之中尙優引叔孫通等光武中興於撥亂之際乃使鄭衆范升校書東觀降逮魏晉何嘗不殷勤於篇籍篤學於戎伍伏惟大魏之興也雖羣凶未殄戎馬在郊然猶招集英儒廣開學校用能闡道義於八荒布盛德於萬國敎靡不懷風無不偃今者乘休平之基開無疆之祚定鼎伊瀍惟新寶歷九服咸至德之和四垠懷擊壤之慶而蠢爾閩吳阻化江湫先帝爰震武怒戎車不息而停鑾佇蹕留心典墳命故御史中尉臣李彪與吏部尚書任城王澄等妙選英儒以宗文教澄等依旨置四門博士四十八人其國子博士太學博士及國子助教宿已簡置伏尋先旨意在速就但軍國多事未遑營立自爾迄今垂將一紀學官凋落四術寢廢遂使碩儒耆德卷經而不談俗學後生遺本而逐末進競之風實由於此矣伏惟陛下欽明文思玄鑒洞遠越會未款務修道以來之遐方後服敷文教而懷之垂心經素優柔墳籍將使化越軒唐德隆虞夏是故屢發中旨敦營學館房宇既修生徒未立臣學陋全經識蔽篆素然往年刪定律令謬預議筵謹依準前修尋訪舊事參定學令事訖封呈自爾迄今未蒙報判但廢學歷年經術淹滯請學令并制早勑施行使選授有依生徒可準詔曰具卿崇儒敦學之意良不可言新令尋班施行無遠可謂職思其憂無曠官矣道昭又表曰竊惟鼎遷中縣年將一紀縉紳䆉業俎豆闕聞遂使濟濟明朝無觀風之美非所以光國宣風納民軌義臣自往年以來頻請學令並置生員前後累上未蒙一報故當以臣識淺濫官無能有所感悟者也館宇既修生房粗構博士見員足可講習雖新令未班請依舊權置國子學生漸開訓業使播教有章儒風不墜後生覩徒義之機學徒崇知新之益至若孔廟既成釋奠告始揖讓之容請俟令出不報還祕書監滎陽邑中正出爲平東將軍光州刺史轉青州刺史將軍如故復入爲祕書監加平南將軍熙平元年卒贈鎭北將軍相州刺史謚曰文恭道昭好爲詩賦凡數十篇其在二州政務寬厚不任威刑爲吏民所愛

子嚴祖頗有風儀粗觀文史歷通直郎通直常侍輕躁薄行不修士業傾側勢家乾沒榮利閨門穢亂聲滿天下出帝時御史中尉綦儁劾嚴祖與宗氏從姊姦通人士咸恥言之而嚴祖聊無愧色孝靜初除驃騎將軍左光祿大夫鴻臚卿出爲北豫州刺史仍本將軍罷州還除鴻臚卿卒贈都督豫兗潁三州諸軍事（闕二字）將軍司空公豫州刺史

嚴祖弟敬祖性亦麤疎起家著作佐郎鄭儼之敗也爲鄉人所害

敬祖弟述祖武定中尙書

述祖弟遵祖祕書郎卒贈輔國將軍光州刺史

遵祖弟順卒於太常丞自靈太后預政婬風稍行及元乂擅權公爲姦穢自此素族名家遂多亂雜法官不加糾治婚宦無貶於世有識咸以歎息矣羲五兄長白驎次小白次洞林次叔夜次連山並恃豪門多行無禮鄉黨之內疾之若讎

白驎孫道僄隨郡太守

小白中書博士

子胥伯有當世器幹自中書博士遷侍郎轉司空長史高祖納其女爲嬪出爲建威將軍東徐州刺史轉廣陵王征東府長史帶齊郡內史卒於鴻臚少卿謚田簡曰

子希儁未官而亡

子道育武定中開封太守

希儁弟幼儒好學修謹時望甚優丞相高陽王雍以女妻之歷尙書郎通直郎司州別駕有當官之稱卒贈散騎常侍安東將軍兗州刺史謚景幼儒亡後妻淫蕩兇悖肆行無禮子敬道敬德並亦不才俱走於關右幼儒從兄伯猷每謂所親曰從弟人才足爲令德不幸得如此婦今死復重死可爲悲歎

胥伯弟平城太尉諮議廣陵王羽納其女爲妃出爲東平原太守性淸狂使酒爲政貪殘卒贈征虜將軍南青州刺史

長子伯猷博學有文才早知名舉司州秀才以射策高第除幽州平北府外兵參軍轉太學博士領殿中御史與當時名勝咸申遊款肅宗釋奠詔伯猷錄義安豐王延明之征徐州也引爲行臺郎中事寧還都遷尙書外兵郎中典起居注以軍功賜爵陽武子稍遷散騎常侍平東將軍前廢帝初以舅氏超授征東將軍金紫光祿大夫領國子祭酒久之爲車騎將軍右光祿大夫轉護軍將軍元象初以本官兼散騎常侍使於蕭衍前後使人蕭衍令其侯王於馬射之日宴對申禮伯猷之行衍令其領軍將軍臧盾與之相接議者以此貶之使還除驃騎將軍南青州刺史在州貪惏妻安豐王元延明女專爲聚斂貨賄公行潤及親戚戶口逃散邑落空虛乃誣良民云欲反叛籍其資財盡以入己誅其丈夫婦女配沒百姓怨苦聲聞四方爲御史糾劾死罪數十條遇赦免因以頓廢齊文襄王作相每誡厲朝士常以伯猷及崔叔仁爲論武定七年除太常卿其年卒年六十四贈驃騎大將軍中書監兗州刺史

伯猷弟仲衡武定中儀同開府中郎

仲衡弟輯之解褐奉朝請領侍御史以軍功賜爵城皐男稍遷黎陽太守屬元顥入洛令其舅范遵鎭守滑臺與輯之隔岸相對遵潛軍夜渡規欲掩襲輯之率厲城民拒河擊之遵遂遁走朝廷嘉之除司州別駕尋轉司空長史遷鎭南將軍金紫光祿大夫孝靜初除征南將軍東濟北太守帶肥城戍主男如故天平四年卒時年四十九贈都督北豫梁二州諸軍事驃騎將軍度支尙書北豫州刺史

輯之弟懷孝武定中司徒諮議

洞林子敬叔司州都官從事滎陽邑中正濮陽太守坐貪穢除名

子籍字承宗徐州平東府長史

籍弟瓊字祖珍有彊幹之稱自太尉諮議爲范陽太守治頗有聲卒贈太常少卿孝昌中弟儼寵要重贈安東將軍青州刺史瓊兄弟雍睦其諸娣姒亦咸相親愛閨門之內有無相通爲時人所稱美

子道邕殁關西儼事在恩倖傳

敬叔弟士恭燕郡太守孝昌中因儼之勢除衞尉少卿尋遷左將軍瀛州刺史時葛榮寇竊河北州城淪陷不獲之鎭尋除征北將軍金紫光祿大夫又遷衞將軍右光祿大夫永熙中卒贈驃騎將軍冀州刺史重贈尙書左僕射謚曰貞

長子子貞司空掾遷從事中郎南兗州開府司馬

子貞弟子湛齊濟二州長史光祿大夫

子湛弟昭伯武定中東平太守

昭伯弟子嘉早卒

子大護武定中司空戶曹參軍

叔夜子伯夏司徒諮議東萊太守卒贈冠軍將軍太常少卿青州刺史

子忠字周子右軍將軍鎭遠將軍卒贈平東將軍徐州刺史

弟豪長水校尉東平原太守

伯夏弟謹字仲恭琅邪太守

子嵩賓歷尙書郎員外常侍稍遷至左光祿大夫卒

連山性嚴暴撾撻僮僕酷過人理父子一時爲奴所害斷首投馬槽下乘馬北逝其第二子思明驍勇善騎射披髮率村義馳騎追之及於河奴乘馬投水思明止將從不聽放矢乃自射之一發而中落馬隨流衆人擒執至家臠而殺之思明及弟思和並以武功自効思明至驍騎將軍直閤將軍坐弟思和同元禧逆徙邊會赦卒於家後贈冠軍將軍濟州刺史

子先護少有武幹解褐員外郎轉通直郎莊帝之居藩也先護深自結託及爾朱榮稱兵向洛靈太后令先護與鄭季明等固守河梁先護聞莊帝卽位於河北遂開門納榮以功封平昌縣開國侯邑七百戶轉通常侍加鎭北將軍尋除前將軍廣州刺史假平南將軍當州都督時妖賊劉舉於濮陽起逆詔先護以本官爲東道都督討舉平之還鎭後元顥入洛莊帝北巡先護據州起義兵不受顥命顥遣上書令臨淮王彧率衆討之先護出城拒戰莊帝還京嘉其誠節除使持節散騎常侍都督襄廣二州諸軍事鎭南將軍刺史如故進爵郡公增邑一千三百戶尋轉征西將軍東雍州刺史假車騎將軍當州都督常侍如故未之任又轉都督二豫東雍三州諸軍事征東將軍豫州刺史餘官如故又兼尙書右僕射二豫郢潁四州行臺尋除車騎將軍左衞將軍及爾朱榮死徐州刺史爾朱仲遠擁兵向洛前至東郡詔軍出討不能制之乃詔先護以本官假驃騎將軍大都督領所部與行臺楊昱同討之莊帝又遣都督賀拔勝討仲遠勝於陳降賊戰士離心尋聞京師不守先護部衆逃散遂竄伏於南境前廢帝初仲遠遣人招誘之旣出而害焉出帝時贈持節都督青齊濟兗四州諸軍事

驃騎大將軍儀同三司青州刺史開國如故
思和歷太尉中兵參軍同元禧之逆伏法
子康業通直郎出帝時坐事賜死
子彬武定末齊王相國中兵參軍
思和弟季長太學博士卒
子喬歷司州治中驃騎將軍左光祿大夫
義叔父簡簡孫尙壯健有將略屢爲統軍東西征討以
軍功賜爵汝陽男歷位尙書郎步兵校尉驍騎將軍遷
輔國將軍太尉司馬出爲濟州刺史將軍如故爲政寬
簡百姓安之卒贈本將軍豫州刺史謚曰惠
子貴賓襲解褐北海王國常侍員外散騎侍郎稍遷尙
書金部郎以公坐免官久之兼太尉屬卒贈征虜將軍
荆州刺史
子景裕襲武定末儀同開府行參軍
貴賓弟灸珍卒於員外常侍贈安東將軍光州刺史
貴賓異母弟大倪小倪皆麤險薄行好爲劫盜侵暴鄉
里百姓毒患之普泰中並爲爾朱仲遠所殺
尙從父兄雲字道漢歷鴈門濮陽二郡貪穢狠籍肅宗
時納賄劉騰得爲龍驤將軍安州刺史坐遷舉受財爲
御史所糾因暴病卒
雲從父兄子敬賓自祕書郎稍遷輔國將軍中散大夫
魏郡太守金紫光祿大夫
子士淵司空行參軍
義從父兄德玄顯祖初自淮南內附拜滎陽太守
子頹考太和中復爲滎陽太守卒贈冠軍將軍豫州刺
史開封侯謚曰惠
子洪建太尉祭酒同元禧之逆與弟祖育同伏法永安
中特追贈平東將軍齊州刺史
子士機性識不周多有短失歷散騎侍郎司空從事中
郎中書郎卒
子道蔭武定末開府行參軍
祖育太尉祭酒亦特贈平東將軍豫州刺史
祖育弟仲明奉朝請稍遷太尉屬以公彊當世爲從弟
儼所昵除滎陽太守儼慮世難欲以東道託之建義初
仲明弟季明遇害河陰儼後歸之欲與起兵尋爲城民
所殺
仲明兄洪健李沖女壻建義初莊帝以仲明舅氏之親
其弟與謀扶戴仲明之死也且有奉國之意乃追封安
平縣開國侯邑七百戶贈侍中車騎大將軍儀同三司
尙書左僕射雍州刺史

長子道門仲明初謀起義令道門說大都督李叔仁於
大梁叔仁始欲同舉後聞莊帝已立叔仁子拔江乃斬
道門建義中特贈立節將軍瓜州刺史
道門弟孝邕襲天保初爵隨例降
仲明弟季亮司徒城局參軍員外常侍卒贈散騎常侍
撫軍將軍青州刺史
季亮弟季明釋褐太學博士正光中譙郡太守帶渦陽
戍主頻爲蕭衍遣將攻圍兵糧寡少外援不接季明孤
城自守卒得保全朝廷嘉之封安德縣開國伯邑七伯
戶累遷平東將軍光祿少卿武泰中潛通爾朱榮謀奉
莊帝及在河陽遂爲亂兵所害事寧追封南頴川郡開
國公食邑千五百戶贈驃騎大將軍尙書左僕射司空
公定州刺史
子昌襲武定末司徒城局參軍天保初爵隨例降
崔辯字神通博陵安平人學涉經史威儀整峻顯祖徵
拜中書博士散騎侍郎平遠將軍武邑太守政事之餘
專以勸學爲務年六十二卒贈安南將軍定州刺史謚
曰恭
長子景儁梗正有高風好古博涉以經明行修徵拜中
書博士歷侍御史主文中散受勅接蕭賾使蕭琛范雲
高祖賜名爲逸後爲員外散騎侍郎與著作郎韓興宗
參定朝儀雅爲高祖所知重選國子博士每有公事逸
常被詔獨進博士特命自逸始轉通直散騎常侍廷尉
少卿卒朝廷悼惜之賵以本官
子巨倫字孝宗幼孤及長歷涉經史有文學武藝以世
宗挽郎除冀州鎭北府墨曹參軍太尉記室參軍叔楷
爲殷州巨倫仍爲長史北道別將在州陷賊歛恤亡存
爲賊所義葛榮聞其才名欲用爲黃門侍郎巨倫心惡
之至五月五日會集官寮令巨倫賦詩巨倫乃曰五月
五日時天氣已大熱狗便呀欲死牛復吐出舌以此自
晦獲免未幾潛結死士數人夜中南走逢賊遊騎數百
俱恐不濟巨倫曰寧南死一寸豈北生一尺也便欺賊
曰吾受敕而行賊不信共爇火觀敕火未然巨倫手刃
賊帥餘人因與奮擊殺傷數十人賊乃四潰得馬數匹
而去夜陰失道惟看佛塔戶而行到洛朝廷嘉之授持
節別將北討初楷喪之始巨倫收殯倉卒事不周固至
是遂偷路改殯并竊家口以歸尋授國子博士莊帝卽
位假節中堅將軍東濮陽太守假征虜將軍別將時河
北紛梗人避賊多住郡界歲儉飢乏巨倫傾貲贍恤務
相全濟時類高之元顥入洛據郡不從莊帝還宮行西

兗州事封㶏陽縣開國男邑二百戶尋除光祿大夫三
年卒時年四十四
子武襲武定中懷州衞軍府錄事參軍齊受禪爵例降
初巨倫有姊明惠有才行因患眇一目內外親類莫有
求者其家議欲下嫁之巨倫姑趙國李叔胤之妻高明
慈篤聞而悲感曰吾兄盛德不幸早世豈令此女屈事
卑族乃爲子翼納之時人歎其義崔氏與翼書詩數十
首辭理可觀
逸弟楷字季則美風望性剛梗有當世幹具釋褐奉朝
請員外散騎侍郎廣平王懷文學正始中以王國官非
其人多被刑戮惟楷與楊昱以數諫獲免後爲尙書左
主客郎中伏波將軍太子中舍人左中郎將以黨附高
肇爲中尉所劾事在高聰傳楷性嚴烈能摧挫豪彊故
時人語曰莫獨都買反獮孤楷反付崔楷於時冀定數州頻
遭水害楷上疏曰臣聞有國有家者莫不以萬姓爲心
故矜傷軫於造次求瘼結於寢興黎民阻飢唐堯致歎
衆庶斯饉帝乙罰己良以爲政與農實繫民命水旱緣
茲以得濟夷險用此而獲安頃東北數州頻年淫雨長
河激浪洪波汨流川陸連濤原隰通望彌漫不已氾濫
爲災戶無擔石之儲家有藜藿之色華壤膏腴變爲舄
鹵菽麥禾黍化作藿蒲斯用痛心徘徊潸然佇立也昔
洪水爲害四載流於夏書九土旣平攸同紀自虞誥亮
由君之勤恤臣用劬勞日昃忘餐宵分廢寢伏惟皇魏
握圖臨宇懲契裁極道敷九有德被八荒槐階棘路實
維英哲虎門麟閣實曰賢明天地函和日月光曜自比
定冀水潦無歲不飢幽瀛川河頻年氾溢豈是陽九厄
會百六鍾期故以人事而然非爲運極昔魏國鹹舄史

起哂之茲地荒蕪臣實爲取不揆愚瞽輒敢陳之計水
之湊下浸潤無間九河通塞屢有變改不可一準古法
皆循舊隄何者河決瓠子梁楚幾危宣防旣建水還舊
迹十數年間戶口豐衍又決屯氏兩川分流東北數郡
之地僅得支存及下通靈鳴水田一路往昔膏腴十分
病九邑居凋離墳井毀滅良由水大渠狹更不開瀉泉
流壅塞曲直乘之所致也至若量其逶迤穿鑿涓澮分
立隄堨所在疏通預決其路令無停蹙隨其高下必得
地形土木參功務從便省使地有金隄之堅水有非常
之備鉤連相注多置水口從河入海遠邇逕過瀉其境
潟泄此陂澤九月農罷量役計功十月昏正立匠表度
縣遣能工麾畫形勢郡發明使籌察可否審地推岸辨
其脉流樹板分崖練厥從往別使案檢分部是非瞰睇
川原明審通塞當境修治不勞役遠終春自罷未須久
功卽以高下營田因於水陸水種秔稻陸蓺桑麻必使
室有久儲門豐餘積其實上葉禦災之方亦爲中古井
田之利卽之近事有可比倫江淮之南地勢洿下雲雨
陰霖動彌旬月遙途遠運惟用舟艫南畝畬菑微事耒
耜而衆庶未爲饉色黔首罕有飢顏豈天德不均致地
偏罰故是地勢異圖有茲豐餒臣旣鄕居水際目覩荒
殘每思鄭白屢想王李夙宵不寐言念皇家愚誠丹款
實希效力有心螢爝乞暫施行使數州士女無廢耕桑
之業聖世洪恩有賑飢荒之士鄭宰深笑息自一朝臣
之至誠申於今日詔曰頻年水旱爲患黎民阻飢靜言
念之晨不遑食鑒此事條深協在慮但計畫功廣非朝
夕可合宜付外量聞事遂施行楷用功未就詔還追罷
久之京兆王繼爲大將軍西討引楷爲司馬還轉後將
軍廣平太守後葛榮轉盛諸將拒擊並皆失利孝昌初
加楷持節散騎常侍光祿大夫兼尙書北道行臺尋轉
軍司未幾分定相二州四郡置殷州以楷爲刺史加後
將軍楷至州表曰竊惟殷州地實四衝居當五裂西通
長山東漸巨野頃國路康寧四方有截仍聚姦宄桴鼓
時鳴況今天長喪亂妖災間起定州逆虜越趄北界鄴
下兇爐蠶蝕腹心兩處犬羊勢足并合城下之戰匪暮
斯朝臣以不武屬此屏捍實思効力以弱敵彊析骸煮
弩固此忠節但基趾造創庶事茫然升儲尺刃聊自未
有雖欲竭誠莫知攸濟謹列所須兵仗請垂矜許必當
虎視一方過其侵軼肅清境內保全所委詔付外量竟
無所給葛榮自破章武廣陽二王之後鋒不可當初楷
將之州人咸勸留家口單身述職楷曰食人之祿憂人

之事如一身獨往朝廷謂吾有進退之計將士又誰肯爲人固志也遂合家赴州三年春賊勢已逼或勸減小弱以避之乃遣第四女第三兒夜出旣而召寮屬共論之咸曰女郎出嫁之女郎君小未勝兵留之無益去復何損且使君在城家口尙多足固將士之意竊不足爲疑楷曰國家豈不知城小力弱也置吾死地令吾死耳一朝送兒女將謂吾心不固虧忠全愛臧獲恥之況吾荷國重寄也遂命追還州旣新立了無禦備之具及賊來攻楷率力抗拒强弱勢懸每勒兵士撫厲之莫不爭奮咸稱崔公尙不惜百口吾等何愛身速戰半旬死者相枕力竭城陷楷執節不屈賊遂害之時年五十一長子士元舉茂才平州錄事參軍假征虜將軍防城都督隨楷之州州陷亦戰歿楷兄弟父子並死王事朝野傷歎焉贈使持節散騎常侍鎭軍將軍定州刺史永熙中又特贈侍中都督冀定相三州諸軍事驃騎大將軍儀同三司冀州刺史

士元弟士謙士約並歿關西

士約弟士順儀同開府行參軍

士元息勵德武定中司徒城局參軍

史臣曰鄭羲機識明悟爲時所許懿兄弟風尙俱有可觀故能並當榮遇其濟美矣嚴祖穢薄忝其家世幼儒令問促年伯猷賄以敗業惜乎崔辯器業著聞位不遠到逸經明行高籍甚太和之日德優官薄仍世恨之模雄壯之烈楷忠貞之操殺身成義臨難加歸非大丈夫亦何能以若此

魏書卷五十六考證

鄭羲傳洞林子敬叔○子監本作字據本傳云鄭羲五兄長白驎次小白次洞林次叔夜次連山遂各序其子某孫某今觀下文有云敬叔弟士恭則可知敬叔士恭皆洞林子而非其字矣今改正

崔辨傳逸弟模○臣人龍按本書崔玄伯傳附崔模乃別爲一人

穿鑿涓澮○涓疑應作溝

魏書卷五十七

齊　魏收　撰

列傳第四十五

高祐　崔挺

高祐字子集小名次奴勃海人也本名禧以與咸陽王同名高祖賜名祐司空允從祖弟也祖展慕容寶黃門郎太祖平中山內徙京師卒於三都大官父讜從世祖滅赫連昌以功拜游擊將軍賜爵南皮子與崔浩共參著作遷中書侍郎轉給事中冀青二州中正假散騎常侍平東將軍蓨縣侯使高麗卒贈安南將軍冀州刺史假滄水公謚曰康祐兄祚襲爵東青州刺史祐博涉書史好文字雜說材性通放不拘小節初拜中書學生轉博士侍郎以祐招下邳郡羣賊之功賜爵建康子高宗末兗州東郡吏獲一異獸獻之京師時人咸無識者詔以問祐祐曰此是三吳所出厥名鮻鯉餘域率無今我獲之吳楚之地其有歸國者乎又有人於零丘得玉印一以獻詔以示祐祐曰印上有籀書二字文曰宋壽壽者命也我獲其命亦是歸我之徵顯祖初劉義隆子義陽王昶來奔薛安都等以五州降附時謂祐言有驗高祖拜祕書令後與丞李彪等奏曰臣等聞典謨興話言所以光著載籍作成事所以昭揚然則尚書者記言之體春秋者錄事之辭尋覽前志斯皆言動之實錄也夏殷以前其文弗具自周以降典章備舉史官之體文質不同立書之旨隨時有異至若左氏屬詞比事兩致並書可謂存史意而非全史體逮司馬遷班固皆博識大才論敘今古曲有條章雖周達未兼斯寔前史之可言者也至於後漢魏晉咸以放焉惟聖朝創制上古開基長發自始均以後至於成帝其間世數久遠是以史弗能傳臣等疎陋忝當史職披覽國記竊有志焉愚謂自王業始基庶事草創皇始以降光宅中土宜依遷固大體令事類相從紀傳區別表志殊貫如此修綴事可備盡伏惟陛下先天開物洪宣帝命太皇太后淳曜二儀惠和王度聲教之所漸洽風譯之所覃加固已義振前王矣加太和以降年未一紀然嘉符禎瑞備臻於往時洪功茂德事萃於曩世會稽佇玉牒之章岱宗想石記之列而祕府策勳述美未盡將令皇風大猷或闕而不載功臣懿績或遺而弗傳著作郎已下請取有才用者參造國書如得其人三年有成矣然後大明之德功光于帝篇聖后之勳業顯于皇策佐命忠貞之倫納言司直之士咸以備著載籍矣高祖從之高祖從容問祐曰比水旱不調五穀不熟何以止災而致豐稔祐對曰昔堯湯之運不能去陽九之會陛下道同前聖其如小旱何但當旌賢佐政敬授民時則災消穰至矣又問止盜之方祐曰昔宋鈞樹德害獸不過其鄉卓茂善教蝗蟲不入其境彼盜賊者人也苟訓之有方寧不易息當須宰守貞良則盜止矣祐又上疏云今之選舉不採職治之優劣專簡年勞之多少斯非盡才之謂宜停此薄藝棄彼朽勞唯才是舉則官方斯穆又勳舊之臣雖年勤可錄而才非撫人者則可加之以爵賞不宜委之以方任所謂王者可私人以財不私人以官者也高祖皆善之加給事中冀州大中正餘如故時李彪專統著作祐爲令時相關預而已出爲持節輔國將軍西兗州刺史假東光侯鎭滑臺祐以郡國雖有太學縣黨宜有黌序乃縣立講學黨立教學村立小學又令一家之中自立一碓五家之外共造一井以供行客不聽婦人寄舂取水又設禁賊之方令五五相保若盜發則連其坐初雖似煩碎後風化大行寇盜止息轉宋王劉昶傅以昔參定律令之勤賜帛五百疋粟五百石馬一匹昶以其官舊年耆雅相祗重妓妾之屬多以遺之拜光祿大夫傅如故昶薨後徵爲宗正卿而祐留連彭城久而不赴於是尚書僕射李沖奏祐散逸淮徐無事稽命處刑三歲以贖論詔免卿任還復光祿太和二十三年卒太常議謚曰煬侯詔曰不遵上命曰靈可謚爲靈

子和璧字僧壽有學問中書博士早卒

和璧子顥字門賢學涉有時譽自司空參軍轉員外郎襲爵建康子遷符璽郎中出爲冀州別駕未之任屬刺史元愉據州反世宗遣尚書李平爲都督率衆討之平以顥彼州領袖乃引爲錄事參軍仍領統軍軍機取捨多與參決擒愉之後別黨千餘人皆將伏法顥以爲擁逼之徒前許原免宜爲表陳請平從之於是咸蒙全濟事定顥仍述職時軍旅之後因之饑饉顥爲綱紀務存寬靜甚收時譽尋加陵江將軍坐事免久之除鎭遠將軍遷輔國將軍中散大夫轉征虜將軍仍中散卒時年四十九贈平東將軍滄州刺史謚曰惠

子德正襲武定中黃門侍郎

顥弟雅字興賢有風度自給事中稍遷司徒府錄事參軍定州撫軍府長史卒年三十四天平中追贈散騎常侍平北將軍冀州刺史

子德乾早有令問任城太守卒

雅弟諒字修賢少好學多識强記居喪以孝聞太和末京兆王愉開府辟召高祖妙簡行佐諒與隴西李仲尚趙郡李鳳起等同時應選稍遷太尉主簿國子博士正光中加驍騎將軍爲徐州行臺至彭城屬元法僧反叛逼諒同之諒不許爲法僧所害時年四十一朝廷痛惜之贈左將軍滄州刺史又下詔以諒臨危授命誠節可重復贈使持節平北將軍幽州刺史贈帛二百匹優一子出身謚曰忠侯三子長惠勝武定中司徒外兵參軍諒造親表譜錄四十許卷自五世已下內外曲盡覽者服其博記

祐弟欽幼隨從叔濟使於劉義隆還爲中書學生遷祕書中散年四十餘卒

子法永諸王從事中郎亦早亡

祐從父弟次同永安末撫軍將軍定州刺史

子乾邕永熙中司空公長樂郡開國公

乾邕弟敖曹天平中司徒公京兆郡開國公

崔挺字雙根博陵安平人也六世祖贊魏尚書僕射五世祖洪晉吏部尚書父鬱濮陽太守挺幼居喪盡禮少敦學業多所覽究推人愛士州閭親附焉每四時與鄉人父老書相存慰辭旨款備得者榮之三世同居門有禮讓於後頻值饑年家始分析挺與弟振推讓田宅舊資惟守墓田而已家徒壁立兄弟怡然手不釋卷時穀糴踊貴鄉人或有贍者遺挺辭讓而受仍亦散之貧困不爲畜積故鄉邑更欽歎焉舉秀才射策高第拜中書博士轉中書侍郎以工書受敕於長安書文明太后父燕宣王碑賜爵泰昌子轉登聞令遷典屬國下大夫以參議律令賜布帛八百匹穀八百石馬牛各二尚書李沖甚重之高祖以挺女爲嬪太和十八年大將軍宋王劉昶南鎭彭城詔假立義將軍爲昶府長史以疾辭免乃以王肅爲長史其被寄遇如此後除昭武將軍光州刺史威恩並著風化大行十九年車駕幸兗州召挺赴行在所及見引論優厚又問挺治邊之略因及文章高祖甚悅謂挺曰別卿已來倏焉二載吾所綴文已成一集今當給卿副本時可觀之又顧謂侍臣曰擁旄者悉皆如此吾何憂哉復還州及散騎常侍張彝兼侍中巡行風俗見挺政化之美謂挺曰彝受使省方採察謠訟入境觀政實愧清使之名州治舊掖城西北數里有斧山峯嶺高峻北臨滄海南望岱嶽一邦遊觀之地也挺於頂上欲營觀宇故老曰此嶺秋夏之際常有暴雨迅風巖石盡落相傳云是龍道恐此觀不可久立挺曰人神相去何遠之有虬龍倏忽豈唯一路乎遂營之數年

閒果無風雨之異挺旣代卽爲風雹所毁於後作復尋壞遂莫能立衆以爲善化所感時以犯罪配邊者多有逃越遂立重制一人犯罪逋亡合門充役挺上書以爲周書父子罪不相及天下善人少惡人多以一人犯罪延及合門司馬牛受桓魋之罰柳下惠嬰盜跖之誅豈不哀哉辭甚雅切高祖納之先是州內少鐵器用皆求之他境挺表復鐵官公私有賴諸州中正本在論人高祖將辨天下氏族仍亦訪定乃遙授挺本州大中正掖縣有人年踰九十板與造州自稱少曾充使林邑得一美玉方尺四寸甚有光彩藏之海島垂六十歲忻逢明治今願奉之挺曰吾雖德謝古人未能以玉爲寶遣舩隨取光潤果然竟不肯受仍表送京都世宗卽位累表乞還景明初見代老幼泣涕追隨縑帛贈送挺悉不納散騎常侍趙脩得幸世宗挺雖同州壞未嘗詣門北海王詳爲司徒錄尚書事以挺爲司馬挺固辭不免世人皆歎其屈而挺處之夷然於後詳攝選衆人競稱考第以求遷敍挺終獨無言詳曰崔光州考級並未加授宜投一牒當爲申請遽伯玉恥獨爲君子亦何故嘿然挺對曰階級是聖朝大例考課亦國之恒典下官雖慙古賢不伐之美至於自衒求進竊以羞之詳大相稱歎自爲司馬詳未曾呼名常稱州號以示優禮四年卒時年五十九其年冬贈輔國將軍幽州刺史謚曰景光州故吏聞凶問莫不悲感共鑄八尺銅像於城東廣因寺起八關齋追奉冥福其遺愛若此初崔光之在貧賤也挺贍遺衣食常親敬焉又識邢巒宋弁於童稚之中並謂終當遠致世稱其知人歷官二十餘年家資不益食不重味室無綺羅閨門之內雍雍如也舊故多有贈賵諸子推挺素心一無所受有子六人

長子孝芬字恭梓早有才識博學好文章高祖召見甚嗟賞之李彪謂挺曰比見賢子謁帝旨諭殊優今當爲羣拜紀挺曰卿自欲善處人父子之間然斯言吾所不敢聞也司徒彭城王勰板爲行參軍後除著作郎襲父爵尚書令高肇親寵權盛子植除青州刺史啓孝芬爲司馬後除司徒記室參軍司空屬定州大中正長於剖判甚有能名府主任城王澄雅重之熙平中澄奏地制八條孝芬所參定也在府久之除龍驤將軍廷尉少卿孝昌初蕭衍遣將裴邃等寇淮南詔行臺酈道元都督河間王琛討之停師城父累月不進勅孝芬持節齎齊庫刀催令赴接賊退而還荊州刺史李神儁爲蕭衍遣將攻圍詔加孝芬通直散騎常侍以將軍爲荊州刺史兼尚書南道行臺領軍司率諸將以援神儁因代焉於時州郡內戍悉已陷沒且路由三鵶賊已先據孝芬所統旣少不得徑進遂從弘農堰渠山道南入遣弟孝直輕兵在前出賊不意賊便奔散人還安堵肅宗嘉勞之并賚馬及綿絹等物後以元乂之黨與盧同李奬等並除名徵還又孝芬爲廷尉之日章武王融以贓貨被劾孝芬按以重法及融爲都督北討鮮于脩禮於時孝芬弟孝演率勒宗從避賊於博陵郡城爲賊攻陷尋爲賊所害融乃密啓云孝演入賊爲王遂見收捕合家逃竄遇赦乃出孝昌三年蕭衍將成景儁率衆逼彭城除孝芬寧朔將軍員外常侍兼尚書右丞爲徐州行臺孝芬將發入辭靈太后謂孝芬曰卿女今事我兒與卿便是親舊曾何相負而內頭元乂車中稱此老嫗會須却之孝芬曰臣蒙國厚恩義無斯語假實有此誰能得聞若有聞知此於元乂親密過臣遠矣乞對言者足辨虛實靈太后悵然意解乃有愧色景儁築柵造堰謀斷泗水以灌彭城孝芬率大都督李叔仁柴集等起戰景儁等力屈退走除孝芬安南將軍光祿大夫兼尚書爲徐兗行臺建義初太山太守羊侃據郡反遠引南賊圍逼兗州除孝芬散騎常侍鎭東將軍金紫光祿大夫仍兼尚書東道行臺大都督刁宣馳往救援與行臺于暉接至便圍之侃突圍奔蕭衍餘悉平定永安二年莊帝聞元顥有內侵之計勅孝芬南赴徐州顥遂潛師向考城擒大都督濟陰王暉業乘勝徑進遣其後軍都督侯暄守梁國城以爲後援孝芬勒諸將馳往圍暄恐顥遣援乃急攻之晝夜不息五日暄遂突出擒斬之俘其卒三千餘人莊帝還宮授西兗州刺史將軍如故孝芬久倦外役固辭不行乃除太常卿普泰元年南陽太守趙脩延襲據荊州城囚刺史李琰之招引南寇除孝芬衞將軍荊州刺史兼尚書南道行臺又除都督三荊諸軍事車騎將軍假驃騎將軍孝芬已出次改授散騎常侍驃騎將軍西兗州刺史太昌初兼殿中尚書尋除車騎大將軍左光祿大夫仍尚書後加儀同三司兼吏部尚書出帝入關齊獻武王至洛與尚書辛雄劉廞等並誅時年五十沒其家口天平中乃免之孝芬博文口辯善談論愛好後進終日忻然商確古今間以嘲謔聽者忘疲所著文章數十篇有子八人

長子勉字宣祖頗涉史傳有几案才正光初除太學博士莊帝之爲御史中尉啓除侍御史永安初除建節將軍尚書右中兵郎中後太尉豫章王蕭贊啓爲諮議參軍郎中如故以舉人失衷爲中尉高道穆奏免其官普泰中兼尚書左丞勉善附會世論以浮競譏之爲尚書令爾朱世隆所親待而尚書郎魏季景尤爲世隆知任勉與季景內頗不穆季景陰求右丞奪勉所兼世隆啓用季景勉遂悵怏自失尋除安南將軍光祿大夫兼國子祭酒典儀注太昌初除散騎常侍征東將軍金紫光祿大夫定州大中正勅左右廂出入其家被收之際在外逃免於後乃出見齊獻武王於晉陽王勞撫之天平末王遣勉送勳貴妻子赴定州因得還家屬母李氏喪亡勉哀號過性遇病卒時年四十七無子弟宣度以子龍後之

勉弟宣猷司徒中郎走於關西

宣猷弟宣度齊王儀同開府司馬

宣度弟宣軌頗有才學尚書考功郎中與弟宣質宣靜宣略並死於晉陽

孝芬弟孝暐字敬業少寬雅早著長者之風彭城王勰之臨定州辟爲主簿釋褐冀州安東府外兵參軍歷員外散騎侍郎寧朔將軍員外散騎常侍武泰初蠻首李洪扇動諸蠻詔孝暐持節爲別將隸都督李神軌討平之爾朱榮之害朝士孝暐與弟孝直攜家避難定陶孝莊初徵拜通直散騎常侍加征虜將軍尋除趙郡太守郡經葛榮離亂之後民戶喪亡六畜無遺斗粟乃至數縑民皆賣鬻兒女夏椹大熟孝暐勸民多收之郡內無牛教其人種招撫遺散先恩後威一周之後流民大至興立學校親加勸篤百姓賴之卒於郡時年四十九贈通直散騎常侍平東將軍瀛州刺史謚曰簡朝議謂爲未申復贈安北將軍定州刺史

子昂武定中尚書左丞兼度支尚書

孝暐弟孝演字則伯出繼伯父性通率美鬚髯姿貌魁傑少無宦情沉浮鄉里河閒王琛爲定州刺史以爲治中晚除瀛州安西府外兵參軍因罷歸及鮮于脩禮起逆孝演率宗屬保郡城爲賊攻陷賊以孝演民望恐移衆心乃害之時年四十無子弟孝直以子士遊爲後

士遊儀同開府倉曹參軍

孝演弟孝直字叔廉身八尺眉目疎朗早有志尚起家司空行參軍尋爲員外散騎侍郎宣威將軍仍以本官入領直後轉寧遠將軍汝南王開府掾領直寢兄孝芬除荊州詔孝直假征虜將軍別將總羽林二千騎與孝芬俱行孝直潛師徑進賊遂破走孝芬入城後蕭衍將曹義宗仍在馬圈鼓動順陽蠻夷緣邊寇竊孝直率衆禦之賊皆退散還轉直閤將軍通直散騎常侍爾朱兆入洛孝直以天下未寧去職歸鄉里勸督宗人務行禮義後除安東將軍光祿大夫太昌中又除衞將軍右光祿大夫並辭不赴宗親勸孝直曰榮華人之所願何故陸沉孝直不答年五十八卒於鄉里顧命諸子曰吾才疎效薄於國無功若朝廷復加贈謚宜循吾意不得祇受若致干求則非吾子斂以時服祭勿殺生其子皆遵行之有四子

長子士順儀同開府行參軍

孝直弟孝政字季讓十歲挺亡號哭不絕見者爲之悲傷操尚貞立博洽經史雅好辭賦喪紀之禮特所留情衣服制度手能執造太尉汝南王悅辟行參軍年四十九卒

子巖武定中員外常侍孝芬兄弟孝義慈厚弟孝演孝政先亡孝芬等哭泣哀慟絕內蔬食容貌損瘠見者傷之孝暐等奉孝芬盡恭順之禮坐食進退孝芬不命則不敢也雞鳴而起且參顏色一錢尺帛不入私房吉凶有須聚對分給諸婦亦相親愛有無共之始挺兄弟同居孝芬叔振旣亡之後孝芬等奉承叔母李氏若事所生旦夕溫凊出入啓覲家事巨細一以諮決每兄弟出行有獲財物尺寸已上皆內李氏之庫四時分賚李自裁之如此者二十餘歲撫從弟宣伯子朗如同氣焉

挺弟振字延根少有學行居家孝友爲宗族所稱自中書學生爲祕書中散在內謹勅爲高祖所知出爲冀州咸陽王禧驃騎府司馬在任久之太和二十年遷建威將軍平陽太守不拜轉高陽內史高祖南討徵兼尚書左丞留京振旣才幹被擢當世以爲榮後改定職令振本資惟擬五品詔曰振在郡著績宜有褒升除太子庶子景明初除長兼廷尉少卿振有公斷以明察稱河內太守陸琇與咸陽王禧同謀爲逆禧敗事發振窮治之時琇內外親黨及當朝貴要咸爲之言振研覈切至終無縱緩遂斃之於獄其奉法如此正始初除龍驤將軍肆州刺史在任有政績還朝除河東太守永平中卒於郡時年五十九贈本將軍南兗州刺史謚曰定振歷官四十餘載考課恒爲稱職議者善之

長子宣伯早喪

子勁字仲括驃騎參軍

宣伯弟子朗美容貌涉獵經史少溫厚有風尚以軍功起家襄威將軍員外散騎侍郎普泰中從兄孝芬爲荊州請爲車騎府司馬孝芬轉西兗州爲驃騎府司馬太

昌初冠軍將軍北徐州撫軍府長史固辭不獲免與和二年中尉高仲密引爲侍御史尋加平西將軍武定中卒子道綱

挺從父弟元珍釋褐司徒行參軍稍遷司徒主簿趙郡王幹開府屬景明中荆州長史久之爲司徒從事中郎有公平稱後遷中散大夫加征虜將軍正光末山胡作逆除平陽太守假右將軍爲別將以討之頻破胡賊郡內以安武泰初改郡爲唐州仍除元珍爲刺史加右將軍以破胡勳賜爵涼城侯爾朱榮之趣洛也遣其都督樊子鵠取唐州元珍與行臺酈惲拒守不從爲子鵠所陷被害世咸痛之

子叔恭

挺從父弟瑜之字仲璉少孤有學業太和中釋褐奉朝請廣陵王羽常侍累歷蕃佐入爲司空功曹參軍事太尉主簿遷冀州撫軍府長史後爲揚州平東府長史帶南梁太守蕭衍義州刺史文僧明來降瑜之迎接有勳賜爵高邑男孝昌初除鴻臚少卿三年卒年五十六贈平北將軍瀛州刺史有三子

長子孟舒字長才襲父爵累遷平東將軍太中大夫興和中除廣平太守卒贈中軍將軍殷州刺史贈平東將軍諡曰康

孟舒弟仲舒武定末鄴縣令

仲舒弟季舒給事黃門侍郎

挺從祖弟修和州主簿

子儉字元恭雅有器度歷太學博士終於符璽郎中

儉弟緒字仲穆定州撫軍府法曹參軍

緒小弟孝忠侍御史祕書郎竝有容貌無他才識

緒子子謙尚書郎

子謙弟子讓與侯景同反子謙坐以囚執遇病死於晉陽

子讓弟子廉等竝伏法

修和弟敬邕性長者有幹用高祖時自司徒主簿轉尚書都官郎中所在稱職遷太子步兵校尉景明初母憂去職後中山王英南討引爲都督府長史加左中郎將以功賜爵臨淄男遷龍驤將軍太府少卿以本將軍出除營州刺史庫莫奚國有馬百匹因風入境敬邕悉令送還於是夷人感附熙平二年拜征虜將軍太中大夫神龜中卒年五十七贈左將軍濟州刺史諡曰恭

子子盛襲爵除奉朝請

修和從弟接字顯賓容貌魁偉放邁自高不拘常檢爲中書博士樂陵內史雅爲任城王澄所禮待及澄爲定州刺史接了無民敬王忻然容下之後爲冀州安東府司馬轉樂陵太守還鄉而卒

挺族子纂字叔則博學有文才景明中太學博士轉員外散騎侍郎襄威將軍既不爲時知乃著無談子論後爲給事中延昌中除梁州征虜府長史熙平初爲寧遠將軍廷尉正每於大獄多所據明有當官之譽時太原王靜自廷尉監遷少卿纂恥居其下乃與靜書辭氣抑揚無上下之體又啓求解任乃除左中郎將領尚書三公郎中未幾以公事免後爲洛陽令正光中卒年四十五贈司徒左長史凡所製文多行於世

長子史武定末儀同府長流參軍

纂兄穆寬雅有度量州辟主簿卒

子暹武定末度支尚書兼右僕射

纂弟融字脩業奉朝請尚書令高肇出討巴蜀引爲統軍還除員外散騎侍郎正光中定州別駕年四十二卒

子鴻谿郡功曹

纂從祖弟遊字延叔少有風槩釋褐奉朝請稍遷太尉主簿江州刺史陳伯之啓爲司馬還除奉車都尉大都督中山王英征義陽引爲錄事參軍尋轉司馬及英敗於鍾離遊坐從秦州久而得還大將軍高肇西征引爲統軍除步兵校尉遷豫州征虜府長史未幾除征虜將軍北趙郡太守竝有政績熙平末轉河東太守郡有鹽戶常供州郡爲兵子孫見丁從役遊矜其勞苦乃表聞請聽更代郡內感之太學舊在城內遊乃移置城南閑敞之處親自說經當時學者莫不勸慕號爲良守以本將軍遷涼州刺史以母憂解任正光中起除右將軍南秦州刺史固辭不免先是州人楊松柏楊洛德兄弟數爲反叛遊至州深加招慰松柏歸款引爲主簿稍以辭色誘之兄弟俱至松柏既州之豪帥感遊恩遇獎諭羣氐咸來歸款且以遇在前政不復自疑遊乃因宴會一時俱斬於是外人以其不信合境皆反正光五年夏秦州城人殺刺史李彥據州爲逆數日之後遊知必不定謀欲出外尋爲城人韓祖香孫掩攻於州館遊事窘登樓慷慨悲歎乃推下小女而殺之義不爲羣小所辱也尋爲祖香等所執害時年五十二永安中贈散騎侍郎鎮北將軍定州刺史

子伏護開府參軍

史臣曰高祐學業優通知名前世儒俊之風門舊不隕諸子經傳之器加有捨生之節崔挺兄弟風操高亮懷文抱質歷事著稱見重於朝野繼世承家門族竝著蓋所謂彼有人焉

魏書卷五十七考證

崔挺傳其被寄遇如此○北史無寄字

孝芬率大都督李叔仁柴集等起戰○起當作赴

魏書卷五十八

齊　魏收　撰

列傳第四十六

楊播

楊播字延慶自云恒農華陰人也高祖結仕慕容氏卒於中山相曾祖珍太祖時歸國卒於上谷太守祖眞河內清河二郡太守父懿延興末爲廣平太守有稱績高祖南巡吏人頌之加寧遠將軍賜帛三百匹徵爲選部給事中有公平之譽除安南將軍洛州刺史未之任而卒贈以本官加弘農公諡曰簡播本字元休太和中高祖賜改焉母王氏文明太后之外姑播少修整奉養盡禮擢爲中散累遷給事領中起部曹以外親優賜亟加前後萬計進北部給事中詔播巡行北邊高祖親送及戶戒以軍略未幾除龍驤將軍員外常侍轉衞尉少卿常侍如故與陽平王頤等出漠北擊蠕蠕大獲而還高祖嘉其勳賜奴婢十口遷武衞將軍復擊蠕蠕至居然山而還除左將軍尋假前將軍隨車駕南討至鍾離師回詔播領步卒三千騎五百爲衆軍殿時春水初長賊衆大至舟艦塞川播以諸軍渡淮未訖嚴陳南岸身自居後諸軍渡盡賊衆遂集於是圍播乃爲圓陳以禦之身自搏擊斬殺甚多相拒再宿軍人食盡賊圍更急高祖在北而望之既無舟船不得救援水勢稍減播領精騎三百歷其舟船大呼曰今我欲渡能戰者來賊莫敢動遂擁衆而濟高祖甚壯之賜爵華陰子尋除右衞將軍後從駕討崔慧景蕭衍於鄧城破之進號平東將軍時車駕耀威沔水上巳設宴高祖與中軍彭城王勰賭射左衞元遙在勰朋內而播居帝曹遙射侯正中籌限已滿高祖曰左衞籌足右衞不得不解播對曰仰恃聖恩庶幾必爭於是彎弓而發其箭正中高祖笑曰養由基之妙何復過是遂舉卮酒以賜播曰古人酒以養病朕今賞卿之能可謂今古之殊也從到懸瓠除太府卿進爵爲伯景明初兼侍中使恒州贍恤寒乏轉左衞將軍出除安北將軍并州刺史固辭乃授安西將軍華州刺史至州借民田爲御史王基所劾削除官爵延昌二年卒于家子侃等停柩不葬披訴積年至熙平中乃贈鎮西將軍雍州刺史并復其爵諡曰壯

侃字士業頗愛琴書尤好計畫時播一門貴滿朝廷兒姪早通而侃獨不交遊公卿罕有識者親朋勸其出仕侃曰苟有良田何憂晚歲但恨無才具耳年三十一襲爵華陰伯釋褐太尉汝南王悅騎兵參軍揚州刺史長孫稚請爲錄事參軍蕭衍豫州刺史裴邃治合肥城規相掩襲密購壽春郭人李瓜花袁建等令爲內應邃已纂勒兵士有期日矣而慮壽春疑覺遂謬移云魏始於馬頭置戍如聞復欲修白捺舊城若爾便稍相侵逼此亦須營歐陽設交境之備令板卒已集唯聽信還佐寮咸欲以實答之云無修白捺意而侃曰白捺小城本非形勝邃好小黠今集兵遣移虛搆是言得無有別圖也稚深悟之乃云錄事可造移報侃移曰彼之纂兵想別有意何爲妄構白捺也他人有心予忖度之勿謂秦無人也邃得移謂己知覺便爾散兵瓜花等以期契不會便相告發伏辜者十數家邃後竟襲壽春入羅城而退遂列營於黎漿梁城日夕鈔掠稚乃奏侃爲統軍侃叔椿爲雍州刺史又請爲其府錄事參軍帶長安令府州之務多所委決及蕭寶夤等軍敗北地功曹毛洪賓據郡引寇抄掠渭北侃啓椿自出討之遂購募歐士信宿之間得三千餘人銜枚夜進至馮翊郡西賊見大軍卒至衆情離解洪賓遂通書送質乞求自效於是擒送宿勤明達兄子賊署南平王烏過仁後雍州刺史蕭寶夤據州反尚書僕射長孫稚討之除侃鎮遠將軍諫議大夫爲稚行臺左丞尋轉通直散騎常侍軍次弘農侃白稚曰昔魏武與韓遂馬超挾關爲壘勝負之理久而無決豈才雄相類算略抗行當以河山險阻難用智力今賊守潼關全據形勝縱曹操更出亦無所騁奇必須北取蒲坂飛棹西岸置兵死地人有鬪心華州之圍可不戰而解潼關之賊必望風潰散諸處既平長安自剋愚計可錄請爲明公前驅稚曰薛脩義已圍河東薛鳳賢又保安邑都督宗正珍孫停師虞坂久不能進雖有此計猶用爲疑侃曰珍孫本行陳一夫因緣進達可爲人使未可使人一旦受元帥之任處分三軍精神亂矣寧堪圖賊河東治在蒲坂西帶河渭所部之民多在東境

脩義驅率壯勇西圍郡邑父老妻弱尚保舊村若率衆一臨方寸各亂人人思歸則郡圍自解不戰而勝昭然在目稚從之令其子彥等領騎與侃於弘農北渡所領悉是騎士習於野戰未可攻城便據石錐壁侃乃班告曰今且停軍於此以待步卒兼觀民情向背然後可行若送降名者各自還村候臺軍舉烽火各亦應之以明降款其無應烽者卽是不降之村理須殄戮賞賚軍士民遂轉相告報未實降者亦詐舉烽一宿之間火光遍數百里內圍城之寇不測所以各自散歸脩義亦卽逃遁長安平侃頗有力建義初除冠軍將軍東雍州刺史其年州罷除中散大夫爲都督鎭潼關還朝除右將軍岐州刺史屬元顥內逼詔以本官假撫軍將軍爲都督率衆鎭大梁未發詔行北中郎將孝莊從御河北執侃手曰朕停卿蕃寄移任此者正爲今日但卿尊卑百口若隨朕行所累處大卿可還洛寄之後圖侃曰此誠陛下曲恩寧可以臣微族頓廢君臣之義固求陪從至建州敍行從功臣自城陽王徽已下凡十人並增三階以侃河梁之誠特加四階侃固辭乞同諸人久乃見許於是除鎭軍將軍度支尚書兼給事黃門侍郎敷西縣開國公食邑一千戶及車駕南還顥令蕭衍將陳慶之守北中城自據南岸有夏州義士爲顥守河中渚乃密信通款求破橋立效爾朱榮率軍赴之及橋破應接不果皆爲顥所屠滅榮因悵然將爲還計欲更圖後舉侃曰未審明大王發并州之日已知有夏州義士指來相應爲欲廣申經略寧復帝基乎夫兵散而更合瘡愈而更戰持此收功自古不少豈可以一圖不全而衆慮頓廢今事不果乃是兩賊相殺則大王之利矣若今卽還民情失望去就之心何由可保未若召發民村惟多縛筏間以舟楫沿河廣布令數百里中皆爲渡勢首尾旣遠顥復知防何處一旦得渡必立大功榮大笑曰黃門卽奏行此計於是爾朱兆與侃等遂於馬渚楊南渡破顥子領軍將軍冠受擒之顥便南走車駕入都侃解尚書正黃門加征東將軍金紫光祿大夫以濟河之功進爵濟北郡開國公增邑五百戶復除其長子師沖爲祕書郎時所用錢人多私鑄稍就薄小乃至風飄水浮米斗幾直一千侃奏曰昔馬援至隴西嘗上書求復五銖錢其趣事始施行臣頃在雍州亦表陳其事聽人與官並鑄五銖錢使人樂爲而俗弊得改旨下尚書八座不許以今況昔卽理不殊求取臣前表經御披析侃乃隨事剖辨孝莊從之乃鑄五銖錢如侃所奏万俟醜奴陷東秦遂圍岐州扇誘巴蜀大都督爾朱天光率衆西伐詔侃以本官使持節兼尚書僕射爲關右慰勞大使還朝除侍中加衞將軍右光祿大夫莊帝將圖爾朱榮也侃與其內弟李晞城陽王徽侍中李彧等咸預密謀爾朱兆之入洛也侃時休沐遂得潛竄歸於華陰普泰初天光在關西遣侃子婦父韋義遠招慰之立盟許恕其罪侃從兄昱恐爲家禍令侃出應假其食言不過一人身歿冀全百口侃往赴之秋七月爲天光所害太昌初贈車騎將軍儀同三司幽州刺史

子純陁襲

播弟椿字延壽本字仲考太和中與播俱蒙高祖賜改性寬謹初拜中散典御廄曹以端慎小心專司醫藥遷內給事與兄播並侍禁闈又領蘭臺行職改授中部曹析訟公正高祖嘉之及文明太后崩高祖五日不食椿進諫曰陛下至性孝過有虞居哀五朝水漿不御羣下惶灼莫知所言陛下荷祖宗之業臨萬國之重豈可同匹夫之節以取僵仆且聖人之禮毀不滅性縱陛下欲自賢於萬代其若宗廟何高祖感其言乃一進粥轉授宮輿曹少卿加給事中出爲安遠將軍豫州刺史高祖自洛向豫幸其州館信宿賜馬十匹縑千匹遷冠軍將軍濟州刺史高祖自鍾離趣鄴至碻磝幸其州館又賜馬二匹縑千五百匹坐爲平原太守崔敞所訟廷尉論輒收市利費用官炭免官後降爲寧朔將軍梁州刺史初武興王楊集始爲楊靈珍所破降於蕭鸞至是率賊萬餘自漢中而北規復舊土椿領步騎五千出頓下辨貽書集始開以利害集始執書對使者曰楊使君此書除我心腹之疾遂領其部曲千餘人來降尋以母老解還後武都氐楊會反假椿節冠軍將軍都督西征諸軍事行梁州刺史與軍司羊祉討破之於後梁州運糧爲羣氐劫奪詔椿兼征虜將軍持節招慰尋以氐叛拜光祿大夫假平西將軍督征討諸軍事以討之還兼太僕卿秦州羌呂苟兒涇州屠各陳瞻等聚衆反詔椿爲別將隸安西將軍元麗討之賊入隴守險自固或謀伏兵山徑斷其出入待糧盡而攻之或云斬除山木縱火焚之然後進討椿曰並非計也此本規盜非有經略自王師一至無戰不摧所以深竄者正避死耳今宜勒三軍勿更侵掠賊必謂我見險不前心輕我軍然後掩其不備可一舉而平矣乃緩師不進賊果出掠乃以軍中驢馬餌之不加討逐如是多日陰簡精卒銜枚夜襲斬贈傳首入正太僕卿加安東將軍初顯祖世有蠕蠕萬餘戶降附居於高平薄骨律二鎭太和之末叛走略盡惟有一千餘家太中大夫王通高平鎭將郎育等求徙置淮北防其叛走詔許之慮不從命乃使椿持節往徙焉椿以爲徙之無益上書曰臣以古人有言裔不謀夏夷不亂華荒忽之人羈縻而已是以先朝居之於荒服之間者正以悅近來遠招附殊俗亦以別華戎異內外也今新附者衆若舊者見徙新者必不安不安必思土思土則走叛狐死首丘其害方甚又此族類衣毛食肉樂冬便寒南土濕熱往必將盡進失歸伏之心退非藩衞之益徙在中夏而生後患愚心所見謂爲不可時八座議不從遂徙於濟州緣河居之冀州元愉之難果悉浮河赴賊所在抄掠如椿所策永平初徐州城人成景儁以宿豫叛詔椿率衆四萬討之不剋而返久之除都督朔州撫冥武川懷朔三鎭三道諸軍事平北將軍朔州刺史在州爲廷尉奏椿前爲太僕卿日招引細人盜種牧田三百四十頃依律處刑五歲尚書邢巒據正始別格奏椿罪應除名爲庶人注籍盜門同籍合門不仕世宗以新律旣班不宜雜用舊制詔依寺斷聽以贖論尋加撫軍將軍入除都官尚書監修白溝堤堰復以本將軍除定州刺史自太祖平中山多置軍府以相威攝凡有八軍軍各配兵五千食祿主帥軍各四十六人自中原稍定八軍之兵漸割南戍一軍兵纔千餘然主帥如故費祿不少椿表罷四軍減其帥百八十四人州有宗子稻田屯兵八百戶年常發夫三千草三百車修補畦堰椿以屯兵惟輸此田課更無徭役及至閑月卽應修治不容復勞百姓椿亦表罷朝廷從之椿在州因治黑山道餘功伐木私造佛寺役使兵力爲御史所劾除名爲庶人正光五年除輔國將軍南秦州刺史時南秦州反叛路又阻塞仍停長安轉授岐州復除撫軍將軍衞尉卿轉左衞將軍又兼尚書右僕射馳驛詣并肆齊絹三萬匹募召恒朔流民揀充軍士不行尋加衞將軍出除都督雍南豳二州諸軍事本將軍雍州刺史又進號車騎大將軍儀同三司蕭寶夤元恒芝諸軍爲賊所敗恒芝從渭北東渡椿使追之不止寶夤後至留於逍遙園內收集將士猶得萬餘由是三輔人心頗得安帖于時涇岐及豳悉已陷賊扶風以西非復國有椿乃鳩募內外得七千餘人遣兄子錄事參軍侃率以防禦詔椿以本官加侍中兼尚書右僕射爲行臺節度關西諸將其統內五品已下郡縣須有補用者任卽擬授椿遇暴疾頻啓乞解詔許之以蕭寶夤代椿爲刺史行臺椿還鄉里遇子昱將還京師因謂曰當今雍州刺史亦不賢於蕭寶夤但其上佐朝廷應遣心膂重人何得任其牒用此乃聖朝百慮之一失且寶夤不藉刺史爲榮吾觀其得州喜悅不少至於賞罰云爲不依常憲恐有異心關中可惜汝今赴京稱吾此意以啓二聖并白宰輔更遣長史司馬防城都督欲安關中正須三人耳如其不遣必成深憂昱還面啓肅宗及靈太后並不信納及寶夤遂害御史中尉酈道元猶上表自理稱爲椿父子所謗詔復除椿都督雍岐南豳三州諸軍事本將軍開府儀同三司雍州刺史討蜀大都督椿辭以老病不行建義元年遷司徒公爾朱榮東討葛榮詔椿統衆爲後軍榮擒葛榮乃止永安初進位太保侍中給後部鼓吹元顥入洛椿子征東將軍昱出鎭滎陽爲顥所擒又椿弟順爲冀州刺史順子仲宣正平太守兄子侃弟子遁並從駕河北爲顥嫌疑以椿家世顯重恐失人望未及加罪時人助其憂怖或有勸椿攜家避禍椿曰吾內外百口何處逃竄正當坐任運耳莊帝還宮椿每辭遜不許上書頻乞歸老詔曰椿國之老成方所尊尚遂以高年願言致仕顧懷舊德是以未從但告謁頻煩辭理彌固以茲難奪又所重違今便允其雅志可服侍中朝服賜服一具衣一襲八尺牀帳几杖不朝乘安車駕駟馬給扶傳詔二人仰所在郡縣時以禮存問安否方乖詢訪良用憮然椿奉詔於華林園帝下御座執椿手流淚曰公先帝舊臣實爲元老今四方未寧理須諮訪但高尚其志決意不留旣難相違深用悽愴椿亦歔欷欲拜莊帝親執不聽於是賜以絹布給羽林衞送羣公百寮餞於城西張方橋行路觀者莫不稱歎椿臨行誡子孫曰我家入魏之始卽爲上客給田宅賜奴婢馬牛羊遂成富室自爾至今二十年二千石方伯不絕祿恤甚多至於親姻知故吉凶之際必厚加贈襚來往賓寮必以酒肉飲食是故親姻朋友無憾焉國家初丈夫好服綵色吾雖不記上谷翁時事然記清河翁時服飾恒見翁著布衣韋帶常約敕諸父曰汝等後世脫若富貴於今日者愼勿積金一斤綵帛百匹已上用爲富也又不聽治生求利又不聽與勢家作婚姻至吾兄弟不能遵奉今汝等服乘以漸華好吾是以知恭儉之德漸不如上世也又吾兄弟若在家必同盤而食若有近行不至必待其還亦有過中不食忍飢相待吾兄弟八人今存者有三是故不忍別食也又願畢吾兄弟世不異居異財汝

等眼見非爲虛假如聞汝等兄弟時有別齋獨食者此又不如吾等一世也吾今日不爲貧賤然居住舍宅不作壯麗華飾者正慮汝等後世不賢不能保守之方爲勢家所奪北都時朝法嚴急太和初吾兄弟三人並居內職兄在高祖左右吾與津在文明太后左右于時口敕責諸內官十日仰密得一事不列便大瞋嫌諸人多有依敕密列者亦有太后高祖中間傳言構鬪者吾兄弟自相誡曰今忝二聖近臣母子間甚難宜深慎之又列人事亦何容易縱被瞋責愼勿輕言十餘年中不嘗言一人罪過當時大被嫌責答曰臣等非不聞人言正恐不審仰誤聖聽是以不敢言於後終以不言蒙賞及二聖間言語終不敢輒爾傳通太和二十一年吾從濟州來朝在淸徽堂豫讌高祖謂諸王諸貴曰北京之日太后嚴明吾每得杖左右因此有是非言語和朕母子者唯楊椿兄弟遂舉賜四兄及吾酒汝等脫若萬一蒙時主知遇宜深慎言論不可輕論人惡也吾自惟文武才藝門望姻援不勝他人一旦位登侍中尚書四歷九卿十爲刺史光祿大夫儀同開府司徒太保津今復爲司空者正由忠貞小心謹慎口不嘗論人過無貴無賤待之以禮以是故至此耳聞汝等學時俗人乃有坐而待客者有驅馳勢門者有輕論人惡者及見貴勝則敬重之見貧賤則慢易之此人行之大失立身之大病也汝家仕皇魏以來高祖以下乃有七郡太守三十二州刺史內外顯職時流少比汝等若能存禮節不爲奢淫憍慢假不勝人足免尤誚足成名家吾今年始七十五自惟氣力尚堪朝覲天子所以孜孜求退者正欲使汝等知天下滿足之義爲一門法耳非是苟求千載之名也汝等能記吾言百年之後終無恨矣椿還華陰踰年普泰元年七月爲爾朱天光所害年七十七時人莫不冤痛之太昌初贈都督冀定殷相四州諸軍事太師丞相冀州刺史

子昱字元曇起家廣平王懷左常侍懷好武事數出遊獵昱每規諫正始中以京兆廣平二王國臣多有縱恣公行屬請於是詔御史中尉崔亮窮治之伏法於都市者三十餘人其不死者悉除名爲民唯昱與博陵崔楷以忠諫得免後除太學博士員外散騎侍郎初尚書令王肅除揚州刺史出頓於洛陽東亭朝貴畢集詔令諸王送別昱伯父播同在餞席酒酣之後廣陽王嘉北海王詳等與播論議競理播不爲之屈北海顧謂昱曰尊伯性剛不伏理大不如尊使君也昱前對曰昱父道隆則從其隆道洿則從其洿伯父剛則不吐柔亦不茹一坐歎其能言肅曰非此郎何得申二父之美也延昌三年以本官帶詹事丞于時肅宗在懷抱之中至於出入左右乳母而已不令宮寮聞知昱諫曰陛下不以臣等凡淺備位宮臣太子動止宜令翼從然自此以來輕爾出入進無二傅輔導之美退闕羣寮陪侍之式非所謂示民軌儀著君臣之義陛下若召太子必降手勅令臣下咸知爲後世法於是詔曰自今已後若非朕手勅勿令兒輒出宮臣在直者從至萬歲門久之轉太尉掾兼中書舍人靈太后嘗從容謂昱曰今帝年幼朕親萬機然自薄德化不能感親姻在外不稱人心卿有所聞愼忽諱隱昱於是奏揚州刺史李崇五車載貨恒州刺史楊鈞造銀食器十具並餉領軍元乂靈太后召乂夫妻泣而責之乂深恨之昱第六叔舒妻武昌王和之妹和卽乂之從祖父舒早喪有一男六女及終喪而元氏頻請別居昱父椿乃集親姻泣而謂曰我弟不幸早終今男不婚女未嫁何忽忽便求離居不聽遂懷憾焉神龜二年瀛州民劉宣明謀反事覺逃竄乂乃使和及元氏誣告昱藏隱宣明云父定州刺史椿叔華州刺史津並送甲仗三百具謀圖不逞乂又構成其事乃遣左右御仗五百人夜圍昱宅而收之並無所獲靈太后問其狀昱具對元氏遺釁之端言至哀切太后乃解昱縛和及元氏並處死刑而乂相左右和直免官元氏卒亦不坐及元乂之廢太后乃出昱爲濟陰內史中山王熙起兵於鄴乂遣黃門盧同詣鄴刑熙并窮黨與同希乂旨就郡鏁昱赴鄴訊百日後乃還任孝昌初除征虜將軍中書侍郎遷給事黃門侍郎時北鎮饑民二十餘萬詔昱爲使分散於冀定瀛三州就食後賊圍豳州詔昱兼侍中持節催西北道大都督北海王顥仍隨軍監察豳州圍解雍州蜀賊張映龍姜神達知州內空虛謀欲攻掩刺史元脩義懼而請援一日一夜書移九通都督李叔仁遲疑不赴昱曰長安關中基本今大軍頓在涇豳與賊相對若使長安不守大軍自然瓦散此軍雖往有何益也遂與叔仁等俱進於陳斬神達及諸賊四百許人餘悉奔散詔以昱受旨催督而顥軍稽緩遂免昱官乃兼侍中催軍尋除征虜將軍涇州刺史未幾昱父椿出爲雍州刺史徵昱還除吏部郎中武衛將軍轉北中郎將加安東將軍及蕭寶夤等敗於關中以昱兼七兵尚書持節假撫軍將軍都督防守雍州昱遇賊失利而返除度支尚書轉撫軍徐州刺史尋除鎮東將軍假車騎將軍東南道都督又加散騎常侍後太山太守羊侃據郡南叛蕭衍遣將軍王辯率衆侵寇徐州番郡人續靈珍受衍平北將軍番郡刺史擁衆一萬攻逼番城昱遣別將劉馘擊破之臨陳斬靈珍首王辯退走侃兄深時爲徐州行臺府州咸欲禁深昱曰昔叔向不以鮒也見廢春秋貴之奈何以侃罪深也宜聽朝旨不許羣議還朝未幾屬元顥侵逼大梁除昱征東將軍右光祿大夫加散騎常侍使持節假車騎將軍爲南道大都督鎭滎陽顥既擒濟陰王暉業乘虛徑進大兵集於城下遣其左衛劉業王道安等招昱令降昱不從顥遂攻之城陷都督元恭太守西河王悰並踰城而走俱被擒縶昱與弟息五人在門樓上須臾顥至執昱下城面責昱曰楊昱卿今死甘心否卿自負我非我負卿也昱答曰分不望生向所以不下樓者正慮亂兵耳但恨八十老父無人供養負病黃泉求乞小弟一命便死不朽也顥乃拘之明旦顥將陳慶之胡光等三百餘人伏顥帳前請曰陛下渡江三千里無遺鏃之費昨日一朝殺傷五百餘人求乞楊昱以快意顥曰我在江東嘗聞梁主言初下都日袁昂爲吳郡不降稱其忠節奈何殺楊昱自此之外任卿等所請於是斬昱下統帥三十七人皆令蜀兵刳腹取心食之顥既入洛除昱名爲民孝莊還宮還復前官及父椿辭老請解官從養詔不許爾朱榮之死也昱爲東道行臺率衆拒爾朱仲遠會爾朱兆入洛昱還京師後歸鄉里亦爲天光所害太昌初贈都督瀛定二州諸軍事驃騎大將軍司空公定州刺史

子孝邕員外郎走免匿於蠻中潛結渠帥謀應齊獻武王以誅爾朱氏微服入洛參伺機會爲人所告世隆收付廷尉掠殺之

椿弟穎字惠哲本州別駕

子叔良武定中新安太守

穎弟順字延和寬裕謹厚太和中起家奉朝請累遷直閤將軍北中郎將兼武衛將軍太僕卿預立莊帝之功封三門縣開國公食邑七百戶出爲平北將軍冀州刺史尋進號撫軍將軍罷州還遇害年六十五太昌初贈都督相殷二州諸軍事太尉公錄尚書事相州刺史

子辯字僧達歷通直常侍平東將軍東雍州刺史

辯弟仲宣有風度才學自奉朝請稍遷太尉掾中書舍人通直散騎侍郎加鎭遠將軍賜爵弘農男建義初遷通直常侍出爲平西將軍正平太守進爵爲伯在郡有能名就加安西將軍還京之日兄弟與父同遇害辯太昌初贈使持節都督燕恒二州諸軍事車騎大將軍儀同三司恒州刺史仲宣贈都督青光二州諸軍事車騎大將軍尚書右僕射青州刺史

仲宣子玄就幼而俊拔收捕時年九歲牽挽兵人謂曰欲害諸尊乞先就死兵人以刀斫斷其臂猶請死不止遂先殺之永熙初贈汝陰太守仲宣弟測朱衣直閤亦同時見害太昌中贈都督平營二州諸軍事鎭北將軍吏部尚書平州刺史

測弟稚卿太昌中爲尚書右丞坐事死

順弟津字羅漢本名延祚高祖賜名焉少端謹以器度見稱年十一除侍御中散于時高祖沖幼文明太后臨朝津曾入侍左右忽咳逆失聲遂吐血數升藏衣袖太后聞聲閱而不見問其故具以實言遂以敬慎見知賜縑百匹遷符璽郎中津以身在禁密不外交遊至於宗族姻表罕相祗候司徒馮誕與津少結交遊而津見其貴寵每恒退避及相招命多辭疾不往誕以爲恨而津逾遠焉人或謂之曰司徒君之少舊宜蒙進達何遽自外也津曰爲勢家所厚復何容易但全吾今日亦以足矣轉振威將軍領監曹奏事令又爲直寢遷太子步兵校尉高祖南征以津爲都督征南府長史至懸瓠徵加直閤將軍後從駕濟淮司徒誕薨高祖以津送柩還都遷長水校尉仍直閤景明中世宗遊於北邙津時陪從太尉咸陽王禧謀反世宗馳入華林時直閤中有同禧謀皆在從限及禧平帝顧謂朝臣曰直閤半爲逆黨非至忠者安能不預此謀因拜津左中郎將遷驍騎將軍仍直閤出除征虜將軍岐州刺史津巨細躬親孜孜不倦有武功民齎絹三匹去城十里爲賊所劫時有使者馳驛而至被劫人因以告之使者到州以狀白津津乃下敎云有人著某色衣乘某色馬在城東十里被劫不知姓名若有家人可速收視有一老母行出而哭云是己子於是遣騎追收并絹俱獲自是闔境畏服至於守令寮佐有黷貨者未曾公言其罪常以私書切責之於是官屬感厲莫有犯法以母憂去職延昌末起爲右將軍華州刺史與兄播前後皆牧本州當世榮之先是受調絹匹度尺特長在事因緣共相進退百姓苦之津乃令依公尺度其輸物尤好者賜以杯酒而出所輸少劣亦爲受之但無酒以示其恥於是人競相勸官調更勝舊日還除北中郎將帶河內太守太后疑津貳己不欲使其處河山之要轉平北將軍肆州刺史仍轉幷州刺史將軍如故徵拜右衛將軍孝昌初加散騎常侍尋以

本官行定州事。既而近鎮擾亂，侵逼舊京，乃加津安北將軍、假撫軍將軍、北道大都督、右衞，尋轉左衞，加撫軍將軍。始津受命出據靈丘，而賊帥鮮于脩禮起於博陵，定州危急，遂回師南赴。始至城下，營壘未立，而州軍新敗。津以賊既乘勝，士衆勞疲，柵壘未安，不可擬敵，賊必夜至，則萬無一全，欲移軍入城，更圖後舉。刺史元固稱賊既逼城，不可示弱，閉門不內。津揮刀欲斬門者，軍乃得入城。賊果夜至，見柵空而去。其後賊攻州城東面，已入羅城，刺史閉小城東門，城中擾擾，不敢出戰。津欲禦賊，長史許被守門不聽，津手劒擊被，不中，被乃走。津開門出戰，斬賊帥一人，殺賊數百，賊退，人心少安。詔除衞尉卿，餘官如故。以津兄衞尉卿椿代爲左衞。尋加鎭軍將軍、討虜都督，兼吏部尚書、北道行臺。初，津兄椿得罪此州，由鉅鹿人趙略投書所致。及津之至，略舉家逃走，津乃下教慰喻，令其還業，於是闔州愧服，遠近稱之。時賊帥薛脩禮、杜洛周殘掠州境，孤城獨立，在兩寇之間。津貯積柴粟，修理戰具，更營雉堞。賊每來攻，機械競起。又於城中去城十步掘地至泉，廣作地道，潛兵涌出，置爐鑄鐵，持以灌賊。賊遂相語曰："不畏利槊堅城，唯畏楊公鐵星。"津與賊帥元洪業及與賊中督將尉靈根、程殺鬼、潘法顯等書，曉喻之，幷授鐵券，許以爵位，令圖賊帥毛普賢。洪業等感悟，復書云："今與諸人密議，欲殺普賢，願公聽之。又賊欲圍城，正爲取北人耳，城中所有北人，必須盡殺，公若置之，恐縱敵爲患矣。願公察之。"津以城內北人雖是惡黨，然掌握中物，未忍便殺，但收內子城防禁而已。將吏無不感其仁恕。朝廷初以鐵券二十枚委津分給，津隨賊中首領間行送之。脩禮、普賢頗亦由此而死。既而杜洛周圍州城，津盡力捍守。詔加衞將軍，封開國縣侯，邑一千戶。將士有功者任津科賞，兵民給復八年。葛榮以司徒說津，津大怒，斬其使以絕之。自受攻圍，經涉三稔，朝廷不能拯赴，乃遣長子遁突圍而出，詣蠕蠕主阿那瓌，令其討賊。遁日夜泣諭，阿那瓌遣其從祖吐豆發率精騎一萬南出，前鋒已達廣昌，賊防塞隘口，蠕蠕持疑，遂還。津長史李裔引賊踰城，賊入轉衆，津苦戰不敵，遂見拘執。洛周脫津衣服，置地牢下數日，欲將烹之，諸賊還相諫止，遂得免害。津曾與裔相見，對諸賊帥以大義責之，辭淚俱發，裔大慙。典守者以相告，洛周弗之責也。及葛榮吞洛周，復爲榮所拘守。榮破，始得還洛。永安初，詔除津本將軍、荊州刺史，加散騎常侍、當州都督。津以前在中山陷寇，詣闕固辭，竟不之任。二年，兼吏部尚書，又除車騎將軍、左光祿大夫，仍除吏部。元顥內逼，莊帝將親出討，以津爲中軍大都督、兼領軍將軍，未行，顥入。及顥敗，津乃入宿殿中，掃灑宮掖，遣第二子逸封閉府庫，各令防守。及帝入也，津迎於北邙，流涕謝罪，帝深嘉慰之。尋以津爲司空，加侍中。爾朱榮死也，以津爲都督幷肆燕恒雲朔顯汾蔚九州諸軍事、驃騎大將軍、兼尚書令、北道大行臺、幷州刺史，侍中、司空如故，委津以討胡經略。津馳至鄴，手下唯羽林五百人，士馬寡弱，始加招募，將從滏口而入，值爾朱兆等便已剋洛。相州刺史李神等議欲與津舉城通款，津不從。以子逸既爲光州刺史，兄子昱時爲東道行臺，鳩率部曲，在於梁沛，津規欲東轉，更爲方略，乃率輕騎望於濟州渡河，而爾朱仲遠已陷東郡，所圖不遂，乃還京師。普泰元年，亦遇害於洛，時年六十三。太昌初，贈都督秦華雍三州諸軍事、大將軍、太傅、雍州刺史，謚曰孝穆。將葬本鄉，詔大鴻臚持節監護喪事。津有六子。

長子遁，字山才。其家貴顯，諸子弱冠，咸縻王爵，而遁性澹退，年近三十，方爲鎭西府主簿，累遷尚書郎。莊帝北巡，奉詔慰勞山東。車駕入洛，除尚書左丞，又爲光祿大夫，仍左丞。永安末，父津受委河北，兼黃門郎，詣鄴參行省事。尋遷征東將軍、金紫光祿大夫。亦被害於洛，時年四十二。太昌初，贈車騎大將軍、儀同三司、幽州刺史，謚曰恭定。

遁弟逸，字遵道，有當世才度。起家員外散騎侍郎，以功賜爵華陰男，轉給事中。父津在中山，爲賊攻逼，逸請使於爾朱榮，徵師赴救，詔許之。建義初，莊帝猶在河陽，逸獨往謁帝，特除給事黃門侍郎，領中書舍人。及朝士濫禍，帝益憂怖，詔逸晝夜陪侍，數日之內，常寢宿於御牀前。帝曾夜中謂逸曰："昨來舉目唯見異人，賴得卿差以自慰。"尋除吏部郎中，出爲平西將軍、南秦州刺史，加散騎常侍，時年二十九。於時方伯之少，未有先之者。仍以路阻不行，改除平東將軍、光州刺史。逸折節綏撫，乃心民務，或日昃不食，夜分不寢。至於兵人從役，必親自送之，或風日之中，雨雪之下，人不堪其勞，逸曾無倦色。又法令嚴明，寬猛相濟，於是合境肅然，莫敢干犯。時災儉連歲，人多餓死，逸欲以倉粟賑給，而所司懼罪不敢。逸曰："國以人爲本，人以食爲命，百姓不足，君孰與足？假令以此獲戾，吾所甘心。"遂出粟，然後申表。右僕射元羅以下謂公儲難闕，並執不許。尚書令臨淮王彧以爲宜貸二萬。詔聽二萬。逸既出粟之後，其老小殘疾不能自存活者，又於州門養粥飯之，將死而得濟者以萬數。帝聞而善之。逸爲政愛人，尤憎豪猾，廣設耳目。其兵吏出使下邑，皆自持糧，人或爲設食者，雖在闇室，終不進，咸言楊使君有千里眼，那可欺之。在州政績尤美。及其家禍，爾朱仲遠遣使於州害之，時年三十二。吏人如喪親戚，城邑村落爲營齋供，一月之中，所在不絕。太昌初，贈都督豫郢二州諸軍事、衞將軍、尚書僕射、豫州刺史，謚曰貞。

逸弟謐，字遵智。辟太尉行參軍，歷員外散騎常侍，以功賜爵弘農伯，鎭軍將軍、金紫光祿大夫、衞將軍。在晉陽爲爾朱兆所害。太昌初，贈驃騎將軍、兗州刺史。

謐弟遵彥，武定中吏部尚書、華陰縣開國侯。

津弟暐，字延季，性雅厚，頗有文學。起家奉朝請，稍遷散騎侍郎、直閤將軍、本州大中正，兼武衞將軍、尚食典御。孝昌初，正武衞將軍，加散騎常侍、安南將軍。莊帝初，遇害於河陰。贈衞將軍、儀同三司、雍州刺史。

子元讓，武定末尚書祠部郎中。播家世純厚，並敦義讓，昆季相事，有如父子。播剛毅，椿、津恭謙，與人言，自稱名字。兄弟旦則聚於廳堂，終日相對，未曾入內。有一美味，不集不食。廳堂間往往幃幔隔障，爲寢息之所，時就休偃，還共談笑。椿年老，曾他處醉歸，津扶侍還室，仍假寐閤前，承候安否。椿、津年過六十，並登台鼎，而津嘗旦暮參問，子姪羅列階下，椿不命坐，津不敢坐。椿每近出，或日斜不至，津不先飯，椿還，然後共食。食則津親授匙箸，味皆先嘗，椿命食，然後食。津爲司空，於時府主皆引寮佐，人就津求官，津曰："此事須家兄裁之，何爲見問？"初，津爲肆州，椿在京宅，每有四時嘉味，輒因使次附之，若或未寄，不先入口。椿每得所寄，輒對之下泣。兄弟皆有孫，唯椿有曾孫，年十五六矣，椿常欲爲之早娶，望見玄孫。自昱已下，率多學尚，時人莫不欽羨焉。一家之內，男女百口，緦服同爨，庭無間言，魏世以來，唯有盧淵兄弟及播昆季，當世莫逮焉。世隆等將害椿家，誣其爲逆，奏請收治。前廢帝不許，世隆復苦執，不得已，下詔付有司檢聞。世隆遂遣步騎夜圍其宅，天光亦同日收椿於華陰，東西兩家無少長皆遇禍，籍其家。世隆後乃奏云："楊家實反，夜拒軍人，遂盡格殺。"廢帝惋恨久之，不言而已。知世隆擅縱，無如之何。永熙中，椿合家歸葬華陰，衆咸觀而悲傷焉。

播族弟鈞，祖暉，庫部給事，稍遷洛州刺史，卒，贈弘農公，謚曰簡。父恩，河間太守。鈞頗有幹用，自廷尉正爲長水校尉、中壘將軍、洛陽令，出除中山太守，入爲司徒左長史，又除徐州、東荊州刺史，還爲廷尉卿，拜恒州刺史，轉懷朔鎭將，所居以彊濟稱。後爲撫軍將軍、七兵尚書、北道行臺。卒，贈使持節、散騎常侍、車騎大將軍、左光祿大夫、華州刺史。

長子暄，卒於尚書郎。

暄弟穆，華州別駕。

穆弟儉，寧遠將軍、頓丘太守。建義初，除太府少卿，尋爲華州中正，加左將軍。儉與元顥有舊，及顥入洛，受其位任。莊帝還宮，坐免。後以本將軍潁州刺史，尋加散騎常侍、平南將軍，州罷不行。普泰初，除征南將軍、金紫光祿大夫。永熙中，以大將軍除北雍州刺史，仍陷關西。

儉弟寬，自宗正丞，建義初，爲通直散騎侍郎，領河南尹丞，稍遷散騎常侍、安東將軍。永安二年，除中軍將軍、太府卿，後爲散騎常侍、驃騎將軍、右光祿大夫、澄城縣開國伯。太昌初，除給事黃門侍郎，尋加驃騎大將軍，除華州大中正，監內典書事。坐事去官。永熙三年，兼武衞將軍，又除黃門郎，隨出帝入關西。儉、寬皆輕薄無行，爲人流所鄙。

史臣曰：楊播兄弟，俱以忠毅謙謹，荷內外之任，公卿牧守，榮赫累朝，所謂門生故吏遍於天下，而言色恂恂，出於誠至，恭德慎行，爲世師範，漢之萬石家風、陳紀門法所不過也。諸子秀立，青紫盈庭，其積善之慶歟？及胡逆擅朝，淫刑肆毒，以斯族而遇斯禍，報施之理，何相反哉！

魏書卷五十八考證

楊播傳爾朱榮東討葛榮〇討監本作封，各本同。本書孝莊帝紀建義元年九月壬申，柱國大將軍爾朱榮率騎七千討葛榮於滏口，破擒之，餘衆悉降，冀定滄瀛殷五州平，則封字乃討字之訛也。

魏書卷五十九

齊　魏收　撰

列傳第四十七

劉昶　蕭寶夤　蕭正表

劉昶，字休道，義隆第九子也。義隆時，封義陽王。兄駿以爲征北將軍、徐州刺史，開府。及駿子子業立，昏狂肆暴，害其親屬，疑昶有異志。昶聞甚懼，遣典籤虞法生表求入朝，以觀其意。子業曰："義陽與太宰謀反，我欲討之，今知求還，甚善。"又屢詰法生："義陽謀事，汝何故不啓？"法生懼禍，走歸彭城。昶欲襲建康，諸郡並不受命。和平六年遂委母妻攜妾吳氏作丈夫服結義從六十餘人間行來降在路多叛隨昶至者二十許人昶雖學不淵洽略覽子史前後表啓皆其自製朝廷嘉重之尚武邑公主拜侍中征南將軍駙馬都尉封丹陽王歲餘而公主薨更尚建興長公主皇興中劉彧遣其員外郎李豐來朝顯祖詔昶與彧書爲兄弟之戒彧不答責昶以母爲其國妾宜如春秋荀罃對楚稱外臣之禮尋敕昶更與彧書昶表曰臣植根南僞託體不殊秉旄作牧職班台位天厭子業夷戮同體背本歸朝事捨簪笏臣弟彧廢姪自立彰于遐邇孔懷之義雖奪爲臣之典靡經棠棣之詠可修越敬之事未允臣若改書事爲二敬猶修往文彼所不納伏願聖慈停臣今答朝廷從之拜外都坐大官公主復薨更尚平陽長公主昶好犬馬愛武事入國歷紀猶布衣皂冠同凶素之服然呵詈童僕音雜夷夏雖在公坐諸王每侮弄之或戾手齧臂至於痛傷笑呼之聲聞于御筵高祖每優假之不以怪問至於陳奏本國事故語及征役則能斂容涕泗悲動左右而天性褊躁喜怒不恒每至威忿楚朴特苦引待南士禮多不足緣此人懷畏避太和初轉內都坐大官及蕭道成殺劉準時遣諸將南伐詔昶曰卿識機體運先覺而來卿宗廟不復血食朕聞斯問矜忿兼懷今遣大將軍率南州甲卒以伐逆豎剋蕩兇醜翦除民害氛穢既清即胙卿江南之土以興蕃業乃以本將軍與諸將同行路經徐州哭拜其母舊堂哀感從者乃遍循故居處處隕涕左右亦莫不辛酸及至軍所將欲臨陳四面拜諸將士自陳家國滅亡蒙朝廷慈覆辭理切至聲氣激揚涕泗橫流三軍咸爲感歎後昶恐雨水方降表請還師從之又加儀同三司領儀曹尚書於時改革朝儀詔昶與蔣少遊專主其事昶條上舊式略不遺忘高祖引見於宣文堂昶啓曰臣本國不造私有虐政不能廢昏立德扶定傾危萬里奔波投蔭皇闕仰賴天慈以存首領然大恥未雪痛愧纏心屬逢陛下釐校之始願垂曲恩處臣邊戍招集遺人以雪私恥雖死之日猶若生年悲泣良久高祖曰卿投誠累紀本邦湮滅王者未能恤難矜災良以爲愧出蕃之日請別當處分後以昶女爲鄉君高祖臨宣文堂見武興王楊集始既而引集始入宴詔昶曰集始邊方之酋不足以當諸侯之禮但王者不遺小國之臣況此蕃垂之主故勞公卿於此昶對曰陛下道化光被自北而南故巴漢之雄遠覲天闕臣猥瞻盛禮實忻嘉遇高祖曰武興宕昌於禮容並不閑備向見集始覲其舉動有賢於彌承昶對曰陛下惠洽普天澤流無外武興蕞爾豈不食椹懷音又爲中書監開建五等封昶齊郡開國公加宋王之號十七年春高祖臨經武殿大議南伐語及劉蕭篡奪之事昶每悲泣不已因奏曰臣本朝淪喪艱毒備罹冀恃國靈釋臣私恥頓首拜謝高祖亦爲之流涕禮之彌崇蕭賾雍州刺史曹虎之詐降也詔昶以兵出義陽無功而還十八年除使持節都督吳越楚彭城諸軍事大將軍固辭詔不許又賜布千匹及發高祖親餞之命百寮賦詩贈昶又以其文集一部賜昶高祖因以所製文筆示之謂昶曰時契勝殘事鍾文業雖則不學欲罷不能脫思一見故以相示雖無足味聊復爲笑耳其重昶如是自昶之背彭城至是久矣其昔齋宇山池並尚存立昶更修繕還處其中不能綏邊懷物撫接義故而閨門喧猥內外姦雜前民舊吏莫不慨歎焉豫營墓於彭城西南與三公主同塋而異穴發石累之墳崩壓殺十餘人後復移改爲公私費害高祖南討昶候駕於行宮高祖遣侍中迎勞之昶討蕭昭業司州雖屢破賊軍而義陽拒守不剋昶乃班師十九年高祖在彭城昶至入見昶曰臣奉敕專征剋殄兇醜徒勞士馬久淹歲時有損威靈伏聽斧鉞高祖曰朕之此行本無攻守之意正欲伐罪弔民宣威布德二事既暢不失本圖朕亦無剋而還豈但卿也十月昶朝于京師高祖臨光極堂大選高祖曰朝因月旦欲評魏典夫典者爲國大綱治民之柄君能好典則國治不能則國亂我國家昔在恒代隨時制作非通世之長典故自夏及秋親議條制或言唯能是寄不必拘門朕以爲不爾何者當今之世仰祖質朴清濁同流混齊一等君子小人名品無別此殊爲不可我今八族以上士人品第有九九品之外小人之官復有七等若苟有其人可起家爲三公正恐賢才難得不可止爲一人渾我典制故令班鏡九流清一朝軌使千載之後我得髣像唐虞卿等依俙元凱昶對曰陛下光宅中區惟新朝典刊正九流爲不朽之法豈唯髣像唐虞固以有高三代高祖曰國家本來有一事可慨可慨者何恒無公言得失今卿等各盡其心人君患不能納羣下之諫爲臣患不能盡忠於主朕今舉一人如有不可卿等盡言其失若有才能而朕所不識者宜各舉所知朕當虛己延納若能如此能舉則受賞不言則有罪及論大將軍高祖曰劉昶即其人也後給班劒二十人二十一年四月薨於彭城年六十二高祖爲之舉哀給溫明祕器錢百萬布五百匹蠟三百斤朝服一具衣一襲贈假黃鉞太傅領揚州刺史加以殊禮備九錫給前後部羽葆鼓吹依晉琅邪武王伷故事謚曰明

昶適子承緒主所生也少而尫疾尚高祖妹彭城長公主爲駙馬都尉先昶卒贈員外常侍

長子文遠次輝字重昌並皆疏狂昶深慮不能守其爵封然輝猶小未多罪過乃以爲世子襲封正始初尚蘭陵長公主世宗第二姊也拜員外常侍公主頗嚴妒輝嘗私幸主侍婢有身主笞殺之剖其孕子節解以草裝實婢腹裸以示輝輝遂忿憾疏薄公主公主姊因入聽講言其故於靈太后太后敕清河王懌窮其事懌與高陽王雍廣平王懷奏其不和之狀無可爲夫婦之理請離婚削除封位太后從之公主在宮周歲高陽王及劉騰等皆爲言於太后太后慮其不改未許之雍等屢請不已聽復舊義太后流涕送公主誡令謹護正光初輝又私淫張陳二氏女公主更不檢惡主姑陳留公主共相扇獎遂與輝復致忿爭輝推主墮床手脚毆蹈主遂傷胎輝懼罪逃逸靈太后召清河王懌決其事二家女髡笞付宮兄弟皆坐鞭刑徙配敦煌爲兵公主因傷致薨太后親臨慟哭舉哀太極東堂出葬城西太后親送數里盡哀而還謂侍中崔光曰向哭所以過哀者追念公主爲輝頓辱非一乃不關言能爲隱忍古今寧有此此所以痛之後執輝於河內之溫縣幽于司州將加死刑會赦得免三年復其官爵遷征虜將軍中散大夫四年輝卒家遂衰頓無復可紀

文遠歷步兵校尉前將軍景明初爲統軍在壽春坐謀殺刺史王肅以壽春叛事發伏法有通直郎劉武英者太和十九年從淮南內附自云劉裕弟長沙景王道憐之曾孫賜爵建寧子司徒外兵參軍稍轉步兵校尉游擊將軍卒于河內太守而昶不以爲族親也

蕭寶夤字智亮蕭鸞第六子寶卷母弟也鸞之竊位封寶夤建安王寶卷立以爲車騎將軍開府領石頭戍軍事寶卷昏狂其直後劉靈運等謀奉寶夤密遣報寶夤寶夤許之遂迎寶夤率石頭文武向其臺城稱警蹕百姓隨從者數百人會日暮城門閉乃燒三尚及建業城城上射殺數人衆乃奔散寶夤棄車步走部尉執送之自列爲人所逼寶卷亦不罪責也寶卷弟寶融僭立以寶夤爲衛將軍南徐州刺史改封鄱陽王蕭衍既克建業殺其兄弟將害寶夤以兵守之未至嚴急其家閹人顏文智與左右麻拱黃神密計穿牆夜出寶夤具小船於江岸脫本衣服著烏布襦腰繫千許錢潛赴江畔躡屩徒步脚無全皮防守者至明追之寶夤假爲釣者隨流上下十餘里追者不疑待散乃度西岸遂委命投華文榮文榮與其從子天龍惠連等三人棄家將寶夤遁匿山澗賃驢乘之晝伏宵行景明二年至壽春之東城戍戍主杜元倫推檢知實蕭氏子也以禮延待馳告揚州刺史任城王澄澄以車馬侍衞迎之時年十六徒步憔悴見者以爲掠賣生口也澄待以客禮乃請喪居斬衰之服澄遣人曉示情禮以喪兄之制給其齊衰寶夤從命澄率官寮赴弔寶夤居處有禮不飲酒食肉輟笑簡言一同極哀之節壽春多其故義皆受慰唁唯不見夏侯一族以夏侯同蕭衍故也改日造澄澄深器重之景明三年閏四月詔曰蕭寶夤深識機運歸誠有道冒嶮履屯投命絳闕微子陳韓亦曷以過也可遣羽林監領主書劉桃符詣彼迎接其資生所須之物及衣冠車馬在京邸館付尚書悉令預備及至京師世宗禮之甚重伏訴闕下請兵南伐雖遇暴風大雨終不暫移是年冬蕭衍江州刺史陳伯之與其長史褚胄等自壽春歸降請軍立効世宗以寶夤誠懇及伯之所陳時不可失四年二月乃引八座門下入議部分之方四月除使持節都督東揚南徐兗三州諸軍事鎭東將軍揚州刺史丹陽郡開國公齊王配兵一萬令且據東城待秋冬大舉寶夤明當拜命其夜慟哭至晨備禮策授賜車馬什物給虎賁五百人事從豐厚猶不及劉昶之優隆也又任其募天下壯勇得數千人以文智三人等爲積弩將軍文榮等三人爲彊弩將軍並爲軍主寶夤雖少羈流而志性雅重過朞猶絕酒肉慘形悴色蔬食麤衣未嘗嬉笑及被命當南伐貴要多相憑託門庭賓客若市書記相尋寶夤接對報復不失其理正始元年三月寶夤行達汝陰東城已陷遂停壽春之栖賢寺值賊將姜慶眞內侵士民響附圍逼壽春遂據外郭寶夤躬貫甲胄率下擊之自四更交戰至明日申時賊旅彌盛寶夤以衆寡無援退入金城又出相國東門率衆力戰始破走之當寶夤壽春之戰勇冠諸軍聞見者莫不壯之七月還京師改封梁郡開國公食邑八百戶及中山王英南伐寶夤又表求征乃爲使持節鎭東將軍別將以繼英配羽林虎賁五百人與英頻破衍軍乘勝遂攻鍾離淮水汎溢寶夤與英狼狽引退士卒死沒者十四五有司奏寶夤守東橋不固軍敗由之處以極法詔曰寶夤因難投誠宜加矜貸可恕死免官削爵還第尋尚南陽長

公主賜帛一千匹并給禮具公主有婦德事寶夤盡肅雍之禮雖好合積年而敬事不替寶夤每入室公主必立以待之相遇如賓自非太妃疾篤未曾歸休寶夤器性温順自處以禮奉敬公主內外諧穆清河王懌親而重之永平四年盧昶克蕭衍朐山戍以琅邪戍主傅文驥守之衍遣師攻文驥盧昶督衆軍救之詔寶夤爲使持節假安南將軍別將長驅往赴受盧昶節度賜帛三百匹世宗於東堂餞之詔曰蕭衍送死連兵再離寒暑卿忠規內挺孝誠外亮必欲鞭尸吳墓戮衍江陰故授卿以總統之任仗卿以克捷之規宜其勉歟寶夤對曰讎恥未復枕戈俟旦雖無申包之志敢忘伍胥之心今仰仗神謀俯厲將帥誓必拉彼姦勍以清王略聖澤下臨不勝悲荷因泣涕横流哽咽良久於後盧昶軍敗唯寶夤全師而歸延昌初除安東將軍瀛州刺史復其齊王四年還撫軍將軍冀州刺史及大乘賊起寶夤遣軍討之頻爲賊破臺軍至乃滅之靈太后臨朝還京師蕭衍遣其將康絢於浮山堰淮以灌揚徐除寶夤使持節都督東討諸軍事鎮東將軍以討之尋復封梁郡開國公寄食濟州之濮陽熙平初賊堰既成淮水瀸溢將爲揚徐之患寶夤於堰上流更鑿新渠引注淮澤水乃小減乃遣輕車將軍劉智文虎威將軍劉延宗率壯士千餘夜渡淮燒其竹木營聚破賊三壘殺獲數千人斬其直閤將軍王升明而還火數日不滅衍將垣孟孫張僧副等水軍三千渡淮北攻統軍呂叵寶夤遣府司馬元達統軍魏續年等赴擊破之孟孫等奔退乃授左光祿大夫殿中尚書寶夤又遣軍王周恭叔率壯士數百夜渡淮南焚賊徐州刺史張豹子等十一營賊衆驚擾自殺害者甚衆寶夤還京師又除使持節散騎常侍都督荆（闕）東洛三州諸軍事衛將軍荆州刺史不行復爲殿中尚書寶夤之在淮堰蕭衍手書與寶夤曰謝齊建安王寶夤亡兄長沙宣武王昔投漢中值北寇華陽地絶一隅內無素畜外絶繼援守危疏勒計踰田單卒能全土破敵以弱爲彊使至之日君臣動色左右相賀齊明帝每念此功未嘗不輟箸咨嗟及至張永崔慧景事大將覆軍於外小將懷貳於內事危累卵勢過綴旒亡兄忠勇奮發旋師大峴重圍累日一鼓魚潰克定慧景功踰恒文亡弟衡尉兄弟戮力盡心內外大勳不報翻罹茶酷百口幽執禍害相尋朕於齊明帝外有龕敵之力內盡帷幄之誠日自三省曾無寸咎遠身邊外亦復不免遂遣劉山陽輕舟西上來見掩襲時危事迫勢不得已所以誓衆樊鄧會踰孟津本欲翦除梅蟲兒茹法珍等以雪宛酷拔濟親屬反身素里屬張稷王珍國已建大事寶晊子晉屢動危機迫樂推之心應上天之命事不獲已豈其始願所以自有天下絶棄房室斷除滋味正欲使四海見其本心耳勿謂今日之位是爲可重朕之視此曾不如一芥雖復崆峒之蹤難追汾陽之志何遠而今立此堰卿當未達本意朕於昆蟲猶不欲殺亦何急爭無用之地戰蒼生之命也正爲李繼伯在壽陽侵犯邊境歲月滋甚或攻小城小戍或掠一村一里若小相酬答終無寧日邊邑爭桑吳楚連禍所以每抑鎮戍不與校計繼伯既得如此濫竊彌多今修此堰止欲以報繼伯侵盜之役既非大舉所以不復文移北土卿幼有倜儻之心早懷縱横之氣往日卿於石頭舉事雖不克捷亦丈夫也今止河洛眞其時矣雖然爲卿計者莫若行率此衆襲據彭城別當遣軍以相影援得捷之後便遣卿兄子屏侍送卿國廟并卿室家及諸姪從若方欲還北更設奇計恐機事一差難重復集勿爲韓信受困野鷄寶夤表送其書陳其忿毒之意朝廷爲之報答寶夤志存雪復屢請居邊神龜中出爲都督徐南兗二州諸軍事車騎將軍徐州刺史乃起學館於清東朔望引見土姓子弟接以恩顏與論經義勤於政治吏民愛之凡在三州皆著名稱正光二年徵爲車騎大將軍尚書左僕射善於吏職甚有聲名四年上表曰臣聞堯典有黜陟之文周書有考績之法雖其源難得而尋然條流抑亦可知矣大較在于官人用才審於所蒞練迹校名驗於虛實豈不以臧否得之餘論優劣著於歷試者乎既聲窮於月旦品定於黃紙用效於名輩事彰於臺閣則賞罰之途差有商準用捨之宜非無依據雖復勇進忘退之儔奔競於市里過分亡涯之請馳騖於多門猶且顧其聲第愼其與奪器分定於下爵位懸於上不可妄叨故也今竊見考功之典所懷未喻敢竭無隱試陳萬一何者竊惟文武之名在人之極地德行之稱爲生之最首忠貞之美立朝之譽仁義之號處身之端自非職惟九官任當四岳授曰爾諧讓稱俞往將何以克厭大名允茲令問自比已來官罔高卑人無貴賤皆飾辭假說用相褒舉涇渭同波薰蕕共器求者不能量其多少與者不復覈其是非遂使冠履相貿名與實爽謂之考功事同泚涉紛紛漫漫焉可勝言又在京之官積年一考其中或所事之主遷移數四或所奉之君身亡廢絶或具寮離索或同事凋零雖當時文簿記其殿最日久月深駮落都盡人有去留誰復掌其勤墮或停休積稔或分隔數千槩年之後方求追訪聲迹立其考第無不苟相悅附共爲脣齒飾垢掩疵妄加丹素趣令得階而已無所顧惜賢達君子未免斯患中庸已降夫復何論官以求成身以請立上下相蒙莫斯爲甚又勤恤人隱咸歸守令厥任非輕所責實重然及其考課悉以六載爲程既而限滿代還復經六年而敘是則歲周十二始得一階於東西兩省文武閑職公府散佐無事冗官或數旬方應一直或朔望止於暫朝及其考日更得四年爲限是則一紀之中便登三級彼以實勞劇任而遷貴之路至難此以散位虛名而升陟之方甚易何內外之相懸令厚薄之如是又聞之聖人大寶曰位何以守位曰仁孟子亦曰仁義忠信天爵也公卿大夫人爵也古之人修其天爵而人爵從之故雖文質異時汚隆殊世莫不寶茲名器不以假人是以賞罰之柄恒自持也至乃周之藹藹五叔無官漢之察察館陶徒請豈不重骨肉私親親誠以賞罰一差則無以懲勸至公暫替則覬覦相欺故至愼至惜殷勤若此況乎親非肺腑才乖秀逸或充單介之使始無汗馬之勞或說興利之規終慙十一之潤皆虛張無功妄指贏益坐獲數階之官藉成通顯之貴於是巧詐萌生僞辯鋒出役萬慮以求榮開百方而逐利握樞秉鈞者亦知其苦斯但抑之則其流已注引之則有何紀極夫琴瑟在於必和更張求其適調去者既不可追來者猶或宜改按周官太宰之職歲終則令官府各正所司受其會計聽其致事而詔於王三歲則大計羣吏之治而誅賞之愚謂今可粗依其準見居官者每歲終本曹皆明辨在官日月具覈才行能否審其實用而注其上下游辭宕說一無取焉列上尚書覆其合否如有紕謬即正而罰之不得方復推詰委否容其進退既定其優劣善惡交分庸短下第黜凡以明法幹務忠清甄能以記賞總而奏之經奏之後考功曹別書於黃紙油帛一通則本曹尚書與令僕印署留於門下一通則以侍中黃門印署掌在尚書嚴加緘密不得開視考績之日然後對共裁量如此則少存實錄薄止姦囘其內外考格裁非庸管乞求博議以爲畫一若殊謀異策事關廢興遐邇所談物無異議者自可臨時斟酌匪拘恒例至如援流引比之訴貪榮求級之請如不限以關鍵肆其傍通則蔓草難除涓流遂積穢我彝章撓茲大典謂宜明加禁斷以全至治開返本之路杜澆僞之門如斯則吉士盈朝薪標載煥矣詔付外博議以爲永式竟無所定時蕭衍弟子西豐侯正德來降寶夤表曰伏見揚州表蕭正德自云避禍遠投宸掖背父叛君駭議衆口深心指趣厥情難測臣聞立身行道始於事親終於事君故君親盡之以恒敬嚴父兼之以博愛斯人倫之所先王教之盛典三千之條莫大於不孝毁則藏姦常刑靡赦所以晉恭獲謗無所逃死衛伋受誣二子繼没親命匪棄國孰無父況今封豕尚存長蛇未滅偷生江表自安毒酖而正德居猶子之親竊通侯之貴父榮於國子爵於家履霜弗聞去就先結隔絶山淮溫凊永盡定省長違報復何日以此爲心心可知矣皇朝綿基累葉恩均四海自北徂南要荒仰澤能言革化無思不韙賁玉帛於丘園標忠孝以納賞築藁街于伊洛集華裔其歸心被髮鏤身之酋屈膝而請吏交阯文身之渠款關而効質至如正德宜甄義以致貶昔越栖會稽賴宰嚭以獲立漢困彭宋實丁公而獲免吳項已平二臣即法豈不錄其情哉欲明責以示後況遺君忽父狠子是心既不親親安能親人中間變詐或有萬等伏惟陛下聖敬自天欽光纂歷昭德塞違以臨羣后脫包此凶醜寘之列位百官是象其何誅焉臣釁結禍深痛纏肝髓日暮途遥復報無日豈區區於一豎哉但才雖庸近職居獻替愚衷寸抱敢不申陳伏願聖慈少垂察覽訪議槐棘論其是非使秋霜春露施之有在相鼠攸刺遄死有歸無令申伋受笑於苟存曾閔淪名於盛世正德既至京師朝廷待之尤薄歲餘還叛五年蕭衍遣其將裴邃虞鴻等率衆寇揚州詔寶夤爲使持節散騎常侍車騎大將軍都督徐州東道諸軍事率諸將討之既而揚州刺史長孫稚大破邃軍斬鴻賊遂奔退初秦州城人薛珍劉慶杜遷等反執刺史李彥推莫折大提爲首自稱秦王大提尋死其第四子念生竊號天子改年曰天建置立官寮以息阿胡爲太子其兄阿倪爲西河王弟天生爲高陽王伯珍爲東郡王安保爲平陽王遣天生率衆出隴東攻沒汧城仍陷岐州執元志裴芬之等遂寇雍州屯於黑水朝廷甚憂之乃除寶夤開府西道行臺率所部東行將統爲大都督西征肅宗幸明堂因以餞之寶夤與大都督崔延伯擊天生大破之斬獲十餘萬追奔至于小隴軍人採掠遂致稽留不速追討隴路復塞仍進討高平賊帥万俟醜奴於安定更有負捷時有天水人呂伯度兄弟始共念生同逆後與兄衆保於顯親聚衆討念生戰敗降於胡琛琛以伯度爲大都督秦王資其士馬還征秦州大敗

念生將杜粲於成紀又破其金城王莫折普賢於永洛城遂至顯親念生率衆身自拒戰又大奔敗伯度乃背胡琛襲琛將劉拔破走之遣其兄子忻和率騎東引國軍念生事迫乃詐降於寶夤朝廷喜伯度立義之功授撫軍將軍涇州刺史平秦郡開國公食邑三千戶而大都督元修義高聿停軍隴口久不西進念生復反伯度終爲醜奴所殺故賊勢更甚寶夤不能制孝昌二年四月除寶夤侍中驃騎大將軍儀同三司假大將軍尚書令給後部鼓吹增封千戶寶夤初自黑水終至平涼與賊相對數年攻擊賊亦憚之關中保全寶夤之力矣三年正月除司空公出師既久兵將疲弊是月大敗還雍州仍停長安收聚離散有司處寶夤死罪詔恕爲民四月除使持節都督雍涇岐南豳四州諸軍事征西將軍雍州刺史假車騎大將軍開府西討大都督自關以西皆受節度九月念生爲其常山王杜粲所殺合門皆盡粲據州請降於寶夤十月除散騎常侍車騎將軍尚書令復其舊封是時山東關西寇賊充斥王師屢北人情沮喪寶夤自以出軍累年糜費尤廣一旦覆敗慮見猜責內不自安朝廷頗亦疑阻乃遣御史中尉酈道元爲關中大使寶夤謂密欲取己彌以憂懼而長安輕薄之徒因相說動道元行達陰盤驛寶夤密遣其將郭子恢等攻而殺之詐收道元尸表言白賊所害又殺都督南平王仲冏是月遂反僭舉大號赦其部內稱隆緒元年立百官乃遣郭子恢東寇潼關行臺張始榮圍華州刺史崔襲詔尚書僕射行臺長孫稚討之時北地人毛鴻賓與其兄遐糾率鄉義將討寶夤寶夤遣其大將軍盧祖遷等擊遐爲遐所殺又遣其將侯終德往攻遐會子恢爲官軍所敗長孫稚又遣子子彥破始榮於華州終德因此勢挫還圖寶夤軍至白門寶夤始覺與終德交戰戰敗攜公主及其少子與部下百餘騎從後門出走渡渭橋投於寧夷巴張宕昌劉與周舍尋奔醜奴醜奴以寶夤爲太傅永安三年都督爾朱天光遣賀拔岳等破醜奴於安定追擒醜奴寶夤並送京師詔置閶闔門外都街之中京師士女聚共觀視凡經三日吏部尚書李神儁黃門侍郎高道穆並與寶夤素舊二人相與左右言於莊帝云其逆迹事在前朝冀得赦免會應詔王道習時自外至莊帝問道習在外所聞道習曰唯聞陛下欲不殺蕭寶夤帝問其故道習曰人云李尚書高黃門與寶夤周款並居得言之地必能全之道習因曰若謂寶夤逆在前朝便將恕之寶夤敗於長安走爲醜奴太傅豈非陛下御歷之日賊臣不翦法欲安施帝然其言乃於太僕駝牛署賜死寶夤之將死神儁攜酒就之以敍舊故因對之下泣而寶夤夷然自持了不憂懼唯稱推天委命恨不終臣節而已公主攜男女就寶夤訣別慟哭極哀寶夤死色貌不改寶夤有三子皆公主所生而並凡劣

長子烈復尚肅宗妹建德公主拜駙馬都尉寶夤反伏法

次子權與少子凱射戲凱失激中之而死凱仕至司徒左長史凱妻長孫稚女也輕薄無禮公主數加罪責凱竊銜恨妻復惑說之天平中凱遂遣奴害公主乃轘凱於東市妻梟首家遂殄滅

寶夤兄寶卷子贊字德文本名綜入國寶夤改焉初蕭衍滅寶卷寶卷宮人吳氏始孕匿而不言衍乃納之生贊以爲己子封豫章王及長學涉有才思其母告之以實贊晝則談謔如常夜則銜悲泣涕結客待士恒有來奔之志爲衍諸子深所猜疾而衍甚愛寵之有濟陰芮文寵安定梁話贊曲加禮接乃割血自誓布以腹心寵話等既感其情義敬相然諾值元法僧以彭城叛入蕭衍衍命贊爲南兗徐二州刺史都督江北諸軍事鎭彭城於時肅宗遣安豐王延明臨淮王彧討之贊便遣使密告誠款與寵話夜出步投彧軍孝昌元年秋屆于洛陽陛見之後就館舉哀追服三載寶夤于時在關西遣使觀察聞其形貌歛眉悲感朝廷賞賜豐渥禮遇隆厚授司空封高平郡開國公丹陽王食邑七千戶及寶夤反贊惶怖欲奔白鹿山至河橋爲北中所執朝議明其不相干預仍蒙慰勉建義初隨爾朱榮赴晉陽莊帝徵贊還洛轉司徒遷太尉尚帝姊壽陽長公主出爲都督齊濟西兗三州諸軍事驃騎大將軍開府儀同三司齊州刺史寶夤見擒贊拜表請寶夤命爾朱兆入洛爲城民趙洛周所逐公主被錄還京爾朱世隆欲相陵逼公主守操被害贊既棄州爲沙門潛詣長白山未幾趣白鹿山至陽平遇病而卒時年三十一贊機辯文義頗有可觀而輕薄俶儻猶有父之風尚普泰末敕迎其喪至洛遣黃門郎鹿悆護喪事以王禮與公主合葬嵩山至元象初吳人盜其喪還江東蕭衍猶以爲子祔葬蕭氏墓焉贊江南有子在國無後

蕭正表字公儀蕭衍弟臨川王宣達子也正表長七尺九寸眉目疎朗雖質貌豐美而性理短闇衍以爲封山縣開國侯拜給事中歷東宮洗馬淮南晉安二郡太守轉輕車將軍北徐州刺史鎭鍾離初衍未有子以正表兄正德爲子既而封爲西豐侯正德私懷忿憾正光三年背衍奔洛朝廷以其人才庸劣不加禮待尋逃歸衍不之罪後封正德臨賀王衍末復爲散騎常侍光祿大夫知丹陽尹事侯景之將濟江也知正德有恨於衍密與交通許推爲主正德以船數十舫迎之景渡江衍召正表入援正表率衆次廣陵聞正德爲侯景所推仍託舫糧未集盤桓不進景尋以正表爲南兗州刺史封南郡王正表既受景署遂於歐陽立柵斷衍援軍又欲遣其妾兄龔子明進攻廣陵衍南兗州刺史南康王蕭會理遣前廣陵令劉瑗襲擊破之正表狼狽失據乃率輕騎走還鍾離武定七年正月仍送子爲質據州內屬徐州刺史高歸彥遣長史劉士榮馳赴之事定正表入朝以勳封蘭陵郡開國公吳郡王食邑五千戶尋除侍中車騎將軍特進太子太保開府儀同三司賞賚豐厚其年冬薨年四十二贈侍中都督徐揚兗豫齊五州諸軍事驃騎大將軍司空公徐州刺史開國公王並如故謚曰昭烈子廣壽

史臣曰劉昶猜疑懼禍蕭夤亡破之餘並潛骸竄影委命上國俱稱曉了咸當任遇雖有枕戈之志終無鞭墓之誠昶諸子秖竦喪其家業寶夤背恩忘義梟獍其心此亦戎夷彭狡輕薄之常事也天重其罪鬼覆其門至於母子兄弟還相殲滅抑是積惡之義云蕭贊臨邊脫身晚去讐賊寵祿頓臻顛沛旋至信吉凶之相倚也正表歸命大享名族亦以優哉

魏書卷五十九考證

蕭寶夤傳誰復掌其勤墮○墮與惰通禮月令曰民氣解墮韓非子五蠹篇侈而墮者貧史記司馬相如傳不敢怠墮注墮同惰

魏書卷六十

齊　魏　收　撰

列傳第四十八

韓麒麟　程駿

韓麒麟昌黎棘城人也自云漢大司馬增之後父瑚秀容平原二郡太守麒麟幼而好學美姿容善騎射恭宗監國爲東曹主書高宗卽位賜爵魯陽男加伏波將軍父亡在喪有禮邦族稱之後參征南慕容白曜軍事進攻升城師人多傷及城潰白曜將坑之麒麟諫曰今始踐僞境方圖進取宜寬威厚惠以示賊人此韓信降范陽之計勍敵在前而便坑其衆恐自此以東將人各爲守攻之難剋日久師老外民乘之以生變故則三齊未易圖也白曜從之皆令復業齊人大悅後白曜表麒麟爲冠軍將軍與房法壽對爲冀州刺史白曜攻東陽麒麟上義租六十萬斛幷攻戰器械於是軍資無乏及白曜被誅麒麟亦徵還停滯多年高祖時拜給事黃門侍郞乘傳招慰徐兗叛民歸順者四千餘家尋除冠軍將軍齊州刺史假魏昌侯麒麟在官寡於刑罰從事劉普慶說麒麟曰明公仗節方夏而無所斬戮何以示威麒麟曰刑罰所以止惡蓋不得已而用之今民不犯法何所戮乎若必須斬斷以立威名當以卿應之普慶慚懼而退麒麟以新附之人未階臺宦士人沉抑乃表曰齊土自屬僞方歷載久遠舊州府寮動有數百自皇威開被幷職從省守宰闕任不聽土人監督竊惟新人未階朝宦州郡局任甚少沉塞者多願言冠冕輕爲去就愚謂守宰有闕宜推用豪望增置吏員廣延賢哲則華族蒙榮良才獲敍懷德安土庶或在茲朝議從之太和十一年京都大饑麒麟表陳時務曰古先哲王經國立治積儲九稔謂之太平故躬籍千畝以勵百姓用能衣食滋茂禮教興行逮於中代亦崇斯業入粟者與斬敵同爵力田者與孝悌均賞實百王之常軌爲治之所先今京師民庶不田者多遊食之口三分居二蓋一夫不耕或受其飢況於今者動以萬計故頃年山東遭水而民有餧終今秋京都遇旱穀價踊貴實由農人不勸素無儲積故也伏惟陛下天縱欽明道高三五昧旦憂勤思恤民敝雖帝虞一日萬幾周文昃不暇食蔑以爲喻上垂覆載之澤下有凍餒之人皆由有司不爲明制長吏不恤其本自承平日久豐穰積年競相矜夸遂成侈俗車服第宅奢僭無限喪葬婚娶爲費實多貴富之家童妾袨服工商之族玉食錦衣農夫餔糟糠蠶婦乏短褐故令耕者日少田有荒蕪穀帛罄於府庫寶貨盈於市里衣食匱於室麗服溢於路飢寒之本實在於斯愚謂凡珍玩之物皆宜禁斷吉凶之禮備爲格式令貴賤有別民歸朴素制天下男女計口受田宰司四時巡行臺使歲一按檢勤相勸課嚴加賞罰數年之中必有盈贍雖遇災凶免於流亡矣往年校比戶貫租賦輕少臣所統齊州租粟纔可給俸略無入倉雖於民爲利而不可長久脫有戎役或遭天災恐供給之方無所取濟可減絹布增益穀租年豐多積歲儉出賑所謂私民之穀寄積於官官有宿積則民無荒年矣十二年春卒於官年

五十六。遺敕其子殯以素棺，事從儉約。麒麟立性恭愼，恒置律令於坐傍。臨終之日，唯有俸絹數十匹，其清貧如此。贈散騎常侍、安東將軍、燕郡公，諡曰康。

長子興宗，字茂先，好學有文才。年十五，受道太學。後司空高允奏爲祕書郎，參著作事。中山王叡貴寵當世闕爲文，還祕書中散。太和十四年冬卒，贈寧遠將軍、漁陽太守。

子子熙，字元雍，少自修整，頗有學識。弱冠未能自通，侍中崔光舉子熙爲清河王懌常侍，遷郎中令。初，子熙父以爵讓弟顯宗，不受。子熙祿父素懷，卒亦不襲。及顯宗卒，子熙別蒙賜爵，乃以其先爵讓弟仲穆。兄弟友愛如此。父亡，居喪有禮。子熙爲懌所眷遇，遂闕位待其畢喪後復用。及元乂害懌，久不得葬，子熙爲之憂悴，屏處田野，每言王若不得復封，以禮遷葬，誓以終身不仕。後靈太后返政，以元乂爲尚書令，解其領軍。子熙與懌中大夫劉定興、學官令傅靈摽、賓客張子愼伏闕上書曰：竊惟故主太傅清河王，職綜樞衡，位居論道，盡忠貞以奉公，竭心膂以事國。自先皇崩殂，陛下沖幼，負扆當朝，義同分陝。宋維反常小子，性若青蠅，汙白點黑，讒佞是務。以元乂皇姨之壻，權勢攸歸，遂相附託，規求榮利，共結圖謀，坐生眉眼，誣告國王，枉以大逆。賴明明在上，赫赫臨下，泥潰自消，玉質還潔。謹案律文：諸告事不實，以其罪罪之。維遂無罪，出爲大郡，刑賞僭差，朝野怪愕。若非宋維與乂爲計，豈得全其身命，方撫千里？王以權在寵家，塵謗紛雜，恭愼之心，逾深逾厲，去其本宅，移住殿西，閨門靜守，親賓阻絕。于時吏部郎中劉騰奏其弟官郡，成兼補及，經內呈，爲王駮退。騰由此生嫌，私深怨怒，遂乃擅廢太后，離隔二宮，拷闕胡定，誣王行毒，含齒戴髮，莫不悲惋。及會公卿議王之罪，莫不俛眉飲氣，唯諮是從。僕射游肇亢言厲氣，發憤成疾，爲王致死。王之忠誠款篤，節義純貞，非但蘊藏胷襟，實乃形於文翰。搜括史傳，撰顯忠錄，區目十篇，分卷二十。旣欲彰忠心於萬代，豈可爲逆亂於一朝？乞追遺志，足明丹款。乂籍寵姻戚，恃握兵馬，無君之心，實懷皁白，擅廢太后，枉害國王，生殺之柄，不由陛下，賞罰之詔，一出於乂。名藩重地，皆其親黨；京官要任，必其心腹。中山王熙本興義兵，不圖神器，戮其大逆，合門誅盡，遂令元略南奔，爲國巨患。奚康生國之猛將，盡忠棄市。其餘枉被屠戮者，不可稱數。緣此普天喪氣，匝地憤傷，致使朔隴猖狂，歷歲爲亂，荊徐蠢動，職是之由。昔趙高秉秦，令關東鼎沸；今元乂執權，使四方雲擾。自古及今，竹帛所載，賊子亂臣，莫此爲甚。開逆之始，起自宋維；成禍之末，良由騰矣。而令凶徒姦黨，迭相樹置，高官厚祿，任情自取，非但臣等痛恨終身，抑爲聖朝懷慙負愧。以臣赤心僂僂之見，宜梟諸兩觀，洿其舍廬；騰合斲棺斬骸，沉其五族，上謝天人幽隔之憤，下報忠臣寃酷之痛。方乃崇亞三事，委以樞端，所謂虎也，更傅其翼。朝野切齒，遐邇扼腕。蔓草難除，去之宜盡。臣歷觀曠代，緬追振古，當斷不斷，其禍更生。況乂猜忍，更居衡要，臣中宵九歎，竊以寒心。實願宸鑒，早爲之所。臣等潛伏閭閻，於茲六載，旦號白日，夕泣星辰，叩地寂寥，呼天無響。衛野納肝，秦庭夜哭，千古之痛，何足相比。今幸遇陛下叡聖，親覽萬幾，太后仁明，更撫四海，臣等敢詣闕披陳，乞報寃毒。書奏，靈太后義之，乃引子熙爲中書舍人。後遂剖騰棺，賜乂死。尋修國史，加寧朔將軍。未幾，除著作郎，又兼司州別駕，轉輔國將軍、鴻臚少卿。建義初，兼黃門，尋正。子熙清白自守，不交人事。又少孤，爲叔顯宗所撫養。及顯宗卒，顯宗子伯華又幼，子熙友愛等於同生，長猶共居，車馬資財，隨其費用，未嘗見於言色。又上書求析階與伯華，於是除伯華東太原太守。及伯華在郡，爲刺史元弼所辱，子熙乃泣訴朝廷。肅宗詔遣按檢，弼遂大見詰讓。爾朱榮之擒葛榮也，送至京師，莊帝欲面見數之。子熙以爲榮旣元兇，自知必死，恐或不遜，無宜見之。爾朱榮聞而大怒，請罪子熙。莊帝恕而不責。尋加征虜將軍。及邢杲之起逆，詔子熙慰勞，杲詐降，而子熙信之，還至樂陵，杲復反。子熙遂還，坐付廷尉，論以大辟，恕死免官。未幾，兼尚書吏部郎。普泰初，除通直散騎常侍、撫軍將軍、光祿大夫，尋正吏部郎。出帝初，還領著作郎，以奉冊之故，封歷城縣開國子，食邑五百戶。又加衞將軍、右光祿大夫。天平初，爲侍讀，又除國子祭酒。子熙儉素安貧，常好退靜。遷鄴之始，百司並給兵力，時以祭酒閑務，止給二人。或有令其陳請者，子熙曰：「朝廷自不給祭酒兵，何關韓子熙事也。」論者高之。尋除驃騎將軍。元象中，加衞大將軍。先是，子熙與弟聘王氏爲妻，姑之女也，生二子。子熙尚未婚，後遂與寡婢李氏姦合而生三子。王李不穆，迭相告言，歷年不罷。子熙因此慙恨，遂以發疾。興和中，孝靜欲行釋奠，敕子熙爲侍講。尋卒，遺戒不求贈謚，其子不能遵奉，遂至干謁。武定初，贈驃騎將軍、儀同三司、幽州刺史。

興宗弟顯宗，字茂親，性剛直，能面折庭諍，亦有才學。沙門法撫，三齊稱其聰悟，常與顯宗校試，抄百餘人名，各讀一遍，隨卽覆呼，法撫猶有一二舛謬，顯宗了無誤錯。法撫歎曰：「貧道生平以來，唯服郞耳。」太和初，舉秀才，對策甲科，除著作佐郞。車駕南討，兼中書侍郞。旣定遷都，顯宗上書，其一曰：竊聞輿駕今夏若不巡三齊，當幸中山，竊以爲非計也。何者？當今徭役宜早息，洛京宜速成。省費則徭役可簡，并功則洛京易就。往冬輿駕停鄴，是閑隙之時，猶編戶供奉，勞費爲劇。聖鑒矜愍，優旨殷勤，爵浹高年，賚周鰥寡，雖賑普霑，今猶恐來夏菜色。況三農要時，六軍雲會，其所損業，實爲不少。雖調斂輕省，未足稱勞，然大駕親臨，誰敢寧息，往來承奉，紛紛道路，田蠶暫廢，則將來無資。此國之深憂也。且向炎暑，而六軍暴露，恐生癘疫，此可憂之次也。臣願輿駕早還北京，以省諸州供帳之費，并功專力，以營洛邑，則南州免雜徭之煩，北都息分析之歎，洛京可以時就，遷者僉爾如歸。其二曰：自古聖帝必以儉約爲美，亂主必以奢侈貽患。仰惟先朝，皆卑宮室而致力於經略，故能基宇開廣，業祚隆泰。今洛陽基址，魏明帝所營，取譏前代。伏願陛下損之又損。頃來北都富室，競以第宅相尚，今因遷徙，宜申禁約，令貴賤有檢，無得踰制。端廣衢路，通利溝渠，使寺署有別，四民異居，永垂百世不刊之範，則天下幸甚矣。三曰：竊聞輿駕還洛陽，輕將數千騎，臣甚爲陛下不取也。夫千金之子，猶坐不垂堂，況萬乘之尊，富有四海乎？警蹕於闈闥之內者，豈以爲儀容而已，蓋以戒不虞也。淸道而後行，尚恐銜橛之或失，況履涉山河而不加三思哉！此愚臣之所以悚息，伏願少垂省察。其四曰：伏惟陛下耳聽法音，目翫墳典，口對百辟，心虞萬幾，晷昃而食，夜分而寢。加以孝思之至，隨時而深；文章之業，日成篇卷。雖叡明所用，未足爲煩，然非所以嗇神養性，頤無疆之祚。莊周有言：「形有待而智無涯。」以有待之形，役無涯之智，殆矣。此愚臣所不安。伏願陛下垂拱司契，委下責成，唯冕旒垂纊，而天下治矣。高祖頗納之。顯宗又上言曰：進賢求才，百王之所先也。前代取士，必先正名，故有賢良方正之稱。今之州郡貢察，徒有秀孝之名，而無秀孝之實。而朝廷但檢其門望，不復彈坐。如此，則可令別貢門望，以敘士人，何假冒秀孝之名也？夫門望者，是其父祖之遺烈，亦何益於皇家？益於時者，賢才而已。苟有其才，雖屠釣奴虜之賤，聖皇不恥以爲臣；苟非其才，雖三后之胤，自墜於皁隸矣。是以大才受大官，小才受小官，各得其所，以致雍熙。議者或云，今世等無奇才，不若取士於門，此亦失矣。豈可以世無周邵，便廢宰相而不置哉？但當校其有寸長銖重者，卽先敍之，則賢才無遺矣。又曰：夫帝皇所以居尊以御下者，威也；兆庶所以從惡以從善者，法也。是以有國有家，必以刑法爲治，生民之命，於是而在。有罪必罰，罰必當辜，則雖箠撻之刑，而人莫敢犯也。有制不行，人得僥倖，則雖參夷之誅，不足以肅。自太和以來，多坐盜弃市，而遠近肅清。由此言之，止姦在於防檢，不在嚴刑也。今州郡牧守，邀當時之名，行一切之法；臺閣百官，亦咸以深酷爲無私，以仁恕爲容盜，迭相敦厲，遂成風俗。陛下居九重之內，視人如赤子；百司分萬務之要，遇下如仇讎。是則堯舜止一人，而桀紂以千百，和氣不至，蓋由於此。書曰：「與其殺不辜，寧失不經。」實宜敕示百寮，以惠元元之命。又曰：昔周王爲犬戎所逐，東遷河洛，鎬京猶稱宗周，以存本也。光武雖曰中興，實自創革，西京尚置京尹，亦不廢舊。今陛下光隆先業，遷宅中土，稽古復禮，於斯爲盛，豈若周漢出於不得已哉？按春秋之義，有宗廟曰都，無則謂之邑，此不刊之典也。況北代宗廟在焉，山陵託焉，王業所基，聖躬所載，其爲神鄉福地，實亦遠矣。今便同之郡國，臣竊不安。愚謂代京宜建畿置尹，一如故事，崇本重舊，以光萬葉。又曰：伏見洛京之制，居民以官位相從，不依族類。然官位非常，有朝榮而夕悴，則衣冠淪於廝豎之邑，臧獲騰於膏腴之里。物之顚倒，或至於斯。古之聖王，必令四民異居者，欲其業定而志專。業定則不僞，志專則不淫，故耳目所習，不督而就；父兄之敎，不肅而成。仰惟太祖道武皇帝創基撥亂，日不暇給，然猶分別士庶，不令雜居，伎作屠沽，各有攸處。但不設科禁，賣買任情，販貴易賤，錯居混雜。假令一處彈箏吹笛，緩舞長歌；一處嚴師苦訓，誦詩講禮。宣令童齓任意所從，其走赴舞堂者萬數，往就學館者無一。此則伎作不可雜居，士人不宜異處之明驗也。故孔父云里仁之美，孟母弘三徙之訓。賢聖明誨，若此之重。今令伎作家習士人風禮，則百年難成；令士人兒童效伎作容態，則一朝可得。是以士人同處，則禮敎易興；伎作雜居，則風俗難改。朝廷每選舉人士，則校其一婚一宦，以爲升降，何其密也。至與開伎作宦途，得與膏粱華望接閈連甍，何其略也。此愚臣之所惑。今稽古建極，光宅中區，凡所徙居，皆是公地，分別伎作，在於一言，有何爲疑，而闕盛美。又曰：自南僞相承，竊有淮北，欲擅中華之稱，且以招誘邊民，故僑置中州郡縣。自皇風南被，仍而不改，凡有重名，其數甚衆，疑惑書記，錯亂區宇，非所以疆域物土，必也正名之謂也。

愚以爲可依地理舊名一皆釐革小者幷合大者分置及中州郡縣昔以戶少併省今人口旣多亦不可復舊君人者以天下爲家不得有所私也故倉庫儲貯以俟水旱之災供軍國之用至於有功德者然後加賜爰及末代乃寵之所隆賜賚無限自比以來亦爲太過在朝諸貴受祿不輕土木被錦綺僮妾厭粱肉而復厚賚屢加動以千計若分賜鰥寡贍濟實多如不悛革豈周給不繼富之謂也愚謂事有可賞則明旨褒揚稱事加賜以勸爲善不可以親近之昵猥損天府之儲又曰諸宿衞內直者宜令武官習弓矢文官諷書傳而今給其蒲博之具以成褻狎之容長矜爭之心恣諠囂之慢徒損朝儀無益事實如此之類一宜禁止高祖善之後乃啓乞宋王劉昶府諮議參軍事欲立効南境高祖不許高祖曾謂顯宗及程靈虬曰著作之任國書是司卿等之文朕自委悉中省之品卿等所聞若欲取況古人班馬之徒固自遼闊若求之當世文學之能卿等應推崔孝伯又謂顯宗曰見卿所撰燕志及在齊詩詠大勝比來之文然著述之功我所不見當更訪之監令校卿才能可居中第又謂程靈虬曰卿比顯宗復有差降可居下上顯宗對曰臣才第短淺猥聞上天至乃比於崔光實爲隆渥然臣竊謂陛下貴古而賤今臣學微才短誠不敢仰希古人然遭聖明之世覩惟新之禮染翰勒素實錄時事亦未慙於後人昔揚雄著太玄經當時不免覆盎之談二百年外則越諸子今臣之所撰雖未足光述帝載裨暉日月然萬祀之後仰觀祖宗巍巍之功上覩陛下明明之德亦何謝欽明於唐典愼徽於虞書高祖曰假使朕無愧於虞舜卿復何如於堯臣顯宗曰臣聞君不可以獨治故設百官以贊務陛下齊蹤堯舜公卿寧非二八之儔高祖曰卿爲著作僅名奉職未是良史也顯宗曰臣仰遭明時直筆而無懼又不受金安眠美食此臣優於遷固也高祖哂之後與員外郎崔逸等參定朝儀高祖曾詔諸官曰自近代已來高卑出身恒有常分朕意一以爲可復以爲不可宜相與量之李沖對曰未審上古已來置官列位爲欲爲膏粱兒地爲欲益治贊時高祖曰俱欲爲治沖曰若欲爲治陛下今日何爲專崇門品不有拔才之詔高祖曰苟有殊人之伎不患不知然君子之門假使無當世之用者要自德行純篤朕是以用之沖曰傅巖呂望豈可以門見舉高祖曰如此濟世者希曠代有一兩人耳沖謂諸卿士曰適欲請諸賢救之祕書令李彪曰師旅寡少未足爲援意有所懷不敢盡言於聖日陛下若專以門地不審魯之三卿孰若四科高祖曰猶如向解顯宗進曰陛下光宅洛邑百禮唯新國之興否指此一選臣旣學識浮淺不能援引古今以證此議且以國事論之不審中祕書監令之子必爲祕書郎頃來爲監令者子皆可爲不高祖曰卿何不論當世膏腴爲監令者顯宗曰陛下以物不可類不應以貴承貴以賤襲賤高祖曰若有高明卓爾才具儁出者朕亦不拘此例後爲本州中正二十一年車駕南伐顯宗爲右軍府長史征虜將軍統軍軍次赭陽蕭鸞戍主成公期遣其軍主胡松高法援等幷引蠻賊來擊軍營顯宗親率拒戰遂斬法援首顯宗至新野高祖詔曰卿破賊斬帥殊益軍勢朕方攻堅城何爲不作露布也顯宗曰臣頃聞鎭南將軍王肅獲賊二三驢馬數匹皆爲露布臣在東觀私每哂之近雖仰憑威靈得摧醜虜兵寡力弱擒斬不多脫復高曳長縑虛張功捷尤而效之其罪彌甚臣所以斂毫卷帛解上而已高祖笑曰如卿此勳誠合茅社須赭陽平定檢審相酬新野平以顯宗爲鎭南廣陽王嘉諮議參軍顯宗後上表頗自矜伐訴前征勳詔曰顯宗斐然成章甚可怪責進退無檢虧我淸風此而不糺成長儌俗可付尙書推列以聞兼尙書張彝奏免顯宗官詔曰顯宗雖浮矯致愆才猶可用豈得永棄之也可以白衣守諮議展其後效但鄙狠之性不足參華可奪見閤弁禁問訊諸王顯宗旣失意遇信向洛乃爲五言詩贈御史中尉李彪曰賈生謫長沙董儒詣臨江愧無若人跡忽尋兩賢蹤追昔渠閣游策駕厠羣龍如何情願奪飂然獨遠從痛哭去舊國銜淚屆新邦哀哉無援民嗷然失侶鴻彼蒼不我聞千里告志同二十三年卒顯宗撰馮氏燕志孝友傳各十卷所作文章頗傳於世景明初追赭陽勳賜爵章武男

子武華襲除討寇將軍奉朝請太原太守

程駿字驎駒本廣平曲安人也六世祖良晉都水使者坐事流于涼州祖父肇呂光民部尙書駿少孤貧居喪以孝稱師事劉昞性機敏好學晝夜無倦昞謂門人曰舉一隅而以三隅反者此子亞之也駿謂昞曰今世名敎之儒咸謂老莊其言虛誕不切實要弗可以經世駿意以爲不然夫老子著抱一之言莊生申性本之旨若斯者可謂至順矣人若乖一則煩僞生爽性則沖眞喪昞曰卿年尙稚言若老成美哉由是聲譽益播沮渠牧犍擢爲東宮侍講太延五年世祖平涼遷于京師爲司徒崔浩所知文成踐阼拜著作佐郎未幾遷著作郎爲任城王雲郎中令進箴於王王納而嘉之皇興中除高密太守尙書李敷奏曰夫君之使臣必須終效駿實史才方申直筆千里之任十室可有請留之數載以成前籍後授方伯愚以爲允書奏從之顯祖屢引駿與論易老之義顧謂羣臣曰朕與此人言意甚開暢又問駿曰卿年幾何對曰臣六十有一顯祖曰昔太公旣老而遭文王卿今遇朕豈非早也駿曰臣雖才謝呂望而陛下尊過西伯覬天假餘年竭六韜之効延興末高麗王璉求納女於掖庭顯祖許之假駿散騎常侍賜爵安豐男加伏波將軍持節如高麗迎女賜布帛百疋駿至平壤城或勸璉曰魏昔與燕婚旣而伐之由行人具其夷險故也今若送女恐不異於馮氏璉遂謬言女喪駿與璉往復經年責璉以義方璉不勝其忿遂斷駿從者酒食璉欲逼辱之憚而不敢害會顯祖崩乃還拜祕書令初遷神主于太廟有司奏舊事廟中執事之官例皆賜爵今宜依舊詔百寮評議羣臣咸以爲宜依舊事駿獨以爲不可表曰臣聞名器爲帝王所貴山河爲區夏之重是以漢祖有約非功不侯必當屬有命於大君之辰展心力於戰謀之日然後可以應茅土之錫未見預事於宗廟而獲賞於疆土徒見晉鄭之后以夾輔爲至勳吳鄧之儔以征伐爲重績周漢旣無文於遠代魏晉亦靡記於往年自皇道開符乾業創統務高三五之規思隆百王之軌罰頗減古賞實增昔時因神主改祔淸廟致肅而授羣司以九品之命顯執事以五等之名雖復帝王制作弗相沿襲然當時恩澤豈足爲長世之軌乎乖衆之愆伏待罪譴書奏從之文明太后謂羣臣曰言事固當正直而準古典安可依附暫時舊事乎賜駿衣一襲帛二百匹駿又表曰春秋有云見有禮於其君者若孝子之養父母見無禮於其君者若鷹鸇之逐鳥雀所以勸誡將來垂範萬代昔陳恒殺君宣尼請討雖欲晏逸其得已乎今廟算天回七州雲動將水蕩鯨鯢陸掃凶逆然戰貴不陳兵家所美宜先遣劉昶招喩淮南若應聲響悅同心齊舉則長江之險可朝服而濟道成之首可崇朝而懸苟江南之輕薄背劉氏之恩義則曲在彼矣何負神明哉直義檄江南振旅回旆亦足以示救患之大仁揚義風於四海且攻難守易則力懸百倍不可不深思不可不熟慮今天下雖謐方外猶虞拾寅僥倖於西南狂虜伺釁於漠北脫攻不稱心恐兵不卒解兵不卒解則憂慮逾深夫爲社稷之計者莫不先於守本臣愚以爲觀兵江滸振曜皇威宜特加撫慰秋毫無犯則民知德信民知德信則襁負而來襁負而來則淮北可定淮北可定則吳寇異圖寇圖異則禍釁出然後觀釁而動則不晚矣請停諸州之兵且待後舉所謂守本者也伏惟陛下太皇太后英算神規彌綸百勝之外應機體變獨悟方寸之中臣影頹虞淵昏耄將及雖思憂國終無云補不從沙門法秀謀反伏誅駿表曰臣聞詩之作也蓋以言志遹之事父遠之事君關諸風俗靡不備焉上可以頌美聖德下可以申厚風化言之者無罪聞之者足以誡此古人用詩之本意臣以垂沒之年得逢盛明之運雖復昏耄將及猶慕廉頗强飯之風伏惟陛下太皇太后道合天地明侔日月則天與唐風斯穆順帝與周道通靈是以狂妖懷逆無隱謀之地冥靈潛翦伏發覺之誅用能七廟幽贊人神扶助者已臣不勝喜踊謹竭老鈍之思上慶國頌十六章幷序巡狩甘雨之德焉其頌曰乾德不言四時迭序於皇大魏則天承祜疊聖三宗重明四祖豈伊殷周遐契三五明明在上聖敬日新汪汪叡后體治垂仁德從風穆敎與化津千載昌運道隆玆辰歲惟巡狩應運遊田省方問苦訪政高年咸秩百靈柴望山川誰云禮滯遇聖則宣王業初定中山是由臨幸之盛情特綢繆仰歌祖業俯欣春柔大哉肆眚蕩民百憂百憂旣蕩與之更初邕邕億兆戶詠來蘇忽有狂豎謀逆聖都明靈幽告發覺伏誅羿浞爲亂祖龍干紀狂華冬茂有自來矣美哉皇度道固千祀百靈潛翦姦不遑起姦不遑起罪人得情憲章刑律五秩猶輕於穆二聖仁等春生除棄周漢遐軌儀庭周漢奚棄忿彼苛刻儀庭曷軌希仁尙德徽音一振聲敎四塞豈惟京甸化播萬國誠信幽贊陰陽以調谷風扇夕甘雨降朝嘉生含穎深盛熙苗穌貧巷詠寡婦室謠聞諸詩者雲漢賦宣章句追秀英昭雅篇剏乃盛明德隆道玄豈唯雨施神徵豐年豐年盛矣化無不濃有禮有樂政莫不通咨臣延躍欣詠時邕誰云易遇曠齡一逢上天無親唯德是在思樂盛明雖疲勿怠差之毫釐千里之倍顧言勞謙求仁不悔人亦有言聖主愼微五國連兵踰年歷時鹿車而運廟算失思有司不惠蠶食役煩民不堪命將家逃山宜督厥守威德是宣威德如何聚衆盈川民之從令實賴衣食農桑失本誰耕誰織飢寒切身易子而食靜言念之實懷歎息昔聞典論非位不謀漆室憂國遺芳載臭咨臣昏老偏蒙恩祐忽忘狂瞽敢獻愚陋文明太后令曰省詩表聞之歌頌宗

祖之功德可爾當世之言何其過也所箴下章戢之不忘駿又奏得一頌始於固業終於無爲十篇文多不載文明太后令曰省表幷頌十篇聞之鑒戒旣備良用欽翫養老乞言其斯之謂又詔曰程駿歷官清愼言事每愜又門無俠貨之賓室有懷道之士可賜帛六百匹旌其儉德駿悉散之親舊性介直不競時榮太和九年正月病篤乃遺令曰吾存尚儉薄豈可沒爲奢厚哉昔王孫倮葬有感而然士安籧篨頗亦矯厲今世旣休明百度循禮彼非吾志也可斂以時服器皿從古遂卒年七十二初駿病甚高祖文明太后遣使者更問其疾敕御史徐謇診視賜以湯藥臨終詔以小子公稱爲中散從子靈虬爲著作佐郎及卒高祖文明太后傷惜之賜東園祕器朝服一稱帛三百匹贈冠軍將軍兗州刺史曲安侯謚曰憲所制文筆自有集錄駿六子元繼公達公亮公禮並無官

公義侍御史謁者僕射都水使者武昌王司馬沛郡太守

公稱主文中散給事中尚書郎並早卒

公禮子羲字世伯好學頗有文才荆州府主簿始駿從祖弟伯達伯達名犯顯祖廟諱與駿同年亦以文辯闕沮渠牧犍時俱選與牧犍世子參乘出入時論美之伯達早亡

弟子靈虬幼孤頗有文才而久淪末役在吏職十餘年坐事免會駿臨終啓請得擢爲著作佐郎後坐稱在京無緦親而高祖知其與駿子公義爲始族故致譴免至洛無官貧病久之崔光啓申爲羽林監選補徐州梁郡太守以酗酒爲刺史武昌王鑒所劾失官旣下梁郡志力少衰猶時爲酒困久去官祿不免飢寒屢詣尚書乞効舊任僕射高肇領選還申爲著作郎以崔光領任勑令外敘

史臣曰韓麒麟以才器識用遂見記於齊王顯宗文學立已屢陳時務至於實錄之功所未聞也子熙清尚自守榮過其器程駿才業未多見知於世者蓋當時之長策乎

魏書卷六十考證

韓麒麟傳節義純貞○義監本譌乂今改正

豈周給不繼富之謂也○給應作急

魏書卷六十一

齊　魏　收　撰

列傳第四十九

薛安都　畢衆敬　沈文秀　張讜　田益宗

孟表

薛安都字休達河東汾陰人也父廣司馬德宗上黨太守安都少驍勇善騎射頗結輕俠諸兄患之安都乃求以一身分出不取片資兄許之居於別廐遠近交遊者爭有送遺馬牛衣服什物充牣其庭眞君五年與東雍州刺史沮渠康謀逆事發奔於劉義隆後自盧氏入寇弘農執太守李拔等遂逼陜城時秦州刺史杜道生討安都仍執拔等南遁及世祖臨江拔乃得還安都在南以武力見敘値劉駿起江州遂以爲將位至左衞率劉㬎歸降子業以安都爲平北將軍徐州刺史鎭彭城和平六年劉彧殺其主子業而自立羣情不協共立子業弟晉安王子勛安都與沈文秀崔道固常珍奇等舉兵應之彧遣將張永討安都安都遣使來降請兵救援顯祖召羣臣議之羣官咸曰昔世祖常有并義隆之心故親御六軍遠臨江浦今江南阻亂內外離心安都今者求降千載一會機事難遇時不可逢取亂侮亡於是乎在顯祖納之安都又遣第四子道次爲質并與李敷等書絡繹相繼乃遣鎭東大將軍博陵公尉元城陽公孔伯恭等率騎一萬赴之拜安都使持節散騎常侍都督徐南北兗青冀五州豫州之梁郡諸軍事鎭南大將軍徐州刺史賜爵河東公安都以事窘歸國元等旣入彭城安都乃中悔謀圖元等欲還以城叛會元知之遂不果發安都因重貨元等委罪於女壻裴祖隆元乃殺祖隆而隱安都謀皇興二年與畢衆敬朝于京師大見禮重子姪羣從並處上客皆封侯至于門生無不收敘焉又爲起第宅館宇崇麗資給甚厚三年卒贈本將軍秦州刺史河東王謚曰康

子道標襲爵太和初出爲鎭南將軍平州刺史治有聲稱轉相州刺史將軍如故復以本將軍爲秦州刺史十三年卒

子達字宗胄襲例降爲侯及開建五等以安都著勳先朝封達河東郡開國侯食邑八百戶後以河東畿甸改封華陰縣侯熙平初拜奉車騎都尉出爲漢陽太守達不樂爲郡詔聽解卒

子承華襲爵稍遷司徒從事中郞河東邑中正卒於安南將軍光祿大夫

子羅漢襲齊受禪爵例降

道標弟道異亦以勳爲第一客早卒贈寧西將軍秦州刺史安邑侯

道異弟道次旣質京師拜南中郞將給事中賜爵安邑侯加安遠將軍出爲安西將軍秦州刺史假河南公太和十五年爲光祿大夫卒

子巒襲爵降爲平溫子尚書郞秦州刺史鎭遠將軍隴西鎭將帶隴西太守後爲滎陽太守遷平北將軍肆州刺史所在貪穢在州彌甚納賄於司空劉騰以求美官未得而騰死正光五年莫折念生反於秦州遣其別帥卜胡王慶雲等衆寇涇州肅宗以巒爲持節光祿大夫假安南將軍西道別將與伊瓮生等討之進及平涼郡東與賊交戰不利巒等退還後爲撫軍將軍汧城大都督鎭北隴孝昌二年春卒於軍贈征西大將軍雍州刺史子如故

安都兄子碩明隨安都入國賜爵蒲坂侯清河太守太中大夫

安都從祖弟眞度初與安都南奔及安都爲徐州眞度爲長史頗有勇幹爲其爪牙從安都來降爲上客太和初賜爵河北侯加安遠將軍爲鎭遠將軍平州刺史假陽平公後降侯爲伯除冠軍將軍隨駕南討假平南將軍久之除護南蠻校尉平南將軍荆州刺史蕭賾雍州刺史曹虎之詐降也詔眞度督四將出襄陽無功而還後征赭陽爲房伯玉所敗有司奏免官爵高祖詔曰眞度之罪誠如所奏但頃與安都送款彭方開闢徐宋外捍沈攸道成之師內寧邊境烏合之衆淮海來服功頗在茲言念厥績每用嘉美赭陽百敗何足計也宜異羣將更申後效可還其元勳之爵復除荆州刺史自餘徽號削奪進足彰忠退可明失尋除假節假冠軍將軍東荆州刺史初遷洛後眞度每獻計於高祖勸先取樊鄧後攻南陽故爲高祖所賞賜帛一百疋又加持節正號冠軍改封臨晉縣開國公食邑三百戶詔曰獻忠盡心人臣令節標善賞功有國徽範故一言可以興邦片辭可以喪國得無遠錄前謀以裹厥善眞度爰自遷京每在戎役沔北之討恒所與聞知無不言頗見採納及六師南邁朕欲超據新野羣情皆異眞度獨與朕同撫蠻寧夷寔有勤績可增邑二百戶轉征虜將軍豫州刺史景明初豫州大饑眞度表曰去歲不收饑饉十五今又災雪三尺民人委餒無以濟之臣輒日別出州倉米五十斛爲粥救其甚者詔曰眞度所表甚有憂濟百姓之意宜在拯卹陳郡儲粟雖復不多亦可分贍尚書量賑以聞及裴叔業以壽春內附詔眞度率衆赴之尋遷華州刺史將軍如故未幾轉荆州刺史仍本將軍入爲大司農卿正始初除平南將軍揚州刺史又以年老聽子懷吉以本官隨行蕭衍豫州刺史王超宗率衆圍逼小峴眞度遣兼統軍李叔仁等率步騎擊之超宗逆來拒戰叔仁擊破之俘斬三千還朝除金紫光祿大夫加散騎常侍又改封敷西縣永平中卒年七十四賻帛四百疋朝服一襲贈左光祿大夫常侍如故謚曰莊有子十二人

嫡子懷徹襲封自太常丞稍遷征虜將軍中散大夫又除左將軍太中大夫卒於車騎將軍左光祿大夫初眞度有女妓數十人每集賓客輒命奏之絲竹歌舞不輟於前盡聲色之適庶長子懷吉居喪過周以父妓十餘人并樂器獻之世宗納焉

懷吉好勇有膂力雖不善書學亦解達世事自奉朝請歷直後寢領大官令正始初爲驃騎將軍後試守恒農郡蕭衍遣衆入寇徐兗安東邢巒討之詔懷吉以本任爲巒軍司永平初分梁州晉壽爲益州除征虜將軍益州刺史以元愉未平中山王英爲征東將軍討之詔懷吉爲英軍司未發而愉平蕭衍遣將寇陷郢州之三關詔英南討懷吉仍爲軍司以義陽危急令懷吉馳驛先赴時豫州城民白早生殺刺史以懸瓠入蕭衍衍將齊苟仁率衆守城於是自懸瓠以南至於安陸惟義陽一城而已懷吉與郢州刺史婁悅督厲將士且守且戰卒全義陽與英討復三關諸戍後鎭東將軍盧昶救朐山與賊相持詔懷吉爲昶軍司及昶敗懷吉得不坐延昌中以本將軍除梁州刺史南秦氐反攻逼武興懷吉遣長史崔纂司馬韋弼別駕范珣擊平之進號右將軍正光初除後將軍汾州刺史四年卒贈平北將軍并州刺史懷吉本不厲清節及爲汾州偏有聚納之響自以支庶餌誘勝已共爲婚姻多攜親戚悉令同行兼爲之彌縫恣其取受而將勞賓客曲盡物情送去迎來不避寒熱性少言每有接對但嘿然而退旣指授先期人馬之數左右密已記錄俄而酒饌相尋芻粟繼至逮于將別贈以錢縑下及廝傭咸過本望其延納貴賤若此

懷吉弟懷直京兆內史衞大將軍左光祿大夫

懷直弟懷朴恒農太守襄陵男

懷朴弟懷景征南將軍河東太守安定男卒贈持節都督北徐兗東徐三州諸軍事驃騎大將軍儀同三司徐

州刺史

懷景弟懷儁，撫軍將軍、光祿大夫、汾陰男，出爲征南將軍、益州刺史。天平初，代還至梁州，與刺史元羅俱爲蕭衍將蘭欽所擒，送江南。衍見懷儁，謂之曰：「卿父先爲魏荆州，我于時猶在襄陽，且州壤連接，極相知練。卿今至此，當能住乎？若欲還者，亦以禮相遣。」顧謂左右曰：「此家在北，富貴極不可言。」懷儁便乞歸，衍聽還國。興和中卒。子湛儒襲，武定中，司空水曹參軍。齊受禪，爵例降。眞度諸子既多，其母非一，同產相朋，因有憎愛。興和中，遂致訴列，云以毒藥相害，顯在公府，發揚疵釁，時人恥焉。

畢衆敬，小名捺，東平須昌人。少好弓馬射獵，交結輕果，常於疆境盜掠爲業。劉駿以爲徐兗刺史，辟爲部從事。駿旣竊號，歷其泰山太守、冗從僕射。及劉彧殺子業而自立，遣衆敬出詣兗州募人，到彭城，刺史薛安都召與密謀，云：「晉安有上流之名，且孝武第三子，當共卿爲計。」西從，乃矯彧命，以衆敬行兗州事。衆敬從之。時兗州刺史殷孝祖留其妻子，率文武二千人赴彧，使司馬劉文石守城。衆敬率衆取瑕丘，殺文石。安都與孝祖先不相協，命衆敬誅孝祖諸子，衆敬不得已，遂殺之。州內悉附，唯東平太守申纂據無鹽城，不與之同。及彧平子勛，授纂兗州刺史。會安都引國授軍經其城下，纂閉門城守，深恨衆敬。會有人發衆敬父墓，遂令其母骸首散落。衆敬發哀行服，栲掠近墓細民，死者十餘人，又疑纂所爲。弟衆愛爲安都長史，亦遣人密至齊陰掘纂父墓以相報答。及安都以城入國，衆敬不同其謀。子元賓以母并百口悉在彭城，恐交致禍，日夜啼泣，遣請衆敬，衆敬猶未從之。衆敬先已遣表謝彧，彧授衆敬兗州刺史，而以元賓有他罪，猶不捨之。衆敬拔刀斫柱曰：「皓首之年，唯有此子，今不原貸，何用獨全！」及尉元至，遂以城降。元遣將入城，事定，衆敬悔恚，數日不食。皇興初，就拜散騎常侍、寧南將軍、兗州刺史，賜爵東平公，與中書侍郎李璨對爲刺史。慕容白曜攻剋無鹽，申纂爲亂兵所傷，走出被擒，送於白曜。白曜無殺纂之意，而城中火起，纂創重不能避，爲火所燒死。衆敬聞剋無鹽，懼不殺纂，乃與白曜書并表朝廷，云家之禍酷，皆由於纂，聞纂死乃悅。二年，與薛安都朝于京師，因留之，賜甲第一區。後復爲兗州刺史，將軍如故。徵還京師。衆敬善自奉養，食膳豐華，必致他方遠味。年已七十，鬢髮皓白，而氣力未衰，跨鞍馳騁，有若少壯。篤於姻類，深有國士之風，張讜之亡，躬往營視，有若至親。太和中，高祖賓禮舊老，衆敬與咸陽公高允引至方山，雖文武奢儉，好尚不同，然亦與允甚相愛敬，接膝談款，有若平生。後以篤老乞還桑梓，朝廷許之。衆敬臨還，獻眞珠璫四具、銀裝劒一口、刺虎矛一枚、仙人文綾一百疋。文明太后、高祖引見於皇信堂，賜以酒饌，車一乘，馬三匹，絹三百匹，勞遣之。十五年十月卒，詔於兗州賜絹一千匹以供葬事。

子元賓，少而豪俠，有武幹，涉獵書史。爲劉駿正員將軍，與父同建勳誠。及至京師，俱爲上客，賜爵須昌侯，加平遠將軍。後以元賓勳重，拜使持節、平南將軍、兗州刺史，假彭城公。父子相代爲本州，當世榮之。時衆敬以老還鄉，常呼元賓爲使君。每於元賓聽政之時，乘輿出至元賓所，先遣左右勑不聽起，觀其斷決，忻忻然喜見顏色。衆敬善持家業，尤能督課田產，大致儲積。元賓爲政清平，善撫民物，百姓愛樂之。以父憂解任，喪中遙授長兼殿中尚書。其年冬末卒，贈撫軍將軍、衞尉卿，謚曰平，賜帛八百匹。元賓入國，初娶東平劉氏，有四子，祖朽、祖髦、祖歸、祖旋。賜妻元氏，生二子，祖榮、祖暉。祖朽最長，祖暉次祖髦。故事，前妻雖先有子，後賜之妻子皆承嫡，所以劉氏先亡，祖暉不服重；元氏後卒，祖朽等三年終禮。祖榮早卒。

子義允襲祖爵東平公，例降爲侯。陵江將軍、給事中。卒。子僧安襲。

祖朽，身長八尺，腰帶十圍，歷涉經史，好爲文詠，性寬厚，善與人交。襲父爵須昌侯，例降爲伯。起家員外郎、尚書郎、治書侍御史，加寧遠將軍、本州中正。正始三年，蕭衍將蕭及先率步騎二萬入寇兗州，及先令別帥角念屯于蒙山。以祖朽爲統軍，假寧朔將軍，隸邢巒討之。祖朽開誘有方，降者相繼。賊出逆戰，祖朽大破之，賊走還柵。祖朽夜又焚擊，賊徒潰散，追討百餘里，斬獲及赴沂水死者四千餘人，斬龍驤將軍矯道儀、寧朔將軍王季秀。以功封南城縣開國男，食邑二百戶。歷散騎侍郎、中書侍郎，加龍驤將軍。延昌末，安南王志出討荆沔，以祖朽爲志軍司，兼給事黃門侍郎，尋遷司空長史。神龜末，除持節、東豫州刺史，將軍如故。祖朽善撫邊人，清平有信，務在安靜，百姓稱之。還除前將軍、太尉長史，兼尚書北道行臺。孝昌初，除持節、本將軍、南兗州刺史，尋授度支尚書、行定州，未之職，改授安東將軍、瀛州刺史。爲賊帥鮮于脩禮攻圍積旬，拒守自固，病卒於州。贈衞將軍、吏部尚書、兗州刺史。祖朽無子，以弟祖歸子義暢爲後，襲爵。義暢傾巧無士業，善通時要，歷尚書郎中、侍郎、兗州刺史、大中正、中軍將軍、通直散騎常侍。太昌初，車騎將軍，尋除散騎常侍。天平中，坐與北豫州山賊張儉通，伏法。

祖髦，起家奉朝請。兄祖朽別封南城，以須昌侯回授之。神龜初，累遷揚烈將軍、東平太守，後爲本州別駕，卒於官。

子義和襲，卒於右將軍、太中大夫，贈散騎常侍、安東將軍、兗州刺史。

子仁超。

義和第六弟義亮，性豪疎，歷尚書郎、中書舍人。太平中，與舍人韋鴻坐泄密，賜盡於宅。

祖暉，早有器幹，自奉朝請稍遷鎭遠將軍、前軍將軍、直後。正始中，除龍驤將軍、東郡太守，入爲驍騎將軍，加征虜將軍。後試守渤海郡。熙平中，拜穎川太守。神龜初，除右將軍、幽州刺史，入爲平東將軍、光祿大夫。正光五年，幽州民反，招引龍賊攻逼州城，以祖暉前在州日得民情和，復授平西將軍、幽州刺史，假安西將軍，爲別將以討之。祖暉且戰且前，突圍入治。孝昌初，北海王顥救至，城圍始解。以全城之勳，封新昌縣開國子，食邑四百戶。後值蕭寶寅退敗，祖暉乃拔城東趣華州，坐免官爵。尋假征虜將軍、行幽州事。建義中，詔復州爵，加撫軍將軍。永安中，祖暉從大嶺柵規入州城，于時賊帥叱干騏驎保太子壁，祖暉擊破之。而賊宿勤明達復攻祖暉，祖暉兵少糧竭，軍援不至，爲賊所乘，遂歿，時年五十。長子義鬷襲爵，武定中，開府中郎。齊受禪，爵例降。

義鬷弟義雲，尚書騎兵郎中。

祖歸，官至建寧太守。

子義遠，武定中，平原太守。

義遠弟義顯、義儁，性並豪率。天平已後，蕭衍使人還往，經歷兗城，前後州將以義儁兄弟善營鮭膳，器物鮮華，常兼長史，接宴賓客。義顯，左將軍、太中大夫。義儁，歷司空主簿、兗州別駕而卒。

祖旋，太尉行參軍、鎭遠將軍，卒，贈都官尚書、齊兗二州刺史。子義眞，太尉行參軍。

衆敬弟衆愛，隨兄歸國，以勳爲第一客，賜爵鉅平侯，卒，贈冠軍將軍、徐州刺史，謚曰康。

子聞慰，字子安，有器幹。襲爵，例降爲伯。拜泰山太守，入爲尚書郎、本州中正，加威遠將軍，出爲徐州平東府長史，帶彭城內史。永平中，遷中散大夫，加龍驤將軍。延昌初，除清河內史，因以疾辭，復爲龍驤、中散，又試守廣平內史。正光初，相州刺史中山王熙起兵謀誅元叉，聞慰斬其使，發兵拒之。在任寬謹，百姓愛附。後叉以聞慰忠於己，遷持節、平東將軍、滄州刺史，甚有政績。後以本軍除散騎常侍、東道行臺，尋爲都督安樂王鑒軍司。孝昌元年春，徐州刺史元法僧反，聞慰與鑒攻之，爲法僧所敗，奔還京師，被劾，遇赦免。其年卒，年五十七。贈散騎常侍、安東將軍、兗州刺史，伯如故，謚曰恭。

子祖彥，字脩賢，涉獵書傳，風度閑雅，爲時所知。以侍御史爲元法僧監軍，法僧反，逼祖彥南入。永安中得還，歷中書侍郎，襲爵鉅平伯，中軍將軍、光祿大夫。天平四年卒，年五十。贈都督兗濟二州諸軍事、征東將軍、尚書左僕射、兗州刺史。祖彥弟哲，永安末，祕書郎。諸畢當朝，不乏榮貴，但幃薄不修，爲時所鄙。

申纂者，本魏郡人，申鍾曾孫也。皇始初，太祖平中山，纂宗室南奔，家于濟陰。及在無鹽，劉彧用爲兗州刺史。顯祖曰：「申纂旣不識機，又不量力，進不能歸正朔，退不能還江南，守孤城於危亡之地，欲建功立節，豈可得乎？」纂旣敗，子景義入國，太和中，爲散員士、宋王劉昶國侍郎。景明初，試守濟陰郡、揚州車騎府錄事參軍、右司馬。

常珍奇者，汝南人也。爲劉駿司州刺史，亦與薛安都等推立劉子勛。子勛敗，遣使馳告長社鎭請降。顯祖遣殿中尚書元石爲都將，率衆赴之，中書博士鄭羲參右軍事。進至上蔡，珍奇率文武來迎，羲說石令徑入城，語在羲傳。事定，以珍奇爲持節、平南將軍、豫州刺史、河內公。珍奇表曰：「臣昔蒙劉氏生成之恩，感義亡身，志陳報答，遂與雍州刺史袁顗、豫州刺史殷琰等共唱大義，奉戴子勛。纂承彼歷，大運未集，遂至分崩，而劉彧滔天，殺主篡立，蒼生殄悴，危於綴旒。伏惟陛下龍姿鳳儀，光格四表，凡在黔黎，延屬象魏。所願天地垂仁，亟圖南服，宜遣文檄，喻以吉凶，使江東之地離心草靡，荆雍九州北面請吏，乞高臣官名，更遣雄將，秣馬五千，助臣經討，并賜威儀，震動江外，長江已北，必可定矣。臣雖不武，乞備前驅，進據之宜，更在處分。敢冒愚款，推誠上聞，機運可乘，實在茲日。」珍奇雖有虛表，而誠款未純。歲餘，徵其子超，超母胡氏不欲超赴京師，密懷南叛。時汝徐未平，元石自出攻之，珍奇乘虛於懸瓠反叛，燒城東門，斬三百餘人，虜掠上蔡、安城、平輿三縣居民，屯于灌水。石馳往討擊，大破之。會日闇，放火燒其營，珍奇乃匹馬逃免。其子超走到苦城，爲人所殺。小子沙彌囚送京師，刑爲閹人。

沈文秀，字仲遠，吳興武康人。伯父慶之，劉駿司空公。文秀初爲郡主簿，稍遷建威將軍、青州刺史。和平六年，劉子業爲其叔彧所殺，文秀遂與諸州推立劉子勛。及子勛敗，皇興初，文秀與崔道固俱以州降，請師應接。顯祖遣平東將軍長孫陵等率騎赴之。會劉彧遣文秀弟文炳來喻之，文秀復歸於彧，彧以文秀爲輔國將軍，刺史如故。後慕容白曜既剋升城，引軍向歷下，白曜復遣陵等率萬餘人長驅至東陽。文秀始欲降，以軍人虜掠，遂有悔心，乃嬰城固守。陵乃引師軍於清西。白曜既下歷城，乃率大衆并力攻討，長圍數匝，自夏至春，始剋。文秀取所持節，衣冠儼然，坐於齋內。亂兵入，曰：「文秀何在？」文秀厲聲曰：「身是。」執而裸送于白曜。左右令拜，文秀曰：「各二國大臣，無相拜之禮。」白曜忿之，乃至撾撻。後還其衣，爲之設饌，遂與長史房天樂、司馬沈嵩等鎖送京師。面縛數罪，宥死，待爲下客，給以麤衣蔬食。顯祖重其節義，稍亦加禮之，拜爲外都下大夫。太和三年，遷外都大官。高祖嘉文秀忠於其國，賜絹綵二百匹。後爲南征都將，臨發，賜以戎服。尋除持節、平南將軍、懷州刺史，假吳郡公。是時河南富饒，人好奉遺，文秀一無所納，卒守清貧。然爲政寬緩，不能禁止盜賊，而大興水田，於公私頗有利益。在州數年，年六十一卒。

子保沖，太和中奉朝請、大將軍宋王外兵參軍，後爲南徐州冠軍長史。二十一年，坐援漣口退敗，有司處之死刑。高祖詔曰：「保沖，文秀之子，可特原命，配洛陽作部終身。」既而獲免。世宗時，卒於下邳太守。

房天樂者，清河人。滑稽多智。先爲青州別駕，文秀拔爲長史，督齊郡、州府之事，一以委之。卒于京師。

弟子嘉慶，漁陽太守。

嘉慶從弟瑚璉，長廣太守。

文秀族子嵩，聰敏有筆札，文秀以爲司馬，甚器任之。隨文秀至懷州。文秀卒後，依宋王劉昶，昶遇之無禮，憂愧飢寒，未幾而卒。

文秀族子陵，字道通。太和十八年，高祖南伐，陵攜族孫智度歸降，引見於行宮。陵姿質妍偉，辭氣辯暢，高祖奇之，禮遇亞於王肅。授前軍將軍，後監南徐州諸軍事、中壘將軍、南徐州刺史，尋假節、龍驤將軍。二十二年秋，進持節、冠軍將軍。及高祖崩，陵陰有叛心，長史趙儼密言于朝廷，尚書令王肅深保明之，切責儼。既而果叛，殺數十人，驅掠城中男女百餘口，夜走南入。智度於彭城知之，從清中單舸奔陵，爲下邳戍人所射殺。

張讜，字處言，清河東武城人也。六世祖名犯顯祖諱，晉長秋卿。父華，爲慕容超左僕射。讜仕劉駿，歷給事中、泰山太守、青冀二州輔國府長史，帶魏郡太守。劉彧之立，遙授冠軍將軍、東徐州刺史。及革徐兗，讜乃歸順。於尉元，元亦表授冠軍、東徐州刺史，遣中書侍郎高閭與讜對爲刺史。後至京師，禮遇亞於薛、畢，以勳賜爵平陸侯，加平遠將軍。讜性開通，篤於撫恤，青齊之士，雖疏族末姻，咸相敬視。李敷、李訢等寵要勢家，亦推懷陳款，無所顧避。畢衆敬等皆敬重之，高允之徒亦相器待。延興四年卒，贈平南將軍、青州刺史，謚康侯。子敬伯，求致父喪，出葬冀州清河舊墓，久不被許，停柩在家，積五六年。第四子敬叔，先在徐州，初聞父喪，不欲奔赴，而規南叛，爲徐州所勒送，至乃自理，後得襲父爵。

敬伯自以隨父歸國之功，賜爵昌安侯，出爲樂陵太守。敬叔，武邑太守。父喪得葬舊墓，還屬清河。初，讜兄弟十人。

兄忠，字處順，在南爲合鄉令。世祖南征，忠歸降，賜爵新昌男，拜新興太守，卒官，贈冀州刺史。初，讜妻皇甫氏被掠，賜中官爲婢，皇甫遂乃詐癡，不能梳沐。後讜爲劉駿冀州長史，因貨千餘匹購求皇甫。高宗怪其納財之多也，引見之。時皇甫年垂六十矣。高宗曰：「南人奇好，能重室家之義，此老母復何所任，乃能如此致費也。」皇甫氏歸，讜令諸妾境上奉迎。數年卒，卒後十年而讜入國。

讜兄子安世，正始中自梁漢同夏侯道遷歸款，爲客積年，出爲東河間太守，卒官。

元茂，爲信都令，遷冀州治中。

元茂弟子讓，洛州安西府長史、都水使者。

田益宗，光城蠻也。身長八尺，雄果有將略，貌狀舉止有異常蠻。世爲四山蠻帥，受制於蕭賾。太和十七年，遣使張超奉表歸款。十九年，拜員外散騎常侍、都督光城弋陽汝南新蔡宋安五郡諸軍事、冠軍將軍、南司州刺史、光城縣開國伯，食蠻邑一千戶，所統守宰，任其銓置。後以益宗既渡淮北，不可仍爲司州，乃於新蔡立東豫州，以益宗爲刺史。尋改封安昌縣伯，食實邑五百戶。二十二年，進號征虜將軍。景明初，蕭衍遣軍主吳子陽率衆寇三關。益宗遣光城太守梅興之步騎四千，進至陰山關南八十餘里，據長風城逆擊子陽，大破之，斬獲千餘級。蕭衍建寧太守黃天賜築城赤亭，復遣其將黃公賞屯於漴城，與長風相持。益宗命安蠻太守梅景秀爲之掎角，擊討破天賜等，斬首數百，獲其二城。上表曰：「臣聞機之所在，聖賢弗之疑；兼弱攻昧，前王莫之捨。皆拯羣生於湯炭，盛武功於方來。然霜葉將淪，非勁飈無以速其籜；天之所棄，非假手無以殲其人。竊惟蕭衍闕常，君臣交爭，江外州鎭，中分爲兩，東西抗峙，已淹歲時。民庶窮於轉輸，甲兵疲於戰鬭，事救於目前，力盡於麾下，闕無外維州鎭，綱紀庶方，藩城棊立，孤存而已。不乘機電掃，廓彼蠻壃，恐後之經略，未易於此。且壽春雖平，三面仍梗，鎭守之宜，寔須豫設。義陽差近淮源，利涉津要，朝廷行師，必由此道。若江南一平，有事淮外，須乘夏水汎長，列舟長淮，師赴壽春，須從義陽之北，便是居我喉要，在慮彌深。義陽之滅，今實時矣。度彼衆不過須精卒一萬二千。然行師之法，貴張形勢。請使兩荆之衆西擬隨雍，揚州之卒頓于建安，得捍三關之援；然後二豫之軍直據南關，對抗延頭，遣一都督總諸軍節度，季冬進師，迄于春末，弗過十旬，剋之必矣。」世宗納之，遣鎭南元英攻義陽。益宗遣其息魯生領步騎八千斷賊糧運，并焚其鈞城積聚。衍戍主趙文舉率衆拒戰，魯生破之，獲文舉及小將胡建興、古皓、莊元仲等，斬五千餘級，溺死千五百人，倉米運舟，焚燒蕩盡。後賊寧朔將軍楊僧遠率衆二千寇逼蒙籠，益宗命魯生與戍主奇道顯逆擊破之，追奔十里，俘斬千餘。進號平南將軍。又詔益宗率其部曲并州鎭文武，與假節、征虜將軍、太僕少卿宇文福綏防蠻楚。加安南將軍，增封一百戶，賜帛二千匹。白早生反於豫州，詔益宗曰：「懸瓠要藩，密邇崧潁，南疆之重，所寄不輕。而羣小猖狂，忽構釁逆，殺害鎭主，規成反叛。此而可忍，孰不可容！卽遣尚書邢巒總精騎五萬星馳電驅，征南將軍、中山王英統馬步七萬絡繹繼發。量此蟻寇，唯當逃奔。知將軍志翦豺狼，以清邊境，節義慷慨，良在可嘉，非蹇蹇之至，何以能爾！深戢誠款，方相委託，故遣中書舍人趙文相具宣朕懷，往還之規，口別指授。便可善盡算略，隨宜追掩，勿令此豎得有竄逸。遲近清盪，更有別旨。」時白樂口已南，郢、豫二州諸城皆沒於賊，唯有義陽而已。蕭衍招益宗以車騎大將軍、開府儀同三司、五千戶郡公。當時安危，在益宗去就，而益宗守節不移。郢豫剋平，益宗之力也。益宗年稍衰老，聚斂無厭，兵民患其侵擾。諸子及孫競規賄貨，部內苦之，咸言欲叛。世宗深亦慮焉，乃遣中書舍人劉桃符宣旨慰喻，庶以安之。桃符還，啓益宗侵掠之狀。世宗詔之曰：「風聞卿息魯生在淮南貪暴，擾亂細民，又橫殺梅伏生，爲爾不已，損卿誠效。可令魯生與使赴闕，當加任使。如欲外祿，便授中畿一郡。」魯生久未至。延昌中，詔曰：「益宗先朝耆艾，服勤邊境，不可以地須其人，遂令久居。可使持節、鎭東將軍、濟州刺史，常侍如故。」世宗慮其不受代，遣後將軍李世哲與桃符率衆襲之，出其不意，奄入廣陵。益宗子魯生、魯賢等奔於關南，招引賊兵，襲逐諸戍，光城已南皆爲賊所保。世哲討擊破之，復置郡戍，而以益宗還，授征南將軍、金紫光祿大夫，加散騎常侍，改封曲陽縣開國伯。益宗生長邊地，不願內榮，雖位秩崇重，猶以爲恨。上表曰：「臣昔在南，仰餐皇化，擁率部曲三千餘家，棄彼邊榮，歸投樂土，兄弟荼炭，黨結賊朝。高祖孝文皇帝錄臣乃誠，授以藩任，方欲仰憑國威，冀雪寃恥，豈容背寵向讐，就險危命。昔郢豫紛擾，臣躬率義兵，擁絕賊路，竊謂誠心仰簡朝野。但任重據邊，易招塵謗，致使桃符橫加讒毀，說臣恒欲投南，鼎亂非一。乞檢事原，以何爲驗？復云虐害番兵，殺賣過半，如其所言，未審死失之家，所訟有幾？又云耗官粟帛，倉庫傾盡，御史覆檢，曾無損折。初代之日，二子魯生、魯賢，從子超秀等並在城中，安然無二。而桃符密遣積射將軍鹿永固私將甲士打息魯生，僅得存命，唱云：『我被面勑，若能得魯生、魯賢首者，各賞本郡。』士馬圍遶，騰城唱殺。二息戰怖，寔由於此。殘敗居業，爲生蕩然；乃復毀發墳墓，露泄枯骸，存者羅生離之苦，亡魂遭粉骨之痛。昔歲朝廷頻遣桃符數加慰勞，而桃符凶姦，擅生禍福，云唯我相申，致降恩旨。及返京師，復欺朝廷，說臣父子全無忠誠，誣陷貞良，惑亂朝聽。乞攝桃符與臣並對，若臣罪有狀，分從憲網；如桃符是謬，坐宜有歸。」詔曰：「既經大宥，不容方更爲獄。」熙平初，益宗又表乞東豫，以招二子。靈太后令曰：「卿誠著二朝，勳光南服，作藩萬里，列土承家，前朝往恩，酬敘不淺。兼子弟荷榮，中表被澤，相闕輕重，卿所知悉。先帝以卿耆舊，州小祿薄，故遷牧華壤，爰登顯級。于時番兵交換，不生猜疑，而卿息魯賢等無事外叛，忠孝俱乖，釁爲戎首。以卿誠重，不復相討，今卧護征南，榮以金紫，朝廷處遇，又甚於先。且卿年老，方就閑養，焉得以本州爲念？魯賢來否，豈待自往也。但遣慰納，足相昭亮。若審遣信，當更啓聞，別勑東豫，聽卿喻曉魯賢。」二年卒，年七十三。贈征東大將軍、郢州刺史，謚曰莊。

少子纂，襲封。位至征虜將軍、中散大夫。卒，贈左將軍、東豫州刺史。

益宗長子隨興，冠軍將軍、平原太守。隨興情貪邊官，不願內地，改授弋陽、汝南二郡太守。

益宗兄興祖，太和末亦來歸附。景明中，假郢州刺史，及義陽置郢州改授征虜將軍江州刺史詔賜朝服劒舃一具治麻城與祖卒益宗請隨輿代之世宗不許罷并東豫初益州內附之後蕭鸞遣寧州刺史董巒追討之官軍進擊執巒并其子景曜送於行宮

巒字仲舒營陽人眞君末隨父南叛雖長自江外言語風氣猶同華夏性疎武不多識文字高祖引巒於庭問其南事巒怖不能對數顧景曜景曜進代父答申敍蕭鸞篡襲始終辭理橫出言非而辯高祖異焉以巒爲越騎校尉景曜爲員外郎謀欲南叛坐徙朔州及車駕南討漢陽召巒從軍景曜至洛陽密啓其父必當奔叛軍次魯陽巒單騎南走過南陽新野歷告二城以魏軍當至戒之備防房伯玉劉忌並云無足可慮巒曰不然軍勢甚盛至境首北向哭呼景曜云吾百口在彼事理須還不得顧汝一子也景曜鎖詣行在所數而斬之又有陳伯之者下邳人也以勇力自效仕於江南爲鎮南大將軍江州刺史豐城縣開國公景明三年伯之遣使密表請降并遣其子冠軍將軍徐州刺史永昌縣開國侯虎牙爲質四年以伯之爲持節都督江郢二州諸軍事平南將軍江州刺史曲江縣開國公邑一千戶虎牙爲冠軍將軍員外散騎常侍豫寧縣開國伯邑五百戶正始初蕭衍征虜將軍趙祖悅築城於水東與潁川接對置兵數千欲爲攻討之本伯之進軍討祖悅大破之乘勝長驅入城刺祖悅三創賊衆大敗進討南城破賊諸部斬獲數千二年夏除伯之光祿大夫虎牙遷前軍將軍

孟表字武達濟北蛇丘人也自云本屬北地號索里諸孟青徐內屬後表因事南渡仕蕭鸞爲馬頭太守太和十八年表據郡歸誠除輔國將軍南兗州刺史領馬頭太守賜爵譙縣侯鎮渦陽後蕭鸞遣其豫州刺史裴叔業攻圍六十餘日城中食盡唯以朽革及草木皮葉爲糧表撫循將士戮力固守會鎮南將軍王肅解義陽之圍還以救之叔業乃退初有一南人自云姓邊字叔珍攜妻息從壽春投表云慕化歸國未及送闕便值叔業圍城表後察叔珍言色頗疑有異卽加推覈乃云是叔業姑兒爲叔業所遣規爲內應所攜妻子並亦假妄表出叔珍於北門外斬之於是人情乃安高祖嘉其誠績封汶陽縣開國伯邑五百戶還征虜將軍濟州刺史爲散騎常侍光祿大夫進號平西將軍世宗末降平東將軍齊州刺史延昌四年卒年八十一贈安東將軍兗州刺史諡曰恭

子崇襲官至昌黎濟北二郡太守

史臣曰薛安都一武夫耳雖輕於去就實啓東南事窘圖變而竟保寵秩優矣眞度一謀見賞明主衆敬舉地納誠榮曜朝國人位並列無乏於時文秀不回有死節之氣非但身蒙嘉禮乃至子免刑戮在我欲其罵人忠義可不勉也張讜觀機委質篤恤流離亦仁智矣田益宗蠻夷荒帥翻然效款終懷金曳紫不其美歟孟表之致名位非徒然也

魏書卷六十一考證

畢衆敬傳安都引國授軍經其城下○臣人龍按本卷安都傳安都遣使來降請兵救援顯祖召羣臣議而納之今云引國授軍語意不明殆援字譌爲授字也

魏書卷六十二

齊　魏收　撰

列傳第五十

李彪　高道悅

李彪字道固頓丘衞國人高祖賜名焉家世寒微少孤貧有大志篤學不倦初受業於長樂監伯陽伯陽稱美之晚與漁陽高悅北平陽尼等將隱於名山不果而罷悅兄閭博學高才家富典籍彪遂於悅家手抄口誦不暇寢食既而還鄉里平原王叡年將弱冠雅有志業娶東徐州刺史博陵崔鑒女路由冀相聞彪名而詣之修師友之禮稱之於郡遂舉孝廉至京師館而受業焉高閭稱之于朝貴李沖禮之甚厚彪深宗附高祖初爲中書教學博士後假員外散騎常侍建威將軍衞國子使於蕭賾遷祕書丞參著作事自成帝以來至于太和崔浩高允著述國書編年序錄爲春秋之體遺落時事三無一存彪與祕書令高祐始奏從遷固之體創爲紀傳表志之目焉彪又表曰臣聞昔之哲王莫不亹亹孜孜思納讜言以康黎庶是以訪童問師不避淵澤詢謀諮善不棄芻蕘用能光茂實於竹素播徽聲於金石臣屬生有道遇無諱之朝敢修往式竊撰時宜謹冒死上封事七條狂瞽之言伏待刑戮其一曰自太和建號踰于一紀典刑德政可得而言也立圜丘以昭孝則百神不乏饗矣舉賢才以酬諮則多士盈朝矣開至誠以軌物則朝無佞人矣敦六順以教人則四門無凶人矣制冠服以明秩則典式復彰矣作雅樂以協人倫則人神交慶矣深慎罰以明刑則庶獄得衷矣薄服味以示約則儉德光昭矣罼宮女以配鰥則人無怨曠矣傾府藏以賑錫則大賚周渥矣省賦役以育人則編戶巷歌矣宣德澤以懷遠邇則華荒抃舞矣垂至德以暢幽顯則禎瑞效質矣生生得所事事惟新巍巍乎猶造物之曲成也然臣愚以爲行儉之道猶自闕　何者今四人豪富之家習華既深敦樸情淺夫識儉素之易長而行奢靡之難久壯制第宅美飾車馬僕妾衣綾綺土木被文繡僭度違衷者衆矣古先哲王之爲制也自天子以至公卿下及抱關擊柝其宮室車服各有差品小不得踰大賤不得踰貴夫然故上下序而人志定今時浮華相競情無常守大爲消功之物巨制費力之事豈不謬哉消功者錦繡彫文是也費力者廣宅高宇壯制麗飾是也其妨男業害女工者焉可勝言哉漢文時賈誼上疏云今之王政可爲常太息者六此卽是其一也夫上之所好下必從之故越王好勇而士多輕死楚靈好瘠而國有飢人今二聖躬行儉素詔令殷勤而百姓之奢猶未革者豈楚越之人易變如彼大魏之士難化如此蓋朝制弗宣人未見德使之然耳臣愚以爲第宅車服自百官以至于庶人宜爲其等制使貴不逼賤卑不僭高不可以稱其侈意用違經典今或者以爲習俗日久不可卒革臣謹言古人革之之漸昔子產爲政一年百姓歌之曰我有田疇子產伍之我有衣冠子產貯之孰殺子產吾其與之及三年乃改歌曰我有田疇子產殖之我有子弟子產誨之子產若死其誰繼之然則鄭人之智豈前昬而後明哉且從政者須漸受化者難頓故也今若爲制以差品之始末之情魏士與鄭人同矣既同鄭人是爲卒有善歌豈可憚其初怨而不爲終善哉夫尙儉者開福之源好奢者起貧之兆然則儉約易以教行華靡難以財滿是以聖人留意焉賢人希準焉故夏禹卑宮室而惡衣服殷湯寢黃屋而乘輅輿此示儉於後王後王所宜觀其意而取折衷也孔子爲魯司寇乘柴車而駕駑馬晏嬰爲齊正卿冠濯冠而衣故裘此示儉於後臣後臣所宜識其情而消息之也前志云作法於涼其獘猶貪此言雖略有達治道臣之瞽言儻或可採比及三年可以有成有成則人務本人務本則奢費除奢費除則穀帛豐穀帛豐則人逸樂人逸樂則皇基固矣其二曰易稱主器者莫若長子傳曰太子奉冢嫡之粢盛然則祭亡主則宗廟無所饗冢嫡廢則神器無所傳聖賢知其如此故垂誥以爲長世之法昔姬王得斯道也故恢崇儒術以訓世嫡世嫡於是乎習成懿德用大協於黎蒸是以世統生人載祀八百逮嬴氏之君於秦也殆棄德政坑焚儒典弗以義方教厥冢子於是習成凶德肆虐以臨黔首是以饗年不永二世而亡亡之與興其道在於師傅師傅之損益可得而言益者周公傅成王教以孝仁禮義逐去邪人不使見惡人選天下之端士孝悌博聞有道術者以爲衞翼衞翼良成王正周道之所以長久也損者趙高傅胡亥教以刑戮斬劓及夷人族逐去正人不得見善士諂佞讒賊者爲其左右左右邪胡亥僻秦祚之所以短促也夫皇天輔德者也豈私周而疎秦哉由所行之道殊故禍福之塗異耳昔光武議爲太子置傅以問其羣臣羣臣望意皆言太子舅執金吾新陽侯陰就可博士張佚正色曰今立太子爲陰氏乎爲天下乎卽爲陰氏則陰侯可爲天下則固宜用天下之賢才光武稱善曰置傅以正太子也今博士不難正朕況太子乎卽拜佚爲太子太傅漢明卒爲賢主然則佚之傅漢明非迺生之漸也倘或有稱而況迺生訓之以正道其爲益也固以大矣故禮曰太子生因舉以禮使士負之有司齊肅端冕見于南郊明冢嫡之重見乎天也過闕則下過廟則趨明孝敬之道也然古之太子自爲赤子而教固以行矣此則遠世之鏡也高祖文成皇帝慨少時師不勤教嘗謂羣臣曰朕始學之日年尙幼沖情未能專既臨萬機不遑溫習今而思之豈唯予咎抑亦師傅之不勤尙書李訢免冠而謝此則近日之可鑒也伏惟太皇太后翼贊高宗訓成顯祖使巍巍之功邈乎前王陛下幼蒙鞠誨聖敬之躋及儲宮誕育復親撫誥日省月課實勞神慮今誠宜準古立師傅以訓導太子訓導正則太子正太子正則皇家慶皇家慶則人幸甚矣其三曰臣聞國本黎元人資粒食是以昔之哲王莫不勤勸稼穡盈畜倉廩故堯湯水旱人無菜色者蓋由備之有漸積之有素暨于漢家以人食少乃設常平以給之魏氏以兵糧乏制屯田以供之用能不匱當時軍國取濟又記云國無三年之儲謂國非其國光武以一畝不實罪及牧守聖人之憂世重穀殷勤如彼明君之恤人勸農相切若此頃年山東饑去

歲京師儉內外人庶出入就豐既廢營產疲而乃達又於國體實有虛損若先多積穀安而給之豈有驅督老弱餬口千里之外以今況古誠可懼也臣以爲宜析州郡常調九分之二京都度支歲用之餘各立官司年豐糴積於倉時儉則加私之二糶之於人如此民必力田以買官絹又務貯財以取官粟年登則常積歲凶則直給又別立農官取州郡戶十分之一以爲屯人相水陸之宜料頃畝之數以贓贖雜物餘財市牛科給令其肆力一夫之田歲責六十斛蠲其正課并征戍雜役行此二事數年之中則穀積而人足雖災不爲害臣又聞前代明主皆務懷遠人禮賢引滯故漢高過趙求樂毅之胄晉武廓定旌吳蜀之彥臣謂宜於河表七州人中擢其門才引令赴闕依中州官比隨能序之一可以廣聖朝均新舊之義二可以懷江漢歸有道之情其四曰昔帝舜命咎繇惟刑之恤周公誥成王勿誤于庶獄斯皆君臣相誡重刑之至也今二聖哀矜罪辜小大二情讞決之日多從降恕時不得已必垂惻隱雖前王之勤聽肆赦亦如斯而已至若行刑犯時愚臣竊所未安漢制舊斷獄報重常盡季冬至孝章時改盡十月以育三微後歲旱論者以十月斷獄陰氣微陽氣泄以故致旱事下公卿尚書陳寵議冬至陽氣始萌故十一月有射干芸荔之應周以爲春十二月陽氣上通雉雊雞乳殷以爲春十三月陽氣已至蟄蟲皆震夏以爲春三微成著以通三統三統之月斷獄流血是不稽天意也月令仲冬之月身欲寧事欲靜以起隆怒不可謂寧以行大刑不可謂靜章帝善其言卒以十月斷今京都及四方斷獄報重常竟季冬不推三正以育三微寬宥之情每過於昔遵時之憲猶或闕然豈所謂助陽發生垂奉微之仁也誠宜遠稽周典近採漢制天下斷獄起自初秋盡於孟冬不於三統之春行斬絞之刑如此則道協幽顯仁垂後昆矣其五曰古者大臣有坐不廉而廢者不謂之不廉乃曰簠簋不飾此君之所以禮貴臣不明言其過也臣有大譴則白冠氂纓盤水加劍造室而請死此臣之所以知罪而不敢逃刑也聖朝賓遇大臣禮同古典自太和以降有負罪當陷大辟者多得歸第自盡遣之日深垂隱愍言發悽淚百官莫不見四海莫不聞誠足以感將死之心慰戚屬之情然恩發至衷未著永制此愚臣所以敢陳末見昔漢文時人有告丞相周勃謀反者逮繫長安獄頓辱之與皂隸同賈誼乃上書極陳君臣之義不宜如是夫貴臣者天子爲其改容而體貌

之吏人爲其俯伏而敬貴之其有罪過廢之可也賜之死可也若束縛之輸之司寇榜笞之小吏詈罵之殆非所以令衆庶見也及將刑也臣則北面再拜跪而自裁天子曰子大夫自有過耳吾遇子有禮矣上不使人抑而刑之也孝文深納其言是後大臣有罪皆自殺不受刑至孝武時稍復入獄良由孝文行之當時不爲永制故耳伏惟聖德慈惠豈與漢文比隆哉今天下有道庶人不議之時臣安可陳瞽言於朝但恐萬世之後繼體之主有若漢武之事焉夫道貴長久所以樹之風聲也法尚不虧所以貽厥孫謀也爲得行恩當時而不著長世之制乎其六曰孝經稱父子之道天性書云孝乎惟孝友于兄弟二經之旨蓋明一體而同氣可共而不可離者也及其有罪罪不相及者乃君上之厚恩也至若有懽懼應相連者固自然之恒理也無情之人父兄繫獄子弟無慘惕之容子弟逃刑父兄無愧恧之色宴安榮位遊從自若車馬仍華衣冠猶飾寧是同體共氣分憂均戚之理也昔秦伯以楚人圍江素服而示懼宋仲子以失舉桓譚免冠而謝罪然則子弟之於父兄父兄之於子弟惟其情至豈與結盟相知者同年語其深淺哉二聖清簡風俗孝慈是先臣愚以爲父兄有犯宜令子弟素服內袒詣闕請罪子弟有坐宜令父兄露板引咎乞解所司若職任必要不宜許者慰勉留之如此足以敦厲凡薄使人知有所恥矣其七曰禮云臣有大喪君三年不呼其門此聖人緣情制禮以終孝子之情者也周季陵夷喪禮稍亡是以要絰即戎素冠作刺逮于虐秦殆皆泯矣漢初軍旅屢興未能遵古至宣帝時民當從軍屯者遭大父母父母死未滿三月皆弗徭役其朝臣喪制未有定聞至後漢元初中大臣有重憂始得去官終服暨魏武孫劉之世日尋干戈前世禮制復廢而不行晉時鴻臚鄭默喪親固請終服武帝感其孝誠遂著令以爲常聖魏之初撥亂返正未遑建終喪之制今四方無虞百姓安逸誠是孝慈道洽禮教興行之日也然愚臣所懷竊有未盡伏見朝臣丁父憂者假滿赴職衣錦乘軒從郊廟之祀鳴玉垂緌同節慶之讌傷人子之道虧天地之經愚謂如有遭大父母父母喪者皆聽終服若無其人有曠庶官者則優旨慰喻起令視事但綜司出納敷奏而已國之吉慶一令無預其軍戎之警墨縗從役雖愆於禮事所宜行也如臣之言少有可採願付有司別爲條制高祖覽而善之尋皆施行彪稍見禮遇加中壘將軍及文明太后崩羣臣請高祖公除

高祖不許與彪往復語在禮志高祖詔曰歷觀古事求能非一或承藉微蔭著德當時或見拔幽陋流名後葉故毛遂起賤奮抗楚之辯苟有才能何必拘族也彪雖宿非清第本闕華資然識性嚴聰學博墳籍剛辯之才頗堪時用兼憂吏若家載宣朝美若不賞庸敘績將何以勸獎勤能可特遷秘書令以酬厥款以參議律令之勤賜帛五百匹馬一匹牛二頭其年加員外散騎常侍使於蕭賾賾遣其主客郎劉繪接對并設讌樂彪辭樂及坐彪曰齊主既賜讌樂以勞行人向辭樂者卿或未相體自喪禮廢替於茲以久我皇孝性自天追慕罔極故有今者喪除之議去三月晦朝臣始除衰裳猶以素服從事裴謝在此固應具此我今辭樂想卿無怪繪答言辭樂之事向以不異請問魏朝喪禮竟何所依彪曰高宗三年孝文踰月今聖上追鞠育之深恩感慈訓之厚德執於殷漢之間可謂得禮之變繪復問若欲遵古何爲不終三年彪曰萬機不可久曠故割至慕俯從羣議服變不異三年而限同一期可謂亡禮之禮繪言汰哉叔氏專以禮許人彪曰聖朝自爲曠代之制何關許人繪言百官總已聽於冢宰萬機何慮於曠彪曰我聞載籍五帝之臣臣不若君故君親攬其事三王君臣智等故共理機務五霸臣過於君故事決於下我朝官司皆五帝之臣主上親攬蓋遠軌軒唐彪將還賾親謂曰卿前使還日賦阮詩云但願長閑暇後歲復來遊果如今日卿此還也復有來理否彪答曰使臣請重賦阮詩曰宴衍清都中一去永矣哉賾惘然曰清都可爾一去何事觀卿此言似成長濶朕當以殊禮相送賾遂親至琅邪城登山臨水命羣臣賦詩以送別其見重如此彪前後六度銜命南人奇其謇諤後車駕南征假彪冠軍將軍東道副將尋假征虜將軍車駕還京遷御史中尉領著作郎彪既爲高祖所寵性又剛直遂多所劾糺遠近畏之豪右屏氣高祖常呼彪爲李生於是從容謂羣臣曰吾之有李生猶漢之有汲黯汾州胡叛詔彪持節綏慰事寧還京除散騎常侍仍領御史中尉解著作事高祖宴羣臣於流化池謂僕射李沖曰崔光之博李彪之直是我國家得賢之基車駕南伐彪兼度支尚書與僕射李沖任城王等參理留臺事彪素性剛豪與沖等意議乖異遂形於聲色殊無降下之心自謂身爲法官莫能糾劾已者遂多專恣沖積其前後罪過乃於尚書省禁止彪上表曰臣聞範國匡人光化昇治輿服典章理無暫失故晉文功建九合猶見抑於請隧季氏藉政

三世尚受譏於璵璠固知名器之重不可以妄假先王既憲章於古陛下又經綸於今用能車服有敍禮物無陛案臣彪昔於凡品特以才拔等望清華司文東觀綢繆恩眷繩直憲臺左加金璫右珥蟬冕闕東省宜感恩厲節忠以報德而竊名忝職身爲違傲矜勢高亢公行僭逸坐與禁省冒取官材輒駕乘黃無所憚懾肆志傲然愚聾視聽此而可忍誰不可懷臣輒集尚書以下令史以上并治書侍御史臣酈道元等於尚書都座以彪所犯罪狀告彪訊其虛實若或不知須訊部下彪答臣言事見在目實如所劾皆彪所知何須復召部下臣今請以見事免彪所居職付廷尉治獄沖又表曰臣與彪相識以來垂二十載彪始南使之時見其色厲辭辯才優學博臣之愚識謂是拔萃之一人及彪位宦升達參與言燕聞彪評章古今商略人物興言於侍筵之次啓論於衆英之中賞忠識正發言懇惻惟直是語辭無隱避雖復諸王之尊近侍之要至有是非多面抗折酷疾嬌詐毒讐非違厲色正辭如鷹鸇之逐鳥雀懍懍然實似公清之操臣雖下才輒亦尚其梗槩欽其正直微識其褊急之性而不以爲瑕及其初登憲臺始居司直首復騶唱之儀肇正直繩之體當時識者僉以爲難而彪秉志信行不避豪勢其所彈劾應弦而倒赫赫之威振於下國肅肅之稱著自京師天下改目貪暴斂手臣時見其所行信謂言行相符忠清內發然時有私於臣云其威暴者臣以直繩之官人所忌疾風謗之際易生音謡心不承信往年以河陽事曾與彪在領軍府共太尉司空及領軍諸卿等集閱廷尉所問囚徒時有人訴枉者二公及臣少欲聽採語理未盡彪便振怒東坐攘袂揮赫口稱賊奴叱吒左右高聲大呼云南臺中取我木手去搭奴肋折雖有此言終竟不取即言南臺所問唯恐枉活終無枉死但可依此時諸人以所枉至重有首實者多又心難彪遂各嘿爾因緣此事臣遂心疑有濫審加情察知其威虐猶未體其採訪之由訊檢之狀商略而言酷急小罪肅禁爲大會而言之猶謂益多損少故懷寢所疑不以申徹實失爲臣知無不聞之義及去年大駕南行以來彪兼尚書日夕共事始乃知其言與行舛是已非人專恣無忌尊身忽物安以身作之過深劾他人已方事人好人佞已聽其言同振古忠恕之賢校其行是天下佞暴之賊臣與任城卑躬曲己若順弟之奉暴兄其所欲者事雖非理無不屈從依事求實悉有成驗如臣列得實宜殛彪於有北以除姦矯之亂政

如臣無證宜投臣於四裔以息青蠅之白黒高祖在懸瓠覽表歎愕曰何意留京如此也有司處彪大辟高祖恕之除名而已彪尋歸本鄉高祖自懸瓠北幸鄴彪拜迎於鄴南高祖曰朕之期卿每以貞松爲志歲寒爲心卿應報國盡身爲用而近見彈文殊乖所以卿㦌此讒爲朕與卿爲宰事與卿爲卿自取彪對曰臣愆由已至罪自身招實非陛下横與臣罪又非宰事無辜濫臣臣罪既如此宜伏東皐之下不應遠點屬車之塵但伏承聖躬不豫臣肝膽塗地是以敢至非謝罪而來高祖納宋弁言將復採用會留臺表言彪與御史賈尙往窮庶人恂事理有誣抑奏請收彪彪自言事枉高祖明彪無此遣左右慰勉之聽以牛車散載送之洛陽會赦得免高祖崩世宗踐祚彪自託於王肅又與郉巒詩書往來迭相稱重因論求復舊職修史官之事肅等許爲左右彪乃表曰臣聞龍圖出而皇道明龜書見而帝德祀斯實冥中之書契也自瑞官文而畢高陳民師建而賤貴序此乃人間之繩式也是以唐典纂欽明之册虞書銘睿徽之篇傳著夏氏之箴詩錄商家之頌斯皆國史明乎得失之迹也逮于周姬鑒乎二代文王開之以兩經公旦申之以六聯郁乎其文典章大略也故觀雅頌識文武之丕烈察歌音辨周公之至孝是以季札聽風而知始基聽頌而識盛德至若尼父之別魯籍丘明之辨孔志可謂婉而成章盡而不汚者矣自餘乘志之比其亦有趣焉暨史班之錄乃文窮於秦漢事盡於哀平懲勸兩書華實兼載文質彬彬富哉言也令大漢之風美類三代炎闇崇道冠來事降及華馬陳于咸有放焉四數賛弗遠不可力致豈虛也哉其餘率見而書覩事而作者多矣尋其本末可往來焉唯我皇魏之奄有中華也歲越百齡年幾十紀太祖以弗違開基武皇以奉時拓業虎嘯域中龍飛宇外小往大來品物咸亨自茲以降世濟其光史官敘錄未充其盛加以東觀中圮冊勳有闕美隨日落善因月稀故諺曰一日不書百事荒蕪至于太和之十一年先帝先后遠惟景業綿綿休烈若不恢史闕錄憚上業茂功始有缺矣於是召名儒之士充麟閣之選于時忘臣衆短采臣片志令臣出納授臣丞職猥屬斯事無所與讓高祖時詔臣曰平爾雅志正爾筆端書而不法後世何觀臣奉以周旋不敢失墜與著作等鳩集遺文并取前記撰爲國書假有新進時賢制作於此者恐闔門既異出入生疑弦柱既易善者或謬自十五年以來臣使國遷頻有南轅之事故載筆遂寢簡牘弗張其於書功錄美不其闕歟伏惟孝文皇帝承天地之寶崇祖宗之業景功未就奄焉崩殞凡百黎萌若無天地賴遇陛下體明叡之眞應保合之量恢大明以燭物履靜恭以安邦天清其氣地樂其靜不愆不忘率由舊章可謂重明疊聖元首康哉惟先皇之開創造物經綸浩曠加以魏典流製藻績垂篇窮理於有象盡性於衆變可謂日月出矣無幽不燭也記曰善流者欲人繼其行善歌者欲人繼其聲故傳曰文王基之周公成之又曰無周公之才不得行周公之事今之親王可謂當之矣然先皇之茂猷聖達今王之懿美洞鑒準之前代其德靡悔也時哉時哉可不光昭哉合德二儀者先皇之陶鈞也齊明日月者先王之洞照也慮周四時者先皇之茂功也合契神鬼者先皇之玄燭也遷都改邑者先皇之達也變是協和者先皇之鑒也思同書軌者先皇之遠也守在四夷者先皇之略也海外有截者先皇之威也禮田岐陽者先皇之義也張樂岱郊者先皇之仁也鑾幸幽漠者先皇之智也變伐南荆者先皇之禮也升中告成者先皇之肅也親虔宗社者先皇之敬也衮實無闕者先皇之德也開物成務者先皇之貞也觀乎人文者先皇之蘊也革弊創新者先皇之志也孝慈道洽者先皇之衷也先皇有大功二十加以謙尊而光爲而弗有可謂四三皇而六五帝矣誠宜功書於竹素聲播於金石臣竊謂史官之達者大則與日月齊明小則與四時並茂其大者孔子左丘是也小者史遷班固是也故能聲流於無窮義昭於來裔是以金石可滅而流風不泯者其唯載籍乎諺曰相門有相將門有將斯不唯其性蓋言習之所得也竊謂天文之官太史之職如有其人宜其世矣故尙書稱羲和世掌天地之官張衡賦曰學乎舊史氏斯蓋世傳之義也若夫良冶之子善知爲裘良弓之子善知爲箕物豈有定習貫則知耳所以言及此者史職不修事多淪曠天人之際不可須臾闕載也是以談遷世事而功立彪固世事而名成道爭乃前鑒之軌轍後鏡之蓍龜也然前代史官之不終業者有之皆陵遲之世不能容善是以平子去史而成賦伯喈違閣而就志近僭晉之世有佐郎王隱爲著作虞預所毀亡官在家晝則樵薪供爨夜則觀文屬綴集成晉書存一代之事司馬紹勅尙書唯給筆札而已國之大籍成於私家末世之弊乃至如此史官之不遇時也今大魏之史職則身貴祿則親榮優哉游哉式穀爾休矣而典謨弗恢者其有以也而故著作漁陽傅毗北平陽尼河間邢產廣平宋弁昌黎韓顯宗等並以文才見舉注述是同皆登年不永弗終茂績前著作程靈虯同時應舉共掌此務今從他職官非所司唯崔光一人雖不移任然侍官兩兼故載述致闕臣聞載籍之興由於大業雅頌垂薦起於德美雖時有文質史有備略然歷世相仍不改此度也昔史談誡其子遷曰當世有美而不書汝之罪也是以久而見美孔明在蜀不以史官留意是以久而受譏取之深衷史談之志賢亮遠矣書稱無曠庶官詩有職思其憂臣雖今非所司然昔忝斯任故不以草茅自疏敢言及於此語曰患爲之者不必知知之者不得爲臣誠不知彊欲爲之耳竊尋先朝賜臣名彪者遠則擬漢史之叔皮近則準晉史之紹統推名求義欲罷不能荷恩佩澤死而後已今求都下乞一靜處綜理國籍以終前志官給事力以克所須雖不能光啓大錄庶不爲飽食終日耳近則期月可就遠則三年有成正本蘊之麟閣副貳藏之名山時司空北海王詳尙書令王肅以其無祿頗相賑餉遂在祕書省同王隱故事白衣修史世宗親政崔光表曰伏見前御史中尉臣李彪夙懷美意創刊魏典臣昔爲彪所致與之同業積年其志力貞彊考述無倦督勸羣寮注綴略舉雖項來契濶多所廢離近蒙收起還綜厥事老而彌厲史才日新若克復舊職專功不殆必能昭明春秋闡成皇籍既先帝厚委宿歷高班纖負微愆應從滌洗愚謂宜申以常伯正綰著作停其外役展其內思研積歲月紀册必就鴻聲巨迹蔚乎有章盛軌懋詠鑠爲無泯矣世宗不許詔彪兼通直散騎常侍行汾州事非彪好也固請不行有司切遣之會遘疾累旬景明二年秋卒於洛陽年五十八始彪爲中尉號爲嚴酷以姦款難得乃爲木手擊其脇腋氣絶而復屬者時有焉又慰喻汾州叛胡得其凶渠皆鞭面殺之及彪之病也體上往往瘡潰痛毒備極詔賜帛一百五十匹贈鎮遠將軍汾州刺史謚曰剛憲彪在祕書歲餘史業竟未及就然區分書體皆彪之功述春秋三傳合成十卷其所著詩頌賦誄章奏雜筆百餘篇別有集彪雖與宋弁結管鮑之交弁爲大中正與高祖私議猶以寒地處之殊不欲微相優假彪亦知之不以爲恨及弁卒彪痛之無已爲之哀誄備盡辛酸郭祚爲吏部彪爲子志求官祚仍以舊第處之彪以位經常伯又兼尙書謂祚應以貴遊拔之深用忿怨形於言色時論以此譏祚祚每曰爾與義和至交豈能饒爾而怨我乎任城王澄與彪先亦不穆及爲雍州彪詣澄爲志求其府寮澄釋然爲啓得列曹行參軍時稱美之

志字鴻道博學有才幹年十餘歲便能屬文彪甚奇之謂崔鴻曰子宜與鴻道爲二鴻於洛陽鴻遂與志交款往來彪有女幼而聰令彪每奇之教之書學讀誦經傳嘗竊謂所親曰此當興我家卿曹容得其力彪亡後世宗聞其名召爲婕妤以禮迎引婕妤在宮常教帝妹書誦授經史志後稍遷符璽郎中徐州平東府司馬以軍功累轉後軍將軍中散大夫輔國將軍永寧寺典作副將始彪奇志及婕妤特加器愛公私坐集必自稱詠由是爲高祖所責及彪亡後婕妤果入掖庭後宮咸師宗之世宗崩爲比丘尼通習經義法座講說諸僧歎重之志所在著績桓叔興外叛南荆荒毀領軍元叉舉其才任撫導擢爲南荆州刺史加征虜將軍建義初叛入蕭衍

高道悅字文欣遼東新昌人也曾祖策馮跋散騎常侍新昌侯祖育馮文通建德令值世祖東討率其所部五百餘家歸命軍門世祖授以建忠將軍齊郡建德二郡太守賜爵肥如子父立起武邑太守遂居渤海蓨縣道悅少爲中書學士侍御主文中散久之轉治書侍御史加諫議大夫正色當官不憚彊禦車駕南征徵兵秦雍大期秋季閱集洛陽道悅以使者治書御史薛聰侍御主文中散元志等稽違期會奏舉其罪又奏兼左僕射吏部尙書任城王澄位總朝右任屬戎機兵使會否曾不檢奏尙書左丞公孫良職維樞轄蒙冒莫舉請以見事免良等所居官時道悅兄觀爲外兵郎中而澄奏道悅有黨兄之負高祖詔責然以事經恩宥遂寢而不論詔曰道悅資性忠篤稟操貞亮居法樹平肅之規處諫著必犯之節三公憚其風鯁朕實嘉其一至謇諤之誠何愧黯鮑也其以爲主爵下大夫諫議如故車駕將幸鄴又兼御史中尉留守洛京時宮極初基廟庫未構車駕將水路幸鄴已詔都水回營構之材以造舟檝道悅表諫曰臣聞博納輿言君上之崇務規箴匡正臣下之誠節是以置鼓設謗爰自曩日虛襟博聽義屬今辰臣旣疎魯濫蒙榮貫司兼獻弼職當然否佩遇恩華願陳聞見竊以都作營構之材部別科擬素有定所工治已訖回付都水用造舟艫闕永固居宇之功作暫時遊嬉之用損耗殊倍終爲棄物且子來之誠本期營起今乃修繕舟檝更爲非務公私回惶僉深怪愕又欲御泛龍舟經由石濟其沿河挽道久以荒蕪舟檝之人素不便

習若欲委棹正流深薄之危古今共慎若欲挽牽取進授衣之月躶形水陸恐乖視人若子之義且鄭洛相望陸路平直時乘沃若往來匪難更乃捨周道之安即涉川之殆此乃愚智等慮朝野俱惑進退伏思不見其可又從駕羣寮聽將妻累舟檝之間更無限隔士女雜亂內外不分當今景御休明惟新式度裁禮調風軌物寰宇竊惟斯舉或損洪猷深失溥天順則之望又氐胡犯順未恭西道偏戎旗胄仍襲南寇對接迎鑾民踈戾每造不軌闚覦問隙或生慮外愚謂應妙選懿親撫寧後事令姦回息覬覦之望邊寇絕闚壃之心臣稟性愚直知而無隱區區丹志冒昧以聞詔曰省所上事深具乃心但卿之立言半非矣當須陳非以示謬稱是以彰得然後明所以而不用有由而爲之不爾則未相體耳回材都水暫營嬉遊終爲棄物修繕非務舟檝無郭土女雜亂此則卿之失辭矣深薄之危撫後之重斯則卿之得言也於是高祖遂從陸路轉道悅太子中庶子正色立朝儼然難犯宮官上下咸畏憚之太和二十年秋車駕幸中岳詔太子恂入居金墉而恂潛謀還代忿道悅前後規諫遂於禁中殺之高祖甚加悲惜贈散騎常侍帶營州刺史賜帛五百匹并遣王人慰其妻子又詔使者監護喪事葬于舊塋謚曰貞侯世宗又追錄忠槩拜長子顥族給事中

顥族亦以忠厚見稱卒於右軍將軍

顥族弟敬猷有風度員外散騎侍郎殿中侍御史進給事中輕車將軍奉車都尉蕭寶夤西征引爲驃騎司馬及寶夤謀逆敬猷與行臺郎中封偉伯等潛圖義舉謀泄見殺贈冠軍將軍滄州刺史聽一子出身

道悅長兄嵩字崐崘魏郡太守

子良賢長水校尉

良賢弟侯險薄爲劫盜冀郡患之

嵩弟雙清河太守濁貨將刑在市遇赦免時北海王詳爲錄尚書雙多納金寶除司空長史未幾遷大尉長史俄出爲征虜將軍涼州刺史專肆貪暴以罪免後貨高肇復起爲幽州刺史又以貪穢被劾罪未判遇赦復任未幾而卒

子景龢幽州司馬

雙弟觀尚書左外兵郎中城陽王鸞司馬西征赭陽先驅而歿贈通直散騎侍郎謚曰閔

史臣曰李彪生自微族才志確然業藝夙成見擢太和之世輶軒騁指聲駭江南秉筆立言足爲良史逮於宜繩在手厲氣明目持堅無術末路蹉跎行百里者半於九十豈彪之謂也高道悅匪直之風見憚於世醜正貽禍有可悲乎

魏書卷六十二考證

李彪傳談遷世事而功立彪固世事而名成道爭乃前鑒之軌轍後鏡之蓍龜也○道爭二字不可曉疑衍文

魏書卷六十三

齊　魏收　撰

列傳第五十一

王肅　宋弁

王肅字恭懿瑯邪臨沂人司馬衍丞相導之後也父奐蕭賾尚書左僕射肅少而聰辯涉獵經史頗有大志仕蕭賾歷著作郎太子舍人司徒主簿祕書丞肅自謂禮易爲長亦未能通其大義也父奐及兄弟並爲蕭賾所殺肅自建業來奔是歲太和十七年也高祖幸鄴聞肅至虛襟待之引見問故肅辭義敏切辯而有禮高祖甚哀惻之遂語及爲國之道肅陳說治亂音韻雅暢深會帝旨高祖嗟納之促席移景不覺坐之疲淹也因言蕭氏危滅之兆可乘之機勸高祖大舉於是圖南之規轉銳器重禮遇日有加焉親貴舊臣莫能間也或屏左右相對談說至夜分不罷肅亦盡忠輸誠無所隱避自謂君臣之際猶玄德之遇孔明也尋除輔國將軍大將軍長史賜爵開陽伯肅固辭伯爵許之詔肅討蕭鸞義陽聽招募壯勇以爲爪牙其募士有功賞加常募一等其從肅行者六品已下聽先擬用然後表聞若投化之人聽五品已下先即優授於是假肅節行平南將軍肅至義陽頻破賊軍降者萬餘高祖遣散騎侍郎勞之以功進號平南將軍賜駿馬一匹除持節都督豫闕東郢三州諸軍事本將軍豫州刺史揚州大中正肅善於撫接治有聲稱尋徵肅入朝高祖手詔曰不見君子中心如醉一日三歲我勞如何飾館華林拂席相待卿欲以何日發汝墳也故復此敕又詔曰肅丁荼蓼世志等伍胥自拔吳州膺求魏縣躬操忘禮之本而同無數之喪誓雪怨恥方展申復窮諭再朞蔬縕不改誠季世之高風末代之孝節也但聖人制禮必均愚智先王作則理齊盈虛過之者俯而就之不及者企而行之曾參居罰寧其哀終吳員處酷豈聞四載夫三年者天下之達喪古今之所一其雖欲過禮朕得不制之以禮乎有司可依禮論之爲裁練禫之制二十年七月高祖以久旱不雨輟膳三旦百寮詣闕引在中書省高祖在崇虛樓遣舍人問曰朕知卿等至不獲相見卿何爲而來肅對曰伏承陛下輟膳已經三旦羣臣焦怖不敢自寧臣聞堯水湯旱自然之數須聖人以濟世不由聖以致災是以國儲九年以禦九年之變臣又聞至於八月不雨然後君不舉膳昨四郊之外已蒙滂澍唯京城之內微爲少澤蒸民未闕一餐陛下輟膳三日臣庶惶惶無復情地高祖遣舍人答曰昔堯水湯旱賴聖人以濟民朕雖居羣黎之上道謝前王今日之旱無以救恤應待立秋克躬自咎但此月十日已來炎熱焦酷人物同悴而連雲數日高風蕭條雖不食數朝猶自無感朕誠心未至之所致也肅曰臣聞聖人與凡同者五常異者神明昔姑射之神不食五穀臣常謂矯今見陛下始知其驗且陛下自輟膳以來若天全無應臣亦謂上天無知陛下無感一昨之前外有滂澤此有密雲臣即謂天有知陛下有感矣高祖遣舍人答曰昨內外貴賤咸云四郊有雨朕恐此輩皆勉勸之辭三覆之慎必欲使信而有徵比當遣人往行若果雨也便命大官欣然進膳豈可以近郊之內而慷慨要天乎若其無也朕之無感安用朕身以擾民庶朕志確然死而後已是夜澍雨大降以破蕭鸞將裴叔業功進號鎮南將軍加都督豫南兗東荊東豫四州諸軍事封汝陽縣開國子食邑三百戶持節中正刺史如故肅頻表固讓不許詔加鼓吹一部二十二年既平漢陽詔肅曰夫知已貴義君臣務恩不能矜災郵禍恩義焉措卿情同伍員懷酷歸朕然未能翦一讎人馘彼凶帥何嘗不興言憤歎羨吳闔而長息比獲蕭鸞輔國將軍黃瑤起乃知是卿怨也尋當相付微望紓泄使吾見卿之日差得緩懷初賾之收肅父奐也司馬黃瑤起攻奐殺之故詔云然高祖之伐淮北令肅討義陽未剋而蕭鸞遣將裴叔業寇渦陽劉藻等救之爲叔業所敗肅表求更遣軍援渦陽詔曰得表覽之憮然觀卿意非專在水當是以藻等銳兵新敗於前事往勢難故也朕若分兵遣之非多會無所制多遣則禁旅難闕今日之計唯當作必剋之舉不可爲狐疑之師徒失南兗也卿便息意停彼以圖義陽之寇宜止則止還取義陽宜下則下鎮軍淮北深量二途勿致重爽若孟表糧盡軍不及至致失渦陽卿之過也肅乃解義陽之圍以赴渦陽叔業乃引師而退肅坐劉藻等敗黜爲平南將軍中正刺史如故高祖崩遺詔以肅爲尚書令與咸陽王禧等同爲宰輔徵肅會駕魯陽肅至遂與禧等參同謀謨自魯陽至於京洛行途喪紀委肅參量憂勤經綜有過舊戚禧兄弟並敬而昵之上下稱爲和輯唯任城王澄以其起自羈遠一旦在己之上以爲憾每謂人曰朝廷以王肅加我上尚可從叔廣陵宗室尊宿歷任內外云何一朝令肅居其右也肅聞其言恒降而避之尋爲澄所奏劾稱肅謀叛言尋申釋詔肅尚陳留長公主本劉昶子婦彭城公主也賜錢二十萬帛三千疋肅奏考以顯能陟由績著昇明退闇於是乎在自百寮曠察四稔于茲請依舊式考檢能否從之裴叔業以壽春內附拜肅使持節都督江西諸軍事車騎將軍與驃騎大將軍彭城王勰率步騎十萬以赴之蕭寶卷豫州刺史蕭懿率衆三萬屯於小峴交州刺史李叔獻屯合肥將圖壽春懿遣將胡松李居士等領衆萬餘屯據死虎肅進師討擊大破之擒其將橋珉等斬首數千進討合肥生擒叔獻蕭懿棄小峴南走肅還京師世宗臨東堂引見勞之又問江左有何息耗肅曰如聞崔慧景已死寶卷所仗非邪即佞天殆以此資陛下廓定之期勢將不久以肅淮南累捷賞帛四千七百五十疋進位開府儀同三司封昌國縣開國侯食邑八百戶餘如故尋以肅爲散騎常侍都督淮南諸軍事揚州刺史持節餘官如故肅頻在邊悉心撫接遠近歸懷附者若市以誠綏納咸得其心清身好施簡絕聲色終始廉約家無餘財然性微輕佻頗以功名自許護疵稱伐少所推下高祖每以此爲言景明二年薨於壽春年三十八世宗爲舉哀詔曰肅奄至不救痛恍兼懷可遣中書侍郎賈思伯兼通直散騎常侍撫慰厥孤給東園祕器朝服一襲錢三十萬帛一千疋布五百疋蠟三百斤并問其卜遷遠近專遣侍御史一人監護喪事務令優厚又詔曰死生動靜卑高有域勝達所居存亡崇顯故杜預之殁窆於首陽司空李沖覆舟是託顧瞻斯所誠亦二代之九原也故揚州刺史肅誠義結於二世英惠符於李杜平生本意願終京陵既有宿心宜遂先志其令葬於沖預兩墳之間使之神遊相得也贈侍中司空公本官如故有司奏以肅忠心大度宜謚匡公詔謚宣簡肅宗初詔爲肅建碑銘子紹襲

紹字三歸歷官太子洗馬員外常侍中書侍郎卒贈輔國將軍徐州刺史

子遷襲武定中通直常侍齊受禪爵隨例降
紹弟理孝靜初始得還朝武定末著作佐郎紹肅前妻謝生也肅臨薨謝始攜二女及紹至壽春世宗納其女爲夫人肅宗又納紹女爲嬪
肅弟秉字文政涉獵書史微有兄風世宗初攜兄子誦翊衍等入國拜中書郎遷司徒諮議出爲輔國將軍幽州刺史卒贈征虜將軍徐州刺史
誦字國章肅長兄融之子學涉有文才神氣清儁風流甚美自員外郎司徒主簿轉司徒屬司空諮議通直常侍汝南王友遷司徒諮議加前軍散騎常侍光祿大夫出爲左將軍幽州刺史未幾徵爲長兼祕書監從給事黃門侍郎肅宗崩靈太后之立幼主也於時大赦誦宣讀詔書音制抑揚風神疎秀百寮傾屬莫不歎美孝莊初於河陰遇害年三十七贈驃騎大將軍尚書左僕射司空公徐州刺史諡曰文宣
子孝康武定中尚書郎中卒
孝康弟儁康性清雅頗有文才齊文襄王中外府祭酒卒贈征虜將軍太府少卿
誦弟衍字文舒名行器藝亞於誦自著作佐郎稍遷尚書郎員外常侍司空諮議光祿大夫廷尉揚州大中正度支尚書仍轉七兵從太常卿出爲散騎常侍征東將軍西兗州刺史衍屆治未幾屬爾朱仲遠稱兵內向州既路衝爲其攻逼衍不能守爲仲遠所擒以其名望不害也令其騎牛從軍久乃見釋還洛除車騎將軍左光祿大夫孝靜初轉侍中將軍如故天平三年卒年五十二勑給東園祕器賵物三百段贈使持節都督青徐兗三州諸軍事驃騎大將軍尚書令司徒公徐州刺史諡曰文獻衍篤於交舊有故人竺號於西兗爲仲遠所害其妻子飢寒衍置之於家累年贍恤世人稱其敦厚
翊字士游肅次兄琛子也風神秀立好學有文才歷司空主簿清河王友中書侍郎頗銳於榮利結婚於元乂超拜左將軍濟州刺史尋加平東將軍清靜愛民有政治之稱入爲散騎常侍孝莊初遷鎭南將軍金紫光祿大夫領國子監祭酒永安元年冬卒年三十七贈侍中衞將軍司空公徐州刺史
子淵武定中儀同開府記室參軍
宋弁字義和廣平列人人也祖愔與從叔宣博陵崔建俱知名世祖時歷位中書博士員外散騎常侍使江南賜爵列人子還拜廣平太守興安五年卒贈安遠將軍相州刺史諡曰惠長子顯襲爵弁伯父世顯無子養弁爲後弁父叔珍李敷妹夫因敷事而死弁才學儁贍少有美名高祖初曾至京師見尚書李沖因言論移日沖竦然異之退而言曰此人一日千里王佐才也顯卒弁襲爵弁與李彪州里迭相祇好彪爲祕書丞弁自中散彪請爲著作佐郎尋除尚書殿中郎中高祖曾因朝會之次歷訪治道弁年少官微自下而對聲姿清亮進止可觀高祖稱善者久之因是大被知遇賜名爲弁意取弁和獻玉楚王不知寶之也遷中書侍郎兼員外常侍使於蕭賾賾司徒蕭子良祕書丞王融等皆稱美之以爲志氣謇諤不逮李彪而體韻和雅舉止閑邃過之轉散騎侍郎時散騎位在中書之右高祖曾論江左事因問弁曰卿比南行入其隅隩彼政道云何興亡之數可得知不弁對曰蕭氏父子無大功於天下既以逆取不能順守德政不理徭役滋劇內無股肱之助外有怨叛之民以臣觀之必不能貽厥孫謀保有南海若物憚其威身免爲幸後車駕南征以弁爲司徒司馬曜武將軍東道副將軍人有盜馬靽者斬而徇之於是三軍振懼莫敢犯法黃門郎崔光薦弁自代高祖不許然亦賞光知人未幾以弁兼黃門尋卽正兼司徒左長史時大選內外羣官并定四海士族弁專參銓量之任事多稱旨然好言人之陰短高門大族意所不便者弁因毀之至於舊族淪滯人非可忌者又申達之弁又爲本州大中正姓族多所降抑頗爲時人所怨從駕南討詔弁於豫州都督所部及東荊領葉皆減戍士營農水陸兼作遷散騎常侍尋遷右衞將軍領黃門弁屢自陳讓高祖曰吾爲相知者卿亦不可有辭豈得專守一官不助朕爲治且常侍者黃門之麤冗領軍者二衞之假攝不足空存推讓以棄大委其被知遇如此始高祖北都之選也李沖多所參預頗抑宋氏弁有恨於沖而與李彪交結雅相知重及彪之抗沖沖謂彪曰爾如狗耳爲人所嗾及沖劾彪不至大罪弁之力也彪除名爲民弁大相嗟慨密圖申復高祖在汝南不豫大漸旬有餘日不見侍臣左右唯彭城王勰等數人而已小瘳乃引見門下及宗室長幼諸人入者未能知致悲泣弁獨進及御牀歔欷流涕曰臣不謂陛下聖顏毀瘠乃爾由是益重之車駕征馬圈留弁以本官兼祠部尚書攝七兵事及行執其手曰國之大事在祠與戎故令卿綰攝二曹可不自勉弁頓首辭謝弁劬勞王事夙夜在公恩遇之甚輩流莫及名重朝野亞於李沖高祖每稱弁可爲吏部尚書及崩遺詔以弁爲之與咸陽王禧等六人輔政而弁已先卒年四十八詔賜錢十萬布三百疋贈安東將軍瀛州刺史諡曰貞順弁性好矜伐自許膏腴高祖以郭祚晉魏名門從容謂弁曰卿固應推郭祚之門也弁笑曰臣家未肯推祚高祖曰卿自漢魏以來既無高官又無儁秀何得不推弁曰臣清素自立要爾不推侍臣出後高祖謂彭城王勰曰弁人身良自不惡乃復欲以門戶自矜殊爲可怪
長子維字伯緒維弟紀字仲烈維少襲父爵自員外郎遷給事中坐諂事高肇出爲益州龍驤府長史辭疾不行太尉清河王懌輔政以維名臣之子薦爲通直郎辟其弟紀行參軍靈太后臨政委任元乂而乂恃寵驕盈懌每以分理裁斷乂甚忿恨思以害懌遂與維爲計以富貴許之維見乂寵勢日隆便至乾沒乃告司染都尉韓文殊父子欲謀逆立懌懌坐被錄禁中文殊父子懼而逃遁鞫無反狀以文殊亡走懸處大辟置懌於宮西別館禁兵守之維應反坐乂言於太后欲開將來告者之路乃黜爲燕州昌平郡守紀爲秦州大羌令維及紀頗涉經史而浮薄無行懌親尊懿望朝野瞻屬維受懌眷賞而無狀構間天下人士莫不怪忿而賤薄之及乂殺懌專斷朝政以維兄弟前者告懌徵維爲散騎侍郎紀爲太學博士領侍御史甚昵之維超遷通直常侍乂除冠軍將軍洛州刺史紀超遷尚書郎初弁謂族弟世景言維性疎險而紀識慧不足終必敗吾業也世景以爲不爾至是果然聞者以爲知子莫若父尚書令李崇尚書左僕射郭祚右僕射游肇每云伯緒兇疎終敗宋氏幸得殺身耳論者以爲有徵後除營州刺史仍本將軍靈太后反政以乂黨除名遂還鄉里尋追其前誣告清河王事於鄴賜死
子春卿早亡弟紀以次子欽仁繼
欽仁武定末太尉祭酒
紀肅宗末爲北道行臺卒於晉陽
子欽道武定末冀州別駕
弁弟機本州治中
子寶積卒於中散大夫
弁族弟穎字文賢自奉朝請稍遷尚書郎魏郡太守納貨劉騰騰言之於元乂以穎爲冠軍將軍涼州刺史穎前妻鄧氏亡後十五年穎夢見之向穎拜曰新婦今被處分爲高崇妻故來辭君泣然流涕穎旦而見崇言之崇後數日而卒
穎族弟變字崇和廣平王懷郎中令員外常侍爲征北李平司馬北殄元愉頗有贊謀之功
變族弟鴻貴爲定州平北府參軍送兵於荊州坐取兵絹四百匹兵欲告之乃斬十人又疎凡不達律令見律有梟首之罪乃生斷兵手以水澆之然後斬決尋坐伏法時人哀兵之苦笑鴻貴之愚
史臣曰古人有云才未半古功以過之非徒語也王肅流寓之人見知一面雖器業自致抑亦逢時榮仕赫然寄同舊列美矣誦翊纖軌不殞光風宋弁以才度見知迹參顧命拔萃出類其有以哉無子之歎豈徒羊舌宗祀之不亡幸矣

魏書卷六十三考證

宋弁傳詔弁於豫州都督所部及東荊領葉皆滅戍士營農水陸兼作○滅字當是減字之訛領葉當是地名而亦有訛字

魏書卷六十四

齊　魏收　撰

列傳第五十二

郭祚　張彝

郭祚字季祐太原晉陽人魏車騎郭淮弟亮後也祖逸州別駕前後以二女妻司徒崔浩一女妻浩弟上黨太守恬世祖時浩親寵用事拜逸徐州刺史假榆次侯終贈光祿大夫父洪之坐浩事誅祚亡竄得免少而孤貧姿貌不偉鄉人莫之識也有女巫相祚後當富貴祚涉歷經史習崔浩之書尺牘文章見稱於世弱冠州主簿刺史孫小委之書記又太原王希彥逸妻之姪共相賙恤得以饒振高祖初舉秀才對策上第拜中書博士轉中書侍郎遷尚書左丞長兼給事黃門侍郎祚清勤在公夙夜匪懈高祖甚知賞之從高祖南征及還正黃門車駕幸長安行經渭橋過郭淮廟問祚曰是卿祖宗所承邪祚曰是臣七世伯祖高祖曰先賢後哲頓在一門祚對曰昔臣先人以通儒英博唯事魏文微臣虛薄遭奉明聖自唯幸甚因勅以太牢祭淮廟令祚自撰祭文以贊遷洛之規賜爵東光子高祖曾幸華林園因觀故景陽山祚曰山以仁靜水以智流願陛下修之高祖曰

魏明以奢失於前，朕何爲襲之於後。祚曰：高山仰止，高祖曰：得非景行之謂。遷散騎常侍，仍領黃門。是時高祖銳意典禮，兼銓鏡九流，又遷都草創，征討不息，內外規略，號爲多事。祚與黃門宋弁參謀幃幄，隨其才用，各有委寄。祚承稟注疏，特成勤劇。嘗以立馮昭儀，百官夕飲清徽後園，高祖舉觴賜祚及崔光曰：郭祚憂勞庶事，獨不欺我；崔光溫良博物，朝之儒秀。不勸此兩人，當勸誰也。其見知若此。初，高祖以李彪爲散騎常侍，祚因入見，高祖謂祚曰：朕昨誤授一人官。祚對曰：陛下聖鏡照臨，論才授職，進退可否，黜陟幽明，品物既彰，人倫有序，豈容聖詔一行而有差異。高祖沈吟曰：此自應有讓，因讓朕欲別授一官。須臾彪有啓云：伯石辭卿，子產所惡，臣欲之已久，不敢辭讓。高祖歎謂祚曰：卿之忠諫，李彪正辭，使朕遲回不能復決。遂不換彪官也。乘輿南討，祚以兼侍中從，拜尚書，進爵爲伯。高祖崩，咸陽王禧等奏祚兼吏部尚書，尋除長兼吏部尚書、并州大中正。世宗詔以姦吏逃刑，懸配遠戍，若永避不出，兄弟代之。祚奏曰：愼獄審刑，道煥先古；垂憲設禁，義纂惟今。是以先王沿物之情，爲之軌法，故八刑備於昔典，姦律炳於來制，皆所以謀其始迹，訪厥成罪，敦風厲俗，永資世範者也。伏惟旨義博遠，理絕近情，既懷愚異，不容不述。誠以敗法之原，起於姦吏，姦吏雖微，敗法實甚。伏尋詔旨，信亦斷其逋逃之路，爲治之要，實在於斯。然法貴止姦，不在過酷，立制施禁，爲可傳之於後。若法猛而姦不息，禁過不可永傳，將何以載之刑書，垂之百代。若以姦吏逃竄，徙其兄弟，罪人妻子復應徙之，此則一人之罪，禍傾二室。愚謂罪人既逃，止徙妻子，走者之身，懸名永配，於眚不免，姦途自塞。詔從之。尋正吏部。祚持身潔清，重惜官位，至於銓授，假令得人，必徘徊久之，然後下筆，下筆即云：此人便以貴矣。由是事頗稽滯，當時每招怨讟。然所拔用者，皆量才稱職，時又以此歸之。出爲使持節、鎭北將軍、瀛州刺史。及太極殿成，祚朝於京師，轉鎭東將軍、青州刺史。祚値歲不稔，闔境飢敝，矜傷愛下，多所賑恤，雖斷決淹留，號爲煩緩，然士女懷其德澤，于今思之。入爲侍中、金紫光祿大夫、并州大中正，遷尚書右僕射。時議定新令，詔祚與侍中、黃門參議刊正。故事，令僕、中丞騶唱而入宮門，至於馬道。及祚爲僕射，以爲非盡敬之宜，言於世宗，帝納之。下詔：御在太極，騶唱至止車門；御在朝堂，至司馬門。騶唱不入宮，自此始也。詔祚本官領太子少師。祚曾從世宗幸東宮，肅宗幼弱，祚懷一黃瓜，出奉肅宗。時應詔左右趙桃弓與御史中尉王顯迭相脣齒，深爲世宗所信，祚私事之。時人謗祚者，號爲桃弓僕射、黃瓜少師。祚奏曰：謹案前後考格雖班天下，如臣愚短，猶有未悟。今須定職人遷轉由狀，超越階級者即須量折。景明初考格，五年者得一階半。正始中，故尚書、中山王英奏考格，被旨但可正滿三周爲限，不得計殘年之勤。又去年中以前二制不同，奏請裁決。旨云：黜陟之體，自依舊來恒斷。今未審從舊來之旨，爲從景明之斷，爲從正始爲限。景明考法，東西省文武閑官悉爲三等，考同任事，而前尚書盧昶奏上第之人三年轉半階。今之考格復分爲九等，前後不同，參差無準。詔曰：考在上中者，得汎以前，有六年以上遷一階，三年以上遷半階，殘年悉除。考在上下者，得汎以前，六年以上遷半階，不滿者除。其得汎以後，考在上下者，三年遷一階。散官從盧昶所奏。祚又奏言：考察令：公清獨著，德績超倫，而無負殿者爲上上，一殿爲上中，二殿爲上下，累計八殿，品降至九。未審今諸曹府寺凡考在事，公清然才非獨著，績行稱務而德非超倫，幹能粗可而守平堪任，或人用小劣，處官濟事，并全無負殿之徒，爲依何第。景明三年以來至今，十有一載，準限而判，三應昇退。今既通考，未審爲十年之中通其殿最，積以爲第，隨前後年斷，各自除其善惡而爲昇降。且負注之章，數成殿爲差，此條以寡愆爲最，多戾爲殿。未審取何行是寡愆，何坐爲多戾，結累品次，復有幾等。諸文案失衷，應杖十者爲一負。罪依律次，過隨負記。十年之中，三經肆眚，赦前之罪，不問輕重，皆蒙宥免。或爲御史所彈，案驗未周，遇赦復任者，未審記殿得除以不。詔曰：獨著超倫及才備寡咎，皆謂文武兼上上之極言耳。自此以降，猶有八等，隨才爲次，令文已具。其積負累殿及守平得濟，皆含在其中，何容別疑也。所云通考者，據總多年之言，至於黜陟之體，自依舊來年斷，何足復請。其罰贖已決之殿，固非免限，遇赦免罪，惟記其殿除之。尋加散騎常侍。時詔營明堂國學，祚奏曰：今雲羅西舉，開納岷蜀，戎旗東指，鎭靖淮荆，漢沔之間，復須防捍，徵兵發衆，所在殷廣，邊郊多壘，烽驛未息，不可於師旅之際，興板築之功。且獻歲云暨，東作將始，臣愚量謂宜待豐靖之年，因子來之力，可不時而就。從之。世宗末年，每引祚入東宮，密受賞賚，多至百餘萬，雜以錦繡。又特賜以劒杖，恩寵甚深。遷左僕射。先是，蕭衍遣將康絢遏淮，將灌揚徐。祚表曰：蕭衍狂悖，擅斷川瀆，役苦民勞，危亡已兆。然古諺有之，敵不可縱。夫以一酌之水，或爲不測之淵，如不時滅，恐同原草。宜命一重將，率統軍三十人，領羽林一萬五千人，并科京東七州虎旅九萬，長驅電邁，遄令撲討。擒斬之勳，一如常制，賊資雜物，悉入軍人。如此，則鯨鯢之首可不日而懸。誠知農桑之時，非發衆之日，苟事理宜然，亦不得不爾。昔韋顧跋扈，殷后起昆吾之師；玁狁孔熾，周王興六月之伐。臣職忝樞衡，獻納是主，心之所懷，寧敢自嘿。并宜勑揚州選一猛將，遣當州之兵，令赴浮山，表裏夾攻。朝議從之。出除使持節、散騎常侍、都督雍岐華三州諸軍事、征西將軍、雍州刺史。太和以前，朝法尤峻，貴臣蹉跌，便致誅夷。李沖之用事也，欽祚識幹，薦爲左丞，又兼黃門。意便滿足，每以孤門往經崔氏之禍，常慮危亡，苦自陳挹，辭色懇然，發於誠至。沖謂之曰：人生有運，非可避也，但當明白當官，何所顧畏。自是積二十餘年，位秩隆重，而進趨之心更復不息。又以東宮師傅之資，列辭尚書，志在封侯、儀同之位，尚書令、任城王澄爲之奏聞。及爲征西、雍州，雖喜於外撫，尚以府號不優，心望加大，執政者頗怪之。於時領軍于忠恃寵驕恣，崔光之徒，曲躬承奉，祚心惡之，乃遣子太尉從事中郎景尚說高陽王雍，令出忠爲州。忠聞而大怒，矯詔殺祚，時年六十七。祚達於政事，凡所經履，咸爲稱職，每有斷決，多爲故事。名器既重，時望亦深，一朝非罪見害，遠近莫不惋惜。靈太后臨朝，遣使弔慰，追復伯爵。正光中，贈使持節、車騎將軍、儀同三司、雍州刺史，諡文貞公。初，高祖之置中正，從容謂祚曰：并州中正，卿家故應推王瓊也。祚退謂寮友曰：瓊眞僞今自未辨，我家何爲滅之。然主上直信李沖吹噓之說耳。祚死後三歲而于忠死，咸以祚爲祟。

祚長子思恭，弱冠州辟爲主簿，早卒。思恭弟慶禮以第二子延伯繼。

延伯襲祖爵東光伯。武定中，驃騎大將軍、將作大匠。齊受禪，爵例降。

思恭弟景尚，字思和，涉歷書傳，曉星歷占候，言事頗驗。初爲彭城王中軍府參軍，遷員外郎、司徒主簿、太尉從事中郎。公彊當世，善事權寵，世號之曰郭尖。肅宗時，遷輔國將軍、中散大夫，轉中書侍郎，未拜而卒，年五十一。

子季方，武定中，膠州驃騎府長流參軍。

景尚弟慶禮，字叔，爲祚所愛。著作佐郎、通直郎。卒，贈征虜將軍、瀛州刺史。

子元貞，武定末，定州驃騎府長史。

張彝，字慶賓，清河東武城人。曾祖幸，慕容超東牟太守，後率戶歸國，世祖嘉之，賜爵平陸侯，拜平遠將軍、青州刺史。祖準之襲，又爲東青州刺史。父靈眞，早卒。彝性公彊，有風氣，歷覽經史。高祖初，襲祖侯爵，與盧淵、李安民等結爲親友，往來朝會，常相追隨。淵爲主客令，安民與彝並爲散令。彝少而豪放，出入殿庭，步眄高上，無所顧忌。文明太后雅尚恭謹，因會次見其如此，遂召集百寮督責之，令其修悔，而猶無悛改。善於督察，每東西馳使，有所巡檢，彝恒充其選，清愼嚴猛，所至人皆畏伏，儕類亦以此高之。遷主客令，例降侯爲伯，轉太中大夫，仍行主客曹事，尋爲黃門。後從駕南征，母憂解任。彝居喪過禮，送葬自平城達家，千里徒步，不乘車馬，顏貌毀瘠，當世稱之。高祖幸冀州，遣使弔慰，詔以驍騎將軍起之，還復本位。以參定遷都之勳，進爵爲侯，轉太常少卿，遷散騎常侍，兼侍中，持節巡察陝東河南十二州，甚有聲稱。使還，以從征之勤，遷尚書，坐舉元昭爲兼郎中，黜爲守尚書。世宗初，除正尚書，兼侍中，尋正侍中。世宗親政，罷六輔，彝與兼尚書邢巒聞處分非常，出京奔走，爲御史中尉甄琛所彈，云非虎非兕，率彼曠野。詔書切責之。尋除安西將軍、秦州刺史。彝務尚典式，考訪故事，及臨隴右，彌加討習，於是出入直衞，方伯威儀，赫然可觀，羌夏畏伏，憚其威整，一方肅靜，號爲良牧。其年冬，太極初就，彝與郭祚等俱以勤舊被徵。及還州，進號撫軍將軍。彝表解州任，詔不許。彝敷政隴右，多所制立，宣布新風，革其舊俗，民庶愛仰之。爲國造佛寺，名曰興皇，諸有罪咎者，隨其輕重，謫爲土木之功，無復鞭杖之罰。時陳留公主寡居，彝意願尚主，主亦許之。僕射高肇亦望尚主，主意不可。肇怒，譖彝於世宗，稱彝擅立刑法，勞役百姓。詔遣直後萬貳與馳驛檢察。貳與，肇所親愛，必欲致彝深罪。彝淸身奉法，求其愆過，遂無所得。見代還洛，猶停廢數年。因得偏風，手脚不便，然志性不移，善自將攝，稍能朝拜。久之，除光祿大夫，加金章紫綬。彝愛好知己，輕忽下流，非其意者，視之蔑爾。雖疹疾家庭，而志氣彌高。上表曰：臣聞元天高朗，尚假列星以助明；洞庭淵湛，猶藉衆流以增大。莫不以孤照不詣其幽，獨深未盡其廣。先聖識其若此，必取物以自誠，故堯稱則天，設謗木以曉未明；舜稱盡善，懸諫鼓以規政闕。虞人獻箴規之旨，盤盂著舉動之銘，庶幾見善而思齊，聞惡以自改，眷眷於悔往之衞，孜孜於不逮之路，用能聲高百王，卓絕中古，經十氏而不渝，歷二千以孤鬱。伏惟太祖撥亂，奕代重光，世祖以不世之才，開盪函夏，顯祖以溫明之德，潤伏九區高祖大聖臨朝經營云始未明求衣日昃忘食開翦荆棘徙御神縣更新風軌冠帶朝流海東雜種之渠衛南與服之帥沙西氊頭之戎漠北辮髮之虜重譯納貢請吏稱藩積德懋於夏殷富仁盛於周漢澤教既周武功亦匝猶且發明詔思求直士信是蒼生薦言之秋祝史陳辭之日況臣家自奉國八十餘年紆金鏘玉及臣四世過以小才藉蔭出仕學慙專門武闕方略早荷先帝眷仗之恩未蒙陛下不遺之施侍則出入兩都官歷納言常伯忝牧秦藩號兼安撫實思碎首膏原仰酬二朝之惠輕塵碎石遠增嵩岱之高輒私訪舊書竊觀圖史其帝皇興起之元配天隆家之業修造益民之奇龍麟雲鳳之瑞卑宮愛物之仁釋網改祝之澤前歌後舞之應囹圄寂寥之美可爲輝風景行者輒謹編丹青以標睿範至如太康好田遇窮后迫禍武乙逸禽罹震雷暴酷夏桀淫亂南巢有非命之誅殷紂昏酣牧野有倒戈之陳周厲逐獸滅不旋踵幽王遇惑死亦相尋暨於漢成失御亡新篡奪桓靈不綱魏武遷鼎晉惠闇弱骨肉相屠終使聰曜鴟視并州勒虎狼據燕趙如此之輩罔不畢載起元庖犧終於晉末凡十六代百二十八帝歷三千二百七十年雜事五百八十九合成五卷名曰歷帝圖亦謗木諫鼓虞人盤盂之類脫蒙置御坐之側時復披覽冀或起予左右上裨未萌伏願陛下遠惟宗廟之憂近存黎民之念取其賢君棄其惡主則微臣雖沉淪地下無異乘雲登天矣世宗善之彝又表曰竊惟皇王統天必以窮幽爲美盡理作聖亦假廣採成明故詢於芻蕘著之周什輿人獻箴流於夏典不然則美刺無以得彰善惡有時不達逮於兩漢魏晉雖道有隆污而被繡傳檄未始闕也及惠帝失御中夏崩離劉符專據秦西燕趙獨制關左姚夏繼起五涼競立致使九服搖搖民無定主禮儀典制此焉堙滅暨大魏應歷撥亂登皇翦彼鯨鯢龕靖神縣數紀之間天下寧一傳輝七帝積聖如神高祖遷鼎成周永茲八百偃武修文憲章斯改實所謂加五帝登三王民無德而名焉猶且慮獨見之不明欲廣訪於得失乃命四使觀察風謠臣時忝常伯充一使之列遂得仗節揮金宣恩東夏周歷於齊魯之間遍馳於梁宋之域詢採詩頌研檢獄情實庶片言之不遺美刺之俱顯而才輕任重多不遂心所採之詩並始申目而值鑾輿南討問罪宛鄧臣復忝行軍樞機是務及輦駕之返膳御未和續以大諱奄臻四海崩慕遂爾推遷不及聞徹未幾改牧秦蕃違離闕下繼以譴疾相纏寧丁八歲常恐所採之詩永淪丘壑是臣夙夜所懷以爲深憂者也陛下垂日月之明行雲雨之施察臣往罪之濫矜臣貧病之切既蒙崇以祿養復得拜掃丘墳明目友朋無所負愧且臣一二年來所患不劇尋省本書粗有髣髴凡有七卷今寫上呈伏願昭覽勑付有司使魏代所採之詩不堙於丘井臣之願也肅宗初侍中崔光表曰彝及李韶朝列之中唯此二人出身官次本在臣右器能幹世又並爲多近來參差便成替後計其階途雖應遷陟然恐班秩猶未賜等昔衞之公叔引下同舉晉之士丏推長伯游古人所高當時見許敢緣斯義乞降臣位一階授彼汎級齊行聖庭帖穆選敍詔加征西將軍冀州大中正雖年向六十加之風疾而自彊人事孜孜無怠公私法集衣冠從事延請道俗修營齋講好善欽賢愛獎人物南北新舊莫不多之大起第宅徵號華侈頗侮其疎宗舊戚不甚存紀時有怨憾焉榮宦之間未能止足屢表在秦州預有開援漢中之勳希加賞報積年不已朝廷患之第二子仲瑀上封事求銓別選格排抑武人不使預在清品由是衆口喧喧謗讟盈路立榜大巷剋期會集屠害其家彝殊無畏避之意父子安然神龜二年二月羽林虎賁幾將千人相率至尚書省詬罵求其長子尚書郎始均不獲以瓦石擊打公門上下畏懼莫敢討抑遂便持火虜掠道中薪蒿以杖石爲兵器直造其第曳彝堂下捶辱極意唱呼嗸嗸焚其屋宇始均仲瑀當時踰北垣而走始均回救其父拜伏羣小以請父命羽林等就加毆擊生投之於煙火之中及得尸骸不復可識唯以髻中小釵爲驗仲瑀傷重走免彝僅有餘命沙門寺與其比鄰輿致於寺遠近聞見莫不惋駭彝臨終口占左右上啓曰臣自奉國及孫六世尸祿素餐負恩唯靦徒思竭智盡誠終然靡效臣第二息仲瑀所上之事益治實多既曰有益寧容默爾通呈有日未簡神聽豈圖衆忿乃至於此臣不能禍防未萌慮絕殃兆致令軍衆橫嚻攻焚臣宅息始均仲瑀等叩請流血乞代臣死始均卽陷塗炭仲瑀經宿方蘇臣年已六十宿被榮遇垂暮之秋忽見此苦顧瞻災酷古今無比臣傷至重殘氣假延望景顧時推漏就盡頃刻待終臣之命也知復何言若所上之書少爲益國臣便是生以理全死與義合不負二帝於地下臣無餘恨矣一歸泉壤長離紫庭戀仰天顏誠痛無已不勝眷眷力喘奉辭伏願二聖加御珍膳覆露黔首壽保南嶽德與日昇臣夙被勿參先後銜恩欲報之期昊天罔極亡魂有知不忘結草彝遂卒時年五十九官爲收掩羽林凶彊者八人斬之不能窮誅羣豎卽爲大赦以安衆心有識者知國紀之將墜矣喪還所焚宅與始均東西分斂於小屋仲瑀遂以創重避居滎陽至五月創得漸瘳始奔父喪詔賜布帛千匹靈太后以其累朝大臣特垂矜惻數月猶追言泣下謂諸侍臣曰吾爲張彝飲食不御乃至首髮微有虧落悲痛之苦以至於此初彝曾祖幸所招引河東民爲州裁千餘家後相依合至於罷入冀州積三十年析別有數萬戶故高祖比校天下民戶最爲大州彝爲黃門每侍坐以爲言高祖謂之曰終當以卿爲刺史酬先世誠效彝追高祖往旨累乞本州朝議未許彝亡後靈太后云彝屢乞冀州吾欲用之有人違我此意若從其請或不至是悔之無及乃贈使持節衞將軍冀州刺史謚文侯

始均字子衡端潔好學有文才司徒行參軍遷著作佐郎世宗以彝先朝勳舊不幸疹廢特除始均長兼左民郎中遷員外常侍仍領郎始均才幹有美於父改陳壽魏志爲編年之體廣益異聞爲三十卷又著冠帶錄及諸賦數十篇今並亡失初大乘賊起於冀瀛之間遣都督元遙討平之多所殺戮積尸數萬始均以郎中爲行臺忿軍士重以首級爲功乃令檢集人首數千一時焚爇至於灰燼用息僥倖見者莫不傷心及始均之死也始末在於烟炭之間有燋爛之痛論者或亦推咎焉贈樂陵太守謚曰孝

子暠襲祖爵武定中開府主簿齊受禪爵例降

暠弟晏之武定中儀同開府中兵參軍

仲瑀司空祭酒給事中

子台儀同開府參軍事

仲瑀弟珉著作佐郎

史臣曰郭祚才幹敏實有世務之長高祖經綸之始獨在勤勞之地居官任事動靜稱述張彝風力謇謇有王臣之氣銜命擁旄風聲猶在並魏氏器能之臣乎遭隨有命俱嬰世禍悲哉始均才志未申惜也

魏書卷六十四考證

張彝傳大起第宅徵號華侈頗侮其疎宗舊戚○徵北史作微

魏書卷六十五

齊　魏收　撰

列傳第五十三

邢巒　李平

邢巒字洪賓河間鄚人也五世祖嘏石勒頻徵不至嘏無子巒高祖蓋自旁宗入後蓋孫穎字宗敬以才學知名世祖時與范陽盧玄渤海高允等同時被徵後拜中書侍郎假通直常侍寧朔將軍平城子銜命使於劉義隆後以病還鄉里久之世祖訪穎於羣臣曰往憶邢穎長者有學義宜侍講東宮今其人安在司徒崔浩對曰穎臥疾在家世祖遣太醫馳驛就療卒贈冠軍將軍定州刺史謚曰康子脩年卽巒父也州主簿巒少而好學負帙尋師家貧厲節遂博覽書傳有文才幹略美鬚髯姿貌甚偉州郡表貢拜中書博士遷員外散騎侍郎爲高祖所知賞兼員外散騎常侍使於蕭賾還拜通直郎轉中書侍郎甚見顧遇常參座席高祖因行藥至司空府南見巒宅遣使謂巒曰朝行藥至此見卿宅乃住東望德館情有依然巒對曰陛下移構中京方建無窮之業臣意在與魏昇降寧容不務永年之宅高祖謂司空穆亮僕射李沖曰巒之此言其意不小有司奏策秀孝詔曰秀孝殊問經權異策邢巒才清可令策秀後兼黃門郎從征漢北巒在新野後至高祖曰伯玉天迷其心鬼惑其慮守危邦固逆主乃至如此巒曰新野既摧衆城悉潰唯有伯玉不識危機平殄之辰事在旦夕高祖曰至此以來雖未擒滅城隍已崩想在不遠所以緩攻者正待中書爲露布耳尋除正黃門兼御史中尉瀛州大中正遷散騎常侍兼尚書世宗初巒奏曰臣聞昔者明王之以德治天下莫不重粟帛輕金寶然粟帛安國育民之方金玉是虛華損德之物故先皇深觀古今去諸奢侈服御尚質不貴雕鏤所珍在素不務奇綺至乃以紙絹爲帳扆銅鐵爲轡勒訓朝廷以節儉示百姓以憂務日夜孜孜小大必愼輕賤珠璣示其無設府藏之金裁給而已更不買積以費國資逮景明之初承升平之業四疆清晏遠邇來同於是蕃貢繼路商賈交入諸所獻貿倍多於常雖加以節約猶歲損萬計珍貨常有餘國用恒不足若不裁其分限便恐無以支歲自今非爲要須者請皆不受世宗從之尋正尚書常侍如故蕭衍梁秦二州行事夏侯道遷以漢中內附詔加巒使持節都督征梁漢諸軍事假鎭西將軍進退徵攝得以便宜從事巒至漢中白馬以西猶未歸順巒遣寧遠將軍

楊舉統軍楊衆愛氾洪雅等領卒六千討之軍鋒所臨賊皆款附唯補谷戍主何法靜據城拒守懸等進師討之法靜奔潰乘勝追奔至關城之下蕭衍龍驤將軍關城流雜疑李侍叔逆以城降蕭衍輔國將軍任僧幼等三十餘將率南安廣長東洛大寒武始除口平溪桶谷諸郡之民七千餘戶相繼而至蕭衍平西將軍李天賜晉壽太守王景胄等擁衆七千屯據石亭統軍韓多寶等率衆擊之破天賜前軍趙臘擒斬一千三百遣統軍李義珍討晉壽景胄宵遁遂平之詔曰巒至彼須有板官以懷初附高下品第可依征義陽都督之格也拜巒使持節安西將軍梁秦二州刺史蕭衍巴西太守龐景民恃遠不降巒遣巴州刺史嚴玄思往攻之斬景民巴西悉平蕭衍遣其冠軍將軍孔陵等率衆二萬屯據深坑冠軍將軍魯方達固南安冠軍將軍任僧褒輔國將軍李畎戍石同巒統軍王足所在擊破之梟衍輔國將軍樂保明寧朔將軍李伯度龍驤將軍李思賢賊遂保回車柵足又進擊衍輔國將軍范峻自餘斬獲殆將萬數孔陵等收集遺衆奔保梓潼足又破之斬衍輔國將軍符伯度其殺傷投溺者萬有餘人開地定民東西七百南北千里獲郡十四二部護軍及諸縣戍遂逼涪城巒表曰揚州成都相去萬里陸途既絕唯資水路蕭衍兄子淵藻去年四月十三日發揚州今歲四月四日至蜀水軍西上非周年不達外無軍援一可圖也益州頃經劉季連反叛鄧元起攻圍資儲散盡倉庫空竭今猶未復兼民人喪膽無復固守之意二可圖也蕭淵藻是羣劇少年未洽治務及至益州便戮鄧元超曹亮宗臨戎斬將則是駕馭失方范國惠津渠退敗鎖執在獄今之所任並非宿將重名皆是左右少年而已既不厭民望多行殘暴民心離解三可圖也蜀之所恃唯劍閣今既剋南安已奪其險據彼界內三分已一從南安向涪方軌任意前軍累破後衆喪魂四可圖也昔劉禪據一國之地姜維爲佐鄧艾既出綿竹彼即投降及苻堅之世楊安朱彤三月取漢中四月至涪城兵未及州仲孫逃命桓溫西征不旬月而平蜀地昔來恒多不守況淵藻是蕭衍兄子骨肉至親若其逃亡當無死理脫軍剋涪城淵藻復何宜城中坐而受困若其出鬬庸蜀之卒唯便刀稍弓箭至少假有遥射弗至傷人五可圖也臣聞乘機而動武之善經攻昧侮亡春秋明義未有捨千載而康時不征伐而混一伏惟陛下纂武文之業當必世之期跨中州之饒兼甲兵之盛清蕩天區在於今矣是以踐極之初壽春馳款先歲命將義陽剋闢淮外謐以風清荆沔於焉肅晏方欲偃甲息兵候機而動而天贊休明時來斯速雖欲靖戎理不獲已至使道遷歸誠漢境佇拔臣以不才屬當戎寄內省文吏不以軍謀自許指臨漢中惟規保疆守界事屬艱途東西寇竊上憑國威下仗將士邊帥用命頻有薄捷藉勢乘威經度大劍既剋南安據彼要險前軍長邁已至梓潼新化之民翕然懷惠瞻望涪益旦夕可屠正以兵少糧匱未宜前出爲爾稽緩懼失民心則更爲寇今若不取後圖便難輒率愚管庶幾殄剋如其無功分受憲坐且益州殷實戶餘十萬比壽春義陽三倍非匹可乘可利實在于茲若朝廷志存保民未欲經略臣之在此便爲無事乞歸侍養微展烏鳥詔曰若賊敢闞關觀機翦撲如其無也則安民保境以悅邊心子蜀之舉更聽後勑方將席卷岷蜀電掃西南何得辭以戀親中途告退宜勖令圖務申高略巒又表曰昔鄧艾鍾會率十八萬衆傾中國資給裁得平蜀所以然者鬬實力故也況臣才絕古人智勇又闕復何宜請二萬之衆而希平蜀所以敢者正以據得要險士民慕義此往則易彼來則難任力而行理有可剋今王足前進已逼涪城脫得涪城則益州便是成擒之物但得之有早晚耳且梓潼已附民戶數萬朝廷豈得不守之也若守也直保境之兵則已一萬臣今請二萬五千所增無幾又劍閣天險古來所稱張載銘云世亂則逆世清斯順此之一言良可惜矣臣誠知征戎危事不易可爲自軍度劍閣以來鬢髮中白憂慮戰懼寧可一日爲心所以勉強者既得此地而自退不守恐辜先皇之恩遇負陛下之爵祿是以孜孜頻有陳請且臣之意算正欲先圖涪城以漸而進若剋涪城便是中分益州之地斷水陸之衝彼外無援軍孤城自守復何能持久哉臣今欲使軍軍相次聲勢連接先作萬全之計然後圖彼得之則大剋不得則自全又巴西南鄭相離一千四百去州迢遞恒多生動昔在南之日以其統綰勢難故增立巴州鎮靜夷獠梁州藉利因而表罷彼土民望嚴蒲何楊非唯五三族落雖在山居而多有豪右文學箋啓往往可觀冠帶風流亦爲不少但以去州既遠不能仕進至於州綱無由厠迹巴境民豪便是無梁州之分是以鬱怏多生動靜比建議之始嚴玄思自號巴州刺史剋城以來仍使行事巴西廣袤一千戶餘四萬若彼立州鎮攝華獠則大帖民情從墊江已還不復勞征自爲國有世宗不從又王足於涪城輒還遂不定蜀巒既剋巴西遣軍主李仲遷守之仲遷得蕭衍將張法養女有美色甚惑之散費兵儲專心酒色公事諮承無能見者巒忿之切齒仲遷懼謀叛城人斬其首以城降衍將譙希遠巴西遂沒武興氐楊集起等反叛巒遣統軍傅豎眼討平之語在豎眼傳巒之初至漢中從容風雅接豪右以禮撫細民以惠歲餘之後頗因百姓去就誅滅齊民籍爲奴婢者二百餘口兼商販聚斂清論鄙之徵授度支尚書時蕭衍遣兵侵軼徐兗緣邊鎮戍相繼陷沒朝廷憂之乃以巒爲使持節都督東討諸軍事安東將軍尚書如故世宗勞遣巒於東堂曰蕭衍寇邊旬朔滋甚諸軍舛互規致連戍陷沒宋魯之民尤罹湯炭誠知將軍旋京未久膝下難違然東南之寄非將軍莫可將軍其勉建殊績以稱朕懷自古忠臣亦非無孝也巒對曰賊雖送死連城犬羊衆盛然逆順理殊滅當無遠況臣仗陛下之神算奉律以摧之平殄之期可指辰而待願陛下勿以東南爲慮世宗曰漢祖有云金吾擊郾吾無憂矣今將軍董戎朕何慮哉先是蕭衍輔國將軍蕭及先率衆二萬寇陷固城冠軍將軍魯顯文驍騎將軍相文玉等率衆一萬屯於孤山衍將角念等率衆一萬擾亂龜蒙土民從逆十室而五巒遣統軍樊魯討文玉別將元恒攻固城統軍畢祖朽討角念樊魯大破文玉等追奔八十餘里斬首四千餘級元恒又破固城畢祖朽復破念等兗州悉平巒破賊將藍懷恭於睢口進圍宿豫而懷恭等復於淮南造城規斷水陸之路巒身率諸軍自水南而進遣平南將軍楊大眼從北逼之統軍劉思祖等夾水造筏燒其船舫衆軍齊進拔柵填塹登其城火起中流四面俱擊仍陷賊城俘斬數萬在陳別斬懷恭擒其列侯列將直閤直後三十餘人俘斬一萬宿豫既平蕭昞亦於淮陽退走二戍獲米四十餘萬石世宗賜巒璽書曰知大龕醜虜威振賊庭淮外霧披徐方卷蕩王略遠恢混一維始公私慶泰何快如之賊衍此舉實爲傾國比者宿豫陷歿淮陽嬰城凶狡偷張規抗王旅將軍忠規協著火烈霜摧電動岱陰風掃沂嶧遂令逋誅之寇一朝殲夷元鯨大憝千里折首殊勳茂捷自古莫二但揚區未安餘燼宜盪乘勝掎角勢不可遺便可率厲三軍因時經略申威東南清彼江介忘此仍勞用圖永逸進退規度委之高算又詔巒曰淮陽宿豫雖已清復梁城之賊猶敢聚結事宜乘勝并勢摧殄可率二萬之衆渡淮與征南掎角以圖進取之計及梁城賊走中山王英乘勝攻鍾離又詔巒帥衆會之巒表曰奉彼詔旨令臣濟淮與征南掎角乘勝長驅實是其會但愚懷所量竊有未盡夫圖南因於積風伐國在於資給用兵治戎須先計校非可抑爲必闕幸其無能若欲掠地誅民必應萬勝如欲攻城取邑未見其果得之則所益未幾不獲則虧損必大蕭衍傾竭江東爲今歲之舉疲兵喪衆大敗而還君臣失計取笑天下雖野戰非人敵守城足有餘今雖攻之未易可剋又廣陵懸遠去江四十里鍾離淮陰介在淮外假其歸順而來猶恐無糧艱守況加攻討勞兵士乎且征南軍士從戎二時疲倦死病量可知已雖有乘勝之資懼無遠用之力若臣之愚見謂宜修復舊戍牢實邊方息養中州擬之後舉又江東之釁不患久無畜力待機謂爲勝計詔曰濟淮掎角事如前勑何容猶爾盤桓方有此請可速進軍經略之宜聽征南至要巒又表曰蕭衍侵境久勞王師今者奔走實除邊患斯由靈贊皇魏天敗寇豎非臣等弱劣所能剋勝若臣之愚見今正宜修復邊鎮俟之後動且蕭衍尚在凶身未除螳蜋之志何能自息唯應廣備以待其來實不宜勞師遠入自取疲困今中山進軍鍾離實所未解若能爲得失之計不顧萬全直襲廣陵入其內地出其不備或未可知正欲屯兵蕭密餘軍猶自在彼欲言無糧運船復至而欲以八十日糧圖城者臣未之前聞且廣陵任城可爲前戒豈容今者復欲同之今若往也彼牢城自守不與人戰城塹水深非可填塞空坐至春則士自敝苦遣臣赴彼糧何以致夏來之兵不齎冬服脫遇氷雪取濟何方臣寧荷怯懦不進之責不受敗損空行之罪鍾離天險朝貴所具若有內應則所不知如其無也必無剋狀若其不復其辱如何若信臣言也願賜臣停若謂臣難行求回臣所領兵統悉付中山任其處分臣求單騎隨逐東西且俗諺云耕則問田奴絹則問織婢臣雖不武忝備征將前宜可否頗實知之臣既謂難何容強遣詔曰安東頻請罷軍遲回未往阻異戎規殊乖至望士馬既殷無容停積宜務神速東西齊契乘勝掃殄以赴機會巒累表求還世宗許之英果敗退時人伏其識略初侍中盧昶與巒不平昶與元暉俱世宗所寵御史中尉崔亮昶之黨也昶暉令亮糾巒事成許言於世宗以亮爲侍中亮於是奏劾巒在漢中掠良人爲奴婢巒懼爲昶等所陷乃以漢中所得巴西太守龐景民女化生等二十餘口與暉化生等數人奇色也暉大悅乃背昶爲巒言於世宗云巒新有大功已經赦宥不宜方爲此獄也世宗

納之高肇以巒有剋敵之效而爲昶等所排助巒申釋故得不坐豫州城民白早生殺刺史司馬悅以城南入蕭衍遣其冠軍將軍齊苟仁率衆入據懸瓠詔巒持節率羽林精騎以討之封平舒縣開國伯食邑五百戶賞宿豫之功也世宗臨東堂勞遣巒曰司馬悅不愼重門之戒智不足以謀身匪直喪元隸賢乃大虧王略懸瓠密邇近畿東南藩捍兼云（闕）公在彼憂慮尤深早生理不獨立必遠引吳楚士民同惡勢或交兵卿文昭武烈朝之南仲故令卿星言電邁出其不意卿言早生走也守也何時可以平之巒對曰早生非有深謀大智能構成此也但因司馬悅虐於百姓乘衆怒而爲之民爲凶威所懾不得已而苟附假蕭衍軍入應水路不通糧運不繼亦成擒耳不能爲害也早生得衍軍之援溺於利欲之情必守而不走今王師若臨士民必翻然歸順圍之窮城奔走路絕不度此年必傳首京師願陛下不足垂慮世宗笑曰卿言何其壯哉深會朕遣卿之意知卿親老頗勞於外然忠孝不俱才宜救世不得辭也於是巒率騎八百倍道兼行五日次於鮑口賊遣大將軍胡孝智率衆七千去城二百逆來拒戰巒擊破孝智乘勝長驅至於懸瓠賊出城逆戰又大破之因卽渡汝旣而大兵繼至遂長圍之詔加巒使持節假鎮南將軍都督南討諸軍事征南將軍中山王英南討三關亦次於懸瓠以後軍未至前寇稍多憚不敢進乃與巒分兵掎角攻之衍將齊苟仁等二十一人開門出降卽斬早生等同惡數十人豫州平巒振旅還京師世宗臨東堂勞之曰卿役不踰時剋清妖醜鴻勳碩美可謂無愧古人巒對曰此自陛下聖略威靈英等將士之力臣何功之有世宗笑曰卿匪直一月三捷所足稱奇乃存士伯欲功成而不處巒自宿豫大捷及平懸瓠志行修正不復以財賄爲懷戎資軍實絲毫無犯遷殿中尚書加撫軍將軍延昌三年暴疾卒年五十一巒才兼文武朝野瞻望上下悼惜之詔賻帛四百匹朝衣一襲贈車騎大將軍瀛州刺史初世宗欲贈冀州黃門甄琛以巒前曾劾巳乃云瀛州巒之本邦人情所欲乃從之及琛爲詔乃云優贈車騎將軍瀛州刺史議者笑琛淺薄諡曰文定

子遜字子言貌雖陋短頗有風氣解褐司徒行參軍襲爵後遷國子博士本州中正因謁靈太后自陳功名之子久抱沉屈臣父屢爲大將而臣身無軍功階級臣父唯爲忠臣不爲慈父靈太后慨然以遜爲長兼吏部郎中出爲安遠將軍平州刺史時北蕃多難稽留不進免孝莊初除輔國將軍通直散騎常侍東道軍司討逆賊劉舉於濮陽不剋還除散騎常侍加前將軍永安二年坐受任元顥除名尋除撫軍將軍金紫光祿大夫出帝時轉衞將軍右光祿大夫孝靜初以本官領嘗藥典御加車騎將軍久之除大司農卿與少卿馬慶哲至相糾訟遜銳於財利議者鄙之武定四年卒年五十六贈本將軍光祿勳卿幽州刺史

子祖微開府祭酒父喪未終謀反伏法

巒弟儒瀛州鎮遠府長史給事中

儒弟偉尚書郎中卒贈博陵太守子昕在文苑傳

偉弟季彥

季彥弟晏字幼平美風儀博涉經史善談釋老雅好文詠起家太學博士司徒東閤祭酒世宗初爲與廣平王懷遊晏左遷鄭縣令未之官除給事中遷司空主簿本州中正汝南王文學稍遷輔國將軍司空長史兼吏部郎中以本將軍出爲南兗州刺史徵爲太中大夫兼丞相高陽王右長史尋以本將軍除滄州刺史爲政清靜吏民安之孝昌中卒時年五十一贈征北將軍尚書左僕射瀛州刺史諡曰文貞晏篤於義讓初爲南兗州刺史例得一子解褐乃啓其孤弟子子愼年甫十二而其子巳弱冠矣後爲滄州復啓孤兄子昕爲府主簿而其子並未從宦世人以此多之

子測武定末太子洗馬

測弟亢字子高頗有文學釋褐司空行參軍遷廣平王開府從事中郎兼通直散騎常侍使於蕭衍時年二十八還除平東將軍齊文襄王大將軍府屬又轉中外府屬武定七年坐事死於晉陽年三十四

巒叔祖祐字宗祐少有學尚知名於時徵除著作郎領樂良王傅後假員外散騎常侍使於劉彧以將命之勤除建威將軍平原太守賜爵城平男政清刑肅百姓安之卒年七十三

子產字神寶好學善屬文少時作孤蓬賦爲時所稱舉秀才除著作佐郎假員外常侍鄭縣子使於蕭賾產仍世將命時人美之後遷中書侍郎俄遷太子中庶子卒年四十六朝廷嗟惜焉贈建威將軍平州刺史樂城子諡曰定

祐從子虬字神虎少爲三禮鄭氏學明經有文思舉秀才上第爲中書議郎尚書殿中郎高祖因公事與語問朝覲宴饗之禮虬以禮對大合上旨轉司徒屬國子博士高祖崩尚書令王肅多用新儀虬往往折以五經正禮轉尚書右丞徙左丞多所糾正臺閣肅然時鴈門人有害母者八座奏轘之而豬其室宥其二子虬駮奏云君親無將將而必誅今謀逆者戮及期親害親者今不及子旣逆甚梟獍禽獸之不若而使禋祀不絕遺育永傳非所以勸忠孝之道存三綱之義若聖敎含容不加孥戮使父子罪不相及惡止於其身不則宜投之四裔勑所在不聽配匹盤庚言無令易種於新邑漢法五月食梟羹皆欲絕其類也奏入世宗從之尋除司徒右長史遷龍驤將軍光祿少卿虬母在鄉遇患請假歸値秋水暴長河梁破絕虬得一小船而渡漏而不沒時人異之母喪哀毀過禮爲時所稱年四十九卒贈征虜將軍幽州刺史諡曰威虬善與人交清河崔亮頓丘李平並與親善所作碑頌雜筆三十餘篇有二子

長子臧在文苑傳

臧弟子才武定末太常卿

虬從子策亦有才學卒於齊王儀同開府主簿

李平字曇定頓丘人也彭城王嶷之長子少有大度及長涉獵羣書好禮易頗有文才太和初拜通直散騎侍郎高祖禮之甚重頻經大憂居喪以孝稱後以例降襲爵彭城公拜太子中舍人遷散騎侍郎舍人如故遷太子中庶子平因侍從容請自效一郡高祖曰卿復欲以吏事自試也拜長樂太守政務清靜吏民懷之車駕南伐以平兼冀州儀同開府長史甚著聲稱仍除正長史太守如故未幾遂行河南尹豪右權貴憚之世宗卽位除黃門郎遷司徒左長史行尹如故尋以稱職正尹長史如故車駕將幸鄴平上表諫曰伏見巳丑詔書雲軒鑾輅行幸有期鳳服龍驂剋駕近日將欲講武淇陽大習鄴魏馳驌騄於綠竹之區騁驊驥於漳滏之壤斯誠幽顯同忻人靈共悅臣之愚管竊有惑焉何者嵩京創構洛邑俶營雖年跨十稔根基未就代民至洛始欲向盡資產罄於遷移牛畜斃於輦運陵太行之險越長津之難辛勤備經得達京闕富者猶損太半貧者可以意知兼歷歲從戎不遑啓處自景明巳來差得休息事農者未積二年之儲築室者裁有數間之屋莫不肆力伊瀍人急其務是宜安靜新人勸其稼穡令國有九年之糧家有水旱之備若乘之以羈紲則所廢多矣一夫從役舉家失業今復秋稼盈田禾菽遍野鑾駕所幸騰踐必殷未若端拱中天坐招四海耀武崧原禮射伊洛士馬無跋涉之勞兆民有康哉之詠可不美歟不從詔以本官行相州事世宗至鄴親幸平第見其諸子尋正刺史加征虜將軍平勸課農桑修飾太學簡試通儒以充博士選五郡聰敏者以敎之圖孔子及七十二子於堂親爲立讚前來臺使頗好侵取平乃畫履虎尾踐薄冰於客館注頌其下以示誡焉加平東將軍徵拜長兼度支尚書尋正尚書領御史中尉冀北刺史京兆王愉反於信都以平爲使持節都督北討諸軍事鎮北將軍行冀州事以討之世宗臨式乾殿勞遣平曰愉朕之元弟居不疑之地豺狼之心不意而發欲上傾社稷下殘萬姓大義滅親夫豈獲止周公行之於古朕亦當行之於今委卿以專征之任必令應期摧殄務盡經略之規勿虧推轂之寄也何圖今日言及斯事因歔欷流涕平對曰臣愉天逃其心構此梟悖陛下不以臣不武委以總督之任今大宥旣敷便應有征無戰脫守逃不悟者當仰憑天威抑厲將士譬猶太陽之消微露巨海之蕩熒燭天時人事滅在昭然如其稽顙軍門則送之大理若不悛待戮則鳴鼓釁鍾非陛下之事平進次經縣諸軍大集夜有蠻兵數千斫平前壘矢及平帳平堅臥不動俄而乃定遂至冀州城南十六里賊攻圍濟州軍拔柵塡塹未滿者數尺諸將合戰無利而還憚於更進平親入行間勸以重賞士卒乃前大破逆衆愉時墜馬乃有一人下馬授愉止而鬭死乘勝逐北至於城門斬首數萬級遂圍城燒門愉與百餘騎突門出走遣統軍叔孫頭追之去信都八十里擒愉冀州平世宗遣兼給事黃門侍郎秘書丞元梵宣旨慰勞徵還京師以本官領相州大中正平先爲尚書令高肇侍御史王顯所恨後顯代平爲中尉平加散騎常侍顯劾平在冀州隱截官口肇又扶成其狀奏除平名延昌初詔復官爵除其定冀之勳前來良賤之訟多有積年不決平奏不問眞僞一以景明年前爲限於是爭訟止息武川鎮民飢鎮將任款請貸未許擅開倉賑恤有司繩以費散之條免其官爵平奏款意在濟人心無不善世宗原之遷中書令尚書如故肅宗初轉吏部尚書加撫軍將軍平高明彊濟所在有聲但以性急爲累尚書令任城王澄奏理平定冀之勳請酬以山河之賞靈太后乃封武邑郡開國公食邑一千五百戶縑二千五百疋先是蕭衍遣其左游擊將軍趙祖悅偷據西硤石衆至數萬以逼壽春鎮南軍大將軍兼尚書右僕射爲行臺節度諸軍東西州將一以稟之如有乖異以軍法從事詔平長子奬以通直郎從賜平縑帛百段紫納金裝衫甲一領賜奬縑布六

十段絳衲襖一領父子重列拜受家庭觀者榮之於是率步騎二千以赴壽春平巡視硤石內外知其盈虛之所嚴勒崇亮令水陸兼備剋期齊舉崇亮憚之無敢乖互頻日交戰屢破賊軍安南將軍崔延伯立橋於下蔡以拒賊之援軍賊將王神念昌義之等不得進救祖悅守死窮城平乃部分攻之令崔亮督陸卒攻其城西李崇勒水軍擊其東面然後鼓噪南北俱上賊衆周章東西赴戰居賊外城賊之將士相率歸附祖悅率其餘衆固保南城通夜攻守至明乃降斬祖悅送首於洛俘獲甚衆以功還尚書右僕射加散騎常侍將軍如故平還京師靈太后見於宣光殿賜以金裝刀杖一口時南徐州表云蕭衍堰淮水爲患詔公卿議之平以爲不假兵力終自毀壞及淮堰破靈太后大悅引羣臣入宴勑平前鳴簫管肅宗手賜縑布百段熙平元年冬卒遺令薄葬詔給東園祕器朝服一具衣一襲帛七百疋靈太后爲舉哀於東堂贈侍中驃騎大將軍儀同三司冀州刺史謚文烈公平自在度支至於端副夙夜在公孜孜匪懈凡處機密十有餘年有獻替之稱所製詩賦箴誄詠頌別有集錄

平長子奬字遵穆襲容貌魁偉有當世才度自太尉參軍事稍遷通直郎中書侍郎直閤將軍吏部郎中征虜將軍遷安東將軍光祿大夫仍吏部郎中又以本官兼尚書出爲撫軍將軍相州刺史初元乂擅朝奬爲其親待頻居顯要靈太后反政削除官爵孝莊初爲散騎常侍鎮東將軍河南尹奬前後所歷皆以明濟著稱元顥入洛顥以奬兼尚書右僕射慰勞徐州羽林及城人不承顥旨害奬傳首洛陽出帝時奬故吏通直散騎常侍宋游道上書理奬曰臣聞賞善罰惡謂之二機有道存焉所貴不濫是以子胥無罪吳人痛之郄宛不幸國言未息故河南尹李奬門居戚里世擅名家有此良才是兼周用自少及長忠孝爲心入朝出牧清明流譽襟懷放暢風神爽發賓廊廟之瑚璉社稷之楨幹往歲北海竊據負扆當朝王公卿士俛眉從事而奬闔門百口同居京洛既被羈縶自拔無由託使東南情存避難當時物論謂其得所然北海未敗之日徐州刺史元孚爲其純臣莫之敢距表啓相望遲速唯命及皇輿返正神器斯復輕薄之徒共生僥倖詭言要賞曲道求通濫及善人稱爲己力若以奬受命賊朝語跡成罪便與天下共當此責于時朝旨唯命免官亦既經恩方加酷濫伊昔具臣比肩賊所身臨河上日尋干戈時逢寬政任遇不改一介使人獨嬰斯戮凡在有心孰不嗟悼前朝所以論功者見其邊人且相慰悅其有郭黙生亂劉胤懸首事乃權宜蓋非實錄昔鄧艾下世段灼理其冤馬援物故朱勃申其屈臣雖小人趣事君子有懷舊恩義兼人故見其若此久欲陳辭含言未吐遂至今日幽泉已閉壟樹成行內手捫心顧懷愧慨幸逢興聖理運唯新雖日纂戎事同創革頻有大恩被於率土亡官失爵者悉蒙追復而奬雜木猶存牛車未改士感知己懷此無忘輕率瞽言干犯輦轂伏願天鑒賜垂矜覽加其贈秩慰此幽魂詔贈衛將軍冀州刺史

子構襲武定末太子中舍人齊受禪爵例降

構弟訓太尉黙曹參軍

奬弟諧字虔和風流閑潤博學有文辯當時才俊咸相欽賞受父前爵彭城侯自太尉參軍歷尚書郎徐州北海王顥撫軍府司馬入爲長兼中書侍郎崔光引爲兼著作郎諧在史職無所歷意加輔國將軍相州大中正光祿大夫除金紫光祿大夫加衛將軍元顥入洛以爲給事黃門侍郎顥敗除名乃爲述身賦曰夫休咎相躡禍福相生龜筮逃其兆聖達蔽其萌覽成敗於前迹料趣捨於人情咸爭途以走利罕外已以逃名連從車以載禍多廐馬以取刑豈知夫一介獨往乃千乘所不能傾伊薄躬之悔吝無性命之淑靈藉休庸於祖武仰餘烈於家聲徒從師以下學乏遊道於上京洎方年之四五實始筮之弱齡爰釋巾而從吏謬邀寵於時明彼［闕字］之赫赫乃陋周而小漢帝文篤其成功我武治其未亂掩四輿而同軌穆三辰而貞觀威北暢而武戢鼎南遷而文煥異人相趨於絳闕鴻生接武於儒館總羣雅而同歸果方員而殊貫伊濫吹之所從初竊服於宰旅奉盛王之高義遊兔園而容與綴鴻鷺之末行連英髦之茂序及伯舅之西伐赫靈旗之東舉復奉役於前驅仍執羈於後距迫玄冬之暮歲歷關山之遐阻風激沙而破石雪浮河而漫野樂在志其無端悲涉物而多緒俄宮車之晏駕改乘轅而歸予屬推恩之在今自傍枝而纂福既獻［闕字］以命宗叨微躬於侯服禮空文於覲饗賦無征於湯沐思守位而匪懈每屏居而自肅忽忝命於建禮遊丹綺之重複信茲選之爲難乃上應於列宿陽源猶且自免何稱仲治與太叔余生［闕字］之薰散本寓名而爲仕好不存於吏法才實踈於政理竟火燭之不事徒博弈其賢已竊自託於諸生頗馳騁於文史通人假其餘論士林察於［闕字］理乃妄涉於風流遂飾輩於士子且以自託［闕四字］雖遁偃塵滓而賞許雲霞樓閣虛以築館背城闕而爲家帶二學之高宇遶三市之狹邪事雖儉而未陋製有度而不奢山隱勢於複石水回流於激沙樹先春而動色草迎歲而發花座有清談之客門交好事之車或林嬉於月夜或水宴於景斜肆雕章之腴旨咀文藝之英華羞綠芰與丹藕薦朱李及甘瓜雖慙洛水之名致有類金谷之諠譁聊自足於所好豈留連於或號思炯戒而自反曷身名於所蹈奉哲后之淵猷讚崇麾於華奧豈干乘之乏使感一眄之相勞竟不留於三月因病滿而休告彼東觀之清華乃任隆於載筆蔡一去而貽恨張再選而有述忽牽短而濫官司惇史於藏室慙班子之繁麗徵馬生之簡實復通籍而延寵陪帝扃之華密信儀鳳之所棲乃緣文之自出歷五載而徘徊猶官命之不改謝能飛於無翼故同滯於有待晚加秩於戎章乃［闕字］號之斯在屬運道之將季諒冠履之無碍奄昇御於鼎湖忽流哀於四海昔漢命之中微皇統於是三絕暨孝昌之陵陂亦繼［闕字］而禍結將小雅之詩廢復三綱之道滅思蹈蹐於時昏獨沉吟於運閉遂退處於窮里不外交於人世及數反於中興驅時雄而電逝既藉取亂之權方乘轉圓之勢俄隙開而守廢遂冠冕之毀裂彼膏原而塗野嗟衛肝與稽血何古今之一揆每治少而亂多盧遁身於東掖荀竄迹於南羅時獲逃於［闕字］阜仍竄宿於巖阿首丘急於明發東路長其如何遂登舟而鼓栧乃沿洛而汎河鶩寸陰於不測競征鳥於歸波時在所而放命連百萬於山東何信都之巨猾若封豕與大風肆吞噬於觜距咸邑燼而野空徑黎陽之寇聚迫崖壘之颯隆躁通川而鼎沸矢交射於舟中備百罹於茲日諒陳蔡之非窮乘虎口而獲濟陵陽侯而迅往得投憩於濮陽實陶衛之舊壤望鄉村而佇立曾不遙之河廣聞虜馬之夕嘶見胡塵之晝上王略恢而廟勝車徒發而雷響扇風師之猛氣張大畢之層網裁一鼓而冰銷俄氛祲之廓蕩昔蘧生之出奔覩亡徵於亂政及季子之來反乃君立而位定伊吾人之蕞爾本無俟於衰盛忻草茅而偃伏且優遊於寂慶復推斥於宦流延光華於璽命甫聞內侍之忝復奉優加之令何金紫之陸離鬱貂玉之相映時權定之云初尚民心之易擾何建武之明傑茂雄姿於天表忽璽命之有歸藉親均而爭紹師出楚而飆發旆陵江而雲矯闢閶闔之崢嶸端冕旒於億兆神駕逝以流越翠華飆而繚繞荷命舛而數違雖功深而祚夭時難忽然已及網羅周其四張非五三之親罹罕徇節於漢陽彼百寮之冠帶咸北面於西王矧愚疎而任遠固身存而義亡及宸居之反正振天網於頹綱甄大義以明罰虛半列於周行乃褫帶而來反驅下澤於故鄉探宿志以內求撫身途而自計不詭遇以邀合豈釣名以干世獨浩然而任己同虛舟之不繫既未識其所以來亦豈知其所以逝於是得喪同遣忘懷自深遇物棲息觸地山林雖因西浮之迹何異東都之心願自託於魚鳥永得性於飛沉庶保此以獲沒不再罪於當今孝靜初遣母憂還鄉里徵爲魏尹將軍如故以禪制未終表辭朝議亦以爲優仍許其讓蕭衍求通和好朝廷盛選行人以諧兼散騎常侍爲聘使主諧至石頭蕭衍遣其主客郎范胥當接諧問胥曰主客在郎官幾時胥答曰我本訓冑虎門適復今任諧言國子博士不應左轉爲郎胥答曰特爲接應遠賓故權兼耳諧言屈已濟務誠得事宜由我一介行人令卿左轉胥答曰自顧菲薄不足對揚盛美豈敢言屈胥問曰今猶尚暖北間當小寒於此諧答曰地居陰陽之正寒暑適時不知多少胥曰所訪鄴下豈是測影之地諧答曰皆是皇居帝里相去不遠可得統而言之胥曰洛陽既稱盛美何事還鄴諧答曰不常厥邑于茲五邦王者無外所在關河復何所怪胥曰殷人否危故遷相耿貴朝何爲而遷諧答聖人藏往知來相時而動何必俟於隆替胥曰金陵王氣兆於先代黃旗紫蓋本出東南君臨萬邦故宜在此諧答曰帝王符命豈得與中國比隆紫蓋黃旗終於入洛無乃自害也有口之說乃是俳諧亦何足道蕭衍親問諧曰魏朝人士德行四科之徒凡有幾人諧對曰本朝多士義等如林文武賢才布在列位四科之美非無其人庸短造次無以備啓衍曰武王有亂臣十人魏雖人物之盛豈得頓如卿言諧曰愚謂周稱十人本無佐命至於濟濟多士實是文王之詩皇朝廊廟之才足與周人有競衍曰若爾文足摽異武有冠絕者便可指陳諧曰大丞相渤海王秉文經武左右皇極畫一九州懸衡四海錄尚書汝陽王元叔昭尚書令元世儁宗室之秀綰政朝端左僕射司馬子如右僕射高隆之並時譽民英戮力匡輔侍中高岳侍中孫騰勳賢忠亮宣贊王猷自餘才美不可具悉衍曰故宜輔弼幼主永固基業深不可言江南稱其才辯使還除大司農卿加驃騎將軍轉祕書監遇偏風廢頓武定二年卒年四十九時人悼惜之贈驃騎大將軍衛尉卿齊州刺史所著文集別有集錄行

於世

長子嶽武定末司徒祭酒

嶽弟庶尚書南主客郎

諧弟邕字修穆幼而儁爽有逸才著作佐郎高陽王雍友凡所交遊皆倍年儁秀才藻之美爲時所稱年二十五卒贈鎮遠將軍洛州刺史謚曰文

史臣曰邢巒以文武才策當軍國之任內參機揆外寄折衝其緯世之器歟李平以高明幹略劼智於時出入當官功名克著蓋贊務之英也

魏書卷六十五考證

邢巒傳河間鄚人也○鄚應作鄭史記趙世家注鄚屬涿郡觀本傳巒弟晏左遷鄚縣令巒叔祖祐子彥假員外常侍鄭縣子益可知其誤矣

子蜀之舉更聽後勑○子當作平

魏書卷六十六

齊 魏收 撰

列傳第五十四

李崇 崔亮

李崇字繼長小名繼伯頓丘人也文成元皇后第二兄誕之子年十四召拜主文中散襲爵陳留公鎮西大將軍高祖初爲大使巡察冀州尋以本官行梁州刺史時巴氐擾動詔崇以本將軍爲荆州刺史鎮上洛勑發陝秦二州兵送崇至治崇辭曰邊人失和本怨刺史奉詔代之自然易帖但須一宣詔旨而已不勞發兵自防使懷懼也高祖從之乃輕將數十騎馳到上洛宣詔綏慰當卽帖然尋勒邊戍掠得蕭賾人者悉令還之南人感德仍送荆州之口二百許人兩境交和無復烽燧之警在治四年甚有稱績召還京師賞賜隆厚以本將軍除兗州刺史兗土舊多劫盜崇乃村置一樓樓懸一鼓盜發之處雙槌亂擊四面諸村始聞者撾鼓一通次復聞者以二爲節次後聞者以三爲節各擊數千槌諸村聞鼓皆守要路是以盜發俄頃之間聲布百里之內其中險要悉有伏人盜竊始發便爾擒送諸州置樓懸鼓自崇始也後例降爲侯改授安東將軍車駕南征驃騎大將軍咸陽王禧都督左翼諸軍事詔崇以本官副焉徐州降人郭陸聚黨作逆人多應之搔擾南北崇遣高平人卜冀州詐稱犯罪逃亡歸陸陸納之以爲謀主數月冀州斬陸送之賊徒潰散入爲河南尹後車駕南討漢陽崇行梁州刺史氐楊靈珍遣弟婆羅與子雙領步騎萬餘襲破武興與蕭鸞相結詔崇爲使持節都督隴右諸軍事率衆數萬討之崇槎山分進出其不意表裏以襲羣氐皆棄靈珍散歸靈珍衆減大半崇進據赤土靈珍又遣從弟建率五千人屯龍門躬率精勇一萬據鷲硤龍門之北數十里中伐樹塞路鷲硤之口積大木聚礌石臨崖下之以拒官軍崇乃命統軍慕容拒率衆五千從他路夜襲龍門破之崇乃自攻靈珍靈珍連戰敗走俘其妻子崇多設疑兵襲剋武興蕭鸞梁州刺史陰廣宗遣參軍鄭猷王思考率衆援靈珍崇大破之幷斬婆羅首殺千餘人俘獲猷等靈珍走奔漢中高祖在南陽覽表大悅曰使朕無西顧之憂者李崇之功也以崇爲都督梁秦二州諸軍事本將軍梁州刺史高祖手詔曰今仇隴剋清鎮捍以德文人威惠既宣寔允遠寄故勑授梁州用寧邊服便可善思經略去其可除安其可育公私所患悉令芟夷及靈珍偸據白水崇擊破之靈珍遠遁世宗初徵爲右衛將軍兼七兵尚書尋加撫軍將軍正尚書轉左衛將軍相州大中正魯陽蠻柳北喜魯北燕等聚衆反叛諸蠻悉應之圍逼湖陽游擊將軍李[illegible]先鎮此城盡力捍禦賊勢甚盛詔以崇爲使持節都督征蠻諸軍事以討之蠻衆數萬屯據形要以拒官軍崇累戰破之斬北燕等徙萬餘戶於幽幷諸州世宗追賞平氐之功封魏昌縣開國伯邑五百戶東荆州蠻樊安聚衆於龍山僭稱大號蕭衍共爲脣齒遣兵應之諸將擊討不利乃以崇爲使持節散騎常侍都督征蠻諸軍事進號鎮南將軍率步騎以討之崇分遣諸將攻擊賊壘連戰剋捷生擒樊安進討西荆諸蠻悉降詔以崇爲使持節兼侍中東道大使黜陟能否著賞罰之稱轉中護軍出除散騎常侍征南將軍揚州刺史詔曰應敵制變算非一途救左擊右疾雷均勢今朐山蟻寇久結未殄賊衍狡詐或生詭劫宜遣銳兵備其不意崇可都督淮南諸軍事坐敦威重遙運聲算延昌初加侍中車騎將軍都督江西諸軍事刺史如故先是壽春縣人苟泰有子三歲遇賊亡失數年不知所在後見在同縣人趙奉伯家泰以狀告各言己子並有鄰證郡縣不能斷崇曰此易知耳令二父與兒各在別處禁經數旬然後遣人告之曰君兒遇患向已暴死有教解禁可出奔哀也苟泰聞卽號咷悲不自勝奉伯咨嗟而已殊無痛意崇察知之乃以兒還泰詰奉伯詐狀奉伯乃款引云先亡一子故妄認之又定州流人解慶賓兄弟坐事俱徙揚州弟思安背役亡歸慶賓懼後役追責規絕名貫乃認城外死尸詐稱其弟爲人所殺迎歸殯葬頗類思安見者莫辨又有女巫楊氏自云見鬼說思安被害之苦飢渴之意慶賓又誣疑同軍兵蘇顯甫李蓋等所殺經州訟之二人不勝楚毒各自款引獄將決竟崇疑而停之密遣二人非州內所識者僞從外來詣慶賓告曰僕住在此州去此三百比有一人見過寄宿夜中共語疑其有異便卽詰問迹其由緒乃云是流兵背役逃走姓解字思安時欲送官苦見求及稱有兄慶賓今住揚州相國城內嫂姓徐君脫矜愍爲往報告見申委曲家兄聞此必重相報所有資財當不愛惜今但見質若往不獲送官何晚是故相造指申此意君欲見雇幾何當放賢弟若其不信可見隨看之慶賓悵然失色求其少停當備財物此人具以報崇攝慶賓問曰爾弟逃亡何故妄認他尸慶賓伏引更問蓋等乃云自誣數日之間思安亦爲人縛送崇召女巫視之鞭笞一百崇斷獄精審皆此類也時有泉水湧於八公山頂壽春城中有魚無數從地湧出野鴨羣飛入城與鵲爭巢五月大霖雨十有三日大水入城屋宇皆沒崇與兵泊於城上水增未已乃乘船附於女牆城不沒者二板而已州府勸崇棄壽春保北山崇曰吾受國重恩忝守藩岳德薄招災致此大水淮南萬里繫於吾身一旦動腳百姓瓦解揚州之地恐非國物昔王尊慷慨義感黃河吾豈愛一軀取愧千載但憐茲士庶無辜同死可桴筏隨高人規自脫吾必死守此城幸諸君勿言時州人裴絢等受蕭衍假豫州刺史因乘大水謀欲爲亂崇皆擊滅之崇以洪水爲災請罪解任詔曰卿居藩累年威懷兼暢資儲豐溢足制勍寇然夏雨汎濫斯非人力何得以此辭解今水涸路通公私復業便可繕甲積糧修復城雉勞恤士庶務盡綏懷之略也崇又表請解州詔報不聽是時非崇則淮南不守矣崇沉深有將略寬厚善御衆在州凡經十年常養壯士數千人寇賊侵邊所向摧破號曰臥虎賊甚憚之蕭衍惡其久在淮南屢設反間無所不至世宗雅相委重衍無以措其姦謀衍乃授崇車騎大將軍開府儀同三司萬戶郡公諸子皆爲縣侯欲以搆崇崇表言其狀世宗屢賜璽書慰勉之賞賜珍異歲至五三親待無與爲比衍每歎息服世宗之能任崇也肅宗踐祚褒賜衣馬及蕭衍遣其遊擊將軍趙祖悅襲據西硤石更築外城逼徙緣淮之人於城內又遣二將昌義之王神念率水軍泝淮而上規取壽春田道龍寇邊城路長平寇五門胡興茂寇開霍揚州諸戍皆被寇逼崇分遣諸將與之相持密裝船艦二百餘艘教之水戰以待臺軍蕭衍霍州司馬田休等率衆寇建安崇遣統軍李神擊走之又命邊城戍主邵申賢要其走路破之於濡水俘斬三千餘人靈太后璽書勞勉許昌縣令兼紆麻戍主陳平玉南引衍軍以戍歸之崇自秋請援表至十餘詔遣鎮南將軍崔亮救硤石鎮東將軍蕭寶夤於衍堰上流決淮東注朝廷以諸將乖角不相順赴乃以尚書李平兼右僕射持節節度之崇遣李神乘鬬艦百餘艘沿淮與李平崔亮合攻硤石李神水軍剋其東北外城祖悅力屈乃降語在平傳朝廷嘉之進號驃騎將軍儀同三司刺史都督如故衍淮堰未破水勢日增崇乃於硤石戍間編舟爲橋北更立船樓十各高三丈十步置一籬至兩岸蕃板裝治四箱解合賊至舉用不戰解下又於樓船之北連覆大船東西竟水防賊火栰又於八公山之東南更起一城以備大水州人號曰魏昌城崇累表解州前後十餘上肅宗乃以元志代之尋除都督冀定瀛三州諸軍事驃騎大將軍冀州刺史儀同如故不行崇上表曰臣聞世室明堂顯於周夏二黌兩學盛自虞殷所以宗配上帝以著莫大之嚴宣布下土以彰則天之軌養黃髮以詢格言育靑襟而敷典式用能享國久長風徽萬祀者也故孔子稱巍巍乎其有成功郁郁乎其有文章此其盛矣爰暨亡秦政失其道坑儒滅學以蔽黔首國無黌序之風野有非時之役故九服分崩祚終二世炎漢勃興更修儒術文景已降禮樂復彰化致昇平治幾刑措故西京有六學之美東都有三本之盛莫不紛綸掩藹響流無已逮自魏晉撥亂相因兵革之中學校不絕遺文燦然方軌前代仰惟高祖孝文皇帝稟聖自天道鏡今古徙馭嵩河光宅函洛模唐虞以革軌儀規周漢以新品制列教序於鄉黨敦詩書於郡國使揖讓之禮橫被於崎嶇歌詠之音聲溢於仄陋但經始事殷戎軒屢駕未遑多就弓劒弗追世宗統曆聿遵先緒永平之中大興板築續以水旱戎馬生郊雖逮爲山還停一簣竊惟皇遷中縣垂二十祀而明堂禮樂之本乃鬱荆棘之林膠序德義之基空盈牧豎之跡城隍嚴固之重闕塼石之工墉堞顯望之要少樓

榭之飾加以風雨稍侵漸致虧墜又府寺初營頗亦壯美然一造至今更不修繕廳宇凋朽牆垣頹壞皆非所謂追隆堂構儀形萬國者也伏聞朝議以高祖大造區夏道侔姬文擬祀明堂式配上帝今若基宇不修仍同丘畎即使高皇神享闕於國陽宗事之典有聲無實此臣子所以匪寧億兆所以失望也臣又聞官方授能所以任事既任矣酬之以祿如此上無曠官之譏下絕尸素之謗今國子雖有學官之名而無教授之實何異兔絲燕麥南箕北斗哉昔劉向有言王者宜興辟雍陳禮樂以風化天下夫禮樂所以養人刑法所以殺人而有司勤勤請定刑法至於禮樂則曰未敢是則敢於殺人不敢於養人也臣以為當今四海清平九服寧宴經國要重理應先營脫復稽延則劉向之言徵矣但事不兩興須有進退以臣愚量宜罷尚方雕靡之作頗省永寧土木之功并減瑤光材瓦之力兼分石窟鐫琢之勞及諸事役非急者三時農隙修此數條使辟雍之禮蔚爾而復興諷誦之音煥然而更作美榭高墉嚴壯於外槐宮棘宇顯麗於中道發明令重遵鄉飲敦進郡學精課經業如此則元凱可得之於上庠游夏可致之於下國豈不休歟誠知佛理淵妙含識所宗然比之治要容可小緩苟使魏道熙緝元首唯康爾乃經營未為晚也靈太后令曰省表具悉體國之誠配饗大禮為國之本比以戎馬在郊未遑修繕今四表晏寧年和歲稔當敕有司別議經始除中書監驃騎大將軍儀同如故又授右光祿大夫出為使持節侍中都督定幽燕瀛四州諸軍事本將軍定州刺史儀同如故徵拜尚書左僕射加散騎常侍驃騎儀同如故還尚書令加侍中崇在官和厚明於決斷受納辭訟必理在可推始為下筆不徒爾收領也然性好財貨販肆聚斂家資巨萬營求不息子世哲為相州刺史亦無清白狀鄴洛市鄽收擅其利為時論所鄙蠕蠕主阿那瓌率眾犯塞詔崇以本官都督北討諸軍事以討之崇辭於顯陽殿戎服武飾志氣奮揚時年六十九幹力如少肅宗目而壯之朝廷莫不稱善崇遂出塞三千餘里不及賊而還後北鎮破落汗拔陵反叛所在響應征北將軍臨淮王彧大敗於五原安北將軍李叔仁尋敗於白道賊眾日甚詔引丞相令僕尚書侍中黃門於顯陽殿詔曰朕比以鎮人構逆登遣都督臨淮王彧時除窮軍屆五原前鋒失利二將殞命兵士挫衄又武川乖防復陷凶手恐賊勢侵淫寇連恒朔金陵在彼夙夜憂惶諸人宜陳良策以副朕懷吏部尚書元脩義曰彊寇充斥事須得討臣謂須得重貴鎮壓恒朔總彼師旅備衛金陵詔曰去歲阿那瓌叛逆遣李崇令北征崇遂長驅塞北返旆榆關此亦一時之盛崇乃上表求改鎮為州罷削舊貫朕于時以舊典難革不許其請尋李崇此表開諸鎮非異之心致有今日之事但既往難追為復略論此耳朕以李崇國戚望重器識英斷意欲還遣崇行總督三軍揚旌恒朔除彼羣盜諸人謂可爾以不僕射蕭寶夤等曰陛下以舊都在北憂慮金陵臣等實懷悚息李崇德位隆重社稷之臣陛下此遣實合羣望崇啓曰臣實無用猥蒙殊寵位妨賢路遂充北伐徒勞將士無勳而還慚負聖朝於今莫已臣以六鎮幽垂與賊接對鳴柝聲弦弗離旬朔州名差重於鎮謂實可悅彼心使聲教日揚微塵去塞豈敢導此凶源開生賊意臣之愆負死有餘責屬陛下慈寬賜全耆領今更遣臣北行正是報恩改過所不敢辭但臣年七十自惟老疾不堪敵場更願英賢收功盛日於是詔崇以本官加使持節開府北討大都督撫軍將軍崔暹鎮軍將軍廣陵王淵皆受崇節度又詔崇子光祿大夫神軌假平北將軍隨崇北討崇至五原崔暹大敗於白道之北賊遂并力攻崇崇與廣陵王淵力戰累破賊眾相持至冬乃引還平城淵表崇長史祖瑩詐增功級盜沒軍資崇坐免官爵徵還以後事付淵後徐州刺史元法僧以彭城南叛時除安樂王鑒為徐州刺史以討法僧為法僧所敗單馬奔歸乃詔復崇官爵為徐州大都督節度諸軍事會崇疾篤乃以衛將軍安豐王延明代之除改開府相州刺史侍中將軍儀同並如故孝昌元年薨於位時年七十一贈侍中驃騎大將軍司徒公雍州刺史謚曰武康後重贈太尉公增邑一千戶餘如故

長子世哲性輕率供奉豪侈少經征役頗有將用自司徒中兵參軍超為征虜將軍驍騎將軍尋遷後將軍為三關別將討羣蠻大破之斬蕭衍龍驤將軍文思之等還拜鴻臚少卿性傾巧善事人亦以貨賂自達高肇劉騰之處勢也皆與親善故世號為李錐肅宗末遷宗正卿加平南將軍轉大司農卿仍本將軍又改授太僕卿加鎮東將軍尋出為相州刺史將軍如故世哲至州斥逐細人遷徙佛寺逼買其地廣興第宅百姓患之崇北征之後徵兼太常卿御史高道穆毀發其宅表其罪過後除鎮西將軍涇州刺史賜爵衛國子正光五年七月卒贈帛五百疋朝服一襲贈散騎常侍衛將軍吏部尚書冀州刺史子如故

世哲弟神軌受父爵陳留侯自給事中稍遷員外常侍光祿大夫累出征討頗有將領之氣孝昌中為靈太后寵遇勢傾朝野時云見幸帷幄與鄭儼為雙時人莫能明也頻遷征東將軍武衛將軍給事黃門侍郎常領中書舍人時相州刺史安樂王鑒據州反詔神軌與都督源子邕等討平之武泰初蠻帥李洪扇動諸落伊闕已東至於鞏縣多被燒劫詔神軌為都督破平之爾朱榮之向洛也復為大都督率眾禦之出至河橋值北中不守遂便退還尋與百官候駕於河陰仍遇害為建義初贈侍中驃騎大將軍司空公相州刺史謚曰烈

崔亮字敬儒清河東武城人也父元孫劉駿尚書郎劉彧之僭立也彧青州刺史沈文秀阻兵叛之彧使元孫討文秀為文秀所害亮母房氏攜亮依冀州刺史崔道固於歷城道固即亮之叔祖也及慕容白曜之平三齊內徙桑乾為平齊民時年十歲常依季父幼孫居家貧傭書自業時隴西李沖當朝任事亮從兄光往依之謂亮曰安能久事筆硯而不往託李氏也彼家饒書因可得學亮曰弟妹飢寒豈可獨飽自可觀書於市安能看人眉睫乎光言之於沖沖召亮與語因謂亮曰比見卿先人相命論使人胷中無復怵迫之念今遂亡本卿能記之不亮即為誦之涕淚交零聲韻不異沖甚奇之迎為館客沖謂其兄子彥曰大崔生寬和篤雅汝宜友之小崔生峭整清徹汝宜敬之二人終將大至沖薦之為中書博士轉議郎尋遷尚書二千石郎高祖在洛欲創革舊制選置百官謂羣臣曰與朕舉一吏部郎必使才望兼允者給卿三日假又一日高祖曰朕已得之不煩卿輩也馳驛徵亮兼吏部郎俄為太子中舍人遷中書侍郎兼尚書左丞亮雖歷顯任其妻不免親事舂簸高祖聞之嘉其清貧詔帶野王令世宗親政遷給事黃門侍郎仍兼吏部郎領青州大中正亮自參選事垂將十年廉慎明決為尚書郭祚所委每云非崔郎中選事不辦尋除散騎常侍仍為黃門遷度支尚書領御史中尉自遷都之後經略四方又營洛邑費用甚廣亮在度支別立條格歲省億計又議修汴蔡二渠以通邊運公私賴焉侍中廣平王懷以母弟之親左右不遵憲法敕亮推治世宗禁懷不通賓客者久之後因宴集懷恃親使忿欲陵突亮亮乃正色責之即起於世宗前脫冠請罪遂拜辭欲出世宗曰廣平麤疏向來又醉卿之所悉何乃如此也遂詔亮復坐令懷謝焉亮外雖方正內亦承候時情宣傳左右郭神安頗被世宗識遇以弟託亮亮引為御史及神安敗後因集禁中世宗令兼侍中盧昶宣旨責亮曰在法官何故受左右囑請亮拜謝而已無以上對轉都官尚書又轉七兵領廷尉卿加散騎常侍中正如故徐州刺史元昞撫御失和詔亮馳驛安撫亮至劾昞處以大辟勞賚綏慰百姓怗然除安西將軍雍州刺史城北渭水淺不通船行人艱阻亮謂寮佐曰昔杜預乃造河梁況此有異長河且魏晉之日亦自有橋吾今決欲營之咸曰水淺不可為浮橋汎長無恒又不可施柱恐難成立亮曰昔秦居咸陽橫橋渡渭以像閣道此即以柱為橋今唯慮長柱不可得耳會天大雨山水暴至浮出長木數百根藉此為用橋遂成立百姓利之至今猶名崔公橋亮性公清敏于斷決所在並號稱職三輔服其德政世宗嘉之詔賜衣馬被褥後納其女為九嬪徵為太常卿攝吏部事肅宗初出為撫軍將軍定州刺史蕭衍左遊擊將軍趙祖悅率眾偷據硤石詔亮假鎮南將軍齊王蕭寶夤鎮東將軍章武王融安南將軍並使持節都督諸軍事以討之靈太后勞遣亮等賜戎服雜物亮至硤石祖悅出城逆戰大破之賊復於城外置二柵欲拒官軍亮焚擊破之殺三千餘人亮與李崇為水陸之期日日進攻而崇不至及李平至崇乃進軍共平硤石語在平傳靈太后賜亮璽書曰硤石既平大勢全舉淮堰孤危自將奔遁若仍敢遊魂此當易以立計擒翦蟻徒應在旦夕將軍推轂所憑親對其事處分經略宜共協齊必令得掃盪之理盡彼遺燼也隨便守禦及分度掠截扼其咽喉防塞走路期之全獲無令漏逸若畏威降首者自加蠲宥以仁為本任之雅算一二往使別宜以功進號鎮北將軍李平部分諸軍將水陸兼進以討堰賊亮違平節度以疾請還隨表而發平表曰臣以蕭衍將湛僧珍田道龍遊魂境內猶未收跡義之神念尚住梁城令都督崔亮權據下蔡別將瓮生即住東岸與亮接勢以防橋道臣發引向堰舍人曹道至奉敕更有處分而亮已輒還京按亮受付東南推轂是託誠應憂國忘家致命為限而始屆汝陰盤桓不進暨到寇所停淹八旬所營土山攻道並不克就損費糧力坐延歲序賴天威遠被士卒憤激東北騰上垂至北門而亮遲回仍不肯上臣逼以白刃甫乃登陟及平硤石宜聽處分方更肆其專恣輕輒還歸此而不糾法將焉寄按律臨軍征討而故留不赴者死又云軍還先歸者流軍罷先還尚有流坐況亮被符令停委棄而反

失乘勝之機闕水陸之會緣情據理咎深故留今處亮死上議靈太后令曰亮爲臣不忠去留自擅既損威稜違我經略雖有小捷豈免大咎但吾攝御萬幾庶茲惡殺可特聽以功補過及平至亮與爭功於禁中形於聲色尋除殿中尚書遷吏部尚書時羽林新害張彝之後靈太后令武官得依資入選官員既少應選者多前尚書李韶循常擢人百姓大爲嗟怨亮乃奏爲格制不問士之賢愚專以停解日月爲斷雖復官須此人停日後者終於不得庸才下品年月久者灼然先用沈滯者皆稱其能亮外甥司空諮議劉景安書規亮曰殷周以鄉塾貢士兩漢由州郡薦才魏晉因循又置中正諦觀在昔莫不審舉雖未盡美足應十收六七而朝廷貢才止求其文不取其理察孝廉唯論章句不及治道立中正不考人才行業空辨氏姓高下至於取士之途不溥沙汰之理未精而舅屬當銓衡宜須改張易調如之何反爲停年格以限之天下士子誰復修厲名行哉亮荅書曰汝所言乃有深致吾乘時邀幸得爲吏部尚書當其壯也尚不如人況今朽老而居帝難之任常思同升舉直以報明主之恩盡忠竭力不爲貽厥之累昨爲此格有由而然今已爲汝所怪千載之後誰知我哉可靜念吾言當爲汝論之吾兼正六爲吏部郎三爲尚書銓衡所宜頗知之矣但古今不同時宜須異何者昔有中正品其才第上之尚書尚書據狀量人授職此乃與天下羣賢共爵人也吾謂當爾之時無遺才無濫舉矣而汝猶云十收六七況今日之選專歸尚書以一人之鑒照察天下劉毅所云一吏部兩郎中而欲究竟人物何異以管闚天而求其博哉今勳人甚多又羽林入選武夫崛起不解書計唯可彍弩前驅指蹤捕噬而已忽令垂組乘軒求其烹鮮之效未曾操刀而使專割又武人至多官員至少不可周溥設令十人共一官猶無官可授況一人望一官何由可不怨哉吾近面執不宜使武人入選請賜其爵厚其祿既不見從是以權立此格限以停年耳昔子產鑄刑書以救弊叔向譏之以正法何異汝以古禮難權宜哉仲尼云德我者亦春秋罪我者亦春秋吾之此指其由是也但令當來君子知吾意焉後甄琛元修義城陽王徽相繼爲吏部尚書利其便已踵而行之自是賢愚同貫涇渭無別魏之失才從亮始也轉侍中太常卿尋遷左光祿大夫尚書右僕射時劉騰擅權亮託妻劉氏傾身事之故頻年之中名位隆赫有識者譏之轉尚書僕射加散騎常侍正光二年秋疽發於背肅宗遣舍人問疾亮上表乞解僕射送所負荷及印綬詔不許尋卒詔給東園祕器朝服一襲賵物七百段蠟三百斤贈使持節散騎常侍車騎大將軍儀同三司冀州刺史謚曰貞烈亮在雍州讀杜預傳見爲八磨嘉其有濟時用遂教民爲碾及爲僕射奏於張方橋東堰穀水造水碾磨數十區其利十倍國用便之亮有三子士安士和士泰並彊幹善於當世

士安歷尚書比部郎卒於諫議大夫贈左將軍光州刺史無子弟士和以子乾亨繼

乾亨武定中尚書都兵郎中

士和歷司空主簿通直郎從亮征硤石以軍勳拜冠軍將軍中散大夫西道行臺元脩義左丞行涇州事蕭寶夤之在關中高選寮佐以爲督府長史時莫折念生遣使詐降寶夤表士和兼度支尚書爲隴右行臺令入秦撫慰爲念生所害

士泰歷給事中司空從事中郎諫議大夫司空司馬肅宗末荆蠻侵斥以士泰爲龍驤將軍征蠻別將事平以功賜爵五等男建義初遇害於河陰贈都督青兗二州諸軍事鎮東將軍青州刺史謚曰文肅

子肇師襲爵武定末中書舍人

亮弟敬默奉朝請卒於征虜長史贈南陽太守子思韶從亮征硤石以軍功賜爵武城子爲冀州別駕

敬默弟隱處青州州都亮以其賤出殊不經紀論者譏焉

亮從父弟光韶事親以孝聞初除奉朝請光韶與弟光伯雙生操業相侔特相友愛遂經吏部尚書李沖讓官於光伯辭色懇至沖爲奏聞高祖嘉而許之太和二十年以光韶爲司空行參軍復請讓從叔和曰臣誠微賤未登讓品屬逢皇朝恥無讓德和亦謙退辭而不當高祖善之遂以和爲廣陵王國常侍尋勑光韶兼祕書郎掌校華林御書肅宗初除青州治中後爲司空騎兵參軍又兼司徒戶曹出爲濟州輔國府司馬刺史高植甚知之政事多委訪焉遷青州平東府長史府解勑知州事光韶清直明斷民吏畏愛之入爲司空從事中郎以母老解官歸養賦詩展意朝士屬和者數十人久之徵爲司徒諮議固辭不拜光韶性嚴毅聲韻抗烈與人平談常若震厲至於兄弟議論外聞謂爲忿怒然孔懷雍睦人少逮之孝莊初河間邢杲率河北流民十餘萬衆攻逼州郡刺史元雋憂不自安州人乞光韶爲長史以鎮之時陽平路回寓居齊土與杲潛相影響引賊入郭光韶臨機處分在難確然賊退之後刺史表光韶忠毅朝廷嘉之發使慰勞焉尋爲東道軍司及元顥入洛自河以南莫不風靡而刺史廣陵王欣集文武以議所從欣曰北海長樂俱是同堂兄弟今宗祏不移我欲受赦諸君意各何如在坐之人莫不失色光韶獨抗言曰元顥受制梁國稱兵本朝拔本塞源以資讎敵賊臣亂子曠代少儔何但大王家事所宜切齒等荷朝眷未敢仰從長史崔景茂前瀛州刺史張烈前郢州刺史房叔祖徵士張僧皓咸云軍司議是欣乃斬顥使尋徵輔國將軍廷尉少卿未至除太尉長史加左將軍俄遷廷尉卿時祕書監祖瑩以贓罪被劾光韶必欲致之重法太尉城陽王徽尚書令臨淮王彧吏部尚書李神儁侍中李彧並勢望當時皆爲瑩求寬光韶正色曰朝賢執事於舜之功未聞有一如何反爲罪人言乎其執意不回如此永安末擾亂之際遂還鄉里光韶博學彊辯尤好理論至於人倫名教得失之間搉而論之不以一毫假物家足於財而性儉吝衣馬敝瘦食味麤薄始光韶在都同里人王蔓於夜遇盜害其二子孝莊詔黃門高道穆令加檢捕一坊之內家別搜索至光韶宅綾絹錢布匱篋充積議者譏其矯嗇其家資產皆光伯所營光伯亡悉焚其契河間邢子才曾貸錢數萬後送還之光韶曰此亡弟相貸僕不知也竟不納刺史元弼前妻是光韶之繼室兄女而弼貪惏多諸不法光韶以親情亟相非責弼銜之時耿翔反於州界弼誣光韶子通與賊連結囚其合家考掠非理而光韶與之辯爭辭色不屈會樊子鵠爲東道大使知其見枉理出之時人勸令詣樊陳謝光韶曰羊舌大夫已有成事何勞往也子鵠亦歎尚之後刺史侯淵代下疑懼停軍益都謀爲不軌令數百騎夜入南郭劫光韶以兵脅之責以謀略光韶曰凡起兵者須有名義使君今日舉動直是作賊耳父老知復何計淵雖恨之敬而不敢害尋除征東將軍金紫光祿大夫不起光韶以世道屯邅朝廷屢變閉門却掃吉凶斷絕誡子孫曰吾自謂立身無愧古烈但以祿命有限無容希世取進在官以來不冒一級官雖不達經爲九卿且吾平生素業足以遺汝官閥亦何足言也吾既運薄便經三娶而汝之兄弟各不同生合葬非古吾百年之後不須合也然贈謚之及出自君恩豈容子孫自求之也勿須求贈若違吾志如有神靈不享汝祀吾兄弟自幼及老衣服飲食未曾一片不同至於兒女官婚榮利之事未嘗不先以推弟弟項橫禍權作松櫬亦可爲吾作松棺使吾見之卒年七十一孝靜初侍中賈思同申啓稱述光韶贈散騎常侍驃騎將軍青州刺史

光韶弟光伯尚書郎青州別駕後以族弟休臨州遂申牒求解尚書奏按禮始封之君不臣諸父昆弟封君之子臣昆弟不臣諸父封君之孫得盡臣計始封之君即是世繼之祖尚不得臣況今之刺史既非世繼而得行臣吏之節執笏稱名者乎檢光伯請解率禮不愆請宜許遂以明道教靈太后令從之尋除北海太守有司以其更滿依例奏代肅宗詔曰光伯自莅海沂清風遠著兼其兄光韶復能辭榮侍養兄弟忠孝宜有甄錄可更申三年以厲風化後歷太傅諮議參軍前廢帝時崔祖螭張僧皓起逆攻東陽旬日之間衆十餘萬刺史東萊王貴平欲令光伯出城慰勞兄光韶曰城民陵縱爲日已久人人恨之其氣甚盛古人有言衆怒如水火焉以此觀之今日非可慰諭止也貴平彊之光韶曰使君受委一方董攝萬里而經略大事不與國士圖之所共腹心皆趨走羣小既不能綏遏以杜其萌又不能坐觀待其衰挫逼迫小弟從爲無名之行若單騎獨往或見拘縶若以衆臨之勢必相拒敵懸見無益也貴平逼之不得已光伯遂出城數里城民以光伯兄弟羣情所繫慮人劫留防衛者衆外人疑其欲戰未及曉諭爲飛矢所中卒贈征東將軍青州刺史

子滔武定末殷州別駕

史臣曰李崇以風質英重毅然秀立任當將相望高朝野美矣崔亮既明達後事動有名迹於斷年之選失之逾遠救弊未聞終爲國蠹無所苟而已其若是乎光韶居雅仗正有國士之風矣

魏書卷六十六考證

李崇傳崇上表。臣人龍按崇此表北史作邢卲所上其文大同小異

魏書卷六十七

齊　魏收　撰

列傳第五十五

崔光

崔光本名孝伯字長仁高祖賜名焉東清河鄃人也祖曠從慕容德南渡河居青州之時水慕容氏滅仕劉義隆爲樂陵太守父靈延劉駿龍驤將軍長廣太守與劉彧冀州刺史崔道固共拒國軍慕容白曜之平三齊光年十七隨父徙代家貧好學晝耕夜誦傭書以養父母太和六年拜中書博士轉著作郎與祕書丞李彪參撰國書遷中書侍郎給事黃門侍郎甚爲高祖所知待常曰孝伯之才浩浩如黃河東注固今日之文宗也以參贊遷都之謀賜爵朝陽子拜散騎常侍黃門著作如故又兼太子少傅尋以本官兼侍中使持節爲陝西大使巡方省察所經述敍古事因而賦詩三十八篇還仍兼侍中以謀謨之功進爵爲伯光少有大度喜怒不見於色有毀惡之者必善言以報之雖見誣謗終不自申曲直皇興初有同郡二人並被掠爲奴婢後詣光求哀光乃以二口贖免高祖聞而嘉之雖處機近曾不留心文案唯從容論議參贊大政而已高祖每對羣臣曰以崔光之高才大量若無意外咎譴二十年後當作司空其見重如是又從駕破陳顯達世宗卽位正除侍中初光與李彪共撰國書太和之末彪解著作專以史事任光彪尋以罪廢世宗居諒闇彪上表求成魏書詔許之彪遂以白衣於祕書省著述光雖領史官以彪意在專功表解侍中著作以讓彪世宗不許遷太常卿領齊州大中正正始元年夏有典事史元顯獻四足四翼雞詔散騎侍郎趙邕以問光光表答曰臣謹按漢書五行志宣帝黃龍元年未央殿路軨中雌雞化爲雄毛變而不鳴不將無距元帝初元中丞相府史家雌雞伏子漸化爲雄冠距鳴將永光中有獻雄雞生角劉向以爲雞者小畜主司時起居小臣執事爲政之象也言小臣將乘君之威以害政事指石顯也竟寧元年石顯伏辜此其效也靈帝光和元年南宮寺雌雞欲化爲雄一身毛皆似雄但頭冠尚未變詔以問議郎蔡邕邕對曰貌之不恭則有雞禍臣竊推之頭爲元首人君之象也今雞一身已變未至於頭而上知之是將有其事而不遂成之象也若應之不精政無所改頭冠或成爲患滋大是後張角作亂稱黃巾賊遂破壞四方疲於賦役民多叛者上不改政遂至天下大亂今之雞狀雖與漢不同而其應頗相類矣向邕並博達之士考物驗事信而有證誠可畏也臣以邕言推之翅足衆多亦羣下相扇助之象雛而未大脚羽差小亦其勢尚微易制御也臣聞災異之見皆所以示吉凶明君覩之而懼乃能招福闇主覩之彌慢所用致禍詩書春秋秦漢之事多矣此陛下所覩者也今或有自賤而貴關預政事殆亦前代君房之匹比者南境死亡千計白骨橫野存有酷恨之痛殁爲怨傷之魂義陽屯師盛夏未返荆蠻狡猾征人淹次東州轉輸往多無還百姓困窮絞縊以殞北方霜降蠶婦輟事羣生憔悴莫甚於今此亦賈誼哭歎谷永切諫之時司寇行戮君爲之不舉陛下爲民父母所宜矜恤國重戎戰用兵猶火內外怨弊易以亂離陛下縱欲忽天下豈不仰念太祖取之艱難先帝經營劬勞也誠願陛下留聰明之鑒警天地之意禮處左右節其貴越往者鄧通董賢之盛愛之正所以害之又躬饗加罕宴宗或闕時應親肅郊廟延敬諸父檢訪四方務加休息爰發慈旨撫賑貧瘼簡費山池減撤聲飲晝存政道夜以安身博采芻蕘進賢黜佞則兆庶幸甚妖弭慶進禎祥集矣世宗覽之大悅後數日而茹皓等並以罪失伏法於是禮光愈重加撫軍將軍二年八月光表曰去二十八日有物出於太極之西序勑以示臣臣按其形卽莊子所謂蒸成菌者也又云朝菌不終晦朔雍門周所稱磨蕭斧而伐朝菌皆指言蒸氣鬱長非有根種柔脆之質凋殞速易不延旬月無擬斧斤又多生墟落穢濕之地罕起殿堂高華之所今極宇崇麗牆築工密糞朽弗加沾濡不及而茲菌歘構厥狀扶疎誠足異也夫野木生朝野鳥入廟古人以爲敗亡之象然懼災修德者咸致休慶所謂家利而怪先國興而妖豫是故桑穀拱庭太戊以昌雊雉集鼎武丁用熙自比鵶鵲巢於廟殿梟鵩鳴於宮寢菌生賓階軒坐之正準諸往記信可爲誡且東南未靜兵革不息郊甸之內大旱跨時民勞物悴莫此之甚承天子育者所宜矜恤伏願陛下追殷二宗感變之意側躬聳誡惟新聖道節夜飲之忻彊朝御之膳養方富之年保金玉之性則魏祚可以永隆皇壽等於山岳四年秋除中書令進號鎭東將軍永平元年秋將刑元愉妾李氏羣官無敢言者勑光爲詔光逡巡不作奏曰伏聞當刑元愉妾李加之屠割妖惑扇亂誠合此罪但外人竊云李今懷姙例待分產且臣尋諸舊典兼推近事戮至刳胎謂之虐刑桀紂之主乃行斯事君舉必書義無隱昧酷而乖法何以示後陛下春秋已長未有儲體皇子襁褓至有天失臣之愚識知無不言乞停李獄以俟育孕世宗納之延昌元年春遷中書監侍中如故二年世宗幸東宮召光與黃門甄琛廣陽王淵等並賜坐詔光曰卿是朕西臺大臣今當爲太子師傅光起拜固辭詔不許卽命肅宗出從者十餘人勑以光爲傅之意令肅宗拜光光又拜辭不當受太子拜復不蒙許肅宗遂南面再拜詹事王顯啓請從太子拜於是宮臣畢拜光北面立不敢答拜唯西面拜謝而出於是賜光繡綵一百匹琛淵等各有差尋授太子少傅三年遷右光祿大夫侍中監如故四年正月世宗夜崩光與侍中領軍將軍于忠迎肅宗於東宮安撫內外光有力焉帝崩後二日廣平王懷扶疾入臨以母弟之親徑至太極西廡哀慟禁內呼侍中黃門領軍二衞云身欲上殿哭大行又須入見主上諸人皆愕然相視無敢抗對者光獨攘衰振杖引漢光武初崩太尉趙憙橫劒當階推下親王故事辭色甚厲聞者莫不稱善壯光理義有據懷聲淚俱止云侍中以古事裁我我不敢不服於是遂還頻遣左右致謝初永平四年以黃門郎孫惠蔚代光領著作惠蔚首尾五載無所厝意至是三月尚書令任城王澄表光宜還史任於是詔光還領著作四月遷特進五月以奉迎肅宗之功封光博平縣開國公食邑二千戶七月領國子祭酒八月詔光乘步挽於雲龍門出入尋遷車騎大將軍儀同三司靈太后臨朝之後光累表遜位于忠擅權光依附之及忠稍被疎黜光并送章綬冠服茅土表至十餘上靈太后優答不許有司奏追于忠及光封邑熙平元年二月太師高陽王雍等奏舉光授肅宗經初光有德於靈太后語在于忠傳四月更封光平恩縣開國侯食邑一千戶以朝陽伯轉授第二子勗其月勑賜羊車一乘時靈太后臨朝每於後園親執弓矢光乃表上中古婦人文章因以致諫曰孔子云士志於道據於德依於仁游於藝藝謂禮樂書數射御明前四業丈夫婦人所同修者若射御唯主男子事不及女古之賢妃烈媛母儀家國垂訓四海宣教九宗可秉道懷疑率遵仁禮是以漢后馬鄧術遵祖考羊嬪蔡氏具體伯喈伏惟皇太后含聖履仁臨朝闡化肅雍愷悌靖徽齊穆孝祀通於神明和風溢于區宇因時暇豫清暑林園遠藐姑射眷言夒相弦矢所發必中正鵠威靈遐暢義震上下文武懾心左右悅目吾王不遊吾何以休不窺重仞安見富美天情沖謙動容祇愧以爲舉非蠶織事存無功豈謂應乾順民裁成輔相者哉臣不勝慶幸謹上婦人文章錄一帙其集具在內伏願以時披覽仰裨未聞息彎挾之勞納閑拱之泰頤精養壽棲神翰林是秋靈太后頻幸王公第宅光表諫曰禮記云諸侯非問疾弔喪而入諸臣之家是謂君臣爲謔不言王后夫人明無適臣家之義夫人父母在有時歸寧親没使卿大夫聘春秋紀陳宋齊之女並爲周王后無適本國之事是制深於士大夫許嫁唁兄又義不得衞女思歸以禮自抑載馳竹竿所爲作也漢上官皇后將廢昌邑霍光外祖也親爲宰輔后猶御武帳以接羣臣示男女之別國之大節伯姬待姆安就炎燎樊姜俟命忍赴洪流傳皆綴集以垂來詠昨軒駕頻出幸馮翊君任城王第雖漸中秋餘熱尚蒸衞蓋往還聖躬煩倦豐廚嘉醴罄竭時羞上壽弗限一觴方丈甘踰百品旦及日斜接對不憩非謂順時而遊奉養有度縱雲輦崇涼御筵安暢左右僕侍衆過千百扶衞跋涉袍鉀在身蒙曝塵日渙汗流離致時飢渴餐飯不贍賃馬假乘交費錢帛昔人稱陛下甚樂臣等至苦或其事也伏惟皇太后月靈炳曜坤儀挺茂誕育帝躬維與魏道德踰文母仁邁和憙親以天至遠異莫間愛由眞固非俟虛隆紆屈鑾駕降臨閭里榮光帝京士女藻悅白首之耋欣遇犧年青衿之童慶屬唐日千載之所難一朝之爲易非至明超古忘驕釋吝孰能若斯者哉魏元以來莫正斯美興居出入自當坦然豈同往嫌曲有矯避但帝族方衍勳貴增遷祇請遂多將成彝式陛下遵酌前王貽厥後矩天下爲公億兆已任專薦郊廟止決大政輔養神和簡息遊幸以德爲車以樂爲御考仁聖之風習治國之道則率土屬賴含生仰悅矣臣過荷恩榮所知必盡嘿嘿唯唯愚竊未敢輕陳狂瞽分貽憲坐神龜元年夏光表曰詩稱蔽芾甘棠勿翦勿伐召伯所茇又云雖無老成人尚有典刑傳曰思其人猶愛其樹況用其道不恤其人是以書始稽古易本山火觀於天文以察時變觀於人文以化成天下孟子闕實匡張訓說安世記篋於汾南伯山抱卷於河右元始孤論充漢帝之坐孟皇片字懸魏王之帳前哲之寶重墳籍珍愛分篆猶若此之至也矧迺聖典鴻經炳勒金石理爲國楷義成家範迹實世模事則人軌千載之格言百王之盛烈而令焚荒汙毀積榛棘而弗掃爲鼯鼪之所栖宿童豎之所登蹋者哉誠可爲痛心疾首拊膺扼腕伏惟皇帝陛下孝敬日休自天縱睿垂心初學儒業方熙皇太后欽明慈淑臨制統化崇道重教留神翰林將披雲臺而問禮拂麟閣

以招賢誠宜遠開闕里清彼孔堂而使近在城閭面接宮廟舊校爲墟子衿永替豈所謂建國君民教學爲先京邑翼翼四方是則也尋石經之作起自炎劉繼以曹氏典論初乃三百餘載計末向二十紀矣昔來雖屢經戎亂猶未大崩侵如聞往者刺史臨州多構圖寺道俗諸用稍有發掘基蹠泥灰或出於此皇都始遷尚可補復軍國務殷遂不存檢官私顯隱漸加剝撤播麥納菽秋春相因闕生蒿杞時致火燎由是經石彌減文字增缺職忝胄教參掌經訓不能繕修頹墜興復生業倍深慙恥今求遣國子博士一人堪任幹事者專主周視驅禁田牧制其踐穢料閱碑牒所失次第量厥補綴詔曰此乃學者之根源不朽之永格垂範將來憲章之本便可一依公表光乃令國子博士李郁與助教韓神固劉燮等勘校石經其殘缺者計料石功并字多少欲補治之於後靈太后廢遂寢二年八月靈太后幸永寧寺躬登九層佛圖光表諫曰伏見親昇上級佇蹕表剎之下祗心圖構誠爲福善聖躬玉趾非所踐陟臣庶恇惶竊謂未可按禮記爲人子者不登高不臨深古賢有言策畫失於廟堂大人屈於中野漢書上欲西馳下峻坂袁盎攬轡停輿曰臣聞千金之子不垂堂百金之子不倚衡如有車敗馬驚柰高廟太后何又云上酎祭廟出欲御樓船薛廣德免冠頓首曰宜從橋陛下不聽臣臣以血汙車輪樂正子春曾參弟子亦稱至孝固自謹慎堂基不過一尺猶有傷足之愧永寧累級閣道回隘以柔懦之寶體乘至峻之重峭萬一差跌千悔何追禮將祭宗廟必散齋七日致齋三日然後入祀神明可得而通今雖容像未建已爲神明之宅方加雕繢飾麗丹靑人心所祗銳觀滋甚登者旣衆異懷若面縱一人之身恒盡誠潔豈左右闕妾各竭虔仰不可獨昇必有扈侍懼或忘愼非飲酒茹葷而已昨風霾暴興紅塵四塞白日晝昏特可驚畏春秋宋衞陳鄭同日而災伯姬待姆致焚如之禍去皇興中青州七級亦號崇壯夜爲上火所焚雖梓愼裨竈之明尚不能逆剋端兆變起倉卒預備不虞天道幽遠自昔深誡墟墓必哀廟社致敬望塋悽慟入門聳慄適墓不登壟未有昇陟之事傳云公旣視朔遂登觀臺其下無天地先祖之神故可得而乘也內經寶塔高華堪室千萬唯盛言香花禮拜豈有登上之義獨稱三寶階從上而下人天交接兩得相見超世奇絕莫可而擬恭敬拜跽悉在下級遠存瞻眺周見山河因其所眄增發嬉笑未能級級加虔步步崇愼徒使京邑士女公私湊集上行下從理勢以然迄於無窮豈長世競慕一登而可抑斷哉蓋心信爲本形敬乃末重實輕根靖寔躁君恭己正南面者豈月乘峻極旬御層階今經始旣就子來自勸基構已興雕絢漸起紫山華臺卽其宮也伏願息躬親之勞廣風靡之化因立制防班之條限以遏嚚汙永歸清寂下竭肅穆之誠上展瞻仰之敬勿踐勿履顒顒億齡融教闡悟不其博歟九月靈太后幸嵩高光上表諫曰伏聞明后當親幸嵩高往還累宿鑾遊近旬存省民物誠足爲善雖漸農隙所獲棲畝飢貧之家指爲珠玉遺秉滯穟莫不寶惜步騎萬餘來去經踐駕輦雜遝競騖交馳縱加禁護猶有侵耗士女老幼微足傷心秋末久旱塵壤委深風霾一起紅埃四塞轘轅關嶠山路危狹聖駕清道當務萬安乘履澗壑蒙犯霜露出入半旬途越數百飄曝彌日仰虧和豫七廟上靈容或未許億兆下心寔用悚慄且藏蟄節遠昆蟲布列蠕蠕之類盈於川原車馬輾蹈必有殺傷慈矜好生應垂未測誠恐悠悠之議將謂爲福與罪厮役困於負擔爪牙窘於賃乘供頓候迎公私擾費廚兵幕士衣履敗穿晝暄夜淒罔所覆藉監帥驅捶泣呼相望霜旱爲災所在不稔饑饉薦臻方成儉歉爲民父母所宜存恤靖以撫之猶懼離散乃於收斂初辰致此行衆自近及遠交興怨嗟伏願遠覽虞舜恭已無爲近遵老易不出戶牖罷勞形之遊息傷財之駕動循典防納諸軌儀委司責成寄之耳目人神幸甚朝野抃悅靈太后不從正光元年冬賜光几杖衣服二年春肅宗親釋奠國學光執經南面百寮陪列司徒京兆王繼頻上表以位讓光夏四月以光爲司徒侍中國子祭酒領著作如故光表固辭歷年終不肯受八月獲禿鶖鳥於宮內詔以示光光表曰蒙示十四日所得大鳥此卽詩所謂有鶖在梁解云禿鶖也貪惡之鳥野澤所育不應入殿庭昔魏氏黃初中有鵜鶘集于靈芝池文帝下詔以曹恭公遠君子近小人博求賢俊太尉華歆由此遜位而讓管寧者也臣聞野物入舍古人以爲不善是以張臶惡鵀賈誼忌鵩鵜鶘暫集而去前王猶爲至誠況今親入宮禁爲人所獲方被畜養晏然不以爲懼準諸往義信有殊矣且饕餮之貪必資魚肉菽麥稻粱時或餐啄一食之費容過斤鎰今春夏陽旱穀糴稍貴窮窘之家時有菜色陛下爲民父母撫之如傷豈可棄人養鳥留意於醜形惡聲哉衞侯好鶴曹伯愛鴈身死國滅可爲寒心陛下學通春秋親覽前事何得口詠其言行違其道誠願遠師殷宗近法魏祖修德延賢消災集慶放無用之物委之川澤取樂琴書頤養神性肅宗覽表大悅卽棄之池澤詔召光與安豐王延明議定服章三年六月詔光乘步挽至東西上閤九月進位太保光又固辭光年者多務疾病稍增而自彊不已常在著作疾篤不歸四年十月肅宗親臨省疾詔斷賓客中使相望爲止聲樂罷諸遊眺拜長子勵爲齊州刺史十一月疾甚勅子姪等曰諦聽吾言聞曾子有云人之將死其言也善啓予手啓予足而今而後吾知免夫吾荷先帝厚恩位至於此史功不成歿有遺恨汝等以吾之故並得名位勉之勉之以死報國修短命也夫復何言速可送我還宅氣力雖微神明不亂至第而薨年七十三肅宗聞而悲泣中使相尋詔給東園溫明祕器朝服一具衣一襲錢六十萬布一千匹蠟四百斤大鴻臚監護喪事車駕親臨撫屍慟哭御輦還宮流涕於路爲減常膳言則追傷每至光坐講讀之處未曾不改容悽悼五年正月贈太傅領尚書令驃騎大將軍開府冀州刺史侍中如故又勅加後部鼓吹班劍依太保廣陽王故事諡文宣公肅宗祖喪建春門外望輴哀感儒者榮之初光太和中依宮商角徵羽本音而爲五韻詩以贈李彪彪爲十二次詩以報光光又爲百三郡國詩以答之國別爲卷爲百三卷焉光寬和慈善不逆於物進退沉浮自得而已常慕胡廣黃瓊之爲人故爲氣槩者所不重始領軍于忠以光舊德甚信重焉每事籌決光亦傾身事之元叉於光亦深宗敬及郭祚裴植見殺清河王懌遇禍光隨時俛仰竟不匡救於是天下譏之自從貴達罕所申薦曾啓其女壻彭城劉敬徽云敬徽爲荊州五隴戍主女隨夫行常慮寇抄南北分張乞爲徐州長史兼別駕暫集京師肅宗許之時人比之張禹光初爲黃門則讓宋弁爲中書監讓汝南王悅爲太常讓劉芳爲少傅讓元暉穆紹甄琛爲國子祭酒讓清河王懌任城王澄爲車騎儀同讓江陽王繼又讓靈太后父胡國珍皆顧望時情議者以爲矯飾崇信佛法禮拜讀誦老而逾甚終日怡怡未曾恚忿曾於門下省晝坐讀經有鴿飛集膝前遂入於懷緣臂上肩久之乃去道俗讚詠詩頌者數十人每爲沙門朝貴請講維摩十地經聽者常數百人卽爲二經義疏三十餘卷識者知其疏略以貴重爲後坐疑於講次凡所爲詩賦銘贊詠頌表啓數百篇五十餘卷別有集光十一子勵勗勔勸劼勉劭勛勳勉勵字彥德器學才行最有父風舉秀才中軍彭城王參軍祕書郎中以父光爲著作固辭不拜歷員外郎騎侍郎太尉記室散騎侍郎以繼母憂去職神龜中除司空從事中郎正光二年拜中書侍郎領軍將軍元叉爲明堂大將以勵爲長史與從兄鴻俱知名於世四年十月父光疾甚詔拜征虜將軍齊州刺史以父寢疾衣不解帶及光薨肅宗每加存慰五年春光葬於本鄉又詔遣主書張文伯宣弔焉孝昌元年十二月詔除太尉長史仍爲齊州大中正襲父爵建義初遇害河陰時年四十八贈侍中衞將軍儀同三司青州刺史

子挹襲武定末太尉屬齊受禪爵例降

挹弟損儀同開府主簿

勗武定末征虜將軍安州刺史朝陽伯齊受禪例降

勔字彥儒亦有父風司空記室通直散騎侍郎寧遠將軍清河太守帶槃陽鎮將爲逆賊崔景安所害贈征虜將軍齊州刺史

子權太尉參軍事

劼武定中中書郎

光弟敬友本州治中頗有受納御史案之乃與守者俱逃後除梁郡太守會遭所生母憂不拜敬友精心佛道晝夜誦經免喪之後遂菜食終世恭寬接下修身厲節自景明已降頻歲不登飢寒請丐者皆取足而去又置逆旅於肅然山南大路之北設食以供行者延昌三年二月卒年五十九

子鴻字彥鸞少好讀書博綜經史太和二十年拜彭城王國左常侍景明三年遷員外郎兼尚書虞曹郎中勑撰起居注遷給事中兼祠部郎轉尚書都兵郎中詔太師彭城王勰以下公卿朝士儒學才明者三十人議定律令於尚書上省鴻與光俱在其中時論榮之永平初豫州城人白早生殺刺史司馬悅據懸瓠叛詔鎮南將軍邢巒討之以鴻爲行臺鎮南長史從三公郎中加輕車將軍遷員外散騎常侍領郎中延昌二年將大考百寮鴻以考令於體例不通乃建議曰竊惟王者爲官求才使人以器黜陟幽明揚清激濁故績效能官才必稱位者朝昇夕進年歲數遷豈拘一階半級閡以闕寮等位者哉二漢以降太和以前苟必官須此人人稱此職或超騰昇陟數歲而至公卿或長兼試守稱允而遷進者披卷則人人而是舉目則朝貴皆然故能時收多士之譽國號豐賢之美竊見景明以來考格三年成一考一考轉一階貴賤內外萬有餘人自非犯罪不問賢愚莫不上中才與不肖比肩同轉雖有善政如黃龔儒學

如王鄭史才如班馬文章如張蔡得一分一寸必爲常流所舉選曹亦抑爲一槩不曾甄别琴瑟不調改而更張雖明旨已行猶宜消息世宗不從三年鴻以父憂解任甘露降其廬前樹十一月世宗以本官徵鴻四年復有甘露降其京兆宅之庭樹復加中堅將軍常侍領郎如故遷中散大夫高陽王友仍領郎中其年爲司徒長史正光元年加前將軍修高祖世宗起居注光撰魏史徒有卷目初未考正闕略尤多每云此史會非我世所成但須記錄時事以待後人臨薨言鴻於肅宗五年正月詔鴻以本官修緝國史孝昌初拜給事黃門侍郎尋加散騎常侍齊州大中正鴻在史甫爾未有所就尋卒贈鎮東將軍度支尚書青州刺史鴻弱冠便有著述之志見晉魏前史皆成一家無所措意以劉淵石勒慕容儁苻健慕容垂姚萇慕容德赫連屈孑張軌李雄呂光乞伏國仁禿髮烏孤李暠沮渠蒙遜馮跋等並因世故跨僭一方各有國書未有統一鴻乃撰爲十六國春秋勒成百卷因其舊記時有增損褒貶焉鴻二世仕江左故不錄僭晉劉蕭之書又恐識者責之未敢出行於外世宗聞其撰錄遣散騎常侍趙邕詔鴻曰聞卿撰定諸史甚有條貫便可隨成者送呈朕當於機事之暇覽之鴻以其書有與國初相涉言多失體且既未訖迄不奏聞鴻後典起居乃妄載其表曰臣聞帝王之興也雖誕應圖籙然必有驅除蓋所以翦彼厭政成此樂推故戰國紛紜年過十紀而漢祖夷殄羣豪開四百之業歷文景之懷柔蠻夏世宗之奮揚威武始得涼朔同文牂越一軌於是談遷感漢德之盛痛諸史放絶乃鈐括舊書著成太史所謂緝兹人事光彼天時之義也昔晉惠不競華戎亂起三帝受制於姦臣二皇晏駕於非所五都蕭條鞠爲煨燼趙燕既爲長蛇遼海緬成殊域窮兵銳進以力相雄中原無主八十餘年遺晉僻遠勢略孤微民殘兵革靡所歸控皇魏龍潛幽代世篤公劉內修德政外抗諸僞并冀之民懷寶之士襁負而至者日月相尋雖邠岐之赴太王謳歌之歸西伯實可同年而語矣太祖道武皇帝以神武之姿接金行之運應天順民龍飛受命太宗必世重光業隆玄默世祖雄才叡略闡曜威靈農戰兼修掃清氛穢歲垂四紀而寰宇一同僭耳文身之長卉服斷髮之酋莫不請朔率職重譯來庭隱愍鴻濟之澤三樂擊壤之歌百姓始得陶然蘇息欣於堯舜之世自晉永寧以後雖所在稱兵競自尊樹而能建邦命氏成爲戰國者十有六家善惡興滅之形用兵乖會之勢亦足以垂之將來昭明勸戒但諸史殘缺體例不全編錄紛謬繁略失所宜審正不同定爲一書伏惟高祖以大聖應期欽明御運合德乾坤同光日月建格天之功創不世之法開鑿生民惟新大造陛下以青陽繼統叡武承天應符屈已則道高三五頤神至境則洞彼玄宗剖判百家斟酌六籍遠邁石渠美深白虎至如導禮革俗之風昭文變性之化固以感彼禽魚穆兹寒暑而況愚臣沐浴太和懷音正始而可不勉彊難革之性砥礪木石之心哉誠知敏謝允南才非承祚然國志史考之美竊亦輒所庶幾始自景明之初搜集諸國舊史屬遷京甫爾率多分散求之公私驅馳數歲又臣家貧祿薄唯任孤力至於紙盡書寫所資每不周接暨正始元年寫乃向備謹於吏按之暇草構此書區分時事各繫本錄破彼異同凡爲一體約損煩文補其不足三豕五門之類一事異年之流皆稽以長歷考諸舊志刪正差謬定爲實錄商校大略著春秋百篇至三年之末草成九十五卷唯常璩所撰李雄父子據蜀時書尋訪不獲所以未及繕成輟筆私求七載於今此書本江南撰錄恐中國所無非臣私力所能終得其起兵僭號事之始末乃亦頗有但不得此書懼簡略不成久思陳奏乞勑緣邊求採但愚賤無因不敢輕輒散騎常侍太常少卿荆州大中正臣趙邕忽宣明旨敕臣送呈不悟九皋微志乃得上聞奉勑欣惶慶懼兼至今謹以所訖者附臣邕呈奏臣又別作序例一卷年表一卷仰表皇朝統括大義俯明愚臣著錄微體徒竊慕古人立言美意文致疏鄙無一可觀簡御之日伏深慙悸鴻意如此然自正光以前不敢顯行其書自後以其伯光貴重當朝知時人未能發明其事乃頗相傳讀亦以光故執事者遂不論之鴻經綜既廣多有違謬至如太祖天興二年姚興改號鴻以爲改在元年太宗永興二年慕容超擒於廣固鴻又以爲事在元年太常二年姚泓敗於長安而鴻亦以爲滅在元年如此之失多不考正

子子元祕書郎後永安中乃奏其父書曰臣亡考故散騎常侍給事黃門侍郎前將軍齊州大中正鴻不殞家風式纘世業古學克明在新必鏡多識前載博極羣書史才富洽號稱籍甚年止壯立便斐然懷著述意正始之末任屬記言撰緝餘暇乃刊著趙燕秦夏涼蜀等遺載爲之贊序褒貶評論先朝之日草構悉了唯有李雄蜀書搜索未獲闕兹一國遲留未成去正光三年購訪始得討論適訖而先臣棄世凡十六國名爲春秋一百二卷近代之事最爲備悉未曾奏上弗敢宣流今繕寫一本敢以仰呈儻或淺陋不回睿賞乞藏祕閣以廣異家子元後謀反事發逃竄會赦免尋爲其叔鶡所殺

光從祖弟長文字景翰少亦徙於代都聰敏有學識太和中除奉朝請遷洛拜司空參軍事營構華林園後兼員外散騎常侍爲宕昌使主還授給事中本國中正尚書庫部郎正始中大修器械爲諸州造仗都使齊州太原太守雍州撫軍府長史以廉慎稱遷輔國將軍中散大夫轉太府少卿丞相高陽王雍諮議參軍太中大夫永安中以老拜征虜將軍平州刺史還家專讀佛經不關世事年七十九天平初卒贈使持節征東將軍齊州刺史謚曰貞

子慈懋字德林永熙初征虜將軍徐州征東府長史

長文從弟庠字文序有幹用初除侍御史員外散騎侍郎給事中頻使高麗轉步兵校尉又轉司空掾領左右直長出除相州長史還拜河陰洛陽令以彊直稱遷東郡太守元顥寇逼郡界庠拒不從命棄郡走還鄉里孝莊還宮賜爵平原伯拜潁川太守二年五月爲城民王早蘭寶等所害後贈驃騎將軍吏部尚書齊州刺史

子罕襲爵齊受禪例降

光族弟榮先字隆祖涉經史州辟主簿

子鑠有文才冠軍將軍中散大夫

鑠弟覲寧遠將軍羽林監

史臣曰崔光風素虛遠學業淵長高祖歸其才博許其大至明主固知臣也歷事三朝師訓少主不出宮省坐致台傳斯亦近世之所希有但顧懷大雅託迹中庸其於容身之譏斯乃胡廣所不免也鴻博綜古今立言爲事亦才志之士乎

魏書卷六十七考證

崔光傳鴻乃撰爲十六國春秋勒成百卷○臣人龍按唐史臣所作晉書載記大都出於此書

魏書卷六十八

齊　魏　收　撰

列傳第五十六

甄琛　高聰

甄琛字思伯中山毋極人漢太保甄邯後也父凝州主簿琛少敏悟閨門之內兄弟戲狎不以禮法自居頗學經史稱有刀筆而形貌短陋尠風儀舉秀才入都積歲頗以弈棊棄日至乃通夜不止手下蒼頭常令秉燭或時睡頓大加其杖如此非一奴後不勝楚痛乃白琛曰郎君辭父母仕宦京師若爲讀書執燭奴不敢辭罪乃以圍棊日夜不息豈是向京之意而賜加杖罰不亦非理琛惕然慙感遂從許叡李彪假書研習聞見益優太和初拜中書博士遷諫議大夫時有所陳亦爲高祖知賞轉通直散騎侍郎出爲本州征北府長史後爲本州陽平王頤衛軍府長史世宗踐祚以琛爲中散大夫兼御史中尉轉通直散騎常侍仍兼中尉琛表曰王者道同天壤施齊造化濟時拯物爲民父母故年穀不登爲民祈祀乾坤所惠天子順之山川秘利天子通之苟益生民損躬無吝如或所聚唯爲賑恤是以月令稱山林藪澤有能取蔬食禽獸者皆野虞教導之其迭相侵奪者罪之無赦此明導民而弗禁通有無以相濟也周禮雖有川澤之禁正所以防其殘盡必令取之有時斯所謂障護雖在公更所以爲民守之耳且一家之長惠及子孫一運之君澤周天下皆所以厚其所養以爲國家之富未有尊居父母而醯醢是吝富有萬品而一物是規今者天爲黔首生鹽國與黔首障護假獲其利是猶富專口斷不及四體也且天下夫婦歲貢粟帛四海之有備奉一人軍國之資取給百姓天子亦何患乎貧而苟禁一池也古之王者世有其民或水火以濟其用或巢宇以誨其居或教農以去其飢或訓衣以除其敝故周詩稱教之誨之飲之食之皆所以撫覆導養爲之求利者也臣性昧知理識無遠尚每觀上古愛民之迹時讀中葉驟稅之書未嘗不歎彼遠大惜此近狹今僞弊相承仍崇關鄽之稅大魏恢博唯受穀帛之輸是使遠方聞者罔不歌德昔亶父以棄寶得民碩鼠以受財失衆君王之義宜其高矣魏之簡稅惠實遠矣語稱出內之吝有司之福施惠之難人君之禍夫以府藏之物猶以不施而爲災況府外之利而可吝之於黔首且善藏者藏於民不善藏者藏於府藏於民者民欣而君富藏於府者國怨而民貧國怨則示化有虧民貧則君無所

取願弛茲鹽禁使沛然遠及依周禮置川衡之法使之
監導而已詔曰民利在斯深如所陳付八座議可否以
聞司徒錄尚書彭城王勰兼尚書邢巒等奏琛之所列
富乎有言首尾大備或無可貶但恐坐談則理高行之
則事闕是用遲回未謂爲可竊惟古之善爲治者莫不
昭其勝途悟其遠理及於救世升降稱時欲令豐無過
溢儉不致敝役養消息備在厥中節約取足成其性命
如不爾者焉用君爲若任其生產隨其啄食便是芻狗
萬物不相有矣自大道旣往恩惠生焉下奉上施卑高
理睦然恩惠旣交思拯之術廣恒恐財不賙國澤不厚
民故多方以達其情立法以行其志至乃取貨山川輕
在民之貢立稅關市裨十一之儲收此與彼非利己也
回彼就此非爲身也所謂集天地之產惠天地之民藉
造物之富賑造物之貧徹商賈給戎戰賦四民贍軍國
取乎用乎各有義已禁此淵池不專大官之御斂此匹
帛豈爲後宮之賚旣潤不在己彼我理一猶積而散之
將焉所吝且稅之本意事有可求固以希濟生民非爲
富賄藏貨不爾者昔之君子何爲然哉是以後來經圖
未之或改故先朝商校小大以情降鑒之流覓與復鹽
禁然自行以來典司多怠出入之間事不如法遂令細
民怨嗟商販輕議此乃用之者無方非興之者有謬至
使朝廷明識聽營其間今而罷之懼失前旨一行一改
法若易棊參論理要宜依前式詔曰司鹽之稅乃自古
通典然興制利民亦代或不同苟可以富氓益化唯理
所在甄琛之表實所謂助政毗治者也可從其前計使
公私並宜川利無擁尚書嚴爲禁豪強之制也詔琛參
八座議事尋正中尉常侍如故遷侍中領中尉琛俛眉
畏避不能繩糾貴遊凡所劾治率多下吏於時趙修盛
寵琛傾身事之琛父凝爲中散大夫弟僧林爲本州別
駕皆託修申達至修姦詐事露明當收考今日乃舉其
罪及監決修鞭猶相隱惻然告人曰趙修小人背如土
牛殊耐鞭杖有識以此非之修死之明日琛與黃門郎
李憑以朋黨被召詣尚書兼尚書元英邢巒窮其阿附
之狀琛曾拜官諸賓悉集巒乃曉至琛謂巒曰卿何處
放蛆來今晚始顧巒以戲言巒變色銜忿及此大相推
窮司徒公錄尚書北海王詳等奏曰臣聞黨人爲患自
古所疾政之所忌雖寵必誅皆所以存天下之至公保
靈基於永業者也伏惟陛下纂聖前暉淵鑒幽愚恩斷
近習憲軌唯新大政蔚以增光鴻猷於焉永泰謹按侍
中領御史中尉甄琛身居直法糾擿是司風邪響黷猶

宜劾糾況趙修奢暴聲著內外侵公害私朝野切齒而
琛嘗不陳奏方更往來綢繆結納以爲朋黨中外影響
致其談譽令布衣之父超登正四之官七品之弟越陟
三階之祿虧先皇之選典塵聖明之官人又與武衞將
軍黃門郎李憑相爲表裏憑兄叨封知而不言及修釁
彰方加彈奏生則附其形勢死則就地排之竊天之功
以爲己力仰欺朝廷俯罔百司其爲鄙詐於茲甚矣不
實不忠寔合貶黜謹依律科徒請以職除其父中散實
爲叨越雖皇族帝孫未有此例旣得不以倫請下收奪
李憑朋附趙修是親是仗交遊之道不依恒度或晨昏
從就或吉凶往來至乃身拜其親妻見其子每有家事
必先請託緇點皇風塵鄙正化此而不糾將何以肅整
阿諛獎厲忠槩請免所居官以肅風軌奏可琛遂免歸
本郡左右相連死黜者三十餘人始琛以父母年老常
求解官扶侍故高祖授以本州長史及貴達不復請歸
至是乃還供養數年遭母憂母鉅鹿曹氏有孝性夫氏
去家路踰百里每得魚肉菜果珍美口實者必令僮僕
走奉其母乃後食焉琛母服未闋復喪父琛於塋兆之
內手種松柏隆冬之月負擔水土鄉老哀之咸助加力
十餘年中墳成木茂與弟僧林誓以同居沒齒專事產
業親躬農圃時以鷹犬馳逐自娛朝廷有大事猶上表
陳情久之復除散騎常侍領給事黃門侍郎定州大中
正大見親寵委以門下庶事出參尚書入厠帷幄琛高
祖時兼主客郎迎送蕭賾使彭城劉纘琛欽其器貌常
歎詠之纘子晰爲朐山戍主晰死家屬入洛有女年未
二十琛已六十餘矣乃納晰女爲妻婚日詔給廚費琛
深所好悅世宗時調戲之盧昶敗於朐山詔琛馳驛檢
按遷河南尹加平南將軍黃門中正如故琛表曰詩稱
京邑翼翼四方是則者京邑是四方之本安危所在不
可不清是以國家居代患多盜竊世祖太武皇帝親自
發憤廣置主司里宰皆以下代令長及五等散男有經
畧者乃得爲之又多置吏士爲其羽翼崇而重之始得
禁止今遷都已來天下轉廣四遠赴會事過代都五方
雜沓難可備簡寇盜公行劫害不絕此由諸坊混雜釐
比不精主司闇弱不堪檢察故也凡使人攻堅木者必
爲之擇良器今河南郡是陛下天山之堅木盤根錯節
亂植其中六部里尉卽攻堅之利器非貞剛精銳無以
治之今擇尹旣非南金里尉鉛刀而割欲望清肅都邑
不可得也里正乃流外四品職輕任碎多是下才人懷
苟且不能督察故使盜得容姦百賦失理邊外小縣所

領不過百戶而令長皆以將軍居之京邑諸坊大者或
千戶五百戶其中皆王公卿尹貴勢姻戚豪猾僕隸蔭
養姦徒高門邃宇不可干問又有州郡俠客蔭結貴遊
附黨連羣陰爲市劫比之邊縣難易不同今難彼易此
實爲未愜王者立法隨時從宜改弦易調明主所急先
朝立品不必卽定施而觀之不便則改今閑官靜任猶
聽長兼況煩劇要務不得簡能下領請取武官中八品
將軍已下幹用貞濟者以本官俸恤領里尉之任各食
其祿高者領六部尉中者領經途尉下者領里正不爾
請少高里尉之品選下品中應遷之者進而爲之則督
責有所輦轂可清詔曰里正可進至勳品經途從九品
六部尉正九品諸職中簡取何必須武人也琛又奏以
羽林爲遊軍於諸坊巷司察盜賊於是京邑清靜至今
踵焉轉太子少保黃門如故大將軍高肇伐蜀以琛爲
使持節假撫軍將軍領步騎四萬爲前驅都督琛次梁
州獠亭會世宗崩班師高肇旣死以琛肇之黨也不宜
復參朝政出爲營州刺史加安北將軍歲餘以光祿大
夫李思穆代之時年六十五矣遂停中山久之乃赴洛
除鎭西將軍涼州刺史猶以琛高氏之昵也不欲處之
於內尋徵拜太常卿仍以本將軍出爲徐州刺史及入
辭肅宗琛辭以老詔除吏部尚書將軍如故未幾除征
北將軍定州刺史衣錦晝遊大爲稱滿治體嚴細甚無
聲譽崔光辭司徒之授也琛與光書外相抑揚內實附
會也光亦揣其意復書褒美以悅之徵爲車騎將軍特
進又拜侍中以其衰老詔賜御府杖朝直杖以出入正
光五年冬卒詔給東園秘器朝服一具衣一襲錢十萬
物七百段蠟三百斤贈司徒公尚書左僕射加後部鼓
吹太常議謚文穆吏部郎袁翻奏曰案禮謚者行之迹
也號者功之表也車服者位之章也是以大行受大名
細行受細名行生於己名生於人故闔棺然後定謚皆
累其生時美惡所以爲將來勸戒身雖死使名常存也
凡薨亾者屬所卽言大鴻臚移本郡大中正條其行迹
功過承中正移言公府下太常部博士評議爲謚列上
謚不應法者博士坐如選舉不以實論若行狀失實中
正坐如博士自古帝王莫不殷勤重愼以爲褒貶之實
也今之行狀皆出自其家任其臣子自言君父之行無
復相是非之事臣子之欲光揚君父但苦迹之不高行
之不美是以極辭肆意無復限量觀其狀也則周孔聯
鑣伊顏接衽論其謚也雖窮文盡武罔或加焉然今之
博士與古不同唯知依其行狀又先問其家人之意臣

子所求便爲議上都不復斟酌與奪商量是非致號謚
之加與汎階莫異專以極美爲稱無復貶降之名禮官
之失一至於此案甄司徒行狀至德與聖人齊蹤鴻名
共大賢比跡文穆之謚何足加焉但比來贈謚於例普
重如甄琛之流無不複謚謂宜依謚法慈惠愛民曰孝
宜謚曰孝穆公自今已後明勒太常司徒有行狀如此
言辭流宕無復節限者悉請裁量不聽爲受必準人立
謚不得甚加優越復仍踵前來之失者付法司科罪從
之琛祖載肅宗親送降車就轝弔服哭之遣舍人慰其
諸子琛性輕簡好嘲謔故少風望然明解有幹具在官
清白自高祖世宗咸相知待肅宗以師傅之義而加禮
焉所著文章鄙碎無大體時有理詣磔四聲姓族廢興
會通緇素三論及家誨二十篇篤學文一卷頗行於世
琛長子侃字道正郡功曹釋褐秘書郎性險薄多與盜
劫交通隨琛在京以酒色夜宿洛水亭舍毆擊主人爲
司州所劾淹在州獄琛大以慙慨廣平王懷爲牧與琛
先不協欲具案窮推琛託左右以聞世宗遣白衣吳仲
安敕懷寬放懷固執治之久乃特旨出之侃自此沉廢
卒於家

侃弟楷字德方粗有文學頗習吏事太平中上高祖頌
十二篇文多不載優詔報之琛啓除秘書郎世宗崩未
葬楷與河南尹丞張普惠等飲戲免官任城王澄爲司
徒引爲功曹參軍稍遷尚書儀曹郎有當官之稱肅宗
末定州刺史廣陽王淵被徵還朝時楷丁憂在鄉淵臨
發名楷不兼長史委以州任尋値鮮于修禮毛普賢等
率北鎭流民反於州西北之左人城屠村掠野引向州
城州城之內先有燕恒雲三州避難之戶皆依傍市鄽
草廬攢住修禮等聲云欲收此輩共爲舉動旣外寇將
逼恐有內應楷見人情不安慮有變起乃收州人中麤
豪者皆殺之以威外賊固城民之心及刺史元固大都
督楊津等至楷乃還家後修禮等忿楷屠害北人遂掘
其父墓載棺巡城示相報復孝莊時徵爲中書侍郎爾
朱榮之死帝以其堪率鄉義除試守常山太守賜絹二
百疋出帝初除征東將軍金紫光祿大夫遷衞將軍右
光祿大夫齊文襄王取爲儀同府諮議參軍天平四年
卒年四十六贈驃騎將軍秘書監滄州刺史

楷弟寬字仁規自員外散騎侍郎本州別駕稍遷太尉
從事中郎治書侍御史武定初謝病還鄉卒於家

僧林終於鄉里

琛從父弟密字叔雍清謹少嗜欲頗涉書史太和中奉

朝請密疾世俗貪競乾沒榮寵曾作風賦以見意後參中山王英軍事英鍾離敗退鄉人蘇良沒於賊手密盡私財以贖之良既歸傾資報密密一皆不受謂良曰濟君之日本不求貨豈相贖之意也歷太尉鎧曹遷國子博士肅宗末通直散騎常侍冠軍將軍時賊帥葛榮侵擾河北裴衍源子邕敗沒人情不安詔密爲相州行臺援守鄴城莊帝以密全鄴之勳賞安市縣開國子食邑三百戶遷平東將軍光祿大夫領廷尉少卿尋轉征東將軍金紫光祿大夫孝靜初車騎將軍廷尉卿在官有平直之譽出爲北徐州刺史將軍如故興和四年卒贈驃騎將軍儀同三司瀛州刺史謚曰靖

長子儉字元恭官至前將軍太中大夫卒

儉弟頤有才學亦早卒

琛同郡張纂字伯業祖珍字文表慕容寶度支尚書太祖平中山入國世祖時拜中書侍郎眞君元年關右慰勞大使二年拜使持節鎮西將軍涼州刺史卒贈征東將軍燕州刺史謚曰穆纂頗涉經史雅有氣尚交結勝流太和中釋褐奉朝請稍遷伏波將軍任城王澄鎮北府騎兵參軍帶魏昌縣令吏民安之後爲北中府司馬久之除樂陵太守在郡多所受納聞御史至棄郡逃走於是除名乃卒天平初贈使持節都督冀定二州諸軍事驃騎將軍定州刺史

纂叔感字崇仁有器業不應州郡之命

子宣軌少孤事母以孝聞歷郡功曹州主簿延昌中釋褐奉朝請冀州征東府長流參軍轉相州中軍府錄事參軍定州別駕後除鎮遠將軍員外散騎常侍出爲相州撫軍府司馬宣軌性通率輕財好施屬葛榮圍城與刺史李神有固守之効永安中以功賜爵中山公中興初坐事死於鄴

子子瑜

纂從弟元賓太和十六年出身奉朝請遷員外郎給事中正光中除中堅將軍射聲校尉永安三年卒永熙中外生高敖曹貴達啓贈持節撫軍將軍瀛州刺史

子辨天平中司徒行參軍

高聰字僧智本渤海蓨人曾祖軌隨慕容德徙青州因居北海之劇縣父法昂劉駿車騎將軍王玄謨甥也少隨玄謨征伐以軍功至員外郎早卒聰生而喪母祖母王撫育之大軍攻尅東陽聰徙入平城與蔣少遊爲雲中兵戶窘困無所不至族祖允視之若孫大加賙給聰涉獵經史頗有文才允嘉之數稱其美言之朝廷云青州蔣少遊與從孫僧智雖爲孤弱然皆有文情由是與少遊同拜中書博士積十年轉侍郎以本官爲高陽王雍友稍爲高祖知賞太和十七年兼員外散騎常侍使於蕭昭業高祖定都洛陽追詔聰等曰比於河陽勑卿仍屆邐洛周視舊業依然有懷固欲先之營之後乃薄伐且以贖喪甫爾使通在昔乘危幸凶君子弗取是用輟兹前圖遠期來會爰息六師三川是宅將底居成周永恢皇宇今更造璽書以代往詔比所勑授隨宜變之善曷皇華無替指意使還遷通直散騎常侍兼太府少卿轉兼太子左率聰微習弓馬乃以將用自許高祖銳意南討專訪王肅以軍事聰託肅願以偏裨自効肅言之於高祖故假聰輔國將軍統兵二千與劉藻傅永成道益任莫問俱受肅節度同援渦陽而聰躁怯少威重所經淫掠無禮及與賊交望風退敗與藻等同囚於懸瓠高祖恕死徙平州爲民行屆瀛州屬刺史王質獲白兎將獻託聰爲表高祖見表顧爲王肅曰在下那得復有此才而令朕不知也肅曰比高聰北徙此文或其所製高祖悟曰必應然也何應更有此輩世宗初聰復竊還京師六輔之廢聰之謀也世宗親政除給事黃門侍郎加輔國將軍遷散騎常侍黃門如故世宗幸鄴還於河內懷界帝親射矢一里五十餘步侍中高顯等奏伏見親御弧矢臨原弋遠弦動羽馳矢鏃所逮三百五十餘步臣等伏惟陛下聖武自天神藝夙茂巧會騶虞之節妙盡矍圃之儀威稜攸曁彪兕攝氣才猛所振勍憝弭心足以肅截九區赫服八宇矣盛事奇迹必宜表述請勒銘射宮永彰聖藝詔曰此乃弓弧小藝何足以示後葉而喉脣近侍苟以爲然亦豈容有異便可如請遂刊銘於射所聰爲之詞趙修嬖幸聰深朋附及詔追贈修父聰爲碑文出入同載觀視碑石聰每見修迎送盡禮聰又爲修作表陳當時便宜敎其自安之術由是迭相親狎修死甄琛李憑皆被黜落聰亦深用危慮而聰先以疎宗之情曲事高肇竟獲自免肇之力也修之任勢聰傾身事之及修之死言必毁惡茹皓之寵聰又媚附每相招命言笑携撫公私託仗無所不至每稱皓才識明敏非趙修之儔乃因皓啓請青州鎭下治中公廨以爲私宅又乞水田數十頃皆被遂許及皓見戮聰以爲死之晚也其薄於情義類皆如此侍中高顯出授護軍聰轉兼其處於時顯兄弟疑聰間搆而求之聰居兼十餘旬出入機要言卽眞無遠慮藉貴因權躭於聲色賄納之音聞於遐邇中尉崔亮知肇微恨遂面陳聰罪世宗乃出聰爲平北將軍并州刺史聰善於去就知肇嫌之側身承奉肇遂待之如舊聰在并州數歲多不率法又與太原太守王椿有隙再爲大使御史舉奏肇每以宗私相援事得寢緩世宗末拜散騎常侍平北將軍肅宗踐祚以其素附高肇出爲幽州刺史將軍如故尋以高肇之黨與王世義高綽李憲崔楷蘭氛之爲中尉元匡所彈靈太后並特原之聰遂停廢于家斷絕人事唯修營園果以聲色自娛久之拜光祿大夫加安北將軍聰心望中書令然後出作青州願竟不果正光元年夏卒年六十九靈太后聞其病遣主書問之聰對使者歔欷慟泣及聞其凶嗟悼良久言朕既無福大臣殞喪且其與朕父南征契濶戎旅特可感念賵布帛三百匹氷一車贈撫軍將軍青州刺史謚曰獻聰有妓十餘人有子無子皆注籍爲妾以悅其情及病不欲他人得之並令燒指吞炭出家爲尼聰所作文筆二十卷別有集

子長雲字彥鴻起家秘書郎太尉主簿稍遷輔國將軍中散大夫建義初於河陰遇害贈安東將軍兗州刺史

長雲弟叔山字彥甫司徒行參軍稍遷寧朔將軍越騎校尉卒贈太常少卿

史臣曰甄琛以學尚刀筆早樹聲名受遇三朝終至崇重高聰才尚見知名位 顯著而異軌同奔咸經於危覆之轍惜乎

魏書卷六十八考證

甄琛傳遂從許叡李彪假書研習聞見益優○許叡李彪北史作許赤彪

僧林終於鄉里○臣盟按僧林旣不著爲甄琛何人又止終於鄉里四字亦成一附傳史家荒率如此

魏書卷六十九

齊　魏　收　撰

列傳第五十七

崔休　裴延儁　袁飜

崔休字惠盛清河人御史中丞逞之玄孫也祖靈和仕劉義隆爲員外散騎侍郎父宗伯世宗初追贈清河太守休少孤貧矯然自立舉秀才入京師與中書郎宋弁通直郎邢巒雅相知友尚書王嶷欽其人望爲長子娉休姊贈以貨財由是少振高祖納休妹爲嬪以爲尚書主客郎轉通直正員郎兼給事黃門侍郎休好學涉歷書史公事軍旅之隙手不釋卷崇尚先達愛接後來常參高祖侍席禮遇次于宋郭之輩高祖南伐以北海王爲尚書僕射統留臺事以休爲尚書左丞高祖詔休曰北海年少未閑政績百揆之務便以相委轉長史兼給事黃門侍郎後從駕南行及車駕還幸彭城泛舟泗水詔在侍筵觀者榮之世祖初休以弟亾祖父未葬固求渤海於是除之性嚴明雅長治體下車先戮豪猾數人廣布耳目所在姦盜莫不擒翦百姓畏之寇盜止息清身率下渤海大治時大儒張吾貴有盛名於山東西方學士咸相宗慕弟子自遠而至者恒千餘人生徒旣衆所在多不見容休乃爲設俎豆招延禮接使肄業而還儒者稱爲口實入爲吏部郎中遷散騎常侍權兼選任休愛才好士多所拔擢廣平王懷數引談宴世宗責其與諸王交遊免官後除龍驤將軍洛州刺史在州數年以母老辭州許之尋行幽州事徵拜司徒右長史休聰明彊濟雅善斷決幙府多事辭訟盈几剖判若流殊無疑滯加之公平清潔甚得時談復除吏部郎中加征虜將軍冀州大中正遷光祿大夫行河南尹肅宗初卽眞加平東將軍尋除平北將軍幽州刺史進號安北將軍遷安東將軍青州刺史青州九郡民單懃李伯徽劉通等一千人上書訟休德政靈太后善之休在幽青州五六年皆清白愛民甚著聲績二州懷其德澤百姓追思之徵爲安南將軍度支尚書尋進號撫軍將軍七兵尚書又轉殿中尚書休久在臺閣明習典禮每朝廷疑議咸取正焉諸公咸相謂曰崔尚書下意處我不能異也正光四年卒年五十二賵帛五百匹贈車騎將軍尚書僕射冀州刺史謚文貞侯休少而謙退事母孝謹及爲尚書子仲文納丞相雍第二女女妻領軍元乂長庶子秘書郎稚舒挾恃二家志氣微改內有自得之心外則陵藉同列尚書令李崇左僕射蕭寶夤右僕射元欽皆以雍乂之故每憚下之始休母房氏欲以休女妻其外孫邢氏休不欲乃違其母情以妻乂子議者非之休有九子

長子㥄字長儒武定中七兵尚書武城縣開國公

㥄弟仲文散騎常侍

仲文弟叔仁性輕俠重矜期歷通直散騎侍郎司徒司馬散騎常侍出爲驃騎將軍潁州刺史以貪汙爲御史所劾興和中賜死於宅臨刑賦詩與諸弟訣別而不及其兄以其不甚營救故也

叔仁弟叔義孝莊時爲尚書庫部郎坐兄㥄鑄錢事發

合家逃逸數日叔義遂見執獲時城陽王徽爲司州牧臨淮王彧以非其身罪驟爲致言徽不從乃殺之

叔義弟子侃以竊級爲中書郎爲尚書左丞和子岳彈糾失官後兼通直常侍使於蕭衍還路病卒

子侃弟子聿武定末東莞太守卒

子聿弟子約開府祭酒

休弟貧字敬禮太子舍人早卒贈樂安太守妻安樂王長樂女晉寧主也貞烈有德行

子長謙好學修立少有令名仕歷給事中仍還鄉里久之刺史尉景取爲開府諮議參軍事曉頗以酒爲損天平中被徵兼主客郎接蕭衍使張皐等後兼散騎常侍使蕭衍還卒於宿豫時人歎惜之以死王事贈驃騎將軍南青州刺史

裴延儁字平子河東聞喜人魏冀州刺史徽之八世孫曾祖天明諮議參軍并州別駕祖雙虎河東太守卒贈平遠將軍雍州刺史謚曰順父崧州主簿行平陽郡事以平蜀賊丁蟲功贈東雍州刺史延儁少偏孤事後母以孝聞涉獵墳史頗有才筆舉秀才射策高第除著作佐郎遷尚書儀曹郎轉殿中郎太子洗馬又領本邑中正及太子友太子恂廢以宮官例免頃之除太尉掾兼太子中舍人世宗初爲散騎侍郎尋除雍州平西府長史加建威將軍入爲中書侍郎時世宗專心釋典不事墳籍延儁上疏諫曰臣聞有堯文思欽明稽古嬀舜體道愼典作聖漢光神武軍中讀書魏武英規馬上翫籍先帝天縱多能克文克武營遷謀伐手不釋卷良以經史義深補益處廣雖則劬勞不可暫輟斯乃前王之美實後王之水鏡善足以遵惡足以誡也陛下道悟自深淵鑒獨得昇法座於宸闈釋覺善於日宇凡在聽矚塵蔽俱開然五經治世之模六籍軌俗之本蓋以訓物有漸應時匪妙必須先麤後精乘近卽遠伏願經書互覽孔釋兼存則內外俱周眞俗斯暢後除司州別駕加鎭遠將軍及詔立明堂羣官博議延儁獨著一堂之論太傅清河王懌時典衆議讀而笑曰子故欲遠符僕射也兼太子中庶子尋卽正別駕如故加冠軍將軍肅宗初還散騎常侍監起居注加前將軍又加平西將軍除廷尉卿轉平北將軍幽州刺史范陽郡有舊督亢渠徑五十里漁陽燕郡有故戾陵諸堰廣袤三十里皆廢毀多時莫能修復時水旱不調民多飢餒延儁謂疏通舊跡勢必可成乃表求營造遂躬自履行相度水形隨力分督未幾而就溉田百萬餘畝爲利十倍百姓至今賴之又命主簿酈惲修起學校禮敎大行民歌謠之在州五年考績爲天下最延儁繼母隨延儁在薊時遇重患延儁啓求侍母還京療治至都未幾拜太常卿時汾州山胡恃險寇竊正平平陽二郡尤被其害以延儁兼尚書爲西北道行臺節度討胡諸軍尋遇疾勑還三鵶羣蠻寇掠不已車駕欲親征之延儁乃於病中上疏諫諍尋除七兵尚書安南將軍徙殿中尚書加中軍將軍轉散騎常侍中書令御史中尉又以本官兼侍中吏部尚書延儁在臺閣守職而已不能有所裁斷直繩也莊帝初於河陰遇害贈都督雍岐豳三州諸軍事儀同三司本將軍雍州刺史

子元直尚書郎中

元直弟敬猷員外常侍兄弟並有學尚與父同時遇害元直贈光州刺史敬猷妻丞相高陽王雍外孫超贈尚書僕射

延儁從叔桃弓亦見稱於鄉里

子凤字買興沉雅有器識儀望甚偉高祖見而異之自司空主簿轉尚書左主客郎中時吏部尚書任城王澄有知人鑒每歎美凤以遠大許之高祖南伐爲行臺吏部郎仍除征北大將軍穆亮從事中郎轉爲河北太守以忠恕接下百姓咸之卒於郡年四十三

長子範字宗模早卒

範子凝字長儒卒於武平鎭將

範弟昇之鑒武定末昇之太尉掾鑒司徒右長史

延儁從祖弟良字元賓起家奉朝請轉北中府功曹參軍世宗初南絳縣令稍遷并州安北府長史入爲中散大夫領尚書考功郎中時汾州吐京羣胡薛羽等作逆以良兼尚書左丞爲西北道行臺值別將李德龍爲羽所破良入汾州與刺史汝陰王景和及德龍率兵數千憑城自守賊併力攻逼詔遣行臺裴延儁大都督章武王融都督宗正珍孫等赴援時有五城郡山胡馮宜都賀悅回成等以妖妄惑衆假稱帝號服素衣持白傘白幡率諸逆衆於雲臺郊抗拒王師融等與戰敗績賊乘勝圍城良率將士出戰大破之於陣斬回成復誘導諸胡令斬送宜都首又山胡劉蠡升自云聖術胡人信之咸相影附旬日之間逆徒還振德龍議欲拔城良不許德龍等乃止景和薨以良爲汾州刺史加輔國將軍行臺如故都督高防來援復敗於百里候先是官粟貸民未及收聚仍值寇亂至是城民大飢人相食賊知倉庫空虛攻圍日甚死者十三四良以飢窘因與城人奔赴西河汾州之治西河自良始也時南絳蜀陳雙熾等聚衆反自號建始王與大都督長孫稚宗正珍孫等相持不下詔良解州爲慰勞使轉太中大夫本部中正孝莊末除光祿大夫爾朱榮死榮從子天光擁衆關西乃詔良持節假安西將軍潼關都督又兼尚書爲河東恒農河北宜陽行臺以備之前廢帝時除征東將軍金紫光祿大夫尋轉衛將軍又加散騎常侍車騎將軍右光祿大夫轉驃騎將軍左光祿大夫出帝末除汲郡太守孝靜初衛大將軍太府卿天平二年秋卒時年六十一贈使持節都督雍華二州諸軍事吏部尚書本將軍雍州刺史謚曰貞又重贈侍中驃騎大將軍尚書僕射餘如故

子叔祉武定末太子洗馬

良從父兄子慶孫字紹遠少孤性倜儻重然諾釋褐員外散騎侍郎正光末汾州吐京羣胡薛悉公馬牒騰並自立爲王聚黨作逆衆至數萬詔慶孫爲募人別將招率鄉豪得戰士數千人以討之胡賊屢來逆戰慶孫身先士卒每摧其鋒遂深入至雲臺郊諸賊更相連結大戰郊西自旦及夕慶孫身自突陳賊王闕郭康兒賊衆大潰勑徵赴都除直後於後賊復鳩集北連蠡升南通絳蜀凶徒轉盛復以慶孫爲別將從軹關入討至齊子嶺東賊帥范多范安族等率衆來拒慶孫與戰復斬多首乃深入二百餘里至陽胡城朝廷以此地被山帶河衿要之所肅宗末遂立邵郡因以慶孫爲太守假節輔國將軍當郡都督民經賊亂之後率多逃竄慶孫務安緝之咸來歸業永安中還朝除太中大夫爾朱榮之死也世隆擁衆北渡詔慶孫爲大都督與行臺源子恭率衆追擊軍次太行而慶孫與世隆密通事泄追還河內而斬之時年三十六慶孫任俠有氣鄉曲壯士及好事者多相依附撫養咸有恩紀在郡之日值歲饑凶四方遊客常有百餘慶孫自以家糧贍之性雖麤武愛好文流與諸才學之士咸相交結輕財重義座客常滿是以爲時所稱

子子瑩永安中太尉行參軍

延儁從祖弟仲規少好經史頗有志節起家奉朝請領侍御咸陽王禧爲司州牧辟爲主簿仍表行建興郡事車駕自代還洛次於郡境仲規備供帳朝於路側高祖詔仲規曰朕開置神畿郡望闕字一重卿既首應司隸美舉復督我名邦何能自致也仲規對曰陛下窮神盡聖應天順民棄彼玄壤來宅紫縣臣方罄心力躍馬吳會冀功銘帝籍勳書王府豈一郡而已高祖笑曰冀卿必副此言車駕達河梁見咸陽王謂曰昨得汝主簿爲南道主人六軍豐贍元弟之寄殊副所望尋除司徒主簿仲規父在鄉疾病棄官奔赴以違制免久之中山王英征義陽引爲統軍奏復本資於陳戰歿時年四十八贈河東太守謚曰貞無子弟叔義以第二子伯茂爲之後伯茂在文苑傳

叔義亦有學行高祖末除兗州安東府外兵參軍累遷太山太守爲政清靜吏民安之遷司空從事中郎正光五年夏卒時年五十七贈征虜將軍東秦州刺史謚曰宣

子景融字孔明篤學好屬文正光初舉秀才射策高第除太學博士永安中秘書監李凱以景融才學啓除著作佐郎稍遷輔國將軍諫議大夫仍領著作出帝時議孝莊謚事遂施行時詔撰四部要略令景融專典竟無所成元象中儀同高岳以爲錄事參軍弟景顏被劾廷尉獄景融入選吏部擬郡爲御史中丞崔暹所彈云其貪昧苟進遂坐免官武定四年冬病卒年五十景融卑退廉謹無競於時雖才不稱學而緝綴無倦文詞汎濫理會處寡所作文章別有集錄又造鄴都晉都賦云

景顏頗有學尚起家汝南王開府行參軍孝莊初爲廣州防蠻別將行廣漢郡事元顥入洛與刺史鄭先護據州起義事寧賜爵保城子以軍功稍遷太尉從事中郎轉諮議參軍孝靜初從司空長史在官貪穢武定二年爲中尉崔暹所劾事下廷尉遇疾死於獄年四十五

仲規弟子伯珍歷襄威將軍員外散騎郎西河太守孝靜初爲平東將軍滎陽太守卒官時年三十二贈本將軍雍州刺史

延儁族子禮和解褐員外散騎侍郎遷謁者僕射身長九尺腰帶十圍於羣衆之中魁然有異出爲陳留太守卒於金紫光祿大夫

延儁族兄聿字外興以操尚貞立爲高祖所知自著作佐郎出爲北中府長史時高祖以聿與中書侍郎崔亮並清貧欲以幹祿優之乃以亮帶野王縣聿帶溫縣時人榮之轉尚書郎遷太尉諮議參軍出爲平秦太守卒贈冠軍將軍洛州刺史

子子袖歿關西

延儁族人瑗字珍寶太和中析屬河北郡少孤貧而清苦自立太守司馬悅名爲中正悅爲別將軍征義陽引爲中兵參軍瑗夙夜恭勤爲悅所知軍還除奉朝請轉

給事中汝南王悅郎中令悅散費無常每國俸初入一日之中分賜極意瑗每隨例恒辭多受少伺悅虛竭還來奉貢悅雖性理不恒然亦相賞愛悅遷太尉請爲從事中郎轉驃騎將軍肅宗末出爲汝南太守不行轉太原太守屬肅宗崩爾朱榮初謀赴洛瑗預其事封五原縣開國子邑三百戶尋行并州事轉平北將軍殷州刺史孝靜初除衞將軍東雍州刺史興和元年卒年七十三

子夷吾武定末徐州驃騎府長流參軍

袁翻字景翔陳郡項人也父宣有才筆爲劉彧青州刺史沈文秀府主簿皇興中東陽州平隨文秀入國而大將軍劉昶每提引之言是其外祖淑之近親令與其府諮議參軍袁濟爲宗宣時孤寒甚相依附及翻兄弟官顯與濟子洸演遂各凌競洸等乃經公府以相排斥翻少以才學擅美一時初爲奉朝請景明初李彪在東觀翻爲徐紇所薦彪引兼著作佐郎以參史事及紇被徙尋解後遷司徒祭酒揚烈將軍尚書殿中郎正始初詔尚書門下於金墉中書外省考論律令翻與門下錄事常景孫紹廷尉監張虎律博士侯堅固治書侍御史高綽前軍將軍邢苗奉車都尉程靈虬羽林監王元龜尚書郎祖瑩宋世景員外郎李琰之太樂令公孫崇等並在議限又詔太師彭城王勰司州牧高陽王雍中書監京兆王愉前青州刺史劉芳左衞將軍元麗兼將作大匠李韶國子祭酒鄭道昭廷尉少卿王顯等入預其事後除豫州中正是時修明堂辟雍翻議曰謹案明堂之義古今諸儒論之備矣異端競構莫適所歸故不復遠引經傳傍採紀籍以爲之證且論意之所同以訓詔闕字耳蓋唐虞已上事難該悉夏殷已降校可知之謂典章之極莫如三代郁郁之盛從周斯美制禮作樂典刑在焉遺風餘烈垂之不朽案周官考工所記皆記其時事具論夏殷名制豈其紕繆是知明堂五室三代同焉配帝象行義則明矣及淮南呂氏與月令同文雖布政班時有堂个之別然推其體例則無九室之證既而世衰禮壞法度淆弛正義殘隱妄說斐然明堂九室著自戴禮探緒求源罔知所出而漢氏因之自欲爲一代之法故鄭玄云周人明堂五室是帝一室也合於五行之數周禮依數以爲之室德行疑於今雖有不同時說昞然本制著存而言無明文欲復何責本制著存是周五室也於今不同是漢異周也漢爲九室畧可知矣但就其此制猶竊有惰焉何者張衡東京賦云乃營三宮布教班常複廟重屋八達九房此乃明堂之文也而薛綜注云房室也謂堂後有九室堂後九室之制非巨異乎裴頠又云漢氏作四維之个不能令各據其辰就使其像可圖莫能通其居用之禮此爲設虛器也甚知漢世徒欲削滅周典捐棄舊章改物創制故不復拘於載籍且鄭玄之詁訓三禮及釋五經異義並盡思窮神故得之遠矣覽其明堂圖義皆有悟人意察察著明確乎難奪諒足以扶微闡幽不墜周公之舊法也伯喈損益漢制章句繁雜既違古背新又不能易玄之妙矣魏晉書紀亦有明堂祀五帝之文而不記其經始之制又無坦然可準觀夫今之基址猶或髣髴高卑廣狹頗與戴禮不同何得以意抑心便謂九室可明且三雍異所復乖盧蔡之義進退亾據何用經通晉朝亦以穿鑿難明故有一屋之論並非經典正義皆以意妄作茲爲不典學家常談不足以範時軌世皇代既乘乾統歷得一馭宸自宜稽古則天憲章文武追蹤周孔述而不作四彼三代使百世可知豈容虛追子氏放篇之浮說徒損經紀雅誥之遺訓而欲以支離橫議指畫妄圖儀刑宇宙而貽來葉者也又北京制置未皆允怗繕修草創以意良多事移禮變所存者無幾理苟宜革何必仍舊且遷都之始日不遑給先朝規度每事循古是以數年之中悛換非一良以永法爲難數改爲易何爲宮室府庫多因故迹而明堂辟雍獨遺此制建立之辰復未可知矣既猥班訪逮輒輕率瞽言明堂五室請同周制郊建三雍求依故所庶有會經誥無失典刑識偏學疎退慙謬浪後議選邊戍事翻議曰臣聞兩漢警於西北魏晉備在東南是以鎮邊守塞必寄威重伐叛柔服寔賴溫良故田叔魏尚聲高於沙漠當陽鉅平績流於江漢紀籍用爲美談今古以爲盛德自皇上以叡明纂御風凝化遠威厲秋霜惠霑春露故能使淮海輸誠華陽即序連城請面比屋歸仁懸車劍閣豈伊曩載鼓誅金陵復在茲日然荊揚之牧宜盡一時才望梁郢之君尤須當今秀異自比緣邊州郡官至便登壃埸統戍階當即用或值穢德凡人或遇貪家惡子不識字民溫恤之方唯知重役殘忍之法廣開戍邏多置帥領或用其左右姻親或受人財貨請屬皆無防寇禦賊之心唯有通商聚斂之意其勇力之兵驅令抄掠若值彊敵即爲奴虜如有執獲奪爲己富其羸弱老小之輩微解金鐵之工少閑草木之作無不搜營窮壘苦役百端自餘或伐木深山或耘草平陸販貿往還相望道路此等祿既不多貲亦有限皆收其實絹給其虛粟窮其力薄其衣用其工節其食綿冬歷夏加之疾苦死於溝瀆者常十七八焉是以吳楚間伺審此虛實皆云糧匱兵疲易可乘擾故驅率犬羊屢犯壃埸頻年以來甲胄生蟣十萬在郊千金日費爲弊之深一至於此皆由邊任不得其人故延若斯之患賈生所以痛哭良有以也夫潔其流者清其源理其末者正其本既失之在始庸可止乎愚謂自今以後荊揚徐豫梁益諸蕃及所統郡縣府佐統軍至于戍主皆令朝臣王公已下各舉所知必選其才不拘階級若能統御有方清高獨著威足臨戎信能懷遠撫循將士得其忻心不營私潤專修公利者則就加爵賞使久於其任以時褒賚屬其忠欵所舉之人亦垂優異奬其得士嘉其誠節若不能一心奉公才非捍禦貪惏日富經畧無聞人不見德兵厭其勞者即加顯戮用彰其罪所舉之人隨事免降責其謬薦罰其僞薄如此則舉人不得挾其私受任不得孤其舉善惡既審沮勸亦明庶邊患永消讒議攸息矣遭母憂去職熙平初除冠軍將軍廷尉少卿尋加征虜將軍後出爲平陽太守翻爲廷尉頗有不平之論及之郡甚不自得遂作思歸賦曰日色黯兮高山之岑月逢霞而未皎霞值月而成陰望他鄉之阡陌非舊國之池林山有木而蔽月川無梁而復深悵浮雲之弗限何此恨之難禁於是雜石爲峯諸烟共色秀出無窮烟起不極錯飜花而似繡網遊絲其如織蝶兩戲以相追燕雙飛而鼓翼悲驅馬之悠悠歎征夫之未息爾乃臨峻壑坐層阿北眺羊腸詰屈南望龍門嵯峨疊千重以聳翠横萬里而揚波遠彈颺與磨麏走鮮黿及龜鼉彼曖然兮輩洛此邈矣兮關河心鬱鬱兮徒傷思搖搖兮空滿思故人兮不見神翻覆兮魂斷斷魂兮如亂憂來兮不散俯鏡兮白水水流兮漫漫異色兮縱横奇光兮爛爛下對兮碧沙上覩兮青岸岸上兮氤氳駮霞兮絳氛風搖枝而爲弄日照水以成文行復行兮川之畔望復望兮望夫君君之門兮九重門余之別兮千里分顧一見兮導我意我不見兮君不聞魄惝怳兮知何語氣繚戾兮獨縈縕彼鳥馬之無知尚有情於南北雖吾人之固鄙豈忘懷於上國去上國之美人對下邦之鬼蜮形既同於魍魎心匪殊於蚕賊欲修之而難化何不殘之云剋知進退之非可徒終朝以默默願生還於洛濱荷天地之厚德神龜末遷冠軍將軍涼州刺史時蠕蠕主阿那瓌後主婆羅門並以國亂來降朝廷問翻安置之所翻表曰謬以非才忝荷邊任偎垂訪逮安置蠕蠕主阿那瓌婆羅門等處所遠近利害之宜竊惟匈奴爲患其來久矣雖隆周盛漢莫能障服衰弱則降富彊則叛是以方叔召虎不遑自息衞青去病勤亦勞止或修文德以來之或興干戈以伐之而一得一失利害相侔故呼韓來朝左賢入侍史籍謂之盛事千載以爲美談至于皇代勃興威馭四海爰在北京仍梗疆埸自卜惟洛食定鼎伊瀍高車蠕蠕迭相吞噬始則蠕蠕衰微高車彊盛蠕蠕則自救靡暇高車則僻遠西北及蠕蠕復振反破高車王喪民離不絕如綫而高車今能終雪其恥復摧蠕蠕者正由種類繁多不可頓滅故也然關此兩敵即卞莊之筭得使境上無塵數十年中者抑此之由也今蠕蠕爲高車所討滅外憑大國之威靈兩主投身一朞而至百姓歸誠萬里相屬進希朝廷哀矜剋復宗社退望庇身有道保其妻兒雖乃遠夷荒桀不識信順終無純固之節必有孤負之心然興亾繼絕列聖同規撫降卹附綿經共軌若棄而不受則虧我大德若納而禮待則損我資儲來者既多全徙內地非直其情不願迎送艱難然夷不亂華殷鑒無遠覆車在於劉石毀轍固不可尋且蠕蠕尚存則高車猶有內顧之憂未暇窺窬上國若蠕蠕全滅則高車跋扈之計豈易可知今蠕蠕雖主奔於上民散於下而餘黨實繁部落猶衆處處碁布以望今主耳高車亦未能一時并兼盡令率附又高車士馬雖衆主甚愚弱上不制下下不奉上唯以掠盜爲資陵奪爲業河西捍禦彊敵唯涼州敦煌而已涼州土廣民希糧仗素闕敦煌酒泉空虛尤甚若蠕蠕無復豎立令高車獨擅北垂則西顧之憂匪旦伊夕愚謂蠕蠕二主皆宜存之居阿那瓌於東偏處婆羅門於西裔分其降民各有攸屬那瓌住所非所經見其中事勢不敢輒陳其婆羅門請修西海故城以安處之西海郡本屬涼州今在酒泉直抵張掖西北千二百里去高車所住金山一千餘里正是北虜往來之衝要漢家行軍之舊道土地沃衍大宜耕殖非但今處婆羅門於事爲便即可永爲重戍鎮防西北宜遣一良將加以配衣疑仍令監護婆羅門凡諸州鎮應徙之兵隨宜割配且田且戍雖外爲置蠕蠕之舉內實防高車之策一二年後足食足兵斯固安邊保塞之長計也若婆羅門能自克厲使餘燼歸心收離聚散復興其國者乃漸令北轉徙渡流沙即是我之外蕃高車勍敵西北之虞可無過慮如其姦回返覆孤恩背德者此不過爲逋逃之寇於我何損今不早圖戎心一啓脫先據西海

奪我險要則酒泉張掖自然孤危長河以西終非國有不圖厥始而憂其終噬臍之恨悔將何及愚見如允乞遣大使往涼州燉煌及於西海躬行山谷要害之所親閱亭障遠近之宜商量士馬校練糧仗部分見定處置得所入春西海之間即令播種至秋收一年之食使不復勞轉輸之功也且西海北垂即是大磧野獸所聚千百爲羣正是蠕蠕射獵之處殖田以自供籍獸以自給彼此相資足以自固今之豫度微似小損歲終大計其利實多高車豺狼之心何可專信假令稱臣致款正可外加優納而復內備彌深所謂先人有奪人之心者也管窺所陳懼多孟浪時朝議是之還拜吏部郎中加平南將軍光祿大夫以本將軍出爲齊州刺史無多政績孝昌中除安南將軍中書令領給事黃門侍郎與徐紇俱在門下並掌文翰飜既才學名重又善附會亦爲靈太后所信待是時蠻賊充斥六軍將親討之飜乃上表諫止後蕭寶夤大敗於關西飜上表請爲西軍死亾將士舉哀存而還者并加賑賚後拜度支尚書尋轉都官飜表曰臣往忝門下翼侍帳幄同時流輩皆以出離左右蒙數階之陟唯臣奉辭非但直去黃門今爲尚書後更在中書令下於臣庸朽誠爲叨濫準之倫匹或有未盡竊惟安南之與金紫雖是異品之隔實有半階之校加以尚書清要位遇通顯準秩論資似加少進語望比官人不願易臣自揆自顧力極求此伏願天地成造有始有終矜臣疲病乞臣骸骨願以安南尚書換一金紫時天下多事飜雖外請閑秩而內有求進之心識者怪之於是加撫軍將軍肅宗靈太后曾燕於華林園舉觴謂羣臣曰袁尚書朕之杜預欲以此杯敬屬元凱今爲盡之侍座者莫不羨仰飜名位俱重當時賢達咸推與之然獨善其身無所獎拔排抑後進懼其凌己論者鄙之建義初遇害於河陰年五十三所著文筆百餘篇行於世贈使持節侍中車騎將軍儀同三司青州刺史

嫡子寶首武定中司徒記室參軍

寶首兄叔德武定末太子中舍人飜弟躍語在文苑傳

躍弟颺本州治中別駕豫州冠軍府司馬而卒

颺弟昇太學博士司徒記室尚書儀曹郎中正員郎通直常侍颺死後昇通其妻飜慙恚爲之發病昇終不止時人鄙穢之亦於河陰見害贈左將軍齊州刺史

史臣曰崔休立身有本當官著聞朝之良也裴儁器業位望有可稱乎袁翻文高價重其當時之才秀歟

魏書卷六十九考證

崔林傳時大儒張吾貴有盛名於山東○臣人龍按本書張吾貴傳吾貴辯能飾非好爲詭說由是業不見傳此則稱爲大儒有盛名矛盾如此

魏書卷七十

齊　魏收　撰

列傳第五十八

劉藻　傅永　傅豎眼　李神

劉藻字彥先廣平易陽人也六世祖遐從司馬叡南渡父宗之劉裕廬江太守藻涉獵羣籍美談笑善與人交飲酒至一石不亂永安中與姊夫李嶷俱來歸國賜爵易陽子擢拜南部主書號爲稱職時北地諸羌數萬家恃險作亂前後牧守不能制姦暴之徒並無名實朝廷患之以藻爲北地太守藻推誠布信諸羌咸來歸附藻書其名籍收其賦稅朝廷嘉之遷龍驤將軍雍城鎮將先是氐豪徐成楊黑等驅逐鎮將故以藻代之至鎮擒獲成黑等斬之以狥羣氐震慴雍州人王叔保等三百人表乞藻爲駮奴戍主詔曰選曹已用人藻有惠政自宜他敘在任八年遷離城鎮將太和中改鎮爲岐州以藻爲岐州刺史轉秦州刺史秦人恃嶮率多麤暴或拒課輸或害長吏自前守宰皆依州遙領不入郡縣藻開示恩信誅戮豪橫羌氐憚之守宰於是始得居其舊所遇車駕南伐以藻爲東道都督秦人紛擾詔藻還州人情乃定仍與安南將軍元英征漢中頻破賊軍長驅至南鄭垂平梁州奉詔還軍乃不果克後車駕南伐以藻爲征虜將軍督統軍高聰等四軍爲東道別將辭於洛水之南高祖曰與卿石頭相見藻對曰臣雖才非古人庶亦不留賊虜而遺陛下輒當釃曲阿之酒以待百官高祖大笑曰今未至曲阿且以河東數石賜卿後與高聰等戰敗俱徙平州景明初世宗追錄舊功以藻爲太尉司馬是年六月卒年六十七贈錢六萬

子紹珍無他才用善附會好飲酒結託劉騰騰啓爲其國郎中令襲子爵稍遷本州別駕司空屬以事免官建義初詔復爵除太中大夫永安二年除安西將軍河北太守還朝久之拜車騎將軍左光祿大夫出爲黎陽太守所在無政績天平中坐子尚書郎洪業入於關中率衆侵擾伏法

傅永字脩期清河人也幼隨叔父洪仲與張幸自青州入國尋復南奔有氣幹拳勇過人能手執鞍橋倒立馳騁年二十餘有友人與之書而不能答請於洪仲洪仲深讓之而不爲報永乃發憤讀書涉獵經史兼有才筆自東陽禁防爲崔道固城局參軍與道固俱降入爲平齊民父母並老飢寒十數年賴其彊於人事戮力傭丐得以存立晚乃被召兼治禮郎詣長安拜文明太后父燕宣王廟令賜爵貝丘男加伏波將軍未幾除中書博士又改爲議郎轉尚書考功郎中爲大司馬從事中郎尋轉都督任城王澄長史兼尚書左丞王肅之爲豫州以永爲建武將軍平南長史咸陽王禧慮肅難信言於高祖高祖曰已選傅修期爲其長史雖威儀不足而文武有餘矣肅以永宿士禮之甚厚永亦以肅爲高祖眷遇盡心事之情義至穆蕭鸞遣將魯康祚趙公政衆號一萬侵豫州之太倉口肅令永勒甲士三千擊之時康祚等軍於淮南永舍淮北十有餘里永量吳楚之兵好以斫營爲事即夜分兵二部出於營外又以賊若夜來必應於渡淮之所以火記其淺處永既設伏乃密令人以瓠盛火渡淮南岸當深處置之教之云若有火起即亦然之其夜康祚公政等果親率領來斫永營東西二伏夾擊之康祚等奔趨淮水火既競起不能記其本濟遂望永所置之火而爭渡焉水深溺死斬首者數千級生擒公政康祚人馬墜淮曉而獲其屍斬首并公政送京師公政岐州刺史超宗之從兄也時裴叔業率王茂先李定等來侵楚王戍永適還州肅復令大討之永將心腹一人馳詣楚王戍至即令填塞外塹夜伏戰士一千人於城外曉而叔業等至江於城東列陳將置長圍永所伏兵於左道擊其後軍破之叔業乃令將佐守所列之陳自率精甲數千救之永上門樓觀叔業南行五六里許更開門奮擊遂摧破之叔業進退失圖於是奔走左右欲追之永曰弱卒不滿三千彼精甲猶盛非力屈而敗自墮吾計中耳既不測我之虛實足喪其膽存此足矣何假逐之獲叔業傘扇鼓幕甲仗萬餘兩月之中遂獻再捷高祖嘉之遣謁者就豫州策拜永安遠將軍鎮南府長史汝南太守貝丘縣開國男食邑二百戶高祖每歎曰上馬能擊賊下馬作露布唯傅修期耳裴叔業又圍渦陽時高祖在豫州遣永爲統軍與高聰劉藻成道益任莫問等往救之軍將逼賊永曰先深溝固壘然後圖之聰等不從裁營輜重便擊之一戰而敗聰等棄甲徑奔懸瓠永獨收散卒徐還賊追至又設伏擊之挫其鋒銳四軍之兵多賴之以免永至懸瓠高祖俱鎖之聰藻徙爲邊民永免官爵而已不經旬日詔曰修期在後少有擒殺可揚武將軍汝陰鎮將帶汝陰太守景明初裴叔業將以壽春歸國密通於永永具表聞及將迎納詔永爲統軍與楊大眼奚康生等諸軍俱入壽春同日而永在後故康生大眼二人並賞列土永唯清河男蕭寶卷將陳伯之侵逼壽春沿淮爲寇時司徒彭城王勰廣陵侯元衍同鎮壽春以九江初附人情未洽兼臺援不至深以爲憂詔遣永爲統軍領汝陰之兵三千人先援之永總勒士卒水陸俱下而淮水口伯之防之甚固永去二十餘里牽船上汝南岸以水牛挽之直南趣淮下船便渡適上南岸賊軍亦及會時已夜永乃潛進曉達壽春城下勰衍聞外有軍共上門樓觀望然不意永至永免冑乃信之遂引永上勰謂永曰北望以久恐洛陽難復可見不意卿能至也勰令永引軍入城永曰執兵被甲固敵是求若如教旨便共殿下同被圍守豈是救援之意遂孤軍城外與勰并勢以擊伯之頻有剋捷中山王英之征義陽永爲寧朔將軍統軍當長圍遏其南門蕭衍將馬仙琕連營稍進規解城圍永謂英曰凶豎豕突意在決戰雅山形要宜早據之英沉吟未決永曰機者如神難遇易失今日不往明朝必爲賊有雖悔無及英乃分兵通夜築城於山上遣統軍張懷等列陳於山下以防之至曉仙琕果至懷等戰敗築城者悉皆奔退仙琕乘勝直趣長圍義陽城人復出挑戰永乃分兵付長史賈思祖令守營壘自將馬步千人南逆仙琕擐甲揮戈單騎先入唯有軍主蔡三虎副之餘人無有及者突陳橫過賊射永洞其左股永拔箭復入遂大破之斬仙琕子仙琕燒營席卷而遁英於陳謂永曰公傷矣且還營永曰昔漢祖捫足不欲人知下官雖微國家一帥奈何使虜有傷將之名遂與諸軍追之極夜而返時年七十餘矣三軍莫不壯之義陽既平英使司馬陸希道爲露板意謂不可令永改之永亦不增文彩直與之改陳列軍儀處置形要而已而英深賞之歎曰觀此經算雖有金城湯池亦不能守矣還京復封永先有男爵至是以品不累加賜帛二千疋除太中大夫行秦梁二州事代邢巒鎮漢中後還京師於路除恒農太守非心所樂時英東征鍾離連表請永求以爲將朝

廷不聽永每言曰文淵充國竟何人哉吾獨白首見拘此郡深用扼腕然於治民非其所長故在任無多聲稱未幾解郡還爲太中大夫行南青州事遷左將軍南兗州刺史猶能馳射盤馬奮矟時年踰八十常諱言老每自稱六十九還京拜平東將軍光祿大夫熙平元年卒年八十三贈安東將軍齊州刺史永嘗登北邙於平坦處奮矟躍馬盤旋瞻望有終焉之志遠慕杜預近好李沖王肅欲葬附其墓遂買左右地數頃遺勅子叔偉曰此吾之永宅也永妻賈氏留於本鄉永至代都娶妾馮氏生叔偉及數女賈後歸平城無男唯一女馮恃子事賈無禮叔偉亦奉賈不順賈常忿之馮先永亾及永之卒叔偉稱父命欲葬北邙賈疑叔偉將以馮合葬賈遂求歸葬永於所封貝丘縣事經司徒司徒胡國珍本與永同經征役感其所慕許叔偉葬焉賈乃邀訴靈太后靈太后遂從賈意事經朝堂國珍理不能得乃葬於東清河又永昔營宅兆葬父母於舊鄉賈於此彊徙之與永同處永宗親不能抑葬已數十年矣棺爲桑棗根所遶束去地尺餘甚爲周固以斧斬斫出之於坎時人咸怪未三年而叔偉亾

叔偉九歲爲州主簿及長膂力過人彎弓三百斤左右馳射又能立馬上與人角騁見者以爲得永之武而不得永文也

正光中叔偉子豐生襲封

傅豎眼本清河人七世祖伷伷子遘石虎太常祖父融南徙渡河家于磐陽爲鄉閭所重性豪爽有三子靈慶靈根靈越並有才力融以此自負謂足爲一時之雄嘗謂人曰吾昨夜夢有一駿馬無堪乘者人曰何由得人乘之有一人對曰唯有傅靈慶堪乘此馬又有弓一張亦無人堪引人曰唯有傅靈根可以彎此弓又有數紙文書人皆讀不能解人曰唯傅靈越可解此文融意謂其三子文武才幹堪以駕馭當世常密謂鄉人曰汝聞之不鬲蟲之子有三靈此圖讖之文也好事者然之故豪勇之士多相歸附劉駿將蕭斌王玄謨寇碻磝時融始死玄謨彊引靈慶爲軍主將攻城攻車爲城內所燒靈慶懼軍法詐云傷重令左右輿之還營遂與壯士數十騎遁還斌玄謨命追之左右諫曰靈慶兄弟並有雄才兼其部曲多是壯勇如彭超尸生之徒皆一當數十人援不虛發不可逼也不如緩之玄謨乃止靈慶至家遂與二弟匿於山澤之間時靈慶從叔乾愛爲斌法曹參軍斌遣乾愛誘呼之以腰刀爲信密令壯健者隨之而乾愛不知斌之欲圖靈慶也既至靈慶間對坐未久斌所遣壯士執靈慶殺之靈慶將死與母崔訣言法曹殺人不可忘也靈根靈越奔河北靈越至京師高宗見而奇之靈越因說齊民慕化青州可平高宗大悅拜靈越鎮遠將軍青州刺史貝丘子鎮羊蘭城靈根爲臨齊副將鎮明潛壘靈越北入之後母崔氏遇赦免劉駿恐靈越在邊擾動三齊乃以靈越叔父琰爲冀州治中乾愛爲樂陵太守樂陵與羊蘭隔河相對命琰遣其門生與靈越婢詐爲夫婦投化以招之靈越與母分離思積遂與靈根相要南走靈越與羊蘭奮兵相擊乾愛遣船迎之得免靈根差期不得俱渡臨齊人覺知剉斬殺之乾愛出郡迎靈越問靈根愆期之狀而靈越殊不應答但言不知而已乾愛不以爲惡勅左右出匣中烏皮袴褶令靈越代所常服靈越言不須乾愛云汝豈可著體上衣服見垣公也時垣護之爲刺史靈越奮聲言垣公垣公著此當見南方國主豈垣公也竟不肯著及至丹陽劉駿見而禮之拜員外郎兗州司馬帶魯郡而乾愛亦遷青冀司馬帶魏郡後二人俱還建康靈越意恒欲爲兄復讐而乾愛初不疑防知乾愛嗜雞肉葵菜食乃爲作之下以毒藥乾愛飯還而卒後數年而靈越爲太原太守戍升城後舉兵同劉駿子子勛子勛以靈越爲前軍將軍子勛敗靈越軍衆散亾爲劉彧將王廣之軍人所擒厲聲曰我傅靈越也汝得賊何不卽殺廣之生送詣彧輔國府司馬劉勔勔躬自慰勞詰其叛逆對曰九州唱義豈獨在我勔又問四方阻逆無戰不擒主上皆加以大恩卽其才用卿何不早歸天闕乃逃命草間乎靈越答曰薛公舉兵淮北威震天下不能專任智勇委付子姪致敗之由實在於此然事之始末備皆參預人生歸於一死實無面求活勔壯其意送詣建康劉彧欲加原宥靈越辭對如一終不回改乃殺之豎眼卽靈越子也沉毅壯烈少有父風入國鎮南王肅見而異之且奇其父節傾心禮敬表爲參軍從肅征伐累有戰功稍遷給事中步兵校尉左中郎將常爲統軍東西征伐世宗時爲建武將軍討揚州賊破之仍鎮於合肥蕭衍民歸之者數千戶後武興氐楊集義反叛推其兄子紹先爲主攻圍關城梁州刺史邢巒遣豎眼討之集義衆逆戰頻破走之乘勝追北仍剋武興還洛詔假節行南兗州事豎眼善於綏撫南人多歸之轉昭武將軍益州刺史以州初置境逼巴獠給羽林虎賁三百人進號冠軍將軍及高肇伐蜀假豎眼征虜將軍持節領步兵三萬先討北巴蕭衍聞大軍西伐遣其寧州刺史任太洪從陰平偷路入益州北境欲擾動氐蜀以絕運路乘國諱班師遂扇誘土民奄破東洛除口二戍因此詐言南軍繼至氐蜀信之翕然從逆太洪率氐蜀數千圍逼關城豎眼遣寧朔將軍成興孫討之軍次白護太洪遣其輔國將軍任碩北等率衆一千邀險拒戰在虎徑南山連置三營與孫分遣諸統隨便掩擊皆破之太洪又遣軍主邊昭等率氐蜀三千攻逼興孫柵興孫力戰爲流矢所中死豎眼又遣統軍姜喜季元度從東嶼潛入回出西崗邀賊之後表裏合擊大破之斬邊昭及太洪前部王隆護首於是太洪及關城五柵一時逃散豎眼性既清素不營產業衣食之外俸祿粟帛皆以饗賜夷首賑恤士卒撫蜀人以恩信爲本保境安民不以小利侵竊有掠蜀民入境者皆移送還本土撿勒部下守宰肅然遠近雜夷相率款謁仰其德化思爲魏民矣是以蜀民請軍者旬月相繼世宗甚嘉之肅宗初屢請解州乃以元法僧代之益州民追隨戀泣者數百里至洛拜征虜將軍太中大夫蕭衍遣將趙祖悅入屯硤石以逼壽春鎮南將軍崔亮討之以豎眼爲持節鎮南軍司法僧既至大失民和蕭衍遣其信武將軍衡州刺史張齊因民心之怨入寇晉壽頻陷葭萌小劍諸戍進圍州城朝廷以西南爲憂乃驛徵豎眼於淮南既至以爲右將軍益州刺史尋加散騎常侍平西將軍假安西將軍西征都督率步騎三千以討張齊給銅印千餘須有假職者聽六品以下板之豎眼既出梁州衍冠軍將軍勾道侍梁州刺史王太洪等十餘將所在拒塞豎眼三日之中轉戰二百餘里甲不去身頻致九捷士民統軍席廣度等處處邀擊斬太洪及衍征虜將軍楊伏錫等首張齊引兵西退遂奔葭萌蜀民聞豎眼復爲刺史人人喜悅迎於路者日有百數豎眼至州白水以東民皆寧業先是蕭衍信義將軍都統白水諸軍事楊興起征虜將軍李光宗襲據白水舊城豎眼遣虎威將軍強虯與陰平王楊太赤率衆千餘夜渡白水旦而交戰大敗賊軍斬興起首剋復舊城又遣統軍傅曇表等大破衍寧朔將軍王光昭於陰平張齊仍阻白水屯寇葭萌豎眼分遣諸將水陸討之齊遣其寧朔將軍費忻督步騎二千逆來拒戰軍主陳洪起力戰破之乘勝追奔遂臨夾谷三柵統軍胡小虎四面攻之三柵俱潰張齊親率驍勇二萬餘人與諸軍交戰豎眼命諸統帥同時奮擊軍主許暢斬衍雄信將軍牟興祖軍主孔領周射齊中足於是大破賊軍斬獲甚衆齊乃柵於虎頭山下賊帥任令崇屯據西郡豎眼復遣討之令崇棄衆夜遁乃進討齊破其二柵斬首萬餘齊被重創奔竄而退小劍大劍賊亦捐城西走益州平靈太后璽書慰勞賜驊騮馬一匹寶劒一口豎眼表求解州不許復轉安西將軍岐州刺史常侍如故仍轉梁州刺史常侍將軍如故梁州之人旣得豎眼爲牧人咸自賀而豎眼至州遇患不堪綜理其子敬紹險暴不仁聚貨耽色甚爲民害遠近怨望焉尋假鎮軍將軍都督梁西益巴三州諸軍事蕭衍遣其北梁州長史錫休儒司馬魚和上庸太守姜平洛等十軍率衆三萬入寇直城豎眼遣敬紹總衆赴之倍道而進至直城而賊襲據直口敬紹以賊斷歸路督兼統軍高徹吳和等與賊決戰大破之擒斬三千餘人休儒等走還魏興敬紹頗覽書傳微有膽力而奢淫倜儻輕爲殘害又見天下多事陰懷異圖欲杜絕四方擅據南鄭令其妾兄唐崐崘扇攪於外聚衆圍城敬紹謀爲內應賊圍既合其事泄露在城兵武執敬紹白豎眼而殺之豎眼恥恚發疾遂卒永安中贈征東將軍吏部尚書齊州刺史出帝初重贈散騎常侍車騎將軍司徒三公相州刺史開國如故

長子敬和敬和弟敬仲並好酒薄行傾側勢家敬和歷青州鎮遠長史孝莊時復爲益州刺史朝廷以其父有遺惠故也至州聚歛無已好酒嗜色遠近失望仍爲蕭衍將樊文熾攻圍敬和以城降送於江南後衍以齊獻武王威德日廣令敬和還國以申和通之意久之除北徐州刺史復以耽酒爲土賊掩襲棄城走徵詣廷尉遇恩免遂廢棄卒於家

乾愛子三寶與房法壽等同劾〔疑〕盤陽賜爵貝丘子

三寶弟法獻高祖初南叛爲蕭鸞右中郎將直閤將軍從崔慧景至鄧城爲官軍所殺

琰曾孫文驥勇果有將領之才隨豎眼征伐累有軍功自彊弩將軍出爲琅邪戍主朐山內附徐州刺史盧昶遣文驥守朐山樵米既竭而昶軍不進文驥遂棄母妻以城降蕭衍後大以南貨賂光州刺史羅衡衡爲渡其母妻

李神恒農人父洪之秦益二州刺史神少有膽略以氣尚爲名早從征役其從兄崇深所知賞累遷威遠將軍新蔡太守領建安戍主轉寧遠將軍陳留太守領狄丘戍主頻有軍功封長樂縣開國男食邑二百戶遷征虜將軍驍騎將軍直閤將軍蕭衍將趙祖悅率衆據硤石

神爲別將率揚州水軍受刺史李崇節度與都督崔亮行臺僕射李平等攻硤石剋之進平北將軍太中大夫孝昌中行相州事尋正加撫軍將軍假鎮東將軍大都督建義初除衞將軍時葛榮充斥民多逃散先是州將元鑒反叛引賊後都督源子邕裴衍戰敗被害朝野憂惶人不自保而神志氣自若撫勞兵民小大用命旣而葛榮盡銳攻之久不能剋會爾朱榮擒葛榮於鄴西事平除車騎將軍以功進爵爲公增邑八百通前一千戶元顥入洛莊帝北巡以神爲侍中又除殿中尚書仍行相州事車駕還宮改封安康郡開國公加封五百戶普泰元年進驃騎大將軍儀同三司相州大中正永熙中薨天平元年賜使持節侍中驃騎大將軍司徒公冀州刺史

子士約襲齊受禪爵例降

史臣曰劉藻傳永暨眼文武器幹知名於時暨眼加以撫邊導俗風化尤美方之二子固以優乎抑又魏世之良牧李神據危城當大難其氣槩亦足稱焉

魏書卷七十考證

傳暨眼傳在城兵武執敬紹○北史無武字

魏書卷七十一

齊　魏　收　撰

列傳第五十九

裴叔業　夏侯道遷　李元護　席法友

王世弼　江悅之　淳于誕　李苗

裴叔業河東聞喜人也魏冀州刺史徽之後也五代祖苞晉秦州刺史祖邕自河東居于襄陽父順宗兄叔寶仕蕭道成並有名位叔業少有氣幹頗以將略自許仕蕭賾歷右軍將軍東中郎將諮議參軍蕭鸞見叔業而奇之謂之曰卿有如是志相何慮不大富貴深宜勉之鸞爲豫州引爲司馬帶陳留太守鸞輔政叔業常伏壯士數百人於建業及鸞廢昭文叔業率衆赴之鸞之自立也以叔業爲給事黃門侍郎封武昌縣開國伯食邑五百戶高祖南巡車駕次鍾離鸞拜叔業持節冠軍將軍徐州刺史以水軍入淮去王師數十里高祖令尚書郎中裴聿往與之語叔業盛飾左右服翫以夸聿曰我在南富貴正如此豈若卿彼之險陋也聿云伯父儀服誠爲美麗但恨不晝遊耳徙輔國將軍豫州刺史屯壽陽鸞死子寶卷自立遷叔業本將軍南兗州刺史會陳顯達圍建鄴叔業遣司馬李元護率軍赴寶卷其實應顯達也顯達敗而還叔業慮內難未已不願爲南兗以其去建鄴近受制於人寶卷嬖人茹法珍王咺之等疑其有異去來者並云叔業北入叔業兄子植颺粲等棄母奔壽陽法珍等以其旣在疆埸急則引魏力不能制且欲羈縻之白寶卷遣中書舍人裴長穆慰誘之許不復回換叔業雖云得停而憂懼不已遣親人馬文範以自安之計訪之於寶卷雍州刺史蕭衍曰天下之事大勢可知恐無復自立理雍州若能堅據襄陽輒當勠力自保若不爾回面向北不失作河南公衍遣文範報曰羣小用事豈能及遠多遣人相代力所不辦少遣人又於事不足意計回惑自無所成唯應送家還都以安慰之自然無患若意外相逼當勒馬步二萬直至橫江以斷其後則天下之事一舉可定也若欲北向彼必遣人相代以河北一地相處河南公寧復可得如此則南歸之望絕矣叔業沉疑未決遣信詣豫州刺史薛眞度具訪入國可否之宜眞度答書盛陳朝廷風化惟新之美知卿非無款心自不能早決捨南耳但恐臨迫而來便不獲多賞叔業遲遲數反眞度亦遣使與相報復乃遣子芬之及兄女夫韋伯昕奉表內附景明元年正月世宗詔曰叔業明敏秀發英款早悟馳表送誠忠高振古宜加褒授以彰先覺可使持節散騎常侍都督豫雍兗徐司五州諸軍事征南將軍豫州刺史封蘭陵郡開國公食邑三千戶又賜叔業璽書曰前後使返有敕想卿具一二寶卷昏狂日月滋甚虐遍宰輔暴加戚屬淫刑既逞朝無孑遺國有瓦解之形家無自安之計卿兼茲智勇深懼禍萌飜然高舉去彼危亂朕興居在念深嘉乃勳前卽敕豫州緣邊諸鎮兵馬行往赴援楊大眼奚康生鐵騎五千星言卽路彭城王勰尚書令肅精卒十萬絡繹繼發將以長驅淮海電擊衡巫卿其并心勠力同斯大舉殊勳茂績職爾之由崇名厚秩非卿孰賞并有敕與州佐吏及彼土人士其有微功片效必加褒異軍未渡淮叔業病卒年六十三李元護席法友等推叔業兄子植監州事乃贈開府儀同三司餘如故謚忠武公給東園溫明祕器朝服一襲錢三十萬絹一千匹布五百匹蠟三百觔

子蒨之字文聰仕蕭鸞爲隨郡王左常侍先卒子譚紹封

譚麤險好殺所乘牛馬爲小驚逸手自殺之然孝事諸叔盡於子道國祿歲入每以分贍世以此稱之世宗以譚及高皇后弟貞王肅子紹俱爲太子洗馬肅宗踐祚轉員外常侍遷輔國將軍中散大夫卒贈平南將軍豫州刺史謚曰敬

子測字伯源襲歷通直散騎侍郎天平中走於關西

蒨之弟芬之字文馥長者好施篤愛諸弟仕蕭鸞歷位羽林監入國以父勳授通直散騎常侍上蔡縣開國伯食邑七百戶除廣平內史固辭不拜轉輔國將軍東秦州刺史在州有清靜之稱入爲征虜將軍太中大夫徙封山茌縣出爲後將軍岐州刺史正光末元志西討隴賊軍敗退守岐州爲賊所圍城陷志與芬之並爲賊擒送於上邽爲莫折念生所害贈平東將軍青州刺史

子涉字仲昇襲卒

子僑尼襲武定中員外羽林監齊受禪爵例降

芬之弟簡之英之並早卒

英之弟藹之字幼重性輕率好琴書其內弟柳諧善鼓琴藹之師諧而微不及也歷通直散騎侍郎平東將軍安廣汝陽二郡太守卒

叔業長兄子彥先少有志尚叔業以壽春入國彥先景明二年逃遁歸魏朝廷嘉之除通直散騎常侍封雍丘縣開國子食邑三百戶出爲趙郡太守爲政舉大綱而已正始中轉渤海相屬元愉作逆徵兵郡縣彥先不從爲愉拘執踰獄得免仍爲沙門潛行至洛愉平敕還郡延昌中卒時年六十一熙平中贈持節左將軍南青州刺史謚曰惠恭

子約字元儉性頗剛鯁起家員外郎轉給事中永平中丹陽太守後襲爵冀州大乘賊起敕爲別將行渤海郡事後州軍爲賊所敗遂圍郡城城陷見害年三十六神龜中贈平原太守出帝時復贈前將軍揚州刺史

長子英起武定末洛州刺史

英起弟威起卒於齊王開府中兵參軍年三十二贈鴻臚少卿

彥先弟絢揚州治中時揚州霖雨水入州城刺史李崇居於城上繫船憑焉絢率城南民數千家汎舟南走避水高原謂崇還北遂與別駕鄭祖起等送子十四人於蕭衍自號豫州刺史衍將馬仙琕遣軍赴之崇聞絢反未測虛實乃遣國侍郎韓萬興單舸召之絢聞崇在帳然驚恨報崇曰比因大水顛狽不免羣情所逼推爲盟首今大計已爾勢不可追恐民非公民吏非公吏願早行無犯將士崇遣從弟寧朔將軍神丹陽太守謝靈寶勒水軍討絢絢率衆逆戰神等大破之斬其將帥十餘人絢衆奔營神乘勝剋柵衆皆潰散絢匹馬單逃爲村民所獲至尉升湖絢曰吾爲人吏反而見擒有何面目得覲公也投水而死并鄭祖起等皆斬之

植字文遠叔業兄叔寶子也少而好學覽綜經史尤長釋典善談理義仕蕭寶卷以軍勳至長水校尉隨叔業在壽春叔業卒寮佐同謀者多推司馬李元護監州一二日謀不決定唯席法友柳玄達楊令寶等數人慮元護非其鄉曲恐有異志共舉植監州祕叔業喪問教命處分皆出於植於是開門納國軍城庫管籥悉付康生詔以植爲征虜將軍兗州刺史崇義縣開國侯食邑千戶尋進號平東將軍入爲大鴻臚卿後以長子昕南叛有司處之大辟詔曰植闔門歸款子昕愚昧爲人誘陷雖刑書有常理宜矜恤可特恕其罪以表勳誠尋除揚州大中正出爲安東將軍瀛州刺史罷州復除大鴻臚卿遷度支尚書加金紫光祿大夫植性非柱石所爲無恒兗州還也表請解官隱於嵩山世宗不許深以爲怪然公私集論自言人門不後王肅怏怏朝廷處之不高及爲尚書志意頗滿欲以政事爲己任謂人曰非我須尚書尚書亦須我辭氣激揚見於言色入參議論時對衆官面有譏毀又表毀征南將軍田益宗言華夷異類不應在百世衣冠之上率多侵侮皆此類也侍中于忠黃門元昭覽之切齒寢而不奏會韋伯昕告植欲謀廢黜尚書又奏羊祉告植姑子皇甫仲達云受植旨詐稱被詔率合部曲欲圖領軍于忠臣等窮治辭不伏引然衆證明昞案律在邊合率部衆不滿百人以下身猶尚斬況仲達公然在京稱詔聚衆諠惑都邑駭動人情量其本意不可測度按詐僞律詐稱制者死今依衆證處仲達入死金紫光祿大夫尚書崇義縣開國侯裴植身居納言之任爲禁司大臣仲達又稱其姓名募集人衆雖名仲達切讓無忿懼之心衆證雖不見植皆言仲達爲植所使召仲達責問而不告列推論情狀不同之理不可分明不得同之常獄有所降減計同仲達處植死刑又植親率城衆附從王化依律上議唯恩裁處詔曰凶謀既爾罪不合恕雖有歸化之誠無容上議亦不須待秋分也時于忠專擅朝權既構成其禍又矯爲此詔朝野怨之臨終神志自若遺令子弟命盡之後剪落鬚髮被以法服以沙門禮葬于嵩高之陰年五十初植與僕射郭祚都水使者韋儁等同時見害於後祚儁事雪加贈而植追復封爵而已植故吏渤海刁冲上疏訟之於是贈植征南將軍尚書僕射揚州刺史乃改葬植母夏侯道遷之姉也性甚剛峻於諸子皆加嚴君長成之

後非衣帢不見小有罪過必束帶伏閤經五三日乃引見之督以嚴訓唯少子衍得以常服見之旦夕溫凊植在瀛州也其母年踰七十以身爲婢自施三寶布衣麻菲手執箕箒於沙門寺洒掃植弟瑜粲衍並亦奴僕之服泣涕而從有感道俗諸子各以布帛數百贖免其母於是出家爲比丘尼入嵩高積歲乃還家植雖自州送祿奉母及贍諸弟而各别資財同居異爨一門數竈蓋亦染江南之俗也植母旣老身又長嫡其臨州也妻子隨去分違數歲論者譏焉

子悏字道則襲爵

植弟颺壯果有謀略常隨叔業征伐以軍功爲寶卷驍騎將軍叔業之歸誠也遣颺率軍於外外以討蠻楚爲名內實備寶卷之衆景明初以颺爲輔國將軍南司州刺史擬戍義陽封義安縣開國伯邑千戶詔命未至爲賊所殺贈冠軍將軍進爵縣侯餘如故世宗以颺勳効未立而卒其子炯不得襲封肅宗初炯行貨於執事乃封城平縣開國伯食邑八百戶

炯字休光小字黃頭頗有文學善事權門領軍元叉納其金帛除鎭遠將軍散騎侍郎揚州大中正進伯爲侯改封高城縣增邑一千戶尋兼尚書右丞出爲東郡太守孝昌三年爲城民所害贈散騎常侍鎭東將軍青州刺史開國如故謚曰簡

子斌襲武定中廣州長流參軍齊受禪爵例降

颺弟瑜字文琬初拜通直散騎常侍封下密縣開國子食邑三百戶尋試守滎陽郡坐虐暴殺人免官後徙封灌津子卒於渤海太守年四十五贈平南將軍豫州刺史謚曰定

子湛字靈淵襲爵歷尚書郎興和中坐事死爵除

瑜弟粲字文亮景明初賜爵舒縣子沉重善風儀頗以驕豪爲失歷正平恒農二郡太守高陽王雍曾以事屬粲粲不從雍甚爲恨後因九日馬射敕畿內太守皆赴京師雍時爲州牧粲往脩謁雍含怒待之粲神情閑邁舉止抑揚雍目之不覺解顏及坐定謂粲曰相愛舉動可更爲一行粲便下席爲行從容而出坐事免官後世宗聞粲善自標置欲觀其風度忽令傳詔就家急召之須臾之間使者相屬合家恇懼不測所以粲更恬然神色不變世宗歎異之時僕射高肇以外戚之貴勢傾一時朝士見者咸望塵拜謁粲候肇惟長揖而已及還家人尤責之粲曰何可自同凡俗也又曾詣清河王懌下車始進便屬暴雨粲容步舒雅不以霑濡改節懌乃令人持蓋覆之歎謂左右曰何代無奇人性好釋學親升講座雖持義未精而風韻可重但不涉經史終爲知音所輕世宗末除前將軍太中大夫揚州大中正遷安南將軍中書令肅宗釋奠以爲侍講轉金紫光祿大夫後元顥入洛以粲爲西兗州刺史尋爲濮陽太守崔巨倫所逐棄州入嵩高山前廢帝初徵爲驃騎將軍左光祿大夫復爲中書令後正月晦帝出臨洛濱粲起於御前再拜曰今年還節美聖駕出遊臣幸參陪從豫奉醼樂不勝忻戴敢上壽酒帝曰昔歲北海入朝暫竊神器具聞爾日卿戒之以酒今欲使我飲何異於往情粲曰北海志在沉湎故諫其所失陛下齊聖溫克臣敢獻微誠帝曰實乃寡德甚愧來譽仍爲命酌出帝初出爲驃騎大將軍膠州刺史屬時亢旱士民勸令禱於海神粲憚違衆心乃爲祈請直據胡床舉杯而言曰僕白君左右云前後例皆拜謁粲曰五嶽視三公四瀆視諸侯安有方伯而致禮海神也卒不肯拜時青州叛賊耿翔受蕭衍假署寇亂三齊粲唯高談虛論不事防禦之術翔乘其無備掩襲州城左右白言賊至粲云豈有此理左右又言已入州門粲乃徐云耿王可引上廳事自餘部衆且付城外其不達時變如此尋爲翔所害送首蕭衍時年六十五

子舍字文若員外散騎侍郎

粲弟衍字文舒學識優於諸兄才行亦過之事親以孝聞兼有將略仕蕭寶卷至陰平太守景明二年始得歸國授通直郎衍欲辭朝命請隱嵩高乃上表曰臣幸乘昌運得奉盛化沐藉炎風餐佩唐德於生於運已溢已榮但攝性乖和恒苦虛弱比風露增加精形侵耗小人愚懷有願閑養伏見嵩岑極天苞育名草脩生救疾多遊此岫臣質無靈分性乖山水非敢追蹤輕舉髣髴高蹤誠希藥此沉痾全養禀氣耳若所療微痊庶偶影風雲永歌至德荷衣葛屨裁營已整搖策納屣便陟山途謹附陳聞乞垂昭許詔曰知欲養痾中岳練石嵩嶺栖素雲根餌芝清壑騰跡之操深用嘉焉但治缺古風有愧山客耳旣志往難裁豈容有抑便從來請世宗之末衍稍以出山干祿執事肅宗除散騎侍郎行河內郡事尋除建興太守轉河內太守加征虜將軍遭母憂解任衍歷二郡廉貞寡欲善撫百姓民吏追思之孝昌初蕭衍遣將曹敬宗寇荊州山蠻應之大路斷絕都督崔暹率數萬之衆盤桓魯陽不能前討荊州危急朝廷憂之詔衍爲别將假前將軍與恒農太守王羆率軍一萬出武關以救荊州賊逆戰於淅陽衍大破之賊遂退走荊州圍解除使持節散騎常侍平東將軍假安東將軍北道都督鎭鄴西之武城封安陽縣開國子食邑三百戶時相州刺史安樂王鑒潛圖叛逆衍覺其有異密表陳之尋而鑒所部别將嵇宗馳驛告變乃詔衍與都督源子邕李神軌等討鑒平之除撫軍將軍相州刺史假鎭北將軍北道大都督進封臨汝縣開國公增邑千二百戶常侍如故仍詔衍與子邕北討葛榮軍次陽平之東北漳曲賊來拒戰衍軍敗見害朝野人情莫不駭惋贈使持節車騎大將軍司空相州刺史

子嵩襲武定中河內太守齊受禪爵例降又天水冀人尹挺仕蕭鸞以軍勳至陳郡太守遂與叔業參謀歸誠景明初除輔國將軍南司州刺史擬戍義陽亦封宋縣開國伯食邑八百戶轉冠軍將軍東郡太守未拜而卒賜布帛一百匹贈本將軍涇州刺史

子循歷太原太守

循弟彖饒安令遼西太守兄弟皆有政事才時河東南解人柳玄達頗涉經史仕蕭鸞歷諸王參軍與叔業姻婭周旋叔業之鎭壽春委以管記及叔業之被猜疑將謀獻欵玄達贊成其計前後表啓皆玄達之詞景明初除輔國將軍司徒諮議參軍封南頓縣開國子邑二百戶二年秋卒時年四十三後改封夏陽縣邑戶如先玄達曾著大夫論備陳叔業背逆歸順契闊危難之旨又著喪服論約而易尋文多不錄

子稀襲武定中東太原太守齊受禪爵例降

稀弟遠字季雲性麤疎無拘檢時人或謂之柳癡好彈琴耽酒時有文詠爲肅宗挽郎出帝初除儀同開府參軍事放情琴酒之間每出返家人或問有何消息荅云無所聞縱聞亦不解元象二年客遊項城遇患卒時年四十

玄達弟玄瑜景明初除正員郎轉鎭南大將軍開府從事中郎帶汝陰太守延昌二年卒年五十五

子諧頗有文學善鼓琴以新聲手勢京師士子翕然從學除著作佐郎建義初於河陰遇害時年二十六又武都人楊令寶有膂力善射仕蕭鸞數爲小將征戰著效至譙郡太守遂參叔業歸誠之謀景明初除輔國將軍南兗州刺史擬戍淮陰封寧陵縣開國子食邑五百戶在淮南征戰累著勞捷徵拜冠軍將軍試守京兆內史卒追封邵陵縣開國子邑二百戶賜帛二百匹贈征虜將軍華州刺史

子彪襲爵永熙中征虜將軍中散大夫齊受禪例降

令寶弟令仁亦隨令寶立效前將軍汝南內史又京兆杜陵人韋伯昕學尚有壯氣自以才智優於裴植常輕之植疾之如讐即彥先之妹婿也叔業以其有大志故遣送子芬之爲質景明初封雲陵縣開國男食邑二百戶拜南陽太守數歲坐事免久之拜員外散騎常侍加中壘將軍延昌末告尚書裴植謀爲廢黜植坐死後百餘日伯昕亦病卒臨亡見植爲祟口云裴尚書死不獨見由何以見怒也其叔業爪牙心膂所寄者裴智淵左中郎將封湞儀縣王昊左軍將軍封南汝陰縣趙革右中郎將封西宋縣並開國男食邑各二百戶李道眞右軍將軍封睢陽縣開國子食邑五百戶胡文盛右軍將軍封剛陽縣魏承祖右軍將軍封平春縣並開國子食邑各三百戶

承祖廣陵寒人也依隨叔業爲趨走左右壯健善事人叔業待之甚厚及出爲州以爲防閤善撫士卒兼有將用自景明以後常爲統軍南北征伐累有戰功歷太原太守至光祿大夫安南將軍蕭衍遣將圍義陽士民應之三關旣陷州城時甚懸急以承祖持節行撫軍將軍率師討之大破賊衆解義陽之圍還復三關遂爲名將終於并州刺史衣冠之士預叔業勳者安定皇甫光北地梁祐清河崔高客天水閻慶胄河東柳僧習等

光美鬚髯善言笑仕蕭鸞以軍勳至右軍將軍入國爲輔國將軍假南兗州刺史卒於渤海太守

兄椿齡薛安都壻也隨安都於彭城內附歷位司徒諮議岐州刺史光未入朝而椿齡先卒

椿齡子璋鄉郡相

璋弟瑒爲司徒胡國珍所拔自太尉記室超遷吏部郎性貪婪多所受納鬻賣吏官皆有定價後以丞相高陽王雍之壻超拜持節冠軍將軍豫州刺史爲政殘暴百姓患之罷州後仍遇風病久之除安南將軍光祿大夫太昌初卒年五十八贈衞大將軍尚書左僕射雍州刺史

子長卿司州主簿祕書郎中太尉司馬

祐叔業之從姑子也好學便弓馬隨叔業征伐身被五十餘創景明初拜右軍將軍賜爵山桑子出爲北地太守清身率下甚有治稱歷驍騎將軍太中大夫右將軍從容風雅好爲詩詠常與朝廷名賢泛舟洛水以詩酒自娛遷光祿大夫加平北將軍端然養志不歷權門出爲平西將軍京兆內史當世歎其抑屈卒官贈本將軍

涇州刺史

高容博學善文札美風流景明初拜散騎侍郎出爲揚州開府掾帶陳留太守卒官

慶肩父汪參薛安都平北將軍事安都入國聽汪還南慶肩博識洽聞善於談論聽其言說不覺忘疲景明初爲李元談輔國府司馬卒於敷城太守

僧習善隸書敏於當世景明初爲裴植征虜府司馬稍遷北地太守爲政寬平氐羌悅愛肅宗時至太中大夫加前將軍出爲潁川太守卒官

夏侯道遷譙國人少有志操年十七父母爲結婚韋氏道遷云欲懷四方之志不願取婦家人咸謂戲言及至婚日求覓不知所在於後訪問乃云逃入益州仕蕭鸞以軍勳稍遷至前軍將軍輔國將軍隨裴叔業至壽春爲南譙太守兩家雖爲姻好而親情不協遂單騎歸國拜驍騎將軍隨王肅至壽春遣道遷守合肥肅薨道遷棄戍南叛會蕭衍以莊丘黑爲征虜將軍梁秦二州刺史鎮南鄭黑請道遷爲長史帶漢中郡會黑死衍以王鎮國爲刺史未至而道遷陰圖歸順先是仇池鎮將楊靈珍阻兵反叛戰敗南奔衍以靈珍爲征虜將軍假武都王助戍漢中有部曲六百餘人道遷憚之衍時又遣其左右吳公之等十餘人使南鄭道遷乃僞會使者請靈珍父子靈珍疑而不赴道遷乃殺使者五人馳擊靈珍斬其父子并送使者五首於京師江悅之等推道遷爲持節冠軍將軍梁秦二州刺史道遷表曰臣聞知機其神趨利如響臣雖不武敢忘機利伏惟陛下澤被區宇德濟蒼生八表同忻品物咸賴臣頃亡蟻賊匹馬歸闕自斯摶噬罄竭丹欵但中於壽陽橫爲韋纘所謗理之曲直並是楊集朗王秉所悉臣實愚短豈能自安便逃竄江吳苟存視息蕭衍梁州刺史莊丘黑與臣早舊中臣爲長史值黑亡殁專任天時素顧機會在茲遇武興私署侍郎鄭洛生來此臣即披露誠欵與其共契機要報武興王楊紹先并其中叔集起等請其遣軍以爲腹背即遣左天長由寒山路馳啓復會通直散騎常侍臣集朗還至武興臣聞其至知事必剋集朗果遣鄭右留使至臣間密參機舉會有蕭衍使人吳公之至知臣懷誠將歸大化遂與府司馬嚴思臧恭典籖吳宗爾王勝等共楊靈珍父子密相構結期當取臣臣幸先覺悉得殄思恭等臣即遣鄭猥馳告集朗急求軍援而武興軍未到之間蕭衍白馬戍主尹天寶不識天命固執愚迷乃率部曲驅掠民丁敢爲不逞臣即遣軍主江悅之率諸軍主席靈坦麗樹等領義勇應時討撲而樹銳氣難裁違悅之節度輕進失脫天寶因此直到南鄭重圍州城梁秦士庶僉云危蹙以義逼臣勸爲刺史須籍此威鎮靖內外臣赤誠奉國苟取濟事輒掮小跡且從權宜假當州位重遣皇甫選由斜谷道以事啓聞臣即親率士卒四日三夜交鋒苦戰武興之軍乘虛躡後天寶兇徒因宵鳥散進旣摧破退失巢穴讐捨軍衆依山傍險突入白馬集朗與二弟躬擐甲冑率其所領登即擒斬戍內戶口即放還民斯由皇威遐振罪人授首凶狡時殄公私慶快非但梁秦竭力實關集朗赴接之機臣前已遣軍主杜法先還洵陽構合徒黨誘結鄉落令晉壽土豪王僧承王文粲等還至西關共興大義當今庸蜀虛弱楚鄧懸危開拓九區掃清六合形要之利在於此時進趣之略願速處分臣以愚陋猥當推舉事定之後便即東身馳歸天闕但物情草創猶有參差蕭衍魏興太守范珣安康太守范泌共前巴西太守姜脩屯聚川東尚規舉斧登遣討襲具於別啓集朗兄弟並議曰臣往日歸誠誓盡心力超蒙榮獎灰殞匪報但留臣權相綏獎須得撲滅珣等便即首路伏願聖慈特垂鑒照謹遣兼長史臣張天亮奉表略聞詔曰得表聞之將軍前識機運已投誠欵而中逢猜間致有播越復翻然風返建茲殊效忠貫古烈義動遐邇漢鄭旣開勢蕩庸蜀混同之略方自斯始擒凶掃惡何快如之想餘黨悉平西南清盪經算淹朔當有劬勞所請軍宜別勑一二又賜道遷璽書曰得表具誠節之懷卿忠義夙挺期委自昔中有事因以致乖舛知能乘機豹變翻然改圖獎率同心萬里投順遠舉漢中爲開蜀之始洪規茂略深有嘉焉今授卿持節散騎常侍平南將軍豫州刺史豐縣開國侯食邑一千戶并同義諸人尋有別授王師數道絡繹電邁遣使持節散騎常侍都督征梁漢諸軍事鎭西將軍尚書邢巒指授節度卿其善建殊効稱朕意焉道遷表受平南常侍而辭豫州豐縣侯引裴叔業公爵爲例世宗不許道遷自南鄭來朝京師引見於太極東堂免冠徒跣謝曰比在壽春遭韋纘之酷申控無所致此猖狂是段之來希酬昔遇勳微恩重有靦心顏世宗曰卿建爲山之功一簣之玷何足謝也道遷以賞報爲微逡巡不拜詔曰道遷至止既淹未恭州封可勑吏部速令召拜道遷拜日詔給百五十人供尋改封濮陽縣開國侯邑戶如先歲餘頻表解州世宗許之除南兗州大中正不拜道遷雖學不淵洽而歷覽書史閑習尺牘札翰往還甚有意理好言宴務口實京師珍羞罔不畢有於京城之西水次市地大起園池植列蔬果延致秀彥時往遊適妓妾十餘常自娛樂國秩歲入三千餘匹專供酒饌不營家產每誦孔融詩曰坐上客恒滿樽中酒不空餘非吾事也識者多之出爲散騎常侍平西將軍華州刺史轉安東將軍瀛州刺史常侍如故爲政清嚴善禁盜賊熙平年病卒年六十九贈撫軍將軍雍州刺史賻帛五百匹謚曰明侯初道遷以拔漢中歸誠本由王頵與之計求分邑戶五百封之世宗不許靈太后臨朝道遷重求分封太后大奇其意議欲更以三百戶封頵與會卒遂寢道遷不娉正室唯有庶子數人

長子夬字元廷歷位前軍將軍鎭遠將軍南兗州大中正夬性好酒居喪不戚醇醪肥鮮不離於口沽買飲噉多所費用父時田園貨賣略盡人間債負數猶千餘匹穀食至常不足弟妹不免飢寒初道遷知夬好酒不欲傳授國封夬未亡前忽夢見征虜將軍房世寶來至其家直上廳事與其父坐屏人密言夬心驚懼謂人曰世寶至官間必擊我也尋有人至云官呼郎隨召即去遣左右杖之二百不勝楚痛大叫良久乃寤流汗徹於寢具至明前涼城太守趙卓詣之見其衣濕謂夬曰卿昨夕當大飲溺衣如此夬乃具陳所夢先是旬餘祕書監鄭道昭暴病卒夬聞謂卓曰人生何常唯當縱飲耳於是昏酣遂甚夢後二日不能言針之乃得語而猶虛劣其從兄奐等並營視之皆言危而獲振俄而心悶旋轉而死爲洗浴者視其尸體大有杖處青赤隱起二百下許贈鉅鹿太守初夬與南人辛諶庾道江文遙等終日遊聚酣飲之際恒相謂曰人生局促何殊朝露坐上相看先後之間耳脫有先亡者當於良辰美景靈前飲宴儻或有知庶其歆饗及夬亡後三月上巳諸人相率至夬靈前酌飲時日晚天陰室中微闇咸見夬在坐衣服形容不異平昔時執杯酒似若獻酬但無語耳時夬家客雍僧明心有畏恐披簾欲出便即僵仆狀若被毆夬從兄欣宗云今是節日諸人憶弟疇昔之言故來共飲僧明何罪而被瞋責僧明便寤而欣宗兒語如夬平生并怒家人皆得其罪又發擿陰私竊盜咸有次緒夬妻裴植女也與道遷諸妾不穆訟閱徹于公庭

子籍年十餘歲襲祖封已數年而夬弟昚等言其眇目痼疾不任承繼自以與夬同庶已應紹襲尙書奏籍承封元象中平東將軍太中大夫齊受禪例降

奐道遷兄子也位至咸陽太守

李元護遼東襄平人八世祖肩晉司徒廣陸侯肩子順璠及孫沉志皆有名宦沉孫根慕容寶中書監根子後智等隨慕容德南渡河居青州數世無名位三齊豪門多輕之元護以國家平齊後隨父懷慶南奔身長八尺美鬚髯少有武力仕蕭道成歷官馬頭太守後軍將軍龍驤將軍雖以將用自達然亦頗覽文史習於簡牘高祖至鍾離元護時在城中爲蕭鸞徐州刺史蕭惠休奉使詣軍高祖見而善之後爲裴叔業司馬帶汝陰太守叔業歸順元護贊同其謀及叔業疾病外內阻貳元護督率上下以俟援軍壽春剋定元護頗有力焉景明初以元護爲輔國將軍齊州刺史廣饒縣開國伯食邑一千戶便道述職其年入朝尋以州民柳世明圖爲不軌元護馳還歷城至即擒殄誅戮所加微爲濫酷值州內饑儉民人困敝志存隱恤表請賑貸蠲其賦役但多有部曲時爲侵擾城邑苦之故不得爲良刺史也三年夏卒年五十一病前月餘京師無故傳其凶問又城外送客亭柱有人書曰李齊州死綱佐餞別者見而拭之後復如此元護妾妓十餘聲色自縱情慾既甚支骨消削鬚長二尺一時落盡贈平東將軍青州刺史元護爲齊州經拜舊墓巡省故宅饗賜村老莫不欣暢及將亡謂左右曰吾嘗以方伯簿伍至青州士女屬目若喪過東陽不可不好設儀衞哭泣盡哀令觀者改容也家人遵其誡

子會襲正始中降爵爲子邑五百戶延昌中除宣威將軍給事中會頑騃好酒其妻南陽太守清河房伯玉女也甚有姿色會不荅之房乃通於其弟機因會飲醉殺之

子景宣襲天平中除給事中齊受禪例降機與房遂如夫婦積十餘年房氏色衰乃更婚娶

元護弟靜景明初以歸誠勳拜前將軍性甚貪恐兄亡未斂便剝脫諸妓服玩及餘財物歷齊州內史天水太守

靜子銓羽林監

元護從叔恤卒於東代郡太守

子曠之

席法友安定人也祖父南奔法友仕蕭鸞以膂力自効軍勳稍遷至安豐新蔡二郡太守建安戍主蕭寶卷遣胡景略代之法友遂留壽春與叔業同謀歸國景明初拜冠軍將軍豫州刺史苞信縣開國伯食邑千戶始叔業卒後法友與裴植追成叔業志淮南剋定法友有力

爲尋轉冠軍將軍華州刺史未拜改授幷州刺史歲餘代還蕭衍遣將楊公則寇揚州假法友征虜將軍以討之法友未至而公則敗走後假法友前將軍持節爲別將出淮南欲解朐山之圍法友始渡淮而朐山敗沒遂停散十年恬靜自處不競勢利世宗末以本將軍除濟州刺史在州廉和著稱又徙封乘氏肅宗初拜光祿大夫熙平二年卒贈平西將軍秦州刺史賻帛三百匹謚襄侯

子景通襲善事元叉兼以貨賂叉父繼繼爲司空引景通爲掾後加右軍將軍鎮軍將軍卒官贈輔國將軍衛尉少卿

子鵾襲永安末尚書郎走關西

王世弼京兆霸城人也劉裕滅姚泓其祖父從裕南遷世弼身長七尺八寸魁岸有壯氣善草隸書好愛墳典仕蕭鸞以軍勳至游擊將軍爲軍主助戍壽春遂與叔業同謀歸誠景明初除冠軍將軍南徐州刺史擬戍鍾離懸封愼縣開國伯食邑七百戶後以本將軍除東徐州刺史治任於刑爲民所怨有受納之響歲餘爲御史中尉李平所彈會赦免久之拜太中大夫加征虜將軍尋以本將軍出爲河北太守治有清稱轉渤海相尋遷中山內史加平北將軍直閤元羅領軍叉弟也曾行過中山謂世弼曰二州刺史輒復爲郡亦當恨恨耳世弼曰儀同之號起自鄧隲平北爲郡始在下官正光元年卒官贈本將軍豫州刺史謚曰康

長子會汝陽太守

次子由字茂道好學有文才尤善草隸性方厚有名士之風又工摹畫爲時人所服歷給事中尚書郎東萊太守罷郡後寓居潁川天平初元洪威搆逆大軍攻討爲亂兵所害時年四十三名流悼惜之

江悅之字彥和濟陽考城人也七世祖統晉散騎常侍劉淵石勒之亂南徙渡江祖輿之父範之並爲劉裕所誅悅之少孤仕劉駿歷諸王參軍好兵書有將略善待士有部曲數百人蕭道成初以悅之爲荊州征西府中兵參軍領臺軍主遷屯騎校尉轉後軍將軍部曲稍衆千有餘人蕭賾遣戍漢中就遷輔國將軍蕭衍初劉季連據蜀反叛悅之率部曲及梁秦之衆討滅之以功進號冠軍將軍武興氐破白馬進圍南鄭悅之率軍拒戰大破氐衆還復白馬衍秦梁二州刺史莊丘黑死夏侯道遷與悅之及龐樹軍主李忻榮張元亮士孫天與等謀以梁州內附旣殺蕭衍使者及楊靈珍衍華陽太守尹天寶率衆向州城悅之與樹忻榮勒衆逆戰爲天寶所敗遂闔南鄭戰經四日衆心危沮咸懷離貳悅之盡以家財散賞士卒身當矢刃晝夜督戰會武興軍至天寶敗走道遷之克全勳欵悅之實有力焉正始二年夏與道遷俱至洛陽尋卒年六十一贈輔國將軍梁州刺史追封安平縣開國子食邑三百戶謚曰莊悅之二子文遙文遠

文遙少有大度輕財好士士多歸之道遷之圖楊靈珍也文遙奮劒請行遂手斬靈珍正始二年除步兵校尉遭父憂解官永平初襲封拜前軍出爲咸陽太守勤於禮接終日坐聽事至者見之假以恩顏屏人密問於是民所疾苦大盜姓名姦猾吏長無不知悉郡中震肅姦劫息止治爲雍州諸郡之最徵拜驍騎將軍輔國將軍進號征虜將軍肅宗初拜平原太守在郡六年政理如在咸陽還後將軍安州刺史文遙善於綏納甚得物情時杜洛周葛榮等相繼叛逆自幽燕以南悉皆淪陷唯文遙介在羣賊之外孤城獨守鳩集荒餘且耕且戰百姓皆樂爲用建義元年七月遘疾卒於州年五十五長史許思祖等以文遙遺愛在民復推其子果行州事旣而攝州任乃遣使奉表莊帝嘉之除果通直散騎侍郎假節龍驤將軍行安州事當州都督旣而賊勢轉盛臺援不接果以阻隔彊寇內徙無由乃攜諸弟幷率城民東奔高麗太平中詔高麗送果等元象中乃得還朝

果弟鼎武定三年襲爵齊受禪例降

文遠善騎射勇於攻戰以軍勳致效自給事中稍遷中散大夫龍驤將軍

龐樹南安人世宗追錄謀勳封其子景亮襄邑縣開國男食邑二百戶

李忻榮漢中人與樹俱擊天寶同時戰歿封其子建爲清水縣開國子食邑二百戶

張元亮漢中人便弓馬善戰鬭以勳封撫夷縣開國子食邑二百戶拜東萊太守入爲平遠將軍左中郎將遷中散大夫加龍驤將軍卒贈左將軍巴州刺史

士孫天與扶風人以勳封莫西縣開國男食邑二百戶拜武功太守又襄陽羅道珍北海王安世潁川辛諶漢中姜永等皆參其勳末

道珍除齊州東平原相有治稱卒於鎮遠將軍屯騎校尉

安世苻堅丞相王猛之玄孫也歷涉書傳敏於人間自羽林監稍遷安西將軍北華州刺史卒贈本將軍梁州刺史

諶魏衞尉辛毗之後有文學歷步兵校尉濮陽上黨二郡太守卒贈征虜將軍梁州刺史

子儒之濟州司馬

永善彈琴有文學員外郎梁州別駕漢中太守

永弟漾亦善士性亦至孝爲漢中所歎服元羅之陷也永入於建鄴遂死焉時有潁川庾導者亦與道遷俱入國雖不參謀亦爲奇士歷覽史傳善草隸書輕財重義仕蕭衍右中郎將助戍漢中及至洛陽環堵敝廬多與儁秀交舊積二十餘歲殊無宦情正光中乃除幽州左將軍府主簿饒安令罷縣後仍客遊齊魯之間天平中卒於青州時有皇甫徽字子玄安定朝那人仕蕭衍歷諸王參軍郡守及道遷之入國也徽亦因地內屬徽妻卽道遷之兄女道遷列上勳書欲以徽爲元謀徽曰創謀之始本不關預雖貪榮賞內愧於心遂拒而不許後刺史羊祉表授征虜府司馬卒官

子和武定末司空司馬

和弟亮儀曹郎中

淳于誕字靈遠其先太山博人後世居於蜀漢或家安國之桓陵縣父興宗蕭賾南安太守誕年十二隨父向揚州父於路爲羣盜所害誕雖童稚而哀感奮發傾資結客旬朔之內遂得復讎由是州里歎異之賾益州刺史劉悛召爲主簿蕭衍除步兵校尉景明中自漢中歸國旣達京師陳伐蜀之計世宗嘉納之延昌末王師大舉除驍騎將軍假冠軍將軍都督別部司馬領鄉導統軍誕不願先受榮爵乃固讓實官止參戎號及奉辭之日詔遣主書趙桃弓宣旨勞勉若尅成都卽以益州許之師次晉壽蜀人大震屬世宗晏駕不果而還後以客例起家除羽林監蕭衍遣將張齊攻圍益州詔誕爲統軍與刺史傅豎眼赴援事寧還朝正光中秦隴反叛詔誕爲西南道軍司假冠軍將軍別將從子午南出斜谷趣建安與行臺魏子建共參經略時衍益州刺史蕭淵猷遣將樊文熾蕭世澄等率衆數萬圍小劒戍益州刺史邴虬令子建拒之因轉營爲文熾所掩統軍胡小虎崔珍寶並見俘執子建遣誕助討之誕勒兵馳赴相對月餘未能摧殄文熾軍行之谷東峯名龍鬚山置柵其上以防歸路誕以賊衆難可角力乃密募壯士二百餘人令夜登山攻其柵及時火起煙焰漲天賊以還途不守連營震怖誕率諸軍鳴鼓攻擊文熾大敗俘斬萬計擒世澄等十一人文熾爲元帥先走獲免孝昌初子建以誕行華陽郡帶白馬戍二年復以誕行巴州刺史三年朝議以梁州安康郡阻帶江山要害之所分置東梁州仍以誕爲鎮遠將軍梁州刺史永安二年四月卒時年六十贈安西將軍益州刺史謚曰莊

長子亢

亢弟肯字闕館武定末梁州驃騎府司馬

李苗字子宣梓潼涪人父膺蕭衍尚書郎太僕卿苗出後叔父略略爲蕭衍寧州刺史大著威名王足伐蜀也衍命略拒足於涪許其益州及足還退衍遂改授略怒將有異圖衍使人害之苗年十五有報雪之心延昌中遂歸闕仍陳圖蜀之計於是大將軍高肇西伐詔假苗龍驤將軍鄉導統軍師次晉壽世宗晏駕班師後以客例除員外散騎侍郎加襄威將軍苗有文武才幹以大功不就家恥未雪常懷慷慨乃上書曰昔晉室數否華戎鼎沸三燕兩秦咆勃中夏九服分崩五方圮裂皇祚承歷自北而南誅滅姦雄定鼎河洛唯獨荊揚尚阻聲教今令德廣被於江漢威風遠振於吳楚國富兵彊家給人足以九居八之形有兼弱攻昧之勢而欲逸豫遺疾子孫違高祖之本圖非社稷之深慮誠宜商度東西戍防輕重之要計量壃埸險易安危之理探測南人攻守窺覦之情籌算卒乘器械征討之備然後去我所短避彼所長釋其至難攻其甚易奪其險要割其膏壤數年之內荊揚可幷若捨舟檝卽平原斂後疎前則江淮之所短棄車馬游飛浪乘流馳逐非中國之所長彼不敢入平陸而爭衡猶我不能越巨川而趣利若俱去其短各恃其長則東南未見可滅之機而淮泗方有相持之勢且夫滿昃相傾陰陽恒理盛衰遞襲五德常運今以至彊攻至弱必見吞幷之理如以至弱禦至彊焉有全濟之術故明王聖主皆欲及時立功爲萬世之業去高而就下百川以之常流取易而避難兵家以之恒勝今巴蜀孤懸去建鄴遼遠偏兵獨戍泝流十千牧守無良專行劫剝官由財進獄以貨成士民思化十室而九延頸北望日覬王師若命一偏將弔民伐罪風塵不接可傳檄而定守白帝之阨據上流之險循士治之迹蕩建鄴之逋然後偃武修文制禮作樂天下幸甚豈不盛哉於時肅宗幼沖無遠略之意竟不能納正光末二秦反叛侵及三輔時承平旣久民不習戰苗以隴兵彊悍且羣聚無資乃上書曰臣聞食少兵精利於速戰糧多卒衆事宜持久今隴賊猖狂非有素蓄雖據兩城本無德義其勢在於疾攻日有降納遲則人情離阻坐受崩

潰夫飆至風起逆者求萬一之功高壁深壘王師有全制之策但天下久泰人不曉兵奔利不相待逃難不相顧將無法令士非教習以憍將御惰卒不思長久之計務奇正之通必有莫敖輕敵之志恐無克國持重之規如令隴東不守汧軍敗散則二秦遂彊三輔危弱國之右臂於斯廢矣今且宜勒大將深溝高壘堅守勿戰別命偏師精兵數千出麥積崖以襲其後則汧岐之下羣妖自散於是詔苗爲統軍與別將淳于誕俱出梁益隸行臺魏子建子建以苗爲郎中仍領軍深見知待孝昌中還朝鎮遠將軍步兵校尉俄兼尚書右丞爲西北道行臺與大都督宗正珍孫討汾絳蜀賊平之還除司徒司馬轉太府少卿加龍驤將軍於時蕭衍巴西民何難尉等豪姓相率請討巴蜀之間詔苗爲通直散騎常侍冠軍將軍西南道慰勞大使未發會殺爾朱榮榮從弟世隆擁榮部曲屯據河橋還逼都邑孝莊親幸大夏門集羣臣博議百寮恇懼計無所出苗獨奮衣而起曰今小賊唐突如此朝廷有不測之危正是忠臣烈士效節之日臣雖不武竊所庶幾請以一旅之衆爲陛下徑斷河梁城陽王徽中尉高道穆贊成其計莊帝壯而許焉苗乃募人於馬渚上流以舟師夜下去橋數里便放火船河流既駛倏忽而至賊於南岸望見火下相蹙爭橋俄然橋絶没水死者甚衆苗身率士卒百許人泊於小渚以待南援既而官軍不至賊乃涉水與苗死鬬衆寡不敵左右死盡苗浮河而歿時年四十六帝聞苗死哀傷久之曰苗若不死當應更立奇功贈使持節都督梁益巴東梁四州諸軍事車騎大將軍儀同三司梁州刺史河陽縣開國侯邑一千戶賜帛五百疋粟五百石謚忠烈侯苗少有節操志尚功名每讀蜀書見魏延請出長安諸葛不許常歎息謂亮無奇計及覽周瑜傳未曾不咨嗟絶倒太保城陽王徽司徒臨淮王彧重之二王頗或不穆苗每諫之及徽寵勢隆極猜忌彌甚苗謂人曰城陽蜂目先見豺聲今轉彰矣解鼓琴好文詠尺牘之敏當世罕及死之日朝野悲壯之及莊帝幽崩世隆入洛主者追苗贈封以白世隆世隆曰吾爾時羣議更一二日便欲大縱兵士焚燒都邑任其採掠賴苗京師獲全天下之善士也不宜追之

子曇襲爵武定末冀州儀同府刑獄參軍齊受禪爵例降

史臣曰壽春形勝南鄭要險乃建鄴之肩髀成都之喉嗌裴叔業夏侯道遷體運知機翻然鵲起舉地而來功誠兩茂其所以大啓茅賦兼列旟旗固其宜矣植不恒其德器小志大斯所以顛覆也衍才行將略不遂其終惜哉李席王江雖復因人成事亦爲果決之士淳于誕好立功名有志者竟能遂也李苗以文武幹局沉斷過人臨難慨然奮其大節蹈忠履義歿而後已仁必有勇其斯人之謂乎

魏書卷七十一考證

裴叔業傳城庫管籥悉付康生○臣人龍按康生當是奚康生本書奚康生傳裴叔業率衆圍渦陽高祖勅王肅遣康生馳往救援是也

淳于誕傳及時火赴○赴當作起

李苗傳梓橦涪人○橦應作潼

魏書卷七十二

齊　魏收　撰

列傳第六十

陽尼　賈思伯　李叔虎　路恃慶

房亮　曹世表　潘永基　朱元旭

陽尼字景文北平無終人少好學博通羣籍與上谷侯天護頓丘李彪同志齊名幽州刺史胡泥以尼學藝文雅乃表薦之徵拜祕書著作郎奏佛道宜在史錄後改中書學爲國子學時中書監高閭侍中李沖等以尼碩學博識舉爲國子祭酒高祖嘗親在苑堂講諸經典詔尼侍聽賜帛百匹尼後兼幽州中正出爲幽州平北府長史帶漁陽太守未拜坐爲中正時受鄉人財貨免官尼每自傷曰吾昔未仕不曾羨人今日失官與本何異然非吾宿志命也如何既而還鄉遂卒於冀州年六十一有書數千卷所造字釋數十篇未就而卒其從孫太學博士承慶遂撰爲字統二十卷行於世

子介字天佐奉朝請冀州默曹參軍早卒

尼從子鳴鵠

鳴鵠弟季智俱有名於時前後並爲幽州司馬

季智子璠通直散騎常侍

季智從弟荆范陽太守有吏能卒贈平西將軍東益州刺史

季智從子伯慶汝南太守

伯慶從父弟藻字景德少孤有雅志涉獵經史太和初舉秀才射策高第以母疾還徵拜中書博士詔兼禮官拜燕宣王廟於長安還授寧遠將軍賜爵魏昌男選爲廷尉正轉考功郎中除建德太守以清貧賜帛六十匹尋假寧遠將軍領統軍外防內撫甚得居邊之稱解任還家久之除兗州左將軍府長史又拜瀛州安東府長史加揚烈將軍藻以年老歸家闔門不關世事孝昌中在鄉爲賊帥杜洛周所囚發病卒永熙中贈征虜將軍幽州刺史

子貞字世幹早卒

貞弟粥字世輔長於吏事本州別駕加輕車將軍屬洛周陷城粥遂率宗親南渡河居於青州值邢杲起逆青州城民疑河北人爲杲內應遂害粥時年四十八

子撝襲祖爵

粥弟婁武定末尚書右丞

藻從弟令鮮京兆王愉郎中令坐同愉反逃竄免會赦除名

子世和武定末齊州驃騎司馬

藻從弟延興南幽州刺史

延興從弟固字敬安性倜儻不拘小節少任俠好劒客弗事生產年二十六始折節好學遂博覽篇籍有文才太和中從大將軍宋王劉昶征義陽板府法曹行參軍假陵江將軍昶嚴暴治軍甚急三軍戰慄無敢言者固啓諫并面陳事宜昶大怒欲斬之使監當攻道固在軍勇決志意閑雅了無懼色昶甚奇之軍還言之高祖年三十餘始辟大將軍府參軍事署城局仍從昶鎮彭城板兼長史俄以憂去任裴叔業以淮南內附世宗詔平南將軍廣陵侯元衍與司徒彭城王勰同鎮壽春勑固爲衍司馬還除太尉西閤祭酒兼廷尉評上改定律令議除給事中出爲試守平北太守甚有惠政久之以公事免後除給事中領侍御史轉治書劾奏廣平王懷汝南王悅南陽長公主及使懷荒鎮將萬貳望風逃走劾恒農太守裴粲免官時世宗廣訪得失固上讜言表曰臣聞爲治不在多方在於力行而已當今之務宜早正東儲立師傅以保護立官司以防衛以係蒼生之心攬權衡親宗室彊幹弱枝以立萬世之計舉賢良黜不肖使野無遺才朝無素餐孜孜萬幾躬勤庶務使民無謗讟之響省徭役薄賦歛修學官遵舊章貴農桑賤工賈絶談虛窮微之論簡桑門無用之費以存元元之民以救飢寒之苦上合昊天之心下悅億兆之望然後備器械修甲兵習水戰滅吳會撰封禪之禮襲軒唐之軌同彼七十二君之徽號協定鼎嵩河之心副高祖殷勤之寄上與三皇比隆下與五帝齊美豈不茂哉臣位卑識昧言不及義屬聖明廣訪敢獻瞽言伏願陛下留神少垂究察初世宗委任羣下不甚親覽好桑門之法尚書令高肇以外戚權寵專決朝事又咸陽王禧等並有釁故宗室大臣相見疎薄而王畿民庶勞敝益甚固乃作南北二都賦稱恒代田漁聲樂侈靡之事節以中京禮儀之式因以諷諫辭多不載世宗末中尉王顯起宅既成集寮屬饗宴酒酣問固曰此宅何如固對曰晏嬰湫隘流稱于今豐屋生災著於周易此蓋同傳舍耳唯有德能卒願公勉之顯嘿然他日又謂固曰吾作太府卿庫藏充實卿以爲何如固對曰公收百官之祿四分之一州郡贓贖悉入京藏以此充府未足爲多且有聚歛之臣寧有盜臣豈不戒哉顯大不悅以此銜固又有人間固於顯顯因奏固剩請米麥免固官既無事役遂闔門自守著演賾賦以明幽微通塞之事其詞曰紹有周之遐軌兮矧錫世於河陽建甸侯而列爵兮與王室而並昌遭季葉之紛亂兮仍瓚迹於艮鄉棄衞侯之禎弱兮乃植根於幽方自祖考而輝烈兮逮余躬而翳微悼堂構之頹撓兮恐崩毀其洪基心惴惴而慄慄兮若臨深而履薄登喬木而長吟兮抗幽谷而靡託何身輕而任重兮懼顛墜於峻壑憑神明之扶助兮雖幽微而獲存賴先后之醇德兮乃保護其遺孫伊日月之屢遷兮何四時之相逼知年命之有期兮慨幹流之不息傷艱難之相承兮悲屯蹇而日臻心惻愴而不懌兮乃有懷於古人或垂綸於渭濱兮有胥靡於傅巖既應繇而赴兆兮作殷周之元鑒孔栖栖而不息兮終見黜於庶邦墨馳騁而不已兮亦舉世而不容有鷟孤而爭國兮有讓位而採薇有躍馬而赴會兮有棲遲以俟時曹納辛而袁亡兮袁戩田而曹盛鮑授州而得時兮韓棄牧而失性趙堯門而誕聖兮終夭隱而不繁衞泯軀於世難兮啓洪業於宣元釋皐繇之法憲兮見蓼六之先亡練疑枉於怨獄兮寧于公之獨昌明禍福之同門兮知休咎之異塗尋倚伏之無源兮或先誳而後舒賜憑軒而策駟兮撫清琴而自娛憲服敝於陋巷兮蘊六藝於蓬盧勃計行而致位兮錯謀合而身傾蕭功成而禍集兮

韓勲立而禍并紛回平而綿結兮亮未識其幽情有積毀而恩昵兮有積譽而寵衰或形乖而意合兮或身密而志離情與貌而紛競兮體與識而交馳旦流言而見疑先緣謗而益信樂食子而中疎兮巴放麑而日進或舉世而稱賢兮偶不合於主心或居鄉而三黜兮獨爲時之所欽或負鼎而干主兮或杖策於幽林或望旗而色阻兮或臨危而撫琴道有大而由小兮義有顯而必微理貴在於得要兮事終成於會機每一日而三省兮亦有念而九思孰有是而可是兮孰有非而可非石育子而啓夏兮虬遺卵而孕殷鳥藉冰而存棄兮虎乳孩以字文發昇舟而魚躍兮季潛軀而覆雲或揮戈而爭帝兮或洗耳而辭君道曲成而不一兮神參差而異兆茲聖達之未明兮豈前修之克了迷白日之近遙兮方有閡於天表且臨海而觀瀾兮何津源之杳杳文遷繹而身徂兮景守節而災移湯改祝而革命兮靈投策而詬龜圍據胎而爲巨兮友發文而自相風吹鴉而襄墜兮神壓紐而平王彼贏縮之由人兮信吉凶之在己或勤憂以減齡兮亦安樂而獲祉弟成師而害兄兮父純臣而烹子識同命於三君兮兆先見於裔奴始樓桑而發輝兮終龍變於巴庸繞闔門而結慶兮鬱蟬蛻於三江水浩浩而襄陵兮竊息壤而瘠之鮌殛死於羽山兮禹宣力而營之鑿龍門以通河兮疎九江而入海總九州以攸同兮甄五都之所在雖父子之同氣兮乃業行之丕改以患蹇爲福兮痛比干之殘軀以佞諛爲養安兮哂宰嚭之見屠以擧士而受賞兮悼史遷之腐刑以進爲無益兮見郢秋之專城以仁義爲桎梏兮信揖讓之勞疲以放曠爲解懸兮傷六親之乖離哀越種之被戮兮嘉范蠡之脫羈欽四皓之高尚兮歎伊周之涉危望仗鉞而先鋒兮光安車而勿顧求封賞於寸心兮夢台衮於遠慮或忌賢而獨立或篡君以自樹既思匿而名揚兮亦求清而反汙見衆兆之紛錯兮覩變化之無方心營營而擾擾兮乃探衷而準常儼端坐於敝筵兮始拂龜而整策冀靈鑒之祐余兮願告余以忠益龜發兆以施靈兮利去華而守約蓍布列而成卦兮保龍潛而勿躍踵嘉遯之玄蹤兮追考盤於巖壑登名山以恬澹兮辭朝市之紛若奉貞吉於占繇兮翻夕警而晨裝揖許公於箕嶺兮諮夷齊於首陽瞻嵩華之崷崒兮眺恒碣之硤礌陵江湖之駭浪兮昇醫閭之尚羊乘玄虬之奕奕兮鳴玉鑾之瑲瑲浮滄波而濯足兮入三山而解裳謁伯禹於塗山兮詰三苗於三危登蒼梧而遐眺兮訪二妃於有嬀追祝融於荆芊兮問洛宓於馮夷陵回飈而上騰兮窮深谷而下馳泝扶水而遠矚兮見虞淵之威徵乘閬風之峻岅兮覿王母於崦嵫昇瑤臺而奏歌兮坐瓊室而賦詩託赤木以寄命兮附光風以傳辭出琨岫之崢嶸兮入汜林之杳藹採鍾山之玉瑛兮收珠澤之珂珬攜羽民而遠遊兮探長生之妙術騰雲霧而窈冥兮變域中之穢質望玄闕之寂寥兮過寒門而懷悲揖若士於霄際兮求霧塵於海湄憑帝臺而肆眺兮歷層冰而風馳越弱水之渟瀯兮躡不周之崄巇屑瓊蘂以爲糧兮斟玉液以爲漿結秋蘭以爲珮兮攬白蜺以爲裳聳景雲而上征兮撫閶闔而啓扉肅百神而警策兮奏中皇於紫微聆鈞天而九變兮眈廣樂而忘歸忽心移而志駭兮戀舊京而依依握招搖以爲旆兮巡天漢而下遊建雲旗之逶迤兮御回風之瀏瀏策王良以斂轡兮命風伯以挾輈符屏翳以清路兮告河鼓以具舟聊右次於析木兮適回駕於青丘訪古人以首陽兮亦問道於鶡鳩覩三韓之累累兮見卉服之悠悠瞻雒常之鬱鬱兮貢楛矢之啾啾心怊怊而惕惕兮志憫憫而綿綿伊五嶽之崔崔兮何四海之涓涓瞻九河其如帶兮觀三江其沉然夫五都之摠摠兮尚何足以遊盤彼八方之局促兮殊無可以達觀方吞霞而棄粒兮亦屑玉而鍊丹漱醴泉以養氣兮吸沆瀣以當餐蔭建木之長柯兮援木禾之修莖咀玉髓而克渴兮嚌正陽以長生參松喬而撫翰兮侶浮丘而上征嗟域中之黕黕兮詎攄寫其深情情盤桓而猶豫兮志狐疑而未決久放蕩而不還兮心惆悵而不悅憶慈親於故鄉兮戀先君於丘墓回遊駕而改轅兮縱歸轡而緩御僕眷眷於短衡兮馬依依於跬步還故園而解羈兮入茅宇而返素耕東皐之沃壤兮釣北湖之深潭養慈顔於婦子兮競獻壽而薦甘朝樂酣於濁酒兮夕寄忻於素琴誦風雅以導志兮蘊六藉於胸襟敦儒墨之大教兮崇逸民之遠心播仁聲於終古兮流不朽之徽音進不求於聞達兮退不營於榮利泛若不繫之舟兮湛若不用之器不潔其身兮不屑於位不拘小節兮不求曲備資靈運以託己兮任性命之遭隨既聽天而委化兮無形志之兩疲除紛競而靖默兮守沖寂以無爲寄後賢以籍賞兮寧怨時之弗知亂曰稟元承命人最靈兮夭壽否泰本天成兮體源究道歸聖哲兮隨化委遇能達節兮顯親揚名德之上兮保家全身亦厚量兮趣世浮動達性命兮鑒始究終同水鏡兮志願不合思遠遊兮陵虛騁志從所求兮周歷四極騰人表兮形勞志沮未衷道兮反我遊駕養慈親兮躬耕練藝齊至人兮固又作刺讒疾嬖幸詩二首曰巧巧佞佞讒言興兮營營習習似青蠅兮以白爲黑在汝口兮汝非蝮蠆毒何厚兮巧佞巧佞一何工矣司間司忿言必從矣朋黨噂喈自相同矣浸潤之譖傾人墉矣成人之美君子貴焉攻人之惡君子恥焉汝何人斯譖毀日繁予實無罪騁汝詭言番番緝緝讒言側入君子好讒如或弗及天疾讒說汝其至矣無妄之禍行將及矣泛泛遊鳧弗制弗拘行藏之徒或智或愚維予小人未明茲理毀與行俱言與釁起我其懲矣我其悔矣豈求人兮忠恕在己彼諂諛兮人之蠹兮刺促昔粟罔顧恥辱以求媚兮邪干側入如恐弗及以自容兮志行褊小好習不道朝挾其車夕承其輿或騎或徒載奔載趨或言或笑曲事親要正路不由邪徑是蹈不識大猷不知話言其朋其黨其徒實繁有詭其行有佞其音籧篨戚施邪媚是欽既詭且妬以還其心是信是任敗其以多不始不愼末如之何習習宰嚭營營無極梁丘寡智王鮒淺識伊戾息夫異世同力江充趙高甘言似直豎刁上官擅生羽翼乃如之人僭爽其德豈徒喪邦又亦覆國嗟爾中下其親其昵不謂其非不覺其失好之有年寵之有日我思古人心焉若疾凡百君子宜其愼矣覆車之鑒近可信矣言既備矣事既至矣反是不思維塵及矣肅宗卽位除尚書考功郎奏諸秀孝中第者聽敘自固始大軍征硤石勑爲僕射李平行臺七兵郎中平奇固勇敢軍中大事悉與謀之又命固節度水軍固設奇計先期乘賊獲其外城軍罷太傅清河王懌擧固除步兵校尉領汝南王悅郎中令尋加寧遠將軍時悅年少行多不法屑近小人固上疏切諫并面陳往代諸王賢愚之分以感動悅悅甚敬憚之懌大悅以爲擧得其人熙平二年除洛陽令將軍如故在縣甚有威風丁母憂號慕毀病杖而能起練禫之後猶酒肉不進時固年踰五十而喪過於哀鄉黨親族咸歎服焉神龜末清河王懌領太尉辟固從事中郎屬懌被害元乂秉政朝野震悚懌諸子及門生吏僚莫不慮禍隱避不出素爲懌所厚者彌不自安固以嘗被辟命遂獨詣喪所盡哀慟哭良久乃還僕射游肇聞而歎曰雖欒布王脩何以尚也君子哉若人及汝南王悅爲太尉選擧多非其人又輕肆撾撻固以前爲元卿雖離國猶上疏切諫事在悅傳悅辟固爲從事中郎不就正光二年京兆王繼爲司徒高選官寮辟固從事中郎加鎭遠將軍府解除前軍將軍鎭遠如故又典科揚州勳賞初硤石之役固有先登之功而朝賞未及至是與尚書令李崇訟勳更表崇雖貴盛固據理不撓談者稱焉四年九月卒時年五十七贈輔國將軍太常少卿諡曰文固剛直雅正不畏彊禦居官清潔家無餘財終歿之日室徒四壁無以供喪親故爲其棺斂焉初固著緒制一篇務從儉約臨終又勑諸子一遵先制固有三子

長休之武定末黃門郎

休之弟詮之字子衡少著才名辟司徒行參軍早爲門生所害時人悼惜之

賈思伯字士休齊郡益都人也世父元壽高祖時中書侍郎有學行見稱於時思伯釋褐奉朝請太子步兵校尉中書舍人轉中書侍郎頗爲高祖所知常從征伐及世宗卽位以侍從之勤轉輔國將軍任城王澄之圍鍾離也以思伯持節爲其軍司及澄失利思伯爲後殿澄以思伯儒者謂之必死及至大喜曰仁者必有勇常謂虛談今於軍司見之矣思伯託以失道不伐其功時論稱其長者後爲河內太守不拜尋除鴻臚少卿以母憂免服闋徵爲滎陽太守有政績遷征虜將軍南青州刺史初思伯與弟思同師事北海陰鳳授業無資酬之鳳遂質其衣物及思伯之部送縑百匹遺鳳因具車馬迎之鳳慙不往時人稱歎焉尋以父憂免後除征虜將軍光祿少卿仍拜左將軍兗州刺史肅宗時徵爲給事黃門侍郎因請拜掃還鄉里未拜以風聞免尋除右將軍涼州刺史思伯以州邊遠不樂外出辭以男女未婚靈太后不許舍人徐紇言之得改授太尉長史又除安東將軍廷尉卿思伯自以儒素爲業不好法律希言事俄轉衞尉卿于時議建明堂多有同異思伯上議曰按周禮考工記云夏后氏世室殷重屋周明堂皆五室鄭注云此三者或擧宗廟或擧王寢或擧明堂互言之以明其制同也若然則殷夏之世已有明堂矣唐虞以前其事未聞戴德禮記云明堂凡九室十二堂蔡邕云明堂者天子太廟饗功養老教學選士皆於其中九室十二堂按戴德撰記世所不行且九室十二堂其於規制恐難得厥衷周禮營國左祖右社明堂在國之陽則非天子太廟明矣然則禮記月令四堂及太室皆謂之廟者當以天子暫配享五帝故耳又王制云周人養國老於東膠鄭注云東膠卽辟雍在王宮之東又詩大雅云邕邕在宮肅肅在廟鄭注云宮謂辟雍宮也所以助王養

老則尚和助祭則尚敬又不在明堂之驗矣按孟子云齊宣王謂孟子曰吾欲毁明堂若明堂是廟則不應有毁之問且蔡邕論明堂之制云堂方一百四十尺象坤之策屋圓徑二百一十六尺象乾之策方六丈徑九丈象陰陽九六之數九室以象九州屋高八十一尺象黄鍾九九之數二十八柱以象宿外廣二十四丈以象氣按此皆以天地陰陽氣數爲法而室獨象九州何也若立五室以象五行豈不快也如此蔡氏之論非爲通典九室之言或未可從竊尋考工記雖是補闕之書相承已久諸儒注述無言非者方之後作不亦優乎且孝經援神契五經要義舊禮圖皆作五室及徐劉之論同考工者多矣朝廷若獨絶今古自爲一代制作者則所願也若猶祖述舊章規摹前事不應捨殷周成法襲近代妄作且損益之極極於三王後來疑議難可準信鄭玄云周人明堂五室是帝各有一室也合於五行之數周禮依數以爲之室施行於今雖有不同時說然耳尋鄭此論非爲無當按月令亦無九室之文原其制置不乖五室其青陽右个卽明堂左个明堂右个卽總章左个總章右个卽玄堂左个玄堂右个卽青陽左个如此則室猶是五而布政十二五室之理謂爲可按其方圓高廣自依時量戴氏九室之言蔡子廟學之議子幹靈臺之說裴逸一屋之論及諸家紛紜並無取焉學者善其議又遷太常卿兼度支尚書轉正都官時太保崔光疾甚表薦思伯爲侍講中書舍人馮元興爲侍讀思伯遂入授肅宗杜氏春秋思伯少雖明經從官廢業至是更延儒生夜講晝授性謙和輕身禮士雖在街途停車下馬接誘恂恂嘗無倦色客有謂思伯曰公今貴重寧能不驕思伯曰衰至便驕何常之有當世以爲雅談爲元叉所寵論者譏其趣勢孝昌元年卒贈鎮東將軍青州刺史又贈尚書右僕射謚曰文貞

子彥始武定中淮陽太守

思伯弟思同字士明少厲志行雅好經史釋褐彭城王國侍郎五遷尚書考功郎青州別駕久之遷鎮遠將軍中散大夫試守滎陽太守尋卽真後除平南將軍襄州刺史雖無明察之譽百姓安之及元顥之亂也思同與廣州刺史鄭光護並不降莊帝還宮封營陵縣開國男邑二百戶除撫軍將軍給事黄門侍郎青州大中正又爲鎮東金紫光禄大夫仍兼黄門尋加車騎大將軍左光禄大夫遷鄴後除黄門侍郎兼侍中河南慰勞大使仍與國子祭酒韓子熙並爲侍講授靜帝杜氏春秋又加散騎常侍兼七兵尚書尋拜侍中興和二年卒贈使持節都督青徐光三州諸軍事驃騎大將軍尚書右僕射司徒公青州刺史謚曰文獻初思同之爲别駕也清河崔光韶先爲治中自恃資地恥居其下聞思同還鄉遂便去職州里人物爲思同恨之及光韶之亡遺誡子姪不聽求贈思同遂上表訟光韶操業登時蒙贈謚論者歎尚焉思同之侍講也國子博士遼西衛冀隆爲服氏之學上書難杜氏春秋六十三事思同復駮冀隆乖錯者十一條互相是非積成十卷詔下國學集諸儒考之事未竟而思同卒卒後魏郡姚文安樂陵秦道靜復述思同意冀隆亦尋物故浮陽劉休和又持冀隆說至今未能裁正焉

李叔虎渤海脩人也從祖金世祖神䴥中與高允俱被徵位至征南從事中郎叔虎好學博闚有識度爲鄉閭所稱太和中拜中書博士與清河崔光河間邢巒並相親友轉議郎久之遷太尉從事中郎轉國子博士本國中正攝樂陵中正性清直甚有公平之稱後兼散騎侍郎太極都將事訖除高陽太守固辭不拜尋除顯武將軍太尉高陽王雍諮議參軍事雍以其器操重之尋除假節行華州事爲吏民所稱永平四年卒年五十四贈冠軍將軍南青州刺史謚曰穆

兄叔賓州舉秀才拜頓丘公國郎中令遷太常丞延昌末叔賓爲弟臺戶及從弟歸伯同沙門法慶反陷破郡縣叔賓當坐遇病死於洛陽獄

子伯胄光禄大夫

叔賓從弟鳳歷尚書郎中國子博士坐弟同京兆王愉逆除名

鳳從子長仁字景安頗有學涉舉秀才射策高第拜中書博士轉中書侍郎累遷平南將軍沛郡太守仍爲彭城太守又從尉元討定南境賜爵延陵男徵拜員外散騎常侍使於劉準行還以疾除北海內史詔賜醫藥凡在三郡吏民安之尋卒武定中贈安南將軍七兵尚書冀州刺史男如故

長仁從弟述字道輿有學識州舉秀才拜太常博士使詣長安冊祭燕宣王廟還除尚書儀曹郎賜爵蓨縣男稍遷建興太守卒

子象字孟則清簡有風槩博涉羣書初襲爵爲徐州平東府功曹參軍遷冀州治中有勤績久之拜散騎侍郎加寧朔將軍尋轉中書侍郎出爲青州太傅開府諮議參軍行北徐州事本將軍光禄大夫齊文襄王引爲開府諮議參軍加征東將軍興和二年兼散騎常侍使於蕭衍三年卒贈驃騎大將軍儀同三司冀州刺史謚曰文簡以子子貞預義之勳也

子貞歷司空長史武邑太守司徒右長史陽平太守入爲吏部郎中出爲驃騎將軍兖州刺史坐貪汙賜死

路侍慶字伯瑞陽平清淵人也祖綽陽平太守侍慶有幹用與廣平宋飜俱知名爲鄉閭所稱相州刺史李安世並表薦之太和中除奉朝請侍慶以從兄文舉有才望因推讓之高祖遂並拜焉稍遷尚書儀曹郎轉左民郎行潁川郡出爲華州安定王征虜府長史尋以母憂去職仍轉定州河間王琛長史琛貪暴肆意侍慶每進苦言年四十八卒贈左將軍安州刺史謚曰襄

子祖璧給事中

侍慶弟仲信亦好學爲太尉參軍稍遷奉車都尉開府掾章武王融之討葛榮也仲信爲其都督府長史融敗歿仲信遂亦免棄

仲信弟思略字叔約有識尚冀州安東府騎軍參軍

子祖遺武定末太學博士

思略弟思令字季儁初爲廣陽王司空參軍轉司空城局參軍司徒記室威遠將軍尚書左民郎轉右民時天下多事思令乃上疏曰臣聞國之大事唯祀與戎戎之有功在於將帥三代不必別民取治不等五霸不必異兵各能剋定有湯武之賢猶須伊望之佐堯舜之聖尚有稷契之輔得其人也六合唾掌可清失其人也三河方爲戰地何者動之甚易靖之至難竊以比年以來將帥多是寵貴子孫軍幢統領亦皆故義託附貴戚子弟未經戎役至於銜杯躍馬志逸氣浮軒眉攘腕便以攻戰自許及臨大敵怖懼交懷雄圖鋭氣一朝頓盡乃令羸弱在前以當鋭彊壯居後以安身兼復器械不精進止不集任羊質之將驅不練之兵當負險之衆敵數戰之虜欲令不敗豈有得哉是以兵知必敗始集而先逃將又怖敵遷延而不進國家便謂官號未滿重爵屢加復疑賞賚之輕金帛日賜帑藏空虛民財殫盡致使賊徒更增膽氣益盛生民損耗荼毒無聊主歎臣哀何心寢食臣雖位微竊不遑舍臣聞孝行出於忠貞節義率多果決德可感義夫恩可勸死士今若捨上所輕求下所重黜陟幽明賞罰善惡搜徒簡卒練兵習武甲堅弩彊弓調矢勁謀夫既設辯士先陳曉以安危示其禍福如其不悛以我義順之師討茲悖逆之豎豈異厲蕭斧而伐朝菌鼓洪爐而燎毛髮雖愚者知其不旋踵矣致以愚短昧死陳誠尋拜假節征虜將軍陽平太守又割冀州之平清河相州之陽平齊州之原以爲南冀州仍以思令爲左將軍南冀州刺史假平東將軍都督時葛榮遣其清河太守據季虎高唐城以招叛民思令乃命麾下幷率鄉曲潛軍夜往出其不意遂大破之徐乃收衆南還又詔思令幷領冀州流民及葛榮滅還鎮平原後除征東將軍金紫光禄大夫轉衛將軍右光禄大夫天平三年三月卒時年五十一贈驃騎將軍定州刺史

侍慶從叔景略起家中書博士太和中尚書郎本郡中正出爲齊州魏郡平原二郡太守卒

景略弟雄字仲略容貌偉異以軍功爲給事中高祖曾對羣臣云路仲略好尚書郎才僕射李沖云其人宜爲武職遂停轉太尉咸陽王錄事參軍還伏波將軍奉車都尉卒贈頓丘太守

景略從祖弟法常幼而修立爲郡功曹早卒儀同李神儁與之有舊每云諸路前輩中有路法常足爲名士謂必遠至而竟無年天下事誠難知也

房亮字景高清河人也父法延譙郡太守亮好學有節操太和中舉秀才爲奉朝請拜祕書郎又兼員外散騎侍郎副中書侍郎宋弁使於蕭賾還除尚書二千石郎中濟州中正兼員外常侍使高麗高麗王託疾不拜以亮辱命坐白衣守郎中後除濟北太守轉平原太守以清嚴稱時冀州刺史京兆王愉據州反平原界在河北與愉接境愉乃遣人說亮啖以榮利亮卽斬其使人發兵防捍愉怒遣其大將張靈和率衆攻亮亮督厲兵民喩以逆順出城拒擊大破之尋遭憂解任服終除左將軍汲郡太守遷前將軍東荆州刺史亮留心撫納夷夏安之時邊州刺史例得一子出身亮不言其子而啓弟子超爲奉朝請議者稱之轉平東將軍滄州刺史入爲光禄大夫加安東將軍永安二年卒年七十一贈撫軍將軍齊州刺史

子柬字元約卒於光禄大夫

亮弟詮字鳳舉尚書郎本州中正卒贈撫軍將軍齊州刺史

詮弟悅字季欣解褐廣平王懷國常侍轉青州平東府中兵參軍加宣威將軍遷高陽太守轉廣川太守加鎮遠將軍普泰中濟州刺史張瓊表所部置南清河郡仍請悅爲太守朝廷從之凡歷三郡民吏安之遷平東將軍太中大夫興和二年卒年七十贈征東將軍濟州刺史

長子超字伯穎武定末司徒錄事參軍濟州大中正

超弟昭淮州驃騎大將軍府長史

曹世表字景昇東魏郡魏人也魏大司馬休九世孫祖謨父慶並有學名世表少喪父舉止有禮度性雅正工尺牘涉獵羣書太和二十三年尚書僕射任城王澄奏世表爲國子助教頗失意後轉司徒記室與武威賈思伯范陽盧同隴西辛雄等並相友善侍中崔光鄉里貴達每稱美之遇患歸鄉永平中除兗州左將軍府司馬非其所願復以病解延昌中除清河太守治官省約百姓安之正光中拜前將軍通直散騎常侍大將軍京兆王繼西征以爲從事中郎攝中水兵事自當煩劇論者皆稱其能還都拜司空長史孝昌中青齊頻年反亂詔世表持節慰喻還都轉尚書右丞後加征虜將軍出行豫州刺史值蕭衍將湛僧珍陷東豫州州民劉獲鄭辯反於州界爲之內應朝廷以源子恭代世表爲州以世表爲東南道行臺率元安平元顯伯皇甫鄧林等討之於時賊衆彊斷小般關驛使不通諸將以士馬單少皆敗散之餘不敢復戰咸欲保城自固世表時患背腫乃輿病出外呼統軍是云寶謂之曰湛僧珍所以敢深入爲寇者以獲辯皆州民之望爲之內應向有驛至知劉獲移軍欲迎僧珍去此八十里今出其不意一戰可破獲破則僧珍自走東南清服卿之功也乃簡選兵馬付寶討之促令發軍自暮出城比曉兵合賊不意官軍卒至一戰破獲諸賊悉平湛僧珍退走雅鄭辯與子恭親舊亡匿子恭所世表召諸將吏衆責子恭收辯斬之傳首京師勑遣中使宣旨慰喻賜馬二匹衣服被褥復以世表行豫州事行臺如故還朝加左將軍兼尚書東道行臺沿河分立鎮戍以備葛榮行達青州遇患卒時年五十四永熙中贈平東將軍齊州刺史

潘永基字紹業長樂廣宗人也父靈虬中書侍郎永基性通率輕財好施爲冀州鎮東府法曹行參軍遷威烈將軍揚州曲陽戍主轉西硤石戍主治陳留南梁二郡事頗有威惠轉揚州車騎府主簿累遷虎賁中郎將直寢前將軍出爲持節平北將軍冀州防城都督長樂太守于時葛榮攻信都長圍遏水以灌州城永基與刺史元孚同心戮力晝夜防拒外無軍援內乏糧儲從春至冬力窮乃陷榮欲害孚永基請以身代孚死永安二年除潁川太守遷鎮東將軍東徐州刺史時蕭衍將曹世宗馬洪武等率衆來寇永基出討破之永熙中爲征東將軍金紫光祿大夫遷車騎將軍左光祿大夫尋加衞大將軍復除東徐州刺史前後在州爲吏民所樂代還京師元象初卒年五十六贈散騎常侍都督冀瀛滄三州諸軍事驃騎大將軍尚書右僕射司徒公冀州刺史

長子子禮州主簿

子禮弟子智武定中太尉士曹參軍

朱元旭字君昇本樂陵人也祖霸眞君末南叛投劉義隆遂居青州之樂陵元旭頗涉子史開解几案起家清河王國常侍太學博士員外散騎侍郎頻使高麗除尚書度支郎中神龜末以郎選不精大加沙汰元旭與隴西辛雄范陽祖瑩泰山羊深西平源子恭並以才用見留尋加鎮遠將軍兼尚書右丞仍郎中本州中正時關西都督蕭寶夤啓云所統十萬食唯一月於是肅宗大怒召問所由錄令以下皆推罪於元旭元旭入見於御座前屈指校計寶夤兵糧乃踰一年事乃得釋除通直散騎常侍永安初加平東將軍尚書左丞光祿大夫後轉司農少卿遷衞將軍左光祿大夫天平中復拜尚書左丞既無風操俛仰隨俗性多機數自容而已於時朝廷分汲郡河內二界挾河之地以立義州安置關西歸款之戶除元旭使持節驃騎將軍義州刺史武定三年夏卒於州年六十七贈本將軍幽州刺史

子敬道武定中司徒長流參軍

史臣曰陽尼學義之迹世不乏人固遠氣正情文學兼致賈思伯門有舊業經明行修唯兄及弟並摽儒素李路器尚所及俱可觀者象風采詞涉亦當年之俊民房亮曹世表潘永基朱元旭拔萃從官咸享名器各有由也

魏書卷七十二考證

陽尼傳兆先見於裔敚○敚應作似　臣人龍按左傳文十年楚范巫矞似注矞似人名范邑之巫也

朱元旭傳於時朝廷分汲郡河內二界挾河之地以立義州○臣人龍按本書地形志義州興和二年置寄治汲郡陳城當即其事也挾河即夾河古字通北史作扶風誤

魏書卷七十三

齊　魏收　撰

列傳第六十一

奚康生　楊大眼　崔延伯

奚康生河南洛陽人其先代人也世爲部落大人祖直平遠將軍柔玄鎮將入爲鎮北大將軍內外三都大官賜爵長進侯卒贈幽州刺史謚曰簡父普憐不仕而卒太和十一年蠕蠕頻來寇邊柔玄鎮都將李兜討擊之康生性驍勇有武藝弓力十石矢異常箭爲當時所服從兜爲前驅軍主頻戰陷陳壯氣有聞由是爲宗子隊主從駕征鍾離駕旋濟淮五將未渡蕭鸞遣將率衆據渚邀斷津路高祖勑曰能破中渚賊者以爲直閤將軍康生時爲軍主謂友人曰如其剋也得暢名績脫若不捷命也在天丈夫今日何爲不決遂便應募縛筏積柴因風放火燒其船艦依烟直進飛刀亂斫投河溺死者甚衆乃假康生直閤將軍後以勳除中堅將軍太子三校西臺直後吐京胡反自號辛支王康生爲軍主從章武王彬討之胡遣精騎一千邀路斷截康生率五百人拒戰破之追至石羊城斬首三十級彬甲卒七千與胡對戰分爲五軍四軍俱敗康生軍獨全遷爲統軍率精騎一千追胡至車突谷詐爲墜馬胡皆謂死爭欲取之康生騰騎奮矛殺傷數十人胡遂奔北辛支輕騎退走去康生百餘步彎弓射之應弦而死因俘其牛羊駝馬以萬數蕭鸞置義陽（闕一字）招誘邊民康生復爲統軍從王肅討之進圍其城鸞將張伏護自昇城樓言辭不遜肅令康生射之以彊弓大箭望樓射窗扉開即入應箭而斃彼民見箭皆云狂弩以殺伏護賞帛一千匹又頻戰再退其軍賞三階帛五百匹蕭寶卷將裴叔業率衆圍渦陽欲解義陽之急詔遣高聰等四軍往援之後遣都督廣陵侯元衍並皆敗退時刺史孟表頻啓告高祖勑肅遣康生馳往赴援一戰大破之賞二階帛一千匹及壽春來降也遣康生領羽林一千人給龍廐馬兩匹馳赴壽春既入其城命集城內舊老宣詔撫賚俄而蕭寶卷將桓和頓軍梁城陳伯之據硤石民心駭動頗有異謀康生乃防禦內外音信不通固城一月援軍乃至康生出擊桓和伯之等二軍並破走之拔梁城合肥洛口三戍以功還征虜將軍封安武縣開國男食邑二百戶出爲南青州刺史後蕭衍郁洲遣軍主徐濟寇邊康生率將出討破之生擒濟賞帛千匹時蕭衍聞康生能引彊弓力至十餘石故特作大弓兩張送與康生康生得弓便會集文武乃用平射猶有餘力其弓長八尺把中圍尺二寸箭麤殆如今之長笛觀者以爲希世絕倫弓即表送置之武庫又蕭衍遣將宋黑率衆寇擾彭城時康生遭母憂詔起爲別將持節假平南將軍領南青州諸軍擊走之後衍復遣都督臨川王蕭宏副將張惠紹勒甲十萬規寇徐州又假宋黑徐州刺史領衆二萬水陸俱進徑圍高塚戍詔授康生武衞將軍持節假平南將軍爲別將領羽林三千人騎步甲士隨便割配康生一戰敗之還京召見宴會賞帛千匹賜驊騮御胡馬一匹出爲平西將軍華州刺史頗有聲績轉涇州刺史仍本將軍以輒用官炭瓦爲御史所劾削除官爵尋旨復之蕭衍直閤將軍徐玄明戍於郁州殺其刺史張稷以城內附詔遣康生迎接賜細御銀纏槊一張并棗奈果面勑曰果者果如朕心棗者早遂朕意未發之間郁州復叛時揚州別駕裴絢謀反除康生平東將軍爲別將領羽林四千討之會事平不行遭父憂起爲平西將軍西中郎將是歲大舉征蜀假康生安西將軍領步騎三萬邪趣綿竹至隴右世宗崩班師除衞尉卿出爲撫軍將軍相州刺史在州以天旱令人鞭石虎畫像復就西門豹祠祈雨不獲令吏取豹舌未幾二兒暴喪身亦遇疾巫以爲虎豹之祟徵拜光祿卿領右衞將軍與元乂同謀廢靈太后遷撫軍大將軍河南尹仍右衞領左右與子難娶左衞將軍侯剛女即元乂妹夫也乂以其通姻深相委託三人率多俱宿禁內時或迭出乂以康生子難爲千牛備身康生性麤武言氣高下乂稍憚之見于顏色康生亦微懼不安正光二年三月肅宗朝靈太后于西林園文武侍坐酒酣迭舞次至康生康生乃爲力士舞及於折旋每顧視太后舉手蹈足瞋目頷首爲殺縛之勢太后解其意而不敢言日暮太后欲攜肅宗宿宣光殿侯剛曰至尊已朝訖嬪御在南何勞留宿康生曰至尊陛下兒隨陛下將東西更復訪問誰羣臣莫敢應靈太后自起援肅宗臂下堂而去康生大呼唱萬歲於後近侍皆唱萬歲肅宗引前入閤左右競相排閤不得閉康生奪其子難千牛刀斫直後元思輔乃得定肅宗既上殿康生時有酒勢將出處分遂爲乂所執鎖於門下至曉乂不出令侍中黃門僕射尚書等十餘人就康生所訊其事處康生斬刑難處絞刑乂與剛並在內矯詔決之康生如奏難恕死從流難哭拜辭父康生忻子免死又亦慷慨了不悲泣語其子云我不反死汝何爲哭也有司驅逼奔走赴市時已昏闇行刑人注刀

數下不死於地刻截咸言稟叉意旨過至苦痛嘗食典御奚混與康生同執刀入內亦就市絞刑康生久爲將及臨州尹多所殺戮而乃信向佛道數捨其居宅以立寺塔凡歷四州皆有建置死時五十四

子難年十八以侯剛子壻得停百日竟徙安州後尙書盧同爲行臺叉令殺之康生於南山立佛圖三層先死忽夢崩壞沙門有爲解云檀越當不吉利無人供養佛圖故崩耳康生稱然竟及禍靈太后反政贈都督冀瀛滄三州諸軍事驃騎大將軍司空公冀州刺史又追封壽張縣開國侯食邑一千戶

子剛襲武定中青州開府主簿齊受禪爵例降

剛弟定國襲康生安武縣開國男

楊大眼武都氐難當之孫也少有膽氣跳走如飛然側出不爲其宗親顧待頗有飢寒之切太和中起家奉朝請時高祖自代將南伐令尙書李沖典選征官大眼往求焉沖弗許大眼曰尙書不見知聽下官出一技便出長繩三丈許繫髻而走繩直如矢馬馳不及見者莫不驚歎沖曰自千載以來未有逸材若此者也遂用爲軍主大眼顧謂同寮曰吾之今日所謂蛟龍得水之秋自此一舉終不復與諸君齊列矣未幾遷爲統軍從高祖征宛葉穰鄧九江鍾離之間所經戰陳莫不勇冠六軍世宗初裴叔業以壽春內附大眼與奚康生等率衆先入以功封安成縣開國子食邑三百戶除直閤將軍尋加輔國將軍游擊將軍出爲征虜將軍東荊州刺史時蠻酋樊秀安等反詔大眼爲別將隸都督李崇討平之大眼妻潘氏善騎射自詣軍省大眼至於攻陳遊獵之際大眼令妻潘戎裝或齊鑣戰場或並驅林壑及至還營同坐幕下對諸寮佐言笑自得時指之謂人曰此潘將軍也蕭衍遣其前江州刺史王茂先率衆數萬次于樊雍招誘蠻夏規立宛州又令其所署宛州刺史雷豹狼軍主曹仲宗等領衆二萬偷據河南城世宗以大眼爲武衛將軍假平南將軍持節都督統軍曹敬邴虬樊魯等諸軍討茂先等大破之斬衍輔國將軍王花龍驤將軍申天化俘馘七千有餘衍又遣其舅張惠紹總率衆軍竊據宿豫又假大眼平東將軍爲別將與都督邢巒討破之遂乘勝長驅與中山王英同圍鍾離大眼軍城東守淮橋東西二道屬水汎長大眼所綰統軍劉神符公孫祉兩軍夜中爭橋奔退大眼不能禁相尋而走坐徙爲營州兵永平中世宗追其前勳起爲試守中山內史時高肇征蜀世宗慮蕭衍侵軼徐揚乃徵大眼爲太尉長史持節假平南將軍東征別將隸都督元遙遏禦淮肥大眼至京師時人思其雄勇喜其更用臺省閭巷觀者如市大眼戍譙南世宗崩時蕭衍遣將康絢於浮山遏淮規浸壽春詔加大眼光祿大夫率諸軍鎭荊山復其封邑後與蕭寶夤俱征淮堰不能剋遂於堰上流鑿渠決水而還加平東將軍大眼善騎乘裝束雄竦擐甲折旋見稱當世撫巡士卒呼爲兒子及見傷痍爲之流泣自爲將帥恒身先兵士衝突堅陳出入不疑當其鋒者莫不摧拉南賊前後所遣督將軍未渡江預皆畏懾傳言淮泗荊沔之間有童兒啼者恐之云楊大眼至無不卽止王肅弟子秉之初歸國也謂大眼曰在南聞君之名以爲眼如車輪及見乃不異人大眼曰旗鼓相望瞋眸奮發足使君目不能視何必大如車輪當世推其驍果皆以爲關張弗之過也然征淮堰之役喜怒無常捶撻過度軍士頗憾焉識者以爲性移所致又以本將軍出爲荊州刺史常縛蒿爲人衣以青布而射之名諸蠻渠指示之曰卿等若作賊吾政如此相殺也又北淯郡嘗有虎害大眼搏而獲之斬其頭懸於穰市自是荊蠻相謂曰楊公惡人常作我蠻形以射之又深山之虎尙所不免遂不敢復爲寇盜在州二年而卒大眼雖不學恒遣人讀書坐而聽之悉皆記識令作露布皆口授之而竟不多識字也有三子長甑生次領軍次征南皆潘氏所生氣幹咸有父風初大眼徙營州潘在洛陽頗有失行及爲中山大眼側生女夫趙延寶言之於大眼大眼怒幽潘而殺之後娶繼室元氏大眼之死也甑生等問印綬所在時元始懷孕自指其腹謂甑生等曰開國當我兒襲之汝等婢子勿有所望甑生深以爲恨及大眼喪將還京出城東七里營車而宿夜二更甑生等開大眼棺延寶怪而問之征南射殺之元怖走入水征南又彎弓射之甑生曰天下豈有害母之人乃止遂取大眼屍令人馬上抱之左右扶挾以叛荊人畏甑生等驍勇不敢苦追奔於襄陽遂歸蕭衍

崔延伯博陵人也祖壽於彭城陷入江南延伯有氣力少以勇壯閒仕蕭賾爲緣淮遊軍帶濠口戍主太和中入國高祖深嘉之常爲統帥膽氣絕人兼有謀略所在征討咸立戰功積勞稍進除征虜將軍荊州刺史賜爵定陵男荊州土險蠻左爲寇每有聚結延伯輒自討之莫不摧殄由是穰土帖然無敢爲患永平中轉後將軍幽州刺史蕭衍遣其左遊擊將軍趙祖悅率衆偷據峽石詔延伯爲別將與都督崔亮討之亮令延伯守下蔡延伯與別將伊甕生挾淮爲營延伯遂取車輪去輞削銳其輻兩兩接對揉竹爲絙貫連相屬並十餘道橫水爲橋兩頭施大轆轤出沒任情不可燒斫旣斷祖悅等走路又令舟舸不通由是衍軍不能赴救祖悅合軍咸見俘虜於軍拜平南將軍光祿大夫延伯與楊大眼等至自淮陽靈太后幸西林園引見延伯等太后曰卿等志尙雄猛皆國之名將比平峽石公私慶快此乃卿等之功也但淮堰仍在宜須豫謀故引卿等親共量算各出一圖以爲後計大眼對曰臣輒謂水陸二道一時俱下往無不剋延伯曰臣今輒難大眼旣對聖顏答旨宜實水南水北各有溝瀆陸地之計如何可前愚臣短見願聖心愍水兵之勤苦給復一年專習水戰脫有不虞召便可用往無不獲靈太后曰卿之所言深是宜要當敕如請二年除安北將軍并州刺史在州貪汚聞於遠近還爲金紫光祿大夫出爲鎭南將軍行岐州刺史假征西將軍賜驊騮馬一匹正光五年秋以往在揚州建淮橋之勳封當利縣開國男食邑二百戶尋增邑一百戶改封新豐進爵爲子時莫折念生兄天生下隴東寇征西將軍元志爲天生所擒賊衆甚盛進屯黑水詔延伯爲使持節征西將軍西道都督與行臺蕭寶夤討之寶夤與延伯結壘馬嵬南北相去百餘步寶夤日集督將論討賊方略延伯每云賊新制勝難與爭鋒寶夤正色責之曰君荷國寵靈總戎出討便是安危所繫每云賊不可討以示怯懦損威挫氣乃君之罪延伯明晨詣寶夤自謝仍云今當仰爲明公參賊勇怯延伯選精兵數千下渡黑水列陳西進以向賊營寶夤率衆於水東尋原西北以示後繼於時賊衆大盛水西一里營營連接延伯徑至賊壘揚威脅之徐而還退賊以延伯衆少開營競追衆過十倍臨水逼蹙寶夤親觀之懼有虧損延伯不與其戰身自殿後抽衆東渡轉運如神須臾濟盡徐乃自渡賊徒奪氣相率還營寶夤大悅謂官屬曰崔公古之關張也今年何患不制賊延伯馳見寶夤曰此賊非老奴敵公但坐看後日延伯勒衆而出寶夤爲後拒天生悉衆來戰延伯申令將士身先士卒陷其前鋒於是勇銳競進大破之俘斬十餘萬追奔及於小隴秦賊勁彊諸將所憚朝廷初議遣將咸云非延伯無以定之果能剋敵授右衞將軍於時万俟醜奴宿勤明達等寇掠涇州先是盧祖遷伊甕生數將等皆以元志前行之始同時發雍從六陌道將取高平志敗仍停涇部延伯旣破秦賊乃與寶夤率衆會於安定甲卒十二萬鐵馬八千匹軍威甚盛醜奴置營涇州西北七十里當原城時或輕騎暫來挑戰大兵未交便示奔北延伯矜功負勝遂唱議先驅伐木別造大排內爲鏁柱教習強兵負而趨之號爲排城戰士在外輜重居中自涇州緣原北上衆軍將出討賊未戰之間有賊數百騎詐持文書云是降簿乞且緩師寶夤延伯謂其事實逡巡未閱俄而宿勤明達率衆自東北而至乞降之賊從西競下諸軍前後受敵延伯上馬突陳賊勢摧挫便爾逐北徑造其營賊本輕騎延伯軍兼步卒兵力疲怠賊乃乘間得入排城延伯軍遂大敗死傷者將有二萬寶夤斂軍退保涇州延伯修繕器械購募驍勇復從涇州西進去賊彭阬谷柵七里結營延伯恥前挫辱不報寶夤獨出襲賊大破之俄頃間平其數柵賊皆逃遁見兵人採掠散亂不整還來衝突遂大奔敗延伯中流矢爲賊所害士卒死者萬餘人延伯善將撫能得衆心與康生大眼爲諸將之冠延伯末路功名尤重時大寇未平而延伯死朝野歎懼焉贈使持節車騎大將軍儀同三司定州刺史謚曰武烈又有王足者驍果多策略隸邢巒伐蜀所在剋捷詔行益州刺史遂圍涪城蜀人大震世宗復以羊祉爲益州足聞而引退後遂奔蕭衍次有王神念足之流也後自潁川太守奔江南又冀州李叔仁叔仁弟龍瓌以勇壯爲將統叔仁位至車騎大將軍儀同三司陳郡開國公後爲梁州刺史歿於關西龍瓌正光中北征戰死白道其平州刺史王買奴南秦州刺史曹敬南兗州刺史樊魯益州刺史邴虬玄州刺史邢豹及屈祖嚴思達呂巨崔襲柴慶宗宗正珍孫盧祖遷高智方俱爲將帥並有攻討之名而事迹不存無以編錄然未若康生大眼延伯尤著也

史臣曰人主聞鞞鼓之響則思將帥之臣何則夷難平暴折衝禦侮爲國之所繫也康生等俱以熊虎之姿奮征伐之氣亦一時之驍猛壯士之功名也

魏書卷七十三考證

崔延伯傳賊徒奪氣相率還營○奪監本譌作奮今改正

魏書卷七十四

齊　魏收　撰

列傳第六十二

爾朱榮

爾朱榮，字天寶，北秀容人也。其先居於爾朱川，因爲氏焉。常領部落，世爲酋帥。高祖羽健，登國初爲領民酋長，率契胡武士千七百人從駕平晉陽，定中山。論功拜散騎常侍。以居秀容川，詔割方三百里封之，長爲世業。太祖初以南秀容川原沃衍，欲令居之。羽健曰：「臣家世奉國，給侍左右。北秀容既在剗內，差近京師，豈以沃塉更遷遠地。」太祖許之。所居之處，曾有狗舐地，因而穿之，得甘泉焉，至今名狗舐泉。羽健世祖時卒。曾祖鬱德。祖代勤，繼爲領民酋長。代勤，世祖敬哀皇后之舅，以外親兼數征伐有功，給復百年，除立義將軍。曾圍山而獵，部民射獸，誤中其髀，代勤仍令拔箭，竟不推問，曰：「此既過誤，何忍加罪。」部內聞之，咸感其意。高宗末，假寧南將軍，除肆州刺史。高祖賜爵梁郡公。以老致仕，歲賜帛百匹以爲常。年九十一卒，賜帛五百匹、布二百匹，贈鎮南將軍、幷州刺史，謚曰莊。孝莊初，榮有翼戴之勳，追贈太師、司徒公、錄尚書事。父新興，太和中繼爲酋長。家世豪擅，財貨豐贏。曾行馬羣，見一白蛇，頭有兩角，遊於馬前。新興異之，謂曰：「爾若有神，令我畜牧蕃息。」自是之後，日覺滋盛，牛羊駝馬，色別爲羣，谷量而已。朝廷每有征討，輒獻私馬，兼備資糧，助裨軍用。高祖嘉之，除右將軍、光祿大夫。及遷洛後，特聽冬朝京師，夏歸部落。每入朝，諸王公朝貴競以珍翫遺之，新興亦報以名馬。轉散騎常侍、平北將軍、秀容第一領民酋長。新興每春秋二時，恒與妻子閱畜牧於川澤，射獵自娛。肅宗世，以年老啓求傳爵於榮，朝廷許之。正光中卒，年七十四。贈散騎常侍、平北將軍、恒州刺史，謚曰簡。孝莊初，贈假黃鉞、侍中、太師、相國、西河郡王。

榮絜白，美容貌，幼而神機明決。及長，好射獵，每設圍誓衆，便爲軍陳之法，號令嚴肅，衆莫敢犯。秀容界有池三所，在高山之上，清深不測，相傳曰祁連池，魏言天池也。父新興與會與榮遊池上，忽聞簫鼓之音。新興謂榮曰：「古老相傳，凡聞此聲，皆至公輔。吾今年已衰暮，當爲汝耳。汝其勉之。」榮襲爵後，除直寢、游擊將軍。正光中，四方兵起，遂散畜牧，招合義勇，給其衣馬。蠕蠕主阿那瓌寇掠北鄙，詔假榮節、冠軍將軍、別將，隸都督李崇北征。榮率其新部四千人追擊，度磧不及而還。秀容內附胡民乞扶莫于破郡，殺太守；南秀容牧子萬子乞眞反叛，殺太僕卿陸延；幷州牧子素和婆崘嶮作逆。榮並前後討平之。遷直閤將軍、冠軍將軍，仍別將。內附叛胡乞步落堅胡劉阿如等作亂瓜肆，勑勒北列步若反於沃陽，榮並滅之。以功封安平縣開國侯，食邑一千戶。尋加通直散騎常侍。勑勒斛律洛陽作逆桑乾西，與費也頭牧子迭相掎角，榮率騎破洛陽於深井，逐牧子於河西。進號平北將軍、光祿大夫、假安北將軍、爲北道都督，尋除武衞將軍，俄加使持節、安北將軍、都督恒朔討虜諸軍、假撫軍將軍，進封博陵郡公，增邑五百戶，其梁郡前爵聽賜第二子。時榮率衆至肆州，刺史尉慶賓畏惡之，閉城不納。榮怒，攻拔之，乃署其從叔羽生爲刺史，執慶賓於秀容。自是榮兵威漸盛，朝廷亦不能罪責也。尋除鎮北將軍。鮮于修禮之反也，榮表東討，復進號征東將軍、右衞將軍、假車騎將軍、都督幷肆汾廣恒雲六州諸軍事，進爲大都督，加金紫光祿大夫。時杜洛周陷中山，於時車駕聲將北討，以榮爲左軍，不行。及葛榮吞洛周，凶勢轉盛，榮恐其南逼鄴城，表求遣騎三千東援相州，肅宗不許。又遷車騎將軍、右光祿大夫，尋進位儀同三司。榮以山東賊盛，慮其西逸，乃遣兵固守滏口以防之。復上書曰：「臣前以二州頻反，大軍喪敗，河北無援，實慮南侵，故令精騎三千出援相州，京師影響，斷其南望。賊聞此衆，當亦息圖。使還，奉勑云：念生梟戮，寶夤受擒，醜奴、明達並送誠款，三輔告謐，關隴載寧；費穆虎旅，大剪妖蠻，兩絳狂蜀，漸已稽顙。又承北海王顥率衆二萬出鎮相州。北海皇孫，名位崇重，鎮撫鄴城，實副羣望。惟願廣其配衣，及機早遣。令關西雖平，兵未可役；山南隣賊，理無發召；王師雖衆，頻被摧北，人情危怯，實謂難用。若不更思方略，無以萬全。如臣愚量，蠕蠕主阿那瓌荷國厚恩，未應忘報，求乞一使慰喩那瓌，即遣發兵東引，直趣下口，揚威振武，以躡其背；北海之軍，鎮撫相部，嚴加警備，以當其前；臣麾下雖少，輒盡力命，自井陘以北，隘口以西，分防險要，攻其肘腋。葛榮雖幷洛周，威恩未著，人類差異，形勢可分。」於是榮遂嚴勒部曲，廣召義勇，北捍馬邑，東塞井陘。

尋屬肅宗崩，事出倉卒，榮聞之大怒，謂鄭儼、徐紇爲之，與元天穆等密議稱兵，入匡朝廷，討定之。乃抗表曰：「伏承大行皇帝背棄萬方，奉諱號踴，五內摧剝。仰尋詔旨，實用驚惋。今海內草草，異口一言，皆云大行皇帝鴆毒致禍。臣等外聽訟言，內自追測，去月二十五日聖體康悆，至於二十六日奄忽昇遐。即事觀望，實有所惑。且天子寢疾，侍臣不離左右，親貴名醫，瞻仰患狀，面奉音旨，親承顧託，豈容不豫初不召醫，崩棄曾無親奉？欲使天下不爲悴愕，四海不爲喪氣，豈可得乎？復皇后女生，稱爲儲兩，疑惑朝野，虛行慶宥。宗廟之靈見欺，兆民之望已失。使七百危於累卵，社稷墜於一朝。方選君嬰孩之中，寄治乳抱之日，使姦豎專朝，賊臣亂紀，惟欲指影以行權，假形而弄詔，此則掩眼捕雀，塞耳盜鍾。今秦隴塵飛，趙魏霧合，寶夤、醜奴勢逼豳雍，葛榮、就德憑陵河海，楚兵吳卒，密邇在郊。古人有言：邦之不臧，隣之福也。一旦聞此，誰不闚覦。竊惟大行皇帝聖德馭宇，繼體正君，猶邊烽迭舉，妖寇不滅；況今從佞臣之計，隨親戚之談，舉潘嬪之女以誑百姓，奉未言之兒而臨四海，欲使海內安乂，愚臣所未聞也。伏願留聖善之慈，回須臾之慮，照臣忠誠，錄臣至款，聽臣赴闕，預參大議，問侍臣帝崩之由，訪禁旅不知之狀，以徐、鄭之徒付之司敗，雪同天之恥，謝遠近之怨，然後更召宗親，推其年德，聲副遐邇，改承寶祚，則四海更蘇，百姓幸甚。」於是遂勒所統，將赴京師。靈太后甚懼，詔以李神軌爲大都督，將於大行杜防。

榮抗表之始，遣從子天光、親信奚毅及倉頭王相入洛，與從弟世隆密議廢立。天光乃見莊帝，具論榮心，帝許之。天光等還北，榮發晉陽，猶疑所立，乃以銅鑄高祖及咸陽王禧等六王子孫像，成者當奉爲主，惟莊帝獨就。師次河內，重遣王相密來奉迎，帝與兄彭城王劭、弟始平王子正於高渚潛渡以赴之。榮軍將士咸稱萬歲。於時武泰元年四月九日也。十一日，榮奉帝爲主，詔以榮爲使持節、侍中、都督中外諸軍事、大將軍、開府、兼尚書令、領軍將軍、領左右、太原王，食邑二萬戶。十二日，百官皆朝於行宮。十三日，榮惑武衞將軍費穆之說，乃引迎駕百官於行宮西北，云欲祭天。朝士既集，列騎圍遶，責天下喪亂，明帝卒崩之由，云皆緣此等貪虐，不相匡弼所致。因縱兵亂害，王公卿士皆斂手就戮，死者千三百餘人，皇弟、皇兄並亦見害，靈太后、少主其日暴崩。榮遂有大志，令御史趙元則造禪文，遣數十人遷帝於河橋。至夜四更中，復奉帝南還營幕。帝憂憤無計，乃令人諭旨於榮曰：「帝王迭襲，盛衰無常，既屬屯運，四方瓦解，將軍杖義而起，前無橫陳，此乃天意，非人力也。我本相投，規存性命，帝王重位，豈敢妄希，直是將軍見逼，權順所請耳。今璽運已移，天命有在，宜時即尊號。將軍必若推而不居，存魏社稷，亦任更擇親賢，共相輔戴。」榮既有異圖，遂鑄金爲己像，數四不成。時幽州人劉靈助善卜占，爲榮所信，言天時人事必不可爾。榮亦精神恍惚，不自支持，久而方悟，遂便愧悔。於是獻武王、榮外兵參軍司馬子如等切諫，陳不可之理。榮曰：「愆誤若是，惟當以死謝朝廷。今日安危之機，計將何出？」獻武王等曰：「未若還奉長樂，以安天下。」於是還奉莊帝。十四日，輿駕入宮。于時或云榮欲遷都晉陽，或云欲肆兵大掠，迭相驚恐，人情駭震，京邑士子不一存，率皆逃竄，無敢出者。直衞空虛，官守廢曠。榮聞之，上書曰：「臣世荷蕃寄，征討累年，奉忠王室，志存效死。直以太后淫亂，孝明暴崩，遂率義兵，扶立社稷。陛下登祚之始，人情未安，大兵交際，難可齊一，諸王朝貴，橫死者衆，臣今粉軀不足塞往責以謝亡者。然追榮褒德，謂之不朽，乞降天慈，微申私責。無上王請追尊帝號，諸王、刺史乞贈三司，其位班三品請贈令僕，五品之官各贈方伯，六品已下及白民贈以鎮郡。諸死者無後聽繼，即授封爵。均其高下，節級別科，使恩洽存亡，有慰生死。」詔曰：「覽表不勝鯁塞。朕德行無感，致茲酷濫，尋繹往事，實切於懷，可如所表。」自茲已後，贈終叨濫，庸人賤品，動至大官，爲識者所不貴。武定中，齊文襄王始革其失，追褒有典焉。

榮啓帝遣使循城勞問，於是人情遂安，朝士逃亡者亦稍來歸闕。榮又奏請番直，朔望之日，引見三公、令僕、尚書、九卿及司州牧、河南尹、洛陽河陰執事之官，參論國治，經綸王道，以爲常式。五月，榮還晉陽。七月，詔曰：「乾坤統物，星象贊其功；皇王御運，股肱匡其業。是以周道中缺，齊晉立濟世之忠；殷祚或虧，彭韋振救時之節。自前朝失御，厄運荐臻，太原王榮爰戴朕躬，推臨萬國，勳踰伊霍，功格二儀，王室不壞，伊人是賴。可柱國大將軍、兼錄尚書事，餘如故。」

時葛榮將向京師，衆號百萬。相州刺史李神軌閉門自守。賊鋒已過汲郡，所在村塢悉被殘略。榮啓求討之。九月，乃率精騎七千，馬皆有副，倍道兼行，東出滏口。葛榮爲賊既久，橫行河北，時衆寡非敵，議者謂無制賊之理。葛榮聞之，喜見於色，乃令其衆曰：「此易與耳。諸人俱辦長繩，至便縛取。」葛榮自鄴以北列陳數十里，箕張而進。榮潛軍山谷，爲奇兵，分督將已上三人爲一處，處有數百騎，令所在揚塵鼓譟，使賊不測多少。又以人馬逼戰，刀不如棒，密勒軍士馬上各齎神棒一枚，置於馬側。至於戰時，不聽斬級，以棒棒之而已，慮廢騰逐也。乃分命壯勇所當衝突，號令嚴明，戰士同奮。榮身自陷陳，出於賊後，表裏合擊，大破之，於陳擒葛榮，餘衆悉降。榮以賊徒既衆，若即分割，恐其疑懼，或更結聚，乃普告勒各從所樂，親屬相隨，任所居止。於是羣情喜悅登即四散數十萬衆一朝散盡待出百里之外乃始分道押領隨便安置咸得其宜擢其渠帥量才授用新附者咸安時人服其處分機速乃檻車送葛榮赴闕詔曰功格天地錫命之位必崇道濟生民褒賞之名宜大是以有莘贊亳不永之號爰歸渭叟翼周殊世之班載集況導源積石襲構崐山門踵英猷弼成鴻業抗高天之擢柱振厚地之絕維德冠五侯勳高九伯者哉太原王榮代荷蕃寵世載忠烈入匡頹運出勦元兇使積年之霧倏焉滌蕩數載之塵一朝清謐燕恒既泰趙魏還蘇比績況功古今莫二若不式稽舊典增是禮數將何以昭德報功遠明國範可大丞相都督河北畿外諸軍事增邑一萬戶通前三萬餘官悉如故初榮之將討葛榮也軍次襄垣遂令軍士列圍大獵有雙兔起於馬前榮乃躍馬彎弓而誓之曰中之則擒葛榮不中則否既而並應弦而殪三軍咸悅及破賊之後即命立碑於其所號雙兔碑榮將戰之夜夢一人從葛榮索千牛刀而葛榮初不肯與此人自稱我是道武皇帝汝何敢違葛榮乃奉刀此人手持授榮既寤而喜自知必勝又詔曰我皇魏道契神元德光靈範源先二象化穆五才三歷與日月惟休金鼎共乾坤俱永而正光之末皇運時屯百揆咸亂九官失敘朝野撫膺士女嗟怨遂使四海土崩九區瓦解逆賊杜周虔劉燕代妖寇葛榮假噬魏趙常山易水戎鼓夜驚冰井叢臺胡塵晝合朔南久已丘墟河北殆成灰燼宗廟懷匪安之慮社稷急不測之憂大丞相太原王榮道鏡域中德光區外神昭藏往思實知來義踵先勳忠資襲烈遂能大建義謀收集忠勇熊羆競逐虎豹爭先軒翥南溟搏風北極氣震林原勢動山岳弔民伐罪殲此鯨鯢戮卒多於長平積器高於熊耳秦晉聞聲而喪膽齊莒側聽而讋息中興之業是乎再隆太平之基茲焉更始雖復伊霍宣翼之功桓文崇贊之道何足以髣髴鴻蹤比勳盛烈道格普天仁沾率土振古以來未有其比若不廣錫山河大開土宇何以表大義之崇高摽盛德之廣遠可以冀州之長樂相州之南趙定州之博陵滄州之浮陽平州之遼西燕州之上谷幽州之漁陽等七郡各萬戶通前滿十萬戶爲太原國邑又進位太師餘如故建義初北海王元顥南奔蕭衍衍乃立爲魏主資以兵將時邢杲寇亂三齊與顥應接朝廷以顥孤弱不以爲慮永安三年春詔大將軍元穆先平齊地然後回師征顥顥以大軍未還乘虛征進既陷梁國鼓行而西滎陽虎牢並皆不守五月車駕出幸河北事出不虞天下改望榮聞之即時馳傳朝行宮於上黨之長子行其部分輿駕於是南轅榮爲前驅旬日之間兵馬大集資糧器仗繼踵而至天穆既平邢杲亦渡河以會車駕顥都督宗正珍孫河內太守元襲固守不降榮攻而剋之斬珍孫元襲以徇帝幸河內城榮與顥相持於河上顥令都督安豐王延明緣河據守榮既未有舟船不得即渡議欲還北更圖後舉黃門郎楊侃高道穆等並謂大軍若還失天下之望固執以爲不可語在侃等傳屬馬渚諸楊云有小船數艘求爲鄉導榮乃令都督爾朱兆等率精騎夜濟登岸奮擊顥子領軍將軍冠受率馬步五千拒戰兆大破之臨陳擒冠受延明聞冠受見擒遂自逃散顥便率麾下南奔事在其傳車駕渡河入居華林園詔曰周武奉時藉十亂以纂曆漢祖先天資三傑以除暴理民濟治斯道未爽使持節柱國大將軍大丞相太原王榮蘊伏風煙抱含日月總奇正以成術兼文武而爲資昔處亂朝韜光戢翼秣馬冀北厲兵晉陽佇龍顏而振腕想日角以歎息忠勇奮發虎士如林義功始立所向風靡故能芟夷羣惡振此頹綱俾朕寡昧獲承鴻緒雖大位克正而衆盜未息葛榮跋扈仍亂中原建旗伐罪授首殲馘元顥凶頑構成巨釁阻弄吳楚虧汙宗社朕徙御北徂劬勞鞍甲王聞難星奔一舉大定下洽民和上匡王室鴻勳巨績書契所未紀飲至策勳事絕於比況非常之功必有非常之賞可天柱大將軍此官雖訪古無聞今員未有太祖已前增置此號式遵典故用錫殊禮又宜開土宇可增封十萬通前二十萬加前後部羽葆鼓吹餘如故榮尋還晉陽先是葛榮枝黨韓婁仍據幽平二州榮遣都督侯淵討斬之時賊帥万俟醜奴蕭寶夤擁衆豳涇兇勢日盛榮遣其從子天光爲雍州刺史令率都督賀拔岳侯莫陳悅等總衆入關討之天光既至雍州以衆少不敵逡巡未集榮大怒遣其騎兵參軍劉貴馳驛詣軍加天光杖罰天光等大懼乃進討連破之擒醜奴寶夤並檻車送闕天光又擒王慶雲万俟道樂關西悉平於是天下大難便以盡矣榮性好獵不舍寒暑至於列圍而進必須齊一雖遇阻險不得回避虎豹逸圍者坐死其下甚苦之太宰元天穆從容謂榮曰大王勳濟天下四方無事惟宜調政養民順時蒐狩何必盛夏馳逐傷犯和氣榮便攘肘謂天穆曰太后女主不能自正推奉天子者此是人臣常節葛榮之徒本是奴才乘時作亂妄自署假譬如奴走擒獲便休頃來受國大寵未能開拓境土混一海內何宜今日便言勳也如聞朝士猶自寬縱今秋欲共兄戒勒士馬校獵嵩原令貪汚朝貴入圍搏虎仍出魯陽歷三荊悉擁生蠻北塡六鎮回軍之際因平汾胡明年簡練精騎分出江淮蕭衍若降乞萬戶侯如其不降徑渡數千騎便往縛取待六合寧一八表無塵然後共兄奉天子巡四方觀風俗布政教如此乃可稱勳耳今若止獵兵士懈怠安可復用也榮身雖居外恒遙制朝廷廣布親戚列爲左右伺察動靜大小必知或有僥倖求官者皆詣榮承候得其啓請無不遂之曾關補定州曲陽縣令吏部尚書李神儁以階懸不奉別更擬人榮聞大怒即遣其所補者往奪其任榮使入京雖復微蔑朝貴見之莫不傾靡及至闕下未得通奏恃榮威勢至乃忿怒榮曾啓北人爲河南諸州莊帝未許天穆入見面啓曰天柱既有大功若請普代天下官屬恐陛下亦不得違之如何啓數人爲州便停不用帝正色曰天柱若不爲人臣朕亦須代如其猶存臣節無代天下百官理此事復何足論榮聞所啓不允大爲恚恨曰天子由誰得立今乃不用我語莊帝外迫於榮恒怏怏不悅兼懲榮河陰之事恐終難保又城陽王徽侍中李彧等欲擅威權懼榮害之復相閒構日月滋甚於是莊帝密有圖榮之意三年九月榮啓將入朝朝士慮其有變莊帝又畏惡之榮從弟世隆與榮書勸其不來榮妻北鄉郡長公主亦勸不行榮並不從帝既圖榮榮至入見即欲害之以天穆在并恐爲後患故隱忍未發榮之入洛有人告榮云帝欲圖之榮即具奏帝曰外人告云亦言王欲害我我豈信之於是榮不自疑每入謁帝從人不過數十又皆挺身不持兵仗及天穆至帝伏兵於明光殿東廊引榮及榮長子菩提天穆等俱入坐定光祿少卿魯安典御李侃晞等抽刀而至榮窘迫起投御坐帝先橫刀膝下遂手刃之安等亂斫榮與天穆菩提同時俱死榮時年三十八於是內外喜叫聲滿京城既而大赦前廢帝初世隆等得志乃詔曰故使持節侍中都督河北諸軍事天柱大將軍大丞相太師領左右兼錄尚書北道大行臺太原王榮功濟區夏誠貫幽明天不慭遺奄從物化追終褒績列代通謨紀德銘勳前王令範可贈假黃鉞相國錄尚書事司州牧使持節侍中將軍王如故又詔曰故假黃鉞持節侍中相國錄尚書都督中外諸軍事天柱大將軍司州牧太原王榮惟岳降靈應期作輔功侔伊霍德契桓文方籍棟梁永康國命道長運短震悼兼深前已褒贈用彰厥美然禮數弗窮文物有闕遠近之望猶或未盡宜循舊典更加殊錫可追號爲晉王加九錫給九旒鑾輅虎賁班劒三百人轀輬車準晉太宰安平獻王故事謚曰武詔曰武泰之末乾樞中圮丕基寶命有若綴旒晉王榮固天所縱世秉忠誠一匡邦國再造區夏俾我頹綱於斯復振雖勳銘王府德被管絃而從祀之禮於茲尙闕非所以酬懋賞於當時騰殊績於不朽宜遵舊典配享高祖廟庭

菩提肅宗末拜羽林監尋轉直閤將軍孝莊初以榮翼戴之勳超授散騎常侍平北將軍中書令轉太常卿遷驃騎大將軍開府儀同三司加侍中特進死時年十四前廢帝初贈侍中驃騎大將軍司徒公冀州刺史謚曰惠

菩提弟叉羅孝莊初除散騎常侍武衞將軍初襲爵梁郡公又進爵爲王尋卒贈侍中車騎將軍司空公雍州刺史

叉羅弟文殊建義初封平昌郡開國公進爵爲王孝靜初轉襲榮爵太原王薨於晉陽時年九歲

文殊弟文暢初封昌樂郡開國公食邑二千戶以榮破葛賊之勳進爵爲王增邑千戶超授散騎常侍撫軍將軍後除肆州刺史仍本將軍加開府儀同三司武定三年春坐與前東郡太守任曹等謀反伏誅時年十八

文暢弟文略襲爵梁郡王武定末撫軍將軍光祿大夫

史臣曰太祖撫運乘時奄開王業世祖以武功一海內高祖以文德革天下世宗之後政道頗虧及明皇幼沖女主南面始則于忠專恣繼以元叉擅重握賞罰之柄擅生殺之威榮悴在親疏貴賤由離合附會者結之以子女進趨者要之以金帛且佞諛用事功勤不賞居官肆其聚斂乘勢極其陵暴於是四海囂然已有羣飛之漸矣逮於靈后反政宣淫於朝鄭儼手運天機口吐王制李軌徐紇刺促以求先元略元徽喔咿以競入私利畢舉公道盡亡遐邇怨憤天下鼎沸傾覆之徵於此至矣爾朱榮緣將帥之列藉部衆之用屬肅宗暴崩民怨神怒遂有匡頹拯敝之志援主逐惡之圖蓋天啓之也於是上下離心文武解體咸企忠義之聲俱聽桓文之舉勞不汗馬朝野靡然扶翼懿親宗祏有主祀魏配天不殞舊物及夫擒葛榮誅元顥戮邢杲翦韓婁醜奴寶夤咸梟馬市此諸魁者或據象魏或僭號令人謂秉皇符身各謀帝業非徒鼠竊狗盜一城一聚而已苟非榮之致力剋夷大難則不知幾人稱帝幾人稱王也然則

榮之功烈亦已茂乎而始則希覬非望睥睨宸極終乃靈后少帝沉流不反河陰之下衣冠塗地此其所以得罪人神而終於夷戮也向使榮無姦忍之失修德義之風則彭韋伊霍夫何足數至於末迹見猜地逼貽斃斯則蒯通致說於韓王也

魏書卷七十四考證

爾朱榮傳三歷與日月惟休金鼎共乾坤俱永○三應作玉干寶搜神記虞舜耕于歷山得玉歷于河際之巖舜知天命在已體道不倦

魏書卷七十五

齊　魏收　撰

列傳第六十三

爾朱兆　爾朱彥伯　爾朱度律　爾朱天光

爾朱兆字萬仁榮從子也少驍猛善騎射手格猛獸蹻捷過人數從榮遊獵至於窮巖絕澗人所不能升降者兆先之榮以此特加賞愛任爲爪牙榮曾送臺使見二鹿乃命兆前止授二箭曰可取此鹿供今食也遂停馬構火以待之俄然兆獲其一榮欲矜夸使人責兆曰何不盡取杖之五十後以軍功除平遠將軍步兵校尉榮之入洛兆兼前鋒都督及孝莊卽阼特除中軍將軍金紫光祿大夫又假驍騎將軍建興太守尋除使持節車騎將軍武衞將軍左光祿大夫都督潁川郡開國公食邑千二百戶後從上黨王天穆討平邢杲及元顥之屯於河橋榮遣兆與賀拔勝等自馬渚西夜渡數百騎襲擊顥子冠受擒之又進破安豐王延明顥於是退走莊帝還宮論功除散騎常侍車騎大將軍儀同三司增邑八百戶爲汾州刺史復增邑一千戶尋加侍中驃騎大將軍又增邑五百戶及爾朱榮死也兆自汾州率騎據晉陽元曄立授兆大將軍爵爲王兆與世隆等定謀攻洛兆遂率衆南出進達太行大都督源子恭下都督史仵龍開壘降兆子恭退走兆輕兵倍道從河梁西涉渡掩襲京邑先是河邊人夢神謂已曰爾朱家欲渡河用爾作灅波津令爲之縮水脉月餘夢者死及兆至有行人自言知水淺處以草往往表插而導道焉忽失其所在兆遂策馬涉渡是日暴風鼓怒黃塵漲天騎叩宮門宿衞乃覺彎弓欲射袍撥弦矢不得發一時散走帝步出雲龍門外爲兆騎所縶幽於永寧佛寺兆撲殺皇子汙辱妃嬪縱兵虜掠停洛旬餘先令衞送莊帝於晉陽兆後於河梁監閱財貨遂害帝於五級寺初兆將向洛也遣使招齊獻武王欲與同舉王時爲晉州刺史謂長史孫騰曰臣而伐君其逆已甚我今不往彼必致恨卿可往申吾意但云山蜀未平今方攻討不可委之而去致有後憂定蜀之日當隔河爲掎角之勢如此報之以觀其趣騰乃詣兆及之於并州大谷具申王言兆殊不悅且曰還白高兄弟有吉夢今段之行必有剋獲騰問王夢如何兆荅曰吾比夢吾亡父登一高堆堆旁之地悉皆耕熟唯有馬蘭草株往往猶在吾父問言何故不拔左右云堅不可去吾父顧我令下拔之吾手所至無不盡出以此而言往必有利騰還具報王曰兆等猖狂舉兵犯上吾今不同猜忌成矣勢不可反事爾朱今也南行天子列兵河上兆進不能渡退不得還吾乘山東下出其不意此徒可以一舉而擒俄而兆剋京師孝莊幽縶都督尉景從兆南行以書報王王得書大驚召騰示之曰卿可馳驛詣兆示以謁賀密觀天子今在何處爲隨兆軍府爲別送晉陽脫其送并卿宜馳報吾當於路邀迎唱大義於天下騰晨夜驅馳已遇帝於中路王時率騎東轉聞帝已渡於是西還仍與兆書陳其福禍不宜害天子受惡名兆怒不納帝遂暴崩初榮既死莊帝詔河西人紇豆陵步蕃等令襲秀容兆入洛後步蕃兵勢甚盛南逼晉陽兆所以不暇留洛回師禦之兆雖驍果本無策略頻爲步蕃所敗於是部勒士馬謀出山東令人頻徵獻武王於晉州乃分三州六鎮之人令王統領既分兵別營乃引兵南出以避步蕃之鋭步蕃至於樂平郡王與兆還討破之斬步蕃於秀容之石鼓山其衆退走兆將數十騎詣王通夜宴飲後還營招王王知兆難信未能顯示將欲詣之臨上馬長史孫騰牽衣而止兆乃隔水責罵騰等於是各去王還自襄垣東出兆歸晉陽及前廢帝立授兆使持節侍中都督中外諸軍事柱國大將軍領軍將軍領左右并州刺史兼錄尚書事大行臺又以兆爲天柱大將軍兆謂人曰此是叔父終官我何敢受遂固辭不拜尋加都督十州諸軍事世襲并州刺史齊獻武王之剋殷州也兆與仲遠度律約共討之仲遠度律次於陽平兆出井陘屯於廣阿衆號十萬王廣縱反間或云世隆兄弟謀欲害兆復言兆與王同圖仲遠等於是兩不相信各致猜疑徘徊不進仲遠等頻使斛斯椿賀拔勝往喻之兆輕騎三百來就仲遠同坐幕下兆性麤獷意色不平手舞馬鞭長嘯凝望深疑仲遠等有變遂趨出馳還仲遠遣椿勝等追而曉譬兆遂拘縛將還經日放遣仲遠等於是奔退王乃進擊兆兆軍大敗兆與仲遠度律遂相疑阻久而不和世隆請前廢帝納兆女爲后兆乃大喜世隆厚禮喻兆赴洛深示卑下隨其所爲無敢違者兆與天光度律更自信約然後大會於韓陵山戰敗復奔晉陽遂大掠并州城內獻武王自鄴進討之兆遂走於秀容王又追擊度赤洪嶺破之衆並降散兆竄於窮山殺所乘馬自縊於樹王收而葬之兆果於戰鬭每有征伐常居鋒首當時諸將伏其材力而麤獷少智無將領之能榮雖奇其膽決然每云兆不過將三千騎多則亂矣

兆弟智虎前廢帝封爲安定王驃騎大將軍肆州刺史開府儀同三司與兆俱走獻武王擒之於梁郡岢嵐南山赦之後死於晉陽

爾朱彥伯榮從弟也祖侯眞高祖時幷安二州刺史始昌侯父買珍世宗時武衞將軍出爲華州刺史彥伯性和厚釋褐奉朝請累遷奉車都尉爲榮府長史元曄立以爲侍中前廢帝潛默龍花佛寺彥伯敦喻往來尤有勤款廢帝既立爾朱兆以已不預謀大爲忿恚將攻世隆詔令華山王鷙兼尚書僕射北道大使慰喻兆兆猶不釋世隆復遣彥伯自往喻之兆乃止及還帝讌彥伯於顯陽殿時侍中源子恭黃門郎竇瑗並侍坐彥伯曰源侍中比爲都督與臣相持於河內當爾之時旗鼓相望眇如天隔寧期同事陛下今日之歡也子恭曰蒯通有言犬吠非其主他日之事永安猶今日之事陛下耳帝曰源侍中可謂有射鉤之心也遂令二人極醉而罷尋除使持節驃騎大將軍右光祿大夫馬場大都督封博陵郡開國公後進爵爲王又遷司徒于時炎旱有勑彥伯解司徒者乃上表遜位詔許之俄除儀同三司侍中彥伯於兄弟之中差無過患天光等敗於韓陵彥伯欲領兵屯河橋以爲聲勢世隆不從及張勸等掩襲世隆彥伯時在禁直從長孫稚等於神虎門啓陳齊獻武王義功既振將除爾朱廢帝令舍人郭崇報彥伯知彥伯狼狽出走爲人所執尋與世隆同斬於閶闔門外懸首於斛斯椿門樹傳首於齊獻武王先是洛中謠曰三月末四月初揚灰簸土覓眞珠又曰頭去項腳根齊驅上樹不須梯至是並驗

彥伯弟仲遠頗知書計肅宗末年爾朱榮兵威稍盛諸有啓謁率多見從而仲遠摹寫榮書又刻榮印與尚書令史通爲姦詐造榮啓表請人爲官大得財貨以資酒色落魄無行及孝莊卽阼除直寢寧遠將軍步兵校尉尋特除平北將軍建興太守頓丘縣開國侯邑五百戶後加散騎常侍及改郡立州遷使持節車騎將軍建州刺史加侍中進爵爲公增邑五百戶尋改封清河郡又加車騎大將軍左光祿大夫轉使持節本將軍徐州刺史兼尚書左僕射三徐州大行臺尋進督三徐州諸軍事餘如故仲遠上言曰將統參佐人數不足事須在道更僕以充其員竊見比來行臺採募者皆得權立中正在軍定第斟酌授官今求兼置權濟軍要詔從之於是隨情補授肆意聚斂爾朱榮死仲遠勒衆來向京師攻陷西兗州將逼東郡莊帝詔諸督將絡繹進討並爲仲遠所敗又詔都督鄭先護及右衞將軍賀拔勝共討之勝戰不利仍降仲遠尋爾朱兆入洛先護衆散而走前廢帝立除使持節侍中都督三徐二兗諸軍事驃騎大將軍開府儀同三司徐州刺史東道大都督大行臺進爵彭城王尋加大將軍又兼尚書令竟不之州遂鎮於大梁仲遠遣使請準朝式在軍鳴騶帝覽啓笑而許之其肆情如此復進督東道諸軍本將軍兗州刺史餘如故仲遠天性貪暴大宗富族誣之以反殁其家口簿籍財物皆以入已丈夫死者投之河流如此者不可勝數諸將婦有美色者莫不被其淫亂自滎陽以東輸稅悉入其軍不送京師時天光控關右仲遠在大梁兆據并州世隆居京邑各自專恣權彊莫比焉所在並以貪虐爲事於是四方解體又加太宰解大行臺仲遠專恣尤劇方之彥伯世隆最爲無禮東南牧守下至民俗比之豺狼特爲患苦後移屯東郡率衆與度律等拒齊獻武王爾朱兆領騎數千自晉陽來會軍次陽平王縱以間說仲遠等迭相猜疑俱狼狽走後與天光等於韓陵戰敗南走東郡仍奔蕭衍死於江南

仲遠弟世隆字榮宗肅宗末爲直齋轉直寢後兼直閤加前將軍爾朱榮表請入朝靈太后惡之令世隆詣晉陽慰喻榮榮因欲留之世隆曰朝廷疑兄故令世隆來今若遂住便有內備非計之善者榮乃遣之榮舉兵南出世隆遂遁走會榮於上黨建義初除給事黃門侍郎莊帝卽位乃特除侍中領軍將軍左衞將軍領左右肆州大中正封樂平郡開國公食邑一千二百戶又除車騎將軍兼領軍俄授左光祿大夫兼尚書右僕射尋卽眞元顥逼大梁詔假儀同三司前軍都督鎮虎牢世隆懼而遁還莊帝倉卒北巡世隆之罪也駕在河內假驃騎大將軍行臺右僕射都督相州諸軍事相州刺史當州都督及車駕還宮除驃騎大將軍尚書左僕射攝選

左右廂出入又以停年格取士頗爲猥滯所稱又請解侍中詔加散騎常侍莊帝之將圖爾朱榮也或有榜世隆門以陳其狀者世隆封以呈榮勸其不入榮自恃威彊不以爲意遂手毀密書唾地曰世隆無膽誰敢生心及榮死世隆奉榮妻燒西陽門率衆夜走北攻河橋殺武衞將軍奚毅率衆還戰大夏門外朝野震懼憂在不測莊帝遣前華陽太守段育慰喻世隆斬之以徇會李苗燒絕河梁世隆乃北遁建州刺史陸希質閉城拒守世隆攻剋之盡殺城人以肆其忿及至長子與度律等共推長廣王曄爲主曄以世隆爲開府儀同三司尚書令樂平郡王加太傅行司州牧增邑五千戶先赴京師會兆於河陽兆既平京邑自以爲功讓世隆曰叔父在朝多時耳目應廣如何不知不聞令天柱受禍按劒瞋目聲色甚厲世隆遜辭拜謝然後得已世隆深恨之時仲遠亦自滑臺入京世隆與兄弟密謀以元曄疎遠欲推立前廢帝而爾朱度律意在寶炬乃曰廣陵不言何以主天下世隆兄彥伯密相敦喻乃與度律同往龍花佛寺觀之後知能語遂行廢立初世隆之爲僕射自憂不了乃取尚書文簿在家省閱性聰解積十餘日然後視事又畏爾朱榮威深自克勉留心几案傍接賓客遂有解了之名榮死之後無所顧憚及爲尚書令常使尚書郎宋遊道邢昕在其宅聽視事東西別坐受納訴訟稱命施行其專恣如此既總朝政生殺自由公行淫泆無復畏避信任羣小隨其與奪又欲收軍人之意加汎除授皆以將軍而兼散職督將兵吏無虛號者自此五等大夫遂致猥濫又無員限天下賤之武定中齊文襄奏皆罷於是始革其弊世隆兄弟羣從各擁彊兵割剝四海極其暴虐姦謟蛆酷多見信用溫良名士罕預腹心於是天下之人莫不厭毒世隆尋讓太傅改授太保又固辭前廢帝特置儀同三師之官次上公之下以世隆爲之贈其父買珍使持節侍中相國錄尚書事都督定相青齊濟五州諸軍事大司馬定州刺史及齊獻武王起義兵仲遠度律等愚戇恃彊不以爲慮而世隆獨深憂恐及天光戰敗世隆請出收兵前廢帝不許世隆令其外兵參軍陽叔淵單騎馳赴北中簡閱敗衆以次內之而斛斯椿未得入城詭說叔淵曰天光部下皆是西人聞其欲掠京邑遷都長安宜先內我以爲其備叔淵信而內之椿既至橋盡殺世隆黨附令行臺長孫稚詣闕奏狀別使都督賈智張勸率騎掩執世隆與兄彥伯俱斬之時年三十三初世隆曾與吏部尚書元世儁握槊忽聞局上歘然有聲一局之子盡皆倒立世隆甚惡之世隆又曾晝寢其妻奚氏忽見有一人持世隆首去奚氏驚怖就視而世隆寢如故也既覺謂妻曰向夢人斷我頭去意殊不適又此年正月晦日令僕並不上省西門不開忽有河內太守田怗家奴告省門亭長云今且爲令王借車牛一乘終日於洛濱遊觀至晚王還省將軍出東掖門始覺車上無褥請爲記識時世隆封王故呼爲令王亭長以令僕不上西門不開無車入省兼無車跡此奴固陳不已公文列訴尚書都令史謝遠疑謂妄有假借白世隆付曹推檢時都官郎穆子容窮究之奴言初來時至司空府西欲向省令王嫌遲遣二防閤捉儀刀催車車入到省西門王嫌牛小繫於闕下槐樹更將一青牛駕車令王著白紗高頂帽短黑色儐從皆裙襦袴褶握板不似常時章服遂遣一吏將奴送入省中廳事東閤內東廂第一屋中其屋先常閉篇子容以西門不開忽言從入此屋常閉奴言在中詰其虛罔奴云此屋若閉求得開看屋中有一板牀牀上無席大有塵土兼有一甕米奴拂牀而坐兼畫地戲弄甕中之米亦握看之定其閉者應無事驗子容與謝遠自入看之戶閉極久全無開跡及入拂牀畫地蹤緒歷然米亦符同方知不謬具以此對世隆悵然意以爲惡未幾見誅

世隆弟世承莊帝初爲寧朔將軍步兵校尉欒城縣開國伯又特除撫軍將軍金紫光祿大夫左衞將軍尋加侍中領御史中尉世承人才猥劣備員而已及元顥內逼詔世承守轘轅世隆棄虎牢不暇追告尋爲元顥所擒臠殺之莊帝還宮贈使持節都督冀州諸軍事驃騎大將軍司徒冀州刺史追封趙郡公

世承弟弼字輔伯前廢帝初爲散騎常侍左衞將軍封朝陽縣開國伯又除車騎將軍左光祿大夫領左右攺封河間郡公尋爲驃騎大將軍開府儀同三司青州刺史天光等之赴韓陵也世隆以其府長史房謨兼尚書爲齊州行臺召募士馬以趣四瀆闕弼總東陽之衆亦赴亂城疑揚聲北渡以爲掎角之勢及天光等敗弼乃還州世隆既擒弼欲奔蕭衍數與左右割臂爲約弼帳下都督馮紹隆爲弼信待乃說弼曰今方同契闊須更約盟宜可當心瀝血示衆以信弼乃從之遂大集部下弼乃踞胡牀令紹隆持刀披心紹隆因推刃殺之傳首京師

爾朱度律榮從父弟也鄙朴少言爲統軍從榮征伐莊帝初除安西將軍光祿大夫封樂鄉縣開國伯尋轉安北將軍朔州刺史復除軍州刺史後加散騎常侍右衞將軍又除衞將軍左光祿大夫兼京畿大都督榮死與世隆赴晉陽元曄之立以度律爲太尉公四面大都督封常山王與爾朱兆入洛兆還晉陽留度律鎭京師前廢帝時爲使持節侍中大將軍太尉兼尚書令東北道大行臺與仲遠出拒義旗齊獻武王間之與爾朱兆遂相疑貳自敗而還度律雖在軍戎聚斂無厭所至之處爲百姓患毒其母山氏聞度律敗遂恚憤而發病及度律至母責之曰汝既荷國恩無狀反叛我何忍見他屠戮汝也言終而卒時人怪異之後解大行臺總隸長孫稚戰於韓陵敗還斛斯椿先據河梁度律欲攻之會大雨晝夜不止士馬疲頓弓矢不得施用遂西走於灅波津爲人擒執椿囚之送於齊獻武王王送於洛斬之都市

爾朱天光榮從祖兄子少勇決善弓馬榮親愛之每有軍戎事要常預謀策孝昌末榮將擁衆南轉與天光密議既據幷肆仍以天光爲都將總統肆州兵馬肅宗崩榮向京師以天光攝行肆州委以後事建義初特除撫軍將軍肆州刺史長安縣開國公食邑一千戶榮將討葛榮留天光在州鎭其根本謂之曰我身不得至處非汝無以稱我心永安中加侍中金紫光祿大夫北秀容第一酋長尋轉衞將軍大將軍元天穆東征邢杲詔天光以本官爲使持節假鎭東將軍都督隸天穆討破之元顥入洛天光與天穆會榮於河內榮發之後幷肆不安詔天光以本官兼尚書僕射爲幷肆雲恒朔燕蔚顯汾九州行臺仍行幷州委以安靜之天光至幷州部分約勤所在寧輯顥破尋還京師遷驃騎將軍加散騎常侍攺封廣宗郡公增邑一千戶仍爲左衞將軍建義元年夏万俟醜奴僭大號朝廷憂之乃除天光使持節都督雍岐二州諸軍事驃騎大將軍雍州刺史率大都督武衞將軍賀拔岳大都督侯莫陳悅等以討醜奴天光初行唯配軍士千人詔發京城已西路次民馬以給之時東雍赤水蜀賊斷路詔侍中楊侃先行曉慰幷徵其馬侃雖入慰勞而蜀持疑不下天光遂入關擊破之簡取壯健以充軍士悉收其馬至雍又稅民馬合得萬餘匹以軍人寡少停留未進榮遣責之杖天光一百榮復遣軍士二千人以赴天光令賀拔岳率千騎先驅至岐州界長城西與醜奴行臺尉遲菩薩相遇遂破擒之獲騎士三千步卒萬餘醜奴棄岐州走還安定置柵於平亭天光發雍至岐與岳合勢於汧渭之間停軍牧馬宣言遠近曰今時將熱非可征討待至秋涼別量進止醜奴每遣窺覘有執送者天光寬而問之仍便放遣免者傳其待秋之言醜奴謂以爲實分遣諸軍散營農稼在岐州之北百里涇川使其太尉侯伏侯元進領兵五千據險立柵且耕且守在其左右千人已下爲一柵者乃復數處天光知其勢分遂密嚴備晡時潛遣輕騎先行斷路以防賊知於後諸軍盡發昧旦攻圍元進大柵拔之諸所俘執並皆放散須臾之間左右諸柵悉來歸款前去涇州百八十里通夜徑進後日至城賊涇州刺史侯幾長貴疑仍以城降醜奴棄平亭而走欲趨高平天光遣岳輕騎急追明日及醜奴於平涼長平坑一戰擒之天光明便共逼高平城內執送蕭寶夤而降賊行臺万俟道洛率衆六千人入山不下時高平大旱天光以馬乏草乃退於城東五十許里息衆牧馬於是涇豳二夏北至靈州賊黨結聚之類並來歸降天光遣都督長孫邪利率二百人行原州事以鎭之道洛招誘城人來掩襲殺邪利幷其所部天光與岳悅等馳赴之道洛出城拒戰暫交便退追殺千餘人道洛還走入山城復降附天光遣慰喻道洛不從乃率衆西依牽屯山據險自守榮責天光失邪利不獲道洛復遣使杖之一百詔降爲散騎常侍撫軍將軍雍州刺史削爵爲侯天光與岳悅等復向牽屯討之天光身討道洛道洛戰敗率數千騎而走追之不及遂得入隴投略陽賊帥王慶雲慶雲以道洛驍果絕倫得之甚喜便謂大事可圖乃自稱皇帝以道洛爲大將軍天光欲討之而莊帝頻勑榮復有書以隴中險遂兼天盛暑令待冬月而天光知其可制乃率諸軍入隴至慶雲所居永洛城慶雲道洛出城拒戰天光復射中道洛臂失弓還走破其東城賊遂併趨西城城中無水衆聚熱渴有人走降言慶雲道洛欲突出死戰天光恐失賊帥燼釁未已乃遣謂慶雲曰力屈如此可以早降若未敢決當聽諸人今夜共議明晨早報而慶雲等冀得小緩待夜突出報天光云請待明日天光因謂曰相知須水今爲小退任取河飲賊衆安悅無復走心天光密使軍人多作木槍各長七尺至黃昏時布立人馬爲防衞之勢周匝立槍要路加厚又伏人槍中備其衝突兼令密縛長梯於城北其夜慶雲道洛果便突出馳馬先進不覺至槍馬各傷倒伏兵便起同時擒獲餘衆皆出城南遇槍而止城北軍士登梯上城賊徒路窮乞降至明盡收其仗天光岳悅等議悉坑之

死者萬七千人分其家口於是三秦河渭瓜涼鄯善咸來款順天光頓軍略陽詔復天光前官爵尋加侍中儀同三司增邑至三千戶秦州城民謀殺刺史駱超超覺走歸天光天光復與岳悅等討平之南秦滑城人謀害刺史辛琛顯琛顯走赴天光天光遣帥臨之往皆剋定初賊帥夏州人宿勤明達降天光於平涼後復北走收聚部類謀爲逆攻降人叱干麒麟欲并其衆麒麟請救於天光天光遣岳討之未至明達走於東夏岳聞榮死故不追之仍還涇州以待天光天光亦下隴與岳圖入洛之策進至雍州比破叛已疑詔遣侍中朱瑞詣天光慰喻天光與岳謀欲令帝外奔別更推立乃頻啓云臣實無異心惟仰奉天顏以申宗門之罪又其下寮屬啓云天光密有異圖願思勝筭以防微意既而莊帝進天光爵爲廣宗王元曄又以爲隴西王及聞爾朱兆已入京師天光乃輕騎向都見世隆等尋便還雍世隆等議廢元曄更舉親賢遣使告天光天光與定策立前廢帝加開府儀同三司兼尚書令關西大行臺天光出夏州遣將討宿勤明達擒之送洛時費也頭帥紇豆陵伊利万俟受洛干等據有河西未有所附天光以齊獻武王起兵信都內懷憂恐不復北事伊利等但微遣備之而已又除大司馬於時獻武王義軍轉盛爾朱兆仲遠等既經敗退世隆累使徵天光天光不從後令斛斯椿苦要天光云非王無以能定豈可坐看宗家之滅也天光不得已而東下與仲遠等敗於韓陵斛斯椿等先還於河梁拒之天光既不得渡西北走遇雨不可前進乃執獲之與度律送於獻武王王致於洛斬於都市年三十七爾朱專恣分裂天下各據一方天光有定關西之功差不酷暴比之兆與仲遠爲不同矣

史臣曰爾朱兆之在晉陽天光之據隴右仲遠鎭捍東南世隆專秉朝政于時立君廢主易於弈棊慶賞威刑咸出於己若使布德行義憂公忘私脣齒相依同心協力則磐石之固未可圖也然是庸才志識無遠所爭唯權勢所好唯財色讐諸溪壑有甚豺狼天下失望人懷怨憤遂令勍敵得容覘間心腹內阻形影外合是以廣阿之役葉落冰離韓陵之戰土崩瓦解一旦殄滅豈不哀哉傳稱師克在和詩云貪人敗類貪而不和難以濟矣

魏書卷七十五考證

爾朱天光傳天光有定關西之功差不酷暴○臣人龍按本傳載天光坑萬七千人又云差不酷暴其謬戾如此

魏書卷七十六

齊　魏收　撰

列傳第六十四

盧同　張烈

盧同字叔倫范陽涿人盧玄之族孫父輔字顯元本州別駕同身長八尺容貌魁偉善於處世太和中起家北海王詳國常侍稍遷司空祭酒昌黎太守尋爲營州長史仍帶郡入除河南尹丞遷太尉屬會豫州城民白早生反都督中山王英尚書邢巒等討之詔同爲軍司事平除冀州鎭東府長史遭父憂解任後除司空諮議叅軍兼司馬爲營構東宮都將延昌中秦州民反詔同兼通直常侍持節慰諭之多所降下還轉尚書右丞進號輔國將軍以父諱不拜改授龍驤熙平初轉左丞加征虜將軍時相州刺史奚康生徵民歲調皆七八十尺以遂奉公之譽部內患之同於歲祿官給長絹同乃舉按康生度外徵調書奏詔科康生之罪兼褒同在公之績肅宗世朝政稍衰人多竊冒軍功同閱吏部勳書因加檢覆覈得竊階者三百餘人同乃表言竊見吏部勳簿多皆改換乃校中兵奏按竝復乖舛臣聊爾揀練已得三百餘人明知隱而未露者動有千數愚謂罪雖恩免猶須刊定請遣一都令史與令僕省事各一人總集吏部中兵二局勳簿對勾奏按若名級相應者卽於黃素楷書大字具件階級數令本曹尚書以朱印印之明造兩通一關吏部一留兵局與奏按對掌進則防揩洗之僞退則無改易之理從前以來勳書上省唯列姓名不載本屬致令竊濫之徒輕爲苟且今請征職白民具列本州郡縣三長之所其實官正職者亦列名貫別錄歷階仰本軍印記其上然後印縫各上所司統將都督竝皆印記然後列上行臺行臺關太尉太尉檢練精實乃始關刺省重究括然後奏申奏出之日黃素朱印關付吏部頃來非但偸階冒名改換勳簿而已或一階再取或易名受級凡如此者其人不少良由吏部無簿防塞失方何者吏部加階之後簿不注記緣此之故易生僥倖自今敘階之後名簿具注加補日月尚書印記然後付曹郎中別作抄自印記一如尚書郎中自掌遞代相付此制一行差止姦罔詔從之同又奏曰臣頃奏以黃素爲勳具注官名戶屬及吏部換勳之法事目三條已蒙旨許臣伏思黃素勳簿政可麤止姦僞然在軍虛詐猶未可盡請自今在軍閱簿之日行臺軍司監軍都督各明立文按處處記之斬首成一階已上卽令給券一紙之上當中大書起行臺統軍位號勳人甲乙斬三賊及被傷成階已上亦具書於券各盡一行當行豎裂其券前後皆起年號日月破某處陳某官某勳印記爲驗一支付勳人一支付行臺記至京卽送門下別函守錄又自遷都以來戎車屢捷所以征勳轉多敘不可盡者良由歲久生姦積年長僞巧吏階緣偸增遂甚請自今爲始諸有勳簿已經奏賞者卽廣下遠近云某處勳判咸令知聞立格酬敘以三年爲斷其職人及出身限內悉令銓除實官及外號隨才加授庶使酬勤者速申立功者勸事不經久僥倖易息或遭窮難州無中正者不在此限又勳簿之法征還之日卽應申送頃來行臺督將至京始造或一年二歲方上勳書姦僞之原實自由此於今以後軍還之日便通勳簿不聽隔月詔復依行元乂之廢靈太后也相州刺史中山王熙起兵於鄴熙敗以同爲持節兼黃門侍郎慰勞使乃就州刑熙還授平東將軍正黃門營明堂副將尋加撫軍將軍光祿大夫本州大中正同善事在位爲乂所親戮熙之日深窮黨與以希乂旨論者非之又給同羽林二十人以自防衞同兄琇少多大言常云公侯可致至此始爲都水使者同啓求回身二階以加琇琇遂除安州刺史論者稱之營州城民就德興謀反除同度支尚書黃門如故持節使營州慰勞聽以便宜從事同頻遣使人皆爲賊害乃遣賊家口三十人幷免家奴爲良齎書諭德興德興乃降安輯其民而還德興復反詔同以本將軍爲幽州刺史兼尚書行臺慰勞之同慮德興難信勒衆而往爲德興所擊大敗而還靈太后反政以同乂黨除名孝昌三年除左將軍太中大夫兼左丞爲齊兗二州行臺節度大都督李叔仁 闕 莊帝踐祚詔復本秩除都官尚書復兼七兵以同前慰勞德興之功封章武縣開國伯邑四百戶正除七兵尋轉殿中加征南將軍普泰初除侍中進號驃騎將軍左光祿大夫同時久病彊牽從務啓乞儀同初同之爲黃門也與前廢帝俱在門下同異其爲人素相款託廢帝以恩舊許之除儀同三司餘官如故永熙初薨年五十六贈侍中都督冀滄瀛三州諸軍事驃騎大將軍司空公冀州刺史開國伯如故賜帛四百匹謚曰孝穆三年復加贈尚書右僕射有四子

長子斐武定中文襄王大將軍府掾

斐弟筠青州治中

同兄靜太常丞

靜子景裕在儒林傳

張烈字徽仙清河東武城人也高祖賜名曰烈仍以本名爲字焉高祖悕爲慕容儁尚書右僕射曾祖恂散騎常侍隨慕容德南渡因居齊郡之臨淄烈少孤貧涉獵經史有氣槩時青州有崔徽伯房徽叔與烈竝有令譽時人號曰三徽高祖時入官代都歷侍御主文中散遷洛除尚書儀曹郎彭城王功曹史太子步兵校尉蕭寶卷將陳顯達治兵漢南謀將入寇時順陽太守王靑石世官江南荊州刺史廣陽王嘉慮其有異表請代之高祖詔侍臣各舉所知互有申薦者高祖曰此郡今當必爭之地須得堪濟之才何容汎舉也太子步兵張烈每論軍國之事時有會人意處朕欲用之何如彭城王勰稱贊之遂勅除陵江將軍順陽太守烈到郡二日便爲寶卷將崔慧景攻圍七十餘日烈撫厲將士甚得軍人之和會車駕南討慧景遁走高祖親勞烈曰卿定可遂能不負所寄烈拜謝曰若不值鑾輿親駕臣將不免困於犬羊自是陛下不負臣非臣能不負陛下高祖善其對世宗卽位追錄先勳封淸河縣開國子邑二百戶尋以母老歸養積十餘年頻值凶儉烈爲粥以食飢人蒙濟者甚衆鄉黨以此稱之肅宗初除龍驤將軍司徒右長史又轉征虜將軍司空長史先是元乂父江陽王繼曾爲青州刺史及乂當權烈託故義之懷遂相諂附除前將軍給事黃門侍郎尋加平南將軍光祿大夫後靈太后反政以烈乂黨出爲鎭東將軍青州刺史于時議者以烈家產畜殖僮客甚多慮其怨望不宜出爲本州改授安北將軍瀛州刺史爲政清靜吏民安之更滿還朝因辭老還鄉里兄弟同居怡怡然爲親類所慕元象元年卒於家時年七十七烈先爲家誡千餘言幷自敘志行及所歷之官臨終勅子姪不聽求贈但勒家誡立碣而已其子質奉行焉

質博學多才藝解褐奉朝請員外郎龍驤將軍諫議大

夫未襲爵與和中卒於家
質弟登州主簿
烈弟僧晧字山客歷涉羣書工於談說有名於當世熙
平初徵爲諫議大夫正光五年以國子博士徵之孝昌
二年徵爲散騎侍郎竝不赴世號爲徵君焉好營產業
孜孜不已藏鏹巨萬他資亦稱是兄弟自供儉約車馬
瘦敝身服布裳而婢妾紈綺僧晧尤好蒲奕戲不擇人
是以獲譏於世前廢帝時崔祖螭舉兵攻東陽城僧晧
與同事敗死於獄籍沒家產出帝初訴復業
子軌州主簿
史臣曰盧同質器洪厚卷舒兼濟張烈早播名輩氣尚
見知趨捨深沉俱至顯達雅道正路其殆病諸

魏書卷七十六考證
盧同傳父輔字顯元〇元北史作光
張烈傳張烈字徵仙〇仙北史作之

魏書卷七十七

齊　魏收　撰

列傳第六十五

宋翻　辛雄　羊深　楊機　高崇

宋翻字飛烏廣平列人人也吏部尚書弁族弟少有操
尚世人以剛斷許之世宗初起家奉朝請本州治中廣
平王郎中令尋拜河陰令翻弟道璵先爲冀州京兆王
愉法曹行參軍愉反逼道璵爲官翻與弟世景俱囚廷
尉道璵後棄愉歸罪京師猶坐身死翻世景除名久之
拜翻治書侍御史洛陽令中散大夫相州大中正猶領
治書又遷左將軍南兖州刺史時蕭衍遣將先據荆山
規將寇竊壽春淪陷賊遂乘勢徑趣項城翻遣將成
僧達潛軍討襲頻戰破之自是州境怗然孝莊時除司
徒左長史撫軍將軍河南尹初翻爲河陰令順陽公主
家奴爲劫攝而不送翻將兵圍主宅執主壻馮穆步驅
向縣時正炎暑立之日中流汗霑地縣舊有大枷時人
號曰彌尾青及翻爲縣主吏請焚之翻曰且置南牆下
以待豪家未幾有內監楊小駒詣縣請事辭色不遜命
取尾青以鎮之既免入訴於世宗世宗大怒敕河南尹
推治其罪翻具自陳狀詔曰卿故違朝法豈不欲作威
以買名翻對造者非臣買名者亦宜非臣所以留者非
敢施於百姓欲待兇暴之徒如小駒者耳於是威振京
師及爲洛陽迄於爲尹畏憚權勢更相承接故當世之
名大致減損永安三年卒於位贈侍中衞將軍相州刺
史出帝初重贈驃騎大將軍儀同三司尚書左僕射雍
州刺史諡曰貞烈
子思遠卒於司空從事中郎
翻弟毓字道和敦篤有志行平西將軍太中大夫
子世軌齊文襄王大將軍府祭酒
毓弟世景在良吏傳
世景弟叔集亦有學行征東裴衍之討葛榮也表爲員
外散騎侍郎引同戎役及衍敗同時遇害
叔集弟道璵少而敏儁世宗初以才學被召與祕書丞
孫惠蔚典校羣書考正同異自太學博士轉京兆王愉
法曹行參軍臨死作詩及挽歌詞寄之親朋以見怨痛
道璵又曾贈著作佐郎張始均詩其末章云子深懷璧
憂余有當門病道璵既不免難始均亦遇世禍時咸怪
之無子兄毓以第三子子叔繼
辛雄字世賓隴西狄道人父暢字幼達大將軍諮議參
軍汝南鄉郡二郡太守太和中本郡中正雄有孝性頗
涉書史好刑名廉謹雅素不妄交友喜怒不形於色釋
褐奉朝請父於郡遇患雄自免歸晨夜扶抱及父喪居
憂殆不可識爲世所稱正始初除給事中十年不遷職
乃以病免清河王懌爲司空辟戶曹參軍攝田曹事懌
遷司徒仍隨授戶曹參軍竝當煩劇諍訟塡委雄用心
平直加以閑明政事經其斷割莫不悅服懌重之每謂
人曰必也無訟乎辛雄其有焉由是名顯懌遷太尉又
爲記室參軍神龜中除尚書駕部郎中轉三公郎其年
沙汰郎官唯雄與羊深等八人見留餘悉罷遣更授李
琰等先是御史中尉東平王元匡復欲輿棺諫諍尚書
令任城王澄劾匡大不敬詔恕死爲民雄奏理匡曰竊
惟白衣元匡歷奉三朝每蒙寵遇謇諤之性簡自帝心
鷹鸇之志形於在昔故高祖錫之以匡名陛下任之以
彈糾至若茹晧升輦匡斥宜下之言高肇當政匡陳擅
權之表剛毅忠款羣臣莫及骨鯁之跡朝野共知當高
肇之時匡造棺致諫主聖臣直卒以無咎假欲重造先
帝已容之於前陛下亦宜寬之於後況其元列由緒與
罪按不同也脫終貶黜不在朝廷恐杜忠臣之口塞諫
者之心乖琴瑟之至和違鹽梅之相濟祈奚云叔向之
賢可及十世而匡不免其身實可嗟惜未幾匡除龍驤
將軍平州刺史右僕射元欽謂左僕射蕭寶夤曰至如
辛郎中才用省中諸人莫出其右寶夤曰吾聞游僕射
云得如雄者四五人共治省事足矣今日之賞何其晚
哉初廷尉少卿袁翻以犯罪之人經恩競訴枉直難明
遂奏曾染風聞者不問曲直推爲獄成悉不斷理詔令
門下尚書廷尉議之雄議曰春秋之義不幸而失寧僭
不濫僭則失罪人濫乃害善人今議者不忍罪姦吏使
出入縱情令君子小人薰蕕不別豈所謂賞善罰惡殷
勤隱恤者也仰尋周公不滅流言之愆俯惟釋之不加
驚馬之辟所以小大用情貴在得所失之千里差在毫
釐雄久執案牘數見疑訟職掌三千願言者六一曰御
史所糾有注其逃走者及其出訴或爲公使本曹給過
所有指如不推檢文案灼然者雪之二曰御史赦前注
獲見贓不辨行賕主名檢無路以置直之主宜應洗復
三日經拷不引傍無三證比以獄案既成因卽除削或
有據令奏復者與奪不同未獲爲通例又須定何如得
爲證人若必須三人對見受財然後成證則於理太寬
若傳聞卽爲證則於理太急今請以行賕後三人俱見
物及證狀顯著準以爲驗四曰赦前斷事或引律乖錯
使除復失衷雖案成經赦宜追從律五日經赦除名之
後或邀駕訴枉被旨重究或訴省稱寃爲奏更檢事付
有司未被研判遂遇恩宥如此之徒謂不得異於常格
依前案爲定若不合拷究已復之流請不追奪六曰或
受辭下檢反覆使鞫獄證占分明理合清雪未及告案
忽逢恩赦若從證占而雪則違正格如除其名罪濫潔
士以爲罪須案成雪以占定若拷未畢格及要證一人
未集者不得爲占古人雖患察獄之不精未聞知寃
而不理今之所陳實士師之深疑朝夕之急務願垂察
焉詔從雄議自後每有疑議雄與公卿駮難事多見從
於是公能之名甚盛又爲祿養論稱仲尼陳五孝自天
子至庶人無致仕之文禮記八十一子不從政九十家
不從政鄭玄注云復除之然則止復庶民非公卿大夫
士之謂以爲宜聽祿養不約其年書奏肅宗納之以母
憂去任卒哭右僕射元欽奏雄起復爲郎俄兼司州別
駕加前軍將軍孝昌元年徐州刺史元法僧以城南叛
蕭衍遣蕭綜來據彭城時遣大都督安豐王延明督臨
淮王彧討之磐桓不進乃詔雄副太常少卿元晦爲使
給齊庫刀持節乘驛催軍有違卽令斬決肅宗謂雄曰
誨朕家諸子摽以親懿籌策機計仗卿取勝耳到軍勒
令竝進徐州綜遂降款冀州刺史侯剛啓爲長史肅宗
以雄長於世務惜不許之更除司空長史於時諸公皆
慕其名欲屈爲佐莫能得也時諸方賊盛而南寇侵境
山蠻作逆肅宗欲親討以荆州爲先詔雄爲行臺左丞
與前軍臨淮王彧東趣葉城別將裴衍西通鵶路衍稽
留未進彧師已次汝濱北溝求救彧以處分道別不欲
應之雄曰今裴衍未至王士衆已集蠻左唐突撓亂近
畿梁汝之間民不安業若不時撲滅更爲深害王秉麾
閫外唯利是從見可而進何必守道苟安社稷理可專
裁所謂臣率義而行不待命者也彧恐後有得失之責
要雄符下雄以駕將親伐蠻夷必懷震動乘彼離心無
往不破遂符彧軍令速赴擊賊聞之果自走散在軍上
疏曰凡人所以臨堅陳而忘身觸白刃而不憚者一則
求榮名二則貪重賞三則畏刑罰四則避禍難非此數
事雖聖王不能勸其臣慈父不能厲其子明主深知其
情故賞必行罰必信使親疎貴賤勇怯賢愚聞鐘鼓之
聲見旌旗之列莫不奮激競赴敵場豈厭久生而樂早
死也利害懸於前欲罷不能耳自秦隴逆節將歷數年
蠻左亂常稍已多載凡在戎役數十萬人三方師衆敗
多勝少跡其所由不明賞罰故也陛下欲天下之早平
愍征夫之勤悴乃降明詔賞不移時然兵將之勳歷稔
不決亡軍之卒晏然在家致令節士無所勸慕庸人無
所畏懾進而擊賊死交而賞賒退而逃散身全而無罪
此其所以望敵奔沮不肯進力者矣若重發明詔更量
賞罰則軍威必張賊難可弭臣聞必不得已去食就信
以此推之信不可斯須廢也賞罰陛下之所易尚不能
全而行之攻敵士之所難欲其必死寧可得也臣既庸
弱忝當戎使職司所見輒敢上聞惟陛下審其可否會
右丞闕肅宗詔僕射城陽王徽舉人徽遙舉雄仍除輔
國將軍尚書右丞尋轉吏部郎中遷平東將軍光祿大
夫郎中如故上疏曰帝王之道莫尚於安民安民之本
莫加於禮律禮律既設擇賢而行之天下雍熙無非任
賢之功也故虞舜之盛穆穆標美文王受命濟濟以康
高祖孝文皇帝天縱大聖開復典謨選三代之異禮採
二漢之典法端拱而四方安刑措而兆民治世宗重光
繼軌每念聿修官人有道萬里清謐陛下劬勞日昃躬
親庶政求瘼恤民無時暫憩而黔首紛然兵車不息以
臣愚見可得而言自神龜末來專以停年爲選士無善
惡歲久先敍職無劇易名到授官執按之吏以差次日
月爲功能銓衡之人以簡用老舊爲平直且庸劣之人
莫不貪鄙委斗筲以共治之重託碩鼠以百里之命皆

貨賄是求肆心縱意禁制雖煩不勝其欲致令徭役不均發調違謬箕斂盈門囚執滿道二聖明詔寢而不遵畫一之法懸而不用自此夷夏之民相將爲亂豈有餘憾哉蓋由官授不得其人百姓不堪其命故也當今天下黔黎久經寇賊父死兄亡子弟淪陷流離艱危十室而九白骨不收孤煢靡恤財殫力盡無以卒歲宜及此時早加慰撫蓋助陛下治天下者惟在守令最須簡置以康國道但郡縣選舉由來共輕貴遊儁才莫肯居此宜改其弊以定官方請上等郡縣爲第一清中等爲第二清下等爲第三清選補之法妙盡才望如不可並後地先才不得拘以停年竟無銓革三載黜陟有稱者補在京名官如前代故事不歷郡縣不得爲內職則人思自勉上下同心枉屈可申彊暴自息刑政日平民俗奉化矣復何憂於不治何恤於逆徒也竊見今之守令清愼奉治則政平訟理有非其才則綱維荒穢伏願陛下暫留天心校其利害則臣言可驗不待終朝昔杜畿寬惠河東無警蘇則分糧金城剋復略觀今古風俗遷訛罔不任賢以相化革朝任夕治功可立待若遵常習故不明選典欲以靜民便恐無日書奏會肅宗崩初蕭寶夤在雍州起逆城人侯衆德等討逐之多蒙爵賞武泰中詔雄兼尚書爲關西賞勳大使未行之間會爾朱榮入洛及河陰之難人情未安雄潛竄不出莊帝欲以雄爲尚書門下奏曰辛雄不出存亡未分莊帝曰寧失亡而用之不可失存而不用也遂除度支尚書加安南將軍元顥入洛也北中郎將楊侃從駕北出莊帝以侃爲度支尚書及乘輿反洛復召雄上雄面辭曰臣不能死事俛眉從賊乃是朝廷罪人縱陛下不賜誅罰而北來尚書勳高義重臣宜避賢路莊帝曰卿且還本司朕當別有處分遂解侃尚書未幾詔雄以本官兼侍中關西慰勞大使將發請事五條一言逋懸租調宜悉不徵二言簡罷非時徭役以紓民命三言課調之際使豐儉有殊令州郡量檢不得均一四言兵起歷年死亡者衆或父或子辛酸未歇見存耆老請假板職悅生者之意慰死者之魂五言喪亂既久禮儀罕習如有閨門和穆孝悌卓然者宜表其門閭仍啟曰臣聞王者愛民之道有六一曰利之二曰成之三曰生之四曰與之五曰樂之六曰喜之使民不失其時則成之也省刑罰則生之也薄賦斂則與之也無多徭役則樂之也吏靜不苛則喜之也伏惟陛下道邁前王功超往代敷春風而鼓俗旌至德以調民生之養之正當茲日悅近來遠亦是今時

臣既忝將命宜揚聖澤前件六事謂所宜行若不除煩收疾惠孤恤寡便是徒乘官驛虛號王人往還有費於郵亭皇恩無逮於民俗謹率愚管敢以陳聞乞垂覽許莊帝從之因詔民年七十者授縣八十者授郡九十加四品將軍百歲從三品將軍三年遷鎮南將軍都官尚書行河南尹普泰時爲鎮軍將軍殿中尚書又加衞將軍右光祿大夫秦州大中正太昌中又除殿中尚書兼吏部尚書尋除車騎大將軍左光祿大夫仍尚書永熙二年三月又兼吏部尚書於時近習專恣請託不已雄懼其讒慝不能確然守正論者頗議之出帝南狩雄兼左僕射留守京師永熙末兼侍中帝入關右齊獻武王至洛於永寧寺集朝士責讓雄及尚書崔孝芬劉欽楊機等曰爲臣奉主扶危救亂若處不諫諍出不陪隨緩則耽寵急便竄避臣節安在諸人默然不能對雄對曰當主上信狎近臣雄等不與謀議及乘輿西邁若即奔隨便恐跡同佞黨留待大王便以不從蒙責雄等進退如此不能自委溝壑實爲慙負王復責曰卿等備位納言當以身報國不能盡忠依附諂佞未聞卿等諫諍一言使國家之事忽至於此罪欲何歸也乃誅之時年五十沒其家口二子士璨士貞逃入關中

雄從父兄纂字伯將學涉文史溫良雅正初爲兗州安東府主簿與祕書丞同郡李伯尚有舊伯尚與咸陽王禧同逆逃竄投纂事覺坐免官積十餘年除奉朝請稍轉太尉騎兵參軍每爲府主清河王懌所賞及欲定考懌曰辛騎兵有學有才宜爲上第轉越騎校尉尚書令李崇北伐蠕蠕引爲錄事參軍臨淮王彧北征以纂隨崇有稱啓爲長史及廣陽王淵北伐又引爲長史尋拜諫議大夫雅爲彧所稱歎屢在朝廷薦舉之蕭衍遣將曹義宗攻新野詔纂持節兼尚書左丞南道行臺率衆赴接至便破之義宗等以其勁速不敢復進於時海內多虞京師更無繼援惟以二千餘兵捍禦疆埸又詔爲荆州軍司除驍騎將軍加輔國將軍纂善撫將士人多用命賊甚憚之會肅宗崩諱至咸以對敵欲祕凶問纂曰安危在人豈關是也遂發喪號哭三軍縞素還入州城申以盟約尋爲義宗所圍相率固守莊帝即位除通直散騎常侍征虜將軍兼尚書仍行臺後大都督費穆擊義宗擒之入城因舉酒屬纂曰微辛行臺之在斯吾亦無由建此功也入朝言於莊帝稱纂固節危城宜蒙爵賞以勸將來帝乃下詔慰勉之尋除持節平東將軍中郎將賜絹五十匹金裝刀一口永安二年元顥乘勝

卒至城下爾朱世隆狼狽退還城內空虛遂爲顥擒及莊帝還宮纂謝不守之罪帝曰於時朕亦北巡東軍不守豈卿之過還鎮虎牢俄轉中軍將軍滎陽太守民有姜洛生康乞得者舊是太守鄭仲明左右豪猾偷竊境內爲患纂伺捕擒獲梟於郡市百姓忻然加鎮東將軍太昌中除左光祿大夫纂僑寓洛陽乃爲河南邑中正永熙三年除使持節河內太守齊獻武王赴洛兵集城下纂出城謁王曰纂受詔於此本有禦防大王忠貞王室扶獎顚危纂敢不匍匐王曰吾志去姦佞以康國道河內此言深得王臣之節因命前侍中司馬子如曰吾行途疲敝宜代吾執河內手也便入洛九月行西荆州事兼尚書南道行臺尋正刺史時蠻酋樊五能破析陽郡應宇文黑獺纂議欲出軍討之纂行臺郎中李廣諫曰析陽四面無民唯一城之地耳山路深險表裏羣蠻今若少遣軍則力不能制賊多遣則減徹防衞根本虛弱脫不如意便大挫威名人情一去州城難保纂曰豈得縱賊不討令其爲患日深廣曰今日之事唯須萬全且慮在心腹何暇疥癬聞臺軍已破洪威計不久應至公但約勤屬城使各修完壘壁善撫百姓以待救兵雖失析陽如棄雞肋纂曰卿言自是一途我意以爲不爾遂遣兵攻之不剋而敗諸將因亡不返城人又密招西賊黑獺遣都督獨孤如願率軍潛至突入州城遂至廳閤纂左右惟五六人短兵接戰爲賊所擒遂害之贈都督定殷二州諸軍事驃騎大將軍尚書左僕射司徒公定州刺史

子子炎武定中博陵太守

雄從祖曇護以謹厚見稱卒於幷州州都

子熾武定中衞將軍右光祿大夫

雄族祖琛字僧貴父敬宗延興中代郡太守琛少孤曾過友人見其父母兄弟悉無恙垂涕久之釋褐奉朝請滎陽郡丞太守元麗性頗使酒琛每諫之麗後醉輒令閉閤曰勿使丞入也高祖南征麗從輿駕詔琛曰委卿郡事如太守也景明中爲伏波將軍濟州輔國府長史轉奉車都尉出爲揚州征南府長史刺史李崇多事產業琛每諍折崇不從遂相糾舉詔並不問後加龍驤將軍帶南梁太守崇因置酒謂琛曰長史後必爲刺史但不知得上佐何如人耳琛對曰若萬一叨忝得一方正長史朝夕聞過是所願也崇有慙色卒於官琛寬雅有度量涉獵經史喜慍不形於色當官奉法在所有稱

長子悠字元壽早有器業爲侍御史監揚州軍賊平錄

勳書時崇猶爲刺史欲寄人名悠不許崇曰我昔値其父今復逢其子早卒

悠弟俊字叔義有文才東益州征虜府外兵參軍府主魏子建爲山南行臺以爲郎中有軍國機斷還京於滎陽爲人劫害贈征虜將軍東秦州刺史

俊弟衡武定末散騎常侍

衡弟休字季令

休弟修字季緒俱有學尚亦早卒時人傷惜之

琛族子珍之少有氣力太尉鎧曹行參軍稍遷中堅將軍司徒錄事參軍廣州大中正丁憂去任尋起爲汝北太守永安中司空諮議參軍通直常侍永熙中襄城太守天平初洛州以南人情駭懼勑爲大使持節慰諭廣洛二州三年除征東將軍行陽平郡事郡民路黑奴起逆攻郡爲黑奴所執諸賊勸殺之黑奴曰成敗未可知何爲先殺太守也乃將珍之自隨待遇以禮右衞將軍郭瓊討平黑奴乃得免興和中爲衞將軍司徒司馬武定三年除驃騎將軍北海太守還爲儀同開府長史兼光祿少卿未幾詔珍之持節爲廣洛北荆揚雍襄六州慰勞大使北荆鎭城行廣州事招納有稱齊文襄王遣書慰勉賜以衣帛尋勑行平州卒於官贈驃騎大將軍洛州刺史諡曰恭

子懿武定末開府鎧曹參軍

羊深字文淵太山平陽人梁州刺史祉第二子也早有風尚學涉經史好文章兼長几案少與隴西李神儁同志相友自司空府記室參軍轉輕車將軍尚書騎兵郎尋轉駕部加右軍將軍于時沙汰郎官務精才實深以才堪見留在公明斷尚書僕射崔亮吏部尚書甄琛咸敬重之肅宗行釋奠之禮講孝經儕輩之中獨蒙引聽時論美之正光末北地人車金雀等帥羌胡反叛高平賊宿勤明達寇幽夏諸州北海王顥爲都督行臺討之以深爲持節通直散騎常侍行臺左丞軍司仍領郎中顥敗還京頃之遷尚書左丞加平東將軍光祿大夫蕭寶夤反攻圍華州王平薛鳳賢等聚衆作逆勑深兼給事黃門侍郎與大行臺僕射長孫稚共會潼關規模進止事平以功賜爵新泰男靈太后曾幸邙山集僧尼齋會公卿盡在座會事將終太后引見深欣然勞問之深謝曰臣蒙國厚恩世荷榮遇寇難未平是臣憂責而隆私忽被犬馬知歸太后顧謂左右曰羊深眞忠臣也舉坐傾心孝昌末徐方多事以深爲東道慰勞使即爲二徐行臺莊帝踐祚除安東將軍太府卿又爲二兗行臺

深處分軍國損益隨機亦有時譽初爾朱榮殺害朝士深第七弟侃爲太山太守性麤武遂率鄉人外託蕭衍深在彭城忽得侃書招深同逆深慨然流涕斬侃使人并書表聞莊帝乃下詔曰羊侃作逆霧起瑕丘擁集不逞扇擾疆埸傾宗之禍侃乃自貽累世之節一朝毁汙羊深血誠奉國秉操罔貳聞弟猖勃自劾請罪此之丹款實戢于懷且叔向復位春秋稱美深之慷慨氣同古人忠烈遠彰赤心已著可令還朝面受委勑乃歸京師除名久之除撫軍將軍金紫光祿大夫元顥入洛以深兼黄門郎顥平免官後拜大鴻臚卿普泰初遷散騎常侍衛將軍右光祿大夫監起居注自天下多事東西二省官員委積前廢帝勑深與常侍盧道虔元晏元法壽選人補定自奉朝請以上各有沙汰尋兼侍中廢帝甚親待之是時膠序廢替名教陵遲深乃上疏曰臣聞崇禮建學列代之所修尊經重道百王所不易是以均塾洞啓昭明之頌載揚膠序大闢都穆之詠斯顯伏惟大魏乘乾統物欽若奉時模唐軌虞率由前訓重以高祖繼聖垂衣儒風載蔚得才之盛如彼薪槱固以追隆周而竝驅駕炎漢而獨邁宣皇下武式遵舊章用能揄揚盛烈聿修厥美自茲已降世極道消風猷稍遠澆薄方競退讓寂寥馳競靡節進必吏能升非學藝是使刀筆小用計日而期榮專經大才甘心於陋巷然治之爲本所貴得賢苟值其人豈拘常檢三代兩漢異世間出或釋褐中林鬱登卿尹或投竿釣渚徑升公相事炳丹青義在往策彼哉逖乎不可勝紀竊以今之所用弗修前矩至如當世通儒冠時盛德見徵不過四門登庸不越九品以此取士求之濟治譬猶郄行以及前之燕而向楚積習之不可者其所由來漸矣昔魯興泮宮頌聲爰發鄭廢學校國風以譏將以納民軌物莫始於經禮菁莪育才義光於篇什自兵亂以來垂將十載干戈日陳俎豆斯闕四海荒涼民物凋敝名教頓虧風流殆盡世之陵夷可爲歎息陛下中興纂歷理運惟新方隅稍康實惟文德但禮賢崇讓之科沿世未備還淳反樸之化起言斯謬夫先黄老而退六經史遷終其成蠹貴玄虛而賤儒術應氏所以亢言臣雖不敏敢忘前載且魏武在戎尚修學校宣尼確論造次必儒臣愚以爲宜重修國學廣延冑子使函丈之教日聞釋奠之禮不闕并詔天下郡國興立儒教考課之程咸依舊典苟經明行修宜擢以不次抑斗筲喋喋之才進大雅汪汪之德博收鴻生以光顧問繫維奇異共精得失使區寰之內競務仁義之風荒散之餘漸知禮樂之用豈不美哉臣誠闇短敢慕前訓用稽古義上塵聽覽伏願陛下垂就日之監齊非煙之化儻以臣言可採乞特施行廢帝善之出帝初拜中書令頃之轉車騎大將軍左光祿大夫永熙三年六月以深兼御史中尉東道軍司及出帝入關深與樊子鵠等同逆於兖州子鵠署深爲齊州刺史於太山博縣商王村結壘招引山齊之民天平二年正月大軍討破之於陳斬深

子肅武定末儀同開府東閤祭酒

楊機字顯略天水冀人祖伏恩郡功曹赫連屈丐時將家奔洛陽因以家焉機少有志節爲士流所稱河南尹李平元暉竝召署功曹暉尤委以郡事或謂暉曰弗躬弗親庶人弗信何得委事於機高卧而已暉曰吾聞君子勞於求士逸於任賢故前代有坐嘯之人主諾之守吾既委得其才何爲不可由是聲名更著解褐奉朝請於時皇子國官多非其人詔選清直之士機見舉爲京兆王愉國中尉愉甚敬憚之遷給事中伏波將軍廷尉評延昌中行河陰縣事機當官正色不避權勢明達政事斷獄以情甚有聲譽平東將軍荆州刺史楊大眼啓爲其府長史熙平中爲涇州平西府長史尋授河陰令轉洛陽令京輦伏其威風希有干犯凡訴訟者一經其前後皆識其名姓并記事理世咸異之遷鎮軍將軍司州治中轉別駕荆州蠻叛兼尚書左丞南道行臺討之還除中散大夫復爲別駕州牧高陽王雍事多委機出除清河内史轉左將軍河北太守竝有能名建義初拜平南將軍光祿大夫兼廷尉卿又除安南將軍司州別駕未幾行河南尹轉廷尉卿徙衞尉卿出除安西將軍華州刺史永熙中衞將軍右光祿大夫尋除度支尚書機方直之心久而彌厲奉公正已爲時所稱家貧無馬多乘小犢車時論許其清白與辛雄等竝誅年五十九

子毗羅解褐開府參軍事卒於鎮遠將軍

機兄順字元信梁郡太守

順子僧靜武定中太中大夫

機兄子虬少有公幹頻爲司州記室戶曹從事早卒

高崇字積善渤海蓨人四世祖撫晉永嘉中與兄顧避難奔於高麗父潛顯祖初歸國賜爵開陽男居遼東詔以沮渠牧犍女賜潛爲妻封武威公主拜駙馬都尉加寧遠將軍卒崇少聰敏以端謹見稱徵爲中散稍遷尚書三公郎家資富厚僮僕千餘而崇志尚儉素車馬器服充事而已自修潔與物無競初崇舅氏坐事誅公主痛本生絕肯遂以崇繼牧犍後改姓沮渠景明中啓復本姓襲爵遷領軍長史伏波將軍洛陽令爲政清斷吏民畏其威風每有發擿不避彊禦縣内肅然朝廷方有遷授會病卒年三十七贈漁陽太守永安二年復贈征虜將軍滄州刺史諡曰成初崇謂友人曰仲尼四科德行爲首人能立身約已不忘典訓斯亦足矣故吾諸子闕

子謙之字道讓少事後母李以孝聞李亦撫育過於已生人莫能辨其兄弟所出同異論者兩重之及長屏絕人事專意經史天文算歷圖緯之書多所該涉日誦數千言好文章留意老易襲爵釋褐奉朝請加宣威將軍轉奉車都尉廷尉丞正光中尚書左丞元孚慰勞蠕蠕反被拘留及蠕蠕大掠而還置孚歸國事下廷尉卿及監以下謂孚無坐惟謙之以孚辱命闕以流罪尚書同卿執詔可謙之奏孝昌初行河陰縣令先是有人囊盛瓦礫指作錢物詐市人馬因逃去詔令追捕必得以聞謙之乃僞枷一囚立於馬市宣言是前詐市馬賊今欲刑之密遣腹心察市中私議者有二人相見忻然曰無復憂矣執送按問具伏盜馬徒黨悉獲并出前後盜竊之處資貨甚多遠年失物之家各來得其本物具以狀奏尋詔除寧遠將軍正河陰令在縣二年損益治體多爲故事弟道穆爲御史在公亦有能名世美其父子兄弟並著當官之稱舊制二縣令得面陳得失時佞幸之輩惡其有所發聞遂共奏罷謙之乃上疏曰臣以無庸謬宰神邑實思奉法不撓稱是官方酬朝廷無貲之恩盡人臣守器之節但豪家支屬戚里親媾縲紲所及舉目多是皆有盜憎之色咸起怨上之心縣令輕弱何能克濟先帝昔發明詔得使面陳所懷臣亡父先臣崇之爲洛陽令常得入奏是非所以朝貴斂手無敢干政近日以來此制遂寢致使神宰威輕下情不達今二聖遠遵堯舜憲章高祖愚臣望策其駑蹇少立功名乞新舊典更明往制庶姦豪知禁頗自屏心詔曰此啓深會朕意付外量聞謙之又上疏曰臣聞夏德中微少康成克復之主周道將廢宣王立中興之功則知國無常安世無恒敝唯在明主所以變之有方化之有道耳自正光已來邊城屢擾命將出師相繼於路軍費戎資委輸不絕至如弓格賞募咸有出身槊刺斬首又蒙階級故四方壯士願征者多各各爲已公私兩利若使軍帥必得其人賞勳不失其實則何賊不平何征不捷也諸守帥或非其才多遣親者妄稱入募別倩他人引弓格虛受征官身不赴陳惟遣奴客充數而已對寇臨敵曾不彎弓則是王爵虛加征夫多闕賊虜何可殄除忠貞何以勸誡也且近習侍臣戚屬朝士請託官曹擅作威福如有清貞奉法不爲回者咸共譖毁橫受罪罰在朝顧望誰肯申聞蔽上擁下虧風壞政使讒諂甘心忠讜息義況且頻年以來多有徵發民不堪命動致流離苟保妻子競逃王役不復顧其桑井憚比刑書正由還有必困之理歸無自安之路若聽歸其本業徭役微甄則還者必衆墾田增闢數年之後大獲課民今不務以理還之但欲嚴符切勒恐數年之後走者更多安業無幾故有國有家者不患民不我歸唯患政之不立不恃敵不我攻唯恃吾不可侮此乃千載共遵百王一致且琴瑟不韻知音改弦更張騑驂未調善御執轡成組諺云迷而知反得道不遠此言雖小可以諭大陛下一日萬機事難周覽元凱結舌莫肯明言臣雖庸短世受榮禄竊慕前賢匪躬之義不避斧鉞之誅以希一言之益伏願少垂覽察略加推採使朝章重舉軍威更振海内起惟新之歌天下見復禹之績則臣奏之後笑入下泉靈太后得其疏以責左右近侍諸寵要者由是疾之乃啓太后云謙之有學藝宜在國學以訓冑子詔從之除國子博士謙之與袁翻常景酈道元溫子昇之徒咸申款舊好於贍恤言諾無虧居家僮隸對其兒不撻其父母生三子便免其一世無髡黥奴婢常稱俱稟人體如何殘害以父舅氏沮渠蒙遜曾據涼土國書漏闕謙之乃修涼書十卷行於世涼國盛事佛道爲論貶之因稱佛是九流之一家當世名士競以佛理來難謙之還以佛義對之竟不能屈以時所行歷多未盡善乃更改元修撰爲一家之法雖未行於世議者歎其多能於時朝議鑄錢以謙之爲鑄錢都將長史乃上表求鑄三銖錢曰蓋錢貨之立本以通有無便交易故錢之輕重世代不同太公爲周置九府圜法至景王時更鑄大錢秦兼海内錢重半兩漢興以秦錢重改鑄榆莢錢至文帝五年復爲四銖孝武時悉復銷壞更鑄三銖至元狩中變爲五銖又造赤仄之錢以一當五王莽攝政錢有六等大錢重十二銖次九銖次七銖次五銖次三銖次一銖魏文帝罷五銖錢至明帝復立孫權江左鑄大錢一當五百權赤烏年復鑄大錢一當千輕重大小莫不隨時而變竊以食貨之要八政爲首聚財之貴詒訓典文是以昔之帝王乘天地之饒御海内之富莫不腐紅粟於太倉藏朽貫於泉府儲畜既盈民無困敝可以寧謐四極如身

使臂者矣昔漢之孝武地廣財豐外事四戎遂虛國用於是草萊之臣出財助國興利之計納稅廟堂市列榷酒之官邑有告緡之令鹽鐵既興錢幣屢改少府遂豐上林饒積外闢百蠻內不增賦者皆計利之由也今羣妖未息四郊多壘徵稅既煩千金日費資儲漸耗財用將竭誠楊氏獻稅之秋桑兒言利之日夫以西京之盛錢猶屢改並行小大子母相權况今寇難未除州郡淪敗民物凋零軍國用少別鑄小錢可以富益何損於政何妨於人也且政興不以錢大政衰不以錢小惟貴公私得所政化無虧既行之於古亦宜效之於今矣昔禹遭大水以歷山之金鑄錢救民之困湯遭大旱以莊山之金鑄錢贖民之賣子者今百姓窮悴甚於曩日欽明之主豈得垂拱而觀之哉臣今此鑄以濟交乏五銖之錢任使並用行之無損國得其益穆公之言於斯驗矣臣雖術愧計然識非心筭暫充錢官頗覩其理苟有所益不得不言脫以爲疑求下公卿博議如謂爲允即乞施行詔將從之事未就會卒初謙之弟道穆正光中爲御史糾相州刺史李世哲事大相挫辱其家恒以爲憾至是世哲弟神軌爲靈太后深所寵任直謙之家僮訴良神軌左右之入諷尚書判禁謙之於廷尉時將赦神軌乃啓靈太后發詔於獄賜死時年四十二朝士莫不哀之所著文章百餘篇別有集錄永安中贈征虜將軍營州刺史謚曰康又除一子出身以明冤屈謙之妻中山張氏明識婦人也教勸諸子從師受業常誡之曰自我爲汝家婦未見汝父一日不讀書汝等宜各修勤勿替先業

謙之長子子儒字孝禮元顥入洛其叔道穆從駕北巡子儒後踰河至行宮莊帝見之具訪洛中事意子儒備陳元顥敗在旦夕帝謂道穆曰卿初來日何故不與子儒俱行對曰臣家百口在洛須其經營且欲其今日之來知京師後事帝曰子儒非直合卿本懷亦大慰朕意仍授祕書郎中轉通直郎後除安東將軍光祿大夫司徒中兵參軍兼祭酒襲爵興和初除兼殿中侍御史時四方多有流民子儒爲梁州北豫西兗三州檢戶使所獲甚多後以公事去官武定六年卒時年四十一

子儒弟緒字叔宗明悟好學謙之常謂人曰興吾門者當是此兒及長涉獵書傳好文詠司空行參軍轉長流參軍除鎮遠將軍冀州儀同府中兵參軍爲府主封隆之所賞隆之行梁州濟州引自隨恒令總攝數郡武定三年卒年三十二

緒弟孝貞武定中司徒士曹參軍

孝貞弟孝幹司空東閤祭酒

謙之弟恭之字道穆行字於世學涉經史非名流儁士不與交結幼孤事兄如父母每謂人曰人生厲心立行貴於見知當使夕脫羊裘朝佩珠玉者若時不我知便須退迹江海自求其志御史中尉元匡高選御史道穆奏記於匡曰道穆生自蓬篙長於陋巷頗獵羣書無純碩之德尚好章詠乏彫掞之工雖欲厠影髦徒班名俊伍其可得哉然凝明獨斷之主雄才不世之君無藉朽株之資求人屠釣之下不牽闒投之誚取士商歌之中是以闒英風而慷慨望雲路而低佪者天下皆是也若得身隸繡衣名充直指雖謝周生騎上之敏實有茅氏就鑊之心匡大喜曰吾久知其人適欲召之遂引爲御史其所糾擿不避權豪臺中事物多爲匡所顧問道穆曾進說於匡曰古人有言罰一人當取千萬人懼豺狼當道不問狐狸明公荷國重寄宜使天下知法匡深然之正光中出使相州刺史李世哲即尚書令崇之子貴盛一時多有非法逼買民宅廣興屋宇皆置鴟尾又於馬埒堠上爲木人執節道穆繩糾悉毀去之并發其贓貨具以表聞又爾朱榮討蠕蠕道穆監其軍事榮甚憚之還除奉朝請俄除太尉鎧曹參軍蕭寶夤西征以道穆爲行臺郎中軍機之事多以委之大都督崔延伯敗後賊勢轉彊屢請益兵朝廷不許寶夤謂道穆曰非卿一行兵無益理遂令乘傳赴洛靈太后親問賊勢道穆具以狀對太后怒曰比來使人皆言賊弱卿何獨云其彊也道穆曰前使不實者當是冀陛下恩顏望霑爵賞臣既忝使人不敢虛妄願令近臣親檢足知虛實事訖當反遇病不行後屬兄謙之被害情不自安遂託身於莊帝帝時爲侍中特相欽重引居第中深相保護俄而帝以兄事見出道穆懼禍乃攜家趣濟陰變易姓名往來於東平畢氏以避時難莊帝即位徵爲尚書三公郎中加寧朔將軍尋兼吏部郎中與薛曇尚書使晉陽授爾朱榮職賜爵龍城侯九月除太尉長史領中書舍人遭母憂去職帝令中書舍人溫子昇就宅弔慰詔攝本任表辭不許三年加前軍將軍及元顥逼虎牢城或勸帝赴關西者帝以問道穆道穆對曰關中今日殘荒何由可往臣謂元顥兵衆不多乘虛深入者由國家將帥征提不得其人耳陛下若親率宿衞高募重賞背城一戰臣等竭其股肱之力破顥孤軍必不疑矣如恐成敗難測非萬乘所履便宜車駕北渡循河東下徵大將軍天穆合於滎陽向虎牢別徵爾朱王軍令赴河內以掎角之旬月之間何往不剋臣竊謂萬全之計不過於此帝曰高舍人語是其夜到河內郡北未有城守可依帝命道穆秉燭作詔書數十紙布告遠近於是四方知乘輿所在除中軍將軍給事黃門侍郎安喜縣開國公食邑千戶於時爾朱榮欲回師待秋道穆謂榮曰元顥以蕞爾輕兵奄據京洛使乘輿飄露人神恨憤主憂臣辱良在於今大王擁百萬之衆輔天子而令諸侯自可分兵河畔縛筏造船處處遣渡徑擒羣賊復主宮闕此桓文之舉也且一日縱敵數世之患今若還師令顥重完守具徵兵天下所謂養虺成蛇悔無及矣榮深然之曰楊黃門侃已陳此計當更議決耳及莊帝反政因宴次謂爾朱榮曰前若不用高黃門計則社稷不安可爲朕勸其酒令醉榮對曰臣本北征蠕蠕高黃門與臣作監軍臨事能決實可任用除征南將軍金紫光祿大夫兼御史中尉尋即眞仍兼黃門道穆外秉直繩內參機密凡是益國利民之事必以奏聞諫諍極言無所顧憚選用御史皆當世名輩李希宗李繪陽休之陽斐封君義邢子明蘇淑宋世良等四十人於時用錢稍薄道穆表曰四民之業錢貨爲本救弊改鑄王政所先自頃以私鑄薄濫官司糾繩挂網非一在市銅價八十一文得銅一斤私造薄錢斤餘二百既示之以深利又隨之以重刑罹罪者雖多姦鑄者彌衆今錢徒有五銖之文而無二銖之實薄甚榆莢上貫便破置之水上殆欲不沉此乃因循有漸科防不切朝廷之愆彼復何罪昔漢文帝以五分錢小故鑄四銖至武帝復改三銖爲半兩此皆以大易小以重代輕也論今據古宜改鑄大錢文載年號以記其始則一斤所成止七十六文銅價至賤五十有餘其中人功食料錫炭鉛沙縱復私營不能自潤直置無利自應息心況復嚴刑廣設也以臣測之必當錢貨永通公私獲允後遂用楊侃計鑄永安五銖錢僕射爾朱世隆當朝權盛因內見衣冠失儀道穆便即彈糾帝姊壽陽公主行犯清路執赤棒卒呵之不止道穆令卒棒破其車公主深以爲恨泣以訴帝帝謂公主曰高中尉清直之人彼所行者公事豈可私恨責之也道穆後見帝帝曰一日家姊行路相犯極以爲愧道穆免冠謝曰臣蒙陛下恩守陛下法不敢獨於公主虧朝廷典章以此負陛下帝曰朕以愧卿卿反謝朕尋勑監儀注又詔曰祕書圖籍所在內典（闕字）書又加繕寫緗素委積蓋有年載出內繁蕪多致零落可令御史中尉兼給事黃門侍郎道穆惣集帳目并牒儒學之士編比次第道穆又上疏曰臣聞舜命皋陶姦宄是託禹泣辜人堯心爲念所以舉直錯枉事切曩賢明德慎罰議存先典高祖太和之初置廷尉司直論刑辟是非雖事非古始交濟時要所謂禮樂互興不相沿襲者矣臣以無庸忝當今任所思報效未忘寢興但識謝知今業慙稽古未能進一言以利國說一策以興邦索米長安豈不知耻至於職司其憂猶望僶俛竊見御史出使悉受風聞雖時獲罪人亦不無枉濫何者得堯之罰不能不怨守令爲政容有愛憎姦猾之徒恒思報惡多有妄造無名共相誣謗御史一經檢究耻於不成杖木之下以虛爲實無罪不能自雪者豈可勝道哉臣雖愚短守不假器繡衣所指冀以清肅若仍蹖前失或傷善人則尸祿之責無所逃罪所以夙夜爲憂思有悛革如臣鄙見請依太和故事還置司直十人名隸廷尉秩以五品選歷官有稱心平性正者爲之御史若出糾劾即移廷尉令知人數廷尉遣司直與御史俱發所到州郡分居別館御史檢了移付司直覆問事訖與御史俱還中尉彈聞廷尉科按一如舊式庶使獄成罪定無復稽寬爲惡取敗不得稱枉若御史司直糾劾失實悉依所斷獄罪之聽以所檢迭相糾發如二使阿曲有不盡理聽罪家詣門下通訴別加按檢如此則肺石之傍怨訟可息叢棘之下受罪吞聲者矣詔從之復置司直及爾朱榮之死也帝召道穆付赦書令宣於外因謂之曰自今日後常得精選御史矣先是榮等常欲以其親黨爲御史故有此詔及爾朱世隆等率其部類戰於大夏門北道穆受詔督戰又贊成太府卿李苗斷橋之計世隆等於是北遁加衞將軍假車騎將軍大都督兼尚書右僕射南道大行臺又除車騎將軍餘官如故時雖外託征蠻而帝恐北軍不利欲爲南巡之計未發會爾朱兆入洛道穆慮禍及已託病去官世隆以道穆忠於前朝遂害之時年四十二泰昌中贈使持節都督雍秦二州諸軍事車騎大將軍儀同三司雍州刺史

子士鏡襲爵爲北豫州刺史高仲密擁入關

道穆弟謹之繼沮渠氏後卒於滄州平東府主簿年三十五贈通直郎無子

謹之弟慎之字道密好學有諸兄風年二十三卒無子以兄謙之第二子緒繼焉

史臣曰宋飜剛鯁自立猛而斷務辛雄以吏能歷職任智效官羊深以才幹從事聲迹可紀楊機清斷在公高

崇明濟爲用謙之兄弟咸政事之敏飾學有聞列于朝廷豈徒然也深失之晩節至于顚覆惜乎

魏書卷七十七考證

羊深傳羊深字文淵太山平陽人梁州刺史祉第二子也○臣人龍按北史羊祉傳祉太山鉅平人本書地形志泰山郡有鉅平若平陽則屬高平郡又有陽平則屬魯郡當以鉅平爲是

魏書卷七十八

齊　魏收　撰

列傳第六十六

孫紹　張普惠

孫紹字世慶昌黎人世仕慕容氏祖志入國卒於濟陽太守父協字文和上黨太守紹少好學通涉經史頗有文才陰陽術數多所貫涉初爲校書郎稍遷給事中自長兼羽林監爲門下錄事朝廷大事好言得失遂爲世知曾著釋典論雖不具美時有可存與常景等共修律令延昌中紹表曰臣聞建國有計雖危必安施化能和雖寡必盛治乖人理雖合必離作用失機雖成必敗此乃古今同然百王之定法也伏惟大魏應天明命兆啓無窮異世後仁祚隆七百今二號京門了無嚴防南北二中復闕固守長安鄴城股肱之寄穰城上黨腹背所憑四軍五校之軌領護分事之式徵兵儲粟之要舟車水陸之資山河要害之權緩急去來之用持平赴救之方節用應時之法特宜修置以固堂堂之基持盈之體何得而忽居安之辰故應危懼矣且法開清濁而清濁不平申滯理望而卑寒亦免士庶同悲兵徒懷怨中正賣望於下里主案舞筆於上臺眞僞混淆知而不糾得者不欣失者倍怨使門齊身等而涇渭奄殊類應同役而苦樂懸異士人居職不以爲榮兵士役苦心不亡亂故有競棄本生飄藏他土或詭名託養散在人間或亡命山藪漁獵爲命或投仗強豪寄命衣食又應遷之戶逐樂諸州應留之徒避寒歸暖兼職人子弟隨逐浮遊南北東西卜居莫定關禁不修任意取適如此之徒不可勝數爪牙不復爲用百工爭棄其業混一之計事實闕如考課之方責辦無日流浪之徒決須精校今強敵窺時邊黎伺隙內民不平久戍懷怨戰國之勢竊謂危矣必造禍源者北邊鎮戍之人也若夫一統之年持平用之者大道之計也亂離之期縱橫作之者行權之勢也故道不可久須文質以換情權不可恒隨汚隆以牧物文質應世道形自安汚隆獲衷權勢亦濟然則王者計法之趣化物之規圓方務得其境人物不失其地又先帝時律令竝議律尋施行令獨不出十餘年矣臣以令之爲體卽帝王之身也分處百揆之儀安置九服之節經緯三才之倫包羅六卿之職措置風化之門作用賞罰之要乃是有爲之樞機世法之大本也然修令之人亦皆博古依古撰置大體可觀比之前令精麤有在但主議之家太用古制若令依古高祖之法復須昇降誰敢措意有是非哉以是爭故久廢不理然律令相須不可偏用今律班令止於事甚滯若令不班是無典法臣下執事何依而行臣等修律非無勤止署下之日臣乃無名是謂農夫盡力他食其秋功名之所實懷於悒未幾出除濟陰太守還歷司徒功曹參軍步兵長水校尉正光初兼中書侍郞使高麗還爲鎮遠將軍右軍將軍久之爲徐兗和糴使還朝大陳軍國利害不報紹又表曰臣聞文質互用治道以之緝熙汚隆得時人物以之通濟故能事恢三靈仁洽九服伏惟陛下應靈踐阼沖明照物宰輔忠純伊霍均美旣致昇平之基應成無爲之業而漠北叛命隴右構逆中州驚擾民庶竊議其故何哉皆由上法不通下情怨塞故也臣雖愚短具鑒始末往在代都武質而治安中京以來文華而政亂故臣昔於太和極陳得失具論四方華夷心態高祖垂納文應可尋延昌正光奏疏頻上主者收錄不蒙報問卽日事勢乃至於此盡微臣豫陳之驗今東南有竊號之豎西北有逆命之寇豈得怨天實尤人矣臣今不憂荒外正慮中幾急須改張以寧其意若仍持疑變亂尋作肘腋一乖大事去矣然臣奉國四世欣戚是同但職在冗散不關樞密寧濟之計欲陳無所可謂經緯甚多無機可織夫天下者大器也一正難傾一傾難正當今之危躡足之急臣備肉食痛心無已泣血上陳願垂採察若得言參執事獻可替否寇逆獲除社稷稱慶雖死如生犬馬情畢紹性抗直每上封事常至懇切不憚犯忤但天性疎脫言乍高下時人輕之不見採納紹兄世元早卒世元善彈箏紹後聞箏聲便涕泗嗚咽捨之而去世以此尚之除驍騎將軍使吐谷渾還爲太府少卿曾因朝見靈太后謂曰卿年稍老矣紹曰臣年雖老臣節乃少太后笑之遷右將軍太中大夫紹曾與百寮赴朝東掖未開守門候旦紹於衆中引吏部郞中辛雄於衆外竊謂之曰此中諸人尋當死盡唯吾與卿猶享富貴雄甚駭愕不測所以未幾有河陰之難紹善推祿命事驗甚多知者異之建義初除衞尉少卿將軍如故轉金紫光祿大夫永安中拜太府卿以前參議正光壬子歷賜爵新昌子太昌初遷左衞將軍右光祿大夫永熙二年卒時年六十九贈都督冀瀛滄三州諸軍事驃騎大將軍尚書左僕射冀州刺史謚曰宣

子伯元襲齊受禪例降

伯元弟叔利右將軍太中大夫

紹從父弟瑜濟州長史

瑜弟彝字鳳倫太和中舉秀才稍遷步兵校尉卒於武邑太守贈征虜將軍營州刺史

子伯融出繼瑜後武定末闕二字太守

伯融嫡弟子寬開府田曹參軍

張普惠字洪賑常山九門人身長八尺容貌魁偉父曄爲齊州中水縣令隨父之縣受業齊土專心墳典剋厲不息及還鄉里就程玄講習精於三禮兼善春秋百家之說多所窺覽諸儒稱之太和十九年爲主書帶制局監與劉桃符石榮劉道斌同員共直頗爲高祖所知轉尚書都令史任城王澄重其學業爲其聲價僕射李沖曾至澄處見普惠言論亦善之世宗初轉積射將軍澄爲安西將軍雍州刺史啓普惠爲府錄事參軍尋行馮翊郡事澄功衰在身欲於七月七日集會文武北園馬射普惠奏記於澄曰竊聞三殺九親別疎昵之敘五服六術等衰麻之心皆因事飾情不易之道者也然則莫大之痛深於終身之外書策之哀除於喪紀之內外者不可無節故斷之以三年內者不可遂除故敦之以日月禮太練之日鼓素琴蓋推以即吉也小功以上非虞祔練除不沐浴此拘之以制也曾子問曰相識有喪服可以與於祭乎孔子曰緦不祭又何助於人祭旣不與疑無宴食之道又曰廢喪服可以與於饋奠之事乎子曰脫衰與奠非禮也注云爲其忘哀疾患謂除喪之始不與饋奠小功之內其可觀射乎雜記云大功以下旣葬適人人食之其黨也食之非黨也不食食猶擇人於射爲惑伏見明敎立射會之限將以二七令辰集城中文武肆武藝於北園行揖讓於中否時非大閱之秋景涉妨農之節國家縞禫甫除殿下功衰仍襲釋而爲樂以訓百姓便是易先王之典敎忘哀戚之情恐非所以昭令德視子孫者也按射儀射者以禮樂爲本忘而從事不可謂禮鍾鼓弗設不可謂樂捨此二者何用射爲又七日之戲令制無之班勞所施慮違事體庫府空虛宜待新調二三之趣停之爲便乞至九月備飾盡行然後奏狸首之章宣䕫相之令聲軒懸建雲鉦神民忻暢於斯時也伏惟慈明遠被萬民是望舉動所書發言唯則願更廣訪賜垂曲採昭其管見之心恕其讜言之責則舄羮無遺歌輿人有獻誦矣澄意納其言託辭自罷乃答曰文武之道自昔成規明耻敎戰振古常軌今雖非公制而此州承前已有斯式旣不勞民損公任其私射復何失也且箕文習武人之常藝豈可於常藝之間要須令制乎比適欲依前州府相率王務之暇肄藝良辰亦未言費用庫物也禮兄弟內除明哀已殺小功客至主不絕樂聽樂則可觀武豈傷直自事緣須罷先以令停方獲此請深具來意澄轉揚州啓普惠以羽林監領鎮南大將軍開府主簿尋加威遠將軍普惠旣爲澄所知歷佐二藩甚有聲譽旋京之日裝束藍縷澄賚絹二十匹以充行資還朝仍羽林監又澄遭太妃憂臣寮爲立碑頌題碑欲云康王元妃之碑澄訪於普惠荅曰謹尋朝典但有王妃而無元字魯夫人孟子稱元妃者欲下與繼室聲子相對今烈懿太妃作配先王更無聲子仲子之嫌竊謂不假元字以別名位且以氏配姓愚以爲在生之稱故春秋夫人姜氏至自齊旣葬以謚配姓故經書葬我小君文姜氏又曰來歸夫人成風之襚皆以謚配姓古者婦人從夫謚今烈懿太妃德冠一世故特蒙褒錫乃萬代之高事豈容於定名之重而不稱烈懿乎澄從之及王師大舉重征鍾離普惠爲安樂王詮別將長史班師除揚烈將軍相州安北府司馬遷步兵校尉後以本官領河南尹丞世宗崩坐與甄楷等飲酒遊從免官驍騎將軍刁整家有舊調將營儉葬普惠以爲矯時太甚與整書論之事在刁雍傳故事免官者三載之後降一階而敘若才優擢授不拘此限熙平中吏部尚書李韶奏普惠有文學依才優之例宜特顯敘勅除寧遠將軍司空倉曹參軍朝議以不降階爲榮時任城王澄爲司空表議書記多出普惠廣陵王恭北海王顥疑爲所生祖母服朞與三年博士執意不同詔羣寮會議普惠議曰謹按二王祖母皆受命先朝爲二國太妃可謂受命於天子爲始封之母矣喪服慈母如母在三年章傳曰貴父命也鄭注云大夫之妾子父在爲母大功則士之妾子爲母朞父卒則皆得申此大夫命其妾子以爲母所慈猶曰貴父命爲之三年況天子命其子爲列國王命其所生母爲國太妃反自同公子爲

母練冠之與大功乎輕重顛倒不可之甚者也傳曰始封之君不臣諸父昆弟則當服其親服若曾衞列國相爲服朞判無疑矣何以明之喪服君爲姑姊妹女子嫁於國君者傳曰何以大功尊同也尊同則得服其親服諸侯之子稱公子公子不得禰先君然則兄弟一體位列諸侯自以尊同得相爲服不可還準公子遠厭天王故降有四品君大夫以尊降公子大夫之子以厭降名例不同何可亂也禮大夫之妾子以父命慈已申其三年太妃既受命先帝光昭一國二王胙土茅社顯錫大邦舍尊同之高據附不禰之公子雖許蔡失位亦不是過服問曰有從輕而重公子之妻爲其皇姑公子雖厭妻尚獲申況廣陵北海論封則封君之子語妃則命妃之孫承妃纂重遠別先皇更以先后之正統厭其所生之祖嫡方之皇姑不以遙乎今既許其申服而復限之以朞比之慈母不亦爽歟經曰爲君之祖父母父母妻長子傳曰何以朞父母長子君服斬妻則小君父卒然後爲祖後者服斬今祖乃獻文皇帝諸侯不得祖之母爲太妃蓋二王三年之證議者近背正經以附非類差之毫毛所失或遠且天子尊則配天莫非臣妾何爲命之爲國母而不聽子服其親乎記曰從服者所從亡則已又曰不爲君母之黨服則爲其母之黨服今所從既亡不以親服服其所生則屬從之服於何所施若以諸王入爲公卿便同大夫者則當今之議皆不須以國爲言也今之諸王自同列國雖不之國別置臣寮玉食一方不得以諸侯言之敢據周禮輒同三年當時議者亦有同異國子博士李郁於議罷之後書難普惠普惠據禮還荅鄭重三返郁議遂屈轉諫議大夫澄謂普惠曰不喜君得諫議唯喜諫議得君時靈太后父司徒胡國珍薨贈相國太上秦公普惠以前世后父無太上之號詣闕上疏陳其不可左右畏懼莫敢爲通會聞胡家穿壙下壙有磐石乃密表曰臣聞優名寶位王者之所光錫尊君愛親臣子所以慎終必使勳績相侔號秩相可然後能顯揚當時傳徽萬代者矣竊見故侍中司徒胡公懷道含靈實誕聖后載育至尊母儀四海近樞克惟允之寄居槐體論道之明故以功餘九錫褒假鑾轟深聖上之加隆極慈后之至愛憲章天下不亦可乎而太上之號竊謂未衷何者易稱天尊地卑乾坤定矣故曰大哉乾元又曰至哉坤元明乾坤不可竝大禮記曰天無二日土無二王嘗禘郊社尊無二上明君臣不可竝上伏見詔書以司徒爲太上秦公夫人爲太上秦君夫人蒙號於前司徒繫之於後尊光之美盛矣竊惟高祖受禪於獻文皇帝故仰尊爲太上皇此因上上而生名也皇太后稱令以繫敕下蓋取三從之道遠同文母列於十亂則司徒之爲太上恐乖繫敕之意春秋傳曰葬稱公臣子辭明不可復加上也書曰茲予大饗于先王爾祖其從與饗之司徒位尊屬重必當配饗先朝稱太上以爲臣以事太上皇恐非司徒翼翼之心漢祖創有天下尊父曰太上皇母曰昭靈后乃帝者之事晉有小子侯尚曰僭之於天子司徒三公也其可同號於帝乎孔子曰必也正名名不正則言不順言不順則事不成事不成則禮樂不興禮樂不興則刑罰不中刑罰不中則民無所措手足易曰有大者不可以盈故受之以謙謙尊而光卑而不可踰天道虧盈而益謙地道變盈而流謙鬼神害盈而福謙人道惡盈而好謙又曰困於上者必反於下故受之以井比剋吉定兆而以淺改卜羣心悲惋亦或天地神靈所以垂至戒啓聖情伏願聖后回日月之明察微臣之請停司徒逼同之號從卑下不踰之稱畏困上之鑒邀謙光之福則天下幸甚臣聞見災修德災變成善此太戊所以興殷桑穀以之自滅況今卜遷方始當修革之會愚以爲無上之名不可假之脫識於千載恐貽不言之咎且君之於臣比葬三臨之禮也司徒誠爲后父實人臣也雖子尊不加於父乃天下母以義斷恩不可遂在室之意故曰女子有行遠父母兄弟況乃應坤之載承天之重而朔望於司徒之殯晨昏於郊墓之間雖聖思蒸蒸其不虞宜戒離宸極之嚴居疲雲蹕於道路此亦億兆蒼生瞻仰失圖伏願尊載馳之不歸存靜方之光大則草木可繁人靈斯穆臣職忝諫司敢獻狂瞽謹冒上聞不敢宣露乞垂省覽昭表親至國珍宅召集王公八座卿尹及五品已上博議其事遣使召普惠與相問荅又令侍中元乂中常侍賈粲監觀得失任城王澄問普惠曰漢高作帝尊父爲太上皇今聖母臨朝贈父太上公求之故實非爲無準且君舉作則何必循舊對曰天子稱詔太后稱令故周臣十亂文母預焉仰思所難竊謂非匹澄曰前代太后亦有稱詔聖母自欲存謙光之義故不稱耳何得以詔令之別而廢嚴父之孝對曰后父太上自昔未有前代母后豈不欲尊崇其親王何以不遠謨古義而近順今旨未審太后何故謙於稱詔而不謙於太上竊願聖后終其謙光太傅清河王懌曰昔在僭晉褚氏臨朝殷浩遣褚裒書曰足下今之太上皇也況太上公而致疑對曰褚裒以女輔政辭不入朝淵源譏其不恭故有太上之刺本稱其非不記其是不謂殿下以此賜難侍中崔光曰張生表中引晉有小子侯出自鄭注非爲正經對曰雖非正經之文然述正經之旨公好古習禮復固斯難御史中尉元匡因謂崔光曰張表云晉之小子侯以號同稱僭今者太上公名同太上皇此晉小子義似相類但不學不敢辨其是非普惠對曰中丞既疑其是不正其非豈所望於三獨尚書崔亮曰諫議所見正以太上之號不應施於人臣然周有太公尚父亦兼二名人臣尊重之稱固知非始今日普惠對曰尚父者有德可稱太上者上中之上名同義異此亦非竝亮又曰古有文王武王亦有文子武子然則太上皇太上公亦何嫌于同也普惠對曰文武者德行之迹故迹同則謚同太上者尊極之位豈得通施於臣下廷尉少卿袁翻曰周官上公九命上大夫四命命數雖殊同名爲上何必上者皆是極尊普惠厲聲訶翻曰禮有下卿上士何止大夫與公但今所行以太加上二名雙舉不得非極雕蟲小藝微或相許至於此處豈卿所及翻甚有慙色默不復言任城王澄曰諫諍之體各言所見至於用捨固在應時卿向荅袁氏聲何太厲普惠對曰所言若是宜見採用所言若非懼有罪及是非須辨非爲苟競澄曰朝廷方開不諱之門以廣忠言之路卿今意在向義何云乃慮罪罰議者咸以太后當朝志相黨順遂奏曰張普惠辭雖不屈然非臣等所同渙汗已流請依前詔太后復遣元乂賈粲宣令謂普惠曰朕向召卿與羣臣對議往復既終皆不同卿表朕之所行孝子之志卿之所陳忠臣之道羣公已有成議卿不得苦奪朕懷後有所見勿得難言普惠於是拜令辭還初普惠被召傳詔馳驊騮馬來甚迅速佇立催去普惠諸子憂怖涕泣普惠謂曰我當休明之朝掌諫議之職若不言所難言諫所難諫便是唯唯曠官尸祿人生有死死得其所夫復何恨然朝廷有道汝輩勿憂及議罷旨勞還宅親故賀其幸甚時中山莊弼遺書普惠曰明侯淵儒碩學身負大才秉此公方來居諫職謇謇如也諤諤如也一昨承胡司徒第當面折庭諍雖問難鋒至而應對響出宋城之帶始縈魯門之柝裁警終使羣后逡巡庶寮拱默雖不見用於一時固已傳美於百代聞風快然敬裁此白普惠美其此書每爲口實普惠以天下民調幅度長廣尚書計奏復徵綿麻恐其勞民不堪命上疏曰伏聞尚書奏復綿麻之調尊先皇之軌夙宵惟度忻戰交集何者閭復高祖舊典所以忻惟新俱可復而不復所以戰違法仰惟高祖廢大斗去長尺改重秤所以愛萬姓從薄賦知軍國須綿麻之用故云幅度之間億兆應有綿麻之利故絹上稅綿八兩布上稅麻十五斤萬姓得廢大斗去長尺改重秤荷輕賦之饒不適於綿麻而已故歌舞以供其職奔走以役其勤天子信於上億兆樂於下故易曰悅以使民民忘其勞此之謂也自茲以降漸漸長闊百姓嗟怨聞於朝野伏惟皇太后未臨朝之前陛下居諒闇之日宰輔不尋其本知天下之怨綿麻不察其幅廣度長秤重斗大革其所弊存其可存而特放綿麻之調以悅天下之心此所謂悅之不以道愚臣所以未悅者也尚書既知國少綿麻不惟法度之（闕字）易民言之可畏便欲去天下之大信棄已行之成詔追前之非遂後之失奏求還復綿麻以充國用不思庫中大有綿麻而羣官共竊之愚臣以爲於理未盡何者今宮人請調度造衣物必度忖秤量絹布疋有尺丈之盈一猶不計其廣絲綿斤兼百銖之剩未聞依律罪州郡若一疋之濫一斤之惡則鞭戶主連三長此所以教民以貪者也今百官請俸人樂長闊幷欲厚重無復準極得長闊厚重者便云其州能調絹布精闊且長橫發美譽以亂視聽不聞嫌長惡廣求計還官者此百司所以仰負聖明也今若必復綿麻者謂宜先令四海知其所由明立嚴禁復本幅度新綿麻之典依太和之稅其在庫絹布幷及絲綿不依典制者請遣一尚書與太府卿左右藏令依今官度官秤計其斤兩廣長折給請俸之人總常俸之數千俸所出以布綿麻亦應其一歲之用使天下知二聖之心愛民惜法如此則高祖之軌中興於神龜明明慈信照布於無窮則孰不幸甚伏願亮臣悾悾之至下慰蒼生之心普惠又表乞朝直之日時聽奉見自此之後月一陛見又以肅宗不親視朝過崇佛法郊廟之事多委有司上疏曰臣聞明德卹祀成湯光六百之祚嚴父配天孔子稱周公其人也故能馨香上聞福傳遐世伏惟陛下重暉纂統欽明文思天地屬心百神佇望故宜敦崇祀禮咸秩無文而告朔朝廟不親於明堂嘗禘郊社多委於有司觀射遊苑躍馬騁中危而非典豈清蹕之意殖不思之冥業捐巨費於生民減祿削力近供無事之僧崇飾雲殿遠邀未然之報昧爽之臣稽首於外立寂之衆遨遊於內衍禮忤時人靈未穆愚謂從朝夕之因求秪劫之果未若先萬國之忻心以事其親使

天下和平災害不生者也伏願淑愼威儀萬邦作式躬致郊廟之虔親紆朔望之禮釋奠成均竭心千畝明發不寐潔誠禋禖孝悌可以通神明德教可以光四海則一人有喜兆民賴之然後精進三寶信心如來道由化深故諸漏可盡法隨禮積故彼岸可登量撤僧寺不急之華還復百官久折之秩已興之構務從簡成將來之造權令停息仍舊亦可何必改作庶節用愛人法俗俱賴臣學不經遠言多孟浪忝職其憂不敢默爾尋別勑付外議釋奠之禮時史官尅日蝕豫勑罷朝普惠以逆廢非禮上疏陳之又表論時政得失一曰審法度平斗尺調租務輕賦役務省二曰聽輿言察怨訟先皇舊事有不便於政者請悉追改三曰進忠謇退不肖任賢勿貳去邪勿疑四曰興滅國繼絕世勳親之胄所宜收敘書奏肅宗靈太后引普惠於宣光殿隨事難詰延對移時令曰寧有先皇之詔一一驟改普惠僶俛不言令曰卿似欲致諫故以左右有人不肯苦言朕爲卿屏左右卿其盡陳之對曰聖人之養庶物愛之如傷況今二聖纂承洪緒妻承夫子承父夫父之不可安然仍行豈先帝傳委之本意仰惟先帝行事或有司之謬或權時所行在後以爲不可者皆追而正之聖上忘先帝之自新不問理之伸屈一皆抑之豈蒼生黎庶所仰望於聖德太后曰小小細務一一驟動更成煩擾普惠曰聖上之養庶物若慈母之養赤子今赤子幾臨危壑將赴水火以煩勞而不救豈赤子所望於慈母太后曰天下蒼生寧有如此苦事普惠曰天下之親懿莫重於太師彭城王然遂不免枉死微細之苦何可得無太后曰彭城之苦吾已封其三子何足復言普惠曰聖后封彭城之三子天下莫不忻至德知慈母之在上臣所以重陳者凡如此枉乞垂聖察太后曰卿云興滅國繼絕世滅國絕世竟復誰是普惠曰昔淮南逆終漢文封其四子蓋骨肉之不可棄親親故也竊見故太尉咸陽王冀州刺史京兆王乃皇子皇孫一德之虧自貽悔戾沉淪幽壤緬焉弗收豈是興滅繼絕之意乞收葬二王封其子孫愚臣之願太后曰卿言有理朕深戢之當命公卿博議此事及任城王澄甍普惠以吏民之義又荷其恩待朔望奔赴至於禫除雖寒暑風雨無不必至初澄嘉賞普惠臨甍啓爲尚書右丞靈太后既深悼澄覽啓從之詔行之後尚書諸郎以普惠地寒不應便居管轄相與爲約竝欲不放上省紛紜多日乃息正光二年詔遣楊鈞送蠕蠕主阿那瓌還國普惠謂遣之將貽後患上疏曰臣聞乾元以利貞爲大非義則不動皇王以博施爲功非類則不從故能始萬物而化天下者也伏惟陛下叡哲欽明道光虞舜八表宅心九服清晏蠕蠕相害於朔垂妖師扇亂於江外此乃封豕長虵不識王度天將悔其罪所以奉皇魏故荼毒之辛苦之令知至道之可樂也宜安民以悅其志恭已以懷其心而先自勞擾艱難下民興師郊甸之內遠投荒塞之外救累世之勍敵可謂無名之師諺曰唯亂門之無過愚情未見其可當是邊將窺竊一時之功不思兵爲凶器不得已而用之者也夫白登之役漢祖親困之樊噲欲以十萬衆橫行匈奴中季布以爲不可請斬之千載以爲美況今旱酷異常聖慈降膳乃以萬五千人使楊鈞爲將而欲定蠕蠕忤時而動其可濟乎阿那瓌投命皇朝撫之可也豈容困疲我兆民以資天喪之虜昔莊公納子糾以致乾時之敗魯僖以邾國而有懸冑之耻今蠕蠕時亂後主繼立雖云散亡姦虞難抑脫有井陘之慮楊鈞之肉其可食乎高車蠕蠕連兵積年饑饉相仍須其自斃小亡大傷然後一舉而幷之此卞氏之高略所以獲兩虎不可不圖之今土山告難簡書相續蓋亦無能爲也正與今舉相會天其或者欲以告戒人不欲使南北兩疆竝興大衆脫狂狡搆間於其間而復事連中國何以寧之今宰輔專欲好小名不圖安危大計此微臣所以寒心者也那瓌之不還負何信義此機之際北師宜停臣言不及義文書所經過不敢不陳兵猶火也不戢將自焚二虜自滅之形可以爲殷鑒伏願輯和萬國以靜四疆混一之期坐而自至矣臣愚昧多違必無可採匹夫之智願以呈獻表奏詔答曰夫窮鳥歸人尚或興惻況那瓌嬰禍流離遠來依庇在情在國何容弗矜且納亡興喪有國大義皇魏堂堂寧廢斯德後主亂亡似當非謬此送彼迎想無拒戰國義宜表朝算已決卿深誠厚慮朕用嘉歎但此段機略不獲相從脫後不逮勿憚匡言時蕭衍義州刺史文僧明舉城歸順揚州刺史長孫稚遣別駕封壽入城固守衍將裴邃湛僧率衆攻逼詔普惠爲持節東道行臺攝軍司赴援之軍始度淮而封壽已棄城單馬而退軍罷還朝蕭衍弟子西豐侯正德詐稱降款朝廷頗事當迎普惠上疏請赴揚州移還蕭氏不從俄而正德果逃還涼州刺史石士基行臺元洪超竝贓貨被繩以普惠爲右將軍涼州刺史卽爲西行臺以病辭免除光祿大夫右丞如故先是仇池武興羣氐數反西垂郡戍租運久絕詔普惠以本官爲持節西道行臺給秦岐涇華雍豳東秦七州兵武三萬人任其召發送南秦東益二州兵租分付諸戍其所部將統聽於關西牧守之中隨機召遣軍資板印之屬悉以自隨普惠至南秦停岐涇華雍豳東秦六州兵武召秦州兵武四千人分配四統令送租兵連營梭柵相繼而進運租車驢隨機輪轉別遣中散大夫封答慰喻南秦員外常侍楊公熙宜勞東益氐民於時南秦氐豪吳富聚合兇類所在邀劫公熙既至東益州刺史魏子建密與普惠書言公熙舊是蕃國之胄而諸氐與相見者必有陰私言宜加圖防普惠乃符攝公熙令赴南秦公熙果已密遣其從兄山虎與吳富同逆又妄自說鄉里紛動羣氐託云與崔南秦有隙拒而不赴租達平落吳富等果脅車營實公熙所潛遣也後吳富雖爲左右所殺而後黨猶盛秦闕所綰武都武階租頗得達東益羣氐先欵順故廣業仇鳩河池三城粟便得入其應入東益十萬石租皆稽留費盡升斗不至鎭戍兵武遂致飢虛咸恨普惠經略不廣事訖普惠拜表按劾公熙還朝賜絹布一百段時詔訪寃屈普惠上疏曰詩稱文王孫子本枝百世易曰大君有命開國承家皆所以明德睦親維城作翰漢祖封爵之誓曰使黃河如帶太山如礪國以永存爰及苗裔又申之以丹書之信重之以白馬之盟其以彊大分王罪犯釐邑者蓋有之矣未聞父基子搆世載忠賢一死一創用爲恒典者也故尚書令臣肇未能遠稽古義近究成旨以初封之詔有親王二千戶始蕃一千戶二蕃五百戶三蕃三百戶謂是親疎世減之法又以開國五等有所減之言以爲世減之趣遂立格奏奪稱是高祖本意仍被旨可差謬之來亦已甚矣遂使勳親懷屈幽顯同寃紛訟彌年莫之能息臣輒遠研旨格深窮其事世變減奪今古無據又尋詔書稱昔未可采今始列璧闕豈得混一內分久近也故樂良樂安同蕃異封廣陽安豐屬別戶等安定之嫡邑齊親王河間咸近更從蕃食是乃太和降旨初封之倫級勳親兼樹非世減之大驗者也博陵襲爵亦在太和之年時不世減以父嘗全食足戶充本同之始封減從今式如此則減者減其所足之外足者足其所減之內減足之旨乃爲所貢所食耳欲使諸王開國弗專其民賦役之差貴賤有等蓋準擬周禮公侯伯子男貢稅之法王食其半公食三分之一侯伯四分之一子男五分之一是以新興得足充本淸淵吏多減戶故始封承襲俱稱所減謂減之以貢食謂食之於國斯實高祖霈然之詔減實之理聖明自釋求之史帛猶有未盡時尚書臣琇疑減足之參差旨又判之以開訓所減之旨可以不疑於世減矣而臣肇弗稽往事曰五等有所減之格用爲世減之法以王封有親疎之等謂是代削之條妄解成旨雷同世奪以此壽天下民其從乎故太傅任城文宣王臣澄樞弼累朝識洞今古爲尚書之日殷勤執請孜孜於重議被旨不許於此遂停又律罪例減及先帝之緦麻令給親恤止當世之有服律令相違威澤異品使七廟曾玄不治未恤嫡封則爵祿無窮枝庶則屬內貶絕儀刑作孚億兆何觀夫一人吁嗟尚曰虧治今諸王五等各稱其寃七廟之孫竝訟其切陳訴之案盈於省曹朝言巷議咸云其苦恐非先王所以建萬國親諸侯睦九族之義也臣猥忝今任於茲五年推尋旨格謂無世減之理請近遵高祖減食之謨遠循百代象賢之誥退由九伐進從九儀則刑罰有倫封不虛黜斯乃文王所以克愼不敢侮於鰥寡而況於公侯伯子男乎今旨訪寃滯愚以此爲大者求尋光錫之詔并諸條格所奪所請事事窮審諸王開國非犯罪削奪者竝求還復其昔嘗全食足戶充本減從令式者從前則力多於親懿全奪則減足之格不行愚謂祿力竝應依所闕字之食而食之若是則力少蕃王粟帛仍本戶邑雖盈之減兩秦既有全食足戶之異故不得同於新封之力耳親恤所裒請依律斷伏惟親親尊賢位必功立尊賢以司民可不愼乎親親以牧族其可棄乎如脫蒙允求以旨判爲始其前來吏秩悉年久不追臣又聞明德愼罰文王所以造周咸有一德殷湯所以革夏故能上令下從風動草偃畏之如雷電敬之如明神是以天子家天下綏萬國若天之無不覆地之無不載遷都之構庶方子來汎澤所沾降及陪皂寧有岳牧二千石縣令丞尉治中別駕及諸軍幢受命於朝廷而可不預乎此之班駮雲雨之不平謂是當時有司出納之未允何以明之仰尋世宗詔書百官普進一級中有朝臣刺史登時褒授則內外貴賤莫不同澤又覆奏稱爰及陪皂明無不逮自後人率其心紛紛盈庭嫌少誤或視聽限以汎前更爲年斷六年三年之考以意折之汎前汎後之歲隔而絕之遂使如綸之旨頓於一朝汎前六年上第者全不得汎三年上第者蒙半階而已汎前汎後合考者隔絕而不得無考者無折而全汎前汎後有考無考竝蒙全汎與否乖違勤舊彌屈差若毫釐謬以千里其此之謂乎易曰言行君子之所以動天下可不愼歟言之不從無以抑之遂奏奪牧

守外祿全不與汎散官改爲四年之考汎前者八年一階政令不一兗訟惟甚與而復奪其本在玆致使邀駕擊鼓者無理以加其罪誹謗公聽者無辭以抑其言噂喈所由生僨悖所由起夫琴瑟不調澆而更張善人國之本也其可棄乎詩云樂只君子邦家之基堯典曰克明俊德呂刑曰何擇非人周官曰官弗必備惟其人咎繇曰無曠庶官天工人其代之詩云人之云亡邦國殄悴又曰雨我公田遂及我私孔子曰不患貧而患不均如此則官必擇人汎則宜溥請遠遵正始元旨近準聖明二汎內外百官悉同一階不以汎前折考不以散任增年則同雲共澍四海均洽如謂未可宜以權理折之易曰聖人之大寶曰位何以守位曰仁春秋傳曰一日擇人如此則乃可無汎不可無考守宰之汎既以追奪則百官之汎不應獨落溥澤既收復誰敢怨夫三載之考與於太和再周之陟通於景明閑劇祿力自有加減陪臣以事省降而考則三年朝官既祿等平曹更四周乃陟考祿參差各稱其枉且一日從軍征戍苦於煩任終年專使決斷重於陪臣恒上若通爲三載之考無汎隔折則各盈其分亦足以近塞羣口遠綏四方日昃求賢猶有所失況不遵擇人之訓唯以停久而進乎自今已後考黜願以三宅革心選進願以三傳居德書曰舉能其官惟爾之能稱非其人惟爾弗任斯周道所以佑辟康民敢不敬守臣忝官樞副毗察兗訟竊寐惟省謂宜追正愚固所陳萬無可採出除左將軍東豫州刺史淮南九戍十三郡猶因蕭衍前弊別郡異縣之民錯雜居止普惠乃依次括比省減郡縣上表陳狀詔許之宰守因此綰攝有方姦盜不起民以爲便蕭衍遣將胡廣來寇安陽軍主陳明祖等慴白沙鹿城二戍衍又遣定州刺史田超秀由僧達等竊陷石頭戍徑據安陂城郢州新塘之賊近在州西數十里普惠前後命將拒戰竝破之普惠不營財業好有進舉敦於故舊冀州人侯堅固少時與其遊學早終其子長瑜普惠每於四時請祿無不減贍給其衣食及爲豫州啓長瑜解褐攜其合門拯給之孝昌元年三月在州卒時年五十八贈平北將軍幽州刺史諡曰宣恭

長子榮儁武定末齊王相府屬

榮儁弟龍子揚州驃騎府長史

史臣曰孫紹關右之士又能指論世務亦其志也張普惠明達典故彊直從官偘然不撓其有王臣之風矣

魏書卷七十八考證

張普惠傳何以不遠謨古義○謨應作模

魏書卷七十九

齊　魏收　撰

列傳第六十七

成淹　范紹　劉桃符　劉道斌　董紹
馮元興　鹿悆　張熠

成淹字季文上谷居庸人也自言晉侍中粲之六世孫祖昇家於北海父洪名犯顯祖廟諱仕劉義隆爲撫軍府中兵參軍早卒淹好文學有氣尚劉子業輔國府刑獄參軍事劉彧以爲員外郎假龍驤將軍領軍主令援東陽歷城皇興中降慕容白曜赴闕授兼著作郎時顯祖於仲冬之月欲巡漠北朝臣以寒甚固諫竝不納淹上接輿釋遊論顯祖覽之詔尚書李訢曰卿等諸人不如成淹論通釋人意乃勑停行太和中文明太后崩蕭賾遣其散騎常侍裴昭明散騎侍郎謝竣等來弔欲以朝服行事主客執之云弔有常式何得以朱衣入山庭昭明等言本奉朝命不容改易如此者數四執志不移高祖勑尚書李沖令選一學識者更與論執沖奏遣淹昭明言未解魏朝不聽朝服行禮義出何典淹言吉凶不同禮有成數玄冠不弔童孺共聞昔季孫將行請遭喪之禮千載之下猶共稱之卿遠自江南奉慰不能式遵成事方謂議出何典行人得失何其異哉昭明言二國交和既久南北皆須準望齊高帝崩魏遣李彪通弔於時初不素服齊朝亦不以爲疑那得苦見要逼淹言彪通弔之日朝命以弔服自隨而彼不遵高宗追遠之慕乃踰月即吉彪行弔之時齊之君臣皆已鳴玉盈庭貂璫曜日百寮內外朱服煥然彪行人不被主人之命復何容獨以素服間衣冠之中來責雖高未敢聞命我皇帝仁孝之性侔於有虞處諒闇以來百官聽於冢宰卿豈得以此方彼也昭明乃搖膝而言三皇不同禮亦安知得失所歸淹言若如來談卿以虞舜高宗爲非也昭明遂相顧而笑曰非孝者宣尼有成責行人亦弗敢言希主人裁以弔服使人唯齎袴褶比既戎服不可以弔幸借緇衣帢以申國命今爲魏朝所逼違負指授還南之日必得罪本朝淹言彼有君子也卿將命折中還南之日應有高賞若無君子也但令有光國之譽雖復非理見罪亦復何嫌南史董狐自當直筆既而高祖遣李沖問淹昭明所言淹以狀對高祖詔沖曰我所用得人仍勑送衣帢給昭明等賜淹果食明旦引昭明等入皆令文武盡哀後正侍郎高祖以淹清貧賜絹百匹十六年蕭賾遣其散騎常侍庾蓽散騎侍郎何憲主書邢宗慶朝貢值朝廷有事明堂因登靈臺以觀雲物高祖勑淹引蓽等館南矚望行禮事畢還外館賜酒食宗慶語淹言南北連和既久而比棄信絕好爲利而動豈是大國善鄰之義淹言夫爲王者不拘小節中原有菽工采者獲多豈眷眷守尾生之信且齊先主歷事宋朝荷恩積世當應便爾欺奪宗慶庾蓽及行者皆相顧失色何憲知淹昔從南入而以手掩目曰卿何爲不作于禁而作魯肅淹言我捨危効順欲追蹤陳韓何于禁之有憲亦不對王肅歸國也高祖以淹曾宦江表詔觀是非乃造肅與語還奏言實時議紛紜猶謂未審高祖曰明日引入我與語自當知之及鑾輿行幸肅多扈從勑淹將引若有古跡皆使知之行到朝歌肅問此是何城淹言紂都朝歌城肅言故應有殷之頑民也淹言昔武王滅紂悉居河洛中因劉石亂華仍隨司馬東渡肅知淹寓於青州乃笑而謂淹曰青州間何必無其餘種淹以肅本隸徐州言青州本非其地徐州間今日重來非所知也肅遂伏馬上掩口而笑顧謂侍御史張思寧曰向者聊因戲言遂致辭溺思寧馳馬奏聞高祖大悅謂彭城王勰曰淹此段足爲制勝輿駕至洛肅因侍宴高祖戲肅曰近者行次朝歌聞成淹共卿殊有往復卿試重敘之肅言臣前朝歌爲淹所困不謂此事仰聞聽覽臣爾日失言一之已甚豈宜再說遂皆大笑高祖又謂肅曰淹能制卿其才亦不困肅言淹才詞便爲難有聖朝宜應敘進高祖言若因此進淹恐辱卿轉甚肅言臣屈已達人正可顯臣之美高祖曰卿既爲人所屈欲求屈已之名復於卿太優肅言淹既蒙進臣得屈已伸人此所謂陛下惠而不費遂酣笑而止乃賜淹龍廄上馬一疋并鞍勒宛具朝服一襲轉謁者僕射時遷都高祖以淹家無行資勑給事力送至洛陽并賜假日與家累相隨行次靈丘屬蕭鸞遣使勑驛馬徵淹車駕濟淮淹於路左請見高祖㸃駕而進之淹曰蕭鸞悖虐幽明同棄陛下俯應人神按劒江涘然敵不可小蜂蠆有毒而況國乎深願聖明保萬全之策詔曰此前車之轍得不愼乎淹曰伏聞發洛已來諸有諫者解官奪職恐非聖明納下之義高祖曰此是我命耳卿不得爲千斧鉞淹曰昔文王詢於芻蕘晉文聽輿人之誦臣雖卑賤敢同匹夫高祖優而容之詔賜絹百匹高祖幸徐州勑淹與閭龍駒等主舟檝將泛泗入河泝流還洛軍次碻磝淹以黃河峻急慮有傾危乃上疏陳諫高祖勑淹曰朕以恒代無運漕之路故京邑民貧今移都伊洛欲通運四方而黃河急峻人皆難涉我因有此行必須乘流所以開百姓之心知卿至誠而今者不得相納勑賜驊騮馬一疋衣冠一襲除羽林監領主客令加威遠將軍于時宮殿初構經始務廣兵民運材日有萬計伊洛流澌苦於厲涉淹遂啓求勑都水造浮航高祖賞納之意欲榮淹於衆朔旦受朝百官在位乃賜帛百疋知左右二都水事世宗初司徒彭城王勰曰先帝本有成旨淹有歸國之誠兼歷官著稱宜加優陟高祖雖崩詔猶在耳乃相聞選曹加淹右軍領左右都水仍主客令復授驍騎將軍加輔國將軍都水主客如故淹小心畏法典客十年四方貢聘皆有私遺毫釐不納乃至衣食不充遂啓乞外祿景明三年出除平陽太守將軍如故還朝病卒贈本將軍光州刺史諡曰定

子霄字景鸞亦學涉好爲文詠但詞彩不倫率多鄙俗與河東姜質等朋遊相好詩賦間起知音之士共所嗤笑閭巷淺識頌諷成羣乃至大行於世歷治書侍御史而卒

范紹字始孫敦煌龍勒人少而聰敏年十二父命就學師事崔光以父憂廢業母又誡之曰汝父卒日令汝遠就崔生希有成立今已過朞宜遵成命紹還赴學太和初充太學生轉筭生頗涉經史十六年高祖選爲門下通事令史遷錄事令掌奏文集高祖善之又爲侍中李沖黃門崔光所知出內文奏多以委之高祖曾謂近臣曰崔光從容范紹之力稍遷彊弩將軍積弩將軍公車令加給事中遷羽林監揚州刺史任城王澄請征鍾離勑紹詣壽春共量進止澄曰須兵十萬往還百日渦陽鍾離廣陵廬江欲數道俱進但糧仗軍資須朝廷速遣紹曰計十萬之衆往還百日須糧百日頃秋以向末方欲徵召兵仗可集恐糧難至有兵無糧何以剋敵願王善思爲社稷深慮澄沉思良久曰實如卿言使還具以

狀聞後澄遂征鍾離無功而返尋除長兼奉車都尉轉右都水使者錄事如故丁母憂去職値義陽初復起紹除寧遠將軍郢州龍驤府長史帶義陽太守其年冬使還都值朝廷有南討之計發河北數州田兵二萬五千人通緣淮戍兵合五萬餘人廣開屯田八座奏紹爲西道六州營田大使加步兵校尉紹勤於勸課頻歲大獲又詔紹詣鍾離與都督中山王英論攻鍾離形勢英固言必剋紹觀其城隍防守恐不可陷勸令班師英不從紹還具以狀聞俄而英敗詔以徐豫二境民稀土曠令紹量度處所更立一州紹以譙城形要之所置州爲便遂立南兗入爲主衣都統加中堅將軍轉前軍將軍追賞營田之勤拜游擊將軍遷龍驤將軍太府少卿都統如故轉長兼太府卿紹量功節用甄煩就簡凡有賜給千匹以上皆別覆奏然後出之靈太后嘉其用心勅紹每月入見諸有益國利民之事皆令面陳出除安北將軍并州刺史淸愼守法頗得民和値山胡來寇不能擊以此損其聲望復入爲太常卿莊帝初遇害河陰

劉桃符中山盧奴人生不識父九歲喪母性恭謹好學舉孝廉射策甲科歷碎職景明中羽林監領主書蕭寶夤之降也桃符受詔迎接歷奉車都尉長水校尉游擊將軍正始中除征虜將軍中書舍人以勤明見知久不遷職世宗謂之曰揚子雲爲黃門頓歷三世卿居此任始十年不足辭也東豫州刺史田益宗居邊貪穢世宗頻詔桃符爲使慰喩之桃符還具稱益宗既老耄而諸子非理處物世宗後欲代之恐其背叛拜桃符征虜將軍豫州刺史與後軍將軍李世哲領衆襲益宗語在益宗傳桃符善恤蠻左爲民吏所懷久之徵還病卒年五十一贈後將軍洛州刺史

子景均殿中侍御史

劉道斌武邑灌津人自云中山靖王勝之後也幼而好學有器幹及長腰帶十圍鬚髯甚美舉孝廉入京拜校書郎轉主書頗爲高祖所知從征南陽還加積射將軍給事中高祖謂黃門侍郎邢巒曰道斌是段之畢便異僑流矣世宗卽位遷謁者僕射轉步兵校尉廣武將軍領中書舍人出爲武邑太守時冀州新經元愉逆亂之後加以連年災儉道斌頻爲表請蠲其租賦百姓賴之罷郡還除右將軍太中大夫又以本將軍出爲恒農太守遷岐州刺史所在有清治之稱正光四年卒於州贈平東將軍滄州刺史改贈濟州諡曰康道斌在恒農修立學館建孔子廟堂圖畫形像去郡之後民故追思之乃復畫道斌形於孔子像之西而拜謁焉

子士長武定中碭郡太守卒

董紹字興遠新蔡鮦陽人也少好學頗有文義起家四門博士歷殿中侍御史國子助教積射將軍兼中書舍人辯於對問爲世宗所賞豫州城人白早生以城南叛詔紹慰勞至上蔡爲賊所襲囚送江東仍被鏁禁蕭衍領軍將軍呂僧珍覩與紹言便相器重衍聞之遣使勞紹云忠臣孝子不可無之今當聽卿還國紹對曰老母在洛無復方寸既奉恩貸實若更生衍又遣主書霍靈超謂紹曰今放卿還令卿通兩家之好彼此息民豈不善也對曰通好息民乃兩國之事既蒙命及輒當聞奏本朝衍賜紹衣物引入見之令其舍人周捨慰勞幷稱戰爭多年民物塗炭是以不恥先言與魏朝通好比亦有書都無報旨卿宜備申此意故遣傳詔周靈秀送卿至國遲有嘉問又令謂紹曰卿知所以得不死不今者獲卿乃天意也夫千人之聚不散則亂故須立君以治天下不以天下養一人凡在民上胡不思此若欲通好今以宿豫還彼彼當以漢中見歸先是詔有司以所獲衍將齊苟兒等十人欲以換紹事在司馬悅傳及紹還世宗愍之永平中除給事中仍兼舍人紹雖陳說和計朝廷不許久之加輕車將軍正舍人又除步兵校尉肅宗初紹上御天馬頌帝賞其辭賜帛八十匹又除龍驤將軍中散大夫舍人如故加冠軍將軍出除右將軍洛州刺史紹好行小惠頗得民情蕭衍將軍曹義宗王玄眞等寇荊州據順陽馬圈裴衍王羆討之旣復順陽進圍馬圈城堅裴王糧少紹上書言其必敗未幾裴衍等果失利順陽復爲義宗所據紹有氣病啓求解州詔不許蕭寶夤反於長安也紹上書求擊之云臣當出瞎巴三千生噉蜀子肅宗謂黃門徐紇曰此巴眞瞎也紇曰此是紹之壯辭云巴人勁勇見敵無所畏懼非實瞎也帝大笑勅紹速行又加平西將軍以拒寶夤之功賞新蔡縣開國男食邑二千戶永安中代還於是除安西將軍梁州刺史假撫軍將軍兼尚書爲山南行臺頗有清稱前廢帝以元孚代之紹至長安時爾朱天光爲關右大行臺啓紹爲大行臺從事兼吏部尚書又除征南將軍金紫光祿大夫天光赴洛留紹於後天光敗賀拔岳復請紹爲其開府諮議參軍永熙中加車騎將軍岳後攜紹於高平牧馬紹悲而賦詩曰走馬山之阿馬渴飲黃河寧謂胡關下復聞楚客歌後爲宇文黑獺所殺

子敏永安中爲太尉西閤祭酒

馮元興字子盛東魏郡肥鄉人也其世父僧集官至東清河西平原二郡太守贈濟州刺史元興少有操尚隨僧集在平原因就中山張吾貴常山房虯學通禮傳頗有文才年二十三還鄉教授常數百人領郡孝廉對策高第又舉秀才時御史中尉王顯有權寵元興奏記於顯召爲檢校御史尋轉殿中除奉朝請三使高麗江陽王繼爲司徒元興爲記室參軍遂爲元叉所知叉秉朝政引元興爲尚書殿中郎領中書舍人仍御史元興居其腹心預聞時事畢身尅己人無恨焉家數貧約食容恒數十人同其飢飽曾無吝色時人歎尚之及太保崔光臨薨薦元興爲侍讀尚書賈思伯爲侍講授肅宗杜氏春秋於式乾殿元興常爲摘句儒者榮之及叉欲解領軍以訪元興元興曰未知公意如何耳叉曰卿謂吾欲反也元興不敢言因勸之叉既賜死元興亦被廢乃爲浮萍詩以自喩曰有草生碧池無根緣水上脆弱惡風波危微苦驚浪丞相高陽王雍召爲兼屬未幾去任還鄉僕射元羅爲東道大使以元興爲本郡太守尋徵赴闕以母憂還家頻値鄉亂數爲監軍元興多所賞罰鄉黨頗以此慊焉上黨王天穆之討邢杲引爲大將軍從事中郎元顥入洛復爲平北將軍光祿大夫領中書舍人莊帝還宮天穆以爲太宰諮議參軍加征虜將軍普泰初安東將軍光祿大夫領中書舍人太昌初卒於家贈征東將軍齊州刺史文集百餘篇元興世寒因元叉之勢託其交道相用爲州主簿論者以爲非倫高祖時有譙郡曹道頗涉經史有幹用舉孝廉太和中東宮主書門下錄事景明中尚書都令史領主書後轉中書舍人行使每稱旨出除東郡太守卒贈儀同三司又有北海曹昇亦以學識淸立見知歷治書侍御史永安中黃門郎散騎常侍出帝世國子祭酒不營家產至以餒卒於鄴時人傷歎之又齊郡曹昂有學識舉秀才永安中太學博士兼尚書郎而常徒步上省以示清貧忽遇盜大失綾縑時人鄙其矯詐

鹿悆字永吉濟陰人父生在良吏傳悆好兵書陰陽釋氏之學太師彭城王勰召爲館客嘗詣徐州馬疫附船而至大梁夜睡從者上岸竊禾四束以飼其馬船行數里悆覺問得禾之處從者以告悆大忿卽停船上岸至取禾處以縑三丈置禾束下而返初爲眞定公元子直國中尉恒勸以忠廉之節嘗賦五言詩曰嶧山萬丈樹雕鏤作琵琶由此材高遠弦響藹中華又曰援琴起何調幽蘭與白雪絲管韻未成莫使弦響絕子直少有令問悆欲其善終故以諷焉母憂去職服闋仍卒任子直出鎭梁州悆隨之州有兵糧和糴和糴者靡不潤屋悆獨不取子直彊之終不從命莊帝爲御史中尉悆兼殿中侍御史監臨淮王彧軍時蕭衍遣其豫章王綜據徐州綜密信通彧云欲歸款綜時爲蕭衍愛子衆議咸謂不然彧募人入報驗其虛實悆遂請行曰若綜有誠心與之盟約如其詐也豈惜一人命也時徐州始陷邊方騷擾綜部將成景儁胡龍牙並總彊兵內外嚴固悆遂單馬間出徑趣彭城未至之間爲綜軍主程兵潤所止問其來狀悆答曰兵交使在自昔通言我爲臨淮王所使須有交易兵潤遂先遣人白龍牙等綜旣有誠心聞悆被執語景儁等曰我每疑元略規欲叛城將驗其虛實且遣左右爲元略使入魏軍中喚彼一人其使果至可令人詐作略身在一深室詭爲患狀呼使戶外令人傳語時略始被衍追還綜又遣腹心梁話迎悆密語意狀令善酬答引悆入城詣龍牙所時日已暮龍牙列仗舉火引悆曰元中山甚欲相見故令喚卿又曰安豐臨淮將少弱卒規復此城容可得乎悆曰彭城魏之東鄙勢在必爭得否在天非人所測龍牙曰當如卿言復詣景儁住所停悆在外門久而未入時夜已久星月甚明有綜軍主姜桃來與悆語曰君年已長宿又充今使良有所達元法僧魏之微子拔城歸梁梁主待物有道乃舉手上指今歲星在斗斗吳之分野君何爲不歸梁國我令君富貴悆答曰君徒知其一未知其二法僧者莒僕之流而梁納之無乃有愧於季孫也今月建鶉首斗牛受破歲星木也逆而剋之吳國敗喪不久且衣錦夜遊有識不許言未及盡引入見景儁景儁曰元中山雖曰相喚不懼而來何也答曰昔楚伐吳吳遣蹷由勞師今者此行略同於彼又曰遊歷多年與卿先經相識仍敘由緣景儁便記引悆同坐謂悆曰卿不爲刺客也答曰今者爲使欲返命本朝相刺之事更卜後圖爲設飯食雜果悆彊飲多食向敵數人微自夸矜諸人相謂曰壯士哉乃引向元略所一人引入戶內指床令坐一人別在室中出謂悆曰中山有敎與君相聞悆遂起立使人謂悆曰君但坐悆曰家國王子豈有坐聽敎命使人曰頓首君我昔有以向南且遣相喚欲聞鄉事晚來患動不獲相見悆曰且奉音旨冒險祗赴不得瞻見內懷反側遂辭而退須臾天曉綜軍主范曷景儁司馬楊驃等競問北朝士馬多少悆云秦隴旣平三方靜晏今有高車白眼羌蜀五十萬齊王（字闕）陳留崔延伯李叔

仁等分爲三道徑趣江西安樂王鑒李神領冀相齊濟青光羽林十萬直向瑯邪南出諸人相謂曰詎非華辭也悆曰可驗崇朝何華之有日晏令還景儁送悆上戲馬臺北望城壘曰何此城之固良非彼軍士所能圖擬卿可語二王回師改計悆曰金墉湯池衝甲彌巧貴守以人何論險害還軍於路與梁話誓盟契約旣固未旬綜果降詔曰日者法僧父子頑固自天長惡不已竊城外叛職此亂階遂使彭宋名藩翻爲賊有雖宗臣名將揮戈於泗濱虎士雄卒竦劒於汴渚然高墉峻堞非可易登廣湊深隍實爲難踐是用日昃忘食中宵憤惋者也而衍都督豫章王蕭綜體運知機欲歸有道潛遣密信送欵於都督臨淮王于時事同夜光能不按劒殿中侍御史監軍鹿悆不憚虎口視險若夷便能占募入驗虛實誓盟旣固所圖遂果返地復城息我兵甲亦是悆之力焉若不酬以榮祿何以勸厲將來可封定陶縣開國子食邑三百戶除員外散騎常侍俄出爲青州彭城王劭府長兼司馬尋解長兼廣川人劉鈞東清河人房須反劭遣悆監州軍討之戰於商山頗有所捷將統皆劭左右擅增首級妄請賞帛悆面執不與劭弗從悆勃然作色曰竭志立言爲王爲國豈悆家事不辭而出劭追而謝焉竊勲者放言嚐唶欲加私害悆聞而笑之不以介意先是蕭衍遣將彭羣王辯率衆七萬圍逼瑯邪自春及秋官軍不至而兩青上馬裁可萬餘師次郥城久而未進劭乃遣悆南青州刺史胡平遣長史劉仁之竝監勒諸將徑赴賊壘大破之斬羣首俘馘二千餘級肅宗嘉之璽書勞問永安中入爲左將軍給事黃門侍郎又以前賞悆入徐之功未盡增邑二百戶進爵爲侯雖任居通顯志在謙退迎送親賓加於疇昔而自無室宅常假賃居止布衣糲食寒暑不變莊帝嘉其清素時復賜以錢帛及東徐城民呂文欣殺刺史元大賓南引賊衆屯欄曲衙詔悆使持節散騎常侍安東將軍爲六州大使與行臺樊子鵠討破之文欣黨重以購之文欣同逆人韓端正斬文欣送首魁帥同死者十二人詔書褒慰還拜鎭東將軍金紫光祿大夫尋詔爲使持節兼尚書左僕射東南道三徐行臺至東郡値爾朱仲遠陷西兗向滑臺詔與都督賀拔勝等拒仲遠軍敗還京普泰中加征東將軍轉衛將軍右光祿大夫兼度支尚書河北五州和羅大使天平中除梁州刺史時榮陽民鄭榮業等聚衆反圍逼州城悆不能固守遂以城降榮業送悆於關西

張熠字景世自云南陽西鄂人漢侍中衡是其十世祖熠自奉朝請爲揚州車騎府錄事參軍入除步兵校尉永寧中寺塔大興經營務廣靈太后曾幸作所凡有顧問熠敷陳指畫無所遺闕太后善之久之除冠軍將軍中散大夫後爲別將隨長孫稚西征轉平西將軍太中大夫爲關西都督以功封長平縣開國男食邑二百戶永安初除平西將軍岐州刺史假安西將軍尋加撫軍將軍矜恤貧弱爲民所愛代還值元顥入洛仍令復州熠遂私還莊帝還宮出除鎭南將軍東荆州刺史尋加散騎常侍征蠻大都督轉荆州刺史値爾朱兆入洛不行普泰中衛將軍金紫光祿大夫天平初遷鄴草創右僕射高隆之吏部尚書元世儁奏曰南京宮殿毁撤送都連筏竟河首尾大至自非賢明一人專委受納則恐材木耗損有闕經構熠清貞素著有稱一時臣等輒舉爲大將詔從之熠勤於其事尋轉營構左都將興和初衛大將軍宮殿成以本將軍除東徐州刺史三年卒於州時年六十贈驃騎大將軍司空公兗州刺史謚曰懿

子孝直武定末司空騎兵參軍

史臣曰成淹等身遭際會俱得効其所能以至於顯達苟日非才亦何可以致

魏書卷七十九考證

鹿悆傳及東徐城民呂文欣殺刺史元大賓南引賊衆屯欄曲衙詔悆使持節散騎常侍安東將軍爲六州大使與行臺樊子鵠討破之文欣黨重以購之文欣同逆人韓端正斬文欣送首○北史文欣黨重以購之句作悆又購斬文欣推尋文義破之二字顛倒應作與行臺樊子鵠討之句破文欣黨句重以購之句

魏書卷八十

齊　魏收　撰

列傳第六十八

朱瑞　叱列延慶　斛斯椿　賈顯度
樊子鵠　賀拔勝　侯莫陳悅　侯淵

朱瑞字元龍代郡桑乾人祖就字祖成卒於沛縣令父惠字僧生行太原太守卒永安中瑞貴達就贈平東將軍齊州刺史惠贈使持節冠軍將軍恒州刺史瑞長厚質直敬愛人士孝昌末爾朱榮引爲其府戶曹參軍又爲大行臺郎中甚爲榮所親任建義初除黃門侍郎仍中書舍人榮恐朝廷事意有所不知故居之門下爲腹心之寄錄前後勳封陽邑縣開國公食邑一千戶未幾又除散騎常侍安南將軍黃門如故丁父憂去官詔起復任除青州大中正及元顥內逼瑞啓勸北幸乃從駕於河陽除侍中征南將軍兼吏部尚書改封北海郡開國公增邑一千戶莊帝還洛加衛將軍左光祿大夫又改封樂陵郡開國公仍侍中瑞雖爲爾朱榮所委而善處朝廷之間莊帝亦賞遇之曾謂侍臣曰爲人臣當須忠實至如朱元龍者朕待之亦不異餘人瑞啓乞三從之內並屬滄州樂陵郡詔許之仍轉滄州大中正瑞始以青州樂陵有朱氏意欲歸之故求爲青州中正又以滄州樂陵亦有朱氏而心好河北遂乞移屬焉尋加車騎將軍爾朱榮死瑞與世隆俱北走旣而以莊帝待之素厚且見世隆等並無雄才終當敗喪於路乃還帝大悅執其手曰社稷忠臣當須如此爾朱天光擁衆關右帝欲招納之乃以瑞兼尚書左僕射爲西道大行臺以慰勞焉旣達長安會爾朱兆入洛復還京師都督斛斯椿先與瑞有隙數譖之於世隆世隆性多忌且以前日乖異忿恨更甚普泰元年七月遂誅之時年四十九太昌初贈使持節驃騎大將軍開府儀同三司青州刺史謚曰恭穆

子孟肩襲封齊受禪例降

瑞弟珍字多寶太尉上黨王天穆錄事參軍卒

珍弟騰字神龍建義初爲龍驤將軍大都督司馬又封涇陽縣開國男食邑二百戶累遷中軍將軍光祿大夫與瑞同遇害太昌初贈滄州刺史

騰弟慶賓卒於光祿大夫

子淸武定末齊王開府中兵參軍

叱列延慶代西部人也世爲酋帥曾祖鍮石世祖末從駕至瓜步賜爵臨江伯父億彌襲祖爵高祖時越騎校尉延慶少便弓馬有膽力正光末除直後隸大都督李崇北伐後隨爾朱榮入洛仍從榮討葛榮於相州延慶世隆姊壻也榮親遇之葛榮旣擒除使持節撫軍將軍光祿大夫假鎭東將軍都督西部第一領民酋長封永寧縣開國伯食邑五百戶永安二年以本將軍除恒州刺史普泰初世隆得志特見委重遷散騎常侍車騎將軍儀同三司又進驃騎大將軍開府餘如故尋除都督恒雲燕朔四州諸軍事大都督兼尚書左僕射山東行臺北海郡開國公邑五百戶時幽州刺史劉靈助以莊帝幽崩遂舉兵唱義諸州豪右咸相結附靈助進屯於定州之安固世隆白前廢帝以延慶與大都督侯淵於定州相會以討靈助淵謂延慶曰靈助善於卜占百姓信惑所在響應未易可圖若萬一戰有利鈍則大事去矣未若還師西入據關拒險以待其變延慶曰劉靈助庸人也天道深遠豈其所識大兵一臨彼皆恃其妖術坐看符厭寧肯戮力致死與吾爭勝負哉如吾計者政欲出營城外詭言西歸靈助聞之必信而自寬潛軍往襲可一往而擒淵從之乃出頓城西聲云將還簡精騎一千夜發詰朝造靈助壘戰於城北遂破擒之仍兼尚書左僕射爲恒雲燕朔四州行臺又除使持節侍中都督恒雲燕朔定五州諸軍事定州刺史餘如故與爾朱兆等拒義旗於韓陵戰敗延慶與爾朱仲遠走渡石濟仲遠南竄延慶北降齊獻武王王與之入洛仍從王於幷州從赴洛出帝以爲中軍大都督延慶旣爾朱親昵又黨於權佞出帝之西齊獻武王入洛以罪誅之

延慶兄子平武定末儀同三司右衛將軍壓陶縣開國侯

斛斯椿字法壽廣牧富昌人也父敦肅宗時爲左牧令時河西賊起牧民不安椿乃將家投爾朱榮榮以椿兼其都督府鎧曹參軍從榮征伐有功表授厲威將軍稍遷中散大夫署外兵事椿性佞巧甚得榮心軍之密謀頗亦關預及肅宗崩椿從榮入洛莊帝初封陽曲縣開國公食邑千戶遷散騎常侍平北將軍司馬尋除爾朱榮大將軍府司馬從平葛榮以功除上黨太守及元顥入洛椿隨榮奉迎莊帝遂從攻顥顥敗還安北將軍建州刺史改封深澤縣轉鎭東將軍徐州刺史又轉征東將軍東徐州刺史及爾朱榮死椿甚憂懼時蕭衍以汝南王悅爲魏主資其士馬次於境上椿聞大喜遂率所部棄州歸悅悅授椿使持節侍中大將軍領軍將軍領左右尚書左僕射司空公封靈丘郡開國公邑萬戶又爲大行臺前驅都督會爾朱兆入洛椿復率所部背悅歸兆爾朱世隆之立前廢帝也椿參其謀以定策功拜侍中驃騎大將軍儀同三司京畿北面大都督改封城陽郡開國公增邑五百戶幷前一千五百戶尋加開府時椿父敦先在秀容忽有傳敦死問請減己階以贈之自襄城將軍超贈車騎將軍恒州刺史尋知其父猶在詔復椿官仍除其父爲車騎將軍揚州刺史世隆之厚椿也如此椿與爾朱度律仲遠等北拒齊獻武王次陽平會爾朱兆與度律等相疑遁還語在兆傳椿後復與度律等同拒義旗敗於韓陵椿謂都督賈顯智等曰若

不先執爾朱我等死無類矣遂與顯智等夜於桑下盟約倍道兼行椿入北中城收爾朱部曲盡殺之令長孫稚賈顯智等率數百騎襲爾朱世隆彥伯兄弟斬於閶闔門外椿入洛懸世隆兄弟首於其門樹椿父出見謂椿曰汝與爾朱約兄弟今何忍懸其頭於家門寧不愧負天地乎椿乃傳世隆等首并囚度律天光送於齊獻武王出帝拜椿侍中儀同開府初獻武王之入洛頓於邙山爾朱仲遠帳下都督橋寧張子期自滑臺而至獻武王責寧等曰汝事仲遠擅其榮利盟契百重許同生死前仲遠自徐爲逆汝爲戎首今仲遠南走汝復背之於臣節則不忠論事人則無信犬馬尚識恩養汝今犬馬之不如遂斬之椿自以數爲反覆見寧等之死意常不安遂密構間勸出帝置閤內都督部曲又增武直人數自直閤已下員別數百皆選天下輕剽者以充之又說帝數出遊幸號令部曲別爲行陳椿自約勒指麾其間從此以後軍謀朝政一決於椿又勸帝徵兵詭稱南討將以伐齊獻武王帝從之遂陳兵城西北接邙山南至洛水帝詰旦戎服與椿臨閱焉獻武王以椿亂政欲誅之椿譖說既行因此遂相恐動出帝勸兵河橋令椿爲前軍營於邙山北尋遣椿率步騎數千鎮虎牢椿弟豫州刺史元壽與都督賈顯智守滑臺獻武王令相州刺史竇泰擊破之椿懼已不免復啓出帝假說遊聲以刼脅帝信之遂入關椿亦西走長安椿狡猾多事好亂樂禍于時敗國朝野莫不讎疾之

元壽尋爲部下所殺

賈顯度中山無極人父道監沃野鎮長史顯度形貌偉壯有志氣初爲別將防守薄骨律鎮正光末北鎮擾亂爲賊攻圍顯度拒守多時以賊勢轉熾不可久立乃率鎮民浮河而下既達秀容爲爾朱榮所留尋表授直閤將軍左中郎將建義初除汲郡太守假平東將軍隨爾朱榮破葛榮又除撫軍將軍光祿大夫都督封石艾縣開國公邑一千戶從上黨王天穆破邢杲值元顥入洛仍與天穆渡河赴行宮於河內顥平以本將軍除廣州刺史假鎮南將軍轉南兗州刺史爾朱榮之死也顯度情不自安南奔蕭衍衍厚待之普泰初還朝授衞大將軍儀同三司左光祿大夫又行濟州事復隨爾朱度律等北拒義旗敗於韓陵與斛斯椿及弟顯智等率衆先據河橋誅爾朱氏出帝初除尚書左僕射尋加驃騎大將軍開府儀同三司定州大中正未幾以本官行徐州刺史東道大行臺永熙三年五月轉雍州刺史西道大行臺歿於關中

弟智字顯智少有膽決孝昌中告毛謐等逆靈太后嘉之除伏波將軍冗從僕射領直齋蕭衍將夏侯夔攻郢州以智爲龍驤將軍別將討之至則夔退智仍入城及刺史元顯達以城降於蕭衍智勒城人不欲叛者與顯達交戰相率歸闕後爲都督隸太宰上黨王天穆征邢杲臨陳流矢中智仍戰不已元顥入洛仍隨天穆渡河朝莊帝於河內與爾朱兆同先渡河破顥軍以勳除持節征南將軍金紫光祿大夫封義陽縣開國伯邑五百戶假衞將軍與行臺樊子鵠討呂文欣於東徐州平之加侍中驃騎大將軍增邑三百戶尋行東中郎將加散騎常侍及爾朱仲遠爲徐州刺史智隸仲遠赴彭城爾朱榮之死也仲遠舉兵向洛智不從之遂擁部下出清水東招勒州民與相拒擊莊帝聞而善之除右光祿大夫武衞將軍進爵爲侯增邑二百戶通前一千因鎮徐州普泰初還洛仲遠忿其乖背議欲殺之智兄顯度先爲世隆所厚世隆爲解喩得全時趙脩延起逆荊州蕭衍遣兵援接世隆欲令智以功自効遣智討之除使持節散騎常侍車騎大將軍左光祿大夫假驃騎大將軍荊州大都督進爵爲公將發會荊州斬送修延首不行又從爾朱度律北拒義旗合爾朱兆於陽平兆與度律自相疑阻退還除驃騎大將軍後隨度律等敗於韓陵智與兄顯度斛斯椿謀誅爾朱氏椿顯度據守北中令智等入京擒世隆兄弟出帝初除散騎常侍本將軍開府儀同三司滄州刺史在州貪縱甚爲民害出帝徵還京師尋加授侍中以本將軍除濟州刺史率衆達東郡仍停不進於長壽津爲相州刺史竇泰所破還洛天平初赴晉陽智去就多端後坐事死時年四十五

子羅侯祕書郎

樊子鵠代郡平城人其先荊州蠻酋被遷於代父與平城鎮長史歸義侯普泰中子鵠貴顯乃贈征虜將軍荊州刺史子鵠值北鎮擾亂南至并州爾朱榮引爲都督府倉曹參軍孝昌三年冬榮使子鵠詣京師靈太后見之問榮兵勢子鵠應對稱旨太后嘉之除直齋封南和縣開國子邑三百戶令還赴榮榮以爲行臺郎中行上黨郡及榮向洛以爲假節假平南將軍都督河東正平軍事行唐州事刺史崔元珍閉門拒守子鵠攻剋之建義初拜平北將軍晉州刺史封永安縣開國伯食邑千戶又兼尚書行臺治有威信山胡率服元顥入洛薛脩義及降蜀陳雙熾等受顥處分率衆攻州城子鵠出與戰大破之又破脩義等於土門以功拜撫軍將軍尋徵授都官尚書西荊州大中正後兼右僕射爲行臺督賈智等討呂文欣於東徐州平之還除車騎將軍左光祿大夫進封南陽郡開國公增戶六百尚書如故仍假驃騎大將軍率所部爲都督時爾朱榮在晉陽京師之事子鵠頗預委寄故在臺閣征官不解後出除散騎常侍本將軍殷州刺史屬歲旱儉子鵠恐民流亡乃勸有粟之家分貸貧者并遣人牛易力多種二麥州內以此獲安及爾朱榮之死世隆等遣書招子鵠欲與同趣京師子鵠不從以母在晉陽啓求移鎮河南莊帝嘉之除車騎大將軍豫州刺史假驃騎大將軍都督二豫郢三州諸軍事兼尚書右僕射二豫郢頴四州行臺子鵠到相州又勅賚絹五百匹行達汲郡聞爾朱兆入洛乃渡河見仲遠仲遠遣鎮汲郡兆徵子鵠赴洛既見責以乖異之意奪其部衆將還晉陽及紇豆陵步藩起以子鵠爲都督徵糧仗元曄以爲侍中御史中尉中軍大都督隨曄向洛普泰初仍除舊任及趙脩延叛於荊州詔子鵠通三鵶道而還遭母憂去職前廢帝聞其在洛無宅凶費不周賚絹四百疋粟五百石以本官起之太昌初兼尚書左僕射東南道大行臺總大都督杜德等追討爾朱仲遠仲遠已奔蕭衍收其兵馬甲仗時蕭衍遣元樹入寇陷據譙城詔子鵠與德討之樹屯兵梁國欲來逆戰見子鵠軍盛夜退還譙子鵠引兵追躡樹又背城爲陳子鵠勒兵直趣城下縱騎衝突樹衆大敗奔入城門城門隘塞多自殺害於是斬千餘級獲馬數百匹大收鎧仗遂圍城加儀同三司樹勒兵出戰輒被摧衄遂不敢出自守而已子鵠恐蕭衍遣救乃分兵擊衍苞州然州宕州大澗蒙縣等五城並望風逃散樹既無外援計無所出子鵠又令人說之樹遂請率衆歸南以地還國子鵠等許之共結盟約及樹衆半出子鵠中擊破之擒樹及衍譙州刺史朱文開俘馘甚多班師出帝賚馬匹遷吏部尚書轉尚書右僕射尋加驃騎大將軍開府典選初青州人耿翔聚衆反亡奔蕭衍衍資其兵偷據膠州除子鵠使持節侍中青膠大使督濟州刺史蔡儁討之師達青州翔拔城奔走在軍遇病詔遣醫給藥仍除兗州刺史餘官如故便道之州子鵠先遣腹心緣歷民間採察得失及入境太山太守彭穆參候失儀子鵠責讓穆并數其罪狀穆皆引伏於是州內震悚及出帝入關子鵠據城爲逆南青州刺史大野拔徐州人劉粹各率衆就子鵠天平初遣儀同三司婁昭等率衆討之子鵠先使前膠州刺史嚴思達鎮東平郡昭攻陷之仍引兵圍子鵠城久不拔昭以水灌城靜帝欲招慰下之遣散騎常侍陸琛兼黃門郎張景徵齎璽書勞子鵠而大野拔因與相見左右斬子鵠以降

賀拔勝字破胡神武尖山人祖爾逗選充北防家於武川以窺覘蠕蠕兼有戰功顯祖賜爵龍城男爲本鎮軍主父度拔襲爵正光末沃野人破落汗拔陵聚衆反度拔與三子鄉中豪勇援懷朔鎮殺賊王衞可瓌度拔尋爲賊所害孝昌中追贈安遠將軍肆州刺史度拔之死也勝與兄弟俱奔恒州刺史廣陽王淵勝便弓馬有武幹淵厚待之表爲彊弩將軍充帳內軍主恒州陷歸爾朱榮轉積射將軍爲別將又兼都督及榮入洛以預義之勳封易陽縣開國伯邑四百戶除直閤將軍尋加通直散騎常侍平南將軍光祿大夫進號安南將軍尋除撫軍將軍爲大都督出井陘鎮中山元顥入洛勝從東路率騎三百赴行宮於河梁榮命勝與爾朱兆先渡破擒顥息冠受及顥大都督陳思保莊帝還宮以功增邑六百戶復加通直散騎常侍征北將軍金紫光祿大夫武衞將軍改封眞定縣開國公尋除衞將軍加散騎常侍爾朱榮之死也勝與田怙等奔走榮第於時宮殿之門未加嚴防怙等議即攻門勝止之曰天子既行大事必當更有奇謀吾等衆旅不多何可輕爾但得出城更爲他計怙乃止及世隆夜走勝遂不從莊帝甚嘉之仲遠逼東郡詔勝以本官假驃騎大將軍爲東征都督率衆會鄭先護以討之爲先護所疑置之營外人馬未得休息俄而仲遠兵至勝與交戰不利乃降之普泰初除右衞將軍進號車騎大將軍右光祿大夫儀同三司共爾朱仲遠度律北拒義旗相與奔退事在爾朱兆傳後俱敗於韓陵勝因降齊獻武王太昌初拜領軍將軍餘官如故又除侍中出帝既納斛斯椿等讒間之說將謀齊獻武王以勝弟岳擁衆關西仍欲廣爲勢援除勝使持節侍中都督三荊二郢南襄南雍七州諸軍事驃騎大將軍開府儀同三荊州刺史勝將圖襄陽攻蕭衍下迮戍剋之擒其戍主尹道玩戍副庫戢又使人誘動蠻王問道期道期率種起義衍雍州刺史蕭續遣軍擊道期爲道期所敗漢南大駭勝又遣軍攻均口擒衍將莊思延又攻馮翊安定沔陽酇陽城並平之續遣將柳仲禮於穀城拒守勝攻之不剋乃班師沔北蕩爲丘墟矣衍書勅續云賀拔勝北間驍將汝宜愼之勿與爭鋒其見憚如此進爵琅邪郡公出帝末詔勝統衆北赴京師

軍次汝水出帝入關勝率所部欲從武關趣長安行至析陽聞齊獻武王平潼關擒毛鴻賓勝懼復走荆州城人閉門不納時獻武王已遣行臺侯景大都督高敖曹討之勝戰敗爲流矢所中乃率左右五百餘騎奔蕭衍明年從間道投寶炬勝好行小數志大膽薄周章南北終無所成致歿於賊中

勝兄可泥永熙中太尉公封燕郡王

勝弟岳字阿斗泥初爲太學生長以弓馬爲事與父兄赴援懷朔賊王衛可瓌在城西二百餘步岳乘城射之箭中瓌臂賊衆大駭後歸恒州廣陽王淵以爲帳內軍主表爲彊弩將軍州陷投爾朱榮榮以爲別將進爲都督永安初除安北將軍光祿大夫武衞將軍賜爵樊城鄉男坐事失官爵二年詔並復之尋除使持節假衞將軍西道都督隸爾朱天光爲左廂大都督討万俟醜奴天光先知岳喜得同行每事諮訪尋加衞將軍假車騎將軍餘如故岳屆長安榮遣岳續至時万俟醜奴遣其大行臺尉遲菩薩向武功南渡渭水攻圍趣柵天光遣岳率騎一千馳往赴救菩薩攻柵已剋還向岐州岳以輕騎八百北渡渭水擒賊令殺掠其民以挑菩薩菩薩果率步騎二萬餘人至渭水北岳以輕騎數十與菩薩隔水交言岳稱揚國威菩薩自言彊盛往復數返菩薩乃自驕令省事傳語岳怒曰我與菩薩言鄉是何人與我對語省事恃水應答不遜岳舉弓射之應弦而倒時已逼暮於此各還岳密於渭南傍水分置精騎四十五十以爲一所隨地形便騎驛置之明日自將百餘騎隔水與賊相見並且東行岳漸前進先所置驛騎隨岳而集騎既漸增賊不復測其多少行二十里許便至淺可濟岳便馳馬東出以示奔遁賊謂岳走乃棄步兵南渡渭水輕騎追岳岳東行十餘里依橫崗伏兵以待之賊以路險不得前進前後繼至半渡崗東岳乃回戰身先士卒急擊之賊便退走岳號令所部賊下馬者皆不聽殺賊顧見之便悉投馬俄而虜獲三千人馬亦無遺遂渡渭北降步兵萬餘收其輜重其有土民普皆勞遣醜奴尋棄岐州北走安定其後破侯伏侯元進降侯幾長貴擒醜奴蕭寶夤王慶雲万俟道洛走宿勤明達事在爾朱天光傳天光雖爲元帥而岳功效居多加車騎將軍增邑二千戶進封樊城縣開國伯尋詔岳都督涇北豳二夏四州諸軍事本將軍涇州刺史進爵爲公改封清水郡公天光入洛使岳行雍州事元曄立除驃騎大將軍增邑五百戶餘如故普泰初都督二岐東秦三州諸軍事儀同三司岐州刺史尋加侍中給後部鼓吹仍詔開府俄兼尚書左僕射隴右行臺仍停高平後以隴中猶有土民不順岳助侯莫陳悅所在討平二年加岳都督三雍三秦二岐二華諸軍事雍州刺史關西行臺餘如故及爾朱天光率衆赴洛將抗齊獻武王岳與侯莫陳悅下隴赴雍以應義旗永熙初仍開府兼僕射大行臺雍州刺史增邑千戶二年詔岳都督雍華北華東雍二岐豳四梁二益巴二夏蔚寧南益涇二十州諸軍事大都督岳自詣北境安置邊防率部趣涇州平涼西界布營數十里使諸軍士田殖涇州身將壯勇託以牧馬於原州北招万俟受洛于等并遠近州鎮聚結者靈州刺史曹泥身詣岳軍請代岳以前洛州刺史元季海爲州彼民不促擊破季海部下獨聽季海 闕 五年正月岳召侯莫陳悅會於高平將討之令悅前驅北趣靈州聞渴波陰中河水未解將往趣之岳既總大衆據制關右憑彊驕恣有不臣之心齊獻武王惡其專擅令悅圖之悅素服威略既承密旨便潛爲討時岳遣悅先行悅乃逼夜東進達明晦日岳行軍前與悅相見悅誘岳入營坐論兵事悅詐云腹痛起而徐行悅女夫元洪景抽刀斬岳後岳部下收岳尸葬於雍州北石安原六月贈大將軍太保錄尚書事都督刺史開國並如故

侯莫陳悅代郡人也父婆羅門爲駝牛都尉故悅長於河西好田獵便騎射會牧子逆亂遂歸爾朱榮榮引爲都督府長流參軍稍遷大都督莊帝初除征西將軍金紫光祿大夫封栢人縣開國侯邑五百戶爾朱天光之討關西榮以悅爲天光右廂大都督本官如故西伐剋獲皆與天光賀拔岳略同勞效以本將軍除鄯州刺史餘如故爾朱榮死後亦隨天光下隴元曄立除車騎大將軍渭州刺史進爵爲公改封白水郡增邑五百戶及天光向洛使悅行華州事普泰中除驃騎大將軍儀同三司秦州刺史天光之東出將抗義旗悅與岳下隴以應齊獻武王至雍州會爾朱覆敗永熙初加開府都督隴右諸軍事仍秦州刺史永熙三年正月岳召悅共討靈州悅誘岳斬之岳左右奔散悅遣人安慰云我別稟意旨止在一人諸君勿怖衆皆畏服無敢拒違悅心猶豫不即撫納乃還入隴止永洛城岳之所部聚於平涼規還圖悅遣追夏州刺史宇文黑獺黑獺至遂總岳部衆并家口入高平城以自安固乃勒衆入隴征悅悅聞之棄城南據山水之險設陳候戰黑獺至逕望見悅欲待明日決鬬悅先召南秦州刺史李景和其夜景和遣人詣黑獺密許翻降至暮景和乃勒其所部使上驢駝云儀同有教欲還秦州守以拒賊令軍人嚴備景和復給悅帳下云儀同欲還秦州汝等何不裝辦衆謂爲實以次相驚人情惶惑不可復止皆散走而趣秦州景和先驅至城據門以慰輯之悅部衆離散猜畏傍人不聽左右近己與其二弟并兒及謀殺岳者八九人棄軍迸走數日之中盤回往來不知所趣左右勸向靈州而悅不決言下隴之後恐有人所見乃於中山令從者悉步自乘一騾欲向靈州中路追騎將及望見之遂縊死野中弟息部下悉見擒殺唯先謀殺岳者悅中兵參軍豆盧光走至靈州後奔晉陽悅自殺岳後神情恍惚不復如常恒言我僅睡即夢見岳語我兄欲何處去隨我不相置因此彌不自安而致敗滅

侯淵神武尖山人也機警有膽略肅宗末年六鎮飢亂淵隨杜洛周南寇後與妻兄念賢背洛周歸爾朱榮路中遇寇身披苦竊榮賜其衣帽厚待之以淵爲中軍副都督常從征伐屢有戰功孝莊即位除領左右封厭次縣開國子邑四百戶後從榮討葛榮於滏口戰功尤多榮啓淵爲驃騎將軍燕州刺史時葛榮別帥韓樓郝長等有衆數萬屯據薊城爾朱榮令淵與賀拔勝討之會元顥入洛榮徵勝南赴大軍留淵獨鎮中山及莊帝還宮榮令淵進討韓樓配卒甚少或以爲言榮曰侯淵臨機設變是其所長若總大衆未必能用令擊此賊故當不足定也止給騎七百淵遂廣張軍聲多設供具親率數百騎深入樓境欲執行人以問虛實去薊百餘里值賊帥陳周馬步萬餘淵遂潛伏以乘其背大破之虜其卒五千餘人尋還其馬仗縱令入城左右諫曰既獲賊衆何爲復資遣之也淵曰我兵既少不可力戰事須爲計以離隙之淵度其已至遂率騎夜進昧旦叩其城門韓樓果疑降卒爲淵內應遂遁走追擒之以動進爵爲侯增邑八百戶尋詔淵以本將軍爲平州刺史大都督仍鎮范陽及爾朱榮之死也范陽太守盧文偉誘淵出獵閉門拒之淵率部曲屯於郡南爲榮舉哀勒兵南向莊帝使東萊王貴平爲大使慰勞燕薊淵乃詐降貴平信之遂執貴平自隨進至中山行臺僕射魏蘭根邀擊之爲淵所敗會元曄立淵欲歸之常山太守甄楷屯據井陘淵又擊破之曄乃授淵驃騎大將軍儀同三司定州刺史左軍大都督漁陽郡開國公邑一千戶前廢帝立仍加開府餘如故幽州刺史劉靈助舉義兵屯於安國城淵與叱列延慶等破擒之後隨爾朱兆拒義旗於廣阿兆既敗走淵降齊獻武王後從王破爾朱於韓陵永熙初除齊州刺史餘如故出帝末淵與兗州刺史樊子鵠青州刺史東萊王貴平密信往來以相連結又遣間使通誠於獻武王及出帝入關復懷顧望汝陽王暹既除齊州刺史次於城西淵擁部據城不時迎納民劉桃符等潛引暹入據西城淵爭門不剋率騎出奔妻兒部曲爲暹所虜行達廣里會承制以淵行青州事齊獻武王又遣淵書曰卿勿以部曲輕少難於東邁齊人澆薄唯利是從齊州城民尚能迎汝陽王青州之人豈不能開門待卿也但當勉之淵乃復還暹始歸其部曲而貴平自以斛斯椿黨亦不受代淵進襲高陽郡剋之置部曲家累於城中身率輕騎遊掠於外貴平使其長子率衆攻高陽南青州刺史茹懷朗遣兵助之時青州城人僞糧者首尾相繼淵親率騎夜趣青州詐僞糧人曰臺軍已至殺戮都盡我是世子下人今已走還城汝何爲復去也人信其言棄糧奔走比曉復謂行人曰臺軍昨夜已至高陽我是前鋒今始到此頗知侯公竟在何處城人兇懼遂執貴平出降淵自惟反覆慮不獲安遂斬貴平傳首京師欲明不同於斛斯椿也及子鵠平詔以封延之爲青州刺史淵既不獲州任情又恐懼行達廣川遂劫光州庫兵反遣騎詣平原執前膠州刺史賈璐夜襲青州南郭劫前廷尉卿崔光韶以惑人情攻掠郡縣其部下督帥叛拒之淵率騎奔蕭衍途中亡散行達南青州南境爲賣漿者斬之傳首京師家口配沒

史臣曰朱瑞以背本向義責不見原延慶黨舊違順常刑所及斛斯椿姦佞爲心讒忒自口取譬蒼蠅交亂四國投於豺虎天實棄之賈智侯淵反覆取斃破胡器小謀大終於顚蹶子鵠迷機寡筭竟以殲殄岳負力無謀制以一劍悅果行慮淺死不旋足觀其亡滅自取之也

魏書卷八十考證

斛斯椿傳朝野莫不讐疾之○臣人龍按北史斛斯椿傳椿從孝武帝入關內外戒嚴惟椿得列威儀鳴騶清路帝嘗給椿店數區耕牛三十頭椿以國難未平不可與百姓爭利辭店受牛日烹一頭以饗軍士及死家無餘資此獨加醜詆盡以其與齊獻武爲難耳

賈顯度傳時趙修延起逆荆州○臣人龍按本卷樊子鵠傳云趙修延叛於荆州又本書李琰之傳云南陽太守趙修延誣琰之規奔蕭衍襲州城仍自行州事城內人斬修延則此與下文荆州斬送修延皆訛延

爲逆也
賀拔勝傳勝與田怙等奔走榮第○田怙北史作田怡
又本書爾朱世隆傳有河內太守田怙蓋本係一人
輾轉傳譌未知孰是

魏書卷八十一

齊　魏　收　撰

列傳第六十九

綦儁　山偉　劉仁之　宇文忠之

綦儁字𪉍顯河南洛陽人也其先代人祖辰并州刺史儁莊帝時仕累遷爲滄州刺史甚爲吏人畏悅尋除太僕卿及爾朱世隆等誅害獻武王赴洛止於邙山上召文武百司下及士庶令之曰爾朱暴虐矯弄天常孤起義信都罪人斯翦今將翼戴親賢以昌魏歷誰主社稷允愜天人申令頻煩莫有應者儁乃避席曰人主之體必須度量深遠明喆仁恕廣陵王遇世艱難不言淹載以人謀察之雖爲爾朱扶戴當今之聖主也獻武王欣然是之時黃門侍郎崔㥄作色而前謂儁曰廣陵王爲主不能紹宣魏綱布德天下爲君如此何聖之有若言其聖應待大王時高乾邕魏蘭根等固執㥄言遂立出帝及出帝失德齊獻武王深思儁言常以爲恨尋除御史中尉於路與僕射賈顯度相逢顯度恃勳貴排儁騶列倒儁忿見於色自入奏之尋加散騎常侍驃騎大將軍左光祿大夫儀同三司儁佞巧能候當塗斛斯椿賀拔勝皆與友善斛斯椿之搆間也出帝令儁奉詔晉陽齊獻武王集文武與儁申釋儁辭屈而退性多詐貿拔勝出鎮荆州過儁別因辭儁母儁故見敗遁敝被勝更遺之錢物後兼吏部尚書復爲滄州刺史徵還兼中尉章武縣伯尋除殷州刺史薨於州贈司空公謚曰文貞子洪寔字巨正位尚書左右郎魏郡邑中正嗜酒好色無行檢卒官

山偉字仲才河南洛陽人也其先代人祖強美容貌身長八尺五寸工騎射彎弓五石爲奏事中散從顯祖獵方山有兩狐起於御前詔強射之百步內二狐俱獲位內行長父稚之營陵令偉隨父之縣遂師事縣人王惠涉獵文史稚之位金明太守肅宗初元匡爲御史中尉以偉兼侍御史入臺五日便遇正會偉司神武門其妻從叔爲羽林隊主撾直長於殿門偉即劾奏匡善之俄然奏正帖國子助教遷員外郎廷尉評時天下無事進仕路難代遷之人多不霑預及六鎮隴西二方起逆領軍元乂欲用代來寒人爲傳詔以慰悅之而牧守子孫投狀求者百餘人乂欲杜之因奏立勳附隊令各依資出身自是北人悉被收敘偉遂奏記贊乂德美乂素不識偉訪侍中安豐王延明黃門郎元順順等因是稱薦之乂令僕射元欽引偉兼尚書二千石郎後正名士郎修起居注僕射元順領選表薦爲諫議大夫爾朱榮之害朝士偉時守直故免禍及莊帝入宮仍除偉給事黃門侍郎先是偉與儀曹郎袁昇屯田郎李延孝外兵郎李奐三公郎王延業方駕而行偉少居後路逢一尼望之歎曰此輩緣業同日而死謂偉曰君方近天子當作好官而昇等四人皆於河陰遇害果如其言俄領著作郎前廢帝立除安東將軍祕書監仍著作初爾朱兆之入洛官守奔散國史典書高法顯密埋史書故不遺落偉自以爲功訴求爵賞偉挾附世隆遂封東阿縣伯而法顯止獲男爵偉尋進侍中孝靜初除衛大將軍中書令監起居後以本官復領著作卒官贈驃騎大將軍開府儀同三司都督幽州刺史謚曰文貞公國史自鄧淵崔琛崔浩高允李彪崔光以還諸人相繼撰錄綦儁及偉等諂說上黨王天穆及爾朱世隆以爲國書正應代人修緝不宜委之餘人是以儁偉等更主大籍守舊而已初無述著故自崔鴻死後迄終偉身二十許載時事蕩然萬不記一後人執筆無所憑據史之遺闕偉之由也外示沉厚內實矯競與綦儁少甚相得晚以名位之間遂若水火與宇文忠之之徒代人爲黨時賢畏惡之而愛尚文史老而彌篤偉弟少亡偉撫寡訓孤同居二十餘載恩義甚篤不營產業身亡之後賣宅營葬妻子不免飄泊士友歎愍之

長子昂襲爵

劉仁之字山靜河南洛陽人其先代人徙于洛父爾頭在外戚傳仁之少有操尚粗涉書史真草書迹頗號工便御史中尉元昭引爲御史前廢帝時兼黃門侍郎深爲爾朱世隆所信用出帝初爲著作郎兼中書令既非其才在史未嘗執筆出除衛將軍西兗州刺史在州有當時之譽武定二年卒贈衛大將軍吏部尚書青州刺史謚曰敬仁之外示長者內懷矯詐其對賓客破牀敝席𨃩飯冷菜衣服故敗乃過逼下善候當途能爲詭激每於稠人廣衆之中或撾一姦吏或縱一孤貧大言自眦示已高明矜物無知淺識皆稱其美公能之譽動過其實性又酷虐在晉陽曾營城雉仁之統監作役以小稽緩遂杖前殷州刺史裴瑗并州刺史王綽齊獻武王大加譴責性好文字吏書失體便加鞭撻言韻微訛亦見捶楚吏民苦之而愛好文史敬重人流與齊帥馮元興交款元興死後積年仁之營視其家常出隆厚時人以此尚之

宇文忠之河南洛陽人也其先南單于之遠屬世據東部後入居代都祖阿生安南將軍巴西公父侃卒於治書侍御史忠之獵涉文史頗有筆札釋褐太學博士天平初除中書侍郎裴伯茂與之同省常侮忽之以忠之色黑呼爲黑宇後勅修國史元象初兼通直散騎常侍副鄭伯猷使蕭衍武定初爲安南將軍尚書右丞仍修史未幾以事除名忠之好榮利自爲中書郎六七年矣遇尚書省選右丞預選者皆射策忠之入試焉既獲丞職大爲忻滿志氣囂然有驕物之色識者笑之既失官爵怏怏發病卒

子君山

史臣曰綦儁遭逢受職山偉位行頗爽仁之雖內懷矯詐而交情自篤忠之雖文史足用而雅道蔑聞謂全德者其難矣哉

魏書卷八十一考證
列傳第六十九○魏收書闕後人所補
宇文忠之傳志氣囂然○囂監本誤嚣今改從北史

魏書卷八十二

齊　魏　收　撰

列傳第七十

李琰之　祖瑩　常景

李琰之字景珍小字默蠡隴西狄道人司空韶之族弟早有盛名時人號曰神童從父司空沖雅所歎異每曰興吾宗者其此兒乎恒資給所須愛同己子弱冠舉秀才不行曾遊河內北山便欲有隱遁意會彭城王勰辟爲行臺參軍苦相敦引尋爲侍中李彪啓兼著作郎修撰國史稍遷國子博士領尚書儀曹郎中轉中書侍郎司農少卿黃門郎修國史遷國子祭酒轉祕書監兼七兵尚書遷太常卿孝莊初太尉元天穆北討葛榮以琰之兼御史中尉爲北道軍司還除征東將軍仍兼太常出爲衛將軍荆州刺史頃之兼尚書左僕射三荆二郢大行臺尋加散騎常侍琰之雖以儒素自業而每語人言吾家世將種自云猶有關西風氣及至州後大好射獵以示威武爾朱兆入洛南陽太守趙脩延以琰之莊帝外戚誣琰之規奔蕭衍襲州城遂被囚執脩延仍自行州事城內人斬脩延還推琰之蒞州任出帝初徵兼侍中車騎大將軍左光祿大夫儀同三司永熙二年薨贈侍中驃騎大將軍司徒公雍州刺史謚曰文簡琰之少機警善談經史百家無所不覽朝廷疑事多所訪質每云崔博而不精劉精而不博我既精且博學兼二子謂崔光劉芳也論者許其博未許其精當時物議咸共宗之又自誇文章從姨兄常景笑而不許每休閑之際恒閉門讀書不交人事嘗謂人曰吾所以好讀書不求身後之名但異見異聞心之所願是以孜孜搜討欲罷不能豈爲聲名勞七尺也此乃天性非爲力彊前後再居史職無所編緝安豐王延明博聞多識每有疑滯恒就琰之辨析自以爲不及也

二子綱惠並從出帝入關

祖瑩字元珍范陽遒人也曾祖敏仕慕容垂爲平原太守太祖定中山賜爵安固子拜尚書左丞卒贈并州刺史祖嶷字元達以從征平原功進爵爲侯位馮翊太守贈幽州刺史父季真多識前言往行位中書侍郎卒於安遠將軍鉅鹿太守瑩年八歲能誦詩書十二爲中書學生好學耽書以晝繼夜父母恐其成疾禁之不能止常密於灰中藏火驅逐僮僕父母寢睡之後燃火讀書以衣被蔽塞窗戶恐漏光明爲家人所覺由是聲譽甚盛內外親屬呼爲聖小兒尤好屬文中書監高允每歎曰此子才器非諸生所及終當遠至時中書博士張天龍講尚書選爲都講生徒悉集瑩夜讀書勞倦不覺天曉催講既切遂誤持同房生趙郡李孝怡曲禮卷上座博士嚴毅不敢還取乃置禮於前誦尚書三篇不遺一字講罷孝怡異之向博士說舉學盡驚後高祖聞之召入令誦五經章句并陳大義帝嗟賞之瑩出後高祖戲盧昶曰昔流共工於幽州北裔之地那得忽有此子昶對曰當是才爲世生以才名拜太學博士徵署司徒彭城王勰法曹行參軍高祖顧謂勰曰蕭賾以王元長爲子良法曹今爲汝用祖瑩豈非倫匹也勅令掌勰書記

瑩與陳郡袁翻齊名秀出時人爲之語曰京師楚楚袁與瑩洛中翩翩祖與袁再遷尚書三公郎尚書令王肅曾於省中詠悲平城詩云悲平城驅馬入雲中陰山常晦雪荒松無罷風彭城王勰甚嗟其美欲使肅更詠乃失語云王公吟詠情性聲律殊佳可便爲誦悲彭城詩肅因戲勰云何意悲平城爲悲彭城也勰有慚色瑩在座即云所有悲彭城王公自未見耳肅云可爲誦之瑩應聲云悲彭城楚歌四面起屍積石梁亭血流睢水裏肅甚嗟賞之勰亦大悅退謂瑩曰卿定是神口今日若不得卿幾爲吳子所屈爲冀州鎮東府長史以貨賄事發除名後侍中崔光舉爲國子博士仍領尚書左戶部李崇爲都督北討引瑩爲長史坐截沒軍資除名未幾爲散騎侍郎孝昌中於廣平王第掘得古玉印勅召瑩與黃門侍郎李琰之令辨何世之物瑩云此是于闐國王晉太康中所獻乃以墨塗字觀之果如瑩言時人稱爲博物累遷國子祭酒領給事黃門侍郎幽州大中正監起居事又監議事元顥入洛以瑩爲殿中尚書莊帝還宮坐爲顥作詔罪狀爾朱榮免官後除祕書監中正如故以參議律歷賜爵容城縣子坐事繫於廷尉前廢帝遷車騎將軍初莊帝末爾朱兆入洛軍人焚燒樂署鍾石管弦略無存者勅瑩與錄尚書事長孫稚侍中元孚典造金石雅樂三載乃就事在樂志遷車騎大將軍及出帝登阼瑩以太常行禮封文安縣子天平初將遷鄴齊獻武王因召瑩議之以功遷儀同三司進爵爲伯薨贈尚書左僕射司徒公冀州刺史瑩以文學見重常語人云文章須自出機杼成一家風骨何能共人同生活也蓋譏世人好偷竊他文以爲己用而瑩之筆札亦無乏天才但不能均調玉石兼有製裁之體減於袁常焉性爽俠有節氣士有窮厄以命歸之必見存拯時亦以此多之其文集行於世

子珽字孝徵襲

常景字永昌河內人也父文通天水太守景少聰敏初讀論語毛詩一受便覽及長有才思雅好文章廷尉公孫良舉爲律博士高祖親得其名既而用之後爲門下錄事太常博士正始初詔尚書門下於金墉中書外省考論律令勅景參議世宗季舅護軍將軍高顯卒其兄右僕射肇私託景及尚書邢巒幷州刺史高聰通直郎徐紇各作碑銘並以呈御世宗悉付侍中崔光簡之光以景所造爲最乃奏曰常景名位乃處諸人之下文出諸人之上遂以景文刊石肇尚平陽公主未幾主薨肇欲使公主家令居廬制服付學官議正施行尚書又以訪景景以婦人無專國之理家令不得有純臣之義乃執議曰喪紀之本實稱物以立情輕重所因亦緣情以制禮雖理關盛衰事經今古而制作之本降殺之宜其實一焉是故臣之爲君所以資敬而崇重爲君母妻所以從服而制義然而諸侯大夫之爲君者謂其有地土有吏屬無服文者言其非世爵也今王姬降適雖加爵命事非君邑理異列土何者諸王開國備立臣吏生有趨奉之勤死盡致喪之禮而公主家令唯有一人其丞已下命之屬官既無接事之儀實闕爲臣之體原夫公主之貴所以立家令者蓋以主之內事脫須關外理無自達必也因人然則家令唯通內外之職及典主家之事耳無關君臣之理名義之分也由是推之家令不得爲純臣公主不可爲正君明矣且女人之爲君男子之爲臣古禮所不載先朝所未議而四門博士裴道廣孫榮乂等以公主爲之君以家令爲之臣制服以斬乖謬彌甚又張虛景吾難霸等不推君臣之分不尋致服之情猶同其議準母制齊求之名實理未爲允竊謂公主之爵既非食菜之君家令之官又無純臣之式若附如母則情義罔施若準小君則從服無據案如經禮事無成文即之愚見謂不應服朝廷從之景淹滯門下積歲不至顯官以蜀司馬相如王襃嚴君平楊子雲等四賢皆有高才而無重位乃託意以讚之其讚司馬相如曰長卿有艷才直致不羣性鬱若春煙舉皎如秋月映遊梁雖好仁仕漢常稱病清貞非我事窮達委天命其讚王子淵曰王子挺秀質逸氣干青雲明珠既絕俗白鵠信驚羣才世苟不合遇否途自分空枉碧鷄命徒獻金馬文其讚嚴君平曰嚴公體沉靜立志明霜雪味道綜微言端蓍演妙說才屈羅仲口位結李彊舌素尚邁金貞清標陵玉徹其讚楊子雲曰蜀江導清流揚子挹餘休含光絕後彥覃思邈前修世輕久不賞玄談物無求當途謝權寵置酒獨閑遊景在樞密十有餘年爲侍中崔光盧昶游肇元暉尤所知賞累遷積射將軍給事中延昌初東宮建兼太子屯騎校尉錄事皆如故其年受勅撰門下詔書凡四十卷尚書元萇出爲西安將軍雍州刺史請景爲司馬以景階次不及除錄事參軍襄威將軍帶長安令甚有惠政民吏稱之先是太常劉芳與景等撰朝令未及班行別典儀注多所草創未成芳卒景纂成其事及世宗崩召景赴京還修儀注拜謁者僕射加寧遠將軍又以本官兼中書舍人後授步兵校尉仍舍人又勅撰太和之後朝儀已施行者凡五十餘卷時靈太后詔依漢世陰鄧二后故事親奉廟祀與帝交獻景乃據正以定儀注朝廷是之正光初除龍驤將軍中散大夫舍人如故時肅宗以講學之禮於國子寺司徒崔光執經勅景與董紹張徹馮元興王延業鄭伯猷等俱爲錄義事畢又行釋奠之禮並詔百官作釋奠詩時以景作爲美是年九月蠕蠕主阿那瓌歸闕朝廷疑其位次高陽王雍訪景景曰昔咸寧中南單于來朝晉世處之王公特進之下今日爲班宜在蕃王儀同三司之間雍從之朝廷典章疑而不決則時訪景而行初平齊之後光祿大夫高聰徙於北京中書監高允爲之娉妻給其資宅聰後爲允立碑每云吾以此文報德足矣豫州刺史常綽以未盡其美景尚允才器先爲遺德頌司徒崔光聞而觀之尋味良久乃云高光祿平日每矜其文自許報允之德今見常生此頌高氏不得獨擅其美也侍中崔光安豐王延明受詔議定服章勅景參修其事尋進號冠軍將軍阿那瓌之還國也境上遷延仍陳窘乏遣尚書左丞元孚奉詔振恤阿那瓌執孚過柔玄奔于漢北遣尚書令李崇御史中尉兼右僕射元纂追討不及乃令景出塞經瓮山臨瀚海宣勅勒衆而返景經涉山水悵然懷古乃擬劉琨扶風歌十二首進號征虜將軍孝昌初兼給事黃門侍郎尋除左將軍太府少卿仍舍人固辭少卿不拜改授散騎常侍將軍如故徐州刺史元法僧叛入蕭衍衍遣其豫章王蕭綜入據彭城時安豐王延明爲大都督大行臺率臨淮王彧等衆軍討之既而蕭綜降附徐州清復遣景兼尚書持節馳與行臺都督觀機部分景經洛汭乃作銘焉是時尚書令蕭寶夤都督崔延伯都督北海王顥都督車騎將軍元恒芝等並各出討詔景詣軍宣旨勞問還以本將軍授徐州刺史杜洛周反於燕州仍以景兼尚書爲行臺與幽州都督平北將軍元譚以禦之景表求勒幽州諸縣悉入古城山路有通賊之處權發兵夫隨宜置戍以爲防遏又以頊來差兵不盡彊壯今之三長皆是豪門多丁爲之今求權發爲兵肅宗皆從之進號平北將軍別勅譚西至軍都關北從盧龍塞據此二嶮以杜賊出入之路又詔景山中嶮路之處悉令捍塞景遣府錄事參軍裴智成發范陽三長之兵以守白㶭都督元譚據居庸下口俄而安州石離冗城斛鹽三戍兵反結洛周有衆二萬餘落自松岍赴賊譚勒別將崔仲哲等截軍都關以待之仲哲戰沒洛周又自外應之腹背受敵譚遂大敗諸軍夜散詔以景所部別將李琚爲都督代譚征下口降景爲後將軍解州任仍詔景爲幽安玄等四州行臺賊既南出鈔掠薊城景命統軍梁仲禮率兵士邀擊破之獲賊將禦夷鎮軍主孫念恒都督李琚爲賊所攻薊城之北軍敗而死率屬城人禦之賊不敢逼洛周還據上谷授景平北將軍光祿大夫行臺如故洛周遣其都督王曹紇眞馬叱斤等率衆薊南以掠人穀乃遇連雨賊衆疲勞景與都督于榮刺史王延年置兵粟國邀其走路大敗之斬曹紇眞洛周率衆南趨范陽景與延年及榮復破之又遣別將重破之於州西虎眼泉擒斬及溺死者甚衆後洛周南圍范陽城人翻降執刺史延年及景送於洛周洛周尋爲葛榮所吞景又入榮榮破景得還朝永安初詔復本官兼黃門侍郎又攝著作固辭不就二年除中軍將軍正黃門先是參議正光壬子歷至是賜爵高陽子元顥內逼莊帝北巡景與侍中大司馬安豐王延明在禁中召諸親賓安慰京師顥入洛景仍居本位莊帝還宮解黃門普泰初除車騎將軍右光祿大夫祕書監以預詔命之勤封濮陽縣子後以例追永熙二年監議事景自少及老恒居事任清儉自守不營產業至於衣食取濟而已耽好經史愛翫文詞若遇新異之書殷勤求訪或復質買不問價之貴賤必以得爲期友人刁整每謂曰卿清德自居不事家業雖儉約可尚將何以自濟也吾恐攣太常方餓於栢谷耳遂與衞將軍羊深矜其所乏乃率刁雙司馬彥邕李諧畢祖彥畢義顯等各出錢千文而爲買馬焉天平初遷鄴景匹馬從駕是時詔下三日戶四十萬狼狽就道收百官馬尚書丞郎已下非陪從者盡乘驢齊獻武王以景清貧特給車牛四乘妻孥方得達鄴後除儀同三司仍本將軍武定六年以老疾去官詔曰几杖爲禮安車致養敬齒尊賢其來尚矣景藝業該通文史淵洽歷事三京年彌五紀朝章言歸祿俸無餘家徒壁立宜從哀恤以旌元老可特給右光祿事力終其身八年薨景善與人交終始若一其遊處者皆服其深遠之度未曾見其矜吝之心好飲酒澹於榮利自得懷抱不事權門性和厚恭慎每讀書見韋弦之事深薄之危乃圖古昔可以鑒戒指事爲象讚而述之曰周雅云謂天蓋高不敢不蹐謂地蓋厚不敢不蹐有朝隱大夫監戒斯文乃惕焉而懼曰夫道喪則世傾利重則身輕是故秉和體遜式銘方冊防微慎獨載象丹青信哉辭人之賦文晦而理明仰瞻高天聽卑視諦俯測厚地岳峻川渟誰

其戴之不私不畏誰其踐之不陷不墜故善惡是徵物罔同異論亢匪久人咸敬忌嗟乎唯地厚矣尚亦兢兢浩浩名位孰識其親搏之弗得聆之無聞故有戒於顯而急乎微好爵是冒聲奢是基身陷於祿利言溺於是非或求欲而未厭或知足而不辭是故位高而勢愈迫正立而邪愈欺安有位極而危不萃邪榮而正不凋故悔多於地厚禍甚於天高夫悔未結誰肯曲躬夫禍未加誰肯累足固機發而後思圖車覆而後改躅改之無及故狡兎失穴思之在後故逆鱗易觸君子則不然體舒則懷卷視溺則思濟原夫人之度逕於無階之天勢位之危深於不測之地餌厚而躬不競爵降而心不係守善於已成懼慾於未敗雖盈而戒沖通而慮滯以知命爲退齡以樂天爲大惠以戢智而從時以懷愚而遊世曲躬焉累足焉苟行之晝已決矣猶夜則思其計謟之口亦明矣故心必賞其契故能不同不誘而弭謗於羣小無毀無譽而貽信於上帝託身與金石俱堅立名與天壤相敝嚣競無侵優遊獨逝夫如是故綺閣金門可安其宅錦衣玉食可頤其形柳下三黜不愠其色子文三陟不喜其情而惑者見居高可以持勢欲乘高以據榮見直道可以修已欲專道以邀聲夫去聲然後聲可立豈矜道之所宣慮危然後安可固豈假道之所全是以君子鑒恃道不可以流聲故去聲而懷道鑒專道不可以守勢故去勢以崇道何者履道雖高不得無亢求聲雖道不得無悔然則聲奢繁則實儉凋功業進則身迹退如此則精靈遂越驕侈自親情與道絕事與勢隣方欲役思以持勢乘勢以求津故利欲誘其情禍難嬰其身利欲交則幽明以之變禍難構則智術無所陳若然者雖縻爵帝扃焉得而寧之雖結珮皇庭焉得而榮之故身道未究而祟邪之徑已形成功未立而修正之術已生禍福交養於人事屯難頓萃於時情忠介剖心於白日耿節沉骨於幽靈因斯愚智之所機倚伏之所係全亡之所依其在遜順而已哉嗚呼鑒之嗚呼鑒之景所著述數百篇見行於世删正晉司空張華博物志及撰儒林列女傳各數十篇云

長子昶少學識有文才早卒

昶弟彪之永安中司空行參軍

史臣曰琰之好學博聞鬱爲邦彥祖瑩幹能藝用實曰時良常景以文義見宗著美當代覽其遺藁可稱尚哉

魏書卷八十二考證

列傳第七十○魏收書闕後人所補

常景傳仍詔景爲幽安玄等四州行臺○一本等字上空一字

原夫人之度逕于無階之天○北史人字下旁注云闕

魏書卷八十三上

齊　魏　收　撰

列傳外戚第七十一上

賀訥　劉羅辰　姚黃眉　杜超　賀迷

閭毗　馮熙　李峻　李惠

夫右賢左戚尚德尊功有國者所以治天下也殷肇玉基不藉莘氏爲佐周成大業未聞姒姓爲輔及於漢世外戚尤重殺身傾族相繼於兩京乃至移其鼎壐亂其邦國魏文深以爲誡明帝尚封頹駮晉之楊駿尋至夷宗居上不以至公任物在下徒用私寵要榮藺犢引大車弱質任厚棟所謂愛之所以害之矣太祖初賀訥有部衆之業翼成皇祚其餘或以勞勤或緣恩澤咸序其迹舉外親之盛衰云爾

賀訥代人太祖之元舅獻明后之兄也其先世爲君長四方附國者數十部祖紇始有勳於國尚平文女父野干尚昭成女遼西公主昭成崩諸部乖亂獻明后與太祖及衞秦二王依訥會苻堅使劉庫仁分攝國事於是太祖還居獨孤部訥總攝東部爲大人遷居大寧行其恩信衆多歸之侔於庫仁苻堅假訥鷹揚將軍後劉顯之謀逆太祖聞之輕騎北歸訥訥見太祖驚喜拜曰官家復國之後當念老臣太祖笑答曰誠如舅言要不忘也訥中弟染干麤暴忌太祖常圖爲逆每爲皇姑遼西公主擁護故染干不得肆其禍心於是諸部大人請訥兄弟求舉太祖爲主染干曰在我國中何得爾也訥曰帝大國之世孫興復先業於我國中之福常相持獎立繼統勳汝尚異議豈是臣節遂與諸人勸進太祖登代王位于牛川及太祖討吐突隣部訥兄弟遂懷異圖率諸部救之帝擊之大潰訥西遁衞辰遣子直力鞮征訥訥告急請降太祖簡精騎二十萬救之遂徙訥部落及諸弟處之東界訥又通於慕容垂垂以訥爲歸善王染干謀殺訥而代立訥遂與染干相攻垂遣子麟討之敗染干於牛都破訥於赤城太祖遣師救訥麟乃引退訥從太祖平中原拜安遠將軍其後離散諸部分土定居不聽遷徙其君長大人皆同編戶訥以元舅甚見尊重然無統領以壽終於家訥弟盧亦從平中原以功賜爵遼西公太祖遣盧會衞王儀伐鄴而盧自以太祖之季舅不肯受儀節度太祖遣使責之盧遂忿恨與儀司馬丁建構成其嫌隙加猜忌會太祖勑儀去鄴盧亦引歸太祖以盧爲廣川太守盧性雄豪耻居冀州刺史王輔下襲殺輔奔慕容德德以爲幷州刺史廣寧王廣固敗盧亦没

訥從父弟悅初太祖之居賀蘭部下人情未甚附唯悅舉部隨從又密爲太祖祈禱天神請成大業出於誠至太祖嘉之甚見寵待從平中原以功賜爵鉅鹿侯進爵北新卒

子泥襲爵後降爲肥如侯太祖崩京師草草泥出舉烽於安陽城北賀蘭部人皆往赴之太宗即位乃罷詔泥與元渾等八人拾遺左右與北新侯安同持節行幷定二州劾奏幷州刺史元六頭等皆伏罪州郡肅然後從世祖征赫連昌以功進爵爲琅邪公軍國大議每參預馬又征蠕蠕爲別道將坐逐賊不進詐增虜當斬贖爲庶人久之拜光祿勳爲外都大官復本爵卒於官

子醜建襲

劉羅辰代人宣穆皇后之兄也父眷爲北部大人帥部落歸國羅辰有智謀謂眷曰從兄顯忍人也願早圖之眷不以爲意後庫仁子顯殺眷而代立又謀逆及太祖即位討顯于馬邑追至彌澤大破之後奔慕容麟麟從之中山羅辰率騎奔太祖顯恃部衆之彊每謀爲逆羅辰輒先聞奏以此特蒙寵念尋拜南部大人從平中原以前後勳賜爵永安公以軍功除征東將軍定州刺史卒謚曰敬

子殊暉襲爵位幷州刺史卒

子求引位武衞將軍卒謚曰貞

子爾頭位魏昌廮陶二縣令贈鉅鹿太守子仁之自有傳

姚黃眉姚興之子太宗昭哀皇后之弟也姚泓滅黃眉間來歸太宗厚禮待之賜爵隴西公尚陽翟公主拜駙馬都尉賜隸戶二百世祖即位遷內都大官後拜太常卿卒贈雍州刺史隴西王謚曰獻陪葬金陵黃眉寬和溫厚希言得失世祖悼惜之故贈有加禮

杜超字祖仁魏郡鄴人密皇后之兄也少有節操泰常中爲相州別駕奉使京師時以法禁不得與后通問始光中世祖思念舅氏以超爲陽平公尚南安長公主拜駙馬都尉位大鴻臚卿車駕數幸其第賞賜巨萬神䴥三年以超行征南大將軍太宰進爵爲王鎮鄴追加超父豹鎮東大將軍陽平景王母曰鉅鹿惠君眞君五年超爲帳下所害世祖臨其喪哀慟者久之謚曰威王

長子道生賜爵城陽侯後爲秦州刺史進爵河東公

道生弟鳳皇襲超爵加侍中特進世祖追思超不已欲以鳳皇爲定州刺史鳳皇不願違離闕庭乃止

鳳皇弟道儁賜爵發干侯鎮枋頭除兗州刺史

超既薨復授超從弟遺侍中安南將軍開府相州刺史入爲內都大官進爵廣平王遺性忠厚頻歷州郡所在著稱薨贈太傅謚曰宣王

長子元寶位司空元寶弟肩寶司隸校尉元寶又進爵京兆王及歸而父遺喪明當入謝元寶欲以表聞高宗未知遺薨怪其遲召之元寶將入時人止之曰宜以家憂自辭元寶欲見其寵不從遂冒哀而入未幾以謀反伏誅親從皆斬唯元寶子世衡逃免時朝議欲追削超爵位中書令高允上表理之後兗州故吏汲宗等以道儁遺愛在人前從坐受誅委骸土壤求得收葬書奏詔義而聽之贈散騎常侍安南將軍南康公謚曰昭

世衡襲遺公爵

賀迷代人從兄女世祖敬哀皇后生恭宗初后少孤無父兄近親唯迷以從父故蒙賜爵長鄉子卒贈光祿大夫五原公

閭毗代人本蠕蠕人世祖時自其國來降毗即恭皇后之兄也皇后生高宗高宗太安二年以毗爲平北將軍賜爵河東公弟紇爲寧北將軍賜爵零陵公其年並加侍中進爵爲王毗征東將軍評尚書事紇征西將軍中都大官自餘子弟賜爵爲王者二人公五人侯六人子三人同時受拜所以隆崇舅氏當世榮之和平二年追謚后祖父延襄康公父辰定襄懿王毗薨贈太尉追贈毗妻河東王妃

子惠襲紇薨贈司空

子豆後賜名莊太和中初立三長以莊爲定戶籍大使甚有時譽十六年例降爵後爲七兵尚書卒

紇弟染位外都大官冀州刺史江夏公卒先是高宗以乳母常氏有保護功既即位尊爲保太后後尊爲皇太后興安二年太后兄英字世華自肥如令超爲散騎常

侍鎮軍大將軍賜爵遼西公弟喜鎮東大將軍祠曹尚書帶方公三妹皆封縣君妹夫王睹爲平州刺史遼西公追贈英祖父苻堅扶風太守亥爲鎮西將軍遼西蘭公渤海太守澄爲侍中征東太將軍太宰遼西獻王英母許氏博陵郡君遣兼太常盧度世持節改葬獻王於遼西樹碑立廟置守冢百家太安初英爲侍中征東大將軍太宰進爵爲王喜左光祿大夫改封燕郡從兄泰爲安東將軍朝鮮侯訢子伯夫散騎常侍選部尚書夫子員金部尚書喜子振太子庶子三年英領太師評尚書事內都太官伏寶秦等州刺史五年詔以太后母宋氏爲遼西王太妃和平元年喜爲洛州刺史初英事宋不能謹而睹奉宋甚至就食於和龍無車牛宋疲不進睹負宋於笈至是宋於英等薄不如睹之篤謂太后曰何不王睹而黜英太后曰英爲長兄門戶主也家內小小不順何足追計睹雖盡力故是他姓柰何在英上本州郡公亦足報耳天安中英爲平州刺史訢爲幽州刺史伯夫進爵范陽公英黷貨徙燉煌諸常自興公及疑至是皆以親疏受爵賜田宅時爲隆盛後伯夫爲洛州刺史以贓汙欺妄徵斬於京師承明元年徵英復官薨諡遼西平王始英之徵也夢日墜其所居黃山下水中村人以車牛挽致不能出英獨抱載而歸聞者異之後員與伯夫子禽可共爲飛書誣謗朝政事發有司執憲刑及五族高祖以昭太后故罪止一門訢年老赦免歸家怨其孫一人扶養之給奴婢田宅其家僮入者百人金錦布帛數萬計賜尚書以下宿衛以上其女婿及親從在朝皆免官歸本鄉十一年高祖文明太后以昭太后故悉出其家前後沒入婦女以喜子振試守正平郡卒

馮熙字晉昌長樂信都人文明太后之兄也祖文通語在海夷傳世祖平遼海熙父朗內徙官至秦雍二州刺史遼西郡公坐事誅文明太后臨朝追贈假黃鉞太宰燕宣王立廟長安熙生於長安爲姚氏魏母所養以叔父樂陵公邈因戰入蠕蠕魏母携熙逃避至氐羌中撫育年十二好弓馬有勇幹氐羌皆歸附之魏母見其如此將還長安始就博士學問從師受孝經論語好陰陽兵法及長游華陰河東二郡間性汎愛不拘小節人無士庶來則納之熙姑先入掖庭爲始祖左昭儀妹爲高宗文成帝后卽文明太后也使人外訪知熙所在徵赴京師拜冠軍將軍賜爵肥如侯尚恭宗女博陵長公主拜駙馬都尉出爲定州刺史進爵昌黎王顯祖卽位爲太傅累拜內都大官高祖卽位文明太后臨朝王公貴人登進者衆高祖乃承吉皇太后以熙爲侍中太師中書監領祕書事熙以頻履師傅又中宮之寵爲羣情所駭心不自安乞轉外任文明太后亦以爲然於是除車騎大將軍開府都督洛州刺史侍中太師如故洛陽雖經破亂而舊三字石經宛然猶在至熙與常伯夫相繼爲州廢毀分用大至頹落熙爲政不能仁厚而信佛法自出家財在諸州鎮建佛圖精舍合七十二處寫一十六部一切經延致名德沙門日與講論精勤不倦所費亦不貲而在諸州營塔寺多在高山秀阜傷殺人牛有沙門勸止之熙曰成就後人唯見佛圖焉知殺人牛也其北邙寺碑文中書侍郎賈元壽之詞高祖頻登北邙寺親讀碑文稱爲佳作熙爲州因事取人子女爲奴婢有容色者幸之爲妾有子女數十人號爲貪縱後求入朝授內都大官太師如故熙事魏母孝謹如事所生魏母卒乃散髮徒跣水漿不入口三日詔不聽服熙表求依趙氏之孤高祖以熙情難奪聽服齊衰期後以例降改封京兆郡公高祖納其女爲后曰白虎通云王所不臣數有三焉妻之父母抑言其一此所謂供承宗廟不欲奪私心然吾季著於春秋無臣證於往牒既許通體之一用開至尊之敬比長秋配極陰政既敷未聞有司陳奏斯式可詔太師輟臣從禮又勒集書造儀付外高祖前後納熙三女二爲后一爲左昭儀由是馮氏寵貴益隆賞賜累巨萬高祖每詔熙上書不臣入朝不拜熙上書如舊熙於後遇疾綿寢四載詔遣醫問道路相望車駕亦數臨幸焉將遷洛高祖親與熙別見其困篤歔欷流涕密勑宕昌公王遇曰大師萬一卽可監護喪事十九年薨於代車駕在淮南留臺表聞還至徐州乃舉哀爲制緦服詔有司豫辨凶儀幷開魏京之墓令公主之柩俱向伊洛凡所營送皆公家爲備又勑代給綵帛前後六千匹以供凶用皇后詣代都赴哭太子恂亦赴代哭弔將葬贈假黃鉞侍中都督十州諸軍事大司馬太尉冀州刺史加黃屋左纛備九錫前後部羽葆鼓吹皆依晉太宰安平獻王故事有司奏諡詔曰可以威彊恢遠曰武奉諡於公柩至洛七里澗高祖服衰往迎叩靈悲慟而拜焉葬日送臨墓所親作誌銘主生二子誕修

誕字思政修字寶業皆姿質妍麗年幾十餘歲文明太后俱引入禁中申以教誡然不能習讀經史故兄弟並無學術徒整飾容儀寛雅恭謹而已誕與高祖同歲幼侍書學仍蒙親侍尚帝妹樂安長公主拜駙馬都尉侍中征西大將軍南平王修侍中鎮北大將軍尚書東平公又除誕儀曹尚書知殿中事及罷庶姓王誕爲侍中都督中外諸軍事中軍將軍特進改封長樂郡公誕拜官高祖立於庭遙受其拜既訖還室修降爲侯誕與修雖並長宮禁而性趣乖別誕性淳篤修乃浮競誕亦未能誨督其過然時言於太后高祖嚴責之至於楚撻由是陰懷毒恨遂結左右有憾於誕者求藥欲因食害誕事覺高祖自詰之具得情狀誕引過謝乞全修命高祖以誕父老又重其意不致於法撻之百餘黜爲平城百姓脩妻司空穆亮女也求離婚請免官高祖引管蔡事皆不許高祖寵誕每與誕同輿而載同案而食同席坐臥彭城王勰北海王詳雖直禁中然親近不及十六年以誕爲司徒高祖既深愛誕除官日親爲制三讓表幷啓將拜又爲其章謝尋加車騎大將軍太子太師十八年高祖謂其無師傅獎導風誕深自誨責從駕南伐十九年至鍾離誕遇疾不能侍從高祖日省問醫藥備加時高祖銳意臨江乃命六軍發鍾離南轅與誕泣訣左右皆入無不掩涕時誕已惙然彊坐視高祖悲而淚不能下言夢太后來呼臣高祖嗚咽執手而出遂行是日去鍾離五十里許昏時告誕薨問高祖哀不自勝時崔慧景裴叔業軍在中淮去所次不過百里高祖乃輕駕西還從者數千人夜至誕薨所撫屍哀慟若喪至戚達旦聲淚不絕從者亦迭舉音明告蕭鸞鍾離戍主蕭惠休惠休遣其太守奉慰詔求棺於城中及歛迭舉高祖以所服衣幘充襚親自臨視撤樂去膳宣勑六軍止臨江之駕高祖親北度慟哭極哀詔侍臣一人兼大鴻臚送柩至京禮物轜儀徐州備造陵兆葬事下洛候設喪至洛陽車駕猶在鍾離詔留守賜賻物布帛五千匹穀五千斛以供葬事贈假黃鉞使持節大司馬領司徒侍中都督太師駙馬公如故加以殊禮備錫九命依晉大司馬齊王攸故事有司奏諡詔曰案諡法善行仁德曰元柔克有光曰懿昔貞惠兼美受三諡之榮忠武雙徽錫兩號之茂式準前迹宜契具瞻既自少綢繆知之惟朕案行定名諡曰元懿帝又親爲作碑文及挽歌詞皆窮美盡哀事過其厚車駕還京詔曰馮大司馬已就墳塋永潛幽室宿草之哭何能忘之遂親臨誕墓停車而哭使彭城王勰詔羣官脫朱衣服單衣介幘陪哭司徒貴者示以朋友微者示如寮佐公主貞厚有禮度產二男長子穆

穆字孝和襲熙爵避皇子愉封改扶風郡公尚高祖女順陽長公主拜駙馬都尉歷員外通直散騎常侍穆與叔輔興不和輔興亡贈相州刺史祖載在庭而穆方高車良馬恭受職命言宴滿堂忻笑自若爲御史中尉東平王匡所劾後位金紫光祿大夫遇害河陰贈司空雍州刺史

子冏字景昭襲爵昌黎王尋以庶姓罷王仍襲扶風郡公

子帩字子漢齊受禪例降

穆弟顥襲父誕長樂郡公

脩弟聿字寶興廢后同產兄也位黃門郎信都伯從坐妹廢免爲長樂百姓世宗時卒於河南尹

聿同產弟風幼養於宮文明太后特加愛念數歲賜爵至北平王拜太子中庶子出入禁闥寵侔二兄高祖親政後恩寵稍衰降爵爲侯幽后立乃復敘用后死亦廢散卒贈青州刺史崔光之兼黃門也與聿俱直光每謂之曰君家富貴太盛終必衰敗聿云我家何負四海乃呪我也光云以古推之不可不愼時熙爲太保誕司徒太子太傅脩侍中尚書聿黃門廢后在位禮愛未弛後歲餘脩以罪棄熙誕喪亡后廢聿退時人以爲盛必衰也

李峻字珍之梁國蒙縣人元皇后兄也父方叔劉義隆濟陰太守高宗遣間使諭之峻與五弟誕嶷雅白永等前後歸京師拜峻鎮西將軍涇州刺史頓丘公雅嶷誕等皆封公位顯後進峻爵爲王徵爲太宰薨

李惠中山人思皇后之父也父蓋少知名歷位殿中都官二尚書左將軍南郡公初世祖妹武威長公主故涼王沮渠牧犍之妻世祖平涼州頗以公主通密計助之故寵遇差隆詔蓋尚焉蓋妻與氏以是而出是後蓋加侍中駙馬都尉殿中都官尚書左僕射卒官贈征南大將軍定州刺史中山王諡曰莊惠弱冠襲父爵妻襄城王韓頹女生二女長卽后也惠歷位散騎常侍侍中征西大將軍秦益二州刺史進爵爲王轉雍州刺史征南大將軍加長安鎮大將惠長於思察雍州廳事有燕爭巢鬭已累日惠令人掩獲試命綱紀斷之並辭曰此乃上智所測非下愚所知惠乃使卒以弱竹彈兩燕既而一去一留惠笑謂吏屬曰此留者自計爲巢功重彼去者既經楚痛理無留心羣下伏其聰察人有負鹽負薪者同釋重擔息於樹陰二人將行爭一羊皮各言藉背之物惠遣爭者出顧謂州綱紀曰此羊皮可拷知主乎

草下以爲戲言咸無答者惠令人置羊皮薦上以杖擊之見少鹽屑曰得其實矣使爭者視之負薪者乃伏而就罪凡所察究多如此頗由是吏民莫敢欺犯後爲開府儀同三司青州刺史王如故歷政有美績惠素爲文明太后所忌誣惠將南叛誅之惠二弟初樂與惠諸子同戮後妻梁氏亦死青州盡沒其家財惠本無釁故天下冤惜焉

惠從弟鳳爲定州刺史安樂王長樂主簿後長樂以罪賜死時卜筮者河間邢瓚辭引鳳云長樂不軌鳳爲謀主伏誅惟鳳弟道念與鳳子及兄弟之子皆逃免後遇赦乃出大和十二年高祖將爵舅氏詔訪存者而惠諸從以再罹孥戮難於應命唯道念敢先詣闕乃申后妹及鳳兄弟子女之存者於是賜鳳子屯爵柏人侯安祖浮陽侯興祖安喜侯道念眞定侯從弟寄生高邑子皆加將軍十五年安祖昆弟四人以外戚蒙見詔謂曰卿之先世內外有犯得罪於時然官必用才以親非與邦之選外氏之寵超於末葉從今已後自非奇才不得復外戚謬班抽舉旣無殊能今且可還後例降爵安祖等改侯爲伯竝去軍號高祖奉馮氏過厚於李氏過薄舅家了無敍用朝野人士所以竊議太常高閭顯言於禁中及世宗寵隆外家竝居顯位乃惟高祖舅氏存已不霑恩澤景明末特詔興祖爲中山太守正始初詔追崇惠爲使持節驃騎將軍開府儀同三司定州刺史中山公太常考行上言案謚法武而不遂曰壯謚曰壯公興祖自中山遷燕州刺史卒以兄安祖子侃晞爲後襲先封南郡王後以庶姓罷王改爲博陵郡公侃晞爲莊帝所親幸拜散騎常侍嘗食典御帝之圖爾朱榮侃晞與魯安等持刀於禁內殺榮及莊帝蒙塵侃晞奔蕭衍

魏書卷八十三上考證

列傳第七十一上○魏收書外戚傳上亡後人所補

賀訥傳父野干○干監本誤于今改正

馮熙傳左右皆入○入監本誤人今改正

魏書卷八十三下

齊　魏收　撰

列傳外戚第七十一下

高肇　于勁　胡國珍　李延寔

高肇字首文文昭皇太后之兄也自云本渤海蓨人五世祖顧晉永嘉中避亂入高麗父颺字法脩高祖初與弟乘信及其鄉人韓內冀富等入國拜厲威將軍河間子乘信明威將軍俱待以客禮賜奴婢牛馬綵帛遂納颺女是爲文昭皇后生世宗颺卒景明初世宗追思舅氏徵肇兄弟等錄尚書事北海王詳等奏颺宜贈左光祿大夫賜爵渤海公謚曰敬其妻蓋氏宜追封清河郡君詔可又詔颺嫡孫猛襲渤海公爵封肇平原郡公肇弟顯澄城郡公三人同日受封始世宗未與舅氏相接將拜爵乃賜衣幘引見肇顯于華林都亭皆甚惶懼舉動失儀數日之間富貴赫奕是年咸陽王禧誅財物珍寶奴婢田宅多入高氏未幾肇爲尚書左僕射領吏部冀州大中正尚世宗姑高平公主遷尚書令肇出自夷土時望輕之及在位居要留心百揆孜孜無倦世咸謂之爲能世宗初六輔專政後以咸陽王禧無事構逆由是遂委信肇肇既無親族頗結朋黨附之者旬月超昇背之者陷以大罪以北海王詳位居其上構殺之又說世宗防衛諸王殆同囚禁時順皇后暴崩世議言肇爲之皇子昌薨僉謂王顯失於醫療承肇意旨及京兆王愉出爲冀州刺史畏肇恣擅遂至不軌肇又譖殺彭城王勰由是朝野側目咸畏惡之因此專權與奪任已又嘗與清河王懌於雲龍門外廡下忽忿諍大至紛紜太尉高陽王雍和止之高后旣立愈見寵信肇旣當衡軸每事任已本無學識動違禮度好改先朝舊制出情妄作減削封秩抑黜勳人由是怨聲盈路矣延昌初遷司徒雖貴登台鼎猶以去要怏怏形乎辭色衆咸嗤笑之父兄封贈雖久竟不改瘞三年乃詔令遷葬肇不自臨赴唯遣其兄子猛改服詣代遷葬於鄉時人以肇無識哂而不責也其年大舉征蜀以肇爲大將軍都督諸軍爲之節度與都督甄琛等二十餘人俱面辭世宗於東堂親奉規略是日肇所乘駿馬停於神虎門外無故驚倒轉臥渠中鞍具瓦解衆咸怪異肇出惡焉四年世宗崩赦罷征軍肅宗與肇及征南將軍元遙等書稱諱言以告凶問肇承變哀愕非唯仰慕亦私憂身禍朝夕悲泣至于羸悴將至宿瀍澗驛亭家人夜迎省之皆不相視直至闕下衰服號哭昇太極殿奉喪盡哀太尉高陽王先居西柏堂專決庶事與領軍于忠密欲除之潛備壯士直寢邢豹伊瓮生等十餘人於舍人省下肇哭梓宮訖於百官前引入西廊清河王懌任城王澄及諸王等皆竊言目之肇入省壯士搤而拉殺之下詔暴其罪惡又云刑書未及便至自盡自餘親黨悉無追問削除職爵葬以士禮及昏乃於廁門出其尸歸家初肇西征行至函谷車軸中折從者皆以爲不獲吉還也靈太后臨朝令特贈營州刺史永熙二年出帝贈使持節侍中中外諸軍事太師大丞相太尉公錄尚書事冀州刺史

肇子植自中書侍郎爲濟州刺史率州軍討破元愉別將有功當蒙封賞不受云家荷重恩爲國致效是其常節何足以膺進陟之報懇惻發於至誠歷青相朔恒四州刺史卒植頻莅五州皆清能著稱當時號爲良刺史贈安北將軍冀州刺史

肇長兄琨早卒襲颺封渤海郡公贈都督五州諸軍事鎭東大將軍冀州刺史詔其子猛嗣

猛字豹兒尚長樂公主卽世宗同母妹也拜駙馬都尉歷位中書令出爲雍州刺史有能名入爲殿中尚書卒贈司空冀州刺史出帝時復贈太師大丞相錄尚書事公主無子猛先在外有男不敢令主知臨終方言之年幾三十矣乃召爲喪主尋卒無後

琨弟偃字仲游太和十年卒正始中贈安東將軍都督青州刺史謚曰莊侯景明四年世宗納其女爲貴嬪及于順皇后崩永平元年立爲皇后二年八座奏封后母王氏爲武邑郡君

偃弟壽早卒壽弟卽肇也

肇弟顯侍中高麗國大中早卒

于勁字鍾葵太尉拔之子頗有武略以功臣子又以功績位沃野鎭將賜爵富昌子拜征虜將軍世宗納其女爲后封太原郡公妻劉氏爲章武郡君後拜征北將軍定州刺史卒贈司空謚曰恭莊公自栗磾至勁累世貴盛一皇后四贈公三領軍二尚書令三開國公勁雖以后父但以順后早崩竟不居公輔

子暉字宣明后母弟也少有氣幹襲爵位汾州刺史暉善事人爲爾朱榮所親以女妻其子長孺歷侍中河南尹後兼尚書僕射東南道行臺與齊獻武王討平羊侃於兗州元顥入洛害之

勁弟天恩位內行長遼西太守卒贈平東將軍燕州刺史天恩子仁生位太中大夫

仁生子安定平原郡太守高平郡都將卒

胡國珍字世玉安定臨涇人也祖略姚興渤海公姚逵平北府諮議參軍父淵赫連屈丐給事黃門侍郎世祖克統萬淵以降款之功賜爵武始侯後拜河州刺史國珍少好學雅尚清儉太和十五年襲爵例降爲伯女以選入掖庭生肅宗卽靈太后也肅宗踐祚以國珍爲光祿大夫靈太后臨朝加侍中封安定郡公給田第賜帛布綿縠奴婢車馬牛甚厚追崇國珍妻皇甫氏爲京兆郡君置守冢十戶尚書令任城王澄奏安定公屬尊望重親賢羣矚宜出入禁中參諮大務詔可乃令入決萬幾尋進位中書監儀同三司侍中如故賞賜累萬又賜絹歲八百疋妻梁四百匹男女姊妹兄弟各有差皆極豐贍國珍與太師高陽王雍太傅清河王懌太保廣平王懷入居門下同釐庶政詔依漢車千秋晉安平王故事給步挽一乘自掖門至于宣光殿得以出入并備几杖後與侍中崔光俱授帝經侍直禁中國珍尋上表陳刑政之宜詔皆施行延和初加國珍使持節都督雍州刺史驃騎大將軍開府靈太后以國珍年老不欲令其在外且欲示以方面之榮竟不行遷司徒公侍中如故就宅拜之靈太后肅宗率百寮幸其第宴會極歡又追京兆郡君爲秦太上君太上君景明三年薨於洛陽於此十六年矣太后以太上君墳瘞卑局更增廣爲起塋域門闕碑表侍中崔光等奏案漢高祖母始謚曰昭靈夫人後爲昭靈后薄太后母曰靈文夫人皆置園邑三百家長丞奉守今秦太上君未有尊謚陵寢孤立卽秦君名宜上終稱兼設掃衛以慰情典請上尊謚曰孝穆權置園邑三十戶立長丞奉守太后從之封國珍繼室梁氏爲趙平郡君元叉妻拜爲女侍中封新平郡君又徙封馮翊君國珍子祥妻長安縣公主卽清河王懌女也國珍年雖篤老而雅敬佛法時事齋潔自彊禮拜至於出入侍從猶能跨馬據鞍神龜元年四月七日步從所建佛像發第至閶闔門四五里八日又立觀像晚乃肯坐勞熱增甚因遂寢疾靈太后親侍藥膳十二日薨年八十給東園溫明祕器五時朝服各一具衣一襲贈布五千匹錢一百萬蠟千斤大鴻臚持節監護喪事太后還宮成服於九龍殿遂居九龍寢室肅宗服小功服舉哀於太極東堂又詔自始薨至七七皆爲設千僧齋令七人出家百日設萬人齋二七人出家先是巫覡言將有凶勸令爲厭勝之法國珍拒而不從云吉凶有定分唯修德以禳之臨死與太后訣云母子善治天下以萬人之心勿覦大臣面也殷勤至於再三又及其子祥

云我唯有一子死後勿如比來威抑之靈太后以其好戲時加威訓國珍故以爲言始國珍欲就祖父西葬舊鄉後緣前世諸胡多在洛葬有終洛之心崔光嘗對太后前問國珍公萬年後爲在此安厝爲歸長安國珍言當陪葬天子山陵及病危太后請以後事竟言還安定語遂惛忽太后問清河王懌與崔光等議去留懌等皆以病亂請從先言太后猶記崔光昔與國珍言遂營墓於洛陽太后雖外從衆議而深追臨終之語云我公之遠慕二親亦吾之思父母也追崇假黃鉞使持節侍中相國都督中外諸軍事太師領太尉公司州牧號太上秦公加九錫葬以殊禮給九旒鑾輅虎賁班劒百人前後部羽葆鼓吹轀輬車謚文宣公賵物三千段粟一千五百石又詔贈國珍祖父兄父兄下逮從子皆有封職持節就安定監護喪事靈太后迎太上君神柩還第與國珍俱葬贈襚一與國珍同及國珍神主入廟詔太常權給以軒懸之樂六佾之舞初國珍無男養兄眞子僧洗爲後後納趙平君生子祥

祥字元吉襲封故事世襲例皆減邑唯祥獨得全封趙平君薨給東園祕器肅宗服小功服舉哀于東堂靈太后服齊衰期葬於太上君墓左不得祔合祥歷位殿中尚書中書監侍中改封東平郡公薨贈開府儀同三司雍州刺史謚曰孝景

僧洗字湛輝封爰德縣公位中書監侍中改封濮陽郡公僧洗自永安後廢棄不預朝政天平四年薨詔給東園祕器贈太師太尉公錄尚書事雍州刺史謚曰孝眞

長子寧字惠歸襲國珍先爵改爲臨涇伯後進爲公歷岐涇二州刺史卒謚曰孝穆女爲清河王亶妃生孝靜皇帝武定初贈太師太尉公錄尚書事謚曰孝昭

子虔字僧敬元叉之廢靈太后虔時爲千牛備身與備身張車渠等謀殺叉事發叉殺車渠等虔坐遠徙靈太后反政徵爲吏部郎中太后好以家人禮與親族宴戲虔常致諫由是後宴誰多不預焉出爲涇州刺史封安陽縣侯興和三年以帝元舅超遷司空公薨贈太傅太尉公尚書僕射徐州刺史謚曰宣葬日百官會葬乘輿送於郭外

子長粲

李延寔字禧隴西人尚書僕射沖之長子性溫良少爲太子舍人世宗初襲父爵清泉縣侯累遷左將軍光州刺史莊帝卽位以元舅之尊超授侍中太保封濮陽郡王延寔以太保犯祖諱又以王爵非庶姓所宜抗表固辭徙封濮陽郡公改授太傅尋轉司徒公出爲使持節侍中太傅錄尚書事青州刺史爾朱兆入洛乘輿幽縶以延寔外戚見害於州館出帝初歸葬洛陽贈使持節侍中太師太尉公錄尚書事都督雍州刺史謚曰孝懿

長子彧字子文尚莊帝姊豐亭公主封東平郡公位侍中左光祿大夫中書監驃騎大將軍開府儀同三司廣州刺史彧任俠交遊輕薄無行爾朱榮之死也武毅之士皆彧所進孝靜初以罪棄市

史臣曰三五哲王深防遠慮舅甥之國罕執鈞衡母后之家無聞傾敗爰及後世頗覆繼軌蓋由進不以禮故其斃亦速其間或不斃泯舊基弗虧先構者蓋處之以道遠權之所致也

魏書卷八十三下考證

列傳第七十一下○魏收書外戚傳下亡史臣論全用隋書外戚傳

高肇傳高麗國大中○北史作高麗國大中正此脫去正字

魏書卷八十四

齊　魏收　撰

列傳儒林第七十二

梁越　盧醜　張偉　梁祚　平恒

陳奇　常爽　劉獻之　張吾貴　劉蘭

孫惠蔚　徐遵明　董徵　刁沖　盧景裕

李同軌　李業興

自晉永嘉之後運鍾喪亂宇內分崩羣兇肆禍生民不見俎豆之容黔首唯覩戎馬之跡禮樂文章掃地將盡而契之所感斯道猶存高才有德之流自彊蓬蓽鴻生碩儒之輩抱器晦已太祖初定中原雖日不暇給始建都邑便以經術爲先立太學置五經博士生員千有餘人天興二年春增國子太學生員至三千豈不以天下可馬上取之不可以馬上治之爲國之道文武兼用毓才成務意在茲乎聖達經猷蓋爲遠矣四年春命樂師入學習舞釋菜于先聖先師太宗世改國子爲中書學立教授博士世祖始光三年春別起太學於城東後徵盧玄高允等而令州郡各舉才學於是人多砥尚儒林轉興顯祖天安初詔立鄉學郡置博士二人助教二人學生六十人後詔大郡立博士二人助教四人學生一百人次郡立博士二人助教二人學生八十人中郡立博士一人助教二人學生六十人下郡立博士一人助教一人學生四十人太和中改中書學爲國子學建明堂辟雍尊三老五更又開皇子之學及遷都洛邑詔立國子太學四門小學高祖欽明稽古篤好墳典坐輿據鞍不忘講道劉芳李彪諸人以經書進崔光邢巒之徒以文史達其餘涉獵典章閑集詞翰莫不縻以好爵動貽賞眷於是斯文鬱然比隆周漢世宗時復詔營國學樹小學於四門大選儒生以爲小學博士員四十人雖黌宇未立而經術彌顯時天下承平學業大盛故燕齊趙魏之間橫經著錄不可勝數大者千餘人小者猶數百州舉茂異郡貢孝廉對揚王庭每年逾衆神龜中將立國學詔以三品以上及五品清官之子以充生選未及簡置仍復停寢正光三年乃釋奠於國學命祭酒崔光講孝經始置國子生三十六人暨孝昌之後海內淆亂四方校學所存無幾永熙中復釋奠於國學又於顯陽殿詔祭酒劉廞講孝經黃門李郁說禮記中書舍人盧景宣講大戴禮夏小正篇復置生七十二人及遷都於鄴國子置生三十六人至於興和武定之世寇難既平儒業復光矣漢世鄭玄竝爲衆經注解服虔何休各有所說玄易書詩禮論語孝經虔左氏春秋休公羊傳大行於河北王肅易亦間行焉晉世杜預注左氏預玄孫坦坦弟驥於劉義隆世竝爲青州刺史傳其家業故齊地多習之自梁越以下傳受講說者甚衆今舉其知名者附列於後云

梁越字玄覽新興人也少而好學博綜經傳無所不通性純和篤信行無擇善國初爲禮經博士太祖以其謹厚舉動可則拜上大夫命授諸皇子經書太宗卽祚以師傅之恩賜爵祝阿侯後出爲鴈門太守獲白雀以獻拜光祿大夫卒

子弼早卒

弼子恭襲降爲雲中子無子爵除

盧醜昌黎徒河人襄城王魯元之族也世祖之爲監國醜以篤學博聞入授世祖經後以師傅舊恩賜爵濟陰公除鎭軍將軍拜尚書加散騎常侍出爲河內太守延和二年冬卒 闕 初中山襲爵太和中以老疾自免

子升頭襲爵後例降

張偉字仲業小名翠螭太原中都人也高祖敏晉祕書監偉學通諸經講授鄉里受業者常數百人儒謹汎納勤於教訓雖有頑固不曉問至數十偉告喻殷勤曾無慍色常依附經典教以孝悌門人感其仁化事之如父性恬平不以夷嶮易操清雅篤愼非法不言世祖時與高允等俱被辟命拜中書博士轉侍郎大將軍樂安王範從事中郎馮翊太守還仍爲中書侍郎本國大中正使酒泉慰勞沮渠無諱還遷散騎侍郎聘劉義隆還拜給事中建威將軍賜爵成皐子出爲平東將軍營州刺史進爵建安公卒贈征南將軍幷州刺史謚曰康在州郡以仁德爲先不任刑罰清身率下宰守不敢爲非

子仲慮太和初假給事中高麗副使尋假散騎常侍高麗使後出爲章武太守加寧遠將軍

仲慮弟仲繼學尚有父風善倉雅林說太和中官至侍御長坐事徙西裔道死

梁祚北地泥陽人父劭皇始二年歸國拜吏部郎出爲濟陽太守至祚居趙郡祚篤志好學歷治諸經尤善公羊春秋鄭氏易常以教授有儒者風而無當世之才與幽州別駕平恒有舊又姊先適范陽李氏遂攜家人僑居於薊積十餘年雖羇旅貧窘而著述不倦恒時相請屈與論經史辟祕書中散稍遷祕書令爲李訢所排擯退爲中書博士後出爲統萬鎭司馬徵爲散令撰幷陳壽三國志名曰國統又作代都賦頗行於世清貧守素不交勢貴年八十七太和十二年卒

子元吉有父風

少子重歷碎職後爲相州鎭北府參軍事

平恒字繼叔燕國薊人祖視父儒竝仕慕容爲通官恒耽勤讀誦研綜經籍鉤深致遠多所博聞自周以降暨於魏世帝王傳代之由貴臣升降之緒皆撰錄品第商略是非號曰略注合百餘篇好事者覽之咸以爲善焉安貧樂道不以屢空改操徵爲中書博士久之出爲幽州別駕廉貞寡欲不營資產衣食至常不足妻子不免飢寒後拜著作佐郎遷秘書丞時高允爲監河閒邢祐北平陽嘏河東裴宗廣平程駿金城趙元順等爲著作佐郎雖才學互有短長然俱爲稱職竝號長者允每稱博通經籍無過恒也恒卽劉彧將軍王玄謨舅子恒三子竝不率父業好酒自棄恒常忿其世衰植杖巡舍側崗而哭不爲營事婚宦任意官娶故仕聘濁碎不得及其門流恒婦弟鄧宗慶及外生孫玄明等每以爲言恒曰此輩會是衰頓何煩勞我乃別構精廬幷置經籍於其中一奴自給妻子莫得而往酒食亦不與同時有珍美呼時老東安公刁雍等共飲噉之家人無得嘗焉太和十年以恒爲祕書令而恒固請爲郡未授而卒時年

七十六贈平東將軍幽州刺史都昌侯謚曰康

子壽昌太和初祕書令史稍遷荆州征虜府錄事參軍

陳奇字修奇河北人也自云晉涼州刺史驤之八世孫祖刃仕慕容垂奇少孤家貧而奉母至孝髫亂聰識有夙成之美性氣剛亮與俗不羣愛翫經典博通墳籍常非馬融鄭玄解經失旨志在著述五經始注孝經論語頗傳於世爲搢紳所稱與河間邢祐同召赴京時祕書監游雅素聞其名始頗好之引入祕省欲授以史職後與奇論典誥及詩書雅贊扶馬鄭至於易訟卦天與水違行雅曰自蔥嶺以西水皆西流推此而言易之所及自蔥嶺以東耳奇曰易理綿廣包含宇宙若如公言自蔥嶺以西豈東向望天哉奇執義非雅每如此類終不苟從雅性護短因以爲嫌嘗衆辱奇或爾汝之或指爲小人奇曰公身爲君子奇身且小人耳雅曰君言身且小人君祖父是何人也奇曰祖燕東部侯釐雅質奇曰侯釐何官也奇曰三皇不傳禮官名豈同哉故昔有雲師火正鳥師之名以斯而言世革則官異時易則禮變公爲皇魏東宮內侍長侍長竟何職也由是雅深憾之先是勑以奇付雅令銓補祕書雅旣惡之遂不復敘用焉奇冗散數年高允與奇讎溫古籍嘉其遠致稱奇通識非凡學所窺允微勸雅曰君朝望具瞻何爲與野儒辨簡牘章句雅謂允有私於奇曰君寧黨小人也乃取奇所注論語孝經焚於坑內奇曰公貴人不乏樵薪何乃燃奇論語雅愈怒因告京師後生不聽傳授而奇無降志亦評雅之失雅製昭皇太后碑文論后名字之美比諭前魏之甄后奇刺發其非遂聞於上詔下司徒檢對碑史事乃郭后雅有屈焉有人爲謗書多怨時之言頗稱奇不得志雅乃諷在事云此書言奇不遂當是奇假人爲之如依律文造謗書者皆及孥戮遂抵奇罪時司徒平原王陸麗知奇見枉惜其才學故得遷延經年冀有寬宥但執以獄成竟致大戮遂及其家奇於易尤長在獄嘗自筮卦未及成乃擲破而歎曰吾不度來年冬季及奇受害如其所占奇初被召夜夢星墜壓腳明而告人曰星則好風星則好雨夢星壓腳必無善徵但時命峻切不敢不赴耳奇妹適常氏有子曰矯之仕歷郡守神龜中上書陳時政所宜言頗忠至清河王懌稱美之奇所注論語矯之傳掌未能行於世其義多異鄭玄往往與司徒崔浩同

常爽字仕明河內溫人魏太常卿林六世孫也祖珍苻堅南安太守因世亂遂居涼州父坦乞伏世鎮遠將軍大夏鎮將顯美侯爽少而聰敏嚴正有志槩雖家人僮隸未嘗見其寬誕之容篤志好學博聞彊識明習緯候五經百家多所研綜州郡禮命皆不就世祖西征涼土爽與兄仕國歸款軍門世祖嘉之賜仕國爵五品顯美男爽爲六品拜宣威將軍是時戎車屢駕征伐爲事貴遊子弟未遑學術爽置館溫水之右教授門徒七百餘人京師學業翕然復興爽立訓甚有勸罰之科弟子事之若嚴君焉尚書左僕射元贊平原太守司馬貞安著作郎程靈虬皆是爽教所就崔浩高允並稱爽之嚴教獎勵有方允曰文翁柔勝先生剛克立教雖殊成人一也其爲通識歎服如此因教授之暇述六經略注以廣制作甚有條貫其序曰傳稱立天之道曰陰與陽立地之道曰柔與剛立人之道曰仁與義然則仁義者人之性也經典者身之文也皆以陶鑄神情啓悟耳目未有不由學而能成其器不由習而能利其業是故季路勇士也服道以成忠烈之槩甯越庸夫也講藝以全高尚之節蓋所由者習也所因者本也本立而道生身文而德備焉昔者先王之訓天下也莫不導以詩書教以禮樂移其風俗和其人民故恭儉莊敬而不煩者教深於禮也廣博易良而不奢者教深於樂也溫柔敦厚而不愚者教深於詩也疏通知遠而不誣者教深於書也潔靜精微而不賊者教深於易也屬辭比事而不亂者教深於春秋也夫樂以和神詩以正言禮以明體書以廣聽春秋以斷事五者蓋五常之道相須而備而易爲之源故曰易不可見則乾坤其幾乎息矣由是言之六經者先王之遺烈聖人之盛事也安可不遊心寓目習性文身哉頃因暇日屬意藝林略撰所聞討論其本名曰六經略注以訓門徒焉其略注行於世爽不事王侯獨守閑靜講肄經典二十餘年時人號爲儒林先生年六十三卒於家

子文通歷官至鎮西司馬南天水太守西翼校尉文通子景別有傳

劉獻之博陵饒陽人也少而孤貧雅好詩傳曾受業於渤海程玄後遂博觀衆籍見名法之言掩卷而笑曰若使楊墨之流不爲此書千載誰知其小也曾謂其所親曰觀屈原離騷之作自是狂人死其宜矣何足惜也吾常謂濯纓洗耳有異人之迹哺糟歠醨有同物之志而孔子曰我則異於是無可無不可誠哉斯言實獲我心時人有從獻之學者獻之輒謂之曰人之立身雖百行殊途準之四科要以德行爲首君若能入孝出悌忠信仁讓不待出戶天下自知儻不能然雖復下帷針股躡屩從師正可博聞多識不過爲土龍乞雨眩惑將來其於立身之道有何益乎孔門之徒初亦未悟見旱魚之歎方歸而養親嗟乎先達何自覺之晚也束脩不易受之亦難敢布心腹子其圖之由是四方學者莫不高其行義而希造其門獻之善春秋毛詩每講左氏盡隱公八年便止云義例已了不復須解由是弟子不能究竟其說後本郡舉孝廉非其好也逼遣之乃應命至京稱疾而還高祖幸中山詔徵典內校書獻之喟然歎曰吾不如莊周散木遠矣一之謂甚其可再乎固以疾辭時中山張吾貴與獻之齊名海內皆曰儒宗吾貴每一講唱門徒千數其行業可稱者寡獻之著錄數百而已皆經通之士於是有識者辨其優劣魏承喪亂之後五經大義雖有師說而海內諸生多有疑滯咸決於獻之六藝之文雖不悉注然所標宗旨頗異舊義撰三禮大義四卷三傳略例三卷注毛詩序義一卷今行於世并章句疏三卷注涅槃經未就而卒有四子放古爰古參古修古

放古幼有人才爲州從事早亡

爰古參古並傳父詩而不能精通也

張吾貴字吳子中山人少聰慧口辯身長八尺容貌奇偉年十八本郡舉爲太學博士吾貴先未多學乃從酈詮受禮牛天祐受易詮祐粗爲開發而吾貴覽讀一遍便即別構戶牖世人競歸之曾在夏學聚徒千數而不講傳生徒竊云張生之於左氏似不能說吾貴聞之謂其徒曰我今夏講暫罷後當說傳君等來日皆當持本生徒怪之而已吾貴謂劉蘭云君曾讀左氏爲我一說蘭遂爲講三旬之中吾貴兼讀杜服隱括兩家異同悉舉諸生後集便爲講之義例無窮皆多新異蘭乃伏聽學者以此益奇之而以辯能飾非好爲詭說由是業不久傳而氣陵牧守不屈王侯竟不仕而終

劉蘭武邑人年三十餘始入小學書急就篇家人覺其聰敏遂令從師受春秋詩禮於中山王保安家貧無以自資且耕且學三年之後便白其兄蘭欲講書其兄笑而聽之爲立黌舍聚徒二百蘭讀左氏五日一遍兼通五經先是張吾貴以聰辨過人其所解說不本先儒之旨唯蘭推經傳之由本注者之意參以緯候及先儒舊事甚爲精悉自後經義審博皆由於蘭蘭又明陰陽博物多識爲儒者所宗瀛州刺史裴植徵蘭講書於州城南館植爲學主故生徒甚盛海內稱焉又特爲中山王英所重英引在館令授其子熙誘略等蘭學徒前後數千成業者衆而排毀公羊又非董仲舒由是見譏於世永平中爲國子助教延昌中靜坐讀書有人叩門門人通焉蘭命引入其人葛巾單衣入與蘭坐謂蘭曰君自是學士何爲每見毀辱理義長短竟知在誰而過無禮見陵也今欲相召當與君正之言終而出出後蘭告家人少時而患卒

孫惠蔚字叔炳武邑武遂人也小字陁羅自言六世祖道恭爲晉長秋卿自道恭至惠蔚世以儒學相傳惠蔚年十三粗通詩書及孝經論語十八師董道季講易十九師程玄讀禮經及春秋三傳周流儒肆有名於冀方太和初郡舉孝廉對策於中書省時中書監高閭宿聞惠蔚稱其英辯因相談薦爲中書博士轉皇宗博士閭被勑理定雅樂惠蔚參其事及樂成閭上疏請集朝貴於太樂共研是非祕書令李彪自以才辯立難於其間閭命惠蔚與彪抗論彪不能屈黃門侍郎張彝常與遊處每表疏論事多參訪焉十七年高祖南征上議告類之禮及太師馮熙薨惠蔚監其喪禮上書令熙未冠之子皆服成人之服惠蔚與李彪以儒學相知及彪位至尚書惠蔚仍太廟令高祖曾從容言曰道固旣登龍門而孫蔚猶沉涓澮朕常以爲負矣雖久滯小官深體通塞無孜孜之望儒者以是尚焉二十二年侍讀東宮先是七廟以平文爲太祖高祖議定祖宗以道武爲太祖祖宗雖定然昭穆未改及高祖崩祔神主於廟時侍中崔光兼太常卿以太祖旣改昭穆以次而易兼御史中尉黃門侍郎邢巒以爲太祖雖改昭穆仍不應易乃立彈草欲按奏光光謂惠蔚曰此乃禮也而執法欲見彈劾思獲助於碩學惠蔚曰此深得禮變尋爲書以與光讚明其事光以惠蔚書呈宰輔乃召惠蔚與巒庭議得失尚書令王肅又助巒而巒理終屈彈事遂寢世宗卽位之後仍在左右敷訓經典自冗從僕射遷祕書丞武邑郡中正惠蔚旣入東觀見典籍未周乃上疏曰臣聞聖皇之御世也必幽贊人經參天貳地憲章典故述遵鴻猷故易曰觀乎天文以察時變觀乎人文以化成天下然則六經百氏圖書祕籍乃承天之正術治人之貞範是以溫柔疏遠詩書之教恭儉易良禮樂之道爻象以精微爲神春秋以屬辭爲化故大訓炳於東序藝文光於麟閣斯寔太平之樞宗勝殘之要道有國之靈基帝王之盛業安上靖民敦風美俗其在茲乎及秦棄學術禮經泯絕漢興求訪典文載舉先王遺訓燦然復存

暨光武撥亂日不暇給而入洛之書二千餘兩魏晉之世尤重典墳收亡集逸九流咸備觀其鳩閱史篇訪購經論紙竹所載略盡無遺臣學闕通儒思不及遠徒循章句片義無立而慈造曲覃厠班祕省忝官承乏唯書是司而觀閣舊典先無定目新故雜糅首尾不全有者累帙數十無者曠年不寫或篇第褫落始末淪殘或文壞字誤謬爛相屬篇目雖多全定者少臣請依前丞臣盧昶所撰甲乙新錄欲裨殘補闕損併有無校練句讀以爲定本次第均寫永爲常式其省先無本者廣加推尋搜求令足然經記浩博諸子紛綸部帙既多章篇紕繆當非一二校書歲月可了今求令四門博士及在京儒生四十人在祕書省專精校考參定字義如蒙聽許則典文允正羣書大集詔許之又兼黃門侍郎遷中散大夫仍兼黃門久之正黃門侍郎代崔光爲著作郎才非文史無所撰著唯自披其傳注數行而已遷國子祭酒祕書監仍知史事延昌二年追賞侍講之勞封棗強縣開國男食邑二百戶肅宗初出爲平東將軍濟州刺史還京除光祿大夫魏初已來儒生寒官惠蔚最爲顯達先單名蔚正始中侍講禁內夜論佛經有愜帝旨詔使加惠號惠蔚法師焉神龜元年卒于官時年六十七賜帛五百匹贈大將軍瀛州刺史謚曰戴子伯禮襲封伯禮善隸書拜奉朝請員外散騎侍郎寧朔將軍步兵校尉國子博士卒贈輔國將軍巴州刺史

子逵同襲少有才學早亡時人惜之

徐遵明字子判華陰人也身長八尺幼孤好學年十七隨鄉人毛靈和等詣山東求學至上黨乃師屯留王聰受毛詩尚書禮記一年便辭聰詣燕趙師事張吾貴吾貴門徒甚盛遵明伏膺數月乃私謂其友人曰張生名高而義無檢格凡所講說不愜吾心請更從師遂與平原田猛略就范陽孫買德受業一年復欲去之猛略謂遵明曰君年少從師每不終業千里負帙何去就之甚如此用意終恐無成遵明曰吾今始知眞師所在猛略曰何在遵明乃指心曰正在於此乃詣平原唐遷納之居於蠶舍讀孝經論語毛詩尚書三禮不出門院凡經六年時彈箏吹笛以自娛慰又知陽平館陶趙世業家有服氏春秋是晉世永嘉舊本遵明乃往讀之復經數載因手撰春秋義章爲三十卷是後教授門徒蓋寡久之乃盛遵明每臨講坐必持經執疏然後敷陳其學徒至今浸以成俗遵明講學於外二十餘年海內莫不宗仰頗好聚歛有損儒者之風後廣平王懷聞而徵焉至而尋退不好京輦孝昌末南渡河客於任城以兗州有舊因徙居焉永安初東道大使元羅表薦之竟無禮辟二年元顥入洛任城太守李湛將舉義兵遵明同其事夜至民間爲亂兵所害時年五十五永熙二年遵明弟子通直散騎常侍李業興表曰臣聞行道樹德非求利於當年服義履仁豈邀恩於沒世但天爵所存果致式閭之禮民望攸屬終有祠墓之榮伏見故處士兗州徐遵明生在衡泌弗因世族之基長於原野匪乘雕有之地而託心淵曠置情恬雅處靜無悶居約不憂故能垂簾自精下帷獨得鑽經緯之微言研聖賢之妙旨莫不入其門戶踐其堂奧信以稱大儒於海內擅明師於日下矣是故眇眇四方知音之類延首慕德跂踵依風每精廬暫闢杖策不遠千里束脩受業編錄將踰萬人固已企盛烈於西河擬高蹤於北海若慕奇好士愛客尊賢罷吏遊梁紛而成列遵明以碩德重名首蒙禮命曳裾雅步眷同置醴黃門李郁具所知明方申薦奏之恩處心守壑之志潛居樂道遂往不歸故北海王入洛之初率土風靡遵明確然守志忠潔不渝遂與太守李湛將誅叛逆時有邂逅受斃凶險至誠高節堙沒無聞朝野人士相與嗟悼伏惟陛下遠應龍序俯執天裒每端聽而忘昃常坐思而候曉雖微功小善片言一行莫不衣裳加室玉帛在門況遵明冠蓋一時師表當世溘焉冥沒旌紀寂寥逝者長辭無論榮價文明敘物敦厲斯在臣託跡諸生親承顧眄惟伏膺之義感在三之重是以越分陳愚上諠幄座特乞加以顯謚追以好爵仰申朝廷尚德之風下示學徒稽古之利若宸鑒昭回曲垂矜採則荒墳千載式貴生平卒無贈謚

董徵字文發頓丘衛國人也祖英高平太守父虬郡功曹徵身長七尺二寸好古學尚雅素年十七師清河監伯陽受論語毛詩春秋周易就河內高望崇受周官後於博陵劉獻之遍受諸經數年之中大義精練講授生徒太和末爲四門小學博士後世宗詔徵入璇華宮令孫惠蔚問以六經仍詔徵教授京兆清河廣平汝南四王後特除員外散騎侍郎清河王懌之爲司空司徒引徵爲長流參軍懌遷太尉徵爲倉曹參軍出爲沛郡太守加揚烈將軍入爲太尉司馬俄加輔國將軍未幾以本將軍除安州刺史徵因述職路次過家置酒高會大享邑老乃言曰腰龜返國昔人稱榮仗節還家云胡不樂因誡二三子弟曰此之富貴匪自天降乃勤學所致耳時人榮之入爲司農少卿光祿大夫徵出州入卿匪唯學業所致亦由汝南王悅以其師資之義爲之啓請焉永安初加平東將軍尋以老解職永熙二年卒出帝以徵昔授父業故優贈散騎常侍都督相殷滄三州諸軍事車騎大將軍儀同三司尚書左僕射相州刺史謚曰文烈

子仲曜武定末儀同開府屬

刁沖字文朗渤海饒安人也鎮東將軍雍之曾孫十三而孤孝慕過人其祖母司空高允女聰明婦人也哀其早孤撫養尤篤沖免喪後便志學他方高氏泣涕留之沖終不止雖家世貴達及從師於外自同諸生於時學制諸生悉日直監廚沖雖有僕隸不令代己身自炊爨每師受之際發志精專不捨晝夜殆忘寒暑學通諸經偏修鄭說陰陽圖緯算數天文風氣之書莫不關綜當世服其精博刺史郭祚聞其盛名訪以疑義沖應機解辯無不祛其久惑後太守范陽盧尚之刺史河東裴植竝徵沖爲功曹主簿非所好也受署而已不關事務惟以講學爲心四方學徒就其受業者歲有數百沖雖儒生而執心壯烈不畏彊禦延昌中世宗舅司徒高肇擅恣威權沖乃抗表極言其事辭旨懇直文義忠憤太傅清河王懌覽而歎息先是沖曾祖雍作行孝論以誡子孫稱古之葬者衣之以薪不封不樹後世聖人易之棺槨其有生則不能致養死則厚葬過度及於末世至蘧篨裹尸倮而葬者確而爲論竝非折衷既知二者之失豈宜同之當令所存者棺厚不過三寸高不過三尺弗用繒綵歛以時服轜車止用白布爲幔不加畫飾名爲清素車又去挽歌方相并明器雜物及沖祖遵將卒勑其子孫令奉遵遺旨河南尹丞張普惠謂爲太儉貽書於沖叔整議其進退整令與通學議之沖乃致書國學諸儒以論其事學官竟不能荅沖以嫡傳祖爵東安侯京兆王繼爲司空也竝以高選頻辟記室參軍肅宗將親釋奠於是國子助教韓神固與諸儒詣國子祭酒崔光吏部尚書甄琛舉其才學奏而徵焉及卒國子博士高涼及范陽盧道侃盧景裕等復上狀陳沖業行議奏謚曰安憲先生祭以太牢

子欽字志儒早亡

盧景裕字仲儒小字白頭范陽涿人也章武伯同之兄子少聰敏專經爲學居拒馬河將一老婢作食妻子不自隨從又避地大寧山不營世事居無所業惟在注解其叔父同職居顯要而景裕止於園舍情均郊野謙恭守道貞素自得由是世號居士前廢帝初除國子博士參議正聲甚見親遇待以不臣之禮永熙初以例解天平中還鄉里與邢子才魏季景魏收邢昕等同徵赴鄴景裕寓託僧寺講聽不已未幾歸本郡河間邢摩納與景裕從兄仲禮據鄉作逆逼其同反以應元寶炬齊獻武王命都督賀拔仁討平之聞景裕經明行著驛馬特徵既而舍之使教諸子在館十日一歸家隨以鼎食景裕風儀言行雅見嗟賞先是景裕注周易尚書孝經論語禮記老子其毛詩春秋左氏未訖齊文襄王入相於第開講招延時儁令景裕解所注易景裕理義精微吐發閑雅時有問難或相詆訶大聲厲色言至不遜而景裕神彩儼然風調如一從容往復無際可尋由是士君子嗟美之元顥入洛以爲中書郎普泰初復除國子博士進退其間未曾有得失之色性淸靜淡於榮利敝衣麤食恬然自安終日端嚴如對賓客興和中補齊王開府屬卒於晉陽齊獻武王悼惜之景裕雖不聚徒教授所注易大行於世又好釋氏通其大義天竺胡沙門道悕每譯諸經論輒託景裕爲之序景裕之敗也繫晉陽獄至心誦經枷鎖自脫是時又有人負皐當死夢沙門敎講經覺時如所夢默誦千遍臨刑刀折主者以聞赦之此經遂行於世號曰高王觀世音

李同軌趙郡高邑人陽夏太守義深之弟體貌魁岸腰帶十圍學綜諸經多所治誦兼讀釋氏又好醫術年二十二舉秀才射策除奉朝請領國子助教轉著作郎典儀注修國史遷國子博士加征虜將軍永熙二年出帝幸平等寺僧徒講法勑同軌論難音韻閑朗往復可觀出帝善之三年春釋菜詔延公卿學官於顯陽殿勑祭酒劉廞講孝經黃門李郁講禮記中書舍人盧景宣解大戴禮夏小正篇時廣招儒學引令預聽同軌經義素優辯析兼美而不得執經深爲慨恨天平中轉中書侍郎興和中兼通直散騎常侍使蕭衍衍深敬釋學遂集名僧於其愛敬同泰二寺講涅槃大品經引同軌預席衍兼遣其朝臣竝共觀聽同軌論難久之道俗咸以爲善盧景裕卒齊獻武王引同軌在館教諸公子甚加禮之每旦入授日暮始歸緇素請業者同軌夜爲說解四時恒爾不以爲倦武定四年夏卒年四十七時人傷惜之齊獻武王亦殊嗟悼贈禭甚厚贈驃騎大將軍瀛州刺史謚曰康

李業興上黨長子人也祖虬父玄紀竝以儒學舉孝廉玄紀卒於金鄉令業興少耿介志學精力負帙從師不憚勤苦耽思章句好覽異說晚乃師事徐遵明於趙魏

之閒時有漁陽鮮于靈馥亦聚徒教授而遵明聲譽未高著録尚寡業興乃詣靈馥黌舍類受業者靈馥乃謂曰李生久逐羌博士何所得也業興默爾不言及靈馥說左傳業興問其大義數條靈馥不能對於是振衣而起曰羌子弟正如此耳遂便徑還自此靈馥生徒傾學而就遵明遵明學徒大盛業興之爲也後乃博涉百家圖緯風角天文占候無不討練尤長算歷雖在貧賤常自矜負若禮待不足縱於權貴不爲之屈後爲王遵業門客舉孝廉爲校書郎以世行趙匪歷節氣後辰下算延昌中業興乃爲戊子元歷上之於時屯騎校尉張洪盪寇將軍張龍祥等九家各獻新歷世宗詔令共爲一歷洪等後遂共推業興爲主成戊子歷正光三年奏行之事在律歷志累遷奉朝請臨淮王彧征蠻引爲騎兵參軍後廣陵王淵北征復爲外兵參軍業興以殷歷甲寅黃帝辛卯徒有積元術數亡缺業興又修之各爲一卷傳於世建義初敕典儀注未幾除著作佐郎永安三年以前造歷之勳賜爵長子伯遭憂解任尋起復本官元曄之竊號也除通直散騎侍郎普泰元年沙汰侍官業興仍在通直加寧朔將軍又除征虜將軍中散大夫仍在通直太昌初轉散騎侍郎仍以典儀之勤特賞一階除平東將軍光祿大夫尋加安西將軍後以出帝登極之初預行禮事封屯留縣開國子食邑五百戶轉中軍將軍通直散騎常侍永熙三年二月出帝釋奠業興與魏季景溫子昇竇瑗爲摘句後入爲侍讀遷鄴之始起部郎中辛術奏曰今皇居徙御百度創始營構一興必宜中制上則憲章前代下則模寫洛京今鄴都雖舊基址毀滅又圖記參差事宜審定臣雖曰職司學不稽古國家大事非敢專之通直散騎常侍李業興碩學通儒博聞多識萬門千戶所宜訪詢今求就之披圖案記考定是非參古雜今折中爲制召畫工并所須調度具造新圖由奏取定庶經始之日執事無疑詔從之天平二年除鎮南將軍尋爲侍讀於時尚書右僕射營構大將高隆之被詔繕治三署樂器衣服及百戲之屬乃奏請業興共參其事四年與兼騎常侍李諧兼吏部郎盧元明使蕭衍衍散騎常侍朱异問業興曰魏洛中委粟山是南郊邪業興曰委粟是圓丘非南郊异曰北間郊丘異所是用鄭義我此中用王義業興曰然洛京郊丘之處專用鄭解异曰若然女子逆降傍親亦從鄭以不業興曰此之一事亦不專從若卿此間用王義除禫應用二十五月何以王儉喪禮禫用二十七月也异遂不荅業興曰我昨見明堂四柱方屋都無五九之室當是裴頠所制明堂上圓下方裴雅除室耳今此上不圓何也异曰圓方之說經典無文何怪於方業興曰圓方之言出處甚明卿自不見見卿錄梁主孝經義亦云上圓下方卿言豈非自相矛楯异曰若然圓方竟出何經業興曰出孝經援神契异曰緯候之書何用信也業興曰卿若不信靈威仰叶光紀之類經典亦無出者卿復信不异不荅蕭衍親問業興曰聞卿善於經義儒玄之中何所通達業興曰少爲書生止讀五典至於深義不辨通釋衍問詩周南王者之風繫之周公召南仁賢之風繫之召公何名爲繫業興對曰鄭注儀禮云昔大王王季居于岐陽躬行召南之教以興王業及文王行今周南之教以受命作邑於酆分其故地屬之二公名爲繫衍又問若是故地應自統攝何由分封二公業興曰文王爲諸侯之時所化之本國今既登九五之尊不可復守諸侯之地故分封二公衍又問乾卦初稱潛龍二稱見龍至五飛龍初可名爲虎問意小乖業興對學識膚淺不足仰酬衍又問尚書正月上日受終文祖此是何正業興對此是夏正月衍言何以得知業興曰案尚書中候運行篇云日月營始故知夏正衍又問堯時以何月爲正業興對自堯以上書典不載實所不知衍又云寅賓出日卽是正月日中星鳥以殷仲春卽是二月此出堯典何得云堯時不知用何正也業興對雖三正不同言時節者皆據夏時正月周禮仲春二月會男女之無夫家者雖自周書月亦夏時堯之日月亦當如此但所見不深無以辨析明問衍又曰禮原壤之母死孔子助其沐椁原壤叩木而歌曰久矣不託音貍首之斑然執女手之卷然孔子聖人而與原壤爲友業興對孔子卽自解言親者不失其爲親故者不失其爲故又問原壤何處人業興對曰鄭注云原壤孔子幼少之舊故是魯人衍又問孔子聖人所存必可法原壤不孝有逆人倫何以存故舊之小節廢不孝之大罪業興對曰原壤所行事自彰著幼少之交非是今始既無大故何容棄之孔子深敦故舊之義於理無失衍又問孔子聖人何以書原壤之事垂法萬代業興對曰此是後人所錄非孔子自制猶合葬於防如此之類禮記之中動有百數衍又問易曰太極是有無業興對所傳太極是有素不玄學何敢輒酬還兼散騎常侍加中軍大將軍後罷議事省詔右僕射高隆之及諸朝士與業興等在尚書省議定五禮興和初又爲甲子元歷時見施用復預議麟趾新制武定元年除國子祭酒仍侍讀三年出除太原太守齊獻武王每出征討時有顧訪五年齊文襄王引爲中外府諮議參軍後坐事禁止業興乃造九宮行棊歷以五百爲章四千四十爲部九百八十七爲斗分還以己未爲元始終相維不復移轉與今歷法術不同至於氣序交分景度盈縮不異也七年死於禁所年六十六業興愛好墳籍鳩集不已手自補治躬加題帖其家所有垂將萬卷覽讀不息多有異聞諸儒服其淵博性豪俠重意氣人有急難委之歸命便能容匿與其好合傾身無吝若有相乖忤便卽疵毀乃至聲色加以謗罵性又躁隘至於論難之際高聲攘振無儒者之風每語人云但道我好雖知妄言故勝道惡務進忌前不顧後患時人以此惡之至於學術精微當時莫及

子崇祖武定中太尉外兵參軍

崇祖弟遵祖太昌中業興傳其長子伯以授之齊受禪例降

史臣曰古語云容體不足觀勇力不足恃族姓不足道先祖不足稱然而顯聞四方流聲後裔者其惟學乎信哉斯言也梁越之徒篤志不倦自求諸己遂能聞道下風稱珍席上或聚徒千百或服冕乘軒咸稽古之力也

魏書卷八十四考證

列傳第七十二○魏收書儒林傳亡用高氏小史補之刁沖盧景裕傳全錄北史史氏論全用隋書儒林傳論

梁越等傳敘顯祖天安初○天監本誤作太太安係高宗文成帝年號今從帝紀改正

李業興傳以世行趙匪歷○趙匪本書律歷志作趙歐北史同

魏書卷八十五

齊　魏收　撰

列傳文苑第七十三

袁躍　裴敬憲　盧觀　封肅

邢臧　裴伯茂　邢昕　溫子昇

夫文之爲用其來日久自昔聖達之作賢喆之書莫不統理成章蘊氣標致其流廣變諸非一貫文質推移與時俱化淳于出齊有雕龍之目靈均逐楚著嘉禍之章漢之西京馬揚爲首稱東都之下班張爲雄伯曹植信魏世之英陸機則晉朝之秀雖同時竝列分途爭遠永嘉之後天下分崩夷狄交馳文章殄滅昭成太祖之世南收燕趙網羅俊乂逮高祖馭天銳情文學蓋以頡頏漢徹掩踔曹丕氣韻高豔才藻獨構衣冠仰止咸慕新風肅宗歷位文雅大盛學者如牛毛成者如麟角孔子曰才難不其然乎

袁躍字景騰陳郡人尚書纖弟也博學儁才性不矯俗篤於交友纖每謂人曰躍可謂我家千里駒也釋褐司空行參軍歷位尚書都兵郎中加員外散騎常侍將立明堂躍乃上議當時稱其博洽蠕蠕主阿那瓌亡破來奔朝廷矜之送復其國既而每使朝貢辭旨頗不盡禮躍爲朝臣書與瓌陳以禍福言辭甚美後遷車騎將軍太傅清河王懌文學雅爲懌所愛賞懌之文表多出於躍卒贈冠軍將軍吏部郎中所制文集行於世無子兄纖以子聿脩繼

聿脩字叔德七歲遭喪居處禮若成人九歲州辟主簿性深沉有鑒識清靖寡欲與物無競姨夫尚書崔休深所知賞年十八領本州中正兼尚書度支郎中齊受禪除太子庶子以本官行博陵太守

裴敬憲字孝虞河東聞喜人也益州刺史宣第二子少有志行學博才清撫訓諸弟專以讀誦爲業澹於榮利風氣俊遠郡徵功曹不就諸府辟命先進其弟世人歎美之司州牧高陽王雍舉秀才射策高第除太學博士性和雅未嘗失色於人工隸草解音律五言之作獨擅於時名聲甚重後進共宗慕之中山闕將之部朝賢送於河梁賦詩言別皆以敬憲爲最其文不能贍逸而有清麗之美少有氣病年三十三卒人物甚悼之敬憲世有仁義於鄉里孝昌中蜀賊陳雙熾所過殘暴至敬憲宅輒相約束不得焚燒爲物所伏如此永興三年贈中書侍郎諡曰文

盧觀字伯舉范陽涿人也少好學有儁才舉秀才射策甲科除太學博士著作佐郎與太常少卿李神儁光祿大夫王誦等在尚書上省撰定朝儀拜尚書儀曹郎中孝昌元年卒

封肅字元邕渤海人尚書回之兄子也早有文思博涉經史太傅崔光見而賞爲位太學博士修起居注兼廷尉監爲還園賦其辭甚美正光中京兆王西征引爲大行臺郎中委以書記還除尚書左中兵郎中卒肅性恭儉不妄交遊唯與崔勵勵從兄鴻尤相親善所製文章多亡失存者十餘卷

邢臧字子良河間人光祿少卿虬長孫也幼孤早立操

尚博學有藻思年二十一神龜中舉秀才問策五條考上第爲太學博士正光中議立明堂藏爲裴頠一室之議事雖不行當時稱其理博出爲本州中從事雅爲鄉情所附永安初徵爲金部郎中以疾不赴轉除東牟太守時天下多事在職少能廉白藏獨清愼奉法吏民愛之隴西李延寔莊帝之舅以太傅出除青州啓藏爲屬領樂安內史有惠政從除濮陽太守尋加安東將軍藏和雅信厚有長者之風爲時人所愛敬爲特進甄琛行狀世稱其工與裴敬憲盧觀兄弟並結交分曾共讀回文集藏獨先通之撰古來文章并敍作者氏族號曰文譜未就病卒時賢悼惜之其文筆凡百餘篇贈鎭北將軍定州刺史謚曰文

子恕涉學有識悟

裴伯茂河東人司空中郎叔義第二子少有風望學涉羣書文藻富贍釋褐奉朝請大將軍京兆王繼西討引爲鎧曹參軍南討絳蜀陳雙熾爲行臺長孫承業行臺郎中承業還京師留伯茂仍知行臺事以平薛鳳賢等賞平陽伯再遷散騎常侍典起居注太昌初爲中書侍郎永熙中出帝兄子廣平王贊盛選賓僚以伯茂爲文學後加中軍大將軍伯茂好飲酒頗涉疏傲久不徙官曾爲豁情賦其序略曰余攝養舛和服餌寡術自春徂夏三嬰湊疾雖桐君上藥有時致効而草木下性實縈衿抱故復究覽莊生具體齊物物我兩忘是非俱遣斯人之達吾所師焉故作是賦所以託名豁情寄之風謠矣天平初遷鄴又爲遷都賦文多不載二年因內宴伯茂侮慢殿中尚書章武王景哲景哲遂申啓稱伯茂棄其本列與監同行以梨擊按傍汙冠服禁庭之內令人挈衣詔付所司後竟無坐伯茂先出後其伯仲規與兄景融別居景融貧窘伯茂了無賑恤殆同行路世以此貶薄之卒年三十九知舊歎惜焉伯茂末年劇飲不已乃至傷性多有愆失未亡前數日忽云吾得密信將被收掩乃與婦乘車西逃避後因顧指壁中言有官人追逐其妻方知其病卒後殯於家園友人常景李渾王元景盧元明魏季景李騫等十許人於墓傍置酒設祭哀哭涕泣一飲一酹曰裴中書魂而有靈知吾曹也乃各賦詩一篇李騫以魏收亦與之友寄以示收收時在晉陽乃同其作論叙伯茂其十字云臨風想玄度對酒思公榮時人以伯茂性侮傲謂收詩頗得事實贈散騎常侍衞將軍度支尚書雍州刺史重贈吏部尚書謚曰文伯茂曾撰晉書竟未能成無子兄景融以第二子孝才繼

邢昕字子明河間人尚書嶷弟偉之子幼孤見愛於祖母李氏好學早有才情蕭寶夤以車騎大將軍開府討關中以子明爲東閤祭酒委以文翰在軍解褐盪寇將軍累遷太尉記室參軍吏部尚書李神儁奏昕修起居注太昌初除中書侍郎加平東將軍光祿大夫時言冒竊官級爲中尉所劾免官乃爲述躬賦未幾受詔與祕書監常景典儀注事出帝行釋奠禮昕與校書郎裴伯茂等俱爲錄義永熙末昕入爲侍讀與溫子昇魏收參掌文詔遷鄴乃歸河間天平初與侍中從叔子才魏季景魏收同徵赴都尋還鄉里既而復徵時蕭衍使兼散騎常侍劉孝儀等來朝貢詔昕兼正員郎迎於境上司徒孫騰引爲中郎尋除通直常侍加中軍將軍既有才藻兼長几案自孝昌之後天下多務世人競以吏工取達文學大衰司州中從事宋遊道以公斷見知時與昕嘲謔昕謂之曰世事同知文學外遊道有慙色興和中以本官副李象使於蕭衍昕好忤物人謂之牛是行也談者謂之牛象鬬於江南齊文襄王攝選擬昕爲司徒右長史未奏遇疾卒士友悲之贈車騎將軍都官尚書冀州刺史謚曰文所著文章自有集錄

溫子昇字鵬舉自云太原人晉大將軍嶠之後也世居江左祖恭之劉義隆彭城王義康戶曹避難歸國家于濟陰寃句因爲其郡縣人焉家世寒素父暉兖州左將軍府長史行濟陰郡事子昇初受學於崔靈恩劉蘭精勤以夜繼晝晝夜不倦長乃博覽百家文章淸婉爲廣陽王淵賤客在馬坊教諸奴子書作侯山祠堂碑文常景見而善之故詣淵謝之景曰頃見溫生淵怪問之景曰溫生是大才士淵由是稍知之熙平初中尉東平王匡博召辭人以充御史同時射策者八百餘人子昇與盧仲宣孫搴等二十四人爲高第於時預選者爭相引決匡使子昇當之皆受屈而去搴謂人曰朝來靡旗亂轍者皆子昇逐北遂補御史時年二十二臺中文筆皆子昇爲之以憂去任服闋還爲朝請後李神儁行荊州事引兼錄事參軍被徵赴省神儁表留不遣吏部郞中李獎退表不許曰昔伯瑜之不應留王朗所以發歎宜速遣赴無踵彥雲前失於是還員正光末廣陽王淵爲東北道行臺召爲郎中軍國文翰皆出其手於是才名轉盛黃門郎徐紇受四方表啓答之敏速於淵獨沉思曰彼有溫郎中才藻可畏高車破走珍寶盈滿子昇取絹四十疋及淵爲葛榮所害子昇亦見羈執榮下都督和洛興與子昇舊識以數十騎潛送子昇得達冀州還京李楷執其手曰卿今得免足使夷甫慙德自是無復宦情閉門讀書厲精不已建義初爲南主客郎中修起居注曾一日不直上黨王天穆時錄尚書事將加捶撻子昇遂逃遁天穆甚怒奏人代之莊帝曰當世才子不過數人豈容爲此便相放黜乃寢其奏及天穆將討邢杲召子昇同行子昇未敢應天穆謂人曰吾欲收其才用豈懷前忿也今復不來便須南走越北走胡耳子昇不得已而見之加伏波將軍爲行臺郎中天穆深加賞之元顥入洛天穆召子昇問曰卽欲向京師爲隨我北渡對曰主上以虎牢失守致此狼狽元顥新入人情未安今往討之必有征無戰王若剋復京師奉迎大駕桓文之舉也捨此北渡竊爲大王惜之天穆善之而不能用遣子昇還洛顥以爲中書舍人莊帝還宮爲顥任使者多被廢黜而子昇復爲舍人天穆每謂子昇曰恨不用卿前計除正員郎仍舍人及帝殺爾朱榮也子昇預謀當時赦詔子昇詞也榮入內遇子昇把詔書問是何文書子昇顏色不變曰勑榮不視之爾朱兆入洛子昇懼禍逃匿永熙中爲侍讀兼舍人鎭南將軍金紫光祿大夫遷散騎常侍中軍大將軍後領本州大中正蕭衍使張皐寫子昇文筆傳於江外衍稱之曰曹植陸機復生於北土恨我辭人數窮百六陽夏太守傳標使吐谷渾見其國主牀頭有書數卷乃是子昇文也濟陰王暉業嘗云江左文人宋有顏延之謝靈運梁有沈約任昉我子昇足以陵顏轢謝含任吐沈楊遵彥作文德論以爲古今辭人皆負才遺行澆薄險忌唯邢子才王元景溫子昇彬彬有德素齊文襄王引子昇爲大將軍府諮議參軍子昇前爲中書郎嘗詣蕭衍客館受國書自以不修容止謂人曰詩章易作逋峭難爲文襄館客元僅曰諸人當賀推子昇合陳辭子昇久忸怩乃推陸操焉及元僅劉思逸荀濟等作亂文襄疑子昇知其謀方使之作獻武王碑文既成乃餓諸晉陽獄食敝襦而死棄尸路隅沒其家口太尉長史宋遊道收葬之又爲集其文筆爲三十五卷子昇外恬靜與物無競言有準的不妄毁譽而內深險事故之際好預其間所以終致禍敗又撰永安記三卷無子

史臣曰古之人所貴名不朽者蓋重言之尚存又加之以才名其爲貴顯固其宜也自餘或位下人微居常亦何能自達及其靈蛇可握天網俱頓並編緗素咸貫儒林雖其位可下其身可殺千載之後貴賤一焉非此道也孰云能致凡百士子可不務乎

魏書卷八十五考證

列傳第七十三○魏收書闕後人所補

封肅傳肅性恭儉不妄交遊唯與崔勵○勵北史作勱

魏書卷八十六

齊　魏收　撰

列傳孝感第七十四

趙琰　長孫慮　乞伏保　孫益德　董洛生
楊引　閻元明　吳悉達　王續生　李顯達
張昇　倉跋　王崇　郭文恭

經云孝德之本孝悌之至通於神明此蓋生人之大者淳風既遠世情雖薄孔門有以責衣錦詩人所以思素冠且生盡色養之天終極哀思之地若乃誠達泉魚感通鳥獸事匪常論斯蓋希矣至如溫牀扇席灌樹負土時或加人咸爲度俗今書趙琰等以孝感爲目焉

趙琰字叔起天水人父溫爲楊難當司馬初苻氏亂琰爲乳母攜奔壽春年十四乃歸孝心色養飪熟之節必親調之皇興中京師儉婢簡粟糶之琰遇見切責勑留輕粃嘗送子應冀州娉室從者於路遇得一羊行三十里而琰知之令送於本處又過路傍主人設羊羹琰訪知盜殺卒辭不食遣人買耜刃得剩六耜卽令送還刃主刃主高之義而不受琰命委之而去初爲兖州司馬轉團城鎭副將還京爲淮南王他府長史時禁制甚嚴不聽越關葬於舊兆琰積三十餘年不得葬二親及蒸嘗拜獻未曾不嬰慕卒事每於時節不受子孫慶賀年餘耳順而孝思彌篤慨歲月推移遷窆無期乃絕鹽粟斷諸滋味食麥而已年八十卒遷都洛陽子應等乃還鄉葬焉

應弟煦字賓育好音律以善歌聞於世位秦州刺史

長孫慮代人也母因飲酒其父眞呵叱之誤以杖擊便卽致死眞爲縣囚執處以重坐慮列辭尚書云父母忿爭本無餘惡直以謬誤一朝橫禍今母喪未殯父命旦夕慮兄弟五人並各幼稚慮身居長今年十五有一女弟始向四歲更相鞠養不能保全父若就刑交墜溝壑

乞以身代老父命使嬰弱衆孤得蒙存立尚書奏云慮於父爲孝子於弟爲仁兄尋究情狀特可矜感高祖詔特恕其父死罪以從遠流

乞伏保高車部人也父居顯祖時爲散騎常侍領牧曹尚書賜爵寧國侯以忠謹愼密常在左右出內詔命賜宮人河南宗氏亡後賜以宮人申氏宋太子左率申坦兄女也歲餘居卒申撫養伏保性嚴肅捶罵切至而伏保奉事孝謹初無恨色襲父侯爵例降爲伯稍遷左中郎將每請祿賜在外公私尺丈所用無不白知出爲無善鎭將申年餘八十伏保手製馬輿親自扶接申欣然隨之申亡伏保解官奉喪還洛復爲長兼南中郎將卒

孫益德樂安人也其母爲人所害益德童幼爲母復仇還家哭於殯以待縣官高祖文明太后以其幼而孝決又不逃罪特免之

董洛生代人也居父喪過禮詔遣祕書中散溫紹伯奉璽書慰之令自抑割以全孝道又詔其宗親使相喩獎勿令有滅性之議

楊引鄉郡襄垣人也三歲喪父爲叔所養母年九十三卒引年七十五哀毀過禮三年服畢恨不識父追服斬衰食粥麤服誓終身命經十三年哀慕不改爲郡縣鄉閭三百餘人上狀稱美有司奏宜旌賞復其一門樹其純孝詔別勑集書標揚引至行又可假以散員之名

閻元明河東安邑人也少而至孝行著鄉閭太和五年除北隨郡太守元明以違離親養興言悲慕母亦慈念泣淚喪明元明悲號上訴許歸奉養一見其母母目便開刺史呂壽恩列狀上聞詔下州郡表爲孝門復其租調兵役令終母年母亡服終心喪積載每忌日悲慟傍隣昆弟雍和尊卑諧穆安貧樂道白首同歸又猗氏縣人令狐仕兄弟四人早喪父泣慕十載奉養其母孝著鄉邑而力田積粟博施不已又河東郡人楊風等七百五十人列稱樂戶皇甫奴兄弟雖沉屈兵伍而操尚彌高奉養繼親甚著恭孝之稱又東郡小黃縣人董吐渾兄養事親至孝三世同居閨門有禮景明初畿內大使王凝奏請標異詔從之

吳悉達河東聞喜人也弟兄三人年並幼小父母爲人所殺四時號慕悲感鄉隣及長報仇避地永安昆弟同居四十餘載閨門和睦讓逸競勞雖於儉年糊饘不繼賓客經過必傾所有每守宰殯喪私辦車牛送終葬所隣人孤貧窘困莫不解衣輟糧以相賑恤鄉閭五百餘人詣州稱頌焉刺史以悉達兄弟行著鄉里板贈悉達父渤海太守悉達後欲改葬亡失墳墓推尋弗獲號哭之聲晝夜不止叫訴神祇忽於悉達足下地陷得父銘記因遷葬曾祖已下三世九喪傾盡資業不假於人哀感毀悴有過初喪有司奏聞標閭復役以彰孝義時有齊州人崔承宗其父於宋世仕漢中母喪因殯彼後青徐歸國遂爲隔絕承宗性至孝萬里投險偷路負喪還京師黃門侍郎孫惠蔚聞之曰吾於斯人見廉范之情矣於是弔贈盡禮如舊相識

王續生滎陽京縣人也遭繼母憂居喪杖而後起及終禮制鬢髮盡落有司奏聞世宗詔標旌門閭甄其徭役

李顯達潁川陽翟人也父喪水漿不入口七日鬢髮墮落形體枯悴六年廬於墓側哭不絕聲殆於滅性州牧高陽王雍以狀奏靈太后詔表其門閭

張昇滎陽人居父母喪鬢髮墜落水漿不入口吐血數升詔表門閭

倉跋滎陽京縣人也喪母水漿不入口五日吐血數升居憂毀瘠見稱州里有司奏聞出帝詔標門閭

王崇字乾邕陽夏雍丘人也兄弟並以孝稱身勤稼穡以養二親仕梁州鎭南府主簿母亡杖而後起鬢髮墮落未及葬柩殯宅西崇廬於殯所晝夜哭泣鳩鴿羣至有一小鳥素質墨眸形大如雀栖於崇廬朝夕不去母喪始闋復丁父憂哀毀過禮是年陽夏風雹所過之處禽獸暴死草木摧折至崇田畔風雹便止禾麥十頃竟無損落及過崇地風雹如初咸稱至行所感崇雖除服仍居墓側於其堂前生草一根莖葉甚茂人莫能識至冬中復有鳥巢於崇屋乳養三子毛羽成長馴而不驚守令聞之親自臨視州以聞奏標其門閭

郭文恭太原平遙人也仕爲太平縣令年踰七十父母喪亡文恭孝慕罔極乃居祖父墓次晨夕拜跪跣足負土培祖父二墓寒暑竭力積年不已見者莫不哀歎尚書聞奏標其門閭

史臣曰塞天地而橫四海者唯孝而已矣然則始敦孝敬之方終極哀思之道厥亦多緒其心一焉蓋上智禀自然之質中庸有企及之義及其成名其理一也趙琰等或出公卿之緒藉禮教以資或出茅簷之下非獎勸所得乃有負土成墳致毀滅性雖乖先王之典制亦觀過而知仁矣

魏書卷八十六考證

列傳第七十四○魏收書孝感傳亡惟張昇事出宗諫史目與北史小異高氏小史不載昇事迹按小史孝感節義良吏列女閹官五傳敘目并傳與正史及諸書目次序前後不同惟楊九齡經史目錄與小史同九齡撰錄皆在殷仲藏宗諫等後是時正史已不完往往取小史爲據故同之

魏書卷八十七

齊　魏　收　撰

列傳節義第七十五

于什門　段進　石文德　汲固　王玄威
婁提　劉渴侯　朱長生　于提　馬八龍
門文愛　晁清　劉侯仁　石祖興　邵洪哲
王榮世　胡小虎　孫道登　李几　張安祖
王閭

大義重於至聞自日人慕之者蓋希行之者實寡至於輕生蹈節臨難如歸殺身成仁死而無悔自非耿介苦心之人鬱怏激氣之士亦何能若斯僉列之傳名節義云

于什門代人也太宗時爲謁者使喩馮跋及至和龍住外舍不入使人謂跋曰大魏皇帝有詔須馮主出受然後敢入跋使人牽逼令入見跋不拜跋令人按其項什門曰馮主拜受詔吾自以賓主致敬何須苦見逼也與跋往復聲氣厲然初不撓屈既而跋止什門什門於羣衆之中回身背跋被袴後襠以辱之既見拘留隨身衣裳敗壞略盡蟣虱被體跋遺以衣服什門拒而不受和龍人皆歎曰雖古烈士無以過也歷二十四年後馮文通上表稱臣乃送什門歸拜治書侍御史世祖下詔曰什門奉使和龍值狂豎肆虐勇志壯厲不爲屈節雖昔蘇武何以加之賜羊千口帛千匹進爲上大夫策告宗廟頒示天下咸使聞也

段進不知何許人也世祖初爲白道守將蠕蠕大檀入塞圍之力屈被執進抗聲大罵遂爲賊殺世祖愍之追贈安北將軍賜爵顯美侯謚曰莊

石文德河中蒲坂人也有行義眞君初縣令黃宣在任喪亡宣單貧無期親文德祖父苗以家財殯葬持服三年奉養宣妻二十餘載及亡又衰絰斂祔率禮無闕自苗逮文德刺史守令卒官者制服送之五世同居閨門雍睦又梁州上言天水白石縣人趙令安孟蘭彊等四世同居行著州里詔並標牓門閭

汲固東郡梁城人也爲兗州從事刺史李式坐事被收吏民皆送至河上時式子憲生始滿月式大言於衆曰程嬰杵臼何如人也固曰今古豈殊遂便潛還不復回顧徑來入城於式婦閨抱憲歸藏之及捕者收憲屬有一婢產男母以婢兒授之事尋泄固乃攜憲逃遁遇赦始歸憲即爲固長育至十餘歲恒呼固夫婦爲耶婆後高祐爲兗州刺史嘉固節義以爲主簿

王玄威恒農北陝人也顯祖崩玄威立草廬於州城門外衰裳蔬粥哭踴無時刺史苟頹以事表聞詔令問狀玄威稱先帝統御萬國慈澤被於蒼生含氣之類莫不仰賴玄威不勝悲慕中心如此不知禮式詔問玄威欲有所訴聽爲表列玄威云聞諱悲號竊謂臣子同例無所求謁及至百日乃自竭家財設四百人齋會忌日又設百僧供至大除日詔送白紬袴褶一具與玄威釋服下州令表異焉

婁提代人也顯祖時爲內三郎顯祖暴崩提謂人曰聖主升遐安用活爲遂引佩刀自刺幾至於死文明太后詔賜帛二百匹時有勑勒部人蛭拔寅兄地于坐盜食官馬依制命死拔寅自誣己殺兄又云實非弟殺兄弟爭死辭不能定高祖詔原之

劉渴侯不知何許人也禀性剛烈太和中爲徐州後軍以力死戰衆寡不敵遂禽瞋目大罵終不降屈爲賊所殺高祖贈立忠將軍平州刺史上庸侯賜絹千匹穀千斛有嚴季者亦爲軍校尉與渴侯同殿勢窮被執終不降屈後得逃還除立節將軍賜爵五等男

朱長生及于提並代人也高祖時以長生爲員外散騎常侍與提俱使高車至其庭高車主阿伏至羅責長生等拜長生拒之曰我天子使安肯拜下土諸侯阿伏至羅乃不以禮待長生以金銀寶器奉之至羅既受獻長生曰爲臣內附宜盡臣禮何得口云再拜而實不拜呼出帳命衆中拜阿伏至羅慙其臣下大怒曰帳中何不教我拜而辱我於大衆奪長生等獻物內之叢石之中兵脅之曰汝能爲我臣則活如其不降殺汝長生與于提瞋目厲聲責之曰豈有天子使人拜汝夷我寧爲魏鬼不爲汝臣至羅彌怒絕其飲食從行者三十人皆降至羅乃給以肉酪惟長生與提不從乃各分徙之積三歲乃得還高祖以長生等守節遠同蘇武甚嘉之拜長

生河內太守于提隴西太守並賜爵五等男從者皆爲令長

馬八龍武邑武強人也輕財重義友人武遂縣尹靈哲在軍喪亡八龍聞即奔赴負屍而歸以家財殯葬爲制緦服撫其孤遺恩如所生州郡表列詔表門閭

門文愛汲郡山陽人也早孤供養伯父母以孝謹聞伯父亡服未終伯母又亡文愛居喪持服六年哀毀骨立鄉人魏仲賢等相與標其孝義

晁清遼東人也祖暉濟州刺史潁川公清襲祖爵例降爲伯爲梁城戍將蕭衍攻圍糧盡城陷清抗節不屈爲賊所殺世宗褒美贈樂陵太守謚曰忠

子榮賓襲

劉侯仁豫州人也城人白早生殺刺史司馬悅據城南叛悅息朏走投侯仁賊雖重加購募又嚴其捶撻侯仁終無漏泄朏遂免禍事寧有司奏其操行請免府籍敘一小縣詔可

石祖興常山九門人也太守田文彪縣令和眞等喪亡祖興自出家絹二百餘匹營護喪事州郡表列高祖嘉之賜爵二級爲上造後拜寧陵令卒吏部尚書李韶奏其節義請加贈謚以獎來者靈太后令如所奏有司謚曰恭

邵洪哲上谷沮陽人也縣令范道榮先自朐城歸欵以除縣令道榮鄉人徐孔明妄經公府訟道榮非勳道榮坐除名羇旅孤貧不能自理洪哲不勝義憤遂代道榮詣京師明申曲直經歷寒暑不憚劬勞道榮卒得復雪又北鎮反亂道榮孤單無所歸附洪哲兄伯川復率鄉人來相迎接送達幽州道榮感其誠節訴省申聞詔下州郡標其里閭

王榮世陽平館陶人也爲三城戍主方城縣子蕭衍攻圍力窮知不可全乃先焚府庫後殺妻妾及賊陷城與戍副鄧元興等俱以不屈被害肅宗下詔褒美忠節進榮世爵爲伯贈齊州刺史元興開國子贈洛州刺史

胡小虎河南河陰人也少有武氣正光末爲統軍於晉壽孝昌中蕭衍將樊文熾等寇邊益州刺史邴虯遣長史和安固守小劍文熾圍之虯命小虎與統軍崔珍寶同往防拒文熾掩襲小虎珍寶並擒之文熾攻小劍未陷乃將珍寶至城下使謂和安曰南軍強盛北救不來豈若歸欵取其富貴和安命射之乃退復逼小虎與和安交言小虎乃慷慨謂安曰我栅不防爲賊所虜觀其兵士勢不足言努力堅守魏行臺傅梁州遣將己至賊以刀毆擊言不得終遂害之三軍無不歎其壯節哀其死亡賊尋奔敗禽其次將蕭世澄陳文緒等一十一人行臺魏子建壯其氣槩啓以世澄購其屍柩乃獲骸骨歸葬

孫道登彭城呂縣人也永安初爲蕭衍將韋休等所虜面縛臨刃巡遠村塢令其招降鄉曲道登厲聲唱呼但當努力賊無所能賊遂屠戮之又荊州被圍行臺宗靈恩遣使宗女等四人入城曉喻爲賊將所獲執女等巡城令其改辭女等大言天軍垂至堅守莫降賊忿各刳其腹然後斬首二州表其節義道登等並賜五品郡五等子爵聽子弟承襲遣使詣所在弔祭

李几博陵安平人也七世共居同財家有二十二房一百九十八口長幼濟濟風禮著聞至於作役卑幼競進鄉里嗟美標其門閭

張安祖河陽人也襲世爵山北侯時有元承貴曾爲河陽令家貧且赴尚書求選逢天寒甚遂凍死路側一子年幼停屍門巷棺斂無託安祖悲哭盡禮買木爲棺手自營作斂殯周給朝野嘉歎尚書聞奏標其門閭

王閭北海密人也數世同居有百口又太山劉業興四世同居魯郡蓋儁六世同居並共財產家門雍睦鄉里敬異有司申奏皆標其門閭

史臣曰于什門等或臨危不撓視死如歸或赴險如夷惟義所在其大則光國隆家其小則損己利物故其盛烈所著與河海而爭流峻節所標其松柏而俱茂並蹈履之所致身歿名立豈徒然哉

魏書卷八十七考證

列傳第七十五○魏收書亡後人所補

于什門等傳敘大義重於至聞自日人慕之者蓋希行之者實寡○首九字訛舛不可推尋

魏書卷八十八

齊　魏　收　撰

列傳良吏第七十六

張恂　鹿生　張應　宋世景　路邕

閻慶胤　明亮　杜纂　裴佗　竇瑗

羊敦　蘇淑

罷侯置守歷年永久統以方牧仍世相循所以寬猛爲用庇民調俗但廉平常迹聲問難高適時應務招響必速是故搏擊爲侯起不旋踵儒弱貽咎錄用無時此則己然於前世矣後之爲吏與世沉浮叔季澆漓姦巧多緒所以蒲密無爲之化難見其人有魏初拓中州兼井疆域河南關右遺黎未純擁節分符多出豐沛政術治風未能咸允雖動貽大戮而貪虐未悛亦由網漏吞舟時挂一目高祖肅明綱紀賞罰必行肇革舊軌時多奉法世宗優游而治寬政遂往太和之風頗以陵替肅宗馭運天下淆然其於移風革俗之美浮虎還珠之政九州百郡無所聞焉且書其爲時所稱者以著良吏云爾

張恂字洪讓上谷沮陽人也隨兄袞歸國參代王軍事恂言於太祖曰金運失御劉石紛紜慕容竊號山東苻姚盜器秦隴遂使三靈乏響九域曠君大王樹基玄朔重明積聖自北而南化被燕趙今中土遺民望雲冀潤宜因斯會以建大業太祖深器異厚加禮焉皇始初拜中書侍郎幃幄密謀頗預參議從將軍奚牧略地晉川拜鎮遠將軍賜爵平皐子出爲廣平太守恂招集離散勸課農桑民歸之者千戶遷常山太守恂開建學校優顯儒士吏民歌詠之於時喪亂之後罕能克厲惟恂當官清白仁恕臨下百姓親愛之其治爲當時第一太祖聞而嘉歎太宗即位賜帛三百匹徵拜太中大夫神瑞三年卒年六十九恂性清儉不營產業身死之日家無餘財太宗悼惜之贈征虜將軍幷州刺史平皐侯謚曰宣

子純字道尚襲爵鎮遠將軍平皐子坐事爵除

純弟代字定燕陳留北平二郡太守卒贈冠軍將軍營州刺史謚曰惠侯代所歷著清稱有父之遺風

代子長年中書博士出爲寧遠將軍汝南太守有郡民劉崇之兄弟分析家貧惟有一牛爭之不決訟於郡庭長年見之悽然曰汝曹當以一牛故致此競脫有二牛各應得一豈有訟理即以家牛一頭賜之於是郡境之中各相誡約咸敦敬讓太和初卒於家

子琛字寶貴少有孝行歷武騎常侍羽林監太子翊軍校尉卒

子略武定中左光祿大夫

鹿生濟陰乘氏人父壽興沮渠牧犍庫部郎生再爲濟南太守有治稱顯祖嘉其能特徵赴季秋馬射賜以驄馬加以青服彰其廉潔前後在任十年時三齊始附人懷苟且蒲博終朝頗廢農業生立制斷之聞者嗟善後歷徐州任城王澄廣陵侯元衍征東安南二府長史帶淮陽太守鄴城鎮將年七十四正始中卒追贈龍驤將軍兗州刺史

張應不知何許人延興中爲魯郡太守應履行貞素聲績著聞妻子樵采以自供高祖深嘉其能遷京兆太守所在清白得吏民之忻心焉

宋世景廣平人河南尹翻之第三弟也少自修立事親以孝聞與弟道璵下帷誦讀博覽羣言尤精經義族兄弁甚重之舉秀才對策上第拜國子助教遷彭城王勰開府法曹行參軍勰愛其才學雅相器敬高祖亦嘉之遷司徒法曹行參軍世景明刑理著律令裁決疑獄剖判如流轉尚書祠部郎彭城王勰每稱之曰宋世景精識尚書僕射才也臺中疑事右僕射高肇常以委之世景既才長從政加之夙勤不怠兼領數曹深著稱績頻爲左僕射源懷引爲行臺郎巡察州鎮十有餘所黜陟賞罰莫不咸允遷徙十鎮別置諸戍明設亭候以備北虜懷大相委重還而薦之於世宗曰宋世景文武才略當今寡儔清平忠直亦少其比陛下若任之以機要終不減李沖也世宗曰朕亦聞之尚書令廣陽王嘉右僕射高肇吏部尚書中山王英共薦世景爲國子博士尋薦爲尚書右丞王顯與宋弁有隙毀之於世宗故事寢不報尋加伏波將軍行滎陽太守鄭氏豪橫號爲難治濟州刺史鄭尚弟遠慶先爲苑陵令多所受納百姓患之世景下車召而謂之曰與卿親宜假借吾未至之前一不相問今日之後終不相捨而遠慶行意自若世景繩之以法遠慶懼棄官亡走於是寮屬畏威莫不改肅終日坐於廳事未嘗寢息縣史三正及諸細民至即見之無早晚之節來者無不盡其情抱皆假之恩顏屏人密語民間之事巨細必知發姦擿伏有若神明嘗有一吏休滿還郡食人雞豚又有一幹受人一帽又食二雞世景叱之曰汝何敢食甲乙雞豚取丙丁之帽吏幹叩頭伏罪於是上下震悚莫敢犯禁坐弟道璵事除名世景友于之性過絕於人及道璵死哭之哀切酸感行路形容毀悴見者莫不歎愍歲餘母喪遂不勝哀而卒世景嘗撰晉書竟未得就

子季儒遺腹生弱冠太守崔楷辟爲功曹起家太學博士明威將軍曾至譙宋之間爲文弔嵇康甚有理致後夜寢室壞壓殞年二十五時人咸傷惜之

路邕陽平清淵人世宗時積功勞除齊州東魏郡太守有惠政靈太后詔曰邕蒞政清勤善綏民俗比經年儉郡內饑饉羣庶嗷嗷將就溝壑而邕自出家粟賑賜貧窘民以獲濟雖古之良守何以尚茲宜見霑錫以垂奬勸可賜龍廐馬一匹衣一襲被褥一具班宣州鎮咸使聞知邕以善治民稍遷至南青州刺史而卒

閻慶胤不知何許人爲東秦州敷城太守在政五年清勤厲俗頻年饑饉慶胤歲常以家粟千石賑恤貧窮民賴以濟其部民楊寶龍等一千餘人申訟美政有司奏曰案慶胤自蒞此郡惠政有聞又能自以己粟賑恤饑饉乃有子愛百姓之義如不少加優賚無以厲彼貪殘又案齊州東魏郡太守路邕在郡治能與之相埒語其分贍又亦不殊而聖旨優隆賜以衣馬求情卽理謂合同賞靈太后卒無褒賞焉

明亮字文德平原人性方厚有識幹自給事中歷員外常侍延昌中世宗臨朝堂親自黜陟授亮勇武將軍亮進曰臣本官常侍是第三清今授臣勇武其號至濁且文武又殊請更改授世宗曰今依勞行賞不問清濁卿何得乃復以清濁爲辭亮曰聖明在上清濁故分臣旣屬聖明是以敢啓世宗曰九流之內人咸君子雖文武號殊佐治一也卿何得獨欲乖衆妄相清濁所請未可但依前授亮曰今江左未賓書軌宜一方爲陛下授命前驅拓定吳會官爵陛下之所輕賤命微臣之所重陛下方收所重何惜所輕世宗笑曰卿欲爲朕拓定江表攝平蕭衍攝平拓定非勇武莫可今之所授是副卿言辭勇及武自相矛楯亮曰臣欲仰稟聖規運籌而定何假勇武方乃成功世宗曰謀勇二事體本相須若勇而無謀則勇不獨擧若謀而無勇則謀不孤行必須兼兩乃能制勝何得云偏須運籌而不復假勇乎亮曰請改授平遠將軍世宗曰運籌用武然後遠人始平卿但用武平之何患不得平遠也亮乃陳謝而退後除陽平太守清白愛民甚有惠政聲績之美顯著當時朝廷嘉其風化轉汲郡太守爲治如前譽宣遠近二郡民吏迄今追思之卒孝昌初贈左將軍南青州刺史初亮之在陽平屬相州刺史中山王熙起兵討元叉時并州刺史城陽王徽亦遣使詣亮密同熙謀熙敗亮詭其使辭由是徽音獲免二年詔追前效重贈平東將軍濟州刺史拜其子希遠奉朝請

亮從弟遠儀同開府從事中郎

杜纂字榮孫常山九門人也少以清苦自立時縣令齊羅喪亡無親屬收瘞纂以私財殯葬由是郡縣標其門閭後居父喪盡禮郡舉孝廉補豫州司士稍除積弩將軍領衆詣淮迎降民楊葙等修立楚鎭招納山蠻李天保等五百戶從征新野除騎都尉又從駕壽春勅纂緣淮慰勞豫州刺史田益宗率戶歸國使纂詣廣陵安慰初附賑給田廩從征新野及南陽平以功賜爵井陘男賞帛五百匹數日之中散之知友時人稱之又詣赭陽武陰二郡課種公田隨供軍費除南秦州武都太守正始中還漢陽太守並以清白爲名又隨都督楊椿等詣南秦軍前招慰逆氐還除虎賁中郎將領太倉令遭母憂去職久之除伏波將軍復爲太倉令尋除寧遠軍陰陵戍主延昌中京師儉勅纂監京倉賑給民廩肅宗初拜征虜將軍清河內史性儉約尤愛貧老至能問民疾苦對之泣涕勸督農桑親自檢視勤者賞以物帛惰者加以罪譴弔死問生甚有恩紀還以本將軍除東益州刺史無御邊威略羣氐反叛以失民和徵還還太府少卿除平陽太守後將軍太中大夫正光末清河人房通等三百人頌纂德政乞重臨郡詔許之孝昌中爲葛榮圍逼纂以郡降榮榮令纂入信都慰喩都督李瑾欲斬刺史元孚德纂還出又勸榮以水灌城榮遂以纂爲常山太守至郡未幾榮滅定州刺史薛曇尚以纂老舊令護博陵鉅鹿二郡纂以疾辭少時卒於家纂所歷任好行小惠蔬食敝衣多涉誣矯而輕財潔已終無受納爲百姓所思號爲良守永熙中贈平北將軍殷州刺史天平四年重贈本將軍定州刺史

裴佗字元化河東聞喜人其先因晉亂避地涼州苻堅平河西東歸桑梓因居解縣焉父景惠州別駕佗容貌魁偉隤然有器望少治春秋杜氏毛詩周易並擧其宗致擧秀才以高第除中書博士轉司徒參軍司空記室揚州任城王澄開府倉曹參軍入爲尚書倉部郎中行河東郡事所在有稱績還拜尚書考功郎中河東邑中正世宗親臨朝堂拜員外散騎常侍中正如故轉司州治中以風聞爲御史所彈尋會赦免轉征虜將軍中散大夫爲趙郡太守爲治有方威惠甚著猾吏姦民莫不改肅所得俸祿分恤貧窮轉前將軍東荊州刺史郡民戀仰傾境餞送至今追思之尋加平南將軍蠻酋田盤石田敬宗等部落萬餘家恃衆阻險不賓王命前後牧守雖屢征討未能降款佗至州單使宣慰示以禍福敬宗等聞佗宿德相率歸附於是闔境清晏寇盜寢息邊民懷之襁負而至者千餘家尋加撫軍將軍又遷中軍將軍在州數載以疾乞還永安二年卒遺令不聽請贈不受賻襚諸子皆遵行之佗性剛直不好俗人交游其投分者必當時名勝清白任眞不事家產宅不過三十步又無田園暑不張蓋寒不衣裘其貞儉若此六子

讓之字士禮武定末中書侍郎

讓之弟諏之字士正早有才學司徒記室參軍天平末入於關西

竇瑗字世珍遼西遼陽人自言本扶風平陵人漢大將軍竇武之曾孫崇爲遼西太守子孫遂家焉曾祖堪慕容氏漁陽太守祖表馮文通成周太守入國父冏舉秀才早卒普泰初瑗啓以身階級爲父請贈詔贈征虜將軍平州刺史瑗年十七便荷帙從師游學十載始爲御史轉奉朝請兼太常博士拜大將軍太原王爾朱榮官因是爲榮所知遂表留瑗爲北道大行臺左丞以軍功賜爵陽洛男除員外散騎常侍瑗以拜榮官賞新昌男因從榮東討葛榮事平封容城縣開國伯食邑五百戶後除征虜將軍通直散騎常侍仍左丞瑗乞以容城伯讓兄叔珍詔聽以新昌男轉授之叔珍由是位至太山太守爾朱世隆等立長廣王曄爲主南赴洛陽至東郭外世隆等遣瑗奏廢之瑗執鞭獨入禁內奏曰天人之望皆在廣陵願行堯舜之事曄遂禪焉由是除征南將軍金紫光祿大夫敷奏偶然前廢帝甚重之出帝時爲廷尉卿及釋奠開講瑗與散騎常侍溫子昇給事黃門侍郎魏季景通直散騎常侍李業興並爲摘句天平中除鎭東將軍金紫光祿大夫尋除廣宗太守治有清白之稱廣宗民情凶戾前後累政咸見告訟惟瑗一人終始全潔轉中山太守加征東將軍聲譽甚美爲吏民所懷及齊獻武王班書州郡誡約牧守令長稱瑗政績以爲勸厲焉後授使持節本將軍平州刺史在州政如治郡又爲齊獻武王丞相府右長史瑗無軍府斷割之才不堪稱職又行晉州事旣還京師上表曰臣在平州之日蒙班麟趾新制卽依朝命宣示所部士庶忻仰有若三章臣聞法象巍巍乃大舜之事政道郁郁亦隆周之軌故元首股肱可否相濟聲教之聞於此爲證伏惟陛下應圖臨寓握紀承天克構洪基會昌寶歷式張琴瑟且調宮羽去甚剗泰革弊遷澆俾高祖之德不墜於地晝一旣歌萬國歡躍臣伏讀至三公曹第六十六條母殺其父子不得告告者死再三返覆之未得其門何者案律子孫告父母祖父母者死又漢宣云子匿父母孫匿大父母皆勿論蓋謂父母祖父母小者攘羊甚者殺害之類恩須相隱律抑不言法理如是足見其直未必指母殺父止子不言也若父殺母乃是夫殺妻母卑於父此子不告是也而母殺父不聽子告臣誠下愚輒以爲惑昔楚康王欲殺令尹子南其子棄疾爲王御士而上告焉對曰泄命重刑臣不爲也王遂殺子南其徒曰行乎曰吾與殺吾父行將焉入曰臣乎曰殺父事讎吾不忍乃縊而死注云棄疾自謂不告父爲與殺謂王爲讎皆非禮春秋譏焉斯蓋門外之治以義斷恩知君殺父而子不告是也母之於父同在門內恩無可掩義無斷割知母將殺理應告父如其已殺宜聽告官今母殺父而子不告便是知母而不知父識比野人義近禽獸且母之於父作合移天旣殺己之天復殺子之天二天頓毀豈容頓默此母之罪義不在赦下手之日母恩卽離仍以母道不告鄙臣所以致惑今聖化淳洽穆如韶夏食椹懷音梟鏡猶變況承風稟敎識善知惡之民哉脫下愚不移事在言外如或有之可臨時議罪何用豫制斯條用爲訓誡誡恐千載之下談者諠譁以明明大朝有尊母卑父之論以臣管見實所不取如在淳風厚俗必欲行之且君父一也父者子之天被殺事重宜附父謀反大逆子得告之條父一而已至情可見竊惟聖主有作明賢贊成光國寧民厭用爲大非下走頑蔽所能上測但受恩深重輒獻瞽言儻蒙收察乞付評議詔付尚書三公郎封君義立判云身體髮膚受之父母生我勞悴續莫大焉子於父母同氣異息終天靡報在情一也今忽欲論其尊卑辨其優劣推心未忍訪古無據母殺其父子復告母母由告死便是子殺天下未有無母之國不知此子將欲何之案春秋莊公元年不稱卽位文姜出故服虔注云文姜通兄齊襄與殺公而不反父殺母出隱痛深諱朞而中練思慕少殺念至於母故經書三月夫人遜於齊旣有念母深諱之文明無讎疾告列之理且聖人設法所以防淫禁暴極言善惡使知而避之若臨事議刑則陷罪多矣惡之甚者殺父害君著之律令百王罔革此制何嫌獨求削去旣於法無違於事非害宣布有年謂不宜改瑗復難云尋局判云子於父母同氣異息終天靡報在情一也今欲論其尊卑辨其優劣推心未忍訪古無據瑗以爲易曰天尊地卑乾坤定矣又曰乾天也故稱父坤地也故稱母又曰乾爲天爲父坤爲地爲母禮喪服經曰爲父斬衰三年爲母齊衰朞尊卑優劣顯在典章何言訪古無據局判云母殺其父子復告母母由告死便是子殺天下未有無母之國不知此子將何欲之瑗案典律未聞母殺其父而子有隱母之義旣不告母便是與殺父天下豈有無父之國此子獨得有所之乎局判又云案春秋莊公元年不稱卽位文姜出故服虔注云文姜通於兄齊襄與殺公而不反父殺母出隱痛深諱朞而中練思慕少殺念至於母故經書三月夫人遜於齊旣有念母深諱之

文明無讎疾告列之理瑗尋注義隱痛深諱者以父爲齊所殺而母與之隱痛父死深諱母出故不稱卽位非爲諱母與殺也是以下文以義絕其罪不爲與殺明矣公羊傳曰君殺子不言卽位隱之也朞而中練父憂少衰始念於母略書夫人遜於齊是內諱出奔猶爲罪文傳曰不稱姜氏絕不爲親禮也注云夫人有與殺桓之罪絕不爲親得尊父之義善莊公思大義絕有罪故曰禮也以大義絕有罪得禮之衷明有讎疾告列之理但春秋桓莊之際齊爲大國通於文姜魯公讎之文姜以告齊襄使公子彭生殺之魯旣弱小而懼於齊是時天子衰微又無賢霸故不敢讎之又不敢告列惟得告於齊曰無所歸咎惡於諸侯請以公子彭生除之齊人殺公子彭生案卽此斷雖有援引卽以情推理尚未遣惑事遂停寢除大宗正卿尋加衞將軍宗室以其寒士相與輕之瑗案法推治無所顧避甚見讎疾官雖通顯貧窘如初清尚之操爲時所重領本州大中正以本官兼廷尉卿卒官贈本將軍太僕卿濟州刺史謚曰明

羊敦字元禮太山鉅平人梁州刺史祉弟子也性尚閑素學涉書史以父靈引死王事除給事中出爲本州別駕公平正直見有非法敦終不判署後爲尚書左侍郎徐州撫軍長史永安中轉廷尉司直不拜拜洛陽令後爲鎭南將軍金紫光祿大夫遷太府少卿轉衞將軍廣平太守治有能名姦吏跼蹐秋毫無犯雅性清儉屬歲饑饉家餽未至使人外尋陂澤採藕根而食之遇有疾苦家人解衣質米以供之然其爲治亦尚威嚴朝廷以其清白賜穀一千斛絹一百匹興和初卒年五十二吏民奔哭莫不悲慟贈都督徐兗二州諸軍事衞大將軍吏部尚書兗州刺史謚曰貞武定初齊獻武王以敦及中山太守蘇淑在官奉法清約自居宜見追褒以厲天下乃上言請加旌錄詔曰昔五袴興謠兩岐致詠皆由仁覃千里化洽一邦故廣平太守羊敦故中山太守蘇淑竝器業和隱幹用貞濟善政聞國清譽在民方藉良才遂登高秩先後殂亡朝野傷悼追旌清德蓋惟舊章可各賞帛一百匹穀五百斛班下郡國咸使聞知

子隱武定末開府行參軍

蘇淑字仲和武邑人也立性敦謹頗涉經傳兄壽興坐事爲閹官壽興後爲河間太守賜爵晉陽男及壽興將卒遂冒養淑爲子熙平中襲其爵除司空士曹參軍尋轉太學博士厲威將軍員外散騎侍郎轉奉車都尉領殿中侍御史因使於冀州會高乾邕執刺史元嶷據城起義淑贊成其事乾邕以淑行武邑郡未幾爾朱汝歸率兵將至淑於郡逃還京師後除左將軍大中大夫行河陰令出除樂陵內史淑在郡綏撫甚有民譽始經二周謝病乞解有詔聽之民吏老幼訴乞淑者甚衆後歷滎陽太守亦有能名加中軍將軍司空從事中郎興和二年拜中山太守三年卒於郡淑清心愛下所歷三郡皆爲吏民所思當時稱爲良二千石武定初贈衞大將軍都官尚書瀛州刺史謚曰懿齊獻武王追美清操與羊敦同見優賞

子子且襲武定中齊獻武王廟丞

史臣曰　闕

魏書卷八十八考證

賈瑗傳遼西遼陽人○遼陽北史作陽洛本書地形志遼西郡領縣三有陽樂無遼陽令以下文以軍功賜爵陽洛男証之應從北史但陽樂陽洛未知孰是

魏書卷八十九

齊　魏　收　撰

列傳酷吏第七十七

于洛侯　胡泥　李洪之　高遵　張赦提

羊祉　崔暹　酈道元　谷楷

淳風旣喪姦黠萌生法令滋章刑禁多設爲吏罕仁恕之誠當官以威猛爲濟魏氏以戎馬定王業武功平海內治任刑罰肅厲爲本猛酷之倫所以列之今史

于洛侯代人也以勞舊爲秦州刺史而貪酷安忍州人富熾奪民呂勝脛纏一具洛侯輒鞭富熾一百截其右腕百姓王隴客刺殺民王羌奴王愈二人依律罪死而已洛侯生拔隴客舌刺其本并刺胷腹二十餘瘡隴客不堪苦痛隨刀戰動乃立四柱磔其手足命將絕始斬其首支解四體分懸道路見之者無不傷楚闔州驚震人懷怨憤百姓王元壽等一時反叛有司糾劾高祖詔使者於州刑人處宣告兵民然後斬洛侯以謝百姓

胡泥代人也歷官至司衞監賜爵永城侯泥率勒禁中不憚豪貴殿中尚書叔孫侯頭應內直而闕於一時泥以法繩之侯頭恃寵遂與口諍高祖聞而嘉焉賜泥衣服一襲出爲幽州刺史假范陽公以北平陽尼碩學遂表薦之遷平東將軍定州刺史以暴虐刑罰酷濫受納貨賄徵還戮之將就法也高祖臨太華殿引見遣侍臣宣詔責之遂就家賜自盡

李洪之本名文通恒農人少爲沙門晩乃還俗眞君中爲狄道護軍賜爵安陽男會永昌王仁隨世祖南征得元后姊妹二人洪之以宗人潛相餉遺結爲兄弟遂便如親頗得元后在南兄弟名字乃改名洪之及仁坐事誅元后入宮得幸於高宗生顯祖元后臨崩昭太后問其親因言洪之爲兄與相訣經日具條列南方諸兄珍之等手以付洪之遂號爲顯祖親舅太安中珍之等兄弟至都與洪之相見敍元后平生故事計長幼爲昆季以外戚爲河內太守進爵任城侯威儀一同刺史河內北連上黨南接武牢地險人悍數爲劫害長吏不能禁洪之至郡嚴設科防募斬賊者便加重賞勸農務本盜賊止息誅鋤姧黨過爲酷虐後爲懷州刺史封汲郡公徵拜內都大官河西羌胡領部落反叛顯祖親征命洪之與侍中東郡王陸定總統諸軍輿駕至并州詔洪之爲河西都將討山胡皆保險拒戰洪之築壘於石樓南白鷄原以對之諸將悉欲進攻洪之乃開以大信聽其復業胡人遂降顯祖嘉之遷拜尚書外都大官後爲使持節安南將軍秦益二州刺史至治設禁姧之制有帶刃行者罪與劫同輕重品格各有條章於是大饗州中豪傑長老示之法制乃夜密遣騎分部覆諸要路有犯禁者輒捉送州宣告斬決其中枉見殺害者百數赤葩渴郎羌深居山谷雖相羈縻王人罕到洪之芟山爲道廣十餘步示以軍行之勢乃興軍臨其境山人驚駭洪之將數十騎至其里閭撫其妻子問其疾苦因資遺之衆羌喜悅求編課調所入十倍於常洪之善御戎夷頗有威惠而刻害之聲聞於朝野初洪之微時妻張氏助洪之經營資產自貧至貴多所補益有男女幾十人洪之後得劉氏劉芳從妹洪之欽重而疎薄張氏爲兩宅別居偏厚劉室由是二妻妬競互相訟詛兩宅母子往來如讎及蒞西州以劉自隨洪之素非廉清每多受納時高祖始建祿制法禁嚴峻司察所聞無不窮糾遂鏁洪之赴京高祖臨太華庭集羣官有司奏洪之受贓狠藉又以酷暴高祖親臨數之以其大臣聽在家自裁洪之志性慷慨多所堪忍疹疾灸療艾炷圍將二寸首足十餘處一時俱下而言笑自若接賓不輟及臨自盡沐浴換衣防卒扶持將出却入遍遶家庭如是再三泣歎良久乃臥而引藥始洪之託爲元后兄公私自同外戚至此罪後高祖乃稍對百官辨其誣假而諸李猶善相視恩紀如親洪之始見元后計年爲兄及珍之等至洪之以元后素定長幼其呼拜坐皆如家人暮年數延攜之宴飲醉酣之後攜之時或言及本末洪之則起而加敬笑語自若富貴赫弈當舅戚之家遂棄宗專附珍之等後頗存振本屬而猶不顯然劉氏四子長子神自有傳

高遵字世禮勃海蓨人父濟滄水太守遵賤出兄矯等常欺侮之及父亡不令在喪位遵遂馳赴平城歸從祖兄中書令允允乃爲遵父舉哀以遵爲喪主京邑無不爭集朝貴咸識之徐歸奔赴免喪允爲營宦路得補樂浪王侍郎遵感成益之恩事允如諸父涉歷文史頗有筆札進中書侍郎詣長安刊燕宣王廟碑進爵安昌子及新製衣冠高祖恭薦宗廟遵形貌莊潔音氣雄暢常兼太祝令跪贊禮事爲俯仰之節粗合儀矩由是高祖識待之後與游明根高閭李沖入議律令親對御坐時有陳奏以積年之勞賜粟帛牛馬出爲立忠將軍齊州刺史建節歷本州宗鄉改觀而矯等彌妬毀之遵性不廉清在中書時每假歸山東必借備騾馬將從百餘屯逼民家求絲縑不滿意則詬罵不去彊相徵求旬月之間縑布千數邦邑苦之遵既臨州本意未弭選召寮吏多所取納又其妻明氏家在齊州母弟舅甥共相憑屬爭求貨利嚴暴非理殺害甚多貪酷之響帝頗聞之及車駕幸鄴遵自州來朝會有赦宥遵臨還州請辭帝於行宮引見誚讓之遵自陳無負帝厲聲曰若無遷都赦必無高遵矣又卿非惟貪惏又虐於刑法謂何如濟陰王猶不免於法卿何人而爲此行自今宜自謹約還州仍不悛革齊州人孟僧振至洛訟遵詔廷尉少卿劉述窮鞫皆如所訴先是沙門道登過遵遵以道登荷寵於高祖多奉以貨深託仗之道登屢因言次申啓救遵帝不省納遂詔述賜遵死時遵子元榮詣洛訟寃猶恃道登不時還赴道登知事決方乃遣之遵恨其妻不與訣別處沐浴引椒而死

元榮學尙有文才長於几案位兼尙書右丞爲西道行臺至高平鎭遇城亂被害

遵弟次文雖無位宦而貲財巨萬遵每責其財又結憾於遵吉凶不相往反時論責之

張赦提中山安喜人也性雄武有規畫初爲虎賁中郎時京畿盜魁自稱豹子虎子並善弓馬遂領逃連及諸畜牧者各爲部帥於靈丘鴈門間聚爲劫害至乃斬人

首射其口刺人臍引腸遶樹而共射之以爲戲笑其爲暴酷如此軍騎掩捕久弗能獲行者患焉敕提設防遏追窮之計辛司善之以敕提爲逐賊軍將乃求驍勇追之未幾而獲虎子豹子及其黨與盡送京師斬於闕下自是清靜其靈丘羅思祖宗門豪溢家處隘險多止亡命與之爲劫顯祖怒之孥戮其家而思祖家黨相率寇盜敕提應募求捕逐乃以敕提爲游徼軍將前後禽獲殺之略盡因而濫有屠害尤爲忍酷旣資前稱又藉此功除冠軍將軍幽州刺史假安喜侯敕提克已厲約遂有清稱後頗縱妻段氏多有受納令僧尼因事通請貪虐流聞中散李眞香出使幽州採訪牧守政績眞香驗案其罪敕提懼死欲逃其妻姑爲太尉東陽王丕妻恃丕親貴自許詣丕申訴求助謂敕提曰當爲訴理幸得申雪願且寬憂不爲異計敕提以此差自解慰段乃陳列眞香昔嘗因假而過幽州知敕提有好牛從索不果今臺使心協前事故威逼部下拷楚過極橫以無辜證成誣罪執事恐有不盡使駕部令趙秦州重往究訊事狀如前處敕提大辟高祖詔賜死於第將就盡召妻而責之曰貪濁穢吾者卿也又安吾而不得免禍九泉之下當爲仇讎矣又有華山太守趙霸酷暴非理大使崔光奏霸云不遵憲度威虐任情至乃手擊吏人寮屬奔走不可以君人字下納之軌物輒禁止在州詔免所居官

羊祉字靈祐太山鉅平人晉太僕卿琇之六世孫也父規之宋任城令世祖南討至鄒山規之與魯郡太守崔邪利及其屬縣徐通愛猛之等俱降賜爵鉅平子拜鴈門太守祉性剛愎好刑名爲司空令輔國長史襲爵鉅平子侵盜公資私營居宅有司案之抵死高祖特恕遠徙後還景明初爲將作都將加左軍將軍四年持節爲梁州軍司討叛氐正始二年王師伐蜀以祉假節龍驤將軍益州刺史出劒閣而還又以本將軍爲秦梁二州刺史加征虜將軍天性酷忍又不清潔坐掠人爲奴婢爲御史中尉王顯所彈免高肇南征祉復被起爲光祿大夫假平南將軍持節領步騎三萬先驅趣涪未至世宗崩班師夜中引軍山有二徑軍人迷而失路祉便斬隊副楊明達梟首路側爲中尉元昭所劾會赦免後加平北將軍未拜而卒贈安東將軍兗州刺史太常少卿元端博士劉臺龍議諡曰祉志存埋輪不避彊禦及贊戎律熊武斯裁仗節撫藩邊夷識德化沾殊類襁負懷仁謹依諡法布德行剛曰景宜諡爲景侍中侯剛給事黃門侍郎元纂等駁曰臣聞惟名與器弗可妄假定諡準行必當其迹按祉志性急酷所在過威布德罕聞暴聲屢發而禮官虛述諡之爲景非直失於一人實毀朝則請還付外準行更量虛實靈太后令曰依駁更議元端臺龍上言竊惟諡者行之迹狀者迹之稱然尚書銓衡是司釐品庶物若狀與迹乖應抑而不受錄其實狀然後下寺依諡法準狀科上豈有捨其行迹外有所求去狀去稱將何所準檢祉以母老辭藩乃降手詔云卿綏撫有年聲實兼著安邊寧境實稱朝望及其歿也又加顯贈言祉誠著累朝效彰內外作牧岷區字萌之績驟聞詔冊褒美無替倫望然君子使人器之義無求備德有數德優劣不同剛而能克亦爲德焉謹依諡法布德行剛曰景謂前議爲允司徒右長史張烈主簿李瑒刺稱按祉歷宦累朝當官允稱委捍西南邊隅靖遏準行易名獎誡攸在竊謂無虧體例尚書李韶又述奏以府寺爲允靈太后可其奏祉自當官不憚彊禦朝廷以爲剛斷時有檢覆每令出使好慕名利頗爲深文所經之處人號天狗下及出將臨州並無恩潤兵民患其嚴虐焉

崔暹字元欽本云清河東武城人也世家于滎陽潁川之間性猛酷少仁恕姦猾好利能事勢家初以秀才累遷南兗州刺史盜用官瓦贓汙狼籍爲御史中尉李平所糾免官後行豫州事尋卽眞坐遣子析戶分隸三縣廣占田宅藏匿官奴障吝陂葦侵盜公私爲御史中尉王顯所彈免官後累遷平北將軍瀛州刺史貪暴安忍民庶患之嘗出獵州北單騎至於民村井有汲水婦人暹令飲馬因問曰崔瀛州何如婦人不知其暹也答曰百姓何罪得如此癩兒刺史暹默然而去以不稱職被解還京武川鎮反詔暹爲都督隸大都督李崇討之違崇節度爲賊所敗單騎潛還禁於廷尉以女妓園田貨元乂獲免建義初遇害於河陰贈司徒公冀州刺史追封武津縣公

子瓚字紹珍位兼尚書左丞卒瓚妻莊帝妹也後封襄城長公主故特贈瓚冀州刺史

子茂字祖昂襲祖爵

酈道元字善長范陽人也青州刺史範之子太和中爲尚書主客郎御史中尉李彪以道元秉法清勤引爲治書侍御史累遷輔國將軍東荊州刺史威猛爲治蠻民詣闕訟其刻峻坐免官久之行河南尹尋卽眞肅宗以沃野懷朔薄骨律武川撫冥柔玄懷荒禦夷諸鎮並改爲州其郡縣戍名令準古城邑詔道元持節兼黃門侍郎與都督李崇籌宜置立裁減去留儲兵積粟以爲邊備未幾除安南將軍御史中尉道元素有嚴猛之稱司州牧汝南王悅嬖近左右丘念常與臥起及選州官多由於念念匿於悅第時還其家道元收念付獄悅啓靈太后請全之敕赦之道元遂盡其命因以劾悅是時雍州刺史蕭寶夤反狀稍露悅等諷朝廷遣爲關右大使遂爲寶夤所害死於陰盤驛亭道元好學歷覽奇書撰注水經四十卷本志十三篇又爲七聘及諸文皆行於世然兄弟不能篤睦又多嫌忌時論薄之

谷楷昌黎人濮陽公渾曾孫稍遷奉車都尉時沙門法慶反於冀州雖大軍討破而妖帥尚未梟除詔楷詣冀州追捕皆擒獲之楷眇一目而性甚嚴忍前後奉使皆以酷暴爲名時人號曰瞎虎尋爲城門校尉卒

史臣曰士之立名其途不一或以循良進或以嚴酷顯故寬猛相資德刑互設然不嚴而化君子所先于洛侯等爲惡不同同歸於酷肆其毒螫多行殘忍賤人肌膚同諸木石輕人性命甚於芻狗長惡不悛鮮有不及故或身嬰罪戮或憂恚值隕異途皆斃各其宜焉凡百君子以爲有天道矣

魏書卷八十九考證

列傳第七十七○魏收書亡後人所補

張赦提傳今臺使心協前事威逼部下拷楚過極○心協北史作止挾心字應從此書挾字應從北史

魏書卷九十

齊　魏　收　撰

列傳逸士第七十八

眭夸　馮亮　李謐　鄭修

蓋兼濟獨善顯晦之殊其事不同由來久矣昔夷齊獲全於周武華矞不容於太公何哉求其心者許以激貪之用督其迹者以爲束敎之風而肥遁不反代有人矣夷情得喪忘懷累有比夫邁德弘道匡俗庇民可得而小不可得而忽也自叔世澆浮淳風殆盡錐刀之末競入成羣而能冥心物表介然離俗望古獨適求友千齡亦異人矣何必御霞乘雲而追日月窮極天地始爲超遠哉今錄眭夸等爲逸士傳

眭夸一名昶趙郡高邑人也祖邁晉東海王越軍謀掾後沒石勒爲徐州刺史父邃字懷道慕容寶中書令夸少有大度不拘小節躭志書傳未曾以世務經心好飲酒浩然物表年三十遭父喪鬚鬢致白每一悲哭聞者爲之流涕高尚不仕寄情丘壑同郡李順願與之交夸拒而不許邦國少長莫不憚之少與崔浩爲莫逆之交浩爲司徒奏徵爲其中郎辭疾不赴州郡逼遣不得已入京都與浩相見延留數日惟飲酒談敘平生不及世利浩每欲論屈之竟不能發言其見敬憚如此浩後遂投詔書於夸懷亦不開口夸曰桃簡卿已爲司徒何足以此勞國士也吾便於此將別桃簡浩小名也浩慮夸卽還時乘一騾更無兼騎浩乃以夸騾內之廐中冀相維縶夸遂託鄉人輸租者謬爲御車乃得出關浩知而歎曰眭夸獨行士本不應以小職辱之又使其人仗策復路吾當何辭以謝也時朝法甚峻夸既私還將有私歸之咎浩仍相左右始得無坐經年送夸本騾兼遺以所乘馬爲書謝之夸更不受其騾馬亦不復書及浩誅爲之素服受鄉人弔唁經一時乃止歎曰崔公旣死誰能更容眭夸遂作朋友篇辭義爲時人所稱婦父鉅鹿魏攀當時名達之士未嘗備壻之禮情同朋好或人謂夸曰吾聞有大才者必居貴仕子何獨在桑榆乎遂著知命論以釋之年七十五卒葬日赴會者如市無子

馮亮字靈通南陽人蕭衍平北將軍蔡道恭之甥也少博覽諸書又篤好佛理隨道恭至義陽會中山王英平義陽而獲焉英素聞其名以禮待接亮性清淨至洛隱居崧高感英之德以時展勤及英亡亮奔赴盡其哀慟世宗嘗召以爲羽林監領中書舍人將令侍講十地諸經固辭不拜又欲使衣幘入見亮苦求以幅巾就朝遂不彊逼還山數年與僧徒禮誦爲業蔬食飲水有終焉之志會逆人王敞事發連山中沙門而亮被執赴尚書省十餘日詔特免雪亮不敢還山遂寓居景明寺勑給衣食及其從者數人後思其舊居復還山室亮既雅愛山水又兼巧思結架巖林甚得棲游之適頗以此聞世祖給其工力令與沙門統僧暹河南尹甄琛等周視崧高形勝之處遂造閑居佛寺林泉既奇營製又美曲盡山居之妙亮時出京師延昌二年冬因遇篤疾世宗勑以馬輿送令還山居崧高道場寺數日而卒詔贈帛二百匹以供凶事遺誡兄子綜斂以衣帢左手持板右手

執孝經一卷置尸盤石上去人數里外積十餘日乃焚於山以灰燼處起佛塔經藏初亮以盛冬喪時連日驟雪窮山荒澗鳥獸飢窘僵尸山野無所防護時壽春道人惠需每旦往看其屍拂去塵霰禽蟲之迹交橫左右而初無侵毀衣服如本惟風吹幍巾又以亮識舊南方法師信大栗十枚言期之將來十地果報開亮手以置把中經宿乃爲蟲鳥盜食皮殼在地而亦不傷肌體焚燎之日有素霧蓊鬱迴繞其傍自地屬天彌朝不絕山中道俗營助者百餘人莫不異焉

李謐字永和涿郡人相州刺史安世之子少好學博通諸經周覽百氏初師事小學博士孔璠數年後璠還就謐請業同門生爲之語曰青成藍藍謝青師何常在明經謐以公子徵拜著作郎辭以授弟郁詔許之州再舉秀才公府二辟並不就惟以琴書爲業有絕世之心覽考工記大戴禮盛德篇以明堂之制不同遂著明堂制度論曰余謂論事辨物當取正於經典之眞文援證定疑必有驗於周孔之遺訓然後可以稱準的矣今禮文殘缺聖言靡存明堂之制誰使正之是以後人紛糾競興異論五九之說各信其習是非無準得失相半故歷代紛紜靡所取正乃使裴頠云今羣儒紛糾互相掎摭就令其象可得而圖其所以居用之禮莫能通也爲設虛器耳況漢氏所作四維之个復不能令各處其辰愚以爲尊祖配天其義明著廟宇之制理據未分直可爲殿屋以崇嚴父之祀其餘雜碎一皆除之斯豈不以羣儒舛互並乖其實據義求衷莫適可從哉但恨典文殘滅求之靡據而已矣乃復遂去室牖諸制施之於教未知其所隆政求之於情未可喻其所以必須惜哉言乎仲尼有言曰賜也爾愛其羊我愛其禮余以爲隆政必須其禮豈彼一羊哉推此而論則聖人之於禮殷勤而重之裴頠之於禮任意而忽之是則頠賢於仲尼矣以斯觀之裴氏之子以不達而失禮之旨也余竊不自量頗有鄙意據理尋義以求其眞貴合雅衷不苟偏信乃藉之以禮傳考之以訓注博採先賢之言廣搜通儒之說量其當否參其同異棄其所短收其所長推義察圖以折厥衷豈敢必善聊亦合其言志矣凡論明堂之制者雖衆然校其大略則二途而已言五室者則據周禮考工之記以爲本是康成之徒所執言九室者則案大戴盛德之篇以爲源是伯喈之倫所持此之二書雖非聖言然是先賢之中博見洽通者也但各記所聞未能全正可謂既盡美矣未盡善也而先儒不能考其當否便各是所習卒相非毀豈達士之確論哉小戴氏傳禮事四十九篇號曰禮記雖未能全當然多得其衷方之前賢亦無愧矣而月令玉藻明堂三篇頗有明堂之義余故採掇二家參之月令以爲明堂五室古今通則其室居中者謂之太廟太室之東者謂之青陽當太室之南者謂之明堂當太室之西者謂之總章當太室之北者謂之玄堂四面之室各有夾房謂之左右个三十六戶七十二牖矣室个之形今之殿前是其遺像耳个者卽寢之房也但明堂與寢施用既殊故房个之名亦隨事而遷耳今粗書其像以見鄙意案圖察義略可驗矣故檢之五室則義明於考工校之戶牖則數協於盛德考之施用則事著於月令求之閏也合周禮與玉藻既同夏殷又符周秦雖乖衆儒儻或在斯矣考功記曰周人明堂度以九尺之筵東西九筵南北七筵堂崇一筵五室凡室二筵室中度以几堂上度以筵余謂記得之於五室而謬於堂之修廣何者當以理推之令愜古今之情也夫明堂者蓋所以告月朔布時令宗文王祀五帝者也然營構之範自當因宜創制耳故五室者合於五帝各居一室之義且四時之祀皆據其方之正又聽朔布令咸得其月之辰可請施政及記二三俱允求之古義竊爲當矣鄭康成漢末之通儒後學所宗正釋五室之位謂土居中木火金水各居四維然四維之室既乖其正施令聽朔各失厥衷左右之个棄而不顧乃反文之以美說飾之以巧辭言水木用事交於東北木火用事交於東南火土用事交於西南金水用事交於西北既依五行當從其用事之交出何經典可謂攻於異端言非而博疑誤後學非所望於先儒也禮記玉藻曰天子聽朔於南門之外閏月則闔門左扉立於其中鄭玄注曰天子之廟及路寢皆如明堂制明堂在國之陽每月就其時之堂而聽朔焉卒事反宿路寢亦如之閏月非常月聽其朔於明堂門下還處路寢門終月也而考工記用人明堂玄注曰或舉王寢或舉明堂互言之以明其制同也其同制之言皆出鄭注然則明堂與寢不得異矣而尚書顧命篇曰迎子釗南門之外延入翼室此之翼室卽路寢矣其下曰大貝賁鼓在西房垂之竹矢在東房此則路寢有左右房見於經史者也禮記喪大記曰君夫人卒於路寢小斂婦人髽帶麻於房中鄭玄注曰此蓋諸侯禮帶麻於房中則西南天子諸侯左右房見於注者也論路寢則明其左右言明堂則闕其左右个同制之說還相矛楯通儒之注何其然乎使九室之徒奮筆而爭鋒者豈不由處室之不當哉記云東西九筵南北七筵五室凡室二筵置五室於斯堂雖使班倕構思王爾營度則不能令三室不居其南北也然則三室之間便居六筵之地而室壁之外裁有四尺五寸之堂焉豈有天子布政施令之所宗祀文王以配上帝之堂周公負扆以朝諸侯之處而室戶之外僅餘四尺而已哉假在儉約爲陋過矣論其堂宇則偏而非制求之道理則未愜人情其不然一也余恐爲鄭學者苟求必勝競生異端以相訾抑云二筵者乃室之東西耳南北則狹焉余故備論之曰若東西二筵則室戶之外爲丈三尺五寸矣南北戶外復如此則三室之中南北裁各丈二尺耳記云四房兩夾窻若爲三尺之戶二尺之窻窻戶之間裁盈一尺繩樞甕牖之室華門圭竇之堂尚不然矣假令復欲小廣之則四面之外闊狹不齊東西既深南北更淺屋宇之制不爲通矣驗之衆塗略無算焉且凡室二筵丈八地耳然則戶牖之間不踰二尺也禮記明堂天子負斧扆南向而立鄭玄注曰設斧於戶牖之間而鄭氏禮圖說扆制曰縱廣八尺畫斧文於其上今之屏風也以八尺扆置二尺之間此之叵通不待智者較然可見矣且若二筵之室爲四尺之戶則戶之兩頰裁各七尺耳全以置之猶自不容矧復戶牖之間哉其不然二也又復以世代驗之卽虞夏尚朴殷周稍文制造之差每加崇飾而夏后世室堂修二七周人之制反更促狹豈是夏禹卑宮之意周監郁郁之美哉以斯察之其不然三也又云堂崇一筵便基高九尺而壁戶之外裁四尺五寸於營制之法自不相稱其不然四也又云室中度以几堂上度以筵而復云凡室二筵而不以几還自相違其不然五也以此驗之記者之謬抑可見矣盛德篇云明堂凡九室三十六戶七十二牖上圓下方東西九仞南北七筵堂高三尺也余謂盛德篇得之於戶牖失之於九室何者五室之制傍有夾房面各有戶戶有兩牖此乃因事立則非拘異術戶牖之數固自然矣九室者論之五帝事既不合施之時令又失其辰左右之个重置一隅兩辰同處參差出入斯乃義無所據未足稱也且又堂之修廣裁六十三尺耳假使四尺五寸爲外之基其中五十四尺便是五室之地計其一室之中僅可一丈置其戶牖則於何容之哉若必小而爲之以容其數則令帝王側身出入斯爲怪矣此匪直不合典制抑亦可哂之甚也余謂其九室之言誠亦有由然竊以爲戴氏聞三十六戶七十二牖弗見其制靡知所置便謂一室有四戶之窻計其戶牖之數卽以爲九室耳或未之思也蔡伯喈漢末之時學士而見重於當時卽識其修廣之不當而必未思其九室之爲謬更修而廣之假其法象可謂因僞飾辭順非而澤諒可歎矣余今省彼衆家委心從善庶探其衷不爲苟異但是古非今俗間之常情愛遠惡近世中之恒事而千載之下獨論古制驚俗之談固延多誚脫有深賞君子者覽而揣之儻或存焉謐不飲酒好音律愛樂山水高尚之情長而彌固一遇其賞悠爾忘歸乃作神士賦歌曰周孔重儒教莊老貴無爲二途雖如異一是買聲兒生乎意不愜死名用何施可心聊自樂終不爲人移脫尋余志者陶然正若斯延昌四年卒年三十二遐邇悼惜之其年四門小學博士孔璠等學官四十五人上書曰竊見故處士趙郡李謐十歲喪父哀號罷隣人之相幼事兄瑒恭順盡友于之誠十三通孝經論語毛詩尚書歷數之術尤盡其長州閭鄉黨有神童之號年十八詣學受業時博士卽孔璠也覽始要終論端究緒授者無不欣其言矣於是鳩集諸經廣校同異比三傳事例名春秋叢林十有二卷爲璠等判析隱伏垂盈百條滯無常滯纖毫必舉通不長通有枉斯屈不苟言以違經弗飾辭而背理辭氣磊落觀者忘疲每曰丈夫擁書萬卷何假南面百城遂絕跡下幃杜門却掃棄產營書手自刪削卷無重複者四千有餘矣猶括次專家搜比讜議隆冬達曙盛暑通宵雖仲舒不闚園君伯之閉戶高氏之遺漂張生之忘食方之斯人未足爲喻謐嘗詣故太常卿劉芳推問音義語及中代興廢之由芳乃歎曰君若遇高祖侍中太常非僕有也前河南尹黃門侍郎甄琛內贊近機朝野傾目于時親識求官者答云趙郡李謐耽學守道不悶于時常欲致言但未有次耳諸君何爲輕自媒衒謂其子曰昔鄭玄盧植不遠數千里詣扶風馬融今汝明師甚邇何不就業也又謂朝士曰甄琛行不媿時但未薦李謐以此負朝廷耳又結宇依巖憑崖鑿室方欲訓彼青衿宣揚墳典冀西河之教重興北海之風不墜而祐善空聞暴疾而卒邦國銜殄悴之哀儒主結摧梁之慕況璠等或服議下風或親承音旨師儒之義其可默乎事奏詔曰謐屢辭徵辟志守沖素儒隱之操深可嘉美可遠傍惠康近準玄晏諡曰貞靜處士幷表其門閭以旌高節遣謁者奉冊於是表其門曰文德里曰孝義云

鄭修北海人也少隱於岐南几谷中依巖結宇獨處淡

然屏迹人事不交世俗耕食水飲皮冠草服雅好經史專意玄門前後州將每徵不至岐州刺史魏蘭根頻遣致命修不得已暫出見蘭根尋還山舍蘭根申表薦修肅宗詔付雍州刺史蕭寶夤訪實以聞會寶夤作逆事不行

史臣曰古之所謂隱逸者非伏其身而不見也非閉其言而不出也非藏其智而不發也蓋以恬淡爲心不皦不昧安時處順與物無私者也眭夸輩忘懷纓冕畢志丘園或隱不違親貞不絕俗或不教而勸虛往實歸非有自然純德其孰能至於此哉

魏書卷九十考證

列傳第七十八○魏收書亡史臣論全用隋書隱逸傳論

眭夸傳以時展勤○勤北史作覲

魏書卷九十一

齊　魏收　撰

列傳術藝第七十九

晁崇　張淵　殷紹　王早　耿玄

劉靈助　江式　周澹　李脩　徐謇

王顯　崔彧　蔣少游

蓋小道必有可觀況往聖標歷數之術先王垂卜筮之典論察有法占候相傳觸類長之其流遂廣工藝紛綸理非抑止今列於篇亦所以廣聞見也

晁崇字子業遼東襄平人也家世史官崇善天文術數知名於時爲慕容垂太史郎從慕容寶敗於參合獲崇後乃赦之太祖愛其伎術甚見親待從平中原拜太史令詔崇造渾儀歷象日月星辰遷中書侍郎令如故天興五年月暈左角蝕將盡崇奏曰占爲角蟲將死時太祖既剋姚平於柴壁以崇言之徵遂命諸軍焚車而反牛果大疫輿駕所乘巨犗數百頭亦同日斃於路側自餘首尾相繼是歲天下之牛死者十七八麋鹿亦多死崇弟懿明辯而才不及崇也以善北人語內侍左右爲黃門侍郎兄弟竝顯懿好矜容儀被服僭度言音類太祖左右每聞其聲莫不驚竦太祖知而惡之後其家奴告崇與懿叛又與閹臣王次多潛通招引姚興太祖銜之及興寇平陽車駕擊破之太祖以奴言爲實還次晉陽執崇兄弟竝賜死

崇兄子暉太祖時給事諸曹稍遷給事中賜爵長平侯征虜將軍濟州刺史假寧東將軍潁川公劉駿鎮東平郡徙戍近境暉上表求擊之尚宗不許暉乃爲書以大義責之卒

子林襲爵林卒子淸襲事在節義傳

暉從弟纖太祖時稍遷中書侍郎給事中中堅將軍賜爵襄平子除魏郡太守卒

子世宗襲爵卒

子元和襲卒

張淵不知何許人明占候曉內外星分自云嘗事苻堅堅欲南征司馬昌明淵勸不行堅不從果敗又仕姚興父子爲靈臺令姚泓滅入赫連昌昌復以淵及徐辯對爲太史令世祖平統萬淵與辯俱見獲世祖以淵爲太史令數見訪問神䴥二年世祖將討蠕蠕淵與徐辯皆謂不宜行與崔浩爭於世祖前語在浩傳淵專守常占而不能鉤深致遠故不及浩後爲驃騎軍謀祭酒嘗著觀象賦曰易曰天垂象見吉凶聖人則之又曰觀乎天文以察時變觀乎人文以化成天下然則三極雖殊妙本同一顯昧雖遐契齊影響尋其應感之符測乎冥通之數天人之際可見明矣夫機象冥緬至理幽玄豈伊管智所能究暢然歌咏之來偶同風人目閱羣宿能不歌吟是時也歲次析木之津日在翼星之分閶闔晨鼓而蕭瑟流火夕曛以摧頹遊氣眇其高搴辰宿煥焉華布覩時逝懷川上之感步秋林同宋生之戚歎巨艱之未終抱殷憂而不寐遂彷徨於窮谷之裏杖策陟神巖之側乃仰觀太虛縱目遠覽吟嘯之頃懔然增懷不覺至理拔自近情常韻發於宵夜不任咏歌之末遂援管而爲賦其辭曰

陟秀峯以遐眺望靈象於九霄陟昇遐遠九霄九天也覩紫宮之環周嘉帝坐之獨標紫宮垣十五星在北斗北天皇大帝一星在紫宮中天帝位尊故言獨標也瞻華蓋之蔭藹何虛中之迢迢華蓋七星杠九星合十六星在大帝上迢迢高遠之貌觀閣道之穹隆想靈駕之電飄閣道六星在王良東北天帝之所乘靈駕之所由從電飄疾也爾乃縱目遠覽傍極四維北鑒機衡南覩太微四維四方之維機衡謂北斗星太微宮十星在翼軫北三台皦皦以雙列皇座冏冏以垂暉三台凡六星兩兩而居起文昌極太微皇座一星在太微星中皦皦冏冏皆星光明之貌也虎賁執銳於前階常陳屯聚於後闈三台謂之太階虎賁一星在下台南故言前階常陳七星如畢狀在皇座北皆宿衞天帝前後備非常闈門宮中之門也遂回情旋首次目文昌文昌七星在北斗魁前別一宮之名皆相位次也仰見造父爰及王良造父五星在傳舍河中造父周穆王御死精上爲星王良五星在奎北王良者晉大夫善御九方湮之子良一名郵無正爲趙簡子御死精託於星爲天帝之駟官傅說登天而乘尾箕仲託精於津陽傅說一星在尾後傅說殷時隱於巖中殷王武丁夢得賢人圖畫其象求而得之即立爲相死精上爲星乘尾在龍舉之間箕仲四星在天津北近河傍太古時造車輿者死而精上爲星木北曰陽在河北故曰津陽也織女朗列於河湄牽牛煥然而舒光織女三星在紀星東端牽牛六星在河鼓南世人復以河鼓爲牽牛五車亭柱於畢陰兩河俠井而相望五車三柱都十四星在畢東北在宿北故謂之陰兩河南河北河六星俠東井東西遙相對故曰相望也灼灼羣位落落幽紀設官分職罔不悉置灼灼落落皆星光明希疎之貌羣位謂天設三公九卿之官皇后嬪御之位分謂分其所司而各有所典罔無悉盡言無不盡備官職亦有之也儲貳副天庭延三吏儲貳謂太子一星在帝座北三吏三公星在太微宮中也論道納言各有攸司論道謂三公坐而論道納言謂尚書獻可替否將相次序以衞守九卿珠連而內侍太微宮十星皆有上將上相次將次相之位九卿三星在太微庭中行列似珠之相連而內侍天街分中外之境四七列九土之異天街二星昴畢間近月星陰陽之所分中國之境界天街以西屬外國旄頭氈罽引弓之民皆屬焉天街以東屬中國縉紳之士冠帶之倫皆屬焉四七二十八宿角亢鄭國兗州氐房心宋國豫州尾箕燕國幽州斗牛吳國揚州女虛危齊國青州營室東壁衞國并州奎婁魯國徐州胃昴畢趙國冀州觜參魏國益州井鬼秦國雍州柳星張周國洛陽三河翼軫楚國荊州天有十二次日月之所經歷地有十二州王侯之所國方土所出之物各有殊異不同者左則天紀槍棓攝提大角二咸防奢七公理獄天紀九星在貫索東天槍三星在北斗杓東天棓五星在女牀東北攝提六星俠大角大角一星在攝提間二咸東咸四星在房東北西咸四星在房西北此星主防奢淫詔佞之事七公七星在招搖東接近貫索貫索爲天獄州獄失中則七公評議理其冤枉庫樓炯炯以灼明騎官騰驤而奮足庫樓十星在大角南騎官二十七星在氐南騎官典乘故曰騰驤也天市建肆於房心帝座磥落而電燭天市二十四星在房心北帝座一星在天市中心於前則老人天社淸廟所居老人一星在弧南常以春秋分候之天社六星亦在弧南淸廟十四星在張南明堂配帝靈臺考符明堂三星在太微西南角外靈臺三星在明堂西丈人極陽而慌忽子孫嘒嘒於參嵎丈人二星在軍市西南星在南方故稱極陽慌忽謂星細小遠邈難見老子曰忽兮慌兮其中有象慌兮忽兮其中有物子二星在丈人東嘒小貌孫二星在子東詩曰嘒彼小星三五在東此之謂乎天狗接狼以吠守野雞伺晨於參墟天狗七星在狼北野雞一星在參東南天市中街主警備故曰吠守雞能候時故曰伺晨右則少微軒轅皇后之位嬪御相次尊卑有秩少微四星在太微西南北列白衣處士之位軒轅十七星在七星北有皇后嬪御之位尊卑相次皆秩序之也御宮典儀女史執筆御宮四星在鉤陳左傍此星主典司禮儀威容步趨之事女史一星在柱下史北女史記識晝夜昏明節漏省時在鉤陳右傍內平秉禮以伺邪天牢禁愆而察失內平四星在中宮南有邪媚之事以禮正之天牢六星在北斗魁下有過失則懲其愆也於後則有車府傳舍匏瓜天津車府七星在天津東傳舍五星在華蓋上匏瓜五星在麗珠北天津九星在匏瓜北扶匡照曜麗珠珮珍扶匡七星在天津東麗珠五星在須女北麗珠衣珠珮珍后夫人之盛飾其星主皇后之服也人星麗玄以閑逸哭泣連屬而趨墳人星五星在車府南麗附玄天言人星近於閑逸易日月星辰麗於天石氏經曰人星優游人乃安寧哭二星在虛南泣三星在哭東墳墓四星在危南哭泣星行列趣向墳墓故曰連屬河鼓震雷以礡磕騰蛇蟠縈而輪菌河鼓十二星在南斗北此星昏中南方雷震易曰鼓之以雷霆此之謂也此主聲音故曰礡磕騰蛇二十二星在營室北形狀似蛇故曰輪菌於是周章高眄還旋辰極辰極北極既覩鉤陳中禁復覩天帝休息鉤陳六星在紫宮中天皇大帝之所居諸宮別館及天牀星皆是休息寢臥而游也漸臺可昇離宮可即漸臺離宮皆天宮臺之名漸臺四星在織女東足下離宮六星輿營室相連言天帝或升漸臺而觀或就離宮而游即就也禮記曰即宮于宗周也酒旗建醇醪之旌女牀列窈窕之色酒旗三星在軒轅左角天設置酒官爲飲燕之事故建牙旗爲衞女牀二星在紀星東北端奉侍天王之女侍衞天王必有關雎窈窕之美無妬忌之心乃可侍衞天王左右故言列窈窕之色也輦道屈曲以微煥附路立于雲閣之側輦道五星在織女西足屈曲而細小故言微煥也附路一星在閣道傍言天帝出入由閣道附路豫防敗傷故言立於雲閣之側其列星之表五車之間乃有咸池鴻沼玉井天淵建樹百果竹林在焉列宿之外謂之表咸池三星在天潢東鴻沼二十三星在須女北玉井四星在參左足下天淵十星在鼈東南建樹百果星在胃南竹林二十五星在閣西南江河炳著於上穹素氣霏霏其帶天江星天江四星在尾北言天江星乃炳然著見於天上素氣者天河白氣素白霏霏然帶著於天也神龜曜甲於淸冷龍魚擒光以暎連神龜五星在尾南知來事故稱神河中故言淸冷魚一星在尾後河中尾爲龍宿故言龍魚此星在河中以魚星之映水有光曜也又有南門鼓吹器府之官奏彼絲竹爲帝娛懽南門鼓吹二星在庫樓南翼西南器府三十二星在軫南器府典掌絲竹之事以娛樂天帝也熊羆綿絡於天際虎豹儵煜而暉爛虎豹熊羆四星在狼星傍弧精引弓以持滿狼星搖動於霄端狼一星在參東南弧九星在狼東南星傳云天下兵起則弧引張天其外則有燕秦齊趙列國之名外謂列宿之外復有諸國之名齊一星在九坎東趙二星在齊北鄭一星在趙北越一星在鄭北周二星在越東秦二星在周東代二星在秦南晉一星在代南韓一星在晉西魏一星在韓北楚一星在魏西燕一星在楚南諸列國之名凡有十二星也雷電霹靂雨落雲征征行也雷電六星在營室南霹靂五星在土公西南雲兩四星在霹靂南陳車策駕於氐南天騶步於太淸陳車三星在氐南房星一名天騶圜苑周回以曲列倉廩匡別而殊形天囷十四星在苑南天苑十六星在昴畢南天倉六星在婁南天廩四星在昴南言形象殊別不同也內則尚書大理太一天一之宮尚書五星在紫微宮門內東南維大理二星在紫微宮中太一天一各一星相近在紫宮門南柱下著衞傳示無窮柱下史一星在北極東六甲候大帝之所須內廚進御膳於皇躬六甲在華蓋下內廚二星在紫宮西南角外天船橫漢以普濟積水候災于其中天船九星在大陵北積水一星在天船中陰德播洪施以恤不足四輔翼皇極而闡玄風陰德二星在尚書西四輔四星俠北極播布洪大玄天也陰德之官必有陽報夫陰施陽報自然之常數貪窮困死生民之極艱以至困乏因死遺陰德之終故窮者不希周恤而惠與自至施者無求於報而酬答自來斯乃冥中之理大象豈虛構其曜哉四輔星既翼佐北極之樞又能闡揚天帝之風教故言闡玄風也恢恢太虛寥寥帝庭恢恢寥寥皆廣大淸虛之貌老子曰天網恢恢疏而不失帝謂太微宮也五座竝設爰集神靈五座謂太微宮中五帝座也黃帝靈威仰位東方赤帝赤熛怒位南方白帝白招矩位西方黑帝汁光紀位北方黃帝含樞紐位中央五帝各異竝集諸神之宮與之謀國事孝經援神契曰竝設神靈集謀此之謂也乃命熒惑伺彼驕盈熒惑常以十月十一月入太微受制伺無道之國故曰伺彼驕盈也執法刺舉於南端五侯議疑於水

衛太微南門謂之執法刺舉者刺姦惡舉有功五侯五星在東北東井爲水衡辨疑獄五侯議而評之也金火時出以成緯七宿匡衛而爲經金火熒惑太白也七宿謂四方七宿天文謂五星爲緯二十八宿爲經故舉金火七宿爲言則五星二十八宿可知也言五星出入伏見有時不常出也睥睨昱其竝曜粲若三春之榮言星辰布曜若春日之榮華也覩夫天官之羅布故作則於華京言天官羅布於上王者法效於下論語曰惟天爲大惟堯則之也及其災異之興出無常所言災異出無常宿隨其善惡而應之假使鄭國有事則變見角亢也歸邪繽紛飛流電舉如星非星如雲非雲謂之歸邪夾以微氣故擁繽紛飛飛星也流流星也飛星與流星各異飛星焱去而迹絕流星迹存而不滅電舉者似焱電長妖星起則殃及晉平虵乘龍則禍連周楚春秋晉襄公十年春正月戊子妖星出於婺女見於中維婺女屬齊中爲晉分梓慎見妖星出知晉侯以戊子日死虵乘龍謂襄公二十八年歲星次天津於玄枵十五度在虛下歲星主木位在東體合房心故名龍虛在坎坎子位又玄枵龜虵之類歲星失次行虛之外出其下故曰虵乘龍龍位壽星宋鄭之分梓慎見虵乘龍知饑在宋鄭然裨竈以爲周王及楚子皆死二人推變不同所見各異梓慎裨竈古之良史也或取證於逢公或推變於衛午逢公齊邑姜之先言逢公死時亦有此星見梓慎推星以此方之知晉平公將死衛午謂虛宿對午午爲張翼張翼周楚之分裨竈占知周王楚子死故言推變於衛午乃有欽明光被塡逆水府洪波滔天功隆大禹昔堯遭洪水塡星逆行入水府書曰欽明文思光被萬邦言洪水既出堯命鯀治之而功不成乃復命禹治而平之禹有勝世之難治水之功書曰洪水滔天又曰禹錫玄圭告厥成功此則冥數之大運非治綱之失緒言堯遭洪水致塡星逆行之異非不德所致此乃運數應爾也蓋象外之妙不可以麤理尋重玄之內難以熒燎覩言玄理微妙不可知見也至於精靈所感迅踰駭響荊軻慕丹則白虹貫日而不徹昔荊軻慕燕太子丹之義入秦爲刺客雖至精感上而事竟不捷衛生畫策則太白食昴而摛朗昔衛先生爲秦畫策於長平昭王疑而不信太白有食昴之變魯陽指麾而曜靈爲之回駕魯陽古之賢人以手麾日能再回也嚴陵來游而客氣著於乾象昔光武爲白衣時與嚴陵相厚善及登帝位陵來入見太史奏曰客星犯帝座光武詔曰乃嚴子陵非客斯皆至感動於神祇誠應効於既往爾乃四氣鱗次斗建辰移雖無聲言三光是知言四時代謝不常每月斗移建一辰天無聲言語止以星辰見變譴以示人也星中定於昏明影度以之不差測水旱於未然占方來之安危孟春正月昏參中旦尾中仲春之月昏弧中旦建星中季春之月昏七星中旦牽牛中孟夏之月昏翼中旦婺女中仲夏之月昏亢中旦危中季夏之月昏心中旦奎中孟秋之月昏建星中旦畢中仲秋之月昏牽牛中旦觜觿中季秋之月昏虛中旦柳中孟冬之月昏危中旦七星中仲冬之月昏東壁中旦軫中季冬之月昏婁中旦氐中冬至之日建八尺之標影長一丈三尺五寸也夏至之日影長一尺六寸也影長爲水影短爲旱也陰精乘箕則大飈暮鼓西南入畢則淫雨滂沲陰精月也東北失道入箕則多風西南失道入畢則多雨三日爲淫雨詩云月麗于畢俾滂沲矣書曰星有好風星有好雨此之謂也譬有晉鐘之應銅山風雲之從班螭言雲從龍風從虎同氣相求同類相應蜀山崩而晉鍾鳴也若夫冥車潛駕時乘六虬大儀回運萬象俱流六虬六龍易曰時乘六龍以御天此皆是天回運轉北斗俄其西傾羣星忽以匿幽幽暗也望舒縱轡以躡度靈輪汰旦而過周望舒月也月日行十三度十九分度之七周天凡三百六十五度四分度之一天一日一夜運轉過周一度汰匝也至旦曉而過匝故曰汰旦而過周也爾乃凝神遠矚矖目八荒察之無象覩之眇茫狀若渾元之未判別又似浮海而覩滄浪幽遐迥以希夷寸眸焉能究其傍凝神精不動也言極遠傍覩茫然若造化之始元氣未分似浮海遠望而不見其邊涯論語曰乘桴浮於海老子曰聽之不聞其聲名曰希覩之不見其形名曰夷於是乎夜對山水栖心高鏡遠尋終古攸然獨詠美景星之繼晝大唐堯之德盛瑞應圖曰景星大如半月生於晦朔助月光明當堯之時有此星見故美堯之德能致之也嘉黃星之靡鋒明虞舜之不競昔舜將受禪於堯先有星見員而無鋒芒言舜當用土德王天下星見而無芒角者示揖讓而受不以兵事爭競也疇呂尚之宵夢善登輔而翼聖昔太公未遇文王時釣魚於磻溪夜夢得北斗輔星神告尚以伐紂之意事見尚書中候篇也欽管仲之察微見虛危而知命昔管仲與鮑叔牙商賈於南陽見三星聚虛危之分知齊將有霸王遂共戮力來投齊地也歎熒惑之舍心高宋景之守政當春秋熒惑守心景公不從史韋之言熒惑退舍而延二十年壯漢祖之入秦奇五緯之聚映昔漢祖入秦五星聚於東井秦之分爾乃歷象既周相伴巖際相伴倘佯也尚書曰歷象日月星辰尋圖籍之所記著星變乎書契覽前代之將淪咸譴告於昏世言先代之君將淪亡天必告災異之徵也桀斬諫以星孛紂酖荒而致彗夫彗星見則太平應彗孛作而禍亂興天之常也昔夏桀無道斬關龍逢而極惡孛星見湯伐之放於鳴條之野殷紂設炮烙之形彗星出武王懸之白旗也恒不見以周衰枉虵行而秦滅昔魯莊公十年夏四月恒星不見自是以後周室衰微枉矢出虵行而無尾自昔項羽入關有此變見漢書諒人事之有由豈妖災之虛設言天以冥應玄象爲變要由人事豈妖災而已誠庸王之難悛故明君之所察言庸君闇主玄象譴告不能改行自新以咎天變賢君明主則不然見天災異懼而修德也堯無爲猶觀象而況德非乎先哲夫唐堯至治猶歷象璿璣齊七政況德不及古而不觀之乎

先是太祖太宗時太史令王亮蘇坦世祖後破和龍得馮文通太史令閔盛高祖時太史令趙樊生竝知天文後太史趙勝趙翼趙洪慶胡世榮胡法通等二族世業天官者又有容城令徐路善占候世宗時坐事繫冀州獄別駕崔隆宗就禁慰問路曰昨夜驛馬星流計赦即時應至隆宗先信之遂遣人試出城候焉俄而赦至時人重之永安中詔以恒州民高崇祖善天文每占吉凶有驗特除中散大夫永熙中詔通直散騎常侍孫僧化與太史令胡世榮張龍趙洪慶及中書舍人孫子良等在門下外省校比天文書集甘石二家星經及漢魏以來二十三家經占集爲五十五卷後集諸家撮要前後所上雜占以類相從日月五星二十八宿中外官圖合爲七十五卷

僧化者東莞人識星分案天占以言災異時有所中普泰中爾朱世隆惡其多言遂繫於廷尉免官永熙中出帝召僧化與中散大夫孫安都共撰兵法未就而帝入關遂罷元象中死於晉陽時有河間信都芳字王琳好學善天文算數甚爲安豐王延明所知延明家有羣書欲抄集五經算事爲五經宗及古今樂事爲樂書又聚渾天欹器地動銅烏漏刻候風諸巧事并圖畫爲器準竝令芳筭之會延明南奔芳乃自撰注後隱於并州樂平之東山太守慕容保樂聞而召之芳不得已而見焉於是保樂弟紹宗薦之於齊獻武王以爲中外府田曹參軍芳性清儉質樸不與物和紹宗給其騾馬不肯乘騎夜遣婢侍以試之芳忿呼毆擊不聽近己狷介自守無求於物後亦注重差勾股復撰史宗仍自注之合數十卷武定中卒

殷紹長樂人也少聰敏好陰陽術數游學諸方達九章七曜世祖時爲算生博士給事東宮西曹以藝術爲恭宗所知太安四年夏上四序堪輿表曰臣以姚氏之世行學伊川時遇游遁大儒成公興從求九章要術興字廣明自云膠東人也山居隱跡希在人間興時將臣南到陽翟九崖巖沙門釋曇影間興即北還臣獨留住依止影所求請九章影復將臣向長廣東山見道人法穆法穆時共影爲臣開述九章數家雜要披釋章次意況大旨又演隱審五藏六府心髓血脉商功大算端部變化玄象土圭周髀練精銳思蘊習四年從穆所聞粗皆髣髴穆等仁矜特垂憂閔復以先師和公所注黃帝四序經文三十六卷合有三百二十四章專說天地陰陽之本其第一孟序九卷八十一章說陰陽配合之原第二仲序九卷八十一章解四時氣王休殺吉凶第三叔序九卷八十一章明日月辰宿交會相生爲表裏第四季序九卷八十一章具釋六甲刑禍福德以此等文傳授於臣山神禁嚴不得齎出尋究經年粗舉綱要山居險難無以自供不堪窘迫心生懈怠以甲寅之年日維鶉火月呂林鍾景氣鬱盛感物懷歸奉辭影等自爾至今四十五載歷觀時俗堪輿八會逕世已久傳寫謬誤吉凶禁忌不能備悉或考良日而值惡會舉吉用凶多逢殃咎又史遷郝振中吉大儒亦各撰注流行於世配會大小序述陰陽依如本經猶有所闕臣前在東宮以狀奏聞奉被景穆皇帝聖詔敕臣撰錄集其要最仰奉明旨謹審先所見四序經文抄撮要略當世所須吉凶舉動集成一卷上至天子下及庶人又貴賤階級尊卑差別吉凶所用罔不畢備未及內呈先帝晏駕臣時狷幾至不測停廢以來逕由八載思欲上聞莫能自徹加年夕齒頹餘齡且暮每懼殂殞塡仆溝壑先帝遺志不得宣行夙夜悲憤理難違匿依先撰錄奏謹以上聞請付中祕通儒達士定其得失事若可施乞即班用其四序堪輿遂大行於世

王早勃海南皮人也明陰陽九官及兵法尤善風角太宗時喪亂之後多相殺害有人詣早求問勝術早爲設法令各無咎由是州里稱之時有東莞鄭氏執得讐人趙氏剋明晨會宗族當就墓所刑之趙氏求救於早早爲占候并授以一符曰君今且還選壯士七人令一人爲主者佩此符於雞鳴時伏在仇家宅東南二里許平旦當有十人跟隨向西北行中有二人乘黑牛一黑牛最在前一黑牛應第七但捉取第七者將還事必無他趙氏從之果如其言乃是鄭氏五男父也諸子竝爲其族所宗敬故和解二家趙氏竟免後早與客清晨立於門內遇有卒風振樹早語客曰依法當有千里外急使日中將有兩匹馬一白一赤從西南來至即取我逼我不聽與妻子別語訖便入召家人隣里辭別語訖沐浴帶書囊日中出門候使如期果有二馬一白一赤從涼州而至即促早上馬遂詣行宮時世祖圍涼州未拔故許彥薦之早彥師也及至詔問何時當得此城早對曰陛下但移據西北角三日內必剋世祖從之如期而剋輿駕還都時久不雨世祖問早曰何時當雨早曰今日申時必大雨比至未時猶無片雲世祖召早詰之早曰願更少時至申時雲氣四合遂大雨滂沲世祖甚善之而早苦以疾辭乞歸鄉里詔許之遂終於家或言許彥以其術勝恐終妨已故譖令歸耳

耿玄鉅鹿宋子人也善卜占坐於室內有客扣門玄已知其姓字并所齎持及來問之意其所卜筮十中八九別有林占世或傳之而性不和俗時有王公欲求其筮者玄則拒而不許每云今既貴矣更何所求而復卜也欲望意外乎代京法禁嚴切王公聞之莫不驚悚而退故玄多見憎忿不爲貴勝所親官至鉅鹿太守顯祖高祖時有勃海高道埏清河趙法暹竝有名於世世宗肅宗時奉車都尉清河魏道虔奉車都尉周恃魏郡太守章武高月光月光弟明月任玄智雍州人潘捺竝長於陰陽卜筮故玄於日者之中最爲優洽冠軍將軍濮陽賈元紹章武呂脁濟北馮道安河內馮懷海東郡李文殊竝工於法術而道虔月光文殊爲優其餘不及浮陽孟剛饒安王領郡善銓錄風角章武顏惡頭善卜筮亦用耿玄林占當時最知名范陽人劉弁亦有名於世

劉靈助燕郡人師事劉弁好陰陽占卜而麤疎無賴常去來燕恒之界或時負販或復劫盜賣術於市後自代至秀容因事爾朱榮榮性信卜筮靈助所占屢中遂被

親待爲榮府功曹參軍建義初榮於河陰王公卿士悉見屠害時奉車都尉盧道虔兄弟亦相率朝於行宮靈助以其州里衞護之由是朝士與諸盧相隨免害者數十人榮入京師超拜光祿大夫封長子縣開國伯食邑七百戶尋進爵爲公增邑通前千戶後從榮討擒葛榮特除散騎常侍撫軍將軍幽州刺史又從大將軍上黨王天穆討邢杲時幽州流民盧城人最爲兇捍遂令靈助兼尚書軍前慰勞之事平而元顥入洛天穆渡河靈助先會爾朱榮於太行及將攻河內令靈助筮之靈助曰未時必剋時已尚中士衆疲怠靈助曰時至矣榮鼓之將士騰躍卽便剋陷及至北中榮攻城不獲以時盛暑議欲且還以待秋涼莊帝詔靈助筮之靈助曰必當破賊詔曰何日靈助曰十八十九間果如其言車駕還宮領幽州大中正尋加征東將軍增邑五百戶進爵爲燕郡公詔贈其父僧安爲幽州刺史尋兼尚書左僕射慰勞幽州流民於濮陽頓丘因率民北還與都督侯淵等討葛榮餘黨韓婁滅之於薊仍釐州務加車騎將軍又爲幽并營安四州行臺及爾朱榮死莊帝幽崩靈助本寒微一朝至此自謂方術堪能動衆又以爾朱有誅滅之兆靈助遂自號燕王車騎大將軍開府儀同三司大行臺爲莊帝舉義兵靈助馴養大鳥稱爲巳瑞妄說圖讖言劉氏當王又云欲知避世入鳥村遂刻氈爲人象畫桃木爲符書作詭道厭祝之法民多信之於時河西人紇豆陵步藩舉兵逼晉陽爾朱兆頻戰不利故靈助唱言爾朱自然當滅不須我兵由是幽瀛滄冀之民悉從之從之者夜悉舉火爲號不舉火者諸村共屠之以普泰元年三月率衆至博陵之安國城與叱列延慶侯淵爾朱羽生等戰戰敗被擒斬於定州傳首洛陽支分其體初靈助每云三月末我必入定州爾朱亦必滅及將戰靈助自筮之卦成不吉以手折蓍棄之於地云此何知也尋見擒果以三月入定州而齊獻武王以明年閏三月破西胡於韓陵山遂滅兆等永熙二年贈使持節散騎常侍都督幽瀛冀三州諸軍事驃騎大將軍尚書左僕射開府儀同三司幽州刺史謚曰恭

子宗輝襲與和中開府屬齊受禪例降

江式字法安陳留濟陽人六世祖瓊字孟琚晉馮翊太守善蟲篆詁訓永嘉大亂瓊棄官西投張軌子孫因居涼土世傳家業祖彊字文威太延五年涼州平內徙代京上書三十餘法各有體例又獻經史諸子千餘卷由是擢拜中書博士卒贈敦煌太守父紹興高允奏爲祕書郎掌國史二十餘年以謹厚稱卒於趙郡大守式少專家學數年之中常夢兩人時相教授及寤每有記識初拜司徒長史兼行參軍檢校御史尋除殄寇將軍符節令以書文昭太后尊號謚冊特除奉朝請仍符節令式篆體尤工洛京宮殿諸門板題皆式書也延昌三年三月式上表曰臣聞庖羲氏作而八卦列其畫軒轅氏興而龜策彰其彩古史倉頡覽二象之爻觀鳥獸之跡別創文字以代結繩用書契以維事宣之王庭則百工以敍載之方冊則萬品以明迄于三代厥體頗異雖依類取制未能悉殊倉氏矣故周禮八歲入小學保氏教國子以六書一曰指事二曰象形三曰諧聲四曰會意五曰轉注六曰假借蓋是史頡之遺法也及宣王太史史籀著大篆十五篇與古文或同或異時人卽謂之籀書至孔子定六經左丘明述春秋皆以古文厥意可得而言其後七國殊軌文字乖別暨秦兼天下丞相李斯乃奏蠲罷不合秦文者斯作倉頡篇中車府令趙高作爰歷篇太史令胡母敬作博學篇皆取史籀大篆或頗省改所謂小篆者也於是秦燒經書滌除舊典官獄繁多以趣約易始用隸書古文由此息矣隸書者始皇使下杜人程邈附於小篆所作也以邈徒隸卽謂之隸書故秦有八體一曰大篆二曰小篆三曰刻符書四曰蟲書五曰摹印六曰署書七曰殳書八曰隸書漢興有尉律學復敎以籀書又習八體試之課最以爲尚書史吏民上書省字不正輒舉劾焉又有草書莫知誰始考其書形雖無厭誼亦是一時之變通也孝宣時召通倉頡讀者獨張敞從之受涼州刺史杜鄴沛人爰禮講學大夫秦近亦能言之孝平時徵禮等百餘人說文字於未央宮中以禮爲小學元士黃門侍郎揚雄採以作訓纂篇及亡新居攝自以應運制作使大司空甄豐校文字之部頗改定古文時有六書一曰古文孔子壁中書也二曰奇字卽古文而異者三曰篆書云小篆也四曰佐書秦隸書也五曰繆篆所以摹印也六曰鳥蟲所以幡信也壁中書者魯恭王壞孔子宅而得禮尚書春秋論語孝經也又北平侯張倉獻春秋左氏傳書體與孔氏相類卽前代之古文矣後漢郎中扶風曹喜號曰工篆小異斯法而甚精巧自是後學皆其法也又詔侍中賈逵修理舊文殊藝異術王敎一端苟有可以加於國者靡不悉集逵卽汝南許慎古文學之師也後慎嗟時人之好奇歎儒俗之穿鑿惋文毀於譽痛字敗於訾更詭任情變亂於世故撰說文解字十五篇首一終亥各有部屬包括六藝羣書之詁評釋百氏諸子之訓天地山川草木鳥獸昆蟲雜物奇怪珍異王制禮儀世間人事莫不畢載可謂類聚羣分雜而不越文質彬彬最可得而論也左中郎將陳留蔡邕採李斯曹喜之法爲古今雜形詔於太學立石碑刊載五經題書楷法多是邕書也後開鴻都書畫奇能莫不雲集于時諸方獻篆無出邕者魏初博士淸河張揖著埤倉廣雅古今字詁究諸埤廣綴拾遺漏增長事類抑亦於文爲益者然其字詁方之許慎篇古今體用或得或失矣陳留邯鄲淳亦與揖同時博古開藝特善倉雅許氏字指八體六書精究閑理有名於揖以書敎諸皇子又建三字石經於漢碑之西其文蔚炳三體復宣校之說文篆隸大同而古字少異又有京兆韋誕河東衞覬二家竝號能篆當時臺觀榜題寶器之銘悉是誕書咸傳之子孫世稱其妙晉世義陽王典祠令任城呂忱表上字林六卷尋其況趣附託許慎說文而按偶章句隱別古籀奇惑之字文得正隸不差篆意也忱弟靜別放故左校令李登聲類之法作韻集五卷宮商龣徵羽各爲一篇而文字與兄便是魯衞音讀楚夏時有不同皇魏承百王之季紹五運之緒世易風移文字改變篆形謬錯隸體失眞俗學鄙習復加虛巧談辯之士又以意說炫惑於時難以釐改故傳曰以衆非非行正信哉得之於斯情矣乃曰追來爲歸巧言爲辯小兒爲鱉神虫爲蠶如斯甚衆皆不合孔氏古書史籀大篆許氏說文石經三字也凡所關古莫不惆悵焉嗟夫文字者六藝之宗王敎之始前人所以垂今今人所以識古故曰本立而道生孔子曰必也正名乎又曰述而不作書曰予欲觀古人之象皆言遵修舊史而不敢穿鑿也臣六世祖瓊家世陳留往晉之初與從父兄應元俱受學於衞覬古篆之法倉雅方言說文之誼當時竝收善譽而祖官至太子洗馬出爲馮翊郡值洛陽之亂避地河西數世傳習斯業所以不墜也世祖太延中皇威西被牧犍內附臣亡祖文威杖策歸國奉獻五世傳掌之書古篆八體之法時蒙襃錄敍列於儒林官班文省家號世業暨臣闇短識學庸薄漸漬家風有忝無顯但逢時來恩出願外每承澤雲津厠霑漏潤驅馳文閣參預史官題篆宮禁猥同上哲旣竭愚短欲罷不能是以敢藉六世之資奉遵祖考之訓竊慕古人之軌企踐儒門之轍輒求撰集古來文字以許愼說文爲主爰採孔氏尚書五經音注籀篇爾雅三倉凡將方言通俗文祖文宗埤倉廣雅古今字詁三字石經字林韻集諸賦文字有六書之誼者皆以次類編聯文無復重糾爲一部其古籀奇惑俗隸諸體咸使班於篆下各有區別詁訓假借之誼僉隨文而解音讀楚夏之聲竝逐字而注其所不知者則闕如也脫蒙遂許冀省百氏之觀而同文字之域典書祕書所須之書乞垂敕給幷學士五人嘗習文字者助臣披覽書生五人專令抄寫侍中黃門國子祭酒一月一監評議疑隱庶無紕繆所撰名目伏聽明旨詔曰可如所請幷就太常冀兼教八書史也其有所須依請給之名目待書成重聞式於是撰集字書號曰古今文字凡四十卷大體依許氏說文爲本上篆下隸又除宣威將軍符璽郎尋加輕車將軍正光中除驍騎將軍兼著作佐郎正史中字疑四年卒贈右將軍巴州刺史其書竟未能成

式兄子征虜將軍順和亦工篆書先是太和中兗州人沈法會能隸書世宗之在東宮敕法會侍書已後隸迹見知於閭里者甚衆未有如崔浩之妙

周澹京兆鄠人也爲人多方術尤善醫藥爲太醫令太宗嘗苦風頭眩澹治得愈由此見寵位至特進賜爵成德侯神瑞二年京師饑朝議將遷都於鄴澹與博士祭酒崔浩進計論不可之意太宗大然之曰唯此二人與朕意同也詔賜澹浩妾各一人御衣一襲絹五十匹緜五十斤泰常四年卒謚曰恭時有河南人陰貞家世爲醫與澹竝受封爵淸河李潭亦以善鍼見知

子驢駒襲傳術延興中位至散令

李修字思祖本陽平館陶人父亮少學醫術未能精究世祖時奔劉義隆於彭城又就沙門僧坦研習衆方略盡其術針灸授藥莫不有効徐兗之間多所救恤四方疾苦不遠千里競往從之亮大爲廳事以舍病人停車輿於下時有死者則就而棺殯親往弔視其仁厚若此累遷府參軍督護本郡士門宿官咸相交昵車馬金帛酬賚無貲修兄元孫隨畢衆敬赴平城亦遵父業而不及以功賜爵義平子拜奉朝請修略與兄同晚入代京歷位中散令以功賜爵下蔡子遷給事中太和中常在禁內高祖文明太后時有不豫修侍鍼藥治多有效賞賜累加車服第宅號爲鮮麗集諸學士及工書者百餘人在東宮撰諸藥方百餘卷皆行於世先是咸陽公高允雖年且百歲而氣力尚康高祖文明太后時令修診視之一旦奏言允脉竭氣微大命無遠未幾果亡還洛爲前軍將軍領太醫令後數年卒贈威遠將軍青州刺史

子天授襲汝陽令醫術又不逮父

徐謇字成伯丹陽人家本東莞與兄文伯等皆善醫藥謇因至青州慕容白曜平東陽獲之表送京師顯祖欲驗其所能乃置諸病人於幕中使謇隔而脉之深得病形兼知色候遂被寵遇爲中散稍遷內侍長文明太后時問治方而不及李脩之見任用也謇合和藥劑攻救之驗精妙於脩而性甚祕忌承奉不得其意者雖貴爲王公不爲措療也高祖後知其能及遷洛稍加眷幸體小不平及所寵馮昭儀有疾皆令處治又除中散大夫轉右軍將軍侍御師謇欲爲高祖合金丹致延年之法乃入居崧高採營其物歷歲無所成遂罷二十二年高祖幸懸瓠其疾大漸乃馳驛召謇令水路赴行所一日一夜行數百里至診省下治果有大驗高祖體少瘳內外稱慶九月車駕發豫州次于汝濱乃大爲謇設太官珍膳因集百官特坐謇于上席遍陳餚觴于前命左右宣謇救攝危篤振濟之功宜加酬賚乃下詔曰夫神出無方形稟有礙憂喜乖適理必傷生朕覽萬機長鍾革運思芒芒而無怠身怨忽以興勞伸秋動病心容頓竭氣體羸瘠玉几在慮侍御師右軍將軍徐成伯馳輪太室進療汝蕃方窮丹英藥盡芝石誠術兩輸忠妙俱至乃令沉勞勝愈篤瘵克痊論勤語效實宜褒錄昔晉武暴疾程和應增封辛疢數朝錢爵大墜況疾深於曩辰業難於疇日得不重加陟賞乎宜順摯望錫以山河且其舊逕高秩中暫解退比雖銓用猶未闕二字準舊量今事合顯進可鴻臚卿金鄉縣開國伯食邑五百戶賜錢一萬貫又詔曰錢府未充須以雜物絹二千匹雜物一百匹四十匹出御府穀二千斛奴婢十口馬十匹一匹出驊騮牛十頭所賜雜物奴婢牛馬皆經內呈諸親王咸陽王禧等各有別賚並至千匹從行至鄴高祖猶自發動謇日夕左右明年從詣馬圈高祖疾勢遂甚戚戚不怡每加切誚又欲加之鞭捶幸而獲免高祖崩謇隨梓宮還洛謇常有藥餌及吞服道符年垂八十鬢髮不白力未多衰正始元年以老爲光祿大夫加平北將軍卒延昌初贈安東將軍齊州刺史謚曰靖

子踐字景升小名靈寶襲爵歷官兗州平東府長史右中郎將建興太守

踐弟知遠給事中

成伯孫之才孝昌初爲蕭衍豫章王蕭綜北府主簿從綜鎮彭城綜降其下僚屬並奔散之才因入國武定中大將軍金紫光祿大夫昌安縣開國侯

王顯字世榮陽平樂平人自言本東海郯人王朗之後也祖父延和中南奔居于魯郊又居彭城伯父安上劉義隆時板行館陶縣世祖南討安上棄縣歸命與父母俱徙平城例敘陽都子除廣甯太守顯父安道少與李亮同師俱學醫藥粗究其術而不及亮也安上還家樂平頗參士流顯少歷本州從事雖以醫術自通而明敏有決斷才用初文昭皇太后之懷世宗也夢爲日所逐化而爲龍而繞后后寤而驚悸遂成心疾文明太后勑召徐謇及顯等爲后診脉謇云是微風入藏宜進湯加針顯云案三部脉非有心疾將是懷孕生男之象果如顯言久之召補侍御師尚書儀曹郎號稱幹事世宗自幼有微疾久未差愈顯攝療有効因是稍蒙眄識又罷六輔之初顯爲領軍于烈間通規策頗有密功累遷游擊將軍拜廷尉少卿仍在侍御營進御藥出入禁內乞臨本州世宗曾許之積年未授因是聲問傳于遠近顯每語人言時旨已決必爲刺史遂除平北將軍相州刺史尋詔馳驛還京復掌藥又遣還州元愉作逆顯討之不利入除太府卿御史中尉顯前後歷職所在著稱糾折庶獄究其姦回出內惜慎憂國如家及領憲臺多所彈劾百寮肅然又以中尉屬官不悉稱職諷求更換詔委改選務盡才能而顯所舉或有請屬未皆得人於是衆口諠譁聲望致損後世宗詔顯撰藥方三十五卷班布天下以療諸疾東宮既建以爲太子詹事委任甚厚世宗每幸東宮顯常近侍出入禁中仍奉醫藥賞賜累加爲立館宇寵振當時延昌二年秋以營療之功封衞南伯四年正月世宗夜崩肅宗踐祚顯參奉璽策隨從臨哭微爲憂懼顯既蒙任遇兼爲法官恃勢使威爲時所疾朝宰託以侍療無效執之禁中詔削爵位臨執呼寃直閤以刀鐶撞其腋下傷中吐血至右衞府一宿死始顯布衣爲諸生有沙門相顯後當富貴誡其勿爲吏官吏官必敗由是世宗時或欲令其遂攝吏部每殷勤避之及世宗崩肅宗夜卽位受璽冊於儀須兼太尉乃吏部倉卒百官不具以顯兼吏部行事矣

崔彧字文若清河東武城人父勳之字寧國位大司馬外兵郎贈通直郎彧與兄相如俱自南入國相如以才學知名早卒彧少嘗詣青州逢隱逸沙門敎以素問九卷及甲乙遂善醫術中山王英子略曾病王顯等不能療彧針之抽針卽愈後位冀州別駕累遷寧遠將軍性仁恕見疾苦好與治之廣敎門生令多救療其弟子淸河趙約勃海郝文法之徒咸亦有名

彧子景哲豪率亦以醫術知名爲太中大夫司徒長史

蔣少游樂安博昌人也慕容白曜之平東陽見俘入於平城充平齊戶後配雲中爲兵性機巧頗能畫刻有文思吟咏之際時有短篇遂留寄平城以傭寫書爲業而名猶在鎮後被召爲中書寫書生與高聰俱依高允允愛其文用遂並薦之與聰俱補中書博士自在中書恒庇李沖兄弟子姪之門始北方不悉青州蔣族或謂少游本非人士又少游微因工藝自達是以公私人望不至相重唯高允李沖曲爲體練由少游舅氏崔光與李沖從叔衍對門婚姻也高祖文明太后常因密宴謂百官曰本謂少游作師耳高允老公乃言其人士眷識如此然猶驟被引命屑屑禁闥以規矩刻繢爲務因此大蒙恩錫超等備位而亦不遷陟也及詔尚書李沖與馮誕游明根高閭等議定衣冠於禁中少游巧思令主其事亦訪於劉昶二意相乖時致諍競積六載乃成始班賜百官冠服之成少游有效焉後於平城將營太廟太極殿遣少游乘傳詣洛量準魏晉基趾後爲散騎侍郎副李彪使江南高祖修船乘以其多有思力除都水使者遷前將軍兼將作大匠仍領水池湖泛戲舟檝之具及華林殿沼修舊增新改作金墉門樓皆所措意號爲妍美雖有文藻而不得伸其才用恒以剞劂繩尺碎劇怱怱徙倚園湖城殿之側識者爲之歎慨而乃坦爾爲已任不告疲恥又兼太常少卿都水如故景明二年卒贈龍驤將軍青州刺史謚曰質有文集十卷餘少游又爲太極立模範與董爾王遇等參建之皆未成而卒初高宗時郭善明甚機巧北京宮殿多其製作高祖時青州刺史侯文和亦以巧聞爲要舟水中立射滑稽多智辭說無端尤善淺俗委巷之語至可歡笑位樂陵濟南二郡太守

世宗肅宗時豫州人柳儉殿中將軍關文備郭安興並機巧洛中製永寧寺九層佛圖安興爲匠也

高祖時有范甯兒者善圍碁曾與李彪使蕭賾賾令江南上品王抗與甯兒制勝而還又有浮陽高光宗善樗蒱趙國李幼序洛陽丘何奴並工握槊此蓋胡戲近入中國云胡王有弟一人遇罪將殺之弟從獄中爲此戲以上之意言孤則易死也世宗以後大盛於時

史臣曰陰陽卜祝之事聖哲之教存焉雖不可以專亦不可得而廢也狗於是者不能無非厚於利者必有其害詩書禮樂所失也鮮故先王重其德方術伎巧所失也深故往哲輕其藝夫能通方術而不詭於俗習技巧而必蹈於禮者幾于大雅君子故昔之通賢所以戒乎妄作晁崇張淵王早殷紹耿玄劉靈助皆術藝之士也觀其占候卜筮推步盈虛通幽洞微近知鬼神之情狀周澹李修徐謇王顯崔彧方藥特妙各一時之美也蔣少游以剞劂見知沒其學思藝成爲下其近是乎

魏書卷九十一考證

列傳第七十九○此卷王顯以前魏收舊書崔彧蔣少游傳全出北史及小史史臣論亦取北史藝術傳論而北史全用周隋書藝術傳論

張淵傳爰及王良注王良九方湮之子○莊子作九方歅

江式傳三日諧聲○諧監本訛形各本同今改正

魏書卷九十二

齊 魏收 撰

列傳列女第八十

崔覽妻封氏　封卓妻劉氏
魏溥妻房氏　胡長命妻張氏
平原女子孫氏　房愛親妻崔氏
涇州貞女兕先氏　姚氏婦楊氏
張洪祁妻劉氏　董景起妻張氏
陽尼妻高氏　史映周妻耿氏
任城國太妃孟氏　苟金龍妻劉氏
盧元禮妻李氏　河東孝女姚氏
刁思遵妻魯氏

夫婦人之事存於織紝組紃酒漿醯醢而已至如嫫訓軒宮娥成舜業塗山三母克昌二邦殆非匹婦之謂也若乃明識列操文辯兼該聲自閨庭號顯列國子政集之於前元凱編之於後隨時綴錄代不乏人今書魏世可知者爲列女傳

中書侍郎淸河崔覽妻封氏勃海人散騎常侍愷女也有才識聰辯彊記多所究知於時婦人莫能及李敷公孫文叔雖已貴重近世故事有所不達皆就而諮請焉

渤海封卓妻彭城劉氏女也成婚一夕卓官於京師後以事伏法劉氏在家忽然夢想知卓已死哀泣不輟諸嫂喻之不止經旬凶問果至遂憤歎而死時人比之秦嘉妻中書令高允念其義高而名不著爲之詩曰兩儀正位人倫肇甄爰制夫婦統業承先雖曰異族氣猶自然生則同室終契黃泉其一封生令達卓爲時彥內協黃中外兼三變誰能作配克應其選實有華宗挺生淑媛其二京野勢殊山川乖互乃奉王命載馳在路公務既弘私義獲著因媒致幣遘止一暮其三率我初冠眷彼弱笄形由禮比情以趣諧忻願難常影跡易乖悠悠言邁戚戚長懷其四時值險屯橫離塵網伏鑕就刑身分土壤千里雖遐應如影響良嬪洞感發於夢想其五仰惟親命俯尋嘉好誰謂會淺義深情到畢志守窮誓不二醮何以驗之殞身是効其六人之處世孰不厚生必存於義所重則輕結忿鍾心甘就幽冥永捐堂宇長辭母兄其七茫茫中野翳翳孤丘葛虆冥蒙荆棘四周理苟不昧神必俱游異哉貞婦曠世靡儔其八

鉅鹿魏溥妻常山房氏女也父堪慕容垂貴鄉太守房氏婉順高明幼有烈操年十六而溥遇病且卒顧謂之曰人生如白駒過隙死不足恨但夙心往志不聞於沒世矣良痛母老家貧供奉無寄赤子矇眇血祀孤危所以抱怨於黃壚耳房垂泣而對曰幸承先人餘訓出事君子義在自畢有志不從命也夫人在堂稚子繈褓顧當以身少相感長往之恨俄而溥卒及大歛房氏操刀割左耳投之棺中仍曰鬼神有知相期泉壤流血滂然助喪者咸皆哀懼姑劉氏輟哭而謂曰新婦何至於此房對曰新婦少年不幸實慮父母未量至情覬持此自誓耳聞知者莫不感愴於時子緝生未十旬鞠育於後房之內未曾出門遂終身不聽絲竹不預座席緝年十二房父母仍存於是歸寧父兄尚有異議緝竊聞之以啓母房命駕紿云他行因而遂歸其家弗知之也行數十里方覺兄弟來追房哀歎而不反其執意如此訓導一子有母儀法度緝所交游有名勝者則身具酒飯有不及已者輒屏臥不餐須其悔謝乃食善誘嚴訓類皆如是年六十五而終緝事在序傳緝子悅爲濟陰太守吏民立碑頌德金紫光祿大夫高閭爲其文序云祖母房年在弱笄難貞守志秉恭妻之操著自毀之誠又頌曰爰及處士遘疾夙凋伉儷秉志識茂行高殘形顯操誓敦久要誕茲令胄幽感乃昭溥未仕而卒故云處士焉

樂部郎胡長命妻張氏事姑王氏甚謹太安中京師禁酒張以姑老且患私爲醞之爲有司所糾王氏詣曹自告曰老病須酒在家私釀王所爲也張氏曰姑老抱患張主家事姑不知釀其罪在張主司疑其罪不知所處平原王陸麗以狀奏高宗義而赦之

平原鄃縣女子孫氏男玉者夫爲靈縣民所殺追執讐人男玉欲自殺之其弟止而不聽男玉曰女人出適以夫爲天當親自復雪云何假人之手遂以杖毆殺之有司處死以聞顯祖詔曰男玉重節輕身以義犯法緣情定罪理在可原其特恕之

清河房愛親妻崔氏者同郡崔元孫之女性嚴明高尚歷覽書傳多所聞知子景伯景光崔氏親授經義學行脩明竝爲當世名士景伯爲清河太守每有疑獄常先請焉貝丘民列子不孝吏欲案之景伯爲之悲傷入白其母母曰吾聞聞不如見山民未見禮教何足責哉但呼其母來吾與之同居其子置汝左右令其見汝事吾或應自改景伯遂召其母崔氏處之於榻與之共食景伯爲之溫凊其子侍立堂下未及旬日悔過求還崔氏曰此雖顏慙未知心愧且可置之凡經二十餘日其子叩頭流血其母涕泣乞還然後聽之終以孝聞其識度厲物如此竟以壽終

涇州貞女兕先氏許嫁彭老生爲妻娉幣既畢未及成禮兕先率行貞淑居貧常自舂汲以養父母老生輒往逼之女曰與君禮命雖畢二門多故未及相見何由不稟父母擅見陵辱若苟行非禮正可身死耳遂不肯從老生怒而刺殺之取其衣服女尚能言臨死謂老生曰生身何罪與君相遇我所以執節自固者寧更有所邀正欲奉給君耳今反爲君所殺若魂靈有知自當相報言終而絕老生持女珠瓔至其叔宅以告叔叔曰此是汝婦奈何殺之天不祐汝遂執送官太和七年有司劾以死罪詔曰老生不仁侵陵貞淑原其強暴便可戮之而女守禮履節沒身不改雖處草萊行合古跡宜賜美名以顯風操其標墓旌善號曰貞女

姚氏婦楊氏者閹人苻承祖姨也家貧無產業及承祖爲文明太后所寵貴親姻皆求利潤唯楊獨不欲常謂其姊曰姊雖有一時之榮不若妹有無憂之樂姊每遣其衣服多不受彊與之則云我夫家世貧好衣美服則使人不安與之奴婢則云我家無食不能供給終不肯受常著破衣自執勞事時受其衣服多不著密埋之設有著者汚之而後服承祖每見其寒悴深恨其母謂不供給之乃啓其母曰今承祖一身何所乏少而使姨如是母具以語之承祖乃遣人乘車往迎之則厲志不起遣人彊舁於車上則大哭言爾欲殺我也由是苻家內外皆號爲癡姨及承祖敗有司執其二姨至殿庭一姨致法以姚氏婦衣裳敝陋特免其罪其識機雖呂須亦不過也

滎陽京縣人張洪祁妻劉氏年十七夫亡遺腹生子三歲又沒其舅姑年老朝夕奉養率禮無違兄矜其少寡欲奪而嫁之劉氏自誓弗許以終其身

陳留董景起妻張氏景起早亡張時年十六痛夫少喪哀傷過禮形容毀頓永不沐浴蔬食長齋又無兒息獨守貞操期以闔棺鄉曲高之終見標異

漁陽太守陽尼妻高氏渤海人學識有文才高祖勑令入侍後宮幽后表啓悉其辭也

滎陽史映周妻同郡耿氏女年十七適於映周太和二十三年映周卒耿氏恐父母奪其志因葬映周哀哭而殞見者莫不悲歎屬大使觀風以狀具上詔標榜門閭

任城國太妃孟氏鉅鹿人尚書令任城王澄之母澄爲揚州之日率衆出討於後賊帥姜慶眞陰結逆黨襲陷羅城長史韋纘倉卒失圖計無所出孟乃勒兵登陴先守要便激厲文武安慰新舊勸以賞罰喻之逆順於是咸有奮志親自巡守不避矢石賊不能克卒以全城澄以狀表聞屬世祖崩事寢靈太后令曰鴻功盛美實宜垂之永年乃勑有司樹碑旌美

苟金龍妻劉氏平原人也廷尉少卿劉叔宗之姊世宗時金龍爲梓潼太守郡帶關城戍主蕭衍遣衆攻圍值金龍疾病不堪部分衆甚危懼劉遂率厲城民脩理戰具一夜悉成拒戰百有餘日兵士死傷過半戍副高景陰圖叛逆劉斬之及其黨與數十人自餘將士分衣減食勞逸必同莫不畏而懷之井在外城尋爲賊陷城中絕水渴死者多劉乃集諸長幼喻以忠節遂相率告訴於天俱時號叫俄而澍雨劉命出公私布絹及至衣服懸之城中絞而取水所有雜器悉儲之於是人心益固會益州刺史傅豎眼將至賊乃退散豎眼歎異具狀奏聞世宗嘉之正光中賞平昌縣開國子邑二百戶授子慶珍又得二子出身慶珍卒子純陁襲齊受禪爵例降慶珍弟孚武定末儀同開府司馬

貞孝女宗者趙郡栢人人趙郡太守李叔胤之女范陽盧元禮之妻性至孝聞於州里父卒號慟幾絕者數四賴母崔氏慰勉之得全三年之中形骸銷瘠非人扶不起及歸夫氏與母分隔便飲食日損涕泣不絕日就羸篤盧氏合家慰喻不解乃遣歸寧還家乃復故如此者八九焉後元禮卒李追亡撫存禮無違者事姑以孝謹著母崔以神龜元年終於洛陽凶問初到舉聲慟絕一宿乃蘇水漿不入口者六日其姑慮其不濟親送奔喪而氣力危殆自范陽向洛八旬方達攀櫬號踊遂卒有司以狀聞詔曰孔子稱毀不滅性蓋爲其廢養絕類也李既非嫡子而孝不勝哀雖乖俯就而志厲義遠若不加旌異則無以勸引澆浮可追號曰貞孝女宗易其里爲孝德里標李盧二門以惇風俗

河東姚氏女字女勝少喪父無兄弟母憐而守養年六七歲便有孝性人言其父者聞輒垂泣隣伍異之正光中母死女勝年十五哭泣不絕聲水漿不入口者數日不勝哀遂死太守崔游申請爲營墓立碑自爲製文表其門閭比之曹娥改其里曰上虞里墓在郡城東六里大道北至今名爲孝女冢

滎陽刁思遵妻魯氏女也始笄爲思遵所娉未踰月而思遵亡其家矜其少寡許嫁已定魯聞之以死自誓父母不達其志遂經郡訴稱刁氏吝護寡女不使歸寧魯乃與老姑徒步詣司徒府自告情狀普泰初有司聞奏廢帝詔曰貞夫節婦古今同尚可令本司依式標牓

史臣曰 闕

魏書卷九十二考證

魏書卷九十二○魏收書不全

魏溥妻房氏傳所以抱怨於黃壚耳○壚北史作壚黃壚黃泉也若黃壚乃地名

緝事在序傳緝子悅爲濟陰太守○臣人龍按本書列傳自序魏悅即收之祖也今據此傳悅爲緝之子溥之孫而列傳自序則云彥子歆歆子悅位濟陰太守竊謂收自紀其高曾之名不應兩傳迥異殆序傳本闕亦後人所補故舛訛若此耶

魏書卷九十三

齊 魏收 撰

列傳恩倖第八十一

王叡 王仲興 寇猛 趙脩 茹皓

趙邕 侯剛 鄭儼 徐紇

夫令色巧言矯情飾貌邀眄睞之利射咳唾之私此蓋苟進之常也故甚者刑身淪子其次舐痔嘗癰況乃散金奏貨輸錢漢爵又何怪哉若夫地窮尊貴嗜欲所攻聖達其猶病諸中庸固不能免男女性態其揆斯一二代之亡皆是物也擁天下之圖持海內之命頤指如意高下在心此乃夏桀殷紂喪二邦秦毋呂雉穢兩國也魏世王叡幸太和之初鄭儼寵孝昌之季主幼於前君稚於後乘間宣淫殆無忌畏樹列朋黨蔽塞天聰高祖明聖外彰人神繫仰御之有術宗社弗墜肅宗不言垂拱潛濟罕方六合淆然至於隕覆且承顏色竊光寵勢等秋風氣同夏日亦何世而不有哉此周旦所以誡其朋詩人是爲疾羣小也太宗時王車之徒雖云幸念皆宣力夷險誠效兼存未如趙脩等出於近習趨走之地坐擁威刑勢傾都鄙得之非道君子所以賤之書其變態備禍福之由焉

王叡字洛誠自云太原晉陽人也六世祖橫張軌參軍晉亂子孫因居於武威姑臧父橋字法生解天文卜筮涼州平入京家貧以術自給歷仕終於侍御中散天安初卒贈平遠將軍涼州刺史顯美侯諡曰敬叡少傳父業而姿貌偉麗恭宗之在東宮見而奇之興安初擢爲太卜中散稍遷爲令領太史承明元年文明太后臨朝叡因緣見幸超遷給事中俄而爲散騎常侍侍中吏部尚書賜爵太原公於是內參機密外豫政事愛寵日隆朝士懾憚焉太和二年高祖及文明太后率百僚與諸方客臨虎圈有逸虎登門閣道幾至御座左右侍御皆驚靡叡獨執戟禦之虎乃退去故親任轉重三年春詔叡與東陽王丕同入八議永受復除四年遷尚書令進爵中山王加鎮東大將軍置王官二十二人中書侍郎鄭羲爲傅郎中令以下皆當時名士又拜叡妻丁氏爲妃及沙門法秀謀逆事發多所牽引叡曰與其殺不辜寧赦有罪宜梟斬首惡餘從疑赦不亦善乎高祖從之得免者千餘人叡出入帷幄太后寵賜珍玩繒綵人莫能知率常以夜帷車載往閹官防致前後巨萬不可勝數加以田園奴婢牛馬雜畜並盡良美大臣及左右因是以受賚錫外示不私所費又以萬計及疾病高祖太后每親視疾侍官省問相望於道及疾篤上疏曰臣聞忠於事君者節義著於臨終孝於奉親者淳誠表於垂沒故孔明卒軍不忘全蜀之計曾參疾甚情存善言之益雖則庸昧敢忘景行臣荷天地覆載之恩蒙大造生成之德漸風訓於華年服道教於弱冠濯纓清朝垂周三紀受先帝非分之眷叨陛下殊常之寵遂乃齊跡功舊內侍帷幄爵列諸王位班上等從容闈道與知國政誠思竭盡力命以報所受不謂事與心違忽嬰重疾每屈輿駕親臨問之榮治生平惠流身後犬馬之誠銜佩罔極今所病遂篤慮必不起延首闕庭戀戀終日仰恃皇造宿眷之隆敢陳愚昧管窺之見臣聞爲治之要其略有五一者慎刑罰二者任賢能三者親忠信四者遠讒佞五者行黜陟夫刑罰明則姦宄息賢能用則功績著親忠信則視聽審遠讒佞則疑間絕黜陟行則貪叨改是以欽恤惟刑載在唐典知人則哲唯帝所難周書垂好德之文漢史列防姦之論考省幽明先王大典又八表既廣遠近事殊撫荒裔宜待之以寬信綏華甸宜惠之以明簡哀恤孤獨賑施困窮錄功舊赦小罪輕徭役薄賦斂修福業禁淫祀願聽政餘暇賜垂覽察使子囊之誠重申於當世將墜之志獲用於明時壽薨時年四十八高祖文明太后親臨哀慟賜溫明祕器宕昌公王遇監護喪事贈衞大將軍太宰并州牧諡曰宣王內侍長董醜奴營墳墓將葬於城東高祖登城樓以望之京都文士爲作哀詩及誄者百餘人乃詔爲叡立祀於都南二十里大道右起廟以時祭薦并立碑銘置守祀五家又詔褒叡圖其捍虎狀於諸殿命高允爲之讚京都士女諂稱叡美造新聲而絃歌之名曰中山王樂詔班樂府合樂奏之初叡女妻李沖兄子延賓次女又適趙國李恢子華女之將行也先入宮中其禮略如公主王女之儀太后親御太華殿寢其女於別帳叡與張祐侍坐叡所親及兩李家丈夫婦人列於東西廊下及車引太后送過中路時人竊謂天子太后嫁女叡之葬也假親姻義舊衰絰縞冠送喪者千餘人皆舉聲慟泣以要榮利時謂之義孝叡既貴乃言家本太原晉陽遂移屬焉故其兄弟封爵多以并州郡縣襲後重贈叡父橋侍中征西將軍左光祿大夫儀同三司武威王諡曰定追策叡母賈氏爲妃立碑於墓左父子並葬城東相去里餘遷洛後更徙葬太原晉陽

子襲字元孫年十四以父任擢爲中散仍總中部叡薨高祖詔襲代領都曹爲尚書令領吏部曹中部如其品職依典承襲文明太后令曰都曹尚書曹百寮之首民所具瞻襲年少智思未周其都曹尚書令可權記使閑習政事後用不晚終太后世寵念如初襲王爵例降爲公太后崩後襲仍在高祖左右然禮遇稍薄不復關與時事久之出爲鎮西將軍秦州刺史又轉并州刺史十七年輿駕詣洛路幸其治供帳粗辦境內清靜高祖頗嘉之而民庶多爲立銘置于大路虛相稱美或曰襲所教也高祖聞而問之對不以實因是面被責讓尚書奏免其官詔唯降號二等二十年以事爲中尉所糾會赦免語在常景傳景明二年卒贈平南將軍豫州刺史諡曰質

子忻襲爵爲太尉汝南王悅記室參軍建義初河陰遇害贈散騎常侍安北將軍肆州刺史諡曰穆

子子瑄襲爵武定末齊州驃騎府功曹參軍齊受禪例降

忻弟誕字永安龍驤將軍正平太守亦於河陰遇害贈撫軍將軍并州刺史

子希雲舉秀才早亡

誕弟殖字永興司空城局參軍

子祖幹司徒行參軍并州刺史

殖弟永業司空參軍事

襲弟椿字元壽少以父任拜祕書中散尋以父憂去職後除羽林監謁者僕射母喪解任正始初拜中散出爲太原太守加鎮遠將軍坐事免椿僮僕千餘園宅華廣聲妓自適無乏於時或有勸椿仕者椿笑而不答雅有巧思凡所營製可爲後法由是正光中元乂將營明堂辟雍欲徵椿爲將作大匠椿聞而以疾固辭孝昌中爾朱榮既據并肆以汾州胡逆表加椿征虜將軍都督尉勞汾胡汾胡與椿比州服其聲望所在降下事寧授右將軍太原太守以預立莊帝之勞封遼陽縣開國子食邑三百戶尋轉封眞定縣開國侯食邑七百戶除持節本將軍華州刺史尋轉使持節散騎常侍殷州刺史元曄立除都官尚書固辭不拜永熙中行冀州事尋除使持節散騎常侍車騎將軍瀛州刺史時有風雹之變詔書廣訪讜言椿乃上疏曰伏奉詔書以風雹厲威上動天聽訪讜辭於百辟詢輿誦於四海宸衷懇切備在絲綸祇承兢感心焉靡厝伏惟陛下啓籙應期馭育萬物承綴旒之艱運纂纖絲之危緒忘餐日昃求衣未明俾上帝下臨愍茲荼蓼永濟溝壑而滄浪降戾作害中秋上帝照臨義不虛變竊惟風爲號令皇天所以示威雹者氣激陰陽有所交諍殆行令殊節舒急失中之所致也昔澍雨千里寔緣敎祀之誠炎精三舍寧非善言之力讜不空發徵豈謬應誰謂蓋高實符人事伏願陛下留心曲覽垂神遠察禮賢登士博舉審官擢申滯怨振窮省役使夫滋水沒川之彥畢居朝右儀表丹靑之位未或虛加圖土絕五毒之民揆日息千門之費巖巖廊署無不遇之士忪忪惸獨荷酒帛之恩則物見昭蘇人知休泰徐奏薰風之曲無論鴻鴈之歌豈不天人幸甚鬼神咸抃椿性嚴察下不容姦所在吏民畏之重足天平末更滿還鄉初椿於宅構起廳事極爲高壯時人忽云此乃太原王宅豈是王太原宅椿往爲本郡世皆呼爲王太原未幾爾朱榮居椿之宅榮封太原王焉至於齊獻武王之居晉陽霸朝所在人士輻湊椿禮敬親知多所拯接後以老病遂辭疾客居趙郡之西鯉魚祠山興和二年春卒時年六十二贈使持節都督冀瀛二州軍事驃騎大將軍尚書左僕射太尉公冀州刺史諡曰文恭及葬齊獻武王親自弔送椿妻鉅鹿魏悅之次女明達有遠操多識往行前言隨夫在華州兄子建在洛遇患聞而星夜馳赴膚容虧損親類歎尚之爾朱榮妻北鄉郡長公主深所禮敬永安中詔以爲南和縣君內足於財不以華飾爲意撫兄子收情同已子存拯親類所在周洽椿名位終始魏有力焉元象中卒贈鉅鹿郡君椿無子以兄孫叔明爲後

叔明太尉參軍事儀同開府祭酒死於晉陽無子以弟子暄子爲後

叡弟諶字厚誠爲給事中安南將軍祠部尚書賜爵上黨公加散騎常侍領太史事例降爲侯遷太常卿出爲持節安東將軍兗州刺史還除光祿大夫卒於官贈帛五十匹

子翔字元鳳少以聰敏循良詔充內侍自太和初與李沖等奏決庶事迄于十六年賞賜前後累千萬是時政事多決於文明太后后好細察而翔恭謹愼密甚被知任遷洛兼給事黃門侍郎尚書左丞襲爵遷輔國將軍太府少卿出爲濟州刺史卒贈大將軍肆州刺史子超襲

超字和善奉朝請并州治中超愛好人物輕財重義性豪華能自奉養每食必窮水陸之味年三十四卒

子景覽襲武定中衞將軍右光祿大夫齊受禪例降

景覽弟景招開府集曹參軍

超弟穆字恩泰元象中上黨太守卒

穆弟綽字思和員外散騎侍郎上黨王天穆以爲北道行臺郎中爾朱榮代天穆爲大行臺仍爲吏部郎以預奉莊帝之勳封猗氏縣開國侯邑五百戶永安末除征西將軍幽州刺史不之任元曄立轉除驃騎大將軍并州刺史與和中卒

綽弟爽司徒中兵參軍

諶弟魏誠爲東宮學生拜給事中賜爵中都侯加龍驤將軍卒贈安南將軍冀州刺史謚曰恭

子靜字元安少有公幹拜中散襲爵例降爲伯除員外郎羽林監兼尚書郎以明法除廷尉評轉游擊將軍加冠軍將軍岐州刺史趙郡王謐虐害城民怨叛詔靜以驛慰喩咸卽降下以奉使稱旨賜帛五百匹除趙郡太守以母老固辭不拜又授征虜將軍廷尉少卿有當官之稱坐公事左遷中散大夫以母憂去職孝昌初詔兼廷尉卿尋行定州事並固辭不起二年夏除長兼廷尉卿尋行定州事至冬病卒年五十七贈撫軍將軍并州刺史謚曰貞無子以從子伯豫爲後

伯豫襲爵武定中冀州開府錄事參軍齊受禪例降

魏誠弟亮字平誠承明初擢爲中散告沙門法秀反遷冠軍將軍賜爵永寧侯加給事中出爲安西將軍秦州刺史後轉陝州刺史坐事免卒於家

亮子洪壽早卒

子元景正光中許復先爵降爲伯卒無子

洪壽弟嶷字安壽除奉朝請稍遷中散大夫以疾歸鄉里遂移居上黨年七十一卒

子夷字景預有文才少工詩詠知名於世未官而卒

叡叔隆保冠軍將軍姑臧侯卒追贈安東將軍并州刺史鉅鹿公謚曰靖

王仲興趙郡南欒人也父天德起自細微至殿中尚書仲興幼而端謹以父任早給事左右太和中殿內侍御中散武騎侍郎給事中出入禁內十餘年轉冗從僕射猶參密近爲齊帥從駕征新野有功除折衝將軍屯騎校尉又命率千餘騎破賊於鄧城除振威將軍越騎校尉賜帛千匹高祖於馬圈自不豫大漸迄於崩仲興頗預侍護達魯陽世宗卽位轉左中郎將仍齊帥及帝親政與趙脩並見寵任遷光祿大夫領武衞將軍仲興雖與脩並而畏愼自退不若脩之倨傲無禮咸陽王禧之出奔也當時上下微爲駭震世宗於乾脯山追仲興馳入金墉城安慰後與領軍于勁共參機要因自理馬圈侍疾及入金墉之功乞同元賞遂封上黨郡開國公食邑二千戶自拜武衞及受封之日車駕每臨饗其宅世宗游幸仲興常侍從不離左右外事得徑以聞百寮亦聳體而承望焉兄可久以仲興故自散爵爲徐州征虜府長史帶彭城太守仲興世居趙郡自以寒微云舊出京兆霸城故爲雍州大中正尚書後以仲興開國公賞報過優北海王詳嘗面啓奏請降減事久不決可久在徐州恃仲興寵勢輕侮司馬梁郡太守李長壽遂至忿諍彭城諸沙門共相和解未幾復有所競可久乃令僮僕邀毆長壽遂折其脅州以表聞北海王詳因百寮朝集厲色大言曰徐州名藩先帝所重朝廷云何簡用上佐遂令致此紛紜以徹荒外豈不爲國醜辱也衆亦莫有應者仲興是後漸疎不得徑入左右世宗乃下詔奪其封邑出除平北將軍并州刺史卒贈安東將軍青州刺史

寇猛上谷人也祖父平城猛少以姿幹充虎賁稍遷羽林中郎從高祖征南陽以擊賊不進免官世宗踐位復敘用愛其膂力置之左右爲千牛備身歷轉遂至武衞將軍出入禁中無所拘忌自以上谷寇氏得補燕州大中正而不能甄別士庶也家漸富侈宅宇高華妾隸充溢徵榮弟婭然不及茹皓仲興也卒贈平北將軍燕州刺史

趙脩字景業趙郡房子人父惠安後名謐都曹史積榮補陽武令脩貴追贈威烈將軍本郡太守及葬復贈龍驤將軍定州刺史脩本給事東宮爲白衣左右頗有膂力世宗踐阼仍充禁侍愛遇日隆然天性闇塞不閑書疏是故不參文墨世宗親政旬月之間頻有轉授歷員外通直散騎常侍鎭東將軍光祿卿每受除設宴世宗親幸其宅諸王公卿士百寮悉從世宗親見其母脩能劇飮至於逼勸觴爵雖北海王詳廣陽王嘉等皆亦不免必致困亂每適郊廟脩常驂陪出入華林恒乘馬至于禁內咸陽王禧誅其家財貨多賜高肇及脩脩之葬父也百寮自王公以下無不弔祭酒犢祭奠之具塡塞門街於京師爲制碑銘石獸石柱皆發民車牛傳致本縣財用之費悉自公家凶吉車乘將百兩道路供給亦皆出官時將馬射世宗留脩過之帝如射宮脩又驂乘輅車旒竿觸東門而折脩恐不逮葬日驛赴窆期左右求從及特遣者數十人脩道路嬉戲殆無戚容或與賓客姦掠婦女倮觀從者噂喈喧譁詬詈無節莫不畏而惡之是年又爲脩廣增宅舍多所幷兼洞門高堂房廡周博崇麗擬於諸王其四面鄰居賂入其地者侯天盛兄弟越次出補長史大郡脩起自賤伍暴致富貴奢傲無禮物情所疾因其在外左右或諷糾其罪自其葬父還也舊寵少薄初王顯祇附於脩後因忿鬩密伺其過規陷戮之而脩過短都不悛防顯積其前後愆咎列脩葬父時路中淫亂不軌又云與長安人趙僧㧑謀匿玉印事高肇甄琛等構成其罪乃密以聞始琛及李憑等曲事於脩無所不至懼相連及爭共糾擿助攻治之遂乃詔曰小人難育朽棘不彫長惡不悛豈容撫養散騎常侍鎭東將軍領扈左右趙脩昔在東朝選充臺皂劬所經見長難遺之故纂業之初仍引西禁雖地微器陋非所宜采然識早念生遂陞名級自蒙洗濯兒昏日甚驟倖蕩憍恩加輕慢不識人倫之體不悟深淺之方陵獵王侯輕蔑卿相門賓巷士拜卯不接鬻氣豪心仍懷鄙塞比藉葬父侈暴繼聞居京造宅殘虐徒旅又廣張形勢妄生矯託與雍州人趙僧㧑等陰相傳納許受玉印不執不物日月滋甚朕猶懸其宿隸每加覆護而擅威弄勢侏張不已法家耳目並求憲網雖欲捨之辟實難爽然楚履既隆江君徘徊鍾牛一聲東向改轡脩雖小人承侍在昔極辟之奏欲加未忍可鞭之一百徙敦煌爲兵其家宅作徒卽仰停罷所親在內者悉令出禁朕昧於處物育茲豺虎顧尋往謬有愧臣民便可時勑申沒以謝朝野是日脩詣領軍于勁第與之樗蒲籌未及畢而羽林數人相續而至稱詔呼之脩驚起隨出路中執引脩馬詣領軍府琛與顯監決其罰先具問事有力者五人更迭鞭之占令必死旨決百鞭其實三百脩素肥壯腰背博碩堪忍楚毒了不轉動鞭訖卽召驛馬促之令發出城西門不自勝舉縛置鞍中急驅馳之其母妻追隨不得與語行八十里乃死初于后之入脩之力也脩死後領軍于勁猶追感舊意經恤其家自餘朝士昔相宗承者悉棄絕之示已之疎遠焉

茹皓字禽奇舊吳人也父讓之本名要隨劉駿巴陵王休若爲將至彭城是時南土飢亂遂寓居淮陽上黨皓年十五六爲縣金曹吏有姿貌謹惠南徐州刺史沈陵見而善之自隨入洛陽舉充高祖白衣左右世宗踐祚皓侍直禁中稍被寵接世宗嘗拜山陵路中欲引與同車皓奮衣將昇黃門侍郎元匡切諫乃止及世宗親政皓眷賚日隆又以馬圈之勞當擬補員外將軍時趙脩亦被幸妬害之求出皓爲外守皓亦慮見危禍不樂內官遂超授濮陽太守加厲威將軍其父因皓訟理舊勳先除兗州陽平太守賜以子爵父子剖符名邦郡境相接皓忻然於去內不以疎外爲感及趙脩等敗竟獲全免雖起微細爲守乃淸簡寡事世宗幸鄴講武皓啓求朝趨解郡授左中郎將領直閤寵待如前皓旣官達自云本出鴈門鴈門人諂附者乃因薦皓於司徒請爲肆州大中正府省以聞詔特依許遷驍騎將軍領華林諸作皓性微工巧多所興立爲山於天淵池西採掘北邙及南山佳石徙竹汝潁羅蒔其間經構樓館列於上下樹草栽木頗有野致世宗心悅之以時臨幸遷冠軍將軍仍驍騎將軍皓貴寵日升關與政事太傅北海王詳以下咸祇憚附之皓弟年尚二十擢補員外郎皓娶僕射高肇從妹於世宗爲從母迎納之日詳親詣之禮以馬物皓又爲弟聘安豐王延明妹延明恥非舊流不許詳勸彊之云欲覓官職如何不與茹皓婚姻也延明乃從焉皓頗敏慧折節下人而潛自經營陰有納受貨產盈積起宅宮西朝貴弗之及也是時世宗雖親萬務皓奉常居內留宿不還傳可門下奏事未幾轉光祿少卿意殊不已方欲陳馬圈從先帝之勞更希進舉初脩皓之寵北海王詳皆附納之又直閤將軍劉胄本爲詳所薦常感詳恩密相承望並共來往高肇素疾諸王常規陷害旣知詳與皓等交關相昵乃搆之世宗云皓等將有異謀世宗乃召中尉崔亮令奏皓胄常季賢陳掃靜四人擅勢納賄及私亂諸事卽日執皓等皆詣南臺翌日奏處罪其晩就家殺之皓妻被髮出堂哭而迎皓皓徑入哭別食椒而死皓子懷朗仕至南青州刺史興和初以罪賜死子姪徙邊

胄字元孫河間人始爲北海王詳所舉六輔時出守本郡與皓俱赴鄴宮講武亦自乞留至洛久不敘用詳又爲啓曉乃拜將軍直閤

季賢起於主馬世宗初好騎乘因是獲寵位至殿中將軍司藥丞仍主廐閑與茹皓通知庶事勢望漸隆引其兄爲朝請直寢娶武昌王鑒妹季賢又將娶洛州刺史元拔女並結託帝戚以爲榮援云

掃靜徐義恭並彭城舊營人掃靜能爲世宗典櫛梳義恭善執衣服並以巧便旦夕居中愛幸相侔官敘不異掃靜妻義恭姊也情相遺薄室家不諧義恭恒忿恨之親經世宗訴其欺侮世宗以其左右兩護之二人皆承奉茹皓亦並加接眷而掃靜偏爲親密與皓常在左右略不歸休皓敗掃靜亦死於家義恭小心謹愼謙退少語皓等死後彌見幸信長侍左右典掌祕密世宗不豫義恭晝夜扶侍崩于懷中靈太后臨政義恭諂附元乂

又有淫宴多在其宅爲嘗藥大御出爲東秦州刺史建義後歷內外顯職武定初卒於驃騎大將軍左光祿大夫

趙邕字令和自云南陽人潔白明鬚眉曉了恭敏司空李沖之貴寵也邕以少年端謹出入其家頗給按磨奔走之役沖亦深加接念令與諸子游處人有東帶謁於沖者時託之以自通高祖太和中給事左右至殿中監世宗卽位及親政猶居本任微與趙脩結爲宗援然亦不甚相附也邕稍遷至殿中將軍猶帶監職邕父怡太和中歷郢州刺史停家久之以邕寵名拜太常少卿尋爲荊州大中正出除征虜將軍荊州刺史怡乃致其母喪葬於宛城之南趙氏舊墟以老乞解州任遷拜光祿大夫轉金紫光祿卒贈鎮東將軍相州刺史世宗每出入郊廟脩恒以常侍侍中陪乘而邕兼奉車都尉執轡同載時人竊論號爲二趙以趙出南陽徙屬荊州邕轉給事中南陽中正以父爲荊州大中正乃罷轉長兼散騎侍郎領左右直長出入禁中復爲荊州大中正邕弟尚中書舍人出除南陽太守怡辭荊州也尚求解郡與父俱還未至京師逆除步兵校尉邕祖嶽舊葬代京喪自平城還葬南陽贈平遠將軍青州刺史世宗崩邕兼給事黃門俄轉太府卿出除平北將軍幽州刺史在州貪縱與范陽盧氏爲婚女父早亡其叔許之而母不從母北平陽氏攜女至家藏避規免邕乃拷掠陽叔遂至於死陽氏訴冤臺遣中散大夫孫景安研檢事狀邕坐處死會赦得免猶當除名自理經年臨淮王彧時爲廷尉久不斷決孝昌初卒

侯剛字乾之河南洛陽人其先代人也本出寒微少以善於鼎俎進餁出入久之拜中散累遷冗從僕射嘗食典御世宗以其質直賜名剛焉稍遷奉車都尉右中郎將領刀劒左右加游擊將軍城門校尉遷武衛將軍仍領典御又加通直散騎常侍詔曰太和之季蟻寇侵疆先皇於不豫之中命師出討撫戎暴露觸御乖和朕屬當監國弗獲隨侍而左右服事唯藉忠勤剛於違和之中辛勤行餁追遠錄誠宜先推敘其以剛爲右衛大將軍後領太子中庶子世宗崩剛與侍中崔光迎肅宗於東宮尋除衛尉卿封武陽縣開國侯邑千二百戶俄爲侍中撫軍將軍恒州大中正遷衛將軍表讓侍中詔不許進爵爲公以給侍之勞加賞散伯熙平初除左衛將軍餘官如故侍中游肇出爲相州剛言於靈太后曰昔高氏擅權游肇抗衡不屈先帝所知四海同見而出牧一藩未盡其美宜還引入以輔聖主太后善之剛寵任既隆江陽王繼尚書長孫稚皆以女妻其子司空任城王澄以其起由膳宰頗竊侮之云此近爲我舉食然公坐對集敬遇不虧後剛坐掠殺試射羽林爲御史中尉元匡所彈廷尉處剛大辟尚書令任城王澄爲之言於靈太后侯剛歷仕前朝事有可取纖芥之疵未宜便致於法靈太后乃引見廷尉卿裴延儁少卿袁翻於宣光殿問曰剛因公事掠人邂逅致死律文不坐卿處其大辟竟何所依翻對曰案律邂逅不坐者謂情理已露而隱避不引必須箠撻取其款言謂撾撻以理之類至於此人問則具首正宜依犯結案不應橫加箠朴兼剛口唱打殺撾築非理本有殺心事非邂逅處之大辟未乖憲典太后曰卿等且還當別有判於是令曰廷尉執處侯剛於法如猛剛既意在爲公未宜便依所執但輕勦民命理無全捨可削封三百戶解尚衣典御剛於是頗爲失意剛自太和進食遂爲典御歷兩都三帝二太后將三十年至此始解未幾加散騎常侍御史中尉元匡之廢也太后訪代匡者剛爲太傅清河王懌所舉遂除車騎將軍領御史中尉常侍衛尉如故及領軍元乂執政擅權樹結親黨剛長子乂之妹夫乃引剛爲侍中左衛將軍還領尚食典御以爲枝援俄加車騎大將軍領左右復前削之封尋加儀同復領御史中尉剛啓軍旅稍興國用不足求以封邑俸粟賑給征人肅宗許之孝昌元年除領軍餘官如故初元乂之解領軍也靈太后以乂腹心尚多恐難卒制故權以剛代之示安其意尋出爲散騎常侍冀州刺史將軍儀同三司剛行在道詔曰剛因緣時會恩隆自久擢於凡品越昇顯爵往以微勤賞同利建寵靈之極超絕夷等曾無犬馬識主之誠方懷梟獍返噬之志與權臣元乂婚姻朋黨虧違典制長直禁中一出一入迭爲姦防乂與劉騰共爲心膂間隔二宮逼脅內外且位居繩憲糾察是司宜立格言勢同鷹隼方嚴楚撻枉服貞良專任凶威以直爲曲不忠不道深暴民聽附下罔上事彰幽顯莫大之罪難從宥原封爵之科理宜貶奪可征虜將軍餘悉削黜剛終于家永安中贈司徒公

剛長子詳自奉朝請稍遷通直散騎侍郎冠軍將軍主衣都統剛以上谷先有侯氏於是始家焉正光中乂請以詳爲燕州刺史將軍如故欲爲家世之基尋進後將軍五年拜司徒左長史領嘗藥典御燕州大中正與和中驃騎將軍殷州刺史還朝久而卒

鄭儼字季然滎陽人容貌壯麗初爲司徒胡國珍行參軍因緣爲靈太后所幸時人未之知也遷員外散騎侍郎直後靈太后廢蕭寶夤西征以儼爲開府屬孝昌初太后反政儼請使還朝復見寵待拜諫議大夫中書舍人領嘗食典御晝夜禁中寵愛尤甚儼每休沐太后常遣閹童隨侍儼見其妻唯得言家事而已與徐紇俱爲舍人儼以紇有智數仗爲謀主紇以儼寵幸既盛傾身承接共相表裏勢動內外城陽王徽徽與之合當時政令歸於儼等遷通直郎散騎常侍平東將軍武衛將軍華林都將右衛將軍散騎常侍中軍將軍中書令車騎將軍舍人常侍如故肅宗崩事出倉卒天下咸言儼計也爾朱榮舉兵向洛以儼紇爲辭榮逼京師儼走歸鄉里儼從兄仲明先爲滎陽太守至是儼與仲明欲據郡起衆尋爲其部下所殺與仲明俱傳首洛陽

子文寬從出帝歿關西

徐紇字武伯樂安博昌人也家世寒微紇少好學有名理頗以文詞見稱察孝廉對策上第高祖拔爲主書世宗初除中書舍人諂附趙脩遷通直散騎侍郎及脩誅坐黨徙枹罕雖在徒役志氣不撓故事捉逃役流兵五人流者聽免紇以此得還久之復除中書舍人太傅清河王懌又以文翰待之及領軍元乂之害懌也出爲鴈門太守紇稱母老解郡還鄉至家未幾尋入洛飾貌事乂大得乂意及乂父繼西鎮潼關以紇爲從事中郎尋以母憂歸鄉里靈太后反政以紇曾爲懌所顧待復起爲中書舍人紇又曲事鄭儼是以特被信任俄遷給事黃門侍郎仍領舍人總攝中書門下之事軍國詔命莫不由之時有急速令數吏執筆或行或臥人別占之造次俱成不失事理雖無雅才亦可通情時黃門侍郎太原王遵業琅邪王誦並稱文學亦不免爲紇秉筆承其指授尋加鎮南將軍金紫光祿大夫黃門舍人如故紇機辯有智數當公斷決終日不以爲勞長直禁中略無休息時復與沙門講論或分宵達曙而心力無怠道俗歎服之然性浮動慕權利外似謇正內實諂諛時豪勝巳必相陵駕書生貧士矯意禮之其詭態若此有識鄙薄焉紇既處腹心參斷機密勢傾一時遠近塡湊與鄭儼李神軌寵任相亞時稱徐鄭焉然無經國大體好行小數說靈太后以鐵券間爾朱榮左右榮知深以爲憾啓求誅之榮將入洛既剋河梁紇矯詔夜開殿門取驊騮御馬十匹東走兗州紇弟獻伯爲北海太守獻伯弟季彥先爲青州長史紇使人告之亦將家南走羊侃時爲太山太守紇往投之說侃令舉兵侃從之遂聚兵反共紇圖兗州孝莊初遣侍中于暉爲行臺與齊獻武王督諸軍討之紇慮不免說侃請乞師於蕭衍侃信之遂奔衍文筆駁論數十卷多有遺落時或存於世焉

史臣曰闕

魏書卷九十三考證

王叡傳都督尉勞汾胡○尉北史作慰

徐紇傳獻伯弟季彥○季監本訛李今改正

魏書卷九十四

齊　魏收　撰

列傳閹官第八十二

宗愛　仇洛齊　段霸　王琚　趙黑
孫小　張宗之　劇鵬　張祐　抱嶷
王遇　苻承祖　王質　李堅　秦松
白整　劉騰　賈粲　楊範　成軌
王溫　孟鸞　平季　封津　劉思逸

夫宮腐之族置於閽寺取則天象事歷百王身乖全品任事宮掖親由褻狎恩生趨走便僻俯仰當寵擅權斯則伊戾豎刁因而禍兩國石顯張讓所以翦二京也豈非形質既虧生命易怨譬之胥靡不懼登高此亦苟且之事由變不已也王者殷鑒宜改往轍而後庭婉孌遊宴之地椒壼留連終見任使巧佞由之而自達權幸俄然而復歸斯蓋其由來遠矣非一朝一世也魏氏則宗愛殺帝害王劉騰廢后戮相其間竊官爵盜財賄乘勢使氣爲朝野之患者何可勝舉今謹錄其尤顯焉

宗愛不知其所由來以罪爲閹人歷碎職至中常侍正平元年正月世祖大會於江上班賞羣臣以愛爲秦郡公恭宗之監國也每事精察愛天性險暴行多非法恭宗每銜之給事仇尼道盛侍郎任平城等任事東宮微爲權勢世祖頗聞之二人與愛並不睦爲懼道盛等案其事遂構告其罪詔斬道盛等於都街時世祖震怒恭宗遂以憂薨是後世祖追悼恭宗愛懼誅遂謀逆二年春世祖暴崩愛所爲也尚書左僕射蘭延侍中吳興公和疋侍中太原公薛提等祕不發喪延疋二人議以高宗沖幼欲立長子徵秦王翰置之祕室提以高宗有世嫡之重不可廢所宜立而更求君延等猶豫未決愛知其謀始愛負罪於東宮而與吳王余素協乃密迎余自中宮便門入矯皇后令徵延等延等以愛素賤弗之疑

皆隨之入愛先使閹豎三十人持仗於宮內及延等入以次收縛斬於殿堂執秦王翰殺之於永巷而立余余以愛爲大司馬大將軍太師都督中外諸軍事領中祕書封馮翊王愛既立余位居元輔錄三省兼總戎禁坐召公卿權恣日甚內外憚之羣情咸以爲愛必有趙高閻樂之禍余疑之遂謀奪其權愛憤怒使小黃門賈周等夜殺余事在余傳高宗立誅愛周等皆具五刑夷三族

仇洛齊中山人本姓侯氏外祖父仇欵始出馮翊重泉欵石虎末從鄴南枋頭仕慕容暐爲烏丸護軍長水校尉生二子長曰嵩小曰騰嵩仕慕容垂還居中山位殿中侍御史嵩有二子長曰廣小曰盆嵩妹子洛齊生而非男嵩養爲子因爲之姓仇初嵩長女有姿色充冉閔宮閔破入慕容儁又轉賜盧豚生子魯元有寵於世祖而知外祖嵩已死唯有三舅每言於世祖世祖爲訪其舅是時東方罕有仕者廣盆皆不樂入平城洛齊獨請行曰我養子兼人道不全當爲兄弟試禍福也乃乘驢赴京魯元候知將至結從者百餘騎迎于桑乾河見而下拜從者亦同致敬入言于世祖世祖問其才用所宜將授之以官魯元曰臣舅不幸生爲閹人唯合與陛下守宮闈耳而不言其養子世祖矜焉賜以奴馬引見尋拜武衞將軍俄而賜爵文安子稍遷給事黃門侍郎魏初禁網疏闊民戶隱匿漏脫者多東州既平綾羅戶民樂葵因是請採漏戶供爲綸綿自後逃戶占爲細繭羅穀者非一於是雜營戶帥遍於天下不屬守宰發賦輕易民多私附戶口錯亂不可檢括洛齊奏議罷之一屬郡縣從平涼州以功超遷散騎常侍又加中書令寧南將軍進爵零陵公拜侍中平遠將軍冀州刺史爲內都大官興安二年卒謚曰康

養子儼襲柔和敦敏有長者風太和中爲虎牢鎮將初洛齊貴盛之後廣盆坐他事誅世祖以其非仇氏子不與焉還取侯家近屬以儼爲子後欲還本而廣有女孫配南安王楨生章武王彬郎中山王英弟也仇妃闔而請儼曰由我仇家富貴至此奈何一旦孤背恩養也楨時在內都主司品臣儼隸於楨畏憚之遂不敢九年卒謚曰靜

子振襲稍遷至中堅將軍長水校尉廣盆並善營產業家于中山號爲巨富子孫仕進至州主簿

騰曾孫儁位至龍驤將軍驍騎將軍樂平男

段霸鴈門原平人父乾慕容垂廣武令太祖初遣騎畧地至鴈門霸年幼見執因被宮刑乾尋率鄉部歸化雲中霸少以謹敏見知稍遷至中常侍中護軍將軍殿中尚書領壽安少府賜爵武陵公出爲安東將軍定州刺史世祖親考內外大明黜陟前定州治中張渾屯告霸前在定州濁貨貪穢便道致財歸之鄉里召霸定對霸不首引世祖以霸近臣而不盡實由此益怒欲斬之恭宗進請遂免霸爲庶人

霸從弟榮雍州別駕兄弟諸從遂世居廣武城修飾有士風

王琚高平人自云本太原人高祖始晉豫州刺史琚以泰常中被刑入宮禁小心守節久乃見敘用稍遷爲禮部尚書賜爵廣平公加寧南將軍高祖以琚歷奉先朝志在公正授散騎常侍後爲侍中征南將軍冀州刺史假廣平王徵還進爲征南將軍進爵高平王侍中如故遣還冀州高祖文明太后東巡冀州親幸其家存問周至還京以其年老拜散騎常侍養老於家前後賜以車馬衣服雜物不可稱計後降爵爲公扶老自平城從遷洛邑高祖以其朝舊遣左右勞問之琚附表自陳初至家多乏蒙賜帛二百疋常飲牛乳色如處子太和二十年冬卒時年九十贈征南將軍冀州刺史謚曰靖

養子寄生未襲而亡

子蓋海襲祖琚爵初琚年七十餘賜得世祖時宮人郭氏本鍾離人明嚴有母德內外婦孫百口奉之肅若嚴君家內以治蓋海官至靑州樂陵太守

趙黑字文靜初名海本涼州隸戶自云其先河內溫人也五世祖術晉末爲平遠將軍西夷校尉因居酒泉安彌縣海生而涼州平沒入爲閹人因改名爲黑有容貌恭謹小心世祖使進御膳出入承奉初無過行遷侍御典監藏拜安遠將軍賜爵睢陽侯轉選部尚書能自謹厲當官任舉頗得其人加侍中進爵河內公顯祖將傳位京兆王子推訪諸羣臣百官唯唯莫敢先言者唯源賀等詞義正直不肯奉詔顯祖怒變色復以問黑黑曰臣愚無識信情率意伏惟陛下春秋始富如日方中天下說其盛明萬物懷其光景元元之心願終萬歲若聖性淵遠欲頤神味道者臣黑以死奉戴皇太子不知其佗顯祖黙然良久遂傳祚于高祖黑得幸兩宮祿賜優厚是時尚書李訢亦有寵於顯祖與黑對綰選部訢奏中書侍郎崔鑒爲東徐州北部主書郎公孫處顯爲荆州選部監公孫遂爲幽州皆曰有能也實有私焉黑疾其虧亂選體遂爭於殿庭曰以功授官因爵與祿國之常典中書侍郎尚書主書郎諸曹監勳能俱立不過列郡令訢皆用爲方州臣實爲惑顯祖疑之曰公孫邃且止邃最爲訢厚於是黑與訢遂爲深隙訢竟列黑爲監藏時多所截沒先是法禁寬緩百司所典與官並食故多所損折遂黜爲門士黑自以爲訢所陷歎恨終日廢寢忘食規報前怨踰年還入爲侍御散騎常侍侍中尚書左僕射復兼選部如昔黑告訢專恣訢遂出爲徐州及其將獲罪也黑構成以誅之然後食甘寢安志在於職事出爲假節鎮南大將軍儀同三司定州刺史進爵爲王克己清儉憂濟公私時有人欲行私賂黑曰高官祿厚足以自給賣公營私本非情願終無所納高祖文明太后幸中山闔之賜帛五百匹穀一千五百石轉冀州刺史太和六年秋薨於官詔賜絹四百五十匹穀一千斛車牛二十乘致柩至都追贈司空公謚曰康黑養族弟趙奴第四子熾爲後

熾字貴樂初爲中散襲黑爵後降爲公官至揚州安南府長史加平遠將軍元嵩之死壽春也熾處分安輯徵有聲稱神龜中卒贈光州刺史黑爲定州與熾納鉅鹿魏幹女有二子

長子揆字景則襲父侯爵官至樂陵太守卒贈左將軍滄州刺史

揆弟儁之字仲彥輕薄無行爲給事中轉謁者僕射爲劉騰養息猶以閹官餘資賂遺權門頗歷顯官而卒

孫小字茂翹咸陽石安人父瓚姚泓安定護軍爲赫連屈丐所侵人懷危懼亡奔者相屬瓚獨率衆拒守見殺小沒入宮刑會魏平統萬遂徙平城內侍東宮以聰識有智畧稱未幾轉西臺中散每從征伐屢有戰功多獲賞賜世祖幸瓜步慮有北寇之虞乃加小左衞將軍賜爵泥陽子除留臺將軍車駕還都遷給事中綰太僕曹小請父瓚贈謚求更改葬詔贈振威將軍秦州刺文石安縣子謚曰戴轉小領駕部課理有方畜牧蕃息出爲冠軍將軍并州刺史進爵中都侯州內四郡百餘人詣闕頌其政化後還冀州刺史聲稱微少於前然所在清約當時牧伯無能及也性頗忍酷所養子息驅逐鞭撻視如仇讎小之爲并州以郭祚爲主簿重祚門才兼任之以書記時人多之

張宗之字益宗河南鞏人家世寒微父孟舒劉裕西征假洛陽令及宗之貴幸高宗贈孟舒平南將軍洛州刺史鞏縣侯謚曰貞初緱氏宗文邕聚黨於伊闕謀反逼脅孟舒等文邕敗孟舒走免宗之被執入京充腐刑以忠厚謹慎擢爲侍御中散賜爵鞏縣侯遂闕四字常侍儀曹庫部二曹尚書領中祕書進爵彭城公出爲散騎常侍寧西將軍東雍州刺史以在官有稱入爲內都大官出除散騎常侍鎮東將軍冀州刺史又例降爲侯太和二十年卒年六十九贈建節將軍懷州刺史謚曰敬

宗之兄鸞旗中書侍郎東宮中庶子兼宿衞給事加寧遠將軍賜爵洛陽男轉殿中給事出爲散騎常侍冠軍將軍涇州刺史進爵爲侯復爲殿中給事中常侍卒贈洛州刺史謚曰靖始宗之納南來殷孝祖妻蕭氏劉義隆儀同三司思話弟思度女也多悉婦人儀飾故事太和中初制六宮服章蕭被命在內預見訪採數蒙賜賚

蕭兄子超業後名彥幼隨姑入國娶李洪之女頼其給贍以自濟歷位太尉長史武衞將軍齊州刺史散騎常侍中軍將軍金紫光祿大夫彥時來往蕭寶夤致敬稱名呼之爲尊彥於河陰遇害贈車騎將軍儀同三司徐州刺史

子百年西河太守宗之養兄子襲紹爵

襲字子業高祖初除主文中散稍遷員外郎京兆王大農久之除義陽太守爲司空劉騰諮議參軍散騎常侍平東將軍光祿大夫太昌初卒年七十七贈驃騎大將軍儀同三司冀州刺史

子顯邵郡太守卒贈荆州刺史

顯弟璟中散大夫

璟弟瑋武定中豫州征西府長史諸中官皆世宦唯趙黑及宗之後家僮數百通於士流

劇鵬高陽人粗覽經史閑曉吏事與王質等俱充宦官性通率不以閹閹爲恥文明太后時亦見眷遇爲給事中高祖遷洛常爲宮官事幽后后之惑薛菩薩也鵬密諫止之不從遂發憤而卒

兄買奴亦爲宦者歷位幽州刺史才志遠不及鵬是時有季豊之徒數人皆被眷寵出入禁闈並致名位積貲巨萬第宅華壯文明太后崩後乃漸衰矣

張祐字安福安定石唐人父成扶風太守世祖末坐事誅祐充腐刑積勞至曹監中給事賜爵黎陽男稍遷散騎常侍都綰內藏曹時文明太后臨朝中官用事祐以左右供承合旨寵幸冠諸閹官特遷爲尚書加安南將軍進爵隴東公仍綰內藏曹未幾監都曹加侍中與王叡等俱入八議太后嘉其忠誠爲造甲宅宅成高祖太后親率文武往燕會焉拜散騎常侍鎮南將軍尚書左僕射進爵新平王受職于太華庭備威儀於宮城之南

觀者以爲榮高祖太后親幸其宅饗會百官祐性恭密出入機禁二十餘年未曾有過由是特被恩寵歲月賞賜家累巨萬與王質等十七人俱賜金券許以不死太和十年羆時年四十九高祖親臨之詔鴻臚典護喪事賜帛千匹贈征南大將軍司空公謚曰恭葬日車駕親送出郊

祐養子顯明後名慶少歷內職有姿貌江陽王繼以女妻之襲爵降爲隴東公又降爲侯還洛廢替二十餘年虛爵而已熙平初爲員外常侍兼衞尉少卿以元乂姊壻故越次而授焉神龜二年冬靈太后爲肅宗釆名家女慶女入克世婦未幾爲嬪卽乂甥也正光三年正少卿尋出爲將軍高平鎭將卒

子迥洛襲

抱嶷字道德安定石唐人居於直谷自言其先姓杞漢靈帝時杞匡爲安定太守董卓時懼誅由是易氏卽家焉無得而知也幼時隴東人張乾王反叛家染其逆及乾王敗父睹生逃逸得免嶷獨與母沒入京都遂爲宦人小心愼密恭以奉上沉跡冗散經十九年後以忠謹被擢累遷爲中常侍安西將軍中曹侍御尚書賜爵安定公自總納言職當機近諸所奏議必致抗直高祖文明太后嘉之以爲殿中侍御尚書領中曹如故以統宿衞俄加散騎常侍高祖太后每出遊幸嶷多驂乘入則後宮導引太后旣寵之乃徵其父睹生拜太中大夫賞賜衣馬睹生將退見於皇信堂高祖執手謂之曰老人歸途幾日可達好愼行路太和十二年遷都曹加侍中祭酒尚書領中曹侍御後降爵爲侯睹生卒贈秦州刺史謚曰靖賜黃金八十斤繒綵及絹八百疋以供喪用并別使勞慰加嶷大長秋卿嶷老疾請乞外祿乃以爲鎭西將軍涇州刺史特加右光祿大夫將之州高祖餞於西郊樂陽殿以御白羽扇賜之十九年被詔赴洛以刺史從駕南征常參侍左右以嶷耆舊每見勞問數追稱嶷之正直命乘馬出入行禁之閒與司徒馮誕同例軍回還州自以故老前宦爲政多守往法不能遵用新制侮慢舊族簡於接禮天性酷薄雖弟姪甥壻略無存潤後數年卒於州先以從弟老壽爲後又養太師馮熙子次興嶷死後二人爭立嶷妻張氏致訟經年得以熙子爲後老壽亦仍陳訴終獲紹爵次興還於本族給奴婢三十口嶷前後賜賞奴婢牛馬畫數百千他物稱是老壽凡薄酒色肆情御史中尉王顯奏言風聞前洛州刺史陰平子石榮積射將軍抱老壽恣蕩非軌易室而姦穢聲布於朝野醜音被於行路卽攝鞫問皆與風聞無差犯禮傷化老壽等卽主謹案石榮籍貫兵伍地隔宦流處世無入朝之期在生絕冠冕之望遭時之運逢非次之擢以犬馬延慈簪履恩念自微至貴位階方岳不能懷恩感德上酬天施廼咎彰遐邇穢京墟老壽種類無聞氏姓莫紀丐乞刑餘之家覆養閹人之室蒙國殊澤預班爵序正宜治家假內疑致誠閨庭方恣其淫姦換妻易妾榮前在洛州遠迎老壽妻常氏兵人千里疲於道路老壽同敝笱之在梁若其原疑之無別男女三人莫知誰子人理所未聞鳥獸之不若請以見事免官付廷尉理罪鴻臚削爵詔可老壽妻常氏萬敵弟女也老壽死後收紀家業稍復其舊奴婢尚六七百人三女並嬪貴室爲老壽祖父皆造碑銘自洛兢鄉而建之西方云直谷出二貴人

石榮者從主書稍進爲州自被劾後遂便廢頓

子長宣武定中南兗州刺史與侯景反伏法

王遇字慶時本名他惡馮翊李潤鎭羌也與雷党不蒙俱爲羌中彊族自云其先姓王後改氏鉗耳世宗時復改爲王焉自晉世已來恒爲渠長父守貴爲郡功曹卒遇旣貴追贈安西將軍秦州刺史澄城公遇坐事腐刑爲中散遷內行令中曹給事中加員外散騎常侍右將軍賜爵富平子遷散騎常侍安西將軍進爵宕昌公拜尚書轉吏部尚書仍常侍例降爲侯出爲安西將軍華州刺史加散騎常侍幽后之前廢也遇頗言其過及後進幸高祖對李沖等申后無咎而稱遇謗議之罪沖言果爾遇合死也高祖曰遇舊人未忍盡之當止黜廢耳遂遣御史馳驛免遇官奪其爵收衣冠以民還私第世宗初兼將作大匠未幾拜光祿大夫復奪爵廢后馮氏之爲尼也公私罕相供恤遇自以常更奉接往來祇謁不替舊敬衣食雜物每有薦奉后皆受而不讓又至其館遇夫妻迎送謁伏侍立執臣妾之禮遇性巧彊於部分北都方山靈泉道俗居宇及文明太后陵廟洛京東郊馬射壇殿脩廣文昭太后墓園太極殿及東西兩堂內外諸門制度皆遇監作雖年在耆老朝夕不倦跨鞍驅馳與少壯者均其勞逸又長於人事留意酒食之間每逢寮舊具設餚果饍膳精豐然競於榮利趨求勢門趙脩之寵也遇往還宗承受勑爲之監作第宅增於本旨笞擊作人莫不嗟怨卒于官初遇之疾也太傅北海王與太妃俱往臨問視其危惙爲之泣下其善奉諸貴致相悲悼如此贈使持節鎭西將軍雍州刺史侯如故始遇與抱嶷並爲文明太后所寵前後賜以奴婢數百人馬牛羊他物稱是二人俱號富室

遇養弟子厲本郡太守稍遷至右軍將軍襲爵宕昌侯產業有過于遇時

苻承祖略陽氐人也因事爲閹人爲文明太后所寵自御廐令遷中部給事中散騎常侍輔國將軍賜爵略陽侯兼典選部事中部如故轉吏部尚書仍領中部高祖爲造甲第數臨幸之進爵略陽公安南將軍加侍中知都曹事初太后以承祖居腹心之任許以不死之詔後承祖坐贓應死高祖原之削職禁錮在家授悖義將軍佞濁子月餘遂死

王質字紹奴高陽易人也其家坐事幼下蠶室頗解書學爲中曹吏內典監稍遷祕書中散如寧朔將軍賜爵永昌子領監御遷爲侍御給事又領選部監御二曹事復特加前將軍進爵魏昌侯轉選部尚書加員外散騎常侍出爲鎭遠將軍瀛州刺史質在州十年風化粗行察姦糾慝究其情狀民庶畏服之而刑政刻峻多所笞戮號爲威酷高祖頗念其忠勤宿舊每行留大故馮司徒亡廢馮后肆叡穆泰等事皆賜質以璽書手筆莫不委至同之戚貴質皆寶掌以爲榮入爲大長秋卿未幾而卒

李堅字次壽高陽易人也高宗初因事爲閹人文明太后臨朝稍遷至中給事中賜爵魏昌伯小心謹愼常在左右雖不及王遇王質等而亦見任用高祖遷洛轉被委授爲太僕卿檢課牧產多有滋息世宗初出爲安東將軍瀛州刺史本州之榮同於王質所在受納家產巨萬値京兆王愉反於冀州堅勒衆征愉爲愉所破代還遇風疾拜光祿大夫數年卒贈撫軍將軍相州刺史賜帛五百匹以弟子曇景爲後襲爵魏昌伯爲羽林監直後

秦松不知其所由太和末爲中尹遷長秋卿賜爵高都子有罪免世宗復其爵起爲光祿大夫領中常侍遷平北將軍領長秋卿出爲散騎常侍安北將軍并州刺史卒贈大將軍肆州刺史謚曰定

白整者亦因事腐刑少掌宮掖碎職以恭敏著稱稍遷至中常侍太和末爲長秋卿賜爵雲陽男世宗封其妻王氏爲雲陽縣君卒贈平北將軍并州刺史

劉騰字青龍本平原城民徙屬南兗州之譙郡幼時坐事受刑補小黃門轉中黃門高祖之在懸瓠騰使詣行所高祖問其中事騰具言幽后私隱與陳留公主所告符協由是進冗從僕射仍中黃門後與茹皓使徐兗采召民女及還遷中給事稍遷中尹中常侍特加龍驤將軍後爲大長秋卿金紫光祿大夫太府卿肅宗踐極之始以騰預在宮衞封開國子食邑三百戶是年靈太后臨朝以與于忠保護之勳除崇訓太僕加中侍中改封長樂縣開國公食邑一千五百戶拜其妻魏氏爲鉅鹿郡君每引入內受賞賚亞於諸主外戚所養二子爲郡守尚書郎騰曾疾篤靈太后慮或不救遷衞將軍儀同三司餘官仍舊後疾瘳騰之拜命肅宗嘗爲臨軒會其日大風寒甚而罷乃遣使持節授之騰幼充宮役手不解書裁知署名而已姦謀有餘善射人意靈太后臨朝特蒙進寵多所干託內外碎密栖栖不倦洛北永橋太上公太上君及城東三寺皆主脩營吏部嘗望騰意奏其弟爲郡帶戍人資乖越清河王懌抑而不與騰以爲恨遂與領軍元乂害懌廢靈太后於宣光殿宮門晝夜長閉內外斷絕騰自執管鑰肅宗亦不得見裁聽傳食而已太后服膳俱廢不免飢寒又使中常侍賈粲假言持肅宗書密令防察乂以騰爲司空公表裏擅權共相樹置乂爲外禦騰爲內防迭直禁闥共裁刑賞騰遂與崔光同受詔乘步挽出入殿門四年之中生殺之威決於騰乂之手八座九卿旦造騰宅參其顏色然後方赴省府亦有歷日不能見者公私屬請唯在財貨舟車之利水陸無遺山澤之饒所在固護剝削六鎭交通互市歲入利息以巨萬計又頗役嬪御時有徵求婦女器物公然受納逼奪鄰居廣開室宇天下咸患苦之正光四年三月薨于位年六十賜帛七百匹錢四十萬蠟二百斤鴻臚少卿護喪事中官爲義息衰絰者四十餘人騰之初治宅也奉車都尉周特爲之筮不吉深諫止之騰怒而不用特告人曰必困於三月四月之交至是果死騰事甫成陳屍其下追贈使持節驃騎大將軍太尉公冀州刺史騰之葬日閹官爲義服杖絰衰縞者以百數朝貴皆從軒蓋塡塞相屬郊野魏初以來權閹存亡之盛莫及焉靈太后反政追奪爵位發其家散露骸骨沒入財產後騰所養一子叛入蕭衍太后大怒因徙騰餘養於北裔尋遣密使追殺之於汲郡

賈粲字季宣酒泉人也太和中坐事腐刑頗涉書記世宗末漸被知識得充內侍自崇訓丞爲長兼中給事中中嘗藥典御轉長兼中常遷光祿少卿光祿大夫靈太后之廢粲與元乂劉騰等伺帝動靜右衞奚康生之謀殺乂也靈太后肅宗同升於宣光殿左右侍臣俱立西

階下康生既被囚執粲給太后曰侍臣懷恐不安陛下宜親安慰太后信之適下殿粲便扶肅宗於東序前御顯陽還閉太后於宣光殿粲既叉黨威福亦震於京邑自云本出武威魏太尉文和之後遂移家屬焉時武威太守韋景承粲意以其兄緒爲功曹緒時年向七十未幾叉以緒爲西平太守比景代下已轉武威太守靈太后反政欲誅粲以叉黨與不一恐驚動內外乃止出粲爲濟州刺史未幾遣武衛將軍刁宣馳驛殺之貲財沒於縣官

楊範字法僧長樂廣宗人也高宗時坐宗人劫賊被誅範宮刑爲王琚所養恩若父子往來出入其家範爲中謁者轉黃門中謁者僕射中給事中射聲校尉加寧遠將軍爲中尹世宗崩高陽王雍摠政出爲白水太守加龍驤將軍靈太后臨朝徵爲常侍崇訓太僕卿領中嘗藥典御賜爵華陰子爲平西將軍華州刺史中官侍貴者靈太后皆許其方岳以範年長拜跪爲難所司非要故得早遂其請父子納貨勞役兵民爲御史所糾子遂逃竄範事得散赴京師遂廢於家後靈太后念範勤舊乃以範爲中侍中安南將軍尋進鎮南將軍崇訓太僕華州大中正卒贈征西將軍秦州刺史

成軌字洪義上谷居庸人少以罪刑入事宮掖以謹厚稱除中謁者僕射高祖意有所欲軌瞻候容色時有奏發輒合帝心從駕南征專進御食于時高祖不豫常居禁中晝夜無懈車駕還賜帛百匹景明中嘗食典御丞僕射如故轉中給事中步兵校尉勑侍東宮延昌末遷中常侍中嘗食典御光祿大夫賜始平伯統京染都將轉崇訓太僕少卿遭母憂詔遣主書常顯景弔慰又起爲本官進安東將軍崇訓衞尉卿久之超遷中侍中撫軍將軍典御崇訓如故尋除中軍將軍燕州大中正孝昌二年以勤舊封始平縣開國伯食邑三百戶肅宗所幸潘嬪以軌爲假父頗爲中官之所敬憚建義初軌迎於河陰詔令安慰宮內進爵爲侯增戶三百并前六百戶還衞將軍其年八月卒贈車騎大將軍雍州刺史謚曰孝惠

養弟子仲慶襲歷位鎮軍將軍光祿大夫卒

子胐襲齊受禪例降

王溫字桃湯趙郡欒城人父冀高邑令坐事被誅溫與兄繼叔俱充宦者高祖以其謹慎補中謁者小黃門轉中黃門鈎盾令稍遷中嘗食典御中給事中給事東宮加左中郎將世宗之崩羣官迎肅宗於東宮溫於臥中起肅宗與保母扶抱肅宗入踐帝位高陽王雍既居冢宰慮中人朋黨出爲鉅鹿太守加龍驤將軍靈太后臨朝徵還爲中常侍光祿大夫賜爵欒城伯安東將軍領崇訓太僕少卿特除使持節散騎常侍撫軍將軍瀛州刺史還除中侍中進號鎮東將軍金紫光祿大夫還車騎將軍左光祿大夫光祿勳卿侍中如故孝昌二年封欒城縣開國侯邑六百戶溫後自陳本陽平武陽人於是改封武陽縣開國食邑如故建義初於河陰遇害年六十六永安初贈驃騎大將軍儀同三司雍州刺史

養子冏哲襲齊受禪例降

孟鸞字龍兒不知何許人坐事充閹人文明太后時王遇有寵鸞以謹敏爲遇左右往來方山營諸寺舍由是漸見眷識靈太后臨朝爲左中郎將中給事中素被病面常黯黑於九龍殿下暴疾半身不攝扶載歸家其夜亡鸞初出靈太后聞之曰鸞必不濟我爲之憂及奏其死爲之下淚曰其事我如此不見我一日忻樂時也遂賜帛三百匹黃十匹以供喪用七日靈太后爲設二百僧齋賜助施五十匹同類榮焉

平季字稚穆燕國薊人祖濟武威太守父雅州秀才與沙門法秀謀反伏誅季坐腐刑入事宮掖久之除小黃門以忤旨出爲瀘縣令不拜仍除奉朝請靈太后反政授寧朔將軍長水校尉領黃門令轉前軍將軍中給事中時四方多事太后每令季出使於外後慰勞西軍還至潼關華州羌人舜明等據嶮作逆都督姜道明不能進討會舜明遣十餘人詐降入道明軍 闕 遂散出爲新興太守肅宗崩與爾朱榮等議立莊帝莊帝卽位起拜平北將軍肆州刺史尋除撫軍將軍中侍中以參謀之勳封元城縣開國侯食邑七百戶仍加金紫光祿大夫幽州大中正尋攝燕安平營中正前廢帝以爲車騎將軍右光祿大夫中侍中如故永熙中加驃騎將軍季遇疾詔遣使存問三年九月卒天平初贈使持節都督幽燕安平四州諸軍事儀同三司幽州刺史中侍中將軍侯如故初季以兄 闕

叔艮爲襲季爵卒

子世冑襲齊受禪例降

封津字醜漢渤海蓨人也祖羽眞君中爲薄骨律鎮副將以貪汙賜死父令德娶党寶女寶伏誅令德以連坐伏法津受刑給事宮掖積官久之除中謁者僕射還奉車都尉肅宗初冀州大乘賊起詔津慰勞津世不居桑梓故不爲州鄉所歸靈太后令津侍肅宗書還常山太守孝昌初除中侍中加征虜將軍仍除崇訓太僕領宮室都將冀州大中正超拜金紫光祿大夫二年封東光縣開國子食邑二百戶鎮南將軍兼中闕右慰勞太傅出爲散騎常侍征東將軍濟州刺史永安初中侍中衞將軍尋轉大長秋左光祿大夫太昌初驃騎大將軍儀同三司津少長宮闈給事左右善候時情號爲機悟天平初除開府儀同三司本將軍懷州刺史元象初復爲中侍中大長秋卿仍開府儀同夏薨年六十二贈都督冀瀛幽安四州諸軍事本將軍司徒公冀州刺史謚曰孝惠

養兄子長業襲爵齊受禪例降

津兄憑字元寄當時逃竄後會赦免太和中奉朝請冀州趙郡王幹田曹參軍定州彭城王勰水曹參軍給事中越騎校尉以討大乘功除左中郎將遷龍驤將軍中散大夫孝昌中歷恒農武邑二郡太守尋除征虜將軍光州刺史還爲平東將軍光祿大夫轉鎮南將軍金紫光祿大夫除衞將軍右光祿大夫初津被敕營出帝父廣平王陵永熙中以營陵功封津城陽縣開國子邑三百戶津自有封乃啓轉於憑後除衞大將軍左光祿大夫興和三年夏卒年六十七憑無他才伎始終貧歷皆由於津津卒之後憑亦無贈

子靈素襲齊受禪例降

津從兄苔光祿大夫

子宗顯司徒掾

劉思逸平原人父直武邑太守與元愉反於信都伏誅思逸少充腐刑初爲中小史轉寺人久之除小黃門拜奉朝請坐事免後除東莞太守思逸雖身在閹寺而性頗豪率輕薄無行好結朋遊叉除左將軍大長秋卿還中侍中平東將軍武定中與元瑾等謀反伏誅叉有張景嵩毛暢者咸以閹寺在肅宗左右而並黠了甚見知遇俱爲小黃門每承間陳元叉之惡於肅宗元叉之出景嵩暢頗有力焉靈太后反政未卽戮叉時內外諠喧云叉還入知政事暢等恐禍及己乃啓肅宗欲詔右衞將軍楊津密往殺叉詔書已成未及出叉妻知之告太后云景嵩暢與清河王息邵欲廢太后太后信之責暢暢出詔書草以呈太后太后讀之知無廢己狀意爲小解然叉妻搆之不已遂致疑惑未幾出暢爲頓丘太守後復出景嵩爲魯郡太守乃密令御史掩暢暢走免尋捕殺之景嵩因入都太后數其與暢同計之事大致嫌責後爲陽城滎陽二郡太守孝靜時位至中侍中坐事死

史臣曰 闕

魏書卷九十四考證

劉騰傳假言持肅宗書○持監本訛作又一本作侍亦誤今從北史改正

孟鸞傳黃十匹○北史作黃綾一十匹

魏書卷九十五

齊　魏收　撰

列傳第八十三

匈奴劉聰　羯胡石勒　鐵弗劉虎
徒何慕容廆　臨渭氐苻健　羌姚萇
略陽氐呂光

夫帝皇者配德兩儀家有四海所謂天無二日土無二王者也三代以往守在海外秦吞列國漢并天下逮桓靈失政九州瓦裂曹武削平寇難魏文奄有中原於是僞孫假命於江吳僭劉盜名於岷蜀何則戎方椎髻之帥夷俗斷髮之魁世崇凶德罕聞王道扇以跋扈忻從放命加以中州避地華士違讎思託號令之聲念邀風塵之際因虞候隙仍相君長僭名竊位脅息一隅至乃指言井絡假上帝之祉妄說黃旗云人君之氣論土不出江漢語地僅接褒斜而謂握皇符秉帝籍三分鼎立比蹤王者溺人必笑其在茲乎若是鱉靈可擬於周王夫差容比於漢祖尉他定黃屋之尊子陽成繒璽之貴豈其然哉及鍾會一將之威士治偏師之勢而使縣車西至侯蓋北首天人弗許斷可知焉晉年不永時逢喪亂異類羣飛姦凶角逐內難興於戚屬外禍結於藩維劉淵一唱石勒繼響二帝沈淪兩都傾覆徒何仍釁氐羌襲梗夷楚喧聒於江淮胡虜叛換於瓜涼兼有張赫山河之間顧恃遼海之曲各言應歷數人謂遷圖鼎或更相吞噬迭爲驅除或狼戾未馴俟我斧鉞太祖奮風霜於參合鼓雷電於中山黃河以北靡然歸順矣世祖叡略潛舉靈武獨斷以夫僭僞未夷九域尚阻慨然有混一之志旣而戎車歲駕神兵四出全國克敵伐罪弔民遂使專制令擅威福者西自流沙東極滄海莫不授館於東門懸首於北闕矣唯夫窮髮遺虜未拔根株徼垂殘狡尚餘栽蘖而北踰翰漠折其肩髀南極江湖抽

其腸胃雖骸骨僅存脂膏咸盡覩息纔舉魂魄久遊高祖聖敬時乘遷居改作日轉雲移風行電掃辮髮之渠非逃則附卉服之長琛賮繼入猶以侍子不至取亂乘機五牛一指六師騁路馘其武臣驍帥傾其湯池石城向使時無穀塘之禍民無鼎湖之思北可焚穹廬收服匿劍引弓之左衽施龍荒以牧馬南則巢鼃黿暴鯨鯢變水處之文身化鳥言於人俗矣壽以壽春內欵華陽稽服蕞彼江陰憂於縈頸肅宗以沖年踐祚俄則母后當陽務崇寬政取和朝野置荒遐於度外譬蠻夷於雞肋而黠狄淪胥種落離貳虜帥飄然窮而歸我矜其眼目愍厥顛亡反之於故庭復之以保塞魏道將虧禍出權幸事僻於中民驚於外疆埸崩騰藩籬傾駭陰朔委命之倫雲蒸霧合上失其道下極其難政亂如風草師亡猶彈丸十數年間中區殄悴而江湄巨狡窺覦上國虵虺肆毒竊我邊鄙氈裘相率馬首南向白山漚水狐鼠羣遊魏德雖衰天命未改援墜扶危齊武電發屈身宰世大濟橫流和戎略遠用謀急病輶軒四指喻以德音爾乃舟車接衣駝驢銜尾烽柝不警尉侯空設而水鄉大猾好利忘信納我逋叛共爲舉斧遂有寒山之戰渦陽闕二字紇合僭楚覆其巢穴衍以餧卒綱實鴆死獯虜那瓌尋亦殲殪自二百許年僭盜多矣天道人事卒有歸焉猶衆星環於斗極百川之赴溟海今總其僭僞列於國籍俾後之好事知僭盜之終始焉

匈奴劉聰字玄明一名載冒頓之後也漢高祖以宗女妻冒頓故其子孫以母姓爲氏祖豹爲左賢王及魏分匈奴之衆爲五部以豹爲左部帥豹雖分屬五部然皆家于晉陽汾澗之濱父淵形容偉壯膂力過人晉初爲任子在洛陽豹卒淵代之後改帥爲都尉以淵爲北部都尉楊駿輔政以淵爲建威將軍五部大都督封漢光鄉侯後坐部民叛出塞免官永寧初成都王穎表淵行寧朔將軍監五部軍事及齊王冏長沙王乂與穎等自相誅滅北部都督劉宣等竊議反叛謀推淵爲大單于時淵在鄴乃使呼延攸以此謀告之淵請歸會葬穎不許穎爲皇太弟以淵爲太弟屯騎校尉晉惠帝之伐穎也以淵爲輔國將軍都督北城守事及惠帝敗以淵爲冠軍將軍封盧奴伯既而并州刺史司馬騰幽州刺史王浚起兵伐穎穎師戰敗淵謂穎曰今二鎭跋扈衆踰十萬恐非宿衞及近郡士民所能禦之淵當爲殿下還說五部鳩合義衆以赴國難穎悅拜淵爲北單于參丞相軍事淵至左國城劉宣等上大單于之號二旬之間衆便五萬都於離石淵謂宣等曰帝王豈有常哉當上爲漢高下爲魏武然晉人未必同我漢有天下世長恩德結於民心吾又漢氏之甥約爲兄弟兄亡弟紹不亦可乎今且可稱漢追尊後主以懷民望乃遷於左國城自稱漢王置百官年號元熙追尊劉禪爲孝懷皇帝攻擊郡縣桓帝十一年晉并州刺史司馬騰來乞師桓帝親率萬騎救騰斬淵將綦毋豚淵南走蒲子語在序傳晉光熙元年淵進據河東克平陽蒲坂遂都平陽晉永嘉二年淵稱帝年號永鳳後汾水中得玉璽文曰有新保之蓋王莽之璽也得者因增淵海光三字而獻之淵以爲己瑞號年爲河瑞以聰爲大司馬大單于錄尚書事置單于臺於平陽西淵死子和僭立聰卽和第四弟也殺和而自立聰猨臂善射彎弓三百斤晉新興太守郭頤辟爲主簿任以郡事舉良將爲驍騎別部司馬齊王冏以爲國中尉出爲左部司馬尋遷右部尉太宰河間王顒表爲赤沙中郎將以淵在鄴懼爲成都王穎所害亡奔穎穎甚悅拜右積弩將軍參前鋒戰事隨還左國淵稱大號拜大司馬封楚王及僭位年號光興聰遣王彌劉曜攻陷洛陽執晉懷帝改年爲嘉平聰於是驕奢淫暴殺戮無已誅翦公卿旬日相繼納其太保劉殷二女爲左右貴嬪又納殷孫女四人爲貴人六劉之寵傾於後宮聰希復出外事皆中黃門納奏左貴嬪決之其都水使者襄陵王攄以魚蟹不供將作大匠望都公靳陵以營作遲晚並斬於東市聰遊獵無度晨出暮歸觀魚於汾以燭繼晝其弟乂及子粲輿櫬切諫聰怒曰吾豈桀紂幽厲乎而汝等生來哭人也先是劉琨來告難穆帝親率大衆令長子六修擊粲等大破之語在序紀聰與羣臣飲讌逼晉帝行酒晉光祿大夫庾珉等謀以平陽應劉琨於是害晉帝誅珉等改嘉平爲建元平陽地震聰崇明觀陷爲池水赤如血赤氣至天有赤龍奮迅而去流星起于牽牛入紫微龍形委蛇其光照地落於平陽北十里視之則肉長二十步廣二十七步臭達於平陽肉旁常有哭聲晝夜不止聰惡之劉后產一蛇一虎各害人而走尋之不得頃之見在隕肉之旁聰遣劉曜攻陷長安執晉愍帝改建元爲麟嘉其武庫陷入地一丈五尺聰自去冬至是遂不受朝賀立市於後庭與宮人讌戲積日不醒立上皇后樊氏樊氏是聰張后之侍婢也時稱后者四人佩皇后璽綬者七人阿諛日進貨賄公行後宮賞賜動至千萬有豕著進賢冠犬冠武弁帶綬並昇聰座俄而鬭死宿衞之人無見入者平文二年聰死

子粲襲位號年漢昌粲荒耽酒色遊讌後庭軍國之事決於大將軍靳準準勒兵誅粲劉氏男女無少長皆殺之準自號漢王置百官尋爲靳明所殺衆降淵族子曜曜字永明少孤見養於淵頗知書計志性不恒拳勇有膂力鐵厚一寸射而洞之坐事當誅亡匿朝鮮客爲縣卒會赦得還聰之末年位至相國鎭長安靳準之誅粲也曜來赴之次於赤壁遂僭尊號改年光初靳明既降於曜曜還都長安自稱大趙曜西通張駿南服仇池窮兵極武無復寧歲又發六百萬功營其父及妻二冢下洞三泉上崇百尺積石爲基周回二里發掘古冢以千百數迫督役徒繼以脂燭百姓嗥哭盈於道路又更增九十尺冢前石人有聲言慎封其子胤爲南陽王以漢陽十三郡爲國立單于臺於渭城置左右賢王已下皆以雜種爲之曜得黑兎改年爲太和石虎伐曜曜擊破之遂攻石生於洛陽曜不撫士衆專與嬖臣飲博左右或諫曜怒斬之石勒進據石門曜甫知之解金墉之圍陳于洛西將與勒戰至西陽門麾軍就平師遂大潰曜墜于氷爲石勒將石堪所擒勒囚之襄國尋殺之烈帝元年曜子毗率百官棄長安西走秦州尋爲石勒所滅

羯胡石勒字世龍小字匐勒其先匈奴別部分散居於上黨武鄉羯室因號羯胡祖耶奕于父周曷朱一字乞翼加並爲部落小帥周曷朱性凶麤不爲羣胡所附勒壯健有膽略好騎射周曷朱每使代己督攝部胡部胡愛信之并州刺史司馬騰執諸胡於山東賣充軍實兩胡一枷勒亦在中至平原賣與師氏爲奴師家鄰於馬牧勒與牧帥汲桑往來相託遂招集王陽夔安支雄冀保吳豫劉膺姚豹逯明郭敖劉徵劉寶張曀僕呼延莫郭黑略張越孔豚趙鹿支屈六等東如赤龍騄驥諸苑乘苑馬還掠繒寶以賂汲桑成都王穎之廢也穎故將陽平人公師藩等自稱將軍起兵趙魏衆至數萬勒與汲桑率牧人乘苑馬數百騎以赴之於是桑始命勒以石爲姓以勒爲名藩拜爲前隊督藩戰敗身死勒與汲桑亡潛苑中穎之將如河北也汲桑以勒爲伏夜牙門率牧人劫掠郡縣繫囚合軍以應之屯于平石桑自號大將軍進軍攻鄴以勒爲前鋒都尉攻鄴剋之尋爲晉將苟晞所敗勒往從劉淵拜爲輔漢將軍平晉王劉聰立以勒爲征東大將軍并州刺史汲郡公劉粲攻洛陽勒留長史刁膺統步卒九萬徙輜重于重門率輕騎二萬會粲於太陽大敗晉監軍裴邈于澠池遂至洛川勒出成皐圍晉陳留太守王讚於倉垣爲讚所敗屯文石津將北攻晉幽州刺史王浚會浚將王甲始率遼西鮮卑萬餘騎敗劉聰安北大將軍趙固于津北勒乃燒船棄營引軍向柏門迎重門輜重合于石門而濟南攻晉豫州刺史馮嵩于陳郡不剋進攻襄城太守崔曠於繁昌斬之先是雍州流民王如侯脫嚴嶷等起兵江淮間受劉淵官位聞勒之來也懼遣衆一萬拒於襄城勒擊敗之盡俘其衆勒至南陽屯于宛之北山王如遣使通好勒進攻宛剋之斬侯脫降嚴嶷盡并其衆南至襄陽攻剋江西三十餘壘有據江漢之志勒右長史張賓以爲不可引軍而北晉太傅東海王越率洛陽之衆二十餘萬討勒越薨於軍軍人推太尉王衍爲主率衆而東勒追擊破之於苦縣勒分騎圍而射之相登如山殺王衍及晉襄陽王範等十餘萬人越世子毗聞越薨出自洛陽從者傾城勒逆毗於洧倉破之執毗及晉宗室二十六王并諸卿士皆殺之與王彌劉曜攻陷洛陽歸功彌曜遂出轘轅執晉大將軍苟晞於蒙城以爲左司馬劉聰授勒鎭軍大將軍幽州牧領并州刺史用張賓之計自汝南葛陂北都襄國襲幽州擒王浚殺之劉聰加勒陝東伯得專征伐封拜刺史將軍守宰列侯歲盡集上及劉粲爲靳準所殺勒率衆赴平陽曜稱尊號授勒大司馬大將軍加九錫增封十郡并前十三郡進爲趙公勒至平陽靳明出與勒戰勒大破之遣兼左長史王修主簿劉茂獻捷於曜明率平陽之衆奔曜曜西如粟邑勒焚平陽宮室置戍而歸徙渾儀樂器於襄國曜遣使授勒太宰領大將軍進爵趙王增封七郡并前二十郡出入警蹕冕十有二旒乘金根車駕六馬如魏武輔漢故事王修舍人曹平樂留仕曜朝言於曜曰大司馬遣修等來外表至虔內覘強弱曜實殘敝懼修宣之大怒追還策命而斬王修劉茂逃歸言修死狀勒大怒誅曹平樂父兄夷其三族又知追停太宰趙王之授怒曰帝王之起復何常也趙王趙帝孤自取之名號大小豈爾所節乎勒乃自稱大都督大將軍大單于趙王以二十四郡爲趙國號爲趙王元年平文三年也勒遣使求和請爲兄弟斬其使以絕之自是朝會常僭天子禮樂以饗羣臣烈帝元年勒又遣使求和帝許之二年勒僭稱皇帝置百官年號建平雖都襄國又營鄴宮作者數十萬人兼以晝夜五年勒死子大雅僭立

大雅名犯顯祖廟諱大雅立號年延熙石虎廢大雅爲海陽王而僭立尋殺之

虎字季龍，勒之從子也。祖曰匐邪，父曰寇覓。寇覓有七子，虎第四。勒父幼而子之，故或謂之爲勒弟也。晉永興中，與勒相失。永嘉五年，劉琨送勒母王氏及虎於葛陂，時年十七矣。性殘忍，遊獵無度，能左右射，好以彈彈人，軍中甚患之。勒白母曰：此兒凶暴無賴，使軍人殺之，聲名可惜，宜自除也。王曰：快牛爲犢子時多能破車，爲復小忍，勿却之。至年十八，身長七尺五寸，弓馬迅捷，勇冠當時，將佐親戚莫不敬憚。勒深嘉之，而酷害過差，軍中有壯健與已齊者，因獵戲詭輒殺之。至於降城陷壘，不復斷別善惡，坑斬士女，尠有遺類。御衆嚴整，莫敢犯者，指授攻討，所向無前，故勒寵信彌隆，仗以專征之任。劉聰以虎爲魏郡太守，鎮鄴三臺，又封繁陽侯，食邑三千戶。勒爲趙王，以虎爲車騎將軍，加侍中、開府，進封中山公。勒稱尊號，爲太尉、守尚書令，封中山王，食邑萬戶。勒死，虎擅誅右光祿大夫程遐、中書令徐光，遣子邃率兵入大雅宮直衛，文武皆奔散。大雅大懼，自陳弱劣，讓位于虎。虎曰：若其不堪，天下自當有大義，何足豫論。遂逼立之。虎自爲丞相、魏王。虎以勒文武舊臣皆補丞相閑任，其府寮舊昵悉居臺省禁要。改勒太子宮曰崇訓宮，徙勒妻劉氏已下居之，簡其美淑及車服御皆歸虎。弟劉氏謂其彭城王石堪曰：丞相便相凌蹈，恐國祚之滅不復久矣，眞可謂養虎自殘者也，王將何以圖之？堪曰：先帝舊臣皆以斥外，衆旅不復由人，宮殿之中亡所厝計。臣請出奔兗州，據廩丘，扶南陽王恢爲盟主，宣太后詔於諸牧守征鎮，令各率義兵同討惡逆，蔑不濟也。劉氏然之。既而堪計不果，虎炙而殺之，又殺劉氏。石生先鎮長安，石朗鎮洛陽，並起兵討虎，爲虎所滅。虎遂自立爲大趙王，號年建武，自襄國徙居於鄴，乃殺大雅及其母程氏，并大雅諸弟。初，虎衣衮冕，將祀南郊，照鏡無首，大恐怖，不敢稱皇帝，乃自貶爲王。使其太子邃省可尚書奏事，唯選牧守、祀郊廟、征伐、刑斷乃親覽之。虎又改稱大趙天王。邃以事呈之，恚曰：此小事，何足呈也。時有所問，復怒曰：何以不呈？誚責杖捶，月至再三。邃甚愠恨，私謂中庶子李顏等曰：官家難稱，吾欲行冒頓之事，卿從我乎？顏等伏不敢對。虎聞而大怒，殺邃及其男女二十六人，一棺埋之，誅其宮臣支黨二百餘人，立次子宣爲太子。虎於鄴起臺觀四十餘所，營長安、洛陽二宮，作者四十餘萬人。又欲自鄴起閣道至于襄國。勅河南四州具南師之備，并朔秦雍嚴西討之資，青冀幽州三五發卒，諸州造甲者五十萬人，授役黎元，民庶失業，得農桑者十室而三，船夫十七萬人爲水所沒、爲虎所害三分而一。課責征士五人車一乘，牛二頭，米各十五斛，絹十匹，諸役調有不辦者皆以斬論，窮民率多鬻子以充軍制，而猶不足者乃自經于道路，死者相望，猶求發無已。太武殿成，圖畫忠臣、孝子、烈士、貞女，皆變爲胡狀，頭縮入肩，虎大惡之。遣司虞中郎將賈霸率工匠四千於東平岡山造獵車千乘，轅長三丈，高一丈八尺，置高一丈七尺格虎車四十乘，立行樓二層於其上。南至滎陽，東極陽都，使御史監司其中禽獸，民有犯者罪至大辟。御史因之擅作威福，民有美女好牛馬，求之不得，便誣以犯獸論，民死者相繼，海岱河濟之間民無寧志矣。又發民牛二萬餘頭配朔州牧官。增內官二十四等，東宮十二等，諸公侯七十餘國皆爲置女官九等。先是，大發民女二十已下十三已上三萬餘人，爲三等之第以分配之。郡縣有希旨務於美淑，奪人婦者九千餘人，民妻有美色，豪勢因而脅之，率多自殺。太子、諸公私令採發者亦垂一萬。建國九年，虎遣使朝貢。虎使其太子宣及宣弟秦公韜遞日省可尚書奏事。宣惡韜併已，謂嬖人楊柯、牟成等曰：汝等殺韜，吾入西宮，當以韜之國邑分封汝等。韜既死，上必親臨，因行大事，亡不濟矣。柯等許諾，乃夜入韜第而殺之。虎將出臨韜喪，其司空李農諫乃止。翌日，有人告之，虎大怒，以鐵鐶穿宣頷而鏁之，作數斗木槽，和以羹飯，以豬狗法食之。取害韜刀仗舐其上血，號叫之聲震動宮殿。積柴城北，樹標其上，標末置鹿盧，穿之以繩，送宣於標所，使韜所親宦者郝雅、劉靈拔其髮，抽其舌，以繩貫其頷，鹿盧絞上之。劉霸斷其手足，斫眼潰腹，如韜之傷。四面縱火，煙焰際天。虎從昭儀已下數千人登中臺以觀之。火滅，取灰分置諸門交道中。殺其妻子二十九人，誅其四率已下三百人，宦者五十人，皆車裂節解，棄之漳水。洿其東宮以養豬牛。十二年，虎自稱皇帝，號年太寧。虎死，

少子世僭立。虎養孫閔殺世，以世兄遵爲主。

遵以閔爲大將軍輔政。遵立七日，大風雷震，晝昏，火水俱下，災其太武殿，延及宮內府庫，至于閶闔門，火月餘乃滅。

遵兄鑒又殺遵而自立，號年青龍。鑒弟苞與胡張才、孫伏都等謀殺閔，不剋而死，自鳳陽門至琨華殿積屍如丘，流血成池。閔知胡人不爲已用，乃閉鄴城四門，盡殺諸胡，晉人貌似胡者多亦濫死。閔乃殺鑒而自立，盡滅石氏。

閔本姓冉，乃復其姓，自稱大魏，號年永興，尋爲慕容儁所擒。

鐵弗劉虎，南單于之苗裔，左賢王去卑之孫，北部帥劉猛之從子，居於新興慮虒之北。北人謂胡父鮮卑母爲鐵弗，因以爲號。猛死，子副崘來奔。虎父誥升爰代領部落。誥升爰一名訓兜。誥升爰死，虎代焉。虎一名烏路孤。始臣附於國，自以衆落稍多，舉兵外叛。平文與晉并州刺史劉琨共討之，虎走據朔方，歸附劉聰。聰以虎宗室，拜安北將軍、監鮮卑諸軍事、丁零中郎將。復渡河侵西部，平文逆擊，大破之，虎退走出塞。昭成初，虎又寇西部，帝遣軍逆討，又大破之。虎死，

子務桓代領部落，遣使歸順。務桓一名豹子，招集種落，爲諸部雄，潛通石虎，虎拜爲平北將軍、左賢王。務桓死，

弟閼陋頭代立，密謀反叛，語在序紀。後務桓子悉勿祈逐閼陋頭而自立。悉勿祈死，

弟衛辰代立。衛辰，務桓之第三子也。既立之後，遣子朝獻，昭成以女妻衛辰。衛辰潛通苻堅，堅以爲左賢王。遣使請堅，求田內地，春來秋去，堅許之。後掠堅邊民五十餘口爲奴婢以獻於堅，堅讓歸之。乃背堅，專心歸國。舉兵伐堅，堅遣其建節將軍鄧羌討擒之。堅自至朔方，以衛辰爲夏陽公，統其部落。衛辰以堅還復其國，復附於堅。雖於國貢使不絕，而誠敬有乖。帝討衛辰，大破之，收其部落十六七焉。衛辰奔苻堅，堅送還朔方，遣兵戍之。昭成末，衛辰導苻堅來寇南境，王師敗績。堅遂分國民爲二部，自河以西屬之衛辰，自河以東屬之劉庫仁，語在燕鳳傳。堅後以衛辰爲西單于，督攝河西雜類，屯代來城。慕容永之據長子，拜衛辰使持節、都督河西諸軍事、大將軍、朔州牧，居朔方。姚萇亦遣使結好，拜衛辰使持節、都督北朔雜夷諸軍事、大將軍、大單于、河西王、幽州牧。累爲寇害。登國中，衛辰遣子直力鞮寇南部，其衆八九萬，太祖軍五六千人，爲其所圍。太祖乃以車爲方營，並戰並前，大破之於鐵岐山南，直力鞮單騎而走，獲牛羊二十餘萬。乘勝追之，自五原金津南渡，逕入其國，居民駭亂，部落奔潰，遂至衛辰所居悅跋城，衛辰父子驚遁。乃分遣諸將輕騎追之，陳留公元虔南至白鹽池，虜衛辰家屬；將軍伊謂至木根山，禽直力鞮，盡并其衆。衛辰單騎遁走，爲其部下所殺，傳首行宮，獲馬牛羊四百餘萬頭。先是，河水赤如血，衛辰惡之。及衛辰之亡，誅其族類，並投之於河。衛辰第三子屈孑亡奔薛干部帥太悉伏。

屈孑本名勃勃，太宗改其名曰屈孑。屈孑者，卑下也。太悉伏送之姚興，興高平公破多羅沒弈干妻之以女。屈孑身長八尺五寸，興見而奇之，拜驍騎將軍，加奉車都尉，常參軍國大議，寵遇踰於勳舊。興弟濟南公邕言於興曰：屈孑天性不仁，難以親育，寵之太甚，臣竊惑之。興曰：屈孑有濟世之才，吾方收其藝用，與之共平天下，有何不可。乃以屈孑爲安遠將軍，封陽川侯，使助沒弈干鎮高平，議以義城、朔方雜夷及衛辰部衆三萬配之，以候邊隙。邕固諫以爲不可。興曰：卿何以知其氣性？邕曰：屈孑奉上慢，御衆殘，貪暴無親，輕爲去就，寵之踰分，終爲邊害。興乃止。以屈孑爲持節、安北將軍、五原公，配以三交五部鮮卑二萬餘落，鎮朔方。太祖末，屈孑襲殺沒弈干而并其衆，僭稱大夏天王，號年龍昇，置百官。興乃悔之。屈孑恥姓鐵弗，遂改爲赫連氏，自云徽赫與天連。又號其支庶爲鐵伐氏，云其宗族剛銳如鐵，皆堪伐人。劉裕攻長安，屈孑聞而喜曰：姚泓豈能拒裕，裕必滅之，待裕去後，吾取之如拾遺耳。於是秣馬厲兵，休養士卒。及裕擒泓，留子義眞守長安，屈孑伐之，大破義眞，積人頭爲京觀，號曰髑髏臺。遂僭稱皇帝於灞上，號年爲昌武。定都統萬，勒銘城南，頌其功德，以長安爲南都。性憍虐，視民如草芥。蒸土以築都城，鐵錐刺入一寸，即殺作人而并築之。所造兵器，匠呈必死，射甲不入即斬弓人，如其入也便斬鎧匠，凡殺工匠數千人。常居城上，置弓劍於側，有所嫌忿，手自殺之。羣臣忤視者鑿其目，笑者決其唇，諫者謂之誹謗，先截其舌而後斬之。議廢其長子璝，璝自長安起兵攻屈孑，屈孑中子太原公昌破璝，殺之。屈孑以昌爲太子。始光二年，屈孑死，昌僭立。

昌字還國，一名折，屈孑之第三子也。既僭位，改年永光。世祖聞屈孑死，諸子相攻，關中大亂，於是西伐，乃以輕騎一萬八千濟河襲昌。時冬至之日，昌方宴饗，王師奄到，上下驚擾。車駕次於黑水，去城三十餘里，昌乃出戰。世祖馳往擊之，昌退走入城，未及閉門，軍士乘勝入其西宮，焚其西門。夜宿城北。明日，分軍四出，略居民，殺獲數萬，生口牛馬十數萬，徙萬餘家而還。後昌遣弟定與司空奚斤相持於長安，世祖乘虛西伐，濟君子津，輕騎三萬倍道兼行。羣臣咸諫曰：統萬城堅，非十日可拔，今輕軍討之，進不可克，退無所資，不若步軍攻具一時俱往。世祖曰：夫用兵之術，攻城最下，不得已而用之。如其攻具一時俱往，賊必懼而堅守，若攻不時拔，則食盡兵疲，外無所掠，非上策也。朕以輕騎至其城下，彼先聞有

步軍而徒見騎至必當心閑朕且羸師以誘之若得一戰擒之必矣所以然者軍士去家二千里復有黃河之難所謂置之死地而後生也以是決戰則有餘攻城則不足遂行次于黑水分軍伏於深谷而以少衆至其城下昌將狄子玉來降說昌使人追其弟定定曰城既堅峻未可攻拔待擒斤等然後徐往內外擊之何有不濟昌以爲然世祖惡之退軍城北示昌以弱遣永昌王健及娥清等分騎五千西掠居民會軍士負罪亡入昌城言官軍糧盡士卒食菜輜重在後步兵未至擊之爲便昌信其言引衆出城步騎三萬司徒長孫翰等言昌步陳難陷宜避其鋒且縱步兵一時奮擊世祖曰不然遠來求賊恐其不出今避而不擊彼奮我弱非計也遂收軍僞北引而疲之昌以爲退鼓譟而前舒陳爲翼行五六里世祖衝之賊陳不動稍復前行會有風起方術宦者趙倪勸世祖更待後日崔浩叱之世祖乃分騎爲左右以掎之世祖墜馬賊已逼接世祖騰馬刺殺其尚書斛黎又殺騎賊十餘人流矢中掌奮擊不輟昌軍大潰不及入城奔於上邽遂克其城初屈子性奢好治宮室城高十仞基厚三十步上廣十步宮牆五仞其堅可以礪刀斧臺榭高大飛閣相連皆彫鏤圖畫被以綺繡飾以丹青窮極文采世祖顧謂左右曰蕞爾小國而用民如此雖欲不亡其可得乎後侍御史安頡擒昌世祖使侍中古弼迎昌至京師舍之西宮門內給以乘輿之副又詔昌尚始平公主假常忠將軍會稽公封爲秦王坐謀反伏誅

昌弟定小字直獊屈子之第五子凶暴無賴昌敗定奔於平涼自稱尊號改年勝光定登陰槃山望其本國泣曰先帝以朕承大業者豈有今日之事乎使天假朕年當與諸卿建季興之業俄而有羣狐百數鳴於其側定命射之無所獲定惡之曰此亦大不臧咄咄天道復何言哉與劉義隆連和遙分河北自恒山以東屬義隆恒山以西屬定遣其將寇麟城始平公隗歸討破之定又將數萬人東擊歸世祖親率輕騎襲平涼定救平涼方陳自固世祖四面圍之斷其水草定不得水引衆下原詔武衛將軍丘眷擊之衆潰定被創單騎遁走收其餘衆乃西保上邽神䴥四年爲吐谷渾慕璝所襲擒定送京師伏誅

徒何慕容廆字弈洛瓌其本出於昌黎曾祖莫護跋魏初率諸部落入居遼西從司馬宣王討平公孫淵拜率義王始建國於棘城之北祖木延從母丘儉征高麗有功加號左賢王父涉歸以勳進拜鮮卑單于遷邑遼東涉歸死廆代領部落以遼東僻遠徙於徒何之青山穆帝之世頗爲東部之患左賢王普根擊走之乃修和親晉愍帝拜廆鎮軍將軍昌黎遼東二國公平文之末廆復侵東部擊破之王浚稱制以廆爲散騎常侍冠軍將軍前鋒大都督大單于廆以非王命所授拒之廆死子元真代立

元真小字萬年名犯恭宗廟諱元真既襲弟仁叛於遼東之平郭與元真相攻元真討斬之乃號年爲元年自稱燕王置官如魏武輔漢故事石虎率衆伐元真元真擊走之建國二年帝納元真女爲后元真襲石虎至於高陽掠徙幽冀二州三萬戶而還四年元真遣使朝貢城和龍城而都焉元真征高麗大破之遂入丸都掘高麗王釗父利墓載其屍并其母妻珍寶掠男女五萬餘口焚其宮室毀丸都而歸釗單馬遁走後稱臣於元真乃歸其父屍又大破宇文闞地千里徙其部民五萬餘家於昌黎元真死子儁統任

儁字宣英既襲位號年爲元年聞石氏亂乃礪甲嚴兵將爲進取之計鑿山除道入自盧龍剋薊城而都之進剋中山常山大破冉閔於魏昌廉臺擒之閔太子叡固守鄴城進師攻鄴剋之建國十五年儁僭稱皇帝置百官號年元璽國稱大燕郊祀天地十六年遣使朝貢儁自薊遷都於鄴號年爲光壽儁死子暐統任

暐字景茂儁之第三子也既僭立號年建熙暐政無綱紀時人知其將滅有神降於鄴自稱湘女有聲與人相接數日而去僭晉將桓溫率衆伐暐至於枋頭暐叔父垂擊走之垂有大功暐不能賞方欲殺之垂怒奔苻堅堅遣將王猛伐鄴擒暐封新興侯後拜尚書太祖之七年苻堅敗於淮南垂叛攻苻丕於鄴暐弟濟北王泓先爲北地長史聞垂攻鄴亡奔關東收諸馬牧鮮卑衆至數千還屯華陰暐乃潛使諸弟及宗人起兵於外堅遣將軍張永步騎五千擊之爲泓所敗泓衆遂盛自稱使持節大都督陝西諸軍事大將軍雍州牧濟北王推垂爲丞相都督陝東諸軍事領大司馬冀州牧吳王堅遣子鉅鹿公叡伐泓泓弟中山王沖先爲平陽太守亦起兵河東有衆二萬泓大破叡軍斬叡沖爲堅將竇衝所破棄其步衆率鮮卑騎八千奔於泓軍泓衆至十餘萬遣使謂堅曰秦爲無道滅我社稷今天誘其衷秦師傾敗將欲興復大燕吳王已定關東可速資備大駕奉送乘輿并宗室功臣之家泓當率關中燕人翼衛皇帝還返鄴都與秦以虎牢爲界分王天下永爲鄰好不復爲秦之患也堅怒責暐曰卿雖曰破滅其實若歸奈何因王師小敗倡悖若是泓書如此卿欲去者朕當相資暐叩頭流血涕泣陳謝堅久之曰此自三豎之罪非卿之過復其位待之如初命暐以書招喻垂及泓沖使息兵還長安恕其反叛之咎而暐密遣使謂泓曰今秦數已終社稷不輕勉建大業可以吳王爲大將軍領司徒承制封拜聽吾死問汝便即尊位泓於是進向長安年號燕興泓謀臣高蓋宿勤崇等以泓德望後沖且持法苛峻乃殺泓立沖爲皇太弟承制行事置百官沖去長安二百里堅遣子平原公暉拒之沖大破暉軍進據阿房初堅之滅燕沖姊清河公主年十四有殊色納之寵冠後庭沖年十二亦有龍陽之姿堅又幸之姊弟專寵宮人莫進長安歌之曰一雌復一雄雙飛入紫宮咸懼爲亂王猛切諫堅乃出沖及其母卒葬之以燕后之禮長安又謠曰鳳皇鳳皇止阿房堅以鳳皇非梧桐不棲非竹實不食乃蒔梧竹數十萬株于阿房城以待鳳皇之至沖小字鳳皇至是終爲堅賊入止阿城焉暐入見堅稽首謝曰弟沖不識義方孤背國恩臣罪應萬死陛下垂天地之容臣蒙更生之惠臣二子昨婚明當三日愚欲暫屈鑾駕幸臣私第堅許之暐出衛士王嘉曰椎蘆作蘧篨不成文章會天大雨不得殺羊言暐將殺堅而不果也堅與羣臣莫之能解是夜大雨晨不果出初暐之遺諸弟起兵於外也謀欲伏兵請堅殺之時鮮卑在城者猶有千餘人暐令其帥悉羅騰屈突鐵侯等潛告之曰官今使吾外鎮聽舊人悉隨可於某日會集某處鮮卑信之北部人突賢之妹爲堅左將軍竇衝小妻賢與妹別妹請衝留其兄衝馳入白堅堅大驚召騰問之騰具首服乃誅暐父子及其宗族城內鮮卑無少長男女皆殺之廆弟運運孫永

永字叔明暐既爲苻堅所并永徙於長安家貧夫妻常賣韡於市及暐爲堅所殺也沖乃自稱尊號以永爲小將沖與左將軍苟池大戰於驪山永力戰有功斬池等數千級堅大怒復遣領軍將軍楊定率左右精騎二千五百擊沖大敗之俘掠鮮卑萬餘而還堅悉坑之又敗沖右僕射慕容憲於灞滻之間定果勇善戰沖深憚之納永計穿馬埳以自固遷永黃門郎沖毒暴關中人民流散道路斷絕千里無煙及堅出如五將山沖入長安縱兵大掠死者不可勝計初堅之末亂也關中土然無火而煙氣大起方數十里月餘不滅堅每臨聽訟觀令民有怨者舉煙於城北觀而錄之長安爲之語曰欲得必存當舉煙關中謠曰長鞘馬鞭擊左股太歲南行當復虜西人呼徙何爲白虜沖果據長安樂之忘歸且以慕容垂威名夙著跨據山東憚不敢進課農築室爲久安之計衆咸怨之登國元年沖左將軍韓延因民之怨殺沖立沖將段隨爲燕王改年昌平沖之入長安王嘉謂之曰鳳皇鳳皇何不高飛還故鄉無故在此取滅亡沖敗其左僕射慕容恒與永潛謀襲殺段隨立宜都王子覬爲燕王號年建明率鮮卑男女三十餘萬口乘輿服御禮樂器物去長安而東以永爲武衛將軍恒弟護軍將軍韜陰有貳志誘覬殺之于臨晉恒怒去之永與武衛將軍刁雲率衆攻韜韜遣司馬宿勤黎逆戰永執而戮之韜懼出奔恒營恒立慕容沖子望爲帝號年建平衆悉去望奔永永執望殺之立慕容泓之子忠爲帝改年建武忠以永爲太尉守尚書令封河東公至聞喜知慕容垂稱尊號託以農要弗集築燕熙城以自固刁雲等又殺忠推永爲大都督大將軍大單于雍秦梁涼四州牧河東王稱藩於垂永以苻丕至平陽恐不能自固乃遣使求丕假道還東丕不許率衆討永永擊走之進據長子永僭稱帝號年中興垂攻丁零翟釗於滑臺釗請救於永永謀於衆尚書郎勃海鮑遵曰徐觀其敝卞莊之舉也中書侍郎太原張騰曰彊弱勢殊何敝之有不如救之成鼎峙之勢可引兵趣中山晝多疑兵夜倍其火彼必懼而還師我衝其前釗躡其後此天授之機不可失也永不從釗敗降永永以釗爲車騎大將軍東郡王歲餘謀殺永永誅之垂遣其龍驤將軍張崇攻永弟武鄉公友於晉陽永遣其尚書令刁雲率衆五萬屯潞川垂停鄴月餘不進永乘詭道伐之乃攝諸軍還於太行軹關垂進師入自木井關攻永從子征東將軍小逸豆歸鎮東將軍王次多於臺壁永遣其從兄太尉大逸豆歸救次多等垂將平規擊破之永率衆五萬與垂戰於臺壁南爲垂所敗奔還長子嬰城固守大逸豆歸部將潛爲內應垂勒兵密進永奔北門爲前驅所獲垂數而戮之并斬永公卿已下刁雲大逸豆歸等三十餘人永所統新舊民戶及服御圖書器樂珍寶垂盡獲之

垂字道明元真第五子也甚見寵愛常目而謂諸弟曰此兒闊達好奇終能破人家或能成人家故名霸字道業恩遇踰於儁故儁不能平之及卽王位以垂墜馬傷齒改名爲缺外以慕郤缺爲名內實惡之尋以讖記之

文乃去夬以垂爲名焉年十三爲偏將所在征伐勇冠三軍雋平中原垂爲前鋒累戰有大功及僭尊號拜黃門郎出爲安東冀州牧封吳王以侍中右禁將軍錄留臺事鎮龍城大收東北之和歷位鎮東平州征南大將軍荊兗二州牧司隸校尉以車騎大將軍敗桓溫於枋頭威名大震不容於暐西奔苻堅堅甚重之拜冠軍將軍封賓都侯堅敗於淮南入於垂軍子寶勸垂殺之垂以堅遇之厚也不聽行至洛陽請求拜墓許之遂起兵攻苻丕於鄴乃引漳水以灌之不沒者尺餘丁零翟斌怨垂使人夜往決堰水潰故鄴不拔垂稱燕王置百官年號燕元引師去鄴開苻丕西歸之路丕固守鄴城請援於司馬昌明垂怒曰苻丕吾縱之不能去方引南賊規固鄴都不可置也乃復進師丕乃棄鄴奔并州垂以兄子魯陽王和爲南中郎將鎮鄴垂定都中山登國元年垂僭稱大位號年爲建興建宗廟社稷於中山盡有幽冀平州之地垂遣使朝貢三年太祖遣九原公儀使於垂垂又遣使朝貢四年太祖遣陳留公虔使於垂又遣使朝貢五年又遣秦王觚使於垂垂留觚不遣遂絕行人垂議討慕容永太史令靳安言於垂曰彗星經尾國之分燕當有野死之王不出五年其國必亡歲在鶉火必克長子垂乃止安出而謂人曰此衆旣并終不能久安意蓋知太祖之興也而不敢言先是丁零翟遼叛垂後遣使謝罪垂不許遼怒遂自號大魏天王有衆數萬屯於滑臺與垂相擊遼死子釗代之及垂征釗滑臺釗奔長子垂議征長子諸將咸諫以永國未有釁連歲征役士卒疲怠請待他年垂將從之垂弟司徒范陽王德固勸垂征垂曰司徒議與吾同二人同心其利斷金吾計決矣且吾投老叩囊底智足以克之不復留逆賊以累子孫垂率步騎七萬伐永剋之十年垂遣其太子寶來寇時太祖幸河南宮乃進師臨河築臺告津奮揚威武連旌沿河東西千有餘里是時陳留公虔五萬騎在河東要山截谷六百餘里以絕其左太原公儀十萬騎在河北以承其後略陽公遵七萬騎塞其南路太祖遣捕寶中山行人一二盡擒馬步無脫寶乃引船列兵亦欲南渡中流大風卒起漂寶船數十艘泊南岸擒其將士三百餘人太祖悉賜衣服遣還始寶之來垂已有疾自到五原太祖斷其行路父子問絕太祖乃詭其行人之辭令臨河告之曰汝父已死何不遽還兄弟聞之憂怖以爲信然於是士卒駭動往往間言皆欲爲變初寶至幽州其所乘車軸無故自折占工靳安以爲大凶固勸令還寶怒不從至是問安安對曰今天變人事咎徵已集速去可免寶逾大恐安退而告人曰今皆將死於他鄉尸骸委於草野爲烏鳥螻蟻所食不復見家矣冬十月寶燒船夜遁是時河氷未成寶謂太祖不能度故不設斥候十一月天暴風寒氷合太祖進軍濟河留輜重簡精銳二萬餘騎急追之晨夜兼行暮至參合陂西寶在陂東營於蟠羊山南水上靳安言於寶曰今日西北風勁是追軍將至之應宜設警備兼行速去不然必危寶乃使人防後先不撫循軍無節度將士莫爲盡心行十餘里便皆解鞍寢臥不覺大軍在近前驅斥候見寶軍營還告其夜太祖部分衆軍相援諸將羅落東西爲掎角之勢約勒士卒束馬口銜枚無聲昧爽衆軍齊進日出登山下臨其營寶衆晨將東引顧見軍至遂驚擾奔走太祖縱騎騰躡大破之有馬者皆蹶倒氷上自相鎮壓死傷者萬數寶及諸父兄弟單馬迸散僅以身免於是寶軍四五萬人一時放仗斂手就羈矣其遺迸去者不過千餘人生擒其王公文武將吏數千獲寶寵妻及宮人器甲輜重軍資雜財十餘萬計垂復欲來寇太史曰太白夕沒西方數日後見東方此爲躁兵先舉者亡垂不從鑿山開道至寶前敗所見積骸如丘設祭弔之死者父兄子弟遂皆嗥哭聲震山川垂慙忿嘔血發病而還死於上谷寶僭立

寶字道祐小字庫勾垂之第四子也少而輕果無志操好人佞己及爲太子砥礪自修朝士翕然稱之垂亦以爲克保家業垂妻段氏謂垂曰寶資質雍容柔而不斷承平則爲仁明之主處難則非濟世之雄今託之以大業未見克昌之美遼西高陽兒之賢者宜擇一以樹之趙王麟姦詐負氣常有輕寶之心恐必難作此自家事宜深圖之垂弗納寶聞之深以爲恨寶旣僭立年號永康遣麟逼其母段氏曰后常謂主上不能繼守大統今竟能不宜早自裁以全段氏段氏怒曰汝兄弟尚逼殺母安能保社稷吾豈惜死念國滅不久耳遂自殺寶議以后謀廢嫡統無母后之道不宜成喪羣臣咸以爲然寶中書令眭邃執意抗言寶從而止皇始元年太祖南伐及克信都寶大懼太祖軍於柏肆寶夜來犯營太祖擊破之寶走還中山率萬餘騎奔薊寶子清河王會先守龍城聞寶被圍率衆赴難逢寶於路寶分奪其軍以授弟遼西王農等會怒襲農殺之農弟高陽王隆勸寶收會不獲會勒兵攻寶寶走龍城會追圍之侍御郎高雲襲敗會會奔中山寶命雲爲子封夕陽公會至中山爲慕容普驎所殺寶率衆自龍城而南將攻中山衆憚征逃潰寶還龍城垂舅蘭汗拒之寶南走奔薊汗遣使誘迎寶寶殺之將南奔叔父范陽王德聞德稱制退濳辟陽汗復遣迎寶寶以汗垂之季舅子盛又汗之壻也必謂無二乃還龍城汗殺之及子弟等百餘人汗自稱大都督大單于昌黎王號年青龍以盛子壻哀而宥之

盛字道運寶之長子也垂封爲長樂公歷位散騎常侍左將軍寶旣僭立進爵爲王拜征北大將軍司隸校尉尚書左僕射蘭汗之殺寶也以盛爲侍中左光祿大夫盛乃間汗兄弟使相疑害李旱衛雙劉志張眞等皆盛之舊昵汗太子穆並引爲腹心盛要結旱等因汗穆等酒醉夜襲殺之僭尊號改年爲建平又號年爲長樂盛改稱庶民大王盛以寶闇而不斷遂峻極威刑纖介嫌忌莫不裁之於未萌防之於未兆於是上下震局人不自安雖忠誠親戚亦僉懷離貳前將軍段璣等夜潛禁中鼓譟攻盛盛聞變起率左右出戰衆皆披潰俄有一賊闇中擊盛傷之遂輦昇殿申約禁衛召叔父河間公熙屬之未至而盛死

熙字道文小字長生垂之少子也羣臣與盛伯母丁氏議以其家多難宜立長君遂廢盛子定迎熙而立之熙立殺定年號光始築龍騰苑廣袤十餘里役徒二萬人起景雲山於苑內基廣五百步高十七丈又起逍遙宮甘露殿連房數百觀閣相交鑿天河渠引水入宮又爲妻苻氏鑿曲光海清涼池季夏盛暑不得休息暍死者大半熙遊于城南止大柳樹下若有人呼曰大王且止熙惡之伐其樹下有蛇長丈餘熙盡殺寶諸子改年爲建始又爲其妻起承華殿負土於北門土與穀同價典軍杜靜載棺詣闕上書極諫熙大怒斬之熙妻當季夏思凍魚鱠仲冬須生地黃皆下有司切責不得加之以大辟其虐也如此及苻氏死熙擁其屍而撫之曰體已就冷命遂斷矣於是僵仆絕息久而乃蘇悲號擗踴斬衰食粥大斂之後復啓而交接制百官哭臨沙門素服令有司案檢有淚者爲忠孝無淚者罪之於是羣臣震懼莫不含辛以爲淚焉及葬熙被髮徒跣步從轜車高大毀城門而出長老相謂曰慕容氏自毀其門將不入矣中衛將軍馮跋兄弟閉門拒熙執而殺之立夕陽公雲爲主

雲寶之養子復姓高氏年號正始跋又殺雲自立雲之立也熙幽州刺史上庸公慕容懿以遼西歸降太祖以懿爲征東將軍平州牧昌黎王後坐反伏誅元眞少子德

德字玄明雅爲兄垂所重桓溫之至枋頭也德與垂擊走之苻堅滅暐以德爲張掖太守垂稱尊號封爲范陽王拜車騎大將軍司隸校尉尋遷司徒寶旣即位以德鎮鄴後拜丞相寶旣東走羣寮勸德稱尊號德不從皇始二年旣拔中山太祖遣衞王儀攻鄴德率戶四萬南走滑臺自稱燕王號年爲燕元置百官德冠軍將軍苻廣叛於乞活壘德留兄子和守滑臺率衆攻廣斬之而和長史李辯殺和以城來降德無所據乃謀於衆其給事黃門侍郞張華勸德取彭城而據之其尚書潘聰曰青齊沃壤號曰東秦土方二千里戶餘十萬四塞之固負海之饒可謂用武之國宜攻取據之以爲關中河內也德從之引師克薛城徐兗之民盡附之以其南海王法爲兗州刺史鎮梁父進克莒城以潘聰爲徐州刺史鎮莒城北伐廣固司馬德宗幽州刺史辟閭渾聞德將至徙民八千餘戶入廣固遣司馬崔誕率千餘人戍薄荀固平原太守張豁屯柳泉誕豁皆承檄遣子降德渾懼攜妻子北走德追騎斬之渾少子道秀自歸請與父俱死德曰渾雖不忠而子能孝其特赦之德入都廣固僭稱尊號號年建平女水竭德聞而惡之因而寢疾兄子超請祈女水德曰人君之命豈女水所知超固請終不許立超爲太子德死超僭立

超字祖明德兄北海王納之子也旣僭位號年太上超青州刺史北地王鍾兗州刺史南海王法等起兵叛超超悉平之超南郊柴燎燭起而煙不出靈臺令張光告人曰今火盛而煙滅國其亡乎天賜五年司馬德宗將劉裕伐超超將公孫五樓勸超拒之於大峴超曰但令度峴我以鐵騎踐之此成擒也太尉桂林王鎮曰若如聖旨必須平原用馬便宜出峴逆戰戰而不勝猶可退守不宜縱敵自貽窘逼臣以爲天時不如地利拒之大峴策之上也超不從出而告人曰主上酷似劉璋今年國滅吾必死之超收鎮下獄裕入大峴超拒之於臨朐乃赦鎮而謝之超戰於臨朐爲裕所敗退還廣固裕遂圍之廣固鬼夜哭有流星長十餘丈隕于廣固城潰裕執超送建康市斬之

臨渭氐苻健字建業本出略陽臨渭祖懷歸爲部落小帥父洪字廣世洪之生也隴右霖雨百姓苦之時有謠曰雨若不止洪水必起故名之曰洪年十二而父死爲部帥羣氐推以爲盟主劉曜拜洪爲寧西將軍率義侯從之高陸進爲氐王石虎平秦隴表石勒拜冠軍將軍

涇陽伯又從之枋頭還光烈將軍進爵爲侯稍遷冠軍大將軍進封西平公討平梁犢進位車騎大將軍開府儀同三司略陽公冉閔之亂秦雍徙民西歸憑洪爲主衆至十餘萬自稱大將軍大單于三秦王既而爲其將麻秋所鴆臨死謂健曰關中周漢舊都形勝之國進可以一同天下退不失保全秦雍吾死之後便可鼓行而西健從之健初名羆字世建又避石虎外祖張羆之名故改焉健便弓馬善於事人石虎深愛之歷位翼軍校尉鎮軍將軍時京兆杜洪竊據長安關中雄儁皆應之健密圖關中懼洪之知也乃繕宮室於枋頭課民種麥示無西意既而自稱征西大將軍雍州刺史盡衆西行至盟津起浮橋以濟遣弟輔國將軍雄率步騎五千入自潼關兄子揚武將軍菁率衆七千自軹關入河東執菁手曰若事不捷汝死河北我死河南不及黃泉無相見也濟訖焚橋自統大衆繼雄而進杜洪遣將軍張光逆健于潼關雄擊破之洪盡召關中之衆以拒健健聞而筮之遇泰之臨健曰小往大來吉亨昔往東而小今還西而大吉孰大焉諸君知不此則漢祖居秦之機也健長驅至長安杜洪奔司竹健遂入都建國十四年乃僭稱天王號年皇始國號大秦置百官健尋自稱皇帝桓溫率衆伐長安次于灞上健弟雄擊溫破之溫乃引衆東走健遣其太子萇追溫比至潼關克敗之萇亦爲流矢所中死關中大饑蝗虫生於華澤西至隴山百草皆盡牛馬至相噉毛虎狼食人行路斷絕十八年健死子生僭立

生字長生健之第三子也幼而麤暴昏酒無賴祖洪甚惡之生無一目年七歲洪戲之問侍者曰吾聞瞎兒一淚信乎侍者曰然生怒引佩刀自刺出血曰此亦一淚也洪驚鞭之生曰性耐刀矟不堪鞭捶洪曰汝爲爾不已吾將以汝爲奴生曰可不如石勒也洪懼跣而掩其口謂健曰此兒狂悖宜早除之不然長大必破人家健欲殺之雄止之曰兒長成自當修改何至便如此健乃止及長力舉千鈞雄勇好殺手格猛獸走及奔馬擊刺騎射冠絕一時初健之長子死生母彊氏意在少子柳健以讖有三羊五眼之言故立之生既僭立號年壽光雖在諒闇遊飲自若彎弓露刃以見朝臣錘鉗鋸鑿備置左右在位未幾后妃公卿下至僕隸殺五百餘人朝饗羣臣酣飲奏樂生親歌以和之命其尚書令辛牢行酒既而生怒曰何不彊酒猶有坐者引弓射牢而殺之於是百僚大懼無不引滿汙服失冠生以爲樂長安大風或稱賊至宮門晝閉五日乃止生推告賊者刳出心胃生舅彊平切諫生鑿其頂而殺之虎狼大暴從潼關至于長安晝則斷道夜則發屋不食六畜專以害人自其元年秋至于二年夏虎殺七百餘人民廢農桑內外恟懼其臣奏請禳災生曰野獸飢則食人飽當自止終不累年爲患也天將助吾行誅以施刑教但勿犯罪何爲怨天生如阿房遇人共姝行者逼令爲淫固執弗從生怒殺之其尚書僕射賈玄石形貌美偉生與妻樓上望見玄石在庭中妻曰此何人也生曰汝欲得也乃誅玄石生嘗夜食棗過多至旦病使太醫程延診脉延曰陛下食棗多無他疾也生曰嚐汝非聖人焉知吾食棗乃殺之常從輿上溲便羣臣諱之天雨生既眇其目所諱者不足不具少無缺傷殘毀偏隻之言皆不得道左右忤旨而死者不可勝紀太白犯東井其臣奏曰東井秦也太白罰星必有暴兵起於京師生曰星入井者必將渴耳何所怪乎初生夢大魚食蒲又長安謠曰東海大魚化爲龍男便爲王女爲公問在何所洛門東是月生以謠夢之故誅太師魚遵父子一十八人東海苻堅封也時爲龍驤將軍宅在洛門之東又謠曰百里望空城鬱鬱何青青瞎人不知法仰不見天星於是悉壞諸空城以禳之法是苻法也生耽湎於酒無復晝夜其臣朝謁漏盡請見生曰日知盡乎須待飲訖因醉問左右曰吾統天下已來汝等何所聞乎或對曰聖明宰世子育百姓罰必有罪賞必有功天下唯歌太平未聞有怨生曰汝媚吾也引而斬之他日又問或對曰陛下刑罰微過生曰汝謗吾也亦殺之使宮人與男女倮交於殿前引羣臣臨而觀之或生剝牛羊驢馬活燖雞豚鵝鴨數十爲羣放之殿下剝人面皮令其歌舞動舊親戚殺害略盡王公在者以疾告歸得度一日如過十年至於截脛刳胎拉脅鋸頸者動有千數生夜對侍婢曰阿法兄弟亦不可信明當除之旦而侍婢以告法與弟堅率壯士數百人入雲龍門宿衞者皆捨仗歸堅廢生爲越王俄而殺之

堅字永固一字文玉雄第二子也既殺苻生以位讓其兄清河王法法固以推堅於是去皇帝之號僭稱天王號年永興以法爲丞相東海公尋以疑忌殺之改年爲甘露時建國二十二年也堅從弟晉公柳反於蒲坂魏公庾反於陝燕公武反於安定堅弟趙公雙反於上邽皆討平之慕容暐奔於堅王猛勸堅殺之堅不從三十八年改爲建元堅遣使牛恬朝貢使尚書令王猛伐鄴堅親率大衆以繼之克鄴擒慕容暐堅使其右將軍楊安攻克漢中仍平蜀又遣其武衞將軍苟萇西伐涼州降張天錫遣其子長樂公丕攻克襄陽堅觀其史書見母苟氏通李威之事慙怒乃焚其書堅南伐司馬昌明戎卒六十萬騎二十七萬前後千里旗鼓相望堅至項城涼州兵始達咸陽蜀漢之軍順流而下幽冀之衆至于彭城東西萬里水陸齊進運漕萬艘自河入石門達于汝潁堅弟陽平公融攻壽春克之融馳使白堅曰賊少易俘但懼越逸宜速進軍堅大悅捨大軍于項城輕騎八千兼道赴之堅與融登城望昌明將謝石軍又望八公山上草木皆類人形顧謂融曰此亦勍敵也何謂少乎憮然有懼色謝石欲戰苻融陳逼肥水石遣使謂融曰君若小退師令將士周旋僕與君公緩轡而觀之不亦美也融於是麾軍却陳欲因其濟覆而取之軍遂奔退制之不可止融馬倒見殺軍遂大敗謝石乘勝追擊至于青岡死者相枕堅單騎遁還淮北初謠言曰堅不出項羣臣勸堅停項爲六軍聲鎮堅不從諸軍悉潰唯其冠軍慕容垂一軍獨全堅以千餘騎赴之收集離散比至洛陽衆十餘萬行未及關垂有貳志說堅請巡撫燕代幷求拜墓許之垂遂殺堅驍騎將軍石越鎮軍將軍毛當引丁零之衆攻堅子長樂公丕於鄴慕容泓沖起兵華澤堅遣子叡驛前後擊泓爲泓所敗長安鬼夜哭三旬沖又擊殺堅將姜宇於灞上遂屯阿房進逼長安堅登城觀之歎曰此虜何從而出其彊若斯大言責沖曰爾輩羣奴正可牧牛羊何爲送死沖曰奴則奴矣既厭奴苦取爾見代堅遣使送錦袍一領遺沖使者稱有詔古人兵交使在其間卿遠來草創得無勞乎今送一袍以明本懷朕於卿恩分如何而於一朝忽爲此變沖命詹事答之亦稱皇太弟有令孤今心在天下豈顧一袍小惠苟能知命便可君臣束手早送皇帝自當寬貸苻氏以酬曩好終不使既往之事獨美於前堅大怒曰朕不用王景略陽平公之言使白虜敢至於此長安大饑人民相食姚萇叛於北地與沖連和合攻長安有羣烏數萬鳴於長安城上其聲甚悲占者以爲不終年有甲兵入城之象每夜有人周城大呼曰楊定健兒應屬我宮殿臺觀應坐我父子同出不共汝且遣尋求不見人跡先是又謠曰堅入五將山長得堅大信之告其太子永道曰天或導余脫如謠言留汝兼總戎政勿與賊爭利吾當出隴收兵運糧以給汝天其或者正訓予也遣其衞將軍楊定擊沖於城西爲沖所擒堅彌懼付永道以後事率騎數百出如五將宣告州郡期救長安月餘永道尋將母妻宗室男女數千騎出奔武都遂假道入司馬昌明慕容沖入據長安堅至五將山姚萇遣其將吳忠圍之堅衆奔散獨左右十數人神色自若坐而待之召宰人進食俄而兵至執堅及其夫人張氏與少女寶錦送詣姚萇萇囚之將害焉堅自以平生遇萇厚忿之厲聲大罵謂張氏曰豈令羌奴辱吾兒於是殺寶錦姚萇乃縊堅於新平佛寺永道既奔昌明處之江州桓玄以爲梁州刺史後爲劉裕所誅永道名犯高祖廟諱

堅子丕字永叙堅以爲征東將軍冀州牧封長樂公鎮鄴爲慕容垂圍逼丕乃去鄴率男女六萬餘口進如潞川堅驃騎將軍張蚝并州刺史王騰迎丕入據晉陽堅既爲姚萇所殺太祖九年丕乃僭稱尊號改年太安先是王猛子幽州刺史永亦率衆赴之丕以永爲司徒錄尚書事張蚝爲司空王騰爲司隸傳檄遠近率多應之丕留王騰守晉陽楊輔守壺關率衆四萬進據平陽將討姚萇而慕容永請假道東歸丕弗許怒曰永乃我之馬將首亂京畿禍傾社稷承凶繼逆方請逃歸是而可忍孰不可恕使其丞相王永討之戰于襄陵永大敗死之丕衆離散率騎數千南奔東垣爲司馬昌明將馮該所殺

丕族子登字文高麤險不修細行故堅弗之奇也長而折節頗覽書傳堅以爲長安令坐事黜爲狄道長及關中起兵奔於枹罕羣氐殺河州牧毛興推衞平爲安西將軍河州刺史平以登爲長史既而枹罕諸氐以衞平年老議欲廢之而憚其宗彊連日不決氐有啖青者謂諸將曰大事宜定東討姚萇不可猶豫一旦事發返爲人害諸君但請衞公會集衆將青爲諸君決之衆咸以爲然因大饗青抽劍而前曰衞公朽耄不足以成大事狄道長苻登雖王室疏屬請共立之於是推登爲使持節都督隴右征羌諸軍事撫軍大將軍雍河二州牧略陽公率衆五萬東下隴據南安馳使請命丕以登爲征西大將軍開府儀同三司南安王餘因其所稱而授之後與姚萇戰于胡奴阜大破之丕死登國元年登僭稱尊號於隴東號年太初置百官立堅神主於軍中載以輜軿羽葆青蓋建黃旗虎賁之士三百人以衞之每戰必告繕甲治兵引師而東皆刻鉾鎧爲死休字示以戰死爲志每戰以長矛鉤刃爲方圓大陳知有厚薄從中分配故人自爲戰所向無前登每圍萇營四面大哭哀

聲動人大呼曰殺君賊姚萇出來吾與爾決何爲枉害無辜萇憚而不應登進攻安定萇襲其輜重獲登妻毛氏將妻之毛氏哭罵萇殺之登聞姚萇死喜曰姚興小兒吾將折杖以笞之乃盡衆而東以趣廢橋與將尹緯據橋待之爭水不得爲緯所敗奔於平涼入馬毛山姚興攻之登戰死

子崇奔於湟中僭稱尊號改年延初尋爲乞伏乾歸所殺

羌姚萇字景茂出於南安赤亭燒當之後也祖柯回助魏將紂姜維於沓中以功假綏戎校尉西羌都督父弋仲晉永嘉之亂東徙榆眉劉曜以弋仲爲平西將軍平襄公烈帝之五年弋仲率部衆隨石虎遷于清河之灄頭勒以弋仲爲奮武將軍封襄平公昭成時弋仲死子襄代屯於譙城慕容儁以襄爲豫州刺史丹陽公進屯淮南自稱大將軍大單于爲司馬聃將桓溫所敗奔於河東後爲苻眉所殺弋仲有子四十二人萇第二十四隨兄襄征伐襄甚奇之襄之敗也萇率子弟降於苻堅從堅征伐頻有戰功歷寧幽兗三州刺史封益都侯邑五百戶苻堅伐司馬昌明以萇爲龍驤將軍督益梁州諸軍事謂萇曰朕本以龍驤建業龍驤之號初未假人今特以相授山南之事一以委卿堅左將軍竇衝進曰王者無戲言此將不臧之徵也惟陛下察之堅默然及慕容泓起兵華澤堅遣子衛大將軍叡討之戰敗爲泓所殺時萇爲叡司馬懼罪奔馬牧聚衆萬餘自稱大將軍大單于萬年秦王號年白雀數月之間衆至十餘萬與慕容沖連和進屯北地苻堅出至五將山萇執而殺之登國元年僭稱皇帝置百官國號大秦年曰建初改長安曰常安以其太子興鎮長安自擊苻登安定敗之萇病夢苻堅將天官使者鬼兵數百突入營中萇懼走後宮宮人迎萇刺鬼誤中萇陰鬼相謂曰正中死處拔矛出血石餘寤而驚悸遂患陰腫醫刺之出血如夢萇乃狂言或稱臣或稱萇殺陛下者兄襄非臣之罪願不枉臣萇死子興襲位祕不發喪

興字子略萇長子也既滅苻登乃發喪行服僭稱皇帝於槐里號年皇初天興元年興去皇帝之號降稱天王號年洪始興克洛陽以其弟東平公紹鎮之三年興遣使朝貢太祖遣謁者僕射張濟使於興興又大破乞伏乾歸遂入枹罕獲鎧馬六萬匹乾歸降於興太祖遣軍襲興高平公沒弈干干棄部衆率數千騎與赫連屈子奔於秦州追至於瓦亭長安震懼興大議爲寇其臣咸以爲不可興不從天興五年夏興遣其弟義陽公平率衆四萬侵平陽攻乾壁六十餘日壁中衆少失井乃陷之六月太祖將討平遣毗陵王順等三軍六萬騎爲先鋒七月車駕親征八月次於永安平募遣勇將率精騎二百闚軍爲太祖前鋒將長孫肥所擒匹馬不返平遂退走太祖急追及於柴壁平因守固太祖圍之興乃悉舉其衆救平太祖聞興將至增築重圍內以防平之出外以拒興之入又截汾曲爲南北浮橋乘西岸築圍太祖以步騎三萬餘人渡蒙坑南四十里逆擊興興晨行北引未及安營太祖軍卒至興衆怖擾太祖詔毗陵王順以精騎衝擊獲興甲騎數百斬首千餘級興退南走四十餘里太祖引還平竟不敢出但使人燒圍數百步而已太祖知興氣挫乃南絕蒙坑之口東杜新坂之隘守天度屯賈山令平水陸路絕將坐甲而擒之太祖又緣汾帶岡樹柵數十里以衛芻牧者九月興從汾西北下憑壑爲壘以自固興又將數千騎乘西岸闚視太祖營東栢材從汾上流下之欲以毀橋官軍鈎取以爲薪蒸興還壘太祖度其必攻西圍乃命修塹增廣之至夜興果來攻梯短不及棄之塹中而還又分其衆臨汾爲壘叩逼水門與平相望太祖因截水中與內外隔絕士衆喪氣於是平糧盡窘急夜悉衆將突西南而出興列兵汾西舉烽鼓譟爲平接援太祖簡諸軍精銳屯汾西固守南橋絕塞水口興夜聞聲望平力戰突免乎闚外鼓望興攻圍引接故但叫呼虛相應和莫敢逼圍平引不得出窮迫乃將二妾赴水而死興安遠將軍不蒙世揚武將軍雷重等將士四千餘人隨平投水太祖令泅水鈎捕無得免者平衆三萬餘人皆斂手受執擒興尚書右僕射狄伯友越騎校尉唐小方積弩將軍姚梁國建忠將軍雷星康官北中郎將康猥興從子伯禽已下四品將軍已上四十餘人興遠來赴救自覩其窮力不能免舉軍悲號震動山谷數日不止頻遣使請和太祖不許乃班師興還長安有雀數萬頭鬬於興廟毛羽折落多有死者月餘乃止識者曰今雀鬬廟上子孫當有爭亂者乎又興殿有聲如牛吼有二狐入長安一登興殿屋走入宮一入于市求之不得先是譙縱略有益寧之地僭稱尊號遣使稱蕃於興興以縱爲蜀王加九錫永興三年興遣周寶朝貢五年興遣使朝貢并請進女太宗許之興中子廣平公弼有寵委之朝政興疾篤長子泓侍疾於中弼集黨數千人候興死欲殺泓自立興諸子姪外鎮者聞之皆起兵討弼興疾瘳不忍誅弼免官而已神瑞元年興遣兼散騎常侍尚書吏部郎嚴康朝貢二年興遣散騎常侍東武侯姚敵尚書姚泰奉其西平公主於太宗帝以后禮納之興復以弼爲中軍大將軍配兵三萬屯於渭北興又疾甚弼遣其黨姚武伯等率衆攻端門泓時侍疾遣兵拒之興力疾臨前殿殺弼弼黨乃散泰常元年興死泓僭立

泓字元子興之長子也既僭位號年永和赫連屈子攻泓秦州又剋安定遂據雍城司馬德宗將劉裕伐泓裕遣將檀道濟至洛陽泓弟陳留公洸以城降泓弟太原公懿反於蒲坂泓從弟齊公恢反於嶺北皆舉兵伐長安泓既有內難裕遂長驅入關泓戰敗請降送於建康市斬之

略陽氐呂光字世明本出略陽父婆樓苻堅太尉光年十歲遊戲好戰陳之法爲諸兒所推身長八尺四寸肘有肉印從王猛征討稍遷破虜將軍堅以光爲驍騎將軍率衆七千討西域所經諸國莫不降附光至龜茲王帛純拒之西域諸胡救帛純者七十餘萬人光乃結陳爲勾鏁之法戰於城西大破之斬級萬餘帛純逃走降者三十餘國光以駝二千餘頭致外國珍寶及奇伎異戲殊禽怪獸千有餘品駿馬萬餘匹而還苻堅涼州刺史梁熙遣兵拒之光擊破熙軍遂入姑臧斬熙自署護羌校尉涼州刺史登國初又自稱使持節大都督大將軍涼州牧酒泉公主簿尉祐奸佞浸薄光寵任之譖誅姚皓尹景等名士十餘人於是遠近失望人懷離貳四年光私稱三河王遣使朝貢置官自丞郎已下猶攝州事號麟嘉元年皇始初光僭稱天王置百官改號龍飛立子紹爲太子遣使朝貢光疾甚立紹爲天王自號太上皇帝光死長子纂殺紹僭立

纂字永緒既自立號咸寧元年纂弟大司馬洪名犯顯祖諱以猜忌不容起兵攻纂纂殺之縱兵大掠纂笑謂左右曰今日之戰何如纂侍中房晷對曰先帝始崩太子以幽逼致殂山陵甫訖大司馬疑懼肆逆京邑交兵友于接刃雖洪自取夷滅亦由陛下無棠棣之義且洪妻陛下弟婦也洪女陛下之姪女也奈何使小人汙辱爲婢妾天地神明豈忍見此因歔欷流涕纂謝之乃收洪妻子纂昏虐任情遊田無度耽荒酒色與左右因醉馳獵於坑澗之間或有諫者纂昏不納又性多猜忌忍於殺戮纂從弟超殺纂纂弟緯單馬入城超殺之而立其兄隆

隆字永基光弟寶之子也初超讓位於隆隆難之超曰今猶乘龍上天豈得中下乃僭位改神鼎元年超使纂妻楊氏及侍婢數人殯纂於城西超慮楊持珍寶出使人捜之楊氏責超曰郎君兄弟手刃相圖新婦旦夕死人用金寶何爲超慙而退楊氏國色超將妻焉謂其父桓曰后若自殺禍及卿宗桓以告之楊氏曰大人本賣女與氐以圖富貴一之以甚復可使女辱於二氐乎乃自殺沮渠蒙遜禿髮傉檀頻來攻擊河西之民不得農植穀價湧貴斗直錢五千文人相食餓死者千餘口姑臧城門晝閉樵採路斷民請出城乞爲夷虜奴婢者日有數百隆恐沮動人情盡坑之於是積屍盈于衢路戶絕者十有九焉屢爲蒙遜攻逼乃請迎於姚興興遣齊難率衆迎之隆遂降焉至長安尋復爲興所誅

史臣曰夷狄不恭作害中國帝王之世未曾無也劉淵等假竊名目狼戾爲梗汙辱神器毒螫黎元喪亂鴻多一至於此怨積禍盈死傾巢穴天意其俟大人乎

魏書卷九十五考證

劉聰傳至西陽門○門監本訛作明今改正

慕容廆傳又大破宇文闥地千里○各本同晉書載記晃親伐宇文歸遠遁漠北開路千餘里此殆脫去歸字并訛闢爲闥也

魏書卷九十六

齊　魏收　撰

列傳第八十四

僭晉司馬叡　賨李雄

僭晉司馬叡字景文晉將牛金子也初晉宣帝生大將軍琅邪武王伷伷生冗從僕射琅邪恭王覲覲妃譙國夏侯氏字銅環與金姦通遂生叡因冒姓司馬仍爲覲子由是自言河內溫人初爲王世子又襲爵拜散騎常侍頻遷射聲越騎校尉左右軍將軍從晉惠帝幸臨漳其叔繇爲成都王穎所殺叡懼禍遂走至洛迎其母俱

歸陳國東海王越收兵下邳假叡輔國將軍越謀迎惠帝於長安復假叡平東將軍監徐州諸軍事使鎮下邳尋加安東將軍都督揚州諸軍事假節當鎮壽陽且留下邳及越西迎惠帝留叡鎮後平東府事當遷鎮江東屬陳敏作亂叡以兵少因留下邳永嘉元年春敏死秋叡始到建業五年進鎮東將軍開府儀同三司又以會稽戶二萬增封加督揚江湘交廣五州諸軍事六月王彌劉曜寇洛陽懷帝幸平陽晉司空荀藩司隸校尉荀組推叡爲盟主於是輒改易郡縣假置名號江州刺史華軼北中郎將裴憲並不從之憲自稱鎮東將軍都督江北五郡軍事與軼連和叡遣左將軍王敦將軍甘卓周訪等擊軼斬之憲奔于石勒六年叡檄四方稱與穆帝俱討劉淵大會平陽建興元年晉愍帝以叡爲侍中左丞相大都督陝東諸軍事持節王如故叡改建業爲建康七月叡以晉室將滅潛有他志乃自大赦爲大都督都督中外諸軍事又爲丞相叡號令不行政刑淫虐殺督運令史淳于伯行刑者以刀拭柱血流上柱二丈三尺徑頭流下四尺五寸其直如弦時人怨之平文帝初叡自稱晉王改元建武立宗廟社稷置百官立子紹爲太子叡以晉王而祀南郊其年叡僭即大位改爲大興元年其朝廷之儀都邑之制皆準模王者擬議中國遂都於丹陽因孫權之舊所即禹貢揚州之地去洛二千七百里地多山水陽鳥攸居厥土爲塗泥厥田惟下下所謂島夷卉服者也周禮職方氏掌天下之地辨其邦國都鄙四夷八蠻七閩九貉五戎六狄之人民與其財用九穀六畜之數要周知其利害東南曰揚州其山鎮曰會稽其藪澤曰具區其川三江其浸五湖其利金錫竹箭其民二男五女其畜宜鳥獸其穀宜稻春秋時爲吳越之地吳越僭號稱王僻遠一隅不聞華土楚申公巫臣竊妻以奔教其軍陣然後乃知戰伐由是晩與中國交通俗氣輕急不識禮教盛飾子女以招遊客此其土風也戰國時則并於楚故地遠恃險世亂則先叛世治則後服秦末項羽起江南故衡山王吳芮從百越之兵越王無諸身率閩中之衆以從滅秦漢初封芮爲長沙王無諸爲閩越王又封吳王濞於朱方逆亂相尋亟見夷滅漢末大亂孫權遂與劉備分據吳蜀權阻長江殆天地所以限內外也叡因擾亂跨而有之中原冠帶呼江東之人皆爲貉子若狐貉類云巴蜀蠻獠谿俚楚越鳥聲禽呼言語不同猴蛇魚鼈嗜慾皆異江山遼闊將數千里叡羈縻而已未能制服其民有水田少陸種以罟網爲業機巧趨利恩義寡薄家無藏蓄常守飢寒地既暑溼多有腫泄之病障氣毒霧射工沙蝨蛇虺之害無所不有叡割有揚荆梁三州之土因其故地分置十數州及諸郡縣郡縣戶口至有不滿百者遣使韓暢浮海來請通和平文皇帝以其僭立江表拒不納之是時叡大將軍王敦宗族擅勢權重於叡迭爲上下了無君臣之分叡侍中劉隗言於叡曰王氏彊大宜漸抑損敦聞而惡之惠帝時叡改年曰永昌王敦先鎮武昌乃表於叡曰劉隗前在門下遂秉權寵今趍進軍指討姦孽宜速斬隗首以謝遠近朝梟隗首諸軍夕退昔太甲不能遵明湯典顚覆厥度幸納伊尹之訓殷道復昌賢智故有先失後得者矣敦又移告州郡以沈充爲大都督護東吳諸軍叡乃下書曰王敦恃寵敢肆狂逆方朕於太甲欲見囚于桐宮是可忍也孰不可忍也今當親帥六軍以誅大逆叡光祿勳王含率其子瑜以輕舟棄叡歸于武昌叡以其司空王導爲前鋒大都督尚書陸曄爲軍司以廣州刺史陶侃爲江州梁州刺史甘卓爲荆州使其率衆掎躡敦後以太子右率周莚率中軍三千人討沈充敦至洌州表尚書令刁協黨附宜加誅戮叡遣右將軍周札戍于石頭札潛與敦書許軍至爲應敦使司馬楊朗等入于石頭札見敦朗等既據石頭叡征西將軍戴淵鎮北將軍劉隗率衆攻之戴淵親率士鼓衆陵城俄而鼓止息朗等乘之叡軍敗績隗協入見叡叡遣其避禍二人泣而出隗還淮陰後奔石勒協奔江乘爲敦追兵所害叡師敗敦自爲丞相武昌郡公邑萬戶朝事大小皆關諮之敦收戴淵及叡尚書左僕射周顗並斬于石頭皆叡朝之望也於是改易百官及諸州鎮其餘轉徙黜免者過百數或朝行暮改或百日半年敦所寵沈充錢鳳等所言必用所譖必死敦將還武昌其長史謝鯤曰公不朝懼天下私議敦曰君能保無變乎對曰鯤近入覲主上側席待公遲得相見宮省穆然必無不虞之慮公若入朝鯤請侍從敦曰正復殺君等數百何損朝廷遂不朝而去敦召安南將軍甘卓轉譙王承爲軍司並不從敦遣從母弟南蠻校尉魏乂率江夏太守李恒攻承於臨湘旬日城陷執承送于武昌敦從弟王廙使賊迎之害于車中先是王敦表疏言旨不遜叡以示承曰敦言如此豈有厭哉對曰陛下不早裁之難將作矣敦惡之襄陽太守周慮襲殺甘卓叡畏迫於敦居常憂感發病而死

子紹僭立改年曰太寧王敦將簒諷紹徵已乃爲書曰孤子紹頓首天下事大紹以眇身弗克負荷哀憂孔疚如臨于谷實賴家宰以濟艱難公邁德樹勳遐邇歸懷任社稷之託居總己之統然道里長遠江川阻深動有介石之機而回旋之間固以有所喪矣謂公宜入輔朝政得旦夕訓諮朝士亦僉以爲然以公高亮忠肅至心憂國苟其宜然便當以至公處之期於靜國寧民要之括囊無咎伏想闇同此志願便速尅近期以副翹企之懷紹恭憚於敦若此復使兼太常應詹拜敦丞相武昌郡公奏事不名入朝不趨劒履上殿敦於是屯於蕪湖敦乃轉王導爲司徒自領揚州刺史以兄含子應爲武衞將軍以自副貳敦無子養應爲後敦疾踰年故召含還欲屬以後事是時敦令紹宿衞之兵三番休二紹密欲襲敦微行察敦營壘及敦疾紹屢遣大臣訊問起居遷含驃騎大將軍儀同三司敦疾甚紹召其司徒王導中書監庾亮丹陽尹溫嶠尚書卞壼密謀討之導嶠及右將軍卞敦共據石頭光祿勳應詹都督朱雀桁南諸軍事尚書令郗鑒都督從駕諸軍事紹出次于中堂敦聞兵起怒欲自將困不能坐召其黨錢鳳鄧岳周撫等率衆三萬指造建業含謂敦曰此事吾便當行於是以含爲元帥鳳等問敦曰事尅之日天子云何敦曰尚未南郊何爲天子便盡卿兵勢唯保護東海王及裴妃而已初紹謂敦已死故敢發兵及下詔數日敦猶能與王導書後自手筆曰太眞別來幾日作如此事太眞溫嶠字也紹朝見之咸共駭懼含等兵至溫嶠輒燒朱雀桁以挫其鋒紹使中軍司馬曹渾左衞參軍陳嵩段匹磾弟秃率壯士千人逆含等戰于江寧斬其前鋒將何康殺數百人敦聞康死軍不獲濟怒曰我兄老婢耳門戶衰微群從中才兼文武者皆早死今年事去矣語參軍呂寶曰我當力行因作勢而起困乏乃復臥使術士郭璞筮之卦成對曰不能佳敦既疑璞勸亮嶠等舉事又聞卦惡於是殺璞敦疾轉困語其舅羊鑒及子應曰我亡後應便即位先立朝廷百官然後營葬初敦敗叡之後夢白犬自天而下噬之及疾甚見刁協甘卓爲祟遂死王應祕不發喪裹屍以席埋於齋中與其將諸葛瑤等縱酒淫逸沈充將萬餘人來會含等克臨行顧謂其妻曰男兒不建豹尾不能歸也紹平西軍祖約率衆至于淮南逐敦所置淮南太守任台紹將劉遐蘇峻濟自滿洲合相率渡兵應詹逆擊大破之周撫斬錢鳳沈充將吳儒斬充紹遣御史劉彝發敦瘞斬屍梟首朱雀桁紹死

子衍僭立號年曰咸和衍歷陽太守蘇峻不順於衍衍護軍庾亮曰蘇峻豺狼終爲禍亂晁錯所謂削之亦反不削亦反削之反速而禍小不削反遲而禍大乃以大司農徵之令峻弟逸領峻部曲徵書至峻怒曰庾亮專擅欲誘殺我也阜陵令匡術樂安人任讓並爲峻謀主勸峻誅亮乃使使推崇祖約共討亮約大喜於是約命兄逖子沛國內史渙女壻淮南太守許柳將兵會峻峻使其黨韓光光名犯恭宗廟諱入姑熟殺于湖令陶馥殘掠而還衍假庾亮節爲征討都督使其右衞將軍趙胤左將軍司馬流率衆次于慈湖韓光晨襲流殺之衍以其驍騎將軍鍾雅爲前鋒監軍假節率舟軍拒峻宣城內史桓彝統吏士次于蕪湖韓光敗之大掠宣城諸縣而還江州刺史溫嶠使督護王愆期西陽太守鄧岱鄱陽太守紀睦等以舟軍赴于建業愆期岱次直瀆峻督衆二萬濟自橫江登牛渚山愆期等邀擊不制峻至于蔣山衍假領軍卞壼節率諸將陳兵衍之將怯兵弱爲峻所敗卞壼及其二子丹陽尹羊曼黃門侍郎周導廬江太守陶瞻散騎侍郎任台等皆死死者三千餘人庾亮兵敗與三弟奔于柴桑峻遂焚衍宮群賊突掠百寮奔散唯有米數石而已無以自供峻逼衍大赦庾亮兄弟不在赦限峻以祖約爲太尉尚書令加侍中自爲驃騎將軍領軍將軍錄尚書事於是建業荒毀奔投吳會者十八九溫嶠聞之移告征鎮州郡庾亮至盆口嶠分兵配給又招衍荆州刺史陶侃欲共討峻侃不從曰吾疆埸外將本非顧命大臣今日之事所不敢當時侃子爲峻所害嶠復喻侃曰蘇峻遂得志四海雖廣公寧有容足地乎賢子越騎酷沒天下爲公痛心況慈父之情哉侃乃許之蘇峻屯於于湖衍母庾氏憂怖而死蘇峻聞兵起自姑熟還建業屯于石頭使其黨張瑾管商率衆拒諸軍逼遷衍於石頭衍哀泣升車宮人盡哭隨從衍者莫不流涕峻以倉屋爲宮使鄉人許方爲司馬督將兵守衞陶侃庾亮溫嶠率舟軍二萬至于石頭俄引還次于蔡州沙門浦庾亮守白石壘詰朝峻將萬餘人攻之亮等逆擊峻退吳國內史庾冰率三吳之衆驟戰不勝瑾商等破庾冰前軍於無錫焚掠肆意韓光攻宣城內史桓彝彝率吏民力戰不勝爲光所殺祖約爲潁川人陳光率其屬攻之約乃奔於歷陽長樂人賈寧勸峻殺王導盡誅諸大臣峻不從乃改計叛峻王導使袁耽潛誘納之謀奉衍出奔溫嶠嶠食盡貸于陶侃侃怒曰使君前云不憂無士衆及糧食也唯欲得老民爲

主耳今比戰皆北艮將安在今若無食民便欲西歸先是嶠慮侃不赴故以甘言招侃嶠乃卑辭謝之且曰今者騎虎之勢可得下乎賊垂滅願公留思侃怒少止其將李陽說曰今事若不捷雖有粟焉得而食之公宜割見儲以卒大事乃以米五萬石供軍祖渙襲湓口欲以沮溫嶠之兵渙過皖攻譙國內史桓雲不尅乃還蘇峻并兵攻大業大業水竭皆飲糞汁諸將謀救之慮不能當且欲水陸攻峻陶侃以舟師攻石頭溫嶠庾亮陳于白石峻子碩以數十騎出戰峻見碩騎乃捨其衆自以四馬北下突陳陳堅乃還軍士彭世李千投之以矛峻墜馬遂梟首臠割之焚其骸骨任讓及諸賊帥復立峻弟逸求峻屍弗獲乃發衍父母冢剖棺焚屍匡術率其徒據苑城以降韓光蘇碩等率衆攻苑苑中飢穀石四萬諸將攻石頭蘇碩及章武王世子休率勁賊孔盧張偏等數十人擊李陽於祖浦退走碩等追之庾冰司馬滕含以銳卒自後擊之碩逸等震潰奔于曲阿含入抱衍始得出奔溫嶠之舟是時兵破之後宮室灰燼議欲遷移王導不從乃止衍改年咸康建國中衍死中書監庾冰廢衍子千齡立其弟岳改年曰建元初岳之立當改元庾冰立號而晉初已有改作又如之乃爲建元頃之或告冰曰子作年號乃不視讖也讖云建元之末丘山崩丘山岳也冰瞿然久而歎曰如有吉凶豈改易所能救乎遂不復改岳死庾冰欲立司馬昱驃騎將軍何充立岳子聃號年曰永和聃安西將軍桓溫率所統七千餘人伐蜀拜表輒行聃威力微弱不能控制也及石虎死聃征北將軍褚裒以舟軍至下邳西中郎將陳逵進據淮南石遵聞裒至下邳使其司空李農領萬餘騎逆圍督護王龕於薛執龕送于鄴又殺李邁裒之驍將三軍喪氣乃引還陳逵聞之震懼焚淮南而走桓溫表廢聃揚州刺史殷浩聃憚溫乃除其名溫遂率所統諸軍步騎四萬自鄀越關中至灞上苻健與五千餘人守長安小城是歲大儉溫軍人懸磬健深溝堅壁清野待溫溫軍食盡乃退苻健遣子萇頻擊敗之初溫次灞上其部將振武將軍順陽太守薛珍勸溫徑進逼城溫弗從珍以偏師獨濟頗有所獲溫退珍乃還放言於衆且矜其銳而咎溫之持重溫慙忿殺之聃又改年曰升平聃死無子

立衍子丕號年隆和時謠曰升平不滿斗隆和那得久改爲興寧又謠曰雖復改興寧亦自無聊生丕死

弟奕立號年曰太和桓溫率衆北討慕容暐至金鄉鑿鉅野三百餘里以通舟軍自清水入河慕容垂逆擊破之獲其資仗溫之北引也先命西中郎將袁眞及趙悅開石門而袁眞等停於梁宋石門不通糧竭溫自枋頭回軍垂以步騎數萬追及襄邑大敗溫軍溫遂歸罪袁眞除名削爵收節傳眞子雙之等殺梁國內史朱憲眞據壽陽以叛眞諸子兄弟阻兵自守招誘陸城戍將陳郡太守朱輔數千人遣參軍爨亮通慕容暐又遣使西降苻堅眞病死輔立其嫡子瑾爲使持節建威將軍豫州刺史瑾弟四五人皆領兵暐令陳文報爨亮且以觀變桓溫遣督護竺瑶以軍沂淮伐瑾瑶次于肥口屢戰慕容暐假瑾征南將軍揚州刺史宣城公瑾弟泓等皆郡守四品將軍朱輔亦如之溫乃伐瑾瑾等拒戰於是染長圍守之城中震潰遂平瑾初溫任兼將相其不臣之心形于音氣曾臥對親寮撫枕而起曰爲爾寂寂將爲文景所笑衆莫敢對後悉衆北討冀成陵奪之勢及枋頭奔敗知民望之去已旣平瑾問中書郎郗超曰足以雪枋頭之恥乎超曰此未猒有識之情也公六十之年敗於大舉不建不世之勳不足以鎮愜民望因說溫以廢立之事溫旣宿有此謀深納超言溫自廣陵將旋鎮姑孰至于白石乃言其主奕少同閹人之疾初在東海琅邪國親近嬖人相龍朱靈寶等並侍臥內而美人田氏孟氏遂生三男衆致疑惑然莫能審其虛實至是將建儲立王溫因之以定廢立之計遂率百寮並還朝堂溫率衆入屯兵宮門進坐殿庭使督護竺瑶散騎侍郎劉亨取奕璽綬奕著白帢單衣步下西堂登犢車羣臣拜辭皆殞涕侍御史將百餘人送出神虎門入東海第於是迎司馬昱而立之

昱叡子也昱東向流涕拜受璽綬昱旣僭立改年曰咸安以溫依諸葛亮故事甲仗入殿進丞相其大司馬等皆如故留鎮建業以奕爲海西縣公溫常有大志昱心不自安謂中書郎郗超曰命之修短本所不計故當無復近日事邪超父愔爲會稽太守超假還東昱謂之曰致意尊公家國之事遂至於此由吾不能以道匡衞思患豫防愧歎之深言何能喻又誦庾闡詩云志士痛朝危忠臣哀主辱因泣下昱疾與溫書曰吾遂委篤足下便入冀得相見不謂疾患遂至於此今者懷然勢不復久且雖有詔豈復相及慨恨兼深如何可言天下艱難而昌明幼沖眇然非阿衡輔導之訓當何以寧濟也國事家計一託於公昱死

子昌明僭立徐州小吏盧悚與其妖衆男女二百向晨攻廣莫門詐言海西公還由萬春雲龍門入殿畧取三廂及武庫甲仗時門下軍校並假兼在直吏士駭愕不知所爲游擊將軍毛安之先入雲龍門討悚中領軍桓祕將軍殷康止車門入會兵攻之斬五十六級捕獲餘黨死者數百人前殿中監許龍與悚皆遣人至吳詐迎奕奕不從昌明改年曰寧康徵溫入朝又詔溫無拜尚書謝安等於新亭見溫皆敬溫拜昱墓得病還姑孰溫自歸寢疾諷求備物九錫謝安已令吏部郎袁彥伯撰策文文成安輒勾點令更治改旣屢引日乃謀於尚書僕射王彪之彪之云聞彼病日增亦當不復支久自可小遲回其事安從之溫死苻堅遣苻雅率將王統朱彤楊安姚萇步騎五萬向駱谷伐昌明秦州刺史楊纂纂請救於梁州刺史楊亮亮遣參軍卜靖赴之敗走朱彤至梁州亮望風奔散於是堅遂有梁益二州昌明上下莫不憂怖建國三十九年昌明改年曰太元元年太祖七年苻堅大舉討昌明令其國曰東南平定指日當以司馬昌明爲尚書僕射可速爲起第堅前後擒張天錫等皆豫築甲宅至而居之堅至淮南大敗奔退是時昌明年長嗜酒好內而昌明弟會稽王道子任居宰相昏醟尤甚狎昵諂邪于時尼娼構扇內外風俗頹薄人無廉恥左僕射王珣兒婚門客車數百乘會聞王雅爲太子少傅回以詣雅者半焉雅素有寵人情去就若此皇始元年昌明死子德宗僭立初昌明耽於酒色末年殆爲長夜之飲醒治旣少外人罕得接見故多居內殿流連於樽俎之間以嬖姬張氏爲貴人寵冠後宮威行閫內於時年幾三十昌明妙列妓樂陪侍嬪少乃笑而戲之云汝以年當廢吾已屬諸姝少矣張氏潛怒昌明不覺而戲逾甚向夕昌明稍醉張氏乃多潛飲宦者內侍而分遣焉至暮昌明沉醉臥張氏遂令其婢蒙之以被旣絕而懼貨左右云以魘死時道子昏廢子元顯專政遂不窮張氏之罪

德宗旣立改年爲隆安以道子爲太傅揚州牧中書監加殊禮黃鉞羽葆鼓吹又增甲仗百人入殿旣而內外衆事必先關於道子尚書僕射王國寶輕薄無行爲道子所親權震建業擅取東宮兵以配己府道子以王緒爲輔國將軍琅邪內史又輒并石頭之兵屯于建業緒猶領其從事中郎居中用事寵幸當政德宗兗州刺史王恭惡國寶王緒之亂政也乃要荊州刺史殷仲堪剋期同舉王恭表德宗曰國寶身負莫大之罪謹陳其狀前荊州刺史王悅國寶同産弟也受任西藩不幸致喪國寶求假奔彼遂不卽路慮臺糾察懼於黜免乃毀冠改服變爲婦人與婢同載入講相王又先帝暴崩莫不驚號而國寶覥然了無哀容方犯閤叩扉求行姦計欲詐爲遺詔矯弄神器彰暴于外莫不聞知讒疾二昆過於讐敵樹立私黨遍於府朝兵食貲儲斂爲私積販官鬻爵威恣百城收聚不逞招集亡命輔國將軍王緒頑凶狂狡人理不齒同惡相成共竊名器自知禍惡已盈怨集人鬼規爲大逆蕩覆天下昔趙鞅興晉陽之甲夷君側之惡臣雖駑劣敢忘斯義恭表至道子密欲討恭以元顯爲征虜將軍內外諸軍潛加嚴備而國寶惶懼不知所爲乃遣數百人戍竹里夜遇風雨各散而歸緒勸國寶殺王珣然後南征北伐弗聽反問計於珣旣而懼懾遂上表解職尋復悔懼詐稱德宗復其本官道子旣不能拒恭等之兵亦欲因以委罪乃收國寶付廷尉殺之斬王緒於市以悅恭等司徒左長史王廞遭母喪居吳恭板行吳國內史廞乃徵發吳興諸郡兵國寶旣死王恭使廞反於喪廞謂因緣事際可大得志乃據吳郡遣子弟率衆擊恭以女爲貞烈將軍亦置官屬領兵自衞恭遣司馬劉牢之討平之德宗譙王尙之兄弟復說道子以爲藩伯彊盛宰相權弱宜密樹置以自藩衞道子然之分遣腹心跨據形要由是內外騷動王恭深慮禍難復密要殷仲堪西中郎將庾楷廣州刺史桓玄同會建業玄等響應恭抗表傳檄以江州刺史王愉司馬尙之爲事端仲堪遣龍驤將軍南郡相楊佺期舟師五千發江陵桓玄借兵於仲堪亦給五千人於是德宗戒嚴加道子黃鉞遣右將軍謝琰拒恭等元顯爲征討都督衆軍繼進前軍王珣領中軍府衆次于北郊以尙之爲豫州刺史率弟恢之允之西討楷等皆執白虎幡居前王恭遣劉牢之爲前鋒次于竹里初道子之謀恭也啗牢之以重賞牢之斬恭別帥顏延延弟彊送二級於謝琰琰與牢之俱進襲恭恭奔于曲阿爲湖浦尉所執送建業尙之與庾楷子鴻戰于牛渚斬鴻前鋒將殷萬鴻遁還歷陽尙之猶不敢濟桓玄佺期奄至橫江尙之等退恢之所領外軍皆沒玄等徑造石頭仲堪繼在蕪湖建業震駭道子殺恭於倪塘桓玄等於是走還尋陽是年冬德宗遣使朝貢并乞師請討姚興二年夏德宗又遣使朝貢以元顯爲揚州刺史道子有疾元顯懼已弗得嬖位故矯以自授而道子弗知旣瘳乃太怒以元顯已拜故弗復改於是內外政事一決元顯道子少而耽酒治日甚希至是無事俾晝作夜時謂道子爲東

錄元顯爲西錄西府千兩輻湊東第門設雀羅矣元顯年少頗居權重憍奢淫暴於是遠近議之初德宗新安太守孫泰以左道惑衆被戮其兄子恩竄于海嶼妖黨從之至是轉衆攻上虞殺縣令衆百許人徑向山陰會稽內史王凝之事五斗米道恩之來也弗先遣軍乃稽顙于道室跪而呪說指麾空中若有處分者官屬勸其討恩凝之曰我已請大道出兵凡諸津要各有數萬人矣恩漸近乃聽遣軍比兵出恩已至矣戰敗凝之奔走再宿執之旬日恩衆數萬自號平東將軍逼人士爲官屬於是諸郡妖惑並殺守令而應之衆皆雲集吳國內史桓謙出奔吳興太守謝邈被害自德宗以來內外乖貳石頭之外皆專之於荆江自江以西則受命於豫州京口暨于江北皆兗州刺史劉牢之等所制德宗政令所行唯三吳而已恩既作亂八郡盡爲賊場及丹陽諸縣處處蜂起建業轉成蹙弱且妖惑之徒多潛都邑人情危懼恒慮大兵竊發於是衆軍戒嚴劉牢之共衞將軍謝琰討之賊等禁令不行肆意殺戮士庶死者不可勝計或醢諸縣令以食其妻子不肯者輒支解之其虐如此縣騎長史王平之死未葬恩剖棺焚屍以其頭爲穢器牢之率軍討破之琰將至吳興賊徒遁走驅逼士庶奔于山陰諸妖亂之家婦女尤甚未得去者皆盛飾嬰兒投之于水而告之曰賀汝先登仙堂我尋復就汝也賊既走散邑屋焚毁郛郭之中時見人跡經月乃漸有歸者謝琰留屯烏程遣其將高素助牢之牢之率衆軍濟江初孫恩聞八郡響應也告諸官屬曰天下無復事矣當與諸君朝服而至建業既聞牢之臨江復曰我割據浙江不失作勾踐也尋知牢之已濟乃曰孤不恥走於是乃走緣道多遺珍寶牢之將士爭取之不得窮追恩復入於海初三吳困於虐亂皆企望牢之高素等既至放肆抄暴百姓咸怨毒失望焉孫恩在海妖衆轉復從之既破永嘉臨海復入山陰謝琰戰歿於是建業大震遣冠軍將軍東海太守桓不才輔國將軍孫無終廣陵相高雅之等東討恩吳興太守庾恒慮妖黨復發大行誅戮殺男女數千人孫恩復破高雅之於餘姚雅之走還山陰元顯自爲後將軍開府儀同三司都督十六州本官悉如故封子彥章爲東海王食吳興四萬餘戶清選文學臣寮吏兵一同宗國孫恩浮海奄至京口戰士十萬劉牢之隔在山陰衆軍懼不敢旋恩遂徑向建業德宗惶駭遽召豫州刺史司馬尚之于時中外驚擾而元顯置酒高會道子唯日祈于鍾山恩來漸近百姓恟懼尚之率精鋭馳至徑屯積弩堂恩時泝風不得疾行數日乃至白石恩本以諸軍分散欲掩不備知尚之尚在建業復聞牢之不還不敢上乃走向郁洲恩別帥盧循攻沒廣陵虜掠而去桓玄聞孫恩之逼也乃建牙戒嚴表求征討時恩去未遠玄表復至元顯等大懼急遣止玄庾楷密使自結於元顯說玄大失人情衆不爲用若朝廷遣軍已當內應元顯得書大喜遣張法順謀于劉牢之牢之同許焉於是徵兵裝艦將謀西討德宗改年曰元興以元顯爲大都督討玄玄軍至元顯不戰而敗父子並爲玄所殺後改年爲大亨天興六年十月德宗遣使朝京師德宗封桓玄爲楚王玄尋逼德宗手詔禪位德宗出居永安宮玄既受禪封德宗爲南康平固縣王居之尋陽天賜元年德宗在姑熟二月至尋陽其彭城內史劉裕殺玄徐州刺史桓修與劉毅等舉兵討玄玄敗走尋陽攜德宗兄弟至於江陵又走荆州荆州別駕王康產南郡相王騰之迎德宗入南郡府桓玄死玄將桓振復襲江陵斬王康產及騰之將殺德宗玄揚州刺史新安王桓謙苦禁之乃止時盧循執德宗廣州刺史吳隱之自號平南將軍廣州刺史令其黨徐道覆據始興餘郡皆以親黨居之德宗復僭立於江陵改年義熙尚書陶夔迎德宗達于板橋大風暴起龍舟沉沒死者十餘人德宗發江陵至尋陽其益州刺史毛璩參軍譙縱反攻涪城尅之遂以益州叛德宗德宗發姑熟還建業六月太祖遣軍攻德宗鉅鹿太守賀申申舉城降永興二年盧循復起於嶺南殺德宗江州刺史何無忌於石城咸欲以德宗北走知循未下乃止裕令撫軍劉毅討循敗於桑落洲步走而還裕黨孟昶諸葛長民等勸裕擁德宗過江裕不從神瑞二年德宗遣廣武將軍玄文石齊朝貢太宗初劉裕征姚泓三年太宗遣長孫道生娥清破其將朱超石於石河擒騎將楊豐斬首千七百餘級三年德宗死

弟德文僭立四年改年曰元熙五年德文禪位於裕裕封德文爲零陵王德文后河南褚氏兄季之弟淡之雖德文姻戚而盡心於裕德文每生男輒令方便殺焉或誘內人密加毒害前後非一及德文被廢囚於秣陵宮常懼見禍與褚氏共止一室慮有鴆毒自煑食於前六年劉裕將殺之不欲遣人入內令淡之兄弟視褚氏褚氏出别宮於是兵乃踰垣而入進藥於德文德文不肯飲曰佛教自殺者不復人身乃以被掩殺之自叡之僭江南至於德文之死君弱臣彊不相羈制賞罰號令皆出權寵危亡廢奪釁故相尋所謂夷狄之有君不若諸夏之亡也

賨李雄字仲儁蓋廩君之苗裔也其先居於巴西宕渠秦并天下爲黔中郡薄賦其民口出錢三十巴人謂賦爲賨因爲名焉後徙櫟陽祖慕魏東羌獵將慕有五子輔特庠流驤晉惠時關西擾亂頻歲大饑特兄弟率流民數萬家就穀漢中遂入巴蜀時晉益州刺史趙廞反叛特兄弟起兵誅之晉拜特宣威將軍長樂鄉侯流奮威將軍武陽侯流民閻式等推特行鎭北大將軍承制封拜流行鎭東將軍後與晉益州刺史羅尚相攻昭帝七年特自稱大將軍大都督號年建初戰敗爲尚所殺流代統兵事流字玄通自號大都督大將軍流病將死以後事屬雄雄特少子也雄自稱大都督大將軍十年僭稱成都王號年建興置百官時涪陵人范長生頗有術數雄篤信之勸雄即眞十二年僭稱皇帝號大成改年爲晏平拜長生爲天地太師領丞相西山王又改年爲玉衡雄以中原喪亂乃頻遣使朝貢與穆帝請分天下雄捨其子而立兄蕩第四子班爲太子烈帝六年雄死

班代統任雄子期殺班而自立

期字世運雄第四子也改年爲玉恒驤子壽自涪城襲尅成都廢期爲邛都公期自殺

壽字武考初爲雄大將軍封建寧王以南中十二郡爲建寧國至期徙封漢王既廢期自立改年爲漢興又改號曰漢時建國元年也壽廣漢太守李乾與大臣謀欲廢壽壽懼令子廣與大臣盟於殿前壽聞鄴中殷實宮觀美麗石虎以殺罰御下控制邦域城鎭深用欣慕吏民有小過輒殺之以立威名又以郊甸未實城邑空虛工匠器械事用不足乃徙民三丁已上於成都興尚方御府發州郡工巧以克之廣修宮室引水入城務於奢侈百姓疲於使役民多嗟怨思亂者十室而九其尚書左僕射蔡興直言切諫壽以爲謗訕誅之其臣龔壯作詩七首託言應璩以諷壽壽報曰省詩知意若今人所作賢哲之話言古人所作死鬼之常辭耳動慕漢武魏明政法恥聞父兄時事上書者不得言先世政化自以勝之也及壽疾病見李期蔡興爲祟遂死子勢統任

勢字子仁既立改年爲太和遣使朝貢又改爲嘉寧勢弟漢王廣以勢無子請爲太弟勢不許廣欲襲勢勢使其太保李奕擊廣於涪城尅之貶爲臨邛侯廣尋自殺勢既驕吝荒於酒色至殺人而取其妻又納李奕女爲后耽於淫樂不恤國事夷獠叛亂境土減削累年荒儉性多忌害誅殘大臣刑罰酷濫斥外父祖舊臣親任近習左右小人因行威福修飾室宇羣臣諫諍一無所納又常居內少見公卿史官屢陳災譴乃加相國董皎大都督以名位優之實望與分災眚建國十年司馬聃將桓溫伐之勢降於溫先是頻有怪異成都北鄉有人望見女子避入草中往視見物如人有身形頭目無手足能動摇不能言廣漢馬生角各長寸半有馬駒一頭二身六耳無目二陰一牝一牡又有驢無皮毛飲食數日而死江南雨血地生毛江源又生草高七八尺華葉皆赤子青如牛角涪陵民藥氏婦頭上生角長三寸凡三截之李漢家舂米米自臼中跳出斂舉箕中又跳出寫置簟中童謠曰江橋頭闕下市成都北門十八子又曰有客有客來侵門陌其氣欲索譙周云我死後三十年當有異人入蜀由之而亡蜀亡之歲去周亡三十二年周又著讖曰廣漢城北有大賊曰流特攻難得歲在玄宮自相刻卒如其言

史臣曰司馬叡之竄江表竊魁帥之名無君長之實跼天蹐地畏首畏尾對之李雄各一方小盜其孫皓之不若矣

魏書卷九十六考證

司馬叡傳昌明改年曰寧康○寧康各本訛康寧晉書孝武帝紀寧康元年春正月乙丑朔改元今改正

魏書卷九十七

齊　魏　收　撰

列傳第八十五

島夷桓玄　海夷馮跋　島夷劉裕

島夷桓玄字敬道本譙國龍亢楚也僭晉大司馬溫之子溫愛之臨終命以爲後年七歲襲封南郡公登國五年爲司馬昌明太子洗馬玄志氣不倫欲以雄豪自許朝議以溫有陵虐之跡故抑玄兄弟出爲義興太守不得志少時去職皇始初司馬德宗立其會稽王道子擅權信任尚書僕射王國寶爲時所疾玄說荆州刺史殷

仲堪令推德宗兗州刺史王恭爲盟主以討國寶仲堪從之會恭使亦上相逢於中路約同大舉並抗表起兵尋平王國寶等天興初德宗以玄爲使持節督交廣二州諸軍事建威將軍平越中郎將廣州刺史後王恭復與德宗豫州刺史庾楷共起兵以討其江州刺史王愉司馬尚之兄弟玄及龍驤將軍楊佺期荆州刺史殷仲堪等率軍應恭玄等造於石頭於時德宗征虜將軍司馬元顯一軍仍守石頭列舟艦斷淮口道子出軍將屯中堂忽有馬驚軍中擾亂人馬赴江者甚衆良久乃定玄等不知建業危弱且王恭尋敗玄甚惶懼乃回軍于蔡洲王恭司馬劉牢之率北府軍來次新亭於是德宗以桓脩爲荆州仲堪爲廣州玄爲江州佺期爲雍州刺史郗恢爲尚書仲堪回師南旋乃使人徇于玄等軍曰若不各散歸大軍至江陵當悉戮餘口仲堪偏將劉系先領兵二千隸于佺期輒率衆而歸玄等大懼乃狼狽而走庾楷亦棄衆奔于南軍玄並趣輕舟追仲堪至尋陽而推玄爲盟主鎮於夏口德宗加玄都督荆州四郡以玄兄西昌公偉爲輔國將軍南蠻校尉寵玄兄弟欲以侵削荆雍先是荆州大水仲堪倉廩空竭玄乘其虛而伐之先遣軍襲巴陵梁州刺史郭銓當之鎮路逢玄玄遣銓爲前驅玄發夏口與仲堪書云今當入沔討除佺期頓兵江口若相與無貳可殺楊廣若其不爾便當率軍入江別與桓偉書令剋期爲內應偉惶遽以書示仲堪仲堪慰喻遣歸夜乃執之仲堪遣龍驤將軍殷遁振威將軍劉山民等統衆七千至西江口玄聞遁至復與其黨苻永道領帳下擊之遁等敗走玄頓巴陵收其兵而館其穀復破楊廣於夏口仲堪既失巴陵之積又諸將皆敗江陵駭震城內大飢皆以胡麻爲廩初仲堪之得玄書也急召佺期佺期曰江陵無食何以待敵可來見就共守襄陽仲堪猶以全軍無緣棄城逆走甚憂佺期弗來乃紿之曰北來收集已有儲矣可有數萬人百日糧佺期信之乃率步騎八千既至仲堪惟以飯餉其軍佺期大怒曰今茲敗矣不過見仲堪使人於艦上橫射玄玄軍亦射之佺期乃退玄乃渡軍於馬頭命其諸軍進破殺仲堪殺楊廣佺期殷道護及仲堪參軍羅企生等德宗以玄爲持節都督荆司雍秦梁益寧江八州及揚豫幷八郡諸軍事後將軍荆江二州刺史玄大論功賞以長史卞範之領南郡相委以心膂之任乃斷上流禁商旅德宗下書曰豎子桓玄故大司馬不膞之息少懷狡惡長而不悛遂與王恭協同奸謀阻兵內侮三方雲集志在問鼎闚擬神器賴祖宗威靈宰傅神略忠義奮發羿人斯殞玄等猖狂失圖回舟鳥逝便宜乘會殲除奸源于時同異之論用惑廟策遂使王寇廢撓寵授非所猶冀玄當洗濯胷腑小懲大誡而很心弗革悖慢愈甚割據江湘擅威荆郢矯命稱制與奪在手又對侍中王謐放肆醜言欲縱凶毒陵陷上京無君之心形於音翰不臣之迹日月彌著是可忍也孰不可懷宜明九伐以寧西夏尚書令後將軍元顯可爲征討大都督督十八州諸軍事驃騎大將軍儀同三司以劉牢之爲前鋒行征西將軍權領江州命司馬尚之入沔水玄聞元顯處分甚駭懼欲保江陵長史卞範之說玄東下玄甚狐疑範之苦勸玄乃留桓偉守江陵率軍東下至夏口乃建牙傳檄曰案揚州刺史元顯凶暴之性自幼加長犯禮毀教發蒙如備居喪無一日之哀衰經爲宵征之服絃觴於殷憂之時窮色於罔極之日劫略王國寶妓妾一朝空房此基惡之始駭愕視聽者矣相王有疾情無悚懼幸災擅命揚州篡授遂乃父子同錄比肩連案既專權重多行險暴恐相王知之杜絶視聽惡聲無聞佞譽日至萬機之重委之厮孽國典朝政紛紜淆亂又諷旨尚書使普敬錄公錄公之位非盡敬之所苟自尊貴遂悖朝禮又妖賊陵縱破軍殄民之後已爲都督親則刺史於宜降之日輒加崇進弱冠之年古今莫比宰相懲惡己獨解錄推禍委罰歸之有在自古僭逆未有若斯之甚者取妾之僭殆同六禮乃使尚書僕射爲媒人長史爲迎客變媵饔餐賀同長秋所謂無君之心觸事而發八日觀佛略人子女至人家宿唐突婦妾慶封迄今甫見易室之飲晉靈以來忽有支解之刑喜怒輕戮人士割裂治城之暴一睡而斬又以四歲孽子與東海之封吳興殘暴之後橫復若斯之調妖賊之興寔由此豎居喪極味孫泰供其膳在夜思遊亦孫泰延其駕泰承其勢得行威福雖加誅戮所染既多加之以苦發樂屬枉濫者衆驅逐徙撥死叛殆盡改號元興以爲己瑞莽之符命於斯尤著否極必亨天盈其毒不義不暱勢必崩喪取亂侮亡寔在斯會三軍文武憤踊即路玄亦失荆楚人情而師出不順其兵雖彊慮弗爲用恒有回師之計既過尋陽不見東軍玄意乃定於是遂鼓行而進徑至姑熟又克歷陽劉牢之遣子敬宣詣玄請降玄大喜與敬宣置酒宴集玄至新亭元顯棄船退入國子堂列陳宣陽門前元顯欲挾德宗出戰而軍中相驚言玄已及南桁乃回軍赴宮既至中堂一時崩散元顯奔東府惟張法順一騎隨之玄乃爲侍中都督中外諸軍丞相錄尚書事揚州牧領徐州刺史持節荆江二州公如故假黃鉞羽葆鼓吹班劒二十人置左右長史從事中郎四人甲仗二百人入殿於是收道子付廷尉免爲庶人徙于安城郡殺元顯幷其子及豫州刺史司馬尚之吏部郎袁遵張法順等又滅庾楷於豫章徙尚之弟丹楊尹恢之輔國將軍允之及國寶王緒諸子于交廣州以劉牢之爲會稽內史將欲解其兵也初敬宣既降隨入東府至是求歸玄冀牢之受命乃遣之敬宣既至牢之知將不免欲襲玄衆皆離散乃於班瀆北走縊於新洲傳首建業敬宣奔於江北玄白德宗大赦改年爲大亨玄讓丞相荆江徐三州及錄尚書事乃改授太尉都督中外揚州牧領平西將軍豫州刺史綠綟綬加袞冕之服劒履之禮入朝不趨讚拜不名增班劒六十人甲仗二百人入殿玄乃鎮姑熟既而大築府第田遊無度政令屢改憍侈肆欲朋黨翕習詛亂內外朝政皆諮焉小事則決於左僕射桓謙及丹陽尹卞範之玄大賦三吳富室以賑飢民猶不能濟也東郡既由兵掠因以飢饉死者甚衆三吳戶口減半會稽則十三四臨海永嘉死散殆盡諸舊富室皆衣羅縠佩金玉相守閉門而死玄自封豫章郡公食安成七千五百戶後封桂陽郡公邑二千五百戶本封南郡如故既而鴆殺道子玄僭奪德宗供奉之具務盡約陋殆至飢寒雖殺逆未至君臣之體盡矣進位大將軍加前後部羽葆鼓吹奏事不名又表請自率諸軍命諸蕃方兵掃平關洛德宗不許之玄本無資力但好爲大言既不辦行乃云奉詔故止玄既無他處分先作征行服玩幷制裝書畫之具或諫曰今日之行必有征無戰輜重自足相運不煩更有制造玄曰書畫服玩宜恒在左右且兵凶戰危脫有意外當使輕而易運衆咸笑之玄所親仗惟桓偉而己先欲徵還以自副貳偉既死玄甚恇懼初玄常以其父王業垂成以己弱年不昌前構常懷恨憤及昌明死便有四方之計既克建業無復居下之心及偉死慮一己單危益欲速成大業卞範之之徒既慮事變且幸其利咸共催促於是殷仲文等並已撰集策命矣德宗加玄相國總百揆封南郡南平宜都天門零陵桂陽營陽衡陽義陽建平十郡爲楚王備九錫之禮揚州牧領平西將軍豫州刺史如故遣司徒王謐授相國印綬光祿大夫武陵王司馬遵授楚王璽策德宗先遣百寮固請又云當親幸敦喻十二月德宗禪位於玄大赦所部稱永始元年初欲改年爲建始左丞王納之曰建始者晉趙王倫之號也於是易爲永始復同王莽始貴之年玄入建鄴宮逆風迅激旌旗服章儀飾一皆傾偃是月酷寒此日尤甚多行苛政而時施小惠迎温神主進于太廟玄遊行無度至此不出殿上施金額流蘇絳帳頗類轜車王莽仙蓋太廟郊齋皆二日而已又其廟祭不及於祖以玄曾祖已上名位不顯故不列序且以王莽立九廟見譏前史遂以一廟矯之又毀晉小廟以崇臺榭其庶母蒸嘗未有定所慢祖忘親時人知其不永是月玄出遊水南飄風飛其儀蓋又欲造大輦使容三十人坐以二百人輿之玄憍逸荒縱不恤時事奏案停積了不省覽或親細事手注直官自用令史制度亂出主司奉答不暇晨夜遊獵文武困乏直侍之官皆繫馬省中休下之吏留供土木之役朝士勞瘁百姓力盡民之思亂十室而八德宗彭城內史劉裕因是斬徐州刺史桓修於京口與沛國劉毅東海何無忌收衆濟江玄加桓謙征討都督召侍官皆入止省中玄移還上宮百僚步從赦揚豫徐兗青冀六州遣頓丘太守吳甫之右衛將軍皇甫敷北拒劉裕於江乘裕斬甫之進至羅落橋又梟敷首玄外蠱猛內恇怯及聞二將已沒志慮荒窘計無所出日與巫術道士爲厭勝之法乃謂衆曰朕其敗乎黃門郎曹靖對曰神怒民怨臣實憂懼玄曰民怨可然神何爲怒對曰移晉宗廟飄泊無所大楚之祭不及於祖此其所以怒也玄曰卿何不諫對曰輦上諸君子皆以爲堯舜之世臣何敢諫玄使桓謙何澹之屯于東掖門卞範之屯覆舟山西衆合二萬又遣武衛庾賾之配以精卒利器援助謙等謙等大敗玄聲云赴戰將子姪出南掖門西至石頭先使殷仲文具船於津遂相與南走經日不得食左右進以麤粥咽不能下玄子昇五六歲抱玄胷而撫之玄悲不自勝玄挾德宗發尋陽至江陵西中郎將桓石康納之張幔屋止城南署置百官以卞範之爲尚書僕射殷仲文爲徐州其餘各顯用玄謂諸侍臣曰卿等並升清塗翼從朕躬都下竊位者方應謝罪門其見卿等入石頭無異雲霄中人也玄以奔敗之後懼法令不肅遂輕怒妄殺逾甚暴虐殷仲文諫之玄大怒曰漢高魏武幾遇敗但諸將失利耳以天文惡故還都舊楚而羣小愚惑妄生是非方當糾之以猛未宜施之以恩也荆江郡守以玄播越咸遣使通表有匪寧之辭玄悉不受乃更令所在表賀遷都玄在道自作起居注敘其拒劉裕事自謂筴略無失諸將違

節度以至於敗不暇謀議軍事惟誦述寫傳之劉裕遣其冠軍將軍劉毅發建鄴追之玄軍屢敗玄常裝輕舸於舫側故其兵人莫有鬭志玄乃棄衆而走餘軍以次崩散遂與德宗還江陵初玄留德宗妻子巴陵殷仲文與玄同舟乃說玄求別舫收集散軍遂以德宗妻歸于建鄴玄入江陵城南平太守馮該勸玄更戰玄欲出漢中投梁州刺史桓希夜中處分將發城內已亂禁令不行將親近腹心百許人出城北至城門左右卽於闇中斫玄而前後相殺交橫盈路玄僅得至船德宗入南郡府玄旣下船猶欲走漢中玄屯騎校尉毛脩之誘以入蜀遂與石康等泝江而上達枚回洲爲益州參軍費恬等迎射之箭如雨下玄中流矢子昇輒拔之益州督護馮遷抽刃而登玄艦玄曰是何人也敢殺天子遷曰我自欲殺天子之賊耳遂斬玄首并石康等斬昇于江陵市傳送玄首梟于朱雀門玄旣敗桓謙匿於沮中桓振逃于華容之涌陰聚黨數千人晨襲江陵克之桓謙亦聚衆而出振旣至問玄子昇所在知昇已死欲殺德宗謙苦禁之於是爲玄舉哀謚爲武悼皇帝謙率羣官復立德宗振自爲都督八州鎭軍將軍荊州刺史謙復本職又加江豫二州刺史後德宗益州刺史毛璩殺桓希於漢中桓振寇江陵爲唐輿所斬其餘親從或當時擒獲或奔散外境數年之間竝敗滅之

海夷馮跋字文起小名乞直伐本出長樂信都慕容永僭號長子以跋父安爲將永爲垂所滅安東徙昌黎家于長谷跋飲酒至一石不亂母弟素弗次丕次洪皆任俠放逸不修行業跋恭愼勤稼穡旣家昌黎遂同夷俗後慕容熙僭號以跋爲殿中左監稍遷衞中郎將後坐事逃亡旣而熙政殘虐民不堪命跋乃與從兄萬泥等二十三人結謀跋與二弟乘車使婦人御潛入龍城匿於孫護之室以誅熙乃立夕陽公高雲爲主以跋爲侍中征北大將軍開府儀同三司封武邑公事皆決跋兄弟太宗初雲爲左右所殺跋乃自立爲燕王置百官號年太平于時永興元年也跋撫納契丹等諸落頗來附之太宗遣謁者于什門喻之爲跋所留語在什門傳泰常三年和龍城有赤氣蔽日自寅至申跋太史令張穆以爲兵氣言於跋曰大魏威制六合而聘使隔絕自古鄰國未有不通之理違義致忿取敗之道恐大軍卒至必致吞滅宜還魏使奉修職貢跋不從太宗詔征東大將軍長孫道生率衆二萬討之跋嬰城固守不克而還神䴥二年跋有疾其長子永先死立次子翼爲世子攝國事勒兵以備非常跋妾宋氏規立其子受居深忌翼謂之曰主上疾將瘳柰何代父臨國乎翼遂還宋氏矯絕內外遣閹人傳問翼及跋諸子大臣竝不得省疾惟中給事胡福獨得出入專掌禁衞跋疾甚福慮宋氏將成其計乃言於跋弟文通勒兵而入跋驚怖而死文通襲位翼勒兵出戰不利遂死跋有男百餘人悉爲文通所殺

文通跋之少弟也本名犯顯祖廟諱高雲僭號以爲征東大將軍領中領軍封汲郡公跋立爲尚書左僕射改封中山仍爲領軍內掌禁衞外總朝政歷位司徒及自立乃與劉義隆交通延和元年世祖親討之文通嬰城固守文通營丘遼東成周樂浪帶方玄菟六郡皆降世祖徙其三萬餘戶于幽州文通尚書郭淵勸其歸誠進女乞爲附庸保守宗廟文通曰負釁在前忿形已露降附取死不如守志更圖所適也先是文通廢其元妻王氏黜世子崇令鎭肥如以後妻慕容氏子王仁爲世子崇母弟廣平公朗樂陵公邈相謂曰大運有在家國已亡又慕容之譖禍將至矣於是遂出奔遼西勸崇來降崇納之會世祖使給事中王德陳示成敗崇遣邈入朝世祖遣兼鴻臚李繼持節拜崇假節侍中都督幽平二州東夷諸軍事車騎大將軍領護東夷校尉幽平二州牧封遼西王錄其國尚書事食遼西十郡承制假授文官尚書刺史武官征虜已下文通遣其將封羽率衆圍崇世祖詔永昌王健督諸軍救之封羽又以凡城降徙其三千餘家而還文通遣其尚書高顒請罪乞以季女充掖庭世祖許之徵其子王仁入朝文通不遣其散騎常侍劉訓言於文通曰雖結婚和通而未遣侍子魏若大舉將有危亡之慮夫以重山之隘劉禪銜璧長江之難孫皓歸命況魏彊於晉氏燕弱于吳蜀願時遣世子以恭大國之命然後收離集散厚布恩澤分賑倉廩以濟民乏勸督農桑以邀秋稔庶大業危而更安社稷可以永保文通大怒殺之世祖又詔樂平王丕等討之日就蹙削上下危懼文通太常陽岷復勸文通請罪乞降速令王仁入侍文通曰吾未忍爲此若事不幸且欲東次高麗以圖後舉岷曰魏以天下之衆擊一隅之地以臣愚見勢必土崩且高麗夷狄難以信期始雖相親終恐爲變若不早裁悔無及也文通不聽乃密求迎於高麗太延二年高麗遣將葛盧等率衆迎之入和龍城脫其敝褐取文通精仗以賦其衆文通乃擁其城內士女入于高麗先是其國有狼夜繞城羣嗥如是終歲又有鼠集於城西闘滿數里西行至水則在前者銜馬矢迭相翳尾而渡宿軍地然一旬而滅觸地生蛆月餘乃止和龍城生白毛長一尺二寸文通至遼東高麗遣使勞之曰龍城王馮君爰適野次士馬勞乎文通慙怒稱制答讓之高麗乃處之於平郭尋徙北豐文通素侮高麗政刑賞罰猶如其國高麗乃奪其侍人質任王仁文通忿怨之謀將南奔世祖又徵文通於高麗高麗乃殺之於北豐子孫同時死者十餘人文通子朗邈朗子熙在外戚傳

島夷劉裕字德輿晉陵丹徒人也其先不知所出自云本彭城彭城人或云本姓項改爲劉氏然亦莫可尋也故其與叢亭安上諸劉了無宗次裕家本寒微住在京口恒以賣履爲業意氣楚刺僅識文字樗蒱傾產爲時賤薄嘗負驃騎諮議刁逵社錢三萬經時不還逵以其無行錄而徵責驃騎長史王謐以錢代還事方得了落魄不修廉隅天興二年僭晉司馬德宗遣其輔國將軍劉牢之東討孫恩裕應募始爲牢之參軍恩北寇海鹽裕追勝之以功稍遷建武將軍下邳太守劉牢之討桓玄裕參其軍事牢之降裕爲玄從兄桓脩中兵參軍孫恩死餘衆推恩妹夫盧循爲主玄遣裕征之裕破循于東陽永嘉循浮海奔逸加裕彭城內史及桓玄廢德宗而自立裕與弟道規劉毅何無忌潛謀舉兵桓脩弟恩祖鎭廣陵道規劉毅先爲之佐天賜初裕與何無忌等旦候城門開率衆斬玄徐州刺史桓脩於京口其日劉毅道規等亦斬恩祖因收衆濟江河內太守辛扈興恒農太守王元德振威將軍童厚之亦與裕剋是日取玄毅兄邁時在建業毅遣周安要之邁懼而告玄玄遣頓丘太守吳甫之右衞將軍皇甫敷北拒裕率衆宿于竹里遇甫之於江乘裕執長刀直入其陳斬甫之進至羅落橋又斬敷首玄使桓謙屯東陵卞範之屯覆舟山西裕又破之玄大懼乃攜子姪浮江南走裕入鎭石頭以德宗司徒王謐爲錄尚書領揚州刺史立留臺總百官裕爲使持節都督揚徐兗豫青冀幽并八州鎭軍將軍徐州刺史令道規等率衆追玄裕因是相署名位遣尚書王嘏等迎德宗播桓溫神主于宣陽門外尋殺尚書左僕射王愉及其子綏納等裕以司馬遵爲大將軍承制入居東宮公卿以下莫不畢拜乃大赦惟玄等不在例是夜司徒王謐逃走劉毅以其手解德宗璽紱宜誅之裕以其償錢之惠固請免之乃遣丹陽尹孟昶迎焉無忌道規至于桑落洲破桓玄諸將進據尋陽加裕都督江州劉毅復敗桓玄於崢嶸洲玄乃棄衆單舸奔走挾德宗奔于江陵裕領青州刺史甲仗百人入殿毅等平巴陵德宗復位於江陵改年曰義熙及還建業裕進侍中車騎將軍都督中外諸軍事飾讓不受加錄尚書事又詐不受乃出鎭丹徒改授都督十六州餘如故又領兗州乃解青州盧循破廣州裕仍以循爲廣州刺史其黨琅邪人徐道覆爲始興相裕又都督交廣二州又封裕豫章郡公邑萬戶絹三萬匹加侍中進號驃騎將軍儀同三司又進裕揚州刺史錄尚書事居於東府裕遣劉敬宣伐蜀爲譙道福所敗乃免敬宣官裕自降爲中軍將軍開府如故永興初慕容超大掠淮北執德宗陽平太守劉千載濟南太守趙元驅掠千餘家而歸裕乃伐超遂屠廣固執超斬其王公以下三千人納口萬餘馬二千匹夷其城隍送超于建業斬之裕是行也徐道覆勸盧循令乘虛而出循從之於是南康廬陵豫章諸郡守皆奔走江州刺史何無忌率軍至豫章戰歿于時羣議欲令德宗北徙渡江循遂寇湘中破劉道規於長沙敗劉毅於桑落洲席卷而下裕將孟昶諸葛長民勸裕擁德宗過江裕不從昶謂事必不濟乃自殺裕發居人治石頭城道覆等至卽欲於新亭白石渚焚舟而上盧循曰大軍未至孟昶便逆自殺以此而推建業尋應有變但按甲守之不憂不濟也乃屯軍於蔡洲循乃率衆數萬上南岸至于丹陽郡遂遣焚京口金城姑孰寇掠塗中及江寧蕪湖循以阮賜爲豫州刺史裕中軍參軍尚靖宜城內史毛修之破賜於姑孰獲其輜重賜乃退又加裕太尉中書監黃鉞裕受黃鉞盧循旣不戰乃告道覆曰師老矣可還據尋陽并力取荊州徐以三分有二之勢與下流爭衡猶可以濟也乃自蔡洲南退裕遣輔國將軍王仲德等追之裕又遣建威將軍孫季高率衆自海道襲番禺裕自以舟師南伐季高乘海兼行奄至番禺循不以海道爲防旣至而覺衆乃大驚季高悉力而上四面攻之仍屠其城盧循父嘏及長史孫建之竝以輕舟奔始興循與道覆率衆而下裕衆軍擊之循等還尋陽循欲遁於豫章乃悉力柵斷左里裕諸軍乘勝而擊之循單舸僅還廣州道覆還始興裕還爲大將軍揚州牧班劍二十人本官如故徐道覆至始興循據山淵劉蕃等攻之道覆先鴆妻子然後自殺盧循至番禺收衆攻季高劉蕃遣沈田子討之循奔走餘衆從嶺道襲合浦克之進攻交阯交州刺史杜惠度屢戰克捷循投水而死裕自爲太尉中書監裕殺尚書左僕

射謝混兗州刺史劉蕃裕既權重便懷異志以荆州刺史劉毅頗有勇略又據上流之所心畏惡之遂自討毅遣參軍王鎭惡等襲江陵鎭惡至豫章口焚毅舟艦毅兵逆戰不能抗鎭惡馳入外城于時毅病乃阻內城鎭惡焚諸門攻之其徒乃潰毅自北門出走縊于道側斬屍於市誅其子姪裕至江陵誅南蠻校尉郗僧施衞軍諮議謝邵等裕本寒微不參士伍及擅時政便肆意殺戮以威懼下初以刀造縛之之怨誅其兄弟又以王愉謝混郗僧施之徒竝皆時望遂悉害之分荆州爲湘州裕自總督裕還於東府召諸葛長民屏人閒語密令壯士丁旿等出自幔後於座拉之長民墜地死於牀側亦以才雄見忌也荆州刺史司馬休之頗得衆心裕內懷忌憚神䴥二年率衆討之遣龍驤將軍蒯恩等爲前軍裕進領荆州刺史加黃鉞雍州刺史魯宗之率其子軌會休之于江陵軌等軍敗乃與休之俱奔襄陽裕自領南蠻校尉休之等奔姚興裕爲太傅揚州牧劒履上殿入朝不趨讚拜不名置左右長史司馬從事中郎四人餘如故裕又領平北將軍徐兗二州刺史增督南秦州尋督中外諸軍事裕志傾僭晉若不外立功名恐人望不許乃西伐姚泓自領征西將軍司豫二州刺史尋領北雍州刺史加前後部羽葆鼓吹增班劒爲四十人子義符爲中軍將軍監太尉留府事給鼓吹一部左僕射劉穆之爲左僕射領軍中軍二府軍司入居東府總攝內外穆之謂龍驤將軍王鎭惡曰公今委卿以關中卿其勉之鎭惡曰吾今不克咸陽誓不濟江而公九錫不至者亦卿之責矣裕率衆軍至彭城加鎭北將軍徐州刺史遣中兵參軍沈林子自汴入河冠軍檀道濟與王鎭惡步出淮肥裕將王仲德汎濟入河德宗封裕十郡爲宋公加相國九錫僭擬魏晉故事王鎭惡進至宜陽獨取潼關沈林子自襄邑屯于陝城姚泓諸將不能抗始裕入河西上太宗遣將軍娥清長孫嵩等屯於河畔裕遣朱超石劉榮祖等渡河長孫道生破之擒斬其將楊豐等裕遣將軍王仲德趙倫之率沈田子等入武關屯軍青泥沈林子由秦嶺會田子於堯柳城姚泓率衆數萬不戰而還裕至關頭鎭惡至渭橋破泓軍於橫門裕至長安執姚泓以歸斬于建業市裕以其子義眞爲雍州刺史鎭咸陽進裕爲宋王增十郡置百官一擬舊制裕還彭城赫連屈丐掠渭陽義眞遣沈田子率軍討之田子退軍壓上鎭惡往就田子議之田子斬鎭惡於幕下又殺其兄弟羣從七人田子馳還云鎭惡有異志義眞長史王脩執而斬之義眞與左右多爲不法王脩每裁制之左右咸怨白義眞曰王脩以關中阻險兵食又足欲謀反叛宜早圖之義眞遂遣左右殺脩裕聞之以朱齡石爲雍州刺史義眞發自長安將走江東諸將競收財貨次於灞上赫連昌率衆追之既至青泥義眞大敗蒯恩與安西司馬毛脩之竝被擒獲參軍段橫名犯高祖廟諱單馬負義眞走歸朱齡石亦棄長安奔就龍驤將軍王敬先于曹公故壘既而城陷被執見殺德宗死裕立德宗弟德文裕又自增十郡裕遣司馬傅亮赴建業令徵己入輔德文禪其位遂自號爲宋改年爲永初時泰常五年也裕既僭立頻請和通太宗許之六年裕遣其中軍將軍沈範索季孫等朝貢七年五月裕死子義符僭立太宗以其禮敬不足遣山陽公奚斤等率步騎二萬於滑臺渡河南討義符司州刺史毛德祖遣司馬翟廣領步騎三千來拒司空奚斤以千餘騎徇陳留太守嚴稜率衆降仍攻滑臺其東郡太守王景度奔走斬其司馬陽瓚德祖又遣其將竇應明攻輜重于石濟奚斤於土樓大破廣等乘勝徑至虎牢義符遣其將杜垣等與徐州刺史王仲德次湖陸太宗詔安平公叔孫建等軍於泗瀆口義符兗州刺史徐琰委尹卯城奔退於是泰山諸郡悉棄戍而走太宗詔蒼梧子公孫表等復攻虎牢義符遣將檀道濟率師赴救八年義符改年爲景平奚斤進攻金墉義符河南太守王涓之出奔太宗南巡至鄴奚斤自金墉還圍虎牢太宗又詔安平公叔孫建等東擊青州其刺史竺夔守東陽城濟南太守垣苗自梁鄒奔夔奚斤分軍攻潁川太守李元德奔還項城斤又遣騎破高平郡所統五縣略居人二千餘家叔孫建以時暑班師檀道濟王仲德向青州遂不敢進太宗至虎牢因幸洛陽乃北渡河斤克虎牢擒德祖及其滎陽太守翟廣廣武將軍竇霸等義符豫州刺史劉粹屯項城不敢進斤遣步騎至許昌潁川太守索元德奔項城遂圍汝陽太守王公度突圍而出仍破邵陵掠萬餘口而還始光初義符司空徐羨之尚書令傅亮領軍謝晦等專其朝政收其廬陵王義眞徙于新安郡殺之義符昏暴失德羨之等勒兵入殿時義符在華林舟中兵士競進殺其侍者扶義符出東閤廢爲營陽王遂徙于吳郡於金昌亭殺之

亮等立義符弟荆州刺史義隆號年元嘉遣使趙道生朝貢二年徐羨之傅亮等歸政於義隆不許三年義隆信其侍中王華之言誅羨之傅亮遣其將檀道濟等討荆州刺史謝晦晦率衆東下謀廢義隆以討王華爲辭破義隆將到彥之及開道濟將至晦衆崩散晦走江陵乃擒其弟遁等北走至安陸延頭爲戍主光順之所執斬于建業八月義隆使其殿中將軍吉恒朝貢神䴥二年又遣殿中將軍孫橫之朝貢三年又遣殿中將軍田奇朝貢尋遣其右將軍到彥之安北將軍王仲德兗州刺史竺靈秀舟師入河驍騎將軍段橫寇虎牢又遣其豫州刺史劉德武後將軍長沙王義欣至彭城爲後繼到彥之寇碻磝分軍向虎牢及洛陽世祖詔河南諸軍收衆北渡以驕之尋詔冠軍將軍安頡等率衆自盟津渡攻金墉義隆建武將軍杜驥出奔遂乘勝進攻虎牢陷之斬其司州刺史尹沖叔孫建大破竺靈秀追至湖陸四年頡攻滑臺彥之與王仲德等焚舟棄甲走歸彭城義隆又遣檀道濟救滑臺叔孫建長孫道生擊之道濟至高梁山頡等攻剋滑臺擒其司徒從事中郎朱脩之等道濟走奔歷城夜乃遁還義隆青州刺史蕭思話亦棄鎭奔于平昌其東陽積粟爲百姓所焚延和元年五月義隆又遣趙道生朝貢二年二月詔兼散騎常侍宋宣使於義隆且爲皇太子結親九月義隆遣趙道生貢馴象一太延二年三月義隆遣使會元紹朝貢義隆忌其司空檀道濟遂誅之道濟臨死脫幘投地曰乃復壞汝萬里長城三年三月義隆遣其散騎常侍劉熙伯朝貢且論納幣六月義隆女死不果爲婚五年十一月義隆遣黃延年獻馴象眞君初義隆徙其弟大將軍義康於豫章二年其龍驤參軍巴東扶令育詣義隆理義康義隆大怒收育殺之四月義隆遣使黃延年朝貢十二月義隆又遣黃延年朝貢是歲義隆梁州刺史劉眞道將裴方明攻擊楊難當難當捨仇池將妻子來奔三年世祖詔琅邪王司馬楚之等討之西安將軍古弼平西將軍元齊等邀義隆秦州刺史胡崇之於濁水破擒之餘衆奔漢中義隆立難當兄子文德爲秦州刺史武都王戍茄蘆弼等討平之義隆遂殺眞道方明五年義隆復遣使朝貢六年其員外散騎侍郎孔熙先以才學而不見用太子詹事范曄以家門淫汙爲世所薄與熙先及外生謝綜謀殺義隆立其弟前大將軍義康丹陽尹徐湛之告之乃誅曄等徙義康於安成郡御史監守七年詔諸軍掠濟陰金鄉等七縣井驅其青冀二州民戶而還北地人蓋吳聚衆反義隆以吳爲安西將軍雍州刺史封北地公規亂雍州詔諸軍討平之義隆好行小計扇動邊民內起山苑窮侈極麗役使百姓江南苦之九年正月義隆遣使獻孔雀十一年二月世祖欲獵於雲夢發使告義隆勿相猜阻義隆請奉詔世祖南巡義隆邊城閉門拒守世祖忿之乃攻懸瓠分遣使者安慰降民其不服者誅戮之義隆汝南南頓汝陽潁川太守竝棄城奔走義隆安北將軍武陵王駿遣參軍劉泰之臧肇之殿中將軍尹懷義程天祚等以千餘騎至汝陽永昌王位擊破之斬泰之肇之執天祚等義隆又遣寧朔將軍王玄謨率其太子步兵校尉沈慶之鎭軍諮議參軍申坦等入河青冀二州刺史蕭斌及駿水陸竝進太子左衞率臧質統驍騎將軍王方回安蠻司馬劉康祖右軍參軍梁坦造許洛右將軍豫州刺史南平王鑠太尉江夏王義恭爲諸軍節度梁南秦二州刺史劉秀之統輔國將軍楊文德宣威將軍劉洪宗向汧隴護軍將軍蕭思話部龍驤將軍杜坦竟陵太守劉德願向武關義隆令王公妃主及其朝士牧守下逮富人通出私財以助軍費士庶怨之南兗及青冀兗豫三吳簡發以配戎行揚南徐兗江州富民竝四分之一建威司馬申元吉趣泗瀆蕭斌至碻磝王玄謨遣軍主王寶惠攻滑臺右軍蕭鑠遣中兵參軍梁坦等進軍小索世祖詔諸軍援滑臺大敗王寶惠等王玄謨走還碻磝蕭斌遣申坦與梁坦垣護之據兩當城斌退還歷下及車駕渡河梁坦退走棄甲山積車駕發滑臺過碻磝義隆又遣雍州刺史竟陵王誕率其將薛安都柳元景等入盧氏進攻弘農詔洛州刺史張提率衆度崤蒲城鎭將何難於風陵堆濟河秦州刺史杜道生至閿鄉元景退走十一月車駕從東安山出下邳義隆鄒山戍主魯陽陽平二郡太守崔邪利降楚王建南康侯杜道儁進軍清西至留城義隆鎭軍劉駿參軍馬文恭至蕭城軍主嵇玄敬至留城竝爲覘候見官軍俱時退走永昌王仁攻懸瓠拔之獲義隆守將趙淮過定項城破尉武戍執其戍主進攻壽陽屯兵於孫叔敖家掠馬頭鍾離二郡義隆遣左軍將軍劉康祖赴壽陽與仁相遇仁大破之盡坑其衆斬康祖傳首示壽春獲其將胡盛之王羅漢等以所斬首使軍士負之遶城三匝積之城西高與城齊劉鑠乃焚四郭廬舍嬰城固守車駕至盱眙淮泗義隆遣輔國將軍臧質率師至盱眙頓軍城北六軍於上流濟淮質遣司馬胡崇之等率所領於山上立營建威將軍毛熙祚據城前大浦詔攻二軍斬崇之熙祚等及佗首數千級衆悉赴水死淮南之民皆詣軍降高梁王那出山陽永昌王仁於壽陽出橫江凡所經過莫不風靡車

駕登於瓜步伐葦結筏示欲渡江義隆大懼欲走吳會建業士女咸荷擔而立義隆遣黃延年朝於行宮獻百牢貢其方物并請和求進女於皇孫世祖以師婚非禮許和而不許婚初義隆欲遣軍侵境其臣江湛徐湛之贊成其事而義隆太子劭與蕭思話沈慶之謂義隆曰昔檀道濟到彥之無利而反今將帥士衆不及於前不可輕動兵甲時湛等在坐義隆使與慶之謀議慶之曰治國如治家耕當問奴織當問婢今欲伐國而與白面書生輩謀之事何由濟義隆大笑遂不納慶之言至是登石頭城樓而望甚有憂色歎曰若檀道濟在豈應至此劭乃委罪於江徐義隆曰此自吾意不關二人也正平元年正月世祖饗會於瓜步既許和好詔班師其江北之民歸降者數十萬計凡克南兗豫徐兗青冀六州其軍鋒殺掠不可勝筭時義隆江北蕭條境內搔擾義隆慮義康爲亂遣使殺之葬以侯禮義隆慚恚歸罪於下降義恭爲儀同三司蕭斌王玄謨竝免所居職十月義隆遣其將軍孫蓋等朝貢興安九年義隆遣撫軍將軍蕭思話率其將張永等攻碻磝詔諸軍擊破之永等退走思話遣建武將軍垣護之至梁山逆軍尚書韓茂率騎逆擊之思話退還縻溝義隆又遣雍州刺史臧質向嶠陝梁州刺史劉秀之輔國將軍楊文德出子午豫州刺史長孫蘭遣騎破之秀之等僅以身免臧質柳元景薛安都等至關城竝相繼敗走是年義隆太子劭及始興王休明令女巫嚴道育呪詛義隆事發義隆憤愧自失廢於政事乃議黜劭殺休明屢召尚書僕射徐湛之吏部尚書江湛侍中王僧綽等謀議僧綽曰當斷不斷反受其亂惟願以義割恩略小不忍不爾便應坦懷如初無煩疑論不可使難生慮表取笑千載義隆曰卿可謂能斷大事此不可不殷勤三思義康始死人謂我無復慈愛之道僧綽又云臣恐千載之後言陛下易於裁弟難於廢子義隆默然休明母潘有寵於義隆義隆以廢立之謀告之潘請救弗許遂告休明休明馳報劭劭知己當廢遂夜召左右隊主陳叔兒詹齋帥張超之任建之等總二千餘人被甲自衞又召左衞率袁淑中舍人殷仲素左積弩將軍王正見又呼左軍長史蕭斌劭曰朝廷信讒當見罪廢內省無過不能受枉明當入殷卿等必不得異乃遍拜告哀衆皆驚不得答袁淑良久曰自古無此類願加善思劭怒變色於是左右咸云伏聽令旨明晨斬叔劭守萬春門乃告門者曰我受敕入有所收可助我督後隊令速劭又詐義隆敕云魯秀謀反汝明可守關將兵入討也故士卒信之超之等率十餘人走入雲龍門拔刃徑登合章殿義隆夜與徐湛之屏人閑語時猶未訖門戶竝無侍衞義隆迫急以几自障兵刃交下五指俱落超之斬義隆徐湛之爲亂兵所害劭分遣掩江湛之斬之休明時在西州來屯中堂劭又使兵殺休明母是日劭登殿受璽綬下書曰徐湛之江湛殺逆無狀吾勒兵入殿已無所及號惋崩砌心肝破裂今罪人斯得元凶克殄卜世靈祚永享無窮思與億兆覃茲更始可大赦天下改元嘉三十年爲太初元年劭弟駿時爲江州刺史先以西陽蠻反義隆令東宮步兵校尉沈慶之襄陽太守柳元景司空中兵參軍宗慤竝討之駿出次五洲斬劭使於軍門司徒義宣雍州刺史臧質司州刺史魯爽同舉兵駿以沈慶之柳元景宗慤爲前軍駿諮議參軍顏竣專主軍謀劭葬義隆託疾不出臧質子敦逃走劭乃悉聚諸王及大臣徙入城內移南岸百姓渡淮貴賤皆被驅逼建業淆亂駿等發尋陽檄至劭乃移駿數子於侍中省義宣諸男於大倉屋以兵守之使其將魯秀王羅漢等爲水陸之備休明及蕭斌爲之謀主焚除淮中船舫駿至南州頓漂洲令柳元景等擊劭劭衆崩潰奔走還宮義恭單馬奔駿勸即位劭大怒遣休明就西省殺義恭子南豐王朗等十二人

駿乃僭即大位于新亭於是擒劭休明竝梟首大桁暴屍於市經日壞爛投之水中男女妃妾一皆從戮時人爲之語曰遙望建康城小江逆流縈前見子殺父後見弟殺兄興光元年駿改年曰孝建其中軍府錄事參軍周殷啓駿曰今士大夫父母在而兄弟異計十家而七庶人父子殊產八家而五凡甚者乃危亡不相知飢寒不相恤又疾讒害其間不可稱數宜明其禁以易其風俗弊如此駿不能革臧質遺使說荊州刺史南郡王義宣曰有大才負大功挾震主威自古尠有全者宜在人前早有處分義宣使要豫州刺史魯爽兗州刺史徐遺寶司州刺史魯秀等剋秋起兵爽時昏醉即曰便戴黃摽稱建平元年板義宣爲天子遣信至建業迎弟瑜由是駿知爽反惶懼欲遣迎義宣其竟陵王誕執議不許乃遣左衞將軍王玄謨率衆討爽領軍將軍柳元景鎮軍將軍沈慶之討義宣臧質下戍大雷馳報義宣抗表以誅元景爲名遣軍就質使爽與質會于江上玄謨屯兵梁山義宣率衆至尋陽與質俱下雍州刺史朱修之不從義宣臧質進討曰今萬人取南州則梁山中絕萬人守梁山玄謨必不敢動下官浮舟外江直向石頭此上策也義宣將從之其諮議劉諶之曰質不求前驅凶志難測不如盡銳攻梁山事克然後長驅萬安之計也義宣乃止義宣遣劉諶之就質步攻東壘義宣進自蕪湖赴梁山屯兵西岸玄謨拒質駿將軍護之薛安都又摧破之義宣衆潰因風放火焚其舟艦義宣閉船大泣因而迸逸走至江陵荊州司馬竺超民具儀服迎之左右相率潰叛超民送付刺姦朱修之於獄殺之太安二年駿改年爲大明駿於新亭造中興佛寺設齋忽有一僧形貌有異衆皆愕然問其名答云名惠明從天安寺來言竟倏然而滅乃改爲天安寺至天安初而彭城歸國四年駿遣其將殷孝祖寇濟州高宗遣清水公封敕文等擊走之又詔征西將軍皮豹子擊孝祖於清東五年豹子還遂掠地至高平大獲而還駿以其南兗州刺史竟陵王誕得士庶之心內畏忌之誕不自安乃治城多聚糧仗駿大怒貶誕爵爲侯遣兗州刺史垣閬給事中戴明寶討之誕遣衆出戰斬垣閬誕表駿曰往年元凶禍逆陛下入討臣背凶赴順可謂常節及丞相構難臧魯協從朝野恍忽咸懷憂懼陛下欲建百官羽儀星馳推奉臣前後固執末方賜從社稷獲全是誰之力陛下接遇殷勤屢加崇寵驃騎揚州旬月移受恩秩頻煩復賜徐兗仰屈皇輿遠相餞送臣一遇之感此何以忘庶希偕老永相娛慰豈謂陛下信用讒言遂令小人來相掩襲不任枉酷即加誅揃雀鼠貪生仰違詔敕今親勒部曲鎮扞徐兗昔緣何福同生皇家今有何罪便成胡越陵鋒奮戈萬沒豈顧定蕩之期冀在旦夕右軍宣簡爰及武昌皆以無罪竝遇枉酷臣有何過復致於此陛下宮闈之醜豈可一二臨紙悲塞不止所言駿以沈慶之前軍討之親勞軍人賜以金帛慶之軍敗退傷者十四五駿大怒將自往久乃拔之斬誕傳首誕母殷妻徐竝自殺城內誅者數千人或先鞭殺而行戮竝發首於石頭南岸以爲京觀至於風晨雨夜輒聞哀號之響駿淫亂無度蒸其母路氏穢汙之聲布於歐越東揚州刺史顏竣恃舊每戲弄之駿懟怒殺竣和平元年七月駿使其散騎常侍明僧暠朝貢二年三月又使其散騎常侍尹顯朝貢駿雍州刺史海陵王休茂謀將除駿參軍尹玄慶斬休茂是歲凡諸郡士族婚宦點雜者悉黜爲將吏而人情驚怨竝不服役逃竄山湖聚爲寇盜侍中沈懷文苦諫不納三年三月駿使其散騎常侍嚴靈護朝貢以沈懷文數直諫付廷尉殺之駿寵姬殷死贈貴妃謚曰宣及葬龍山給鑾輅九旒黃屋左纛羽葆鼓吹班劍虎賁龍輴之麗功妙萬端山池雲鳳之屬皆裝以衆寶繡帷珠帶重鈴疊毦儀服之盛古今尠有駿自殷死常懷悲惻神情罔罔廢棄政事或親至殷靈牀酌奠酒飲之既而慟哭流連不能自反其耽惛若此四年獮于烏江之榜口又游湖縣之滿山竝與母同行宣淫肆意五年三吳大飢人食草木皮葉親屬互相販鬻劫掠蜂起死者不可勝數是年駿死

子子業立性尤凶悖其母疾篤遣呼子業子業曰病人間多鬼那可往其母怒語侍者曰將刀來破我腹那得生如馨兒六年改爲永光以奄人華願兒爲散騎常侍遊止必同越騎校尉戴法興屢相裁制願兒深以爲隙或謂法興爲眞天子子業爲贗天子願兒具以聞子業乃殺法興驃騎將軍柳元景尚書左僕射顏師伯欲廢子業立太宰義恭以告沈慶之慶之告子業子業出兵誅義恭遂剉剔支體抽裂心藏挑其眼睛投之蜜中謂之鬼目粽又殺柳元景顏師伯并諸子及弟姪乃改年爲景和子業除去喪禮服錦縠之衣以石頭城爲長樂宮東城爲未央宮北邸爲建章宮南宅爲長楊宮子業自以昔在東宮不爲駿所愛及即位常欲毀其墓乃遣發駿所寵殷氏冢殷死駿爲之造新安寺於是壞之復欲誅諸遠近尼僧遣使殺其新安王子鸞臨死歎曰惟願後身不復生天王家義恭既誅徐州刺史義陽王昶大懼遣典籤蘧法生啓求還建業子業謂法生曰義陽謀反我正欲誅之法生懼禍走還彭城子業遣沈慶之率師伐昶法生至彭城昶便繕甲諸郡不從昶知事不捷遂來奔子業淫其姑稱爲謝氏爲貴嬪夫人加以殊禮虎賁鈒戟出警入蹕鸞輅龍旂在貴妃之上即義隆第十女其新蔡長公主也子業矯云主喪空設喪事而實納之時其姊山陰主大見愛狎淫恣過度謂子業曰妾與陛下男女雖殊俱託體先帝陛下六宮百數而妾惟一駙馬事不均平乃可如此子業爲主置面首左右三十人進爵會稽郡長公主秩同郡王食湯沐邑二千戶給鼓吹一部加班劒二十人每出遊與羣臣陪乘吏部褚淵以有風貌子業使淵侍主子業皆令廟別畫其祖父形像嘗入裕廟指裕像曰此渠大英雄生擒數天子次入義隆廟指義隆像曰此渠亦不惡但暮年中不免兒斫去頭次入其父駿廟指駿像曰此渠大好色不擇尊卑顧謂左右曰渠大齇鼻如何不齇之即令畫工齇駿像鼻其父子淫悖書契所無也子業又殺沈慶之

撫軍諮議參軍何邁即其新蔡主壻其湘東王彧及建安王休仁山陽王休祐常被猜忌竝欲誅之休仁每以調譴悅之故得推遷不死彧休祐形體肥大遂以籠盛稱之彧尤肥號曰猪王廷尉劉曚妾懷孕子業迎入宮冀其生男立爲太子及其生子遂爲大赦子業召其南平王鑠妃江氏偶諸左右江不從子業曰若不從當殺汝三子江猶不從乃鞭一百殺其子敬猷等巫覡云湘州有天子氣子業將南行以厭之未行前欲悉誅諸叔時彧被拘祕書省與子業左右阮佃夫等謀廢子業子業出華林園共巫竹林堂前射鬼佃夫時爲內監乃以告外監典事朱幼主衣壽寂之細鎧主姜産之等寂之抽刃而前産之繼進子業引弓射寂之不中寂之乃斬其首

彧既誅子業憂遽不知所爲休仁推立彧彧時失履徒跣登西堂備天子儀服呼諸大臣入見事無巨細稱令施行彧以豫章王子尚及山陰主爲子業所狎殺之十二月僭即帝位改年爲泰始先是子業敕其弟子勛曰聞汝與何邁謀共廢我汝自量體氣何如孝武尊當遣使送藥與汝子勛長史鄧琬與錄事參軍陶亮等起兵遣其黨俞伯奇出頓大雷巴東太守孫仲之至于平石與陶亮竝統前軍始彧未知子勛起兵加子勛車騎將軍儀同三司符至尋陽鄧琬乃投於地攘袂而起曰殿下當開端門何黃閤之有與陶亮等徵兵馳檄建牙於桑尾時雍州刺史袁顗便勸子勛即位琬乃立宗廟設壇場造乘輿法服立子勛爲天子即位江州號義嘉元年子勛以袁顗爲尚書左僕射鄧琬爲尚書右僕射左司馬張悅爲領軍將軍吏部尚書州郡竝加爵號彧乃遣領軍將軍王玄謨討之復遣其將沈攸之劉靈出據虎檻初彧聞四方反亂憂遽不知所爲休仁請前鋒決勝於是始有防禦之軍攸之軍至江州斬子勛彧慮子勛弟松滋侯子房等年大終不相服休仁遂勸除之因誅駿舅子路休之等以陷子房兄弟於是殺駿子安陸王子綏及子房臨海王子頊永嘉王子仁始安王子眞邵陵王子元淮南王子孟臨賀王子産晉熙王子輿及子起子期子悅子頓初駿二十八男其餘先早夭及子業殺子鸞等至是盡殪之矣其骨肉相殘若此之甚彧南新蔡太守常珍奇奉啓請降顯祖詔遣西河公元石京兆侯張窮奇率軍援之皇興元年正月彧遣其散騎常侍貝思散騎侍郎崔小白朝貢初彧遣其鎮軍張永領軍沈攸之以大衆迎其徐州刺史薛安都安都聞永將發乃遣信請降顯祖詔博陵公尉元城陽公孔伯恭率騎二萬救之永等前後奮擊斬首凍沒死者不可勝數又其兗州刺史畢衆敬亦來降款至是徐兗及淮西諸郡青齊二州相尋歸附彧又遣其中領軍沈攸之大子左衛率劉勔寇彭城兗州刺史申纂守無鹽時薛安都略有廣平順陽義成扶風諸郡沈攸之至下邳與元等戰敗而走初彧青州刺史沈文秀冀州刺史崔道固竝請歸順詔遣征南大將軍慕容白曜率衆援之文秀等復叛歸彧白曜進軍圍城二年克歷城獲道固彧遣其員外散騎常侍李豐朝貢彧遣沈文秀弟文靜海道救青州文靜至東萊之不期城白曜遣軍克之尋獲東陽城彧遣其員外散騎常侍王希涓朝貢四年六月彧又遣員外散騎常侍劉航朝貢延興元年彧於巖山射雉休祐從在後與其左右相失彧遣壽寂之率諸壯士追躡休祐令墜馬拉而殺之乃揚聲曰驃騎墮馬死召司徒休仁宿尚書下省鴆而殺之自彧立之後民庶凋敝而宮殿器服多更興造初其即位軍人多被超越或有不與戎勳寄名受賞阮佃夫等竝被信委凡所談笑言無不行抽進阿黨咸受不次之位故佃夫左右乃有四軍五校羽林給事等官皆市井傭販之人諂附而獲至綱紀不立風政頹敝境內多難民庶嗷然遂廣募義勇置爲部曲於是官品淪穢士人渾亂民衆顒顒咸願來奔矣彧遣其司州刺史垣叔通爲益州刺史叔通極爲聚斂蜀還之貨過數千金知彧好財先送家資之半彧猶嫌少及叔通至建業遣詰廷尉彧先令獄官留之於訊堂彌旬不得出叔通於是悉送其財然後原遣凡蠻夷不受鞭罸輸財贖罪謂之賧時人謂叔通被賧刺史彧嘗宮內大集而裸婦人觀之以爲忻笑其妻王氏以扇鄣面獨無所言彧怒曰外舍家寒乞今共爲笑樂何獨不視王曰爲樂之事其方自多豈有姑姊妹集聚而裸婦人形體以此爲樂外舍之爲忻適與此不同彧大怒遣王起去彧末年好事鬼神多所忌諱言語文書有禍敗凶喪及疑似之言應回避者數百千品有犯必加罪戮改騧馬字爲馬邊瓜以騧似禍字故也嘗以南苑借張永言且給三百年期訖更申其事皆如此又以宣陽門之名不善甚諱之其太后停屍漆牀移出東宮見之怒甚免中庶子官職局以下坐死者數十人內外常慮犯悞人不自保移牀治壁必祭土神文士爲辭祝事如大祭又更忍虐好殺左右失旨忤意往往有刳斮斷截者時遣窺覘淮泗軍旅不息荒弊積久府藏空虛內外百官普斷祿俸而彧奢費過度務爲彫侈每所造制必爲正御三十副御三十次副三十須一物輒造九十枚境內騷然人不堪命彧又以壽寂之有膽決乃殺之又追降休仁休祐爲庶人絕其屬籍諸子徙遠郡休祐母邢妻江付廷尉殺之遣員外散騎侍郎田廉員外散騎侍郎祖德朝貢又殺其巴陵王休若改年爲泰豫又遣田廉及員外散騎侍郎劉惠秀朝貢彧又殺太子太傅王景文畏其族盛故也彧死

子昱僭立改爲元徽昱遣員外散騎常侍田惠紹員外散騎侍郎劉惠秀朝貢其司空桂陽王休範奔尋陽舉兵右衞將軍蕭道成率衆軍出頓新亭越騎校尉張苟兒斬休範首其左右皆散道成遣送其首塗中遇賊遂棄於水中休範之徒乃詐曰殿下猶在新亭於是士庶奔馳候迎是夜休範將杜墨驟等又攻新亭東府休範參軍江琨等破二縣六署竊掠金帛放諸徒隸由是徒衆復盛燒東宮津陽門乃領軍右府昱將陳顯達率所領至杜姥宅破墨驟軍主全景淵進平白壁宣陽津陽二門斬墨驟等昱遣其員外散騎常侍明曇徵員外散騎侍郎江山圖朝貢五年又遣員外散騎常侍李祖員外散騎侍郎魚長耀朝貢承明初昱建平王景素據京口叛昱遣蕭道成前軍將軍周盤龍殿中將軍張倪奴討之攻陷京口斬景素太和初昱以其母數譴責之遂使太醫煮藥欲鴆之左右止之曰若行此事官便應作孝豈復得出入狡獪昱曰汝語大有理乃止初昱母陳氏本李道兒妾彧納之生昱故世中皆呼昱爲李氏子昱每自稱李將軍或自名爲李統昱直閤將軍申伯宗步兵校尉朱幼司徒左長史沈勃等欲廢昱昱親率羽林兵掩之乃躬運矛鋋手殺勃等閻門嬰稚莫不斷截昱狂走遊遨不捨晝夜腹心所寄數十許人竝執兵刃爲人之牙爪路行逢人便加所刺或入人家劫略財賄往來倏忽狀若鬼魅建業惶振竝重關自守又捶拍鍼鑿錐鋸之屬常以自隨或有忤意輒加酷暴捶陰剌心剖腹之誅日有十數常見臥屍流血然後爲樂無所誅害則憂思草草於耀靈殿上養驢數十頭造露車以銀爲校具或乘以出入著小袴衫帶挾刀劍與營署女子通好自齋私服贈之常入爐肆飲酒輒與左右歌唱略民雞犬躬自屠割內外畏惡人不自保昱往新安寺夕乃還殿寢於氈幄昱左右楊玉夫楊萬年等見其醉眠乃於幄斬之左右陳奉伯稱敕開承明門出送首於直閤王敬則夜送昱首與中領軍蕭道成道成率左右數十人稱昱行還開承明門入殿云其皇太后令廢昱爲蒼梧王

立昱弟揚州刺史安成王準初彧晚年痿疾不能內御諸弟姬人有懷孕者輒取以入宮及生男皆殺其母而與其宮人所愛者養之準即桂陽王休範子也荆州刺史沈攸之與兵討道成準改年爲昇明遣其員外散騎常侍李祖員外散騎侍郎陶貞寶赴國訃并貢方物準司徒袁粲丹陽尹劉秉中領軍劉韞前湘州刺史王蘊等以道成專恣潛謀圖之共推粲爲主要引沈攸之以爲外援丹陽丞王遜告道成竝斬之準遣員外散騎常侍何儻員外散騎侍郎孔邊朝貢三年正月準遣其員外散騎常侍殷靈誕員外散騎侍郎苟昭先朝貢準尋禪位於道成居于東邸道成僭立封準汝陰郡王尋死於丹陽

史臣曰桓玄倮張馮劉乃厥[疑]窮凶極迷爲天下笑其夷楚之常性乎

魏書卷九十七考證

桓玄傳平越中郎將○平監本訛作一今改正

劉裕傳戍茄蘆○茄蘆綱目作葭蘆

魏書卷九十八

齊　魏收　撰

列傳第八十六

島夷蕭道成　島夷蕭衍

島夷蕭道成字紹伯晉陵武進楚也僭晉時以武進之東城爲蘭陵郡縣遂爲蘭陵人父承之常隨宗人蕭思話征伐久乃得爲其橫野司馬以軍功仕劉義隆位至右軍將軍道成少好武事初從散冗每克征役前後爲討蠻小帥以堪勤劇見知思話之鎮襄陽啓之自隨任以統戍稍遷左軍中兵參軍每在疆埸擾動邊民曾至談堤大敗而走劉駿時閒關偽職至建業令駿死子業以爲後軍將軍直閤子業死劉彧除右軍將軍時子業江州刺史晉安王子勛會稽太守尋陽王子房等並舉兵彧加道成輔國將軍東討平定諸縣晉陵太守袁摽吳郡太守顧琛吳興太守王雲生皆棄郡奔走時徐州刺史薛安都遣從子索兒率銳衆渡淮徵道成拒焉以功封西陽縣開國侯食邑六百戶子勛遣臨川內史張淹自東嶠入規欲擾動三吳劉彧遣道成率三千人統軍主沈思仁拒淹淹便奔走張永沈攸之大敗於彭城劉彧以道成爲冠軍將軍督諸軍事假節戍淮陰彧死

子昱以道成爲右衞將軍領衞尉加兵五百人與尚書令袁粲護軍褚淵領軍劉勔參掌朝事尋解衞尉加侍中戍石頭城劉休範舉兵以討王道隆等爲名治嚴數日便率大衆席卷而下道成等率衆拒戰事平以道成爲散騎常侍中領軍都督南兗兗徐青冀五州鎭軍將軍南兗州刺史持節侯如故後進爵爲公增邑二千戶劉昱凶虐日甚道成與直閤王敬則昱左右楊玉夫同謀殺昱迎弟準立之改年爲昇明時太和元年也道成移鎭東城以甲仗五十人入殿進位侍中司空錄尚書事驃騎大將軍持節都督刺史如故封竟陵郡公五千戶給班劍三十人又進督豫司二州荆州刺史沈攸之舉兵討道成道成率衆入鎭朝堂司徒袁粲先鎭石頭據城與尚書令劉秉前湘州刺史王蘊謀討道成密信要攸之速下將爲內應不克粲與子最俱死秉父子踰城走於領檐湖王蘊走向鬬場並見擒攸之至于夏口敗走與第三子中書郎太和單騎南奔華容縣俱自縊死道成又爲太尉增封三千戶班劒四十人甲仗百人入殿道成將有大志準侍中王儉請間勸之道成曰卿言何我今當依事相啓言辭雖厲而意色甚悅儉諷動在位乃加道成黃鉞都督中外諸軍事太傅領揚州牧劒履上殿入朝不趨贊拜不名置左右長史司馬從事中郎掾屬各四人使持節侍中太尉驃騎大將軍錄尚書南徐州刺史如故道成詐辭殊禮重申前命劒履上殿入朝不趨贊拜不名進位相國總百揆封十郡爲齊公備九錫之禮加璽紱遠遊冠位至諸王上加相國綠綟綬其驃騎大將軍揚州牧南徐州刺史如故於是建齊臺置百官以東府爲齊宮又增封十郡進公爲王尋僭大號封其主劉準爲汝陰王未幾而死於是高祖詔梁郡王嘉督二將出淮陰隴西公元操三將出廣陵河東公薛虎子三將出壽春以討之元操等攻其馬頭戍剋之道成遣其徐州刺史崔文仲攻陷茌眉戍詔遣尚書游明根討之又遣平南將軍郎大檀三將出朐城將軍白吐頭二將出海西將軍元泰二將出漣口將軍封延三將出角城鎭南將軍賀羅出下蔡道成梁州刺史崔慧景遣長史裴叔保率衆寇武興關城氐帥楊鼠擊破之叔保還南鄭梁郡王嘉破道成將盧紹之玄元度於朐山下蔡戍主棄城遁走又詔昌黎王馮熙爲西道都督與征南將軍桓誕出義陽鎭南將軍賀羅自下蔡東出鍾離道成游擊將軍桓康於淮陽破之道成豫州刺史垣崇祖寇下蔡昌黎王馮熙擊破之梁郡王嘉大破道成將俘獲二萬餘口送京師道成遣後軍參軍車僧朗朝貢先是劉準遣使殷靈誕苟昭先未反而道成僭立及僧朗至朝廷處之靈誕之下僧朗與靈誕競前後降人解奉君遂於朝會刃僧朗詔加殯斂送喪令還道成死

子賾僭立改年爲永明賾遣其驍騎將軍劉纘前將軍張謨朝貢八年又遣兼員外散騎常侍司馬憲兼員外散騎侍郎庾習朝獻九年遣輔國將軍劉纘通直郎裴昭明朝貢十年又遣昭明與冠軍參軍司馬廸之朝貢賾初爲太子時特奢侈道成每欲廢之賴王敬則和諧賾性貪惏常謂人曰唯崔慧景知我貧賾嘗至其益州刺史劉悛宅晝臥覺悛自捧金澡盤面廣三尺愛姬執金澡灌受四升以充沃盥因以奉獻賾納之其好利若此賾遊獵無度其殿中將軍邯鄲起上表諫賾殺之十三年遣平南參軍顏幼明冗從僕射劉思效朝貢十四年賾巴東王子響殺長史劉寅司馬席恭穆謀殺賾賾遣丹陽尹蕭順之討殺之十五年二月遣員外散騎常侍裴昭明員外散騎侍郎謝竣朝貢九月又遣司徒參軍蕭琛范縝朝貢十六年復遣琛與司徒參軍范雲朝貢又遣車騎功曹庾蓽南豫州別駕何憲朝貢十七年賾雍州刺史王奐與南蠻長史劉興祖論衆罪賾以與祖付獄令送還建業奐輒於獄殺之而云自死賾怒遣其直閤將軍曹道剛梁州刺史曹虎等收奐奐閉門拒戰司馬黃瑤起於城內起兵攻奐殺之奐子祕書丞肅肅弟秉來降賾子長懋死立其孫南郡王昭業爲太孫賾遇疾暫絕其子竟陵王子良在殿內昭業未入中書郎王融戎服於中書省閤口斷東宮仗不得進欲立子良賾既蘇昭業入殿融知子良不得立乃釋服還省賾死昭業立十數日收融付廷尉殺之昭業生而爲其叔子良所養而矯情飾詐陰懷鄙慝與左右無賴羣小二十許人共衣食同卧起妻何氏擇其中美貌者與交通密就富商大賈取錢無數既與子良同居未得肆意子良移西邸昭業獨住西州每至昏夜輒開後閤與諸小人共至諸營署淫宴凡諸不逞皆迭加爵位許以南面之日便即施行皆疏官位名號於黃牋紙與之各各囊盛帶之肘後昭業師史仁祖侍書胡天翼聞之相與謀曰若言之二宮則其事未易若於營署爲異人所毆打及爲大物所傷殘豈直罪止一身亦當盡室及禍年各已七十餘生寧足吝也數日仁祖天翼皆自殺昭業父長懋自患及死昭業侍奉憂哀號毀過禮及還私室與所親愛欣笑酣飲備諸甘滋葬畢立爲皇太孫截壁爲閤於母房內往何氏閒每入輒彌時不出賾至東宮昭業迎拜號慟絶而後蘇賾自下輿抱持之寵愛隆重初昭業在西州令女巫楊氏禱祝速求天位及其父死謂由楊氏之力加倍敬信楊氏子珉亦有美貌何氏尤愛悅之昭業呼楊氏爲婆劉氏以來民間亦作楊婆兒歌蓋爲此也及在東宮賾有疾令楊氏日夕祈禱令賾早死與何氏書於紙中作一大喜字作小喜三十六字遶之賾謂其必能負荷大業謂曰五年已來一委宰相汝多厝意五年已後勿復委人臨死執昭業手曰阿奴若憶翁當好作如此者再而死子良時在中書省昭業疑畏使虎賁中郎將潘淑領百人屯太極殿西階以防之大歛之始呼賾伎人備奏衆樂諸伎雖畏威從事莫不哽咽流涕及成服悉遣諸王還第子良固乞留過賾葬不許昭業素好狗馬立未十日便毀賾所起招婉殿以殿材乞閹人徐龍駒造宅於其處爲馬埒馳走墜馬面額並傷稱疾不出者數日多聚名鷹快犬以梁肉奉之賾將葬喪車未出端門昭業便稱疾還內裁入閤便於內奏胡伎鞞鐸之聲震響內外時司空王敬則問射聲校尉蕭坦之曰便如此不當怱怱邪坦之曰此政當是內人哭聲響徹耳自賾葬後昭業微服而出遊走里市又多往其父母陵隧中與羣小共作鄙藝擲塗賭跳放鷹走狗諸雜狡獪日日輒往以此爲常朝事大小皆斷於尚書令蕭鸞初蕭賾聚錢上庫至五億萬齋庫亦出三億萬金銀布帛綵綿不可稱計至此歲末所用過半皆賜與左右廝卒之徒及至廢黜府庫空盡昭業在內常著紫綿紅繡雜衣或錦帽改年爲隆昌以黃門郎周奉叔爲冠軍將軍青州刺史奉叔諂諛爲事昭業甚悅之而專恣跋扈無所忌憚常從單刀二十口出入禁闥門衞莫敢訶止每語人云周郎刀不識君徐龍駒自東宮齋師以便佞見寵搆造姦邪以取容媚凡諸鄙黷雜事皆龍駒所勸誘也昭業爲龍駒置美女伎樂常住含章殿著黃綸帽被貂裘南面向案代昭業畫勑左右侍直與昭業不異蕭鸞固請誅之楊珉及母亦並下獄死珉及母爲昭業所寵恩情特隆賞賜傾府藏珉爲何氏所幸常居中內侍蕭鸞初令衞尉蕭諶征北諮議蕭坦之請誅珉何氏與昭業同席坐流涕覆面謂坦之曰楊郎好年少無罪何可枉殺坦之乃耳語於昭業曰此事別有一意不可令人聞昭業呼何氏曰阿奴暫起去坦之乃曰外間並云楊珉與皇后有情聞彰遐邇此事自古所無恐必誤官事昭業不得已乃許之俄勑原之已行刑矣益州刺史劉悛罷任還昭業以其饋奉不豐收付廷尉將加大辟悛弟中書郎繪乞以身代得不死禁錮終身昭業與其父寵姬霍氏淫通納之後宮蕭鸞謀廢之率衆而入時昭業裸身與霍氏相對鬬兵至拔劒起拒鸞鸞自殺之左右死者十餘人

鸞立其弟昭文自爲使持節都督揚南徐二州驃騎大將軍開府錄尚書事揚州刺史加班劒三十人封宣城郡公二千戶以兵五千人出鎭東城殺其鄱陽王鏘隨王子隆遣中護軍王玄邈殺昭文南兗州刺史安陸王子敬豫州刺史王廣之殺江州刺史晉安王子懋又殺湘州刺史南平王銳郢州刺史晉熙王銶南豫州刺史宣都王鏗鸞加黃鉞進授都督中外諸軍太傅領大將軍揚州牧增班劒四十人前後部羽葆鼓吹劒履上殿入朝不趨贊拜不名封宣城郡王食邑五千戶使持節中書監錄尚書並如故又殺昭文桂陽王鑠衡陽王鈞江夏王鋒廬陵王子卿建安王子眞巴陵王子倫乃廢昭文爲海陵王尋死鸞僭立焉

鸞字景棲其叔父道成寵愛之過於諸子蕭賾末爲尚書左僕射甚親委之賾死遂秉朝政既殺昭業專權酷暴屠滅賾等子孫既而自立時太和十八年也號年建武其宣德太僕劉朗之游擊將軍劉璩之坐不贍給兄子致使隨母他嫁免官禁錮時論者謂薄義之由實自鸞始鸞雍州刺史曹虎據襄陽請降高祖詔行征南將軍薛眞度督四將出襄陽大將軍劉昶出義陽徐州刺史元衍出鍾離平南將軍劉藻出南鄭車駕南伐十九年鸞龍驤縣開國侯王翊自渦陽來降左將軍元麗大破鸞將擒其寧州刺史董巒車駕濟淮幸八公山巡淮而東發鍾離將臨江水司徒馮誕薨乃詔班師遣使臨江數鸞罪惡鸞殺其西陽王子明南海王子罕邵陵王子貞二十一年車駕討鸞鸞前將軍韓李萬弋陽太守王嗣之後將軍趙祖悅等十五將來降大破鸞軍於江北獲其將軍王伏保等車駕遂巡沔東而還鸞將王曇紛等萬餘人寇南青州黃郭戍主崔僧淵擊破之悉虜其衆又剋新野城斬鸞輔國將軍新野太守劉忌鸞湖陽戍主蔡道福赭陽戍主成公期及軍主胡松舞陰戍主輔國將軍西汝南北義陽二郡太守黃瑤起及直閤將軍軍主鮑舉南鄉太守席謙並委戍走擒瑤起鮑舉鸞又殺其河東王鉉臨賀王子岳西陽王子文衡陽王子珉湘東王子建南郡王子夏巴陵王昭秀桂陽王昭

粲車駕幸南陽進攻宛北城拔之冠軍將軍南陽太守房伯玉以城降又大破鸞平北將軍崔慧景黃門郎蕭衍於鄧城斬獲首虜二萬有餘鸞憂怖遂疾甚乃大赦改年爲永泰其大司馬王敬則於會稽舉兵將以誅鸞鎭北諸議謝朓敬則女夫也告之敬則敗而死鸞死子寶卷僭立二十三年春寶卷改元爲永元遣其太尉陳顯達率崔慧景攻馬圈城詔前將軍元英討之寶卷遣將寇順陽詔振威將軍慕容平城率騎討之顯達攻陷馬圈城車駕南伐詔鎭南大將軍廣陽王嘉斷均口顯達戰敗潰圍夜走斬其左軍將軍張子順賊將蔡道福成公期等數萬人棄順陽遁走寶卷昏狂政出羣豎其始安王遙光據東府反不克見殺并殺其右僕射蕭坦之左衞將軍曹虎領軍將軍劉暄尋殺司空徐孝嗣左僕射沈文季前撫軍長史沈昭略其太尉江州刺史陳顯達舉兵襲建業不果而死景明初寶卷豫州刺史裴叔業以壽陽降寶卷遣其衞尉蕭懿爲征虜將軍豫州刺史步道伐壽陽頓軍小峴詔遣軍司李煥及統軍奚康生楊大眼等率衆入壽陽驃騎大將軍彭城王勰車騎將軍王肅率步騎十萬赴之寶卷遣將胡松李居士率衆萬餘屯死虎陳伯之水軍泝淮而上以逼壽春勰肅大破之斬首萬數陳伯之又寇淮南勰破之肥口豫州刺史田益宗破寶卷將吳子陽劉元超於長風寶卷遣侍中崔慧景率諸軍自廣陵水路欲赴壽陽慧景見寶卷狂虐不復自保及得專征欣然卽路慧景子覺時爲直閤與之密期慧景至廣陵覺遂出奔慧景過廣陵數十里便回軍還時廣陵鬬鎭司馬崔恭納之因率衆濟江遂攻建業寶卷嬰城自守寶卷豫州刺史蕭懿擊破慧景擒殺之慧景既死寶卷便自得志無所忌憚日日出遊愛幸茹法珍梅虫兒等及左右應勑捉御刀之徒並專國命民間謂之刀勑寶卷每常輕騎戎服往此諸家與之讌飲此等每有吉凶寶卷輒往弔慶不欲令人見之驅斥百姓惟置空宅而已所往之處既無定所官司常慮得罪東行驅西面人南出驅北面人且或應出夜便驅遣吏司奔馳呌呼盈路老少震驚啼號塞路處處禁斷不知所適疾患困篤者悉與去之其有無人與者匍匐道側主司又加捶打絕命者相繼還宮之時常至半夜左右輒入富室取物蕩盡前魏興太守王敬賓新死未斂家人被驅不得守視及家人還鼠食敬賓兩眼都盡如此者非一寶卷酷亂逾甚其尚書令蕭懿雖有大勳忌而殺之并殺其弟衞尉卿蕭暢世宗詔冠軍將軍南豫州刺史席法友三萬人圍寶卷輔國將軍北新安豐二郡太守胡景略於建安城尅之擒景略寶卷雍州刺史蕭衍據襄陽舉兵伐之荆州行事蕭穎胄應衍三月穎胄叛寶卷以南康王寶融爲天子於是寶融僭卽帝位穎胄爲侍中尚書令衍爲左僕射都督征討諸軍征東大將軍使持節如故穎胄請封寶卷爲虞陽縣侯寶融不許又封涪陵王穎胄監八州諸軍事行荆州刺史假衍黃鉞蕭衍軍至沔口郢州嬰城自守寶卷又殺巴陵王昭胄永新侯昭秀黃門郎蕭寅寶卷昏暴日甚內外不堪其前南譙太守王靈秀等於石頭迎寶卷弟寶夤率城內文武向其臺城百姓空手隨從者萬數會日暮城門閉不剋衍兵至建業所在棄寶卷降之衍兵入宮寶卷在含德殿吹笙歌作女兒子臥未及睡聞兵入趨出北戶欲還後宮淸曜閤已閉閹人禁防黃泰平刀傷其膝仆地顧曰奴反也直後張齊斬首送衍衍追封東昏侯廢其皇后太子爲庶人衍殺寶卷弟湘東王寶晊衍又殺邵陵王寶攸晉熙王寶松桂陽王寶貞其建安王寶夤來奔尋逼寶融禪位於己封爲巴陵王宮于姑孰寶融尋暴死

島夷蕭衍字叔達亦晉陵武進楚也父順之蕭賾光祿大夫衍少輕薄有口辯歷王儉衞軍府戶曹屬累遷爲蕭鸞黃門侍郎太子中庶子太和二十二年高祖南伐詔諸軍圍襄陽衍時率衆來援爲武衞將軍宇文福所破單騎走免蕭鸞末出爲輔國將軍雍州刺史鸞死子寶卷立殺衍兄懿遣巴西梓潼二郡太守劉山陽西上聲云之郡實令襲衍山陽至荆州爲蕭穎胄所殺景明二年衍乃與穎胄推寶卷弟荆州刺史寶融爲主號年中興舉兵伐寶卷其年十二月剋建業殺寶卷及其妻子衍爲大司馬錄尚書事揚州刺史建安郡公邑萬戶三年又自爲相國揚州牧封十郡爲梁王衍尋僭立自稱曰梁號年天監五月揚州小峴戍主党法宗襲衍大峴戍破之擒其龍驤將軍邾菩薩送京師衍又遣將張囂寇揚州州軍擊破之斬二千餘級四年三月揚州刺史任城王澄遣長風戍主奇道顯攻衍陰山戍破之斬其龍驤將軍都亭侯梅興祖仍攻白藁戍又破之斬其寧朔將軍吳道爽等獲數千級衍又遣其徐州長史潘伯憐屯軍淮陵徐州刺史司馬明素又據九山澄遣軍並擊破之斬伯憐擒明素衍將吳子陽寇白沙中山王英大破之擒斬千數衍梁州刺史平陽縣開國侯翟遠徐州刺史永昌縣開國侯陳虎牙來降正始元年正月衍將趙祖悅屯據東關江州刺史陳伯之擊破之二月衍將姜慶眞襲陷壽春外郭州軍擊走之中山王英圍衍鍾離衍遣冠軍張惠紹率衆軍送糧於鍾離任城王澄遣統軍王足劉思祖邀擊於邵陽大破之生擒惠紹并其驍騎將軍祁陽縣開國男趙景悅等十將斬獲數千級惠紹衍舅子也衍乃移書求之朝議欲示威懷遂聽惠紹等還三月元英破衍將王僧炳於樊城八月英又攻衍義陽克之破衍將馬仙琕擒其冠軍將軍蔡靈恩等十餘將九月衍霍州刺史田道龍義州刺史張宗之遣使內附十二月衍梁秦二州行事夏侯道遷據漢中內附詔尚書邢巒率衆赴之二年四月巒頻破衍軍遂入劍閣執其輔國將軍范始男送京師巒又遣統軍王足破衍諸將斬其輔國將軍馮文豪等六月衍遣將王超宗寇邊揚州刺史薛眞度大破之俘斬三千級七月王足又大破衍衆斬其秦梁二州刺史魯方達王明達等三十餘將俘虜二千五百人九月衍湘州刺史楊公則率衆寇壽春揚州刺史元嵩擊破之斬獲數千級三年正月衍徐州刺史昌義之寇梁城江州刺史王茂先寇荆州屯河南城平南將軍陳伯之擊義之平南將軍楊大眼擊茂先並大破之斬其輔國將軍王花俘斬二千茂先逃潰追奔至於漢水拔其五城將軍宇文福略衍司州俘獲千餘口而還五月衍將蕭昞寇淮陽張惠紹寇宿豫蕭密寇梁城韋叡寇合肥平南將軍奚康生破惠紹斬其徐州刺史宋黑七月衍徐州刺史王伯敖入寇陰陵中山王英大破之斬將二十五人首虜五千衍又遣將桓和屯孤山冠軍將軍桓方慶屯固城龍驤將軍矯道儀屯蒙山八月安東將軍邢巒擊桓和破之將軍元常攻克固城統軍畢祖朽攻克蒙山斬獲及赴沂水死者四千有餘衍又遣張惠紹屯宿豫蕭昞屯淮陽九月都督邢巒大破之斬其大將藍懷恭等三十餘人惠紹蕭昞並棄戍南去追斬數萬級衍中軍大將軍臨川王蕭密右僕射柳惔徐州刺史昌義之等屯據梁城中山王英大破之密等棄城泝淮東走追奔至於馬頭衍冠軍將軍馬頭戍主朱思遠棄城走擒衍將三十餘人斬獲五萬有餘十月衍征虜將軍馬仙琕率衆三萬寇義陽郢州刺史婁悅以州軍擊走之永平元年十月懸瓠城民白早生據州反叛衍遣將齊苟仁等四將以助之詔尚書邢巒率騎討之巒攻克懸瓠斬早生擒苟仁俘衍衆三千餘人初早生之反也世宗遣主書董紹銜詔宣慰紹爲早生所執送之於衍衍乃厚資遣紹令奉書朝廷請割宿豫內屬以求和好時朝議或有異同世宗以衍辭雖款順而不稱藩詔有司不許十二月衍寧朔將軍張凝等率衆寇楚城中山王英破擒之衍將馬仙琕據金山郢州刺史婁悅擊走之二年正月中山王英攻克衍長薄戍殺傷數萬仍攻拔武陽關擒衍雲騎將軍松滋縣開國侯馬廣冠軍將軍遷陵縣開國子彭甕驍騎將軍當陽縣開國伯徐元秀等二十六將俘獲七千餘人又進攻黃峴西關衍將軍馬仙琕棄西關李元履棄黃峴遁走四年春三月衍瑯邪郡民王萬壽等斬衍輔國將軍瑯邪東莞二郡太守帶朐山戍主劉晰并將士四十餘人以城內屬徐州刺史盧昶遣兼郯城戍副張天惠率衆赴之而衍郁洲已遣二軍以拒天惠天惠與萬壽等內外齊擊俘斬數百昶仍遣瑯邪戍主傅文驥入城據守衍又遣將張稷馬仙琕等攻圍文驥詔昶率衆赴之而文驥以糧盡降衍昶遂失利而還延昌二年二月郁洲徐玄明斬送衍鎭北將軍青冀二州刺史張稷首以州內附三年六月衍遣衆寇九山荆州刺史桓叔興大破之斬其虎旅將軍蔡令孫冠軍將軍席世興貞義將軍藍次孫四年二月衍寧州刺史任太洪率衆寇關城益州長史成興孫擊破之熙平元年正月衍遣其恒農太守王定世等寇逼都督元志破之斬定世悉俘其衆衍豫州刺史趙祖悅率衆數萬偷據硤石詔鎭南將軍崔亮鎭軍將軍李平討克之斬祖悅傳首京師衍衡州刺史張齊寇益州刺史傅豎眼討之斬其將任太洪齊遁走初衍每欲稱兵境上關伺邊隙常爲諸將摧破雖懷進趣之計而勢力不從遂於浮山堰淮規爲壽春之害肅宗詔征南蕭寶夤率諸將討之大破衍衆於淮北秋九月堰自潰決漂其緣淮城戍居民村落十餘萬口流入於海正光元年衍改稱普通至三年其弟子西豐侯正德棄衍來奔尋復亡歸衍初忿之改其姓爲背氏既而復焉封爲臨賀王五年九月衍將裴邃虞鴻襲據壽春外郭刺史長孫稚擊走之孝昌元年正月徐州刺史元法僧據城南叛衍遣豫章王綜鎭彭城綜蕭寶卷之遺腹子也初衍平建業因納其母吳氏吳氏先有孕後生綜衍謂爲己子甚寵愛之綜既長母密告綜綜遂潛圖叛衍既鎭彭城及大軍往討綜乃拔身來奔餘將退走國軍追躡所獲萬計衍初聞之慟哭氣絕甚爲慙惋猶云其子言其病風所致衍人咸笑之三月衍遣其北梁州長史錫休儒司馬魚和上庸太守姜平洛等入寇直城梁州刺史傅豎眼遣息

敬紹率衆大敗之擒斬三千人休儒等遁走四月衍益州刺史蕭潤猷遣將樊文熾等率衆圍小劒戍益州刺史邴虬遣子子達行臺魏子建遣別將淳于誕拒擊之五月誕等大破文熾俘斬二萬擒其次將蕭世隆等十二人文熾走免是歲衍又改年爲大通二年七月衍將元樹湛僧珍等寇壽春又攻逼新野詔都督魏承祖討破之三年二月衍將成景儁寇彭城行臺崔孝芬率諸將擊走之建義元年衍遣其將曹義宗寇荊州大都督費穆大破之生擒義宗檻送京師初爾朱榮入洛北海王顥奔於衍衍以顥爲魏主資顥士馬令其大將陳慶之部率送顥永安二年夏遂入洛陽車駕還討破走之唯慶之一身走免自餘部衆皆見俘執閏月巴州刺史嚴始欣據州入衍衍遣將蕭玩張鴻等率衆赴援都督元景夏率益梁二州軍討之三年正月斬始欣衍衆敗走又斬蕭玩等首俘獲萬餘人普泰元年春南青州刺史茹懷朗遣部將何寶率步騎三千擊衍守將於琅邪擒其雲麾將軍徐兗二州刺史沈預斬其宣猛將軍齊州刺史劉相如永熙元年夏衍遣其鄱王元樹及譙州刺史朱文開入據譙城東南道行臺樊子鵠率諸軍攻克之擒元樹文開等送於京師天平元年十月衍雄信將軍紀耕率衆入寇嶕嶢都督曹仲尼破走之斬其軍主沈達閔莊等二年正月衍將湛僧珍寇南兗州州軍擊破之行臺元晏又破湛僧珍等於項城虜其〔闕二字〕刺史楊暉二月衍司州刺史陳慶之郢州刺史田朴特等寇豫州刺史堯雄擊走之五月衍仁州刺史黃道始寇北濟陰徐州刺史任祥討破之十月衍將梁秉儁寇單父祥又大敗之俘斬萬餘人十一月衍雍州刺史蕭恭遣將柳仲禮寇荊州刺史王元軌破之於牛飲斬其將張殖王世典是年衍又改號爲中大通三年五月豫州刺史堯雄攻衍白苟堆鎮克之擒其北平太守苟元曠十月行臺侯景攻陷衍楚城獲其楚州刺史桓和兄弟四年九月衍青冀二州刺史徐子彥寇圍城南青州刺史陸景元擊走之先是益州刺史傅和以城降衍衍資送和令申意於齊獻武王求通交好王志綏邊遠乃請許之四年冬衍遣其散騎常侍張皋通直常侍劉孝儀通直常侍崔曉朝貢二年夏又遣散騎常侍沈山卿通直常侍劉研朝貢興和二年春又遣散騎常侍柳豹通直常侍劉景彥朝貢其年冬又遣散騎常侍陸晏子通直常侍沈景徽朝貢是年衍改號大同三年夏又遣散騎常侍明少遐通直郎謝藻朝貢四年春又遣散騎常侍袁狎通直常侍賀文發朝貢其年冬又遣散騎常侍劉孝勝通直常侍謝景朝貢武定元年夏又遣散騎常侍沈衆通直常侍殷德卿朝貢其年冬又遣散騎常侍蕭確通直常侍陸緬朝貢三年秋又遣散騎常侍徐君房通直常侍庾信朝貢四年夏又遣散騎常侍蕭瑳通直常侍賀德瑒朝貢五年春又遣散騎常侍謝藺通直常侍鮑至朝貢朝廷亦遣使報之十餘年間南境寧息六年衍又改號爲中大同其年又改爲太清是歲司徒侯景反遣使通衍請其拯援衍感景遊說遂絶貢使衍子綱及朝臣並切諫以爲不可衍不從乃遣其兄子豫州刺史貞陽侯淵明北兗州刺史胡貴孫等寇逼徐州與侯景爲聲援仍堰泗水以灌彭城齊文襄王遣行臺慕容紹宗儀同三司高岳潘相樂等率衆討之紹宗檄衍境內曰夫乾坤交泰明聖興作有冥運行之力俱盡變化之途抱識含靈融然並至呈形賦命混而同往所以玄功潛運至德旁通百姓日用而不知萬國受賜而無迹豈徒鑿其耳目易其心慮悟以風雲一其文軌使夫日月之照不私雨露之施均洽運諸仁壽之域納於福祿之林自晉政多僻金行淪蕩中原作戰鬬之場生民爲鳥獸之餌則我皇魏握玄帝之圖納水靈之祉駕雲車而自北策龍御以圖南致符上帝援溺下土怪物殛死淫水不作運神器於顧眄定寶命於踟躕恢之以武功振之以文德宇內反可封之俗員首識堯舜之心沙海荒忽之外瀚漠羈縻之表方志所不傳荒經所不綴莫不繩谷鈞山依風託水共仰中國之聖同欣大道之行唯夫三吳百越獨阻聲教匪民之咎責有由焉自僞晉之後劉蕭作慝擅僭一隅號令自己惟我祖宗馭宇愛民重戰未極謀臣之畫不窮節將之兵聊遣行人降以尺一圓臺已築黃屋輒去賜其几杖置之度外蕭衍輕險有素士操蔑聞睥睨君親自少而長好亂樂禍惡直醜正巧用其短以少爲多誑惑愚淺大言以驚俗驅扇邪僻卬兵以作威曲體脅肩搖脣鼓舌候當朝之顧指邀在位之餘論遂汙辱冠帶偷竊藩維及寶卷昏狂下不堪命曾無北面有犯之節遽滅人倫在三之禮憑妖假怪鬼語神言稱兵指闕傾朝鴆主陵虐孤寡韓愚士民天不悔禍姦醜得志內恣彫靡外逞殘賊驅羸國之兵追糊口之衆南出五嶺北防九江屯戍不解役無寧歲死亡矢刃之下夭折霧露之中哭泣者無已傷痍者不絶託身人上忽下如草遂使頑嚚子弟肆行淫虐狡猾羣小縱極貪惏剝割蒼生肌肉略盡刳剔黔首骨髓俱罄猛虎未方其害餓狼詎侔其禍慄慄周餘救死無地至於矯情飾詐事非一緒毒螫滿懷妄敦戎業躁競盈胸謬治清靜至乃大興寺塔廣繕臺堂昭陽到景垂珠衡璧崢嶸刻削千門萬戶鞭撻疲民盡其筋骨延壞運石悲歌掩途死而可祈甘同仙化智淺謀疏曾不自揆遏桐柏之流翻爲己害子亡齊之肩忽爲戎首書契迄茲罕聞其事至於廢捐冢嫡崇樹愚子朋黨路開彼我側目疾視扼腕十室而九趦足有待頁亦多人二紀於茲王家多故始則車馳之警終有驚隆之哀神祇痛憤寓縣崩震於是故相國齊獻武高王感天壤之慘黷激雲雷以慨然仗高義而率民奮大節以成務爰有匡國定霸之圖非直討賊雪恥之舉於是叡略紛紜靈武冠世盪滌邅孽尊主康邦皇上秉歷受圖天臨日鏡道隨玄運德與神行既而元首懷舞戚之風上宰薄兵車之會遂解縶南冠喻以好睦舟車遵溯川陸光華亭徼相望欣然自泰反肉還童不待羊陸雖嘉謀長算爰自我始罷戰息民雨獲其泰王者之信明如四時豈或爲人君父二三其德書而不法可不惜哉侯景一介役夫出自凡賤身名淪沒無或可紀直以趨馳便習見愛爾朱小人叨竊遂忝名位及中興之際義旗四指元惡不赦實在羣胡景荷人成拔籍其股肱主人有丹頸之期所天蹈族滅之釁雖不能蔽捍左右以命酬恩猶當慘顏後至義形於色而趣利改圖速如覆手投身麾下甘爲僕隸獻武王棄其瑕穢錄其小誠得厠五命之末預在一隊之後參跡驅馳庶其效長鞭利鎩衛以制之既闕隴適誅每事經略以河南空虛之地非兵戰之衝薄存犄角聊示旗鼓豈資實效寄以遊聲軍機催勒蓋唯景任總兵統旅別有司存而愚禍有積憍愎遂甚犯違軍紀仍自猜貳禍心潛搆翻爲亂階負恩棄德罔恤天討不義不昵厚而必顛委慈母如脫屣棄少弟如遺土羣子陸陸妻姪成行慕姜兒之爽言蔑伯春之宛轉跳梁猖蹶夫欲誰欺比之梟獍異類同醜欲擬蚍鼠顧匪其倫及遠託闕右委命寇逆寶炬定君臣之分黑獺結兄弟之親授以名器之尊救其重圍之死憑人繫援假人鼻息俄而忘恩背惠親尋干戈釁暴惡盈側首無託以金陵逋逃之藪江南流槩之地甘辭卑體進熟圖身詭言浮說抑可知矣叛豎救命豈將擇音僞朝大夫幸災忘義主耄於上臣蔽於下逐雀去草曾不是圖竊實叛邑椒蘭比好人而無禮其能國乎夫安危有大勢成敗有恒兆不假離朱之目不藉子野之聽聊陳刺心之說且吐伐謀之言今帝道休明皇猷允塞四民樂業百靈效祉雖上相云亡而伊陟繼事秉文經武虎視龍驤驅日下之俊雄收一世之英銳擊刺猶雷電合戰如風雨控弦躍馬固敵是求蠕蠕昔遭離亂輻分瓦裂匹馬孤征告困於我國家深敦隣附愍其入懷盡憂人之禮極繼絶之義保衞出於故地資給唯其多少存其已亡之業成其莫大之基深仁厚德鏤其骨髓引領思報義如手足吐谷渾深執忠孝膠漆不渝萬里仰德奏款屬路並申以婚好行李如歸蠕蠕境斜界黃河望通幽夏飛雪千里層冰洞積北風轉勁實觔角之時沍寒方猛正氈裘之利吐谷渾疾彼凶逆彊兵歲舉傾河及鄯塵通隴峽驅龍池之種藉常勝之氣二方俟隙企其移踵加以獨孤如願擁衆秦中治兵劫脅黑獺北備西擬內營腹心救首救尾疲於奔命豈暇稱兵東指出師函谷且秋風揚塵國有恒防關河形勝之際山川襟帶之所猛將精兵基跱岳立又寶炬河陰之北黑獺亡山之走衆無一旅僅以身歸就其不顧根本輕懷進趣斯則一勞永逸天贊我也言之旦旦日月經天舉世所知義非徒語持此量之理有可見則侯景遊辭莫非虛誕夫景繩樞席牖之子阡陌鄙俚之夫遭風塵之會逢馳騖之日遂位在三吏邑啓千社揣身量分久當止足而乃周章去就離跂不已夫豈徒爾事可推揚度其衆叛親離守死不暇乃間將棄懸瓠遠赴彭城老賊姦謀復將作矣因揚聲赴助計在圖襲吞淵明之衆挹厥虐之民舉長淮以爲斷仍鴟張歲月南面假名死而後已此蓋蜂蠆之禍我承其弊且僞主昏悖不惟善隣賊忍之心老而彌篤納逋叛之詭謫蔑信義以猖狂天喪其神人重其怨將踐瓜圃之蹤且追兒侯之轍今徵發犬羊侵軼徐部築壘擁川覬覦小利此而可忍孰不可懷兵凶戰危出不得已謬奉朝規肅茲九伐扛鼎拔樹之衆超乘投石之旅練甲爭途波聚霧合虎班龍文之遂蘭池蒲梢之騏嘘天陸野躡影追風振旅南轅長驅討賊非直三吳鼠面一麾魚駭乘此而往青蓋將歸且衍虐綱蚩兵權在外持險躁之風俗兼輕薄之子孫蕭綸兇狡之魁豈無商臣之佷蕭譽失志之憤當召專諸之客外崩中潰今也其時幕府師行以禮兵動以義弔民伐罪理有存焉其有知機審變翻然鵲起立功立事去危就安賞典未忘事必加等若軍威所至敢有拒違尺兒已上咸從梟戮今三禮四義之將豹虎熊羆之士深銜道僞信納叛亡遂卜復諫實與伐役莫不含怒作

色如赴私讐茹肝涉血義不旋踵攻戰之日事若有神莽積麻亂匪旦伊夕以彼曲師危卒望我軍鋒何異蛣蜣被甲蝍蛆舉尾正恐旗鼓一接芝蕴俱摧先事喻懷備知翰墨王侯無種禍福由人斯蓋丈夫肉食之秋壯士封侯之會冬冰可折時不再來凡百君子勉求多福檄之所到咸共申省知我國行師之意冬十二月紹宗高岳等大破衍衆寒山擒淵明貴孫等俘斬五萬其東溺燒之而死不可勝數衍既慙悔六年復遣使羊珍孫款關乞和并修弔書於齊文襄王文襄王欲以威德懷之許其通而不復其書衍於是遣其散騎常侍謝班通直常侍徐陵詣闕朝貢班等未及還而侯景舉兵襲衍寄與衍弟子臨賀王正德交通許推爲主景至横江衍令正德率軍拒景正德因而迎之景濟江立以爲主以趣建業衍好人佞已末年尤甚或有云國家彊盛者即便忿怒有云朝廷衰弱者因致喜悦是以其朝臣左右皆承其風旨莫敢正言初景之將渡江也衍沿道軍戍皆有啓列而中領軍朱异恐忤衍意且謂景不能渡遂不爲聞景至磁湖方大驚駭乃令其太子綱守中書省軍事悉以委之又逼居民入城百姓因相剽掠不可禁止衍令直從監俞景茂赦二冶尚方錢署罪人及建康廷尉諸囚欲押令入城以充防捍諸徒四放火燒冶一時散走衍憂懣無計唯令其王公已下分屯諸門攝諸寺藏錢皆入聚德陽堂以充軍實景既至便圍其城縱火燒爇掘長圍築土山以攻衍衍亦於城內起山以應之衍令文武運土人責二十石於是其王侯朝貴皆自負擔蕭綱亦欲自負僉議以爲太示迫屈乃止衍每募人出戰素無號令初或暫勝後必奔背景宣言曰城中非無菜但無醬耳以戲侮之衍太官及軍人無柴乃發取尚書省武庫左右藏以充用衍州鎮外援雖有至者而景圍柵深固內外斷絕衍數募人出戰常爲景所執獲有一小兒請以飛鵄傳致消息綱乃作數千丈繩繫紙鵄於繩端縛書其背又題鵄口若有得鵄送援軍者賞銀百兩綱出太極殿因西北風而颺之頻放數鵄景令走馬射取之竟不能達也衍城內大飢人相食米一斗八十萬皆以人肉雜牛馬而賣之軍人共於德陽堂前立市屠一牛得絹三千匹賣一狗得錢二十萬皆熏鼠捕雀而食之至是雀鼠皆盡死者相枕初有盜取其池魚者衍猶大怒勑付廷尉既而宿昔都盡其不識事宜如此景久攻未拔而衍外援雖多各各乖張無有總制更相妬忌不肯奮擊唯衍子邵陵王綸再於鍾山決戰戰敗而走景糧既少遂譎衍求和衍信之乃割江西四州授景封爲壽陽王遣其朝貢與部下歃血盟訖景詐引軍還石頭衍乃勑援軍令下諸軍初不受詔後重勑乃從衍又令援軍以船三百艘給景景猶嫌其少又勑付二百衍永安侯蕭確直閤將軍趙威方頗有勇略爲景所憚景乃謂衍曰確與威方頻隔岈見罵云天子自與汝和我終不置汝我今便不敢去若召此二人入城者吾當解圍衍復遣使徵確等確等不從衍又爲手書與諸軍云確若不入者宜以軍法送之確等不得已乃赴衍景復謂衍曰始有西信至北軍已克壽春鍾離我今便無委足處求權借廣陵譙州待征復兩城還以此州相歸衍又許之景外云欲和伺其懈怠衍君臣上下信景欺詐所有戰具悉皆收去後知非實更狼狽設備有甚於初城轉危急衍等計窮乃復遣使詣景景又詭云今時既熱便不能得去正當乞留京師爲朝廷立效耳而悉力大攻七年三月遂拔之景自至建業縱軍士前後虜掠倉庫所有皆掃地盡矣景乃從數百騎見衍獻欷流涕因請香火爲作義兒還以衍爲主令正德通啓云前爲景所擒使攝四海辭不獲免權總萬機今景既入輔乞解僭盜以王還邸自景圍建業城中多有腫病死者相繼無復板木乃剝柱爲棺自雲龍神虎門外横屍重沓血汁漂流無復行路及景入城悉聚尸焚之煙氣張天臭聞數十里初城中男女十餘萬人及陷存者纔二三千人又皆帶疾病蓋天亡之也衍尋爲景所餓殺自衍爲景攻圍歷百餘日衍子荆州刺史湘東王繹益州刺史武陵王紀各擁兵自守坐看衍之懸危竟不奔赴始景渡江至陷城之後江南之民及衍王侯妃主世胄子弟爲景軍人所掠或自相賣鬻漂流入國者蓋以數十萬口加以饑饉死亡所在塗地江左遂爲丘墟矣初衍崇信佛道於建業起同泰寺又於故宅立光宅寺於鍾山立大愛敬寺兼營長干二寺皆窮工極巧殫竭財力百姓苦之嘗設齋會自以身施同泰寺爲奴其朝臣三表不許於是內外百官共歛珍寶而贖之衍每禮佛捨其法服著乾陁袈裟令其王侯子弟皆受佛誡有事佛精苦者輒加以菩薩之號其臣下奏表上書亦稱衍爲皇帝菩薩衍所部刺史郡守初至官者皆責其上禮獻物多者便云稱職所貢微少言爲弱惰故其牧守在官皆競事聚歛劫剝細民以自封殖多妓妾粱肉金綺百姓怨苦咸不聊生又發召兵士皆須鏁械不爾便即逃散其王侯貴人奢婬無度弟兄子姪侍妾或及千數至乃回相贈遺其風俗頽喪綱維不舉若此衍自以持戒乃至祭其祖禰不設牢牲時人皆竊云雖僭司王者然其宗廟實不血食矣衍未敗前災其同泰寺衍祖父墓前石麟一旦亡失識者咸知其將滅也景又立衍子綱尋復殺之親屬並見屠害矣

史臣曰二蕭競塗泥之中同蝸角之戰或年纔三紀或身不獲終而偷名江徼自擬王者考之遂古所未前聞昔句踐致貢而延世夫差爭長而後死兩寇方之吳越不乃劣乎

魏書卷九十八考證

蕭衍傳是歲衍又改年爲大通○歷代甲子圖梁大通元年即魏孝昌三年此書于孝昌元年之下謂是歲改年大通互異

是年衍又改號爲中大通○歷代甲子圖歲在丁未梁改普通爲大通己酉又改中大通乙卯又改爲大同即東魏孝靜帝之天平二年也此書則于天平二年之下謂爲中大通

二年夏○二年上脫年號　臣人龍按本書孝靜帝紀號天平者凡四年至次年正月即改元爲元象又次年十一月即改元興和今上文云四年冬下文云興和二年春則此年當稱興和元年

是年衍改號大同○歷代甲子圖東魏興和二年爲梁大同六年與書互異

六年衍又改號爲中大同其年又改爲太清○歷代甲子圖梁中大同元年即東魏武定四年又梁太清元年即東魏武定五年與此互異

魏書卷九十九

齊　魏收　撰

列傳第八十七

私署涼州牧張寔　鮮卑乞伏國仁

鮮卑禿髮烏孤　私署涼王李暠

盧水胡沮渠蒙遜

張寔字安遜安定烏氏人父軌字士彥散騎常侍以晉室多難陰圖保據河西求爲涼州乃除持節護羌校尉涼州刺史桓帝西略也軌遣使貢其方物晉加號安西將軍封安樂鄉侯邑一千戶永嘉五年晉以軌爲鎮西將軍都督隴右諸軍事封霸城侯尋進車騎大將軍開府儀同三司愍帝即位進拜司空封西平公邑三千戶後拜侍中太尉涼州牧軌年老多疾拜寔撫軍大將軍副涼州刺史未幾軌風病積年三子代行州事閉絕音問莫能知者軌頗識天文每州內有賊與疾仰觀曰無能爲害終如其言寔代統任愍帝拜爲使持節都督涼州諸軍事西中郎將涼州刺史領護羌校尉西平公劉曜陷長安寔自稱侍中司空大都督涼州牧承制行事于時天下喪亂秦雍之民死者十八九唯涼州獨全寔自恃衆彊轉爲驕恣平文皇帝四年寔爲左右閻沙等所殺先是謠曰蛇利砲蛇利砲公頭墜地而不覺寔所住室梁間有人象而無頭久之乃滅寔惡之未幾見殺寔弟茂統任

茂字成遜私署使持節都督涼州諸軍事平西將軍護羌校尉涼州牧西平公誅閻沙等百餘人遣使朝貢茂妻弟賈模兄弟謀害茂茂殺之劉曜上隴茂懼而降曜以爲太師涼王茂卒無子寔子駿統任

駿字公庭自稱使持節大將軍護羌校尉涼州牧西平公遣使朝貢煬帝時隴西人辛晏以枹罕降之駿遂有河南之地至於狄道與石勒分境駿築南城起謙光殿於其中窮珍極巧又四面各起一殿東曰宜陽青殿南曰朱陽赤殿西曰正德白殿北曰玄武黑殿服章器物皆依色隨四時居之其旁有直省寺署一依方色其奢僭如此民以勞怨駿議治石田參軍索孚諫曰凡爲治者動不逆天機作不破地德昔后稷之播百穀不墾磐石禹決江河不逆流勢今欲徙石爲田運土殖穀計所損用畝盈百石所收不過三石而已竊所未安駿怒出孚爲伊吾都尉有石隕於破胡燋而碎聲如擊鼓聞七百里其處氣上黑如煙煙首如赤飆駿少而淫佚常夜出微行姦亂邑里少年皆化之性又貪惏有圖秦隴意以穀帛付民歲收倍利利不克者簿賣田宅分武威武興西平張掖酒泉建康西海西郡湟河晉興廣武十一郡爲涼州以長子重華爲刺史金興晉城武始南安永晉大夏武城漢中八郡爲河州以其寧戎校尉張瓘爲刺史敦煌晉昌高昌西域都護戊己校尉玉門大護軍三郡三營爲沙州以西胡校尉楊宣爲刺史駿私署大都督大將軍假涼王督攝三州始置諸祭酒郎中大夫舍人謁者之官官號皆擬天朝而微辨其名舞六佾建豹尾車服旌旗一如王者軌保涼州陰澹之力駿以陰氏門宗彊盛忌之乃逼澹弟鑒令自殺由是大失人情

駿既病見鑒爲祟遂死時建國九年也子重華統任

重華字太林私署使持節大都督太尉公護羌校尉涼州牧平西公假涼王石虎遣麻秋率衆渡河城於長最涼州震動司馬張耽薦主簿謝艾於重華重華任之艾擊斬秋將蔡母安等俘斬萬五千人重華遣使朝貢自署丞相涼王領秦雍涼三州牧重華死子曜靈統任

曜靈年十歲自稱大司馬涼州牧以重華兄祚爲撫軍將軍輔政祚先烝重華母馬氏密說馬氏以曜靈幼弱須立長君馬從之遂廢曜靈而立祚曜靈尋爲祚所殺

祚字太伯既統任自稱大將軍涼州牧涼公專爲姦虐駿及重華子女未嫁者皆烝之涼州人士咸賦牆茨初重華末年有螽斯蟲集安昌門外緣壁逆行都尉常據諫曰螽斯是祚小字今乃逆行災之大者願出之重華曰子孫繁昌之徵何爲災也吾昨夢祚攝位方委以周公之事輔翼世子而祚終殺曜靈焉自署涼王立宗廟置百官號和平元年遣使朝貢又追加軌以下王號謚殺謝艾於酒泉郎中丁琪諫祚僭竊祚斬琪於闕下發諸神祀山川枯竭置五都尉司人姦過禁四品以下不得衣繒帛庶人不得畜奴婢乘車馬百姓怨憤有光狀如車蓋聲如雷震動城邑仲夏降霜有神降自稱玄冥與人交語祚日夜祈之神言與其福利祚信焉衆知祚必敗而祚暴虐彌甚明年祚河州刺史張瓘起兵討祚驍騎將軍宋混率衆應瓘混進攻姑臧祚遣侍中索孚伐瓘有王鸞者云師出必敗并陳祚三不道祚以妖言惑衆斬之鸞臨刑曰我死之後軍敗於外王死於內祚族之宋混至姑臧領軍趙長等開宮門應之入殿稱萬歲祚以長等破混也出勞之長以槊刺祚中額祚奔入爲厨士徐黑所殺暴尸道左城內咸稱萬歲瓘等立重華少子玄靚統任

玄靚字元安自署使持節大都督大將軍涼王以瓘爲尚書令涼州牧秉政宋混爲尚書僕射瓘性猜惡賞罰皆以愛憎無復綱紀郎中殷郇陳損益諫瓘瓘曰虎生三日能食肉不須人教由是莫有言者瓘與玄靚參乘出城城北大橋三梁俱折瓘惡之乃日日散錢帛樹私惠而都街殺人朝朝不絕思爲亂者十室而九東苑大冢上忽有池水城東大澤地忽火然廣數里乃殺宿嫌牛旋等以應水火之變瓘謀誅諸宋廢玄靚自立先是太白守輿鬼占者以爲州分當有暴兵故瓘欲猒之於是宋混率衆誅瓘瓘先殺妻子三十口乃自殺玄靚以混爲驃騎大將軍尚書令混病死弟玄安代輔政以旱祈帶石山玄安欲登之弟名犯世宗諱曰世人云登此山者破家身亡玄安曰安有此也策馬登之馬倒傷足御史房屋柱自燃燋折或曰柱之爲字也左木右主宋字舍木木燋宋破而主存災之大也宜防之又所乘馬五匹一夜中鬣尾禿人曰尾之爲字也尸下毛毛去尸絕滅之徵玄安曰吉凶在天知可如何未幾玄安司馬張邕起兵殺玄安盡誅宋氏先是謠曰滅宋者田土子邕一名野邕刑殺過差內外復思爲亂駿少子天錫因民心起兵殺邕以冠軍大將軍輔政玄靖庶母郭氏以天錫擅權與張氏疎宗謀誅之事發天錫殺玄靖而自立

天錫字純嘏一名公純私署使持節大都督大將軍護羌校尉涼州牧涼王有火然於泥中天錫驕恣婬昏不恤民務元日與嬖人褻飲既闕二字羣臣朝賀又不省其母從事中郎張慮輿櫬切諫且求大觀天錫不納昭成末苻堅遣將苟萇伐涼州破之天錫降於萇初駿時謠曰劉新婦簸米石新婦炊羖羝蕩滌簸張兒張兒食之口正披是時姑臧及諸郡國童兒皆歌之謂劉曜石虎竝伐涼州不克至堅而降之也天錫至長安堅拜爲尚書堅敗於壽春天錫奔建康

鮮卑乞伏國仁出於隴西其先如弗自漠北南出五代祖祐隣并兼諸部部衆漸盛父司繁擁部落降於苻堅以爲南單于又拜鎮西將軍鎮勇士川司繁死國仁代統任苻堅之伐司馬昌明以國仁爲前將軍領騎先鋒及堅之敗國仁叔步頹叛於隴右堅令國仁討之步頹大悅迎而推之招集部落衆十餘萬太祖時私署大都督大將軍大單于秦州河州牧號年建義署置官屬分部內爲十一郡築勇士城以都之國仁死

弟乾歸統事自署大都督大將軍大單于河南王改年爲太初置百官登國中遷於金城南門自壞乾歸惡之遷於苑川尋爲姚興所破又奔枹罕遂降姚興興拜爲河州刺史封歸義侯尋還苑川乾歸乃背姚興私稱秦王置百官年號更始遣使請援太宗許之後乾歸田於五谿梟集其手尋爲兄子公府所殺子熾磐殺公府代統位

熾磐自稱大將軍河南王改年爲永康後襲禿髮傉檀於樂都滅之乃私署秦王置百官改年爲建洪後遣其尚書郎莫胡積射將軍乞伏又寅等貢黃金二百斤請伐赫連昌世祖許之及世祖平統萬熾磐乃遣其叔平遠將軍泥頭弟安遠將軍度質於京師又使其中書侍郎王愷丞相從事中郎烏訥闐奉表貢其方物熾磐死子暮末統任

暮末字安石跋既立改年爲永洪其尚書隴西辛進曾隨熾磐遊於後園進彈烏丸誤傷暮末母面至是殺進五族二十七人暮末弟殊羅蒸熾磐左夫人禿髮氏暮末知而禁之殊羅懼與叔父什寅謀殺暮末禿髮氏盜門鑰於內鑰誤門者告暮末收其黨與盡殺之欲鞭什寅什寅曰我負汝死不負汝鞭暮末怒刳其腹投屍於河什寅母弟白養及去列頗有怨言又殺之政刑酷濫內外崩離部民多叛人思亂矣後爲赫連定所逼遣王愷烏訥闐請迎於世祖世祖許以安定以西平涼以東封之暮末乃焚城邑毀寶器率戶萬五千至高田谷爲赫連定所拒遂保南安世祖遣使迎之暮末衛將軍吉毗固諫以爲不宜內徙暮末從之赫連定遣其北平公韋代率衆一萬攻南安城內大飢人相食神䴥四年暮末及宗族五百餘人出降送於上邽

鮮卑禿髮烏孤八世祖匹孤自塞北遷于河西其地東至麥田牽屯西至濕羅南至澆河北接大漠匹孤死子壽闐統任初母孕壽闐因寢產於被中乃名禿髮其俗爲被覆之義五世祖樹機能壯果多謀略晉泰始中殺秦州刺史胡烈於高斜堆敗涼州刺史蘇愉于金山咸寧中又斬涼州刺史楊欣於丹嶺盡有涼州之地後爲部民沒骨所殺從弟務丸統任務丸曾孫思復犍部衆稍盛卽烏孤父也思復犍死烏孤統任皇始初呂光拜烏孤益州牧左賢王烏孤私署大都督大將軍大單于西平王年號太初天興初烏孤又稱武威王徙治樂都置車騎將軍已下分立郡縣烏孤因酒走馬馬倒傷脇笑曰幾爲呂光父子所喜既而遂死

弟涼州牧西平公利鹿孤統任徙治西平改年建和使使朝貢遣弟車騎將軍傉檀拒呂纂纂士馬精銳軍人大懼傉檀下馬據胡牀以安衆情乃貫甲交戰破纂軍二千餘級利鹿孤私署百官自丞相以下利鹿孤死

傉檀統任私署涼王還居樂都年號洪昌遣使朝貢天賜中傉檀詐降姚興興以傉檀爲涼州刺史遂據姑臧與沮渠蒙遜戰於均石爲蒙遜所敗傉檀又爲赫連屈丐所破於陽武以數千騎奔南山幾爲追騎所得懼東西寇至乃徙三百里內民於姑臧姚興乘釁遣將姚弱等至於城下傉檀驅牛羊於野弱衆採掠傉檀因分擊大破之弱乃退還傉檀又自署涼王署百官改號嘉平永興中蠢衆伐沮渠蒙遜爲蒙遜所敗於窮泉單馬歸姑臧懼蒙遜所滅乃遷于樂都蒙遜以兵圍之築室反耕爲持久之計傉檀以子保周爲質於蒙遜蒙遜乃還神瑞初傉檀率騎擊乙弗虜大有擒獲而乞伏熾磐乘虛襲樂都克之執傉檀子虎臺以下傉檀聞之曰若歸熾磐便爲奴僕豈忍見妻子在他懷中也引衆而西衆皆離散傉檀曰蒙遜熾磐昔皆委質於吾今而歸之不亦鄙哉四海之廣無所容身何其痛乎既乃歎曰吾老矣寧見妻子而死遂降熾磐熾磐待以上賓之禮用爲驃騎大將軍封左南公歲餘鴆殺之傉檀少子賀後來奔自有傳

李暠字玄盛小字長生隴西狄道人也漢前將軍廣之後曾祖柔晉相國從事中郎北地太守祖弇張祚武衛將軍父昶早卒暠遺腹子也皇始中呂光建康太守段業自稱涼州牧以敦煌太守孟敏爲沙州刺史暠爲效穀令敏死敦煌護軍郭謙等推暠爲寧朔將軍敦煌太守業私稱涼王暠詐臣於業業以暠爲鎮西將軍天興中暠私署大都督大將軍護羌校尉秦涼二州牧涼公年號庚子居敦煌遣使朝貢天賜中改年建初遷於酒泉歲修職貢暠死子歆統任

歆字士業自稱大都督大將軍護羌校尉涼州牧涼公號年嘉興元年大破沮渠蒙遜於解支澗獲七千餘級遣使朝貢歆聞蒙遜南伐乞伏乃起兵攻張掖其母尹氏謂歆曰汝新造之國地狹民希蒙遜驍武汝非其敵吾觀其數年以來經謀規略有兼并之志且天時人事似欲歸之度德量力春秋之義先王遺令深慎兵戰保境寧民俟時而動言猶在耳奈何忘之汝必行也非唯師敗國亦亡矣歆不從遂率步騎三萬東伐次于都瀆澗蒙遜自浩亹拒歆戰于懷城爲蒙遜所敗左右勸歆還酒泉歆曰吾違太后明敕遠取敗辱不殺此胡復何面目見吾母也勒衆復戰敗于蓼泉爲蒙遜所殺蒙遜遂克酒泉歆之未敗有一大蛇從南門而入至歆恭德殿前有雙雉飛出宮內通街大樹上有烏鵲爭巢鵲爲烏所殺敦煌父老令狐熾夢一白頭公帢衣而謂曰南風動吹長木胡桐椎不中轂言訖忽然不見歆小字桐椎至是而亡

歆弟敦煌太守恂復自立于敦煌稱冠軍將軍涼州刺史蒙遜攻恂于敦煌三面起堤以水灌城恂請降不許城陷恂自殺蒙遜克敦煌恂兄繇子寶後入國自有傳

胡沮渠蒙遜本出臨松盧水其先爲匈奴左沮渠遂以官爲氏蒙遜滑稽有權變頗曉天文爲諸胡所歸呂光

殺其伯父西平太守羅仇蒙遜聚衆萬餘屯於金山與從兄晉昌太守男成共推建康太守段業爲使持節太都督龍驤大將軍涼州牧建康公稱神璽元年業以蒙遜爲張掖太守封臨池侯男成爲輔國將軍委以軍國之任業自稱涼王以蒙遜爲尚書左丞忌蒙遜威名微疎遠之天興四年蒙遜內不自安請爲安西太守蒙遜欲激怒其衆乃密誣告男成叛逆業殺之蒙遜泣告衆陳欲復讎之意男成素有恩信衆情怨憤泣而從之蒙遜因舉兵攻殺業私署使持節大都督大將軍涼州牧張掖公號年永安居張掖永興中蒙遜克姑臧遷居之改號玄始元年自稱河西王置百官丞郎以下頻遣使朝貢蒙遜寢於新臺閹人王懷祖斫蒙遜傷足蒙遜妻孟氏擒懷祖斬之蒙遜聞劉裕滅姚泓怒甚有校書郎言事於蒙遜蒙遜曰汝聞劉裕入關敢妍妍然也遂殺之其峻暴如此泰常中蒙遜克李歆尋滅燉煌後改年承玄神䴥中遣尚書郎宗舒左常侍高猛朝貢上表曰伏惟陛下天縱叡聖德超百王陶育齊於二儀洪基隆於三代然鍾運多難九服紛擾神旗暫擁車書未同上靈降祐祚歸有道純風一鼓殊方革面羣生幸甚率土齊欣臣誠弱才效無可錄幸遇重光思竭力命自欣投老得覩盛化冀終餘年憑倚皇極前後奉表貢使相望去者杳然寂無旋返未審津塗寇險竟不仰達爲天朝高遠未蒙齒錄屏營戢灼無地自措往年侍郎郭祗等還奉被詔書三接之恩始隆萬里之心有賴今極難之餘開秦唯始誘勸既加引納彌篤老臣見存遐外無棄仰荷愷悌之仁俯蹈康哉之詠然商胡後至奉公卿書援引歷數安危之機厲以竇融知命之美顧惟情願實深悚惕何者臣不自揆遠託大蔭庶微誠上宣天鑒下降若萬國來庭百辟陛賀高蹈先至之端獨步知機之首但世難尚殷情願未遂章表頻修滯懷不暢許身於國款誠莫表致惑羣后貽慮公卿辭旨紛紜抑引重沓不在同獎之例未達拱辰之心延首一隅低回四極臣歷觀符瑞候察天時未有過於皇魏踰於陛下加以靈啓聖姿幼登天位美詠侔於成康道化踰於文景方將振神綱以掩六合灑玄澤以潤八荒況在秦隴荼炭之餘直是老臣盡效之會後蒙遜遣子安周內侍世祖遣兼太常李順持節拜蒙遜爲假節加侍中都督涼州西域羌戎諸軍事太傅行征西大將軍涼州牧涼王冊曰昔我皇祖胄自黃軒總御羣才攝服戎夏疊曜重光不殞其舊逮于太祖應期協運大業唯新奄有區宇受命作魏降及太宗廣闢崇基政和民阜朕承天緒思廓宇縣然時運或否雰霧四張赫連跋扈於關西大檀陸梁於漠北戎夷負阻江淮未賓是用自東徂西戎軒屢駕賴宗廟靈長將士宣力克翦兇渠震服疆獷四方漸泰表裏無塵王先識機運經略深遠與朕協同厥功洪茂當今運鍾時季僭逆憑陵有土者莫不跨峙一隅有民者莫不榮其私號不遵衆星拱極之道不慕細流歸海之義而王深悟大體率由典章任土貢珍愛子入侍勳義著焉道業存焉惟王乃祖乃父有土有民論功德則無二於當時言氏族則始因於世爵古先帝王褒賢賞德莫不胙土分民建爲藩輔是以周成命太公以表東海襄王錫晉文大啓南陽是用割涼州之武威張掖敦煌酒泉西海金城西平七郡封王爲涼王受茲素土苴以白茅用建家社爲魏室藩輔盛衰存亡與魏升降夫功高則爵尊德厚則任重又加命王入贊百揆謀謨帷幄出征不懷登攝侯伯其以太傅行征西大將軍仗鉞秉旄鷹揚河右遠祛王略懷柔荒隅北盡于窮髮南極於庸岷西被于崐嶺東至于河曲王實征之以夾輔皇室又命王建國署將相羣卿百官承制假授除文官刺史以還武官撫軍以下建天子旌旗出入警蹕如漢初諸侯王故事欽哉惟時往踐乃職祗服朕命協亮天工俾九德咸事無忝庶官用終爾顯德對揚我皇祖之休烈崔浩之辭也蒙遜又改稱義和元年延和二年四月蒙遜死遣使監護喪事謚曰武宣王蒙遜性婬忌忍於刑戮閨庭之中略無風禮

第三子牧犍統任自稱河西王遣使請朝命先是世祖遣李順迎蒙遜女爲夫人會蒙遜死牧犍受蒙遜遺意送妹於京師拜右昭儀改稱承和元年世祖又遣李順拜牧犍使持節侍中都督涼沙河三州西域羌戎諸軍事車騎將軍開府儀同三司領護西戎校尉涼州刺史河西王牧犍以無功授賞乃留順上表乞安平一號優詔不許牧犍尚世祖妹武威公主遣其相宋繇表謝獻馬五百匹黃金五百斤繇又表請公主及牧犍母妃后定號朝議謂禮母以子貴妻從夫爵牧犍母宜稱河西國太后公主於其國內可稱王后於京師則稱公主詔從之牧犍遣其將軍沮渠旁周朝京師世祖遣侍中古弼尚書李順賜其侍臣衣服有差并徵世子封壇入侍牧犍乃遣封壇朝於京師太延五年世祖遣尚書賀多羅使涼州且觀虛實以牧犍雖稱蕃致貢而內多乖悖於是親征之詔公卿爲書讓之曰王外從正朔內不捨僭罪一也民籍地圖不登公府任土作貢不入司農罪二也既荷王爵又授僞官取兩端之榮邀不二之寵罪三也知朝廷志在懷遠固違聖略切稅商胡以斷行旅罪四也揚言西戎高自驕大罪五也坐自封殖不欲入朝罪六也北託叛虜南引仇池憑援谷渾提挈爲姦罪七也承勑過限輒假征鎮罪八也欣敵之全幸我之敗侮慢王人供不以禮罪九也既婚帝室寵踰功舊方恣慾情蒸婬其嫂罪十也既違伉儷之體不篤婚姻之義公行酖毒規害公主罪十一也備防王人候守關要有如寇讎罪十二也爲臣如是其可恕乎先令後誅王者之典也若親率羣臣委贄郊迎謁拜馬首上策也六軍既臨面縛輿櫬又其次也如其守迷窮城不時悛悟身死族滅爲世大戮宜思厥中自求多福也官軍濟河牧犍曰何故爾也用其左丞姚定國計不肯出迎求救於蠕蠕又遣弟董來率兵萬餘人拒官軍於城南戰退車駕至姑臧遣使喻牧犍令出牧犍聞蠕蠕內侵於善無幸車駕返旆遂嬰城自守牧犍兄子祖踰城出降具知其情世祖乃引諸軍進攻牧犍兄子萬年率麾下又來降城拔牧犍與左右文武面縛請罪詔釋其縛徙涼州民三萬餘家于京師初太延中有一父老投書於敦煌城東門忽然不見其書一紙八字文曰涼王三十年若七年又於震電之所得石丹書曰河西三十年破帶石樂七年帶石山名在姑臧南山祀傍泥陷不通牧犍征南大將軍董來曰祀豈有知乎遂毀祀伐木通道而行牧犍立果七年而滅如其言牧犍婬嫂李氏兄弟三人傳嬖之李與牧犍姊共毒公主上遣解毒醫乘傳救公主得愈上徵李氏牧犍不遣厚送居於酒泉上大怒既克猶以妹壻待之其母死以王太妃禮葬焉又爲蒙遜置守墓三十家改授牧犍征西大將軍王如故初官軍未入之間牧犍使人斫開府庫取金銀珠玉及珍奇器物不更封閉小民因之入盜巨細蕩盡有司求賊不得真君八年其所親人及守藏者告之上乃窮竟其事搜其家中悉得所藏器物又告牧犍父子多畜毒藥前後隱竊殺人乃有百數姊妹皆爲左道朋行婬佚曾無愧顏始罽賓沙門曰曇無讖東入鄯善自云能使鬼治病令婦人多子與鄯善王妹曼頭陁林私通發覺亡奔涼州蒙遜寵之號曰聖人曇無讖以男女交接之術教授婦人蒙遜諸女子婦皆往受法世祖聞諸行人言曇無讖之術乃召曇無讖蒙遜不遣遂發露其事拷訊殺之至此帝知之於是賜昭儀沮渠氏死誅其宗族唯萬年及祖以前先降得免是年人又告牧犍猶與故臣民交通謀反詔司徒崔浩就公主第賜牧犍死牧犍與主訣良久乃自裁葬以王禮謚曰哀王及公主薨詔與牧犍合葬公主無男有女以國甥親寵得襲母爵爲武威公主

蒙遜子秉字季義世祖以其父故拜東雍州刺史險詖多端真君中遂與河東蜀薛安都謀逆至京師付其兄弟扼而殺之

萬年祖並以先降萬年拜安西將軍張掖王祖爲廣武公萬年後爲冀定二州刺史復坐謀逆與祖俱死初牧犍之敗也弟樂都太守安周南奔吐谷渾世祖遣鎮南將軍奚眷討之牧犍弟酒泉太守無諱奔晉昌乃使弋陽公元絜守酒泉真君初無諱圍酒泉絜輕之出城與語爲無諱所執絜所部相率固守無諱仍圍之糧盡爲無諱所陷無諱又圍張掖不能克退保臨松遂還世祖下詔喻之時永昌王健鎮涼州無諱使其中尉梁偉詣健求奉酒泉又送絜及統帥兵士于健軍二年春世祖遣兼鴻臚持節策拜無諱爲征西大將軍涼州牧酒泉王尋以無諱復規叛逆復遣鎮南將軍南陽公奚眷討酒泉克之無諱遂謀渡流沙遣安周西擊鄯善鄯善王恐懼欲降會魏使者勸令拒守安周遂與連戰不能克退保東城三年春鄯善王比龍西奔且末其世子乃從安周鄯善大亂無諱遂渡流沙士卒渴死者大半仍據鄯善先是高昌太守闞爽爲李寶舅唐契所攻聞無諱至鄯善遣使詐降欲令無諱與唐契相擊無諱留安周住鄯善從焉耆東北趣高昌會蠕蠕殺唐契爽拒無諱無諱將衛興奴詐誘爽遂屠其城爽奔蠕蠕無諱因留高昌五年夏無諱病死安周代立後爲蠕蠕國所幷

史臣曰周德之衰七雄競跱咸分割神州睥睨尊極至是張寔等介在人外地實戎墟大爭鵄張潛懷不遜其不知量固爲甚矣蛇虺相噬終爲擒滅宜哉

魏書卷九十九考證

張寔傳茂妻弟賈模〇臣人龍按晉書張茂傳云涼州大姓賈摹寔之妻弟也此以爲茂之妻弟與晉書異又按茂傳有手莫頭圖涼州之謠則字當從手上莫

軌保涼州陰澹之力〇臣人龍按本傳不載陰澹事晉書張軌傳云治中楊澹馳詣長安訴軌被誣此云陰澹又云駿以陰氏門宗強盛忌之未知孰誤

禿髮烏孤傳殺秦州刺史胡烈於高斛堆〇高斛堆晉

書載記作萬斛堆

李暠傳祖太張祚武衞將軍〇晉書載記李暠祖弇仕張軌爲武衞將軍後追尊爲涼景公義熙元年奉表稱亡祖武衞守將軍天水太守安世亭侯弇則此太字乃弇字之訛也

魏書卷一百

齊　魏收　撰

列傳第八十八

高句麗　百濟　勿吉　失韋　豆莫婁
地豆于　庫莫奚　契丹　烏洛侯

高句麗者出於夫餘自言先祖朱蒙朱蒙母河伯女爲夫餘王閉於室中爲日所照引身避之日影又逐旣而有孕生一卵大如五升夫餘王棄之與犬犬不食棄之與豕豕又不食棄之於路牛馬避之後棄之野衆鳥以毛茹之夫餘王割剖之不能破遂還其母其母以物裹之置於暖處有一男破殼而出及其長也字之曰朱蒙其俗言朱蒙者善射也夫餘人以朱蒙非人所生將有異志請除之王不聽命之養馬朱蒙每私試知有善惡駿者減食令瘦駑者善養令肥夫餘王以肥者自乘以瘦者給朱蒙後狩于田以朱蒙善射限之一矢朱蒙雖矢少殪獸甚多夫餘之臣又謀殺之朱蒙母陰知告朱蒙曰國將害汝以汝才略宜遠適四方朱蒙乃與烏引烏違等二人棄夫餘東南走中道遇一大水欲濟無梁夫餘人追之甚急朱蒙告水曰我是日子河伯外孫今日逃走追兵垂及如何得濟於是魚鼈並浮爲之成橋朱蒙得渡魚鼈乃解追騎不得渡朱蒙遂至普述水遇見三人其一人著麻衣一人著衲衣一人著水藻衣與朱蒙至紇升骨城遂居焉號曰高句麗因以爲氏焉初朱蒙在夫餘時妻懷孕朱蒙逃後生一子字始閭諧及長知朱蒙爲國主卽與母亡而歸之名之曰閭達委之國事朱蒙死閭達代立閭達死子如栗代立如栗死子莫來代立乃征夫餘夫餘大敗遂統屬焉莫來子孫相傳至裔孫宮生而開目能視國人惡之及長凶虐國以殘破宮曾孫位宮亦生而視人以其似曾祖宮故名爲位宮高句麗呼相似爲位位宮亦有勇力便弓馬魏正始中入寇遼西安平爲幽州刺史母丘儉所破其玄孫乙弗利利子釗烈帝時與慕容氏相攻擊建國四年慕容元眞率衆伐之入自南陜戰於木底大破釗軍乘勝長驅遂入丸都釗單馬奔竄元眞掘釗父墓載其屍幷掠其母妻珍寶男女五萬餘口焚其宮室毀丸都城而還自後釗遣使來朝阻隔寇讎不能自達釗後爲百濟所殺世祖時釗曾孫璉始遣使者安東奉表貢方物幷請國諱世祖嘉其誠款詔下帝系名諱於其國遣員外散騎侍郎李敖拜璉爲都督遼海諸軍事征東將軍領護東夷中郎將遼東郡開國公高句麗王敖至其所居平壤城訪其方事云遼東南一千餘里東至柵城南至小海北至舊夫餘民戶參倍於前魏時其地東西二千里南北一千餘里民皆土著隨山谷而居衣布帛及皮土田薄塉蠶農不足以自供故其人節飲食其俗婬好歌舞夜則男女羣聚而戲無貴賤之節然潔淨自喜其王好治宮室其官名有謁奢太奢大兄小兄之號頭著折風其形如弁旁插鳥羽貴賤有差立則反拱跪拜曳一脚行步如走常以十月祭天國中大會其公會衣服皆錦繡金銀以爲飾好蹲踞食用俎几出三尺馬云本朱蒙所乘馬種卽果下也後貢使相尋歲致黃金二百斤白銀四百斤時馮文通率衆奔之世祖遣散騎常侍封撥詔璉令送文通璉上書稱當與文通俱奉王化竟不送世祖怒欲往討之樂平王丕等議待後舉世祖乃止而文通亦尋爲璉所殺後文明太后以顯祖六宮未備勑璉令薦其女璉奉表云女已出嫁求以弟女應旨朝廷許焉乃遣安樂王眞尚書李敷等至境送幣璉惑其左右之說云朝廷昔與馮氏婚姻未幾而滅其國殷鑒不遠宜以方便辭之璉遂上書妄稱女死朝廷疑其矯詐又遣假散騎常侍程駿切責之若女審死者聽更選宗淑璉云若天子恕其前愆謹當奉詔會顯祖崩乃止至高祖時璉貢獻倍前其報賜亦稍加焉時光州於海中得璉所遣詣蕭道成使餘奴等高祖詔責璉曰道成親殺其君竊號江左朕方欲興滅國於舊邦繼絕世於劉氏而卿越境外交遠通篡賊豈是藩臣守節之義今不以一過掩卿舊款卽送還藩其感恕思愆祗承明憲輯寧所部動靜以聞太和十五年璉死年百餘歲高祖舉哀於東郊遣謁者僕射李安上策贈車騎大將軍太傅遼東郡開國公高句麗王謚曰康又遣大鴻臚拜璉孫雲使持節都督遼海諸軍事征東將軍領護東夷中郎將遼東郡開國公高句麗王賜衣冠服物車旗之飾又詔雲遣世子入朝令及郊丘之禮雲上書辭疾惟遣其從叔升于隨使詣闕嚴責之自此歲常貢獻正始中世祖於東堂引見其使芮悉弗悉弗進曰高麗係誠天極累葉純誠地產土毛無愆王貢但黃金出自夫餘珂則涉羅所產今夫餘爲勿吉所逐涉羅爲百濟所幷國王臣雲惟繼絕之義悉遷于境內二品所以不登王府實兩賊是爲世宗曰高麗世荷上將專制海外九夷黠虜實得征之瓶罄罍恥誰之咎也昔方貢之愆責在連率卿宜宣朕旨於卿主務盡威懷之略揃披害羣輯寧東裔使二邑還復舊墟土毛無失常貢也神龜中雲死靈太后爲舉哀於東堂遣使策贈車騎大將軍領護東夷校尉遼東郡開國公高句麗王又拜其世子安爲安東將軍領護東夷校尉遼東郡開國公高句麗王正光初光州又於海中執得蕭衍所授安寧東將軍衣冠劒佩及使人江法盛等送於京師安死子延立出帝初詔加延使持節散騎常侍車騎大將軍領護東夷校尉遼東郡開國公高句麗王賜衣冠服物車旗之飾天平中詔加延侍中驃騎大將軍餘悉如故延死子成立訖於武定末其貢使無歲不至

百濟國其先出自夫餘其國北去高句麗千餘里處小海之南其民土著地多下濕率皆山居有五穀其衣服飲食與高句麗同延興二年其王餘慶始遣使上表曰臣建國東極豺狼隔路雖世承靈化莫由奉藩瞻望雲闕馳情罔極涼風微應伏惟皇帝陛下協和天休不勝係仰之情謹遣私署冠軍將軍駙馬都尉弗斯侯長史餘禮龍驤將軍帶方太守司馬張茂等投舫波阻搜徑玄津託命自然之運遣進萬一之誠冀神祇垂感皇靈洪覆克達天庭宣暢臣志雖旦聞夕沒永無餘恨又云臣與高句麗源出夫餘先世之時篤崇舊款其祖釗輕廢鄰好親率士衆陵踐臣境臣祖須整旅電邁應機馳擊矢石暫交梟斬釗首自爾已來莫敢南顧自馮氏數終餘燼奔竄醜類漸盛遂見陵逼構怨連禍三十餘載財殫力竭轉自孱踧若天慈曲矜遠及無外速遣一將來救臣國當奉送鄙女執掃後宮幷遣子弟牧圉外廐尺壤匹夫不敢自有又云今璉有罪國自魚肉大臣彊族戮殺無已罪盈惡積民庶崩離是滅亡之期假手之秋也且馮族士馬有鳥畜之戀樂浪諸郡懷首丘之心天威一舉有征無戰臣雖不敏志效畢力當率所統承風響應且高麗不義逆詐非一外慕隗囂藩卑之辭內懷兇禍豕突之行或南通劉氏或北約蠕蠕共相脣齒謀陵王略昔唐堯至聖致罰丹水孟嘗稱仁不捨塗詈涓流之水宜早壅塞今若不取將貽後悔去庚辰年後臣西界小石山北國海中見屍十餘幷得衣器鞍勒視之非高麗之物後聞乃是王人來降臣國長蛇隔路以沉于海雖未委當深懷憤恚昔宋戮申舟楚莊徒跣鷂撮放鳩信陵不食克敵建名美隆無已夫以區區偏鄙猶慕萬代之信況陛下合氣天地勢傾山海豈令小豎跨塞天逵今上所得鞍一以爲實驗顯祖以其僻遠冒險朝獻禮遇優厚遣使者邵安與其使俱還詔曰得表聞之無恙甚喜卿在東隅處五服之外不遠山海歸誠魏闕欣嘉至意用戢于懷朕承萬世之業君臨四海統御羣生今宇內淸一八表歸義襁負而至者不可稱數風俗之和士馬之盛皆餘禮等親所聞見卿與高麗不穆屢致陵犯苟能順義守之以仁亦何憂於寇讎也前所遣使浮海以撫荒外之國從來積年往而不返存亡達否未能審悉卿所送鞍比校舊乘非中國之物不可以疑似之事以生必然之過經略權要已具別旨又詔曰知高麗阻彊侵軼卿土修先君之舊怨棄息民之大德兵交累載難結荒邊使兼申胥之誠國有楚越之急乃應展義扶微乘機電舉但以高麗稱藩先朝供職日久於彼雖有自昔之釁於國未有犯令之愆卿使命始通便求致伐尋討事會理亦未周故往年遣禮等至平壤欲驗其由狀然高麗奏請頻煩辭理俱詣行人不能抑其請司法無以成其責故聽其所啓詔禮等還若今復違旨則過咎益露後雖自陳無所逃罪然後興師討之於義爲得九夷之國世居海外道暢則奉藩惠戢則保境故羈縻著於前典楛貢曠於歲時卿備陳彊弱之形具列往代之迹俗殊事異擬貺乖衷洪規大略具致猶在今中夏平一宇內無虞每欲陵威東極懸旌域表拯荒黎於偏方舒皇風於遠服身由高麗卽敍未及卜征今若不從詔旨則卿之來謀載協朕意元戎啓行將不云遠便可豫率同興具以待事時遣報使速究彼情師舉之日卿爲鄉導之首大捷之後又受元功之賞不亦善乎所獻錦布海物雖不悉達明卿至心今賜雜物如別又詔璉護送安等安等至高句麗璉稱昔與餘慶有讎不令東過安等於是皆還乃下詔切責之五年使安等從東萊浮海賜餘慶璽書褒其誠節安等至海濱遇風飄蕩竟不達而還

勿吉國在高句麗北舊肅愼國也邑落各自有長不相總一其人勁悍於東夷最彊言語獨異常輕豆莫婁等

國諸國亦患之去洛五千里自和龍北二百餘里有善玉山山北行十三日至祁黎山又北行七日至如洛瓌水水廣里餘又北行十五日至太魯水又東北行十八日到其國國有大水濶三里餘名速末水其地下濕築城穴居屋形似塚開口於上以梯出入其國無牛有車馬佃則偶耕車則步推有粟及麥穄菜則有葵水氣鹹凝鹽生樹上亦有鹽池多豬無羊嚼米醞酒飲能至醉婦人則布裙男子豬犬皮裘初婚之夕男就女家執女乳而罷便以爲定仍爲夫婦俗以人溺洗手面頭插虎豹尾善射獵弓長三尺箭長尺二寸以石爲鏃其父母春夏死立埋之冢上作屋不令雨濕若秋冬以其屍捕貂貂食其肉多得之常七八月造毒藥傅箭鏃射禽獸中者便死煮藥毒氣亦能殺人國南有徒太山魏言太皇有虎豹羆狼不害人人不得山上溲汙行逕山者皆以物盛去延興中遣使乙力支朝獻太和初又貢馬五百匹乙力支稱初發其國乘船泝難河西上至太沵河沉船於水南出陸行渡洛孤水從契丹西界達和龍自云其國先破高句麗十落密共百濟謀從水道并力取高句麗遣乙力支奉使大國請其可否詔勑三國同是藩附宜共和順勿相侵擾乙力支乃還從其來道取得本船泛達其國九年復遣使侯尼支朝獻明年復入貢其傍有大莫盧國覆鍾國莫多回國庫婁國素和國具弗伏國匹黎尒國拔大何國郁羽陵國庫伏真國魯婁國羽真侯國前後各遣使朝獻太和十二年勿吉復遣使貢楛矢方物於京師十七年又遣使人婆非等五百餘人朝獻景明四年復遣使侯力歸等朝貢自此迄于正光貢使相尋爾後中國紛擾頗或不至興和二年六月遣使石久云等貢方物至於武定不絶

失韋國在勿吉北千里去洛六千里路出和龍北千餘里入契丹國又北行十日至啜水又北行三日有蓋水又北行三日有犢了山其山高大周回三百餘里又北行三日有大水名屈利又北行三日至刃水又北行五日到其國有大水從北而來廣四里餘名㮈水國土下濕語與庫莫奚契丹豆莫婁國同頗有粟麥及穄唯食豬魚養牛馬俗又無羊夏則城居冬逐水草亦多貂皮丈夫索髮用角弓其箭尤長女婦束髮作叉手髻其國少竊盜盜一徵三殺人者責馬三百匹男女悉衣白鹿皮襦袴有麴釀酒俗愛赤珠爲婦人飾穿挂於頸以多爲貴女不得此乃至不嫁父母死男女聚哭三年屍則置於林樹之上武定二年四月始遣使張焉豆伐等獻其方物迄武定末貢使相尋

豆莫婁國在勿吉國北千里去洛六千里舊北扶餘也在失韋之東東至於海方二千里其人土著有宮室倉庫多山陵廣澤於東夷之域最爲平敞地宜五穀不生五果其人長大性彊勇謹厚不寇抄其君長皆以六畜名官邑落有豪帥飲食亦用俎豆有麻布衣制類高麗而幅大其國大人以金銀飾之用刑嚴急殺人者死沒其家人爲奴婢俗婬尤惡妬婦妬者殺之尸其國南山上至腐女家欲得輸牛馬乃與之或言本穢貊之地也

地豆于國在失韋西千餘里多牛羊出名馬皮爲衣服無五穀惟食肉酪延興二年八月遣使朝貢至于太和六年貢使不絶十四年頻來犯塞高祖詔征西大將軍陽平王頤擊走之自後時朝京師迄武定末貢使不絶

庫莫奚國之先東部宇文之別種也初爲慕容元真所破遺落者竄匿松漠之間其民不潔淨而善射獵好爲寇鈔登國三年太祖親自出討至弱洛水南大破之獲其四部落馬牛羊豕十餘萬帝曰此羣狄諸種不識德義互相侵盜有犯王略故往征之且鼠竊狗盜何足爲患今中州大亂吾先平之然後張其威懷則無所不服矣既而車駕南還雲中懷服燕趙十數年間諸種與庫莫奚亦皆滋盛乃開遼海置戍和龍諸夷震懼各獻方物高宗顯祖世庫莫奚歲致名馬文皮高祖初遣使朝貢太和四年輒入塞內辭以畏地豆于鈔掠詔書切責之二十二年入寇安州營燕幽三州兵數千人擊走之後復款附每求入塞與交易詔曰庫莫奚去太和二十一年以前與安營二州邊民參居交易往來並無疑貳至二十二年叛逆以來遂爾遠竄今雖款附猶在塞表每請入塞與民交易若抑而不許乖其歸向之心聽而不虞或有萬一之警不容依先任其交易事宜限節交市之日州遣上佐監之自是已後歲常朝獻至於武定末不絶

契丹國在庫莫奚東異種同類俱竄於松漠之間登國中國軍大破之遂逃迸與庫莫奚分背經數十年稍滋蔓有部落於和龍之北數百里多爲寇盜真君以來求朝獻歲貢名馬顯祖時使莫弗紇何辰奉獻得班饗於諸國之末歸而相謂言國家之美心皆忻慕於是東北羣狄聞之莫不思服悉萬丹部何大何部伏弗郁部羽陵部日連部匹絜部黎部吐六于部等各以其名馬文皮入獻天府遂求爲常皆得交市於和龍密雲之間貢獻不絶太和三年高句麗竊與蠕蠕謀欲取地豆于以分之契丹懼其侵軼其莫弗賀勿于率其部落車三千乘衆萬餘口驅徙雜畜求入內附止於白狼水東自此歲常朝貢後告饑高祖矜之聽其入關市糴及世宗肅宗時恒遣使貢方物熙平中契丹使人祖真等三十人還靈太后以其俗嫁娶之際以青氈爲上服人給青氈兩匹賞其誠款之心餘依舊式朝貢至齊受禪常不絶

烏洛侯國在地豆于之北去代都四千五百餘里其土下濕多霧氣而寒民冬則穿地爲室夏則隨原阜畜牧多豕有穀麥無大君長部落莫弗皆世爲之其俗繩髮皮服以珠爲飾民尚勇不爲姦竊故慢藏野積而無寇盜好獵射樂有箜篌木槽革面而施九弦其國西北有完水東北流合于難水其地小水皆注於難東入于海又西北二十日行有于已尼大水所謂北海也世祖真君四年來朝稱其國西北有國家先帝舊墟石室南北九十步東西四十步高七十尺室有神靈民多祈請世祖遣中書侍郎李敞告祭焉刊祝文於室之壁而還

史臣曰夷狄之於中國羈縻而已高麗歲修貢職東藩之冠榮哀之禮致自天朝亦爲優矣其他碌碌咸知款貢豈牛馬內向東風入律者也

魏書卷一百考證

地豆于傳二十二年入寇安州○寇監本誤作塞今改正又二十二年北史作二十年

烏洛侯傳無大君長部落莫弗皆世爲之○臣人龍按北史室韋國傳云南室韋分爲二十五部每部有餘莫弗瞞咄猶酋長也北室韋分爲九部落其部落渠帥號乞引莫賀咄每部有莫何弗三人以貳之則此云莫弗亦酋長名也

魏書卷一百一

齊　魏收　撰

列傳第八十九

氐　吐谷渾　宕昌　高昌
鄧至　蠻　獠

氐者西夷之別種號曰白馬三代之際蓋自有君長而世一朝見故詩稱自彼氐羌莫敢不來王也秦漢以來世居岐隴以南漢川以西自立豪帥漢武帝遣中郎將郭昌衛廣滅之以其地爲武都郡自汧渭抵於巴蜀種類實繁或謂之白氏或謂之故氐各有侯王受中國封拜漢建安中有楊騰者爲部落大帥騰勇健多計略始徙居仇池仇池方百頃因以爲號四面斗絶高七里餘羊腸蟠道三十六回其上有豐水泉煑土成鹽騰後有名千萬者魏拜爲百頃氐王千萬孫名飛龍漸彊盛晉武帝假平西將軍無子養外甥令狐茂搜爲子惠帝元康中茂搜自號輔國將軍右賢王羣氐推以爲主關中人士流移者多依之愍帝以爲驃騎將軍左賢王茂搜死子難敵統位與弟堅頭分部曲難敵自號左賢王屯下辨堅頭號右賢王屯河池難敵死子毅立自號使持節龍驤將軍左賢王下辨公以堅頭子盤爲使持節冠軍將軍右賢王河池公臣晉晉以毅爲征南將軍三年毅族兄初襲殺毅并有其衆自立爲仇池公臣於石虎後稱藩於晉永和十年改初爲天水公十一年毅小弟宋奴使姑子梁三王因侍直手刃殺初初子國率左右誅三王及宋奴復自立爲仇池公桓溫表國爲秦州刺史國子安爲武都太守十二年國從叔俊復殺國自立國子安叛苻生殺俊復稱藩於晉安死子世自立爲仇池公晉太和三年以世爲秦州刺史弟統爲武都太守世死統廢世子纂自立統一名德纂聚黨襲殺統自立爲仇池公遣使詣簡文帝以纂爲秦州刺史晉咸安元年苻堅遣楊安伐纂剋之徙其民於關中空百頃之地宋奴之死二子佛奴佛狗逃奔苻堅堅以妻佛奴子定拜爲尚書領軍苻堅之敗關右擾亂定盡力於堅堅死乃率衆奔隴右徙治歷城去仇池百二十里置倉儲於百頃招夷夏得千餘家自稱龍驤將軍仇池公稱藩於晉孝武帝以其自號假之後以爲秦州刺史登國四年遂有秦州之地自號隴西王後爲乞伏乾歸所殺無子佛狗子盛先爲監國守仇池乃統事自號征西將軍秦州刺史仇池公諡定爲武王分諸氐羌爲二十部護軍各爲鎮戍不置郡縣遂有漢中之地仍稱藩于晉天興初遣使朝貢詔以盛爲征南大將軍仇池王隔礙姚興不得歲通貢使盛以兄子撫爲平南將軍梁州刺史守漢中劉裕永初中封盛爲武都王盛死私諡曰惠文王子玄統位玄子黃眉號征西大將軍開府儀同三司秦州刺史武都王雖稱藩於劉義隆仍奉晉永熙之號後始用義隆元嘉正朔初盛謂玄曰吾年已老當終爲晉臣汝善事宋帝故玄奉焉玄善於待士爲流舊所懷始光四年世祖遣大鴻臚公孫軌拜玄爲征南大將軍都督梁州刺史南秦王玄上表請比內藩許之玄死私諡孝昭王子保宗統位初玄臨終謂弟難當曰今境候未

寧方須撫慰保宗沖昧吾投卿國事其無墜先勳難當固辭請立保宗以輔之保宗既立難當妻姚氏謂難當曰國險宜立長君反事孺子非久計難當從之廢保宗而自立稱藩于劉義隆難當拜保宗爲鎮南將軍鎮石昌以次子順爲鎮東將軍秦州刺史守上邽保宗謀襲難當事泄被繫先是四方流人以仇池豐實多往依附流人有許穆之郝恢之二人投難當竝改姓爲司馬穆之自云名飛龍恢之自云名康之云是晉室近戚康之尋爲人所殺時劉義隆梁州刺史甄法護刑政不理義隆遣刺史蕭思話代任難當以思話未至遣將舉兵襲梁州破白馬遂有漢中之地尋而思話使其司馬蕭承之先驅進討所向剋捷遂平梁州因又附義隆難當後釋保宗遣鎮董亭保宗與兄保顯歸京師世祖拜保宗征南大將軍秦州牧武都王尚公主保顯爲鎮西將軍晉壽公後遣大鴻臚崔頤拜難當爲征南大將軍儀同三司領護西羌校尉秦梁二州牧南秦王難當後自立爲大秦王號年日建義立妻爲王后世子爲太子置百官具擬天朝然猶貢獻于劉義隆不絕尋而其國大旱多災異降大秦王復爲武都王太延初難當立鎮上邽世祖遣車騎大將軍樂平王丕等督河西高平諸軍取上邽又詔諭難當難當奉詔攝守尋而傾國南寇規有蜀土襲義隆益州攻涪城又伐巴西獲維州流人七千餘家還于仇池義隆怒遣將裴方明等伐之難當爲方明所敗棄仇池與千餘騎奔上邽世祖遣中山王辰迎之赴行宮方明既剋仇池以保宗弟保熾守之河間公齊擊走之先是詔保宗鎮上邽又詔鎮駱谷復其本國保宗弟文德先逃氐中乃說保宗令叛事泄齊執保宗送京師詔難當殺之氐羌立文德屯于濁水文德自號征西將軍秦河梁三州牧仇池公求援於義隆義隆封文德爲武都王遣偏將房亮之等助之齊逆擊禽亮之文德奔守葭蘆武都陰平氐多歸之詔淮陽公皮豹子等率諸軍討之文德走漢中收其妻子僚屬資糧及保宗妻公主送京師賜死初公主勸保宗反人問曰背父母之邦若何公主曰禮婦人外成因夫而榮事立據守一方我亦一國之母豈比小縣之主以此得罪高宗時拜難當營州刺史還爲外都大官卒謚曰忠子和隨父歸國別賜爵仇池公子德襲難當爵早卒子小眼襲例降爲公拜天水太守卒子大眼別有傳小眼子公熙襲爵正光中尚書右丞張普惠爲行臺送租於南秦東益普惠啓公熙俱行至南秦以氐反不得進遣公熙先慰氐東益州刺史魏子建以公熙險薄密令訪察公熙果有潛謀將爲叛亂子建仍報普惠令其攝錄普惠急追公熙竟不肯赴東出漢中普惠表列其事公熙大行賄賂終得免罪後爲假節別將與都督元志同守岐州爲秦賊莫折天生所虜死於秦州文德後自漢中入統汧隴遂有陰平武興之地後爲劉義隆荆州刺史劉義宣所殺保宗之執也子元和奔義隆以爲武都白水太守元和據城歸順高宗嘉之拜征南大將軍武都王內徙京師元和從叔僧嗣復自稱武都王於葭蘆僧嗣死從弟文度自立爲武興王遣使歸順顯祖授文度武興鎮將既而復叛高祖初征西將軍皮歡喜攻葭蘆破之斬文度首文度弟弘小名鼠犯顯祖廟諱以小名稱鼠自爲武興王遣使奉表謝罪貢其方物高祖納之鼠遣子苟奴入侍拜鼠都督南秦州刺史征西將軍西戎校尉武都王鼠死從子後起統任高祖復以鼠爵授之鼠子集始爲白水太守後起死以集始爲征西將軍武都王集始後朝于京師拜都督南秦州刺史安南大將軍領護南蠻校尉漢中郡侯武興王賜以車旗戎馬錦綵繒纊等尋還武興進號鎮南將軍加督寧湘等五州諸軍事後仇池鎮將楊靈珍襲破武興集始遂入蕭賾景明初集始來降還授爵位歸守武興死子紹先立拜都督南秦州刺史征虜將軍漢中郡公武興王贈集始車騎大將軍開府儀同三司謚安王紹先年幼委事二叔集起集義夏侯道遷以漢中歸順也蕭衍白馬戍主尹天保率衆圍之道遷求援於集起集義二人貪保邊藩不欲救之唯集始弟集朗心願立功率衆破天保全漢川集朗之力也集義見梁益既定恐武興不得久爲外藩遂扇動諸氐推紹先僭稱大號集起集義竝稱王外引蕭衍爲援安西將軍邢巒遣建武將軍傅豎眼攻武興剋之執紹先送于京師遂滅其國以爲武興鎮復改鎮爲東益州前後鎮將唐法樂刺史杜纂邢豹以威惠失衆氐豪仇石柱等相率反叛朝廷以西南爲憂正光中詔魏子建爲刺史以恩信招撫風化大行遠近款附如內地焉後唐永代子建爲州未幾氐人悉反永棄城東走自此復爲氐地其後紹先奔還武興復自立爲王

吐谷渾本遼東鮮卑徒河涉歸子也涉歸一名弈洛韓有二子庶長曰吐谷渾少曰若洛廆涉歸死若洛廆代統部落別爲慕容氏涉歸之存也分戶七百以給吐谷渾吐谷渾與若洛廆二部馬鬭相傷若洛廆怒遣人謂吐谷渾曰先公處分與兄異部何不相遠而馬鬭相傷吐谷渾曰馬是畜耳食草飲水春氣發動所以關鬭在馬而怒及人乖別甚易今當去汝萬里之外若洛廆悔遣舊老及長史七那樓追謝留之吐谷渾曰我乃祖以來樹德遼右先公之世卜筮之言云有二子當享福祚竝流子孫我是卑庶理無竝大今以馬致乖殆天所啓諸君試驅馬令東馬若還東我當隨去卽令從騎擁馬令回數百步欻然悲鳴突走而西聲若頹山如是者十餘輩一回一迷樓力屈乃跪曰可汗此非復人事渾謂其部落曰我兄弟子孫竝應昌盛廆當傳子及曾玄孫其間可百餘年我及玄孫間始當顯耳於是遂西附陰山後假道上隴若洛廆追思吐谷渾作阿于歌徒河以兄爲阿于也子孫僭號以此歌爲輦後鼓吹大曲吐谷渾遂徙上隴止於枹罕暨甘松南界昂城龍涸從洮水西南極白蘭數千里中逐水草廬帳而居以肉酪爲糧西北諸種謂之阿柴虜吐谷渾死有子六十人長子吐延身長七尺八寸勇力過人性刻暴爲昂城羌酋姜聰所刺劒猶在體呼子葉延語其大將紇拔埿曰吾氣絕棺斂訖便速去保白蘭地既險遠又土俗懦弱易控御葉延小兒欲授餘人恐倉卒終不能相制今以葉延付汝竭股肱之力以輔之孺子得立吾無恨也抽劒而死有子十二人葉延少而勇果年十歲縛草爲人號曰姜聰每旦輒射之射中則嗥叫泣涕其母曰讐賊諸將已屠膾之汝年小何煩朝朝自苦葉延嗚咽若不自勝答母曰誠知無益然罔極之心不勝其痛性至孝母病三日不食葉延亦不食頗視書傳自謂曾祖弈洛韓始封昌黎公吾爲公孫之子案禮公孫之子得以王父字爲氏遂以吐谷渾爲氏焉葉延死子碎奚立性淳謹三弟專權碎奚不能制諸大將共誅之奚憂哀不復攝事遂立子視連爲世子委之事號曰莫賀郎華言父也碎奚遂以憂死視連立以父憂思不遊娛酣宴十五年死弟視羆立死子樹洛干等竝幼弟烏紇提立而妻樹洛干母生二子慕璝利延烏紇提一名大孩死樹洛干立自號車騎將軍是歲晉義熙初也樹洛干死弟阿豺立自號驃騎將軍沙州刺史部內有黃沙周回數百里不生草木因號沙州阿豺兼并羌氐地方數千里號爲彊國田于西彊山觀墊江源問於羣臣曰此水東流有何名由何郡國入何水也其長史曾和曰此水經仇池過晉壽出宕渠號墊江至巴郡入江度廣陵會於海阿豺曰水尚知有歸吾雖塞表小國而獨無所歸乎遣使通劉義符獻其方物義符封爲澆河公未及拜受劉義隆元嘉三年又加除命又將遣使朝貢會暴病臨死召諸子弟告之曰先公車騎捨其子虔以大業屬吾吾豈敢忘先公之舉而私於緯代其以慕璝繼事阿豺有子二十人緯代長子也阿豺又謂曰汝等各奉吾一隻箭折之地下俄而命母弟慕利延曰汝取一隻箭折之慕利延折之又曰汝取十九隻箭折之延不能折阿豺曰汝曹知否單者易折衆則難摧戮力一心然後社稷可固言終而死兄子慕璝立先是阿豺時劉義隆命竟未至而死慕璝又奉表通義隆義隆又授隴西公慕璝招集秦涼亡業之人及羌戎雜夷衆至五六百落南通蜀漢北交涼州赫連部衆轉盛世祖時慕璝始遣其侍郎謝大寧奉表歸國尋討禽赫連定送之京師世祖嘉之遣使者策拜慕璝爲大將軍西秦王慕璝表曰臣誠庸弱敢竭情欵俘禽僭逆獻捷王府爵秩雖崇而土不增廓車旗既飾而財不周賞願垂鑒察亮其單欵臣頃接寇逆彊境之人爲賊所抄流轉東下今皇化混一求還鄉土乞拂曰連窟略寒張華等三人家弱在此分乖可愍願并勑遣使恩洽遐荒存亡感戴世祖詔公卿朝會議答施行太尉長孫嵩及議郎博士二百七十九人議曰前者有司處以爲秦王荒外之君本非政教所及來則受之去則不禁皇威遠被西秦王慕義畏威稱臣納貢求受爵號議者以爲古者要荒之君雖人土衆廣而爵不擬華夏陛下加寵王官乃越常分容飾車旗班同上國至於繒絮多少舊典所無皆當臨時以制豐寡自漢魏以來撫接荒遐頗有故事呂后遺單于御車二乘馬二駟單于答馬千匹其後匈奴和親敵國遺繒絮不過數百呼韓邪稱臣身自入朝始至萬匹今西秦王若以土無桑蠶便當上請不得言財不周賞昔周室衰微齊侯小白一匡天下有賜胙之命無益土之賞晉侯重耳破楚城濮唯受南陽之田爲朝宿之邑西秦所致唯定而已塞外之人因時乘便侵入秦涼未有經略拓境之勳爵登上國統秦涼河沙四州之地而云土不增廓比聖朝於弱周而自同於五霸無厭之情其可極乎西秦王忠欵於朝廷原其本情必不至此或左右不敏因致斯累檢西秦流人賊時所抄悉在蒲坂今既稱藩四海咸泰天下一家可勑秦州送詣京師隨後遣還所請乞佛三人昔爲賓國之使來在王庭國破家遷卽爲臣妾可勿聽許制曰公卿之議未爲失體西秦王所收金城枹罕隴西之地彼自取之朕卽與之便是裂土何須復廓西秦欵至綿絹隨使疎數增益之非一匹而已自是慕

磧貢獻頗簡又通于劉義隆義隆封爲隴西王太延二年慕璝死弟慕利延立詔遣使者策謚慕璝曰惠王後拜慕利延鎭西大將軍儀同三司改封西平王以慕璝子元緒爲撫軍將軍時慕利延又通劉義隆義隆封爲河南王世祖征涼州慕利延懼遂率其部人西遁沙漠世祖以慕利延兄有禽赫連定之功遣使宣喻之乃還後慕利延遣使表謝書奏乃下詔襃獎之慕利延兄子緯代懼慕利延害己與使者謀欲歸國慕利延覺而殺之緯代弟叱力延等八人逃歸京師請兵討慕利延世祖拜叱力延歸義王詔晉王伏羅率諸將討之軍至大母橋慕利延兄子拾寅走河西伏羅遣將追擊之斬首五千餘級慕利延走白蘭慕利延從弟伏念長史𩿧鳩黎部大崇娥等率衆一萬三千落歸降後復遣征西將軍高涼王那等討之於白蘭慕利延遂入于闐國殺其王死者數萬人南征罽賓遣使通劉義隆求援獻烏丸帽女國金酒器胡王金釧等物義隆賜以牽車七年遂還舊土慕利延死樹洛干子拾寅立始邑於伏羅川其居止出入竊擬王者拾寅奉修貢職受朝廷正朔又受劉義隆封爵號河南王世祖遣使拜爲鎭西大將軍沙州刺史西平王後拾寅自恃險遠頗不恭命通使于劉或獻善馬四角羊或加之官號高宗時定陽侯曹安表拾寅今保白蘭多有金銀牛馬若擊之可以大獲議者咸以先帝忿拾寅兄弟不穆使晉王伏羅高涼王那再征之竟不能尅拾寅雖復遠遁軍亦疲勞今在白蘭不犯王塞不爲人患非國家之所急也若遣使招慰必求爲臣妾可不勞而定也王者之於四荒羈縻而已何必屠其國有其地安曰臣昔爲澆河戍將與之相近明其意勢若分軍出其左右拾寅必走保南山不過十日牛馬草盡人無所食衆必潰叛可一舉而定也從之詔陽平王新城建安王穆六頭等出南道南郡公李惠給事中公孫拔及安出北道以討之拾寅走南山諸軍濟河追之時軍多病諸將議賊已遠遁軍容已振今驅疲病之卒要難冀之功不亦過乎衆以爲然乃引還獲駝馬二十餘萬顯祖復詔上黨王長孫觀等率州郡兵討拾寅軍至曼頭山拾寅來逆戰觀等縱兵擊敗之拾寅宵遁於是思悔復修藩職遣別駕康盤龍奉表朝貢顯祖幽之不報其使拾寅部落大饑屢寇澆河詔平西將軍廣川公皮歡喜率敦煌枹罕高平諸軍爲前鋒司空上黨王長孫觀爲大都督以討之觀等軍入拾寅境芻其秋稼拾寅窘怖遣子詣軍表求改過觀等以聞顯祖以重勞將士乃下詔切責之徵其任子拾寅遣子斤入侍顯祖尋遣斤還拾寅後復擾掠邊人遣其將良利守洮陽枹罕所統枹罕鎭將西郡公楊鍾葵貽拾寅書以責之拾寅表曰奉詔聽臣還舊土故遣良利守洮陽若不追前恩求令洮陽貢其土物辭旨懇切顯祖許之自是歲脩職貢太和五年拾寅死子度易侯立遣其侍郎時眞貢方物提上表稱嗣事後度易侯伐宕昌詔讓之賜錦綵一百二十匹喻令悛改所掠宕昌口累部送時還易侯竝奉詔死子伏連籌立高祖欲令入朝表稱疾病輒脩洮陽泥和城而置戍焉文明太后崩使人告凶伏連籌拜命不恭有司請伐之高祖不許羣臣以其受詔不敬不宜納所獻高祖曰拜受失禮乃可加以告責所獻土毛乃是臣之常道杜棄所獻便是絕之縱欲改悔其路無由矣詔曰朕在哀疚之中未有征討而去春枹罕表取其洮陽泥和二戍時以此既邊將之常即便聽許及偏師致討二戍望風請降執訊二千餘人又得婦女九百口子婦可悉還之伏連籌乃遣世子賀魯頭朝于京師禮錫有加拜伏連籌使持節都督西垂諸軍事征西將軍領護西戎中郎將西海郡開國公吐谷渾王麾旗章綬之飾皆備給之後遣兼員外散騎常侍張禮使於伏連籌伏連籌謂禮曰昔與宕昌通和恒見稱大王已則自名今忽名僕而拘執此使將命偏師往問其意禮曰君與宕昌竝爲魏藩而比輒有興動殊違臣節當發之日宰輔以爲君若反迷知罪則克保藩業脫守愚不改則禍難將至伏連籌遂嘿然及高祖崩遣使赴哀盡其誠敬伏連籌內修職貢外并戎狄塞表之中號爲彊富準擬天朝樹置官司稱制諸國以自誇大世宗初詔責之曰梁州表送卿報宕昌書梁彌邕與卿竝爲邊附語其國則隣藩論其位則同列而稱書爲表名報爲旨有司以國有常刑殷勤請討朕慮險遠多虞輕相搆惑故先宣此意善自三思伏連籌上表自申辭誠懇至終世宗世至于正光犛牛蜀馬及西南之珍無歲不至後秦州城人莫折念生反河西路絕涼州城人萬于菩提等東應念生囚刺史宋穎穎密遣求援於伏連籌伏連籌親率大衆救之遂獲保全自爾以後關徼不通貢獻路絕伏連籌死子夸呂立始自號爲可汗居伏俟城在青海西十五里雖有城郭而不居恒處穹廬隨水草畜牧其地東西三千里南北千餘里官有王公僕射尚書及郎將將軍之號夸呂推髻毦珠以皁爲帽坐金師子牀號其妻爲恪尊衣織成裙披錦大袍辮髮於後首戴金花冠其俗丈夫衣服略同於華夏多以羅冪爲冠亦以繒爲帽婦人皆貫珠貝束髮以多爲貴兵器有弓刀甲矟國無常賦須則稅富室商人以充用焉其刑罰殺人及盜馬者死餘則徵物以贖罪亦量事決杖刑人必以氈蒙頭持石從高擊之父兄死妻後母及嫂等與突厥俗同至于婚貧不能備財者輒盜女去死者亦皆埋殯其服制葬訖則除之性貪婪忍於殺害好射獵以肉酪爲糧亦知種田有大麥粟豆然其北界氣候多寒唯得蕪菁大麥故其俗貧多富少青海周回千餘里海內有小山每冬冰合後以良牝馬置此山至來春收之馬皆有孕所生得駒號爲龍種必多駿異吐谷渾嘗得波斯草馬放入海因生驄駒能日行千里世傳青海驄者是也土出犛牛馬多鸚鵡饒銅鐵朱砂地兼鄯善且末興和中齊獻武王作相招懷荒遠蠕蠕既附於國夸呂遣使致敬獻武王喻以大義徵其朝貢夸呂乃遣使人趙吐骨眞假道蠕蠕頻來又薦其從妹靜帝納以爲嬪遣員外散騎常侍傅靈樹使於其國夸呂又請婚乃以濟南王匡孫女爲廣樂公主以妻之此後朝貢不絕吐谷渾北有乙弗勿敵國風俗與吐谷渾同不識五穀唯食魚及蘇子蘇子狀若中國枸杞子北又有阿蘭國與鳥獸同不知鬭戰忽見異人舉國便走土無所出大養羣畜體輕工走逐之不可得北又有女王國以女爲主人所不知其傳云然

宕昌羌者其先蓋三苗之胤周時與庸蜀微盧等八國從武王滅商漢有先零燒當等世爲邊患其地東接中華西通西域南北數千里姓別自爲部落酋帥皆有地分不相統攝宕昌卽其一也俗皆土著居有屋宇其屋織犛牛尾及羖羊毛覆之國無法令又無徭賦惟戰伐之時乃相屯聚不然則各事生業不相往來皆衣裘褐收養犛牛羊豕以供其食父子伯叔兄弟死者卽以繼母叔母及嫂弟婦等爲妻俗無文字但候草木榮落記其歲時三年一相聚殺牛羊以祭天有梁懃者世爲酋帥得羌豪心乃自稱王焉懃孫彌忽世祖初遣子彌黃奉表求內附世祖嘉之遣使拜彌忽爲宕昌王賜彌黃爵甘松侯彌忽死孫虎子立其地自仇池以西東西千里席水以南南北八百里地多山阜人二萬餘落世脩職貢頗爲吐谷渾所斷絕虎子死彌治立虎子弟羊子先奔吐谷渾吐谷渾遣兵送羊子欲奪彌治位彌治遣使請救顯祖詔武都鎭將宇文生救之羊子退走彌治死子彌機立遣其司馬利住奉表貢方物楊文度之叛圍武都彌機遣其二兄率衆救武都破走文度高祖時遣使子橋表貢朱砂雌黃白石膽各一百斤自此後歲以爲常朝貢相繼後高祖遣鴻臚劉歸謁者張察拜彌機征南大將軍西戎校尉梁益二州牧河南公宕昌王後朝于京師殊無風禮朝罷高祖顧謂左右曰夷狄之有君不如諸夏之亡也宕昌王雖爲邊方之主乃不如中國一吏於是改授領護西戎校尉靈州刺史王如故賜以車騎戎馬錦綵等遣還國

高昌者車師前王之故地漢之前部地也東西二千里南北五百里四面多大山或云昔漢武遣兵西討師旅頓敝其中尤困者因住焉地勢高敞人庶昌盛因云高昌亦云其地有漢時高昌壘故以爲國號東去長安四千九百里漢西域長史戊己校尉竝居於此晉以其地爲高昌郡張軌呂光沮渠蒙遜據河西皆置太守以統之去敦煌十三日行國有八城皆有華人地多石磧氣候溫暖厥土良沃穀麥一歲再熟宜蠶多五果又饒漆有草名羊刺其上生蜜而味甚佳引水溉田出赤鹽其味甚美復有白鹽其形如玉高昌人取以爲枕貢之中國多蒲萄酒俗事天神兼信佛法國中羊馬牧在隱僻處以避寇非貴人不知其處北有赤石山七十里有貪汙山夏有積雪此山北鐵勒界也世祖時有闞爽者自爲高昌太守太延中遣散騎侍郎王恩生等使高昌爲蠕蠕所執眞君中爽爲沮渠無諱所襲奪據之無諱死弟安周代立和平元年爲蠕蠕所并蠕蠕以闞伯周爲高昌王其稱王自此始也太和初伯周死子義成立歲餘爲其兄首歸所殺自立爲高昌王五年高車王可至羅殺首歸兄弟以敦煌人張孟明爲王後爲國人所殺立馬儒爲王以鞏顧禮麴嘉爲左右長史二十一年遣司馬王體玄奉表朝貢請師迎接求舉國內徙高祖納之遣明威將軍韓安保率騎千餘赴之割伊吾五百里以儒居之至羊榛水儒遣禮嘉率步騎一千五百迎安保去高昌四百里而安保不至禮等還高昌安保亦還伊吾安保遣使韓興安等十二人使高昌儒復遣顧禮將其世子義舒迎安保至白棘城去高昌百六十里而高昌舊人情戀本土不願東遷相與殺儒而立麴嘉爲王嘉字靈鳳金城榆中人旣立又臣于蠕蠕那蓋顧禮與義舒隨安保至洛陽及蠕蠕主伏圖爲高車所殺嘉又臣高車初前部胡人悉爲高車所徙入於焉耆焉耆又爲嚈噠所破滅國人分散衆不自立請王於嘉嘉遣第二子爲焉耆王以主之熙平元年嘉遣兄子私署左

衛將軍田地太守孝亮朝京師仍求內徙乞軍迎援於是遣龍驤將軍孟威發涼州兵三千人迎之至伊吾失期而反於後十餘遣使獻珠像白黑貂裘名馬鹽杭等欵誠備至惟賜優旨卒不重迎三年嘉遣使朝貢世宗又遣孟威使詔勞之延昌中以嘉爲持節平西將軍瓜州刺史泰臨縣開國伯私署王如故熙平初遣使朝獻詔曰卿地隔關山境接荒漠頻請朝援徙國內遷雖來誠可嘉卽於理未怗何者彼之甿庶是漢魏遺黎自晉氏不綱因難播越成家立國世積已久惡徙重遷人懷戀舊今若動之恐異同之變爰在肘腋不得便如來表神龜元年冬孝亮復表求援內徙朝廷不許正光元年肅宗遣假員外將軍趙義等使於嘉嘉朝貢不絕又遣使奉表自以邊遐不習典誥求借五經諸史幷請國子助教劉燮以爲博士肅宗許之嘉死贈鎮西將軍涼州刺史子堅立於後關中賊亂使命遂絕普泰初堅遣使朝貢除平西將軍瓜州刺史泰臨縣伯王如故又加衛將軍至永熙中特除儀同三司進爲郡公後遂隔絕

鄧至者白水羌也世爲羌豪因地名號自稱鄧至其地自亭街以東平武以西汶嶺以北宕昌以南土風習俗亦與宕昌同其王像舒治遣使內附高祖拜龍驤將軍鄧至王遣貢不絕鄧至之西有赫羊等二十國時遣使朝貢朝廷皆授以雜號將軍子男渠帥之名

蠻之種類蓋盤瓠之後其來自久習俗叛服前史具之在江淮之間依託險阻部落滋蔓布於數州東連壽春西通上洛北接汝潁往往有焉其於魏氏之時不甚爲患至晉之末稍以繁昌漸爲寇暴矣自劉石亂後諸蠻無所忌憚故其族類漸得北遷陸渾以南滿於山谷宛洛蕭條略爲丘墟矣太祖既定中山聲教被於河表泰常八年蠻王梅安率渠帥數千朝京師求留質子以表忠欵始光中拜安侍子豹爲安遠將軍江州刺史順陽公興光中蠻王文武龍請降詔褒慰之拜南雍州刺史魯陽侯延興中大陽蠻酋桓誕擁沔水以北滍葉以南八萬餘落遣使內屬高祖嘉之拜誕征南將軍東荊州刺史襄陽王聽自選郡縣誕字天生桓玄之子也初玄西奔至枚回洲被殺誕時年數歲流竄大陽蠻中遂習其俗及長多智謀爲羣蠻所歸誕既內屬治於朗陵太和四年王師南伐誕請爲前驅乃授使持節南征西道大都督討義陽不果而還十年移居潁陽十六年依例降王爲公十七年加征南將軍中道大都督征竟陵遇還洛師停是時蕭賾征虜將軍直閤將軍蠻酋田益宗率部曲四千餘戶內屬襄陽酋雷婆思等十一人率戶千餘內徙求居大和川詔給廩食後開南陽令有沔北之地蠻人安堵不爲寇賊十八年誕入朝賞遇隆厚卒謚曰剛子暉字道進位龍驤將軍東荊州刺史襲爵景明初太陽蠻酋田育丘等二萬八千戶內附詔置四郡十八縣暉卒贈冠軍將軍三年魯陽蠻魯北鷰等聚衆攻逼潁川詔左衛將軍李崇討平之徙萬餘家於河北諸州及六鎮尋叛南走所在追討比及河殺之皆盡四年東荊州蠻樊素安反僭帝號正始元年素安弟秀安復反李崇楊大眼悉討平之二年蕭衍沔東太守田清喜擁七郡三十一縣戶萬九千遣使內附乞師討衍其雍州以東石城以西五百餘里水陸援路請率部曲斷之四年蕭衍永寧太守文雲生六部自漢東遣使歸附永平初東荊州表（闕二字）太守桓叔興前後招慰大陽蠻歸附者一萬七百戶請置郡十六縣五十詔前鎮東府長史酈道元檢行置之叔興卽暉弟也延昌元年拜南荊州刺史居安昌隸於東荊三年蕭衍遣兵討江沔破掠諸蠻百姓擾動蠻自相督率二萬餘人頻請統帥爲聲勢叔興給一統并威儀爲之節度蠻人遂安其年蕭衍雍州刺史蕭藻遣其將蔡令孫等三將寇南荊之西南沿襄沔上下破掠諸蠻蠻酋衍龍驤將軍樊石廉叛衍來請援叔興與石廉督集蠻夏二萬餘人擊走之斬令孫等三將藻又遣其新陽太守邵道林於沔水之南石城東北立清水戍爲抄掠之基叔興遣諸蠻擊破之四年叔興上表請不隸東荊許之蕭衍每有寇抄叔興必摧破之正光中叔興擁所部南叛蠻首成龍强率戶數千內附拜爲刺史蠻師田午生率戶二千內徙揚州拜爲郡守蕭衍義州刺史邊城王文僧明鐵騎將軍邊城太守田官德等率戶萬餘舉州內屬拜僧明平南將軍西豫州刺史封開封侯官德龍驤將軍義州刺史自餘封授各有差僧明官德竝入朝蠻出山至邊城建安者八九千戶義州尋爲蕭衍將裴邃所陷衍定州刺史田超秀亦遣使求附請援歷年朝廷恐輕致邊役未之許會超秀死其部曲相率內附徙之六鎮秦隴所在反叛二荊西郢蠻大擾動斷三鵶路殺都督寇盜至於襄城汝水百姓多被其害蕭衍遣將圖廣陵樊城諸蠻竝爲前驅自汝水以南處處鈔劫恣其暴掠連年攻討散而復合其暴滋甚又有冉氏向氏者陬落尤盛餘則大者萬家小者千戶更相崇僭稱王侯屯據二峽斷遏水路荊蜀行人至有假道者

獠者蓋南蠻之別種自漢中達于邛笮川洞之間所在皆有種類甚多散居山谷略無氏族之別又無名字所生男女唯以長幼次第呼之其丈夫稱阿謨阿段婦人阿夷阿等之類皆語之次第稱謂也依樹積木以居其上名曰干蘭干蘭大小隨其家口之數往往推一長者爲王亦不能遠相統攝父死則子繼若中國之貴族也獠王各有鼓角一雙使其子弟自吹擊之好相殺害多不敢遠行能臥水底持刀刺魚其口嚼食竝鼻飲死者豎棺而埋之性同禽獸至於忿怒父子不相避惟手有兵刃者先殺之若殺其父走避求得一狗以謝其母母得狗謝不復嫌恨若報怨相攻擊必殺而食之平常劫掠賣取猪狗而已親戚比隣指授相賣被賣者號哭不服逃竄避之乃將買人捕逐指若亡叛獲便縛之但經被縛者卽服爲賤隸不敢稱良矣亡失兒女一哭便止不復追思惟執楯持矛不識弓矢用竹爲簧羣聚鼓之以爲音節能爲細布色至鮮淨大狗一頭買一生口其俗畏鬼神尤尚淫祀所殺之人美鬢髯者必剝其面皮籠之於竹及燥號之曰鬼鼓舞祀之以求福利至有賣其昆季妻奴盡者乃自賣以供祭焉鑄銅爲器大口寬腹名曰銅爨既薄且輕易於熟食建國中李勢在蜀諸獠始出巴西渠川廣漢陽安資中攻破郡縣爲益州大患勢內外受敵所以亡也自桓溫破蜀之後力不能制又蜀人東流山險之地多空獠遂挾山傍谷與夏人參居者頗輸租賦在深山者仍不爲編戶蕭衍梁益二州歲歲伐獠以自裨潤公私頗藉爲利正始中夏侯道遷舉漢中內附世宗遣尚書邢巒爲梁益二州刺史以鎮之近夏人者安堵樂業在山谷者不敢爲寇後以羊祉爲梁州傅豎眼爲益州祉性酷虐不得物情蕭衍輔國將軍范季旭與獠王趙清荆率衆屯孝子谷祉遣統軍魏胡擊走之後蕭衍寧朔將軍姜白復擁夷獠入屯南城梁州人王法慶與之通謀衆屯於固門川祉遣征虜將軍（闕二字）討破之豎眼施恩布信大得獠和後以元法僧代傅豎眼爲益州法僧在任貪殘獠遂反叛勾引蕭衍軍圍逼晉壽朝廷憂之以豎眼先得物情復令乘傳往撫獠聞豎眼至莫不欣然拜迎道路於是而定及元恒元子真相繼爲梁州竝無德績諸獠苦之其後朝廷以梁益二州控攝險遠乃立巴州以統諸獠後以巴酋嚴始欣爲刺史又立隆城鎮所綰獠二十萬戶彼謂北獠歲輸租布又與外人交通貿易巴州生獠竝皆不順其諸頭王每於時節謁見刺史而已孝昌初諸獠以始欣貪暴相率反叛攻圍巴州山南行臺勉諭卽時散罷自是獠諸頭王相率詣行臺者相繼子建厚勞賚之始欣見中國多事又失彼心慮獲罪譴時蕭衍南梁州刺史陰子春扇惑邊陲始欣謀將南叛始欣族子愷時爲隆城鎮將密知之嚴設邏候遂禽蕭衍使人并封始欣詔書鐵券刀劍衣冠之屬表送行臺子建乃啓以鎮爲南梁州愷爲刺史發使執始欣囚於南鄭遇子建見代梁州刺史傅豎眼仍爲行臺豎眼久病其子敬紹納始欣重賂使得還州始欣乃起衆攻愷屠滅之據城南叛蕭衍將蕭玩率衆援接時梁益二州竝遣將討之攻陷巴州執始欣遂大破玩軍及斬玩以傳壘表爲刺史後元羅在梁州爲使陷自此遂絕

史臣曰氐羌蠻獠風俗各異嗜欲不同言語不通聖人因時設教所以達其志而通其俗也然而外寧必有內憂覽之者不可不誠愼也

魏書卷一百一考證

列傳第八十九○魏收書亡史臣論蓋略取北史

吐谷渾傳作阿于歌徒河以兄爲阿于也○于應作干晉書鮮卑謂兄爲阿干是也

通使於劉彧獻善馬四角羊彧加之官號○兩彧字監本俱誤作或北史云通使於宋獻善馬四角羊宋文帝加之官號彧文帝諱也今改正

魏書卷一百二

齊　魏　收　撰

列傳第九十

西域

夏書稱西戎卽序班固云就而序之非盛威武致其貢物也漢氏初開西域有三十六國其後分立五十五王置校尉都護以撫納之王莽篡位西域遂絕至於後漢班超所通者五十餘國西至西海東西萬里皆來朝貢復置都護校尉以相統攝其後或絕或通漢朝以爲勞斂中國其官時置時廢暨魏晉之後互相吞滅不可復

詳記焉。太祖初經營中原未暇及於四表既而西戎之貢不至有司奏依漢氏故事請通西域可以振威德於荒外又可致奇貨於天府太祖曰漢氏不保境安人乃遠開西域使海內虛耗何利之有今若通之前弊復加百姓矣遂不從歷太宗世竟不招納太延中魏德益以遠聞西域龜茲疏勒烏孫悅般渴槃陁鄯善焉耆車師粟特諸國王始遣使來獻世祖以西域漢世雖通有求則卑辭而來無欲則驕慢王命此其自知絕遠大兵不可至故也若報使往來終無所益欲不遣使有司奏九國不憚遐嶮遠貢方物當與其進安可豫抑後來乃從之於是始遣行人王恩生許綱等西使恩生出流沙爲蠕蠕所執竟不果達又遣散騎侍郎董琬高明等多齎錦帛出鄯善招撫九國厚賜之初琬等受詔便道之國可往赴之琬過九國北行至烏孫國其王得朝廷所賜拜受甚悅謂琬曰傳聞破洛那者舌皆思魏德欲稱臣致貢但患其路無由耳今使君等既到此可往二國副其慕仰之誠琬於是自向破洛那遣明使者舌烏孫王爲發導譯達二國琬等宣詔慰賜之已而琬明東還烏孫破洛那之屬遣使與琬俱來貢獻者十有六國自後相繼而來不間于歲國使亦數十輩矣初世祖每遣使西域常詔河西王沮渠牧犍令護送至姑臧牧犍恒發使導路出於流沙後使者自西域還至武威牧犍左右謂使者曰我君承蠕蠕吳提妄說云去歲魏天子自來伐我士馬疫死大敗而還我禽其長弟樂平王丕我君大喜宣言國中又聞吳提遣使告西域諸國稱魏已削弱今天下唯我爲彊若更有魏使勿復恭奉西域諸國亦有貳者牧犍事主稍以慢惰使還具以狀聞世祖遂議討牧犍涼州既平鄯善國以爲脣亡齒寒自然之道也今武威爲魏所滅次及我也若通其使人知我國事取亡必近不如絕之可以支久乃斷塞行路西域貢獻歷年不入後平鄯善行人復通始琬等使還京師具言凡所經見及傳聞傍國云西域自漢武時五十餘國後稍相并至太延中爲十六國分其地爲四域自蔥嶺以東流沙以西爲一域蔥嶺以西海曲以東爲一域者舌以南月氏以北爲一域兩海之間水澤以南爲一域內諸小渠長蓋以百數其出西域本有二道後更爲四出自玉門渡流沙西行二千里至鄯善爲一道自玉門渡流沙北行一千二百里至車師爲一道從莎車西行百里至蔥嶺蔥嶺西一千三百里至伽倍爲一道自莎車西南五百里蔥嶺西南一千三百里至波路爲一道焉自琬所不傳而更有朝貢者紀其名不能具國俗也其與前使所異者錄之

鄯善國都扜泥城古樓蘭國也去代七千六百里所都城方一里地多沙鹵少水草北卽白龍堆路至太延初始遣使來獻四年遣其弟素延耆入侍及世祖平涼州沮渠牧犍弟無諱走保敦煌無諱後謀渡流沙遣其弟安周擊鄯善王比龍恐懼欲降會魏使者自天竺罽賓還俱會鄯善勸比龍拒之遂與連戰安周不能剋退保東城後比龍懼率衆西奔且末其世子乃應安周鄯善人頗剽劫之令不得通世祖詔散騎常侍成周公萬度歸乘傳發涼州兵討之度歸到敦煌留輜重以輕騎五千渡流沙至其境時鄯善人衆布野度歸勑吏卒不得有所侵掠邊守感之皆望旗稽服其王眞達面縛出降度歸釋其縛留軍屯守與眞達詣京都世祖大悅厚待之是歲拜交趾公韓牧爲假節征西將軍領護西戎校尉鄯善王以鎭之賦役其人比之郡縣

且末國都且末城在鄯善西去代八千三百二十里眞君三年鄯善王比龍避沮渠安周之難率國人之半奔且末後役屬鄯善且末西北有流沙數百里夏日有熱風爲行旅之患風之所至唯老駝豫知之卽鳴而聚立埋其口鼻於沙中人每以爲候亦卽將氈擁蔽鼻口其風迅駛斯須過盡若不防者必至危斃

于闐國在且末西北蔥嶺之北二百餘里東去鄯善千五百里南去女國二千里去朱俱波千里北去龜茲千四百里去代九千八百里其地方亘千里連山相次所都城方八九里部內有大城五小城數十于闐城東三十里有首拔河中出玉石土宜五穀并桑麻山多美玉有好馬駝騾其刑法殺人者死餘罪各隨輕重懲罰之自外風俗物產與龜茲略同俗重佛法寺塔僧尼甚衆王尤信尚每設齋日必親自灑掃饋食焉城南五十里有贊摩寺卽昔羅漢比丘盧旃爲其王造覆盆浮圖之所石上有辟支佛跣處雙跡猶存于闐西五里有比摩寺云是老子化胡成佛之所俗無禮義多盜賊淫縱自高昌以西諸國人等深目高鼻唯此一國貌不甚胡頗類華夏城東二十里有大水北流號樹枝水卽黃河也一名計式水城西五十五里亦有大水名達利水與樹枝水會俱北流眞君中世祖詔高涼王那擊吐谷渾慕利延慕利延懼驅其部落渡流沙那進軍急追之慕利延遂西入于闐殺其王死者甚衆顯祖末蠕蠕寇于闐于闐患之遣使素目伽上表曰西方諸國今皆已屬蠕蠕奴世奉大國至今無異今蠕蠕軍馬到城下奴聚兵自固故遣使奉獻延望救援顯祖詔公卿議之公卿奏曰于闐去京師幾萬里蠕蠕之性惟習野掠不能攻城若爲所拒當已旋矣雖欲遣師勢無所及顯祖以公卿議示其使者亦以爲然於是詔之曰朕承天理物欲令萬方各安其所應勑諸軍以拯汝難但去汝遐阻雖復遣援不救當時之急已停師不行汝宜知之朕今練甲養卒一二歲間當躬率猛將爲汝除患汝其謹警候以待大舉先是朝廷遣使者韓羊皮使波斯波斯王遣使獻馴象及珍物經于闐于闐中于王秋仁輒留之假言慮有寇不達羊皮言狀顯祖怒又遣羊皮奉詔責讓之自後每使朝獻

蒲山國故皮山國也居皮城在于闐南去代一萬二千里其國西南三里有凍凌山後役屬于闐

悉居半國故西夜國也一名子合其王號子治呼犍在于闐西去代萬二千九百七十里太延初遣使來獻自後貢使不絕

權於摩國故烏秅國也其王居烏秅城在悉居半西南去代一萬二千九百七十里

渠莎國居故莎車城在子合西北去代一萬二千九百八十里

車師國一名前部其王居交河城去代萬五十里其地北接蠕蠕本通使交易世祖初始遣使朝獻詔行人王恩生許綱等出使恩生等始渡流沙爲蠕蠕所執恩生見蠕蠕吳提持魏節不爲之屈後世祖切讓吳提吳提懼乃遣恩生等歸許綱到敦煌病死朝廷壯其節賜諡曰貞初沮渠無諱兄弟之渡流沙也鳩集遺人破車師國眞君十一年車師王車夷落遣使琢進薛直上書曰臣亡父僻處塞外仰慕天子威德遣使表獻不空於歲天子降念賜遺甚厚及臣繼立亦不闕常貢天子垂矜亦不異前世敢緣至恩輒陳私艱臣國自無諱所攻擊經今八歲人民饑荒無以存活賊今攻臣甚急臣不能自全遂捨國東奔三分免一卽日已到焉耆東界思歸天闕幸垂賑救於是下詔撫慰之開焉耆倉給之正平初遣子入侍自後每使朝貢

且彌國都天山東于大谷在車師北去代一萬五百七十里本役屬車師

焉耆國在車師南都員渠城白山南七十里漢時舊國也去代一萬二百里其王姓龍名鳩尸卑那卽前涼張軌所討龍熙之胤所都城方二里國內凡有九城國小人貧無綱紀法令兵有弓刀甲矟婚姻略同華夏死亡者皆焚而後葬其服制滿七日則除之丈夫並剪髮以爲首飾文字與婆羅門同俗事天神並崇信佛法尤重二月八日四月八日是日也其國咸依釋教齋戒行道焉氣候寒土田良沃穀有稻粟菽麥畜有駝馬養蠶不以爲絲唯充綿纊俗尚蒲萄酒兼愛音樂南去海十餘里有魚鹽蒲葦之饒東去高昌九百里西去龜茲九百里皆沙磧東南去瓜州二千二百里恃地多險頗剽劫中國使世祖怒之詔成周公萬度歸討之約齎輕糧取食路次度歸入焉耆東界擊其邊守左回尉犁二城拔之進軍向員渠鳩尸卑那以四五萬人出城守險以拒度歸募壯勇短兵直往衝鳩尸卑那衆大潰盡虜之單騎走入山中度歸進屠其城四鄙諸戎皆降服焉耆爲國斗絕一隅不亂日久獲其珍奇異翫殊方譎詭不識之物橐駝馬牛雜畜巨萬時世祖幸陰山北宮度歸破焉耆露板至世祖省訖賜司徒崔浩書曰萬度歸以五千騎經萬餘里拔焉耆三城獲其珍奇異物及諸委積不可勝數自古帝王雖云卽序西戎有如指注不能控引也朕今手把而有之如何浩上書稱美遂命度歸鎭撫其人初鳩尸卑那走山中猶覬城不拔得還其國既見盡爲度歸所剋乃奔龜茲龜茲以其壻厚待之

龜茲國在尉犁西北白山之南一百七十里都延城漢時舊國也去代一萬二百八十里其王姓白卽後涼呂光所立白震之後其王頭繫綵帶垂之於後坐金師子牀所居城方五六里其刑法殺人者死劫賊則斷其一臂并刖一足稅賦準地徵租無田者則稅銀錢風俗婚姻喪葬物產與焉耆略同唯氣候少溫爲異又出細氈饒銅鐵鉛麖皮氍毹沙鹽綠雌黃胡粉安息香良馬犎牛等東有輪臺卽漢貳師將軍李廣利所屠者其南三百里有大河東流號計式水卽黃河也東去焉耆九百里南去于闐一千四百里西去疏勒一千五百里北去突厥牙帳六百餘里東南去瓜州三百里其東闕城戍寇竊非一世祖詔萬度歸率騎一千以擊之龜茲遣烏羯目提等領兵三千距戰度歸擊走之斬二百餘級大獲駝馬而還俗性多淫置女市收男子錢入官土多孔雀羣飛山谷間人取養而食之孳乳如雞鶩其王家恒有千餘隻云其國西北大山中有如膏者流出成川行數里入地如餳餬甚臭服之髮齒已落者能令更生病人服之皆愈自後每使朝貢

姑默國居南城在龜茲西去代一萬五百里役屬龜茲

溫宿國居溫宿城在姑默西北去代一萬五百五十里役屬龜茲

尉頭國居尉頭城在溫宿北去代一萬六百五十里役屬龜茲

烏孫國居赤谷城在龜茲西北去代一萬八百里其國數爲蠕蠕所侵西徙葱嶺山中無城郭隨畜牧逐水草太延三年遣使者董琬等使其國後每使朝貢

疏勒國在姑默西白山南百餘里漢時舊國也去代一萬一千二百五十里高宗末其王遣使送釋迦牟尼佛袈裟一長二丈餘高宗以審是佛衣應有靈異遂燒之以驗虛實置於猛火之上經日不然觀者莫不悚駭心形俱肅其王戴金師子冠土多稻粟麻麥銅鐵錫雌黃錦綿每歲常供送於突厥其都城方五里國內有大城十二小城數十人手足皆六指產子非六指者即不育勝兵二千人南有黃河西帶葱嶺東去龜茲千五百里西去鏺汗國千里南去朱俱波八九百里東北至突厥牙帳千餘里東南去瓜州四千六百里

悅般國在烏孫西北去代一萬九百三十里其先匈奴北單于之部落也爲漢車騎將軍竇憲所逐北單于度金微山西走康居其羸弱不能去者住龜茲北地方數千里衆可二十餘萬涼州人猶謂之單于王其風俗言語與高車同而其人清潔於胡俗剪髮齊眉以醍醐塗之昱昱然光澤日三澡漱然後飲食其國南界有火山山傍石皆燋鎔流地數十里乃凝堅人取爲藥即石流黃也與蠕蠕結好其王嘗將數千人入蠕蠕國欲與大檀相見入其界百餘里見其部人不浣衣不絆髮不洗手婦人舌舐器物王謂其從臣曰汝曹誑我入此狗國中乃馳還大檀遣騎追之不及自是相仇讎數相征討真君九年遣使朝獻幷送幻人稱能割人喉脉令斷擊人頭令骨陷皆血出或數升或盈斗以草藥內其口中令嚼咽之須臾血止養瘡一月復常又無痕瘢世祖疑其虛乃取死罪囚試之皆驗云中國諸名山皆有此草乃使人受其術而厚遇之又言其國有大術者蠕蠕來抄掠術人能作霖雨狂風大雪及行潦蠕蠕凍死漂亡者十二三是歲再遣使朝貢求與官軍東西齊契討蠕蠕世祖嘉其意命中外諸軍戒嚴以淮南王他爲前鋒襲蠕蠕仍詔有司以其鼓舞之節施於樂府自後每使貢獻

者至拔國都者至拔城在疏勒西去代一萬一千六百二十里其國東有潘賀那山出美鐵及師子

迷密國都迷密城在者至拔西去代一萬二千六百里正平元年遣使獻一峯黑橐駝其國東有山名郁悉滿山出金玉亦多鐵

悉萬斤國都悉萬斤城在迷密西去代一萬二千七百二十里其國南有山名伽色那山出師子每使朝貢

忸密國都忸密城在悉萬斤西去代二萬二千八百二十八里

洛那國故大宛國也都貴山城在疏勒西北去代萬四千四百五十里太和三年遣使獻汗血馬自此每使朝貢

粟特國在葱嶺之西古之奄蔡一名溫那沙居於大澤在康居西北去代一萬六千里先是匈奴殺其王而有其國至王忽倪已三世矣其國商人先多詣涼土販貨及克姑臧悉見虜高宗初粟特王遣使請贖之詔聽焉自後無使朝獻

波斯國都宿利城在忸密西古條支國也去代二萬四千二百二十八里城方十里戶十餘萬河經其城中南流土地平正出金銀鍮石珊瑚琥珀車渠馬腦多大真珠頗梨瑠璃水精瑟瑟金剛火齊鑌鐵銅錫朱砂水銀綾錦疊㲲氍毹毾㲪赤麖皮及薰陸鬱金蘇合青木等香胡椒蓽撥石蜜千年棗香附子訶梨勒無食子鹽綠雌黃等物氣候暑熱家自藏冰地多沙磧引水溉灌其五穀及鳥獸等與中夏略同唯無稻及黍稷土出名馬大驢及駝往往有日行七百里者富室至有數千頭又出白象師子大鳥卵有鳥形如橐駝有兩翼飛而不能高食草與肉亦能噉火其王姓波氏名斯坐金羊牀戴金花冠衣錦袍織成帔飾以真珠寶物其俗丈夫剪髮戴白皮帽貫頭衫兩廂近下開之亦有巾帔緣以織成婦女服大衫披大帔其髮前爲髻後披之飾以金銀花仍貫五色珠落之於膊王於其國內別有小牙十餘所猶中國之離宮也每年四月出遊處之十月乃還王即位以後擇諸子內賢者密書其名封之於庫諸子及大臣皆莫之知也王死衆乃發書視之其封內有名者即立以爲王餘子出各就邊任兄弟更不相見也國人號王曰醫囋妃曰防步率王之諸子曰殺野大官有摸胡壇掌國內獄訟泥忽汗掌庫藏開禁地早掌文書及衆務次有遏羅訶地掌王之內事薛波勃掌四方兵馬其下皆有屬官分統其事兵有甲矟圓排劍弩弓箭戰兼乘象百人隨之其刑法重罪懸諸竿上射殺之次則繫獄新王立乃釋之輕罪則劓刖若髡或剪半鬢及繫牌於項以爲恥辱犯彊盜者繫之終身姦貴人妻者男子流婦人割其耳鼻賦稅則準地輸銀錢俗事火神天神文字與胡書異多以姊妹爲妻妾自餘婚合亦不擇尊卑諸夷之中最爲醜穢矣百姓女年十歲以上有姿貌者王收養之有功勳人即以分賜死者多棄屍於山一月著服城外有人別居唯知喪葬之事號爲不淨人若入城市搖鈴自別以六月爲歲首尤重七月七日十二月一日其日人庶以上各相命召設會作樂以極懽娛又每年正月二十日各祭其先死者神龜中其國遣使上書貢物云大國天子天之所生願日出處常爲漢中天子波斯國王居和多千萬敬拜朝廷嘉納之自此每使朝獻

伏盧尼國都伏盧尼城在波斯國北去代二萬七千三百二十里累石爲城東有大河南流中有鳥其形似人亦有如橐駝馬者皆有翼常居水中出水便死城北有云尼山出銀珊瑚琥珀多師子

色知顯國都色知顯城在悉萬斤西北去代一萬二千九百四十里土平多五果

伽色尼國都伽色尼城在悉萬斤南去代一萬二千九百里出赤鹽多五果

薄知國都薄知城在伽色尼南去代一萬三千三百二十里多五果

牟知國都牟知城在忸密西南去代二萬二千九百二十里土平禽獸草木類中國

阿弗太汗國都阿弗太汗城在忸密西去代二萬三千七百二十里土平多五果

呼似密國都呼似密城在阿弗太汗西去代二萬四千七百里土平出銀琥珀有師子多五果

諾色波羅國都波羅城在忸密南去代二萬三千四百二十八里土平宜稻麥多五果

早伽至國都早伽至城在忸密西去代二萬三千七百二十八里土平少田植取稻麥於鄰國有五果

伽不單國都伽不單城在悉萬斤西北去代一萬二千七百八十里土平宜稻麥有五果

者舌國故康居國在破洛那西北去代一萬五千四百五十里太延三年遣使朝貢自是不絕

伽倍國故休密翕侯都和墨城在莎車西去代一萬三千里人居山谷間

折薛莫孫國故雙靡翕侯都雙靡城在伽倍西去代一萬三千五百里人居山谷間

鉗敦國故貴霜翕侯都護澡城在折薛莫孫西去代一萬三千五百六十里人居山谷間

弗敵沙國故肸頓翕侯都薄茅城在鉗敦西去代一萬三千六百六十里居山谷間

閻浮謁國故高附翕侯都高附城在弗敵沙南去代一萬三千七百六十里居山谷間

大月氏國都盧監氏城在弗敵沙西去代一萬四千五百里北與蠕蠕接數爲所侵遂西徙都薄羅城去弗敵沙二千一百里其王寄多羅勇武遂興師越大山南侵北天竺自乾陁羅以北五國盡役屬之世祖時其國人商販京師自云能鑄石爲五色瑠璃於是採礦山中於京師鑄之既成光澤乃美於西方來者乃詔爲行殿容百餘人光色映徹觀者見之莫不驚駭以爲神明所作自此中國瑠璃遂賤人不復珍之

安息國在葱嶺西都蔚搜城北與康居西與波斯相接在大月氏西北去代二萬一千五百里

大秦國一名黎軒都安都城從條支西渡海曲一萬里去代三萬九千四百里其海傍出猶渤海也而東西與渤海相望蓋自然之理地方六千里居兩海之間其地平正人居星布其王都城分爲五城各方五里周六十里王居中城城置八臣以主四方而王城亦置八臣分主四城若謀國事及四方有不決者則四城之臣集議王所王自聽之然後施行王三年一出觀風化人有寃枉詣王訴訟者當方之臣小則讓責大則黜退令其舉賢人以代之其人端正長大衣服車旗擬儀中國故外域謂之大秦其土宜五穀桑麻人務蠶田多璆琳琅玕神龜白馬朱鬣明珠夜光璧東南通交趾又水道通益州永昌郡多出異物大秦西海水之西有河河西南流河西有南北山山西有赤水西有白玉山玉山西有西王母山玉爲堂云從安息西界循海曲亦至大秦四萬餘里於彼國觀日月星辰無異中國而前史云條支西行百里日入處失之遠矣

阿鉤羌國在莎車西南去代一萬三千里國西有縣度山其間四百里中往往有棧道下臨不測之淵人行以繩索相持而度因以名之土有五穀諸果市用錢爲貨居止立宮室有兵器土出金珠

波路國在阿鉤羌西北去代一萬三千九百里其地溼熱有蜀馬土平物產國俗與阿鉤羌同

小月氏國都富樓沙城其王本大月氏王寄多羅子也寄多羅爲匈奴所逐西徙後令其子守此城因號小月

氏爲在波路西南去代一萬六千六百里先居西平張掖之間被服頗與羌同其俗以金銀錢爲貨隨畜牧移徙亦類匈奴其城東十里有佛塔周三百五十步高八十丈自佛塔初建計至武定八年八百四十二年所謂百丈佛圖也

罽賓國都善見城在波路西南去代一萬四千二百里居在四山中其地東西八百里南北三百里地平溫和有苜蓿雜草奇木檀槐梓竹種五穀糞園田地下濕生稻冬食生菜其人工巧雕文刻鏤織罽有金銀銅錫以爲器物市用錢他畜與諸國同每使朝獻

吐呼羅國去代一萬二千里東至范陽國西至悉萬斤國中間相去二千里南至連山不知名北至波斯國中間相去一萬里國中有薄提城周帀六十里城南有西流大水名漢樓河土宜五穀有好馬駝騾其王曾遣使朝貢

副貨國去代一萬七千里東至阿副使且國西至沒誰國中間相去一千里南有連山不知名北至奇沙國相去一千五百里國中有副貨城周帀七十里宜五穀蒲桃唯有馬駝騾國王有黃金殿殿下金駝七頭各高三尺其王遣使朝貢

南天竺國去代三萬一千五百里有伏醜城周帀十里城中出摩尼珠珊瑚城東三百里有拔賴城城中出黃金白真檀石蜜蒲萄土宜五穀世宗時其國王婆羅化遣使獻駿馬金銀自此每使朝貢

疊伏羅國去代三萬一千里國中有勿悉城城北有鹽奇水西流有白象并有阿末黎木皮中織作布土宜五穀世宗時其國王伏陁末多遣使獻方物自是每使朝貢

拔豆國去代五萬一千里東至多勿當國西至旃那國中間相去七百五十里南至罽陵伽國北至弗那伏且國中間相去九百里國中出金銀雜寶白象水牛犛牛蒲萄五果土宜五穀

嚈噠國大月氏之種類也亦曰高車之別種其原出於塞北自金山而南在于闐之西都馬許水南二百餘里去長安一萬一百里其王都拔底延城蓋王舍城也其城方十里餘多寺塔皆飾以金風俗與突厥略同其俗兄弟共一妻夫無兄弟者其妻戴一角帽若有兄弟者依其多少之數更加角焉衣服類加以纓絡頭皆剪髮其語與蠕蠕高車及諸胡不同衆可十萬無城邑依隨水草以氈爲屋夏遷涼土冬逐煖處分其諸妻各在別所相去或二百三百里其王巡歷而行每月一處冬寒之時三月不徙王位不必傳子子弟堪任死便授之其國無車有輿多駝馬用刑嚴急偷盜無多少皆腰斬盜一責十死者富者累石爲藏貧者掘地而埋隨身諸物皆置冢內其人凶悍能鬭戰西域康居于闐沙勒安息及諸小國三十許皆役屬之號爲大國與蠕蠕婚姻自太安以後每遣使朝貢正光末遣使貢師子一至高平遇萬俟醜奴反因留之醜奴平送京師永熙以後朝獻遂絕初熙平中肅宗遣王伏子統宋雲沙門法力等使西域訪求佛經時有沙門慧生者亦與俱行正光中還慧生所經諸國不能知其本末及山川里數蓋舉其略云其國去漕國千五百里去瓜州六千五百里

朱居國在于闐西其人山居有麥多林果咸事佛語與于闐相類役屬嚈噠

渴槃陁國在葱嶺東朱駒波西河經其國東北流有高山夏積霜雪亦事佛道附於嚈噠

鉢和國在渴槃陁西其土尤寒人畜同居穴地而處又有大雪山望若銀峯其人唯食餅麨飲麥酒服氈裘有二道一道西行向嚈噠一道西南趣烏萇亦爲嚈噠所統

波知國在鉢和西南土狹人貧依託山谷其王不能總攝有三池傳云大池有龍王次者有龍婦小者有龍子行人經之設祭乃得過不祭多遇風雪之困

賒彌國在波知之南山居不信佛法專事諸神亦附嚈噠東有鉢盧勒國路嶮緣鐵鎖而度下不見底熙平中宋雲等竟不能達

烏萇國在賒彌南北有葱嶺南至天竺婆羅門胡爲其上族婆羅門多解天文吉凶之數其王動則訪決焉土多林果引水灌田豐稻麥事佛多諸寺塔事極華麗人有爭訴服之以藥曲者發狂直者無恙爲法不殺犯死罪唯徙於靈山西南有檀特山山上立寺以驢數頭運食山下無人控御自知往來也

乾陁國在烏萇西本名業波爲嚈噠所破因改焉其王本是勅勤臨國民二世矣好征戰與罽賓鬭三年不罷人怨苦之有鬭象七百頭十人乘一象皆執兵仗象鼻縛刀以戰所都城東南七里有佛塔高七十丈周三百步卽所謂雀離佛圖也

康國者康居之後也遷徙無常不恒故地自漢以來相承不絕其王本姓溫月氏人也舊居祁連山北昭武城因被匈奴所破西踰葱嶺遂有其國枝庶各分王故康國左右諸國並以昭武爲姓示不忘本也王字世夫畢爲人寬厚甚得衆心其妻突厥達度可汗女也都於薩寶水上阿祿迪城多人居大臣三人共掌國事其王索髮冠七寶金花衣綾羅錦繡白疊其妻有髻幪以皂巾丈夫翦髮錦袍名爲彊國西域諸國多歸之米國史國曹國何國安國小安國那色波國烏那曷國穆國皆歸附之有胡律置於祆祠將決罰則取而斷之重者族次罪者死賊盜截其足人皆深目高鼻多髯善商賈諸夷交易多湊其國有大小鼓琵琶五弦箜篌婚姻喪制與突厥同國立祖廟以六月祭之諸國皆助祭奉佛爲胡書氣候溫宜五穀勤修園蔬樹木滋茂出馬駝驢犎牛黃金硇沙䞞香阿薛那香瑟瑟麞皮氍毹錦疊多蒲萄酒富家或致千石連年不敗太延中始遣使貢方物後遂絕焉

史臣曰西域雖通魏氏而中原始平天子方以混一爲心未遑征伐其信使往來深得羈縻勿絕之道耳

魏書卷一百二考證

西域○魏收書亡此卷全寫北史西域傳而不錄安國以後又隋書西域云康國大業中始遣使貢方物後遂絕焉此改大業字爲太延蓋後人妄改

罽賓國傳都善見城○本書孝靜帝紀帝名善見固應諱之而此不避者以文固北史也

乾陁國傳臨國民二世矣○民北史作已

康國傳太延中○太延北史作大業

魏書卷一百三

齊　魏收　撰

列傳第九十一

蠕蠕　匈奴宇文莫槐　徒何段就六眷　高車

蠕蠕東胡之苗裔也姓郁久閭氏始神元之末掠騎有得一奴髮始齊眉忘本姓名其主字之曰木骨閭木骨閭者首秃也木骨閭與郁久閭聲相近故後子孫因以爲氏木骨閭既壯免奴爲騎卒穆帝時坐後期當斬亡匿廣漠谿谷間收合逋逃得百餘人依紇突隣部木骨閭死子車鹿會雄健始有部衆自號柔然而役屬於國後世祖以其無知狀類於蟲故改其號爲蠕蠕車鹿會既爲部帥歲貢馬畜貂豽皮冬則徙度漠南夏則還居漠北車鹿會死子吐奴傀立吐奴傀死子跋提立跋提死子地粟袁立地粟袁死其部分爲二地粟袁長子匹候跋繼父居東邊次子縕紇提別居西邊及昭成崩縕紇提附衛辰而貳於我登國中討之蠕蠕移部遁走追之及於大磧南牀山下大破之虜其半部匹候跋及部帥屋擊各收餘落遁走遣長孫嵩及長孫肥追之渡磧嵩至平望川大破屋擊禽之斬以徇肥至涿邪山及匹候跋跋舉落請降獲縕紇提子曷多汗及曷多汗兄誥歸之社崘斛律等并宗黨數百人分配諸部縕紇提西遁將歸衛辰太祖追之至跋那山縕紇提復降太祖撫慰如舊九年曷多汗與社崘率部衆棄其父西走長孫肥輕騎追之至上郡跋那山斬曷多汗盡殪其衆社崘與數百人奔匹候跋匹候跋處之南鄙去其庭五百里令其子四人監之既而社崘率其私屬執匹候跋四子而叛襲匹候跋諸子收餘衆亡依高車斛律部社崘兇狡有權變月餘乃釋匹候跋歸其諸子欲聚而殲之密舉兵襲匹候跋殺匹候跋子啓拔吳頡等十五人歸于太祖社崘既殺匹候跋懼王師討之乃掠五原以西諸部北度大漠太祖以拔頡爲安遠將軍平棘侯社崘與姚興和親太祖遣材官將軍和突襲黜弗素古延諸部社崘遣騎救素古延突逆擊破之社崘遠遁漠北侵高車深入其地遂并諸部凶勢益振北徙弱洛水始立軍法千人爲軍軍置將一人百人爲幢幢置帥一人先登者賜以虜獲退懦者以石擊首殺之或臨時捶撻無文記將帥以羊屎粗計兵數後頗知刻木爲記其西北有匈奴餘種國尤富彊部帥曰拔也稽舉兵擊社崘社崘逆戰於頞根河大破之後盡爲社崘所并號爲彊盛隨水草畜牧其西則焉耆之地東則朝鮮之地北則渡沙漠窮瀚海南則臨大磧其常所會庭則敦煌張掖之北小國皆苦其寇抄羈縻附之於是自號丘豆伐可汗丘豆伐猶魏言駕馭開張也可汗猶魏言皇帝也蠕蠕之俗君及大臣因其行能卽爲稱號若中國立諡既死之後不復追稱太祖謂尚書崔玄伯曰蠕蠕之人昔來號爲頑嚚每來抄掠駕牸牛奔遁驅犍牛隨之牸牛伏不能前異部人有教其以犍牛易之者蠕蠕曰其母尚不能行而況其子終於不易遂爲敵所虜今社崘學中國立法置戰陳卒成邊害道家言聖人生大盜起信矣天

興五年社崘聞太祖征姚興遂犯塞入參合陂南至豺山及善無北澤時遣常山王遵以萬騎追之不及天賜中社崘從弟悅代大那等謀殺社崘而立大那發覺大那等來奔以大那爲冠軍將軍西平侯悅代爲越騎校尉易陽子三年夏社崘寇邊永興元年冬又犯塞二年太宗討之社崘遁走道死其子度拔年少未能御衆部落立社崘弟斛律號藹苦蓋可汗魏言姿質美好也斛律北并賀術也骨國東破譬曆辰部落三年斛律宗人悅侯咄觝干等數百人來降斛律畏威自守不敢南侵北邊安靜神瑞元年與馮跋和親跋聘斛律女爲妻將爲交婚斛律長兄子步鹿真謂斛律曰女小遠適憂思生疾可遣大臣樹黎勿地延等女爲媵斛律不許步鹿真出謂樹黎等曰斛律欲令汝女爲媵遠至他國黎遂共結謀令勇士夜就斛律穹廬侯其出執之與女俱嬪于和龍乃立步鹿真步鹿真立委政樹黎初高車叱洛侯者叛其渠帥導社崘破諸部落社崘德之以爲大人步鹿真與社崘子社拔共至叱洛侯家婬其少妻少妻告步鹿真叱洛侯欲舉大檀爲主遺大檀金馬勒爲信步鹿真聞之歸發八千騎往圍叱洛侯叱洛侯焚其珍寶自刎而死步鹿真遂掩大檀大檀發軍執步鹿真及社拔絞殺之乃自立大檀者社崘季父僕渾之子先統別部鎮於西界能得衆心國人推戴之號牟汗紇升蓋可汗魏言制勝也斛律父子旣至和龍馮跋封爲上谷侯大檀率衆南徙犯塞太宗親討之大檀懼而遁走遣山陽侯奚斤等追之遇寒雪士衆凍死墮指者十二三及太宗崩世祖卽位大檀聞而大喜始光元年秋乃寇雲中世祖親討之三日二夜至雲中大檀騎圍世祖五十餘重騎逼馬首相次如堵焉士卒大懼世祖顏色自若衆情乃安先是大檀弟大那與社崘爭國敗而來奔大檀以大那子於陟斤爲部帥軍士射於陟斤殺之大檀恐乃還二年世祖大舉征之東西五道並進平陽王長孫翰等從黑漠汝陰公長孫道生從白黑兩漠間車駕從中道東平公娥清次西從栗園宜城王奚斤將軍安原等西道從爾寒山諸軍至漠南舍輜重輕騎齎十五日糧絕漠討之大檀部落駭驚北走神䴥元年八月大檀遣子將騎萬餘人入塞殺掠邊人而走附國高車追擊破之自廣寧還追之不及二年四月世祖練兵于南郊將襲大檀公卿大臣皆不願行術士張淵徐辯以天文說止世祖世祖從崔浩計而行會江南使還稱劉義隆欲犯河南謂行人曰汝疾還告魏主歸我河南地卽當罷兵不然盡我將士之力世祖聞而大笑告公卿曰龜鼈小豎自救不暇何能爲也就使能來若不先滅蠕蠕便是坐待寇至腹背受敵非上策也吾行決矣於是車駕出東道向黑山平陽王長孫翰從西道向大娥山同會賊庭五月次于沙漠南舍輜重輕襲之至栗水大檀衆西奔弟匹黎先典東落將赴大檀遇翰軍翰縱騎擊之殺其大人數百大檀聞之震怖將其族黨焚燒廬舍絕跡西走莫知所至於是國落四散竄伏山谷畜產布野無人收視世祖緣栗水西行過漢將竇憲故壘六月車駕次於兎園水去平城三千七百里分軍搜討東至瀚海西接張掖水北渡燕然山東西五千餘里南北三千里高車諸部殺大檀種類前後歸降三十餘萬俘獲首虜及戎馬百餘萬匹八月世祖聞東部高車屯巳尼陂人畜甚衆去官軍千餘里遂遣左僕射安原等往討之暨巳尼陂高車諸部望軍降者數十萬大檀部落衰弱因發疾而死子吳提立號勑連可汗魏言神聖也四年遣使朝獻先是北鄙侯騎獲吳提南偏邏者二十餘人世祖賜之衣服遣歸吳提上下感德故朝貢焉世祖厚賓其使而遣之延和三年二月以吳提尚西海公主又遣使人納吳提妹爲夫人又進爲左昭儀吳提遣其兄禿鹿傀及左右數百人來朝獻馬二千匹世祖大悅班賜甚厚至太延二年乃絕和犯塞四年車駕幸五原遂征之樂平王丕河東公賀多羅督十五將出東道永昌王健宜都王穆壽督十五將出西道車駕出中道至浚稽山分中道復爲二道陳留王崇從大澤向涿邪山車駕從浚稽北向天山西登白阜刻石記行不見蠕蠕而還時漠北大旱無水草軍馬多死五年車駕西伐沮渠牧犍宜都王穆壽輔景穆居守長樂王嵇敬建寧王崇二萬人鎮漠南以備蠕蠕吳提果犯塞壽素不設備賊至七介山京邑大駭爭奔中城司空長孫道生拒之於吐頹山吳提之寇也留其兄乞列歸與北鎮諸軍相守敬崇等破乞列歸於陰山之北獲之乞列歸歎曰沮渠陷我也獲其伯父他吾無鹿胡及其將帥五百人斬首萬餘級吳提聞而遁走道生追之至于漠南而還真君四年車駕幸漠南分四道樂安王範建寧王崇各統十五將出東道樂平王督十五將出西道車駕出中道中山王辰領十五將爲中軍後繼車駕至鹿渾谷與賊相遇吳提遁走追至頞根河擊破之車駕至石水而還五年復幸漠南欲襲吳提吳提遠遁乃還吳提死子吐賀真立號處可汗魏言唯也十年正月車駕北伐高昌王那出東道略陽王羯兒出西道車駕與景穆自中道出涿邪山吐賀真別部帥爾綿他拔等率千餘家來降是時軍行數千里吐賀真新立恐懼遠遁九月車駕北伐高昌王那出東道略陽王羯兒出中道與諸軍期會於地弗池吐賀真悉國精銳軍資甚盛圍那數十重那掘長圍堅守相持數日吐賀真數挑戰輒不利以那衆少而固疑大軍將至解圍夜遁那引軍追之九日九夜吐賀真益懼棄輜重踰穹隆嶺遠遁那收其輜重引軍還與車駕會於廣澤略陽王羯兒盡收其人戶畜產百餘萬自是吐賀真遂單弱遠竄邊疆息警矣太安四年車駕北征騎十萬車十五萬兩旌旗千里遂渡大漠吐賀真遠遁其莫弗烏朱駕頹率衆數千落來降乃刊石記功而還世祖征伐之後意存休息蠕蠕亦怖威北竄不敢復南和平五年吐賀真死子予成立號受羅部真可汗魏言惠也自稱永康元年率部侵塞北鎮遊軍大破其衆皇興四年予成犯塞車駕北討京兆王子推東陽公元丕督諸軍出西道任城王雲等督軍出東道汝陰王賜濟南公羅烏拔督軍爲前鋒隴西王源賀督諸軍爲後繼諸將會車駕于女水之濱顯祖親誓衆詔諸將曰用兵在奇不在衆也卿等爲朕力戰方略已在朕心乃選精兵五千人挑戰多設奇兵以惑之虜衆奔潰逐北三十餘里斬首五萬級降者萬餘人戎馬器械不可稱計旬有九日往返六千餘里改女水曰武川遂作北征頌刊石紀功延興五年予成求通婚娉有司以予成數犯邊塞請絕其使發兵討之顯祖曰蠕蠕譬若禽獸貪而亡義朕要當以信誠待物不可抑絕也予成知悔前非遣使請和求結姻援安可孤其款意乃詔報曰所論婚事今始一反尋覽事理未允厥中夫男而下女爻象所明初婚之吉敦崇禮娉君子所以重人倫之本不敬其初令終難矣予成每懷譎詐終顯祖世更不求婚太和元年四月遣莫河去汾比拔等來獻良馬貂裘比拔等稱伏承天朝珍寶華麗甚積求一觀之乃勑有司出御府珍玩金玉文繡器物御廐文馬奇禽異獸及人間所宜用者列之京肆令其歷觀焉比拔見之自相謂曰大國富麗一生所未見也二年二月又遣比拔等朝貢尋復請婚焉高祖志存招納許之予成雖歲貢不絕而款約不著婚事亦停九年予成死子豆崘立號伏古敦可汗魏言恒也自稱太平元年豆崘性殘暴好殺其臣侯醫垔石洛侯數以忠言諫之又勸與國通和勿侵中國豆崘怒誣石洛侯謀反殺之夷其三族十六年八月高祖遣陽平王頤左僕射陸叡並爲都督領軍斛律桓等十二將七萬騎討豆崘部內高車阿伏至羅率衆十餘萬落西走自立爲主豆崘與叔父那蓋爲二道追之豆崘出自浚稽山北而西那蓋出自金山豆崘頻爲阿伏至羅所敗那蓋累有勝捷國人咸以那蓋爲天所助欲推那蓋爲主那蓋不從衆彊之那蓋曰我爲臣不可焉能爲主衆乃殺豆崘母子以屍示那蓋那蓋乃襲位那蓋號候其伏代庫者可汗魏言悅樂也自稱太安元年那蓋死子伏圖立號他汗可汗魏言緒也自稱始平元年正始三年伏圖遣使紇奚勿六跋朝獻請求通和世宗不報其使詔有司勑勿六跋曰蠕蠕遠祖社崘是大魏叛臣往者包容暫時通使今蠕蠕衰微有損疇日大魏之德方隆周漢跨據中原指清八表正以江南未平權寬北掠通和之事未容相許若修藩禮款誠昭著者當不孤爾也永平元年伏圖又遣勿六跋奉函書一封并獻貂裘世宗不納依前喻遣伏圖西征高車爲高車王彌俄突所殺子醜奴立號豆羅伏跋豆伐可汗魏言彰制也自稱建昌元年永平四年九月醜奴遣沙門洪宣奉獻珠像延昌三年冬世宗遣驍騎將軍馬義舒使於醜奴未發而崩事遂停寢醜奴壯健善用兵四年遣使侯斤尉比建朝貢熙平元年西征高車大破之禽其王彌俄突殺之盡并叛者國遂彊盛二年又遣侯斤尉比建紇奚勿六跋鞏顧禮等朝貢神龜元年二月肅宗臨顯陽殿引顧禮等二十人於殿下遣中書舍人徐紇宣詔讓以蠕蠕藩禮不備之意初豆崘之死也那蓋爲主伏圖納豆崘之妻候呂陵氏生醜奴阿那瓌等六人醜奴立後忽亡一子字祖惠求募不能得有屋引副升牟妻是豆渾地萬年二十許爲醫巫假託神鬼先常爲醜奴所信出入去來乃言此兒今在天上我能呼得醜奴母子欣悅後歲仲秋在大澤中施帳屋齋潔七日祈請天神經一宿祖惠忽在帳中自云恒在天上醜奴母子抱之悲喜大會國人號地萬爲聖女納爲可賀敦授夫副升牟爵位賜牛馬羊三千頭地萬旣挾左道亦有姿色醜奴甚加重愛信用其言亂其國政如是積歲祖惠年長其母問之祖惠言我恒在地萬家不嘗上天上天者地萬敎也其母具以狀告醜奴醜奴言地萬懸鑒遠事不可不信勿用讒言也旣而地萬恐懼譖祖惠於醜奴醜奴陰殺之正光初醜奴母遣莫何去汾李具列等絞殺地萬醜奴怒欲誅具列等又阿至羅侵醜奴醜奴擊之軍敗還爲母與其大臣所殺立醜

奴弟阿那瓌立經十日其族兄俟力發示發率衆數萬以伐阿那瓌阿那瓌戰敗將弟乙居伐輕騎南走歸國阿那瓌母侯呂陵氏及其二弟尋爲示發所殺而阿那瓌未之知也九月阿那瓌將至肅宗遣兼侍中陸希道爲使主兼散騎常侍孟威爲使副迎勞近畿使司空公京兆王繼至北中侍中崔光黃門郎元纂在近郊並申宴勞引至門闕下十月肅宗臨顯陽殿引從五品以上淸官皇宗藩國使客等列於殿庭王公以下及阿那瓌等入就庭中北面位定謁者引王公以下升殿阿那瓌位於藩王之下又引將命之官及阿那瓌弟并二叔位於羣官之下遣中書舍人曹道宣詔勞問阿那瓌啓云陛下優隆命臣弟叔等升殿預會但臣有從兄在北之日官高於二叔乞命升殿詔聽之乃位於阿那瓌弟之下二叔之上宴將罷阿那瓌執啓立於座後詔遣舍人常景問所欲言阿那瓌求詣殿前詔引之阿那瓌再拜跽曰臣先世源由出於大魏詔曰朕已具之阿那瓌起而言曰臣之先逐草放牧遂居漠北詔曰卿言未盡可具陳之阿那瓌又言曰臣先祖以來世居北土雖復隔越山津而乃恭心慕化未能時宣者正以高車悖逆臣國擾攘不暇遣使以宣遠誠自頃年以前漸定高車及臣兄爲主故遣鞏顧禮等使來大魏實欲虔修藩禮是以曹道芝北使之日臣與主兄即遣大臣五人拜受詔命臣兄弟本心未及上徹但高車從而侵暴中有姦臣因亂作逆殺臣兄立臣爲主裁過旬日臣以陛下恩慈如天是故倉卒輕身投國歸命陛下詔曰具卿所陳理猶未盡可更言之阿那瓌再拜受詔起而言曰臣以家難輕來投闕老母在彼萬里分張本國臣民皆已迸散陛下隆恩有過天地求乞兵馬還向本國誅翦叛逆收集亡散陛下慈念賜借兵馬老母若在得生相見以申母子之恩如其死也即得報讎以雪大恥臣當統臨餘人奉事陛下四時之貢不敢闕絕陛下聖顏難覩敢有披陳但所欲言者口不能盡言別有辭啓謹以仰呈願垂昭覽仍以啓付舍人常景具以奏聞尋封阿那瓌朔方郡公蠕蠕王賜以衣冕加之軺蓋祿從儀衞同于戚藩十二月肅宗以阿那瓌國無定主思還綏集啓請切至詔議之時朝臣意有同異或言聽還或言不可領軍元乂爲宰相阿那瓌私以金百斤貨之遂歸北二年正月阿那瓌等五十四人請辭肅宗臨西堂引見阿那瓌及其伯叔兄弟五人升階賜坐遣中書舍人穆弼宣勞阿那瓌等拜辭詔賜阿那瓌細明光人馬鎧二具鐵人馬鎧六具露絲銀纒槊二張并白毦赤漆槊十張并白毦黑漆槊十張并幡露絲弓二張并箭朱漆柘弓六張并箭黑漆弓十張并箭赤漆楯六幡并刀黑漆楯六幡并刀赤漆鼓角二十具五色錦被二領黃紬被褥三十具私府繡袍一領并帽內者緋納襖一領緋袍二十領并帽內者雜綵千段緋納小口袴褶一具內中宛具紫納大口袴褶一具內中宛具百子帳十八具黃布幕六張新乾飯一百石麥麨八石榛麨五石銅烏錥四枚柔鐵烏錥二枚各受二斛黑漆竹榼四枚各受五升婢二口父草馬五百匹駝百二十頭牸牛一百頭羊五千口朱畫盤器十合粟二十萬石至鎮給之詔侍中崔光黃門元纂郭外勞遣阿那瓌來奔之後其從父兄俟力發婆羅門率數萬人入討示發破之示發走奔地豆于爲其所殺推婆羅門爲主號彌偶可社句可汗魏言安靜也時安北將軍懷朔鎮將楊鈞表傳聞彼人已立主是阿那瓌同堂兄弟夷人獸心已相君長恐未肯以殺兄之人郊迎其弟輕往虛反徒損國威自非廣加兵衆無以送其入北二月肅宗詔舊經蠕蠕使者牒云具仁往喩婆羅門迎阿那瓌復藩之意婆羅門殊自驕慢無遜避之心責具仁禮敬具仁執節不屈婆羅門遣大官莫何去汾俟斤丘升頭六人將兵一千隨具仁迎阿那瓌五月具仁還鎮論彼事勢阿那瓌慮不敢入表求還京會婆羅門爲高車所逐率十部落詣涼州歸降於是蠕蠕數萬相率迎阿那瓌七月阿那瓌啓云投化蠕蠕元退社渾河旃等二人以今月二十六日到鎮云國土大亂姓姓別住迭相抄掠當今北人鵠望待拯今乞依前恩賜給精兵一萬還令督率送臣磧北撫定荒人脫蒙所請事必克濟詔付尚書門下博議八月詔兼散騎常侍王遵業馳驛宣旨慰阿那瓌并申賜賚九月蠕蠕後主俟匿伐來奔懷朔鎮阿那瓌兄也列稱規望乞軍并請阿那瓌十月錄尚書事高陽王雍尚書令李崇侍中侯剛尚書左僕射元欽侍中元乂侍中安豐王延明吏部尚書元修義尚書李彥給事黃門侍郎元纂給事黃門侍郎張烈給事黃門侍郎盧同等奏曰竊聞漢立南北單于晉有東西之稱皆所以相維禦難爲國藩籬今臣等參議以爲懷朔鎮北土名無結山吐若奚泉敦煌北西海郡即漢晉舊障二處寬平原野彌沃阿那瓌宜置西吐若奚泉婆羅門宜置西海郡各令總率部落收離聚散其爵號及資給所須唯恩裁處彼臣下之官任其舊俗阿那瓌所居既是境外宜少優遣以示威刑請沃野懷朔武川鎮各差二百人令當鎮軍主監率給其糧仗送至前所仍於彼爲其造構功就聽還諸於北來在婆羅門前投化者令州鎮上佐準程給糧送詣懷朔阿那瓌鎮與使人量給食稟在京館者任其去留阿那瓌草創先無儲積請給朔州麻子乾飯二千斛官駝運送婆羅門居於西海既是境內資衞不得同之阿那瓌等新造藩屏宜各遣使持節馳驛先詣慰喩并委經略肅宗從之十二月詔安西將軍廷尉元洪超兼尚書行臺詣敦煌安置婆羅門婆羅門尋與部衆謀叛投嚈噠嚈噠三妻皆婆羅門姊妹也仍爲州軍所討禽之三年十二月阿那瓌上表乞粟以爲田種詔給萬石四年阿那瓌衆大饑入塞寇抄肅宗詔尚書左丞元孚兼行臺尚書持節喩之孚見阿那瓌爲其所執以孚自隨驅掠良口二千公私驛馬牛羊數十萬北遁謝孚放還詔驃騎大將軍尚書令李崇等率騎十萬討之出塞三千餘里至瀚海不及而還俟匿伐至洛陽肅宗臨西堂引見之五年婆羅門死於洛南之館詔贈使持節鎮西將軍秦州刺史廣牧公是歲沃野鎮人破六韓拔陵反諸鎮相應孝昌元年春阿那瓌率衆討之詔遣牒云具仁齎雜物勞賜阿那瓌阿那瓌拜受詔命勒衆十萬從武川鎮西向沃野頻戰克捷四月肅宗又遣兼通直散騎常侍中書舍人馮儁使阿那瓌宣勞班賜有差阿那瓌部落既和士馬稍盛乃號敕連頭兵豆伐可汗魏言把攬也十月阿那瓌復遣郁久閭彌娥等朝貢三年四月阿那瓌遣使人鞏鳳景等朝貢及還肅宗詔之曰北鎮羣狄爲逆不息蠕蠕主爲國立忠助加誅討言念誠心無忘寢食今知停在朔垂與爾朱榮隣接其嚴勒部曲勿相暴掠又近得蠕蠕主啓更欲爲國東討但蠕蠕主世居北漠不宜炎夏今可且停聽待後敕蓋朝廷慮其反覆也此後頻使朝貢建義初孝莊詔曰夫勳高者賞重德厚者名隆蠕蠕主阿那瓌鎮衞北藩禦侮朔表遂使陰山息警弱木無塵刊跡狼山銘功瀚海至誠既篤勳緒莫酬故宜標以殊禮何容格以常式自今以後讚拜不言名上書不稱臣太昌元年六月阿那瓌遣烏句蘭樹什伐等朝貢并爲長子請尚公主永熙二年四月出帝詔以范陽王誨之長女瑯邪公主許之未及婚帝入關齊獻武王遣使說之阿那瓌遣使朝貢求婚獻武王方招四遠以常山王妹樂安公主許之改爲蘭陵公主瓌遣奉馬千匹爲娉禮迎公主詔宗正元壽送公主往北自是朝貢相尋瓌以齊獻武王威德日盛請致愛女於王靜帝詔王納之自此塞外無塵矣

匈奴宇文莫槐出於遼東塞外其先南單于遠屬也世爲東部大人其語與鮮卑頗異人皆翦髮而留其頂上以爲首飾長過數寸則截短之婦女披長襦及足而無裳焉秋收烏頭爲毒藥以射禽獸莫槐虐用其民爲部人所殺更立其弟普撥爲大人普撥死子丘不勤立尚平文女丘不勤死子莫廆立本名犯太祖諱莫廆遣弟屈雲攻慕容廆廆擊破之又遣別部素延伐慕容廆於棘城復爲慕容廆所破時莫廆部衆彊盛自稱單于塞外諸部咸畏憚之莫廆死子遜昵延立率衆攻慕容廆於棘城廆子翰先戍於外遜昵延謂其衆曰翰素果勇必爲人患宜先取之城不足憂也乃分騎數千襲翰翰聞之使人詐爲段末波使者逆謂遜昵延曰翰數爲吾患久思除之今聞來討其善戒嚴相待宜兼路早赴翰設伏待之遜昵延以爲信然長驅不備至於伏所爲翰所虜翰馳使告廆乘勝遂進及晨而至廆亦盡銳應之遜昵延見而方嚴率衆逆戰前鋒始交而翰已入其營縱火燎之衆乃大潰遜昵延單馬奔還悉俘其衆遜昵延父子世雄漠北又先得玉璽三紐自言爲天所相每自誇大及此敗也乃卑辭厚幣遣使朝獻于昭帝帝嘉之以女妻焉遜昵延死子乞得龜立復伐慕容廆廆拒之惠帝三年乞得龜屯保澆水固壘不戰遣其兄悉跋堆襲廆子仁于柏林仁逆擊斬悉跋堆廆又攻乞得龜克之乞得龜單騎夜奔悉虜其衆乘勝長驅入其國城收資財億計徙部民數萬戶以歸先是海出大龜枯死於平郭至是而乞得龜敗別部人逸豆歸殺乞得龜而自立與慕容晃相攻擊遣其國相莫渾伐晃而莫渾荒酒縱獵爲晃所破死者萬餘人建國八年晃伐逸豆歸逸豆歸拒之爲晃所敗殺其驍將涉亦干逸豆歸遠遁漠北遂奔高麗晃徙其部衆五千餘落於昌黎自此散滅矣

徒何段就六眷本出於遼西其伯祖日陸眷因亂被賣爲漁陽烏丸太庫辱官家奴諸大人集會幽州皆持唾壺唯庫辱官獨無乃唾日陸眷口中日陸眷因咽之西向拜天曰願使主君之智慧祿相盡移入我腹中其後漁陽大饑庫辱官以日陸眷爲健使將之詣遼西逐食招誘亡叛遂至彊盛日陸眷死弟乞珍代立乞珍死子務目塵代立即就六眷父也據有遼西之地而臣於晉其所統三萬餘家控弦上馬四五萬騎穆帝時幽州刺史王浚以段氏數爲已用深德之乃表封務目塵爲遼

西公假大單于印綬浚使務目塵率萬餘騎伐石勒於常山封龍山下大破之務目塵死就陸眷立就陸眷與弟匹磾從弟末波等率五萬餘騎圍石勒於襄國勒登城望之見將士皆釋仗寢卧無警備之意勒因其懈怠選募勇健穿城突出直衝末波生禽之置之座上與飲宴盡歡約爲父子盟誓而遣之末波既得免就陸眷等遂攝軍而還不復報浚歸于遼西自此以後末波常不敢南向浚焉人問其故末波曰吾父在南其感勒不害已也如此就陸眷死其子幼弱匹磾與劉琨世子羣奔喪匹磾陰卷甲而往欲殺其從叔羽鱗及末波而奪其國末波等知之遣軍逆擊匹磾劉羣爲末波所獲匹磾走還薊懼琨圖己請琨宴會因執而害之匹磾既殺劉琨與羽鱗末波自相攻擊部衆乖離欲擁其衆徙保上谷阻軍都之險以拒末波等平文帝聞之陰嚴精騎將擊之匹磾恐懼南奔樂陵後石勒遣石虎擊段文鴦于樂陵破之生擒文鴦匹磾遂率其屬及諸塢壁降于石勒末波自稱幽州刺史屯遼西末波死國人立日陸眷弟護遼爲主烈帝時假護遼驃騎大將軍幽州刺史大單于北平公弟鬱蘭撫軍將軍冀州刺史勃海公建國元年石虎征護遼於遼西護遼奔平岡山遂投慕容晃晃殺之鬱蘭奔石虎以所徙鮮卑五千人配之使屯令支鬱蘭死子龕代之及冉閔之亂龕率衆南移遂據齊地慕容儁使弟玄恭帥衆伐龕於廣固執龕送之薊儁毒其目而殺之坑其徒三千餘人

高車蓋古赤狄之餘種也初號爲狄歷北方以爲勅勒諸夏以爲高車丁零其語略與匈奴同而時有小異或云其先匈奴之甥也其種有狄氏表紇氏斛律氏解批氏護骨氏異奇斤氏俗云匈奴單于生二女姿容甚美國人皆以爲神單于曰吾有此女安可配人將以與天乃於國北無人之地築高臺置二女其上曰請天自迎之經三年其母欲迎之單于曰不可未徹之間耳復一年乃有一老狼晝夜守臺嘷呼因穿臺下爲空穴經時不去其小女曰吾父處我於此欲以與天而今狼來或是神物天使之然將下就之其姊大驚曰此是畜生無乃辱父母也妹不從下爲狼妻而產子後遂滋繁成國故其人好引聲長歌又似狼嘷無都統大帥當種各有君長爲性麤猛黨類同心至於寇難翕然相依鬬無行陳頭別衝突乍出乍入不能堅戰其俗蹲踞褻黷無所忌避婚姻用牛馬納聘以爲榮結言既定男黨營車闌馬令女黨恣取上馬袒乘出闌馬主立於闌外振手驚馬不墜者卽取之墜則更取數滿乃止俗無穀不作酒迎婦之日男女相將持馬酪熟肉節解主人延賓亦無行位穹廬前叢坐飲宴終日復留其宿明日將婦歸既而將夫黨還入其家馬羣極取良馬父母兄弟雖惜終無言者頗諱取寡婦而優憐之其畜產自有記識雖闌縱在野終無妄取俗不清潔喜致震霆每震則叫呼射天而棄之移去至來歲秋馬肥復相率候於震所埋羖羊然火拔刀女巫祝說似如中國祓除而羣隊馳馬旋繞百帀乃止人持一束柳桋回豎之以乳酪灌焉婦人則以皮裹羊骸戴之首上縈屈髮鬢而綴之有似軒冕其死亡葬送掘地作坎坐屍於中張臂引弓佩刀挾矟無異於生而露坎不掩時有震死及疫癘則爲之祈福若安全無佗則爲報賽多殺雜畜燒骨以燎走馬遶旋多者數百帀男女無小大皆集會平吉之人則歌舞作樂死喪之家則悲吟哭泣其遷徙隨水草衣皮食肉牛羊畜產盡與蠕蠕同唯車輪高大輻數至多後徙於鹿渾海西北百餘里部落彊大常與蠕蠕爲敵亦每侵盜于國家太祖親襲之大破其諸部後太祖復度弱洛水西行至鹿渾海停駕簡輕騎西北行百餘里襲破之虜獲生口馬牛羊二十餘萬復討其餘種於狼山大破之車駕巡幸分命諸將爲東西二道太祖親勒六軍從中道自駮髯水西北徇略其部諸軍同時雲合破其雜種三十餘落衞王儀別督將從西北絕漠千餘里復破其遺迸七部於是高車大懼諸部震駭太祖自牛川南引大校獵以高車爲圍騎徒遮列周七百餘里聚雜獸於其中因驅至平城卽以高車衆起鹿苑南因臺陰北距長城東包白登屬之西山尋而高車姪利曷莫弗勅力犍率其九百餘落內附拜勅力犍爲揚威將軍置司馬參軍賜穀二萬斛後高車解批莫弗幡豆建復率其部三十餘落內附亦拜爲威遠將軍置司馬參軍賜衣服歲給廩食蠕蠕社崘破敗之後收拾部落轉從廣漠之北侵入高車之地斛律部部帥倍侯利患之曰社崘新集兵貧馬少易與耳乃舉衆掩擊入其國落高車昧利不顧後患分其廬室妻其婦女安息寢卧不起社崘登高望見乃招集亡散得千人晨掩殺之走而脫者十二三倍侯利遂來奔賜爵孟都公倍侯利質直勇健過人奮戈陷陳有異於衆北方之人畏嬰兒啼者語曰倍侯利來便止處女歌謠云求良夫當如倍侯其服衆如此善用五十蓍筮吉凶每中故得親幸賞賜豐厚命其少子曷堂內侍及倍侯利卒太祖悼惜葬以國禮謚曰忠壯王後詔將軍伊謂帥二萬騎北襲高車餘種袁紇烏頻破之太祖時分散諸部唯高車以類麤獷不任使役故得別爲部落後世祖征蠕蠕破之而還至漠南聞高車東部在巳尼陂人畜甚衆去官軍千餘里將遣左僕射安原等討之司徒長孫翰尚書令劉潔等諫世祖不聽乃遣原等并發新附高車合萬騎至于巳尼陂高車諸部望軍而降者數十萬落獲馬牛羊亦百餘萬皆徙置漠南千里之地乘高車逐水草畜牧蕃息數年之後漸知粒食歲致獻貢由是國家馬及牛羊遂至于賤氊皮委積高宗時五部高車合聚祭天衆至數萬大會走馬殺牲遊遶歌吟忻忻其俗稱自前世以來無盛於此會車駕臨幸莫不忻悅後高祖召高車之衆隨車駕南討高車不願南行遂推表紇樹者爲主相率北叛遊踐金陵都督宇文福追討大敗而還又詔平北將軍江陽王繼爲都督討之繼先遣人慰勞樹者入蠕蠕尋悔相率而降高車之族又有十二姓一曰泣伏利氏二曰吐盧氏三曰乙旃氏四曰大連氏五曰窟賀氏六曰達薄干氏七曰阿崘氏八曰莫允氏九曰俟分氏十曰副伏羅氏十一曰乞袁氏十二曰右叔沛氏先是副伏羅部爲蠕蠕所役屬豆崘之世蠕蠕亂離國部分散副伏羅阿伏至羅與從弟窮奇俱統領高車之衆十餘萬落太和十一年豆崘犯塞阿伏至羅等固諫不從怒率所部之衆西叛至前部西北自立爲王國人號之曰候婁匐勒猶魏言大天子也窮奇號候倍猶魏言儲主也二人和穆分部而立阿伏至羅居北窮奇在南豆崘追討之頻爲阿伏至羅所敗乃引衆東徙十四年阿伏至羅遣商胡越者至京師以二箭奉貢云蠕蠕爲天子之賊臣諫之不從遂叛來至此而自竪立當爲天子討除蠕蠕高祖未之信也遣使者于提往觀虛實阿伏至羅與窮奇遣使者薄頡隨于提來朝貢其方物詔員外散騎侍郎可足渾長生復與于提使高車各賜繡袴褶一具雜綵百疋窮奇後爲嚈噠所殺虜其子彌俄突等其衆分散或來奔附或投蠕蠕詔遣宣威將軍羽林監孟威撫納降人置之高平鎭阿伏至羅長子蒸阿伏至羅餘妻謀害阿伏至羅阿伏至羅殺之阿伏至羅又殘暴大失衆心衆共殺之立其宗人跋利延爲主歲餘嚈噠伐高車將納彌俄突國人殺跋利延迎彌俄突而立之彌俄突既立復遣朝貢又奉表獻金方一銀方一金杖二馬七匹駝十頭詔使者慕容坦賜彌俄突雜綵六十匹世祖詔之曰卿遠據沙外頻申誠款覽揖忠志特所欽嘉蠕蠕嚈噠吐谷渾所以交通者皆路由高昌掎角相接今高昌內附遣使迎引蠕蠕往來路絕姦勢不得妄令羣小敢有陵犯擁塞王人罪在不赦彌俄突尋與蠕蠕主伏圖戰於蒲類海北爲伏圖所敗西走三百餘里伏圖次於伊吾北山先是高昌王麴嘉表求內徙世宗遣孟威迎之至伊吾蠕蠕見威軍怖而遁走彌俄突聞其離駭追擊大破之殺伏圖於蒲類海北割其髮送於孟威又遣使獻龍馬五匹金銀貂皮及諸方物詔東城子于亮報之賜樂器一部樂工八十人赤紬十匹雜綵六十匹彌俄突遣其莫何去汾屋引叱賀眞貢其方物肅宗初彌俄突與蠕蠕主醜奴戰敗被禽醜奴繫其兩脚於駑馬之上頓曳殺之漆其頭爲飲器其部衆悉入嚈噠經數年嚈噠聽彌俄突弟伊匐還國伊匐既復國遣使奉表於是詔遣使者谷楷等拜爲鎭西將軍西海郡開國公高車王伊匐復大破蠕蠕蠕蠕王婆羅門走投涼州正光中伊匐遣使朝貢因乞朱畫步挽一乘并幔褥鞦勒一副繖扇各一枚青曲蓋五枚赤漆扇五枚鼓角十枚詔給之伊匐後與蠕蠕戰敗歸其弟越居殺伊匐自立天平中越居復爲蠕蠕所破伊匐子比適復殺越居而自立興和中比適又爲蠕蠕所破越居子去賓自蠕蠕來奔齊獻武王欲招納遠人上言封去賓爲高車王拜安北將軍肆州刺史既而病死初太祖時有吐突隣部在女水上常與解如部相爲脣齒不供職事登國三年太祖親西征度弱洛水復西行趣其國至女水上討解如部落破之明年春盡略徙其部落畜產而還又有紇突隣與紇奚世同部落而各有大人長帥擁集種類常爲寇於意辛山登國五年太祖勒衆親討焉慕容驎率師來會大破之紇突隣大人屋地鞬紇奚大人庫寒等皆舉部歸降皇始二年車駕伐中山軍於栢肆慕容寶夜來攻營軍人驚走還於國路由并州遂反將攻晉陽并州刺史元延討平之紇突隣部帥匿物尼紇奚部帥叱奴根等復聚黨反於陰館南安公元順討之不克死者數千人太祖聞之遣安遠將軍庾岳還討匿物尼等皆殄之又有侯呂隣部衆萬餘口常依險畜牧登國中其大人叱伐爲寇於苦水河八年夏太祖大破之并禽其別帥焉古延等

薛干部常屯聚於三城之間及滅衞辰後其部帥太悉伏望軍歸順太祖撫安之車駕還衞辰子屈丐奔其部太祖聞之使使詔太悉伏執送之太悉伏出屈丐以示使者曰今窮而見投寧與俱亡何忍送之遂不遣太祖

大憝車駕親討之會太悉伏先出擊曹覆寅官軍乘虛遂屠其城獲太悉伏妻子珍寶徙其人而還太悉伏來赴不及遂奔姚興未幾亡歸嶺北上郡以西諸鮮卑雜胡聞而皆應之天賜五年屈丐盡刦掠總服之及平統萬薛干種類皆得爲編戶矣而率屯山鮮卑別種破多蘭部世傳主部落至木易干有武力壯勇刦掠左右西及金城東侵安定數年間諸種患之天興四年遣常山王遵討之於高平木易干將數千騎棄國遁走盡徙其人於京師餘種分迸其後爲赫連屈丐所滅又黜弗素古延等諸部富而不恭天興五年材官將軍和突率六千騎襲而獲之又越勒倍泥部永興五年轉牧跋那山西七月遣奚斤討破之徙其人而還

史臣曰周之玁狁漢之匈奴其作害中國固亦久矣魏晉之世種族瓜分去來沙漠之陲窺擾鄣塞之際猶皆東胡之餘緒冒頓之枝葉至如蠕蠕者匈奴之裔根本莫尋逃形集醜自小爲大風馳鳥赴倏來忽往代京由之屢駭戎車所以不寧是故魏氏祖宗揚威曜武驅其畜產收其部落翦之窮髮之野逐之無人之鄉豈好肆兵極銳凶器不戢蓋亦急病除惡事不得已而然也

魏書卷一百三考證

魏書卷一百三〇魏收書亡後人所補

蠕蠕傳及昭成崩〇昭成下應有帝字此蓋用北史補亡而未及改正者

樂平王督十五將出西道〇臣人龍按上云樂安王範建寧王崇下云中山王辰則樂平王亦應書名本書樂平王丕傳云丕薨於真君五年二月則此樂平王當是丕也

孝莊詔曰〇孝莊下亦應加帝字

匈奴宇文莫槐傳與慕容晃相攻擊〇本書以晃字係恭宗廟諱故改稱其字此與就六眷傳仍稱爲晃亦以其文係北史也

魏書卷一百四

齊　魏收　撰

列傳第九十二

自序

漢初魏無知封高良侯子均均子恢恢子彥彥子歆字子胡幼孤有志操博洽經史成帝世位終鉅鹿太守仍家焉歆子悅字處德性沉厚有度量宣城公趙國李孝伯見而重之以女妻焉位濟陰太守以善政稱悅子子建字敬忠釋褐奉朝請累遷太尉從事中郎初世祖時平氐遂於武興立鎮尋改爲東益州其後鎮將刺史乖失人和羣氐作梗遂爲邊患乃除子建爲東益州刺史子建布以恩信風化大行遠近清靜正光五年南北二秦城人莫折念生韓祖香張長命相繼構逆僉以州城之人莫不勁勇同類悉反宜先收其器械子建以爲城人數當行陳盡皆驍果安之足以爲用急之腹背爲憂乃悉召居城老壯曉示之并上言諸城人本非罪坐而來者悉求聽免肅宗優詔從之子建漸分其父兄子弟外居郡戍內外相顧終獲保全及秦賊乘勝屯營黑水子建乃潛使掩襲前後斬獲甚衆威名赫然先反者及此悉降乃間使上聞肅宗甚嘉之詔子建兼尚書爲行臺刺史如故於是威震蜀土其梁巴二益兩秦之事皆所節度梁州刺史傅豎眼子敬和中心以爲愧在洛大行貨賄以圖行臺先是子建亦屢求歸京師至此乃遣刺史唐永代焉豎眼因爲行臺子建將還羣氐慕戀相率斷道主簿楊僧覆先行曉喻諸氐忿曰我留刺史爾送出也斫之數創幾死子建徐加慰譬旬日方得前行吏人贈遺一無所受而東益氐蜀尋反攻逼唐永永棄城而走乃喪一藩矣初永之走子建客有沙門曇璨及鉅鹿人耿顯皆没落氐手及知子建之客垂泣追衣物還之送出白馬遺愛所被如此自國家開華陽等郡梁州邢巒益州傅豎眼及子建爲最初子建爲前軍將軍十年不徙在洛閑暇與吏部尚書李韶韶從弟延寔頗爲弈棊時人謂爲耽好子建每曰棊於機權廉勇之際得之深矣且吾未爲時用博弈可也及一臨邊事凡經五年未曾對局還洛後俄拜常侍衞尉卿初元顥內逼莊帝北幸子建謂所親盧義僖曰北海自絕社稷稱藩蕭衍吾老矣豈能爲陪臣遂攜家口居洛南顥平乃歸先苦風痺及此遂甚以卿任有務屢上書乞身特除右光祿大夫邢杲之平太傅李延寔子侍中彧爲大使撫慰東土時外戚貴盛送客塡門子建亦往候別延寔曰小兒今行何以相易子建曰益以盈滿爲誡延寔悵然久之及莊帝殺爾朱榮遇禍於河陰者其家率相弔賀太尉李虔第二子仁曜子建之女壻往亦見害子建謂姨弟盧道虔曰朝廷誅翦權彊凶徒尚梗未聞有奇謀異略恐不可濟此乃李門禍始弔賀無乃怱怱及永安之後李氏宗族流離或遇誅夷如其所慮後歷左光祿大夫加散騎常侍驃騎大將軍子建自出爲藩牧董司山南居脂膏之中遇天下多事正身潔己不以財利經懷及歸京師家人衣食常不周贍清素之迹著於終始性存重慎不雜交遊唯與尚書盧義僖姨弟涇州刺史盧道裕雅相親昵及疾篤顧勑二子曰死生大分含氣所同世有厚葬吾平生不取遵篨裸身又非吾意氣絕之後斂以時服吾生年契闊前後三娶合葬之事抑又非古且汝二母先在舊塋墳地久固已有定別唯汝次母墓在外耳可遷入兆域依班而定行於吾墓之後如此足矣不須祔合當順吾心勿令吾有遺恨永熙二年春卒于洛陽孝義里舍時年六十三贈儀同三司定州刺史謚曰文靜二子收祚收字伯起小字佛助年十五頗已屬文及隨父赴邊值四方多難好習騎射欲以武藝自達滎陽鄭伯調之曰魏郎弄戟多少收慙遂折節讀書夏月坐板牀隨樹陰諷誦積年牀板爲之銳減而精力不輟以文華顯初以父功除太學博士及爾朱榮於河陰濫害朝士收亦在圍中以日晏獲免吏部尚書李神儁重收才學奏授司徒記室參軍永安三年除北主客郎中前廢帝立妙簡近侍詔試收爲封禪書收下筆便就不立草藁文將千言所改無幾時黃門郎賈思同侍立深奇之帝曰雖七步之才無以過此遷散騎侍郎尋勑典起居注并修國史俄兼中書侍郎年二十六出帝初又詔收攝本職文誥塡積事咸稱旨黃門郎崔㥄從齊獻武王入朝熏灼於世收初不詣門㥄爲帝登祚赦云朕託體孝文收嗤其率直正員郎李愼以告之㥄深忿忌時前廢帝殂令收爲詔㥄乃宣言收普泰世出入幃幄一日造詔優爲詞旨然則義旗之士盡爲逆人又收父老合解官歸侍南臺將加彈劾賴尚書辛雄爲言於中尉綦儁乃解收有賤生弟仲同先未齒錄因此怖懼上籍遣還鄉扶侍出帝嘗大發士卒狩於嵩少之南旬有六日時既寒苦朝野嗟怨帝與從官皆胡服而騎宮人及諸妃主雜其間奇伎異飾多非禮度收欲言則畏懼欲默不能已乃上南狩賦以諷焉年二十七雖富言淫麗而終歸雅正帝手詔報焉甚見褒美鄭伯謂曰卿不遇老夫猶應逐兔初齊獻武王固讓天柱大將軍帝勑收爲詔令遂所請欲加相國問收相國品秩收以實對帝遂止收既未測主相之意以前事不安求解詔許焉久之除帝兄子廣平王贊開府從事中郎收不敢辭乃爲庭竹賦以致己意尋兼中書舍人與濟陰溫子昇河間邢子才齊譽世號三才時出帝猜忌獻武內有間隙收遂以疾固辭而免其舅崔孝芬怪而問之收曰懼有晉陽之甲尋而獻武南上帝西入關收兼通直散騎常侍副王昕聘蕭衍昕風流文辯收辭藻富逸衍及其羣臣咸加敬異先是南北初和李諧盧元明首通使命二人才器並爲鄰國所重至此衍稱曰盧李命世王魏中興未知後來復何如耳文襄啓收兼散騎常侍修國史武定二年除正常侍領兼中書侍郎仍修史帝宴百寮問何故名人日皆莫能知收對曰晉議郎董勛答問稱俗云正月一日爲雞二日爲狗三日爲豬四日爲羊五日爲牛六日爲馬七日爲人時邢邵亦在側甚恧焉自南北和好書下紙每云想彼境內寧靜此率土安和蕭衍後使其書乃去彼字自稱猶著此欲示無外之意收定報書云想境內清晏今萬國安和南人復書依以爲體後獻武入朝靜帝授相國固讓令收爲啓啓成呈上文襄時侍側獻武指收曰此人當復爲崔光四年獻武於西門豹祠宴集謂司馬子如曰魏收爲史官書吾善惡聞北伐時諸貴常餉史官飲食司馬僕射頗曾餉不因共大笑仍謂收曰卿勿見元康等在吾目下趨走謂吾以爲勤勞我後世身名在卿手勿謂我不知尋加兼著作郎靜帝曾季秋大射普令賦詩收詩末云尺書徵建鄴折簡召長安文襄壯之顧謂人曰在朝今有魏收便是國之光采雅俗文墨通達縱橫我亦使子才子昇時有所作至於詞氣並不及之吾或意有所懷忘而不語語而不盡意有未及收呈草皆以周悉此亦難有又勑兼主客郎接蕭衍使謝珽徐陵侯景既陷臺城衍鄱陽王範時爲合州刺史文襄勑收以書喻之範得書乃率部伍西上闕州刺史崔聖念入據其城文襄謂收曰今定一州卿有其力猶恨尺書徵建鄴未效耳文襄崩文宣如晉陽令與黃門郎崔季舒高德正吏部郎中尉瑾於北第參掌機密轉祕書監兼著作郎又除定州大中正時齊將受禪楊愔奏收置之別館令撰禪代詔册諸文遣徐之才守門不聽出天保元年除中書令仍兼著作郎封富平縣子二年授詔撰魏史除魏尹故優以祿力專在史閣不知郡事初帝令羣臣各

言志收曰臣願得直筆東觀早出魏書故帝使收專其任又詔平原王高隆之總監之隆之署名而已帝勑收曰好直筆我終不作魏太武誅史官始魏初鄧淵撰代記十餘卷其後崔浩典史游雅高允程駿李彪崔光李琰之世修其業浩爲編年體彪始分作紀表志傳書猶未出世宗時命邢巒追撰高祖起居注書至太和十四年又命崔鴻王遵業補續焉下訖肅宗事甚委悉濟陰王暉業撰辨宗室錄三十卷收於是與通直常侍房延祐司空司馬辛元植國子博士刁柔裴昂之尚書郎高孝幹專總斟酌以成魏書辨定名稱隨條甄舉又搜採亡遺綴續後事備一代史籍表而上聞勒成一代大典凡十二紀九十二列傳合一百一十卷五年三月奏上之秋除梁州刺史收以志未成奏請終業許之十一月復奏十志天象四卷地形三卷律歷二卷禮樂四卷食貨一卷刑罰一卷靈徵二卷官氏二卷釋老一卷凡二十卷續於紀傳合一百三十卷分爲十二帙其史三十五例二十五序九十四論前後二表一啓焉

魏書卷一百四考證

自序專總斟酌○專監本誤傳今改從北史

魏書卷一百五之一

齊　魏收　撰

志第一

天象一之一

夫在天成象聖人是觀日月五星象之著者變常舛度徵咎隨焉然則明晦暈蝕疾餘犯守飛流欻起彗孛不恒或皇靈降臨示譴以戒下或王化有虧感達於天路易稱天垂象見吉凶觀乎天文以察時變書曰曆象日月星辰敬授民時是故有國有家者之所祇畏也百王興廢之驗萬國禍福之來兆勤雖微罔不必至著於前載不可得而備舉也班史以日暈五星之屬列天文志薄蝕彗孛之比入五行說七曜一也而分爲二志故陸機云學者所疑也今以在天諸異咸入天象其應徵符合隨而條載無所顯驗則闕之云

太祖天興五年八月天鳴

六年九月天鳴

皇始二年十月壬辰日暈有佩璚占曰兵起天興元年九月烏丸張超收合亡命聚黨三千餘家據勃海之南皮自號征東大將軍烏丸王鈔掠諸郡詔將軍庾岳討之

天興三年六月庚辰朔日有蝕之占曰外國侵土地分

五年五月姚興遣其弟義陽公平率衆四萬來侵平陽乾壁爲平所陷

六年四月癸巳朔日有蝕之占曰兵稍出十月太祖詔將軍伊謂率騎二萬北襲高車大破之

天賜五年七月戊戌朔日有蝕之占曰后死六年七月夫人劉氏薨後謚爲宣穆皇后

太宗神瑞二年八月庚辰晦日有蝕之

世祖始光四年六月癸卯朔日有蝕之占曰諸佐非其人神䴥元年二月司空奚斤監軍侍御史安頡討赫連昌擒之於安定其餘衆立昌弟定爲主走還平涼斤追之爲定所擒將軍丘堆棄甲與守將高涼王禮東走蒲坂世祖怒斬堆

神䴥元年十一月乙未朔日有蝕之

太延元年正月己未朔日有蝕之

四年十一月丁卯朔日有蝕之

太平眞君元年四月戊午朔日有蝕之

三年八月甲戌晦日有蝕之

六年六月戊子朔日有蝕之占曰有九族夷滅七年正月戊辰世祖車駕次東雍州庚午圍薛永宗營壘永宗出戰大敗六軍乘之永宗衆潰斬永宗男女無少長皆赴汾水而死

七年六月癸未朔日有蝕之占曰不臣欲殺八年三月河西王沮渠牧犍謀反伏誅

十年夏四月丙申朔日有蝕之

六月庚寅朔日有蝕之占曰將相誅十一年六月己亥誅司徒崔浩

十一年十二月辛未日南北有珥

高宗興安元年十一月己卯日出赤如血

二年三月日暈

興光元年七月丙申朔日有蝕之

和平元年九月庚申朔日有蝕之

三年二月壬子朔日有蝕之占曰有白衣之會六年五月癸卯高宗崩

顯祖皇興元年十月己卯朔日有蝕之

二年四月丙子朔日有蝕之占曰將誅四年十月誅濟南王慕容白曜

十月癸酉朔日有蝕之占曰后有憂三年夫人李氏薨後謚思皇后

三年十月丁酉朔日有蝕之

高祖延興元年十二月癸卯日有蝕之占曰有兵二年正月乙卯統萬鎮胡民相率北叛遣寧南將軍交阯公韓拔等滅之

三年十二月癸卯朔日有蝕之

四年正月癸酉朔日有蝕之占曰有崩主天下改服有大臣死五年十二月己丑征北大將軍城陽王壽薨六年六月辛未顯祖崩

七月丙寅日有背珥

五年正月丁酉白虹貫日直珥一

承明元年三月辛卯日暈五重有二珥

太和元年冬十月辛亥朔日有蝕之

二年正月辛亥日暈東西有珥

二月乙酉晦日有蝕之占曰有欲反者近三月遠三年

四年正月癸卯洮陽羌叛枹罕鎮將討平之

九月乙巳朔日有蝕之占曰東邦發兵四年十月丁未蘭陵民桓富殺其縣令與昌慮桓和北連太山羣盜張和顏等聚黨保五固推司馬朗之爲主詔淮陽王尉元等討之

三年春正月癸丑日暈東西有珥有佩戟一重北有偃戟四重後有白氣貫日珥狀如車輪京師不見雍州以聞

三月癸卯朔日有蝕之占曰大臣誅四月雍州刺史宜都王目辰有罪賜死

四年正月辛酉日東西有珥北有佩日暈貫兩珥

五年正月庚辰日暈東西有珥南北並白氣長一丈廣二尺許北有連環暈又貫珥內復有直氣長三丈許內黃中青外白暈乍成散乃滅

七月庚申朔日有蝕之

七年十二月乙巳朔日有蝕之

八年正月戊寅有白氣貫日占曰近臣亂十年三月丁亥中散梁衆保等謀反伏誅

十一年十一月丁亥日失色

十二年三月戊戌白虹貫日

十三年二月乙亥朔日十五分蝕八占曰有白衣之會十一月己未安豐王猛薨

十四年二月己巳朔未時雲氣斑駮日十五分蝕一占曰有白衣之會九月癸丑文明太皇太后馮氏崩

十五年正月癸亥晦日有蝕之占曰王者將兵天下擾動十七年六月丙戌高祖南伐

十七年六月庚辰朔日有蝕之

十八年五月甲戌朔日有蝕之

二十年九月庚寅晦日有蝕之

二十三年六月己卯日中有黑氣占曰內有逆謀八月癸亥南徐州刺史沈陵南叛

十二月甲申日中有黑氣大如桃

世宗景明元年正月辛丑朔日有蝕之

七月己亥朔日有蝕之

二年四月癸酉日自午及未再暈內黃外白

七月癸巳朔日有蝕之

八月戊辰日赤無光中有黑子一

三年正月乙巳日中有黑氣如鵝子申酉復見又有二黑氣橫貫日

二月辛卯日中有黑氣大如鵝子

七月丁巳朔日有蝕之

正始元年十二月丙戌黑氣貫日

壬子日有冠珥內黃外青占曰天下喜三年正月丁卯皇子生大赦天下

三年二月甲辰日左右有珥內赤外黃

辛亥日暈外白內黃

十月乙巳日赤無光

十二月乙卯日暈內黃外青東西有珥北有背巳時白虹貫日

永平元年三月己酉日南北有珥外青內黃暈不匝西北有直氣長尺餘北有白虹貫日

八月壬子朔日有蝕之

二年八月丙午朔日有蝕之

丁卯旦日旁有黑氣形如月從東南來衝日如此者一辰乃滅

三年二月甲子日中有黑氣二

十二月乙未日交暈中赤外黃東西有珥南北白暈貫日告匝

四年十一月癸卯日中有黑氣二大如桃占曰天子崩延昌四年正月丁巳世宗昇遐

十二月壬戌朔日有蝕之在牛四度占曰其國叛兵發延昌二年正月庚辰蕭衍郁洲民徐玄明等斬送衍鎮北將軍青冀二州刺史張稷首以州內附

延昌元年二月甲戌至于辛巳日初出及將沒赤白無光明

五月己未晦日十五分蝕九占曰大旱民流千里二年春京師民飢死者數萬口

二年閏月辛亥日中有黑氣占曰內有逆謀三年十一
月丁巳幽州沙門劉僧紹聚衆反自號淨居國明法王
州郡捕斬之
五月甲寅朔日有蝕之京師不見恒州以聞
三年三月庚申日交暈其色內赤黃外青白南北有佩
可長二丈許內赤黃外青白西有白暈貫日又日東有
一抱長二丈許內赤黃外青
肅宗熙平元年三月戊辰朔日有蝕之
丁丑日出無光至于酉時占曰兵起神龜元年正月秦
州羌反二月己酉東益州氐反七月河州氐却鐵忽聚
衆反自稱水池王
四月甲辰卯時日暈市西有一背內赤外黃南北有珥
內赤外黃漸滅
十二月己酉日暈北有一抱內赤外白兩傍有珥北有
白虹貫日
神龜元年三月丁丑白虹貫日占曰天下有來臣之衆
不三年十一月乙酉蠕蠕莫緣梁賀俟豆率男女七百
口來降
二年正月辛巳朔日有蝕之
正光元年正月乙亥朔日有蝕之占曰有大臣亡七月
丙子殺太傅領太尉清河王懌
二年五月丁酉日有蝕之夏州以聞
三年正月甲寅日交暈內赤外青有白虹貫暈外有直
氣長二丈許內赤外青
五月壬辰朔日有蝕之占曰秦邦不臣五年六月秦州
城人莫折大提據城反自稱秦王
十月己巳太史奏自八月已來黃埃掩日日出三丈色
赤如赭無光曜
十一月己丑朔日有蝕之占曰有小兵在西北四年二
月己卯蠕蠕主阿那瓌率衆犯塞
四年十一月癸未朔日有蝕之
五年閏月乙酉日暈內赤外青南有珥上有一抱兩背
內赤外青
三月丁卯日暈三重外青內赤占曰有謀其主孝昌元
年正月庚申徐州刺史元法僧據城反自稱宋王
十二月丙申日暈南北有珥上有兩抱一背
孝昌元年十二月丙戌白虹刺日不過虹中有一背占
曰有臣背其主一曰有反城二年九月己卯東豫州刺
史元慶和據城南叛
三年十一月戊寅辰時日暈東面不合其色內赤外黃
東西有珥內赤外黃西北去暈一尺餘有一背長二丈
餘廣三尺許內赤外黃
莊帝永安二年三月甲戌未時日暈三重內黃赤外青
白暈東西兩處不合其狀如抱
五月辛酉日暈東西兩處不合
辛未申時日南有珥去一尺餘有一背長三丈許廣五
尺餘內赤外青
七月丙寅直東去日三尺許有一背長二丈餘內赤外
青半食頃從北頭漸滅至半須臾還如初見內赤外青
其色分炳
十月己酉朔日從地下蝕出十五分蝕七虧從西南角
起占曰西夷欲殺後有大兵必西行三年四月丁卯雍
州刺史爾朱天光討擒萬俟醜奴蕭寶夤於安定送京
師斬之
三年五月戊戌辰時日暈市內赤外白暈內有兩珥西
有白虹貫日東北有一背內赤外青南有一背內赤外
青東有一抱內青外赤京師不見青州表聞
六月辛丑日暈白虹貫日
前廢帝普泰元年三月丁亥日月並赤赭色天地溷濁
六月己亥朔日蝕從西南角起雲陰不見定相二州表
聞占曰主弱小人持政時爾朱世隆兄弟專擅威福
後廢帝中興二年二月辛丑辰時日暈東西不合其色
內赤外青南北有珥西北去暈一尺餘有一背長二丈
許可廣三尺內赤外青
十一月日暈再重上有背長三丈餘內青外赤
出帝太昌元年五月日暈再重上有兩背一尺許
癸五午時日南有珥去日一尺餘有一背長三丈許廣
五尺內赤外青
十月辛酉朔日從地下蝕出虧從西南角起占曰有兵
大行永熙二年正月甲午齊獻武王自晉陽出討爾朱
兆丁酉大破之於赤洪嶺兆遁走自殺
永熙二年四月己未朔日有蝕之在丙虧從正南起占
曰君陰謀三年五月辛卯出帝爲斛斯椿等諸佞關構
猜於齊獻武王託討蕭衍盛暑徵發河南諸州之兵天
下恠惡之語在斛斯椿傳
三年四月癸丑日有蝕之占曰有亂殺天子者七月丁
未出帝爲斛斯椿等迫脅遂出於長安
孝靜元象元年春正月辛丑朔日有蝕之占曰大臣死
八月辛卯司徒公高敖曹戰歿於河陰
六月己丑日暈一重有兩珥上有背長二丈餘
十一月己巳辰時日暈南面不合東西有珥背有白虹
至珥不徹
二年二月己丑巳時日暈市白虹貫日不徹
興和二年閏月丁丑朔日有蝕之占曰有小兵七月癸
巳元寶炬廣豫二州行臺趙繼宗南青州刺史崔康寇
陽翟鎮將擊走之
武定三年冬十一月壬申日暈兩重東南角不合西南
東北有珥西北有兩重背東北西北有白氣并有兩珥
中間有一白氣東西橫至珥
十二月乙酉竟天徹有白雲日暈東南角不合西南東
北有珥西北有一背去日一尺
五年正月己亥朔日有蝕之從西南角起占曰不有崩
喪必有臣亡天下改服丙午齊獻武王薨
二月辛丑日暈市西北交暈貫日并有一珥一抱
六年七月庚寅朔日有蝕之虧從西北角起

魏書卷一百五之一考證
天象志敍萬國禍福之來○來監本誤未今改正
兆勤雖微○勤係動字之訛
世祖始光四年諸佐非其人○佐南監本作俟
莊帝永安二年外青白○白監本誤日今改正

魏書卷一百五之二

齊　魏　收　撰

志第二

天象一之二

太祖皇始二年六月庚戌月掩太白在端門外占曰國
受兵九月慕容賀驎率三萬餘人出寇新市十月太祖
破之於義臺塢斬首九千餘級
天興元年十一月丁丑月犯東上相
二年五月辛酉月掩東上相
八月壬辰月犯牽牛占曰國有憂三年二月丁亥皇子
聰薨
三年三月乙丑月犯鎮星在牽牛
七月己未月犯鎮星在牽牛
辛酉月犯哭星
四年三月甲子月生齒占曰有賊臣五年十一月秀容
胡帥前平原太守劉曜聚衆爲盜遣騎誅之
七月丁卯月犯天關
十月甲子月犯東次相
五年四月辛丑月掩辰星在東井
五月丙申月犯太微
七月己亥月犯歲星在左角
十月戊申月暈左角時帝討姚興弟平於乾壁克之太
史令晁崇奏角蟲將死上慮牛疫乃命諸軍併重焚車
丙戌車駕北引牛大疫死者十八九官車所馭巨犗數
百同日斃於路側首尾相屬麋鹿亦多死
乙卯月犯太微占曰貴人憂六年七月鎮西大將軍司
隸校尉毗陵王順有罪以王還第
十二月庚申月與太白同入羽林
六年正月月掩氐西南星
六月甲辰月掩北斗魁第四星
十月乙巳月犯軒轅第四星
十一月辛巳月犯熒惑
天賜元年二月甲辰月掩歲星在角占曰天下兵起三
年四月蠕蠕寇邊夜召兵將旦賊走乃罷
四月甲午月掩軒轅第四星占曰女主惡之六年七月
夫人劉氏薨後謚宣穆皇后
五月壬申月掩斗魁第二星
二年三月壬辰月掩左執法
丁酉月掩心前星
四月己卯月犯鎮星在東壁占曰貴人死四年五月常
山王遵有罪賜死
七月己未月掩鎮星
八月丁巳月犯斗第一星占曰大臣憂三年七月太尉
穆崇薨
十月丁巳月掩鎮星在營室
三年二月己丑月犯心後星
四月癸丑月犯太微西上將
己未月犯房南第二星占曰將相有憂四年五月誅定
陵公和跋
五月癸未月犯左角占曰左將軍死六年三月左將軍

曲陽侯元素延死
十二月丙午月掩太白在危
四年二月庚申月掩心後星
五年五月丁未月掩斗第二星占曰大人憂六年十月戊辰太祖崩
太宗永興元年二月甲子月犯昴占曰胡不安天子破匈奴二年五月太宗討蠕蠕社崘社崘遁走
九月壬寅月犯昴
閏月丁酉月犯昴
二年三月丁卯月掩房南第二星又掩斗第五星
五月甲子月掩斗第五星
己亥月掩昴
六月己丑月犯房南第二星
七月乙亥月犯輿鬼
八月甲申月犯心前星
三年六月庚子月犯歲星在畢占曰有邊兵五年四月上黨民勞聰士臻羣聚爲盜殺太守令長相率外奔
八月乙未月犯歲星在參
四年春正月壬戌月行畢蝕歲星
癸亥月掩房北第二星
閏月庚申月行昴犯熒惑
七月月蝕熒惑
八月戊申月犯泣星
十月辛亥月掩天關占曰有兵五年六月護澤民劉逸自號征東將軍三巴王署置官屬攻逼建興郡元城侯元屈等討平之
五年三月戊辰月行參犯太白
四月癸卯月暈翼軫角
七月庚午月掩鈎鈐占曰喉舌臣憂五年三月散騎常侍王洛兒卒
八月庚申月犯太白占曰憂兵神瑞元年二月赫連屈丐入寇河東殺掠吏民三城護軍張昌等要擊走之
九月己丑月犯左角占曰天下有兵神瑞元年十二月蠕蠕犯塞
十月乙巳月犯畢占曰貴人有死者泰常元年三月長樂王處文薨
十一月丙戌月蝕房第一星
十二月甲辰三暈東井
神瑞元年正月丁卯月犯畢占曰貴人有死者泰常元年四月庚申河間王修薨
二月戊申月蝕房第一星
三月壬申月蝕左角
五月壬寅月犯牽牛南星
六月丙申月掩氐
七月庚辰月犯天關
八月丁酉月蝕牽牛中大星
己酉月犯西咸占曰有陰謀神瑞二年三月河西饑胡屯聚上黨推白亞栗斯爲盟主號大單于稱建平元年
四月詔將軍公孫表等五將討之
二年三月丁巳月入畢占曰天下兵起泰常元年三月常山民霍季自言名載圖讖持一黑石以爲天賜玉印誑惑聚黨入山爲盜州郡捕斬之
四月己卯月犯畢陽星
七月辛丑月犯畢占曰貴人有死者泰常元年十二月南陽王良薨
八月壬子月犯氐
十月甲子月暈畢
十一月月暈軒轅
戊午月犯畢陽星
泰常元年五月甲申月犯歲星在角
六月己巳月犯畢占曰貴人死二年十月豫章王夔薨
七月月犯牛
十月丙戌月入畢占曰有邊兵二年二月司馬德宗譙王司馬文思自江東遣使詣闕上書請軍討劉裕太宗詔司徒長孫嵩率諸將邀擊之
二年五月丙子月犯軒轅
八月己酉月犯牽牛占曰其地有憂三年司馬德宗死
丁卯月犯太微
十一月癸未月犯東井南轅西頭第一星占曰諸侯貴人死一曰有水三年八月鴈門河內大雨水復其租稅
五年三月南陽王意文薨
二年正月戊申月犯輿鬼積尸己酉汙犯軒轅權星占曰女主有憂五年六月丁卯貴嬪杜氏薨後謚密皇后
四月壬申月犯鎭星在張
五月癸亥月犯太白於東井
七月丁巳月犯東井
九月丙寅月犯熒惑在張翼
十一月庚申月犯太白在斗
十二月庚辰月犯熒惑於太微
四年正月丙午月犯太微
三月壬寅月犯太微
五月丙申月犯太微占曰人君憂八年十一月太宗崩
十二月丁巳月犯太白入羽林
五年十一月辛亥月蝕熒惑在亢占曰韓鄭地大敗八年九月劉義符潁川太守李元德竊入許昌太宗詔交阯侯周幾擊之元德遁走
六年二月己亥月蝕南斗杓星
五月丙辰月暈在角亢
七年正月丁卯月犯南斗占曰大臣憂三月河南王曜薨
三月壬戌月犯南斗
五月丙午月犯軒轅
六月辛巳月犯房占曰將相有憂八年六月己亥太尉宜都公穆觀薨
世祖始光元年正月壬午月犯心中央大星
二年三月丙子月犯熒惑在虛
十二月丁酉月犯軒轅
神䴥三年夏四月壬戌月犯軒轅
六月月犯歲星
四年十月丙辰月掩天關占曰有兵延和元年七月世祖討馮文通於和龍
十二月月犯房鉤鈐
延和元年三月月犯軒轅
四月月犯左角占曰天下有兵二年二月征西將軍金崖與安定鎭將延普及涇州刺史狄子玉爲權舉兵攻普不克退保胡空谷驅掠平民據險自固世祖詔平西將軍安定鎭將陸侯討獲之
五月月犯軒轅掩南斗第六星
七月丙午月蝕左角
三年二月庚午月犯畢口而出月暈昴五車及參占曰貴人死五月甲子陰平王求薨
閏月己丑月入東井犯太白占曰憂兵七月辛巳世祖行幸隰城命諸軍討山胡白龍于西河克之
太延元年五月壬子月犯右執法占曰執法有憂十月尚書左僕射安原謀反伏誅
十月丙午月犯右執法
二年正月庚午月犯熒惑占曰貴人死三年正月癸未征東大將軍中山王纂薨
二月月犯太微東藩第一星
三月癸亥月犯太微右執法又犯上相占曰將相有免者眞君二年三月庚戌新興王俊略陽王羯兒有罪並黜爲公
三年正月月犯東井占曰將相死戊子太尉北平王長孫嵩薨乙巳鎭南大將軍丹陽王叔孫建薨
九月丙申月暈太微
十一月戊戌月掩太白
四年四月己卯月犯氐
十一月丁未月犯東井占曰將軍死眞君二年九月戊戌撫軍大將軍永昌王健薨
五年六月甲午朔月見西方
七月月掩鎭星
眞君元年十二月月犯太微
二年六月壬子朔月見西方
三年三月癸未月犯太白占曰憂兵四年正月征西將軍皮豹子等大破劉義隆將於樂鄉擒其將王奐之王長卿等
五年五月甲辰月犯心後星
六年四月月犯心占曰有亡國是月征西大將軍高涼王那討吐谷渾慕利延於陰平軍到曼頭城慕利延驅其部落西渡流沙那急追之故西秦王慕璝世子被囊逆軍距戰那擊破之慕利延遂西入于闐
七年八月癸卯月犯熒惑又犯軒轅
十一月月犯軒轅
八年正月庚午月犯心大星
九年正月月犯歲星
十一年正月甲子月入羽林
正平元年正月月入羽林
高宗太安四年正月己未月入太微犯西蕃
三月月犯五諸侯
六月癸酉朔月生西方
八月月入南斗
九月月犯軒轅
十二月月犯氐
五年正月月掩軒轅又掩氐東南星
六月月犯心前星
十二月月犯左執法占曰大臣有憂和平二年四月侍中征東大將軍河東王閭毗薨
和平元年正月丁未月入南斗
三月月掩軒轅占曰女主惡之四月保皇太后常氏崩
六月戊子月犯心前星

十一月壬辰月犯右執法
二年正月月犯心後星
九月月犯心大星
三年三月壬寅月犯心後星
八月月犯哭星
四年四月月掩軒轅御女星
五年二月甲申月入南斗魁中犯第三星
三月庚子月入輿鬼積尸
六年七月月犯心前星
九月月犯軒轅右角
顯祖天安元年六月甲辰月犯東井
十月癸巳月掩東井
皇興元年正月丙辰月犯東井北轅東頭第三星
八月辛酉月蝕東井南轅第二星占曰有將死三年正
月司空平昌公和其奴薨
十月癸巳月在參蝕
二年四月丙辰月犯牽牛中星
三年十二月乙酉月犯氐
五年七月辛巳月犯東井
高祖延興元年十月庚子月入畢口占曰有赦二年正
月乙卯曲赦京師及河西南至秦涇西至枹罕北至涼
州及諸鎮
二年正月壬戌月犯畢占曰天子用法九月辛巳統萬
鎮將河間王閭虎皮坐貪殘賜死
閏月丙子月犯東井占曰有水是年以州鎮十一水旱
免民田租開倉賑恤
庚子月犯東井北轅
三年八月己未月犯太微占曰將相有免者期不出三
年承明元年二月司空東郡王陸定國坐事免官爵
十二月戊午月蝕在七星京師不見統萬鎮以聞
四年正月己卯月犯畢占曰貴人死五年十二月城陽
王長壽薨
二月癸丑月犯軒轅
甲寅月犯歲星占曰饑太和元年正月雲中饑詔開倉
賑恤
九月乙卯月犯右執法占曰大臣有憂承明元年六月
大司馬大將軍安成王萬安國坐矯詔殺部長奚買奴
於苑中賜死
五年三月甲戌月掩鎮星
八月乙亥月掩畢占曰有邊兵太和元年正月秦州略
陽民王元壽聚衆五千餘家自號爲衝天王二月詔秦
益二州刺史武都公尉洛侯討破元壽獲其妻子送京
師
十一月癸卯月入軒轅中蝕第三星
承明元年四月甲戌月蝕尾
太和元年二月壬戌月在井暈參南北河五車二星三
柱熒惑
三月甲午月犯太微
戊辰月蝕尾下入濁氣不見
五月丁亥月犯軒轅大星
丙午月入太微
八月庚申月入南斗犯第三星
戊寅月入太微犯屏南星
十月乙丑月蝕昴京師不見雍州以聞占曰貴臣誅是
月誅徐州刺史李訢
十二月癸卯月犯南斗
二年六月庚辰月犯太微東蕃南頭第一星京師不見
定州以聞
甲申月犯房又犯太微
八月壬午月入南斗占曰大臣誅十二月誅南郡王李
惠
九月庚申陰雲開合月在昴蝕
十月戊戌月入南斗口中占曰大臣誅三年四月雍州
刺史宜都王目辰有罪賜死
十一月甲子月犯鎮星
十二月戊戌月入南斗口中
三年正月壬子月暈觜參兩肩五車五星畢東井占曰
有赦十月大赦天下
二月庚寅月犯心
三月庚戌月入南斗口中占曰大臣誅九月定州刺史
安樂王長樂有罪徵詣京師賜死
乙卯月入南斗口中
七月癸未月犯心
十月月犯心
十二月丙戌月犯太微左執法占曰大臣有憂四年正
月襄城王韓頹有罪削爵徙邊
四年正月丁未月在畢暈參兩肩五車東井丁巳月犯
心占曰人伐其主五年二月沙門法秀謀反伏誅
闕犯心
二月己卯月犯軒轅北第二星
辛巳月犯太微左執法占曰大臣有憂閏月頓丘王李
鍾葵有罪賜死
壬午月蝕
乙酉月掩熒惑
五年二月癸卯月犯太微西蕃南頭第一星
二月甲辰月在翼暈東南不帀須臾西北有偏白暈侵
五車二星東井北河北河輿鬼柳北斗紫微宮攝提翼
星
戊戌月犯心京師不見濟州以聞
七月戊寅月犯昴占曰有白衣之會六年正月任城王
雲薨
六年正月癸亥月在畢暈參兩肩五車三星胃昴畢京
師不見營州以聞
己巳月在張犯軒轅大星
辛未月蝕
五月戊申月入南斗口中
戊寅月犯昴
七月丁卯月蝕
十一月辛亥朔月寅見東方京師不見平州以聞
七年五月辛卯月犯南斗
八年正月辛巳月在畢暈東井歲星觜參兩肩五車
三月己丑月犯心
四月丁亥月蝕斗
癸亥月犯昴相州以聞占曰有白衣之會十一年五月
南平王渾薨
五月丁亥月在斗蝕盡占曰饑十二月詔以州鎮十五
水旱民飢遣使者循行問所疾苦開倉賑恤
九年正月丁丑月在參暈觜參兩肩東井北河五車三
星占曰水是年冀定數州水民有賣男女者
戊申月犯東井占曰貴人死一曰有水十月侍中司徒
魏郡王陳建薨是年京師及州鎮十二水旱傷稼
四月丁未月犯心
十一月戊寅月蝕
十年十一月辛亥月犯房
十一年正月丙午月犯房鉤鈐
二月癸亥月犯東井
三月丙申月三暈太微
庚子月蝕氐占曰糴貴是年年穀不登聽民出關就食
開倉賑恤
六月乙丑月犯斗
丙寅月犯建星
七月丁未月入東井
八月己巳月蝕胃占曰有兵是月蠕蠕犯塞遣平原王
陸叡討之
九月戊戌陰雲離合月在胃蝕
十一月乙巳月入氐
十二月戊午月及熒惑合於東壁
甲子月入東井犯天關
十二年正月戊戌月犯左角
二月壬戌月暈太微
丁卯月犯氐
四月癸丑月犯東井占曰將死九月司徒淮南王他薨
壬戌月犯氐與歲星同在氐
癸亥月犯房
六月丁巳月入氐犯歲星
七月乙酉月犯房
庚寅月犯牽牛
庚子月犯畢
九月月蝕盡
十一月己未月犯東井
丙寅月犯左角占曰天下有兵十二年正月蕭賾遣衆
寇邊淮陽太守王僧儁擊走之
十二月甲申月犯畢
乙未月犯氐
丙申月犯房
十三年正月甲寅月入東井
壬戌月掩牽牛
二月己丑月在角十五分蝕七
三月庚申月犯歲星
四月丙戌月犯房
六月乙酉月掩牽牛
乙未月犯畢占曰貴人死十二月司空河東王苟頹薨
七月丁未月入氐
戊申月犯犍閉
八月丙戌天有微雲月在未蝕占曰有兵十四年四月
地豆于頻犯塞詔征西大將軍陽平王頤擊走之
九月丁巳月掩畢
庚申月入東井
十月己卯月掩熒惑又掩畢
丁酉月犯犍閉

十二月壬午月入東井
十四年二月甲戌月犯畢
六月甲戌月犯亢
八月乙亥月犯牽牛
辛卯月犯軒轅占曰女主當之九月文明皇太后馮氏
崩
十月壬午月入東井
戊子月犯太微
十一月戊戌月犯鎭星
乙卯月犯太微右執法
十二月庚辰月犯軒轅
癸未月掩太微左執法
十五年正月己酉月在張蝕
三月丙申月掩畢占曰有邊兵十六年八月詔陽平王
頤右僕射陸叡督十二將七萬騎北討蠕蠕
四月庚午月犯軒轅
癸酉月犯太微東蕃上將占曰貴人憂六月濟陰王鬱
以貪殘賜死
癸未月犯歲星
五月庚子月掩太微左執法占曰大臣憂十七年二月
南平王霄薨
丁未月掩建星
七月乙未月犯太微東蕃
辛丑月掩建星
癸卯月犯牽牛
九月乙丑月犯牽牛占曰大臣有憂十七年蕭賾死大臣疑當作與隨
癸未月入太微犯右執法占曰大臣憂十七年八月三
老山陽郡開國公尉元薨
十月甲午月犯鎭星
戊申月犯軒轅
十一月乙巳月犯畢
辛未月入東井
十二月辛卯月蝕盡
十六年二月甲辰月入氐
三月己卯月入羽林
四月壬辰月入太微
丙午月入羽林
五月壬子月掩南斗第六星
甲戌月入羽林

六月戊子月犯熒惑占曰貴人死十九年五月廣川王
諧薨
己丑月入太微
丁酉月掩建星
丁未月入畢占曰有邊兵十九年正月平南將軍王肅
頻破蕭鸞軍於義陽降者萬餘
七月甲戌月入畢
丁丑月犯軒轅
八月壬辰月犯建星
壬寅月犯畢
甲辰月入東井
戊申月犯軒轅占曰女主當之二十年十月廢皇后馮
氏
辛亥月入太微犯右執法
九月癸亥月掩鎭星
十月辛卯月入羽林
癸亥月入東井
十一月甲子月犯畢
壬申月入太微
丁丑月入氐
十二月丁酉月在柳蝕占曰國有大事兵起十七年八
月己丑車駕發京師南伐步騎三十餘萬
丁丑月入氐
十七年正月己丑月犯軒轅
壬申月犯氐
三月甲午月入太微
壬寅月掩南斗第六星
四月癸丑月入太微占曰大臣死十九年二月辛酉司
徒馮誕薨
壬寅月入羽林
五月甲子月犯南斗第六星
乙丑月掩建星
六月甲午月在女蝕占曰旱二十年以南北州郡旱遣
侍臣循察開倉賑恤
七月壬子月入太微占曰有反臣二十年二月恒州刺
史穆泰謀反伏誅多所連及
丙辰月入氐
癸未月犯南斗第六星
庚申月犯建星
八月庚寅月犯哭星
辛卯月入羽林

丁酉月入畢占曰兵起十九年二月車駕南伐鍾離
辛丑月犯輿鬼
乙巳月入太微犯屏星
十月壬午月犯建星
甲午月入東井
十一月壬子月犯哭星
辛酉月犯東井前星
丁卯月入太微占曰大臣死有反臣二十七年四月大
將軍宋王劉昶薨廣州刺史薛法護南叛
壬申月入氐
十二月辛巳月入羽林
乙未月入太微
己亥月入氐
十八年二月甲午月入氐
四月庚申月在斗蝕
六月丁卯月入東井
十九年三月己卯月犯軒轅占曰女主當之二十一年
十月追廢貞皇后林氏爲庶人
二十年七月辛巳月掩鎭星
十月丙午月在畢蝕
二十一年三月丁酉月犯屏星
四月庚午月掩房星
六月丁卯月掩斗魁
十二月乙亥月掩心
二十二年正月丙申月掩軒轅占曰女主當之二十三
年詔賜皇后馮氏死
二月乙丑月與歲星熒惑合於右掖門內
丁卯月在角蝕占曰天子憂二十三年四月高祖崩
七月乙酉月掩心
九月庚申月蝕昴
二十三年二月壬戌月在軫蝕
六月癸未月掩房南頭第二星
甲申月掩箕北頭第一星
八月月在壁蝕子巳上
十一月癸丑月在畢暈昴觜參五車
十二月己卯月掩昴
辛巳月掩五車
世宗景明元年正月丙辰月在翼蝕十五分蝕三
十二月癸未月暈太微既而有白氣長一匹廣二尺許
南至七星俄而月復暈北斗大角

丁亥月暈角亢房
二年正月甲辰月暈井觜參兩肩昴五車占曰貴人死
大赦二月甲戌大赦天下五月壬子廣陵王羽薨
二月丙子月掩軒轅大星占曰女主憂正始四年十月
皇后于氏崩
癸未月掩房南頭第二星丙戌月入南斗距星南三尺
占曰吳越有憂十二月蕭寶卷直後張齊玉殺寶卷
五月丙午月掩心第三星
戊申月掩斗魁第三星
七月辛亥月暈婁內青外黃轢昴畢天船大陵卷舌奎
婁
三年正月甲寅月入斗去魁第二星四寸許占曰吳越
有憂四月蕭衍又廢其主寶融
四月癸酉月乘房南頭第二星
己亥月暈在角亢氐房心
六月戊戌月掩南斗第二星
八月壬寅月暈外青內黃轢昴畢婁胃五車占曰貴人
死乙卯三老元丕薨
己酉月犯軒轅
十一月己巳月蝕井盡
十一月壬辰月掩昴占曰有白衣之會正始二年四月
城陽王鸞薨
乙未月暈參井鎭星占曰兵起四年氐反行梁州事楊
椿左將軍羊祉大破之
丙申月掩鎭星又暈
四年正月庚申月暈胃昴參五車
二月辛亥月掩太白
三月辛酉月暈軒轅太微西垣帝座
四月丙申月掩心大星
五月丁卯月在斗從地下蝕出十五分蝕十二占曰饑
正始四年八月敦煌民飢開倉賑恤
六月癸卯月犯昴占曰有白衣之會永平元年三月皇
子昌薨
丁未月掩太白
七月戊午月犯房大星
壬申月犯昴畢觜參東井五車五星占曰旱有大赦正
始元年正月丙寅大赦改年六月詔以旱徹樂減膳
十二月丁亥月暈昴畢婁胃
己未月暈太微帝座軒轅
庚子月暈房心亢氐占曰有軍大戰正始元年荊州刺

史楊大眼大破䓶螢樊秀安等
正始元年正月乙卯月暈胃昴畢五車二星
丁巳月暈婁胃昴畢
戊戌月暈五車三星東井南河北河輿鬼鎮星
二月甲申月暈昴畢參左肩五車
二年九月癸未月在昴十五分蝕十占曰饑四年九月
司州民飢開倉賑恤
十一月丙子月暈東西兩珥內赤外青東有白虹長二
丈許西有白虹長一匹北有虹長一丈餘外赤內青黃
虹北有背外赤內青黃
三年正月辛巳月暈太微帝坐軒轅左角貫疑星
三月庚辰月在氐蝕盡
十月甲寅月犯太白
永平元年五月丁未月犯畢占曰貴人有死者九月殺
大師彭城王勰
六月己巳月掩畢
十一月癸酉月犯左執法占曰大臣有憂四年三月壬
戌廣陽王嘉薨
二年正月甲午月在翼十五分蝕十二
十一月丙戌月掩畢大星
三年正月戊子月在張蝕
閏月乙酉月在危蝕
十一月壬寅月犯太白
十二月壬午月在張蝕
四年四月癸酉月暈太微軒轅占曰小赦延昌二年八
月諸犯罪者恕死從流已下減降
辛卯月犯太白於胃
八月癸丑月掩輿鬼
丁巳月入太微占曰大臣死延昌元年三月己未尚書
左僕射安樂王詮薨
辛酉月犯太白
十月壬午月失行黃道北犯軒轅大星
甲申月入太微
十一月乙巳月犯畢占曰爲邊兵十一月戊甲詔李崇
奚康生治兵壽春以討朐山之寇
延昌元年二月庚午月暈東井輿鬼軒轅大星
三月辛丑月在翼暈須臾之間再成再散
壬寅月犯太微
乙巳月暈角亢房心鎮歲
九月丁卯月及熒惑俱在七星

十月癸酉月暈東井五車畢參占曰大旱一曰爲水二
年四月庚子出絹十五萬疋賑恤河南飢民五月壽春
水
十二月戊戌月犯熒惑於太微占曰君死不出三年四
年正月世宗崩
二年正月庚子月暈暈東有連環轢亢房鎮織女天棓
紫宮北斗
二月己巳月暈熒惑軒轅太微帝座占曰旱六月乙酉
青州民飢詔開倉賑恤
四月丙申月掩鎮星
己亥月在箕從地下蝕出還生三分漸漸而滿占曰饑
三年四月青州民飢開倉賑恤
六月乙巳月犯畢左股占曰爲邊兵二年六月南荆州
刺史桓叔興破蕭衍軍於九江
七月戊午月掩鎮星
十月丙申月在參蝕盡占曰軍起三年十一月詔司徒
高肇爲大將軍率步騎十五萬伐蜀
三年二月乙酉月暈畢昴太白東井五車
四月癸巳月在尾從地下蝕出十五分蝕十四占曰旱
饑熙平元年四月瀛州民飢開倉賑恤
九月丁卯月犯太微屏星
十月壬寅月犯房第二星
十二月丙午月掩熒惑
四年五月庚戌月犯太微占曰貴人憂九月安定王燮
薨
九月乙丑月犯太微
十月癸巳月入太微占曰大臣死熙平二年二月太保
領司徒廣平王懷薨
閏月戊午月犯軒轅占曰女主憂之神龜元年九月皇
太后高尼崩于瑤光寺
肅宗熙平元年八月己酉月在奎十五分蝕八占曰有
兵神龜元年三月南秦州氐反遣龍驤將軍崔襲持節
喻之
十二月戊戌月犯歲星
甲辰月暈東井觜參五車占曰大旱一曰水二年十月
庚寅幽冀滄瀛四州大饑開倉賑恤
二年二月丁未月在軫蝕
四月癸卯月犯房
八月癸卯月在婁蝕盡
九月癸酉月犯畢占曰貴人有死者神龜元年四月丁

酉司徒胡國珍薨
十月癸卯月暈昴畢觜參五車四星
甲辰月暈畢右股觜參五車三星東井占曰天下饑大
赦神龜元年正月幽州大饑死者甚衆開倉賑恤又大
赦天下
十一月戊戌月暈觜參東井
壬子月犯心小星
神龜二年二月丙辰月在參暈井觜參右肩歲星五車
四星占曰有相死十二月司徒尚書令任城王澄薨
八月辛未月犯軒轅
十二月庚申月在柳十五分蝕十
正光元年正月戊子月犯軒轅大星占曰女主有憂七
月丙子元乂幽靈太后於北宮
十二月甲寅月蝕占曰兵外走二年正月南秦州氐反
二月詔光祿大夫邴虬討之
二年五月丁未月蝕占曰旱饑三年六月帝以炎旱減
膳撤懸
七月乙卯月在昴北三寸
九月庚戌月暈胃昴畢五車二星
辛亥月暈昴畢觜參兩肩五車五星占曰有赦三年十
一月丙午太赦天下
十月辛卯月掩心大星
十一月己酉月在井蝕
乙卯月犯昴
三年正月甲寅月掩心距星
二月丁卯月掩太白京師不見涼州以聞
甲戌月在張暈軒轅太微右執法歲星
四月丁丑月掩心距星
九月丙午月在畢暈昴畢觜參兩肩五車四星
四年正月戊戌月在井暈東井南河轢觜參右肩一星
五車一星
七月乙巳月在胃暈婁胃昴畢觜占曰貴人死四年十
一月丁酉太保崔光薨
八月乙亥月在畢掩熒惑
五年二月庚寅月在參暈畢觜參兩肩東井熒惑五車
一星占曰兵起六月秦州城人莫折大提據城反自稱
秦王詔雍州刺史元志討之
閏月壬辰月在張暈軒轅太微西蕃占曰天子發軍自
衞孝昌三年正月己丑詔內外戒嚴將親出討
癸巳月在翼暈太微張翼占曰士卒多逃走一曰士卒

大聚十月營州城人劉安定就德興反執刺史李仲遵
其部下王惡兒斬安定以降德興東走自號燕王
八月丙申月在昴暈胃昴五車二星畢觜參一肩
十二月癸未月在婁暈奎婁胃昴
孝昌元年九月丁巳月蝕
十月丙戌月在畢暈昴畢觜兩肩五車二星
二年八月甲申月在胃掩鎮星
閏月癸酉月掩鎮星
三年正月戊辰月犯鎮星於婁相去七寸許光芒相及
占曰國破期不出三年一曰天下有大喪武泰元年二
月癸丑肅宗崩四月庚子爾朱榮害靈太后及幼王又
害王公已下
癸酉月在井暈觜參兩肩南北河五車兩星占曰有赦
七月己丑大赦天下
武泰元年三月庚申月掩畢大星
庚午月在軫暈太微角
莊帝建義元年七月丙子月在畢掩大星
永安元年十一月丙寅月在畢大星東北五寸許光芒
相掩
十二月辛卯月在婁暈奎歲星胃昴
癸巳月掩畢大星
二年三月乙卯月入畢口占曰大兵起壬戌詔大將軍
上黨王天穆與齊獻武王討邢杲
四月己丑月在翼入太微在屏星西南相去一尺五寸
須臾下沒
辛卯月在軫暈太微軫角
乙丑月在危
八月乙丑月在畢左股第二星北相去二寸許光芒相
掩須臾入畢占曰兵起三年正月辛丑東徐州城民呂
文欣等反殺刺史行臺樊子鵠討之
十月辛亥月在畢暈畢昴鎮星觜參井五車四星占曰
兵起大赦三年三月万俟醜奴遣其大行臺尉遲菩薩
寇岐州大都督賀拔岳可朱渾道元大破之四月大赦
天下
甲子月在參蝕
十二月丙辰月掩畢右股大星
乙丑月熒惑同在軫
丁巳月在畢暈昴畢及鎮星觜參伐五車四星占曰大
赦三年九月大赦天下
癸亥月在翼暈軒轅翼太微占曰有赦三年十月戊申

皇子生大赦天下

乙丑月在軫掩熒惑

三年正月己丑月入太微襲熒惑

辛卯月行太微中暈太微熒惑

壬辰月在軫掩熒惑

四月戊午月暈太微

五月甲申望前月蝕於午洪範傳曰天子微弱大法失中不能立功成事則月蝕望前時爾朱榮等擅朝也

六月乙巳月在畢大星北三寸許光芒相掩

八月庚申月入畢口犯左股大星

辛丑月入軒轅后星北夫人南直東過太白犯次妃占曰人君死又爲兵起十二月爾朱兆入洛執帝殺皇子亂兵汙辱後宮殺司徒公臨淮王彧

九月庚寅月在參暈昴觜參井歲鎭二星五車三星

十月辛亥月暈東壁

十一月辛丑月在太白北中不容指

前廢帝普泰元年正月己丑月在角暈軫角亢亦連環暈接北斗柄三星大角織女

五月甲申月蝕盡

己未月犯畢右股第一星相去三寸許光芒相及又入畢口

十月癸丑月暈昴觜參東井五車三星占曰有赦是月齊獻武王推立後廢帝大赦天下

後廢帝中興元年十一月甲申月暈

二年四月戊寅月在箕蝕

出帝太昌元年六月癸未月戴珥

九月甲寅月入太微犯屏星

十月丙子月在參蝕

永熙二年十一月乙丑月在畢暈昴觜參兩肩五車五星

二年三月戊戌月在亢蝕

八月庚午月在畢暈昴畢觜參五車四星占曰大赦是月戊辰大赦天下

孝靜天平元年十二月庚申月在畢暈昴畢觜參兩肩五車五星

閏月庚子月掩心中央星

三年三月月暈北斗第二星占曰糴貴兵聚是月齊獻武王討山胡劉蠡升斬之三年并肆汾建諸州霜儉

壬申月在婁太白在月南一寸許至明漸漸相離

八月己卯月在心去心中央大星西廂七寸許

十一月戊辰月在心掩前小星

三年春正月丁卯月掩軒轅大星

二月丁亥月蝕

八月癸未月蝕

十月丁丑月在熒惑北相去五寸許

四年二月壬申月掩五車東南星

庚辰月連環暈北斗

八月癸未月掩五車東南星

元象元年三月丁卯月掩軒轅大星

六月癸卯月蝕

十月己亥陰雲班駮月在昴暈胃昴畢占曰大赦興和元年五月大赦天下

丁未月在翼暈太微軒轅左角軫二星

十一月庚午月在井暈五車一星及東井南北河占曰有赦興和元年十一月大赦改年

興和元年八月辛丑月在畢暈畢觜參兩肩五車

九月丁巳月在斗犯魁第二星相去三寸許光芒相及

丁卯月掩昴

十二月甲午月蝕

二年八月己酉月犯心中央大星

三年春正月辛巳月在畢暈東井參兩肩畢西轅昴五車五星占曰大赦武定元年正月大赦改元

四月壬辰月蝕

八月丁巳月在胃暈畢歲星昴婁胃五車一星須臾暈缺復成

四年十一月壬午月在七星暈熒惑軒轅太微帝座

十二月壬寅月在昴暈昴畢五車兩星占曰有赦武定二年三月齊獻武王歷冀定二州因入朝以今春亢旱請蠲懸租賑窮乏死罪已下一皆原宥

武定元年三月丙午月蝕

四年正月己未月蝕軫

十月癸已月入畢中

九月癸亥月在翼暈軒轅太微帝座熒惑占曰兵起是月北徐州山賊鄭土定自號郎中偷陷州城儀同斛律平討平之

五年正月乙巳月犯畢大星昴東井觜參五車二星占曰大赦五月丁酉朔大赦天下

庚辰月在張暈軒轅大星太微天庭

七年九月戊午月在斗掩歲星占曰吳越有憂是歲侯景破建業吳人餓死及流亡者不可勝數

十一月丁卯月蝕

魏書卷一百五之二考證

太宗永興五年三暈東井○三南監本作月臣人龍按本卷第十七頁有云三月丙申月三暈太微此當是三字上脫去月字

世祖延和元年及涇州刺史狄子玉爲權○本書世祖紀征西將軍金崖與安定鎮將延普及涇州刺史狄子玉爭權構隙此爲字乃爭字之訛也

高祖太和四年闕犯心○所闕之字南監本作戊午月當亦誤也係何月戊午耶或此犯心二字重出

高祖太和五年北河北河○兩北河字其一必南河之訛也或重出

世宗景明三年左將軍羊社○本書世宗紀景明四年梁州氐楊會反詔行梁州事楊椿左將軍羊祉討之此社字乃祉字之訛也

魏書卷一百五之三

齊　　魏收　撰

志第三

天象一之三

太祖皇始元年夏六月有星彗于髦頭彗所以去穢布新也皇天以黜無道建有德故或憑之以昌或繇之以亡自五胡蹂躪生人力正諸夏百有餘年莫能建經始之謀而底定其命是秋太祖啓冀方之地寔始芟夷滌除之有德教之音人倫之象焉終以錫類長代修復中朝之舊物故將建元立號而天街彗之蓋其祥也先是有大黃星出於昴畢之分五十餘日慕容氏太史丞王先曰當有眞人起於燕代之閒大兵鏘鏘其鋒不可當冬十一月黃星又見天下莫敵是歲六月木犯哭星木人君也君有哭泣之事是月太后賀氏崩至秋晉帝殂

二年六月庚戌月掩金于端門之外戰祥也變及南宮是謂朝廷有兵時燕王慕容寶已走和龍秋九月其弟賀麟復糾合三萬衆寇新市上自擊之大敗燕師于義臺悉定河北而晉桓玄等連衡內侮其朝廷日夕戒嚴是歲正月火犯哭星占有死喪哭泣事秋八月又守井鉞占曰大臣誅十月襄城王題薨明年正月右軍將軍尹國於冀州謀反被誅

天興元年八月戊辰木晝見胃胃趙代墟也闕天之事歲爲有國之君晝見者並明而干陽也天象若曰且有負海君實能自濟其德而行帝王事是月始正封畿定權量肆禮樂頒官秩十二月羣臣上尊號正元日遂禋上帝于南郊由是魏爲北帝而晉氏爲南帝

元年十月至二年五月月再掩東蕃上相相所以蕃輔王室而定君臣位天象若曰今下凌上替而莫之或振將焉用之哉且日中坐成刑貴人奪勢是歲桓玄專殺殷仲堪等制上流之衆晉室由是遂卑是歲五月辰星犯軒轅大星占曰女主當之三年三月至七月月再犯鎮星子牽牛又犯哭星爲兵喪女憂或曰月爲彊大之臣鎮所以正綱紀也是爲彊臣有干犯者在吳越既而晉太后李氏殂桓玄擅命江南仍有數故云

三年三月有星孛于奎歷閣道至紫微西蕃入北斗魁犯太陽守循下台輔南宮履帝坐遂由端門以出奎是封豨剝氣所由生也又殷徐州之次桓玄國焉劉裕與焉天象若曰君德之不建人之無援且有權其列蕃盜其名器之守而荐食之者矣又將由其天步席其帝庭而出號施令焉至四年二月甲寅有大流星衆多西行歷牛虛危絕漢津貫太微紫微虛危主靜人牽牛主農政皆負海之陽國也天象若曰黎元喪其所食失其所係命卒至流亡矣上不能恤又將播遷以從之其後晉人有孫恩之難而桓玄踵之三吳連兵荐饑西奔死亡者萬計竟篡晉主而流之尋陽既又劫之以奔江陵是歲三月甲子月生齒占曰有蝕臣七月丁卯月犯天關關所以制畫封國也月犯之是爲兵起于郊甸十月甲子月又犯東蕃上相占同二年既而桓玄戩金陵殺司馬元顯太傅道子是歲秀容胡帥亦聚衆反伏誅

五年四月辛丑月掩辰星在東井月爲陰國之兵辰象戰鬬占曰所直野軍大起戰不勝亡地家臣死冬十月帝伐秦師于蒙坑大敗之遂舉乾壁關中大震其上將姚平赴水死是月戊申月暈左角太史令晁崇奏角蟲將死上慮牛疫乃命諸將併重焚車丙戌車駕北引牛大疫死者十有八九官車所御巨犗數百同日斃於路側首尾相屬麋鹿亦多死者

五年三月戊子太白犯五諸侯晝見經天九月己未又犯進賢太白爲彊侯之誡犯五諸侯所以興霸形也是時桓玄擅征伐之柄專殺諸侯以弱其本朝卒以干君之明而代奪之故皇天著誡焉若曰夫進賢典功大司馬之官守也而今自殘之君於何有焉是冬十月客星白若粉絮出自南宮之西十二月入太微亂氣所由也以距乏之氣而乘粹陽之天庭適足以驅除焉爾明年竟篡晉室得諸侯而不終是歲五月丙申月犯太微十月乙卯又如之月者太陰臣象太微正陽之庭不當橫行其中是謂朝庭閒隙彊臣不制亦桓玄之誡也又占曰貴人有坐之者明年七月鎮西大將軍毗陵王順以罪還第亦是也

五年七月己亥月犯歲星在鶉火鳥帑南國之墟也至

天賜元年二月甲辰又掩之在角角爲外朝而歲星君也天象若曰有彊大之臣干君之庭以挾其主而播遷于外是歲桓玄之師敗績于劉裕玄劫晉帝以奔江陵至五月玄死桓氏之黨復攻江陵陷之凡再劫天子云先是六年六月甲辰月掩斗魁第四星至天賜元年五月壬申又掩斗魁第三星二年八月丁巳又犯斗第一星斗爲吳分大人憂將相戮宮中有賊者及桓玄伏誅貴臣多戮死者江南兵革十餘歲乃定故謂見于斗

天賜二年四月己卯月犯鎮星在東壁七月己未又如之十月丁巳又掩之在室夫室星所以造宮廟而鎮司空也占曰土功之事興明年六月發八部人自五百里內繕修都城魏於是始有邑居之制度或曰北宮後庭人主所以庇衞其身也鎮主后妃之位存亡之基而是時堅冰之漸著矣故犯又掩再三焉占曰臣賊君邦大喪是歲三月丁酉月犯心前星三年二月月犯心後星四年二月又如之心主嫡庶之禮占曰亂臣犯主儲君失位庶子惡之先是天興六年冬十月至元年四月月再掩軒轅占曰有亂易政后妃執其咎三年五月壬寅熒惑犯氐氐宿宮也天戒若曰是時蠱惑人主而興內亂之萌矣亦自我天視而修省焉及六年七月宣穆后以彊死太子微行人間既而有清河萬人之難二年八月火犯斗丁亥又犯建斗爲大人之事建爲經綸之始此天所以建創業君時劉裕且傾晉祚而清河之釁方作矣帝猶不悟至是歲九月火犯哭星其象若曰將以內亂至于哭泣之事焉由是言之皇天所以謝劫殺之主熟矣而卒能救復以自懲悲夫

二年八月甲子熒惑犯少微庚寅犯右執法癸未犯左執法十一月丙戌太白掩鉤鈐皆南邦之譴也火象方伯金爲彊侯少微以官賢材而輔南宮之化執法者威令所由行也天象若曰夫祿去公室所由來漸矣始則奮其賢材以爲其本朝終以干其鈐鍵而席其威令焉至三年十二月丙午月掩太白于危危齊分也占曰其國以戰亡丁未金火皆入羽林四年正月太白晝見奎是謂或稱王師而干君明者占曰天下兵起魯邦受之二月癸亥金火土水聚于奎婁徐魯之分也四神聚謀所以革衰替之政定霸王之命五月己丑金晝見于參天意若曰是將自植攻伐以震其主而代奪之云爾八月辛丑熒惑犯執法九月遂犯進賢與桓氏同占是時南燕慕容氏兼有齊魯之墟不務修德而驟侵晉淮泗六年四月劉裕以晉師伐之大敗燕師于臨朐進克廣固執慕容超以歸戕諸建康於是專其兵威荐食藩輔簒奪之形由此而著云二年三月月掩左執法三年四月又犯西蕃上將己未犯房次相六月火犯房次將三年七月太尉穆崇薨四年誅定陵公和跋殺司空庾岳又四年六月火犯水左翼八月金掩火犯左執法占曰大兵在楚執法當之至五年火犯天江占曰水賊作亂六月金犯上將又犯左執法其後盧循作亂於上流晉將何無忌戰死左僕射孟昶仰藥卒劉裕自伐齊奔命僅乃克之

六年六月金火再入太微犯帝座蓬孛客星及他不可勝紀太史上言且有骨肉之禍更政立君語在帝紀冬十月太祖崩夫前事之感大卽後事之災深故帝之季年妖怪特甚是歲二月至九月月三犯昴昴爲白衣會宮車晏駕之徵也十二月辛丑金犯木於奎占曰其君有兵死者既而慕容超戮于晉是歲四月火犯木于東井其冬赫連氏攻安定秦主興自將救之自是侵伐不息或曰木火之合內亂之形也時朱提王悅謀反賜死

太宗永興二年五月己亥月掩昴昴爲髦頭之兵虜君憂之是月蠕蠕社崘圍長孫嵩于牛川上自將擊之社崘遁走道死六月甲午太白晝見占曰爲不臣七月月犯鬼占曰亂臣在內明年五月昌黎王慕容伯兒謀反誅之是歲三月至秋八月月三掩南斗第五星斗吳分也且曰彊大之臣有干天祿者大人憂之是月乙未太白犯少微晝見九月甲寅進犯左執法占曰且有杖其霸刑以戮社稷之衞而專威令者徵在南朔先是三月丁卯月掩房次將六月己丑又如之八月甲申犯心前星占曰服鞭者當之君失馭徵在豫州時劉裕謀弱晉室四年九月專殺僕射謝混因襲荆州刺史劉毅于江陵夷之明年三月又誅晉豫州刺史諸葛長人其君託食而已是歲八月壬子太白犯軒轅大星占曰有亂易政女君憂三年十一月丙午金犯哭星午秦地四年八月戊申月犯哭星申晉地是月晉后王氏死其後姚主薨

三年六月庚子月犯歲星在畢八月乙未又犯之在參四年正月又蝕在畢直徵垣之陽參在山河之右歲星所以阜農事安萬人也占曰月仍犯之邊萌阻兵而荐饑是歲六月癸巳金木合于東井七月甲申金犯土于井占曰其國內兵有白衣之會十一月土犯井十二月癸卯土犯鉞土主疆理之政存亡之機也是爲土地分裂有戮死之君徵在秦邦至五年二月丙午火土皆犯井占曰國有兵喪之禍主出走是月壬辰歲塡熒惑太白聚于井將以建霸國之命也其地君子憂小人流又自三年四月至五年三月熒惑三干鬼主命者將夭而國從焉是時雍州假王霸之號者六國而赫連氏據朔方之地尤爲彊暴荐食關中秦人奔命者始路間歲姚興薨而難作于內明年劉裕以晉師伐之秦師連戰敗績執姚泓以歸戕諸建康既而遺守內攜長安淪覆焉或曰自上黨並河山之北皆鬼星參畢之郊也五年四月上黨羣盜外叛六月濩澤人劉逸自稱三巳王七月河西胡曹龍入蒲子號大單于十月將軍劉潔魏勤擊吐京叛胡失利勤力戰死潔爲所虜明年赫連屈孑寇蒲子三城諸將擊走之其餘災波及晉魏仍其兵革之禍二年九月土犯畢爲彊埸之兵三年七月木犯土于參占曰戰敗亡地國君死四年十月月掩天關其災同上參外主巴蜀其後晉師伐蜀戮其主譙縱先是四年閏月月犯熒惑在昴七月又蝕之五年將軍奚斤討越勤大破之明年禿髮氏降于西秦其君傉檀戮死

神瑞元年二月塡入東井犯天罇旱祥也天象若曰土失其性水源將壅焉施于天罇所以福矜寡之萌也先是去年九月至于五月歲再犯軒轅大星八月庚寅至二年三月塡再犯鬼積尸歲星主農事軒轅主雪霜風雨之神返覆由之所以告黃祇也土爰稼穡鬼爲物之精氣是謂稼穡潛耗人將以饉而死焉一曰大旱是後京師比歲霜旱五穀不登詔人就食山東以粟帛賑乏語在崔浩傳先是月犯歲于畢占曰饑在晉代亦其徵又鬼主秦旱在秦邦至二年太史奏熒惑在匏瓜中一夜忽亡失之後出東井語在崔浩傳既而關中大旱昆明枯涸是歲四月癸丑流星晝見中天西行占曰營頭所首野有覆軍流血西行譴在秦邦而魏人覩之亦王師之戒也天若戒魏師曰是擁衆而西固欲干君之明而代奪之爾姑息人以觀變無庸禦焉先是五年三月月犯太白于參八月庚申又犯之參魏分野占曰彊侯作難國戰不勝九月己丑月犯左角是歲三月壬申又蝕之是謂以剛晉之兵合戰而偏將戮徵在兗州二年四月太白入畢月犯畢而再入之占曰大戰不勝邊將憂魏邦受之六月己巳有星孛于昴南天象若曰且有驅除之雄勿用距之于朔方矣明年七月劉裕以舟師泝河九月裕陷我滑臺兗州刺史尉建以畏懦斬時崔浩欲勿戰上難違衆議詔司徒嵩率師逆之及晉人戰于畔城魏師敗績語在崔浩傳裕既定關中遽歸受禪既而赫連氏并之遂竊尊號云自元年正月至泰常元年十月月三犯畢再入之再犯畢陽星占曰邊兵起貴人有死者元年十二月蠕蠕犯塞上自將大破之二年上黨胡反詔五將討平之泰常元年長樂河間南陽王皆薨二年豫章王又薨常山霍季聚衆反伏誅

二年四月辛巳有星孛于天市五月甲申彗星出天市掃帝座在房心北市所以建國均人心宋分也國且殊號人將更主其革而爲宋乎先是往歲七月月犯鉤鈐十一月月食房上相至元年二月又如之天象若曰尚尸鈐鍵之位君憑而尊之者又將及矣是歲八月金木合于翼占曰且有內兵楚邦受之至泰常二年正月晉荆州刺史司馬休之雍州刺史魯宗之爲劉裕所襲皆出奔走是歲十月鎮星守太微七十餘日占曰易代立王其三年三月癸丑太白犯五諸侯如桓氏之占七月有流星孛于少微以入太微自劉氏之霸三變少微以加南宮矣始以方伯專之中則霸形干之又今孛政除之馴而三積堅冰至焉是月辰星見東方在翼甚明大翼楚邦也是爲冢臣干明賊人其昌先是五年十一月壬子辰星出而明盛非常至泰常二年十二月庚戌辰星過時而見光色明盛是爲彊臣有不還令者至是又如之亦三至焉或曰辰星以負北海亦魏將大興之兆九月長彗星孛于北斗轢紫微辛酉入南宮凡八十餘日十二月彗星出自天津入太微逕北斗干紫宮犯天棓八十餘日及天漢乃滅語在崔浩傳是歲晉安帝殂後年而宋篡之夫晉室雖微泰始之遺俗也蓋皇天有以原始篤終以哀王道之淪喪故猶著二微之戒焉神瑞二年四月木入南宮加右執法五月火又如之八月金入自掖門掩左執法泰常元年六月又由掖門入太微五月火犯執法是冬土守天罇而月淹之三年八月土又入太微犯執法因留二百餘日九月金又犯右執法十月火犯上將因留左掖門內二十日乃逆行四年三月出西蕃又還入之鎮星成句己四月丙午行端門出皆晉氏之論也自晉滅之後太微有變多應魏國也

泰常三年十月辛巳有大流星出昴歷天津乃分爲三須臾有聲占曰車騎滿野非喪卽會明年四月帝有事于東廟蕃服之君以其職來祭者蓋數百國也是歲正月己酉月犯軒轅四月壬申又犯塡星在張四年五月辰星又犯軒轅占曰國有喪女君受之明年五月貴人姚氏薨是爲昭哀皇后六月貴嬪杜氏薨是爲密后先是二年九月火犯軒轅三年八月金又犯之占同也

四年自正月至秋七月月行四犯太微天象若曰太微粹陽之天庭月者臣也今橫行轥之不已甚乎先是元年五月月犯歲星在角是歲七月又犯歲星明年宋始建國後年而晉主殂裕鴆之也昔桓氏之難月再干歲星再劫其主至是亦再犯之而再勦其君極其凶逼之患而濟以簒殺之禍斯謂之甚矣先是三年九月月犯火于鶉尾十二月又犯火于太微是歲五月月犯太白在井十月又犯之在斗且再犯井星皆有兵水大喪諸侯有死者七月鴈門河內大水五年三月南陽王意文死十一月西涼李歆爲沮渠所滅晉君亦殂秦吳亡之應

五年十一月乙卯熒惑犯塡星在角角外朝也土爲紀綱火主內亂會于天門王綱將紊焉占曰有死君逐主后妃憂之十二月月蝕熒惑在亢亢內庭也占曰君薨而亂作于內貴臣以兵死是月客星見于翼翼楚邦也占曰國更服邊有急將軍或謀反者六年二月月食南斗杓星十月乙酉金土鬬于亢占曰內兵且喪更立王公又兗州陳鄭之墟也有攻城野戰之象焉至十年正月犯南斗三月壬戌又犯之斗爲人君受命又吳分是歲五月宋武殂秋九月魏師侵宋北鄙十一月攻滑臺克之明年拔虎牢陷金墉屠許昌遂啓河南之地八年宋太后蕭氏死既大臣專權遷殺其主卒皆伏誅自五年八月至七年十二月熒惑一守軒轅再犯進賢再犯房星一犯軒轅及房皆女君大臣之戒是時陽平河南王太尉穆觀相次薨而宋氏廷臣乘釁以侮其主竟以誅死云或曰火犯土亢爲饑疾時官軍陷武牢會軍大疫死者十二三是冬詔稟飢人

六年六月壬午有大流星出紫宮占曰上且行幸若有

大君之使明年駕幸橋山祠黃帝東過幽州命使者觀省風俗十月上南征八年春步自鄴宮遂絕靈昌至東郡觀兵成皐反自河內登太行山幸高都飲至晉陽焉七年二月辛巳有星孛于虛危向河津占曰玄枵所以飾喪紀也宗廟並起司人疑更謀有易政之象十一月甲寅彗星出室掃北斗及于闕門占曰內宮幾室主命將易塞垣有土功之事其地又齊衞也八年正月彗星出奎南長三丈東南掃河奎爲荐食之兵徐方之地占曰西北之兵伐之君絕嗣天下饑七年十二月帝命壽光侯叔孫建徇定齊地八年春築長城距五原二千餘里置守卒以備蠕蠕冬十月大饑十一月己巳上崩于西宮明年宋廢其主由是南邦日蹙齊衞之地盡爲兵衞及世祖即政遂荒淮沂以負東海云八年二月丙寅火守斗赤南邦之譴也十一月彗星孛于土司空司空主彊理邦域且曰有土功哭泣事後年赫連屈孑薨太武征之取斯秦之地由是征伐四克提封萬里云

世祖始光元年正月壬午月犯心大星心爲宋分中星者君也月爲大臣主刑事是歲五月宋權臣徐羨之謝晦傅亮放殺其主而立其弟宜都王是爲宋文帝至十月火犯心天戒若曰是復作亂以干其君矣十月壬寅大流星出天將軍西南行殷殷有聲占曰有禁暴之兵上將督戰以所首名之三年正月歲星食月在張張南國之分歲之於月少君之象今反食之且誅彊大之臣是月羨之等戮死謝晦興江陵之甲以伐其君宋將檀道濟帥師禦之晦又奔潰伏誅或曰是歲上伐赫連氏入其郛夏都直代西南赤奔星應也

二年五月太白晝見經天占曰時謂亂紀革人更王六月己丑火入羽林守六十餘日占曰禁兵大起且有反臣之戒

三年十月有流星出西南而東北行光明燭地有聲如雷鳥獸盡駭占曰所發之野有破國遷君西南直夏而首于代都焉著而有聲盛怒也

四年五月辛酉金水合于西方占曰兵起大戰先是三年正月宋人有謝氏之難王卒盡出冬十一月上伐赫連昌入其郛徙萬餘家以歸是歲復攻之六月大敗昌于城下昌奔上邽遂拔統萬盡收夏器用虜其母弟妻子由是威加四鄰北夷讋焉

神䴥元年五月癸未太白犯天街占曰六夷髦頭滅二年五月太白晝見占曰大兵且興彊國有弱者是月上北征蠕蠕大破之虜獲以鉅萬計遂降高車以實漠南闢地數千里云

三年六月火犯井鬼入軒轅占曰秦憂兵亂有死君又旱饑之應丙子有大流星出危南入羽林占曰兵起負海國與王師合戰是歲自三月至十月太白再犯歲星月又犯之占曰有國之君或罹兵刑之難者且歲饉十二月丙戌流星首如甕長二十餘丈大如數十斛船色正赤光燭人面自天船及河抵奎大星及于壁占曰天船以濟兵車奎爲徐方東壁衞也是爲宋師之祥昭盛者事大也是歲六月宋將到彥之等侵魏自南鄙清水入河泝流而西列屯二千餘里九月帝用崔浩策行幸統萬遂擊赫連定於平涼十二月克之悉定三秦地明年大師涉河攻滑臺屠之宋人宵遁是時赫連定轉攻西秦戮其君乞伏慕末吐谷渾慕容璝又襲擊定虜之以彊死者再君焉是歲二月定州大饉詔開倉賑乏或曰奎星羽獵理兵象也流星抵之而著大是爲大人之事冬十月上大閱于漠南甲騎五十萬旌旗二千餘里又明盛之徵四年金火入東井火又犯天戶明年五月又犯鬼占曰秦有兵喪而至秦夏出夷滅沮渠蒙遜又死氐主楊難當陷宋之漢中地云

四年三月有大流星東南行光燭地長六七丈食頃乃滅後有聲占曰大兵從之是時諸將方逐宋師至歷城不及有聲駿犇之象也四月辛未太白晝見于胃胃爲趙分五月太白犯天關十月丙辰又掩之天關外主勃碣山河之險竊焉占曰兵革起九月丙寅有流星大如斗赤色發太微至北斗而滅太微禮樂之庭且有昭德之舉而迹宣王命是以帝車受之是月壬申有詔徵范陽盧玄等三十六人郡國察秀孝數百人且命以禮宣喻申其出處之節明年六月上伐北燕舉燕十餘郡進圍和龍徙豪傑三萬餘家以歸四年八月金入太微亦君自將兵象明年正月庚午火入鬼占曰秦有死君四月己丑太白晝見爲不臣兵役秦王赫連昌叛走伏誅之應也

延和元年七月有大流星出參左肩東北入河乃滅參主兵政晉魏墟也山河所首推之大兵將發于魏以加燕國八月癸未太白犯心前星乙酉又犯心明堂占曰有亡國近期二年十二月有流星大如甕尾長二十餘丈奔君之象比歲連兵東討至太延二年三月燕後主馮文通去國奔高麗元年四月月犯左角五月月掩斗七月月食左角皆占曰兵大起其後征西將軍金崖安定鎮將延普涇州刺史狄子玉爭權崖及子玉舉兵攻普不克據胡空谷反平西將軍陸俟討獲之

三年三月丙辰金晝見在參魏邦戒也閏月戊寅金犯五諸侯占曰四滑起官兵起亂疑己丑月入井犯太白占曰兵起合戰秦邦受之七月上幸隰城詔諸軍討山胡白龍入西河九月克之伏誅者數千人而宋大將軍彭城王義康方擅威福後竟幽廢是歲二月庚午月犯畢口而出因掌昴及五車占曰貴人死五月甲子陰平王求薨

太延元年五月月犯右執法九月火犯太微上將又犯左執法十月丙午月犯右執法二年二月月犯東蕃上相三月月及太白俱犯右執法及上相三年八月火犯左執法及上將五年二月木逆行犯執法皆大臣譴也元年十月左僕射安原謀反誅三年正月征東大將軍中山王纂太尉北平王長孫嵩鎮南大將軍丹陽王叔孫建皆薨其後宋大將軍義康坐徙豫章誅其黨與僕射殷景仁亦尋卒焉元年五月彗出軒轅二年正月月犯火月后妃也三年七月木犯軒轅至五年七月月掩塡星並女主譴也眞君元年太后竇氏殂宋氏皇后亦終或曰彗出軒轅女主有爲寇者其後沮渠氏失國實公主潛魏師

二年五月壬申有星孛于房占曰名山崩有亡國八月丁亥木入鬼守積尸十一月辛亥又犯鬼鬼秦分天戒若曰涼君淫奢無度財力窮矣將喪國身爲戮焉二年正月四年十一月月皆犯井亦爲秦有兵刑

三年正月壬午有星晡前晝見東北在井左右色黃大如橘魏師之應也黃星出于燕墟而慕容氏滅今復見東井涼室亡乎四年四月己酉華山崩華山西鎮也天又若曰星孛于房既有徵矣鎮傾而國從之先是元年十二月金犯羽林二年十二月至四年十一月火再入之五年五月太白晝見胃昴入羽林遂犯畢畢又邊兵也六月上自將西征秋八月進圍姑臧九月丙戌沮渠牧犍帥文武將吏五千餘人面縛來降明年悉定涼地或曰星孛于房爲大臣之事又饉祥也火入鬼犯軒轅又稼穡不成自元年已來將相薨亡象至眞君元年州鎮十五盡饑

四年十月壬戌大流星出文昌入紫宮聲如雷天象若曰將相或以全師禦衞帝宮者其事密近有震驚之象焉明年六月帝西征詔大將軍黎敬等帥衆二萬屯漠南以備暴寇九月蠕蠕乘虛犯塞遂至七介山京師大駭司空長孫道生等并力拒之虜乃退走是月壬午有大流星出紫微入貫索長六丈餘占曰有大君之命貫索賤人牢也明年帝命侍臣行郡國觀風俗問其所疾苦云

眞君二年七月壬寅塡星犯鉞鎮者國家所安危而爲之綱紀者也其嬰鈇鉞之戮而君及焉自元年十一月至此月歲星三犯房上相歲星爲人君今反覆由之循省鈞鈐之備也天若戒輔臣曰涼邦卒滅敵國殫矣而猶挾震主之威負百勝之計盍思盈亢之戒乎是時司徒崔浩方持國鈞且有寵於上明年安西李順備五刑之誅而由浩鍛成之後八年竟族滅無後夫天哀賢良而示以明訓夙矣罕能省躬以先覺豈不悲哉浩誅之明年卒有景穆之禍後年而亂作

三年三月癸未月犯太白占曰大兵起合戰九月乙丑有星孛于天牢入文昌五車經昴畢之間至天苑百餘日與宿俱入西方天象若曰且有王者之兵彗除髦頭之域矣貴臣預有戮焉明年正月征西將軍皮豹子大敗宋師于樂鄉九月上北伐樂平王丕統十五將爲左軍中山王辰統十五將爲右軍上自將中軍蠕蠕可汗不敢戰亡追至頓根河虜二萬餘騎而還中山王辰等八將軍坐後期皆斬或曰彗由昴畢貴人多死十一月太保盧魯元薨五年二月樂平王丕薨

六年二月太白熒惑歲星聚于東井占曰三星合是爲驚立絕行其國內外有兵與喪改立王公九月盧水胡蓋吳據杏城反僭署百官諸虜皆響從關內大震十一月將軍叔孫拔敗吳師于渭北七年正月太白犯熒惑占曰兵起有大戰時上討吳黨於河東屠之遂幸長安三月吳軍敗績于杏城棄馬遁去復收合餘燼八月乃夷之五年五月月犯心六年四月月又如之占曰兵犯宋邦是月太白入軒轅占曰有反臣是冬宋太子詹事范曄謀反誅詔高涼王那徇淮泗徙其人河北焉

九年正月火水皆入羽林占曰禁兵大起四月太白晝見經天十年五月彗星出于昴北此天所以滌除天街而禍髦頭之國也時閒歲討蠕蠕是秋九月上復自將征之所捕虜凡百餘萬矣是歲七月太白犯哭星占曰天子有哭泣事明年春皇子眞薨

十年十月辛巳彗星見于太微占曰兵喪並興國亂易政臣賊主至十一年正月甲子太白晝見經天四月又如之占曰中歲而再干明兵事尤大且革人更王之應也是歲十月甲辰熒惑入太微十二月辛未又犯之癸卯又如之占曰臣將戮主君將惡之仍犯事荐也先是八年正月庚午月犯心大星九年正月犯歲星是歲九月太白又犯歲星至正平元年五月彗星見卷舌入太微卷舌讒言之戒六月辛酉彗星進逼帝座七月乙酉犯上相拂屏出端門滅于翼軫辛酉直陰國疑翼軫爲楚邦于屏者蕭牆之亂也天象若曰夫膚受之譖實爲亂階卒至芟夷主相而專其大號雖南國之君由遷及焉先是去年十月上南征絕河十二月六師涉淮登爪步山觀兵騎士六十萬列屯三千餘里宋人兇懼饋百牢焉是年正月盡舉淮南地俘之以歸所夷滅甚衆六月帝納宗愛之言皇太子以彊死明年二月愛殺帝于

永安宮左僕射蘭延等以建議不同見殺愛立吳王余爲主尋又賊之孛災之驗也間歲宋太子劭坐蠱事泄亦殺其君而僭立劭弟武陵王駿以上流之師討平之滅於翼軫之徵也先是七年八月月犯熒惑八月至十一月又犯軒轅是歲正月太白經天九月火犯太微十月宗愛等伏誅高宗踐阼至十一月錄尚書元壽尚書令長孫渴侯以爭權賜死太尉黎司徒弼又忤旨左遷孛于昴相之應又明年五月太后崩

高宗興安二年二月有星孛于西方占曰凡孛者非常惡氣所生也內不有大亂外且有大兵至興光元年二月有流星大如月西行占曰奔星所墜其野有兵光盛者事大先是京兆王杜元寶建康王崇濟南王麗濮陽王閭文若永昌王仁相次謀反伏誅是歲宋南郡王義宣及魯爽臧質以荊豫之師構逆大將王玄謨等西討盡夷之或曰彗加太微翼軫之餘禍也春秋星之大變或災連三國之君其流炎之所及二十餘年而後弭至是彗干天庭二太子首亂三君爲戮侯王辜死者幾數十人由此言之皇天疾威之誡不可不惕也

太安元年六月辛酉有星起河鼓東流有尾跡光明燭地河鼓爲履險之兵負海之象也昭盛爲人君之事星之所往君且從之間二歲帝幸遼西登碣石以臨滄海復所過郡國一年又尾迹之徵是歲五月火入斗斗主形命之養其後三吳荐饑仍歲疾疫

二年夏四月熒惑犯太白占曰是謂相鑠不可舉事用兵成師以出而禍其雄之象也明年宋將殷孝祖侵魏南鄙詔征南將軍皮豹子擊之宋軍大敗或曰金火合主喪事明年十月金又犯哭星十二月征東將軍中山王託眞薨

三年十一月熒惑犯房鉤鈐星是謂彊臣不御王者憂之至四年正月月入太微犯西蕃三月又犯五諸侯占曰諸侯大臣有謀反伏誅者是月太白犯房月入南斗皆宋分占曰國有變臣爲亂十一月長星出於奎色白虵行有尾跡既滅變爲白雲奎爲徐方又魯分也占曰下有流血積骨明年宋兗州刺史竟陵王誕據廣陵作亂宋主親戎自夏涉秋無日不戰及城陷悉屠之

四年八月熒惑守畢直微垣之南占曰歲饉至五年二月又入東井占曰旱兵饑疫大臣當之六月太白犯鉞占曰兵起更正朔是歲二月司空伊馛薨十二月六鎮雲中高平雍秦饑旱明年改年爲和平至六月諸將討吐谷渾什寅遂絕河窮躡之會軍大疫乃還是歲三月流星數萬西行占曰小流星百數四面行者庶人遷之象既而吐谷渾舉國西遁大軍又躡躡之

四年九月月犯軒轅十二月犯氐至五年正月月掩軒轅又掩氐東南星皆后妃之府也和平元年正月丁未歲犯鬼鬼爲死喪歲星人君也是爲君有喪事三月月掩軒轅四月戊戌皇太后崩於壽安宮宋志云人間宣言人主惟諂不修故謫見軒轅又五年十一月月犯左執法明年十一月又犯之占曰大臣有憂和平二年征東將軍河東王閭毗薨十月廣平王洛侯薨

和平元年十月有長星出於天倉長丈餘饉祥也二年三月熒惑入鬼是謂稼穡不成且曰萬人相食其後定相阻饑有其田租時三吳亦仍歲凶旱死者十二三先是元年四月太白犯東井井鬼皆秦分雍州有兵亂自元年六月月犯心大星三犯前後于房心宋分時宋君虐其諸弟後宮多喪子女繼天哭泣之聲相再是歲詔諸將討雍州叛氐大破之宋雍州刺史海陵王休茂亦稱兵作亂間歲而宋主殂嗣子淫昏政刑紊焉先是元年十月太白入氐占曰兵起後宮有白衣會三年五月歲星犯上將占曰上將憂之三年八月月犯哭星皆宋祥也是歲樂良王萬壽及征東大將軍常山王素並薨

二年三月辛巳有長星出天津色赤長匹餘滅而復出大小百數天津帝之都船所以渡神通四方光大且衆爲人君之事天象若曰是將有千乘萬騎之舉而絕逾大川矣是月發卒五千餘通河西獵道後年八月帝校獵于河西宋主亦大閱舟師巡狩江右云

二年九月太白犯南斗斗吳分占曰君死更政大臣有誅者十一月太白犯塡塡女君也且曰有內兵白衣會至三年九月火犯積尸占曰貴人憂之斧鉞用十月太白犯歲星歲爲人君而以兵喪干之且有死君篡殺之禍是月熒惑守軒轅占曰女主憂之宮中兵亂十一月歲入氐氐爲正寢歲爲有國之君占曰諸侯王有來入宮者五年二月月入南斗魁中犯第四星占曰大人憂太子傷宮中有自賊者又大赦既而宋孝武及宋后相繼崩殂少主荐誅輔臣釁連戚屬羣下相與殺之而立宋明帝江南大饑且仍有肆眚之令焉先是三年六月太白犯東井七月火入井四年五月金火皆犯上相五年六月火又入井占曰大臣憂斧鉞用六年七月月犯心前星是月宋殺少主其後有乙渾之難

五年七月丁未歲星守心心爲明堂歲爲諸侯爲長子入而守之立君之象占曰凡五星守心皆爲宮中亂賊羣下有謀立天子者七月己酉有流星長丈餘入紫微經北辰第三星而滅占曰有大喪九月丁酉火入軒轅十一月長星出織女色正白彗之象也女主專制將由此始是以天視由之長星彗之著易政之漸焉冬熒惑入太微犯上將十二月遂守之占曰公侯謀上且有斬臣六年正月乙未有流星長丈餘自五車抵紫宮西蕃乃滅天象若曰羣臣或修霸刑而干蕃輔之任矣且占曰政亂有奇令四月太白犯五諸侯占曰有專殺諸侯者五月癸卯上崩于太華殿車騎大將軍乙渾矯詔殺尚書楊寶年等于禁中戊申又害司徒平原王陸麗明年皇太后定策誅之太后臨朝自馮氏始也或曰心爲宋分是歲六月歲星晝見于南斗斗爲天祿吳分也天象若曰或以諸侯干君而代奪之是冬宋明帝以皇弟踐阼孝武諸子舉兵攻之四方響應尋皆伏誅有太白之刑與歲星之祐焉是歲三月有流星西行不可勝數至明乃止至六月己卯又有流星多西南行星衆而小庶人象也星之所首人將從之及宋討孝武諸子大兵首自孝陽進平闕二字其後張永之師敗績于呂梁魏師盡舉淮右俘其人又西南行之效也

顯祖天安元年正月戊子太白犯歲星歲農事也肅殺干之是爲稼穡不登六月熒惑犯鬼占曰旱饑疾疫金革用八月丁亥太白犯房占曰霜雨失節馬牛多死九月甲寅熒惑犯上將太白犯南斗第二星占曰貴人將相有誅者十一月己酉太白又犯歲星或曰歲爲諸侯太白主兵刑之政再干之事洊也是歲九月州鎮十一旱饑十月宋氏六王皆戮死明年宋師敗于呂梁江南阻饑牛且大疫其後東平王道符擅殺副將及雍州刺史據長安反詔司空和其奴討滅之九月詔賜六鎮孤貧布帛宋主以後宮服御賜征北將士後歲夏旱河決州鎮二十七皆饑尋又天下大疫元年六月太白犯左執法十月火又犯之占曰大臣有憂霸者之刑用是歲六月月犯井十月又掩之皇興元年正月月犯井北轅第二星八月又蝕之占曰貴人當之有將死水旱祥也道符作亂之明年司空和其奴太宰李峻皆薨

皇興元年四月太白犯歲星占曰有攻城略地之事六月壬寅太白犯鬼秦分也二年正月太白犯熒惑占曰大兵起是時鎮南大將軍尉元征南大將軍慕容白曜略定淮泗明年徐州羣盜作亂元又討平之後歲正月上黨王觀西征吐谷渾又大破之

二年九月癸卯火犯太微上將占曰上將誅先是元年六月熒惑犯氐是歲十一月太白又犯之是爲內宮有憂逼之象占曰天子失其宮四年十月誅濟南王慕容白曜明年上迫於太后傳位太子是爲孝文帝宋志以爲先是此年月頻犯左角占曰天子惡之及上遜位而宋明帝亦殂

高祖延興元年十月庚子月入畢口畢魏分占曰小人罔上大人易位國有拘主反臣十二月辛卯火犯鉤鈐鉤鈐以統天駟火爲內亂天象若曰人君失馭或以亂政乘之矣乙巳鎮星犯井天井者天下之平也而女君以干之是爲后竊刑柄占曰天下無主大人憂之有過賞之事焉二年正月月犯畢丙子月犯東井庚子又如之占曰天下有變令貴人多死者

三年八月月犯太微又羣陰不制之象也是時馮太后宣淫于朝昵近小人而附益之所費以鉅萬億計天子徒尸位而已二年九月河間王閭虎皮以貪殘賜死其後司空東平郡王陸麗坐事廢爲兵既而宮車晏駕或曰月入畢口爲赦令二年正月曲赦京師及秦梁諸鎮星及月犯井皆爲水旱且旱祥也是歲九月州鎮十一水旱詔免其田租開倉賑之

四年九月己卯月犯畢七月丙申太白犯歲星在角丁卯太白又入氐太白有母后之幾主兵喪之政以干君於外朝而及其宿宮是將有劫殺之虞矣二月癸丑月犯軒轅甲寅又犯歲星月爲彊大之臣爲主女之象始由后妃之府而干少陽之君示人主以戒敬之備也五年三月甲戌月掩塡星天象若曰是又僻行不制而棄其紀綱矣且占曰貴人彊死天下亂三月癸未金火皆入羽林占曰臣欲賊主諸侯之兵盡發八月乙亥月掩畢十一月月入軒轅食第二星至承明元年四月月食尾五月己亥金火皆入軒轅庚子相逼同光皆后妃之謫也天若言曰母后之釁幾貫盈矣人君忘祖考之業慕匹夫之孝其如宗祀何是時獻文不悟至六月暴崩實有酖毒之禍焉由是言之皇天有以覩履霜之萌而爲之成象久矣其後文明皇太后崩孝文皇帝方修諒陰之儀篤孺子之慕竟未能述宣春秋之義而懲供人之黨是以胡氏循之卒傾魏室豈不哀哉或曰太白犯歲於天門以臣伐君之象金火同光又兵亂之徵時宋主昏狂公侯近戚寃死相繼既而桂陽建平王並稱兵內侮矢及宮闕僅乃戡之尋爲左右楊玉夫等所殺或曰月犯歲鎮金火入軒轅皆饑祥也月掩畢主邊兵四年州鎮十三饑又比歲蝗旱太和元年雲中又饑開倉賑之先是四年四月丙午有大星西流殷殷有聲十一月辛未又如之是歲五月宋桂陽王反于江州間歲沈攸之反于江陵皆爲大兵西伐時以江南內攜又詔五將伐蜀

太和元年五月庚子太白犯熒惑在張南國之次也占曰其國兵喪並興有軍大戰人主死壬申水土合于翼皆入太微主令不行之象也占曰女主持政大夫執綱國且內亂羣臣相殺九月丁亥太白晝見經天光色尤盛更姓之祥也二年九月火犯鬼占曰主以淫泆失政相死之三年三月月犯心心爲天王又宋分三月塡星逆行入太微留左掖門內占曰土守南宮必有破國易代逆行者事逆也自元年三月至二年六月月行五犯太微與劉氏篡晉同占又自元年八月至三年五月月行六犯南斗入魁中斗爲大人壽命且吳分是時馮太后專政而宋將蕭道成亦擅威福之權方圖劉氏宋司徒袁粲起兵石頭沈攸之起兵江陵將誅之不剋皆爲

所殺三年四月竟纂其君而自立是爲齊帝是年五月又害宋君于丹陽宮(又元年十月月犯鼎爲刑獄事二年六月月犯房占曰貴人有誅者或曰月犯斗赤大臣之譴也其後李憙伏誅宜都長樂王墜陽死又元年二月壬戌月在井暈參畢兩河五車占曰大赦至八月大赦天下三年正月壬子又暈觜參昴畢五車東井至十月大赦天下)三年自五月至十二月月三入斗魁中四年五月庚戌七月己巳又如之六年二月又犯斗魁第二星占曰其國大人憂不出三年七月丁未十月丙申月再犯心大星自四年正月至六年二月又五干之斗爲爵祿之柄心爲布政之宮月行干而犯之亦以荐矣其占曰月犯心亂臣在側有亡君之戒人主以善事除殃是時馮太后將危少主者數矣帝春秋方富而承事孝敬動無違禮故竟得无咎至六年三月而齊王殂焉或曰月犯斗其國兵憂心又豫州也時比歲連兵南討五年二月大破齊師于淮陽又擊齊下蔡軍大敗之(先是三年八月金犯軒轅四年二月又犯軒轅第二星六年正月又犯軒轅大星八月又犯軒轅左角左角后宗也是時太后淫亂而幽后之妊娠又將薦德天若言曰是無周南之風不足訓也故月太白纍干之)

三年九月庚子太白犯左執法十一月丙戌月犯之四年二年辛巳月又犯之九月壬戌太白又犯之五年二月癸卯月犯太微西蕃上將至六年十月乙酉熒惑又犯之夫南宮執法所以糾淫忒成肅雍而上將朝廷之輔也天象若曰王化將弛淫風幾興固不足以令天下矣而廷臣莫之糾弼安用之文明太后雖獨厚幸臣而公卿坐受榮賜者費亦巨億蓋近乎素餐焉其三年九月安樂王長樂下獄死隴西王源賀薨四年正月廣川王畧薨襄城王韓頹徙邊七月頓丘王李鍾葵賜死其後任城王雲中山王叡又薨比年死黜相繼蓋天譴存焉(四年春月又掩大赤大臣死黜之祥也又此年月再犯昴亦爲獄事與白衣之會也)

五年九月辛巳塡犯辰星于軫占曰爲饑爲內亂且有壅川溢水之變是歲京師大霖雨州鎮十二饑至六年七月丙申又大流星起東壁光明燭地尾長二丈餘東壁土功之政也是月發卒五萬通靈丘道十月己酉有流星入翼尾長五丈餘七星中州之羽儀翼南國也天象若曰將擇文明之士使于楚邦焉明年員外散騎常侍李彪使齊始通二國之好焉(四年正月丁未月在畢暈參井五車赦祥也四月幸廷尉獄錄囚徒明年二月大赦是月月在翼有偏日暈侵五車東井軒轅北河鬼至北斗紫垣攝提六年正月癸亥月在畢暈參兩肩五車胃昴畢至甲戌天下大赦江南嗣君卽位亦大赦改元)

七年六月庚午辰時東北有流星一大如太白北流破爲三段十月己亥星隕如虹是時太后專朝且多外嬖雖天子由倚附之故有干明之譴焉破而爲三席勢者衆也昔春秋星隕如雨而羣陰起霸其後漢成帝時研

日晦冥衆星行隕燿燿如雨而王氏之禍萌至是天妖復見又與元后同符矣

十年八月辰時有星落如流火三道戊寅又有流星出日西南一丈所西北流大如太白至午西破爲二段尾長五尺復分爲二入雲間仍見者事荐也後代其踵而行之以至於分崩離析乎先是七年十月有客星大如斗在參東似孛占曰大臣有執主之命者且歲旱糴貴

十年九月熒惑犯歲星歲主農事火星以亂氣干之五稼旱傷之象也占曰元陽以饉人不安自八年至十一年黎人阻饑且仍歲災旱(八年正月辛巳月在畢暈井歲星觜參五車占曰有赦糴貴其年六月大赦冬州鎮十五水旱人飢九年正月月在參暈觜參兩肩五車爲大赦爲水戊申月犯井爲水祥也是歲冀定數州大水人有鬻男女者京師及州鎮十三水旱傷稼明年大赦)

十一年三月丁亥火土合于南斗塡爲履霜之漸斗爲經始之謀而天視由之所以爲大人之戒也占曰其國內亂不可舉事用兵是時齊主持諸侯王酷甚雖酒食之饋猶裁之有司故天若言曰非所以保根固本以貽長代之謀也內亂由是興焉五月丁酉太白經天晝見庚子遂犯畢畢又邊兵也是時蠕蠕寇邊明年齊將陳達伐我南鄙陷醴陽間歲而齊君子子響爲有司所御遂憤怒而反伏誅及齊王殂而西昌侯纂之高武子孫所在碁布皆拱手就戮亦齊君自爲之焉(十一年六月乙丑月犯斗丙寅遂犯建星亦圖始之謀也十二年七月月犯牛十三年六月又掩之明年八月又犯之牛主吳分占曰國有憂大將戮亦江南兵饑之徵也)

七月癸丑太白犯軒轅大星八月甲寅又犯之皆女君之譴也天象若曰軒轅以母萬物由后妃之母兆人也是固多穢復將安用之其物類之感又稼穡之不滋侯也是歲年穀不登聽人出關就食明年州鎮十五皆大饑詔開倉賑乏間歲太后崩(是歲月三入井金又犯之占曰陰陽不和爲水患)

十二年三月甲申歲星逆行入氐甲申皆齊分也占曰(且大旱其後連年亢陽而吳中比歲霖雨傷稼也)諸侯王而升爲天子者逆行者其事逆也先是去年十月歲辰太白合于氐是謂驚亡絕行改立王公是歲四月月犯氐與歲同舍六月丁巳月又入氐犯歲星月爲彊大之臣歲爲少君也與歲同心內宮而干犯之彊宗擅命逼奪其君之象也再干之其事荐至

十三年三月庚申月犯歲十五年六月又犯之歲星不在宿宮是爲彊侯之譴江南太子賢王相次薨殁既而齊武帝殂太孫幼沖西昌輔政竟殺二君而纂之月再犯于氐及逆行之效也(或曰月犯木饑祥也時比歲薄稼不登又十二年正月戊戌月犯左角十一月丙寅又如之七月金又犯左角爲外朝且兵敵也占曰不出三年天下有兵主子死大君惡之至十四年有子響誅間歲而齊室亂)

十二年四月癸丑月火金會于井辛酉金犯火甲戌火水又俱入井皆兩暘失節萬物不成候也且曰王業將易諸侯貴人多死是歲月行四入氐十月辰星入之閏月丁丑火犯氐乙卯又入之占曰大旱歲荒人且相食國易政君失宮遠期五年氐又女君之府也是歲兩雍及豫州旱饑明年州鎮十五大饉至十四年太后崩時江南北連歲災雨至十七年有劫殺之禍誅死相踵焉(是歲月三犯房十三年四月又犯之七月至十月再犯鍵閉占曰有亂臣不出三年伐其主自十二年六月至十四年八月再犯牛又再掩之凡六犯牛且掩之牛爲吳越饉祥也畢魏分且曰貴人多死免者十二年九月司徒淮南王佗薨十三年光州人王秦反章武汝陰南安三王皆坐贓廢安豐王猛司空苟頹並薨十四年地豆干及庫莫奚頻犯塞京兆王廢爲庶人)

魏書卷一百五之三考證

志第三〇魏收書天象志第一卷載天及日變第二卷載月變第三第四卷應載星變今此二卷天日月星變編年總繫魏及南朝禍咎蓋魏收志第三第四卷亡後人取他人所撰志補足之魏澹書世已無本据目錄作西魏帝紀而元善見司馬昌明劉裕蕭道成皆入列傳此志主東魏而晉宋齊梁君皆稱帝號亦非魏澹書明矣唐書經籍志有張太素魏書一百卷故世人疑此二卷爲太素書志崇文總目有張太素魏書天文志二卷今亦亡矣唯昭文館有史館舊本魏書志第三卷前題朝議郎行著作郎修國史張太素撰太素唐人故諱世民等字

太宗神瑞四年月犯歲星在角〇月字下北監本脫犯字今從南監本增入

世祖始光元年大流星出天將軍〇天當作大

世祖神麢三年又明盛之徵〇注秦有兵喪而至秦夏出夷威此十一字不可讀疑有脫訛

世祖眞君三年追至頓根河〇頓根河本書蠕蠕傳作頞根河

高祖太和十年占曰元陽以饉人不安〇元應作亢

魏書卷一百五之四

齊　魏　收　撰

志第四

天象一之四

太和十二年十一月戊午太白犯歲又犯火喪疾之祥占曰國無兵憂則君有白衣之會景寅火又犯木占曰內無亂政則主有喪戚之故十二月壬寅太白犯塡占曰金爲喪祥后妃受之十三年二月熒惑犯塡占曰火主凶亂女君應之皆文明太后之譴也先是十一年六月甲子歲星晝見十二月甲戌又晝見是歲六月又如之歲而麗于大明少君象也是時孝文有仁聖之表而太后分權以干冒之及帝春秋方壯始將經緯禮俗財成國風故比年女君之譴屢見而歲星簒盛至于不可掩奪矣且占曰木晝見主有白衣之會是歲九月丙午有大流星自五車北入紫宮抵天極有聲如雷占曰天下大凶國有喪宮且空夫五車君之車府也天象若曰是將以喪事有千乘萬騎而畢者大有聲其事昭盛至十四年三月塡星守哭泣占曰將以女君有哭泣之事四月丙申火犯鬼喪祥也六月有大流星從紫宮出西行天象又曰人主將以喪事而出其宮八月月太白皆犯軒轅九月癸丑而太皇太后崩帝哭三日不絕聲勺飮不入口者七日納菅屨徒行至陵其反亦如之哀毀骨立杖而後起雖殊俗之萌嬌然知感焉自九月至于歲終凡四謁陵又荐出紫宮之驗也(十四年十一月犯塡星十二月犯軒轅十五年十月月犯塡又犯軒轅八月又犯之九月月掩塡星十七年正月月又犯軒轅皆女君之象也是時林貴人以故事薨及馮貴人爲后而其姊譖之至二十年竟坐廢黜以憂死幽后繼立又以淫亂不終)

十三年十二月戊戌塡星辰星合于須女女齊吳分占曰是爲雍沮主令不行且有陰親者至十四年三月庚申歲星守牛占曰其君不愛親戚貴人多喪又饉祥也是歲太白三犯熒惑十月太白入氐十一月有大流星從南行入氐甲申齊邦之物也金火相鑠爲兵喪爲大人之譴天象若曰宿宮有兵喪之故盛大者循而殘之處其寢廟之中矣至十五年三月壬子歲犯塡在虛三月癸巳木火土三星合宿于虛甲午火土相犯虛齊也占曰其國亂專政內外兵喪故立侯王九月乙丑太白犯斗第四星戊子有大流星起少微入南宮至帝坐主有盛大之臣乘賢以侮其君者且占曰大人易政至十七年正月戊辰金木合于危危亦齊也是爲人君且罹兵喪之變四月戊子太白犯五諸侯占曰有擅刑以殘賊諸侯者至七月齊武帝殂西昌侯以從子干政竟殺

二君而自立是爲齊明帝於是高武諸子王侯數十人相次誅夷殆無遺育矣雖繼體相循實有準命之禍故天譴仍見云自十五年至十七年月行七犯建星建星爲忠臣之藩經代之謀又吳之分也十五年再犯牽牛十六年至十七年又四犯南斗是謂臣干天誅且曰大人多死者又十五年七月金入太微十七年火入太微宮反臣之戒是歲月行四入太微十七年六入太微比歲凡十干之而齊君夷其宗室亦積惡甚也

十五年四月癸亥熒惑入羽林十六年二月壬子太白入羽林占曰天下兵起三月己卯四月丙午五月甲戌十月辛卯月行皆入羽林十七年四月壬寅八月辛卯十二月辛巳又如之先是陽平王頤統十二將軍騎士七萬北討蠕蠕是歲八月上勒兵三十餘萬自將擊齊由是比歲皆有事于南方十五年三月月掩畢十一月又犯之十六年五月及七月月再入畢八月十一月又再犯之十七年八月又入畢畢爲邊兵占曰貴人多死十五年六月濟陰王鬱賜死十七年南平王霄三老尉元皆死十八年安定王休死十九年司徒馮誕太師馮熙廣川王諧皆死

十七年二月庚戌火土合于室室星先王所以制宮廟也熒惑天視塡爲司空聚而謀之其相宅之兆也且緯曰人君不失善政則火土相扶卜洛之業庶幾興矣是歲九月上罷擊齊始大議遷都冬十月詔司空穆亮將作董邇繕洛陽宮室明年而徙都之於是更服色殊徽號文物大備得南宮之應焉凡五星分野熒惑統朱鳥之宿而塡以軒轅寓之皆周鶉火之分室又幷州之分是爲步自幷州而經始洛邑之祥也

十七年二月丁丑太白犯井辛丑又犯鬼五月戊午晝見九月又如之是謂兵祥雍州也是月火木合于婁婁爲徐州占曰其地有亂萬人不安八月辛巳熒惑入井占曰兵革起明年二月詔征南將軍薛眞度督四將出襄陽大將軍劉昶出義陽徐州刺史元衍出鍾離平南將軍劉藻出南鄭皆兩雍徐方之分後年正月平南王肅大敗齊師于義陽降者萬餘己亥上絕淮登八公山並淮而東及鍾離乃還至十九年六月庚申金木合于井七月火犯井二十一年十一月大敗齊師于沔北明年春復大破之下二十餘城於是悉定沔漢諸郡時江南僞立雍州於襄陽以總牧西土遺黎故輿東井同候

十八年四月甲寅熒惑入軒轅后妃之戒也是時左昭儀得幸方譖訴馮后上蠱而惑之故天若言曰夫膚受之微不可不察亦自我天視而降鑒焉至十九年三月月犯軒轅二十年七月辛巳又掩塡星是月馮后竟廢尋以憂死而立左昭儀是爲幽后明年追廢林貞后爲庶人二十二年正月月又掩軒轅十一月又彗星起軒轅歷鬼南及天漢天又若曰是固多穢德宜其彗除矣行歷鬼又彊死之徵明年幽后賜死也十九年六月壬寅熒惑出于端門占曰邦有大獄君子惡之又更紀立王之戒也明年皇太子恂坐不軌黜爲庶人至二十一年十月壬午熒惑歲星合于端門之內歲爲人君火主死喪之禮而陳于門庭大喪之象也二十二年二月乙丑木火合于掖門內是夕月行逮之三月丙午木火俱出掖門外再合一相犯月行逮之后妃預有告焉明年四月宮車晏駕夫太微禮樂之庭也時帝方修禮儀正喪服以經人倫之化竟未就而崩少君嗣立其事復寢縉紳先生咸哀慟焉故天視奉而修之是以徘徊南宮蓋皇天有以著愼終歸厚之情或曰合于天庭南方有反臣之戒是時齊明帝殂比及三年而亂兵四交宮掖既而蕭衍戡之竟覆齊室云二十二年十一月有流星照地至天津而滅占曰將有樓船之攻人君以大衆行二十二年而上南伐是歲之正月有流星大如三斗瓶起貫索東北流光燭地經天棓乃滅有聲如雷天棓天子先驅也占曰國中貴人有死者且大赦至三月上南征不豫詔武衞元嵩莅洛陽賜皇后死

世宗景明元年四月壬辰有大流星起軒轅左角東南流色黃赤破爲三段狀如連珠相隨至翼左角后宗也占曰流星起軒轅女主後宮多讒死者翼爲天庭之羽儀王室之蕃衞彭城國焉又占曰流星于翼貴人有憂繫是時彭城王忠賢且以懿親輔政借使世宗諒陰恭已而修成王之業則高祖之道庶幾興焉而阿倚母族納高肇之譖明年彭城王竟廢後數年高氏又鴆于后而以貴嬪代之由是小人道長讒亂之風作矣夫天之風戒肇于履端之始而沒身不悟以傷魏道豈不哀哉或曰軒轅主后土之養氣而庇祐下人也故左角謂之少人焉天象若曰人將喪其所以致養幾至流亡離析矣是歲北鎭及十七州大饑人多就食云是歲十二月癸未月暈太微既而有白氣長一丈許南抵七星俄而月復暈北斗大角爲君以兵自衞又赦辟也且爲立君之戒時蕭衍立少主於江陵改元大赦尋伐金陵以長圍逼之又二年正月月暈井參觜昴五車占曰貴人死大赦是歲廣陵王羽薨二月至秋再大赦

二年正月己未金火俱在奎光芒相掩爲兵喪爲逆謀大人憂之野有破軍殺將奎徐方也三月丁巳有流星起五諸侯入五車至天潢散絕爲三光明燭地五車所以輔衰替之君也流星自五諸侯干之諸侯且霸而修兵車之會分而爲二距乏疑之君幾將並立焉魏收以爲流星出五車諸侯有反者至五月咸陽王禧謀反賜死戊午塡星在井犯鉞相去二寸占曰人君有戮死者時蕭衍起兵襄陽將討東昏之亂是月推南康王寶融爲帝踐阼于江陵於是齊有二君矣至八月戊午金火又合于翼楚分也十一月甲寅金水俱出西方占曰東方國大敗時蕭衍已舉夏口平尋陽遂沿流而東東主之師連戰敗績於是長圍守之十二月齊將張稷斬東昏以降又戮主之徵至三年正月火犯房北星光芒相接癸巳塡星逆行守井北轅西星皆大臣賊主更政立君之戒也三月金水合於須女女齊分金水合爲兵誅二月丁酉有流星起東井流入紫宮至北極而滅東井雍州之分衍憑之以興且西君之分使星由之以抵辰極是爲禪受之命且爲大喪是月齊諸侯相次伏誅既而西君錫命衍受禪于建康是爲梁武帝戊辰而少主殂自二年至三年月六掩犯斗魁七月火犯斗皆吳分也時江南北歲大饉又連兵北鄙頻敗相踵又二年七月暈襄內青外黃轢昴畢天船大陵卷舌奎婁爲徐魯又赦辟也且曰多死喪三月青齊徐兗饑死萬餘人七月大赦三年八月月暈外青內黃轢昴畢婁胃五車占曰貴人多死十二月月犯昴環月太傅平陽王丕薨後年正月大赦

三年八月丙戌有大流星起天中北流大如二斗器占曰有天子之使出自中京以臨北方至四年九月壬戌有大流星起五車東北流占曰有兵將首于東北是歲二月辛亥三月丁未月再掩太白皆大戰之象也庚辰揚州諸將大破梁師于陰陵十一月左僕射源懷以便宜安撫北邊明年二月又大破梁師于邵陵九月蠕蠕犯邊復詔源懷擊之是歲七月月暈昴畢觜參井五車占曰旱大赦又再暈軒轅太微明年正月月暈五車東井兩河鬼塡星是月大赦改元六月以亢陽詔撤樂減膳

正始元年正月戊辰流星如斗起相星入紫宮抵北極而滅夫紫宮后妃之內政而由輔相干之其道悖矣且占曰其象著大有非常之變至二年六月癸丑有流星如五斗器起織女抵室而滅占曰王后憂之有女子白衣之會往反營室擧歸後庭焉三年正月己亥有大流星起天市垣西貫紫蕃入北極市垣之西又公卿外朝之理也占曰以臣犯主天下大凶明年高肇欲其家擅寵乃鴆殺于后及皇子昌而立高嬪爲后先是景明四年七月太白犯軒轅大星至二年六月木犯昴占曰人君有白衣之會同上

三年六月丙辰太白晝見占曰陰國之兵彊八月梁師寇邊攻陷城邑秋九月安東將軍邢巒大破之宿豫斬將三十餘人捕虜數萬十月甲寅月犯太白又大戰之象明年中山王英敗績于淮南士卒死者十八九又元年正月月暈胃昴畢五車戊午又暈五車東井兩河鬼塡星二月甲申又暈昴畢觜參三年正月月暈太微軒轅皆爲兵赦是月皇子生大赦天下

四年七月己卯有星孛于東北占曰是謂天讒大臣貴人有戮死者凡孛出東方必以晨乘日而見亂氣蔽君明之象也昔魯哀公十三年十一月有星孛于東方明年春秋之事終是謂諸夏微弱蠻夷遞霸田氏專齊三族擅晉卒以干其君明而代奪之陵夷遂爲戰國天下橫流矣今孛星又見與春秋之象同天戒若曰是居太陽之側而干其明者固多穢德可彗除矣而君不悟衰替之萌將繇此始乎是歲高肇鴆后及皇子明年又譖殺諸王天下寃之肇故東夷之俘而驟更先帝之法累構不測之禍干明孰甚焉魏氏之悖亂自此始也

永平元年三月戊申熒惑在東壁月行抵之相距七寸光芒相及室壁四輔君之內宮人主所以庇衞其身也天象若曰且有重大之臣屛藩王室者將以讒賊之亂死於內宮又曰諸侯相謀三月癸未塡星逆行太微在左執法西是爲后黨持政大夫執綱而逆行侮法以啓蕭牆之內是月月犯畢六月又掩之占曰貴人有死者庚辰太白歲星合于柳柳爲周分且占曰有內兵以賊諸侯八月京兆王愉出爲冀州刺史恐不見容遂舉兵反以誅尚書令高肇爲名與安樂王詮相攻于定州九月太師彭城王勰于禁中愉亦死之或曰柳豫州分所合之野謀兵有戮野拔邑事至十一月丙子流星起羽林南大如桃色赤有黑雲東南引如一匹布橫北櫟星占曰禁兵起所首召之是歲豫州人白早生殺刺史司馬悅以城降梁遣尚書邢巒擊之十二月巒拔懸瓠斬早生

二年三月丁未有流星徑數寸起自天紀孛于市垣光芒燭地有尾跡長丈餘凝著天天象若曰政失其紀而亂加乎人浸以萌矣是將以地震爲徵地震者下土不安之應也是月火入鬼距積尸五寸積尸人之精爽而炎氣加之疫祥也四月乙丑金入鬼去積尸一寸又以兵氣干之彊死之祥也踰逼者事甚鬼主驕亢之戒故金火荐災其人以警而懼之五月太白犯歲光芒相觸占曰兵大亂歲饑不出三年七月庚辰有流星起螣蛇入紫宮抵北極而滅天戒若曰彼光後王道者疑以馭陰陽之變矣將有水旱之沴地震之祥而後災加皇極焉明年夏四月平陽郡大疫死者幾三千人平陽鬼星之分也秋州郡二十大水冀定旱饑四年朐山之役喪師殆盡其後繁畤桑乾靈丘秀容鴈門地震陷裂山崩泉涌殺八千餘人延昌三年詔曰比歲山鳴地震于今不已朕甚懼焉至正月宮車晏駕七年十一月丙戌月掩畢火星至三年八月火犯積尸占曰貴人死又饑疫祥也比年水旱災疫是月中山王略薨明年春司徒廣陽王嘉薨

二年九月甲申歲星入太微距右執法五寸光明相及十二月乙酉逆行入太微掩左執法三年閏月壬申又順行犯之相去一寸保乾圖曰臣擅命歲星犯執法是時高肇方爲尚書令故歲星反復由之所以示人主也天若言曰政刑之命亂矣彼居重華之位者盍將反復而觀省焉今雖厚而席之適所以爲禍資耳且占曰中坐成刑遠期五年間五歲而肇誅四年四月庚午熒惑犯軒轅大星至五月入太微距右執法三寸光芒相接熒惑天視也始由軒轅而省執法之位其象若曰是居后黨而擅南宮之命

君其降監焉其應與歲星同也

四年正月戊戌有流星起張西南行殷殷有聲入參而滅張河南之分參爲兵事占曰流星自東方來至代而止有來兵大敗吾軍有聲者怒也先是去年十一月月犯太白是歲又犯之在胃八月辛酉又犯之胃爲徐方大戰之象也十月戊寅有大流星孛于羽林南流色赤珠落下入濁氣孛然而流王師潰亂之兆先是梁朐山鎭殺其將來降詔徐州刺史盧昶援之十二月昶軍大敗於淮南淪覆十有餘萬是歲七月乙巳有流星起北斗魁前西北流入紫宮至北極而滅占曰不出期年兵起且亡君敗是歲有朐山之役闔歲而帝崩

四年十二月己巳歲星犯房上相相距一寸光芒相及至延昌元年三月丙申歲星在鉤鈐東五寸距鍵閉三寸丙午又掩房上相天象若曰夫鈐鍵之轡君上所宜獨操非驂服所當共也先是高肇爲尚書令而歲星三省執法是歲至升爲司徒猶怏怏不悅而歲星又再循之所以示人主審矣閒二歲而上崩肇亦誅滅或曰木與房合主喪木又元年二月月暈井鬼軒轅十月又暈井五車參畢皆木旱饑散之祥自元年二月不雨至六月雨大水二年四月庚子出絹十五萬匹賑河南飢人是夏州郡十二大水八月減天下殊死

二年四月庚午熒惑犯軒轅大星十月壬申月失行犯軒轅大星至延昌元年三月塡星在氐守之九十餘日占曰有德令拜太子女主不居宮至十月立皇太子賜爲父後者爵旌孝友之家至二年三月乙丑塡星守房占曰女主有黜者以地震爲徵地震者陰盈而失其性也四月丙申月掩塡星七月戊午又如之是爲后妃有相遷奪者且曰女主死之時比歲地震至三年八月太白又犯軒轅十二月月掩熒惑皆小君之譴也時高后席寵凶悍雖人主猶畏之莫敢動搖故世宗儲嗣幾絕明年上崩后廢爲尼降居瑤光寺尋爲胡氏所害以厭天變也

延昌元年八月己未有流星起五車西南流入畢畢邊兵也占曰有兵車之事以所直名之至二年十一月戊午又有流星起五車西南流殷殷有聲憑怒者事盛也十二月己卯有流星西南流分而爲二又偏師之象也至三年六月辛巳太白晝見占曰西兵大起有王者之喪十一月大將軍高肇伐蜀益州刺史傅豎眼出北巴平南羊祉出涪安西奚康生出綿竹撫軍甄琛出劍閣會帝崩旋師先是元年三月己酉木土相犯占曰人君有失地者將死之又曰先作事者敗兵起必受其殃三年九月太白掩右執法是爲大將軍有罪刑辟者先是二年二月梁郁洲人徐玄明斬大將張稷來降及肇出征還亦誅戮

元年二月乙未有流星起太陽守歷北斗入紫宮抵北極至華蓋而滅太陽守所以弼承帝車大臣之象今使星由之以語天極之位臣執國命將由此始乎且占曰天下大凶主室其空先是去年八月至十月月再入太微是歲三月又如之十二月甲戌月犯火于太微占曰君死不出三年貴人奪權失勢二年三月辛酉熒惑又犯太微占曰天下不安有立君之戒九月丁卯入太微犯屛星明年正月而世宗崩於是王室遂卑政在公輔三年二月月暈畢昴五車太白東井占主赦是月太白失行在天關北占有關梁之兵道不通明年正月肅宗立大赦天下二月梁將任大洪帥衆寇關城

四年五月庚戌九月乙丑十月癸巳月皆犯太微中歲而驟于之彊臣不御執法多門之象也閏月戊午月犯軒轅又女主之譴十一月庚寅木火會于室相距一尺至甲午火徙居東北亦相距一尺室爲後宮火與木合曰內亂環而營之或淫事干逼諸侯之象占曰姦臣謀大將戮若有夷族之害以赦令除之先是三年九月太白犯執法是歲八月領軍于忠擅戮僕射郭祚九月太后臨朝淫放日甚至逼幸清河王懌其後羽林千餘人焚征西將軍張彝宅辜死者百數朝廷不能討於是大赦原羽林亦營室之故也魏收以爲月犯太微大臣有死者其後安定王燮月犯軒轅女主憂之其後皇太后高尼崩于瑤光寺營室又主土功也胡太后害高氏以厭天變乃以后禮葬之

四年十月太白犯南斗斗爲吳分占曰大兵起先是三年四月有流星起天津東南流轢虛危天津主水事且曰有大衆之行其後梁造浮山堰以害淮泗諸將攻之是歲閏月有大犇星起七星南流色正赤光明燭地尾長丈餘歷南河至東井七星河南之分也流星出之有兵起施及東井將以水禍終之又占曰所與城等是時鎭南崔亮攻梁師于硤石明年二月鎭東蕭寶夤大破梁淮北軍九月淮堰決梁人十餘萬口皆漂入海

肅宗熙平元年三月丙子太白犯歲星十二月甲辰月犯歲星是謂彊盛之陰而陵少陽之君歲又諸侯也天象若曰始由內亂干之終以威刑及之是歲正月熒惑犯房四月庚子又逆行犯之癸卯月又犯房占曰天下有喪諸侯起霸將相戮十一月大流星起織女東南流長且三丈光明照地占曰王后憂之有女子白衣之會間歲高太后殂司徒國珍薨中宮再有喪事其後僕射于忠司徒任城王澄薨既而太后幽逼清河中山王戮死或曰月太白犯歲星饑祥也火犯房陳兵滿野有饑國且大赦又元年十二月月暈井觜參五車占曰水旱有赦至二年正月大赦十月幽冀滄瀛大饑是月月再暈暈參五車占曰饑赦明年幽州大饑死者數千人自正月不雨至六月是歲四夷反叛兵大出又赦改元

二年六月癸丑有大流星出河鼓東南流至牛十一月流星起河鼓色黃赤西南流長且三丈有光照地至神龜元年四月壬子有流星起河鼓西北流至北斗散滅河鼓鼓旗之應也故流星出之兵出入之兵入昔宋泰始初大流星出自河鼓西南行竟夜有小星百數從之既而諸侯同時作亂至是三出河鼓秦州屬國羌及南秦東益氐皆反七月河州人却鐵忽與羣盜又起自稱水池王詔行臺源子恭及諸將四出征之朝廷多事故天應屢見云

神龜二年四月甲戌大流星起天市垣西東南流轢尾光明燭地天象若曰將作大衆而從后妃之事矣以所首名之是歲九月太后幸嵩高或曰市垣所以均國風尾幽州也明年詔尚書長孫稚撫巡北蕃觀省風俗二月丙辰月在參暈井觜參歲星五車占曰有死相且赦明年諸王多伏辜又大赦

二年八月己亥太白犯軒轅是月月又犯之至正光元年正月月又犯軒轅大星四月庚戌金火合于井相去一尺占曰王業易君失政大臣首亂將相戮死以用師大敗五月丙午太白犯月相距三寸占曰將相相攻秦國有戰七月太白犯角角天門也是爲兵及朝廷占曰有謀不成破軍斬將是月侍中元叉矯詔幽太后于北宮殺太傅清河王懌八月中山王熙起兵誅元叉不克遇害明春衞將軍奚康生謀討叉于禁中事泄又死是冬諸將伐氐官軍敗績

正光元年九月辛巳有彗星光燭如火出于東方陰動爭明之異也感精符曰天下以兵相威以勢相乘至威亂起布衣從衡禍未庸息帝宮其空昔正始中天讒孛于東北是歲而攝提復周故天象若曰夫讒之亂萌有自來矣彗除之象今則著矣戰國之禍將由此作乎間三年而北鎭擾亂關中迹之自是姦雄鼎沸覆軍相踵其災之所及且二十餘年而猶未弭焉梁志曰九月乙亥有星晨見東方光如火占曰國皇見有內難急兵明年義州反乙亥去辛巳凡六日而北方觀之其氣蓋同矣始于其明以妖南國既又彗而布之以除魏邪

二年四月甲辰火土相犯於危十一月辛亥金土又相犯于危危存亡之機太白司兵熒惑司亂而玄枵司人土下之所係命也三精淤聚羣臣叶謀以濟屯復之運焉占曰天下方亂甲兵大起王后專制有虛國從王至四年四月己未火土又相犯于室是謂後宮內亂且占曰欲殺主天子不以壽終或曰魏氏軒轅之裔塡星之物也赤靈爲母白靈爲子經綸建國之命所以傳撥亂之君也其受之者將在并州與有齊之國乎其後太后淫昏天下大壞上春秋方壯誅諸佞臣由是鄭儼等竦懼遂說太后鴆帝既而爾朱氏興于并州終啓齊室之運卜洛之業遂丘墟矣二年十月月掩心大星至三年正月月掩心距星四月丁丑又如之占曰亂臣在側四年五年間三歲而肅宗崩

三年七月庚申有大流星如五斗器起王良東北流長一丈許王良主車騎且曰有軍涉河昭盛者事大是日月在昴北三寸十一月乙卯又如之是謂兵加匈奴且胡王之譴也先是蠕蠕阿那瓌失國詔北鎭師納之是歲八月蠕蠕後主來奔懷朔鎭閏歲阿那瓌背約犯塞詔尚書令李崇率騎十萬討之出塞三千餘里不及而還三年九月庚戌月暈胃昴畢五車辛亥又暈之占曰闕二字有赦至三年九月月在畢暈昴畢觜參五車是歲夏大旱十二月大赦

三年二月丁卯月掩太白京師不見涼州以聞占曰天下大兵起涼州獨見災在秦也三月癸卯有大流星起西北角流入紫宮破爲三段光明照地角星主外朝兵政流星由之將大出師之象若曰將以兵革之故王室分崩入抵紫宮天下大凶有虛國之象四月癸酉有大奔星歷紫微入北斗東北首光明燭地殷然如雷盛怒之象也皆以所直名之至四年八月乙亥月在畢掩熒惑又邊城兵亂之戒也十月乙卯太白入斗口距第四星三寸光芒相掩占曰大兵起將戮辱又吳分也五年正月沃野鎭人破落汗拔陵反臨淮王彧征之敗績于五原六月莫折大提反於秦雍州刺史元志討之又大敗於隴東明年南方諸將頻破梁師至八月杜落周起上谷其後鮮于修禮反定州王師比歲北征冀方大震既而葛榮承之竟陷河北五年二月月在參暈觜參五車東井熒惑八月又暈之閏月月在張翼再暈軒轅太微占曰兵起士卒多逃走一曰士卒大聚又皆赦祥也是時徵調縣起兵相蹈藉又有詔內外戒嚴將親征自二月至六月再大赦天下十月月在畢暈昴畢觜參後年春又大赦

先是二年九月歲星犯左執法至三年正月癸丑又逆行犯之相去四寸光芒相及五月丙辰歲星又掩左執法是時宦者劉騰與元叉叶謀遂總百揆之任故歲星反復由之與高肇同占至四年二月騰死叉由是失援其年十一月庚戌歲星犯房上相相距二寸光芒相掩五年四月己丑歲星又逆行犯之明年皇太后反政叉遂廢黜昔高肇爲尚書令而歲星三省之及升于上相歲星亦再循之至是三犯執法而騰死再干上相而叉敗曠官之譴異代同符矣

孝昌元年五月太白犯軒轅八月在張角盛大占曰有暴酷之兵張河南也十二月火入鬼又犯之占曰大賊在大人之側后以淫泆失政又秦分也二年正月癸卯金木相犯於牛十一月戊申又相犯于女歲所以建國

均人女爲蠶妾牛爲農夫天象若曰是將罹以寇戎而喪其耕織之務矣且曰有亂兵大戰而波及齊巽是歲八月甲申月在胃掩鎮星閏月癸酉又掩之三年正月戊辰又掩之是爲女君有罹兵刑之禍者㳌干之事甚而衆也又占曰天下大喪无主貴人兵死國以滅亡又二年三月奔星大如斗出紫微東北流光照地占曰王師大出邦去其君六月有奔星如斗起大角入紫宮而滅棟星以肆覲羣后而敷威令于四方也今大號由之以詔天極不以逆乎且有空國徙王之戒焉十月有星入月中而滅占曰入而無光其國卒滅星反出者亡國復立是歲四月至三年九月熒惑再犯軒轅大星武泰元年正月又逆行復犯之占曰主命將失女君之象亂逆之災三月庚申月掩畢大星占曰邊兵起貴人多死者是時淫風滋甚王政盡弛自大河而北極關而西覆軍屠邑不可勝計既而蕭寶夤叛于雍州梁師驟伐淮泗連兵青土萬姓嗷嗷喪其樂生之志矣是歲二月帝竟以暴崩四月爾朱榮以大兵濟河執太后及幼主沉諸中流害王公以下二千遂專權晉陽以令天下焉三年正月癸酉月在井暈觜參兩河五車七月大赦明年少主立又大赦

莊帝永安元年七月癸亥太白犯左角相距四寸光芒相掩兵及朝廷之象占曰大戰不勝貴人有來者其謀不成至二年閏月熒惑入鬼犯積尸占曰兵起西北有鈇鉞之誅是歲北海王顥以梁師陷考城執濟陽王暉業乘虛逐勝遂入洛陽至七月王師大敗之顥竟戮死有謀不成之驗明年爾朱天光擊反虜萬俟醜奴及蕭寶夤于安定克之咸伏誅

二年十一月熒惑自鬼入太微西掖門犯上將出東掖門犯上相東行累日句巳去來復逆行而西十二月乙丑月又掩之至三年正月癸未逆行入東掖門己丑月入太微襲熒惑辛卯月行太微中又暈之三月己卯在右執法北一尺五寸留十四日至壬辰月又掩之復順行而東四月戊午月又干太微而暈已未熒惑出端門在左執法南尺餘而東自魏興以來未有循環反復若此之荐也是時孝莊將誅權臣有興復魏室之志是以誠發於中而熒惑否謀於上焉其占曰有權臣之戮有大兵之亂貴人以彊死而天下滅亡至五月己亥太白在參晝見參爲晉陽之墟天意若曰干明之釁於是乎在矣七月甲午有彗星晨見東北方在中台東一丈長六尺色正白東北行西南指丁酉距下台上星西北一尺而晨伏庚子夕見西北方長尺東南指漸移入氐至八月己未漸見癸亥滅占曰彗出太階有陰謀姦宄興凡天事爲之徵形以戒告人主始滌公輔之穢而彗除之權臣將滅之象再干太陽之明而後陵奪之逆亂復興之象也三月而見者變近亟也究于內宮者反仇其上也近期在衡遠期一年先是二月壬申有大流星相隨西北尾迹不絕以千計西北直晉陽之墟而徵星庶人所以載皇極也人徙而君從之是月戊戌有大奔星自極東貫紫宮而出影迹隨之遷君之應至九月上誅太原王榮上黨王天穆于明光殿是夕爾朱氏黨攻西陽門不克退屯河陰十二月洛陽失守帝崩于晉陽自是南宮板蕩劫殺之禍相踵先是永安元年七月丙子十一月丙寅十二月癸巳月皆掩畢大星至二年三月乙卯月入畢口八月乙丑又距畢左股二寸光芒相掩須臾入畢口十二月丙辰掩畢右股大星三年六月乙巳又犯畢大星八月庚申入畢口犯左股大星是月辛丑太白犯軒轅明年五月月又犯畢右股遂入之畢星所以建魏國之命也占曰天下有變其君大憂邊兵起上將戮月㳌干之事甚而衆及爾朱兆作亂奉長廣王爲主號年建明明年二月又廢之而立節閔六月高歡又推安定王爲帝於信都復黜之後更立武帝於是三少王相次崩殂又洛陽再陷六宮汙辱有兵及軒轅之效焉永安二年十月辛亥十二月丁巳月皆在畢暈昴畢熒星觜參五車普泰元年正月己丑月在角暈軫角五車亢連環暈北斗大角織女十月又暈昴畢觜參井五車是時肆赦之令歲月相踵

節閔普泰元年五月辛未太白出西方與月並闘容一指戰祥也先是去年十一月辛丑月在太白北不容一指占曰有破軍殺將主人不勝既而爾朱氏南侵王師敗績至是又與月合幾將復之乎十月甲寅金火歲土聚于觜參甚明大晉魏之墟也且曰兵喪並起霸君興焉是時渤海王歡起兵信都改元中興至十一月己卯奔星如斗起太微東北流光明燭地有聲如雷占曰大臣有外事以所首事命之或曰中國失君有立王遷主著而有聲者盛怒也是時爾朱氏戍師北伐明年三月癸巳火逆行犯氐占曰天子失其宮閏月庚申歲星入鬼犯天尸占曰有戮死之君既而爾朱兆等大敗于韓陵覆師十餘萬四月武帝卽位比及歲終凡殺三廢帝

孝武永熙元年九月太白經天十一月辛丑有大流星出昴北東南流轢畢貫參光明照地有聲如雷天象若曰將有髦頭之兵憑陵塞垣與大司馬合戰明年正月丁酉渤海王歡追擊兆等于赤洪嶺大破之爾朱氏殲焉

二年四月太白晝見九月丁酉火木合于翼相去一寸光芒相掩占曰是謂內亂姦臣謀人主憂甲寅金火合于軫相去七寸光芒相及占曰是謂相鑠不可舉事用兵翼軫南宮之藩又荆州也至三年三月癸巳有奔星如三斛甕起匏瓜西流入市垣有光燭地迸流如珠尾跡數丈廣且三尺凝著天狀如蒼白雲須臾屈曲蛇行匏瓜爲陰謀星大如甕爲發謀舉事光盛且大人貴而衆也以所首名之且爲天飾王者更均封疆是時斛斯椿等方說上伐高歡荆州刺史賀拔岳預謀焉高歡知之亦以晉陽之甲來赴七月上自將十餘萬次河橋望歡軍憚之不敢戰遂西幸長安至十月渤海王更奉孝靜爲主改元天平由是分爲二國更均封疆之應也是月歡命侯景攻荆州拔之勝南奔是年三月庚子木逆行在左執法北一寸光芒相掩五月甲申又在執法西半寸作見作不見占曰强臣擅命改政更元十二月上崩由是高歡宇文泰擅權兩國又二年十一月乙丑三年八月庚午十二月庚申月皆在畢暈畢昴參五車自三年二月至明年正月東西魏凡四大赦

三年五月己亥熒惑逆行掩南斗魁第二星遂入斗口先是元年十一月熒惑入斗十餘日出而逆行復入之六十日乃去斗大人之事也占曰中國大亂道路不通天下皆更元易政吳越之君絕嗣是歲東西帝割據山河遂爲戰國比十月至正月梁魏三帝皆大赦改元或曰斗爲壽命之養而火以亂氣干之耄荒之戒也是時梁武帝年已七十矣怠於聽政專以講學爲業故皇天殷勤著戒又若言曰經遠之謀替矣將以逆亂終之而勤其天祿焉夫天懸而示之且猶不悟其後攝提復周卒有侯景之亂云三年十二月梁人立元慶和爲魏王屯平瀨明年正月東南行臺元晏大破之六月豫州刺史堯雄又大破梁師於南頓十月梁攻單父徐州刺史任祥又大破之斬虜萬餘級十一月柳仲禮寇荆州諸將又大敗之時梁軍政益弛故累有負敗之應

東魏孝靜天平二年有星孛于太微歷下台及室壁而滅南宮成周之墟孝文之餘烈也孛星由之易政徙王之戒天象若曰王城爲墟夏聲幾變而台階持政有代奪之漸乎且抵于營室更都之象也是後兩霸專權皆以北俗從事河南新邑遂爲戰爭之郊間三歲至興和元年九月發司州卒十萬營鄴都十月新宮成天平元年閏月月掩心大星二年八月又犯之相去七寸十一月又掩心小星相臣逼主之象且占曰人臣伐主應以善事除殃時兩雄王業已定特以人臣取容而已至興和二年八月月又犯心大星後數年而禪代

元象二年七月壬戌金土合于七星癸亥遂犯七星七星河南之分金而犯土將有封畿之戰且占曰其分亡地先是去年十二月癸丑太白食月是歲三月壬申太白又與月合相距一寸大戰之祥也月象彊大之國而金合之秦師將勝焉十二月有流星從天市垣西流長且一丈有尾迹三年正月渤海王歡攻夏州克之十月丁丑月犯火占曰大將有關死者十二月大都督竇泰入潼關明年宇文泰距擊斬之十月遂及渤海王歡戰于沙苑歡軍敗績捕虜萬餘是月獨孤信拔洛陽

三年十一月熒惑犯歲星占曰有內亂臣謀王至四年正月客星出于紫宮占曰國有大變二月壬申八月癸未月再掩五車東南星占曰兵起道不通十一月太白晝見占曰軍興爲不臣五年二月庚戌三月甲子塡星逆順行再犯上相上相司徒也六月太白入東井占曰秦有兵大臣當之至元象元年七月太白在柳晝見柳河南也八月辛卯有大流星出房心北東南行長且三尺尾迹分爲三段軍破爲三之象也先是行臺侯景司徒高昂圍金墉西帝及宇文泰自將救之是月陳于河陰泰以中軍合戰大克司徒高昂死之既而左右軍不利西師由是敗績斬將二十餘人降卒六萬是月西帝大傳梁景叡據長安反關中大震尋皆伏誅天平三年正月元象元年三月月再掩軒轅大星是年西帝廢皇后乙氏立蠕蠕女爲后明年五月火犯軒轅大星既而乙氏遇害其後蠕蠕后又死而乙氏爲祟焉元象元年十月月犯昴暈畢胃丁未在翼暈大星軒轅左角十一月在井暈五車兩年東西主凡三大赦

興和元年二月壬子火犯井占曰秦有兵亂貴人當之四月又入鬼亦兵喪之祥也又土地之分也至二年十一月甲戌太白在氐與塡星相犯氐鄭地也至四年七月壬午火木合于井相去一尺占同天平明年北豫州刺史高仲密據武牢西叛宇文泰帥衆援之戊申及渤海王戰于邙山西軍大敗虜王侯將校四百餘人獲六萬餘級元年八月月在畢暈昴畢觜五車二年正月大赦三年正月至八月又再暈之歲星在焉四年十一月月暈軒轅太微壬申又暈胃昴畢五車皆兵饑祥也明年東西王皆大赦後年三月高歡入朝以春冬亢旱請賑窮乏延罪已下皆宥之先是元年十月辛丑有彗星出于南斗長丈餘至十一月丙戌距太白三尺長丈餘東南指二月乙卯至婁始滅占曰彗出南斗之土皆誅其上棱又吳分始自微末終成著大而與兵星合焉天戒若曰夫劫殺之萌其事由來漸矣而人君辨之不早終以兵亂橫流不可撲滅焉婁又徐方之次亂之所自招也至二年四月己丑金木相犯于奎丙午火木又相犯于奎奎爲徐方所以虞蹶防之寇也歲主建國之令而省人君之差敗火主亂金主兵三精㳌而聚謀所以哀矜下土而示驅除之戒也是時梁主衰老太子賢明而不能授之以政焉由是領軍朱异等浸侵明福之權至武定五年侯景竊河南六州而叛又與連衡而附益之是歲

十二月梁師敗績于彭城捕虜五萬餘級江淮之間始蕭然愁歎矣明年師大敗陷溺以十萬數景遂舉而濟江三吳大荒道殣流離者大半淮表二十六州咸內屬焉昔三精聚謀於危九年而高氏霸至是聚謀於奎而蕭氏亡亦天之大數云爾

武定二年四月丁巳熒惑犯南宮上將戊寅又犯右執法占曰中坐成刑金火尤甚四年四月庚午金晝見六月癸巳月入畢九月壬寅太白在左執法東南三寸許是爲執法事五年正月月犯畢大星貴人之謫也先是九月大丞相歡圍玉壁不克是月歡薨于晉陽辛亥侯景反僕射慕容紹宗擊之八月淮南三王謀反誅明年紹宗攻王思政于潁川竟溺四年九月月在翼暈軒轅太微帝坐五年二月暈昴畢參井五車五月在張又暈軒轅太微時兵革屢動東西帝皆此歲大數

七年九月戊午月掩歲星在斗斗爲天廟帝王壽命之期月由之以干歲星是爲大人有篡殺死亡之禍是歲梁武帝以憂逼殂明年而齊帝後年西主文帝及梁簡文又終天下皆有大故而江表尤甚八年三月甲午歲鎭太白在虛虛齊分是爲驚立絕行改立王公熒惑又從而入之四星聚焉五月丙寅帝禪位于齊是歲西主大統十六年也是時兩主立而東帝得全魏之墟爲天官爲正昔宋武北伐西星聚奎及西伐秦四星聚井四星聚參而渤海始霸四星聚危而文宣受終由是言之帝王之業其有徵矣其後六年西帝禪于周室天文史失其傳也

魏書卷一百五之四考證

志第四〇此卷亦闕後人所補

高祖太和十二年景寅〇唐人諱丙故南北史俱作景此亦作景者志爲唐人所著故也若卷內或有仍作丙者則又後人間有改易耳

高祖太和十五年注十五年三月月掩畢〇三月下北監本脫月字今從南監本增入

又注司徒馮誕〇馮監本誤作馬今改正

肅宗正光二年注閏三歲〇三監本譌作五今以上文推之則以三爲是

魏書卷一百六上

齊　魏收　撰

志第五

地形二上

夏書禹貢周氏職方中畫九州外薄四海析其物土制其疆域此蓋王者之規摹也戰國分并秦吞海內割裂都邑混一華夷漢興即其郡縣因而增廣班固考地理焉彪志郡國魏世三分晉又一統地道所載又其次也自劉淵石勒傾覆神州僭逆相仍五方淆亂隨所跨擅

長吏相侵食彼此不恒犬牙未足論繡錯莫能比魏定燕趙遂荒九服夷簒逋僞一國一家遺之度外吳蜀而已正光已前時惟全盛戶口之數比夫晉之太康倍而已矣孝昌之際亂離尤甚恒代而北盡爲丘墟崤潼已西煙火斷絕齊方全趙死於亂麻於是生民耗減且將大半永安末年胡賊入洛官司文簿散棄者多往時編戶全無追訪今錄武定之世以爲志焉州郡縣改隨而注之不知則闕內史及相仍代相沿魏自明莊寇難紛糾攻伐既廣啓土逾衆王公錫社一地累封不可備舉故總以爲郡其淪陷諸州戶據永熙綰籍無者不錄焉

司州 治鄴城魏武帝國於此太祖天興四年置相州天平元年遷都改

領郡十二　縣六十五

戶三十七萬一千六百七十五

口一百四十五萬九千八百三十五

魏尹 故魏郡漢高祖置二漢屬冀州晉屬司州天興中屬相州天平初改爲尹

領縣十三

戶一十二萬二千六百一十三

口四十三萬八千二百二十四

鄴 二漢晉屬天平初併蕩陰安陽屬之蕩陰太和中置關今罷有西門豹祠武城臑里城蕩城石竇堰有南部右部西部天平中決漳水爲萬金渠今世號天平渠 臨漳 天平初分鄴併內黃斥丘肥鄉置有鼓山肥鄉城邯鄲城斥丘城列人城鵲鵲陵林臺澤有左部東部北部尉 繁陽 二漢屬晉屬頓丘眞君六年併頓丘太和十九年復天平二年屬治繁陽城 列人 前漢屬廣平後漢屬晉屬廣平天平初屬 昌樂 太和二十一年分魏置永安元年置郡天平中罷郡復有昌城 武安 二漢屬晉屬廣平天平初屬 臨水 晉屬廣平眞君六年併鄴太和二十一年復屬 魏 二漢屬晉屬 平邑 天平二年分元城置 易陽 二漢屬趙國晉屬廣平天平初屬有易陽城 元城 二漢屬晉屬陽平天平初屬有沙鹿山 斥章 前漢屬廣平後漢屬鉅鹿晉屬廣平眞君三年併列人太和二十年復天平初屬 貴鄉 天平二年分館陶置治趙城有東中郎將治有空陵城闕城

陽平郡 魏文帝黃初二年分魏置治館陶城

領縣八

戶四萬七千四百四十四

口十六萬二千七十五

館陶 二漢屬魏郡晉屬有館陶城 淸淵 二漢屬魏郡晉屬有淸淵城 樂平 二漢屬東郡晉屬前漢淸縣後漢章帝更名治樂平城 發干 二漢屬東郡晉屬有發干城 臨淸 太和二十一年置 武城 永安中置天平元年罷二年復有武城 武陽 二漢晉屬東郡曰東武陽後改屬 陽平 二漢屬東郡晉屬永嘉後併樂平太和二十一年復屬有陽平城崗城趙簡子陵武溝水白馬淵

廣平郡 漢武帝爲平干國宣帝改爲廣平國後漢建武中省屬鉅鹿魏文帝黃初二年復改治曲梁城

領縣六

戶二萬三千七百五十

口十萬三千四百三

平恩 二漢屬魏郡晉屬治平恩城有康臺澤 曲安 景明中分平恩置治曲安城 邯鄲 二漢屬趙國晉屬後屬魏眞君六年屬有柴山 廣平 前漢屬後漢屬鉅鹿晉屬後罷太和二十年復治廣平城 曲梁 前漢屬後漢屬魏晉屬 廣年 前漢屬後漢屬鉅鹿晉屬永嘉後廢太和二十年復治廣年城

汲郡 晉武帝置治城頭

領縣六

戶二萬九千八百八十三

口十萬二千九百九十七

北修武 孝昌中分南修武置治淸陽城有淸陽泉馬泉丁公神青河陶河熨斗泉覆釜山五里泉七里熨馬鳴泉重泉郡城安陽城 南修武 二漢屬河內晉屬有黃家吳城宜陽城 汲 二漢屬河內晉屬後罷太和十二年復治汲城有比干墓太公廟陳城興和二年恒農人率戶歸國仍置義州於城中 朝歌 二漢屬河內晉屬有朝歌城崔方城大方山淇水白溝水天井溝苑城新城伏羲祠 山陽 二漢晉屬河內後屬有沁陽城南北二武陽城孝景二年置郡初治其城後移治山陽城尋罷 獲嘉 二漢屬河內晉屬後省太和二十三年復治新洛城有獲嘉城

廣宗郡 太和十一年立尋罷孝昌中復

領縣三

戶一萬三千二百六十二

口五萬五千八百九十七

廣宗 後漢屬鉅鹿晉屬安平中興中立南北廣宗尋罷後屬有廣宗城建始城建德城 武強 眞君三年併信都太和二十一年復有武城 經 後漢晉屬安平眞君二年併南宮後復屬

東郡 秦置治滑臺城晉改爲濮陽後復天興中置兗州太和十八年改

領縣七

戶三萬五百二十一

口十萬七千七百一十七

東燕 二漢屬晉屬濮陽後屬有燕城堯祠伍子胥祠 平昌 孝昌二年分白馬置治平昌城 白馬 二漢屬晉屬濮陽後屬有朝溝白馬樂城凡橐城 涼城 有源城南中城西王母祠 酸棗 二漢晉屬陳留後屬有酸棗城胏山白沙淵望氣臺五馬淵 長垣 二漢晉屬陳留後屬眞君八年併外黃景明三年復有平丘城匡城蒲城子路祠長垣城衞靈公祠龍城 長樂 武泰初分涼城置有盤

北廣平郡 永安中分廣平置

領縣三

戶一萬六千六百九十一

口九萬一千一百四十八

南和 前漢屬廣平後漢屬鉅鹿晉屬後併任太和二十年復有左陽亭沙陵南和城一名嘉和城安豐 任 前漢屬廣平後漢屬鉅鹿晉屬有廣平鄉城宛鄉城豐城張相祠 襄國 秦爲信都羽更名二屬趙國晉屬後併任太和二十年復有襄國城

林慮郡 永安元年置

領縣四

戶一萬三千八百二十一

口五萬二千三百七十二

林慮 二漢屬河內晉屬汲郡前漢名隆慮後漢避殤帝名改焉眞君六年併鄴太和二十一年復有陵河東流爲垣 臨淇 天平初分朝歌林慮共縣置有王莽嶺河東流爲淇有黎川黏柏嶺黎城淇城 共 二漢屬河內晉屬汲天平中屬有星城凡城卓水陂柏門山柏門水南流名大淸水有幭山白鹿山 德 天平二年分朝歌置有累山冷泉

頓丘郡 晉武帝置

領縣四

戶一萬七千一十二

口八萬七千六十三

頓丘 太和中併汲郡餘民在畿外者景明中置有魚陽澤帝顓頊冢帝嚳冢 衞國 二漢東郡屬漢曰觀後漢光武改有衞國城衞康叔冢子路冢蒯聵冢孔悝冢衞鞅冢衞靈公冢武鄉城 臨黃 三年併衞國太和十九年復有宮城黃城衞新臺昌鄉水 陰安 二漢屬魏郡晉屬君三年併衞國太十九年復有陰安城審食其冢

濮陽郡 晉置天興中屬兗州太和十一年屬青州孝昌末又屬西兗天平初屬

領縣四

戶一萬八千六百六十四

口五萬五千五百一十二

廩丘 前漢屬東郡後漢屬濟陰晉屬有羊角哀左伯桃冢管公明冢 濮陽 二漢屬東郡晉屬 陽 二漢晉屬濟陰後屬濟屬有狐子河雷澤 鄄城 二漢屬濟陰晉屬

黎陽郡 孝昌中分汲郡置治黎陽城

領縣三

戶一萬一千九百八十

口五萬四百五十七

黎陽 二漢晉屬魏郡後罷孝昌中復屬有黎陽山 東黎 永安元年分黎陽置 頓丘 二漢晉屬郡晉屬頓丘太和十八年屬汲後屬永安元年分入內黃天平中罷

淸河郡 漢高帝置

領縣四

戶二萬六千三十三

口十二萬三千六百七十

淸河 二漢晉屬前漢曰厝後漢安帝改爲甘陵晉改有河城 貝丘 二漢晉屬 侯城 太十年置有侯城 武城 二漢晉曰東武城屬後改有武城有闕閭

定州 太祖皇始二年置安州天興三年改

領郡五　縣二十四

戶一十七萬七千五百一

口八十三萬四千二百七十四

中山郡漢高帝置景帝三年改為國後改

領縣七

戶五萬二千五百九十二

口二十五萬五千二百四十一

盧奴州郡治二漢屬世祖神䴥中置新城宮有焉鄉城樂陽城　上曲陽前漢屬常山後漢屬晉屬常山眞君七年併新市景明元年復屬有圓樂城有恒山嘉山黑山堯山黃山　魏昌二漢晉屬前漢曰苦陘後漢章帝改為漢昌魏文帝改有魏昌城安城　新市二漢晉屬有藺相如冢義臺城新市城　毋極二漢屬晉罷太和十二年復治毋極城有新城麋臺　安喜二漢晉屬前漢曰安險後漢章帝改有天井澤安喜城堯祠　唐二漢晉屬有左人城寡婦城害水很山祠

常山郡漢高帝置曰恒山郡文帝諱恒改為常山後漢建武中省眞定郡屬焉孝章建初中為淮陽永元二年復

領縣七

戶五萬六千八百九十

口二十四萬八千六百二十二

九門二漢晉屬有常山城九門城有安樂壘燕趙神受陽壘明臺神　眞定前漢屬眞定國後漢晉屬故東垣漢高帝十一年改有趙朔祠　行唐二漢晉曰南行唐屬後改太和十四年置唐郡二十一年罷郡立熙平中移乾城治唐城　蒲吾二漢晉屬有嘉陽城　靈壽二漢晉屬有所山西王母祠慈水　井陘二漢晉屬有回星城　石邑前漢屬後漢罷晉復屬有石邑城

鉅鹿郡秦置後漢建武中省廣平國屬焉

領縣三

戶二萬七千一百七十二

口一十三萬二百三十九

曲陽二漢晉屬趙國曰下曲陽後改有臨平城眞鄉城曲鄉城有堯祠青丘　槀城前漢屬眞定後漢屬晉罷太和十二年復有肥壘　鄡二漢晉屬有鄡城安定城有西門趙君神有青丘牛丘黃丘鷓丘靈丘

博陵郡漢桓帝立

領縣四

戶二萬七千八百一十二

口一十三萬五千七

饒陽前漢屬涿後漢屬安平晉屬有魯口城博陵城三夏神饒陽城　安平前漢屬涿後漢屬安平晉屬治安平城有樓女貴人神　深澤前漢屬涿後漢屬安平晉屬二漢晉曰南深澤後改有女媧神祠　安國二漢屬中山晉屬眞君七年併深澤景明二年復有鹽石淵安國城

北平郡孝昌中分中山置治北平城

領縣三

戶一萬三千三十四

口六萬五千一百二

蒲陰二漢晉屬中山前漢曰曲逆章帝改名有蒲陰城安國城安陽赤泉神　北平二漢晉屬中山有北平城木門城　望都二漢晉屬中山有高昌城朝陽城伊祁山有堯神孫山

冀州後漢治高邑袁紹曹操為冀州治鄴魏晉治信都晉世郡部殯治厭次慕容垂治信都皇始二年平信都仍置

領郡四　縣二十一

戶一十二萬五千六百四十六

口四十六萬六千六百一

長樂郡漢高帝置為信都郡景帝二年為廣川國明帝更名樂成安帝改曰安平晉改

領縣八

戶三萬五千六百八十三

口十四萬三千一百四十五

堂陽前漢屬鉅鹿後漢晉屬安平國後屬有荊丘　棗強前漢屬清河後漢罷晉復屬廣川神瑞二年併廣川太和二十二年後屬有麥棗城　扶柳前漢屬後漢晉屬安平國眞君三年併堂陽景明元年復　索盧晉屬廣川神瑞二年併廣川太和二十二年復屬有索盧城　廣川前漢屬後漢屬清河晉屬廣川後屬　南宮前漢屬後漢晉屬安平後屬　信都二漢晉屬有武陽城安城辟陽城　下博二漢晉屬

渤海郡漢高帝置世祖初改為滄水郡太和二十一年復

領縣四

戶三萬七千九百七十二

口一十四萬四百八十二

南皮二漢晉屬有渤海城　東光二漢晉屬　修前漢晉屬號修後改有董仲舒祠　安陵晉置渤屬

武邑郡晉武帝置

領縣五

戶二萬九千七百七十五

口一十四萬四千五百七十九

武遂前漢屬河間後漢晉屬安平後屬　阜城前漢屬渤海後漢屬安平晉屬渤海後屬有弓高城　灌津前漢屬信都後漢晉屬安平後屬有竇氏冢　武邑前漢屬信都後漢晉屬安平後屬　武強神光二年併武邑太和十八年復有武強淵

安德郡太和中置尋併渤海中興中復

領縣四

戶二萬二千二百一十六

口六萬八千三百九十六

平原二漢晉屬眞君三年併鬲太和二十一年復後屬渤海後屬　安德二漢晉屬平原後屬渤海後屬　繹幕二漢晉屬清河眞君三年併武城太和二十一年復後屬　鬲二漢晉屬平原後屬渤海後屬治臨齊城

并州漢晉治晉陽晉末治臺壁後治晉陽皇始元年平仍置

領郡五　縣二十六

戶一十萬七千九百八十三

口四十八萬二千一百四十

太原郡

領縣十

戶四萬五千六

口二十萬七千五百七十八

晉陽二漢晉屬眞君九年罷榆次屬焉有介子推祠西南有懸甕山一名龍山晉水所出東入汾有晉王祠梗陽城同過水出木瓜嶺一出沾嶺一出大廉山一出原過祠下五水合道故曰同過西南入汾出帝永昌一中霸朝置大丞相府武定初齊獻武王止置晉陽宮　祁二漢晉屬有祁城祁奚墓周黨冢太谷水趙襄子城　榆次二漢晉屬眞君九年併晉陽景明元年復有鹿臺山祠長寧水西北合同過　中都二漢晉屬有榆次城壽陽城平譚城原過祠早山　鄔二漢晉屬後罷太和十九年復有中都鄔城太岳山慮水入區夷澤　平遙二漢晉為平陶屬後改有京陵城平遙城過山　沾二漢屬上黨晉屬樂平眞君九年罷樂平郡屬焉有大山豫水出得車嶺西北入汾有汾陽追城　受陽晉屬樂平眞君九年罷樂平屬有大陵城文谷水　長安泰常二年置眞君中省景明初復有二陵城三角城　陽邑二漢晉屬眞君九年罷景明二年復有白壁嶺樊陽水八表山余水

上黨郡秦置治壺關城前漢治長子城董卓作亂治壺關城慕容儁治安民城後還壺關城皇始元年還治安民眞君中復治壺關有白馬祠劉公祠上黨關石井關天井關

領縣五

戶二萬五千九百三十七

口一十萬四千四百七十五

屯留二漢晉屬有屯留城鳳凰山一名天冢山大王山上有關龍逢祠有疑山邁澤黃沙嶺絳水自寄氏界來入濁漳因名交漳余五城陽水源出三槐山東流合車臺水東南入絳水　長子二漢晉屬慕容永所都有麓山濁漳出焉有長子城應城傾城幸城長濁水東流王梁川北入濁漳羊頭山下神農泉北有穀關郎神農得嘉穀處有泉北流至陶鄉名陶水合羊頭山水北流入濁漳有鮑宣墓　壺關二漢晉屬後罷太和十二年復有羊腸坂靜林山雞鳴嶺一名大山有赤褒川其地寒而早霜晉樂門一名天門徵子城鼓山五馬門令狐徵君墓五龍祠　寄氏二漢為猗氏屬晉景明元年復改有猗氏城三想山北有水源出蒲谷東南流入絡水有八禮泉上黨谷有盤秀嶺鹽水出其南東流入濁漳有方山伏牛山　樂陽普泰中分長子寄氏置有望天嶺絳水所出有堯廟

鄉郡石勒分上黨置武鄉郡後罷延和二年置

領縣四

戶一萬六千二百一十

口五萬五千九百六十一

陽城二漢晉屬上黨曰涅永安中改有涅城覆甑山涅水出焉東南合武鄉水　襄垣二漢晉屬上黨有五音山神祠襄垣城臨川城　鄉郡治晉屬上黨眞君九年罷遼陽屬焉有武鄉城覩城榆社城方山上有堯廟三臺嶺上有李陽墓有古麻池卽石勒與李陽所爭池　銅鞮二漢晉屬上黨有銅鞮城石弟水東行入漳有烏蘇城沙石堆有堯祠

樂平郡後漢獻帝置眞君九年治太原孝昌二年復治沾城

領縣三

戶一萬八千二百六十七

口六萬八千一百五十九

遼陽晉屬眞君九年併鄉孝昌二年復有黃澤嶺遼陽城　樂平晉屬眞君九年併治孝昌二年復有象山祠沾嶺八賦嶺　石艾前漢屬太原後罷晉屬眞君九年罷孝昌六年復故名上艾後改有井陘關葦澤關董卓城宏女泉及祠

襄垣郡建義元年置治襄垣城

領縣四

戶七千五百一十三

口三萬六千五百六十七

襄垣郡治建義元年分鄉郡之襄垣置有安民城襄垣城　五原建義元年分鄉郡之銅鞮置　建義建義元年分上黨之屯留置有鹿臺山及祠　刈陵二漢晉曰潞屬上黨眞君十一年改後屬有伏牛山黎城三壟山積布山潞城武軍城涉城有涉水臺城

瀛州太和十一年分定州河間高陽冀州章武浮陽置治趙都軍城

領郡三

戶十萬五千五百四十九

口四十五萬一千五百四十二

高陽郡晉置高陽國後改

領縣九

戶三萬五百八十六

口十四萬一百七

高陽前漢屬涿後漢屬河間國晉復有郝神高陽城　博野有博陸城侯城武城中郷城　蠡吾前漢屬涿後漢屬中山晉屬有清涼城顓頊城蠡吾城石羊壘　易前漢屬涿漢晉屬河間後屬有易京　扶輿前漢屬涿後漢罷晉復屬前漢晉曰樊輿後罷太和中改復　新城二漢晉曰北新城前漢屬中山後漢屬涿晉屬　樂鄉前漢屬信都後漢罷晉復屬有樂鄉城　永寧有班姬神石闕神　清苑高祖太和元年分新城置

章武郡晉置章武國後改

領縣五

戶三萬八千七百五十四

口十六萬二千八百七十

成平前漢屬渤海後漢晉屬河間國後屬治京城有平城樂平城　平舒前漢屬渤海後漢屬河間國晉屬二漢晉曰東平舒有章武城平鄉城有城頭神里城神　東州前漢屬渤海後漢屬河間國晉屬有東州城　文安前漢屬渤海後漢屬河間國晉屬有文安平曲城廣陵趙君神　西章武正光中分滄州章武置有章武城

河間郡漢文帝置河間國後漢光武併信都和帝永元三年復晉仍為國後改

領縣四

戶三萬五千八百九

口十四萬八千五百六十五

武垣前漢屬涿郡後漢晉屬有武垣城小陵城　樂城二漢晉屬治河間城有高平陵二王陵　中水前漢屬涿郡後漢晉屬河間國　鄚後漢晉屬治陵城有鄚城

殷州孝昌二年分定相二州置治廣阿

領郡三　縣十五

戶七萬七千九百四十三

口三十五萬七千一百一十六

趙郡秦邯鄲郡漢高帝為趙國景帝又為邯鄲郡後漢建武中復後改

領縣五

戶三萬一千八百九十九

口一十四萬八千三百一十四

平棘 二漢屬常山晉屬有平棘城 房子 二漢屬常山晉屬有房子城回車城平州城嶂洪祠 元氏 二漢屬常山晉屬有元氏城大嶺山 高邑 二漢屬常山前漢曰鄗後漢光武改晉屬有埤亭祠漢光武即位碑有高邑城 欒城 太和十一年分平棘置治關城有欒城

領縣四

鉅鹿郡 永安二年分定州鉅鹿置治舊楊城

戶一萬三千九百九十七

口五萬八千五百四十九

廮陶 二漢晉屬治廮陶城有沃州城 宋子 二漢屬後罷永安二年復治宋子城 西經 永安二年分經縣置有邑城三女神 廮遙 置治楊城有歷城

領縣六

南趙郡 太和十一年爲南鉅鹿屬定州十八年屬相州後改孝昌中屬

戶三萬二千四十六

口十五萬一百一十三

平鄉 晉屬後罷景明二年復治鉅鹿城有平鄉城 南欒 二漢屬鉅鹿晉罷後復眞君六年併柏人太和二十一年復有南欒城 鉅鹿 二漢晉屬鉅鹿後屬 柏人 二漢晉屬有柏人城柏鄉城 廣阿 前漢屬鉅鹿後罷太和十三年復有廣阿城堯臺大陸陂銅馬祠 中丘 前漢屬常山後漢晉屬趙國晉亂罷太和二十一年復有中丘城伯陽城鵲山祠

滄州 熙平二年分瀛冀二州置治饒安城

領郡三　縣十二

戶七萬一千八百三

口二十五萬一千八百七十九

浮陽郡 太和十一年分渤海章武置屬瀛州景明初併章武熙平二年復

領縣四

戶二萬六千八百八十

口九萬八千四百五十八

饒安 二漢晉屬渤海前漢曰千童靈帝改有無棣溝西鄉茅焦冢 浮陽 郡治二漢晉屬渤海西接滹水衡水入焉今謂之合口有浮水 高城 二漢晉屬渤海治高城有平津鄉興和中縮流民立東西河郡臨城縣武定末罷 章武 二漢屬渤海晉屬章武後屬治章武城有漢武帝臺漳水入海有沽水大家姑祠俗云海神或云麻姑神

樂陵郡 晉爲國後改

領縣四

戶二萬四千九百九十八

口八萬五千二百八十四

樂陵 郡治二漢屬平原後屬魏初置義興郡晉太和中罷有樂陵城東鄉城白麻泉神 陽信 二漢屬渤海晉屬治陽信城有鹽山神祠 厭次 二漢屬平原後漢曰富平孝明改晉屬治馬頜城有滿臺祠有富城彌鏡居之號邵城中有鐵柱神羊關城 濕沃 前漢屬千乘國後罷晉復屬治亂城有故閭閭延鄉城后父城

安德郡 中興初分樂陵置太昌初罷天平初復治般界

領縣四

戶一萬九千九百二十五

口六萬八千一百三十七

般 二漢晉屬平原後屬渤海熙平中屬樂陵後復屬治般城有故般河 重合 二漢晉屬渤海正平元年併安陵太和十八年復後屬渤海熙平中屬樂陵後屬治重合城有苑康冢勞敬通墓 重平 前漢屬渤海後罷孝昌中復屬有歐陽歆冢 平昌 二漢晉屬平原後漢曰西平昌後罷太和二十二年復屬渤海熙平中屬樂陵後屬治平昌城

肆州 治九原天賜二年爲鎮眞君七年置州

領郡三　縣十一

戶四萬五百八十二

口一十八萬一千六百三十三

永安郡 後漢建安中置新興郡永安中改

領縣五

戶二萬二千七百四十八

口一十萬四千一百八十五

定襄 前漢屬定襄後漢屬雲中晉屬新興眞君七年併雲中九原晉昌屬焉永安中屬有趙武靈王祠介君神五石神關門山聖人祠皇天神定襄城撫城 陽曲 二漢晉屬太原永安中屬有羅陰城陽曲澤 平寇 眞君七年併三堆朔方定陽屬焉永安中屬有鷄頭山神祠三會河 蒲子 始光三年置眞君七年併平河屬焉永安中屬有索山祠 驢夷 二漢屬太原曰慮虒晉罷太和十年復改永安中屬有思陽城驢夷城會城代王神祠

秀容郡 永興二年置眞君七年併肆盧敷城二郡屬焉

領縣四

戶一萬一千五百六

口四萬七千二百二十四

秀容 永興二年置有秀容城原平城肆盧城石鼓山神女郎神金山神護君神風神 石城 永興二年置有大頻石神 肆盧 治新會城眞君七年併三會屬焉有清天神大羅山臺城大邪城 敷城 始光初置郡眞君七年改治敷城有石谷山亞角神車輪泉神

鴈門郡 秦置光武建武十五年罷二十七年復天興中屬司州太和十八年屬

領縣二

戶六千三百二十八

口三萬四百三十四

原平 前漢屬太原後漢晉屬有陰館城樓煩城廣武城龍淵神亞澤神 廣武 前漢屬太原後漢晉屬有東西二平原

幽州 治薊城

領郡三　縣十八

戶三萬九千五百八十

口一十四萬五百三十六

燕郡 故燕漢高帝爲燕國昭帝改爲廣陽郡宣帝更爲國後漢光武併上谷和帝永元六年復爲廣陽郡晉改爲國後改

領縣五

戶五千七百四十八

口二萬二千五百五十九

薊 二漢屬廣陽晉屬有燕昭王陵燕惠王陵狠山神戾陵陂 廣陽 二漢屬廣陽晉屬有廣陽城 良鄉 二漢屬涿晉屬范陽後屬治良鄉城有大房山神 軍都 前漢屬上谷後漢屬廣陽晉屬有觀石山軍都關昌平城 安城 前漢屬渤海後漢屬廣陽晉屬有安次城萇道城

范陽郡 漢高帝置涿郡後漢章帝改

領縣七

戶二萬六千八百四十八

口八萬八千七百七

涿 二漢屬涿晉屬有涿城當平城鸞城 固安 二漢屬涿晉屬有固安城永陽城金臺三公臺易臺 范陽 二漢屬涿晉屬有長安城范陽城梁門陂 萇鄉 晉屬有萇鄉城 方城 前漢屬廣陽後漢屬涿晉屬有臨鄉城方城韓侯城 容城 前後漢屬涿晉屬後罷太和中復 遒 二漢屬涿晉屬有遒城南北二遒城

漁陽郡 秦始皇置眞君七年併北平郡屬焉

領縣六

戶六千九百八十四

口二萬九千六百七十

雍奴 二漢屬晉屬燕國後屬眞君七年併泉州屬有泉州城雍奴城 潞 二漢屬晉屬燕國後屬眞君七年併安樂平谷屬焉有樂山神 無終 二漢晉屬右北平後屬有無終城狠山 漁陽 二漢屬晉罷後復有漁陽城關樂城桃芝山 土垠 二漢晉屬右北平後屬有北平城 徐無 二漢晉屬右北平後屬有徐無城

晉州 孝昌中置唐州建義元年改治白馬城

領郡十二　縣三十一

戶二萬八千三百四十九

口一十萬三十九

平陽郡 晉分河東置眞君四年置東雍州太和十八年罷改置

領縣五

戶一萬五千七百三十四

口五萬八千五百七十二

禽昌 二漢屬河東晉屬平陽漢晉之北屈也神䴥元年世祖禽赫連昌仍置禽昌郡眞君二年改七年併永安屬焉有乾城郭城 平陽 二漢屬河東晉屬州治眞君六年併禽昌太和十一年復有晉永高梁城龍子城堯廟 襄陵 二漢屬河東晉屬治襄陵城 臨汾 二漢屬河東晉屬眞君七年併泰平太和十一年復 泰平 眞君七年置有泰平城齊城

北絳郡 孝昌三年置治絳

領縣二

戶一千七百四十

口六千二百九十二

新安 二漢屬恒農晉屬河南後罷孝昌二年復後屬 北絳 二漢屬河東晉屬平陽二漢晉日絳後罷太和十二年復改屬

永安郡 建義元年治永安城

領縣二

戶二千九百三十二

口一萬五百四十

永安 二漢屬河東晉屬平陽前漢曰彘順帝改眞君七年併禽昌正始二年復屬治仇池壁有霍山祠趙城 楊 二漢屬河東晉屬平陽後罷太和二十一年復後屬治楊城有岳陽山東明神

北五城郡 興和二年置

領縣三

戶二百一十二

口八百六十四

平昌 興和二年置 石城 興和二年置 北平昌 興和二年置

定陽郡 興和四年置

領縣三

戶四百九十八

口一千九百四十一

平昌 興和四年置

西五城 興和四年置

敷城郡 天平四年置

領縣一

戶九十

口三百五十九

敷城 天平四年置

河西郡 天平四年置

領縣一

戶二百五十六

口一千一百四十四

夏陽 天平四年置

五城郡 天平中置

領縣三

戶四百一十一

口一千六百一十八

北褰 天平二年置 南褰 天平二年置 永安 元象元年置

西河郡 舊汾州西河民孝昌二年爲胡賊所破遂居平陽界還置郡

領縣三

戶一千七百六十一

口四千九百九十七

永安 孝昌中置治白坑城 隰城 孝昌中置 介休 孝昌中置

冀氏郡 建義元年割平陽郡置

領縣二

戶一千三百二

口五千三百一十六

冀氏 建義元年割禽昌襄陵置有冀氏城 合陽 建義元年置有合陽城

南絳郡 建義初置治會交川

領縣二
戶八百三十六
口二千九百九十一
南絳太和十八年置屬正平郡建義初屬　小鄉建義元年罷有小鄉城
義寧郡建義元年置治孤遠城
領縣四
戶二千四百七十八
口八千四百六十六
圁城建義元年置治陶谷川　義寧建義元年分高昌置　安澤建義元年置　沁源建義元年置郡治
懷州天安二年置太和十八年罷天平初復
領郡二　縣八
戶二萬一千七百四十
口九萬八千三百一十五
河內郡漢高帝置
領縣四
戶九千九百五
口四萬二千六百一
野王二漢晉屬州郡治有太行山華岳神　沁水二漢晉屬治沁城有沁水濟水　河陽二漢晉屬後罷孝昌中復　軹後漢晉屬治軹城有軹關
武德郡天平初分河內置
領縣四
戶一萬一千八百三十五
口五萬五千七百一十四
平皋二漢晉屬河內有平皋陂平皋城安昌城　溫二漢晉屬河內有溫湨水　懷二漢晉屬河內有長陵城冢城　州二漢晉屬河內有雍城中都城金城
建州慕容永分上黨置建興郡真君九年省和平五年復永安中罷郡置州治高都城
領郡四　縣十
戶一萬八千九百四
口七萬五千三百
高都郡永安中置
領縣二
戶六千四百九十九
口二萬七千六百三十五
高都二漢晉屬上黨後屬　陽阿二漢屬上黨晉罷後復屬有武斷關
長平郡永安中置治玄氏城
領縣二
戶五千四百一十二
口二萬二千七百七十八
高平永安中置治高平城　玄氏二漢晉屬上黨郡治有羊頭山

安平郡
領縣二
戶五千六百五十八
口一萬九千五百五十七
端氏二漢屬河東晉屬平陽後屬真君七年省太和二十年復　濩澤二漢屬河東晉屬平陽後屬
泰寧郡孝昌中置及縣
領縣四
戶一千三百三十五
口五千三百三十
東永安　西河　西濩澤　高延
汾州延和三年爲鎮太和十二年置州治蒲子城孝昌中陷移治西河
領郡四　縣十
戶六千八百二十六
口三萬一千二百一十
西河郡漢武帝置晉亂罷太和八年復治茲氏城
領縣三
戶五千三百八十八
口二萬五千三百八十八
隰城二漢晉屬太延中改爲什星軍太和八年復有虞城陽城　介休二漢屬太原晉屬晉亂罷太和八年復有木瓜山鄔城有郭林宗墓介休城太岳山祠　永安太和十七年分隰城置
吐京郡真君九年置孝昌中陷寄治西河
領縣二
戶三百八十四
口一千五百一十三
新城世祖名嶺東太和二十一年改　吐京世祖名嶺西太和二十一年改
五城郡正平二年置孝昌中陷寄治西河
領縣三
戶二百五十七
口一千一百一
五城世祖名京軍太和二十一年改有鷄亭　平昌世祖名刑軍太和二十一年改有白馬谷　石城世祖爲定陽太和二十一年改
定陽郡舊屬東雍州延興四年分屬焉孝昌中陷寄治西河
領縣二
戶七百九十七
口三千二百八
定陽延興四年置　昌寧延興四年置有陰陽二城
東雍州世祖置太和中罷天平初復
領郡三　縣八
戶六千二百四十一
口三萬四百

邵郡皇興四年置邵上郡太和中併河內孝昌中改復
領縣四
戶五十二
口一百五十八
白水有馬頭山　清廉有清廉山白馬山　長平有王屋山　西太平
高涼郡
領縣二
戶四千四百四十五
口二萬一千八百五十三
高涼太和十一年分龍門置有高涼城關閭麗姬冢　龍門故皮氏二漢屬河東晉屬平陽真君七年改屬有臨汾城
正平郡故南太平神䴥元年改爲征平太和十八年復
領縣二
戶一千七百四十四
口八千三百八十九
聞喜二漢晉屬河東後屬有周陽城　曲沃太和十一年置
安州皇興二年置治方城天平中陷元象中寄治幽州北界
領郡三　縣八
戶五千四百五
口二萬三千一百四十九
密雲郡皇始二年置治提攜城
領縣三
戶二千二百三十一
口九千一十一
密雲真君九年併方城屬焉　要陽前漢屬漁陽後漢晉罷後復屬桃花山　白檀郡治
廣陽郡延和元年置益州真君二年改爲郡
領縣三
戶二千八
口八千九百一十九
廣興延和二年置真君九年併恒山屬　燕樂州郡治延和九年置真君九年併水樂　方城普泰元年置
安樂郡延和元年置交州真君二年罷州置
領縣二
戶一千一百六十六
口五千二百一十九
土垠真君九年置　安市二漢晉屬遼東真君九年併當平屬焉
義州興和二年置寄治汲郡陳城
領郡七　縣十九
戶三千四百二十八
口一萬六千七百二十四

五城郡永安中置屬司州天平中屬北豫州武定五年屬
領縣三
戶二千一百
口一萬七千六十九
隰城永安中置有鳳皇臺安郎神皇侯神　介休永安中置　五城永安中置
泰寧郡興和中置
領縣三
戶二百二十八
口一千一百二十七
泰寧興和中置　義興興和中置　郃陽興和中置
新安郡興和中置
領縣三
戶三百九十四
口一千五百九十五
西垣興和中置　新安興和中置　東垣興和中置
澠池郡興和中置
領縣三
戶一百六十六
口八百二十八
北澠池興和中置　俱利興和中置　西新安興和中置
恒農郡興和中置
領縣三
戶九十三
口五百四十三
恒農興和中置　北郟興和中置　崤興和中置
宜陽郡興和中置
領縣三
戶一百六十九
口六百八十六
宜陽興和中置　南澠池興和中置　金門興和中置
金門郡興和中置
領縣一
戶二百七十八
口一千二百一十七
北陸興和中置
南汾州
領郡九　縣十八
戶一千九百二十二
口七千六百四十八
北吐京郡

領縣四
戶八十八
口三百五十一
平昌　北平昌　石城　吐京
西五城郡
領縣三
戶二百四十七
口一千一百一十八
西五城　昌寧　平昌
南吐京郡
領縣一
戶三十二
口七十三
新城
西定陽郡
領縣一
戶四十二
口一百四十
洛陵
定陽郡
領縣一
戶五十四
口一百九十
永寧
北鄉郡
領縣二
戶二百九
口七百五十九
龍門　汾陰
五城郡
領縣二
戶二百一十四
口八百八十四
五城　平昌
中陽郡
領縣二
戶四百六十八
口一千六百三十七
洛陵　昌寧
龍門郡

領縣二
戶五百七十八
口二千四百九十六
西太平　汾陽
南營州孝昌中營州陷永熙二年置寄治英雄城
領郡五　縣十一
戶一千八百一十三
口九千三十六
昌黎郡永興中置
領縣三
戶五百九
口二千六百五十八
龍城永熙中置　廣興永熙中置　定荒興和中置
遼東郡永熙中置
領縣二
戶五百六十五
口二千六百三十四
太平永熙中置　新昌永熙中置
建德郡永熙中置
領縣二
戶一百七十八
口八百一十四
石城永熙中置　廣都興和中置
營丘郡天平四年置
領縣三
戶五百一十二
口二千七百二十七
富平天平四年置　永安元象中置　帶方元象中置
樂良郡天平四年置
領縣一
戶四十九
口二百三
永樂興和二年置
東燕州太和中分恒州東部置燕州孝昌中陷天平中領流民置寄治幽州宣都城
領郡三　縣六
戶一千七百六十六
口六千三百一十七
平昌郡孝昌中陷天平中置
領縣二
戶四百五十

口一千七百一十三
萬言天平中置　昌平天平中置有龍泉
上谷郡天平中置
領縣二
戶九百四十二
口三千九十三
平舒孝昌中陷天平中置　居庸孝昌中陷天平中置
偏城郡武定元年置
領縣二
戶三百七十四
口一千五百一十三
廣武武定元年置　沃野武定元年置
營州治和龍城太延二年為鎮真君五年改置永安末陷天平初復
領郡六　縣十四
戶一千二十一
口四千六百六十四
昌黎郡晉分遼東置真君八年併冀陽屬焉
領縣三
戶二百一
口九百一十八
龍城真君八年併柳城昌黎棘城屬焉有堯祠榆頓城狼水　廣興真君八年併徙何永樂燕昌屬焉有鷄鳴山石城大柳城　定荒正光末置有鹿頭山松山
建德郡真君八年置治白狼城
領縣三
戶二百
口七百九十三
石城前漢屬右北平後罷真君八年併遼陽路大樂屬焉有白鹿山祠　廣都真君八年併白狼建德望平屬焉有金紫城　陽武正光末置有三合城
遼東郡秦置後罷正光中復治固都城
領縣二
戶一百三十一
口八百五十五
襄平二漢晉屬後罷正光中復有青山　新昌二漢晉屬後罷正光中復
樂良郡前漢武帝置二漢晉曰樂浪後改罷正光末復治連城
領縣二
戶二百一十九
口一千八
永洛正光末置有鳥山　帶方二漢屬晉屬帶方後罷正光末復屬
冀陽郡真君八年併昌黎武定五年復
領縣二

戶八十九
口二百九十六
平剛　柳城
營丘郡正光末置
領縣二
戶一百八十二
口七百九十四
富平正光末置　永安正光末置
平州晉置治肥如城
領郡二　縣五
戶九百七十三
口三千七百四十一
遼西郡秦置
領縣三
戶五百三十七
口一千九百五
肥如二漢晉屬有孤竹山祠碣石武王祠令支城黃山濡河　陽樂二漢晉屬真君七年併令支含資屬焉有武歷山覆舟山林榆山太真山　海陽二漢晉屬有橫山新婦山濡水
北平郡秦置
領縣二
戶四百三十
口一千八百三十六
朝鮮二漢晉屬樂浪後罷延和元年徙朝鮮民於肥如復置屬焉　新昌前漢屬涿後漢晉屬遼東後屬有盧龍山
恒州天興中置司州治代都平城太和中改孝昌中陷天平二年置寄治肆州秀容郡城
領郡八　縣十四
代郡秦置孝昌中陷天平二年置
領縣四
平城二漢晉屬鴈門後屬　太平　武周二漢屬鴈門晉罷後復屬　永固
善無郡天平二年置
領縣二
善無前漢屬鴈門後漢屬定襄後屬　沃陽
梁城郡天平二年置
領縣二
參合前漢屬代後漢晉罷後復屬　裋鴻一本作[illegible]鴻
繁畤郡天平二年置
領縣二
崞山二漢晉曰崞屬鴈門後改屬　繁畤二漢晉屬鴈門後改屬
高柳郡永熙中置
領縣二

安陽二漢曰東安陽屬代郡晉屬後改屬　高柳二漢屬代郡晉罷後復屬
北靈丘郡天平二年置
領縣二
靈丘前漢屬代後漢晉罷後復屬　莎泉
內附郡天平二年置
靈丘郡天平二年置
朔州本漢五原郡延和二年置爲鎭後改爲懷朔鎭孝昌中改爲州後陷今寄治并州界
領郡五　縣十三
大安郡
領縣二
狄那　捍殊
廣寧郡
領縣二
石門　中川
神武郡
領縣二
尖山　殊頹
太平郡
領縣三
太平　太清　永寧
附化郡
領縣四
附化　息澤　五原　廣收
雲州舊置朔州後陷永熙中改寄治并州界
領郡四　縣九
盛樂郡永熙中置
領縣二
歸順永興中置州郡治　還安永熙中置
雲中郡秦置
領縣二
延民永興中置　雲陽永熙中置
建安郡永熙中置
領縣二
永定永熙中置　永樂永熙中置
眞興郡永熙中置
領縣三
眞興永熙中置　建義永熙中置　南恩永熙中置
蔚州永安中改懷荒禦夷二鎭置寄治并州鄔縣界
領郡三　縣七
始昌郡永安中置
領縣二
于門永安中置　藺泉永安中置
忠義郡永安中置
領縣二
華池永安中置　楊柳永安中置
附恩郡天平中置
領縣三
西涼天平中置　利石天平中置　化政天平中置
顯州永安中置治汾州六壁城
領郡四　縣四
定戎郡永安中置治瓜城
領縣二
零山永安中置　陽林永安中置
建平郡永安中置州治
領縣二
昇原永安中置　赤谷永安中置
眞君郡天平中置治東多城
武昌郡武定四年置治圁城
廓州武定元年置治肆州敷城界郭城
領郡三
廣安郡武定元年置
永定郡武定元年置
建安郡武定元年置
武州武定元年置治鴈門川武定三年始立州城
領郡三　縣四
吐京郡武定八年置
領縣二
吐京武定三年置　新城武定三年置
齊郡武定元年置州治
領縣二
昌國武定元年置　安平武定元年置
新安郡武定元年置
西夏州寄治并州界
領郡二
太安郡
神武郡
寧州興和中置寄治汾州介休城
領郡四
武康郡武定四年置治東多城
靈武郡武定元年置
初平郡武定元年置
武定郡武定元年置
靈州太延二年置薄骨律鎭孝昌中改後陷西天平中置寄治汾州圁城縣界郡縣闕
前自恒州已下十州永安已後禁旅所出戶口之數竝
不得知

魏書卷一百六上考證

魏尹鄴注有南部右部西部○臣名南按此句下當有
尉字下文臨漳縣注有左部東部北部尉卽其証也
陽平郡淸淵注二漢屬郡○臣名南按郡字上當有魏
字係從來刊本之脫
林慮郡林慮注有隆陽河東流爲垣○臣名南按垣應
作洹後漢郡國志河內郡林慮注徐廣曰洹水所出
蘇秦合諸侯盟處是也
常山郡注孝章建初中爲淮陽永元二年復○後漢書
章帝建初四年四月徙常山王昞子側爲常山王昞
傳云徙淮陽王以汝南之新安西華益淮陽國昞自
常山徙封淮陽非改常山爲淮陽蓋魏收之誤
長樂郡注晉改○晉志仍曰安平國似長樂郡名不始
於晉也
武邑郡灌津○臣名南按二漢及晉志俱作觀津此志
作灌不知魏時改之耶抑後人轉寫因聲音相近而
誤也
太原郡受陽○晉志作壽陽
樂平郡遼陽○晉志作轑陽
趙郡注後漢建武中復○臣名南按漢景帝三年改趙
國爲邯鄲郡至五年卽復爲趙國是以前志列趙國
豈遲至光武復置乎
永安郡驉夷○漢前後志俱作慮虒
范陽郡注後漢章帝改○臣名南按二漢俱名涿郡晉
志曰范陽郡漢置涿郡魏文更名是改稱范陽非後
漢章帝也
永安郡注建義元年○年下當有置字
密雲郡密雲注桃花山○桃字上當有有字

魏書卷一百六中

齊　魏收　撰

志第六

地形二中

兗州後漢治山陽昌邑魏晉治廩丘劉義隆治瑕丘魏因之
領郡六　縣三十一
戶八萬八千三十二
口二十六萬六千七百九十一
泰山郡漢高帝置
領縣六
戶二萬六十八百
口九萬一千八百七十三
鉅平二漢晉屬治平樂城有亭亭山祠霍城陽關城鉅平城郕丘防城龍山祠　奉高二漢晉屬有梁父山岱岳祠王符山故明堂基　博平二漢晉曰博屬後改有博平城防城龍山祠野首山牟山祠伍子胥廟　嬴二漢晉屬有馬耳山祠汶水出焉唐阜嬴城銅冶山　牟漢晉屬有萊蕪城平州城牟城望石山　梁父二漢晉屬有菟裘澤徂來山在北梁父城龜山羊祜碑貞女山祠雲母山
魯郡秦置爲薛郡高后改爲魯國皇興中改
領縣六
戶一萬五千一百六十
口四萬七千三百二十九
魯二漢晉屬有牛首亭五父衢尼丘山房山魯城叔梁紇廟孔子墓廟沂水泗水季武子臺顏母祠魯昭公臺伯禽冢魯文公冢魯恭王陵宰我冢兒寬碑　汶陽二漢晉屬有桑杜丘新甫山嶧山春舒城汶陽城　鄒二漢晉屬有叔梁紇城嶧山鄒山　陽平劉駿置魏因之有滕城　新陽前漢屬東海後罷劉駿復魏因之
高平郡故梁國漢景帝分爲山陽國武帝改爲郡晉武帝更名
領縣四
戶一萬一千一百二十四
口二萬五千八百九十六
高平二漢屬山陽晉屬前漢橐也後漢章帝更名有洸水千秋城胡陸城齊城高平山承雀山伏羲廟　方與二漢屬山陽晉屬有方與城　金鄉後漢屬山陽晉屬有金鄉山范巨卿冢碑　平陽二漢晉曰南平陽漢屬山陽晉屬有平陽城洙城白馬溝
任城郡後漢章帝分東平爲任城國晉永嘉後罷神䴥元年分高平置
領縣三
戶八千五十
口二萬一千七百八十九
任城前漢屬東平後漢晉屬有任城唐陽城華陽城　亢父前漢屬東平後漢晉屬有亢父城女媧冢風伯祠　鉅野二漢屬山陽晉屬高平後屬有鉅野城武安城武平城任山祠
東平郡故梁國漢景帝分爲濟東國武帝改爲大河郡宣帝爲東平國後漢晉仍爲國後改
領縣七
戶二萬七百五十二

口六萬一千八百一十

無鹽二漢、晉屬，有龍山無鹽城、南章北章城　范有洨溝　須昌前漢屬東郡，後漢、晉屬，治須昌城，有濟溝　壽張有郈城　平陸二漢、晉屬，曰東平陸，後改，有廣武城　富城二漢、晉屬，有富城、上城、武強城、左丘明冢　剛前漢屬泰山，後漢屬濟北，晉曰剛平，後改，治剛城

東陽平郡故東平地，劉義隆置，魏因之，治平陸城

領縣五

戶六千一百四十六

口一萬八千九十四

元城劉義隆置，魏因之，有寧陽城　樂平劉義隆置，魏因之，有青山祠、晉溝水　頓丘劉駿置，魏因之，有乘城　館陶劉義隆置，魏因之，有唐陽城　平原劉駿置，魏因之，有苦城、鉅野澤

青州後漢治臨淄，司馬德宗治東陽，魏因之

領郡七　縣三十七

戶七萬九千七百五十三

口三十萬六千五百八十五

齊郡秦置

領縣九

戶三萬八百四十八

口八萬二千一百

臨淄二漢、晉屬，有公孫接冢、晏嬰冢、齊莊公冢、營丘、齊臺、堯山祠　昌國二漢、晉屬，有紀信冢　益都魏置，有釣臺　盤陽前漢屬濟南，後漢、晉屬，有朱虛城、大峴山，有甗山、鉅平山、太山祠　平昌前漢屬琅邪，後漢屬北海，晉屬城陽，延興三年屬　廣饒二漢、晉屬，有吳頭山　西安二漢、晉屬，有逢山、八士山　安平二漢、晉曰東平，後改，前漢屬淄川，後漢屬北海，後屬，有覆釜山　廣川有牛山、仲父冢、黑山、石硯山、齊桓公冢、四豪冢

北海郡漢景帝置，治平壽城

領縣五

戶一萬七千五百八十七

口四萬六千五百四十九

下密前漢屬膠東國，後漢屬，晉屬齊郡，後屬　劇二漢屬，晉屬琅邪，後屬，有倉山　都昌二漢屬，晉屬齊郡，後屬，有徐偉長冢　平壽二漢屬，晉屬齊郡，後屬，有浮山，有金關山　膠東前漢曰膠東國，後漢屬北海，晉屬齊郡，後屬，有逢萌冢

樂安郡漢高帝置，為千乘國，後漢和帝更名樂安國，晉改

領縣四

戶五千九百一十六

口一萬三千二百三十九

千乘前漢屬千乘，後漢屬，晉罷，後復屬　博昌前漢屬千乘，後漢、晉屬　安德　般

勃海郡故臨淄地，劉駿置，魏因之

領縣三

戶五千二百七十九

口一萬三千七百五

重合　脩　長樂有王陵冢

高陽郡故樂安地，劉義隆置，魏因之

領縣五

戶六千三百二十二

口一萬七千六百六十七

高陽　新城　鄚　安次　安平

河間郡劉義隆置，魏因之

領縣六

戶五千八百三十

口一萬四千八百一十八

阜城　城平　武垣　樂城　章武有張釋之冢

南皮劉駿置，魏因之，有望海臺

樂陵郡故千乘地，劉義隆置，魏因之

領縣五

戶七千九百七十一

口一萬八千五百一十五

陽信有千乘城、博昌城　樂陵有姑城　厭次　新樂　濕沃

齊州治歷城，劉義隆置冀州，皇興三年更名

領郡六　縣三十五

戶七萬七千三百七十八

口二十六萬九千六百六十二

東魏郡劉駿置，魏因之，治歷城，後徙臺城

領縣九

戶一萬九千一百三十

口七萬三千五百七十

蠡吾劉駿置，魏因之，有龍山　頓丘劉駿置，魏因之，有飛鳥峴　肥鄉有平陵城、巨合城　聊城有臺城、管城　衞國有挺城、石湯水、鷄山　博平有七鼓城、逢陵城、長白山　安陽有魚溝　東魏有嶧山，出錫，有蒼浪溝、時水　臨邑劉駿置，魏因之，有刀環水、鸛山、陰城

東平原郡劉裕置，魏因之，治梁鄒

領縣六

戶一萬三千九百二十九

口四萬四百三

平原有黃山　鬲有高苑城、平原城　臨濟有鄒平城、建新城　茌平有鳳城　廣宗有胡山、平郭城　高唐

東清河郡劉裕置，魏因之，治盤陽城

領縣七

戶六千八百一十

口二萬二千五百七十四

清河　繹幕有龍水　鄃有淳于髡冢、金雀山　零　武城有昌國城　貝丘有萊蕪城　饒陽舊屬青州，太和十八年分屬

廣川郡劉裕置，魏因之

領縣三

戶三千九百四十五

口一萬一千四百七十二

武强　索盧　中水有長城、三總山

濟南郡漢文帝為齊南國，景帝為郡，後漢建武中復為國，晉改

領縣六

戶二萬一十七

口六萬八千八百二十

歷城二漢、晉屬，有黃臺、華不注山、華泉、匡山、舜山祠、娥姜祠　著二漢、晉屬，治著城　平陵二漢、晉屬，曰東平陵，後改，有章丘城、洛盤城、平陵城、女郎山祠　土鼓二漢屬，晉罷，後復，有龍盤山　逢陵有於陵城　朝陽二漢屬，後漢曰東朝陽，後改，晉屬樂安，後屬，有朝陽城

太原郡劉義隆置，魏因之

領縣四

戶一萬三千五百六十

口五萬八百二十三

太原司馬德宗置，魏因之，治升城，有歷濟垣城　祝阿二漢屬平原，晉屬濟南，後屬，有唐城、陽城　山茌二漢、晉屬泰山，後屬，有威山、祗山、格馬山　盧前漢屬太山，後漢、晉屬濟北，後屬，有盧城、平陰城、孝子堂

鄭州天平初置潁州，治長城，武定七年改，治潁陰城

領郡三　縣九

戶六萬二千一百七十三

口二十七萬四千二百四十二

許昌郡天平元年分潁川置

領縣四

戶二萬五千三百二十七

口一十萬四千四百六十三

許昌二漢、晉屬潁川郡，許都也，治許昌城，有西梁城　扶溝前漢屬淮陽，後漢、晉屬陳留，真君七年併長平屬焉，後屬，有白亭城、蔡河、扶溝城、康溝水、龍洲陂、刀陂岡　鄢陵二漢、晉屬潁川，有鄢陵城、馬領城、向城、張揚城、蔡澤陂、深陂、三門陂、唐旦冢　新汲二漢、晉屬潁川，有新汲城、長介城、臨春城、平侯城、鴨子陂

潁川郡秦置，漢高改曰韓國，尋復

領縣三

戶二萬二千四十四

口一十萬五千九百九

長社二漢、晉屬，有長葛城、長平城、望臺、鷄鳴城、鍾皓墓、白鴈陂　臨潁二漢、晉屬，真君七年併潁陰屬之，有殷湯城　潁陰二漢、晉屬，真君七年併臨潁，元象二年復，有荀爽墓、東西二武城、博望城

陽翟郡

領縣二

戶一萬四千八百二

口六萬三千八百七十

陽翟二漢屬潁川，晉屬河南尹，興和元年屬，有陽翟　黃臺興和元年分陽翟置，有葛溝、木黃臺岡

城、康城、禹山祠、赤沙岡、九山祠、呂不韋墓

濟州治濟北碻磝城，泰常八年置

領郡五　縣十五

戶五萬三千二百一十四

口一十四萬五千二百八十四

濟北郡漢和帝置

領縣三

戶九千四百六十七

口二萬九千三百九十九

臨邑二漢屬東郡，晉屬，有昌鄉城、臨邑城、吳城　東阿二漢屬東郡，晉屬，有東阿城、衞城、濟城　盧前漢屬泰山，後漢、晉屬，有柳舒城、鼓城、盧子城

平原郡漢高帝置，皇始中屬冀州，太和十一年分屬，武泰初立南冀州，永安中罷州

領縣四

戶二萬二千二百五十

口五萬九千四百三十七

聊城二漢屬東郡，晉屬，魏置太平鎮，後罷併郡，有王城，郡縣治，有畔城　博平二漢屬東郡，晉屬，有博平城、桑葉城、濕水　茌平前漢屬東郡，後漢屬濟北，晉屬，治鼓城，有茌平城、陽城　西聊孝昌中分聊城置，治聊城

東平郡太常中置，太和末罷，建義中復，治泰城

領縣二

戶八千八百九十六

口二萬五千一百三

范二漢屬東郡，晉屬兗州東平，後屬，治泰城　壽張前漢曰壽良，屬東郡，光武改，後漢、晉屬兗州東平，後屬，有梁山、高陽城、豐城、雲城

南清河郡晉泰寧中分平原置，治莒城

領縣三

戶一萬一百三十五

口一萬三千九百八十五

鄃二漢、晉屬清河，太和中屬平原，治鄃城　零二漢、晉屬清河，太和中屬平原，後屬，治零城，有莒城　高唐二漢、晉屬平原，後罷，景明三年復

東濟北郡孝昌三年置

領縣三

戶二千四百六十四

口六千六百七十八

肥城前漢屬泰山，後漢屬濟北，晉罷，後復屬，治肥城　穀城後漢屬東郡，晉屬濟北，後屬　蛇丘前漢屬泰山，後漢、晉屬濟北，後屬

光州治掖城，皇興四年分青州置，延興五年改為鎮，景明元年復

領郡三　縣十四

戶四萬五千七百七十六

口一十六萬九百五十

東萊郡漢高帝置

領縣四
戶一萬九千一百九十五
口六萬二千四十四
掖 州郡治。二漢屬，晉罷，後復。有掖山祠、秀陽山、斧山。 西曲城 二漢、晉曰曲城，屬，後改。有倉石山。
東曲城 皇興中分曲城置。有昌丘、日山。 盧鄉 二漢、晉屬。有高君山、方山。
長廣郡 晉武帝置。治膠東城。
領縣六
戶一萬五千八百三十三
口五萬一千五百六十七
昌陽 二漢屬東萊，後罷，晉惠帝復，後屬。有挺城、望石山、凡馬祠、五龍廟、浮遊水。 長廣 前漢屬琅邪，後漢屬東萊，晉屬。有馬山祠、卽墨城、康王山祠、金泉山、昌城、活水。 不其 前漢屬琅邪，後漢屬東萊，晉屬。有牢山魚春山。 挺 前漢屬膠東，後漢屬北海，晉屬。有樂毅城。 卽墨 郡治。前漢屬膠東國，後漢屬北海，晉屬。有三戶山、膠水、寗戚冢。 當利 二漢、晉屬東萊，後屬。有當利城。
東牟郡 孝昌四年分東郡、陳留置。治雍丘。
領縣四
戶一萬七百四十八
口四萬七千三百三十八
牟平 二漢屬東萊，晉罷，後復。有之罘山、成山、牟城、東牟城、劉寵墓、鳳山。 黃 二漢、晉屬東萊。有黃城、萊山祠、龍溪。 惤 二漢、晉屬東萊。有弦城、羅山。 觀陽 前漢屬膠東，後漢屬北海，後罷，興和中復屬。有淳于城、觀陽城、昌城、馬賓山、牛耳山。
梁州 天平初置。治大梁城。
領郡三　縣七
戶四萬三千八百一十九
口一十八萬一千九百三
陽夏郡 孝昌四年分東郡、陳留置。治雍丘城。
領縣五
戶一萬六千五百四十九
口六萬三千五百五十九
陽夏 前漢屬淮陽，後漢屬陳國，晉初併梁，惠帝後。眞君七年併扶溝，太和十二年復。治陽夏城。有大小扶溝。
雍丘 二漢、晉屬陳留。郡治。有抱城、廣陵城、高陽城、少姜城、華城、白陽陂。 濟陽 二漢、晉屬陳留。延和二年置徐州，皇興初罷。有濟陽城、外黃城、東緡城、崔城。 圉城 二漢、晉曰圉。前漢屬淮陽，後漢、晉屬陳留，後罷，景明元年復，後改。有沙城。 襄邑 二漢、晉屬陳留，後罷，景明元年復。有直陽城、䣕鄉、竭倉。
開封郡 天平元年分陳留置。治開封城。
領縣二
戶八千二百七
口三萬六千六百二
開封 二漢屬河南，晉屬滎陽。眞君八年併苑陵，景明元年復。孝昌中屬陳留。有開封城、陳留城、孔侯城。
尉氏 二漢、晉屬陳留。興安初併苑陵，太安三年復。治尉氏城。有陵有亭。
陳留郡 漢武帝置。太和十八年罷，孝昌中復。
領縣三
戶一萬九千六百一十二
口八萬二千七百四十二
浚儀 州郡治。二漢、晉屬，後罷，孝昌二年復。有信陵君冢、張耳冢、董仲舒冢、樊於期冢、邊讓冢、倉垣城、濮水，在大梁城東分爲蔡渠、聖女淵、雉臺。 封丘 二漢、晉屬。眞君九年併酸棗，景明二年復。治封丘城。有封丘臺、白溝。 小黃 二漢、晉屬。眞君八年併外黃，太和中復。有昭靈后冢、陳冢、蔡邕冢、小黃城。
豫州 劉義隆置司州，治懸瓠城，皇興中改。
領郡九　縣三十九
戶四萬一千一百七十二
口九萬六千九百一十六
汝南郡 漢高帝置。
領縣八
戶一萬五千八百八十九
口三萬七千六十一
上蔡 州郡治。二漢、晉屬。有武陵城。 臨汝 劉裕置，魏因之。有固城。 平輿 二漢、晉屬。有平輿城。
安城 二漢、晉屬。 西平 二漢、晉屬。 瞿陽 二漢、晉爲濦陽，屬，後改。有瞿陽城。 陽安 二漢、晉屬。
保城 劉駿置，魏因之。
潁川郡 太和六年置。
領縣三
戶八千三百九十六
口二萬六百四十
邵陵 二漢屬汝南，晉屬。有邵陵城、鄧城。 臨潁 二漢、晉屬。有葛丘、王陵城。 曲陽 前漢屬東海，後漢屬下邳，晉罷，後復屬。有華岳祠、鄭城。
汝陽郡
領縣三
戶七千二百五十四
口一萬五千二百四十五
汝陽 郡治。二漢、晉屬汝南，後屬。有章華臺。 武津 有武津城。 征羌 後漢屬汝南，後屬。
義陽郡 永安三年置郢州，天平四年罷州置。
領縣五
戶一千七百九十
口四千五百九十五
義陽　清丘 有鍾離城。 平陽 有馬鄉城。 眞陽 有宜春城。 安陽 後漢屬汝南，晉罷，後復屬。有眞陽城。
新蔡郡 晉置，孝昌中陷，後復。治石母臺。
領縣三
戶一千九百一十七
口四千七百七十八
新蔡 二漢屬汝南，晉屬汝陰，孝昌中陷，後復屬。 鮦陽 二漢屬汝南，晉屬汝陰，司馬衍併新蔡，後復屬，魏因之，永安中陷，武定中復。有蔡城。 固始 二漢屬汝南，晉屬汝陰。前漢寑，後漢光武更名，後屬。
初安郡 延興二年置。孝昌中陷，後復。
領縣四
戶二千二十六
口五千九百二十二
新懷 有衆山。 安昌 前漢屬汝南，後屬。 懷德 有淸木山、銅山、浮石山。 昭越 有木連山。
襄城郡 晉武帝置。治襄城。
領縣三
戶一千四百四十六
口四千六十三
義綏　遂寧　武陽
城陽郡 太和三年置，後罷，武定初復。
領縣五
戶五百四十六
口一千三百八十八
安定　淮陰　眞陽　建興　建寧
廣陵郡 興和中分東豫州置。
領縣五
戶一千九百六
口三千二百二十四
宋安 興和中置 光城 興和中置 安豐 興和中置 新蔡 興和中置 汝南 興和中置
北豫州 後漢治譙，魏治汝南安城，晉治項，司馬德宗置司州，泰常中復治虎牢，太和十九年罷，置東中府，天平初罷，改復。
領郡三　縣十二
戶四萬七百二十八
口一十八萬二千五百五十一
廣武郡 天平初分滎陽置。治中左城。
領縣五
戶一萬五千五百九十六
口七萬四千五百一十九
曲梁 孝昌中分密置。有武陵城、曲梁城。 原武 二漢屬河南，晉罷，孝昌中復，後屬。有五馬淵、白馬淵、原武城。 陽武 二漢屬河南，晉屬滎陽，天平初屬。有陽武城、黃雀溝。 中牟 二漢屬河南，晉屬滎陽。眞君八年併陽武，景明元年復，天平初屬。有中陽城、管城、堯祠。 苑陵 二漢屬河南，晉屬滎陽，天平初屬。有新鄭城、鄭莊公廟、子產祠、苑陵城。
滎陽郡
領縣五
戶二萬一千四百七十二
口九萬二千三百一十
滎陽 二漢屬河南，晉屬。有滎陽山、滎陽城、敖倉、廣武城、石門城、管叔冢、周苛、紀信冢、滎澤。 成皐 二漢、晉屬河南，後屬。 京 二漢屬河南，晉屬。有萬尹山祠、高陽城、管城、索水、京水、樊噲冢。 密 二漢屬河南，晉屬。治容城。有承雲山、青烟谷、關陽山、大龜山、子產墓、卓茂冢祠。 卷 二漢屬河南，晉屬。眞君八年省，太和十一年復。有卷城。
成皐郡 天平元年分滎陽置。
領縣二
戶三千六百六十
口一萬五千七百四十
西成皐 天平元年分滎陽之成皐置。州郡治。有厄井、漢高祖壇、汜水、成皐城。 鞏 二漢、晉屬河南，天平初屬。有長羅川、鞏城、九山祠。
徐州 後漢治東海郡，魏、晉治彭城。
領郡七　縣二十四
戶三萬七千八百一十二
口一十萬八千七百八十七
彭城郡 漢高帝置楚國，宣帝改，後復爲楚國，後漢章帝更名彭城國，晉改。
領縣六
戶六千三百三十九
口二萬三千八百四十一
彭城 前漢屬楚國，後漢、晉屬。有寒山、孤山、遍山、黃山、九里山、桓魋冢、亞父冢、楚元王冢、龔勝冢。 呂 前漢屬楚國，後漢、晉屬。有呂梁城、桀黃山、偪陽城、明星陂、龍泉塘、石頭山、項羽山。 薛 二漢、晉屬魯國，後屬。有奚公山、奚仲廟、薛城、孟嘗君冢。 龍城 有楚王墓、龍漢、赤唐陂、龍城。 留 二漢、晉屬。有微山、留城、微子冢、張良冢祠、廣戚城、薛城、戚夫人廟、黃山祠。 睢陵 前漢屬臨淮，後漢、晉屬下邳，晉亂屬濟陰，武定五年屬。有睢陵城、九子山、荊山。
南陽平郡 治沛南界，後寄治彭城。
領縣三
戶三千七十一
口六千三百五十八
襄邑　陽平　濮陽
蕃郡 孝昌三年置，元象二年併彭城，武定五年復。
領縣二
戶四千三百九十二
口一萬八千八百四十二
蕃 二漢、晉屬魯國，後屬。有蕃城。 永興 皇興初置，屬建昌郡，太和十五年罷郡，屬彭城，武定五年屬。
永福 皇興初置，屬建昌郡，太和十九年罷郡，屬彭城，武定五年屬。
沛郡 故秦泗水郡，漢高帝更名，後漢爲國，後改。
領縣三
戶四千四百一十九
口一萬二千二百七十八
蕭 二漢、晉屬。有蕭城、漢高祖廟、谷水、華山。 沛 二漢、晉屬。有漢高祖廟、沛城、呂母冢。 相 二漢、晉屬。有厥城、相城、相山廟、羅山。
蘭陵郡 晉置，後罷，武定五年復。治承城。
領縣四
戶十千四百二十四
口一萬五千七百七十六

昌慮二漢晉屬東海後屬有挑山孤山　承二漢晉屬東海後屬有抱犢山承城坊山　合鄉二漢晉屬東海後屬有三孤山　蘭陵二漢晉屬東海後屬有蘭陵山石孤山荀卿冢

北濟陰郡劉駿置魏因之治單交城

領縣三

戶八千五百四十六

口二萬一千九百八十八

豐二漢晉屬沛後屬有豐城漢高祖舊宅廟碑　離狐晉亂置郡治有單襄公祠宓子賤祠漢高祖祠平洛城　城武前漢屬山陽後漢晉屬濟陰後屬治郜城

碭郡孝昌二年置治下邑城

領縣二

戶三千六百二十一

口八千七百五十四

安陽孝昌二年置治麻城　碭二漢屬梁國晉罷後復屬治魯城

西兗州孝昌三年置治定陶城後徙左城

領郡二　縣七

戶三萬七千四百七

口一十萬三千八百九十四

沛郡興和二年置治孝昌城

領縣三

戶七千五百七十一

口二萬三百一十四

考

已氏前漢屬梁國後漢晉屬濟陰後屬有新中城安陽城　新安興和中置

濟陰郡

領縣四

戶二萬九千八百三十六

口八萬三千五百八十

定陶二漢晉屬有定陶城　離孤前漢屬東郡後漢晉屬有離孤城桃城　冤句二漢晉屬治冤句城有南陽城　乘氏二漢晉屬有大鄉城梁丘城廩城

南兗州正光中置治譙城

領郡七　縣二十一

戶三萬七千一百三十

口一十一萬五千五百三十九

陳留郡

領縣五

戶六千二百三十

口一萬六千七百四十九

小黃劉裕置魏因之有曹騰墓曹嵩墓邵艾祠　浚儀有城父城　谷陽有苦城陽都陂老子廟欒城　東燕有蔡水馮唐冢　武平正始中置有武平城賴鄉城天平二年置鎮武定七年罷

梁郡故秦碭郡漢高帝爲梁國後改治梁國城

領縣二

戶一萬三百五十九

口二萬五千九百九十五

襄邑二漢晉屬陳留後屬治胡城　睢陽二漢晉屬郡治

下蔡郡太和十九年置孝昌中陷興和中復

領縣四

戶三千三百六十二

口七千九百七十三

樓煩孝昌中陷興和中復　下蔡前漢屬沛後屬孝昌中陷興和中復　臨淮永平二年置孝昌中陷興和中復　龍亢二漢屬沛晉屬譙國後罷永安三年復屬孝昌中陷興和中復

譙郡二漢縣屬沛晉以爲郡太昌中陷武定中復

領縣三

戶五千一百三十二

口一萬二千九百九十一

蒙二漢晉屬梁國後屬　蘄二漢屬沛晉屬　寧陵前漢屬陳留後漢晉屬梁國後屬孝昌中陷後復

北梁郡

領縣二

戶八千二百三十一

口四萬一千七百三十八

城安孝昌中置郡治有蛟龍城　孝陽孝昌中置治亳城

沛郡延昌中置正光中陷後復治黃楊城

領縣二

戶一千八百四十八

口四千五百六十五

蕭延昌中置治虞城　相延昌中置

馬頭郡司馬德宗置魏因之正光中陷天平中復治建平城

領縣三

戶一千九百六十八

口五千五百二十八

蘄正光中陷天平中復　己吾後漢屬陳留正光中陷興和中徙治平石城　下邑前漢晉屬梁國孝昌元年置臨渙郡縣屬興和中罷郡屬

廣州永安中置治魯陽武定中陷徙治襄城

領郡七　縣十五

戶二萬八千六百九十六

口九萬六千七百八十

南陽郡

領縣二

戶七千四百八十九

口二萬六千七百二十八

南陽有大劉山祠　堠城有峽城

順陽郡太和中置縣後改

領縣二

戶二千四百一十五

口七千二百五十二

龍陽太和十七年置　龍山太和十七年置有龍山

定陵郡永安中置

領縣三

戶三千六百九十

口八千七百五十六

北舞陽皇興元年置有木陂　雲陽太和十一年置　西舞陽天安元年置正光中陷興和二年復

魯陽郡太和十一年置鎮十八年改爲荊州二十二年罷置

領縣二

戶二百四十五

口七百七十五

山北太和十一年置有應山應城　河山太和二十一年置

汝南郡永安元年置治符壘城

領縣二

戶七百八十三

口二千三百四十四

汝南太和十八年置　符壘太和中置有沙水

漢廣郡永安中置

領縣二

戶六千二百

口八千一十七

昆陽二漢屬潁川晉屬襄城後屬有漢廣城昆陽城新安　高陽太和元年置有滍水南襄城東西二蒲城高陽山皮城首山祠

襄城郡晉置

領縣二

戶八千二百四十四

口四萬二千八百七十八

繁昌晉屬有繁昌城潁鄉城安陽城陽城陂　襄城二漢屬潁川晉屬有潁陽城繁工城

廖州永安二年置治東武陵

領郡二　縣十四

戶二萬六千五百六十二

口六萬三百八十二

東武郡永安二年置

領縣三

戶八千六百一十七

口一萬八千七百五十七

姑幕二漢屬琅邪晉屬城陽後罷永安中復屬有剌苔山公冶長墓　扶其永安中置有常山祠扶其水沙城雲母山濊水　梁鄉永安中置有梁鄉城五弩山膠水出焉紀丘山琅邪臺秦始皇碑興和中立廟海郡尋罷屬焉

高密郡漢文帝爲膠西國宣帝更爲高密國後漢併北海晉惠帝復劉駿併北海延昌中復

領縣五

戶七千五百五

口一萬六千一百五十三

高密前漢屬後漢屬北海晉屬城陽後屬有高密城維水鄭玄墓　夷安前漢屬後漢屬北海晉屬城陽後屬有夷安城夷安澤　黔陬前漢屬琅邪後漢屬東萊晉屬城陽後屬有黔陬城野艾山祠　平昌前漢屬琅邪後漢屬北海晉屬城陽魏初屬平昌郡延昌中屬治平昌城有龍臺山上有井云與荊水通　東武二漢屬琅邪晉屬城陽後屬有平昌城

平昌郡魏文帝置後廢晉惠帝復

領縣六

戶一萬四百四十

口二萬五千四百七十二

昌安前漢屬高密後漢屬北海晉屬城陽後屬有巨丘亭昌安城　淳于二漢屬北海晉屬城陽後屬有淳于城鐵山　營陵二漢屬北海晉屬琅邪後屬有營陵城高密城　安丘二漢屬北海晉屬琅邪有石崇墓郿原墓　朱虛前漢屬琅邪後漢屬北海晉屬琅邪後屬有九山丹水所出　琅邪二漢屬琅邪晉罷後復屬有管寧墓

洛州太宗置太和十七年改爲司州天平初復

領郡六　縣十二

戶一萬五千六百七十九

口六萬六千五百二十一

洛陽郡天平初置

領縣二

戶三千六百五十九

口一萬五千七十二

洛陽二漢晉屬河南天平初置　緱氏二漢晉屬河南太和十七年併洛陽天平初復屬有緱氏城

河陰郡天象二年置

領縣一

戶二千七百六十七

口一萬四千七百一十五

河陰晉置太宗併洛陽正始二年復屬河南

新安郡天平初置

領縣三

戶四百九十

口一千九百一十一

新安二漢屬恒農晉屬河南太和十二年改爲郡十九年復後屬　東垣二漢晉屬河東後屬　河南二漢晉屬河南後屬

中川郡天平初置

領縣二

戶二千七十八
口八千二百二十五
堙陽太和十三年分潁陽置 潁陽天安二年置
河南郡秦置三川守漢改爲河南郡後漢晉爲尹後罷司馬德宗置後罷太宗復太和中遷都爲尹天平初改
領縣一
戶三千六百四十二
口一萬四千七百一十五
宜遷天平二年置
陽城郡孝昌二年置
領縣三
戶三千四十三
口一萬一千八百八十三
陽城二漢屬潁川晉屬河南後罷正光中復有少室山嵩高山許由墓啓母廟 潁陽二漢屬潁川後屬 康城孝昌中分陽城置有陽城關箕山許由隱窟刑山鄭子產廟
南青州治團城顯祖置爲東徐州太和二十二年改
領郡三 縣九
戶一萬五千二十四
口四萬五千三百二十二
東安郡二漢縣晉惠帝置
領縣三
戶四千六百四十
口一萬六千五百五十一
蓋二漢屬泰山晉屬琅邪後屬有東安城靈山廟 新泰有蒙山 發干有危山廟
東莞郡晉武帝置
領縣三
戶九千六百二十
口二萬六千五百六
莒前漢晉屬城陽後漢屬琅邪後屬有莒城 東莞二漢晉屬琅邪後屬 諸二漢屬琅邪晉屬城陽後屬
義塘郡武定七年置治黃郭城
領縣三
戶七百六十四
口二千二百六十五
義塘武定七年置 歸義武定七年置有盧山鹽倉 懷仁武定七年置有吳山甕山莒城
北徐州永安二年置
領郡二 縣五
戶一萬四千七百八十一
口四萬一百二十五
東泰山郡皇興三年分泰山置屬兗州永安中屬

領縣二
戶五千七
口一萬六千三百八十一
南城前漢屬東海後漢晉屬泰山有東安城武城岡石山 新泰魏置晉屬泰山後屬有嶓山 武陽二漢晉爲南武陽屬泰山後改有顓臾城蒙山
琅邪郡秦置後漢建武中省城陽國以其縣屬
領縣二
戶九千七百七十四
口二萬三千七百四十四
即丘前漢屬東海後漢晉屬有祊城臨沂城即丘城魯國山廟王休徽冢 費前漢屬東海後漢屬泰山晉屬有費城
北揚州天平二年置治項城
領郡五 縣十九
戶九千八百四十五
口三萬二千一百三十九
陳郡漢高帝置爲淮陽國後漢章帝更名陳國晉初併梁國後復改
領縣四
戶三千二十四
口七千六百六十九
項二漢屬汝南晉屬梁國後屬有方城 長平前漢屬汝南後漢屬陳國晉屬潁川有長平城習陽城晉初省惠帝永康元年復 西華二漢屬汝南晉初省惠帝永康元年復屬潁川後屬治西華城 襄邑治思都城
南頓郡晉惠帝置
領縣四
戶二千五百二十
口七千二百六十五
南頓二漢晉屬汝南後屬有潁陰城南頓城漢光武廟 和城有高陽丘 平鄉有平鄉城 新蔡二漢屬汝南晉屬汝陰後屬
汝陰郡晉武帝置太和十八年爲東郢州後罷治社亭城
領縣三
戶一千七百九十四
口八千四百九十八
汝陰二漢屬汝南晉屬 朱前漢曰新郪屬汝南後漢改晉屬後罷太和元年復屬 許昌
丹陽郡
領縣四
戶二千一百四十四
口七千九百三十一
秣陵有犮木 邵陵 南陽 白水
陳留郡武定六年置及縣
領縣四

戶三百六十七
口七百七十五
小黃 宋 雍丘 新蔡
東楚州司馬德宗置宿豫郡高祖初立東徐州後陷世宗初改爲鎮後陷武定七年復改爲宿豫郡
領郡六 縣二十
戶六千五百三十一
口二萬七千一百三十二
宿豫郡
領縣四
戶一千六百五十五
口七千三百七
宿豫武定七年置 新昌武定七年置 臨泗武定七年改蕭衍平原清河置有東西二竹城
濠夷
高平郡治大徐城
領縣四
戶九百二十
口三千九十六
高平武定七年改蕭衍東平陽平清河歸義四郡置 朱沛武定七年改蕭衍朱沛沛修儀安豊三郡置有朱沛水徐君墓郎延陵季子掛劍處 白水武定七年改蕭衍濟陰郡置 襄邑武定七年改蕭衍館陶下邳梁招高平四縣置
淮陽郡蕭衍置魏因之
領縣四
戶一千六百一十七
口七千二百七十七
角城武定七年改蕭衍臨清天水浮陽三縣置有昌武城 綏化武定七年改蕭衍綏化呂梁二郡置有單甫城 招義武定七年改蕭衍思撫郡二縣置 淮陽武定七年改蕭衍西淮郡七縣置
晉寧郡蕭衍置魏因之
領縣四
戶一千二百二十二
口五千二十三
臨清武定七年置 魏興武定七年改蕭衍梁興臨沂興義三縣置有鵠城 富城武定七年改蕭衍下邳扶風清河三郡置 招農武定七年改蕭衍蘭陵郡十三縣置有晉寧城
安遠郡武定七年改蕭衍安遠戍置治安遠城
領縣二
戶五百八十
口二千三百八十二
鉅鹿郡治武定七年改蕭衍鉅鹿郡六縣置 淮浦武定七年改蕭衍太山郡四縣置有寧浦
臨沭郡蕭衍置魏因之
領縣二
戶五百三十五

口二千一百七
臨沭 招遠有馬徵城
東徐州孝昌元年置永熙二年州郡陷武定八年復治下邳城
領郡四 縣十六
戶六千二百八十一
口三萬六百六十五
下邳郡
領縣六
戶一千一百四十八
口三千七百三十九
下邳前漢屬東海後漢晉屬有沂水巨川神祠 良城前漢屬東海後漢晉屬有栢山 僮前漢屬臨淮後漢晉屬 坊亭武定八年改晉寧置 栅淵武定八年分宿豫置 歸正武定七年置有陳達墓
武原郡武定八年分下邳置
領縣三
戶二千八百一十七
口二萬五十五
武原前漢屬楚國後漢屬彭城後屬有武原水武原城徐偃王墓 開遠武定八年分良城置有磨闞山祠 艾山武定八年分僮置
郯郡秦置漢高改爲東海後漢爲國晉復武定八年改治郯城
領縣四
戶一千二百一十九
口三千三百八
郯二漢晉屬有建陵山 臨沂前漢屬後漢晉屬琅邪武定八年復 建陵前漢屬有建陵山郡治有海王神白馬澤馬嶺山 歸昌武定八年置
臨清郡孝昌三年置盱眙武定八年改
領縣三
戶一千五百一十七
口三千五百六十三
下相前漢屬臨淮後漢屬下邳後屬 睢陵武定七年置有睢水 歸義武定七年置
海州劉子業置青州武定七年改治龍沮城
領郡六 縣十九
戶四千八百七十八
口二萬三千二百一十
東彭城郡蕭衍置魏因之
領縣三
戶八百
口三千四百六十九
龍沮蕭衍置魏因之有郇丘城房山 安樂蕭衍置彭城縣武定七年改有伊萊山神聖母祠 渤海蕭衍置清河縣武定七年改有東海明王神

東海郡蕭衍改置北海郡武定七年復
領縣四
戶一千二百四十二
口五千九百四
贛榆前漢屬琅邪後漢晉屬　安流蕭衍置郁昌縣武定七年改　廣饒蕭衍置魏因之　下密蕭衍置魏因之有堯廟
海西郡蕭衍置東海郡武定七年改置
領縣三
戶八百六十
口三千九百五十
襄賁二漢晉屬　海西武定七年分襄賁置　臨海蕭衍置魏因之
沭陽郡蕭衍置僮陽郡武定七年改
領縣四
戶一千三百九十七
口七千五百八十三
下城武定七年置有浮濱神　臨渣武定七年置　懷文武定七年置　服武武定七年置有武都山
琅邪郡
領縣三
戶三百五十六
口一千三百七十一
海安蕭衍置魏因之有陘壓山蓋石山　朐二漢屬東海晉曰臨朐屬蕭衍改為招遠武定七年復有朐城朐山郡治　山寧蕭衍北譙郡武定七年改置
武陵郡
領縣二
戶二百二十三
口七百三十三
上鮮蕭衍齊郡武定七年改置　洛要蕭衍高密縣武定七年改有武陵城
東豫州太和十九年晉治廣陵城孝昌三年陷武定七年復
領郡六　縣十六
戶三千九十九
口一萬一千二十一
汝南郡孝昌三年陷武定七年復
領縣五
戶一千六百二十九
口六千四百八十二
南新息孝昌三年陷武定七年復　北新息　安陽　汝陽
長平
東新蔡郡
領縣四
戶二百四十七
口六百七十七
固始太和二年置孝昌中陷武定七年復　鮦陽太和二十三年置孝昌中陷武定七年復　苞信孝昌中陷武定七年復　汝陽孝昌三年陷武定七年復
新蔡郡孝昌中陷武定七年復
領縣二
戶四百六十五
口一千五百一十三
苞信孝昌三年陷武定七年復　長陵
弋陽郡孝昌三年陷武定七年復
領縣一
戶一百三十七
口五百三十三
弋陽孝昌三年陷武定七年復有弋陽城黃水
長陵郡蕭衍置魏因之
領縣三
戶三百八十七
口一千三百六十三
長陵蕭衍置魏因之　苞信蕭衍置魏因之　安寧蕭衍置魏因之有期思城孫叔敖廟
陽安郡
領縣二
戶二十二
口一百三十一
永陽
義州蕭衍置武定七年內屬
戶二百一十五
口三百二十二
潁州孝昌四年置武泰元年陷武定七年復
領郡二十　縣四十
戶三千六百一
口一萬三千三百四十三
汝陰弋陽二郡蕭衍置雙頭郡縣魏因之
領縣七
戶一千六百六十五
口六千七十八
汝陰　陳留蕭衍置魏因之有高塘陂蟹谷陂　樓煩建義中陷武定七年復　宋蕭衍置魏因之有荆亭城　弋陽　新息太和十九年置弋陽後陷武定七年復蕭衍置新息合弋陽魏因之　期思蕭衍置魏因之
北陳留潁川二郡蕭衍為陳州武定七年改置
領縣五
戶三百五十一
口一千二百七十二
許昌蕭衍置魏因之　圍城　雍丘有蓬丘枝水　陳留　小黃治安陽城
財丘梁興二郡蕭衍置魏因之
領縣四
戶二百八十三
口一千六十九
梁興蕭衍置魏因之有艾亭丘　財丘　梁城蕭衍置魏因之　汝陽蕭衍置魏因之
西恒農陳南二郡蕭衍置魏因之
領縣三
戶二百三十一
口八百六十四
恒農　胡城蕭衍置魏因之有燋丘塠鮦二陂神廟　南頓蕭衍置魏因之有聞水東陵城
東郡汝南二郡治牛心丘
領縣二
戶一百四十七
口六百二十一
白馬　濟陽蕭衍置魏因之有石歷陂
清河南陽二郡蕭衍置魏因之
領縣三
戶一百三十二
口五百五十五
清河蕭衍置魏因之　南陽　汝南蕭衍置魏因之
東恒農郡蕭衍置魏因之
領縣三
戶一百一十九
口四百四十
滎陽　陽武蕭衍置魏因之　淮陽武定七年置有平陸
新蔡南陳留二郡蕭衍置魏因之
領縣一
戶二百五十七
口一千二百四十二
鮦陽蕭衍置魏因之
滎陽北通二郡蕭衍置魏因之
領縣四
戶一百七十七
口四百七十二
北通　臨淮蕭衍置魏因之　臨沂　汝陰蕭衍置魏因之
汝南太原二郡蕭衍置魏因之
領縣四
戶八十七
口四百六
平豫　安城蕭衍置魏因之　太原　新息蕭衍置魏因之
新興郡蕭衍置魏因之
領縣四
戶一百一十二
口三百二十四
安城郡治蕭衍置魏因之　都立蕭衍置魏因之　新興蕭衍置魏因之　義興蕭衍置魏因之
譙州景明中置渦陽郡孝昌中陷武定七年復置州治渦陽城
領郡七　縣十七
戶二千六百一十七
口七千八百二十一
南譙郡司馬昌明置魏因之
領縣四
戶四百七十六
口一千七百三十四
渦陽武定六年置有北平城曹操祠　茅岡武定六年置有石山祠　栢橋武定六年置　蜀坡武定六年置
汴郡蕭衍置魏因之
領縣二
戶二百五十三
口八百二十九
蕭有平河山　潁川
龍亢郡蕭衍置魏因之
領縣二
戶三百三十三
口一千六十六
葛山武定六年置　龍亢武定六年置
蘄城郡蕭衍置魏因之
領縣二
戶三百二十四
口七百六
廣平武定六年置有艾平城黃丘　蘄城武定六年置有蘄城
下蔡郡蕭衍潁川郡武定六年改置
領縣二
戶三百四十
口八百七十八
黃城蕭衍黃城戍武定六年改置　肥陽蕭衍寧陵縣武定六年改有大浮城石子澗

臨渙郡蕭衍置魏因之
領縣三
戶七百九
口二千六十二
白撣治白撣城 丹城治賈城 渙北有石城
蒙郡蕭衍置魏因之
領縣二
戶一百八十一
口五百四十六
勇山有丹城勇山祠 蒙郡治
北荊州武定二年置
領郡三 縣八
戶九百三十三
口四千五十六
伊陽郡武定二年置治伏流城後陷寄治州城
領縣一
戶四十八
口二百八十三
南陸渾
新城郡天平中置治孔城後陷徙治州城
領縣二
戶三百三十一
口一千四百八十四
新城二漢晉屬河南 北陸武定五年陷
汝北郡孝昌二年置治陽仁城天平二年罷武定元年復移治梁崔塢五年陷闕年復治楊志塢
領縣五
戶五百五十四
口二千二百八十九
石臺有平州城 南汝原有汝水石澗水 治城 東汝南有石樓山黃陂隔陂
陽州天平初置尋陷武定初復
梁有廣城澤
領郡二 縣七
宜陽郡孝昌初置屬州天平初屬
領縣三
宜陽 西新安孝昌三年置 東亭
金門郡天平初置
領縣四
金門 南澠池 南陝 盧氏
南司州劉彧置司州正始元年改為郢州孝昌三年陷蕭衍又改為司州武定七年復改置
領郡二 縣七

齊安郡正始元年置
領縣三
保城劉駿置魏因之有羅山廟 郢有石城山有霸山廟 齊安正始元年置
義陽郡魏文帝置後罷晉武帝復
領縣二
平陽有師水 義陽晉屬
宋安郡劉彧置魏因之
領縣二
樂寧有成陽關雞頭山 東隨有黃峴關長平山廟
楚州蕭衍置北徐州武定七年改治鍾離城
領郡十二 縣二十九
彭沛二郡
領縣三
南陽有曲陽城 中陽 洛陽
馬頭郡
領縣二
蘄 平預
沛郡
領縣三
蕭 相 己吾有當塗山荊山
安定郡
領縣四
濮陽 臨涇 新豐 南陽
廣梁郡
領縣一
相邑
魯郡蕭衍置魏因之
領縣三
鄒 碭 魯
北譙郡治陰陵城
領縣二
南蔡 北譙有苟甫城龍淵
濟陽郡
領縣四
樂平 睢陽 頓丘 齊丘
北陽平郡
領縣二
陽平 濮陽
鍾離陳留二郡
領縣五

燕有孤山白石山 朝歌有九山城黃溪水 雩 浚儀 灌丘有郡陽城
合州蕭衍置魏因之治合肥城
領郡八 縣十七
汝陰郡州治
領縣二
汝陰 天水
南頓郡
領縣二
南頓 和城
南梁郡
領縣二
慎 南高
北梁郡
領縣二
北蒙 北陳
南譙郡
領縣二
蘄 邵陵
廬江郡
領縣三
灊有野父山 北始新 南始新
西汝南郡
領縣二
安城有金牛山 新野
北陳郡
領縣二
西華有野王城舒水 陽夏
霍州蕭衍置魏因之
領郡十七 縣三十六
安豐郡治洛步城
領縣一
安豐郡治
平原郡
領縣一
清化
北潁川郡
領縣三
潁川 邵陵 天水
梁興郡
領縣一

陽夏郡治
陳郡
領縣三
開 陽夏 銅陽
北陳郡治衛山城
領縣一
陽夏
扶風郡治烏溪城
北沛郡
領縣五
沛 曲陽 相 順 新蔡郡治
南陳郡州治
領縣二
南陳治玄康城 邊水
新蔡郡
領縣三
汝陽 新蔡 固始
岳安郡
領縣二
安成 義興
邊城郡治麻步山
領縣一
史水
西邊城郡
領縣三
史水 宇樓 開化
西沛郡
領縣三
蕭 沛 平陽
淮南郡
領縣三
淮南 新興 清河
樂安郡
領縣三
新蔡 樂安 潁川
南潁川郡
領縣一
譙
睢州蕭衍置潼州武定元年平改置治取慮城
領郡五 縣十二

淮陽郡武定六年置
領縣二
淮陽武定六年置　睢陵有馬牙城武定六年置
穀陽郡治穀陽城太和中置鎮世宗開置平陽郡孝昌中陷武定六年復改
領縣二
連城武定六年置有豪城濊水　高昌武定六年置郡治有項羽祠
睢南郡蕭衍置沛郡武定六年改
領縣二
斜城武定中改蕭衍淮陽置有五丈陂扶離城　新豐武定六年置
南濟陰郡治竹邑城孝昌中陷蕭衍為睢州武定五年復
領縣二
頓丘　定陶有諸陽山
臨潼郡治臨潼城孝昌中陷武定六年置
領縣四
晉陵郡治武定六年置　取慮州治　寧陵武定六年置　夏丘武定六年置有夏丘城
南定州蕭衍置魏因之治蒙籠城
領郡五　縣七
弋陽郡州治
領縣二
汝南　期思
汝陰郡治汝陰城
領縣一
汝陰
安定郡
領縣一
安定
新蔡郡治新蔡城
領縣一
新蔡
北建寧郡
領縣二
建寧　陽武
西楚州蕭衍置魏因之治楚城
領郡三　縣七
汝陽郡蕭衍置魏因之
領縣一
義陽蕭衍置魏因之
仵城郡蕭衍置魏因之
領縣二
城陽蕭衍置魏因之　淮陰蕭衍置魏因之

城陽郡蕭衍置魏因之
領縣四
淮陰蕭衍置魏因之　平春蕭衍置魏因之　義興蕭衍置魏因之　畋城蕭衍置魏因之
蔡州治褒州鮦陽縣新蔡城
領郡二　縣四
新蔡郡治四望城
領縣二
南趙　新蔡
汝南郡治白馬瀾
領縣二
新息　南頓
西淮州蕭衍置魏因之治豫州界白苟堆
領郡一　縣二
淮川郡州治
領縣二
眞陽　梁興
譙州蕭衍置魏因之治新昌城
領郡四　縣十五
高塘郡治高塘城
領縣四
平阿　盤塘　石城　蘭陵
臨徐郡治葛城
領縣三
懷德　烏江　鄮
南梁郡
領縣四
愼　梁　蒙　譙
新昌郡州治
領縣四
赤湖　荻港　薄陽　頓丘
揚州後漢治歷陽魏治壽春後治建業晉亂置豫州劉裕蕭道成並同之景明中改孝昌中陷武定中復
領郡十　縣二十一
梁郡州治
領縣二
崇義有楚城韓城　蒙有馬頭城
淮南郡
領縣三
壽春故楚有倉陵城　汝陰有楊泉城少溝水　西宋
北譙郡永平元年置
領縣二

安陽　北譙
陳留郡
領縣二
浚儀有竹城　雍丘有曹城
北陳郡
領縣一
長平有沙陵城
邊城郡
領縣二
期思郡治有九卩山　豐城
新蔡郡
領縣二
新蔡郡治有大蘇山　固始有大城陂
安豐郡
領縣二
安豐有闞城　松兹有闞城闞城
下蔡郡
領縣二
下蔡　樓煩
潁州郡
領縣三
相　西華有澤水　許昌有硤石山
淮州蕭衍置魏因之治淮陰城
領郡四　縣九
盱眙郡治盱眙城
領縣三
盱眙郡治　陽城　直瀆
山陽郡治山陽城
領縣二
山陽郡治　左鄉
淮陰郡
領縣三
富陵　懷恩州郡治　魯
陽平郡治陽平城
領縣一
太清郡治
仁州蕭衍置魏因之治赤坎城
領郡一　縣二
臨淮郡
領縣二

已吾州郡治　義城
光州蕭衍置魏因之治光城
領郡五　縣十
北光城郡
領縣二
光城州治　樂安
弋陽郡
領縣二
北弋陽郡治　南弋陽
梁安郡
領縣二
濟陽郡治　陽城
南光城郡
領縣二
光城郡治　南樂安
宋安郡治大城
領縣二
樂寧郡治　宋安
南朔州蕭衍置魏因之治齊坂城
領郡六　縣六
梁郡
領縣一
新息
新蔡郡
領縣一
銅陽
邊城郡治石頭城
領縣一
邊城
義陽郡
領縣一
義陽
新城郡治新城有闞城
領縣一
新城
黃川郡
領縣一
安定
南建州蕭衍置魏因之治高平城
領郡七　縣七

高平郡
領縣四
高平　譙　弋陽　義昌
新蔡郡
領縣二
新蔡　安定
陳留郡
領縣三
陳留郡治　京兆　潁川
魯郡
領縣二
魯　義興
南陳郡
領縣二
南陳　環城
光城郡
領縣三
光城　邊城　婁水
清河郡
領縣一
清河
南郢州蕭衍置魏因之治赤石關
領郡三　縣七
定城郡
領縣二
宇婁　邊城
邊城郡
領縣一
茹由
光城郡治赤石城
領縣一
光城
沙州蕭衍置魏因之治白沙關城
領郡二　縣二
建寧郡
領縣一
建寧
齊安郡
領縣一
梁豐

北江州蕭衍置梁因之治鹿城關
領郡六　縣六
義陽郡
領縣一
義陽州郡治
齊昌郡
領縣一
齊昌
新昌郡
領縣一
興義
梁安郡治建昌郡
領縣一
梁興
光城郡
領縣一
光城
齊興郡
領縣一
西平
湘州蕭衍置梁因之治大治關城
領郡三　縣三
安蠻郡
領縣一
新化州郡治
梁寧郡
領縣一
灄陽
禾安郡
領縣一
新城
汴州蕭衍置魏因之治汴城
領郡二　縣四
沛郡
領縣三
蕭　潁川　相
臨淮郡
領縣一
臨淮
財州武定八年置治豫州鄧縣固始城

前件自揚州已下二十二州並緣邊新附地居險遠故郡縣戶口有時而闕

魏書卷一百六中考證

兗州注魏晉治廩丘○廩字以宋志証之則魏晉治廩丘當作廩

青州注治東陽○東陽城在益都縣通典曰卽青州治東城是也

樂安郡注漢高帝爲千乘國○漢書高帝置千乘郡未嘗建國此國字係郡字之訛

濟南郡著○臣名南按著字乃著字之誤兩漢有著縣屬濟南晉省劉宋復置後魏因之此注謂晉屬誤也

蘭陵郡戶十千四百二十四○十必係訛字

濟陰郡離孤○孤當作狐又注有離孤城亦誤漢志可證

譙郡注晉以爲郡○臣名南按譙郡始置於曹魏不始於晉也志誤

漢廣郡昆陽注新安○新安下當有城字各本俱脫

鄉郡注後漢爲國晉復○臣名南按後漢之初雖嘗封東海王後復爲東海郡晉因之非至晉始復也

東豫州注太和十九年晉治廣陵城○臣名南按年字下當有置字各本並脫

邊城郡豐城○臣名南按此與期思並屬邊城郡監本誤刊豐城二小字於期思注下則邊城郡少一縣矣今改正

前件自揚州已下二十二州○當云自揚州已下一十二州指揚州淮州仁州光州南朔州南建州南郢州沙州北江州湘州汴州財州也各本俱誤作二十二州又揚州監本誤陽州今改正

魏書卷一百六下

齊　魏　收　撰

志第七

地形二下

雍州漢改曰涼治漢陽郡隴縣後治長安
領郡五　縣三十一
京兆郡秦爲內史漢高帝爲渭南郡武帝爲京兆尹後漢因之屬司隸魏改屬
領縣八
長安漢高帝置二漢晉屬有昆明池周靈臺鎬池彪池水　杜二漢晉屬二漢曰杜陵晉曰杜城後改
鄠二漢屬右扶風晉屬始平眞君七年分屬豐水出焉　山北有風涼原有苦谷澇水出焉有杜城　新

豐漢高帝置二漢晉屬有驪山戲亭首谷水　霸城郡治二漢曰霸陵晉改屬有軹道亭長門亭灞水溫
泉安昌陵　陰槃二漢屬定安晉屬眞君七年併新豐太和十一年復有鴻門亭靈谷水戲水　藍田
二漢晉屬眞君七年併霸城太和十一年復有白鹿原
馮翊郡故秦內史漢高帝二年更名河上郡九年復爲內史武帝爲左內史後爲左馮翊後改
領縣六
高陸郡治二漢曰高陵屬晉屬京兆魏明帝改屬有薄水　頻陽秦置二漢晉屬有廣武城南鹵原鹽
池　萬年漢高帝置二漢晉屬京兆後屬有漆沮水　蓮芍二漢晉屬有據城下邽城　廣陽景明
元年置　郭太和二十二年置
扶風郡故秦內史漢高帝二年更名爲中地郡九年復爲內史武帝爲右內史太初中更名主爵都尉
爲右扶風後改世祖眞君年中併始平郡屬焉
領縣五
好畤郡治前漢屬後漢晉罷後復有武都城　始平魏置晉屬始平有溫泉新市城　美陽
槐里二漢晉屬始平周曰大丘秦更名廢丘漢高帝改有板橋泉　盩厔漢武帝置屬後漢晉
罷後復眞君七年併武功屬焉
咸陽郡
領縣五
石安石勒置秦孝公築渭城名咸陽宮有西趙祠安陵城杜郵亭竇氏泉周文王祠　池陽郡治二漢
屬左馮翊晉屬扶風後屬有鄭白渠　靈武前漢屬北地後漢罷晉復眞君七年分屬焉
寧夷有甘泉九嵕山　涇陽眞君七年併石安景明二年復屬
北地郡魏文帝分馮翊之祋祤置
領縣七
富平眞君八年罷泥陽弋居屬焉有北地城漢武帝祠　泥陽二漢晉屬眞君七年併富平景明元
年復有慈城山　弋居二漢屬晉罷後復眞君七年併富平後復屬　雲陽二漢屬左馮翊晉罷後復屬有
薦池水雲陽宮　銅官眞君七年置有關山石槃山　土門景明元年置有土門山　宜君眞君
七年置有宜君水
岐州太和十一年置治雍城鎭
領郡三　縣八
平秦郡太延二年置
領縣三
雍二漢晉屬右扶風後屬有周城　周城眞君六年置　橫水眞君十年分周城置
武都郡太延年置
領縣三
平陽眞君六年置有谷五丈原鄠塢　南田　高車
武功郡太和十一年分扶風置
領縣二
美陽二漢晉屬扶風眞君七年罷郡屬焉後屬有岐山太白山美原廟駱谷郿亭　漢西太和十一
年分好畤置有梁山武都城
秦州治上封城
領郡三　縣十三
天水郡漢武帝置後漢明帝改爲漢陽郡晉復

領縣五
上封前漢屬隴西後漢屬漢陽晉屬犯太祖諱改有席水　顯新後漢屬漢陽晉屬真君八年併安夷
後屬　平泉　當亭真君八年置
略陽郡晉武帝分天水置
領縣五
安戎前漢曰戎邑屬天水後漢晉罷後改屬有董城　綿諸前漢屬天水後漢晉罷後復屬有榆亭
隴城前漢屬天水後漢屬漢陽晉罷後復屬有隴城略陽城　清水前漢屬天水後漢罷晉復屬
阿陽前漢屬天水後漢屬漢陽晉罷太和十一年復屬
漢陽郡真君七年分天水置
領縣三
黃瓜真君八年置有始昌城　陽廉有鄧松山　階陵
南秦州真君七年置仇池鎮太和十二年爲梁州正始初置治洛谷城
領郡六　縣十八
天水郡真君七年置
領縣三
水南郡治真君二年置　平泉真君三年置　平原
漢陽郡真君五年置
領縣二
穀泉　藺倉郡治真君三年置有雷牛山黃帝洞
武都郡漢武帝置
領縣四
石門郡治真君九年置有羌道城　白水真君九年置郡後改　東平真君九年置　孔提
武階郡
領縣三
北部　南五部太和四年置郡後改　赤萬太和四年置郡後改
修武郡
領縣四
平洛太和四年置　和樹太和八年置　下辨二漢晉屬武都郡太和四年分屬焉　廣長
郡治太和四年置
仇池郡
領縣二
階陵真君四年置有牛頭山　倉泉太和四年置
南岐州
領郡三
固道郡延興四年置
廣化郡
廣業郡
東益州治武興
領郡七　縣十六
武興郡

領縣四
景昌　武興州郡治　石門　武安
仇池郡
領縣二
西鄉　西石門
槃頭郡
領縣二
武世　萇皐
廣萇郡
領縣二
萇廣　新巴
廣業郡
領縣二
廣業　廣化
梓潼郡
領縣二
華陽　興宋
洛聚郡
領縣二
武都　明水
益州正始中置
領郡五　縣十
東晉壽郡司馬德宗置魏因之
領縣四
黃　石亭　晉安司馬德宗置魏因之　晉壽晉惠帝置屬梓潼後屬
西晉壽郡
領縣一
陰平
新巴郡司馬德宗置魏因之
領縣一
新巴司馬德宗置魏因之
南白水郡
領縣二
始平　京兆
宋熙郡
領縣二
興樂　元壽
巴州郡縣闕
梁州蕭衍梁秦二州正始初改置
領郡五　縣十四

晉昌郡
領縣三
龍亭有安國城興勢山灙水　興勢延昌三年置　南城
褒中郡
領縣三
褒中二漢晉屬漢中後罷永平四年復屬　武鄉延昌元年置有牛頭山　廉水
安康郡劉準置魏因之
領縣二
安康二漢曰安陽屬漢中漢末省魏復武帝更名屬魏興郡後屬有直水　寧都
漢中郡秦置
領縣三
南鄭二漢晉屬　漢陰有胡城　城固二漢晉屬
華陽郡
領縣三
華陽有黃牛山廉水蔥何城　沔陽二漢晉屬漢中後屬有白馬城葭沙城諸葛亮廟　嶓冢
有嶓冢山漢水出焉
南梁州郡縣闕
東梁州
領郡三　縣四
戶一千二百二十二
金城郡
領縣一
戶二百八十六
直城
安康郡
領縣一
戶六百一十八
安康
魏明郡
領縣二
戶三百一十八
漢陽　寧都
涇州治臨涇城
領郡六　縣十七
安定郡漢武帝置太和十一年罷石堂郡以其縣屬
領縣五
安定前漢屬後漢晉罷後復有銅城　臨涇二漢晉屬有洪城　朝那二漢晉屬有當原城胡城
烏氏二漢晉屬有岐山涇鄉城陽邑城撫夷城　石堂有自度山
隴東郡
領縣三

涇陽前漢屬安定後漢晉罷屬後復有薄落山涇水出焉白城方石洞隴山　祖居前漢屬罷後復
屬武威晉罷後復屬　撫夷前漢屬安定後漢晉罷後復屬
新平郡後漢獻帝建安中置
領縣四
白土二漢屬上郡晉屬金城後屬有岐亭嶺　爰得前漢屬安定後漢晉罷後復屬有邑城東魏城
三水二漢屬安定晉罷後復屬有隨意城　高平二漢屬安定晉罷後復屬有石門山
隨平郡
領縣二
鶉觚前漢屬山城後漢晉屬安定後有孤原亭臺山　東槃
平涼郡
領縣二
鶉陰郡治前漢屬安定後漢屬武威晉罷後復屬有凡亭涇陽平涼城　陰密前漢屬安定後漢罷
晉復後屬
平原郡
領縣一
陰槃二漢屬安定晉屬京兆後屬有安城安武城
河州有伏乾國二字真君六年置鎮後改治枹罕
領郡四　縣十四
金城郡漢昭帝置後漢建武十三年罷隴西孝明復
領縣二
榆中二漢晉屬　大夏二漢屬隴西晉屬晉興皇興三年改爲郡後復屬有白水金柳城
武始郡晉分隴西置
領縣三
勇田真君八年置郡後改　狄道二漢屬隴西晉屬　陽素
洪和郡
領縣三
水池真君四年置郡後改　藍川真君八年置郡後改　草州延興四年置
臨洮郡二漢晉縣屬隴西真君六年改置
領縣三
龍城太和十年置　石門太和九年置　赤水
渭州
領郡三　縣六
隴西郡秦置
領縣二
襄武　首陽
南安陽郡
領縣二
桓道　中陶
廣寧郡
領縣二

彰　新興真君八年罷中陶隷部襄武屬焉
原州太延二年置鎮正光五年改置并置郡縣治高平城
領郡二　縣四
高平郡
領縣二
高平　里亭
長城郡
領縣二
黃石　白池
涼州漢置治隴神䴥中為鎮太和中復
領郡十　縣二十
戶三千二百七十三
武安郡
領縣一
戶三百七十三
宜盛
臨杜郡杜一作社
領縣二
戶三百八十九
安平　和平
建昌郡
領縣三
戶六百五十七
榆中　治城　棠木
番和郡
領縣二
戶一百三十九
彰　燕支
泉城郡
領縣一
戶七十九
新陽
武興郡
領縣三
戶三百八十五
晏然　馬城　休屠
武威郡漢武帝置
領縣二
戶三百四
林中　襄城有休屠城武始澤

昌松郡
領縣三
戶三百九十七
溫泉　揟次本作攙沙又作揖次　莫口
東涇郡
領縣一
戶一百九十一
台城
梁寧郡
領縣二
戶三百三十一
園池　貢澤
鄯州闕郡縣
瓜州闕郡縣
華州太和十一年分秦州之華山澄城白水置
領郡三　縣十三
華山郡
領縣五
華陰前漢屬京兆後漢晉屬恒農後屬有華山集仙館巨靈原溫闕北鄉城重泉城　鄭二漢晉屬京兆後屬有廣鄉原鄉城赤城　夏陽二漢晉屬馮翊後屬故少梁秦惠文王更名有梁山龍門山黑水城　敷西太和十一年分夏陽置有武平城高平城　郃陽二漢晉屬馮翊後罷太和二十年復屬
澄城郡真君七年置
領縣五
澄城真君七年置有杏城　五泉真君七年置有五泉水溫水石谷城　三門真君七年置有陽苑城荷城　宮城真君七年置　南五泉太和十一年置
白水郡太和二年分澄城置
領縣三
姚谷太和二年置有黃崖山　白水太和二年置有五龍山栗邑城　南白水太和十一年分闕白水置有闕
北華州太和十五年置東秦州後改治杏城
領郡一　縣七
戶一萬一千五百九十七
中部郡
領縣四
戶八千九百二十四
中部姚興置魏因之　石保有回女山　狄道有狄兔城淺石山　長城有五郊城
敷城郡
領縣三
戶五千六百七十二
敷城有女陰山　洛川真君中置　定陽

幽州皇興二年為華州延興二年為三縣鎮太和十一年改為班州十四年為郯州二十年改焉
領郡三　縣十
西北地郡秦昭王置
領縣三
彭陽二漢屬安定晉罷後復屬　富平二漢晉屬北地後屬有神泉靈州城彭衙山　安武前漢屬安定後漢晉罷後復屬
趙興郡真君二年置
領縣五
陽周前漢屬上郡後漢晉罷後復屬有橋山黃帝冢泥陽城高平城秋水　獨樂前漢屬上郡後漢晉罷後復屬　定安真君二年置　趙安真君二年置　高望真君二年置有高望山
襄樂郡太和十一年置
領縣二
襄樂前漢屬上郡後漢晉罷後復屬　膚施二漢屬上郡晉罷後復屬有五龍山黃帝祠
夏州赫連屈孑所都始光四年平為統萬鎮太和十一年改置治大夏
領郡四　縣九
化政郡太和十二年置
領縣二
革融　巖綠一本作嚴綠
闡熙郡太和十二年置
領縣二
山鹿　新圀
金明郡真君十二年置
領縣三
禾豐真君十三年置　啓寧　廣洛真君十年置
代名郡太安二年置
領縣二
呼酋太安二年置有橫水　渠搜太和二年置
東夏州延昌二年置
領郡四　縣九
偏城郡太和元年置
領縣二
廣武前漢屬太原後漢晉屬鴈門後屬有三城偏城　汶野二漢屬朔方晉罷後復屬
朔方郡漢武帝置
領縣三
魏平　政和　朔方二漢屬晉罷後復有貴墻澤
定陽郡二漢縣屬上郡太安中改置
領縣二
臨戎二漢屬朔方晉罷後復屬　臨眞有丹陽山白泉
上郡秦置
領縣二

石城　因城
秦州神䴥元年置華州延和元年改太和中罷天平初復後陷
領郡三　縣七
河東郡秦置治蒲坂
領縣五
安定太和元年置　蒲坂二漢晉屬有華陽城雷首山　南解二漢晉曰解屬後改有桑泉城　北解太和十一年置有張楊城　猗氏二漢晉屬河東後復屬有介山廟
北鄉郡
領縣二
北猗氏太和十一年置有解城　汾陰二漢晉屬河東後屬有北鄉城后土祠
陝州太和十一年置治陝城八年罷天平初復後陷
領郡五　縣十一
恒農郡前漢置以顯祖諱改曰恒
領縣三
陝中　北陝二漢晉曰陝屬有崤太和十一年置有曲沃城鄧芝祠三崤山白楊谷
西恒農郡
領縣一
恒農二漢晉屬恒農後屬有桃林
澠池郡
領縣二
俱利　北澠池太和十一年置有馬頭山俱利城生耳山
石城郡正始二年置縣後改
領縣一
同堤
河北郡
領縣四
北安邑二漢晉曰安邑屬河東後改太和十一年置焉郡十八年復屬　南安邑太和十一年置有中條山　河北二漢晉屬河東後屬有芮城立城媯水首陽山伯夷叔齊墓　大陽二漢晉屬河東後屬有虞城夏陽城
洛州太延五年置荊州太和十一年改治上洛城
領郡五　縣七
上洛郡晉武帝置
領縣二
上洛前漢屬恒農後漢屬京兆晉屬有丹水南秦水漢高祖祠四皓祠高東祠　拒陽
上庸郡皇興四年置東上洛永平四年改
領縣二
商前漢屬恒農後漢屬京兆晉屬上洛後屬有京城　豐陽郡治太安二年置有圍地
魏興郡太延五年置
領縣一
陽亭太和五年置

始平郡（景明元年置）
領縣一
上洛
甚和郡（景明元年置）
領縣一
南商
荊州（後漢治漢壽，魏晉治江陵，太延中治上洛，太和中治穰城）
領郡八　縣四十八
南陽郡（秦置）
領縣十
宛（二漢、晉屬，有淯水、梅溪水）　新城（太和二十二年置，有覆釜山、赤石山）　冠軍（漢武帝置，二漢、晉屬，有湍水、羊角）　舞陰（二漢、晉屬，有橫山）　酈（二漢、晉屬，有大鼓谷、懸鼓山）　云陽（二漢、晉曰育陽，屬，司馬昌明改，魏因之）　西平（有稀山、猪山）　湼陽（二漢、晉屬，有湼）　上陌　西鄂（二漢、晉屬，有棘山、華城、張衡碑）
順陽郡（魏分南陽置曰南鄉，司馬衍更名，魏因之）
領縣五
南鄉（後漢屬南陽，晉屬南鄉）　丹水（前漢屬弘農，後漢屬南陽，晉屬南鄉）　臨淅（有淅山）
槐里　順陽（二漢屬南陽，晉屬南鄉，漢哀帝置，卽博山也，後漢明帝改）
新野郡（晉惠帝置）
領縣三
穰（二漢屬南陽，晉屬義陽，後屬）　新野（二漢屬南陽，晉屬義陽，後屬）　池陽
東恒農郡（太和中置）
領縣六
西城（二漢屬漢中，晉屬魏興，後屬）　北酈（有長山）　南鄉　左南鄉（有凡亭山）
上憶　東石
漢廣郡
領縣二
南棘陽（二漢屬南陽，晉屬義陽，二漢、晉曰棘陽，後改屬，有漢廣城）　西棘陽
襄城郡
領縣九
方城（有赭陽城、七石山）　郟城（有崩石山）　伏城（有廣陽山）　舞陰（有唐山）　清水
翼陽（有招泉）　鄭　北平（有固城）　赭城（有陵中山）
北清郡
領縣二
武川（有漣城、鹿鳴山、農山）　北雉（二漢、晉曰雉，屬南陽，後改屬，有西鄂城）
恒農郡
領縣四
國　恒農　南鄘　邯鄲
襄州（孝昌中置）
領郡六　縣二十

襄城郡（蕭道成置，魏因之，治赭陽城）
領縣六
方城　郟城　伏城　舞陰　翼陽　赭城
舞陰郡（孝昌中置）
領縣二
舞陰　安陽
南安郡（太和十三年置郢州，十八年改爲南中府，天平初罷府置，後陷）
領縣四
安南　南舞　葉　南定
期城郡（孝昌中置）
領縣四
西舞陽　東舞陽　南陽　新安
北南陽郡（孝昌中置爲宣義郡，後改州治）
領縣二
北平　白水
建城郡（太和十八年置，景明末罷郡置戍，永熙二年復）
領縣二
赭陽　北方城
南襄州
領郡三　縣五
西淮郡
領縣二
鍾離　襄城
襄城郡
領縣二
陳陽　上馬
北南陽郡
領縣一
南陽
南廣州
領郡五　縣七
襄城郡
領縣一
襄城
魯陽郡
領縣二
冠軍　繁昌
高昌郡
領縣一
高陽

南陽郡
領縣一
南陽
襄城郡
領縣二
扶城　南陽
郢州
領郡三　縣八
安陽郡
領縣四
眞陽　安陽　清陰（一本作青丘）　淮陰
城陽郡
領縣三
平春　義陽　義興
汝南郡
領縣一
上蔡
南郢州
領郡十二　縣二十九
北遂安郡
領縣一
新安
馮翊郡
領縣四
山陽　彭城　城　建安
江夏郡
領縣二
屈陽　郢陽
〔闕字〕子郡
領縣四
南新陽　西新　北新陽　新興
香山郡
領縣二
北新安　鄖陽
永安郡
領縣二
永安　南新興
新平郡
領縣二
〔闕〕城　安城

永安郡
領縣二
劉剛　上城
宕都郡
領縣三
西新化　東平陽　安城
宜民郡
領縣三
西新安　新安　平陽
南遂安郡
領縣一
安興
〔闕二字〕郡
領縣三
東新市　西新市　長安
析州
領郡五　縣十一
修陽郡
領縣二
蓋陽　修陽
固郡
領縣三
懷裏　南陽　固
朱陽郡
領縣二
黃水　朱陽
南上洛郡
領縣二
單水　南上洛
析陽郡
領縣二
西析陽　東析陽

魏書卷一百六下考證

京兆郡注漢高帝爲渭南郡武帝爲京兆尹○臣名南按高帝九年卽復爲內史不稱渭南郡矣志似疎

扶風郡槐里注周曰大丘○臣名南按漢志槐里周曰犬丘懿王都之非大丘也此當係傳寫之誤

安定郡烏氏○臣名南按漢志晉志作烏氏後漢郡國志作烏枝此作烏氏當是氏字誤多一點耳

隴東郡祖居注前漢屬罷後復屬武威○臣名南按祖居即二漢之祖厲縣也前屬安定後屬武威此注前漢屬下似脫安定二字衍罷字又訛後漢漢字爲復字

隨平郡鶉觚注前漢屬山城○鶉觚前漢志作鶉孤後漢及晉志作鶉觚傳休奕封鶉觚男即此縣也此志作鶉蓋誤又此縣前漢屬北地此誤作屬山城前漢並無郡名山城也

褐城郡泼野○泼野當作沃野前漢志作沃壄後漢志作沃野

南陽郡冠軍注羊角○羊角下疑有脫字

涅陽注有涅○以縣在涅水之陽故名有涅之下當有水字

魏書卷一百七上

齊　魏收　撰

志第八

律曆三上

大聖通天地之至理極生民之能事體妙繫於神機作範留於器象然則制物成法故冥賾可尋推變有因而化生以驗昔黃帝採竹昆喻之陰聽鳳岐陽之下斷自然之物寫自然之音音既協矣黃鍾以立數既生矣氣亦徵之於是乎備數和聲審度嘉量權衡之用皆出於茲矣三古所共行百王不能易漢孝武置協律之官元帝時京房明六十律事爲密矣王莽世徵天下通鍾律之士劉歆總而條奏之最爲該博故班固取以爲志後漢待詔嚴崇頗爲知律至其子宣不傳遂罷魏世杜夔亦以通樂制律晉中書監荀勗持夔律校練八音以謂後漢至魏尺長古尺四分有餘又得古玉律勗以新律命之謂其應合遂改晉調而散騎侍郎阮咸譏其聲高永嘉以後中原喪亂考正鍾律所未聞焉其存於夷裔聲器而已魏氏平諸僭僞頗獲古樂高祖慮其永爽太和中詔中書監高閭修正音律久未能定閭出爲相州刺史十八年閭表曰書稱同律度量衡論語謹權量審法度此四者乃是王者之要務生民之所由四者何先以律爲首豈不以取法之始求天地之氣故也孔子曰移風易俗莫尙於樂然則樂之所感其致遠矣今調音制樂非律無以克和然則律者樂之本也臣前被敕理樂與皇宗博士孫惠蔚大樂祭酒公孫崇等考周官國語及後漢律曆志案京房法作準以定律吹律以調絲案律寸以孔竹八音之別事以粗舉書既三奏備在前文臣年垂七十日就衰頹恐一朝先犬馬竟無絲髮之益使律法長絕遺恨沒世是以慺慺惓惓不敢忘息近在鄴見崇臣先以其聰敏精勤有挈瓶之智雖非經國之才頗長推考之術故臣舉以教樂令依臣先共所論樂事自作鐘磬志議二卷器數爲備可謂世不乏賢今崇徒教樂童書學而已不恭樂事臣恐音律一曠精賞實難習業差怠轉乖本意今請使崇參知律呂鐘磬之事觸類而長之成益必深求持臣先所奏三表勘後漢律曆志陛下親覽以求厥衷俱然易了又著作郎韓顯宗博聞彊識頗有史才粗解音律亦求令時往參知臣雖在外官竊慕古人舉善之義愚意所及不能自已雖則越分志在補益願不以言廢人詔許之景明四年并州獲古銅權詔付崇以爲鍾律之準永平中崇更造新尺以一黍之長累爲寸法尋太常卿劉芳受詔修樂以秬黍中者一黍之廣即爲一分而中尉元匡以一黍之廣度黍二縫以取一分三家紛競久不能決太和十九年高祖詔以一黍之廣用成分體九十黍之長以定銅尺有司奏從前詔而芳尺同高祖所制故遂典修金石迄武定末未有諳律者

曆者數之用探靈測化窮微極幽之術也所以上齊七政下授萬方自軒轅以還迄於三代推元革統厥事不一也秦世漢興曆同顓頊百有餘年始行三統後漢孝章世改從四分光和中易以乾象魏文時用韓翊所定至明帝行楊偉景初終於晉朝無所改作司天測象今古共情啓端歸餘爲法不等協日正時俱有得失太祖天興初命太史令晁崇修渾儀以觀星象仍用景初曆歲年積久頗以爲疎世祖平涼土得趙敺所修玄始曆後謂爲密以代景初眞君中司徒崔浩爲五寅元曆未及施行浩誅遂寢高祖太和中詔祕書鍾律郎上谷張明豫爲太史令修綜曆事未成明豫物故遷洛仍歲南討而宮車晏駕世宗景明中詔太樂令公孫崇太樂令趙樊生等同共考驗正始四年冬崇表曰臣頃自太樂詳理金石及在祕省考步三光稽覽古今詳其得失然四序遷流五行變易帝王相踵必奉初元改正朔殊徽號服色觀于時變以應天道故易湯武革命治曆明時是以三五迭隆曆數各異伏惟皇魏紹天明命家有率土戎軒仍動未遑曆事因前魏景初曆術數差違不協晷度世祖應期輯寧諸夏仍命故司徒東郡公崔浩錯綜其數浩博涉淵通更修曆術兼著五行論是時故司空咸陽公高允該覽羣籍贊明五緯并述洪範然浩等考察未及周密高宗踐阼乃用敦煌趙敺甲寅之曆然其星度稍爲差遠臣輒鳩集異同研其損益更造新曆以甲寅爲元考其盈縮晷象周密又從約省起自景明因名景明曆然天道盈虛豈曰必協要須參候是非乃可施用太史令辛寶貴職司玄象頗閑祕數祕書監鄭道昭才學優贍識覽該密長兼國子博士高僧裕乃故司空允之孫世綜文業尚書祠部郎中宗景博涉經史前兼尚書郎中崔彬微曉法術請此數人在祕省參候而伺察晷度要在冬夏二至前後各五日然後乃可取驗臣區區之誠冀效萬分之一詔曰測度晷象考步宜審可令太常卿芳率太學四門博士等依所啓者悉集詳察延昌四年冬侍中國子祭酒領著作郎崔光表曰易稱君子以治曆明時書云曆象日月星辰乃同律度量衡孔子陳後王之法曰謹權量審法度春秋舉先王之正時也履端於始又言天子有日官是以昔在軒轅容成作曆逮乎帝唐羲和察影皆所以審農時而重民事也太和十一年臣自博士遷著作忝司載述時舊鍾律郎張明豫推步曆法治己丑元草剏未備及遷中京轉爲太史令未幾喪亾所造致廢臣中修史景明初奏求奉車都尉領太史令趙樊生著作佐郎張洪給事中領太樂令公孫崇等造曆功未及訖而樊生又喪洪出除涇州長史唯崇獨專其任暨永平初亦已略舉時洪府解停京又奏令重修前事更取太史令趙勝太廟令龐靈扶明豫子龍祥共集祕書與崇等詳驗推建密曆然天道幽遠測步理深候觀遷延歲月滋久而崇及勝前後並喪洪所造曆爲甲午甲戌二元又除豫州司馬靈扶亦除蒲陰令洪至豫州續造甲子己亥二元唯龍祥在京獨修前事以皇魏運水德爲甲子元兼校書郎李業興本雖不預亦和造曆爲戊子元三家之術並未申用故貞靜處士李謐私立曆法言合紀次求就其兄瑒追取與洪等所造遞相參考以知精麤臣以仰測晷度實難審正又求更取諸能算術兼解經義者前司徒司馬高綽駙馬都尉盧道虔前冀州鎭東長史祖瑩前并州秀才王延業謁者僕射常景等日集祕書與史官同檢疏密并朝貴十五日一臨推驗得失擇其善者奏聞施用限至歲終但世代推移軌憲時改上元今古考準或異故三代課步始卒各別臣職預其事而朽墮已甚旣謝運籌之能彌愧意算之藝由是多歷年世茲業弗成公私負責俯仰慙靦靈太后令曰可如所請延昌四年冬太傅清河王懌司空尚書令任城王澄散騎常侍尚書僕射元暉侍中領軍江陽王繼奏天道至遠非人情可量曆數幽微豈以意輒度而議者紛紜競起端緒爭指虛遠難可求衷自非建標準影無以驗其眞僞頃永平中雖有考察之利而不累歲窮究遂不知影之至否差失少多臣等參詳謂宜今年至日更立表木明伺晷度三載之中足知當否令是非有歸爭者息競然後採其長者更議所從神龜初光復表曰春秋載天子有日官諸侯有日御又曰履端于始歸餘于終皆所以推二氣考五運成六位定七曜審八卦立三才正四序以授百官于朝萬民于野陰陽剛柔仁義之道罔不畢備爲是先代重之垂於典籍及史遷班固司馬彪著立書志所論備矣謹案曆之作也始自黃帝辛卯爲元迄于大魏甲寅歷數千有餘代歷祀數千軌憲不等遠近殊術其消息盈虛覘步疏密莫得而識焉去延昌四年冬中堅將軍屯騎校尉張洪故太史令張明豫息盪寇將軍龍祥校書郎李業興等三家並上新曆各求申用臣學缺章程藝謝籌運而竊職觀閣謬忝厥司奏請廣訪諸儒更取通數兼通經義者及太史並集祕書與史官同驗疏密并請宰輔羣官臨檢得失至於歲終密者施用闕詔聽可時太傅太尉公清河王臣懌等以天道至遠非卒可量請立表候影期之三載乃採其長者更議所從又蒙敕許於是洪等與前鎭東府長史祖瑩等研窮其事爾來三年再歷寒暑積勤構思大功獲成謹案洪等三人前上之曆并駙馬都尉盧道虔前太極採材軍主衞洪顯殄寇將軍太史令胡榮及雍州沙門統道融司州河南人樊仲遵定州鉅鹿人張僧豫所上總合九家共成一曆元起壬子律始黃鍾考古合今謂爲最密昔漢武帝元封中治曆改年爲太初即名太初曆魏文帝景初中治曆即名景初曆伏惟陛下道唯先天功邁稽古休符告徵靈蔡炳瑞壬子北方水之正位龜爲水畜實符魏德修母子應義當麟趾請定名爲神龜曆今封以上呈乞付有司重加考議事可施用并藏祕府附於典志肅宗以曆就大赦改元因名正光曆班於

天下共九家共修以龍祥業與爲主

壬子元以來至魯隱公元年歲在巳未積十六萬六千五百七算外入甲申紀來至隱公元年巳未積四萬五千三百七算外

壬子元以來至今大魏正光三年歲在壬寅積十六萬七千七百五十算外壬子歲入甲申紀以來至今孝昌二年歲在丙午積四萬六千五百五十四算外從壬子元以來至今大魏孝昌三年歲次丁未積十六萬七千七百五十六算上壬子歲入甲寅紀以來至今大魏孝昌三年歲次丁未積四萬六千五百五十六算上

章歲五百五右十九年七閏閏餘盡爲章積至多年月晝之日月見東方日蝕先晦輒復變曆以同天象二百年多一日三百年多一日牛晦朔失故先儒及緯文告言二百年斗曆改憲侯天減閏五百五年減閏餘一九千五百九十五年減一閏月則從僖公五年至今日蝕不失晦與二日合朔者多閏餘成月餘盡爲章

章閏一百八十六五百五年閏月之數其中減舊十九分之一

章月六千二百四十六五百五年所有之數并閏月

蔀法六千六十十二章爲一蔀至此年小餘成日爲度法

斗分一千四百七十七四分度法得一千五百一十五爲古法今減三十八者從僖公五年以來減七日有奇謂爲最近一百二十三歲減閏日減之太深是以三十餘年毀從四子也

紀法六萬六百十蔀成紀大餘十也

統法十二萬一千二百二紀成統大餘二十

元法三十六萬三千六百三統成元大餘盡

日法七萬四千九百五十二十二章月乘章月爲日法一年之閏分

周天分二百二十一萬三千三百七十七以度法通三百六十五度內斗分

氣法二十四歲中十三年一十二次次有初中分二十四

經月大餘二十九小餘三萬九千七百六十九日法除周天分得之日法者一蔀之月數周天分者一蔀之日數以月除衆日得一月二十九及餘是周天分即爲月通用

會數百七十三餘二萬三千二百八五月二十三分月之二十爲一會以二十三乘五月內二十得一百三十五以乘周天分以二十三乘日法除之得一百七十三及餘

會通一千二百九十八萬九千九百四以日法乘會數內會餘

周日二十七餘四萬一千五百六十二以月一日行除周天得二十七日及餘

通周二百六萬五千二百六十六日法乘周日二十七內周餘

小周六千七百五十一月一日行十三度乘章歲內章閏也

月周八萬一千一十二以十二乘小周即得與度同

推月朔術第一

推積月　術曰置入紀年算外以章月乘之如章歲爲積月不盡爲閏餘閏餘滿三百一十九以上其歲有閏

推朔積日　術曰以通數乘積月爲朔積分分滿日法爲積日不盡爲小餘六旬去積日不盡爲大餘命以紀算外則所求年天正十一月朔日

推上下弦望　術曰加朔大餘七小餘二萬八千六百八十小分一小分滿四從小餘小餘滿日法從大餘一大餘滿六十去之卽上弦日又加得望又加得下弦又加得後月朔

推二十四氣術第二

推二十四氣　術曰置入紀年以來算外以餘數乘之爲實以蔀法除之所得爲積沒不盡爲小餘以六旬去積沒不盡爲大餘命以紀算外所求年天正十一月冬至日求次氣加大餘十五小餘一千三百二十四小分一小分滿氣法二十四從小餘一小餘滿蔀法從大餘一大餘滿六十去之命如上卽次氣日

推閏　術曰以閏餘減章歲五百五餘以歲中十二乘之滿章閏一百八十六得一月餘半法已上亦得一月數從天正十一月起算外閏月月也閏有正退以無中氣爲正

冬至十一月中　小寒十二月節　大寒十二月中

立春正月中　雨水正月中　驚蟄二月節

春分二月中　清明三月節　穀雨三月中

立夏四月節　小滿四月中　芒種五月節

夏至五月中　小暑六月節　大暑六月中

立秋七月節　處暑七月中　白露八月節

秋分八月中　寒露九月節　霜降九月中

立冬十月節　小雪十月中　大雪十一月節

推合又交會月蝕去交度　術曰置入紀朔積分朔以交會差分并之今用甲申紀差分七百四十一萬八千七百八十四也以會通去之所得爲積交餘不盡者以日法除之所得爲度餘卽所求年天正十一月朔却去交度及餘

求次月去交度　術曰加度二十九日度餘三萬九千七百六十九除如上則次月去交度及分

求望去交度　術曰加度十四日度餘五萬七千三百六十半度餘滿日法從度度滿會數去之亦除其餘餘若不足減者減度一加會虛則望去交度及分朔望去交度分如朔望合數十四度度餘五萬七千三百六十半以下入交限數一百五十八度度餘四萬七百九十九半以上者朔則交會望則月蝕

甲子紀合朔日月如合璧交中

甲戌紀合朔月在日道裏　交會差四十九度

度餘三萬六千七百四十四

甲申紀合朔月在日道裏　交會差九十八度

度餘七萬三千四百八十八

甲午紀合朔月在日道裏　交會差一百四十八度

度餘三萬五千二百二十八

甲辰紀合朔月在日道裏　交會差二十四度

度餘四萬八千八百一十六

甲寅紀合朔月在日道裏　交會差七十四度

度餘一萬六千八

求交道所在月以十一月朔却去交度及餘減會數及餘餘若不足減者減一度加入法乃減之乃以十一月朔小餘加之滿日法除去之從日一餘爲日餘命起往年十一月如歷月大小除之不滿月者爲入月算外交道日交在望前者其月朔則交會望則月蝕交在望後者亦其月月蝕後月朔則交會交正在望者其月月蝕既前後朔皆交會交正在朔者日蝕既前後望皆月蝕求後交月及日以會數及餘加前入月日及餘餘滿日法從日一如歷月大小除之命起前蝕月得後交月及餘

推月在日道表裏　術曰置入紀朔積分又以紀交會差分加之今用甲申如交會差分七百四十一萬八千七百八十四倍會通去之餘不滿會通者紀首表裏者則月在表若滿會通者紀首表者則月在裏紀首裏者則月在表黃道南爲表北爲裏其滿會通者去之餘如日法而一卽往年天正十一月朔却交度及餘以却去交度及餘減會數及會餘會餘若不足減者減一度加日法乃減餘爲前去度乃餘又以十一月朔小餘加之滿日法從度一命起十一月如歷月大小除之不滿月者爲入月日及餘算外交道日若十一月朔月在日道裏者此交爲出外後交爲入內十一月朔在表者此交爲入內後交爲出外一出一入常法也其交在朔後望前者朔月在日道表裏與十一月同望則反矣若交在望後朔前者望與十一月同後月朔則異矣若先交會後月蝕者朔月在日道裏望在表朔在表則望在裏其先月蝕後交會者望在表朔在裏也在裏則朔在表矣

推交會起角　術曰其月在外道先會後交者虧從東南角起先交後會者虧從西南角起其月在內道先會後交者虧從西北角起先交後會者虧從西北角起合交中者蝕之既其月蝕在日之衝起角亦如之凡日月蝕去交十五爲限十以下是蝕也十以上虧蝕微少光影相接而已

推蝕分多少　術曰置入交限十五度以朔望去交日數減之餘則蝕分

推合朔入曆遲疾盈縮第四

推合朔入曆遲疾　術曰置入紀以來朔日積分又以紀遲疾差分并之今用甲申紀遲疾差分一百八十二萬千七百九十一以通周如一爲積周不盡者以日法約之爲日不盡爲日餘命日算外卽所求年天正十一月合朔入曆日

甲子紀　遲疾差二十四日　日餘六萬三千五百六十八

甲戌紀　遲疾差二十四日　日餘四萬二千一百五十六

甲申紀　遲疾差二十四日　日餘二萬九百四十四

甲午紀　遲疾差二十三日　日餘十萬四千五百八十四

甲辰紀　遲疾差二十三日　日餘五萬三千二百七十二

甲寅紀　遲疾差二十三日　日餘三萬一千九百六十

求次月入曆日　術曰加一日日餘七萬三千一百五十九日餘滿日法從日日滿二十七去之亦除餘如周日餘日餘若不足減一日加周虛日滿二十七而餘不滿周日日餘者爲入曆值周日法滿去之爲入曆一日

求望入曆　術曰加十四日日餘五萬七千三百六十半又加得後月曆日

月行遲疾度及分	損益率	盈縮幷	盈縮積分
一日十四度二百六十一分	益六百八十	盈初	
二日十四度三百分	益六百一十九	盈六百八十	盈積分七千五百五十
三日十四度二百四十六分	益五百五十五	盈一千二百九十九	盈積分一萬四千四百二十二
四日十四度一百七十一分	益四百九十	盈一千八百五十四	盈積分二萬五百八十四
五日十四度九十九分	益四百一十八	盈二千三百四十四	盈積分二萬六千二十四
六日十三度四百七十一分	益二百八十五	盈一千七百六十二	盈積分三萬六百六十五
七日十三度二百六十六分	益八十		

盈三千四十七　盈積分二萬三千八百二

十九

八日十三度六十一分　損一百二十五

盈三千一百二十七　盈積分三萬四千七百一

十七

九日十三度四百一十九分　損二百五十二

盈三千二　盈積分三萬三千三百二

十九

十日十二度三百三十八分　損三百五十三

盈二千七百五十　盈積分三萬五百三十一

十二

十一日十二度二百三十七分　損五百五十四

盈二千三百九十七　盈積分二萬六千六百一

十二

十二日十二度一百三十六分　損五百五十五

盈一千九百四十二　盈積分二萬一千五百七

十二

十三日十二度三十五分　損六百五十六

盈一千三百八十八　盈積分一萬五千四百一

十

十四日十一度四百六十四分　損七百三十一

盈七百三十二　盈積分八千一百二十七

十五日十二度三十六分　益六百五十五

縮初

十六日十二度　益五百八十二

縮六百五十五　縮積分七千一百七十二

十七日十二度二百八十九分　益五百二

縮一千二百三十七　縮積分一萬三千七百三

十四

十八日十二度二百九十分　益四百一

縮一千七百三十七　縮積分一萬九千三百七

十九日十二度二百九十二分　益二百九十九

縮二千一百四十　縮積分二萬三千七百五

十九

二十日十二度四百九十六分　益一百九十五

縮二千四百三十九　縮積分二萬七千七十九

二十一日十三度一百一十八分　益六十八

縮二千六百三十四　縮積分二萬九千一百四

十四

二十二日十三度二百三十三分　損五十七

縮二千七百二　縮積分二萬九千九百九

十九

二十三日十三度三百八十八分　損二百二

縮二千六百四十五　縮積分二萬九千三百六

十六

二十四日十四度二十九分　損三百四十八

縮二千四百四十三　縮積分二萬七千一百二

十三

二十五日十四度一百七十四分　損四百九十三

縮二千九十五　縮積分二萬三千二百五

十九

二十六日十四度三百八十七分　損六百六

縮一千六百二　縮積分一萬七千七百八

十六

二十七日十四度三百一十一分　損六百三十一

縮九百九十六　縮積分一萬闕五十八

周日十四度三百三十九分小分九千六百八十四　損六百五十小分九千六百八十四分

縮三百六十五　縮積分四百五十二

推合朔交會月蝕定大小餘　術曰以入曆日餘乘所入曆下損益率以小周六千七百五十一除之所得以損益盈縮積分加之爲定積分值盈者以減本朔望小餘值縮者加之滿日法者交會加時在後日減之不足減者減上一日加下日法乃減之交會加時在前日月蝕者隨定大小餘爲定日加時

推加時　術曰以時法六千二百四十六除定小餘所得命以子起算外朔望加時有餘不盡者四之加法得一爲少二爲半三爲太半又有餘者三之如法得一爲彊半法以上排成之不滿半法棄之以彊并少爲少彊并半爲半彊并太爲太彊得二彊者爲少弱以定并少爲半彊以之并半爲太弱以之并太爲一弱隨所在辰命之則其彊弱日之衝爲破月常在破下蝕

入曆值周日者　術曰以周日日月餘乘損率以周日度小分并又以入曆日餘乘之爲實以小周乘周日日餘爲法實如法得一以減縮積積分有餘者以加本朔望小餘小餘滿日法從大餘一是爲蝕後日推加時如上法

推日月合朔弦望度術第五

推日度　術曰置入紀朔積日以日度法乘之滿周天去之餘滿日度法爲度不盡爲餘命度起牛前十二度（牛前十二度在斗十五度也）宿次除之不滿宿者算外卽天正十一月朔夜半日所在度

推日度又法　術曰置周天三百六十五度斗分一千四百七十七以冬至去朔日數減一餘以減周天度冬至小餘減斗分不足減者減度一加日度法乃減之命起如上卽所求年天正十一月朔日夜半日所在度

求次月日所在度　術曰月大加三十度月小加二十九度求次日加一度宿次除之逕斗去其分一千四百七十七

推合朔日月共度　術曰以章歲乘朔小餘以章月除之所得爲大分不盡小分以加夜半日度分分滿日度法從度命起如前卽所求年天正十一月合朔日月共度

求次月合朔共度　術曰加度二十九大分三千二百一十五小分二千四百五十五小分滿章月從大分大分滿日度法從度宿次除之逕斗除其分則次月合朔日月共度

推月度　術曰置入紀朔積日以月周八萬一千一十二乘之滿周天去之餘以日度法約之爲度不盡爲度分命度起牛前十二度宿次除之不滿宿者算外卽所求年天正十一月朔夜半月所在度及分

推月度又一法　術曰以小周乘朔小餘爲實以章歲來日法爲法實如法得一爲度不滿法者以章月除之爲大分不盡爲小所得以減合朔度及分餘卽所求年天正十一月朔夜半月所在度及分

求次月度　術曰小月加度二十二分二千六百五十一大月加度三十五分四千八百八十三分滿日度法從度宿次除之不滿宿者算次月所在度

求次日月行度　術曰加度十三分二千二百三十二分滿日度法從度宿次除之逕斗去其分

求弦望日所在度　術曰加合朔度七大分二千三百一十八小分五千二百九十八微分微分滿四從小分小分滿章月從大分大分滿日度法從度命如上則上弦日所在度又加得望下弦月合朔

北方玄武七宿九十八度一千四百七十七分

斗二十六度　牛八度　女十二度　虛十度

危十七度　室十六度　壁九度

奎十六度　婁十二度　胃十四度　昴十一度

西方白虎七宿八十度

畢十六度　觜二度　參九度

井三十三度　鬼四度　柳十五度　星七度

張十八度　翼十八度　軫十七度

南方朱鳥七宿一百一十二度

角十二度　亢九度　氐十五度　房五度

心五度　尾十八度　箕十一度

東方蒼龍七宿七十五度

周天三百六十五度六千六十分度之一千四百七十七

通分得二百二十一萬三千七百七十七名曰周天分

推五行沒滅易卦氣候上朔術第六

推五行用事日　水火木金土各王七十三日小餘二百九十五小分九微分三春木夏火秋金冬水四立卽其用事始求土者置立春大小餘及分以木王七十三日小餘二百九十五小分九微分三加之微分滿五從小分一小分滿氣法二十四從小餘一小餘滿蔀法從大餘一大餘滿六十去之命以紀得季春上王日又加土王十八日小餘一千五百八十八小分二十微分二滿從命如上卽得立夏日求次如法又一法求土王用事日各置四立大小餘及分各減大餘十八小餘一千五百八十八小分二十微分二命以紀算外卽四立土王日若大餘不足減者加六十而後減之小餘不足減者減取大餘一加蔀法乃減之

推沒滅　術曰因冬至積沒有小餘者加積一以沒分乘之如沒法而一爲積日不盡爲沒餘以六旬去積日餘爲沒日命以紀算外卽所求年天正十一月冬至後沒日

求次沒　術曰加沒日六十九沒餘二萬七百六十四沒餘滿沒法三萬一千七百七從沒日一沒日滿六十去之命以紀算外卽次沒月一歲常有五沒或六沒小餘盡者爲滅日又以冬至去朔日加沒日冬至小餘滿蔀法從沒日命日起天正十一月如曆月大小除之不足除者入月算命以朔算外卽冬至後沒日求次沒加沒日六十九沒餘三千九百五十九沒分二萬四千六百九十七分滿沒法從沒餘滿蔀從沒日命起前沒九曆日大小除之卽後沒日及餘

推四正卦　術曰因冬至大小餘卽坎卦用事日春分卽震卦用事日夏至卽離卦用事日秋分卽兌卦用事日

求中孚卦　加冬至小餘五千五百三十小分九微分一微分滿五從小分小分滿氣法從小餘小餘滿蔀法從大餘命以紀算外卽中孚卦用事日其解加震咸加離賁加兌亦如中孚加坎

求次卦加坎大餘六小餘五百二十九小分十四微分四微分滿五從小分小分滿氣法從小餘小餘滿蔀法從大餘命以紀算外卽復卦用事日大壯加震姤加離觀加兌如中孚加坎

十一月未濟蹇頤中孚復十二月屯謙睽升臨正月小過蒙益漸泰二月需隨晉解大壯三月訟豫蠱革夬四月旅師比小畜乾五月大有家人井咸姤六月鼎豐渙履遯七月恒節同人損否八月巽萃大畜賁觀九月歸妹无妄明夷困剝十月艮旣濟噬嗑大過坤

四正爲方伯中孚爲三公復爲天子屯爲諸侯謙爲大夫睽爲九卿升還從三公周而復始

九三應上九清淨微溫陽風九三應上六絳赤決溫陰雨六三應上六白濁微寒陰雨六三應上九麴塵決寒陽風諸卦上有陽爻者陽風上有陰爻者陰雨

推七十二候　術曰因冬至大小餘卽虎始交日加大餘五小餘四百四十一小分八微分一微分滿三從小分小分滿氣法從小餘小餘滿蔀從大餘命以紀算外所候日

冬至　虎始交　芸始生　荔挺出
小寒　蚯蚓結　麋角解　水泉動
大寒　鴈北向　鵲始巢　雉始雊
立春　鷄始乳　東風解凍　蟄蟲始振
雨水　魚上冰　獺祭魚　鴻鴈來
驚蟄　始雨水　桃始華　倉庚鳴
春分　鷹化鳩　玄鳥至　雷始發聲
清明　電始見　蟄蟲咸動　蟄蟲啓戶
穀雨　桐始花　田鼠爲鴽　虹始見
立夏　萍始生　戴勝降於桑　螻蟈鳴
小滿　蚯蚓出　王瓜生　苦菜秀
芒種　靡草死　小暑至　螳蜋生
夏至　鵙始鳴　反舌無聲　鹿角解
小暑　蟬始鳴　半夏生　木槿榮
大暑　溫風至　蟋蟀居壁　鷹乃學習
立秋　腐草化螢　土潤溽暑　涼風至
處暑　白露降　寒蟬鳴　鷹祭鳥
白露　天地始肅　暴風至　鴻鴈來
秋分　玄鳥歸　羣鳥養羞　雷始收聲
寒露　蟄蟲附戶　殺氣浸盛　陽氣始衰
霜降　水始涸　鴻鴈來賓　雀入大水化爲蛤
立冬　菊有黃華　豺祭獸　水始冰
小雪　地始凍　雉入大水化爲蜃　虹藏不見
大雪　冰始壯　地始坼　鶡旦不鳴

術曰因冬至虎始交後五日一候

推上朔法置入紀年減一加八以六律乘之以六千去之餘爲大餘以甲子算外上朔日

推五星六通術第七

上元壬子以來至春秋隱公元年己未積十六萬六千五百七算外至今大魏熙平二年歲次丁酉積十六萬七千七百四十五算外

木精曰歲星其數二百四十一萬六千六百六十

火精曰熒惑星其數四百七十二萬五千八百四十八

土精曰鎮星其數三百二十九萬一千二十一

金精曰太白其數三百五十三萬八千一百三十一

水精曰辰星其數七十萬二千一百八十二

推五星置上元以來盡所求年減一以周天二百二十一萬三千三百七十七乘之名爲六通之實以蔀法除之所得爲冬至積日不盡爲小餘以旬六去積日不盡爲大餘命以甲子算外卽冬至日以章歲五百五除冬至小餘所得命子算外卽律氣加時

五星各以其數爲法除六通實所得爲積合不盡爲合餘以合餘減法餘爲入歲度分以日度約之所得卽所求天正十一月冬至後晨夕合度算及餘其金水以一合日數及合餘減合度算及餘得一者爲夕見無所得爲晨見若度餘不足減減合度算一加日度法乃減之命起牛前十二度宿次除之不滿宿者算外卽天正十一月冬至後晨夕合度及餘

求星合月及日　置冬至朔日數減一以加合度算以冬至小餘加度餘度餘滿日度法去之加度一合度算變成合日算餘爲日餘命起天正十一月如曆月大小除之不滿月者算外星合月及日有閏計之

求後合月及日　以合終日數及餘如前入月算及餘餘滿日度從日曆月大小除之起前合月算外卽後合月及日其金水以一合日數及餘加晨得夕加夕得晨

求後合度　以行星度及餘加前合度算及餘餘滿日度從度命起前合度宿次除之不滿宿者算外卽後合度及餘逕斗去其分一千四百七十七

歲星合終日數三百九十八合終日餘四千七百八十行星三十三度度餘三千三百三周虛一千二百八十

歲星晨與日合在日後伏十六日餘二千三百九十行星二度餘四千六百八十一半去日十三度半晨見東方順疾日行五十七分之十一五十七日行十一度順遲日行九分五十七日行九度而留不行二十七日而旋逆日行七分之一八十四日退十三度復留二十七日復順遲日行九分五十七日行九度復疾日行十一分五十七日行十一度在日前夕伏西方順遲十六日日餘二千三百九十行星二度餘四千六百八十一半與日合凡一見三百六十六日行星二十八度在日前後伏三十二日餘四千七百八行星五度度餘三千三百三復終於晨見

熒惑合終日數七百七十九合終日餘五千一十八周虛九百五十二行星四十九度度餘三千一百五十四

熒惑晨與日合在日後伏七十一日餘五千五百八十四行星五十五度餘四千八百四十五半去日十六度晨見東方順疾日行二十三分之十四一百八十四日行一百一十二度順遲日行二十三分之十二九十二日行四十八度而留不行十一日而旋逆日行六十二分之十七六十二日退十度復留十一日復順疾日行十四分一百八十四日行一百一十二度在日前夕伏西方順七十一日餘五千五百八十四行星五十五度度餘四千八百四十五半而與日合凡一見六百三十六日行星三百三度在日前後伏一百四十三日餘五千一百八行星一百一十一度餘三千六百四十一過周四十九度度餘二千一百五十四復終於晨見

鎮星合終日數三百七十八日餘三百四十一行星十二度餘四千九百二十四周虛五千七百一十九

鎮星晨與日合在日後伏十八日日餘一百七十半行星二度餘二千四百六十二去日十五度半晨見東方順日行十二分之一八十四日行七度而留不行三十六日而旋逆行十七分之一一百二日退六度復留三十六日復順日行十二分之一八十四日行七度在日前伏西方順十八日日餘一百七十半行星二度餘二千四百六十二而與日合凡見三百四十二日行星八度在日前後伏三十六日日餘三百四十一行星四度度餘四千九百二十四復終於晨見

太白金再合終日數五百八十三日日餘五千一百五十一周虛九百九行星二百九十一度（亦曰一合日數）度餘五千六百五半（亦曰一合日餘）

太白晨與日合在日後伏六日退四度去日十度晨見東方逆日行三分之二九日退六度留不行八日順遲日行十五分之十一四十五日行三十三度順疾日行一疾十三分之二九十一日行一百五度太疾日行一度十三分之三九十一日行一百一十二度在日後晨伏東方順四十一日餘五千六百五半行星五十一度度餘五千六百五半而與日合凡見東方二百四十四日行星二百四十度在日後伏四十一日餘五千六百五半行星五十一度餘五千六百五半而與日合（見西方亦如之）夕與日合在前伏四十一日餘五千六百五半行星五十一度餘三千六百五半去日十度夕見西方順疾日行一度十二分之三九十一日行一百一十二度順遲日行一度十三分之二九十一日行一百五度順遲日行十五分之十一四十五日行三十三度而留不行八日而旋逆日行三分之二九日退六度在日前夕伏西方六日退四度而與日合凡再見四百八十日行星四百八十度在日前後伏八十三日餘五千一百五十一行星一百三度度餘五千一百五十一過周二百一十八度度餘三千六百七十四復終於晨見

水星辰星再合終日數一百一十五餘五千二百八十二行星五十七度（亦曰一合日數）餘五千六百七十一（亦曰一合日餘）周虛七百七十八

辰星與日合在日後伏十一日退六度去日十七度晨見東方而留不行四日順遲日行七分之五七日行五度順度日行一度三分之一十八日行二十四度在日後晨伏東方順十七日餘五千六百七十一行星四十四度餘五千六百六十一而與日合凡見東方二十九日行星二十二度在日後伏二十八日餘五千六百七十一行星三十四度餘五千六百七十一而與日合見西方亦然

辰星夕與日合在日前伏十七日餘五千六百七十一行星三十四度餘五千六百七十一去日十七度夕見西方順疾日行一度三分之一十八日行二十四度順遲日行七分之五七日行五度而留四日在日前夕伏西方逆十一日退六度而晨與日合凡再見五十八日行星四十六度在日前後伏五十七日餘五千二百八十二行星六十九度餘五千二百八十二復終於晨見

斗一至牛五星紀丑　牛五至危五玄枵子
危五至壁三陬訾亥　壁三至婁八降婁戌
婁八至畢二大梁酉　畢二至井五實沈申
井五至鬼三鶉首未　鬼三至張七鶉火午
張七至軫一鶉尾巳　軫一至亢三壽星辰
亢三至心四大火卯　心四至斗一析木寅

魏書卷一百七上考證

律歷志敘後漢待詔嚴崇○崇監本作嵩今從後漢書改正

推二十四氣術第二雨水正月中○北監本脫水字今從南監本增入

推日月合朔弦望度術第五夜半月所在度及分○度監本作衆誤也今改正

以章歲來日法爲法○來字疑乘字之訛

五行沒滅易卦氣候上朔術第六所候日○南監本作卽所候日此處脫一卽字又下卷作佽次候日

推上朔法○以上文例之則此四字下應空一格加術曰二字今脫去乃傳寫之訛也各本俱同姑存其舊

以六千去之○千字疑十字之訛又下卷作以六旬去之

推五星六通術第七順疾日行一疾十三分之二○下疾字當作度

周虛七百七十八○又次行辰星與日合在日後伏十一日退六度去日十七度晨共二十八字監本闕今補

魏書卷一百七下

齊　魏收　撰

志第九

律曆三下

孝靜世壬子曆氣朔稍違熒惑失次四星出伏曆亦乖舛與和元年十月齊獻武王入鄴復命李業興令其改正立甲子元曆事訖尚書左僕射司馬子如右僕射隆之等表曰自天地剖判日月運行剛柔相摩寒暑交謝分之以氣序紀之以星辰弦望有盈缺明晦有修短古先哲王則之成化迎日推筴各有司存以天下之至王盡生民之能事先天而天弗違後天而奉天時及卯金受命年曆屢改當塗啓運日官變業分路揚鑣異門馳騖回互靡定交錯不等豈是人情淺深苟相違異蓋亦天道盈縮欲止不能正光之曆既行於世發元壬子置差令朔測影淸臺懸炭之期或爽候氣重室布灰之應少差伏惟陛下當璧膺符大横協兆乘機虎變撫運龍飛苞括九隅牢籠萬寓四海來王百靈受職大丞相渤海王降神挺生固天縱德負圖作宰知機成務撥亂反正決江疏河效顯勤王勳彰濟世功成治定禮樂惟新以履端歸餘術數未盡乃命兼散騎常侍執讀臣李業興大丞相府東閤祭酒夷安縣開國公臣王春大丞相府戶曹參軍臣和貴興等委其刊正但回舍有疾徐推步有疎密不可以一方知難得以一途揆大丞相主簿臣孫搴驃騎將軍左光祿大夫臣嘩前給事黃門侍郎臣季景渤海王世子開府諮議參軍事定州大中正臣崔暹業興息國子學生屯留縣開國子臣子述等並令參預定其是非臣等職司其憂猶恐未盡竊以蒙戎爲飾必藉衆腋之華輪奐成宇寧止一枝之用必集名勝更共修理左光祿大夫臣盧道約大司農卿彭城侯臣李諧左光祿大夫東雍州大中正臣裴獻伯散騎常侍西兗州大中正臣溫子昇太尉府長史臣陸操尚書右丞城陽縣開國子臣盧元明中書侍郎臣李同軌前中書侍郎臣邢子明中書侍郎臣宇文忠之前司空府長史建康伯臣元仲悛大丞相法曹參軍臣杜弼尚書左中兵郎中定陽伯臣李溥濟尚書起部郎中臣辛術尚書祠部郎中臣元長和前青州驃騎府司馬安定子臣胡世榮太史令盧鄉縣開國男臣趙洪慶太史令臣胡法通應詔左右臣張喆員外司馬督臣曹魏祖太史丞郭慶太史博士臣胡仲和等或器擲民譽或術兼世業並能顯微闡幽表同錄異詳考古今共成此曆甲爲日始子實天正命曆置元宜從此起運屬興和以年號爲目豈獨太初表於漢代景初冠於魏曆而已謹以封呈乞付有司依術施用詔以新曆示齊獻武王田曹參軍信都芳芳關通曆術駮業興曰今年十二月二十日新曆在營室十二度順疾天上歲星在營室十一度今月二十日新曆鎮星在角十一度留天上鎮星在亢四度留今月二十日新曆太白在斗二十五度晨見逆行天上太白在斗二十一度逆行便爲差殊業興對曰歲星行天伺候以來八九餘年恒不及二度今新曆加二度至於夕伏晨見纖毫無爽今日仰看如覺二度及其出沒還應如術鎮星自造壬子元以來歲常不及故加壬子闕度亦知猶不及五度適欲并加恐出沒頓校十度十日將來永用不合處多太白之行頓疾頓遲取其會歸而已近十二月二十日晨見東方新舊二曆推之分寸不異行星三日頓校四度如此之事無年不有至其伏見還依術法又芳唯嫌十二月二十日星有前却業興推步已來三十餘載上算千載之日月星辰有見經史者與涼州趙畋劉義隆廷尉卿何承天劉駿南徐州從事史祖沖之參校業興甲子元曆長於三曆一倍考洛京已來四十餘歲五星出沒歲星鎮星太白業興曆首尾恒中及有差處不過一日二日一度兩度三曆之失動校十日十度熒惑一星伏見體自無常或不應度祖沖之曆多甲子曆十日六度何承天曆不及三十日二十九度今曆還與壬子同不有加增辰星一星沒多見少及其見時與曆無舛今此亦依壬子元不改太白辰星唯起夕合爲異業興以天道高遠測步難積五行伏留推考不易入目仰闚未能盡密但取其見伏大歸略其中間小謬如此曆便可行若專據所見之驗不取出沒之效則曆數之道其幾廢矣夫造曆者節之與朔貫穿於千年之間閏餘斗分推之於毫釐之內必使盈縮得衷間限數合周日小分不殊錙銖陽曆陰曆纖芥無爽損益之數驗之交會日所居度考之月蝕上推下減先定衆條然後曆元可求猶甲子難值又雖值甲子復有差分如此踳駮參錯不等今曆發元甲子七率同遵合璧連珠其言不失法理分明情謂爲可如芳所言信亦不謬但一合之裏星度不驗者至若合終必還依術鎮星前年十二月二十日見差五度今日差三度太白前差四度今全無差以此準之見伏之驗尋效可知將來永用大體無失芳又云以去年十二月中算新曆其鎮星以十二月二十日在角十一度留天上在亢四度留是新曆差天五度太白歲星並各有差校於壬子舊曆鎮星差天五度太白歲星亦各有差是舊曆差天爲多新曆差天爲少凡造曆者皆須積年累日依法候天知其疎密然後審其近者用作曆術不可一月兩月之間能正是非若如熒惑行天七百七十九日一遲疾一留一逆一順一伏一見之法七頭一終太白行天五百八十三日晨夕之法七頭一終歲星行天三百九十八日七頭一終鎮星行天三百七十八日七頭一終辰星行天一百一十五日晨夕之法七頭一終造曆者必須測知七頭然後作術得七頭者造曆爲近不得頭者其曆甚疎皆非一二日能知是非自五帝三代以來及秦漢魏晉造曆者皆積年久測術乃可觀其倉卒造者當時或近不可久行若三四年作者初雖近天多載恐失今甲子新曆業興潛構積年雖有少差校於壬子元曆近天者多若久而驗天十年二十年間比壬子元曆三星行天其差爲密獻武王上言之詔付外施行

上元甲子以來至春秋魯隱公元年歲在己未積二十九萬二千七百三十六算上

甲子之歲入甲戌紀己來積十二萬四千一百三十六算上

上元甲子以來至大魏興和二年歲在庚申積二十九萬三千九百九十七算上

甲子之歲入甲戌紀至今庚申積十二萬五千三百九十七算上

元法一百一萬一千六百三統之數

統法三十三萬七千二百二紀之數

紀法十六萬八千六百千蔀成紀日數至十

蔀法一萬六千八百六十三十乘章歲得日月餘皆盡之年數

度法一萬六千八百六十三十乘章歲得此數

日法二十萬八千五百三十三十乘章月得此數

氣時法一千四百小二分度法得一時之數

章歲五百六十二二十九章十一年減閏餘二萬一百七十八年減右一閏月

章閏二百七五百六十二年之閏月數

章月六千九百五十一五百六十二年之月數并閏

章中六千七百四十四五百六十二年月除閏月數

周天六百一十五萬八千一十七度法通度內斗分之數

通數六百一十五萬八千一十七日法通二十九日內經月餘之數

沒分六百一十五萬八千一十七餘數通經沒六十九內分五萬七千一百八十四得此數

餘數八萬八千四百一十七度法通一年下五內斗分之數

沒法八萬八千四百一十七一年之同成甲之外分數

斗分四千一百一十七從斗量周天至此不成度之分

虛分九萬七千八百八十三經月一十九日外少此不滿三十日

小分法二十四二十四氣除周天分之數也

歲中十二十二月之中氣

會數一百七十三月一出一入黃道之日數周辟六二十三分月之二十也

會餘六萬七千一百一十七百七十二日外不成日之分

會通三千六百一十四萬二千八百七以日法通百七十二內會餘之數

會虛十四萬一千四百一十三會餘之外不成度之數

周日二十七周天用日月行數

周餘十一萬五千六百三十一周天用日外及本處

通周五百七十四萬五千九百四十一日法通二十七內分

周虛九萬二千八百九十九用餘外不成日之數

小周七千五百一十三月一日行之數

月周二十二萬五千三百九十通小周內度數

朔望合數十四半經月日數

度餘十五萬九千五百八十八半半經月日餘

入交限數一百五十八度月出入黃道減半月之數

度餘十一萬六千五十八半減半月小餘之外

推月朔弦望術第一

推積月　術曰置入紀以來盡所求年減一以章月乘之章歲如一所得爲積月不盡爲閏餘閏餘三百五十五以上其年有閏餘五百一十五以上進退在天正十一月前後以冬至定之

推積日　術曰以通數乘積月爲朔積分日法如一爲積日不盡爲小餘以六旬去積日不盡爲大餘命大餘以紀今命以甲戌紀算外卽所求年天正十一月朔日

求次月朔　術曰加大餘二十九小餘十一萬六百四十七滿除如上命以紀算外卽次月朔日其小餘滿虛分九萬七千八百八十三者其月大減者其月小

求上下弦望　術曰加朔大餘七小餘七萬九千七百九十四小分一小分滿四從小餘小餘滿日法從大餘大餘滿六十去之命以紀算卽上弦日又加得望下弦後月朔

推二十四氣閏術第二

推二十四氣　術曰置入紀以來盡所求年減一以餘數乘之蔀法如一爲積沒不盡爲小餘以六旬去積沒不盡爲大餘命以紀算外卽所求年天正十一月冬至日

求次氣術　術曰加大餘十五小餘三千六百八十四小分一小分滿小分法二十四從小餘小餘滿蔀法從大餘一命如上算外卽次氣日

推閏　術曰以閏餘減章歲餘以歲中十二乘之滿章閏二百七得一月餘半法以上亦得一月數起天正十一月算外卽閏月閏月有進退以無中氣定之

推閏又法　術曰以歲中乘閏餘加章閏得一盈章中六千七百四十四數起冬至算外中氣終閏月也盈中氣在朔若二日卽前月閏

冬至十一月中　小寒十二月節　大寒十二月中
立春正月節　雨水正月中　驚蟄二月節
春分二月中　清明三月節　穀雨三月中
立夏四月節　小滿四月中　芒種五月節
夏至五月中　小暑六月節　大暑六月中
立秋七月節　處暑七月中　白露八月節
秋分八月中　寒露九月節　霜降九月中
立冬十月節　小雪十月中　大雪十一月節

推合朔却去度表裏術第三

推合朔却去交度　術曰置入紀以來朔積分又以所入紀交會差分并之甲戌紀交會差分二十六百五十二萬二千六百四十九以會通去之所得爲積交不盡者以日法約之爲度不盡者爲度餘卽所求年天正十一月朔却去交度及度餘

甲子紀紀首合朔日月合壁交中

甲戌紀紀首合朔月在日道表　交會差一百二十七度
度餘三萬九千三百四十九

甲申紀紀首合朔月在日道裏　交會差八十一度
度餘一萬一千五百六十一

甲午紀紀首合朔月在日道裏　交會差三十四度
度餘十九萬二千三百一十三

甲辰紀紀首合朔月在日道表　交會差一百六十二度
度餘二萬三千一百二十二

甲寅紀紀首合朔月在日道表　交會差一百一十五度
度餘二十萬三千八百七十四

求次月却去交度　術曰加度二十九度餘十萬六百四十七度餘滿日法從度度滿會數去之亦降其會餘卽次月朔却去交度及度餘

求望却去交度　術曰加度十四度餘十五萬九千五百八十八半滿除如上卽望却去交度及度餘

推月在日道表裏　術曰置入紀以來朔積分又以紀交會差分并之倍會通去之餘以會通減之得一減者爲月在日道裏無所得者爲月在日道表

求次月表裏　術曰加次月度及度餘加表滿會數及會數餘則在裏加裏滿會數及會餘則在表

推交道所在日　術曰以十一月朔却去交度及餘減會數及會餘會餘若不足減者減一度加日法乃減之又以十一月朔小餘加之滿日法從度餘爲度餘卽是天正十一月朔前去交度及餘如曆月大小除之起天正月十一月不滿月者爲入月算外交道所在日又以歲中乘入月小餘日法除之所得命以子算卽交道所在辰其交在望前者其月朔則交道望則月蝕交在望後者其月月蝕後朔交會交正在望者其月月蝕既前後朔交會交正朔者日蝕既前後月望皆月蝕

求後交月及日　術曰以會數及會餘加前入月算及餘餘滿日法從日日如曆月大小除之起前交月算外卽後交月及日以次放之

推交會起角　術曰其月在外道先會後交者虧從東南角起先交後會者虧從西南角起其月在內道先會後交者虧從西北角起合交中者蝕之既其月蝕在日之衝起角亦如之

推蝕分多少　術曰其朔望去交度及度餘如入交限數一百五十八度度餘十一萬六千五十八半以上者以減會數及會數餘餘爲不蝕度若朔望去交度如朔望合數十四度度餘十五萬九千五百八十八半以下者卽是不餘度皆以減十五餘爲餘蝕分朔望去交度盡者蝕之既

推合朔月蝕入遲疾曆盈縮術第四

推合朔入遲疾曆　術曰置入紀以來朔積分又以所入紀遲疾差分并之甲戌紀遲差分二日三十五萬三千一百九十一以通周去之所得日餘周不盡者以日法約之爲日不盡者爲日餘命日算外卽所求年天正月十一月合朔入曆日

求次月入曆日　術曰加一日日餘二十萬三千五百四十六日蝕滿日從日法日滿周日及周餘去之命如上算外卽次月入曆日

求望入曆　術曰加日十四日餘十五萬九千五百八十八半滿除如上算外卽望入曆

日月行遲疾度及合　損益率
盈縮并率　盈縮積分
一日十四度四百二分　益七百五十七
盈初
二日十四度三百三十十四分　益六百八十九
盈七百五十　盈積分二萬一千一十一
三日十四度二百四十六十一分　益六百一十七
盈一千四百三十六　盈積分四萬一百三十五
四日十四度一百九十分　益五百四十五
盈二千六十二　盈積分五萬七千二百三
十二
五日十四度一百一十一分　益四百六十六
盈二千六百七　盈積分七萬二千三百六
十
六日十三度五百二十二分　益二百一十五
盈三千七十三　盈積分八萬五千二百九
十四
七日十三度二百九十六分　益八十九
盈三千三百八十八　盈積分九萬四千三十七
八日十三度六十八分　損一百三十九
盈三千四百七十七　盈積分九萬六千五百七
九日十二度四百八十六分　損二百八十三
盈三千三百三十八　盈積分九萬二千六百四
十九
十日十二度三百七十九分　損三百九十
盈三千五十五　盈積分八萬四千七百九
十四
十一日十二度三百六十七分　損五百二
盈二千六百六十五　盈積分七萬三千九百六
十九
十二日十二度一百五十一分　損六百一十八
盈二千一百六十三　盈積分六萬三十六
十三日十二度四十分　損七百二十九
盈一千五百四十五　盈積分四萬二千八百八
十三
十四日十一度五百一十五分　損八百一十六
盈八百一十六　盈積分二萬二千六百四
十九
十五日十二度三十八分　益七百三十一
縮初
十六日十二度一百二十三分　益六百三十六
縮七百三十一　縮積分二萬二百九十
十七日十二度三百一十一分　益五百五十八
縮一千三百七十七　縮積分三萬八千二百一
十
十八日十二度二百二十四分　益四百四十五
縮一千九百三十五　縮積分五萬三千七百
十九日十二度四百三十五分　益三百三十四
縮二千三百八十　縮積分六萬六千五百五十九
二十日十二度五百五十五分　益二百一十四
縮二千七百一十四　縮積分七萬五千三百二
十九
二十一日十三度一百三十八分　益七十九
縮二千九百二十八　縮積分八萬一千二百六
十九
二十二日十二度二百七十分　損六十三
縮三千七　縮積分八萬三千四百六
十二
二十三日十三度四百三十二分　損二百二十五
縮二千九百四十四　縮積分八萬一千七百一
十三
二十四日十四度三十三分　損三百八十八
縮二千七百一十九　縮積分七萬五千四百六
十八
二十五日十四度一百九十四分　損五百四十九

縮二千三百三十一　縮積分六萬四千六百九
十九
二十六日十四度三百一十九分　損六百七十四
縮一千七百八十二　縮積分四萬九千四百六
十一
二十七日十四度三百三十六分　損七百一
縮一千一百八　縮積分三萬七百五十四
周日十四度三百七十九分　損七百三十四
縮四百七　縮積分一萬一千二百九
十七

推合朔交會月蝕定大小蝕　術曰以入曆日餘乘所入曆下損益率以小周七千五百一十三除之所得損益盈縮積分爲定積分積分盛者以減本朔望小餘縮者加之加之滿日法者交會加時在後日減之不足減者減一日加日法乃減之交會加時在前日月蝕者隨定大小餘爲定日加時

推加時　術曰以歲中乘定小餘日法除之所得命以子算外朔望加時有餘不盡者四之如法得一爲少二爲半三爲太半又有餘者三之如法得一爲彊半法以上排成一不滿半法棄之以彊并少爲少彊并半爲半彊并太爲太彊得二彊者爲少弱以之并少爲半弱以之并半爲太弱以之并太爲一辰弱隨所在辰而命之卽其彊弱日之衡爲破月常在破下蝕

推日月合朔弦望度第五

推日度　術曰置入紀以來朔積日以日度法一萬六千八百六十乘之滿周天去之餘以日度法約之爲度餘命起牛前十二度宿次除之不滿宿者算外卽所求年天正十一月朔夜半日所在度及分

推日度又法　術曰置周天三百六十五度斗分四千一百一十七以冬至去朔日數減一以減周天度冬至小餘減斗分斗分不足減者減一度加日度法乃減之命起如上算外卽所求年天正十一月朔夜半日所在度及分

求日次月次日所在度　術曰月大者加度三十月小者加度二十九次日者加度一宿次除之逕斗除其分

推合朔日月共度　術曰以章歲五百六十二乘朔小餘以章月六千九百五十一除之所得爲大分不盡爲小分以加夜半日度分分滿日度法從度命如上算外卽所求年天正十一月合朔日月共度

推合朔日月共度又法　術曰加度二十九大分八千九百四十五小分六千九百一十九小分滿章月從大分大分滿日度法從度宿次除之逕斗去其分算外卽次月合朔日月共度

推月度　術曰置入紀以來朔積日以周二十二萬五千三百九十乘之滿周天去之餘以日度法約之爲度餘爲度分命起牛前十二度宿次除之不滿宿者算外卽所求年天正十一月朔夜半月所在度及分

推月度又法　術曰以小周乘朔小餘爲實章歲乘日法爲法實如法得一爲度不滿法者以章月除之爲大分餘爲小分所得以減合朔度及度分算外卽所求年天正十一月朔夜半月所在度及分

求月次月度　術曰月小加度二十二分七千三百七十三月大加度三十五分一萬三千五百八十三分滿日度法從度宿次除之不滿宿者算外卽月次月所在度

求月次日度　術曰加度十三分六千二百一十分滿日度法從度除如上算外卽月次日所在度

求弦望日所在度　術曰加合朔度七大分六千四百五十一小分三千四百六十一微分二微分滿四從小分小分滿章月從大分大分滿日度法從度命如上算外卽上弦日所在度又如得望下弦後月合朔

求弦望月所在度　術曰加合朔度九十八大分一萬一千六百九十五小分五千二百二十五微分一滿除如上算外卽上弦日月所在度又加得望下弦後月合朔

斗二十六度　牛八度　女十二度　虛十度
危十七度　室十六度　壁九度
北方玄武七宿九十八度分四千一百一十七
奎十六度　婁十二度　胃十四度　昴十一度
畢十六度　觜二度　參九度
西方白虎七宿八十度
井三十三度　鬼四度　柳十五度　星七度
張十八度　翼十八度　軫十七度
南方朱鳥七宿一百一十二度
角十二度　亢九度　氐十五度　房五度
心五度　尾十八度　箕十一度
東方蒼龍七宿七十五度

周天三百六十五度一萬六千八百六十分度之四千一百一十七通之得六百一十五萬八千一十七名曰周天

推土王滅沒卦候上朔術第六

推土王日　術曰置四立大小餘各減其大餘十八小餘四千四百二十小分十八微分二大餘不足減者加六十乃減之小餘不足減者減一日加蔀法乃減之小分不足減者減小餘一加小分法二十四乃減之微分不足減者減小分一加五然後皆減之命以紀算外卽四立前土王日

推土王又法　術曰加冬至大餘二十七小餘六千六百三十一小分六微分三微分滿五從小分小分滿小分法從小餘小餘滿蔀法從大餘一命以紀算外卽季冬土王日

求次季土王日　術曰加大餘九十一小餘五千二百四十四小分六小分滿小分法從小餘小餘滿蔀法從大餘大餘滿六十去之命以紀算外卽次季土王日

推滅沒　術曰因冬至積沒有小餘者加積沒一以沒分乘之以沒法八萬八千四百一十七除之所得爲積日不盡爲沒餘六旬去積日不盡爲沒日命以紀算外卽所求天正十一月冬至後沒日

求次滅　術曰加沒日六十九沒餘五萬七千二百四十四沒餘滿沒法從沒日沒日滿六十去之命以紀算外卽次沒日餘盡者爲滅

求次沒　術曰加沒日六十九沒餘一萬九百一十五沒分六萬二千二百八十五沒分滿沒法從沒餘沒餘滿蔀法從沒日命起前沒月曆月大小除之不滿月者卽後沒日及沒餘沒分命曰如上算外卽次沒日

推四正卦　術曰因冬至大小餘卽坎卦用事日春分卽震卦用事日夏至卽離卦用事日秋分卽兌卦用事日中孚因坎卦

求次卦　術曰加坎卦大餘六小餘一千四百七十三小分十四微分四微分滿五從小分小分滿小分法從小餘小餘滿蔀法從大餘大餘滿六十去之命以紀算外卽復卦用事日

十一月未濟蹇頤中孚復
十二月屯謙睽升臨
正月小過蒙益漸泰
二月需隨晉解大壯
三月豫訟蠱革夬
四月旅師比小畜乾
五月大有家人井咸姤
六月鼎豐渙履遯
七月恒節同人損否
八月巽萃大畜賁觀
九月歸妹无妄明夷困剝
十月艮既濟噬嗑大過坤

四正爲方伯中孚爲三公復爲天子屯爲諸侯謙爲大夫睽爲九卿升還從三公周而復始

九三應上九清淨微溫陽風九三應上六降赤決溫陰雨六三應上六日澤寒陰雨六三應上九麴塵決寒陽風諸卦上有陽爻者陽風上有陰爻者陰雨

推七十二候　術曰因冬至大小餘卽虎始交日加大餘五小餘一千二百二十八微分一微分滿三從小分小分滿小分法從小餘小餘滿蔀法從大餘大餘滿六十去之命以紀算外　依次候日

冬至　虎始交　芸始生　荔挺生
小寒　蚯蚓結　麋角解　水泉動
大寒　鴈北向　鵲始巢　雉始雊
立春　鷄始乳　東風解凍　蟄蟲始振
雨水　魚上負冰　獺祭魚　鴻鴈來
驚蟄　始雨水　桃始華　倉庚鳴
春分　鷹化爲鳩　玄鳥至　雷始發聲
清明　電始見　蟄蟲咸動　蟄蟲啓戶
穀雨　桐始華　田鼠化爲鴽　虹始見
立夏　萍始生　戴勝降桑　螻蟈鳴
小滿　蚯蚓出　王瓜生　苦菜秀
芒種　靡草死　小暑至　螗蜩生
夏至　鵙始鳴　反舌無聲　鹿角解
小暑　蟬始鳴　半夏生　木槿榮
大暑　溫風至　蟋蟀居壁　鷹乃學習
立秋　腐草化爲螢　土潤溽暑　涼風至
處暑　白露降　寒蟬鳴　鷹祭鳥
白露　天地始肅　暴風至　鴻鴈來
秋分　玄鳥歸　羣鳥養羞　雷始收聲
寒露　蟄蟲附戶　殺氣浸盛　陽氣日衰
霜降　水始涸　鴻鴈來賓　雀入大水化爲蛤
立冬　菊有黃華　豺祭獸　水始冰
小雪　地始凍　雉入大水爲蜃　虹藏不見
大雪　冰始壯　地始坼　鶡旦鳴

推上朔　術曰置入紀以來盡所求年減一以六律乘之以六旬去之不盡者命以甲子算上卽上朔日

推五星見伏術第七

上元甲子以來至春秋魯隱公元年歲在己未積二十九萬二千七百三十六算

上元甲子以來至今大魏興和二年歲在庚申積二十九萬三千九百九十七算

木精曰歲星其數六百七十二萬二千八百八十八

火精曰熒惑其數一千三百一十四萬九千八十三

土精曰鎭星其數六百三十七萬四千六十一

金精曰太白其數九百八十四萬三千八百八十二

水精曰辰星其數一百九十五萬三千七百一十七

推五星　術曰置上元以來盡所求年減一以周天乘之爲五星之實各以其數爲法除之所得爲積合不盡爲合餘以合餘減法餘爲入歲度分以日度法約之所得卽所求年天正十一月冬至後晨夕合度算及度餘其金水以一合日數及合餘減合度算及度餘得一者爲晨無所得者爲夕若度餘不足減者減合度算一加日度法乃減之命起牛前十二度宿次除之不滿宿者算外卽所求年天正十一月冬至後晨夕合度及度餘

徑推五星　術曰置上元以來盡所求年減一如法算之合度餘滿日度法加合度算一合度算滿合終日數去之亦以合終日餘減合度若不足減者減合度算一加周虛積年盡所得卽所求年天正十一月冬至後晨夕合度筭及度餘其求水及命度皆如上法

求星合月及日　術曰置冬至去朔日數減一加合度算冬至小餘以加合度餘合度餘滿日度法去之加合度算一合度筭變成合日算合度餘爲日餘命日起天正十一月如曆月大小除之不滿月者算外卽星合月及日有閏以閏計之

求後合月及日　術曰以合終日數及合終日餘加前入月算及餘餘滿日度法後日一日如曆月大小除之起前合月算外卽後合月及日其金水以合日數及一合日餘加之加夕得晨加晨得夕也

求後合度　術曰以行星度餘加前合度及度餘度餘滿日度法從度命起前合度宿次除之不滿宿者算外卽後合度餘逕斗除其分其分四千一百一十七

歲星合終日數三百九十八合終日餘一萬二千六百八周虛三千二百五十二行星三十三度度餘九千四百九十一

歲星晨與日合在日後伏十六日日餘六千八百四行星二度度餘一萬三千一百七十五晨見東方順疾日行五十八分之十一五十八日行十一度順遲日行九分五十八日行九度而留不行二十五日而旋逆日行七分之一八十四日退十二度復留二十五日復順遲日行九分五十八日行九度復順疾日行十一分五十八日行十一度在日前夕伏西方順十六日日餘六千八百四行星二度度餘一萬三千一百七十六而與日合

熒惑合終日數七百七十九合終日餘一萬五千一百四十三周虛一千七百一十七行星四十九度度餘六千九百九

熒惑晨與日合在日後伏七十一日日餘一萬六千一行星五十五度度餘一萬三千九百四十三晨見東方順疾日行二十三分之十四一百八十四日行一百一十二度順遲日行十二分九十一日行四十八度而留不行十一日而旋逆日行六十二分之十七六十二日退十七度復留十一日復順遲日行十二分九十二日行四十八度復順疾日行十四分一百八十四日行一百一十二度在日前夕伏西方順七十一日日餘一萬六千二行星五十五度度餘一萬三千九百四十三而與日合

鎭星合終日數三百七十八合終日餘九百八十一周虛一萬五千八百七十九行星十二度度餘一萬三千七百二十四

鎭星晨與日合在日後伏十八日日餘四百九十行星二度度餘六千八百六十二晨見東方順日行十二分之一八十四日行七度而留不行三十六日而旋逆日行十七分之一一百二日退六度復留三十六日復順日行十二分之一八十四日行七度在日前夕伏西方順十八日日餘四百九十一行星二度度餘六千八百六十二而與日合

太白合終日數五百八十三合終日餘一萬四千五百二周虛二千三百五十八行星二百九十一度亦日一合日數度一餘萬五千六百八十一亦日一合日數

太白夕與日合在日前伏四十一日日餘一萬五千六百八十一行星五十一度度餘一萬五千六百八十一夕見西方順疾日行一度十三分之三九十一日行二百一十二度順遲日行一度十三分之二九十一日行五度順大疾日行十五分之十一四十五日行三十三度而留不行八日而旋逆日行三分之二九日退六度在日前夕伏西方伏六日退四度而與日晨合

太白晨與日合在日後伏六日退四度晨見東方逆日行三分之二九日退六度而留不行八日順日行十五分之十一四十五日行三十三度順疾日行一度十三分之二九十一日行一百五度順大疾日行一度十三分之二九十一日行一百一十二度在日後晨伏東方順四十一日日餘一萬五千六百八十一行星五十一度度餘一萬五千六百八十一而與日夕合

辰星合終日數一百一十五合終日餘一萬四千八百一十八周虛二千四百四十四行星五十七度亦日一合日數度餘一萬五千八百四十八亦日一合日數

辰星夕與日合在日前伏十七日日餘一萬五千八百四十八夕見西方順疾日行一度三分之一十八日行二十四度順遲日行七分之五七日行五度而留不行四日在日前夕伏西方逆十一日退六度而與日晨合

辰星晨與日合在日後伏十一日退六度晨見東方而留不行四日順遲日行七分之五七日行五度順疾日行一度三分之一十八日行二十四度在日後晨伏東方順十七日日餘一萬五千八百三十八行星三十四度度餘一萬五千八百四十八而與日夕合

五星歷步　術曰以術法伏日度及餘加星合日度及餘餘滿日度法一萬六千八百六十得一從命命之加前得星見日度及餘以星行分母乘見度分日度法如一得一分不盡半法以上亦得一以加所行分分滿其母得一度逆順母不同以當行之母乘故分故母如一爲當行分留者承前逆則減之伏不盡度除斗分以行母爲率分有損益前後相御十四

求五星行所在度　術曰以行分子乘行日數分母除之所得卽星行所在度

魏書卷一百七下考證

律歷志敘亦知猶不及五度○五監本訛作王今改正

甲子之歲入甲戌紀紀法十六萬八千六百注千蔀成紀○臣人龍按詩大雅疏二十蔀爲一紀則千字誤也

度餘十一萬六千五十八半○半監本訛作度今改正

推合朔却去度表裏術第三甲寅紀注月在日道表○監本月在日道下脫表字今增正

推日月合朔弦望度第五又如得望下弦後月合朔○如字當作加

推五星見伏術第七歲在已未○已監本作乙今據歷代甲子圖改正

魏書卷一百八之一

齊　魏收　撰

志第十

禮四之一

夫在天莫明於日月在人莫明於禮儀先王以安上治民用成風化苟或失之斯亡云及聖者因人有尊敬哀思嗜慾喜怒之情而制以上下隆殺長幼衆寡之節本於人心會於神道故使三才惟穆百姓允諧而淳澆世殊質文異設損益相仍隨時作範秦滅儒經漢承其弊三代之禮蓋如綫焉劉氏中興頗率周典魏晉之世抑有可知自永嘉擾攘神州蕪穢禮壞樂崩人神殲殄太祖南定燕趙日不暇給仍世征伐務恢疆宇雖馬上治之未遑制作至於經國軌儀互舉其大但事多粗略且兼闕遺高祖稽古率由舊則斟酌前王擇其令典朝章國範煥乎復振早年厭世叡慮未從不爾劉馬之迹夫何足數世宗優遊在上致意玄門儒業文風顧有未洽墜禮淪聲因之而往肅宗已降魏道衰羸太和之風仍世凋落以至於海內傾圮綱紀泯然嗚呼魯秉周禮國以克固齊臣撤器降人折謀治身不得以造次忘治國庸可而須臾忽也初自皇始迄於武定朝廷典禮之迹故總而錄之

太祖登國元年卽代王位於牛川西向設祭告天成禮天興元年定都平城卽皇帝位立壇兆告祭天地祝曰皇帝臣珪取用玄牡昭告于皇天后土之靈上天降命乃眷我祖宗世王幽都珪以不德纂戎前緒思寧黎元龔行天罰殪劉顯屠衞辰平慕容定中夏羣下勸進謂宜正位居尊以副天人之望珪以天時人謀不可久替謹命禮官擇吉日受皇帝璽綬惟神祇其丕祚於魏室永綏四方事畢詔有司定行次正服色羣臣奏以國家繼黃帝之後宜爲土德故神獸如牛牛土畜又黃星顯曜其符也於是始從土德數用五服尚黃犧牲用白祀天之禮用周典以夏四月親祀于西郊徽幟有加焉

二年正月帝親祀上帝于南郊以始祖神元皇帝配爲壇通四陛爲壝埒三重天位在其上南面神元西面五精帝在壇內壝內四帝各於其方一帝在未日月五星二十八宿天一太一北斗司中司命司祿司民在中壝內各因其方其餘從食者合一千餘神餟在外壝內藉用藁秸玉用四珪幣用束帛牲用黝犢器用陶匏上帝神元用犢各一五方帝共用犢一日月等共用牛一祭畢燎牲體左於壇南巳地從陽之義其瘞地壇兆制同

南郊明年正月辛酉郊天癸亥瘞地於北郊以神元竇皇后配五岳名山在中壝內四瀆大川於外壝內后土神元后牲共用玄牲一玉用兩珪幣用束帛五岳等用牛一祭畢瘞牲體右於壇之北亥地從陰也乙丑赦京師畿內五歲刑以下其後冬至祭上帝于圜丘夏至祭地于方澤用牲帛之屬與二郊同

冬十月平文昭成獻明廟成歲五祭用二至二分臘牲用太牢常遣宗正兼太尉率祀官侍祀置太社太稷帝社於宗廟之右爲方壇四陛祀以二月八月用戊皆太牢句龍配社周棄配稷皆有司侍祀立祖神常以正月上未設藉於端門內祭牲用羊豕犬各一又立神元思帝平文昭成獻明五帝廟於宮中歲四祭用正冬臘九月牲用馬牛各一太祖親祀宮中立星神一歲一祭常以十二月用馬薦各一牛豕各二雞一太祖初有兩彗星見劉后使占者占之曰祈之則當掃定天下后從之故立其祀又立闕二字神十二歲一祭常以十一月各用牛一雞三又立王神四歲二祭常以八月十月各用羊一又置獻明以上所立天神四十所歲二祭亦以八月十月神尊者以馬次以牛小以羊皆女巫行事又於雲中及盛樂神元舊都祀神元以下七帝歲三祭正冬臘用馬牛各一祀官侍祀明年春帝始躬耕籍田祭先農用羊一祀日於東郊用騂牛一秋分祭月於西郊用白羊一

天賜二年夏四月復祀天于西郊爲方壇一置木主七於上東爲二陛無等周垣四門門各依其方色爲名牲用白犢黃駒白羊各一祭之日帝御大駕百官及賓國諸部大人畢從至郊所帝立青門內近南壇西內朝臣皆位於帝北外朝臣及大人咸位於青門之外后率六宮從黑門入列於青門內近北竝西面廩犧令掌牲陳於壇前女巫執鼓立於陛之東西面選帝之十族子弟七人執酒在巫南西面北上女巫升壇搖鼓帝拜若肅拜百官內外盡拜祀訖復拜拜訖乃殺牲執酒七人西向以酒灑天神主復拜如此者七禮畢而返自是之後歲一祭

太宗永興三年三月帝禱于武周車輪二山初清河王紹有寵於太祖性凶悍帝每以義責之弗從帝懼其變乃於山上祈福於天地神祇及即位壇兆後因以爲常祀歲一祭牲用牛帝皆親之無常日

明年立太祖廟于白登山歲一祭具太牢帝親之亦無常月兼祀皇天上帝以山神配旱則禱之多有效是歲詔郡國於太祖巡幸行宮之所各立壇祭以太牢歲一祭皆牧守侍祀又立太祖別廟於宮中歲四祭用牛馬羊各一又加置天日月之神及諸小神二十八所於宮內歲二祭各用羊一後二年於白登西太祖舊遊之處立昭成獻明太祖廟常以九月十月之交帝親祭牲用馬牛羊及親行貙劉之禮別置天神等二十三於廟左右其神大者以馬小者以羊華陰公主帝姊也元紹之爲逆有保護功故別立其廟於太祖廟垣後因祭薦焉又於雲中盛樂金陵三所各立太廟四時祀官侍祀

泰常三年爲五精帝兆於四郊遠近依五行數各爲方壇四陛埒壝三重通四門以太皞等及諸佐隨配侑祭黃帝常以立秋前十八日餘四帝各以四立之日牲各用牛一有司主之又六宗靈星風伯雨師司民司祿先農之壇皆有別兆祭有常日牲用少牢立春之日遣有司迎春於東郊祭用酒脯棗栗無牲幣又立五岳四瀆廟於桑乾水之陰春秋遣有司祭有牲及幣四瀆唯以牲牢準古望秩云其餘山川及海若諸神在州郡者合三百二十四所每歲十月遣祀官詣州鎮遍祀有水旱災厲則牧守各隨其界內祈謁其祭皆用牲王畿內諸山川皆列祀次祭各有水旱則禱之

明年八月帝嘗於白登廟將薦熟有神異焉太廟博士許鍾上言曰臣聞聖人能饗帝孝子能饗親伏惟陛下孝誠之至通於神明近嘗於太祖廟有車騎聲從北門入殷殷轞轞震動門闕執事者無不肅慄斯乃國祚永隆之兆宜告天下使知聖德之深遠

辛未幸代至鴈門關望祀恒岳後二年九月幸橋山遣有司祀黃帝唐堯廟明年正月南巡恒岳祀以太牢幸洛陽遣使以太牢祀嵩高華岳還登太行五月至自洛陽諸所過山川羣祀之後三年二月祀孔子於國學以顏淵配

神䴥二年帝將征蠕蠕省郊祀儀四月以小駕祭天神畢帝遂親戎大捷而還歸格於祖禰徧告羣神

九月立密皇太后廟於鄴后之舊鄉也置祀官太常博士齋郎三十餘人侍祀歲五祭

太延元年立廟於恒岳華嵩岳上各置侍祀九十人歲時祈禱水旱其春秋泮涸遣官率刺史祭以牲牢有玉幣

魏先之居幽都也鑿石爲祖宗之廟於烏洛侯國西北自後南遷其地隔遠眞君中烏洛侯國遣使朝獻云石廟如故民常祈請有神驗焉其歲遣中書侍郎李敞詣石室告祭天地以皇祖先妣配祝曰天子燾謹遣敞等用駿足一元大武敢昭告于皇天之靈自啓闢之初祐我皇祖于彼土田歷載億年聿來南遷惟祖惟父光宅中原克翦凶醜拓定四邊沖人纂業德聲弗彰豈謂幽遐稽首來王具知舊廟弗毀弗亡悠悠之懷希仰餘光王業之興起自皇祖綿綿瓜瓞時惟多祜敢以丕功配饗于天子子孫孫福祿永延敞等既祭斬樺木立之以置牲體而還後所立樺木生長成林其民益神奉之咸謂魏國感靈祇之應也石室南距代京可四千餘里

明年六月司徒崔浩奏議神祀多不經案祀典所宜祀凡五十七所餘復重及小神請皆罷之奏可

十一年十一月世祖南征逕恒山祀以太牢浮河濟祀以少牢過岱宗祀以太牢至魯以太牢祭孔子遂臨江登瓜步而還

文成皇帝即位三年正月遣有司詣華岳修廟立碑數十人在山上聞虛中若音聲聲中稱萬歲云

和平元年正月帝東巡歷橋山祀黃帝幸遼西望祀醫無閭山遂緣海西南幸冀州北至中山過恒岳禮其神而返明年帝南巡過石門遣使者用玉璧牲牢禮恒岳四月旱下詔州郡於其界內神無大小悉洒掃薦以酒脯年登之後各隨本秩祭以牲牢至是羣祀先廢者皆復之

顯祖皇興二年以青徐既平遣中書令兼太常高允奉玉幣祀於東岳以太牢祀孔子

高祖延興二年有司奏天地五郊社稷已下及諸神合一千七十五所歲用牲七萬五千五百顯祖深愍生命乃詔曰朕承天事神以育羣品而咸秩處廣用牲甚衆夫神聰明正直享德與信何必在牲易曰東隣殺牛不如西隣之禴祭實受其福苟誠感有著雖行潦菜羹可以致大嘏何必多殺然後獲祉福哉其命有司非郊天地宗廟社稷之祀皆無用牲於是羣祀悉用酒脯

先是長安牧守常有事於周文武廟四年坎地埋牲廟玉發見四月詔東陽王丕祭文武二廟以廟玉露見若即而埋之或恐愚民將爲盜竊勑近司收之府藏

六月顯祖以西郊舊事歲增木主七易世則更兆其事無益於神明初革前儀定置主七立碑於郊所

太和二年旱帝親祈皇天日月五星於苑中祭之夕大雨遂赦京師

三年上祈於北苑又禱星於苑中

六年十一月將親祀七廟詔有司依禮具儀於是羣臣議曰昔有虞親虞祖考來格殷宗躬謁介福遒降大魏七廟之祭依先朝舊事多不親謁今陛下孝誠發中思親祀事稽合古王禮之常典臣等謹案舊章幷採漢魏故事撰祭服冠屨牲牢之具罍洗簠簋俎豆之器百官助祭位次樂官節奏之引升降進退之法別集爲親拜之儀制可於是上乃親祭其後四時常祀皆親之

十年四月帝初以法服御輦祀於西郊

十二年十月帝親築圜丘於南郊

十三年正月帝以大駕有事於圜丘五月庚戌車駕有事於方澤壬戌高祖臨皇信堂引見羣臣詔曰禮記祭法稱有虞氏禘黃帝大傳曰禘其祖之所自出又稱不王不禘論曰禘自既灌詩頌長發大禘爾雅曰禘大祭也夏殷四時祭礿禘烝嘗周改禘爲祠祭義稱春祭秋嘗亦夏殷祭也王制稱犆礿祫禘祫嘗祫烝其禮傳之文如此鄭玄解禘天子祭圜丘曰禘祭宗廟大祭亦曰禘三年一祫五年一禘祫則合羣毀廟之主於太廟合而祭之禘則增及百官配食者審諦而祭之天子先禘祫而後時祭諸侯先時祭而後禘祫魯禮三年喪畢而祫明年而禘圜丘宗廟大祭俱稱禘祭有兩禘明也王肅解禘祫稱天子諸侯皆禘於宗廟非祭天之祭郊祀后稷不稱禘宗廟稱禘禘祫一名也合而祭之故稱祫審諦之故稱禘非兩祭之名三年一祫五年一禘總而互舉之故稱五年再殷祭不言一禘一祫斷可知矣禮文大略諸儒之說盡具於此卿等便可議其是非尚書游明根左丞郭祚中書侍郎封琳著作郎崔光等對曰鄭氏之義禘者大祭之名大祭圜丘謂之禘者審諦五精星辰也大祭宗廟謂之禘者審諦其昭穆圜丘常合不言祫宗廟時合故言祫斯則宗廟祫禘竝行圜丘一禘而已宜於宗廟俱行禘祫之禮二禮異故名殊依禮春廢犆礿於嘗於蒸則祫不於三時皆行禘祫之禮中書監高閭儀曹令李韶中書侍郎高遵等十三人對稱禘祭圜丘之禘與鄭義同其宗廟禘祫之祭與王義同與鄭義同者以爲有虞禘黃帝黃帝非虞在廟之帝不在廟非圜丘而何又大傳稱祖其所自出之祖又非在廟之文論稱禘自既灌事似據爾雅稱禘大祭也頌長發大禘也殷王之祭斯皆非諸侯之禮諸侯無禘禮唯夏殷夏祭稱禘又非宗廟之禘魯行天子之儀不敢專行圜丘之禘改殷之禘取其禘名於宗廟因先有祫遂生兩名據王氏之義祫而禘祭之故言禘祫總謂再殷祭明不異也禘祫一名也其禘祫止於一時止於一時

者祭不欲數數則黷一歲而三禘愚以爲過數帝曰尚書中書等據二家之義論禘祫詳矣然於行事取衷猶有未允監等以禘祫爲名義同王氏禘祭圓丘事與鄭同無所間然尚書等與鄭氏同兩名兩祭竝存竝用理有未稱俱據二義一時禘祫而闕二時之禘事有難從夫先王制禮內緣人子之情外協尊卑之序故天子七廟諸侯五廟大夫三廟數盡則毀藏主於太祖之廟三年而祫祭之世盡則毀以示有終之義三年而祫以申追遠之情禘祫既是一祭分而兩之事無所據毀廟三年一祫又有不盡四時於禮爲闕七廟四時常祭祫則三年一祭而又不究四時於情爲簡王以禘祫爲一祭王義爲長鄭以圓丘爲禘與宗廟大祭同名義亦爲當今互取鄭王二義禘祫并爲一名從王禘是祭圓丘大祭之名上下同用從鄭若以數則黷五年一禘改祫從禘五年一禘則四時盡禘以稱今情禘則依禮文先禘而後時祭便卽施行著之於令永爲世法

高閭曰書稱肆類於上帝禋于六宗六宗之祀禮無明文名位壇兆歷代所疑漢魏及晉諸儒異說或稱天地四時或稱六者之間或稱易之六子或稱風雷之類或稱星辰之屬或曰世代所宗或云宗廟所尚或曰社稷五祀凡有十一家自晉已來逮于聖世以爲論者雖多皆有所闕莫能評究遂相因承別立六宗之兆總爲一位而祭之比勑臣等評議取衷附之祀典臣等承旨披究往說各有其理較而論之長短互有若偏用一家事或差舛衆疑則從多今惑則仍古請依先別處六宗之兆總爲一祀而祭之帝曰詳定朝令祀爲事首以疑從疑何所取正昔石渠虎閣之議皆準類以引義原事以證情故能通百家之要定累世之疑況今有文可據有本可推而不評而定之其致安在朕躬覽尚書之文稱肆類上帝禋于六宗文相連屬理似一事上帝稱肆而無禋六宗言禋而不別其名以此推之上帝六宗當是一時之祀非別祭之名肆類非獨祭之目焚煙非他祀之用六宗者必是天皇大帝及五帝之神明矣禋是祭帝之事故稱禋以關其他故稱六以證之然則肆類上帝禋于六宗一祭也互舉以成之今祭圓丘五帝在焉其牲幣俱禋故稱肆類上帝禋于六宗一祭而六祀備焉六祭既備無煩復別立六宗之位便可依此附令永爲定法

十四年八月詔曰丘澤初志配尚宜定五德相襲分敘有常然異同之論著於往漢未詳之說疑在今史羣官百辟可議其所應必令合衷以成萬代之式中書監高閭議以爲帝王之作百代可知運代相承書傳可驗雖祚命有長短德政有優劣至於受終嚴祖殷薦上帝其致一也故敢述其前載舉其大略臣閭居尊據極允應明命者莫不以中原爲正統神州爲帝宅苟位當名全化迹流洽則不專以世數爲與奪善惡爲是非故堯舜禪揖一身異尚魏晉相代少紀運殊桀紂至虐不廢承歷之敘厲惠至昏不闕周晉之錄計五德之論始自漢劉一時之議三家致別故張蒼以漢爲水德賈誼公孫臣以漢爲土德劉向以漢爲火德以爲水德者正以嘗有水溢之應則不推運代相承之數矣以土德者則以亡秦繼歷相卽爲次不推逆順之異也以爲火德者懸證赤帝斬蛇之符棄秦之暴越惡承善不以世次爲正也故以承周爲火德自茲厥後乃以爲常魏承漢火生土故魏爲土德晉承魏土生金故晉爲金德趙承晉金生水故趙爲水德燕承趙水生木故燕爲木德秦承燕木生火故秦爲火德秦之未滅皇魏未克神州秦氏旣亡大魏稱制玄朔故平文之廟始稱太祖以明受命之證如周在岐之陽若繼晉晉亡已久若棄秦則中原有寄推此而言承秦之理事爲明驗故以魏承秦魏爲土德又五緯表驗黃星曜彩考氏定實合德軒轅承土祖未事爲著矣又秦趙及燕雖非明聖各正號赤縣統有中土郊天祭地肆類咸秩明刑制禮不失舊章奄岱踰河境被淮漢非若齷齪邊方僭擬之屬遠如孫權劉備近若劉裕道成事繫蠻夷非關中夏伏唯聖朝德配天地道被四海承乾統歷功侔百王光格同於唐虞享祚流於周漢正位中境奄有萬方今若幷棄三家遠承晉氏則蔑中原正次之實存之無損於此而有成於彼廢之無益於今而有傷於事臣愚以爲宜從尚黃定爲土德又前代之君明賢之史皆因其可褒褒之可貶貶之今議者偏據可絕之義而不錄可全之禮所論事大垂之萬葉宜竝集中秘羣儒人人別議擇其所長於理爲悉秘書丞臣李彪著作郎崔光等議以爲尚書閭議繼近秦氏臣職掌國籍頗覽前書惜此正次慨彼非緒輒仰推帝始遠尋百王魏雖建國君民兆朕振古祖黃制朔緜迹有因然此帝業神元爲首案神元晉武往來和好至于桓穆洛京破亡二帝志摧聰勒思存晉氏每助劉琨申威幷冀是以晉室銜扶救之仁越石深代王之請平文太祖抗衡苻石終平燕氏大造中區則是司馬祚終於郟鄏而元氏受命於雲代蓋自周之滅及漢正號幾六十年著符尚赤後雖張賈殊議蹔疑而卒從火德以繼周氏排虐嬴以比共工蔑暴項而同吳廣近蠲謬偽遠卽神正若此之明也寧使白蛇徒斬雕雲空結哉自有晉傾淪暨登國肇號亦幾六十餘載物色旗幟率多從黑是又自然合應玄同漢始且秦幷天下革創法度漢仍其制少所變易猶仰推五運竟躋隆姬而況劉石苻燕世業促褊綱紀弗立魏接其弊自有彝典豈可異漢之承木捨晉而爲土邪夫皇統崇極承運至重必當推協天緒考審正次不可雜以僭竊參之彊狄神元既晉武同世桓穆與懷愍接時晉室之淪平文始大廟號太祖抑亦有由紹晉定德孰曰不可而欲次茲僞僭豈非惑乎臣所以慺慺惜之唯垂察納詔命羣官議之

十五年正月侍中司空長樂王穆亮侍中尚書左僕射平原王陸叡侍中吏部尚書中山王王元孫侍中尚書駙馬都尉南平王馮誕散騎常侍都曹尚書新泰侯游明根散騎常侍南部尚書鄧侍祖祕書中散李愷尚書左丞郭祚右丞霸城子衛慶中書侍郎封琳中書郎泰昌子崔挺中書侍郎賈元壽等言臣等受勑共議中書監高閭祕書丞李彪等二人所議皇魏行次尚書高閭以石承晉爲水德以燕承石爲木德以秦承燕爲火德大魏次秦爲土德皆以地據中夏以爲得統之徵皇魏建號事接秦末晉旣滅亡天命在我故因中原有寄卽而承之彪等據神元皇帝與晉武竝時桓穆二帝仍修舊好始自平文逮于太祖抗衡秦趙終平慕容晉祚終於秦方大魏興於雲朔據漢棄秦承周之義以皇魏承晉爲水德二家之論大略如此臣等謹共參論伏惟皇魏世王玄朔下迄魏晉趙秦二燕雖地據中華德祚微淺竝獲推敘於理未愜又國家積德修長道光萬載彪等職主東觀詳究圖史所據之理其致難奪今欲從彪等所議宜承晉爲水德詔曰越近承遠情所未安然考次推時頗亦難繼朝賢所議豈朕能有違奪便可依爲水德祖申臘辰

四年經始明堂改營太廟詔曰祖有功宗有德自非功德厚者不得擅祖宗之名居二祧之廟仰惟先朝舊事舛駮不同難以取準今將遠遵先志具詳禮典宜制祖宗之號定將來之法烈祖有創基之功世祖有開拓之德宜爲祖宗百世不遷而遠祖平文功未多於昭成然廟號爲太祖道武建業之勳高於平文廟號爲烈祖比功校德以爲未允朕今奉尊道武爲太祖與顯祖爲二祧餘者以次而遷平文旣遷廟唯有六始今七廟一則無主唯當朕躬此事亦臣子所難言夫生必有終人之常理朕以不德忝承洪緒若宗廟之靈獲全首領以沒于地爲昭穆之次心願畢矣必不可豫設可垂之文示後必令遷之司空公長樂王穆亮等奏言升平之會事在於今推功考德實如明旨但七廟之祀備行日久無宜闕一虛有所待臣等愚謂依先尊祀可垂文示後理衷如此不敢不言詔曰理或如此比有間隙當爲文相示

八月壬辰詔郡國有時果可薦者竝送京師以供廟饗又詔曰禮云自外至者無主不立先朝以來以正月吉日於朝廷設幕中置松栢樹設五帝坐此旣無可祖配揆之古典實無所取可去此祀又探策之祭旣非禮典可悉罷之

戊午詔曰國家自先朝以來饗祀諸神凡有一千二百餘處今欲減省羣祀務從簡約昔漢高之初所祀衆神及寢廟不少今日至于元成之際匡衡執論乃得減省後至光武之世禮儀始備饗祀有序凡祭不欲數數則黷黷則不敬神聰明正直不待煩祀也又詔曰明堂太廟竝祀祖宗配祭配享於斯備矣白登崞山鷄鳴山廟唯遣有司行事馮宣王誕生先后復因在官長安立廟宜異常等可勑雍州以時供祭又詔曰先恒有水火之神四十餘名及城北星神今圓丘之下旣祭風伯雨師司中司命明堂祭門戶井竈中霤每神皆有此四十神計不須立悉可罷之

甲寅集羣官詔曰近論朝日夕月皆欲以二分之日於東西郊行禮然月有餘閏行無常準若一依分日或値月出於東而行禮於西尋情卽理不可施行昔祕書監薛謂等嘗論此事以爲朝日以朔夕月以朏卿等意謂朔朏二分何者爲是尚書游明根對曰考案舊式推校衆議宜從朏月

十一月己未朔帝釋禫祭於太和廟帝衮冕與祭者朝服旣而帝冠黑介幘素紗深衣拜山陵而還宮庚申帝親省齊宮冠服及郊祀俎豆癸亥冬至將祭圓丘帝衮冕劒舄侍臣朝服辭太和廟之圓丘升祭柴燎遂祀明堂大合旣而還之太和廟乃入甲子帝衮冕辭太和廟臨太華殿朝羣官旣而帝冠通天絳紗袍臨饗禮帝感慕樂懸而不作丁卯遷廟陳列冕服帝躬省之旣而帝衮冕辭太和廟之太廟百官陪從奉神主於齋車至新廟有司升神主於太廟諸王侯牧守四海蕃附各以其

職來祭

十六年正月戊午詔曰夫四時享祀人子常道然祭薦之禮貴賤不同故有邑之君祭以首時無田之士薦以仲月況七廟之重而用中節者哉自頊蒸嘗之禮頗違舊義今將仰遵遠式以此孟月褈礿於太廟但朝典初改衆務殷湊無遑齋潔遂及於今又接神饗祖必須擇日令禮律未宜有司或不知此可勑太常令剋日以聞

二月丁酉詔曰夫崇聖祀德遠代之通典秩闕三字中古之近規故三五至仁唯德配享夏殷私已稍用其姓且法施於民祀有明典立功垂惠祭有恆式斯乃異代同途奕世共軌今遠遵明令憲章舊則比於祀令已爲決之其孟春應祀者頃以事殷遂及今日可令仍以仲月而饗祀焉凡在祀令者其數有五帝堯樹則天之功興魏魏之治可祀於平陽虞舜播太平之風致無爲之化可祀於廣寧夏禹禦洪水之災建天下之利可祀於安邑周文公制禮作樂垂範萬葉可祀於洛陽其宣尼之廟已於中省當別勑有司饗薦之禮自文公已上可令當界牧守各隨所近攝行祀事皆用清酌尹祭也

丙午詔有司剋吉亥備小駕躬臨千畝官別有勑

癸丑帝臨宣文堂引議曹尚書劉昶鴻臚卿游明根行儀曹事李韶授策孔子崇文聖之謚於是昶等就廟行事既而帝齋中書省親拜祭於廟

九月甲寅朔大享於明堂祀文明太后於玄室帝親爲之詞

十月己亥詔曰夫先王制禮所以經綸萬代貽法後昆至乃郊天享祖莫不配祭然而有節白登廟者有爲而興昭穆不次故太祖有三層之宇巴陵無方丈之室又常用季秋躬駕展虔祀禮或有褻慢之失嘉樂頗涉野合之議今授衣之旦享祭明堂玄冬之始奉烝太廟若復致齋白登便爲一月再駕事成褻瀆回詳二理謂宜省一白登之高未若九室之美幃次之華未如淸廟之盛將欲廢彼東山之祀成此二享之敬可具勑有司但令內典神者攝行祭事獻明道武各有廟稱可具依舊式自太宗諸帝昔無殿宇因停之

十八年南巡正月次殷比干墓祭以太牢

三月詔罷西郊祭天

十九年帝南征正月車駕濟淮命太常致祭又詔祀岱岳

三月癸亥詔曰知太和廟已就神儀靈主宜時奉寧可剋三月三日己巳內奉遷於正廟其出金墉之儀一準出代都太和之式入新廟之典可依近至金墉之軌其威儀鹵簿如出代廟百官奉遷宜可省之但令朝官四品已上侍官五品已上及宗室奉迎六月相州刺史高閭表言伏惟太武皇帝發孝思之深誠同渭陽之遠感以鄴土舅氏之故鄉有歸魂之舊宅故爲密皇后立廟於城內歲時祭祀置廟戶十家齋宮三十人春秋烝嘗冠服從事刺史具威儀親行薦酌升降揖讓與七廟同儀禮畢撤會而罷今廟殿虧漏門牆傾毀簠簋故敗行禮有闕臣備職司目所親覩若以七廟惟新明堂初制配饗之儀備於京邑者便應罷壞輟其常祭如以功高特立宜應新其靈宇敢陳所見伏請恩裁詔罷之

十一月庚午帝幸委粟山議定圜丘己卯帝在合溫室引咸陽王禧司空公穆亮吏部尚書任城王澄及議禮之官詔曰朝集公卿欲論圜丘之禮今短晷斯極長日方至案周官祀昊天上帝於圜丘禮之大者兩漢禮有參差魏晉猶亦未一我魏氏雖上參三皇下考叔世近代都祭圜丘之禮復未考周官爲不刊之法令以此祭圜丘之禮示卿等欲與諸賢考之厥衷帝曰夕牲之禮無可依準近在代都已立其議殺牲祼神誠是一日之事終無夕而殺牲待明而祭員外散騎常侍劉芳對曰臣謹案周官牧人職正有夕展牲之禮實無殺牲之事祕書令李彪曰夕不殺牲誠如聖旨未審告廟以不臣聞魯人將有事于上帝必先有事于泮宮注曰先人以此推之應有告廟帝曰卿言有理但朕先以郊配意欲廢告而卿引證有據當從卿議

帝又曰圜丘之牲色無常準覽推古事乖互不一周家用騂解言是尚晉代靡知所據舜之命禹悉用堯辭復言玄牡告于后帝今我國家時用夏正至於牲色未知何準祕書令李彪曰觀古用玄似取天玄之義臣謂宜用玄至於五帝各象其方色亦有其義帝曰天何時不玄地何時不黃意欲從玄

又曰我國家常聲鼓以集衆易稱二至之日商旅不行后不省方以助微陽微陰今若依舊鳴鼓得無闕寢鼓之義員外郎崔逸曰臣案周禮當祭之日雷鼓雷鼗八面而作猶不妨陽臣竊謂以鼓集衆無妨古義

癸未詔三公衮冕八章太常鷩冕六章用以陪薦

甲申長至祀昊天於委粟山大夫祭疑

二十年立方澤於河陰仍遣使者以太牢祭漢光武及明章三帝陵

魏書卷一百八之一考證

高祖太和十五年十一月奉神主於齋車○神監本誤作臣今改正

魏書卷一百八之二

齊　魏　收　撰

志第十一

禮四之二

世宗景明二年夏六月祕書丞孫惠蔚上言臣聞國之大禮莫崇明祀祀之大者莫過禘祫所以嚴祖敬宗追養繼孝合享聖靈審諦昭穆遷毀有恆制尊卑有定體誠慤著於中百順應於外是以惟王翔制爲建邦之典仲尼述定爲不刊之式暨秦燔詩書鴻籍泯滅漢氏興求拾綴遺篆淹中之經孔安所得唯有卿大夫士饋食之篇而天子諸侯享廟之祭禘祫之禮盡亡曲臺之記戴氏所述然多載尸灌之義牲獻之數而行事之法備物之體蔑有具焉今之取證唯有王制一簡公羊一冊考此二書以求厥旨自餘經傳雖時有片記至於取正無可依攬是以兩漢淵儒魏晉碩學咸據斯文以爲朝典然持論有深淺及義有精浮故令傳記雖一而探意乖舛伏惟孝文皇帝合德乾元應靈誕載玄思洞微神心暢古禮括商周樂宜韶濩六籍幽而重昭五典淪而復顯舉二經於和中一姬公於洛邑陛下叡哲淵凝欽明道極應必世之期屬功成之會繼文垂則寔惟下武而祫禘二殷國之大事蒸嘗合享朝之盛禮此先皇之所留心聖懷以之永慕臣闇司疑宗初開致禮淸廟敢竭愚管輒陳所懷謹案王制曰天子犆礿祫禘祫嘗祫蒸鄭玄曰天子諸侯之喪畢合先君之主於祖廟而祭之謂之祫後因以爲常魯禮三年喪畢而祫於太祖明年春禘於羣廟自爾之後五年而再殷祭一祫一禘春秋公羊魯文二年八月丁卯大事于太廟傳曰大事者何大祫也大祫者何合祭也毀廟之主陳於太祖未毀廟之主皆升合食于太祖五年而再殷祭何休曰陳者就陳列太祖前太祖東鄉昭南鄉穆北鄉其餘孫從王父父曰昭子曰穆又曰殷盛也謂三年祫五年禘禘所以異於祫者功臣皆祭也祫猶合也禘猶諦也審諦無所遺失察記傳之文何鄭祫禘之義略可得聞然則三年喪畢祫祭太祖明年春祀遍禘羣廟此禮之正也古之道也又案魏氏故事魏明帝以景初三年正月崩至五年正月積二十五晦爲大祥太常孔美博士趙怡等以爲禫在二十七月到其年四月依禮應祫散騎常侍王肅博士樂詳等以爲禫在祥月至其年二月宜應祫祭雖孔王異議六八殊制至於喪畢之祫明年之禘其議一焉陛下永惟孝思因心卽禮取鄭捨王禫終此晦來月中旬禮應大祫六室神祏外食太祖明年春享咸禘羣廟自茲以後五年爲常又古之祭法時祫並行天子先祫後時諸侯先時後祫此於古爲當在今則煩且禮有升降事有文節通時之制聖人弗違當祫之月宜減時祭以從要省然大禮久廢羣議或殊以臣觀之理在無怪何者心制旣終二殷惟始祫禘之正寔在於斯若停而闕之唯行時祭七聖不聞合享百辟不覩盛事何以宣昭令問垂式後昆乎皇朝同等三代治邁終古而令徽典缺於昔人鴻美慚於往志此禮所不行情所未許臣學不鉤深思無經遠徒閱章句蔑爾無立但飮澤聖時銘恩天造是以妄盡區區冀有塵露所陳蒙允請付禮官集定儀注詔曰禮貴循古何必改作且先聖久遵綿代恆典豈朕沖闇所宜革之且禮祭之議國之至重先代碩儒論或不一可付八座五省太常國子參定以聞七月侍中錄尚書事北海王詳等言奉旨集議僉以爲禘祫之設前代彝典惠蔚所陳有允舊義請依前剋敬享淸宮其求省時祭理實宜爾但求之解注下逼列國兼時奠之敬事難輒省請移仲月擇吉重聞制可

十一月壬寅改築圜丘於伊水之陽乙卯仍有事焉

延昌四年正月世宗崩肅宗卽位三月甲子尚書令任城王澄奏太常卿崔亮上言秋七月應祫祭于太祖今世宗宣武皇帝主雖入廟然烝嘗時祭猶別寢室至於殷祫宜存古典案禮三年喪畢祫於太祖明年春禘於羣廟又案杜預亦云卒哭而除三年喪畢而禘魏武宣后以太和四年六月崩其月旣葬除服卽吉四時行事而猶未禘王肅韋誕並以爲今除卽吉故特時祭至於禘祫宜存古禮高堂隆亦如肅議於是停不殷祭仰尋太和二十三年四月一日高祖孝文皇帝崩其年十月祭廟景明二年秋七月祫於太祖三年春禘於羣廟亦

三年乃祫謹準古禮及晉魏之議并景明故事愚謂來秋七月祫祭應停宜待年終乃後祫禘詔曰太常援引古今並有證據可依請

熙平二年三月癸未太常少卿元端上言謹案禮記祭法有虞氏禘黄帝而郊嚳祖顓頊而宗堯夏后氏亦禘黄帝而郊鯀祖顓頊而宗禹殷人禘嚳而郊冥祖契而宗湯周人禘嚳而郊稷祖文王而宗武王鄭玄注大禘郊祖宗謂祭祀以配食也有虞氏以上尚德禘郊祖宗配用有德者自夏以下稍用其姓代之是故周人以后稷爲始祖文武爲二祧訖於周世配祭不毀案禮嚳雖無廟配食禘祭謹詳聖朝以太祖道武皇帝配圜丘道穆皇后劉氏配方澤太宗明元皇帝配上帝明密皇后杜氏配地祇又以顯祖獻文皇帝配雩祀太宗明元皇帝之廟既毀上帝地祇配祭有式國之大事唯祀與戎廟配事重不敢專決請召羣官集議以聞靈太后令曰依請於是太師高陽王雍太傅領太尉公清河王懌太保領司徒公廣平王懷司空公領尚書令任城王澄侍中中書監胡國珍侍中領著作郎崔光等議竊以尚德尊功其來自昔郊稷宗文周之茂典仰惟世祖太武皇帝以神武纂業剋清禍亂德濟生民功加四海宜配南郊高祖孝文皇帝大聖膺期惟新魏道刑措勝殘功同天地宜配明堂令曰依議施行

七月戊辰侍中領軍將軍江陽王繼表言臣功緦之內太祖道武皇帝之後於臣始是曾孫然道武皇帝傳業無窮四祖三宗功德最重配天郊祀百世不遷而曾玄之孫烝嘗之薦不預拜於廟庭霜露之感闕陪奠於階席今七廟之後非直隔歸胙之靈五服之孫亦不霑出身之叙校之墳史則不然驗之人情則未允何者禮云祖遷於上宗易於下臣曾祖是帝世數未遷便疎同庶族而孫不預祭斯之爲屈今古罕有昔堯敦九族周隆本枝故能磐石維城禦侮於外今臣之所親生見隔棄豈所以楨幹根本隆建公族者也伏見高祖孝文皇帝著令銓衡取曾祖之服以爲資蔭至今行之相傳不絕而況曾祖爲帝而不見錄伏願天鑒有以照臨令皇恩洽穆宗人咸叙請付外博議永爲定準靈太后令曰付八座集禮官議定以聞四門小學博士王僧奇等議案孝經曰郊祀后稷以配天宗祀文王於明堂以配上帝然則太祖不遷者尊王業之初基二祧不毀者旌不朽之洪烈其旁枝遠冑豈得同四廟之親哉故禮記婚義曰古者婦人先嫁三月祖廟未毀教於公宮祖廟既毀教于宗室又文王世子曰五廟之孫祖廟未毀雖庶人冠娶必告死必赴不忘親也親未絕而列於庶人賤無能也鄭注云赴告於君也實四廟言五者容顯考爲始封君子故也鄭君別其四廟理協二祭而四廟者在當世服屬之內可以與於子孫之位若廟毀服盡豈得同於此例乎敢竭愚昧請以四廟爲斷國子博士李琰之議案祭統曰有事於太廟羣昭羣穆咸在鄭氏注昭穆咸在謂同宗父子皆來古禮之制如是其廣而當今儀注唯限親廟四愚竊疑矣何以明之設使世祖之子男於今存者旣身是戚蕃號爲重子可得賓於門外不預碑鼎之事哉又因宜變法禮有其說記言五廟之孫祖廟未毀爲庶人冠娶必告死必赴注曰實四廟而言五者容顯考始封之君子今因太祖之廟在仍通其曾玄侍祠與彼古記甚相符會且國家議親之律指取天子之玄孫乃不旁準於時后至於助祭必謂與世主相倫將難均一壽有短長世有延促終當何時可得齊同謂宜入廟之制率從議親之條祖祧之裔各聽盡其玄孫使得駿奔堂壇肅承禘礿則情理差通不宜復各爲例令事事舛駮侍中司空公領尚書令任城王澄侍中尚書左僕射元暉奏臣等參量琰之等議雖爲始封君子又祭統曰有事於太廟羣昭羣穆咸在而不失其倫鄭注云昭穆謂同宗父子皆來也言未毀及同宗則共四廟之辭云未絕與父子明崇五屬之稱天子諸侯繼立無殊吉凶之赴同止四廟祖祧雖存親級彌遠告赴拜薦典記無文斯由祖遷於上見仁親之義疎宗易於下著五服之恩斷江陽之於今帝也計親而枝宗三易數世則廟應四遷吉凶尚不告聞拜薦寧容輒預高祖孝文皇帝聖德玄覽師古立政陪拜止於四廟哀恤斷自緦宗即之人情寔然符一推之禮典事在難違此所謂明王相沿今古不革者也太常少卿元端議禮記祭法云王立七廟曰考廟曰王考廟曰皇考廟曰顯考廟曰祖考廟遠廟爲祧有二祧而祖考以功重不遷二祧以盛德不毀迭遷之義其在四廟也祭統云祭有十倫之義六曰見親疎之殺焉夫祭有昭穆昭穆者所以別父子遠近長幼親疎之序而無亂也是故有倫注云昭穆咸在同宗父子皆來指謂當廟父子爲羣不繫於昭穆也若一公十子便爲羣公子豈待數公而立稱乎文王世子云五廟之孫祖廟未毀雖爲有所援引然與朝議不同如依其議匪直太祖曾玄諸廟子孫悉應預列既無正據竊謂太廣臣等愚見請同僧奇等議靈太后令曰議親律注云非唯當世之屬籍歷謂先帝之五世此乃明親親之義篤骨肉之恩重尚書以遠及諸孫太廣致疑百僚助祭可得言狹也祖廟未毀曾玄不預壇堂之敬便是宗人之昵反外於附庸王族之近更疎於羣辟先朝舊儀草剏未定刊制律憲垂之不朽琰之援據甚允情理可依所執

十二月丁未侍中司空公領尚書令任城王澄度支尚書崔亮奏謹案禮記曾子問曰諸侯旅見天子不得成禮者幾孔子曰四太廟火日蝕后之喪雨沾服失容則廢臣等謂元日萬國賀應是諸侯旅見之義若禘廢朝會孔子應云五而獨言四明不廢朝賀也鄭玄禮注云魯禮三年喪畢祫於太祖明年春禘羣廟又鄭志檢魯禮春秋昭公十一年夏五月夫人歸氏薨十三年五月大祥七月釋禫公會劉子及諸侯于平丘八月歸不及於祫冬公如晉明十四年春歸祫明十五年春乃禘經曰二月癸酉有事於武宮傳曰禘於武公謹案明堂位曰魯王禮也喪畢祫禘似有退理詳考古禮未有以祭事廢元會者禮云吉事先近日脫不吉容改筮三旬尋攝太史令趙翼等列稱正月二十六日祭亦吉請移禘祀在中旬十四日時祭移二十六日猶曰春禘又非退義祭則無疏怠之議三元有順軌之美旣禘成吉宜卽宣行臣等伏度國之大事在祀與戎君舉必書恐貽後誚輒訪引古籍竊有未安臣等學缺通經識不稽古備位樞納可否必陳冒陳所見伏聽裁衷靈太后令曰可如所執

初世宗永平中欲建明堂而議者或云五室或云九室頻屬年饑遂寢至是復議之詔從五室及元議執政遂改營九室值世亂不成宗配之禮迄無所設

神龜初靈太后父司徒胡國珍薨贈太上秦公時疑其廟制太學博士王延業議曰案王制云諸侯祭二昭二穆與太祖之廟而五又小記云王者立四廟鄭玄云高祖已下與始祖而五明立廟之正以親爲限不過於四其外有大功者然後爲祖宗然則無太祖者止於四世有太祖乃得爲五禮之正文也文王世子云五廟之孫祖廟未毀雖爲庶人冠娶妻必告鄭玄云實四廟而言五廟者容高祖爲始封君之子明始封之君在四世之外正位太祖乃得稱五廟之孫若未有太祖已祀五世則鄭無爲釋高祖爲始封君之子也此先儒精義當今顯證也又喪服傳曰若公子之子孫有封爲國君者則世世祖是人也不祖公子鄭玄云謂後世爲君者祖此受封之君不得祀別子也公子若在高祖已下則如其親服後世遷之乃毀其廟爾明始封猶在親限故祀止高祖又云如親而遷尤知高祖之父不立廟矣此又立廟明法與今事相當者也又禮緯云夏四廟至子孫五殷五廟至子孫六注云言至子孫則初時未備也此又顯在緯籍區別若斯者也又晉初以宣帝是始封之君應爲太祖而以猶在祖位故唯祀征西已下六世待世世相推宣帝出居太祖之位然後七廟乃備此又依準前軌若重規襲矩者也竊謂太祖者功高業大百世不遷故親廟之外特更崇立苟無其功不可獨居正位而遠見遷毀且三世已前廟及於五玄孫已後祀止於四一與一奪名位莫定求之典禮所未前聞今太上秦公疏爵列土大啓河山傳祚無窮永同帶礪實有始封之功方成不遷之廟但親在四世之內名班昭穆之序雖應爲太祖而尚在禰位不可遠探高祖之父以合五者之數太祖之室當須世世相推親盡之後乃出居正位以備五廟之典夫循文責實理貴允當考剏宗祊得禮爲美不可苟蔦虛名取榮多數求之經記竊謂爲允又武始侯本無采地於皇朝制令名準大夫案如禮意諸侯奪宗武始四時蒸嘗宜於秦公之廟博士盧觀議案王制天子七廟三昭三穆與太祖之廟而七諸侯五廟二昭二穆與太祖之廟而五大夫三士一自上已下降殺以兩庶人無廟死爲鬼焉故曰尊者統遠卑者統近是以諸侯及太祖天子及其祖之所自出祭法曰諸侯立五廟一壇一墠曰考廟曰王考廟曰皇考廟皆月祭之顯考廟祖考廟享嘗乃止去祖爲壇去壇爲墠去墠爲鬼至於禘祫方合食太祖之宮大傳曰別子爲祖喪服傳曰公子不得禰先君公孫不得祖諸侯鄭說不得祖禰者不得立其廟而祭之也世世祖是人者謂世世祖受封之君不得祖公子者後世爲君者祖此受封之君不得祀別子也公子若在高祖以下則如其親服後世遷之乃毀其廟耳愚以爲遷者遷於太祖廟毀者從太祖而毀之若不遷太祖不須毀祖是人之文明非始封故復見乃毀之節何以知之案諸侯有祖考之廟祭五世之禮五禮正祖爲輕一朝頓立而祖考之廟要待六世之君六世已前虛而蔑主求之聖旨未爲通論曾子問曰廟無虛主虛主唯四祖考不與焉明太祖之廟必不空置禮緯曰夏四廟至子孫五殷五廟至子孫六周六廟至子孫七見夏無始祖待禹而五殷人郊契得湯而六周有后稷及文王至武王而七亶夏卽大禹之

身言子謂啓禰之世言孫是迭遷之時禹爲受命不毀親湯爲始君不遷五主文武爲二祧亦不去三昭三穆三昭三穆謂通文武若無文武親不過四觀遠祖漢侍中楨所說云然鄭玄馬昭亦皆同爾且天子逆加二祧得并爲七諸侯預立太祖何爲不得爲五乎今始封君子之立禰廟頗似成王之於二祧孫卿曰有天下者事七世有一國者事五世假使八世天子乃得事七六世諸侯方通祭五推情準理不其謬乎雖王侯用禮文節不同三隅反之自然昭灼且文宣公方爲太祖世居子孫今立五廟竊謂爲是禮緯又云諸侯五廟親四始封之君或上或下雖未居正室無廢四祀之親小記曰王者禘其祖之所自出以其祖配之而立四廟此實殷湯時制不爲難也聊復標牓略引章條愚戇不足以待大問侍中太傅清河王懌議太學博士王延業及盧觀等各率異見案禮記王制天子七廟三昭三穆與太祖之廟而七諸侯五廟二昭二穆與太祖之廟而五並是後世追論備廟之文皆非當時據立神位之事也良由去聖久遠經禮殘缺諸儒注記典制無因雖稽考異聞引證古誼然用捨從世通塞有時折衷取正固難詳矣今相國秦公初構國廟追立神位唯當仰祀二昭二穆上極高曾四世而已何者秦公身是始封之君將爲不遷之祖若以功業隆重越居正室恐以卑臨尊亂昭穆也如其權立始祖以備五廟恐數滿便毀非禮意也昔司馬懿立功於魏爲晉太祖及至子晉公昭乃立五廟亦祀四世止於高曾太祖之位虛俟宣文待其後裔數滿乃止此亦前代之成事方今所殷鑒也又禮緯云夏四廟至子孫五殷五廟至子孫六周六廟至子孫七明知當時太祖之神仍依昭穆之序要待子孫世世相推然後太祖出居正位耳遠稽禮緯諸儒所說近循晉公之廟故事宜依博士王延業議定立四主親止高曾且虛太祖之位以待子孫而備五廟焉又延業盧觀前經詳議並據許愼鄭玄之解謂天子諸侯作主大夫及士則無意謂此議雖出前儒之事實未允情禮何以言之原夫作主之禮本以依神孝子之心非主莫依今銘旌紀柩設重憑神祭必有尸神必有廟皆所以展事孝敬想象平存上自天子下逮於士如此四事並同其禮何至於主惟謂王侯禮云重主道也此爲理重則立主矣故王肅曰重未立主之禮也士喪禮亦設重則士有主明矣孔悝反祏載之左史饋食設主著於逸禮大夫及士既得有廟題紀祖考何可無主公羊傳君有事于廟聞大夫之喪去樂卒事大夫聞君之喪攝主而往今以爲攝主者攝神斂主而已不暇待徹祭也何休云宗人攝行主事而往也意謂不然君聞臣喪尚爲之不懌況臣聞君喪豈得安然代主終祭也又相國立廟設主依神主無貴賤紀座而已若位擬諸侯者則有主位爲大夫者則無主便是三神有主一位獨闕求諸情禮實所未安宜通爲主以銘神位懌又議曰古者七廟廟堂皆別光武已來異室同堂故先朝祀堂令云廟皆四栿五架北廂設座東昭西穆是以相國構廟唯制一室同祭祖考比來諸王立廟者自任私造不依公令或五或一參差無準要須議行新令然後定其法制相國之廟已造一室寔合朝令宜卽依此展其享祀詔依懌議

天平四年四月七帝神主既遷於太廟太社石主將遷於社宮禮官云應用幣中書侍郎裴伯茂時爲祠祀文伯茂據故事太和中遷社宮高祖用牲不用幣遂以奏聞于時議者或引大戴禮遷廟用幣今遷社宜不殊伯茂據尚書召誥應用牲詔遂從之

武定六年二月將營齊獻武王廟議定室數形制兼度支尚書崔昂司農卿盧元明祕書監王元景散騎常侍裴獻伯國子祭酒李渾御史中尉陸操黃門侍郎李騫中書侍郎陽休之前南青州刺史鄭伯猷祕書丞崔劼國子博士邢峙國子博士宗惠振太學博士張毓太學博士高元壽國子助教王顯季等議案禮諸侯五廟太祖及親廟四今獻武王始封之君便是太祖既通親廟不容立五室且帝王親廟亦不過四今宜四室二間兩頭各一頰室夏頭徘徊鴟尾又案禮圖諸侯止開南門而二王後祔祭儀法執事列於廟東門之外既有東門明非一門獻武禮數既隆備物殊等準據今廟宜開四門內院南面開三門餘面及外院四面皆一門其內院牆四面皆架爲步廊南出夾門各置一屋以置禮器及祭服內外門牆並用赭堊廟東門道南置齋坊道北置二坊西爲典祠廨并廚宰東爲廟長廨并置車輅其北爲養犧牲之所詔從之

魏書卷一百八之二考證

初世宗永平延昌中欲建明堂及元叉執政〇元議應係元叉之訛

孝靜帝武定六年內外門墻並用赭堊〇堊監本訛作聖今改正

魏書卷一百八之三

齊　魏收　撰

志第十二

禮四之三

魏自太祖至於武泰帝及太皇太后皇后崩悉依漢魏既葬公除唯高祖太和十四年文明太后崩將營山陵九月安定王休齊郡王簡咸陽王禧河南王幹廣陵王羽潁川王雍始平王勰北海王詳侍中太尉錄尚書事東陽王丕侍中司徒淮陽王尉元侍中司空長樂王穆亮侍中尚書左僕射平原王陸叡等率百寮詣闕表曰上靈不弔大行太皇太后崩背溥天率土痛慕斷絕伏惟陛下孝思烝烝攀號罔極臣等聞先王制禮必有隨世之變前賢裁法亦務適時之宜良以世代不同古今異致故也三年之喪雖則自古然中代已後未之能行先朝成式事在可準聖后終制刊之金冊伏惟陛下至孝發衷哀毁過禮欲依上古喪終三年誠協大舜孝慕之德實非俯遵濟世之道今雖中夏穆清庶邦康靜然萬機事殷不可暫曠春秋烝嘗事難廢闕伏願天鑒抑至孝之深誠副億兆之企望喪期禮數一從終制則天下幸甚日月有期山陵將就請展安兆域以備奉終之禮詔曰凶禍甫爾未忍所請休等又表曰臣等聞五帝已前喪期無數三代相因禮制始立名雖虛置行之者寡高宗徒有諒闇之言而無可遵之式康王既廢初喪之儀先行卽位之禮於是無改之道或虧三年之喪有缺夫豈無至孝之君賢明之子皆以理貴隨時義存百姓是以君薨而卽位不暇改年踰月而卽葬豈待同軌葬而卽吉不必終喪此乃二漢所以經綸治道魏晉所以綱理政術伏惟陛下以至孝之性遭罔極之艱永慕崩號哀過虞舜誠是萬古之高德曠世之絕軌然天下至廣萬機至殷曠之一朝庶政必滯又聖后終制已有成典宗社廢禮其事尤大伏願天鑒抑哀毁之至誠思在予之深責仰遵先志典冊之文俯哀百辟元元之請詔曰自遭禍罰慌惚如昨奉侍梓宮猶希髣髴山陵遷厝所未忍聞十月休等又表曰臣等頻煩上聞仰申誠款聖慕惟遠未垂昭亮伏讀哀灼憂心如焚臣等聞承乾統極者宜以濟世爲務經綸天下者特以百姓爲心故萬機在躬周康弗獲申其慕漢文作戒孝景不得終其禮此乃先代之成軌近世所不易伏惟太皇太后叡聖淵識慮及始終明誥垂於典策遺訓備於末命聿修厥德聖人所重遵承先式臣子攸尚陛下雖欲終上達之禮其如黎元何臣等不勝憂懼之誠敢冒重陳乞垂聽訪以副億兆之望詔曰仰尋遺旨俯閱所奏信增號絕山陵可依典冊如公卿所議衰服之宜情所未忍別當備敘在心既葬休又表曰奉被癸酉詔書述遺誡之旨昭違從之義遵儉葬之重式稱孝思之深誠伏讀未周悲感交切日月有期山陵卽就伏惟陛下永慕崩號倍增摧絕臣等具位在官與國休戚庶心之至不敢不陳咸以爲天下之至尊莫尊於王業皇極之至重莫重於萬幾至尊故不得以常禮任己至重亦弗獲以世典申情是以二漢已降逮于魏晉葬不過踰月服不淹三旬良以叔世事廣禮隨時變不可以無爲之法行之於有爲之辰文質不同古今異制其來久矣自皇代革命多歷年祀四祖三宗相繼纂業上承數代之故實俯副兆民之企望豈伊不懷理宜然也文明太皇太后欽明稽古聖思淵深所造終制事合世典送終之禮既明遺誥之文載備奉而行之足以垂風百王軌儀萬葉陛下以至孝之誠哀毁過禮三御不充半溢晝夜不釋絰帶永思纏綿滅性幾及百姓所以憂懼失守臣等所以肝腦塗地王者之尊躬行一日固可以感徹上靈貫被幽顯況今山陵告終闕二字咸畢日已淹月仍不卜練比之前世理爲過矣願陛下思大孝終始之義愍億兆悲惶之心抑思割哀遵奉終制以時卽吉一日萬機則天下蒙恩率土仰賴謹依前式求定練日以備祔禮之禮詔曰比當別敘在心既而帝引見太尉丕及羣臣等於太和殿前哭拜盡哀出幸思賢門右詔尚書李沖宣旨於王等仰惟先后平日近集羣官共論政治平秩民務何圖一旦禍酷奄鍾獨見公卿言及喪事追惟荼毒五內崩摧丕對曰伏奉明詔羣情圮絕臣與元等不識古義以老朽之年歷奉累聖國家舊事頗所知聞伏惟遠祖重光世襲至有大諱之日唯侍送梓宮者凶服左右盡皆從吉四祖三宗因而無改世祖高宗臣所目見唯先帝升遐臣受任長安不在侍送之列竊聞所傳無異前式伏惟陛下以至孝之性哀毁過禮伏聞所御三食不滿半溢臣等叩心絕氣坐不安席願暫抑至慕之情遵先朝成事思金冊遺令奉行前式無失舊典詔曰追惟慈恩昊天罔極哀毁常事豈足關言既不能待沒而朝夕食粥粗亦支任二公何足以至憂怖所奏先朝成事亦所具聞祖宗情專武略未修文敎朕今仰禀聖訓庶習古道論時比事又與先世不同太尉等國老政之所寄於典記舊式或所未悉且可知朕大意其餘

喪禮之儀古今異同漢魏成事及先儒所論朕雖在衰服之中以喪禮事重情在必行故暫抑哀慕躬自尋覽今且以所懷別問尚書游明根高閭等公且可聽之高祖謂明根曰朕丁罹酷罰日月推移山陵已過公卿又依金冊據案魏晉請除衰服重聞所奏倍增號哽前者事逼山陵哀疚頓敝未得論敘今故相引欲具通所懷卿前所表除釋衰麻聞之實用悲恨于時親侍梓宮匍匐筵几哀號痛慕情未暫闋而公卿何忍便有此言何於人情之不足夫聖人制卒哭之禮授練之變皆奪情以漸又聞君子不奪人之喪亦不可奪喪今則旬日之間言及即吉特成傷理明根對曰臣等伏尋金冊遺旨踰月而葬葬而即吉故於卜葬之初因奏練除之事仰傷聖心伏增悲悚高祖曰卿等咸稱三年之喪雖則自古然中代以後未之能行朕謂中代所以不遂三年之喪蓋由君上違世繼主初立故身襲袞冕以行即位之禮又從儲宮而登極者君德未流臣義不洽天下顒顒未知所傒故須備朝儀示皇極之尊及后之喪也因父在不遂即生情易之情踵以爲法諒知敦厚之化不易遵也朕少蒙鞠育慈嚴兼至臣子之情君父之道無不備誨雖自蒙昧粗解告旨庶望量行以免咎戾朕誠不德在位過紀雖未能恩洽四方化行萬國仰稟聖訓足令億兆知有君矣於此之日而不遂哀慕之心使情禮俱損喪紀圮壞者深可痛恨高閭對曰太古既遠事難襲用漢魏以來據有成事漢文繼高惠之蹤斷獄四百幾致刑措猶垂三旬之禮孝景承平遵而不變以此言之不爲即位之際有所逼懼也良是君臣之道理自宜然又漢稱文景雖非聖君亦中代明主今遺冊之旨同於前式伏願陛下述遵遺令以副羣庶之情杜預晉之碩學論自古天子無有行三年之喪者以爲漢文之制闇與古合雖叔世所行事可承踵是以臣等慺慺干謁高祖曰漢魏之事與今不同備如向說孝景雖承昇平之基然由嫡子即位君德未顯無異前古又父子之親誠是天屬之重然聖母之德昊天莫報思自殞滅豈從衰服而已竊尋金冊之旨所以告奪臣子之心令早即吉者慮遺絕萬機荒廢政事羣臣所以慺慺亦懼機務之不理矣今仰奉冊令俯順羣心不敢闇默不言以荒庶政唯欲存衰麻廢吉禮朔望盡哀寫泄悲慕上無失導誨之志下不乖衆官所請情在可許故專欲行之公卿宜審思朕懷不當固執至如杜預之論雖暫適時事於孺慕之君諒闇之主蓋亦誣矣孔聖稱喪與其易也

寧戚而預於孝道簡略朕無取焉祕書丞李彪對曰漢明德馬后保養章帝母子之道無可間然及后之崩葬不淹旬尋以從吉然漢章不受譏於前代明德不損名於往史雖論功比德事有殊絕然母子之親抑亦可擬願陛下覽前世之成規遵金冊之遺令割哀從議以親萬機斯誠臣下至心兆庶所願高祖曰既言事殊固不宜仰匹至德復稱孝章從吉不受譏前代朕所以眷戀衰絰不從所議者仰感慈恩情不能忍故也蓋聞孝子之居喪見美麗則感親故釋錦而服麤衰內外相稱非虛加也今者豈徒顧禮違議苟免嗤嫌而已抑亦情發於衷而欲肆之於外金冊之意已具前答故不復重論又卒日奉旨不忍片言後事遂非嘿嘿在念不顯所懷今奉終之事一以仰遵遺冊於令不敢有乖但痛慕之心事繫於予雖無丁蘭之感庶聖靈不奪至願是以謂無違旨嫌諸公所表稱先朝成式事在可準朕仰惟太祖龍飛九五初定中原及太宗承基世祖纂歷皆以四方未一羣雄競起故銳意武功未修文德高宗顯祖亦心存武烈因循無改朕承累世之資仰聖善之訓撫和內外上下輯諧稽參古式憲章舊典四海移風要荒革俗仰遵明軌庶無愆違而方於禍酷之辰引末朝因循之則以爲前準非是所喻高閭對曰臣等以先朝所行頗同魏晉又適於時故敢仍請高祖曰卿等又稱今雖中夏穆清庶邦康靜然萬機事廣不可暫曠朕以卿苦見逼奪情不自勝尋覽喪儀見前賢論者稱卒哭之後王者得理庶事依據此文又從遺冊之旨雖存衰服不廢萬機無闕庶政得展罔極之思於情差申高閭對曰君不除服於上臣則釋衰於下從服之義有違爲臣之道不足又親御衰麻復聽朝政吉凶事雜臣竊爲疑高祖曰卿等猶以朕之未除於上不忍專釋於下奈何令朕獨忍於親舊論云王者不遂三年之服者屈已以寬羣下也先后之撫羣下也念之若子視之猶傷卿等哀慕之思既不求寬朕欲盡罔極之慕何爲不可但逼遺冊不遂乃心將欲居廬服衰寫朝夕之慕升堂襲素理日昃之勤使大政不荒哀情獲遂吉不害於凶凶無妨於吉以心處之謂爲可爾遺旨之文公卿所議皆服終三旬釋衰襲吉從此而行情實未忍遂服三年重違旨誥今處二理之際唯望至期使四氣一周寒暑代易雖不盡三年之心得一終忌日情結差申案禮卒哭之後將受變服於朕受日庶民及小官皆命即吉內職羽林中郎已下虎賁郎已上及外職五品已上無衰服者素

服以終三月內職及外臣衰服者變從練禮外臣三月而除諸王三都駙馬及內職至來年三月晦朕之練也除凶即吉侍臣君服斯服隨朕所降比雖非舊式推情即理有貴賤之差遠近之別明根對曰聖慕深遠孝情彌至臣等所奏已不蒙許願得踰年即吉既歷冬正歲序改易且足申至慕之情又近遺誥之意何待朞年高祖曰冊旨速除之意慮廣及百官久曠衆務豈於朕一人獨有違奪今既依次降除各不廢王政復何妨於事而猶奪朞年之心高閭對曰昔王孫倮葬士安去棺其子皆從而不違不爲不孝此雖貴賤非倫事頗相似臣敢借以爲諭令親奉遺令而有所不從臣等所以頻煩于奏李彪亦曰三年不改其父之道可謂大孝今不遵冊令恐涉改道之嫌高祖曰王孫士安皆誨子以儉送終之事及其遵也豈異今日改父之道者蓋謂慢孝忘禮肆情違度今梓宮之儉玄房之約明器幃帳一無所陳如斯之事卿等所悉衰服之告乃至聖心卑己申下之意寧可苟順冲約之旨而頓絕罔極之痛縱有所涉甘受後代之譏未忍今日之請又表稱春秋烝嘗事難廢闕朕聞諸夫子吾不與祭如不祭自先朝以來有司行事不必躬親比之聖言於事殆闕賴蒙慈訓之恩自行致敬之禮今昊天降罰殃禍上延人神喪恃幽顯同切想宗廟之靈亦輟歆祀脫行饗薦恐乖冥旨仰思成訓倍增痛絕豈忍身襲袞冕親行吉事高閭對曰古者郊天越紼行事宗廟之重次於郊祀今山陵已畢不可久廢廟饗高祖曰祭祀之典事由聖經未忍之心具如前告脫至廟庭號慕自纏終恐廢禮公卿如能獨行事在言外李彪曰三年不爲禮禮必壞三年不爲樂樂必崩今欲廢禮闕樂臣等未敢高祖曰此乃宰予不仁之說已受責於孔子不足復言羣官前表稱高宗徒有諒闇之言而無可遵之式朕惟信闇默之難周公禮制自茲以降莫能景行言無可遵之式良可怪矣復云康王既廢初喪之儀先行即位之禮於是無改之道式虧三年之喪有缺朕謂服美不安先賢有論禮畢居喪著在前典或虧之言有缺之義深乖理衷高閭對曰臣等據案成事依附杜預多有未允至乃推校古今量考衆議實如明旨臣等切惟曾參匹夫七日不食夫子以爲非禮及錄其事唯書七日不稱三年蓋重其初慕之心伏惟陛下以萬乘之尊不食竟於五日既御則三食不充半溢臣等伏用悲惶肝腦塗地躬行一日足以貫被幽顯豈宜衰服三年以曠機務夫聖人制禮不及者企而

及之過之者俯而就之伏願陛下抑至慕之情俯就典禮之重誠是臣等慺慺之願高祖曰思隆德厚則思戀自深雖非至情由所感發然曾參之孝曠代而有豈朕今日所足論也又前表稱古者葬而即吉不必終禮此乃二漢所以經綸治道魏晉所以綱理庶政朕以爲既葬即吉蓋其季俗多亂權宜救世耳諒非光治興邦之化二漢之盛魏晉之興豈由簡略喪禮遺忘仁孝哉公卿偏執一隅便謂經治之要皆在於斯殆非義也昔平日之時公卿每奏稱當今四海晏安諸夏清泰禮樂日新政和民悅蹤侔軒唐事等虞禹漢魏已下固不足仰止聖治及至今日便欲苦奪朕志使不踰於魏晉如此之意未解所由昔文母上承聖主之賚下有賢子之化唯助德宣政因風致穆而已當今衆事草創萬務惟始朕以不德冲年踐祚而聖母匡訓以義方詔誨以政事經綸內外憂勤億兆使君臣協和天下輯穆上代以來何后之功得以仰比如有可擬則從衆議堯雖棄子禪舜而舜自有聖德不假堯成及其徂也猶四海遏密終於三年今慈育之恩詔教之德尋之曠代未有匹擬既受非常之恩寧忍從其常式況未殊一時而公卿欲令即吉冠冕黼黻行禮廟庭臨軒設懸饗會萬國尋事求心實所未忍高閭對曰臣等遵承冊令因循前典惟願除衰即吉親理萬機至德所在陛下欽明稽古周覽墳籍孝性發於聖質至情出於自然斟酌古今事非臣等所及李彪曰當今雖治風緝穆民庶晏然江南有未賓之吳朔北有不臣之虜東西二蕃雖文表稱順情尚難測是以臣等猶懷不虞之慮高祖曰魯公帶絰從師晉侯墨衰敗寇往聖無譏前典所許如有不虞雖越紼無嫌而況衰麻乎豈可於晏安之辰豫念戎旅之事以廢喪紀哉李彪對曰昔太伯父死適越不失至德之名夫豈不懷有由然也伏願抑至慕之心從遺告之重臣闇知子莫若父母聖后知陛下至孝之性也難奪故豫造金冊明著遺禮今陛下孝慕深遠果不可奪臣等常辭知何所啓高祖曰太伯之言有乖今事諸情備如前論更不重敘古義亦有稱王者除衰而諒闇終喪者若不許朕衰朕則當除衰闇默委政冢宰二事之中惟公卿所擇明根對曰陛下孝侔高宗慕同大舜服衰麻以申至痛理萬機以從遺旨與曠世之廢禮制一代之高則臣等伏尋淵默不言則代政將曠仰順聖慕之心請從衰服之旨東陽王丕曰臣與尉元歷事五帝雖衰老無識敢奏所聞自聖世以來大諱之後三月必須迎神於

西攘惡於北具行吉禮自皇始以來未之或易高祖曰太尉國老言先朝舊事誠如所陳但聰明正直唯德是依若能以道不召自至苟失仁義雖請弗來大禍三月而備行吉禮深在難忍縱卽吉之後猶所不行況數旬之中而有此理恐是先朝萬得之一失未可以爲常式朕在不言之地不應如此但公卿執奪朕情未忍從遂成往復追用悲絕上遂號慟羣官亦哭而辭出壬午詔曰公卿屢上啓事依據金冊遺旨中代成式求過葬卽吉朕仰惟恩重不勝罔極之痛思遵遠古終三年之禮比見羣官具論所懷今依禮旣虞卒哭竟此月二十日受服以葛易麻既哀服在上公卿不得獨釋於下故於朕之授變從練已下復爲節降斷度今古以情制衷但取遺旨速除之一節粗申臣子哀慕之深情欲令百官同知此意故用宣示便及變禮感痛彌深

十五年四月癸亥朔設薦於太和廟是日高祖及從服者仍朝夕臨始進蔬食上哀哭追感不飯侍中南平王馮誕等諫經宿乃膳甲子罷朝夕哭九月丙戌有司上言求卜祥日詔曰便及此期覽以摧絕敬祭卜祥乃古之成典但世失其義筮日永吉旣乖敬事之志又違永慕之心今將屈禮厲衆不訪龜兆已企及此晦寧敢重違冊旨以異羣議尋惟永往言增崩裂丁亥高祖宿於廟至夜一刻引諸王三都大官駙馬三公令僕已下奏事中散已上及刺史鎮將立哭於廟庭三公令僕升廟旣出監御令陳服笥於廟陛南近侍者奉而升列於室室前席侍中南平王馮誕跪奏請易服進縞冠皂朝服革帶黑屨侍臣各易以黑介幘白絹單衣革帶烏履遂哀哭至乙夜盡戊子質明薦羞奏事中散已上冠服如侍臣刺史已下無變高祖薦酌神部尚書王諶讚祝訖哭拜遂出有司陽祥服如前侍中跪奏請易祭服進縞冠素紕白布深衣麻繩履侍臣去幘易幍羣官易服如侍臣又引入如前儀曹尚書游明根升廟跽慰復位哭遂出引太守外臣及諸部渠帥入哭次引蕭賾使幷雜客入至甲夜四刻侍御散騎常侍司衞監以上升廟哭旣而出帝出廟停立哀哭久而乃還十月太尉丕奏曰竊聞太廟已就明堂功畢然享祀之禮不可久曠至於移廟之日須得國之大姓遷主安廟神部尚書王諶旣是庶姓不宜參豫臣昔以皇室宗屬遷世祖之主先朝舊式不敢不聞詔曰具聞所奏尋惟平日倍增痛絕今遷述先旨營建寢廟旣而粗就先王制禮職司有分移廟之日遷奉神主皆太尉之事朕亦親自行事不得越局專委大姓王諶所司惟贊板而已時運流速奄及縞制復不得哀哭於明堂後當親拜山陵寫泄哀慕

是年高麗王死十二月詔曰高麗王璉守蕃東隅累朝貢職年踰期頤勤德彌著今旣不幸其赴使垂至將爲之舉哀而古者同姓哭廟異姓隨其方皆有服制今旣久廢不可卒爲之衰且欲素委貌白布深衣於城東爲盡一哀以見其使也朕雖不嘗識此人甚悼惜之有司可申敕備辦事如別儀

十六年九月辛未高祖哭於文明太后陵左終日不絕聲幕越席爲次侍臣侍哭壬申高祖以忌日哭於陵左哀至則哭侍哭如昨帝二日不御膳癸酉朝中夕三時哭拜於陵前夜宿監玄殿是夜徹次甲戌帝拜哭辭陵還永樂宮

十九年太師馮熙薨有數子尚幼議者以爲童子之節事降成人謂爲衰而不裳免而不經又無署麻繆垂唯有絞帶時博士孫惠蔚上書言臣雖識謝古人然微涉傳記近取諸身遠取諸禮驗情以求理尋理以推制竊謂童子在幼之儀居喪之節冠杖之制有降成人衰麻之服略爲不異以玉藻二簡微足明之曰童子之節錦紳幷紐錦卽大帶旣有佩觿之革又有錦紐之紳此明童子雖幼已備二帶以凶類吉則署經存焉又曰童子無緦服鄭注曰雖不服緦猶免深衣是許其有裳但不殊上下又深衣之制長幼俱服童子爲服之緦猶免深衣況居有服之斬而反無裳乎臣又聞先師舊說童子常服類深衣衰裳所施理或取象但典無成言故未敢孤斷又曰聽事則不麻則知不聽事麻矣故注曰無麻往給事此明族人之喪童子有事貫經帶麻執事不易故暫聽去之以便其使往則不麻不往則經如使童子本自無麻禮署首聽與不聽俱關兩經唯舉無麻足明不備豈得言聽事則不麻乎以此論之有經明矣且童子不杖不廬之節理儉於責疑不裳不經之制未覩其說又臣竊解童子不衣裳之記是有聞之言將謂童子時甫稚齡未就外傅出則不交族人內則事殊長者餕旨父母之前往來慈乳之手故許其無裳以便易之若在志學之後將冠之初年居二九質並成人受道成均之學釋菜上庠之內將命孔氏之門執燭曾參之室而唯有掩身之衣無蔽下之裳臣愚未之安矣又女子未許嫁二十則笄觀祭祀納酒漿助奠廟堂之中視禮至敬之處其於婉容之服寧無其備以此推之則男女雖幼理應有裳但男女未冠禮謝三加女子未出衣殊狄稼無名之服禮文罕見童子雖不當室苟以成人之心則許其人服緦之經輕猶有經斬重無麻是爲與輕而奪重非禮之意此臣之所以深疑也又衰傍有衽以掩裳際如使無裳衽便徒設若復去衽衰又不備設有齊斬之故而便成童男女唯服無衽之衰去其裳經此必識禮之所不行亦以明矣若不行於已而立制於人是爲違制以爲法從制以誤人恕禮而行理將異此詔從其議

魏書卷一百八之三考證

禮志敘日已淹月仍不卜練○日監本訛作自今改正

臨軒設懸饗會萬國○軒監本訛作宜今改正

魏書卷一百八之四

齊 魏收 撰

志第十三

禮四之四

世宗永平四年冬十二月員外將軍兼尚書都令史陳終德有祖母之喪欲服齊衰三年以無世爵之重不可陵諸父若下同衆孫恐違後祖之義請求詳正國子博士孫景邕劉懷義封軌高綽太學博士袁昇四門博士陽寧居等議嫡孫後祖持重三年不爲品庶生二終德宜先諸父太常卿劉芳議案喪服乃士之正禮含有天子諸侯卿大夫之事其中時復下同庶人者皆別標顯至如傳重自士以上古者卿士咸多世位又士以上乃有宗廟世儒多云嫡孫傳重下通庶人以爲差謬何以明之禮稽命徵曰天子之元士二廟諸侯之上士亦二廟中下士一廟一廟者祖禰共廟祭法又云庶人無廟旣如此分明豈得通於庶人也傳重者主宗廟非謂庶人祭於寢也兼累世承嫡方得爲嫡子嫡孫耳不爾者不得繼祖也又鄭玄別變除云爲五世長子服斬也魏晉以來不復行此禮矣案喪服經無嫡孫爲祖持重三年正文唯有爲長子三年嫡孫荐傳及注因說嫡孫傳重之義今世既不復爲嫡子服斬卑位之嫡孫不陵諸叔而持重則可知也且準終德資階方之於古未登下士庶人在官復無斯禮考之舊典驗之今世則茲範罕行且諸叔見存喪主有寄宜依諸孫服朞爲允景邕等又議云喪服雖以士爲主而必下包庶人何以論之自大夫以下每條標列逮於庶人含而不述比同士制起後疑也唯有庶人爲國君此則明義服之輕重不涉於孫祖且受國於曾祖廢疾之祖父亦無重可傳而猶三年不必由世重也夫霜露濡異識咸感承重主嗣寧甄寢廟嫡孫之制固不同殊又古自卿以下皆不殊承襲末代僭妄不可以語通典是以春秋譏於世卿王制稱大夫不世此明訓也喪服經雖無嫡孫爲祖三年正文而有祖爲嫡孫者豈祖以嫡服己己與庶孫同爲祖服朞於義可乎服祖三年此則近世未嘗變也準古士官不過二百石已上終德卽古之廟士也假令終德未班朝次苟曰志仁必也斯遂況乃官歷士流當訓章之運而以庶叔之嫌替其嫡重之位未是成人之善也芳又議國子所云喪服雖以士爲主而必下包庶人本亦不謂一篇之內全不下同庶人正言嫡孫傳重專士以上此經傳之正文不及庶人明矣戴德喪服變除云父爲長子斬自天子達於士此皆士以上乃有嫡子之明據也且承重者以其將代已爲宗廟主了不云寢又其證也所引大夫不世者此公羊穀梁近儒小道之書至如左氏詩易尚書論語皆有典證或是未寤許叔重五經異義云今春秋公羊穀梁說卿大夫世位則權幷一姓謂周尹氏齊崔氏也而古春秋左氏說卿大夫皆得世祿傳曰官族易曰食舊德舊德謂食父故祿也尚書曰世選爾勞予不絕爾善詩云惟周之士不顯奕世論語曰興滅國繼絕世國謂諸侯世謂卿大夫也斯皆正經及論語士以上世位之明證也士皆世祿也八品者一命斯乃信然但觀此據可謂覩其綱未照其目也案晉官品令所制九品皆正無從故以第八品準古下士今皇朝官令皆有正從若以其員外之資爲第十六品也豈得爲正八品之士哉推考古今謹如前議景邕等又議喪服正文大夫以上每事顯列唯有庶人含而不言此通下之義了然無惑且官族者謂世爲其功食舊德者謂德侯者世位與滅國繼絕世主謂諸侯卿大夫無罪誅絕者耳且金貂七珥楊氏四公雖以位相承豈得言世祿乎晉太康中令史殷遂以父祥不及所繼求還爲祖母三年時政以禮無代父追服之文亦無

不許三年之制此即晉世之成規也尚書邢巒奏依芳議詔曰嫡孫爲祖母禮令者處士人通行何勞方致疑請也可如國子所議

延昌二年春偏將軍乙龍虎喪父給假二十七月而虎幷數閏月詣府求上領軍元珍上言案違制律居三年之喪而冒哀求仕五歲刑龍虎未盡二十七月而請宿衞依律結刑五歲三公郎中崔鴻駁曰三年之喪二十五月大祥諸儒或言祥月下旬而禫或言二十七月各有其義未知何者會聖人之旨龍虎居喪已二十六月若依王杜之義便是過禫即吉之月如其依鄭玄二十七月禫中復可以從御職事禮云祥之日鼓素琴然則大祥之後喪事終矣既可以從御職事求上何爲不可若如府判禫中鼓琴復有罪乎求之經律理實未允下更詳辨珍又上言案士虞禮三年之喪朞而小祥又朞而大祥中月而禫鄭玄云中猶間也自喪至此凡二十七月又禮言祥之日鼓素琴鄭云鼓琴者存樂也孔子祥後五日彈琴而不成十日而成笙歌鄭注與鄭志及踰月可以歌皆身自踰月可爲此謂存樂也非所謂樂樂者使工爲之晉博士許猛解三驗曰案黍離麥秀之歌小雅曰君子作歌惟以告哀魏詩曰心之憂矣我歌且謠若斯之類豈可謂之金石之樂哉是以徒歌謂之謠徒吹謂之和記曰比音而樂之及干戚羽毛謂之樂若夫禮樂之施於金石越於聲音者此乃所謂樂也至於素琴以示終笙歌以省哀者則非樂矣間傳云大祥除衰杖而素縞麻衣大祥之服也雜記注云衣黃裳則是禫祭黃者未大吉也檀弓云祥而縞是月禫徙月樂鄭志趙商問鄭玄荅云祥謂大祥二十五月是月禫謂二十七月非謂上祥之月也徙月而樂許猛釋六徵曰樂者自謂八音克諧之樂也謂在二十八月工奏金石之樂耳而駁云大祥之後喪事終矣脫如此駁禫復焉施又駁云禫中鼓琴復有罪乎然禫則黃裳未大吉也鼓琴存樂在禮所許若使工奏八音融然成韻既未徙月不罪伊何又駁云禫中既得從御職事求上何爲不可檢龍虎居喪二十六月始是素縞麻衣大祥之中何謂禫乎三年沒閏理無可疑麻衣在體冒仕求榮是爲大尤罪其焉捨又省依王杜禫祥同月全乖鄭義喪凶尚遠而欲速除何怱怱者哉下府愚量鄭爲得之何者禮記云吉事尚近日凶事尚遠日又論語云喪與其易寧戚而服限三年痛盡終身中月之解雖容二義尚遠寧戚又檢王杜之義起於魏末晉初及越騎校尉程猗贊成王肅駁鄭禫二十七月之失爲六徵三驗上言於晉武帝曰夫禮國之大典兆民所日用豈可二哉今服禫者各各不同非聖世一統之謂鄭玄說二十七月禫甚乖大義臣每難鄭失六有徵三有驗初未能破臣難而通玄說者如猗之意謂鄭義廢矣太康中許猛上言扶鄭釋六禫解三驗以鄭禫二十七月爲得猗及王肅爲失而博士宋昌等議猛扶鄭爲衷晉武從之王杜之義於是敗矣王杜之義見敗者晉武知其不可行故也而上省同猗而贊王欲虧鄭之成軌竊所未寧更無異義還從前處鴻又駁曰案三年之喪沒閏之義儒生學士猶或病諸龍虎生自戎馬之鄉不蒙稽古之訓數月成年便懼違緩原其本非貪榮求位而欲責以義方未可便爾也且三年之喪再朞而大祥中月而禫鄭玄以中爲間王杜以爲是月之中鄭亦未爲必會經旨王杜豈於必乖聖意既諸儒探賾先聖後賢見有不同晉武後雖從宋昌許猛之駁同鄭禫議然初亦從程猗贊成王杜之言二論得否未可知也聖人大祥之後鼓素琴成笙歌者以喪事既終餘哀之中可以存樂故也而樂府必以干戚羽毛施之金石然後爲樂樂必使工爲之庶民凡品於祥前鼓琴可無罪乎律之所防豈必爲貴士亦及凡庶府之此義彌不通矣魯人朝祥而暮歌孔子以爲踰月則可矣爾則大祥之後喪事已終鼓琴笙歌經禮所許龍虎欲宿衞皇宮豈欲合刑五歲就如鄭義二十七月而禫二十六月十五升布深衣素冠縞紕及黃裳綵纓以居者此則三年之餘哀不在服數之內也衰絰則埋之於地杖則棄之隱處此非喪事終乎府以大祥之後不爲喪事之終何得復言素琴以示終也喪事尚遠日誠如鄭義龍虎未盡二十七月而請宿衞實爲怱怱於戚之理合在情責便以深衣素縞之時而罪同杖絰苫凷之日於禮憲未允詳之律意冒喪求仕謂在斬焉草土之中不謂除衰杖之後也又龍虎具列居喪日月無所隱冒府應告之以禮遣還終月便幸彼昧識欲加之罪豈是遵禮敦風愛民之致乎正如鄭義龍虎罪亦不合刑怱怱之失宜科鞭五十

三年七月司空清河王懌第七叔母北海王妃劉氏薨司徒平原郡開國公高肇兄子太子洗馬員外亡竝上言未知出入猶作鼓吹不請下禮官議決太學博士封祖冑議喪大記云朞九月之喪既葬飲酒食肉不與人樂之五月三月之喪比葬飲酒食肉不與人樂之世叔母故主宗子直云飲酒食肉不言不與人樂之鄭玄云義服恩輕以此推之明義服葬容有樂理又禮大功言而不議小功議而不及樂言論之間尚自不及其於聲作明不得也雖復功德樂在宜止四門博士蔣雅哲議凡三司之尊開國之重其於王服皆有厭絕若尊同體敵雖疏尚宜徹樂如或不同子姓之喪非嫡者既殯之後義不關樂國子助教韓神固議闕可以展耳目之適絲竹可以肆遊宴之娛故於樂貴縣有哀則廢至若德儉如禮升降有數文物昭旂旗之明錫鸞爲行動之響列明貴賤非措哀樂於其間矣謂威儀鼓吹依舊爲允兼儀曹郎中房景先駁曰案祖冑議以功德有喪鼓吹不作雅哲議齊衰卒哭簫管必陳準之輕重理用未安聖人推情以制服據服以副心何容拜虞生之奠於神宮襲哀麻而奏樂大燧一移哀情頓盡反心以求豈制禮之意也就如所言義服恩輕既虞而樂正服一朞何以爲斷或義服尊正服卑如此之比復何品節雅哲所議公子之喪非嫡者既殯之後義不關樂案古雖有尊降不見作樂之文未詳此據竟在何典然君之於臣本無服體但恩誠相感致存惻隱是以仲遂卒垂笙籥不入智悼在殯杜蕢明言豈大倫之痛既殯而樂乎又神固等所議以爲笳鼓不在樂限鳴鐃以警衆聲笳而清路者所以辨等列明貴賤耳雖居哀恤施而不廢粗而言之似如可通考諸正典未爲符合案詩云鍾鼓既設鼓鍾伐鼛又云於論鼓鍾於樂辟雍言則相連豈非樂乎八音之數本無笳名推而類之簫管之比豈可以名稱小殊而不爲樂若以王公位重威飾宜崇鼓吹公給不可私辭者魏絳和戎受金石之賞鍾公勳茂蒙五熟之賜若審功膺賞君命必行豈可陳嘉牢於齊殯之時擊鍾磬於 疑 祔之後尋究二三未有依據國子職兼文學令問所歸宜明據典謨曲盡斟酌率由必衷以辨深惑何容總議竝申無所析剖更詳得失據典正議祕書監國子祭酒孫惠蔚太學博士封祖冑等重議司空體服衰麻心懷慘切其於聲樂本無作理但以鼓吹公儀致有疑論耳案鼓吹之制蓋古之軍聲獻捷之樂不常用也有重位茂勳乃得備作方之金石準之管絃其爲音奏雖曰小殊然其大體與樂無異是以禮云鼓無當於五聲五聲不得不和竊惟今者加台司之儀蓋欲兼廣威華若有哀用之無變於吉便是一人之年悲樂竝用求之禮情於理未盡二公雖受之於公用之非私出入聲作亦以娛己今既有喪心不在樂笳鼓之事明非欲聞其從寧戚之義廢而勿作但禮崇公卿出入之儀至有趨以采齊行以肆夏和鑾之聲佩玉之飾者所以顯槐鼎之至貴彰宰輔之爲重今二公地處尊親儀殊百辟鼓吹之用無容全去禮有懸而不樂今陳之以備威儀不作以示哀痛述理節情愚謂爲允詔曰可從國子後議

清河王懌所生母羅太妃薨表求申齊衰三年詔禮官博議侍中中書監太子少傅崔光議喪服大功章云公之庶昆弟爲母傳曰先君餘尊之所厭不得過大功記公子爲其母練冠麻衣縓緣既葬除之傳曰何以不在五服中也君之厭不得申其罔極依禮大功據喪服厭降之例竝無從厭之文今太妃既捨六宮之稱如太妃之號爲封君之母尊崇一國臣下固宜服朞不得以王服厭屈而更有降禮有從輕而重義包於此太學博士封偉伯等十人議案臣從君服降君一等君爲母三年臣則朞今司空以仰厭先帝俯就大功臣之從服不容有過但禮文殘缺制無正條竊附情理謂宜小功庶君臣之服不失其序升降之差頗會禮意清河國郎中令韓子熙議謹案喪服大功章云公之庶昆弟爲其母妻傳曰何以大功先君餘尊之所厭不敢過大功也夫以一國之貴子猶見厭況四海之尊固無申理頃國王遭太妃憂議者援引斯條降王之服尋究義例頗有一途但公之庶昆弟或爲士或爲大夫士之卑賤不得仰匹親王正以餘厭共同可以奪情相擬然士非列土無臣從服今王有臣復不得一準諸士矣議者仍令國臣從服以朞鄙昧所見未曉高趣案不杖章云爲君之父母妻長子祖父母傳曰父母長子君服斬妻則小君父卒然後爲祖後者服斬傳所以深釋父卒爲祖服斬者蓋恐君爲祖朞臣亦同朞也明臣之後朞由君服斬若由君服斬然後朞則君服大功安得亦朞也若依公之庶昆弟不云有臣從朞若依爲君之父母則出應申三年此之二章殊不相干引彼則須去此引此則須去彼終不得兩服功朞渾雜一圖也議者見餘尊之厭不得過大功則令王依庶昆弟見不杖章有爲君之父母便令臣從服以朞此乃據殘文守一隅恐非先聖之情達禮之喪矣且從服之體自有倫貫雖秩微閽寺位卑室老未有君服細絰裁踰三時臣著疏衰獨涉兩歲案禮天子諸侯之大臣唯服君之父母妻長子祖父母其餘不服也唯近臣閽寺隨君而服耳若大夫之室老君之所服無所不從而降一等此三條是從服之通旨較然之明例雖近臣之賤不過隨君之服未有君輕而臣服重

者也議者云禮有從輕而重臣之從君義包於此愚謂服問所云有從輕而重公子之妻爲其皇姑直是禮記之異獨此一條耳何以知其然案服問經云有從輕而重公子之妻爲其皇姑而大傳云從服有六其六曰有從輕而重注曰公子之妻爲其皇姑若從輕而重不獨公子之妻者則鄭君宜更見流輩廣論所及不應還用服問之文以釋大傳之義明從輕而重唯公子之妻臣之從君不得包於此矣若復有君爲母大功臣從服朞當云有從輕而重公子之妻爲其皇姑爲母大功臣從服朞何爲不備書兩條以杜將來之惑而偏著一事彌結今日之疑且臣爲君母乃是徒從徒從之體君亡則已妻爲皇姑既非徒從雖公子早沒可得不制服乎爲君之父母妻子君已除喪而後聞喪則不稅蓋以恩輕不能追服假令妻在遠方姑沒遐域過朞而後聞喪復可不稅服乎若姑亡必不關公子有否聞喪則稅不許日月遠近者則與臣之從君聊自不同矣又案臣服君黨不過五人悉是三年其餘不服妻服夫黨可直五人乎朞功以降可得無服乎臣妻事殊邈然胡越苟欲引之恐非通例也愚謂臣有合離三諫待決妻無去就一醮終身親義既有參差喪服固宜不等故見厭之婦可得申其本服君屈大功不可過從以朞所以從麻而齊專屬公子之妻隨輕而重何關從服之臣尋理求途儻或在此必以臣妻相準未覩其津也子熙誠不能遠探墳籍曲論長智請以情理校其得失君遭母憂巨創之痛臣之爲服從君之義如何君至九月便蕭然而即吉臣猶朞年仍衰哭於君第創巨而反輕從義而反重緣之人情豈曰是哉侍中崔光學洞今古達禮之宗頃探幽立義申三年之服雖經典無文前儒未辨然推例求旨理亦難奪若臣服從朞宜依侍中之論脫君仍九月不得如議者之談耳羸氏焚坑禮經殘缺故今追訪靡據臨事多惑愚謂律無正條須準傍以定罪禮闕舊文定準類以作憲禮有朞同緦功而服如齊疏者蓋以在心實輕於義乃重故也今欲一依喪服不可從君九月而服周年如欲降一等兄弟之服不可以服君母詳諸二途以取折衷謂宜麻布可如齊衰除限則同小功所以然者重其衰麻尊君母蹙其日月隨君降如此衰麻猶重不奪君母之嚴日月隨降可塞從輕之責矣尚書李平奏以謂禮臣謂君黨妻爲夫黨俱爲從服各降君夫一等故君服三年臣服一朞今司空臣懌自以尊厭之禮奪其罔極之心國臣厭所不及當無隨降之理禮記大傳云從輕而重鄭玄注云公子之妻爲其皇姑既舅不厭婦明不厭者還應服其本服此則是其例詔曰禮有從無服而有服何但從輕而重乎懌今自以厭故不得申其過隙衆臣古無疑厭之論而有從輕之據曷爲不得申其本制也可從尚書及景林等議尋詔曰比決清河國臣爲君母服朞以禮事至重故追而審之今更無正據不可背章生條但君服既促而臣服仍遠禮緣人情遇厭須變服可還從前判既葬除之

四年春正月丁巳夜世宗崩于式乾殿侍中中書監太子少傅崔光侍中領軍將軍于忠與詹事王顯中庶子侯剛奉迎肅宗於東宮入自萬歲門至顯陽殿哭踊久之乃復王顯欲須明乃行即位之禮崔光謂顯曰天位不可暫曠何待至明顯曰須奏中宮光曰帝崩而太子立國之常典何須中宮令也光與于忠使小黃門曲集奏置兼官行事於是光兼太尉黃門郎元昭兼侍中顯兼吏部尚書中庶子裴儁兼吏部郎中書舍人穆弼兼謁者僕射光等請肅宗止哭立于東序于忠元昭扶肅宗西向哭十數聲止服太子之服太尉光奉策進璽綬肅宗跽受服皇帝用衮冕服御太極前殿太尉光等降自西階夜直羣官於庭中北面稽首稱萬歲

熙平二年十一月乙丑太尉清河王懌表曰臣聞百王所尚莫尚於禮於禮之重喪紀斯極世代沿革損益不同遺風餘烈景行終在至如前賢往喆商確有異或並證經文而論情別緒或各言所見而討事共端雖憲章祖述人自名家而論議紛綸理歸羣正莫不隨時所宗各爲一代之典自上達下罔不遵用是使叔孫之儀專擅於漢朝王肅之禮獨行於晉世所謂共同軌文四海畫一者也至乃折旋俯仰之儀哭泣升降之節去來闔巷之容出入閨門之度尚須疇諮禮官博訪儒士載之翰紙著在通法辯答乖殊證據不明即詆訶疵謬糾劾成罪此乃簡牒成文可具閱而知者也未聞有皇王垂範國無一定之章英賢贊治家制異同之式而欲流風作則永貽來世比學官雖建庠序未修稽考古今莫專其任暨乎宗室喪禮百寮凶事冠服制裁日月輕重率令博士一人輕爾議之廣陵王恭北海王顥同爲庶母服恭則治重居廬顥則齊期堊室論親則恭顥俱是帝孫語貴則二人並爲蕃國不知兩服之證據何經典俄爲舛駮莫有裁正懿王昵戚尚或如斯自茲已降何可紀極歷觀漢魏喪禮諸儀卷盈數百或當時名士往復成規或一代詞宗較然爲則况堂堂四海藹藹如林而令喪禮參差始於帝族非所以儀刑萬國綴旒四海臣忝官台傅備位喉脣不能秉國之鈞致斯爽缺具瞻所誚無所逃罪謹略舉恭顥二國不同之狀以明喪紀乖異之失乞集公卿樞納內外儒學博議定制班行天下使禮無異準得失有歸并因事而廣永爲條例庶塵岳沾河微酬萬一靈太后令曰禮者爲政之本何得不同如此可依表定議事在張普惠傳

神龜元年九月尼高皇太后崩於瑤光寺肅宗詔曰崇憲皇太后德協坤儀徽符月晷方融壼化奄至崩殂朕幼集荼蓼夙憑德訓及翕蔥定難是賴謨謀夫禮沿情制義循事立可特爲齊衰三月以申追仰之心有司奏案舊事皇太后崩儀自復魄斂葬百官哭臨其禮甚多今尼太后既存委俗尊憑居道法凶事簡速不依配極之典庭局狹隘非容百官之位但昔經奉接義成君臣終始情禮理無廢絕輒準故式立儀如別內外羣官權改常服單衣邪巾奉送至墓列位哭拜事訖而除止在京師更不宜下詔可

十一月侍中國子祭酒儀同三司崔光上言被臺祠部曹符文昭皇太后改葬議至尊皇太后羣臣服制輕重四門博士劉季明議云案喪服記雖云改葬緦文無指據至於注解乖異不同馬融王肅云本有三年之服者鄭及三重然而後來諸儒符融者多與玄者少今請依馬王諸儒之議至尊宜服緦案記外宗爲君夫人猶內宗鄭注云爲君服斬夫人齊衰不敢以親服至尊也今皇太后雖上奉宗廟下臨朝臣至於爲姑不得過朞計應無服其清河汝南二王母服三年亦宜有緦自餘王公百官爲君之母妻唯朞而已並應不服又太常博士鄭六議云謹檢喪服并中代雜論記云改葬緦鄭注臣爲君子爲父妻爲夫親見屍柩不可以無服故服緦三年者緦則朞已下無服竊謂鄭氏得服緦之旨謬三月之言如臣所見請依康成之服緦既葬而除愚以爲允

詔可

二年正月二日元會高陽王雍以靈太后臨朝太上秦公喪制未畢欲罷百戲絲竹之樂清河王懌以爲萬國慶集天子臨享宜應備設太后訪之於侍中崔光光從雍所執懌謂光曰宜以經典爲證光據禮記縞冠玄武子姓之冠父母有重喪子不純吉安定公親爲外祖又有師恩太后不許公除衰麻在體正月朔日還家哭臨至尊輿駕奉慰記云朋友之墓有宿草焉而不哭是則朋友有朞年之哀子貢云夫子喪顏淵若喪子而無服喪子路亦然顏淵之喪饋練肉夫子受之彈琴而後食之若子之哀則容一朞不舉樂也孔子既大練五日彈琴父母之喪也由是喪夫子若喪父而無服心喪三年由此而制雖古義難追比來發詔每言師祖之尊是則一朞之內猶有餘哀且禮母有喪服聲之所聞子不舉樂今太后更無別宮所居嘉福去太極不爲大遠鼓鍾于宮聲聞于外况在內密邇也君之卿佐是謂股肱股肱或虧何痛如之智悼子喪未葬杜蕢所以諫晉平公也今相國雖已安厝裁三月爾陵墳未乾懌以理證爲然乃從雍議

孝靜武定五年正月齊獻武王薨時祕凶問六日孝靜皇帝舉哀於太極東堂服齊衰三月及將窆中練齊文襄王請自發喪之月帝使侍中陸子彰舉詔三往敦喻王固執詔不許乃從薨月

太祖天賜三年十月占授著作郎王宜弟造兵法

高宗和平三年十二月因歲除大儺之禮遂耀兵示武更爲制令步兵陳於南騎士陳於北各擊鍾鼓以爲節度其步兵所衣青赤黃黑別爲部隊楯矟矛戟相次周回轉易以相赴就有飛龍騰蛇之變爲函箱魚鱗四門之陳凡十餘法跽起前郤莫不應節陳畢南北二軍皆鳴鼓角衆盡大譟各令騎將六人去來挑戰步兵更進退以相拒擊南敗北捷以爲盛觀自後踵以爲常

高祖太和十九年五月甲午冠皇太子恂於廟丙申高祖臨光極堂太子入見帝親詔之事在恂傳六月高祖臨光極堂引見羣官詔曰比冠子恂禮有所闕當思往失更順將來禮古今殊制三代異章近冠恂之禮有三失一朕與諸儒同誤二諸儒違朕故令有三誤今中原兆建百禮惟新而有此三失殊以愧歎春秋襄公將至衞以同姓之國問其季幾而行冠禮古者皆灌地降神或有作樂以迎神昨失作樂至廟庭朕以意而行拜禮雖不得降神於理猶差完司馬彪云漢帝有四冠一緇布二進賢三武弁四通天冠朕見家語冠頌篇四加冠公也家語雖非正經孔子之言與經何異諸儒忽司馬彪志致使天子之子而行士冠禮此朝廷之失冠禮朕以爲有賓諸儒皆以爲無賓朕既從之復令有失孔所云斐然成章其斯之謂太子太傅穆亮等拜謝高祖曰昔裴頠作冠儀不知有四裴頠尚不知卿等復何愧

正光元年秋肅宗加元服時年十一既冠拜太廟大赦改元官有其注

輿服之制秦漢已降損益可知矣魏氏居百王之末接

分崩之後，典禮之用故有闕焉。太祖世所制車輦雖參采古式多違舊章今案而書之以存一代之迹

乘輿輦輅龍輈十六四衡轂朱班繡輪有雕虬文虎盤螭之飾龍首銜軛鸞爵立衡圓蓋華蟲金雞樹羽蛟龍游蘇建太常十有二斿畫日月升龍郊天祭廟則乘之

乾象輦羽葆圓蓋華蟲金雞樹羽二十八宿天階雲罕山林雲氣仙聖賢明忠孝節義遊龍飛鳳朱雀玄武白虎青龍奇禽異獸可以爲飾者皆亦圖焉太皇太后皇太后皇后助祭郊廟則乘之

大樓輦輈十二加以玉飾衡輪雕綵與輦輅同駕牛一十

小樓輦輈八衡輪色數與大樓輦同駕牛十二天子太皇太后皇太后郊廟亦乘之

象輦左右鳳凰白馬仙人前却飛行駕二象羽葆旒蘇龍旂旄麾其飾與乾象同太皇太后皇太后助祭郊廟之副乘也

馬輦重級其飾皆如之繢漆直輈六左右騑駕天子籍田小祀時則乘之

臥輦其飾皆如之丹漆駕六馬

遊觀輦其飾亦如之駕馬十五匹皆白馬朱髦尾天子法駕行幸巡狩小祀時則乘之

七寶旂檀刻鏤輦金薄隱起

馬輦天子三駕所乘或爲副乘

緇漆蜀馬車金薄華蟲隱起

輅軒駕駟金銀隱起出挽解合

步挽天子小駕遊宴所乘亦爲副乘

金根車羽葆旒畫輈輪華首綵軒交落左右騑太皇太后皇太后皇后助祭郊廟籍田先蠶則乘之長公主大貴公主封君諸王妃皆得乘但右騑而已太祖初皇太子皇子皆鸞輅立乘畫輈龍首朱輪繡轂綵蓋朱裏龍旂九斿畫雲樣皇子封則賜之皆駕駟又有軺車緇漆紫幰朱裏駕一馬爲副乘

公安車緇漆紫蓋朱裏畫輈朱雀青龍白虎龍旂八斿駕三馬軺車與王同

侯車與公同七斿紫蓋青裏駕二馬副車亦如之

子車緇漆草纛文六斿皂蓋青裏駕一馬副車亦如之

闕及公侯子陪列郊天則乘之宗廟小祀乘軺軒而已

至高祖太和中詔儀曹令李韶監造車輅一遵古式焉

太祖天興二年命禮官捃採古事制三駕鹵簿一曰大駕設五輅建太常屬車八十一乘平城令代尹司隸校尉丞相奉引太尉陪乘太僕御從輕車介士千乘萬騎魚麗鴈行前驅皮軒闟戟芝蓋雲罕指南後殿豹尾鳴葭唱上下作鼓吹軍戎大祠則設之二曰法駕屬車三十六乘平城令代尹太尉奉引侍中陪乘奉車都尉御巡狩小祠則設之三曰小駕屬車十二乘平城令太僕奉引常侍陪乘奉車郎御遊宴離宮則設之二至郊天地四節祠五帝或公卿行事唯四月郊天帝常親行樂加鍾懸以爲迎送之節焉

天賜二年初改大駕魚麗鴈行更爲方陳鹵簿列步騎內外爲四重列橍建旌通門四達五色車旗各處其方諸王導從在鉀騎內公在幢內侯在步矟內子在刀楯內五品朝臣使列乘輿前兩廂官卑者先引王公侯子車旒麾蓋信幡及散官構服一皆純黑

肅宗熙平元年六月中侍中劉騰等奏中宮僕刺列車輿朽敗自昔舊都禮物頗異遷京已來未復更造請集禮官以裁其制靈太后令曰付尚書量議太常卿穆紹少卿元端博士鄭六劉臺龍等議案周禮王后之五輅重翟錫面朱總厭翟勒面繢總安車彫面鷖總皆有容蓋翟車貝面組總有握輦車組輓有翣羽蓋重翟后從王祭祀所乘厭翟后從王賓饗諸侯所乘安車后朝見於王所乘翟車后出桑則乘輦車后宮中所乘謹以周禮聖制不刊之典其禮文尤備孔子云其或繼周者雖百世可知也以其法不可踰以此言之後王輿服典章多放周式雖文質時變輅名宜存彫飾雖異理無全捨當今聖后臨朝親覽庶政輿駕之式宜備典禮臣等學缺通經叨參議末輒率短見宜準周禮備造五輅彫飾之制隨時增減太學博士王延業議案周禮王后有五輅重翟以從王祠厭翟以從王饗賓客安車以朝見于王翟車以親桑輦車宮中所乘又漢輿服志云秦并天下閱三代之禮或曰殷瑞山車金根之色殷人以爲大輅於是始皇作金根之車漢承秦制御爲乘輿太皇太后皇太后皆御金根車加交絡帷裳非法駕則乘紫罽輧車雲樣文畫輈黃金塗五末蓋瓜在右騑駕三馬阮諶禮圖幷載秦漢已來輿服亦云金根輅皇后法駕乘之以禮婚見廟乘輅后法駕乘之以親桑安車后小駕乘之以助祭山輧車后行則乘之紺罽輧車后小行則乘之以哭公主邑君王妃公侯夫人入閣輿后出入閣宮中小遊則乘之晉先蠶儀注皇后乘雲母安車駕六騩案周秦漢晉車輿儀式互見圖書雖名號小異其大較略相依擬金根車雖起自秦造卽殷之遺制今之乘輿五輅是其象也華飾典麗容觀莊美司馬彪以爲孔子所謂乘殷之輅卽此之謂也案阮氏圖桑車亦飾以雲母晉之雲母車卽是一輿周之翟車其用正同安車旣名同周制又用同重翟山輧車案圖飾之以紫紺罽輧車雖制用異於厭翟而實同用於今入閤輿與輦其用又同案圖今之黑漆畫扇輦與周之輦車其形相似竊以爲秦減周制百事刱革官名軌式莫不殊異漢魏因循繼踵仍舊雖時有損益而莫能反古良由去聖久遠典儀殊缺時移俗易物隨事變雖經賢哲祖襲無改伏惟皇太后叡聖淵凝照臨萬物動循典故貽則後王今輒竭管見稽之周禮考之漢晉採諸圖史驗之時事以爲宜依漢晉法駕則御金根車駕四馬加交絡帷裳御雲母車駕四馬以親桑其非法駕則御紫罽輧車駕三馬小駕則御安車駕三馬以助祭小行則御紺罽輧車駕三馬以哭公主王妃公侯夫人宮中出入則御畫扇輦車案舊事比之周禮唯闕從王饗賓客及朝見於王之乘竊以爲古者諸侯有朝會之禮故有從饗之儀今無其事宜從省略又今之皇居宮掖相逼就有朝見理無結駟卽事考實亦宜闕廢又哭公主及王妃周禮所無施之於今寔合事宜損益不同用捨隨時三代異制其道然也又金根及雲母駕馬或三或六訪之經禮無駕六之文今之乘輿又皆駕四義符古典宜仍駕四其餘小駕宜從駕三其制用形飾備見圖志司空領尚書令任城王澄尚書左僕射元暉尚書右僕射李平尚書齊王蕭寶夤尚書元欽尚書元昭尚書左丞盧同右丞元洪超考功郎中劉懋北主客郎中源子恭南主客郎中游思進三公郎中崔鴻長兼駕部郎中薛悅起部郎中杜遇左主客郎中元韡騎兵郎中房景先外兵郎中石士基長兼右外兵郎中鄭幼儒都官郎中李秀之兼尚書左士郎中朱元旭度支郎中谷穎左民郎中張均金部郎中李仲東庫部郎中賈思同國子博士薛禎邢晏高諒奚延太學博士邢湛崔瓚韋朏鄭季期國子助教韓神固四門博士楊那羅唐荊寶王令儁吳珍之宋婆羅劉燮高顯邕杜靈儁張文和陳智顯楊渴侯趙安慶賈天度艾僧樹呂太保王當百槐貴等五十人議以爲皇太后稱制臨朝躬親庶政郊天祭地宗廟之禮所乘之車宜同至尊不應更有製造周禮魏晉雖有文辭不辨形制假令欲作恐未合古制而不可以爲一代典臣以太常國子二議爲疑重集羣官並從今議唯恩裁決靈太后令曰羣官以後議折中者便可如奏

太祖天興元年冬詔儀曹郎董謐撰朝覲饗宴郊廟社稷之儀六年又詔有司制冠服隨品秩各有差時事未暇多失古禮世祖經營四方未能留意仍世以武力爲事取於便習而已至高祖太和中始考舊典以制冠服百僚六宮各有差次早世升遐猶未周洽肅宗時又詔侍中崔光安豐王延明及在朝名學更議之條章粗備焉

熙平元年九月侍中儀同三司崔光表奏詔定五時朝服案北京及遷都以來未有斯制輒勤禮官詳據太學博士崔瓚議云周禮及禮記三冠六冕承用區分瑱王五綵配飾亦別都無隨氣春夏之異唯月令有青旂赤玉黑衣白輅隨四時而變復不列弁冕改用之玄黃以此而推五時之冠禮既無文若求諸正典難以經證案司馬彪續漢書輿服及祭祀志云迎氣五郊自永平中以禮讖幷月令迎氣服色因采元始故事兆五郊於洛陽又云五郊衣幘各如方色又續漢禮儀志立春京都百官皆著青衣服青幘秋夏悉如其色自漢逮於魏晉迎氣五郊用幘從服改色隨氣斯制因循相承不革冠冕仍舊未聞有變今皇魏憲章前代損益從宜五時之冠愚謂如漢晉用幘爲允靈太后令曰太傅博學洽通多識前載旣綜朝儀彌悉其事便可諮訪以決所疑二年九月太傅清河王懌給事黃門侍郎韋延祥奏謹案前勑制五時朝服嘗訪國子議其舊式太學博士崔瓚等議自漢逮于魏晉迎氣五郊用幘從服改色隨氣斯制因循相承不革冠冕仍舊未聞有變今皇魏憲章前代損益從宜五時之冠謂如漢晉用幘爲允尚書以禮式不經請訪議事奉勑付臣令加考決臣以爲帝王服章方爲萬世則不可輕裁請更集禮官下省定議蒙勑聽許謹集門下及學官以上四十三人尋考史傳量古校今一同國子前議幘隨服變冠冕弗改又四門博士臣王僧奇蔣雅哲二人以爲五時冠冕宜從衣變臣等謂從國子前議爲允靈太后令曰依議

魏書卷一百八之四考證

世宗永平四年且金貂七珥○珥監本訛作眊今改正

高祖太和十九年問其季幾而行冠禮○季監本訛作季今改正

輿服之制大樓輦駕牛一十○南監本作駕牛十二觀下文小樓輦駕牛十二則知此大樓輦駕牛一十之爲訛矣

魏書卷一百九

齊　魏　收　撰

志第十四

樂五

氣質初分聲形立矣聖者因天然之有爲入用之物緣喜怒之心設哀樂之器蕢桴葦籥其來自久伏羲絃琴農皇制瑟垂鐘和磬女媧之簧隨感而作其用稍廣軒轅桴阮瑜之管定小一之律以成咸池之美次以六莖五英大章韶夏護武之屬聖人所以移風易俗也故在易之豫義明崇德書云詩言志歌詠言聲依永律和聲八音克諧神人以和周禮圜鐘爲宮黃鐘爲角太蔟爲徵姑洗爲羽靁鼓靁鼗孤竹之管雲和之琴瑟雲門之舞奏之六變天神可得而降矣函鍾爲宮太蔟爲角姑洗爲徵南呂爲羽靈鼓靈鼗孫竹之管空桑之琴瑟咸池之舞奏之八變地祇可得而禮矣黃鍾爲宮大呂爲角太蔟爲徵應鍾爲羽路鼓路鼗陰竹之管龍門之琴瑟九德之歌九聲之舞奏之九變人鬼可得而禮矣此所以協三才寧萬國也凡音宮爲君商爲臣角爲民徵爲事羽爲物五者不亂則無怗懘之音宮亂則荒其君驕商亂則陂其官壞角亂則憂其民怨徵亂則哀其事勤羽亂則危其財匱姦聲感人逆氣應之逆氣成象而淫樂興焉正氣感人順氣應之順氣成象而和樂興焉先王恥其亂故制雅頌之聲以道之使其聲足樂而不流使其文足論而不息使其曲直繁瘠廉肉節奏足以感動人之善心而已不使放心邪氣得接焉樂在宗廟之中君臣上下同聽之莫不和敬在族長鄉里之中長幼同聽之莫不和順閨門之內父子兄弟同聽之莫不和親又有韎昧任禁之樂以娛四夷之民斯蓋立樂之方也三代之衰邪音間起則有爛漫靡靡之樂興焉周之衰也諸侯力爭澆僞萌生淫慝滋甚競其邪忘其正廣其器蔑其禮或奏之而心疾或撞之不令晉平公聞清角而顛隕魏文侯聽古雅而眠睡鄭宋齊衛流宕不反於是正樂虧矣大樂感於風化與世推移治國之音安以樂亡國之音哀以思隨時隆替不常厥聲延陵歷聽諸國盛衰必舉蓋所感者著所識者深也樂之崩矣秦始滅學經亡義絕莫採其眞人重協俗世貴順耳則雅聲古器幾將淪絕漢興制氏但識其鏗鏘鼓舞不傳其義而於郊廟朝廷皆協律新變雜以趙代秦楚之曲故王禹宋曄上書切諫丙強景武顯著當時通儒達士所共歎息矣後漢東平王蒼總議樂事頗有增加大抵循前而已及黃巾董卓以後天下喪亂諸樂亡缺魏武既獲杜夔令其考會古樂而柴玉左延年終以新聲寵愛晉世荀勗典樂與郭夏宋識之徒共加研集謂爲合古而阮咸譏之金行不永以至亡敗哀思之來便爲驗矣夫大樂與天地同和苟非達識至精何以體其妙極自漢以後舞稱歌名代相改易服章之用亦有不同斯則不襲之義也永嘉已下海內分崩伶官樂器皆爲劉聰石勒所獲慕容儁平冉閔遂克之王猛平鄴入於關右苻堅旣敗長安紛擾慕容永之東也禮樂器用多歸長子及垂平永並入中山自始祖內和魏晉二代更致音伎穆帝爲代王愍帝又進以樂物金石之器雖有未周而絃管具矣逮太祖定中山獲其樂縣既初撥亂未遑剏改因時所行而用之世歷分崩頗有遺失

天興元年冬詔尚書吏部郎鄧淵定律呂協音樂及追尊皇曾祖皇祖皇考諸帝樂用八佾舞皇始之舞皇始舞太祖所作也以明開大始祖之業後更制宗廟皇帝入廟門奏王夏太祝迎神于廟門奏迎神曲猶古降神之樂乾豆上奏登歌猶古清廟之樂曲終下奏神祚嘉神明之饗也皇帝行禮七廟奏陛步以爲行止之節皇帝出門奏總章次奏八佾舞次奏送神曲又舊禮孟秋祀天西郊兆內壇西備列金石樂具皇帝入兆內行禮咸奏舞八佾之舞孟夏有事于東廟用樂略與西郊同太祖初冬至祭天于南郊圜丘樂用皇矣奏雲和之舞事訖奏維皇將燎夏至祭地祇於北郊方澤樂用天祚奏大武之舞正月上日饗羣臣宣布政教備列宮懸正樂兼奏燕趙秦吳之音五方殊俗之曲四時饗會亦用焉凡樂者樂其所自生禮不忘其本掖庭中歌眞人代歌上敘祖宗開基所由下及君臣廢興之跡凡一百五十章昏晨歌之時與絲竹合奏郊廟宴饗亦用之

六年冬詔太樂總章鼓吹增修雜伎造五兵角觝麒麟鳳皇仙人長蛇白象白虎及諸畏獸魚龍辟邪鹿馬仙車高絙百尺長趫緣橦跳丸五案以備百戲大饗設之於殿庭如漢晉之舊也太宗初又增修之撰合大曲更爲鐘鼓之節世祖破赫連昌獲古雅樂及平涼州得其伶人器服並擇而存之後通西域又以悅般國鼓舞設於樂署

高宗顯祖無所改作諸帝意在經營不以聲律爲務古樂音制罕復傳習舊工更盡聲曲多亡太和初高祖垂心雅古務正音聲時司樂上書典章有闕求集中祕羣官議定其事并訪吏民有能體解古樂者與之修廣器數甄立名品以諧八音詔可雖經衆議於時卒無洞曉聲律者樂部不能立其事彌缺然方樂之制及四夷歌舞稍增列于太樂金石羽旄之飾爲壯麗於往時矣

五年文明太后高祖並爲歌章戒勸上下皆宣之管絃七年秋中書監高允奏樂府歌詞陳國家王業符瑞及祖宗德美又隨時歌謠不準古舊辨雅鄭也

十一年春文明太后令曰先王作樂所以和風改俗非雅曲正聲不宜庭奏可集新舊樂章參探音律除去新聲不典之曲裨增鐘縣鏗鏘之韻

十五年冬高祖詔曰樂者所以動天地感神祇調陰陽通人鬼故能關山川之風以播德於無外由此言之治用大矣逮乎末俗陵遲正聲頓廢多好鄭衛之音以悅耳目故使樂章散缺伶官失守今方釐革時弊稽古復禮庶令樂正雅頌各得其宜今置樂官實須任職不得仍令濫吹也遂簡置焉

十六年春又詔曰禮樂之道自古所先故聖王作樂以和中制禮以防外然音聲之用其致遠矣所以通感人神移風易俗至乃簫韶九奏鳳皇來儀擊石拊石百獸率舞有周之季斯道崩缺故夫子忘味於聞韶正樂於返魯逮漢魏之間樂章復闕然博採音韻粗有篇條自魏室之興太祖之世尊崇古式舊典無墜但干戈仍用文教未淳故令司樂失治定之雅音習不典之繁曲比太樂奏其職司求與中書參議覽其所請愧感兼懷然心喪在躬未忍闕此但禮樂事大乃爲化之本自非通博之才莫能措意中書監高閭器識詳富志量明允每閒陳奏樂典頗體音律可令與太樂詳採古今以備茲典其內外有堪此用者任其參議也閭歷年考度粗以成立遇遷洛不及精盡未得施行尋屬高祖崩未幾閭卒

先是閭引給事中公孫崇共考音律景明中崇乃上言樂事正始元年秋詔曰太樂令公孫崇更調金石燮理音準其書二卷并表悉付尚書夫禮樂之事有國所重可依其請八座已下四門博士以上此月下旬集太樂署考論同異博採古今以成一代之典也十月尚書李崇奏前被旨勑以兼太樂令公孫崇更調金石并其書表付外考試登依旨勑以去八月初詣署集議但六樂該深五聲妙遠至如仲尼淵識故將忘味吳札善聽方可論辨自斯已降莫有詳之今既草剏悉不窮解雖微有詰論略無究悉方欲商搉涇濫作範將來寧容聊爾一試便垂竹帛今請依前所召之官并博聞通學之士更申一集考其中否研窮音律辨括權衡若可施用別以聞請制可時亦未能考定也

四年春公孫崇復表言伏惟皇魏龍躍鳳舉配天光宅世祖太武皇帝革靜荒嵎廓寧宇內覠尙繁戎軒仍動制禮作樂致有闕如高祖孝文皇帝德鍾後仁之期道協先天之日顧雲門以興言感簫韶而忘味以故中書監高閭博識明敏文思優洽紹蹤成均實允所寄乃命閭廣程儒林究論古樂依據六經參諸國志錯綜陰陽以制聲律鐘石管絃略以完具八音聲韻事別粗舉值遷邑崧瀍未獲周密五權五量竟不就果自爾迄今率多褫落金石虛懸宮商未會伏惟陛下至聖承天纂戎鴻烈以金石未協詔臣緝理謹卽廣搜秬黍選其中形又採梁山之竹更裁律呂制磬造鐘依律並就但權量差謬其來久矣頃蒙付并州民王顯進所獻古銅權稽之古範考以今制鐘律準度與權參合昔造猶新始剏若舊異世同符如合規矩樂府先正聲有王夏肆夏登歌鹿鳴之屬六十餘韻又有皇始五行勺舞太祖初興置皇始之舞復有吳夷東夷西戎之舞樂府之內有此七舞太和初郊廟但用文始五行皇始三舞而已竊惟周之文武頌聲不同漢之祖宗廟樂又別伏惟皇魏四祖三宗道邁隆周功超鴻漢頌聲廟樂宜有表章或文或武以旌功德自非懿望茂親雅量淵遠博識洽聞者其孰能識其得失衞軍將軍尚書右僕射臣高肇器度崧雅神賞入微淹讚大猷聲光海內宜委之監就以成皇代典謨之美昔晉中書監荀勗前代名賢受命成均委以樂務崇述舊章儀刑古典事光前載豈遠乎哉又先帝明詔內外儒林亦任高閭申請今之所須求依前比世宗知肇非才詔曰王者功成治定制禮作樂以宣風化以通明神理萬品贊陰陽光功德治之大本所宜詳之可令太常卿劉芳亦與主之永平二年秋尚書令高肇尚書僕射清河王懌等奏言案太樂令公孫崇所造八音之器并五度五量太常卿劉芳及朝之儒學執諸經傳考辨合否尺寸度數悉與周禮不同問其所以稱必依經文聲則不協以情增減殊無準據竊惟樂者皇朝治定之盛事光贊祖宗之茂功垂之後王不刊之制宜憲章先聖詳依經史且二漢魏晉歷諸儒哲未聞器度依經而聲調差謬臣等參議請使臣芳準依周禮更造樂器事訖之後集議並呈從其善者詔可芳上尚書言詞樂諧音本非所曉且國之大事亦不可決於數人今請更集朝彥衆辨是非明取典據資決元凱然

後營制肇及尚書邢巒等奏許詔可於是芳主修營時揚州民張陽子義陽民兒鳳鳴陳孝孫戴當千吳殿陳文顯陳成等七人頗解雅樂正聲八佾文武二舞鐘聲管絃登歌聲調芳皆請令教習參取是非

永平三年冬芳上言觀古帝王罔不據功象德而制舞名及諸樂章今欲教文武二舞施之郊廟請參制二舞之名竊觀漢魏已來鼓吹之曲亦不相緣今亦須制新曲以揚皇家之德美詔芳與侍中崔光郭祚黃門游肇孫惠蔚等四人參定舞名并鼓吹諸曲其年冬芳又上言臣聞樂者感物移風諷氓變俗先王所以教化黎元湯武所以闕一版請依京房立準以調八音神龜二年夏有司問狀仲儒言前被符問京房準定六十之律後雖有存曉之者尠至熹平末張光等猶不能定絃之急緩聲之清濁仲儒授自何師出何典籍而云能曉但仲儒在江左之日頗授琴文嘗覽司馬彪所撰續漢書見京房準術成數昞然而張光等不能定仲儒不量庸昧竊有意焉遂竭愚思鑽研甚久雖未能測其機妙至於聲韻頗有所得度量權歷出自黃鐘雖造管察氣經史備有但氣有盈虛黍有巨細差之毫氂失之千里自非管應時候聲驗吉凶則是非之原諒亦難定此則非仲儒淺識所敢聞之至於準者本以代律取其分數調校樂器則宮商易辨若尺寸小長則六十宮商相與微濁若分數加短則六十徵羽類皆小清語其大本居然微異至於清濁相宜諧會歌管皆得應合雖積黍驗氣取聲之本清濁諧會亦須有方若閑準意則辨五聲清濁之韻若善琴術則知五調調音之體參此二途以均樂器則自然應和不相奪倫如不練此必有乖謬案後漢順帝陽嘉二年冬十月行禮辟雍奏應鐘始復黃鐘作樂器隨月律是爲十二之律必須次第爲宮而商角徵羽以類從之尋調聲之體宮商宜濁徵羽用清若公孫崇止以十二律聲而云還相爲宮清濁悉足非唯未練五調調器之法至於五聲次第自是不足何者黃鐘爲聲氣之元其管最長故以黃鐘爲宮太蔟爲商林鐘爲徵則宮徵相順若均之八音猶須錯採衆聲配成其美若以應鐘爲宮大呂爲商蕤賓爲徵則徵濁而宮清雖有其韻不成音曲若以夷則爲宮則十二律中唯得取中呂爲徵其商角羽並無其韻若以中呂爲宮則十二律內全無所取何者中呂爲十二之窮疑變律之首依京房書中呂爲宮乃以去滅爲商執始爲徵然後方韻而崇乃以中呂爲商黃鐘爲徵何由可諧仲儒以調和樂器文飾五聲非準不妙若如嚴嵩父子心賞清濁是則爲難若依案見尺作準調絃緩急清濁可以意推耳但音聲精微史傳簡略舊志唯云準形如瑟十三絃隱間九尺以應黃鐘九寸調中一絃令與黃鐘相得案畫以求其聲遂不辨準須柱以不柱有高下絃有粗細餘十二絃復應若爲致令攬者望風拱手又案房準九尺之內爲一十七萬七千一百四十七分一尺之內爲萬九千六百八十三分又復十之是爲於準一寸之內亦爲萬九千六百八十三分然則於準一分之內乘爲二十分又爲小分以辨彊弱中間至促雖復離朱之明猶不能窮而分之雖然仲儒私曾考驗但前却中柱使入準常尺分之內則相生之韻已自應合分數既微器宜精妙其準面平直須如停水其中絃一柱高下須與二頭臨岳一等移柱上下之時不使離絃不得舉絃又中絃粗細須與琴宮相類中絃須施軫如琴以軫調聲令與黃鐘一管相合中絃下依數盡出六十律清濁之節其餘十二絃須施柱如箏又凡絃皆須豫張使臨時不動卽於中絃案盡一周之聲度著十二絃上然後依相生之法以次運行取十二律之商徵商徵既定又依琴五調調聲之法以均樂器其瑟調以宮爲主清調以商爲主平調以宮爲主五調各以一聲爲主然後錯採衆聲以文飾之方如錦繡上來消息調準之方並史文所略出仲儒所思若事有乖此聲則不和仲儒尋準之分數精微如彼定絃緩急艱難若此而張光等親掌其事尚不知藏中有準既未識其器又焉能施絃也且燧人不師資而習火延壽不束脩以變律故云知之者欲教而無從心達者體知而無師苟有一毫所得皆關心抱豈必要經師授然後爲奇哉但仲儒自省膚淺才非一足正可粗識音韻纔言其理致耳時尚書蕭寶夤奏言金石律呂制度調均中古已來尠或通曉仲儒雖粗述書文頗有所說而學不師授云出己心又言舊器不任必須更造然後克諧上違成敕用舊之旨輒持己心輕欲制作臣竊思量不合依許詔曰禮樂之事蓋非常人所明可如所奏

正光中侍中安豐王延明受詔監修金石博探古今樂事令其門生河間信都芳考算之屬天下多難終無制造芳後乃撰延明所集樂說并諸器物準圖二十餘事而注之不得在樂署考正聲律也

普泰中前廢帝詔錄尚書長孫稚太常卿祖瑩營理金石永熙二年春稚瑩表曰臣聞安上治民莫善於禮移風易俗莫善於樂易曰先王以作樂崇德殷薦之上帝以配祖考書曰戛擊鳴球搏拊琴瑟以詠祖考來格詩言志律和聲敦敘九族平章百姓天神於焉降歆地祇可得而禮故樂以象德舞以象功干戚所以比其形容金石所以發其歌頌薦之宗廟則靈祇饗其和用之朝廷則君臣協其志樂之時義大矣哉雖復沿革異時晦明殊位周因殷禮百世可知也太祖道武皇帝應圖受命光宅四海義合天經德符地緯九戎荐舉五禮未詳太宗世祖重輝累耀恭宗顯祖誕隆丕基而猶經營四方匪遑制作高祖孝文皇帝承太平之緒纂無爲之運帝圖既遠王度惟新太和中命故中書監高閭草創古樂閭尋去世未就其功閭亡之後故太樂令公孫崇續修遺事十有餘載崇敷奏其功時太常卿劉芳以崇所作體制差舛不合古義請更修營被旨聽許芳又釐綜久而申呈時故東平王元匡共相論駁各樹朋黨爭競紛綸竟無底定及孝昌已後世屬艱虞內難孔殷外敵滋甚永安之季胡賊入京燔燒樂庫所有之鐘悉畢賊手其餘磬石咸爲灰燼普泰元年臣等奉勅營造樂器責問太樂前來郊丘懸設之方宗廟施安之分太樂令張乾龜答稱芳所造六格北廂黃鐘之均實是夷則之調其餘三廂宮商不和共用一笛施之前殿樂人尚存又有姑洗太簇二格用之後宮檢其聲韻復是夷則於今尚在而芳一代碩儒斯文攸屬討論之日必應考古深有明證乾龜之辨恐是歷歲稍遠伶官失職芳久殂沒遺文銷毀無可遵訪臣等謹詳周禮分樂而序之凡樂圜鐘爲宮黃鐘爲角太簇爲徵姑洗爲羽若樂六變天神可得而禮函鐘爲宮太簇爲角姑洗爲徵南呂爲羽若樂八變地祇可得而禮黃鐘爲宮大呂爲角太簇爲徵應鐘爲羽若樂九變人鬼可得而禮至於布置不得相生之次兩均異宮並無商聲而同用一徵書曰於予擊石拊石百獸率舞八音克諧神人以和計五音不具則聲豈成文七律不備則理無和韻八音克諧莫曉其旨聖道幽玄微言已絕漢魏以來未能作者案春秋魯昭公二十年晏子言於齊侯曰先王之濟五味和五聲也以平其心成其政也聲亦如味一氣二體三類四物五聲六律七音八風九歌以相成也服子慎注云黃鐘之均黃鐘爲宮太簇爲商姑洗爲角林鐘爲徵南呂爲羽應鐘爲變宮蕤賓爲變徵一懸十九鐘十二懸二百二十八鐘八十四律卽如此義乃可尋究今案周禮小胥之職樂懸之法鄭注云鐘磬編縣之二八十六枚漢成帝時犍爲郡於水濱得古磬十六枚獻呈漢以爲瑞復依禮圖編懸十六去正始中徐州薛成送玉磬十六枚亦是一懸之器檢太樂所用鐘磬各一懸十四不知何據魏侍中繆襲云周禮以六律六同五聲八音六舞大合樂以致鬼神今之樂官徒知古有此制莫有明者又云樂制既亡漢成謂韶武武德武始大鈞可以備四代之樂奏黃鐘舞文始以祀天地奏太簇舞大武以祀五郊明堂奏姑洗舞武德巡狩以祭四望山川奏蕤賓舞武始大鈞以祀宗廟祀圓丘方澤羣廟祫祭之時則可兼舞四代之樂漢亦有雲翹育命之舞罔識其源漢以祭天魏時又以雲翹兼祀圓丘天郊育命兼祀方澤地郊今二舞久亡無復知者臣等謹依高祖所制尺周官考工記鳧氏爲鐘鼓之分磬氏爲磬倨闕之法禮運五聲十二律還相爲宮之義以律呂爲之劑量奏請制度經紀營造依魏晉所用四廂宮懸鐘磬各十六懸塤篪箏筑聲韻區別蓋理三稔於茲始就五聲有節八音無爽笙鏞和合不相奪倫元日備設百僚允矚雖未極萬古之徽蹤實是一時之盛事竊惟古先哲王制禮作樂各有所稱黃帝有咸池之樂顓頊作承雲之舞大章大韶堯舜之異名大夏大濩禹湯之殊稱周言大武秦曰壽人及焚書絕學之後舊章淪滅無可準據漢高祖時叔孫通因秦樂人制宗廟樂迎神廟門奏嘉至皇帝入廟門奏永至登歌再終下奏休成之樂通所作也高祖六年有昭容樂禮容樂又有房中祠樂高祖唐山夫人所作也孝惠二年使樂府令夏侯寬備其簫管更名安世樂高祖廟奏武德文始五行之舞孝文廟奏昭德文始四時五行之舞孝武廟奏盛德文始四時五行之舞武德者高祖四年作也以象天下樂已行武以除亂也文始舞者舜韶舞高祖六年更名曰文始以示不相襲也五行舞者本周舞秦始皇二十六年更名曰五行也四時舞者孝文所作以明天下之安和也孝景以武德舞爲昭德孝宣以昭德舞爲盛德光武廟奏大武諸帝廟並奏文始五行四時之舞及卯金不祀當塗勃興魏武廟樂改云韶武用虞之大韶周之大武總號大鈞也曹失其鹿典午乘時晉氏之樂更名正德自昔帝王莫不損益相緣徽號殊別者也而皇魏統天百三十載至於樂舞迄未立名非所以聿宣皇風章明功德贊揚懋軌垂範無窮者矣案今后宮饗會及五郊之祭皆用兩懸之樂詳攬先詰大爲紕繆古禮天子宮懸諸侯軒懸大夫判懸士特懸皇后禮數德合王者名器所資

豈同於大夫哉孝經言嚴父莫大於配天宗祀文王於明堂以配上帝卽五精之帝也禮記王制庶羞不踰牲燕衣不踰祭服論語禹卑宮室盡力於溝洫惡衣服致美於黻冕何有殿庭之樂過於天地乎失禮之差遠於千里昔漢孝武帝東巡狩封禪還祀泰一於甘泉祭后土於汾陰皆盡用明其無減普泰元年前侍中臣孚及臣瑩等奏求造十二懸六懸裁訖續復營造尋蒙旨判令六懸旣成臣等思鐘磬各四鉦鐏相從十六格宮懸已足今請更營二懸通前爲八宮懸兩具矣一具備於太極一具列於顯陽若圓丘方澤上辛四時五郊社稷諸祀雖時日相礙用之無闕孔子曰周道四達禮樂交通傳曰魯有禘樂賓祭用之然則天地宗廟同樂之明證也其升斗權量當時未定請卽刊校以爲長準周存六代之樂雲門咸池韶夏濩武用於郊廟各有所施但世運遙緬隨時亡缺漢世唯有虞韶周武魏爲武始咸熙錯綜風聲爲一代之禮晉無改造易名正德今聖朝樂舞未名舞人冠服無準稱之文武舞而已依魏景初三年以來衣服制其祭天地宗廟武舞執干戚著平冕黑介幘玄衣裳白領袖絳領袖中衣絳合幅袴袜黑韋鞮文舞執羽籥冠委貌其服同上其奏於廟庭武舞武弁赤介幘生絳袍單衣練領袖皂領袖中衣虎文畫合幅袴白布袜黑韋鞮文舞者進賢冠黑介幘生黃袍單衣白合幅袴服同上其魏晉相因承用不改古之神室方各別所故聲歌各異今之太廟連基接棟樂舞同奏於義得通自中原喪亂晉室播蕩永嘉已後舊章湮沒太武皇帝破平統萬得古雅樂一部正聲歌五十曲工伎相傳間有施用自高祖遷居世宗晏駕內外多事禮物未周今日所有王夏肆夏之屬二十三曲猶得擊奏足以闡累聖之休風宣重光之盛美伏惟陛下仁格上皇義光下武道契玄機業隆寶祚思服典章留心軌物反堯舜之淳風復文武之境土飾宇宙之儀刑納生人於福地道德熙泰樂載新聲天成地平於是乎在樂舞之名乞垂旨判臣等以愚昧參厠問道呈御之日伏增惶懼詔其樂名付尚書博議以聞其年夏集羣官議之瑩復議曰夫樂所以乘靈通化舞所以象物昭功金石播其風聲絲竹申其歌詠郊天祠地之道雖百世而可知奉神育民之理經千載而不昧是以黃帝作咸池之樂顓頊有承雲之舞堯爲大章舜則大韶禹爲大夏湯爲大濩周曰大武秦曰壽人漢爲大予魏名大鈞晉曰正德雖三統互變五運代降莫不述作相因徽號殊別者也皇魏道格三才化清四宇奕世載德累葉重光或以文教興邦或以武功平亂功成治定於是乎在及主上龍飛載造景命惟新書軌自同典刑罔二覆載均於兩儀仁澤被於四海五聲有序八音克諧樂舞之名宜以詳定案周兼六代之樂聲律所施咸有次第滅學以後經禮散亡漢來所存二舞而已請以韶武爲崇德武舞爲章烈總名曰嘉成漢樂章云高張四縣神來燕饗宗廟所設宮懸明矣計五郊天神尊於人鬼六宮陰極體同至尊理無減降宜皆用宮懸其舞人冠服制裁咸同舊式庶得以光贊鴻功敷揚大業錄尚書事長孫稚已下六十人同議申奏詔曰王者功成作樂治定制禮以成爲號良無間然又六代之舞者以大爲名今可準古爲大成也凡音樂以舞爲主故干戈羽籥禮亦無別但依舊爲文舞武舞而已餘如議

初侍中崔光臨淮王彧並爲郊廟歌詞而迄不施用樂人傳習舊曲加以訛失了無章句後太樂令崔九龍言於太常卿祖瑩曰聲有七聲調有七調以今七調合之七律起於黃鐘終於中呂今古雜曲隨調舉之將五百曲恐諸曲名後致亡失今輒條記存之於樂府瑩依而上之九龍所錄或雅或鄭至於淫俗四夷雜歌但記其聲折而已不能知其本意又名多謬舛莫識所由隨其淫正而取之樂署今見傳習其中復有所遺至於古雅尤多亡矣

初高祖討淮漢世宗定壽春收其聲伎江左所傳中原舊曲明君聖主公莫白鳩之屬及江南吳歌荊楚四聲總謂淸商至於殿庭饗宴兼奏之其圜丘方澤上辛地祇五郊四時拜廟三元冬至社稷馬射籍田樂人之數各有差等焉

魏書卷一百九考證

樂志敘軒轅桴阮瑜之管定小一之律○呂氏春秋伶倫自大夏之西乃之阮隃之陰是瑜當作隃小一當作十二

磬氏爲磬倨闕之法○考工記磬有倨句則此所闕當是一句字也

魏書卷一百一十

齊　魏收　撰

志第十五

食貨六

夫爲國爲家者莫不以穀貨爲本故洪範八政以食爲首其在易曰聚人曰財周禮以九職任萬民以九賦斂財賄是以古先哲王莫不敬授民時務農重穀躬親千畝貢賦九州且一夫不耕一女不織或受其飢寒者飢寒迫身不能保其赤子攘竊而犯法以至於殺身迹其所由王政所陷也夫百畝之內勿奪其時易其田疇薄其稅斂民可使富也旣飽且富而仁義禮節生焉亦所謂衣食足識榮辱也晉末天下大亂生民道盡或死於干戈或斃於饑饉其幸而自存者蓋十五焉

太祖定中原接喪亂之敝兵革並起民廢農業方事雖殷然經略之先以食爲本使東平公儀墾闢河北自五原至于棝陽塞外爲屯田初登國六年破衞辰收其珍寶畜產名馬三十餘萬牛羊四百餘萬漸增國用旣定中山分徙吏民及徒何種人工伎巧十萬餘家以充京都各給耕牛計口授田天興初制定京邑東至代郡西及善無南極陰館北盡參合爲畿內之田其外四方四維置八部帥以監之勸課農耕量校收入以爲殿最又躬耕籍田率先百姓自後比歲大熟匹中八十餘斛是時戎車不息雖頻有年猶未足以久贍矣

太宗永興中頻有水旱詔簡宮人非所當御及非執作伎巧自餘出賜鰥民神瑞二年又不熟京畿之內路有行饉帝以飢將遷都於鄴用博士崔浩計乃止於是分簡尤貧者就食山東敕有司勸課留農者曰前志有之人生在勤勤則不匱凡庶民之不畜者祭無牲不耕者祭無盛不樹者死無槨不蠶者衣無帛不績者喪無衰教行三農生殖九穀教行園囿毓長草木教行虞衡山澤作材教行藪牧養蕃鳥獸教行百工飭成器用教行商賈阜通貨賄教行嬪婦化治絲枲教行臣妾事勤力役自是民皆力勤故歲數豐穰畜牧滋息

泰常六年詔六部民羊滿百口調戎馬一匹

世祖卽位開拓四海以五方之民各有其性故修其教不改其俗齊其政不易其宜納其方貢以充倉廩收其貨物以實庫藏又於歲時取鳥獸之登於俎用者以牣膳府

先是禁網疏闊民多逃隱天興中詔採諸漏戶令輸綸綿自後諸逃戶占爲細繭羅縠者甚衆於是雜營戶帥遍於天下不隸守宰賦役不周戶口錯亂始光三年詔一切罷之以屬郡縣

神䴥二年帝親御六軍略地廣漠分命諸將窮追蠕蠕東至瀚海西接張掖北度燕然山大破之虜其種落及馬牛雜畜方物萬計其後復遣成周公萬度歸西伐焉耆其王鳩尸卑那單騎奔龜茲舉國臣民負錢懷貨一時降款獲其奇寶異玩以巨萬駝馬雜畜不可勝數度歸遂入龜茲復獲其殊方瓌詭之物億萬已上是時方隅未剋帝屢親戎駕而委政於恭宗眞君中恭宗下令修農職之教事在帝紀此後數年之中軍國用足矣

高宗時牧守之官頗爲貨利太安初遣使者二十餘輩循行天下觀風俗視民所疾苦詔使者察諸州郡墾殖田畝飲食衣服閭里虛實盜賊劫掠貧富強劣而罰之自此牧守頗改前弊民以安業

自太祖定中原世祖平方難收獲珍寶府藏盈積和平二年秋詔中尚方作黃金合盤十二具徑二尺二寸鏤以白銀鈿以玫瑰其銘曰九州致貢殊域來賓乃作茲器錯用具珍鍜以紫金鏤以白銀範圍擬載吐燿含眞纖文麗質若化若神皇王御之百福惟新其年冬詔出內庫綾綿布帛二十萬匹令內外百官分曹賭射四年春詔賜京師之民年七十已上大官廚食以終其身

顯祖卽位親行儉素率先公卿思所以賑益黎庶至天安皇興間歲頻大旱絹匹千錢劉彧淮北青冀徐兗司五州告亂請降命將率衆以援之旣臨其境青冀懷貳進軍圍之數年乃拔山東之民咸勤於征戍轉運帝深以爲念遂因民貧富爲租輸三等九品之制千里內納粟千里外納米上三品戶入京師中三品入他州要倉下三品入本州

先是太安中高宗以常賦之外雜調十五頗爲煩重將與除之尚書毛法仁曰此是軍國資用今頓罷之臣愚以爲不可帝曰使地利無窮民力不竭百姓有餘吾孰與不足遂免之未幾復調如前至是乃終罷焉於是賦斂稍輕民復贍矣

舊制民間所織絹布皆幅廣二尺二寸長四十尺爲一匹六十尺爲一端令任服用後乃漸至濫惡不依尺度高祖延興三年秋七月更立嚴制令一準前式違者罪各有差有司不檢察與同罪

太和八年始準古班百官之祿以品第各有差先是天下戶以九品混通戶調帛二匹絮二斤絲一斤粟二十石又入帛一匹二丈委之州庫以供調外之費至是戶

增帛三匹粟二石九斗以爲官司之祿後增調外帛滿二匹所調各隨其土所出其司冀雍華定相泰洛豫懷兗陝徐青齊濟南豫東兗東徐十九州貢綿絹及絲幽平并肆岐涇荊涼梁汾秦安營豳夏光郢東秦司州萬年鴈門上谷靈丘廣寧平涼郡懷州邵郡上郡之長平白水縣青州北海郡之膠東縣平昌郡之東武平昌縣高密郡之昌安高密夷安黔陬縣泰州河東之蒲坂汾陰縣東徐州東莞郡之莒諸東莞縣雍州馮翊郡之蓮芍縣咸陽郡之寧夷縣北地郡之三原雲陽銅官宜君縣華州華山郡之夏陽縣徐州北濟郡之離狐豐縣東海郡之贛榆襄賁縣皆以麻布充稅九年下詔均給天下民田諸男夫十五以上受露田四十畝婦人二十畝奴婢依良丁牛一頭受田三十畝限四牛所授之田率倍之三易之田再倍之以供耕作及還受之盈縮諸民年及課則受田老免及身沒則還田奴婢牛隨有無以還受諸桑田不在還受之限但通入倍田分於分雖盈沒則還田不得以充露田之數不足者以露田充倍諸初受田者男夫一人給田二十畝課蒔餘種桑五十樹棗五株榆三根非桑之土夫給一畝依法課蒔榆棗奴各依良限三年種畢不畢奪其不畢之地於桑榆地分雜蒔餘果及多種桑榆者不禁諸應還之田不得種桑榆棗果種者以違令論地入還分諸桑田皆爲世業身終不還恒從見口有盈者無受無還不足者受種如法盈者得賣其盈不足者得買所不足不得賣其分亦不得買過所足諸麻布之土男夫及課別給麻田十畝婦人五畝奴婢依良皆從還受之法諸有舉戶老小癃殘無授田者年十一已上及癃者各授以半夫田年踰七十者不還所受寡婦守志者雖免課亦授婦田諸還受民田恒以正月若始受田而身亡及賣買奴婢牛者皆至明年正月乃得還受諸土廣民稀之處隨力所及官借民種蒔役有土居者依法封授諸地狹之處有進丁受田而不樂遷者則以其家桑田爲正田分又不足不給倍田又不足家內人別減分無桑之鄉準此爲法樂遷者聽逐空荒不限異州他郡唯不聽避勞就逸其地足之處不得無故而移諸民有新居者三口給地一畝以爲居室奴婢五口給一畝男女十五以上因其地分口課種菜五分畝之一諸一人之分正從正倍從倍不得隔越他畔進丁受田者恒從所近若同時俱受先貧後富再倍之田放此爲法諸遠流配讁無子孫及戶絕者墟宅桑榆盡爲公田以供授受授受之次給其所親未給之間亦借其所親諸宰民之官各隨地給公田刺史十五頃太守十頃治中別駕各八頃縣令郡丞六頃更代相付賣者坐如律

魏初不立三長故民多蔭附蔭附者皆無官役豪彊徵斂倍於公賦十年給事中李沖上言宜準古五家立一鄰長五鄰立一里長五里立一黨長長取鄉人彊謹者鄰長復一夫里長二黨長三所復復征戍餘若民三載亡愆則陟用陟之一等其民調一夫一婦帛一匹粟二石民年十五以上未娶者四人出一夫一婦之調奴任耕婢任績者八口當未娶者四耕牛二十頭當奴婢八其麻布之鄉一夫一婦布一匹下至牛以此爲降大率十匹爲工調二匹爲調外費三匹爲內外百官俸此外雜調民年八十以上聽一子不從役孤獨癃老篤疾貧窮不能自存者三長內迭養食之書奏諸官通議稱善者衆高祖從之於是遣使者行其事乃詔曰夫任土錯貢所以通有無井乘定賦所以均勞逸有無通則民財不匱勞逸均則人樂其業此自古之常道也又鄰里鄉黨之制所由來久欲使風教易周家至日見以大督小從近及遠如身之使手幹之總條然後口算平均義興訟息是以三典所同隨世汙隆貳監之行從時損益故鄭僑復丘賦之術鄒人獻盍徹之規雖輕重不同而當時俱適自昔以來諸州戶口籍貫不實包藏隱漏廢公罔私富彊者并兼有餘貧弱者餬口不足賦稅齊等無輕重之殊力役同科無衆寡之別雖建九品之格而豐埆之土未融雖立均輸之楷而蠶績之鄉無異致使淳化未樹民情偸薄朕每思之良懷深慨今改舊從新爲里黨之法在所牧守宜以喻民使知去煩即簡之要初百姓咸以爲不若循常豪富并兼者尤弗願也事施行後計省昔十有餘倍於是海內安之十一年大旱京都民饑加以牛疫公私闕乏時有以馬驢及橐駝供駕輓耕載詔聽民就豐行者十五六道路給糧稟至所在三長贍養之遣使者時省察焉留業者皆令主司審覈開倉賑貸其有特不自存者悉檢集爲粥於街衢以救其困然主者不明牧察郊甸間甚多餧死者時承平日久府藏盈積詔盡出御府衣服珍寶太官雜器太僕乘具內庫弓矢刀鉾十分之八外府衣物繒布絲纊諸所供國用者以其大半班賚百司下至工商皁隸逮于六鎮邊戍畿內鰥寡孤獨貧癃者皆有差十二年詔羣臣求安民之術有司上言請析州郡常調九分之二京都度支歲用之餘各立官司豐年糴貯於倉時儉則加私之一糴之於民如此民必力田以買絹積財以取粟官年登則常積歲凶則直給又別立農官取州郡戶十分之一以爲屯民相水陸之宜斷頃畝之數以贓贖雜物市牛科給令其肆力一夫之田歲責六十斛甄其正課并征戍雜役行此二事數年之中則穀積而民足矣帝覽而善之尋施行焉自此公私豐贍雖時有水旱不爲災也

世祖之平統萬定秦隴以河西水草善乃以爲牧地畜產滋息馬至二百餘萬匹橐駝將半之牛羊則無數高祖即位之後復以河陽爲牧場恒置戎馬十萬匹以擬京師軍警之備每歲自河西徙牧於并州以漸南轉欲其習水土而無死傷也而河西之牧彌滋矣正光以後天下喪亂遂爲羣寇所盜掠焉

世宗延昌三年春有司奏長安驪山有銀鑛二石得銀七兩其年秋恒州又上言白登山有銀鑛八石得銀七兩錫三百餘斤其色潔白有踰上品詔並置銀官常令採鑄又漢中舊有金戶千餘家常於漢水沙淘金年終總輸後臨淮王彧爲梁州刺史奏罷之其鑄鐵爲農器兵刃在所有之然以相州牽口冶爲工故常鍊鍛爲刀送於武庫

自魏德既廣西域東夷貢其珍物充於王府又於南垂立互市以致南貨羽毛齒革之屬無遠不至神龜正光之際府藏盈溢靈太后曾令公卿已下任力負物而取之又數賚禁內左右所費無貲而不能一丏百姓也自徐楊內附之後仍世經略江淮於是轉運中州以實邊鎮百姓疲於道路乃令番戍之兵營起屯田又收內郡兵資與民和糴積爲邊備有司又請於水運之次隨便置倉乃於小平右門白馬津漳涯黑水濟州陳郡大梁凡八所各立邸閣每軍國有須應機漕引自此費役微省三門都將薛欽上言計京西水次汾華二州恒農河北河東正平平陽五郡年常綿絹及貲麻皆折公物雇車牛送京道險人敝費公損私略計華州一車官酬絹八匹三丈九尺別有私民雇價布六十匹河東一車官酬絹五匹二丈別有私民雇價布五十匹自餘州郡雖未練多少推之遠近應不減此今求車取雇絹三匹市材造船不勞採斫計船一艘舉十三車車取三匹合有三十九匹雇作手并匠及船上雜具食直足以成船計一船剩絹七十八匹布七百八十匹又租車一乘官格四十斛成載私民雇價遠者五斗布一匹近者一石布一匹準其私費一車布遠者八十匹近者四十匹造船一艘計舉七百石準其雇價應有一千四百匹今取布三百匹造船一艘并船上覆治雜事計一船有剩布一千一百匹又其造船之處皆須鋸材人功并削船茹依功多少即給當州郡門兵不假更召汾州有租調之處去汾不過百里華州去河不滿六十並令計程依舊酬價車送船所船之所運唯達雷陂其陸路從雷陂至倉庫調一車雇絹一匹租一車布五匹則於公私爲便尚書度支郎中朱元旭計稱效立於公濟民爲本政列於朝潤國是先故大禹疏決以通四載之宜有漢穿引受納百川之用厥績顯於當時嘉聲播於圖史今校薛欽之說雖跡驗未彰而指況甚善所云以船代車是其策之長者若以門兵造舟便爲闕彼防禦無容全依宜令取雇車之物市材執作及倉庫所須悉以營辦七月之始十月初旬令州郡綱典各租調於將所然後付之十車之中留車士四人佐其守護粟帛上船之日隨運至京將共監慎如有耗損其倍徵河中闕失專歸運司輸京之時聽其即納不得雜合違失常體必使量上數下謹其受入自餘一如其列計底柱之難號爲天險迅驚千里未易其功然既陳便利無容輒抑若效充其說則附例酬庸如其不驗徵塡所損今始開剏不可懸生減折且依請營立一年之後須知贏費歲遣御史校其虛實脫有乖越別更裁量尚書崔休以爲刳木爲舟用興上代鑿渠通運利盡中古是以漕輓河渭留侯以爲偉談方舟蜀漢酈生稱爲口實豈直張純之奏見美東都陳勰之功事高晉世其爲利益所從來久矣案欽所列實允事宜郎中之計備盡公理但舟檝所通遠近必至苟利公私不宜止在前件昔人乃遠通褒斜以利關中之漕南達交廣以增京洛之饒況乃漳洹夷路河濟平流而不均彼省煩同茲巨益且鴻溝之引宋衞史牒具存討虜之通幽冀古迹備在舟車省益理寔相懸水陸難易力用不等昔忝東州親遥闕驗斯損益不可同年而語請諸通水運之處皆宜率同此式縱復五百三百里車運水次校計利饒猶爲不少其欽所列州郡如請興造東路諸州皆先通水運今年租調悉用舟檝若船數有闕且賃假充事比之僦車交成息耗其先未通流宜遣檢行閑月修治使理有可通必無壅滯如此則發召匪多爲益實廣一爾暫勞久安永逸錄尚書高陽王雍尚書僕射李崇等奏曰運漕之利今古攸同舟車息耗實相殊絕欽之所列關西而已若域內同行足爲公私巨益謹輒參量備如前計庶徵召有減勞止小康若

此請蒙遂必須溝洫通流即求開興修築或先以開治或古跡仍在舊事可因用功差易此冬閑月令疎通咸訖比春水之時使運漕無滯詔從之而未能盡行也

正光後四方多事加以水旱國用不足預折天下六年租調而徵之百姓怨苦民不堪命有司奏斷百官常給之酒計一歲所省合米五萬三千五十四斛九升蘗穀六千九百六十斛麪三十萬五百九十九斤其四時郊廟百神羣祀依式供營遠蕃使客不在斷限爾後寇賊轉衆諸將出征相繼奔敗所亡器械資糧不可勝數而關西喪失尤甚帑藏益以空竭有司又奏內外百官及諸蕃客稟食及肉悉二分減一計終歲省肉百五十九萬九千八百五十六斤米五萬三千九百三十二石

孝昌二年終稅京師田租畝五升借賃公田者畝一斗又稅市入者人一錢其店舍又爲五等收稅有差

莊帝初承喪亂之後倉廩虛罄遂班入粟之制輸粟八千石賞散侯六千石散伯四千石散子三千石散男職人輸七百石賞一大階授以實官白民輸五百石聽依第出身一千石加一大階無第者輸五百石聽正九品出身一千石加一大階諸沙門有輸粟四千石入京倉者授本州統若無本州者授大州都若不入京倉入外州郡倉者三千石畿郡都統依州格若輸五百石入京倉者授本郡維那其無本郡者授以外郡粟入外州郡倉七百石者京倉三百石者授縣維那

孝靜天平初以遷民草剏資產未立詔出粟一百三十萬石以賑之三年夏又賑遷民稟各四十日其年秋并肆汾建晉泰陝東雍南汾九州霜旱民飢流散四年春詔所在開倉賑恤之而死者甚衆時諸州調絹不依舊式齊獻武王以其害民興和三年冬請班海內悉以四十尺爲度天下利焉

河東郡有鹽池舊立官司以收稅利是時罷之而民有富彊者專擅其用貧弱者不得資益延興末復立監司量其貴賤節其賦入於是公私兼利世宗即位政存寬簡復罷其禁與百姓共之其國用所須別爲條制取足而已自後豪貴之家復乘勢占奪近池之民又輒障吝彊弱相陵聞於遠近神龜初太師高陽王雍太傅清河王懌等奏鹽池天藏資育羣生仰惟先朝限者亦不苟與細民競茲贏利但利起天池取用無法或豪貴封護或近者吝守卑賤遠來超然絕望是以因置主司令其裁察彊弱相兼務令得所且十一之稅自古及今取輒以次所濟爲廣自爾霑洽遠近齊平公私兩宜儲益不少及鼓吹主簿王後興等詞稱請供百官食鹽二萬斛之外歲求輸馬千匹牛五百頭以此而推非可稍計後中尉甄琛啓求罷禁被敕付議尚書執奏稱琛啓坐談則理高行之則事闕請依常禁爲允詔依琛計乃爲繞池之民尉保光等擅自固護語其障禁倍於官司取與自由貴賤任口若無大宥罪合推斷詳度二三深乖王法臣等商量請依先朝之詔禁之爲便防姦息暴斷遣輕重亦準前旨所置監司一同往式於是復置監官以監檢焉其後更罷更立以至於永熙自遷鄴後於滄瀛幽青四州之境傍海煑鹽滄州置竈一千四百八十四瀛州置竈四百五十二幽州置竈一百八十青州置竈五百四十六又於邯鄲置竈四計終歲合收鹽二十萬九千七百二斛四升軍國所資得以周贍矣

魏初至於太和錢貨無所周流高祖始詔天下用錢焉十九年冶鑄粗備文曰太和五銖詔京師及諸州鎮皆通行之內外百官祿皆準絹給錢絹匹爲錢二百在所遣錢工備鑪冶民有欲鑄聽就鑄之銅必精練無所和雜世宗永平三年冬又鑄五銖錢肅宗初京師及諸州鎮或鑄或否或有止用古錢不行新鑄致商貨不通貿遷頗隔熙平初尚書令任城王澄上言臣聞洪範八政貨居二焉易稱天地之大德曰生聖人之大寶曰位何以守位曰仁何以聚人曰財財者帝王所以聚人守位成養羣生奉順天德治國安民之本也夏殷之政九州貢金以定五品周仍其舊太公立九府之法於是國貨始行定銖兩之楷齊桓循用以霸諸侯降及秦始漢文遂有輕重之異吳濞鄧通之錢收利遍於天下河南之地猶甚多焉逮于孝武乃更造五銖其中毀鑄隨利改易故使錢有大小之品竊尋太和之錢高祖留心劬制後與五銖並行此乃不刊之式但臣竊聞之君子行禮不求變俗因其所宜順而致用太和五銖雖利於京邑之肆而不入徐揚之市土貨既殊貿鬻亦異便於荊郢之邦者則礙於兗豫之域致使貧民有重困之切王道貽隔化之訟去永平三年都座奏斷天下用錢不依準式者時被敕云不行之錢雖有常禁其先用之處權可聽行至年末悉令斷之延昌二年徐州民儉刺史啓奏求行土錢旨聽權依舊用謹尋不行之錢律有明式指謂雞眼鐶鑿更無餘禁計河南諸州今所行者悉非制限昔來繩禁愚竊惑焉又河北州鎮既無新造五銖設有舊者而復禁斷並不得行專以單絲之縑疎縷之布狹幅促度不中常式裂匹爲尺以濟有無至今徒成杼軸之勞不免飢寒之苦良由分截布帛壅塞錢貨實非救恤凍餒子育黎元謹惟自古以來錢品不一前後累代易變無常且錢之爲名欲泉流不已愚意謂今之太和與新鑄五銖及諸古錢方俗所便用者雖有大小之異並得通行貴賤之差自依鄉價庶貨環海內公私無壅其不行之錢及盜鑄毀大爲小巧僞不如法者據律罪之詔曰錢行已久今東尚有事且依舊用澄又奏臣猥屬樞衡庶罄心力常願貨物均通書軌一範謹詳周禮外府掌邦布之入出布猶泉也其藏曰泉其流曰布然則錢之興也始於一品欲令世匠均同圜流無極爰暨周景降逮亡新易鑄相尋參差百品遂令接境乖商連邦隔質臣比奏求宜下海內依式行錢登被旨敕錢行已久且可依舊謹重參量以爲太和五銖乃大魏之通貨不朽之恒模寧可專貿於京師不行於天下但今戎馬在郊江疆未一東南之州依舊爲便至於京西京北域內州鎮未有錢處行之則不足爲難塞之則有乖通典何者布帛不可尺寸而裂五穀則有負擔之難錢之爲用貫繦相屬不假斗斛之器不勞秤尺之平濟世之宜謂爲深允請並下諸方州鎮其太和及新鑄五銖并古錢內外全好者不限大小悉聽行之雞眼鐶鑿依律而禁河南州鎮先用錢者既聽依舊不在斷限雅太和五銖二錢得用公造新者其餘雜種一用古錢生新之類普同禁約諸方之錢通用京師其聽依舊之處與太和錢及新造五銖並行若盜鑄者罪重常憲既欲均齊物品廛井斯和若不繩以嚴法無以肅茲違犯符旨一宜仍不遵用者刺史守令依律治罪詔從之而河北諸州舊少錢貨猶以他物交易錢略不入市也二年冬尚書崔亮奏恒農郡銅青谷有銅鑛計一斗得銅五兩四銖葦池谷鑛計一斗得銅五兩鸞帳山鑛計一斗得銅四兩河內郡王屋山鑛計一斗得銅八兩南青州苑燭山齊州商山並是往昔銅官舊迹見在謹按鑄錢方興用銅處廣既有冶利並宜開鑄詔從之自後所行之錢民多私鑄稍就小薄價用彌賤建義初重盜鑄之禁開糾賞之格至永安二年秋詔更改鑄文曰永安五銖官自立爐起自九月至三年正月而止官欲貴錢乃出藏絹分遣使人於二市賣之絹匹止錢二百而私市者猶三百利之所在盜鑄彌衆巧僞既多輕重非一四方州鎮用各不同遷鄴之後輕濫尤多武定初齊文襄王奏革其弊於是詔遣使人詣諸州鎮收銅及錢悉更改鑄其文仍舊然姦僥之徒越法趨利未幾之間漸復細薄六年文襄王以錢文五銖名須稱實宜稱錢一文重五銖者聽入市用計百錢重一斤四兩二十銖自餘皆準此爲數其京邑二市天下州鎮郡縣之市各置二稱懸於市門私民所用之稱皆準市稱以定輕重凡有私鑄悉不禁斷但重五銖然後聽用若入市之錢重不五銖或雖重五銖而多雜鉛鑞並不聽用若有輒以小薄雜錢入市有人糾獲其錢悉入告者其小薄之錢若即禁斷恐人交乏絕畿內五十日外州百日爲限羣官參議咸以時穀頗貴請待有年上從之而止

魏書卷一百十考證

十年給事中李冲上言○十年上脫年號今考本書李冲傳當是高祖太和十年

魏書卷一百一十一

齊　魏收　撰

志第十六

刑罰七

二儀既判彙品生焉五才兼用廢一不可金木水火土咸相愛惡陰陽所育稟氣呈形鼓之以雷霆潤之以雲雨春夏以生長之秋冬以殺藏之斯則德刑之設著自神道聖人處天地之間率神祇之意生民有喜怒之性哀樂之心應感而動動而逾變淳化所陶下以惇朴故異章服畫衣冠示恥申禁而不敢犯其流既銳姦黠萌生是以明法令立刑賞故書曰象以典刑流宥五刑鞭作官刑扑作教刑金作贖刑怙終賊刑眚災肆赦舜命咎繇曰五刑有服五服三就五流有宅五宅三居夏刑則大辟二百臏辟三百宮辟五百劓墨各千殷因於夏蓋有損益周禮建三典刑邦國以五聽求民情八議以申之三刺以審之左嘉石平罷民右肺石達窮民宥不識宥過失宥遺忘赦幼弱赦耄耋赦惷愚周道既衰穆王荒耄命呂侯度作祥刑以詰四方五刑之屬增矣夫疑獄氾問與衆共之衆疑赦之必察小大之比以成之先王之愛民如此刑成而不可變故君子盡心焉逮於

戰國競任威刑以相呑噬商君以法經六篇入說於秦議參夷之誅連相坐之法風俗凋薄號爲虎狼及於始皇遂兼天下毀先王之典制挾書之禁法繁於秋荼網密於凝脂姦僞並生赭衣塞路獄犴淹積囹圄成市於是天下怨叛十室而九漢祖入關蠲削煩苛致三章之約文帝以仁厚斷獄四百幾致刑措孝武世以姦宄滋甚增律五十餘篇宣帝時路溫舒上書曰夫獄者天下之命書曰與其殺不辜寧失有罪今治獄吏非不慈仁也上下相毆以刻爲明深者獲公名平者多後患故治獄吏皆欲人死非憎人也自安之道在人之死夫人情安則樂生痛則思死捶楚之下何求而不得故囚人不勝痛則飾辭以示人吏治者利其然則指導以明之上奏畏卻則鍛鍊而周內之雖咎繇聽之猶以爲死有餘罪何則文致之罪故也故天下之患莫深於獄宣帝善之痛乎獄吏之害也久矣故曰古之立獄所以求生今之立獄所以求殺人不可不慎也于定國爲廷尉集諸法律凡九百六十卷大辟四百九十條千八百八十二事死罪決比凡三千四百七十二條諸斷罪當用者合二萬六千二百七十二條後漢二百年間律章無大增減魏武帝造甲子科條犯釱左右趾者易以斗械明帝改士民罰金之坐除婦人加笞之制晉武帝以魏制峻密又詔車騎賈充集諸儒學刪定名例爲二十卷并合二千九百餘條晉室喪亂中原蕩然魏氏承百王之末屬崩散之後典刑泯棄禮俗澆薄自太祖撥亂蕩滌華夏至于太和然後吏清政平斷獄省簡所謂百年而後勝殘去殺故權舉行事以著于篇

魏初禮俗純朴刑禁疏簡宣帝南遷復置四部大人坐王庭決辭訟以言語約束刻契記事無囹圄考訊之法諸犯罪者皆臨時決遣神元因循亡所革易

穆帝時劉聰石勒傾覆晉室帝將平其亂乃峻刑法每以軍令從事民乘寬政多以違命得罪死者以萬計於是國落騷駭平文承業綏集離散

昭成建國二年當死者聽其家獻金馬以贖犯大逆者親族男女無少長皆斬男女不以禮交皆死民相殺者聽與死家馬牛四十九頭及送葬器物以平之無繫訊連逮之坐盜官物一備五私則備十法令明白百姓晏然

太祖幼遭艱難備嘗險阻具知民之情僞及在位躬行仁厚協和民庶既定中原患前代刑網峻密乃命三公郎王德除其法之酷切於民者約定科令大崇簡易是時天下民久苦兵亂畏法樂安帝知其若此乃鎮之以玄默罰必從輕兆庶欣戴焉然於大臣持法不捨季年災異屢見太祖不豫綱紀褫頓刑罰頗爲濫酷

太宗卽位修廢官恤民隱命南平公長孫嵩北新侯安同對理民訟庶政復有敍焉帝既練精庶事爲吏者浸以深文避罪

世祖卽位以刑禁重神䴥中詔司徒崔浩定律令除五歲四歲刑增一年刑分大辟爲二科死斬死入絞大逆不道腰斬誅其同籍年十四已下腐刑女子沒縣官害其親者轘之爲蠱毒者男女皆斬而焚其家巫蠱者負羖羊抱犬沉諸淵當刑者贖貧則加鞭二百畿內民富者燒炭於山貧者役於圊溷女子入舂槀其固疾不逮于人守苑囿王官階九品得以官爵除刑婦人當刑而孕產後百日乃決年十四已下降刑之半八十及九歲非殺人不坐拷訊不踰四十九論刑者部主具狀公車鞫辭而三都決之當死者部案奏聞以死不可復生懼監官不能平獄成皆呈帝親臨問無異辭怨言乃絕之諸州國之大辟皆先讞報乃施行闕左懸登聞鼓人有窮冤則撾鼓公車上奏其表是後民官瀆貨帝思有以肅之太延三年詔天下吏民得舉告牧守之不法於是凡庶之凶悖者專求牧宰之失迫脅在位取豪於閭閻而長吏咸降心以待之苟免而不恥貪暴猶自若也時輿駕數親征討及行幸四方眞君五年命恭宗總百揆監國少傅游雅上疏曰殿下親覽百揆經營內外昧旦而興諮詢國老臣職忝疑承司是獻替漢武時始啓河右四郡議諸疑罪而讁徙之十數年後邊郡充實並修農戍孝宣因之以服北方此近世之事也帝王之於罪人非怒而誅之欲其徙善而懲惡讁徙之苦其懲亦深自非大逆正刑皆可從徙雖舉家投遠忻喜赴路力役終身不敢言苦且遠流分離心或思善如此姦邪可息邊垂足備恭宗善其言然未之行

六年春以有司斷法不平詔諸疑獄皆付中書依古經義論決之初盜律贓四十匹致大辟民多慢政峻其法贓三匹皆死正平元年詔曰刑網太密犯者更衆朕甚愍之其詳案律令務求厥中有不便於民者增損之於是游雅與中書侍郎胡方回等改定律制盜律復舊加故縱通情止舍之法及他罪凡三百九十一條門誅四大辟一百四十五刑二百二十一條有司雖增損條章猶未能闡明刑典

高宗初仍遵舊式太安四年始設酒禁是時年穀屢登士民多因酒致酗訟或議主政帝惡其若此故一切禁之釀沽飲皆斬之吉凶賓親則開禁有日程增置內外候官伺察諸曹外部州鎭至有微服雜亂於府寺間以求百官疵失其所窮治有司苦加訊惻而多相誣逮輒劾以不敬諸司官贓二丈皆斬又增律七十九章門房之誅十有三大辟三十五刑六十二和平末冀州刺史源賀上言自非大逆手殺人者請原其命謫守邊戍詔從之

顯祖卽位除口誤開酒禁帝勤於治功百寮內外莫不震肅及傳位高祖猶躬覽萬機刑政嚴明顯拔清節沙汰貪鄙牧守之廉潔者往往有聞焉

延興四年詔自非大逆干紀者皆止其身罷門房之誅自獄付中書覆案後頗上下法遂罷之獄有大疑乃平議焉先是諸曹奏事多有疑請又口傳詔敕或致矯擅於是事無大小皆令據律正名不得疑奏合則制可失衷則彈詰之盡從中墨詔自是事咸精詳下莫敢相罔顯祖末年尤重刑罰言及常用惻愴每於獄案必令覆鞫諸有囚繫或積年不斷羣臣頗以爲言帝曰獄滯雖非治體不猶愈乎倉卒而濫也夫人幽苦則思善故囹圄與福堂同居朕欲其改悔而加以輕恕耳由是囚繫雖淹滯而刑罰多得其所又以赦令屢下則狂愚多僥幸故自延興終於季年不復下赦理官鞫囚杖限五十而有司欲免之則以細捶欲陷之則先大杖民多不勝而誣引或絕命於杖下顯祖知其若此乃爲之制其捶用荊平其節訊囚者其本大三分杖背者二分撻脛者一分拷悉依令皆從於輕簡也

高祖馭宇留心刑法故事斬者皆裸形伏質入死者絞雖有律未之行也太和元年詔曰刑法所以禁暴息姦絕其命不在裸形其參詳舊典務從寬仁司徒元丕等奏言聖心垂仁恕之惠使受戮者免裸骸之恥普天感德莫不幸甚臣等謹議大逆及賊各棄市袒斬盜及吏受賕各絞刑踣諸甸師又詔曰民由化穆非嚴刑所制防之雖峻陷者罙甚今犯法至死同入斬刑去衣裸體男女媟見豈齊之以法示之以禮者也今具爲之制三年下詔曰治因政寬弊由網密今候職千數姦巧弄威重罪受賕不列細過吹毛而舉其一切罷之於是更置謹直者數百人以防諠鬬於街術吏民安其職業先是以律令不具姦吏用法致有輕重詔中書令高閭集中祕官等修改舊文隨例增減又勑羣官參議厥衷經御刑定五年冬訖凡八百三十二章門房之誅十有六大辟之罪二百三十五刑三百七十七除羣行剽劫首謀門誅律重者止梟首時法官及州郡縣不能以情折獄乃爲重枷大幾圍復以縋石懸於囚頸傷內至骨更使壯卒迭搏之囚率不堪因以誣服吏持此以爲能帝聞而傷之乃制非大逆有明證而不款辟者不得大枷律枉法十匹義贓二百匹大辟至八年始班祿制更定義贓一匹枉法無多少皆死是秋遣使者巡行天下糾守宰之不法坐贓死者四十餘人食祿者跼蹐賕謁之路殆絕帝哀矜庶獄至於奏讞率從降恕全命徙邊歲以千計京師決死獄歲竟不過五十州鎭亦簡

十一年春詔曰三千之罪莫大於不孝而律不遜父母罪止髡刑於理未衷可更詳改又詔曰前命公卿論定刑典而門房之誅猶在律策違失周書父子異罪推古求情意甚無取可更議之刪除繁酷秋八月詔曰律文刑限三年便入極默坐無太半之校罪有死生之殊可詳案律條諸有此類更一刊定冬十月復詔公卿令參議之

十二年詔犯死罪若父母祖父母年老更無成人子孫又無朞親者仰案後列奏以待報著之令格

世宗卽位意在寬政正始元年冬詔曰議獄定律有國攸愼輕重損益世或不同先朝垂心典憲刊革令軌但時屬征役未之詳究施於時用猶致疑舛尚書門下可於中書外省論律令諸有疑事斟酌新舊更加思理增減上下必令周備隨有所立別以申聞庶於循變協時永作通制

永平元年秋七月詔尚書檢枷杖大小違制之由科其罪失尚書令高肇尚書僕射清河王懌尚書邢巒尚書李平尚書江陽王繼等奏曰臣等聞王者繼天子物爲民父母導之以德化齊之以刑法小大必以情哀矜而勿喜務於三訊五聽不以木石定獄伏惟陛下子愛蒼生恩侔天地疏網改祝仁過商后以枷杖之非度愍民命之或傷爰降慈旨廣垂昭恤雖有虞愼獄之深漢文惻隱之至亦未可共日而言矣謹案獄官令諸察獄先備五聽之理盡求情之意又驗諸證信事多疑似猶不首實者然後加以拷掠諸犯年刑已上枷鎖流徙已上增以杻械迭用不俱非大逆外叛之罪皆不大枷高杻重械又無用石之文而法官州郡因緣增加遂爲恒法進乖五聽退違令文誠宜案劾依旨科處但蹤行已久計不推坐檢杖之小大鞭之長短令有定式但枷之輕重先無成制臣等參量造大枷長一丈三尺喉下長一

丈通頰木各方五寸以擬大逆外叛杻械以掌流刑已上諸臺寺州郡大枷請悉焚之枷本掌囚非拷訊所用從今斷獄皆依令盡聽訊之理量人彊弱加之拷掠不聽非法拷人兼以拷石自是枷杖之制頗有定準未幾獄官肆虐稍復重大法例律五等列爵及在官品令從第五以階當刑二歲免官者三載之後聽仕降先階一等延昌二年春尚書邢巒奏竊詳王公已下或析體宸極或著勳當時咸胙土授民維城王室至於五等之爵亦以功錫雖爵秩有異而號擬河山得之至難失之永墜刑典既同名復殊絕請議所宜附爲永制詔議律之制與八座門下參論皆以爲官人若罪本除名以職當刑猶有餘資復降階而敘至於五等封爵除刑若盡永即甄削便同之除名於例實爽愚謂自王公以下有封邑罪除名三年之後宜各降本爵一等王及郡公降爲縣公公爲侯侯爲伯伯爲子子爲男至于縣男則降爲鄉男五等爵者亦依此而降至於散男其鄉男無可降授者三年之後聽依其本品之資出身詔從之其年秋符璽郎中高賢弟員外散騎侍郎仲賢叔司徒府主簿六珍等坐弟季賢同元愉逆除名爲民會赦之後被旨勿論尚書邢巒奏案季賢既受逆官爲其傳檄規扇幽瀛遘茲禍亂據律準犯罪當孥戮兄叔坐法法有明典賴蒙大宥身命獲全除名還民於其爲幸然反逆坐重故支屬相及體既相及事同一科豈有赦前皆從流斬之罪赦後獨除反者之身又緣坐之罪不得以職除流且貨賕小愆寇盜微戾贓狀露驗者會赦猶除其名何有罪極裂冠釁均毀冕父子齊刑兄弟共罰赦前同斬從流赦後有復官之理依律則罪合孥戮準赦則例皆除名古人議無將之罪者毀其室洿其宮絕其蹤滅其類其宅猶棄而況人乎請依律處除名爲民詔曰死者既在赦前又員外非在正侍之限便可悉聽復仕

三年尚書李平奏冀州阜城民費羊皮母亡家貧無以葬賣七歲子與同城人張回爲婢回轉賣於鄃縣民梁定之而不言良狀案盜律掠人掠賣人和賣人爲奴婢者死回故買羊皮女謀以轉賣依律處絞刑詔曰律稱和賣人者謂兩人詐取他財今羊皮賣女告回稱良張回利賤知良公買誠於律俱乖而兩各非詐此女雖父賣爲婢體本是良回轉賣之日應有遲疑而賣者既以有罪買者不得不坐但賣者以天性難奪支屬易遺尊卑不同故罪有異買者知良故買又於彼無親若買同賣者即理不可何者賣五服內親屬在尊長者死此亦非掠從其眞買暨於致罪刑死大殊明知買者之坐自應一例不得全如鈞議云買者之罪不過賣者之咎也且買者於彼無天性支屬之義何故得有差等之理又案別條知人掠盜之物而故買者以隨從論依此律文知人掠良從其宜買罪止於流然其親屬相賣坐殊凡掠至於買者亦宜不等若處同流坐於法爲深準律斟降合刑五歲至如買者知是良人決便眞賣不語前人得之由緒前人謂眞奴婢更或轉賣因此流洞罔知所在家人追贖求訪無處永沉賤隸無復良期案其罪狀與掠無異且法嚴而姦易息政寬而民多犯水火之喻先典明文今謂買人親屬而復決賣不告前人良狀由緒處同掠罪太保高陽王雍議曰州處張回專引盜律檢回所犯本非和掠保證明然去盜遠矣今引以盜律之條處以和掠之罪原情究律實爲乖當如臣鈞之議知買掠良人者本無罪文何以言之群盜彊盜無首從皆同和掠之罪故應不異明此自無正條引類以結罪臣鴻以轉賣流漂罪與掠等可謂罪人斯得案賊律云謀殺人而發覺者流從者五歲刑已傷及殺而還蘇者死從者流已殺者斬從而加功者死不加者流詳沉賤之與身死流漂之與腐骨一存一亡爲害孰甚然賊律殺人有首從之科盜人賣買無唱和差等謀殺之與和掠同是良人應爲準例所以不引殺人減之降從彊盜之一科縱令謀殺之與彊盜俱得爲例而似從輕其義安在又云知人掠盜之物而故賣者以隨從論此明禁暴掠之原過姦盜之本非謂市之於親尊之手而同之於盜掠之刑竊謂五服相賣俱是良人所以容有差等之罪者明去掠盜理遠故從親疏爲差級尊卑爲輕重依律諸共犯罪皆以發意爲首明賣買之元有由魁末之坐宜定若羊皮不云賣則回無買心則羊皮爲元首張回爲從坐首有沾刑之科從有極默之戾推之憲律法刑無據買者之罪宜各從賣者之坐又詳臣鴻之議有從他親屬買得良人而復眞賣不語後人由狀者處同掠罪既一爲婢賣與不賣俱非良人何必以不賣爲可原轉賣爲難恕張回之愆宜鞭一百賣子葬親孝誠可美而表賞之議未聞刑罰之科已降恐非敦風厲俗以德導民之謂請免羊皮之罪公酬賣直詔曰羊皮賣女葬母孝誠可嘉便可特原張回雖買之於父不應轉賣可刑五歲先是皇族有譴皆不持訊時有宗士元顯富犯罪須鞫宗正約以舊制尚書李平奏以帝宗磐固周布於天下其屬籍疏遠蔭官卑末無良犯憲理須推究請立限斷以爲定式詔曰雲來綿遠繁衍世滋植籍宗氏而爲不善量亦多矣先朝既無不訊之格而空相矯恃以長違暴諸在議請之外可悉依常法其年六月兼廷尉卿元志監王靖等上言檢除名之例依律文獄成謂處罪案成者寺謂犯罪逕彈後使覆檢鞫證定刑罪狀彰露案署分兩獄理是成若使案雖成雖已申省事下廷尉或寺以情狀未盡或邀駕撾鼓或門下立疑更付別使者可從未成之條其家人陳訴信其專辭而阻成斷便是曲遂於私有乖公體何者五詐既窮六備已立僥倖之輩更起異端進求延罪於漏刻退希不測之恩宥辨以惑正曲以亂直長民姦於下隳國法於上竊所未安大理正崔纂評楊機丞甲休律博士劉安元以爲律文獄已成及決竟經所綰而疑有姦欺不直於法及訴冤枉者得攝訊覆治之檢使處罪者雖已案成御史風彈以痛誣伏或拷不承引依證而科或有私嫌彊逼成罪家人訴枉辭案相背刑憲不輕理須訊鞫既爲公正豈疑於私如謂規不測之澤抑絕訟端則枉滯之徒終無申理若從其案成便乖覆治之律然未判經赦及覆治理狀眞僞未分承前以來如此例皆得復職愚謂經奏遇赦及已覆治得爲獄成尚書李韶奏使雖結案處上廷尉解送至省及家人訴枉尚書納辭連解下鞫未檢遇宥者不得爲案成之獄推之情理謂崔纂等議爲允詔從之

熙平中有冀州妖賊延陵王買負罪逃亡赦書斷限之後不自歸首廷尉卿裴延儁上言法例律諸逃亡赦書斷限之後不自歸首者復罪如初依賊律謀反大逆處置梟首其延陵法權等所謂月光童子劉景暉者妖言惑衆事在赦後闕合死坐正崔纂以爲景暉云能變爲蛇雉此乃傍人之言雖殺暉爲無理恐赦暉復惑衆是以依違不敢專執當今不諱之朝不應行無罪之戮景暉九歲小兒口尚乳臭舉動云爲並不關己月光之稱不出其口皆姦吏無端橫生粉墨所謂爲之者巧殺之者能若以妖言惑衆據律應死然更不破闕惑衆赦令之後方顯其律令之外更求其罪赦律何以取信於天下天下焉得不疑於赦律乎書曰與殺無辜寧失有罪又案法例律八十已上八歲已下殺傷論坐者上請議者謂悼耄之罪不用此律愚以老智如尚父少惠如甘羅此非常之士可如其議景暉愚小自依凡律靈太后令曰景暉既經恩宥何得議加橫罪可謫略陽民餘如奏

時司州表河東郡民李憐生行毒藥案以死坐其母訴稱一身年老更無期親例合上請檢籍不謬未及判申憐母身喪州斷三年服終後乃行決司徒曹參軍許琰謂州判爲允主簿李瑒駁曰案法例律諸犯死罪若祖父母父母年七十已上無成人子孫旁無期親者具狀上請流者鞭笞留養其親終則從流不在原赦之例檢上請之言非應府州所決毒殺人者斬妻子流計其所犯實重餘憲準之情律所虧不淺且憐既懷酖毒之心謂不可參鄰人任計其母在猶宜闔門投畀況今死也引以三年之禮乎且給假殯葬足示仁寬今已卒哭不合更延可依法處斬流其妻子實足誡彼氓庶肅是刑章尚書蕭寶夤奏從瑒執詔從之

舊制直閤直後直齋武官隊主隊副等以比視官至於犯譴不得除罪尚書令任城王澄奏案諸州中正亦非品令所載又無祿恤先朝已來皆得當刑直閤等禁直上下有宿衛之勤理不應異靈太后令準中正

神龜中蘭陵公主駙馬都尉劉輝坐與河陰縣民張智壽妹容妃陳慶和妹慧猛姦亂耽惑毆主傷胎輝懼罪逃亡門下處奏各入死刑智壽慶和並以知情不加防限處以流坐詔曰容妃慧猛恕死髡鞭付宮餘如奏尚書三公郎中崔纂執曰伏見旨募若獲劉輝者職人賞二階白民聽出身進一階廝役免役奴婢爲良案輝無叛逆之罪賞同反人劉宣明之格又尋門下處奏以容妃慧猛與輝私姦兩情耽惑令輝俠忿毆主傷胎雖律無正條罪合極法並處入死其智壽等二家配敦煌爲兵天慈廣被不即施行雖恕其命竊謂未可夫律令高皇帝所以治天下不爲喜怒增減不由親疏改易案鬭律祖父母父母忿怒以兵刃殺子孫者五歲刑毆殺者四歲刑若心有愛憎而故殺者各加一等雖王姬下降貴殊常妻然人婦之孕不得非一夕生永平四年先朝舊格諸刑流及死皆首罪判官後決從者事必因本以求支獄若以輝逃避便應懸處未有捨其首罪而成其末愆流死參差或時未允門下中禁大臣職在敷奏昔邴吉爲相不存鬭斃而問牛喘豈不以司別故也案容妃等罪止於姦私若擒之穢席衆證分明即律科處不越刑坐何得同宮掖之罪齊奚官之闕案智壽口訴妹適司士曹參軍羅顯貴已生二女於其夫則他家之母禮云婦人不二夫猶曰不二天若私門失度罪在於夫釁非兄弟昔魏晉未除五族之刑有免子戮母之坐何曾諍之謂在室之女從父母之刑已醮之婦從夫家之

刑斯乃不刊之令軌古今之通議律萶親相隱之謂凡罪況姦私之醜豈得以同氣相證論刑過其所犯語情又乖律憲案律姦罪無相緣之坐不可借輝之忿加兄弟之刑夫刑人於市與衆棄之爵人於朝與衆共之明不私於天下無欺於耳目何得以非正刑書施行四海刑名一失駟馬不追既有詔旨依卽行下非律之案理宜更請尚書元脩議以爲昔哀姜悖禮於魯齊侯取而殺之春秋所譏又夏姬罪濫於陳國但責徵舒而不非父母明婦人外成犯禮之愆無關本屬況出適之妹釁及兄弟乎右僕射游肇奏言臣等謬參樞轄獻替是司門下出納謨明常則至於無良犯法職有司存劾罪結案本非其事容犯等姦狀罪止於刑並處極法準律未當出適之女坐及其兄推據典憲理實爲猛又輝雖逃刑罪非孥戮募同大逆亦謂加重乖律之案理宜陳請乞付有司重更詳議詔曰輝悖法者之罪不可縱厚賞懸募必望擒獲容如慧猛與輝私亂因此耽惑主致非常此而不誅將何懲肅且已醮之女不應坐及昆弟但智壽慶和知妹姦情初不防禦招引劉輝共成淫醜敗風穢化理深其罰特敕門下結獄不拘恒司豈得一同常例以爲通準且古有詔獄寧復一歸大理而尚書治本納言所屬弗究悖理之淺深不詳損化之多少違彼義途苟存執憲殊乖任寄深合罪責崔纂可免郎都坐尚書悉奪祿一時

孝昌已後天下淆亂法令不恒或寬或猛及爾朱擅權輕重肆意在官者多以深酷爲能至遷鄴京畿羣盜頗起有司奏立嚴制諸彊盜殺人者首從皆斬妻子同籍配爲樂戶其不殺人及贓不滿五匹魁首斬從者死妻子亦爲樂戶小盜贓滿十匹已上魁首死妻子配驛從者流侍中孫騰上言謹詳法若畫一理尚不二不可喜怒由情而致輕重案律公私劫盜罪止流刑而比執事苦違好爲穿鑿律令之外更立餘條通相糺之路班捉獲之賞斯乃刑書徒設獄訟更煩法令滋彰盜賊多有非所謂不嚴而治遵守典故者矣臣以爲升平之美義在省刑陵遲之弊必由峻法是以漢約三章天下歸德秦酷五刑率土瓦解禮訓君子律禁小人舉罪定名國有常辟至如眚災肆赦怙終賊刑經典垂言國朝成範隨時所用各有司存不宜巨細滋煩令民豫備恐防之彌堅攻之彌甚請諸犯盜之人悉准律令以明恒憲庶使刑殺折衷不得棄本從末詔從之

天平後遷移草創百司多不奉法貨賄公行興和初齊文襄王入輔朝政以公平肅物大改其風至武定中法令嚴明四海知治矣

魏書卷一百十一考證

熙平中事在赦後闕台死坐○闕一本作亦

神龜中齊奚官之闕○闕一本作律

魏書卷一百一十二上

齊　魏　收　撰

志第十七

靈徵八上

帝王者配德天地協契陰陽發號施令動關幽顯是以克躬脩政畏天敬神雖休勿休而不敢怠也化之所感其徵必至善惡之來報應如響斯蓋神祇眷顧告示禍福人主所以仰瞻俯察戒德愼行弭譴咎致休禎圓首之類咸納於仁壽然則治世之符亂邦之孽隨方而作厥迹不同眇自百王不可得而勝數矣今錄皇始之後災祥小大總爲靈徵志

地震

洪範論曰地陰類大臣之象陰靜而不當動動者臣下彊盛將動而爲害之應也

太宗泰常四年二月甲子司州地震屋室盡搖動

世祖太延二年十一月丁卯幷州地震

四年三月乙未京師地震

十一月丁亥幽兗二州地震

眞君元年五月丙午河東地震

高祖延興四年五月鴈門崎城有聲如雷自上西引十餘聲聲止地震

十月己亥京師地震

太和元年四月辛酉京師地震

五月統萬鎭地震有聲如雷

閏月秦州地震殷殷有聲四年正月雍州氐民齊男王反

二年二月丙子兗州地震四年十月蘭陵民桓富反殺其縣令

七月丁卯幷州地震有聲

三年三月戊辰平州地震有聲如雷野雉皆雊

十月丁卯京師地震五年二月沙門法秀謀反

四年五月己酉幷州地震

五年二月戊戌秦州地震

六年五月癸未秦州地震有聲

八月甲午秦州地震有聲如雷乙未又震

七年三月甲子秦州地震有聲

四月丁卯肆州地震有聲

六月甲子東雍州地震有聲

八年十一月丙申幷州地震

十年正月辛未幷州地震殷殷有聲

閏月丙午秦州地震

二月甲子京師地震丙寅又震

丙午秦州地震有聲

三月壬子京師及營州地震十二年三月中散梁衆保謀反

十九年二月己未光州地震東萊之牟平虞丘山陷五所一處有水

二十年正月辛未幷州地震

四月乙未營州地震十二月恒州刺史穆泰等在州謀反誅

二十二年三月癸未營州地震

八月戊子兗州地震

九月辛卯幷州地震

二十三年六月乙未京師地震

世宗景明元年六月庚午秦州地震

四年正月辛酉涼州地震

壬申幷州地震

六月丁亥秦州地震

十二月辛巳秦州地震正始三年正月秦州民王智等聚衆二千自號王公尋推秦州主簿呂苟兒爲主

正始元年四月庚辰京師地震

六月乙巳京師地震

二年九月己丑恒州地震

三年七月己丑涼州地震殷殷有聲城門崩

八月庚申秦州地震九月夏州長史曹明謀反

永平元年春正月庚寅秦州地震三年二月秦州沙門劉光秀謀反

九月壬辰青州地震殷殷有聲

二年正月壬寅青州地震

四年五月庚戌恒定二州地震殷殷有聲

十月己巳恒州地震有聲如雷

延昌元年四月庚辰京師及幷朔相冀定瀛六州地震恒州之繁畤桑乾靈丘肆州之秀容鴈門地震陷裂山崩泉湧殺五千三百一十人傷者二千七百二十二人牛馬雜畜死傷者三千餘後爾朱榮彊擅之徵也

十月壬申秦州地震有聲

十一月己酉定肆二州地震

十二月辛未京師地震東北有聲

二年三月己未濟州地震有聲

闕月丙戌京師地震

三年正月辛亥有司奏肆州上言秀容郡敷城縣自延昌二年四月地震於今不止爾朱榮徵也

四年正月癸丑華州地震

十一月甲午地震從西北來殷殷有聲丁酉又地震從東北來

肅宗熙平二年十二月乙巳秦州地震有聲

正光二年六月秦州地震有聲東北引五年莫折念生反

三年六月庚辰徐州地震孝昌元年元法僧反

孝靜武定三年冬幷州地震

七年夏幷州鄴郡地震

山崩

鴻範論曰山陽君也水陰民也天戒若曰君道崩壞百姓將失其所也

太祖天賜六年春三月恒山崩

世祖太延四年四月己酉華山崩其占曰山嶽配天猶諸侯之係天子山嶽崩諸侯有亡者沮渠牧犍將滅之應

世宗景明元年五月乙丑齊州山茌縣太陰山崩飛泉湧出殺一百五十九人

四年十一月丁巳恒山崩

正始元年十一月癸亥恒山崩

延昌三年八月辛巳兗州上言泰山崩頹石湧泉十七處泰山帝王告成封禪之所也而山崩泉湧陽黜而陰盛岱又齊地也天意若曰當有繼齊而興受禪讓者齊代魏之徵也

大風

京房易傳曰衆逆同志至德乃潛厥異風

太宗永興三年二月甲午京師大風五月己巳昌黎王慕容伯兒謀反伏誅

十一月丙午又大風五年河西叛胡曹龍張大頭等各
領部衆二萬入蒲子
四年正月癸卯元會而大風晦冥乃罷
五年十一月庚寅京師大風起自西方
神瑞元年四月京師大風
二年正月京師大風三月河西飢胡反屯聚上黨推白
亞栗斯爲盟主
世祖太延二年四月甲申京師暴風宮牆倒殺數十人
三年十二月京師大風揚沙折樹
眞君元年二月京師有黑風竟天廣五丈餘四月庚辰
沮渠無諱寇張掖禿髮保周屯刪丹嶺
高宗和平二年三月壬午京師大風晦暝
高祖延興五年五月京師赤風
太和二年七月庚申武川鎭大風吹失六家羊角而上
不知所在
壬戌雍州赤風
三年六月壬辰相州大風從酉上來發屋折樹
七年四月相豫二州大風
八年三月冀定相三州暴風
四月濟光幽肆雍齊六州暴風
九年六月庚戌濟洛肆相四州及靈丘廣昌鎭暴風折
木
十二年五月壬寅京師連日大風甲辰尤甚發屋拔樹
六月壬申京師大風
十四年七月丁酉朔京師大風拔樹發屋
二十三年八月徐州自甲寅至己未大風拔樹
閏月庚申河州暴風大雨雹
世宗景明元年二月癸巳幽州暴風殺一百六十一人
三年閏月甲午京師大風拔樹發屋吹折閶闔門關
四年三月己未司州之河北河東正平平陽大風拔樹
九月丙辰幽岐梁東秦州暴風昏霧拔樹發屋
正始元年七月戊辰東秦州暴風拔樹發屋
二年二月癸卯有黑風羊角而上起於柔玄鎭蓋地一
頃所過拔樹甲辰至於營州東入於海
四年五月甲子京師大風
永平元年四月壬申京師大風拔樹八月癸亥冀州刺
史京兆王愉據州反
三年五月己亥南秦州廣業仇池郡大風發屋拔樹
延昌四年三月癸亥京師暴風從西北來發屋折樹
肅宗熙平二年九月瀛州暴風大雨自辛酉至於乙丑

正光三年四月癸酉京師暴風大雨發屋拔樹
四年四月辛巳京師大風
孝昌二年五月丙寅京師暴風拔樹發屋吹平昌門扉
壞永寧九層撜折於時天下所在兵亂
前廢帝普泰元年夏大風雨吹普光寺門屋於地
孝靜武定七年三月頴川大風
大水
鴻範論曰大水者皆君臣治失而陰氣稸積盛彊生水
雨之災也
太祖天賜三年八月霖雨大震山谷水溢
太宗泰常三年八月河內大水
世祖延和元年六月甲戌京師水溢壞民廬舍數百家
眞君八年七月平州大水
高祖太和二年夏四月南豫徐兗州大霖雨
六年七月青雍二州大水
八月徐東徐兗濟平豫光七州平原枋頭廣阿臨濟四
鎭大水
九年九月南豫朔二州各大水殺千餘人
二十二年戊午兗豫二州大霖雨
二十三年六月青齊光南青徐豫兗東豫八州大水
世宗景明元年七月青齊南青光徐兗豫東豫司州之
頴川汲郡大水平隰一丈五尺民居全者十四五
正始二年三月青徐州大雨霖海水溢出於青州樂陵
之隰沃縣流漂一百五十二人
永平三年七月州郡二十大水
延昌元年夏京師及四方大水
二年五月壽春大水
肅宗熙平元年六月徐州大水
二年九月冀瀛滄三州大水
正光二年夏定冀瀛相四州大水
孝昌三年秋京師大水
出帝太昌元年六月庚午京師大水穀水汎溢壞三百
餘家
孝靜元象元年定冀瀛滄四州大水
興和四年滄州大水
湧泉
太宗泰常五年十二月壬辰湧泉出于平城
高宗和平五年十一月鴈門泉水穿石湧出
前廢帝普泰元年秋司徒府太倉前井並溢占曰民遷
流之象永熙二年十月都遷於鄴

孝靜天平四年七月泰州井溢
元象元年二月鄴城西南有枯井溢
雨雹
鴻範論曰陽之專氣爲雹陰之專氣爲霰此言陽專而
陰脅之陰專而陽薄之不能相入則專而爲雹猶臣意
不合於君心也
高祖延興四年四月庚午涇州大雹傷稼
承明元年四月辛酉青齊徐兗大風雹
八月庚申幷州鄉郡大雹平地尺草木禾稼皆盡
癸未定州大雹殺人大者方圓二尺
世宗景明元年六月雍青二州大雨雹殺麞鹿
四年五月癸酉汾州大雨雹
六月乙巳汾州大雨雹草木禾稼雉兔皆死
七月甲戌暴風大雨雹起自汾州經幷相司兗至徐州
而止廣十里所過草木無遺
正始二年三月丁丑齊濟二州大雹雨雪
永平三年五月庚子南秦廣業郡大雨雹殺鳥獸禾稼
雪
鴻範論曰春秋之大雨雪猶庶徵之恒雨也然尤甚焉
夫雨陰也雪又陰也大雪者陰之稸積盛甚也一日與
大水同冬故爲雪耳
世祖始光二年十月大雪數尺
眞君八年五月北鎭寒雪人畜凍死是時爲政嚴急
高祖太和四年九月甲子朔京師大風雨雪三尺
世宗正始元年五月壬戌武川鎭大雨雪
四年二月乙卯司相二州暴風大雨雪
九月壬申大雪
肅宗正光二年四月柔玄鎭大雪
霜
京房易傳曰興兵妄誅茲謂亡法厥災霜夏殺五穀冬
殺麥誅不原情茲謂不仁夏先大霜
太祖天賜五年七月冀州霣霜
世祖太延元年七月庚辰大霣霜殺草木
高宗和平六年四月乙丑霣霜
高祖太和三年七月雍朔二州及枹罕吐京薄骨律敦
煌仇池鎭並大霜禾豆盡死
六年四月頴州郡霣霜
七年三月肆州風霜殺菽
九年四月雍青二州霣霜
六月洛肆相三州及司州靈丘廣昌鎭霣霜

十四年八月乙未汾州霣霜
世宗景明元年四月丙子夏州霣霜殺草
六月丁亥建興郡霣霜殺草
八月乙亥雍幷朔夏汾五州司州之正平平陽頻暴風
霣霜
二年三月辛亥齊州霣霜殺桑麥
四年三月壬戌雍州霣霜殺桑麥
辛巳青州霣霜殺桑麥
正始元年五月壬戌武川鎭霣霜
六月辛卯懷朔鎭霣霜
七月戊辰東秦州霣霜
八月庚子河州霣霜殺稼
二年四月齊州霣霜
五月壬申恒汾二州霣霜殺稼
七月辛巳幽岐二州霣霜
乙未敦煌霣霜
戊戌恒州霣霜
三年六月丙申安州霣霜
四年三月乙丑幽州頻霣霜
四月乙卯敦煌頻霣霜
四年三月乙丑幽州頻霣霜
四月乙卯敦煌頻霣霜
八月河州霣霜
永平元年三月乙酉岐幽二州霣霜
己丑幷州霣霜
四月戊午敦煌霣霜
二年四月辛亥武州鎭霣霜
延昌四年三月癸亥河南八州霣霜
肅宗熙平元年七月河南北十一州霜
無雲而雷
鴻範論曰雷陽也雲陰也有雲然後有雷有臣然後有
君也雷託於雲君託於臣陰陽之合也故無雲而雷示
君獨處無臣民也
顯祖皇興元年七月東北無雲而雷
二年七月東北有聲如雷
世宗延昌元年二月己酉有聲起東北南引殷殷如雷
二聲而止
鼓妖
世祖太延四年十月辛酉西北有聲如大鼓西北行
雷
鴻範論曰陽用事百八十三日而終陰用事亦百八十
三日而終雷出地百八十三日而入地入地百八十三

日而復出地是其常經也故雷安萬物安雷害萬物害猶國也君安國亦安君害國亦害不當雷而雷皆失節也

世祖神䴥元年十月己酉雨雷電

太延三年十月癸丑雷

四年十一月丁亥雷

高祖太和三年十一月庚戌豫州雷雨

戊申豫州大雷雨平地水三寸

四年十月戊戌雷

七年十一月辛巳幽州雷電城內盡赤

世宗景明二年十一月辛卯涼州雷七發聲

三年十二月己巳夜雷九發聲

正始元年十一月甲寅秦齊荆朔四州雷電

肅宗正光元年正月壬寅雷

震

春秋震夷伯之廟左丘明謂展氏有隱慝焉劉向以爲夷伯世大夫天戒若曰勿使大夫世官將專事也

太祖天賜六年四月震天安殿東序帝惡之令左校以衝車攻殿東西兩序屋毀之帝竟暴崩

顯祖皇興二年十一月夜震電

高祖太和三年五月戊午震東廟東中門屋南鴟尾

霧

班固說上不寬大包容臣下則不能居聖位貌言視聽以心爲主四者皆失則區霿無識故其咎霧

世祖太延四年正月庚子雨土如霧于洛陽

高祖太和十二年十一月丙戌土霧竟天六日不開到甲夜仍復濃密勃勃如火烟辛慘人鼻

世宗景明三年二月己丑秦州黃霧雨土覆地

八月己酉濁氣四塞

四年八月辛巳涼州雨土覆地亦如霧

正始二年正月己丑夜陰霧四塞初黑後赤

三年正月辛丑土霧四塞

九月壬申黑霧四塞

延昌元年二月甲戌黃霧蔽塞時高肇以外戚見寵兄弟受封同漢之五侯也

桃李花

庶徵之恒燠劉向班固以冬亡氷及霜不殺草之應京房易傳曰夏暑殺人冬則物華實

世祖眞君五年八月華林園諸果盡花

高祖延興五年八月中山桃李花

承明元年九月幽州民齊淵家杜樹結實既成一朝盡落花葉復生七日之中蔚如春狀

世宗景明四年十一月齊州東清河郡桃李花

延昌四年閏十月辛亥京師柰樹花

火不炎上

鴻範傳曰棄法律逐功臣殺太子以妾爲妻則火不炎上謂火失其性而爲災

高宗太安五年春三月肥如城內大火官私廬舍焚燒畧盡唯有東西二寺佛圖像舍火獨不及

高祖太和八年五月戊寅河內沁縣澤自然稍增至百餘步五日乃滅

世宗景明元年三月乙巳恒岳祠災

肅宗正光元年五月鉤盾禁災

孝昌二年夏幽州遒縣地然

三年春瀛州城內大火燒三千餘家

出帝永熙三年二月永寧寺九層佛圖災既而時人咸言有人見佛圖飛入東海中永寧佛圖靈像所在天意若曰永寧見災魏不寧矣渤海齊獻武王之本封也神靈歸海則齊室將興之驗也

三月并州三級寺南門災

孝靜天平四年秋鄴閶闔門東闕火

武定三年冬汾州西河北山有火潛行地下熱氣上出

黑眚黑祥

世祖始光二年正月甲寅夜天東南有黑氣廣一丈長十丈占有兵二月慕容渴悉隣反於北平

顯祖皇興三年正月河濟起黑雲廣數里掩東陽城上昏暗如夜既而東陽城潰

世宗景明三年九月己卯黑氣四塞甲辰揚州破蕭衍將張囂之斬級二千

赤眚

高祖太和二年十一月丁未夜有三白氣從地出須臾變爲黃赤光明照地

十六年九月丁巳昏時赤氣見於西北長二十丈廣八九尺食頃乃滅

世宗延昌元年三月丙申有赤氣見於天自卯至戌

肅宗正光元年十一月辛未西北赤氣竟天畔似火氣京師不見涼州以聞

三年九月甲辰夜西北有赤氣似火燗東西一匹餘北鎭反亂之徵

五年五月癸酉申時北有赤氣東西竟天如火燗

莊帝永安三年十一月己丑有赤氣如霧從顯陽殿階西南角斜屬步廊高一丈許連地如絳紗幔自未至戌不滅帝見而惡之終有幽崩之禍

孝靜天平三年正月己亥戊時東方有赤氣可三丈餘三食頃而滅

青眚

莊帝永安三年六月甲子申時辰地有青氣廣四尺東頭緣山西北引至天半止西北戊地有黑赤黃雲如山峯頭有青氣廣四尺許東南引至天半二氣相接東南氣前散西北氣後滅亦帝執崩之徵也

夜妖

班固說夜妖者雲風並起而杳冥故與常風同象也溫而風則生螟螣之孽

世宗正始元年六月乙巳晦

八月甲辰晝晦

人痾

劉歆說貌之不恭是謂不肅上嫚下暴則陰氣勝水傷百穀衣食不足姦宄並作故其極惡也一曰民多被刑貌醜惡也班固以爲六畜謂之禍言其著也及人謂之痾痾病貌言寖深也

太宗永興三年民烏蘭喉下生骨狀如羊角長一尺餘

高祖太和十六年五月尚書李沖奏定州中山郡毋極縣民李班虎女獻容以去年九月二十日右手大拇指甲下生毛九莖至十月二十日長一尺二寸

肅宗熙平二年十一月己未并州表送祁縣民韓僧眞女令姬從母右脇而生靈太后令付掖庭

正光元年五月戊戌南兗州下蔡郡有大人跡見行七步跡長一尺八寸廣七寸五分

高祖延興三年秋秀容郡婦人一產四男四產十六男

莊帝永安三年十一月丁卯京師民家妻產男一頭二身四手四脚三耳

太和十六年十一月乙亥高祖與沙門道登幸侍中省日入六鼓見一鬼衣黃褶袴當戶欲入帝以爲人叱之而退問諸左右咸言不見唯帝與道登見之

顯祖皇興二年十月豫州疫民死十四五萬

世宗永平三年四月平陽之禽昌襄陵二縣大疫自正月至是月死者二千七百三十人

金沴

太和十九年六月徐州表言丈八銅像汗流於地

永安普泰永熙中京師平等寺定光金像每流汗國有事變時咸畏異之

永安三年二月京師民家有二銅像各長尺餘一頤下生白毫四一頰傍生黑毛一

龍蛇之孽

鴻範論曰龍鱗蟲也生於水雲亦水之象陰氣盛故其象至也人君下悖人倫上亂天道必有篡殺之禍

世祖神䴥三年三月有白龍二見于京師家人井中

眞君六年二月丙辰有白龍見于京師家人井中龍神物也而屈於井中皆世祖暴崩之徵也

肅宗正光元年八月有黑龍如狗南走至宣陽門躍而上穿門樓下而出魏衰之徵也

莊帝永安二年晉陽龍見於井中久不去莊帝暴崩晉陽之徵也

前廢帝普泰元年四月甲寅有龍跡自宣陽門西出復入城乙卯羣臣入賀帝曰國將興聽於民將亡聽於神但當君臣上下克己爲治未足恃此爲慶

馬禍

鴻範論曰馬者兵象也將有寇戎之事故馬爲怪也

肅宗熙平二年十一月辛未恒州送馬駒肉尾長一尺騣處不生毛

正光元年九月沃野鎭官馬爲蟲入耳死者十四五蟲似蜆長五寸已下大如稽

牛禍

鴻範論易曰坤爲牛坤土也土氣亂則牛爲怪一曰牛禍其象宗廟將滅一曰轉輸煩則牛生禍

世宗景明二年五月冀州上言長樂郡牛生犢一頭二面二口三目三耳

羊禍

鴻範論曰君不明失政之所致

高祖太和二十三年三月肆州上言陽曲縣羊生羔一頭二身一牝一牡三耳八足尋高祖崩六輔專事

世宗正始元年七月鄯善鎭送羊羔一頭兩身八脚

二年正月鄯善鎭送八脚羊

延昌四年五月薄骨律鎭上言羊羔一頭六足兩尾

豕禍

京房傳曰凡妖象其類足多者所任邪也京房易妖曰豕生人頭豕身者邑且亂亡

高祖延興元年九月有司奏豫州刺史臨淮公王讓表有豬生子一頭二身八足

世宗景明四年九月梁州上言犬豕交

正始四年八月京師豬生子一頭四耳兩身八足
延昌四年七月徐州上言陽平戍豬生子頭面似人頂有肉髻體無毛靈太后幼主傾覆之徵也
鷄禍
鴻範論曰京房傳曰鷄小畜猶小臣也角者兵之象在上君之威也此小臣執事者將秉君之威以生亂不治之害
高祖太和元年夏五月有司奏京師有雌鷄二頭上生冠如角與衆鷄異是時文明太后臨朝信用羣小之徵
世宗正始元年四月河南有鷄雛四足四翼語在崔光傳
八月司州上言河內民席衆家雞雛近尾上復有一頭口目具二頭皆從頸後各有二翼二足旁行是時世宗頗任羣小更有朋黨邪佞干政之驗
延昌四年十二月洛州上言魏興太守常矯家黃雌鷄頭上肉角大如棗長寸三分角上生聚毛長寸半
肅宗正光元年正月虎賁中郎將蘭兆家鷄雌二各頭上生兩角其毛雜色上聳過冠時靈太后臨朝專政
羽蟲之孽
鴻範論曰視不明聽不聰之罰也
太宗泰常三年十一月京師獲白梟
肅宗正光二年八月己卯獲禿鶖鳥於殿內
孝昌二年四月民有送死鴨雛一頭兩身四足四翅兩尾
孝靜天平二年三月雄雉飛入尚書省殿中獲之
蝗蟲螟
鴻範論曰刑罰暴虐取利於下貪饕無厭以興師動衆取邑治城而失衆心則蟲爲害矣
高祖太和五年七月敦煌鎮蝗秋稼略盡
六年七月青雍二州虸蚄害稼
八月徐東徐兗濟平豫光七州平原枋頭廣阿臨濟四鎮蝗害稼
七年四月相豫二州蝗害稼
八年三月冀州相三州虸蚄害稼
四月濟光幽肆雍齊平七州蝗
六月乙巳相齊光青四州虸蚄害稼
十六年十月癸巳枹罕鎮蝗害稼
世宗景明元年五月青齊徐兗光南青六州虸蚄害稼
四年三月壬午河州大螟二麥無遺
五月光州虸蚄害稼
六月河州大蝗
七月東萊郡虸蚄害稼
正始元年六月夏司二州蝗害稼
四年四月青州步屈蟲害棗花
八月涇州黃鼠蝗蟲班蟲河州虸蚄班蟲涼州司州恒農郡蝗蟲並爲災
永平元年六月己巳涼州蝗害稼
五年五月青州步屈蟲害棗花
七月蝗蟲京師虸蚄
八月青齊光三州虸蚄害稼三分食二
肅宗熙平元年六月青齊光南青四州虸蚄害稼
顯祖天安元年六月兗州有黑蟻與赤蟻交鬬長六十步廣四寸赤蟻斷頭而死黑主北赤主南十一月劉彧兗州刺史畢衆敬遣使內屬詔鎮南大將軍尉元納之大破賊將周凱等
高祖太和十年七月并州治中張萬壽表建興濩澤縣民賈日成以去四月中養蠶有絲網成幕中有卷物似綢帶長四尺廣三寸薄上復得黃繭二狀如履形
世宗正始二年三月徐州蠶蛾喫人殘者一百一十餘人死者二十二人
毛蟲之孽
謂變常而爲異也
太祖登國中河南有虎七臥於河側三月乃去後一年蚍蜉白鹿盡渡河北後一年河水赤如血此衞辰滅亡之應及誅其族類悉投之河中其地遂空
孝靜元象元年正月有狼入城至硤石曹疑獲之
武定五年十二月北城銅爵臺上獲豹一
高祖太和元年五月辛亥有狐魅截人髮時文明太后臨朝行多不正之徵也
肅宗熙平二年自春京師有狐魅截人髮人相驚恐六月壬辰靈太后召諸截髮者使崇訓衞尉劉騰鞭之於千秋門外事同太和也
瑞圖外鎮王公刺史二千石令長酷暴百姓人民怨嗟則白鼠至
太宗永興三年二月京師民趙溫家有白鼠以獻
三年春於北苑獲白鼠一孕死剖之腹中有三子盡白
四年三月上幸西宮獲白鼠一
八月御府民張安獲白鼠一
神瑞二年五月帝獵于楚崳山獲白鼠一平城獲白鼠三
六月平城獲白鼠二
八月豫章王夔獲白鼠一
泰常元年十一月京師民獲白鼬一以獻
二年六月中山獲白鼠二
三年三月京師獲白鼠一
十一月京師獲白鼠一
世祖始光三年八月相州魏郡獲白鼠
太延元年八月鴈門獻白鼠
高祖太和二十三年八月京師獲白鼠
世宗景明四年五月京師獲白鼠
正始元年六月京師獲白鼠
肅宗熙平元年四月肆州表送白鼠

魏書卷一百十二上考證

世宗延昌二年闕月丙戌京師地震○本書世宗紀延昌二年有閏二月或以爲闕字應爲閏字又下文云自延昌二年四月地震則此闕字應爲四字也
世宗永平五年七月蝗蟲京師虸蚄○蝗蟲不載地名當有脫字
孝靜元象元年曹疑獲之○曹下舊注一疑字詩大雅乃造其曹傳曹羣也史記平準書分曹循行郡國注曹輩也則此曹字作羣字輩字解似無可疑者

魏書卷一百一十二下

齊 魏收 撰

志第十八

靈徵八下

魏氏世居幽朔至獻帝世有神人言應南遷於是傳位於子聖武帝命令南徙山谷阻絕仍欲止焉復有神獸其形似馬其聲類牛先行導引積年乃出始居匈奴之故地
高祖延興元年十一月肆州秀容民獲麟以獻王者不刳胎剖卵則至
世祖神䴥三年七月冀州獻白龜王者不私人以官尊耆任舊無偏黨之應
高宗興安二年六月營州進大龜
高祖延興元年十二月徐州竹邑戍士邢德於彭城南一百二十里得蓍一株四十九枝下掘得大龜獻之詔曰龜蓍與經文相合所謂靈物也德可賜爵五等
三年六月京師獲大龜
肅宗神龜元年二月獲龜於九龍殿靈芝池大赦改元
孝靜武定三年十月有司奏南兗州陳留郡民賈興達於家庭得毛龜一
天平四年八月有巨象至於南兗州碭郡民陳天愛以告送京師大赦改年王者自養有節則至
高祖太和二年十一月徐州獻黑狐周成王時治致太平而黑狐見
三年五月獲白狐王者仁智則至
六月撫冥獲白狐以獻
八年六月徐州獲黑狐以獻
十年三月冀州獲九尾狐以獻王者六合一統則見周文王時東夷歸之曰王者不傾於色則至德至鳥獸亦至
十一年十一月冀州獲九尾狐以獻
二十三年正月司州河州各獻白狐狸
十九年六月司州平陽郡獲白狐以獻
世宗景明三年二月河州獻白狐
永平三年十月白狐見于汲郡
閏月汾州獻白狐二
九月相州獻白狐
延昌四年四月兗州獻白狐
肅宗正光二年三月南青州獻白狐二
三年六月平陽郡獻白狐
八月光州獻九尾狐
五年五月平陽郡獻白狐
孝靜天平四年四月西兗州獻白狐
六月光州獻九尾狐
元象元年四月光州獻九尾狐
二年二月光州獻九尾狐
興和三年五月司州獻九尾狐
十二月魏郡獻白狐
四年四月瀛州獻白狐二
武定元年七月幽州獲白狐以獻上

三年七月瀛州獻白狐二牡一牝一

九月西兗州獻白狐

太和二年十一月辛未秦州獻五色狗

三年三月齊州獻五色狗其五色如畫

太祖天興四年五月魏郡斥丘縣獲白鹿王者惠及下則至

太宗永興四年九月建興郡獻白鹿

世祖神䴥元年二月定州獲白麚白麚鹿又見于樂陵因以改元

三年二月白鹿見于代郡倒刺山

太延四年十二月相州獻白鹿

眞君八年五月洛州送白鹿

高宗太安二年十月白鹿見於京師西苑

高祖承明元年六月秦州獻白鹿

太和元年正月白鹿見於秦州

三月白鹿見於青州

四年正月南豫州獻白鹿

十九年七月司州獲白鹿麑以獻

二十年六月司州獻白鹿

世宗景明元年四月荆州獻白鹿

永平四年八月平州獻白鹿

延昌二年五月齊州獻白鹿

四年六月司州獻白鹿

肅宗熙平元年五月濟州獻白鹿

二年五月司州獻白鹿

神龜二年六月徐州獻白鹿

孝靜元象元年六月齊獻武王獲白鹿以獻

武定元年六月兗州獻白鹿

太祖登國六年十二月上獵親獲鹿一角召問羣臣皆曰鹿當二角今一是諸國將幷之應也

高祖太和三年三月肆州獻一角鹿

神龜元年七月徐州獻一角鹿

世宗正始二年九月後軍將軍爾朱新興獻一角獸天下平一則至

肅宗熙平元年十一月肆州獻一角獸

神龜二年九月徐州獻一角獸

高宗太安三年三月有白狼一見於太平郡議者曰古今瑞應多矣然白狼見於成湯之世故殷道用興太平嘉名也又先帝本封之國而白狼見焉無窮之徵也周宣王得之而犬戎服

太宗永興四年十二月章安子封懿獻白麞王者刑罰理則至

高祖太和二年十二月懷州獻白麞

三年五月白麞見於豫州

二十三年正月華州獻白麞

肅宗熙平二年三月徐州獻白麞

神龜二年七月徐州獻白麞

孝靜武定七年七月瀛州獻白麞

高祖太和七年六月青州獻三足烏王者慈孝天地則至

十三年十一月滎陽獻三足烏

十四年六月懷州獻三足烏

十五年閏月濟州獻三足烏

十七年五月冀州獻三足烏

二十年六月豫州獻三足烏

二十三年六月冀州獻三足烏

世宗景明元年五月徐州獻三足烏

三年二月豫州獻三足烏

四年六月幽州獻四足烏

正始元年二月冀州獻三足烏

五月幽州獻三足烏

是月相州獻三足烏

六月定州獻三足烏

二年五月肆州獻三足烏

三年三月豫州獻三足烏

是月豫州又獻三足烏

永平元年四月豫州獻三足烏

延昌三年二月冀州獻三足烏

肅宗熙平元年四月汲郡獻三足烏

二年四月東郡獻三足烏

是月豫州獻三足烏

南兗州又獻三足烏

神龜元年八月雍州獻三足烏

二年五月頴州郡獻三足烏

正光元年四月濟州獻三足烏

是月濟州又獻三足烏

二年閏月東郡獻三足烏

三年五月東郡獻三足烏

潁川郡許昌縣獻三足烏

肆州獻三足烏

六月冀州獻三足烏

四年六月瀛州獻三足烏

出帝太昌元年五月齊獻武王獲三足烏以獻

孝靜元象二年四月京師獲三足烏

武定三年五月瀛州獻三足烏

四年四月潁州獻三足烏

五月潁州又獻三足烏

高祖太和二年七月白烏見於涼州王者宗廟肅敬則至

九月白烏見於京師

三年五月白烏見於豫州

九月白烏見於秦州

十七年六月兗州獻白烏

二十三年十二月司州獻白烏

世宗正始二年五月司州獻白烏

三年九月潁川郡獻白烏

四年七月潁川又獻白烏

永平元年四月潁川獻白烏

延昌二年八月平陽郡獻白烏

三年六月冀州獻白烏

肅宗正光元年十月幽州獻白烏

孝靜天平二年七月齊獻武王獲白烏以獻

元象元年五月冀州獲白烏

二年八月徐州表濟陰郡廳事前槐樹烏巢於上烏母死有鵲銜食餔烏兒不失其時並皆長大賞太守帛十四

興和四年四月魏郡貴鄉縣獲白烏鶵

五月京師獲白烏是月陽夏郡獻白烏

七月北豫州獻白烏

十月瀛州獻白烏

武定元年六月東郡民獻白烏

三年五月北豫州獻白烏

是月廣宗郡獻白烏

潁州又獻白烏

六月滄州獻白烏

四年四月梁州獻白烏

五月濟州獻白烏

八月陽夏郡獻白烏

高祖太和二年二月涼州獻赤烏周武王時銜麥至而克殷

肅宗熙平元年二月赤烏見肆州秀容郡

神龜元年四月赤烏見幷州之晉陽縣

世宗景明二年十二月南青州獻蒼烏君修行孝慈萬姓不好殺生則至

正始二年五月雍州獻蒼烏

六月雍州又獻蒼烏

永平二年四月河內獻蒼烏

肅宗熙平元年六月冀州獻蒼烏

前廢帝普泰元年五月河內獻蒼烏

孝靜興和四年五月濟州獻蒼烏

七月瀛州又獻蒼烏

武定元年四月兗州獻蒼烏

五月濟州又獻蒼烏

二年五月京師獲蒼烏

三年六月京師獲蒼烏

十月光州獻蒼烏

高祖延興二年四月幽州獻白鵲

四年九月白鵲見於中山

承明元年八月定冀二州俱獻白鵲

十一月定州又獻白鵲

太和二年十一月洛州獻白鵲

肅宗熙平元年正月定州獻白鵲

正光四年正月京師獲白鵲

孝靜興平二年五月京師獲白鵲

武定二年七月林慮獻白鵲

三年六月京師獲白鵲

世祖太平眞君二年七月天有黃光洞照議者僉謂榮光也

高宗興光元年二月有雲五色所謂景雲太平之應也

景明二年六月有雲五色見於申酉之間

出帝太昌元年六月日初出有大黃氣成抱

世祖始光四年六月甘露降于太學王者德至天和氣盛則降又王者敬老則栢受甘露王者尊賢愛老不失細微則竹葦受

神䴥元年二月甘露降于范陽郡

二年四月甘露降于鄴

六月甘露降于平城宮

三年三月甘露降于鄴

四年五月甘露降于河西

太平眞君元年四月甘露降于平原郡

高宗太安二年七月甘露降于常山郡
和平二年七月甘露降于京師
世宗景明三年八月甘露降于青州新城縣
永平元年十月甘露降于青州益都縣
延昌二年九月甘露降于齊州清河郡
三年十月齊州上言甘露降
四年七月甘露降于京師
肅宗正光三年十月甘露降華林園柘樹
四年八月甘露降顯美縣
孝靜元象二年三月甘露降于京師
武定五年十月甘露降齊文襄王第門柳樹
六年三月甘露降于京師
四月太山郡上言甘露降
太祖天興二年七月獲嘉禾於平城縣異莖同穎
八月廣寗送嘉禾一莖十一穗平城南十里郊嘉禾一莖九穗告于宗廟
太宗永興二年十月嘉禾生于清河郡
泰常三年八月嘉禾生于勃海郡東光縣
世祖神䴥二年七月嘉禾生于魏郡安陽縣三本同穎
高祖承明元年八月齊州獻嘉禾
太和三年九月齊州獻嘉禾
五年八月常山獻嘉禾
七年八月定州獻嘉禾
世宗景明元年七月齊州獻嘉禾
三年七月齊州獻嘉禾
四年八月冀州獻嘉禾
正始元年八月濟州獻嘉禾
二年六月齊州獻嘉禾七月魯陽郡獻嘉禾八月司州獻嘉禾
三年七月冀州獻嘉禾
永平三年八月滎陽獻嘉禾
肅宗熙平二年八月幽州獻嘉禾三本同穗
正光二年七月朔州獻嘉禾
三年八月肆州獻嘉禾一根生六穗
孝靜天平三年七月魏郡獻嘉禾
四年八月并州獻嘉禾
是月京師又獲嘉禾
虞曹郎中司馬仲璨又獻嘉禾一莖五穗
元象元年八月東雍州獻嘉禾
興和二年八月南青州獻嘉禾
四年八月京師再獲嘉禾
武定二年八月京師獲嘉禾
三年八月并州獻嘉禾
高祖太和三年十月徐州獻嘉瓠一蔕兩實
太祖天興二年七月并州獻白兔一王者敬耆老則見
三年五月車駕東巡幸廣寗有白兔見於乘輿前獲之
四年正月并州獻白兔
太宗永興三年上獵於西山獲白兔
八月京師獲白兔
泰常元年十一月定州安平縣獻白兔
二年六月京師獲白兔
三年六月頓丘郡獲白兔
世祖始光三年五月洛州獻黑兔
神䴥元年九月章武郡獻白兔
四年二月勃海郡獻白兔
真君七年二月青州獻白兔二
高宗和平三年十月雲中獲白兔
四年閏月鄴縣獲白兔
高祖延興五年四月白兔見于代郡
承明元年八月白兔見于雲中
太和元年六月雍州周城縣獻白兔
三年三月吐京鎮獻白兔
八年六月徐州獻白兔
十八年十月瀛州獻白兔
二十年七月汲郡獻黑兔
七月京師獲白兔
二十三年獲黑兔
世宗景明元年十一月河州獻白兔
三年四月潁川郡獻白兔
八月河內郡獻白兔
四年六月河內郡獻白兔
七月夏州獻黑兔
正始元年三月河南郡獻黑兔
四月魯陽郡獻白兔
二年八月東郡獻白兔
九月河內郡獻黑兔
是月肆州獻白兔東郡又獻白兔
三年七月薄骨律鎮獻白兔
九月肆州獻白兔
四年四月河內郡獻白兔
永平元年四月濟州獻白兔
五月河內獻黑兔
十月樂安郡獲白兔
二年二月相州獻白兔
延昌三年七月豫州獻白兔
四年三月河南獻白兔
八月河南又獻白兔
九月河內又獻白兔
肅宗熙平二年四月豫州獻白兔
五月東郡獻白兔
六月京師獲白兔
十一月鄯善鎮獻白兔
神龜元年六月京師獲黑兔
二年八月正平郡獻白兔
九月正平郡又獻白兔
十月京師獲黑兔
正光元年正月徐州獻白兔
五月冀州獻白兔
三年五月徐州獻白兔二
是月冀州獻白兔
孝靜天平二年八月光州獻白兔
四年十月光州獻白兔
元象元年五月徐州獲白兔
六月齊獻武王獲白兔以獻
是月濮陽郡獻白兔
興和二年四月徐州獻白兔
六月京師獲白兔
四年正月光州獻白兔
武定元年三月瀛州獻白兔
闕字月汲郡獻白兔
六年十一月武平鎮獻白兔
太祖天興五年八月上曜軍覽谷見白鷰一
太宗永興三年六月京師獲白鷰
四年閏月京師又獲白鷰
泰常二年六月京師獲白鷰
高祖太和二年三月白鷰見于并州
八年四月白鷰集于京師
是月代郡獻白鷰
二十三年八月荊州獻白鷰
閏月正平郡獻白鷰
世宗景明三年六月涇州獻白鷰
肅宗熙平元年七月京師獲白鷰
孝靜元象元年八月西中府獻白鷰
興和二年三月京師獲白鷰
武定三年六月北豫州獻白鷰
太宗泰常八年五月鴈門獻白雀王者爵祿闕則白雀至
世祖神䴥元年九月滄水郡獻白雀
十月魏郡獻白雀
真君八年五月鴈門郡獻白雀
高祖延興二年二月白雀見于扶風郡
三年五月白雀見于代郡
四年正月青州獻白雀
太和三年五月白雀見於豫州
十三年正月清河武城縣獻白雀
世宗景明三年六月滎陽郡獻白雀
十月薄骨律鎮獻白雀
四年三月敦煌鎮獻白雀
五月京師獲白雀
六月恒農郡獻白雀
七月京師獲白雀
正始二年七月薄骨律鎮獻白雀
三年四月獲白雀於京師
十月河州獻白雀
十二月雍州獻白雀
四年二月豫州獻白雀
永平三年七月京師獲白雀
延昌三年七月河南郡獲白雀
十一月秦州獻白雀
四年五月滎陽獻白雀
八月秦州獻白雀
是月青州獻白雀
是月恒州獻白雀
是月洛陽獲白雀
十一月荊州獻白雀
肅宗熙平元年四月京師再獲白雀
七月宮中獲白雀
二年四月華州獻白雀
六月相州獻白雀
是月薄骨律鎮獻白雀
七月京師獲白雀

八月薄骨律鎮又獻白雀

是月京師獲白雀

十一月京師獲白雀

神龜元年五月京師獲白雀

六月京師獲白雀二

八月薄骨律鎮獻白雀

二年五月徐州獻白雀

是月京師獲白雀

三年七月京師又獲白雀

正光元年六月京師獲白雀

二年六月光州獻白雀

三年四月京師獲白雀

六月滎陽郡獻白雀

八月濟州獻白雀

是月光州獻白雀

九月白雀見舍人省

四年六月京師獲白雀

七月京師獲白雀

出帝太昌元年四月京師獲白雀

孝靜天平二年五月北豫州獻白雀

三年七月京師獲白雀

四年七月兗州獻白雀

元象元年五月京師獲白雀

六月京師獲白雀

七月肆州獻白雀

是月齊獻武王獲白雀

二年五月京師獲白雀

六月齊文襄王獲白雀以獻

是月南兗州獲白雀

七月京師獲白雀

興和二年四月京師獲白雀

閏月京師獲白雀

六月光州獻白雀

七月京師獲白雀

三年五月京師獲白雀

四年正月京師獲白雀

六月京師獲白雀

七月京師獲白雀

武定元年六月京師獲白雀

七月京師獲白雀

三年五月梁州獲白雀

七月京師獲白雀

十月兗州獲白雀

四年六月京師獲白雀

六年六月京師獲白雀

世宗景明三年三月濟州獻赤雀周文王時銜書至

四年五月獲赤雀於京師

永平元年四月京師獲赤雀

肅宗孝昌三年四月河南獲赤雀以獻

高宗和平四年三月冀州獻白鳩殷湯時至王者養耆老遵道德不以新失舊則至

高祖承明元年十一月冀州獻白鳩

太和二十三年七月瀛州獻白鳩

八月滎陽郡獻白鳩

世宗景明三年七月涇州獻白鳩

正始元年十月京師獲白鳩

是月建興郡獻白鳩

二年四月幷州獻白鳩

七月冀州獻白鳩二

三年七月夏州獻白鳩

永平元年六月洛州獻白鳩

肅宗熙平二年九月汲郡獻白鳩

太祖天興四年春新興太守上言晉昌民賈相昔年二十二爲鴈門郡吏入句注西陘見一老父謂相曰自今以後四十二年當有聖人出於北方時當大樂子孫永長吾不及見之言終而過相顧視之父老化爲石人相今七十下檢石人見存至帝破慕容寶之歲四十二年

眞君五年二月張掖郡上言往曹氏之世丘池縣大柳谷山石表龍馬之形石馬脊文曰大討曹而晉氏代魏今石文記國家祖宗諱著受命之符乃遣使圖寫其文大石有五皆青質白章間成文字其二石記張呂之前已然之効其三石記國家祖宗以至于今其文記昭成皇帝諱繼世四六天法平天下大安凡十四字次記太祖道武皇帝諱應王載記千歲凡七字次記太宗明元皇帝諱長子二百二十年凡八字次記太平天王繼世王治凡八字次記皇太子諱昌封太山凡五字初上封太平王天文圖錄又授太平眞君之號與石文相應太宗名諱之後有一人象攜一小兒見者皆曰上愛皇孫提攜臥起不離左右此卽上象靈契眞天授也於是衞大將軍安樂王範輔國大將軍建寧王崇征西大將軍常山王素征南大將軍恒農王奚斤上奏曰臣聞帝王之興必有受命之符故能經緯三才維建皇極三五之盛莫不同之伏羲有河圖八卦夏禹有洛書九疇至乃神功播于往古聖跡顯于來世伏惟陛下德合乾坤明並日月固天縱聖應運挺生上靈垂顧徵善備集是以始光元年經天師奉天文圖錄授太平眞君之號陛下深執虛沖歷年乃受精誠感于靈物信惠協于天人用能威加四海澤流宇內溥天率土無思不服今張掖郡列言丘池縣大柳谷山大石有青質白章間成文字記國家祖宗之諱著受命歷數之符王公已下羣司百辟覩此圖文莫不感動僉曰自古以來禎祥之驗未有今日之煥炳也斯乃上靈降命國家無窮之徵也臣等幸遭盛化沐浴光寵無以對揚天休增廣天地謹與羣臣參議宜以石文之徵宣告四海令方外僭竊知天命有歸制曰此天地況施乃先祖父之遺徵豈朕一人所能獨致可如所奏

太和元年冬十月南部尚書安定侯鄧宗慶奏鄉郡民李飛太原民王顯前列稱詣京南山採藥到遊越谷南嶺下見清碧石柱數百枚被詔案檢稱所見青碧柱長者一匹相接而上或方一尺二寸或方一尺方楞悉就其數既多不可具數請付作曹採用奏可時人神異之

顯祖皇興三年六月尉元表臣於彭城遣別將以八月至睢口邀賊將陳顯達有戰士於營外五里芻牧見一白頭翁乘白馬將軍呼之語稱至十八日辰必來到此語汝將軍領衆從東北臨入我當驅賊令走申時賊必大破宿豫淮揚皆剋無疑我當與汝國家淮畔爲斷下邳城我當驅出不勞兵力後十日此人復於彭城南戲馬臺東二里見白頭翁亦乘白馬從東北來呼此人謂曰我與東海四瀆太山北嶽神共行淮北助汝二將蕩除已定汝上下喜不因忽然不見詔元於老人前後見所爲壇表記之

肅宗孝昌二年十月揚州刺史李憲表云門下督周伏興以去七月患假還家至十一日夜夢度肥水行至草堂寺南遙見七人一人乘馬著朱衣籠冠六人從後與路左而立至便再拜問與何人與對曰李公門下督暫使硤石其人語與君可回我是孝文皇帝中書舍人遣語李憲勿憂賊堰此月破矣與行兩步錄與姓字令與速白與寤曉遂還城具言夢狀七月二十七日堰破

世祖延和三年三月樂安王範獲玉璽一文曰皇帝璽以獻

太延元年自三月不雨至六月使有司遍請羣神數日大雨是日有婦人持一玉印至潞縣侯孫家賣之孫家得印奇之求訪婦人莫知所在其文曰旱疫平寇天師日龍文紐書云此神中三字印也

高宗和平三年四月河內人張超於壞樓所城北故佛圖處獲玉印以獻印方二寸其文曰富樂日昌永保無疆福祿日臻長享萬年玉色光潤模制精巧百寮咸曰神明所授非人爲也詔天下大酺三日

高祖承明元年八月上谷郡民獻王印上有蛟龍文

太和元年三月武川鎮獻玉印青質素文其文曰太昌

六月雍州獻玉印

是月長安鎮獻玉印一上有龜紐下有文字色甚鮮白有殊常玉

三年七月定州鉅鹿民獻玉印一方七分上有文字

世宗永平元年四月瀛州民獲玉璧玉印各一以獻

肅宗熙平二年十一月京師仍獲玉璽二

孝靜興和三年二月東郡白馬縣民獻玉印一

太宗永興三年十二月北塞候人獲玉板二以獻王者慈仁則見

孝靜天平二年二月員外散騎常侍穆禮得玉板一廣三寸長尺五寸頭有兩孔以獻

高祖承明元年九月京兆民獻青玉璧一雙文色炳煥王者賢良美德則至

肅宗正光三年六月幷州靜林寺僧在陽邑城西橡谷掘藥得玉璧五珪十印一玉柱一玉蓋一並以獻

高祖太和五年六月上邽鎮將上言於鎮城西二百五十里射獵於營南千水中得玉車釧三枚二青一赤制狀甚精

孝靜興和四年七月鄴縣民獻白玉一璞

肅宗熙平二年正月金出岐州横水縣赤粟谷

太祖天興三年四月有木連理生于代郡天門關之路左王者德澤純洽八方爲一則生

八月渤海上言修縣東光縣木連理各一

十二月豫州上言木連理生于河內之沁縣

四年春河內郡木連理二

八月魏郡上言內黃縣木連理

太宗泰常元年十月范陽郡上言木連理

十一月常山郡上言木連理

三年正月渤海上言東光縣木連理

八月廣寗郡上言木連理

世祖神䴥四年九月榮陽郡上言木連理
延和二年三月樓煩南山木連理
二年九月上谷郡上言木連理
太延元年二月魏郡上言木連理
九年二月遼西上言木連理
高祖延興元年十一月祕書令楊崇奏鍾律郎李生於
京師兒長生連理樹
承明元年九月幷州上言木連理相去一丈二尺中有
五枝相連
太和元年三月冀州上言木連理
十七年六月京師木連理
十八年十月河南上言鞏縣木連理
二十三年十月幷州上言百節連理生縣甕山濟州上
言木連理
十二月瀛州上言木連理
世宗景明二年正月瀛州上言平舒縣木連理
三年正月潁川郡上言木連理
二月平陽郡上言襄陵縣木連理
四月荆州上言南陽宛縣木連理
六月徐州上言東海木連理
十月秦州上言南稻新興二縣木連理各一
四年二月趙平郡上言鶉觚縣木連理
二月齊郡上言臨淄縣木連理
四月汾州上言五城郡木連理
五月青州上言莒縣木連理
六月恒農盧氏縣木連理
是月徐州上言梁郡下邑縣木連理
九月秦州上言當亭四縣界各木連理
正始元年五月司州上言榮陽京縣木連理
六月京師西苑木連理
七月河東郡上言聞喜縣木連理
八月河南郡上言慈水濵木連理
十月恒農郡上言崤縣木連理
十二月涼州上言石城縣木連理
二年正月汾州上言平昌縣木連理
二月司州上言崤縣木連理
九月司州上言潁川陽翟縣木連理
三年六月汾州上言永安縣木連理
是月京師木連理
七月潁川陽翟縣上言木連理
是月建德郡上言石城縣木連理
永平元年四月司州上言潁川郡木連理
二年四月司州上言恒農北陝縣木連理
三年十一月夏州上言橫風山木連理
延昌二年正月徐州上言建陵戍木連理
三年正月司州上言軹縣木連理
四年三月冀州上言信都縣木連理
六月京師木連理
九月雍州上言鄠縣木連理
肅宗熙平元年正月光州上言曲城縣木連理
神龜元年正月汾州上言永安縣木連理
二年十一月京師木連理
十二月敦煌鎮上言晉昌戍木連理
三月滄州上言饒安縣木連理
八月燕州上言上谷郡木連理
九月秦州上言隴西之武陽山木連理
二年六月夏州上言山鹿縣木連理
正光元年五月幷州上言上黨東山谷中木連理
十一月齊州上言濟南郡靈壽山木連理
二年六月齊州上言魏郡逢陵縣木連理
二年二月涼州上言榆中縣木連理
三月青州上言平昌郡木連理
八月徐州上言龍元戍東木連理二
四年二月揚州上言汝陰縣木連理
八月涼州上言顯美縣木連理
孝昌元年十月魏郡元城縣木連理
孝靜天平二年四月臨水郡木連理
七月魏郡木連理
三年五月司州上言清河郡木連理
四年六月廣平郡上言木連理
八月幷州上言木連理
元象元年二月洛州上言木連理
五月林慮縣上言木連理
八月上黨郡上言木連理
興和元年九月有司奏山西採材司馬張神和上言司
空谷木連理
二年四月光州上言盧鄉縣木連理
武定元年閏月西兗州上言濟陰郡木連理
九月齊獻武王上言幷州木連理
三年九月瀛州上言河間郡木連理
五年十一月汾州上言木連理
六年五月晉州上言木連理
八年四月青州上言齊郡木連理
世宗景明三年七月魯陽獻烏芝王者慈仁則生食之
令人度世
太祖天興二年七月幷州獻白雉周成王時越裳氏來
獻
四年正月上黨郡獻白雉
二月幷州獻白雉
五月河內郡獻白雉
太宗神瑞二年十一月右民尚書周幾獲白雉一於博
陵安平以獻
泰常三年正月渤海郡高城縣獻白雉
三月渤海郡南皮縣獻白雉二
十一月中山行唐縣獻白雉
四年正月新興郡獻白雉十二月又獻白雉二
五年二月白雉見于河內郡
世祖神䴥元年二月相州獻白雉
二年二月上黨郡獻白雉
高祖延興二年正月青州獻白雉
五年正月白雉見於上谷郡
太和元年二月秦州獻白雉
三月白雉見於秦州
十一月白雉見於安定郡
二年十一月徐州獻白雉
三年正月統萬鎮獻白雉
四年正月南豫州獻白雉
六年三月豫州獻白雉
八年六月齊州青河郡獻白雉
十七年正月幽州獻白雉
四月瀛州獻白雉
二十年三月兗州獻白雉
世宗景明三年正月徐州獻白雉
二月冀州獻白雉
正始三年三月齊州獻白雉
十月青州獻白雉
四年十一月秦州獻白雉
永平二年四月河內郡獻白雉
六月河南獻白雉
十二月豫州獻白雉
延昌四年二月冀州獻白雉
是月京師獲白雉
閏月岐州獻白雉
十二月幽州獻白雉
肅宗熙平元年二月相州獻白雉
三月肆州獻白雉
二年三月徐州獻白雉
神龜元年三月潁川郡獻白雉
二年正月豫州獻白雉
正光三年二月夏州獻白雉
四年三月光州獻白雉
孝靜天平三年正月青州獻白雉
四年二月青州獻白雉十二月梁州獻白雉
元象二年正月魏郡繁陽縣獻白雉
武定元年正月廣宗郡獻白雉
是月兗州獻白雉
四年三月青州獻白雉
太宗泰常七年九月溫泉出于涿鹿八有風寒之疾入
者多愈
高祖太和八年正月上谷郡惠化寺醴泉涌醴泉水之
精也味甘美王者修治則出
興和元年冬西兗州濟陰郡宛句縣濮水南岸有泉涌
出色清味甘飲者愈疾四遠奔湊齊獻武王令於泉所
營立廬舍尚書奏賞刺史粟千石太守粟五百石縣令
粟二百石以旌善政所感先列言者依第出身詔可
高宗太和二年九月鼎出於洛州灤水送于京師王者
不極滋味則神鼎出也

魏書卷一百十二下考證

高祖太和二十三年獲黑兎○獲字上不著地名殆承
上二十年七月京師獲白兎而書之也
肅宗熙平二年六月相州獻白雀○月監本誤年今改
正
世祖眞君五年記昭成皇帝諱繼世四六天法平天下
大安凡十四字○帝各本訛作后今改正臣人龍按
昭成帝諱什翼犍今以什翼犍三字幷下繼世四六
天法平天下大安十一字合之恰與十四字之數相
符
次記太宗明元皇帝諱長子二百二十年凡八字○八
監本訛六今改正臣人龍按明元帝諱嗣今以嗣字

井下長子二百二十年七字合之則六字必係八字
之訛矣
高祖太和五年得玉車釧三枚○釧監本訛馴今改正

魏書卷一百一十三

齊　魏　收　撰

志第十九

官氏九

百姓不能以自治故立君以司牧元首不可以獨斷乃命臣以佐之然則安海內正國家非一人之力也書契以外其事蔑聞至於羲軒昊頊之間龍火鳥人之職頗可知矣唐虞六十夏商倍之周過三百是爲大備而秦漢魏晉代有加減罷置盛衰隨時適務且國異政家殊俗設官命職何常之有帝王爲治禮樂不相沿海內作家物色非一用其由來尚矣魏氏世君玄朔遠統闕臣掌事立司各有號秩及交好南夏頗亦改刱昭成之即王位已命燕鳳爲右長史許謙爲郎中令矣餘官雜號多同於晉朝建國二年初置左右近侍之職無常員或至百數侍直禁中傳宣詔命皆取諸部大人及豪族良家子弟儀貌端嚴機辯才幹者應選又置內侍長四人主顧問拾遺應對若今之侍中散騎常侍也其諸方雜人來附者總謂之烏丸各以多少稱酋庶長分爲南北部復置二部大人以統攝之時帝弟觚監北部子寔君監南部分民而治若古之二伯焉太祖登國元年因而不改南北猶置大人對治二部是年置都統長又置幢將及外朝大人官其都統長領殿內之兵直王宮幢將員六人主三郎衞士直宿禁中者自侍中已下中散已上皆統之外朝大人無常員主受詔命外使出入禁中國有大喪大禮皆與參知隨所典焉

皇始元年始建曹省備置百官封拜五等外職則刺史太守令長已下有未備者隨而置之

天興元年十一月詔吏部郎鄧淵典官制立爵品

十二月置八部大夫散騎常侍待詔管官其八部大夫於皇城四方四維面置一人以擬八座謂之八國常侍待詔侍直左右出入王命

二年三月分尚書三十六曹及諸外署凡置三百六十曹令大夫主之大夫各有屬官其有文簿當曹敷奏欲以省彈駮之煩初令五經諸書各置博士國子學生員三十人

三年十月置受恩蒙養長德訓士四官受恩職比特進無常員有人則置親貴器望者爲之蒙養職比光祿大夫無常員取勤舊休閑者長德職比中散大夫無常員訓士職比諫議大夫規諷時政匡刺非違又置仙人博士官典煑鍊百藥

四年七月罷匈奴中郎將官令諸部護軍皆屬大將軍府

九月罷外蘭臺御史總屬內省

十二月復尚書三十六曹曹置代人令史一人譯令史一人書令史二人

天賜元年八月初置六謁官準古六卿其秩五品屬官有大夫秩六品大夫屬官有元士秩七品元士屬官有署令長秩八品令長屬官有署丞秩九品

九月減五等之爵始分爲四曰王公侯子除伯男二號皇子及異姓元功上勳者封王宗室及始蕃王皆降爲公諸公降爲侯侯子亦以此爲差於是封王者十人公者二十二人侯者七十九人子者一百三人王封大郡公封小郡侯封大縣子封小縣王第一品公第二品侯第三品子第四品又制散官五等五品散官比三都尉六品散官比議郎七品散官比太中中散諫議三大夫八品散官比郎中九品散官比舍人文官五品已下才能秀異者總比之造士亦有五等武官五品已下堪任將帥者亦有五等若百官有闕者則於中擢以補之

初帝欲法古純質每於制定官號多不依周漢舊名或取諸身或取諸物或以民事皆擬遠古雲鳥之義諸曹走使謂之鳧鴨取飛之迅疾以伺察者爲候官謂之白鷺取其延頸遠望自餘之官義皆類此咸有比況又制諸州各置都尉以領兵

十一月以八國姓族難分故國立大師小師令辯其宗黨品舉人才自八國以外郡各自立師職分如八國比今之中正也宗室立宗師亦如州郡八國之儀

十二月詔始賜王公侯子國臣吏大郡王二百人次郡王上郡公百人次郡公五十人侯二十五人子十二人皆立典師職比家丞總統羣隸

二年二月復罷尚書三十六曹別置武歸修勤二職武歸比郎中修勤比令史分主省務

二年正月置內官員二十人比侍中常侍迭直左右又制諸州置三刺史刺史用品第六者宗室一人異姓二人比古之上中下三大夫也郡置三太守用七品者縣置三令長八品者刺史令長各之州縣以太守上有刺史下有令長雖置而未臨民自前功臣爲州者徵還京師以爵歸第置散騎郎獵郎諸省令史省事典籤等

四年五月增置侍官侍直左右出內詔命取八國良家代郡上谷廣甯鴈門四郡民中年長有器望者充之

永興元年十一月置騏驎官四十人宿直殿省比常侍侍郎

神瑞元年春置八大人官大人下置三屬官總理萬機故世號八公云

泰常二年夏置六部大人官有天部地部東西南北部皆以諸公爲之大人置三屬官

始光元年正月置右民尚書

神䴥元年三月置左右僕射左右丞諸曹尚書十餘人各居別寺

七月詔諸征鎮大將依品開府以置佐吏

延和元年三月改代尹爲萬年尹代令爲萬年令後復

眞君五年正月侍中中書監宜都王穆壽司徒東郡公崔浩侍中廣平公張黎輔政置通事四人又選諸曹良吏給事東宮

正平元年七月以諸曹吏多減其員

興安二年正月置駕部尚書右士尚書

太安三年五月以諸部護軍各爲太守

延興二年五月詔曰非功無以受爵非能無以受祿凡出外遷者皆引此奏聞求乞假品在職有效聽下附正若無殊稱隨而削之舊制諸鎮將刺史假五等爵及有所貢獻而得假爵者皆不得世襲

四年二月置外牧官

五年九月置監御曹

太和二年五月減置侯職四百人司察非違

四年省二部內部幢將

十一年八月置散官員一百人朝請員二百人

十五年七月置司儀官

十二月置侍中黃門各四人又置散騎常侍侍郎員各四人通直散騎常侍侍郎員外散騎常侍侍郎各六人又置司空主客太倉庫部都牧太樂虞曹宮輿覆育少卿官又置光爵驍游五校中大夫散員士官又置侍官一百二十人改立諸局監羽林虎賁

舊制諸以勳賜官爵者子孫世襲軍號十六年改降五等始革之止襲爵而已

舊制緣邊皆置鎮都大將統兵備禦與刺史同城隍倉庫皆鎮將主之但不治故爲重於刺史(疑)

自太祖至高祖初其內外百官屢有減置或事出當時不爲常目如萬騎飛鴻常忠直意將軍之徒是也舊令亡失無所依據太和中高祖詔羣寮議定百官著於令今列於左勳品流外位卑而不載矣

太師　太尉　儀同三司
太保　司徒　都督中外諸軍事
太傅　司空　特進
右三師　右三公
大司馬　諸開府
大將軍　驃騎將軍
車騎將軍(二將軍加大者位在三司上)
衞將軍(加大者次儀同三司)
右三將軍
右第一品上　右第一品中　右第一品下

太子太師　四征(加大者次衞將軍)　四鎮(加大者次尚書令)
太子太傅　左右光祿大夫　吏部尚書
太子太保　尚書左僕射　太常
右東宮三師　尚書右僕射　光祿勳
尚書令　中書監　衞尉
都督府州諸軍事　右三卿
中軍將軍
鎮軍將軍
撫軍將軍
右三將軍(加大者秩次四征下)
金紫光祿大夫
右從第一品上　右從第一品中　右從第一品下

太子少師　列曹尚書　四安(加大者秩次三少下)
太子少傅　中書令　凡將軍(三品已下五品已上加大者)
太子少保　領軍　太子左右詹事
右東宮三少　護軍(二職若侍臣帶者加中)　散騎常侍
中侍中　司州刺史
都督三州諸軍事
太僕
延尉
大鴻臚

宗正
大司農
少府
右六卿
領軍將軍
護軍將軍二將軍與領護不並置
右第二品上　右第二品中　右第二品下
前後左右將軍　祕書監　武衞將軍
四平加大者秩次護軍下　光祿大夫銀青者　都督一州諸軍事
大長秋卿　將作大匠
左衞將軍　右衞將軍
右從第二品上　右從第二品中　右從第二品下
駙馬　給事黄門侍郎　通直散騎常侍
諸王師　太子中庶子　城門校尉
太子左右衞率　南北東西中郎將羽林中郎將
御史中尉　護匈奴羌戎夷蠻越中郎將　太中大夫
中常侍　護羌戎夷蠻越校尉
征虜將軍
輔國將軍
龍驤將軍
司衞監
中尹
少卿
光爵
代尹
右第三品上　右第三品中　右第三品下
員外散騎常侍　中給事　鎮遠將軍
驍騎將軍　射聲校尉　安遠將軍
太子家令　越騎校尉　建遠將軍
太子率更令　屯騎校尉　建中將軍
太子僕　步兵校尉　建節將軍
太子庶子　長水校尉　立義將軍
給事中　監軍　立忠將軍
前後左右軍將軍　立節將軍
中大夫　恢武將軍
祕書令　勇武將軍
給事　曜武將軍
昭武將軍
顯武將軍
直閤將軍

右從第三品上　右從第三品中　右從第三品下
國子祭酒　公府司馬　諫議大夫
下大夫　尚書右丞　祕書丞
公府長史　司馬別駕　建武將軍
尚書左丞　太子中舍人　振武將軍
太子三校　中黄門令　奮武將軍
散騎侍郎　令　揚武將軍
中書侍郎　內署令　廣武將軍
中謁者大夫　都水使者　廣威將軍
中散大夫　符節令
中堅將軍　通直散騎常侍
中壘將軍　建威將軍
寧朔將軍　振威將軍
揚威將軍　奮威將軍
右第四品上　右第四品中　右第四品下
元士　諸開府司馬　諸王友
公府諸議參軍　司州功曹都官　員外散騎侍郎
諸開府長史　五局司直　太子門大夫
尚書吏部郎中　司敗　協律中郎
太子洗馬　諸局校尉　戟楯虎賁將軍
武騎侍郎　符璽郎中　募員虎賁將軍
奉車都尉　高車虎賁將軍
駙馬都尉　左右積弩射將軍
騎都尉　强弩將軍
羽林中郎
中散庶長
謁者僕射
羽林郎將
高車羽林郎將
冗從僕射
右從第四品上　右從第四品中　右從第四品下
中軍鎮軍撫軍長史　中書議郎　皇宗博士
鷹揚將軍　諸開府從事中郎　歸義侯
折衝將軍　公府正參軍　率義侯
寧遠將軍　公府主簿　順義侯
揚烈將軍　延尉正監評　朝服侯
諸開府諮議參軍　太子舍人　太常丞
祕書著作郎　司州主簿
治書侍御史　中黄門
中謁者僕射　輕車將軍

中黄門冗從僕射　威遠將軍
侍御中散　虎威將軍
中軍鎮軍撫軍司馬　中散
公府從事中郎　殿中將軍
尚書郎中　散臣監
伏波將軍　太子倉令
陵江將軍
平漢將軍
太子食官令
太子中盾
右第五品上　右第五品中　右第五品下
祕書郎　太子廄長　附義中郎將
國子博士　諸局監　歸義中郎將
太學祭酒　尚書郎　率義中郎將
祕書著作佐郎　侍御史　順義中郎將
武士將軍　殿中御史　戟楯虎賁司馬
虎賁司馬　京邑市令　募員虎賁司馬
虎賁郎將　典牧都尉　高車虎賁司馬
方舞郎庶長　水衡都尉　戟楯虎賁將
宿衞軍將　司鹽都尉　募員虎賁將
掖庭監　司竹都尉　高車虎賁將
典容監　崇虛都尉　嘗藥監
典儀監　列卿丞　中謁者
協律郎　詹事丞　宮門司馬
太祝令　代尹丞　宗聖士
小黄門　諸開府正參軍
謁者　諸門府主簿
員外將軍　辨章郎
散員大夫　太宰令
太樂祭酒　廩犧令
門下錄事　殿中監
奉乘郎　翼馭郎
羽林郎　高車羽林郎
贍人郎
方者郎
右從第五品上　右從第五品中　右從第五品下
公府行參軍　太學博士　散騎
宣威將軍　太史博士　奉朝請
明威將軍　律博士　武烈將軍
襄武將軍　禮官博士　武毅將軍

厲威將軍　公府記室督　武奮將軍
公府掾屬　威烈將軍　太樂博士
中軍撫軍鎮軍正參軍　威寇將軍　河隄謁者
主書郎　威虜將軍
詹事五官　威戎將軍
門下主書舍人　威武將軍
門下通事舍人
司州司事
司州從事
代郡功曹主簿
右第六品上　右第六品中　右第六品下
諸開府行參軍　監淮海津都尉　戟楯虎賁
散員士　諸局中校尉　募員虎賁
中書舍人　方舞郎　高車虎賁
領護二衞主簿　諸宮門僕　治禮郎
主事郎　諸開府記室督　獄丞
詹事主簿　司馬督
集書舍人　千人督
中軍鎮撫行參軍　校尉
領護功曹掾
領護五官
散臣中校
宿衞統
太子常從虎賁督
侍幹
寺人
閽人
掌璽郎
太子守舍人
掌服郎
掌筵郎
虎賁郎
諸開府掾屬
集書校書郎
祕書校書郎
祕書鍾律郎
右從第六品上　右從第六品中　右從第六品下
公府舍人　國子學生　祕書舍人
太子主書舍人　討寇將軍　符史郎
太子主衣舍人　討虜將軍　盪寇將軍

都令史 討難將軍 盪虜將軍
主書令史 討夷將軍 盪難將軍
門下令史 盪逆將軍
太子左右衞率主簿 太廟門僕
司事郎
司州錄事
代郡通事
御屬
綏遠將軍
綏虜將軍
綏邊將軍
右第七品上 右第七品中 右第七品下
諸門府舍人 祝史 諸局督事
祕書令史 太常齋郎 獄掾
主書令史 王家尉 太學典錄
集書令史 公主家令 太史博士
起居注令史 太卜博士
直事郎 太醫博士
司州本曹 太常日者
散臣督事 扶令
宿衞幢將 太樂典錄
右從第七品上 右從第七品中 右從第七品下
公府令史 太學助教 厲武將軍
太子典書令史 掃寇將軍 厲鋒將軍
太子典衣令史 掃虜將軍 虎牙將軍
司事令史 掃難將軍 虎奮將軍
諸局通事 掃逆將軍
殄寇將軍
殄虜將軍
殄難將軍
殄夷將軍
右第八品上 右第八品中 右第八品下
直事令史 尚書筭生 諸寺筭生
宿衞軍司馬 典客舍人 諸局書令史
諸局省事 符券吏 虎賁軍書令史
尚書記室令史 公府閤下令史 乘傳使者
右從第八品上 右從第八品中 右從第八品下
諸開府令史 祀官齋郎 白衣臣
宿衞軍吏 典客參軍
諸局書吏 太醫太史助教

書幹
主書幹
典書幹
廣野將軍
橫野將軍
偏將軍
裨將軍
右第九品上 右第九品中 右第九品下
統史 方驛博士 八書吏
中校尉 王家吏
右從第九品上 右從第九品中 右從第九品下
太和十八年十二月降車驃將軍侍中黃門秩依魏晉
舊事
十九年八月初置直齋御仗左右武官
二十三年高祖復次職令及帝崩世宗初班行之以爲
永制
太師 太傅 太保
右三師上公
王
大司馬 大將軍
右二大
太尉 司徒 司空
開國郡公
右第一品
儀同三司 開國縣公 都督中外諸軍事
諸開府 散公
右從第一品
太子太師 太子太傅 太子太保
特進， 尚書令 驃騎將軍
車騎將軍二將軍加大者位在都督中外之下 衞將軍加大者位在太子太師之上
四征將軍加大者位次衞大將軍 諸將軍加大者
左右光祿大夫 開國縣侯
右第二品
尚書僕射若並置左右則左居其上右居其下 中書監
司州牧 四鎮將軍加大者次衞將軍
中軍將軍 鎮軍將軍 撫軍將軍
右三將軍
金紫光祿大夫 散侯
右從第二品
吏部尚書 四安將軍 中領軍

中護軍二軍加將軍則去中位次撫軍
太常 光祿 衞尉
右三卿
太子少師 太子少傅 太子少保
中書令 太子詹事 侍中
列曹尚書 四平將軍
太僕 廷尉 大鴻臚
宗正 大司農 太府
右六卿
河南尹 上州刺史 祕書監
諸王師 左右衞將軍 前左右後將軍
光祿大夫銀青者 開國縣伯
右第三品
散騎常侍 四方郎將
護匈奴羌戎夷蠻越中郎將 國子祭酒
御史中尉 大長秋卿 將作大匠
征虜將軍 二大二公長史若司徒置二長史左在散騎常侍下右在中庶子下
太子左右衞率 武衞將軍 冠軍將軍
護羌戎夷蠻越校尉 太中大夫
輔國將軍 中州刺史 龍驤將軍
散伯
右從第三品
二大二公司馬
太常 光祿 衞尉
右三少卿
尚書吏部侍郎 給事黃門侍郎 太子中庶子
司空皇子長史
太僕 廷尉 大鴻臚
宗正 大司農 太府
右六少卿
中常侍 中尹 城門校尉
司空皇子司馬 從第一品將軍開府長史
驍騎將軍 游擊將軍
以前上階
鎮遠將軍 安遠將軍 平遠將軍
建義將軍 建忠將軍 建節將軍
立義將軍 立忠將軍 立節將軍
恢武將軍 勇武將軍 曜武將軍
昭武將軍 顯武將軍
從第一品將軍開府司馬 通直散騎常侍

司徒諮議參軍事 中散大夫 下州刺史
上郡太守內史相 開國縣子
右第四品
中堅將軍 中壘將軍 尚書左丞
二大二公諮議參軍事 司州別駕從事史
第二品將軍始蕃王長史 太子家令
太子率更令 太子僕 中書侍郎
太子庶子
第二品將軍始蕃王司馬 前左右後軍將軍
以前上階
寧朔將軍 建威將軍 振威將軍
奮威將軍 揚威將軍 廣威將軍
諫議大夫 尚書右丞
司空皇子諮議參軍事 司州治中從事史
左右中郎將 建武將軍 振武將軍
奮武將軍 揚武將軍 廣武將軍
從第一品將軍開府諮議參軍事
散子
右從第四品
寧遠將軍 鷹揚將軍 折衝將軍
揚烈將軍 從第二品將軍二蕃王長史
二大二公從事中郎 祕書丞
皇子友 國子博士 散騎侍郎
太子中舍人 員外散騎常侍
從第二品將軍二蕃王司馬
以前上階
射聲校尉 越騎校尉 屯騎校尉
步軍校尉 長水校尉
司空皇子之開府從事中郎
第二品將軍始蕃王諮議參軍事
開府從事中郎 中郡太守內史相
開國縣男
右第五品
伏波將軍 陵江將軍 平漢將軍
第三品將軍三蕃王長史 二大二公掾屬
著作郎 通直散騎常侍 太子洗馬
從第二品將軍二蕃王諮議參軍事
第三品將軍三蕃王司馬 奉車都尉
以前上階
太子屯騎校尉 太子步兵校尉 太子翊軍校尉

都水使者　司空皇子之開府掾屬
領護長史司馬　歸義侯　率義侯
順義侯　朝服侯　輕車將軍
威遠將軍　開府掾屬　虎威將軍
洛陽令　中給事中　散男
右從第五品
宣威將軍　明威將軍　從第三品將軍長史
二大二公主簿　二大二公錄事
皇子郎中令　司空主簿　司空皇子錄事參軍事
從第三品將軍司馬
第三品將軍三蕃王諮議參軍事
二大二公功曹記室戶曹倉曹中兵參軍事
皇子文學　治書侍御史　謁者僕射
從第一品將軍開府錄事參軍
司空皇子功曹記室戶曹倉曹中兵參軍事
皇子功曹史
以前上階
河南郡丞　虎賁中郎將　羽林監
冗從僕射　駙馬都尉　廷尉正監評
尚書郎中　中書舍人
從第一品將軍開府功曹記室倉曹戶曹中兵參軍事
功曹史
下郡太守內史相　上縣令相
右第六品
襄威將軍　厲威將軍
第二品將軍始蕃王錄事參軍
二大二公列曹參軍事　給事中
太子門大夫　皇子大農　騎都尉
符璽郎
以前上階
從第二品將軍二蕃王錄事參軍
皇子主簿　司空皇子列曹參軍事
第二品將軍始蕃王功曹記室戶曹倉曹中兵參軍事
功曹史
從第一品將軍開府主簿列曹參軍事
從第二品將軍二蕃王功曹記室戶曹倉曹中兵參軍
事功曹史
太子舍人　三卿丞
右從第六品
威烈將軍　威寇將軍　威虜將軍
威戎將軍　威武將軍
四品正從將軍長史司馬
二大二公祭酒
第三品將軍三蕃王錄事參軍
司空皇子之開府祭酒　武烈將軍
武毅將軍　武奮將軍　王公國郎中令
積弩將軍　積射將軍　員外散騎侍郎
皇子中尉　二大二公參軍事
二大二公列曹行參軍　開府祭酒
以前上階
司空皇子參軍事
司空皇子列曹行參軍
從第三品將軍錄事參軍
第二品將軍始蕃王主簿列曹參軍事
從第一品將軍開府列曹行參軍
從第三品將軍三蕃王功曹記室戶曹倉曹中兵參軍
功曹史
從第二品將軍二蕃王主簿列曹參軍事
二衞司馬　討寇將軍
討虜將軍　討難將軍　討夷將軍
從第三品將軍功曹戶曹倉曹中兵參軍事
詹事丞　列卿丞　祕書郎中
著作佐郎　中縣令相
右第七品
盪寇將軍　盪虜將軍　盪難將軍
盪逆將軍　五品正從將軍長史司馬
强弩將軍　二大二公行參軍
司空皇子行參軍
第二品將軍始蕃王列曹行參軍
第三品將軍三蕃王主簿列曹參軍事
第一品將軍開府行參軍
王公國大農
以前上階
太學博士　皇子常侍　太常博士
從第二品將軍二蕃王參軍事
從第二品將軍二蕃王列曹行參軍
從第三品將軍主簿列曹參軍事
四品正從將軍錄事功曹戶曹倉曹中兵參軍事
司州主簿　奉朝請　國子助教
右從第七品
殄寇將軍　殄虜將軍　殄難將軍
殄夷將軍　第二品將軍始蕃王行參軍
第三品將軍三蕃王參軍事
第三品將軍三蕃王列曹行參軍
四品正從將軍主簿列曹參軍事
侯伯國郎中令　司州西曹書佐
殿中將軍　皇子侍郎　大長秋丞
以前上階
侍御史　協律郎　辨章郎
從第二品將軍二蕃王行參軍
從第三品將軍參軍事
從第三品將軍列曹行參軍
五品正從將軍錄事功曹戶曹倉曹中兵參軍事
王公國中尉　司州祭酒從事
下縣令相
右第八品
掃寇將軍　掃虜將軍　掃難將軍
掃逆將軍　司州議曹從事史
二大二公長兼行參軍　公車令
符節令　諸署令千石已上者　中黃門令
門下錄事　尚書都令史　主書令史
殿中侍御史中謁者僕射　中黃門冗從僕射
以前上階
宮門僕射　侯伯國大農
司空皇子長兼行參軍　二大二公長兼行參軍
皇子上中下將軍
皇子中大夫　二率丞
四品正從將軍列曹行參軍
王公國常侍
厲武將軍　厲鋒將軍　虎牙將軍
虎奮將軍　五品正從將軍主簿列曹行參軍
司州文學
從第一品將軍開府長兼行參軍
員外將軍
右從第八品
曠野將軍　橫野將軍　子男國郎中令
太祝令　諸署令六百石已上者　中黃門
公主家令　皇子典書令　四門小學博士
律博士　校書郎
二大二公參軍督護　檢授御史
以前上階
王公國侍郎　侯伯國中尉　謁者
太子三卿丞　五品正從將軍列曹行參軍
司空皇子參軍督護
第二品將軍始蕃王長兼行參軍
從第一品將軍開府參軍督護
殿中司馬督
右第九品
偏將軍　裨將軍　太子廐長
監淮海津都尉　諸局都尉
皇子典祠令　皇子學官令
皇子典衞令　王公國上中下將軍
王公國中大夫　諸署令不滿六百石者
以前上階
第二品將軍始蕃王參軍督護
從第二品將軍二蕃王長兼行參軍
太常光祿衞尉領護
詹事功曹五官　治禮郎
子男國大農　小黃門
員外司馬督
右從第九品

前世職次皆無從品魏氏始置之亦一代之別制也

正始元年十一月罷郡中正

四年九月詔曰五校昔統營位次於列卿奉車都尉禁侍美官顯加通貴世移時變遂為冗職既典名猶昔宜有定員并殿中二司馬亦須有常數今五校可各二十人奉車都尉二十人騎都尉六十人殿中司馬二百人員外司馬三百人

永平元年十二月尚書令高肇尚書僕射清河王懌等奏置小學博士員三千人

二年正月尚書令高肇奏都水臺請依舊二使者參軍事謁者并錄事令史亦隨事史立詔曰使者置二可加所奏其下屬司唯須充事耳亦何勞多也參軍錄事並更置一謁者加二令史依舊肇又奏諸州諮議記室戶曹刑獄田曹水曹集曹士曹參軍悉併省之

四年七月詔改宗子羽林為宗士其本秩付尚書計其資集敘從七已下從八已上官

正光元年七月置左右衞將軍各二人

十二月罷諸州中正郡縣定姓族後復

孝昌二年十月詔宗士庶子二官各增二百人置望士

朕四百人取肺府之族有武藝者

孝莊初以爾朱榮有扶翼之功拜柱國大將軍位在丞相上又拜大丞相天柱大將軍增佐吏又以太尉上黨王天穆爲太宰增佐吏

永安二年各詔復置司直十人視五品隸廷尉覆治御史檢劾事

普泰初以爾朱世隆爲儀同三司位次上公又侍中黃門武衞將軍並增置六人

永安已後遠近多事置京畿大都督復立州都督俱總軍人

天平四年更罷六州都督悉隸京畿其京畿大都督仍不改爲立府置佐

舊制有大將軍不置太尉有丞相不置司徒自正光已後天下多事勳賢並軌乃俱置之

武定二年十一月有司奏齊獻武王勳高德重禮絕羣辟昔霍光陵邑亦置長丞主陵今請置長一人丞一人錄事一人戶曹史一人禁備史一人侍一人皆降帝陵官品一等其侍依舊詔可

七年三月詔左右光祿大夫各置二人金紫光祿大夫置四人光祿大夫置四人太中中散各置六人五月又詔以四中郎將世宗永平中權隸領軍今還屬護軍

自古天子立德因生以賜姓胙之土而命之氏諸侯則以家與謚官有世功則有官族邑亦如之姓則表其所由生氏則記族所由出其大略然也至於或自所居或以國號或用官爵或用事物雖緣時不同俱其義矣魏氏本居朔壤地遠俗殊賜姓命氏其事不一亦如長勺尾氏終葵之屬也初安帝統國諸部有九十九姓至獻帝時七分國人使諸兄弟各攝領之乃分其氏自後兼并他國各有本部部中別族爲內姓焉年世稍久互以改易興衰存滅間有之矣今舉其可知者

獻帝以兄爲紇骨氏後改爲胡氏

次兄爲普氏後改爲周氏

次兄爲拓拔氏後改爲長孫氏

弟爲達奚氏後改爲奚氏

次弟爲伊婁氏後改爲伊氏

次弟爲丘敦氏後改爲丘氏

次弟爲侯氏後改爲亥氏

七族之興自此始也

又命叔父之胤曰乙旃氏後改爲叔孫氏

又命疏屬曰車焜氏後改爲車氏

凡與帝室爲十姓百世不通婚太和以前國之喪葬祠禮非十族不得與也高祖革之各以職司從事

神元皇帝時餘部諸姓內入者

丘穆陵氏後改爲穆氏

步六孤氏後改爲陸氏

賀賴氏後改爲賀氏

獨孤氏後改爲劉氏

賀樓氏後改爲樓氏

勿忸于氏後改爲于氏

是連氏後改爲連氏

僕蘭氏後改爲僕氏

若干氏後改爲苟氏

拔列氏後改爲梁氏

撥略氏後改爲略氏

若口引氏後改爲寇氏

叱羅氏後改爲羅氏

普陋茹氏後改爲茹氏

賀葛氏後改爲葛氏

是賁氏後改爲封氏

阿伏于氏後改爲阿氏

可地延氏後改爲延氏

阿鹿桓氏後改爲鹿氏

他駱拔氏後改爲駱氏

薄奚氏後改爲薄氏

烏丸氏後改爲桓氏

素和氏後改爲和氏

吐谷渾氏依舊吐谷渾氏

胡古口引氏後改爲侯氏

賀若氏依舊賀若氏

谷渾氏後改爲渾氏

匹婁氏後改爲婁氏

俟力伐氏後改爲鮑氏

吐伏盧氏後改爲盧氏

牒云氏後改爲云氏

是云氏後改爲是氏

叱利氏後改爲利氏

副呂氏後改爲副氏

那氏依舊那氏

如羅氏後改爲如氏

乞扶氏後改爲扶氏

阿單氏後改爲單氏

俟幾氏後改爲幾氏

賀兒氏後改爲兒氏

吐奚氏後改爲古氏

出連氏後改爲畢氏

庾氏依舊庾氏

賀拔氏後改爲何氏

叱呂氏後改爲呂氏

莫那婁氏後改爲莫氏

奚斗盧氏後改爲索盧氏

莫蘆氏後改爲蘆氏

出大汗氏後改爲韓氏

沒路真氏後改爲路氏

扈地于氏後改爲扈氏

莫輿氏後改爲輿氏

紇干氏後改爲干氏

俟伏斤氏後改爲伏氏

是樓氏後改爲高氏

尸突氏後改爲屈氏

沓盧氏後改爲沓氏

嗢石蘭氏後改爲石氏

解枇氏後改爲解氏

奇斤氏後改爲奇氏

須卜氏後改爲卜氏

丘林氏後改爲林氏

大莫干氏後改爲郃氏

尒綿氏後改爲綿氏

蓋樓氏後改爲蓋氏

素黎氏後改爲黎氏

渴單氏後改爲單氏

壹斗眷氏後改爲明氏

叱門氏後改爲門氏

宿六斤氏後改爲宿氏

馝邗氏後改爲邗氏

土難氏後改爲山氏

屋引氏後改爲房氏

樹洛于氏後改爲樹氏

乙弗氏後改爲乙氏

東方宇文慕容氏卽宣帝時東部此二部最爲彊盛別自有傳

南方有茂眷氏後改爲茂氏

宥連氏後改爲雲氏

次南有紇豆陵氏後改爲竇氏

侯莫陳氏後改爲陳氏

庫狄氏後改爲狄氏

太洛稽氏後改爲稽氏

柯拔氏後改爲柯氏

西方尉遲氏後改爲尉氏

步鹿根氏後改爲步氏

破多羅氏後改爲潘氏

叱干氏後改爲薛氏

俟奴氏後改爲俟氏

輾遲氏後改爲展氏

費連氏後改爲費氏

其連氏後改爲綦氏

去斤氏後改爲艾氏

渴侯氏後改爲緱氏

叱盧氏後改爲祝氏

和稽氏後改爲緩氏

寃賴氏後改爲就氏

嗢盆氏後改爲溫氏

達勃氏後改爲褒氏

獨孤渾氏後改爲杜氏

凡此諸部其渠長皆自統衆而尉遲已下不及賀蘭諸部氏

北方賀蘭後改爲賀氏

郁都甄氏後改爲甄氏

紇奚氏後改爲嵇氏

越勒氏後改爲越氏

叱奴氏後改爲狼氏

渴燭渾氏後改爲味氏

庫褥官氏後改爲庫氏

烏洛蘭氏後改爲蘭氏

一那蔞氏後改爲蔞氏

羽弗氏後改爲羽氏

凡此四方諸部歲時朝貢登國初太祖散諸部落始同爲編民

太和十九年詔曰代人諸胄先無姓族雖功賢之胤混然未分故官達者位極公卿其功衰之親任居猥任比欲制定姓族事多未就且宜甄擢隨時漸銓其穆陸賀

劉樓于嵇尉入姓皆太祖已降勳著當世位盡王公灼然可知者且下司州吏部勿充猥官一同四姓自此以外應班士流者尋續別敕原出朔土舊爲部落大人而自皇始已來有三世官在給事已上及州刺史鎭大將及品登王公者爲姓若本非大人而皇始已來職官三世尚書已上及品登王公而中間不降官緒亦爲姓諸部落大人之後而皇始已來官不及前列而有三世爲中散監已上外爲太守子都品登子男者爲族若本非大人而皇始已來三世有令已上外爲副將子都太守品登侯已上者亦爲族凡此姓族之支親與其身有緦麻服已內微有一二世官者雖不全充美例亦入姓族五世已外則各自計之不蒙宗人之蔭也雖緦麻而三世官不至姓班有族官則入族官無族官則不入姓族之例也凡此定姓族者皆具列由來直擬姓族以呈閣朕當決姓族之首末其此諸狀皆須問宗族列疑明同然後勾其舊籍審其官宦有實則奏不得輕信其言虛長僥僞不實者訴人皆加傳旨問而詐不以實之坐選官依職事答問不以實之條令司空公穆亮領軍將軍元儼中護軍廣陽王嘉尚書陸琇等詳定北人姓務令平均隨所了者三月一列簿帳送門下以聞於是升降區別矣

世宗世代人猶以姓族辭訟又使尚書于忠尚書元匡侍中穆詔尚書元長等量定之

魏書卷一百十三考證

第五品平漢將軍○漢各本訛作漢今改正

魏書卷一百一十四

齊　魏收　撰

志第二十

釋老十

大人有作司牧生民結繩以往書契所絕故靡得而知焉自羲軒已還至於三代其神言秘策蘊圖緯之文範世率民垂墳典之迹秦肆其毒滅於灰燼漢採遺籍復若丘山司馬遷區別異同有陰陽儒墨名法道德六家之義劉歆著七略班固志藝文釋氏之學所未曾紀案漢武元狩中遣霍去病討匈奴至皋蘭過居延斬首大獲昆邪王殺休屠王將其衆五萬來降獲其金人帝以爲大神列於甘泉宮金人率長丈餘不祭祀但燒香禮拜而已此則佛道流通之漸也及開西域遣張騫使大夏還傳其旁有身毒國一名天竺始聞有浮屠之敎哀帝元壽元年博士弟子秦景憲受大月氏王使伊存口授浮屠經中土聞之未之信了也後孝明帝夜夢金人項有白光飛行殿庭乃訪羣臣傅毅始以佛對帝遣郎中蔡愔博士弟子秦景等使於天竺寫浮屠遺範愔仍與沙門攝摩騰竺法蘭東還洛陽中國有沙門及跪拜之法自此始也愔又得佛經四十二章及釋迦立像明帝令畫工圖佛像置清涼臺及顯節陵上經緘於蘭臺石室愔之還也以白馬負經而至漢因立白馬寺於洛城雍關西摩騰法蘭咸卒於此寺浮屠正號曰佛陁佛陁與浮圖聲相近皆西方言其來轉爲二音華言譯之則謂淨覺言滅穢成明道爲聖悟凡其經旨大抵言生生之類皆因行業而起有過去當今未來歷三世識神常不滅凡爲善惡必有報應漸積勝業陶冶麤鄙經無數形藻練神明乃致無生而得佛道其間階次心行等級非一皆緣淺以至深藉微而爲著率在於積仁順蠲嗜慾習虛靜而成通照也故其始修心則依佛法僧謂之三歸若君子之三畏也又有五戒去殺盜婬妄言飮酒大意與仁義禮智信同名爲異耳云奉持之則生天人勝處虧犯則墜鬼畜諸苦又善惡生處凡有六道焉諸服其道者則剃落鬚髮釋累辭家結師資遵律度相與和居治心修淨行乞以自給謂之沙門或曰桑門亦聲相近總謂之僧皆胡言也僧譯爲和命衆桑門爲息心比丘爲行乞俗人之信憑道法者男曰優婆塞女曰優婆夷其爲沙門者初修十誡曰沙彌而終於二百五十則具足成大僧婦入道者曰比丘尼其誡至於五百皆以闕爲本隨事增數在於防心攝身正口心去貪忿癡身除殺婬盜口斷妄雜諸非正言總謂之十善道能具此謂之三業清淨凡人修行粗爲極云可以達惡善報漸階聖迹初階聖者有三種人其根業太差謂之三乘聲聞乘緣覺乘大乘取其可乘運以至道爲名此三人惡迹已盡但修心盪累濟物進德初根人爲小乘行四諦法中根人爲中乘受十二因緣上根人爲大乘則修六度雖階三乘而要由修進萬行拯度億流彌長遠乃可登佛境矣所謂佛者本號釋迦文者譯言能仁謂德充道備堪濟萬物也釋迦前有六佛釋迦繼六佛而成道處今賢劫文言將來有彌勒佛方繼釋迦而降世

釋迦卽天竺迦維衞國王之子天竺其總稱迦維別名也初釋迦於四月八日夜從母右脅而生旣生姿相超異者三十二種天降嘉瑞以應之亦三十二其本起經說之備矣釋迦生時當周莊王九年春秋魯莊公七年夏四月恒星不見夜明是也至魏武定八年凡一千二百三十七年云釋迦年三十成佛導化羣生四十九載乃於拘尸那城娑羅雙樹間以二月十五日而入般涅槃涅槃譯云滅度或言常樂我淨明無遷謝及諸苦累也諸佛法身有二種義一者眞實二者權應眞實身謂至極之體妙絕拘累不得以方處期不可以形量限有感斯應體常湛然權應身者謂和光六道同塵萬類生滅隨時修短應物形由感生體非實有權形雖謝眞體不遷但時無妙感故莫得常見耳明佛生非實生滅非實滅也佛旣謝世香木焚尸靈骨分碎大小如粒擊之不壞焚亦不燋或有光明神驗胡言謂之舍利弟子收奉置之寶瓶竭香花致敬慕建宮宇謂爲塔塔亦胡言猶宗廟也故世稱塔廟於後百年有王阿育以神力分佛舍利於諸鬼神造八萬四千塔布於世界皆同日而就今洛陽彭城姑臧臨淄皆有阿育王寺蓋承其遺迹焉釋迦雖般涅槃而留影迹爪齒於天竺於今猶在中土來往並稱見之初釋迦所說敎法旣涅槃後有聲聞弟子大迦葉阿難等五百人撰集著錄阿難親承囑授多聞總持蓋能綜覈深致無所漏失乃綴文字撰載三藏十二部經如九流之異統其大歸終以三乘爲本後數百年有羅漢菩薩相繼著論贊明經義以破外道摩訶衍大小阿毗曇中論十二門論百法論成實論等是也皆傍諸藏部大義假立外問而以內法釋之漢章帝時楚王英喜爲浮屠齋戒遣郎中令奉黃縑白紈三十匹詣國相以贖愆詔報曰楚王尚浮屠之仁祠潔齋三月與神爲誓何嫌何疑當有悔吝其還贖以助伊蒲塞桑門之盛饌因以班示諸國桓帝時襄楷言佛陁黃老道以諫欲令好生惡殺少嗜慾去奢泰尚無爲魏明帝曾欲壞宮西佛圖外國沙門乃金盤盛水置於殿前以佛舍利投之於水乃有五色光起於是帝歎曰自非靈異安得爾乎遂從於道闕爲作周閣百間佛圖故處鑿爲濛汜池種芙蓉於中後有天竺沙門曇柯迦羅入洛宣譯誡律中國誡律之始也自洛中構白馬寺盛飾佛圖畫迹甚妙爲四方式凡宮塔制度猶依天竺舊狀而重構之從一級至三五七九世人相承謂之浮圖或云佛圖晉世洛中佛圖有四十二所矣漢世沙門皆衣赤布後乃易以雜色晉元康中有胡沙門支恭明譯佛經維摩法華三本起等微言隱義未之能究後有沙門常山衞道安性聰敏日誦經萬餘言研求幽旨慨無師匠獨坐靜室十二年覃思構精神悟妙賾以前所出經多有舛駮乃正其乖謬石勒時有天竺沙門浮圖澄少於烏萇國就羅漢入道劉曜時到襄國後爲石勒所宗信號爲大和尚軍國規謨頗訪之所言多驗道安曾至鄴候澄澄見而異之澄卒後中國紛亂道安乃率門徒南遊新野欲令玄宗在所流布分遣弟子各趣諸方法汰詣揚州法和入蜀道安與慧遠之襄陽道安後入苻堅堅素欽德問旣見宗以師禮時西域有胡沙門鳩摩羅什思通法門道安思與講釋每勸堅致羅什什亦承安令問謂之東方聖人或時遙拜致敬道安卒後二十餘載而羅什至長安恨不及安以爲深慨道安所正經義與羅什譯出符會如一初無乖舛於是法旨大著中原

魏先建國於玄朔風俗淳一無爲以自守與西域殊絕莫能往來故浮圖之敎未之得聞或聞而未信也及神元與魏晉通聘文帝又在洛陽昭成又至襄國乃備究南夏佛法之事太祖平中山經略燕趙所逕郡國佛寺見諸沙門道士皆致精敬禁軍旅無有所犯帝好黃老頗覽佛經但天下初定戎車屢動庶事草創未建圖宇招延僧衆也然時時旁求先是有沙門僧朗與其徒隱于泰山之琨瑞谷帝遣使致書以繒素旃罽鉢錫爲禮今猶號曰朗公谷焉天興元年下詔曰夫佛法之興其來遠矣濟益之功冥及存沒神蹤遺軌信可依憑其勑有司於京城建飾容範修整宮舍令信向之徒有所居止是歲始作五級佛圖耆闍崛山及須彌山殿加以繢飾別構講堂禪堂及沙門座莫不嚴具焉太宗踐位遵太祖之業亦好黃老又崇佛法京邑四方建立圖像仍令沙門敷導民俗初皇始中趙郡有沙門法果誡行精至開演法籍太祖聞其名詔以禮徵赴京師後以爲道人統綰攝僧徒每與帝言多所愜允供施甚厚至太宗彌加崇敬永興中前後授以輔國宜城子忠信侯安成公之號皆固辭帝常親幸其居以門小狹不容輿輦更廣大之年八十餘泰常中卒未殯帝三臨其喪追贈老壽將軍趙胡靈公初法果每言太祖明叡好道卽是當今如來沙門宜應盡禮遂常致拜謂人曰能鴻道者人主也我非拜天子乃是禮佛耳法果四十始爲沙門有子曰猛詔令襲果所加爵帝後幸廣宗有沙門曇證年且百歲邀見於路奉致果物帝敬其年老志力不衰亦

加以老壽將軍號是時鳩摩羅什爲姚興所敬於長安草堂寺集義學八百人重譯經本羅什聰辯有淵思達東西方言時沙門道彤僧略道恒道檦僧肇曇影等與羅什共相提挈發明幽致諸深大經論十有餘部更定章句辭義通明至今沙門共所祖習道彤等皆識學洽通僧肇尤爲其最羅什之撰譯僧肇常執筆定諸辭義注維摩經又著數論皆有妙旨學者宗之又沙門法顯慨律藏不具自長安遊天竺歷三十餘國隨有經律之處學其書語譯而寫之十年乃於南海師子國隨商人汎舟東下晝夜昏迷將二百日乃至青州長廣郡不其勞山南下乃出海焉是歲神瑞二年也法顯所逕諸國傳記之今行於世其所得律通譯未能盡正至江南更與天竺禪師跋陁羅辯定之謂之僧祇律大備于前爲今沙門所持受先是有沙門法領從揚州入西域得華嚴經本定律後數年跋陁羅共沙門法業重加譯撰宣行於時世祖初卽位亦遵太祖太宗之業每引高德沙門與共談論於四月八日輿諸佛像行於廣衢帝親御門樓臨觀散花以致禮敬先是沮渠蒙遜在涼州亦好佛法有罽賓沙門曇摩讖習諸經論於姑臧與沙門智嵩等譯涅槃諸經十餘部又曉術數禁呪歷言他國安危多所中驗蒙遜每以國事諮之神䴥中帝命蒙遜送讖詣京師惜而不遣既而懼魏威責遂使人殺讖讖死之日謂門徒曰今時將有客來可早食以待之食訖而走使至時人謂之知命智嵩亦爽悟篤志經籍後乃以新出經論於涼土教授辯論幽旨著涅槃義記戒行峻整門人齊肅知涼州將有兵役與門徒數人欲往胡地道路饑饉絕糧積日弟子求得禽獸肉請嵩彊食嵩以戒自誓遂餓死於酒泉之西山弟子積薪焚其屍骸骨灰燼唯舌獨全色狀不變時人以爲誦說功報涼州自張軌後世信佛教敦煌地接西域道俗交得其舊式村塢相屬多有塔寺太延中涼州平徙其國人於京邑沙門佛事皆俱東象教彌增矣尋以沙門衆多詔罷年五十已下者世祖初平赫連昌得沙門惠始姓張家本清河聞羅什出新經遂詣長安見之觀習經典坐禪於白渠北晝則入城聽講夕則還處靜坐三輔有識多宗之劉裕滅姚泓留子義眞鎭長安義眞及寮佐皆敬重焉義眞之去長安也赫連屈丐追敗之道俗少長咸見坑戮惠始身被白刃而體不傷衆大怪異言於屈丐屈丐大怒召惠始於前以所持寶劍擊之又不能害乃懼而謝罪統萬平惠始到京都多所訓導時人莫測其迹世祖甚重之每加禮敬始自習禪至於没世稱五十餘年未嘗寢臥或時跣行雖履泥塵初不汙足色愈鮮白世號之曰白脚師太延中臨終於八角寺齊潔端坐僧徒滿側凝泊而絕停屍十餘日坐既不改容色如一舉世神異之遂瘞寺內至眞君六年制城內不得留瘞乃葬於南郊之外始死十年矣開殯儼然初不傾壞送葬者六千餘人莫不感慟中書監高允爲其傳頌其德迹惠始冢上立石精舍圖其形像經毀法時猶自全立世祖卽位富於春秋既而銳志武功每以平定禍亂爲先雖歸宗佛法敬重沙門而未存覽經教深求緣報之意及得寇謙之道帝以清淨無爲有仙化之證遂信行其術時司徒崔浩博學多聞帝每訪以大事浩奉謙之道尤不信佛與帝言數加非毀常謂虛誕爲世費害帝以其辯博頗信之會蓋吳反杏城關中騷動帝乃西伐至於長安先是長安沙門種麥寺內御騶牧馬於麥中帝入觀馬沙門飲從官酒從官入其便室見大有弓矢矛楯出以奏聞帝怒曰此非沙門所用當與蓋吳通謀規害人耳命有司案誅一寺閱其財產大得釀酒具及州郡牧守富人所寄藏物蓋以萬計又爲屈室與貴室女私行淫亂帝既忿沙門非法浩時從行因進其說詔誅長安沙門焚破佛像勑留臺下四方令一依長安行事又詔曰彼沙門者假西戎虛誕妄生妖孽非所以一齊政化布淳德於天下也自王公已下有私養沙門者皆送官曹不得隱匿限今年二月十五日過期不出沙門身死容止者誅一門時恭宗爲太子監國素敬佛道頻上表陳刑殺沙門之濫又非圖像之罪今罷其道杜諸寺門世不修奉土木丹青自然毀滅如是再三不許乃下詔曰昔後漢荒君信惑邪僞妄假睡夢事胡妖鬼以亂天常自古九州之中無此也夸誕大言不本人情叔季之世闇君亂主莫不眩焉由是政教不行禮義大壞鬼道熾盛視王者之法蔑如也自此以來代經亂禍天罰亟行生民死盡五服之內鞠爲丘墟千里蕭條不見人迹皆由於此朕承天緒屬當窮運之敝欲除僞定眞復羲農之治其一切盪除胡神滅其蹤迹庶無謝於風氏矣自今以後敢有事胡神及造形像泥人銅人者門誅雖言胡神問今胡人共云無有皆是前世漢人無賴子弟劉元眞呂伯彊之徒乞胡之誕言用老莊之虛假附而益之皆非眞實至使王法廢而不行蓋大姦之魁也有非常之人然後能行非常之事非朕孰能去此歷代之僞物有司宣告征鎭諸軍刺史諸有佛圖形像及胡經盡皆擊破焚燒沙門無少長悉坑之是歲眞君七年三月也恭宗言雖不用然猶緩宣詔書遠近皆豫聞知得各爲計四方沙門多亡匿獲免在京邑者亦蒙全濟金銀寶像及諸經論大得秘藏而土木宮塔聲教所及莫不畢毀矣始謙之與浩同從車駕苦與浩諍浩不肯謂浩曰卿今促年受戮滅門戶矣後四年浩誅備五刑時年七十浩既誅死帝頗悔之業已行難中修復恭宗潛欲興之未敢言也佛淪廢終帝世積七八年然禁稍寬弛篤信之家得密奉事沙門專至者猶竊法服誦習焉唯不得顯行於京都矣先是沙門曇曜有操尚又爲恭宗所知禮佛法之滅沙門多以餘能自效還俗求見曜誓欲守死恭宗親加勸喻至於再三不得已乃止密持法服器物不暫離身聞者歎重之高宗踐極下詔曰夫爲帝王者必祗奉明靈顯彰仁道其能惠著生民濟益羣品者雖在古昔猶序其風烈是以春秋嘉崇明之禮祭典載功施之族況釋迦如來功濟大千惠流塵境等生死者歎其達觀覽文義者貴其妙明助王政之禁律益仁智之善性排斥羣邪開演正覺故前代已來莫不崇尚亦我國家常所尊事也世祖太武皇帝開廣邊荒德澤遐及沙門道士善行純誠惠始之倫無遠不至風義相感往往如林夫山海之深怪物多有姦淫之徒得容假託講寺之中致有兇黨是以先朝因其瑕釁戮其有罪有司失旨一切禁斷景穆皇帝每爲慨然值軍國多事未遑修復朕承洪緒君臨萬邦思述先志以隆斯道今制諸州郡縣於衆居之所各聽建佛圖一區任其財用不制會限其好樂道法欲爲沙門不問長幼出於良家性行素篤無諸嫌穢鄉里所明者聽其出家率大州五十小州四十人其郡遙遠臺者十人各當局分皆足以化惡就善播揚道教也天下承風朝不及夕往時所毀圖寺仍還修矣佛像經論皆復得顯京師沙門師賢本罽賓國王種人少入道東遊涼城涼平赴京罷佛法時師賢假爲醫術還俗而守道不改於修復日卽反沙門其同輩五人帝乃親爲下髮師賢仍爲道人統是年詔有司爲石像令如帝身既成顏上足下各有黑石冥同帝體上下黑子論者以爲純誠所感興光元年秋勑有司於五級大寺內爲太祖已下五帝鑄釋迦立像五各長一丈六尺都用赤金二萬五千斤太安初有師子國胡沙門邪奢遺多浮陁難提等五人奉佛像三到京都皆云備歷西域諸國見佛影迹及肉髻外國諸王相承咸遣工匠摹寫其容莫能及難提所造者去十餘步視之炳然轉近轉微又沙勒胡沙門赴京師致佛鉢幷畫像迹和平初師賢卒曇曜代之更名沙門統初曇曜以復佛法之明年自中山被命赴京值帝出見于路御馬前銜曜衣時以爲馬識善人帝後奉以師禮曇曜白帝於京城西武州塞鑿山石壁開窟五所鐫建佛像各一高者七十尺次六十尺彫飾奇偉冠於一世曇曜奏平齊戶及諸民有能歲輸穀六十斛入僧曹者卽爲僧祇戶粟爲僧祇粟至於儉歲賑給飢民又請民犯重罪及官奴以爲佛圖戶以供諸寺掃灑歲兼營田輸粟高宗並許之於是僧祇戶粟及寺戶徧於州鎭矣曇曜又與天竺沙門常那邪舍等譯出新經十四部又有沙門道進僧超法存等並有名於時演唱諸異顯祖卽位敦信尤深覽諸經論好老莊每引諸沙門及能談玄之士與論理要初高宗太安末劉駿於丹陽中興寺設齋有一沙門容止獨秀舉衆往目皆莫識焉沙門惠璩起問之答名惠明又問所住答云從天安寺來語訖忽然不見駿君臣以爲靈感改中興爲天安寺是後七年而帝踐祚號天安元年是年劉彧徐州刺史薛安都始以城地來降明年盡有淮北之地其歲高祖誕載於時起永寧寺構七級佛圖高三百餘尺基架博敞爲天下第一又於天宮寺造釋迦立像高四十三尺用赤金十萬斤黃金六百斤皇興中又構三級石佛圖榱棟楣楹上下重結大小皆石高十丈鎭固巧密爲京華壯觀高祖踐位顯祖移御北苑崇光宮覽習玄籍建鹿野佛圖於苑中之西山去崇光右十里巖房禪堂僧居其中焉延興二年夏四月詔曰比丘不在寺舍遊涉村落交通姦猾經歷年歲令民間五五相保不得容止無籍之僧精加隱括有者送付州鎭其在畿郡送付本曹若爲三寶巡民教化者在外齎州鎭維那文移在臺者齎都維那等印牒然後聽行違者加罪又詔曰內外之人興建福業造立圖寺高敞顯博亦足以輝隆至敎矣然無知之徒各相高尚貧富相競費竭財產務存高廣傷殺昆蟲含生之類苟能精致累土聚沙福鍾不朽欲建爲福之因未知傷生之業朕爲民父母慈養是務自今一切斷之又詔曰夫信誠則應遠行篤則感深歷觀先世靈瑞乃有禽獸易色草木移性濟州東平郡靈像發輝變成金銅之色殊常之事絕於往古熙隆妙法理在當今有司與沙門統曇曜令州送像達都使道俗咸覩實相之容普告天下皆使聞知三年十二月顯祖因田鷹獲鴛鴦一其偶悲鳴上下不去帝乃惕然問左右曰此

飛鳴者爲雌爲雄左右對曰臣以爲雌帝曰何以知對曰陽性剛陰性柔以剛柔推之必是雌矣帝乃慨然而歎曰雖人鳥事別至於資識性情竟何異哉於是下詔禁斷鷙鳥不得畜焉承明元年八月高祖於永寧寺設太法供度良家男女爲僧尼者百有餘人帝爲剃髮施以僧服令修道戒資福於顯祖是月又詔起建明寺太和元年二月幸永寧寺設齋赦死罪囚三月又幸永寧寺設會行道聽講命中祕二省與僧徒討論佛義施僧衣服寶器有差又於方山太祖營壘之處建思遠寺自正光至此京城內寺新舊且百所僧尼二千餘人四方諸寺六千四百七十八僧尼七萬七千二百五十八人四年春詔以鷹師爲報德寺九年秋有司奏上谷郡比丘尼惠香在北山松樹下死屍形不壞爾來三年士女觀者有千百於時人皆異之十年冬有司又奏前被敕以勒籍之初愚民僥倖假稱入道以避輸課其無籍僧尼罷遣還俗重被旨所檢僧尼寺主維那當寺隱審其有道行精勤者聽仍在道爲行凡麤者有籍無籍悉罷歸齊民今依旨簡遣其諸州還俗者僧尼合一千三百二十七人奏可十六年詔四月八日七月十五日聽大州度一百人爲僧尼中州五十人下州二十人以爲常準著於令十七年詔立僧制四十七條十九年四月帝幸徐州白塔寺顧謂諸王及侍官曰此寺近有名僧嵩法師受成實論於羅什在此流通後授淵法師淵法師授登紀二法師朕每翫成實論可以釋人深情故至此寺焉時沙門道登雅有義業爲高祖眷賞恒侍講論曾於禁內與帝夜談同見一鬼二十年卒高祖甚悼惜之詔施帛一千匹又設一切僧齋并命京城七日行道又詔朕師登法師奄至徂背痛怛摧慟不能已已比藥治慎喪未容即赴便準師義哭諸門外緦素之又有西域沙門名跋陁有道業深爲高祖所敬信詔於少室山陰立少林寺而居之公給衣供二十一年五月詔曰羅什法師可謂神出五才志入四行者也今常住寺猶有遺地欽悅修蹤情深遐遠可於舊堂所爲建三級浮圖又見逼昏虐爲道殄軀既暫同俗禮應有子肖可推訪以聞當加敘接先是立監福曹又改爲昭玄備有官屬以斷僧務高祖時沙門道順惠覺僧意惠紀僧範道弁惠度智誕僧顯僧義僧利並以義行知重世宗即位永平元年秋詔曰緇素既殊法律亦異故道教彰於互顯禁勸各有所宜自今已後衆僧犯殺人已上罪者仍依俗斷餘犯悉付昭玄以內律僧制之二年冬沙門統惠深上言僧尼浩曠清濁混流不遵禁典精麤莫別輒與經律法師羣議立制諸州鎭郡維那上坐寺主各令戒律自修咸依內禁若不解律者退其本次又出家之人不應犯法積八不淨物然經律所制通塞有方依律車牛淨人不淨之物不得爲己私畜唯有老病年六十以上者限聽一乘又比來僧尼或因三寶出貸私財緣州外又出家捨著本無凶儀不應廢道從俗其父母三師遠聞凶問聽哭三日若在見前限以七日或有不安寺舍遊止民間亂道生過皆由此等若有犯者脫服還民其有造寺者限僧五十以上啟聞聽造若有輒營置者處以違敕之罪其僧寺僧衆擯出外州僧尼之法不得爲俗人所用若有犯者還配本屬其外國僧尼來歸化者求精檢有德行合三藏者聽住若無德行遣還本國若其不去依此僧制治罪詔從之先是於恒農荆山造珉玉丈六像一三年冬迎置於洛濱之報德寺世宗躬觀致敬四年夏詔曰僧祇之粟本期濟施儉年出貸豐則收入山林僧尼隨以給施民有窘敝亦即賑之但主司冒利規取贏息及其徵責不計水旱或償利過本或翻改券契侵蠹貧下莫知紀極細民嗟毒歲月滋深非所以矜此窮乏宗尚慈拯之本意也自今已後不得傳委維那都尉可令刺史共加監括尚書檢諸有僧祇穀之處州別列其元數出入贏息賑給多少并貸償歲月見在未收上臺錄記若收利過本及翻改初券依律免之勿復徵責或有私債轉施償僧即以丐民不聽收檢後有出貸先盡貧窮徵債之科一準舊格富有之家不聽輒貸脫仍冒濫依法治罪又尚書令高肇奏言謹案故沙門統曇曜昔於承明元年奏涼州軍戶趙苟子等二百家爲僧祇戶立課積粟擬濟饑年不限道俗皆以拯施又依內律僧祇戶不得別屬一寺而都維那僧暹僧頻等進違成旨退乖內法肆意任情奏求逼召致使吁嗟之怨盈於行道棄子傷生自縊溺死五十餘人豈是仰贊聖明慈育之意深失陛下歸依之心遂令此等行號巷哭叫訴無所至乃白羽貫耳列訟宮闕悠悠之人尚爲哀痛況慈悲之士而可安之請聽苟子等還鄉課輸儉乏之年周給貧寡若有不虞以擬邊捍其暹等違旨背律謬奏之愆請付昭玄依僧律推處詔曰暹等特可原之餘如奏世宗篤好佛理每年常於禁中親講經論廣集名僧標明義旨沙門條錄爲內起居焉上既崇之下彌企尚至延昌中天下州郡僧尼寺積有一萬三千七百二十七所徒侶逾衆熙平元年詔遣沙門惠生使西域採諸經律正光三年冬還京師所得經論一百七十部行於世二年春靈太后令曰年常度僧依限大州應百人者州郡於前十日解送三百人其中州二百人小州一百人州統維那與官及精練簡取充數若無精行不得濫採若取非人刺史爲首以違旨論太守縣令綱寮節級連坐統及維那移五百里外異州爲僧自今奴婢悉不聽出家諸王及親貴亦不得輒啓請有犯者以違旨論其僧尼輒度他人奴婢者亦移五百里外爲僧僧尼多養親識及他人奴婢子年大私度爲弟子自今斷之有犯還俗被養者歸本等寺主聽容一人出寺五百里二人千里私度之僧皆由三長罪不及已容多隱濫自今有一人私度皆以違旨論隣長爲首里黨各相降一等縣滿十五人郡滿三十人州鎭滿三十人免官寮吏節級連坐私度之身配當州下役時法禁寬褫不能改肅也景明初世宗詔大長秋卿白整準代京靈巖寺石窟於洛南伊闕山爲高祖文昭皇太后營石窟二所初建之始窟頂去地三百一十尺至正始二年中始出斬山二十三丈至大長秋卿王質謂斬山太高費功難就奏求下移就平去地一百尺南北一百四十尺永平中中尹劉騰奏爲世宗復造石窟一凡爲三所從景明元年至正光四年六月已前用功八十萬二千三百六十六肅宗熙平中於城內太社西起永寧寺靈太后親率百寮表基立剎佛圖九層高四十餘丈其諸費用不可勝計景明寺佛圖亦其亞也至於官私寺塔其數甚衆神龜元年冬司空公尚書令任城王澄奏曰仰惟高祖定鼎嵩瀍卜世悠遠慮括終始制洽天人造物開符垂之萬葉故都城制云城內唯擬一永寧寺地郭內唯擬尼寺一所餘悉城郭之外欲令永遵此制無敢踰矩逮景明之初微有犯禁故世宗仰修先志爰發明旨城內不造立浮圖僧尼寺舍亦欲絕其希覬文武二帝豈不愛尚佛法蓋以道俗殊歸理無相亂故也但俗眩虛聲僧貪厚潤雖有顯禁猶自冒營至正始三年沙門統惠深有違景明之禁便云營就之寺不忍移毀求自今已後更不聽立先旨含寬抑典從請前班之詔仍卷不行後來私謁彌以奔競永平二年深等復立條制啓云自今已後欲造寺者限僧五十已上聞徹聽造若有輒營置者依俗違敕之罪其寺僧衆擯出外州邇來十年私營轉盛罪擯之事寂爾無聞豈非朝格雖明恃福共毀僧制徒立顧利莫從者也不俗不道務爲損法人而無厭其可極乎夫學迹沖妙非浮識所辯玄門曠寂豈短辭能究然淨居塵外道家所先功緣冥深匪尚華遁苟能誠信童子聚沙可邁於道場純陁儉設足薦於雙樹何必縱其盜竊資營寺觀此乃民之多幸非國之福也然比日私造動盈百數或乘請公地輒樹私福或啓得造寺限外廣制如此欺罔非可稍計臣以才劣誠忝工務奉遵成規裁量是總所以披尋舊旨研究圖格輒遣府司馬陸昶屬崔孝芬都城之中及郭邑之內檢括寺舍數乘五百空地表刹未立塔宇不在其數民不畏法乃至於斯自遷都已來年踰二紀寺奪民居三分且一高祖立制非徒欲使緇素殊途抑亦防微深慮世宗述之亦不錮禁營福當在杜塞未萌今之僧寺無處不有或比滿城邑之中或連溢屠沽之肆或三五少僧共爲一寺梵唱屠音連簷接響像塔纏於腥臊性靈沒於嗜慾眞僞混居往來紛雜下司因習而莫非僧曹對制而不問其於汙染眞行塵穢練僧薰蕕同器不亦甚歟往在北代有法秀之謀近日冀州遭大乘之變皆初假神教以惑衆心終設姦誑用逞私悖太和之制因法秀而杜遠景明之禁慮大乘之將亂始知祖宗叡聖防遏處深履霜堅冰不可不愼昔如來闡教多依山林今此僧徒戀著城邑豈湫隘是經行所宜浮諠必栖禪之宅當由利引其心莫能自止處者既失其眞造者或損其福乃釋氏之糟糠法中之社鼠內戒所不容王典所應棄矣非但京邑如此天下州鎭僧寺亦然侵奪細民廣占田宅有傷慈矜用長嗟苦且人心不同善惡亦異或有栖心眞趣道業清遠者或外假法服內懷悖德者如此之徒宜辯涇渭若雷同一貫何以勸善然覩法贊善凡人所知矯俗避嫌物情同趣臣獨何爲孤議獨發誠以國典一廢追理至難法網暫失條綱將亂是以冒陳愚見兩願其益臣聞設令在於必行立罰貴能肅物令而不行不如無令罰不能肅孰與亡罰頃明詔屢下而造者更滋嚴限驟施而違犯不息者豈不以假福託善幸罪不加人殉其私吏難苟劾前制無追往之辜後旨開自今之恕悠悠世情遂忽成法今宜加以嚴科特設重禁糾其來違懲其往失脫不峻檢方垂容借恐今旨雖明復如往日又旨令所斷標榜禮拜之處悉聽不禁愚以爲樹榜無常禮處難驗欲云有造立榜證公須營之辭指言嘗禮如此則徒有禁名實通造路且徙御已後斷詔四行而私造之徒不懼制旨豈是百官有司怠於奉法將由網漏禁寬容託有他故耳如臣愚意都城之中雖有標榜營造麤功事可改立者請依先

制在於郭外任擇所便其地若買得券證分明者聽其轉之若官地盜作即令還官若靈像既成不可移撤請依令勑如舊不禁悉令坊內行止不聽毀坊開門以妨里內通巷若被旨者不在斷限郭內準此商量其廟像嚴立而逼近屠沽請斷旁屠殺以潔靈居雖有僧數而事在可移者令就閑敞以避隘陋如今年正月赦後造者求依僧制案法科治若僧不滿五十者共相通容小就大寺必令充限其地賣還一如上式自今外州若欲造寺僧滿五十已上先令本州表列昭玄量審奏聽乃立若有違犯悉依前科州郡已下容而不禁罪同違旨庶仰遵先皇不朽之業俯奉今旨慈悲之令則繩墨可全聖道不墜矣奏可未幾天下喪亂加以河陰之酷朝士死者其家多捨居宅以施僧尼京邑第舍略爲寺矣前日禁令不復行焉元象元年秋詔曰梵境幽玄義歸清曠伽藍淨土理絕囂塵前朝城內先有禁斷自聿來遷鄴率由舊章而百辟士民屆都之始城外新城並皆給宅舊城中暫時普借更擬後須非爲永久如聞諸人多以二處得地或捨舊城所借之宅擅立爲寺知非已有假此一名終恐因習滋甚有虧恒式宜付有司精加隱括且城中舊寺及宅並有定帳其新立之徒悉從毀廢冬又詔天下牧守令長悉不聽造寺若有違者不問財之所出幷計所營功庸悉以枉法論興和二年春詔以鄴城舊宮爲天平寺世宗以來至武定末沙門知名者有惠猛惠辨惠深僧暹道欽僧獻道晞僧深惠光惠顯法榮道長並見重於當世自魏有天下至於禪讓佛經流通大集中國凡有四百一十五部合一千九百一十九卷正光已後天下多虞工役尤甚於是所在編民相與入道假慕沙門實避調役猥濫之極自中國之有佛法未之有也略而計之僧尼大衆二百萬矣其寺三萬有餘流弊不歸一至於此識者所以歎息也道家之原出於老子其自言也先天地生以資萬類上處玉京爲神王之宗下在紫微爲飛仙之主千變萬化有德不德隨感應物厥迹無常授軒轅於峨嵋教帝嚳於牧德大禹聞長生之訣尹喜受道德之旨至於丹書紫字昇玄飛步之經玉石金光妙有靈洞之說如此之人不可勝紀其爲教也咸蠲去邪累澡雪心神積行樹功累德增善乃至白日昇天長生世上所以秦皇漢武甘心不息靈帝置華蓋於濯龍設壇場而爲禮及張陵受道於鵠鳴因傳天官章本千有二百弟子相授其事大行齋祠跪拜各成法道有三元九府百二十官一切諸神咸所統攝又稱劫數頗類佛經其延康龍漢赤明開皇之屬皆其名也及其劫終稱天地俱壞其書多有禁祕非其徒也不得輒觀至於化金銷玉行符勑水奇方妙術萬等千條上云羽化飛天次稱消災滅禍故好異者往往而尊事之初文帝入賓於晉從者務勿塵姿神奇偉登仙於伊闕之山寺識者咸云魏祚之將大太祖好老子之言誦詠不倦天興中儀曹郎董謐因獻服食仙經數十篇於是置仙人博士立仙坊煑鍊百藥封西山以供其薪蒸令死罪者試服之非其本心多死無驗太祖猶將修焉太醫周澹苦其煎採之役欲廢其事乃陰令妻貨仙人博士張曜妾得曜隱罪曜懼死因請辟穀太祖許之給曜資用爲造淨堂於苑中給酒掃民二家而鍊藥之官仍爲不息久之太祖意少懈乃止世祖時道士寇謙之字輔真南雍州刺史讚之弟自云寇恂之十三世孫早好仙道有絕俗之心少修張魯之術服食餌藥歷年無效幽誠上達有仙人成公興不知何許人至謙之從母家傭賃謙之常覲其姨見興形貌甚强力作不倦請回賃興代己使役乃將還令其開舍南辣田謙之樹下坐算興懇一發致勤時來看算謙之謂曰汝但力作何爲看此二三日後復來看之如此不已後謙之算七曜有所不了惘然自失興謂謙之曰先生何爲不懌謙之曰我學算累年而近算周髀不合以此自愧且非汝所知何勞問也興曰先生試隨興語布之俄然便決謙之歎伏不測興之淺深請師事之興固辭不肯但求爲謙之弟子未幾謂謙之曰先生有意學道豈能與興隱遁謙之欣然從之興乃令謙之絜齋三日共入華山令謙之居一石室自出採藥還與謙之食藥不復飢乃將謙之入嵩山有三重石室令謙之住第二重歷年興謂謙之曰興出後當有人將藥來得但食之莫爲疑怪尋有人將藥而至皆是毒蟲臭惡之物謙之大懼出走興還問狀謙之具對興歎息曰先生未便得仙政可爲帝王師耳興事謙之七年而謂之曰興不得久留明日中應去興亡後先生幸爲沐浴自當有人見迎興乃入第三重石室而卒謙之躬自沐浴明日中有叩石室者謙之出視見兩童子一持法服一持鉢及錫杖謙之引入至興尸所興欻然而起著衣持鉢執杖而去先是有京兆灞城人王胡兒其叔父亡頗有靈異曾將胡兒至嵩高別嶺同行觀望見金室玉堂有一館尤珍麗空而無人題曰成公興之館胡兒怪而問之其叔父曰此是仙人成公興館坐失火燒七間屋被讁爲寇謙之作弟子七年始知謙之精誠遠通興乃仙者謫滿而去謙之守志嵩岳精專不懈以神瑞二年十月乙卯忽遇大神乘雲駕龍導從百靈仙人玉女左右侍衛集止山頂稱太上老君謂謙之曰往辛亥年嵩岳鎮靈集仙宮主表天曹稱自天師張陵去世已來地上曠誠修善之人無所師授嵩岳道士上谷寇謙之立身直理行合自然才任軌範首處師位吾故來觀汝授汝天師之位賜汝雲中音誦新科之誡二十卷號曰並進言吾此經誡自天地開闢以來不傳於世今運數應出汝宣吾新科清整道教除去三張僞法租米錢稅及男女合氣之術大道清虛豈有斯事專以禮度爲首而加之以服食閉練使王九疑人長客之等十二人授謙之服氣導引口訣之法遂得辟穀氣盛體輕顏色殊麗弟子十餘人皆得其術泰常八年十月戊戌有牧土上師李譜文來臨嵩岳云老君之玄孫昔居代郡桑乾以漢武之世得道爲牧土宮主領治三十六土人鬼之政地方十八萬里有奇蓋歷術一章之數也其中爲方萬里者有三百六十萬遣弟子宣教云嵩岳所統廣漢平土方萬里以授謙之作誥曰吾處天宮敷演真法處汝道年二十二歲除十年爲竟蒙其餘十二年教化雖無大功且有百授之勞今賜汝遷入內宮太真太寶九州真師治鬼師治民師繼天師四錄修勤不懈依勞復遷賜汝天中三真太文錄劾召百神以授弟子文錄有五等一曰陰陽太官二曰正府真官三曰正房真官四曰宿宮散官五曰並進錄主壇位禮拜衣冠儀式各有差品凡六十餘卷號曰錄圖真經付汝奉持轉佐北方泰平真君出天宮靜論之法能興造克就則起真仙矣又地上生民末劫垂及其中行教甚難但令男女立壇宇朝夕禮拜若家有嚴君功及上世其中能修身練藥學長生之術即爲真君種民藥別授方銷練金丹雲英八石玉漿之法皆有決要上師李君手筆有數篇其餘皆正真書曹趙道覆所書古文鳥迹篆隸雜體辭義約辯婉而成章大自與世禮相準擇賢推德信者爲先勤者次之又言二儀之間有三十六天中有三十宮宮有一主最高者無極至尊次曰大至真尊次天覆地載陰陽真尊次洪正真尊姓趙名道隱以殷時得道牧土之師也牧土之來赤松王喬之倫及韓終張安世劉根張陵近世仙者並爲翼從牧土命謙之爲子與羣仙結爲徒友幽冥之事世所不了謙之具問一一告焉經云佛者昔於西胡得道在四十二天爲延真宮主勇猛苦教故其弟子皆髡形染衣斷絕人道諸天衣服悉然始光初奉其書而獻之世祖乃令謙之止於張曜之所供其食物時朝野聞之若存若亡未全信也崔浩獨異其言因師事之受其法術於是上疏讚明其事曰臣聞聖王受命則有天應而河圖洛書皆寄言於蟲獸之文未若今日人神接對手筆粲然辭旨深妙自古無比昔漢高雖復英聖四皓猶或恥之不爲屈節今清德隱仙不召自至斯誠陛下侔蹤軒黃應天之符也豈可以世俗常談而忽上靈之命臣竊懼之世祖欣然乃使謁者奉玉帛牲牢祭嵩岳迎致其餘弟子在山中者於是崇奉天師顯揚新法宣布天下道業大行浩事天師禮拜甚謹人或譏之浩聞之曰昔張釋之爲王生結襪吾雖才非賢哲今奉天師足以不愧於古人矣及嵩高道士四十餘人至遂起天師道場於京城之東南重壇五層遵其新經之制給道士百二十人衣食齊肅祈請六時禮拜月設廚會數千人世祖將討赫連昌太尉長孫嵩難之世祖乃問幽徵於謙之謙之對曰必克陛下神武應期天經下治當以兵定九州後文先武以成太平真君三年謙之奏曰今陛下以真君御世建靜輪天宮之法開古以來未之有也應登受符書以彰聖德世祖從之於是親至道壇受符錄備法駕旗幟盡青以從道家之色也自後諸帝每即位皆如之恭宗見謙之奏造靜輪宮必令其高不聞雞鳴狗吠之聲欲上與天神交接功役萬計經年不成乃言於世祖曰人天道殊卑高定分今謙之欲要以無成之期說以不然之事財力費損百姓疲勞無乃不可乎必如其言未若因東山萬仞之上爲功差易世祖深然恭宗之言但以崔浩贊成難違其意沉吟者久之乃曰吾亦知其無成事既爾何惜五三百功九年謙之卒葬以道士之禮先於未亡謂諸弟子曰及謙之在汝曹可求遷錄吾去之後天宮真難就復遇設會之日更布二席於上師坐前弟子問其故謙之曰仙官來是夜卒前一日忽言吾氣息不接腹中大痛而行止如常至明旦便終須臾口中氣狀若烟雲上出窗中至天半乃消屍體引長弟子量之八尺三寸三日已後稍縮至斂量之長六寸於是諸弟子以爲尸解變化而去不死也時有京兆人韋文秀隱於嵩高徵詣京師世祖曾問方士金丹事多曰可成文秀對曰神道幽昧變化難測可以闇遇難以豫期臣昔者受教於先師曾聞其事未之爲也世祖以文秀關右豪族風操溫雅言對有方遣與尚書崔頤詣王屋山合丹竟不能就時方士至者前後數

人河東祁纖好相人世祖賢之拜纖上大夫潁陽絳略聞喜吳劭道引養氣積年百餘歲神氣不衰恒農閻平仙博覽百家之言然不能達其意辭占應對義旨可聽世祖欲授之官終辭不受扶風魯祈遭赫連屈孑暴虐避地寒山教授弟子數百人好方術少嗜慾河東羅崇之常餌松脂不食五穀自稱受道於中條山世祖令崇還鄉里立壇祈請崇云條山有穴與崐崘蓬萊相屬入穴中得見仙人與之往來詔令河東郡給所須崇入穴行百餘步遂窮後召至有司以崇誣罔不道奏治之世祖曰崇修道之人豈至欺妄以詐於世或傳聞不審而至於此古之君子進人以禮退人以禮今治之是傷朕待賢之意遂赦之又有東萊人王道翼少有絕俗之志隱韓信山四十餘年斷粟食麥通達經章書符籙常隱韓嶺遣使就山徵之翼乃赴都顯祖以其仍守本操遂令僧曹給衣食以終其身太和十五年秋詔曰夫至道無形虛寂爲主自有漢以後置立壇祠先朝以其至順可歸用立寺宇昔京城之內居舍尚希今者里宅櫛比人神猥湊非所以祇崇至法清敬神道可移於都南桑乾之陰岳山之陽永置其所給戶五十以供齋祀之用仍名爲崇虛寺可召諸州隱士員滿九十人遷洛移鄴踵如故事其道壇在南郊方二百步以正月七日七月七日十月十五日壇主道士高人一百六人以行拜祠之禮諸道士罕能精至又無才術可高武定六年有司執奏罷之其有道術如河東張遠遊河間趙靜通等齊文襄王別置館京師而禮接焉

魏書卷一百十四考證

皆以闕爲本○闕一本作五戒

其中能修身練藥○練監本訛作鍊今改正

編修臣孫人龍謹言魏書一百三十卷國子監舊板歷久漫漶奉
勅校刊臣謹與同事臣陳浩臣齊召南等各就聞見共錄爲考證如干條覈收書貽譏穢史宋以前亡逸不完者三十餘卷後之人取北史等書以補之明所刻二十一史中此書又最爲刓敝宋劉恕明馮夢禎等論之綦詳今欲摘謬辯譌不留遺憾此實難矣惟參校各本悉心檢覈信則徵信疑則傳疑云爾臣人龍謹識

考證跋語　校刊職名　啟

原任詹事臣陳浩編修臣孫人龍中允臣齊召南

拔貢生臣蕭梈奉

勅恭校刊

前上十志啓

臣收等啓昔子長命世偉才孟堅冠時特秀憲章前喆裁勒墳史紀傳之間申以書志緒言餘迹可得而聞叔峻刪緝後劉紹統削撰季漢十志實範遷固表蓋闕焉曹氏一代之籍了無具體典午終世之筆罕云周洽假復事播四夷盜聽間有小道俗言要奇好異考之雅舊咸乖實錄自永嘉喪圮中原淆然偏僞小書殆無可取魏有天下跨蹤前載順末克讓善始令終陛下極聖窮神奉天屈己顧眄百王指掌萬世深存有魏撫運之業永念神州人倫之緒臣等肅奉明詔刊著魏籍編紀次傳備聞天旨竊謂志之爲用網羅遺逸載紀不可附傳非宜理切必在甄明事重尤應標著搜獵上下總括代終置之衆篇之後一統天人之迹褊心末識輒在於此是以晚始撰錄彌歷炎涼採舊增新今乃斷筆時移世易理不刻舩登閣含毫論叙殊致河溝往時之切釋老當今之重藝文前志可尋官氏魏代之急去彼取此敢率愚心謹成十志二十卷請續於傳末并前例目合一百三十一卷臣等妨官秉筆迄無可採塵黷旒冕隕深氷谷謹啓

十一月持節都督梁州諸軍事驃騎將軍梁州刺史

前著作郎富平縣開國子臣魏收啓

平南將軍司空司馬修史臣辛元植

冠軍將軍國子博士修史臣刁柔

陵江將軍尚書左主客郎中修史臣高孝幹

前西河太守修史臣綦毋懷文

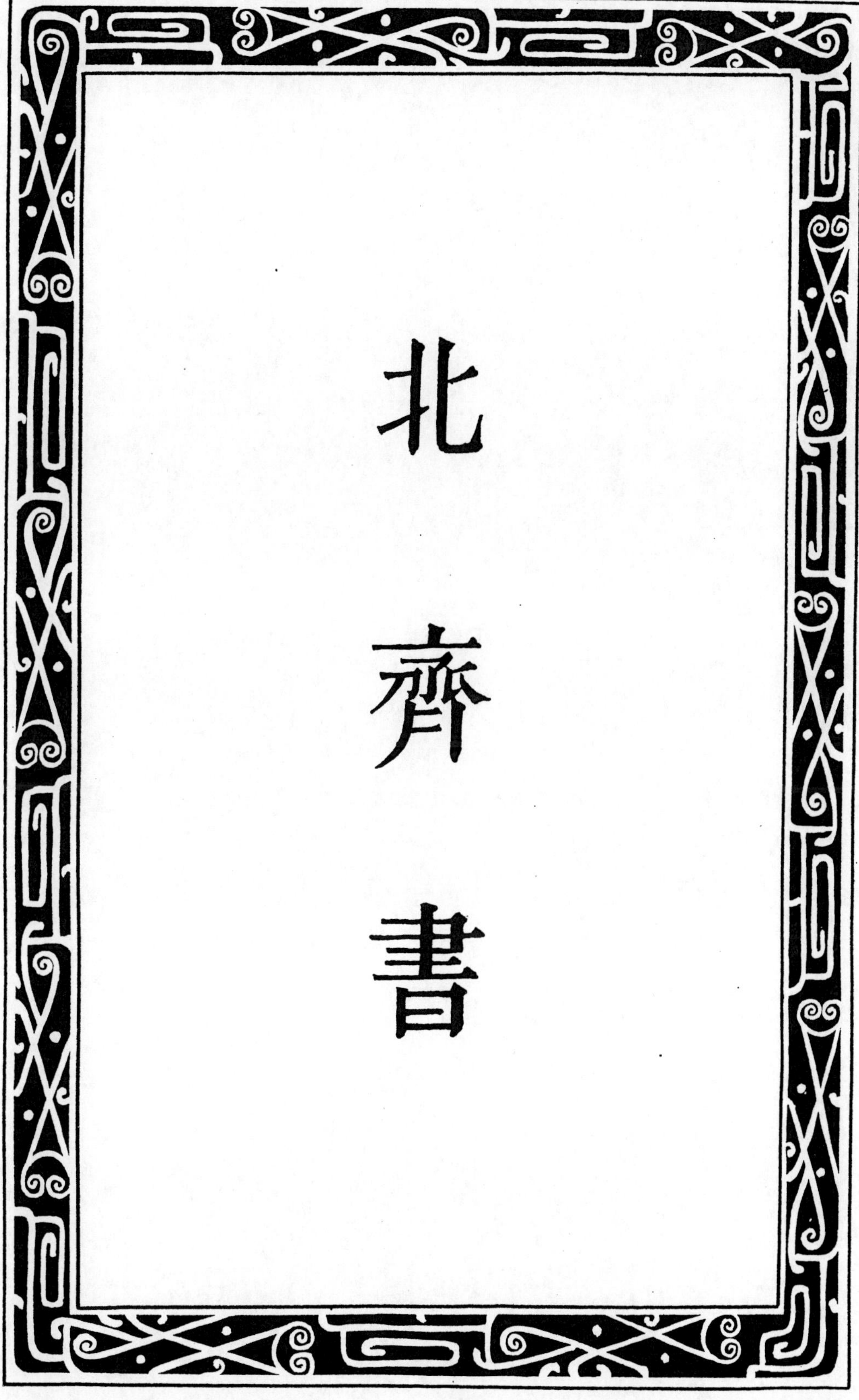
北齊書

北齊書目錄

隋太子通事舍人李百藥撰

北齊書卷一

隋太子通事舍人李百藥撰

帝紀第一

神武上

齊高祖神武皇帝姓高名歡字賀六渾勃海蓨人也六世祖隱晉玄菟太守隱生慶慶生泰泰生湖三世仕慕容氏及慕容寶敗國亂湖率衆歸魏為右將軍湖生四子第三子謐仕魏位至侍御史坐法徙居懷朔鎮謐生皇考樹性通率不事家業住居白道南數有赤光紫氣之異鄰人以為怪勸徙居以避之皇考曰安知非吉居之自若及神武生而皇妣韓氏殂養於同產姊壻鎮獄隊尉景家神武既累世北邊故習其俗遂同鮮卑長而深沉有大度輕財重士為豪俠所宗目有精光長頭高顴齒白如玉少有人傑表家貧及聘武明皇后始有馬得給鎮為隊主鎮將遼西段長常奇神武貌謂曰君有康濟才終不徒然便以子孫為託及貴追贈長司空擢其子寧用之神武自隊主轉為函使嘗乘驛過建興雲霧晝晦雷聲隨之半日乃絕若有神應者每行道路往來無風塵之色又嘗夢履衆星而行覺而內喜為函使六年每至洛陽給令史麻祥使祥嘗以肉啗神武神武性不立食坐而進之祥以為慢己笞神武四十及自洛陽還傾產以結客親故怪問之答曰吾至洛陽宿衞羽林相率焚領軍張彝宅朝廷懼其亂而不問為政若此事可知也財物豈可常守邪自是乃有澄清天下之志與懷朔省事雲中司馬子如及秀容人劉貴中山人賈顯智為奔走之友懷朔戶曹史孫騰外兵史侯景亦相友結劉貴嘗得一白鷹與神武及尉景蔡儁子如賈顯智等獵於沃野見一赤兔每搏輒逸遂至迴澤澤中有茅屋將奔入有狗自屋中出噬之鷹兔俱死神武怒以鳴鏑射之狗斃屋中有二人出持神武襟甚急其母兩目盲曳杖呵其二子何故觸大家出甕中酒烹羊以飯客因自言善暗相遍捫諸人皆貴而指麾俱由神武又曰子如歷位顯智不善終飯竟出行數里還更訪之則本無人居乃向非人也由是諸人益加敬異孝昌元年柔玄鎮人杜洛周反於上谷神武乃與同志從之醜其行事私與尉景段榮蔡儁圖之不果而逃為其騎所追文襄及魏永熙后皆幼武明后於牛上抱負之文襄屢落牛神武彎弓將射之以決去后呼榮求救賴榮遂下取之以免遂奔葛榮又亡歸尒朱榮於秀容先是劉貴事榮盛言神武美至是始得見以憔悴故未之奇也貴乃為神武更衣復求見焉因隨榮之廄廄有惡馬榮命翦之神武乃不加羈絆而翦竟不蹄齧已而起曰御惡人亦如此馬矣榮遂坐神武於牀下屏左右而訪時事神武曰聞公有馬十二谷色別為羣將此竟何用也榮曰但言爾意神武曰方今天子愚弱太后淫亂孽寵擅命朝政不行以明公雄武乘時奮發討鄭儼徐紇而清帝側霸業可舉鞭而成此賀六渾之意也榮大悅語自日中至夜半乃出自是每參軍謀後從榮徙據并州抵揚州邑人龐蒼鷹止團焦中每從外歸主人遙聞行響動地蒼鷹母數見團焦赤氣赫然屬天又蒼鷹嘗夜欲入有青衣人拔刀叱曰何故觸王言訖不見始以為異密覘之唯見赤蛇蟠牀上乃益驚異因殺牛分肉厚以相奉蒼鷹母求以神武為義子及得志以其宅為第號為南宅雖門巷開廣堂宇崇麗其本所住團焦以石至塗之留而不毀至文宣時遂為宮既而榮以神武為親信都督于時魏明帝銜鄭儼徐紇逼靈太后未敢制私使榮舉兵內向榮以神武為前鋒至上黨明帝又私詔停之及帝暴崩榮遂入洛因將篡位神武諫恐不聽請鑄像卜之鑄不成乃止孝莊帝立以定策勳封銅鞮伯及尒朱榮擊葛榮令神武喻下賊別稱王者七人後

與行臺于暉破羊侃于泰山尋與元天穆破邢杲于濟南累遷第三鎭人酋長常在榮帳內榮嘗問左右曰一日無我誰可主軍皆稱尒朱兆曰此正可統三千騎以還堪代我主衆者唯賀六渾耳因誡兆曰爾非其匹終當爲其子穿鼻乃以神武爲晉州刺史於是大聚斂因劉貴貨榮下要人盡得其意時州庫角無故自鳴神武異之無幾而孝莊誅榮及尒朱兆自晉陽將舉兵赴洛召神武神武使長史孫騰辭以絳蜀汾胡欲反不可委去兆恨焉騰復命神武曰兆舉兵犯上此大賊也吾不能久事之自是始有圖兆計及兆入洛執莊帝以北神武聞之大驚又使孫騰僞賀兆因密覘孝莊所在將劫以舉義不果乃以書喻之言不宜執天子以受惡名於海內兆不納殺帝而與尒朱世隆等立長廣王曄改元建明封神武爲平陽郡公及費也頭紇豆陵步藩入秀容逼晉陽兆徵神武神武將往賀拔焉過兒請緩行以弊之神武乃往逗遛辭以河無橋不得渡步藩軍盛兆敗走初孝莊之誅尒朱榮知其黨必有逆謀乃密敕步藩令襲其後步藩既敗兆等以兵勢日盛兆又請救於神武神武內圖兆復慮步藩後之難除乃與兆悉力破之藩死深德神武誓爲兄弟時世隆度律彥伯共執朝政天光據關右兆據并州仲遠據東郡各擁兵爲暴天下苦之葛榮衆流入并肆者二十餘萬爲契胡陵暴皆不聊生大小二十六反誅夷者半猶草竊不止兆患之問計於神武神武曰六鎭反殘不可盡殺宜選王素腹心者私使統焉若有犯者直罪其帥則所罪者寡兆曰善誰可行也賀拔允時在坐請神武神武拳毆之折其一齒曰生平天柱時奴輩伏處分如鷹犬今日天下安置在王而阿鞠泥敢誣下罔上請殺之兆以神武爲誠遂以委焉神武以兆醉恐醒後或致疑貳遂出宣言受委統州鎭兵可集汾東受令乃建牙陽曲川陳部分有款軍門者絳巾袍自稱梗楊驛子願厠左右訪之則以力聞常於并州市搭殺人者乃署爲親信都督兵士素惡兆而樂神武於是莫不皆至居無何又使劉貴請兆以并肆頻歲霜旱降戶掘黃鼠而食之皆面無穀色徒汚人國土請令就食山東待溫飽而處分之兆從其議其長史慕容紹宗諫曰不可今四方擾擾人懷異望況高公雄略又握大兵將不可爲兆曰香火重誓何所慮也紹宗曰親兄弟尚爾難信何論香火時兆左右已受神武金因譖紹宗與神武舊有隙兆乃禁紹宗而催神武發神武乃自晉陽出滏口路逢尒朱榮妻北鄉長公主自洛陽來馬三百匹盡奪易之兆聞乃釋紹宗而問焉紹宗曰猶掌握中物也於是自追神武至襄垣會漳水暴長橋壞神武隔水拜曰所以借公主馬非有他故備山東盜耳王受公主言自來賜追今渡河而死不辭此衆便叛兆自陳無此意因輕馬渡與神武坐幕下陳謝遂授刀引頭使神武斫己神武大哭曰自天柱薨背賀六渾更何所仰願大家千萬歲以申力用今旁人構閒至此大家何忍復出此言兆投刀於地遂刑白馬而盟誓爲兄弟留宿夜飲尉景伏壯士欲執兆神武齧臂止之曰今殺之其黨必奔歸聚結兵饑馬瘦不可相支若英雄崛起則爲害滋甚不如且置之兆雖勁捷而兇狡無謀不足圖也旦日兆歸營又召神武神武將上馬詣之孫騰牽衣乃止兆隔水肆罵馳還晉陽兆心腹念賢領降戶家累別爲營神武僞與之善觀其佩刀因取之以殺其從者從者盡散於是士衆咸悅倍願附從初魏眞君內學者奏言上黨有天子氣云在壺關大王山武帝於是南巡以厭當之累石爲三封斬其北鳳凰山以毀其形後上黨人居晉陽者號上黨坊神武實居之及是行舍大王山六旬而進將出滏口倍加約束纖毫之物不聽侵犯將過麥地神武輒步牽馬遠近聞之皆稱高儀同將兵整肅益歸心焉遂前行屯鄴求糧相州刺史劉誕誕不供有軍營租米神武自取之魏普泰元年二月神武軍次信都高乾封隆之開門以待遂據冀州是月尒朱度律廢元曄而立節閔帝欲羈縻神武三月乃白節閔帝封神武爲渤海王徵使入覲神武辭四月癸巳又加授東道大行臺第一鎭人酋長龐蒼鷹自太原來奔神武以爲行臺郎尋以爲安州刺史神武自向山東養士繕甲禁侵掠百姓歸心乃詐爲書言尒朱兆將以六鎭人配契胡爲部曲衆皆愁怨又爲并州符徵兵討步落稽發萬人將遣之孫騰尉景爲請留五日如此者再神武親送之郊雪涕執別人皆號慟哭聲動地神武乃喻之曰與爾俱失鄉客義同一家不意在上乃爾徵召直向西已當死後軍期又當死配國人又當死柰何衆曰唯有反耳神武曰反是急計須推一人爲主衆願奉神武神武曰爾鄉里難制不見葛榮乎雖百萬衆無刑法終自灰滅今以吾爲主當與前異不得欺漢兒不得犯軍令生死任吾則可不爾不能爲取笑天下衆皆頓顙死生唯命神武曰若不得已明日椎牛饗士喻以討尒朱之意封隆之進曰千載一時普天幸甚神武曰討賊大順也拯時大業也吾雖不武以死繼之何敢讓焉六月庚子建義於信都尚未顯背尒朱氏及李元忠與高乾平殷州斬尒朱羽生首來謁神武撫膺曰今日反決矣乃以元忠爲殷州刺史是時兵威既振乃抗表罪狀尒朱氏世隆等祕表不通八月尒朱兆攻陷殷州李元忠來奔孫騰以爲朝廷隔絕不權立天子則衆望無所係十月壬寅奉章武王融子渤海太守朗爲皇帝年號中興是爲廢帝時度律仲遠軍次洛陽尒朱兆會之神武用竇泰策縱反間度律仲遠不戰而還神武乃敗兆於廣阿十一月攻鄴相州刺史劉誕嬰城固守神武起土山爲地道往建大柱一時焚之城陷入地麻祥時爲湯陰令神武呼之曰麻都祥慙而逃永熙元年正月壬午拔鄴城據之廢帝進神武大丞相柱國大將軍太師是時青州建義大都督崔靈珍大都督耿翔皆遣使歸附行汾州軍事劉貴棄城來降閏三月尒朱天光自長安兆自并州度律自洛陽仲遠自東郡同會鄴衆號二十萬夾洹水而軍節閔以長孫承業爲大行臺總督焉神武令封隆之守鄴自出頓紫陌時馬不滿二千步兵不至三萬衆寡不敵乃於韓陵爲圓陣連牛驢以塞歸道於是將士皆有死志四面赴擊之尒朱兆責神武以背己神武曰本戮力者共輔王室今帝何在兆曰永安枉害天柱我報讎耳神武曰我昔日親聞天柱計汝在戶前立豈得言不反邪且以君殺臣何報之有今日義絕矣乃合戰大敗之尒朱兆對慕容紹宗叩心曰不用公言以至於此將輕走紹宗反旗鳴角收聚散卒成軍容而西上高季式以七騎追奔度野馬崗與兆遇高昂望之不見哭曰喪吾弟矣夜久季式還血滿袖斛斯椿倍道先據河橋初普泰元年十月歲星熒惑鎭星太白聚於觜參色甚明太史占云當有王者興是時神武起於信都至是而破兆等四月斛斯椿執天光度律送洛陽長孫承業遣都督賈顯智張歡入洛陽執世隆彥伯斬之兆奔并州仲遠奔梁州遂死焉時凶蠹既除朝廷慶悅初未戰之前月章武人張紹夜中忽被數騎將踰城至一大將軍前敕紹爲軍導向鄴云佐受命者除殘賊紹迴視之兵不測整疾無聲將至鄴乃放焉及戰之日尒朱氏軍人見陣外士馬四合蓋神助也既而神武至洛陽廢節閔及中興主而立孝武孝武既即位授神武大丞相天柱大將軍太師世襲定州刺史增封并前十五萬戶神武辭天柱減戶五萬壬辰還鄴魏帝餞於乾脯山執手而別七月壬寅神武帥師北伐尒朱兆封隆之言侍中斛斯椿賀拔勝賈顯智等往事尒朱普皆反噬今在京師寵任必搆禍隙神武深以爲然乃歸天光度律於京師斬之遂自滏口入尒朱兆大掠晉陽北保秀容并州平神武以晉陽四塞乃建大丞相府而定居焉尒朱兆既至秀容分兵守險出入寇抄神武揚聲討之師出止者數四兆意怠神武揣其歲首當宴會遣竇泰以精騎馳之一日一夜行三百里神武以大軍繼之二年正月竇泰奄至尒朱兆庭軍人因宴休惰忽見泰軍驚走追破之於赤洪嶺兆自縊神武親臨厚葬之慕容紹宗以尒朱榮妻子及餘衆自保焉突城降神武以義故待之甚厚神武之入洛也尒朱仲遠部下都督橋寧張子期自滑臺歸命神武以其助亂且數反覆皆斬之斛斯椿由是內不自安乃與南陽王寶炬及武衛將軍元毗魏光祿王思政搆神武於魏帝舍人元士弼又奏神武受敕大不敬故魏帝心貳於賀拔岳初孝明之時洛下以兩拔相擊謠言曰銅拔打鐵拔元家世將末好事者以二拔謂拓拔賀拔言俱將衰敗之兆時司空高乾密啓神武言魏帝之貳神武封呈魏帝殺之又遣東徐州刺史潘紹業密敕長樂太守龐蒼鷹令殺其弟昂昂先聞其兄死以矟刺柱伏壯士執紹業於路得敕書於袍領來奔神武抱其首哭曰天子枉害司空遽使以白武幡勞其家屬時乾次弟愼在光州爲政嚴猛又縱部下取納魏帝使代之愼聞難將奔梁其屬曰公家勳重必不兄弟相及乃弊衣推鹿車歸渤海逢使者亦來奔於是魏帝與神武隙矣阿至羅虜正光以前常稱藩自魏朝多事皆叛神武遣使招納便附款先是詔以寇賊平罷行臺至是以殊俗歸降復授神武大行臺隨機處分神武常賚其粟帛議者以爲徒費無益神武不從撫慰如初其酋帥吐陳等感恩皆從指麾救曹泥取万俟受洛干大收其用河西費也頭虜紇豆陵伊利居河池恃險擁衆神武遣長史侯景屢招不從

北齊書卷一考證

高祖神武皇帝紀上諱生皇考樹○魏書及北史俱作樹生　臣荃按本書杜弼傳相府法曹辛子炎諮事云須取署子炎讀署爲樹高祖大怒曰小人多不知避人家諱杖之於前弼進曰禮二名不偏諱孔子言徵不言在言在不言徵子炎之罪宜或可恕惟名樹生故云二名若名樹非二名矣但諸本皆作樹故仍之

聞公有馬十二谷色別爲羣○監本谷訛各從南監本

改臣範按史記谷量牛馬本書婁昭傳內有牛馬以谷量語

終當爲其子穿鼻○通鑑無子字

以兵勢日盛○一本無以字

初魏眞君內學者○一本君下有中字　臣巹按眞君魏世祖年號內學謂圖讖之學也見後漢書方伎傳注

時度律仲遠軍次洛陽○北史洛作晉

爲地道往建大柱一時焚之○通鑑作爲地道施柱而焚之城陷

北齊書卷二

隋　太子通事舍人李百藥撰

帝紀第二

神武下

天平元年正月壬辰神武西伐費也頭虜紇豆陵伊利於河西滅之遷其部於河東二月永寧寺九層浮圖災既而人有從東萊至云及海上人咸見之於海中俄而霧起乃滅說者以爲天意若曰永寧見災魏不寧矣飛入東海渤海應矣魏帝既有異圖時侍中封隆之與孫騰私言隆之喪妻魏帝欲妻以妹騰亦未之信心害隆之泄其言於斛斯椿椿以白魏帝又孫騰帶仗入省擅殺御史並亡來奔稱魏帝撾舍人梁續於前光祿少卿元子幹攘臂擊之謂騰曰語爾高王元家兒拳正如此領軍婁昭辭疾歸晉陽魏帝於是以斛斯椿兼領軍分置督將及河南關西諸刺史華山王鷙在徐州神武使邸珍奪其管籥建州刺史韓賢濟州刺史蔡儁皆神武同義魏帝忌之故省建州以去賢使御史中尉綦儁察儁罪以開府賈顯智爲濟州儁拒之魏帝逾怒五月下詔云將征句吳發河南諸州兵增宿衛守河橋六月丁巳魏帝密詔神武曰宇文黑獺自平破秦隴多求非分脫有變詐事資經略但表啓未全背戾進討事涉忽忽遂召羣臣議其可否僉言假稱南伐內外戒嚴一則防黑獺不虞二則可威吳楚時魏帝將伐神武神武部署將帥慮疑故有此詔神武乃表曰荆州綰接蠻左密邇畿服關隴恃遠將有逆圖臣今潛勒兵馬三萬擬從河東而渡又遣恒州刺史厙狄干瀛州刺史郭瓊汾州刺史斛律金前武衛將軍彭樂擬兵四萬從其來違津渡遣領軍將軍婁昭相州刺史竇泰前瀛州刺史堯雄并州刺史高隆之擬兵五萬以討荆州遣冀州刺史尉景前冀州刺史高敖曹濟州刺史蔡儁前侍中封隆之擬山東兵七萬突騎五萬以征江左皆約所部伏聽處分魏帝知覺其變乃出神武表命羣官議之欲止神武諸軍神武乃集在州僚佐令其博議還以表聞仍以信誓自明忠欵曰臣爲嬖佞所間陛下一旦賜疑今猖狂之罪尒朱時討臣若不盡誠竭節敢負陛下則使身受天殃子孫殄絕陛下若垂信赤心使干戈不動佞臣一二人願斟量廢出辛未帝復錄在京文武議意以答神武使舍人溫子昇草勅子昇逡巡未敢作帝據胡牀拔劒作色子昇乃爲勅曰前持心血遠以示王深冀彼此共相體悉而不良之徒坐生間貳近孫騰倉卒向彼致使聞者疑有異謀故遣御史中尉綦儁具申朕懷今得王啓言誓懇惻反覆思之猶所未解以朕眇身遇王武略不勞尺刃坐爲天子所謂生我者父母貴我者高王今若無事背王規相攻討則使身及子孫還如王誓皇天后土實聞此言近慮宇文爲亂賀拔勝應之故纂嚴欲與王俱爲聲援宇文今日使者相望觀其所爲更無異迹賀拔在南開拓邊境爲國立功念無可責君若欲分討何以爲辭東南不賓爲日已久先朝已來置之度外今天下戶口減半未宜窮兵極武朕既闇昧不知佞人是誰可列其姓名令朕知也如聞庫狄干語王云本欲取懦弱者爲主王無事立此長君使其不可駕御今但作十五日行自可廢之更立餘者如此議論自是王間勳人豈出佞臣之口去歲封隆之背叛今年孫騰逃走不罪不送誰不怪王騰既爲禍始曾無愧懼王若事君盡誠何不斬送二首王雖啓圖西去而四道俱進或欲南度洛陽或欲東臨江左言之者猶應自怪聞之者寧能不疑王若守誠不貳晏然居北在此雖有百萬之衆終無圖彼之心王脫信邪棄義舉旗南指縱無匹馬隻輪猶欲奮空拳而爭死朕本寡德王已立之百姓無知或謂實可若爲他所圖則彰朕之惡假令還爲王殺幽辱虀粉了無遺恨何者王既以德見推以義見舉一朝背德舍義便是過有所歸本望君臣一體若合符契不圖今日分疎到此古語云越人射我笑而道之吾兄射我泣而道之朕既親王情如兄弟所以投筆拊膺不覺歔欷初神武自京師將北以爲洛陽久經喪亂王氣衰盡雖有山河之固土地褊狹不如鄴請遷都魏帝曰高祖定鼎河洛爲永永之基經營制度至世宗乃畢王既功在社稷宜遵太和舊事神武奉詔至是復謀焉遣三千騎鎮建興益河東及濟州兵於白溝虜船不聽向洛諸州和糴粟運入鄴城魏帝又勅神武曰王若厭伏人情杜絕物議唯有歸河東之兵罷建興之戍送相州之粟追濟州之軍令蔡儁受代使邸珍出徐止戈散馬各事家業脫須糧廩別遣轉輸則讒人結舌疑悔不生王高枕太原朕垂拱京洛終不舉足渡河以干戈相指王若馬首南向問鼎輕重朕雖無武欲止不能必爲社稷宗廟出萬死之策決在於王非朕能定爲山止簣相爲惜之魏帝時以任祥爲兼尚書左僕射加開府祥棄官走至河北據郡待神武魏帝乃勅文武官北來者任去留下詔罪狀神武爲北伐經營神武亦勒馬宣告曰孤遇尒朱擅權舉大義於四海奉戴主上義貫幽明橫爲斛斯椿讒構以誠節爲逆首昔趙鞅興晉陽之甲誅君側惡人今者南邁誅椿而已以高昂爲前鋒曰若用司空言豈有今日之舉司馬子如答神武曰本欲立小者正爲此耳魏帝徵兵關右召賀拔勝赴行在所遣大行臺長孫承業大都督穎川王斌之斛斯椿共鎮武牢汝陽王暹鎮石濟行臺長孫子彥帥前恒農太守元洪略鎮陝賈顯智率豫州刺史斛斯元壽伐蔡儁神武使竇泰與左廂大都督莫多婁貸文逆顯智韓賢逆暹元壽軍降泰貸文與顯智遇於長壽津顯智陰約降引軍退軍司元玄覺之馳還請益師魏帝遣大都督侯幾紹赴之戰於滑臺東顯智以軍降紹死之七月魏帝躬率大衆屯河橋神武至河北十餘里再遣口申誠欵魏帝不報神武乃引軍渡河魏帝問計於羣臣或云南依賀拔勝或云西就關中或云守洛口死戰未決而元斌之與斛斯椿爭權不睦斌之棄椿徑還紿帝云神武兵至即日魏帝遂於長安己酉神武入洛陽停於永寧寺八月甲寅召集百官謂曰爲臣奉主匡救危亂若處不諫爭出不陪隨緩則耽寵爭榮急便逃竄臣節安在遂收開府儀同三司叱列延慶兼尚書左僕射辛雄兼吏部尚書崔孝芬都官尚書劉廞兼度支尚書楊機散騎常侍元士弼並殺之誅其貳也士弼籍沒家口神武以萬機不可曠廢乃與百僚議以清河王亶爲大司馬居尚書下舍而承制決事焉王稱警蹕神武醜之神武尋至恒農遂西剋潼關執毛洪賓進軍長城龍門都督薛崇禮降神武退舍河東命行臺尚書長史薛瑜守潼關大都督厙狄溫守封陵於蒲津西岸築城守華州以薛紹宗爲刺史高昂行豫州事神武自發晉陽至此凡四十啓魏帝皆不答九月庚寅神武還於洛陽乃遣僧道榮奉表關中又不答乃集百僚四門耆老議所推立以爲自孝昌喪亂國統中絕神主靡依昭穆失序永安以孝文爲伯考永熙遷孝明於夾室業喪祚短職此之由遂議立清河王世子善見議定白清河王曰天子無父苟使兒立不惜餘生乃立之是爲孝靜帝魏於是始分爲二神武以孝武既西恐逼崤陝洛陽復在河外接近梁境如向晉陽形勢不能相接乃議遷鄴護軍祖瑩贊焉詔下三日車駕便發戶四十萬狼狽就道神武留洛陽部分事畢還晉陽自是軍國政務皆歸相府先是童謠曰可憐青雀子飛來鄴城裏羽翮垂欲成化作鸚鵡子好事者竊言雀子謂魏帝清河王子鸚鵡謂神武也初孝昌中山胡劉蠡升自稱天子年號神嘉居雲陽谷西土歲被其寇謂之胡荒二年正月西魏渭州刺史可朱渾道元擁衆內屬神武迎納之壬戌神武襲擊劉蠡升大破之己巳魏帝褒詔以神武爲相國假黃鉞劒履上殿入朝不趨神武固辭三月神武欲以女妻蠡升太子候其不設備辛酉潛師襲之其北部王斬蠡升首以送其衆復立其子南海王神武進擊之又獲南海王及其弟西海王北海王皇后公卿已下四百餘人胡魏五萬戶壬申神武朝于鄴四月神武請給遷人廩各有差九月甲寅神武以州郡縣官多乖法請出使問人疾苦三年正月甲子神武帥厙狄干等萬騎襲西魏夏州身不火食四日而至縛矟爲梯夜入其城禽其刺史費也頭斛拔俄彌突因而用之留都督張瓊以鎮守遷其部落五千戶以歸西魏靈州刺史曹泥與其壻涼州刺史劉豐遣使請內屬周文圍泥水灌其城不沒者四尺神武命阿至羅發騎三萬徑度靈州繞出西軍後獲馬五十匹西師乃退神武率騎迎泥豐生拔其遺戶五千以歸復泥官爵魏帝詔加神武九錫固讓乃止二月神武令阿至羅逼西魏秦州刺史建忠王万俟普撥神武以衆應之三月甲午普撥與其子太宰受洛干幽州刺史叱干寶樂右衛將軍破六韓常及督將三百餘人擁部來降八月丁亥神武請均斗尺班於天下九月辛亥汾州胡王迢觸曹貳龍聚衆反署立百官年號平都神武討平之十二月丁丑神武自晉陽西討遣兼僕射行臺汝陽王暹司徒高昂等趣上洛大都督竇泰入自潼關四年正月癸丑竇泰軍敗自殺神武次蒲津以氷薄不得赴救乃班師高昂攻尅上洛四月乙酉神武以并肆汾建晉東雍南汾秦陝九州霜旱人饑流散請所在開倉賑給六月壬申神武如天池獲瑞石隱起成文曰六王三川十一月壬辰神武西討自蒲津濟衆二十萬周文軍於沙苑神武以地阨少却西人鼓譟而進軍大亂棄

器甲十有八萬神武跨橐駞侯船以歸元象元年三月辛酉神武固請解丞相魏帝許之四月庚寅神武朝于鄴壬辰還晉陽請開酒禁并賑恤宿衞武官七月壬午行臺侯景司徒高昂圍西魏將獨孤信於金墉西魏帝及周文並來赴救大都督厙狄干帥諸將前驅神武總衆繼進八月辛卯戰於河陰大破西魏軍俘獲數萬司徒高昂大都督李猛宗顯死之西師之敗獨孤信先入關周文留其都督長孫子彥守金墉遂燒營以遁神武遣兵追奔至崤不及而還初神武知西師來侵自晉陽帥衆馳赴至孟津未濟而軍有勝負既而神武渡河子彥亦棄城走神武遂毀金墉而還十一月庚午神武朝於京師十二月壬辰還晉陽興和元年七月丁丑魏帝進神武爲相國錄尚書事固讓乃止十一月乙丑神武以新宮成朝於鄴魏帝與神武讌射神武降階稱賀又辭渤海王及都督中外諸軍事詔不許十二月戊戌神武還晉陽二年十二月阿至羅別部遣使請降神武帥衆迎之出武州塞不見大獵而還三年五月神武巡北境使使與蠕蠕通和四年五月辛巳神武朝鄴請令百官每月面敷政事明揚側陋納諫屏邪親理獄訟褒黜勤怠牧守有愆節級相坐椒掖之內進御以序後園鷹犬悉皆棄之六月甲辰神武還晉陽九月神武西征十月己亥圍西魏儀同三司王思政於玉壁城欲以致敵西師不敢出十二月癸未神武以大雪士卒多死乃班師武定元年二月壬申北豫州刺史高慎據武牢西叛三月壬辰周文率衆援高慎圍河橋南城戊申神武大敗之於芒山擒西魏督將已下四百餘人俘斬六萬計是時軍士有盜殺驢者軍令應死神武弗殺將至并州決之明日復戰奔西軍告神武所在西師盡銳來攻衆潰神武失馬赫連陽順下馬以授神武與蒼頭馮文洛扶上俱走從者步騎六七人追騎至親信都督尉興慶曰王去矣興慶腰邊百箭足殺百人神武勉之曰事濟以爾爲懷州若死則用爾子興慶曰兒小願用兄許之興慶鬭矢盡而死西魏太師賀拔勝以十三騎逐神武河州刺史劉洪徽射中其二勝矟將中神武段孝先橫射勝馬殪遂免豫洛二州平神武使劉豐追奔拓地至弘農而還七月神武貽周文書責以殺孝武之罪八月辛未魏帝詔神武爲相國錄尚書事大行臺餘如故固辭乃止是月神武命於肆州北山築城西自馬陵戍東至土隥四十日罷十二月己卯神武朝京師庚辰還晉陽二年三月癸巳神武巡行冀定二州因朝京師以冬春亢旱請蠲懸責賑窮乏宥死罪以下又請授老人板職各有差四月景辰神武還晉陽十一月神武討山胡破平之俘獲一萬餘戶口分配諸州三年正月甲午開府儀同三司尒朱文暢開府司馬任冑都督鄭仲禮中府主簿李世林前開府參軍房子遠等謀賊神武因十五日夜打簇懷刃而入其黨薛季孝以告並伏誅丁未神武請於并州置晉陽宮以處配口三月乙未神武朝鄴景午還晉陽十月丁卯神武上言幽安定三州北接奚蠕蠕請於險要脩立城戍以防之躬自臨履莫不嚴固乙未神武請釋芒山俘桎梏配以民間寡婦四年八月癸巳神武將西伐自鄴會兵於晉陽殿中將軍曹魏祖曰不可今八月西方王以死氣逆生氣爲客不利主人則可兵果行傷大將軍神武不從自東西魏搆兵鄴下每先有黃黑蟻陣鬭占者以爲黃者東魏戎衣色黑者西魏戎衣色人間以此候勝負是時黃蟻盡死九月神武圍玉壁以挑西師不敢應西魏晉州刺史韋孝寬守玉壁城中出鐵面神武使元盜射之每中其目用李業興孤虛術萃其北北天險也乃起土山鑿十道又於東面鑿二十一道以攻之城中無水汲於汾神武使移汾一夜而畢孝寬奪據土山頓軍五旬城不拔死者七萬人聚爲一冢有星墜於神武營衆驢並鳴士皆讋懼神武有疾十一月庚子輿疾班師庚戌遣太原公洋鎮鄴辛亥徵世子澄至晉陽有惡鳥集亭樹世子使斛律光射殺之己卯神武以無功表解都督中外諸軍事魏帝優詔許焉是時西魏言神武中弩神武聞之乃勉坐見諸貴使斛律金作敕勒歌神武自和之哀感流涕侯景素輕世子嘗謂司馬子如曰王在吾不敢有異王無吾不能與鮮卑小兒共事子如掩其口至是世子爲神武書召景景先與神武約得書書背微點乃來書至無點景不至又聞神武疾遂擁兵自固神武謂世子曰我雖疾爾面更有餘憂色何也世子未對又問曰豈非憂侯景叛耶曰然神武曰景專制河南十四年矣常有飛揚跋扈志顧我能畜養豈爲汝駕御也今四方未定勿遽發哀厙狄干鮮卑老公斛律金敕勒老公並性遒直終不負汝可朱渾道元劉豐生遠來投我必無異心賀拔焉過兒樸實無罪過潘相樂本作道人心和厚汝兄弟當得其力韓軌少戇宜寬借之彭樂心腹難得宜防護之少堪敵侯景者唯有慕容紹宗我故不貴之留以與汝宜深加殊禮委以經畧五年正月朔日蝕神武曰日蝕其爲我耶死亦何恨景午陳啓於魏帝是日崩於晉陽時年五十二祕不發喪六月壬午魏帝於東堂舉哀三日制緦衰詔凶禮依漢大將軍霍光東平王蒼故事贈假黃鉞使持節相國都督中外諸軍事齊王璽紱轀輬車黃屋左纛前後羽葆鼓吹輕車介士兼備九錫殊禮謚獻武王八月甲申葬於鄴西北漳水之西魏帝臨送於紫陌天保初追崇爲獻武帝廟號太祖陵曰義平天統元年改謚神武皇帝廟號高祖神武性深密高岸終日儼然人不能測機權之際變化若神至於軍國大畧獨運懷抱文武將吏罕有預之統馭軍衆法令嚴肅臨敵制勝策出無方聽斷昭察不可欺犯知人好士全護勳舊性周給每有文教常殷勤欵悉指事論心不尚綺靡擢人授任在於得才苟其所堪乃至拔於厮養有虛聲無實者稀見任用諸將出討奉行方略罔不克捷違失指畫多致奔亡雅尚儉素刀劍鞍勒無金玉之飾少能劇飲自當大任不過三爵居家如官仁恕愛士始范陽盧景裕以明經稱魯郡韓毅以工書顯咸以謀逆見擒並蒙恩宥置之第館敎授諸子其文武之士盡節所事見執獲而不罪者甚多故遐邇歸心皆思効力至南威梁國北懷蠕蠕吐谷渾阿至羅咸所招納獲其力用規略遠矣

北齊書卷二考證

高祖神武皇帝紀下追濟州之軍○監本濟訛齊臣荃按上文有益河東及濟州兵于白溝則齊乃濟字之譌從北史改

居尚書下舍○臣範按魏書作居尚書省北史與本書同

護軍祖榮贊焉○北史榮作瑩

西魏靈州刺史曹泥與其婿凉州刺史劉豐遣使請內屬○臣範按劉豐字豐生此云劉豐後多云劉豐生當由李氏刊削未盡者劉知幾史通謂百藥齊書例云人有本字行者今並書其名依檢如高愼斛律光之徒仍謂之斛律明月此原本舛異非刊本之譌

十一月壬辰○臣範按通鑑考異魏帝紀十月壬辰敗于沙苑推長歷十月壬辰朔北齊紀十一月誤也

橐器甲十有八萬神武跨橐駞侯船以歸○臣範按通鑑橐字上有喪甲士八萬人

高愼據武牢西叛○臣範按高愼之叛纍由高澄崔暹北齊紀傳俱不及北史詳之

三年○臣範按通鑑大同七年高歡命諸州濱河及津梁置倉積穀大同七年乃典和三年也本書及北史俱不載見隋志

潘相樂○臣範按潘樂字相貴本書及北史通鑑多稱相樂未審

至南威梁國○北史威作和

北齊書卷三

隋太子通事舍人李百藥撰

帝紀第三

文襄

世宗文襄皇帝諱澄字子惠神武長子也母曰婁太后生而岐嶷神武異之魏中興元年立爲渤海王世子就杜詢講學敏悟過人詢甚歎服二年加侍中開府儀同三司尚孝靜帝妹馮翊長公主時年十二神情儁爽便若成人神武試問以時事得失辨析無不中理自是軍國籌策皆預之天平元年加使持節尚書令大行臺并州刺史三年入輔朝政加領軍左右京畿大都督時人雖聞器識猶以少年期之而機略嚴明事無凝滯於是朝野振肅元象元年攝吏部尚書魏自崔亮以後選人常以年勞爲制文襄乃釐改前式銓擢唯在得人又沙汰尚書郎妙選人地以充之至于才名之士咸被薦擢假有未居顯位者皆致之門下以爲賓客每山園游燕必見招攜執射賦詩各盡其所長以爲娛適興和二年加大將軍領中書監仍攝吏部尚書自正光已後天下多事在任羣官廉絜者寡文襄乃奏吏部郎崔暹爲御史中尉糾劾權豪無所縱捨於是風俗更始私枉路絕乃牓於街衢具論經國政術仍開直言之路有論事上書苦言切至者皆優容之武定四年十一月神武西討不豫班師文襄馳赴軍所侍衞還晉陽五年正月景午神武崩祕不發喪辛亥司徒侯景據河南反潁州刺史司馬世雲以城應之景誘執豫州刺史高元成襄州刺史李密廣州刺史暴顯等遣司空韓軌率衆討之夏四月壬申文襄朝于鄴六月己巳韓軌等自潁州班師丁丑文襄還晉陽乃發喪告喻文武陳神武遺志七月戊戌魏帝詔以文襄爲使持節大丞相都督中外諸軍錄尚書事大行臺渤海王文襄啓辭位願停王爵壬寅魏

帝詔太原公洋攝理軍國遣中使敦喻八月戊辰文襄啓申神武遺令請減國邑分封將督各有差辛未朝鄴固辭丞相魏帝詔曰既朝野攸憑安危所繫不得令遂本懷須有權奪可復前大將軍餘如故議者咸云侯景猶有北望之心但信命不至耳又景將蔡遵道北歸稱景有悔過之心王以爲信然謂可誘而致乃遺景書曰先王與司徒契闊夷險孤子相依偏所眷屬義貫終始情存歲寒待爲國士者乃立漆身之節饋以一餐者便致扶輪之効況其重於此乎常以故舊之義欲將子孫相託方爲秦晉之匹共成劉范之親況聞負杖行歌便以狼顧反噬不蹈忠臣之路便陷叛人之地力不足以自彊勢不足以自保率烏合之衆爲累卵之危西取救於宇文南請援於蕭氏以狐疑之心爲首鼠之事入秦則秦人不容歸吳則吳人不信當是不逞之人曲爲無端之說遂懷市虎之疑乃致投杼之惑比來舉止事已可見人相疑誤想自覺知闔門大小悉在司寇意謂李氏未滅猶言少卿可反孤子無狀招禍丁天酷罰但禮由權奪志在忘私聊遣偏裨前驅致討南兗揚州應時尅復卽欲乘機席卷縣瓠屬以炎暑欲爲後圖且令還師待時更舉今寒膠向折白露將團方憑國靈龔行天罰器械精新士馬彊盛內外感恩上下勠力三令五申可赴湯火使旗鼓相望埃塵相接勢如沃雪事等注熒夫明者去危就安智者轉禍爲福寧人負我不我負人當開從善之途使有改迷之路若能卷甲來朝垂櫜還闕者卽當授豫州必使終君身世所部文武更不追攝進得保其祿位退則不喪功名今王思政等皆孤軍偏將遠來深入然其性命在君掌握脫能刺之想有餘力卽相加授永保疆埸君門眷屬可以無患寵妻愛子亦送相還仍爲通家共成親好君今不能東封函谷南面稱孤受制於人威名頓盡得地不欲自守聚衆不以爲彊空使身有背叛之名家有惡逆之禍覆宗絕嗣自貽伊戚戴天履地能無愧乎孤子今日不應遣此但見蔡遵道云司徒本無西歸之心深有悔過之意未知此語爲虛爲實吉凶之理想自圖之景報書曰僕鄉一布衣本乖藝用出身爲國綿歷一紀犯危履難豈避風霜遂得富貴當年榮華身世一旦舉旗旆援鼓枹北面相抗者何哉寔以畏懼危亡恐招禍害故耳往年之暮尊王遘疾神不祐善祈禱莫瘳遂使嬖倖弄權心腹離貳妻子在宅無事見圍及迴歸長社希自陳狀簡書未遣斧鉞已臨既旌旗相對咫尺不遠飛書每奏冀申鄙情而羣帥恃雄聊然弗顧運戟推鋒專欲屠滅掘圍堰水僅存三版舉目相看命縣漏刻不忍死亡出戰城下拘秦送地豈樂爲之禽獸惡死人倫好生僕實不辜桓莊何罪且尊王平昔見與比肩勠力同心共獎帝室雖復權勢參差寒暑小異丞相司徒鴈行而已福祿官榮自是天爵勞而後授理不相干欲求吞炭何其謬也然竊人之財猶謂之盜祿去公室抑謂不取今魏德雖衰天命未改拜恩私第何足關言賜嗤不能東封函谷受制於人當似教僕賢祭仲而哀季氏無主之國在禮未聞動而不法將何以訓竊以分財養幼事歸令終舍宅存孤誰云隙末復言僕衆不足以自彊身危如累卵然億兆夷人卒降十亂紂之百克終自無後潁川之戰卽是殷監輕重由人非鼎在德苟能忠信雖弱必彊殷憂啓聖處危何苦況今梁道邕熙招攜以禮被我虎文縻之好爵方欲苑五岳而池四海掃氛穢以拯黎元東羈甌越西道汧隴吳越悍勁帶甲千羣秦兵冀馬控弦十萬大風一振枯幹必摧凝霜暫落秋蔕自殞此而爲弱誰足稱雄又見誣兩端受疑二國斟酌物情一何太甚昔陳平背楚歸漢則彊百里出虞入秦斯霸蓋昏明由主用舍在人奉禮而行神其吐邪書稱士馬精新尅日齊舉誇張形勢必欲相滅切以寒膠白露節候乃同秋風揚塵馬首何異徒知北方之力爭未識西南之合從苟欲狥意於前塗不覺坑穽在其側去危就安今歸正朔轉禍爲福已脫網羅彼當嗤僕之過迷此亦笑君之晦昧今引二邦揚旌北討熊虎齊奮尅復中原荆襄廣潁已屬關右項城縣瓠亦奉江南幸自取之何勞見援然權變非一理有萬塗爲君計者莫若割地兩和三分鼎峙燕衛趙晉足相俸祿齊曹宋魯悉歸大梁使僕得輸力南朝北敦姻好束帛自行戎車不駕僕立當世之功君卒父禰之業各保疆壘聽享歲時百姓乂寧四人安堵孰若驅農夫於壟畝抗勍敵於三方避干戈於首尾當鋒鏑於心腹縱太公爲將不能獲存歸之高明何以克濟來書曰妻子老幼悉在司寇以此見要庶其可反當是見疑禍心未識大趣昔王陵附漢母在不歸太上四楚乞羹自若矧伊妻子而可介意脫謂誅之有益欲止不能救之無損復加阬戮家累在君何關僕也遵道所說頗亦非虛故重陳辭更論款曲昔與盟主事等琴瑟讒人間之翻爲讐敵撫弦搦矢不覺傷懷裂帛還書其何能述王尋覽書問誰爲作或曰其行臺郎王偉王曰偉才如此何因不使我知王欲間景於梁又與景書而謬其辭云本使景陽叛欲與圖西西人知之故景更與圖南爲事漏其書於梁梁人亦不之信壬申東魏主與王獵於鄴東馳逐如飛監衞都督烏那羅受工伐從後呼曰天子莫走馬大將軍怒王嘗侍飲舉大觴曰臣澄勸陛下酒東魏主不悅曰自古無不亡之國朕亦何用如此生王怒曰朕朕狗腳朕使崔季舒毆之三拳奮衣而出尋遣季舒入謝東魏主賜季舒綵季舒未敢卽受啓之於王王使取一段東魏主以四百匹與之曰亦一段耳東魏主不堪憂辱詠謝靈運詩曰韓亡子房奮秦帝魯連恥本自江海人忠義感君子因流涕三月辛亥王南臨黎陽濟於虎牢自洛陽從太行而反晉陽於路遺書百僚以相戒勵朝野承風莫不震肅又令朝臣牧宰各舉賢良及驍武膽畧堪守邊城務得其才不拘職業六月王巡北邊城戍賑賜有差七月王還晉陽辛卯王遇盜而殂時年二十九葬于峻成陵齊受禪追諡爲文襄皇帝廟號世宗時有童謠曰百尺高竿摧折水底燃燈燈滅識者以爲王將殂之兆也數日前崔季舒無故於北宮門外諸貴之前誦鮑明遠詩曰將軍既下世部曲亦罕存聲甚悽斷淚不能已見者莫不怪之初梁將蘭欽子京爲東魏所虜王命以配廚欽請贖之王不許京再訴王使監廚蒼頭薛豐洛杖之曰更訴當殺爾京與其黨六人謀作亂時王居北城東柏堂蒞政以寵琅邪公主欲其來往無所避忌所有侍衞皆出於外太史啓言宰輔星甚微變不出一月王曰小人新杖之故嚇我耳將欲受禪與陳元康崔季舒等屏斥左右署擬百官京將進食王却謂諸人曰昨夜夢此奴斫我宜殺却京聞之寘刀於盤冒言進食王怒曰我未索食爾何遽來京揮刀曰來將殺汝王自投傷足入于床下賊黨去床因而見殺先是訛言曰軟脫帽床底喘其言應矣時太原公洋在城東雙堂入而討賊臠割京等皆漆其頭祕不發喪徐出言曰奴反大將軍被傷無大苦也

臣等詳文襄紀其首與北史同而末多出於東魏孝靜紀其間與侯景往復書見梁書景傳其所序列尤無倫次蓋雜取之以成此書非正史也

北齊書卷四

隋太子通事舍人李百藥撰

帝紀第四

文宣

顯祖文宣皇帝諱洋字子進高祖第二子世宗之母弟后初孕每夜有赤光照室后私嘗怪之初高祖之歸尒朱榮時經危亂家徒壁立后與親姻相對共憂寒餒帝時尚未能言欻然應曰得活太后及左右大驚而不敢言及長黑色大頰兊下鱗身重踝不好戲弄深沉有大度晉陽有沙門乍愚乍智時人不測呼爲阿禿師帝曾與諸童共見之歷問祿位至帝舉手再三指天而已口無所言見者異之高祖嘗試觀諸子意識各使治亂絲帝獨抽刀斬之曰亂者須斬高祖是之又各配兵四出而使甲騎僞攻之世宗等怖撓帝乃勒衆與彭樂敵樂免冑言情猶擒之以獻後從世宗行過遼陽山獨見天門開餘人無見者內雖明敏貌若不足世宗每嗤之云此人亦得富貴相法亦何由可解唯高祖異之謂薛琡曰此兒意識過吾幼時師事范陽盧景裕默識過人景裕不能測也天平二年授散騎常侍驃騎大將軍儀同三司左光祿大夫太原郡開國公武定元年加侍中二年轉尚書左僕射領軍將軍五年授尚書令中書監京畿大都督武定七年八月世宗遇害事出倉卒內外震駭帝神色不變指麾部分自臠斬羣賊而漆其頭徐宣言曰奴反大將軍被傷無大苦也當時內外莫不驚異焉乃赴晉陽親總庶政務從寬厚事有不便者咸蠲省焉冬十月癸未朔以咸陽王坦爲太傅潘相樂爲司空十一月戊午吐谷渾國遣使朝貢梁齊州刺史茅靈斌德州刺史劉領隊南豫州刺史皇甫眘等竝以州內屬十二月己酉以并州刺史彭樂爲司徒太保賀拔仁爲并州刺史八年春正月庚申梁楚州刺史宋安顧以州內屬辛酉魏帝爲世宗舉哀於東堂梁定州刺史田聰能洪州刺史張顯等以州內屬戊辰魏詔進帝位使持節丞相都督中外諸軍事錄尚書事大行臺齊郡王食邑一萬戸甲戌地豆于國遣使朝貢三月辛酉又進封齊王食冀州之渤海長樂安德武邑瀛州之河間五郡邑十萬戸自居晉陽寢室夜有光如晝既爲王夢人以筆點己額旦以告館客王曇哲曰吾其退乎曇哲再拜賀曰王上加點便成主字乃當進也夏五月辛亥帝如鄴甲寅進相國總百揆封冀州之渤海長樂安德武邑瀛州之河間高陽章武定州之中山常山博陵十郡邑

二十萬戶加九錫殊禮齊王如故魏帝遣兼太尉彭城王韶司空潘相樂冊命曰於戲敬聽朕命夫惟天為大列晷宿而垂象謂地蓋厚疏川岳以阜物所以四時代序萬類駢羅庶品得性羣形不夭然則皇王統曆深視高居拱默垂衣寄成師相此則夏伯殷尹竭其股肱周成漢昭無為而治頃者天下多難國命如旒則我建國之業將墜於地齊獻武王奮迅風雲大濟艱危爰翼朕躬國為再造經營庶土以至勤憂及文襄承構愈廣前業康邦夷難道格穹蒼王纘德應期千齡一出惟幾惟深乃神乃聖大崇霸德寔廣相猷雖冥功妙實藐絕言象摽聲示迹典禮宜宣今申後命其敬虛受王摶風初舉建旗上地庇民立政時雨滂流下識廉恥仁加水陸移風易俗自齊變魯此王之功也仍攝天臺總參戎律策出若神威行朔土引弓竄跡松塞無煙此又王之功也逮光統前緒持衡匡合華戎混一風海調夷日月光華天地清晏聲接響隨無思不偃此又王之功也逖矣炎方逋違正朔懷文耀武授略申規淮楚連城灌然桑落此又王之功也關峴衿帶跨躡蕭條腸胄之地岳立鴟跱偏師纔指渙同冰散此又王之功也晉熙之所險薄江雷迴隔聲教迷方未改命將鞠旅覆其巢穴威畧風騰傾懾南海此又王之功也羣蠻跋扈世絕南疆搖蕩邊垂亟為塵梗懷德畏威向風請順傾陬盡落其至如雲此又王之功也胡人別種延蔓山谷會渠萬旅廣表千里憑險不恭恣其桀黠有樂淳風相攜叩款粟帛之調王府充積此又王之功也茫茫涉海世敵諸華風行鳥逝倏來忽往既飲醇醪附同膠漆毳裘委仞奇獸街尾此又王之功也秦川尚阻作我仇讎爰扼椒蘭飛書請好天動其衷辭卑禮厚區宇乂寧遐邇畢至此又王之功也江陰告禍民無適歸蕭宗子弟尚相投庇如鳥還山猶川赴海荆江十部俄而獻割乘此會也將混來方此又王之功也天平地成率土咸茂禎符顯見史不停筆既連百木兼呈九尾素過秦雀蒼比周烏此又王之功也搜揚管庫衣冠獲序禮云樂云銷沉俱振輕徭徹賦矜獄寬刑大信外彰深仁遠洽此又王之功也王有安日下之大勳加以表光明之盛德宣贊洪猷以左右朕言昔旦奭外分毛畢入佐出內之任王宜總之人謀鬼謀兩儀協契錫命之行義申公道以王踐律路禮軌物蒼生圓首安志率心歸道是以錫王大路戎路各一玄牡二駟王深重民天唯本是務衣食之用榮辱所由是用錫王袞冕之服赤舄副焉王深廣惠和易調風化神祇且格功德可象是用錫王軒懸之樂六佾之舞王風聲振赫九域咸綏遠人率俾奔走委責是用錫王朱戶以居王求賢選衆草萊以盡陳力就列罔非其人是用錫王納陛以登王英圖猛槩抑揚千品毅然之節肅是非違是用錫王武賁之士三百人王與亡所繫制極幽顯糺行天討罪人咸得是用錫王鈇鉞各一王鷹揚豹變實扶下土狼顧鴟張罔不彈射是用錫王彤弓一彤矢百盧弓十盧矢千王孝悌之至通於神明率民興行感達區宇是用錫王秬鬯一卣珪瓚副焉往欽哉其祇順往冊保弼皇家用終爾休德對揚我太祖之顯命魏帝以天人之望有歸景辰下詔曰三才剖判百王代興治天靜地和神敬鬼庇民造物咸自靈符非一人之大寶實有道之神器昔我宗祖應運奄一區宇歷聖重光暨於九葉德之不嗣仍離屯圮盜名字者遍於九服擅制命者非止三公主殺朝危人神靡繫天下之大將非魏有賴齊獻武王奮揚靈武剋翦多難重懸日月更綴參辰廟以掃除國由再造鴻勳巨業無得而稱逮文襄承構世業逾廣遍安遠服海內晏如國命已康生生得性迄相國齊王緯文經武統茲大業盡叡窮幾研深測化思隨寅運智與神行恩比春天威同夏日坦至心於萬物被大道於八方故百僚師師朝無秕政網疏澤洽率土歸心外盡江淮風靡屈膝辟地懷人百城奔走關隴慕義而請好瀚漠仰德而致誠伊所謂命世應期寔撫千載禎符雜遝異物同途謳頌塡委殊方一致代終之迹斯表人靈之契已合天道不遠我不獨知朕入纂鴻休將承世祀籍援立之厚延宗社之算靜言大運欣於避賢遠惟唐虞禪代之典近想魏晉揖讓之風其可昧興替之禮稽神祇之望今便遜於別宮歸帝位於齊國推聖與能眇符前軌主者宣布天下以時施行又使兼太尉彭城王韶兼司空敬顯儁奉冊曰咨爾相國齊王夫氣分形化物繫君長皇王遞興人非一姓昔放勳馭世沉璧屬子重華握曆持衡擁璇所以英賢茂實昭晰千古豈盛衰有運興廢在時知命不得不授畏天不可不受是故漢劉告否當塗順民曹歷不永金行納禪此皆重規襲矩率由舊章者也我祖宗光宅混一萬寓迄於正光之末奸孽乘權厥政多僻九域離盪永安運窮人靈殄瘁羣逆滔天割裂四海國土臣民行非魏有齊獻武王應期授手鳳舉龍驤舉廢極以立天扶傾柱而鎮地剪滅黎毒匡我墜曆有大德於魏室被博利於蒼生及文襄繼軌誕光前業內勦凶權外摧侵叛遐邇肅晏功格上玄王神祇協德舟梁一世體文昭武追變窮微自舉跡藩旗頌歌總集入統機衡風猷弘遠及大承世業扶國昌家相德日躋霸風愈邈威靈斯暢則荒遠奔馳聲畧所播而隣敵順款以富有之資運英特之氣顧眄之間無思不服圖諜潛蘊千祀彰明嘉禎幽祕一朝紛委以表代德之期用啓興邦之迹蒼蒼在上照臨不遠朕以虛昧猶未遑巡靜言愧之坐而待旦且時來運往媯舜不暇以當陽世革命改伯禹不容於北面況於寡薄而可踟躕是以仰協穹旻俯從百姓敬以帝位式授於王天祿永終大命格矣於戲其祗承曆數允執其中對揚天休斯年千萬豈不盛歟又致璽書於帝遣兼太保彭城王韶兼司空敬顯儁奉皇帝璽綬禪代之禮一依唐虞漢魏故事又尚書令高隆之率百寮勸進戊午乃卽皇帝位於南郊升壇柴燎告天曰皇帝臣洋敢用玄牡昭告於皇皇后帝否泰相沿廢興迭用至道無親應運斯輔上覽唐虞下稽魏晉莫不先天揖讓考歷終歸魏氏多難年將三十孝昌已後內外去之世道橫流蒼生塗炭賴我獻武拯其將溺三建元首再立宗祧掃絕羣凶芟夷奸宄德被黔黎勳光宇宙文襄嗣武克構鴻基功浹寰宇威陵海外窮髮懷音西寇納款青丘保候丹穴來庭扶翼危機重匡頹運是則有大造於魏室也魏帝以卜世告終上靈厭德欽若昊天允歸大命以禪於臣洋夫四海至公天下為一總民宰世樹之以君既川岳啓符人神效祉羣公卿士八方兆庶僉曰皇極乃顧於上魏朝推進於下天位不可以暫虛遂逼羣議恭膺大典猥以寡薄託於兆民之上雖天威在顏咫尺無遠循躬自省實懷祗惕敬簡元辰升壇受禪肆類上帝以答萬國之心永隆嘉祉保祐有齊以被於無窮之祚是日京師獲赤雀獻於南郊事畢還宮御太極前殿詔曰無德而稱代刑以禮不言而信先春後秋故知惻隱之化天人一揆弘宥之道今古同風朕以虛薄功業無紀昔先獻武王值魏世不造九鼎行出乃驅御侯伯大號燕趙拯厥顛墜俾亡則存文襄王外挺武功內資明德纂戎先業闢土服遠年踰二紀世歷兩都獄訟有適謳歌斯在故魏帝俯遵曆數爰念褰裳遠取唐虞終同脫屣實幽憂未已志在陽城而羣公卿士誠守愈切遂屬代終居於民上如涉深水有瞻終朝始發晉陽九尾呈瑞外壇告天赤雀効祉惟爾文武不貳心之臣股肱爪牙之將左右先王克隆大業永言誠節共斯休祉思與億兆同始茲日其大赦天下改武定八年為天保元年其百官進階男子賜爵鰥寡六疾義夫節婦旌賞各有差己未詔封魏帝為中山王食邑萬戶上書不稱臣答不稱詔載天子旌旗行魏正朔乘五時副車封王諸子為縣公邑一千戶奉絹萬匹錢千萬粟二萬石奴婢二百人水碾一具田百頃園一所詔追尊皇祖文穆王為文穆皇帝妣為文穆皇后皇考獻武王為獻武皇帝皇兄文襄王為文襄皇帝祖宗之稱付外速議以聞辛酉尊王太后為皇太后乙丑詔降魏朝封爵各有差其信都從義及宣力霸朝者及西來人并武定六年以來南來投化者不在降限辛未遣大使於四方觀察風俗問民疾苦嚴勒長吏厲以廉平興利除害務存安靜若法有不便於時政有未盡於事者具條得失還以聞奏甲戌遷神主於太廟六月己卯高麗遣使朝貢辛巳詔曰頃者風俗流宕浮競日滋家有吉凶務求勝異婚姻喪葬之費車服飲食之華動竭歲資以營日富又奴僕帶金玉婢妾衣羅綺始以剏出為奇後以過前為麗上下貴賤無復等差今運屬惟新思蠲往弊反朴還淳納民軌物可量事具立條式使儉而獲中又詔封崇聖侯邑一百戶以奉孔子之祀并下魯郡以時脩治廟宇務盡褒崇之至詔分遣使人致祭於五岳四瀆其堯祠舜廟下及孔父老君等載於祀典者咸秩罔遺詔曰冀州之渤海長樂二郡先帝始封之國義旗初起之地并州之太原青州之齊郡霸業所在王命是基君子有作貴不忘本思申恩洽蠲復田租齊郡渤海可竝復一年長樂復二年太原復三年詔故太傅孫騰故太保尉景故大司馬婁昭故司徒高昂故尚書左僕射慕容紹宗故領軍万俟干故定州刺史段榮故御史中尉劉貴故御史中尉竇泰故殷州刺史劉豐故濟州刺史蔡儁等竝左右先帝經贊皇基或不幸早徂或殞身王事可遣使者就墓致祭并撫問妻子慰逮存亡又詔封宗室高岳為清河王高隆之為平原王高歸彥為平秦王高思宗為上洛王高長弼為廣武王高普為武興王高子瑗為平昌王高顯國為襄樂王高叡為趙郡王高孝緒為脩城王又詔封功臣庫狄干為章武王斛律金為咸陽王賀拔仁為安定王韓軌為安德王可朱渾道元為扶風王彭樂為陳留王潘相樂為河東王癸未詔封諸弟青州刺史浚為永安王尚書左僕射淹為平陽王定州刺史澈為彭城王儀同三司演為常山王冀州刺史渙為上黨王儀同三司淯為襄城王儀同三司湛為長廣王湝為任城王湜為高陽王濟為博陵

王凝爲新平王潤爲馮翊王洽爲漢陽王丁亥詔立王子殷爲皇太子王后李氏爲皇后庚寅詔以太師厙狄干爲太宰司徒彭樂爲太尉司空潘相樂爲司徒開府儀同三司司馬子如爲司空辛卯以前太尉清河王岳爲使持節驃騎大將軍司州牧壬辰詔曰自今已後諸有文啓論事并陳要密有司悉爲奏聞已亥以皇太子初入東宮赦畿內及并州死罪已下餘州死降徒流已下一皆原免秋七月辛亥詔尊文襄妃元氏爲文襄皇后宮曰靜德又詔封文襄皇帝子孝琬爲河間王孝瑜爲河南王乙卯以尚書令平原王隆之錄尚書事尚書左僕射平陽王淹爲尚書令又詔曰古人鹿皮爲衣書囊成帳有懷盛德風流可想其魏御府所有珍奇雜綵常所不給人者徒爲畜積命宜悉出送內後園以供七日宴賜八月詔郡國脩立黌序廣延髦儁敦述儒風其國子學生亦仰依舊銓補服膺師說研習禮經往者文襄皇帝所建蔡邕石經五十二枚即宜移置學館依次脩立又詔曰有能直言正諫不避罪辜謇謇若朱雲諤諤若周舍開朕意沃朕心弼于一人利兼百姓者必當寵以榮祿待以不次又曰諸牧民之官仰專意農桑勤心勸課廣收天地之利以備水旱之災庚寅詔曰朕以虛寡嗣弘王業思所以贊揚盛績播之萬古雖史官執筆有聞無墜猶恐緒言遺美時或未書在位王公文武大小降及民庶爰至僧徒或親奉音旨或承傳傍說凡可載之文籍悉宜條錄封上甲午詔曰魏世議定麟趾格遂爲通制官司施用猶未盡善可令羣官更加論究適治之方先盡要切引綱理目必使無遺九月癸丑以散騎常侍車騎將軍領東夷校尉遼東郡開國公高麗王成爲使持節侍中驃騎大將軍領護東夷校尉王公如故詔梁侍中使持節假黃鉞都督中外諸軍事大將軍承制邵陵王蕭綸爲梁王庚午帝如晉陽拜辭山陵是日皇太子入居涼風堂監總國事冬十月己卯備法駕御金輅入晉陽宮朝皇太后於內殿辛巳曲赦并州太原郡晉陽縣及相國府四獄囚癸未茹茹國遣使朝貢乙酉以特進元韶爲尚書左僕射并州刺史段韶爲尚書右僕射景戌吐谷渾國遣使朝貢壬辰罷相國府留騎兵外兵曹各立一省別掌機密十一月周文帝率衆至陝城分騎北渡至建州甲寅梁湘東王蕭繹遣使朝貢景寅帝親戎出次城東周文帝聞帝軍容嚴盛歎曰高歡不死矣遂退師庚午還宮十二月丁丑茹茹庫莫奚國並遣使朝貢辛丑帝至自晉陽

二年春正月丁未梁湘東王蕭繹遣使朝貢辛亥有事于圓丘以神武皇帝配癸亥親耕籍田于東郊乙酉前黃門侍郎元世寶通直散騎侍郎彭貴平謀逆免死配邊有事於太廟甲戌帝汎舟於城東二月壬辰太尉彭樂謀反伏誅壬寅茹茹國遣使朝貢三月丙午襄城王淯薨己未詔梁承制湘東王繹爲梁使持節假黃鉞相國建梁臺總百揆承制梁交州刺史李景盛梁州刺史馬嵩仁義州刺史夏侯珍洽新州刺史李漢等並率州內附庚申司空司馬子如坐事免夏四月壬辰梁王蕭繹遣使朝貢閏月乙丑室韋國遣使朝貢五月景戌合州刺史斛斯顯攻尅梁歷陽鎮丁亥高麗國遣使朝貢是月侯景廢梁簡文立蕭棟爲主六月庚午以前司空司馬子如爲太尉七月壬申茹茹遣使朝貢癸酉行臺郎邢景遠破梁龍安戍獲鎮城李洛文己卯改顯陽殿爲昭陽殿九月壬申詔免諸伎作屯牧雜色役隸之徒爲白戶癸巳帝如趙定二州因如晉陽冬十月戊申起宣光建始嘉福仁壽諸殿庚申蕭繹遣使朝貢丁卯文襄皇帝神主入于廟十一月侯景廢梁主僭即僞位於建鄴自稱曰漢十二月中山王殂

三年春正月景申帝親討庫莫奚於代郡大破之獲雜畜十餘萬分賚將士各有差以奚户付山東爲民二月茹茹主阿那瓌爲突厥虜所破瓌自殺其太子菴羅辰及瓌從弟登注俟利發注子庫提並擁衆來奔茹茹餘衆立注次子鐵伐爲主辛丑契丹遣使朝貢三月戊子以司州牧清河王岳爲使持節南道大都督司徒潘相樂爲使持節東南道大都督及行臺辛術率衆南伐癸巳詔進梁王蕭繹爲梁主夏四月壬申東南道行臺辛術於廣陵送傳國璽甲申以吏部尚書楊愔爲尚書右僕射景申室韋國遣使朝貢六月乙亥清河王岳等班師丁未帝至自晉陽乙卯帝如晉陽九月辛卯帝自并州幸離石冬十月乙未至黃櫨嶺仍起長城北至社于戍四百餘里立三十六戍十一月辛巳梁主蕭繹即帝位於江陵是爲元帝遣使朝貢十二月壬子帝還宮戊午帝如晉陽

四年春正月景子山胡圍離石戊寅帝討之未至胡已逃竄因巡三堆戍大狩而歸戊寅庫莫奚遣使朝貢己丑改鑄新錢文曰常平五銖二月送茹茹主鐵伐登注及子庫提還北鐵伐尋爲契丹所殺國人復立登注爲主仍爲其大人阿富提等所殺國人復立庫提爲主夏四月戊戌帝還宮戊午西南有大聲如雷五月庚午帝校獵於林慮山戊子還宮九月契丹犯塞壬午帝北巡冀定幽安仍北討契丹冬十月丁酉帝至平州遂從西道趣長塹詔司徒潘相樂率精騎五千自東道趣青山辛丑至白狼城壬寅經昌黎城復詔安德王韓軌率精騎四千東趣斷契丹走路癸卯至陽師水倍道兼行掩襲契丹甲辰帝親踰山嶺爲士卒先指麾奮擊大破之虜獲十萬餘口雜畜數十萬頭樂又於青山大破契丹別部所虜生口皆分置諸州是行也帝露頭袒膊晝夜不息行千餘里唯食肉飲水壯氣彌厲丁未至營州丁巳登碣石山臨滄海十一月己未帝自平州遂如晉陽閏月壬寅梁帝遣使來聘十二月己未突厥復攻茹茹茹茹舉國南奔癸亥帝自晉陽北討突厥迎納茹茹乃廢其主庫提立阿那瓌子菴羅辰爲主置之馬邑川給其廩餼繒帛親追突厥於朔州突厥請降許之而還於是貢獻相繼

五年春正月癸巳帝討山胡從離石道遣太師咸陽王斛律金從顯州道常山王演從晉州道掎角夾攻大破之斬首數萬獲雜畜十餘萬遂平石樓石樓絕險自魏世所不能至於是遠近山胡莫不懾服是月周文帝廢西魏主立齊王廓是爲恭帝三月茹茹菴羅辰叛帝親討大破之辰父子北遁太保賀拔仁坐違節度除名夏四月茹茹寇肆州丁巳帝自晉陽討之至恒州黃瓜堆虜騎散走時大軍已還帝率麾下千餘騎遇茹茹別部數萬四面圍逼帝神色自若指畫形勢虜衆披靡遂縱兵潰圍而出虜不退走追擊之伏尸二十里獲菴羅辰妻子及生口三萬餘人五月丁亥地豆于契丹等國並遣使朝貢丁未北討茹茹大破之六月茹茹率部衆東徙將南侵帝率輕騎於金山下邀擊之茹茹聞而遠遁秋七月戊子肅愼遣使朝貢壬辰降罪人庚戌帝至自北伐八月丁巳突厥遣使朝貢庚子以司州牧清河王岳爲太保司空尉粲爲司徒太子太師侯莫陳相爲司空尚書令平陽王淹錄尚書事常山王演爲尚書令中書令上黨王渙爲尚書左僕射乙亥儀同三司元旭以罪賜死丁丑帝幸晉陽己卯開府儀同三司錄尚書事平原王高隆之薨是月詔常山王演上黨王渙清河王岳平原王段韶等率衆於洛陽西南築伐惡城新城嚴城河南城九月帝親自臨幸欲以致周師周師不出乃如晉陽冬十月西魏伐梁元帝於江陵詔清河王岳河東王潘相樂平原王段韶等率衆救之未至而江陵陷梁元帝爲西魏將于謹所殺梁將王僧辯在建康共推晉安王蕭方智爲太宰都督中外諸軍承制置百官十二月庚申帝北巡至達速嶺覽山川險要將起長城

六年春正月壬寅清河王岳以衆軍渡江尅夏首送梁郢州刺史陸法和詔以梁散騎常侍貞陽侯蕭明爲梁王遣尚書左僕射上黨王渙率衆送之二月甲子以陸法和爲使持節都督荆雍江巴梁益湘萬交廣十州諸軍事太尉公大都督西南道大行臺梁鎮北將軍侍中荆州刺史宋莅爲使持節驃騎大將軍郢州刺史甲戌上黨王渙尅譙郡三月丙戌上黨王渙尅東關斬梁將裴之橫俘斬數千景申帝至自晉陽封世宗二子孝珩爲廣寧王延宗爲安德王戊戌帝臨昭陽殿聽獄決訟夏四月庚申帝如晉陽丁卯儀同蕭軌克梁晉熙城以爲江州戊寅突厥遣使朝貢梁反人李山花自號天子逼魯山城五月乙酉鎮城李仲侃擊斬之庚寅帝至自晉陽蕭明入于建鄴丁未茹茹遣使朝貢六月壬子詔曰梁國遘禍主喪臣離逷彼炎方盡生荆棘興亡繼絕義在於我納以長君拯其危弊比送梁主已入金陵藩禮既脩分義方篤越鳥之思豈忘南枝凡是梁民宜聽反國以禮發遣丁卯帝如晉陽壬申親討茹茹甲戌諸軍大會於祁連池乙亥出塞至厙狄谷百餘里內無水泉六軍渴乏俄而大雨戊寅梁主蕭明遣其子章兼侍中袁泌兼散騎常侍楊裕奉表朝貢秋七月己卯帝頓白道留輜重親率輕騎五千追茹茹壬午及於懷朔鎮帝躬當矢石頻大破之遂至沃野獲其俟利藹焉力婁阿帝吐頭發郁久閭狀延等并口二萬餘牛羊數十萬頭茹茹俟利郁久閭李家提率部人數百降壬辰帝還晉陽九月乙卯帝至自晉陽冬十月梁將陳霸先襲王僧辯殺之廢蕭明復立蕭方智爲主辛亥帝如晉陽十一月丙戌高麗遣使朝貢梁秦州刺史徐嗣輝南豫州刺史任約等襲據石頭城並以州內附壬辰大都督蕭軌率衆至江遣都督柳達摩等渡江鎮石頭東南道行臺趙彥深獲秦郡等五城戶二萬餘所在安輯之己亥太保司州牧清河王岳薨是月柳達摩爲霸先攻逼以石頭降十二月戊申庫莫奚遣使朝貢是年發夫一百八十萬人築長城自幽州北夏口至恒州九百餘里

七年春正月甲辰帝至自晉陽於鄴城西馬射大集衆庶而觀之二月辛未詔常山王演等於凉風堂讀尚書奏按論定得失帝親決之三月丁酉大都督蕭軌等率衆濟江夏四月乙丑儀同婁叡率衆討魯陽蠻大破之丁亥詔造金華殿五月景申漢陽王洽薨是月帝以肉

爲斷慈遂不復食六月乙卯蕭軌等與梁師戰於鍾山之西遇霖雨失利軌及都督李希光王敬寶東方老軍司裴英起竝沒士卒散還者十二三乙丑梁湘州刺史王琳獻馴象是年脩廣三臺宮殿秋七月己亥大赦天下八月庚申帝如晉陽九月甲辰庫莫奚遣使朝貢冬十月丙戌契丹遣使朝貢是月發山東寡婦二千六百人以配軍士有夫而濫奪者五分之一是月周文帝殂十一月壬子詔曰岷山作鎮厥號神州瀛海爲池是稱赤縣蒸民乃粒司牧存焉王者之制沿革迭起方割成災肇分十二水土既平還復九州道或繁簡義在通時殷因於夏無所改作然則日月經於天交王公國於地野皆所以上叶玄儀下符川嶽逮于秦政鞭撻區寓罷侯置守天下爲家洎兩漢承基曹馬屬統其間損益難以勝言魏自孝昌之季數鍾澆否祿去公室政出多門衣冠道盡黔首塗炭銅馬鐵脛之徒黑山青犢之侶梟張晉趙豕突燕秦綱紀從茲而頹彝章因此而紊是使豪家大族鳩率鄉部託迹勤王規自署置或外家公主女謁內成昧利納財啓立州郡離大合小本逐時宜剖竹分符蓋不獲已牧守令長虛增其數求功錄實諒足爲煩損害公私爲弊殊久既乖爲政之禮徒有驅羊之費自爾因循未遑刪改朕寅膺寶曆恭臨八荒建國經野務存簡易將欲鎮躁歸靜反薄還淳苟失其中理從刊正傍觀舊史逖聽前言周曰成康漢稱文景編戶之多古今爲最而丁口減於疇日守令倍於昔辰非所以馭俗調風示民軌物且五嶺內賓三江廻化拓土開疆利窮南海但要荒之所舊多浮僞百室之邑便立州名三戶之民空張郡目譬諸木犬猶彼泥龍循名督實事歸烏有今所併省一依別制於是併省三州一百五十三郡五百八十九縣三鎮二十六戍又制刺史令盡行兼不給幹物十二月西魏相宇文覺受魏禪先是自西河總秦戍築長城東至於海前後所築東西凡三千餘里率十里一戍其要害置州鎮凡二十五所

八年春三月大熱人或暍死夏四月庚午詔諸取蝦蠏蜆蛤之類悉令停斷唯聽捕魚乙酉詔公私鷹鷂俱亦禁絕以太師咸陽王斛律金爲右丞相前大將軍扶風王可朱渾道元爲太傅開府儀同三司賀拔仁爲太保尚書令常山王演爲司空錄尚書事長廣王湛爲尚書令尚書右僕射楊愔爲尚書左僕射以并省尚書右僕射崔暹爲尚書右僕射上黨王渙錄尚書事是月帝在城東馬射勑京師婦女悉赴觀不赴者罪以軍法七日乃止五月辛酉冀州民劉向於京師謀逆黨與皆伏誅秋八月己巳庫莫奚遣使朝貢庚辰詔丘郊禘祫時祀皆仰市取少牢不得刲割有司監視必令豐備農社先蠶酒肉而已雩禖風雨司民司祿靈星雜祀果餅酒脯唯當務盡誠敬義同如在自夏至九月河北六州河南十二州畿內八郡大蝗是月飛至京師蔽日聲如風雨甲辰詔今年遭蝗之處免租是月周冢宰宇文護殺其主閔帝而立帝弟毓是爲明帝冬十月乙亥陳霸先弒其主方智自立是爲陳武帝遣使稱藩朝貢是年於長城內築重城自庫洛拔而東至於塢紇戍凡四百餘里

九年春二月丁亥降罪人己丑詔限仲冬一月燎野不得他時行火損昆虫草木三月丁酉帝至自晉陽夏四月辛巳大赦是夏大旱帝以祈雨不應毀西門豹祠掘其冢山東大蝗差夫役捕而坑之是月北豫州刺史司馬消難以城叛入於周五月辛巳尚書令長廣王湛錄尚書事驃騎大將軍平秦王歸彥爲尚書左僕射甲辰以前尚書左僕射楊愔爲尚書令六月乙丑帝自晉陽北巡己巳至祁連池戊寅還晉陽秋七月辛丑給京畿老人劉奴等九百四十三人版職及杖帽各有差戊申詔趙燕瀛定南營五州及司州廣平清河二郡去年螽澇損田兼春夏少雨苗稼薄者免今年租賦八月乙丑至自晉陽甲戌帝如晉陽是月陳江州刺史沈泰以三千人內附先是發丁匠三十餘萬營三臺於鄴下因其舊基而高博之大起宮室及遊豫園至是三臺成改銅爵曰金鳳金獸曰聖應氷井曰崇光十一月甲午帝至自晉陽登三臺御乾象殿朝讌羣臣竝命賦詩以新宮成丁酉大赦內外文武竝進一大階丁巳梁湘州刺史王琳遣使請立蕭莊爲梁主仍以江州內屬令莊居之十二月癸酉詔梁王蕭莊爲梁主進居九派戊寅以太傅可朱渾道元爲太師司徒尉粲爲太尉冀州刺史段韶爲司空錄尚書事常山王演爲大司馬錄尚書事長廣王湛爲司徒是月起大莊嚴寺是年殺永安王浚上黨王渙

十年春正月戊戌以司空侯莫陳相爲大將軍甲寅帝如遼陽甘露寺乙卯詔於麻城置衡州二月丙戌帝於甘露寺禪居深觀唯軍國大政奏聞三月戊戌以侍中高德政爲尚書右僕射景辰帝至自遼陽是月梁主蕭莊至郢州遣使朝貢閏四月丁酉以司州牧彭城王浟爲司空侍中高陽王湜爲尚書右僕射乙巳以司空彭城王浟兼大尉封皇子紹廉爲長樂郡王五月癸未誅始平公元世東平公元景式等二十五家特進元韶等十九家竝令禁止六月陳武帝殂兄子蒨立是爲文帝秋八月戊戌封皇太子紹義爲廣陽郡王以尚書右僕射河間王孝琬爲尚書左僕射癸卯詔諸軍民或有父祖改姓冒入元氏或假託攜認妄稱姓元者不問世數遠近悉聽改復本姓九月己巳帝如晉陽是月使酈懷則陸仁惠使於蕭莊冬十月甲午帝暴崩於晉陽宮德陽堂時年三十一遺詔凡諸凶事一依儉約三年之喪雖曰達禮漢文革刱通行自昔義有存焉同之可也喪月之斷限以三十六日嗣主百寮內外遐邇奉制割情悉從公除癸卯發喪斂於宣德殿十一月辛未梓宮還京師十二月乙酉殯於太極前殿乾明元年二月丙申葬於武寧陵謚曰文宣皇帝廟號威宗武平初又改爲文宣廟號顯祖帝少有大度志識沉敏外柔內剛果敢能斷雅好吏事測始知終理劇處繁終日不倦初踐大位留心政術以法馭下公道爲先或有違犯憲章雖密戚舊勳必無容舍內外清靖莫不祗肅至於軍國幾策獨決懷抱規模宏遠有人君大畧又以三方鼎跱諸夷未賓修繕甲兵簡練士卒左右宿衛置百保軍士每臨行陣親當矢石鋒刃交接唯恐前敵之不多屢犯艱危常致克捷嘗於東山遊讌以關隴未平投杯震怒召魏收於御前立爲詔書宣示遠近將事西伐是歲周文帝殂西人震恐常爲度隴之計既征伐四克威振戎夏六七年後以功業自矜遂留連沈湎肆行淫暴或躬自鼓舞歌謳不息從旦通宵以夜繼晝或袒露形體塗傅粉黛散髮胡服雜衣錦綵拔刃張弓遊於市肆勳戚之第朝夕臨幸時乘駝牛驢不施鞍勒盛暑炎赫隆冬酷寒或日中暴身去衣馳騁從者不堪帝居之自若親戚貴臣左右近習侍從錯雜無復差等徵集淫嫗分付從官朝夕臨視以爲娛樂凡諸殺害多令支解或焚之於火或投之於河沉酗既久彌以狂惑至於末年每言見諸鬼物亦云聞異音聲情有蔕芥必在誅戮諸元宗室咸加屠勦永安上黨竝致冤酷高隆之高德政杜弼王元景李蒨之等皆以非罪加害嘗在晉陽以矟戲刺都督尉子耀應手卽殞又在三臺大光殿上以鋸鋸都督穆嵩遂至於死又嘗幸開府暴顯家有都督韓哲無罪忽於衆中喚出斬之其餘酷濫不可勝紀朝野憯憎各懷怨毒而素以嚴斷臨下加之默識彊記百寮戰慄不敢爲非文武近臣朝不謀夕又多所營繕百役繁興舉國騷擾公私勞弊凡諸賞賚無復節限府藏之積遂至空虛自皇太后諸王及內外勳舊愁懼危悚計無所出暨于末年不能進食唯數飲酒麴蘖成災因而致斃

論曰高祖平定四胡威權延世遷鄴之後雖主器有人號令所加政皆自出顯祖因循鴻業內外協從自朝及野羣心屬望東魏之地舉世樂推曾未朞月玄運集己始則存心政事風化肅然數年之間翕斯致治其後縱酒肆欲事極猖狂昏邪殘暴近世未有饗國弗永實由斯疾胤嗣殄絕固亦餘殃者也

贊曰天保定位受終攸屬奄宅區夏爰膺帝籙勢叶謳歌情毀龜玉始存政術聞斯德音罔遵克念乃肆其心窮理殘虐盡性荒淫

北齊書卷四考證

顯祖文宣皇帝紀而使甲騎僞攻之○臣範按毛氏本使字下有彭樂率三字北史亦有

三月辛酉又進封齊王○辛酉北史作庚申臣荃按魏孝靜三月庚申進齊郡王高洋爵爲齊王疑從北史爲是

往者文襄皇帝所建蔡邕石經○建北史作運臣荃按下文云卽宜移置學館依次修立是文襄但運石經未嘗建立疑從北史爲是

乙酉前黃門侍郎元世寶通直散騎侍郎彭貴平謀逆免死配邊○臣荃按元世寶彭貴平事北史不載

冬十月乙未至黃櫨嶺仍起長城北至社于戍○臣範按毛氏本作社干通鑑作社平胡三省註齊紀作社子

遂平石樓○元本遂譌道從南監本改

虜不退走追擊之○北史無不字

率輕騎於金山下邀擊之○金山通鑑作金川

梁秦州刺史徐嗣輝○北史通鑑竝作嗣徽

柳達摩爲霸先攻逼以石頭降○臣範按通鑑達摩遣使請和於霸先且求質子霸先乃以從子曇朗等爲質與齊人盟于城外將士恣其南北則達摩未降也當是齊誅達摩而以降爲罪耳陳書亦云達摩遣侯子欽劉士榮等請和通鑑載齊誅達摩於十二月辛酉之下

自庫洛拔而東至于塢紇戍○北史同通鑑拔作枝塢作鳴

北齊書卷五

隋太子通事舍人李百藥撰

帝紀第五

廢帝

廢帝殷字正道文宣帝之長子也母曰李皇后天保元年立爲皇太子時年六歲性敏慧初學反語於跡字下注云自反時侍者未達其故太子曰跡字足傍亦爲跡豈非自反耶常宴北宮獨令河間王勿入左右問其故太子曰世宗遇賊處河間王復何宜在此文宣每言太子得漢家性質不似我欲廢之立太原王初詔國子博士李寶鼎傅之寶鼎卒復詔國子博士邢峙侍講太子雖富於春秋而溫裕開朗有人君之度貫綜經業省覽時政甚有美名七年冬文宣召朝臣文學者及禮學官於宮宴會令以經義相質親自臨聽太子手筆措問在坐莫不歎美九年文宣在晉陽太子監國集諸儒講孝經令楊愔傳旨謂國子助教許散愁曰先生在世何以自資對曰散愁自少以來不登變童之床不入季女之室服膺簡策不知老之將至平生素懷若斯而已太子曰顏子縮屋稱貞柳下嫗而不亂未若此翁白首不娶者也乃賚絹百疋後文宣登鳳臺召太子使手刃囚太子惻然有難色再三不斷其首文宣怒親以馬鞭撞太子三下由是氣悸語吃精神時復昏擾十年十一月文宣崩癸卯太子即帝位於晉陽宣德殿大赦內外百官普加汎級亡官失爵聽復資品庚戌尊皇太后爲太皇太后皇后爲皇太后詔九州軍人七十已上授以板職武官年六十已上及癃病不堪驅使者竝皆放免土木營造金銅鐵諸雜作工一切停罷十一月乙卯以右丞相咸陽王斛律金爲左丞相以錄尚書事常山王演爲太傅以司徒長廣王湛爲太尉以司空段韶爲司徒以平陽王淹爲司空高陽王湜爲尚書左僕射河間王孝琬爲司州牧侍中燕子獻爲右僕射戊午分命使者巡省四方求政得失省察風俗問人疾苦十二月戊戌改封上黨王紹仁爲漁陽王廣陽王紹義爲范陽王長樂王紹廉爲隴西王是歲周武成元年

乾明元年庚辰春正月癸丑朔改元己未詔寬徭賦癸亥高陽王湜薨是月車駕至自晉陽癸亥以太傅常山王演爲太師錄尚書事以太尉長廣王湛爲大司馬并省錄尚書事以尚書左僕射平秦王歸彥爲司空趙郡王叡爲尚書左僕射詔諸元良口配沒宮內及賜人者竝放免甲辰帝幸芳林園親錄囚徒死罪以下降免各有差乙巳太師常山王演矯詔誅尚書令楊愔尚書左僕射燕子獻領軍大將軍可朱渾天和侍中宋欽道散騎常侍鄭子默戊申以常山王演爲大丞相都督中外諸軍錄尚書事以大司馬長廣王湛爲太傅京畿大都督以司徒段韶爲大將軍以前司空平陽王淹爲太尉以司空平秦王歸彥爲司徒彭城王浟爲尚書令又以高麗王世子湯爲使持節領東夷校尉遼東郡公高麗王是月王琳爲陳所敗蕭莊自拔至和州三月甲寅詔軍國事皆申晉陽禀大丞相常山王規筭壬申封文襄第二子孝珩爲廣寧王第三子長恭爲蘭陵王夏四月癸亥詔河南定冀趙瀛滄南膠光青九州往因螽水頗傷時稼遣使分塗贍恤是月周明帝崩五月壬子以開府儀同三司劉洪徽爲尚書右僕射秋八月壬午太皇太后令廢帝爲濟南王令食一郡以大丞相常山王演入纂大統是日王居別宮皇建二年九月殂於晉陽年十七帝聰慧夙成寬厚仁智天保間雅有令名及承大位楊愔燕子獻宋欽道等同輔以常山王地親望重內外畏服加以文宣初崩之日太后本欲立之故愔等竝懷猜忌常山王憂悵乃白太后誅其黨時平秦王歸彥亦預謀焉皇建二年秋天文告變歸彥慮有後害仍白孝昭以王當咎乃遣歸彥馳驛至晉陽宮殺之王薨後孝昭不豫見文宣爲祟孝昭深惡之厭勝術備設而無益也薨三旬而孝昭崩大寧二年葬於武寧之西北謚閔悼王初文宣命邢邵制帝名殷字正道帝從而尤之曰殷家弟及正字一止吾身後兒不得也邵懼請改焉文宣不許曰天也因謂孝昭帝曰奪時但奪愼勿殺也

北齊書卷五考證

廢帝紀文宣登鳳臺○北史作金鳳臺

改封上黨王紹仁爲漁陽王廣陽王紹義爲范陽王○監本脫廣陽王三字今從南監本及北史補

令食一郡○臣範按北史令作全蓋全食濟南一郡也北史是

北齊書卷六

隋太子通事舍人李百藥撰

帝紀第六

孝昭

孝昭皇帝演字延安神武皇帝第六子文宣皇帝之母弟也幼而英特早有大成之量武明皇太后早所愛重魏元象元年封常山郡公及文襄執政遣中書侍郎李同軌就霸府爲諸弟師帝所覽文籍源其指歸而不好辭彩每歎云雖盟津之師左驂震而不衂同軌以爲能遂篤志讀漢書至李陵傳恒壯其所爲焉聰敏過人所與遊處一知其家諱終身未嘗誤犯同軌病卒又命開府長流參軍刁柔代之性嚴褊不適誘訓之宜中被遣出帝送出閤慘然斂容淚數行下左右莫不歔欷其敬業重舊也如此天保初進爵爲王五年除并省尚書令帝善斷割長於文理省內畏服七年從文宣還鄴文宣以尚書奏事多有異同令帝與朝臣先論定得失然後敷奏帝長於政術剖斷咸盡其理文宣歎重之八年轉司空錄尚書事九年除大司馬仍錄尚書時文宣溺於遊宴帝憂憤表於神色文宣覺之謂帝曰但令汝在我何爲不縱樂帝唯啼泣拜伏竟無所言文宣亦大悲抵盃於地曰汝以此嫌我自今敢進酒者斬之因取所御盃盡皆壞棄後益沉湎或入諸貴戚家角力批拉不限貴賤唯常山王至內外肅然帝又密撰事條將諫其友王晞以爲不可帝不從因間極言遂逢大怒順成后本魏朝宗室文宣欲帝離之陰爲帝廣求淑媛望移其寵帝雖承旨有納而情義彌重帝性頗嚴尚書郎中剖斷有失輒加捶楚令史姦慝便即考竟文宣乃立帝於前以刀環擬脅召被帝罰者臨以白刃求帝之短咸無所陳方見解釋自是不許笞箠郎中後賜帝魏時宮人醒而忘之謂帝擅取遂以刀環亂築因此致困皇太后日夜啼泣文宣不知所爲先是禁友王晞乃捨之令侍帝帝月餘漸瘳不敢復諫及文宣崩帝居禁中護喪事幼主即位乃即朝班除太傅錄尚書朝政皆決於帝月餘乃居藩邸自是詔勑多不關帝客或言於帝曰鷙鳥捨巢必有探卵之患今日之地何宜屢出乾明元年從廢帝赴鄴居于領軍府時楊愔燕子獻可朱渾天和宋欽道鄭子默等以帝威望既重內懼權逼請以帝爲太師司州牧錄尚書事長廣王湛爲大司馬錄并省尚書事解京畿大都督帝時以尊親而見猜斥乃與長廣王期獵謀之於野三月甲戌帝初上省旦發領軍府大風暴起壞所御車慢帝甚惡之及至省朝士咸集坐定酒數行於坐執尚書令楊愔右僕射燕子獻領軍可朱渾天和侍中宋欽道等於坐帝戎服與平原王段韶平秦王高歸彥領軍劉洪徽入自雲龍門於中書省前遇散騎常侍鄭子默又執之同斬於御府之內帝至東閤門都督成休寧抽刃呵帝帝令高歸彥喻之休寧厲聲大呼不從歸彥既爲領軍素爲兵士所服悉皆弛仗休寧歎息而罷帝入至昭陽殿幼主太皇太后皇太后竝出臨御坐帝奏愔等罪求伏專擅之辜時庭中及兩廊下衞士二千餘人皆被甲待詔武衞娥永樂武力絕倫又被文宣重遇撫刃思効廢帝性吃訥兼倉卒不知所言太皇太后又爲皇太后誓言帝無異志唯去逼而已高歸彥勑勞衞士解嚴永樂乃內刀而泣帝乃令歸彥引侍衞之士向華林園以京畿軍入守門閤斬娥永樂於園詔以帝爲大丞相都督中外諸軍錄尚書事相府佐史進位一等帝尋如晉陽有詔軍國大政咸諮決焉帝既當大位知無不爲擇其令典考綜名實廢帝恭己以聽政太皇太后尋下令廢少主命帝統大業

皇建元年八月壬午皇帝即位於晉陽宣德殿大赦改乾明元年爲皇建詔奉太皇太后還稱皇太后皇太后稱文宣皇后宮曰昭信乙酉詔自太祖創業已來諸有佐命功臣子孫絕滅國統不傳者有司搜訪近親以名聞當量爲立後諸郡國老人各授版職賜黃帽鳩杖又詔謇正之士竝聽進見陳事軍人戰亡死王事者以時申聞當加榮贈督將朝士名望素高位歷通顯天保以來未蒙追贈者亦皆錄奏又以廷尉中丞執法所在繩違按罪不得舞文弄法其官奴婢年六十已上免爲庶人戊子以太傅長廣王湛爲右丞相以太尉平陽王淹爲太傅以尚書令彭城王浟爲大司馬壬辰詔分遣大使巡省四方觀察風俗問人疾苦考求得失搜訪賢良甲午詔曰昔武王尅殷先封兩代漢魏二晉無廢茲典及元氏統歷不率舊章朕纂承大業思弘古典但二王三恪舊說不同可議定是非列名條奏其禮儀體式亦仰議之又詔國子寺可備立官屬依舊置生講習經典歲時考試其文襄帝所運石經宜即施列於學館外州大學亦仰典司勤加督課景申詔九州勳人有重封者聽分授子弟以廣骨肉之恩九月壬申詔議定三祖樂冬十一月辛亥立妃元氏爲皇后世子百年爲皇太子賜天下爲父後者爵一級癸丑有司奏太祖獻武皇帝廟宜奏武德之樂舞昭烈之舞世宗文襄皇帝廟宜奏

文德之樂舞宣政之舞顯祖文宣皇帝廟宣奏文正之樂舞光大之舞詔曰可庚申詔以故太師尉景故太師竇泰故太師太原王婁昭故太宰章武王庫狄干故太尉段榮故太師万俟普故司徒蔡儁故太師高乾故司徒莫多婁貸文故太保劉貴故太保封祖裔故廣州刺史王懷十二人配饗太祖廟庭故太師清河王岳故太宰安德王韓軌故太宰扶風王可朱渾道元故太師高昻故大司馬劉豐故太師万俟受洛干故太尉慕容紹宗七人配饗世宗廟庭故太尉河東王潘相樂故司空薛修義故太傅破六韓常三人配饗顯祖廟庭是月帝親戎北討庫莫奚出長城虜奔遯分兵致討大獲牛馬括總入晉陽宮十二月景午車駕至晉陽

二年春正月辛亥祀圓丘壬子禘於太廟癸丑詔降罪人各有差二月丁丑詔內外執事之官從五品已上及三府主簿錄事參軍諸王文學侍御史廷尉三官尚書郎中中書舍人每二年之內各舉一人冬十月景子以尚書令彭城王浟爲太保長樂王尉粲爲太尉己酉野雉栖于前殿之庭十一月甲辰詔曰朕嬰此暴疾奄忽無逮今嗣子沖眇未閑政術社稷業重理歸上德右丞相長廣王湛研機測化體道居宗人雄之望海內瞻仰同胞共氣家國所憑可遣尚書左僕射趙郡王叡喻旨徵王統茲大寶其喪紀之禮一同漢文三十六日悉從公除山陵施用務從儉約先是帝不豫而無闕聽覽是月崩於晉陽宮時年二十七大寧元年閏十二月癸卯梓宮還鄴上謚曰孝昭皇帝庚午葬於文靖陵帝聰敏有識度深沉能斷不可窺測身長八尺腰帶十圍儀望風表迥然獨秀自居臺省留心政術閑明簿領吏所不逮及正位宸居彌所尅勵輕傜薄賦勤恤人隱內無私寵外收人物雖后父位亦特進無別日昃臨朝務知人之善惡每訪問左右冀獲直言曾問舍人裴澤在外議論得失澤率爾對曰陛下聰明至公自可遠侔古昔而有識之士咸言傷細帝王之度頗爲未弘帝笑曰誠如卿言朕初臨萬機慮不周悉故致爾耳此事安可久行恐後又嫌疎漏澤因被寵遇其樂聞過也如此趙郡王叡與庫狄顯安侍坐帝曰須拔我同堂弟顯安我親姑子今序家人禮除君臣之敬可言我之不逮顯安曰陛下多妄言曰若何對曰陛下昔見文宣以馬鞭撻人常以爲非而今行之非妄言耶帝握其手謝之又使直言對曰陛下太細天子乃更似吏帝曰朕甚知之然無法來久將整之以至無爲耳又問王晞晞答如顯安皆從容受納性至孝太后不豫出居南宮帝行不正履容色貶悴衣不解帶殆將四旬殿去南宮五百餘步鷄鳴而去辰時方還來去徒行不乘輿輦太后所苦小增便卽寢伏閤外食飲藥物盡皆躬親太后常心痛不自堪忍帝立侍帷前以爪招手心血流出袖友愛諸弟無君臣之隔雄斷有謀于時國富兵强將雪神武遺恨意在頓駕平陽爲進取之策遠圖不遂惜哉初帝與濟南約不相害及輿駕在晉陽武成鎭鄴望氣者云鄴城有天子氣帝常恐濟南復興乃密行鴆毒濟南不從乃扼而殺之後頗愧悔初苦內熱頻進湯散時有尚書令史姓趙於鄴見文宣從楊愔燕子獻等西行言相與復讐帝在晉陽宮與毛夫人亦見焉遂漸危篤備禳厭之事或煑油四灑或持炬燒逐諸厲方出殿梁騎棟上歌呼自若了無懼容時有天狗下乃於其所講武以厭之有兎驚馬帝墜而絕肋太后視疾問濟南所在者三帝不對太后怒曰殺之耶不用吾言死其宜矣臨終之際唯扶服床枕叩頭求哀遣使詔追長廣王入纂大統手書云宜將吾妻子置一好處勿學前人也

論曰神武平定四方威權在己遷鄴之後雖主器有人號令所加政皆自出文宣因循鴻業內外叶從自朝及野羣心屬望東魏之地舉國樂推曾未朞月遂登宸極始則存心政事風化肅然數年之間朝野安乂其後縱酒肆欲事極猖狂昏邪殘暴近代未有饗國不永實由斯疾濟南繼業大革其弊風教粲然搢紳稱幸股肱輔弼雖懷厥誠既不能贊弘道德和睦親懿又不能遠慮防身深謀衞主應斷不斷自取其咎臣既誅夷君尋廢辱皆任非其器之所致爾孝昭早居臺閣故事通明人吏之間無所不委文宣崩後大革前弊及臨尊極留心更深時人服其明而譏其細也情好稽古率由禮度將封先代之胄且敦學校之風徵召英賢文武畢集于時周氏朝政移於宰臣主將相猜不無危殆乃睠關右實懷兼并之志經謀宏遠寔當代之明主而降年不永其故何哉豈幽顯之間實有報復將齊之基宇止在於斯帝欲大之天不許也

北齊書卷六考證

孝昭皇帝紀論曰神武平定四方○ 臣𡏖按此論自高祖平定四方以下一百五字與文宣帝紀後論一字不易詳其文義似宜在此篇之後

北齊書卷七

隋 太子通事舍人李百藥 撰

帝紀第七

武成

世祖武成皇帝諱湛神武皇帝第九子孝昭皇帝之母弟也儀表瓌傑神武尤所鍾愛神武方招懷荒遠乃爲帝聘蠕蠕太子菴羅辰女號隣和公主帝時年八歲冠服端嚴神情閑遠華戎歎異元象中封長廣郡公天保初進爵爲王拜尚書令尋兼司徒遷太尉乾明初楊愔等密相疏忌以帝爲大司馬領并州刺史帝既與孝昭謀誅諸執政遷太傅錄尚書事領京畿大都督皇建初進位右丞相孝昭幸晉陽帝以懿親居守鄴政事咸見委託二年孝昭崩遺詔徵帝入統大位及晉陽宮發喪於崇德殿皇太后令所司宣遺詔左丞相斛律金率百僚敦勸三奏乃許之

大寧元年冬十一月癸丑皇帝卽位於南宮大赦改皇建二年爲大寧乙卯以司徒平秦王歸彥爲太傅以尚書右僕射趙郡王叡爲尚書令以太尉尉粲爲太保以尚書令段韶爲大司馬以豐州刺史婁叡爲司空以太傅平陽王淹爲太宰以太保彭城王浟爲太師錄尚書事以冀州刺史博陵王濟爲太尉以中書監任城王湝爲尚書左僕射以并州刺史斛律光爲右僕射封孝昭皇帝太子百年爲樂陵郡王庚申詔大使巡行天下求政善惡問人疾苦擢進賢良是歲周武帝保定元年

河清元年春正月乙亥車駕至自晉陽辛巳祀南郊壬午享太廟景戌立妃胡氏爲皇后子緯爲皇太子大赦內外百官普加汎級諸爲父後者賜爵一級己亥以前定州刺史馮翊王潤爲尚書左僕射詔斷屠殺以順春令二月丁未以太宰平陽王淹爲青州刺史太傅領司徒以領軍大將軍宗師平秦王歸彥爲太宰冀州刺史乙卯以兼尚書令任城王湝爲司徒詔散騎常侍崔瞻聘于陳夏四月辛丑皇太后婁氏崩乙巳青州刺史上言今月庚寅河濟清以河濟清改大寧二年爲河清降罪人各有差五月甲申祔葬武明皇后於義平陵己丑以尚書右僕射斛律光爲尚書令秋七月太宰冀州刺史平秦王歸彥據州反詔大司馬段韶司空婁叡討擒之乙未斬歸彥并其三子及黨與二十人於都市丁酉以大司馬段韶爲太傅以司空婁叡爲司徒以太傅平陽王淹爲太宰以尚書令斛律光爲司空以太子太傅趙郡王叡爲尚書令中書監河間王孝琬爲尚書左僕射癸亥行幸晉陽陳人來聘冬十一月丁丑詔兼散騎常侍封孝琰使於陳十二月景辰車駕至自晉陽是歲殺太原王紹德

二年春正月乙亥帝詔臨朝堂策試秀才以太子少傅魏收爲兼尚書右僕射己卯兼右僕射魏收以阿縱除名丁丑以武明皇后配祭北郊辛卯帝臨都亭錄見囚降在京罪人各有差三月乙丑詔司空斛律光督五營軍士築戍於軹關壬申室韋國遣使朝貢景戌以兼尚書右僕射趙彥深爲左僕射夏四月并汾京東雍南汾五州蟲旱傷稼遣使賑恤戊午陳人來聘五月壬午詔以城南雙堂閏位之苑迴造大總持寺六月乙巳齊州言濟河水口見八龍昇天乙卯詔兼散騎常侍崔子武使于陳庚申司州牧河南王孝瑜薨秋八月辛丑詔以三臺宮爲大興聖寺冬十二月癸巳陳人來聘己酉周將楊忠帥突厥阿史那木可汗等二十餘萬人自恒州分爲三道殺掠吏人是時大雨雪連月南北千餘里平地數尺霜晝下雨血於太原戊午帝至晉陽己未周軍逼并州又遣大將軍達奚武帥衆數萬至東雍及晉州與突厥相應是歲室韋庫莫奚靺鞨契丹並遣使朝貢

三年春正月庚申朔周軍至城下而陳戰於城西周軍及突厥大敗人畜死者相枕數百里不絕詔平原王段韶追出塞而還三月辛酉以律令班下大赦己巳盜殺太師彭城王浟庚辰以司空斛律光爲司徒以侍中武興王普爲尚書左僕射甲申以尚書令馮翊王潤爲司空夏四月辛卯詔兼散騎常侍皇甫亮使於陳五月甲子帝至自晉陽壬午以尚書令趙郡王叡錄尚書事以前司徒婁叡爲太尉甲申以太傅段韶爲太師丁亥以太尉任城王湝爲大將軍壬辰行幸晉陽六月庚子大雨晝夜不息至甲辰乃止是月晉陽訛言有鬼兵百姓競擊銅鐵以捍之殺樂陵王百年歸宇文媼于周秋九月乙丑封皇子綽爲南陽王儼爲東平王是月歸閻媼于周陳人來聘突厥寇幽州入長城虜掠而還閏月乙未詔遣十二使巡行水潦州免其租調乙巳突厥寇幽州周軍三道並出使其將尉遲迥寇洛陽楊檦入軹關權景宣趣懸瓠冬十一月甲午迥等圍洛陽戊戌詔兼散騎常侍劉逖使於陳甲辰太尉婁叡大破周軍於軹關擒楊檦十二月乙卯豫州刺史王士良以城降周將權景宣丁巳帝自晉陽南討己未太宰平陽王淹薨壬戌太師段韶大破尉遲迥等解洛陽圍丁卯帝至洛陽免洛州經周軍處一年租賦赦州城內死罪已下囚

己巳以太師段韶爲太宰以司徒斛律光爲太尉并州刺史蘭陵王長恭爲尚書令壬申帝至武牢經滑臺次於黎陽所經減降罪人景子車駕至自洛陽是歲高麗靺鞨新羅並遣使朝貢山東大水饑死者不可勝計詔發賑給事竟不行

四年春正月癸卯以大將軍任城王湝爲大司馬辛未幸晉陽二月甲寅詔以新羅國王金眞興爲使持節東夷校尉樂浪郡公新羅王壬申以年穀不登禁酤酒己卯詔減百官食禀各有差三月戊子詔給西兗梁滄趙州司州之東郡陽平清河武都冀州之長樂勃海遭水潦之處貧下戸粟各有差家別斗升而已又多不付是月彗星見物隕於殿庭如赤漆鼓帶小鈴殿上石自起兩兩相對又有神見於後園萬壽堂前山穴中其體壯大不辨其面兩齒絕白長出於脣帝直宿嬪御已下七百人咸見焉帝又夢之夏四月戊午大將軍東安王婁叡坐事免乙亥陳人來聘太史奏天文有變其占當有易主景子乃使太宰段韶兼太尉持節奉皇帝璽綬傳位於皇太子大赦改元爲天統元年百官進級降罪各有差又詔皇太子妃斛律氏爲皇后於是羣公上尊號爲太上皇帝軍國大事咸以奏聞始將傳政使內參乘子尚乘驛送詔書於鄴子尚出晉陽城見人騎隨後忽失之尚未至鄴而其言已布矣天統四年十二月辛未太上皇帝崩於鄴宮乾壽堂時年三十二謚曰武成皇帝廟號世祖五年二月甲申葬於永平陵

北齊書卷八

隋太子通事舍人李百藥撰

帝紀第八

後主

幼主

後主諱緯字仁綱武成皇帝之長子也母曰胡皇后夢於海上坐玉盆日入裙下遂有娠天保七年五月五日生帝於并州邸帝少美容儀武成特所愛寵拜王世子及武成入纂大業大寧二年正月景戌立爲皇太子河清四年武成禪位於帝

天統元年夏四月景子皇帝即位於晉陽宮大赦改河清四年爲天統丁丑以太保賀拔仁爲太師太尉侯莫陳相爲太保司空馮翊王潤爲司徒錄尚書事趙郡王叡爲司空尚書左僕射河間王孝琬爲尚書令庚寅以瀛州刺史尉粲爲太尉斛律光爲大將軍東安王婁叡爲太尉尚書右僕射趙彥深爲左僕射六月壬戌彗星出文昌東北其大如手後稍長乃至丈餘百日乃滅己巳太上皇帝詔兼散騎常侍王季高使於陳秋七月乙未太上皇帝詔增置都水使者一人冬十一月癸未太上皇帝至自晉陽己丑太上皇帝詔改太祖獻武皇帝爲神武皇帝廟號高祖獻明皇后爲武明皇后其文宣謚號委有司議定十二月庚戌太上皇帝狩於北郊壬子狩於南郊乙卯狩於西郊壬戌太上皇帝幸晉陽丁卯帝至自晉陽庚午有司奏改高祖文宣皇帝爲威宗景烈皇帝是歲高麗契丹靺鞨竝遣使朝貢河南大疫

二年景戌春正月辛卯祀圜丘癸巳祫祭於太廟詔降罪人各有差景申以吏部尚書尉瑾爲尚書右僕射庚子行幸晉陽二月庚戌太上皇帝至自晉陽壬子陳人來聘三月乙巳太上皇帝詔以三臺施興聖寺以旱故降禁囚夏四月陳文帝殂五月乙酉以兼尚書左僕射武興王普爲尚書令己亥封太上皇帝子儼爲東平王仁弘爲齊安王仁固爲北平王仁英爲高平王仁光爲淮南王六月太上皇帝詔兼散騎常侍韋道儒聘於陳秋八月太上皇帝幸晉陽冬十月己卯以太保侯莫陳相爲太傅大司馬任城王湝爲太保太尉婁叡爲大司馬徒馮翊王潤爲太尉開府儀同三司韓祖念爲司徒十一月大雨雪盜竊太廟御服十二月乙丑陳人來聘是歲殺河間王孝琬突厥靺鞨國竝遣使朝貢於周爲天和元年

三年春正月壬辰太上皇帝至自晉陽乙未大雪平地三尺戊戌太上皇帝詔京官執事散官三品已上各舉三人五品已上各舉二人稱事七品已上及殿中侍御史尚書都檢校御史主書及門下錄事各舉一人鄴宮九龍殿災延燒西廊二月壬寅朔帝加元服大赦九州職人各進四級內外百官普進二級夏四月癸丑太上皇帝詔兼散騎常侍司馬幼之使於陳五月甲午太上皇帝詔以領軍大將軍東平王儼爲尚書令乙未大風晝晦發屋拔樹六月己未太上皇帝詔封皇子仁機爲西河王仁約爲樂浪王仁儉爲潁川王仁雅爲安樂王仁統爲丹陽王仁謙爲東海王閏六月辛巳左丞相斛律金薨壬午太上皇帝詔尚書令東平王儼錄尚書事以尚書左僕射趙彥深爲尚書令并省尚書左僕射婁定遠爲尚書左僕射中書監徐之才爲右僕射秋八月辛未太上皇帝詔以太保任城王湝爲太師太尉馮翊王潤爲大司馬太宰段韶爲左丞相太師賀拔仁爲右丞相太傅侯莫陳相爲太宰大司馬婁叡爲太傅大將軍斛律光爲太保司徒韓祖念爲大將軍司空趙郡王叡爲太尉尚書令東平王儼爲司徒九月己酉太上皇帝詔諸寺署所綰雜保戸姓高者天保之初雖有優勑權假力用未免者今可悉蠲雜戸任屬郡縣一准平人丁巳太上皇帝幸晉陽是秋山東大水人饑僵尸滿道冬十月突厥大莫婁室韋百濟靺鞨等國各遣使朝貢十一月甲午以晉陽大明殿成故大赦文武百官進二級免并州居城太原一郡來年租賦癸未太上皇帝至自晉陽十二月己巳太上皇帝詔以故左丞相趙郡王琛配饗神武廟庭

四年正月詔以故清河王岳河東王潘相樂十人竝配饗神武廟庭癸亥太上皇帝詔兼散騎常侍鄭大護使於陳三月乙巳太上皇帝詔以司徒東平王儼爲大將軍南陽王綽爲司徒開府儀同三司徐顯秀爲司空開府儀同三司廣寧王孝珩爲尚書令夏四月辛未鄴宮昭陽殿災及宣光瑤華等殿辛巳太上皇帝幸晉陽五月癸卯以尚書右僕射胡長仁爲左僕射中書監和士開爲右僕射壬戌太上皇帝至自晉陽自正月不雨至於是月六月甲子朔大雨甲申大風拔木折樹是月彗星見于東井秋九月景申周人來通和太上皇帝詔侍中斛斯文畧報聘于周冬十月辛巳以尚書令廣寧王孝珩爲錄尚書左僕射胡長仁爲尚書令右僕射和士開爲左僕射中書監唐邕爲右僕射十一月壬辰太上皇帝詔兼散騎常侍李翥使於陳是月陳安成王頊廢其主伯宗而自立十二月辛未太上皇帝崩景子大赦九州職人普加一級內外百官并加兩級戊寅太上皇后尊號爲皇太后甲申詔細作之務及所在百工悉罷之又詔掖庭晉陽中山宮人等及鄴下并州太官官口二處其年六十已上及有癃患者仰所司簡放庚寅詔天保七年已來諸家緣坐配流者所在令還是歲契丹靺鞨國竝遣使朝貢

五年春正月辛亥詔以金鳳等三臺未入寺者施大興聖寺是月殺定州刺史博陵王濟二月乙丑詔應宮刑者普免刑爲官口又詔禁網捕鷹鷂及畜養籠放之物癸酉大莫婁國遣使朝貢己丑改東平王儼爲琅邪王詔侍中叱列長文使於周是月殺太尉趙郡王叡三月丁酉以司空徐顯秀爲太尉并省尚書令婁定遠爲司空是月行幸晉陽夏四月甲子詔以并州尚書省爲大基聖寺晉祠爲大崇皇寺乙丑車駕至自晉陽秋七月己丑詔降罪人各有差戊申詔使巡省河北諸州無雨處境內偏旱者優免租調冬十月壬戌詔禁造酒十一月辛丑詔以太保斛律光爲太傅大司馬馮翊王潤爲太保大將軍琅邪王儼爲大司馬十二月庚午以開府儀同三司蘭陵王長恭爲尚書令庚辰以中書監魏收爲尚書右僕射

武平元年春正月乙酉朔改元太師并州刺史東安王婁叡薨戊申詔兼散騎常侍裴獻之聘于陳二月癸亥以百濟王餘昌爲使持節侍中驃騎大將軍帶方郡公王如故己巳以太傅咸陽王斛律光爲右丞相并州刺史右丞相安定王賀拔仁爲錄尚書事冀州刺史任城王湝爲太師景子降死罪已下囚閏月戊戌錄尚書事安定王賀拔仁薨三月辛酉以開府儀同三司徐之才爲尚書左僕射夏六月乙酉以廣寧王孝珩爲司空甲辰以皇子恒生故大赦內外百官普進二級九州職人普進四級己酉詔以開府儀同三司唐邕爲尚書右僕射秋七月癸丑封孝昭皇帝子彥基爲城陽王彥康爲定陵王彥忠爲梁郡王甲寅以尚書令蘭陵王長恭爲錄尚書事中領軍和士開爲尚書令癸亥靺鞨國遣使朝貢癸酉以華山王凝爲太傅八月辛卯行幸晉陽九月乙巳立皇子恒爲皇太子冬十月辛巳以司空廣寧王孝珩爲司徒以上洛王思宗爲司空封蕭莊爲梁王戊子曲降并州死罪已下囚己丑復改威宗景烈皇帝謚號爲顯祖文宣皇帝十二月丁亥車駕至自晉陽詔左丞相斛律光出晉州道修城戍

二年春正月丁巳詔兼散騎常侍劉環儁使於陳戊寅以百濟王餘昌爲使持節都督東青州刺史二月壬寅以錄尚書事蘭陵王長恭爲太尉并省錄尚書事趙彥深爲司空尚書令和士開錄尚書事左僕射徐之才爲尚書令右僕射唐邕爲左僕射吏部尚書馮子琮爲右僕射夏四月壬午以大司馬琅邪王儼爲太保甲午陳遣使連和謀伐周朝議弗許六月段韶攻周汾州尅之獲刺史楊敷秋七月庚午太尉琅邪王儼矯詔殺錄尚書事和士開於南臺即日誅領軍大將軍厙狄伏連侍書御史王子宣等尚書左僕射馮子琮賜死殿中八月

己亥，行幸晉陽。九月辛亥，以太師任城王湝爲太宰，馮翊王潤爲太師。己未，左丞相平原王段韶薨。戊午，曲降并州界內死罪已下各有差。庚午，殺太保琅邪王儼。壬申，陳人來聘。冬十月，罷京畿府入領軍府。己亥，車駕至自晉陽。十一月庚戌，詔侍中赫連子悅使於周。景寅，以徐州行臺廣寧王孝珩錄尚書事。庚午，以錄尚書事廣寧王孝珩爲司徒。癸酉，以右丞相斛律光爲左丞相。

三年春正月己巳，祀南郊。辛亥，追贈故琅邪王儼爲楚王。二月己卯，以衞菩薩爲太尉。辛巳，以并省吏部尚書高元海爲尚書右僕射。庚寅，以左僕射唐邕爲尚書令，侍中祖珽爲左僕射。是月，勑撰玄洲苑御覽，後改名聖壽堂御覽。三月辛酉，詔文武官五品已上各舉一人。是月，周誅冢宰宇文護。夏四月，周人來聘。秋七月戊辰，誅左丞相咸陽王斛律光及其弟幽州行臺荆山公豐樂。八月庚寅，廢皇后斛律氏爲庶人。以太宰任城王湝爲右丞相，太師馮翊王潤爲太尉，蘭陵王長恭爲大司馬，廣寧王孝珩爲大將軍，安德王延宗爲大司徒。使領軍封輔相聘于周。戊子，拜右昭儀胡氏爲皇后。己丑，以司州牧北平王仁堅爲尚書令，特進許季良爲左僕射，彭城王寶德爲右僕射。癸巳，行幸晉陽。是月，聖壽堂御覽成，勑付史閣，後改爲脩文殿御覽。九月，陳人來聘。冬十月，降死罪已下囚。甲午，拜弘德夫人穆氏爲左皇后，大赦。十二月辛丑，廢皇后胡氏爲庶人。是歲，新羅、百濟、勿吉、突厥竝遣使朝貢。於周爲建德元年。

四年春正月戊寅，以并省尚書令高阿那肱爲錄尚書事。庚辰，詔兼散騎常侍崔象使於陳。是月，鄴都、并州竝有狐媚，多截人髮。二月乙巳，拜左皇后穆氏爲皇后。景午，置文林館。乙卯，以尚書令北平王仁堅爲錄尚書事。丁巳，行幸晉陽。是月，周人來聘。三月辛未，盜入信州，殺刺史和士休，南兗州刺史鮮于世榮討平之。庚辰，車駕至晉陽。夏四月戊午，以大司馬蘭陵王長恭爲太保，大將軍定州刺史南陽王綽爲大司馬，大司馬太尉衞菩薩爲大將軍，司徒安德王延宗爲太尉，司空武興王普爲司徒，開府儀同三司宜陽王趙彥深爲司空。癸丑，祈皇祠壇壝蕝之內忽有車軌之轍，按驗傍無人跡，不知車所從來。乙卯，詔以爲大慶，班告天下。己未，周人來聘。五月景子，詔史官更撰魏書。癸巳，以領軍穆提婆爲尚書左僕射，以侍中中書監段孝言爲右僕射。是月，開府儀同三司尉破胡、長孫洪畧等與陳將吳明徹戰於呂梁南，大敗，破胡走以免，洪畧戰沒，遂陷秦、涇二州。明徹進陷和、合二州。是月，殺太保蘭陵王長恭。六月，明徹進軍圍壽陽。壬子，幸南苑，從官暍死者六十人。以錄尚書事高阿那肱爲司徒。景辰，詔開府王師羅使於周。九月，校獵于鄴東。冬十月，陳將吳明徹陷壽陽。辛丑，殺侍中崔季舒、張彫虎、散騎常侍劉逖、封孝琰、黃門侍郎裴澤、郭遵。癸卯，行幸晉陽。十二月戊寅，以司徒高阿那肱爲右丞相。是歲，高麗、靺鞨竝遣使朝貢，突厥使來求婚。

五年春正月乙丑，置左右娥英各一人。二月乙未，車駕至自晉陽。朔州行臺南安王思好反。辛丑，行幸晉陽。尚書令唐邕等大破思好，思好投火死，焚其屍，并其妻李氏。丁未，車駕至自晉陽。甲寅，以尚書令唐邕爲錄尚書事。夏五月，大旱，晉陽得死魃，長二尺，面頂各二目。帝聞之，使刻木爲其形以獻。庚午，大赦。丁亥，陳人寇淮北。秋八月癸卯，行幸晉陽。甲辰，以高勱爲尚書右僕射。是歲，殺南陽王綽。

六年春三月乙亥，車駕至自晉陽。丁丑，烹妖賊鄭子饒於都市。是月，周人來聘。夏四月庚子，以中書監陽休之爲尚書右僕射。癸卯，靺鞨遣使朝貢。秋七月甲戌，行幸晉陽。八月丁酉，冀、定、趙、幽、滄、瀛六州大水。是月，周師入洛川，屯芒山，攻逼洛城，縱火船焚浮橋，河橋絕。閏月己丑，遣右丞相高阿那肱自晉陽禦之，師次河陽，周師夜遁。庚辰，以司空趙彥深爲司徒，斛律阿列羅爲司空。辛巳，以軍國資用不足，稅關市、舟車、山澤、鹽鐵、店肆，輕重各有差，開酒禁。

七年春正月壬辰，詔去秋已來，水潦人饑不自立者，所在付大寺及諸富戶濟其性命。甲寅，大赦。乙卯，車駕至自晉陽。二月辛酉，括雜戶女年二十已下十四已上未嫁悉集省，隱匿者家長處死刑。二月景寅，風從西北起，發屋拔樹，五日乃止。夏六月戊申朔，日有食之。庚申，司徒趙彥深薨。秋七月丁丑，大雨霖。是月，以水澇遣使巡撫流亡人戶。八月丁卯，行幸晉陽。雉集於御坐，獲之，有司不敢以聞。詔營邯鄲宮。冬十月景辰，帝大狩於祁連池。周師攻晉州。癸亥，帝還晉陽。甲子，出兵，大集晉祠。庚午，帝發晉陽。癸酉，帝列陣而行，上雞棲原，與周齊王憲相對，至夜不戰，周師斂陣而退。十一月，周武帝退還長安，留偏師守晉州。高阿那肱等圍晉州城。戊寅，帝至圍所。十二月戊申，周武帝來救晉州。庚申，戰于城南，我軍大敗，帝棄軍先還。癸丑，入晉陽，憂懼不知所之。甲寅，大赦。帝謂朝臣曰：「周師甚盛，若何？」羣臣咸曰：「天命未改，一得一失，自古皆然。宜停百賦，安慰朝野，收拾遺兵，背城死戰，以存社稷。」帝意猶豫，欲向北朔州。乃留安德王延宗、廣寧王孝珩等守晉陽。若晉陽不守，卽欲奔突厥。羣臣皆曰不可，帝不從其言。開府儀同三司賀拔伏恩、封輔相、慕容鍾葵等宿衞近臣三十餘人西奔周師。乙卯，詔募兵，遣安德王延宗爲左，廣寧王孝珩爲右。延宗入見，帝告欲向北朔州。延宗泣諫，不從。帝密遣王康德與中人齊紹等送皇太后、皇太子於北朔州。景辰，帝幸城南軍勞將士，其夜欲遁，諸將不從。丁巳，大赦，改武平七年爲隆化元年。其日，穆提婆降周。詔除安德王延宗爲相國，委以備禦。延宗流涕受命。帝乃夜斬五龍門而出，欲走突厥，從官多散。領軍梅勝郎叩馬諫，乃迴之鄴。時唯高阿那肱等十餘騎，廣寧王孝珩、襄城王彥道續至，得數十人同行。戊午，延宗從衆議卽皇帝位於晉陽，改隆化爲德昌元年。庚申，帝入鄴。辛酉，延宗與周師戰於晉陽，大敗，爲周師所虜。帝遣募人，重加官賞，雖有此言，而竟不出物。廣寧王孝珩奏請出宮人及珍寶班賜將士，帝不悅。斛律孝卿居中受委，帶甲以處分，請帝親勞，爲帝撰辭，且曰：「宜慷慨流涕，感激人心。」帝既出，臨衆，將令之，不復記所受言，遂大笑，左右亦羣咍，將士莫不解體。於是自大丞相已下，太宰、三師、大司馬、大將軍、三公等官，竝增員而授，或三或四，不可勝數。甲子，皇太后從北道至，引文武一品已上入朱華門，賜酒食，給紙筆，問以禦周之方。羣臣各異議，帝莫知所從。又引高元海、宋士素、盧思道、李德林等，欲議禪位皇太子。先是望氣者言，當有革易，於是依天統故事，授位幼主。

幼主名恒，帝之長子也。母曰穆皇后。武平元年六月生於鄴。其年十月，立爲皇太子。隆化二年春正月乙亥，卽皇帝位，時八歲。改元爲承光元年，大赦，尊皇太后爲太皇太后，帝爲太上皇帝，后爲太上皇后。於是黃門侍郎顏之推、中書侍郎薛道衡、侍中陳德信等勸太上皇帝往河外募兵，更爲經畧，若不濟，南投陳國。從之。丁丑，太皇太后、太上皇自鄴先趣濟州。周師漸逼。癸未，幼主又自鄴東走。己丑，周師至紫陌橋。癸巳，燒城西門。太上皇將百餘騎東走。乙亥，渡河入濟州。其日，幼主禪位於大丞相任城王湝，令侍中斛律孝卿送禪文及璽紱於瀛州。孝卿乃以之歸周。又爲任城王詔，尊太上皇爲無上皇，幼主爲守國天王。留太皇太后濟州，遣高阿那肱留守。太上皇并皇后攜幼主走青州，韓長鸞、鄧顒等數十人從。太上皇既至青州，卽爲入陳之計。而高阿那肱召周軍約生致齊主，而屢使人告言賊軍在遠，已令人燒斷橋路。太上所以停緩。周軍奄至青州，太上窘急，將遜於陳。置金囊於鞍後，與長鸞、淑妃等十數騎至青州南鄧村，爲周將尉遲綱所獲。送鄴，周武帝與抗賓主禮。并太后、幼主、諸王俱送長安。封帝溫國公。至建德七年，誣與宜州刺史穆提婆謀反，及延宗等數十人，無少長咸賜死。神武子孫所存者一二而已。至大象末，陽休之、陳德信等啟大丞相隋公，請收葬，聽之，葬長安北原洪瀆川。

帝幼而令善，及長，頗學綴文，置文林館，引諸文士焉。而言語澁吶，無志度，不喜見朝士。自非寵私昵狎，未嘗交語。性懦不堪人視者，卽有忿責。其奏事者，雖三公令錄莫得仰視，皆畧陳大旨，驚走而出。每災異寇盜水旱，亦不貶損，唯諸處設齋，以此爲脩德。雅信巫覡，解禱無方。初琅邪王舉兵，人告者誤云庫狄伏連反，帝曰：「此必仁威也。」又斛律光死後，諸武官舉高思好堪大將軍，帝曰：「思好喜反。」皆如所言，遂自以策無遺算，乃益驕縱。盛爲無愁之曲，帝自彈胡琵琶而唱之，侍和之者以百數，人間謂之無愁天子。嘗出見羣厲，盡殺之。或剝人面皮而視之。任陸令萱、和士開、高阿那肱、穆提婆、韓長鸞等宰制天下，陳德信、鄧長顒、何洪珍參預機權。各引親黨，超居非次，官由財進，獄以賄成，其所以亂政害人，難以備載。諸宮奴婢、閹人、商人、胡戶、雜戶、歌舞人、見鬼人濫得富貴者將萬數，庶姓封王者百數，不復可紀。開府千餘，儀同無數。領軍一時二十，連判文書，各作依字，不具姓名，莫知誰也。諸貴寵祖禰追贈官，歲一進，位極乃止。宮掖婢皆封郡君，宮女寶衣玉食者五百餘人，一裙直萬疋，鏡臺直千金，競爲變巧，朝衣夕弊。承武成之奢麗，以爲帝王當然。乃更增益宮苑，造偃武脩文臺，其嬪嬙諸宮中起鏡殿、寶殿、瑇瑁殿，丹青彫刻，妙極當時。又於晉陽起十二院，壯麗逾於鄴下。所愛不恒，數毀而又復。夜則以火照作，寒則以湯爲泥，百工困窮，無時休息。鑿晉陽西山爲大佛像，一夜然油萬盆，光照宮內。又爲胡昭儀起大慈寺，未成，改爲穆皇后大寶林寺，窮極工巧，運石塡泉，勞費億計，人牛死者不可勝紀。御馬則籍以氈罽，食物有十餘種，將合牝牡，則設青廬，具牢饌而親觀之。狗則飼以梁肉。馬及鷹犬乃有儀同、郡君之號，故有赤彪儀同、逍遙郡君、凌霄郡君，高思好書所謂駮龍、逍遙者也。犬於馬上設褥以抱之，鬭雞亦號開府，犬馬雞鷹多食縣幹。鷹之入養者，稍割犬肉以飼之，至數日乃死。又於華林園立貧窮村舍，帝自弊衣爲乞食兒。又爲窮兒之市，躬自交易。嘗築西鄙諸城，使人衣黑衣爲羌兵鼓噪陵之親率內叅臨拒或實彎弓射人自晉陽東巡單馬馳騖衣解髮散而歸又好不急之務曾一夜索蝎及旦得三升特愛非時之物取求火急皆須朝徵夕辦當勢者因之貸一而責十焉賦歛日重徭役日繁人力旣殫帑藏空竭乃賜諸佞幸賣官或得郡兩三或得縣六七各分州郡下逮鄉官亦多降中者故有勑用州主簿勑用郡功曹於是州縣職司多出富商大賈競爲貪縱人不聊生爰自鄴都及諸州郡所在徵稅百端俱起凡此諸役皆漸於武成至帝而增廣焉然未嘗有帷薄淫穢唯此事頗優於武成云初河清末武成夢大蝟攻破鄴城故索境內蝟膏以絕之識者以後主名聲與蝟相協亡齊徵也又婦人皆剪剔以着假髻而危邪之狀如飛鳥至於南面則髻心正西始自宮內爲之被於四遠天意若曰元首剪落危側當走西也又爲刀子者刃皆狹細名曰盡勢遊童戲者好以兩手持繩拂地而却上跳且唱曰高末高末之言蓋高氏運祚之末也然則亂亡之數蓋有兆云

論曰武成風度高爽經笇弘長文武之官俱盡其力有帝王之量矣但愛狎庸豎委以朝權帷薄之間淫侈過度滅亡之兆其在斯乎玄象告變傳位元子名號雖殊政猶已出迹有虛飾事非憲典聰明臨下何易可誣又河南河間樂陵等諸王或以時嫌或以猜忌皆無罪而殞非所謂知命任天道之義也後主以中庸之姿懷易染之性永言先訓敎匪義方始自襁褓至于傳位隔以正人閉其善道養德所履異乎春誦夏弦過庭所聞莫非不軌不物輔之以中宮妳媼屬之以麗色淫聲縱韝紲之娛恣朋淫之好語曰從惡若崩蓋言其易武平在御彌見淪胥罕接朝士不親政事一日萬機委諸凶族內侍帷幄外吐絲綸威厲風霜志迴天日虐人害物搏噬無猒賣獄鬻官溪壑難滿重以名將貽禍忠臣顯戮始見浸弱之萌俄觀土崩之勢周武因機遂混區夏悲夫蓋桀紂罪人其亡也忽焉自然之理矣

鄭文貞公魏徵總而論之曰神武以雄傑之姿始基霸業文襄以英明之略伐叛柔遠于時喪君有君師出以律河陰之役摧宇文如反掌渦陽之戰掃侯景如拉枯故能氣攝西鄰威加南服王室是賴東夏宅心文宣因累世之資膺樂推之會地居當璧遂遷魏鼎懷譎詭非常之才運屈奇不測之智網羅俊乂明察臨下文武名臣盡其力用親戎出塞命將臨江定單于於龍城納長君於梁國外內充實疆埸無警胡騎息其南侵秦人不敢東顧旣而荒淫敗德罔念作狂爲善未能亡身餘殃足以傳後得以壽終幸也肖嗣不永宜哉孝昭地逼身危逆取順守外敷文教內蘊雄圖將以牢籠區域奄一函夏享齡不永勣用無成若或天假之年足使秦吳旰食武成卽位雅道陵遲昭襄之風摧焉已墜洎乎後主外內崩離衆潰於平陽身禽於青土天道深遠或未易談吉凶由人抑可揚搉觀夫有齊全盛控帶遐阻西苞汾晉南極江淮東盡海隅北漸沙漠六國之地我獲其五九州之境彼分其四料甲兵之衆寡校帑藏之虛實折衝千里之將帷幄六奇之士比二方之優劣無等級以寄言然其太行長城之固自若也江淮汾晉之險不移也帑藏輸稅之賦未虧也士庶甲兵之衆不缺也然而前王用之而有餘後主守之而不足其故何哉前王之御時也沐雨櫛風拯其溺而救其焚信賞必罰安而利之旣與共其存亡故得同其生死後主則不然以人從欲損物益已彫墻峻宇甘酒嗜音鄽肆遍於宮園禽色荒於外內俾晝作夜罔水行舟所欲必成所求必得旣不軌不物又暗於聽受忠信不聞萋斐必入視人如草芥從惡如順流佞閹處當軸之權婢媼擅迴天之力賣官鬻獄亂政淫刑剝割被於忠良祿位加於犬馬讒邪並進法令多聞持瓢者非止百人搖樹者不唯一手於是土崩瓦解衆叛親離顚瞻周道咸有西歸之志方更盛其宮觀窮極荒淫謂黔首之可誣指白日以自保馳倒戈之旅抗前歌之師五世崇基一舉而滅豈非鐫金石者難爲功摧枯朽者易爲力歟抑又聞之皇天無親唯德是輔天時不如地利地利不如人和齊自河清之後逮于武平之末土木之功不息嬪嬙之選無已征稅盡人力殫物產無以給其求江海不能贍其欲所謂火旣熾矣更負薪以足之數旣窮矣又爲惡以促之欲求大厦不燔延期過曆不亦難乎由此言之齊氏之敗亡蓋亦由人匪唯天道也

北齊書卷八考證

後主紀以瀛州刺史尉粲爲太尉斛律光爲大將軍○一本太尉上又有太尉二字　臣荃按尉景傳粲襲爵位司徒太傅無爲太尉事且下文云東安王婁叡爲太尉亦無兩人並爲太尉之理考武成紀河清三年冬十二月以斛律光爲太尉是太尉二字當屬下句讀爲字下疑脫太傅二字

二年景戌○臣荃按本書體例無本年之下書干支者景戌二字疑衍

四年正月○北史月下有壬子二字

從官賜死者六十人○通鑑賜譌爲賜

論曰非所謂知命任天道之義也○北史道字上有體大二字

鄭文貞公魏徵總而論之○臣範按徵卒於貞觀十七年而北齊書成於貞觀十年無預稱魏謚之理當是後人從北史錄入耳

帑藏輸稅之賦未虧也○北史賦作富

北齊書卷九

隋　太子通事舍人李百藥撰

列傳第一

神武婁后
文襄元后
文宣李后
孝昭元后
武成胡后
後主斛律后
胡后
穆后

神武明皇后婁氏諱昭君贈司徒內干之女也少明悟彊族多聘之並不肯行及見神武於城上執役驚曰此眞吾夫也乃使婢通意又數致私財使以聘已父母不得已而許焉神武旣有澄清之志傾產以結英豪密謀祕策后恒參預及拜渤海王妃閫闈之事悉決焉后高明嚴斷雅遵儉約往來外舍侍從不過十人性寬厚不妬忌神武姬侍咸加恩待神武嘗將西討出師后夜孿生一男一女左右以危急請追告神武后弗聽曰王出統大兵何得以我故輕離軍幕死生命也來復何爲神武聞之嗟歎良久沙苑敗後侯景屢言請精騎二萬必能取之神武悅以告于后后曰若如其言豈有還理得獺失景亦有何利乃止神武逼於茹茹欲娶其女而未決后曰國家大計願不疑也及茹茹公主至后避正室處之神武愧而拜謝焉曰彼將有覺願絕勿顧慈愛諸子不異已出躬自紡績人賜一袍一袴手縫戎服以帥左右弟昭以功名自達其餘親屬未嘗爲請爵位每言有材當用義不以私亂公文襄嗣位進爲太妃文宣將受魏禪后固執不許帝所以中止天保初尊爲皇太后宮曰宣訓濟南卽位尊爲太皇大后尚書令楊愔等受遺詔輔政疎忌諸王太皇太后密與孝昭及諸大將定策誅之下令廢立孝昭卽位復爲皇太后孝昭帝崩太后又下詔立武成帝太寧二年春太后寢疾衣忽自舉用巫媼言改姓石氏四月辛丑崩於北宮時年六十二五月甲申合葬義平陵太后凡孕六男二女皆感夢孕文襄則夢一斷龍孕文宣則夢大龍首尾屬天地張口動目勢狀驚人孕孝昭則夢蠕龍於地孕武成則夢龍浴於海孕魏二后並夢月入懷孕襄城博陵二王夢鼠入衣下后未崩有童謠曰九龍母死不作孝及后崩武成不改服緋袍如故未幾登三臺置酒作樂帝女進白袍帝怒投諸臺下和士開請止樂帝大怒撻之帝於昆季次實九蓋其徵驗也

文襄敬皇后元氏魏孝靜帝之妹也孝武帝時封馮翊公主而歸於文襄容德兼美曲盡和敬初生河間王孝琬時文襄爲世子三日而孝靜帝幸世子第贈錦綵及布帛萬疋世子辭求通受諸貴禮遺於是十屋皆滿次生兩公主文宣受禪尊爲文襄皇后居靜德宮及天保六年文宣漸致昏狂乃移居於高陽之宅而取其府庫曰吾兄昔姦我婦我今須報乃淫於后其高氏女婦無親疎皆使左右亂交之於前以葛爲絙令魏安德主騎上使人推引之又命胡人苦辱之帝又自呈露以示羣下武平中后崩祔葬義平陵

文宣皇后李氏諱祖娥趙郡李希宗女也容德甚美初爲太原公夫人及帝將建中宮高隆之高德正言漢婦人不可爲天下母宜更擇美配楊愔固請依漢魏故事不改元妃而德正猶固請廢后而立段昭儀欲以結勳貴之援帝竟不從而立后焉帝好捶撻嬪御乃至有殺戮者唯后獨蒙禮敬天保十年改爲可賀敦皇后孝昭卽位降居昭信宮號昭信皇后武成踐祚逼后淫亂云若不許我當殺爾兒后懼從之後有娠太原王紹德至閤不得見慍曰兒豈不知耶姊姊腹大故不見兒后聞之大慙由是生女不舉帝橫刀詬曰爾殺我女我何不殺爾兒對后前築殺紹德后大哭帝愈怒裸后亂撾撻之號天不已盛以絹囊流血淋漉投諸渠水良久乃蘇犢車載送妙勝尼寺后性愛佛法因此爲尼齊亡入關隋時得還趙郡

孝昭皇后元氏開府元蠻女也初爲常山王妃天保末賜姓步六孤孝昭卽位立爲皇后帝崩梓宮之鄴始渡汾橋武成聞后有奇藥追索之不得使閹人就車頓辱降居順成宮武成旣殺樂陵王元被閟隔不得與家相

知宮闈內忽有飛語帝令檢推得后父兄書信元蠻由是坐免官后以齊亡入周氏宮中隋文帝作相放還山東

武成皇后胡氏安定胡延之女其母范陽盧道約女初懷孕有胡僧詣門曰此宅瓠蘆中有月既而生后天保初選爲長廣王妃產後主日鴞鳴於產帳上武成崩尊爲皇太后陸媼及和士開密謀殺趙郡王叡出婁定遠高文遙爲刺史和陸諂事太后無所不至初武成時后與諸閹人褻狎武成寵幸和士開每與后握槊因此與后姦通自武成崩後數出詣佛寺又與沙門曇獻通布金錢於獻席下又挂寶裝胡牀於獻屋壁武成平生之所御也乃置百僧於內殿託以聽講日夜與曇獻寢處以獻爲昭玄統僧徒遙指太后以弄曇獻乃至謂之爲太上者帝聞太后不謹而未之信後朝太后見二少尼悅而召之乃男子也於是曇獻事亦發皆伏法并殺元山王三郡君皆太后之所暱也帝自晉陽奉太后還鄴至紫陌卒遇大風舍人魏僧伽明風角奏言即時當有暴逆事帝詐云鄴中有急彎弓纏矟馳入南城令鄧長顒幽太后北宮仍有勑內外諸親一不得與太后相見久之帝復迎太后太后初聞使者至大驚慮有不測每太后設食帝亦不敢嘗周使元偉來聘作述行賦敘鄭莊公剋段而遷姜氏文雖不工當時深以爲愧齊亡入周恣行姦穢隋開皇中殂

後主皇后斛律氏左丞相光之女也初爲皇太子妃後主受禪立爲皇后武平三年正月生女帝欲悅光詐稱生男爲之大赦光誅后廢在別宮後令爲尼齊滅嫁爲開府元仁妻

後主皇后胡氏隴東王長仁女也胡太后失母儀之道深以爲愧欲求悅後主故飾后於宮中令帝見之帝果悅立爲弘德夫人進左昭儀大被寵愛斛律后廢陸媼欲以穆夫人代之太后不許祖孝徵請立胡昭儀遂登爲皇后陸媼既非勸立又意在穆夫人其後於太后前作色而言曰何物親姪女作如此語言太后問有何言曰不可道固問之乃曰語大家云太后行多非法不可以訓太后大怒喚后出立剃其髮送令還家帝思之每致物以通意後與斛律廢后俱召入內數日而鄴不守後亦改嫁云

後主皇后穆氏名邪利本斛律后從婢也母名輕霄本穆子倫婢也轉入侍中宋欽道家姦私而生后莫知氏族或云后即欽道女子也小字黃花後字舍利欽道婦妬黥輕霄面爲宋字欽道伏誅黃花因此入宮有幸於後主宮內稱爲舍利大監女侍中陸大姬知其寵養以爲女薦爲弘德夫人武平元年六月生皇子恒於時後主未有儲嗣陸陰結待以監撫之任不可無主時皇后斛律氏丞相光之女也慮其懷恨先令母養之立爲皇太子陸以國姓之重穆陸相對又奏賜姓穆氏胡庶人之廢也陸有助焉故遂立爲皇后大赦初有折衝將軍元正烈於鄴城東水中得璽以獻文曰天王后璽蓋石氏所作詔書頒告以爲穆后之瑞焉武成時爲胡后造眞珠裙袴所費不可稱計被火所燒後主既立穆皇后復爲營之屬周武遭太后喪詔侍中薛孤康買等爲弔使又遣商胡齎錦綵三萬疋與弔使同往欲市眞珠爲皇后造七寶車周人不與交易然而竟造焉先是童謠曰黃花勢欲落清觴滿盃酌言黃花不久也後主自立穆后以後昏飲無度故云清觴滿盃酌陸息駱提婆詔改姓爲穆陸大姬皆以皇后故也后既以陸爲母提婆爲家更不採輕霄輕霄後自療面欲求見太后陸媼使禁掌之竟不得見

北齊書卷十

隋　太　子　通　事　舍　人　李　百　藥　撰

列傳第二

高祖十一王

永安簡平王浚

平陽靖翼王淹

彭城景思王浟

上黨剛肅王渙

襄城景王淯

任城王湝

高陽康穆王湜

博陵文簡王濟

華山王凝

馮翊王潤

漢陽敬懷王洽

神武皇帝十五男武明婁皇后生文襄皇帝文宣皇帝孝昭皇帝襄城景王淯武成皇帝博陵文簡王濟王氏生永安簡平王浚穆氏生平陽靖翼王淹大尒朱氏生彭城景思王浟華山王凝韓氏生上黨剛肅王渙小尒朱氏生任城王湝游氏生高陽康穆王湜鄭氏生馮翊王潤馮氏生漢陽敬懷王洽

永安簡平王浚字定樂神武第二子也初神武納浚母當月而有孕及產浚疑非己類不甚愛之而浚早慧後更被寵年八歲時問於博士盧景裕曰祭神如神在爲有神邪無神邪對曰有浚曰有神當云祭神神在何煩如字景裕不能答及長嬉戲不節曾以屬請受納大見杖罰拘禁府獄既而見原後稍折節頗以讀書爲務元象中封永安郡公豪爽有氣力善騎射爲文襄所愛文宣性雌懦每參文襄有時涕出浚常責帝左右何因不爲二兄拭鼻由是見銜累遷中書監兼侍中出爲青州刺史頗好畋獵聰明矜恕上下畏悅之保定初進爵爲王文宣末年多酒浚謂親近曰二兄舊來不甚了了自登祚已後識解頓進今因酒敗德朝臣無敢諫者大敵未滅吾甚以爲憂欲乘驛至鄴面諫不知用吾不人有知密以白帝又見銜八年來朝從幸東山帝祼裎爲樂雜以婦女又作狐掉尾戲浚進言此非人主所宜帝甚不悅浚又於屏處召楊遵彥譏其不諫帝時不欲大臣與諸王交通遵彥懼以奏帝大怒曰小人由來難忍遂罷酒還宮浚尋還州又上書切諫詔令徵浚浚懼禍謝疾不至上怒馳驛收浚老幼泣送者數千人至盛以鐵籠與上黨王渙俱寘北城地牢下飲食溲穢共在一所明年帝親將左右臨穴歌謳令浚和之浚等惶怖且悲不覺聲戰帝爲愴然因泣將赦之長廣王湛先與浚不睦進曰猛獸安可出穴帝嘿然浚等聞之呼長廣小字曰步落稽皇天見汝左右聞者莫不悲傷浚與渙皆有雄略爲諸王所傾服帝恐爲害乃自刺渙又使壯士劉桃枝就籠亂刺槊每下浚渙輒以手拉折之號哭呼天於是薪火亂投燒殺之塡以石土後出皮髮皆盡屍色如炭天下爲之痛心後帝以其妃陸氏配儀同劉郁捷舊帝蒼頭也以軍功見用時令郁捷害浚故以配焉後數日帝以陸氏先無寵於浚勑與離絕乾明元年贈太尉無子詔以彭城王浟第二子準嗣

平陽靖翼王淹字子邃神武第四子也元象中封平陽郡公累遷尚書左僕射天保初進爵爲王歷位尚書令開府儀同三司司空太尉皇建初爲太傅與彭城河間王並給仗衛羽林百人太寧元年遷太宰性沉謹以寬厚稱河清三年薨於晉陽或云酖終還葬鄴贈假黃鉞太宰錄尚書事子德素嗣

彭城景思王浟字子深神武第五子也元象二年拜通直散騎常侍封長樂郡公博士韓毅敎浟書見浟筆迹未工戲浟曰五郎書畫如此忽爲常侍開國今日後宜更用心浟正色答曰昔甘羅幼爲秦相未聞能書凡人唯論才具何如豈必動誇筆迹博士當今能者何爲不作三公時年蓋八歲矣毅甚慙武定六年出爲滄州刺史爲政嚴察部內肅然守令參佐下及胥吏行遊往來皆自賫糧食浟纖介知人間事有隰沃縣主簿張達嘗詣州夜投人舍食雞羹浟察知之守令畢集浟對衆曰食雞羹何不還價直也達即伏罪合境號爲神明又有一人從幽州來驢馱鹿脯至滄州界腳痛行遲偶會一人爲伴遂盜驢及脯去明旦告州浟乃令左右及府僚吏分市鹿脯不限其價其主見脯識之推獲盜者轉都督定州刺史時有人被盜黑牛背上有白毛長史韋道建謂中從事魏道勝曰使君在滄州日擒姦如神若捉得此賊定神矣浟乃詐爲上府市牛皮倍酬價直使牛主認之因獲其盜建等歎服又有老母姓王孤獨種菜三畝數被偷浟乃令人密往書菜葉爲字明日市中看菜葉有字獲賊爾後境內無盜政化爲當時第一天保初封彭城王四年徵爲侍中人吏送別悲號有老公數百人相率具饌曰自殿下至來五載人不識吏吏不欺人百姓有識已來始逢今化殿下唯飲此鄉水未食此鄉食聊獻疏薄浟重其意爲食一口七年轉司州牧選從事皆取文才士明剖斷者當時稱爲美選州舊案五百餘浟未朞悉斷盡別駕羊脩等恐犯權戚乃詣閤諮陳浟使告曰吾直道而行何憚權戚卿等當成人之美反以權戚爲言脩等慙悚而退後加特進兼司空太尉州牧如故太妃薨解任尋詔復本官俄拜司空兼尚書令濟南嗣位除開府儀同三司尚書令領大宗正卿皇建初拜大司馬兼尚書令轉太保武成入承大業還太師錄尚書事浟明練世務果於斷決事無大小咸悉以情趙郡李公統預高歸彥之逆其母崔氏即御史中丞崔昂從父子兼右僕射魏收之內妹也依令年出六十例免入官崔增年陳訴所司以昂收故崔遂獲免浟摘發其事昂等以罪除名自車駕巡幸浟常留鄴河清三年二月羣盜田子禮等數十人謀劫浟爲主詐稱使者徑向浟第至內室稱勑牽浟上馬臨以白刃欲引向南殿浟大呼不從遂遇害時年三十二朝野痛惜焉初浟未被劫前其妃鄭氏夢人斬浟頭持去惡之數日而浟見殺贈假黃鉞太師太尉錄尚書事給轀輬車子寶德嗣位開府兼尚書左僕射

上黨剛肅王渙字敬壽神武第七子也天姿雄傑俶儻

不羣雖在童幼恒以將略自許神武壯而愛之曰此兒似我及長力能扛鼎材武絕倫每謂左右曰人不可無學但要不爲博士耳故讀書頗知梗槩而不甚就習元象中封平原郡公文襄之遇賊渙年尚幼在西學聞宮中讙驚曰大兄必遭難矣彎弓而出武定末除冀州刺史在州有美政天保初封上黨王歷中書令尚書左僕射與常山王演等築伐惡諸城遂聚鄴下輕薄淩犯郡縣爲法司所糺文宣戮其左右數人渙亦被譴六年率衆送梁王蕭明還江南仍破東關斬梁特進裴之横等威名甚盛八年錄尚書事初術士言亡高者黑衣由是自神武後每出行不欲見沙門爲黑衣故也是時文宣幸晉陽以所忌問左右曰何物最黑對曰莫過漆帝以渙第七爲當之乃使庫眞都督破六韓伯昇之鄴徵渙渙至紫陌橋殺伯昇以逃憑河而度土人執以送帝鐵籠盛之與永安王浚同置地牢下歲餘與浚同見殺時年二十六以其妃李氏配馮文洛是帝家舊奴積勞位至刺史帝令文洛等殺渙故以其妻妻焉至乾明元年收二王餘骨葬之贈司空謚曰剛肅有敕李氏還第而文洛尚以故意修飾詣李李盛列左右引文洛立於階下數之曰遭難流離以至大辱志操寡薄不能自盡幸蒙恩詔得反藩闈汝是誰家孰奴猶欲見侮於是杖之一百流血灑地渙無嫡子庶長子寶嚴以河清二年襲爵位終金紫光祿大夫開府儀同三司

襄城景王淯神武第八子也容貌甚美弱年有器望元象中封章武郡公天保初封襄城郡王二年春薨齊氏諸王選國臣府佐多取富商羣小鷹犬少年唯襄城廣寧蘭陵王等頗引文藝淸識之士當時以此稱之乾明元年二月贈假黃鉞太師太尉錄尚書事無子詔以常山王演第二子亮嗣亮字彥道性恭孝美風儀好文學爲徐州刺史坐奪商人財物免官後主敗奔鄴亮從焉遷兼太尉太傅周師入鄴亮於啓夏門拒守諸軍皆不戰而敗周軍於諸城門皆入亮軍方退走亮入太廟行馬內慟哭拜辭然後爲周軍所執入關依例受儀同分配遠邊卒於龍州

任城王湝神武第十子也少明慧天保初封自孝昭武成時車駕還鄴常令湝鎮晉陽總并省事歷司徒太尉并省錄尚書事天統三年拜太保并州刺史別封正平郡公時有婦人臨汾水浣衣有乘馬人換其新靴馳而去者婦人持故靴詣州言之湝召城外諸嫗以靴示之詒曰有乘馬人在路被賊劫害遺此靴焉得無親屬乎一嫗撫膺哭曰兒昨著此靴向妻家如其語捕獲之時稱明察武平初遷太師司州牧出爲冀州刺史加太宰遷右丞相都督青州刺史湝頻牧大藩雖不潔已然寬恕爲吏人所懷五年青州崔蔚波等夜襲州城湝部分倉卒之際咸得齊整擊賊大破之拜左丞相轉瀛州刺史及後主奔鄴加湝大丞相及安德王稱尊號於晉陽使劉子昻修啓於湝至尊出奔宗廟既重羣公勸迫權主號令事寧終歸叔父湝曰我人臣何容受此啓執子昻送鄴帝至濟州禪位於湝啓竟不達湝與廣寧王孝珩於冀州召募得四萬餘人拒周軍周齊王憲來伐先遣送書并赦詔湝並沉諸井戰敗湝孝珩俱被擒憲曰任城王何苦至此湝曰下官神武帝子兄弟十五人幸而獨存逢宗社顚覆今日得死無愧墳陵憲壯之歸其妻子將至鄴城湝馬上大哭自投于地流血滿面至長安尋與後主同死妃盧氏賜斛斯徵蓬首垢面長齋不言笑徵放之乃爲尼隋開皇三年表請文帝葬湝及五子於長安北原

高陽康穆王湜神武第十一子也天保元年封十年稍遷尚書令以滑稽便辟有寵於文宣在左右行杖以撻諸王太后深銜之其妃父護軍長史張晏之嘗要道拜湜湜不禮焉帝問其故對曰無官職漢何須禮帝於是擢拜晏之爲徐州刺史文宣崩兼司徒導引梓宮吹笛云至尊頗知臣不又擊胡鼓爲樂太后杖湜百餘未幾薨太后哭之哀曰我恐其不成就與杖何期帶創死也乾明初贈假黃鉞太師司徒錄尚書事子士義襲爵

博陵文簡王濟神武第十二子也天保元年封濟嘗從文宣巡幸在路忽憶太后遂逃歸帝怒臨以白刃因此驚怳歷位太尉河清初出爲定州刺史天統五年在州語人云計次第亦應到我後主聞之陰使人殺之贈假黃鉞太尉錄尚書事子智襲爵

華山王凝神武第十三子也天保元年封新平郡王九年改封安定十五年封華山歷位中書令齊州刺史就加太傅薨於州贈左丞相太師錄尚書凝諸王中最爲孱弱妃王氏太子洗馬王洽女也與倉頭姦凝知而不能限禁後事發王氏賜死詔杖凝一百其愚如此

馮翊王潤字子澤神武第十四子也幼時神武稱曰此吾家千里駒也天保初封歷位東北道大行臺右僕射都督定州刺史潤美姿儀年十四五母鄭妃與之同寢有穢雜之聲及長廉愼方雅習於吏職至摘發隱僞姦吏無所匿其情開府王迴洛與六州大都督獨孤枝侵竊官田受納賄賂潤按舉其事二人表言王出送臺使登魏文舊壇南望歎息不測其意武成使元文遙就州宣敕曰馮翊王少小謹愼在州不爲非法朕信之熟矣登高遠望人之常情鼠輩欲横相間構曲生眉目於是迴洛決鞭二百獨孤枝決杖一百尋爲尚書令領太子少師歷司徒太尉大司馬司州牧太保河南道行臺領錄尚書別封文成郡公太師太宰復爲定州刺史薨贈假黃鉞左丞相子茂德嗣

漢陽敬懷王治字敬延神武第十五子也天保元年封五年薨年十三乾明元年贈太保司空無子以任城王第二子建德爲後

北齊書卷十考證

彭城景思王浟傳有隰沃縣主簿張達〇毛氏本沃作汳臣範按前漢志千乘郡下有隰沃縣魏書地形志同

其母崔氏即御史中丞崔昂從父子〇南監本及北史子俱作姊臣範按魏收傳云娶其舅女崔昂之妹此云收之內妹則昂從父之女也子字不誤

華山王凝傳天保元年封新平郡王九年改封安定十五年封華山臣荃按天保止十年五字應是衍文

北齊書卷十一

隋太子通事舍人李百藥撰

列傳第三

文襄六王

河南康舒王孝瑜

廣寧王孝珩

河間王孝琬

蘭陵武王孝瓘

安德王延宗

漁陽王紹信

文襄六男文敬元皇后生河間王孝琬宋氏生河南王孝瑜王氏生廣寧王孝珩蘭陵王長恭不得母氏姓陳氏生安德王延宗燕氏生漁陽王紹信

河南康舒王孝瑜字正德文襄長子也初封河南郡公齊受禪進爵爲王歷位中書令司州牧初孝瑜養於神武宮中與武成同年相愛將誅楊愔等孝瑜預其謀及武成即位禮遇特隆帝在晉陽手敕之曰吾飲汾清二盃勸汝於鄴酌兩盃其親愛如此孝瑜容貌魁偉精彩雄毅謙愼寬厚兼愛文學讀書敏速十行俱下覆碁不失一道初文襄於鄴東起山池遊觀時俗眩之孝瑜遂於第作水堂龍舟植幡矟於舟上數集諸弟宴射爲樂武成幸其第見而悅之故盛興後園之翫於是貴賤慕斅處處營造武成常使和士開與胡后對坐握槊孝瑜諫曰皇后天下之母不可與臣下接手帝深納之後又言趙郡王父死非命不可親由是叡及士開皆側目士開密告其奢僭叡又言山東唯聞河南王不聞有陛下帝由是忌之尒朱御女名摩女本事太后孝瑜先與之通後因太子婚夜孝瑜竊與之言武成大怒頓飲其酒三十七盃體至肥大腰帶十圍使婁子彥載以出酖之於車至西華門煩熱躁悶投水而絕贈太尉錄尚書事子弘節嗣孝瑜母魏吏部尚書宋弁孫也本魏潁川王斌之妃爲文襄所納生孝瑜孝瑜還第爲太妃孝瑜妃盧正山女武成胡后之內姊也孝瑜薨後宋太妃爲盧妃所譖訴武成殺之

廣寧王孝珩文襄第二子也歷位司州牧尚書令司空司徒錄尚書大將軍大司馬孝珩愛賞人物學涉經史好綴文有伎藝嘗於廳事壁自畫一蒼鷹見者皆以爲眞又作朝士圖亦當時之妙絕後主自晉州敗奔鄴詔王公議於含光殿孝珩以大敵既深事藉機變宜使任城王領幽州道兵入土門揚聲趣并州獨孤永業領洛州兵趣潼關揚聲趣長安臣請領京畿兵出滏口鼓行逆戰敵聞南北有兵自然潰散又請出宮人珍寶賜將士帝不能用承光即位以孝珩爲太宰與呼延族莫多婁敬顯尉相願同謀期正旦五日孝珩於千秋門斬高阿那肱相願在內以禁兵應之族與敬顯自遊豫園勒兵出既而阿那肱從別宅取便路入宮事不果乃求出拒西軍謂阿那肱韓長鸞陳德信等云朝廷不賜遣擊賊豈不畏孝珩反耶孝珩破宇文邕遂至長安反時何與國家事以今日之急猶作如此猜疑高韓恐其變出孝珩爲滄州刺史至州以五千人會任城王於信都共

爲匡復計周齊王憲來伐兵弱不能敵怒曰由高阿那肱小人吾道窮矣齊叛臣乞扶令和以矟刺孝珩墜馬奴白澤以身扞之孝珩猶傷數處遂見虜齊王憲問孝珩齊亡所由孝珩自陳國難辭淚俱下俯仰有節憲爲之改容親爲洗瘡傅藥禮遇甚厚孝珩獨歎曰李穆叔言齊氏二十八年今果然矣自神武皇帝以外吾諸父兄弟無一人得至四十者命也嗣君無獨見之明宰相非柱石之寄恨不得握兵符受廟算展我心力耳至長安依例授開府縣侯後周武帝在雲陽宴齊君臣自彈胡琵琶命孝珩吹笛辭曰亡國之音不足聽也固命之舉笛裁至口淚下嗚咽武帝乃止其年十月疾甚啓歸葬山東從之尋卒令還葬鄴

河間王孝琬文襄第三子也天保元年封天統中累遷尚書令初突厥與周師入太原武成將避之而東孝琬叩馬諫請委趙郡王部分之必整齊帝從其言孝琬免冑將出帝使追還周軍退拜并州刺史孝琬以文襄世嫡驕矜自負河南王之死諸王在宮內莫敢舉聲唯孝琬大哭而出又怨執政爲草人而射之和士開與祖珽譖之云草人擬聖躬也又前突厥至州孝琬脫兜鍪抵地云豈是老嫗須着此此言屬大家也初魏世謠言河南種穀河北生白楊樹頭金雞鳴珽以說曰河南河北河間也金雞鳴孝琬將建金雞而大赦帝頗惑之時孝琬得佛牙置於第內夜有神光照室玄都法順請以奏聞不從帝聞使搜之得鎮庫矟幡數百帝聞之以爲反狀訊其諸姬有陳氏者無寵誣對曰孝琬畫作陛下形哭之然實是文襄像孝琬時時對之泣帝怒使武衞赫連輔玄倒鞭撾之孝琬呼阿叔帝怒曰誰是爾叔敢喚我作叔孝琬曰神武皇帝嫡孫文襄皇帝嫡子魏孝靜皇帝外甥何爲不得喚作叔也帝愈怒折其兩脛而死瘞諸西山帝崩後乃改葬子正禮嗣幼聰穎能誦左氏春秋齊亡遷綿州卒

蘭陵武王長恭一名孝瓘文襄第四子也累遷并州刺史突厥入晉陽長恭盡力擊之芒山之敗長恭爲中軍率五百騎再入周軍遂至金墉之下被圍甚急城上人弗識長恭免冑示之面乃下弩手救之於是大捷武士共歌謠之爲蘭陵王入陣曲是也歷司州牧青瀛二州頗受財貨後爲太尉與段韶討柏谷又攻定陽韶病長恭總其衆前後以戰功別封鉅鹿長樂樂平高陽等郡公芒山之捷後主謂長恭曰入陣太深失利悔無所及對曰家事親切不覺遂然帝嫌其稱家事遂忌之及在定陽其屬尉相願謂曰王既受朝寄何得如此貪殘長恭未答相願曰豈不由芒山大捷恐以威武見忌欲自穢乎長恭曰然相願曰朝廷若忌王於此犯便當行罰求福反以速禍長恭泣下前膝請以安身術相願曰王前既有勳今復告捷威聲太重宜屬疾在家勿預時事長恭然其言未能退及江淮寇擾恐復爲將歎曰我去年面腫今何不發自是有疾不療武平四年五月帝使徐之範飲以毒藥長恭謂妃鄭氏曰我忠以事上何辜於天而遭鴆也妃曰何不求見天顏長恭曰天顏何由可見遂飲藥薨贈太尉長恭貌柔心壯音容兼美爲將躬勤細事每得甘美雖一瓜數果必與將士共之初在瀛州行參軍陽士深表列其贓免官及討定州陽士深在軍恐禍及長恭聞之曰吾本無此意乃求小失杖士深二十以安之嘗入朝而僕從盡散唯有一人長恭獨還無所譴罰武成賞其功命賈護爲買妾二十人唯受其一有千金責券臨死日盡燔之

安德王延宗文襄第五子也母陳氏廣陽王妓也延宗幼爲文宣所養年十二猶騎置腹上令溺已臍中抱之曰可憐止有此一箇問欲作何王對曰欲作衝天王文宣問楊愔愔曰天下無此郡名願使安於德於是封安德焉爲定州刺史於樓上大便使人在下張口承之以蒸豬糝和人糞以飼左右有難色者鞭之孝昭帝聞之使趙道德就州杖之一百道德以延宗受杖不謹又加三十又以囚試刀驗其利鈍驕縱多不法武成使撻之殺其暱近九人從是深自改悔蘭陵王芒山凱捷自陳兵勢諸兄弟咸壯之延宗獨曰四兄非大丈夫何不乘勝徑入使延宗當此勢關西豈得復存及蘭陵死妃鄭氏以頸珠施佛廣寧王使贖之延宗手書以諫而淚滿紙河間死延宗哭之淚赤又爲草人以像武成鞭而訊之曰何故殺我兄奴告之武成覆臥延宗於地馬鞭撾之二百幾死後歷司徒太尉及平陽之役後主自禦之命延宗率右軍先戰城下擒周開府宗挺及大戰延宗以麾下再入周軍莫不披靡諸軍敗延宗獨全軍後主將奔晉陽延宗言大家但在營莫動以兵馬付臣臣能破之帝不納及至并州又聞周軍已入鼠雀谷乃以延宗爲相國并州刺史總山西兵事謂曰并州阿兄自取兒今去也延宗曰陛下爲社稷莫動臣爲陛下出死力戰駱提婆曰至尊計已成王不得輒沮後主竟奔鄴在并將卒咸請曰王若不作天子諸人實不能出死力延宗不得已卽皇帝位下詔曰武平孱弱政由宦豎釁結蕭墻盜起疆場斬關夜遁莫知所之則我高祖之業將墜於地王公卿士猥見推逼今便祇承寶位可大赦天下改武平七年爲德昌元年以晉昌王唐邕爲宰輔齊昌王莫多婁敬顯沭陽王和阿于子右衞大將軍段暢武衞將軍相里僧伽開府韓骨胡侯莫陳洛州爲爪牙衆聞之不召而至者前後相屬延宗容貌充壯坐則仰偃則伏人笑之乃赫然奮發氣力絕異馳騁行陣勁捷若飛傾覆府藏及後宮美女以賜將士籍沒內參千餘家後主謂近臣曰我寧使周得并州不欲安德得之左右曰理然延宗見士卒皆親執手陳辭自稱名流涕嗚咽衆皆爭爲死童兒女子亦乘屋攘袂投甎石以禦周軍特進開府那盧安生守太谷以萬兵叛周軍圍晉陽望之如黑雲四合延宗命莫多婁敬顯韓骨胡拒城南和阿于子段暢拒城東延宗親當周齊王於城北奮大矟往來督戰所向無前尚書令史沮山亦肥大多力捉長刀步從殺傷甚多武衞蘭芙蓉綦連延長皆死於陣阿于子段暢以千騎投周軍周軍攻東門際昏遂入進兵焚佛寺門屋飛焰照天地延宗與敬顯自門入夾擊之周軍大亂爭門相塡壓齊人從後斫刺死者二千餘人周武帝左右略盡自拔無路承御上士張壽輒牽馬頭賀拔佛恩以鞭拂其後崎嶇僅得出齊人奮擊幾中焉城東阨曲佛恩及降者皮子信爲之導僅免時四更也延宗謂周武帝崩於亂兵使於積屍中求長鬣者不得時齊人既勝入坊飲酒盡醉臥延宗不復能整周武帝出城饑甚欲爲遁逸計齊王憲及柱國王誼諫以爲去必不免延宗叛將段暢亦盛言城內空虛周武帝乃駐馬鳴角收兵俄頃復振詰旦還攻東門尅之又入南門延宗戰力屈走至城北於人家見禽周武帝自投下馬執其手延宗辭曰死人手何敢迫至尊帝曰兩國天子有何怨惡直爲百姓來耳勿怖終不相害使復衣帽禮之先是高都郡有山焉絕壁臨水忽有墨書見云齊亡延宗洗視逾明帝使人就寫使者改亡爲上至是應焉延宗敗前在鄴聽事見兩日相連置以十二月十三日晡時受敕守并州明日建尊號不間日而被圍經宿至食時而敗年號德昌好事者言其得二日云既而周武帝問取鄴計辭曰亡國大夫不可以圖存此非臣所及彊問之乃曰若任城王援鄴臣不能知若今主自守陛下兵不血刃及至長安周武與齊君臣飲酒令後主起舞延宗悲不自持屢欲仰藥自裁侍婢苦執諫而止未幾周武誣後主及延宗等云遙應穆提婆反使並賜死皆自陳無之延宗攘袂泣而不言皆以椒塞口而死明年李起收殯之後主之傳位於太子也孫正言竊謂人曰我保定中爲廣州士曹聞襄城人曹普演有言高王諸兒阿保當爲天子至高德之承之當滅阿保謂天保德之謂德昌也承之謂後主年號承光其言竟信云

漁陽王紹信文襄第六子也歷特進開府中領軍護軍青州刺史行過漁陽與大富人鍾長命同床坐太守鄭道蓋謁長命欲起紹信不聽曰此何物小人而主人公爲起乃與長命結爲義兄弟妃與長命妻爲姊妹責其闔家幼長皆有贈賄鍾氏因此遂貧齊滅死於長安

北齊書卷十一考證

安德王延宗傳特進開府那盧安生守太谷以萬兵叛○北史作那盧安得

明年李起收殯之○北史起作妃

我保定中爲廣州士曹○北史保定作武定　臣荃按魏世無以保定紀年者應從北史爲是

北齊書卷十二

隋太子通事舍人李百藥撰

列傳第四

文宣四王

太原王紹德

范陽王紹義

西河王紹仁

隴西王紹廉

孝昭六王

樂陵王百年

始平王彥德

城陽王彥基

定陽王彥康

汝陽王彥忠

汝南王彥理

武成十二王

南陽王綽

琅邪王儼

齊安王廓

北平王貞

高平王仁英
淮南王仁光
西河王仁幾
樂平王仁邕
潁川王仁儉
安陽王仁雅
丹陽王仁直
東海王仁謙

文宣五男李后生廢帝及太原王紹德馮世婦生范陽王紹義裴嬪生西河王紹仁顏嬪生隴西王紹廉

太原王紹德文宣第二子也天保末爲開府儀同三司武成因怒李后罵紹德曰你父打我時竟不來救以刀環築殺之親以土埋之遊豫園武平元年詔以范陽王子辨才爲後襲太原王

范陽王紹義文宣第三子也初封廣陽後封范陽歷位侍中清都尹好與羣小同飲擅置內參打殺博士任方榮武成嘗杖之二百送付昭信后后又杖一百及後主奔鄴以紹義爲尚書令定州刺史周武帝尅并州以封輔相爲北朔州總管此地齊之重鎮諸勇士多聚焉前卒長趙穆司馬王當萬等謀執輔相迎任城王於瀛州事不果便迎紹義紹義至馬邑輔相及其屬韓阿各奴等數十人皆齊叛臣自肆州以北城戍二百八十餘盡從輔相及紹義至皆反焉紹義與靈州刺史袁洪猛引兵南出欲取并州至新興而肆州已爲周守前隊二儀同以所部降周周兵擊顯州執刺史陸瓊又攻陷諸城紹義還保北朔周將宇文神舉軍逼馬邑紹義遣杜明達拒之兵大敗紹義曰有死而已不能降人遂奔突厥衆三千家令之曰欲還者任意於是哭拜別者太半突厥他鉢可汗謂文宣爲英雄天子以紹義重踝似之甚見愛重凡齊人在北者悉隸紹義高寶寧在營州表上尊號紹義遂即皇帝位稱武平元年以趙穆爲天水王他鉢聞寶寧得平州亦招諸部各舉兵南向云共立范陽王作齊帝爲其報讐周武帝大集兵於雲陽將親北伐遇疾暴崩紹義聞之以爲天贊已盧昌期據范陽亦表迎紹義俄而周將宇文神舉攻滅昌期其日紹義適至幽州聞周總管出兵於外欲乘虛取薊城列天子旌旗登燕昭王冢乘高望遠部分兵衆神舉遣大將軍宇文恩將四千人馳救幽州半爲齊軍所殺紹義聞范陽城陷素服舉哀迴軍入突厥周人購之於他鉢又使賀若誼往說之他鉢猶不忍遂僞與紹義獵於南境使誼執之流于蜀紹義妃渤海封孝琬女自突厥逃歸紹義在蜀遺妃書云夷狄無信送吾於此竟死蜀中

西河王紹仁文宣第四子也天保末爲開府儀同三司尋薨

隴西王紹廉文宣第五子也初封長樂後改焉性麤暴嘗拔刀逐紹義紹義走入廄閉門拒之紹義初爲清都尹未及理事紹廉先往喚囚悉出率意決遣之能飲酒一舉數升終以此薨

孝昭七男元后生樂陵王百年桑氏生襄城王亮出後襄城景王諸姬生汝南王彥理始平王彥德城陽王彥基定陽王彥康汝陽王彥忠

樂陵王百年孝昭第二子也孝昭初即位在晉陽羣臣請建中宮及太子帝謙未許都下百寮又請乃稱太后令立爲皇太子帝臨崩遺詔傳位於武成并有手書其末曰百年無罪汝可以樂處置之勿學前人大寧中封樂陵王河清三年五月白虹圍日再重又橫貫而不達赤星見帝以盆水承星影而蓋之一夜盆自破欲以百年厭之會博陵人賈德胄教百年書百年嘗作數勑字德胄封以奏帝乃發怒使召百年百年被召自知不免割帶玦留與妃斛律氏見帝於玄都苑涼風堂使百年書勑字驗與德胄所奏相似遣左右亂捶擊之又令人曳百年遶堂且走且打所過處血皆遍地氣息將盡曰乞命願與阿叔作奴遂斬之棄諸池池水盡赤於後園親看埋之妃把玦哀號不肯食月餘亦死玦猶在手拳不可開時年十四其父光自擘之乃開後主時改九院爲二十七院掘得一小屍緋袍金帶一髻一解一足有靴諸內叅竊言百年太子也或言太原王紹德詔以襄成王子白澤襲爵樂陵王齊亡入關徙蜀死

汝南王彥理武平初封王位開府清都尹齊亡入關隨例授儀同大將軍封縣子女入太子宮故得不死隋開皇中卒并州刺史

始平王彥德城陽王彥基定陽王彥康汝陽王彥忠與汝南同受封並加儀同三司後事闕

武成十三男胡皇后生後主及琅邪王儼李夫人生南陽王綽後宮生齊安王廓北平王貞高平王仁英淮南王仁光西河王仁幾樂平王仁邕潁川王仁儉安樂王仁雅丹陽王仁直東海王仁謙

南陽王綽字仁通武成長子也以五月五日辰時生至午時後主乃生武成以綽母李夫人非正嫡故貶爲第二名融字君明出後漢陽王河清三年改封南陽別爲漢陽置後綽始十餘歲留守晉陽愛波斯狗尉破胡諫之欻然斫殺數狗狼籍在地破胡驚走不敢復言後爲司徒冀州刺史好裸人使踞爲獸狀縱犬噬而食之左轉定州汲井水爲後池在樓上彈人好微行遊獵無度恣情彊暴云學文宣伯爲人有婦人抱兒在路走避入草綽奪其兒飼波斯狗婦人號哭綽怒又縱狗使食狗不食塗以兒血乃食焉後主聞之詔鏁綽赴行在所至而宥之問在州何者最樂對曰多取蝎將蛆混看極樂後主即夜索蝎一斗比曉得三二升置諸浴斛使人裸臥斛中號叫宛轉帝與綽臨觀喜噱不已謂綽曰如此樂事何不早馳驛奏聞綽由是大爲後主寵拜大將軍朝夕同戲韓長鸞間之除齊州刺史將發長鸞令綽親信誣告其反奏云此犯國法不可赦後主不忍顯戮使寵胡何猥薩後園與綽相撲搤殺之瘞於興聖佛寺經四百餘日乃大斂顏色毛髮皆如生俗云五月五日生者腦不壞綽兄弟皆呼父爲兄兄嫡母爲家家乳母爲姊姊婦爲妹妹齊亡妃鄭氏爲周武帝所幸請葬綽勑所司葬於永平陵北

琅邪王儼字仁威武成第三子也初封東平王拜開府侍中中書監京畿大都督領軍大將軍領御史中丞遷大司徒尚書令大將軍錄尚書事大司馬魏氏舊制中丞出清道與皇太子分路行王公皆遙住車去牛頓軛於地以待中丞過其或遲違則赤棒棒之自都鄴後此儀寖絕武成欲雄寵儼乃使一依舊制初從北宮出將上中丞凡京畿步騎領軍之官屬中丞之威儀司徒之鹵簿莫不畢備帝與胡后在華林園東門外張幕隔青紗步障觀之遣中貴驟馬趣仗不得入自言奉勑赤棒應聲碎其鞍馬驚人墜帝大笑以爲善更勑令駐車傳語良久觀者傾京邑儼恒在宮中坐含光殿以視事諸父皆拜焉帝幸并州儼常居守每送駕或半路或至晉陽乃還王師羅常從駕後至武成欲罪之辭曰臣與第三子別留連不覺晚武成憶儼爲之下泣舍師羅不問儼器服玩飾皆與後主同所須悉官給於南宮嘗見新冰早李還怒曰尊兄已有我何意無從是後主先得新奇屬官及工匠必獲罪太上胡后猶以爲不足儼常患喉使醫下針張目不瞬又言於帝曰阿兄懦何能率左右帝每稱曰此黠兒也當有所成以後主爲劣有廢立意武成崩改封琅邪儼以和士開駱提婆等奢恣盛修第宅意甚不平嘗謂曰君等所營宅早晚當就何太遲也二人相謂曰琅邪王眼光奕奕數步射人向者蹔對不覺汗出天子前奏事尚不然由是忌之武平二年出儼居北宮五日一朝不復得每日見太后四月詔除太保餘官悉解猶帶中丞督京畿以北城有武庫欲移儼於外然後奪其兵權治書侍御史王子宜與儼左右開府高舍洛中常侍劉辟疆說儼曰殿下被疏正由士開間構何可出北宮入百姓叢中也儼謂侍中馮子琮曰士開罪重兒欲殺之子琮心欲廢帝而立儼因贊成其事儼乃令子宜表彈士開罪請付禁推子琮雜以他文書奏之後主不審省而可之儼誑領軍庫狄伏連曰奉勑令領軍收士開伏連以諮子琮且請覆奏子琮曰琅邪王受勑何須重奏伏連信之伏五十人於神獸門外詰旦執士開送御史儼使馮永洛就臺斬之儼徒本意唯殺士開及是因逼儼曰事既然不可中止儼遂率京畿軍士三千餘人屯千秋門帝使劉桃枝將禁兵八十人召儼桃枝遙拜儼命反縛將斬之禁兵散走帝又使馮子琮召儼儼辭曰士開昔來寔合萬死謀廢至尊剃家家頭使作阿尼故擁兵馬欲坐着孫鳳珍宅上臣爲是矯詔誅之尊兄若欲殺臣不敢逃罪若放臣願遣姊姊來迎臣臣即入見姊姊即陸令萱也儼欲誘出殺之令萱執刀帝後聞之戰慄又使韓長鸞召儼儼將入劉辟疆牽衣諫曰若不斬提婆母子殿下無由得入廣寧安德二王適從西來欲助成其事曰何不入辟疆曰人少安德王顧衆而言曰孝昭帝殺楊遵彥止八十人今乃數千何言人少後主泣啓太后曰有緣更見家家無緣永別乃急召斛律光儼亦召之光聞殺士開撫掌大笑曰龍子作事固自不似凡人入見後主於永巷帝率宿衞者步騎四百授甲將出戰光曰小兒輩弄兵與交手即亂鄙諺云奴見大家心死至尊宜自至千秋門琅邪必不敢動皮景和亦以爲然後主從之光步道使人走出曰大家來儼徒駭散帝駐馬橋上遙呼之儼猶立不進光就謂曰天子弟殺一漢何所苦執其手彊引以前請帝曰琅邪王年少腸肥腦滿輕爲舉措長大自不復然願寬其罪帝拔儼帶刀環亂築辮頭良久乃釋之收伏連及高舍洛王子宜劉辟彊都督翟顯貴於後園帝親射之而後斬皆支解暴之都街下文武職吏盡欲殺之光以皆勳貴子弟恐人心不安趙彥深亦云春秋責帥於是罪之各有差儼之未獲罪也鄴北城有白馬佛塔是石季龍爲澄公所作儼將脩之巫曰若動此浮圖北城失主不從破至第二級得白蛇長數丈回旋失之數旬而敗自是太后處儼於宮內食必自嘗之陸令

昔說帝曰人稱琅邪王聰明雄勇當今無敵觀其相表殆非人臣自專殺以來常懷恐懼宜早爲計何洪珍與和士開素善亦請殺之未決以食輿密迎祖珽問之珽稱周公誅管叔季友酖慶父帝納其言以儼之晉陽使右衞大將軍趙元侃誘執儼元侃曰臣昔事先帝日見先帝愛王今寧就死不能行帝出元侃爲豫州刺史九月下旬帝啓太后曰明旦欲與仁威出獵須早出早還是夜四更帝召儼儼疑之陸令萱曰兄兄喚兒何不去儼出至永巷劉桃枝反接其手儼呼曰乞見家家尊兄桃枝以袖塞其口反袍蒙頭負出至大明宮鼻血滿面立殺之時年十四不脫靴裹以席埋於室內帝使啓太后臨哭十餘聲便擁入殿明年三月葬於鄴西贈諡曰楚恭哀帝以慰太后有遺腹四男生數月皆幽死以平陽王淹孫世俊嗣儼妃李祖欽女也進爲楚帝后居宣則宮齊亡乃嫁焉

齊安王廓字仁弘武成第四子也性長者無過行位特進開府儀同三司定州刺史

北平王貞字仁堅武成第五子也沉審寬恕帝常曰此兒得我鳳毛位司州牧京畿大都督兼尚書令錄尚書事帝行幸總留臺事積年後主以貞長大漸忌之阿那肱承旨令馮士幹劾繫貞於獄奪其留後權

高平王仁英武成第六子也舉止軒昂精神無檢格位定州刺史

淮南王仁光武成第七子也性躁且暴位清都尹次河西王仁幾生而無骨不自支持次樂平王仁邕次潁川王仁儉次安樂王仁雅從小有瘖疾次丹陽王仁直次東海王仁謙皆養於北宮琅邪王死後諸王守禁彌切武平末年仁邕已下始得出外供給儉薄取充而已尋後主窮蹙以廓爲光州貞爲青州仁英爲冀州仁儉爲膠州仁直爲濟州刺史自廓以下多與後主死於長安仁英以清狂仁雅以瘖疾獲免俱徙蜀隋開皇中追仁英詔與蕭琮陳叔寶修其本宗祭祀未幾而卒

後主五男穆皇后生幼主諸姬生東平王恪次善德次買德次質錢胡太后以恪嗣琅邪王尋夭折齊滅周武帝以任城已下大小三十王歸長安皆有封爵其後不從戮者散配西土皆死邊

論曰文襄諸子咸有風骨雖文雅之道有謝間平然武藝英姿多堪禦侮縱咸陽賜劒覆敗有徵若使蘭陵獲全未可量也而終見誅翦以至土崩可爲太息者矣安德以時艱主暗匿迹韜光及平陽之陣奮其忠勇蓋以臨難見危義深家國德昌大舉事迫羣情理至淪亡無所歸命廣寧請出後宮竟不獲遂非孝珩辭致有謝李同自是後主心識去矣平原已遠存亡事異安可同年而說武成殘忍姦穢事極人倫太原跡異猜嫌情非釁逆禍起昭信遂及淫刑嗟乎欲求長世未之有也以孝昭德音庶可慶流後嗣百年之酷蓋濟南之濫觴其云莫效前人之言可爲傷歎各愛其子豈其然乎琅邪雖無師傅之資而早聞氣尚士開淫亂多歷歲年一朝剿絕慶集朝野以之受斃深可痛焉然專戮之釁未之或免贈帝諡恭矯枉過直觀過知仁不亦異於是乎

北齊書卷十二考證

汝陽王彥忠○陽監本譌南 臣𡐓按孝昭六王已有汝南王彥理無一郡並封二王之事從北史改

范陽王紹義傳前卒長趙穆○北史卒長作長史

紹義妃渤海封孝琬女○琬當作琬孝琬封隆之之弟子也

樂陵王百年傳或言太原王紹德○舊本紹譌昭從南監本改

琅邪王儼傳陸令萱曰兄兄喚兒何不去○ 臣範按前南陽王綽傳云綽兄弟呼父爲兄兄後主乃儼兄不知何亦同此稱

北齊書卷十三

隋 太子通事舍人李百藥撰

列傳第五

趙郡王琛 子叡

清河王岳 子勱

趙郡王琛字永寶高祖之弟也少時便弓馬有志氣高祖既匡天下中興初授散騎常侍鎮西將軍金紫光祿大夫既居禁衞恭勤愼密率先左右太昌初除車騎大將軍左光祿大夫封南趙郡公食邑五千戶尋拜驃騎大將軍特進開府儀同三司散騎常侍永熙二年除使持節都督定州刺史六州大都督琛推誠撫納拔用人士甚有聲譽及斛斯椿等釁結高祖將謀內討以晉陽根本召琛留掌後事以爲并肆汾大行臺僕射領六州九酋長大都督其相府政事琛悉決之天平中除御史中尉正色糾彈無所回避遠近肅然尋亂高祖後庭高祖責罰之因杖而斃時年二十三贈使持節侍中都督冀定滄瀛幽殷并肆雲朔十州諸軍事驃騎大將軍冀州刺史太尉尚書令諡曰貞平天統三年又贈假黃鉞左丞相太師錄尚書事冀州刺史進爵爲王配饗高祖廟庭子叡嗣

叡小名須拔生三旬而孤聰慧夙成特爲高祖所愛養於宮中令游孃母之恩同諸子魏興和中襲爵南趙郡公至四歲未嘗識母其母則魏華陽公主也有鄭氏者叡母之從母姊妹之女戲語叡曰汝是我姨兒何因倒親游氏叡因問訪遂精神不怡高祖甚以爲怪疑其感疾欲命醫看之叡對曰兒無患苦但聞有所生欲得暫見高祖驚曰誰向汝道耶叡具陳本末高祖命元夫人令就宮與叡相見叡前跪拜因抱頭大哭高祖甚以悲傷語平秦王曰此兒天生至孝我兒子無有及者遂爲休務一日叡初讀孝經至資於事父輒流涕歔欷十歲喪母高祖親送叡至領軍府爲叡發喪舉聲殞絕哀感左右三日水漿不入口高祖與武明婁皇后慇懃敦譬方漸順旨居喪盡禮持佛像長齋至于骨立杖而後起高祖令常山王共臥起日夜說喻之并勑左右不聽進水雖絕清漱午後輒不肯食由是高祖食必喚叡同案其見愍惜如此高祖崩哭泣歐血及壯將爲婚娶而貌有戚容世宗謂之曰我爲爾娶鄭述祖女門閥甚高汝何所嫌而精神不樂叡對曰自痛孤遺常深膝下之慕方從婚冠彌用感切言未卒嗚咽不自勝世宗爲之憫然勵之勤學常夜久方罷武定末除太子庶子顯祖受禪進封爵爲南趙郡王邑一千二百戶遷散騎常侍叡身長七尺容儀甚偉閑習吏職有知人之鑒二年出爲定州刺史加撫軍將軍六州大都督時年十七叡留心庶事糾擿姦非勸課農桑接禮民儁所部大治稱爲良牧三年加儀同三司六年詔叡領山東兵數萬監築長城于時盛夏六月叡在途中屛除蓋扇親與軍人同其勞苦而定州先有冰室每歲藏冰長史宋欽道以叡冒犯暑熱遂遣輦冰倍道追送正直日中停軍炎赫尤甚人皆不堪而送冰者至咸謂得冰一時之要叡乃對之歎息云三軍之人皆飲溫水吾以何義獨進寒冰非追名古將實情所不忍遂至消液竟不一嘗兵人咸悅遐邇稱歎先是役徒罷作任其自返丁壯之輩各自先歸羸弱之徒棄在山北加以饑病多致僵殞叡於是親帥所部與之俱還配合州鄉部分營伍督帥監領強弱相持遇善水草即爲停頓分有餘贍不足賴以全者十三四焉七年詔以本官都督滄瀛幽安平東燕六州諸軍事滄州刺史八年徵叡赴鄴仍除北朔州刺史都督北燕北蔚北恒三州及庫推以西黃河以東長城諸鎮諸軍事叡慰撫新遷量置烽戍內防外禦備有條法大爲兵民所安有無水之處禱而掘井鍫鍤裁下泉源湧出至今號曰趙郡王泉九年車駕幸樓煩叡朝於行宮仍從還晉陽時濟南以太子監國因立大都督府與尚書省分理衆事仍開府置佐顯祖特崇其選乃除叡侍中攝大都督府長史叡後因侍宴顯祖從容顧謂常山王演等曰由來亦有如此長史不吾用此長史何如演對曰陛下垂心庶政優賢禮物須拔進居蟬珥之榮退當委要之職自昔以來實未聞如此銓授帝曰吾於此亦自謂得宜十年轉儀同三司侍中將軍長史王如故尋加開府儀同三司驃騎大將軍太子太保皇建初行并州事孝昭臨崩預受顧託奉迎世祖於鄴以功拜尚書令別封浮陽郡公監太史太子太傅議律令又以討北狄之功封潁川郡公復拜尚書令攝大宗正卿天統中追贈叡父琛假黃鉞母元氏贈趙郡王妃諡曰貞昭華陽長公主如故有司備禮儀就墓拜授時隆冬盛寒叡跣步號哭面皆破裂歐血數升及還不堪參謝帝親就第看問拜司空攝錄尚書事突厥嘗侵軼至并州帝親御戎六軍進止皆令取叡節度以功復封宣城郡公攝宗正卿進拜太尉監議五禮叡久典朝政清真自守譽望日隆漸被疎忌乃撰古之忠臣義士號曰要言以致其意世祖崩葬後數日叡與馮翊王潤安德王延宗及元文遙奏後主云和士開不宜仍居內任并入奏太后因出士開爲兗州刺史太后曰士開舊經驅使欲留過百日叡正色不許數日之內太后數以爲言有中官要人知太后密旨謂叡曰太后意既如此殿下何宜苦違叡曰吾國家事重死且不避若貪生苟全令國家擾攘非吾志也況受先皇遺旨委寄不輕今嗣主幼沖豈可使邪臣在側不守之以正何面戴天遂重進言詞理懇切太后令酌酒賜叡叡正色曰今論國家大事非爲卮酒言訖便出其夜叡方寢見一人可長丈五臂長丈餘當門向床以臂壓叡良久遂失所在叡意甚惡之便起

坐獨歎曰大丈夫命運一朝至此恐爲太后所殺且欲入朝妻子咸諫止之叡曰自古忠臣皆不顧身命社稷事重吾當以死効之豈容令婦人傾危宗廟且和士開何物豎子如此縱橫吾寧死事先皇不忍見朝廷顛沛至殿門又有人曰願殿下勿入慮有危變叡曰吾上不負天死亦無恨入見太后太后復以爲言叡執之彌固出至永巷遇兵被執送華林園於雀離佛院令劉桃枝拉而殺之時年三十六大霧三日朝野冤惜之朞年後詔贈以王禮葬竟無贈諡焉子整信嗣歷散騎常侍儀同三司好學有行檢少年時因獵墜馬傷腰腳卒不能行起終於長安琛同母弟惠寶早亡元象初贈侍中尚書令都督四州諸軍事青州刺史天統三年重贈十州都督封陳留王諡曰文恭以清河王岳第十子敬文嗣

清河王岳字洪畧高祖從父弟也父翻字飛雀魏朝贈太尉諡孝宣公岳幼時孤貧人未之知也長而敦直姿貌嶷然沈深有器量初岳家于洛邑高祖每奉使入洛必止于岳舍岳母山氏嘗夜起見高祖室中有光密往覘之乃無燈卽移高祖於別室如前所見怪其神異詣卜者筮之遇乾之大有占之曰吉易稱飛龍在天大人造也飛龍九五大人之卦貴不可言山氏歸報高祖後高祖起兵於信都山氏聞之大喜謂岳曰赤光之瑞今當驗矣汝可間行從之共圖大計岳遂往信都高祖見之大悅中興初除散騎常侍鎮東將軍金紫光祿大夫領武衛將軍高祖與四胡戰于韓陵高祖將中軍高昂將左軍岳將右軍中軍敗績賊乘之岳舉麾大呼橫衝賊陣高祖方得回師表裏奮擊因大破賊以功除衞將軍右光祿大夫仍領武衞太昌初除車騎將軍左光祿大夫領左右衞封清河郡公食邑二千戶母山氏封爲郡君授女侍中入侍皇后時尒朱兆猶據井州高祖將討之令岳留鎭京師遷驃騎大將軍儀同三司天平二年除侍中六州軍事都督尋加開府岳辟引時賢以爲僚屬論者以爲美尋都監典書復爲侍學除使持節六州大都督冀州大中正俄拜京畿大都督其六州事悉詣京畿時高祖統務晉陽岳與侍中孫騰等在京師輔政元象二年遭母憂去職岳性至孝盡力色養母若有疾衣不解帶及遭喪哀毀骨立高祖深以憂之每日遣人勞勉尋起復本任二年除兼領軍將軍興和初世宗入總朝政岳出爲使持節都督冀州刺史侍中驃騎開府儀同如故三年轉青州刺史岳任權日久素爲朝野畏服及出爲藩百姓望風讋憚武定元年除晉州刺史西南道大都督得綏邊之稱時岳遇患高祖令還并治療疾瘳復令赴職及高祖崩侯景叛世宗徵岳還并共圖取景之計而梁武帝乘間遣其貞陽侯明率衆於寒山擁泗水灌彭城與景爲掎角聲援岳總帥諸軍南討與行臺慕容紹宗等擊明大破之臨陣擒明及其大將胡貴孫其餘俘馘數萬景乃擁衆於渦陽與左衞將軍劉豐等相持岳回軍追討又破之景單騎逃竄六年以功除侍中太尉餘如故別封新昌縣子又拜使持節河南總管大都督統慕容紹宗劉豐等討王思政於長社思政嬰城自守岳等引洧水灌城紹宗劉豐爲思政所獲關西出兵援思政岳內外防禦甚有謀筭城不沒者三板會世宗親臨數日尅城獲思政等以功別封眞定縣男世宗以爲已功故賞典弗弘也世宗崩顯祖出撫晉陽令岳以本官兼尚書左僕射留鎭京師天保初進封清河郡王尋除使持節驃騎大將軍開府儀同三司宗師司州牧五年加太保梁蕭繹爲周軍所逼遣使告急且請援冬詔岳爲西南道大行臺統司徒潘相樂等救江陵六年正月師次義陽遇荊州陷因略地南至郢州獲梁州刺史司徒陸法和仍尅郢州岳先送法和於京師遣儀同慕容儼據郢城朝廷知江陵陷詔岳旋師岳自討寒山長社及出隨陸並有功績威名彌重而性華侈尤悅酒色歌姬舞女陳鼎擊鐘諸王皆不及也初高歸彥少孤高祖令岳撫養輕其年幼情禮甚薄歸彥內銜之而未嘗出口及歸彥爲領軍大被寵遇岳謂其德已更倚賴之歸彥密構其短岳於城南起宅聽事後開巷歸彥奏帝曰清河造宅僭擬帝宮制爲永巷但唯無闕耳顯祖聞而惡之漸以疎岳仍屬顯祖召鄴下婦人薛氏入宮而岳先嘗喚之至宅由其姊也帝懸薛氏姊而鋸殺之讓岳以爲姦民女岳曰臣本欲取之嫌其輕薄不用非姦也帝益怒六年十一月使高歸彥就宅切責之岳憂悸不知所爲數日而薨故時論紛然以爲賜鴆也朝野歎惜之時年四十四詔大鴻臚監護喪事贈使持節都督冀定滄瀛趙幽濟七州諸軍事太宰太傅定州刺史假黃鉞給轀輬車賵物二千段諡曰昭武初岳與高祖經綸天下家有私兵并畜戎器儲甲千餘領世宗之末岳以四海無事表求納之世宗敦至親之重推心相任云叔屬居肺腑職在維城所有之甲本資國用叔何疑而納之文宣之世亦頻請納又固不許及將薨遺表謝恩并請上甲于武庫至此葬畢方許納焉皇建中配享世宗廟庭後歸彥反世祖知其前譖曰清河忠烈盡力皇家而歸彥毀之間吾骨肉籍沒歸彥以良賤百口賜岳家後又思岳之功重贈太師太保餘如故子勱嗣

勱字敬德風智早成爲顯祖所愛年七歲遣侍皇太子後除青州刺史拜日顯祖戒之曰叔父前牧青州甚有遺惠故遣汝慰彼黎庶宜好用心無墜聲績勱流涕對曰臣以蒙幼濫叨拔擢雖竭庸短懼忝先政帝曰汝旣能有此言吾不慮也尋追授武衞將軍領軍祠部尚書開府儀同三司以清河地在畿內改封樂安王轉侍中尚書右僕射出爲朔州行臺僕射後主晉州敗太后從玉門道還京師勑勱統領兵馬侍衞太后時佞幸閹寺猶行暴虐民間鷄猪悉放鷹犬搏噬取之勱收儀同三司苟子溢徇軍欲行大戮太后有令然後釋之劉文殊竊謂勱曰子溢之徒言成禍福何容如此豈不慮後生毁謗耶勱攘袂語文殊曰自獻武皇帝以來撫養士卒委政親賢用武行師未有折衄今西寇已次并州達官多悉委叛正坐此輩專政弄權所以內外離心衣冠解體若得今日斬此卒明日及誅亦無所恨王國家姻婭須同疾惡返爲此言豈所望乎太后還至鄴周軍續至人皆恟懼無有鬬心朝士出降晝夜相屬勱因奏後主曰今所翻叛多是貴人至於卒伍猶未離貳請追五品已上家屬置之三臺因脅之曰若戰不捷卽退焚臺此曹顧惜妻子必當死戰且王師頻北賊徒輕我今背城一決理必破之此亦計之上者後主卒不能用齊亡入周依例授開府隨朝歷楊楚光洮四州刺史開皇中卒

史臣曰易稱天地盈虛與時消息況於人乎蓋以通塞有期汚隆適道舉世思治則顯仁以應之小人道長則儉德以避之至若負博陸之圖處藩屏之地而欲遂邪違難其可得乎趙郡以跗蕚之親當顧命之重高揖則宗社易危去惡則人神俱泰是用安夫一德同此貞心踐畏途而不疑履危機而莫懼以斯忠義取斃凶慝豈道光四海不遇周成之明將朝去三仁終見殷墟之禍不然則邦國殄瘁何影響之速乎清河屬經綸之會自致青雲出將入相翊成鴻業雖漢朝劉賈魏室曹洪俱未足論其高下天保不辰易生悔咎固不可掩其風烈適以彰顯祖之失德云

贊曰趙郡英偉風範凝正天道無親斯人斯命赫赫清河于以經國末路小疵非爲敗德

北齊書卷十三考證

趙郡王琛傳諡曰貞平○北史無平字

清河王岳傳時年四十四○北史作三十四

北齊書卷十四

隋太子通事舍人李百藥撰

列傳第六

廣平公盛
陽州公永樂　弟長弼
襄樂王顯國
上洛王思宗　子元海
平秦王歸彥
武興王普
長樂太守靈山　從兄伏護

廣平公盛神武從叔祖也寬厚有長者風神武起兵於信都以盛爲中軍大都督封廣平郡公歷位司徒太尉天平三年薨於位贈假黃鉞太尉太師錄尚書事無子以兄子子瑗嗣天保初改封昌平王卒於魏尹

陽州公永樂神武從祖兄子也太昌初封陽州縣伯進爵爲公累遷北豫州刺史河陰之戰司徒高昂失利退永樂守河陽南城昂走趣城西軍追者將至永樂不開門昂遂爲西軍所擒神武大怒杖之二百後罷豫州家產不立神武問其故對曰裴監爲長史辛公正爲別駕受王委寄斗酒隻雞不入神武乃以永樂爲濟州仍以監公正爲長史別駕謂永樂曰爾勿大貪小小義取莫復畏永樂至州監公正諫不見聽以狀啓神武神武封啓以示永樂然後知二人淸直並擢用之永樂卒於州贈太師太尉錄尚書事諡曰武昭無子從兄思以第二子孝緒爲後襲爵天保初改封脩城郡王永樂弟長弼小名阿伽性麤武出入城市好毆擊行路時人皆呼爲阿伽郎君以宗室封廣武王時有天恩道人至兇暴橫行閭肆後入長弼黨專以鬬爲事文宣並收掩付獄天恩黨十餘人皆棄市長弼鞭一百尋爲南營州刺史在州無故自驚走叛亡入突厥竟不知死所

襄樂王顯國神武從祖弟也無才伎直以宗室謹厚天保元年封襄樂王位右衞將軍卒

上洛王思宗神武從子也性寬和頗有武幹天保初封上洛郡王歷位司空太傅薨於官子元海累遷散騎常侍願處山林脩行釋典文宣許之乃入林慮山經二年絕棄人事志不能固自啓求歸徵復本任便縱酒肆情廣納姬侍又除領軍器小志大頗以智謀自許皇建末孝昭幸晉陽武成居守元海以散騎常侍留典機密初孝昭之誅楊愔等謂武成云事成以爾爲皇太弟及踐祚乃使武成在鄴主兵立子百年爲皇太子武成甚不平先是栢留濟南於鄴除領軍厙狄伏連爲幽州刺史以斛律豐樂爲領軍以分武成之權武成留伏連而不聽豐樂視事乃與河陽王孝瑜僞獵謀於野暗乃歸先是童謠云中興寺內白鳧翁四方側聽聲雍雍道人聞之夜打鐘時丞相府在北城中卽舊中興寺也鳧翁謂雄雞蓋指武成小字步落稽也道人濟南王小名打鐘言將被擊也旣而太史奏言北城有天子氣昭帝以爲濟南應之乃使平秦王歸彥之鄴迎濟南赴并州武成王先咨元海并問自安之計元海曰皇太后萬福至尊孝性非常殿下不須別慮武成曰豈我推誠之意耶元海乞還省一夜思之武成卽留元海後堂元海達旦不眠唯遶牀徐步夜漏未曙武成遽出曰神策如何答云夜中得三策恐不堪用耳因說梁孝王懼誅入關事請乘數騎入晉陽先見太后求哀後見主上請去兵權以死爲限求不干朝政必保太山之安此上策也若不然當具表云威權大盛恐取謗衆口請靑齊二州刺史沉靜自居必不招物議此中策也更問下策曰發言卽恐族誅因逼之答曰濟南世嫡主上假太后令而奪之今集文武示以此勑執豐樂斬歸彥尊濟南號令天下以順討逆此萬世一時也武成大悅狐疑竟未能用乃使鄭道謙卜之皆曰不利舉事靜則吉又召曹魏祖問之國事對曰當有大凶又時有林慮令姓潘知占候密謂武成曰宮車當晏駕殿下爲天下主武成拘之於內以候之又令巫覡卜之多云不須舉兵自有大慶武成乃奉詔令數百騎送濟南於晉陽及孝昭崩武成卽位除元海侍中開府儀同三司太子詹事河清二年元海爲和士開所譖被捶馬鞭六十責云爾在鄴城說我以弟反兄幾許不義以鄴城兵馬抗并州幾許無智不義無智不爲可使出爲兗州刺史元海後妻陸太姬甥也故尋被追任使武平中與祖珽共執朝政元海多以太姬密語告珽珽求領軍元海不可珽乃以其所告報太姬姬怒出元海爲鄭州刺史鄴城將敗徵爲尙書令周建德七年於鄴城謀逆伏誅元海好亂樂禍然詐仁慈不飲酒噉肉文宣天保末年敬信內法乃至宗廟不血食皆元海所謀及爲右僕射又說後主禁屠宰斷酤酒然本心非靖故終致覆敗思宗弟思好

思好本浩氏子也思宗養以爲弟遇之甚薄少以騎射事文襄及文宣受命爲左衞大將軍本名思孝天保五年討蠕蠕文宣悅其驍勇謂曰爾擊賊如鶻入鴉羣宜思好事故改名焉累遷尙書令朔州道行臺朔州刺史開府南安王甚得邊朔人心後主時斫骨光弁奉使至州思好迎之甚謹光弁倨敖思好因心銜恨武平五年遂舉兵反與并州諸貴書曰主上少長深宮未辨人之情僞昵近凶狡疎遠忠良遂使刀鋸刑餘貴溢軒階商胡醜類擅權帷幄剝削生靈刼掠朝市闇於聽受專行忍害幽母深宮無復人子之禮二弟殘戮頓絕孔懷之義仍縱子立奪馬於東門光弁擎鷹於西市駿龍得儀同之號逍遙受郡君之名犬馬班位榮冠軒冕人不堪役思長亂階趙郡王叡寔曰宗英社稷惟寄左丞相斛律明月世爲元輔威著隣國無罪無辜奄見誅殄孤旣忝預皇枝實蒙殊奬今便擁率義兵指除君側之害幸悉此懷無致疑惑行臺郎王行思之辭也思好至陽曲自號大丞相置百官以行臺左丞相王尙之爲長史武衞趙海在晉陽掌兵時倉卒不暇奏矯詔發兵拒之軍士皆曰南安王來我輩唯須唱萬歲奉迎耳帝聞變使唐邕莫多婁敬顯劉桃枝中領軍厙狄士文馳之晉陽帝勤兵續進思好軍敗與行思投水而死其麾下二千人桃枝圍之且殺且招終不降以至盡時帝在道叱奴世安自晉陽送露布於平都遇斛斯孝卿孝卿誘使食因馳詣行宮叫已了帝大懽左右呼萬歲良久世安乃以狀自陳帝曰告示何物事乃得坐食於是賞孝卿而免世安罪暴思好屍七日然後屠剝焚之烹尙之於鄴市令內參射其妃於宮內仍火焚殺之思好反前五旬有人告其謀反韓長鸞女適思好子故奏有人誣告諸貴事相擾動不殺無以息後乃斬之思好旣誅死者弟伏闕下訴求贈兄長鸞不爲通也

平秦王歸彥字仁英神武族弟也父徽魏末坐事當徙凉州行至河渭間遇賊以軍功得免流因於河州積年以解胡言爲西域大使得胡師子來獻以功得河東守尋遂死焉徽於神武舊恩甚篤及神武平京洛迎徽喪與穆同營葬贈司徒諡曰文宣初徽嘗過長安市與婦人王氏私通而生歸彥至是年已九歲神武追見之撫對悲喜稍遷徐州刺史歸彥少質朴後更改節放縱好聲色朝夕酣歌妻魏上黨王元天穆女也貌不美而甚驕妒數忿爭密啓文宣求離事寢不報天保元年封平秦王嫡妃康及所生母王氏竝爲太妃善事二母以孝聞徵爲兼侍郎稍被親寵以討侯景功封長樂郡公除領軍大將軍領軍加大自歸彥始也文宣誅高德正金寶財貨悉以賜之乾明初拜司徒仍總知禁衞初濟南自晉陽之鄴楊愔宣勑留從駕五千兵於西中陰備非常至鄴數日歸彥乃知之由是陰怨楊燕楊燕等欲去二王問計於歸彥歸彥詐喜請共元海量之元海亦口許心違馳告長廣長廣於是誅楊燕等孝昭將入雲龍門都督成休寧列仗拒而不內歸彥諭之然後得入進向柏閣永巷亦如之孝昭踐祚以此彌見優重每入常在平原王段韶上以爲司空兼尙書令齊制宮內唯天子紗帽臣下皆戎帽特賜歸彥紗帽以寵之孝昭崩歸彥從晉陽迎武成於鄴及武成卽位進位太傅領司徒常聽將私部曲三人帶刀入仗從武成還都諸貴戚等競要之其所往處一坐盡傾歸彥旣地居將相志意盈滿發言陵侮旁若無人議者以威權震主必爲禍亂上亦尋以前翻覆之跡漸忌之高元海畢義雲高乾和等咸數言其短上幸歸彥家召魏收對御作詔草欲加右丞相收謂元海曰至尊以右丞相登位今爲歸彥威名太盛故出之豈可復加此號乃拜太宰冀州刺史卽乾和繕寫畫日仍勑門司不聽輒入內時歸彥在家縱酒經宿不知至明欲參至門知之大驚而退及通名謝勑令早發別賜錢帛鼓吹醫藥事事周備又勑武職督將悉送至靑陽宮拜而退莫敢共語唯與趙郡王叡久語時無聞者至州不自安謀逆欲待受調訖班賜軍士望車駕如晉陽乘虛入鄴爲其郎中令呂思禮所告詔平原王段韶襲之歸彥舊於南境置私驛聞軍將逼報之便嬰城拒守先是冀州長史宇文仲鸞司馬李祖挹別駕陳季璩中從事房子弼長樂郡守尉普興等疑歸彥有異使連名密啓歸彥追而獲之遂收禁仲鸞等五人仍竝不從皆殺之軍已逼城歸彥登城大叫云孝昭皇帝初崩六軍百萬衆悉由臣手投身向鄴迎陛下當時不反今日豈有異心正恨高元海畢義雲高乾和誑惑聖上疾忌忠良但爲殺此三人卽臨城自刎其後城破單騎北走至交津見獲鏁送鄴帝令趙郡王叡私問其故歸彥曰使黃頷小兒牽挽我何可不反曰誰耶歸彥曰元海乾和豈是朝廷老宿如趙家老公時又詎憶怨於是帝又使讓焉對曰高元海受畢義雲宅用作本州刺史給後部鼓吹臣爲藩王太宰仍不得鼓吹正殺元海義雲而已上令都督劉桃枝牽入歸彥猶作前語望活帝命議其罪皆云不可赦乃載以露車銜枚面縛劉桃枝臨之以刃擊鼓隨之幷子孫十五人皆棄市贈仁州刺史魏時山崩得石角二藏在武庫文宣入庫賜從臣兵器特以二石角與歸彥謂曰爾事常山不得反事長廣得反反時將此角嚇漢歸彥額骨三道着幘不安文宣嘗見之怒使以馬鞭擊其額血被面曰爾反時當以此骨嚇漢其言反竟驗云

武興王普字德廣歸彥兄歸義之子也性寬和有度量九歲歸彥自河州俱入洛神武使與諸子同遊處天保初封武興郡王武平二年累遷司空六年爲豫州道行臺尙書令後主奔鄴就加太宰周師逼乃降卒於長安贈上開府豫州刺史

長樂太守靈山字景嵩神武族弟也從神武起兵信都終於長樂太守贈大將軍司空諡曰文宣子懿卒於武平鎭將無子文宣帝以靈山從父兄齊州刺史建國子伏護爲靈山後伏護字臣援粗有刀筆天統初累遷黃門侍郎伏護歷事數朝恒參機要而性嗜酒每多醉失末路逾劇乃至連日不食專事酣酒神識恍惚遂以卒贈兗州刺史建國侯孫乂襲乂少謹武平末給事黃門侍郎隋開皇中爲太府少卿坐事卒

北齊書卷十四考證

上洛王思宗○洛誤樂從本傳改

平秦王歸彥傳封長樂郡公○一本封字上有別字

北齊書卷十五

隋太子通事舍人李百藥撰

列傳第七

竇泰

尉景

婁昭 子叡

厙狄干 子士文

韓軌

潘樂

竇泰字世寧大安捍殊人也本出清河觀津曾祖羅魏

統萬鎮將因居北邊父樂魏末破六韓拔陵爲亂與鎮將楊鈞固守遇害泰貴追贈司徒初泰母夢風雷暴起若有雨狀出庭觀之見電光奪目駛雨霑灑寤而驚汗遂有娠朞而不產大懼有巫曰渡河湔裙產子必易便向水所忽見一人曰當生貴子可徙而南泰母從之俄而生泰及長善騎射有勇畧泰父兄戰殁於鎮泰身負骸骨歸尒朱榮以從討邢杲功賜爵廣阿子神武之爲晉州請泰爲鎮城都督參謀軍事累遷侍中京畿大都督尋領御史中尉泰以勳戚居臺雖無多糾舉而百寮畏懼天平三年神武西討令泰自潼關入四年泰至小關爲周文帝所襲衆盡沒泰自殺初泰將發鄴鄴有惠化尼謠云竇行臺去不回未行之前夜三更忽有朱衣冠幘數千人入臺云收竇中尉宿直兵吏皆驚其人入數屋俄頃而去旦視關鍵不異方知非人皆知其必敗贈大司馬太尉錄尚書事謚曰武貞泰妻武明婁后妹也泰雖以親見待而功名自建齊受禪祭告其墓皇建初配享神武廟庭子孝敬嗣位儀同三司

尉景字士眞善無人也秦漢置尉候官其先有居此職者因以氏焉景性温厚頗有俠氣魏孝昌中北鎮反景與神武入杜洛周軍中仍共歸尒朱榮以軍功封博野縣伯後從神武起兵信都韓陵之戰唯景所統失利神武入洛留景鎮鄴尋進封爲公景妻常山君神武之姊也以勳戚每有軍事與厙狄干常被委重而不能忘懷財利神武每嫌責之轉冀州刺史又大納賄發夫獵死者三百人厙狄干與景在神武坐請作御史中尉神武曰何意下求卑官干曰欲捉尉景神武大笑令優者石董桶戲之董桶剝景衣曰公剝百姓董桶何爲不剝公神武誡景曰可以無貪也景曰與爾計生活孰多我止人上取爾割天子調神武笑不答改長樂郡公歷位太保太傅坐匿亡人見禁止使崔暹謂文襄曰語阿惠兒富貴欲殺我耶神武聞之泣詣闕曰臣非尉景無以至今日三請帝乃許之於是黜爲驃騎大將軍開府儀同三司神武造之景恚臥不動叫曰殺我時趣耶常山君謂神武曰老人去死近何忍煎迫至此又曰我爲爾汲水胝生因出其掌神武撫景爲之屈膝先是景有果下馬文襄求之景不與曰土相扶爲墻人相扶爲王一馬亦不得畜而索也神武對景及常山君責文襄而杖之常山君泣救之景曰小兒慣去放使作心腹何須乾啼濕哭不聽打耶尋授青州刺史操行頗改百姓安之徵授大司馬遇疾薨於州贈太師尚書令齊受禪以景元勳詔祭告其墓皇建初配享神武廟庭追封長樂王子粲少歷顯職性麤武天保初封厙狄干等爲王粲以父不預王爵大恚恨十餘日閉門不朝帝怪遣就宅問之隔門謂使者曰天子不封粲父爲王粲不如死使云須開門受勅粲遂彎弓隔門射使者使者以狀聞之文宣使段韶諭旨粲見韶唯撫膺大哭不答一言文宣親詣其宅慰之方復朝請尋追封景長樂王粲襲爵位司徒太傅薨子世辯嗣周師將入鄴令辯出千餘騎覘候出滏口登高阜西望遥見羣鳥飛起謂是西軍旗幟即馳還北至紫陌橋不敢顧隋開皇中卒於浙州刺史

婁昭字菩薩代郡平城人也武明皇后之母弟也祖父提雄傑有識度家僮千數牛馬以谷量性好周給士多歸附之魏太武時以功封眞定侯父內干有武力未仕而卒昭貴魏朝贈司徒齊受禪追封太原王昭方雅正直有大度深謀腰帶八尺弓馬冠世神武少親重之昭亦早識人栢曲盡禮敬數隨神武獵每致請不宜乘危歷險神武將出信都昭贊成大策即以爲中軍大都督從破尒朱兆於廣阿封安喜縣伯改濟北公又從濮陽郡公授領軍將軍魏孝武將貳於神武昭以疾辭還晉陽從神武入洛兗州刺史樊子鵠反以昭爲東道大都督討之子鵠既死諸將勸昭盡捕誅其黨昭曰此州無狀橫被殘賊其君是怨其人何罪遂皆捨焉後轉大司馬仍領軍遷司徒出爲定州刺史昭好酒晚得偏風雖愈猶不能處劇務在州事委寮屬昭舉其大綱而已薨於州贈假黃鉞太師太尉謚曰武齊受禪詔祭告其墓封太原王皇建初配享神武廟庭長子仲達嗣改封濮陽王次子定遠少歷顯職外戚中偏爲武成愛狎別封臨淮郡王武成大漸與趙郡王等同受顧命位司空趙郡王之奏黜和士開定遠與其謀遂納士開賄賂成趙郡之禍其貪鄙如此尋除瀛州刺史初定遠弟季畧穆提婆求其伎妾定遠不許因高思好作亂提婆令臨淮國郎中令告定遠陰與思好通後主令開府段暢率三千騎掩之令侍御史趙秀通至州以贓貨事劾定遠定遠疑有變遂縊而死昭兄子叡叡字佛仁父拔魏南部尚書叡幼孤被叔父昭所養爲神武帳內都督封掖縣子累遷光州刺史在任貪縱深爲文襄所責後改封九門縣公齊受禪得除領軍將軍別封安定侯叡無他器幹以外戚貴幸縱情財色爲瀛州刺史聚斂無厭皇建初封東安王太寧元年進位司空平高歸彥於冀州還拜司徒河清三年濫殺人爲尚書左丞宋仲羨彈奏經赦乃免尋爲太尉以軍功進大司馬武成至河陽仍遣總偏師赴懸瓠叡在豫境留停百餘日專行非法詔免官以王還第尋除太尉薨贈大司馬子子產嗣位開府儀同三司

厙狄干善無人也曾祖越豆眷魏道武時以功割善無之西臘汙山地方百里以處之後率部落北邊因家朔方干梗直少言有武藝魏正光初除掃逆黨授將軍宿衞於內以家在寒鄉不宜毒暑冬得入京師夏歸鄉里孝昌元年北邊擾亂奔雲中爲刺史費穆送于尒朱榮以軍主隨榮入洛後從神武起兵破四胡於韓陵封廣平縣公尋進郡公河陰之役諸將大捷唯干兵退神武以其舊功竟不責黜尋轉太保太傅及高仲密以武牢叛神武討之以干爲大都督前驅干上道不過家見侯景不遑食景使騎追饋之時文帝自將兵至洛陽軍容甚盛諸將未欲南度干決計濟河神武大兵繼至遂大破之還爲定州刺史不閑吏事事多擾煩然清約自居不爲吏人所患遷太師天保初以干元勳佐命封章武郡王轉太宰干尙神武妹樂陵長公主以親地見待自預勤王常總大衆威望之重爲諸將所伏而爲性嚴猛嘗詣京師魏譙王元孝友於公門言戲過度諸公無能面折者干正色責之孝友大慙時人稱善薨贈假黃鉞太宰給轀輬車謚曰景烈干不知書署名爲干字逆上畫之時人謂之穿錐又有武將王周者署名先爲吉而後成其外二人至子孫始並知書于皇建初配享神武廟庭子敬伏位儀同三司卒子士文嗣士文性孤直雖隣里至親莫與通狎在齊襲封章武郡王位領軍將軍周武帝平齊山東衣冠多來迎唯士文閉門自守帝奇之授開府儀同三司隋州刺史隋文受禪加上開府封湖陂縣子尋拜貝州刺史性清苦不受公料家無餘財其子嘗噉官厨餅士文枷之於獄累日杖之二百步送還京僮隷無敢出門所買鹽菜必於外境凡有出入皆封署其門親故絕迹慶弔不通法令嚴肅吏人貼服道不拾遺凡有細過必深文陷害之嘗入朝遇上賜公卿入左藏任取多少人皆極重士文獨口銜絹一匹兩手各持一匹上問其故士文曰臣口手俱足餘無所須上異之別齎遺之士文至州發摘姦吏尺布斗粟之贓無所寬貸得千人奏之悉配防嶺南親戚相送哭聲遍於州境至嶺南遇瘴厲死者十八九於是父母妻子唯哭士文士文聞之令人捕搦捶楚盈前而哭者彌甚司馬京兆韋焜清河令河東趙達二人並苛刻唯長史有惠政時人語曰刺史羅刹政司馬蝮蛇瞋長史含笑判清河生喫人上聞歎曰士文暴過猛獸竟坐免未幾爲雍州長史謂人曰我向法深不能窺候要貴無乃必死此官及下車執法嚴正不避貴戚賓客莫敢至門人多怨望士文從妹爲齊氏嬪有色齊滅後賜薛公長孫覽覽妻鄭氏妬譖之文獻后后令覽離絕士文恥之不與相見後應州刺史唐君明居母憂娉以爲妻由是君明士文並爲御史所劾士文性剛在獄數日憤恚而死家無餘財有三子朝夕不繼親賓無贍之者

韓軌字百年太安狄那人也少有志操性深沈喜怒不形於色神武鎮晉州引爲鎮城都督及起兵於信都軌贊成大策從破尒朱兆於廣阿又從韓陵陣封平昌縣侯仍督中軍從破尒朱兆於赤洪嶺再遷秦州刺史甚得邊和神武巡秦州欲以軌還仍賜城人戶別絹布兩匹州人田昭等七千戶皆辭不受唯乞留軌神武嘉歎乃留焉頻以軍功進封安德郡公遷瀛州刺史在州聚斂爲御史糾劾削除官爵未幾復其安德郡公歷位中書令司徒齊受禪封安德郡王軌妹爲神武所納生上黨王渙復以勳庸歷登台鉉常以謙恭自處不以富貴驕人後拜大司馬從文宣征蠕蠕在軍暴疾薨贈假黃鉞太宰太師謚曰肅武皇建初配饗文襄廟庭子晉明嗣天統中改封東萊王晉明有俠氣諸勳貴子孫中最留心學問好酒誕縱招引賓客一席之費動至萬錢猶恨儉率朝廷處之貴要之地必以疾辭告人云廢人飲美酒對名勝安能作刀筆吏返披故紙乎武平末除尚書左僕射百餘日便謝病解官

潘樂字相貴廣寧石門人也本廣宗大族魏世分鎮北邊因家焉父永有技藝襲爵廣宗男樂初生有一雀止其母左肩占者咸言富貴之徵因名相貴後始爲字及長寬厚有膽畧初歸葛榮授京兆王時年十九榮敗隨尒朱榮爲別將討元顥以功封敷城縣男齊神武出牧晉州引樂爲鎮城都將從破尒朱兆於廣阿進爵廣宗縣伯累以軍功拜東雍州刺史神武嘗議欲廢州樂以東雍地帶山河境連胡蜀形勝之會不可棄也遂如故後破周師於河陰議欲追之令追者在西不願者東唯樂與劉豐居西神武善之以衆議不同而止改封金門郡公文宣嗣事鎮河陽破西將楊檦等時帝以懷州刺史平監等所築城深入敵境欲棄之樂以軹關要害必須防固乃更修理增置兵將而還鎮河陽拜司空齊受禪樂進璽綬進封河東郡王遷司徒周文東至崤陝遣

其行臺侯莫陳崇自齊子嶺趣軹關儀同楊檦從鼓鐘道出建州陷孤公戍詔樂總大衆禦之樂晝夜兼行至長子遣儀同韓永與從建州西趣崇崇遂遁又爲南道大都督討侯景樂發石鼈南度百餘里至梁涇州涇州舊在石梁侯景改爲懷州樂獲其地仍立涇州又克安州除瀛州刺史仍畧淮漢天保六年薨於懸瓠贈假黃鉞太師大司馬尚書令子子晃嗣諸將子弟率多驕縱子晃沈密謹慤以清淨自居尚公主拜駙馬都尉武平末爲幽州道行臺右僕射幽州刺史周師將入鄴子晃率突騎數萬赴援至博陵知鄴城不守詣冀州降周授上開府隨大業初卒

北齊書卷十五考證

竇泰傳本出清河觀津曾祖羅魏統萬鎮將○毛氏本曾作冑北史亦同

尉景傳景妻常山君○一本君字上有郡字

婁昭傳昭亦早識人○北史人下有雄字

厙狄干傳○臣範按北史厙狄干傳後附厙狄士文蓋錄隋書酷吏傳此本高齊之書無下及之例今此傳全同北史明係本書亡闕後人取延壽之史增入之故其體例不一也

韓軌傳字百年○南監本及北史百俱作伯

北齊書卷十六

隋太子通事舍人李百藥撰

列傳第八

段榮子韶

段榮字子茂姑臧武威人也祖信仕沮渠氏後入魏以豪族徙北邊仍家於五原郡父連安北府司馬榮少好曆術專意星象正光初語人曰易云觀於天文以察時變又曰天垂象見吉凶今觀玄象察人事不及十年當有亂矣或問曰起於何處當可避乎榮曰構亂之源此地爲始恐天下因此橫流無所避也未幾果如言榮遇亂與鄉舊攜妻子南趣平城屬杜洛周爲亂榮與高祖謀誅之事不捷共奔尒朱榮後高祖建義山東榮贊成大策爲行臺右丞西北道慰喻大使巡方曉喻所在下之高祖南討鄴留榮鎮信都仍授鎮北將軍定州刺史時攻鄴未克所須軍資榮轉輸無闕高祖入洛論功封姑臧縣侯邑八百戶轉授瀛州刺史榮妻皇后姊也榮恐高祖招私親之議固推諸將竟不之州尋行相州事後爲濟州刺史天平三年轉行泰州事榮性溫和所歷皆推仁恕民吏愛之初高祖將圖關右與榮密謀榮盛稱未可及渭曲失利高祖悔之曰吾不用段榮之言以至於此四年除山東大行臺大都督甚得物情元象元年授儀同三司二年五月卒年六十二贈使持節定冀滄瀛四州諸軍事定州刺史太尉尚書左僕射謚曰昭景皇建初配饗高祖廟庭二年重贈大司馬尚書令武威王長子韶嗣韶字孝先小名鐵伐少工騎射有將領才畧高祖以武明皇后姊子益器愛之常置左右以爲心腹建義初領親信都督中興元年從高祖拒尒朱兆戰於廣阿高祖謂韶曰彼衆我寡其若之何韶曰所謂衆者得衆人之死強者得天下之心尒朱狂狡行路所見裂冠毀冕拔本塞源邙山之會搢紳何罪殺主立君不脫旬朔天下思亂十室而九王躬昭德義除君側之惡何往而不克哉高祖曰吾雖以順討逆奉辭伐罪但弱小在強大之間恐無天命卿不聞之也答曰韶聞小能敵大小道大淫皇天無親唯德是輔尒朱外賊天下內失善人知者不爲謀勇者不爲鬬不肖失職賢者取之復何疑也遂與兆戰兆軍潰攻劉誕於鄴及韓陵之戰韶督率所部先鋒陷陣尋從高祖出晉陽追尒朱兆於赤洪嶺平之以軍功封下洛縣男又從襲取夏州擒斛律彌娥突加龍驤將軍諫議大夫累遷武衞將軍後恩賜父榮姑臧縣侯其下洛縣男啓讓繼母弟寧安與和四年從高祖禦周文帝於邙山高祖身在行間爲西魏將賀拔勝所識率銳來逼韶從傍馳馬引弓反射一箭斃其前驅追騎懾憚莫敢前者西軍退賜馬并金進爵爲公武定四年從征玉壁時高祖不豫攻城未下召集諸將共論進止之宜謂大司馬斛律金司徒韓軌左衞將軍劉豐等曰吾每與段孝先論兵殊有英畧若使比來用其謀亦可無今日之勞矣吾患勢危篤恐或不虞欲委孝先以鄴下之事何如金等曰知臣莫若君實無出孝先仍謂韶曰吾昔與卿父冒涉險艱同獎王室建此大功今病疾如此殆將不濟宜善相翼佐克茲負荷即令韶從顯祖鎮鄴召世宗赴軍高祖疾甚顧命世宗曰段孝先忠亮仁厚智勇兼備親戚之中唯有此子軍旅大事宜共籌之五年春高祖崩於晉陽祕不發喪俄而侯景構亂世宗還鄴韶留守晉陽世宗還賜女樂十數人金十斤繒帛稱是封長樂郡公世宗征潁川韶留鎮晉陽別封眞定縣男行并州刺史顯祖受禪別封朝陵縣又封霸城縣加位特進啓求歸朝陵公乞封繼母梁氏爲郡君顯祖嘉之別以梁氏爲安定郡君又以霸城縣侯讓其繼母弟孝言論者美之天保三年爲冀州刺史六州大都督有惠政得吏民之心四年十二月梁將東方白額潛至宿預招誘邊民殺害長吏淮泗擾動五年二月詔徵韶討之既至會梁將嚴超達等軍逼涇州又陳武帝率衆將攻廣陵刺史王敬寶遣使告急復有尹思令率衆萬餘人謀襲盱眙三軍咸懼韶謂諸將曰自梁氏喪亂國無定主人懷去就強者從之霸先等智小謀大政令未一外託同德內有離心諸君不足憂吾揣之熟矣乃留儀同敬顯儁堯雄宗等圍守宿預自將步騎數千人倍道赴涇州塗出盱眙思令不虞大軍卒至望旗奔北進與超達合戰大破之盡獲其舟艦器械謂諸將士曰吳人輕躁本無大謀今破超達霸先必走即迴赴廣陵陳武帝果遁去追至楊子柵望揚州城乃還大獲其軍資器物旋師宿預六月韶遣辯士喻白額禍福白額於是開門請盟韶與行臺辛術等議且爲受盟盟訖度白額終不爲用因執而斬之并其諸弟等並傳首京師江淮帖然民皆安輯顯祖嘉其功詔賞吳口七十人封平原郡王清河王岳之克郢州執司徒陸法和韶亦豫行築曆城於新蔡立郭默戍而還皇建元年領太子太師太寧二年除并州刺史高歸彥作亂冀州詔與東安王婁叡率衆討平之遷太傅賜女樂十人并歸彥果園一千畝仍蒞并州爲政舉大綱不存小察甚得民和十二月周武帝遣將率羌夷與突厥合衆逼晉陽世祖自鄴倍道兼行赴救突厥從北結陣而前東距汾河西被風谷時事既倉卒兵馬未整世祖見如此亦欲避之而東尋納河間王孝琬之請令趙郡王叡護諸將時大雪之後周人以步卒爲前鋒從西山而下去城二里諸將咸欲逆擊之韶曰步人氣勢自有限今積雪既厚逆戰非便不如陣以待之彼勞我逸破之必矣既而交戰大破之敵前鋒盡殪無復孑遺其餘通宵奔遁仍令韶率騎追之出塞不及而還世祖嘉其功別封懷州武德郡公進位太師周冢宰宇文護母閻氏先配中山宮護聞閻尚存乃因邊境移書請還其母并通隣好時突厥屢犯邊韶軍於塞下世祖遣黃門徐世榮乘傳齎周書問韶韶以周人反覆本無信義比晉陽之役其事可知護外託爲相其實王也既爲母請和不遣一介之使申其情理乃據移書即送其母恐示之弱如臣管見且外許之待通和後放之未晚不聽遂遣使以禮將送護既得母仍遣將尉遲迥等襲洛陽詔遣蘭陵王長恭大將軍斛律光率衆擊之軍於邙山之下逗留未進世祖召謂曰今欲遣王赴洛陽之圍但突厥在北復須鎮禦王謂如何韶曰北虜侵邊事等疥癬今西羌闚逼便是膏肓之病請奉詔南行世祖曰朕意亦爾乃令韶督精騎一千發自晉陽五日便濟河與大將共量進止韶旦將帳下二百騎與諸軍共登邙阪聊觀周軍形勢至太和谷便值周軍即遣馳告諸營追集兵馬乃與諸將結陣以待之韶爲左軍蘭陵王爲中軍斛律光爲右軍與周人相對韶遙謂周人曰汝宇文護幸得其母不能懷恩報德今日之來竟何意也周人曰天遣我來有何可問韶曰天道賞善罰惡當遣汝送死來耳周軍仍以步人在前上山逆戰韶以彼徒我騎且卻且引待其力弊乃下馬擊之短兵始交周人大潰其中軍所當者亦一時瓦解投墜溪谷而死者甚衆洛城之圍亦即奔遁盡棄營幕從邙山至穀水三十里中軍資器物彌滿川澤車駕幸洛陽親勞將士於河陰置酒高會策勳命賞除太宰封靈武縣公天統三年除左丞相永昌郡公食滄州幹武平二年正月出晉州道到定隴築威敵平寇二城而還二月周師來寇遣韶與右丞相斛律光太尉蘭陵王長恭同往捍禦以三月暮行達西境有栢谷城者乃敵之絕險石城千仞諸將莫肯攻圍韶曰汾北河東勢爲國家之有若不去栢谷事同痼疾計彼援兵會在南道今斷其要路救不能來且城勢雖高其中甚狹火弩射之一旦可盡諸將稱善遂鳴鼓而攻之城潰獲儀同薛敬禮大斬獲首虜仍城華谷置戍而還封廣平郡公是月周又遣將寇邊右丞相斛律光先率師出討韶亦請行五月攻服秦城周人於姚襄城南更起城鎮東接定陽又作深塹斷絕行道韶乃密抽壯士從北襲之又遣人潛度河告姚襄城中令內外相應度者千有餘人周人始覺於是合戰大破之獲其儀同若干顯寶等諸將咸欲攻其新城韶曰此城一面阻河三面地險不可攻就令得之城地耳不如更作一城壅其路破服秦併力以圖定陽計之長者將士咸以爲然六

月從圍定陽其城主開府儀同揚範固守不下韶登山望城勢乃縱兵急攻之七月屠其外城大斬獲首級時韶病在軍中以子城未克謂蘭陵王長恭曰此城三面重澗險阻並無走路唯恐東南一處耳賊若突圍必從此出但簡精兵專守自是成擒長恭乃令壯士千餘人設伏於東南澗口其夜果如所策賊遂出城伏兵擊之大潰範等面縛盡獲其衆韶疾甚先軍還以功別封樂陵郡公竟以疾薨上舉哀東堂贈物千段溫明祕器輼輬車軍校之士陣衞送至平恩墓所發卒起冢贈假黃鉞使持節都督朔并定趙冀滄齊兗梁洛晉建十二州諸軍事相國太尉錄尚書事朔州刺史謚曰忠武韶出總軍旅入參帷幄功既居高重以婚媾望傾朝野長於計略善於御衆得將士之心臨敵之日人人爭奮又雅性溫慎有宰相之風教訓子弟閨門雍肅事後母以孝聞齊世勳貴之家罕有及者然僻於好色雖居要重微服間行有皇甫氏魏黃門郎元瑀之妻弟謹謀逆皇甫氏因沒官韶美其容質上啓固請世宗重違其意因以賜之尤嗇於財雖親戚故舊畧無施與其子深尚公主并省丞郎在家佐事十餘日事畢辭還人唯賜一盃酒長子懿嗣懿字德猷有姿儀頗解音樂又善騎射天保初尚潁川長公主累遷行臺右僕射兼殿中尚書出除兗州刺史卒子寶鼎嗣尚中山長公主武平末儀同三司隋開皇中開府儀同三司驃騎大將軍大業初卒於饒州刺史韶第二子深字德深美容貌寬謹有父風天保中受父封姑臧縣公大寧初拜通直散騎侍郎二年詔尚永昌公主未婚主卒河清三年又詔尚東安公主以父頻著大勳累遷侍中將軍源州大中正食趙郡幹韶病篤詔封深濟北王以慰其意武平末徐州行臺左僕射徐州刺史入周拜大將軍郡公坐事死韶第三子德舉武平末儀同三司周建德七年在鄴城與高元海等謀逆誅韶第四子德衡武平末開府儀同三司隆化時濟州刺史入周授儀同大將軍韶第七子德堪武平中儀同三司隋大業初汴州刺史卒於汝南郡守榮第二子孝言少警發有風儀魏武定末起家司徒參軍事齊受禪其兄韶以別封霸城縣侯授之累遷儀同三司度支尚書淸都尹孝言本以勳戚緒餘致位通顯至此便驕奢放逸無所畏憚曾夜行過其賓客宗孝王家宿喚坊民防援不時應赴遂拷殺之又與諸淫婦密遊爲其夫覺復恃官勢拷掠而殯時苑內須果木科民間及僧寺備輸悉分向其私宅種植又殿內及園中須石差車牛從漳河運載復分車廻取事悉聞徹出爲海州刺史尋以其兄故徵拜都官尚書食陽城郡幹仍加開府遷太常卿除齊州刺史以贓賄爲御史所劾屬世祖崩遇赦免拜太常卿轉食河南郡幹遷吏部尚書祖珽執政將廢趙彥深引孝言爲助除兼侍中入內省典機密尋即正仍吏部尚書孝言旣無深鑒又待物不平抽擢之徒非賄則舊有將作丞崔成忽於衆中抗言曰尚書天下尚書豈獨段家尚書也孝言無辭以答惟厲色遣下而已尋除中書監加特進又託韓長鸞共構祖珽之短及祖出後孝言除尚書右僕射仍掌選舉恣情用捨請謁大行勑濬京城北隍孝言監作儀同三司崔士順將作大匠元士將太府少卿酈孝裕尚書左民郎中薛叔昭司州治中崔龍子淸都尹丞李道隆鄴縣令尉長卿臨章令崔象成安令高子徹等並在孝言部下典作日別置酒高會諸人膝行跪伏稱觴上壽或自陳屈滯更請轉官孝言意色揚揚以爲己任皆臨事報答許有加授富商大賈多被銓擢所進用人士咸是麤險放縱之流尋遷尚書左僕射特進侍中如故孝言富貴豪侈尤好女色後娶妻定遠妾董氏大躭愛之爲此內外不和更相糾列坐爭免官從光州隆化敗後有勑追還孝言雖黷貨無猒恣情酒色然舉止風流招致名士美景良辰未嘗虛棄賦詩奏伎畢盡歡洽雖草萊之士粗閑文藝多引入賓館與同興賞其貧躓者亦時有乞遺世論復以此多之齊亡入周授開府儀同大將軍後加上開府

史臣曰段榮以姻戚之重遇時來之會功伐之地亦足稱焉韶光輔七君克隆門業每出當閫外或任以留臺以猜忌之朝終其眉壽屬亭侯多警爲有齊上將豈其然乎當以志謝矜功名不逾實不以威權御物不以智數要時欲求覆餗其可得也語曰率性之謂道此其效歟

贊曰榮發其原韶大其門位因功顯望以德尊

北齊書卷十六考證

段韶傳十二月周武帝遣將率羌夷與突厥合衆逼晉陽○臣荃按武成紀載此事於河清三年春正月而此傳則在太寧二年十二月太寧二年乃河清元年也與紀互異

北齊書卷十七

隋太子通事舍人李百藥撰

列傳第九

斛律金 子光 羨

斛律金字阿六敦朔州勑勒部人也高祖倍侯利以壯勇有名塞表道武時率戶內附賜爵孟都公祖幡地斤殿中尚書父那瓌光祿大夫第一領民酋長天平中金貴贈司空金性敦直善騎射行兵用匈奴法望塵識馬步多少嗅地知軍度遠近初爲軍主與懷朔鎭將楊鈞送茹茹主阿那瓌還北瓌見金射獵深歎其工後瓌入寇高陸金拒擊破之正光末破六韓拔陵構逆金擁衆屬焉陵假金王號金度陵終敗滅乃統所部萬戶詣雲州請降即授第二領民酋長稍引南出黃瓜堆爲杜洛周所破部衆分散金與兄平二人脫身歸尒朱榮榮表金爲別將累遷都督孝莊立賜爵阜城縣男加寧朔將軍屯騎校尉從破葛榮元顥頻有戰功加鎭南大將軍及尒朱兆等逆亂高祖密懷匡復之計金與婁昭厙狄干等贊成大謀仍從舉義高祖南攻鄴留金守信都領恆雲燕朔顯六州大都督委以後事別討李脩破之加右光祿大夫會高祖於鄴仍從平晉陽追滅尒朱兆太昌初以金爲汾州刺史當州大都督進爵爲侯從高祖破紇豆陵於河西天平初遷鄴使金領步騎三萬鎭風陵以備西寇軍罷還晉陽從高祖戰於沙苑不利班師因此東雍諸城復爲西軍所據遣金與尉景厙狄干等討復之元象中周文帝復大舉向河陽高祖率衆討之使金徑往太州爲掎角之勢金到晉州以軍退不行仍與行臺薛循義共圍喬山之寇俄而高祖至仍共討平之因從高祖攻下南絳邵郡等數城武定初北豫州刺史高仲密據城西叛周文帝入寇洛陽高祖使金統劉豐大汗步薩等步騎數萬守河陽城以拒之高祖到仍從破密軍還除大司馬改封石城郡公邑一千戶轉第一領民酋長三年高祖出軍襲山胡分爲二道以金爲南道軍司由黃櫨嶺出高祖自出北道度赤䃭嶺會金於烏突戍合擊破之軍還出爲冀州刺史四年詔金率衆從烏蘇道會高祖於晉州仍從攻玉壁軍還高祖使金總督大衆從歸晉陽世宗嗣事侯景據潁川降於西魏詔遣金帥潘樂薛孤延等固守河陽以備西魏使其大都督李景和若干寶領馬步數萬欲從新城赴援侯景金率衆停廣武以要之景和等聞而退走還爲肆州刺史仍率所部於宜陽築楊志百家呼延三戍置守備而還侯景之走南豫西魏儀同三司王思政入據潁川世宗遣高岳慕容紹宗劉豐等率衆圍之復詔金督彭樂可朱渾道元等出屯河陽斷其奔救之路又詔金率衆會攻潁川事平復使金率衆從崿坂送米宜陽西魏九曲戍將馬紹隆據險要鬬金破之以功別封安平縣男顯祖受禪封咸陽郡王刺史如故其年冬朝晉陽宮金病帝幸其宅臨視賜以醫藥中使不絕病愈還州三年就除太師帝征奚賊金從帝行軍還帝幸肆州與金宴射而去四年解州以太師還晉陽車駕復幸其第六宮及諸王盡從置酒作樂極夜方罷帝忻甚詔金第二子豐樂爲武衞大將軍因謂金曰公元勳佐命父子思誠朕當結以婚姻永爲蕃衞仍詔金孫武都尚義寧公主成禮之日帝從皇太后幸金宅皇后太子及諸王等皆從其見親待如此後以茹茹爲突厥所破種落分散慮其犯塞驚擾邊民乃詔金率騎二萬屯白道以備之而虜帥豆婆吐久備將三千餘戶密欲西過候騎還告金勒所部追擊盡俘其衆茹茹但鉢將舉國西徙金獲其候騎送之并表陳虜可擊取之勢顯祖於是率衆與金共討之於吐賴獲二萬餘戶而還進位右丞相食齊州幹遷左丞相肅宗踐阼納其孫女爲皇太子妃又詔金朝見聽步挽車至階世祖登極禮遇彌重又納其孫女爲太子妃金長子光大將軍次子羨及孫武都並開府儀同三司出鎭方岳其餘子孫皆封侯貴達一門一皇后二太子妃三公主尊寵之盛當時莫比金嘗謂光曰我雖不讀書聞古來外戚梁冀等無不傾滅女若有寵諸貴人妬女若無寵天子嫌之我家直以立勳抱忠致富貴豈可藉女也辭不獲免常以爲憂天統三年薨年八十世祖舉哀西堂後主又舉哀於晉陽宮賜假黃鉞使持節都督朔定冀并瀛青齊滄幽肆汾十二州諸軍事相國太尉公錄尚書朔州刺史酋長王如故贈錢百萬謚曰武子光嗣

光字明月少工騎射以武藝知名魏末從金西征周文帝長史莫孝暉時在行間光馳馬射中之因擒於陣光時年十七高祖嘉之卽擢爲都督世祖爲世子引爲親信都督稍遷征虜將軍累加衞將軍武定五年封永樂縣子嘗從世宗於洹橋校獵見一大鳥雲表飛颺光引弓射之正中其頸此鳥形如車輪旋轉而下至地乃大鵰也世宗取而觀之深壯異焉丞相屬邢子高見而歎曰此射鵰手也當時傳號落鵰都督尋兼左衞將軍進爵爲伯齊受禪加開府儀同三司別封西安縣子天保

三年從征出塞光先驅破敵多斬首虜并獲雜畜還除晉州刺史東有周天柱新安牛頭三戍招引亾叛屢爲寇竊七年光率步騎五千襲破之又大破周儀同王敬儁等獲口五百餘人雜畜千餘頭而還九年又率衆取周絳川白馬澮交翼城等四戍除朔州刺史十年除特進開府儀同三司二月率騎一萬討周開府曹廻公斬之栢谷城主儀同薛禹生棄城奔遁遂取文侯鎭立戍置柵而還乾明元年除并州刺史皇建元年進爵鉅鹿郡時樂陵王百年爲皇太子肅宗以光世載醇謹兼著勳王室納其長女爲太子妃大寧元年除尚書右僕射食中山郡幹二年除太子太保河清二年四月光率步騎二萬築勳掌城於軹關西仍築長城二百里置十三戍三年正月周遣將達奚成興等來寇平陽詔光率步騎三萬禦之興等聞而退走光逐北遂入其境獲二千餘口而還其年三月遷司徒四月率騎北討突厥獲馬千餘匹是年冬周文帝遣其柱國大司馬尉遲迥齊國公宇文憲柱國庸國公可叱雄等衆稱十萬寇洛陽光率騎五萬馳往赴擊戰於邙山迥等大敗光親射雄殺之斬捕首虜三千餘級迥憲僅而獲免盡收其甲兵輜重仍以死者積爲京觀世祖幸洛陽策勳班賞遷太尉又封冠軍縣公先是世祖命納光第二女爲太子妃天統元年拜爲皇后其年光轉大將軍三年六月父喪去官其月詔起光及其弟羨並復前任秋除太保襲爵咸陽王并襲第一領民酋長別封武德郡公徙食趙州幹遷太傅十二月周遣將圍洛陽壅絕糧道武平元年正月詔光率步騎三萬討之軍次定隴周將張掖公宇文桀中州刺史梁士彥開府司水大夫梁景興等又屯鹿盧交道光擐甲執銳身先士卒鋒刃纔交桀衆大潰斬首二千餘級直到宜陽與周齊國公宇文憲申國公檢跋顯敬相對十旬光置築統關豐化二城以通宜陽之路軍還行次安鄴憲等衆號五萬仍躡軍後光縱騎擊之憲衆大潰虜其開府宇文英都督越勤世良韓延等又斬首三百餘級憲仍令桀及其大將軍中部公梁洛都與景興士彥等步騎三萬於鹿盧交塞斷要路光與韓貴孫呼延族王顯等合擊大破之斬景興獲馬千匹詔加右丞相并州刺史其冬光又率步騎五萬於玉壁築華谷龍門二城與憲顯敬等相持憲等不敢動光乃進圍定陽仍築南汾城置州以逼之夷夏萬餘戶並來內附二年率衆築平隴衛壁統戎等鎭戍十有三所周柱國枹罕公普屯威柱國韋孝寬等步騎萬餘來逼平隴與光戰於汾水之北光大破之俘斬千計又封中山郡公增邑一千戶軍還詔復令率步騎五萬出平陽道攻姚襄白亭城戍皆克之獲其城主儀同大都督等九人捕虜數千人又別封長樂郡公是月周遣其柱國紇千廣畧圍宜陽光率步騎五萬赴之大戰於城下乃取周建安等四戍捕虜千餘人而還軍未至鄴勑令便放兵散光以爲軍人多有勳功未得慰勞若卽便散恩澤不施乃密通表請使宣旨軍仍且進朝廷發使遲留軍還將至紫陌光仍駐營待使帝聞光軍營已逼心甚惡之急令舍人追光入見然後宣勞散兵拜光左丞相又別封清河郡公光入常在朝堂垂簾而坐祖珽不知乘馬過其前光怒謂人曰此人乃敢爾後珽在內省言聲高慢光適過聞之又怒珽知光忿己賂光從奴而問之曰相王嗔孝徵耶曰自公用事相王每夜抱膝歎曰盲人入國必破矣穆提婆求娶光庶女不許帝賜提婆晉陽之田光言於朝曰此田神武帝以來常種禾飼馬數千匹以擬寇難今賜提婆無乃闕軍務也由是祖穆積怨周將軍韋孝寬忌光英勇乃作謠言令間諜漏其文於鄴曰百升飛上天明月照長安又曰高山不推自崩槲樹不扶自竪祖珽因續之曰盲眼老公背上下大斧饒舌老母不得語令小兒歌之於路提婆聞之以告其母令萱萱以饒舌斥己也盲老公謂珽也遂相與協謀以謠言啓帝曰斛律累世大將明月聲震關西豐樂威行突厥女爲皇后男尚公主謠言甚可畏也帝以問韓長鸞鸞以爲不可事寢祖珽又見帝請間唯何洪珍在側帝曰前得公啓卽欲施行長鸞以爲無此理珽未對洪珍進曰若本無意則可既有此意而不決行萬一泄露如何帝曰洪珍言是也猶豫未決會丞相府佐封士讓密啓云光前西討還勑令放兵散光令軍逼帝京將行不軌事不果而止家藏弩甲奴僮千數每遣使豐樂武都處陰謀往來若不早圖恐事不可測啓云軍逼帝京會帝前所疑意謂何洪珍云人心亦大聖我前疑其欲反果然帝性至怯懦恐卽變發令洪珍馳召祖珽告之又恐追光不從命珽因云正爾召之恐疑不肯入宜遣使賜其一駿馬語云明日將往東山遊觀王可乘此馬同行光必來奉謝因引入執之帝如其言頃之光至引入涼風堂劉桃枝自後拉而殺之時年五十八於是下詔稱光謀反今已伏法其餘家口並不須問尋而發詔盡滅其族光性少言剛急嚴於御下治兵督衆唯仗威刑版築之役鞭撻人士頗稱其暴自結髮從戎未嘗失律深爲隣敵所懾憚罪既不彰一旦屠滅朝野痛惜之周武帝聞光死大喜赦其境內後入鄴追贈上柱國公指詔書曰此人若在朕豈能至鄴光有四子長子武都歷位特進太子太保開府儀同三司梁兗二州刺史所在並無政績唯事聚歛侵漁百姓光死遣使於州斬之次須達中護軍開府儀同三司先光卒次世雄開府儀同三司次恒伽假儀同三司並賜死光少子鍾年數歲獲免周朝襲封崇國公隋開皇中卒於驃騎將軍

羨字豐樂少有機警尤善射藝高祖見而稱之世宗擢爲開府參軍事遷征虜將軍中散大夫加安西將軍進封大夏縣子除通州刺史顯祖受禪進號征西別封顯親縣伯河清三年轉使持節都督幽安平南北營東燕六州諸軍事幽州刺史其年秋突厥衆十餘萬來寇州境羨總率諸將禦之突厥望見軍威甚整遂不敢戰卽遣使求欵慮其有詐且喻之曰爾輩此行本非朝貢見機始變未是宿心若有實誠宜速歸巢穴別遣使來於是退走天統元年夏五月突厥木汗遣使請朝獻羨始以聞自是朝貢歲時不絕羨有力焉詔加行臺僕射羨以北虜屢犯邊須備不虞自庫堆戍東拒於海隨山屈曲二千餘里其間二百里中凡有險要或斬山築城或斷谷起障并置立戍邏五十餘所又導高梁水北合易京東會於潞因以灌田邊儲歲積轉漕用省公私獲利焉其年六月丁父憂去官與兄光並被起復任還鎭燕薊三年加位特進四年遷行臺尚書令別封高城縣侯武平元年加驃騎大將軍時光子武都爲兗州刺史羨歷事數帝以謹直見推雖極榮寵不自矜尚至是以合門貴盛深以爲憂乃上書推讓乞解所職優詔不許其年秋進爵荊山郡王三年七月光誅勑使中領軍賀拔伏恩等十餘人驛捕之遣領軍大將軍鮮于桃枝洛州行臺僕射獨孤永業便發定州騎卒續進仍以永業代羨伏恩等既至門者白使人衷甲馬汗宜閉城門羨曰勑使豈可疑拒出見之伏恩把手遂執之死於長史廳事臨終歎曰富貴如此女爲皇后公主滿家常使三百兵何得不敗及其五子世達世遷世辨世酋伏護餘年十五已下者宥之羨未誅前忽令其在州諸子自伏護以下五六人鎖頸乘驢出城合家皆泣送之至門日晚而歸吏民莫不驚異行燕郡守馬嗣明醫術之士爲羨所欽愛乃竊問之答曰須有禳厭數日而有此變羨及光並少工騎射其父母日令其出畋還卽較所獲禽獸光所獲或少必麗龜達腋羨雖獲多非要害之所光常蒙賞羨或被捶撻人問其故金答云明月必背上着箭豐樂隨處卽下手其數雖多去兄遠矣聞者咸服其言

金兄平便弓馬有幹用魏景明中釋褐殿中將軍遷襄威將軍正光末六鎭擾亂隸大將軍尉賓北討軍敗爲賊所虜後走奔其弟金於雲州進號龍驤將軍與金擁衆南出至黃爪堆爲杜洛周所破部落離散及歸尒朱榮待之甚厚以平襲父爵第一領民酋長高祖起義以都督從稍遷平北將軍顯州刺史加鎭南將軍封固安縣伯尋進爲侯行肆州刺史周文帝遣其右將軍李小光據梁州平以偏師討擒之出爲燕州刺史入兼左衛將軍領衆一萬討北徐賊破之除濟州刺史侯景度江詔平爲大都督率青州刺史敬顯儁左衛將軍厙狄伏連等略定壽陽宿預三十餘城事罷還州加開府進位驃騎大將軍進爵爲公顯祖受禪別封美陽侯行兗州刺史以贓貨除名後除開府儀同三司廢帝卽位拜特進食滄州樂陵郡幹皇建初封定陽郡公拜護軍後爲青州刺史卒贈大尉

史臣曰斛律金以高祖撥亂之始翼成王業忠欵之至成此大功故能終享遐年位高百辟觀其盈滿之戒動之徵也纔及後嗣遂至誅夷雖爲威權之重蓋符道家所忌光以上將之子有沈毅之姿戰術兵權暗同韜略臨敵制勝變化無方自關河分隔年將四紀以高祖霸王之期屬宇文草創之日出軍薄伐屢挫兵鋒而大寧以還東鄰侵弱關西前收巴蜀又殄江陵叶建瓴而用武成并吞之壯氣斛律治軍誓衆式遏邊鄙戰則前無完陣攻則罕有全城齊氏必致拘原之師秦人無復啓關之策而世亂讒勝加以震主之威主暗時艱自毀藩籬之固昔李牧之爲趙將也北翦胡寇西却秦軍郭開譖之牧死趙滅其議誅光者豈秦之反間歟何同術而同亡也內令諸將解體外爲强鄰報讐嗚呼後之君子可爲深戒

贊曰赳赳咸陽邦家之光明月忠壯仍世將相聲振關右勢高時望迫此威名易興纔謗始自工言終斯交喪

北齊書卷十八

隋太子通事舍人李百藥撰

列傳第十

孫騰

高隆之

司馬子如

孫騰字龍雀咸陽石安人也祖通仕沮渠氏爲中書舍人沮渠滅入魏因居北邊及騰貴魏朝贈通使持節侍中都督雍華岐豳四州諸軍事驃騎大將軍司徒公尚書左僕射雍州刺史贈騰父機使持節侍中都督冀定滄瀛殷五州諸軍事太尉公尚書令冀州刺史騰少而質直明解吏事魏正光中北方擾亂騰間關危險得達秀容屬介朱榮建義騰隨榮入洛例除冗從僕射尋爲高祖都督府長史從高祖東征邢杲師次齊城有撫宜鎮軍人謀逆將害督帥騰知之密啓高祖俄頃事發高祖以有備擒破之高祖之爲晉州騰爲長史加後將軍封石安縣伯高祖自晉陽出滏口行至襄垣介朱兆率衆追高祖與兆宴飲於水湄誓爲兄弟各還本營明旦兆復招高祖高祖欲安其意將赴之臨上馬騰牽衣止之兆乃隔水肆罵馳還晉陽高祖遂東及起義信都騰以誠欵常預謀策騰以朝廷隔絶號令無所歸不權有所立則衆將沮散苦請於高祖高祖從之遂立中興主除侍中尋加使持節六州流民大都督北道大行臺高祖進軍於鄴初留段榮守信都尋遣榮鎮中山仍令騰居守及平鄴授相州刺史改封咸陽郡公增邑通前一千三百戶入爲侍中時魏京兆王愉女平原公主寡居騰欲尚之公主不許侍中封隆之無婦公主欲之騰妬隆之遂相間構高祖啓免騰官請除外任俄而復之騰以高祖腹心入居門下與斛斯椿同掌機密椿既生異端漸至乖謬騰深見猜忌慮禍及己遂潛將十餘騎馳赴晉陽高祖入討斛斯椿留騰行并州事又使騰爲冀相殷定滄瀛幽安八州行臺僕射行冀州事復行相州事天平初入爲尚書左僕射內外之事騰咸知之兼司空尚書令時西魏遣將寇南兗詔騰爲南道行臺率諸將討之騰性尪怯無威略失利而還又除司徒初北境亂離亡一女及貴遠加推訪終不得疑其爲人婢賤及爲司徒奴婢訴良者不研虛實率皆免之願免千人冀得其女時高祖入朝左右有言之者高祖大怒解其司徒武定中使於青州括浮逃戶口遷太保初博陵崔孝芬取貧家子賈氏以爲養女孝芬死其妻元更適鄭伯欵攜賈於鄭氏賈有姿色騰納之始以爲妾其妻袁氏死騰以賈有子正以爲妻詔封丹陽郡君復請以袁氏爵迴授其女違禮肆情多此類也騰早依附高祖契闊艱危勤力恭謹深見待信及高祖置之魏朝寄以心腹遂志氣驕盈與奪由己求納財賄不知紀極生官死贈非貨不行府藏銀器盜爲家物親狎小人專爲聚斂在鄴與高岳高隆之司馬子如號爲四貴非法專恣騰爲甚焉高祖屢加譴讓終不悛改朝野深非笑之武定六年四月薨時年六十八贈使持節都督冀定等五州諸軍事冀州刺史太師開府錄尚書事謚曰文天保初以騰佐命詔祭告其墓皇建中配享高祖廟庭子鳳珍嗣鳳珍庸常武平中卒於開府儀同三司

高隆之字延興本姓徐氏云出自高平金鄉父幹魏白水郡守爲姑壻高氏所養因從其姓隆之貴魏朝贈司徒公雍州刺史隆之後有參議之功高祖命爲從弟仍云渤海蓚人隆之身長八尺美鬚髯深沈有志氣魏汝南王悅爲司州牧以爲戶曹從事建義初釋褐員外散騎常侍與行臺于暉出討羊侃於太山暉引隆之爲行臺郎中又除給事中與高祖深自結託高祖之臨晉州引爲治中行平陽郡事從高祖起義山東以爲大行臺右丞魏中興初除御史中尉領尚食典御從高祖平鄴行相州事從破四胡於韓陵太昌初除驃騎大將軍儀同三司西魏文帝曾與隆之因酒忿競文帝坐以黜免高祖責隆之不能協和乃啓出爲北道行臺轉并州刺史封平原郡公邑一千七百戶隆之請減戶七百并求降已四階讓兄騰並加優詔許之仍以騰爲滄州刺史高祖之討斛斯椿以隆之爲大行臺尚書及大司馬清河王亶承制拜隆之侍中尚書右僕射領御史中尉廣費人工大營寺塔爲高祖所責天平初丁母艱解任尋詔起爲并州刺史入爲尚書令右僕射時初給民田貴勢皆占良美貧弱咸受瘠薄隆之啓高祖悉更反易乃得均平又領營構大將軍京邑制造莫不由之增築南城周迴二十五里以漳水近於帝城起長隄以防汎溢之患又鑿渠引漳水周流城郭造治碾磑並有利於時魏自孝昌已後天下多難刺史太守皆爲當部都督雖無兵事皆立佐僚所在頗爲煩擾隆之表請自非實在邊要見有兵馬者悉皆斷之又朝貴多假常侍以取貂蟬之飾隆之自表解侍中并陳諸假侍中服用者請亦罷之詔皆如表自軍國多事冒名竊官者不可勝數隆之奏請檢括獲五萬餘人而羣小諠囂隆之懼而止詔監起居事進位司徒公武定中爲河北括戶大使追還授領軍將軍錄尚書事尋兼侍中續出行青州事追還拜太子太師兼尚書左僕射吏部尚書遷太保時世宗作宰風俗肅清隆之時有受納世宗於尚書省大加責辱齊受禪進爵爲王尋以本官錄尚書事領大宗正卿監國史隆之性小巧至於公家羽儀百戲服制時有改易不循典故時論非之於射棚上立三像人爲壯勇之勢顯祖曾至東山因射謂隆之曰射棚上可作猛獸以存古義何爲置人終日射人朕所不取隆之無以對初世宗委任兼右僕射崔暹黃門郎崔季舒等及世宗崩隆之啓顯祖並欲害之不許顯祖以隆之舊齒委以政事季舒等仍以前隙乃譖云隆之每見訴訟者輒加哀矜之意以示非己能裁顯祖以其受任既重知有冤狀便宜申滌何得委過要名非大臣義天保五年禁止尚書省隆之曾與元昶宴飲酒酣語昶曰與王交遊當生死不相背人有密言之者又帝未登庸之日隆之意常侮帝帝將受魏禪大臣咸言未可隆之又在其中帝深銜之因此遂大發怒令壯士築百餘下放出渴將飲水人止之隆之曰今日何在遂飲之因從駕死於路中年六十一贈冀定瀛滄幽五州諸軍事大將軍太尉太保冀州刺史陽夏王竟不得謚隆之雖不涉學而欽尚文雅縉紳名流必存禮接寡姊爲尼事之如母訓督諸子必先文義世甚以此稱之顯祖末年既多猜害追忿隆之誅其子德樞等十餘人並投漳水又發隆之冢出其屍葬已積年其貌不改斬截骸骨亦棄於漳流遂絕嗣乾明中詔其兄子子遠爲隆之後襲爵陽夏王還其財產初隆之見信高祖性多陰毒睚眦之忿無不報焉儀同三司崔孝芬以結婚姻不果太府卿任集同知營構頗相乖異瀛州刺史元晏請託不遂前後構成其罪並誅害之終至家門殄滅論者謂有報應焉

司馬子如字遵業河內溫人也八世祖模晉司空南陽王模世子保晉亂出奔涼州因家焉魏平姑臧徙居於雲中其自序云爾父興龍魏魯陽太守子如少機警有口辯好交遊豪傑與高祖相結託分義甚深孝昌中北州淪陷子如攜家口南奔肆州爲介朱榮所禮遇假以中軍榮之向洛也以子如爲司馬持節假平南將軍監前軍次高都榮以建興險阻往來衝要有後顧之憂以子如行建興太守當郡都督永安初封平遙縣子邑三百戶仍爲大行臺郎中榮以子如明辯能說時事數遣奉使詣闕多稱旨孝莊亦接待焉葛榮之亂相州孤危榮遣子如間行入鄴助加防守葛榮平進爵爲侯元顥入洛人情離阻以子如曾守鄴城頗有恩信乃令行相州事顥平徵爲金紫光祿大夫介朱榮之誅子如知有變自宮內突出至榮宅棄家隨榮妻子與介朱世隆等走出京城世隆便欲還北子如曰事貴應機兵不厭詐天下恟恟唯彊是視於此際會不可以弱示人若必走北卽恐變故隨起不如分兵守河橋迴軍向京出其不意或可離潰假不如心猶足示有餘力使天下觀聽懼我威彊於是世隆還逼京城魏長廣王立兼尚書右僕射前廢帝以爲侍中驃騎大將軍儀同三司進爵陽平郡公邑一千七百戶固讓儀同不受高祖起義信都世隆等知子如與高祖有舊疑慮出爲南岐州刺史子如憤恨泣涕自陳而不獲免高祖入洛子如遣使啓賀仍敍平生舊恩尋追赴京以爲大行臺尚書朝夕左右參知軍國天平初除左僕射與侍中高岳侍中孫騰右僕射高隆之等共知朝政甚見信重高祖鎮晉陽子如時往謁見待之甚厚並坐同食從旦達暮及其當還高祖及武明后俱有賚遺率以爲常子如性既豪爽兼恃舊恩簿領之務與奪任情公然受納無所顧憚興和中以爲北道行臺巡檢諸州守令已下委其黜陟子如至定州斬深澤縣令至冀州斬東光縣令皆稽留時漏致之極刑若言有進退少不合意便令武士頓曳白刃臨項士庶惶懼不知所爲轉尚書令子如義旗之始身不參預直以高祖故舊遂當委重意氣甚高聚歛不息時世宗入輔朝政內稍嫌之尋以贓賄爲御史中尉崔暹所劾禁止於尚書省詔免其大罪削官爵未幾起行冀州事子如能自厲改甚有聲譽發擿姦偽僚吏畏伏之轉行并州事詔復官爵別封野王縣男邑二百戶齊受禪以有翼贊之功別封須昌縣公尋除司空子如性滑稽不治檢裁言戲穢褻識者非之而事姊有禮撫諸兄子慈篤當時名士並加欽愛世以此稱之然素無鯁正不能平心處物世宗時中尉崔暹黃門郎崔季舒俱被任用世宗崩暹等赴晉陽子如乃啓顯祖言其罪惡仍勸誅之其後子如以馬度關爲有司所奏顯祖引子如數讓之曰崔暹季舒事朕先世有何大罪卿令我殺之因此免官久之猶以先帝之舊拜太尉尋以疾薨時年六十四贈使持節都督冀定瀛滄懷五州諸軍事太師太尉懷州刺史贈物一千段謚曰文明子消難嗣尚高祖女以主壻貴公子頻歷中書黃門郎光祿少卿出爲北豫州刺史鎮武牢消難博涉史傳有風神然不能廉潔

在州爲御史所劾又於公主情好不睦公主譖訴之懼罪遂招延隣敵走關西子如兄纂先卒子如貴贈岳州刺史纂長子世雲輕險無行累遷衞將軍潁州刺史世雲本無勳業直以子如故頻歷州郡恃叔之勢所在聚斂仍肆姦穢將見推治內懷驚懼侯景反遂舉州從之時世雲母弟在鄴便傾心附景無復顧望諸將圍景於潁川世雲臨城遙對諸將言甚不遜世宗猶以子如恩舊免其諸弟死罪徙於北邊侯景於渦陽敗後世雲復有異志爲景所殺世雲弟膺之字仲慶少好學美風儀天平中子如貴盛膺之自尚書郎歷中書黃門郎子如別封須昌縣公迴受膺之膺之家富於財厚自封殖王元景邢子才之流以夙素重之以其疎簡傲物竟天保世淪滯不齒乾明中王晞白肅宗除衞尉少卿河清末光錄大夫患泄利積年不起至武平中猶不堪朝謁就家拜儀同三司好讀太玄經注揚雄蜀都賦每云我欲與揚子雲周旋齊亡遂以利疾終時年七十一膺之弟子瑞天保中爲定州長史遷吏部郎中舉淸勤平約遷司徒左長史兼廷尉卿以平直稱乾明初領御史中丞正色舉察爲朝廷所許以疾去職就拜祠部尚書卒贈瀛州刺史謚曰文節子瑞弟幼之清貞有素行少歷顯位隋開皇中卒於眉州刺史子瑞妻令萱之妹及令萱得寵於後主重贈子瑞懷州刺史諸子亦並居顯職同遊武平末給事黃門侍郎同迴太府卿同憲通直常侍然同遊終爲嘉吏隋開皇中尚書民部侍郎卒於遂州刺史

史臣曰高祖以晉陽戎馬之地霸圖攸屬治兵訓旅遙制朝權京臺機務委寄深遠孫騰等俱不能清貞守道以治亂爲懷厚斂貨財塡彼溪壑昔蕭何之鎭關中荀或之居許下不亦異於是乎賴世宗入輔責以驕縱厚遇崔暹奮其霜簡不然則君子屬厭豈易間焉孫騰牽裾之誠有足稱美隆之勞其志力經始鄴京又並是潛德寮宷早申任遇崇其名器未失朝序子如徒以少相親重情深昵狎義非草昧恩結寵私勳德莫聞坐致台輔猶子之愛訓以義方膺之風素可重幼之淸簡自立有足稱也

贊曰閎散胥附蕭曹扶翼齊運勃興孫高陳力騰貨無厭多憖衮職司馬滑稽巧言令色

北齊書卷十九

隋太子通事舍人李百藥撰

列傳第十一

賀拔允　蔡儁　韓賢　尉長命　王懷　劉貴　任延敬　莫多婁貸文　高市貴　厙狄迴洛　厙狄盛　薛孤延　張保洛　侯莫陳相

賀拔允字可泥神武尖山人也祖爾頭父度拔俱見魏史允便弓馬頗有膽畧與弟岳殺賊帥衞可肱仍奔魏廣陽王元深上允爲積射將軍持節防滏口深敗歸尒朱榮允父子兄弟並以武藝知名榮素聞之見允待之甚厚建義初除征東將軍光祿大夫封壽陽縣侯邑七百戶永安中除征北將軍蔚州刺史進爵爲公魏長廣王立改封燕郡公兼侍中使茹茹還至晉陽值高祖將出山東允素知高祖非常人早自結託高祖以其北土之望尤親禮之遂與允出信都叅定大策魏中興初轉司徒領尚書令高祖入洛進爵爲王轉太尉加侍中魏武帝之猜忌高祖也以允弟岳深相委託潛使來往當時咸慮允爲變及岳死武帝又委岳弟勝心腹之寄高祖重其舊久全護之天平元年乃賜死時年四十八高祖親臨哭之贈定州刺史五州軍事允有三子長子世文次世樂次難陁興和末高祖並召與諸子同學武定中勑居定州賜其田宅

蔡儁字景彥廣寧石門人也父普北方擾亂奔走五原守戰有功拜寧朔將軍封安上縣男邑二百戶尋卒贈輔國將軍燕州刺史儁豪爽有膽氣高祖微時深相親附與遼西段長太原龐蒼鷹俱有先知之鑒長爲魏懷朔鎭將嘗見高祖甚異之謂高祖云君有康世之才終不徒然也請以子孫爲託興和中啓贈司空公子寧相府從事中郎天保初兼南中郎將蒼鷹交遊豪俠厚待賓旅居於州城高祖客其舍初居處於蝸牛廬中蒼鷹母數見廬上赤氣屬天蒼鷹亦知高祖有霸王之量每私加敬割其宅半以奉高祖由此遂蒙親識高祖之牧晉州引爲兼治中從事史行義寧郡事及義旗建蒼鷹乃棄家間行歸高祖高祖以爲兼行臺倉部郎中卒於安州刺史儁初爲杜洛周所虜時高祖亦在洛周軍中高祖謀誅洛周儁預其計事泄走奔葛榮仍背葛榮歸尒朱榮入洛爲平遠將軍帳內別將從破葛榮除諫議大夫又從平元顥封烏洛縣男隨高祖舉義爲都督高祖平鄴及破四胡於韓陵儁並有戰功太昌中出爲濟州刺史爲治嚴暴又多受納然亦明解有部分吏民畏服之性好賓客頗稱施與後胡遷等據兗州作逆儁與齊州刺史尉景討平之魏武帝貳於高祖以濟州要重欲令腹心據之陰詔御史構儁罪狀欲以汝陽王代儁由是轉行兗州事高祖以儁非罪啓復其任武帝不許除賈顯智爲刺史率衆赴州儁防守嚴備顯智憚之至東郡不敢前天平中爲都督隨領軍婁昭攻樊子鵠於兗州又與行臺元子思討元慶和俱平之侯深反復以儁爲大都督率衆討之深敗走又轉揚州刺史天平三年秋卒於州時年四十二贈持節侍中都督冀州刺史尚書令司空公謚曰威武齊受禪詔祭告其墓皇建初配享高祖廟庭

韓賢字普賢廣寧石門人也壯健有武用初隨葛榮作逆榮破隨例至并州尒朱榮擢充左右榮妻子北走世隆等立魏長廣王曄爲主除賢鎭遠將軍屯騎校尉先是世隆等攻建州及石成賢並有戰功尒朱度律用爲帳內都督封汾陽縣伯邑四百戶普泰初除前將軍廣州刺史屬高祖起義度律以賢素爲高祖所知恐其有變遣使徵之賢不願應召乃密遣羣蠻多舉烽火有如寇難將至使者遂爲啓得停賢仍潛遣使人通誠於高祖高祖入洛尒朱官爵例皆削除以賢遠送誠欵令其復舊太昌初累遷中軍將軍光祿大夫出爲建州刺史武帝西入轉行荊州事天平初爲洛州刺史民韓木蘭等率土民作逆賢擊破之親自按檢收甲仗有一賊窘迫藏於死屍之間見賢將至忽起斫之斷其脛而卒賢雖武將性和直不甚貪暴所歷雖無善政不爲吏民所苦昔漢明帝時西域以白馬負佛經送洛因立白馬寺其經函傳在此寺形制淳朴世以爲古物歷代藏寶賢無故斫破之未幾而死論者或謂賢因此致禍贈侍中持節定營安平四州軍事大將軍尚書令司空公定州刺史子裔嗣

尉長命太安狄那人也父顥魏鎭遠將軍代郡太守長命性和厚有器識扶陽之亂寄居太原及高祖將建大義長命叅計策從高祖破四胡於韓陵拜安南將軍樊子鵠據兗州反除東南道大都督與諸軍討平之轉鎭范陽城就拜幽州刺史督安平二州事州居北垂土荒民散長命雖多聚斂然以恩撫民少得安集尋以疾去職未幾復徵拜車騎大將軍都督西燕幽滄瀛四州諸軍事幽州刺史卒於州贈以本官加司空謚曰武壯子興敬便弓馬有武藝高祖引爲帳內都督出爲常山公府叅軍事賜爵集中縣伯晉州民李小興羣聚爲賊興敬隨司空韓軌討平之進爵爲侯高祖攻周文帝於邙山興敬因戰爲流矢所中卒贈涇岐豳三州軍事爵爲公謚曰閔莊高祖哀惜之親自臨弔賜其妻子祿如興敬存焉子士林嗣

王懷字懷周不知何許人也少好弓馬頗有氣尚值北邊喪亂早從戎旅韓樓反於幽州懷知其無成陰結所親以中興初叛樓歸魏拜征虜將軍第一領民酋長武周縣侯高祖東出懷率其部人三千餘家隨高祖於冀州義旗建高祖以爲大都督從討尒朱兆於廣阿破之除安北將軍蔚州刺史又隨高祖攻鄴克之從破四胡於韓陵進爵爲侯仍從入洛拜車騎將軍改封盧鄉縣侯天平中除使持節廣州軍事梁遣將湛僧珍楊暕來寇懷與行臺元景擊須城拔之擒暕又從高祖襲克西夏州還爲大都督鎭下館除儀同三司元象初爲大都督與諸將西討遇疾卒於建州贈定幽肆四州諸軍事刺史司徒公尚書僕射懷以武藝勳誠爲高祖所知志力未申論者惜其不遂皇建初配饗高祖廟庭

劉貴秀容陽曲人也父乾魏世贈前將軍肆州刺史貴剛格有氣斷歷尒朱榮府騎兵叅軍建義初以預定策勳封敷城縣伯邑五百戶除左將軍大中大夫尋進爲公榮性猛急貴尤嚴峻每見任使多愜榮心遂被信遇位望日重加撫軍將軍永安三年除涼州刺史建明初尒朱世隆專擅以貴爲征南將軍金紫光祿兼左僕射西道行臺使抗孝莊行臺元顯恭於正平貴破顯恭擒之并大都督裴儁等復除晉州刺史普泰初轉行汾州事高祖起義貴棄城歸高祖於鄴太昌初以本官除肆州刺史轉行建州事天平初除陝州刺史四年除御史中尉肆州大中正其年加行臺僕射與侯景高昂等討獨孤如願於洛陽貴凡所經歷莫不肆其威酷修營城

郭督責切峻非理殺害視下如草芥然以嚴斷濟務有益機速性峭直攻訐無所迴避故見賞於時雖非佐命元功然與高祖布衣之舊特見親重興和元年十一月卒贈冀定并殷瀛五州軍事太保太尉公錄尚書事冀州刺史諡曰忠武齊受禪詔祭告其墓皇建中配享高祖廟庭長子元孫員外郎肆州中正早卒贈肆州刺史次子洪徽嗣武平末假儀同三司奏門下事

任延敬廣寧人也伯父桃太和初爲雲中軍將延敬隨之因家焉延敬少和厚有器度初從葛榮爲賊榮署爲王甚見委任榮敗延敬擁所部先降拜鎮遠將軍廣寧太守賜爵西河縣公後隨高祖建義中興初累遷光祿大夫太昌初累轉尚書左僕射進位開府儀同三司延敬位望既重能以寬和接物人士稱之及斛斯椿釁發延敬棄家北走至河北郡因率土民據之以待高祖魏武帝入關荆蠻不順以延敬爲持節南道大都督討平之天平初復拜侍中時范陽人盧仲延率河北流人反於陽夏西兗州民田龍聚衆應之以延敬爲大都督東道軍司率都督元整叱列陁等討之尋爲行臺僕射除徐州刺史時梁遣元慶和及其諸將寇邊延敬破梁仁州刺史黄道始於北濟陰又破梁儁於單父俘斬萬人又拜侍中在州大有受納然爲政不殘禮敬人士不爲民所疾苦潁川長史賀若徽執刺史田迅據城降西魏復令延敬率豫州刺史堯雄等討之西魏遣其將怡鋒率衆來援延敬等與戰失利收還北豫仍與行臺侯景司徒高昂等相會共攻潁川拔之元象元年秋卒於鄴時年四十五贈使持節太保太尉公錄尚書事都督冀定瀛幽安五州諸軍事冀州刺史子胄嗣胄輕俠頗敏惠少在高祖左右天平中擢爲東郡太守家本豐財又多聚斂動極豪華賓客往來將迎至厚尋以贓污爲有司所劾高祖捨之及解郡高祖以爲都督與和末高祖攻玉壁還以晉州西南重要留清河公岳爲行臺鎮守以胄隸之胄飲酒遊縱不勤防守高祖責之胄懼遂潛遣使送款於周爲人糾列窮治未得其實高祖特免之謂胄曰我推誠於物謂卿必無此理且黑獺降人首尾相繼卿之虛實於後何患不知胄內不自安是時儀同尒朱文暢及參軍房子遠鄭仲禮等並險薄無賴胄厚與交結乃陰圖殺逆武定三年正月十五日因高祖夜戲謀將竊發有人告之令捕窮其事皆得實胄及子弟並誅

莫多婁貸文太安狄那人也驍果有膽氣從高祖舉義中興初除伏波將軍武賁中郎將虞候大都督從擊尒朱兆於廣阿有功加前將軍封石城縣子邑三百戶又從破四胡於韓陵進爵爲侯從平尒朱兆於赤谼嶺兆窮迫自經貸文獲其屍遷左廂大都督斛斯椿等釁起魏武帝遣賈顯智據守石濟高祖令貸文率精銳三萬與竇泰等於定州相會同趣石濟擊走顯智天平中除晉州刺史汾州胡賊爲寇竊高祖親討焉以貸文爲先鋒每有戰功還賚奴婢三十人牛馬各五十匹布一千疋仍爲汾陝東雍晉泰五州大都督後與太保尉景攻東雍南汾二州克之元象初除車騎大將軍儀同南道大都督與行臺侯景攻獨孤如願於金墉城周文帝軍出函谷與高昂議整旅厲卒以待其至貸文請率所部擊其前鋒景等固不許貸文性勇而專不肯受命以輕騎一千軍前斥候西過瀍澗遇周軍戰沒贈并肆恒雲朔五州軍事并州刺史尚書右僕射司徒公子敬顯彊直勤幹少以武力見知恒從斛律光征討數有戰功光每命敬顯前驅安置營壘夜中巡察或達旦不睡臨敵置陳亦令敬顯部分將士造次之間行伍整肅深爲光所重位至領軍將軍恒檢校虞候事武平中車駕幸晉陽每令敬顯督留臺兵馬糺察盜賊京師肅然七年從後主平陽敗歸并州與唐邕等推立安德王稱尊號安德敗文帝羣官皆投周軍唯敬顯走還鄴授司徒周武帝平鄴城之明日執敬顯斬於閶門外責其不留平陽也

高市貴善無人也少有武用孝昌初恒州內部勑勒劉崙等聚衆反市貴爲都督率衆討崙一戰破之累遷撫軍將軍諫議大夫及尒朱榮立魏莊帝市貴預翼戴之勳遷衞將軍光祿大夫秀容大都督第一領民酋長賜爵上洛縣伯尒朱榮擊葛榮於滏口以市貴爲前鋒都督榮平除使持節汾州刺史尋爲晉州刺史紇豆陵步藩之侵亂并州也高祖破之市貴亦從行有功除驃騎大將軍儀同三司封常山郡公邑一千五百戶高祖起義市貴預其謀及樊子鵠據州反隨大都督婁昭討之子鵠平除西兗州刺史不之州天平初復除晉州刺史高祖尋以洪峒要險遣市貴鎮之高祖沙苑失利晉州行事封祖業棄城而還州民柴覽聚衆作逆高祖命市貴討覽覽奔柴壁市貴破斬之是時東雍南汾二州境多羣賊聚爲盜因市貴平覽皆散歸復業後秀容人五千戶叛應山胡復以市貴爲行臺統諸軍討平之元象中從高祖破周文帝於邙山重除晉州刺史西道軍司率衆擊懷州逆賊潘集未至遇疾道卒贈并汾懷建東雍五州軍事太尉公并州刺史子阿那肱貴寵封成皋王勑令其第二子孔雀承襲

厙狄迴洛代人也少有武力儀貌魁偉初事尒朱榮爲統軍預立莊帝轉爲別將賜爵毋極伯從破葛榮轉都督榮死隸尒朱兆高祖舉兵信都迴洛擁衆歸義從破四胡於韓陵以軍功補都督加後將軍太中大夫封順陽縣子邑四百戶遷右廂都督從征山胡先鋒斬級除朔州刺史破周文於河陽轉授夏州刺史邙山之役力戰有功增邑通前七百戶世宗嗣事從平潁川天保初除建州刺史肅宗卽位封順陽郡王大寧初轉朔州刺史食博陵郡幹轉太子太師遇疾卒贈使持節都督定瀛恒朔雲五州軍事大將軍太尉公定州刺史賻物一千段

厙狄盛懷朔人也性和柔少有武用初爲高祖親信都督除伏波將軍每從征討以功封行唐縣伯復累加安北將軍幽州刺史加中軍將軍爲豫州鎮城都督以勳舊進爵爲公世宗減封二百戶以增其邑除征西大將軍開府儀同三司朔州刺史齊受禪改封華陽縣公又除北朔州刺史以華陽封邑在遠隨例割并州之石艾縣肆州之平寇縣原州之馬邑縣各數十戶合二百戶爲其食邑未幾例罷拜特進卒贈使持節都督朔瀛趙幽安五州諸軍事大尉公朔州刺史

薛孤延代人也少驍果有武力韓樓之反延隨衆屬焉後與王懷等密計討樓爲樓尉帥乙弗醜所覺力戰破醜遂相率歸行臺劉貴表爲都督加征虜將軍賜爵永固縣侯後隸高祖爲都督仍從起義破尒朱兆於廣阿因從平鄴以功進爵爲公轉大都督從破四胡於韓陵加金紫光祿大夫從追尒朱兆於赤谼嶺除第一領民酋長孝靜立拜顯州刺史累加車騎將軍天平四年從高祖西伐至蒲津竇泰於河南失利高祖班師延殿後且戰且行一日斫折刀十五口還轉梁州刺史從征玉壁又轉恒州刺史從破周文帝於邙山進爵爲縣公邑一千戶高祖嘗閱馬於北牧道逢暴雨大雷震地前有浮圖一所高祖令延覘之延乃馳馬按矟直前未至三十步雷火燒面延喝殺繞浮圖走火遂滅延還眉鬢及馬鬃尾俱燋高祖歎曰薛孤延乃能與霹靂鬬其勇決如此又頻從高祖討破山胡西攻玉壁入爲左衞將軍改封平秦郡公爲左廂大都督與諸軍將討潁州延專監造土山以酒醉爲敵所襲據潁州平諸將還京師讌於華林園世宗啓魏帝坐延於階下以辱之後兼領軍將軍出爲滄州刺史別封溫縣男邑三百戶齊受禪別賜爵都昌縣公性好酒率多昏醉而以勇決善戰每大軍征討常爲前鋒故與彭劉韓潘同列天保二年爲太子太保轉太子太傅八年除肆州刺史加開府儀同三司食洛陽郡幹尋改食河間郡幹

張保洛代人也自云本出南陽西鄂家世好賓客尙氣俠頗爲北土所知保洛少率健善弓馬魏孝昌中北鎮擾亂保洛亦隨衆南下葛榮僭逆以保洛爲領左右榮敗仍爲尒朱榮統軍累遷揚烈將軍奉車都尉後隸高祖爲都督從討步蕃及高祖起義保洛爲帳內從破尒朱兆於廣阿尋遷右將軍中散大夫仍以帳內從高祖圍鄴城既拔除平南將軍光祿大夫從破尒朱兆等於韓陵因隨高祖入洛加安東將軍後高祖啓減國邑分授將士保洛隨例封昌平縣薄家城鄉男一百戶魏出帝不協於高祖令儀同賈顯智率豫州刺史斛斯壽東趣濟州高祖遣大都督竇泰自滑臺拒顯智保洛隸泰前驅事定轉都督從高祖襲夏州剋之万俟受洛干之降也高祖遣保洛與諸將於路接援元象初除西夏州刺史當州大都督又以前後功封安武縣伯邑四百戶轉行蔚州刺史從高祖攻周文帝於邙山圍玉壁攻龍門還留鎮晉州世宗卽位以保洛爲左廂大都督後出晉州加征西將軍王思政之援潁川攻圍未克世宗仍令保洛鎮楊志塢使與揚州爲掎角之勢潁川平尋除梁州刺史顯祖受禪仍爲刺史所在聚斂爲務民吏怨之濟南初出爲滄州刺史封敷城郡王爲在州聚斂免官削奪王爵及卒贈以前官追復本封子默言嗣武平末衞將軍以帳內從高祖出山東又有麴珍段琛牒舍樂尉摽乞伏貴和及弟令和王康德並以軍功至大官麴珍字舍洛西平酒泉人也壯勇善騎射以帳內從高祖晉州仍起義所在征討武定末封富平縣伯天保初食黎陽郡幹除晉州刺史武平初還豫州道行臺尚書令豫州刺史卒贈太尉段琛字懷寶代人也少有武用從高祖起義信都天保中兗州刺史牒舍樂武成初開府儀同三司營州刺史封漢中郡公戰歿關中尉摽代人也太寧初封海昌王子相貴嗣相貴武平末晉州道行臺尚書僕射晉州刺史爲行臺左丞侯子欽等密啓周武請師欽等爲內應周武自率衆至城下欽等夜開城門引軍入鏁相貴送長安尋卒弟相顯彊幹有膽畧武平未領軍大將軍自平陽至并州及到鄴每立計

將殺高阿那肱廢後主立廣寧王事竟不果及廣寧被出相願拔佩刀斫柱而歎曰大事去矣知復何言貴和及令和兄弟武平末並開府儀同三司令和領軍將軍并州未敗前與領軍大將軍韓建業武衞大將軍封輔相相繼投周軍令和授柱國封西河郡公隋大業初卒於秦州總管建業輔相俱不知所從來建業授上柱國封郇國公隋開皇中卒輔相封上柱國封郡公周武平并州即以爲朔州總管康德代人也歷數州刺史并省尚書封新蔡郡王

侯莫陳相代人也祖伏頹魏第一領民酋長父斛古提朔州刺史白水郡公尋除蔚州刺史仍爲大行臺節度西道諸軍事又遷車騎將軍顯州刺史入除太僕卿項之出爲汾州刺史別封安次縣男又別封始平縣公天保初除太師轉司空公進爵爲白水王邑一千一百戶累授太傅進食建州幹別封義寧郡公武平二年四月薨於州年八十三贈假黃鉞使持節督冀定瀛滄濟趙幽并朔恒十州軍事右丞相太宰太尉公朔州刺史有二子長子貴樂尚公主駙馬都尉次子晉貴武衞將軍梁州刺史隆化時并州失守晉貴遣使降周授上大將軍封信安縣公

史臣曰高祖世居雲代以英雄見知後遇尒朱武功漸振鄉邑故人彌相推重賀拔允以昆季乖離處猜嫌之地初以舊望矜護而竟不獲令終比於吳蜀之安瑾亮方知器識之淺深也劉貴蔡儁有先見之明霸業始基義深匡贊配饗淸廟豈徒然哉韓賢等及聞義舉競趣戎行憑附末光申其志力化爲公侯固其宜矣

贊曰帝鄉之親世有其人降靈雲朔載挺良臣功名之地望古爲隣

北齊書卷十九考證

韓賢傳民韓木蘭等率土民作逆○臣範按韓木蘭即韓擒虎之父韓雄周書雄傳與此所載不同

任延敬傳西魏遣其將怡鋒率衆來援○周書作怡峰云字景阜疑從山爲是

莫多婁貸文傳與高昂議整旅厲卒以待其至○北史與字上有景字

北齊書卷二十

隋 太子通事舍人 李百藥 撰

列傳第十二

張瓊 斛律羌舉 堯雄 宋顯

王則 慕容紹宗 薛循義 叱利平

步大汗薩 慕容儼

張瓊字連德代人也少壯健有武用魏世自盪寇將軍爲朔州征虜府外兵參軍隨葛榮爲亂榮敗尒朱榮以爲都督討元顥有功除汲郡太守建明初爲東道慰勞大使封行唐縣子邑三百戶轉太尉長史出爲河內太守除濟州刺史尒朱兆敗歸高祖遷汾州刺史天平中高祖襲克夏州以爲慰勞大使仍留鎭之尋爲周文帝所陷卒贈使持節燕恒雲朔四州諸軍事大將軍司徒公恒州刺史有二子長忻次遵業忻普泰中爲都督隨尒朱世隆以功尚魏平陽公主除駙馬都尉大將軍開府儀同三司建州刺史南鄭縣伯瓊常憂其大盛每語親識曰凡人官爵莫若處中忻位秩太高深爲憂慮而忻豪險放縱遂與公主情好不協尋爲武帝所害時稱瓊之先見遵業討元顥有功封固安縣開國子除寧遠將軍雲州大中正天平中除淸河太守尋加安西將軍建州刺史武定中隨儀同劉豐討侯景爲景所擒景敗殺遵業於渦陽喪還世宗親自臨弔贈并肆幽安四州軍事開府儀同三司并州刺史

斛律羌舉太安人也世爲部落酋長父謹魏龍驤將軍武川鎭將羌舉少驍果有膽力永安中從尒朱兆入洛有戰功深爲兆所愛遇恒從征伐高祖破兆方始歸誠高祖以其忠於所事亦加嗟賞天平中除大都督令率步騎三千導衆軍西襲夏州尅之後從高祖西討大軍濟河集諸將議進趣之計羌舉曰黑獺聚兇黨强弱可知若欲固守無糧援可恃今揣其情已同困獸若不與其戰而逕趣咸陽咸陽虛空可不戰而尅拔其根本彼無所歸則黑獺之首懸於軍門矣諸將議有異同遂戰於渭曲大軍敗績天平末頴川人張儉聚衆反叛西通關右羌舉隨都督侯景高昂等討破之元象中除淸州刺史封密縣侯興和初高祖以爲中軍大都督尋轉東夏州刺史時高祖欲招懷遠夷令羌舉使於阿至羅宣揚威德前後稱旨甚被知賞卒於州時年三十六高祖深悼惜之贈并恒二州軍事恒州刺史子孝卿少聰敏機悟有風檢頻歷顯職武平末侍中開府儀同三司封義寧王知內省事典外兵騎兵機密是時朝綱日亂政由羣豎自趙彥深死朝貴典機密者唯孝卿一人差居雅道不至貪穢後主至齊州以孝卿爲尚書令又以中書侍郎薛道衡爲侍中封北海王二人勸後主作承光主詔禪位任城王令孝卿齎詔策及傳國璽往瀛州孝卿便詣鄴城歸於周武帝仍從入長安授納言上士隋開皇中位太府卿卒於民部尚書代人劉世淸祖拔魏燕州刺史父巍金紫光祿大夫世淸武平末侍中開府儀同三司任遇與孝卿相亞情性甚整周愼謹密在孝卿之右能通四夷語爲當時第一後主命世淸作突厥語翻涅盤經以遺突厥可汗勑中書侍郎李德林爲其序世淸隋開皇中卒於開府親衞驃騎將軍

堯雄字休武上黨長子人也祖暄魏司農卿父榮員外侍郎雄少驍果善騎射輕財重氣爲時輩所重永安中拜宣威將軍給事中持節慰勞恒燕朔三州大使仍爲都督從叱列延討劉靈助平之拜鎭東將軍燕州刺史封平城縣伯邑五百戶義旗初建雄隨尒朱兆敗於廣阿遂率所部據定州以歸高祖時雄從兄傑尒朱兆用爲滄州刺史至瀛州知兆敗亦遣使歸降高祖以其兄弟俱有誠款便留傑行瀛州事尋以雄爲車騎大將軍瀛州刺史以代傑進爵爲公增邑五百戶于時禁網疏闊官司相與聚斂唯雄義然後取復能接下以寬恩甚爲吏民所懷附魏武帝入關雄爲大都督隨高昂破賀拔勝於穰城周旋征討三荊仍除二豫揚鄖四州都督豫州刺史元洪威據頴州叛民趙繼宗殺頴川太守邵招據樂口自稱豫州刺史北應洪威雄率衆討之繼宗敗走民因雄之出遂推城人王長爲刺史據州引西魏雄復與行臺侯景討平之梁將李洪芝王當伯襲破平鄉城侵擾州境雄設伏要擊生擒洪芝當伯等俘獲甚衆梁司州刺史陳慶之復率衆逼州城雄出與戰所向披靡身被二創壯氣益厲慶之敗棄輜重走後慶之復圍南荊州雄曰白苟堆梁之北面重鎭因其空虛攻之必尅彼若聞難荊圍自解此所謂機不可失也遂率衆攻之慶之果棄荊州來未至雄陷其城擒梁鎭將苟元廣兵二千人梁以元慶和爲魏王侵擾南境雄率衆討之大破慶和於南頓尋與行臺侯景破梁楚二州民上書更乞雄爲刺史復行豫州事頴州長史賀若徽執刺史田迅據州降西魏詔雄與廣州刺史趙育揚州刺史是育寶等各總當州士馬隨行臺任延敬并勢攻之西魏遣其將怡鋒率衆援之延敬等與戰失利育寶各還本州據城降敵雄收集散卒保大梁州周文帝因延敬之敗遣其右丞韋孝寬等攻豫州雄都督郭丞伯程多寶等舉豫州降敵執刺史馮邕并家屬及部下妻子數千口欲送之長安至樂口雄外兵參軍王恒伽都督赫連儁等數十騎從大梁邀之斬多寶拔雄等家口還大梁西魏以丞伯爲頴川太守雄仍與行臺侯景討之雄別攻破樂口擒丞伯進討懸瓠逐西魏刺史趙繼宗韋孝寬等復以雄行豫州事西魏以是育寶爲揚州刺史據項城義州刺史韓顯據南頓雄復率衆攻之一日拔其二城擒顯及長史丘岳寶遁走獲其妻妾將吏二千人皆傳送京師加驃騎大將軍仍隨侯景平魯陽除豫州刺史雄雖武將而性質寬厚治民頗有誠信爲政去煩碎舉大綱而已撫養兵民得其力用在邊十年屢有功績豫人於今懷之又愛人物多所施與賓客往來禮遺甚厚亦以此見稱興和三年徵還京師尋領司冀瀛定齊靑膠兗殷滄十州士卒十萬人巡行西南分守險要四年卒於鄴時年四十四贈使持節都督靑徐膠三州軍事大將軍司徒公徐州刺史諡武恭子師嗣雄弟奮字彥舉解褐宣威將軍給事中轉中堅將軍金紫光祿大夫賜爵安夷縣子從高祖平鄴破尒朱兆等進爵爲伯出爲南汾州刺史胡夷畏憚之西魏行臺薛崇禮舉衆攻奮與戰大破之崇禮兄弟乞降送於相府轉奮驃騎將軍左光祿大夫頴州刺史卒贈兗豫梁三州諸軍事司空兗州刺史雄從父兄傑字壽性輕率嗜酒頗有武用歷給事中羽林監從高祖破紇豆陵步藩有功除鎭東將軍封樂城縣伯邑百戶出爲滄州刺史屬義兵起歸高祖從平鄴及破尒朱兆進爵爲侯後爲都督率衆隨樊子鵠討元樹於譙城平之仍除南兗州多所取受然性果決吏民畏之尋加行兗州事元象初拜車騎大將軍儀同三司進爵爲公出爲磨城鎭大都督轉安州刺史卒於州贈使持節滄瀛二州諸軍事尚書右僕射滄州刺史諡曰闕

宋顯字仲華燉煌効穀人也性果敢有幹用初事尒朱榮爲軍主擢爲長流參軍永安中除前軍襄垣太守轉榮府記室參軍從平元顥加平東將軍榮死世隆等向洛復以顯爲襄垣太守普泰初遷使持節征北將軍晉州刺史後歸高祖以爲行臺右丞樊子鵠據兗州反前西兗州刺史乙瑗譙郡太守辛景威屯據五梁以應子鵠高祖以顯行西兗州事率衆討破之斬瑗景威遁走拜西兗州刺史時梁州刺史鹿永吉據州外叛西魏遣博陵王元約趙郡王元景神率衆迎接顯勒當州士馬

遂破之斬約等仍與左衛將軍斛律平共會大梁拜儀同三司在州多所受納然勇決有氣幹檢御左右咸能得其心力及河陰之戰深入赴敵遂沒于行陣贈司空公顥從祖弟緰少勤學多所博覽好撰述魏時張緬晉書未入國緰依准裴松之注國志體注王隱及中興書又撰中朝多士傳十卷姓系譜錄五十篇以諸家年歷不同多有紕繆乃刊正異同撰年譜錄未成河清五年並遺水漂失緰雖博聞强記而天性恍惚晚又遇風疾言論遲緩及失所撰之書乃撫膺慟哭曰可謂天喪予也天統中卒

王則字元軌自云太原人也少驍果有武藝初隨叔父魏廣平王內史老生征討每有戰功老生爲朝廷所知則頗有力初以軍功除給事中賜爵白水子後從元天穆討邢杲輕騎深入爲杲所擒元顥入洛則與老生俱降顥顥疑老生遂殺之則奔廣州刺史鄭先護與同拒顥顥敗遷征虜將軍出爲東徐州防城都督尒朱榮之死也東徐州刺史斛斯椿其枝黨內懷憂怖時梁立魏汝南王悅爲魏主資其士馬送境上椿遂鏁城降悅則與蘭陵太守李義擊其偏師破之魏因以則行北徐州事後隸尒朱仲遠仲遠敗始歸高祖仍加征南將軍金紫光祿大夫初隨荆州刺史賀拔勝後從行臺侯景周旋征討屢有功績天平初行荆州事都督三荆二襄南雍六州軍事荆州刺史則有威武邊人畏服之渭曲之役則爲西師團逼遂棄城奔梁梁尋放還高祖恕而不責元象初除洛州刺史則性貪婪在州取受非法舊京諸像毁以鑄錢于時世號河陽錢皆出其家武定中復隨侯景西討景於潁川作逆時則鎭栢崖戍世宗以則有武用徵爲徐州刺史景既南附梁遣貞陽侯蕭明率大衆向徐州以爲影響堰泗水灌州城則固守歷時而取受狼籍鎻送晉陽世宗恕其罪武定七年春卒時年四十八贈青齊二州軍事司空青州刺史謚曰烈懿則弟敬寶少歷顯位後爲東廣州刺史與蕭軌等攻建業不見剋沒焉

慕容紹宗慕容皝第四子太原王恪後也曾祖騰歸魏遂居於代祖郁岐州刺史父遠恒州刺史紹宗容貌恢毅少言語深沈有膽畧尒朱榮即其從舅子也值北邊撓亂紹宗攜家屬詣晉陽以歸榮榮深待之及榮稱兵入洛私告紹宗曰洛中人士繁盛驕侈成俗若不加除剪恐難制馭吾欲因百官出迎仍悉誅之爾謂可不紹宗對曰太后臨朝淫虐無道天下憤惋共所棄之公既身控神兵心執忠義忽欲殲夷多士謂非長策深願三思榮不從後以軍功封索盧縣子尋進爵爲侯從高祖破羊侃又與元天穆平邢杲杲還并州刺史紇豆陵步藩逼晉陽尒朱兆擊之累爲步藩所破欲以晉州徵高祖共圖步藩紹宗諫曰今天下擾擾人懷覬覦正是智士用策之秋高晉州才雄氣猛英畧蓋世譬諸蛟龍安可借以雲雨兆怒曰我與晉州推誠相待何忽輒相猜阻橫生此言便禁止紹宗數日方釋遂割鮮卑隸高祖高祖共討步藩滅之及高祖舉義信都兆以紹宗爲長史又命爲行臺率軍壺關以抗高祖及廣阿韓陵之敗兆乃撫膺自咎謂紹宗曰比用卿言今豈至此兆之敗於韓陵也士卒多奔兆懼將欲潛遁紹宗建旗鳴角招集義徒軍容既振與兆徐而上馬後高祖從鄴討兆於晉陽兆窘急走赤洪嶺自縊而死紹宗行到馬突城見高祖追至遂攜榮妻子及兆餘衆自歸高祖仍加恩禮所有官爵並如故軍謀兵畧時參預焉天平初遷都鄴庶事未周乃令紹宗與高隆之共知府庫圖籍諸事二年宜陽民李延孫聚衆反乃以紹宗爲西南道軍司率都督厙狄安盛等討破之軍還行揚州刺史尋行豫州刺史丞相府記室孫搴屬紹宗以兄爲州主簿紹宗不用搴譖之於高祖云慕容紹宗嘗登廣固城長歎謂其所親云大丈夫有復先業理不由是徵還元象初西魏將獨孤如願據洛州梁潁之間寇盜鋒起高祖命紹宗率兵赴武牢與行臺劉貴等平之進爵爲公除度支尚書後爲晉州刺史西道大行臺還朝遷御史中尉屬梁劉烏黑入寇徐方令紹宗率兵討擊之大破因除徐州刺史烏黑收其散衆復爲侵竊紹宗密誘其徒黨數月間遂執烏黑殺之侯景反叛命紹宗爲東南道行臺加開府轉封燕郡公與韓軌等詣瑕丘以圖進趣梁武帝遣其兄子貞陽侯淵明等率衆十萬頓軍寒山與侯景掎角擁泗水灌彭城仍詔紹宗爲行臺節度三徐二兗州軍事與大都督高岳等出討大破之擒淵明及其將帥等俘虜甚衆乃廻軍討侯景於渦陽于時景軍甚衆前後諸將往者莫不爲其所輕及聞紹宗與岳將至深有懼色謂其屬曰岳所部兵精紹宗舊將宜共慎之於是與景接戰諸將持疑無肯先者紹宗麾兵徑進諸將從之因而大捷景遂奔遁軍還別封永樂縣子初高祖末命世宗云侯景若反以慕容紹宗當之至是竟立功効西魏遣其大將王思政入據潁州又以紹宗爲南道行臺與太尉高岳儀同劉豐等率軍圍擊堰洧水以灌之時紹宗頻有凶夢意每惡之乃私謂左右曰吾自年二十已還恒有蒜髮昨來蒜髮忽然自盡以理推之蒜者筭也吾筭將盡乎未幾與豐臨堰見北有塵氣乃入艦同坐暴風從東北來遠近晦冥舟纜斷飄艦徑向敵城紹宗自度不免遂投水而死時年四十九三軍將士莫不悲惋朝廷嗟傷贈使持節二青二兗齊濟光七州軍事尚書令太尉青州刺史謚曰景惠除其長子士肅爲散騎常侍尋以謀反伏誅朝廷以紹宗功罪止士肅身皇建初配饗世宗廟庭士肅弟建中襲紹宗爵武平末儀同三司隋開皇中大將軍疊州總管

薛循義字公讓河東汾陰人也曾祖紹魏七兵尚書太子太保祖壽仁河東河北二郡守秦州刺史汾陰公父寶集定陽太守循義少而姦俠輕財重氣招召豪猾時有急難相奔投者多能容匿之魏咸陽王爲司州牧用爲法曹從事魏北海王顥鎭徐州引爲墨曹參軍正光末天下兵起顥爲征西將軍都督華豳東秦諸軍事兼左僕射西道行臺以循義爲統軍時有詔能募得三千人者用爲别將於是循義還河東仍歷平陽弘農諸郡合得七千餘人即假安北將軍西道别將俄而東西二夏南北兩華及豳州等反叛顥進討之循義率所部頗有功絳蜀賊陳雙熾等聚汾曲詔循義爲大都督與行臺長孫稚共討之循義以雙熾是其鄉人遂輕詣壘下曉以利害熾等遂降拜循義龍門鎭將後循義宗人鳳賢等作亂圍鎭城循義亦以天下紛擾規自縱擅遂與鳳賢聚衆爲逆自號黃鉞大將軍詔都督宗正珍孫討之軍未至循義懟悔乃遣其帳下孫懷彦奉表自陳乞一大將招慰魏孝明遣西北道大行臺胡元吉奉詔曉喻循義降鳳賢等猶據險屯結長孫稚軍於弘農珍孫軍靈橋未能進循義與其從叔善樂從弟嘉族等各率義勇爲攻取之勢與鳳賢書示其禍福鳳賢降拜鳳賢龍驤將軍假節稷山鎭將夏陽縣子邑三百戸封循義汾陰縣侯邑八百戸尒朱榮以循義豪猾反覆錄送晉陽與高昂等並見拘防榮赴洛以循義等自隨置於駝牛署榮死魏孝莊以循義爲弘農河北河東正平四郡大都督時高祖爲晉州刺史見循義待之甚厚及尒朱兆立魏長廣王爲主除循義右將軍陝州刺史假安南將軍魏前廢帝初以循義爲持節後將軍南汾州刺史高祖起義信都破四胡於韓陵遣徵循義從至晉陽以循義行并州事又從高祖平尒朱兆武帝之入關也高祖奉迎臨潼關以循義爲關右行臺自龍門濟河西魏北華州刺史薛崇禮屯陽氏壁循義以書招之崇禮率萬餘人降樊子鵠之據兗州循義從大司馬婁昭破平之天平中除衛將軍南中郎將帶汲郡太守頓丘淮陽東郡黎陽五郡都督遷東徐州元象初拜儀同沙苑之役從諸軍退還行晉州事封祖業棄城走循義追至洪洞說祖業還守而祖業不從循義還據晉州安集固守西魏儀同長孫子彦圍逼城下循義開門伏甲以待之子彦不測虛實於是遁去高祖甚嘉之就拜晉州刺史南汾東雍陝四州行臺賞帛千疋循義在州擒西魏所署正平太守叚榮顯招降胡酋胡垂黎等部落數千口表置五城郡以安處之高仲密之叛以循義爲西南道行臺爲掎角聲勢不行尋除齊州刺史以黷貨除名追其前守晉州功復其官爵仍拜衛尉卿時山胡侵亂晉州遣循義追討破之進爵正平郡公加開府世宗以高祖遺旨減封二百戸別封循義爲平鄉男天保初除護軍別封藍田縣公又拜太子太保五年七月卒時年七十七贈晉太華三州諸軍事司空晉州刺史賻物三百段子文殊嗣循義從弟嘉族性亦豪爽釋褐員外散騎侍郎稍遷正平太守屬高祖在信都嘉族聞而赴義從平四胡於韓陵除華州刺史及賀拔岳拒命令嘉族置騎河上以禦大軍嘉族遂棄其乘馬浮河而度歸於高祖由是拜揚州刺史卒於官子震字文雄天平初受旨鎭守龍門陷於西魏元象中方得逃還高祖嘉其至誠除廣州刺史後從慕容紹宗討侯景以功別封膚施縣男天保四年從討山胡破茹茹並有功績累遷譙州刺史循義從子元穎父光熾東雍州刺史太常卿元穎廉謹有信義起家永安王參軍行秀容縣事有清名累轉定州別駕舉清平勤幹除漁陽太守

叱列平字殺鬼代郡西部人也世爲酋帥平有容貌美鬚髯善騎射襲第一領民酋長臨江伯孝昌末拔陵反叛茹茹餘衆入寇馬邑平以統軍屬有戰功補別將後牧子作亂劉胡崙斛律可那律俱時構逆以平爲都督討定胡崙等魏孝莊初除武衛將軍隨尒朱榮破葛榮平元顥還中軍都督右衛將軍封癭陶縣伯邑七百戸榮死平與榮妻及尒朱世隆等北走長廣王曄立授右衛將軍加京畿大都督時尒朱氏凌僭平常慮危禍會高祖起義平遂歸誠從平鄴破四胡於韓陵仲遠既走以平爲東郡大行臺軍還從高祖平尒朱兆復從領軍婁昭討樊子鵠平之授使持節華州刺史高仲密之叛平從高祖破周文帝於邙山武定初除廓州刺史五年

加儀同三司鎮河陽八年進爵爲侯天保初授兗州刺史尋加開府別封臨洮縣子三年與諸將南討江淮克陽平郡陳人攻圍廣陵詔平統河南諸軍赴援陳人退乃還五年夏卒於州時年五十一贈瀛滄幽三州軍事瀛州刺史中書監謚曰莊惠子孝中嗣弟長乂武平末侍中開府儀同三司封新寧王隋開皇中上柱國卒於涇州長史雖無他伎前在官以清幹著稱

步大汗薩太安狄那人也曾祖榮仕魏歷金門化正二郡太守父居龍驤將軍領民別將正光末六鎮反亂薩乃將家避難南下奔尒朱榮於秀容後從榮入洛以軍功除揚武軍帳內統軍賜爵江夏子從平葛榮累前後功加鎮南將軍榮死後從尒朱兆入洛補帳內大都督從兆拒戰於韓陵兆敗薩以所部降高祖以爲第三領民酋長累遷秦州鎮城都督北雍州刺史天平中轉東壽陽三泉都督元象中行燕州累遷臨川領民大都督賜爵長廣伯時茹茹寇鈔屢爲邊害高祖撫納之遣薩將命還拜儀同三司出爲五城大都督鎮河陽又加車騎大將軍開府進封行唐縣公減勃海三百戶以增其封仍授晉州刺史別封安陵縣男邑二百戶加驃騎大將軍齊受禪改封義陽郡公

慕容儼字恃德清都成安人慕容廆之後也父叱頭魏南頓太守身長一丈腰帶九尺武平初追贈開府儀同三司尚書左僕射持節都督滄恒二州軍事恒州刺史儼容貌出羣衣冠甚偉不好讀書頗學兵法工騎射正光中魏河間王元琛率衆救壽春辟儼左廂軍主以戰功賞帛五十疋軍次西硤石因解渦陽之圍平倉陵城三年梁遣將攻東豫州大都督元寶掌討之儼督別將奔逼又襲破王神念等軍擒二百餘人神念僅以身免荆山戍梁遣將鄭僧等要戰儼擊之斬其將蕭喬梁人鄭海珍與戰斬其軍主朱僧珍軍副秦太又擊賊王苟於陽夏平之孝昌中尒朱榮入洛授儼京畿南面都督永安中西荆州爲梁將曹義宗所圍儼應募赴之時北育太守宋帶劒謀叛儼乃輕騎出其不意直至城下語云大軍已到太守何不迎帶劒造次惶恐不知所爲便出迎儼卽執之一郡遂定又破梁將馬元達蔡天起榔白嘉等累有功除强弩將軍與梁將王玄眞董當門等戰並破之解穰城圍剋復南陽新鄉轉積射將軍持節豫州防城大都督尒朱敗與豫州刺史李恩歸高祖以勲累遷安東將軍高梁太守轉五城太守東雍州刺史沙苑之敗西魏荆州刺史郭鸞率衆攻儼拒守二百餘日晝夜力戰大破鸞軍追斬三百餘級又擒西魏刺史郭他時諸州多有翻陷唯儼獲全進號鎮南將軍武定三年率師解襄州圍頻使茹茹又從攻玉壁賜帛七百疋并衣帽等五年鎮河橋五城侯景叛儼擊陳郡賊獲景麾下軍狄曷賴及僞署太守鄭道合兗州刺史王彥夏行臺狄暢等擒斬百餘級旋軍項城又擒景僞署刺史辛光及蔡遵并其部下二千人六年除譙州刺史屢有戰功多所降附七年又除膠州刺史天保初除開府儀同三司三年梁司徒陸法和儀同宋莅等率其部下以郢州城內附時清河王岳帥師江上乃集諸軍議曰城在江外人情尚梗必須才畧兼濟忠勇過人可受此寄耳衆咸共推儼岳以爲然遂遣鎮郢城始入便爲梁大都督侯瑱任約率水陸軍奄至城下儼隨方禦備瑱等不能剋又於上流鸚鵡洲上造荻葓竟數里以塞船路人信阻絕城守孤懸衆情危懼儼導以忠義又悅以安之城中先有神祠一所俗號城隍神公私每有祈禱於是順士卒之心乃相率祈請冀獲冥祐須臾衝風歘起驚濤涌激漂斷荻洪約復以鐵鏁連緝防禦彌切儼還共祈請風浪夜驚復以斷絕如此者再三城人大喜以爲神助瑱移軍於城北造柵置營焚燒坊郭產業皆盡約將戰士萬餘人各持攻具於城南置營壘南北合勢儼乃率步騎出城奮擊大破之擒五百餘人先是郢城卑下兼土疎頽壞儼更修繕城雉多作大樓又造船艦水陸備具工無暫闕蕭循又率衆五萬與瑱約合軍夜來攻擊儼與將士力戰終夕至明約等乃退追斬瑱驍將張白石首瑱以千金贖之不與夏五月瑱約等又相與并力悉衆攻圍城中食少糧運阻絕無以爲計唯煑槐楮桑葉并紵根水萍葛艾等草及靴皮帶觔角等物而食之人有死者卽取其肉火別分噉唯留骸骨儼猶申令將士信賞必罰分甘同苦死生以之自正月至於六月人無異志後蕭方智立遣使請和顯祖以城在江表據守非便有詔還之儼望帝悲不自勝帝呼令至前執其手持儼鬚鬢脫帽看髮歎息久之謂儼曰觀卿容貌不復相識自古忠烈豈能過此儼對曰臣恃陛下威靈得申愚節不屈竪子重奉聖顏今雖夕死沒而無恨帝嗟稱不已除趙州刺史進伯爲公賜帛一千疋錢十萬九年又討賊有功賜帛一百疋錢十萬十年詔除揚州行臺與王貴顯侯子監將兵衞送蕭莊築郭默若邪二城與陳新蔡太守魯悉達戰大敗洞破走之又監蕭莊王琳軍與陳將侯瑱侯安都戰於蕪湖敗歸皇建初別封成陽郡公天統二年除特進四年十月又別封猗氏縣公并賜金銀酒鍾各一枚胡馬一匹五年四月進爵爲義安王武平元年出爲光州刺史儼少任俠交通輕薄遨遊京洛間及從征討每立功効經畧雖非所長而有將帥之節所歷諸州雖不能清白守道亦不貪殘卒贈司徒尚書令子子顒給事黃門侍郎尒朱將帥義旗建後歸順立功者武威牒舍樂代郡范舍樂亦致通顯牒舍樂少從尒朱榮爲軍主統軍後西河領民都督尒朱兆敗率衆歸高祖拜鎮西將軍金紫光祿大夫以都督隸侯景破賀拔勝於穰城又與諸將討平青兗荆三州拜鎮西將軍營州刺史天保初封漢中郡公後因戰沒於關中范舍樂有武藝筋力絕人魏末從崔暹李崇等征討有功授統軍後入尒朱榮軍中頻有戰功授都督後隨尒朱兆破步藩於梁郡高祖義旗舉棄兆歸信都從高祖破兆於廣阿韓陵並有功賜爵平舒男每從征役多有剋捷除相府左廂大都督尋出爲東雍州刺史世宗嗣事封平舒縣侯拜儀同天保中進位開府又有代人厙狄伏連字仲山少以武幹事尒朱榮至直閤將軍後從高祖建義賜爵蛇丘男世宗輔政遷武衞將軍天保初儀同三司四年除鄭州刺史尋加開府伏連質朴勤於公事直衞官闕曉夕不離帝所以此見知鄙悋愚很無治民政術及居州任專事聚斂性又嚴酷不識士流開府參軍多是衣冠士族伏連加以捶撻逼遣築墻武平中封宜都郡王除領軍大將軍尋與瑯琊王儼殺和士開伏誅伏連家口有百數盛夏之日料以倉米二升不給鹽菜常有饑色冬至之日親表稱賀其妻爲設豆餅伏連問此豆因何而得妻對向於食馬豆中分減充用伏連大怒典馬掌食之人並加杖罰積年賜物藏在別庫遣侍婢一人專掌管籥每入庫檢閱必語妻子云此是官物不得輒用至是簿錄並歸天府

史臣曰高祖霸業始基招集英勇張瓊等雖識非先覺而運屬時來驅馳戎旅日不暇給義宣禦侮契協宏圖臨敵制勝有足稱也慕容紹宗兵機武畧在世見推昔事尒朱固執忠義不用范增之言終見烏江之禍侯景很戾固非後主之臣末命諸言實表知人之鑒寒山渦水往若摧枯筭盡數奇逢斯厄運悲夫

贊曰霸圖立肇王業是因偉哉諸將寔曰功臣永懷耿貫無累清塵

北齊書卷二十考證

張瓊傳遷汾州刺史○北史汾作滄

堯雄傳從叱列延討劉靈助平之○延字下脫慶字

揚州刺史是育寶○臣範按北史作是寶周書文帝紀及通鑑作是云寶梁書陳慶之傳作元云寶一本作是元寶魏書官氏志有是賁氏後改封氏是云氏後改是氏疑周書北史爲正

慕容紹宗傳尋行豫州刺史○北史豫作青

令紹宗率兵討擊之大破○按之字宜在大破下

薛循義傳○北史及通鑑作修義

西魏北華州刺史薛崇禮屯陽氏壁循義以書招之崇禮率萬餘人降○臣荃按堯雄傳雄弟奮出爲南汾州刺史西魏行臺薛崇禮舉衆攻奮與戰大破之崇禮兄弟乞降兩事互異未知孰是

三年梁司徒陸法和儀同宋莅等率其部下以郢州城內附○三年北史作六年

北齊書卷二十一

隋太子通事舍人李百藥撰

列傳第十三

高乾 弟昂 弟季式

封隆之 子子繪

高乾字乾邕渤海蓨人也父翼字次同豪俠有風神爲州里所宗敬孝昌末葛榮作亂於燕趙朝廷以翼山東豪右卽家拜渤海太守至郡未幾賊徒愈盛翼部率合境徙居河濟之間魏因置東冀州以翼爲刺史加鎮東將軍樂城縣侯及尒朱榮弑莊帝翼保境自守謂諸子曰主憂臣辱主辱臣死今社稷阽危人神憤怨破家報國在此時也尒朱兄弟性甚猜忌忌則多害汝等宜早圖之先人有奪人之心時不可失也事未輯而卒中興初贈使持節侍中太保錄尚書事冀定瀛相殷幽六州諸軍事冀州刺史謚曰文宣乾性明悟俊偉有知略美音容進止都雅少時輕俠數犯公法長而修改輕財重義多所交結魏領軍元乂權重當世以意氣相得援乾甚厚起家拜員外散騎侍郎領直後轉太尉士曹司徒中兵遷員外魏孝莊之居藩也乾潛相託附及尒朱榮入洛乾東奔於翼莊帝立遙除龍驤將軍通直散騎常

侍乾兄弟本有從橫志見榮殺害人士謂天下遂亂乃率河北流人反於河濟之間受葛榮官爵屢敗齊州士馬莊帝尋遣右僕射元羅巡撫三齊乾兄弟相率出降朝廷以乾爲給事黄門侍郎尒朱榮以乾前罪不應復居近要莊帝聽乾解官歸鄉里於是招納驍勇以射獵自娛榮死乾馳赴洛陽莊帝見之大喜時爾朱徒黨擁兵在外莊帝以乾爲金紫光祿大夫河北大使令招集鄉閭爲表裏形援乾垂涕奉詔弟昂拔劒起舞請以死自効俄而尒朱兆入洛尋遣其監軍孫白鷂百餘騎至冀州託言普徵民馬欲待乾兄弟送馬因收之乾既宿有報復之心而白鷂忽至知將見圖乃先機定策潛勒壯士襲據州城傳檄州郡殺白鷂執刺史元仲宗推封隆之權行州事爲莊帝舉哀三軍縞素乾昇壇誓衆辭氣激揚涕淚交下將士莫不哀憤北受幽州刺史劉靈助節度共爲影響俄而靈助被殺屬高祖出山東揚聲來討衆情莫不惶懼乾謂其徒曰吾聞高晉州雄略蓋世其志不居人下且尒朱無道殺主虐民正是英雄効義之會也今日之來必有深計吾當輕馬奉迎密參意旨諸君但勿憂懼聽我一行乾乃將十數騎於關口迎謁乾既曉達時機閑習世事言辭慷慨雅合深旨高祖大加賞重仍同帳寢宿時高祖雖內有遠圖而外跡未見尒朱羽生爲殷州刺史高祖密遣李元忠舉兵逼其城令乾率衆僞往救之乾遂輕騎入見羽生與指畫軍計羽生與乾俱出因擒之遂平殷州又共定策推立中興主拜乾侍中司空先是信都草刱軍國權輿乾遭喪不得終制及武帝立天下初定乾乃表請解職行三年之禮詔聽解侍中司空如故封長樂郡公邑一千戶乾雖求退不謂便見從許既去內侍朝廷罕所關知居常快快武帝將貳於高祖望乾爲己用會於華林園讌罷獨留乾謂之曰司空奕世忠良今日復建殊効相與雖則君臣實亦義同兄弟宜共立盟約以敦情契殷勤逼之乾對曰臣世奉朝廷遇荷殊寵以身許國何敢有貳乾雖有此對然非其本心事出倉卒又不謂武帝便有異圖遂不固辭而不啓高祖及武帝置部曲乾乃私謂所親曰主上不親勳賢而招集羣豎數遣元士弼王思政往來關西與賀拔岳計議又出賀拔勝爲荊州刺史外示疎忌實欲樹黨令其兄弟相近冀據有西方禍難將作必及於我乃密啓高祖高祖召乾詣并州面論時事乾因勸高祖以受魏禪高祖以袖掩其口曰勿妄言今啓司空復爲侍中門下之事一以相委高祖屢啓詔書竟不施行乾以頻請不遂知變難將起密啓高祖求爲徐州乃除使持節都督三徐諸軍事開府儀同三司徐州刺史指期將發而帝知乾泄漏前事乃詔高祖云曾與乾邕私有盟約今復反覆兩端高祖便取乾前後數啓論時事者遣使封送武帝召乾邕示之禁於門下省對高祖使人責乾前後之失乾曰臣以身奉國義盡忠貞陛下既立異圖而乃云臣反覆以匹夫加諸罪尚或難免況人主推惡復何逃命欲加之罪其無辭乎功大身危自古然也若死而有知庶無負莊帝遂賜死時年三十七乾臨死神色不變見者莫不歎惜焉時武衞將軍元整監刑謂乾曰顧有書及家人乎乾曰吾兄弟分張各在異處今日之事想無全者兒子既小未有所識亦恐巢傾卵破夫欲何言後高祖討斛斯椿等次盟津謂乾弟昂曰若早用司空之策豈有今日之舉也天平初贈使持節都督冀定滄瀛幽齊徐青光兗十州軍事太師錄尚書事冀州刺史謚曰文昭長子繼叔襲祖洛城縣侯令弟二子呂兒襲乾爵乾弟愼字仲密頗涉文史與兄弟志尚不同偏爲父所愛魏中興初除滄州刺史東南道行臺尚書太昌初遷光州刺史加驃騎大將軍儀同三司時天下初定聽愼以本鄉部曲數千人自隨愼爲政嚴酷又縱左右吏民苦之兄乾死密棄州將歸高祖武帝勑青州斷其歸路愼間行至晉陽高祖以爲大行臺左丞轉尚書當官無所迴避時咸畏憚之自義旗之後安州民恃其邊險不賓王化尋以愼爲行臺僕射率衆討平之天平末拜侍中加開府元象初出爲兗州刺史尋徵爲御史中尉選用御史多其親戚鄉閭不稱朝望世宗奏令改選焉愼前妻吏部郎中崔暹妹爲愼所棄暹時爲世宗委任愼謂其搆己性既狷急積懷憤恨因是罕有糺劾多所縱舍高祖嫌責之彌不自安出爲北豫州刺史遂據武牢降西魏愼先入關周文帝率衆東出高祖破之於邙山愼妻子將西度於路盡禽之高祖以其勳家啓愼一房配沒而已

昂字敖曹乾第三弟幼稚時便有壯氣長而俶儻膽力過人龍眉豹頸姿體雄異其父爲求嚴師令加捶撻昂不遵師訓專事馳騁每言男兒當橫行天下自取富貴誰能端坐讀書作老博士也與兄乾數爲劫掠州縣莫能窮治招聚劒客家資傾盡鄉閭畏之無敢違迕父翼常謂人曰此兒不滅我族當大吾門不直爲州豪也建義初兄弟共舉兵既而奉旨散衆仍除通直散騎侍郎封武城縣伯邑五百戶乾解官歸與昂俱在鄉里陰養壯士尒朱榮聞而惡之密令刺史元仲宗誘執昂送於晉陽永安末榮入洛以昂自隨禁於駝牛署既而榮死魏莊帝卽引見勞勉之時尒朱世隆還逼宮闕帝親臨大夏門指麾處分昂既免縲紲被甲橫戈志凌勍敵乃與其從子長命等推鋒徑進所向披靡帝及觀者莫不壯之卽除直閤將軍賜帛千匹昂以寇難尚繁非一夫所濟乃請還本鄉招集部曲仍除通直郎常侍加平北將軍所在義勇競來投赴尋值京師不守遂與父兄據信都起義殷州刺史尒朱羽生潛軍來襲奄至城下昂不暇擐甲將十餘騎馳之羽生退走人情遂定後廢帝立除使持節冀州刺史以終其身仍爲大都督率衆從高祖破尒朱兆於廣阿及平鄴別率所部領黎陽又隨高祖討尒朱兆於韓陵昂自領鄉人部曲王桃湯東方老呼延族等三千人高祖曰高都督純將漢兒恐不濟事今當割鮮卑兵千餘人共相參雜於意如何昂對曰敖曹所將部曲練習已久前後戰鬬不減鮮卑今若雜之情不相合勝則爭功退則推罪願自領漢軍不煩更配高祖然之及戰高祖不利軍小却兆等方乘之高嶽韓匈奴等以五百騎衝其前斛律敦收散卒躡其後昂與蔡儁以千騎自栗園出橫擊兆軍兆衆由是大敗是日微昂等高祖幾殆太昌初始之冀州尋加侍中開府進爵爲侯邑七百戶兄乾被殺乃將十餘騎奔晉陽歸於高祖及斛斯椿釁起高祖南討令昂爲前驅武帝西遁昂率五百騎倍道兼行至於崤陝不及而還尋行豫州刺史仍討三荊諸州不附者竝平之天平初除侍中司空公昂以兄乾薨於此位固辭不拜轉司徒公時高祖方有事關隴以昂爲西南道大都督徑趣商洛山道峻隘已爲寇所守險昂轉鬬而進莫有當其鋒者遂攻剋上洛獲西魏洛州刺史泉企并將帥數十人會竇泰失利召昂班師時昂爲流矢所中創甚顧謂左右曰吾以身許國死無恨矣所可歎息者不見季式作刺史耳高祖聞之卽馳驛啓季式爲濟州刺史昂還復爲軍司大都督統七十六都督與行臺侯景治兵於武牢御史中尉劉貴時亦率衆在北豫州與昂小有忿爭昂怒鳴鼓會兵而攻之侯景與冀州刺史万俟受洛干救解乃止其俠氣凌物如此于時鮮卑共輕中華朝士唯憚服於昂高祖每申令三軍常鮮卑語昂若在列則爲華言昂嘗詣相府掌門者不聽昂怒引弓射之高祖知而不責元象元年進封京兆郡公邑一千戶與侯景等同攻獨孤如願於金墉城周文帝率衆救之戰於邙陰昂所部失利左右分散單馬東出欲趣河陽南城門閉不得入遂爲西軍所害時年四十八贈使持節侍中都督冀定滄瀛殷五州諸軍事太師大司馬太尉公錄尚書事冀州刺史謚忠武子突騎嗣早卒世宗復召昂諸子親簡其第三子道豁嗣皇建初追封昂永昌王道豁襲武平末開府儀同三司入周授儀同大將軍開皇中卒於黄州刺史

季式字子通乾第四弟也亦有膽氣中興初拜鎭遠將軍正員郎遷衞將軍金紫光祿大夫尋加散騎常侍領主衣都統太昌初除尚食典御天平中出爲濟州刺史山東舊賊劉盤陁史明曜等攻劫道路剽掠村邑齊兗青徐四州患之歷政不能討季式至皆破滅之尋有濮陽民杜靈椿等攻城剽野聚衆將萬人季式遣騎三百一戰擒之又陽平路叔文徒黨緒顯等立營柵爲亂季式討平之又有羣賊破南河郡季式遣兵臨之應時斬戮自茲以後遠近清晏季式兄弟貴盛竝有勳於時自領部曲千餘人馬八百匹戈甲器仗皆備故凡追督賊盜多致剋捷有客嘗謂季式曰濮陽陽平乃是畿內既不奉命又不侵境而有何急遣私軍遠戰萬一失脫豈不招罪季式曰君言何不忠之甚也我與國義同安危豈有見賊不討之理且賊知臺軍卒不能來又不疑外州有救未備之間破之必矣兵尚神速何得後機若以獲罪吾亦無恨元象中西寇大至高祖親率三軍以禦之陣於邙北師徒大敗河中流尸相繼敗兵首尾不絕人情騷動謂世事艱難所親部曲請季式曰今日形勢大事去矣可將腹心二百騎奔梁既得避禍不失富貴何爲坐受死也季式曰吾兄弟受國厚恩與高王共定天下一旦傾危亡去不義若社稷顚覆當背城死戰安能區區偷生苟活是役也司徒殁焉入爲散騎常侍與和中行晉州事解州仍鎭永安戍高愼以武牢叛遣信報季式季式得書驚懼卽狼狽奔告高祖高祖嘉其至誠待之如舊武定中除侍中尋加冀州大中正時世宗先爲此任啓以迴授爲都督從清河公岳破蕭明於寒山敗侯景於渦陽還除衞尉卿復爲都督從清河公攻王思政於潁川拔之以前後功加儀同三司天保初封乘氏縣子仍爲都督隨司徒潘樂征討江淮之間爲私使樂人於邊境交易還京坐被禁止尋而赦之四年夏發疽卒年三十八贈侍中使持節都督滄冀州諸軍事開府儀同三司冀州刺史謚曰恭穆季式豪率好酒又恃舉家勳功不拘檢節與光州刺史李元忠生平遊款

在濟州夜飲憶元忠開城門令左右乘驛持一壺酒往光州勸元忠朝廷知而容之兄愼叛後少時解職黃門郎司馬消難左僕射子如之子又是高祖之壻勢盛當時因退食暇尋季式與之酣飲留宿旦日重門竝閉關籥不通消難固請云我是黃門郎天子侍臣豈有不參朝之理且已一宿不歸家君必當大怪今若又留我狂飲我得罪無辭恐君亦不免譴責季式曰君自稱黃門郎又言畏家君怪欲以地勢脅我邪高季式死自有處初不畏此消難拜謝請出終不見許酒至不肯飲季式云我留君盡興君是何人不爲我痛飲命左右索車輪括消難頸又索一輪自括頸仍命酒引滿相勸消難不得已欣笑而從之方乃俱脫車輪更留一宿是時失消難兩宿莫知所在內外驚異及消難出方具言之世宗在京輔政白魏帝賜消難美酒數石珍羞十轝并令朝士與季式親狎者就季式宅讌集其被優遇如此翼長兄子永樂大兄子延伯竝和厚有長者稱俱從翼舉義永樂官至衞將軍右光祿大夫冀州大中正出爲博陵太守以民事不濟自殺贈使持節督滄冀二州諸軍事儀同三司冀州刺史子長命本自賤出年二十餘始被收舉猛暴好殺然亦果於戰鬪初於大夏門拒尒朱世隆以功累遷左光祿大夫高祖遥授長命雍州刺史封沮陽鄉男一百戶尋進封鄗陵縣伯增二百戶武定中隨儀同劉豐討侯景爲景所殺贈冀州刺史延伯歷中散大夫安州刺史封萬年縣男邑二百戶天保初加征西將軍進爵爲子卒贈太府少卿自昂初以豪俠立名爲之羽翼者呼延族劉貴珍劉長狄東方老劉士榮成五彪韓願生劉桃棒隨其建義者李希光劉叔宗劉孟和竝仕官顯達孟和名協浮陽饒安人也孟和少好弓馬率性豪俠幽州刺史劉靈助之起兵也孟和亦聚衆附昂兄弟昂遇應之及靈助敗昂乃據冀州孟和爲其致力會高祖起義冀州以孟和爲都督中興初拜通直常侍二年除安東將軍尋加征東將軍金紫光祿以建義勳賜爵長廣縣伯天平中衞將軍上黨內史罷郡除大丞相司馬武定元年坐事死叔宗字元纂樂陵平昌人和謹頗有學業舉秀才稍遷滄州治中永安中加鎮遠將軍諫議大夫兄海寶少輕俠然爲州里所愛昂之起義也海寶率鄉閭襲滄州以應昂昂以海寶權行滄州事前范陽太守刁整心附尒朱遣弟子安壽襲殺海寶叔宗仍歸於昂中興初高祖除前將軍廷尉少卿太昌初加鎮軍將軍光祿大夫天平初除車騎將軍左光祿大夫二年卒贈使持節儀同定州刺史老字安德鬲人家世寒微身長七尺膂力過人少麤獷無賴結輕險之徒共爲賊盜鄉里患之魏末兵起遂與昂爲部曲義旗建仍從征討以軍功除殿中將軍累遷平遠將軍除魯陽太守後除南益州刺史領宜陽太守賜爵長樂子老頻爲二郡出入數年境接羣蠻又隣西敵至於攻城野戰率先士卒屢以少制衆西人憚之顯祖受禪別封陽平縣伯遷南兗州刺史後與蕭軌等渡江戰沒希光渤海蓨人也父紹魏長廣太守希光隨高乾起義信都中興初除安南將軍安德郡守後爲世祖開府長史武定末從高嶽平潁川封義寧縣開國侯歷潁梁南兗三州刺史天保中揚州刺史與蕭軌等渡江戰沒贈開府儀同三司西兗州刺史子子令尚書外兵郎中武平末通直常侍隨開皇中卒於易州刺史希光族弟子貢以與義旗之功官至吏部郎後爲兗州刺史坐貪暴爲世宗所殺顯祖責陳武廢蕭明命儀同蕭軌率希光東方老裴英起王敬寶步騎數萬伐之以七年三月渡江襲尅石頭城五將名位相侔英起以侍中爲軍司蕭軌與希光竝爲都督軍中抗禮不相服御競說謀略動必乖張頓軍丹陽城下值霖雨五十餘日及戰兵器竝不堪施用故致敗亡將帥俱死士卒得還者十二三所沒器械軍資不可勝紀蕭軌王敬寶事行史闕其傳裴英起河東人其先晉末渡淮寓居淮南之壽陽縣祖彥先隨薛安都入魏官至趙郡守父約渤海相英起聰慧滑稽好劇談不拘儀檢仕魏至定州長史世宗引爲行臺左丞天保中都官尚書兼侍中戰沒贈開府尚書左僕射

封隆之字祖裔小名皮渤海之蓨人也父回魏司空隆之性寬和有度量弱冠州郡主簿起家奉朝請領直後汝南王悅開府爲中兵參軍初延昌中道人法慶作亂冀方自號大乘衆五萬餘遣大都督元遥及隆之擒獲法慶賜爵武城子俄兼司徒主簿河南尹丞時青齊二州士民反叛隆之奉使慰諭咸卽降款永安中除撫軍府長史尒朱兆等屯據晉陽魏朝以河內要衝除隆之龍驤將軍河內太守尋加持節後將軍假平北將軍當郡都督未及到郡屬尒朱兆入洛莊帝幽崩隆之以父遇害常懷報雪因此遂持節東歸圖爲義舉時高乾告隆之曰尒朱暴逆禍加至尊弟與兄竝荷先帝殊常之眷豈可不出身爲主以報讐恥乎隆之對曰國恥家怨痛入骨髓乘機而動今實其時遂與乾等定計夜襲州城尅之乾等以隆之素爲鄉里所信乃推爲刺史隆之盡心慰撫人情感悅尋高祖自晉陽東出隆之遣子子繪奉迎於滏口高祖甚嘉之旣至信都集諸州郡督將僚吏等議曰逆胡尒朱兆窮凶極虐天地之所不容人神之所捐棄今所在蜂起此天亡之時也欲與諸君剪除凶羯其計安在隆之對曰尒朱暴虐天亡斯至神怒民怨衆叛親離雖握重兵其彊易弱而大王乃心王室首唱義旗天下之人孰不歸仰願大王勿疑中興初拜左光祿大夫吏部尚書尒朱兆等軍於廣阿十月高祖與戰大破之乃遣隆之持節爲北道大使高祖將擊尒朱兆等於韓陵留隆之鎮鄴城尒朱兆等走以隆之行冀州事仍領降俘三萬餘人分置諸州尋徵爲侍中時高祖自洛還師於鄴隆之將赴都因過謁見啓高祖曰斛斯椿賀拔勝賈顯智等往事尒朱中復乖阻及討仲遠又與之同猜忍之人志欲無限又叱列延慶侯念賢皆在京師王授以名位此等必搆禍隙高祖經宿乃謂隆之曰侍中昨言實是深慮尋封安德郡公邑二千戶進位儀同三司于時朝議以尒朱榮佐命前朝宜配食明帝廟庭隆之議曰榮爲人臣親行殺逆安有害人之母與子對饗考古詢今未見其義從之詔隆之參議麟趾閣以定新制又贈其妻祖氏范陽郡君隆之表以先爵富城子及武城子轉授弟子孝琬等朝廷嘉而從之後爲斛斯椿等搆之於魏帝逃歸鄉里高祖知其被誣召赴晉陽魏帝尋以本官徵之隆之固辭不赴仍以隆之行幷州刺史魏清河王亶爲大司馬長史天平初復入爲侍中預遷都之議魏靜帝詔爲侍講除吏部尚書加侍中以本官行冀州事陽平民路紹遵聚衆反自號行臺破定州博陵郡虜太守高永樂南侵冀州隆之令所部長樂太守高景等擊破之生擒紹遵送於晉陽元象初除冀州刺史尋加開府時初召募勇果都督孛八高法雄封子元等不願遠戍聚衆爲亂隆之率州軍破平之興和元年復徵爲侍中隆之素得鄉里人情頻爲本州留心撫字吏民追思立碑頌德轉行梁州事又行濟州事徵拜尚書右僕射武定初北豫州刺史高仲密將叛遣使陰通消息於冀州豪望使爲內應輕薄之徒頗相扇動詔隆之馳驛慰撫遂得安靜世宗密書與隆之云仲密枝黨同惡向西宜悉收其家累以懲將來隆之以爲恩旨旣行理無追改今若收治示民不信脫或驚擾所虧殊大乃啓高祖事遂得停隆之自義旗始建首參經略奇謀妙算密以啓聞手書削藁罕知於外高祖嘉其忠謹每多從之復以本官行濟州事轉齊州刺史武定三年卒官年六十一詔遣主書監神貴就弔賻物五百段贈使持節都督滄瀛二州諸軍事驃騎大將軍瀛州刺史司徒公高祖以隆之勳舊追榮未盡復啓贈使持節都督冀瀛滄齊濟五州諸軍事冀州刺史太保餘如故謚曰宣懿高祖後至冀州境次於交津追憶隆之顧謂冀州行事司馬子如曰封公積德履仁體通性達自出納軍國垂二十年契闊艱虞始終如一以其忠信可憑方以後事託之何期報善無徵奄從物化言念忠賢良可痛惜爲之流涕令參軍宋仲羡以太牢就祭焉長子早亡第二子子繪嗣

子繪字仲藻小名搔性和理有器局釋褐祕書郎中尒朱兆之害魏莊帝也與父隆之舉義信都奉使詣高祖至信都召署開府主簿仍典書記中興元年轉大丞相主簿加伏波將軍從高祖征尒朱兆及平中山軍還除通直常侍左將軍領中書舍人母憂解職尋復本任太昌中從高祖定并汾肆數州平尒朱兆及山胡等加征南將軍金紫光祿大夫魏武帝末斛斯椿等倖用事父隆之以猜忌懼難潛歸鄉里子繪亦棄官俱還孝靜初兼給事黃門侍郎與太常卿李元忠等竝持節出使觀省風俗問人疾苦還赴晉陽從高祖征夏州二年除衞將軍平陽太守尋加散騎常侍晉州北界霍山舊號千里徑者山坂高峻每大軍往來士馬勞苦子繪啓高祖請於舊徑東谷別開一路高祖從之仍令子繪領汾晉二州夫修治旬日而就高祖親總六軍路經新道嘉其省便賜穀二百斛後大軍討復東雍平柴壁及喬山紫谷絳蜀等子繪恒以太守前驅慰勞徵兵運糧軍士無乏興和初自郡徵補大行臺吏部郎中武定元年高仲密以武牢西叛周文帝擁衆東侵高祖於邙山破之乘勝長驅遂至潼關或諫不可窮兵極武者高祖總命羣僚議其進止子繪言曰賊帥才非人雄偷竊名號遂敢驅率亡叛送死伊瀍天道禍淫一朝瓦解雖僅以身免而魂膽俱喪混一車書正在今日天與不取反得其咎時難遇而易失昔魏祖之平漢中不乘勝而取巴蜀失在遲疑悔無及已伏願大王不以爲疑高祖深然之但以時旣盛暑方爲後圖遂命班師三年父喪去職四年高祖西討起爲大都督領冀州兵赴鄴從高祖自滏口西趣晉州會大軍於王壁復以子繪爲大行臺吏部郎中及高祖病篤師還晉陽引入內室面受密旨銜命山東安撫州郡高祖崩祕未發喪世宗以子繪爲渤海太守令馳驛赴任世宗親執其手曰誠知此郡未允勳

望但時事未安須卿鎮撫且衣錦晝遊古人所貴善加經略綏靜海隅不勞學習常太守向州叅也仍聽收集部曲一千人後進秩一等加驃騎將軍天保二年除太尉長史三年頻以本官再行南青州事四年坐事免六年行南兖州事尋除持節海州刺史不行七年改授合州刺史到州未幾值蕭軌裴英起等江東敗沒行臺司馬恭發歷陽徑還壽春疆埸大駭兼在州器械隨軍略盡城隍樓雉虧壞者多子繪乃修造城隍樓雉繕治軍器守禦所須畢備人情漸安尋勑於州營造船艦子繪爲大使總監之陳武帝曾遣其護軍將軍徐度等率輕舟從柵口歷東關入巢湖徑襲合肥規燒船舫以夜一更潛寇城下子繪率將士格戰陳人奔退九年轉鄭州刺史子繪曉達政事長於綏撫歷宰州郡所在安之徵爲司徒左長史行魏尹事乾明初轉大司農尋正除魏尹皇建中加驃騎大將軍大寧二年遷都官尚書高歸彥作逆召子繪入見昭陽殿帝親詔子繪曰冀州密邇京甸歸彥敢肆凶悖已勑大司馬平原王段孝先總勒重兵乘機電發司空東安王婁叡督率諸軍絡繹繼進卿世載名德恩洽彼州故遣叅贊軍事隨便慰撫宜善加謀略以稱所寄即以其日馳傳赴軍子繪祖父世爲本州百姓素所歸附既至巡城諭以禍福民吏降款日夜相繼賊中動靜小大必知賊平仍勑子繪權行州事尋徵還勑與羣官議定律令加儀同三司後突厥入逼晉陽詔子繪行懐州事乘驛之任還爲七兵尚書轉祠部尚書河清三年暴疾卒年五十世祖深歎惜之贈使持節瀛冀二州軍事冀州刺史開府儀同尚書右僕射謚曰簡子寶蓋嗣武平末通直常侍子繪弟子繡武平中渤海太守霍州刺史陳將吳明徹侵略淮南子繡城陷被送揚州齊亡後逃歸隋開皇初終於通州刺史子繡外貌儒雅而俠氣難忤司空婁定遠子繡兄之壻也爲瀛州刺史子繡在渤海定遠過之對妻及諸女讌集言戲微有褻慢子繡大怒鳴鼓集衆將攻之俄頃兵至數千馬將千匹定遠免冠拜謝久乃釋之隆之弟延之字祖業少明辨有世用起家員外郎中興初除中堅將軍高祖以爲大行臺左光祿大夫封郟城縣子行渤海郡事以都督從婁昭討樊子鵠事平除青州刺史延之好財利在州多所受納後行晉州事高祖沙苑失利還延之棄州北走高祖大怒同罪人皆死以隆之故獨得免興和二年卒年五十四贈使持節都督冀殷瀛三州諸軍事驃騎大將軍尚書左僕射司徒冀州刺史謚曰文恭子孝纂嗣隆之弟子孝琬字子蒨父祖曹魏冀州平北府長史以隆之佐命之功贈雍州刺史殿中尚書孝琬七歲而孤獨爲隆之所鞠養慈愛甚篤年十六本州辟主簿魏永熙二年隆之啓以父爵富城子授焉三年釋褐開府叅軍事天平中輕車將軍司徒主簿武定中爲顯祖開府主簿遷從事中郎將領東宮洗馬天保二年卒時年三十六帝聞而歎惜焉贈左將軍太府少卿孝琬性恬靜頗好文詠太子少師邢邵七兵尚書王昕並先達高才與孝琬年位懸隔晚相逢遇分好遂深孝琬靈櫬言歸二人送於郊外悲哭悽慟有感路人孝琬弟孝琰字士光少修飾學尚有風儀年十六辟州主簿釋褐秘書郎天保元年爲太子舍人出入東宮甚有令望丁母憂解任除晉州法曹叅軍尋徵還復除太子舍人乾明初爲中書舍人皇建初司空掾秘書丞散騎常侍爲聘陳使主已發道途遙授中書侍郎還坐事除名天統三年除幷省吏部郎中南陽王友赴晉陽典機密和士開母喪託附者咸往奔哭鄴中富商丁鄒嚴興等竝爲義孝有一士人亦哭在限孝琰入弔出謂人曰嚴興之南丁鄒之北有一朝士號叫甚哀聞者傳之士開知而大怒其後會黃門郎李懷奏南陽王綽專恣士開因譖之曰孝琰從綽出外乘其副馬捨離部伍別行戲話時孝琰女爲范陽王妃爲禮事因假入辭帝遂決馬鞭百餘放出又遣高阿那肱重決五十幾致於死還京在集書省上下從是沉廢士開死後爲通直散騎常侍後與周朝通好趙彥深奏之詔以爲聘周使副祖珽輔政又奏令入文林館撰御覽孝琰文筆不高但以風流自立善於談謔威儀閑雅容止進退人皆慕之嘗謂祖珽云公是衣冠宰相異於餘人近習聞之大以爲恨尋以本官兼尚書左丞其所彈射多承意旨時有道人曇獻者爲皇太后所幸賞賜隆厚車服過度又乞爲沙門統後主意不許但太后欲之遂得居任然後主常憾焉因有僧尼以他事訴競者辭引曇獻上令有司推劾孝琰案其受納貨賄致於極法因搜索其家大獲珍異悉以沒官由是正授左丞仍令奏門下事性頗簡傲不諳時俗恩遇漸高彌自矜誕舉動舒遲無所降屈識者鄙之與崔季舒等以正諫同死時年五十一子開府行叅軍君確君靜等二人徙北邊少子君嚴君贊下蠶室南安之敗君確二人皆坐死

史臣曰高封二公無一人尺土之資奮臂而起河朔將致勤王之舉以雪莊帝之讎不亦壯哉旣尅本藩成其讓德異夫韓馥懾袁紹之威然力謝時雄才非命世是以奉迎麾旆用叶本圖高祖因之遂成覇業重以昂之膽力氣冠萬物韓陵之下風飛電擊然則齊氏元功一門而已但以非潁川元從異豐沛故人腹心之故有所未允露其啓疏假手天誅枉濫之極莫過於此子繪才幹可稱克荷堂構弈世載德斯爲美焉

贊曰烈烈文昭雄圖斯契灼灼忠武英資冠世門下之酷進退惟谷黃河之濱蹈義亡身封公矯矯共濟時屯比承明德暉光日新

北齊書卷二十一考證

高乾傳尋遣其監軍孫白鷂百餘騎至冀州○北史作白鷂

高乾弟季式歷政不能討○政字疑鎮字之譌

劉長狄○北史作長秋

金紫光祿○按光祿下應有大夫二字

魏清河王亶爲大司馬長史○爲字衍

北齊書卷二十二

隋太子通事舍人李百藥撰

列傳第十四

李元忠

盧文偉

李義深

李元忠趙郡柏人人也曾祖靈魏定州刺史鉅鹿公祖恢鎮西將軍父顯甫安州刺史元忠少厲志操居喪以孝聞襲爵平棘子魏清河王懌爲司空辟爲士曹參軍遷太尉復啓爲長流參軍懌後爲太傅尋被詔爲營構明堂大都督又引爲主簿元忠粗覽史書及陰陽數術解鼓箏兼好射彈有巧思遭母憂去任未幾相州刺史安樂王鑒請爲府司馬元忠以艱憂固辭不就初元忠以母老多患乃專心醫藥研習積年遂善於方技性仁恕見有疾者不問貴賤皆爲救療家素富實其家人在鄉多有舉貸求利元忠每焚契免責鄉人甚敬重之魏孝明時盜賊蜂起清河有五百人西戍還經南趙郡以路梗共投元忠奉絹千匹元忠唯受一匹殺五羊以食之遣奴爲導曰若逢賊但道李元忠遣送奴如其言賊皆捨避永安初就拜南趙郡太守以好酒無政績值洛陽傾覆莊帝幽崩元忠棄官還家潛圖義舉會高祖率衆東出便自往奉迎乘露車載素箏濁酒以見高祖因進從橫之策備陳誠欵深見嘉納時刺史尒朱羽生阻兵據州元忠先聚衆於西仍與大軍相合擒斬羽生即令行殷州事中興初除中軍將軍衞尉卿二年轉太常卿殷州大中正後以從兄瑾年長以中正讓之尋加征南將軍武帝將納后即高祖之長女也詔元忠與尙書令元羅致娉於晉陽高祖每於宴席論敘舊事因撫掌欣笑云此人逼我起兵賜白馬一匹元忠戲謂高祖曰若不與侍中當更覓建義處高祖答曰建義處不慮無止畏如此老翁不可遇耳元忠曰止爲此翁難遇所以不去因捋高祖鬚而大笑高祖亦悉其雅意深相嘉重後高祖奉送皇后仍田於晉澤元忠馬倒被傷當時殞絶久而方蘇高祖親自撫視其年封晉陽縣伯邑五百戶後以微譴失官時朝廷離貳義旗多見猜阻斛斯椿等以元忠淡於榮利又不以世事經懷故不在嫌嫉之地尋兼中書令天平初復爲太常後加驃騎將軍四年除使持節光州刺史時州境災儉人皆菜色元忠表求振貸俟秋徵收被報聽用萬石元忠以爲萬石給人計一家不過升斗而已徒有虛名不救其弊遂出十五萬石以振之事訖表陳朝廷嘉而不責興和末拜侍中元忠雖居要任初不以物務干懷唯以聲酒自娛大率常醉家事大小了不關心園庭之內羅種果藥親朋尋詣必留連宴賞每挾彈攜壺敖遊里閈遇會飲酌蕭然自得常布言於執事云年漸遲暮志力已衰久忝名官以妨賢路若朝廷厚恩未便放棄者乞在閑冗以養餘年武定元年除東徐州刺史固辭不拜乃除驃騎大將軍儀同三司曾貢世宗蒲桃酒一盤世宗報以百練縑遺其書曰儀同位亞台鉉識懷貞素出藩入侍備經要重而猶家無擔石室若懸磬豈輕財重義奉時愛已故也久相嘉尚嗟詠無極恒思標賞有意無由忽辱蒲桃良深佩帶聊用絹百匹以酬清德也其見重如此孫騰司馬子如嘗共詣元忠見其坐樹下擁被對壺庭室蕪曠謂二公曰不意今日披藜藋也因呼妻出衣不曳地二公相顧歎息而去大餉米絹衣服元忠受而散之三年復以本官領衞尉卿其年卒於位年六十詔贈縑布五百匹使持節督定冀殷幽四州諸軍事大將軍司徒定州刺史謚曰敬惠初元忠將仕夢手執炬火入其父墓中夜驚起甚惡之旦告其受業師占云大吉此謂光照先人終致貴達矣子搔嗣搔字德況少聰敏有才藝音

律博弈之屬多所通解曾采諸聲別造一器號曰八絃時人稱其思理起家司徒行參軍累遷河內太守百姓安之入爲尚書儀曹郎天保八年卒元忠族弟密字希邕平棘人也祖伯膺魏東郡太守贈幽州刺史父渙治書侍御史河內太守贈青州刺史密少有節操屬尒朱兆殺逆乃陰結豪右與渤海高昂爲報復之計屬高祖出山東密以兵從舉義遥授并州刺史封容城縣侯邑四百戶尒朱兆至廣阿高祖令密募殷定二州兵五千人鎮黃沙井陘二道及兆韓陵敗還晉陽隨軍平兆高祖乃以薛循義行并州事授密建州刺史又除襄州刺史在州十餘年甚得安邊之術威信聞於外境高祖頻降手書勞問并賜口馬侯景外叛誘密執之授以官爵景敗歸朝朝廷以密從景非元心不之罪也天保初以舊功授散騎常侍復本爵縣侯卒贈殷中尚書濟州刺史密性方直有行檢因母患積年得名醫治療不愈乃精習經方洞曉針藥母疾得除當世皆服其名解由是亦以醫術知名魏末行護軍司馬武邑太守天保初司空長史太寧武平中清河廣平二郡守銀青光祿大夫齊亡後卒子道謙武平中侍御史道謙弟道貞南青州司馬爲逆賊邢杲所殺贈北徐州刺史元忠宗人愍字魔憐形貌魁傑見異於時少有大志年四十猶不仕州郡唯招致姦俠以爲徒侶孝昌之末天下兵起愍潛居林慮山觀候時變賊帥鮮于脩禮毛普賢作亂詔遣大都督長孫稚討之稚素聞愍名召兼帳內統軍軍達呼沲賊來逆戰稚軍爲賊所敗愍遂歸家安樂王元鑒爲北道大行臺至鄴以賊衆盛彊未得前遣使徵愍表授武騎常侍假節別將鎮鄴城東郭葛榮之圍信都餘黨南抄陽平以北皆爲賊有鑒命愍爲前驅別討之頗有斬獲及鑒謀逆愍乃詐患暴風鑒信之因此得免未幾大都督源子邕屯安陽大都督裴衍屯鄴城西討鑒愍棄家口奔子邕仍被徵赴洛除奉車都尉持節鎮汁河汁河在鄴之西北重山之中井相二州交境以葛榮南逼故用愍鎮之榮遣其叔樂陵王葛萇率精騎一萬擊愍愍據險拒戰萇不得前尒朱榮至東關愍乃見榮榮欲分賊勢遣愍別道向襄國襲賊署廣州刺史田怙軍愍未至襄國已擒葛榮即表授愍建忠將軍分廣平易陽襄國南趙郡之中丘三縣爲易陽郡以愍爲太守賜爵襄國侯永安末假平北將軍持節當郡大都督遷樂平太守未之郡洛京傾覆愍率所部西保石門山潛與幽州刺史劉靈助及高昇兄弟安州刺史盧曹等同契義舉助敗愍遂入石門高祖建義以書招愍愍奉書擁衆數千人以赴高祖高祖親迎之除使持節征南將軍都督相州諸軍事相州刺史兼尚書西南道行臺當州都督令愍率本衆西還舊鎮高祖親送之愍至鄉據馬鞍山依險爲壘徵糧集兵以爲聲勢尒朱兆出井陘高祖破兆於廣阿愍統其本衆屯故城以備尒朱兆相州既平命愍還鄴除西南道行臺都官尚書復屯故城尒朱兆等將至高祖徵愍參守鄴城太昌初除太府卿後出爲南荊州刺史當州大都督此州自孝昌以來舊路斷絶前後刺史皆從間道始得達州愍勒部曲數千人徑向懸瓠從北陽復舊道且戰且前三百餘里所經之處即立郵亭蠻左大服梁遣其南司州刺史任思祖隨郡大守桓和等率馬步三萬兼發邊蠻圍逼下溠戍愍躬自討擊破之詔加車騎將軍愍於州內開立陂渠溉稻千餘頃公私賴之轉行東荊州仍除驃騎將軍東荊州刺史當州大都督加散騎常侍天平二年卒贈使持節定殷二州軍事儀同定州刺史元忠族叔景遺少雄武有膽力好結聚亡命共爲劫盜鄉里每患之永安末其兄南鉅鹿太守無爲以贓罪爲御史糾劾禁於州獄景遺率左右十餘騎詐稱臺使徑入州城劫無爲而出之州軍追討竟不能制由是以俠聞及高祖舉義於信都景遺赴於軍門高祖素聞其名接之甚厚命與元忠舉兵於西山仍與大軍俱會擒刺史尒朱羽生以功除龍驤將軍昌平縣公邑八百戶尒朱兆來伐又力戰有功除使持節大都督左將軍太昌初進爵昌平郡公增邑三百戶加車騎將軍天平初出爲潁州刺史未幾爲前潁川太守元洪威所襲殺贈侍中殷滄二州軍事大將軍開府殷州刺史子伽林襲

盧文偉字休族范陽涿人也爲北州冠族父敞出後伯假文偉少孤有志尚頗涉經史篤於交遊少爲鄉閭所敬州辟主簿年三十八始舉秀才除本州平北府長流參軍說刺史裴儁按舊迹修督亢陂溉田萬餘頃民賴其利修立之功多以委之文偉既善於營理兼展私力家素貧儉因此致富孝昌中詔兼尚書郎中時行臺常景啓留爲行臺郎中及北方將亂文偉積稻穀於范陽城時經荒儉多所賑贍彌爲鄉里所歸尋爲杜洛周所虜洛周敗復入葛榮榮敗歸家時韓樓據薊城文偉率鄉閭屯守范陽與樓相抗乃以文偉行范陽郡事防守二年與士卒同勞苦分散家財拯救貧乏莫不人人感說尒朱榮遣將侯深討樓平之文偉以功封大夏縣男邑二百戶除范陽太守深乃留鎮范陽及榮誅文偉知深難信乃誘之出獵閉門拒之深失據遂赴中山莊帝崩文偉與幽州刺史劉靈助同謀起義靈助克瀛州留文偉行事自率兵赴定州爲尒朱榮將侯深所敗文偉棄州走還本郡仍與高乾邕兄弟共相影響屬高祖至信都文偉遣子懷道奉啓陳誠高祖嘉納之中興初除安東將軍安州刺史時安州未賓仍居帥府行幽州事加鎮軍正刺史時安州刺史盧曹亦從靈助舉兵助敗因據幽州降尒朱兆兆仍以爲刺史據城不下文偉不得入州即於郡所爲州治太昌初遷安州刺史累加散騎常侍天平末高祖以文偉行東雍州事轉行青州事文偉性輕財愛賓客善於撫接好行小惠是以所在頗得人情雖有受納吏民不甚苦之經紀生資常若不足致財積聚承候寵要餉遺不絶興和三年卒於州年六十贈使持節侍中都督定瀛殷三州軍事司徒尚書左僕射定州刺史謚曰孝威子恭道性溫良頗有文學州辟主簿李崇北征以爲開府墨曹參軍自文偉據范陽屢經寇難恭道常助父防守七兵尚書郭秀素與恭道交欵及任事每稱薦之高祖亦聞其名天平初特除龍驤將軍范陽太守在郡有德惠先文偉卒贈使持節都督幽平二州軍事幽州刺史度支尚書謚曰定子詢祖襲祖爵大夏男有術學文章華靡爲後生之俊舉秀才入京李祖勳嘗宴文士顯祖使小黃門勑祖勳曰茹茹既破何故無賀表使者佇立待之諸賓皆爲表詢祖俄頃便成後朝廷大遷除同日催拜詢祖立於東止車門外爲二十餘人作表文不加點辭理可觀詢祖初襲爵封大夏男有宿德朝士謂之曰大夏初成應聲答曰且得鷰雀相賀天保末以職出爲築長城子使自負其才內懷鬱快遂毀容服如賤役者以見楊愔愔曰故舊皆有所縻唯大夏未加處分詢祖厲聲曰是誰之咎既至役所在築長城賦其略曰板則紫柏杵則木瓜何斯材而斯用也草則離離靡靡緣崗而殖但使十步而有一芳余亦何辭間於荊棘邢邵曾戲曰卿少年才學富盛戴角者無上齒恐卿不壽對曰詢祖初聞此言實懷恐懼見丈人蒼蒼在鬢差以自安邵甚重其敏贍既有口辯好臧否人物嘗語人曰我昨東方未明過和氏門外已見二陸兩源森然與槐柳齊列蓋謂彥師仁惠與文宗郁延也邢邵盛譽盧思道以詢祖爲不及詢祖曰見未能高飛者借其羽毛知逸勢沖天者剪其翅翮既諸謗毀日至素論皆薄其爲人長廣太守邢子廣目二盧云詢祖有規檢禰衡思道無氷稜文舉後頗折節歷太子舍人司徒記室卒官有文集十卷皆致遺逸嘗爲趙郡王妃鄭氏製挽歌詞其一篇云君王盛海內伉儷盡寰中女儀掩鄭國嬪容映趙宮春豔桃花水秋度桂枝風遂使叢臺夜明月滿床空恭道弟懷道性輕率好酒頗有慕尚以守范陽勳出身員外散騎侍郎文偉遣奉啓詣高祖中興初加平西將軍光祿大夫元象初行臺薛琡表行平州事徵赴霸府興和中行汾州事懷道家預義舉高祖親待之出爲烏蘇鎮城都督卒官懷道弟宗道性麤率重任俠歷尚書郎通直散騎常侍夜行南營州刺史嘗於晉陽置酒賓遊滿坐中書舍人馬士達目其彈箜篌女妓云手甚纖素宗道即以此婢遺士達士達固辭宗道便命家人將解其腕士達不得已而受之將赴營州於督亢陂大集鄉人殺牛聚會有一舊門生酒醉言辭之間微有疏失宗道遂令沈之於水後坐酷濫除名文偉族人勇字季禮父璧魏下邳太守勇初從兄景裕俱在學其叔同稱之曰白頭必以文通季禮當以武達興吾門在二子也幽州反者僕骨邡以勇爲本郡范陽王時年十八後葛榮作亂又以勇爲燕王義旗之起也盧文偉召之不應尒朱滅後乃赴晉陽高祖署勇丞相主簿屬山西霜儉運山東鄉租輸皆令載實違者治罪令勇典其事瑯邪公主虛僦千餘車勇繩劾之公主訴於太祖而勇守法不屈太祖謂郭秀曰盧勇懍懍有不可犯之色眞公直人也方當委之大事豈直納租而已遷汝北太守行陝州事轉行洛州事元象元年官軍圍廣州數旬未拔行臺侯景聞西魏救兵將至集諸將議之勇進觀形勢於是率百騎各籠一匹馬至大隗山知魏將李景和率軍將至勇多置幡旗於樹頭分騎爲十隊鳴角直前擒西魏儀同程華斬儀同王征蠻驅馬三百匹通夜而還廣州守將駱超以城降高祖令勇行廣州事以功授儀同三司揚州刺史鎮宜陽叛民韓木蘭陳忻等常爲邊患勇大破之啓求入朝高祖賜勇書曰吾委卿楊州唯安枕高臥無西南之慮矣但依朝廷所委表啓宜停卿之妻子任在州住當使漢兒之中無在卿前者武定二年卒年三十二勇有馬五百匹繕造甲仗六車遺啓盡獻之朝廷賻物之外別賜布絹四千匹贈司空冀州刺史謚曰武貞侯

李義深趙郡高邑人也祖眞魏中書侍郎父紹宗殷州別駕義深學涉經史有當世才用解褐濟州征東府功曹參軍累加龍驤將軍義旗初歸高祖於信都以爲大

行臺郎中中興初除平南將軍鴻臚少卿義深見尒朱兆兵盛遂叛高祖奔之兆平高祖恕其罪以爲大丞相府記室參軍累遷左光祿大夫相府司馬所經稱職轉并州長史時刺史可朱渾道元不親細務民事多委義深甚濟機速復爲大丞相司馬武定中除齊州刺史好財利多所受納天保初行鄭州事轉行梁州事尋除散騎常侍爲陽夏太守段業告其在州聚斂被禁止送梁州窮治未竟三年遇疾卒於禁所年五十七子騊駼有才辯尙書郎鄴縣令武平初兼通直散騎常侍聘陳爲陳人所稱後爲壽陽道行臺左丞與王琳等同陷周末逃歸開皇初永安太守卒於絳州刺史子正藻明敏有才幹武平末儀同開府行參軍判集書省事以父騊駼沒陳正藻便謝病解職憂思毀瘠居處飲食若在喪之禮人士稱之隋開皇中歷尙書工部員外郎盩厔縣令卒於宜州長史騊駼弟文師中書舍人齊郡太守義深兄弟七人多有學尙第二弟同軌以儒學知名第六弟雅廉別有傳義深族弟神威曾祖融魏中書侍郎神威幼有風裁傳其家業禮學粗通義訓又好音樂撰集樂書近於百卷魏武之末尙書左丞天保初卒贈信州刺史

史臣曰元忠本自素流有聞敎義人倫之譽未以縱橫許之屬莊帝幽崩羣胡矯擅士之有志力者皆望勤王之師及高祖東轅事與心會一遇雄姿遂瀝肝膽以石投水豈徒然哉既享功名終知止足進退之道有可觀焉文偉望重地華早有志尙間關夷險之際終遇英雄之主雖禮秩未弘亦爲佐命之一詢祖詞情豔發早著聲名負其才地肆情矜矯京華人士莫不畏其舌端任遇未聞弱年夭逝若得終介眉壽通塞未可量焉

贊曰晉陽大夏抱質懷文蹈仁履義感會風雲盧嬰貨殖李慰囂氛始終之操淸濁斯分義深參贊有謝忠勤

北齊書卷二十二考證

李元忠傳殺五羊以食之○北史羊作牛

曾貢世宗蒲桃酒一盤○北史作曾貢文襄玉蒲萄一盤

及高昇兄弟○昇疑昂之訛

北齊書卷二十三

隋太子通事舍人李百藥撰

列傳第十五

魏蘭根

崔㥄 子贍

魏蘭根鉅鹿下曲陽人也父伯成魏中山太守蘭根身長八尺儀貌奇偉泛覽羣書誦左氏傳周易機警有識悟起家北海王國侍郎歷定州長流參軍丁母憂居喪有孝稱將葬常山郡境先有董卓祠祠有柏樹蘭根以卓凶逆無道不應遺祠至今乃伐柏以爲槨材人或勸之不伐蘭根盡取之了無疑懼遭父喪廬於墓側負土成墳憂毀殆於滅性後爲司空司徒二府記室參軍轉夏州平北府長史入爲司徒掾出除本郡太守並有當官之能正光末尙書令李崇爲本郡都督率衆討茹茹以蘭根爲長史因說崇曰緣邊諸鎭控攝長遠昔時初置地廣人稀或徵發中原强宗子弟或國之肺腑寄以爪牙中年以來有司乖實號曰府戶役同厮養官婚班齒致失淸流而本宗舊類各各榮顯顧瞻彼此理當憤怨更張琴瑟今也其時靜境寧邊事之大者宜改鎭立州分置郡縣凡是府戶悉免爲民入仕次敍一准其舊文武兼用威恩並施此計若行國家庶無北顧之慮矣崇以奏聞事寢不報軍還除冠軍將軍轉司徒右長史假節行豫州事孝昌初轉岐州刺史從行臺蕭寶寅討破宛州俘其民人爲奴婢以美女十人賞蘭根蘭根辭曰此縣界於强虜皇威未接無所適從故成背叛今當寒者衣之飢者食之柰何將充僕隸乎盡以歸其父兄部內麥多五穗鄰州田鼠爲災犬牙不入岐境屬秦隴反叛蕭寶寅敗於涇州高平虜賊逼岐州州城民逼囚蘭根降賊寶寅至雍州收輯散亡兵威復振城民復斬賊刺史侯莫陳仲和推蘭根復任朝廷以蘭根得西土人心加持節假平西將軍都督涇岐東秦南岐四州軍事兼四州行臺尙書尋入拜光祿大夫孝昌末河北流人南度以蘭根兼尙書使齊濟二兖四州安撫幷置郡縣河間邢杲反於靑兖之間杲蘭根之甥也復詔蘭根銜命慰勞杲不下仍隨元天穆討之還除太府卿辭不拜轉安東將軍中書令莊帝之將誅尒朱榮也蘭根聞其計遂密告尒朱世隆榮死蘭根恐莊帝知之憂懼不知所出時應詔王道習見信於莊帝蘭根乃託附之求得在外立功道習爲啓聞乃以蘭根爲河北行臺定州率募鄉曲欲防井陘時尒朱榮將侯深自范陽趣中山蘭根與戰大敗走依渤海高乾屬乾兄弟舉義因在中山高祖至以蘭根宿望深禮遇之中興初加車騎大將軍尙書右僕射及高祖將入洛陽遣蘭根先至京師時廢立未決令蘭根觀察魏後廢帝神采高明蘭根恐於後難測遂與高乾兄弟及黃門崔㥄同心固請於高祖言廢帝本是胡賊所推今若仍立於理不允高祖不得已遂立武帝廢帝素有德業而爲蘭根等構毀深爲時論所非太昌初除儀同三司尋加開府封鉅鹿縣侯邑七百戶啓授兄子同達蘭根既預義勳位居端揆至是始敘復岐州勳封永興縣侯邑千戶高乾之死蘭根懼去宅避於寺武帝大加譴責蘭根憂怖乃移病解僕射天平初以病篤上表求還鄉里魏帝遣舍人石長宣就家勞問猶以開府儀同門施行馬歸於本鄉二年卒時年六十一贈冀定殷三州軍事定州刺史司徒公侍中謚曰文宣蘭根雖以功名自立然善附會出處之際多以計數爲先是以不爲淸論所許長子相如秘書郎中以建義勳尋加將軍襲父爵遷安東將軍殷州別駕入爲侍御史武定三年卒次子敬仲肅宗時佐命功臣配享而不及蘭根敬仲表訴帝以詔命既行難於追改擢敬仲爲祠部郎中卒於章武太守蘭根族弟明朗頗涉經史粗有文性累遷大司馬府法曹參軍兼尙書金部郎中元顥入洛陽明朗爲南道行臺郎中爲顥所擒後棄顥逃還除龍驤將軍中散大夫賜爵鉅鹿侯永安末蘭根爲河北行臺引明朗爲左丞及蘭根中山之敗俱歸高祖中興初拜撫軍將軍出爲安德太守後轉衞將軍右光祿大夫定州大中正武定初爲顯祖諮議參軍出爲平陽太守爲御史所劾因被禁止遇病卒明朗從弟愷少抗直有才辯魏末辟開府行參軍稍遷尙書郎齊州長史天保中聘陳使副遷靑州長史固辭不就楊愔以聞顯祖大怒謂愔云何物漢子我與官不肯就明日將過我自共語是時顯祖已失德朝廷皆爲之懼而愷情貌坦然顯祖切責之仍云死與長史孰優任卿選一處愷荅云能殺臣者是陛下不受長史者是愚臣伏聽明詔顯祖謂愔云何慮無人作官職若用此漢何爲放其還家永不收採由是積年沉廢後遇楊愔於路微自披陳楊荅曰發詔授官咸由聖旨非選曹所悉公不勞見訴愷應聲曰雖復零雨自天終待雲興四嶽公豈得言不知楊欣然曰此言極爲簡要更不須多語數日除霍州刺史在職有治方爲邊民悅服大寧中卒於膠州刺史愷從子彥卿魏大司農季景之子武平中兼通直散騎常侍聘陳使副彥卿弟澹學識有詞藻武平初殿中御史遷中書舍人待詔文林館隋開皇中太子舍人著作郎撰後魏書九十二卷甚得史體時稱其善云

崔㥄字長孺淸河東武城人也父休魏七兵尙書贈僕射㥄狀貌偉麗善於容止少有名望爲當時所知初爲魏世宗挽郎釋褐太學博士永安中坐事免歸鄉里高祖於信都起義㥄歸焉高祖見之甚悅以爲諮議參軍尋除給事黃門侍郎遷將軍右光祿大夫高祖入洛議定廢立太僕綦儁盛稱普泰王賢明可以爲社稷主㥄曰若期明聖自可待我高王徐登九五既爲逆胡所立何得猶作天子若從儁言王師何名義舉由是中興普泰皆廢更立平陽王爲帝以建義功封武城縣公邑一千四百戶進位車騎大將軍左光祿大夫仍領黃門郎㥄居門下恃預義旗頗自矜縱尋以貪汙爲御史糺劾因逃還鄉里遇赦始出高祖以㥄本預義旗復其黃門天平初爲侍讀監典書尋除徐州刺史給廣宗部曲三百淸河部曲千人㥄性豪慢寵妾馮氏假其威刑恣情取受風政不立初㥄爲常侍求人修起居注或曰魏收可㥄曰收輕薄徒耳更引祖鴻勛爲之既居樞要又以盧元明代收爲中書郎由是收銜之及收聘梁過徐州㥄備刺史鹵簿而迎之使人相聞魏曰勿怪儀衞多稽古之力也收報曰白崔徐州建義之勳何稽古之有㥄自以門閥素高特不平此言收乘宿憾故以此挫之罷州除七兵尙書淸河邑中正趙郡李渾嘗讌聚名輩詩酒正驩譁㥄後到一坐無復談話者鄭伯猷歎曰身長八尺面如刻畫謦欬爲洪鍾響胸中貯千卷書使人那得不畏服㥄每以籍地自矜謂盧元明曰天下盛門唯我與爾博崔趙李何事者哉崔暹聞而銜之高祖葬後㥄又竊言黃頷小兒堪當重任不暹外兄李愼以㥄言告暹暹啓世宗絕㥄朝謁㥄要拜道左世宗發怒曰黃頷小兒何足拜也於是鏁㥄赴晉陽而訊之㥄不伏暹引邢子才爲證子才執無此言㥄在禁謂子才曰卿知我意屬太丘不子才出告㥄子瞻云尊公意正應欲結姻於陳元康瞻有女乃許妻元康子求其父元康爲言之於世宗曰崔㥄名望素重不可以私處言語便以殺之世宗曰若免其性命猶當徙之遐裔元康曰㥄若在邊或將外叛以英賢資寇敵非所宜也世宗曰既有季珪之罪還令輸作可乎元康曰嘗讀崔琰傳追恨魏武不弘㥄若在作所而殞後世豈道公不殺也世宗曰然

則奈何元康曰崔㥄合死朝野莫不知之公誠能以寬濟猛特輕其罰則仁德彌著天下歸心乃舍之㥄進謁奉謝世宗猶怒曰我雖無堪忝當大任被卿名作黃頷小兒金石可銷此言難滅天保初除侍中監起居以禪代之際參掌儀禮別封新豐縣男邑二百戶迴授第九弟約㥄一門婚嫁皆是衣冠之美吉凶儀範爲當時所稱婁太后爲博陵王納㥄妹爲妃勅中使曰好作法用勿使崔家笑人婚夕顯祖舉酒祝曰新婦宜男孝順富貴㥄奏曰孝順出自臣門富貴恩由陛下五年出爲東兗州刺史復攜馮氏之部㥄尋遇偏風而馮氏驕縱受納狼籍爲御史所劾與㥄俱召詣廷尉尋有別勅斬馮於都市㥄以疾卒於獄中年六十一㥄歷覽羣書兼有辭藻自中興立後迄於武帝詔誥表檄多㥄所爲然率性豪侈溺於財色諸弟之間不能盡雍穆之美世論以此譏之㥄素與魏收不協收既專典國史㥄恐被惡言乃悅之曰昔有班固今則魏子收笑而憾不釋子瞻嗣瞻字彥通聰明彊學有文情善容止神采嶷然言不妄發年十五刺史高昂召署主簿清河公嶽辟爲開府西閤祭酒崔暹爲中尉啓除御史以才望見收非其好也高祖入朝還晉陽被召與北海王晞陪從俱爲諸子賓友仍爲相府中兵參軍轉主簿世宗崩祕未發喪顯祖命瞻兼相府司馬使鄴魏孝靜帝以人日登雲龍門其父㥄侍宴又勅瞻令近御坐亦有應詔詩問邢邵等曰此詩何如其父咸云㥄博雅弘麗瞻氣調清新並詩人之冠讌罷共嗟賞之咸云今日之讌併爲崔瞻父子天保初兼并省吏部郎中尋丁憂起爲司徒屬楊愔欲引瞻爲中書侍郎時盧思道直中書省因問思道曰我此日多務都不見崔瞻文藻卿與其親通理當相悉思道答曰崔瞻文詞之美實有可稱但舉世重其風流所以才華見沒愔云此言有理便奏用之事既施行愔又曰昔裴瓚晉世爲中書郎神情高邁每於禁門出入宿衞者肅然動容崔生堂堂之貌亦當無愧裴子皇建元年除給事黃門侍郎與趙郡李槩爲莫逆之友槩將東還瞻遺之書曰仗氣使酒我之常弊詆訶指切在卿尤甚足下告歸吾於何聞過也瞻患氣兼性遲重雖居二省竟不堪敷奏加征虜將軍除清河邑中正肅宗踐祚皇太子就傅受業詔除太子中庶子徵赴晉陽勅專在東宮調護講讀及進退禮度皆歸委焉太子納妃斛律氏勅瞻與鴻臚崔劼撰定婚禮儀注仍面受別旨曰雖有舊事恐未盡善可好定此儀以爲後式大寧元年除衞尉少卿尋兼散騎常侍聘陳使主瞻詞韻溫雅南人大相欽服乃言常侍前朝通好之日何意不來其見重如此還除太常少卿加冠軍將軍轉尚書吏部郎中因患耳取急十餘日舊式百日不上解官吏部尚書尉瑾性褊急以瞻舉指舒緩曹務繁劇遂附驛奏聞因而被代瞻遂免歸鄉里天統末加驃騎大將軍就拜銀青光祿大夫武平三年卒時年五十四贈使持節都督濟州軍事大理卿刺史諡曰文瞻性簡傲以才地自矜所與周旋皆一時名望在御史臺恒於宅中送食備盡珍羞別室獨飡處之自若有一河東人士姓裴亦爲御史伺瞻食便往造焉瞻不與交言又不命匕筯裴坐觀瞻食罷而退明日裴自攜匕筯恣情飲噉瞻方謂裴云我初不喚君食亦不共君語君遂能不拘小節昔劉毅在京口冒請鵝炙豈亦異於是乎君定名士於是每與之同食㥄昆季仲文有學尚魏高陽太守清河內史與和中爲丞相掾沙苑之敗仲文持馬尾以渡河波中乍沒乍出高祖望見曰崔掾也遽遣船赴接既濟勞之曰卿爲親爲君不顧萬死可謂家之孝子國之忠臣加中軍將軍天保初拜散騎常侍光祿大夫七年卒年六十子偃武平中歷太子洗馬尚書郎偃弟儦學識有才思風調甚高武平中琅邪王大司馬中兵參軍參定五禮待詔文林館隋仁壽中卒於通直散騎常侍叔仁魏穎州刺史子彥武有識用朝歌令隋開皇初魏州刺史子偘魏末兼通直常侍聘梁使子極武平初太子僕卒於武德郡守子聿魏東莞太守子約司空祭酒㥄族叔景鳳字鸞叔㥄五世祖逞玄孫也景鳳涉學以醫術知名魏尚藥典御天保中譙州刺史景鳳兄景哲魏太中大夫司徒長史子國字法峻幼好學汎覽經傳多伎藝尤工相術天保初尚藥典御乾明拜高陽郡太守太子家令武平假儀同三司卒於鴻臚卿法峻以武平六年從駕在晉陽嘗語中書侍郎李德林云此日看高相王以下文武官人相表俱盡其事口不忍言唯弟一人更應富貴當在他國不在本朝吾亦不及見也其精妙如此㥄族子肇師魏尚書僕射亮之孫也父士太諫議大夫肇師少時疎放長遂變節更成謹厚涉獵經史頗有文思襲父爵樂陵男釋褐開府東閤祭酒轉司空外兵參軍遷大司馬府記室參軍天平初轉通直侍郎爲慰勞青州使至齊州界爲土賊崔迦葉等所虜欲逼與同事肇師執節不動諭以禍福賊遂捨之乃巡慰青部而還元象中數以中舍人接梁使武定中復兼中正員郎送梁使徐州還勅修起居注尋兼通直散騎常侍聘梁副使轉中書舍人天保初參定禪代禮儀封襄城縣男仍兼中書侍郎二年卒時年四十九

史臣曰蘭根早有名行爲時論所稱長孺才望之美見重當世並功參霸迹位遇通顯與李元忠盧文偉蓋義旗之人物歟魏之要幸附會崔以門地驕很雖有周公之美猶以爲累德況未足喻其高下也瞻詞韻溫雅風神秀發亦一時之領袖焉

贊曰崔魏才望見重霸初名教之跡其猶病諸彥通尚志家風有餘

北齊書卷二十三考證

崔㥄傳贈使持節都督濟州軍事大理卿刺史○北史刺史上有濟州二字

子國字法峻○北史國作冏

北齊書卷二十四

隋太子通事舍人李百藥撰

列傳第十六

孫搴

陳元康

杜弼

孫搴字彥舉樂安人也少厲志勤學自檢校御史再遷國子助教太保崔光引修國史頻歷行臺郎以文才著稱崔祖螭反搴預焉逃於王元景家遇赦乃出孫騰以宗情薦之未被知也會高祖西討登風陵命中外府司馬李義深相府城局李士略共作檄文二人皆辭請以搴自代高祖引搴入帳自爲吹火催促之搴援筆立成其文甚美高祖大悅卽署相府主簿專典文筆又能通鮮卑語兼宣傳號令當煩劇之任大見賞重賜妻韋氏既士人子女又兼色貌時人榮之尋除左光祿大夫常領主簿世宗初欲之鄴總知朝政高祖以其年少未許搴爲致言乃果行恃此自乞特進世宗但加散騎常侍時又大括燕恒雲朔顯蔚二夏州高平平涼之民以爲軍士逃隱者身及主人三長守令罪以大辟沒入其家於是所獲甚衆搴之計也搴學淺而行薄邢邵嘗謂之曰更須讀書搴曰我精騎三千足敵君羸卒數萬嘗服蕀刺丸李諧等調之曰卿蕀刺應自足何假外求坐者皆笑司馬子如與高季式召搴飲酒醉甚而卒時年五十二高祖親臨之子如叩頭請罪高祖曰折我右臂仰覓好替還我子如舉魏收季式舉陳元康以繼搴焉贈儀同三司吏部尚書青州刺史

陳元康字長猷廣宗人也父終德魏濟陰內史終於鎮南將軍金紫光祿大夫元康貴贈冀州刺史諡曰貞元康頗涉文史機敏有幹用魏正光五年從尚書令李崇北伐以軍功賜爵臨清縣男普泰中除主書加威烈將軍天平元年修起居注二年遷司徒府記室參軍尤爲府公高昂所信後出爲瀛州開府司馬加輔國將軍所歷皆爲稱職高祖聞而徵焉稍被任使以爲相府功曹參軍內掌機密高祖經綸大業軍務煩廣元康承受意旨甚濟速用性又柔謹通解世事高祖嘗怒世宗於內親加毆踢極口罵之出以告元康元康諫曰王教訓世子自有禮法儀刑式瞻豈宜至是言辭懇懇至于流涕高祖從此爲之懲忿時或恚撻輒曰勿使元康知之其敬憚如此高仲密之叛高祖知其由崔暹故也將殺暹世宗匿而爲之諫請高祖曰我爲舍其命須與苦手世宗乃出暹而謂元康曰卿若使崔得杖無相見也暹在廷解衣將受罰元康趨入歷陛而昇且言曰王方以天下付大將軍有一崔暹不能容忍耶高祖從而宥焉世宗入輔京室崔暹崔季舒崔昂等並被任使張亮張徽纂並高祖所待遇然委任皆出元康之下時人語曰三崔二張不如一康魏尚書僕射范陽盧道虞女爲右衞將軍郭瓊子婦瓊以死罪沒官高祖啓以賜元康爲妻元康乃棄故婦李氏識者非之元康便辟善事人希顏候意多有進舉而不能平心處物溺於財利受納金帛不可勝紀放責交易偏於州郡爲清論所譏從高祖破周文帝於邙山大會諸將議進退之策咸以爲野無青草人馬疲瘦不可遠追元康曰兩雄交戰歲月已久今得大捷便是天授時不可失必須乘勝追之高祖曰若遇伏兵孤何以濟元康曰王前涉沙苑還軍彼尚無伏今奔敗若此何能遠謀若捨而不追必成後患高祖竟不從以功封安平縣子邑三百戶尋除平南將軍通直常侍轉大行臺郎中從右丞及高祖疾篤謂世宗曰邙山之戰不用元康之言方貽汝患以此爲恨死不瞑目高祖崩祕不發喪唯元康知之世宗嗣事又見任待拜散騎常侍中軍將軍別封昌國縣公邑一千戶侯景反

世宗逼於諸將欲殺崔暹以謝之密語元康元康諫曰今四海未清綱紀已定若以數將在外苟悅其心枉殺無辜虧廢刑典豈直上負天神何以下安黎庶晁錯前事願公慎之世宗乃止高岳討侯景未尅世宗乃遣潘相樂副之元康曰相樂緩於機變不如慕容紹宗且先王有命稱其堪敵侯景公但推赤心於此人則侯景不足憂也是時紹宗在遠世宗欲召見之恐其驚叛元康曰紹宗知元康特蒙顧待新使人來餉金以致其誠欵元康欲安其意故受之而厚答其書保無異也世宗乃任紹宗遂以破景賞元康金五十斤王思政入潁城諸將攻之不能拔元康進計於世宗曰公匡輔朝政未有殊功雖敗侯景本非外賊今潁城將陷願公因而乘之足以取威定業世宗令元康馳驛觀之復命曰必可拔世宗於是親征既至而尅賞元康金百鋌初魏朝授世宗相國齊王世宗頻讓不受乃召諸將及元康等密議之諸將皆勸世宗恭膺朝命元康以爲未可又謂魏收曰觀諸人語專欲誤王我向已啓王受朝命置官僚元康叨忝或得黃門郎但時事未可耳崔暹因間之薦陸元規爲大行臺郎欲以分元康權也元康既貪貨賄世宗內漸嫌之元康頗亦自懼又欲用爲中書令以閑地處之事未施行屬世宗將受魏禪元康與楊愔崔季舒並在世宗坐將大遷除朝士共品藻之世宗家蒼頭奴蘭固成先掌廚膳甚被寵昵先是世宗杖之數十其人性躁又恃舊恩遂大忿恚與其同事阿改謀害世宗阿改時事顯祖常執刀隨從云若聞東齋叫聲卽以加刃於顯祖是日值魏帝初建東宮羣官拜表事罷顯祖出東止車門別有所之未還而難作固成因進食置刀於盤下而殺世宗元康以身扞蔽被刺傷重至夜而終時年四十三楊愔狼狽走出季舒逃匿於廁庫直紇奚舍樂扞賊死是時祕世宗凶問故殯元康於宮中託以出使南境虛除中書令明年乃詔曰元康識超往哲才極時英千仞莫窺萬頃難測綜核戎政彌綸霸道草昧邵陵之謀翼贊河陽之會運籌定策盡力盡心進忠補過亡家徇國掃平逋寇廓清荊楚申甫之在隆周子房之處盛漢曠世同規殊年共美大業未融山隤奄及悼傷既切宜從茂典贈使持節都督冀定瀛殷滄五州諸軍事驃騎大將軍司空公冀州刺史追封武邑縣一千戶舊封並如故諡曰文穆賻物一千二百段大鴻臚監喪事凶禮所須隨由公給元康母李氏元康卒後哀感發病而終贈廣宗郡君諡曰貞昭元康子善藏溫雅有鑒裁武平末假儀同三司給事黃門侍郎隋開皇中尚書禮部侍郎大業初卒於彭城郡贊治元康弟諶官至大鴻臚次季璩鉅鹿太守轉美州別駕平秦王歸彥反季璩守節不從因而遇害贈衞尉卿趙州刺史

杜弼字輔玄中山曲陽人也小字輔國自序云本京兆杜陵人九世祖鶩晉散騎常侍因使沒趙遂家焉祖彥衡淮南太守父慈度繁畤令弼幼聰敏家貧無書年十二寄郡學受業講授之際師每奇之同郡甄琛爲定州長史簡試諸生見而策問義解閑明應答如響大爲琛所歎異其子寬與弼爲友州牧任城王澄聞而召問深相嗟賞許以王佐之才澄琛還洛稱之於朝丞相高陽王等多相招命延昌中以軍功起家除廣武將軍恒州征虜府墨曹參軍典管記弼長於筆札每爲時輩所推孝昌初除太學博士帶廣陽王驃騎府法曹行參軍行臺度支郎中還除光州曲城令爲政清靜務盡仁恕詞訟止息遠近稱之時天下多難盜賊充斥徵召兵役塗多亡叛朝廷患之乃令兵人所齎戎具道別車載又令縣令自送軍所時光州發兵弼送所部達北海郡州兵一時散亡唯弼所送不動他境叛兵並來攻劫欲與同去弼率所領親兵格鬬終莫肯從遂得俱達軍所軍司崔鍾以狀上聞其得人心如此普泰中吏曹下訪守令尤異弼已代還東萊太守王昕以弼應訪弼父在鄉爲賊所害弼行喪六年以常調除御史加前將軍太中大夫領內正字臺中彈奏皆弼所爲諸御史出使所上文簿委弼覆察然後施行遷中軍將軍北豫州驃騎大將軍府司馬未之官儀同竇泰總戎西伐詔弼爲泰監軍及泰失利自殺弼與其徒六人走還陝州刺史劉貴鏁送晉陽高祖詰之曰竇中尉此行吾前具有法用乃違吾語自取敗亡尒何由不一言諫爭也弼對曰刀筆小生唯文墨薄技便宜之事議所不及高祖益怒賴房謨諫而獲免左遷下灌鎭司馬元象初高祖徵弼爲大丞相府法曹行參軍署記室事轉大行臺郎中尋加鎭南將軍高祖又引弼典掌機密甚見信待或有造次不及書教直付空紙卽令宣讀弼嘗承閑密勸高祖受魏禪高祖舉杖擊走之相府法曹辛子炎諮事云須取署子炎讀署爲樹高祖大怒曰小人都不知避人家諱杖之於前弼進曰禮二名不偏諱孔子言徵不言在言在不言徵子炎之罪理或可恕高祖罵之曰眼看人瞋乃復牽經引禮叱令出去弼行十步許呼還子炎亦蒙釋宥世子在京聞之語楊愔曰王左右賴有此人方正庶天下皆蒙其利豈獨吾家也弼以文武在位罕有廉潔言之於高祖高祖曰弼來我語尒天下濁亂習俗已久今督將家屬多在關西黑獺常相招誘人情去留未定江東復有一吳兒老翁蕭衍者專事衣冠禮樂中原士大夫望之以爲正朔所在我若急作法網不相饒借恐督將盡投黑獺士子悉奔蕭衍則人物流散何以爲國尒宜少待吾不忘之及將有沙苑之役弼又請先除內賊却討外寇高祖問內賊是誰弼曰諸勳貴掠奪萬民者皆是高祖不答因令軍人皆張弓挾矢舉刀按矟以夾道使弼冒出其間曰必無傷也弼戰慄汗流高祖然後喻之曰箭雖注不射刀雖舉不擊矟雖按不刺尒猶頓喪魂膽諸勳人身觸鋒刃百死一生縱其貪鄙所取處大不可同之循常例也弼于時大恐因頓顙謝曰愚癡無智不識至理今蒙開曉始見聖達之心後從高祖破西魏於邙山命爲露布弼手卽書絹曾不起草以功賜爵定陽縣男邑二百戶加通直散騎常侍中軍將軍奉使詣闕魏帝見之於九龍殿曰朕始讀莊子便值秦名定是體道得眞玄同齊物聞卿精學聊有所問經中佛性法性爲一爲異弼對曰佛性法性止是一理詔又問曰佛性既非法性何得爲一對曰性無不在故不說二詔又問曰說者皆言法性寬佛性狹寬狹既別非二如何弼又對曰在寬成寬在狹成狹若論性體非寬非狹詔問曰既言成寬成狹何得非寬非狹若定是狹亦不能成寬對曰以非寬狹故能成寬狹寬狹所成雖異能成恒一上悅稱善乃引入經書庫賜地持經一部帛一百匹平陽公淹爲并州刺史高祖又命弼帶并州驃騎府長史弼性好名理探味玄宗自在軍旅帶經從役注老子道德經二卷表上之曰臣聞乘風理弋追逸羽於高雲臨波命鉤引沉鱗於大壑苟得其道爲工其事在物既爾理亦固然竊惟道德二經闡明幽極旨冥動寂用周凡聖論行也清淨柔弱語迹也成功致治寔衆流之江海乃羣藝之本根臣少覽經書偏所篤好雖從役軍府而不捨遊息鑽味既久斐文疊如有所見比之前注微謂異於舊說情發於中而彰諸外輕以管窺遂成穿鑿無取於遊刃有慚於運斤不足破秋毫之論何以解連環之結本欲止於門內貽厥童蒙兼以近貪愚鄙私備忘闕不悟姑射凝神汾陽流照蓋高之聽卑邇言在察春末奉旨猥蒙垂誘今上所注老子謹冒封呈并序如別詔答云李君遊神冥宮獨觀恍惚玄同造化宗極羣有從中被外周應可以裁成自己及物運行可以資用隆家寧國義屬斯文卿才思優洽業尚通遠息棲儒門馳騁玄肆既啓專家之學且暢釋老之言戶列門張途通徑達理事兼申能用俱表彼賢所未悟遺老所未聞旨極精微言窮深妙朕有味二經倦於舊說歷覽新注所得已多嘉尚之來良非一緒已勑殺青編藏之延閣又上一本於高祖一本於世宗武定中遷衞尉卿會梁遣貞陽侯蕭明等入寇彭城大都督高岳行臺慕容紹宗率諸軍討之詔弼爲軍司攝臺左右臨發世宗賜胡馬一匹語弼曰此廐中第二馬孤恒自乘騎今方遠別聊以爲贈又令陳政務之要可爲鑒戒者錄一兩條弼請口陳曰天下大務莫過賞罰二端賞一人使天下人喜罰一人使天下人服但能二事得中自然盡美世宗大悅曰言雖不多於理甚要握手而別破蕭明於寒山別與領軍潘樂攻拔梁潼州仍與岳等撫軍恤民合境傾賴六年四月八日魏帝集名僧於顯陽殿講說佛理弼與吏部尚書楊愔中書令邢卲祕書監魏收等並侍法筵勑弼昇師子座當衆敷演昭玄都僧達及僧道順並緇林之英問難鋒至往復數十番莫有能屈帝曰此賢若生孔門則何如也關中遣儀同王思政據潁州太尉高岳等攻之弼行潁州事攝行臺左丞時大軍在境調輸多費弼均其苦樂公私兼舉大爲州民所稱潁州之平也世宗曰卿試論王思政所以被擒弼曰思政不察逆順之理不識大小之形不度强弱之勢有此三蔽宜其俘獲世宗曰古有逆取順守大吳困於小越弱燕能破强齊卿之三義何以自立弼曰王若順而不大大而不强强而不順於義或偏得如聖旨今既兼備衆勝鄙言可以還立世宗曰凡欲持論宜有定指那得廣包衆理欲以多端自固弼曰大王威德事兼衆美義博故言博非義外施言世宗曰若爾何故周年不下孤來卽拔弼曰此蓋天意欲顯大王之功顯祖引爲兼長史加衞將軍轉中書令仍長史進爵定陽縣侯增邑通前五百戶弼志在匡贊知無不爲顯祖將受魏禪自晉陽至平城都命弼與司空司馬子如馳驛先入觀察物情踐祚之後勑命左右箱入柏閤以預定策之功遷驃騎將軍衞尉卿別封長安縣伯嘗與邢卲扈從東山共論名理邢以爲人死還生恐爲蛇畫足弼答曰蓋謂人死歸無非有能生之力然物之未生本亦無也無而能有不以爲疑因前生後何獨致怪邢云聖人設教本由勸奬故懼以將來理望各遂其性弼曰聖人合德天地齊信四時言則爲經行則爲法而云以虛示物以詭勸

民將同魚腹之書有異鑿楹之詰安能使北辰降光龍宮韞櫝就如所論福果可以鎔鑄性靈弘獎風教爲益之大莫極於斯此卽眞教何謂非實邪云死之言澌精神盡也弼曰此所言澌如射箭盡手中盡也小雅曰無草不死月令又云靡草死動植雖殊亦此之類無情之卉尚得還生含靈之物何妨再造若云草死猶有種在則復人死亦有識識種不見謂以爲無者神之在形亦非自睹離朱之明不能覩雖孟軻觀眸賢愚可察鍾生聽曲山水呈狀乃神之工豈神之質猶玉帛之非禮鍾鼓之非樂以此而推義斯見矣邪云季札言無不之亦言散盡若復聚而爲物不得言無不之也弼曰骨肉不歸於土魂氣則無不之此乃形墜魂遊往而非盡如鳥出巢如蛇出穴由其尚有故無所不之若令無也之將焉適延陵有察微之識知其不隨於形仲尼發習禮之歎美其斯與形別若許以廓然然則人皆季子不謂高論執此爲無邪云神之在人猶光之在燭燭盡則光窮人死則神滅弼曰舊學前儒每有斯語羣疑衆惑咸由此起蓋辨之者未精思之者不篤竊有末見可以覈諸燭則因質生光質大光亦大人則神不係於形形小神不小故仲尼之智必不短於長狄孟德之雄乃遠奇於崔琰神之於形亦猶君之有國國實君之所統君非國之所生不與同生孰云俱滅邪云捨此適彼生生恒在周孔自應同莊周之鼓缶和桑扈之循歌弼曰共陰而息尚有將別之悲窮轍以遊亦興中途之歎況曰聯體同氣化爲異物稱情之服何害於聖邪云鷹化爲鳩鼠變爲鴽黃母爲鱉皆是生之類也類化而相生猶光去此燭復然彼燭弼曰鷹未化爲鳩鳩則非有鼠既二有何可兩立光去此燭復燃彼燭神去此形亦託彼形又何惑哉邪云欲使土化爲人木生眼鼻造化神明不應如此弼曰腐草爲螢老木爲蝎造化不能誰其然也其後別與邪書云夫建言明理宜出典證而違孔背釋獨爲君子若不師聖物各有心馬首欲東誰其能禦奚取於適裏何貴於得一逸韻雖高管見未喻前後往復再三邪邵理屈而止文多不載又以本官行鄭州事未發爲家客告弼謀反收下獄案治無實久乃見原因此絕朝見復坐第二子廷尉監臺卿斷獄稽遲與寺官俱爲郎中封靜哲所訟事既上聞顯祖發怒遂徙弼臨海鎮時楚州人東方白額謀反南北響應臨海鎮爲賊帥張綽潘天合等所攻弼率厲城人終得全固顯祖嘉之敕行海州事卽所徙之州在州奏通陵道并韓信故道又於州東帶海而起長堰外遏鹹潮內引淡水敕並依行轉徐州刺史未之任又除膠州刺史弼儒雅寬恕允曉吏職所在清潔爲吏民所懷耽好玄理老而愈篤又注莊子惠施篇易上下繫名新注義苑並行於世弼性質直前在霸朝多所匡正及顯祖作相致位僚首初聞揖讓之議猶有諫言顯祖嘗問弼云治國當用何人對曰鮮卑車馬客會須用中國人顯祖以爲此言譏我高德政居要不能下之乃於衆前面折云黃門在帝左右何得聞善不驚唯好減削抑挫德政深以爲恨數言其短又令主書杜永珍密啓弼在長史日受人請屬大營婚嫁顯祖內銜之弼恃舊仍有公事陳請十年夏上因飲酒積其愆失遂遣就州斬之時年六十九既而悔之驛追不及長子蕤第四子光遠徙臨海鎮次子臺卿先徙東豫州乾明初並得還鄴天統五年追贈弼使持節揚郢二州軍事開府儀同三司尚書右僕射揚州刺史謚曰文肅蕤臺卿並有學業臺卿文筆尤工見稱當世蕤字子美武平中大理少卿兼散騎常侍聘陳使主末年史部郎中隋開皇中終於開州刺史臺卿字少山歷中書黃門侍郎兼大著作修國史武平末國子祭酒領尚書左丞周武帝平齊命尚書左僕射陽休之以下知名朝士十八人隨駕入關蕤兄弟並不預此名臺卿後雖被徵爲其聾疾放歸隋開皇中徵爲著作郎歲餘以年老致事詔許之特優其禮終身給祿未幾而終

史臣曰孫搴便藩左右處文墨之地入幕未久情義已深及倉卒致殞高祖折我右臂雖戎旌未卷愛惜才子不然何以成霸王之業太史公云非死者難處死者難或重於大山或輕於鴻毛斯其義也元康以智能才幹委質霸朝綢繆帷幄任寄爲重及難無苟免忘生殉義可謂得其地焉楊愔自謂異行奇才冠絕夷等弒逆之際趨而避之是則非處死者難死者亦難也顯祖弱齡藏器未有朝臣所知及北宮之難以年次推重故受終之議時未之許焉杜弼識學甄明發言讜正禪代之際先起異圖王怒未息卒蒙顯戮直言多矣能無及是者乎

贊曰彥舉驅馳才高行詖元康忠勇舍生存義卬卬輔玄思極談天道亡時晦身沒名全

北齊書卷二十四考證

孫搴傳會高祖西討登風陵○北史作鳳陵

陳之康傳卒于彭城郡贊治○北史作贊務

杜弼傳朕始讀莊子便值秦名○按秦名二字疑誤

雖孟軻觀眸賢愚可察○毛氏本孟軻作蔣濟

黃母爲鱉○臣範按鼈疑作黿事見後漢五行志北史李士謙傳亦有黃母化黿之語化鼈乃宋士宗之母見晉書五行志

鷹未化爲鳩鳩則非有鼠既二有何可兩立○臣範此既字上疑有脫誤

北齊書卷二十五

隋太子通事舍人李百藥撰

列傳第十七

張纂 張亮 張耀 趙起 徐遠 王峻 王紘

張纂字徵纂代郡平城人也父烈桑乾太守纂初事尒朱榮又爲尒朱兆都督長史爲兆使於高祖遂被顧識高祖舉義山東劉誕據相州拒守時纂亦在其中高祖攻而拔之以纂參丞相軍事纂性便僻左右出內稍見親待仍補行臺郎中高祖啓減國封分賞文武纂隨例封壽張伯魏武帝末高祖赴洛以趙郡公琛爲行臺守晉陽以纂爲右丞轉相府功曹參軍事除右光祿大夫使於茹茹以銜命稱旨歷中外丞相二府從事中郎邙山之役大獲俘虜高祖令纂部送京師魏帝賜絹五百疋封武安縣伯復爲高祖行臺右丞從征玉壁大軍將還山東行達晉州忽值寒雨士卒饑凍至有死者州以邊禁不聽入城于時纂爲別使遇見輒令開門內之分寄民家給其火食多所全濟高祖聞而善之纂事高祖二十餘歲傳通教令甚見親賞世宗嗣位侯景作亂潁川招引西魏以纂爲南道行臺與諸將率討之還除瀛州刺史會世宗入爲太子少傅後與平原王段孝先行臺尚書辛術等攻圍東楚仍拔廣陵涇州數城斬賊帥東方白額授儀同三司監築長城大使領步騎數千鎮防北境還遷護軍將軍尋卒

張亮字伯德西河隰城人也少有幹用初事尒朱兆拜平遠將軍以功封隰城縣伯邑五百戶高祖討兆於晉陽兆奔秀容兆左右皆密通誠款唯亮獨無啓疏及兆敗竄於窮山令亮及倉頭陳山提斬己首以降皆不忍兆乃自縊於樹伯德伏屍而哭高祖嘉歎之授丞相府參軍事漸見親待秀以書記之任天平中爲世宗行臺郎中典七兵事雖爲臺郎而常在高祖左右遷行臺右丞高仲密之叛也與大司徒斛律金守河陽周文帝於上流放火船燒河橋亮乃備小艇百餘艘皆載長鏁鏁頭施釘火船將至卽馳小艇以釘釘之引鏁向岸火船不得及橋橋之獲全亮之計也武定初拜太中大夫薛琡嘗夢亮於山上持絲以告亮且占之曰山上絲幽字也君其爲幽州乎數月亮出爲幽州刺史屬侯景叛除平南將軍梁州刺史尋加都督揚潁等十一州諸軍事兼行臺殿中尚書轉都督二豫揚潁等八州軍事征西大將軍豫州刺史尚書右僕射西南道行臺攻梁江夏潁陽等七城皆下之亮性質直勤力彊濟深爲高祖世宗所信委以腹心之任然少風格好財利久在左右不能廉潔及歷諸州咸有贖貨之聞武定末徵拜侍中汾州大中正天保初授光祿勳加驃騎大將軍儀同三司別封安定縣男轉中領軍尋卒於位贈司空公

張耀字靈光上谷昌平人也父鳳晉州長史耀少而貞謹頗曉吏職解褐給事中轉司徒水曹行參軍義旗建高祖擢爲中軍大都督韓軌府長史及軌除瀛冀二州刺史又以耀爲軌諮議參軍後爲御史所劾州府僚佐及軌左右以贓罪掛網者百有餘人唯耀以清白獨免徵爲丞相府倉曹顯祖嗣事遷相府掾天保初賜爵都亭鄉男攝倉庫二曹事諸有賜給常使耀典之轉祕書丞遷尚書右丞顯祖嘗因近出令耀居守帝夜還耀不時開門勒兵嚴備帝駐蹕門外久之催迫甚急耀以夜深眞僞難辯須火至面識門乃可開於是獨出見帝帝笑曰卿欲學郅君章也乃使耀前開門然後入深嗟賞之賜以錦采出爲南青州刺史未之任肅宗輔政累遷祕書監耀歷事累世奉職恪勤咸見親待未嘗有過每得祿賜散之宗族性節儉率素車服飲食取給而已好讀春秋月一遍時人比之賈梁道趙彥深嘗謂耀曰君研尋左氏豈求服虔杜預之紕繆邪耀曰何爲其然乎左氏之書備敘言事惡者可以自戒善者可以庶幾故厲已溫習非欲詆訶古人之得失也天統元年世祖臨朝耀奏事遇暴疾仆於御前帝下座臨視呼數聲不應帝泣曰豈失我良臣也旬日卒時年六十三詔稱耀忠

貞平直溫恭廉慎贈開府儀同三司尚書右僕射燕州刺史謚曰貞簡

趙起字興洛廣平人也父達幽州錄事參軍起性沉謹有幹用義旗建高祖以段榮爲定州刺史以起爲榮典籤除奉車都尉天平中徵爲相府騎曹累加中散大夫世宗嗣事出爲建州刺史累遷侍中起高祖世頻爲相府騎兵二局典知兵馬十有餘年至顯祖卽阼之後起罷州還闕雖歷位九卿侍中常以本官監兵馬出內驅使居腹心之寄與二張相亞出爲西兗州刺史糺劾禁止歲餘以無驗獲免河清二年徵還晉陽二年又加祠部尚書開府天統初轉太常卿食琅邪郡幹二年除滄州刺史加六州都督武平中卒於官

徐遠字彥遐廣寧石門人也其先出自廣平曾祖定爲雲中軍將平朔戍主因家於朔遠少習吏事郡辟功曹未幾與太守率戶赴義旗署防城都督除廮陶縣令高祖以遠閒習書計命爲丞相騎兵參軍事常征伐克濟軍務深爲高祖所知累歷鉅鹿陳留二郡太守天保初爲御史所劾遇赦免沉廢二年顯祖以遠勳舊將用爲領軍府長史累遷東徐州刺史入爲太中大夫河清初加衛將軍二年除使持節都督東楚州諸軍事東楚州刺史天統二年授儀同三司衛尉四年加開府右光祿大夫武平初卒遠爲治慕寬和有恩惠至東楚其年冬邑郭大火城民亡產業遠躬自赴救對之流涕仍爲經營皆得安立長子世榮中書舍人黃門侍郎

王峻字穆嵩靈丘人也明悟有幹略高祖以爲相府墨曹參軍坐事去官久之顯祖爲儀同開府引爲城局參軍累遷恒州大中正世宗相府外兵參軍隨諸軍平淮陰賜爵北平縣男除營州刺史營州地接邊城賊數爲民患峻至州遠設斥候廣置疑兵每有賊發常出其不意要擊之賊不敢發合境獲安先是刺史陸士茂詐殺室韋八百餘人因此朝貢遂絕至是峻分命將士要其行路室韋果至大破之虜其首帥而還因厚加恩禮放遣之室韋遂獻誠款朝貢不絕峻有力焉初茹茹主菴羅辰率其餘黨東徙峻度其必來預爲之備未幾菴羅辰到頓軍城西峻乃設奇伏大破之獲其名王郁久閭豆拔提等數十人送於京師菴羅辰於此遁走帝甚嘉之遷祕書監廢帝卽位除洛州刺史河陽道行臺左丞皇建中詔於洛州西界掘長塹三百里置城戍以防間諜河清元年徵拜祠部尚書詔詣晉陽檢校兵馬俄而還鄴轉太僕卿及車駕巡幸常與吏部尚書尉瑾輔皇太子諸親王同知後事仍賜食梁郡幹遷侍中除都官尚書及周師寇逼詔峻以本官與東安王婁叡武興王普等自鄴率衆赴河陽禦之車駕幸洛陽以懸瓠爲周人所據復詔峻爲南道行臺與婁叡率軍南討未至周師棄城走仍使慰輯永郢二州四年春還京師坐違格私度禁物并盜截軍糧有司依格處斬家口配沒特詔決鞭一百除名配甲坊蠲其家口會赦免停廢私門天統二年授驃騎大將軍儀同三司尋加開府武平初除侍中四年卒贈司空公

王紘字師羅太安狄那人也爲小部酋帥父基頗讀書有智略初從葛榮反榮授基濟北王寧州刺史後葛榮破而基據城不下尒朱榮遣使喻之然後始降榮後以爲府從事中郎令率衆鎮磨川榮死紇豆陵步藩虜基歸河西後逃歸尒朱兆高祖平兆以基爲都督除義寧太守基先於葛榮軍與周文帝相知及文帝據有關中高祖遣基與長史侯景同使於周文帝文帝留基不遣基後逃歸除冀州長史後行肆州事元象初累遷南益州北豫州刺史所歷皆好聚斂然性和直吏民不甚患之興和四年冬爲奴所害時年六十五贈征東將軍吏部尚書定州刺史紘少好弓馬善騎射頗愛文學性機敏應對便捷年十三見楊州刺史太原郭元貞元貞撫其背曰汝讀何書對曰誦孝經曰孝經云何曰在上不驕爲下不亂元貞曰吾作刺史豈其驕乎紘曰公雖不驕君子防未萌亦願留意元貞稱善年十五隨父在北豫州行臺侯景與人論掩衣法爲當左爲當右尚書敬顯儁曰孔子云微管仲吾其被髮左衽矣以此言之右衽爲是紘進曰國家龍飛朔野雄步中原五帝異儀三王殊制掩衣左右何足是非景奇其早慧賜以名馬興和中世宗召爲庫直除奉朝請世宗暴崩紘冒刃捍禦以忠節賜爵平春縣男賚帛七百段綾錦五十疋錢三萬并金帶駿馬仍除晉陽令天保初加寧遠將軍頗爲顯祖所知待帝嘗與左右飲酒曰快哉大樂紘對曰亦有大樂亦有大苦帝曰何爲大苦紘曰長夜荒飲不寤亡國破家身死名滅所謂大苦帝默然後責紘曰爾與紇奚舍樂同事我兄舍樂死爾何爲不死紘曰君亡臣死自是常節但賊豎力薄斫輕故臣不死帝使燕子獻反縛紘長廣王捉頭帝手刃將下紘曰楊遵彥崔季舒逃走避難位至僕射尚書冒死效命之士反見屠戮曠古未有此事帝投刃於地曰王師羅不得殺遂捨之乾明元年昭帝作相補中外府功曹參軍事皇建元年進爵義陽縣子河清三年與諸將征突厥加驃騎大將軍天統元年除給事黃門侍郎加射聲校尉四遷散騎常侍武平初開府儀同三司紘上言突厥與宇文男來女往必當相與影響南北寇邊宜選九州勁勇彊弩多據要險之地伏願陛下哀忠念舊愛孤恤寡矜愚嘉善舍過記功敦骨肉之情廣寬仁之路思堯舜之風慕禹湯之德克己復禮以成美化天下幸甚五年陳人寇淮南詔令羣臣共議禦捍封輔相請出討擊紘曰官軍頻經失利人情騷動若復興兵極武出頓江淮恐北狄西寇乘我之弊傾國而來則世事去矣莫若薄賦省徭息民養士使朝廷協睦遐邇歸心征之以仁義鼓之以道德天下皆當肅清豈直僞陳而已高阿那肱謂衆人曰從王武衛者南席衆皆同焉尋兼侍中聘於周使還郎正未幾而卒紘好著述作鑒誡二十四篇頗有文義

史臣曰張纂等竝趨事霸朝申其功用皆有齊之良臣也伯德之慟哭伏屍靈光之拒關駐蹕有古人風焉

贊曰纂亮曜起徐遠紘峻奉日高昇夌風遠振樹死拒關終明信順

北齊書卷二十五考證

張纂傳高祖舉義山東劉延據山東拒守○臣荃按神武本紀十一月攻鄴相州刺史劉誕嬰城固守則此延是誕字之譌

北齊書卷二十六

隋太子通事舍人李百藥撰

列傳第十八

薛琡

敬顯儁

平鑒

薛琡字曇珍河南人其先代人本姓叱干氏父彪子魏徐州刺史琡形貌魁偉少以幹用稱爲典客令每引客見儀望甚美魏帝召而謂之曰卿風度峻整姿貌秀異後當升進何以處官琡曰宗廟之禮不敢不敬朝廷之事不敢不忠自此以外非庸臣所及正元中行洛陽令部內肅然有犯法者未加拷掠直以辭理窮覈多得其情於是豪猾畏威事務簡靜時以久旱京師見囚悉召集華林理問究滯洛陽繫獄唯有三人魏孝明嘉之賜縑百疋遷吏部尚書崔亮奏立停年之格不簡人才專問勞舊琡上書言黎元之命繫於長吏若得其人則蘇息有地任非其器爲患更深若使選曹唯取年勞不簡賢不便義均行鴈次若貫魚執簿呼名一吏足矣數人而用何謂銓衡請不依此書奏不報後因引見復進諫曰共治天下本屬百官是以漢朝常令三公大臣舉賢良方正有道直言之士以爲長吏監撫黎元自晉未以來此風遂替今四方初定務在養民臣請依漢氏更立四科令三公貴臣各薦時賢以補郡縣明立條格防其阿黨之端詔下公卿議之事亦寢元天穆討邢杲也以琡爲行臺尚書時元顥已據鄴城天穆集文武議其所先議者咸以杲衆甚盛宜先經略琡以爲邢杲聚衆無名雖彊猶賊元顥皇室昵親來稱義舉此恐難測杲鼠盜狗竊非有遠志宜先討顥天穆以羣情所欲遂先討杲杲降軍還顥遂入洛天穆謂琡曰不用君言乃至於此天平初高祖引爲丞相長史琡宿有能名深被禮遇軍國之事多所聞知琡亦推誠盡節屢進忠讜高祖大舉西伐將度蒲津琡諫曰西賊連年饑饉無可食啗故冐死來入陝州欲取倉粟今高司徒已圍陝城粟不得出但置兵諸道勿與野戰比及來年麥秋人民盡應餓死寶炬黑獺自然歸降願王無渡河也侯景亦曰今者之舉兵衆極大萬一不捷卒難收斂不如分爲二軍相繼而進前軍若勝後軍合力前軍若敗後軍承之高祖皆不納遂有沙苑之敗累遷尚書僕射卒臨終敕其子斂以時服踰月便葬不聽干求贈官自制喪車不加彫飾但用麻爲流蘇繩用網絡而已明器等物竝不令置琡久在省闥明簿領當官剖斷敏速如流然天性險忌情義不篤外似方格內實浮動受納貨賄曲法舞文深情刻薄多所傷害士民畏惡之魏東平王元匡妾張氏媱逸放恣琡初與姦通後納以爲婦惑其讒言逐前妻于氏不認其子家內忿競相告列深爲世所譏鄙贈青州刺史

敬顯儁字孝英平陽人少英俠有節操交結豪傑爲羽林監高祖臨晉州儁因使謁見與語說之乃啓爲別駕及義舉以儁爲行臺倉部郎中從攻鄴令儁督造土山城拔又從平西胡轉都官尚書與諸將征討累有功又

從高祖平寇難破周文帝敗侯景平壽春定淮南又畧地三江口多築城戍累除兖州刺史卒

平鑒字明達燕郡薊人父勝安州刺史鑒少聰敏頗有志力受學於徐遵明不爲章句雖崇儒業而有豪俠氣孝昌末盜賊蜂起見天下將亂乃之洛陽與慕容儼騎馬爲友鑒性巧夜則胡畫以供衣食謂其宗親曰運有汚隆亂極則治并州戎馬之地尒朱王命世之雄杖義建旗奉辭問罪勞忠竭力今也其時遂相率奔尒朱榮於晉陽因陳靜亂安民之策榮大奇之即署參軍前鋒從平鞏密每陣先登除撫軍襄州刺史高祖起義信都鑒自歸高祖謂鑒曰日者皇綱中弛公已早竭忠誠今尒朱披猖又能去逆從善搖落之時方識松筠即啓授征西懷州刺史鑒奏請於州西故軹道築城以防遏西寇朝廷從之尋而西魏來攻是時新築之城糧仗未集舊來乏水衆情大懼南門內有一井隨汲即竭鑒乃具衣冠俯井而祝至旦有井泉涌溢合城取之魏師敗還以功進位開府儀同三司時和士開以佞幸勢傾朝列令人求鑒愛妾劉氏鑒即送之仍謂人曰老公失阿劉與死何異要自爲身作計不得不然由是除齊州刺史鑒歷牧八州再臨懷州所在爲吏所思立碑頌德入爲都官尚書令

北齊書卷二十六考證

薛琡傳父彪子○一本彪作豹

正元中行洛陽令○元應作光

竟相告列○竟別本北史俱作競

敬顯儁傳字孝英平陽人○北史作陽平太平人

北齊書卷二十七

隋太子通事舍人李百藥撰

列傳第十九

万俟普 子洛

可朱渾元

劉豐

破六韓常

金祚

韋子粲

万俟普字普撥太平人其先匈奴之别種也雄果有武力正光中破六韓拔陵構逆授普太尉率部下降魏授後將軍第二領人酋長高祖起義普遠通誠款高祖甚嘉之斛斯椿逼帝西出授司空泰州刺史據覆𧴪城高祖平夏州普乃率其部落來奔高祖躬自迎接授普河西公累遷太尉朔州刺史卒

子洛字受洛干豪壯有武藝騎射過人爲鄉閭所伏拔陵反隨父歸順除顯武將軍隨尒朱榮每有戰功累遷汾州刺史驃騎將軍及起義信都遠送誠款高祖嘉其父子俱至甚優其禮除撫軍兼靈州刺史武帝入關除左僕射天平中隨父東歸封建昌郡公再遷領軍將軍與諸將圍獨孤如願於金墉及河陰之戰並有功高祖以其父普尊老特崇禮之嘗親扶上馬洛免冠稽首曰願出死力以報深恩及此役也諸軍北渡橋洛以一軍不動謂西人曰万俟受洛干在此能來可來也西人畏而去高祖以雄壯名其所營地爲回洛城洛慷慨有氣節勇鋭冠時當世推爲名將興和初卒

可朱渾元字通元自云遼東人世爲渠帥魏時擁衆內附曾祖護野肱終於懷朔鎮將遂家焉元寛仁有武畧少與高祖相知北邊擾亂遂將家屬赴定州值鮮于修禮作亂元擁衆屬焉葛榮併修禮復以元爲梁王遂奔尒朱榮以爲别將隸天光征關中以功爲渭州刺史侯莫陳悅之殺賀拔岳也周文帝率岳所部還共圖悅元時助悅悅走元收其衆入據秦州爲周攻圍苦戰結盟而罷元既早被高祖知遇兼其母兄在東嘗有思歸之志恒遣表疏與高祖陰相往來周文忌元智勇知元懷貳發兵攻之元乃率所部發自渭州西北渡烏蘭津周文頻遣兵邀之元戰必摧之引軍歷河源二州境乃得東出靈州刺史曹埿女婿劉豐與元深相交結元因說豐以高祖英武非常克成大業豐自此便有委質之心遂資遣元元從靈州東北入雲州高祖聞其來也遣平陽守高嵩持金環一枚以賜元并運資糧遠遣候接元至晉陽引見執手賜帛千疋并奴婢田宅兄弟四人先在并州者進官爵元所部督將皆賞以爵邑封元縣公除車騎大將軍討西魏儀同金祚皇甫智達於東雍擒之遷并州刺史又與諸將征伐頻有剋捷降下天保初封扶風郡王頻從顯祖討山胡茹茹累有戰功遷太師薨贈假黃鉞太宰錄尚書元善於御衆行軍用兵務在持重前後出征未嘗負敗及卒朝廷深悼之皇建初配享世宗廟庭

劉豐字豐生普樂人也有雄姿壯氣果毅絕人有口辯好說兵事破六韓拔陵之亂豐以守城之功除普樂太守魏永安初除靈州鎮城大都督周文授以衛大將軍豐不受乃遣攻圍不剋豐遠慕高祖威德乃率戶數萬來奔高祖上豐爲平西將軍南汾州刺史遂與諸將征討平定寇亂又從高祖破周文於河陰豐功居多高祖執手嗟賞入爲左衛將軍出除殷州王思政據長社世宗命豐與清河王岳攻之豐建水攻之策遂遏洧水以灌之水長魚鱉皆游焉九月至四月城將陷豐與行臺慕容紹宗見北有白氣同入船忽有暴風從東北來正晝昏暗飛沙走礫船纜忽絕漂至城下豐游水向土山爲浪所激不時至西人鈎之並爲敵人所害豐壯勇善戰爲諸將所推死之日朝野駭惋贈大司馬司徒公尚書令謚曰忠子曄嗣

破六韓常字保年附化人匈奴單于之裔也右谷蠡王潘六奚没於魏其子孫以潘六奚爲氏後人訛誤以爲破六韓世領部落其父孔雀世襲酋長孔雀少驍勇時宗人拔陵爲亂以孔雀爲大都督司徒平南王孔雀率部下一萬人降於尒朱榮詔加平北將軍第一領民酋長卒常沉敏有膽畧善騎射累遷平西將軍高祖起義常爲附化守與万俟受洛干東歸高祖嘉之上爲撫軍與諸將征討又從高祖攻擊諸寇累遷車騎大將軍開府封平陽公除洛州刺史常啓世宗曰常自鎮河陽以來頻出關口太谷二道北制已北洛州已南所有要害頗所知悉而太谷南口去荆路踰一百經赤工坂是賊往還東西大道中間曠絕一百五十里賊之糧餽唯經此路愚謂於彼選形勝之處營築城戍安置士馬截其遠還自然不能更有行送世宗納其計遣大司馬斛律金等築楊志百家呼延三鎮常秩滿還晉陽拜太保滄州刺史卒贈尚書令司徒公太傅第一領民酋長假王謚曰忠武

金祚字神敬安定人也性驍雄尚氣任俠魏正光中隴右賊起詔雍州刺史元猛討之召募很家以爲軍導祚應選以軍功累遷龍驤將軍靈州刺史高祖舉義尒朱天光率關右之衆與仲遠等北抗義師天光留祚東秦總督三州鎮靜二州天光敗歸高祖除車騎大將軍邛山之戰以大都督從破西軍祚除華州刺史加開府儀同三司别封臨濟縣子卒贈司空

韋子粲字暉茂京兆人曾祖閬魏咸陽守父儁都水使者子粲仕郡功曹史累遷爲大行臺郎中從尒朱天光平關右孝武入關以爲南汾州刺史神武命將出討城陷子弟俱被獲送晉陽蒙放免以粲爲并州長史累遷豫州刺史卒初子粲兄弟十三人子姪親屬闔門百口悉在西魏以子粲陷城不能死難多致誅滅歸國獲存唯與弟道諧二人而已諧與粲俱入國粲富貴之後遂特棄道諧令其異居所得廩祿畧不相及其不顧恩義如此

北齊書卷二十七考證

可朱渾元傳遣平陽守高嵩○一本嵩作崇

北齊書卷二十八

隋太子通事舍人李百藥撰

列傳第二十

元坦

元斌

元孝友

元暉業

元弼

元韶

元坦祖魏獻文皇帝咸陽王禧第七子禧誅後兄翼樹等五人相繼南奔故坦得承襲改封敷城王永安初復本封咸陽郡王累遷侍中莊帝從容謂曰王才非荀蔡中歲屢遷當由少長朕家故有超授初禧死後諸子貧乏坦兄弟爲彭城王勰所收養故有此言孝武初其兄樹見禽坦見樹既長且賢慮其代己密勸朝廷以法除之樹知之泣謂坦曰我往因家難不能死亡寄食江湖受其爵命今者之來非由義至求活而已豈望榮華汝何肆其猜忌忘在原之義腰背雖偉善無可稱坦作色而去樹死竟不臨哭坦歷司徒太尉太傅加侍中太師錄尚書事宗正司州牧雖祿厚位尊貪求滋甚賣獄鬻官不知紀極爲御史劾奏免官以王歸第尋起爲特進出爲冀州刺史專復聚斂每百姓納賦除正稅外别先青絹五疋然後爲受性好畋漁無日不出秋冬獵雉兔春夏捕魚蟹鷹犬常數百頭自言寧三日不食不能一日不獵入爲太常齊天保初准例降爵封新豐縣公除特進開府儀同三司坐子世寶與通直散騎侍郎彭貴平因酒醉誹謗妄說圖讖有司奏當死詔並宥之坦配北營州死配所

元斌字善集祖魏獻文皇帝父高陽王雍從孝莊於河陰遇害斌少襲祖爵歷位侍中尚書左僕射斌美儀貌

性寬和居官重愼頗爲齊文襄愛賞齊天保初准例降爵爲高陽縣公拜右光祿大夫二年從文宣討契丹還至白浪河以罪賜死

元孝友祖魏太武皇帝兄臨淮王彧無子令孝友襲爵累遷滄州刺史爲政温和好行小惠不能清白而無所侵犯百姓亦以此便之魏靜帝宴文襄於華林孝友因醉自譽又云陛下許賜臣能帝笑曰朕恒聞王自道清文襄曰臨淮王奉旨舍罪於是君臣俱笑而不罪孝友明於政理嘗奏表曰令制百家爲黨族二十家爲閭五家爲比隣百家之内有帥二十五人徵發皆免苦樂不均羊少狼多復有蠶食此之爲弊久矣京邑諸坊或七八百家唯一里正二史庶事無闕而況外州乎請依舊置三正之名不改而百家爲四閭閭二比計族少十二丁得十二匹貲絹畧計見管之戸應二萬餘族一歲出貲絹二十四萬匹十五丁爲一番兵計得一萬六千兵此富國安人之道也古諸侯娶九女士一妻一妾晉令諸王置妾八人郡君侯妾六人官品令第一第二品有四妾第三第四有三妾第五第六有二妾第七第八有一妾所以隂教聿修繼嗣有廣廣繼嗣孝也修隂教禮也而聖朝忽棄此數由來漸久將相多尚公主王侯娶后族故無妾媵習以爲常婦人不幸生逢今世舉朝既是無妾天下殆皆一妻設令人彊志廣娶則家道離索身事迍邅内外親知共相嗤怪凡今之人通無準節父母嫁女則教以妬姑姊逢迎必相勸以忌以制夫爲婦德以能妬爲女工自云不受人欺畏他笑我王公猶自一心已下何敢二意夫妬忌之心生則妻妾之禮廢妻妾之禮廢則姦淫之兆興斯臣之所以毒恨者也請以王公第一品娶八通妻以備九女稱事二品備七三品四品備五五品六品則一妻二妾限以一周悉令充數若不充數及待妾非禮使妻妬加捶撻免所居官其妻無子而不娶妾斯則自絶無以血食祖父請科不孝之罪離遣其妻臣之赤心義唯家國欲使吉凶無不合禮貴賤各有其宜省人帥以出兵丁立倉儲以豐穀食設賞格以擒姦盜行典令以示朝章庶使足食足兵人信之矣又冒申妻妾之數正欲使王侯將相功臣子弟苗胤滿朝傳祚無窮此臣之志也詔付有司議奏不同孝友又言今人生爲皂隷葬擬王侯存没異途無復節制崇壯丘隴盛飾祭儀隣里相榮稱爲至孝又夫婦之始王化所先共食合瓢足以成禮而今之富者彌奢同牢之設甚於祭槃累魚成山山有林木林木之上鸞鳳斯存徒有煩勞終成委棄仰惟天意其或不然請自茲以後若婚葬過禮者以違旨論官司不加糾劾卽與同罪孝友在尹積年以法自守甚著聲稱然性無骨鯁善事權勢爲正直者所譏齊天保初准例降爵封臨淮縣公拜光祿大夫二年冬被詔入晉陽宮出與元暉業同被害

元弼字輔宗魏司空之子性剛正有文學位中散大夫以世嫡應襲先爵爲季父尙書僕射麗因于氏親寵遂奪弼王爵横授同母兄子誕於是弼絶棄人事託疾還私第宣武中爲侍中弼上表固讓入嵩山以穴爲室布衣蔬食卒建元元年子暉業訴復王爵永安三年追贈尙書令司徒公謚曰文獻初弼嘗夢人謂之曰君身不得傳世封其紹先爵者君長子紹遠也弼覺卽告暉業終如其言

元暉業字紹遠魏景穆皇帝之玄孫少險薄多與寇盜交通長乃變節涉子史亦頗屬文而慷慨有志節歷位司空太尉加特進領中書監錄尙書事文襄嘗問之曰比何所披覽對曰數尋伊霍之傳不讀曹馬之書暉業以時運漸謝不復圖全唯事飮啗一日一羊三日一犢又嘗賦詩云昔居王道泰濟濟富羣英今逢世路阻狐兎鬱縱横齊初降封美陽縣公開府儀同三司特進暉業之在晉陽也無所交通居常閑暇乃撰魏藩王家世號爲辯宗錄四十卷行於世位望隆重又以性氣不倫每被猜忌天保二年從駕至晉陽於宮門外罵元韶曰爾不及一老嫗背負璽與人何不打碎之我出此言旣知死也然爾亦詎得幾時文宣聞而殺之亦斬臨淮公孝友孝友臨刑驚惶失措暉業神色自若仍鑿冰沉其屍暉業弟昭業頗有學問位諫議大夫莊帝幸洛南昭業立於閶闔門外叩馬諫帝避之而過後勞免之位給事黄門侍郎衛將軍右光祿大夫卒謚曰文侯

元韶字世胄魏孝莊之姪避尒朱之難匿於嵩山性好學美容儀初尒朱榮將入洛父劭恐以韶寄所親榮陽太常鄭仲明仲明尋爲城人所殺韶因亂與乳母相失遂與仲明兄子僧副避難路中賊逼客恐不免因令韶下馬僧副謂客曰窮鳥投人尙或矜愍況諸王如何棄乎僧副舉刃逼之客乃退韶逢一老母姓程哀之隱於私家十餘日莊帝訪而獲焉襲封彭城王齊神武帝以孝武帝后配之魏室奇寶多隨后入韶家有二玉鉢相盛可轉而不可出馬瑙榼容三升玉縫之皆稱西域鬼作也歷位太尉侍中錄尙書司州牧進太傅齊天保元年降爵爲縣公韶性行温裕以高氏婿頗膺時寵能自謙退臨人有惠政好儒學禮致才彥愛林泉脩第宅華而不侈文宣帝剃韶鬚髯加以粉黛衣婦人服以自隨曰我以彭城爲嬪御譏元氏微弱比之婦女十年太史奏云今年當除舊布新文宣謂韶曰漢光武何故中興韶曰爲誅諸劉不盡於是乃誅諸元以厭之遂以五月誅元世哲景武等二十五家餘十九家並禁止之韶幽於京畿地牢絶食啗衣袖而死及七月大誅元氏自韶成已下並無遺焉或父祖爲王或身常貴顯或兄弟强壯皆斬東市其嬰兒投於空中承之以矟前後死者凡七百二十一人悉投屍漳水剖魚多得爪甲都下爲之久不食魚

贊曰元氏蕃熾憑茲慶靈道隨終運命偶淫刑

北齊書卷二十八考證

元斌傳頗爲齊文襄愛賞○臣範按本書於齊文襄不應稱齊

元韶傳遂與仲明兄子僧副避難路中賊逼客恐不免因令韶下馬僧副謂客曰窮鳥投人尙或矜愍況諸王如何棄乎僧副舉刃逼之客乃退○臣範按此疑有舛誤北史云爲賊逼僧副恐不免因令韶下馬僧副謂客曰云云兩史情事互異

北齊書卷二十九

隋 太 子 通 事 舍 人 李 百 藥 撰

列傳第二十一

李渾 子湛 渾弟繪 族子公緒

李璵 弟瑾 族弟曉

鄭述祖 子元德

李渾字季初趙郡栢人人也曾祖靈魏鉅鹿公父遵魏冀州征東府司馬京兆王愉冀州起逆遇害渾以父死王事除給事中時四方多難乃謝病求爲青州征東府司馬與河間邢卲北海王昕俱奉老母携妻子同赴青齊未幾而尒朱榮入洛衣冠殲盡論者以爲知機永安初除散騎常侍普泰中崔祉客反於海岱攻圍青州詔渾爲征東軍都官尙書行臺赴援而祉客宿將多謀諸城各自保固壁清野時議有異同渾曰祉客賊之根本圍城復踰晦朔烏合之衆易可崩離若簡練驍勇銜枚夜襲徑趣營下出其不意咄嗟之間便可擒殄如祉客就擒則諸郡可傳檄而定何意冒熱攻城徒損軍士諸將遲疑渾乃決行未明達城下賊徒驚散生擒祉客斬首送洛陽海隅清定後除光祿大夫兼常侍聘使至梁梁武謂之曰伯陽之後久而彌盛趙李人物今實居多常侍曾經將領今復充使文武不墜良屬斯人使還爲東郡太守以贓徵還世宗使武士提以入渾抗言曰將軍今日猶自禮賢耶世宗笑而捨之天保初除太子少保時邢卲爲少師楊愔爲少傅論者爲榮以參禪代儀注賜爵涇陽縣男删定麟趾格尋除海州刺史土人反共攻州城城中多石無井常食海水賊絶其路城内先有一池時旱久涸一朝天雨泉流涌溢賊以爲神應時駭散渾督勵將士捕斬渠師渾妾郭氏在州干政納貨坐免官卒于鄴

子湛字處元涉獵文史有家風爲太子舍人兼常侍聘陳使副襲爵涇陽縣男渾與弟繪偉俱爲聘梁使主湛又爲使副是以趙郡人士目爲四使之門

繪字敬文年六歲便自願入學家人偶以年俗忌約而弗許伺其伯姊筆牘之閒而輒竊用未幾遂通急就章内外異之以爲非常兒也及長儀貌端偉神情朗儁河間邢晏卽繪舅也與繪清言歎其高遠每稱曰若披雲霧如對珠玉宅相之寄良在此甥齊王蕭寶夤引爲主簿記室專管表檄待以賓友之禮司徒高邕辟爲從事中郎徵至洛時勑侍中西河王祕書監常景選儒學十人緝撰五禮繪與太原王乂同掌軍禮魏靜帝於顯陽殿講孝經禮記繪與從弟騫裴伯茂魏收盧元明等俱爲錄議素長筆扎尤能傳受緝綴詞議簡舉可觀天平初世宗用爲丞相司馬每罷朝文武總集對揚王庭常令繪先發言端爲羣僚之首音辭辯正風儀都雅聽者悚然武定初兼常侍爲聘梁使主梁武帝問繪高相今在何處繪曰今在晉陽肅遏邊寇梁武曰黑獺若爲形容高相作何經畧繪曰黑獺遊魂關右人神厭毒連歲凶災百姓懷土丞相奇畧不世畜鋭觀釁攻昧取亡勢必不遠梁武曰如卿言極佳與梁人汎言氏族袁狎曰未若我本出自黄帝姓在十四之限繪曰兒所出雖遠

當共車千秋分一字耳一坐大笑前後行人皆通啓求市繪獨守清尚粲人重其廉潔使還拜平南將軍高陽內史郡境舊有三猛獸民常患之繪欲修檻遂因鬭俱死咸以爲化感所致皆請申上繪曰猛獸因鬭而斃自是偶然貪此爲功人將窺我竟不聽高祖東巡郡國在瀛州城西駐馬久立使慰之曰孤在晉知山東守唯卿一人用意及入境觀風信如所聞但善始令終將位至不次河間守崔諶恃其弟暹勢從繪乞麋角鴿羽繪答書曰鴿有六翮飛則冲天麋有四足走便入海下官膚體疏嬾手足遲鈍不能逐飛追走遠事佞人是時世宗使暹選司徒長史暹薦繪既而不果咸謂由此書天保初爲司徒右長史繪質性方重未嘗趨事權勢以此久而屈沉卒贈南青州刺史謚曰景

公緒字穆叔渾族兄籍之子性聰敏博通經傳魏末爲冀州司馬屬疾去官後以侍御史徵不至卒公緒沉冥樂道不關世務故誓心不仕尤善陰陽圖緯之學嘗語人云吾每觀齊之分野福德不多國家世祚終於四七及齊亡之歲上距天保之元二十八年矣公緒潛居自待雅好著書撰典言十卷又撰質疑五卷喪服章句一卷古今略記二十卷玄子五卷趙語十三卷竝行於世

李璵字道璠隴西成紀人涼武昭王暠之五世孫父韶竝有重名於魏代璵溫雅有識量釋褐太尉行參軍累遷司徒右長史及遷都於鄴留於後監掌府藏及撤運宮廟材木以明幹見稱累遷驃騎大將軍東徐州刺史解州還遂稱老疾不求仕齊受禪進璵兼前將軍導從於圓丘行禮璵意不願策名兩朝雖以宿舊被徵過事即絕朝請天保四年卒子詮韞詷韞無行詷以女妻穆提婆子懷廆超遷臨漳令儀同三司韞與陸令萱女弟私通令萱奏授太子舍人弟瑾字道瑜名在魏書才識之美見稱當代瑾六子彥之倩之壽之禮之行之凝之竝有器望行之與兄弟深相友愛又風素夷簡爲士友所稱范陽盧思道是其舅子嘗贈詩云水衡稱逸人潘楊有世親形骸預冠蓋心思出風塵時人以爲實錄璵從弟曉字仁略魏太尉虔子學涉有思理釋褐員外侍郎尒朱榮之害朝士將行曉衣冠爲鼠所噬遂不成行得免河陰之難及遷都鄴曉便寓居清河託從母兄崔㥄宅給良田三十頃曉遂築室安居訓勗子姪無復宦情武定末以世道方泰乃入都從仕除頓丘守卒

鄭述祖字恭文滎陽開封人祖羲魏中書令父道昭魏祕書監述祖少聰敏好屬文有風檢爲先達所稱譽釋褐司空行參軍天保初累遷太子少師儀同三司兗州刺史時穆子容爲巡省使歎曰古人有言聞伯夷之風貪夫廉懦夫有立今於鄭兗州見之矣初述祖父爲兗州於城南小山起齋亭刻石爲記述祖時年九歲及爲刺史往尋舊迹得一破石有銘云中岳先生鄭道昭之白雲堂述祖對之嗚咽悲動羣寮有人入市盜布其父怒曰何忍欺人君執之以歸首述祖特原之自是之後境內無盜人歌之曰大鄭公小鄭公相去五十載風教猶尚同述祖能鼓琴自造龍吟十弄云嘗夢人彈琴寤而寫得當時以爲絕妙所在好爲山池松竹交植盛饌以待賓客將迎不倦未貴時在鄉單馬出行忽有騎者數百見述祖皆下馬曰公在此行列而拜述祖顧問從人皆不見心甚異之未幾被徵終歷顯位及病篤乃自言之且曰吾今老矣一生富貴足矣以清白之名遺子孫死無所恨遂卒於州述祖女爲趙郡王叡妃述祖常坐受王拜命坐王乃坐妃薨後王更娶鄭道蔭女王坐受道蔭拜王命坐乃敢坐王謂道蔭曰鄭尚書風德如此又貴重宿舊君不得譬之子元德多藝術官至琅邪守

元德從父弟元禮字文規少好學愛文藻有名望世宗引爲館客歷太子舍人崔昂妻即元禮之姊也魏收又昂之妹夫嘗持元禮數篇詩示盧思道乃謂思道云看元禮比來詩詠亦當不減魏收答云未覺元禮賢於魏收但知妹夫疎於婦弟元禮入周卒於始州別駕

北齊書卷二十九考證

李渾子湛渾與弟繪偉○北史偉作緯

李渾弟繪河間守崔謀○北史謀作諶

李渾族子公緒又撰質疑五卷○北史質疑上有禮字

北齊書卷三十

隋太子通事舍人李百藥撰

列傳第二十二

崔暹子達拏

高德政

崔昂

崔暹字季倫博陵安平人漢尚書寔之後也世爲北州著姓父穆州主簿暹少爲書生避地渤海依高乾以妹妻乾弟慎慎後臨光州啓暹爲長史趙郡公琛鎮定州辟爲開府諮議隨琛往晉陽高祖與語說之以兼丞相長史高祖舉兵將入洛留暹佐琛知後事謂之曰丈夫相知豈在新舊軍戎事重留守任切家弟年少未閑事宜凡百後事一以相屬握手殷勤至於三四後遷左丞吏部郎主議麟趾格暹親遇日隆好薦人士言邢邵宜任府僚兼任機密世宗因以徵邵甚見親重言論之際劭遂毀暹世宗不悅謂暹曰卿說子才之長子才專言卿短此癡人也暹曰子才言暹短暹說子才長皆是實事不爲癡也高慎之叛與暹有隙高祖欲殺之世宗救免武定初遷御史中尉選畢義雲盧潛宋欽道李愔崔瞻杜蕤嵇曄酈伯偉崔子武李廣皆爲御史世稱其知人世宗欲假暹威勢諸公在坐令暹後通名因遇以殊禮暹乃高視徐步兩人擎裾而入世宗分庭對揖暹不讓席而坐觴再行便辭退世宗曰下官薄有蔬食願公少留暹曰適受勑在臺以檢校遂不待食而去世宗降階送之旬日後世宗與諸公出之東山遇暹在道前驅爲赤棒所擊世宗回馬避之暹前後表彈尚書令司馬子如及尚書元羨雍州刺史慕容獻又彈太師咸陽王坦并州刺史可朱渾道元罪狀極筆竝免官其餘死黜者甚衆高祖書與鄴下諸貴曰崔暹昔事家弟爲定州長史佐吾兒開府諮議及遷左丞吏部郎吾未知其能也始居憲臺乃爾糾劾咸陽王司馬令竝是吾對門布衣之舊尊貴親暱無過二人同時獲罪吾不能救諸君其慎之高祖如京師羣官迎於紫陌高祖握暹手而勞之曰往前朝廷豈無法官而天下貪婪莫肯糾劾中尉盡心爲國不避豪強遂使遠邇肅清羣公奉法衝鋒陷陣大有其人當官正色今始見之今榮華富貴直是中尉自取高歡父子無以相報賜暹良馬使騎之以從且行且語暹下拜馬驚走高祖親爲擁之而授轡魏帝宴於華林園謂高祖曰自頃朝貴牧守令長所在百司多有貪暴侵削下人朝廷之中有用心公平直言彈劾不避親戚者王可勸酒高祖降階跪而言曰唯御史中尉崔暹一人謹奉明旨敢以酒勸并臣所射賜物千匹乞回賜之帝曰崔中尉爲法道俗齊整暹謝曰此自陛下風化所加大將軍臣澄勸奬之力世宗退謂暹曰我尚畏羨何況餘人由是威名日盛內外莫不畏服高祖崩未發喪世宗以暹爲度支尚書兼僕射委以心腹之寄暹憂國如家以天下爲己任世宗車服過度誅戮變常言談進止或有虧失暹每厲色極言世宗亦爲之止有囚數百世宗盡欲誅之每催文帳暹故緩之不以時進世宗意釋竟以獲免自出身從官常日宴乃歸侍曉則與兄弟問母之起居暮則嘗食視寢然後至外齋對親賓一生不問家事魏梁通和要貴皆遣人隨聘使交易暹惟寄求佛經梁武帝聞之爲繕寫以幡花寶蓋讚唄送至館焉然而好大言調戲無節密令沙門明藏著佛性論而署己名傳諸江表子達拏年十三暹命儒者權會教其說周易兩字乃集朝貴名流令達拏昇高座開講趙郡睦仲讓陽屈服之暹喜擢奏爲司徒中郎鄴下爲之語曰講義兩行得中郎此皆暹之短也顯祖初嗣霸業司馬子如等挾舊怨言暹罪重謂宜罰之高隆之亦言宜寬政網去苛察法官黜崔暹則得遠近人意顯祖從之及踐祚譖毀之者猶不息帝乃令都督陳山提等搜暹家甚貧匱唯得高祖世宗與暹書千餘紙多論軍國大事帝嗟賞之仍不免眾口乃流暹於馬城晝則負土供役夜則置地牢歲餘奴告暹謀反鏁赴晉陽無實釋而勞之尋遷太常卿帝謂羣臣曰崔太常清正天下無雙卿等不及初世宗欲以妹嫁暹子而會世宗崩遂寢至是羣臣讌於宣光殿貴戚之子多在焉顯祖歷與之語於坐上親作書與暹曰賢子達拏甚有才學亡兄女樂安公主魏帝外甥內外敬待勝朕諸妹思成大兄宿志乃以主降達拏天保末爲右僕射帝謂左右曰崔暹諫我飲酒過多然我飲酒何所妨常山王私謂暹曰至尊威嚴多醉太后尚不能致言吾兄弟亦杜口僕射獨能犯顏內外深相感愧十年暹以疾卒帝撫靈而哭贈開府達拏溫良清謹有識學少歷職爲司農卿入周謀反伏誅天保時顯祖嘗問樂安公主達拏於汝何似答曰甚相敬重唯阿家憎兒顯祖召達拏母入內殺之投屍漳水齊滅達拏殺主以復讐

高德政字士貞渤海蓚人父顥魏滄州刺史德政幼而敏慧有風神儀表顯祖引爲開府參軍知管記事甚相親狎高祖又擢爲相府掾委以腹心遷黃門侍郎世宗嗣業如晉陽顯祖在京居守令德政參掌機密彌見親重世宗暴崩事出倉卒羣情草草勳將等以纘戎事重勸帝早赴晉陽帝亦回遑不能自決夜中召楊愔杜弼崔季舒及德政等始定策焉以楊愔居守德政與帝舊相暱愛言無不盡散騎常侍徐之才館客宋景業先爲天文圖讖之學又陳山提家客楊子術有所援引竝因德政勸顯祖行禪代之事德政又披心固請帝乃手書與楊愔具論諸人勸進意德政恐愔猶豫不決自請馳驛赴京託以餘事唯與楊愔言愔方相應和德政還未至帝使發晉陽至平城都召諸勳將入告以禪讓之事

諸將等忽聞皆愕然莫敢答者時杜弼爲長史密啓顯祖云關西是國家勍敵若今受魏禪恐其稱義兵挾天子而東向王將何以待之顯祖入召弼入與徐之才相告之才云今與王爭天下者彼意亦欲爲帝譬如逐兔滿市一人得之衆心皆定今若先受魏禪關西自應息心縱欲屈强止當逐我稱帝必宜知機先覺無容後以斆人弼無以答帝已遣馳驛向鄴書與太尉高岳尚書令高隆之領軍婁叡侍中張亮黃門趙彥深楊愔等岳等馳傳至高陽驛帝使約曰知諸貴等意不須來唯楊愔見高岳等竝還帝以衆人意未協又先得太后旨云汝父如龍汝兄如虎尚以人臣終汝何容欲行舜禹事此亦非汝意正是高德政敎汝又說者以爲昔周武王再駕孟津然始革命於是乃旋晉陽自是居常不悅徐之才宋景業等每言卜筮雜占陰陽緯候必宜五月應天順人德政亦敦勸不已仍白帝追魏收收至令撰禪讓詔册九錫建臺及勸進文表至五月初帝發晉陽德政又錄在鄴諸事條進於帝帝令陳山提馳驛齎事條幷密書與楊愔大畧令撰儀注防察魏室諸王山提以五月至鄴楊愔卽召太常卿邢邵七兵尚書崔㥄度支尚書陸操詹事王昕黃門侍郎陽休之中書侍郎裴讓之等議撰儀注六日要魏太傅咸陽王坦等總集引入北宮留于東齋受禪後乃放還宅帝初發至亭前所乘馬忽倒意甚惡之大以沉吟至平城都便不復肯進德政徐之才苦請帝曰山提先去若爲形容恐其漏泄不果卽命司馬子如杜弼馳驛續入觀察物情七日子如等至鄴衆人以事勢已決無敢異言八日楊愔書中旨以魏襄城王昶幷司空公潘相樂侍中張亮黃門趙彥深入通奏事魏孝靜在昭陽殿引見昶云五行遞運有始有終齊王聖德欽明萬方歸仰臣等昧死聞奏願陛下則堯禪舜魏帝便斂容曰此事推挹已久謹當遜避又道若爾須作詔中書侍郎崔劼奏云詔已作訖卽付楊愔進於魏靜帝凡有十餘條悉書魏靜云安置朕何所復若爲去楊愔對在北城別有館宇還備法駕依常仗衛而去魏靜帝於是下御坐就東廊口詠范蔚宗後漢書贊云獻生不辰身播國屯終我四百永作虞賓所司尋奏請發魏靜帝曰人念遺簪弊屨欲與六宮別可乎乃入與夫人嬪御以下訣別莫不歔欷掩涕嬪趙國李氏口誦陳思王詩云王其愛玉體俱享黃髮期魏靜帝登車出萬春門直長趙道德在車中陪侍百官在門外拜辭遂入北城下司馬子如南宅帝至城南頓所受禪之日除德政爲侍中尋封藍田縣公七年遷尚書右僕射兼侍中食勃海郡幹德政與尚書令楊愔綱紀政事多有弘益顯祖末年縱酒酣醉所爲不法德政屢進忠言後召德政飲不從又進言於前諫曰陛下道我尋休今乃甚於既往其若社稷何其若太后何帝不悅又謂左右云高德政恒以精神凌逼人德政甚懼乃稱疾屏居佛寺兼學坐禪爲退身之計帝謂楊愔曰我大憂德政其病何似愔以禪代之際因德政言情切至方致誠款常內忌之由是答云陛下若用作冀州刺史病卽自差帝從之德政見除書而起帝大怒召德政謂之曰聞尒病我爲尒針親以刀子刺之血流霑地又使曳下斬去其趾劉桃枝捉刀不敢下帝起臨階砌切責桃枝曰尒頭卽墮地因索大刀自帶欲下階桃枝乃斬足之三指帝怒不解禁德政於門下其夜開城門以氈轝送還家旦日德政妻出寶物滿四牀欲以寄人帝奄至其宅見而怒曰我府藏猶無此物詰其所從得皆諸元賂之也遂曳出斬之時妻出拜又斬之幷其子祭酒伯堅德政死後顯祖謂羣臣曰高德政常言宜用漢人除鮮卑此卽合死又教我誅諸元我今殺之爲諸元報讎也帝後悔贈太保嫡孫王臣襲焉

崔昂字懷遠博陵安平人也祖挺魏幽州刺史昂年七歲而孤伯父吏部尚書孝芬嘗謂所親曰此兒終當遠至是吾家千里駒也昂性端直少華沉深有志畧堅實難傾動少好章句頗綜文詞世宗廣開幕府引爲記室參軍委以腹心之任世宗入輔朝政召爲開府長史時勳將親族賓客在都下放縱多行不軌孫騰司馬子如之門尤劇昂受世宗密旨以法繩之未幾之間內外齊肅遷尚書左丞其年又兼度支尚書左丞之兼尚書近代未有唯昂獨爲冠首朝野榮之武定六年甘露降於宮闕文武官寮同賀顯陽殿魏帝問僕射崔暹尚書楊愔等曰自古甘露之瑞漢魏多少可各言往代所降之處德化感致所由次問昂昂曰案符瑞圖王者德致於天則甘露降吉凶兩門不由符瑞故桑雉爲戒實啓中興小鳥孕大未聞福感所願陛下雖休勿休允答天意帝爲斂容曰朕既無德何以當此齊受禪遷散騎常侍兼太府卿大司農卿二寺所掌世號繁劇昂校理有術下無姦僞經手歷目知無不爲朝廷歎其至公又奏上橫市妄費事三百一十四條詔下依啓狀速議以聞其年與太子少師邢邵議定國初禮仍封華陽縣男又詔删定律令損益禮樂令尚書右僕射薛琡等四十三人在領軍府議定又勑昂云若諸人不相遵納卿可依事啓聞昂奉勑笑曰正合生平之願昂素勤慎奉勑之後彌自警勗部分科條校正今古所增損十有七八轉廷尉卿昂本性清嚴凡見贓貨輩疾之若讎以是治獄文深世論不以平恕相許顯祖幸東山百官預讌升射堂帝召昂於御坐前謂曰舊人多出爲州我欲以臺閣中相付當用卿爲令僕勿望刺史卿六十外當與卿本州中間州不可得也後九卿以上陪集東宮帝指昂及尉瑾司馬子瑞謂太子曰此是國家柱石汝宜記之未幾復侍讌金鳳臺帝歷數諸人咸有罪負至昂曰崔昂直臣魏收才士婦兄妹夫俱省罪過天保十年策拜儀同燕子獻百司陪列昂在行中帝特召昂至御所曰歷思羣臣可綱紀省闥者唯冀卿一人卽日除爲兼右僕射數日後昂因入奏事帝謂尚書令楊愔曰昨不與崔昂正者言其太速欲明年眞之終是除正何事早晚可除正僕射明日卽拜爲眞楊愔少時與昂不平顯祖崩後遂免昂僕射除儀同三司後坐事除名卒祠部尚書昂有風調才識舊立堅正剛直之名然好探揣上意感激時主或列陰私罪失深爲顯祖所知賞發言獎護人莫之能毀議曹律令京畿密獄及朝廷之大事多委之昂情尚嚴猛好行鞭撻雖苦楚萬端對之自若前者崔暹季舒爲之親援後乃高德政是其中表常有挾恃意色矜高以此不爲名流所服子液嗣

北齊書卷三十考證

崔暹傳趙郡睦仲讓陽屈服之○北史作睦仲讓

高德政傳父顯○北史顯作顥

山提以五月至鄴○臣荃按下文有六日七日八日諸文蓋史家因受禪大事故特書日以謹之則日誤月明矣

崔昂傳又奏上橫市妄費事三百一十四條○北史作三十四條

北齊書卷三十一

隋太子通事舍人李百藥撰

列傳第二十三

王昕 弟晞

王昕字元景北海劇人六世祖猛秦苻堅丞相家於華山之鄜城父雲仕魏朝有名望昕少篤學讀書太尉汝南王悅辟騎兵參軍舊事王出射武服持刀陪從昕恥之未嘗肯依行列悅好逸遊或馳騁信宿昕輒棄還悅乃令騎馬在前手爲驅策昕舍轡高拱任馬所之左右言其誕慢悅曰府望惟在此賢不可責也悅數散錢於地令諸佐爭拾之昕獨不拾悅又散銀錢以目昕昕乃取其一悅與府寮飲酒起自移牀人爭進手昕獨執版郤立悅於是作色曰我帝孫帝子帝弟帝叔今爲宴適親起輿牀卿是何人獨爲偃蹇對曰元景位望微劣不足使殿下式瞻儀形安敢以親王寮寀從廝養之役悅謝焉坐上皆引滿酣暢昕先起臥閑室頻召不至悅乃自詣呼之曰懷其才而忽府主可謂仁乎昕曰商辛沉湎其亡也忽諸府主自忽微寮敢任其咎悅大笑而去累遷東萊太守後吏部尚書李神儁奏言比因多故常侍遂無員限今以王元景等爲常侍定限八員加金紫光祿大夫武帝或時袒露與近臣戲狎每見昕卽正冠而斂容焉昕體素甚肥遭喪後遂終身羸瘠楊愔重其德業以爲人之師表遷祕書監昕少與邢邵俱爲元羅賓友及守東萊邵舉室就之郡人以邵是邢杲從弟會兵將執之昕以身蔽伏其上呼曰欲執邢子才當先殺我邵乃免焉昕雅好清言詞無淺俗在東萊獲殺其同行侶者詰之未服昕謂之曰彼物故不歸卿無恙而反何以自明邢邵後見世宗說此言以爲笑樂昕聞之故詣邵曰卿不識造化還謂人曰子才應死我罵之極深顯祖以昕疏誕非濟世所須罵之曰好門戶惡人身又有讒之者曰王元景每嗟水運不應遂絕帝愈怒乃下詔徙幽州後徵還除銀青光祿大夫判祠部尚書事帝怒臨漳令嵇曄及舍人李文師以曄賜薛豐洛文師賜崔士順爲奴鄭子默私誘昕曰自古無朝士作奴昕曰箕子爲之奴何言無也子默遂以昕言啓顯祖仍曰王元景比陛下於殷紂楊愔微爲解之帝謂愔曰王元景是爾博士爾語皆元景所教帝後與朝臣酣飲昕稱病不至帝遣騎執之見其方搖膝吟詠遂斬於御前投尸漳水天保十年也有文集二十卷子顗嗣昕母清河崔氏學識有風訓生九子並風流蘊藉世號王氏九龍

弟晞字叔朗，小名沙彌。幼而孝謹淹雅有器度好學不倦美容儀有風則魏末隨母兄東適海隅與邢子良遊處子良愛其清悟與其在洛兩兄書曰賢弟彌郎意識深遠曠達不羈簡於造次言必詣理吟詠情性往往麗絕恐足下方難爲兄不暇慮其不進也魏永安初第二兄暉聘梁啓晞釋褐除員外散騎侍郎徵署廣平王開府功曹史晞願養母竟不受署母終後仍屬遷鄴遂遊羣洛悅其山水與范陽盧元明鉅鹿魏季景結侶同契往天陵山浩然有終焉之志及西魏將獨孤信入洛署爲開府記室晞稱先被犬傷困篤不起有故人疑其所傷非猘書勸令起晞復書曰辱告存念見令起疾循復眷旨似疑吾所傷未必是猘吾豈顧其必猘但理契無疑耳就足下疑之亦有過說足下既疑其非猘亦可疑其是猘其疑半矣若疑其是猘而營護雖猘亦無損疑其非猘而不療儻是猘則難救然則過療則致萬全過不療或至死若王晞無可惜也則不足取既取之便是可惜奈何奪其萬全任其或死且將軍威德所被颷飛霧襲方掩八紘豈在一介若必從隗始先須濟其生靈足下何不從容爲將軍言也於是方得見寬俄而信返晞遂歸鄴齊神武訪朝廷子弟忠孝謹密者令與諸子遊晞與清河崔贍頓丘李度范陽盧正通首應此選文襄時爲大將軍握晞等手曰我弟並向成長志識未定近善狎惡不能不移吾弟成立不負義方卿祿位當亞吾弟若苟使迴邪致相詿誤罪及門族非止一身晞隨神武到晉陽補中外府功曹參軍帶常山王演友齊天保初行太原郡事及文宣昏逸常山王數諫帝疑王假辭於晞欲加大辟王私謂晞曰博士明日當作一條事爲欲相活亦圖自全宜深體勿怪乃於衆中杖晞二十帝尋發怒聞晞得杖以故不殺髡鞭配甲坊居三年王又固諫爭大被毆撻閉口不食太后極憂之帝謂左右曰儻小兒死奈我老母何於是每問王疾謂曰努力強食當以王晞還汝乃釋晞令往王抱晞曰吾氣息惙然恐不復相見晞流涕曰天道神明豈令殿下遂斃此舍至尊親爲人兄尊爲人主安可與校計殿下不食太后亦不食殿下縱不自惜不惜太后乎言未卒王彊坐而飯晞由是得免徙還爲王友王復錄尚書事新除官者必詣王謝職去必辭晞言於王曰受爵天朝拜恩私第自古以爲干紀朝廷文武出入辭謝宜一約絕主上顒顒賴殿下扶翼王納焉常從容謂晞曰主上起居不恒卿耳目所具吾豈可以前逢一怒遂爾結舌卿宜爲撰諫草吾當伺便極諫晞遂條十餘事以呈因切諫王曰今朝廷乃爾欲學介子匹夫輕一朝之命狂藥令人不自覺刀箭豈復識親疎一旦禍出理外將奈殿下家業何奈皇太后何乞且將順日愼一日王獻欷不自勝曰乃至是乎明日見晞曰吾長夜九思今便息意便命火對晞焚之後王承間苦諫遂至忤旨帝使力士反接拔白刃注頸罵曰小子何知欲以吏才非我是誰教汝王曰天下噤口除臣誰敢有言帝催遣捶楚亂杖扶數十會醉臥得解爾後褻黷之好遍於宗戚所往留連俾晝作夜唯常山邸多無適而去及帝崩濟南嗣立王謂晞曰一人垂拱吾曹亦保優閑因言朝廷寬仁慈恕眞守文良主晞曰天保享祚東宮委一胡人今卒覽萬機駕馭雄傑如聖德幼冲未堪多難而使他姓出納詔命必權有所歸殿下雖欲守藩職其可得也假令得遂冲退自審保家祚得靈長不王默然思念久之曰何以處我晞曰周公抱成王朝諸侯攝政七年然後復子明辟幸有故事惟殿下慮之王曰我安敢自擬周公晞曰殿下今日地望欲避周公得耶王不答帝臨發勑王從駕除晞并州長史及王至鄴誅楊燕等詔以王爲大丞相都督中外諸軍事督攝文武還并州及至乃延晞謂曰不早用卿言使羣小弄權幾至傾覆今君側雖獲暫清終當何以處我晞曰殿下將往時地位猶可以名教出處今日事勢遂關天時非復人理所及有頃奏趙郡王叡爲左長史晞爲司馬每夜載入晝則不與語以晞儒緩恐不允武將之意後進晞密室曰比王侯諸貴每見煎迫言我違天不祥恐當或有變起吾正欲以法繩之晞曰朝廷比者疎遠親戚寧思骨血之重殿下倉卒所行非復人臣之事芒刺在背交戟入頸上下相疑何由可久且天道不恒虧盈迭至神機變化盼蠁斯集雖執謙挹粃糠神器便是違上玄之意墜先帝之基王曰卿何敢發非所宜言須致卿於法晞曰竊謂天時人事同無異揆是以冒犯雷霆不憚斧鉞今日得披肝膽抑亦神明攸贊王曰拯難匡時方俟聖哲吾何敢私議幸勿多言尋有詔以丞相任重普進府僚一班晞以司馬領吏部郎中丞相從事中郎陸杳將出使臨別握晞手曰相王功格區宇天下樂推歌謡滿道物無異望杳等願披赤心而忽奉外使無由面盡短誠寸心謹以仰白晞尋述杳言王曰若內外咸有異望趙彥深朝夕左右何因都無所論自以卿意試密與言之晞以事隙問彥深彥深曰我比亦驚此音謡每欲陳聞則口噤心戰弟既發論吾亦昧死一披肝膽因亦同勸是時諸王公將校四方岳牧表陳符命乾明元年八月昭帝踐祚九月除晞散騎常侍仍領兼吏部郎中後因奏事罷帝從容曰比日何爲自同外客畧不可見自今假非局司但有所懷隨宜作一牒候少隙即徑進也因勑尚書陽休之鴻臚卿崔劼等三人每日本職務罷並入東廊共舉錄歷代廢禮墜樂職司廢置朝饗異同輿服增損或道德高儁久在沉淪或巧言眩俗妖邪害政爰及田市舟車徵稅通塞婚葬儀軌貴賤齊衰有不便於時而古今行用不已者或自古利用而當今毀棄者悉令詳思以漸條奏未待頓備遇憶續聞朝晡給與御食畢景聽還時百官請建東宮勑未許每令晞就東堂監視太子冠服導引趨拜爲太子太傅晞以局司奉璽授皇太子太子釋奠又兼中庶子帝謂曰今既當劇職不得尋常舒慢也帝將北征勑問外間比何所聞晞曰道路傳言車駕將行帝曰庫莫奚南侵我未經親戎因此聊欲習武晞曰鑾駕巡狩爲復可爾若輕有驅使恐天下失望帝曰此懦夫常慮吾自當臨時斟酌帝使齋帥裴澤主書蔡暉伺察羣下好相誣朝士呼爲裴蔡時二人奏車駕北征後人言陽休之王晞數與諸人遊宴不以公事在懷帝杖休之晞脛各四十帝斬人於前問晞曰此人合死不晞曰罪實合死但恨其不得死地臣聞刑人於市與衆棄之殿廷非殺戮之所帝改容曰自今當爲王公改之帝欲以晞爲侍中苦辭不受或勸晞勿自疎晞曰我少年以來閱要人多矣充詘少時鮮不敗績且性實疎緩不堪時務人主恩私何由可保萬一披猖求退無地非不愛作熱官但思之爛熟耳百官嘗賜射晞中的當得絹爲不書箭有司不與晞陶陶然曰我今可謂武有餘文不足矣晞無子帝將賜之妾使小黃門就宅宣旨皇后相聞晞妻晞令妻答妻終不言晞以手拊胸而退帝聞之笑孝昭崩哀慕殆不自勝因以羸敗武成本忿其儒緩由是彌嫌之因奏事大被訶叱而雅步晏然歷東徐州刺史祕書監武平初遷大鴻臚加儀同三司監脩起居注待詔文林館性閑淡寡欲雖王事鞅掌而雅操不移在并州雖戎馬塡閭未嘗以世務爲累良辰美景嘯咏遨遊登臨山水以談讌爲事人士謂之物外司馬常詣晉祠賦詩曰日落應歸去魚鳥見留連忽有相王使召晞不時至明日丞相西閤祭酒盧思道謂晞曰昨被召已來頗得無以魚鳥致怪晞緩笑曰昨晚陶然頗以酒漿被責卿輩亦是留連之一物豈直在魚鳥而已及晉陽陷敗與同志避周兵東北走山路險迴懼有土賊而晞溫酒服膏曾不一廢每未肯去行侶尤之晞曰莫尤我我行事若不悔久作三公矣齊亡周武以晞爲儀同大將軍太子諫議大夫隋開皇元年卒於洛陽年七十一贈儀同三司曹州刺史

北齊書卷三十一考證

王昕弟晞帶常山王演友○一本王作公臣　按孝昭紀魏元象元年封常山郡公天保初進爵爲王神武在時孝昭並未封王作常山公爲是但史家多有追敘之文王字義亦可通

北齊書卷三十二

隋太子通事舍人李百藥撰

列傳第二十四

陸法和

王琳

陸法和不知何許人也隱於江陵百里洲衣食居處一與苦行沙門同耆老自幼見之容色常不定人莫能測也或謂自出嵩高遍遊遐邇既入荊州汶陽郡高要縣之紫石山無故捨所居山俄有蠻賊文道期之亂時人以爲預見萌兆及侯景始告降於梁法和謂南郡朱元英曰貧道共檀越擊侯景去元英曰侯景爲國立効師云擊之何也法和曰正自如此及景渡江法和時在青谿山元英往問曰景今圍城其事云何法和曰凡人取果宜待熟時不撩自落檀越但待侯景熟何勞問也固問之乃曰亦尅亦不尅景遣將任約擊梁湘東王於江陵法和乃詣湘東乞征約召諸蠻弟子八百人在江津二日便發湘東遣胡僧祐領千餘人與同行法和登艦大笑曰無量兵馬江陵多神祠人俗恒所祈禱自法和軍出無復一驗人以爲神皆從行故也至赤沙湖與約相對法和乘輕船不介自沿流而下去約軍一里乃還

謂將士曰聊觀彼龍睡不動吾軍之龍甚自踊躍卽攻之若得待明日當不損客主一人而破賊然有惡處遂縱火舫於前而逆風不便法和執白羽麾風風勢卽返約衆皆見梁兵步於水上於是大潰皆投水而死約逃竄不知所之法和曰明日午時當得及期而未得人問之法和曰吾前於此洲水乾時建一刹語檀越等此雖爲刹實是賊標今何不向標下求賊也如其言果於水中見約抱刹仰頭裁出鼻遂擒之約言求就師目前死法和曰檀越有相必不兵死且於王有緣決無他慮王於後當得檀越力耳湘東果釋用爲郡守及魏圍江陵約以兵赴救力戰焉法和旣平約往進見王僧辯於巴陵謂曰貧道已斷侯景一臂其更何能爲檀越宜卽遂取乃請還謂湘東王曰侯景自然平矣無足可慮蜀賊將至法和請守巫峽待之乃揔諸軍而往親運石以塡江三日水遂不流橫之以鐵鏁武陵王紀果遣蜀兵來渡峽口勢蹙進退不可王琳與法和經畧一戰而殄之軍次白帝謂人曰諸葛孔明可謂名將吾自見之此城旁有其埋弩箭鏃一斛許因插表令掘之如其言又嘗至襄陽城北大樹下畫地方二尺令弟子掘之得一龜長尺半以杖叩之曰汝欲出不能得已數百歲不逢我者豈見天日乎爲受三歸龜乃入草初八疊山多惡疾人法和爲采藥療之不過三服皆差卽求爲弟子山中毒虫猛獸法和授其禁戒不復噬螫所泊江湖必於峯側結表云此處放生漁者皆無所得才有少獲輒有大風雷舡人懼而放之風雨乃定晚雖將兵猶禁諸軍漁捕有竊違者中夜猛獸必來欲噬之或亡其舡纜有小弟子戲截虵頭來詣法和法和曰汝何意殺虵因指以示之弟子乃見虵頭齚袴襠而不落法和使懺悔爲虵作功德又有人以牛試刀一下而頭斷來詣法和法和曰有一斷頭牛就卿徵命殊急若不爲作功德一月內報至其人弗信少日果死法和又爲人置宅圖墓以避禍求福嘗謂人曰勿繫馬於碓其人行過鄉曲門側有碓因繫馬於其柱入門中憶法和戒走出將解之馬已斃矣梁元帝以法和爲都督郢州刺史封江業縣公法和不稱臣其啓文朱印名上自稱司徒梁元帝謂其僕射王裒曰我未嘗有意用陸爲三公而自稱何也裒曰彼旣以道術自命容是先知梁元帝以法和功業稍重遂就加司徒都督刺史如故部曲數千人通呼爲弟子唯以道術爲化不以法獄加人又列肆之內不立市丞牧佐之法無人領受但以空檻籥在道間上開一孔以受錢賈客店人隨貨多少計其估限自委檻中行掌之司夕方開取條其孔目輸之於庫又法和平常言若不出戶時有所論則雄辯無敵然猶帶蠻音善爲攻戰具在江夏大聚兵艦欲襲襄陽而入武關梁元帝使止之法和曰法和是求佛之人尚不希釋梵天王坐處豈規王位但於空王佛所與主上有香火因緣見主人應有報至故求援耳今旣被疑是業定不可改也於是設供食具大饆薄餅及魏舉兵法和自郢入漢口將赴江陵梁元帝使人逆之曰此自能破賊但鎭郢州不須動也法和乃還州堊其城門着粗白布衫布袴邪巾大繩束腰坐葦席終日乃脫之及聞梁元帝敗滅復取前凶服着之哭泣受弔梁人入魏果見饆餅焉法和始於百里洲造壽王寺旣架佛殿更截梁柱曰後四十許年佛法當遭雷雹此寺幽僻可以免難及魏平荊州宮室焚燼揔管欲發取壽王佛殿嫌其材短乃停後周氏滅佛法此寺隔在陳境故不及難天保六年春淸河王岳進軍臨江法和舉州入齊文宣以法和爲大都督十州諸軍事太尉公西南大都督五州諸軍事荊州刺史安湘郡公宋莅爲郢州刺史官爵如故莅弟簉爲散騎常侍儀同三司湘州刺史義興縣公梁將侯瑱來逼江夏齊軍棄城而退法和與宋莅兄弟入朝文宣聞其奇術虛心相見備三公鹵簿於城南十二里供帳以待之法和遙見鄴城下馬禹步辛術謂曰公旣萬里歸誠主上虛心相待何爲作此術法和手持香爐步從路車至於館明日引見給通幰油絡網車伏身百人詣闕通名不稱官爵不稱臣但云荊山居士文宣宴法和及其徒屬於昭陽殿賜法和錢百萬物千段甲第一區田一百頃奴婢二百人生資什物稱是宋莅千段其餘儀同刺史以下各有差法和所得奴婢盡免之曰各隨緣去錢帛散施一日便盡以官所賜宅營佛寺自居一房與凡人無異三年間再爲太尉世猶謂之居士無疾而告弟子死期至時燒香禮佛坐繩牀而終浴訖將斂屍小縮止三尺許文宣令開棺視之空棺而已法和書其所居壁而塗之及剝落有文曰十年天子爲尚可百日天子急如火周年天子遞代坐又曰一母生三天兩天共五年說者以爲婁太后生三天子自孝昭卽位至武成傳位後主共五年焉法和在荊郢有少姬年可二十餘自稱越姥身披法服不嫁恒隨法和東西或與其私通十有餘年今者賜棄別更他適有司考驗並實越姥因爾改適生子數人

王琳字子珩會稽山陰人也父顯嗣梁湘東王國常侍琳本兵家元帝居藩琳姊妹並入後庭見幸琳由此未弱冠得在左右少好武遂爲將帥太淸二年侯景渡江遣琳獻米萬石未至都城陷乃中江沉米輕舸還荊州稍遷岳陽內史以軍功封建寧縣侯侯景遣將宋子仙據郢州琳攻尅之擒子仙又隨王僧辯破景後拜湘州刺史琳果勁絕人又能傾身下士所得賞物不以入家麾下萬人多是江淮羣盜平景之勳與杜龕俱爲第一恃寵縱暴於建業王僧辯禁之不可懼將爲亂啓請誅之琳亦疑禍令長史陸納率部曲前赴湘州身徑上江陵將行謂納等曰吾若不返子將安之咸曰請死相報泣而別及至帝以下吏而廷尉卿黃羅漢太府卿張載宣喻琳軍陸納等及軍人並哭對使者莫肯受命乃執黃羅漢殺張載載性深刻爲帝所信荊州疾之如讐故納等因人之欲抽腸繫馬腳使繞而走腸盡氣絕又臠割備五刑而斬之梁元遣王僧辯討納納等敗走長沙是時湘州未平武陵王兵又甚盛江陵公私恐懼人有異圖納啓申琳罪請復本位永爲奴婢梁元乃鏁琳送長沙時納兵出方戰會琳至僧辯升諸樓車以示之納等投戈俱拜舉軍皆哭曰乞王郎入城卽出及放琳入納等乃降湘州平仍復本位使琳拒蕭紀紀平授衡州刺史梁元性多忌以琳所部甚衆又得衆心故出之嶺外又受都督廣州刺史其友主書李膺帝所任遇琳告之曰琳蒙拔擢常欲畢命以報國恩今天下未平遷琳嶺外如有萬一不虞安得琳力忖官正疑琳耳琳分望有限可得與官爭爲帝乎何不以琳爲雍州刺史使鎭武寧琳自放兵作田爲國禦捍若警急動靜相知孰若遠棄嶺南相去萬里一日有變將欲如何琳非願長坐荊南正以國計如此耳膺然其言不敢啓故遂率其衆鎭嶺南梁元爲魏圍逼乃徵琳赴援除湘州刺史琳師入長沙知魏平江陵已立梁王詧乃爲梁元舉哀三軍縞素遣別將侯平率舟師攻梁琳屯兵長沙傳檄諸方爲進趨之計時長沙藩王蕭韶及上遊諸將推琳主盟侯平雖不能渡江頻破梁軍又以琳兵威不接翻更不受指麾琳遣將討之不尅又師老兵疲不能進乃遣使奉表詣齊并獻馴象又使獻款於魏求其妻子亦稱臣於梁陳霸先旣殺王僧辯推立敬帝以侍中司空徵琳不從命乃大營樓艦將圖義舉琳將帥各乘一艦每行戰艦以千數以野豬爲名陳武帝遣將侯安都周文育等誅琳乃受梁禪安都歎曰我其敗乎師無名矣逆戰於湓口琳乘平肩輿執鉞而麾之禽安都文育其餘無所漏唯以周鐵虎一人背恩斬之鏁安都文育寘琳所坐艦中令一閹豎監守之琳乃移湘州軍府就郢城帶甲十萬練兵於白水浦琳巡軍而言曰可以爲勤王之師矣溫太眞何人哉江南渠帥熊曇朗周迪懷貳琳遣李孝欽樊猛與余孝頃同討之三將軍敗並爲敵所囚安都文育等盡逃還建業初魏尅江陵之時永嘉王莊年甫七歲逃匿人家後琳迎還湘中衞送東下及敬帝立出質於齊請納莊爲梁主文宣遣兵援送仍遣兼中書令李騊駼冊拜琳爲梁丞相都督中外諸軍錄尚書事舍人羊鷙游詮之等賫璽書江表宣勞自琳以下皆有頒賜琳乃遣兄子叔寶率所部十州刺史子弟赴鄴奉莊纂梁祚於郢州莊授琳侍中使持節大將軍中書監改封安城郡公其餘並依齊朝前命及陳霸先卽位琳乃輔莊次於濡須口齊遣揚州道行臺慕容儼率衆臨江爲其聲援陳遣安州刺史吳明徹江中夜上將襲湓城琳遣巴陵太守任忠大敗之明徹僅以身免琳兵思東下陳遣司空侯安都等拒之侯瑱等以琳軍方盛引軍入蕪湖避之時西南風忽至琳謂得天道將直取揚州侯瑱等徐出蕪湖躡其後比及兵交西南風翻爲瑱用琳兵放火燧以擲舡者皆反燒其舡琳舡艦潰亂兵士投水死十二三其餘皆棄舡上岸爲陳軍所殺殆盡初琳命左長史袁泌御史中丞劉仲威同典兵侍衞莊及軍敗泌遂降陳仲威以莊投歷陽琳尋與莊同降鄴都孝昭帝遣琳出合肥鳩集義故更圖進取琳乃繕艦分遣招募淮南傖楚皆願戮力陳合州刺史裴景暉琳兄珉之壻也請以私屬導引齊師孝昭委琳與行臺右丞盧潛率兵應赴沉吟不決景暉懼事泄挺身歸齊孝昭賜琳璽書令鎭壽陽其部下將帥悉聽以行乃除琳驃騎大將軍開府儀同三司揚州刺史封會稽郡公又增兵仗兼給鐃吹琳水陸戒嚴將觀釁而動屬陳氏結好於齊使琳更聽後圖琳在壽陽與行臺尚書盧潛不協更相是非被召還鄴武成置而不問除滄州刺史後以琳爲特進侍中所居屋脊無故剝破出赤蛆數升落地化爲血蠕蠕而動又有龍出於門外之地雲霧起晝晦會陳將吳明徹來寇帝勑領軍將軍尉破胡等出援秦州令琳共爲經畧琳謂所親曰今太歲在東南歲星居斗牛分太白已高皆利爲客我將有喪又謂破胡曰吳兵甚銳宜長策制之愼勿輕鬬破胡不從遂戰軍大敗琳單馬突圍僅而獲免還至彭城帝令便赴壽陽

并許召募又進封琳巴陵郡王陳將吳明徹進兵圍之堰淝水灌城而皮景和等屯於淮西竟不赴救明徹晝夜攻擊城內水氣轉侵人皆患腫死病相枕從七月至十月城陷被執百姓泣而從之吳明徹恐其爲變殺之城東北二十里時年四十八哭者聲如雷有一叟以酒脯來號酹盡哀收其血懷之而去傳首建康懸之於市琳故吏梁驃騎府倉曹參軍朱瑒致書陳尚書僕射徐陵求琳首曰竊以朝市遷貿傳骨梗之風歷運推移表忠貞之跡故典午將滅徐廣爲晉家遺老當塗已謝馬孚稱魏室忠臣用能播美於前書垂名於後世梁故建寧公琳洛濱餘胄沂州舊族立功代邸効績中朝當離亂之辰總方伯之任爾乃輕躬殉主以身許國寔追蹤於往彥信蹕武於前脩而天厭梁德上思匡繼徒蘊包胥之念終遘萇弘之眚洎王業光啓鼎祚有歸於是遠跡山東寄命河北雖輕旅臣之歎猶懷客卿之禮感茲知己忘此捐軀至使身沒九泉頭行千里誠復馬革裹屍遂其生平之志原野暴骸會彼人臣之節然身首異處有足悲者封樹靡卜良可愴焉瑒早簉末席降薛君之吐握荷魏公之知遇是用霑巾雨袂痛可識之顏回腸疾首切猶生之面伏惟聖恩博厚明詔爰發赦王經之哭許田橫之葬瑒雖芻賤竊亦有心琳經涖壽陽頗存遺愛曾遊江右非無餘德比肩東閣之吏繼踵西園之賓願歸彼境還脩窀穸庶孤墳既築或飛銜土之燕豐碑式樹時留墮淚之人近故舊王綰等已有論牒仰蒙制議不遂所陳昔廉公告逝即淝川而建塋域孫叔云亡仍芍陂而植楸檟由此言之抑有其例不使壽春城下唯傳報葛之人滄洲島上獨有悲田之客昧死陳祈伏待刑憲陵嘉其志節又明徹亦數夢琳求首並爲啓陳主而許之仍與開府儀同主簿劉韶慧等持其首還於淮南權瘞八公山側義故會葬者數千人瑒等乃間道北歸別議迎接尋有揚州人茅知勝等五人密送喪柩達於鄴贈十五州諸軍事揚州刺史侍中特進開府錄尚書事謚曰忠武王葬給輼輬車琳體貌閑雅立髮委地喜怒不形於色雖無學業而強記內敏軍府佐吏千數皆識其姓名刑罰不濫輕財愛士得將卒之心少任將帥屢經喪亂雅有忠義之節雖本圖不遂鄴人亦以此重之待遇甚厚及敗爲陳軍所執吳明徹欲全之而其下將領多琳故吏爭來致請并相資給明徹由此忌之故及於難當時田夫野老知與不知莫不爲之歔欷流泣觀其誠信感物雖李將軍之恂恂善誘殆無以加焉琳十七子長子敬在齊襲王爵武平末通直常侍第九子衍隋開皇中開府儀同三司大業初卒於渝州刺史

北齊書卷三十二考證

陸法和傳宋莅爲郢州刺史○文宣紀及慕容儼傳俱作宋蒞

舍人羊慭游詮之等○南史作辛慭

瑒早簉末席○一本席作條又有預參下席四字

北齊書卷三十三

隋太子通事舍人李百藥撰

列傳第二十五

蕭明

蕭祗

蕭退

蕭放

徐之才

蕭明蘭陵人梁武帝長兄長沙王懿之子在其本朝甚爲梁武所親愛少歷顯職封須陽侯太清中以爲豫州刺史梁主既納侯景詔明率水陸諸軍趣彭城大圖進取又命兗州刺史南康嗣王會理摠馭羣帥指授方略明渡淮未幾官軍破之盡俘其衆魏帝升門樓親引見明及諸將帥釋其禁送於晉陽世宗禮明甚重謂之曰先王與梁主和好十有餘年聞彼禮佛文常云奉爲魏主并及先王此甚是梁主厚意不謂一朝失信致此紛擾自出師薄伐無戰不克無城不陷今自欲和非是力屈境上之事知非梁主本心當是侯景違命扇動耳侯可遣使諮論若猶存先王分義重成通和者吾不敢違先王之旨侯及諸人並即放還於是使人以明書告梁主梁主乃致書以慰世宗天保六年梁元爲西魏所滅顯祖詔立明爲梁主前所獲梁將湛海珍等皆聽從明歸令上黨王渙率衆以送是時梁太尉王僧辯司空陳霸先在建鄴推晉安王方智爲太宰丞相顯祖賜僧辯霸先璽書僧辯未奉詔上黨王進軍明又與僧辯書往復再三陳禍福僧辯初不納既而上黨王破東關斬裴之橫江表危懼僧辯乃啓上黨求納明遣舟艦迎接王饗梁朝將士及與明刑牲歃血載書而盟於是梁輿東度齊師北反侍中裴英起衛送明入建業遂稱尊號改承聖四年爲天成元年大赦天下宇文黑獺賊督等不在赦例以方智爲太傅授王僧辯大司馬明上表遣第二息章馳到京都拜謝宮闕冬霸先襲殺僧辯復立方智以明爲太傅建安王霸先奉表朝廷云僧辯陰謀篡逆故誅之方智請稱臣永爲藩國齊遣行臺司馬恭及梁人盟於歷陽明年詔徵明霸先猶稱藩將遣使送明會明疽發背死梁將王琳在江上與霸先相抗顯祖遣兵納梁永嘉王蕭莊主梁祀九年二月自湓城濟江三月即帝位於郢州年號天啓王琳摠其軍國追謚明曰閔皇帝明年莊爲陳人所敗遂入朝封爲侯朝廷許以興復竟不果後主亡之日莊在鄴飲氣而死

蕭祗字敬式梁武弟南平王偉之子也少聰敏美容儀在梁封定襄縣侯位東揚州刺史于時江左承平政寬人慢祗獨莅以嚴切梁武悅之遷北兗州刺史太清二年侯景圍建業祗聞臺城失守遂來奔以武定七年至鄴文襄令魏收邢邵與相接對歷位太子少傅領平陽王師封清河郡公齊天保初授右光祿大夫領國子祭酒時梁元帝平侯景復與齊通好文宣欲放祗等還南俄而西魏剋江陵遂留鄴都卒贈中書監車騎大將軍揚州刺史

蕭退梁武帝弟司空鄱陽王恢之子也退在梁封湘潭侯位青州刺史建業陷與從兄祗俱入東魏齊天保中位金紫光祿大夫卒子慨深沉有體表好學攻草隸書南士中稱爲長者歷著作佐郎待詔文林館卒於司徒從事中郎

蕭放字希逸隨父祗至鄴祗卒放居喪以孝聞所居廬室前有二慈烏來集各據一樹爲巢自午以前馴庭飲啄午後更不下樹每臨時舒翅悲鳴全似哀泣家人伺之未常有闕時以爲至孝之感服闋襲爵武平中待詔文林館放性好文詠頗善丹青因此在宮中披覽書史及近世詩賦監畫工作屏風等雜物見知遂被眷待累遷太子中庶子散騎常侍

徐之才丹陽人也父雄事南齊位蘭陵太守以醫術爲江左所稱之才幼而儁發五歲誦孝經八歲略通義旨曾與從兄康造梁太子詹事汝南周捨宅聽老子捨爲設食乃戲之曰徐郎不用心思義而但事食乎之才答曰蓋聞聖人虛其心而實其腹捨嗟賞之年十三召爲太學生粗通禮易彭城劉孝綽河東裴子野吳郡張嵊等每共論周易及喪服儀酬應如響咸共歎曰此神童也孝綽又云徐郎燕頷有班定遠之相陳郡袁昂領丹陽尹辟爲主簿人務事宜皆被顧訪郡廨遭火之才起望夜中不著衣披紅服帕出戶映光爲昂所見功曹白請免職昂重其才術仍特原之豫章王綜出鎮江都復除豫章王國右常侍又轉綜鎮北主簿及綜入魏三軍散走之才退至呂梁橋斷路絕遂爲魏統軍石茂孫所止綜入魏旬月位至司空魏聽綜收斂僚屬乃訪之才在彭泗啓魏帝云之才大善醫術兼有機辯詔徵之才孝昌二年至洛勅居南館禮遇甚優從祖謇子踐啓求之才還宅之才藥石多効又閑涉經史發言辯捷朝賢競相要引爲之延譽武帝時封昌安縣侯天平中齊神武徵赴晉陽常在內館禮遇稍厚武定四年自散騎常侍轉祕書監文宣作相普加黜陟楊愔以其南土之人不堪典祕書轉授金紫光祿大夫以魏收代領之之才甚快快不平之才少解天文兼圖讖之學共館客宋景業參校吉凶知午年必有革易因高德政啓之文宣聞而大悅時自婁太后及勳貴臣咸云關西既是勍敵恐其有挾天子令諸侯之辭不可先行禪代事之才獨云千人逐兎一人得之諸人咸息須定大業何容翻欲學人又援引證據備有條目帝從之登祚後彌見親密之才非唯醫術自進亦爲首唱禪代又戲謔滑稽言無不至於是大被狎昵尋除侍中封池陽縣伯見文宣政令轉嚴求出除趙州刺史竟不獲述職猶爲弄臣皇建二年除西兗州刺史未之官武明皇太后不豫之才療之應手便愈孝昭賜采帛千段錦四百匹之才既善醫術雖有外授頃卽徵還既博識多聞由是於方術尤妙大寧二年春武明太后又病之才弟之範爲尚藥典御勅令診候內史皆令呼太后爲石婆蓋有俗忌故改名以厭制之之範出告之才曰童謠云周里跂求伽豹祠嫁石婆斬冢作媒人唯得一量紫綖靴今太后忽改名私所致怪之才曰跂求伽胡言去已豹祠嫁石婆豈有好事斬冢作媒人但令合葬自斬冢唯得紫綖靴者得至四月何者紫之爲字此下系綖者熟當在四月之中之範問靴是何義之才曰靴者革旁化寧是久物至四月一日后果崩有人患脚跟腫痛諸醫莫能識之才曰蛤精疾也由乘舡入海垂脚水中疾者曰實曾如此之才爲剖得蛤子二大如榆莢又有以骨爲刀子靶者五色班斕之才曰此人瘤也問得處云於古冢見髑髏額骨長數寸試削視有文理故用之其明悟多通如此天統四年累遷尚書左僕射俄除兗州刺史特給鐃吹一部之才醫術最高偏被命召武成酒色過度怳惚不恒曾病發自云初見空中有五色物稍近變成一美婦人去

地數丈亭亭而立食頃變爲觀世音之才云此色欲多大虛所致卽處湯方服一劑便覺稍遠又服還變成五色物數劑湯疾竟愈帝每發動輒遣騎追之針藥所加應時必効故頻有端執之舉入秋武成小定更不發動和士開欲依次轉進以之才附籍兗州卽是本屬遂奏附除刺史以胡長仁爲右僕射及十月帝又病動語士開云恨用之才外任使我辛苦其月八日勅驛追之才帝以十日崩之才十一日方到旣無所及復還赴州在職無所侵暴但不甚閑法理頗亦疏慢用捨自由五年冬後王徵之才尋左僕射闕之才曰自可復禹之績武平元年重除尚書左僕射之才於和士開陸令萱母子曲盡卑狎二家苦疾救護百端由是遷尚書令封西陽郡王祖珽執政除之才侍中太子太師之才恨曰子野沙汰我珽目疾故以師曠比之之才聰辯强識有兼人之敏尤好劇談謔語公私言聚多相嘲戲鄭道育常戲之才爲師公之才曰旣爲汝師又爲汝公在三之義頓居其兩又嘲王昕姓云有言則訌近犬便狂加頸足而爲馬施角尾而爲羊盧元明因戲之才云卿姓是未入人名是字之誤卽答云卿姓在亡爲虐在丘爲虛生男則爲虜養馬則爲驢又嘗與朝士出遊遙望羣犬競走諸人試令目之之才卽應聲云爲是宋鵲爲是韓盧爲逐李斯東走爲負帝女南徂李諧於廣坐因稱其父名曰卿嗜熊白生否之才曰平平耳又曰卿此言於理平否諧遽出避之道逢其甥高德正德正曰舅顏色何不悅諸告之故德正徑造坐席連索熊白之才謂坐者曰箇人諱底衆莫知之才曰生不爲人所知死不爲人所諱此何足問唐邕白建方貴時人言云并州赫赫唐與白之才蔑之元日對邕爲諸令史祝曰見卿等位當作唐白又以小史好嚼筆故嘗執管就元文遙口曰借君齒其不遜如此歷事諸帝以戲狎得寵武成生齻牙問諸醫尚藥典御鄧宣文以實對武成怒而撻之後以問之才拜賀曰此是智牙生智牙者聰明長壽武成悅而賞之爲僕射特語人曰我在江東見徐勉作僕射朝士莫不佞之今我亦是徐僕射無一人佞我何由可活之才妻魏廣陽王妹之才從文襄求得爲妻和士開知之乃淫其妻之才遇見而避之退曰妨少年戲笑其寬縱如此年八十卒贈司徒公錄尚書事謚曰文明長子林字少卿太尉司馬次子同卿太子庶子之才以其無學術每歎云終恐同廣陵散矣弟之範亦醫術見知位太常卿特聽襲之才爵西陽王入周授儀同大將軍開皇中卒

北齊書卷三十三考證

徐之才傳名是字之誤○册府元龜誤字下有之當爲乏也五字

北齊書卷三十四

隋太子通事舍人李百藥撰

列傳第二十六

楊愔燕子獻 宋欽道 鄭頤

楊愔字遵彥小名秦王弘農華陰人父津魏時累爲司空侍中愔兒童時口若不能言而風度深敏出入門閭未嘗戲弄六歲學史書十一受詩易好左氏春秋幼喪母曾詣舅源子恭子恭與之飲問讀何書曰誦詩子恭曰誦至渭陽未邪愔便號泣感噎子恭亦對之歔欷遂爲之罷酒子恭後謂津曰常謂秦王不甚察慧從今已後更欲刮目視之愔一門四世同居家甚隆盛昆季就學者三十餘人學庭前有奈樹實落地羣兒咸爭之愔頹然獨坐其季父暐適入學館見之大用嗟異顧謂賓客曰此兒恬裕有我家風宅內有茂竹遂爲愔於林邊別葺一室命獨處其中常以銅盤具盛饌以飯之因以督厲諸子曰汝輩但如遵彥謹慎自得竹林別室銅盤重肉之食愔從父兄黃門侍郎昱特相器重曾謂人曰此兒駒齒未落已是我家龍文更十歲後當求之千里外昱嘗與十餘人賦詩愔一覽便誦無所遺失及長能清言美音制風神俊悟容止可觀人士見之莫不敬異有識者多以遠大許之正光中隨父之并州性旣恬默又好山水遂入晉陽西縣甕山讀書孝昌初津爲定州刺史愔亦隨父之職以軍功除羽林監賜爵魏昌男不拜及中山爲杜洛周陷全家被囚繫未幾洛周滅又沒葛榮榮欲以女妻之又逼以僞職愔乃託疾密含牛血數合於衆中吐之仍佯喑不語榮以爲信然乃止永安初還洛拜通直散騎侍郎時年十八元顥入洛時愔從父兄侃爲北中郎將鎮河梁愔適至侃處便屬乘輿失守夜至河侃雖奉迎車駕北渡而潛欲南奔愔固諫止之遂相與扈從達建州除通直散騎常侍愔以世故未夷志在潛退乃謝病與友人中直侍郎河間邢卲隱於嵩山及莊帝誅尒朱榮其從兄侃參贊帷幄朝廷以其父津爲并州刺史北道大行臺愔隨之任有邯鄲人楊寬者求義從出藩愔請津納之俄而孝莊幽崩愔時適欲還都行達邯鄲過楊寬家爲寬所執至相州見刺史劉誕以愔名家盛德甚相哀念付長史慕容白澤禁止焉遣隊主鞏榮貴防禁送都至安陽亭愔謂榮貴曰僕家世忠臣輸誠魏室家亾國破一至於此雖曰四虜復何面目見君父之讎得自縊於一繩傳首而去君之惠也榮貴深相憐感遂與俱逃愔乃投高昂兄弟旣潛竄累載屬神武至信都遂投刺轅門便蒙引見贊揚興運陳訴家禍言辭哀壯涕泗橫集神武爲之改容卽署行臺郎中大軍南攻鄴歷楊寬村寬於馬前叩頭請罪愔謂曰人不識恩義蓋亦常理我不恨卿無假驚怖時鄴未下神武命愔作祭天文燎畢而城陷由是轉大行臺右丞于時霸圖草創軍國務廣文檄教令皆自愔及崔㥄出遭離家難常以喪禮自居所食唯鹽米而已哀毀骨立神武愍之恒相開慰及韓陵之戰愔每陣先登朋僚咸共怪歎曰楊氏儒生今遂爲武士仁者必勇定非虛論頃之表請解職還葬一門之內贈太師太傅丞相大將軍者二人太尉錄尚書及中書令者三人僕射尚書者五人刺史太守者二十餘人追榮之盛古今未之有也及喪柩進發吉凶儀衞亘二十餘里會葬者將萬人是日隆冬盛寒風雪嚴厚愔跣步號哭見者無不哀之尋徵赴晉陽仍居本職愔從兄幼卿爲岐州刺史以直言忤旨見誅愔聞之悲懼因哀感發疾後取急就鴈門溫湯療疾郭秀素害其能因致書恐之曰高王欲送卿於帝所仍勸其逃亾愔遂棄衣冠於水濱若自沉者變易名姓自稱劉士安入嵩山與沙門曇謨徵等屏居削迹又潛之光州因東入田橫島以講誦爲業海隅之士謂之劉先生太守王元景陰佑之神武知愔存遣愔從兄寶猗齎書慰喻乃遣光州刺史奚思業令搜訪以禮發遣神武見之悅除太原公開府司馬轉長史復授大行臺右丞封華陰縣侯遷給事黃門侍郎妻以庶女又兼散騎常侍爲聘梁使主至碻磝戍州內有愔家舊佛寺入精廬禮拜見太傅容像悲感慟哭歐血數升遂發病不成行輿疾還鄴久之以本官兼尚書吏部郎中武定末以望實之美超拜吏部尚書加侍中衞將軍侍學典選如故天保初以本官領太子少傅別封陽夏縣男又詔監大史遷尚書右僕射尚太原長公主卽魏孝靜后也會有雉集其舍又拜開府儀同三司尚書右僕射改封華山郡公九年徙尚書令又拜特進驃騎大將軍十年封開封王文宣之崩百僚莫有下淚愔悲不自勝濟南嗣業任遇益隆朝章國命一人而已推誠體道時無異議乾明元年二月爲孝昭帝所誅時年五十天統末追贈司空愔貴公子早著聲譽風表鑒裁爲朝野所稱家門遇禍唯有二弟一妹及兄孫女數人撫養孤幼慈旨溫顏咸出人表重義輕財前後賜與多散之親族羣從弟姪十數人並待而舉火頻遭迍厄冒履艱危一飡之惠酬答必重性命之讎捨而不問典選二十餘年獎擢人倫以爲己任然取士多以言貌時致謗言以爲愔之用人似貧士市瓜取其大者愔聞不屑焉其聰記强識半面不忘每有所名問或單稱姓或單稱名無有誤者後有選人魯漫漢自言猥賤獨不見識愔曰卿前在元子思坊騎禿尾草驢經見我不下以方麴鄣面我何不識卿漫漢驚服又謂之曰名以定體漫漢果自不虛又令吏唱人名誤以盧士深爲士琛士深自言愔曰盧郎玉潤所以從玉自尚公主後衣紫羅袍金縷大帶遇李庶頗以爲恥謂曰我此衣服都是內裁旣見子將不能無愧及居端揆權綜機衡千端萬緒神無滯用自天保五年以後一人喪德維持匡救實有頼焉每天子臨軒公卿拜授施號發令宣揚詔冊愔辭氣溫辯神儀秀發百僚觀聽莫不悚動自居大位門絕私交輕貨財重仁義前後賞賜積累巨萬散之九族架篋之中唯有書數千卷太保平原王隆之與愔隣宅愔嘗見其門外有富胡數人謂左右曰我門前幸無此物性周密畏愼恒若不足每聞後命愀然變色文宣大漸以常山長廣二王位地親逼深以後事爲念愔與尚書右僕射平秦王歸彥侍中燕子獻黃門侍郎鄭子默受遺詔輔政並以二王威望先重咸有猜忌之心初在晉陽以大行在殯天子諒闇議令常山王在東館欲奏之事皆先諮決二旬而止仍欲以常山王隨梓宮之鄴留長廣王鎭晉陽執政復生疑貳兩王又俱從至于鄴子獻立計欲處太皇太后於北宮政歸皇太后又自天保八年已來爵賞多濫至是愔先自表解其開封王諸叨竊恩榮者皆從黜免由是嬖寵失職之徒盡歸心二叔高歸彥初雖同德後尋反動以疎忌之跡盡告兩王可朱渾天和又每云若不誅二王少主無自安之理宋欽道面奏帝稱二叔威權旣重宜速去之帝不許曰可與令公共詳其事愔等議出二王爲刺史以帝仁慈恐不可所奏乃

通啓皇太后具述安危有宮人李昌儀者北豫州刺史高仲密之妻坐仲密事入宮太后以昌儀宗情甚相昵愛太后以啓示之昌儀密啓太皇太后愔等又議不可令二王俱出乃奏以長廣王爲大司馬并州刺史常山王爲太師錄尚書事及二王拜職於尚書省大會百僚愔等並將同赴子默止之云事不可量不可輕脫愔云吾等至誠體國豈有常山拜職有不赴之理何爲忽有此慮長廣旦伏家僮數十人於錄尚書後室仍與席上勳貴數人相知并與諸勳胄約行酒至愔等我各勸雙盃彼必致辭我一曰捉酒二曰捉酒三曰何不捉爾輩卽捉及宴如之愔大言曰諸王構逆欲殺忠良邪尊天子削諸侯赤心奉國未應及此常山王欲緩之長廣王曰不可於是愔及天和欽道皆被拳杖亂毆擊頭面血流各十人持之使薛孤延康買執子默於尚藥局子默曰不用智者言以至於此豈非命也二叔率高歸彥賀拔仁斛律金擁愔等唐突入雲龍門見都督叱利騷招之不進使騎殺之開府成休寧拒門歸彥喻之乃得入送愔等於御前長廣王及歸彥在朱華門外太皇太后臨昭陽殿太后及帝側立常山王以塼叩頭進而言曰臣與陛下骨肉相連楊遵彥等欲擅朝權威福自己王公以還皆重足屛氣共相脣齒以成亂階若不早圖必爲宗社之害臣與湛等爲國事重賀拔仁斛律金等惜獻皇帝基業共執遵彥等領入宮未敢刑戮專輒之失罪合萬死帝時嘿然領軍劉桃枝之徒陛衞叩刀仰視帝不睨之太皇太后令却仗不肯又厲聲曰奴輩卽今頭落乃却因問楊郎何在賀拔仁曰一目已出太皇太后愴然曰楊郎何所能留使不好耶乃讓帝曰此等懷逆欲殺我二兒次及我爾何縱之帝猶不能言太皇太后怒且悲王公皆泣太皇太后曰豈可使我母子受漢老嫗斟酌太后拜謝常山王叩頭不止太皇太后謂帝何不安慰爾叔帝乃曰天子亦不敢與叔惜豈敢惜此漢輩但願乞兒性命兒自下殿去此等任叔父處分遂皆斬之長廣王以子默昔讒已作詔書故先拔其舌截其手太皇太后臨愔喪哭曰楊郎忠而獲罪以御金爲之一眼親內之曰以表我意常山王亦悔殺之先是童謠曰白羊頭尾禿羖攊頭生角又曰羊羊喫野草不喫野草遠我道不遠打爾腦又曰阿麼姑禍也道人姑夫死也羊爲愔也角文爲用刀道人謂廢帝小名太原公主嘗作尼故曰阿麼姑愔子獻天和皆帝姑夫云於是乃以天子之命下詔罪之罪止一身家口不問尋復簿錄五家王晞固諫乃各沒一房孩幼兄弟皆除名遵彥死仍以中書令趙彥深代總機務鴻臚少卿陽休之私謂人曰將涉千里殺騏驥而策蹇驢可悲之甚愔所著詩賦表奏書論甚多誅後散失門生鳩集所得者萬餘言

燕子獻字季則廣漢下洛人少時相者謂之曰使役在胡代富貴在齊趙其後遇宇文氏稱霸關中用爲典籤將命使於茹茹子獻欲驗相者之言來歸高祖見之大悅尚陽翟公主甚被待遇顯祖時官至侍中開府濟南卽位之後委任彌重除右僕射子獻素多力頭又少髮當狼狽之際排衆走出省門斛律光逐而擒之子獻歎曰丈夫爲計遲遂至於此矣可朱渾天和道元之季弟也以道元勳重尚東平公主累遷領軍大將軍開府濟南王卽位加特進改博陵公與楊愔同被殺

宋欽道廣平人魏吏部尚書弁孫也初爲大將軍主簿典書記後爲黃門侍郎又令在東宮敎太子習事時鄭子默以文學見知亦被親寵欽道本文法吏不甚諳識古今凡有疑事必詢於子默二人幸於兩宮雖諸王貴臣莫不敬憚欽道又遷祕書監與楊愔同誅贈吏部尚書趙州刺史

鄭頤字子默彭城人高祖據魏彭城守自榮陽徙焉頤聰敏頗涉文義初爲太原公東閤祭酒與宋欽道特相友愛欽道每師事之楊愔始輕宋鄭不爲之禮俄而自結人主與參顧命欽道復舊與濟南欵狎共相引致無所不言乾明初拜散騎常侍二人權勢之重與愔相埒愔見害之時邢子才流涕曰楊令君雖其人死日恨不得一佳伴頤後與愔同詔進贈殿中尚書廣州刺史頤弟抗字子信頗有文學武平末兼左右郎中待詔文林館

北齊書卷三十五

隋太子通事舍人李百藥撰

列傳第二十七

裴讓之 弟諏之 讞之 皇甫和 李構 張宴之 陸卬 王松年 劉禕

裴讓之字士禮年十六喪父殆不勝哀其母辛氏泣撫之曰棄我滅性得爲孝子乎由是自勉辛氏高明婦則又閑禮度夫喪諸子多幼弱廣延師友或親自敎授內外親屬有吉凶禮制多取則焉讓之少好學有文情清明俊辯早得聲譽魏天平中舉秀才對策高第累遷屯田主客郎中省中語曰能賦詩裴讓之爲太原公開府記室與楊愔友善相遇則清談竟日愔每云此人風流警拔裴文季爲不亾矣梁使至帝令讓之攝主客郎第二弟諏之奔關右兄弟五人皆拘繫神武問曰諏之何在答曰昔吳蜀二國諸葛兄弟各得遂心況讓之老母在君臣分定失忠與孝愚夫不爲伏願明公以誠信待物若不以信處物物亦安能自信以此定霸猶却行而求道耳神武善其言兄弟俱釋歷文襄大將軍主簿兼中書舍人後兼散騎常侍聘梁文襄嘗入朝讓之導引容儀醞藉文襄目之曰士禮佳舍人遷長兼中書侍郎領舍人齊受禪靜帝遜居別宮與諸臣別讓之流涕歔欷以參掌儀注封寧都縣男帝欲以爲黃門郎或言其體重不堪趨侍乃除清河太守至郡未幾楊愔謂讓之諸弟曰我與賢兄交欵企聞善政適有人從清河來云姦吏斂迹盜賊清靖朞月之期翻然更速清河有二豪吏田轉貴孫舍興久吏姦猾多有侵削因事遂脅人取財計贓依律不至死讓之以其亂法殺之時清河王岳爲司州牧遣部從事案之侍中高德政舊與讓之不協案奏言當陛下受禪之時讓之眷戀魏朝嗚咽流涕比爲內官情非所願旣而楊愔請救之云罪不合死文宣大怒謂愔曰欲得與裴讓之同冢耶於是無敢言者事奏竟賜死於家

諏之字士正少好儒學釋褐太學博士常從常景借書百卷十許日便返景疑其不能讀每卷策問應答無遺景歎曰應奉五行俱下禰衡一覽便記今復見之於裴生矣楊愔闔門改葬託諏之頓作十餘墓誌文皆可觀讓之諏之及皇甫和弟亮並知名於洛下時人語曰諏勝於讓和不如亮司空高乾致書曰相屈爲戶曹參軍諏之復書不受署沛王開大司馬府辟爲記室遷鄴後諏之留在河南西魏領軍獨孤信入據金墉以諏之爲開府屬號曰洛陽遺彥信敗諏之居南山洛州刺史王元軌召爲中從事西師忽至尋退遂隨西師入關周文帝以爲大行臺倉曹郎中卒贈徐州刺史

讞之字士平七歲便勤學早知名累遷司徒主簿楊愔每稱歎云河東士族京官不少唯此家兄弟全無鄉音讞之雖年少不妄交遊唯與隴西辛術趙郡李繪頓丘李構清河崔贍爲忘年之友昭帝梓宮將還鄴轉儀曹郎尤悉歷代故事儀注喪禮皆能裁正爲許昌太守客旅過郡出私財供給民間無所預代去日爲吏人所懷齊亾仕周卒伊川太守

皇甫和字長諧安定朝那人其先因官寓居漢中祖澄南齊秦梁二州刺史父徽字子玄梁安定略陽二郡守魏正始二年隨其妻父夏侯道遷入魏道遷別上勳書欲以徽爲元謀徽曰創謀之始本不關預雖貪榮賞內媿於心遂拒而不許梁州刺史羊靈祐重其敦實表爲征虜府司馬卒和十一而孤母夏侯氏才明有禮則親授以經書及長深沉有雅量尤明禮儀宗親吉凶多相諮訪卒於濟陰太守

李構字祖基黎陽人祖平魏尚書僕射構少以方正見稱釋褐開府參軍累遷譙州刺史卒構從父弟庶魏大司農諧子方雅好學風流規檢甚有家風稍遷臨漳令魏書出庶與盧斐王松年等訟其不平並繫獄魏收書王慧龍自云太原人又言王瑱不善事盧同附盧玄傳李平爲陳留人云其家貧賤故斐等致訟語楊愔云魏收合誅愔黨助魏收遂白顯祖罪斐等並髡頭鞭二百庶死於臨漳獄中庶兄岳痛之終身不歷臨漳縣門

張宴之字熙德幼孤有至性爲母鄭氏敎誨動依禮典從尒朱榮平元顥賜爵武成子累遷尚書二千石郎中高岳征潁川復以爲都督中兵參軍兼記室宴之文士兼有武幹每與岳帷帳之謀又常以短兵接刃親獲首級深爲岳所嗟賞天保初文宣爲高陽王納宴之女爲妃令赴晉陽成禮宴之後園陪讌坐客皆賦詩宴之詩云天下有道主明臣直雖休勿休永貽世則文宣笑曰得卿箴諷深以慰懷後行北徐州事尋卽眞爲吏人所愛御史崔子武督察州郡至北徐州無所案劾唯得百姓所制清德頌數篇乃歎曰本求罪狀遂聞頌聲遷兗州刺史未拜卒贈齊州刺史

陸卬字雲駒少機悟美風神好學不倦博覽羣書五經多通大義善屬文甚爲河間邢卲所賞卲又與卬父子彰交遊嘗謂子彰曰吾以卿老蚌遂出明珠意欲爲羣拜紀可乎由是名譽日高儒雅搢紳尤所推許起家員外散騎侍郎歷文襄大將軍主簿中書舍人兼中書郎中以本職兼太子洗馬自梁魏通和歲有交聘卬每兼官燕接在帝席賦詩卬必先成雖未能盡工以敏速見美除中書侍郎修國史以父憂去職居喪盡禮哀毀骨立詔以本官起文襄時鎭鄴嘉其至行親詣門以慰勉之卬母魏上庸公主初封藍田高明婦人也甚有志操卬昆季六人並主所生故邢卲常謂人云藍田生玉固不虛矣主敎訓諸子皆稟義方雖創巨痛深出於天性然動依禮度亦母氏之訓焉卬兄弟相率廬於墓側負

土成墳朝廷深所嗟尚發詔襃揚改其所居里爲孝終里服竟當襲不忍嗣侯天保初常山王薦卲器幹文宣面授給事黃門侍郎遷吏部郎中上洛王思宗爲淸都尹辟爲邑中正食貝丘縣幹遭母喪哀慕毁悴殆不勝喪至沉篤頓昧伏枕又感風疾第五弟搏遇疾臨終謂其兄弟曰大兄尫病如此性至慈愛搏之死日必不令使大兄知之哭泣聲必不可聞徹致有感慟家人至於祖載方始告之卲聞而悲痛一慟便絕年四十八卲自在朝篤愼固密不說人短不伐己長言論淸遠有人倫鑒識朝野甚悲惜之贈衞將軍青州刺史謚曰文所著文章十四卷行於世齊之郊廟諸歌多卲所制子乂嗣襲爵始平侯

王松年少知名文襄臨并州辟爲主簿累遷通直散騎常侍副李緯使梁還歷位尚書郎中魏收撰魏書成松年有謗言文宣怒禁止之乃加杖罰歲餘得免除臨漳令遷司馬別駕本州大中正孝昭擢拜給事黃門侍郎帝每賜坐與論政事甚善之孝昭崩松年馳驛至鄴都宣遺詔發言涕泗迄於宣罷容色無改辭吐諧韻宣訖號慟自絕於地百官莫不感慟還晉陽兼侍中護梓宮還鄴諸舊臣避形迹無敢盡哀唯松年哭甚流涕朝士咸恐武成雖忿松年然以戀舊情切亦雅重之以本官加散騎常侍食高邑縣侯參定律令前後大事多委焉兼御史中丞發晉陽之鄴在道遇疾卒贈吏部尚書并州刺史謚曰平第三子卲最知名

劉禕字彥英彭城人父世明魏兗州刺史禕性弘裕有威重容止可觀雖昵友密交朝夕遊處莫不加敬好學善三禮吉凶儀制尤所留心魏孝昌中釋巾太學博士累遷雎州刺史邊人服其威信甚得疆埸之和世宗輔政降書褒獎云以卿家世忠純奕代冠冕賢弟子並與吾共事懷抱相託亦自依然宜勗心力以副所委莫慮不富貴秩滿還歸鄉里侍父疾竟不入朝父喪沉頓累年非杖不起世宗致辟禕稱疾不動五子璿玘璞瑗璜並有志節爲世所稱

北齊書卷三十五考證

裴讓之傳裴文季爲不亡矣○臣䇓按裴讓之裴佗之子北史佗字文化而此云文季未知孰是

案奏言○北史案作畣

北齊書卷三十六

隋太子通事舍人李百藥撰

列傳第二十八

邢邵

邢卲字子才河間鄚人魏太常貞之後父虬魏光祿卿卲小字吉少時有避遂不行名年五歲魏吏部郎淸河崔亮見而奇之曰此子後當大成位望通顯十歲便能屬文雅有才思聰明強記日誦萬餘言族兄巒有人倫鑒謂子弟曰宗室中有此兒非常人也少在洛陽會天下無事與時名勝專以山水遊宴爲娛不暇勤業嘗因霖雨乃讀漢書五日畧能遍記之後因飲謔倦方廣尋經史五行俱下一覽便記無所遺忘文章典麗既贍且速年未二十名動衣冠嘗與右北平陽固河東裴伯茂從兄罘河南陸道暉等至北海王昕舍宿飲相與賦詩凡數十首皆在主人奴處旦日奴行諸人求詩不得卲皆爲誦之諸人有不認詩者奴還得本不誤一字諸人方之王粲吏部尚書隴西李神儁大相欽重引爲忘年之交釋巾爲魏宣武挽郎除奉朝請遷著作佐郎深爲領軍元乂所禮乂新除遷尚書令神儁與陳郡袁翻在席乂令卲作謝表須臾便成以示諸賓神儁曰邢卲此表足使袁公變色孝昌初與黃門侍郎李琰之對典朝儀自孝明之後文雅大盛卲雕蟲之美獨步當時每一文初出京師爲之紙貴讀誦俄遍遠近于時袁翻與范陽祖瑩位望通顯文筆之美見稱先達以卲藻思華贍深共嫉之每洛中貴人拜職多憑卲爲謝表嘗有一貴勝初授官大集賓食翻與卲俱在坐翻意主人託其爲讓表遂命卲作之翻甚不悅每告人云邢家小兒當客作章表自買黃紙寫而送之卲恐爲翻所害乃辭以疾屬尚書令元羅出鎭青州啓爲府司馬遂在青土終日酣賞盡山泉之致永安初累遷中書侍郎所作詔誥文體宏麗及尒朱兆入洛京師擾亂卲與弘農楊愔避地嵩高山普泰中兼給事黃門侍郎尋爲散騎常侍太昌初勑令恒直內省給御史令覆按尚書門下事凡除大官先問其可否然後施行除衞將軍國子祭酒以親老還鄉詔所在特給兵力五人并令歲一入朝以備顧問丁母憂哀毁過禮後楊愔與魏收及卲請置學及修立明堂奏曰世室明堂顯於周夏一黌兩學盛自虞殷所以宗配上帝以著莫大之嚴宣布下土以彰則天之軌養黃髮以詢哲言育青衿而敷教典用能享國長久風徽萬祀者也爰暨亾秦改革其道坑儒滅學以蔽黔黎故九服分崩祚終二代炎漢勃興更修儒術故西京有六學之義東都有三本之盛逮自魏晉撥亂相因兵革之中學校不絕仰惟高祖孝文皇帝稟聖自天道鏡今古列校序於鄉黨敦詩書於郡國但經始事殷戎軒屢駕未遑多就弓劍弗追世宗統歷聿遵先緒永平之中大興板築續以水旱戎馬生郊雖逮爲山還停一簣而明堂禮樂之本乃鬱荊棘之林膠序德義之基空盈牧豎之跡城隍嚴固之重闕塼石之功墉構顯望之要少樓榭之飾加以風雨稍侵漸致虧墜非所謂追隆堂構儀刑萬國者也伏聞朝議以高祖大造區夏道侔姬文擬祀明堂式配上帝今若基址不修仍同丘畎即使高皇神享闕於國陽宗事之典有聲無實此臣子所以匪寧億兆所以佇望也臣又聞官方授能所以任事事既任矣酬之以祿如此則上無曠官之譏下絕尸素之謗今國子雖有學官之名無教授之實何異兔絲鷰麥南箕北斗哉昔劉向有言王者宜興辟雍陳禮樂以風天下夫禮樂所以養人刑法所以殺人而有司勤勤請定刑法至於禮樂則曰未敢是敢於殺人不敢於養人也臣以爲當今四海淸平九服寧宴經國要重理應先營脫復稽延則劉向之言徵矣但事不兩興須有進退以臣愚量宜罷尚方雕靡之作頗省永寧土木之功并減瑤光材瓦之力兼分石窟鐫琢之勞及諸事役非世急者三時農隙修此數條使辟雍之禮蔚爾而復興諷誦之音煥然而更作美榭高墉嚴壯於外槐宮棘寺顯麗於中更明古今重遵鄉飲敦進郡學精課經業如此則元凱可得之於上庠游夏可致之於下國豈不休歟靈太后令曰配饗大禮爲國之本比以戎馬在郊未遑修繕今四表晏寧當勑有司別議經始累遷太常卿中書監攝國子祭酒是時朝臣多守一職帶領二官甚少卲頓居三職並是文學之首當世榮之世宗幸晉陽路中頻有甘露之瑞朝臣皆作甘露頌尚書符令卲爲之序及文宣皇帝崩凶禮多見訊訪勑撰哀策後授特進卒卲率情簡素內行修謹兄弟親姻之間稱爲雍睦博覽墳籍無不通曉晚年尤以五經章句爲意窮其指要吉凶禮儀公私諮稟質疑去惑爲世指南每公卿會議事關典故卲援筆立成證引該洽帝命朝章取定俄頃詞致宏遠獨步當時與濟陰溫子昇爲文士之冠世論謂之溫邢鉅鹿魏收雖天才艷發而年事在二人之後故子昇死後方稱邢魏焉雖望實兼重不以才位傲物脫畧簡易不修威儀車服器用充事而已有齋不居坐臥恒在一小屋果餌之屬或置之梁上賓至下而共噉天姿質素特安異同士無賢愚皆能顧接對客或解衣覓蝨且與劇談有書甚多而不甚讐校見人校書常笑曰何愚之甚天下書至死讀不可遍焉能始復校此且誤書思之更是一適妻弟李季節才學之士謂子才曰世間人多不聰明思誤書何由能得子才曰若思不能得便不勞讀書與婦甚疎未嘗內宿自云嘗晝入內閤爲狗所吠言畢便撫掌大笑性好談賞不能閑獨公事歸休恒須賓客自伴事寡嫂甚謹養孤子恕慈愛特深在兗州有都信云恕疾便憂之廢寢食顏色貶損及卒人士爲之傷心痛悼雖甚竟不再哭賓客弔慰抆淚而已其高情達識開遣滯累東吳以還所未有也有集三十卷見行於世子大寶有文情孽子大德大道畧不識字焉

北齊書卷三十六考證

邢卲傳給御史○一本御史作御食

東吳以還所未有也○北史東字下有門字臣䇓按東門吴子死不憂事見列子力命篇

北齊書卷三十七

隋太子通事舍人李百藥撰

列傳第二十九

魏收

魏收字伯起小字佛助鉅鹿下曲陽人也曾祖緝祖韶父子建字敬忠贈儀同定州刺史收年十五頗已屬文及隨父赴邊好習騎射欲以武藝自達滎陽鄭伯調之曰魏郎弄戟多少收慙遂折節讀書夏月坐板床隨樹陰諷誦積年板床爲之銳減而精力不輟以文華顯初除太學博士及尒朱榮於河陰濫害朝士收亦在圍中以日宴獲免吏部尚書李神儁重收才學奏授司徒記室參軍永安三年除北主客郎中節閔帝立妙簡近侍詔試收爲封禪書收下筆便就不立稾草文將千言所改無幾時黃門郎賈思同侍立深奇之白帝曰雖七步之才無以過此遷散騎侍郎尋勑典起居注并修國史兼中書侍郎時年二十六孝武初又詔收攝本職文誥塡積事咸稱旨黃門郎崔㥄從齊神武入朝熏灼於世收初不詣門㥄爲帝登阼赦云朕託體孝文收嗤其率直正員郎李愼以告之㥄深憤忌時節閔帝殂令收爲詔㥄乃宣言收普泰世出入幃幄一日造詔優爲詞旨

則義旗之士盡爲逆人又收父老合解官歸侍南臺將加彈劾賴尚書辛雄爲言於中尉綦儁乃解收有賤生弟仲同先未齒録因此怖懼上籍遣還鄉扶侍孝武嘗大發士卒狩於嵩少之南旬有六日時天寒朝野嗟怨帝與從官及諸妃主奇伎異飾多非禮度收欲言則懼欲嘿不能已乃上南狩賦以諷焉時年二十七雖富言淫麗而終歸雅正帝手詔報焉甚見褒美鄭伯謂曰卿不遇老夫猶應逐兎初神武固讓天柱大將軍魏帝勅收爲詔令遂所請欲加相國問收相國品秩收以實對帝遂止收既未測主相之意以前事不安求解詔許焉久之除帝兄子廣平王贊開府從事中郎收不敢辭乃爲庭竹賦以致已意尋兼中書舍人與濟陰溫子昇河間邢子才齊譽世號三才時孝武猜忌神武內有間隙收遂以父疾固辭而免其舅崔孝芬怪而問之收曰懼有晉陽之甲尋而神武南上帝西入關收兼通直散騎常侍副王昕使梁昕風流文辯收辭藻富逸梁主及其羣臣咸加敬異先是南北初和李諧盧元明首通使命二人才器並爲鄰國所重至此梁主稱曰盧李命世王魏中興未知後來復何如耳收在館遂買吳婢入館其部下有買婢者收亦喚取遍行姦穢梁朝館司皆爲之獲罪人稱其才而鄙其行在途作聘遊賦辭甚美盛使還尚書右僕射高隆之求南貨於昕收不能如志遂諷御史中尉高仲密禁止昕收於其臺久之得釋及孫搴死司馬子如薦收召赴晉陽以爲中外府主簿以受旨乖忤頻被嫌責加以箠楚久不得志會司馬子如奉使霸朝收假其餘光子如因宴戲言於神武曰魏收天子中書郎一國大才願大王借以顏色由此轉府屬然未甚優禮收從叔季景有才學歷官著名並在收前然收常欺忽季景收初赴并頓丘李庶者故大司農諧之子也以華辯見稱曾謂收曰霸朝便有二魏收率爾曰以從叔見比便是邪輪之比卿邪輪者故尚書令陳留公繼伯之子也愚癡有名好自入市肆高價買物商賈共所嗤翫收忽季景方之不遜例多如此收本以文才必望穎脫見知位既不遂求修國史崔暹爲言於文襄曰國史事重公家父子霸王功業皆須具載非收不可文襄啓收兼散騎常侍修國史武定二年除正常侍領兼中書侍郎仍修史魏帝宴百僚問何故名人日皆莫能知收對曰晉議郎董勛答問禮俗云正月一日爲雞二日爲狗三日爲猪四日爲羊五日爲牛六日爲馬七日爲人時邢邵亦在側甚恧焉自魏梁和好書下紙每云想彼境內寧靜此率土安和梁後使其書乃去彼字自稱猶著此欲示無外之意收定報書云想境內清晏今萬國安和梁人復書依以爲體後神武入朝靜帝授相國固讓令收爲啓啓成呈上文襄時侍側神武指收曰此人當復爲崔光四年神武於西門豹祠宴集謂司馬子如曰魏收爲史官書吾等善惡聞北伐時諸貴常餉史官飲食司馬僕射頗曾餉不因共大笑仍謂收曰卿勿見元康等在吾目下趨走謂吾以爲勤勞我後世身名在卿手勿謂我不知尋加兼著作郎收昔在洛京輕薄尤甚人號云魏收驚蛺蝶文襄曾遊東山令給事黃門侍郎顥等宴文襄曰魏收恃才使氣卿須出其短往復數番收忽大唱曰楊遵彥理屈已倒愔從容曰我綽有餘暇山立不動若遇當塗恐翩翩遂逝當塗者魏翩翩者蛺蝶也文襄先知之大笑稱善文襄又曰向語猶微宜更指斥愔應聲曰魏收在并作一篇詩對衆讀訖云打從叔季景出六百斛米亦不辨此遠近所知非敢妄語文襄喜曰我亦先聞衆人皆笑收雖自申雪不復抗拒終身病之侯景叛入梁寇南境文襄時在晉陽令收爲檄五十餘紙不日而就又檄梁朝令送侯景初夜執筆三更便成文過七紙文襄善之魏帝曾季秋大射普令賦詩收詩末云尺書徵建鄴折簡召長安文襄壯之顧諸人曰在朝今有魏收便是國之光采雅俗文墨通達縱橫我亦使子才子昇時有所作至於詞氣並不及之吾或意有所懷忘而不語語而不盡意有未及收呈草皆以周悉此亦難有又勑兼主客郎接梁使謝珽徐陵侯景既陷梁梁鄱陽王範時爲合州刺史文襄勑收以書喻之範得書乃率部伍西上州刺史崔聖念入據其城文襄謂收曰今定一州卿有其力猶恨尺書徵建業未効耳文襄崩文宣如晉陽令與黃門郎崔季舒高德正吏部郎中尉瑾於北第掌機密轉秘書監兼著作郎又除定州大中正時齊將受禪楊愔奏收置之別館令撰禪代詔冊諸文遣徐之才守門不聽出天保元年除中書令仍兼著作郎封富平縣子二年詔撰魏史四年除魏尹故優以祿力專在史閣不知郡事初帝令羣臣各言爾志收曰臣願得直筆東觀早成魏書故帝使收專其任又詔平原王高隆之總監之署名而已帝勑收曰好直筆我終不作魏大武誅史官始魏初鄧彥海撰代記十餘卷其後崔浩典史游允程駿李彪崔光李琰之徒世修其業浩爲編年體彪始分作紀表志傳書猶未出宣武時命邢巒追撰孝文起居注書太和十四年又命崔鴻王遵業補續焉下訖孝明事甚委悉濟陰王暉業撰辨宗室錄三十卷收於是與通直常侍房延祐司空司馬辛元植國子博士刁柔裴昂之尚書郎高孝幹專總斟酌以成魏書辨定名稱隨條甄舉又搜採亡遺綴續後事備一代史籍表而上聞之勒成一代大典凡十二紀九十二列傳合一百一十卷五年三月奏上之秋除梁州刺史收以志未成奏請終業許之十一月復傳十志天象四卷地形三卷律曆二卷禮樂四卷食貨一卷刑罰一卷靈徵二卷官氏二卷釋老一卷凡二十卷續於紀傳合一百三十卷分爲十二帙其史三十五例二十五序九十四論前後二表一啓焉所引史官恐其凌逼唯取學流先相依附者房延祐辛元植眭元讓雖夙涉朝位並非史才刁柔裴昂之以儒業見知全不堪編緝高孝幹以左道求進修史諸人祖宗姻戚多被書錄飾以美言收性頗急不甚能平夙有怨者多沒其善每言何物小子敢共魏收作色舉之則使上天按之當使入地初收在神武時爲太常少卿修國史得陽休之助因謝休之曰無以謝德當爲卿作佳傳休之父固魏世爲北平太守以貪虐爲中尉李平所彈獲罪載在魏起居注收書云固爲北平甚有惠政坐公事免官又云李平深相敬重尒朱榮於魏爲賊收以高氏出自尒朱且納榮子金故減其惡而增其善論云若修德義之風則韓彭伊霍夫何足數時論既言收著史不平文宣詔收於尚書省與諸家子孫共加論討前後投訴百有餘人云遺其家世職位或云其家不見記錄或云妄有非毀收皆隨狀答之范陽盧斐父同附出族祖玄傳下頓丘李庶家傳稱其本是梁國家人斐庶譏議云史書不直收性急不勝其憤啓誣其欲加屠害帝大怒親自詰責斐曰臣父仕魏位至儀同功業顯著名聞天下與收無親遂不立傳博陵崔綽位止本郡功曹更無事迹是收外親乃爲傳首收曰綽雖無位名義可嘉所以合傳帝曰卿何由知其好人收曰高允曾爲綽讚稱有道德帝曰司空才士爲人作讚正應稱揚亦如卿爲人作文章道其好者豈能皆實收無以對戰慄而已但帝先重收才不欲加罪時太原王松年亦謗史及斐庶並獲罪各被鞭配甲坊或因以致死盧思道亦抵罪然猶以羣口沸騰勑魏史且勿施行令羣官博議聽有家事者入署不實者陳牒於是衆口諠然號爲穢史投牒者相次收無以抗之時左僕射楊愔右僕射高德正二人勢傾朝野與收皆親收遂爲其家並作傳二人不欲言史不實抑塞訴辭終文宣世更不重論又尚書陸操嘗謂愔曰魏收魏書可謂博物宏才有大功於魏室愔謂收曰此謂不刊之書傳之萬古但恨論及諸家枝葉親姻過爲繁碎與舊史體例不同耳收曰往因中原喪亂人士譜牒遺逸畧盡是以具書其支派望公觀過知仁以免尤責八年夏除太子少傅監國史復參議律令三臺成文宣曰臺成須有賦愔先以告收收上皇居新殿臺賦其文甚壯麗時所作者自邢邵已下咸不逮焉收上賦前數日乃告邵邵後告人曰收甚惡人不早言之帝曾遊東山勑收作詔宣揚威德譬喻關西俄頃而訖詞理宏壯帝對百寮大嗟賞之仍兼太子詹事收娶其舅女崔昂之妹產一女無子魏太常劉芳孫女中書郎崔肇師女夫家坐事帝並賜收爲妻時人比之賈充置左右夫人然無子後病甚恐身後嫡媵不平乃放二姬及疾瘳追憶作懷離賦以申意文宣每以酣宴之次云太子性懦宗社事重終當傳位常山收謂楊愔曰古人云太子國之根本不可動搖至尊三爵後每言傳位常山令臣下疑貳若實便須決行此言若戲魏收既忝師傅正當守之以死但恐國家不安愔以收言白於帝自此便止帝數宴喜收每預侍從皇太子之納鄭良娣也有司備設牢饌帝既酣飲起而自毀覆之仍詔收曰知我意不收曰臣愚謂良娣既東宮之妾理不須牢仰惟聖懷緣此毀去帝大笑握收手曰卿知我意安德王延宗納趙郡李祖收女爲妃後帝幸李宅宴而妃母宋氏薦二石榴於帝前問諸人莫知其意帝投之收曰石榴房中多子王新婚妃母欲子孫衆多帝大喜詔收卿還將來仍賜收美錦二疋十年除儀同三司帝在宴席口勑以爲中書監命中書郎李愔於樹下造詔愔以收一代盛才難於率爾久而未訖比成帝已醉醒遂不重言愔仍不奏事竟寢及帝崩於晉陽驛召收及中山太守陽休之參議吉凶之禮并掌詔誥仍除侍中遷太常卿文宣謚及廟號陵名皆收議也及孝昭居中宰事命收禁中爲諸詔文積日不出轉中書監皇建元年除兼侍中右光祿大夫仍儀同監史收先副王昕使梁不相協睦時昕弟晞親密而孝昭別令陽休之兼中書在晉陽典詔誥收留在鄴蓋晞所爲收大不平謂太子舍人盧詢祖曰若使卿作文誥我亦不言又除祖珽爲著作郎欲以代收司空主簿李翥文詞士也聞而告人曰詔誥悉歸陽子烈著作復遺祖孝徵文史頓失恐魏公發背於時詔議二王三恪收執王肅杜預義以元司馬

氏爲二王通曹備三恪詔諸禮學之官皆執鄭玄五代之議孝昭后姓元議恪不欲廣及故議從收又除兼太子少傅解侍中帝以魏史未行詔收更加研審收奉詔頗有改正及詔行魏史收以爲直置秘閣外人無由得見於是命送一本付并省一本付鄴下任人寫之大寧元年加開府河清二年兼右僕射時武成酣飲終日朝事專委侍中高元海元海凡庸不堪大任以收才名振俗都官尚書畢義雲長於斷割乃虛心倚仗收畏避不能匡救爲議者所譏帝於華林別起玄洲苑備山水臺觀之麗詔於閣上畫收其見重如此始收與溫子昇邢邵稍爲後進邵既被疎出子昇以罪幽死收遂大被任用獨步一時議論更相訾毀各有朋黨收每議陋邢邵文邵又云江南任昉文體本疎魏收非直摸擬亦大偷竊收聞乃曰伊常於沈約集中作賊何意道我偷任昉任沈俱有重名邢魏各有所好武平中黃門郎顏之推以二公意問僕射祖珽珽答曰見邢魏之臧否卽是任沈之優劣收以溫子昇全不作賦邢雖有一兩首又非所長常云會須作賦始成大才士唯以章表碑誌自許此外更同兒戲自武定二年已後國家大事詔命軍國文詞皆收所作每有警急受詔立成或時中使催促收筆下有同宿構敏速之工邢溫所不逮其參議典禮與邢相埒既而趙郡公增年獲免收知而過之事發除名其年又以託附陳使封孝琰牒令其門客與行遇崑崙舶至得奇貨猓然褥表美玉盈尺等數十件罪當流以贖論三年起除清都尹尋遣黃門郎元文遙勅收曰卿舊人事我家最久前者之罪情在可恕比令卿爲尹非謂美授但初起卿斟酌如此朕豈可用卿之才而忘卿身待至十月當還卿開府天統元年除左光祿大夫二年行齊州刺史尋爲眞收以子任少年申以戒厲著枕中篇其詞曰吾曾覽管子之書其言曰任之重者莫如身途之畏者莫如口期之遠者莫如年以重任行畏途至遠期惟君子爲能及矣追而味之喟然長息若夫岳立爲重有潛戴而不傾山藏稱固亦趨負而弗停呂梁獨浚能行歌而匪惕焦原作險或躡踵而不驚九陔方集故眇然而迅擧五紀當定想窅乎而上征苟任重也有度則任之而愈固乘危也有術蓋乘之而靡恤彼其遠而能通果應之而可必豈神理之獨爾亦人事其如一鳴呼處天壤之間勞死生之地攻之以嗜欲牽之以名利梁肉不期而共臻珠玉無足而俱致於是乎驕奢仍作危亾旋至然則上知大賢唯幾唯哲或出或處不常其節其舒也濟世成務其卷也聲銷迹滅玉帛子女椒蘭律呂諂諛無所先稱肉度骨膏脣挑舌怨惡莫之前勳名共山河同久志業與金石比堅斯蓋厚棟不撓遊刃砉然逮於厥德不常喪其金璞馳騖人世鼓動流俗挾湯日而謂寒包嵠壑而未足源不清而流濁表不端而影曲嗟乎膠漆謂堅寒暑甚促反利而成害化榮而就辱欣戚更來得喪仍續至有身禦魑魅魂沉狴獄詎非足力不彊迷在當局孰可謂車戒前傾人師先覺聞諸君子雅道之士遊遨經術猒飫文史筆有奇鋒談有勝理孝悌之至神明通矣審道而行量路而止自我及物先人後已情無繫於榮悴心靡滯於慍喜不養望於丘壑不待價於城市言行相顧愼終猶始有一於斯鬱爲羽儀恪居展事知無不爲或左或右則髦士攸宜無悔無吝故高而不危異乎勇進忘退苟得患失射千金之產邀萬鍾之秩投烈風之門趣炎火之室載蹶而墜其貽宴或蹲乃喪其貞吉可不畏歟可不戒歟門有倚禍事不可不密墻有伏寇言不可而失宜諦其言宜端其行言之不善行之不正鬼執彊梁人囚徑廷幽奪其魄明天其命不服非法不行非道公鼎爲己信私玉非身寶過緇爲紺踰藍作青持繩視直置水觀平時然後取未若無欲知止知足庶免於辱是以爲必察其幾擧必愼於微知幾慮微斯亾則稀既察且愼福祿攸歸昔蘧瑗識四十九非顏子幾三月不違跬步無已至於千里覆一簣進及於萬仞故云行遠自邇登高自卑可大可久與世推移月滿如規後夜則虧槿榮于枝望暮而萎夫奚益而非損孰有損而不害益不欲多利不欲大唯居德者畏其甚體眞者懼其大道尊則羣謗集任重而衆怨會其達也則尼父棲遑其忠也而周公狼狽無曰人之我狹在我不可而覆無曰人之我厚在我不可而咎如山之大無不有也如谷之虛無不受也能剛能柔重可負也能信能順險可走也能知能愚期可久也周廟之人三緘其口漏卮在前欹器留後俾諸來裔傳之坐右其後羣臣多言魏史不實武成復勅更審收又回換遂爲盧同立傳崔綽返更附出楊愔家傳本無有魏以來一門而已至是加此八字又先云弘農華陰人乃改自云弘農以配王慧龍自云太原人此其失也尋除開府中書監武成崩未發喪在內諸公以後主卽位有年疑於赦令諸公引收訪焉收固執宜有恩澤乃從之掌詔誥除尚書右僕射總議監五禮事位特進收奏請趙彥深和士開徐之才共監先以告士開士開驚辭以不學收曰天下事皆由王五禮非王不決士開謝而許之多引文士令執筆儒者馬敬德熊安生權會實主之武平三年薨贈司空尚書左僕射謚文貞有集七十卷收碩學大才然性褊不能達命體道見當途貴遊每以言色相悅然提獎後輩以名行爲先浮華輕險之徒雖有才能弗重也初河間邢子才及季景與收並以文章顯世稱大邢小魏言尤俊也收少子才十歲子才每曰佛助寮人之偉後收稍與子才爭名文宣貶子才曰爾才不及魏收收益得志自序云先稱溫邢後曰邢魏然收內陋邢心不許也收既輕疾好聲樂善胡舞文宣末數於東山與諸優爲獼猴與狗鬭帝寵狎之收外兄博陵崔巖嘗以雙聲嘲收曰愚魏衰收收答曰顏巖腥瘦是誰所生羊頤狗頰頭團鼻平飯房笭籠著孔嘲玎其辯捷不拘若是既緣史筆多憾於人齊亾之歲收冢被發棄其骨于外先養弟子仁表爲嗣位至尚書膳部郎中隋開皇中卒於溫縣令

北齊書卷三十七考證

魏收傳曾祖緝祖韶父子建字敬忠○臣範按魏書魏收自序云漢初魏無知封高良侯子均均子恢恢子彥彥子歆字子胡歆子悅字處德悅子子建北史亦同据漢高下迄元魏時代既邈而無知至收僅八世誤也冊府元龜云恢子產產子歆据本書則冊府亦誤

收忽季景方之○北史忽字下有以字應從

見邢魏之臧否卽是任沈之優劣○臣範按顏氏家訓乃云任沈之是非卽邢魏之優劣此與北史並誤

載蹶而墜其貽宴○宴疑燕字之誤

北齊書卷三十八

隋　太子通事舍人李百藥撰

列傳第三十

辛術

元文遙

趙彥深

辛術字懷哲少明敏有識度解褐司空冑曹參軍與僕射高隆之共典營構鄴都宮室術有思理百工克濟再遷尚書右丞出爲清河太守政有能名追授并州長史遭父憂去職清河父老數百人詣闕請立碑頌德文襄嗣事與尚書左丞宋遊道中書侍郎李繪等並追詣晉陽俱爲上客累遷散騎常侍武定六年侯景叛除東南道行臺尚書封江夏縣男與高岳等破侯景擒蕭明還東徐州刺史爲淮南經畧使齊天保元年侯景徵江西租稅術率諸軍度淮斷之燒其稻數百萬石還鎮下邳人隨術北渡淮者三千餘家東徐州刺史郭志殺郡守文宣聞之勅術自今所統十餘州地諸有犯法者刺史先啓聽報以下先斷後表聞齊代行臺兼摠人事自術始也安州刺史臨清太守盱眙蘄城二鎭將犯法術皆案奏殺之睢州刺史及所部郡守俱犯大辟朝廷以其奴婢百口及資財盡賜術三辭不見許術乃送詣所司不復以聞邢邵聞之遺術書曰昔鍾離意云孔子忍渴於盜泉便以珠璣委地足下今能如此可謂異代一時及王僧辯破侯景術招攜安撫城鎭相繼款附前後二十餘州於是移鎭廣陵獲傳國璽送鄴文宣以璽告於太廟此璽卽秦所制方四寸上紐交盤龍其文曰受命于天既壽永昌二漢相傳又傳魏晉懷帝敗沒於劉聰聰敗沒於石氏石氏敗晉穆帝永和中濮陽太守戴僧施得之遣督護何融送于建業歷宋齊梁梁敗侯景得之景敗侍中趙思賢以璽投景南兗州刺史郭元建送于術故術以進焉尋徵爲殿中尚書領太常卿仍與朝賢議定律令遷吏部尚書食南兗州梁郡幹遷鄴以後大選之職知名者數四互有得失未能盡美文襄帝少年高朗所弊者疎袁叔德沉密謹厚所傷者細楊愔風流辯給取士失於浮華唯術性尚貞明取士以才器循名責實新舊參擧管庫必擢門閥不遺考之前後銓衡在術最爲折衷甚爲當時所稱擧天保末文宣嘗令術選百員官參選者二三千人術題目士子人無謗讟其所旌擢後亦皆致通顯術清儉寡嗜慾勤於所職未嘗暫懈臨軍以威嚴牧人有惠政少愛文史晚更修學雖在戎旅手不釋卷及定淮南凡諸資物一毫無犯唯大收典籍多是宋齊梁時佳本鳩集萬餘卷并顧陸之徒名畫二王已下書法數亦不少俱不上王府唯入私門及還朝頗以饋遺權要物議以此少之十年卒年六十皇建二年贈開府儀同三司中書監青州刺史子閣卿尚書郎閣卿弟衡卿有識學開府參軍事隋大業初卒於太常丞

元文遙字德遠河南洛陽人魏昭成皇帝六世孫也五世祖常山王遵父晞有孝行父卒廬於墓側而終文遙貴贈特進開府儀同三司中書監謚曰孝文遙敏慧夙

成濟陰王暉業每云此子王佐才也暉業嘗大會賓客有人將何遜集初入洛諸賢皆賛賞之河間邢邵試命文遙誦之幾遍可得文遙一覽便誦時年十餘歲濟陰王曰我家千里駒今定如何邢云此殆古來未有起家員外散騎常侍遭父喪服闋除太尉東閤祭酒以天下方亂遂解官侍養隱於林慮山武定中文襄徵爲大將軍府功曹齊受禪於登壇所受中書舍人宣傳文武號令楊遵彥每云堪解穰侯印者必在斯人後忽被中旨幽執竟不知所由如此積年文宣後自幸禁獄執手愧謝親解所著金帶及御服賜之卽日起爲尚書祠部郎中孝昭攝政除大丞相府功曹參軍典機密及踐祚除中書侍郎封永樂縣伯參軍國大事及帝大漸與平秦王歸彥趙郡王叡等同受顧託迎立武成卽位任遇轉隆歷給事黃門侍郎散騎常侍侍中中書監天統二年詔特賜姓高氏籍屬宗正子弟依例歲時入朝再遷尚書左僕射進封寧都郡公侍中文遙歷事三主明達世務每臨軒多命宣勑號令文武聲韻高朗發吐無滯然探測上旨時有委巷之言故不爲知音所重齊因魏朝宰縣多用廝濫至於士流恥居百里文遙以縣令爲字人之切遂請革選於是密令搜揚貴游子弟發敕用之猶恐其披訴總召集神武門令趙郡王叡宣旨唱名厚加慰喻士人爲縣自此始也旣與趙彥深和士開同被任遇雖不如彥深淸貞守道又不爲士開貪淫亂政在於季孟之閒然性和厚與物無競故時論不在彥深之下初文遙自洛遷鄴惟有地十頃家貧所資衣食魏之將季宗姓被侮有人冒相侵奪文遙卽以與之及貴此人尚在乃將家逃竄文遙大驚追加慰撫還以與之彼人愧而不受彼此俱讓遂爲閑田至後主嗣位趙郡王叡婁定遠等謀出和士開文遙亦參其議叡見殺文遙由是出爲西兗州刺史詣士開別士開曰處得言地使元家兒作令僕深愧朝廷旣言而悔仍執手慰勉之猶慮文遙自疑用其子行恭爲尚書郎以慰其心士開死自東徐州刺史徵入朝竟不用卒行恭美姿貌有父風兼俊才位中書舍人待詔文林館齊亡陽休之等十八人同入關稍遷司勳下大夫隋開皇中位尚書郎坐事徙瓜州而卒行恭少頗驕恣文遙令與范陽盧思道交遊文遙嘗謂思道云小兒比日微有所知是大弟之力然白擲劇飲甚得師風思道答云六郎辭情俊邁自是克荷堂構而白擲劇飲亦天性所得行恭弟行如亦聰慧早成武平末任著作佐郎

趙彥深自云南陽宛人漢太傅憙之後高祖父難爲淸河太守有惠政遂家爲淸河後改爲平原故爲平原人也本名隱避齊廟諱故以字行父奉伯仕魏位中書舍人行洛陽令彥深貴贈司空彥深幼孤貧事母甚孝年十歲曾候司徒崔光光謂賓客曰古人觀眸子以知人此人當必遠至性聰明善書計安閑樂道不雜交遊爲雅論所歸服昧爽輒自掃門外不使人見率以爲常初爲尚書令司馬子如賤客供寫書子如善其無誤欲將入觀省舍隱靴無氊衣帽穿弊子如給之用爲尚書令史月餘補正令史神武在晉陽索二史子如舉彥深後拜子如開府參軍超拜水部郎及文襄爲尚書令令選沙汰諸曹郎彥深以地寒被出爲滄州別駕辭不行子如言於神武徵補大丞相功曹參軍專掌機密文翰多出其手稱爲敏給神武曾與對坐遣造軍令以手捫其額曰若天假卿年必大有所至每謂司徒孫騰曰彥深小心恭慎曠古絶倫及神武崩秘喪事文襄慮河南有變仍自巡撫乃委彥深後事轉大行臺都官郎中臨發握手泣曰以母弟相託幸得此心旣而內外寧靜彥深之力及還發喪深加褒美乃披郡縣簿爲選封安國縣伯從征潁川時引水灌城城雉將沒西魏將王思政猶欲死戰文襄令彥深單身入城告喻卽日降之便手牽思政出城文襄謂彥深曰吾昨夜夢獵遇一羣豕吾射盡獲之獨一大豕不可得卿言當爲吾取須臾獲豕而進至是文襄笑曰夢驗矣卽解思政佩刀與彥深曰使卿常獲此利文宣嗣位仍典機密進爵爲侯天保初累遷秘書監以爲忠謹每郊廟必令兼太僕卿執御陪乘轉大司農帝或巡幸卽輔贊太子知後事出爲東南道行臺尚書徐州刺史爲政尚恩信爲吏人所懷多所降下所營軍處士庶追思號趙行臺頓文宣璽書勞勉徵爲侍中仍掌機密河淸元年進爵安樂公累遷尚書左僕射齊州大中正監國史遷尚書令爲特進封宜陽王武平二年拜司空爲祖珽所閒出爲西兗州刺史四年徵爲司空轉司徒丁母憂尋起爲本官七年六月暴疾薨時年七十彥深歷事累朝常參機近溫柔謹愼喜怒不形於色自皇建以還禮遇稍重每有引見或升御榻常呼官號而不名也凡諸選舉先令銓定提獎人物皆行業爲先輕薄之徒弗之齒也孝昭旣執朝權羣臣密多勸進彥深獨不致言孝昭嘗謂王晞云若言衆心皆謂天下有歸何不見彥深有語晞以告彥深不獲已陳請其爲時重如此常遜言恭己未嘗以驕矜待物所以或出或處去而復還母傅氏雅有操識彥深三歲傅便孀居家人欲以改適自誓以死彥深五歲傅謂之曰家貧而小何以能濟彥深泣而言曰若天哀矜兒大當仰報傅感其意對之流涕及彥深拜太常卿還不脫朝服先入見母跪陳幼小孤露蒙訓得至於此母子相泣久之然後改服後爲宜陽國太妃彥深有七子仲將知名仲將沉敏有父風溫良恭儉雖對妻子亦未嘗怠慢終日儼然學涉羣書善草隸雖與弟書字楷正云草不可不解若施之於人卽似相輕易若與當家中卑幼又恐其疑所在宜爾是以必須隸筆彥深乞轉以萬年縣子授之位給事黃門侍郎散騎常侍隋開皇中位吏部郎終於安州刺史齊朝宰相善始令終唯彥深一人然諷朝廷以子叔堅爲中書侍郎頗招物譏時馮子琮子慈明祖珽子君信並相繼居中書故時語云馮祖及趙穢我鳳池然叔堅身材最劣

北齊書卷三十八考證

元文遙傳依例歲時入朝○北史作入廟朝祀　臣範按北史爲是蓋文遙賜姓高籍屬宗正故從高氏子弟朝祀也

幸得此心○通鑑作幸明此心

文襄謂彥深曰吾昨夜夢獵○　臣荃按北史文襄上有先是二字

北齊書卷三十九

隋太子通事舍人李百藥撰

列傳第三十一

崔季舒

祖珽

崔季舒字叔正博陵安平人父瑜魏鴻臚卿季舒少孤性明敏涉獵經史長於尺牘有當世才具年十七爲州主簿爲大將軍趙郡公琛所器重言之於神武神武親簡丞郎補季舒大行臺都官郎中文襄輔政轉大將軍中兵參軍甚見親寵以魏帝左右須置腹心擢拜中書侍郎文襄爲中書監移門下機事總歸中書又季舒善音樂故內伎亦通隸焉內伎屬中書自季舒始也文襄每進書魏帝有所諫請或文辭繁雜季舒輒修飾通之得申勸戒而已靜帝報答霸朝恒與季舒論之云崔中書是我妳母轉黃門侍郎領主衣都統雖迹在魏朝而心歸霸府密謀大計皆得預聞於是賓客輻湊傾心接禮甚得名譽勢傾崔暹暹嘗於朝堂屏人拜之曰暹若得僕射皆叔父之恩其權重如此時勳貴多不法文襄無所縱捨外議以季舒及崔暹等所爲甚被怨疾及文襄遇難文宣將赴晉陽黃門郞陽休之勸季舒從行曰一日不朝其閒容刀季舒性愛聲色心在閑放遂不請行欲恣其行樂司馬子如緣宿憾及尚食典御陳山提等共列其過狀由是季舒及暹各鞭二百徙北邊天保初文宣知其無罪追爲將作大匠再遷侍中俄兼尚書左僕射儀同三司大被恩遇乾明初楊愔以文宣遺旨停其僕射遭母喪解任起復除光祿勳兼中兵尚書出爲齊州刺史坐遣人渡淮互市亦有贓賄事爲御史所劾會赦不問武成居藩曾病文宣令季舒療病備盡心力大寧初追還引入慰勉累拜度支尚書開府儀同三司營昭陽殿勑令監造以判事式爲胡長仁密言其短出爲西兗州刺史爲進典籤於吏部被責免官又以詣廣寧王宅決馬鞭數十及武成崩不得預於哭泣久之除膠州刺史遷侍中開府食新安河陰二郡幹加左光祿大夫待詔文林館監撰御覽加特進監國史季舒素好圖籍暮年轉更精勤兼推薦人士獎勸文學時議翕然遠近稱美祖珽受委奏季舒揔監內作珽被出韓長鸞以爲珽黨亦欲出之屬車駕將適晉陽季舒與張雕議以爲壽春被圍大軍出拒信使往還須稟節度兼道路小人或相驚恐云大駕向幷畏避南寇若不啓諫必動人情遂與從駕文官連名進諫時貴臣趙彥深唐邕段孝言等初亦同心臨時疑貳季舒與爭未決長鸞遂奏云漢兒文官連名揔署聲云諫止向幷其實未必不反宜加誅戮帝卽召已署表官人集含章殿以季舒張雕劉逖封孝琰裴澤郭遵等爲首並斬之殿庭長鸞令棄其屍於漳水自外同署將加鞭撻趙彥深執諫獲免季舒等家屬男女徙北邊妻女子婦配奚官小男下蠶室沒入貲產季舒大好醫術天保中於徙所無事更銳意研精遂爲名手多所全濟雖位望轉高未曾懈怠縱貧賤廝養亦爲之療庶子長君尚書右丞兵部郎中次鏡玄著作佐郎並流於長城未幾季舒等六人妻

以年老放出後南安王思好更稱朝廷罪惡以季舒等見害爲詞悉召六人兄弟子姪隨軍趣晉陽事敗長君等並從戮六人妻又追入官周武帝滅齊詔斛律光與季舒等六人同被優贈季舒贈開府儀同大將軍定州刺史云

祖珽字孝徵范陽狄道人也父瑩魏護軍將軍珽神情機警詞藻遒逸少馳令譽爲世所推起家秘書郎對策高第爲尚書儀曹郎中典儀注嘗爲冀州刺史万俟受洛制清德頌其文典麗由是神武聞之時文宣爲并州刺史署珽開府倉曹參軍神武口授珽三十六事出而疏之一無遺失大爲僚類所賞時神武送魏蘭陵公主出塞嫁蠕蠕魏收賦出塞及公主遠嫁詩二首珽皆和之大爲時人傳詠珽性疎率不能廉慎守道倉曹雖云州局及受山東課輸由此大有受納豐於財產又自解彈琵琶能爲新曲招城市年少歌儛爲娛遊集諸倡家與陳元康穆子容任胄元士亮等爲聲色之遊諸人嘗就珽宿出山東大文綾并連珠孔雀羅等百餘疋令諸嫗擲樗蒱賭之以爲戲樂參軍元景獻故尚書令元世儁子也其妻司馬慶雲女是魏孝靜帝姑博陵長公主所生珽忽迎景獻妻赴席與諸人遞寢亦以貨物所致其豪縱淫逸如此常云丈夫一生不負身已文宣罷州珽例應隨府規爲倉局之間致請於陳元康元康爲白由是還任倉曹珽又委體附參軍事攝典籤陸子先并爲晝計請糧之際令子先宣教出倉粟十車爲僚官捉送神武親問之珽自言不受署歸罪子先神武信而釋之珽出而言曰此丞相天緣明鑒然實孝徵所爲性不羈放縱曾至膠州刺史司馬世雲家飲酒遂藏銅疊二面廚人請搜諸客果於珽懷中得之見者以爲深恥所乘老馬常稱騮駒又與寡婦王氏姦通每人前相聞往復裴讓之與珽早狎於衆中嘲珽曰卿那得如此詭異老馬十歲猶號騮駒一妻耳順尚稱娘子于時喧然傳之後爲神武中外府功曹神武宴寮屬於坐失金叵羅竇泰令飲酒者皆脫帽於珽髻上得之神武不能罪也後爲秘書丞領舍人事文襄州客至請賣華林遍畧文襄多集書人一日一夜寫畢退其本曰不須也珽以遍畧數帙質錢樗蒱文襄杖之四十又與令史李雙倉督成祖等作晉州啓請粟三千石代功曹參軍趙彥深宣神武教給城局參軍事過典籤高景畧疑其不實密以問彥深彥深答都無此事遂被推檢珽即引伏神武大怒決鞭二百配甲坊加鉗錮其穀倍徵未及科會并州定國寺新成神武謂陳元康溫子昇曰昔作芒山寺碑文時稱妙絶今定國寺碑當使誰作詞也元康因薦珽才學并解鮮卑語乃給筆札就禁所具草二日內成其文甚麗神武以其工而且速特恕不問然猶免官散參相府文襄嗣事以爲功曹參軍及文襄遇害元康被傷創重倩珽作書屬家累事并云祖喜邊有少許物宜早索取珽乃不通此書喚祖喜私問得金二十五鋌唯與喜二鋌餘盡自入又盜元康家書數千卷祖喜懷恨遂告元康二弟叔諶季璩等叔諶以語楊愔愔嚬眉答曰恐不益亡者因此得停文宣作相珽擬補令史十餘人皆有受納而諮取教判并盜官遍畧一部時又際珽秘書丞兼中書舍人還鄴後其事皆發文宣付從事中郎王士雅推檢并書與平陽公淹令錄珽付禁勿令越逸淹遣田曹參軍孫子寬往喚珽受命便爾私逃黃門郎高德正副留臺事謀云珽自知有犯驚竄是常但宣一命向秘書稱奉并州約束須五經三部仰丞親檢校催遣如此則珽意安夜當還宅然後掩取珽果如德正圖遂還宅薄晚就家掩之縛珽送廷尉據犯枉法處絞刑文宣以珽伏事先世謫所司命特寬其罰遂奏免死除名天保元年復被召從駕依除免例參於晉陽珽天性聰明事無難學凡諸伎藝莫不措懷文章之外又善音律解四夷語及陰陽占候醫藥之術尤是所長文宣帝雖嫌其數犯刑憲而愛其才伎令直中書省掌詔誥珽通密狀列中書侍郎陸元規勅令裴英推問元規以應對忤旨被配甲坊除珽尚藥丞尋遷典御又奏造胡桃油復爲割藏免官文宣每規之常呼爲賊文宣崩普選勞舊除爲寧武太守會楊愔等誅不之官授著作郎數上密啓爲孝昭所忿勅中書門下二省斷珽奏事珽善爲胡桃油以塗畫乃進之長廣王因言殿下有非常骨法孝徵夢殿下乘龍上天王謂曰若然當使兄大富貴及即位是爲武成皇帝擢拜中書侍郎帝於後園使珽彈琵琶和士開胡舞各賞物百段士開忌之出爲安德太守轉齊郡太守以母老乞還侍養詔許之會江南使人來聘爲中勞使尋爲太常少卿散騎常侍假儀同三司掌詔誥初珽於乾明皇建之時知武成陰有大志遂深自結納曲相祗奉武成於天保世頻被責心常銜之珽至是希旨上書請追尊太祖獻武皇帝爲神武高祖文宣皇帝改爲威宗景烈皇帝以悅武成武成從之時皇后愛少子東平王儼願以爲嗣武成以後主體正居長難於移易珽私於士開曰君之寵幸振古無二宮車一日晚駕欲何以克終士開因求策爲珽曰宜說主上云襄宣昭帝子俱不得立今宜命皇太子早踐大位以定君臣若事成中宮少主皆德君此萬全計也君此且微說令主上粗解珽當自外上表論之士開許諾因有彗星出太史奏云除舊布新之徵珽於是上書言陛下雖爲天子未是極貴按春秋元命苞云乙酉之歲除舊革政今年太歲乙酉宜傳位東宮令君臣之分早定且以上應天道并上魏獻文禪子故事帝從之由是拜秘書監加儀同三司大被親寵既見重二宮遂志於宰相先與黃門侍郎劉逖友善乃疏侍中尚書令趙彥深侍中和士開等罪狀令逖奏之逖懼不敢通其事頗泄彥深等先詣帝自陳帝大怒執珽詰曰何故毀我士開珽因厲聲曰臣由士開得進本無欲毀之意陛下今既問臣臣不敢不以實對士開文遙彥深等專弄威權控制朝廷與吏部尚書尉瑾內外交通共爲表裏賣官鬻獄政以賄成天下謌謠若爲有識所知安可聞於四裔陛下不以爲意臣恐大齊之業隳矣帝曰爾乃誹謗我珽曰不敢誹謗陛下取人女帝曰我以其儉餓故收養之珽曰何不開倉賑給乃買取將入後宮乎帝益怒以刀環築口鞭杖亂下將撲殺之大呼曰不殺臣陛下得名殺臣臣得名若欲得名莫殺臣爲陛下合金丹遂少獲寬放珽又曰陛下有一范增不能用知可如何帝又怒曰爾自作范增以我爲項羽邪珽曰項羽人身亦何由可及但天命不至耳項羽布衣率烏合衆五年而成霸王業陛下藉父兄資財得至此臣以項羽未易可輕臣何止方於范增縱張良亦不能及張良身傳太子猶因四皓方定漢嗣臣位非輔弼疎外之人竭力盡忠勸陛下禪位使陛下尊爲太上子居宸扆於己及子俱保休祚蕞爾張良何足可數帝愈恚令以土塞于口珽且吐且言無所屈撓乃鞭二百配甲坊尋徙於光州刺史李祖勳遇之甚厚別駕張奉禮希大臣意上言珽雖爲流囚常與刺史對坐勅報曰牢掌奉禮曰牢者地牢也乃爲深坑置諸內苦加防禁桎梏不離其身家人親戚不得臨視夜中以蕪菁子燭熏眼因此失明武成崩後主憶之就除海州刺史是時陸令萱外干朝政其子穆提婆愛幸珽乃遺陸媼弟悉達書曰趙彥深心腹深沉欲行伊霍事儀同姊弟豈得平安何不早用智士邪和士開亦以珽能決大事欲以爲謀主故棄除舊怨虛心待之與陸媼言於帝曰襄宣昭三帝其子皆不得立今至尊獨在帝位者實猶祖孝徵此人有大功宜重報之孝徵心行雖薄奇畧出人緩急眞可憑仗且其雙盲必無反意請喚取問其謀計從之入爲銀青光祿大夫秘書監加開府儀同三司和士開死後仍說陸媼出彥深以珽爲侍中在晉陽通密啓請誅琅邪王其計既行漸被任遇又太后之被幽也珽欲以陸媼爲太后撰魏帝皇太后故事爲太姬言之謂人曰太姬雖云婦人寔是雄傑女媧已來無有也太姬亦稱珽爲國師國寶由是拜尚書左僕射監國史加特進入文林館總監撰書封燕郡公食太原郡幹給兵七十人所住宅在義井坊旁拓鄰居大事修築陸媼自往案行勢傾朝野斛律光甚惡之遙見竊罵云多事乞索小人欲行何計數常謂諸將云邊境消息處分兵馬趙令嘗與吾等參論之盲人掌機密來全不共我輩語止恐悞他國家事又珽頗聞其言因其女皇后無寵以謠言聞上曰百升飛上天明月照長安令其妻兄鄭道蓋奏之帝問珽珽證實又說謠云高山崩槲樹舉盲老翁背上下大斧多事老母不得語珽并云盲老翁是臣云與國同憂戚勸上行語其多事老母似道女侍中陸氏帝以問韓長鸞穆提婆并令高元海段士良密議之衆人未從因光府參軍封士讓啓告光反遂滅其族珽又附陸媼求爲領軍後主許之詔須覆奏取侍中斛律孝卿署名孝卿密告高元海元海語侯呂芬穆提婆云孝徵漢兒兩眼又不見物豈合作領軍也明旦面奏具陳珽不合之狀并書珽與廣寧王孝珩交結無大臣體珽亦求面見帝令引入珽自分疏并云與元海素相嫌必是元海譖臣帝弱顏不能諱曰然珽列元海共司農卿尹子華太府少卿李叔元平准令張叔畧等結朋樹黨遂除子華仁州刺史叔元襄城郡太守叔畧南營州錄事參軍陸媼又唱和之復除元海鄭州刺史珽自是專主機衡總知騎兵外兵事內外親戚皆得顯位後主亦令中要數人扶侍出入著紗帽直至永巷出萬春門向聖壽堂每同御榻論決政事委任之重羣臣莫比自和士開執事以來政體隳壞珽推崇高望官人稱職內外稱美復欲增損政務沙汰人物始奏罷京畿府併於領軍事連百姓皆歸郡縣宿衞都督等號位從舊官名文武章服並依故事又欲黜諸閹豎及羣小輩推誠延士爲致治之方陸媼穆提婆議頗同異珽乃諷御史中丞麗伯律令劾主書王子冲納賂知其事連穆提婆欲使贓罪相及望因此坐并及陸媼猶恐後主溺於近習欲因后黨爲援請以皇后兄胡君瑜爲侍中中領軍又徵君瑜兄梁州刺史君璧欲以

爲御史中丞陸媪聞而懷怒百方排毀卽出君瑜爲金紫光祿大夫解中領軍君璧還鎭梁州皇后之廢頗亦由此王子冲釋而不問珽日益以疎又諸宦者更共譖毀之無所不至後主問諸太姬憫嘿不對及三問乃下牀拜曰老婢合死本見和士開道孝徵多才博學言爲善人故擧之比來看之極是罪過人實難知老婢合死後主令韓長鸞檢案得其詐出勑受賜十餘事以前與其重誓不殺遂解珽侍中僕射出爲北徐州刺史珽求見後主韓長鸞積嫌於珽遣人推出栢閤珽固求面見坐不肯行長鸞乃令軍士牽曳而出立珽於朝堂大加誚責上道後令追還解其開府儀同郡公直爲刺史至州會有陳寇百姓多反珽不關城門守埤者皆令下城靜坐街巷禁斷行人雞犬不聽鳴吠賊無所聞見不測所以疑惑人走城空不設警備珽忽然令大叫鼓譟聒天賊大驚登時走散後復結陣向城珽乘馬自出令錄事參軍王君植率兵馬仍親臨戰賊先聞其盲謂爲不能拒抗忽見親在戎行彎弧縱鏑相與驚怪畏之而罷時穆提婆憾之不已欲令城陷沒賊雖知危急不遣救援珽且戰且守十餘日賊竟奔走城卒保全卒於州子君信涉獵書史多諳雜藝位兼通直散騎常侍聘陳使副中書郎珽出亦見廢免君信弟君彥容貌短小言辭澁訥少有才學隋大業中位至東平郡書佐郡陷翟讓因爲李密所得密甚禮之署爲記室軍書羽檄皆成其手及密敗爲王世充所殺珽弟孝隱亦有文學早知名詞章雖不逮兄亦機警有辯兼解音律魏末爲散騎常侍迎梁使時徐君房庾信來聘名譽甚高魏朝聞而重之接對者多取一時之秀盧元景之徒並降階攝職更遞司賓孝隱少處其中物議稱美孝隱從父弟茂頗有辭情然好酒性率不爲時重大寧中以經學爲本鄉所薦除給事以疾辭仍不復仕珽受任寄故令呼茂茂不獲已暫來就之珽欲爲奏官茂乃逃去珽族弟崇儒涉學有辭藻少以幹局知名武平末司州別駕通直常侍入周爲容昌郡太守隋開皇初終宕州長史

北齊書卷三十九考證

祖珽傳賣泰令餘酒者皆脫帽○元本泰譌太后從南監本改

皆有受納○此句下毛氏本有據法處絞上尋捨之又盜官遍略一部事發共十七字

乃疏侍中尚書令趙彥深侍中和士開等罪狀○一本和士開下有侍中左僕射元文遙八字無等字

北齊書卷四十

隋 太 子 通 事 舍 人 李 百 藥 撰

列傳第三十二

尉　瑾

馮子琮

赫連子悅

唐　邕

白　建

尉瑾字安仁父慶賓爲魏肆州刺史瑾少而敏悟好學慕善稍遷直後司馬子如執政瑾取其外生皮氏女由此擢拜中書舍人旣是子如姻戚數往參詣因與先達名輩微相款狎世宗入朝因命瑾在鄴北宮共高德正典機密肅宗輔政累遷吏部尚書世祖踐祚趙彥深本子如賓僚元文遙和士開並帝鄉故舊共相薦達任遇彌重又吏部銓衡所歸事多秘密由是朝之幾事頗亦預聞尋兼右僕射攝選未幾卽眞病卒世祖方在三臺飮酒文遙奏聞遂命徹樂罷飮瑾外雖通顯內闕風訓閨門穢雜爲世所鄙然亦能折節下士意在引接名流但不別之及官高任重便大躁急省內郎中將論事者逆卽瞋詈不可諮承旣居大選彌自驕狠子德載嗣

馮子琮信都人北燕主馮跋之後也父靈紹度支郎中子琮性聰敏涉獵書傳爲肅宗除領軍府法曹典機密攝庫部肅宗曾閱簿領試令口陳子琮闇對無有遺失子琮妻胡皇后妹也遷殿中郎加東宮管記又奉別詔令共胡長粲輔導太子轉庶子天統元年世祖禪位後主世祖御王殿謂子琮曰少君左右宜得正人以卿心存正直今以後事相委除給事黃門侍郎領主衣都統世祖在晉陽旣居舊殿少帝未有別所詔子琮監造大明宮宮成世祖親自巡幸怪其不甚宏麗子琮對曰至尊幼年纂承大業欲令敦行節儉以示萬邦兼此北連天闕不宜過復崇峻世祖稱善及世祖崩僕射和士開先恒侍疾秘喪三日不發子琮問士開不發喪之意士開引神武文襄初崩並秘喪不擧至尊年少恐王公有貳心意欲普追集涼風堂然後與公詳議時太尉錄尚書事趙郡王叡先恒居內預帷幄之謀子琮素知士開忌叡及領軍臨淮王婁定遠恐其矯遺詔出叡外任奪定遠禁衞之權因答云大行神武之子今上又是先皇傳位羣臣富貴者皆是至尊父子之恩但令在內貴臣一無改易王公已下必無異望世異事殊不得與霸朝相比且公出宮門已經數日升遐之事行路皆傳久而不擧恐有他變於是乃發喪元文遙以子琮太后妹夫恐其奬成太后干政說趙郡王及士開出之拜鄭州刺史卽令之任子琮除州非後主本意中旨殷勤特給後部鼓吹加兵五十人并聽將物度關至州未幾太后爲齊安王納子琮長女爲妃子琮因請假赴鄴遂授吏部尚書其妻恃親放縱請謁公行賄貨塡積守宰除授先定錢帛多少然後奏聞其所通致事無不允子琮亦不禁制俄還尚書左僕射仍攝選和士開居要日久子琮舊所附託卑辭曲躬事事諮稟士開弟休與盧氏婚子琮檢校趨走與士開府寮不異是時內官除授多由士開奏擬子琮旣恃內戚兼帶選曹自擅權寵頗生間隙瑯邪王儼殺士開子琮與其事就內省絞殺之子琮微有識鑒及位望轉隆宿心頓改擢引非類以爲深交縱其子弟官位不依倫次又專營婚媾歷選上門例以官爵許之旬日便驗子慈正

赫連子悅字士欣勃勃之後也魏永安初以軍功爲濟州別駕及高祖起義侯景爲刺史景本尒朱心腹子悅勸景起義景從之除林慮守世宗往晉陽路由是郡因問所不便悅答云臨水武安二縣去郡遙遠山嶺重疊車步艱難若東屬魏郡則地平路近世宗笑曰卿徒知便民不覺損幹子悅答云所言因民疾苦不敢以私潤負公心世宗云卿能如此甚善甚善仍勑依事施行在郡滿更徵爲臨漳令後除鄭州刺史于時新經河淸大水民多逃散子悅親加恤隱戶口益增治爲天下之最入爲都官尚書鄭州民八百餘請立碑頌德有詔許焉後以本官兼吏部子悅在官唯以淸勤自守旣無學術又闕風儀人倫淸鑒去之彌遠一旦居銓衡之首大招物議由是除太常卿卒

唐邕字道和太原晉陽人其先自晉昌徙焉父靈芝魏壽陽令邕少明敏有治世才具太昌初或薦於高祖命其直外兵曹典執文帳邕善書計彊記默識以幹濟見知擢爲世宗大將軍府參軍及世宗崩事出倉卒顯祖部分將士鎭壓四方夜中召邕支配造次便了顯祖甚重之顯祖頻年出塞邕必陪從專掌兵機識悟閑明承變敏速自督將以還軍吏以上勞効由緒無不諳練每有顧問占對如響或於御前簡閱雖三五千人邕多不執文簿暗唱官位姓名未常謬誤七年於羊汾堤講武令邕捴爲諸軍節度事畢仍監宴射之禮是日顯祖親執邕手引至太后前坐於丞相斛律金之上啓太后云唐邕彊幹一人當千仍別賜錦綵錢帛邕非唯彊濟明辨然亦善揣上意進取多途是以恩寵日隆委任彌重顯祖又嘗對邕白太后云唐邕分明彊記每有軍機大事手作文書口且處分耳又聽受實是異人一日之中六度賜物又嘗解所服靑鼠皮裘賜邕云朕意在車馬衣裘與卿共弊十年從幸晉陽除兼給事黃門侍郎領中書舍人顯祖嘗登童子佛寺望并州城曰此是何等城或曰此是金城湯池天府之國帝云我謂唐邕是金城此非金城也其見重如此其後語邕曰卿劬勞旣久欲除卿作州頻勑楊遵彥更求一人堪代卿者遵彥云比遍訪文武如卿之徒實不可得所以遂停此意卿宜勉之顯祖或時切責侍臣不稱旨者云觀卿等擧措不中與唐邕作奴其見賞遇多此類肅宗作相除黃門侍郎於華林園射特賜金帶寶器服玩雜物五百種天統初除侍中并州大中正又拜護軍餘如故邕以軍民教習田獵依令十二月月別三圍以爲人馬疲敝奏請每月兩圍世祖從之後出爲趙州刺史餘官如故世祖謂邕曰朝臣未有帶侍中護軍中正作州者以卿故有此擧放卿百餘日休息至秋間當卽追卿還右僕射又遷尚書令封晉昌王錄尚書事屬周師來寇丞相高阿那肱率兵赴援邕配割不甚從允因此有隙肱譖之遣侍中斛律孝卿宣旨責讓留身禁止尋釋之車駕將幸晉陽勑孝卿總知騎兵度支事多自決不相詢稟邕自恃從霸朝以來常典樞要歷事六帝恩遇甚重一旦爲孝卿所輕負氣鬱怏形於辭色帝平陽敗後狼狽還鄴都邕懼那肱譖之恨斛律孝卿輕已遂留晉陽與莫多婁敬顯等宗樹安德王爲帝信宿城陷邕遂降周依例授儀同大將軍卒於鳳州刺史邕性識明敏通解時事齊氏一代典執兵機凡是九州軍士四方勇募彊弱多少番代往還及器械精麤糧儲虛實精心勤事莫不諳知自大寧以來奢侈糜費比及武平之末府藏漸虛邕度

支取捨大有裨益然既被任遇意氣漸高其未經府寺陳訴越覽詞牒條數甚多俱爲憲臺及左丞彈糾並御注放免司空從事中郎封長業太尉記室參軍平濤並爲徵官錢違限邕各杖背二十齊時宰相未有撻朝士者至是甚駭物聽邕三子長子君明開府儀同三司開皇初卒於應州刺史次子君徹中書舍人隋順戎二州刺史大業中卒於武賁郎將少子君德以邕降周伏法齊朝因高祖作相丞相府外兵曹騎兵曹分掌兵馬及天保受禪諸司監咸歸尚書唯此二曹不廢令唐邕白建主治謂之外兵省其後邕建位望轉隆各爲省主令中書舍人分判二省事故世稱唐白云

白建字彥舉太原陽邑人也初入大丞相府騎兵曹典執文帳明解書計爲同局所推天保十年兼中書舍人肅宗輔政除大丞相騎兵參軍河清三年突厥入境代忻二牧悉是細馬合數萬匹在五臺山北柏谷中避賊賊退後勅建就彼檢校續使人詣建間領馬送定州付民養飼建以馬久不得食瘦弱遠送恐多死損遂違勅以便宜從事隨近散付軍人啓知勅許焉戎乘無損建有力焉武平末歷特進侍中中書令建雖無他才勤於在公屬王業始基戎寄爲重建與唐邕俱以典執兵馬致位卿相晉陽國之下都每年臨幸徵詔差科責成州郡本藩寮佐爰及守宰諮承陳請趨走無暇諸子幼稚俱爲州郡主簿新君選補必先召辟男婚女嫁皆得勝流當世以爲榮寵之極武平七年卒

北齊書卷四十考證

尉瑾傳少而敏悟好學慕善稍遷直後○北史慕善下有以閨姓門賁五字

意在引接名流但不別之○一本之作白

爲肅宗除領軍府法曹○推尋文義除字疑衍

且公出宮門已經數日○北史公作不

北齊書卷四十一

隋 太子通事舍人李百藥撰

列傳第三十三

暴顯 皮景和 鮮于世榮 綦連猛

元景安 獨孤永業 傅伏 高保寧

暴顯字思祖魏郡斥邱人也祖喟魏琅邪太守朔州刺史因家邊朔父誕魏恒州刺史左衞將軍樂安公顯幼時見一沙門指之曰此郎子有好相表大必爲良將貴極人臣語終失僧莫知所去顯少經軍旅善於騎射曾從魏孝莊帝出獵一日之中手獲禽獸七十三孝昌二年除羽林監中興元年除襄威將軍晉州車騎府長史後從高祖於信都舉義授中堅將軍散騎侍郎帳內大都督加安東將軍銀青光祿大夫屯留縣開國侯天平二年除渤海郡守元象元年除雲州大中正兼武衞將軍加鎭東將軍二年除北徐州刺史當州大都督從高祖與西師戰於邙山高祖令顯守河橋鎭據中潬城武定二年除征南將軍廣州刺史侯景反於河南爲景所攻顯率左右二十餘騎突出賊營拔難歸國時高岳慕容紹宗等討景卽配顯士馬隨岳等破景於渦陽武定六年拜太府卿從世宗平王思政於潁川授潁州刺史七年轉鄭州刺史八年加驃騎將軍進侯爲公通前食邑一千三百戶天保元年加衞大將軍刺史如故二年與清河王高岳襲歷陽取之爲賊貨解鄭州大理禁止處斷未訖爲合肥被圍遣與步汗薩慕容儼等同攻梁北徐州擒刺史王彊與梁秦州刺史嚴超達戰於涇城破之五年授儀同三司其年又與高岳南臨漢水攻下梁西楚州獲刺史許法光于時梁將蕭循與侯瑱等圍慕容儼於郢州復以顯爲水軍大都督從攝口入江救之師還加開府儀同三司賞帛五百疋十年食幽州范陽郡幹乾明元年除車騎大將軍皇建元年轉封樂安郡開國公二年除趙州刺史河清元年遷洛州刺史二年復除朔州刺史秩滿歸天統元年加特進驃騎大將軍封定陽王四年卒年六十六

皮景和琅邪下邳人也父慶賓魏淮南王開府中兵參軍事正光中因使懷朔遇世亂遂家廣寧之石門縣景和少通敏善騎射初以親信事高祖後補親信副都督武定二年征步落稽世宗疑賊有伏兵令景和將五六騎深入一谷中値賊百餘人便共格戰景和射數十人莫不應弦而倒高祖嘗令景和射一野豕一箭而獲之深見嗟賞除庫直正都督天保初授假節通州刺史封永寧縣開國子後從襲庫莫奚加左右大都督又從度黃龍征契丹定稽胡尋從討茹茹主菴羅辰於陘北又從平茹茹餘燼景和趨捷有武用每有戰功十年食安樂郡幹乾明元年除武衞將軍兼給事黃門侍郎肅宗作相以本官攝大丞相府從事中郎大寧元年除儀同三司散騎常侍武衞大將軍尋加開府二年出爲梁州刺史三年突厥圍逼晉陽令景和馳驛赴京督領後軍赴并州未到間賊已退仍除領左右大將軍食齊郡幹又除并省五兵尚書天統元年遷殿中尚書二年除侍中景和於武職之中兼長吏事又性識均平故頻有美授周通好之後冠蓋往來常令景和對接每與使人同射百發百中甚見推重武平中詔獄多令中黃門等監治恒令景和按覆據理執正由是過無枉濫後除特進中領軍封廣漢郡開國公又隨斛律光率衆西討魏姚白亭二城別封永寧郡開國公又除領軍將軍又從軍拔宜陽城封開封郡開國公琅邪王之殺和士開也兵指西閤內外惶惑莫知所爲景和請後主出千秋門白號令事平除尚書右僕射趙州刺史尋遷河南行臺尚書右僕射洛州刺史陳將吳明徹寇淮南令景和率衆拒之除領軍大將軍封文城郡王轉食高陽郡幹軍至祖口值土人陳暄等作亂景和平之又有陽平人鄭子饒詐依佛道設齋會用米麴不多供贍甚廣密從地藏漸出餅飯愚人以爲神力見信於魏衞之間將爲逆亂謀泄掩討漏逸乃潛度河聚衆數千自號長樂王已破乘氏縣又欲襲西兗州城景和自南兗州遣騎數百擊破之斬首二千餘級生擒子饒送京師烹之及吳明徹圍壽陽勅令景和與賀拔伏恩等赴救景和以尉破胡軍始喪敗怯懦不敢進頓兵淮口頻有勅使催促然始度淮屬壽陽已陷狼狽北還器械軍資大致遺失陳將蕭摩訶率步騎於淮北倉陵城截之景和得整旅逆戰摩訶退歸是時拒吳明徹者多致傾覆唯景和全軍而還由是獲賞除尚書令別封西河郡開國公賜錢二十萬酒米十車時陳人聲將度淮令景和停軍西兗州爲拒守節度武平六年病卒年五十五贈侍中使持節都督定常朔幽定平六州諸軍事太尉公錄尚書事定州刺史長子信機悟有風神微涉書傳武平末開府儀同三司武衞將軍於勳貴子弟之中稱其識鑒於并州降周軍授上開府軍正中大夫隋開皇中卒於洮州刺史少子宿達武平末太子齋帥有才藻檢行開皇中通事舍人丁母憂起復將赴京辭靈慟哭而絶久而獲蘇不能下食三日致死

鮮于世榮漁陽人也父寶業懷朔鎭將武平初贈儀同三司祠部尚書朔州刺史世榮少而沈敏有器幹興和二年爲高祖親信副都督稍遷平西將軍賜爵石門縣子後頻從顯祖討茹茹破稽胡又從高岳平郢州除持節河州刺史食朝歌縣幹尋爲肅宗丞相府諮議參軍皇建中除儀同三司武衞將軍天統二年加開府又除鄭州刺史武平中以平信州賊除領軍將軍轉食上黨郡幹從平高思好封義陽王七年後主幸晉陽令世榮以本官判尚書右僕射事貳北平王北宮留後尋有勅令與吏部尚書袁聿修在尚書省檢試舉人爲乘馬至雲龍門外入省北門爲憲司舉奏免官後主圍平陽除世榮領軍將軍周師將入鄴除領軍大將軍太子太傅於城西拒戰敗被擒爲周武所殺世榮雖武人無文藝以朝危政亂每竊歎之見徵稅無厭賜與過度發言歎惜子子貞武平末假儀同三司

綦連猛字武兒代人也其先姬姓六國末避亂出塞保祁連山因以山爲姓北人語訛故曰綦連氏父元成燕郡太守猛少有志氣便習弓馬永安三年尒朱榮徵爲親信至洛陽榮被害卽從尒朱世隆奔出建州仍從尒朱兆入洛其年又從兆討紇豆陵步藩補都督普泰元年加征虜將軍中散大夫猛父母兄弟皆在山東尒朱京纏欲投高祖謂猛曰王以尒父兄皆在山東每懷不信尒若不走今夜必當殺尒可走去猛以素蒙兆恩拒而不從京纏曰我今亦欲去尒從我不猛又不從京纏乃舉矟曰尒不從我必剌尒猛乃從之去城五十餘里卽背京纏復歸尒朱及兆敗乃歸高祖高祖問曰尒朱京纏將尒投我尒中路背去何也猛乃具陳服事之理不可貳心高祖曰尒莫懼服事人法須如此遂補都督步落稽等起逆在覆釜山使猛討之大捷特被賞賚元象元年從高祖向河陽與周文帝戰於邙山二年除平東將軍中散大夫其年又轉中外府帳內都督賞邙山之功封廣興縣開國君五年梁使來聘云有武藝求訪北人欲與相角世宗遣猛就館接之雙帶兩鞬左右馳射兼共試力挽彊弓梁人引弓兩張力皆三石猛遂併取四張疊而挽之過度梁人嗟服之其年除撫軍將軍別封石城縣開國子食肆州平寇縣幹天保元年除都督東秦州刺史別封雍州京兆郡覆城縣開國男從顯祖討契丹大獲戶口又隨斛律敦北征茹茹敦令猛輕將百騎深入覘候還至白道與軍相會因此追躡遂大

破之賚帛三百段七年除武衞將軍儀同三司九年轉武衞大將軍乾明初加車騎大將軍皇建元年封石城郡開國伯尋進爵爲君二年除領左右大將軍從肅宗討奚賊大捷獲馬二千疋牛羊三萬頭河清二年加開府突厥侵逼晉陽勅猛將三百騎覘賊遠近行至城北十五里遇賊前鋒以敵衆多遂漸退避賊中有一驍將超出來鬭猛遙見之卽亦挺身獨出與其相對俯仰之閒刺賊落馬因卽斬之三年別封武安縣開國君加驃騎大將軍天統元年遷右衞大將軍乃奉世祖勅恒令在嗣主左右兼知內外機要之事三年除中領軍四年轉領軍將軍別封義寧縣開國君五年除并省尚書左僕射餘如故除并省尚書令領軍大將軍封山陽王猛自和士開死後漸預朝政疑議與奪咸亦咨禀趙彥深以猛武將之中頗疾姦佞言議時有可采故引知機事祖珽既出彥深以猛爲趙之黨與乃除光州刺史已發至牛蘭忽有人告和士開被害日猛亦知情遂被追止還入內禁留簿錄家口尋見釋削王爵士以開府赴州在任寬惠清愼吏民稱之淮陰王阿那肱與猛有舊每欲攜引之曾有勅徵詣闕似欲委寄韓長鸞等沮難復除膠州刺史尋徵還令在南兗防捍後主平陽敗還又徵赴鄴除大將軍齊亡入周尋卒

元景安魏昭成五世孫也高祖虔魏陳留王父永少爲奉朝請自積射將軍爲元天穆薦之於尒朱榮參立孝莊之謀賜爵代郡公加將軍太中大夫二夏幽三州行臺左丞持節招納降戶四千餘家榮又啓封永朝那縣子邑三百戶持節南幽州刺史假撫軍將軍天平初高祖以爲行臺左丞尋除潁州刺史又爲北揚州刺史天保中徵拜大司農卿還銀青光祿大夫依例降爵爲乾鄉男大寧二年遷金紫光祿大夫景安沉敏有幹局少工騎射善於事人釋褐尒朱榮大將軍府長流參軍加寧遠將軍又轉榮大丞相府長流參軍高祖平洛陽領軍婁昭薦補京畿都督父永啓迴代郡公授之加前將軍太中大夫隨武帝西入天平末大軍西討景安臨陣自歸高祖嘉之卽補都督與和中轉領親信都督邙山之役力戰有功賜爵西華縣都鄉男代郡公如故世宗入朝景安隨從在鄴于時江南款附朝貢相尋景安妙閑馳騁雅有容則每梁使至恒令與斛律光皮景和等對客騎射見者稱善世宗嗣事啓減國封分錫將士封石保縣開國子邑三百戶加安西將軍又授通州刺史加鎭西將軍轉子爲伯增邑通前六百戶餘如故天保初加征西將軍別封興勢縣開國伯帶定襄縣令賜姓高氏三年從破庫莫奚於代川轉領左右大將督餘官並如故四年從討契丹於黃龍領北平太守後頻從駕再破茹茹遷武衞大將軍又轉領左右大將軍兼七兵尚書時初築長城鎭戍未立突厥强盛慮或侵邊仍詔景安與諸軍緣塞以備守督領既多且所部軍人富於財物遂賄貨公行顯祖聞之遣使推檢同行諸人贓汙狼籍唯景安纖毫無犯帝深嘉歎乃詔有司以所聚斂贓絹伍百疋賜之以彰清節又轉都官尚書加儀同三司食高平郡幹又拜儀同三司乾明元年轉七兵尚書加車騎大將軍皇建元年又兼侍中馳驛詣鄴慰勞百司巡省風俗肅宗曾與羣臣於西園醼射文武預者二百餘人設侯去堂百四十餘步中的者賜與良馬及金玉錦綵等有一人射中獸頭去鼻寸餘唯景安最後有一矢未發帝令景安解之景安徐整容儀操弓引滿正中獸鼻帝嗟賞稱善特賚馬兩疋玉帛雜物又加常等大寧元年加開府二年轉右衞將軍尋轉右衞大將軍天統初判并省尚書右僕射尋出爲徐州刺史四年除豫州道行臺僕射豫州刺史加開府儀同三司武平三年進授行臺尚書令刺史如故封歷陽郡王景安之在邊州鄰接他境綏和邊鄙不相侵暴人物安之又管內蠻多華少景安被以威恩咸得寧輯比至武平末招慰生蠻輸租賦者數萬戶六年徵拜領軍大將軍入周以大將軍大義郡開國公率衆討稽胡戰沒子仁武平末儀同三司武衞隋驃騎將軍卒於丹陽太守初永兄祚襲爵陳留王祚卒子景皓嗣天保時諸元帝室親近者多被誅戮疏宗如景安之徒議欲請姓高氏景皓云豈得棄本宗逐他姓大丈夫寧可玉碎不能瓦全景安遂以此言白顯祖乃收景皓誅之家屬徙彭城由是景安獨賜姓高氏自外聽從本姓永弟种子豫字景豫美姿儀有器幹永安中羽林監元顥入洛以守河內功賜爵永安君後爲濮陽郡守魏彭城王韶引爲開府諮議參軍韶出鎭定州啓爲定州司馬及景安告景皓慢言引豫言相應和豫占云爾時以衣袖掩景皓口云兄莫妄言及問景皓與豫所列符同獲免自外同閭語者數人皆流配遠方豫卒於徐州刺史

獨孤永業字世基本姓劉中山人母改適獨孤氏永業幼孤隨母爲獨孤家所育養遂從其姓焉止於軍士之中有才幹便弓馬被簡擢補定州六州都督宿衞晉陽或稱其有識用者世宗與語悅之超授中外府外兵參軍天保初除中書舍人豫州司馬永業解書計善歌舞甚爲顯祖所知乾明初出爲河陽行臺右丞遷洛州刺史又轉左丞刺史如故加散騎常侍宜陽深在敵境周人於黑澗築城戍以斷糧道永業亦築鎭以抗之治邊甚有威信遷行臺尚書至河清三年周人寇洛州永業恐刺史段思文不能自固馳入金墉助守周人爲土山地道曉夕攻戰經三旬大軍至寇乃退永業久在河南善於招撫歸降者萬計選其二百人爲爪牙每先鋒以寡敵衆周人憚之加儀同三司賞賜甚厚性鯁直不交權勢斛律光求二婢弗得毀之於朝廷河清末徵爲太僕卿以乞伏貴和代之於是西境蹙弱河洛人情騷動武平三年遣永業取斛律豐洛因以爲北道行臺僕射幽州刺史尋徵爲領軍將軍河洛民庶多思永業朝廷又以疆埸不安除永業河陽道行臺僕射洛州刺史周武帝親攻金墉永業出兵禦之問曰是何達官作何行動周人曰至尊自來主人何不出看客永業曰客行忽速是故不出乃通夜辦馬槽二千周人聞之以爲大軍將至乃解圍去永業進位開府封臨川王有甲士三萬初聞晉州敗請出兵北討奏寢不報永業慨憤又聞并州亦陷爲周將常山公所逼乃使其子須達告降於周周武授永業上柱國宣政末出爲襄州總管大象二年爲行軍摠管崔彥睦所殺

傅伏太安人也父元興儀同北蔚州刺史伏少從戎以戰功稍至開府永橋領民大都督周帝前攻河陰伏自橋夜渡入守中潬城南城陷被圍二旬不下救兵至周師還伏謂行臺乞伏貴和曰賊已疲弊願得精騎二千追擊之可捷也貴和弗許武平六年除東雍州刺史會周兵來逼伏出戰却之周剋晉州執獲行臺尉相貴以之招伏伏不從後主親救晉州以伏爲行臺右僕射周軍來掠伏擊走之周克并州遣韋孝寬與其子世寬來招伏曰并州已平故遣公兒來報便宜急下授上大將軍武鄉郡開國公卽給告身以金馬碯二酒鍾爲信伏不受謂孝寬曰事君有死無貳此兒爲臣不能竭忠爲子不能盡孝人所讐疾願卽斬之以號令天下周帝自鄴還至晉州遣高阿那肱等百餘人臨汾召伏伏出軍隔水相見問至尊今在何處阿那肱曰已被捉獲別路入關伏仰天大哭率衆入城於廳事前北面哀號良久然後降周帝見之曰何不早下伏流涕而對曰臣三世蒙齊家衣食被任如此革命不能自死羞見天地周帝親執其手曰爲臣當若此朕平齊國唯見公一人乃自食一羊肋以骨賜伏曰骨親肉疎所以相付遂別引之與同食令於侍伯邑宿衞授上儀同勑之曰若卽與公高官恐歸投者心動努力好行無慮不富貴又問前救河陰得何官職伏曰蒙一轉授特進永昌郡開國公周帝謂後主曰朕前三年教習兵馬決意往取河陰正爲傅伏能守城不可動是以收軍而退公當時賞授何其薄也賜伏金酒巵後以爲岷州刺史尋卒齊軍晉州敗後兵將罕有全節者其殺身成仁者有儀同叱干苟生鎭南兗州周帝破鄴赦書至苟生自縊死又有開府中侍中宦者田敬宣本字鵬鸞人也年十四五便好讀書既爲閹寺伺隙便周章詢請每至文林館氣喘汗流問書之外不暇他語及覩古人節義事未嘗不感激沈吟顏之推重其勤學甚加開奬後遂通顯後主之奔青州遣其西出參伺動靜爲周軍所獲問齊主何在紿云已去歐捶服之每折一支辭色愈厲竟斷四體而卒又有雷顯和晉州敗後爲建州道行臺右僕射周帝使其子招焉顯和禁其子而不受聞鄴城敗乃降後主失并州使開府紇奚永安告急於突厥他鉢略可汗及聞齊滅他鉢處永安於吐谷渾使下永安抗言曰本國既敗永安豈惜賤命欲閉氣自絕恐天下不知大齊有死節臣唯乞一刀以顯示遠近他鉢嘉其壯烈贈馬七十匹而歸

高保寧代人也不知其所從來武平末爲營州刺史鎭黃龍夷夏重其威信周師將至鄴幽州行臺潘子晃徵黃龍兵保寧率驍銳并契丹靺鞨萬餘騎將赴救至北平知子晃已發薊又聞鄴都不守便歸營周帝遣使招慰不受勑書范陽王紹義在突厥中上表勸進范陽署保寧爲丞相及盧昌期據范陽城起兵保寧引紹義集夷夏兵數萬騎來救之至潞河知周將宇文神舉已屠范陽還據黃龍竟不臣周

史臣曰皮景和等爰自霸基策名戎幕間關夷險迄於末運位高任重咸遂本誠亦各遇其時也傅伏之徒俱表忠節不然則丹青簡冊安可貴乎

贊曰唯此諸將榮名是保不愆不忘以斯終老傅子之輩逢茲不造未遇烈風誰知勁草

北齊書卷四十一考證

元景安傳四年從討契丹於黃龍領北平太守○按北平上疑有脫失

北齊書卷四十二

隋太子通事舍人李百藥撰

列傳第三十四

陽斐
盧潛
崔劼
盧叔武
陽休之
袁聿修

陽斐字叔鸞北平漁陽人也父藻魏建德太守贈幽州刺史孝莊時斐於西兗州督護流民有功賜爵方城伯歷侍御史兼都官郎中廣平王開府中郎修起居注興和中除起部郎中兼通直散騎常侍聘於梁梁尚書羊侃魏之叛人也與斐有舊欲請斐至宅三致書斐不荅梁人曰羊來已久經貴朝遷革李盧亦詣宅相見卿何致難斐曰柳下惠則可吾不可梁主乃親謂斐曰羊侃極願相見今二國和好天下一家安得復論彼此斐終辭焉使還除廷尉少卿石濟河溢橋壞斐修治之又移津於白馬中河起石潬兩岸造關城累年乃就東郡太守陸士佩以黎陽關河形勝欲因山卽壑以爲公家苑囿遣斐書曰當諮大將軍以足下爲匠者斐荅書拒曰當今殷憂啓聖運遭昌曆故大丞相天啓霸功再造太極大將軍光承先構嗣績丕顯國步始康民勞未息誠宜輕徭薄賦勤恤民隱詩不云乎民亦勞止迄可小康惠此中國以綏四方古之帝王亦有表山刊樹未足盡其意下輦成宴詎能窮其情正足以靡天地之財用剝生民之髓腦是故孔子對葉公以來遠酬哀公以臨民所問雖同所急異務故也相如壯上林之觀揚雄騁羽獵之辭雖係以隤墻塡壍亂以收罝落網而言無補於風規祇足昭其愆戾也尋轉尚書右丞天保初除鎭南將軍尚書吏部郎中以公事免久之除都水使者顯祖親御六軍北攘突厥仍詔斐監築長城作罷行南譙州事加通直散騎常侍壽陽道行臺左丞遷散騎常侍食陳留郡幹未幾除徐州刺史帶東南道行臺左丞乾明元年徵拜廷尉卿遷衞大將軍兼都官尚書行太子少傅徙殿中尚書以本官監瀛州事抗表致仕優詔不許頃之拜儀同三司食廣阿縣幹卒於位贈使持節都督北豫光二州諸軍事驃騎大將軍儀同三司中書監北豫州刺史諡曰敬簡子師孝中書舍人

盧潛范陽涿人也祖尚之魏濟州刺史父文符通直侍郎潛容貌瓌偉善言談少有成人志尚儀同賀拔勝辟開府行參軍補侍御史世宗引爲大將軍西閤祭酒轉中外府中兵參軍機事強濟爲世宗所知言其終可大用王思政見獲於潁川世宗重其才識潛曾從容白世宗云思政不能死節何足可重世宗謂左右曰我有盧潛便是更得一王思政天保初除中書舍人以奏事忤旨免尋除左民郎中坐譏議魏書與王松年李庶等俱被禁止會清河王岳將救江陵特赦潛以爲岳行臺郎還遷中書侍郎尋遷黃門侍郎黃門鄭子默奏言潛從清河王南討清河王令潛說梁將侯瑱大納賂遺還不奏聞顯祖杖潛一百仍截其鬚左遷魏郡丞尋除司州別駕出爲江州刺史所在有治方肅宗作相以潛爲揚州道行臺左丞先是梁將王琳爲陳兵所敗擁其主蕭莊歸壽陽朝廷以琳爲揚州刺史敕潛與琳爲南討經略琳部曲故義多在揚州與陳寇鄰接潛輯諧內外甚得邊俗之和陳秦譙二州刺史王奉國合州刺史周令珍前後入寇潛輒破平之以功加散騎常侍食彭城郡幹遷合州刺史左丞如故又除行臺尚書尋授儀同三司王琳銳意圖南潛以爲時事未可屬陳遣移書至壽陽請與國家和好潛爲奏聞仍上啓且願息兵依所請由是與琳有隙更相表列世祖追琳入京除潛揚州刺史領行臺尚書潛在淮南十三年任總軍民大樹風績甚爲陳人所憚陳主與其邊將書云盧潛猶在壽陽聞其何當還北此虜不死方爲國患卿宜深備之顯祖初平淮南給十年優復年滿之後逮天統武平中徵稅煩雜又高元海執政斷漁獵人家無以自資諸商胡負官責息者宦者陳德信縱其妄注淮南富家令州縣徵責又勑送突厥馬數千疋於揚州管內令土豪貴買之錢直始入便出勑括江淮間馬並送官廐由是百姓騷擾切齒嗟怨潛隨事撫慰兼行權略故得寧靖武平三年徵爲五兵尚書揚州吏民以潛戒斷酒肉篤信釋氏大設僧會以香華緣道流涕送之潛歎曰正恐不久復來耳至鄴未幾陳將吳明徹度江侵掠復以潛爲揚州道行臺尚書五年與王琳等同陷尋死建業年五十七其家購屍歸葬贈開府儀同三司尚書左僕射兗州刺史無子以弟士邃子元孝爲嗣士邃字子淹少爲崔昂所知昂云此昆季足爲後生之俊但恨其俱不讀書耳歷侍御史司徒祭酒尚書郎鄴縣令尚書左右丞吏部郎中出爲中山太守帶定州長史齊亡後卒潛從祖兄懷仁字子友魏司徒司馬道將之子懷仁涉學有文辭情性恬靖常蕭然有閑放之致歷太尉記室弘農郡守不之任卜居陳留界所著詩賦銘頌二萬餘言又撰中表實錄二十卷懷仁有行檢善與人交與瑯邪王衍隴西李壽之情好相得曾謂衍云昔太丘道廣許邵知而不顧嵇生性情鍾會過而絕言吾處季孟之閒去其泰甚衍以爲然武平末卒懷仁兄子莊之少有名望官歷太子舍人定州別駕東平太守武平中都水使者卒官懷仁從父弟昌衡魏尚書左僕射道虔之子武平末尚書郎沈靖有才識風儀蘊籍容止可觀天保中尚書王昕以雅談獲罪諸弟尚守而不墜自茲以後此道頓微昌衡與頓丘李若彭城劉泰珉河南陸彥師隴西辛德源太原王脩並爲後進風流之士昌衡從父弟思道魏處士道亮之子神情俊發少以才學有盛名武平末黃門侍郎待詔文林館思道從父兄正達正思正山魏右光祿大夫道約之子正達尚書郎正思北徐州刺史太子詹事儀同三司正山永昌郡守兄弟以后舅武平中並得優贈正山子公順早以文學見知武平中符璽郎待詔文林館與博陵崔君洽隴西李師上同志友善從駕晉陽寓居僧寺朝士謂康寺三少爲物論推許正達從父弟熙裕父道舒爲長兄道將讓爵由是熙裕襲固安伯虛淡守道有古人之風爲親表所敬重潛從祖兄遜之魏尚書義僖之子清靖寡欲卒於司徒記室參軍

崔劼字彥玄本清河人曾祖曠南度河居青州之東時宋氏於河南立冀州置郡縣卽爲東清河郡人南縣分易更爲南平原貝丘人也世爲三齊大族祖靈延宋長廣太守父光魏太保劼少而清虛寡欲好學有家風魏末自開府行參軍歷尚書儀曹郎秘書丞修起居注中書侍郎興和三年兼通直散騎常侍使于梁天保初以議禪代除給事黃門侍郎加國子祭酒直內省典機密清儉勤慎甚爲顯祖所知拜南青州刺史在任有政績皇建中入爲秘書監齊州大中正轉鴻臚卿遷并省度支尚書俄授京省尋轉五兵尚書監國史在臺閣之中見稱簡正世祖之將禪後主先以問劼劼諫以爲不可由是忤意出爲南兗州刺史代還重爲度支尚書儀同三司食文登縣幹尋除中書令加開府待詔文林館監撰新書遇病卒時年六十六贈齊州刺史尚書右僕射諡曰文貞初和士開擅朝曲求物譽諸公因此頗爲子弟干祿世門之胄多處京官而劼二子拱撝並爲外任弟廓之從容謂劼曰拱撝幸得不凡何爲不在省府之中清華之所而並出外藩有損家代劼曰立身以來恥以一言自達今若進兒與身何異卒無所求聞者莫不歎服拱天統中任城王湝丞相諮議參軍管記室撝揚州錄事參軍廓之沉隱有識量以學業見稱自臨水令爲瑯邪王儼大司馬西閤祭酒遷領軍功曹參軍武平中卒

盧叔武范陽涿人青州刺史文偉從子也父光宗有志尚叔武兩兄觀仲宣並以文章顯於洛下叔武少機悟豪率輕俠好奇策慕諸葛亮之爲人爲賀拔勝荊州開府長史勝不用其計棄城奔梁叔武歸本縣築室臨陂優遊自適世宗降辟書辭疾不到天保初復徵不得已布裘乘露車至鄴楊愔往候之以爲司徒諮議稱疾不受肅宗卽位召爲太子中庶子加銀青光祿大夫問以世事叔武勸討關西畫地陳兵勢曰人衆敵者當任智謀鈞者當任勢力故強者所以制弱富者所以兼貧今大齊之比關西強弱不同貧富有異而戎馬不息未能吞并此失於不用強富也輕兵野戰勝負難必是胡騎之法非深謀遠筭萬全之術也宜立重鎭於平陽與彼蒲州相對深溝高壘運糧積甲築城戍以屬之彼若閉關不出則取其黃河以東長安窮蹙自然困死如彼出兵非十萬以上不爲我敵所供糧食皆出關內我兵士相代年別一番穀食豐饒運送不絕彼來求戰我不應之彼若退軍卽乘其弊自長安以西民疏城遠敵兵來往實有艱難與我相持農作且廢不過三年彼自破矣帝深納之又願自居平陽成此謀略上令元文遙與叔武參謀撰平西策一卷未幾帝崩事遂寢世祖踐阼拜儀同三司都官尚書出爲合州刺史武平中遷太子詹事右光祿大夫叔武在鄉時有粟千石每至春夏鄉人無食者令自載取至秋任其償都不計校然而歲歲常得倍餘既在朝通貴自以年老兒子又多遂營一大屋曰歌於斯哭於斯魏收曾來詣之訪以洛京舊事不待食而起云難爲子費叔武留之良久食至但有粟飧葵菜木椀盛之片脯而已所將僕從亦盡設食一與此同齊滅歸范陽遭亂城陷叔武與族弟士邃皆以寒餒致斃周將宇文神舉以其有名德收而葬之叔武族孫臣客父子規魏尚書郎林慮郡守臣客風儀甚美少有志向雅有法度好道家之言其姊爲任城王妃天保末任城王致之於朝廷由是擢拜太子舍人遷司徒記室請歸侍祖母李強之令仕不得已而順命除太子舍人太子中庶子武平中兼散騎常侍聘陳還卒於路贈鄭州刺史鴻臚卿

陽休之字子烈，右北平無終人也。父固，魏洛陽令，贈太常少卿。休之儁爽有風槩，少勤學，愛文藻，弱冠擅聲，爲後來之秀。幽州刺史常景、王延年竝召爲州主簿。魏孝昌中，杜洛周破薊城，休之與宗室及鄉人數千家南奔章武，轉至青州。是時葛榮寇亂，河北流民多湊青部。休之知將有變，乃請其族叔伯彥等曰：「客主勢異，競相陵侮，禍難將作。如鄙情所見，宜潛歸京師避之。」諸人多不能從，休之垂涕別去。俄而邢杲作亂，伯彥等咸爲士民所殺，一時遇害諸陽死者數十人，唯休之兄弟獲免。莊帝立，解褐員外散騎侍郎，尋以本官領御史，遷給事中、太尉記室參軍，加輕車將軍。李神儁監起居注，啓休之與河東裴伯茂、范陽盧元明、河間邢子明等俱入撰次。永安末，洛州刺史李海啓除冠軍長史。普泰中，兼通直散騎侍郎，加鎮遠將軍，尋爲太保長孫稚府屬。尋勑與魏收、李同軌等修國史。太昌初，除尚書祠部郎中，尋進征虜將軍、中散大夫。賀拔勝出爲荊州刺史，啓補驃騎長史。勝爲行臺，又請爲右丞。勝經略樊沔，又請爲南道軍司。俄而魏武帝入關，勝令休之奉表詣長安參謁。時高祖亦啓除休之太常少卿。尋屬勝南奔，仍隨至建業。休之聞高祖推奉靜帝，乃白勝啓梁武求還。以天平二年達鄴，仍奉高祖命赴晉陽。其年冬，授世宗開府主簿。明年春，世宗爲大行臺，復引爲行臺郎中。四年，高祖幸汾陽之天池，於池邊得一石，上有隱起，其文曰「六王三川」。高祖獨於帳中問之：「此文字何義？」對曰：「六者是大王之字，王者當王有天下。此乃大王符瑞，受命之徵。既於天池得此石，可謂天意命王也。吉不可言。」高祖又問：「三川何義？」休之曰：「河、洛、伊爲三川，亦云涇、渭、洛爲三川。河、洛、伊，洛陽也；涇、渭、洛，今雍州也。大王若乘天命，終應統有關右。」高祖曰：「世人無事常道我欲反，今聞此，更致紛紜，愼莫妄言也。」元象初，錄荊州軍功，封新泰縣開國伯，食邑六百戶。除平東將軍、太中大夫、尚書左民郎中。興和二年，兼通直散騎常侍，副清河崔長謙使於梁。武定二年，除中書侍郎。時有人士戲嘲休之云：「有觸藩之羝羊，乘連錢之驄馬，從晉陽而向鄴，懷屬書而盈把。」尚書左丞盧斐以其文書請謁，啓高祖禁止，會赦不治。五年，兼尚食典御。七年，除太子中庶子，遷給事黃門侍郎，進號中軍將軍、幽州大中正。八年，兼侍中，持節奉璽書詣并州，敦喻顯祖爲相國、齊王。是時顯祖將受魏禪，發晉陽，至平陽郡，爲人心未一，且還并州，恐漏泄，仍斷行人。休之性疎放，使還，遂說其事，鄴中悉知。後高德政以聞，顯祖忿之而未發。齊受禪，除散騎常侍，修起居注。頃之，坐詔書脫誤，左遷驃騎將軍，積前事也。尋以禪讓之際參定禮儀，別封始平縣開國男。以本官兼領軍司馬，後除都水使者，歷司徒掾、中書侍郎，尋除中山太守。顯祖崩，徵休之至晉陽，經紀喪禮。乾明元年，兼侍中，巡省京邑，仍拜大鴻臚卿，領中書侍郎。皇建初，以本官兼度支尚書，加驃騎大將軍，領幽州大中正。肅宗留心政道，每訪休之治術。休之答以明賞罰，愼官方，禁淫侈，恤民患，爲政治之先。帝深納之。大寧中，除都官尚書，轉七兵、祠部。河清三年，出爲西兗州刺史。天統初，徵爲光祿卿，監國史。休之在中山及治西兗，俱有惠政，爲吏民所懷，去官之後，百姓樹碑頌德。尋除吏部尚書，食陽武縣幹，除儀同三司，又加開府。休之多識故事，諳悉氏族，凡所選用，莫不才地俱允。加金紫光祿大夫。武平元年，除中書監，尋以本官兼尚書右僕射。二年，加左光祿大夫，兼中書監。三年，加特進。五年，正中書監，餘竝如故。尋以年老致仕，抗表辭位，帝優答不許。六年，除正尚書右僕射。未幾，又領中書監。休之本懷平坦，爲士友所稱。晚節說祖珽撰御覽，書成，加特進。及珽被黜，便布言於朝廷，云先有嫌隙。及鄧長顒、顏之推奏立文林館，之推本意不欲令耆舊貴人居之，休之便相附會，與少年朝請、參軍之徒同入待詔。又魏收監史之日，立高祖本紀，取平四胡之歲爲齊元。收在齊州，恐史官改奪其意，上表論之。武平中，收還朝，勑集朝賢議其事。休之立議從天保爲限斷。魏收存日，猶兩議未決，收死後，便諷動內外，發詔從其議。後領中書監，便謂人云：「我已三爲中書監，用此何爲。」隆化還鄴，舉朝多有遷授，封休之燕郡王。又謂其所親云：「我非蠻奴，何意忽有此授。」凡此諸事，深爲時論所鄙。休之好學不倦，博綜經史，文章雖不華靡，亦爲典正。邢、魏殂後，以先達見推，位望雖高，虛懷接物，爲搢紳所愛重。周武平齊，與吏部尚書袁聿修、衛尉卿李祖欽、度支尚書元修伯、大理卿司馬幼之、司農卿崔達拏、秘書監源文宗、散騎常侍兼中書侍郎李若、散騎常侍給事黃門侍郎李孝貞、給事黃門侍郎盧思道、給事黃門侍郎顏之推、通直散騎常侍兼中書侍郎李德林、通直散騎常侍兼中書舍人陸乂、中書侍郎薛道衡、中書舍人元行恭、辛德源、王邵、陸開明十八人同徵，令隨駕後赴長安。盧思道有所撰錄，止云休之與孝貞、思道同被召者，是其誣罔焉。尋除開府儀同，歷納言中大夫、太子少保。大象末，進位上開府，除和州刺史。隋開皇二年，罷任，終於洛陽，年七十四。所著文集三十卷，又撰幽州人物志，竝行於世。子辟彊，武平末尚書水部郎中。辟彊性疎脫，無文藝，休之亦引入文林館，爲時人嗤鄙焉。

袁聿修字叔德，陳郡陽夏人，魏中書令翻之子也。出後叔父躍。七歲遭喪，居處禮度，有若成人。九歲，州辟主簿。性深沉，有鑒識，清淨寡欲，與物無競，深爲尚書崔休所知賞。魏太昌中，釋褐太保開府西閤祭酒。年十八，領本州中正。尋兼尚書度支郎，仍歷五兵、左民郎中。武定末，太子中舍人。天保初，除太子庶子，以本官行博陵太守。數年，大有聲績，遠近稱之。八年，兼太府少卿，尋轉大司農少卿，又除太常少卿。皇建二年，遭母憂去職。尋詔復前官，加冠軍、輔國將軍，除吏部郎中。未幾，遷司徒左長史，加驃騎大將軍，領兼御史中丞。司徒錄事參軍盧思道私貸庫錢四十萬，娉太原王義女爲妻，而王氏已先納陸孔文禮娉爲定。聿修坐爲首僚，又是國之司憲，知而不劾，被責免中丞。尋遷秘書監。天統中，詔與趙郡王叡等議定五禮。出除信州刺史，卽其本鄉也，時人榮之。爲政清靖，不言而治，長吏以下，爰逮鰥寡孤幼，皆得其歡心。武平初，御史普出過詣諸州，梁、鄭、兗、豫疆境連接，州之四面悉有舉劾，御史竟不到信州，其見知如此。及解代還京，民庶道俗追別滿道，或將酒脯涕泣留連，競欲遠送。旣盛暑，恐其勞弊，往往爲之駐馬，隨舉一酌，示領其意，辭謝令還。還京後，州民鄭播宗等七百餘人請爲立碑，斂縑布數百疋，託中書侍郎李德林爲文以紀功德。府省爲奏，勑報許之。尋除都官尚書，仍領本州中正，轉兼吏部尚書、儀同三司，尋卽眞。聿修少平和溫潤，素流之中，最有規檢。以名家子歷任清華，時望多相器待，許其風監。在郎署之日，値趙彥深爲水部郎中，同在一院，因成交友。彥深後被沙汰停秩，門生藜藿，聿修猶以故情存問來往。彥深任用，銘戢甚深，雖人才無愧，蓋亦由其接引。爲吏部尚書以後，自以物望得之。初，馮子琮以僕射攝選，婚嫁相尋，聿修常非笑之，語人云：「馮公營婚，日不暇給。」及自居選曹，亦不能免，時論以爲地勢然也。在官廉謹，當時少匹。魏、齊世，臺郎多不免交通饟遺，聿修在尚書十年，未曾受升酒之饋。尚書邢邵與聿修舊款，每於省中語戲，常呼聿修爲清郎。大寧初，聿修以太常少卿出使巡省，仍命考校官人得失。經歷兗州，時邢邵爲兗州刺史，別後遣送白紬爲信。聿修退紬不受，與邢書云：「今日仰過，有異常行，瓜田李下，古人所愼，多言可畏，譬之防川，願得此心，不貽厚責。」邢亦忻然領解，報書云：「一日之贈，率爾不思，老夫忽忽，意不及此。敬承來旨，吾無間然。弟昔爲清郎，今日復作清卿矣。」及在吏部，屬政塞道喪，若違忤要勢，卽恐禍不旋踵，雖以清白自守，猶不免請謁之累。齊亡入周，授儀同大將軍、吏部下大夫。大象末，除東京司宗中大夫。隋開皇初，加上儀同，遷東京都官尚書。東京廢，入朝，又除都官尚書。二年，出爲熊州刺史。尋卒，年七十二。子知禮，武平末儀同開府參軍事，隋開皇中侍御史，歷尚書民部、考功侍郎，大業初卒於太子中舍人。

史臣曰：崔彥玄奕世載德，不忝其先；盧詹事任俠好謀，志尚宏遠；陽僕射位高望重，鬱爲時宗；袁尚書清明在躬，以器能見任：與陽、裴、盧潛竝朝之良也。有齊季世，權歸佞幸，賴諸君維持名教，不然則拔本塞源，裂冠毀冕，安可道哉。

贊曰：惟茲數公，心安寵辱。不夷不惠，坐鎭流俗。

北齊書卷四十二考證

陽裴傳諡曰敬簡○北史無敬字

盧潛傳太原王修○北史作王循

從父兄正達○北史作正通

崔劼傳曾祖曠南度河居青州之東時宋氏於河南立冀州置郡縣卽爲東清河郡人○魏書北史竝云居青州之時水

北齊書卷四十三

隋太子通事舍人李百藥撰

列傳第三十五

李稚廉　封述　許惇　羊烈　源彪

李稚廉，趙郡高邑人也，齊州刺史義深之弟。稚廉少而寡欲，爲兒童時，初不從家人有所求請。家人嘗故以金賓授之終不取强付輒擲之於地州牧以其蒙稚而廉故名曰稚廉聰敏好學年十五頗尋覽五經章句屬葛榮作亂本郡紛擾遂離赴京永安中釋褐奉朝請普泰初開府記室龍驤將軍廣州征南府錄事參軍不行尋轉開府諮議參軍事前將軍天平中高祖擢爲泰州開府長史平北將軍稚廉綏諸將士軍民樂悅高祖頻幸河東大相嗟賞轉爲世宗驃騎府長史詔以濟州控帶川陸接對梁使尤須得人世宗薦之除濟州儀同長史又遷瀛州長史高祖行經冀州總合河北六州文籍商校戶口增損高祖親自部分多在馬上徵責文簿指景取備事緒非一稚廉每應機立成恒先期會莫不雅合深旨爲諸州准的高祖顧謂司馬子如曰觀稚廉處分快人意也因集文武數萬人令郎中杜弼宣旨慰勞仍詰諸州長史守令等諸人並謝罪稚廉獨前拜恩觀者咸歎美之其日賜以牛酒高祖還幷以其事告世宗世宗喜而語人曰吾足知人矣世宗嗣事召詣晉陽除霸府掾謂杜弼曰幷州王者之基須好長史各舉所知時雅有所稱皆不允衆人未荅世宗乃謂陳元康曰我教君好長史處李稚廉卽其人也遂命爲幷州長史常在世宗第內與隴西辛術等六人號爲館客待以上賓之禮天保初除安南將軍太原郡守顯祖嘗召見問以治方語及政刑寬猛帝意深文峻法稚廉固以爲非帝意不悅語及楊愔誤稱爲楊公以應對失宜除濟陰郡守帶西兗州刺史徵拜太府少卿尋轉廷尉少卿遷太尉長史肅宗卽位兼散騎常侍省方大使行還所奏多見納用除合州刺史亦有政績未滿行懷州刺史還朝授兼太僕卿轉大司農卿趙州大中正天統元年加驃騎大將軍大理卿世稱平直爲南青州刺史未幾徵爲幷省都官尚書武平五年三月卒於晉陽年六十七贈儀同三司信義二州刺史吏部尚書

封述字君義渤海蓨人也父軌廷尉卿濟州刺史述有幹用年十八爲濟州征東府鎧曹參軍高道穆爲御史中尉啓爲御史遷大司馬清河王開府記室參軍兼司徒主簿大昌中除尚書三公郎中以平幹稱天平中增損舊事爲麟趾新格其名法科條皆述刪定梁散騎常侍陸晏子沈警來聘以述兼通直郎使梁還遷世宗大將軍府從事中郎監京畿事武定五年除彭城太守當郡督再行東徐州刺史武定七年除廷尉少卿八年兼給事黃門侍郎齊受禪與李獎等八人充大使巡省方俗問民疾苦天保三年除清河太守遷司徒左長史行東都事尋除海州刺史太寧元年徵授大理卿河清三年勑與錄尚書趙彦深僕射魏收尚書陽休之國子祭酒馬敬德等議定律令天統元年遷度支尚書三年轉五兵尚書加儀同三司武平元年除南兗州刺史更滿還朝除左光祿大夫又除殿中尚書述久爲法官明解律令議斷平允深爲時人所稱而厚積財產一無饋遺雖至親密友貧病困篤亦絕於拯濟朝野物論甚鄙之外貌方整而不免請謁迴避進趨頗致嗤駭前妻河內司馬氏一息爲娶隴西李士元女大輸財娉及將成禮猶競懸違述忽取供養像對士元打像作誓士元笑曰封公何處常得應急像須誓便用一息娶范陽盧莊之女述又逕府訴云送騾乃嫌腳跛評田則云鹹薄銅器又嫌古廢皆爲吝嗇所及每致紛紜子元武平末太子舍人述弟詢字景文魏員外郎武定中永安公開府法曹稍遷尚書起部郎中轉三公郎出爲東平原郡太守遷定州長史又除河間郡守入爲尚書左丞又爲濟南太守隋開皇中卒詢閱涉經史清素自持歷官皆有幹局才具治郡甚著聲績民吏敬而愛之

許惇字季良高陽新城人也父護魏高陽章武二郡太守惇清識敏速達於從政任司徒主簿以能判斷見知時人號爲入鐵主簿稍遷陽平太守當時遷都鄴陽平卽是畿郡軍國責辦賦斂無准又勳貴屬請朝夕徵求惇並御之以道上下無怨治爲天下第一特加賞異圖形於闕詔頒天下遷魏尹出拜齊州刺史轉梁州刺史治並有聲遷大司農會侯景背叛王思政入據頴城王師出討惇常督漕軍無乏絕引洧水灌城惇之策也遷殿中尚書惇美鬚髯下垂至帶省中號爲長鬣公顯祖嘗因酒酣握惇鬚髯稱美遂以刀截之唯留一握惇懼因不復敢長時人又號爲齊鬚公世祖踐祚領御史中丞爲膠州刺史尋追爲司農卿又遷大理卿再爲度支尚書歷太子少保少師光祿大夫開府儀同三司尚書右僕射特進賜爵萬年縣子食下邳郡幹以年老致仕於家三年卒惇少純直晚更浮動齊朝體式本州大中正以京官爲之同郡邢邵爲中書監德望甚高惇與邵競中正遂憑附宋欽道出邵爲刺史朝議甚鄙薄之雖久處朝行歷官清顯與邢邵魏收陽休之崔劼徐之才之徒比肩同列諸人或談說經史或吟詠詩賦更相嘲戲欣笑滿堂惇不解劇談又無學術或竟坐杜口或隱几而睡深爲勝流所輕子文紀武平末度支郎中文紀弟文經勤學方雅身無擇行口無戲言武平末殿中侍御史隋開皇初侍御史兼通直散騎常侍聘陳使副主爵侍郎卒於相州長史惇兄遜字仲讓有幹局乾明中平原太守卒贈信州刺史遜子文高司徒掾

羊烈字信卿太山鉅平人也晉太僕卿琇之八世孫魏梁州刺史祉之弟子父靈珍魏兗州別駕烈少通敏自修立有成人之風好讀書能言名理以玄學知名魏孝昌中烈從兄侃爲太守據郡起兵外叛烈潛知其謀深懼家禍與從兄廣平太守敦馳赴洛陽告難朝廷將加厚賞烈告人云譬如斬手全軀所存者大故爾豈有幸從兄之敗以爲己利乎卒無所受弱冠州辟主簿又兼治中從事刺史方以吏事爲意以幹濟見知釋巾太師咸陽王行參軍遷祕書郎顯祖初爲儀同三司開府倉曹參軍事天保初授太子步兵校尉輕車將軍尋遷幷省比部郎中除司徒屬頻歷尚書祠部左右民郎中所在咸爲稱職九年除陽平太守治有能名是時頻有災蝗犬牙不入陽平境勑書褒美焉皇建二年遷光祿少卿加龍驤將軍兗州大中正又進號平南將軍天統中除大中大夫兼光祿少卿武平初除驃騎將軍義州刺史尋以老疾還鄉周大象中卒烈家傳素業閨門修飾爲世所稱一門女不再醮魏太和中於兗州造一尼寺女寡居無子者並出家爲尼咸存戒行烈天統中與尚書畢義雲爭兗州大中正義雲盛稱門閥云我累世本州刺史卿世爲我家故吏烈荅云卿自畢軌被誅以還寂無人物近日刺史皆是疆埸之上彼此而得何足爲言豈若我漢之河南尹晉之太傅名德學行百代傳美且男清女貞足以相冠自外多可稱也蓋譏義雲之帷薄焉祉子深魏中書令深子肅以學尚知名世宗大將軍府東閤祭酒乾明初冀州治中趙郡王爲巡省大使肅以遲緩不任職解朝議以肅無罪尋復之天統初遷南兗州長史武平中入文林館撰書尋出爲武德郡守烈弟脩有才幹大寧中卒於尚書左丞子玄正武平末將作丞隋開皇中民部侍郎卒於隴西郡贊治

源彪字文宗西平樂都人也父子恭魏中書監司空文獻公文宗學涉機警少有名譽魏孝莊永安中以父功賜爵臨頴縣伯除員外散騎常侍天平四年凉州大中正遭父憂去職武定初服闋吏部召領司徒記室加平東將軍世宗攝選沙汰臺郎以文宗爲尚書祠部郎中仍領記室轉太子洗馬天保元年除太子中舍人乾明初出爲范陽郡守皇建二年拜涇州刺史文宗以恩信待物甚得邊境之和爲隣人所欽服前政被抄掠者多得放還天統初入爲吏部郎中遷御史中丞典選如故尋除散騎常侍仍攝吏部加驃騎大將軍屬秦州刺史宋嵩卒朝廷以州在邊垂以文宗往莅涇州頗著聲績除秦州刺史乘傳之府特給後部鼓吹文宗爲治如在涇州時孝貞聘陳陳主謂孝貞曰齊朝還遣源涇州來瓜步眞可謂和通矣尋加儀同三司武平二年徵領國子祭酒三年遷祕書監陳將吳明徹寇江南歷陽瓜步相尋失守趙彦深於起居省密訪文宗曰吳賊侏張遂至於此僕妨賢既久憂懼交深今者之勢計將安出弟往在涇州甚悉江淮間情事今將何以禦之對曰荷國厚恩無由報効有所聞見敢不盡言但朝廷精兵必不肯多付諸將數千已下復不得與吳楚爭鋒命將出軍反爲彼餌尉破胡人品王之所知進既不得退又未可敗績之事匪朝伊夕王出而能入朝野傾心脫一日參差悔無所及以今日之計不可再三國家待遇淮南失之同於蒿箭如文宗計者不過專委王琳淮南招募三四萬人風俗相通能得死力兼令舊將淮北捉兵足堪固守且琳之於曇頊不肯北面事之明矣竊謂計之上者若不推赤心於琳別遣餘人掣肘復成速禍彌不可爲彦深歎曰弟此良圖足爲制勝千里但口舌爭來十日已不見從時事至此安可盡言因相顧流涕武平七年周武平齊與陽休之袁聿修等十八人同勑入京授儀同大將軍司成下大夫隋開皇初授莒州刺史至州遇疾去官開皇六年卒年六十六文宗以貴族子弟昇朝列才識敏贍以幹局見知然好遊詣貴要之門故時論以爲善於附會子師少好學明辨有識悟尤以吏事知名河清初司空參軍事歷侍御史太常丞尚書左外兵郎中隋開皇中尚書比部考功侍郎大業初卒於大理少卿文宗弟文舉亦有才幹歷尚書比部二千石郎中定州長史帶中山郡守卒於太尉長史文宗從父兄楷字那延有器幹善草隸書歷尚書左民部郎中治書侍御史長樂中山郡守京畿長史黃門郎假儀同三司齊滅朝貴知名入周京者度支尚書元脩伯魏文成皇帝之後淸素寡欲明識理體少歷顯職尚書郎治書侍御史司徒左長史數郡太守光州刺史所在皆著聲績及爲度支屬政荒國蹙儲藏虛竭賦役繁興脩伯憂國如家恤民之勞兼濟時事詢謀宰相朝夕孜孜與錄尚書唐邕迴換取捨頗有裨益周朝授儀同大將軍載師大夫其事行史闕故不列於傳齊末又有幷省尚書隴西辛慤散騎常侍長樂潘子義並以才幹知名入仕

周隋位歷通顯云

論曰李稚廉等以材能器幹所在咸著聲名封述聚積財賄敝於鄙吝季良以學淺爲累文宗以附會見稱然則羊李二賢足爲具美士人君子可不愼與

贊曰惟茲數賢幹事貞固生被雌黃殁存縑素封及源許終爲身蠧

北齊書卷四十三考證

封述傳大昌中除尚書三公郎中○北史大昌作天平子元○北史作元舊

許惇傳父護魏高陽章武二郡太守○臣範按北史止言爲州主簿不言二郡太守

源彪傳父子恭魏中書監司空文獻公○臣範按史例公字疑屬司空之下文獻上疑脫諡字

且琳之于曇項○通鑑無項字

北齊書卷四十四

隋太子通事舍人李百藥撰

列傳第三十六

儒林

李鉉
刁柔
馮偉
張買奴
劉軌思
鮑季詳
邢峙
劉晝
馬敬德子元熙
張景仁
權會
張思伯
張雕
孫靈暉
石曜

班固稱儒家者流蓋出於司徒之官助人君順陰陽行敎化者也聖人所以明天道正人倫是以古先哲王率由斯道高祖生於邊朔長於戎馬之閒因魏氏喪亂之餘屬介朱殘酷之舉文章咸盪禮樂同奔弦歌之音且絕俎豆之容將盡及仗義建旗掃淸區縣以正君臣以齊上下至乎一人播越九鼎潛移文武神器顧眄斯在猶且援立宗支重安社稷豈非蹈名教之地漸仁義之風與屬疆埸多虞戎車歲駕雖庠序之制有所未遑而儒雅之道遽形心慮魏天平中范陽盧景裕同從兄禮於本郡起逆高祖免其罪置之賓館以經教授太原公以下及景裕卒又以趙郡李同軌繼之二賢並大蒙恩遇待以殊禮同軌之亡復徵中山張雕渤海李鉉刁柔中山石曜等遞爲諸子師友及天保大寧武平之朝亦引進名儒授皇太子諸王經術然爰自始基暨於季世唯濟南之在儲宮性識聰敏頗自砥礪以成其美自餘多驕恣傲狠動違禮度日就月將無聞焉爾鏤冰雕朽迄用無成蓋有由也夫帝子王孫稟性淫逸況義方之情不篤邪僻之路競開自非得自生知體包上智而內有聲色之娛外多犬馬之好安能入便篤行出則友賢者也徒有師傅之資終無琢磨之實下之從化如風靡草是以世胄之門罕聞强學若使貴遊之輩飾以明經可謂稽山竹箭加之以括羽俯拾靑紫斷可知焉而齊氏司存或失其守師保疑丞皆賞勳舊國學博士徒有虛名唯國子一學生徒數十人耳欲求官正國治其可得乎胄子以通經仕者唯博陵崔子發廣平宋遊卿而已自外莫見其人幸朝章寬簡政網疎闊遊手浮惰十室而九故橫經受業之侶遍於鄉邑負笈從官之徒不遠千里伏膺無怠善誘不倦入閭里之內乞食爲資憩桑梓之陰動逾千數燕趙之俗此衆尤甚齊制諸郡並立學置博士助教授經學生俱差逼充員士流及豪富之家皆不從調備員既非所好墳籍固不關懷又多被州郡官人驅使縱有遊惰亦不檢治皆由上非所好之所致也諸郡俱得察孝廉其博士助教及遊學之徒通經者推擇充舉射策十條通八以上聽九品出身其尤異者亦蒙抽擢凡是經學諸生多出自魏末大儒徐遵明門下河北講鄭康成所注周易遵明以傳盧景裕及淸河崔瑾景裕傳權會權會傳郭茂權會早入京都郭茂恒在門下敎授其後能言易者多出郭茂之門河南及靑齊之閒儒生多講王輔嗣所注周易師訓蓋寡齊時儒士罕傳尚書之業徐遵明兼通之遵明受業於屯留王總傳授浮陽李周仁及渤海張文敬及李鉉權會並鄭康成所注非古文也下里諸生略不見孔氏注解武平末河間劉光伯信都劉士元始得費甝義疏乃留意焉其詩禮春秋尤爲當時所尚諸生多兼通之三禮並出遵明之門徐傳業於李鉉沮儁田元鳳馮偉紀顯敬呂黃龍夏懷敬李鉉又傳授刁柔張買奴鮑季詳邢峙劉晝熊安生安生又傳孫靈暉郭仲堅丁恃德其後生能通禮經者多是安生門人諸生盡通小戴禮於周儀禮兼通者十二三焉通毛詩者多出於魏朝博陵劉獻之獻之傳李周仁周仁傳董令度程歸則歸則傳劉敬和張思伯劉軌思其後能言詩者多出二劉之門河北諸儒能通春秋者並服子愼所注亦出徐生之門張買奴馬敬德邢峙張思伯張雕劉晝鮑長暄王元則並得服氏之精微又有衞覬陳達潘叔度雖不傳徐氏之門亦爲通解又有姚文安秦道靜初亦學服氏後更兼講杜元凱所注其河外儒生俱伏膺杜氏其公羊穀梁二傳儒者多不措懷論語孝經諸學徒莫不通講諸儒如權會李鉉刁柔熊安生劉軌思馬敬德之徒多自出義疏雖曰專門亦皆粗習也今序所錄諸生或終於魏朝或名宦不達縱能名家又闕其由來及所出郡國並略存其姓名而已俱取其尤通顯者列於儒林云熊安生名在周史光伯士元著於隋書輒不重述

李鉉字寶鼎渤海南皮人也九歲入學書急就篇月餘便通家素貧苦常春夏務農冬乃入學年十六從浮陽李周仁受毛詩尚書章武劉子猛受禮記常山房虯受周官儀禮漁陽鮮于靈馥受左氏春秋鉉以鄉里無可師者遂與州里楊元懿河閒宗惠振等結侶詣大儒徐遵明受業居徐門下五年常稱高第二十三便自潛居討論是非撰定孝經論語毛詩三禮義疏及三傳異同周易義例合三十餘卷用心精苦曾三冬不畜枕每至睡時假寐而已年二十七歸養二親因教授鄉里生徒恒至數百燕趙閒能言經者多出其門年三十六丁父喪服闋以鄉里寡文籍來遊京師讀所未見書州舉秀才除太學博士武定中李同軌卒後高祖令世宗在京妙簡碩學以教諸子世宗以鉉應旨徵詣晉陽時中山石曜北平陽絢北海王晞淸河崔瞻廣平宋欽道及工書人韓毅同在東館師友諸王鉉以去聖久遠文字多有乖謬感孔子必也正名之言乃喟然有刊正之意於講授之暇遂覽說文爰及倉雅刪正六藝經注中謬字名曰字辨顯祖受禪從駕還都天保初詔鉉與殿中尚書邢邵中書令魏收等參議禮律仍兼國子博士時詔北平太守宋景業西河太守綦毋懷文等草定新曆錄尚書平原王高隆之令鉉與通直常侍房延祐國子博士刁柔參考得失尋正國子博士廢帝之在東宮顯祖詔鉉以經入授甚見優禮數年病卒特贈廷尉少卿及還葬故郡太子致祭奠之禮并使王人將送儒者榮之陽元懿宗惠振官亦俱至國子博士

刁柔字子溫渤海饒安人也父整魏車騎將軍贈司空柔少好學綜習經史尤留心禮儀性强記至於氏族內外多所諳悉初爲世宗挽郎出身司空行參軍喪母居喪以孝聞永安中除中堅將軍奉車都尉加冠軍將軍中散大夫元象中隨例到晉陽高祖以爲永安公府長流參軍又令教授諸子天保初除國子博士中書舍人魏收撰魏史啓柔等與同其事柔性頗專固自是所聞收常所嫌憚又參議律令時議者以爲立五等爵邑承襲者無嫡子立嫡孫無嫡孫立嫡子弟無嫡子弟立嫡子孫弟柔以爲無嫡孫應立嫡曾孫不應立嫡子弟議曰柔案禮立適以長故謂長子爲嫡子嫡子死以嫡子之子爲嫡孫死則曾玄亦然然則嫡子之名本爲傳重故喪服曰庶子不爲長子三年不繼祖與禰也禮記公儀仲子之喪檀弓曰何居我未之前聞仲子舍其孫而立其弟何也子服伯子曰仲子亦猶行古人之道也昔者文王舍伯邑考而立武王微子舍其孫腯而立弟衍仲子亦猶行古之道也鄭注曰仲子爲親者諱耳立子非也文王之立武王權也微子嫡子死立其弟衍殷禮也子游問諸孔子孔子曰不立孫注曰據周禮然則商以嫡子死立嫡子之母弟周以嫡子死立嫡子之子爲嫡孫故春秋公羊之義嫡子有孫而死質家親親先立弟文家尊尊先立孫喪服云爲父後者爲出母無服小記云祖父卒而後爲祖母後者三年爲出母無服者喪者不祭故也爲祖母三年者大宗傳重故也今議以嫡子孫死而立嫡子母弟嫡子母弟者則爲父後矣嫡子母弟本非承嫡以無嫡故得爲父後則嫡孫之弟理亦應得爲父後則是父卒然後爲祖後者服斬旣得爲祖服斬而不得爲傳重者未之聞也若用商家親親之義本不應嫡子死而立嫡子孫若從周家尊尊之文豈宜舍其孫而立其弟或文或質愚用惑焉小記復云嫡婦不爲舅姑後者則舅姑爲之小功注云謂夫有廢疾他故若死無子不受重者小功庶婦之服凡父母於子舅姑於婦將不傳重於嫡及將所傳重者非嫡服之皆如衆子庶婦也言死無子者謂絕世無子非謂無嫡子

如其有子焉得云無後夫雖廢疾無子婦猶以嫡爲名嫡名既在而欲廢其子者其如禮何禮有損益代相沿革必謂宗嫡可得而變者則爲後服斬亦宜有因而改七年夏卒時年五十六柔在史館未久逢勒成之際志存偏黨魏書中與其內外通親者並虛美過實深爲時論所譏焉

馮偉字偉節中山安喜人也身長八尺衣冠甚偉見者肅然敬憚少從李寶鼎遊學李重其聰敏恒別意試問之多所通解尤明禮傳後還鄉里閉門不出將三十年不問生產不交賓客專精覃思無所不通趙郡王出鎮定州以禮迎接命書三至縣令親至其門猶辭疾不起王將命駕致請佐史前後星馳報之縣令又自爲其整冠履不得已而出王下廳事迎之止其拜伏分階而上留之賓館甚見禮重王將舉充秀才固辭不就歲餘請還王知其不願拘束以禮發遣贈遺甚厚一無所納唯受時服而已及還終不交人事郡守縣令每親至其門歲時或置羊酒亦辭不納門徒束脩一毫不受耕而飯蠶而衣簞食瓢飲不改其樂竟以壽終

張買奴平原人也經義該博門徒千餘人諸儒咸推重之名聲甚盛歷太學博士國子助教天保中卒

劉軌思渤海人也說詩甚精少事同郡劉敬和敬和事同郡程歸則故其鄉曲多爲詩者軌思天統中任國子博士

鮑季詳渤海人也甚明禮聽其離文析句自然大略可解兼通左氏春秋少時恒爲李寶鼎都講後亦自有徒衆諸儒稱之天統中卒於太學博士從弟長暄兼通禮傳武平末爲任城王湝丞相掾恒在京教授貴遊子弟齊亡後歸鄉里講經卒於家

邢峙字士峻河間鄚人也少好學耽翫墳典遊學燕趙之間通三禮左氏春秋天保初郡舉孝廉授四門博士遷國子助教以經入授皇太子峙方正純厚有儒者之風廚宰進太子食有菜曰邪蒿峙命去之曰此菜有不正之名非殿下所宜食顯祖聞而嘉之賜以被褥縑纊拜國子博士皇建初除清河太守有惠政民吏愛之以年老謝病歸卒於家

劉晝字孔昭渤海阜城人也少孤貧愛學負笈從師伏膺無倦與儒者李寶鼎同鄉里甚相親愛受其三禮又就馬敬德習服氏春秋俱通大義恨下里少墳籍便杖策入都知太府少卿宋世良家多書乃造焉世良納之恣意披覽晝夜不息河清初還冀州舉秀才入京考策不第乃恨不學屬文方復緝綴辭藻言甚古拙制一首賦以六合爲名自謂絕倫吟諷不輟乃歎曰儒者勞而少工見於斯矣我讀儒書二十餘年而答策不第始學作文便得如是曾以此賦呈魏收收謂人曰賦名六合其愚已甚及見其賦又愚於名晝又撰高才不遇傳三篇在皇建太寧之朝又頻上書言亦切直多非世要終不見收采自謂博物奇才言好矜大每云使我數十卷書行於後世不易齊景之千駟也而容止舒緩舉動不倫由是竟無仕進天統中卒於家年五十二

馬敬德河間人也少好儒術負笈隨大儒徐遵明學詩禮略通大義而不能精遂留意於春秋左氏沈思研求晝夜不倦解義爲諸儒所稱教授於燕趙間生徒隨之者衆河間郡王每於教學追之將舉爲孝廉固辭不就乃詣州求舉秀才舉秀才例取文士州將以其純儒無意推薦敬德請試方略乃策問之所答五條皆有文理乃欣然舉送至京依秀才策問唯得中第乃請試經業問十條並通擢授國子助教遷太學博士天統初除國子博士世祖爲後主擇師傅趙彥深進之入爲侍講其妻夢猛獸將來向之敬德走超叢棘妻伏地不敢動敬德占之曰吾當得大官超棘過九卿也爾伏地夫人也後主既不好學敬德侍講甚踈時時以春秋入授武平初猶以師傅之恩超拜國子祭酒加儀同三司金紫光祿大夫領瀛州大中正卒贈開府瀛滄安州諸軍事瀛州刺史其後侍書張景仁封王趙彥深云何容侍書封王侍講翻無封爵於是亦封敬德廣漢郡王子元熙襲

元熙字長明少傳父業兼事文藻以父故自青州集曹參軍超遷通直侍郎待詔文林館轉正員武平中皇太子將講孝經有司請擇師友帝曰馬元熙朕師之子文學不惡可令教兒於是以孝經入授皇太子儒者榮其世載性和厚在內甚得名譽皇太子亦親敬之隋開皇中卒於秦王文學

張景仁者濟北人也幼孤家貧以學書爲業遂工草隸選補內書生與魏郡姚元標潁川韓毅同郡袁買奴滎陽李超等齊名世宗並引爲賓客天保八年敕授太原王紹德書除開府參軍後主在東宮世祖選善書人性行淳謹者令侍書景仁遂被引擢小心恭慎後主愛之呼爲博士歷太子門大夫員外散騎常侍諫議大夫後主登祚除通直散騎常侍及奏御筆點除通字遂正常侍左右與語猶稱博士胡人何洪珍有寵於後主欲得通婚朝士以景仁在內官位稍高遂爲其兄子取景仁第二息子瑜之女因此表裏恩遇日隆景仁多疾每遣徐之範等治療給藥物珍羞中使問疾相望於道是後敕有司恒就宅送御食還假儀同三司銀青光祿大夫食恒山縣幹車駕或有行幸在道宿處每送步障爲遮風寒進位儀同三司尋加開府侍書餘官並如故每旦須參即在東宮停止及立文林館中人鄧長顒希旨奏令總制館事除侍中四年封建安王洪珍死後長顒猶存舊款更相彌縫得無墜退除中書監以疾卒贈侍中齊濟等五州刺史司空公景仁出自寒微本無識見一旦開府侍中封王其妻姓奇莫知氏族所出容制音辭事事庸俚既詔除王妃與諸公主郡君同在朝謁之列見者爲其慙恧子瑜薄傳父業更無餘伎以洪珍故擢授中書舍人轉給事黃門侍郎長息子玉起家員外散騎侍郎景仁性本卑謙及用胡人巷伯之勢坐致通顯志操頗改漸成驕傲良馬輕裘徒從擁冗高門廣宇當衢向街諸子不思其本自許貴遊自蒼頡以來八體取進一人而已

權會字正理河間鄚人也志尚沈雅動遵禮則少受鄭易探賾索隱妙盡幽微詩書三禮文義該洽兼明風角妙識玄象魏武定初本郡貢孝廉策居上第解褐四門博士僕射崔暹引爲館客甚敬重焉命世子達拏盡師傅之禮會因此聞達暹欲薦會與馬敬德等爲諸王師會性恬靜不慕榮勢恥於仕宦固辭還亦識其意遂罷薦舉尋被尚書符追著作修國史監知太史局事皇建中轉加中散大夫餘並如故會參掌雖繁教授不闕性甚儒懦似不能言及臨機答難酬報如響動必稽古辭不虛發由是爲儒宗所推而貴遊子弟慕其德義者或就其宅或寄宿鄰家晝夜承問受其學業會欣然演說未嘗懈怠雖明風角解玄象至於私室輒不及言學徒有請問者終無所說每云此學可知不可言諸君並貴遊子弟不由此進何煩問也會唯有一子亦不以此術教之其謹密也如此曾令家人遠行久而不反其行還垂欲至宅乃逢寒雪寄息他舍會方處學堂講說忽有旋風瞥然吹雪入戶會乃笑曰行人至何意中停遂命使人令詣某處追尋果如其語每爲人占筮小大必中但用爻辭彖象以辯吉凶易占之屬都不經口會本貧生無僕隸初任助教之日恒乘驢上下且其職事處多每須經歷及其退食非晚不歸曾夜出城東門鐘漏已盡會唯獨乘驢忽有二人一人牽頭一人隨後有似相助其回動輕漂有異生人漸漸失路不由本道會心甚怪之遂誦易經上篇一卷不盡前後二人忽然離散會亦不覺墮驢因爾迷悶至明始覺方知墮驢之處乃是郭外纔去家數里有一子字子襲聰敏精勤幼有成人之量不幸先亡臨送者爲其傷慟會唯一哭而罷時人尙其達命武平年自府還第在路無故馬倒遂不得語因爾暴亡時年七十六注易一部行於世會生平畏馬位望既至不得不乘果以此終

張思伯河間樂城人也善說左氏傳爲馬敬德之次撰刊例十卷行於時亦治毛詩章句以二經教齊安王廓武平初國子博士

張雕中山北平人也家世貧賤而慷慨有志節雅好古學精力絕人負篋從師不遠千里徧通五經尤明三傳弟子遠方就業者以百數諸儒服其強辯魏末以明經召入霸府高祖令與諸子講讀起家殄寇將軍稍遷太尉長流參軍定州主簿從世宗赴并除常山府長流參軍天保中爲永安王府參軍事顯祖崩於晉陽擢兼祠部郎中典喪事從梓宮還鄴乾明初除國子博士遷平原太守坐贓賄失官世祖即位以舊恩除通直散騎侍郎琅邪王儼求博士精儒學有司以雕應選時號得人尋爲涇州刺史未幾拜散騎常侍復爲儼講值帝侍講馬敬德卒乃入授經書帝甚重之以爲侍讀與張景仁並被尊禮同入華光殿共讀春秋加國子祭酒假儀同三司待詔文林館胡人何洪珍大蒙主上親寵與張景仁結爲婚媾雕以景仁宗室自託於洪珍傾心相禮情好日密公私之事雕常爲其指南時穆提婆韓長鸞與洪珍同侍帷幄知雕爲洪珍謀主甚忌惡之洪珍又奏雕監國史尋除侍中加開府奏度支事大被委任言多見從特敕奏事不趨呼爲博士雕自以出於微賤致位大臣勵精在公有匪躬之節欲立功效以報朝恩論議抑揚無所回避宮掖不急之費大存減省左右縱恣之徒必加禁約數譏切寵要獻替帷扆上亦深倚仗之方委以朝政雕便以澄清爲己任意氣甚高嘗在朝堂謂鄭子信曰向入省中見賢家唐令處分極無所以若作數行兵帳雕不如邕若致主堯舜身居稷契則邕不如我其矜誕如此長鸞等慮其干政不已陰圖之會雕與侍中崔季舒等諫帝幸晉陽長鸞因譖之故俱誅死臨刑帝令段孝言詰之雕致對曰臣起自諸生謬被抽擢接事累世常蒙恩遇位至開府侍中光寵隆洽每思塵露微益山海今者之諫臣實首謀意善形惡無所逃死伏願陛下珍愛金玉開發神明數引賈誼之倫論說治

道令聽覽之間無所擁蔽則臣雖死之日猶生之年歔欷流涕俯而就戮侍衛左右莫不憐而壯之時年五十五子德冲等徙於北邊南安之反德冲及弟德揭俱死德冲和謹謙讓善於人倫聰敏好學頗涉文史以帝師之子早見旌擢歷員外散騎侍郎太師府掾入爲中書舍人隨例待詔其父之戮也德冲在殿庭執事目見冤酷號哭殞絕於地久之乃蘇

孫靈暉長樂武强人也魏大儒秘書監惠蔚靈暉之族曾王父也靈暉少明敏有器度惠蔚一子早卒其家書籍多在焉靈暉年七歲便好學日誦數千言唯尋討惠蔚手錄章疏不求師友三禮及三傳皆通宗旨始就鮑季詳熊安生質問疑滯然其所發明熊鮑無以異也舉冀州刺史秀才射策高第授員外將軍後以儒術甄明擢授太學博士遷北徐州治中轉潼郡太守天統中敕令朝臣推舉可爲南陽王綽師者吏部尚書尉瑾表薦之徵爲國子博士授南陽王經王雖不好文學亦甚相敬重啟除其府諮議參軍綽除定州刺史仍隨之鎮綽所爲猖蹶靈暉唯默默憂顇不能諫止綽欲以管記馬子結爲諮議參軍乃表請轉靈暉爲王師以子結爲諮議朝廷以王師三品啟奏不合後主於啟下手答云但用之仍手報南陽書並依所奏儒者甚以爲榮綽除大將軍靈暉以王師領大將軍司馬綽誅停廢從綽死後每至七日及百日終靈暉恒爲綽請僧設齋傳經行道齊亡後數年卒子萬壽聰識機警博涉羣書禮傳俱通大義有辭藻尤甚詩詠齊末陽休之辟爲開府行參軍隨奉朝請滕王文學豫章長史卒於大理司直馬子結者其先扶風人也世居涼土太和中入洛父祖俱清官子結兄弟三人皆涉文學陽休之牧西兖子廉子尚子結與諸朝士各有詩言贈陽總爲一篇酬答卽詩云三馬俱白眉者也子結以開府行參軍擢爲南陽王管記隨綽定州綽每出遊獵必令子結走馬從禽子結既儒緩衣垂帽落或嗷或啼令騎驅之非墜馬不止綽以爲歡笑由是漸見親狎啟爲諮議云

石曜字白曜中山安喜人亦以儒學進居官至清儉武平中黎陽郡守值斛律武都出爲兖州刺史武都卽丞相咸陽王世子皇后之兄性甚貪暴先過衞縣令丞以下聚斂絹數千匹以遺之及至黎陽令左右諷動曜及郡治下縣官曜手持一縑而謂武都曰此是老石機杼耶以奉贈自此來並須出於吏民吏民之物一毫不敢輒犯武都亦知曜清素純儒笑而不責著石子十卷言甚淺俗後終於譙州刺史此外行事史闕焉

贊曰大道既隱名教是遵以斯建國以此立身帝圖雜霸儒風未純何以不墜弘之在人

北齊書卷四十四考證

儒林傳魏天平中范陽盧景裕同從兄禮於本郡起逆○兄字下應有一仲字

徐傳業於李鉉沮傳○北史沮作祖

詔鉉與殿中尚書邢卲中書令魏收等參議禮律○臣範按齊制六尚書有殿中尚書但考邢傳不聞居此官

仲子舍其孫而立其弟○弟當作子

權會傳恥於仕宦○北史仕宦作左官

孫靈暉傳長樂武强人也○北史作武邑武遂人

北齊書卷四十五

隋太子通事舍人李百藥撰

列傳第三十七

文苑

祖鴻勳　李廣　樊遜　劉逖　荀士遜　顏之推　袁奭　朱才　韋道遜　荀仲舉　江旰　蕭愨　睦豫　古道子

夫玄象著明以察時變天文也聖達立言化成天下人文也達幽顯之情明天人之際其在文乎逖聽三古彌綸百代制禮作樂騰實飛聲若或言之不文豈能行之遠也子曰文王既沒文不在茲大聖踵武邈將千載其間英賢卓犖不可勝紀咸宜韜筆寢牘未可言文斯固才難不其然也至夫游夏以文詞擅美顏回則庶幾將聖屈宋所以後塵卿雲未能輟簡於是辭人才子波駭雲屬振鵷鷺之羽儀縱雕龍之符采人謂得玄珠於赤水策奔電於崑丘開四照於春華成萬寶於秋實然文之所起情發於中人有六情禀五常之秀情感六氣順四時之序其有帝資懸解天縱多能摛黼黻於生知問珪璋於先覺譬雕雲之自成五色猶儀鳳之冥會八音斯固感英靈以特達非勞心所能致也縱其情思底滯關鍵不通但伏膺無怠鑽仰斯切馳騖勝流周旋益友彊學廣其文見專心屏於涉求畫繢飾以丹青彫琢成其器用是以學而知之猶足賢乎已也謂石爲獸射之洞開精之至也積歲解牛砉然游刃習之久也自非渾沌無可鑿之姿窮奇懷不移之情安有至精久習而不成功者焉善乎魏文之著論也人多不彊力貧賤則懾於饑寒富貴則流於逸樂遂營目前之務而遺千載之功日月逝於上體貌衰於下忽然與萬物遷化斯志士大痛也沈休文云自漢至魏四百餘年辭人才子文體三變然自茲厥後軌轍尤多江左梁末彌尚輕險始自儲宮刑乎流俗雜沾滯以成音故雖悲而不雅爰逮武平政乖時蠹唯藻思之美雅道猶存履柔順以成文蒙大難而能正原夫兩朝叔世俱肆淫聲而齊氏變風屬諸絃管梁時變雅在夫篇什莫非易俗所致並爲亡國之音而應變不殊感物或異何哉蓋隨君上之情欲也有齊自霸圖云啟廣延髦儁開四門以納之舉八紘以掩之鄴京之下煙霏霧集河間邢子才鉅鹿魏伯起范陽盧元明鉅鹿魏季景清河崔長儒河間邢子明范陽祖孝徵樂安孫彥舉中山杜輔元北平陽子烈並其流也復有范陽祖鴻勳亦參文士之列天保中李愔陸卬崔瞻陸元規並在中書參掌綸誥其李廣樊遜李德林盧詢祖盧思道始以文章著名皇建之朝常侍王晞獨擅其美河清天統之辰杜臺卿劉逖魏騫亦參知詔敕自愔以下在省唯撰述除官詔旨其關涉軍國文翰多是魏收作之及在武平李若荀士遜李德林薛道衡爲中書侍郎諸軍國文書及大詔誥俱是德林之筆道衡諸人皆不預也後主雖溺於羣小然頗好諷詠幼稚時曾讀詩賦語人云終有解作此理不及長亦少留意初因畫屏風敕通直郎蘭陵蕭放及晉陵王孝式錄古名賢烈士及近代輕豔諸詩以充圖畫帝彌重之後復追齊州錄事參軍蕭愨趙州功曹參軍顏之推同入撰次猶依霸朝謂之館客放及之推意欲更廣其事又祖珽輔政愛重之推又託鄧長顒漸說後主屬意斯文三年祖珽奏立文林館於是更召引文學士謂之待詔文林館焉珽又奏撰御覽詔珽及特進魏收太子太師徐之才中書令崔劼散騎常侍張雕中書監陽休之監撰珽等奏追通直散騎侍郎韋道孫陸乂太子舍人王邵衛尉丞李孝基殿中侍御史魏澹中散大夫劉仲威袁奭國子博士朱才奉車都尉睦道閑考功郎中崔子樞左外兵郎薛道衡并省主客郎中盧思道司空東閣祭酒崔德太學博士諸葛漢奉朝請鄭公超殿中侍御史鄭子信等入館撰書并敕放愨之推等同入撰例復令散騎常侍封孝琰前樂陵太守鄭元禮衞尉少卿杜臺卿通直散騎常侍王訓前兖州長史羊肅通直散騎常侍馬元熙并省三公郎中劉玨開府行參軍李師正溫君悠入館亦令撰書復命特進崔季舒前仁州刺史劉逖散騎常侍李孝貞中書侍郎李德林續入待詔尋又詔諸人各舉所知又有前濟州長史李翥前廣武太守魏騫前西兖州司馬蕭溉前幽州長史陸仁惠鄭州司馬江旰前通直散騎侍郎辛德源陸開明通直郎封孝騫太尉掾張德冲并省右民郎高行恭司徒戶曹參軍古道子前司空功曹參軍劉顗獲嘉令崔德儒給事中李元楷晉州治中陽師孝太尉中兵參軍劉儒行司空祭酒陽辟疆司空士曹參軍盧公順司徒中兵參軍周子深開府參軍王友伯崔君洽魏師謇並入館待詔又敕右僕射段孝言亦入焉御覽成後所撰錄人亦有不時待詔付所司處分者凡此諸人亦有文學膚淺附會親識妄相推薦者十三四焉雖然當時操筆之徒搜求略盡其外如廣平宋孝王信都劉善經輩三數人論其才性入館諸賢亦十三四不逮之也待詔文林亦是一時盛事故存錄其姓名自邢子才以還或身終魏朝已入前史或名位既重自有列傳或附其家世或名存後書輒略而不載今綴序祖鴻勳等列於文苑者焉自外有可錄者存之篇末

祖鴻勳涿郡范陽人也父慎仕魏歷鴈門咸陽太守治有能名卒於金紫光祿大夫贈中書監幽州刺史謚惠侯鴻勳弱冠與同郡盧文符並爲州主簿僕射臨淮王彧表薦鴻勳有文學宜試以一官敕除奉朝請人謂之曰臨淮舉卿便以得調竟不相謝恐非其宜鴻勳曰爲國舉才臨淮之務祖鴻勳何事從而謝之彧聞而喜曰吾得其人矣及葛榮南逼出爲防河别將守滑臺永安初元擢爲東道大使署封隆之邢卲李渾李象鴻勳並爲子使除東濟北太守以父老疾爲請竟不之官後城陽王徽奏鴻勳爲司徒法曹參軍事赴洛徽謂之曰吾聞臨淮相舉竟不到門今來何也鴻勳曰今來赴職非爲謝恩轉廷尉正後去官歸鄉里與陽休之書曰陽生大弟吾比以家貧親老時還故郡在本縣之西界有雕

山焉其處閑遠水石清麗高巖四匝良田數頃家先有野舍於斯而遭亂荒廢今復經始卽石成基憑林起棟蘿生映宇泉流繞階月松風草緣庭綺合日華雲實傍沼星羅簷下流煙共霄氣而舒卷園中桃李雜椿柏而葱蒨時一褰裳涉澗負杖登峯心悠悠以孤上身飄飄而將逝杳然不復自知在天地間矣若此者久之乃還所住孤坐危石撫琴對水獨詠山阿舉酒望月聽風聲以興思聞鶴唳以動懷企莊生之逍遙慕尚子之清曠首戴萌蒲身衣縕褐出藝粱稻歸奉慈親緩步當車無事爲貴斯已適矣豈必撫塵哉而吾生旣繫名聲之韁鎖就良工之剞劂振佩紫臺之上鼓袖丹墀之下采金匱之漏簡訪玉山之遺文敝精神於丘墳盡心力於河漢摛藻期之鑿繡發議必在芬香茲自美耳吾無取焉嘗試論之夫崑峯積玉光澤者前毀瑤山叢桂芳茂者先折是以東都有挂冕之臣南國見捐情之士斯豈惡粱錦好蔬布哉蓋欲保其七尺終其百年耳今弟官位旣達聲華已遠象由齒斃膏用明煎旣覽老氏谷神之談應體留侯止足之逸若能翻然清尚解佩捐簪則吾於茲山莊可辦一得把臂入林挂巾垂枝攜酒登巘舒席平山道素志論舊款訪丹法語玄書斯亦樂矣何必富貴乎去矣陽子途乖趣別緬尋此旨杳若天漢已矣哉書不盡意粲使將至敎鴻勳對客高祖曾徵至并州作晉祠記好事者翫其文位至高陽太守在官清素妻子不免寒餒時議高之天保初卒官

李廣字弘基范陽人也其先自遼東徙焉廣博涉羣書有才思文議之美少與趙郡李騫齊名爲邢魏之亞而訥於言敏於行魏安豐王延明鎭徐州署廣長流參軍釋褐盪逆將軍尒朱仲遠牒爲大將軍記室加諫議大夫荊州行臺辛纂上爲行臺郎中尋爲車騎府錄事參軍中尉崔暹精選御史皆是世胄廣獨以才學兼御史修國史南臺文奏多其辭也平陽公淹辟爲中尉轉侍御史顯祖初嗣霸業命掌書記天保初欲以爲中書郎遇其病篤而止廣曾欲早朝未明假寐忽驚覺謂其妻云吾向似睡忽見一人出吾身中語云君用心過苦非精神所堪今辭君去因而恍惚不樂數日便遇疾積年不起資產屢空藥石無繼廣雅有鑒識度量弘遠坦平無私爲士流所愛歲時共贍遺之賴以自給竟以疾終曾薦畢義雲於崔暹廣卒後義雲集其文筆十卷託魏收爲之敍其族人子道亦有文章

樊遜字孝謙河東北猗氏人也祖琰父衡竝無官宦而衡性至孝喪父負土成墳植柏方數十畝朝夕號慕遜少學常爲兄仲優饒旣而自責曰名爲人弟獨受安逸可不愧於心乎欲同勤事業母馮氏謂之曰汝欲謹小行耶遜感母言遂專心典籍恒書壁作見賢思齊四字以自勸勉屬本州淪陷寓居鄴中爲臨漳小吏縣令裴鑒蒞官清苦致白雀等瑞遜上清德頌十首鑒大加賞重擢爲主簿仍薦之於右僕射崔暹與遼東李廣渤海封孝琰等爲暹賓客人有譏其靖默不能趣時者遜常服東方朔之言陸沉世俗避世金馬何必深山蒿廬之下遂借陸沉公子爲主人擬客難製客誨以自廣後崔暹大會賓客大司馬襄城王元旭時亦在坐論欲命府僚暹指遜曰此人學富才高兼之佳行可爲王參軍也旭目之曰豈能就耶遜曰家無蔭第不敢當此武定七年世宗崩暹徙於邊賓客咸散遜遂徃陳留而居之梁州刺史劉殺鬼以遜兼錄事參軍仍舉秀才尚書案舊令下州三載一舉秀才爲五年已貢開封人鄭祖獻計至此年未合兼別駕王聰抗議右丞陽斐不能却尚書令高隆之曰雖遜才學優異待明年仕非遠遜竟還本州八年轉兼長史從軍南討軍還殺鬼移任潁川又引遜兼潁州長史天保元年本州復召舉秀才二年春會朝堂對策罷中書郎張子融奏入至四年五月遜與定州秀才李子宣等以對策三年不調被付外上書請從聞罷詔不報梁州重表舉遜爲秀才五年正月制詔問升中紀號遜對曰臣聞巡嶽之禮勒在虞書省方之義著於易象徃帝前王匪唯一姓封金刊玉億有餘人仲尼之觀梁甫不能盡識夷吾之對齊桓所存未幾然盛德之事必待太平苟非其人更貽靈譴秦皇無道致雨風之災漢武奢淫有奉車之害及文叔受命炎精更輝四海安流天下輯睦卻賜騎士馬駕鼓車乃用張純之文始從伯陽之說至於魏晉雖各有君量德而處莫能擬議蔣濟上言於前徒穢紙墨袁淮發論於後終未施行世歷三朝年將十祀啓聖之期茲爲昌會然自水德不競函谷封塗天馬息歌苞茅絕貢我太祖收寶鷄之瑞握鳳皇之書體一德以匡朝屈三分而事主蕩此妖寇易如沃雪但昌既受命發乃行誅雖太白出高中國宜戰置之度外望其遷善伏惟陛下以神武之姿天然之略馬多冀北將異山西涼風至白露下北上太行東臨碣石方欲吞巴蜀而掃崤函苑長洲而池江漢復恐逆風縱火芝艾共焚按此六軍未申九伐夫周發牙璋漢馳竹使義在濟民非聞好戰至如投鼠忌器之說蓋是常談文德懷遠之言豈識權道今三臺令子六郡良家蓄銳須時裹糧待詔未若龍驤虎服先收隴右之民電轉雷驚因取荊南之地昔秦舉長平金精食昴楚攻鉅鹿枉矢霄流況我威靈能無協讚但使彼之百姓一覩六軍似見周王若逢司隸然後除其苛令與其約法振旅而還止戈爲武標金南海勒石東山紀天地之奇功被風聲於千載若令馬兒不死子陽尚在便欲案明堂之圖草射牛之禮比德論功多慙往列升中告禪臣用有疑又問求才審官遜對曰臣聞彫獸畫龍徒有風雲之勢金舟玉馬終無水陸之功三駕禮賢將收實用一毛不拔復何足取是以堯作虞賓遂全箕山之操周移商鼎不納孤竹之言但處士盜名雖云久矣朝臣竊位蓋亦實多漢拜丞相便有鍾鼓之妖魏用三公乃至孫權之笑故山林之與朝廷得容非毀肥遯之與賓王雖有優劣至於時非蹈海而曰羞作秦民事異出關而言恥從衞亂雖復星干帝座不易高尚之心月犯少微終存耿介之志自我太嶽之後克廣洪業禹至神宗舜格文祖陛下受天之明命光華日月爰自納麓乃格文祖儀天地以設官象星辰而布職漢家神鳳慙用紀年魏氏青龍羞將改號上膺列宿咸是異人下法山川莫非奇士所以畫堂甲觀修德日新廟鼎歌鍾王勳歲委循名責實選衆舉能朝無銅臭之公世絕錢神之論昔百里相秦名存雀籙蕭張輔沛姓在河書今日公卿抑亦天授與之爲治何欲不遂未必稽首天師方聞牧馬之術滕行山上始得治身之道但使帝德休明自彊不息甲夜觀書支日通奏周昌桀紂之論欣然開納劉毅桓靈之比終自含弘高懸王爵唯能是與管庫靡遺漁鹽畢錄無令桓譚非讖官止於郡丞趙壹負才位終於計掾則天下宅心幽明知感歲精仕漢風伯朝周眞人去而復歸台星坼而還斂詩稱多士易載羣龍從此而言可以無愧又問釋道兩教遜對曰臣聞天道性命聖人所不言蓋以理絕涉求難爲稱詣伯陽道德之論莊周逍遙之旨遺言取意猶有可尋至若玉簡金書神經祕錄三尺九轉之奇絳雪玄霜之異淮南成道犬吠雲中子喬得仙劒飛天上皆是憑虛之說海棗之談求之如係風學之如捕影而燕君齊后秦皇漢帝信彼方士冀遇其眞徐福去而不歸欒大往而無獲猶謂升遐倒影抵掌可期祭鬼求神庶或不死江璧旣返還入驪山之墓龍媒已至終下茂陵之墳方知劉向之信洪寶沒有餘責王充之非黃帝比爲不相又末葉已來大存佛敎寫經西土畫像南宮昆池地黑以爲燒劫之灰春秋夜明謂是降神之日法王自在變化無窮置世界於微塵納須彌於黍米蓋理本虛無示諸方便而妖妄之輩棄家出家藥王燔軀波斯灑血假未能然猶當克命寧有改形易貌有異生人恣意放情還同俗物龍宮餘論鹿野前言此而得容道風前墜伏惟陛下受天明命屈己濟民山鬼効靈海神率職湘中石鷰沐時雨而羣飛臺上銅烏憩和風而杓轉以周都洛邑治在鎬京漢宅咸陽魂歸豐沛汾晉之地王迹維始眷言巡幸且勞經略猶復降情文苑斟酌百家想執玉於瑤池念求珠於赤水竊以王母獻環由感周德上天錫珮實報禹功二班勒史兩馬製書未見三世之辭無聞一乘之旨帝樂王禮尚有時而沿革左道怪民亦何疑於沙汰又問刑罰寬猛遜對曰臣聞惟王建國刑以助禮猶寒暑之贊陰陽山川之通天地爰自末葉法令稍滋秦篆無以窮書楚竹不能盡載有司因此開以二門高下在心寒熱隨意周官三典棄之若吹毛漢律九章違之如覆手書挂壁有善而莫遵姦吏到門無求而不可皆由上失其道民不見德而議者守迷不尋其本鍾繇王朗追怨張蒼祖訥梅陶共尤文帝便謂化屍起偃在復肉刑致治興邦無關周禮伏惟陛下昧爽坐朝留心政術明罰以糾諸侯申恩以孩百姓黃旗紫蓋已絕東南白馬素車將降軹道若復峻典深文臣實未悟何則人肖天地俱稟陰陽安則願存擾則圖死故王者之治務先禮樂如有未從刑書乃用寬猛兼設水火俱陳未有專任商韓而能長久昔秦歸士會晉盜來奔舜舉皐陶不仁自遠但令釋之定國迭作理官龔遂文翁繼爲郡守科間律令一此憲章欣聞汲黯之言泣斷昭平之罪則天下自治大道公行乳獸含牙蒼鷹垂翅楚王錢府不復須封漢獄寃困自然蒙理後服之徒旣承風而慕化有截之內皆蹈德而詠仁號以成康何難之有又問禍福報應遜對曰臣聞五方易辨尚待指南百世可知猶須吹律況復天道祕遠神迹難源不有通靈孰能盡悟乘查至於河漢唯覩牽牛假寐遊於上玄止逢翟犬造化之理旣寂寞而無傳報應之來固難得而妄說但秦穆有道勾芒錫祥虢公凉德蓐收降禍高明在上定自有知不可謂神冥昧難信若夫仲尼厄於陳蔡孟軻困於齊梁自是不遇其時寧關報應之理子胥無首馬遷腐下受誅取辱何可尤人至如協律見親櫂船得幸從此而

言更不足怪周王澟杵致天之罰白起誅降行己之意是以七百之祚仍如姬氏杜郵之戮還屬武安昔漢問上計不過日蝕晉策秀才止於寒火前賢往士咸用爲難推古比今臣見其易然草萊百姓過荷恩私三折寒膠再遊金馬王言昭賁恩若有神占對失圖伏深悚懼尚書擢第以遜爲當時第一十二月淸河王岳爲大行臺率衆南討以遜從軍明年顯祖納貞陽侯爲梁主岳假遜大行臺郎中使於南與蕭脩侯瑱和解遜往來五日得脩等報書岳因與脩盟于江上大軍還鄴遜仍被都官尚書崔昂擧薦詔付尚書考爲淸平勤幹送吏部七年詔令校定羣書供皇太子遜與冀州秀才高乾和瀛州秀才馬敬德許散愁韓同寶洛州秀才傅懷德懷州秀才古道子廣平郡孝廉李漢子渤海郡孝廉鮑長暄陽平郡孝廉景孫前梁州府主簿王九元前開府水曹參軍周子深等十一人同被尚書召共刊定時秘府書籍紕繆者多遜乃議曰按漢中壘校尉劉向受詔校書每一書竟表上輒言臣向書長水校尉臣參書大夫公太常博士書中外書合若干本以相比校然後殺青今所讎校供擬極重出自蘭臺御諸甲館向之故事見存府閣卽欲刊定必藉衆本太常卿邢子才太子少傅魏收吏部尚書辛術司農少卿穆子容前黃門郎司馬子瑞故國子祭酒李業興竝是多書之家請牒借本參校得失祕書監尉瑾移尚書都坐凡得別本三千餘卷五經諸史殆無遺闕八年詔尚書開東西二省官選所司策問遜爲當時第一左僕射楊愔辟遜爲其府佐遜辭曰門族寒陋訪第必不成乞補員外司馬督愔曰才高不依常例特奏用之九年有詔超除員外將軍後世祖鎭鄴召入司徒府管書記及登祚轉授主書遷員外散騎侍郎天統初病卒

劉逖字子長彭城叢亭里人也祖芳魏太常卿父胾金紫光祿大夫逖少而聰敏好弋獵騎射以行樂爲事愛交遊善戲謔郡辟功曹州命主簿魏末徵詣霸府世宗以爲永安公浚開府行參軍逖遠離鄉家倦於羇旅發憤自勵專精讀書晉陽都會之所霸朝人士攸集咸務於宴集逖在遊宴之中卷不離手值有文籍所未見者輒終日諷誦或通夜不歸其好學如此亦留心文藻頗工詩詠天保初行定陶縣令坐姦事免十餘年不得調乾明年兼員外散騎常侍使於梁主蕭莊還兼三公郎中皇建元年除太子洗馬肅宗崩從世祖赴晉陽除散騎侍郎兼儀曹郎中久之兼中書侍郎和士開寵要逖附之正授中書侍郎入典機密兼散騎常侍聘陳使主還除通直散騎常侍尋遷給事黃門侍郎修國史加散騎常侍又除假儀同三司聘周使副二國始通禮儀未定逖與周朝議論往復斟酌古今事多合禮兼文辭可觀甚得名譽使還拜儀同三司世祖崩出爲江州刺史祖珽執政從爲仁州刺史祖珽旣出徵還待詔文林館重除散騎常侍奏門下事未幾與崔季舒等同時被戮時年四十九初逖與珽以文義相得結雷陳之契又爲弟俊聘珽之女珽之將免彥深等也先以造逖仍付密啓令其奏聞彥深等頗知之先自申理珽由此疑逖告其所爲及珽被出逖遂遣弟離婚其輕交易絕如此所制詩賦及雜文文筆三十卷子逸民開府行參軍逖弟晉少聰明好文學天統武平之間歷殿中侍御史兼散騎侍郎迎勞陳使轉尚書儀曹郎周大象末卒於黎州治中子玄道有人品識用定州騎兵參軍遜從子顗字君卿祖廞魏尚書爲高祖所殺顗父濟及濟弟琰俱奔江南顗出後武定中從琰還北琰賜爵臨潁子大寧中卒於司徒司馬顗好文學工草書風儀甚美歷瀛州外兵參軍司空功曹待詔文林館除大理司直隋開皇中鄜州司馬卒

荀士遜廣平人也好學有思理爲文淸典見賞知音武定末擧司馬秀才迄天保十年不調皇建中馬敬德薦爲主書世祖時轉中書舍人狀貌甚醜以文辭見用會有事須奏值世祖在後庭因左右轉通者不得士遜姓名乃云醜舍人世祖曰必士遜也看封題果是內人莫不竊笑後主卽位累遷中書侍郎號爲稱職與李若等撰典言行於世齊滅年卒

顏之推字介琅邪臨沂人也九世祖含從晉元東度官至侍中右光祿西平侯父勰梁湘東王繹鎭西府諮議參軍世善周官左氏學之推早傳家業年十二值繹自講莊老便預門徒虛談非其所好還習禮傳博覽羣書無不該洽詞情典麗甚爲西府所稱繹以爲其國左常侍加鎭西墨曹參軍好飲酒多任縱不脩邊幅時論以此少之繹遣世子方諸出鎭郢州以之推掌管記值侯景陷郢州頻欲殺之賴其行臺郎中王則以獲免被囚送建業景平還江陵時繹已自立以之推爲散騎侍郎奏舍人事後爲周軍所破大將軍李穆重之薦往弘農令掌其兄陽平公慶遠書翰值河水暴長具船將妻子來奔經砥柱之險時人稱其勇決顯祖見而悅之卽除奉朝請引於內館中侍從左右頗被顧眄天保末從至天池以爲中書舍人令中書郎段孝信將敕書出示之推之推營外飲酒孝信還以狀言顯祖乃曰且停由是遂寢河淸末被擧爲趙州功曹參軍尋待詔文林館除司徒錄事參軍之推聰穎機悟博識有才辯工尺牘應對閑明大爲祖珽所重令掌知館事判署文書尋遷通直散騎常侍俄領中書舍人帝時有取索恒令中使傳旨之推稟承宣告館中皆受進止所進文章皆是其封署於進賢門奏之待報方出兼善於文字監校繕寫處事勤敏號爲稱職帝甚加恩接顧遇逾厚爲勳要者所嫉常欲害之崔季舒等將諫也之推取急還宅故不連署及召集諫人之推亦被喚入勘無其名方得免禍尋除黃門侍郎及周兵陷晉陽帝輕騎還鄴窘急計無所從之推因宦者侍中鄧長顒進奔陳之策仍勸募吳士千餘人以爲左右取靑徐路共投陳國帝甚納之以告丞相高阿那肱等阿那肱不願入陳乃云吳士難信不須募之勸帝送珍寶累重向靑州且守三齊之地若不可保徐浮海南度雖不從之推計策然猶以爲平原太守令守河津齊亡入周大象末爲御史上士隋開皇中太子召爲學士甚見禮重尋以疾終有文三十卷家訓二十篇竝行於世曾撰觀我生賦文致淸遠其詞曰仰浮淸之藐藐俯沉奧之茫茫已生民而立教乃司牧以分疆內諸夏而外夷狄驟五帝而馳三王大道寢而日隱小雅摧以云亡哀趙武之作孽怪漢靈之不祥旄頭翫其金鼎典午失其珠囊瀍澗鞠成沙漠神華泯爲龍荒吾王所以東運我祖於是南翔（晉中宗以琅邪王南渡之推琅邪人故稱吾王）去琅邪之遷越宅金陵之舊章作羽儀於新邑樹杞梓於水鄉傳淸白而勿替守法度而不忘逮微躬之九葉頹世濟之聲芳問我良之安在鍾厭惡於有梁養傅翼之飛獸（梁武帝納亡人侯景授其命遂爲反叛之基）子貪心之野狼（武帝初養臨川王子正德爲嗣生昭明後正德還本特封臨賀王猶懷怨恨徑叛入北而還積財養士每有異志也）初召禍於絕域重發釁於蕭牆（正德求征侯景至新林叛投景景立爲主以攻臺城）雖萬里而作限聊一葦而可航指金闕以長鎩向王路而蹴張勤王踰於十萬曾不解其搤吭嗟將相之骨鯁皆屈體於犬羊（臺城陷援軍竝問訊二宮致敬於侯景也）武皇忽以厭世白日黯而無光旣饗國而五十何克終之弗康嗣君聽於巨猾每凜然而負芒自東晉之違難寓禮樂於江湘迄此幾於三百左衽浹於四方詠苦胡而永歎吟微管而增傷世祖赫其斯怒奮大義於沮漳（孝元帝時爲荊州刺史）授犀函與鶴膝建飛雲及艅艎北徵兵於漢曲南發餫於衡陽（湘州刺史河東王譽雍州刺史岳陽王詧竝隸荊州都督府）昔承華之賓帝寔兄亡而弟及（昭明太子薨乃立晉安王爲太子）逮皇孫之失寵歎扶車之不立（嫡皇孫驩出封豫章王而薨）閒王道之多難各私求於京邑襄陽阻其銅符長沙閉其玉粒（河東岳陽皆昭明子）遽自戰於其地豈大勛之暇集子旣損而姪攻昆亦圍而叔襲褚乘城而宵下杜倒戈而夜入（孝元以河東不供船艦乃遣世子方等爲刺史大軍掩至河東不暇遣拒世子信用羣小貪其子女玉帛遂欲攻之故河東急而逆戰世子爲亂兵所害孝元發怒又使鮑泉圍河東而岳陽宣言大獵卽擁衆襲荊州求解湘州之圍時襄陽杜岸兄弟怨其見劫不以實告又不義此行率兵八千夜降岳陽於是遁走河東府褚顯族據投岳陽所以湘州見陷也）行路彎弓而含笑骨肉相誅而涕泣周旦其猶病諸孝武悔而焉及方幕府之事殷謬見擇於人羣未成冠而登仕財解履以從軍（時年十九釋褐湘東國右常侍以軍功加鎭西墨曹參軍）非社稷之能衞（童汪錡闕）僅書記於階闥罕羽翼於風雲及荊王之定霸始讎恥而圖雪舟師次乎武昌撫軍鎭於夏汭（時遣徐州刺史徐文盛領二萬人屯武昌蘆州拒侯景將任約又第二子綏寧度方諸爲世子拜中撫軍將軍郢州刺史以盛聲勢）濫充選於多士在參戎之盛列慙四白之調護厠六友之談說（時遷中撫軍外兵參軍掌管記與文珪劉民英等與世子遊處）雖形就而心和匪余懷之所說繄深宮之生貴矧垂堂與倚衡欲推心以厲物樹幼齒以先聲（中撫軍時年十五）愾敷求之不器乃畫地而取名仗禦武於文吏（以虞預爲郢州司馬領城防事）委軍政於儒生（以鮑泉爲郢州行事總攝州府也）值白波之猝駭逢赤舌之燒城王凝坐而對寇白詡拱以臨兵（任約爲文盛所困侯景自上救之舟艦弊漏軍饑卒疲數戰失利乃令宋子仙任約步道偷郢州城預無備故陷賊）莫不變蠖而化鵠皆自取首以破腦將睥睨於渚宮先憑陵於他道（景欲攻荊州路由巴陵）懿永寧之龍蟠（永寧公王僧辯據巴陵城善於守禦景不能進）奇護軍之電埽（護軍將軍陸法和破任約於赤亭湖景退走大潰）犇虜快其餘毒縲四膏乎野草幸先生之無勸賴滕公之我保（之推執在景軍例當見殺景行臺郎中王則初無舊識再三救護獲免囚以還都）劉鬼錄於岱宗招歸魂於蒼昊（時解衣訖而獲全）荷性命之重賜銜若人以終老賊棄甲而來復肆觜距之鵰鳶積假履而弒帝憑衣霧以上天用速災於四月奚聞道之十年（臺城陷後梁武曾獨坐歎曰侯景於文爲小人百日天子及景以大寶二年十一月十九日僭位至明年三月十九日棄城逃竄是一百二十日弄天道紀大數故文爲百日言與公孫述俱稟十二而旬歲不同）就狄俘於舊壤陷戎俗於來旋慨黍離於淸廟愴麥秀於空廛鼙鼓臥而不考景鐘毀而莫懸野蕭條以橫骨邑闃寂而無煙疇百家之或在（中原冠帶隨晉渡江者百家故江東有百譜至是在都者覆滅略盡）覆五宗而翦焉獨昭君之哀奏唯翁主之悲絃（公主子女見辱見虜）經長干以掩抑（長干舊顏家巷）展白下以流連（靖侯以下七世墳塋皆在白下）深燕雀之餘思感桑梓之遺虔得此心於尼甫信茲言乎仲宣遏西土之有衆資方叔以薄伐（永寧公以司徒爲大都督）撫鳴劒而雷咤振雄旗而雲窣千里追其飛走三載窮於巢窟

居蚩尤於東郡挂郅支於北闕既斬侯景烹屍於建業市百姓食之至於肉盡齕骨傳首荊州懸於都街弔幽魂之冤枉掃園陵之蕪沒殷道是以再興夏祀於焉不忽但遺恨於炎昆火延宮而累月侯景既平我師採穭失火燒宮殿蕩盡也指余權於兩東侍昇壇之五讓欽漢官之復覩赴楚民之有望攝絳衣以奏言忝黃散於官謗時爲散騎侍郎奏舍人事也或校石渠之文王司徒表送祕閣舊事八萬卷乃詔比校部分爲正御副御重雜三本左民尚書周弘正黃門郎彭僧朗直省學士王珪戴陵校經部左僕射王褒吏部尚書宗懷正員外郎顏之推直學士劉仁英校史部廷尉卿殷不害御史中丞王孝純中書郎鄧藎金部郎中徐報校子部右衞將軍庾信中書郎王固晉安王文學宗善業直省學士周確校集部也時參柏梁之唱顧甌甌之不算濯波濤而無量屬瀟湘之負罪陸納兼岷峨之自王武陵王竚既定以鳴鸞脩東都之大壯詔司農卿黃文超營殿驚北風之復起慘南歌之不暢秦兵繼來守金城之湯池轉絳宮之玉帳孝元自曉陰陽兵法初聞賊來頻爲厭勝被圍之後每歎息知必敗徒有道而師直翻無名之不抗孝元與宇文丞相斷金結和無何見滅是師出無名民百萬而囚虜書千兩而煙煬溥天之下斯文盡喪北於墳籍少於江東三分之一梁氏剝亂散逸湮亡唯孝元鳩合通重十餘萬史籍以來未之有也兵敗悉焚之海內無復書府憐嬰孺之何辜矜老疾之無狀奪諸懷而棄草蹄於塗而受掠冤乘輿之殘酷軫人神之無狀載下車以黜喪揜桐棺之藁葬雲無心以容與風懷憤而憯恨井伯飲牛於秦中子卿牧羊於海上留釧之妻人銜其斷絕擊磬之子家纏其悲愴小臣恥其獨死實有媿於胡顏牽痾疻而就路時患脚氣策駑蹇以入關官疲驢瘦馬下無景而屬蹈上有尋而亟搴嗟飛蓬之日永恨流梗之無還若乃玄牛之旌九龍之路土圭測影璿璣審度或先聖之規模乍前王之典故與神鼎而偕沒切仙宮之永慕爾其十六國之風教七十代之州壤接耳目而不通詠圖書而可想何黎氓之匪昔徒山川之猶曩每結思於江湖將取弊於羅網聆代竹之哀怨聽出塞之嘹朗對皓月以增愁臨芳罇而無賞自太清之內釁彼天齊而外侵始蹙國於淮滸遂壓境於江潯侯景之亂齊氏深斥梁家土宇江北淮北唯餘廬江晉熙高唐新蔡西陽齊昌數郡至孝元之敗於是盡矣以江爲界也獲仁厚之麟角剋儁秀之南金爰衆旅而納主車五百以夐臨齊遣上黨王渙率兵數萬納梁貞陽侯明爲主返季子之觀樂釋鍾儀之鼓琴梁武聘使謝挺徐陵始得還南凡厥梁臣皆以禮遣竊聞風而清耳傾見日之歸心試拂蓍以貞筮遇交泰之吉林之推聞梁人返國故有奔齊之心以丙子歲旦筮東行吉不遇泰之坎乃喜曰天地交泰而更習坎重險行而不失其信此吉卦也但恨小往大來耳後遂吉也譬欲秦而更楚假南路於東尋乘龍門之一曲歷砥柱之雙岑冰夷風薄而雷呴陽侯山載而谷沉倖摯龜以憑濟類斬蛟而赴深昏揚舲於分陝曙結纜於河陰水路七百里一夜而至追風飈之逸氣從忠信以行吟遭厄命而事旋舊國從於採芑先廢君而誅相訖變朝而易市至鄴便值陳興而梁滅故不得還南遂留滯於漳濱私自怜其何已謝黃鵠之迴集恧翠鳳之高峙曾微令思之對空竊彥先之仕纂書盛化之旁待詔崇文之裏齊武平中署文林館待詔者僕射陽休之祖孝徵以下三十餘人之推專掌其撰修文殿御覽續文章流別等皆詣進賢門奏之珥貂蟬而就列執麾蓋以入齒時以通直散騎常侍遷黃門郎也款一相之故人故人祖僕射掌機密吐納帝令也賀萬乘之知己秖夜語之見忌寧懷厥之足恃諫譖言之矛戟惕險情之山水由重裘以寒勝用去薪而沸止時武職疾文人之推蒙禮遇每構創痏故侍中崔季舒等六人以諫誅之推爾日隣禍而儕流或有毀之推於祖僕射者僕射察之無實所知如舊不忘予武成之燕翼遵春坊而原始唯驕奢之是修亦佞臣之云使武成奢侈後宮御者數百人食於水陸貢獻珍異至乃厭飽棄於厠中褌衣悉羅纈錦繡珍玉織成五百一段爾後宮掖遂爲舊事後主之在宮乃使駱提婆母陸氏爲之又胡人何洪珍等爲左右後皆預政亂國焉惜染絲之良質惰琢玉之遺祉用夷吾而治臻昵狄牙而亂起祖孝徵用事則朝野翕然政刑有綱紀矣駱提婆等苦孝徵以法繩己譖而出之於是教令昏僻至于滅亡誠怠荒於政度惋驅除之神速肇平陽之爛魚次太原之破竹晉州小失利便棄軍還并又不守并州奔走向鄴寔未改於弦望遂闕文及都闕而昇降懷墳墓之淪覆迷識主而狀人競已棲而擇木六馬紛其顛沛千官散於奔逐無寒瓜以療饑靡秋螢而照宿時在季冬故無此物讎敵起於舟中胡越生於輦轂壯安德之一戰邀文武之餘福屍狼藉其如莽血玄黃以成谷後主奔後安德王延宗收合餘燼於并州夜戰殺數千人周主欲退齊將之降周者告以虛實故留至明而安德敗也天命縱不可再來猶賢死廟而慟哭乃詔余以典郡據要路而問津除之推爲平原郡據河津以爲奔陳之計斯呼航而濟水郊鄉導於善鄰約以鄴下一戰不剋當與之推入陳不羞寄公之禮願爲式微之賓忽成言而中悔矯陰疏而陽親信諂謀於公主競受陷於姦臣丞相高阿那肱等不願入南又懼失齊主則得罪於周朝故疎閒之推所以齊主留之推守平原城而索囚度濟向青州阿那肱求自鎭濟州乃啓報應齊主云無賊勿忽忽遂道周軍追齊主而及之曩九圍以制命今八尺而由人四七之期必盡百六之數溘屯趙郡李穆叔調妙占天文算術齊初踐祚計止於二十八年至是如期而滅予一生而三化備荼苦而蓼辛在陽都值侯景殺簡文而簒位於江陵孝元覆滅至此而三爲亡國之人逢鳥焚林而鎩翮魚奪水而暴鱗嗟宇宙之遼曠愧無所而容身夫有過而自訟始發曚於天眞遠絕聖而棄智妄鎖義以羈仁舉世溺而欲拯王道鬱以求申既銜石以塡海終荷戟以入秦亡壽陵之故步臨大行以逡巡向使潛於草茅之下甘爲畎畝之人無讀書而學劍莫抵掌以膏身委明珠而樂賤辭白璧以安貧堯舜不能榮其素樸桀紂無以汙其淸塵此窮何由而至茲辱安所自臻而今而後不敢怨天而泣麟也之推在齊有二子長曰思魯次曰敏楚不忘本也之推集在思魯自爲序錄

袁奭字元明陳郡人梁司空昂之孫也父君方梁侍中奭蕭莊時以侍中奉使貢莊敗除琅邪王儼大將軍諮議入館遷太中大夫

韋道遜京兆杜陵人曾祖蕭隨劉義眞度江祖儒自宋入魏寓居河南洛陽官至華山太守道遜與兄道密道建道儒並早以文學知名道密魏永熙中開府祭酒因患恍惚沉廢於家道建天保末卒司農少卿道儒歷中書黃門侍郎道遜武平初尚書左中兵加通直散騎侍郎入館加通直常侍

江旰字季陽濟人也祖柔之蕭齊尚書右丞叔父革梁都官尚書旰梁末給事黃門郎因使至淮南爲邊將所執送鄴稍遷鄭州司馬入館除太尉從事中郎轉太子家令齊亡逃還建業終於都官尚書

眭豫字道閑趙郡高邑人父寂梁北平太守道閑弱冠州舉秀才天保中參議禮令歷晉州道行臺郎大理正奉車都尉入館遷員外散騎常侍尋兼祠部郎中隋開皇中卒於洛州司馬豫宗人仲讓天保時尚書左丞

朱才字待問吳都人蕭莊在淮南以才兼散騎常侍副袁奭入朝莊敗留鄴稍遷國子博士諫議大夫齊亡客遊信都而卒

荀仲舉字士高潁川人世江南仕梁爲南沙令從蕭明於寒山被執長樂王尉粲甚禮之與粲劇飲齧粲指至骨顯祖知之杖仲舉一百或問其故答云我那知許當是正疑是麞尾耳入館除符璽郎後以年老家貧出爲義寧太守仲舉與趙郡李槩交款槩死仲舉因至其宅爲五言詩十六韻以傷之詞甚悲切世稱其美

蕭慤字仁祖梁上黃侯曄之子天保中入國武平中太子洗馬

古道子河內人父起魏太中大夫道子有幹局當官以彊濟知名歷檢校御史司空田曹參軍自袁奭等俱涉學有文祠荀仲舉蕭慤工於詩詠慤曾秋夜賦詩其兩句云芙蓉露下落楊柳月中疎爲知音所賞

贊曰九流百氏立言立德不有斯文寧資刊勒乃眷淫靡永言麗則雅以正邦哀以亡國

北齊書卷四十五考證

樊遜傳常爲兄仲優饒○一本作其兄仲以造氊爲業常優饒之北史同

顏之推傳小注又第二子綏寧度方諸爲世子○按綏寧度三字未審毛氏本同

白翦拱以臨兵○按此用顧榮事翦當作羽

郊鄉導於善鄰○郊疑効字之譌

韋道遜傳曾祖蕭隨劉義眞度江祖儒自宋入魏寓居河南洛陽官至華山太守○蕭疑肅字之譌臣範按魏書及北史韋閬傳並云從子崇字洪基父肅隨劉義眞渡江又崇二子猷之休之休之子道建道儒道遜之父不可考然當祖崇此云祖儒似有誤北史不載道遜

朱才傳字待問吳都人○都當作郡

北齊書卷四十六

隋 太子通事舍人李百藥撰

列傳第三十八

循吏

張華原 宋世良弟世軌
郎基
孟業
崔伯謙
蘇瓊
房豹
路去病

先王疆理天下司牧黎元刑法以禁其姦禮教以防其欲故分職命官共理天下書云知人則哲能官人安人則惠睿哲之君必致清明之臣昏亂之朝多有貪殘之吏高祖撥亂反正以卹隱爲懷故守令之徒才多稱職仍以戰功諸將出牧外藩不識治體無聞政術非唯暗於前言往行乃至始學依判付曹聚斂無厭淫虐不已雖或直繩終無悛革於戲此朝廷之大失太寧以後風雅俱缺賣官鬻獄上下相蒙降及末年黷貨滋甚齊氏循良如辛術之徒非一多以官爵通顯別有列傳如房仲幹之屬在武平之末能卓爾不羣斯固彌可嘉也今掇張華原等列於循吏云

張華原字國滿代郡人也少明敏有器度高祖開驃騎府引爲法曹參軍遷大丞相府屬仍侍左右從於信都深爲高祖所親待高祖每號令三軍常令宣諭意旨周文帝始據雍州也高祖猶欲以逆順曉之使華原入關說焉周文密有拘留之意謂華原曰若能屈驥足於此當共享富貴不尒命懸今日華原曰渤海王命世誕生殆天所縱以明公蕞尒關右便自隔絕故使華原銜喻

公旨明公不以此日改圖轉禍爲福乃欲賜酋有死而已周文嘉其亮正乃使東還高祖以華原久而不返每歎惜之及聞其來喜見於色累遷爲兗州刺史人懷感附寇盜寢息州獄先有四千餘人華原皆決遣至年暮唯有重罪者數十人華原亦遣歸家申賀依期至獄先是州境數有猛獸爲暴自華原臨州忽有六駮食之咸以化感所致後卒官州人大小莫不號慕

宋世良字元友廣平人年十五便有膽氣應募從軍北討屢有戰功爲殿中侍御史詣河北括戶大獲浮惰還見汲郡城旁多骸骨移書州郡令悉收瘞其夜甘雨滂沱還孝莊勞之曰知卿所括得丁倍於本帳若官人皆如此用心便是更出一天下也出除清河太守世良才識閑明尤善治術在郡未幾聲問甚高郡東南有曲堤成公一姓阻而居之羣盜多萃於此人爲之語曰寧度東吳會稽不歷成公曲堤世良施八條之制盜奔他境民又謠曰曲堤雖險賊何益但有宋公自屏跡後齊天保中大赦郡先無一囚羣吏拜詔而已獄內稆生桃樹蓬蒿亦滿每日衙門虛寂無復訴訟者其冬醴泉出於界內及代至傾城祖道有老人丁金剛泣而前謝曰已年九十記三十五政君非唯善治清亦徹底今失賢君民何濟矣莫不攀援涕泣除東郡太守卒官世良強學好屬文撰字略五篇宋氏別錄十卷與弟世軌俱有孝友之譽

世軌幼自嚴整好法律稍遷廷尉卿洛州民聚結欲劫河橋吏捕案之連諸元徒黨千七百人崔暹爲廷尉以之爲反數年不斷及世軌爲少卿判其事爲劫於是殺魁首餘從坐悉捨焉時大理正蘇珍之亦以平幹知名寺中爲之語曰決定嫌疑蘇珍之視表見裏宋世軌時人以爲寺中二絕南臺囚到廷尉世軌多雪之仍移攝御史將問其濫狀中尉畢義雲不送移往復不止世軌遂上書極言義雲酷擅顯祖引見二人親勑世軌曰我知臺欺寺久卿能執理與之抗衡但守此心勿慮不富貴勑義雲曰卿比所爲誠合死以志在疾惡故且一恕仍顧謂朝臣曰此二人並我骨鯁臣也及疾卒廷尉御史諸繫囚聞世軌死皆哭曰宋廷尉死我等豈有生命世良從子孝王學涉亦好緝綴文藻形貌短陋而好臧否人物時論甚疾之爲段孝言開府參軍又薦爲北平王文學求入文林館不遂因非毀朝士撰別錄二十卷會平齊改爲關東風俗傳更廣見聞勒成三十卷以上之言多妄謬篇第冗雜無著述體

郎基字世業中山人身長八尺美鬚髯汎涉墳典尤長吏事起家奉朝請累遷海西鎮將梁吳明徹率衆攻圍海西基獎勵兵民固守百餘日軍糧且罄戎仗亦盡乃至削木爲箭剪紙爲羽圍解還朝僕射楊愔迎勞之曰卿本文吏遂有武略削木剪紙皆無故事班墨之思何以相過後帶潁川郡積年留滯數日之中剖判咸盡而臺報下竝允基所陳條綱既疎獄訟清息官民遐邇皆相慶悅基性清慎無所營求曾語人云任官之所木枕亦不須作況重於此事唯頗令寫書潘子義曾遺之書曰在官寫書亦是風流罪過基答書曰觀過知仁斯亦可矣後卒官柩將還遠近將送莫不攀轅悲哭

孟業字敬業鉅鹿安國人家本寒微少爲州吏性廉謹同寮諸人侵盜官絹分三十疋與之拒而不受魏彭城王韶拜定州除典籤長史劉仁之謂業曰我處其外君居其內同心勠力庶有濟乎未幾仁之徵入爲中書令臨路啓韶云殿下左右可信任者唯有孟業願專任之餘人不可信也又與業別執手曰今我出都君便失援恐君在後不自保全唯正與直願君自勉業唯有一馬因瘦而死韶以業家貧令州府官人同食馬肉欲令厚償業固辭不敢韶乃戲業曰卿邀名人也對曰業以微細伏事節下既不能裨益寧可損敗清風後高祖書與韶云典籤姓孟者極能用心何不置之目前韶高祖之壻也仁之後爲兗州臨別謂吏部崔暹曰貴州人士唯有孟業銓舉之次不可忘也崔暹問業曰君往在定州有何政績使劉西兗如此欽歎答曰稟性愚直唯知自修無他長也天保初清河王岳拜司州牧聞業名行復召爲法曹業形貌短小及謁見岳心鄙其眇小笑而不言後尋業斷決之處乃謂業曰卿斷決之明可謂有過軀貌之用尋遷東郡守以寬惠著其年麥一莖五穗其餘三穗四穗共一莖合郡人以爲政化所感尋以病卒

崔伯謙字士遜博陵人父文業鉅鹿守伯謙少孤貧善養母高祖召赴晉陽補相府功曹稱之曰清直奉公眞良佐也遷瀛州別駕世宗以爲京畿司馬勞之曰卿騁足瀛部已著康歌督府務殷是用相授族弟暹當時寵要謙與之寮舊同門非吉凶未曾造請後除濟北太守恩信大行乃改鞭用熟皮爲之不忍見血示恥而已有朝貴行過郡境問人太守治政何如對曰府君恩化古者所無因誦民爲歌曰崔府君能治政易鞭鞭布威德民無爭客曰既稱恩化何由復威曰長吏憚威民庶蒙惠徵赴鄴百姓號泣遮道以弟讓在關中不復居內任除南鉅鹿守事無巨細必自親覽民有貧弱未理者皆曰我自有白鬚公不慮不決後爲銀青光祿大夫卒

蘇瓊字珍之武強人也父備仕魏至衛尉少卿瓊幼時隨父在邊嘗謁東荊州刺史曹芝芝戲問曰卿欲官不對曰設官求人非人求官芝異其對署爲府長流參軍文襄以儀同開府引爲刑獄參軍每加勉勞并州嘗有彊盜長流參軍推其事所疑賊竝已拷伏失物家竝識認唯不獲盜贓文襄付瓊更令窮審乃別推得元景融等十餘人竝獲贓驗文襄大笑語前妄引賊者曰爾輩若不遇我好參軍幾致枉死除瓊累遷南清河太守其郡多盜及瓊至民吏肅然姦盜止息或外境姦非輒從界中行過者無不捉送零陵縣民魏雙成失牛疑其村人魏子賓列送至郡一經窮問知賓非盜者即便放之雙成訴云府君放賊去百姓牛何處可得瓊不理其語密走私訪別獲盜者從此畜牧不收多放散云但付府君有鄰郡富豪將財物寄置界內以避盜爲賊攻急告曰我物已寄蘇公矣賊遂去平原郡有妖賊劉黑狗構結徒侶通於滄海瓊所部人連接村居無相染累鄰邑於此伏其德郡中舊賊一百餘人悉充左右人間善惡及長吏飮人一盃酒無不即知瓊性清慎不發私書道人道研爲濟州沙門統資產巨富在郡多有出息常得郡縣爲徵及欲求謁度知其意每見則談問玄理應對肅敬研雖爲債數來無由啓口其弟子問其故研曰每見府君徑將我入青雲間何由得論地上事郡民趙穎曾爲樂陵太守八十致事歸五月初得新瓜一雙自來送穎恃年老苦請遂便爲留仍致於聽事梁上竟不剖人遂競貢新果至門間知穎瓜猶在相顧而去有百姓乙普明兄弟爭田積年不斷各相援引乃至百人瓊召普明兄弟對衆人諭之曰天下難得者兄弟易求者田地假令得地失兄弟心如何因而下淚衆人莫不灑泣普明弟兄叩頭乞外更思分異十年遂還同往每年春總集大儒衛顗隆田元鳳等講於郡學朝吏文案之暇悉令受書時人指吏曹爲學生屋禁斷淫祠婚姻喪葬皆教令儉而中禮又蠶月預下綿絹度樣於部內其兵賦次第竝立明式至於調役事必先辦郡縣長吏常無十杖稽失當時州郡無不遣人至境訪其政術天保中郡界大水人災絕食者千餘家瓊普集部中有粟家自從貸粟以給付飢者州計戶徵租復欲推其貸粟綱紀謂瓊曰雖矜飢餧恐罪累府君瓊曰一身獲罪且活千室何所怨乎遂上表陳狀使檢皆免人戶保安此等相撫兒子咸言府君生汝在郡六年人庶懷之遂無一人經州前後四表列爲尤最遭憂解職故人贈遺一無所受尋起爲日直廷尉正朝士嗟其屈尚書辛述曰既直且正名以定體不慮不申初瓊任清河太守裴獻伯爲濟州刺史酷於用法瓊恩於養人房延祐爲樂陵郡過州裴問其外聲祐云唯聞太守善刺史惡裴云得民譽者非至公祐答言若爾黃霸龔遂君之罪人也後有勑州各舉清能裴以前言恐爲瓊陷瓊申其枉滯議者尚其公平畢義雲爲御史中丞以猛暴任職理官忌憚莫敢有違瓊推察務在公平得雪者甚衆寺署臺案始自於瓊遷三公郎中趙州及河南中有人頻告謀反前後皆付瓊推撿事多申雪尚書崔昂謂瓊曰若欲立功名當更思餘理仍數雪反逆身命何輕瓊正色曰所雪者怨枉不放反逆昂大慙京師爲之語曰斷決無疑蘇珎之遷左丞行徐州事徐州城中五級寺忽被盜銅像一百軀有司徵撿四鄰防宿及蹤跡所疑逮繫數十人瓊一時放遣寺僧怨訴不爲推賊瓊遣僧謝曰但且還寺得像自送爾後十日抄賊姓名及贓處所徑收掩悉獲實驗賊徒欵引道俗歎伏舊制以淮禁不聽商販輒度淮南歲儉啓聽淮北取糴後淮北人饑復請通糴淮南遂得商估往還彼此兼濟水陸之利通於河北後爲大理卿而齊亡仕周爲博陵太守

房豹字仲幹清河人祖法壽魏書有傳父翼宗豹體貌魁岸美音儀釋褐開府參軍兼行臺郎中隨慕容紹宗紹宗自云有水厄遂於戰艦中浴并自投於水冀以厭當之豹曰夫命也在天豈人理所能延促公若實有災眚恐非禳所能解若其實無何禳之有紹宗笑曰不能免俗聊復爾耳未幾而紹宗遇溺時論以爲知微遷樂陵太守鎭以凝重哀矜貧弱豹階庭簡靜囹圄空虛郡治瀕海水味多鹹苦豹命鑿一井遂得甘泉遐邇以爲政化所致豹罷歸後井味復鹹齊滅還鄉園自養頻徵辭疾終於家

路去病陽平人也風神疎朗儀表瓌異釋褐開府參軍勑用士人爲縣宰以去病爲定州饒陽令去病明閑時務性頗嚴毅人不敢欺然至廉平爲吏民歎服擢爲成安令京城下有鄴臨漳成安三縣輦轂之下舊號難治重以政亂時難綱維不立功臣內戚請囑百端去病消息事宜以理抗答勢要之徒雖厮養小人莫不憚其風格亦不至嫌恨自遷鄴以還三縣令治術去病獨爲稱首周武平齊重其能官與濟陰郡守公孫景茂二人不

被替代發詔褒揚隋大業中卒於冀氏縣令

北齊書卷四十六考證

五業傳令我出都○臣基按上文云徵入爲中書令出疑入字之譌

仁之後爲兖州○北史兖州上有西字

唯知自修無他長也○元本脫長也二字從別本增

蘇瓊傳長流參軍推其事○北史參軍下有張龍二字

北齊書卷四十七

隋　太子通事舍人　李百藥　撰

列傳第三十九

酷吏

邸珍　宋遊道　盧斐　畢義雲

夫人之性靈稟受或異剛柔區別緩急相形未有深察是非莫不肆其情欲至於詳觀水火更佩韋絃者鮮矣獄吏爲患其所從來久矣自魏途不競綱漏寰區高祖懲其寬怠頗亦威嚴馭物使內外羣官咸知禁網今錄邸珍等以存酷吏懲示勸勵云

邸珍字寶安本中山上曲陽人也從高祖起義拜爲長史性嚴暴求取無厭後兼尚書右僕射大行臺節度諸軍事珍御下殘酷衆士離心爲民所害後贈定州刺史

宋遊道廣平人其先自燉煌徙焉父季預爲渤海太守遊道弱冠隨父在郡父亡吏人贈遺一無所受事母以孝聞與叔父別居叔父爲奴誣以逆遊道誘令返雪而殺之魏廣陽王深北伐請爲鎧曹及爲定州刺史又以爲府佐廣陽王爲葛榮所殺元徽誣其降賊收錄妻子遊道爲訴得釋與廣陽王子迎喪返葬中尉酈善長嘉其氣節引爲殿中侍御史臺中語曰見賊能討宋遊道孝莊即位除左中兵郎中爲尚書令臨淮王彧譴責遊道乃執版長揖曰下官謝王瞋不謝王理即日詣闕上書曰徐州刺史元孚頻有表云僞梁廣發士卒來圖彭城乞增羽林二千以孚宗室重臣告請應實所以量奏給武官千人孚今代下以路阻自防遂納在防羽林八百人辭云疆境無事乞將還家臣忝局司深知不可尚書令臨淮王彧即孚之兄子遣省事謝遠三日之中八度逼迫云宜依判許臣不敢附下罔上孤負聖明但孚身在任乞師相繼及其代下便請放還進退爲身無憂國之意所請不合其罪不科彧乃召臣於尚書都堂云卿一小郎憂國之心豈厚於我醜罵溢口不顧朝章右僕射臣世隆吏部郎中臣薛琡已下百餘人並皆聞見臣實獻直言云忠臣奉國事在其心亦復何簡貴賤比自北海入洛王不能致死死難方清宮以迎暴賊鄭先護立義廣州王復建旗往討趨惡如流伐善何速今得冠冕百寮乃欲爲私害政爲臣此言彧賜怒更甚臣既不佞干犯貴臣乞解郎中帝召見遊道嘉勞之彧亦奏言臣忝冠百寮遂使一郎攘袂高聲肆言頓挫乞解尚書令帝乃下勑聽解臺郎後除司州中從事時將還鄴會霖雨行旅擁於河橋遊道於幕下朝夕宴歌行者曰何時節作此聲也固大癡遊道應曰何時節而不作此聲也亦大癡後神武自太原來朝見之曰此人宋遊道耶常聞其名今日始識其面遷遊道別駕後日神武之司州饗朝士舉觴遊道曰飲高歡手中酒者大丈夫卿之爲人合飲此酒及還晉陽百官辭於紫陌神武執遊道手曰甚知朝貴中有憎忌卿者但用心莫懷畏慮當使卿位與之相似於是啓以遊道爲中尉文襄執請乃以吏部郎中崔暹爲御史中尉以遊道爲尚書左丞文襄謂暹遊道曰卿一人處南臺一人處北省當使天下肅然遊道入省劾太師咸陽王坦太保孫騰司徒高隆之司空侯景錄尚書元弼尚書令司馬子如官貸金銀催徵酬價雖非指事贓賄終是不避權豪又奏駁尚書違失數百條省中豪吏王儒之徒並鞭斥之始依故事於尚書省立門名以記出入早晚令僕已下皆側目魏安平王坐事亡章武二王及諸王妃太妃是其近親者皆被徵責都官郎中畢義雲主其事有奏而禁有不奏輒禁者遊道判下廷尉科罪高隆之不同於是反誣遊道厲色挫辱己遂枉考羣令史證成之與左僕射襄城王旭尚書鄭述祖等上言曰飾僞亂眞國法所必去附下罔上王政所不容謹案尚書左丞宋遊道名望本闕功績何紀屬永安之始朝士亡散乏人之際叨竊臺郎躁行諂言肆其奸詐罕識名義不顧典文人鄙其心衆畏其口出州入省歷忝清資而長惡不悛曾無忌諱毀譽由己憎惡任情比因安平王事遂肆其褊心因公報隙與郎中畢義雲遞相糺舉又左外兵郎中魏叔道牒云局內降人左澤等爲京畿送省令取保放出大將軍在省日判聽遊道發怒曰往日官府成何物官府將此爲例又云乘前旨格成何物旨格依事請問遊道並皆承引案律對捍詔使無人臣之禮大不敬者死對捍使者尚得死坐況遊道吐不臣之言犯慢上之罪口稱夷齊心懷盜跖欺公賣法受納苞苴產隨官厚財與位積雖贓汚未露而奸詐如是舉此一隅餘詐可驗今依禮據律處遊道死罪是時朝士皆分爲遊道不濟而文襄聞其與隆之相抗之言謂楊遵彥曰此眞是鯁直大剛惡人遵彥曰譬之畜狗本取其吠今以數吠殺之恐將來無復吠狗詔付廷尉遊道坐除名文襄使元景康謂曰卿早逐我向并州不爾他經畧殺卿遊道從至晉陽以爲大行臺吏部又以爲太原公開府諮議及平陽公爲中尉遊道以爲太原書侍御史尋以本官兼司徒左長史及文襄疑黃門郎溫子昇知元瑾之謀繫之獄而餓之食敝襦而死棄屍路隅遊道收而葬之文襄謂曰吾近書與京師諸貴論及朝士卿僻於朋黨將爲一病今卿眞是重舊節義人此情不可奪子昇吾本不殺之卿葬之何所憚天下人代卿怖者是不知吾心也尋除御史中尉東萊王道習參御史選限外投狀道習與遊道有舊使令史受之文襄怒杖遊道而判之曰遊道稟性遒悍是非肆口吹毛洗垢瘡疵人物往與郎中蘭景雲忿競列事十條及加推窮便是虛妄方共道習凌侮朝典法官而犯特是難原宜付省科遊道被禁獄吏欲爲脫枷遊道不肯曰此令命所着不可輒脫文襄聞而免之遊道抗志不改天保元年以遊道兼太府卿乃於少府覆檢主司盜截得鉅萬計奸吏返誣奏之下獄尋得出不歸家徑之府理事卒遺令薄葬不立碑表不求贈謚贈瓜州刺史武平中以子士素久典機密重贈儀同三司謚曰貞惠遊道剛直疾惡如讎見人犯罪皆欲致之極法彈糺見事又好察陰私問獄察情捶撻嚴酷兖州刺史李子貞在州貪暴遊道案之文襄以貞預建義勳意將含忍遊道疑陳元康爲其內助密啓云子貞元康交遊恐其別有請囑文襄怒於尚書都堂集百寮撲殺子貞又兖州人爲遊道生立祠堂像題曰忠清君遊道別劾吉寧等五人同死有欣悅色朝士甚鄙之然重交遊存然諾之分歷官嚴整而時大納賄分及親故之艱匱者其男女孤弱爲嫁娶之臨喪必哀躬親喪事爲司州綱紀與牧樂昌河西二王乖忤及二王薨每事經恤之與頓丘李獎一面便定死交獎曰我年位已高會用弟爲佐史令弟北面於我足矣遊道曰不能旣而獎爲河南尹辟遊道爲中正使者相屬以衣帢待之握手歡謔元顥入洛獎受其命出使徐州都督元孚與城人趙紹兵殺之遊道爲獎訟寃得雪又表爲請贈廻已考一泯階以益之又與尉厭結交託厭弟粹於徐州殺趙紹後平之梟粹首於鄴市孫騰使客告市司得錢五百萬後聽收遊道時爲司州中從事令家人作尉粹所親於州陳訴依律判許而奏之勑至市司猶不許遊道杖市司勑使速付騰聞大怒時李獎二子構訓居貧遊道後令其求三富人死事判免之凡得錢百五十萬盡以入構訓其使氣黨俠如此時人語曰遊道獼猴面陸操科斗形意識不關貌何謂醜者必無情構嘗因遊道會客因戲之曰賢從在門外大好人宜自迎接爲通名稱族弟遊山遊道出見之乃獼猴衣帽也將與構絕構謝之豁然如舊遊道死後構爲定州長史遊道第三子士遜爲墨曹博陵王管記與典籤共誣奏構構於禁所祭遊道而訴焉士遜晝卧如夢者見遊道怒已曰我與構恩義汝豈不知何共小人謀陷清直之士士遜驚跪曰不敢不敢旬日而卒遊道每戒其子士素士約士愼等曰吾執法太剛數遭屯蹇性自如此子孫不足以師之諸子奉父言柔和謙遜士素沉密少言有才識稍遷中書舍人趙彥深引入內省參典機密歷中書黃門侍郎遷儀同三司散騎常侍常領黃門侍郎自處機要近二十年周愼溫恭甚爲彥深所重初祖珽知朝政出彥深爲刺史珽奏以士素爲東郡守中書侍郎李德林白珽留之由是還除黃門侍郎共參機密士約亦爲善士官尚書左丞

盧斐字子章范陽涿人也父同魏殿中尚書斐性殘忍以强斷知名世宗引爲相府刑獄參軍謂之云狂簡斐然成章非佳名字也天保中稍遷尚書左丞別典京畿詔獄酷濫非人情所爲無問事之大小拷掠過度於大棒車輻下死者非一或嚴冬至寒置囚於冰雪之上或盛夏酷熱暴之日下枉陷人致死者前後百數又伺察官人罪失動即奏聞朝士見之莫不重跡屏氣皆目之爲盧校書斐後以謗史與李庶俱病鞭死獄中

畢義雲小字陁兒少麤俠家在兖州北境常劫掠行旅州里患之晚方折節從官累遷尚書都官郎中性嚴酷事多幹了齊文襄作相以爲稱職令普勾僞官專以車輻考掠所獲甚多然大起怨謗曾爲司州吏所訟云其有所減截并改換文書文襄以其推僞衆人怨望並無所問乃拘吏數人而斬之因此銳情訊鞫威名日盛文宣受禪除治書侍御史彈射不避勳親累遷御史中丞

繩劾更切然豪横不平頻被怨訟前爲汲郡太守翟嵩啓列義雲從父兄僧明負官債先任京畿長史不受其屬立限切徵由此挾嫌數遣御史過郡訪察欲相推繩又坐私藏工匠家有十餘機織錦并造金銀器物乃被禁止尋見釋以爲司徒左長史尚書左丞司馬子瑞奏彈義雲稱天保元年四月竇氏皇后姨祖載日內外百官赴第弔省義雲唯遣御史投名身遂不赴又義雲啓云喪婦孤貧後娶李世安女爲妻世安身雖父服未終其女爲祖已就平吉特乞闇迎不敢備禮及義雲成婚之夕衆儲備設尅日拜閤鳴騶淸路盛列羽儀兼差臺吏二十人責其鮮服侍從車後直是苟求成婚誣罔干上義雲貲產宅宇足稱豪室忽道孤貧亦爲矯詐法官如此直繩爲寄又駕幸晉陽都坐判拜起居表四品五品已上令預前一日赴南都署表三品以上臨日署訖義雲乃乖例署表之日索表就家先署臨日遂稱私忌不來於是詔付廷尉科罪尋勑免推子瑞又奏彈義雲事十餘條多煩碎罪止罰金不至除免子瑞從兄消難爲北豫州刺史義雲遣御史張子階詣州采風聞先禁其典籤家客等消難危懼遂叛入周時論歸罪義雲云其規報子瑞事亦上聞爾前䕃賞義雲常預從此後集見稍疎聲望大損乾明初子瑞遷御史中丞鄭子默正被任用義雲之姑即子默祖母遂除度支尚書攝左丞子默誅後左丞便解孝昭赴晉陽高元海留鄴義雲深相依附知其信向釋氏常隨之聽講爲此欵密無所不至及孝昭大漸顧命武成高歸彥至都武成猶致疑惑元海遣犢車迎義雲入北宮參審遂與元海等勸進仍從幸晉陽參預時政尋除兗州刺史給後部鼓吹即本州也軒昂自得意望銓衡之舉見諸人自陳逆許引接又言離別暫時非久在州先有鐃吹至於案部行遊遂兩部並用猶作書與元海論敘時事元海入內不覺遺落給事中李孝貞得而奏之爲此元海漸疎孝貞因是兼中書舍人又高歸彥起逆義雲在州私集人馬并聚甲仗將以自防實無他意爲人所啓及歸彥被擒又列其朋黨專擅爲此追還武成猶錄其往誠竟不加罪除兼七兵尚書義雲性豪縱頗以施惠爲心累世本州刺史家富於財士之匱乏者多有拯濟及貴恣情驕侈營造第宅宏壯未幾而成閨門穢雜聲遍朝野爲郎時與左丞宋遊道因公事忿競遊道廷辱之云雄狐之詩千載爲汝義雲一無所答然酷暴殘忍非人理所及爲家尤甚子孫僕隸常瘡痍被體有孽子善昭性至凶頑與義雲侍婢姦通搒掠無數爲首着籠頭繫之庭樹食以芻秣十餘日乃釋之夜中義雲被賊害乃善昭所佩刀也遺之於義雲庭中善昭聞難奔哭家人得佩刀善昭怖便走出投平恩墅舍旦日世祖令舍人蘭子暢就宅推之爾前義雲新納少室范陽盧氏有色貌子暢疑盧姦人所爲將加拷掠盧具列善昭云爾乃收捕繫臨漳獄將斬之邢卲上言此乃大逆義雲又是朝貴不可發乃斬之於獄棄屍漳水

北齊書卷四十七考證

宋遊道傳臨淮王彧譴責○按上下文疑有脫誤

北齊書卷四十八

隋太子通事舍人李百藥撰

列傳第四十

外戚

趙猛
婁叡
尒朱文暢
鄭仲禮
李祖昇
元蠻
胡長仁

自兩漢以來外戚之家罕有全者其傾覆之跡逆亂之機皆詳諸前史齊氏后妃之族多自保全唯胡長仁以譖訴貽禍斛律光以地勢被戮俱非女謁盛衰之所致也今依前代史官述外戚云爾

趙猛太安狄那人姊爲文穆皇帝繼室生趙郡王琛猛性方直頗有器幹高祖舉義遷南營州刺史卒

婁叡字佛仁武明皇后兄子也父壯魏南部尚書叡少好弓馬有武幹爲高祖帳內都督從破尒朱於韓陵累遷開府儀同驃騎大將軍叡無器幹唯以外戚貴幸而縱情財色爲時論所鄙皇建初封東安王高歸彥反於冀州詔叡往平之還拜司徒公周兵寇東關叡率軍赴援頻戰有功擒周將楊檦等進大司馬出總偏師赴懸瓠叡在豫境留停百餘日侵削官私專行非法坐免官尋授太尉薨

尒朱文暢榮第四子也初封昌樂王其姊魏孝莊皇后及四胡敗滅高祖納之待其家甚厚文暢由是拜肆州刺史家富於財招致賓客既藉門地窮極豪侈與丞相司馬任胄主簿李世林都督鄭仲禮房子建等深相愛狎外示杯酒之交而潛謀逆亂自魏氏舊俗以正月十五日夜爲打竹簇之戲有能中者即時賞帛任胄令仲禮藏刀於袴中因高祖臨觀謀爲竊發事捷之後共奉文暢爲主爲任氏家客薛季孝告高祖問皆具伏以其姊寵故止坐文暢一房弟文略以兄叉羅卒無後襲梁郡王以兄文暢事當從坐高祖特加寬貸文略聰明儁爽多所通習世宗嘗令章永興於馬上彈胡琵琶奏十餘曲試使文略寫之遂得其八世宗戲之曰聰明人多不老壽梁郡其慎之文略對曰命之修短皆在明公世宗愴然曰此不足慮也初高祖遺令恕文略十死恃此益橫多所凌忽平秦王有七百里馬文略敵以好婢賭而取之明日平秦致請文略殺馬及婢以二銀器盛婢頭馬肉而遺之平秦王訴之於文宣繫於京畿獄文略彈琵琶吹橫笛謠詠倦極便臥唱挽歌居數月奪防者弓矢以射人曰不然天子不憶我有司奏之遂伏法文略嘗大遺魏收金請爲其父作佳傳收論尒朱榮比韓彭伊霍蓋由是也

鄭仲禮滎陽開封人魏鴻臚嚴庶子也少輕險有膂力高祖嬖寵其姊以親戚被昵擢帳內都督嘗執高祖弓刀出入隨從任胄爲好酒不憂公事高祖責之胄懼謀爲逆賴武明婁后爲請故仲禮死不及其家

李祖昇趙國平棘人顯祖李皇后之長兄父希宗上黨守祖昇儀容瓌麗垂手過膝睦姻好施文學足以自通仕至齊州刺史爲徒兵所害弟祖勳顯祖受禪除秘書丞及女爲濟南王妃除侍中封丹陽王濟南廢爲光州刺史祖勳性貪慢兼妻崔氏驕豪干政時論鄙之以數坐贓免官無才幹自少及長居官皆因內寵無可稱述

元蠻魏太師江陽王之繼子肅宗元皇后之父也歷光祿卿天保十年大誅元氏肅宗爲蠻苦請因是追原之賜姓步六孤氏尋病卒

胡長仁字孝隆安定臨涇人武成皇后之兄父延之魏中書令長仁累遷右僕射及尚書令世祖崩預參朝政封隴東王左丞鄒孝裕郎中陸仁惠盧元亮厚相結託長仁每上省孝裕必方駕而來省務既繁簿案堆積令史欲諮都座者日有百數孝裕屏人私話朝退亦相隨仁惠元亮又伺間而往停斷公事時人號爲三佞長仁私遊密席處處追尋孝裕勸其求進和士開深疾之於是奏除孝裕爲章武郡守元亮等皆出孝裕又說長仁曰王陽臥疾士開必來因而殺之入見太后不過百日失官便代其處士開知其謀從孝裕爲北營州建德郡守後長仁倚親驕豪無畏憚士開出爲齊州刺史長仁怨憤謀令刺士開事覺遂賜死尋而後主納長仁女爲后重加贈諡長仁弟等前後七人並賜王爵合門貴盛從祖兄長粲父僧敬即魏孝靜帝之舅位至司空長粲少而敏悟以外戚起家給事中郎黃門侍郎後主踐祚長粲被勑與黃門馮子琮出入禁中專典敷奏世祖崩與領軍婁定遠錄尚書趙彥深和士開高文遙領軍綦連猛高阿那肱僕射唐邕同知朝政時人號爲八貴於後定遠文遙並出唐邕專典外兵綦連猛高阿那肱別總武任長粲常在左右兼宣詔令從幸晉陽後主即位富於春秋庶事皆歸委長粲長粲盡心毗奉甚得名譽又爲侍中長仁心欲入處機要之地爲執政不許長仁疑長粲通謀大以爲恨遂言於太后發其陰私請出爲州後主不得已從焉除趙州刺史及辭長粲流涕後主亦憫默至州因沐髮手不得舉失音卒

北齊書卷四十八考證

尒朱文暢傳爲打竹簇之戲○北史無竹字

明日平秦致請○一本平秦下有王使人三字

鄭仲禮傳魏鴻臚嚴庶子也○北史仲禮父名嚴祖

左丞鄒孝裕○北史鄒作鄺

北齊書卷四十九

隋太子通事舍人李百藥撰

列傳第四十一

方伎

由吾道榮
王春
信都芳
宋景業
許遵
吳遵世

趙輔和
皇甫玉
解法選
魏寧
綦母懷文
張子信
馬嗣明

易曰定天下之吉凶成天下之亹亹莫善於蓍龜是故天生神物聖人則之又神農桐君論本草藥性黃帝岐伯說病候治方皆聖人之所重也故太史公著龜策日者及扁鵲倉公傳皆所以廣其聞見昭示後昆齊氏作霸以來招引英俊但有藝能無不畢策今並錄之以備方伎云

由吾道榮瑯邪人也好道法與其同類相求入長白太山潛隱具聞道術仍遊鄒魯之間習儒業晉陽人某大明法術乃尋是人爲其家庸力無識之者久乃訪知其人道家符水禁呪陰陽歷數天文藥性無不通解以道榮好尚乃悉授之是人謂道榮云我本恒岳僊人有少罪過爲天官所謫今限滿將歸卿宜送吾至汾水及河值水暴長橋壞船渡艱難是人乃臨水禹步以一符投水中流便絕俄頃水積將至天是人徐自沙石上渡唯道榮見其如是傍人咸云水如此長此人遂能浮過共驚異之道榮仍歸本部隱於瑯邪山辟穀餌松朮茯苓求長生之秘尋爲顯祖追往晉陽至遼陽山中有猛獸去馬十步所追人驚怖將走道榮以杖畫地成火坑猛獸遽走俄值國廢道榮歸周隋初乃卒又有張遠遊者顯祖時令與諸術士合九轉金丹及成顯祖置之玉匣云我貪世間作樂不能卽飛上天待臨死時取服

王春河東人少好易占明風角遊於趙魏之間飛符上天高祖起於信都引爲館客韓陵之戰四面受敵從寅至午三合三離高祖將退軍春叩馬諫曰比未時必當大捷遂縛其子詣王爲質不勝請斬之俄而賊果大敗其後每從征討其言多中位徐州刺史卒

信都芳河間人少明算術爲州里所稱有巧思每精心研究忘寢與食或墜坑坎嘗語人云算之妙機巧精微我每一沉思不聞雷霆之聲也其用心如此以術數干高祖爲館客授參軍丞相倉曹祖珽謂芳曰律管吹灰術甚微妙絕來既久吾思所不至卿試思之芳遂留意十數日便云吾得之矣然終須河內葭莩灰後得河內葭莩用其術應節便飛餘灰卽不動也不爲時所重竟刻諸巧事并畫圖名曰器準又著樂書遁甲經四術周髀宗芳又私撰歷書名爲靈憲歷算月有頫大頫小食必以朔證據甚甄明每云何承天亦爲此法不能精靈憲若成必當百代無異議書未就而卒

宋景業廣宗人明周易爲陰陽緯候之學兼明歷數魏末任北平太守顯祖作相在晉陽景業因高德政上言易稽覽圖曰鼎五月聖人君天與延年齒東北水中庶人王高得之謹案東北水謂渤海也高得之明高氏得天下也是時魏武定八年五月也高德政徐之才並勸顯祖應天受禪乃之鄴至平城都諸大臣沮計將還賀拔仁等又云景業誤王宜斬之以謝天下顯祖曰景業當爲帝王師何可殺也還至并顯祖令景業筮遇乾之鼎景業曰乾爲君天也易曰時乘六龍以御天鼎五月卦也宜以仲夏吉辰御天受禪或曰陰陽書五月不可入官犯之卒於其位景業曰此乃大吉王爲天子無復下期豈得不終於其位顯祖大悅天保初授散騎侍郎又有荊次德有術數預知尒朱榮成敗又言代魏者齊葛榮聞之故自號齊王待次德以殊禮問其天人之事對曰齊當與東海出天子今王據渤海是齊地又太白與月并宜速用兵遲則不吉榮不從也

許遵高陽人明易善筮兼曉天文風角占相逆刺其驗若神高祖引爲館客自言祿命不富貴不横死是以任性疏誕多所犯忤高祖常容借之邙陰之役遵謂李業興曰彼爲火陣我爲木陣火勝木我必敗果如其言清河王岳以遵爲開府田曹記室岳封王以告遵遵曰蜜蜂亦作王岳後將救江陵遵曰此行必致後凶宜辭疾勿去岳曰勢不免去正當與君同行遵曰好與生人相隨不欲共死人同路還岳至京尋喪顯祖無道日甚遵語人曰多折筭來吾筮此狂夫何時當死遂布筭滿床大言曰不出冬初我乃不見顯祖以十月崩遵果以九月死

吳遵世字季緒渤海人少學易入恒山從隱居道士遊處數年忽見一老翁謂之云授君開心符遵世跪取吞之遂明占候後出遊京洛以易筮知名魏武帝之將卽位也使遵世筮之遇明夷之賁曰初登于天後入于地帝曰何謂也遵世曰初登于天當作天子後入于地不得久也終如其言世祖以丞相在京師居守自致猜疑甚懷憂懼謀將起兵每宿蓍令遵世筮之遵世云不須起動自有大慶俄而趙郡王奉太后令以遺詔追世祖及卽祚授其中書舍人固辭疾

趙輔和清都人少以明易善筮爲館客高祖崩於晉陽葬有日矣世宗書令顯祖親卜宅兆相於鄴西北漳水北原顯祖與吳遵世擇地頻卜不吉又至一所命遵世筮之遇革遵世等數十人咸云不可用輔和少年在衆人之後進云革卦於天下人皆凶唯王家用之大吉革彖辭云湯武革命應天順民顯祖遽登車顧云卽以此地爲定卽義平陵也有一人父疾是人詣館別託相知者筮之遇泰筮者云此卦甚吉疾愈是人喜出後和謂筮者云泰卦乾下坤上然則父入土矣豈得言吉果以凶問至和太寧武平中筮後宮誕男女及時日多中遂授通直常侍

皇甫玉不知何許人善相人常遊王侯家世宗自潁川振旅而還顯祖從後玉於道旁縱觀謂人曰大將軍不作物會是道北垂鼻涕者顯祖既卽位試玉相術故以帛巾袜其眼而使歷摸諸人至於顯祖曰此是最大達官於任城王曰當至丞相於常山長廣二王並亦貴而各私招之至石動桶曰此弄癡人至二供膳曰正得好飲食而已玉嘗爲高歸彥相曰位極人臣但莫反歸彥曰我何爲反玉曰不然公有反骨玉謂其妻曰殿上者不過二年妻以告舍人斛斯慶慶以啓帝帝怒召之玉每照鏡自言當兵死及被召謂其妻曰我今去不還若得過日午時或當得活既至正中遂斬之世宗時有吳士雙盲而妙於聲相世宗歷試之聞劉桃枝之聲曰有所繫屬然當大富貴王侯將相多死其手譬如鷹犬爲人所使聞趙道德之聲曰亦繫屬人富貴翕赫不及前人聞太原公之聲曰當爲人主聞世宗之聲不動崔暹私招之乃謬言亦國主也世宗以爲我羣奴猶當極貴況吾身也

解法選河內人少明相術鑒照人物皆如其言頻爲和士開相中士開牒爲府參軍

魏寧鉅鹿人以善推祿命徵爲館客武成親試之皆中乃以己生年月託爲異人而問之寧曰極富貴今年入墓武成驚曰是我寧變辭曰若帝王自有法又有陽子術語人曰謠言盧十六雉十四犍子拍頭三十二且四八天之大數太上之祚恐不過此既而武成崩年三十二也

綦母懷文不知何郡人以道術事高祖武定初官軍與周文戰於邙山是時官軍旗幟盡赤西軍盡黑懷文言於高祖曰赤火色黑水色水能滅火不宜以赤對黑土勝水宜改爲黃高祖遂改爲赭黃所謂河陽幡者也又造宿鐵刀其法燒生鐵精以重柔鋌數宿則成剛以柔鐵爲刀脊浴以五牲之溺淬以五牲之脂斬甲過三十札今襄國冶家所鑄宿柔鋌乃其遺法作刀猶甚快利但不能截三十札也懷文云廣平郡南幹子城是干將鑄劍處其土可以瑩刀懷文官至信州刺史又有孫正言謂人曰我昔武定中爲廣州士曹聞城人曹普演言高王諸兒阿保當爲天子至高德之承之當滅阿保謂天保德之謂德昌也滅年號承光卽承之也

張子信河內人也性清淨頗涉文學少以醫術知名恒隱於白鹿山時遊京邑甚爲魏收崔季舒等所禮有贈答子信詩數篇後魏以太中大夫徵之聽其時還山不常在鄴又善易卜風角武衞奚永洛與子信對坐有鵲鳴於庭樹鬭而墮焉子信曰鵲言不善向夕若有風從西南來歷此樹拂堂角則有口舌事今夜有人喚必不得往雖勅亦以病辭子信去後果有風如其言是夜琅邪王五使切召永洛且云勅喚永洛欲起其妻苦留之稱墜馬腰折詰朝而難作子信齊亡卒

馬嗣明河內人少明醫術博綜經方甲乙素問明堂本草莫不咸誦爲人診候一年前知其生死邢邵子大寶患傷寒嗣明爲之診候脈退告楊愔云邢公子傷寒不治自差然脈候不出一年便死覺之晚不可治邢並侍讌內殿顯祖云子才兒我欲乞其隨近一郡勿以卿子年少未合剖符讌罷奏云馬嗣明稱大寶脈惡一年內恐死若其出郡醫藥難求遂寢大寶未期而卒楊令患背腫嗣明以練石塗之便差作練石法以麤黃色石鵝鴨卵大猛火燒令赤內淳醋中自屑頻燒至石盡取石屑曝乾擣下簁和醋以塗腫上無不愈後遷通直散騎常侍針灸孔穴往往與明堂不同從駕往晉陽至遼陽山中數處見牓云有人家女病若有能治差者購錢十萬諸名醫多尋牓至問病狀不敢下手唯嗣明獨治之其病由云曾以手將一麥穟卽見一赤物長三寸似蛇入其手指中因驚怖倒地卽覺手臂疼腫漸及半身俱腫痛不可忍呻吟晝夜不絕嗣明爲處方服湯比嗣明從駕還女平復嗣明隋初卒

北齊書卷四十九考證

許遵傳彼爲火陣我爲木陣○北史木作水

馬嗣明傳邢並侍讌內殿○臣繩按邢字上疑脫楊字北史云後數日楊邢並侍讌內殿

北齊書卷五十

隋太子通事舍人李百藥撰

列傳第四十二

恩倖

郭秀

和士開

穆提婆

高阿那肱

韓鳳

韓寶業

甚哉齊末之嬖倖也蓋書契以降未之有焉心利錐刀居台鼎之任智昏菽麥當機衡之重刑殘閹宦蒼頭盧兒西域醜胡龜茲雜伎封王者接武開府者比肩非直獨守弄臣且復多干朝政賜予之費帑藏以虛杼軸之資剝掠將盡縱龜鼎之祚卜世靈長屬此淫昏無不亡之理齊運短促固其宜哉高祖世宗情存庶政文武任寄多貞幹之臣唯郭秀小人有累明德天保五年之後雖罔念作狂所幸之徒唯左右驅馳內外褻狎其朝廷之事一不與聞太寧之後姦佞浸繁盛業鴻基以之顛覆生民厄夫被髮左衽非不幸也今緝諸凶族爲佞幸傳云其宦者之徒尤是亡齊之一物醜聲穢跡千端萬緒其事闒而不書仍略存姓名附之此傳之末其帝家諸奴及胡人樂工叨竊貴幸今亦出焉

郭秀范陽涿郡人事高祖爲行臺右丞親寵日隆多受賂遺秀遇疾高祖親臨視之問所欲官乃啓爲七兵尚書除書未至而卒家無成人子弟高祖自至其宅親使錄知其家資粟帛多少然後去命其子孝義與太原公已下同學讀書初秀忌楊愔誑脅令其逃亡秀死後愔還高祖追忿秀即日斥孝義終身不齒

和士開字彥通清都臨漳人也其先西域商胡本姓素和氏父安恭敏善事人稍遷中書舍人魏孝靖嘗夜中與朝賢講集命安看斗柄所指安答曰臣不識北斗高祖聞之以爲淳直後爲儀州刺史士開幼而聰慧選爲國子學生解悟捷疾爲同業所尚天保初世祖封長廣王辟士開開府參軍世祖性好握槊士開善於此戲由是遂有斯舉加以傾巧便僻又能彈胡琵琶因此親狎嘗謂王曰殿下非天人也是天帝也王曰卿非世人也是世神也其深相愛重如此顯祖知其輕薄不令王與小人相親善責其戲狎過度徙長城後除京畿士曹參軍長廣王請之也世祖踐祚累除侍中加開府遭母劉氏憂帝聞而悲惋遣武衛將軍呂芬詣宅晝夜扶侍成服後方還其日帝又遣以犢車迎士開入內帝見親自握手愴惻下泣曉喻良久然後遣還并諸弟四人竝起復本官其見親重如此除右僕射帝先患氣疾因飲酒輒大發動士開每諫不從屬帝氣疾發又欲飲士開淚下歔欷不能言帝曰卿此是不言之諫因不復飲言辭容止極諸鄙褻以夜繼晝無復君臣之禮至說世祖云自古帝王盡爲灰燼堯舜桀紂竟復何異陛下宜及少壯恣意作樂縱橫行之即是一日快活敵千年國事分付大臣何慮不辦無爲自勤苦也世祖大悅其年十二月世祖寢疾於乾壽殿士開入侍醫藥世祖謂士開有伊霍之才殷勤屬以後事臨崩握士開之手曰勿負我也仍絕於士開之手後主以世祖顧託深委仗之又先得幸於胡太后是以彌見親密趙郡王叡與婁定遠等謀出士開引諸貴人共爲計策屬太后觴朝貴於前殿叡面陳士開罪失云士開先帝弄臣城狐社鼠受納貨賄穢亂宮掖臣等義無杜口冒死以陳太后曰先帝在時王等何不道今日欲欺孤寡耶但飲酒勿多言叡詞色愈厲或曰不出士開朝野不定叡等或投冠於地或拂衣而起言詞咆勃無所不至明日叡等共詣雲龍門令文遙入奏之太后不聽段韶呼胡長粲傳言太后曰梓宮在殯事大忽速欲王等更思量趙郡王等遂竝拜謝更無餘言太后及後主召見問士開士開曰先帝羣官之中待臣最重陛下諒闇始爾大臣皆有覬覦心若出臣正是翦陛下羽翼宜謂叡等云令士開爲州待過山陵然後發遣叡等謂臣真出必心喜之後主及太后然之告叡等如士開旨以士開爲兗州刺史山陵畢叡等促士開就路士開載美女珠簾及條諸寶翫以詣定遠謝曰諸貴欲殺士開蒙王特賜性命用作方伯今欲奉別謹具上二女子一珠簾定遠喜謂士開曰欲得還入不士開曰在內久常不自安今得出實稱本意不願更入但乞王保護長作大州刺史今日遠出願得一辭覲二宮定遠許之士開由是得見太后及後主進說曰先帝一旦登遐臣愧不能自死觀朝貴意勢欲以陛下爲乾明臣出之後必有大變復何面見先帝於地下因慟哭帝及太后皆泣問計將安出士開曰臣已得入復何所慮正須數行詔書耳於是詔出定遠青州刺史責趙郡王叡以不臣之罪召入而殺之復除士開侍中右僕射定遠歸士開所遺加以餘珍賂之武平元年封淮陽王除尚書令錄尚書事復本官悉得如故世祖時恒令士開與太后握槊又出入臥內無復期限遂與太后爲亂及世祖崩後彌自放恣琅邪王儼惡之與領軍庫狄伏連侍中馮子琮御史王子宜武衛高舍洛等謀誅之伏連發京畿軍士帖神武千秋門外并私約束不聽士開入殿其年七月二十五日旦士開依式早參伏連前把士開手曰今有一大好事王子宜便授一函云有勑令王向臺遣兵士防送禁於治書侍御廳事儼遣都督馮永洛就臺斬之時年四十八簿錄其家口後誅儼等上京悼不視事數日追憶不已詔起復其子道盛爲常侍又勑其弟士伭入內省參典機密詔贈士開假黃鉞十州諸軍事左丞相太宰如故士開稟性庸鄙不閑書傳發言吐論惟以諂媚自資河清天統以後威權轉盛富商大賈朝夕填門朝士不知廉恥者多相附會甚者爲其假子與市道小人同在昆季行列又有一人士曾參士開值疾醫人云王傷寒極重進藥無效應服黃龍湯士開有難色是人云此物甚易與王不須疑惑請爲王先嘗之一舉便盡士開深感此心爲之強服遂得汗病愈其勢傾朝廷也如此雖以左道事之者不問賢愚無不進擢而以正理干忤者亦頗能捨之士開見人將加刑戮多所營救既得免罪即命諷喻責其珍寶謂之贖命物雖有全濟皆非直道云

穆提婆本姓駱漢陽人也父超以謀叛伏誅提婆母陸令萱嘗配入掖庭後主襁褓之中令其鞠養謂之乾阿妳遂大爲胡后所暱愛令萱姦巧多機辯取媚百端宮掖之中獨擅威福天統初奏引提婆入侍後主朝夕左右大被親狎嬉戲醜褻無所不爲寵遇彌隆官爵不知紀極遂至錄尚書事封城陽王令萱又佞媚穆昭儀養之爲母是以提婆改姓穆氏及穆后立令萱號曰太姬此即齊朝皇后母氏之位號也視第一品班在長公主之上自武平之後令萱母子勢傾內外矣庸劣之徒皆重跡屏氣焉自外殺生予奪不可盡言晉州軍敗後主還鄴提婆奔投周軍令萱自殺子孫大小皆棄市籍沒其家

高阿那肱善無人也其父市貴從高祖起義那肱爲庫典從征討以功勤擢爲武衛將軍肱妙於騎射便僻善事人每宴射之次大爲世祖所愛重又諂悅和士開尤相褻狎士開每爲之言彌見親待後主即位累遷并省尚書左僕射封淮陰王又除并省尚書令肱才伎庸劣不涉文史識用尤在士開之下而姦巧計數亦不逮士開既爲世祖所幸多令在東宮侍後主所以大被寵遇士開死後後主謂其識度足繼士開遂致位宰輔武平四年令其錄尚書事又總知外兵及內省機密尚書郎中源師嘗諮肱云龍見當雩問師云何處龍見作何物顏色師云此是龍星見須雩祭非是真龍見肱云漢兒強知星宿其墻面如此又爲右丞相餘如故周師逼平陽後主於天池校獵晉州頻遣馳奏從旦至午驛馬三至肱云大家正作樂何急奏聞至暮使更至云平陽城已陷賊方至乃奏知明早旦即欲引軍淑妃又請更合一圍及軍赴晉州令肱率前軍先進仍總節度諸軍後主謂肱曰戰是耶不戰是耶肱曰勿戰却守高梁橋安吐根曰一把子賊馬上刺取擲汾河中帝意未決諸內參曰彼亦天子我亦天子彼尚能遠來我何爲守塹示弱帝曰此言是也於是漸進後主從提婆觀戰東偏頗有退者提婆怖曰大家去大家去帝以淑妃奔高梁開府奚長樂諫曰半進半退戰之常體今兵衆全整未有傷敗陛下舍此安之御馬一動人情驚亂且速還安慰之武衛張常山自後至亦曰軍尋收回甚整頓圍城兵亦不動至尊宜迴不信臣言乞將內參往視帝將從之提婆引帝肘曰此言難信帝遂北馳有軍士告稱那肱遣臣招引西軍今故聞奏後主令侍中斛律孝卿撿校孝卿云此人妄語還至晉那肱腹心告肱謀反又以爲妄斬之乃顛沛還鄴侍衛逃散唯那肱及內官數十騎從行後主走度太行令那肱以數千人投濟州關仍遣覘候每奏云周軍未至且在青州集兵未須南行及周將軍尉遲迥至關肱遂降時人皆云肱表款周武必仰生致齊主故不速報兵至使後主被擒肱至長安授大將軍封郡公爲隆州刺史誅初天保中顯祖自晉陽還鄴陽愚僧阿禿師於路中大叫呼顯祖姓名云阿那瓌終破你國是時茹茹主阿那瓌在塞北強盛顯祖尤忌之所以每歲討擊後亡齊者遂屬阿那肱云雖作肱字世人皆稱爲瓌音斯固亡秦者胡蓋懸定於窮冥也

韓鳳字長鸞昌黎人也父永興青州刺史鳳少而聰察有膂力善騎射稍遷都督後主居東宮年幼稚世祖簡都督二十人送令侍衛鳳在其數後主親就衆中牽鳳手曰都督看兒來因此被識數喚共戲後主即位累遷侍中領軍總知內省機密祖珽曾與鳳於後主前論事珽語鳳云強弓長矟無容相謝軍國謀算何由得爭鳳答曰各出意見豈在文武優劣封昌黎郡王男寶仁尚公主在晉陽賜第一區其公主生男滿月駕幸鳳宅宴會盡日軍國要密無不經手與高阿那肱穆提婆共處

衛軸號曰三貴損國害政日月滋甚壽陽陷没鳳與穆提婆聞告敗握槊不輟曰他家物從他去後帝使於黎陽臨河築城戍曰急時且守此作龜茲國子更可憐人生如寄唯當行樂何因愁爲君臣應和若此其弟萬歲及二子寶行寶信並開府儀同寶信尙公主駕復幸其宅親戚咸蒙官賞鳳母鮮于段孝言之從母子姊也爲此偏相參附奏遣監造晉陽宮陳德信馳驛檢行見孝言役官夫匠自營宅卽語云僕射爲至尊起臺殿未訖何容先自營造鳳及穆提婆亦遣孝言分工匠爲己造宅德信還具奏聞及幸晉陽又以官馬與他人乘騎上因此發怒與提婆並除名亦不露其辠仍毁其宅公主離婚復被遣向鄴吏部門參及後主晉陽走還被勒入內尋詔復爵從後主走度河到青州并爲周軍所獲鳳於權要之中尤嫉人士崔季舒等寃酷皆鳳所爲每朝士諮事莫敢仰視動致呵叱輒詈云狗漢大不可耐唯須殺却若見武職雖厮養末品亦容下之仕隋位終於隴州刺史

韓寶業盧勒叉齊紹並高祖舊左右唯門閣驅使不被恩遇歷天保皇建之朝亦不至寵幸但漸有職任寶業至長秋卿勒叉等或爲中常侍世祖時有曹文摽鄧長顒輩亦有至儀同食幹者唯長顒武平中任參宰相干預朝權後寶業勒叉齊紹子徵並封王不過侵暴於後主之朝有陳德信等數十人並肆其姦佞敗政虐人古今未有多授開府罕止儀同亦有加光祿大夫金章紫綬者多帶侍中中常侍此二職乃數十人又皆封王開府恒出入門禁往來園苑趨侍左右通宵累日承候顏色競進諂諛莫不發言動意多會深旨一戲之賞動踰巨萬丘山之積貪悋無厭猶以波斯狗爲儀同郡君分其幹祿神獸門外有朝貴憩息之所時人號爲解卸廳諸閹或在內多日暫放歸休所乘之馬牽至神獸門階然後升騎飛鞭竟走數十爲羣馬塵必坌諸朝貴爰至唐趙韓駱皆隱聽趨避不敢爲言高祖時有蒼頭陳山提蓋豐樂劉桃枝等數十人俱驅馳便僻頗蒙恩遇天保大寧之朝漸以貴盛至武平時皆以開府封王其不及武平者則追贈王爵又有何海及子洪珍皆爲王尤爲親要洪珍侮弄權勢鬻獄賣官又有史醜多之徒胡小兒等數十咸能舞工歌亦至儀同開府封王諸宦者猶以宮掖驅馳便煩左右漸因昵狎以至大官蒼頭始自家人情寄深密及於後主則是先朝舊人以勤舊之勞致此叨竊至於胡小兒等眼鼻深險一無可用非理愛好排突朝貴尤爲人士之所疾惡其以音樂至大官者沈過兒官至開府儀同王長通年十四五便假節通州刺史時又有開府薛榮宗常自云能使鬼及周兵之逼言於後主曰臣已發遣斛律明月將大兵在前去帝信之經古冢榮宗謂舍人元行恭是誰冢行恭戲之曰林宗冢復問林宗是誰行恭曰郭元貞父榮宗前奏曰臣向見郭林宗從冢出着大帽吉莫靴插馬鞭問臣我阿貞來不是時羣妄多皆類此

贊曰危亡之祚昏亂之朝小人道長君子道消

編修臣範謹言北齊書紀八傳四十二合五十卷按高齊史天統初太常少卿祖珽逑獻武起居注名皇初傳天保時中書侍郎陸元規從文宣征討紀一時行師尅伐之蹟著皇帝實錄而魏收陽休之杜臺卿祖崇儒崔子發等並廣續注記隋代秘書監王劭內史令李德林俱少仕鄴中多識故事王乃憑述起居注廣以異聞作齊志十六卷李在齊預修國史創紀傳二十七卷開皇時奉詔續撰增多三十八篇送官藏之秘府唐武德初高祖感令狐德棻之言始詔修梁陳魏齊周之史而太子詹事裴矩吏部郎中祖孝孫秘書丞魏徵主齊論譔歷年書未就悉罷貞觀三年復詔譔定時議者以元魏已詳於魏收魏澹二家之書惟隋及四史當立當是時德林之子中書舍人百藥夬齊史至貞觀十年五史始具五史之中北齊之與梁陳蓋姚氏李氏父子所相嬗繼而成夫高氏立國亦已淺矣其功伐治績既不足以焜燿紀載而史家煩猥叢碎亦未能以盡一時治亂因事勸戒之義唐劉知幾著史通頗稱王劭齊志宋孝王關東風俗傳而於李氏書數砭其謬今宋王之書不傳而前世學者頗綜覽南北二史於八書習者尤尠故此書訛脫獨甚其中有本書亡缺而後人雜采他書附合當日卷帙之數割裂併繫事詞不屬又屢經刊本舛錯或妄有增損汨亂於其間者今並考校正其句字其非本書而較然可知爲後人之補綴者亦疏之每卷之末蓋古書之存者鮮矣其幸而傳者亦非當日之舊臣等奉

勅校刊是不敢不致其謹也臣謹識

原任詹事臣陳浩洗馬臣陸宗楷編修臣孫人龍

臣朱荃臣姚範知州臣王祖庚拔貢生臣郭世燦

等奉

勅恭校刊

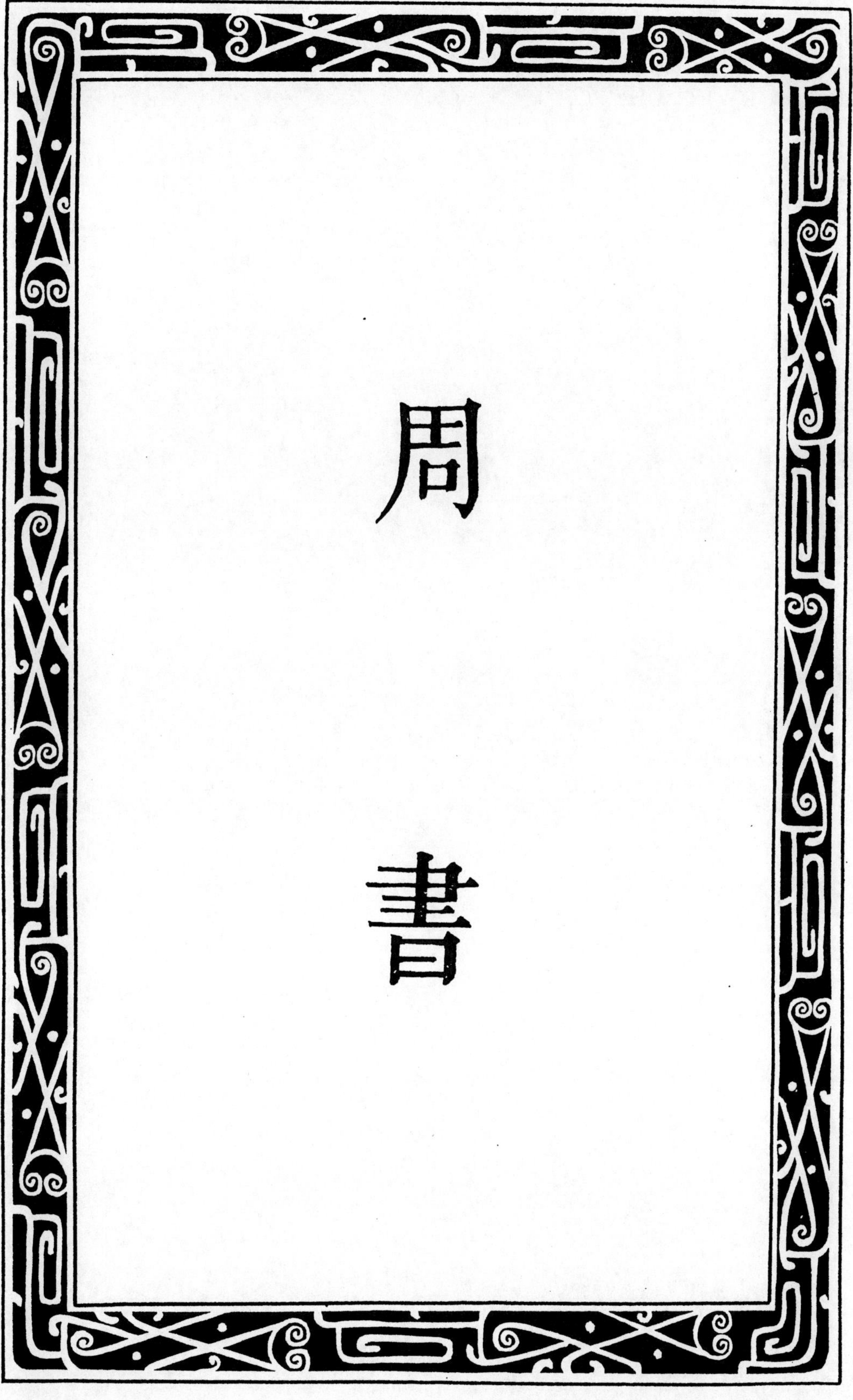

周書

周書本紀八列傳四十二合五十篇唐令狐德棻請撰次而詔德棻與陳叔達庾儉成之仁宗時出太淸樓本合史館祕閣本又募天下獻書而取夏竦李巽家本下館閣是正其文字今旣鏤板以傳學官而臣等始預其是正又序其目錄一篇曰周之六帝當四海分裂之時形勢劫束毅然有志合天下於一而材足以有爲者特文帝而已文帝召蘇綽於稠人之中始知之未盡也卧予之言旣當其意遂起并晝夜諮諏酬酢知其果可以斷安危治亂之謀而詘已以聽之考於書唯府兵之設歛千歲已散之民而係之於兵庶幾得三代之遺意能不駭人視聽以就其事而效見於後世文帝嘗患文章浮薄使綽爲大誥以勸而卒能變一時士大夫之制作然則勢在人上而欲鼓舞其下者奚患不成雖然非文帝之智內有以得於已而蘇綽之守外不詘於人則未可必其能然也以彼君臣之相遭非以先王之道而猶且懇懇以誘之言又況無所待之豪傑可易以畜哉夫以德力行仁所以爲王霸之異而至於詘已任人則未始不同然而君能畜臣者天下之至難傳曰取人以身脩身以道脩道以仁蓋道極於不可知之神而人有其質推之爲天下國家之用者以其粗爾然非致其精於已則其粗亦不能以爲人惟能自愛其身則內不欺其心內不欺其心則外不蔽於物然後好惡無所作而尚何有已哉能無已始可以得已而足以揆天下之理知人之言而邪正無以廋其實尚有患乎論之不一哉於是賢能任使之盡其方而無所省者以天下之耳目而小人不能託忠以誣君子又從而爲之勸禁則小人忿欲之心已黜於冥冥之際君子樂以其類進而摩厲其俗凜然有耻君臣相與謀於上因斂以新法度而令能者馳騖於下有忠信之守而無傳會遷就之患則法度有佛於民而下不以情赴上者乎蓋虛然後能受天下之實約然後能操天下之煩垂纓搢袥俯仰廟堂無爲以應萬幾者致其思而已矣夫思之爲王者事君臣一也而君之勢則異焉世獨頌堯舜之無爲而安知夫人主自宜無爲而思則不可一日已也書曰思曰睿揚雄曰於道則勞其不然歟蓋夫法度善矣非以道作其人則不能爲之守而民之多寡物之豐殺法度有視時而革者必待人而後謀則是可不致其思乎苟未能此而徒欲法度之革者是豈先王爲治之序哉彼區區之周何足以議徒取其能因一時君臣之致好猶足以見其效又況慨然行先王之道而得大有爲之勢乎是固不宜無論也臣燾臣安國臣希昧死謹上

周書目錄

周書卷一

唐　令　狐　德　棻　等　撰

帝紀第一

文帝上

太祖文皇帝姓宇文氏諱泰字黑獺代武川人也其先出自炎帝神農氏爲黃帝所滅子孫遯居朔野有葛烏菟者雄武多算略鮮卑慕之奉以爲主遂總十二部落世爲大人其後曰普回因狩得玉璽三紐有文曰皇帝璽普回心異之以爲天授其俗謂天曰宇謂君曰文因號宇文國并以爲氏焉普回子莫那自陰山南徙始居遼西是曰獻侯爲魏舅生之國九世至侯豆歸爲慕容晃所滅其子陵仕燕拜駙馬都尉封玄菟公魏道武將攻中山陵從慕容寶禦之寶敗陵率甲騎五百歸魏拜都牧主賜爵安定侯天興初徙豪傑於代都陵隨例遷武川焉陵生系系生韜並以武略稱韜生肱肱任俠有氣幹正光末沃野鎮人破六汗拔陵作亂遠近多應之其僞署王衞可孤徒黨最盛肱乃糾合鄉里斬可孤其衆乃散後避地中山遂陷於鮮于修禮修禮令肱還統其部衆後爲定州軍所破歿於陣武成初追尊曰德皇帝太祖德皇帝之少子也母曰王氏孕五月夜夢抱子昇天纔不至而止寤而告德皇帝德皇帝喜曰雖不至天貴亦極矣生而有黑氣如蓋下覆其身及長身長八尺方顙廣額美鬚髯髮長委地垂手過膝背有黑子宛轉若龍盤之形面有紫光人望而敬畏之少有大度不事家人生業輕財好施以交結賢士大夫少隨德皇帝在鮮于修禮軍及葛榮殺修禮太祖時年十八榮遂任以將帥太祖知其無成與諸兄謀欲逃避計未行會爾朱榮擒葛榮定河北太祖隨例遷晉陽榮以太祖兄弟雄傑懼或異己遂託以他罪誅太祖第三兄洛生復欲害太祖太祖自理家寃辭旨慷慨榮感而免之益加敬

侍孝昌二年燕州亂太祖始以統軍從榮征之先是北海王顥奔梁梁人立爲魏主令率兵入洛魏孝莊帝出居河內以避之榮遣賀拔岳討顥仍迎孝莊帝太祖與岳有舊乃以別將從岳及孝莊帝反正以功封寧都子邑三百戶遷鎮遠將軍步兵校尉万俟醜奴作亂關右孝莊帝遣爾朱天光及岳等討之太祖遂從岳入關先鋒破僞行臺尉遲菩薩等及平醜奴定隴右太祖功居多遷征西將軍金紫光祿大夫增邑三百戶加直閤將軍行原州事時關隴寇亂百姓凋殘太祖撫以恩信民皆悅服咸喜曰早值宇文使君吾等豈從逆亂太祖嘗從數騎於野忽聞簫鼓之音以問從人皆云莫之聞也普泰二年爾朱天光東拒齊神武留弟顯壽鎮長安秦州刺史侯莫陳悅爲天光所召將軍衆東下岳知天光必敗欲留悅共圖顯壽而計無所出太祖謂岳曰今天光尚邇悅未有二心若以此事告之恐其驚懼然悅雖爲主將不能制物若先說其衆必人有留心進失爾朱之期退恐人情變動乘此說悅事無不遂岳大喜卽令太祖入悅軍說之悅遂不行乃相率襲長安令太祖輕騎爲前鋒太祖策顯壽怯懦聞諸軍將至必當東走恐其遠遁乃倍道兼行顯壽果已東走追至華山擒之太昌元年岳爲關西大行臺以太祖爲左丞領岳府司馬加散騎常侍事無巨細皆委決焉齊神武既破爾朱遂專朝政太祖請往觀之既至并州齊神武問岳軍事太祖口對雄辯齊神武以爲非常人欲留之太祖詭陳忠款乃得反命遂星言就道齊神武果遣追之至關不及太祖還謂岳曰高歡非人臣也逆謀所以未發者憚公兄弟耳然凡欲立大功匡社稷未有不因地勢總英雄而能克成者也侯莫陳悅本實庸材遭逢際會遂叨任委既無憂國之心亦不爲高歡所忌但爲之備圖之不難今費也頭控弦之騎不下一萬夏州刺史斛拔彌俄突勝兵之士三千餘人及靈州刺史曹泥並恃其僻遠常懷異望河西流民紇豆陵伊利等戶口富實未奉朝風今若移軍近隴扼其要害示之以威服之以德卽可收其士馬以實吾軍西輯氐羌北撫沙塞還軍長安匡輔魏室此桓文舉也岳大悅復遣太祖詣闕請事密陳其狀魏帝深納之加太祖武衞將軍還令報岳岳遂引軍西次平凉謀於其衆曰夏州鄰接寇賊須加綏撫安得良刺史以鎮之衆皆曰宇文左丞卽其人也岳曰左丞吾之左右手也如何可廢沈吟累日乃從衆議於是表太祖爲使持節武衞將軍夏州刺史太祖至州伊利望風款附而曹泥猶通使於齊神武魏永熙三年春正月岳欲討曹泥遣都督趙貴至夏州與太祖計事太祖曰曹泥孤城阻遠未足爲憂侯莫陳悅怙衆密邇貪而無信必將爲患願早圖之岳不聽遂與悅俱討泥二月至於河曲岳果爲悅所害其士衆散還平凉唯大都督趙貴率部曲收岳屍還營於是三軍未有所屬諸將以都督寇洛年最長相與推洛以總兵事洛素無雄略威令不行乃謂諸將曰洛智能本闕不宜統御近者迫於羣議推相攝領今請避位更擇賢材於是趙貴言於衆曰元帥忠公盡節暴於朝野勳業未就奄罹凶酷豈唯國喪良宰固亦衆無所依必欲糾合同盟復讐雪恥須擇賢者總統諸軍舉非其人則大事難集雖欲立忠建義其可得乎竊觀宇文夏州英姿不世雄謨冠時遠邇歸心士卒用命加以法令齊肅賞罰嚴明眞足恃也今若告喪必來赴難因而奉之則大事集矣諸將皆稱善乃命赫連達馳至夏州告太祖曰侯莫陳悅不顧盟誓棄恩背德賊害忠良羣情憤惋控告無所公昔居管轄恩信著聞今無小無大咸願推奉衆之思公引日成歲願勿稽留以慰衆望也太祖將赴之夏州吏民咸泣請曰聞悅今在永洛去平凉不遠若已有賀拔公之衆則圖之實難願且停留以觀其變太祖曰悅既害元帥自應乘勢直據平凉而反趑趄屯兵永洛吾知其無能爲也且難得易失者時也不俟終日者幾也今不早赴將恐衆心自離都督彌姐元進規欲應悅密圖太祖事發斬之太祖乃率帳下輕騎馳赴平凉時齊神武遣長史侯景招引岳衆太祖至安定遇之謂景曰賀拔公雖死宇文泰尚存卿何爲也景失色對曰我猶箭耳隨人所射安能自裁景於此卽還太祖至平凉哭岳甚慟將士且悲且喜曰宇文公至無所憂矣於時魏孝武帝將圖齊神武聞岳被害遣武衞將軍元毗宣旨慰勞追岳軍還洛陽毗到平凉會諸將已推太祖侯莫陳悅亦被勑追還悅既附齊神武不肯應召太祖謂諸將曰侯莫陳悅枉害忠良復不應詔命此國之大賊豈可容之乃命諸軍戒嚴將以討悅及元毗還太祖表於魏帝曰臣前以故關西大都督臣岳竭誠奉國橫罹非命三軍喪氣朝野痛惜都督寇洛等銜冤茹感志雪讐恥以臣昔同幕府苦賜要結臣便以今月十四日輕來赴軍當發之時已有別表既爲衆情所逼權掌兵事詔召岳軍入京此乃爲國良策但高歡之衆已至河東侯莫陳悅猶在永洛況此軍士多是關西之人皆戀鄉邑不願東下今遏以上命悉令赴闕悅躡其後歡邀其前首尾受敵其勢危矣臣殞身王事誠所甘心恐敗國殄人所損更大乞少停緩更思後圖徐事誘導漸就東引太祖志在討悅而未測朝旨且兵衆未集假此爲詞因與元毗及諸將刑牲盟誓同奬王室初賀拔岳營於河曲有軍吏獨行忽見一老翁鬚眉皓素謂之曰賀拔岳雖復據有此衆然終無所成當有一宇文家從東北來後必大盛言訖不見此吏恒與所親言之至是方驗魏帝詔太祖曰賀拔岳既殞士衆未有所歸卿可爲大都督卽相統領知欲漸就東下良不可言今亦徵侯莫陳悅士馬入京若其不來朕當親自致罰宜體此意不過淹留太祖又表曰侯莫陳悅違天逆理酷害良臣自以專戮罪重不恭詔命阻兵永洛彊梁秦隴臣以大宥既班忍抑私憾頻問悅及都督可朱渾元等歸闕早晚而悅並維縶使人不聽反報觀其指趣勢必異圖臣正爲此未敢自拔兼順衆情乞少停緩太祖乃與悅書責之曰頃者正光之末天下沸騰塵飛河朔霧塞荆沔故將軍賀拔公擁袂勃起志寧寓縣授戈南指拯皇靈於已墜摧旆西邁濟百姓於淪胥西顧無憂緊公是賴勳茂賞隆遂征關右此乃行路所知不藉一二談也君實名微行薄本無遠量故將軍降遷高之志篤彙征之理乃申啓朝廷薦君爲隴右行臺朝議以君功名闒然未之許也遂頻煩請謁至於再三天子難違上將便相聽許是亦遐邇共知不復煩之翰墨縱使木石爲心猶當知感況在生靈安能無愧加以王室多故高氏專權主上虛心寄隆晉鄭君復與故將軍同受密旨屢結盟約期於畢力共匡時難而貌恭心很妬勝嫉賢口血未乾匕首已發協黨國賊共危本朝孤恩負誓有靦面目豈不上畏於天下慚於地吾以弱才猥當藩牧蒙朝廷拔擢之恩荷故將軍國士之遇聞問之日魂守驚馳便陳啓天朝暫來奔赴衆情所推遂當戎重比有敕旨召吾還闕亦有別詔令君入朝雖操行無聞而年齒已宿今日進退唯君是視君若督率所部自山隴東邁吾亦總勒師徒北道還闕共追廉藺之迹同慕寇賈之風如其首鼠兩端不時奉詔專戮違旨國有常刑枕戈坐甲指日相見幸圖利害無貽噬臍悅既懼太祖謀已詐爲詔書與秦州刺史万俟普撥令與悅爲黨援普撥疑之封詔以呈太祖太祖表之曰臣自奉詔總平涼之師責重憂深不遑啓處訓兵秣馬唯思竭力前以人戀本土侯莫陳悅窺窬進退量度且宜住此今若召悅授以內官臣列旆東轅匪朝伊夕朝廷若以悅堪爲邊扞乞處以瓜凉一藩不然則終致猜虞於事無益初原州刺史史歸爲岳所親任河曲之變反爲悅守悅遣其黨王伯和成次安將兵二千人助歸鎮原州太祖遣都督侯莫陳崇率輕騎一千襲歸擒之并獲次安伯和等送於平凉太祖表崇行原州事万俟普撥又遣其將叱干保洛領二千騎來從軍三月太祖進軍至原州衆軍悉集諭以討悅之意士卒莫不懷憤太祖乃表曰臣聞誓死酬恩覆宗報主人倫所急赴蹈如歸自大都督臣岳歿後臣頻奉詔還闕秣馬戒途志不俟旦直以督將已下咸稱賀拔公視我如子今讐恥未報亦何面目以處世間若得一雪寃酷萬死無恨且悅外附彊臣內違朝旨臣今上思逐惡之志下遂節士之心冀仗天威爲國除害小違大順實在茲辰克定之後伏待斧鉞夏四月引兵上隴留兄子導爲都督鎮原州太祖軍令嚴肅秋毫無犯百姓大悅識者知其有成軍出木峽關大雨雪平地二尺太祖知悅怯而多猜乃倍道兼行出其不意悅果疑其左右有異志者左右亦不安衆遂離貳聞大軍且至退保略陽留一萬餘人據守永洛太祖至永洛命圍之城降太祖卽率輕騎數百趣略陽以臨悅軍悅大懼乃召其部將議之皆曰此鋒不可當勸悅退保上邽以避之時南秦州刺史李弼亦在悅軍乃間道遣使請爲內應其夜悅出軍軍中自驚潰將卒或相率來降太祖縱兵奮擊大破之虜獲萬餘人馬八千疋悅與其子弟及麾下數十騎遁走太祖曰悅本與曹泥應接不過走向靈州乃令原州都督導邀其前都督賀拔穎等追其後導至牽屯山追及悅斬之太祖入上邽收悅府庫財物山積皆以賞士卒毫釐無所取左右竊一銀鏤甕以歸太祖知而罪之卽割賜將士衆大悅時凉州刺史李叔仁爲其民所執舉州騷擾宕昌羌梁企定引吐谷渾寇金城渭州及南秦州氐羌連結所在蜂起南岐至于瓜鄯跨州據郡者不可勝數太祖乃令李弼鎮原州夏州刺史拔也惡蚝鎮南秦州渭州刺史可朱渾元還鎮渭州衞將軍趙貴行秦州事徵豳涇東秦岐四州粟以給軍齊神武聞秦隴克捷乃遣使於太祖甘言厚禮深相倚結太祖拒而不納時齊神武已有異志故魏帝深仗太祖乃徵二千騎鎮東雍州助爲聲援仍令太祖稍引軍而東太祖乃遣大都督梁禦率步騎五千鎮河渭合口爲圖河東之計太祖之討悅也悅遣使請援於齊神武神武使其都督韓軌將兵一萬據蒲坂而雍州刺史賈顯送船與軌

請執兵入關太祖因梁禦之東乃逼召顯赴軍禦遂入雍州魏帝遣著作郎姚幼瑜持節勞軍進太祖侍中驃騎大將軍開府儀同三司關西大都督略陽縣公承制封拜使持節如故於是以寇洛爲涇州刺史李弼爲秦州刺史前略陽郡守張獻爲南岐州刺史盧待伯拒代遣輕騎襲擒之待伯自殺時魏帝方圖齊神武又遣徵兵太祖乃令前秦州刺史駱超爲大都督率輕騎一千赴洛進授太祖兼尚書僕射關西大行臺餘官封如故太祖乃傳檄方鎮曰蓋聞陰陽遞用盛衰相襲苟當百六無間三五皇家創歷陶鑄蒼生保安四海仁育萬物運距孝昌屯沴屢起隴冀騷動燕河狼顧雖靈命重啓蕩定有期而乘釁之徒因生羽翼賊臣高歡器識庸下出自輿皂罕聞禮義直以一介鷹犬効力戎行靦冒恩私遂階榮寵不能竭誠盡節專挾姦回乃勸爾朱榮行玆篡逆及榮以專政伏誅世隆以凶黨外叛歡苦相敦勉令取京師又勸吐萬兒復爲弒虐暫立建明以令天下假推普泰欲竊威權並歸廢斥俱見酷害於是稱兵河北假討爾朱亟通表奏云取讒賊既行廢黜遂將篡弒以人望未改恐鼎鑊交及乃求宗室權允人心天方與魏必將有主翊戴聖明誠非歡力而歡阻兵安忍自以爲功廣布腹心跨州連郡端揆禁闈莫非親黨皆行貪虐窫窳生人而舊將名臣正人直士橫生瘡痏動挂網羅故武衞將軍伊琳清貞剛毅禁旅攸屬直閣將軍鮮于康仁忠亮驍傑爪牙斯在歡收而戮之曾无聞奏司空高乾是其黨與每相影響謀危社稷但以姦志未從恐先洩漏乃密白朝廷使殺高乾方哭對其弟稱天子橫戮孫騰任祥歡之心膂並使入居樞近伺國間隙知歡逆謀將發相繼逃歸歡益加撫待亦無陳白然歡入洛之始本有姦謀令親人蔡儁作牧河濟厚相恩贍以爲東道主人故關西大都督清水公賀拔岳勳德隆重興亡攸寄歡好亂樂禍深相忌毒乃與侯莫陳悅陰圖陷害幕府以受律專征便即討戮歡知逆狀已露稍懷旅距遂遣蔡儁拒代令竇泰佐之又遣侯景等云向白馬輔世珍等徑趣石濟高隆之疋婁昭等屯據壺關韓軌之徒擁衆蒲坂於是上書天子數論得失訾毀乘輿威侮朝廷藉此微庸冀玆大寶谿壑可盈禍心不測或言徑赴荊楚開疆於外或言分詣伊洛取彼讒人或言欲來入關與幕府決戰今聖明御運天下淸夷百寮師師四隩來暨人盡忠貞誰爲君側而歡威福自己生是亂階緝構南箕指鹿爲馬包藏凶逆伺我神器是而可忍孰不可容幕府折衝宇宙親當受脤銳師百萬彀騎千羣裹糧坐甲唯敵是俟義之所在糜軀匪恡況頻有詔書班告天下稱歡逆亂徵兵致伐今便分命將帥應機進討或趣其要害或襲其窟宅電繞蛇擊霧合星羅而歡違負天地毒被人鬼乘此掃蕩易同俯拾歡若渡河稍逼宗廟則分命諸將直取并州幕府躬自東轅電赴伊洛若固其巢穴未敢發動亦命羣帥百道俱前轘裂賊臣以謝天下其州鎮郡縣率土人黎或州鄉冠冕或勳庸世濟並宜捨逆歸順立效軍門封賞之科已有別格凡百君子可不勉歟太祖謂諸將曰高歡雖智不足而詐有餘今聲言欲西其意在入洛吾欲令寇洛率馬步萬餘自涇州東引王羆率甲士一萬先據華州歡若西來王羆足得抗拒如其入洛寇洛卽襲汾晉吾便速駕直赴京邑使其進有內顧之憂退有被躡之勢一舉大定此爲上策衆咸稱善秋七月太祖帥衆發自高平前軍至於弘農而齊神武稍逼京邑魏帝親總六軍屯於河橋令左衞元斌之領軍斛斯椿鎭武牢遣使告太祖太祖謂左右曰高歡數日行八九百里曉兵者所忌正須乘便擊之而主上以萬乘之重不能決戰方緣津據守且長河萬里扞禦爲難若一處得度大事去矣卽以大都督趙貴爲別道行臺自蒲坂濟趣并州遣大都督李賢將精騎一千赴洛陽會斌之與斛斯椿爭權不協斌之遂棄椿還紿帝云高歡兵至七月丁未帝遂從洛陽率輕騎入關太祖備儀衞奉迎謁見東陽驛太祖免冠泣涕謝曰臣不能式遏寇虐遂使乘輿遷幸請拘司敗以正刑書帝曰公之忠節曝於朝野朕以不德負乘致寇今日相見深用厚顏責在朕躬無勞謝也乃奉帝都長安披草萊立朝廷軍國之政咸取太祖決焉仍加授大將軍雍州刺史兼尚書令進封略陽郡公別置二尚書隨機處分解尚書僕射餘如故太祖固讓詔敦諭乃授初魏帝在洛陽許以馮翊長公主配太祖未及結納而帝西遷至是詔太祖尚之拜駙馬都尉八月齊神武襲陷潼關侵華陰太祖率諸軍屯霸上以待之齊神武留其將薛瑾守關而退太祖乃進軍討瑾虜其卒七千還長安進位丞相冬十月齊神武推魏淸河王亶子善見爲主徙都於鄴是爲東魏十一月遣儀同李虎與李弼趙貴等討曹泥於靈州虎引河灌之明年泥降遷其豪帥于咸陽閏十二月魏孝武帝崩太祖與羣公定策尊立魏南陽王寶炬爲嗣是爲文皇帝

周書卷一考證

文帝紀上其僞署王衞可孤○北史作衞可瓌通鑑作衞可孤考異云從周書也

雍州刺史賈顯○通鑑作賈顯度下文乃逼召顯赴軍通鑑作乃逼顯度赴軍

高隆之疋婁昭等○疋北史作及

王羆率甲士一萬○下文云王羆足相抗拒監本俱作王羅臣文淳按王羆本傳云屬太祖徵兵爲勤王之舉請前驅効命遂爲大都督鎭華州正與此合今改正

齊神武留其將薛瑾守關而退○薛瑾通鑑作薛瑜

遣儀同李虎與李弼趙貴等討曹泥於靈州○虎北史作諱臣文淳按李虎唐高祖諱也唐人諱虎字皆作武或作獸令狐德棻等作史不應直書李虎蓋後人刊刻時妄改又高祖父李昞故南北八書凡丙字皆作景字太宗諱世民凡世字皆作代字民字皆作人字此書間有存其舊者然已改十之七八矣大約八書惟南北史多存其舊他若晉書太宗自撰而景子景寅之類俱無一存者其爲後人妄改者多矣

周書卷二

唐　令　狐　德　棻　等　撰

帝紀第二

文帝下

魏大統元年春正月己酉進太祖督中外諸軍事錄尚書事大行臺改封安定郡王太祖固讓王及錄尚書事魏帝許之乃改封安定郡公東魏遣其將司馬子如寇潼關太祖軍霸上子如乃回軍自蒲津寇華州刺史王羆擊走之三月太祖以戎役屢興民吏勞弊乃命所司斟酌今古參考變通可以益國利民便時適治者爲二十四條新制奏魏帝行之

二年春三月東魏襲陷夏州留其將張瓊許和守之夏五月秦州刺史建中王万俟普撥率所部叛入東魏太祖勒輕騎追之至河北千餘里不及而還

三年春正月東魏寇龍門屯軍蒲坂造三道浮橋度河又遣其將竇泰趣潼關高敖曹圍洛州太祖出軍廣陽召諸將曰賊今犄吾三面又造橋於河示欲必渡是欲綴吾軍使竇泰得西入耳久與相持其計得行非良策也且歡起兵以來泰每爲先驅其下多銳卒屢勝而驕今出其不意襲之必克克泰則歡不戰而自走矣諸將咸曰賊在近捨而遠襲事若蹉跌悔無及也太祖曰歡前再襲潼關吾軍不過霸上今者大來兵未出郊賊顧謂吾但自守耳無遠鬭意又狃於得志有輕我之心乘此擊之何往不克賊雖造橋不能徑渡此五日中吾取竇泰必矣公等勿疑庚戌太祖率騎六千還長安聲言欲保隴右辛亥謁帝而潛出軍癸丑旦至小關竇泰卒聞軍至惶懼依山爲陣未及成列太祖縱兵擊破之盡俘其衆萬餘人斬泰傳首長安高敖曹適陷洛州執刺史泉企聞泰之歿焚輜重棄城走齊神武亦撤橋而退企子元禮尋復洛州斬東魏刺史杜密太祖還軍長安六月遣儀同于謹取楊氏壁太祖請罷行臺帝復申前命太祖受錄尚書事餘固讓乃止秋七月徵兵會咸陽八月丁丑太祖率李弼獨孤信梁禦趙貴于謹若干惠怡峯劉亮王德侯莫陳崇李遠達奚武等十二將東伐至潼關太祖乃誓於師曰與爾有衆奉天威誅暴亂惟爾士整爾甲兵戒爾戎事無貪財以輕敵無暴民以作威用命則有賞不用命則有戮爾衆士其勉之遣于謹居軍前徇地至槃豆東魏將高叔禮守柵不下謹急攻之乃降獲其戍卒一千送叔禮於長安戊子至弘農東魏將高千陝州刺史李徽伯拒守於時連雨太祖乃命諸軍冒雨攻之庚寅城潰斬徽伯虜其戰士八千高干走度河令賀拔勝追擒之並送長安於是宜陽邵郡皆來歸附先是河南豪傑多聚兵應東魏至是各率所部來降齊神武懼率衆十萬出壺口趨蒲坂將自后土濟又遣其將高敖曹以三萬人出河南是歲關中饑太祖既平弘農因館穀五十餘日時戰士不滿萬人聞齊神武將度乃引軍入關齊神武遂度河逼華州刺史王羆嚴守知不可攻乃涉洛軍於許原西太祖據渭南徵諸州兵皆會乃召諸將謂之曰高歡越山度河遠來至此天亡之時也吾欲擊之何如諸將咸以衆寡不敵請待歡更西以觀其勢太祖曰歡若得至咸陽人情轉騷擾今及其新至便可擊之卽造浮橋於渭令軍人齎三日糧輕騎度渭輜重自渭南夾渭而西冬十月壬辰至沙苑距齊神武軍六十餘里齊神武聞太祖至引軍來會癸巳旦候騎告齊神武軍且至太祖召諸將謀之李弼曰彼衆我寡不可平地置陣此東十里有渭曲可先據以待之遂進軍至渭曲背水東西爲陣李弼爲右拒趙貴爲左拒命將士皆偃戈於葭蘆中聞鼓聲而起申時齊神武至望太祖軍少競馳而進不爲行列總萃於左軍兵將交太祖鳴鼓士皆奮起于謹等六軍與之合戰

李弼等率鐵騎橫擊之絕其軍爲二隊大破之斬六千餘級臨陣降者二萬餘人齊神武夜遁追至河上復大克獲前後虜其卒七萬留其甲士二萬餘悉縱歸收其輜重兵甲獻俘長安還軍渭南於是所徵諸州兵始至乃於戰所準當時兵士人種樹一株以旌武功進太祖柱國大將軍增邑并前五千戶李弼等十二將亦進爵增邑并其下將士賞各有差遣左僕射馮翊王元季海爲行臺與開府獨孤信率步騎二萬向洛陽洛州刺史李顯趨荆州賀拔勝李弼渡河圍蒲坂牙門將高子信開門納勝軍東魏將薛崇禮棄城走勝等追獲之太祖進軍蒲坂略定汾絳於是許和殺張瓊以夏州降初太祖自弘農入關後東魏將高敖曹圍弘農聞其軍敗退守洛陽獨孤信至新安敖曹復走度河信遂入洛陽東魏潁川長史賀若統與密縣人張儉執刺史田迅舉城降滎陽鄭榮業鄭偉等攻梁州擒其刺史鹿永吉清河人崔彥穆檀琛攻滎陽擒其郡守蘇定皆來附自梁陳已西將吏降者相屬於是東魏將堯雄趙育是云寶出潁川欲復降地太祖遣儀同宇文貴梁遷等逆擊大破之趙育來降東魏復遣將任祥率河南兵與雄合儀同怡峯與貴遷等復擊破之又遣都督韋孝寬取豫州是云寶殺其東揚州刺史那椿以州來附

四年春三月太祖率諸將入朝禮畢還華州七月東魏遣其將侯景庫狄干高敖曹元軌可朱渾元莫多婁貸文等圍獨孤信於洛陽齊神武繼其後先是魏帝將幸洛陽拜園陵會信被圍詔太祖率軍救信魏帝亦東八月庚寅太祖至穀城莫多婁貸文可朱渾元來逆臨陣斬貸文元單騎遁免悉虜其衆送弘農遂進軍瀍東是夕魏帝幸太祖營於是景等夜解圍去及旦太祖率輕騎追之至於河上景等北據河橋南屬邙山爲陣與諸軍合戰太祖馬中流矢驚逸遂失所之因此軍中擾亂都督李穆下馬授太祖軍以復振於是大捷斬高敖曹及其儀同李猛西兗州刺史宋顯等虜其甲士一萬五千赴河死者以萬數是日置陣既大首尾懸遠從旦至未戰數十合氛霧四塞莫能相知獨孤信李遠居右趙貴怡峯居左戰並不利又未知魏帝及太祖所在皆棄其卒先歸開府李虎念賢等爲後軍遇信等退卽與俱還由是乃班師洛陽亦失守大軍至弘農守將皆已棄城西走所虜降卒在弘農者因相與閉門拒守進攻拔之誅其魁首數百人大軍之東伐也關中留守兵少而前後所虜東魏士卒皆散在民間乃謀爲亂及李虎等至長安計無所出乃與公卿輔魏太子出次渭北關中大震恐百姓相剽劫於是沙苑所俘軍人趙青雀雍州民于伏德等遂反青雀據長安子城伏德保咸陽與太守慕容思慶各收降卒以拒還師長安大城民皆相率拒青雀每日接戰魏帝留止閿鄉遣太祖討之長安父老見太祖至悲且喜曰不意今日復得見公士女咸相賀華州刺史導率軍襲咸陽斬思慶擒伏德南度渭與太祖會攻青雀破之太傅梁景睿先以疾留長安遂與青雀通謀至是亦伏誅關中於是乃定魏帝還長安太祖復屯華州冬十一月東魏將侯景攻陷廣州十二月是云寶襲洛陽東魏將王元軌棄城走都督趙剛襲廣州拔之自襄廣以西城鎮復內屬

五年冬大閱於華陰

六年春東魏將侯景出三鵶將侵荆州太祖遣開府李弼獨孤信各率騎五千出武關景乃退還夏茹茹度河至夏州太祖召諸軍屯沙苑以備之

七年春三月稽胡帥夏州刺史劉平伏據上郡叛遣開府于謹討平之冬十一月太祖奏行十二條制恐百官不勉於職事又下令申明之

八年夏四月大會諸軍於馬牧冬十月齊神武侵汾絳圍玉壁太祖出軍蒲坂將擊之軍至皂莢齊神武退太祖度汾追之遂遁去十二月魏帝狩於華陰大饗將士太祖率諸將朝於行所在

九年春東魏北豫州刺史高仲密舉州來附太祖帥師迎之令開府李遠爲前軍至洛陽遣開府于謹攻柏谷塢拔之三月齊神武至河北太祖還軍瀍上以引之齊神武果度河據邙山爲陣不進者數日太祖留輜重於瀍曲士皆銜枚夜登邙山未明擊之齊神武單騎爲賀拔勝所逐僅而獲免太祖率右軍若干惠等大破齊神武軍悉虜其步卒趙貴等五將軍居左戰不利齊神武軍復合太祖又不利夜乃引還既入關屯渭上齊神武進至陝開府達奚武等率軍禦之乃退太祖以邙山之戰諸將失律上表請自貶魏帝報曰公膺期作宰義高匡合仗鉞專征舉無遺算朕所以垂拱九載實資元輔之力俾九服寧謐誠賴翊贊之功今大寇未殄而以諸將失律便欲自貶深虧體國之誠宜抑此謙光恤予一人於是廣募關隴豪右以增軍旅冬十月大閱於櫟陽還屯華州

十年夏五月太祖入朝秋七月魏帝以太祖前後所上二十四條及十二條新制方爲中興永式乃命尚書蘇綽更損益之總爲五卷班於天下於是搜簡賢才以爲牧守令長皆依新制而遣焉數年之間百姓便之冬十月大閱於白水

十一年春三月令曰古之帝王所以外建諸侯內立百官者非欲富貴其身而尊榮之蓋以天下至廣非一人所能獨治是以博訪賢才助己爲治若其知賢也則以禮命之其人聞命之日則惓然曰凡受人之事任人之勞何捨己而從人又自勉曰天生儁士所以利時彼人主者欲與我爲治安可苟辭於是降心而受命及居官也則晝不甘食夜不甘寢思所以上匡人主下安百姓不遑恤其私而憂其家故妻子或有饑寒之弊而不顧也於是人主賜之以俸祿尊之以軒冕而不以爲惠也賢臣受之亦不以爲德也位不虛加祿不妄賜爲人君者誠能以此道授官爲人臣者誠能以此情受位則天下之大可不言而治矣昔堯舜之爲君稷契之爲臣用此道也及後世衰微此道遂廢乃以官職爲私恩爵祿爲榮惠人君之命官也親則授之愛則任之人臣之受位也可以尊身而潤屋者則迂道而求之損身而利物者則巧言而辭之於是至公之道沒而姦詐之萌生天下不治正爲此矣今聖主中興思去澆僞諸在朝之士當念職事之艱難負闕之招累夙夜兢兢如臨深履薄才堪者則審己而當之不堪者則收短而避之使天官不妄加王爵不虛受則淳素之風庶幾可反冬十月大閱於白水遂西狩岐陽

十二年春涼州刺史宇文仲和據州反瓜州民張保害刺史成慶以州應仲和太祖遣開府獨孤信討之東魏遣其將侯景侵襄州太祖遣開府若干惠率輕騎擊之至穰景遁去夏五月獨孤信平涼州擒仲和遷其民六千餘家於長安瓜州都督令狐延起義誅張保瓜州平七月太祖大會諸軍於咸陽九月齊神武圍玉壁大都督韋孝寬力戰拒守齊神武攻圍六旬不能下其士卒死者什二三會齊神武有疾燒營而退

十三年春正月茹茹寇高平至于方城是月齊神武薨其子澄嗣是爲文襄帝與其河南大行臺侯景有隙景不自安遣使請舉河南六州來附齊文襄遣其將韓軌庫狄干等圍景於潁川三月太祖遣開府李弼率軍援之軌等遁去景請留收輯河南遂徙鎮豫州於是遣開府王思政據潁川弼引軍還秋七月侯景密圖附梁太祖知其謀悉追還前後所配景將士景懼遂叛冬太祖奉魏帝西狩於岐陽

十四年春魏帝詔封太祖長子毓爲寧都郡公食邑三千戶初太祖以平元顥納孝莊帝之功封寧都縣子至是改縣爲郡而以封毓用彰勤王之始也夏五月進授太祖太師太祖奉魏太子巡撫西境自新平出安定登隴刻石紀事下安陽至原州歷北長城大狩將東趣五原至蒲川聞魏帝不豫遂還既至帝疾已愈於是還華州是歲東魏遣其將高岳慕容紹宗劉豐生等率衆十餘萬圍王思政於潁川

十五年春太祖遣大將軍趙貴帥軍至穰兼督東南諸州兵以援思政高岳起堰引洧水以灌城自潁川以北皆爲陂澤救兵不得至夏六月潁川陷初侯景自豫州附梁後遂度江圍建業梁司州刺史柳仲禮以本朝有難帥兵援之梁竟陵郡守孫暠舉郡來附太祖使大都督苻貴往鎮之及景克建業仲禮還司州率衆來寇暠以郡叛太祖大怒冬十一月遣開府楊忠率兵與行臺僕射長孫儉討之攻克隨郡忠進圍仲禮長史馬岫於安陸是歲盜殺齊文襄於鄴其弟洋討賊擒之仍嗣其事是爲文宣帝

十六年春正月柳仲禮率衆來援安陸楊忠逆擊於漴頭大破之擒仲禮悉虜其衆馬岫以城降三月魏帝封太祖第二子震爲武邑公邑二千戶先是梁雍州刺史岳陽王詧與其叔父荆州刺史湘東王繹不睦乃稱蕃來附遣其世子嶚爲質及楊忠擒仲禮繹懼復遣其子方平來朝夏五月齊文宣廢其主元善見而自立秋七月太祖率諸軍東伐拜章武公導爲大將軍總督留守諸軍事屯涇北以鎮關中九月丁巳軍出長安時連雨自秋及冬諸軍馬驢多死遂於弘農北造橋濟河自蒲坂還於是河南自洛陽河北自平陽以東遂入於齊矣

十七年春三月魏文帝崩皇太子嗣位太祖以冢宰總百揆梁邵陵王蕭綸侵安陸大將軍楊忠討擒之冬十月太祖遣大將軍王雄出子午伐上津魏興大將軍達奚武出散關伐南鄭

魏廢帝元年春王雄平上津魏興以其地置東梁州夏四月達奚武圍南鄭月餘梁州刺史宜豐侯蕭循以州降武執循還長安秋八月東梁州民叛率衆圍州城太祖復遣王雄討之侯景之克建業也還奉梁武帝爲主居數旬梁武以憤恚薨景又立其子綱尋而廢綱自立歲餘綱弟繹討景擒之遣其舍人魏彥來告仍嗣位於江陵是爲元帝

二年春魏帝詔太祖去丞相大行臺爲都督中外諸軍

事二月東梁州平遷其豪帥於雍州三月太祖遣大將軍魏安公尉遲迥率衆伐梁武陵王蕭紀於蜀夏四月太祖勒銳騎三萬西踰隴度金城河至姑臧吐谷渾震懼遣使獻其方物五月蕭紀潼州刺史楊乾運以州降引迥軍向成都秋七月太祖自姑臧至於長安八月克成都劍南平冬十一月尚書元烈謀作亂事發伏誅

三年春正月始作九命之典以敘內外官爵以第一品爲九命第九品爲一命改流外品爲九秩亦以九爲上又改置州郡及縣改東雍爲華州北雍爲宜州南雍爲蔡州華州爲同州北華爲鄜州東秦爲隴州南秦爲成州北秦爲交州東荆爲淮州南荆爲昌州東夏爲延州南夏爲長州東梁爲金州南梁爲隆州北梁爲靜州陽都爲汾州南汾爲勳州汾州爲丹州南豳爲寧州南岐爲鳳州南洛爲上州南廣爲淯州南襄爲湖州西涼爲甘州西郢爲鴻州西益爲利州東巴爲集州北應爲輔州恒州爲均州沙州爲深州寧州爲麓州義州爲巖州新州爲溫州江州爲沔州西安爲鹽州安州爲始州并州爲隨州肆州爲塘州冀州爲順州淮州爲純州揚州爲潁州司州爲憲州南平爲昇州南郢爲歸州青州爲眉州凡改州四十六置州一改郡一百六改縣二百三十自元烈誅魏帝有怨言魏淮安王育廣平王贊等垂泣諫之帝不聽於是太祖與公卿定議廢帝尊立齊王廓是爲恭帝

魏恭帝元年夏四月帝大饗羣臣魏史柳虯執簡書於朝曰廢帝文皇帝之嗣子年七歲文皇帝託於安定公曰是子才由于公不才亦由于公宜勉之公既受茲重寄居元輔之任又納女爲皇后遂不能訓誨有成致令廢黜負文皇帝付屬之意此咎非安定公而誰太祖乃令太常盧辯作誥諭公卿曰嗚呼我羣后暨衆士維文皇帝以襁褓之嗣託於予訓之誨之庶厥有成而予罔能革變厥心庸暨乎廢墜我文皇帝之志嗚呼茲咎予其焉避予實知之矧爾衆人之心哉惟予之顔豈惟今厚將恐來世以予爲口實乙亥詔封太祖子邕爲輔城公憲爲安城公邑各二千戶茹茹乙旃達官寇廣武五月遣柱國趙貴追擊之斬首數千級收其輜重而還秋七月太祖西狩至於原州梁元帝遣使請據舊圖以定疆界又連結於齊言辭悖慢太祖曰古人有言天之所棄誰能興之其蕭繹之謂乎冬十月壬戌遣柱國于謹中山公護大將軍楊忠韋孝寬等步騎五萬討之十一月癸未師濟於漢中山公護與楊忠率銳騎先屯其城下據江津以備其逸丙申謹至江陵列營圍守辛亥進攻城其日克之擒梁元帝殺之并虜其百官及士民以歸沒爲奴婢者十餘萬其免者二百餘家立蕭詧爲梁主居江陵爲魏附庸梁將王僧辯陳霸先於丹陽立梁元帝第九子方智爲主魏氏之初統國三十六大姓九十九後多絕滅至是以諸將功高者爲三十六國後次功者爲九十九姓後所統軍人亦改從其姓

二年梁廣州刺史王琳寇邊冬十一月遣大將軍豆盧寧帥師討之

三年春正月丁丑初行周禮建六官以太祖爲太師大冢宰柱國李弼爲太傅大司徒趙貴爲太保大宗伯獨孤信爲大司馬于謹爲大司寇侯莫陳崇爲大司空初太祖以漢魏官繁思革前弊大統中乃命蘇綽盧辯依周制改創其事尋亦置六卿官然爲撰次未成衆務猶歸臺閣至是始畢乃命行之夏四月太祖北巡狩秋七月度北河王琳遣使來附以琳爲大將軍長沙郡公魏帝封太祖子直爲秦郡公招爲正平公邑各一千戶九月太祖有疾還至雲陽命中山公護受遺輔嗣子冬十月乙亥崩於雲陽宮還長安發喪時年五十二甲申葬於成陵諡曰文公孝閔帝受禪追尊爲文王廟曰太祖武成元年追尊爲文皇帝太祖知人善任使從諫如流崇尚儒術明達政事恩信被物能駕馭英豪一見之者咸思用命沙苑所獲囚俘釋而用之河橋之役率以擊戰皆得其死力諸將出征授以方略無不制勝性好朴素不尚虛飾恒以反風俗復古始爲心

史臣曰水曆將終羣凶放命或威權震主或釁逆滔天咸謂大寶可以力征神物可以求得莫不闚闞九鼎睥睨兩宮而誅夷繼及亡不旋踵是知巨君篡盜終成建武之資仲潁凶殘實啓當塗之業天命有底庸可滔乎太祖田無一成衆無一旅驅馳戎馬之際躡足行伍之間屬與能之時應啓聖之運鳩集義勇糺合同盟一舉而殄仇讐再駕而匡帝室於是內詢帷幄外仗材雄推至誠以待人弘大順以訓物高氏籍甲兵之衆恃戎馬之彊屢入近畿志圖吞噬及英謀電發神旆風馳弘農建城濮之勳沙苑有昆陽之捷取威定霸以弱爲彊紹元宗之衰緒創隆周之景命南清江漢西舉巴蜀北控沙漠東據伊瀍乃擯落魏晉憲章古昔修六官之廢典成一代之鴻規德刑並用勳賢兼敘遠安邇悅俗阜民和億兆之望有歸揖讓之期允集功業若此人臣以終盛矣哉非夫雄略冠時英姿不世天與神授緯武經文者孰能與於此乎昔者漢獻蒙塵曹公成夾輔之業晉安播蕩宋武建匡合之勳校德論功綽有餘裕至於渚宮制勝闔城孥戮茹茹歸命盡種誅夷雖事出於權道而用乖於德教周祚之不永或此之由乎

周書卷二考證

文帝紀下魏大統元年○通鑑有五月魏加丞相泰柱國九字

東魏襲陷夏州○通鑑有魏靈州刺史曹尼與其壻涼州刺史普樂劉豐復叛降東魏二十三字

東魏潁州長史賀若統與密縣人張儉執刺史田迅○迅通鑑作迄

清河人崔彥穆檀琛攻滎陽擒其郡守蘇定○定通鑑作淑

於是太祖與公卿定議廢帝尊立齊王廓是爲恭帝○臣文淳按通鑑云去年號稱元年復姓拓跋氏

周書卷三

唐　令狐德棻等撰

帝紀第三

孝閔帝

孝閔皇帝諱覺字陁羅尼太祖第三子也母曰元皇后大統八年生於同州官舍九歲封略陽郡公時有善相者史元華見帝退謂所親曰此公子有至貴之相但恨其壽不足以稱之耳魏恭帝三年三月命爲安定公世子四月拜大將軍十月乙亥太祖崩丙子嗣位太師大冢宰十二月丁亥魏帝詔以岐陽之地封帝爲周公庚子禪位於帝詔曰予聞皇天之命不於常惟歸於德故堯授舜舜授禹時其宜也天厭我魏邦垂變以告惟爾罔弗知予雖不明敢弗龔天命格有德哉今踵唐虞舊典禪位於周庸布告遐邇焉使大宗伯趙貴持節奉冊書曰咨爾周公帝王之位弗有常有德者受命時乃天道予式時庸荒求於唐虞之彝踵曰我魏德之終舊矣我邦小大罔弗知今其可久怫於天道而不歸有德歟時用詢謀僉曰公昭考文公格勳德於天地丕濟生民洎公躬又宣重光故玄象徵見於上謳訟奔走於下天之歷數用實在焉予安敢弗若是以欽祗聖典遜位於公公其享茲大命保有萬國可不慎歟魏帝臨朝遣民部中大夫濟北公元迪致皇帝璽紱固辭公卿百辟勸進太師陳祥瑞乃從之是日魏帝遜于大司馬府元年春正月辛丑即天王位柴燎告天朝百官於路門追尊皇考文公爲文王皇妣爲文后大赦天下封魏帝爲宋公是日槐里獻赤雀四百官奏議云帝王之興罔弗更正朔明受之於天革民視聽也逮於尼父稽諸陰陽云行夏之時後王所不易今魏曆告終周室受命以木承水實當行錄正用夏時式遵聖道惟文王誕玄氣之祥有黑水之讖服色宜烏制曰可以大司徒趙郡公李弼爲太師大宗伯南陽公趙貴爲太傅大冢宰大司馬河內公獨孤信爲太保大宗伯柱國中山公護爲大司馬以大將軍寧都公毓高陽公達奚武武陽公豆盧寧小司寇陽平公李遠小司馬博陵公賀蘭祥小宗伯魏安公尉遲迥等並柱國壬寅祠圓丘詔曰予本自神農其於二丘宜作厥主始祖獻侯啓土遼海肇有國基配南北郊文考德符五運受天明命祖于明堂以配上帝廟爲太祖癸卯祠方丘甲辰祠太社初除市門稅乙巳祠太廟丁未會百官於乾安殿班賞各有差戊申詔曰上天有命革魏於周致予一人受茲大號予惟古先聖王罔弗先于省視風俗以求民瘼然後克治矧予眇眇又當草昧若弗尚于達四聰明四目之訓者其有聞知哉有司宜分命方別之使所在巡撫五教何者不宣時政有何不便得無脩身潔己才堪佐世之人而不爲上所知冤枉受罰幽辱于下之徒而不爲上所理孝義貞節不爲有司所申鰥寡孤窮不爲有司所恤暨黎庶衣食豐約賦役繁省災厲所興水旱之處並宜具聞若有年八十已上所在就加禮饘辛亥祠南郊壬子立王后元氏乙卯詔曰惟天地草昧建邦以寧今可大啓諸國爲周藩屏於是封太師李弼爲趙國公太傅趙貴爲楚國公太保獨孤信爲衛國公大司寇于謹爲燕國公大司空侯莫陳崇爲梁國公大司馬中山公護爲晉國公邑各萬戶辛酉祠太廟癸亥親耕籍田丙寅於劍南陵井置陵州武康郡置資州遂寧郡置遂州二月癸酉朝日於東郊乙亥改封永昌郡公廣爲天水郡公戊寅祠太社丁亥楚國公趙貴謀反伏誅詔曰朕文考昔與羣公洎列將衆官同心戮力共治天下自始及終二十三載迭相匡弼上下無怨是以羣公等用升余於大位朕雖不德豈不識此是以朕於羣公同姓者如弟兄異姓者如甥舅冀此一心平定宇內各令子孫享祀百世而朕

不明不能輯睦致使楚公貴不悅于朕與万俟幾通吡奴與王龍仁長孫僧衍等陰相假署圖危社稷事不克行爲開府宇文盛等所告及其推究咸伏厥辜興言及此心焉如痗但法者天下之法朕既爲天下守法安敢以私情廢之書曰善善及後世惡惡止其身其貴通與龍仁罪止一家僧衍止一房餘皆不問惟爾文武咸知時事太保獨孤信有罪免甲午以大司空梁國公侯莫陳崇爲太保大司馬晉國公護爲大冢宰柱國博陵公賀蘭祥爲大司馬高陽公達奚武爲大司寇大將軍化政公宇文貴爲柱國己亥秦州涇州各獻木連理歲星守少微經六十日三月庚子會文武百官班賜各有差己酉柱國衛國公獨孤信賜死壬子詔曰浙州去歲不登厥民饑饉朕用愍焉其當州租輸未畢者悉宜免之兼遣使巡檢有窮餧者並加賑給癸亥省六府士員三分減一夏四月己巳以少師平原公侯莫陳順爲柱國壬申詔死罪以下各降一等壬午謁成陵乙酉還宮丁亥祠太廟五月癸卯歲星犯太微上將太白犯軒轅己酉槐里獻白鷰帝欲觀漁於昆明池博士姜須諫乃止秋七月壬寅帝聽訟於右寢多所哀宥甲辰月掩心後星辛亥祠太廟熒惑犯東井北端第二星八月戊辰祠太社辛未詔曰朕甫臨大位政教未孚使我民農多陷刑網今秋律已應將行大戮言念羣生責在於朕宜從肆眚與其更新其犯者宜降從流流以下各降一等不在赦限者不從此降甲午詔曰帝王之治天下罔弗博求衆才以乂厥民今二十四軍宜舉賢良堪治民者軍列九人被舉之人於後不稱厥任者所舉官司皆治其罪九月庚申詔曰朕聞君臨天下者非由一人時乃上下同心所致今文武之官及諸軍人不霑爵封者宜各授兩大階改太守爲郡守帝性剛果見晉公護執政深忌之司會李植軍司馬孫恒以先朝佐命入侍左右亦疾護之專乃與宮伯乙弗鳳賀拔提等潛謀請帝誅護帝然之又引宮伯張光洛同謀光洛密白護護乃出植爲梁州刺史恒爲潼州刺史鳳等遂不自安更奏帝將召羣公入因此誅護光洛又白之時小司馬尉遲綱總統宿衛兵護乃召綱共謀廢立令綱入殿中詐呼鳳等論事既至以次執送護第並誅之綱仍罷散禁兵帝方悟無左右獨在內殿令宮人持兵自守護又遣大司馬賀蘭祥逼帝遜位遂幽於舊邸月餘日以弒崩時年十六植恒等亦遇害及武帝誅護後乃詔曰愼始敬終有國彝典事亡如存哲王通制義崇追遠禮貴尊親故略陽公至德純粹天姿秀傑屬魏祚告終寶命將改謳歌允集歷數攸歸上協蒼靈之慶下昭后祇之錫而禍生肘腋釁起蕭牆白獸噬驂蒼鷹集殿幽辱神器弒酷乘輿寃結生民毒流寓縣今河海澄清氛沴消蕩追尊之禮宜崇徽號遣太師蜀國公過於南郊上謚曰孝閔皇帝陵曰靜陵

史臣曰孝閔承既安之業應樂推之運柴天竺物正位君臨邇無異言遠無異望雖黃初代德太始受終不之尚也然政由寗氏主懷芒刺之疑祭則寡人臣無復子之請以之速禍宜哉

周書卷四

唐　令　狐　德　棻　等　撰

帝紀第四

明帝

世宗明皇帝諱毓小名統萬突太祖長子也母曰姚夫人永熙三年太祖臨夏州生帝於統萬城因以名焉大統十四年封寧都郡公十六年行華州事尋拜開府儀同三司宜州諸軍事宜州刺史魏恭帝三年授大將軍鎮隴右孝閔帝踐阼進位柱國轉岐州諸軍事岐州刺史治有美政黎民懷之及孝閔帝廢晉公護遣使迎帝於岐州秋九月癸亥至京師止於舊邸甲子羣臣上表勸進備法駕奉迎帝固讓羣臣固請是日卽天王位大赦天下乙丑朝羣臣於延壽殿冬十月癸酉太師趙國公李弼薨己卯以大將軍昌平公尉遲綱爲柱國乙酉祠圓丘丙戌祠方丘甲午祠太社柱國陽平公李遠賜死是月梁相陳霸先廢其主蕭方智而自立是爲陳武帝十一月庚子祠太廟丁未祠圓丘丁巳詔曰帝王之道以寬仁爲大魏政諸有輕犯未至重罪及諸村民一家有犯乃及數家而被遠配者並宜放還十二月庚午謁成陵癸酉還宮庚辰以大將軍輔城公邕爲柱國戊子赦長安見囚甲午詔曰善人之後猶累世獲宥况魏氏以德讓代終豈容不加隱卹元氏子女自坐趙貴等事以來所有沒入爲官口者悉宜放免

二年春正月乙未以大冢宰晉公護爲太師辛亥親耕籍田癸丑立王后獨孤氏丁巳雍州置十二郡又於河東至蒲州河北置虞州弘農置陝州正平置絳州宜陽置熊州邵郡置邵州二月癸未詔曰王者之宰民也莫不同四海一遠近爲父母而子之一物失所若納于隍賊之境土本同大化往因時難致阻東西遂使疆埸之間互相抄掠興言及此良可哀傷自元年以來有被掠入賊者悉可放免自冬不雨至於是月方大雪三月甲午齊北豫州刺史司馬消難舉州來附遣柱國高陽公達奚武與大將軍楊忠率衆迎之改雍州刺史爲雍州牧京兆郡守爲京兆尹以廣業脩城二郡置康州葭蘆郡置文州戊申長安獻白雀庚申詔曰三十六國九十九姓自魏氏南徙皆稱河南之民今周室既都關中宜改稱京兆人夏四月己巳以太師晉公護爲雍州牧庚午熒惑入軒轅辛未降死罪一等五歲刑已下皆原之甲戌王后獨孤氏崩甲申葬敬后五月乙未以大司空梁國公侯莫陳崇爲大宗伯六月癸亥嚈噠遣使獻方物己巳板授高年刺史守令恤鰥寡孤獨各有差分長安爲萬年縣並治京城辛未幸昆明池壬申長安獻白烏遣使分行州郡理囚徒察風俗掩骼埋胔秋七月甲午遣柱國寧蜀公尉遲迥率衆於河南築安樂城丙申順陽獻三足烏八月甲子羣臣上表稱慶詔曰夫天不愛寶地稱表瑞莫不威鳳巢閣圖龍躍沼豈直日月珠連風雨玉燭是以鈎命決曰王者至孝則出元命苞曰人君至治所有虞舜烝烝來茲異趾周文翼翼翔此靈禽文考至德下覃遺仁爰被遠符千載降斯三足將使三方歸本九州翕定惟此大體景福在民予安敢讓宗廟之善弗宣大惠可大赦天下文武官普進二級九月辛卯以大將軍楊忠大將軍王雄並爲柱國甲辰封少師元羅爲韓國公以紹魏後丁未幸同州過故宅賦詩曰玉燭調秋氣金輿歷舊宮還如過白水更似入新豐霜潭漬晚菊寒井落疎桐舉盃延故老令聞歌大風冬十月辛酉還宮乙丑遣柱國尉遲迥鎮隴右長安獻白兔十二月辛酉突厥遣使獻方物癸亥太廟成辛巳以功臣琅邪貞獻公賀拔勝等十三人配享太祖廟庭壬午大赦天下

武成元年春正月己酉太師晉公護上表歸政帝始親覽萬機軍旅之事護猶總焉初改都督諸州軍事爲總管丙辰封大將軍章武孝公導子亮爲永昌公翼爲西陽公三月癸巳陳六軍帝親擐甲冑迎太白於東方秦郡公直鎮蒲州吐谷渾寇邊庚戌遣大司馬博陵公賀蘭祥率衆討之四月戊午武當郡獻赤烏甲戌雲秦州獻白馬朱鬣五月戊子詔曰皇王之迹不一因革之道已殊莫不播八政以成物兆三元而爲紀是以容成創定於軒轅羲和欽若於唐世鴻範九疇大弘五法易曰澤中有火革君子以治歷明時故歷之爲義大矣但忽微成象象極則差分積命時時積斯舛開闢至於獲麟二百七十六萬歲晷度推移餘分盈縮南正無聞疇人靡記暑往寒來理乖攸序敬授民時何其積謬昔漢世巴郡洛下閎善治歷云後八百歲當有聖人定之自火行至今木德應其運矣朕何讓焉可命有司傍稽六曆仰觀七曜博推古今造我周曆量定以聞己亥聽訟於正武殿辛亥以大宗伯梁國公侯莫陳崇爲大司徒大司寇高陽公達奚武爲大宗伯武陽公豆盧寧爲大司寇柱國輔城公邕爲大司空乙卯詔曰比屢有糾發官司赦前事此雖意在疾惡但先王制肆眚之道令天下自新若又推問自新何由哉如此之徒有司勿爲推究惟庫廏倉廩與海內所共漢帝有云朕爲天下守財耳若有侵盜公家財畜錢粟者魏朝之事年月既遠一不須問自周有天下以來雖經赦宥而事跡可知者有司宜卽推窮得實之日但免其罪徵備如法賀蘭祥攻拔洮陽洪和二城吐谷渾遁走閏月庚申高昌遣使獻方物六月戊子大雨霖詔曰昔唐咨四嶽殷告六眚覩災興懼咸寘時雍朕撫運應圖作民父母弗敢怠荒以求民瘼而霖雨作沴害麥傷苗隤屋漂垣洎于昏墊諒朕不德蒼生何咎刑政所失罔識厥由公卿大夫士爰及牧守黎庶等今宜各上封事讜言極諫罔有所諱朕將覽察以答天譴其遭水者有司可時巡檢條列以聞庚子詔曰潁川從我是曰元勳無忘父城實起王業文考力文武同心翼贊大功克隆帝業而被堅執銳櫛風沐雨永言疇昔良用憮然至若功成名遂建國剖符予惟休也其有致死王事妻子無歸者朕甚傷之凡是從先王向夏州發夏州從來見在及薨亡者並量賜錢帛稱朕意焉是月陳武帝薨兄子蒨立是謂文帝秋八月己亥改天王稱皇帝追尊文王爲帝大赦改元壬子以大將軍安城公憲爲益州總管癸丑增御正四人位上大夫九月乙卯以大將軍天水公廣爲梁州總管辛未進封輔城公邕爲魯國公安城公憲爲齊國公秦郡公直爲衛國公正平公招爲趙國公封皇弟儉爲譙國公純爲陳國公盛爲越國公達爲代國公通爲冀國公逌爲滕國公進封天水公廣爲蔡國公高陽公達奚武爲鄭國公武陽公豆盧寧爲楚國公博陵公賀蘭祥爲涼國公寧蜀公尉遲迥爲蜀國公化政公宇文貴爲許國公陳留公楊忠爲隋國公昌平公尉遲綱爲吳國公武威公王雄爲庸國公邑各萬戸各十月甲午以柱國吳國公尉遲綱爲涇州總管是月齊文宣帝薨子殷嗣立以

柱國蜀國公尉遲迥爲秦州總管

二年春正月癸丑朔大會羣臣於紫極殿始用百戲焉三月辛酉重陽閣成會羣公列將卿大夫及突厥使者於芳林園賜錢帛各有差夏四月帝因食遇毒庚子大漸詔曰人生天地之間禀五常之氣天地有窮已五常有推移人安得長在是以生而有死者物理之必然處必然之理修短之間何足多恨朕雖不德性好典墳披覽聖賢餘論未嘗不以此自曉今乃命也夫復何言諸公及在朝卿大夫士軍中大小督將軍等並立勳效積有年載輔翼太祖成我周家今朕纘承大業處萬乘之上此乃上不負太祖下不負朕躬朕得啓手啓足從先帝於地下實無恨於心矣所可恨者朕享大位可謂四年矣不能使政化循理黎庶豐足九州未一二方猶梗顧此懷恨目用不瞑唯冀仁兄冢宰洎朕先正先父公卿大臣等協和爲心勉力相勸勿忘太祖遺志提挈後人朕雖没九泉形體不朽今大位虛曠社稷無主朕兒幼稚未堪當國魯國公邕朕之介弟寬仁大度海內共聞能弘我周家必此子也夫人貴有始終公等事太祖輔朕躬可謂有始矣若克念世道艱難輔邕以主天下者可謂有終矣哀死事生人臣大節公等思念此言令萬代稱歎朕禀生儉素非能力行菲薄每寢大布之被服大帛之衣凡是器用皆無雕刻身終之日豈容違棄此好喪事所須務從儉約斂以時服勿使有金玉之飾若以禮不可闕皆令用瓦小斂訖七日哭文武百官各權辟衰麻且以素服從事葬日選擇不毛之地因地勢爲墳勿封勿樹且厚葬傷生聖人所誡朕既服膺聖人之教安敢違之凡百官司勿異朕此意四方州鎮使到各令三日哭哭訖悉權辟凶服還以素服從事待大例除非有呼召各按部自守不得輒奔赴闕庭禮有通塞隨時之義葬訖內外悉除服從吉三年之內勿禁婚娶飲食一令如平常也時事殷猥病困心亂止能及此如其事有不盡准此以類爲斷死而近思古人有之朕今恐死書此懷抱其詔即帝口授也辛丑崩於延壽殿時年二十七諡曰明皇帝廟稱世宗五月辛未葬於昭陵

帝寬明仁厚敦睦九族有君人之量幼而好學博覽羣書善屬文詞彩溫麗及即位集公卿已下有文學者八十餘人於麟趾殿刊校經史又捃採衆書自羲農以來訖於魏末敍爲世譜凡五百卷云所著文章十卷

史臣曰世宗寬仁遠度叡哲博聞處代邸之尊實文昭之長豹姿已變龍德猶潛而百辟傾心萬方注意及乎迎宣黷賀入纂大宗而禮貌功臣敦睦九族率由恭儉崇尚文儒壹臺焉其有君人之德者矣始則權臣專制政出私門終乃鴆毒潛加享年不永惜哉

周書卷四考證

明帝紀以大將軍楊忠大將軍王雄並爲柱國○諸本王雄俱作楊雄 臣文淳按楊雄至武帝時始顯又其傳中無爲柱國事王雄傳云孝閔帝踐祚授少傅增邑二千戶進位柱國大將軍其爲王雄無疑今改正但傳云孝閔帝踐祚進柱國大將軍而本紀雄爲柱國乃在明帝二年亦與傳不合

死而近思○北史作死而可忍文義較顯又與下文朕今忍死句句法相承宜從北史

周書卷五

唐 令 狐 德 棻 等 撰

帝紀第五

武帝上

高祖武皇帝諱邕字禰羅突太祖第四子也母曰叱奴太后大統九年生於同州有神光照室幼而孝敬聰敏有器質太祖異之曰成吾志者必此兒也年十二封輔城郡公孝閔帝踐阼拜大將軍出鎮同州世宗即位遷柱國授蒲州諸軍事蒲州刺史武成元年入爲大司空治御正進封魯國公領宗師甚爲世宗所親愛朝廷大事多共參議性沉深有遠識非因顧問終不輒言世宗每歎曰夫人不言言必有中武成二年夏四月世宗崩遺詔傳帝位於高祖高祖固讓百官勸進乃從之壬寅即皇帝位大赦天下冬十二月改作露門應門是歲齊常山王高演廢其主殷而自立是爲孝昭帝

保定元年春正月戊申詔曰寒暑亟周奄及徂歲改元命始國之典章朕祗承寶圖宜遵故實可改武成三年爲保定元年嘉號既新惠澤宜布文武百官各增四級以大冢宰晉國公護爲都督中外諸軍事令五府總於天官庚戌祠圜丘壬子祠方丘甲寅祠感生帝於南郊乙卯祠太社辛酉突厥遣使獻其方物戊辰詔曰履端開物實資元后代終成務諒惟宰棟故周文公以上聖之智翼彼姬周爰作六典用光七百自茲厥後代失其緒偉巍巍之化歷千祀而莫傳郁郁之風終百王而永墜我太祖文皇帝禀純和之氣挺天縱之英德配乾元功侔造化故能捨末世之弊風蹈隆周之叡典誕述百官厥用允集所謂乾坤改而重構豈帝王洪範而已哉朕入嗣大寶思揚休烈今可班斯禮於太祖廟庭己巳祠太廟班太祖所述六官焉癸酉吐谷渾高昌並遣使獻方物甲戌詔先經兵戎官年六十已上及民七十已上節級板授官乙亥親耕籍田丙子大射於正武殿賜百官各有差二月己卯遣大使巡察天下於洮陽置洮州甲午朝日於東郊乙未突厥宕昌並遣使獻方物丙午省畢輦去百戲弘農上言九尾狐見三月丙寅改八丁兵爲十二丁兵率歲一月役夏四月丙子朔日有食之庚寅以少傅吳公尉遲綱爲大司空丁酉白蘭遣使獻犀甲鐵鎧五月丙午封孝閔皇帝子康爲紀國公皇子贇爲魯國公晉公護獲玉斗以獻戊辰突厥龜茲並遣使獻方物六月乙酉遣治御正殷不害等使於陳秋七月戊申詔曰亢旱歷時嘉苗殄悴豈獄犴失理刑罰乖衷歟其所在見囚死以下一歲刑以上各降本罪一等百鞭以下悉原免之更鑄錢文曰布泉以一當五與五銖並行己酉追封皇伯父顥爲邵國公以晉公子江陵公會爲後次伯父連爲杞國公以章武孝公子永昌公亮爲後第三伯父洛生爲莒國公以晉公子崇業公至爲後又追封武邑公震爲宋國公以世宗子實爲後並襲封己巳熒惑入輿鬼犯積尸九月甲辰南寧州遣使獻滇馬及蜀鎧乙巳客星見於翼冬十月甲戌日有蝕之戊寅熒惑犯太微上將合爲十一月乙巳以大將軍衛國公直爲雍州牧陳遣使來聘進封柱國廣武公竇熾爲鄧國公丁巳狩於岐陽是月齊孝昭帝薨弟長廣王湛代立是爲武成帝十二月壬午至自岐陽是歲追封皇族祖仲爲虞國公

二年春正月壬寅初於蒲州開河渠同州開龍首渠以廣灌溉丁未以陳主弟頊爲柱國送還江南閏月己丑詔柱國以下帥都督以上母妻授太夫人夫人郡君縣君各有差癸巳太白入昴己亥柱國大司馬涼國公賀蘭祥薨洛州民周共妖言惑衆假署將相事發伏誅二月壬寅熒惑犯太微上相癸丑以久不雨降宥罪人京城三十里內禁酒梁主蕭詧薨以大將軍蔡國公廣爲秦州總管三月壬午熒惑犯左執法夏四月甲辰禁屠宰旱故也丁巳南陽獻三足烏湖州上言見二白鹿從三角獸而行己未於伏流城置和州癸亥詔曰比以寇難猶梗九州未一文武之官立功效者雖錫以茅土而未及租賦諸柱國等勳德隆重宜有優崇各准別制邑戶聽寄食他縣五月庚午以山南衆瑞並集大赦天下百官及軍人普汎二級南陽宛縣三足烏所集免今年役及租賦之半壬辰以柱國隋國公楊忠爲大司空吳國公尉遲綱爲陝州總管六月己亥以柱國蜀國公尉遲迥爲大司馬邵國公會爲蒲州總管分山南荊州安州襄州江陵爲四州總管秋七月己巳封開府賀拔緯爲霍國公乙亥太白犯輿鬼九月戊辰朔日有蝕之陳遣使來聘冬十月戊戌詔曰樹之元首君臨海內本乎宣明敎化亭毒黔黎豈唯尊貴其身侈富其位是以唐堯疏葛之衣麤糲之食尚臨汾陽而永歎登姑射而興想況無聖人之德而嗜欲過之何以克厭衆心處于尊位朕甚恧焉今巨寇未平軍戎費廣百姓空虛與誰爲足凡是供朕衣服飲食四時所須爰及宮內調度朕今手自減削縱不得頓行古人之道豈曰全無庶幾凡爾百司安得不思省約勗朕不逮者哉辛亥帝御大武殿大射公卿列將皆會戊午講武於少陵原分南寧州置恭州十一月丁卯以大將軍衛國公直大將軍趙國公招並爲柱國又以招爲益州總管壬午熒惑犯歲星於危南十二月益州獻赤烏

三年春正月辛未改光遷國爲遷州乙酉太保梁國公侯莫陳崇賜死壬辰於乞銀城置銀州二月庚子初頒新律辛丑詔魏大統九年以前都督以上身亡而子孫未齒敍者節級授官渭州獻三足烏辛酉詔曰二儀創闢玄象著明三才已備曆數昭列故書稱欽若敬授易序治曆明時此先代一定之典百王不易之務伏惟太祖文皇帝敬順昊天憂勞庶政曆序六家以陰陽爲首洎子小子弗克遵行惟斯不安夕惕若厲自頃朝廷權輿事多倉卒乖和爽序違失先志致風雨僭時疾厲屢起嘉生不遂萬物不長朕甚傷之自今舉大事行大政非軍機急速皆宜依月令以順天心三月乙丑朔日有蝕之丙子宕昌遣使獻生猛獸二詔放之南山乙酉益州獻三足烏夏四月乙未以柱國鄭國公達奚武爲太保大將軍韓果爲柱國己亥帝御正武殿錄囚徒癸卯大雩癸丑有牛足生於背戊午幸太學以太傅燕國公于謹爲三老而問道焉初禁天下報讎犯者以殺人論

壬戌詔百官及民庶上封事極言得失五月甲子朔避正寢不受朝旱故也甲戌雨秋七月戊辰行幸原州庚午陳遣使來聘丁丑幸津門問百年賜以錢帛又賜高年板職各有差降死罪一等八月丁未改作露寢九月甲子自原州登隴山熒惑犯太微上將丙戌幸同州戊子詔柱國楊忠率騎一萬與突厥伐齊己丑蒲州獻嘉禾異畝同穎初令世襲州郡縣者改爲五等爵州封伯郡封子縣封男冬十月壬辰熒惑犯左執法乙巳以開府杞國公亮爲梁州總管庚戌陳遣使來聘十有二月辛卯至自同州遣太保鄭國公達奚武率騎三萬出平陽以應楊忠是月有人生子男而陰在背後如尾兩足指如獸爪有犬生子腰以後分爲二身兩尾六足

四年春正月庚申楊忠破齊長城至晉陽而還二月庚寅朔日有蝕之甲午熒惑犯房右驂三月己未熒惑又犯房右驂庚辰初令百官執笏夏四月癸卯以柱國鄧公竇熾爲大宗伯五月壬戌封世宗長子賢爲畢國公丁卯突厥遣使獻方物癸酉以大將軍安武公李穆爲柱國丁亥改禮部爲司宗大司禮爲禮部大司樂爲樂部六月庚寅改御伯爲納言秋七月戊午粟特遣使獻方物戊寅焉耆遣使獻名馬八月丁亥朔日有蝕之詔柱國楊忠率師與突厥東伐至北河而還戊子以柱國齊公憲爲雍州牧許國公宇文貴爲大司徒九月丁巳以柱國衞國公直爲大司空封開府李昞爲唐國公若干鳳爲徐國公陳遣使來聘是月以皇世母閻氏自齊至大赦天下閏月己亥以大將軍韋孝寬大將軍長孫儉並爲柱國冬十月癸亥以大將軍陸通大將軍宇文盛蔡國公廣並爲柱國甲子詔大將軍大冢宰晉國公護率軍伐齊帝於太廟庭授以斧鉞於是護總大軍出潼關大將軍權景宣率山南諸軍出豫州少師楊檦出軹關丁卯幸沙苑勞師癸酉還宮十一月甲午柱國蜀國公尉遲迥率師圍洛陽柱國齊國公憲營於邙山晉公護次於陝州十二月權景宣攻齊豫州刺史王士良以州降壬戌齊師渡河晨至洛陽諸軍驚散尉遲迥率麾下數十騎扞敵得却至夜引還柱國庸國公王雄力戰死之遂班師楊檦於軹關戰沒權景宣亦棄豫州而還

五年春正月甲申朔廢朝以庸國公王雄死王事故也辛卯白虹貫日庚子令荆州安州江陵等總管並隸襄州總管府以柱國大司空衞國公直爲襄州總管甲辰太白熒惑歲星合於婁乙巳吐谷渾遣使獻方物以庸國公王雄世子開府謙爲柱國二月辛酉詔陳國公純柱國許國公宇文貴神武公竇毅南安公楊薦等如突厥逆女甲子鄀州獲綠毛龜丙寅以柱國安武公李穆爲大司空綏德公陸通爲大司寇壬申行幸岐州三月戊子柱國楚國公豆盧寧薨夏四月齊武成禪位於其太子緯自稱太上皇帝五月丙戌以皇族父興爲大將軍襲虞國公封己亥詔左右武伯各置中大夫一人六月庚申彗星出三台入文昌犯上將後經紫宮西垣入危漸長一丈餘指室壁後百餘日稍短長二尺五寸在虛危滅辛未詔江陵人年六十五以上爲官奴婢者已令放免其公私奴婢有年至七十以外者所在官司宜贖爲庶人秋七月辛巳朔日有蝕之庚寅行幸秦州降死罪以下辛丑遣大使巡察天下八月丙子至自秦州九月乙巳益州獻三足烏冬十月辛亥改函谷關城爲通洛防十一月庚辰岐州上言一角獸見甲午吐谷渾遣使獻方物丁未陳遣使來聘

天和元年春正月己卯日有蝕之辛巳露寢成幸之令羣臣賦古詩京邑耆老並預會焉頒賜各有差癸未大赦改元百官普加四級己亥親耕籍田丁未於宕昌置宕州以柱國昌寧公長孫儉爲陝州總管遣小載師杜杲使於陳二月戊申以開府中山公訓爲蒲州總管戊辰詔三公已下各舉所知庚午日鬭光遂微日裏烏見三月丙午祠南郊夏四月己酉益州獻三足烏辛亥雩甲子日有交暈白虹貫之是月陳文帝薨子伯宗嗣立五月庚辰帝御正武殿集羣臣親講禮記吐谷渾龍涸王莫昌率戶內附以其地爲扶州甲午詔曰道德交喪禮義嗣興褰四始於一言美三千於爲敬是以在上不驕處滿不溢富貴所以長守邦國於焉乂安故能承天靜地和民敬鬼明並日月道錯四時朕雖庸昧有志前古甲子乙卯禮云不樂萇弘表昆吾之稔杜蕢有揚觶之文自世道喪亂禮儀紊毀此典茫然已墜於地昔周王受命請聞顓頊廟有戒盈之器室爲復禮之銘矧伊未學而能忘此宜依是日省事停樂庶知爲君之難爲臣不易貽之後昆殷鑒斯在六月丙午以大將軍枹罕公辛威爲柱國秋七月戊寅築武功郿斜谷武都留谷津坑諸城以置軍人壬午詔諸胄子入學但束脩於師不勞釋奠釋奠者學成之祭自今即爲恒式八月己未詔諸有三年之喪或負土成墳或寢苫骨立一志一行可稱揚者仰本部官司隨事言上當加弔勉以厲薄俗九月乙亥信州蠻冉令賢向五子王反詔開府陸騰討平之冬十月乙卯太白晝見經天甲子初造山雲儛以備六代之樂十一月丙戌行幸武功等新城十二月庚申還宮

二年春正月癸酉朔日有蝕之己亥親耕籍田三月癸酉改武遊園爲道會苑丁亥初立郊丘壇壝制度夏四月乙巳省東南諸州以潁州歸州湞州均州入唐州油州入純州鴻州入淮州洞州入湖州睢州入襄州憲州入昌州以大將軍陳國公純爲柱國五月壬申突厥吐谷渾安息並遣使獻方物丁丑進封柱國安武公李穆爲申國公己丑歲星與熒惑合於井六月辛亥尊所生叱奴氏爲皇太后甲子月入畢閏月庚午地震戊寅陳湘州刺史華皎率衆來附遣襄州總管衞國公直率柱國綏國公陸通大將軍田弘權景宣元定等將兵援之因而南伐壬辰以大將軍譙國公儉爲柱國丁酉歲星太白合於柳戊戌襄州上言慶雲見秋七月辛丑梁州上言鳳凰集於楓樹羣鳥列侍以萬數甲辰立露門學置生七十二人庚戌太白犯軒轅壬子以太傅燕國公于謹爲雍州牧九月衞國公直等與陳將淳于量吳明徹戰於沌口王師失利元定以步騎數千先度遂沒江南冬十月辛卯日出入時有黑氣一大如盃在日中甲午又加一焉經六日乃滅十一月戊戌朔日有蝕之癸丑太保許國公宇文貴薨

三年春正月辛丑祠南郊二月丁卯幸武功丁亥還宮三月癸卯皇后阿史那氏至自突厥甲辰大赦天下亡官失爵並聽復舊丁未大會百寮及四方賓客於路寢賜衣馬錢帛各有差甲寅以柱國陳國公純爲秦州總管蔡國公廣爲陝州總管戊午太傅柱國燕國公于謹薨己未太白犯井北軒第一星夏四月辛巳以太保鄭國公達奚武爲太傅大司馬蜀國公尉遲迥爲太保柱國齊國公憲爲大司馬太白入輿鬼犯積尸五月庚戌祠太廟庚申行幸醴泉宮六月甲戌有星孛於東井北行一月至輿鬼乃滅秋七月壬寅柱國隋國公楊忠薨戊午至自醴泉宮己未客星見房漸東行入天市犯營室至奎四十餘日乃滅八月乙丑韓國公元羅薨齊請和親遣使來聘詔軍司馬陸程兵部尹公正報聘焉癸酉帝御大德殿集百僚及沙門道士等親講禮記九月庚戌太白與鎭星合於角冬十月癸亥祠太廟丙戌太白入氐丁亥上親率六軍講武於城南京邑觀者輿馬彌漫數十里諸蕃使咸在焉十一月壬辰朔日有蝕之甲辰行幸岐陽壬子遣開府崔彥穆小賓部元暉使於齊甲寅陳安成王頊廢其主伯宗而自立是爲宣帝十二月丁丑至自岐陽是月齊武成帝薨

四年春正月辛卯朔廢朝以齊武成薨故也遣司會河陽公李綸等會葬於齊仍弔賻焉二月癸亥以柱國昌寧公長孫儉爲夏州總管戊辰帝御大德殿集百僚道士沙門等討論釋老義歲星逆行掩太微上將庚午有流星大如斗出左攝提流至天津滅後有聲如雷夏四月乙巳齊遣使來聘五月己丑帝制象經成集百僚講說封魏廣平公子元謙爲韓國公以紹魏後庚戌行幸醴泉宮丁巳柱國吳國公尉遲綱薨六月築原州及涇州東城秋七月辛亥至自醴泉宮丁巳突厥遣使獻馬八月庚辰盜殺孔城防主以其地入齊九月辛卯遣柱國齊國公憲率衆於宜陽築崇德等城冬十一月辛亥柱國昌寧公長孫儉薨十二月壬午罷隴州

五年春二月己巳邵惠公顥孫冑自齊來歸改邵國公爲譚國公封冑爲邵國公三月辛卯進封柱國韋孝寬爲鄖國公甲辰初令宿衞官住關外者將家累入京不樂者解宿衞夏四月甲寅以柱國宇文盛爲大宗伯行幸醴泉宮省帥都督官丙寅遣大使巡天下以陳國公純爲陝州總管六月壬辰封開府梁睿爲蔣國公庚子降宥罪人并免逋租懸調等以皇女生故也七月鹽州獻白兎乙卯至自醴泉宮辛巳以柱國譙國公儉爲益州總管九月己卯太白歲星合於亢冬十月辛巳朔日有蝕之丙戌太白鎭星合於氐丁酉太傅鄭國公達奚武薨十一月乙丑追封章武孝公導爲豳國公以蔡國併於豳丁卯柱國豳國公廣薨十二月癸巳大將軍鄭恪率師平越嶲置西寧州是冬齊將斛律明月寇邊於汾北築城自華谷至於龍門

六年春正月己酉朔廢朝以露門未成故也詔柱國齊國公憲率師禦斛律明月丁卯以大將軍張掖公王傑譚國公會鴈門公田弘魏國公李暉等並爲柱國二月己丑夜有蒼雲廣三尺許經天自戌加辰三月己酉齊國公憲自龍門度河斛律明月退保華谷憲攻拔其新築五城夏四月戊寅朔日有蝕之己卯熒惑犯輿鬼辛卯信州蠻渠冉祖喜冉龍驤舉兵反遣大將軍趙闍率師討平之甲午以柱國燕國公于寔爲涼州總管大將軍杞國公亮爲秦州總管庚子以大將軍滎陽公司馬消難爲柱國陳國公純鴈門公田弘率師取齊宜陽等九城以大將軍武安公侯莫陳瓊太安公閻慶神武公竇毅南陽公叱羅協平高公侯伏侯龍恩並爲柱國封

開府斛斯徵爲岐國公右宮伯長孫覽爲薛國公五月癸卯遣納言鄭詡使於陳丙寅以大將軍唐國公李昞中山公訓杞國公亮上庸公陸騰安義公宇文丘北平公寇紹許國公宇文善犍爲公高琳鄭國公達奚震隴東公楊纂常山公于翼並爲柱國六月乙未以大將軍太原公王秉爲柱國是月齊將段孝先攻陷汾州秋七月乙丑以大將軍越國公盛爲柱國八月癸未鎮星歲星太白合於氐九月庚申月在婁蝕之既光不復癸酉省掖庭四夷樂後宮羅綺工人五百餘人冬十月壬午翼國公通薨乙未遣右武伯谷會琨御正蔡斌使於齊壬寅上親率六軍講武於城南十一月壬子以大將軍梁國公侯莫陳芮大將軍李意並爲柱國丙辰齊遣使來聘丁巳行幸散關十二月己丑還宮是冬牛大疫死者十六七

建德元年春正月戊午帝幸玄都觀親御法座講說公卿道俗論難事畢還宮降死罪及流罪一等其五歲刑已下並宥之二月癸酉遣大將軍昌城公孫深使於突厥司賓李際小賓部賀遂禮使於齊乙酉柱國安義公宇文丘薨三月癸卯朔日有蝕之齊遣使來聘丙辰誅大冢宰晉國公護護子柱國譚國公會會弟大將軍莒國公至崇業公靜并柱國侯伏侯龍恩龍恩弟大將軍萬壽大將軍劉勇等大赦改元罷中外府癸亥以太傅蜀國公尉遲迥爲太師柱國鄧國公竇熾爲太傅大司空申國公李穆爲太保齊國公憲爲大冢宰衛國公直爲大司徒趙國公招爲大司空柱國枹罕公辛威爲大司寇綏德公陸通爲大司馬詔曰民亦勞止則星動於天作事不時則石言於國故知爲政欲靜靜在寧民爲治欲安安在息役頃興造無度徵發不已加以頻歲師旅農畝廢業去秋灾蝗年穀不登民有散亡家空杼軸朕每旦恭已夕惕兢懷自今正調以外無妄徵發庶時殷俗阜稱朕意焉夏四月甲戌以代國公達滕國公逌並爲柱國詔荆州安州江陵等總管停隸襄州己卯以柱國張掖公王傑爲涇州總管魏國公李暉爲梁州總管詔公卿以下各舉所知遣工部代公達小禮部辛彥之使於齊丙戌詔百官軍民上封事極言得失丁亥詔斷四方非常貢獻庚寅追尊略陽公爲孝閔皇帝癸巳立魯國公贇爲皇太子大赦天下百官各加封級五月封衛國公直長子賓爲莒國公紹莒莊公洛生後壬戌帝以大旱集百官於庭詔之曰盛農之節亢陽不雨氣序愆度蓋不徒然豈朕德薄刑賞乖中歟將公卿大臣或非其人歟宜盡直言無得有隱公卿各引咎自責其夜澍雨六月庚子改置宿衛官員秋七月辛丑陳遣使來聘丙午辰星太白合於東井己酉月犯心中星九月庚子朔日有蝕之庚申扶風掘地得玉盃以獻冬十月庚午詔江陵所獲俘虜充官口者悉免爲民辛未遣小匠師楊勰齊馭唐則使於陳柱國大司馬綏德公陸通薨十一月丙午上親率六軍講武城南庚戌行幸羌橋集京城以東諸軍都督以上頒賜有差乙卯還宮壬戌以大司空趙國公招爲大司馬乙未月犯心中星十二月壬申行幸斜谷集京城以西諸軍都督已上頒賜有差丙戌還宮己丑帝御正武殿親錄囚徒至夜而罷庚寅幸道會苑以上善殿壯麗遂焚之

二年春正月辛丑祠南郊乙巳以柱國鴈門公田弘爲大司空大將軍徐國公若干鳳爲柱國庚戌復置帥都督官乙卯祠太廟閏月己巳陳遣使來聘二月辛亥白虹貫日甲寅詔皇太子贇撫巡西土壬戌遣司會侯莫陳凱太子宮尹鄭譯使於齊熒惑犯輿鬼入積尸省雍州內八郡併入京兆馮翊扶風咸陽等郡三月己卯皇太子於岐州獲二白鹿以獻詔答曰在德不在瑞癸巳省六府諸司中大夫以下官府置四司以下大夫爲之官長上士貳之夏四月己亥祠太廟丙辰增改東宮官員五月丁卯熒惑犯右執法丁丑以柱國周昌公侯莫陳瓊爲大宗伯滎陽公司馬消難爲大司寇上庸公陸騰爲大司空六月庚子省六府員外諸官皆爲丞甲辰月犯心中星壬子皇孫衍生文武官普加一階大選諸軍將帥丙辰帝御露寢集諸軍將勗以戎事庚申詔諸軍旌旗皆畫以猛獸鷙鳥之象秋七月己巳祠太廟自春末不雨至於是月壬申集百寮於大德殿帝責躬罪己問以治政得失戊子雨八月丙午改三夫人爲三妃關內大蝗九月乙丑陳遣使來聘癸酉太白犯右執法戊寅以柱國鄭國公達奚震爲金州總管詔曰政在節財禮唯寧儉而頃者婚嫁競爲奢靡牢羞之費罄竭資財甚乖典訓之理有司宜加宣勒使咸遵禮制壬午納皇太子妃楊氏冬十月癸卯齊遣使來聘甲辰六代樂成帝御崇信殿集百官以觀之十一月辛巳帝親率大軍講武於城東癸未集諸軍都督以上五十人於道會苑大射帝親臨射宮大備軍容十二月癸巳集羣臣及沙門道士等帝升高座辨釋三教先後以儒教爲先道教爲次佛教爲後以大將軍樂川公赫連達爲柱國詔曰尊年尚齒列代弘規序舊酬勞哲王明範朕嗣承弘業君臨萬邦驅此兆庶寘諸仁壽軍民之間年多耆耋眷言衰暮宜有優崇可頒授老職使榮霑邑里戊午聽訟於正武殿自旦及夜繼之以燭

三年春正月壬戌朝羣臣於露門冊柱國齊國公憲衛國公直趙國公招譙國公儉陳國公純越國公盛代國公達滕國公逌並進爵爲王己巳祠太廟庚午突厥遣使獻馬癸酉詔自今已後男年十五女年十三已上爰及鰥寡所在軍民以時嫁娶務從節儉勿爲財幣稽留乙亥親耕籍田丙子初服短衣享二十四軍督將以下試以軍旅之法縱酒盡歡詔以往歲年穀不登民多乏絕令公私道俗凡有貯積粟麥者皆準口聽留以外盡糴二月壬辰朔日有食之丁酉紀國公康畢國公賢酆國公貞宋國公實漢國公贊秦國公贄曹國公允並進爵爲王丙午令六府各舉賢良清正之人癸丑柱國許國公宇文善有罪免乙卯行幸雲陽宮丙辰詔曰民生而靜純懿之性本均感物而遷嗜欲之情斯起雖復雲鳥殊世文質異時莫不限以隄防示之禁令朕君臨萬寓覆養黎元思振頹綱納之軌式比因人有犯與衆棄之所在羣官有懲過者咸聽首露莫不輕重畢陳纖毫無隱斯則風行草偃從化無違導德齊禮庶幾可致但上失其道有自來矣凌夷之弊反本無由宜加蕩滌與民更始可大赦天下庚申皇太后不豫三月辛酉至自雲陽宮癸酉皇太后叱奴氏崩帝居倚廬朝夕共一溢米羣臣表請累旬乃止詔皇太子贇總釐庶政夏四月乙卯齊遣使弔贈會葬丁巳有星孛於東北紫宮垣長七尺五月庚申葬文宣皇后於永固陵帝袒跣至陵所辛酉詔曰齊斬之情經籍彝訓近代沿革遂亡斯禮伏奉遺令既葬便除攀慕几筵情實未忍三年之喪達於天子古今無易之道王者之所常行但時有未諧不得全制軍國務重庶自聽朝縗麻之節苫廬之禮率遵前典以申罔極百寮以下宜依遺令公卿上表固請俯就權制過葬即吉帝不許引古禮答之羣臣乃止於是遂申三年之制五服之內亦令依禮初置太子諫議員四人文學十人皇弟皇子友員各二人學士六人丁卯荆州獻白烏戊辰詔故晉國公護及諸子並追復先封改葬加謚丙子初斷佛道二教經像悉毀罷沙門道士並令還民并禁諸淫祀禮典所不載者盡除之六月丁未集諸軍將教以戰陣之法壬子更鑄五行大布錢以一當十與布泉錢並行戊午詔曰至道弘深混成無際體包空有理極幽玄但岐路既分派源逾遠淳離朴散形氣斯乖遂使三墨八儒朱紫交競九流七畧異說相騰道隱小成其來舊矣不有會歸爭驅靡息今可立通道觀聖哲微言先賢典訓金科玉篆秘賾玄文所以濟養黎元扶成教義者並宜弘闡一以貫之俾夫翫培塿者識嵩岱之崇崛守磧礫者悟渤澥之泓澄不亦可乎秋七月庚申行幸雲陽宮乙酉衛王直在京師舉兵反欲突入肅章門司武尉遲運等拒守直敗率百餘騎遁走京師連雨三旬是日霽戊子至自雲陽宮八月辛卯擒直於荆州免爲庶人乙未詔自建德元年八月以前犯罪未被推糾於後事發失官爵者並聽復舊丙申行幸雲陽宮九月庚申幸同州戊辰以柱國大宗伯周昌公侯莫陳瓊爲秦州總管冬十月丙申御正楊尚希禮部盧愷使於陳戊戌雍州獻蒼烏庚子詔蒲州民遭饑乏絕者令向鄜城以西及荆州管內就食甲寅行幸蒲州乙卯曲赦蒲州見四大辟以下丙辰行幸同州始州民王鞅擁衆反大將軍鄭恪討平之十一月戊午以柱國大司空上庸公陸騰爲涇州總管于闐遣使獻名馬己巳大閱於城東甲戌至自同州十二月戊子大會衛官及軍人以上賜錢帛各有差辛卯月掩太白詔荆襄安延夏五州總管內有能率其從軍者授官各有差其貧下戶給復三年丙申改諸軍軍士並爲侍官丁酉利州上言騶虞見癸卯集諸軍講武於臨皐澤涼州比年地震壞城郭地裂涌泉出

周書卷五考證

武帝紀上楊忠破齊長城至晉陽而還○臣文淳按晉陽之戰通鑑書周師大敗而還本紀與忠傳俱諱不書蓋此書雖令狐德棻等撰次其實本於隋之史官所紀忠乃隋之太祖故爲諱之也

封開府李昞爲唐國公○昞諸本俱作虎臣文淳按通鑑李虎卒於魏大統十七年五月新舊唐書唐太祖本紀太祖父昞封唐國公此唐有天下之號所自起也大約此書原本凡李虎李昞俱稱李諱後人妄改又不深考故此處與下文以大將軍唐國公李昞爲柱國並訛作李虎今改正

遣大將昌城公孫深使於突厥○北史及通鑑俱無孫字按深卽宇文護之子孫字當衍

司賓李際○司賓舊本及北史俱作司宗通鑑作司賓注云蓋周官大行人之職小賓部則小行人之職也從通鑑改

三年〇建德三年陳大建六年也通鑑書六年春正月壬戌朔周齊公憲等七人進爵爲王本紀憲直招儉純盛達逌共八人通鑑又書二月丁酉周紀國公賢等六人進爵爲王本紀康賢貞實贇贊允共七人俱與通鑑不同

周書卷六

唐　令狐德棻等撰

帝紀第六

武帝下

建德四年春正月戊辰以柱國枹罕公辛威爲寧州總管太原公王康爲襄州總管初置營軍器監壬申詔曰今陽和布氣品物資始敬授民時義兼敦勸詩不云乎弗躬弗親庶民弗信刺史守令宜親勸農百司分番躬自率導事非機要並停至秋鰥寡孤獨不能自存者所在量加賑卹逋租懸調兵役殘功並宜蠲免癸酉行幸同州二月丙戌朔日有蝕之辛卯改置宿衞官員己酉柱國廣德公李意有罪免三月丙辰遣小司寇淮南公元衞納言伊婁謙使於齊郡縣各省主簿一人丙寅至自同州甲戌以柱國趙王招爲雍州牧夏四月甲午柱國燕國公于寔有罪免丁酉初令上書者並爲表於皇太子以下稱啓六月詔東南道四總管內自去年以來新附之戶給復三年秋七月丙辰行幸雲陽宮己未禁五行大布錢不得出入關布泉錢聽入而不聽出丁卯至自雲陽宮甲戌陳遣使來聘丙子召大將軍以上於大德殿帝曰太祖神武膺運創造王基兵威所臨有征無戰唯彼僞齊猶懷跋扈雖復戎車屢駕而大勳未集朕以寡昧纂承鴻緒往以政出權宰無所措懷自親覽萬機便圖東討惡衣菲食繕甲治兵數年已來戰備稍足而僞主昏虐恣行無道伐暴除亂斯實其時今欲數道出兵水陸兼進北拒太行之路東扼黎陽之險若攻拔河陰兗豫則馳檄可定然後養銳享士以待其至但得一戰則破之必矣王公以爲何如羣臣咸稱善丁丑詔曰高氏因時放命據有汾漳擅假名器歷年永久朕以亭毒爲心遵養時晦遂敦聘好務息黎元而彼懷惡不悛尋事侵軼背言負信竊邑藏姦往者軍下宜陽釁由彼始兵興汾曲事非我先此獲俘囚禮送相繼彼所拘執曾無一反加以淫刑妄逞毒賦繁興齊魯軫殄悴之哀幽并啓來蘇之望既禍盈惡稔衆叛親離不有一戎何以大定今白藏在辰涼風戒節厲兵詰暴時事惟宜朕當親御六師龔行天罰庶憑祖宗之靈潛資將士之力風馳九有電掃八紘可分命衆軍指期進發以柱國陳王純爲前一軍總管滎陽公司馬消難爲前二軍總管鄭國公達奚震爲前三軍總管越王盛爲後一軍總管周昌公侯莫陳瓊爲後二軍總管趙王招爲後三軍總管齊王憲率衆二萬趣黎陽隋國公楊堅廣寧侯薛迥舟師三萬自渭入河柱國梁國公侯莫陳芮率衆一萬守太行道申國公李穆帥衆三萬守河陽道常山公于翼帥衆二萬出陳汝壬午上親率六軍衆六萬直指河陰八月癸卯入于齊境禁伐樹踐苗稼犯者以軍法從事丁未上親率諸軍攻河陰大城拔之進攻子城未克上有疾九月辛酉夜班師水軍焚舟而退齊王憲及于翼李穆等所在克捷降拔三十餘城皆棄而不守唯以王藥城要害令儀同三司韓正守之正尋以城降齊戊寅至自東伐己卯以華州刺史畢王賢爲荊州總管冬十月戊子初置上柱國上大將軍官改開府儀同三司爲開府儀同大將軍儀同三司爲儀同大將軍又置上開府上儀同官甲午行幸同州閏月齊將尉相貴寇大寧延州總管王慶擊走之以柱國齊王憲蜀國公尉遲迥爲上柱國柱國代王達爲益州總管大司寇滎陽公司馬消難爲梁州總管詔諸畿郡各舉賢良十一月己亥改置司內官員十二月辛亥朔日有食之庚午至自同州丙子陳遣使來聘是歲岐寧二州民饑開倉賑給

五年春正月癸未行幸同州辛卯行幸河東涑川集關中河東諸軍校獵甲午還同州丁酉詔曰朕克己思治而風化未弘永言前古載懷夕惕可分遣大使周省四方察訟聽謠問民卹隱其獄犴無章侵漁黎庶隨事究驗條錄以聞若政績有施治綱克舉及行宜圭蓽道著丘園並須撿審依名騰奏其鰥寡孤獨實可哀矜亦宜賑給務使周贍廢布泉錢戊申初令鑄錢者絞其從者遠配爲民二月辛酉遣皇太子贇巡撫西土仍討吐谷渾戎事節度並宜隨機專決三月庚子月犯東井第一星壬寅至自同州文宣皇后服再期戊申祥夏四月乙卯行幸同州開府清河公宇文神舉攻拔齊陸渾等五城五月壬辰至自同州六月戊申朔日有食之辛亥祠大廟丙辰利州總管紀王康有罪賜死丁巳行幸雲陽宮月掩心後星庚午熒惑入輿鬼秋七月乙未京師旱八月戊申皇太子伐吐谷渾至伏俟城而還乙卯至自雲陽宮乙丑陳遣使來聘九月丁丑大醮於正武殿以祈東伐冬十月帝謂羣臣曰朕去歲屬有疹疾遂不得克平逋寇前入賊境備見敵情觀彼行師殆同兒戲又聞其朝政昏亂政由羣小百姓嗷然朝不謀夕天與不取恐貽後悔若復同往年出軍河外直爲撫背未扼其喉然晉州本高歡所起之地鎭攝要重今往攻之彼必來援吾嚴軍以待擊之必克然後乘破竹之勢鼓行而東足以窮其窟穴混同文軌諸將多不願行帝曰幾者事之微不可失矣若有沮吾軍者朕當以軍法裁之己酉帝總戎東伐以越王盛爲右一軍總管杞國公亮爲右二軍總管隋國公楊堅爲右三軍總管譙王儉爲左一軍總管大將軍竇泰爲左二軍總管廣化公丘崇爲左三軍總管齊王憲陳王純爲前軍庚戌熒惑犯太微上將戊午歲星犯太陵癸亥帝至晉州遣齊王憲率精騎二萬守雀鼠谷陳王純步騎二萬守千里徑鄭國公達奚震步騎一萬守統軍川大將軍韓明步騎五千守齊子嶺焉氏公尹昇步騎五千守鍾鼓鎭涼城公辛韶步騎五千守蒲津關柱國趙王招步騎一萬自華谷攻齊汾州諸城柱國宇文盛步騎一萬守汾水關遣內史王誼監六軍攻晉州城帝屯於汾曲齊王憲攻洪洞永安二城並拔之是夜虹見於晉州城上首向南尾入紫微宮長十餘丈帝每日自汾曲赴城下親督戰城中惶窘庚午齊行臺左丞侯子欽出降壬申齊晉州刺史崔景嵩守城北面夜密遣使送款上開府王軌率衆應之未明登城鼓噪齊衆潰遂克晉州擒其城主特進開府海昌王尉相貴俘甲士八千人送關中甲戌以上開府梁士彥爲晉州刺史加授大將軍留精兵一萬以鎭之又遣諸軍徇齊諸城鎭並相次降款十一月己卯齊主自并州率衆來援帝以其兵新集且避之乃詔諸軍班師遣齊王憲爲後拒是日齊主至晉州憲不與戰引軍度汾齊主遂圍晉州晝夜攻之齊王憲屯諸軍於涑水爲晉州聲援河東地震癸巳至自東伐獻俘於太廟甲午詔曰僞齊違信背約惡稔禍盈是以親總六師問罪汾晉兵威所及莫不摧殄賊衆危惶烏栖自固暨元戎反旆方來聚結遊魂境首尚敢趦趄朕今更率諸軍應機除翦丙申放齊諸城鎭降人還丁酉帝發京師壬寅度河與諸軍合十二月戊申次於晉州初齊攻晉州恐王師卒至於城南穿塹自喬山屬於汾水庚戌帝帥諸軍八萬人置陣東西二十餘里帝乘常御馬從數人巡陣處分所至輒呼主帥姓名以慰勉之將士感見知之恩各思自厲將戰有司請換馬帝曰朕獨乘良馬何所之齊主亦於塹北列陣申後齊人塡塹南引帝大喜勒諸軍擊之齊人便退齊主與其麾下數十騎走還并州齊衆大潰軍資甲仗數百里間委棄山積辛亥帝幸晉州仍率諸軍追齊主諸將固請還師帝曰縱敵患生卿等若疑朕將獨往諸將不敢言甲寅齊主遣其丞相高阿那肱守高壁帝麾軍直進那肱望風退散丙辰師次介休齊將韓建業舉城降以爲上柱國封郇國公丁巳大軍次并州齊主留其從兄安德王延宗守并州自將輕騎走鄴是日詔曰此下缺

人寄喉脣之重棟梁骨鯁翦爲仇讐狐趙緒餘降成阜隸民不見德唯虐是聞朕懷茲漏網置之度外正欲各靜封疆共紓民瘼故也爾之主相曾不是思欲構厲階反貽其梗我之率土咸求倳刃帷幄獻兼弱之謀爪牙奮干戈之勇贏糧坐甲若赴私讐是以一鼓而定晉州再舉而摧逋醜僞丞相高阿那肱驅逼餘燼竊據高壁僞定南王韓建業作守介休規相抗擬聊示兵威應時崩潰那肱則單馬宵遁建業則面縛軍和爾之逃卒所知見也若其懷遠以德則爾難以德綏處隣以義則爾難以義服且天與不取道家所忌攻昧侮亡兵之上術朕今親馭羣雄長驅宇內六軍紓旆萬隊啓行勢與雷電爭威氣逐風雲齊舉王師所次已達近郊望歲之民室家相慶來蘇之后思副厥誠僞主若妙盡人謀深達天命牽羊道左銜璧轅門當惠以焚櫬之恩待以列侯之禮僞將相王公已下衣冠士民之族如有深識事宜建功立効官榮爵賞各有加隆若下愚不移守迷莫改則委之執憲以正刑書嗟爾庶士胡寧自棄或我之將卒逃彼逆朝無問貴賤皆從蕩滌善求多福無貽後悔璽書所至咸使聞知自是齊之將帥降者相繼封其特進開府賀拔伏恩爲郜國公其餘官爵各有差戊午高延宗僭卽僞位改年德昌己未軍次并州庚申延宗擁兵四萬出城抗拒帝率諸軍合戰齊

人退帝乘勝逐北率千餘騎入東門詔諸軍繞城置陣至夜延宗率其衆排陣而前城中軍卻入相蹂踐大爲延宗所敗死傷略盡齊人欲閉門以闔下積尸扉不得闔帝從數騎崎嶇危險僅得出門至明率諸軍更戰大破之擒延宗并州平壬戌詔曰昔天厭水運龍戰于野兩京圮隔四紀于茲朕垂拱巖廊君臨宇縣相邠民於海內混楚弓於天下一物失所有若推溝方欲德綏未服義征不譓僞主高緯放命燕齊怠慢典刑俶擾天紀加以背惠怒鄰棄信忘義朕應天從物伐罪弔民一鼓而蕩平陽再舉而摧勍敵僞署王公相繼道左高緯智窮數屈逃竄草間僞安德王高延宗擾攘之間遂竊名號與僞齊昌王莫多婁敬顯等收合餘燼背城抗敵王威既振魚潰鳥離破竹更難建瓴非易延宗衆散解甲軍門根本既傾枝葉自實幽青海岱折簡而來冀北河南傳檄可定八紘共貫六合同風方當偃伯靈臺休牛桃塞無疆之慶非獨在余漢皇約法除其苛政姬王輕典刑彼新邦思覃惠澤被之率土新舊臣民皆從蕩滌可大赦天下高緯及王公以下若釋然歸順咸許自新諸亡入僞朝亦從寬宥官榮次序依例無失其齊僞制令即宜削除鄒魯縉紳幽并騎士一介可稱並宜銓錄百年去殺雖或難希期月有成庶幾可勉丙寅出齊宮中金銀寶器珠翠麗服及宮女二千人班賜將士以柱國趙王招陳王純越王盛杞國公亮梁國公侯莫陳芮庸國公王謙北平公寇紹鄭國公達奚震並爲上柱國封齊王憲子安城郡公質爲河間王大將軍廣化公丘崇爲潞國公神水公姬願爲原國公廣業公尉遲運爲盧國公諸有功者封授各有差癸酉帝率六軍趣鄴以上柱國陳王純爲并州總管

六年春正月乙亥齊主傳位於其太子恒改年承光自號爲太上皇壬辰帝至鄴齊主先於城外掘塹豎柵癸巳帝率諸軍圍之齊人拒守諸軍奮擊大破之遂平鄴齊主先送其母并妻子於青州及城陷乃率數十騎走青州遣大將軍尉遲勤率二千騎追之是戰也於陣獲其齊昌王莫多婁敬顯帝責之曰汝有死罪者三前從并走鄴攜妾棄母是不孝外爲僞主戮力內實通啟於朕是不忠送欵之後猶持兩端是不信如此用懷不死何待遂斬之是日西方有聲如雷者一甲午帝入鄴城齊任城王湝先在冀州齊主至河遣其侍中斛律孝卿送傳國璽禪位於湝孝卿未達被執送鄴詔去年大赦班宣未及之處皆從赦例封齊開府洛州刺史獨孤永業爲應國公丙申以上柱國越王盛爲相州總管己亥詔曰自晉州大陣至于平鄴身殞戰場者其子即授父本官尉遲勤擒齊主及其太子恒於青州庚子詔曰僞齊之末姦佞擅權濫罰淫刑動持羅網僞右丞相咸陽王故斛律明月僞侍中特進開府故崔季舒等七人或功高獲罪或直言見誅朕兵以義動翦除凶暴表閭封墓事切下車宜追贈諡并窆措其見存子孫各隨蔭敘錄家口田宅沒官者並還之辛丑詔曰僞齊叛渙竊有漳濱世縱淫風事窮彫飾或穿池運石爲山學海或層臺累構槩日凌雲以暴亂之心極奢侈之事有一於此未或弗亡朕菲食薄衣以弘風教追念生民之費尚想力役之勞方當易茲弊俗率歸節儉其東山南園及三臺可並毀撤瓦木諸物凡入用者盡賜下民山園之田各還本主二月丙午論定諸軍功勳置酒於齊太極殿會軍士以上班賜有差丁未齊主至帝降自阼階以賓主之禮相見高湝在冀州擁兵未下遣上柱國齊王憲與柱國隋公楊堅率軍討平之齊定州刺史范陽王高紹義叛入突厥齊諸行臺州鎮悉降關東平合州五十五郡一百六十二縣三百八十五戶三百三十萬二千五百二十八口二千萬六千六百八十六乃於河陽幽青南兗豫徐北朔定並置總管府相并二總管各置宮及六府官癸丑詔曰無侮煢獨事顯前書哀彼矜人惠流往訓僞齊末政昏虐寔繁災甚滔天毒流比屋無罪無辜係虜三軍之手不飲不食僵仆九逵之門朕爲民父母職養黎人念甚泣辜誠深罪己除其苛政事屬改張宜加寬宥兼行賑卹自僞武平三年以來河南諸州之民僞齊被掠爲奴婢者不問官私並宜放免其住在淮南者亦即聽還願往淮北者可隨便安置其有癃殘孤老饑餒絕食不能自存者仰刺史守令及親民長司躬自檢校無親屬者所在給其衣食務使存濟乙卯帝自鄴還京丙辰以柱國隋公楊堅爲定州總管三月壬午詔山東諸州各舉明經幹治者二人若奇才異術卓爾不羣者弗拘多少夏四月乙巳至自東伐列齊主於前其王公等並從車輿旗幟及器物以次陳於其後大駕布六軍備凱樂獻俘於太廟京邑觀者皆稱萬歲戊申封齊主爲溫國公庚戌大會羣臣及諸蕃客於露寢乙卯廢蒲陝涇寧四州總管己巳祠太廟詔曰東夏既平王道初被齊氏弊政餘風未殄朕劬勞萬機念存康濟恐清淨之志未形四海下民疾苦不能上達寢興軫慮用切於懷宜分遣使人巡方撫慰觀風省俗宣揚治道有司明立條科務在弘益五月丁丑以柱國譙王儉爲大冢宰庚辰以上柱國杞國公亮爲大司徒鄭國公達奚震爲大宗伯梁國公侯莫陳芮爲大司馬柱國應國公獨孤永業爲大司寇鄖國公韋孝寬爲大司空辛巳大醮於正武殿以報功也己丑祠方丘詔曰朕欽承丕緒寢興寅畏惡衣菲食貴昭儉約上棟下宇土階茅屋猶恐居之者逸作之者勞詎可廣廈高堂肆其嗜欲往者冢臣專任制度有違正殿別寢事窮壯麗非直雕牆峻宇深戒前王而締構弘敞有踰清廟不軌不物何以示後兼東夏初平民未見德率先海內宜自朕始其露寢會義崇信含仁雲和思齊諸殿等農隙之時悉可毀撤雕斲之物並賜貧民繕造之宜務從卑朴癸巳行幸雲陽宮戊戌詔曰京師宮殿已從撤毀并鄴二所華侈過度誠復作之非我豈容因而弗革諸堂殿壯麗並宜除蕩甍宇雜物分賜窮民三農之隙別漸營構止蔽風雨務在卑狹庚子陳遣使來聘是月青城門無故自崩六月丁未至自雲陽宮辛亥御正武殿錄囚徒癸亥於河州鷄鳴防置旭州甘松防置芳州廣川防置弘州甲子帝東巡丁卯詔曰同姓百世婚姻不通蓋惟重別周道然也而娶妻買妾有納母氏之族雖曰異宗猶爲混雜自今以後悉不得娶母同姓以爲妾其已定未成者即令改聘秋七月己卯封齊王憲第四子廣都公貭爲莒國公紹莒莊公洛生後癸未應州獻芝草丙戌行幸洛州己丑詔山東諸州舉有才者上縣六人中縣五人下縣四人赴行在所共論治政得失戊戌以上柱國庸公王謙爲益州總管八月壬寅議定權衡度量頒於天下其不依新式者悉追停詔曰以刑止刑世輕世重罪不及嗣皆有定科雜役之徒獨異常憲一從罪配百世不免罰既無窮刑何以措道有沿革宜從寬典凡諸雜戶悉放爲民配雜之科因之永削甲子鄭州獻九尾狐皮肉銷盡骨體猶具帝曰瑞應之來必昭有德若使五品時敘四海和平家識孝慈人知禮讓乃能致此今無其時恐非實錄乃命焚之九月壬申以柱國鄧國公竇熾申國公李穆並爲上柱國戊寅初令民庶已上唯聽衣綢綿綢絲布圓綾紗絹綃葛布等九種餘悉停斷朝祭之服不拘此例甲申絳州獻白雀壬辰詔東土諸州儒生明一經已上並舉送州郡以禮發遣癸卯封上大將軍上黃公王軌爲郯國公吐谷渾遣使獻方物冬十月戊申行幸鄴宮戊午改葬德皇帝於冀州帝服緦哭於太極殿百官素服哭是月誅溫國公高緯十一月庚午百濟遣使獻方物壬申封皇子充爲道王兌爲蔡王癸酉陳將吳明徹侵呂梁徐州總管梁士彥出軍與戰不利退守徐州遣上大將軍郯國公王軌率師討之是月稽胡反遣齊王憲率軍討平之詔自永熙三年七月已來去年十月已前東土之民被抄略在化內爲奴婢者及平江陵之後良人沒爲奴婢者並宜放免所在附籍一同民伍若舊主人猶須共居聽留爲部曲及客女詔曰正位於中有聖通典質文相革損益不同五帝則四星之象三王制六宮之數劉曹已降等列彌繁選擇遍於生民命秩方於庶職椒房丹地有衆如雲本由嗜欲之情非關風化之義朕運當澆季思復古始無容廣集子女屯聚宮掖弘贊後庭事從約簡可置妃二人世婦三人御妻三人自茲以外悉宜減省己亥晦日有蝕之初行刑書要制持杖羣彊盜一匹以上不持杖羣彊盜五匹以上監臨主掌自盜二十匹以上小盜及詐僞請官物三十匹以上正長隱五戶及十丁以上隱地三頃以上者至死刑書所不載者自依律科十二月戊午吐谷渾遣使獻方物己未東壽陽土人反率衆五千襲并州城刺史東平公宇文神舉破平之庚申行幸并州宮移并州軍人四萬戶於關中丙寅以柱國滕王逌爲河陽總管丁卯以柱國隋國公楊堅爲南兗州總管上柱國申國公李穆爲并州總管戊辰廢并州宮及六府是月北營州刺史高寶寧據州反

宣政元年春正月癸酉吐谷渾僞趙王他婁屯來降壬午行幸鄴宮分相州廣平郡置洺州清河郡置貝州黎陽郡置黎州汲郡置衛州分定州常山郡置恒州分并州上黨郡置潞州辛卯行幸懷州癸巳幸洛州詔於懷州置宮二月甲辰柱國大冢宰譙王儉薨丁巳帝至自東巡乙丑以上柱國越王盛爲大冢宰陳王純爲雍州牧三月戊辰於蒲州置宮廢同州及長春二宮壬申突厥遣使獻方物甲戌初服常冠以皁紗爲之加簪而不施纓導其制若今之折角巾也上大將軍郯國公王軌破陳師於呂梁擒其將吳明徹等俘斬三萬餘人丁亥詔柱國故豆盧寧征江南武陵南平等郡所有民庶爲人奴婢者悉依江陵放免壬辰改元夏四月壬子初令遭父母喪者聽終制庚申突厥入寇幽州殺掠吏民議將討之五月己丑帝總戎北伐遣柱國原公姬願東平公宇文神舉等率軍五道俱入發關中公私驢馬悉從軍癸巳帝不豫止于雲陽宮丙申詔停諸軍事六月丁酉帝疾甚還京其夜崩於乘輿時年三十六遺詔曰人

肖形天地稟質五常脩短之期莫非命也朕君臨宇縣十有九年未能使百姓安樂刑措罔用所以昧旦求衣分宵忘寢昔魏室將季海內分崩太祖扶危翼傾肇開王業燕趙榛蕪久竊名號朕上述先志下順民心遂與王公將帥共平東夏雖復妖氛蕩定而民勞未康每一念此如臨冰谷將欲包舉六合混同文軌今遘疾大漸氣力稍微有志不申以此歎息天下事重萬機不易王公以下爰及庶僚宜輔導太子副朕遺意令上不負太祖下無失爲臣朕雖瞑目九泉無所復恨朕平生居處每存菲薄非直以訓子孫亦乃本心所好喪事資用須使儉而合禮墓而不墳自古通典隨吉卽葬葬訖公除四方士庶各三日哭妃嬪以下無子者悉放還家謚曰武皇帝廟稱高祖己未葬於孝陵帝沉毅有智謀初以晉公護專權常自晦迹人莫測其深淺及誅護之後始親萬機克己勵精聽覽不怠用法嚴整多所罪殺號令懇惻唯屬意於政羣下畏服莫不肅然性既明察少於恩惠凡布懷立行皆欲踰越古人身衣布袍寢布被無金寶之飾諸宮殿華綺者皆撤毁之改爲土階數尺不施櫨栱其雕文刻鏤錦繡纂組一皆禁斷後宮嬪御不過十餘人勞謙接下自彊不息以海內未康銳情教習至於校兵閱武步行山谷履涉勤苦皆人所不堪平齊之役見軍士有跣行者帝親脫靴以賜之每宴會將士必自執杯勸酒或手付賜物至於征伐之處躬在行陣性又果決能斷大事故能得士卒死力以弱制彊破齊之後遂欲窮兵極武平突厥定江南一二年間必使天下一統此其志也

史臣曰自東西否隔二國爭彊戎馬生郊干戈日用兵連禍結力敵勢均疆埸之事一彼一此高祖纘業未親萬機慮遠謀深以蒙養正及英威電發朝政惟新內難既除外略方始乃苦心焦思克己勵精勞役爲士卒之先居處同匹夫之儉脩富民之政務彊兵之術乘讐人之有釁順大道而推亡五年之間大勳斯集攄祖宗之宿憤拯東夏之阽危盛矣哉其有成功者也若使翌日之瘳無爽經營之志獲申黷武窮兵雖見譏於良史雄圖遠略足方駕於前王者歟

周書卷六考證

武帝紀下隋國公楊堅廣寧侯薛廻舟師三萬自渭入河○廣寧侯薛廻北史作廣寧公侯莫陳廻未知孰是

封皇子克爲道王○通鑑云周立皇子衍爲道王胡三省注云皇子當作皇孫周太子之長子臣文淳按武皇七男道王克字乾仁建德六年封王正與此合又云宣帝三子鄴王衍大象二年封王武帝時無封皇孫爲王之事

周書卷七

唐　令　狐　德　棻　等　撰

帝紀第七

宣帝

宣皇帝諱贇字乾伯高祖長子也母曰李太后武成元年生於同州保定元年五月丙午封魯國公建德元年四月癸巳高祖親告廟冠於阼階立爲皇太子詔皇太子巡撫西土文宣皇后崩高祖諒闇詔太子總朝政五旬而罷高祖每巡幸四方太子常留監國五年二月又詔皇太子巡西土因討土谷渾宣政元年六月丁酉高祖崩戊戌皇太子卽皇帝位尊皇后爲皇太后癸丑歲星熒惑太白合於東井甲子誅上柱國齊王憲封開府于智爲齊國公閏月乙亥詔山東流民新復業者及突厥侵掠家口破亡不能存濟者竝給復一年立妃楊氏爲皇后辛巳以上柱國趙王招爲太師陳王純爲太傅柱國代王達滕王逌盧國公尉遲運薛國公長孫覽竝爲上柱國進封柱國平陽郡公王誼爲揚國公是月幽州人盧昌期據范陽反詔柱國東平公宇文神舉帥衆討平之秋七月辛丑月犯心前星乙巳祠太廟丙午祠圜丘戊申祠方丘庚戌以小宗伯岐國公斛斯徵爲大宗伯丙辰熒惑太白合於七星己未太白犯軒轅大星壬戌以柱國南兖州總管隋公楊堅爲上柱國大司馬癸亥尊所生李氏爲帝太后八月丙寅夕月於西郊長安萬年二縣民居在京城者給復三年壬申行幸同州遣大使巡察諸州詔制九條宣下州郡一曰決獄科罪皆准律文二曰母族絕服外者聽婚三曰以杖決罰悉令依法四曰郡縣當境賊盜不擒獲者竝仰錄奏五曰孝子順孫義夫節婦表其門閭才堪任用者卽宜申薦六曰或昔經驅使名位未達或沉淪蓬蓽文武可施宜竝採訪具以名奏七曰僞齊七品以上已敕收用八品以下爰及流外若欲入仕皆聽預選降二等授官八曰州舉高才博學者爲秀才郡舉經明行修者爲孝廉上州上郡歲一人下州下郡三歲一人九曰年七十以上依式授官鰥寡困乏不能自存者竝加稟恤以大司徒杞國公亮爲安州總管上柱國薛國公長孫覽爲大司徒柱國揚國公王誼爲大司空庚辰太白入太微丙戌以柱國永昌公椿爲大司寇九月丁酉熒惑入太微以柱國宇文盛張掖公王傑枹罕公辛威鄖國公韋孝寬竝爲上柱國庚戌封皇弟元爲荆王詔諸應拜者皆以三拜成禮汾州稽胡帥劉受邏千舉兵反詔上柱國越王盛爲行軍元帥率衆討平之庚申熒惑犯左執法冬十月癸酉至自同州以大司空揚國公王誼爲襄州總管戊子百濟遣使獻方物十一月己亥講武於道會苑帝親擐甲冑是月突厥寇邊圍酒泉殺掠吏民十二月甲子以柱國畢王賢爲大司空癸未熒惑入氐仍留經一月己丑以上柱國河陽總管滕王逌爲行軍元帥率衆伐陳免京師見徒竝令從軍

大象元年春正月癸巳受朝於露門帝服通天冠絳紗袍羣臣皆服漢魏衣冠大赦改元大成初置四輔官以上柱國大冢宰越王盛爲大前疑相州總管蜀國公尉遲迥爲大右弼申國公李穆爲大左輔大司馬隋國公楊堅爲大後丞癸卯封皇子衍爲魯王甲辰東巡狩丙午日有背以柱國常山公于翼爲大司徒辛亥以柱國許國公宇文善爲大宗伯癸丑日又背戊午行幸洛陽立魯王衍爲皇太子二月癸亥詔曰河洛之地世稱朝市上則於天陰陽所會下紀於地職貢路均聖人以萬物阜安乃建王國時經五代世歷千祀規模弘遠邑居壯麗自魏氏失馭城闕爲墟君子有戀舊之風小人深懷土之思我太祖受命酆鎬胥宇崤函蕩定四方有懷光宅高祖神功聖略混一區宇往巡東夏省方觀俗布政此宮遂移氣序朕以眇身祗承寶祚庶幾聿修之志敢忘燕翼之心一昨駐蹕金墉備嘗遊覽百王制度基趾尚存今若因修爲功易立宜命邦事修復舊都奢儉取文質之間功役依子來之義北瞻河內咫尺非遙前詔經營今宜停罷於是發山東諸州兵增一月功爲四十五日役起洛陽宮常役四萬人以迄于晏駕幷移相州六府於洛陽稱東京六府殺柱國徐州總管郯國公王軌停南討諸軍以趙王招女爲千金公主嫁於突厥戊辰以上柱國鄖國公韋孝寬爲徐州總管乙亥行幸鄴丙子初令授總管刺史及行兵者加持節餘悉罷之辛巳詔曰有聖大寶實惟重器玄天表命人事與能幽顯同謀確乎不易域中之大實懸定於杳冥天下爲公蓋不避於內舉我大周感蒼昊之精受河洛之錫武功文德光格區宇創業垂統永光無窮朕以寡薄祗承鴻緒上賴先朝得一之迹下藉羣后不貳之心職貢與雲雨俱通憲章共光華竝亘圓首方足咸登仁壽思隆國本用弘天曆皇太子衍地居上嗣正統所歸遠憑積德之休允叶無疆之祚帝王之量未肅而成天祿之期不謀已至朕今傳位於衍乃眷四海深合謳歌之望俾予一人高蹈風塵之表萬方兆庶知朕意焉可大赦天下改大成元年爲大象元年帝於是自稱天元皇帝所居稱天臺冕有二十四旒室服旗鼓皆以二十四爲節內史御正皆置上大夫皇帝衍稱正陽宮置納言御正諸衞等官皆准天臺尊皇太后爲天元皇太后封內史上大夫鄭譯爲沛國公癸未日初出及將入時其中竝有烏色大如雞卵經四日滅戊子以上柱國大前疑越王盛爲太保大右弼蜀公尉遲迥爲大前疑代王達爲大右弼辛卯詔徙鄴城石經於洛陽又詔曰洛陽舊都今既修復凡是元遷之戶竝聽還洛州此外諸民欲往者亦任其意河陽幽相豫亳青徐七總管受東京六府處分三月壬寅以上柱國薛國公長孫覽爲涇州總管庚申至自東巡大陳軍伍帝親擐甲冑入自青門皇帝衍備法駕從入百官迎於青門外其時驟雨儀衞失容辛酉封趙王招第二子貫爲永康縣王夏四月壬戌朔有司奏言日蝕不視事過時不食乃臨軒立妃朱氏爲天元帝后癸亥以柱國畢王賢爲上柱國己巳祠太廟壬午大醮於正武殿戊子太白歲星辰星合於東井五月辛亥以洺州襄國郡爲趙國以齊州濟南郡爲陳國以豐州武當安富二郡爲越國以潞州上黨郡爲代國以荆州新野郡爲滕國邑各一萬戶令趙王招陳王純越王盛代王達滕王逌竝之國癸丑有流星大如斗出太微落落如遺火是月遣使簡視京兆及諸州士民之女充選後宮突厥寇并州六月丁卯有流星大如雞子出氐西北流長一丈入月中己巳月犯房北頭第二星乙酉有流星大如斗出營室流入東壁是月咸陽有池水變爲血發山東諸州民修長城秋七月庚寅以大司空畢王賢爲雍州牧大後丞隋國公楊堅爲大前疑柱國滎陽公司馬消難爲大後丞壬辰熒惑掩房北頭第一星丙申納大後丞司馬消難女爲正陽宮皇后尊天元帝太后李氏爲天皇太后壬子改天元帝后朱氏爲天

皇后立妃元氏為天右皇后妃陳氏為天左皇后八月庚申行幸同州壬申還宮甲戌以天左皇后父大將軍陳山提天右皇后父開府元晟並為上柱國山提封鄅國公晟封翼國公開府楊雄為邗國公乙弗寔藏國公初高祖作刑書要制用法嚴重及帝卽位以海內初平恐物情未附乃除之至是大醮於正武殿告天而行焉辛巳熒惑犯南斗第五星壬午以上柱國雍州牧畢王賢為太師上柱國郇國公韓建業為大左輔是月所在有蟻羣鬬各方四五尺死者什八九九月己酉太白入南斗乙卯以鄖王貞為大冢宰上柱國鄖國公韋孝寬為行軍元帥率行軍總管杞國公亮郕國公梁士彥以伐陳遣御正杜杲禮部薛舒使於陳冬十月壬戌歲星犯軒轅大星是日帝幸道會苑大醮以高祖武皇帝配醮訖論議於行殿是歲初復佛像及天尊像至是帝與二像俱南面而坐大陳雜戲令京城士民縱觀乙酉熒惑鎭星合於虛是月相州人段德舉謀反伏誅十一月乙未幸溫湯戊戌行幸同州壬寅還宮己酉有星大如斗出張東南流光明燭地丁巳初鑄永通萬國錢以一當十與五行大布並行是月韋孝寬拔壽陽杞國公亮拔黃城梁士彥拔廣陵陳人退走於是江北盡平十二月戊午以災異屢見帝御路寢見百官詔曰穹昊在上聰明自下吉凶由人妖不自作朕以寡德君臨區寓大道未行小信非孚始於秋季及此玄冬幽顯殷勤屢貽深戒至有金入南斗木犯軒轅熒惑干房又與土合流星照夜東南而下然則南斗主於爵祿軒轅為於後宮房曰明堂布政所也火土則憂孽之兆流星乃兵凶之驗豈其官人失序女謁尚行政事乖方憂患將至何其昭著若斯之甚上瞻俯察朕實懼焉將避正寢齋居克念惡衣減膳去飾撤懸披不諱之誠開直言之路欲使刑不濫及賞弗踰等選舉以才宮闈修德宜宣諸內外庶盡弼諧允叶民心用消天譴於是舍仗衛往天興宮百官上表勸復寢膳許之甲子還宮御正武殿集百官及宮人內外命婦大列妓樂又縱胡人乞寒用水澆沃為戲樂乙丑行幸洛陽帝親御驛馬日行三百里四皇后及文武侍衛數百人並乘驛以從仍令四后方駕齊驅或有先後便加譴責人馬頓仆相屬己卯還宮

二年春正月丁亥帝受朝于道會苑癸巳祀太廟乙巳造二扆畫日月之象以置左右戊申雨雪雪止又雨細黃土移時乃息乙卯詔江左諸州新附民給復二十年初稅入市者人一錢二月丁巳帝幸露門學行釋奠之禮戊午突厥遣使獻方物且逆千金公主乙丑改制詔為天制詔敕為天敕壬午尊天元皇太后為天元上皇太后天皇太后李氏曰天元聖皇太后癸未立天元皇后楊氏為天元太皇后天皇后朱氏為天太皇后天右皇后元氏為天右太皇后天左皇后陳氏為天左大皇后正陽宮皇后直稱皇后是日洛陽有禿鶖鳥集於新營太極殿前榮州有黑龍見與赤龍鬬於汴水之側黑龍死三月丁亥賜百官及民大酺詔曰盛德之後是稱不絕功施於民義昭祀典孔子德惟藏往道實生知以大聖之才屬千古之運載弘儒業世敘彝倫至如幽贊天人之理裁成禮樂之務故以作範百王垂風萬葉朕欽承寶曆服膺教義眷言洙泗懷道滋深且褒成啓號雖彰故實旌崇聖績猶有闕如可追封為鄒國公邑數准舊并立後承襲別於京師置廟以時祭享戊子行軍總管杞國公亮舉兵反襲行軍元帥鄖國公韋孝寬於豫州亮不勝孝寬獲而殺之辛卯以永昌公椿為杞國公紹簡公連後行幸同州增候正前驅戒道為三百六十重自應門至於赤岸澤數十里間幡旗相蔽鼓樂俱作又令武賁持鈒馬上稱警蹕以至於同州乙未改同州宮為天成宮庚子至自同州詔天臺侍衛之官皆著五色及紅紫綠衣以雜色為緣名曰品色衣有大事與公服間服之壬寅詔內外命婦皆執笏其拜宗廟及天臺皆俛伏甲辰初置天中大皇后立天左大皇后陳氏為天中大皇后立妃尉遲氏為天左大皇后夏四月乙丑有星大如斗出天廚流入紫宮抵鉤陳乃滅己巳祀太廟己卯詔曰朕以寡薄昧於治方不能使天地休和陰陽調序自春涉夏甘澤未豐旣軫西郊之歎將虧南畝之業與言夕惕無忘鑒寐亦由德化未敷政刑多舛萬方有罪責在朕躬思覃寬惠被之率土見囚死罪並降從流流罪從徒五歲刑已下悉皆原宥其反叛惡逆不道及常赦所不免者不在降例壬午幸中山祈雨至咸陽宮雨降甲申還宮令京城士女於衢巷作音樂以迎候五月己丑以上柱國大前疑隋國公楊堅為揚州總管甲午夜帝備法駕幸天興宮乙未帝不豫還宮詔隋國公堅入侍疾甲辰有星大如三斗出太微端門流入翼聲若風鼓幡旗丁未追趙陳越代滕五王入朝己酉大漸御正下大夫劉昉與內史上大夫鄭譯矯制以隋國公堅受遺輔政是日帝崩於天德殿時年二十二謚曰宣皇帝七月丙申葬定陵帝之在東宮也高祖慮其不堪承嗣遇之甚嚴朝見進止與諸臣無異雖隆寒盛暑亦不得休息性旣嗜酒高祖遂禁醪醴不許至東宮帝每有過輒加捶扑嘗謂之曰古來太子被廢者幾人餘兒豈不堪立耶於是遣東宮官屬錄帝言語動作每月奏聞帝憚高祖威嚴矯情修飾以是過惡遂不外聞嗣位之初方逞其欲大行在殯曾無戚容卽閱視先帝宮人逼為淫亂纔及踰年便恣聲樂采擇天下子女以充後宮好自矜夸飾非拒諫禪位之後彌復驕奢躭酗於後宮或旬日不出公卿近臣請事者皆附奄官奏之所居宮殿帷帳皆飾以金玉珠寶光華炫燿極麗窮奢及營洛陽宮雖未成畢其規模壯麗踰於漢魏遠矣唯自尊崇無所顧憚國典朝儀率情變改後宮位號莫能詳錄每對臣下自稱為天以五色土塗所御天德殿各隨方色又於後宮與皇后等列坐用宗廟禮器罇彝珪瓚之屬以飲食焉又令羣臣朝天臺者皆致齋三日清身一日車旗章服倍於前王之數旣自比上帝不欲令人同已嘗自帶綬及冠通天冠加金附蟬顧見侍臣武弁上有金蟬及王公有綬者並令去之又不聽人有高大之稱諸姓高者改為姜九族稱高祖者為長祖曾祖為次長祖官名凡稱上及大者改為長有天者亦改之又令天下車皆以渾成木為輪禁天下婦人皆不得施粉黛之飾唯宮人得乘有輻車加粉黛焉西陽公溫杞國公亮之子卽帝之從祖兄子也其妻尉遲氏有容色因入朝帝遂飲之以酒逼而淫之亮聞之懼誅乃反纔誅溫卽追尉遲氏入宮初為妃尋立為皇后每召侍臣論議唯欲興造變革未嘗言及治政其後遊戲無恒出入不節羽儀仗衞晨出夜還或幸天興宮或遊道會苑陪侍之官皆不堪命散樂雜戲魚龍爛漫之伎常在目前好令京城少年為婦人服飾入殿歌舞與後宮觀之以為喜樂擯斥近臣多所猜忌又吝於財略無賜與恐羣臣規諫不得行已之志常遣左右密伺察之動止所為莫不鈔錄小有乖違輒加其罪自公卿已下皆被楚撻其間誅戮黜免者不可勝言每笞捶人皆以百二十為度名曰天杖宮人內職亦如之后妃嬪御雖被寵嬖亦多被杖背於是內外恐懼人不自安皆求苟免莫有固志重足累息以逮於終

史臣曰高祖識嗣子之非才顧宗祏之至重滯愛同於晉武則哲異於宋宣但欲威之以檟楚期之於懲肅義方之教豈若是乎卒使昏虐君臨姦回肆毒善無小而必棄惡無大而弗為窮南山之簡未足書其過盡東觀之筆不能記其罪然猶獲全首領及子而亡幸哉

周書卷七考證

宣帝紀癸卯封皇子衍為魯王○衍通鑑作闡 臣文淳按靜帝本紀靜皇帝諱衍後改為闡武帝本紀建德二年書皇孫衍生據通鑑則靜帝諱衍當武帝時已改為闡矣而周書北史俱尚書衍得無訛乎

周書卷八

唐 令狐德棻等 撰

帝紀第八

靜帝

靜皇帝諱衍後改為闡宣帝長子也母曰朱皇后建德二年六月生於東宮大象元年正月癸卯封魯王戊午立為皇太子二月辛巳宣帝於鄴宮傳位授帝居正陽宮二年夏五月乙未宣帝寢疾詔帝入宿於露門學己酉宣帝崩帝入居天臺廢正陽宮大赦天下停洛陽宮作庚戌上天元上皇太后尊號為太皇太后天元聖皇太后李氏為太帝太后天元大皇后楊氏為皇太后天大皇后朱氏為帝太后其天中大皇后陳氏天右大皇后元氏天左大皇后尉遲氏並出俗為尼柱國漢王贊為上柱國右大丞相上柱國揚州總管隋國公楊堅為假黃鉞左大丞相柱國秦王贄為上柱國帝居諒闇百官總己以聽於左大丞相壬子以上柱國鄖國公韋孝寬為相州總管罷入市稅錢六月戊午以柱國許國公宇文善神武公竇毅修武公侯莫陳瓊大安公閻慶並為上柱國趙王招陳王純越王盛代王達滕王逌來朝庚申復行佛道二教舊沙門道士精誠自守者簡令入道辛酉以柱國杞國公椿燕國公于寔郜國公賀拔伏恩並為上柱國甲子相州總管尉遲迥舉兵不受代詔發關中兵卽以孝寬為行軍元帥率軍討之上柱國畢王賢以謀執政被誅以上柱國秦王贄為大冢宰杞國公椿為大司徒己巳詔南定北光衡巴四州民為宇文亮抑為奴婢者並免為民復其本業甲戌有赤氣起西方漸東行遍天庚辰罷諸魚池及山澤公禁者與百姓共之以柱國蔣國公梁睿為益州總管秋七月甲申突厥送齊范陽王高紹義庚寅申州刺史李慧起兵辛卯月掩氐東南星甲午月掩南斗第六星庚子詔趙陳越

代滕五王入朝不趨劒履上殿榮州刺史邵國公宇文胄舉兵遣大將軍清河公楊素討之青州總管尉遲勤舉兵丁未隋公楊堅爲都督內外諸軍事己酉邳州總管司馬消難舉兵以柱國楊國公王誼爲行軍元帥率軍討之壬子歲星與太白合於張有流星大如斗出五車東北流光明燭地越王招越王盛以謀執政被誅癸丑封皇弟衎爲鄴王術爲郢王是月豫州荆州襄州三總管內諸蠻各率種落反焚燒村驛攻亂郡縣八月庚申益州總管王謙舉兵不受代卽以梁睿爲行軍元帥率軍討之丁卯封上柱國枹罕公辛威爲宿國公開府怡昂爲鄀國公庚午韋孝寬破尉遲迥於鄴城迥自殺相州平移相州於安陽其鄴城及邑居皆毀廢之分相州陽平郡置毛州昌黎郡置魏州丙子以漢王贊爲太師上柱國并州總管申國公李穆爲太傅宋王實爲大前疑秦王贄爲大右弼燕國公于寔爲大左輔己卯詔曰朕祇承洪業二載於兹藉祖考之休憑宰輔之力經天緯地四海晏如逆賊尉遲迥才質凡庸志懷姦慝因緣戚屬位冠朝倫屬上天降禍先皇晏駕萬國深鼎湖之痛四海窮遏密之悲獨幸天災欣然放命稱兵擁衆便懷問鼎乃詔六師肅兹九伐而凶徒孔熾充原蔽野諸將肆雷霆之威壯士縱貔貅之勢芟夷縈拂所在如莽直指漳濱擒斬元惡羣醜喪魄咸集鼓下順高秋之氣就上天之誅兩河妖孽一朝清蕩自朝及野喜抃相趨昔上皇之時不言爲治聖人宰物有教而已未戢干戈實深慚德思弘寬簡之政用副億兆之心可大赦天下其共迥元謀執迷不悟及迥子姪逆人司馬消難王謙等不在赦例庚辰司馬消難擁其衆以魯山甑山二鎭奔陳遣大將軍宋安公元景山率衆追擊俘斬五百餘人鄖州平沙州氐帥開府楊永安聚衆應王謙遣大將軍樂寧公達奚儒討之楊素破宇文胄於榮州斬胄於石濟以上柱國神武公竇毅爲大司馬齊國公于智爲大司空廢相青荆金晉梁六州總管九月甲申熒惑與歲星合於翼丙戌廢河陽總管爲鎭隸洛州以小宗伯竟陵公楊慧爲大宗伯壬辰廢皇后司馬氏爲庶人甲午熒惑入太微戊戌以柱國楊國公王誼爲上柱國辛丑分潼州管內新遂普合及瀘州管內瀘戎六州竝隸信州總管府己酉熒惑犯左執法庚戌以柱國常山公于翼化政公宇文忻竝爲上柱國進封翼爲任國公忻爲英國公壬子丞相去左右之號隋公楊堅爲大丞相冬十月甲寅日有蝕之乙酉有流星大如五斗出張南流光明燭地壬戌陳王純以怨執政被誅大丞相隋國公楊堅加大冢宰五府總於天官戊寅梁睿破王謙於劒南追斬之傳首京師益州平十一月甲辰達奚儒破楊永安於沙州沙州平乙巳歲星守太微丁未上柱國鄖國公韋孝寬薨十二月壬子以柱國蔣國公梁睿爲上柱國癸丑熒惑入氐丁巳以柱國邗國公楊雄爲普安公賀蘭謩鄜國公梁士彥上大將軍新安公叱列長文武鄉公崔弘度大將軍中山公宇文恩濮陽公宇文述渭原公和干子任城公王景漁陽公楊銳上開府廣宗公李崇隴西公李詢竝爲上柱國庚申以柱國楚國公豆盧勣爲上柱國癸亥詔曰詩稱不如同姓傳曰異姓爲後蓋明辯親疎皎然不雜太祖受命龍德猶潛籙表革代之文星垂除舊之象三分天下志扶魏室多所改作冀允上玄文武羣官賜姓者衆本殊國邑實乖胙土不歆非類異骨肉而共烝嘗不愛其親在行路而敍昭穆且神徵革姓本爲曆數有歸天命在人推讓終而弗獲故君臨區寓累世於兹不可仍遵謙挹之旨久行權宜之制諸改姓者悉宜復舊甲子大丞相隋國公楊堅進爵爲王以十郡爲國辛未代王達滕王逌竝以謀執政被誅壬申以大將軍長寧公楊勇爲上柱國大司馬小冢宰始平公元孝矩爲大司寇

大定元年春正月壬午詔曰朕以不天夙遭極罰光陰遄速遽及此辰窮慕纏綿言增號絕踰祀革號憲章前典可改大象三年爲大定元年乙酉歲星逆行守右執法熒惑掩房北第一星丙戌詔曰帝王設官惟才是務人臣報國薦賢爲重去歲已來屢有妖寇宰臣英算咸得清蕩逆亂之後兵車始揭遐邇勞役生民未康居官之徒致治者寡斯故上失其道以至於兹亦由下有幽人未展其力今四海寧一八表無塵元輔執鈞垂風揚化若使天下英傑盡升於朝銓衡陟降量才而處垂拱無爲庶幾可至於是遣戎秩上開府以上職事下大夫以上外官刺史以上各舉清平勤幹者三人被舉之人居官三年有功過者所舉之人隨加賞罰以大司馬長寧公楊勇爲洛州總管二月庚申大丞相隋王楊堅爲相國總百揆更封十郡通前二十郡劒履上殿入朝不趨贊拜不名備九錫之禮加璽鉞遠遊冠相國印綠綟綬位在諸王上又加冕十有二旒建天子旌旗出警入蹕乘金根車駕六馬備五時副車置旄頭雲罕樂舞八佾設鍾簴宮懸王后王子爵命之號竝依魏晉故事甲子隋王楊堅稱尊號帝遜于別宮隋氏奉帝爲介國公邑萬戶車服禮樂一如周制上書不爲表荅表不稱詔有其文事竟不行開皇元年五月壬申崩時年九歲隋志也謚曰靜皇帝葬恭陵

史臣曰靜帝越自幼沖紹兹衰緒內相挾孫劉之詐戚藩無齊代之彊隋氏因之遂遷龜鼎雖復岷峨投袂翻成陵奪之威漳滏勤王無救宗周之殞嗚呼以太祖之克隆景業未踰二紀不祀忽諸斯蓋宣帝之餘殃非孺子之罪戾也

周書卷八考證

靜帝紀封皇弟衎爲鄴王術爲郢王○按通鑑周主封其弟衍爲葉王術爲郢王與此互異又按諸王傳宣帝五子朱皇后生靜皇帝王姬生鄴王衎皇甫姬生郢王術是衎爲兄術爲弟今本紀乃以術爲兄衎爲弟而王號亦互異此本紀訛也又衎本紀作衎靜帝初旣名衎則其弟焉得復以衍爲名此諸王傳訛也

周書卷九

唐　令　狐　德　棻　等　撰

列傳第一

皇后

文帝元皇后
文宣叱奴皇后
孝閔帝元皇后
明帝獨孤皇后
武帝阿史那皇后
武帝李皇后
宣帝楊皇后
宣帝朱皇后
宣帝陳皇后
宣帝元皇后
宣帝尉遲皇后
靜帝司馬皇后

書紀有虞之德載釐降二女詩述文王之美稱刑于寡妻是知婚姻之道男女之別實有國有家者之所愼也自三代迄于魏晉興衰之數得失之迹備乎傳記故其詳可得聞焉若婣納以德防閑以禮大義正於宮闈王化行於邦國則坤儀式固而鼎命惟永矣至於邪僻旣進法度莫修冶容迷其主心私謁蠹其朝政則風化夌替而宗社不守矣夫然者豈非皇王之龜鑑與周氏率由姬制內職有序太祖創基修衽席以儉約高祖嗣曆節情欲於矯枉宮闈有貫魚之美戚里無私溺之尤可謂得人君體也宣皇外行其志內逞其欲溪壑難滿采擇無厭恩之所加莫限廝皁榮之所及無隔險詖於是升蘭殿而正位踐椒庭而齊體者非一人焉階房帷而拖青紫承恩倖而擁玉帛者非一族焉雖辛癸之荒淫趙李之傾惑曾未足比其劣鄙也民厭苛政弊事實多太祖之祚忽諸特由於此故敘其事以爲皇后傳云

文帝元皇后魏孝武帝之妹初封平原公主適開府張歡歡性貪殘遇后無禮又嘗毆后侍婢后怒訴之於帝帝乃執歡殺之改封后爲馮翊公主以配太祖生孝閔帝大統七年薨魏恭帝三年十二月合葬成陵孝閔帝踐祚追尊爲王后武成初又追尊爲皇后

文宣叱奴皇后代人也太祖爲丞相納后爲姬生高祖天和元年六月尊爲皇太后建德三年三月癸酉崩四月丁巳葬固陵

孝閔帝元皇后名胡摩魏文帝第五女初封晉安公主帝之爲略陽公也尚焉及踐祚立爲王后帝被廢后出俗爲尼建德初高祖誅晉國公護上帝尊號爲孝閔帝以后爲孝閔皇后居崇義宮隋氏革命后出居里第大業十二年殂

明帝獨孤皇后太保衛國公信之長女帝之在藩也納爲夫人二年正月立爲王后四月崩葬昭陵武成初追崇爲皇后世宗崩與后合葬

武帝阿史那皇后突厥木扞可汗俟斤之女突厥滅茹茹之後盡有塞表之地控弦數十萬志陵中夏太祖方與齊人爭衡結以爲援俟斤初欲以女配帝旣而悔之高祖卽位前後累遣使要結乃許歸后於我保定五年二月詔陳國公純許國公宇文貴神武公竇毅南陽公楊荐等奉備皇后文物及行殿并六宮以下百二十人至俟斤牙帳所迎后俟斤又許齊人以婚將有異志純等在彼累載不得反命雖諭之以信義俟斤不從會大雷風起飄壞其穹廬等旬日不止俟斤大懼以爲天譴乃備禮送后及純等設行殿列羽儀奉之以歸天和三年三月后至高祖行親迎之禮后有姿貌善容止高祖深敬焉宣帝卽位尊爲皇太后大象元年二月改爲天元皇太后二年二月又尊爲天元上皇太后冊曰天元

皇帝臣贇奉璽綬冊謹上天元皇太后尊號曰天元上皇太后伏惟窮神盡智含弘載物道洽萬邦儀刑四海聖慈訓誘恩深明德雖冊徽號未極尊嚴是用增奉鴻名光將常禮俾誠敬有展歡慰在茲福祉無疆億兆斯賴宣帝崩靜帝尊爲太皇太后隋開皇二年殂年三十二隋文帝詔有司備禮冊祔葬於孝陵

武帝李皇后名娥姿楚人也于謹平江陵后家被籍沒至長安太祖以后賜高祖後稍得親幸大象元年二月改爲天元帝太后七月又尊爲天皇太后二年尊爲天元聖皇太后冊曰天元皇帝臣贇奉璽綬冊謹上天皇太后尊號曰天元聖皇太后伏惟月精効祉坤靈表貺瑞肇丹陵慶流華渚雖率由令典夙奉徽號而因心盡敬未極尊名是用思弘稱首上昭聖德敢竭誠敬永綏福履顯揚慈訓貽厥孫謀宣帝崩靜帝尊爲太帝太后隋開皇元年三月出俗爲尼改名常悲八年殂年五十三以尼禮葬于京城南

宣帝楊皇后名麗華隋文帝長女帝在東宮高祖爲帝納后爲皇太子妃宣政元年閏六月立爲皇后帝後自稱天元皇帝號后爲天元皇后尋又立天皇后及左右皇后與后爲四皇后焉二年詔曰帝降二女后德所以儷君天列四星妃象於焉垂耀朕取法上玄稽諸令典爰命四后內正六宮庶弘贊柔德廣修粢盛比殊禮雖降稱謂曷宜其因天之象增錫嘉名於是后與三皇后並加太焉帝遣使持節冊后爲天元太皇后曰咨爾含章載德體順居貞肅恭享祀儀刑邦國是用嘉茲顯號式暢徽音爾其敬踐厥猷寅荅靈命對揚休烈可不愼歟尋又立爲天中太皇后與后爲五皇后后性柔婉不妬忌四皇后及嬪御等咸愛而仰之帝後昏暴滋甚喜怒乖度嘗譴后欲加之罪后進止詳閑辭色不撓帝大怒遂賜后死逼令引訣后母獨孤氏聞之詣閤陳謝叩頭流血然後得免帝崩靜帝尊后爲皇太后居弘聖宮初宣帝不豫詔后父入禁中侍疾及大漸劉昉鄭譯等因矯詔以后父受遺輔政后初雖不預謀然以嗣主幼沖恐權在他族不利於己聞昉譯已行此詔心甚悅之後知其父有異圖意頗不平形於言色及行禪代憤惋逾甚隋文帝既不能譴責內甚愧之開皇六年封后爲樂平公主後又議奪其志后誓不許乃止大業五年從煬帝幸張掖殂於河西年四十九煬帝還京詔有司備禮祔葬后於定陵

宣帝朱皇后名滿月吳人也其家坐事沒入東宮帝之爲太子后被選掌帝衣服帝年少召而幸之遂生靜帝大象元年立爲天元帝后尋改爲天皇后二年又改爲天大皇后冊曰咨爾彌宣四德訓範六宮軒庭列序堯門表慶嘉稱既降盛典宜膺爾其飾性履道無忽禮正永固休祉可不愼歟后本非良家子又年長於帝十餘歲踈賤無寵以靜帝故特尊崇之班亞楊皇后焉宣帝崩靜帝尊爲帝太皇后隋開皇元年出俗爲尼名法淨六年殂年四十以尼禮葬京城

宣帝陳皇后名月儀自云頴川人大將軍山提第八女也大象元年六月以選入宮拜爲德妃月餘立爲天左皇后二年二月改天左大皇后冊曰咨爾儀範柔閑操履凝潔淑問彰於遠近令則冠於宮闈是用申彼寵章加茲徽號爾其復禮問詩披圖顧史永隆嘉命可不愼歟三月又詔曰正內之重風化之基嘉耦之制代多殊典軒嚳繼軌大妃並四虞舜受命厥娶猶三禮非相襲隨時不無朕祗承寶圖載弘徽號自我改作超革先古曰天元居極五帝所以仰崇王者稱尊列后於焉上儷且坤儀比德土數惟五既將恒典宜取斯儀四太皇后外可增置天中大皇后一人天中大皇后爰主粢盛徽音日躋肇建嘉名宜膺顯冊於是以后爲天中大皇后帝崩后出家爲尼改名華光后父山提本高氏之隸仕齊官至特進開府東兗州刺史謝陽王高祖平齊拜大將軍封浙陽郡公大象元年以后父超授上柱國進封鄅國公除大宗伯

宣帝元皇后名樂尚河南洛陽人也開府晟之第二女年十五被選入宮拜爲貴妃大象元年七月立爲天右皇后二年二月改爲天右太皇后冊曰咨爾夤靈美水載德塗山懿淑內融徽音潛暢是用加茲寵數式光踐禮爾其聿修儀範肅膺顯冊祗承休命可不愼歟帝崩后出俗爲尼改名華勝初后與陳后同時被選入宮俱拜爲妃及升后位又同日受冊帝寵遇二后禮數均等年齒復同特相親愛及爲尼後李朱及尉遲后等並相繼殞沒而二后于今尙存后父晟少以元氏宗室拜開府大象末年七月以后父進位上柱國封翼國公

宣帝尉遲皇后名熾繁蜀國公迥之孫女有美色初適杞國公亮子西陽公溫以宗婦例入朝帝逼而幸之及亮謀逆帝誅溫進后入宮拜爲長貴妃大象二年三月立爲天左太皇后冊曰咨爾門膺積善躬表靈貺徽音茂德朕實嘉之是用弘茲盛典申彼寵章爾其克愼厥猷寅荅景命永承休烈可不愼歟帝崩后出俗爲尼改名華首隋開皇十五年殂年三十

靜帝司馬皇后名令姬柱國榮陽公消難之女大象元年二月宣帝傳位於帝七月爲帝納爲皇后冊曰坤道成形厚德於焉載物陰精造運重光所以麗天在昔皇王膺乾御曆內政爲助昭被圖篆惟爾門積慶靈家韜休烈徽音令範無替一時是用命爾作儷皇極爾其克勵婉心肅膺盛典追皇英之逸軌庶任姒之芳塵禕翟有光粢盛無怠雖休勿休以隆嘉祚二年九月隋文帝以后父擁衆奔陳廢后爲庶人後嫁爲隋司州刺史李丹妻于今尙存

史臣曰孔子稱夷狄之有君不如諸夏之亡也是以周納狄后富辰謂之禍階晉升戎女卜人以爲不吉斯固非謬焉自周氏受命逮乎高祖年踰三紀世歷四君業非草昧之辰事殊權宜之日乃弃同卽異以夷亂華捐婚姻之彝序求豺狼之外利既而報者倦矣施者無厭向之所謂和親未幾已成讐敵奇正之道有異於斯于時高祖雖受制於人未親庶政而謀士韞奇直臣鉗口過矣哉歷觀前載以外戚而居宰輔者多矣申呂則曠代無聞呂霍則與時俱盛傾漢室者王族喪周祚者楊氏何滅亡之禍合若符契焉斯魏文所以發一槩之詔也已

周書考九考證

宣帝楊皇后傳尋又立爲天中太皇后○臣文淳按天中太皇后陳月儀也楊后本冊立爲天元太皇后未嘗改冊爲天中太皇后北史立下無爲字於文義爲協

宣帝陳皇后傳改名華光○此句下北史有永徽初終四字諸傳同此獨不載又父山提本高氏之隸北史作本爾朱兆之隸未知孰是

宣帝元皇后傳改爲天右太皇后○天右舊本俱訛作天元

靜帝司馬皇后傳後嫁爲隋司州刺史李丹妻○司州諸本俱訛爲司隸今據北史改正

周書卷十

唐　令　狐　德　棻　等　撰

列傳第二

邵惠公顥 子什肥 導 護 什肥子胄 導子廣 亮 翼 椿 衆

杞簡公連

莒莊公洛生 子菩提

虞國公仲 子興 興子洛

邵惠公顥太祖之長兄也德皇帝娶樂浪王氏是爲德皇后生顥次杞簡公連次莒莊公洛生次太祖顥性至孝德皇后崩哀毀過禮鄉黨咸敬異焉德皇帝與衞可孤戰於武川南河臨陣墜馬顥與數騎奔救擊殺數十人賊衆披靡德皇帝乃得上馬引去俄而賊追騎大至顥遂戰歿保定初追贈太師柱國大將軍大冢宰大都督恒朔等十州諸軍事恒州刺史封邵國公邑萬戶諡曰惠顥三子什肥導護護別有傳

什肥年十五而惠公歿自傷早孤事母以孝聞永安中太祖入關什肥不能離母遂留晉陽及太祖定秦隴什肥爲齊神武所害保定初追贈大將軍小冢宰大都督冀定等州諸軍事冀州刺史襲爵邵國公諡曰景子胄嗣

胄少而孤貧頗有幹略景公之見害也以年幼下蠶室保定初詔以晉公護子會紹景公封天和中與齊通好胄始歸闕中授大將軍開府儀同三司襲爵邵公尋除宗師中大夫進位大將軍出爲原州刺史轉榮州刺史大象末隋文帝輔政胄舉州兵應尉遲迥與清河公楊素戰敗遂走追獲於石濟遂斬之國除胄子乾仁幼好學聰惠魏恭帝二年以襄平江陵之功賜爵江陵縣公保定初紹景公後拜驃騎大將軍開府儀同三司二年除蒲州潼關六防諸軍事蒲州刺史胄至自齊改封譚國公尋進位柱國建德初與護同伏誅三年五月追贈復封舊爵

導字菩薩少雄豪有仁惠太祖愛之初與諸父在葛榮軍中榮敗遷晉陽及太祖隨賀拔岳入關導從而西常從征伐太祖討侯莫陳悅以導爲都督鎮原州及悅敗北走出故塞導率騎追之至牽屯山及悅斬之傳首京師以功封饒陽縣侯邑五百戶拜冠軍將軍加通直散騎常侍魏文帝卽位以定策功進爵爲公增邑五百戶拜使持節散騎常侍車騎大將軍左光祿大夫三年太祖東征導入宿衞拜領軍將軍大都督齊神武渡河侵馮翊太祖自弘農引軍入關導督左右禁旅會於沙苑

與齊神武戰大破之進位儀同三司明年魏文帝東征留導爲華州刺史及趙青雀于伏德慕容思慶等作亂導自華州率所部兵擊之擒伏德斬思慶進屯渭橋會太祖軍事平進爵章武郡公增邑幷前二千戶尋加侍中開府驃騎大將軍太子少保高仲密以北豫降太祖率諸將輔魏皇太子東征復以導爲大都督華東雍二州諸軍事行華州刺史導治兵訓卒得守捍之方及大軍不利東魏軍追至稠桑知關中有備乃退會侯景舉河南來附遣使請援朝議將應之乃徵爲隴右大都督秦南等十五州諸軍事秦州刺史及齊氏稱帝太祖發關中兵討之魏文帝遣齊王廓鎭隴右徵導還朝拜大將軍大都督三雍二華等二十三州諸軍事屯咸陽大軍還乃旋舊鎭導性寬明善於撫御凡所引接人皆盡誠臨事敬愼常若弗及太祖每出征討導恒居守深爲吏民所附朝廷亦以此重之魏恭帝元年十二月薨於上邽年四十四魏帝遣侍中漁陽王纘監護喪事贈本官加尚書令秦州刺史謚曰孝朝議以導撫和西戎威恩顯著欲令世鎭隴右以彰厥德乃葬於上邽城西無𦎧原華戎會葬有萬餘人奠祭於路悲號滿野皆曰我君捨我乎大小相率負土成墳高五十餘尺周廻八十餘步爲官司所止然後泣辭而去其遺愛見思如此天和五年重贈太師柱國豳國公導五子廣亮翼椿衆亮椿並出後於杞

廣字乾歸少方嚴好文學初封永昌郡公孝閔帝踐阼改封天水郡公世宗卽位授驃騎大將軍開府儀同三司出爲秦州刺史武成初進位大將軍遷梁州總管進封蔡國公增邑萬戶保定初入爲小司寇尋以本官鎭蒲州兼知潼關等六防諸軍事三年除秦州總管十三州諸軍事秦州刺史廣性明察善綏撫民庶畏而悅之時晉公護諸子及廣弟杞國公亮等服玩侈靡踰越制度廣獨率由禮則又折節待士朝野以是稱焉嘗侍食於高祖所食瓜美持以奉進高祖悅之四年進位柱國廣以晉公護久擅威權勸令挹損護不能納天和三年除陝州總管以病免及孝公追封豳國公詔廣襲爵初廣母李氏以廣患彌年憂而成疾因此致沒廣旣居喪更加綿篤乃以毀薨世稱母爲廣病廣爲母亡慈孝之道極於一門高祖素服親臨百僚畢集其故吏儀同李充信等上表曰臣聞資孝成忠生民高義旌德樹善有國常規竊惟故豳國公臣廣懿親令望具瞻攸在道冠羣后功懋維城受脤建旆威行秦隴班條驅傳化溢崤函比滕理舛和奉詔還闕藥石所及沉痾漸愈而災釁仍集丁此窮憂至性過人遂增舊疾因茲毀頓以至薨殂尋繹貫切不能自已臣等接事每承餘論仰之平昔約己立身位極上公賦兼千乘所獲祿秩周贍無餘器用服玩取給而已每言及終始尤存簡素非秦政而褒吳禮議石椁而美厚薪今卜兆有期先遠方及誠恐一從朝露此志莫伸伏惟陛下弘不世之慈垂霈然之澤留情旣往降愍幽魂爰敕有司申其宿志窀穸之禮庶存儉約詔曰省充信等表但增哀悼豳國公廣藩屏令望宗室表儀言著身文行成士則方憑懿戚用匡朝政奄丁荼蓼便致毀滅啓手歸全無忘雅操言念旣往震于厥心昔河間才藻追敘於中尉東海謙約見稱於身後可斟酌前典率由舊章使易簀之言得申遺志黜殯之請無虧令終於是贈本官加太保葬於隴西所司一遵詔旨竝存儉約子洽嗣大定中隋文輔政以宗室被害國除

亮字乾德武成初封永昌郡公後襲烈公爵除開府儀同三司梁州總管天和末拜宗師中大夫進位大將軍豳國公薨以亮爲秦州總管廣之所部悉以配焉亮在州甚無政績尋進位柱國晉公護誅後亮心不自安唯縱酒而已高祖手勑讓之建德中高祖東伐以亮爲右第二軍總管幷州平進位上柱國仍從平鄴還大司徒宣帝卽位出爲安州總管大象初詔以亮爲行軍總管與元帥鄖國公韋孝寬等伐陳亮自安陸道攻拔黃城輒破江側民村掠其生口以賜士卒軍還至豫州亮密謂長史杜士峻曰主上淫縱滋甚社稷將危吾旣忝宗枝不忍坐見傾覆今若襲取鄖國公而幷其衆推諸父爲主鼓行而前誰敢不從遂夜將數百騎襲孝寬營會亮國官茹寬知其謀先以馳告孝寬乃設備亮不克遯走孝寬追斬之子明坐亮誅詔以亮弟椿爲烈公後

翼字乾宜武成初封西陽郡公早薨謚曰昭無子以杞國公亮子溫爲嗣後坐亮反誅國除

椿字乾壽初封永昌郡公保定中授開府儀同三司宗師中大夫建德初加大將軍尋除岐州刺史四年關中民饑椿表陳其狀璽書勞慰因令所在開倉賑卹四年高祖東伐椿與齊王憲攻拔武濟等五城五年高祖出晉州椿率衆屯棲雞原宣帝卽位拜大司寇亮誅後詔令紹烈公封尋進位上柱國轉大司徒大定初爲隋文帝所害幷其五子西陽公道宗本仁鄰武子禮獻

衆字乾道保定初封天水郡公少而不惠語默不常人莫能測隋文帝踐極初欲封爲介公後復誅之幷二子仲和孰倫

杞簡公連幼而謹厚臨敵果毅隨德皇帝逼定州軍於唐河遂俱歿保定初追贈使持節太傅柱國大將軍大司徒大都督定冀等十州諸軍事定州刺史封杞國公邑五千戶謚曰簡子光寶爲齊神武所害保定初追贈大將軍小司徒都督幽燕等六州諸軍事幽州刺史襲爵杞國公謚曰烈以章武公導子亮嗣

莒莊公洛生少任俠尚武藝及壯有大度好施愛士北州賢俊皆與之遊而才能多出其下及葛榮破鮮于修禮乃以洛生爲漁陽王仍領德皇帝餘衆時人皆呼爲洛生王洛生善將士帳下多驍勇至於攻戰莫有當其鋒者是以克獲常冠諸軍爾朱榮定山東收諸豪傑遷於晉陽洛生時在虜中榮雅聞其名心憚之尋爲榮所害保定初追贈使持節太保柱國大將軍大冢宰大宗伯大都督幷肆等十州諸軍事幷州刺史封莒國公邑五千戶謚曰莊

子菩提爲齊神武所害保定初追贈大將軍小宗伯大都督肆恒等六州諸軍事肆州刺史襲爵莒國公謚曰穆以晉公護子至爲嗣

至字乾附初封崇業公後襲穆公爵建德初父護誅詔以衛王直子賓爲穆公後三年追復至爵

賓字乾瑞尋坐直誅建德六年更以齊王憲子廣都公貞襲爵貞字乾禎宣帝初被誅國除

虞國公仲德皇帝從父兄也卒于代保定初追贈使持節太傅柱國大將軍大司徒大都督燕平等十州諸軍事燕州刺史封虞國公邑三千戶子興嗣

興生兵亂與仲相失年又沖幼莫知其戚屬遠近與太祖兄弟初不相識齊神武寇沙苑興預在行間軍敗被虜隨例散配諸軍興性弘厚有志度雖流離世故而風範可觀魏恭帝二年舉賢良除本郡丞徙長隰縣令保定二年詔仲子興始附屬籍高祖以興宗戚近屬尊禮之甚厚拜使持節驃騎大將軍開府儀同三司都督封大寧郡公尋除宗師中大夫四年出爲涇州刺史五年又徵拜宗師加大將軍襲爵虞國公天和二年薨高祖親臨慟焉詔大司空申國公李穆監護喪事贈使持節柱國大將軍大都督恒幽等六州諸軍事恒州刺史謚曰靖子洛嗣

洛字永洛九歲命爲虞國公世子天和四年詔襲興爵建德初拜使持節車騎大將軍儀同三司及靜帝崩隋文帝以洛爲介國公爲隋室賓云

史臣曰自古受命之君及守文之主非獨異姓之輔也亦有骨肉之助焉其茂親有魯衞梁楚其疎屬有凡蔣荆燕咸能飛聲騰實不泯於百代之後至若豳孝公之勳烈而加之以善政蔡文公之純孝而飾之以儉約豈異焉足以轥轢於前載矣當隋氏之起乘天威而服海內將相王侯莫不瀝肝膽以効款援符命以頌德冑以葭莩之親據一州而叶義舉可謂忠而能勇功業不遂悲夫亮賓庸才圖非常於巨逆古人稱不度德不量力者其斯之謂歟

周書卷十考證

邵惠公顥子導傳導治兵訓卒得守捍之方○舊本俱作定捍之方依北史改

晉公護子至傳建德初父護誅○北史作後坐父護誅此脫一坐字

周書卷十一

唐　令　狐　德　棻　等　撰

列傳第三

晉蕩公護　叱羅協　馮遷

晉蕩公護字薩保太祖之兄邵惠公顥之少子也幼方正有志度特爲德皇帝所愛異於諸兄年十一惠公薨隨諸父在葛榮軍中榮敗遷晉陽太祖之入關也護以年小不從普泰初自晉陽至平涼時年十七太祖諸子並幼遂委護以家務內外不嚴而肅太祖嘗歎曰此兒志度類我及出臨夏州留護事賀拔岳岳之被害太祖至平涼以護爲都督從征侯莫陳悅破之後以迎魏帝功封水池縣伯邑五百戶大統初加通直散騎常侍征虜將軍以預定樂勳進爵爲公增邑通前一千戶從太祖擒竇泰復弘農破沙苑戰河橋並有功遷鎭東將軍大都督八年進車騎大將軍儀同三司邙山之役護率衆先鋒爲敵人所圍都督侯伏侯龍恩挺身扞禦方得免是時趙貴等軍亦退太祖遂班師護坐免官尋復本位十二年加驃騎大將軍開府儀同三司進封中山公增邑四百戶十五年出鎭河東遷大將軍與于謹征江陵護率輕騎爲先鋒晝夜兼行乃遣裨將攻梁臨邊城

鎮並拔之并擒其候騎進兵徑至江陵城下城中不意兵至惶窘失圖護又遣騎二千斷江津收舟艦以待大軍之至圍而克之以功封子會爲江陵公初襄陽蠻帥向天保等萬有餘落恃險作梗及師還護率軍討平之初行六官拜小司空太祖西巡至牽屯山遇疾馳驛召護護至涇州見太祖而太祖疾已綿篤謂護曰吾形容若此必是不濟諸子幼小寇賊未寧天下之事屬之於汝宜勉力以成吾志護涕泣奉命行至雲陽而太祖崩護祕之至長安乃發喪時嗣子沖弱彊寇在近人情不安護綱紀內外撫循文武於是衆心乃定先是太祖常云我得胡力當時莫曉其旨至是人以護字當之尋拜柱國太祖山陵畢護以天命有歸遣人諷魏帝遂行禪代之事孝閔帝踐阼拜大司馬封晉國公邑一萬戶趙貴獨孤信等謀襲護護因貴入朝遂執之黨與皆伏誅拜大冢宰時司會李植軍司馬孫恒等在太祖之朝允居權要見護執政恐不見容乃密要宮伯乙弗鳳張光洛賀拔提元進等爲腹心說帝曰護誅朝貴以來威權日盛謀臣宿將爭往附之大小政事皆決於護以臣觀之將不守臣節恐其滋蔓願早圖之帝然其言鳳等又曰以先王之聖明猶委植恒以朝政今若左提右挈何向不成且晉公常云我今夾輔陛下欲行周公之事臣聞周公攝政七年然後復子明辟陛下今日豈能七年若此乎深願不疑帝愈信之數將武士於後園講習爲執縛之勢護微知之乃出植爲梁州刺史恒爲潼州刺史欲遏其謀後帝思植等每欲召之護諫曰天下至親不過兄弟若兄弟自搆嫌隙他人何易可親太祖以陛下富於春秋顧命託臣以後事臣既情兼家國寔願竭其股肱若使陛下親覽萬機威加四海臣死之日猶生之年但恐除臣之後姦回得逞其欲非唯不利陛下亦恐社稷危亡臣所以勤勤懇懇干觸天威者但不負太祖之顧託保安國家之鼎祚耳不意陛下不照愚臣款誠忽生疑阻且臣既爲天子兄復爲國家宰輔知更何求而懷冀望伏願陛下有以明臣無惑讒人之口因泣涕久之乃止帝猶猜之鳳等益懼密謀滋甚遂克日將召羣公入醼執護誅之光洛具以其前後謀告護護乃召柱國賀蘭祥小司馬尉遲綱等以鳳謀告之祥等並勸護廢帝時綱總領禁兵護乃遣綱入宮召鳳等議事及出以次執送護第因罷散宿衛兵遣祥逼帝幽於舊邸於是召諸公卿畢集護流涕謂曰先王起自布衣躬親行陣勤勞王業三十餘年寇賊未平奄棄萬國寡人地則猶子親受顧命以略陽公既居正嫡與公等立而奉之革魏興周爲四海主自即位以來荒淫無度昵近羣小疎忌骨肉大臣重將咸欲誅夷若此謀遂行社稷必致傾覆寡人若死將何面目以見先王今日寧負略陽不負社稷爾寧都公年德兼茂仁孝聖慈四海歸心萬方注意今欲廢昏立明公等以爲如何羣臣咸曰此公之家事敢不惟命是聽於是斬鳳等於門外并誅植恒等尋亦弒帝迎世宗於岐州而立之二年拜太師賜輅車冕服封子至爲崇業郡公初改雍州刺史爲牧以護爲之并賜金石之樂武成元年護上表歸政帝許之軍國大事尚委於護帝性聰睿有識量護深憚之有李安者本以鼎俎得寵於護稍被升擢位至膳部下大夫至是護乃密令安因進食於帝加以毒藥帝遂寢疾而崩護立高祖百官總己以聽於護自太祖爲丞相立左右十二軍總屬相府太祖崩後皆受護處分凡所徵發非護書不行護第屯兵禁衛盛於宮闕事無巨細皆先斷後聞保定元年以護爲都督中外諸軍事令五府總於天官或有希護旨云周公德重魯立文王之廟以護功比周公宜用此禮於是詔於同州晉國第立德皇帝別廟使護祭焉三年詔曰大冢宰晉國公智周萬物道濟天下所以克成我帝業安養我蒼生況親則懿昆任當元輔而可同班羣品齊位衆臣自今詔誥及百司文書並不得稱公名以彰殊禮護抗表固讓初太祖創業即與突厥和親謀爲掎角共圖高氏是年乃遣柱國楊忠與突厥東伐破齊長城至并州而還期後年更舉南北相應齊主大懼先是護母閻姬與皇第四姑及諸戚屬並沒在齊皆被幽縶護居宰相之後每遣間使尋求莫知音息至是並許還朝且請和好四年皇姑先至齊主以護既當權重乃留其母以爲後圖仍令人爲閻作書報護曰天地隔塞子母異所三十餘年存亡斷絕肝腸之痛不能自勝想汝悲思之懷復何可處吾自念十九入汝家今已八十矣既逢喪亂備嘗艱阻恒冀汝等長成得見一日安樂何期罪釁深重存殁分離吾凡生汝輩三男三女今日目下不覩一人興言及此悲纏肌骨賴皇齊恩卹差安衰暮又得汝楊氏姑及汝叔母紇干汝嫂劉新婦等同居頗亦自適但爲微有耳疾大語方聞行動飲食幸無多恙今大齊聖德遠被特降鴻慈既許歸吾於汝又聽先致音耗積稔長悲豁然獲展此乃仁侔造化將何報德汝與吾別之時年尚幼小以前家事或不委曲昔在武川鎮生汝兄弟大者屬鼠次者屬兔汝身屬蛇鮮于修禮起日吾之闔家大小先在博陵郡住相將欲向左入城行至唐河之北被定州官軍打敗汝祖及二叔時俱戰亡汝叔母賀拔及兒元寶汝叔母紇干及兒菩提并吾與汝六人同被擒捉入定州城未幾間將吾及汝送與元寶掌賀拔紇干各別分散寶掌見汝云我識其祖翁形狀相似時寶掌營在唐城內經停三日寶掌所掠得男夫婦女可六七十人悉送向京吾時與汝同被送限至定州城南夜宿同鄉人姬庫根家茹茹奴望見鮮于修禮營火語吾云我今走向本軍既至營遂告吾輩在此明旦日出汝叔將兵邀截吾及汝等還得向營汝時年十二共吾並乘馬隨軍可不記此事緣由也於後吾共汝在受陽住時元寶菩提及汝姑兒賀蘭盛洛并汝身四人同學博士姓成爲人嚴惡汝等四人謀欲加害吾共汝叔母等聞之各捉其兒打之唯盛洛無母獨不被打其後尒朱天柱亡歲賀拔阿斗泥在關西遣人迎家累時汝叔亦遣奴來富迎汝及盛洛等汝時著緋綾袍銀裝帶盛洛著紫織成纈通身袍黃綾裏並乘騾同去盛洛小於汝汝等三人並呼吾作阿摩敦如此之事當分明記之耳今又寄汝小時所著錦袍表一領至宜檢看知吾含悲戚多歷年祀屬千載之運逢大齊之德矜老開恩許得相見一聞此言死猶不朽況如今者勢必聚集禽獸草木母子相依吾有何罪與汝分離今復何福還望見汝言此悲喜死而更蘇世間所有求皆可得母子異國何處可求假汝貴極王公富過山海有一老母八十之年飄然千里死亡旦夕不得一朝暫見不得一日同處寒不得汝衣饑不得汝食汝雖窮榮極盛光耀世間汝何用爲於吾何益吾今日之前汝既不得申其供養事往何論今日以後吾之殘命唯繫於汝爾戴天履地中有鬼神勿云冥昧而可欺負汝楊氏姑今雖炎暑猶能先發關河阻遠隔絕多年書依常體慮汝致惑是以每存款質兼亦載吾姓名當識此理不以爲怪護性至孝得書悲不自勝左右莫能仰視報書曰區宇分崩遭遇災禍違離膝下三十五年受形稟氣皆知母子誰同薩保如此不孝宿殃積戾唯應賜鍾豈悟網羅上嬰慈母但立身立行不負一物明神有識宜見哀憐而子爲公侯母爲俘隸熱不見母熱寒不見母寒衣不知有無食不知饑飽泯如天地之外無由暫聞晝夜悲號繼之以血分懷冤酷終此一生死若有知冀奉見於泉下爾不謂齊朝解網惠以德音摩敦四姑並許矜放初聞此旨魂爽飛越號天叩地不能自勝四姑即蒙禮送平安入境以今月十八日於河東拜見遙奉顏色崩動肝腸但離絕多年存亡阻隔相見之始口未忍言唯敘齊朝寬弘每存大德云與摩敦雖處宮禁常蒙優禮今者來鄴恩遇彌隆矜哀聽許摩敦垂敕曲盡悲酷備述家事伏讀未周五情屠割書中所道無事敢忘摩敦年尊又加憂苦常謂寢膳貶損或多遺漏伏奉論述次第分明一則以悲一則以喜當鄉里破敗之日薩保年已十餘歲鄰曲舊事猶自記憶況家門禍難親戚流離奉辭時節先後慈訓刻肌刻骨常纏心腑天長喪亂四海橫流太祖乘時齊朝撫運兩河三輔各值神機原其事跡非相負背太祖升遐未定天保薩保屬當猶子之長親受顧命雖身居重任職當憂責至於歲時稱慶子孫在庭顧視悲摧心情斷絕胡顏履戴負媿神明霈然之恩既以霑洽愛敬之至施及傍人草木有心禽魚感澤況在人倫而不銘戴有家有國信義爲本伏度來期已應有日一得奉見慈顏永畢生願生死肉骨豈過今恩負山戴岳未足勝荷二國分隔理無書信主上以彼朝不絕子母之恩亦賜許奉答不期今日得通家問伏紙嗚咽言不宣心蒙寄薩保別時所留錦袍表年歲雖久宛然猶識抱此悲泣至于拜見事歸忍死知復何心齊朝不即發遣更令與護書要護重報往返再三而母竟不至朝議以其失信令有司移齊曰夫有義則存無信不立山岳猶輕兵食非重故言誓弗違重耳所以享國祝史無媿隨會所以爲盟未有司牧生民君臨有國可以忘義而多食言者也自數屬屯夷時鍾圮隔皇家親戚淪陷三紀仁姑世母望絕生還彼朝以去夏之初德音爰發已送仁姑許歸世母乃稱煩暑指尅來秋謂其信必由衷嘉言無爽今落木戒候氷霜行及方爲世母虛設詭詞未議言歸更徵酬答子女玉帛既非所須保境寧民又云匪報詳觀此意全乖本圖愛人以禮豈爲姑息要子責誠質親求報實傷和氣有悖天經我之周室太祖之天下也焉可捐國顧家殉名虧實不害所養斯曰仁人臥鼓潛鋒孰非深計若令迭爭尺寸兩競錐刀瓦震長平則趙分爲二兵出函谷則韓裂爲三安得猶全謂無損益大冢宰位隆將相情兼家國銜悲茹血分畢冤魂豈意噬指可尋倚門應至徒聞善始卒無令終百辟震驚三軍憤惋不爲孝子當作忠臣去歲北軍深入數俘城下雖曰班師餘功未遂今茲馬首南向更期重入晉人角之我之職矣聞諸道路早已戒嚴非直北拒又將南略儻欲自

送此之願也如或嬰城未能求敵詰朝請見與君周旋爲惠不終祇增深怨愛親無慢垂訓尼父矜䘏窮老貽則周文環玦之義事不由此自應內省豈宜有間移書未送而母至舉朝慶悅大赦天下護與母睽隔多年一旦聚集凡所資奉窮極華盛每四時伏臘高祖率諸親戚行家人之禮稱觴上壽榮貴之極振古未聞是年也突厥復率衆赴期護以齊氏初送國親未欲卽事征討復慮失信蕃夷更生邊患不得已遂請東征九月詔曰神若軒皇尚云三戰聖如姬武且日一戎弧矢之威干戈之用帝王大器誰能去兵太祖丕受天明造我周室日月所照罔不率從高氏乘釁跋扈竊有并冀世濟其惡腥穢彰聞皇天震怒假手突厥驅略汾晉掃地無遺季孟勢窮伯珪日蹙坐待滅亡鑒之愚智故突厥班師仍屯彼境更集諸部傾國齊至星流電擊數道俱進期在仲冬同會并鄴大冢宰晉公朕之懿昆任隆伊呂平一宇宙惟公是屬朕當親執斧鉞廟庭祇受有司宜勒衆軍量程赴集進止遲速委公處分於是徵二十四軍及左右廂散隸及秦隴巴蜀之兵諸蕃國之衆二十萬人十月帝於廟庭授護斧鉞出軍至潼關乃遣柱國尉遲迥率精兵十萬爲前鋒大將軍權景宣率山南之兵出豫州少師楊摽出軹關護連營漸進屯軍弘農迥攻圍洛陽柱國齊公憲鄭國公達奚武等營於邙山護性無戎略且此行也又非其本心故師出雖久無所克獲護本令壍斷河陽之路遏其救兵然後同攻洛陽使其內外隔絕諸將以爲齊兵必不敢出唯斥候而已值連日陰霧齊騎直前圍洛之軍一時潰散唯尉遲迥率數十騎扞敵齊公憲又督邙山諸將拒之乃得全軍而返權景宣攻克豫州尋以洛陽圍解亦引軍退楊摽於軹關戰沒護於是班師以無功與諸將稽首請罪帝弗之責也天和二年護母薨尋有詔起令視事四年護巡歷北邊城鎭至靈州而還五年又詔曰光宅曲阜魯用郊天之樂地處參墟晉有大蒐之禮所以言時計功昭德紀行使持節太師都督中外諸軍事柱國大將軍大冢宰晉國公體道居貞含和誕德地居戚右才表棟隆國步艱難寄深夷險皇綱締構事均休戚故以迹冥殆庶理契如仁今文軌尚隔方隅猶阻典策未備聲名多闕宜賜軒懸之樂六佾之舞護性甚寬和然暗於大體自恃建立之功久當權軸凡所委任皆非其人兼諸子貪殘僚屬縱逸恃護威勢莫不蠹政害民上下相蒙曾無疑慮高祖以其暴慢密與衞王直圖之七年三月十八日護自同州還帝御文安殿見護訖引護入含仁殿朝皇太后先是帝於禁中見護常行家人之禮護謁太后太后必賜之坐帝立侍焉至是護將入帝謂之曰太后春秋既尊頗好飲酒不親朝謁或廢引進喜怒之間時有乖爽比雖犯顏屢諫未蒙垂納兄今既朝拜願更啓請因出懷中酒誥以授護曰以此諫太后護既入如帝所戒讀示太后未訖帝以玉珽自後擊之護踣於地又令宦者何泉以御刀斫之泉惶懼斫不能傷時衞王直先匿於戶內乃出斬之初帝欲圖護王軌宇文神舉宇文孝伯頗豫其謀是日軌等並在外更無知者殺護訖乃召宮伯長孫覽等告之卽令收護子柱國譚國公會大將軍莒國公至崇業公靜正平公乾嘉及乾基乾光乾蔚乾祖乾威等幷柱國侯伏侯龍恩龍恩弟大將軍萬壽大將軍劉勇中外府司錄尹公正袁傑膳部下大夫李安等於殿中殺之齊王憲白帝曰李安出自皁隸所典唯庖廚而已既不預時政未足加戮高祖曰公不知耳世宗之崩安所爲也十九日詔曰君親無將將而必誅太師大冢宰晉公護地寔宗親義兼家國爰初草創同濟艱難遂任總朝權寄深國命不能竭其誠効罄以心力盡事君之節申送往之情朕兄故略陽公英風秀遠神機穎悟地居聖亂禮歸當璧遺訓在耳忍害先加永尋摧割貫切骨髓世宗明皇帝聰明神武（缺二字）藏智護內懷凶悖外託尊崇凡厥臣民誰亡怨憤朕纂承洪基十有三載委政師輔責成宰司護志在無君義違臣節懷茲蠆毒逞彼狼心任情誅暴肆行威福朋黨相扇賄貨公行所好加羽毛所惡生瘡痏朕約已菲躬情存庶政每思施寬惠下輒抑而不行遂使戶口凋殘征賦勞劇家無日給民不聊生且三方未定邊隅尚阻疆埸待戎旗之備武夫資扞城之力侯伏龍恩萬壽劉勇等未効庸勳先居上將高門峻宇甲第彫牆寔繁有徒同惡相濟民不見德唯利是瞻百姓嗷嗷道路以目含生業業相顧鉗口常恐七百之基忽焉顚墜億兆之命一旦阽危上累祖宗之靈下負蒼生之責今肅正典刑護已卽罪其餘凶黨咸亦伏誅氛霧既清遐邇同慶朝政惟新兆民更始可大赦天下改天和七年爲建德元年護世子訓爲蒲州刺史其夜遣柱國越國公盛乘傳往蒲州徵訓赴京師至同州賜死護長史代郡叱羅協司錄弘農馮遷及所親任者皆除名護子昌城公深使突厥遣開府宇文德齎璽書就殺之三年詔復護及諸子先封謚護曰蕩並改葬之

叱羅協本名與高祖諱同後改焉少寒微嘗爲州小吏以恭謹見知恒州刺史楊鈞擢爲從事及魏末六鎭搔擾協客於冀州冀州爲葛榮所圍刺史以協爲統軍委以守禦俄而城陷協沒於榮榮敗事汾州刺史爾朱兆頗被親遇補錄事參軍兆爲天柱大將軍轉司馬兆與齊神武初戰不利還上黨令協在建州督軍糧後使協至洛陽與其諸叔計事謀討齊神武兆等軍敗還并州令協治肆州刺史兆死遂事竇泰泰甚禮之泰爲御史中尉以協爲治書侍御史泰向潼關協爲監軍泰死協亦見獲太祖以其在關歲久授大丞相府東閤祭酒撫軍將軍銀青光祿大夫轉錄事參軍遷主簿加通直散騎常侍攝大行臺郎中累遷相府屬從事中郎協歷仕二京詳練故事又深自克勵太祖頗委任之然猶以其家屬在東疑其有戀本之望及河橋戰不利協隨軍而還太祖知協不貳封冠軍縣男邑二百戶尋加車騎將軍左光祿大夫九年除直閤將軍恒州大中正加都督進爵爲伯增邑八百戶尋遷大都督儀同三司初太祖欲經略漢中令協行南岐州刺史幷節度東益州戎馬事魏廢帝元年卽授南岐州刺史時東益州刺史楊辟邪據州反二年協率所部兵討之軍次涪水會有氐賊一千人斷道破橋協遣儀同仇買等行前擊之賊開路協乃領所部漸進又有氐賊一千人邀協協乃將兵四百人守硤道與賊短兵接戰賊乃退避辟邪棄城走協追斬之羣氐皆伏以功授開府仍爲大將軍尉遲迥長史率兵伐蜀既入劍閣迥令協行潼州事時有五城郡氐酋趙雄傑等扇動新潼始三州民反叛聚結二萬餘人在州南三里隔涪水據楓林山置柵拒守梓潼郡民鄧朏王令公等招誘鄉邑萬餘人復在州東十里涪水北置柵以應之同逼州城城中糧少軍人乏食協撫安內外咸無異心遣儀同伊婁訓大都督司馬裔等將步騎千餘人夜渡涪水擊雄傑一戰破之令公以雄傑敗亦棄柵走還本郡復與鄧朏等更率萬餘人於郡東南隔水置柵斷絕驛路協遣儀同楊長樂與司馬裔等率師討之復遣大都督裴孟嘗領百姓繼進爲其聲勢孟嘗既至梓潼值水漲不得卽渡而王令公鄧朏見孟嘗騎少乃將三千餘人圍之數重孟嘗以衆寡不敵各棄馬短兵接戰從辰至午於陣斬令公及朏等賊徒既失渠帥遂卽散走其徒黨仍據舊柵而孟嘗方得渡水與長樂合卽勒兵攻柵經三日賊乃請降此後數有反叛協輒遣兵討平之魏恭帝三年太祖徵協入朝論蜀中事乃賜姓宇文氏增邑通前一千五百戶晉公護既殺孫恒李植等欲委腹心於司會柳慶司憲令狐整等慶整並辭不堪俱薦協語在慶整傳護遂徵協入朝既至護引與同宿深寄託之協欣然承奉誓以軀命自効護大悅以爲得協之晚卽授軍司馬委以兵事尋轉治御正又授護府長史進爵爲公增邑一千戶常在護側陳說時事多被納用世宗知其材識庸淺每折之數謂之曰汝何知也猶以護所親任難卽屏黜每含容之及世宗崩便授協司會中大夫中外府長史協形貌瘦小舉措褊急既以得志每自矜高朝士有來請事者輒云汝不解吾今教汝及其所言多乖事衷當時莫不笑之保定二年追論平蜀功別封一子縣侯又於蜀中食邑一千戶入其租賦之半晉公護以協竭忠於己每提獎之頻考上中賞以粟帛遷少保轉少傅進位大將軍爵南陽郡公兼營作副監宮室既成以功賜爵洛邑縣公回授一子協既受護重委冀得婚連帝室乃求復舊姓叱羅氏護爲奏請高祖許之又進位柱國護以協年老許其致仕而協貪榮未肯告退護誅協除名建德三年高祖以協宿齒授儀同三司賜爵南陽郡公時與論說舊事是歲卒年七十六子金嗣

馮遷字羽化父漳州從事及遷官達追贈儀同三司陝州刺史遷少修謹有幹能州辟從事魏神䴥中刺史楊鈞引爲中兵參軍事轉定襄令尋爲幷州水曹參軍所歷之職咸以勤恪著稱及魏孝武西遷乃棄官與直閤將軍馮靈豫入關卽從魏孝武復潼關定回洛除給事中後從太祖擒竇泰復弘農戰沙苑皆有功授都督龍驤將軍羽林監封獨顯縣伯邑六百戶及洛陽之戰遷先登陷陣遂中重瘡僅得不死以功加輔國將軍軍師都督進爵爲侯久之出爲廣漢郡守時蜀土初平人情擾動遷政存簡恕夷俗頗安之魏恭帝二年就加車騎將軍大都督通直散騎常侍鎭樊城尋拜漢東郡守孝閔帝踐阼入爲晉公護府掾加車騎大將軍儀同三司進爵臨高縣公尋遷護府司錄進授驃騎大將軍開府儀同三司遷性質直小心畏慎雖居樞要不以勢位加人兼明練時事善於斷決每校閱文簿孜孜不倦從辰逮夕未嘗休止以此甚爲護所委任後以其朝之舊齒欲以衣錦榮之乃授陝州刺史進爵隆山郡公增邑幷前二千戶遷本寒微不爲時輩所重一旦刺舉本州唯以謙恭接待鄉邑人無怨者復入爲司錄轉工部中大夫歷軍司馬遷小司空自天和己後遷以年老委任稍

衰及護誅猶除名建德末卒於家時年七十八子恕位至儀同三司伏夷鎮將平寇縣伯護所委信者又有朔方邊平位至大將軍軍司馬護府司馬護敗亦除名

史臣曰仲尼有言可與適道未可與權夫道者率禮之謂也權者反經之謂也率禮由乎正理易以成佐世之功反經繫乎非常難以定匡時之業故得其人則治伊尹放太甲周旦相孺子是也不得其人則亂新都遷漢鼎晉氏傾魏族是也是以先王明上下之序聖人重君臣之分委質同於股肱受爵均其休戚當其親受顧託位居宰衡雖復承利劍臨沸鼎不足以讋其慮據帝圖君海內不足以回其心若斯人者固以功與山嶽爭其高名與穹壤齊其久矣有周受命之始宇文護寔預艱難及太祖崩殂諸子沖幼羣公懷等夷之志天下有去就之心卒能變魏爲周俾危獲乂者護之力也向使加之以禮讓繼之以忠貞桐宮有悔過之期未央終天年之數則前史所載焉足以道哉然護寡於學術昵近羣小威福在己征伐自出有人臣無君之心爲人主不堪之事忠孝大節也違之而不疑廢弒至逆也行之而無悔終於身首橫分妻孥爲戮不亦宜乎

周書卷十一考證

晉蕩公護傳侯伏侯龍恩萬壽劉勇等○上文云并柱國侯伏侯龍恩此疑脫一侯字

周書卷十二

唐　令狐　德　棻　等　撰

列傳第四

齊煬王憲子貴　貢

齊煬王憲字毗賀突太祖第五子也性通敏有度量雖在童齔而神彩嶷然初封涪城縣公少與高祖俱受詩傳咸綜機要得其指歸太祖嘗賜諸子良馬惟其所擇憲獨取駁馬太祖問之對曰此馬色類既殊或多駿逸若從軍征伐牧圉易分太祖喜曰此兒智識不凡當成重器後從獵隴上經官馬牧太祖每見駁馬輒曰此我兒馬也命左右取以賜之魏恭帝元年進封安城郡公孝閔帝踐阼拜驃騎大將軍開府儀同三司世宗即位授大將軍武成初除益州總管益寧巴瀘等二十四州諸軍事益州刺史進封齊國公邑萬戶初平蜀之後太祖以其形勝之地不欲使宿將居之諸子之中欲有推擇徧問高祖已下誰能此行並未及對而憲先請太祖曰刺史當撫眾治民非爾所及以年授者當歸爾兄憲曰才用有殊不關大小試而無効甘受面欺太祖大悅以憲年尚幼未之遣也世宗追遵先旨故有此授憲時年十六善於撫綏留心政術辭訟輻湊聽受不疲蜀人懷之共立碑頌德尋進位柱國保定中徵還京拜雍州牧及晉公護東伐以尉遲迥爲先鋒圍洛陽憲與達奚武王雄等軍於邙山自餘諸軍各分守險要齊兵數萬奄出軍後諸軍恇駭並各退散唯憲與王雄達奚武率眾拒之而雄爲齊人所斃三軍震懼憲親自督勵眾心乃安時晉公護執政雅相親委賞罰之際皆得預焉天和三年以憲爲大司馬治小冢宰雍州牧如故四年齊將獨孤永業來寇盜殺孔城防主能奔達以城應之詔憲與柱國李穆將兵出宜陽築崇德等五城絕其糧道齊將斛律明月率眾四萬築壘洛南五年憲涉洛邀之明月遁走憲追之及于安業屢戰而還是歲明月又率大眾於汾北築城西至龍門晉公護謂憲曰寇賊充斥戎馬交馳遂使疆埸之間生民委弊豈得坐觀屠滅而不思救之汝謂計將安出曰如憲所見兄宜暫出同州以爲威勢憲請以精兵居前隨機攻取非惟邊境清寧亦當別有克獲護然之六年乃遣憲率眾二萬出自龍門齊將新蔡王王康德以憲兵至潛軍宵遁憲乃西歸仍掘移汾水南堡壁復入於齊齊人謂略不及遠遂弛邊備憲乃渡河攻其伏龍等四城二日盡拔又進攻張壁克之獲其軍實夷其城壘斛律明月時在華谷弗能救也北攻姚襄城陷之時汾州又見圍日久糧援路絕憲遣柱國宇文盛運粟以饋之憲自入兩乳谷襲克齊柏社城進軍姚襄齊人嬰城固守憲使柱國譚公會築石殿城以爲汾州之援齊平原王段孝先蘭陵王高長恭引兵大至憲命將士陣而待之大將軍韓歡爲齊人所乘遂以奔退憲身自督戰齊眾稍卻會日暮乃各收軍及晉公護誅高祖召憲入憲免冠拜謝帝謂之曰天下者太祖之天下吾嗣守鴻基常恐失墜冢宰無君凌上將圖不軌吾所以誅之以安社稷汝親則同氣休戚共之事不相涉何煩致謝乃詔憲往護第收兵符及諸簿書等尋以憲爲大冢宰時高祖既誅宰臣親覽朝政方欲導之以政齊之以刑爰及親親亦爲刻薄憲既爲護所委任自天和之後威勢漸隆護欲有所陳多令憲聞奏其間或有可不憲慮主相嫌隙每曲而暢之高祖亦悉其心故得無患然猶以威名過重終不能平雖遙授冢宰寔奪其權也開府裴文舉憲之侍讀高祖常御內殿引見之謂曰晉公不臣之迹朝野所知朕所以泣而誅者安國家利百姓耳昔魏末不綱太祖匡輔元氏有周受命晉公復執威權積習生常便謂法應須爾豈有三十歲天子而可爲人所制乎且近代以來又有一弊暫經隸屬便即禮若君臣此乃亂代之權宜非經國之治術詩云夙夜匪解以事一人一人者止據天子耳雖陪侍齊公不得即同臣主且太祖十兒寧可悉爲天子卿宜規以正道勸以義方輯睦我君臣協和我骨內無令兄弟自致嫌疑文舉拜謝而出歸以白憲憲指心撫几曰吾之夙心公寧不悉但當盡忠竭節耳知復何言建德二年進爵爲王憲友劉休徵獻王箴一首憲美之休徵後又以此箴上高祖高祖方剪削諸弟甚悅其文憲嘗以兵書繁廣難求指要乃自刊定爲要略五篇至是表陳之高祖覽而稱善其秋高祖幸雲陽宮遂寢疾衛王直於京師舉兵反高祖召憲謂曰衛王構逆汝知之乎憲曰臣初不知今始奉詔直若逆天犯順此則自取滅亡高祖曰汝即爲前軍吾亦續發直尋敗走高祖至京師憲與趙王招俱入拜謝高祖曰管蔡爲戮周公作輔人心不同有如其面但愧兄弟親尋干戈於我爲不足耳初直內深忌憲憲隱而容之且以帝之母弟每加友敬晉公護之誅也直固請及憲高祖曰齊公心迹吾自悉之不得更有所疑也及文宣皇后崩直又密啓云憲飲酒食肉與平日不異高祖曰吾與齊王異生俱非正嫡特爲吾意今袒括是同汝當愧之何論得失汝親太后之子偏荷慈愛今但須自勗無假說人直乃止四年高祖將欲東討獨與內史王誼謀之餘人莫得知也後以諸弟才略無出於憲右遂告之憲即贊成其事及大軍將出憲表上私財以助軍費曰臣聞撫機適運理籍時來兼弱攻昧事資權道伏惟陛下繼明作聖闡業弘風思順天心用恢武略方使長虵外翦宇宙大同軍民內向車書混一竊以龍旗雷動天綱雲布芻粟糧餼或須周給昔邊隅未靜卜式願上家財江海不澄衛茲請獻私粟臣雖不敏敢忘景行謹上金寶等一十六件少助軍資詔不納而以憲表示公卿曰人臣當如此朕貴其心耳寧須物乎乃詔憲率眾二萬爲前軍趣黎陽高祖親圍河陰未克憲攻拔武濟進圍洛口收其東西二城以高祖疾班師是歲初置上柱國官以憲爲之五年大舉東討憲率精騎二萬復爲前鋒守雀鼠谷高祖親圍晉州憲進兵克洪同永安二城更圖進取齊人焚橋守險軍不得進遂屯於永安齊主聞晉州見圍乃將兵十萬自來援之時柱國陳王純頓軍千里徑大將軍永昌公椿屯雞棲原大將軍宇文盛守汾水關並受憲節度憲密謂椿曰兵者詭道去留不定見機而作不得遵常汝今爲營不須張幕可伐柏爲菴示有形勢令兵去之後賊猶致疑也時齊主分軍萬人向千里徑又令其眾出汾水關自率大兵與椿對陣宇文盛馳騎告急憲自以千騎救之齊人望谷中塵起相率遽退盛與柱國侯莫陳芮涉汾逐之多有斬獲俄而椿告齊眾稍逼憲又回軍赴之會椿被勑追還率兵夜返齊人果謂柏菴爲帳幕也不疑軍退翌日始悟時高祖已去晉州留憲爲後拒齊主自率眾來追至於高梁橋憲以精騎二千阻水爲陣齊領軍段暢直進至橋憲隔水招暢與語語畢憲問暢曰若何姓名暢曰領軍段暢也公復爲誰憲曰我虞侯大都督耳暢曰觀公言語不是凡人今日相見何用隱其名位陳王純梁公侯莫陳芮內史王誼等並在憲側暢固問不已憲乃曰我天子太弟齊王也指陳王以下並以名位告之暢鞭馬而去憲即命旋軍而齊人遽追之戈甲甚銳憲與開府宇文忻各統精卒百騎爲殿以拒之斬其驍將賀蘭豹子山褥瓌等百餘人齊眾乃退憲渡汾而及高祖於玉壁高祖又令憲率兵六萬還援晉州憲遂進軍營于涑水齊主攻圍晉州晝夜不息間諜還者或云已陷憲乃遣柱國越王盛大將軍尉遲迥開府宇文神舉等輕騎一萬夜至晉州憲進軍據蒙坑爲其後援知城未陷乃歸涑川尋而高祖東轅次于高顯憲率所部先向晉州明日諸軍總集稍逼城下齊人亦大出兵陣於營南高祖召憲馳往觀之憲返命曰是易與耳請破之而後食帝悅曰如汝所言吾無憂矣憲退內史柳蚪私謂憲曰賊亦不少王安得輕之憲曰憲受委前鋒情兼家國掃此逋寇事等摧枯商周之事公所知也賊兵雖眾其如我何既而諸軍俱進應時大潰其夜齊主遁走憲輕騎追之既及永安高祖續至齊人收其餘眾復據高壁及洛女砦高祖命憲攻洛女破之明日與大軍會於介休時齊主已走鄴留其從兄安德王延宗據并州延宗因僭僞號出

兵拒戰高祖進圍其城憲攻其西面克之延宗遁走追而獲之以功進封第二子安城公質爲河間王拜第三子賓爲大將軍仍詔憲先驅趣鄴明年進克鄴城齊任城王湝廣寧王孝珩等據守信都有衆數萬高祖復詔憲討之仍令齊主手書與湝曰朝廷遇緯甚厚諸王無恙叔若釋甲則無不優待湝不納乃大開賞募多出金帛沙門求爲戰士者亦數千人憲軍過趙州湝令間諜二人覘窺形勢候騎執以白憲憲乃集齊之舊將遍示之又謂之曰吾所爭者大不在汝等今放汝還可卽充我使乃與湝書曰山川有間每深勞佇仲春戒節納履惟宜承始屆兩河仍圖三位二者交戰想無虧德昔魏曆云季海內橫流我太祖撫運乘時大庇黔首皇上嗣膺下武式隆景業與稽山之會總盟津之師雷駭唐郊則野無橫陣雲騰晉水則地靡嚴城襲僞之酋旣奔竄於草澤竊號之長亦委命於旌門德義振於無垠威風被於有截彼朝宿將舊臣戚家戚里俱升榮寵皆縻好爵是使臨漳之下効死爭驅營丘之前奮身畢命此豈唯人事抑亦天時宜訪之道路無俟傍說吾以不武任總元戎受命安邊路指幽冀列邑名藩莫不屈膝宣風導禮皆荷來蘇足下高氏令王英風夙著古今成敗備諸懷抱豈不知一木不維大廈三諫可以逃身哉且殷徵去商侯服周代項伯背楚賜姓漢朝去此弗圖苟狥亡轍家破身殞爲天下笑又足下謀者爲候騎所拘軍中情實具諸執事知以弱卒瑣甲欲抗堂堂之師縈帶汚城冀保區區之命戰非上計無待卜疑守乃下策或未相許已勒諸軍分道並進相望非遠憑軾有期兵交命使古今通典不俟終日所望知幾也憲至信都湝陣於城南憲登張耳冢以望之俄而湝所署領軍尉相願僞出略陣遂以衆降相願湝心腹也衆甚駭懼湝大怒殺其妻子明日復戰遂破之俘斬三萬人擒湝及孝珩等憲謂湝曰任城王何苦至此湝曰下官神武帝子兄弟十五人幸而獨存逢宗社顚覆今日得死無愧墳陵憲壯之命歸其妻子厚加資給又問孝珩孝珩布陳國難辭淚俱下俯仰有節憲亦爲之改容憲素善謀多算略尤長於撫御達於任使擢鋒陷陣爲士卒先羣下感悅咸爲之用齊人夙聞威聲無不憚其勇略及并州之捷長驅敵境芻牧不擾軍無私焉先是稽胡劉沒鐸自稱皇帝又詔憲督趙王招等討平之語在稽胡傳憲自以威名日重潛思屛退及高祖欲親征北蕃乃辭以疾高祖變色曰汝若憚行誰爲吾使憲懼曰臣陪奉鑾輿誠爲本願但身嬰疹疾不堪領兵帝許之尋而高祖崩宣帝嗣位以憲屬尊望重深忌憚之時高祖未葬諸王在內治服司衞長孫覽總兵輔政而諸王有異志奏令開府于智察其動靜及高祖山陵還諸王歸第帝又命智就宅候憲因是告憲有謀帝乃遣小冢宰宇文孝伯謂憲曰三公之位宜屬親賢今欲以叔爲太師九叔爲太傅十一叔爲太保叔以爲何如憲曰臣才輕位重滿盈是懼三師之任非所敢當且太祖勳臣宜膺此舉若專用臣兄弟恐乖物議孝伯反命尋而復來曰詔王晚共諸王俱至殿門憲獨被引進帝先伏壯士於別室至卽執之憲辭色不撓固自陳說帝使于智對憲憲目光如炬與智相質或謂憲曰以王今日事勢何用多言憲曰我位重屬尊一旦至此死生有命寧復圖存但以老母在堂恐留玆恨耳因擲笏於地乃縊之時年三十五以于智爲柱國封齊國公又殺上大將軍安邑公王興上開府獨孤熊開府豆盧紹等皆以昵於憲也帝旣誅憲無以爲辭故託興等與憲結謀遂加其戮時人知其寃酷咸云伴憲死也憲所生母達步干氏茹茹人也建德三年冊爲齊國太妃憲有至性事母以孝聞太妃舊患風熱屢經發動憲衣不解帶扶侍左右憲或東西從役每心驚其母必有疾乃馳使參問果如所慮憲六子貴質賓貢乾禧乾洽

貴字乾福少聰敏涉獵經史尤便騎射始讀孝經便謂人曰讀此一經足爲立身之本天和四年始十歲封安定郡公邑一千五百戶太祖之初爲丞相也始封此郡未嘗假人至是封貴焉年十一從憲獵於鹽州一圍之中手射野馬及鹿十有五頭建德二年冊拜齊國世子四年授車騎大將軍儀同三司尋出爲豳州刺史貴雖出自深宮而留心庶政性聰敏過目輒記嘗道逢二人謂其左右曰此人是縣黨何因輒行左右不識貴便說其姓名莫不嗟伏白獸烽經爲商人所燒烽帥納貨不言其罪他日此帥隨例來參貴乃問云商人燒烽何因私放烽帥愕然遂卽首服其明察如此五年四月卒年十七高祖甚痛惜之

質字乾祐初封安城公後以憲勳進封河間郡王賓字乾禮大將軍中垻公貢出後莒莊公乾禧安城公乾洽龍涸公並與憲俱被誅

史臣曰自兩漢逮乎魏晉其帝弟帝子衆矣唯楚元河間東平陳思之徒以文儒播美任城琅邪以武功馳譽何則體自尊極長於宮闈佚樂侈其心驕貴蕩其志故使奇才高行終鮮於天下之士焉齊王奇姿傑出獨牢籠於前載以介弟之地居上將之重智勇冠世攻戰如神敵國繫以存亡鼎命由其輕重比之異姓則方召韓白何以加玆挾震主之威屬道消之日斯人而嬰斯戮君子是以知周祚之不永也昔張耳陳餘賓客廝役所居皆取卿相而齊之文武僚吏其後亦多至台牧異世同符可謂賢矣

周書卷十二考證

齊煬王憲傳雖陪侍齊公○北史云爾雖陪侍齊公此似脫一爾字

時年三十五○北史云時年四十

周書卷十三

唐　令　狐　德　棻　等　撰

列傳第五

文閔明武宣諸子

文帝十三子姚夫人生世宗後宮生宋獻公震文元皇后生孝閔皇帝文宣皇后叱奴氏生高祖衞刺王直達步干妃生齊王憲王姬生趙僭王招後宮生譙孝王儉陳惑王純越野王盛代奰王達冀康公通滕聞王逌齊煬王別有傳

宋獻公震字彌俄突幼而敏達年十歲誦孝經論語毛詩後與世宗俱受禮記尚書於盧誕大統十六年封武邑公二千戶尚魏文帝女其年薨保定元年追贈使持節柱國大將軍少師大司馬大都督青徐等十州諸軍事青州刺史進封宋國公增邑幷前一萬戶無子以世宗第三子寔爲嗣寔字乾辯建德三年進爵爲王大象中爲大前疑尋爲隋文帝所害國除

衞刺王直字豆羅突魏恭帝三年封秦郡公邑一千戶武成初出鎭蒲州拜大將軍進衞國公邑萬戶保定初爲雍州牧尋進位柱國轉大司空出爲梁州總管天和中陳湘州刺史華皎舉州來附詔直督綏德公陸通大將軍田弘權景宣元定等兵赴援與陳將淳于量吳明徹等戰於沌口直軍不利元定遂投江南直坐免官直高祖母弟性浮詭貪狠無賴以晉公護執政遂貳於帝而昵護及沌口還慍於免黜又請帝除之冀得其位帝夙有誅護之意遂與直謀之及護誅帝乃以齊王憲爲大冢宰直旣乖本望又請爲大司馬意欲總知戎馬得擅威權帝揣知其意謂之曰汝兄弟長幼有序寧可反居下列也乃以直爲大司徒建德三年進爵爲王初高祖以直第爲東宮更使直自擇所居直歷觀府署無稱意者至廢陟屺佛寺欲居之齊王憲謂直曰弟兒女成長理須寬博此寺褊小詎是所宜直曰一身尚不自容何論兒女憲怪而疑之直嘗從帝校獵而亂行帝怒對衆撻之自是憤怨滋甚及帝幸雲陽宮直在京師舉兵反攻肅章門司武尉遲運閉門拒守直不得入語在運傳直遂遁走追至荆州獲之免爲庶人囚於別宮尋而更有異志遂誅之及其子賀貢塞響賈祕津乾理乾璪乾悰等十人國除

趙僭王招字豆盧突幼聰穎博涉羣書好屬文學庾信體詞多輕豔魏恭帝三年封正平郡公邑一千戶武成初進封趙國公邑萬戶保定中拜爲柱國出爲益州總管建德元年授大司空轉大司馬三年進爵爲王除雍州牧四年大軍東討招爲後三軍總管五年又從高祖東伐率步騎一萬出華谷攻齊汾州及幷州平進位上柱國東夏底定又爲行軍總管與齊王討稽胡招擒賊帥劉沒鐸斬之胡寇平宣政中拜太師大象元年五月詔以洺州襄國郡邑萬戶爲趙招出就國二年宣帝不豫徵招及陳越代滕五王赴闕比招等至而帝已崩隋文帝輔政加招等殊禮入朝不趨劍履上殿隋文帝將遷周鼎招密欲圖之以匡社稷乃邀隋文帝至第飮於寢室招子員貫及妃弟魯封所親人史胄皆先在左右佩刀而立又藏兵刃於帷席之間後院亦伏壯士隋文帝從者多在閤外唯楊弘元胄胄弟威及陶徹坐於戶側招屢以佩刀割瓜啖隋文帝隋文帝未之疑也元胄覺變扣刀而入招乃以大觴親飮胄酒又命胄向廚中取漿胄不爲之動滕王逌後至隋文帝降階迎之元胄因得耳語曰形勢大異公宜速出隋文帝共逌等就坐須臾辭出後事覺陷以謀反其年秋誅招及其子德廣公員永康公貫越攜公乾銑弟乾鈴乾鏗等國除招所著文集十卷行於世

譙孝王儉字侯幼突武成初封譙國公邑萬戶天和中

拜大將軍尋遷柱國出爲益州總管建德三年進爵爲王五年東伐以本官爲左一軍總管攻永固城拔之進平幷鄴拜大冢宰是歲稽胡反詔儉爲行軍總管與齊王憲討之有胡帥自號天柱者據守河東儉攻破之斬首三千級宣政元年二月薨子乾惲嗣大定中爲隋文帝所害國除

陳惑王純字堙智突武成初封陳國公邑萬戶保定中除岐州刺史加開府儀同三司使於突厥迎皇后拜大將軍尋進位柱國出爲秦州總管轉陝州總管督鴈門公田弘拔齊宜陽等九城建德三年進爵爲王四年大軍東伐純爲前一軍總管以帝寢疾班師五年大軍復東討詔純爲前一軍率步軍二萬守千里徑幷州平進位上柱國卽拜幷州總管宣政中除雍州牧遷太傅大象元年五月以濟南郡邑萬戶爲陳純出就國二年朝京師時隋文帝專政翦落宗枝遂害純幷世子謙及弟扈公讓讓弟議等國除

越野王盛字立久突武成初封越國公邑萬戶天和中進爵爲王四年大軍伐齊盛爲後一軍總管五年大軍又東討盛率所領拔齊高顯等數城幷州平進位上柱國從平鄴拜相州總管宣政元年入爲大冢宰汾州稽胡帥劉受邏千反詔盛率諸軍討平之大象元年遷大前疑轉太保其年詔以豐州武當安富二郡邑萬戶爲越盛出就國二年朝京師其秋爲隋文帝所害幷其子忱悰恢慣忻等五人國除

代奰王達字度斤突性果決善騎射武成初封代國公邑萬戶天和元年拜大將軍右宮伯拜左宗衞建德初進位柱國出爲荊淮等十四州十防諸軍事荊州刺史在州有政績高祖手勑褒美之所管澧州刺史蔡澤黷貨被訟贓狀分明以其世著勳庸不可加戮若曲法貸之又非奉上之體乃令所司精加按劾密表奏之事竟得釋終亦不言其處事周愼如此達雅好節儉食無兼膳侍姬不過數人皆衣綈衣又不營資產國無儲積左右嘗以爲言達從容應之曰君子憂道不憂貧何煩於此三年進爵爲王出爲益州總管高祖東伐以爲右一軍總管齊淑妃馮氏尤爲齊後主所幸齊平見獲帝以達不邇聲色特以馮氏賜之宣帝卽位進位上柱國大象元年拜大右弼其年詔以潞州上黨郡邑萬戶爲代達出就國二年朝京其年冬爲隋文帝所害及其世子執弟蕃國公轉等國除

冀康公通字屈率突武成初封冀國公邑萬戶天和六年十月薨子絢嗣建德三年進爵爲王大象中爲隋文帝所害國除

滕聞王逌字爾固突少好經史解屬文武成初封滕國公邑萬戶天和末拜大將軍建德初進位柱國三年進爵爲王六年爲行軍總管與齊王憲征稽胡逌破其渠帥穆友等斬首八千級還除河陽總管宣政元年進位上柱國其年伐陳詔逌爲元帥節度諸軍事大象元年五月詔以荊州新野郡邑萬戶爲滕逌出就國二年朝京其年冬爲隋文帝所害幷子懷德公祐祐弟箕國公裕弟禮禧等國除逌所著文章頗行於世

孝閔帝一男陸夫人生紀厲王康

紀厲王康字乾定保定初封紀國公邑萬戶建德三年進爵爲王仍出爲總管利始等五州大小劍二防諸軍事利州刺史康驕矜無軌度信任僚佐盧奕等遂繕脩戎器陰有異謀司錄裴融諫止之康不聽乃殺融五年詔賜康死子湜嗣大定中爲隋文帝所害國除

明帝三男徐妃生畢剌王賢後宮生酆王貞宋王寔

畢剌王賢字乾陽保定四年封畢國公建德三年進爵爲王出爲華州刺史遷荊州總管進位柱國宣政中入爲大司空大象初進位上柱國雍州牧太師明年宣帝崩賢性强濟有威略慮隋文帝傾覆宗社言頗泄漏尋爲所害幷其子弘義恭道樹孃等國除

酆王貞字乾雅初封酆國公建德三年進爵爲王大象初爲大冢宰後爲隋文帝所害幷子濟陰郡公德文國除

武帝生七男李皇后生宣帝漢王贊庫汗姬生秦王贄曹王允馮姬生道王充薛世婦生蔡王兌鄭姬生荊王元

漢王贊字乾依初封漢國公建德三年進爵爲王仍柱國大象末隋文帝輔政欲順物情乃進上柱國右大丞相外示尊崇寔無綜理及諸方略定又轉太師尋爲隋文帝所害幷其子淮陽公道德弟道智道義等國除

秦王贄字乾信初封秦國公建德三年進爵爲王上柱國大冢宰大右弼尋爲隋文帝所害幷其子忠誠公靖智弟靖仁等國除

曹王允字乾仕初封曹國公建德三年進爵爲王

道王充字乾仁建德六年封王

蔡王兌字乾俊建德六年封王

荊王元字乾儀宣政元年封王元及兌充允等竝爲隨文帝所害國除

宣帝三子朱皇后生靜皇帝王姬生鄴王衍皇甫姬生郢王術

鄴王衍大象二年封王

郢王術大象二年封王與衍竝爲隋文帝所害國除

史臣曰昔賢之議者咸云以周建五等歷載八百秦立郡縣二世而亡雖得失之迹可尋是非之理互起而因循莫變復古未聞良由著論者溺於貴達司契者難於易業詳求適變之道未窮於至當也嘗試論之夫皇王迭興爲國之道匪一賢聖間出立德之指殊塗斯豈故爲相反哉亦云治而已矣何則五等之制行於商周之前郡縣之設始於秦漢之後論時則澆淳理隔易地則用捨或殊譬猶干戈日用難以成垓下之業稷嗣所述不可施成周之朝是知因時制宜者爲政之上務也觀民立教者經國之長策也且夫列封疆建侯伯擇賢能置牧守循名雖曰異軌責實抑亦同歸盛則與之共安衰則與之共患共安繫乎善惡非禮義無以敦風共患寄以存亡非甲兵不能靖亂是以齊晉帥禮鼎業傾而復振溫陶釋位王綱弛而更張然則周之列國非一姓也晉之羣臣非一族也豈齊晉强於列國溫陶賢於羣臣者哉蓋勢重者易以立功權輕者難以盡節故也由此言之建侯置守乃古今之異術兵權勢位蓋安危之所階乎太祖之定關右日不暇給旣以人臣禮終未遑藩屏之事晉蕩輔政爰樹其黨宗室長幼竝據勢位握兵權雖海內謝隆平之風而國家有盤石之固矣高祖克翦芒刺思弘政術懲專朝之爲患忘維城之遠圖外崇寵位內結猜阻自是配天之基潛有朽壤之墟矣宣皇嗣位凶暴是聞芟刈先其本枝削黜遍於公族雖復地惟叔父親則同生文能附衆武能威敵莫不謝卿士於當年從侯服於下國號爲千乘勢侔匹夫是以權臣乘其機謀士因其隙遷龜鼎速於俯拾殲王侯烈於燎原悠悠邃古未聞斯酷豈非摧枯振朽易爲力乎向使宣皇采姬劉之制覽聖哲之術分命賢戚布於內外料其輕重間以親疏首尾相持遠近爲用使其勢位也足以扶危其權力也不能爲亂事業旣定僥倖自息雖使臥赤子朝委裘社稷固以久安億兆可以無患矣何后族之地而勢能窺其神器哉

周書卷十三考證

趙僭王招傳越携公乾銑○北史無携字

紀厲王康傳康字乾定○北史作乾安

宋王寔○各本皆注寔傳缺臣文淳按宋獻公震傳云無子以世宗第三子寔爲嗣寔字乾辨是寔傳已附於前矣

宣帝三子傳王姬生鄴王衍○此與下文鄴王衍大象二年封王二衍字據本紀皆當作術

史臣論咸云以周建五等○北史無云字

何后族之地而勢能窺其神器哉○北史無勢字

周書卷十四

唐令狐德棻等撰

列傳第六

賀拔勝弟岳 兄允

念賢

賀拔勝字破胡神武尖山人也其先與魏氏同出陰山有如回者魏初爲大莫弗祖爾頭驍勇絕倫以良家子鎭武川因家焉獻文時茹茹數爲寇北邊患之爾頭將遊騎深入覘候前後以八十數悉知虜之倚伏後雖有寇至不能爲害以功賜爵龍城侯父度拔性果毅爲武川軍主魏正光末沃野鎭人破六汗拔陵反南侵城邑懷朔鎭將楊鈞聞度拔名召補統軍配以一旅其賊僞署王衞可孤徒黨尤盛旣圍武川又攻懷朔勝少有志操善騎射北邊莫不推其膽略時亦爲軍主從度拔鎭守旣圍經年而外援不至勝乃慷慨白楊鈞曰城圍逼迫事等倒懸請告急於大軍乞師爲援鈞許之乃募勇敢少年十餘騎夜伺隙潰圍而出賊追及之勝曰我賀拔破胡也賊不敢逼至朔州白臨淮王元彧曰懷朔被圍旦夕淪陷士女延首企望官軍大王帝室藩維與國休戚受任征討理宜唯敵是求今乃頓兵不進猶豫不決懷朔若陷則武川隨亦危矣逆賊因茲銳氣百倍雖有韓白之勇良平之謀亦不能爲大王用也彧以勝辭義懇至許以出師還令報命勝復突圍而入賊追之射殺數人至城下大呼曰賀拔破胡與官軍至矣城中乃開門納之鈞復遣勝出覘武川而武川已陷勝乃馳還懷朔亦潰勝父子遂爲賊所虜後隨度拔與德皇帝合謀率州里豪傑輿珍念賢乙弗庫根尉遲眞檀等招集義勇襲殺可孤朝廷嘉之未及封賞會度拔與鐵勒戰沒孝昌中追贈安遠將軍肆州刺史初度拔殺可孤之後令勝馳告朔州未反而度拔已卒刺史費穆奇勝才

略厚禮留之遂委其事常爲遊騎于時廣陽王元深在五原爲破六汗賊所圍晝夜攻戰召勝爲軍主勝乃率募二百人開東城門出戰斬首百餘級賊遂退軍數十里廣陽以賊稍却因拔軍向朔州勝常爲殿以功拜統軍加伏波將軍又隸僕射元纂鎭恒州時有鮮于阿胡擁朔州流民南下爲寇恒州城中人乃潛與謀以城應之勝與兄允弟岳相失南投肆州允岳投爾朱榮榮與肆州刺史尉慶賓搆隙引兵攻肆州肆州陷榮得勝大悅曰吾得卿兄弟天下不足平也勝委質事榮時杜洛周阻兵幽定葛榮據有冀瀛榮謂勝曰井陘險要我之東門意欲屈君鎭之未知君意如何勝曰少逢兵亂險阻備嘗每思効力以報已知今蒙驅使實所願也榮乃表勝爲鎭遠將軍別將領步騎五千鎭井陘孝昌末從榮入洛以定策立孝莊帝功封易陽縣伯邑四百戶累遷直閤將軍通直散騎常侍平南將軍光祿大夫撫軍將軍從太宰元穆北征葛榮爲前鋒大都督戰於滏口大破之虜獲數千人時洛周餘燼韓婁在薊城結聚爲遠近之害復以勝爲大都督鎭中山婁素聞勝威名竟不敢南寇元顥入洛陽孝莊帝出居河內榮徵勝爲前軍大都督領千騎與爾朱兆自硤石度大破顥軍擒其子領軍將軍冠受及梁將陳思保等遂前驅入洛拜武衞將軍金紫光祿大夫增邑六百戶進爵眞定縣公遷武衞將軍加散騎常侍及榮被誅事起倉卒勝復隨世隆至于河橋勝以爲臣無讐君之義遂勒所部還都謁帝大悅以本官假驃騎大將軍東征都督率騎一千會鄭先護討爾朱仲遠爲先護所疑置之營外人馬未得休息俄而仲遠兵至與戰不利乃降之復與爾朱氏同謀立節閔帝以功拜右衞將軍進車騎大將軍儀同三司左光祿大夫齊神武懷貳爾朱氏將討之度律自洛陽引兵兆起幷州仲遠從滑臺三師會於鄴東時勝從度律度律與兆不平勝以臨敵搆嫌取敗之道乃與斛斯椿詣兆營和解之反爲兆所執度律大懼遂引軍還兆將斬勝數之曰爾殺可孤罪一也天柱薨後復不與世隆等俱來而東征仲遠罪二也我欲殺爾久矣今復何言勝曰可孤作逆爲國巨患勝父子誅之其功不小反以爲罪天下未聞天柱被戮以君誅臣勝寧負朝廷今日之事生死在王但去賊密邇骨肉搆隙自古迄今未有不破亡者勝不憚死恐王失策兆乃捨之勝既得免行百餘里方追及度律軍齊神武既克相州兵威漸盛於是爾朱兆及天光仲遠度律等衆十餘萬陣於韓陵兆率鐵騎陷陣出齊神武之後將乘其背而擊之度律惡兆之驕悍懼其陵已勒兵不肯進勝以其攜貳遂率麾下降于齊神武度律軍以此先退遂大敗太昌初以勝爲領軍將軍尋除侍中孝武帝將圖齊神武以勝弟岳擁衆關西欲廣其勢援乃拜勝爲都督三荆二郢南襄南雍七州諸軍事進位驃騎大將軍開府儀同三司荆州刺史加授南道大行臺尚書左僕射勝攻梁下溠戍擒其戍主尹道珍等又使人誘動蠻王文道期率其種落歸款梁雍州刺史蕭續擊道期不利漢南大駭勝遣大都督獨孤信軍司史寧攻歐陽酇城南雍州刺史長孫亮南荆州刺史李魔憐大都督王元軌取久山白洎都督拔略昶史仵龍取義城均口擒梁將莊思延獲甲卒數千人攻馮翊安定沔陽並平之勝軍於樊鄧之間梁武勅續曰賀拔勝北間驍將爾宜愼之續遂城守不敢出尋進位中書令增邑二千戶進爵琅邪郡公續遣柳仲禮守穀城勝攻之未拔屬齊神武與帝有隙詔勝引兵赴洛至廣州猶豫未進而帝已西遷勝還軍南陽遣右丞楊休之奉表入關又令府長史元穎行州事勝自率所部將西赴關中進至淅陽詔封勝太保錄尚書事時齊神武已陷潼關屯軍華陰勝乃還荆州州民鄧誕執元穎北引侯景勝至景逆擊之勝軍不利率麾下數百騎南奔梁在江表三年梁武帝遇之甚厚勝常乞師北討齊神武既不果乃求還梁武帝許之親餞於南苑勝自是之後每行執弓矢見鳥獸南向者皆不射之以申懷德之志也既至長安詣闕謝罪朝廷嘉其還乃授太師後從太祖擒竇泰於小關加授中軍大都督又從太祖攻弘農勝自陝津先渡河東魏將高干遁勝追獲囚之下河北擒郡守孫晏崔乂從破東魏軍於沙苑追奔至河上仍與李弼別攻河東略定汾絳增邑幷前五千戶河橋之役勝大破東魏軍太祖命勝收其降卒而還及齊神武悉衆攻玉壁勝以前軍大都督從太祖追之於汾北又從戰邙山時太祖見齊神武旗鼓識之乃募敢勇三千人配勝以犯其軍勝適與齊神武相遇因告之曰賀六渾賀拔破胡必殺汝也時募士皆用短兵接戰勝持矟追齊神武數里刃垂及之會勝馬爲流矢所中死比副騎至齊神武已逸去勝歎曰今日之事吾不執弓矢者天也是歲勝諸子在東者皆爲齊神武所害勝憤恨因動氣疾大統十年薨于位臨終手書與太祖曰勝萬里杖策歸身闕庭冀望與公掃除逋寇不幸殞斃微志不申願公內先協和順時而動若死而有知猶望魂飛賊庭以報恩遇耳太祖覽書流涕久之勝長於喪亂之中尤工武藝走馬射飛鳥十中其五六太祖每云諸將對敵神色皆動唯賀拔公臨陣如平常眞大勇也自居重位始愛墳籍乃招引文儒討論義理性又通率重義輕財身死之日唯有隨身兵仗及書千餘卷而已初勝至關中自以年位素重見太祖不拜尋而自悔太祖亦有望焉後從太祖宴于昆明池時有雙鳧游於池上太祖乃授弓矢於勝曰不見公射久矣請以爲歡勝射之一發俱中因拜太祖曰使勝得奉神武以討不庭皆如此也太祖大悅自是恩禮日重勝亦盡誠推奉焉贈定冀等十州諸軍事定州刺史太宰錄尚書事諡曰貞獻明帝二年以勝配享太祖廟庭勝無子以弟岳子仲華嗣大統三年賜爵樊城公魏廢帝時爲通直郎散騎常侍遷黃門郎加車騎大將軍儀同三司驃騎大將軍開府儀同三司六官建拜守廟下大夫孝閔帝踐阼襲爵琅邪公除利州刺史大象末位至江陵總管勝兄弟三人並以豪俠知名兄允字阿泥魏孝武時位至太尉封燕郡王爲神武所害

岳字阿斗泥少有大志愛施好士初爲太學生及長能左右馳射驍果絕人不讀兵書而暗與之合識者咸異之與父兄誅衞可孤之後廣陽王元深以岳爲帳內軍主又表爲彊弩將軍後與兄勝俱鎭恒州州陷投爾朱榮榮待之甚厚以爲別將尋爲都督每居帳下與計事多與榮意合益重之榮士馬既衆遂與元天穆謀入匡朝廷謂岳曰今女主臨朝政歸近習盜賊蜂起海內沸騰王師屢出覆亡相繼吾累世受恩義同休戚今欲親率士馬電赴京師內除君側外清逆亂取勝之道計將安出岳對曰夫立非常之事必俟非常之人將軍士馬精彊位任隆重若首舉義旗伐叛匡主何往而不尅何向而不摧古人云朝謀不及夕言發不俟駕此之謂矣榮與天穆相顧良久曰卿此言眞丈夫之志也未幾而魏孝明帝暴崩榮疑有故乃舉兵赴洛配岳甲卒二千爲先驅至河陰榮既殺害朝士時齊神武爲榮軍都督勸榮稱帝左右多欲同之榮疑未決岳乃從容進而言曰將軍首舉義兵共除姦逆功勤未立逆有此謀可謂速禍未見其福榮尋亦自悟乃尊立孝莊岳又勸榮誅齊神武以謝天下左右咸言高歡雖復庸疎言不思難今四方尚梗事藉武臣請捨之收其後効榮乃止以定策功授前將軍太中大夫賜爵樊城郡男復爲榮前軍都督破葛榮於滏口遷平東將軍金紫光祿大夫坐事免詔尋復之從平元顥轉左光祿大夫武衞將軍時万俟醜奴僭稱大號關中騷動朝廷深以爲憂榮將遣岳討之岳私謂其兄勝曰醜奴擁秦隴之兵足爲勍敵若岳往而無功罪責立至假令尅定恐讒愬生焉勝曰汝欲何計自安岳曰請爾朱氏一人爲元帥岳副貳之則可矣勝然之乃請於榮榮大悅乃以天光爲使持節督二雍二岐諸軍事驃騎大將軍雍州刺史以岳爲持節假衞將軍左大都督又以征西將軍代郡侯莫陳悅爲右都督並爲天光之副以討之時赤水蜀賊阻兵斷路天光之衆不滿二千及軍次潼關天光有難色岳曰蜀賊草竊而已公尚遲疑若遇大敵將何以戰天光曰今日之事一以相委公宜爲吾制之於是進軍賊拒戰於渭北破之獲馬二千疋軍威大振天光與岳進至雍州榮又續遣兵至時醜奴自率大衆圍岐州遣其大行臺尉遲菩薩僕射方俟仵同向武功南渡渭水援菩薩攻柵已尅還岐州岳以輕騎八百北渡渭擒其縣令二人獲甲首四百殺掠其民以挑菩薩率步騎二萬至渭北岳以輕騎數十與菩薩隔水交言岳稱揚國威菩薩自言彊盛往復數反菩薩乃自驕踞令省事傳語岳岳怒曰我與菩薩言卿是何人與我對語省事恃隔水應荅不遜岳舉弓射之應弦而倒時已逼暮於是各還岳密於渭南傍水分精騎數十爲一處隨地形便置之明日自將百餘騎隔水與賊相見岳漸前進先所置騎隨岳而進騎既漸增賊不復測其多少行二十里許至水淺可濟之處岳便馳馬東出以示奔遁賊謂岳走乃棄步兵南渡渭水輕騎追岳岳東行十餘里依橫岡設伏兵以待之賊以路險不得齊進前後繼至半度岡東岳乃回與賊戰身先士卒急擊之賊便退走岳號令所部賊下馬者皆不聽殺賊顧見之便悉投馬俄而虜獲三千人馬亦無遺遂擒菩薩仍渡渭北降步卒萬餘並收其輜重醜奴尋棄岐州北走安定置柵於平亭天光方自雍至岐與兵合勢軍至汧渭之間宣言遠近曰今氣候漸熱非征討之時待秋涼更圖進取醜奴聞之遂以爲實分遣諸軍散營農於岐州之北百里細川使其太尉侯元進領兵五千據險立柵其千人以下爲柵者有數處且戰且守岳知其勢分乃密與天光嚴備晡時潛遣輕騎先行路於後諸軍盡發昧旦攻圍元進柵拔之即擒元進諸所俘執皆放之自餘諸柵悉降岳星言徑趣涇州其刺史侯幾長貴以城降醜奴乃棄平亭而走欲向高平岳輕騎急追明日及醜奴於平涼之長坑一戰

擒之高平城中又執蕭寶寅以歸賊行臺万俟道洛率衆六千退保牽屯山岳攻之道洛敗率千騎而走追之不及遂得入隴投略陽賊帥王慶雲慶雲以道洛驍果絕倫得之甚喜以爲大將軍天光又與岳度隴至慶雲所居水洛城慶雲道洛頻出城拒戰竝擒之餘衆皆降悉坑之死者萬七千人三秦河渭瓜涼鄯州咸來歸款賊帥夏州人宿勤明達降於平涼後復叛岳又討擒之天光雖爲元帥而岳功効居多加散騎將軍進爵爲伯邑二千戶尋投都督涇北豳二夏四州諸軍事涇州刺史進爵爲公天光入洛使岳行雍州刺史建明中拜驃騎大將軍增邑五百戶普泰初除都督二岐東秦三州諸軍事儀同三司岐州刺史進封清水郡公增邑通前三千戶尋加侍中給後部鼓吹進位開府儀同三司兼尚書左僕射隴右行臺仍停高平二年加都督三雍三秦二岐二華諸軍事雍州刺史天光將率衆拒齊神武遣問計於岳岳報曰王家跨據三方士馬殷盛高歡烏合之衆豈能爲敵然師克在和但願同心戮力耳若骨肉離隔自相猜貳則圖存不暇安能制人如下官所見莫若且鎭關中以固根本分遣銳師與衆軍合勢進可以克敵退可以克全天光不從果敗岳率軍下隴赴雍擒天光弟顯壽以應齊神武魏孝武卽位加關中大行臺增邑千戶永熙二年孝武密令岳圖齊神武遂刺心血持以寄岳詔岳都督二雍二華二岐豳四梁三益巴二夏蔚寧涇二十州諸軍事大都督齊神武旣忌岳兄弟功名岳懼乃與太祖協契語在太祖本紀岳自詣北境安置邊防率衆趣平涼西界布營數十里託以牧馬於原州爲自安之計先是費也頭万俟受洛干鐵勒斛律沙門斛拔彌俄突紇豆陵伊利等竝擁衆自守至是皆款附秦南秦河渭四州刺史又會平涼受岳節度唯靈州刺史曹泥不應召乃通使於齊神武三年岳召侯莫陳悅於高平將討之令悅爲前驅而悅受齊神武密旨圖岳弗之知也而先又輕悅悅乃誘岳入營共論兵事令其壻元洪景斬岳於幕中朝野莫不痛惜之贈侍中太傅錄尚書都督關中二十州諸軍事大將軍雍州刺史謚曰武壯葬以王禮子緯嗣拜開府儀同三司保定中錄岳舊德進緯爵霍國公尚太祖女侯莫陳悅少隨父爲驅牛都尉長於西好田獵便騎射會牧子作亂遂歸爾朱榮榮引爲府長流參軍稍遷大都督魏孝莊帝初除征西將軍金紫光祿大夫封柏人縣侯邑五百戶爾朱天光西討榮以悅爲天光右都督本官如故西伐克獲功亞於賀拔岳以本將軍除鄯州刺史建明中拜車騎大將軍渭州刺史進爵白水郡公增邑五百戶普泰中除驃騎大將軍儀同三司秦州刺史及天光赴洛悅與岳俱下隴趣雍州擒天光弟顯壽魏孝武初加開府儀同三司都督隴右諸軍事仍加秦州刺史及悅殺岳岳衆莫不服從悅猶豫不卽撫納乃遷隴右太祖勒衆討之悅遂亡敗語在太祖本紀悅子弟及同謀殺岳者八九人竝伏誅唯中兵參軍豆盧光走至靈州後奔晉陽悅自殺岳後神情恍忽不復如常恒言我纔睡卽夢見岳云兄欲何處去隨逐我不相置因此彌不自安而致破滅

念賢字蓋盧美容質頗涉書史爲兒童時在學中讀書有善相者過學諸生競詣之賢獨不往笑謂諸生曰男兒死生富貴在天也何遽相乎少遭父憂居喪有孝稱後以破衞可孤功除別將尋招慰雲州高車鮮卑等皆降下之除假節平東將軍封屯留縣伯邑五百戶建義初爲大都督鎭井陘加撫軍將軍黎陽郡守爾朱榮入洛拜車騎將軍右光祿大夫太僕卿兼尚書右僕射東行臺進爵平恩縣公增邑五百戶普泰初除使持節瀛州諸軍事驃騎將軍瀛州刺史永熙中拜第一領民酋長加散騎常侍行南兗州事尋進號驃騎大將軍入爲殿中尚書加儀同三司魏孝武欲討齊神武以賢爲中軍北面大都督進爵安定郡公增邑一千戶加侍中開府儀同三司大統初拜太尉出爲秦州刺史加太傅給後部鼓吹三年轉太師都督河涼瓜鄯渭洮沙七州諸軍事大將軍河州刺史久之還朝兼錄尚書事河橋之役賢不力戰乃先還自是名譽頗減五年除都督秦渭原涇四州諸軍事秦州刺史薨於州謚曰昭定賢於諸公皆爲父黨自太祖以下咸拜敬之子華性和厚有長者風官至開府儀同三司合州刺史

史臣曰勝岳昆季以勇略之姿當馳競之際竝邀時投隙展効立功始則委質爾朱中乃結款高氏太昌之後卽帝圖高察其所由固非守節之士及勝垂翅江左憂魏室之危亡奮翼關西感梁朝之顧遇有長者之風矣終能保其榮寵良有以焉岳以二千之羸兵抗三秦之勍敵奮其智勇克翦凶渠雜種畏威遐方慕義斯亦一時之盛也卒以勳高速禍無備嬰戮惜哉陳涉首事不終有漢因而創業賀拔元功夙殞太祖藉以開基不有所廢君何以興信乎其然矣

周書卷十四考證

賀拔勝傳以功賜爵龍城侯○侯北史作男

遂委其事○北史作遂委以兵事文義較顯

勝寧負朝廷○北史及通鑑俱云勝寧負王不負朝廷本書脫去四字

賀拔岳傳遣其大行臺尉遲菩薩僕射万俟仵同向武功○万俟仵同北史作万俟行醜

又執蕭寶寅以歸○歸舊本俱作降今依北史改正

念賢傳念賢字蓋盧○此句下北史有金城枹罕人也六字此傳法載

周書卷十五

唐　令　狐　德　棻　等　撰

列傳第七

寇洛

李弼 弟檦

于謹 子寔

寇洛上谷昌平人也累世爲將吏父延壽和平中以良家子鎭武川因家焉洛性明辨不拘小節正光末以北邊賊起遂率鄉親避地於并肆因從爾朱榮征討及賀拔岳西征洛與之鄉里乃募從入關破赤水蜀以功拜中堅將軍屯騎校尉別將封臨邑縣男邑二百戶又從岳獲賊帥尉遲菩薩於渭水破侯伏侯元進於百里細川擒万俟醜奴於長坑洛每力戰竝有功加龍驤將軍都督進爵安鄉縣子累遷征北將軍衞將軍於平涼以洛爲右都督侯莫陳悅旣害岳欲并其衆時初喪元帥軍中惶擾洛於諸將之中最爲舊齒素爲衆所信乃收集將士志在復讐共相糾合遂全衆而反旣至原州衆咸推洛爲盟主統岳之衆洛復自以非才乃固辭與趙貴等議迎太祖魏帝以洛有全師之功除武衞將軍太祖至平涼以洛爲右大都督從討侯莫陳悅平之拜涇州刺史魏孝武西遷進爵臨邑縣伯邑五百戶尋進位驃騎大將軍儀同三司進爵爲公增邑五百戶大統初魏文帝詔曰往者侯莫陳悅遠同逆賊潛害故清水公岳志在兼并當時造次物情驚駭使持節驃騎大將軍儀同三司前涇州刺史大都督臨邑縣開國公寇洛忠欵自心勳誠早立遂能糾合義軍以待大丞相見危授命推賢而奉此而不賞何以勸勵將來可加開府進爵京兆郡公封洛母宋氏爲襄城郡君又轉領軍將軍三年出爲華州刺史加侍中與獨孤信復洛陽移鎭弘農四年從太祖與東魏戰於河橋軍還洛率所部鎭東雍五年卒於鎭時年五十三贈使持節侍中都督雍華豳涇原三秦二岐十州諸軍事太尉尚書令驃騎大將軍雍州刺史謚曰武子和嗣世宗二年錄勳舊以洛配亭太祖廟庭賜和姓若口引氏改封松陽郡公後至開府儀同三司賓部中大夫洛弟紹位至上柱國北平郡公

李弼字景和遼東襄平人也六世祖根慕容垂黃門侍郎祖貴醜平州刺史父永太中大夫贈涼州刺史弼少有大志膂力過人屬魏室喪亂語所親曰丈夫生死會須履鋒刃平寇難安社稷以取功名安能碌碌依階資以求榮位乎魏永安元年爾朱天光辟爲別將從天光西討破赤水蜀以功拜征虜將軍封石門縣伯邑五百戶又與賀拔岳討万俟醜奴万俟道洛王慶雲皆破之弼恒先鋒陷陣所向披靡賊咸畏之曰莫當李將軍前也天光赴洛弼因隸侯莫陳悅爲大都督加通直散騎常侍太昌初受清水郡守恒州大中正尋除南秦州刺史隨悅征討屢有尅捷及悅害賀拔岳軍停隴上太祖自平涼進軍討悅弼諫悅曰岳旣無罪而公害之又不能撫納其衆使無所歸宇文夏州收而用之得其死力咸云爲主將報讐其意固不小也今宜解兵謝之不然恐必受禍悅惶惑計無所出弼知悅必敗乃謂所親曰宇文夏州才略冠世德義可宗侯莫陳公智小謀大豈能自保吾等若不爲計恐與之同至族滅會太祖軍至悅乃棄秦州南出據險以自固翌日弼密通使太祖許背悅來降夜弼乃勒所部云侯莫陳公欲還秦州汝等何不束裝弼妻悅之姨也特爲悅所親委衆咸信之人情驚擾不可復定皆散走爭趣秦州弼乃先馳據城門以慰輯之遂擁衆以歸太祖悅由此遂敗太祖謂弼曰公與吾同心天下不足平也破悅得金寶奴婢悉以好者賜之仍令弼以本官鎭原州尋拜秦州刺史太祖率兵東下徵弼爲大都督領右軍攻潼關及迴洛城尅之大統初進位儀同三司雍州刺史尋又進位驃騎大將軍開府儀同三司從平竇泰先鋒陷敵斬獲居多太祖以所乘騅馬及竇泰所著牟甲賜弼又從平弘農與齊神武戰於沙苑弼率軍居右而左軍爲敵所乘弼呼其麾下六十騎身先士卒橫截之賊遂爲三因大破以功拜特進爵趙郡公增邑一千戶又與賀拔勝攻尅河東略定汾絳四年從太祖東討洛陽弼爲前驅東魏將莫多婁貸文率衆數千奄至穀城弼倍道而前遣軍士鼓噪曳柴揚塵貸文以爲大軍至遂遁走弼追躡之虜其衆斬貸文傳首大軍所翌日又從太祖與齊神武戰於

河橋每入深陷陣身被七創遂爲所獲圍守數重弼佯若創重殞絕於地守者稍懈弼睨其旁有馬因躍上西馳得免五年遷司空六年侯景據荆州弼與獨孤信禦之景乃退走九年從戰邙山轉太尉十三年侯景率河南六州來附東魏遣其將韓軌圍景於穎川太祖遣弼率軍援景諸將咸受弼節度弼至軌退王思政又進據穎川弼乃引還十四年北稽胡反弼討平之遷太保加柱國大將軍魏廢帝元年賜姓徒河氏太祖西巡令弼居守後事皆諮稟焉六官建拜太傅大司徒屬茹茹爲突厥所逼舉國請降弼率前軍迎之給前後部羽葆鼓吹賜雜綵六千段及晉公護執政朝之大事皆與于謹及弼等參議孝閔帝踐阼除太師進封趙國公邑萬戶前後賞賜累巨萬弼每率兵征討朝受令夕便引路不問私事亦未嘗宿於家其憂國忘身類皆如此兼復性沉雄有深識故能以功名終元年十月薨於位年六十四世宗即日舉哀比葬三臨其喪發卒穿冢給大輅龍旂陳軍至于墓所謚曰武尋追封魏國公配食太祖廟庭子輝次子耀尚太祖女義安長公主遂以爲嗣輝大統中起家員外散騎侍郎賜爵義城郡公歷撫軍將軍大都督鎮南將軍散騎常侍輝常臥疾朞年太祖憂之日賜錢一千供其藥石之費及魏廢帝有異謀太祖乃授輝武衞將軍總宿衞事尋而帝廢除車騎大將軍儀同三司魏恭帝二年加驃騎大將軍儀同三司出爲岐州刺史從太祖西巡率公卿子弟别爲一軍孝閔帝踐阼除荆州刺史尋襲爵趙國公改魏國公保定中年加將軍天和六年進位柱國建德元年出爲總管梁洋等十州諸軍事梁州刺史時渠蓬二州生獠積年侵暴輝至州綏撫竝來歸附璽書勞之輝旣不得爲嗣朝廷以弼功重乃封輝邢國公位至開府子寬大象末上大將軍滿山郡公輝弟衍大象末大將軍眞鄉郡公衍弟綸最知名有文武才用以功臣子少居顯職歷吏部內史下大夫竝獲當官之譽位至司會中大夫開府儀同三司封河陽郡公爲聘齊使主早卒子長雅嗣綸弟宴建德中開府儀同三司大將軍趙郡公從高祖平齊歿於并州子璟以宴死王事即襲其爵弼弟樹

樹字靈傑長不盈五尺性果決有膽氣少事爾朱榮魏永安元年以兼别將從榮破元顥拜討逆將軍及榮被害樹從爾朱世隆奉榮妻奔河北又隨爾朱兆入洛賜爵濮城郡男遷都督普泰元年元樹自梁入據譙城樹從行臺樊子鵠擊破之遷右將軍魏孝武西遷樹從大都督元斌之與齊神武戰於成皐兵敗遂與斌之奔梁梁主待以賓禮後得逃歸大統元年授撫軍將軍進封晉陽縣子邑四百戶尋爲太祖帳內都督從復弘農破沙苑樹跨馬運矛衝鋒陷陣隱身鞍甲之中敵人見之皆曰避此小兒不知樹之形貌正自如是太祖初亦聞樹驍悍未見其能至是方嗟歎之謂樹曰但使膽決如此何必須要八尺之軀也以功進爵爲公增邑四百戶尋從宇文貴與東魏將任祥堯雄等戰於穎川皆破之徵爲太子中庶子九年從戰邙山遷持節大都督十三年拜車騎大將軍儀同三司又從弼討稽胡樹功居多除幽州刺史增邑三百戶十五年拜驃騎大將軍開府儀同三司魏廢帝初從趙貴征茹茹論功爲最改封封山縣公增邑并前二千一百戶孝閔帝踐阼進位大將軍武成初又從豆盧寧征稽胡大獲而還進爵汝南郡公出爲總管延綏丹三州諸軍事延州刺史四年卒於鎮贈佰朔等五州刺史樹無子以弼子椿嗣先以樹勳功封魏平縣子大象末開府儀同三司大將軍右宮伯改封河東郡公

于謹字思敬河南洛陽人也小名巨彌曾祖婆魏懷荒鎮將祖安定平涼郡守高平郡將父提隴西郡守荏平縣伯保定二年以謹著勳追贈使持節柱國大將軍太保建平郡公謹性沉深有識量略窺經史尤好孫子兵書屏居閭里未有仕進之志或有勸之者謹曰州郡之職昔人所鄙台鼎之位須待時來吾所以優遊郡邑聊以卒歲耳太宰元穆見之歎曰王佐材也及破六汗拔陵首亂北境引茹茹爲援大行臺僕射元纂率衆討之宿聞謹名辟爲鎧曹參軍事從軍北伐茹茹聞大軍之逼遂逃出塞纂令謹率二千騎追之至郁對原前後十七戰盡降其衆後率輕騎出塞覘賊屬鐵勒數千騎奄至謹以衆寡不敵退必不免乃散其衆騎使匿叢薄之間又遣人升山指麾若分部軍衆者賊望見雖疑有伏兵旣恃其衆不以爲慮乃進軍逼謹謹以常乘駿馬一紫一騧賊先所識乃使二人各乘一馬突陣而出賊以爲謹也皆爭逐之謹乃率餘軍擊之其追騎遂奔走因得入塞正光四年行臺廣陽王元深治兵北伐引謹爲長流參軍特相禮接所有謀議皆與謹參之乃使其子佛陁拜焉其見待如此遂與廣陽王破賊主斛律野穀祿等時魏末亂羣盜蜂起謹乃從容謂廣陽王曰自正光以後海內沸騰郡國荒殘農商廢業今殿下奉義行誅遠臨關塞然醜類蟻聚其徒實繁若極武窮兵恐非計之上者謹願稟大王之威略馳往喻之必不勞兵甲可致清蕩廣陽王然之謹兼解諸國語乃單騎入賊示以恩信於是西部鐵勒酋長乜列河等領三萬餘戶並款附相率南遷廣陽王欲與謹至折敷嶺迎接之謹曰破六汗拔陵兵衆不少聞乜列河等歸附必來要擊彼若先據險要則難與爭鋒今以乜列河等餌之當競來抄掠然後設伏以待必指掌破之廣陽然其計拔陵果來要擊破乜列河於嶺上部衆皆沒謹伏兵發賊遂大敗悉收得乜列河之衆魏帝嘉之除積射將軍孝昌元年又隨廣陽王征鮮于脩禮軍次白牛邏會章武王爲脩禮所害遂停軍中山侍中元宴宣言於靈太后曰廣陽王以宗室之重受律專征今乃盤桓不進坐圖非望又有于謹者智略過人爲其謀主風塵之隙恐非陛下之純臣矣靈太后深納之詔於尚書省門外立牓募能獲謹者許重賞謹聞之乃謂廣陽曰今女主臨朝取信讒佞脫不明白殿下素心便恐禍至無日謹請束身詣闕歸罪有司披露腹心自免殃禍廣陽許之謹遂到牓下曰吾知此人衆人共詰之謹曰我即是也有司以聞靈太后引見之大怒謹備論廣陽忠款兼陳停軍之狀靈后意稍解遂捨之尋加别將二年梁將曹義宗據守穰城數爲邊患乃令謹與行臺尚書辛纂率兵討之相持累年經數十戰進拜都督宣威將軍冗從僕射孝莊帝即位除鎮遠將軍尋轉直寢又隨太宰元天穆討葛榮平邢杲拜征虜將軍從爾朱天光破万俟醜奴封石城縣伯邑五百戶普泰元年除征北大將軍金紫光祿大夫散騎常侍又隨天光平宿勤明達别討夏州賊賀遂有伐等平之授大都督從天光與齊神武戰於韓陵山天光旣敗謹遂入關賀拔岳表謹留鎮除衞將軍咸陽郡守太祖臨夏州以謹爲防城大都督兼夏州長史及岳被害太祖赴平涼謹乃言於太祖曰魏祚陵遲權臣擅命羣盜蜂起黔首嗷然明公仗超世之姿懷濟時之略四方遠近咸所歸心願早建良圖以副衆望太祖曰何以言之謹對曰關右秦漢舊都古稱天府將士驍勇厥壤膏腴西有巴蜀之饒北有羊馬之利今若據其要害招集英雄養卒勸農足觀時變且天子在洛逼迫羣兇若陳明公之懇誠算時事之利害請都關右帝必嘉而西遷然後挾天子而令諸侯奉王命以討暴亂桓文之業千載一時也太祖大悅會有勅追謹爲關內大都督謹因進都關中之策魏帝納之尋而齊神武逼洛陽謹從魏帝西遷仍從太祖征潼關破迴洛城授使持節車騎大將軍儀同三司北雍州刺史進爵藍田縣公邑一千戶大統元年拜驃騎大將軍開府儀同三司其年夏陽人王遊浪聚據楊氏壁謀逆謹討擒之是歲大軍東伐謹爲前鋒至盤豆東魏將高叔禮守險不下攻破之拔虜其卒又因此拔弘農擒東魏陝州刺史李徽伯齊神武至沙苑謹從太祖與諸將力戰破之進爵常山郡公增邑一千戶又從戰河橋拜大丞相府長史兼大行臺尚書稽胡帥夏州刺史劉平叛謹率衆討平之除大都督恒并燕肆雲五州諸軍事大將軍恒州刺史入爲太子太師九年復從太祖東征别攻柏谷塢拔之邙山之戰大軍不利謹率其麾下僞降立於路左齊神武軍乘勝逐北不以爲虞追騎過盡謹乃自後擊之敵人大駭獨孤信又集兵士於後奮擊齊神武軍遂亂以此大軍得全十二年拜尚書左僕射領司農卿及侯景款附請兵爲援太祖命李弼率兵應之謹諫曰侯景少習兵權情實難測且宜厚其禮秩以觀其變即欲遣兵良用未可太祖不聽尋復兼大行臺尚書丞相府長史率兵鎮潼關加授華州刺史賜秬鬯一卣圭瓚副焉俄拜司空增邑四百戶十五年進位柱國大將軍齊氏稱帝太祖征之以謹爲後軍大都督别封一子鹽亭縣侯邑一千戶魏恭帝元年除雍州刺史初梁元帝平侯景之後於江陵嗣位密與齊氏通使將謀侵軼其兄子岳陽王詧時爲雍州刺史以梁元帝殺兄譽遂結讐隙據襄陽來附仍請王師乃令謹率衆出討太祖餞於青泥谷長孫儉問謹曰爲蕭繹之計將欲如何謹曰耀兵漢沔席卷渡江直據丹陽是其上策移郭內居民退保子城峻其陴堞以待援至是其中策若難於移動據守羅郭是其下策儉曰揣繹定出何策謹曰必用下策儉曰彼棄上而用下何也對曰蕭氏保據江南綿歷數紀屬中原多故未遑外略又以我有齊氏之患必謂力不能分且繹懦而無謀多疑少斷愚民難與慮始皆戀邑居旣惡遷移當保羅郭所以用下策也謹乃令中山公護及大將軍楊忠等率精騎先據江津斷其走路梁人豎木柵於外城廣輪六十里尋而謹至悉衆圍之梁王屢遣兵於城南出戰輒爲謹所破旬有六日外城遂陷梁主退保子城翌日率其太子以下面縛出降尋殺之虜其男女十餘萬人收其府庫珍寶得宋渾天儀梁日晷銅表魏相風烏銅蟠螭趺大玉徑四尺圍七尺及諸轝輦法物以獻軍無私焉立蕭詧爲梁主振旅而旋太祖親至其第宴語極歡賞謹奴婢一千口及梁之寶物并

金石絲竹樂一部別封新野郡公邑二千戶謹固辭太祖不許又令司樂作常山公平梁歌十首使工人歌之謹自以久當權勢位望隆重功名既立願保優閑乃上先所乘駿馬及所著鎧甲等太祖識其意乃曰今巨猾未平公豈得便爾獨善遂不受六官建拜大司徒及太祖崩孝閔帝尚幼中山公護雖受顧命而名位素下羣公各圖執政莫相率服護深憂之密訪於謹謹曰夙蒙丞相殊睠情深骨肉今日之事必以死爭之若對衆定策公必不得辭讓明日羣公會議謹曰昔帝室傾危人圖問鼎丞相志在匡救投袂荷戈故得國祚中興羣生遂性今上天降禍奄棄庶寮嗣子雖幼而中山公親則猶子兼受顧託軍國之事理須歸之辭色抗厲衆皆悚動護曰此是家事素雖庸昧何敢有辭謹既太祖等夷護每申禮敬至是謹乃趨而言曰公若統理軍國謹等便有所依遂再拜羣公迫於謹亦再拜因是衆議始定孝閔帝踐阼進封燕國公邑萬戶遷太傅大宗伯與李弼侯莫陳崇等參議朝政及賀蘭祥討吐谷渾也謹遙統其軍授以方略保定二年謹以年老上表乞骸骨詔報曰昔師尙父年踰九十召公奭幾將百歲皆勤王家自彊不息今元惡未除九州不一將以公爲舟檝弘濟於艱難豈容忘二公之雅操而有斯請朕用恧焉公若更執謙沖有司宜斷啓三年四月詔曰樹以元首主乎教化率民孝悌置之仁壽是以古先明后咸若斯典立三老五更躬自袒割朕以眇身處玆南面何敢遺此黃髮不加尊敬太傅燕國公謹執德淳固爲國元老饋以乞言朝野所屬可爲三老有司具禮擇日以聞謹上表固辭詔答不許又賜延年杖高祖幸太學以食之三老入門皇帝迎拜門屏之間三老答拜有司設三老席於中楹南向太師晉國公護升階設几施席三老升席南面憑几而坐以師道自居大司馬楚國公寧升階正舄皇帝升階立於斧扆之前西面有司進饌皇帝跪設醬豆親自袒割三老食訖皇帝又親跪授爵以酳有司撤訖皇帝北面立而訪道三老乃起立於席後皇帝曰猥當天下重任自惟不才不知政治之要公其誨之三老答曰木受繩則正后從諫則聖自古明王聖主皆虛心納諫以知得失天下乃安唯陛下念之又曰爲國之本在乎忠信是以古人云去食去兵信不可失國家興廢莫不由之願陛下守而勿失又曰治國之道必須有法法者國之綱紀綱紀不可不正所正在於賞罰若有功必賞有罪必罰則有善者日益爲惡者日止若有功不賞有罪不罰則天下善惡不分下民無所措其手足矣又曰言行者立身之基言出行隨誠宜相顧願陛下三思而言九慮而行若不思不慮必有過失天子之過事無大小如日月之蝕莫不知者願陛下慎之三老言畢皇帝再拜受之三老答拜焉禮成而出及晉公護東伐謹時老病護以其宿將舊臣猶請與同行詢訪戎略軍還賜鐘磬一部天和二年又賜安車一乘尋授雍州牧三年薨于位年七十六高祖親臨詔譙王儉監護喪事賜繒綵千段粟麥五千斛贈本官加使持節太師雍恒等二十州諸軍事雍州刺史謚曰文及葬王公已下咸送出郊外配享於太祖廟庭謹有智謀善於事上名位雖重愈存謙挹每朝參往來不過從兩三騎而已朝廷凡有軍國之務多與謹決之謹亦竭其智能弼諧帝室故功臣之中特見委信始終若一人無間言每教訓諸子務存靜退加以年齒遐長禮遇隆重子孫繁衍皆至顯達當時莫與爲比焉子寔嗣

寔字賓實少和厚年未弱冠入太祖幕府從征潼關及迴洛城大統三年又從復弘農戰沙苑以前後功封萬年縣子邑五百戶授主衣都統河橋之役先鋒陷陣軍還寔又爲內殿除通直散騎常侍轉太子右衞率加都督又從太祖戰於邙山十一年詔寔侍講東宮侯景來附遣寔與諸軍援之平九曲城進大都督遷儀同三司加散騎常侍十四年除尚書是歲太祖與魏太子西巡寔時從太祖刻石於隴山之上錄功臣位以次鐫勒預以寔爲開府儀同三司至十五年方授之尋除滑州刺史特給鼓吹一部進爵爲公增邑二百戶魏恭帝二年羌東念姐率部落反結連吐谷渾每爲邊患遣大將軍豆盧寧討之踰時不剋又令寔往遂破之太祖手書勞問賜奴婢一百口馬一百疋孝閔帝踐祚授民部中大夫進爵延壽郡公邑二千戶又進位大將軍除勳州刺史入爲小司寇天和二年延州蒲川賊郝三郎等反攻逼丹州遣寔率衆討平之斬三郎首獲雜畜萬餘頭乃除延州刺史五年襲爵燕國公進位柱國以罪免尋復本官除涼州總管大象二年加上柱國拜大左輔隋開皇元年薨贈司空謚曰安子顗大象末上開府吳州總管新野郡公顗弟仲文大將軍延壽郡公仲文弟象賢儀同三司尚高祖女寔弟翼自有傳翼弟義上柱國潼州總管建平郡公義弟禮上大將軍趙州刺史安平郡公禮弟智初爲開府以受宣帝旨告齊王憲反遂封齊國公尋拜柱國涼州總管大司空智初弟紹上開府綏州刺史華陽郡公紹弟弼上儀同平恩縣公弼弟蘭上儀同襄陽縣公蘭弟曠上儀同贈恒州刺史

史臣曰賀拔岳變起倉卒侯莫陳悅意在兼并于時將有離心士無固志洛撫輯散亂抗禦仇讐全師而還敵人絕覬覦之望度德而處霸王建匡合之謀此功何不細也李弼于謹懷佐時之略逢啓聖之運綢繆顧遇締構艱難帷幄盡其謨猷方面宣其庸績擬巨川之舟檝爲大厦之棟梁非惟攀附成名抑亦材謀自取及謹以耆年碩德譽重望高禮備上庠功歌司樂常以滿盈爲戒覆折是憂不有君子何以能國

周書卷十五考證

李弼傳遼東襄平人也○北史作隴西成紀人

翌日弼密通使太祖○翌日北史作是日

于謹傳曾祖婆魏懷荒鎮將祖安定平凉郡守高平郡將○臣文淳按北史于栗磾傳魏書外戚傳俱云栗磾孫勁勁弟天恩子仁生仁生子安定平原郡守高平郡將是謹之曾祖乃仁生無所謂婆者又按謹父提魏書入節義傳本傳亦失載

廣陽王欲與謹至折敷嶺迎接之○折敷嶺北史作折廓嶺

智初弟紹○按齊王憲傳及通鑑皆作于智此云智初因上文禮弟智初爲開府初字連讀而訛耳

周書卷十六

唐　令狐德棻　等撰

列傳第八

趙貴

獨孤信

侯莫陳崇 弟瓊 凱

趙貴字元貴天水南安人也曾祖達魏庫部尚書臨晉子祖仁以良家子鎮武川因家焉貴少穎悟有節槩魏孝昌中天下兵起貴率鄉里避難南遷屬葛榮陷中山遂被拘逼榮敗爾朱榮以貴爲別將從討元顥有功賜爵燕樂縣子授伏波將軍武賁中郎將從賀拔岳平關中賜爵魏平縣伯邑五百戶累遷鎮北將軍光祿大夫都督及岳爲侯莫陳悅所害將吏奔散莫有守者貴謂其黨曰吾聞仁義豈有常哉行之則爲君子違之則爲小人朱伯厚王叔治感意氣微恩尚能蹈履名節況吾等荷賀拔公國士之遇寧可自同衆人乎涕泣歔欷於是從之者五十人乃詣悅詐降悅信之因請收葬岳言辭慷慨悅壯而許之貴乃收岳屍還與寇洛等糾合其衆奔平涼共圖拒悅貴首議迎太祖語在太祖紀太祖至以貴爲大都督領府司馬悅平以本將軍持節行秦州事當州大都督爲政清靜民吏懷之齊神武舉兵向洛使其都督韓軌進據蒲坂太祖以貴爲行臺與梁禦等討之未濟河而魏孝武已西入關拜車騎大將軍儀同三司兼右衞將軍時曹泥據靈州拒守以貴爲大都督與李弼等率衆討之進爵爲侯增邑五百戶又以預立魏文帝勳進爵爲公增邑通前一千五百戶尋授岐州刺史時以軍國多務藉貴力用遂不之部仍領大丞相府左長史加散騎常侍梁企定稱亂河右以貴爲隴西行臺率衆討破之從太祖復弘農戰沙苑拜侍中驃騎大將軍開府儀同三司進爵中山郡公除雍州刺史從戰河橋貴與怡峯爲左軍戰不利先還又從援玉壁齊神武遁去高仲密以北豫州降太祖率師迎之與東魏人戰於邙山貴爲左軍失律諸軍因此並潰坐免官以驃騎大都督領本軍尋復官爵拜御史中尉加大將軍東魏將高岳慕容紹宗等圍王思政於潁川貴率軍援之東南諸州兵亦受貴節度東魏人遏洧水灌城軍不得至思政遂沒貴乃班師尋拜柱國將軍賜姓乙弗氏茹茹寇廣武貴擊破之斬首數千級收其輜重振旅而還六官建以貴爲太保大宗伯改封南陽郡公孝閔帝踐阼遷太傅大冢宰進封楚國公邑萬戶初貴與獨孤信等皆與太祖等夷及孝閔帝卽位晉公護攝政貴自以元勳佐命每懷怏怏有不平之色乃與信謀殺護及期貴欲發信止之尋爲開府宇文盛所告被誅

獨孤信雲中人也本名如願魏氏之初有三十六部其先伏留屯者爲部落大人與魏俱起祖俟尼和平中以良家子自雲中鎮武川因家焉父庫者爲領民酋長少雄豪有節義北州咸敬服之信美容儀善騎射聖光末中山爲葛榮所獲信既少年好自修飾服章有殊於衆軍中號爲獨孤郎及爾朱氏破葛榮以信爲別將從征

韓婁信疋馬挑戰，擒賊漁陽王袁肆周以功拜員外散騎侍郎尋轉驍騎將軍因鎮湓口元顥入洛榮以信爲前驅與顥黨戰於河北破之拜安南將軍賜爵爰德縣侯建明初出爲荊州新野鎮將帶新野郡守尋遷荊州防城大都督帶南鄉守頻典二部皆有聲績賀拔勝出鎮荊州乃表信爲大都督從勝攻梁下溠戍破之遷武衞將軍及勝弟岳爲侯莫陳悅所害勝乃令信入關撫岳餘衆屬太祖已統岳兵信與太祖鄉里少相友善相見甚歡因令信入洛請事至雍州太使元毗又遣信還荊州尋徵信入朝魏孝武雅相委任及孝武西遷事起倉卒信單騎及之於瀍澗孝武歎曰武衞遂能辭父母捐妻子遠來從我世亂識貞良豈虛言哉即賜信御馬一疋進爵浮陽郡公邑一千戶時荊州雖陷東魏民心猶戀本朝乃以信爲衞大將軍都督三荊州諸軍事兼尚書右僕射東南道行臺大都督荊州刺史以招懷之信至武陶東魏遣其弘農郡守田八能率蠻左之衆拒信於淅陽又遣其都督張齊民以步騎三千出信之後信謂其衆曰今我士卒不滿千人而首尾受敵若卻擊齊民則敵人謂爲退走必來要截未若先破八能遂奮擊八能敗而齊民亦潰信乘勝襲荊州東魏刺史辛纂勒兵出戰士庶既懷信遺惠信臨陣喻之莫不解體因而縱兵擊之纂大敗奔城趨門未及闔信都督楊忠等前驅斬纂語在忠傳於是三荊遂定就拜車騎大將軍儀同三司東魏又遣其將高敖曹侯景等率衆奄至信以衆寡不敵遂率麾下奔梁居三載梁武帝方始許信還北信父母既在山東梁武帝問信所往信答以事君無二梁武帝深義之禮送甚厚大統三年秋至長安自以虧損國威上書謝罪魏文帝付尚書議之七兵尚書陳郡王王言等議以爲邊將蒞戎襲行天罰喪師敗績國刑無捨荊州刺史獨孤如願任當推轂遠襲襄宛斬賊帥辛纂傳首京師論功語効寔合嘉賞但庸績不終旋致淪沒責成之義朝寄有違然孤軍數千後援未接賊衆我寡難以自固既經恩降理絕刑書昔秦宥孟明漢捨廣利卒能改過立功垂芳竹帛以今方古抑有成規臣等參議請赦罪復其舊職魏文帝詔曰如願荊襄之役寔展功効既屬強寇力屈道窮歸賊不可還朝路絕適事求宜未足稱過違難如吳誠貫夷險義全終始良可嘉歎復情存謙退款心謝責寧容議及恩降止云免咎斯則事失權宜理乖通變可轉驃騎大將軍加侍中開府其使持節儀同三司浮陽郡公悉如故尋拜領

軍仍從太祖復弘農破沙苑改封河內郡公增邑二千戶時俘虜中有信親屬始得父凶問乃發喪行服尋起爲大都督率衆與馮翊王元季海入洛陽潁豫襄廣陳留之地竝相繼款附四年東魏將侯景等率衆圍洛陽信據金墉城隨方拒守旬有餘日及太祖至瀍東景等退走信與李遠爲右軍戰不利東魏遂有洛陽六年侯景寇荊州太祖令信與李弼出武關景退以信爲大使慰撫三荊尋除隴右十州大都督秦州刺史先是守宰闇弱政令乖方民有冤訟歷年不能斷決及信在州事無壅滯示以禮教勸以耕桑數年之中公私富實流民願附者數萬家太祖以其信著遐邇故賜名爲信七年岷州刺史赤水蕃王梁企定舉兵反詔信討之企定尋爲其部下所殺而企定子弟仍收其餘衆信乃勒兵向萬年頓三交口賊併力拒守信因詭道趨稠松嶺賊不虞信兵之至望風奔潰乘勝逐北徑至城下賊竝出降加授太子太保邙山之戰大軍不利信與于謹收散卒自後擊之齊神武追騎驚擾諸軍因此得全十二年涼州刺史宇文仲和據州不受代太祖令信率開府怡峯討之仲和嬰城固守信夜令諸將以衝梯攻其東北信親帥壯士襲其西南值明剋之擒仲和虜其民六千戶送于長安拜大司馬十三年大軍東討時以茹茹爲寇令信移鎮河陽十四年進位柱國大將軍錄剋下溠守洛陽破岷州平涼州等功增封聽回授諸子於是第二子善封魏寧縣公第三子穆文侯縣侯第四子藏義寧縣侯邑各一千戶第五子順項城縣伯第六子陁建忠縣伯邑各五百戶信在隴右歲久啓求還朝太祖不許或有自東魏來者又告其母凶問信發喪行服屬魏太子與世祖巡北邊因至河陽弔信信陳哀苦請終禮制又不許於是追贈信父庫者司空公追封信母費連氏常山郡君十六年大軍東討信率隴右數萬人從軍至崤坂而還遷尚書令六官建拜大司馬孝閔帝踐阼遷太保大宗伯進封衞國公邑萬戶趙貴誅後信以同謀坐免居無幾晉公護又欲殺之以其名望素重不欲顯其罪逼令自盡於家時年五十五信風度弘雅有奇謀大略太祖初啓霸業唯有關中之地以隴右形勝故委信鎮之既爲百姓所懷聲振鄰國東魏將侯景之南奔梁也魏收爲檄梁文矯稱信據隴右不從宇文氏仍云無關西之憂欲以威梁人也又信在秦州嘗因獵日暮馳馬入城其帽微側詰旦而吏民有戴帽者咸慕信而側帽焉其爲鄰境及士庶所重如此子羅先在東魏乃

以次子善爲嗣及齊平羅至善卒又以羅爲嗣羅字羅仁大象元年除楚安郡守授儀同大將軍善子伏陁幼聰慧善騎射以父勳封魏寧縣公魏廢帝元年又以父勳授驃騎大將軍開府儀同三司加侍中進爵長安郡公孝閔帝踐阼除河州刺史以父負釁久廢於家保定三年乃授龍州刺史天和六年襲爵河內郡公邑二千戶從高祖東討以功授上開府尋除兗州刺史政存簡惠百姓安之卒於位年三十八贈使持節柱國定趙恒滄瀛五州諸軍事定州刺史信長女周明敬后第四女元貞皇后第七女隋文獻后周隋及皇家三代皆爲外戚自古以來未之有也隋文帝踐極乃下詔曰褒德累行往代通規追遠慎終前王盛典故使持節柱國河內郡開國公信風宇高曠獨秀生人睿哲居宗清猷映世宏謨長策道著於弼諧緯義經仁事深於拯濟方當宣風廊廟亮采台階而世屬艱危功高弗賞眷言令範事切于心今景運初開椒闈肅建載懷塗山之義無忘褒紀之典可贈太師上柱國冀定相滄瀛趙恒洛貝十州諸軍事冀州刺史趙國公邑一萬戶謚曰景追贈信父庫者使持節太尉上柱國定恒滄瀛平燕六州諸軍事定州刺史封趙國公邑一萬戶謚曰恭信母費連氏贈太尉恭公夫人

侯莫陳崇字尚樂代郡武川人其先魏之別部居庫斛真水五世祖曰太骨都侯其後世爲渠帥祖允以良家子鎮武川因家焉父興殿中將軍羽林監崇少驍勇善馳射謹慤少言年十五隨賀拔岳與爾朱榮征葛榮又從元天穆討邢杲平之以功除建威將軍別從岳破元顥於洛陽遷直寢後從岳入關破赤水蜀時万俟醜奴圍岐州遣其將尉遲菩薩將兵向武功崇從岳力戰破之乘勝逐北解岐州圍又赴百里細川破賊帥侯伏侯元進柵醜奴率其餘衆奔高平崇與輕騎逐北至涇州長坑及之賊未成列崇單騎入賊中於馬上生擒醜奴於是大呼衆悉披靡莫敢當之後騎益集賊徒因悉逃散遂大破之岳以醜奴所乘馬及寶劍金帶賞崇除安北將軍大中大夫都督封臨涇縣侯邑八百戶及岳爲侯莫陳悅所害崇與諸將同謀迎太祖太祖至軍原州刺史史歸猶爲悅守太祖遣崇襲歸崇潛軍夜往輕將七騎直到城下餘衆皆伏於近路歸見騎少遂不設備崇即入據城門時李遠兄弟在城內先知崇來於是中外鼓噪伏兵悉起遂擒歸斬之以崇行原州事仍從平悅轉征西將軍又遣崇慰撫秦州別封廣武縣伯邑七百戶大統元年除涇州刺史加散騎常侍大都督進爵爲公累遷車騎大將軍儀同三司驃騎大將軍開府儀同三司改封彭城郡公邑三千戶三年從擒竇泰復弘農破沙苑增邑二千戶四年從戰河橋崇功居多七年稽胡反崇率衆討平之尋除雍州刺史兼太子詹事十五年進位柱國大將軍轉少傅魏恭帝元年出爲寧州刺史遷尚書令六官建拜大司空孝閔帝踐阼進封梁國公邑萬戶加太保歷大宗伯大司徒保定二年崇從高祖幸原州高祖夜還京師竊怪其故崇謂所親人常昇曰吾昔聞卜筮者言晉公今年不利車駕今忽夜還不過是晉公死耳於是衆皆傳之或有發其事者高祖召諸公卿於大德殿責崇崇惶恐謝罪其夜護遣使將兵就崇宅逼令自殺禮葬如常儀謚曰躁護誅後改謚曰莊閔子芮嗣拜大將軍進位柱國從高祖東伐率衆守大行道幷州平授上柱國仍從平鄴拜大司馬崇弟瓊字世樂年八歲喪父養母至孝善事諸兄內外莫不敬之以軍功封靈丘縣男邑三百戶從魏孝武入關爲太祖直盪都督大統三年遷尚藥典御三年拜太子右衞率進爵爲侯從獨孤信征梁企定累遷北秦州刺史十四年拜車騎大將軍儀同三司孝閔帝踐阼進爵武安縣公增邑幷前二千戶出爲郢州刺史武成二年遷金州總管六州諸軍事金州刺史保定元年拜大將軍天和四年轉荊州總管十四州八防諸軍事荊州刺史尋進位柱國進爵同昌郡公建德二年拜大宗伯出爲秦州總管四年從高祖東伐爲後二軍總管尋改封武威郡公大象二年加上柱國瓊弟凱字敬樂性剛正頗好經史隨兄崇以軍功賜爵下蔡縣男大統元年爲東宮侍書從太祖擒竇泰破沙苑陣以功拜寧遠將軍累遷羽林監東宮洗馬太子庶子進授都督十四年兄崇以平原州功賜爵靈武縣侯詔聽轉授凱累遷東宮武衞率尚書右丞轉左丞進位車騎大將軍儀同三司六官建授司門下大夫孝閔帝踐阼拜工部中大夫進位開府儀同三司轉司憲中大夫進爵爲公復除工部中大夫世宗初出爲宜州刺史武成二年入爲禮部中大夫保定中復爲陵州刺史轉丹州刺史所在頗有政績天和中入爲司會中大夫建德二年爲聘齊使主

史臣曰蕭何文吏自愛懼秦法誅戮乃推奉漢高李通家傳讖術知劉氏當興遂翊戴光武終而白水復禹中陽纂堯方策以爲美談功臣仰其徽烈趙貴志懷忠義首倡大謀爰啓聖明克復讐恥關中全二百之險周室

定三分之業彼此一時足爲連類獨孤信威申南服化洽西州信著遐方光照隣國侯莫陳崇以勇悍之氣當戰爭之利輕騎啓高平之扉疋馬得長坑之捷竝以宏材遠略附鳳攀龍績著元勳位居上衮而識慚明悊咸以凶終惜哉信雖不免其身慶延于後三代外戚何其盛歟

初魏孝莊帝以爾朱榮有翊戴之功拜榮柱國大將軍位在丞相上榮敗後此官遂廢大統三年魏文帝復以太祖建中興之業始命爲之其後功參佐命望實俱重者亦居此職自大統十六年以前任者凡有八人太祖位總百揆督中外軍魏廣陵王欣元氏懿戚從容禁闈而已此外六人各督二大將軍分掌禁旅當爪牙禦侮之寄當時榮盛莫與爲比故今之稱門閥者咸推八柱國家云今并十二大將軍錄之於左

使持節太尉柱國大將軍大都督尚書左僕射隴右行臺少師隴西郡開國公李虎

使持節太傅柱國大將軍大宗伯大司徒廣陵王元欣

使持節太保柱國大將軍大都督大宗伯趙郡開國公李弼

使持節柱國大將軍大都督大司馬河內郡開國公獨孤信

使持節柱國大將軍大都督大司寇南陽郡開國公趙貴

使持節柱國大將軍大都督大司空常山郡開國公于謹

使持節柱國大將軍大都督少傅彭城郡開國公侯莫陳崇

右與太祖爲八柱國（後竝改封此竝太祖時爵）

使持節大將軍大都督少保廣平王元贊

使持節大將軍大都督淮王元育

使持節大將軍大都督齊王元廓

使持節大將軍大都督秦七州諸軍事秦州刺史章武郡開國公宇文導

使持節大將軍大都督平原郡開國公侯莫陳順

使持節大將軍大都督雍七州諸軍事雍州刺史高陽郡開國公達奚武

使持節大將軍大都督陽平公李遠

使持節大將軍大都督范陽郡開國公豆盧寧

使持節大將軍大都督化政郡開國公宇文貴

使持節大將軍大都督荆州諸軍事荆州刺史博陵郡開國公賀蘭祥

使持節大將軍大都督陳留郡開國公楊忠

使持節大將軍大都督岐州諸軍事岐州刺史武威郡開國公王雄

右十二大將軍又各統開府二人每一開府領一軍兵是爲二十四軍自大統十六年以前十二大將軍外念賢及王思政亦作大將軍然賢作牧隴右思政出鎮河南竝不在領兵之限此後功臣位至柱國及大將軍者衆矣咸是散秩無所統御六柱國十二大將軍之後有以位次嗣掌其事者而德望素在諸公之下不得預於此列

周書卷十六考證

趙貴傳趙貴字元貴○北史作字元寶

獨孤信傳陳郡王王言等○北史作陳郡王玄等爲是

第三子穆文侯縣侯○北史作必要縣侯

侯莫陳崇傳遣其將李尉遲菩薩將兵向武功○李字下有脫字

周書卷十七

唐　令狐德棻等撰

列傳第九

梁禦

若干惠

怡峯

劉亮

王德

梁禦字善通其先安定人也後因官北邊遂家於武川改姓爲紇豆陵氏高祖俟力提從魏太祖征討位至揚武將軍定陽侯禦少好學進趨詳雅及長更好弓馬爾朱天光西討知禦有志畧引爲左右授宣威將軍都將共平關右除鎮西將軍東益州刺史第一領民酋長封白水縣伯邑三百戸轉征西將軍金紫光祿大夫後從賀拔岳鎮長安及岳被害禦與諸將同謀翊戴太祖從征侯莫陳悅遷武衞將軍太祖既平秦隴方欲引兵東下雍州刺史賈顯持兩端通使於齊神武太祖微知其意以禦爲大都督雍州刺史領前軍先行旣與顯相見因說顯曰魏室陵遲天下鼎沸高歡志在凶逆梟夷非遠宇文夏州英姿不世筭畧無方方欲扶危定傾匡復京洛公不於此時建立功効乃懷猶豫恐禍不旋踵矣顯卽出迎太祖禦遂入鎮雍州授車騎大將軍儀同三司大統元年轉右衞將軍進爵信都縣公邑一千戸尋授尚書右僕射從太祖復弘農破沙苑加侍中開府儀同三司進爵廣平郡公增邑一千五百戸出爲東雍州刺史爲政舉大綱而已民庶稱爲四年薨於州臨終唯以國步未康爲恨言不及家贈太尉尚書令雍州刺史諡曰武昭子睿襲爵天和中拜開府儀同三司以預佐命有功進蔣國公大象末除益州總管加授柱國睿將之任而王謙舉兵拒不授代仍詔睿爲行軍元帥討謙破之進位上柱國

若干惠字惠保代郡武川人也其先與魏氏俱起以國爲姓父樹利周從魏廣陽王深征葛榮戰沒贈冀州刺史惠年弱冠從爾朱榮征伐定河北破元顥以功拜中堅將軍復以別將從賀拔岳西征解岐州圍擒万俟醜奴平永洛定隴右每力戰有功封北平縣男邑二百戸累遷鎮遠將軍都督直寢征西將軍金紫光祿大夫及岳爲侯莫陳悅所害惠與寇洛趙貴等同謀翊戴太祖仍從平悅拜直閤將軍魏孝武西遷除右衞將軍大都督進爵魏昌縣伯邑五百戸出爲北華州刺史加使持節驃騎將軍大統初拜儀同三司進爵爲公增邑五百戸從擒竇泰復弘農破沙苑惠每先登陷陣加侍中開府進爵長樂郡公增邑通前二千二百戸四年魏文帝東巡洛陽與齊神武戰於河橋惠力戰破之大收降卒七年遷中領軍及高仲密舉北豫州來附太祖帥師迎之軍至洛陽齊神武於邙山將以邀我太祖乃徙輜重於瀍曲夜勒兵襲之及戰惠爲右軍與中軍大破之逐北數里虜其步卒齊神武兵乃萃於左軍軍將趙貴等與戰不利諸軍因之竝退時會日暮齊神武兵屢來攻惠惠擊之皆披靡至夜中齊神武騎復來追惠惠徐乃下馬顧命厨人營食食訖謂左右曰長安死此中死異乎乃建旗鳴角收諸敗軍而還齊神武追騎憚惠疑有伏兵不敢逼至弘農見太祖陳賊形勢恨其垂成之功覆於一簣於是歔欷不能自勝太祖壯之尋拜秦州刺史未及之部遷司空惠性剛質有勇力容貌魁岸善於撫御將士莫不懷恩人思効節十二年東魏將侯景侵襄州惠率兵擊走之明年景請內附朝議欲收轄河南令惠以本官鎮魯陽以爲聲援遇疾薨於軍惠於諸將年最少早喪父事母以孝聞太祖嘗造射堂新成與諸將宴射惠竊歎曰親老矣何時辦此乎太祖聞之卽日徙堂於惠宅其見重如此及薨太祖爲之流涕者久之惠喪至又臨撫焉贈本官加秦州刺史諡曰武烈子鳳嗣鳳字達摩少沉深有識度大統末襲父爵長樂郡公尚太祖女魏廢帝二年授驃騎大將軍開府儀同三司魏恭帝三年除左宮伯尋出爲洛州刺史徵拜大馭中大夫保定四年追錄佐命之功封鳳徐國公增邑幷前五千戸建德二年拜柱國

怡峯字景阜遼西人也本姓默台因避難改爲高祖寬燕遼西郡守魏道武時率戸歸朝拜羽眞賜爵長蛇公曾祖文冀州刺史峯少從征役以驍勇聞永安中假龍驤將軍爲都將從賀拔岳討万俟醜奴以功授給事中明威將軍轉征虜將軍都督賜爵蒲陰縣男及岳被害峯與趙貴等同謀翊戴太祖進爵爲伯時原州刺史史歸猶爲侯莫陳悅守太祖令峯與侯莫陳崇討擒之及齊神武與魏孝武帝構隙帝頻勑太祖簡銳卒入衞京邑太祖乃令峯與都督趙貴等率輕騎赴洛陽至潼關值魏孝武西遷峯卽從太祖拔回洛復潼關拜安東將軍華州刺史尋轉大都督討曹泥有功進爵華陽縣公邑一千戸大統二年從太祖破竇泰於小關還拜散騎常侍車騎大將軍儀同三司又從復弘農破沙苑進爵樂陵郡公乃與元季海獨孤信復洛陽峯率奇兵至成皐入其郛收其戸口而還東魏遣行臺任祥率步騎萬餘攻潁川峯復以輕騎五百邀擊之自是威名轉盛加授開府儀同三司東魏圍洛陽峯與季海守金墉太祖至圍解卽與東魏戰於河橋時峯爲左軍不利與李遠先還太祖因此班師詔原其罪拜東西北三夏州諸軍事夏州刺史後與于謹討劉平伏從解玉壁圍平栢谷塢竝有功涼州刺史宇文仲和反峯與于謹討之十五年東魏圍潁川峯與趙貴赴援至南陽遇疾卒時年五十峯沉毅有膽畧得士卒心當時號爲驍將太祖嗟悼者久之贈華州刺史諡曰襄威子昂嗣官至開府儀同三司朝廷追錄峯功封昂鄭國公昂弟光少以峯勳賜爵安平縣侯起家員外散騎常侍累遷司土中大夫左武伯出爲汾涇幽三州刺史加開府儀同三司進爵龍河縣公光弟春少知名歷官吏部下大夫儀同三司

劉亮中山人也本名道德祖祐連魏蔚州刺史父持眞鎮遠將軍領民酋長魏大統中以亮著勳追贈車騎大將軍儀同三司恒州刺史亮少倜儻有從橫計畧姿貌魁傑見者憚之普泰初以都督從賀拔岳西征解岐州圍擊侯伏侯元進万俟道洛万俟醜奴宿勒明達及諸

賊亮常先鋒陷陣以功拜大都督封廣興縣子邑五百戶侯莫陳悅害岳亮與諸將謀迎太祖悅平悅之黨豳州刺史孫定兒仍據州不下涇秦靈等諸州悉與定兒相應衆至數萬推定兒爲主以拒義師太祖令亮襲之定兒以義兵猶遠未爲之備亮乃將二十騎先竪纛於近城高嶺卽馳入城中定兒方置酒高會卒見亮至衆皆駭愕莫知所爲亮乃麾兵斬定兒縣首號令賊黨仍遙指城外纛命二騎曰出追大軍賊黨怕懼一時降服於是諸州羣賊皆卽歸欵及太祖置十二軍簡諸將以將之亮領一軍每征討常與怡峯俱爲驍將魏孝武西遷以迎駕功除使持節右光祿大夫左大都督南秦州刺史大統元年以復潼關功進位車騎大將軍儀同三司改封饒陽縣伯邑五百戶尋加侍中從擒竇泰復弘農及沙苑之役亮竝力戰有功遷開府儀同三司大都督進爵長廣郡公邑通前二千戶以母憂去職居喪毀瘠太祖嗟其至性每愛惜之俄起復本官亮以勇敢見知爲時名將兼屢陳謀策多合機宜太祖乃謂之曰卿文武兼資卽孤之孔明也乃賜名亮幷賜姓侯莫陳氏十年出爲東雍州刺史爲政清淨百姓安之在職三歲卒於州時年四十喪還京師太祖親臨之泣而謂人曰股肱喪矣腹心何寄令鴻臚卿監護喪事追贈太尉謚曰襄配享太祖廟庭子昶尚太祖女西河長公主大象中位至柱國秦靈二州總管以亮功封彭國公邑五千戶昶弟靖天水郡守靖弟恭開府儀同三司饒陽縣伯恭弟幹上儀同三司襃中侯

王德字天恩代郡武川人也少善騎射雖不經師訓而以孝悌見稱魏永安二年從爾朱榮討元顥攻河內應募先登以功除討夷將軍進爵內官縣子又從賀拔岳討万俟醜奴平之別封深澤縣男邑二百戶加龍驤將軍中散大夫及侯莫陳悅害岳德與寇洛等定議翊戴太祖加征西將軍金紫光祿大夫平涼郡守德雖不知書至於斷决處分良吏無以過也涇州所部五郡而德常爲最及魏孝武西遷以奉迎功進封下博縣伯邑五百戶行東雍州事在州未幾百姓懷之賜姓烏丸氏大統元年拜衛將軍右光祿大夫進爵爲公增邑一千戶加車騎大將軍儀同三司北雍州刺史其後常從太祖征伐累有戰功又從破齊神武於沙苑加開府侍中進爵河間郡公增邑通前二千七百戶先是河渭間種羌屢叛以德有威名爲夷民所附除河州刺史德綏撫有方羣羌率服十三年授大都督原靈顯三州五原蒲川二鎭諸軍事十四年除涇州刺史卒於州謚曰獻德性厚重廉慎言行無擇毋年幾百歲後德終子慶小名公奴性謹厚官至開府儀同三司初德喪父家貧無以葬乃賣公奴幷一女以營葬事因遭兵亂不復相知及德在平涼始得之遂名曰慶

史臣曰梁禦等負將率之材蘊驍銳之氣遭逢喪亂馳騖干戈艱難險阻備嘗而功名未立及殷憂啓聖豫奉興王參謀締構之初宣力經綸之始遂得連衡灌酈方駕張徐可謂遇其時也竝中年卽世遠志未申惜哉惠德本以果毅知名而能率由孝道難矣圖史所歎何以加焉勇者不必有仁斯不然矣

周書卷十八

唐　令狐德棻等撰

列傳第十

王羆 子慶遠 孫述

王思政

王羆字熊羆京兆霸城人漢河南尹王遵之後世爲州郡著姓羆剛直木彊處物平當州郡敬憚之魏太和中除殿中將軍先是南岐東益氐羌反叛王師戰不利乃令羆領羽林五千鎭梁州討平諸賊還授右將軍西河內史辭不拜時人謂之曰西河大邦俸祿殷厚何爲致辭羆曰京洛材木盡出西河朝貴營第宅者皆有求假如其私辦卽力所不堪若科發民間又違法憲以此辭耳梁將曹義宗圍荊州勑羆與別將裴衍率兵赴救遂與梁人戰大破之于時諸方鼎沸所在凋殘荊州新經寇難尤藉慰撫以羆爲荊州刺史進號撫軍將軍梁復遣曹義宗衆數萬圍荊州堰水灌城不沒者數板時旣內外多虞未遑救援乃遺羆鐵券云城全當授本州刺史城中糧盡羆煑粥與將士均分而食之每出戰嘗不擐甲冑大呼曰荊州城孝文皇帝所置天若不祐國家使賊箭中王羆不爾王羆須破賊屢經戰陣亦不被傷彌歷三年義宗方退進封霸城縣公尋遷車騎大將軍涇州刺史未及之部屬太祖徵兵爲勤王之舉請前驅効命遂爲大都督鎭華州魏孝武西遷拜驃騎大將軍加侍中開府嘗修州城未畢梯在外齊神武遣韓軌司馬子如從河東宵濟襲羆羆不之覺比曉軌衆已乘梯入城羆尚臥未起聞閤外洶洶有聲便袒身露髻徒跣持一白挺大呼而出敵見之驚逐至東門左右稍集合戰破之軌衆遂投城遁走時關中大饑徵稅民間穀食以供軍費或隱匿者令遞相告多被箠楚以是人有逃散唯羆信著於人莫有隱者得粟不少諸州而無怨讟沙苑之役齊神武士馬甚盛太祖以華州衝要遣使勞羆令加守備羆語使人曰老羆當道臥貉子安得過太祖聞而壯之及齊神武至城下謂羆曰何不早降羆乃大呼曰此城是王羆冢生死在此欲死者來齊神武遂不敢攻時茹茹渡河南寇候騎已至豳州朝廷慮其深入乃徵發士馬屯守京城塹諸街巷以備侵軼左僕射周惠達召羆議之羆不應命謂其使曰若茹茹至渭北者王羆率鄉里自破之不煩國家兵馬何爲天子城中遂作如此驚動由周家小兒恇怯致此羆輕侮權勢守正不回皆此類也未幾還鎭河東羆性儉率不事邊幅嘗有臺使羆爲其設食使乃裂其薄餅緣羆曰耕種收穫其功已深舂爨造成用力不少乃爾選擇當是未饑命左右撤去之使者愕然大慚又有客與羆食瓜侵膚稍厚羆意嫌之及瓜皮落地乃引手就地取而食之客甚有愧色性又嚴急嘗有吏挾私陳事者羆不暇命捶扑乃手自取鞾履持以擊之每至享會親自秤量酒肉分給將士時人尚其均平嗤其鄙碎大統七年卒於鎭贈太尉

子慶遠弱冠以功臣子拜直閤將軍先羆卒孫述嗣

述字長述少聰敏有識度年八歲太祖見而奇之曰王公有此孫足爲不朽卽以爲鎭遠將軍拜太子舍人以祖憂去職述幼喪父爲羆所鞠養及居喪深合禮度于時東西交爭金革方始羣官遭喪者卒哭之後皆起令視事述請終禮制辭理懇切太祖令中使就視知其哀毀乃特許之喪畢襲爵扶風郡公累遷上大將軍

王思政字思政太原祁人容貌魁偉有籌策魏正光中解褐員外散騎侍郎屬万俟醜奴宿勤明達等擾亂關右北海王顥率兵討之啓思政隨軍軍事所有謀議竝與之參詳時魏孝武在藩素聞其名顥軍還乃引爲賓客遇之甚厚及登大位委以心膂遷安東將軍預定策功封祁縣侯俄而齊神武潛有異圖帝以思政可任大事拜中軍大將軍大都督總宿衛兵思政乃言於帝曰高歡之心行路所共知矣洛陽四面受敵非用武之地關中有崤函之固一人可禦萬夫且士馬精彊糧儲委積進可以討除逆命退可以保據關河宇文夏州糾合同盟願立功効若聞車駕西幸必當奔走奉迎藉天府之資因已成之業一二年間習戰陣勸耕桑修舊京何慮不克帝深然之及齊神武兵至河北帝乃西遷進爵太原郡公大統之後思政雖被任委自以非相府之舊每不自安太祖曾在同州與羣公宴集出錦罽及雜綾絹數段命諸將樗蒱取之物旣盡太祖又解所服金帶令諸人遍擲曰先得盧者卽與之羣公將遍莫有得者次至思政乃斂容跪坐而自誓曰王思政羈旅歸朝蒙宰相國士之遇方願盡心効命上報知己若此誠有實令宰相賜知者願擲卽爲盧若內懷不盡神靈亦當明之使不作也便當殺身以謝所奉辭氣慷慨一坐盡驚卽拔所佩刀橫於膝上攬樗蒱拊髀擲之比太祖止之已擲爲盧矣徐乃拜而受自此之後太祖期寄更深轉驃騎將軍令募精兵從獨孤信取洛陽仍共信鎭之及河橋之戰思政下馬用長矟左右橫擊一擊踣數人時陷害旣深從者死盡思政被重創悶絕會日暮敵將收軍思政久經軍旅每戰唯著破弊甲敵人疑非將帥故免有帳下督雷五安於戰處哭求思政會其已蘇遂相得乃割衣裹創扶思政上馬夜久方得還仍鎭弘農思政以玉壁地在險要請築城卽自營度移鎭之遷幷州刺史仍鎭玉壁八年東魏來寇思政守禦有備敵人晝夜攻圍卒不能克乃收軍還以全城功受驃騎大將軍復命思政鎭弘農於是修城郭起樓櫓營田農積芻秣凡可以守禦者皆具焉弘農之有備自思政始也十二年加特進荊州刺史州境卑濕城壍多壞思政方命都督藺小歡督工匠繕治之掘得黃金三十斤夜中密送之至旦思政召佐吏以金示之曰人臣不宜有私悉封金送上太祖嘉之賜錢二十萬思政之去玉壁也太祖命舉代己者思政乃進所部都督韋孝寬其後東魏來寇孝寬卒能全城時論稱其知人十三年侯景叛東魏擁兵梁鄭爲東魏所攻景乃請援乞師當時未卽應接思政以爲若不因機進取後悔無及卽率荊州步騎萬餘從魯關向陽翟思政入守潁川景引兵向豫州外稱略地乃密遣送款於梁思政分布諸軍據景七州十二鎭太祖乃以所授景使持節太傅大將軍兼中書令河

南大行臺河南諸軍事回授思政思政竝讓不受頻使敦喻唯受河南諸軍事東魏太尉高嶽行臺慕容紹宗儀同劉豐生等率步騎十萬來攻潁川城內臥鼓偃旗若無人者嶽恃其衆謂一戰可屠乃四面鼓噪而上思政選城中驍勇開門出突嶽衆不敢當引軍亂退嶽知不可卒攻乃多修營壘又隨地勢高處築土山以臨城中飛梯火車晝夜攻之思政亦作火𥎞因迅風便投之土山又以火箭射之燒其攻具仍募勇士縋而出戰嶽衆披靡其守土山人亦棄山而走齊文襄更益嶽兵堰洧水以灌城城中水泉涌溢不可防止懸釜而炊糧力俱竭慕容紹宗劉豐生及其將慕容永珍共乘樓船以望城內令善射者俯射城中俄而大風暴起船乃飄至城下城上人以長鉤牽船弓弩亂發紹宗窮急投水而死豐生浮向土山復中矢而斃生擒永珍思政謂之曰僕之破亡在於晷漏誠知殺卿無益然人臣之節守之以死乃流涕斬之并收紹宗等尸以禮埋瘞齊文襄聞之乃率步騎十一萬來攻自至堰下督勵士卒水壯城北面遂崩水便滿溢無措足之地思政知事不濟率左右據土山謂之曰吾受國重任本望平難立功精誠無感遂辱王命今力屈道窮計無所出唯當効死以謝朝恩因仰天大哭左右皆號慟思政西向再拜便欲自刎先是齊文襄告城中人曰有能生致王大將軍者封侯重賞若大將軍身有損傷親近左右皆從大戮都督駱訓謂思政曰公常語訓等但將我頭降非但得富貴亦是活一城人今高相既有此言公豈不哀城中士卒也固共止之不得引決齊文襄遣其常侍趙彥深就土山執手申意引見文襄辭氣慷慨無撓屈之容文襄以其忠於所事禮遇甚厚思政初入潁川士卒八千人城既無外援亦無叛者思政常以勤王爲務不營資產嘗被賜園地思政出征後家人種桑果及還見而怒曰匈奴未滅去病辭家況大賊未平何事產業命左右拔而棄之故身陷之後家無畜積及齊受禪以爲都官尚書子秉

史臣曰王羆剛峭有餘弘雅未足情安儉率志在公平旣而奮節危城抗辭勍敵梁人爲之退舍高氏不敢加兵以此見稱信非虛述不隕門風亦足稱也王思政驅馳有事之秋慷慨功名之際及乎策名霸府作鎭潁川設縈帶之險修守禦之術以一城之衆抗傾國之師率疲乏之兵當勁勇之卒猶能亟摧大敵屢建奇功忠節冠於本朝義聲動於鄰聽雖運窮事蹙城陷身囚壯志高風亦足奮於百世矣

周書卷十八考證

王羆傳乃令羆領羽林五千鎭梁州○北史作乃拜羆冠軍將軍鎭梁州

持一白挺大呼而出○北史此句下卽載老羆當道卧貉子那得過二語下方載敵見驚退逐至東門文帝聞而壯之與此不同又通鑑從周書不從北史北史以兩事合爲一事誤也

貆子安得過○貆北史通鑑俱作貉胡三省通鑑注云貉子曰貆　臣文淳按貉子曰貆貆未可以言貉也

齊神武遂不敢攻○此句下北史有後移鎭河東語本傳失載　臣文淳按下有未幾還鎭河東句其爲遺脫無疑王羆一傳以北史較之脫訛甚多但無善本可考姑存其舊

子慶遠○不當另自爲傳當依北史叙於羆傳之末

王思政傳太原祁人○北史此句下有漢司徒允之後也七字

子秉○北史作子康

周書卷十九

唐　令狐德棻　等　撰

列傳第十一

達奚武子震

侯莫陳順

豆盧寧

宇文貴

楊忠

王雄

達奚武字成興代人也祖眷魏懷荒鎭將父長洴城鎭將武少倜儻好馳射爲賀拔岳所知岳征關右引爲別將武遂委心事之以戰功拜羽林監子都督及岳爲侯莫陳悅所害武與趙貴收岳屍歸平涼同翊戴太祖從平悅除中散大夫都督封須昌縣伯邑三百戶魏孝武入關授直寢轉大丞相府中兵參軍大統初出爲東秦州刺史加散騎常侍進爵爲公齊神武與竇泰高敖曹三道來侵太祖欲并兵擊竇泰諸將多異議唯武及蘇綽與太祖意同遂擒之齊神武乃退太祖進圖弘農遣武從兩騎覘候動靜武與其候騎遇卽便交戰斬六級獲三人而反齊神武趣沙苑太祖復遣武覘之武從三騎皆衣敵人衣服至日暮去營百步下馬潛聽得其軍號因上馬歷營若警夜者有不如法者往往撻之具知敵之情狀以告太祖太祖深嘉焉遂從破之除大都督進爵高陽郡公拜車騎大將軍儀同三司四年太祖援洛陽武率騎一千爲前鋒至穀成與李弼破莫多婁貸文進至河橋武又力戰斬其司徒高敖曹遷侍中驃騎大將軍開府儀同三司出爲北雍州刺史復戰邙山時大軍不利齊神武乘勝進至陝武率兵禦之乃退久之進位大將軍十七年詔武率兵三萬經畧漢川梁將楊賢以武興降梁深以白馬降武分兵守其城梁州刺史宜豐侯蕭循固守南鄭武圍之數旬循乃請服武爲解圍會梁武陵王蕭紀遣其將楊乾運等將兵萬餘人救循循於是更據城不出恐援軍之至表裏受敵乃簡精騎三千逆擊乾運於白馬大破之乾運退走武乃陳蜀軍俘級於城下循知援軍被破乃率所部男女三萬口入朝自劍以北悉平明年武振旅還京師朝儀初欲以武爲柱國武謂人曰我作柱國不應在元子孝前固辭不受以大將軍出鎭玉壁武乃量地形勝立樂昌胡營新城三防齊將高苟子以千騎攻新城武邀擊之悉虜其衆孝閔帝踐阼拜柱國大司寇齊北豫州刺史司馬消難舉州來附詔武與楊忠迎消難以歸武成初轉太宗伯進封鄭國公邑萬戶齊將斛律敦侵汾絳武以萬騎禦之敦退武築柏壁城留開府權嚴薛羽生守之保定三年遷太保其年大軍東伐隋公楊忠引突厥自北道武以三萬騎自東道期會晉陽武至平陽後期不進而忠已還武尚未知齊將斛律明月遺武書曰鴻鶴已翔於寥廓羅者猶視於沮澤也武覽書乃班師出爲同州刺史明年從晉公護東伐時尉遲迥圍洛陽爲敵所敗武與齊王憲於邙山禦之至夜收軍憲欲待明更戰武欲還固爭未決武曰洛陽軍散人情駭動若不因夜速還明日欲歸不得武在軍旅久矣備見形勢大王少年未經事豈可將數營士衆一旦棄之乎憲從之遂全軍而返天和三年轉太傅武貴時奢侈好華飾及居重位不持威儀行常單馬左右止一兩人而已外門不施戟恒晝掩一扉或謂武曰公位冠羣后功名蓋世出入儀衞須稱具瞻何輕率若是武曰子之言非吾心也吾在布衣豈望富貴不可頓忘疇昔且天下未平國恩未報安可過事威容乎言者慙而退武之在同州也時屬天旱高祖勑武祀華岳岳廟舊在山下常所禱祈武謂僚屬曰吾備位三公不能燮理陰陽遂使盛農之月久絕甘雨天子勞心百姓惶懼忝寄旣重憂責實深不可同於衆人在常祀之所必須登峯展誠尋其靈奧岳旣高峻千仞壁立巖路嶮絕人跡罕通武年踰六十唯將數人攀藤援枝然後得上於是稽首祈請陳百姓懇誠晚不得還卽於岳上藉草而宿夢見一白衣人來執武手曰快辛苦甚相嘉尚武遂驚覺益用祗肅至旦雲霧四起俄而澍雨遠近霑洽高祖聞之璽書勞武曰公年尊德重弼諧朕躬比以陰陽愆序時雨不降命公求祈止言廟所不謂公不憚危險遂乃遠陟高峯但神道聰明無幽不燭感公至誠甘澤斯應聞之嘉賞無忘于懷今賜公雜綵百疋公其善思嘉猷匡朕不逮念坐而論道之義勿復更煩筋力也武性貪恡其爲大司寇也在庫有萬釘金帶當時寶之武因入庫乃取以歸主者白晉公護以武勳不彰其過因而賜之時論深鄙焉五年十月薨年六十七贈太傅十五州諸軍事同州刺史謚曰桓子震嗣

震字猛畧少驍勇便騎射走及奔馬膂力過人大統初起家員外散騎常侍太祖嘗於渭北校獵時有兎過太祖前震與諸將競射之馬倒而墜震足不傾躓因步走射之一發中兎顧馬纔起遂回身騰上太祖喜曰非此父不生此子賜武雜綵一百段十六年封昌邑縣公一千戶累遷撫軍將軍銀青光祿大夫通直散騎常侍車騎大將軍儀同三司散騎常侍世宗初拜儀同右中大夫加驃騎大將軍開府儀同三司改封普寧縣公武平初進爵廣平郡公除華州刺史震雖生自膏腴少習武藝然導民訓俗頗有治方秩滿還朝爲百姓所戀保定四年大軍東討諸將皆奔退震與敵交戰軍遂獨全天和元年進位大將軍率衆征稽胡破之六年拜柱國建德初襲爵鄭國公出爲金州總管十一州九防諸軍事金州刺史四年從高祖東伐爲前三軍總管五年又從東伐率步騎一萬守統軍川攻克義寧烏蘇二鎭破并州進位上柱國仍從平鄴賜妾二人女樂一部及珍玩等拜大宗伯震父嘗爲此職時論榮之宣政中出爲原州總管三州二鎭諸軍事原州刺史尋罷歸隋開皇初薨於家震弟甚車騎將軍渭南縣子大象末爲益州刺史與王謙據蜀起兵尋敗被誅

侯莫陳順太保梁國公崇之兄也少豪俠有志度初事爾朱榮爲統軍後從賀拔勝鎭井陘武泰初討葛榮平邢杲征韓婁皆有功拜輕車將軍羽林監又從破元顥進寧朔將軍越騎校尉普泰元年除持節征西將軍封

木門縣子邑三百戶尋加散騎常侍千牛備身衛將軍閤內大都督從魏孝武入關順與太祖同里閈素相友善且其弟崇先在關中太祖見之甚歡乃進爵彭城郡公邑一千戶大統元年拜衛尉卿授儀同三司及梁企定圍逼河州以順爲大都督與趙貴討破之即行河州事後從太祖破沙苑以功增邑千戶四年魏文帝東討與太尉王盟僕射周惠達等留鎮長安時趙青雀反盟及惠達奉魏太子出次渭北順於渭橋與賊戰頻破之賊不敢出魏文帝還親執順手曰渭橋之戰卿有殊力便解所服金鏤玉梁帶賜之南岐州氐苻安壽自號太白王攻破武都州郡騷動復以順爲大都督往討之而賊屯兵要險軍不得進順乃設反間離其腹心立信賞誘其徒屬安壽知勢窮迫遂率部落一千家赴軍款附時順弟崇又封彭城郡公封順河間郡公明年加驃騎大將軍開府儀同三司行西夏州事安平郡公十六年拜大將軍出爲荊州總管山南道五十二州諸軍事荊州刺史孝閔帝踐阼拜少師進位柱國其年薨

豆盧寧字永安昌黎徒何人其先本姓慕容氏前燕之支庶也高祖勝以燕皇始初歸魏授長樂郡守賜姓豆盧氏或云避難改焉父長柔玄鎮將有威重見稱於時武成初以寧著勳追贈柱國大將軍少保涪陵郡公寧少驍果有志氣身長八尺美容儀善騎射永安中以別將隨爾朱天光入關加授都督又以破万俟醜奴功賜爵靈壽縣男嘗與梁企定遇於平涼川相與肄射乃於百步懸莎草以射之七發五中定服其能贈遺甚厚天光敗後侯莫陳悅反太祖討悅寧與李弼率衆歸太祖魏孝武西遷以奉迎勳封河陽縣伯邑五百戶大統元年除前將軍進爵爲侯增邑三百戶遷顯州刺史顯州大中正尋拜撫軍將軍銀青光祿大夫進爵爲公增邑五百戶授鎮東將軍金紫光祿大夫從太祖擒竇泰復弘農破沙苑除武衛大將軍兼大都督尋進車騎大將軍儀同三司增邑八百戶拜北華州刺史在州未幾以廉平著稱加散騎常侍七年從于謹破稽胡帥劉平伏於上郡及梁企定反以寧爲軍司監隴右諸軍事賊平進位侍中使持節驃騎大將軍開府儀同三司九年從太祖迎高仲密與東魏戰於邙山遷左衛將軍進爵范陽郡公增邑四百戶十六年拜大將軍羌帥傍乞鐵忽及鄭五醜等反叛寧率衆討平之魏恭帝二年改封武陽郡公遷尚書右僕射梁將王琳遣其將侯方兒潘純陁寇江陵寧與蔡祐鄭永等討之方兒等遁走三年武與氏及固查氏魏大王等相應反叛寧復討平之孝閔帝踐阼授柱國大將軍武成初出爲同州刺史復督諸軍討稽胡郝阿保劉桑德等破之軍還遷大司寇進封楚國公邑萬戶別食鹽亭縣一千戶收其租賦保定四年授岐州刺史屬大兵東討寧輿疾從軍五年薨於同州時年六十六贈太保同鄜等十州諸軍事同州刺史謚曰昭初寧未有子養弟永恩子勣及生子讚親屬皆請讚爲嗣寧曰兄弟之子猶子也吾何擇焉遂以勣爲世子世以此稱之及寧薨勣襲爵少歷顯位大象末上柱國利州總管讚以寧勳建德初賜爵華陽縣侯累遷開府儀同大將軍進爵武陽郡公永恩少有識度爲時輩所稱初隨寧事侯莫陳悅後與寧俱歸太祖授殄寇將軍以迎魏孝武功封新興縣伯邑五百戶屢逢征討皆有功拜龍驤將軍中散大夫大統八年除直寢右親信都督尋轉都督加通直散騎常侍十六年拜使持節車騎大將軍儀同三司魏廢帝元年進位驃騎大將軍開府儀同三司二年出爲成州刺史魏恭帝元年進爵龍來縣侯三年大將軍安政公史寧隨突厥可汗入吐谷渾令永恩率騎五千鎮河鄯二州以爲邊防孝閔帝踐祚授鄯州刺史改封沃野縣公增邑一千戶尋轉隴右總管府長史武成元年遷都督利沙文三州諸軍事利州刺史時文州蠻叛永恩率兵擊破之保定元年入爲司會中大夫二年復出爲隴右總管府長史寧以佐命元勳封楚國公請以先封武陽郡三千戶益沃野之封詔許焉又增邑并前四千五百戶尋卒官年四十八贈少保幽冀等五州諸軍事幽州刺史謚曰敬子通嗣

宇文貴字永貴其先昌黎大棘人也徙居夏州父莫豆千保定中以貴著勳追贈柱國大將軍少傅夏州刺史安平郡公貴母初孕貴夢有老人抱一兒授之曰賜爾是子俾壽且貴及生形類所夢故以永貴字之貴少從師受學嘗輟書歎曰男兒當提劒汗馬以取公侯何能如先生爲博士也正光末破六汗拔陵圍夏州刺史源子雍嬰城固守以貴爲統軍救之前後數十戰軍中咸服其勇後送子雍還賊帥叱干麒麟薛崇禮等處處屯聚出兵邀截貴每奮擊輒破之除武騎常侍又從子雍討葛榮軍敗奔鄴爲榮所圍賊屢來攻貴每縋而出戰賊莫敢當其鋒然兇徒寔繁圍久不解貴乃於地道潛出北見爾朱榮陳賊兵勢榮深納之因從榮擒葛榮於滏口加別將又從元天穆平邢杲轉都督元顥入洛貴率鄉兵從爾朱榮焚河橋力戰有功加征虜將軍封革融縣侯邑一千戶除郢州刺史入爲武衛將軍閤內大都督從魏孝武西遷進爵化政郡公大統初遷右衛將軍貴善騎射有將率才太祖又以宗室甚親委之三年進車騎大將軍儀同三司與獨孤信入洛陽東魏潁州刺史賀若統據潁川來降東魏遣其將堯雄趙育是云寶率衆二萬攻潁貴自洛陽率步騎二千救之軍次陽翟雄等已度馬橋去潁川三十里東魏行臺任祥又率衆四萬餘與雄合諸將咸以彼衆我寡不可爭鋒貴曰兵機倚伏固不可以常理論古人能以寡制衆者皆由預覩成敗決必然之策耳吾雖闇於成事然謂進與賀若合勢爲計之上者請爲諸軍說之堯雄等必以爲潁川孤危勢非其敵又謂吾寡弱獨進若悉力以攻潁必指掌可破既陷潁川便與任祥軍合同惡相濟爲害更甚吾今屯兵陽翟便是入其數內若賀若一陷吾輩坐此何爲進據潁川有城可守雄見吾入城出其不意進則狐疑退則不可然後與諸軍盡力擊之何往不克願勿疑也遂入潁川雄等稍前貴率千人背城爲陳與雄合戰貴馬中流矢乃短兵步鬭士衆用命雄大敗輕走趙育於陳降獲其輜重俘萬餘人盡放令還任祥聞雄敗遂不敢進尋而儀同怡峯率騎五百赴貴貴乘勝逼祥祥退保宛陵追及之會日暝結陳相持明旦合戰俘斬甚多祥軍既敗是云寶亦降師還魏文帝在天遊園以金巵置侯上命公卿射中者即以賜之貴一發而中帝笑曰由基之妙正當爾耳進侍中驃騎大將軍開府儀同三司歷夏岐二州刺史十六年遷中外府左長史進位大將軍宕昌王梁彌定爲宗人獠甘所逐來奔又有羌酋傍乞鐵忽因梁企定反後據有渠株川擁種類數千家與渭州民鄭五醜扇惑諸羌同反憑險置柵者十餘所太祖令貴與豆盧寧史寧討之貴等擒斬鐵忽及五醜史寧又別擊獠甘破之乃納彌定并於渠株川置岷州朝廷美其功遂於栗坂立碑以紀其績魏廢帝初出爲岐州刺史二年授大都督興西蓋等六州諸軍事興州刺史先是興州氐反自貴至州人情稍定貴表請於梁州置屯田數州豐足三年詔貴代尉遲迥鎮蜀時隆州人開府李光賜反於鹽亭與其黨帛玉成寇食堂譙淹蒲皓馬術等攻圍隆州州人李祐亦聚衆反開府張遁舉兵應之貴乃命開府叱奴興救隆州又令開府成亞擊祐及遁勢蹙遂降執送京師除都督益潼等八州諸軍事益州刺史就加小司徒先是蜀人多劫盗貴乃召任俠傑健者署爲遊軍二十四部令其督捕由是頗息孝閔帝踐阼進位柱國拜御正中大夫武成初與賀蘭祥討吐谷渾軍還進封許國公邑萬戶舊爵迴封一子遷大司空治小冢宰歷大司徒遷太保貴好音樂耽弈碁留連不倦然好施愛士時人頗以此稱之保定之末使突厥迎皇后天和二年還至張掖薨贈太傅謚曰穆子善嗣歷位開府儀同三司大將軍柱國洛州刺史以罪免尋復本官除大宗伯大象末進位上柱國善弟忻少以父軍功賜爵化政郡公驍勇絕倫有將帥才畧大象末位至上柱國進封英國公忻弟愷少好學頗解屬文雜藝多通尤精巧思亦以父軍功賜爵雙泉縣伯尋襲祖爵安平郡公起家右侍上士稍遷御正中大夫保定中位至上開府是云寶趙育既至初並拜車騎大將軍儀同三司寶後累遷至大將軍都督涼甘瓜州諸軍涼州刺史賜爵洞城郡公世宗時吐谷渾侵逼涼州寶與戰不利遂歿於陣

楊忠弘農華陰人也小名奴奴高祖元壽魏初爲武川鎮司馬因家於神武樹頹焉祖烈龍驤將軍太原郡守父禎以軍功除建遠將軍屬魏末喪亂避地中山結義徒以討鮮于脩禮遂死之保定中以忠勳追贈柱國大將軍少保興城郡公忠美髭髯身長七尺八寸狀貌瓌偉武藝絕倫識量沉深有將帥之畧年十八客遊泰山會梁兵攻郡陷之遂被執至江左在梁五年從北海王顥入洛除直閤將軍顥敗爾朱度律召爲帳下統軍及爾朱兆以輕騎自并州入洛陽忠時預焉賜爵昌縣伯拜都督又別封小黃縣伯從獨孤信破梁下溠戍平南陽並有功及齊神武舉兵內侮忠時隨信在洛遂從魏孝武西遷進爵爲侯仍從平潼關破回洛城除安西將軍銀青光祿大夫東魏荊州刺史辛纂據穰城忠從獨孤信討之纂戰敗退走信令忠與都督康洛兒元長生爲前驅馳至其城叱門者曰今大軍已至城中有應爾等求活何不避走門者盡散忠與洛兒長生乘城而入彎弓大呼纂兵衛百餘人莫之敢禦斬纂以狥城中慴服居半歲以東魏之逼與信奔梁梁武帝深奇之以爲大德主帥關外侯大統三年與信俱歸闕太祖召居帳下嘗從太祖狩於龍門忠獨當一猛獸左挾其腰右拔其舌太祖壯之北臺謂猛獸爲揜于因以字之從擒竇泰破沙苑遷征西將軍金紫光祿大夫進爵襄城縣公河橋之役忠與壯士五人力戰守橋敵人遂不敢進以功除左光祿大夫雲州刺史兼大都督又與李遠破黑水稽胡并與怡峯解玉壁圍轉洛州刺史邙山之戰先

登陷陳除大都督進車騎大將軍儀同三司散騎常侍追封母蓋氏爲北海郡君尋除都督朔燕顯蔚四州諸軍事朔州刺史加侍中驃騎大將軍開府儀同三司及東魏圍頴川蠻帥田柱清據險爲亂忠率兵討平之時侯景渡江梁武喪敗其西義陽郡守馬伯符以下溠城降朝廷因之將經畧漢沔乃授忠都督三荆二襄二廣南雍平信隨江二郢浙十五州諸軍事鎮穰城以伯符爲鄉導攻梁齊興郡及昌州皆克之梁雍州刺史岳陽王蕭詧雖稱藩附而尙有貳心忠自樊城觀兵於漢濱易旗遞進實騎二千詧登樓望之以爲三萬也懼而服焉梁司州刺史柳仲禮留其長史馬岫守安陸自率兵騎一萬寇襄陽初梁竟陵郡守孫暠以其郡來附太祖命大都督符貴往鎮之及仲禮至暠乃執貴以降仲禮又進遣其將王叔孫與暠同守太祖怒乃令忠帥衆南伐攻梁隨郡克之獲其守將桓和所過城戍望風請服忠乃進圍安陸仲禮聞隨郡陷恐安陸不守遂馳歸赴援諸將恐仲禮至則安陸難下請急攻之忠曰攻守勢殊未可卒拔若引日勞師表裏受敵非計也南人多習水軍不閑野戰仲禮回師在近路吾出其不意以奇兵襲之彼怠我奮一舉必克則安陸不攻自拔諸城可傳檄而定也於是選騎二千銜枚夜進遇仲禮於淙頭忠親自陷陳擒仲禮悉俘其衆馬岫以安陸降王叔孫斬孫暠以竟陵降皆如忠所策梁元帝遣使送子方畧爲質幷送載書請魏以石城爲限梁以安陸爲界乃旋師進爵陳留郡公十七年梁元帝逼其兄邵陵王綸綸北度與其前西陵郡守羊思達要隨陸土豪段珍寶夏侯珍洽合謀送質於齊欲來寇掠汝南城主李素綸故吏也開門納焉梁元帝密報太祖太祖乃遣忠督衆討之詰旦陵城日昃而尅擒蕭綸數其罪而殺之幷獲其安樂侯昉亦殺之初忠之擒柳仲禮遇之甚厚仲禮至京師乃譖忠於太祖言其在軍大取金寶珍玩等太祖欲覆按之惜其功高乃出忠忠怨恚悔不殺仲禮故至此獲綸等竝加戮焉忠間歲再舉盡定漢東之地寬以御衆甚得新附之心魏恭帝初賜姓普六如氏行同州事及于謹伐江陵忠爲前軍屯江津遏其走路梁人束刃於象鼻以戰忠射之二象反走及江陵平朝廷立蕭詧爲梁王令忠鎮穰城以爲掎角之勢别討沔曲諸蠻皆克之孝閔帝踐阼入爲小宗伯齊人寇東境忠出鎮蒲坂及司馬消難請降忠與柱國達奚武援之於是共率騎士五千人兼馬一疋從間道馳入齊境五百里前後遣三使報消難而皆不反命去豫州三十里武疑有變欲還忠曰有進死無退生獨以千騎夜趨城下四面峭絕徒聞擊柝之聲武親來麾數百騎以西忠勒餘騎不動候門開而入乃馳遣召武時齊鎮城伏敬遠勒甲士二千人據東陴舉烽嚴警武憚之不欲保城乃多取財帛以消難及其屬先歸忠以三千騎爲殿到洛南皆解鞍而臥齊衆來追至於洛北忠謂將士曰但飽食今在死地賊必不敢渡水當吾鋒齊兵陽若渡水忠馳將擊之齊兵不敢逼遂徐引而還武歎曰達奚武自是天下健兒今日服矣進位柱國大將軍武成元年進封隨國公邑萬戶別食竟陵縣一千戶收其租賦尋治御正中大夫保定二年遷大司空時朝議將與突厥伐齊公卿咸曰齊氏地半天下國富兵強若從漠北入幷州極爲險阻且大將斛律明月未易可當今欲探其巢窟非十萬不可忠獨曰師克在和不在衆萬騎足矣明月豎子亦何能爲三年乃以忠爲元帥大將軍楊纂李穆王傑爾朱敏及開府元壽田弘慕容延等十餘人皆隸焉又令達奚武帥步騎三萬自南道而進期會晉陽忠乃留敏據什賁遊兵河上忠出武川過故宅祭先人饗將士席卷二十餘鎮齊人守陘嶺之隘忠縱奇兵奮擊大破之又留楊纂屯靈丘爲後拒突厥木汗可汗控也頭可汗步離可汗等以十萬騎來會四年正月朔攻晉陽是時大雪數旬風寒慘烈齊人乃悉其精銳鼓譟而出突厥震駭引上西山不肯戰衆皆失色忠令其衆曰事勢在天無以衆寡爲意乃率七百人步戰死者十四五以武後期不至乃班師齊人亦不敢逼突厥於是縱兵大掠自晉陽至樂城七百餘里人畜無孑遺俘斬甚衆高祖遣使迎勞忠於夏州及至京師厚加宴賜高祖將以忠爲太傅晉公護以其不附已難之乃拜總管涇幽靈雲鹽顯六州諸軍事涇州刺史是歲大軍又東伐晉公護出洛陽令忠出沃野以應接突厥時軍糧旣少諸將憂之而計無所出忠曰當權以濟事耳乃招誘稽胡諸首領咸令在坐使王傑盛軍容鳴鼓而至忠陽怪而問之傑曰大冢宰已平洛陽天子聞銀夏之間生胡擾動故使傑就公討之又令突厥使者馳至而告曰可汗更入幷州留兵馬十餘萬在長城下故遣問公若有稽胡不服欲來共公破之坐者皆懼忠慰喩而遣之於是諸胡相率歸命饋輸塡積屬晉公護先退忠亦罷兵還鎮又以政績可稱詔賜錢三十萬布五百疋穀二千斛天和三年以疾還京高祖及晉公護屢臨視焉尋薨年六十二贈太保同朔等十三州諸軍事同州刺史本官如故諡曰桓子堅嗣弟整建德中開府陳留郡公從高祖平齊歿於幷州以整死王事詔其子智積襲其官爵整弟惠大象末大宗伯竟陵縣公惠弟嵩以忠勳賜爵興城郡公早卒嵩弟達亦以忠勳爵周郡公

王雄字胡布頭太原人也父崙以雄傑著勳追贈柱國大將軍少傅安康郡公雄儀貌魁梧少有謀畧永安末從賀拔岳入關除征西將軍金紫光祿大夫魏孝武西遷授都督封臨貞縣伯邑五百戶大統初進爵爲公增邑二百戶拜武衞將軍加驃騎將軍增邑八百戶進大都督尋拜儀同三司增邑三百戶遷開府儀同三司加侍中出爲岐州刺史進爵武威郡公進位大將軍行同州事十七年雄率軍出子午谷圍梁上津魏興明年克之以其地爲東梁州尋而復叛又令雄討之魏恭帝元年賜姓可頻氏孝閔帝踐阼授少傅增邑二千戶進位柱國大將軍武成初進封庸國公邑萬戶尋出爲涇州總管諸軍事涇州刺史保定四年從晉公護東征雄在塗遇病乃自力而進至邙山與齊將斛律明月接戰雄馳馬衝之殺三人明月退走雄追之明月左右皆散矢又盡惟餘一奴一矢在焉雄按矟不及明月者丈餘曰惜爾不殺得但任爾見天子明月乃射雄中額抱馬退走至營而薨時年五十八贈使持節太保同華等二十州諸軍事同州刺史諡曰忠子謙嗣自有傳

史臣曰太祖接喪亂之際乘戰爭之餘發迹平涼撫征關右于時外虞孔熾內難方殷羽檄交馳戎軒屢駕終能蕩清逋孽克固鴻基雖稟筭於廟謨實責成於將帥達奚武等竝兼資勇畧咸會風雲或効績中權或立功方面均分休慼同濟艱難可謂國之爪牙朝之禦侮者也而武協規太祖得儁小間周瑜赤壁之謀賈詡烏巢之策何能以尙一言興邦斯近之矣

周書卷十九考證

達奚武傳加散騎常侍進爵爲公○北史無進爵爲公四字

太祖復遣武覘之○覘諸本訛作追今依北史改正

宇文貴傳時隆州人開府李光賜○賜北史作義

開府張遁舉兵應之○遁北史作道

周書卷二十

唐　令狐德棻等撰

列傳第十二

王盟

賀蘭祥

尉遲綱

叱列伏龜

閻慶

王盟字子作明德皇后之兄也其先樂浪人六世祖波前燕太宰祖珍魏黃門侍郎贈幷州刺史樂浪公父羆伏波將軍以良家子鎮武川因家焉魏正光中破六汗拔陵攻陷諸鎮盟亦爲其所擁拔陵破後流寓中山孝昌初除積射將軍從蕭寶夤西征寶夤僭逆盟遂逃匿民間以觀其變及爾朱天光入關盟出從之隨賀拔岳爲前鋒擒万俟醜奴平秦隴常先登力戰拜征西將軍平秦郡守太祖將討侯莫陳悅徵盟赴原州以爲留後大都督鎮高平悅平除原州刺史魏孝武至長安封魏昌縣公邑一千戶大統初復加車騎大將軍儀同三司三年徵拜司空尋轉司徒迎魏文帝悼后於茹茹加侍中遷太尉魏文帝東征以留後大都督行雍州事節度關中諸軍趙青雀之亂盟與開府李虎輔魏太子出頓渭北事平進爵長樂郡公增邑幷前二千戶賜姓拓拔氏東魏侵汾川圍玉壁盟以左軍大都督守蒲坂軍還遷太保九年進位太傅加開府儀同三司盟姿度弘雅仁而汎愛雖位居師傅禮冠羣后而謙恭自處未嘗以勢位驕人魏文帝甚尊重之及有疾數幸其第親問所欲其見禮如此大統十一年薨贈本官諡曰孝定子勵字醜輿性忠果有才幹年十七從太祖入關及太祖平秦隴定關中勵常侍從太祖嘗謂之曰爲將坐見成敗者上也被堅執銳者次也勵曰意欲兼之太祖大笑尋拜平東將軍散騎常侍賜爵梁甫縣公大統初爲千牛備身直長領左右出入臥內小心謹肅魏文帝嘗曰王勵可謂不二心之臣也沙苑之役勵以都督領禁兵從太祖勵居左翼與帳下數十人用短兵接戰當其前者死傷甚衆勵亦被傷重遂卒於行間時年二十六太祖深悼焉贈使持節太尉領尚書令十州諸軍事雍州刺史追封咸陽郡公諡曰忠武子弼襲爵尚魏安樂公主官至撫軍將軍大都督通直散騎常侍勵弟懋字小興盟之征西以懋尙幼留在山東永安中始入關與盟相見遂從征伐大統初賜爵安平縣子授揚烈將軍從盟

迎魏悼后還拜城門校尉魏文帝東征以撫軍將軍兼太子左率留守俄轉右率歷尚食典御領左右武衞將軍鎮前後功進爵爲公增邑千戶遷右衞將軍于時疆埸交兵未申喪紀服齊斬者並墨縗從事及盟薨懋上表辭位乞終喪制魏文帝不許累遷大都督散騎常侍使持節車騎大將軍儀同三司驃騎大將軍開府儀同三司侍中左衞將軍領軍將軍懋性溫和小心敬愼宿衞官禁十有餘年勤恪當官未嘗有過魏文帝甚嘉之廢帝二年除南岐州刺史進爵安寧郡公增邑并前二千戶魏恭帝二年遷大將軍大都督後拜小司寇卒于官子悅嗣官至大將軍同州刺史改封濟南郡公盟兄子顯幼而敏悟沉靜少言初爲太祖帳內都督累遷奉車都尉寧朔將軍車騎大將軍儀同三司燕朔顯蔚四州諸軍事燕州刺史驃騎大將軍開府儀同三司光祿卿鳳州刺史賜爵洛邑縣公進位大將軍卒子誼嗣誼倜儻有大志深爲高祖所親委少歷顯職見重於時位至柱國平陽郡公宣帝卽位進封楊國公拜大司空大象末襄州總管上柱國

賀蘭祥字盛樂其先與魏俱起有紇伏者爲賀蘭莫何弗因以爲氏其後有以良家子鎭武川者遂家焉父初眞少知名爲鄉閭所重尚太祖姊建安長公主保定二年追贈太傅柱國常山郡公祥年十一而孤居喪合禮長於舅氏特爲太祖所愛雖在戎旅常博延儒士敎以書傳太祖初入關祥與晉公護俱在晉陽後乃遣使迎致之語在護傳年十七解褐奉朝請加威烈將軍祥少有膽氣志在立功尋擢補都督恒在帳下從平侯莫陳悅又迎魏孝武以前後功封撫夷縣伯邑五百戶仍從擊潼關獲東魏將薛長孺又攻回洛城拔之還拜左右直長進爵爲公增邑并前一千三百戶大統三年從儀同于謹攻楊氏壁祥先登克之遷右衞將軍加持節征虜將軍沙苑之役詔祥留衞京師後以留守功增邑八百戶尋除鎭西將軍四年魏文帝東伐祥領軍從戰河橋以功加使持節大都督八年遷車騎大將軍儀同三司散騎常侍九年從太祖與東魏戰於邙山進位驃騎大將軍開府儀同三司加侍中十四年除都督三荆南襄南雍平信江隨二郢淅十二州諸軍事荆州刺史進爵博陵郡公先是祥嘗行荆州事雖未朞月頗有惠政至是重往百姓安之由是漢南流民襁負而至者日有千數遠近蠻夷莫不款附祥隨機撫納咸得其歡心時盛夏亢陽祥乃親巡境內觀政得失見有發掘古冢暴露骸骨者乃謂守令曰此豈仁者之爲政耶於是命所在收葬之卽日澍雨是歲大有年州境先多古墓其俗好行發掘至是遂息祥雖太祖密戚性甚清素州境南接襄陽西通岷蜀物產所出多諸珍異時旣與梁通好行李往來公私贈遺一無所受梁雍州刺史岳陽王蕭詧欽其節儉乃以竹屏風絺綌之屬及以經史贈之祥難違其意取而付諸所司太祖後聞之並以賜祥尋被徵還十六年拜大將軍太祖以涇渭溉灌之處渠堰廢毀乃命祥脩造富平堰開渠引水東注於洛功用旣畢民獲其利魏廢帝二年行華州事後改華州爲同州仍以祥爲刺史尋拜尚書左僕射六官建授小司馬孝閔帝踐祚進立柱國遷大司馬時晉公護執政祥與護中表少相親愛軍國之事護皆與祥參謀及誅趙貴廢孝閔帝祥有力焉武成初吐谷渾侵涼州詔祥與宇文貴總兵討之祥乃遣其軍司檄吐谷渾曰夫二氣旣分三才定位樹之以君本爲黔首豈使悖義違道肆於民上昔魏氏不綱羣方幅裂豺狼橫噬龜玉已毀喁喁黔黎咸墜塗炭我先皇神武應期一匡天下東截南剪無思不服天鑑有周世篤英聖遂廓洪基奄荒萬寓固則神皐西嶽險則百二猶在鄉士師師羣后率職故知三靈之所睠集四隩之所來蘇也彼國世在西垂作藩於魏值中原政亂遂阻皇風首鼠兩端伺我邊隙先皇含垢藏疾仍存聘享欲睦之以憐好申之以婚姻彼國苞藏禍心屢違盟約外結仇讎自貽近患是故往年致突厥之師也自爾迄今蜂蠆彌毒入我姑臧俘我河縣芟夷我菽麥虔劉我蒼生我皇武以止戈文以懷遠德覃四海化溢八荒以彼惡稔禍盈故命龔行九伐武臣猛將天張雷動皆六郡良家三秦精銳揮戈擐甲同萃龍沙柱國博陵公祥貴戚重望乃文乃武受脤廟堂元戎啓路太傅燕國公于謹英猷不世應變無窮仗旄指麾爲其謀主柱國化政公貴早播威聲奇正兼設直取龍涸濟自南河突厥與國睦親同恥反道驅引弓之民總穹廬之衆解鞍成山雲蒸霧合往歲王師西伐成都不守桴鼓南臨江陵底定鑿空萬里闢地千都荒服畏威膜拜厥角成敗之機較然可見若能轉禍爲福深識事宜君臣相率輿櫬稽顙則爵等顯除永蕃西服如其徘徊危邦覬延時漏覆宇湮祀良助寒心幸思嘉謀以圖去就遂與吐渾廣定王鍾留王等戰破之因拔其洮陽共和二城以其地爲洮州撫安西土振旅而還進封涼國公邑萬戶保定四年薨年四十八贈使持節太師同岐等十二州諸軍事同州刺史謚曰景有七子敬讓璨師寬知名敬少歷顯職封化隆縣侯後襲爵涼國公位至柱國大將軍華州刺史讓大將軍鄜州刺史河東郡公璨開府儀同三司宜陽縣公隋文帝與祥有舊開皇初追贈上柱國

尉遲綱字婆羅蜀國公迥之弟也少孤與兄迥依託舅氏太祖西討關隴迥綱與母昌樂大長公主留守晉陽後方入關從太祖征伐常陪侍帷幄出入卧內後以迎魏孝武功拜殿中將軍大統元年授帳內都督從儀同李虎討曹泥破之又從破竇泰以功封廣宗縣伯邑五百戶仍從復弘農克河北郡戰沙苑皆有功綱驍果有膂力善騎射太祖甚寵之委以心膂河橋之戰太祖馬中流矢因而驚奔綱與李穆等左右力戰衆皆披靡太祖方得乘馬以前後功增邑八百戶進爵爲公仍拜平遠將軍步兵校尉八年加通直散騎常侍太子武衞率前將軍轉帥都督東魏圍玉壁綱從太祖救之九年春太祖復與東魏戰於邙山大軍不利人心離解綱勵將士盡心翊衞遷大都督十四年拜車騎大將軍儀同三司加散騎常侍增邑三百戶俄遷驃騎大將軍開府儀同三司加侍中進爵昌平郡公十七年出爲華州刺史魏廢帝二年拜大將軍兼領軍將軍及帝有異謀言頗漏泄太祖以綱職典禁旅使密爲之備俄而帝廢立齊王仍以綱爲中領軍總宿衞綱兄迥率衆伐蜀綱從太祖送之於城西見一走兔太祖命綱射之誓曰若獲此兔必當破蜀俄而綱獲兔而反太祖喜曰事平之日當賞汝佳口及克蜀賜綱侍婢二人又常從太祖北狩雲陽值五鹿俱起綱獲其三每從遊宴太祖以珍異之物令諸功臣射而取之綱所獲輒多孝閔帝踐阼綱以親戚掌禁兵除小司馬又與晉公護廢帝語在護傳世宗卽位進位柱國大將軍武成元年進封吳國公邑萬戶除涇州總管五州十一防諸軍事涇州刺史是歲大長公主薨于京師綱去職尋起復本官保定元年拜少傅俄而授大司空二年出爲陝州總管七州十三防諸軍事陝州刺史四年晉公護東討乃配綱甲士留鎭京師綱以天子在宮必無內慮乃請出外頓於咸陽大軍還綱復歸鎭天和二年以綱政績可稱賜帛千段穀六千斛錢二十萬增邑四百戶陳公純等以皇后阿史那氏自突厥將入塞詔徵綱與大將軍王傑率衆迎衞於境首三年追論河橋之功封一子縣公邑一千戶四年五月薨于京師時年五十三贈太保十二州諸軍事同州刺史謚曰武第三子安以嫡嗣大象末位至柱國安兄運別有傳運弟勤少歷顯位大象末青州總管起兵應伯父迥事在迥傳安弟敬尚世宗女河南公主位至儀同三司

叱列伏龜字摩頭陁代郡西部人也世爲部落大人魏初入附遂世爲第一領民酋長至龜容貌瓌偉腰帶十圍進止詳雅兼有武藝嗣父業復爲領民酋長魏正光五年廣陽王深北征請龜爲寧朔將軍委以帳內兵事尋除善無郡守孝昌三年又除別將從長孫稚西征以戰功累遷征西將軍金紫光祿大夫後還洛授都督遂爲齊神武所寵任加授大都督沙苑之敗隨例來降太祖以其豪門解縛禮之仍以邵惠公女妻之大統四年封長樂縣公邑一千戶自此常從太祖征討亟有戰功八年出爲北雍州刺史加大都督尋進位車騎大將軍儀同三司散騎常侍十四年徵拜侍中加驃騎大將軍開府儀同三司除恒州刺史增邑通前一千四百戶十七年卒子椿嗣椿字千年世宗時拜車騎大將軍儀同三司尋遷驃騎大將軍開府儀同三司改封永世縣公邑一千二百戶保定二年授幽州刺史天和初除左宮伯進位大將軍

閻慶字仁慶河南河陰人也曾祖善仕魏歷龍驤將軍雲州鎭將因家于雲州之盛樂郡祖提使持節車騎大將軍敦煌鎭都大將父進有謀畧勇冠當時正光中拜龍驤將軍屬衞可孤作亂攻圍盛樂進率衆拒守綿歷三載晝夜交戰未嘗休息以少擊衆城竟獲全以功拜盛樂郡守慶幼聰敏重然諾風儀端肅望之儼然及衞可孤侵逼盛樂慶隨父固守頗有力焉拜別將稍遷輕車將軍加給事中後以軍功拜步兵校尉中堅將軍旣而齊神武舉兵入洛魏孝武西遷慶謂所親曰高歡跋扈將有篡逆之謀豈可苟安目前受其控制也遂以大統三年自宜陽歸闕太祖謂慶曰高歡逆亂宇內分崩羣盜競興人皆徇己卿遂能盡忠貞之節重君臣之義背逆歸順捨危就安雖古人所稱何以加也卽拜中堅將軍奉車都尉河橋之役以功拜前將軍太中大夫遷後將軍封安次縣子邑四百戶及邙山之戰先登陷陳拜撫軍將軍大都督進爵爲伯增邑五百戶慶善於綏撫士卒未休未嘗先舍故能盡其死力屢展勳勞累遷使持節車騎大將軍儀同三司散騎常侍驃騎大將軍開府儀同三司雲州大中正加侍中賜姓大野氏孝閔帝踐祚出爲河州刺史進爵石保縣公增邑千戶州居

河外地接戎夷慶留心撫納頗稱簡惠就拜大將軍進爵大安郡公邑戸如舊入爲小司空除雲州刺史轉寧州刺史慶性寬和不苛察百姓悅之天和六年進位柱國晉公護母慶之姑也護雖擅朝而慶未嘗阿附及護誅高祖以此重之乃詔慶第十二子毗尚帝女清都公主慶雖位望隆重婚連帝室常以謙愼自守時人以此稱之建德二年抗表致仕優詔許焉慶旣衰老恒嬰沉痼宣帝以其先朝耆舊特異常倫乃詔靜帝至第問疾賜布帛千段醫藥所須令有司供給大象二年拜上柱國隋文帝踐極又令皇太子就第問疾仍供醫藥之費開皇二年薨時年七十七贈司空荆譙浙湖澧廣蒙七州諸軍事荆州刺史謚曰成長子常先慶卒次子毗嗣大象末位至大將軍

史臣曰中陽御曆沛邑多封侯白水配天南陽皆貴戚是知階緣近屬以取寵榮其來尚矣王盟等始以親黨升朝終以才能進達勤宣運始位列周行實參迹於功臣蓋弗由於恩澤也

周書卷二十考證

王盟傳王盟字子件○子件北史作子什

子勵○勵北史作勱及後諸勵字同

賀蘭祥傳賀蘭祥字盛樂○北史同臣文淳按晉蕩公護傳作盛洛北史亦同樂與洛未知孰是

閻慶傳次子毗嗣○嗣監本訛稚今從北史

周書卷二十一

唐　令狐德棻等撰

列傳第十三

尉遲迥

王謙

司馬消難

尉遲迥字薄居羅代人也其先魏之別種號尉遲部因而姓焉父俟兜性弘裕有鑒識尚太祖姊昌樂大長公主生迥及綱俟兜病且卒呼二子撫其首曰汝等並有貴相但恨吾不見爾各宜勉之迥少聰敏美容儀及長有大志好施愛士稍遷大丞相帳內都督尚魏文帝女金明公主拜駙馬都尉從太祖復弘農破沙苑皆有功累遷尚書左僕射兼領軍將軍迥通敏有幹能雖任兼文武頗允時望太祖以此深委仗焉後拜大將軍侯景之渡江梁元帝時鎭江陵既以內難方殷請脩隣好其弟武陵王紀在蜀稱帝率衆東下將攻之梁元帝大懼乃移書請救又請伐蜀太祖曰蜀可圖矣取蜀制梁在茲一舉乃與羣公會議諸將多有異同唯迥以爲紀旣盡銳東下蜀必空虛王師臨之必有征無戰太祖深以爲然謂迥曰伐蜀之事一以委汝計將安出迥曰蜀與中國隔絶百有餘年恃其山川險阻不虞我師之至宜以精甲銳騎星夜襲之平路則倍道兼行險途則緩兵漸進出其不意衝其腹心蜀人旣駭官軍之臨速必望風不守矣於是乃令迥督開府元珍乙弗亞万俟呂陵始叱奴興綦連宇文昇等六軍甲士一萬二千騎萬疋伐蜀以魏廢帝二年春自散關由固道出白馬趣晉壽開平林舊道前軍臨劒閣紀安州刺史樂廣以州先降紀梁州刺史楊乾運時鎭潼州又降六月迥至潼州大饗將士引之而西紀益州刺史蕭撝不敢戰遂嬰城自守進軍圍之初紀至巴郡聞迥來侵遣譙淹回師爲撝外援迥分遣元珍乙弗亞等以輕騎破之遂降撝前後戰數十合皆爲迥所破撝與紀子宜都王肅及其文武官屬詣軍門請見迥以禮接之其吏人等各令復業唯收僮隸及儲積以賞將士號令嚴肅軍無私焉詔迥爲大都督益潼等十八州諸軍事益州刺史以平蜀功封一子爲公自劒閣以南得承制封拜及黜陟迥乃明賞罰布恩威綏緝新邦經略未附夷夏懷而歸之迥性至孝色養不怠身雖在外所得四時甘脆必先薦奉然後敢嘗大長公主年高多病迥往在京師每退朝參候起居憂悴形於容色大長公主每爲之和顏進食以寧迥心太祖知其至性徵迥入朝以慰其母意遣大鴻臚郊勞仍賜迥袞冕之服蜀人思之立碑頌德孝閔踐阼進位柱國大將軍又以迥有平蜀之功同霍去病冠軍之義封寧蜀公進蜀公爵邑萬戸宣帝即位以迥爲大前疑出爲相州總管宣帝崩隋文帝輔政以迥望位夙重懼爲異圖乃令迥子魏安公惇齎詔書以會葬徵迥尋以鄖公韋孝寬代迥爲總管迥以隋文帝當權將圖篡奪遂謀舉兵留惇而不受代隋文帝又使候正破六汗裒詣迥諭旨密與總管府長史晉昶等書令爲之備迥聞之殺長史及裒乃集文武士庶登城北樓而令之曰楊堅以凡庸之才藉后父之勢挾幼主而令天下威禮自己賞罰無章不臣之迹暴於行路吾居將相與國舅甥同休共戚義由一體先帝處吾於此本欲寄以安危今欲與卿等糾合義勇匡國庇人進可以享榮名退可以終臣節卿等以爲何如於是衆咸從命莫不感激乃自稱大總管承制署置官司于時趙王招已入朝留少子在國迥又奉以號令迥弟子勤時爲青州總管亦從迥迥所管相衞黎毛洺貝趙冀瀛滄勤所統青膠光莒諸州皆從之衆數十萬滎州刺史邵公宇文胄申州刺史李惠東楚州刺史費也利進東潼州刺史曹孝達各據州以應迥迥又北結高寶寧以通突厥南連陳人許割江淮之地隋文帝於是徵兵討迥即以韋孝寬爲元帥惇率衆十萬入武德軍於沁東孝寬等諸軍隔水相持不進隋文帝又遣高熲馳驛督戰惇布兵二十里麾軍小却欲待孝寬軍半度擊之孝寬因其小却鳴鼓齊進惇大敗孝寬乘勝進至鄴迥與子惇祐等又悉其卒十三萬陳於城南迥別統萬人皆綠巾錦襖號曰黃龍兵勤率衆五萬自青州赴迥以三千騎先到迥舊習軍旅雖老猶被甲臨陣其麾下千兵皆關中人爲之力戰孝寬等軍失利而却鄴中士女觀者如堵高熲與李詢整陣先犯觀者因其擾而乘之迥大敗遂入鄴迥走保北城孝寬縱兵圍之李詢賀樓子幹以其屬先登迥上樓射殺數人乃自殺勤惇祐東走并追獲之餘衆月餘皆斬之迥末年衰耄惑於後妻王氏而諸子多不睦以開府小御正崔達拏爲長史餘委任亦多用齊人達拏文士無籌畧舉措多失綱紀不能有所匡救迥自起兵至敗六十八日武德中迥從孫庫部員外郎耆福上表請改葬朝議以迥忠於周室有詔許之

王謙字勑萬太保雄之子也性恭謹無他才能以父功累遷驃騎大將軍開府孝閔踐祚治右小武伯雄從晉公護東討爲齊人所斃朝議以謙父殞身行陣特加殊寵乃授謙柱國大將軍以情禮未終固辭不拜高祖手詔奪情襲爵庸公邑萬戸後皇太子討吐谷渾力戰有功是時高祖東征謙又力戰進上柱國益州總管時謙令司錄賀若昂奉表詣闕昂還具陳京師事勢謙以世受國恩將圖匡復遂舉兵署官司所管益潼新始龍邛青瀘戎寧汶陵遂合楚資眉普十八州及嘉渝臨渠蓬隆通興武庸十州之人多從之總管長史乙弗虔益州刺史達奚惎勸謙據險觀變隆州刺史阿史那瓌爲謙畫三策曰公親率精銳直指散關蜀人知公有勤王之節必當各思効命此上策也出兵梁漢以顧天下此中策也坐守劒南發兵自衞此下策也謙參用其中下之策梁睿未至大劒謙遣兵鎭始州隋文即以睿爲行軍元帥便發利鳳文秦成諸州兵討之達奚惎乙弗虔等衆十萬攻利州聞睿至衆潰睿乘其弊縱兵深入惎虔密使詣睿請爲內應以贖罪謙不知之並令守成都謙先無籌略承藉父勳遂居重任初謀舉兵咸以地有江山之險進可以立功退可以自守且任用多非其才及聞睿兵奄至惶懼乃自率衆迎戰又以惎虔之子爲左右軍行數十里軍皆叛謙以二十騎奔新都縣令王寶斬之傳首京師惎虔以成都降隋文以其首謀斬之阿史那瓌亦誅

司馬消難字道融河內溫人父子如爲齊神武佐命位至尚書令消難幼聰惠微涉經史好自矯飾以求名譽起家著作郎子如旣當朝貴消難亦愛賓客邢子才王元景魏收陸卬崔贍等皆遊其門尋拜駙馬都尉光祿卿出爲北豫州刺史齊文宣末年昏虐滋甚消難旣懼禍及常有自全之謀曲意撫納頗爲百姓所附屬文宣在并驛召其弟上黨王渙渙懼於屠害遂斬使者東奔數日間搜捕鄴中鄴中大擾後竟獲於濟州渙之初走朝士私相謂曰今上黨亡叛似赴成臯若與司馬北豫州連謀必爲國患此言遂達於文宣文宣頗疑之消難懼密令所親裴藻間行入關請舉州來附晉公護遣達奚武楊忠迎之消難遂與武俱入朝授大將軍滎陽公從高祖東伐遷大後丞納女爲靜帝后尋出爲交州總管隋文帝輔政消難旣聞蜀公迥不受代遂欲與迥合勢亦舉兵應之以開府田廣等爲腹心殺總管長史侯莫陳杲邛州刺史蔡澤等四十餘人所管邛隨溫應士順沔環岳九州魯山甑山沌陽應城平靖武陽上明須水八鎭並從之使其子泳質於陳以求援隋文帝命襄州總管王誼爲元帥發荆襄兵以討之八月消難聞誼軍將至夜率其麾下歸於陳陳宣帝以爲都督安隨九州八鎭車騎將軍司空隨公初楊忠之迎消難結爲兄弟情好甚篤隋文每以叔禮事之及陳平消難至京特免死配爲樂戸經二旬放免猶被舊恩特蒙引見尋卒于家性貪淫輕於去就故世之言反覆者皆引消難云其妻高氏齊神武之女在鄴敬重之後入關便相弃薄消難之赴郢州留高及三子在京高言於隋文曰滎陽公性多變詐今以新寵自隨必不顧妻子願防慮之消難入陳而高母子因此獲免

史臣曰尉遲迥地則舅甥職惟台衮沐恩累葉荷睠一時居形勝之地受藩維之託顛而不扶憂責斯在及王威云謝鼎業將遷九服移心三靈改卜遂能志存赴蹈投袂稱兵忠君之勤未宣違天之禍便及校其心翟義葛誕之儔歟

周書卷二十一考證

尉遲迥傳取蜀制梁○梁諸本訛作勝今從北史

於是乃令迥督開府元珍乙弗亞万俟呂陵始叱奴興綦連宇文昇等六軍○北史万俟呂陵始作侯呂陵始綦連作綦連雄

遣譙淹回師爲掎外援○北史作遣前南梁州刺史史欣景幽州刺史趙拔扈等爲掎外援與此不同

掎與紀子宜都王肅○北史王字下有圓字

東楚州刺史費也利進○北史進下有國字

其麾下千兵○北史無千字疑衍

周書卷二十二

唐 令狐德棻 等撰

列傳第十四

周惠達

馮景

揚寬 兄穆 儉

柳慶 子機 弘 兄鷟 鷟子帶韋

周惠達字懷文章武文安人也父信少仕州郡歷樂鄉平舒平成三縣令皆以廉能稱惠達幼有志操好讀書美容貌進退可觀見者莫不重之魏齊王蕭寶夤爲瀛州刺史召惠達及河間馮景同在閤中甚禮之及寶夤還朝惠達隨入洛陽領軍元叉勢傾海內惠達嘗因寶夤與叉言論叉歎重之於座遺惠達衣物孝昌初魏臨淮王彧北討以惠達爲府長流參軍及万俟醜奴等構亂蕭寶夤西征惠達復隨入關寶夤後與賊戰不利退還仍除雍州刺史令惠達使洛陽未還而寶夤反謀聞於京師有司以惠達是其行人將執之乃私馳還至潼關遇大使揚侃侃謂惠達曰蕭氏逆謀已成何爲故入獸口惠達曰蕭王爲左右所誤今往庶其改圖及至寶夤反形已露不可彌縫遂用惠達爲光祿勳中書舍人寶夤既敗人悉逃散唯惠達等數人從之寶夤語惠達曰人生富貴左右咸言盡節及遭厄難乃知歲寒也賀拔岳獲寶夤送洛留惠達爲府祭酒給其衣馬即與參議岳爲關中大行臺以惠達爲從事中郎嘗使至洛魏孝武與惠達語及世難惠達陳天下事勢述岳有誠節唯以憂國定亂爲事言辭激切帝甚嘉之及還具以白岳岳曰人生於天受命於君豈有利人榮祿而不憂其禍難卿之所奏實獲吾心自是更被親禮岳每征討恒命惠達居守又轉岳府屬岳爲侯莫陳悅所害悅得惠達欲官之惠達辭以疾不見許乃遁入漢陽之麥積崖悅平惠達歸於太祖即用秦州司馬安輯隴右及太祖爲大都督總管兵起雍復以惠達爲府司馬便委任焉魏孝武詔太祖尚馮翊長公主以惠達爲長史赴洛陽奉迎至潼關遇孝武已西即令惠達先太祖謂惠達曰昔周之東遷晉鄭是依今乘輿播越降臨關右吾雖猥當其任而才愧昔人卿宜勠力共成功業以取富貴也對曰惠達宦遊有年屬明公一匡之運富貴之事非所敢望但願明公威德加於天下惠達得効其尺寸則志願畢矣太祖爲大將軍大行臺以惠達爲行臺尚書大將軍府司馬封文安縣子邑三百戶太祖出鎮華州留惠達知後事于時既承喪亂庶事多闕惠達營造戎仗儲積食糧簡閱士馬以濟軍國之務時甚賴焉爲安東將軍拜太子少傅進爵爲伯增邑三百戶尋除中書令進爵爲公增邑通前九百戶加衛大將軍左光祿大夫四年兼尚書右僕射其年太祖與魏文帝東征惠達輔魏太子居守總留臺事惠達前後辭讓帝手詔答曰西顧無憂唯公是屬蕭寇之重深所寄懷及邙山失律人情駭動趙青雀率東人據長安子城反惠達奉太子出渭橋北以禦之軍還青雀等伏誅拜吏部尚書久之復爲右僕射自關右草創禮樂缺然惠達與禮官損益舊章至是儀軌稍備魏文帝因朝奏樂顧謂惠達曰此卿之功也尋拜儀同三司惠達雖居顯職性謙退善下人盡心勤公進拔良士以此人皆敬而附之十年薨子題嗣隋開皇初以惠達著績前代追封蕭國公

馮景字長明少與惠達同志相友延景中梁人寇抄徐揚景謂蕭寶夤曰今梁寇憑陵朝廷思靖邊之將王若能先驅效命非唯雪家國之恥亦是保身之長策也寶夤深然之及寶夤爲大都督以景爲功曹參軍後爲右僕射引景入省領尚書都令史正光中寶夤爲關西大行臺又假景陵江將軍領大行臺都令史從寶夤征討寶夤將舉兵反景固諫不從寶夤敗後景還洛朝廷先聞景有諫言故免之除奉車都尉汝陽王元叔昭爲隴右大行臺啓景爲行臺郎中賀拔岳爲大都督又以景爲從事中郎太祖平侯莫陳悅除景洛陽郡守尋兼行臺左丞留守原州魏孝武西遷封高陽縣伯邑三百戶遷散騎常侍行臺尚書加瀛州刺史大統初行涇州事後以疾卒

揚寬字景仁弘農華陰人也祖恩魏鎮遠將軍河間內史父鈞博學彊識舉秀才拜大理平轉廷尉正累遷歷洛陽令左中郎將華州大中正河南尹廷尉卿安北將軍七兵尚書北道大行臺恒州刺史懷朔鎮將卒於鎮贈侍中司空公追封臨貞縣伯謚曰恭寬少有大志每與諸兒童遊處必擇高大之物而坐之見者咸異焉及長頗解屬文尤尚武藝弱冠除奉朝請屬鈞出鎮恒州請從展効乃改授將軍高闕戍主時茹茹既亂其主阿那瓌來奔魏帝遣使納之詔鈞率兵衛送寬亦從以功拜行臺郎中時北邊賊攻圍鎮城鈞卒城民等推寬守禦尋而城陷寬乃北走茹茹後討鎮賊破之寬始得還朝魏廣陽王深與寬素相委昵深犯法得罪寬被逮捕魏孝莊時爲侍中與寬有舊藏之於宅遇赦得免除宗正丞北海王顥少相器重時爲大行臺北征葛榮欲啓寬爲左右丞與參謀議寬辭以孝莊厚恩未報義不見利而動顥未之許顥妹婿李神軌謂顥曰揚寬義士也匹夫猶不可奪志況義士乎王今彊之以行亦恐不爲人用顥乃止孝莊踐祚拜通直散騎侍郎領河南尹丞行洛陽令邢杲反寬以都督從太宰上黨王元天穆討平之就拜通直散騎常侍師未還屬元顥自梁入洛孝莊出居河內天穆懼計無所出集諸將謀之寬曰吳人輕跳非王之敵況懸軍深入師老兵疲彊弩之末何能爲也願徑取成皋會兵伊洛戮帶定襄於是乎在此事易同摧朽王何疑焉天穆然之乃引軍趣成皋令寬與爾朱兆爲後拒尋以衆議不可乃回赴石濟寬夜行失道後期諸將咸言寬少與北海周旋今不來矣天穆答曰揚寬非輕於去就者也其所逗留必有他故吾當爲諸君保明之語訖候騎白寬至天穆撫髀而笑曰吾固知其必來遂出帳迎之握其手曰是所望也即給牛三十頭車五乘綿絹一十五車羊五十口與天穆俱謁孝莊於太行拜散騎常侍安東將軍仍爲都督從平河內進圍北中時梁將陳慶之爲顥兵守北門天穆駐馬圍外遣寬至城下說慶之寬先自稱姓名然後與語備陳利害勸令早降慶之不答久之乃曰賢兄撫軍在此頗欲相見寬答曰僕兄既力屈凶威迹淪逆黨人臣之理何煩相見向所以先申姓名者豈不知兄在彼乎直以信不見疑忠爲令德耳僕之昆季幸不待言但當議良圖自求多福天穆聞之謂左右曰揚寬大異人何至不借形便如此自是彌敬重之孝莊反正拜中軍將軍太府卿華州大中正封澄城縣伯邑三百戶爾朱榮被誅其從弟世隆等擁部曲燒城門出據河橋還逼京師進寬鎮北將軍使持節大都督隨機扞禦世隆謂寬曰豈忘太宰相知之深也寬答曰太宰見愛以禮人臣之交耳今日之事事君常節世隆北走寬追至河內俄而爾朱兆陷洛陽囚執孝莊帝寬還洛不可遂自成皋奔梁至建業聞孝莊帝弒崩寬發哀盡禮梁武義之待之甚厚尋而禮送還朝至下邳爾朱仲遠啓復寬官爵留爲大行臺吏部尚書孝武初改授散騎常侍驃騎將軍給事黃門侍郎監內典書事時夏州戍兵數千人據兗州反詔寬兼侍中節度諸軍討平之中尉綦儁與寬有宿憾誣以他罪劾之孝武謂侍臣等曰揚寬清直朕極知其無罪但不能杜法官之奏耳事下廷尉得申釋又除黃門侍郎兼武衛將軍孝武與齊神武有隙遂召募騎勇廣增宿衛以寬爲閤內大都督專總禁旅從孝武入關兼吏部尚書錄從駕勳進爵華山郡公邑一千二百戶大統初還車騎大將軍太子太傅儀同三司三年使茹茹迎魏文悼后還拜侍中都督涇州諸軍事涇州刺史五年除驃騎大將軍開府儀同三司都督東雍州諸軍事東雍州刺史即本州也十年轉河州刺史十六年兼大丞相府司馬朝議欲經略漢川而梁宜豐侯蕭循固守南鄭十七年寬從大將軍達奚武討之梁武陵王蕭紀遣將揚乾運率兵萬餘人救循武令寬督開府王傑賀蘭願德等邀擊之軍至白馬與乾運合戰破之俘斬數千人軍還除南幽州刺史魏廢帝初入爲尚書左僕射將作大監坐事免魏恭帝二年除廷尉卿世宗初拜大將軍增邑一千二百戶從賀蘭祥討吐谷渾破之別封宜陽縣公邑一千戶除小冢宰轉御正中大夫武成二年詔寬與麟趾學士參定經籍寬性通敏有器識頻牧數州號爲清簡歷居臺閣有當官之譽然與柳慶不協欲按成其罪時論頗以此譏之保定元年除總管梁興等十九州諸軍事梁州刺史其年薨於州贈華陝虞上潞五州刺史謚曰元子紀嗣大象末官至上儀同大將軍虞部下大夫寬二兄穆儉穆字紹叔魏

永安中除華州別駕孝武末寬請以澄城縣伯讓穆詔許之仍拜中軍將軍金紫光祿大夫除車騎將軍都督并州諸軍事并州刺史卒於家贈驃騎大將軍開府儀同三司華州刺史儉字景則偉容儀有才行魏正始中起家侍御史加奉朝請遷員外散騎侍郎孝昌中除鎭遠將軍頓丘太守未及述職元顥啓請隨軍建義初兼給事黃門侍郎左將軍太府少卿元顥入洛授撫軍將軍孝莊反正廢於家尋拜散騎常侍都督潁州諸軍事潁州刺史建明中加征東將軍金紫光祿大夫孝武初除衞將軍北雍州刺史政尚寬惠夷夏安之孝武西遷除侍中驃騎將軍大統初以本官行東秦州事加使持節當州大都督從破齊神武於沙苑封夏陽縣侯邑八百戶七年領大丞相府諮議參軍出爲都督東雍華二州諸軍事驃騎大將軍開府儀同三司華州刺史八年卒於家贈本官謚曰靜

柳慶字更興解人也五世祖恭仕後趙爲河東郡守後以秦趙喪亂乃率民南徙居於汝潁之間故世仕江表祖緝宋同州別駕宋安郡守父僧習齊奉朝請魏景明中與豫州刺史裴叔業據州歸魏歷北地潁川二郡守揚州大中正慶幼聰敏有器量博涉羣書不治章句好飲酒閑於占對年十三因曝書僧習謂慶曰汝雖聰敏吾未經特試乃令慶於雜賦集中取賦一篇千有餘言慶立讀三徧便即誦之無所遺漏時僧習爲潁川郡地接都畿民多豪右將選鄉官皆依倚貴勢競來請託選用未定僧習謂諸子曰權貴請託吾並不用其使欲還皆須有答汝等各以意爲吾作書也慶乃具書草云下官受委大邦選吏之日有能者進不肖者退此乃朝廷恒典僧習讀書歎曰此兒有意氣丈夫理當如是即依慶所草以報起家奉朝請慶出後第四叔及遭父憂議者不許爲服重慶泣而言曰禮者蓋緣人情若於出後之家更有苴斬之服可奪此從彼今四叔薨背已久情事不追豈容奪禮乖違天性時論不能抑遂以苫凷終喪既葬乃與諸兄負土成墳服闋除中堅將軍魏孝武將西遷除慶散騎侍郎馳傳入關慶至高平見太祖共論時事太祖卽請奉迎輿駕仍命慶先還復命時賀拔勝在荆州帝屛左右謂慶曰高歡已屯河北關中兵旣未至朕欲往荆州卿意何如慶對曰關中金城千里天下之彊國也宇文泰忠誠奮發朝廷之良臣也以陛下之聖明仗宇文泰之力用進可以東向而制羣雄退可以閉關而固天府此萬全之計也荆州地非要害衆又寡弱外迫梁寇內拒歡黨斯乃危亡是懼寧足以固鴻基以臣斷之未見其可帝深納之及帝西遷慶以母老不從獨孤信之鎭洛陽乃得入關除相府東閤祭酒領記室轉戶曹參軍八年遷大行臺郎中領北華州長史十年除尚書都兵郎中如故并領記室時北雍州獻白鹿羣臣欲草表陳賀尚書蘇綽謂慶曰近代以來文章華靡逮于江左彌復輕薄洛陽後進祖述不已相公柄民軌物君職典文房宜製此表以革前弊慶操筆立成辭兼文質綽讀而笑曰枳橘猶自可移況才子也尋以本官兼雍州別駕廣陵王元欣魏之懿親其甥孟氏屢爲匈橫或有告其盜牛慶捕推得實趣令就禁孟氏殊無懼容乃謂慶曰今若加以桎梏後復何以脫之欣亦遣使辨其無罪孟氏由此益驕慶於是大集僚吏盛言孟氏依倚權戚侵虐之狀言畢便令笞殺之此後貴戚斂手不敢侵暴有賈人持金二十斤詣京師交易寄人停止每欲出行常自執管鑰無何緘閉不異而失之謂主人所竊郡縣訊問主人遂自誣服慶聞而歎之乃召問賈人曰卿鑰恒置何處對曰恒自帶之慶曰頗與人同宿乎曰無與人同飲乎曰日者曾與一沙門再度酣宴醉而晝寢慶曰主人特以病自誣非盜也彼沙門乃眞盜耳卽遣吏逮捕沙門乃懷金逃匿後捕得盡獲所失之金十二年改三十六曹爲十二部詔以慶爲計部郎中別駕如故有胡家被劫郡縣按察莫知賊所鄰近被囚繫者甚多慶以賊徒旣衆似是烏合旣非舊交必相疑阻可以詐求之乃作匿名書多牓官門曰我等共劫胡家徒侶混雜終恐泄露今欲首懼不免誅若聽先首免罪便欲來告慶乃復施免罪之牓居二日廣陽王欣家奴面縛自告牓下因此推窮盡獲黨與慶之守正明察皆此類也每歎曰昔于公斷獄無私闢高門可以待封儻斯言有驗吾其庶幾乎十三年封清河縣男邑二百戶兼尚書右丞攝計部十四年正右丞太祖嘗怒安定國臣王茂將殺之而非其罪朝臣咸知而莫敢諫慶乃進曰王茂無罪奈何殺之太祖愈怒聲色甚厲謂慶曰王茂當死卿若明其無罪亦須坐之乃執慶於前慶辭氣不撓抗聲曰竊聞君有不達者爲不明臣有不爭者爲不忠慶謹竭愚誠實不敢愛死但懼公爲不明之君耳願深察之太祖乃悟而赦茂已不及矣太祖黙然明日謂慶曰吾不用卿言遂令王茂冤死可賜茂家錢帛以旌吾過尋進爵爲子增邑三百戶十五年加平南將軍十六年太祖東討以慶爲大行臺右丞加撫軍將軍還轉尚書右丞加通直散騎常侍魏廢帝初除民部尚書慶威儀端肅樞機明辨太祖每發號令常使慶宣之天性抗直無所回避太祖亦以此深委仗焉二年授車騎大將軍儀同三司魏恭帝初進位驃騎大將軍開府儀同三司尚書右僕射轉左僕射領著作六官建拜司會中大夫孝閔帝踐阼賜姓宇文氏進爵平齊縣公增邑通前一千五百戶晉公護初攝政欲引爲腹心慶辭之頗忤旨又與楊寬有隙及寬參知政事慶遂見疎忌出爲萬州刺史世宗尋悟留爲雍州別駕領京兆尹武成二年除宜州刺史慶自爲郎迄于司會府庫倉儲並其職也及在宜州寬爲小冢宰乃囚慶故吏求其罪失按驗積六十餘日吏或有死於獄者終無所言唯得剩錦數匹時人服其廉慎保定三年又入爲司會先是慶兄檜爲魏興郡守爲賊黃寶所害檜子三人皆幼弱慶撫養甚篤後寶率衆歸朝朝廷待以優禮居數年檜次子雄亮白日手刃寶於長安城中晉公護聞而大怒執慶及諸子姪皆囚之讓慶曰國家憲綱皆君等所爲雖有私怨寧得擅殺人也對曰慶聞父母之讐不同天昆弟之讐不同國明公以孝治天下何乃責於此乎護愈怒慶辭色無所屈卒以此免天和元年十二月薨時年五十贈鄜綏丹三州刺史謚曰景子機嗣

機字匡時少有令譽風儀辭令爲當世所推歷小納言開府儀同三司司宗中大夫大象中御正上大夫華州刺史機弟弘字匡道少聰穎亦善草隸博涉羣書辭彩雅贍與弘農楊素爲莫逆之交解巾中外府記室參軍建德初除內史上士歷小宮尹御正上士陳遣王偃民來聘高祖令弘勞之偃民謂弘曰來日至於藍田正逢滋水暴長所齎國信溺而從流今所進者假之從吏請勒下流人見爲追尋此物也弘曰昔淳于之獻空籠前史稱以爲美足下假物而進詎是陳君之命乎偃民慙不能對高祖聞而嘉之盡以偃民所進之物賜弘乃令報聘占對詳敏見稱於時使還拜內史都上士遷御正下大夫尋卒於官時年三十一高祖甚惜之贈晉州刺史揚素誄之曰山陽王弼風流長逝潁川荀粲零落無時修竹夾池永絕梁園之賦長楊映沼無復洛川之文其爲士友所痛惜如此有文集行於世慶三兄鷟虯檜虯檜並自有傳鷟好學善屬文魏臨淮王記室參軍事早卒子帶韋字孝孫深沉有度量少好學身長八尺三寸美風儀善占對韓賢素爲洛州刺史召爲主簿後與諸父歸朝太祖辟爲參軍時侯景作亂江右太祖令帶韋使江郢二州與梁邵陵南平二王通好行至安州値假寶等反帶韋乃矯爲太祖書以撫定之並卽降附旣至郢見邵陵具申太祖意邵陵卽時隨帶韋報命以奉使稱旨授輔國將軍中散大夫十七年太祖遣大將軍達奚武經略漢川以帶韋爲治行臺左丞從軍南討時梁宜豐侯蕭循守南鄭武攻之未拔乃令帶韋入城說循曰足下所固者險所恃者援所守者民今王師深入棧道長驅漢川此則所憑之險不足固也武興陷沒於前白馬破亡於後自餘川谷酋豪路阻而不敢進此則所望之援不可恃也夫顧親戚懼誅夷貪榮慕利此生人常也今大兵總至長圍四合戮逃亡以勸安居賞先降以招後服人人懷轉禍之計家家圖安堵之謀此則所部之民不可守也且足下本朝喪亂社稷無主盡忠將何所託死節不足成名竊爲足下不敢也僕聞賢者相時而動智者因變立功當今爲足下計者莫若肉袒軍門歸命下吏免生民於塗炭全髮膚於孝道必當紆青拖紫裂土分珪名重當時業光後嗣豈若進退無據身名俱滅者哉循然之後乃降魏廢帝元年出爲解縣令二年加授驃騎將軍左光祿大夫明年轉汾陰令發摘姧伏百姓畏而懷之世宗初入爲地官上士武成元年授帥都督治御伯下大夫遷武藏下大夫保定三年授大都督四年加儀同三司中外府掾天和六年封康城縣男邑五百戶轉職方中大夫三年授兵部中大夫雖頻徙職仍領武藏尋丁母憂起爲職方中大夫五年轉武藏中大夫俄遷驃騎大將軍開府儀同三司凡居劇職十有餘年處斷無滯官曹清肅時譙王儉爲益州總管漢王贊爲益州刺史高祖乃以帶韋爲益州總管府長史領益州別駕輔弼二王總知軍民事建德中大軍東討徵帶韋爲前軍總管齊王憲府長史齊平以功授上開府儀同大將軍進爵爲公增邑一千戶陳王純出并州以帶韋爲并州司會并州總管府長史六年卒於位時年五十五謚曰愷子祚嗣少有名譽大象末宣納上士

史臣曰周惠達見禮於寶夤揚寬荷恩於晉泰旣而蕭氏獲罪莊帝出居遂能契闊寇戎不以興王革慮崎嶇危難不以夷險易心斯固篤終之士柳慶束帶立朝懷匪躬之節莅官從政著清白之美並遭逢興運各展志能譽重搢紳望隆端揆非虛云也然慶畏避權寵違忤宰臣雖取詘於一時實獲申於千載矣

周書卷二十二考證

楊寬傳子紀嗣○北史作子文紀嗣

穆字紹叔○穆與儉係寬之兄自此以下至華州刺史句當另自成傳

柳慶傳今欲首懼不免誅○首字下脫一伏字

周書卷二十三

唐　令　狐　德　棻　等　撰

列傳第十五

蘇綽弟椿

蘇綽字令綽武功人魏侍中則之九世孫也累世二千石父協武功郡守綽少好學博覽羣書尤善算術從兄讓爲汾州刺史太祖餞於東都門外臨別謂讓曰卿家子弟之中誰可任用者讓因薦綽太祖乃召爲行臺郎中在官歲餘太祖未深知之然諸曹疑事皆詢於綽而後定所行公文綽又爲之條式臺中咸稱其能後太祖與僕射周惠達論事惠達不能對請出外議之乃召綽告以其事綽卽爲量定惠達入呈太祖稱善謂惠達曰誰與卿爲此議者惠達以綽對因稱其有王佐之才太祖曰吾亦聞之久矣尋除著作佐郎屬太祖與公卿往昆明池觀漁行至城西漢故倉地顧問左右莫有知者或曰蘇綽博物多通請問之太祖乃召綽具以狀對太祖大悅因問天地造化之始歷代興亡之迹綽既有口辯應對如流太祖益喜乃與綽並馬徐行至池竟不設網罟而還遂留綽至夜問以治道太祖臥而聽之綽於是指陳帝王之道兼述申韓之要太祖乃起整衣危坐不覺膝之前席語遂達曙不厭詰朝謂周惠達曰蘇綽眞奇士也吾方任之以政卽拜大行臺左丞參典機密自是寵遇日隆綽始制文案程式朱出墨入及計帳戶籍之法大統三年齊神武三道入寇諸將咸欲分兵禦之獨綽意與太祖同遂併力拒竇泰擒之於潼關四年加衞將軍右光祿大夫封美陽縣子邑三百戶加通直散騎常侍進爵爲伯增邑二百戶十年授大行臺度支尚書領著作兼司農卿太祖方欲革易時政務弘彊國富民之道故綽得盡其智能贊成其事減官員置二長并置屯田以資軍國又爲六條詔書奏施行之其一先治心曰凡今之方伯守令皆受命天朝出臨下國論其尊貴並古之諸侯也是以前世帝王每稱共治天下者唯良宰守耳明知百僚卿尹雖各有所司然其治民之本莫若宰守之最重也凡治民之體先當治心心者一身之主百行之本心不清淨則思慮妄生思慮妄生則見理不明見理不明則是非謬亂是非謬亂則一身不能自治安能治民也是以治民之要在清心而已夫所謂清心者非不貪貨財之謂也乃欲使心氣清和志意端靜心和志靜則邪僻之慮無因而作邪僻不作則凡所思念無不皆得至公之理率至公之理以臨其民則彼下民孰不從化是以稱治民之本先在治心其次又在治身凡人君之身者乃百姓之表一國之的也表不正不可求直影的不明不可責射中今君身不能自治而望治百姓是猶曲表而求直影也君行不能自脩而欲百姓脩行者是猶無的而責射中也故爲人君者必心如清水形如白玉躬行仁義躬行孝悌躬行忠信躬行禮讓躬行廉平躬行儉約然後繼之以無倦加之以明察行此八者以訓其民是以其人畏而愛之則而象之不待家教日見而自興行矣其二敦教化曰天地之性唯人爲貴明其有中和之心仁恕之行異於木石不同禽獸故貴之耳然性無常守隨化而遷化於敦樸者則質直化於澆僞者則浮薄浮薄者則衰弊之風質直者則淳和之俗衰弊則禍亂交興淳和則天下自治治亂興亡無不皆由所化也然世道彫喪已數百年大亂滋甚且二十歲民不見德唯兵革是聞上無敎化惟刑罰是用而中興始爾大難未平加之以師旅因之以饑饉凡百草創率多權宜致使禮讓弗興風俗未改比年稍登稔徭賦差輕衣食不切則教化可脩矣凡諸牧守令長宜洗心革意上承朝旨下宣教化矣夫化者貴能扇之以淳風浸之以太和被之以道德示之以朴素使百姓亹亹中遷於善邪僞之心嗜慾之性潛以消化而不知其所以然此之謂化也然後教之以孝悌使民慈愛教之以仁順使民和睦教之以禮義使民敬讓慈愛則不遺其親和睦則無怨於人敬讓則不競於物三者既備則王道成矣此之謂教也先王之所以移風易俗還淳反素垂拱而治天下以至太平者莫不由此此之謂要道也其三盡地利曰人生天地之間以衣食爲命食不足則饑衣不足則寒饑寒切體而欲使民興行禮讓者此猶逆坂走丸勢不可得也是以古之聖王知其若此故先足其衣食然後教化隨之夫衣食所以足者在於地利盡地利所以盡者由於勸課有方主此教者在乎牧守令長而已民者冥也智不自周必待勸教然後盡其力諸州郡縣每至歲首必戒敕部民無問少長但能操持農器者皆令就田墾發以時勿失其所及布種既訖嘉苗須理麥秋在野蠶停於室若此之時皆宜少長悉力男女併功若援溺救火寇盜之將至然後可使農夫不廢其業蠶婦得就其功若有遊手怠惰早歸晚出好逸惡勞不勤事業者則正長牒名郡縣守令隨事加罰罪一勸百此則明宰之教也夫百畝之田必春耕之夏種之秋收之然後冬食之此三時者農之要也若失其一時則穀不可得而食故先王之戒曰一夫不耕天下必有受其饑者一婦不織天下必有受其寒者若此三者不務省事而令民廢農者是則絕民之命驅以就死然單劣之戶及無牛之家勸令有無相通使得兼濟三農之隙及陰雨之暇又當教民種桑植果藝其菜蔬脩其園圃畜育雞豚以備生生之資以供養生之具夫爲政不欲過碎碎則民煩勸課亦不容太簡簡則民怠善爲政者必消息時宜而適煩簡之中故詩曰不剛不柔布政優優百祿是求如不能爾則必陷於刑辟矣其四擢賢良曰天生蒸民不能自治故必立君以治之人君不能獨治故必置臣以佐之上至帝王下及郡國置臣得賢則治失賢則亂此乃自然之理百王不能易也今刺史守令悉有僚吏皆佐治之人也刺史府官則命於天朝其州吏以下並牧守自置自昔以來州郡大吏但取門資多不擇賢良末曹小吏唯試刀筆並不問志行夫門資者乃先世之爵祿無妨子孫之愚瞽刀筆者乃身外之末材不廢性行之澆僞若門資之中而得賢良是則策騏驥而取千里也若門資之中而得愚瞽是則土牛木馬形似而用非不可以涉道也若刀筆之中而得志行是則金相玉質內外俱美實爲人寶也若刀筆之中而得澆僞是則飾畫朽木悅目一時不可以充榱椽之用也今之選舉者當不限資蔭唯在得人苟得其人自可起廝養而爲卿相伊尹傅說是也而況州郡之職乎苟非其人則丹朱商均雖帝王之胤不能守百里之封而況於公卿之胄乎由此而言觀人之道可見矣凡所求材藝者爲其可以治民若有材藝而以正直爲本者必以其材而爲治也若有材藝而以姦僞爲本者將由其官而爲亂也何治之可得乎是故將求材藝必先擇志行其志行善者則舉之其志行不善者則去之而今擇人者多云邦國無賢莫知所舉此乃未之思也非適理之論所以然者古人有言明主聿興不降佐於昊天大人基命不擢才於后土常引一世之人治一世之務故殷周不待稷契之臣魏晉無假蕭曹之佐仲尼曰十室之邑必有忠信如丘者焉豈有萬家之都而云無士但求之不勤擇之不審或用之不得其所任之不盡其材故云無耳古人云千人之秀曰英萬人之英曰雋今之智效一官行聞一邦者豈非近英雋之士也但能勤而審察去虛取實各得州郡之最而用之則民無多少皆足治矣孰云無賢夫良玉未剖與瓦石相類名驥未馳與駑馬相雜及其剖而瑩之馳而試之玉石駑驥然後始分彼賢士之未用也混於凡品竟何以異要任之以事業責之以成務方與彼庸流較然不同昔呂望之屠釣百里奚之飯牛甯生之扣角管夷吾之三敗當此之時悠悠之徒豈謂其賢及升王朝登霸國積數十年功成事立始識其奇士也於是後世稱之不容於口彼瓌偉之材不世之傑尚不能以未遇之時自異於凡品況降此者哉若必待太公而後用是千載無太公必待夷吾而後任是百世無夷吾所以然者士必從微而至著功必積小以至大豈有未任而已成不用而先達也若識此理則賢可求士可擇得賢而任之得士而使之則天下之治何向而不可成也然善官人者必先省其官官省則善人易充善人易充則事無不理官煩則必雜不善之人雜不善之人則政必有得失故語曰官省則事省事省則民清官煩則事煩事煩則民濁清濁之由在於官之煩省案今吏員其數不少昔民殷事廣尚能克濟況今戶口減耗依員而置猶以爲少如聞在下州郡尚有兼假擾亂細民甚爲無理諸如此輩悉宜罷黜無得習常非直州郡之官宜須善人爰至黨族閭里正長之職皆當審擇各得一鄉之選以相監統夫正長者治民之基基不傾者上必安凡求賢之路自非一途然所以得之審者必由任而試之考而察之起於居家至於鄉黨訪其所由則人道明矣賢與不肖別矣率此以求則庶無愆悔矣其五恤獄訟曰人受陰陽之氣以生有情有性性則爲善情則爲惡善惡既分而賞罰隨焉賞罰得中則惡止而善勸賞罰不中則民無所措手足民無所措手足則怨叛之心生是以先王重之特加戒慎夫戒慎者欲使治獄之官精心悉意推究事源先之以五聽參之以證驗妙覩情狀窮鑒隱伏使姦無所容罪人必得然後隨事加刑輕重皆當赦過矜愚得情勿喜又能消息情理斟酌禮律

無不曲盡人心遠明大教使獲罪者如歸此則善之上也然宰守非一不可人人皆有通識推理求情時或難盡唯當率至公之心去阿枉之志務求曲直念盡平當聽察之理必窮所見然後栲訊以法不苛不暴有疑則從輕未審不妄罰隨事斷理獄無停滯此亦其次若乃不仁恕而肆其殘暴同民木石專任捶楚巧詐者雖事彰而獲免辭弱者乃無罪而被罰有如此者斯則下矣非共治所寄今之宰守當勤於中科而慕其上善如在下條則刑所不赦又當深思遠大念存德教先王之制曰與殺無辜寧赦有罪與其害善寧其利淫明必不得中寧濫捨有罪不謬害善人也今之從政者則不然深文巧劾寧致善人於法不免有罪於刑所以然者皆非好殺人也但云爲吏寧酷可免後患此則情存自便不念至公奉法如此皆姦人也夫人者天地之貴物一死不可復生然楚毒之下以痛自誣不被申理遂陷刑戮者將恐往往而有是以自古以來設五聽三宥之法著明慎庶獄之典此皆愛民甚也凡伐木殺草田獵不順尚違時令而虧帝道況刑罰不中濫害善人寧不傷天心犯和氣也天心傷和氣損而欲陰陽調適四時順序萬物阜安蒼生悅樂者不可得也故語曰一夫吁嗟王道爲之傾覆正謂此也凡百宰守可無慎乎若有深姦巨猾傷化敗俗悖亂人倫不忠不孝故爲背道者殺一利百以清王化重刑可也識此二途則刑政盡矣其六均賦役曰聖人之大寶曰位何以守位曰仁何以聚人曰財明先王必以財聚人以仁守位國而無財位不可守是故五三以來皆有征稅之法雖輕重不同而濟用一也今逆寇未平軍用資廣雖未遑減省以卹民瘼然令平均使下無匱夫平均者不捨豪彊而徵貧弱不縱姦巧而困愚拙此之謂均也故聖人曰蓋均無貧然財貨之生其功不易織紝紡績起於有漸非旬日之間所可造次必須勸課使預營理絹鄉先事織紝麻土早脩紡績先時而備至時而輸故王賦獲供下民無困如其不預勸戒臨時迫切復恐稽緩以爲已過捶扑交至取辦目前富商大賈緣茲射利有者從之貴買無者與之舉息輸稅之民於是弊矣租稅之時雖有大式至於斟酌貧富差次先後皆事起於正長而繫之於守令若斟酌得所則政和而民悅若檢理無方則吏姦而民怨又差發徭役多不存意致令貧弱者或重徭而遠戍富彊者或輕使而近防守令用懷如此不存卹民之心皆王政之罪人也太祖甚重之常置諸座右又令百司習誦之其牧守令長非通六條及計帳者不得居官自有晉之季文章競爲浮華遂成風俗太祖欲革其弊因魏帝祭廟羣臣畢至乃命綽爲大誥奏行之其詞曰惟中興十有一年仲夏庶邦百辟咸會於王庭柱國泰洎群公列將罔不來朝時廼大稽百憲敷于庶邦用綏我王度皇帝曰昔堯命羲和允釐百工舜命九官庶績咸熙武丁命說克號高宗時惟休哉朕其欽若格爾有位胥暨我太祖之庭朕將丕命女以厥官六月丁巳皇帝朝格於太廟凡厥具僚罔不在位皇帝若曰咨我元輔羣公列將百辟卿士庶尹御事朕惟寅敷祖宗之靈命稽于先王之典訓以大誥于爾在位昔我太祖神皇肇膺明命以創我皇基烈祖景宗廓開四表底定武功暨乎文祖誕敷文德龔惟武考不霣其舊自時厥後陵夷之弊用興大難于彼東丘則我黎人咸墜塗炭惟台一人纘戎下武夙夜祗畏若涉大川罔識攸濟是用稽於帝典揆於王廷拯我民瘼惟彼哲王示我彝訓曰天生蒸民罔克自乂上帝降鑒叡聖植元后以乂之惟時元后弗克獨乂博求明德命百辟羣吏以佐之肆天之命辟辟之命官惟以卹民弗惟逸念辟惟元首庶黎惟趾股肱惟弼上下一體各勤攸司茲用克臻於皇極故其彝訓曰后克艱厥后臣克艱厥臣政廼乂今台一人膺天之嘏既陟元后股肱百辟又服我國家之命罔不咸守厥職嗟夫后弗艱厥后臣弗艱厥臣於政何弗斁嗚呼艱哉凡爾在位其敬聽命皇帝若曰柱國唯四海之不造載緜二紀天未絕我太祖列祖之命用錫我以元輔國家將墜公惟棟梁皇之弗極公作相百揆諐度公惟大錄公其允文允武克明克乂廸七德敷九功龕暴除亂下綏我蒼生旁施於九土若伊之在商周之有呂說之相丁用保我無疆之祚皇帝若曰羣公太宰太尉司徒司空惟公作朕鼎足以弼予朕躬宰惟天官克諧六職尉惟司武武在止戈徒惟司衆敬敷五教空惟司土利用厚生惟時三事若三階之在天惟茲四輔若四時之成歲天工人其代諸皇帝若曰列將汝惟鷹揚作朕爪牙寇賊姦究蠻夷猾夏汝徂征綏之以惠董之以威刑期於無刑萬邦咸寧俾八表之內莫違朕命時汝功皇帝若曰庶邦列辟汝惟守土作民父母民惟不勝其饑故先王重農不勝其寒故先王貴女功民之不率於孝慈則骨肉之恩薄弗惇於禮讓則爭奪之萌生惟茲六物寔爲教本嗚呼爲上在寬寬則民怠齊之以禮不剛不柔稽極於道皇帝若曰卿士庶尹凡百御事王省惟歲卿士惟月庶尹惟日御事惟時歲月日時罔易其度百憲咸貞庶績其凝嗚呼惟若王官陶均萬國若天之有斗斟元氣酌陰陽弗失其和蒼生永賴悖其序萬物以傷時惟艱哉皇帝若曰惟天地之道一陰一陽禮俗之變一文一質爰自三五以迄於茲匪惟相革惟其救弊匪惟相襲惟其可久惟我有魏承乎周之末流接秦漢遺弊襲魏晉之華誕五代澆風因而未革將以穆俗興化庸可暨乎嗟我公輔庶僚列侯朕惟否德其一心力祗慎厥艱克遵前王之丕顯休烈弗敢怠荒咨爾在位亦協乎朕心惇德允元惟厥難是務克捐厥華卽厥實背厥僞崇厥誠勿愆勿忘一乎三代之彝典歸於道德仁義用保我祖宗之丕命荷天之休克綏我萬方永康我黎庶戒之哉戒之哉朕言不再柱國泰洎庶僚百辟拜手稽首曰亶聰明作元后元后作民父母惟三五之王率繇此道用臻於刑措自時厥後歷千載而未聞惟帝念功將反叔世逖致於雍庸錫降丕命于我羣臣博哉王言非言之難行之實難罔不有初鮮克有終商書曰終始惟一德廼日新惟帝敬厥始慎厥終以躋日新之德則我羣臣敢不夙夜對揚休哉惟茲大誼未光於四表以邁種德俾九域幽遐咸昭奉元后之明訓率遷於道永膺無疆之休帝曰欽哉自是之後文筆皆依此體綽性儉素不治產業家無餘財以海內未平常以天下爲己任博求賢俊共弘治道凡所薦達皆至大官太祖亦推心委任而無閒言太祖或出遊常預署空紙以授綽若須有處分則隨事施行及還啓之而已綽嘗謂治國之道當愛民如慈父訓民如嚴師每與公卿議論自晝達夜事無巨細若指諸掌積思勞倦遂成氣疾十二年卒於位時年四十九太祖痛惜之哀動左右及將葬乃謂公卿等曰蘇尚書平生謙退敦尚儉約吾欲全其素志便恐悠悠之徒有所未達如其厚加贈謚又乖宿昔相知之道進退惟谷孤有疑焉尚書令史麻瑶越次而進曰昔晏子齊之賢大夫一狐裘三十年及其死也遣車一乘齊侯不奪其志綽既操履清白謙挹自居愚謂宜從儉約以彰其美太祖稱善因薦瑶於朝廷及綽歸葬武功唯載以布車一乘太祖與羣公皆步送出同州郭門外太祖親於車後酹酒而言曰尚書平生爲事妻子兄弟不知者吾皆知之惟爾知吾心吾知爾意方欲共定天下不幸遂捨我去柰何因舉聲慟哭不覺失卮於手至葬日又遣使祭以大牢太祖自爲其文綽又著佛性論七經論並行於世明帝二年以綽配享太祖廟庭子威嗣威少有父風襲爵美陽伯娶晉公護女新興公主拜車騎大將軍儀同三司進爵懷道縣公建德初稍遷御伯下大夫大象末開府儀同大將軍隋開皇初以綽著名前代乃下詔曰昔漢高欽無忌之義魏武挹子幹之風前代名賢後王斯重魏故度支尚書美陽伯蘇綽文雅政事遺跡可稱展力前王垂聲著績宜開土宇用旌善人於是追封邳國公邑二千戶

綽弟椿字令欽性廉慎沉勇有決斷正光中關右賊亂椿應募討之授盪寇將軍累功封遷奉朝請厲威將軍中散大夫賜爵美陽子加都督持節平西將軍太中大夫大統初拜鎮東將軍金紫光祿大夫賜姓賀蘭氏四年出爲武都郡守改授西夏州長史除帥都督行弘農郡事椿當官彊濟特爲太祖所知十四年置當州鄉帥自非鄉望允當衆心不得預焉乃令驛追椿領鄉兵其年破槃頭氏有功除散騎常侍加大都督十六年征隨郡軍還除武功郡守既爲本邑以清儉自居小大之政必盡忠恕尋授使持節車騎大將軍儀同三司進爵爲侯武成二年進位驃騎大將軍開府儀同三司大都督保定三年卒子植嗣

史臣曰書云惟后非賢弗乂惟賢非后罔食是以知人則哲有國之所先用之則行爲下之常道若乃庖廚胥靡種德微管之臣罕聞於世黜魯逐荆抱關執戟之士無乏於時斯固典謨所以昭則風雅所以興刺也誠能監前事之得喪勞虛己於吐握其知賢也必用其授爵也勿疑則舜禹湯武之德可連衡矣稷契伊呂之流可比肩矣太祖提劍而起百度草創施約法之制於競逐之辰脩治定之禮於鼎峙之日終能斲彫爲朴變奢從儉風化既被而下肅上尊疆場屢擾而內親外附斯蓋蘇令綽之力也名冠當時慶流後嗣宜哉

周書卷二十三考證

蘇綽傳柱國泰洎羣公列將罔不來朝○柱國泰諸本作柱國諱北史作柱國泰下文同臣文淳按李虎亦爲柱國但虎位周文之下誥詞似舉周文以統百官今依北史改正

逖致於雍○北史作逖至於雍熙此脫一熙字

周書卷二十四

唐 令狐德棻等撰

列傳第十六

盧辯

盧辯字景宣范陽涿人累世儒學父靖太常丞辯少好學博通經籍舉秀才爲太學博士以大戴禮未有解詁辯乃注之其兄景裕爲當時碩儒謂辯曰昔侍中注小戴今爾注大戴庶纂前修矣及帝入關事起倉卒辯不及至家單馬而從或問辯曰得辭家不辯曰門外之治以義斷恩復何辭也孝武至長安授給事黃門侍郎領著作太祖以辯有儒術甚禮之朝廷大議常召顧問趙青雀之亂魏太子出居渭北辯時隨從亦不告家人其執志敢決皆此類也尋除太常卿太子少傅魏太子及諸王等皆行束修之禮受業於辯進爵范陽公轉少師自魏末離亂孝武西遷朝章禮度湮墜咸盡辯因時制宜皆合軌度性彊記默契能斷大事凡所創制處之不疑累遷尚書右僕射世宗即位進位大將軍帝嘗與諸公幸其第儒者榮之出爲宜州刺史薨配食太祖廟庭子愼初太祖欲行周官命蘇綽專掌其事未幾而綽卒乃令辯成之於是依周禮建六官置公卿大夫士并撰次朝儀車服器用多依古禮革漢魏之法事並施行今錄辯所述六官著之於篇天官府管冢宰等衆職地官府領司徒等衆職春官府領宗伯等衆職夏官府領司馬等衆職秋官府領司寇等衆職冬官府領司空等衆職史雖具載文多不錄辯所述六官太祖以魏恭帝三年始命行之自茲厥後世有損益宣帝嗣位事不師古官員班品隨意變革至如初置四輔官及六府諸司復置中大夫并御正內史增置上大夫等則載於外史餘則朝出夕改莫能詳錄于時雖行周禮其內外衆職又兼用秦漢等官今略舉其名號及命數附之於左其紀傳內更有餘官而於此不載者亦史闕文也

柱國大將軍大將軍右正九命

驃騎車騎等大將軍開府儀同三司雍州牧右正九命

驃騎車騎等將軍左右光祿大夫戶三萬以上州刺史右正八命

征東征西征南征北中軍鎮軍撫軍等將軍左右金紫光祿大夫大都督戶二萬以上州刺史京兆尹右八命

平東平西平南平北前後左右將軍左右銀青光祿大夫帥都督戶一萬以上刺史柱國大將軍府長史司馬司錄右正七命

冠軍輔國等將軍太中中散等大夫都督戶五千以上刺史戶一萬五千以上郡守右七命

鎮遠建忠等將軍諫議誠議等大夫別將開府長史司馬司錄戶一萬以上郡守大呼藥右正六命

中堅寧朔等將軍左右中郎將儀同府正八命州長史司馬司錄戶五千以上郡守小呼藥右六命

寧遠揚烈伏波等將軍左右員外常侍統軍驃騎車騎府八命州長史司馬司錄柱國大將軍府中郎掾戶一千以上郡守長安萬年縣令右正五命

輕車將軍奉車奉騎等都尉四征中鎮撫軍府正七命州長史司馬司錄開府府中郎掾屬戶不滿千以下郡守戶七千以上縣令正八命州呼藥右五命

宣威明威等將軍武賁冗從等給事儀同府中郎掾屬柱國大將軍府列曹參軍四平前後左右將軍府七命州長史司馬司錄正八命州別駕戶四千以上縣令八命州呼藥右正四命

襄威厲威將軍給事中奉朝請軍主開府府列曹參軍冠軍輔國府正六命州長史司馬司錄正七命州別駕正八命州治中七命郡丞戶二千以上縣令正七命州呼藥右四命

威烈討寇將軍左右員外侍郎幢主儀同府正八命州列曹參軍柱國府參軍鎮遠建忠中堅寧朔府長史司錄正六命州別駕正七命州治中正六命郡丞戶五百以上縣令七命州呼藥右正三命

蕩寇蕩難將軍武騎常侍侍郎開府府參軍驃騎車騎府八命州列曹參軍寧遠揚烈伏波輕車府長史正六命州治中六命郡丞戶不滿五百以下縣令戍主正六命州呼藥右三命

殄寇殄難將軍彊弩司馬四征中鎮撫府正七命州列曹參軍正五命郡丞右正二命

掃寇掃難將軍武威司馬四平前後左右府七命州列曹參軍戍副五命郡丞右二命

曠野橫野將軍殿中員外二司馬冠軍輔國府正六命州列曹參軍右正一命

武威武牙將軍淮海山林二都尉鎮遠建忠中堅寧朔寧遠揚烈伏波輕車府列曹參軍右一命

周制封郡縣五等爵者皆加開國授柱國大將軍開府儀同者並加使持節大都督其開府又加車騎大將軍散騎常侍其授總管刺史則加使持節諸軍事以此爲常大象元年詔總管刺史及行兵者加持節餘悉罷之建德四年增置上柱國大將軍改儀同三司爲儀同大將軍

周書卷二十四考證

盧辯傳庶纂前修矣○此下北史有節閔帝立云云臣文淳按下文云及帝入關帝謂孝武也作史者若不載節閔帝即位事則當云及孝武入關不當云帝入關也以北史校之知此明有遺脫

子愼○北史云子愼嗣隋開皇初以辯前代名德追封沈國公此脫

其開府又加車騎大將軍散騎常侍○北史云其開府又加驃騎大將軍侍中其儀同又加車騎大將軍散騎常侍此亦脫訛

周書卷二十五

唐 令狐德棻等撰

列傳第十七

李賢 弟遠 遠子基

李賢字賢和其先隴西成紀人也曾祖富魏太武時以子都督討兩山屠各歿於陣贈寧西將軍隴西郡守祖斌襲領父兵鎮於高平因家焉父文保早卒魏大統末以賢兄弟著勳追贈涇原東秦三州刺史司空賢幼有志節不妄舉動嘗出遊遇一老人鬚眉皓白謂之曰我年八十觀士多矣未有如卿者必爲台牧卿其勉之九歲從師受業畧觀大旨而已不尋章句或謂之曰學不精勤不如不學賢曰夫人各有志賢豈能彊學待問領徒授業耶唯當粗聞教義補己不足至如忠孝之道實銘之於心問者慚服年十四遭父喪撫訓諸弟友愛甚篤魏永安中万俟醜奴據岐涇等諸州反叛魏孝莊遣爾朱天光率兵擊破之其黨万俟道洛費連少渾猶據原州未知醜奴已敗天光遣使造賢令密圖道洛天光率兵續進會賊黨万俟阿寶戰敗逃還私告賢曰醜奴已敗王師行至此阿寶以性命相投願能存濟賢因令阿寶僞爲醜奴使給道洛等曰今已破臺軍須與公計事令阿寶權守原州公宜速往道洛等信之是日便發既出而天光至遂克原州道洛乃將麾下六千人奔于牽屯山天光見賢曰道洛之出子之力也賢又率鄉人出馬千匹以助軍天光大悅時原州亢旱天光以乏水草乃退舍城東五十里牧馬息兵令都督長孫邪利行原州事以賢爲主簿道洛復乘虛忽至時賊黨千餘人在城中密爲內應引道洛入城遂殺邪利賢復率鄉人殊死拒戰道洛乃退走又有賊帥達符顯圍逼州城晝夜攻戰屢被摧衂賢間道赴雍州詣天光請援天光許之賢乃返而賊營壘四合無因入城候日向夕乃僞負薪與賊樵采者俱得至城下城中垂布引之賊衆方覺乃弓弩亂發射之不中遂得入城告以大軍將至賊聞之便即散走累遷威烈將軍殿中將軍高平令賀拔岳爲侯莫陳悅所害太祖西征賢與其弟遠穆等密應侯莫陳崇以功授都督仍守原州及大軍將至秦州悅棄城走太祖令兄子導勒兵追之以賢爲前驅轉戰四百餘里至牽屯山及之悅自刎於陣賢亦被重瘡馬中流矢太祖嘉之賞奴婢布帛及雜畜等授持節撫軍大將軍都督魏孝武西遷太祖令賢率騎兵迎衛時山東之衆多欲逃歸帝乃令賢以精騎三百爲殿衆皆憚之莫敢亡叛封下邽縣公邑一千戶俄授左都督安東將軍還鎮原州大統二年州民豆盧狼害都督大野樹兒等據州城反賢乃招集豪傑與之謀曰賊起倉卒便誅二將其勢雖盛其志已驕然其政令莫施惟以殘剋爲業夫以羈旅之賊而馭烏合之衆勢自離解今若從中擊之賊必喪膽如吾計者指日取之衆皆從焉賢乃率敢死士三百人分爲兩道乘夜鼓噪而出羣賊大驚一戰而敗狼乃斬關遁走賢輕與三騎追斬之遷原州長史尋行原州事四年莫折後熾連結賊黨所在寇掠賢率鄉兵與行涇州事史寧討之後熾列陣以待賢謂寧曰賊聚結歲久徒衆甚多數州之人皆爲其用我若總一陣併力擊之彼既同惡相濟理必總萃於我其勢不分衆寡莫敵我便救尾無以制之今若令諸軍分爲數隊多設旗鼓掎角而前以脅諸柵公別統精兵直指後熾按甲而待莫與交鋒後熾欲前則憚公之銳諸柵欲出則懼我疑兵令其進不得戰退不得走以候其懈擊之必破後熾一敗則衆柵不攻自拔矣寧不從屢戰頻北賢乃率數百騎徑掩後熾營收其妻子僮隸五百餘人并輜重等屬後熾與寧戰勝方欲追奔忽聞賢至乃棄寧與賢接戰賢手斬十餘級生獲六人賊遂大敗後熾

單騎遁走師還以功賞奴婢四十口雜畜數百頭八年授原州刺史賢雖少從戎旅而頗閑政事撫導鄉里甚得民和十二年隨獨孤信征涼州平之又撫慰張掖等五郡而還俄而茹茹圍逼州城剽掠居民驅擁畜牧賢欲出戰大都督王德猶豫未決賢固請德乃從之賢勒兵將出賊密知之乃引軍退賢因率騎士追擊斬二百餘級捕虜百餘人獲駝馬牛羊二萬頭財物不可勝計所掠之人還得安堵加授使持節車騎大將軍儀同三司十六年遷驃騎大將軍開府儀同三司太祖之奉魏太子西巡也至原州遂幸賢第讓齒而坐行鄉飲酒禮焉其後太祖又至原州令賢乘輅備儀服以諸侯會遇禮相見然後幸賢第歡宴終日凡是親族頒賜有差魏恭帝元年進爵河西郡公增邑通前二千戶後以弟子植被誅賢坐除名俄授使持節車騎大將軍儀同三司時荊州羣蠻反開府潘招討之令賢與賀若敦率騎士七千別道邀截擊蠻帥文子榮大破之遂於平州北築汝陽城以鎮之尋治郢州刺史時以巴湘初附詔賢總監諸軍畧定乃遷江夏民二千餘戶以實安州并築甑山城而還保定二年詔復賢官爵仍授瓜州刺史高祖及齊王憲之在襁褓也以避忌不利居宮中太祖令於賢家處之六載乃還宮因賜賢妻吳姓宇文氏養爲姪女賜與甚厚及高祖西巡幸賢第詔曰朕昔冲幼爰寓此州使持節驃騎大將軍開府儀同三司大都督瓜州諸軍事瓜州刺史賢斯土良家勳德兼著受委居朕輔導積年念其規弼功勞甚茂食彼桑椹尚懷好音矧玆惠矣其庸可忘今巡撫居此不殊代邑舉目依然益增舊想雖無屬籍朕處之若親凡厥昆季乃至子姪等可並豫宴賜於是令中侍上士尉遲愷往瓜州降璽書勞賢賜衣一襲及被褥并御所服十三環金帶一要中廄馬一匹金裝鞍勒雜綵五百段銀錢一萬賜賢弟申國公穆亦如之子姪男女中外諸孫三十四人各賜衣一襲又拜賢甥厙狄樂爲儀同賢門生昔經侍奉者二人授大都督四人授帥都督六人別將奴已免賤者五人授軍主未免賤者十二人酬替放之四年王師東討朝議以西道空虛慮羌渾侵擾乃授賢使持節河州總管三州七防諸軍事河州刺史河州舊非總管至是創置焉賢乃大營屯田以省運漕多設斥候以備寇戎於是羌渾斂迹不敢向東五年宕昌寇邊百姓失業乃於洮州置總管府以鎮遏之遂廢河州總管改授賢洮州總管七防諸軍事洮州刺史屬羌寇石門戍撤破橋道以絶援軍賢率千騎禦之前後斬獲數百人賊乃退走羌復引吐谷渾數千騎將入西疆賢密知之又遣兵伏其險路復大敗之虜遂震懾不敢犯塞俄廢洮州總管還於河州置總管府復以賢爲之高祖思賢舊恩徵拜大將軍天和四年三月卒於京師時年六十八高祖親臨哀慟左右贈使持節柱國大將軍大都督涇原秦等十州諸軍事原州刺史謚曰桓子端嗣端字永貴歷位開府儀同三司司會中大夫中州刺史從高祖平齊於鄴城戰歿贈上大將軍追封襄陽公謚曰果端弟吉儀同三司吉弟崇位至太府中大夫上柱國廣宗郡公崇弟孝軌開府儀同大將軍升遷縣伯孝軌弟詢少歷顯位大象末上柱國隴西郡公

賢弟遠字萬歲幼有器局志度恢然嘗與羣兒爲戰鬬之戲指麾部分便有軍陣之法郡守見而異之召使更戲羣兒懼而散走遠持杖叱之復爲向勢意氣雄壯殆甚於前郡守曰此小兒必爲將軍非常人也及長涉獵書傳畧知指趣而已魏正光末天下鼎沸勅勒賊胡琮侵逼原州其徒甚盛遠昆季率勵鄉人欲圖拒守而衆情猜懼頗有異同遠乃按劒而言曰頃年以來皇家多難匈黨乘機肆其毒螫王畧未振緩其梟夷正是忠臣立節之秋義士建功之日丈夫豈可臨難苟免當在死中求生耳諸人並世載忠貞沐浴教義今若棄同卽異去順効逆雖五尺童子猶或非之將復何顏以見天下之士有異議者請以劒斬之於是衆皆股慄莫不聽命乃相與盟歃遂深壁自守而外無救援城遂陷其徒多被殺害唯遠兄弟並爲人所匿得免遠乃言於賢曰今逆賊孔熾屠戮忠良遠欲間行入朝請兵救援兄晦迹和光可以免禍內伺釁隙因變立功若王師西指得復表裏相應旣殉國家之急且全私室之危豈若窘迫凶威坐見夷滅賢曰是吾心也遂定東行之策遠乃崎嶇寇境得達京師魏朝嘉之授武騎常侍俄轉別將賜帛千匹并弓刀衣馬等及爾朱天光西伐乃配遠精兵使爲鄉導天光欽遠才望特相引接除伏波將軍長城郡守原州大中正後以應侯莫陳崇功遷高平郡守太祖見遠與語悅之令居麾下甚見親遇及魏孝武西遷授假節銀青光祿大夫主衣都統封安定縣伯邑五百戶魏文帝嗣位之始思享遐年以遠字可嘉令扶帝升殿遷使持節征東大將軍進爵爲公增邑千戶仍領左右從征竇泰復弘農並有殊勳授都督原州刺史太祖謂遠曰孤之有卿若身體之有手臂之用豈可暫輟於身本州之榮乃私事耳卿若述職則孤無所寄懷於是遂令遠兄賢代行州事沙苑之役遠功居最除車騎大將軍儀同三司進爵陽平郡公邑三千戶尋從獨孤信東畧遂入洛陽爲東魏將侯景等所圍太祖至乃解及河橋之戰遠與獨孤信爲右軍不利而退除大丞相府司馬軍國機務遠皆參之畏避權勢若不在已時河東初復民情未安太祖謂遠曰河東國之要鎭非卿無以撫之乃授河東郡守遠敦獎風俗勸課農桑肅遏姦非兼修守禦之備曾未朞月百姓懷之太祖嘉焉降書勞問徵爲侍中驃騎大將軍開府儀同三司魏建東宮授太子少傅尋轉少師東魏北豫州刺史高仲密請舉州來附時齊神武屯兵河陽太祖以仲密所據遼遠難爲應接諸將皆憚此行遠曰北豫遠在賊境高歡又屯兵河陽常理而論實難救援但兵務神速事貴合機古人有言不入獸穴安得獸子若以奇兵出其不意事或可濟脫有利鈍故是兵家之常如其顧望不行便無克定之日太祖喜曰李萬歲所言差强人意乃授行臺尚書前驅東出太祖率大軍繼進遠乃潛師而往拔仲密以歸仍從太祖戰於邙山時大軍不利遠獨整所部爲殿尋授都督義州弘農等二十一防諸軍事遠善綏撫有幹畧守戰之備無不精銳每厚撫外人使爲間諜敵中動靜必先知之至有事泄被誅戮者亦不以爲悔其得人心如此嘗校獵於莎柵見石於叢蒲中以爲伏兎射之而中鏃入寸餘就而視之乃石也太祖聞而異之賜書曰昔李將軍廣親有此事公今復爾可謂世載其德雖熊渠之名不能獨擅其美東魏將段孝先率步騎二萬趨宜陽以送糧爲名然實有窺窬之意遠密知其計遣岳襲破之獲其輜重器械孝先遁走太祖乃賜所乘馬及金帶牀帳衣被等并雜綵二千匹拜大將軍頃之除尚書左僕射遠白太祖曰遠秦隴匹夫才藝俱爾平生念望不過一郡守耳遭逢際會得奉聖明主貴臣遷以至於此今位居上列爵邇通侯受委方面生殺在手非直榮寵一時亦足光華身世但尚書僕射任居端揆今以賜授適所以重其罪責明公若欲全之乞寢此授太祖曰公勳德兼美朝廷欽屬選衆而舉何足爲辭且孤之於公義等骨肉豈容於官位之間便致退讓深乖所望也遠不得已方拜職太祖又以第十一子達令遠子之卽代王也其見親待如此時太祖嫡嗣未建明帝居長已有成德孝閔處嫡年尚幼冲乃召羣公謂之曰孤欲立子以嫡恐大司馬有疑大司馬卽獨孤信明帝敬后父也衆皆默未有言者遠曰夫立子以嫡不以長禮經明義畧陽公爲世子公何所疑若以信爲嫌請卽斬信便拔刀而起太祖亦起曰何事至此信又自陳說遠乃止於是羣公並從遠議出外拜謝信曰臨大事不得不爾信亦謝遠曰今日賴公決此大議六官建授小司寇孝閔帝踐阼進位柱國大將軍邑千戶復鎭弘農遠子植在太祖時已爲相府司錄參軍掌朝政及晉公護執權恐不被任用乃密欲誅護語在孝閔帝紀謀頗漏泄護知之乃出植爲梁州刺史尋而廢帝召遠及植還朝遠恐有變沉吟久之乃曰大丈夫寧爲忠鬼安能作叛臣乎遂就徵旣至京師護以遠功名素重猶欲全宥之乃引與相見謂之曰公兒遂有異謀非止屠戮護身乃是傾危宗社叛臣賊子理宜同疾公可早爲之所乃以植付遠遠素鍾愛於植植又口辯乃云初無此謀遠謂爲信然詰朝將植謁護護謂植已死乃曰陽平公何意乃自來也左右云植亦在門外護大怒曰陽平公不信我矣乃召入仍命遠同坐令帝與植相質於遠前植辭窮謂帝曰本爲此謀欲安社稷利至尊耳今日至此何事云云遠聞之自投於牀曰若爾誠合萬死於是護乃害植并逼遠令自殺時年五十一植弟叔諧叔謙叔讓亦死餘並以年幼得免建德元年晉公護誅乃詔曰故使持節柱國大將軍大都督陽平郡開國公遠早蒙驅任夙著勳績內參帷幄外屬藩維竭誠王室乃罹橫禍言念貞良追增傷悼宜加榮寵用彰忠節贈本官加陝熊等十五州諸軍事陝州刺史謚曰忠隋開皇初追贈上柱國黎國公邑三千戶改謚曰懷植及諸弟並加贈謚

植弟基字仲和幼有聲譽美容儀善談論涉獵羣書尤工騎射太祖召見奇之乃令尚義歸公主大統十年釋褐員外散騎常侍後以父勳封建安縣公邑一千戶累遷撫軍將軍銀青光祿大夫通直散騎常侍領大丞相親信俄轉大都督進爵清河郡公太祖扶危定傾威權震主及魏廢帝卽位之後猜隙彌深時太祖諸子年皆幼冲章武公導中山公護復東西作鎭唯託意諸壻以爲心膂基與義城公李暉常山公于翼等俱爲武衞將軍分掌禁旅帝深憚之故密謀遂泄魏恭帝卽位遷使持節車騎大將軍儀同三司加散騎常侍進爵敦煌郡公尋加侍中驃騎大將軍開府儀同三司拜陽平國世子六官建授御正中大夫孝閔帝踐阼出爲海州刺史尋以兄植被收例合坐死旣以主貴又爲季父穆所請

得免武成二年除江州刺史旣被譴謫常憂懼不得志保定元年卒於位年三十一申公穆尤所鍾愛每哭輒悲慟謂其所親曰好兒捨我去門戶豈是欲興宣政元年追贈使持節上開府儀同三司大將軍曹徐譙三州刺史敦煌郡公諡曰孝子威嗣威字安民起家右侍上士累遷至開府儀同三司又改襲遠爵陽平郡公從高祖平齊以功授上開府拜軍司馬宣帝卽位進授大將軍出爲熊州刺史大象末位至柱國

史臣曰李賢和兄弟屬亂離之際居戎馬之間志畧縱橫忠勇奮發亟推勍敵屢涉艱危而功未書於王府仕不過於州郡及逢時值主策名委質或使煩莫府或契闊戎行苟生成之恩蒙國士之遇俱縻好爵各著勳庸遂得任兼文武聲彰內外位高望重光國榮家跗萼連暉椒聊繁衍冠冕之盛當時莫比焉自周迄隋鬱爲西京盛族雖金張在漢不之尚也然而太祖初崩嗣君冲幼內則功臣放命外則强寇臨邊晉公以猶子之親膺負圖之託遂能撫寧家國開翦異端革魏興周遠安邇悅功勤已著過惡未彰李植受遇先朝宿參機務恐威權之已去懼將來之不容生此厲階成茲貝錦乃以小謀大由疎間親主無昭帝之明臣有上官之訴嫌隙旣兆釁故因之啟家宰無君之心成閔皇廢弒之禍植之由也李遠旣闕義方之訓又無先見之明以是誅夷非爲不幸

周書卷二十五考證

李賢傳吉弟崇崇弟孝軌孝軌弟詢○北史云吉弟孝軌孝軌弟詢詢弟崇未知孰是

周書卷二十六

唐 令狐德棻 等撰

列傳第十八

長孫儉

長孫紹遠弟澄 兄子兕

斛斯徵

長孫儉河南洛陽人也本名慶明其先魏之枝族姓托拔氏孝文遷洛改爲長孫五世祖嵩魏太尉北平王儉少方正有操行狀貌魁梧神彩嚴肅雖在私室終日儼然性不妄交非其同志雖貴遊造門亦不與相見孝昌中起家員外散騎侍郎從爾朱天光破隴右太祖臨夏州以儉爲錄事深器敬之賀拔岳被害太祖赴平涼凡有經綸謀策儉皆參預從平侯莫陳悅留儉爲秦州長史時西夏州仍未內屬而東魏遣許和爲刺史儉以信義招之和乃舉州歸附卽以儉爲西夏州刺史總統三夏州時荆襄初附太祖表儉功績尤美宜委東南之任授荆州刺史東南道行臺僕射所部鄭縣令泉璨爲民所訟推治獲實儉卽大集僚屬而謂之曰此由刺史教誨不明信不被物是我之愆非泉璨之罪遂於廳事前肉袒自罰捨璨不問於是屬城肅勵莫敢犯法魏文帝璽書勞之太祖又與儉書曰近行路傳公以部內縣令有罪遂自杖三十用肅羣下吾昔聞王臣謇謇匪躬之故蓋謂憂公忘私知無不爲而已未有如公刻身罰已以訓羣僚者也聞之嘉歎荆蠻舊俗少不敬長儉殷勤勸導風俗大革務廣耕桑兼習武事故得邊境無虞民安其業吏民表請爲儉構清德樓樹碑刻頌朝議許焉在州遂歷二載徵授大行臺尚書兼相府司馬嘗與羣公侍坐於太祖及退太祖謂左右曰此公閑雅孤每與語嘗肅然畏敬恐有所失他日太祖謂儉曰名實理須相稱尚書旣志安貧素可改名儉以彰雅操又除行臺僕射荆州刺史時梁嶽陽王蕭詧內附初遣使入朝至荆州儉於廳事列軍儀具戎服與使人以賓主禮相見儉容貌魁偉音聲如鐘大爲鮮卑語遣人傳譯以問客客惶恐不敢仰視日晚儉乃著帬襦紗帽引客宴於別齋因序梁國喪亂朝廷招攜之意發言可觀使人大悅出曰吾所不能測也及梁元帝嗣位於江陵外敦隣睦內懷異計儉密啟太祖陳攻取之謀於是徵儉入朝問其經畧儉對曰今江陵旣在江北去我不遠湘東卽位已涉三年觀其形勢不欲東下骨肉相殘民厭其毒荆州軍資器械儲積已久若大軍西討必無匱乏之慮且兼弱攻昧武之善經國家旣有蜀土若更平江漢撫而安之收其貢賦以供軍國天下不足定也太祖深然之乃謂儉曰如公之言吾取之晚矣令儉還州密爲之備尋令柱國燕公于謹總戎衆伐江陵平以儉元謀賞奴婢三百口太祖與儉書曰本圖江陵由公畫計今果如所言智者見未萌何其妙也但吳民離散事藉招懷南服重鎮非公莫可遂令儉鎮江陵進爵昌寧公遷大將軍移鎮荆州總管五十二州儉舊嘗詣闕奏事時值大雪遂立於雪中待報自旦達暮竟無惰容其奉公勤至皆此類也三年以疾還京爲夏州總管薨遺啓世宗請葬於太祖陵側幷以官所賜之宅還官詔皆從之追封鄶公荆民儀同趙超等七百人感儉遺愛詣闕請爲儉立廟樹碑詔許之詔曰昔叔敖辭沃壤之地蕭何就窮僻之鄉以古方今無慙曩哲言尋嘉尚弗忘于懷而有司未達大體遽以其第卽便給外今還其妻子子隆

長孫紹遠字師河南洛陽人少名仁父稚魏太師錄尚書上黨王紹遠性寬容有大度望之儼然朋儕莫敢褻狎雅好墳籍聰慧過人時稚作牧壽春紹遠幼年甫十三稚管記王碩聞紹遠彊記心以爲不然遂白稚曰伏承世子聰慧之姿發於天性目所一見誦之於口此旣歷世罕有竊願驗之於是命紹遠試焉讀月令數紙纔一徧誦之若流自是碩乃歎服魏孝武初累遷司徒右長史及齊神武稱兵而帝西遷紹遠隨稚奔赴又累遷殿中尚書錄尚書事太祖每謂羣公曰長孫公任使之處令人無反顧憂漢之蕭寇何足多也然其容止堂堂足爲當今模楷六官建拜大司樂孝閔踐阼封上黨公初紹遠爲太常廣召工人創造樂器土木絲竹各得其宜爲黃鍾不調紹遠每以爲意嘗因退朝經韓使君佛寺前過浮圖三層之上有鳴鐸焉忽聞其音雅合宮調取而配奏方始克諧紹遠乃啓世宗行之紹遠所奏樂以八爲數故梁黃門侍郎裴正上書以爲昔者大舜欲聞七始下泊周武爰創七音持林鍾作黃鍾以爲正調之首詔與紹遠詳議往復於是遂定以八爲數焉授小司空高祖讀史書見武王克殷而作七始又欲廢八而懸七并除黃鍾之正宮用林鍾爲調首紹遠奏云天子懸八肇自先民百王共軌萬世不易下逮周武甫修七始之音詳諸經義又無廢八之典且黃鍾爲君天子正位今欲廢之未見其可後高祖竟廢七音屬紹遠遘疾未獲面陳慮有司遽損樂器乃書與樂部齊樹之闕後疾甚乃上遺表又陳之而卒帝省表涕零深痛惜之

澄字士亮年十歲司徒李琰之見而奇之遂以女妻焉十四從征討有策謀勇冠諸將及長容貌魁岸風儀溫雅魏孝武初除征東將軍渭州刺史魏文帝嘗與太祖及羣公宴從容言曰孝經一卷人行之本諸公宜各引要言澄應聲曰夙夜匪懈以事一人座中有人次曰臣救其惡旣而出閤太祖深歎澄之合機而譴其次荅者後從太祖援玉壁又從戰邙山進位驃騎大將軍開府孝閔踐阼拜大將軍封義門公爲玉壁總管卒自喪初至及葬世宗三臨之典祀中大夫宇文容諫曰君臨臣喪自有節制今乘輿屢降恐乖禮典世宗不從澄操履淸約家無餘財太祖嘗謂曰我於公閒志無所惜公有所須宜卽具道澄曰自頂至足皆是明公恩造卽如今者實無所須雅對賓客接引忘疲雖不飲酒而好觀人酣興常恐座客請歸每勅中厨別進異饌留之止

兕字若汗性機辯彊記博聞雅重賓遊尤善談論從魏孝武西遷天和初累遷驃騎大將軍開府遷絳州刺史

斛斯徵字士亮河南洛陽人父椿太傅尚書令徵幼聰穎五歲誦孝經周易識者異之及長博涉羣書尤精三禮兼解音律有至性居父喪朝夕共一溢米以父勳累遷太常卿自魏孝武西遷雅樂廢缺徵博採遺逸稽諸典故創新改舊方始備焉又樂有錞于者近代絕無此器或有自蜀得之皆莫之識徵見之曰此錞于也衆弗之信徵遂依干寶周禮注以芒筒捋之其聲極振衆乃歎服徵乃取以合樂焉六官建拜司樂中大夫進位驃騎大將軍開府後高祖以徵治經有師法詔令教授皇太子宣帝時爲魯公與諸皇子等咸服靑衿行束修之禮受業於徵仍並呼徵爲夫子儒者榮之宣帝嗣位遷上大將軍大宗伯時高祖初崩梓宮在殯帝意欲速葬令朝臣議之徵與內史宇文孝伯等固請依禮七月帝竟不許帝之爲太子也宮尹鄭譯坐不能以正道調護被譴除名而帝雅親愛譯至是拜譯內史中大夫甚委任之譯乃獻新樂十二月各一笙每一笙用十六管帝令與徵議之徵駁而奏帝頗納焉及高祖山陵還帝欲作樂復令議其可不徵曰孝經云聞樂不樂聞尚不樂其況作乎鄭譯曰旣云聞樂明卽非無止可不樂何容不奏帝遂依譯議譯因此銜之帝後肆行非度昏虐日甚徵以荷高祖重恩嘗備位師傅若生不能諫死何以見高祖乃上疏極諫指陳帝失帝不納譯因譖之遂下徵獄獄卒張元哀之乃以佩刀穿獄牆遂出之元卒被拷而終無所言徵遇赦得免隋文踐極復官除太子太傅詔修撰樂書開皇初薨子諺徵所撰樂典十卷

周書卷二十六考證

長孫儉傳總戎衆伐江陵平以儉元謀賞奴婢三百口○北史平字上有事字此處脫去

遽以其第卽便給外今還其妻子子隆○給外北史作外給又云夫追善念功先王令典豈得遂其謙挹致乖懲勸今以本宅還其妻子俾淸風遠播無替聿修文子隆位司金中大夫從長湖公元定伐陳沒江南卒隆弟平最知名臣文淳按此書詔文無刪節之例

此獨不全子隆句文氣不完其爲遺脫無疑

長孫紹遠傳父稚○北史云父承業又北史長孫冀歸傳云孝文以其幼承家業賜名幼字承業 臣文淳按北魏書高祖以其幼承家業賜名稚字承業幼與稚同義唐人諱治高宗諱也北史上于高宗時故李延壽改稚爲幼此書成于貞觀時故不諱嫌名也

乃書與樂部齊樹之鈌○此句下北史敘次甚詳本傳所鈌宜以北史補之又北史傳末有重贈柱國大將軍謚曰獻號樂祖配饗廟廷子覽嗣二十字此亦脫去

周書卷二十七

唐　令　狐　德　棻　等　撰

列傳第十九

赫連達

韓果

蔡祐

常善

辛威

厙狄昌

田弘

梁椿

梁臺

宇文測弟深

赫連達字朔周成樂人勃勃之後也曾祖庫多汗因避難改姓杜氏達性剛鯁有膽力少從賀拔岳征討有功拜都將賜爵長廣鄉男遷都督及岳爲侯莫陳悅所害軍中大擾趙貴建議迎太祖諸將猶豫未決達曰宇文夏州昔爲左丞明畧過人一時之傑今日之事非此公不濟趙將軍議是也達請輕騎告哀仍迎之諸將或欲南追賀拔勝或云東告朝廷達又曰此皆遠水不救近火何足道哉貴於是謀遂定令達馳往太祖見達慟哭問故達以實對太祖遂以數百騎南赴平凉引軍向高平令達率騎據彈箏峽時百姓惶懼奔散者多有數村民方扶老弱驅畜牧欲入山避難軍士爭欲掠之達曰遠近民黎多受制於賊今若值便掠縛何謂伐罪弔民不如因而撫之以示義師之德乃撫以恩信民皆悅附於是迭相曉語咸復舊業太祖聞而嘉之悅平加平東將軍太祖謂諸將曰當清水公遇禍之時君等性命懸於賊手雖欲來告其路無從杜朔周冒萬死之難遠來見及遂得共盡忠節同雪讐恥雖藉衆人之力實賴杜子之功勞而不酬何以勸善乃賜馬二百匹達固讓太祖弗許魏孝武入關褒叙勳義以達首逆元帥匡復秦隴進爵魏昌縣伯邑五百戶從儀同李虎破曹泥除鎮南將軍金紫光祿大夫加通直散騎常侍增邑并前一千戶從復弘農戰沙苑皆有功又增邑八百戶除泉郡守轉帥都督加持節除濟州刺史詔復姓赫連氏以達勳望兼隆乃除雲州刺史卽本州也進爵爲公拜大都督尋授儀同三司從大將軍達奚武攻漢中梁宜豐侯蕭循拒守積時後乃送款武問諸將進止之宜開府賀蘭願德等以其食盡欲急攻取之達曰不戰而獲城筴之上者無容利其子女貪其財帛窮兵極武仁者不爲且觀其士馬猶彊城池尚固攻之縱克必將彼此俱損如其困獸猶鬬則成敗未可知況行師之道以全軍爲上武曰公言是也乃命將帥各申所見於是開府楊寬等並同達議武遂受循降師還遷驃騎大將軍開府儀同三司加侍中進爵藍田縣公六官初建授左遂伯出爲隴州刺史保定初遷大將軍夏州總管三州五防諸軍事達雖非文吏然性質直遵奉法度輕於鞭撻而重慎死罪性又廉儉邊境胡民或饋達以羊者達欲招納異類報以繒帛主司請用官物達曰羊入我廚物出官庫是欺上也命取私帛與之識者嘉其仁恕焉尋進爵樂川郡公建德二年進位柱國薨子遷嗣大象中位至大將軍蒲州刺史

韓果字阿六拔代武川人也少驍雄善騎射賀拔岳西征引爲帳內擊万俟醜奴及其枝黨轉戰數十合並破之膂力絕倫被甲荷戈升陟峯嶺猶涉平路雖數十百日不以爲勞以功授宣武將軍子都督從太祖討平侯莫陳悅遷都督賜爵邯鄲縣男魏孝武入關進爵石縣伯邑五百戶大統初進爵爲公增邑通前一千戶加通直散騎常侍果性彊記兼有權畧所行之處山川形勢備能記憶兼善伺敵虛實揣知情狀有潛匿溪谷欲爲間偵者果登高望之所疑處往必有獲太祖由是以果爲虞候都督每從征行常領候騎晝夜巡察畧不眠寢從襲竇泰於潼關太祖依其規畫軍以勝返賞眞珠金帶一腰帛二百匹授征虜將軍又從復弘農攻拔河南城獲郡守一人論功爲最破沙苑戰河橋並有功授撫軍將軍銀青光祿大夫增邑九百戶遷朔州刺史轉安州刺史加帥都督九年從戰邙山軍還除河東郡守又從大軍破稽胡於北山胡地險阻人迹罕至果進兵窮討散其種落稽胡憚果勁健號爲著翅人太祖聞之笑曰著翅之名寧減飛將累遷大都督車騎大將軍儀同三司驃騎大將軍開府儀同三司出爲宜州刺史錄前後功進爵褒中郡公魏恭帝元年授大將軍從賀蘭祥討吐谷渾以功別封一子縣公武成二年又率軍破稽胡大獲生口賜奴婢一百口除寧州刺史保定三年拜少師進位柱國四年從尉遲迥圍洛陽軍退果所部獨全天和初授華州刺史爲政寬簡吏民稱之建德初薨子明嗣大象末位至上大將軍黎州刺史與尉遲迥同謀被誅

蔡祐字承先其先陳留圉人也曾祖紹爲夏州鎮將徙居高平因家焉祖護魏景明初爲陳留郡守父襲名著西州正光中万俟醜奴寇亂關中襲乃背賊棄妻子歸洛陽拜齊安郡守及魏孝武西遷仍在關東後始拔難西歸賜爵平舒縣伯除岐夏二州刺史卒贈原州刺史祐性聰敏有行檢襲之背賊東歸也祐年十四事母以孝聞及長有膂力便騎射太祖在原州召爲帳下親信太祖遷夏州以祐爲都督及侯莫陳悅害賀拔岳諸將遣使迎太祖將赴夏州首望彌姐元進等陰有異計太祖微知之先與祐議執元進祐曰狼子野心會當反噬今若執縛不如殺之太祖曰汝大決也於是召元進等入計事太祖曰隴賊逆亂與諸人戮力討之觀諸人輩似有不同者太祖微以此言動之因目祐祐卽出外衣甲持刀直入瞋目叱諸人曰與人朝謀夕異豈是人也蔡祐今日必斬姦人之頭因按劒臨之舉座皆叩頭曰願有簡擇祐乃叱元進而斬之并其黨並伏誅一坐皆戰慄不敢仰視於是與諸將結盟同心誅悅太祖以此知重之乃謂祐曰吾今以爾爲子爾其父事我後從討悅破之又從迎魏孝武於潼關以前後功封萇鄉縣伯邑五百戶大統初加寧朔將軍羽林監尋持節員外散騎常侍進爵爲侯增邑一千一百戶從太祖擒竇泰復弘農戰沙苑皆有功授平東將軍太中大夫又從太祖戰於河橋祐乃下馬步鬬手殺數人左右勸乘馬以備急卒祐怒曰丞相養我如子今日豈以性命爲念遂率左右十餘人齊聲大呼殺傷甚多敵以其無繼遂圍之十餘重謂祐曰觀君似是勇士但弛甲來降豈慮無富貴耶祐罵之曰死卒吾今取頭自當封公何假賊之官號也乃彎弓持滿四面拒之東魏人弗敢逼乃募厚甲長刀者直進取祐去祐可三十步左右勸射之祐曰吾曹性命在一矢耳豈虛發哉敵人漸進可十步祐乃射之正中其面應弦而倒便以矟刺殺之因此戰數合唯失一人敵乃稍卻祐徐引退是戰也我軍不利太祖已還祐至弘農夜中與太祖相會太祖見祐至字之曰承先爾來吾無憂矣太祖心驚不得寢枕祐股上乃安以功進爵爲公增邑三百戶授京兆郡守九年東魏豫州刺史高仲密舉州來附太祖率軍援之與齊神武遇戰於邙山祐時著明光鐵鎧所向無前敵人咸曰此是鐵猛獸也皆遽避之俄授青州刺史轉原州刺史加帥都督尋除大都督十三年遭父憂請終喪紀弗許遷車騎大將軍儀同三司加驃騎大將軍開府儀同三司侍中賜姓大利稽氏進爵懷寧郡公魏恭帝二年中領軍六官建授兵部中大夫江陵初附諸蠻騷動詔祐與大將軍豆盧寧討平之三年拜大將軍給後部鼓吹以前後功增邑并前四千戶別封一子縣伯太祖不豫祐與晉公護賀蘭祥等侍疾及太祖崩祐悲慕不已遂得氣疾孝閔帝踐阼拜少保祐與尉遲綱俱掌禁兵遞直殿省時帝信任司會李植等謀害晉公護祐每泣諫帝不聽尋而帝廢世宗卽位拜小司馬少保如故帝之爲公子也與祐特相友昵至是禮遇彌隆御膳每有異味輒以賜祐羣臣朝宴每被別留或至昏夜列炬鳴笳送祐還宅祐以過蒙禮遇常辭疾避之至於婚姻尤不願交於勢要尋以本官權鎮原州頃之授宣州刺史未之部因先氣疾動卒於原州時年五十四祐少有大志與鄉人李穆布衣齊名嘗相謂曰大丈夫當建立功名以取富貴安能久處貧賤邪言訖各大笑穆卽申公也後皆如其言及從征伐常潰圍陷陣爲士卒先軍還之日諸將爭功祐終無所競太祖乃歎之嘗謂諸將曰承先口不言勳孤當代其論叙其見知如此性節儉所得祿皆散與宗族身死之日家無餘財贈使持節柱國大將軍大都督五州諸軍事原州刺史謚曰莊子正嗣官至使持節車騎大將軍儀同三司祐弟澤頗好學有幹能起家魏廣平王參軍丞相府兼記室加宣武將軍給事中從尉遲迥平蜀授帥都督賜爵安彌縣男稍遷司勳下大夫車騎大將軍儀同三司澧州刺史在州受賂總管代王達以其功臣子弟密奏貰之後爲邛州刺史不從司馬消難被害

常善高陽人也世爲豪族父安成魏正光末茹茹寇邊以統軍從鎮將慕容勝與戰大破之時破六汗拔陵作亂欲逼安成不從乃率所部討陵以功授伏波將軍給鼓節後與拔陵連戰卒於陣善魏孝昌中從爾朱榮入洛授威烈將軍都督加龍驤將軍中散大夫直寢封房

城縣男，邑三百戶。後從太祖平侯莫陳悅，除天水郡守。魏孝武西遷，授武衞將軍，進爵武始縣伯，增邑二百戶。大統初，加平東將軍，進爵爲侯。擒竇泰，復弘農，破沙苑，累有戰功，除使持節、衞將軍、假驃騎大將軍、秦州刺史。四年，從戰河橋，加大都督，進爵爲公，除涇州刺史。屬茹茹入寇，抄掠北邊，善率所部破之，盡獲所掠。拜車騎大將軍、儀同三司，遷驃騎大將軍、開府儀同三司、西安州刺史，轉蔚州刺史。頻莅三蕃，頗有政績。魏恭帝二年，進爵永陽郡公，增邑二千戶。孝閔帝踐阼，拜大將軍、寧州總管。保定二年，入爲小司徒。四年，突厥出師，與隋公楊忠東伐，令善應接之。五年夏，卒，時年六十四。贈使持節、柱國大將軍、大都督、延夏鹽恒燕五州諸軍事、延州刺史。子昇和嗣。先以善勳，拜儀同三司。

辛威，隴西人也。祖大汗，魏渭州刺史。父生，河州四面大都督，及威著勳，追贈大將軍、涼甘等五州刺史。威少慷慨，有志畧。初從賀拔岳征討有功，假輔國將軍、都督。及太祖統岳之衆，見威奇之，引爲帳內，尋授羽林監，封白土縣伯，邑五百戶。從迎魏孝武，因攻回洛城，功居最。大統元年，拜寧遠將軍，增邑二百戶。累遷通直散騎常侍，進爵爲侯，增邑三百戶。從擒竇泰，復弘農，戰沙苑，並先鋒陷敵，勇冠一時。以前後功，授撫軍將軍、銀青光祿大夫。從于謹破襄城，又從獨孤信入洛陽，經河橋陣，加持節，進爵爲公，增邑八百戶。五年，授揚州刺史，加大都督。十三年，遷車騎大將軍、儀同三司、驃騎大將軍、開府儀同三司，賜姓普毛氏。出爲鄜州刺史。威時望既重，朝廷以桑梓榮之，遷河州刺史、本州大中正。頻領二鎮，頗得民和。閔帝踐阼，拜大將軍，進爵枹罕郡公，增邑五千戶。及司馬消難來附，威與達奚武率衆援接。保定初，復率兵討丹州叛胡，破之。三年，與達奚武攻陽關，拔之。明年，從尉遲迥圍洛陽，還，拜小司馬。天和初，進位柱國，復爲行軍總管，討綏銀等諸州叛胡，並平之。六年，從齊王憲東伐，拔伏龍等五城。建德初，拜大司寇。三年，遷少傅，出爲寧州總管。宣政元年，進位上柱國。大象二年，進封宿國公，增邑并前五千戶，復爲少傅。其年冬，薨，時年六十九。威性持重，有威嚴，歷官數十年，未嘗有過，故得以身名終。兼其家門友義，五世同居，世以此稱之。子永達嗣。大象末，以威勳拜儀同大將軍。

厙狄昌字恃德，神武人也。少便騎射，有膂力。及長，進止閑雅，膽氣壯烈，每以將帥自許。年十八，爾朱天光引爲幢主，加討夷將軍。從天光定關中，以功拜寧遠將軍、奉車都尉、統軍。天光敗，又從賀拔岳，授征西將軍、金紫光祿大夫。及岳被害，昌與諸將議翊戴太祖。從平侯莫陳悅，賜爵陰盤縣子，加衞將軍、右光祿大夫。後從太祖迎魏孝武，復潼關，改封長子縣子，邑八百戶。大統初，進爵爲公，增邑一千戶。從破竇泰，授車騎將軍、左光祿大夫。又從復弘農，戰沙苑，昌皆先登陷陣。太祖嘉之，授帥都督。四年，從戰河橋，除冀州刺史。後與于謹破胡賊劉平伏於上郡，授馮翊郡守。久之，轉河北郡守。十三年，錄前後功，授大都督、通直散騎常侍。又從隋公楊忠破蠻賊田社清，昌功爲最，增邑三百戶，拜儀同三司，尋遷開府儀同三司。十六年，出爲東夏州刺史。魏廢帝元年，進爵方城郡公，增邑并前四千一百戶。六官建，授稍伯中大夫。孝閔帝踐阼，拜大將軍。後以疾卒。

田弘字廣畧，高平人也。少慷慨，志立功名，膂力過人，敢勇有謀畧。魏永安中，陷於万俟醜奴。爾朱天光入關，弘自原州歸順，授都督。及太祖初統衆，弘求謁見，及論世事，深被引納，即處以爪牙之任。又以迎魏孝武功，封鶉陰縣子，邑五百戶。太祖常以所著鐵甲賜弘，云：「天下若定，還將此甲示孤也。」大統三年，轉帥都督，進爵爲公。從太祖復弘農，戰沙苑，解洛陽圍，破河橋陣，弘功居多，累蒙殊賞。賜姓紇干氏，尋授原州刺史。以弘勳望兼至，故以衣錦榮之。太祖在同州，文武並集，乃謂之曰：「人人如弘盡心，天下豈不早定。」即授車騎大將軍、儀同三司。魏廢帝元年，加驃騎大將軍、開府儀同三司。平蜀之後，梁信州刺史蕭韶等各據所部，未從朝化，詔弘討平之。又討西平叛羌及鳳州叛氐等，並破之。弘每臨陣摧鋒，直前，身被一百餘箭，破骨者九，馬被十矟，朝廷壯之。信州羣蠻反，又詔弘與賀若敦等平之。孝閔帝踐阼，進爵鴈門郡公，邑通前二千七百戶。保定元年，出爲岷州刺史。弘雖武將，而動遵法式，百姓頗安之。三年，從隋公楊忠伐齊，拜大將軍。明年，又從忠東伐。師還，乃旋所鎮。吐谷渾寇西邊，宕昌羌潛相應接，詔弘討之，獲其二十五王，拔其七十二柵，遂破平之。天和二年，陳湘州刺史華皎來附，弘從衞公直赴援，與陳人戰不利，仍以弘爲江陵總管。及陳將吳明徹來寇，弘與梁主蕭巋退保紀南，令副總管高琳拒守。明徹退，乃還江陵。尋以弘爲仁壽城主，以遏宜陽。齊將段孝先、斛律明月出軍定隴，以爲宜陽援，弘與陳公純破之，遂拔宜陽等九城。以功增邑五百戶，進位柱國大將軍。建德二年，拜大司空，遷少保。三年，出爲總管襄郢昌豐唐蔡六州諸軍事、襄州刺史。薨于州。子恭嗣。少有名譽，早歷顯位。大象末，位至柱國、小司馬。朝廷又追錄弘勳，進恭爵觀國公。

梁椿字千年，代人也。祖屈朱，魏昌平鎮將。父提，內正郎。椿初以統軍從爾朱榮入洛，復從榮破葛榮於滏口，以軍功進授都將。從賀拔岳討平万俟醜奴、蕭寶夤等，遷中堅將軍、屯騎校尉、子都督。普泰初，拜征西將軍、金紫光祿大夫。二年，除高平郡守，封盧奴縣男，邑一百戶。大昌元年，進授都督。從太祖平侯莫陳悅，拜衞將軍、右光祿大夫。大統初，進爵樂城縣伯，增邑五百戶，出爲隴東郡守。尋進爵爲公，增邑五百戶，遷梁州刺史。從復弘農，戰沙苑，與獨孤信入洛陽，從宇文貴破東魏將堯雄等，累有戰功，授車騎大將軍、儀同三司、大都督。從戰河橋，進爵東平郡公，增邑一千戶。俄遷侍中、驃騎大將軍、開府儀同三司。七年，從于謹討稽胡劉平伏，椿擒其別帥劉持塞。又從獨孤信討岷州羌梁企定，破之。除清州刺史。在州雖無他政績，而夷夏安之。十三年，從李弼赴潁川援侯景，別攻閻韓鎮，斬其鎮城徐衞，城主卜貴洛率軍士千人降。以功增邑四百戶。孝閔帝踐阼，除華州刺史，改封清陵郡公，增邑通前三千七百戶。二年，入爲少保，轉少傅。保定元年，拜大將軍。卒於位。贈恒鄜延丹寧五州諸軍事、行恒州刺史，謚曰烈。椿性果毅，善於撫納，所獲賞物，分賜麾下，故每踐敵場，咸得其死力。雅好儉素，不營貲產，時論以此稱焉。子明，魏恭帝二年以椿功襲爵豐陽縣公，尋授大都督，遷車騎大將軍、儀同三司、散騎常侍，治小吏部，歷小御伯、御正下大夫。保定五年，詔襲椿爵，舊封回授弟朗。天和中，改封樂陵郡公，除上州刺史，增邑并前四千三百戶。

梁臺字洛都，長池人也。父去斤，魏獻文時爲隴西郡守。臺少果敢，有志操。孝昌中，從爾朱天光討平關隴，一歲之中，大小二十餘戰，以功授子都督，賜爵隴城鄉男。普泰初，進授都督，後隸侯莫陳悅，討南秦州羣盜，平之。悅表臺爲假節、衞將軍、左光祿大夫，進封隴城縣男，邑二百戶。尋行天水郡事，轉行趙平郡事。頻治郡，頗有聲績。未幾，天光追臺還，引入帳內。及天光敗於寒陵，賀拔岳又引爲心膂。岳爲侯莫陳悅所害，臺與諸將議翊戴太祖。從討悅，破之。又拜天水郡守。大統初，復除趙平郡守。又與太僕石猛破兩山屠各，詔增邑一百戶。轉平涼郡守。時莫折後熾結聚輕剽，寇掠居民，州刺史史寧討之，歷時不克。臺陳賊形勢，兼論攻取之策，寧善而從之，遂破賊徒。復與于謹破劉平伏。錄前後勳，授潁州刺史，賜姓賀蘭氏。從援玉壁，戰邙山，授帥都督。大統十五年，拜南夏州刺史，加通直散騎常侍、本州大中正，增邑二百戶。魏廢帝二年，遷使持節、車騎大將軍、儀同三司，進驃騎大將軍、開府儀同三司，加侍中。孝閔帝踐阼，進爵中部縣公，增邑通前一千戶。武成中，從賀蘭祥征洮陽，先登有功，別封綏安縣侯，邑一千戶，詔聽轉授其子元慶。保定四年，拜大將軍。時大軍圍洛陽，久而不拔，齊騎奄至，齊公憲率兵禦之。乃有數人爲敵所執，已去陣二百餘步。臺望見之，憤怒，單馬突入，射殺兩人，敵皆披靡，執者遂得還。齊公憲每歎曰：「梁臺果毅膽決，不可及也。」五年，拜鄜州刺史。臺性疏通，恕己待物。至於涖民處政，尤以仁愛爲心。不過識千餘字，口占書啓，辭意可觀。年過六十，猶能被甲跨馬，足不躡鐙。馳射弋獵，矢不虛發。後以疾卒。

宇文測字澄鏡，太祖之族子也。高祖中山，曾祖豆頹，祖騏驎，父永，仕魏，位並顯達。測性沉密，少篤學，每旬月不窺戶牖。起家奉朝請、殿中侍御史，累遷司徒右長史、安東將軍。尚宣武女陽平公主，拜駙馬都尉。及魏孝武疑齊神武有異圖，詔測詣太祖，言令密爲之備。太祖見之甚歡。使還，封廣川縣伯，邑五百戶。尋從孝武西遷，進爵爲公。太祖爲丞相，以測爲右長史，軍國政事，多委任之。又令測詳定宗室昭穆遠近，附於屬籍。除通直散騎常侍、黃門侍郎。大統四年，拜侍中、長史。六年，坐事免。尋除使持節、驃騎大將軍、開府儀同三司、大都督、行汾州事。測政存簡惠，頗得民和。地接東魏，數相鈔竊，或有獲其爲寇者，多縛送之。測皆命解縛，置之賓館，然後引與相見，如客禮焉。仍設酒餚宴勞，放還其國，并給糧餼，衞送出境。自是東魏人大慚，乃不爲寇。汾晉之間，各安其業，兩界之民，遂通慶弔，不復爲仇讎矣。時論稱之，方於羊叔子。或有告測與外境交通，懷貳心者，太祖怒曰：「測爲我安邊，吾知其無貳志，何爲間我骨肉，生此貝錦。」乃命斬之。仍許測以便宜從事。八年，加金紫光祿大夫，轉行綏州事。每歲河冰合後，突厥即來寇掠，先是常預遣居民入城堡以避之。測至，皆令安堵如舊。乃於要路數百處並多積柴，仍遠斥候，知其動靜。是年十二月，突厥從連谷入寇，去界數十里，測命積柴之處一時縱火。突厥謂有大軍至，懼而遁走，自相蹂踐，委棄雜畜及輜重不可勝數。測徐率所部收之，分給百姓。自是突厥不敢復至。測因請置戍兵以備之。十年，徵拜太子少保。十二年十月，卒於位，時年五十八。太祖傷悼，親臨慟焉。仍令水池公護監護喪事贈本官諡曰靖測性仁恕好施與衣食之外家無蓄積在洛陽之日曾被竊盜所失物卽其妻陽平公主之衣服也州縣擒盜并物俱獲測恐此盜坐之以死乃不認焉遂遇赦得免盜旣感恩因請爲測左右及測從魏孝武西遷事極狼狽此人亦從測入關竟無異志子該嗣歷官內外位至上開府儀同三司臨淄縣公測弟深

深字奴干性鯁正有器局年數歲便累石爲營伍并折草作旌旗布置行列皆有軍陣之勢父永遇見之乃大喜曰汝自然知此於後必爲名將至永安初起家祕書郎時羣盜蜂起深屢言時事爾朱榮雅知重之拜厲武將軍尋除車騎府主簿三年授子都督領宿衞兵卒及齊神武舉兵入洛孝武西遷旣事起倉卒人多逃散深撫循所部並得入關以功賜爵長樂縣伯太祖以深有謀畧欲引致左右圖議政事大統元年乃啓爲丞相府主簿加朱衣直閤尋轉尚書直事郎中及齊神武屯蒲坂分遣其將竇泰趣潼關高敖曹圍洛陽太祖將襲泰諸將咸難之太祖乃隱其事陽若未有謀者而獨問策於深對曰竇氏歡之驍將也頑凶而勇戰亟勝而輕敵歡每仗之以爲禦侮今者大軍若就蒲坂則高歡拒守竇泰必援之內外受敵取敗之道也不如選輕銳之卒潛出小關竇性躁急必來決戰高歡持重未卽救之則竇可擒也旣虜竇氏歡勢自沮回師禦之可以制勝太祖喜曰是吾心也軍遂行果獲泰而齊神武亦退深又說太祖進取弘農復克之太祖大悅謂深曰君卽吾家之陳平也是冬齊神武又率大衆度河涉洛至於沙苑諸將皆有懼色唯深獨賀太祖詰之曰賊來充斥何賀之有對曰高歡之撫河北甚得衆心雖乏智謀人皆用命以此自守未易可圖今懸師度河非衆所欲唯歡恥失竇氏愎諫而來所謂忿兵一戰可以擒也此事昭然可見不賀何爲請假深一節發王羆之兵邀其走路使無遺類矣太祖然之尋而大破齊神武軍如深所策四年從戰河橋六年別監李弼軍討白額稽胡並有戰功俄進爵爲侯歷通直散騎常侍東雍州別駕使持節大都督東雍州刺史深爲政嚴明示民以信抑挫豪右吏民懷之十七年入爲雍州別駕魏恭帝二年進車騎大將軍儀同三司散騎常侍六官建拜小吏部下大夫孝閔帝受禪進位驃騎大將軍開府儀同三司遷吏部中大夫武成元年除幽州刺史改封安化縣公二年徵拜宗師大夫轉軍司馬保定初除京兆尹入爲司會中大夫深少喪父事兄甚謹性多奇譎好讀兵書旣在近侍每進籌策及在選曹頗獲時譽性仁愛情隆宗黨從弟神譽神慶幼孤深撫訓之義均同氣世亦以此稱焉天和三年卒於位贈使持節少師恒雲蔚三州刺史諡曰成康子孝伯自有傳

史臣曰太祖屬禍亂之辰以征伐定海內大則連兵百萬繫以存亡小則轉戰邊亭不闋旬月是以人無少長士無賢愚莫不投筆要功橫戈請奮若夫數將者並攀翼雲漢底績屯夷雖運移年世而名成終始美矣哉以赫連達之先識而加之以仁恕蔡祐之敢勇而終之以不伐斯豈企及所致乎抑亦天性也宇文測昆季政績謀猷咸有可述其當時之良臣歟

周書卷二十七考證

田弘傳子恭嗣○北史云子仁恭嗣脫一仁字

周書卷二十八

唐　令狐德棻等撰

列傳第二十

史寧

陸騰

賀若敦

權景宣　郭賢

史寧字永和建康袁氏人也曾祖豫仕沮渠氏爲臨松令魏平涼州祖灌隨例遷於撫寧鎮因家焉父遵初爲征虜府鎧曹參軍屬杜洛周構逆六鎮自相屠陷遵遂率鄉里二千家奔恒州其後恒州爲賊所敗遵復歸洛陽拜樓煩郡守及寧著勳追贈散騎常侍征西大將軍涼州刺史諡曰貞寧少以軍功拜別將遷直閤將軍都督宿衞禁中尋加持節征東將軍金紫光祿大夫賀拔勝爲荊州刺史寧以本官爲勝軍司率步騎一千隨勝之部值荊蠻騷動三鵶路絕寧先驅平之因撫慰蠻左翕然降附遂稅得馬一千五百匹供軍尋除南郢州刺史及勝爲大行臺表寧爲大都督率步騎一萬攻梁下溠戍破之封武平縣伯邑五百戶又攻拔梁齊興鎮等九城獲戶二萬而還未及論功屬魏孝武西遷東魏遣侯景率衆寇荊州寧隨勝奔梁梁武帝引寧至香磴前謂之曰觀卿風表終至富貴我當使卿衣錦還鄉寧荅曰臣世荷魏恩位爲列將天長喪亂本朝傾覆不能北面逆賊幸得息肩有道儻如明詔欣幸實多因涕泣橫流梁武爲之動容在梁二年勝乃與寧密圖歸計寧曰朱异旣爲梁主所信任請往見之勝然其言寧乃見异申以投分之言微託思歸之意辭氣雅至异亦嗟挹謂寧曰桑梓之思其可忘懷當爲奏聞必望遂所請耳未幾梁主果許勝等歸大統二年寧自梁歸闕進爵爲侯增邑三百戶久之遷車騎將軍行涇州事時賊帥莫折後熾寇掠居民寧率州兵與行原州事李賢討破之轉通直散騎常侍東義州刺史東魏亦以故胡梨苟爲東義州刺史寧僅得入州梨苟亦至寧迎擊破之斬其洛安郡守馮善道州旣鄰接疆埸百姓流移寧留心撫慰咸來復業十二年轉涼州刺史寧未至而前刺史宇文仲和據州作亂詔遣獨孤信率兵與寧討之寧先至涼州爲陳禍福城中吏民皆相率降附仲和仍據城不下尋亦克之加車騎大將軍儀同三司大都督涼西涼二州諸軍事散騎常侍涼州刺史十五年遷驃騎大將軍開府儀同三司加侍中進爵爲公十六年宕昌叛羌獠甘作亂逐其王彌定而自立并連結傍乞鐵忽及鄭五醜等詔寧率軍與宇文貴豆盧寧等討之寧別擊獠甘而山路險阻纔通單騎獠甘已分其黨立柵守險寧進兵攻之遂破其柵獠甘率三萬人逆戰寧復大破之追奔至宕昌獠甘將百騎走投生羌鞏廉玉彌定遂得復位寧以未獲獠甘密欲圖之乃揚聲欲還獠甘聞之復招引叛羌依山起柵欲攻彌定寧謂諸將曰此羌入吾術中當進兵擒之耳諸將思歸咸曰生羌聚散無常依據山谷今若追討恐引日無成且彌定還得守蕃將軍功已立矣獠甘勢弱彌定足能制之以此還師策之上者寧曰一日縱敵數世之患豈可捨將滅之寇更煩再舉人臣之禮知無不爲以此諸君不足與計事也如更沮衆寧豈不能斬諸君邪遂進軍獠甘衆亦至與戰大破之生獲獠甘狗而斬之并執鞏廉玉送闕所得軍實悉分賞將士寧無私焉師還詔寧率所部鎮河陽寧先在涼州戎夷服其威惠遷鎮之後邊民並思慕之魏廢帝元年復除涼甘瓜三州諸軍事涼州刺史初茹茹與魏和親後更離叛尋爲突厥所破殺其主阿那瓌部落逃逸者仍奉瓌之子孫抄掠河右寧率兵邀擊獲瓌子孫二人并其種落酋長自是每戰破之前後獲數萬人進爵安政郡公三年吐谷渾通使於齊寧擊獲之就拜大將軍寧後遣使請事太祖卽以所服冠履衣被及弓箭甲矟等賜寧謂其使人曰爲我謝涼州孤解衣以衣公推心以委公公其善始令終無損功名也時突厥木汗可汗假道涼州將襲吐渾太祖令寧率騎隨之軍至番禾吐渾已覺奔於南山木汗將分兵追之令俱會於青海寧謂木汗曰樹敦賀眞二城是吐渾巢穴今若拔其本根餘種自然離散此上策也木汗從之卽分爲兩軍木汗從北道向賀眞寧趣樹敦渾娑周國王率衆逆戰寧擊斬之踰山履險遂至樹敦敦是渾之舊都多諸珍藏而渾主先已奔賀眞留其征南王及數千人固守寧進兵攻之退渾人果開門逐之因回兵奮擊門未及闔寧兵遂得入生獲其征南王俘虜男女財寶盡歸諸突厥渾賀羅拔王依險爲柵周回五十餘里欲塞寧路寧攻其柵破之俘斬萬計獲雜畜數萬頭木汗亦破賀眞虜渾主妻子大獲珍物寧還軍於青海與木汗會木汗握寧手歎其勇決并遺所乘良馬令寧於帳前乘之木汗親自步送突厥以寧所圖必破皆畏憚之咸曰此中國神智人也及將班師木汗又遺寧奴婢一百口馬五百匹羊一萬口寧乃還州尋被徵入朝屬太祖崩寧悲慟不已乃請赴陵所盡哀并告行師克捷孝閔帝踐阼拜小司徒出爲荊襄淅郢等五十二州及江陵鎮防諸軍事荊州刺史寧有識畫諳兵權臨敵指撝皆如其策甚得當時之譽及在荊州頗自奢縱貪濁不修法度嘗出有人訴州佐曲法寧還付被訟者治之自是有事者不復敢言聲名大損於西州保定三年卒於州諡曰烈子雄嗣雄字世武少勇敢膂力過人便弓馬有筭畧年十四從寧於牽屯山奉迎太祖仍從校獵弓無虛發太祖歎異之尋尚太祖女永富公主除使持節驃騎大將軍開府儀同三司累遷駕部中大夫大馭中大夫從柱國枹罕公辛威鎮金城遂卒於軍時年二十四雄弟祥以父勳賜爵武遂縣公祥弟雲亦以父勳賜爵武平縣公歷位司織下大夫儀同大將軍雲弟威亦以父勳賜爵武當縣公

陸騰字顯聖代人也高祖侯魏征西大將軍東平王祖彌夏州刺史父旭性雅澹好老易緯候之學撰五星要訣及兩儀眞圖頗得其指要太和中徵拜中書博士稍遷散騎常侍知天下將亂遂隱於太行山孝莊卽位屢徵不起後贈并汾恒肆四州刺史騰少慷慨有大節解巾員外散騎侍郎司徒府中兵參軍爾朱榮入洛以騰

爲通直散騎侍郎帳內都督從平葛榮以功賜爵清河縣伯普泰初遷朱衣直閤尚安平主卽東萊王貴平女也魏孝武幸貴平第見騰與語悅之謂貴平曰阿翁眞得好壻卽擢爲通直散騎常侍及孝武西遷騰時使靑州遂沒於鄴東魏興和初徵拜征西將軍領陽城郡守大統九年大軍東討以騰所據衝要遂先攻之時兵威甚盛長史麻休勸騰降不許拒守經月餘城陷被執太祖釋而禮之問其東間消息騰盛陳東州人物又敘述時事辭理抑揚太祖笑曰卿眞不背本也卽拜帳內大都督未幾除太子庶子遷武衞將軍旣爲太祖所知願立功效不求內職太祖嘉之十三年拜車騎大將軍儀同三司魏廢帝元年安康賊黃衆寶等作亂連結漢中衆數萬攻圍東梁州城中糧盡詔騰率軍自子午谷以援之騰乃星言就道至便與戰大破之軍還拜龍州刺史太祖謂騰曰今欲通江由路直出南秦卿宜善思經畧騰曰必望臨機制變未敢預陳太祖曰此是卿取柱國之日卿其勉之卽解所服金帶賜之州民李廣嗣李武等憑據巖險以爲堡壁招集不逞之徒攻刧郡縣歷政不能治騰密令多造飛梯身率麾下夜往掩襲未明四面俱上遂破之執廣嗣等於鼓下其黨有任公忻者更聚徒衆圍逼州城乃諭騰曰但免廣嗣及武卽散兵請罪騰謂將士曰吾若不殺廣嗣等可謂賒軍實而長寇讎事之不可者也公忻豎子乃敢要人卽斬廣嗣及武以首示之賊徒阻氣於是出兵奮擊盡獲之魏恭帝三年拜驃騎大將軍開府儀同三司轉江州刺史爵上庸縣公邑二千戶陵州木籠獠恃險麤獷每行抄刧詔騰討之獠旣因山爲城攻之未可拔騰遂於城下多設聲樂及諸雜伎示無戰心諸賊果棄其兵仗或攜妻子臨城觀樂騰知其無備密令衆軍俱上諸賊惶懼不知所爲遂縱兵討擊盡破之斬首一萬級俘獲五千人世宗初陵眉戎江資邛新遂八州夷夏及合州民張瑜兄弟并反衆數萬人攻破郡縣騰率兵討之轉潼州刺史武成元年詔徵騰入朝世宗面勑之曰益州險遠非親勿居故令齊公作鎭卿之武畧已著遐邇兵馬鎭防皆當委卿統攝於是徙隆州刺史隨憲入蜀及趙公招代憲復請留之保定元年遷隆州總管領刺史二年資州槃石民反殺郡守據險自守州軍不能制騰率軍討擊盡破斬之而蠻獠兵及所在蜂起山路險阻難得掩襲騰遂量山川形勢隨便開道蠻獠畏威承風請服所開之路多得古銘並是諸葛亮桓溫舊道是年鐵山獠抄斷內江路使驛不通騰乃進軍討之欲至鐵山乃僞還師賊不以爲虞遂不守備騰出其不意擊之應時奔潰一日下其三城斬其魁帥俘獲三千人招納降附者三萬戶帝以騰母在齊未令東討適有其親屬自東還朝者晉公護奉令僞告騰云齊爲無道已誅公家母兄並從塗炭蓋欲發其怒也騰乃發哀泣血志在復讎四年齊公憲與晉公護東征請騰爲副趙公招時在蜀復留之晉公護與招書曰今朝廷令齊公掃蕩河洛欲與此人同行汝彼無事且宜借吾也於是命騰馳傳入朝副憲東討五年拜司憲中大夫天和初信州蠻蜑據江峽反叛連結二千餘里自稱王侯殺刺史守令等又詔騰率軍討之騰乃先趣益州進驍勇之士兼具樓船泝外江而下軍至湯口分道奮擊所向摧破乃築京觀以旌武功語在蠻傳涪陵郡守蘭休祖又據楚向臨容開信等州地方二千餘里阻兵爲亂復詔騰討之初與大戰斬首工千餘級俘獲千餘人當時雖摧其鋒而賊衆旣多自夏及秋無日不戰師老糧盡遂停軍集市更思方畧賊見騰不出四面競前騰乃激勵其衆士皆爭奮復攻拔其魚令城大獲糧儲以克軍實又破銅盤等七柵前後斬獲四千人并船艦等又築臨州集市二城以鎭遏之騰自在龍州至是前後破平諸賊凡賞得奴婢八百口馬牛稱是於是巴蜀悉定詔令樹碑紀績焉四年遷江陵總管陳遣其將章昭達率衆五萬船艦二千圍江陵衞王直聞有陳寇遣大將軍趙誾李遷哲等率步騎赴之並受騰節度時遷哲等守外城陳將程文季雷道勤夜來掩襲遷哲等驚亂不能抗禦騰夜遣開門出甲士奮擊大破之陳人奔潰道勤中流矢而斃虜獲二百餘人陳人又決龍川寧邦堤引水灌江陵城騰親率將士戰於西堤破之斬首數千級陳人乃遁六年進位柱國進爵上庸郡公增邑通前三千五百戶建德二年徵拜大司空尋出爲涇州總管宣政元年冬薨於京師贈本官加并汾等五州刺史重贈大後丞謚曰定子玄嗣玄字士鑒騰入關時年始七歲仕齊爲奉朝請歷成平縣令齊平高祖見玄特加勞勉卽拜地官府都上士大象末爲隋文相府內兵參軍玄弟融字士傾最知名少歷顯職大象中位至大將軍定陵縣公

賀若敦代人也父統爲東魏潁州長史大統二年執刺史田迅以州降至長安魏文帝謂統曰卿自潁川從我何日能忘卽拜右衞將軍散騎常侍兗州刺史賜爵當亭縣公尋除北雍州刺史卒贈侍中燕朔恒三州刺史司空公謚曰哀敦少有氣幹善騎射統之謀執迅也慮事不果又以累弱旣多難以自拔沉吟者久之敦時年十七乃進策曰大人往事葛榮已爲將帥後入爾朱禮遇猶重韓陵之役屈節高歡旣非故人又無功效今日委任無異於前者正以天下未定方藉英雄之力一旦淸平豈有相容之理以敦愚計恐將來有危亡之憂願思全身遠害不得有所顧念也統乃流涕從之遂定謀歸太祖時羣盜蜂起各據山谷大䰒山賊張世顯潛來襲統敦挺身赴戰手斬七八人賊乃退走統大悅謂左右僚屬曰我少從軍旅戰陣非一如此兒年時膽畧者未見其人非唯成我門戶亦當爲國名將明年從河內獨孤信於洛陽被圍敦彎弓三石箭不虛發信大奇之乃言於太祖太祖異之引置麾下授都督封安陵縣伯邑四百戶嘗從太祖校獵於甘泉宮時圍人不齊獸多逃逸太祖大怒人皆股戰圍內唯有一鹿俄亦突圍而走敦躍馬馳之鹿上東山敦棄馬步逐至山半便掣之而下太祖大悅諸將因得免責累遷太子庶子撫軍將軍通直散騎常侍大都督車騎大將軍散騎常侍儀同三司進爵廣鄉縣侯敦旣有武藝太祖恒欲以將帥任之魏廢帝二年拜右衞將軍俄加驃騎大將軍開府儀同三司進爵爲公時岷蜀初開民情尚梗巴西人譙淹據南梁州與梁西江州刺史王開業共爲表裏扇動羣蠻太祖令敦率軍討之山路艱險人迹罕至敦身先將士攀木緣崖倍道兼行乘其不意又遣儀同扶猛破其別帥向鎭侯於白帝淹乃與開業并其黨泉玉成侯造等率衆七千口累三萬自墊江而下就梁王琳敦邀擊破之淹復依山立柵南引蠻帥向白彪爲援敦設反間離其黨與因其懈怠復破之斬淹盡俘其衆進爵武都公增邑通前一千七百戶拜典祀中大夫尋出爲金州都督七州諸軍事金州刺史向白彪又與蠻帥向五子等聚衆爲寇圍逼信州詔敦與開府田弘赴救未至而城已陷進與白彪等戰破之俘斬二千人仍進軍追討遂平信州是歲荊州蠻帥文子榮自號仁州刺史擁逼土人據沮漳爲逆復令敦與開府潘招討之擒子榮并虜其衆武成元年入爲軍司馬自江陵平後巴湘之地並內屬每遣梁人守之至是陳將侯瑱侯安都等圍逼湘州遏絕糧援乃令敦率步騎六千度江赴救瑱等以敦孤軍深入規欲取之敦每設奇伏連戰破瑱乘勝徑進遂次湘州因此輕敵不以爲虞俄而霖雨不已秋水汎溢陳人濟師江路遂斷糧援旣絕人懷危懼敦於是分兵抄掠以克資費恐瑱等知其糧少乃於營內多爲土聚覆之以米集諸營軍士人各持囊遣官司部分若欲給糧者因召側近村民陽有所訪問令於營外遥見隨卽遣之瑱等聞之良以爲實乃據守要險欲曠日以老敦師敦又增修營壘造廬舍示以持久湘羅之間遂廢農業瑱等無如之何初土人亟乘輕船載米粟及籠鷄鴨以餉瑱軍敦患之乃僞爲土人裝船伏甲士於中瑱兵人望見謂餉船之至逆來爭取敦甲士出而擒之敦軍數有叛人乘馬投瑱者輒納之敦又別取一馬牽以趣船令船中逆以鞭鞭之如是者再三馬便畏船不上後伏兵於江岸遣人以招瑱軍詐稱投附瑱便遣兵迎接競來牽馬馬旣畏船不上敦發伏掩之盡殪此後實有饋餉及亡命奔瑱者猶謂敦之設詐逆遣扞擊並不敢受相持歲餘瑱等不能制求借船送敦度江敦慮其或詐拒而弗許瑱復遣使謂敦曰驃騎在此旣久今欲給船相送何爲不去敦報云湘州是我國家之地爲爾侵逼敦來之日欲相平殄旣未得一決所以不去瑱後日復遣使來敦謂使者云必須我還可舍我百里當爲汝去瑱等留船於江將兵去津路百里敦覘知非詐徐理舟檝勒衆而還在軍病死者十五六晉公護以敦失地無功除名爲民保定二年拜工部中大夫尋出爲金州總管七州諸軍事金州刺史三年從柱國楊忠引突厥破齊長城至并州而還以敦爲殿別封一子順義縣公邑一千戶五年除中州刺史鎭函谷敦恃功負氣顧其流輩皆爲大將軍敦獨未得兼以湘州之役全軍而反不蒙旌賞翻被除名每懷怨怒屢有臺使至乃出怨言晉公護怒遂徵敦還逼令自殺時年四十九建德初追贈大將軍謚曰烈子弼有文武材畧大象末位至開府儀同大將軍揚州刺史襄邑縣公敦弟誼亦知名官至柱國海陵縣公

權景宣字暉遠天水顯親人也父曇騰魏隴西郡守贈秦州刺史景宣少聰悟有氣俠宗黨皆歎異之年十七魏行臺蕭寶夤見而奇之表爲輕車將軍及寶夤敗景宣歸鄉里太祖平隴右擢爲行臺郎中魏孝武西遷授鎭遠將軍步兵校尉加平西將軍秦州大中正大統初轉祠部郎中景宣曉兵權有智畧從太祖拔弘農破沙苑皆先登陷陣轉外兵郎中從開府于謹援洛陽景宣督課糧儲軍以周濟時初復洛陽將修繕宮室景宣率徒三千先出採運會東魏兵至司州牧元季海等以衆少拔還屬城悉叛道路擁塞景宣將二十騎且戰且走

從騎畧盡景宣輕馬突圍手斬數級馳而獲免因投民家自匿景宣以久藏非計乃僞作太祖書招募得五百餘人保據宜陽聲言大軍續至東魏將段琛等率衆至九曲憚景宣不敢進景宣恐琛審其虛實乃將腹心自隨詐云迎軍因得西遁與儀同李延孫相會攻孔城洛陽以南尋亦來附太祖即留景宣守張白塢節度東南義軍東魏將王元凱入洛景宣與延孫等擊走之以功授大行臺右丞進屯宜陽攻襄城拔之獲郡守王洪顯俘斬五百餘人太祖嘉之徵入朝錄前後功封顯親縣男邑三百戸除南陽郡守郡鄰敵境舊制發民守防三十五處多廢農桑而姦宄猶作景宣至並除之唯修起城樓多備器械寇盜歛迹民得肄業百姓稱之立碑頌德太祖特賞粟帛以旌其能遷廣州刺史侯景舉河南來附景宣從僕射王思政經畧應接旣而侯景南叛恐東魏復有其地以景宣爲大都督豫州刺史鎮樂口東魏亦遣張伯德爲刺史伯德令其將劉貴平率其戍卒及山蠻屢來攻逼景宣兵不滿千人隨機奮擊前後擒斬三千餘級貴平乃退走進授使持節車騎大將軍儀同三司頴川陷後太祖以樂口等諸城道路阻絶悉令拔還襄州刺史杞秀以狠很得罪景宣號令嚴明戎旅整肅所部全濟獨被優賞仍留鎮荆州委以鵶南之事初梁嶽陽王蕭詧將以襄陽歸朝仍勒兵攻梁元帝於江陵詧叛將杜岸乘虛襲之景宣乃率騎三千助詧破岸詧因是乃送其妻王氏及子嶚入質景宣又與開府楊忠取梁將栁仲禮拔安陸隨郡久之隨州城民吳士英等殺刺史黃道玉因聚爲寇景宣以英等小賊可以計取之若聲其罪恐同惡者衆迺與英書僞稱道玉凶暴歸功英等英果信之遂相率而至景宣執而戮之散其黨與進攻應城拔之獲夏侯珍洽於是應禮安隨並平朝議以景宣威行南服迺授并安肆郢新應六州諸軍事并州刺史尋進驃騎大將軍開府儀同三司加侍中兼督江北司二州諸軍事進爵爲伯邑五百戸唐州蠻田魯嘉自號豫州伯引致齊兵大爲民患景宣又破之獲魯嘉以其地爲郡轉安州刺史梁定州刺史李洪遠初款後叛景宣惡其懷貳密襲破之虜其家口及部衆洪遠脫身走免自是酋帥懾服無敢叛者燕公于謹征江陵景宣別破梁司空陸法和司馬羊亮於滇水又遣別帥攻拔魯山多造舟艦益張旗幟臨江欲度以懼梁人梁將王琳在湘州景宣遺之書諭以禍福琳遂遣長史席壑因景宣請舉州款附孝閔帝踐阼徵爲司憲中大夫尋除基鄀硤平四州五防諸軍事江陵防主加大將軍保定四年晉公護東討景宣別討河南齊豫州刺史王士良永州刺史蕭世怡並以城降景宣以開府謝徹守永州開府郭彥守豫州以士良世怡及降卒一千人歸諸京師尋而洛陽不守乃棄二州拔其將士而還至昌州而羅陽蠻反景宣回軍破之斬首千級獲生口二千雜畜千頭迻關還次灞上晉公獲親迎勞之天和初授荆州總管十七州諸軍事荆州刺史進爵千金郡公陳湘州刺史華皎舉州款附表請援兵勑景宣統水軍與皎俱下景宣到夏口陳人已至而景宣以任遇隆重遂驕傲恣縱多自矜伐兼納賄貨指麾節度朝出夕改將士憤怒莫肯用命及水軍始交一時奔北船艦器仗畧無孑遺時衛公直總督諸軍以景宣負敗欲繩以軍法朝廷不忍加罪遣使就軍赦之尋遇疾卒贈河渭鄀三州刺史謚曰恭子如璋嗣位至開府膠州刺史如璋弟如玖儀同大將軍廣川縣侯景宣之去樂口南荆州刺史郭賢據魯陽以拒東魏

賢字道因趙興陽州人也父雲涼州司馬賢性彊記學涉經史魏正光末賊帥宿勤明達圍逼豳州刺史畢暉補賢統軍與之拒守後爲州主簿行北地郡事以征討有功授都督大統二年齊神武襲陷夏州太祖慮其南下與朝臣議之賢進曰高歡兵士雖衆智勇已竭策其舉措必不敢遠來昔賀拔公初薨關中振駭而歡不能因利乘便進取雍州是其無智及鑾駕西遷六軍寡弱毛鴻賓喪敗關門不守又不能乘此危機以要一戰是其無勇今上下同心士民戮力歡志沮喪寧敢送死且幽夏荒阻千里無烟縱欲南侵資糧莫繼以此而言不來必矣齊神武後果退如賢所策尋加伏波將軍從王思政鎮弘農授使持節行義州事當州都督轉行弘農郡事賢質直有筭畧思政甚重之禦邊之謀多與賢參決十二年除輔國將軍南州刺史及侯景來附思政遣賢先出三鵶鎮於魯陽加大都督封安武縣子邑四百戸尋進車騎大將軍儀同三司加散騎常侍及頴川被圍東魏遣蠻酋魯和扇動羣蠻規斷鵶路和乃遣其從弟與和爲漢廣郡守率其部曲侵擾州境賢密簡士馬輕往掩襲大破之遂擒魯和既而頴川陷權景宣等並拔軍西遷自魯陽以東皆附東魏將彭樂因之遂來攻逼賢撫循將士咸爲盡其力用樂不能克乃引軍退而東魏又以土民韋默兒爲義州刺史鎮父城以逼賢賢又率軍攻默兒擒之轉廣州刺史後從尉遲迥伐蜀行安州事魏恭帝元年行寧蜀郡事兼益州長史以平蜀勳進爵爲伯增邑五百戸轉行始州事孝閔帝踐阼進位驃騎大將軍開府儀同三司進爵爲侯增邑通前一千四百戸世宗初除迎師中大夫尋出爲勳州刺史鎮玉壁武成二年還安應等十二州諸軍事安州刺史進爵樂昌縣公賢在官雖無明察之譽以廉平待物去後頗亦見思保定三年轉陝州刺史天和元年卒於位贈少保寧蔚朔三州刺史謚曰節賢衣服飲食雖以儉約自處而居家豐麗室有餘貲時論譏其詐云子正嗣

史臣曰昔耿恭抗勁虜於疏勒馬敦拒羣兵於汧城雖以生易死終賴王師之助其嘉聲峻節亦見稱於良史焉賀若敦志節慷慨深入敵境勍敵絶其糧道長江阻其歸塗勢危而策出無方事迫而雄心彌厲故能使士卒感其義敵人畏其威利涉死地全師而返非夫忘生以徇國者其孰能若此者乎俯窺元定之傳曾糞土之不若也誠宜裂地以賞之分職以授之而茂勳莫紀嚴刑已及嗟乎政之紕繆一至於此天下是以知宇文護不能終其位焉史寧權景宣並以將帥之才受內外之寵總戎薄伐著剋敵之功布政蒞民垂稱職之譽若此者豈非有國之良翰歟然而史在末年貨財虧其雅志權亦曉節矜驕喪其威聲傳曰終之實難其斯之謂矣陸騰志氣慓然雅仗名節及授戎律建藩麾席卷巴梁則功著銘典雲撤江漢則聲流帝籍身名俱劭其最優乎

周書卷二十八考證

史寧傳遂至樹敦敦是渾之舊都○北史云樹數是渾之舊都脫一樹字

寧進兵攻之退○北史云寧進兵攻之僞退脫一僞字

賀若敦傳復令敦與開府潘招討之○潘招北史作段韶

周書卷二十九

唐　令狐德棻等撰

列傳第二十一

王傑
王勇
宇文虯
宇文盛 弟丘
耿豪
高琳
李和
伊婁穆
楊紹
王雅
達奚寔
劉雄
侯植

王傑金城直城人也本名文達高祖萬國魏伏波將軍燕州刺史父巢龍驤將軍榆中鎮將傑少有壯志每以功名自許善騎射有膂力魏孝武初起家子都督後從西遷賜爵都昌縣子太祖奇其才擢授揚烈將軍羽林監尋加都督太祖嘗謂諸將曰王文達萬人敵也但恐勇決太過耳復潼關破沙苑爭河橋戰邙山皆以勇敢聞親待日隆賞賜加於倫等於是賜姓宇文氏除岐州刺史加撫軍將軍銀青光祿大夫進爵爲公邑八百戸累遷大都督車騎大將軍儀同三司侍中驃騎大將軍開府儀同三司魏恭帝元年從于謹圍江陵時柵內有人善用長矟戰士將登者多爲所斃謹令傑射之應弦而倒登者乃得入餘衆繼進遂拔之謹喜曰濟我大事者在公此箭也孝閔帝踐阼進爵張掖郡公增邑一千戸出爲河州刺史朝廷以傑勳望俱重故授以本州保定三年進爵大將軍三年詔傑與隋公楊忠自漢北伐齊至并州而還天和三年除宜州刺史增邑通前三千六百戸六年從齊公憲東禦齊將斛律明月進位柱國建德初除涇州總管傑少從軍旅雖不習吏事所歷州府咸以忠恕爲心以是頗爲百姓所慕宣帝即位拜上柱國大象元年薨時年六十五贈河鄯鄧延洮宕翼七州諸軍事河州刺史追封鄂國公謚曰威子孝僊大象末位至開府儀同大將軍

王勇代武川人也本名胡仁少雄健有膽決便弓馬膂力過人魏永安中万俟醜奴等寇亂關隴勇占募隨軍

討之以功授寧朔將軍奉車都尉又數從侯莫陳悅賀拔岳征討功每居多拜別將及太祖爲丞相引爲帳內直盪都督加後將軍太中大夫封包信縣子邑三百戶大統初增邑四百戶進爵爲侯從擒竇泰復弘農戰沙苑氣蓋衆軍所當必破太祖歎其勇敢賞賜特隆進爵爲公邑一千五百戶拜鎮南將軍授帥都督從討趙青雀平之論功居最除衞大將軍殷州刺史加通直散騎常侍兼太子武衞率邙山之戰勇率敢死之士三百人竝執短兵大呼直進出入衝擊殺傷甚多敵人無敢當者是役也大軍不利唯勇及王文達耿令貴三人力戰皆有殊功太祖於是賞帛一千疋令自分之軍還皆拜上州刺史以雍州岐州北雍州擬授勇等然州頗有優劣又令探籌取之勇遂得雍州文達得岐州令貴得北雍州仍賜勇名爲勇令貴名豪文達名傑以彰其功十三年授大都督遷使持節車騎大將軍儀同三司十五年進侍中驃騎大將軍開府儀同三司魏恭帝元年從柱國趙貴征茹茹破之勇追擊獲雜畜數千頭進爵新陽郡公增邑通前二千戶仍賜姓庫汗氏六官建拜稍伯中大夫又論討茹茹功別封永固縣伯邑五百戶時有別封者倒聽回授次子勇獨請封兄子元興時人義之尋進位大將軍世宗初岷山羌豪鞏廉俱和叛勇帥師討平之勇性雄猛爲當時驍將然矜功伐善好揚人之惡時論亦以此鄙之柱國侯莫陳崇勳高望重與諸將同謁晉公護聞勇數論人之短乃於衆中折辱之勇遂慙恚因疽發背而卒子昌嗣官至大將軍

宇文虯字樂仁代武川人也性驍悍有膽畧少從軍征討累有戰功魏永安中除征虜將軍中散大夫加都督魏孝武初從獨孤信在荆州破梁人於下溠遂平歐陽酇城虯俘獲甚多又攻南陽廣平二城擒郡守一人以功加安西將軍銀青光祿大夫員外直閤將軍閤內都督封南安縣侯邑九百戶及孝武西遷以獨孤信爲行臺信引虯爲帳內都督破田八能及擒東魏荆州刺史辛纂虯功居多尋隨信奔梁大統三年歸闕朝廷論前後功增邑四百戶進爵爲公擒竇泰復弘農及沙苑河橋之戰皆有功增邑八百戶進車騎將軍左光祿大夫七年除漢陽郡守又從獨孤信討梁企定破之十一年出爲南秦州刺史加車騎大將軍儀同三司進驃騎大將軍開府儀同三司追論斬辛纂功增邑一千戶十七年與大將軍王雄征上津魏興等竝平之又於白馬與武陵王蕭紀將楊乾運戰破之虯每經行陣必身先卒伍故上下同心戰無不克尋而魏興復叛虯又與王雄討平之俄除金州刺史進位大將軍後以疾卒

宇文盛字保興代人也曾祖伊與敦祖長壽父文孤竝爲沃野鎮軍主盛志力驍雄初爲太祖帳內從破侯莫陳悅授威烈將軍封漁陽縣子邑三百戶大統三年兼都督從擒竇泰復弘農破沙苑授都督平遠將軍步兵校尉進爵爲公增邑八百戶除馮翊郡守加帥都督西安州大中正通直散騎常侍撫軍將軍增邑三百戶累遷大都督車騎大將軍儀同三司驃騎大將軍開府儀同三司鹽州刺史及楚公趙貴謀爲亂盛密赴京告之貴誅授大將軍進爵忠城郡公除涇州都督賜甲一領奴婢二百口馬五百疋牛羊及莊田什物等稱是仍從賀蘭祥平洮陽供和二城別封一子甘棠縣公轉延州總管進位柱國天和五年入爲大宗伯六年與柱國王傑從齊公憲東討時汾州被圍日久憲遣盛運粟以給之仍赴姚襄城受憲節度齊將段孝先率兵大至盛力戰拒之孝先退乃築大寧城而還建德二年授少師五年從高祖東伐率步騎一萬守汾水關宣帝卽位拜上柱國增邑通前四千六百戶大象中薨子述嗣大象末上柱國濮陽公盛弟丘丘字胡奴起家襄威將軍奉朝請都督賜爵臨邑縣子稍遷輔國將軍大都督預告趙貴謀拜車騎大將軍儀同三司進爵安義縣侯邑一千戶加驃騎大將軍開府儀同三司進爵爲公除咸陽郡守遷汾州刺史入爲左宮伯進位大將軍出爲延綏丹三州三防諸軍事延州刺史轉涼甘瓜三州諸軍事涼州刺史加柱國大將軍建德元年薨時年六十贈柱國宜鄜等州刺史子龍嗣

耿豪鉅鹿人也本名令貴其先避劉石之亂居遼東因仕於燕曾祖超率衆歸魏遂家於神武川豪少麤獷有武藝好以氣淩人賀拔岳西征引爲帳內岳被害歸太祖以武勇見知豪亦自謂所事得主從討侯莫陳悅及迎魏孝武錄前後功封平原縣子邑三百戶除寧朔將軍奉車都尉遷征虜將軍加通直散騎常侍進爵爲侯增邑七百戶從擒竇泰復弘農豪先鋒陷陣加前將軍中散大夫沙苑之戰豪殺傷甚多血染甲裳盡赤太祖見之歎曰令貴武猛所向無前觀其甲裳足以爲驗不須更論級數也於是進爵爲公增邑通前一千五百戶除鎮北將軍金紫光祿大夫南郢州刺史九年從太祖戰於邙山豪謂所部曰大丈夫見賊須右手拔刀左手把矟直刺直斫慎莫皺眉畏死遂大呼獨入敵人鋒刃亂下當時咸謂豪殁俄然奮刀而還戰數合當豪前者死傷相繼又謂左右曰吾豈樂殺人但壯士除賊不得不爾若不能殺賊又不爲人所傷何異逐坐人也太祖嘉之拜北雍州刺史十三年論前後戰功進授車騎大將軍儀同三司增邑通前一千八百戶十五年賜姓和稽氏進位侍中驃騎大將軍開府儀同三司豪性凶悍言多不遜太祖惜其驍勇每優容之豪亦自謂意氣冠羣終無所屈李穆蔡祐初與豪同時開府後竝居豪之右豪意不平謂太祖曰外聞物議謂豪勝李穆蔡祐太祖曰何以言之豪曰世言李穆蔡祐丞相臂膊耿豪王勇丞相咽項以咽項在上故爲勝也豪之麤猛皆此類十六年卒時年四十五太祖痛惜之贈以本官加朔州刺史子雄嗣位至大將軍

高琳字季珉其先高句麗人也六世祖欽爲質於慕容廆遂仕於燕五世祖宗率衆歸魏拜第一領民酋長賜姓羽眞氏祖明父遷仕魏咸亦顯達琳母嘗祓禊泗濱遇見一石光彩朗潤遂持以歸是夜夢見一人衣冠有若仙者謂其母曰夫人向所將來之石是浮磬之精若能寶持必生令子其母驚寤便舉身流汗俄而有娠及生因名琳字季珉焉魏正光初起家衞府都督從元天穆討邢杲破梁將沈慶之以功轉統軍又從爾朱天光破万俟醜奴論功爲最除寧朔將軍奉車都尉後隨天光敗於韓陵山琳因留洛陽魏孝武西遷從入關至溱水爲齊神武所追拒戰有功封鉅野縣子邑三百戶大統初進爵爲侯增邑四百戶轉龍驤將軍項之授直閤將軍遷平西將軍加通直散騎常侍三年從太祖破齊神武於沙苑轉安西將軍進爵爲公增邑八百戶累遷衞將軍銀青光祿大夫右光祿大夫四年從擒莫多婁貸文仍戰河橋琳先驅奮擊勇冠諸軍太祖嘉之謂之曰公卽我之韓白也拜太子左庶子尋以本官鎮玉壁復從太祖戰邙山除正平郡中正加大都督增邑三百戶齊將東方老來寇琳率衆禦之老恃其勇健直前趣琳短兵接琳擊之老中數瘡而退謂其左右曰吾經陣多矣未見如此健兒後乃密使人勸琳東歸琳斬其使以聞進使持節車騎大將軍儀同三司散騎常侍除鄜州刺史加驃騎大將軍開府儀同三司侍中孝閔帝踐阼進爵犍爲郡公邑一千戶武成初從賀蘭祥征吐谷渾以勳別封一子許昌縣公邑一千戶除延州刺史又從柱國豆盧寧討稽胡郝阿保劉桑德等破之二年文州氐酋反詔琳率兵討平之師還帝宴羣公卿士仍命賦詩言志琳詩末章云寄言竇車騎爲謝霍將軍何以報天子沙漠靜妖氛帝大悅曰獯獫陸梁未時款塞卿言有驗國之福也保定初授梁州總管十州諸軍事天和二年徙丹州刺史三年遷江陵總管時陳將吳明徹來寇總管田弘與梁主蕭巋出保紀南城唯琳與梁僕射王操固守江陵三城以抗之晝夜拒戰凡經十旬明徹退去歸表言其狀帝乃優詔追琳入朝親加勞問進授大將軍仍副衞公直鎮襄州六年進位柱國建德元年薨時年七十六贈本官加冀定齊滄州五州諸軍事冀州刺史謚曰襄子儒少以父勳賜爵許昌郡公拜左侍上士後襲爵犍爲郡公位至儀同大將軍

李和本名慶和其先隴西狄道人也後徙居朔方父僧養以累世雄豪善於統御爲夏州酋長和少敢勇有識度狀貌魁偉爲州里所推賀拔岳作鎮關中乃引和爲帳內都督以破諸賊功稍遷征北將軍金紫光祿大夫賜爵思陽公尋除漢陽郡守治存寬簡百姓稱之至大統初加車騎將軍左光祿大夫都督累遷使持節車騎大將軍儀同三司散騎常侍侍中驃騎大將軍開府儀同三司夏州刺史賜姓宇文氏太祖嘗謂諸將曰宇文慶和智畧明贍立身恭謹累經委任每稱吾意遂賜名意焉改封永豐縣公邑一千戶保定二年除司憲中大夫進爵義城郡公尋又改封德廣郡公出爲洛州刺史和前在夏州頗留遺惠及有此授商洛父老莫不想望德音和至州以仁恕訓物獄訟爲之簡靜天和三年進位大將軍拜延綏丹三州武安伏夷安民三防諸軍事延州刺史六年進柱國大將軍建德元年改授延綏銀三州文安伏夷安民周昌梁和五防諸軍事以罪免尋復柱國隋開皇元年遷上柱國和立身剛簡老而逾厲諸子趨事若奉嚴君以意是太祖賜名市朝已革慶和則父之所命義不可違至是遂以和爲名二年薨贈本官加司徒公徐兗邳沂海泗六州刺史謚曰肅子徹嗣

伊婁穆字奴干伐人也父靈善騎射爲太祖所知太祖嘗謂之曰昔伊尹保衡於殷致主堯舜卿既姓伊庶卿不替前緒於是賜名尹焉歷金紫光祿大夫衞將軍隆州刺史賜爵盧奴縣公穆弱冠爲太祖內親信以機辯見知授奉朝請常侍左右邙山之役力戰有功拜子都督丞相府參軍事轉外兵參軍累遷帥都督平東將軍中散大夫歷中書舍人尚書駕部郎中撫軍將軍大都督通直散騎常侍嘗入白事太祖望見悅之字之曰奴干作儀同面見我矣於是拜車騎大將軍儀同三司賜

封安陽縣伯邑五百戶轉大丞相府掾遷從事中郎除給事黃門侍郎魏廢帝二年穆使於蜀屬伍城郡人趙雄傑與梓潼郡人王令公鄧朏等搆逆衆三萬餘人阻涪水立柵進逼潼州穆遂與刺史叱羅協率兵破之增邑五百戶孝閔帝踐阼拜兵部中大夫治御正進爵爲侯增邑五百戶尋進位驃騎大將軍開府儀同三司保定初授軍司馬進爵爲公四年除金州總管八州諸軍事金州刺史天和二年增邑二千一百戶又爲民部中大夫衞公直出鎮襄州以穆爲長史郢州城民王道胄反襲據州城直遣穆率百餘騎馳往援之穆至城下頻破胄衆會大將軍高琳率衆軍繼進胄等乃降唐州山蠻恃險逆命穆率軍討之蠻酋等保據石窟一十四處穆分軍進討旬有四日竝破之虜獲六千五百人六年進位大將軍建德初授荆州復以穆爲總管府長史穆頻佐戚藩甚得匡贊之譽入爲小司馬從柱國李穆平軹關等城賞布帛三百疋粟三百石田三十頃五年從皇太子討吐谷渾還穆殿爲渾人圍會劉雄救至乃得解後以疾卒

楊紹字子安弘農華陰人也祖興魏新平郡守父國中散大夫紹少慷慨有志畧屢從征伐力戰有功魏永安中授廣武將軍屯騎校尉直盪別將普泰初封平鄉男邑一百戶加征西將軍金紫光祿大夫魏孝武初遷衞將軍右光祿大夫進爵冠軍縣伯邑百戶大統元年進爵爲公增邑六百戶累遷車騎將軍通直散騎常侍驃衞將軍左光祿大夫四年出爲鄜城郡守紹性恕直兼有威惠百姓安之稽胡恃衆與險屢爲抄竊紹率郡兵從侯莫陳崇討之疋馬先登破之於默泉之上加帥都督驃騎常侍朔州大中正十三年錄前後功增邑通前二千二百戶除燕州刺史累遷大都督車騎大將軍儀同三司復從大將軍達奚武征漢中時梁宜豐侯蕭循固守梁州紹以爲懸軍敵境圍守堅城曠日持久糧餽不繼城中若致死於我懼不能歸請爲計以誘之乃頻至城下挑戰設伏待之循初不肯出紹又遣人罵辱之循怒果出兵紹率衆僞退城降以功授輔國將軍中散大夫聽回授一子又從柱國燕國公于謹圍江陵紹闗於枇杷門流矢中股而力戰不衰事平賞奴婢一百口進驃騎大將軍開府儀同三司除衞州刺史賜姓叱利氏孝閔帝踐阼進位大將軍保定二年卒贈成文等八州刺史謚曰信子雄嗣大象末上柱國邯國公

王雅字度容闡熙新固人也少而沈毅木納寡言有膽勇善騎射太祖聞其名召入軍累有戰功除都督賜爵居康縣子東魏將竇泰入寇雅從太祖擒之於潼關沙苑之戰雅謂所部曰彼軍殆有百萬今我不滿萬人以常理論之實難與敵但相公神武命世股肱王室以順討逆豈計衆寡丈夫若不以此時破賊何用生爲乃擐甲步戰所向披靡太祖壯之又從戰邙山時大軍不利爲敵所乘諸將皆引退雅獨迴騎拒之敵人見其無繼步騎競進雅左右奮擊頻斬九級敵衆稍却雅乃還軍太祖歎曰王雅舉身悉是膽也錄前後功進爵爲伯除帥都督鄜城郡守政尚簡易吏人安之遷大都督延州刺史轉夏州刺史加車騎大將軍儀同三司進驃騎大將軍開府儀同三司世宗初除汾州刺史勵精爲治人庶悅而附之自遠至者七百餘家保定初復爲夏州刺史卒于州子世積嗣少倜儻有文武幹畧大象末上大將軍宜陽郡公

達奚寔字什伏代河南洛陽人也高祖涼州魏征西將軍山陽公父顥相武衞將軍寔少修立有幹局起家給事中加冠軍將軍魏孝武初授都督鎮弘農後從西遷封臨汾縣伯邑六百戶遷大行臺郎中仍與行臺郎神鎮潼關及潼關失守即與大都督陽山武戰於關東魏人甚憚之從太祖擒竇泰復弘農破沙苑皆力戰有功增邑三百戶加車騎將軍左光祿大夫十三年又授大行臺郎中相府掾轉從事中郎寔性嚴重太祖深器之累遷大都督持節通直散騎常侍魏廢帝二年除中外府司馬大軍伐蜀以寔行南岐州事兼都軍糧先是山氐生獷不供賦役歷世羈縻莫能制御寔導之以政氐人感悅竝從賦稅於是大軍糧餼咸取給焉尋徵還仍爲司馬六官建拜蕃部中大夫加驃騎大將軍開府儀同三司進爵平陽縣公武成二年授御正中大夫治民部兼晉公護司馬保定元年出爲文州刺史卒於州時年四十九贈文康二州刺史謚曰恭子豐嗣

劉雄字猛雀臨洮子城人也少機辯慷慨有大志大統中起家爲太祖親信尋授統軍宣威將軍給事中除子城令加都督輔國將軍中散大夫兼中書舍人賜姓宇文氏孝閔帝踐阼加大都督歷司市下大夫齊右下大夫治小駕部進車騎大將軍儀同三司保定四年治中外府屬從征洛陽天和二年遷駕部中大夫四年兼齊公憲府掾從憲出宜陽築安義等城五年齊相斛律明月率衆築通關城以援宜陽先是國家與齊通好約言各保境息民不相侵擾至是憲以齊人先信令雄使於明月責其背約雄辭義辯直齊人憚焉使還兼中府外掾尋加驃騎大將軍開府儀同三司封周昌縣伯邑六百戶齊人又於姚襄築伏龍等五城以處戍卒雄從齊公憲攻之五城皆拔憲復遣雄與柱國宇文盛於齊長城已西連營防禦齊將段孝先等率衆圍盛營外先有長塹大將軍韓歡與孝先交戰不利雄身負排率所部二十餘人據塹力戰孝先等乃止軍還遷軍司馬進爵爲侯邑一千四百戶建德初授納言轉軍正復爲納言二年轉內史中大夫除侯正高祖嘗從容謂雄曰古人云富貴不歸故鄉猶衣錦夜遊今以卿爲本州何如雄稽首拜謝於是詔以雄爲河州刺史雄先已爲本縣令復有此授鄉里榮之四年從柱國李穆出軹關攻邵州等城拔之以功獲賞五千皇太子西征吐谷渾雄自涼州從滕王逌率軍先入渾境去伏侯城二百餘里逌遣雄先至城東舉火與大軍相應渾洮王率七百餘騎逆戰雄時所部數百人先竝分遣斥候在左右者二十許人雄即率與交戰斬首七十餘級雄亦亡其三騎自是從逌連戰之雄功居多賞物甚厚及軍還伊婁穆殿爲賊所圍皇太子命雄救之雄率騎一千解穆圍增邑三百戶加上開府儀同三司其年大軍東討雄從齊王憲拔洪洞下永安軍還仍與憲迴援晉州未至齊後主已率大兵親自攻圍晉州壍陷憲遣雄先往察其軍勢雄乃率步騎千人鳴鼓角遙報城中尋而高祖兵至齊主遁走從平并州拜上大將軍進爵趙郡公邑二千戶舊封迴授一子明年從平鄴城進柱國其年從齊王憲總北討稽胡軍還出鎮幽州宣政元年四月突厥寇幽州擁畧居民雄出戰爲突厥所圍臨陣戰歿贈亳州總管七州諸軍事亳州刺史子昇嗣以雄死王事大象末授儀同大將軍

侯植字仁幹上谷人也燕散騎常侍龕之八世孫高祖恕魏北地郡守子孫因家于北地之三水遂爲州郡冠族父欣秦州刺史奉義縣公植少倜儻有大節容貌奇偉武藝絕倫正光中起家奉朝請尋而天下喪亂羣盜蜂起植乃散家財率募勇敢討賊以功拜統軍遷清河郡守後從賀拔岳討万俟醜奴等每有戰功除義州刺史在州甚有政績爲夷夏所懷及齊神武逼洛陽植從魏孝武西遷大統元年授驃騎將軍都督賜姓侯伏侯氏從太祖破沙苑戰河橋進大都督加左光祿大夫涼州刺史宇文仲和據州作逆植從開府獨孤信討擒之拜車騎大將軍儀同三司封肥城縣公邑一千戶又賜姓賀屯魏恭帝元年從于謹平江陵進驃騎大將軍開府儀同三司賜奴婢一百口別封一子汧源縣伯六官建拜司倉下大夫孝閔帝踐阼進爵郡公增邑通前二千戶時帝幼沖晉公護執政植從兄龍恩爲護所親任及護誅趙貴而諸宿將等多不自安植謂龍恩曰今主上春秋既富安危繫於數公共爲唇齒尚憂不濟況以纖介之間自相夷滅植恐天下之人因此解體兄既受人任使安得知而不言龍恩竟不能用植又乘間言於護曰君臣之分情均父子理須同其休戚期之始終明公以骨肉之親當社稷之寄與存與亡在於茲日願公推誠王室擬迹伊周使國有泰山之安家傳世祿之盛則率土之濱莫不幸甚護曰我蒙太祖厚恩且屬當猶子誓將以身報國賢兄應見此心卿今有是言豈謂吾有他志耶又聞其先與龍恩言乃陰忌之植懼不免禍遂以憂卒贈大將軍正陽光三州諸軍事平州刺史謚曰節子定嗣及護伏誅龍恩與其弟大將軍武平公萬壽竝預其禍高祖治護事知植忠於朝廷乃特免其子孫定後位至車騎大將軍儀同三司

史臣曰王傑王勇宇文虯之徒咸以果毅之姿效節於擾攘之際終能屠堅執銳立禦侮之功裂膏壤據勢位固其宜也仲尼稱無求備於一人信矣夫文士懷溫恭之操其弊也愞弱武夫稟剛烈之質其失也敢悍故有使酒不遜之禍拔劒爭功之尤大則莫全其生小則僅而獲免耿豪王勇不其然乎

周書卷二十九考證

王傑傳子孝僊○北史作孝遷

周書卷三十

唐 令 狐 德 棻 等 撰

列傳第二十二

竇熾 兄子毅

于翼 李穆

竇熾字光成扶風平陵人也漢大鴻臚章十一世孫章子統靈帝時爲鴈門太守避竇武之難亡奔匈奴遂爲部落大人後魏南徙子孫因家於代賜姓紇豆陵氏累世仕魏皆至大官父畧平遠將軍以熾著勳贈少保柱國大將軍建昌公熾性嚴明有謀畧美鬚髯身長八尺

二寸少從范陽祁忻受毛詩左氏春秋畧通大義善騎射膂力過人魏正光末北鎮擾亂熾乃隨畧避地定州因没於葛榮榮欲官畧畧不受榮疑其有異志遂留畧於冀州將熾及熾兄善隨軍魏永安元年爾朱榮破葛榮熾乃將家隨榮於并州時葛榮別帥韓婁郝長衆數萬人據薊城不下以熾爲都督從驃騎將軍侯深討之熾手斬婁以功拜揚烈將軍二年除員外散騎侍郎遷給事中建明元年加武厲將軍魏孝武即位茹茹等諸番竝遣使朝貢帝臨軒宴之有鴟飛鳴於殿前帝素知熾善射因欲示遠人乃給熾御箭兩隻命射之鴟乃應弦而落諸番人咸歎異焉帝大悅賜帛五十疋尋率兵隨東南道行臺樊子鵠追爾朱仲遠仲遠奔梁時梁主又遣元樹入寇攻陷譙城遂據之子鵠令熾率騎兵擊破之封行唐縣子邑五百戶尋拜直閤將軍銀青光祿大夫領驊騮令進爵上洛縣伯邑一千戶時帝與齊神武搆隙以熾有威重堪處爪牙之任拜閤內大都督遷撫軍將軍朱衣直閤遂從帝西遷仍與其兄善重至城下與武衞將軍高金龍戰於千秋門敗之因入宮城取御馬四十疋并鞍勒進之行所帝大悅賜熾及善駿馬各二疋駑馬十疋大統元年以從駕功別封眞定縣公除東豫州刺史加衞將軍從擒竇泰復弘農破沙苑皆有功增邑八百戶河橋之戰諸將退走熾時獨從兩騎爲敵人所追至邙山熾乃下馬背山抗之俄而敵衆漸多三面攻圍矢下如雨熾騎士所執弓竝爲敵人所射破熾乃總收其箭以射之所中人馬皆應弦而倒敵以殺傷既多乃相謂曰得此人未足爲功乃稍引退熾因其怠遂突圍得出又從太保李弼討白額稽胡破之除車騎將軍高仲密以北豫州來附熾率兵從太祖援之至洛陽會東魏人據邙山爲陣太祖命留輜重於瀍曲率輕騎奮擊中軍與右軍大破之悉虜其步卒熾獨追至石濟而還還車騎大將軍儀同三司散騎常侍增邑一千戶十三年進使持節驃騎大將軍開府儀同三司加侍中增邑通前三千九百戶出爲涇州刺史莅職數年政號清淨改封武安縣公進授大將軍魏廢帝元年除大都督原州刺史熾抑挫豪右申理幽滯每親巡壟畝勸民耕桑在州十載甚有政績州城之北有泉水焉熾屢經遊踐嘗與僚吏宴於泉側因酌水自飲曰吾在北州唯當飲水而已及去職之後人吏感其遺惠每至此泉者莫不懷之魏恭帝元年進爵廣武郡公屬茹茹寇廣武熾率兵與柱國趙貴分路討之茹茹聞軍至引退熾度河至麴伏川追及與戰大破之斬其酋帥郁久閭是發獲生口數千及雜畜數萬頭孝閔帝踐阼增邑二千戶武成二年拜柱國大將軍世宗以熾前朝忠勳望實兼重欲獨爲造第熾辭以天下未定干戈未偃不宜輒發徒役世宗不許尋而帝崩事方得寢保定元年進封鄧國公邑一萬戶別食資陽縣一千戶收其租賦四年授大宗伯隨晉公護東征天和五年出爲宜州刺史先是太祖田於渭北令熾與晉公護分射走兎熾一日獲十七頭護獲十一頭護恥其不及因以爲嫌至是熾又以高祖年長有勸護歸政之議護惡之故左遷焉及護誅徵太傅熾既朝之元老名位素隆至於軍國大謀常與參議嘗有疾高祖至其第而問之因賜金石之藥其見禮如此帝於大德殿將謀伐齊熾時年已衰老乃扼腕曰臣雖朽邁請執干櫓首啟戎行得一覩誅翦鯨鯢廓清寰宇省方觀俗登岳告成然後歸魂泉壤無復餘恨高祖壯其志節遂以熾第二子武當公恭爲左二軍總管齊平之後帝乃召熾歷觀相州宮殿熾拜賀曰陛下眞不負先帝矣帝大悅賜奴婢三十人及雜綵帛千疋進位上柱國宣政元年兼雍州牧及宣帝營建東京以熾爲京洛營作大監宮苑制度皆取決焉大象初改食樂陵縣邑戶如舊隋文帝輔政停洛陽宮作熾請入朝屬尉遲迥舉兵熾乃移入金墉城簡練關中軍士得數百人與洛州刺史平涼公元亨同心固守仍權行洛州鎮事相州平熾方入朝屬隋文帝初爲相國百官皆勸進熾自以累代受恩遂不肯署牋時人高其節隋文帝踐極拜太傅加殊禮贊拜不名開皇四年八月薨時年七十八贈本官冀滄瀛趙衞貝魏洛八州諸軍事冀州刺史謚曰恭熾事親孝奉諸兄以悌順聞及其位望隆重而子孫皆處列位遂爲當時盛族子茂嗣茂有弟十三人恭威最知名恭位至大將軍從高祖平齊封贊國公除西兗州總管以罪賜死熾兄善以中軍大都督南城公從魏孝武西遷後仕至太僕衞尉卿汾北華瀛三州刺史驃騎大將軍開府儀同三司永富縣公謚曰忠子榮定嗣起家魏文帝千牛備身稍遷平東將軍大都督進驃騎大將軍儀同三司歷佽飛中大夫右司衞上大夫大象中位至大將軍熾兄子毅

毅字天武父岳早卒及毅著勳追贈大將軍冀州刺史毅深沉有器度事親以孝聞魏孝武初起家爲員外散騎侍郎時齊神武擅朝毅慨然有殉主之志及孝武西遷遂從入關封奉高縣子邑六百戶除符璽郎從擒竇泰復弘農戰沙苑皆有功拜右將軍太中大夫進爵爲侯增邑一千戶累遷持節撫軍將軍通直散騎常侍魏廢帝二年授車騎大將軍儀同三司大都督進爵安武縣公增邑一千四百戶魏恭帝元年進授驃騎大將軍開府儀同三司大都督改封永安縣公出爲幽州刺史孝閔帝踐阼進爵神武郡公增邑通前五千戶保定三年徵還朝治左宮伯轉小宗伯尋拜大將軍時與齊人爭衡戎車歲動竝交結突厥以爲外援在太祖之時突厥已許納女於我齊人亦甘言重幣遣使求婚狄固貪惏便欲有悔朝廷乃令楊荐等累使結之往反十餘方復前好至是雖期往逆猶懼改圖以毅地兼勛戚素有威重乃命爲使及毅之至齊使亦在焉突厥君臣猶有貳志毅抗言正色以大義責之累旬乃定卒以皇后歸朝議嘉之別封成都縣公邑一千戶進位柱國出爲同州刺史遷蒲州總管徙金州總管加授上柱國入爲大司馬隋開皇初拜定州總管累居藩鎮咸得民和二年薨於州年六十四贈襄郢等六州刺史謚曰肅毅性溫和每以謹慎自守又尚太祖第五女襄陽公主特爲朝廷所委信雖任兼出入未嘗有矜惰之容時人以此稱焉子賢嗣賢字託賢志業通敏少知名天和二年策拜神武國世子宣政元年授使持節儀同大將軍隋開皇中襲爵神武公除遷州刺史有二女即唐太穆皇后武德元年詔贈司空穆總管荆郢硤夔復沔岳沅澧鄂十州諸軍事荆州刺史封杞國公并追贈賢金遷房直均五州諸軍事金州刺史襲杞國公又追贈賢子紹宣秦州刺史并襲賢爵紹宣無子仍以紹宣兄孝宣子德藏爲嗣

于翼字文若太師燕公謹之子美風儀有識度年十一尚太祖女平原公主拜員外散騎常侍封安平縣公邑一千戶大統十六年進爵郡公加大都督領太祖帳下左右禁中宿衞遷鎮南將軍金紫光祿大夫散騎常侍武衞將軍謹平江陵所贈得軍實分給諸子翼一無所取唯簡賞口內名望子弟有士風者別待遇之太祖聞之特賜奴婢二百口翼固辭不受尋授車騎大將軍儀同三司加侍中驃騎大將軍開府儀同三司六官建除左宮伯孝閔帝踐阼出爲渭州刺史翼兄寔先莅此州頗有惠政翼又推誠布信事存寬簡夷夏感悅比之大小馮君焉時吐谷渾入寇河右涼鄯河三州咸被攻圍使來告急秦州都督遣翼赴援不從寮屬咸以爲言翼曰攻取之術非夷俗所長此寇之來不過抄掠邊牧耳安能頓兵城下久事攻圍掠而無獲勢將自走勞師以往亦無所及翼揣之已了幸勿復言居數日問至果如翼所策賀蘭祥討吐谷渾翼率州兵先鋒深入以功增邑一千二百戶尋徵拜右宮伯世宗雅愛文士立麟趾學在朝有藝業者不限貴賤皆預聽焉乃至蕭撝王褒等與卑鄙之徒同爲學士翼言於帝曰蕭撝梁之宗子王褒梁之公卿今與趨走同儕恐非尚賢貴爵之義帝納之詔翼定其班次於是有等差矣世宗崩翼與晉公護同受遺詔立高祖保定元年徙軍司馬三年改封常山縣公邑二千九百戶天和初遷司會中大夫增邑通前三千七百戶三年皇后阿史那氏至自突厥高祖行親迎之禮命翼總司儀制狄人雖蹲踞無節然咸憚翼之禮法莫敢違犯遭父憂去職居喪過禮爲時輩所稱尋有詔起令視事高祖又以翼有人倫之鑒皇太子及諸王等相傅以下竝委翼選置其所擢用皆民譽也時論僉謂得人遷大將軍總中外宿衞兵事晉公護以帝委翼腹心內懷猜忌轉爲小司徒加拜柱國雖外示崇重實疎斥之及誅護帝召翼遣往河東取護子中山公訓仍代鎮蒲州翼曰冢宰無君陵上自取誅夷元惡既除餘孽宜殄然皆陛下骨肉猶謂疎不間親陛下不使諸王而使臣異姓非直物有橫議愚臣亦所未安帝然之乃遣越王盛代翼先是與齊陳二境各修邊防雖通聘好而每歲交兵然一彼一此不能有所克獲高祖既親萬機將圖東討詔邊城鎮竝益儲偫加戍卒二國聞之亦增修守禦翼諫曰宇文護專制之日興兵至洛不戰而敗所喪實多數十年委積一朝糜散雖爲護無制勝之策亦由敵人之有備故也且疆埸相侵互有勝敗徒損兵儲非策之上者不若解邊嚴減戎防繼好息民敬待來者彼必善於通和懈而少備然後出其不意一舉而山東可圖若猶習前蹤恐非蕩定之計帝納之建德二年出爲安隨等六州五防諸軍事安州總管時屬大旱涢水絕流舊俗每逢亢陽禱白兆山祈雨高祖先禁羣祀山廟已除翼遣主簿祭之即日澍雨霑洽歲遂有年民庶感之聚會歌舞頌翼之德四年高祖將東伐朝臣未有知者遣納言盧韞等前後乘驛三詣翼問策焉翼贊成之及軍出詔翼率荆楚兵二萬自宛葉趣襄城大將軍張光洛鄭恪等竝隸焉旬日下齊一十九城所部都督輒入民村即斬以狥由是百姓欣悅赴者如歸屬高祖有疾班師翼亦旋鎮五年轉陝熊等七州十六防諸軍事宜陽總管翼以宜陽地非襟帶請移鎮於

陝詔從之仍除陝州刺史總管如舊其年大軍復東討翼自陝入九曲攻拔造澗等諸城徑到洛陽齊洛州刺史獨孤永業開門出降河南九州三十鎭一時俱下襄城民庶等喜復見翼竝壺漿塞道尋即除洛懷等九州諸軍事河陽總管尋徙豫州總管給兵五千人馬千疋以之鎭并配開府及儀同等二十人仍勑河陽襄州安州荊州泗州總管內有武幹者任翼徵牒不限多少儀同以下官爵承制先授後聞陳將魯天念久圍光州聞翼到汝南望風退散霍州蠻首田元顯負險不賓於是送質請附陳將任蠻奴悉衆攻顯顯立柵拒戰莫有異心及翼還朝元顯便叛其得殊俗物情皆此類也大象初徵拜大司徒詔翼巡長城立亭鄣西自鴈門東至碣石創新改舊咸得其要害云仍除幽定七州六鎭諸軍事幽州總管先是突厥屢爲寇掠居民失業翼素有威武兼明斥候自是不敢犯塞百姓安之及尉遲迥據相州舉兵以書招翼翼執其使并書送之于時隋文帝執政賜翼雜綵一千五百段粟麥一千五百石并珍寶服玩等進位上柱國封任國公增邑通前五千戶別食任城縣一千戶收其租賦翼又遣子讓通表勸進并請入朝隋文帝許之開皇初拜太尉或有告翼云往在幽州欲同尉遲迥者隋文召致清室遣理官按驗尋以無實見原仍復本位三年五月薨贈本官加蒲晉懷絳邵汾六州諸軍事蒲州刺史謚曰穆翼性恭儉與物無競常以滿盈自戒故能以功名終子璽官至上大將軍司馬黎陽郡公璽弟詮上儀同三司吏部下大夫常山公詮弟讓儀同三司尉遲迥之舉兵也河西公李賢弟穆爲并州總管亦執迥子送之

李穆字顯慶少明敏有度量太祖入關便給事左右深被親遇穆亦小心謹肅未嘗懈怠太祖嘉之遂處以腹心之任出入卧內當時莫與爲比及侯莫陳悅害賀拔岳太祖自夏州赴難而悅黨史歸據原州猶爲悅守太祖令侯莫陳崇輕騎襲之穆先在城中與兄賢遠等據城門應崇遂擒歸以功授都督從迎魏孝武封永平縣子邑三百戶擒竇泰復弘農竝有戰功沙苑之捷穆又言於太祖曰高歡今日已喪膽矣請速逐之則歡可擒也太祖不聽論前後功進爵爲公河橋之戰太祖所乘馬中流矢驚逸太祖墜於地軍中大擾敵人追及之左右皆奔散穆乃以策扶太祖因大罵曰爾曹主何在爾獨住此敵人不疑是貴人也遂捨之而過穆以馬授太祖遂得俱免是日微穆太祖已不濟矣自是恩眄更隆擢授武衛將軍加大都督車騎大將軍儀同三司進爵武安郡公增邑一千七百戶前後賞賜不可勝計久之太祖美其志節乃歎曰人之所貴唯身命耳李穆遂能輕身命之重濟孤於難雖復加之以爵位賞之以玉帛未足爲報也乃特賜鐵券恕以十死進驃騎大將軍開府儀同三司侍中初穆授太祖以驄馬其後中廐有此色馬者悉以賜之又賜穆世子惇安樂郡公姊一人爲郡君餘姊妹竝爲縣君兄弟子姪及緦麻以上親并舅氏皆霑厚賜其見褒崇如此從解玉壁圍拜安定國中尉尋授同州刺史入爲太僕卿征江陵功封一子長城縣侯邑千戶尋進位大將軍賜姓拓拔氏俄除原州刺史又以賢子爲平高郡守遠子爲平高縣令竝加鼓吹穆自以叔姪一家三人皆牧宰鄉里恩遇過隆固辭不拜太祖不許後轉雍州刺史入爲小冢宰孝閔帝踐阼增邑通前三千七百戶又別封一子爲縣伯穆請迴封賢子孝軌許之及遠子植謀害晉公護植誅死穆亦坐除名時植弟基任浙州刺史例合從坐穆頻詣護請以子惇怡等代基死辭理酸切聞者莫不動容護矜之遂特免基死世宗即位拜驃騎大將軍開府儀同三司大都督安武郡公直州刺史武成二年拜少保保定二年進位大將軍三年從隋公楊忠東伐還拜小司徒遷柱國大將軍別封一子郡公邑二千戶五年遷大司空天和二年進封申國公邑五千戶舊爵迴授一子建德元年遷太保尋出爲原州總管四年高祖東征令穆率兵三萬別攻軹關及河北諸縣竝破之後以帝疾班師棄而不守六年進位上柱國除并州總管時東夏再平人情尚擾穆鎭之以靜百姓懷之大象元年遷大左輔總管如舊二年加太傅仍總管及尉遲迥舉兵穆子榮欲應之穆弗聽曰周德既衰愚智共悉天時若此吾豈能違天乃遣使謁隋文帝并上十三環金帶蓋天子之服也以微申其意時迥子誼爲朔州刺史亦執送京師迥令其所署行臺韓長業攻陷潞州執刺史趙威署城民郭子勝爲刺史穆遣兵討之獲子勝隋文帝嘉之以穆勞効同破鄴城第一勳加三轉聽分授其二子榮才及兄賢子孝軌榮及才竝儀同大將軍孝軌進開府儀同大將軍又別封子雄爲密國公邑三千戶穆長子惇字士宇大統四年以穆功賜爵安平縣侯尋授車騎大將軍儀同三司大都督進爵爲公太祖令功臣世子竝與略陽公遊處惇於時輩之中特被引接每有遐方服玩異域珍奇無不班錫俄受小武伯進爵安樂郡公天和三年遷驃騎大將軍開府儀同三司鳳州刺史卒於位贈大將軍原靈幽三州刺史

史臣曰竇熾儀表魁梧器識雄遠入參朝政則嘉謀以陳出總蕃條則惠政斯洽實毅忠肅奉上溫恭接下茂實彰於本朝義聲揚於殊俗竝以國華民望論道當官榮映一時慶流來葉及熾遲疑勸進有送故之心雖王公悵恨何以加此語曰君使臣以禮臣事君以忠然則効忠之迹或殊處臣之理斯一權言指要其維致命乎是以典午擅朝葛公休爲之投袂新都篡盜翟仲文所以稱兵及東郡誅夷竟速漢朝之禍淮南覆敗無救魏室之亡而烈士貞臣赴蹈不已豈忠義所感視死如歸者歟于李之送往事居有曲於此翼既功臣之子地即姻親穆乃早著勳庸深寄肺腑竝兼文武之任荷累世之恩理宜與存與亡同休同戚加以受扞城之託總戎馬之權勢力足以勤王智能足以衞難乃宴安寵祿曾無釋位之心報使獻誠但務隨時之義弘名節以高貴豈所望於二公若捨彼天時徵諸人事顯慶起晉陽之甲文若發幽薊之兵叶契岷峨約從漳滏北控沙漠西指崤函則成敗之數未可量也

周書卷三十一

唐 令狐德棻等撰

列傳第二十三

韋孝寬

韋敻

梁士彥

韋叔裕字孝寬京兆杜陵人也少以字行世爲三輔著姓祖直善魏馮翊扶風二郡守父旭武威郡守建義初爲大行臺右丞加輔國將軍雍州大中正永安二年拜右將軍南幽州刺史時氐賊數爲抄竊旭隨機招撫竝即歸附尋卒官贈司空冀州刺史謚曰文惠孝寬沉敏和正涉獵經史弱冠屬蕭寶夤作亂關右乃詣闕請爲軍前驅朝廷嘉之即拜統軍隨馮翊公長孫承業西征每戰有功拜國子博士行華陰郡事屬侍中楊侃爲大都督出鎭潼關引孝寬爲司馬侃奇其才以女妻之永安中授宣威將軍給事中尋賜爵山北縣男普泰中以都督從荊州刺史源子恭鎭襄城以功除浙陽郡守時獨孤信爲新野郡守同荊州與孝寬情好款密政術俱美荊部吏人號爲聯璧孝武初以都督鎭城文帝自原州赴雍州命孝寬隨軍及剋潼關即授弘農郡守從擒竇泰兼左丞節度宜陽兵馬事仍與獨孤信入洛陽城守復與宇文貴怡峯應接潁州義徒破東魏將任祥堯雄於潁川孝寬又進平樂口下豫州獲刺史馮邕又從戰於河橋時大軍不利邊境騷然乃令孝寬以大將軍行宜陽郡事尋遷南兗州刺史是歲東魏將段琛堯傑復據宜陽遣其揚州刺史牛道恒扇誘邊民孝寬深患之乃遣諜人訪獲道恒手迹令善學書者僞作道恒與孝寬書論歸款意又爲落燼燒迹若火下書者還令諜人送於琛營琛得書果疑道恒其所欲經略皆不見用孝寬知其離阻日出奇兵掩襲擒道恒及琛等崤澠遂清大統五年進爵爲侯八年轉晉州刺史尋移鎭玉壁兼攝南汾州事先是山胡負險屢爲劫盜孝寬示以威信州境肅然進授大都督十二年齊神武傾山東之衆志圖西入以玉壁衝要先命攻之連營數十里至於城下乃於城南起土山欲乘之以入當其山處城上先有兩高樓孝寬更縛木接之令極高峻多積戰具以禦之齊神武使謂城中曰縱爾縛樓至天我會穿城取爾遂於城南鑿地道又於城北起土山攻具晝夜不息孝寬復掘長塹要其地道仍飭戰士屯塹城外每穿至塹戰士即擒殺之又於塹外積柴貯火敵人有伏地道內者便下柴火以皮鞴吹之吹氣一衝咸即灼爛城外又造攻車車之所及莫不摧毀雖有排楯莫之能抗孝寬乃縫布爲縵隨其所向則張設之布既懸於空中其車竟不能壞城外又縛松於竿灌油加火規以燒布并欲焚樓孝寬復長作鐵鉤利其鋒刃火竿來以鉤遙割之松麻俱落外又於城四面穿地作二十一道分爲四路於其中各施梁柱作訖以油灌柱放火燒之柱折城並崩壞孝寬又隨崩處豎木柵以扞之敵不得入城外盡其攻擊之術孝寬咸拒破之神武無如之何乃遣倉曹參軍祖孝徵謂曰未聞救兵何不降也孝寬報云我城池嚴固兵食有餘攻者自勞守者常逸豈有旬朔之間已須救援適憂爾衆有不反之危孝寬關西男子必不爲降將軍也俄而孝徵復謂城中人曰韋城主受彼榮祿或復可爾自外軍士何事相隨入湯火中耶乃射募格於城中云能斬城主降者拜太尉封開國郡公邑萬戶賞帛萬疋孝寬手題書背反射城外云若有斬高歡者一依此賞孝寬弟子遷先在山東又鎖至城下臨以白刃云若不早降便行大戮孝寬慷慨激揚略無顧意士卒莫不感勵人有死難之心神武苦戰六旬傷及病死者十四五智力俱困因而發疾其夜遁去後因此忿恚

遂殂。魏文帝嘉孝寬功令殿中尚書長孫紹遠左丞王悅至玉壁勞問授驃騎大將軍開府儀同三司進爵建忠郡公廢帝二年爲雍州刺史先是路側一里置一土候經雨頹毁每須修之自孝寬臨州乃勒部內當候處植槐樹代之既免修復行旅又得庇廕周文後見怪問知之曰豈得一州獨爾當令天下同之於是令諸州夾道一里種一樹十里種三樹百里種五樹焉恭帝元年以大將軍與燕國公于謹伐江陵平之以功封穰縣公還拜尚書右僕射賜姓宇文氏三年周文北巡命孝寬還鎮玉壁周孝閔帝踐阼拜小司徒明帝初參麟趾殿學士考校圖籍保定初以孝寬立勳玉壁遂於玉壁置勳州仍授勳州刺史齊人遣使至玉壁求通互市晉公護以其相持日久絕無使命一日忽來求交易疑別有故又以皇姑皇世母先沒在彼因其請和之際或可致之遂令司門下大夫尹公正至玉壁共孝寬詳議孝寬乃於郊盛設供帳令公正接對使人兼論皇家親屬在東之意使者辭色甚悅時又有汾州胡抄得關東人孝寬復放東還並致書一牘具陳朝廷欲敦隣好遂以禮送皇姑及護母等孝寬善於撫御能得人心所遣間諜入齊者皆爲盡力亦有齊人得孝寬金貨遥通書疏故齊動靜朝廷皆先知時有主帥許盆孝寬托以心膂令守一戍盆乃以城東入孝寬怒遣謀取之俄而斬首而還其能致物情如此汾州之北離石以南悉是生胡抄掠居人阻斷河路孝寬深患之而地入於齊無方誅翦欲當其要處置一大城乃於河西徵役徒十萬甲士百人遣開府姚岳監築之岳色懼以兵少爲難孝寬曰計成此城十日卽畢旣去晉州四百餘里一日創手二日僞境始知設令晉州徵兵二日方集謀議之間自稽三日計其軍行二日不到我之城隍足得辦矣乃令築之齊人果至南首疑有大軍乃停留不進其夜又令汾水以南傍介山稷山諸村所在縱火齊人謂是軍營遂收兵自固版築克就卒如其言四年進位柱國時晉公護將東討孝寬遣長史辛道憲啓陳不可護不納旣而大軍果不利後孔城遂陷宜陽被圍孝寬乃謂其將帥曰宜陽一城之地未能損益然兩國爭之勞師數載彼多君子寧乏謀猷若棄崤東來圖汾北我之疆界必見侵擾今宜於華谷及長秋速築城以杜賊志脫其先我圖之實難於是畫地形具陳其狀晉公護令長史叱羅協謂使人曰韋公子孫雖多數不滿百汾北築城遣誰固守事遂不行天和五年進爵鄖國公增邑通前一萬戶是歲齊人果解宜陽之圍經略汾北遂築城守之其丞相斛律明月至汾東請與孝寬相見明月云宜陽小城久勞戰爭今旣入彼欲於汾北取償幸勿怪也孝寬荅曰宜陽彼之要衝汾北我之所棄我棄彼圖取償安在且君輔翼幼主位重望隆理宜調陰陽撫百姓焉用極武窮兵搆怨連禍且滄瀛大水千里無烟復欲使汾晉之間橫屍暴骨苟貪尋常之地塗炭疲弊之人竊爲君不取孝寬參軍曲巖頗知卜筮謂孝寬曰來年東朝必大相殺戮孝寬因令巖作謠歌曰百升飛上天明月照長安百升斛也又言高山不摧自崩槲樹不扶自豎令諜人多齎此文遺之於鄴祖孝徵旣聞更潤色之明月竟以此誅建德之後武帝志在平齊孝寬乃上疏陳三策其第一策曰臣在邊積年頗見間隙不因際會難以成功是以往歲出軍徒有勞費功績不立由失機會何者長淮之南舊爲沃土陳氏以破亡餘燼猶能一舉平之齊人歷年赴救喪敗而反內離外叛計盡力窮傳不云乎讎有釁焉不可失也今大軍若出軹關方軌而進兼與陳氏共爲掎角并令廣州義旅出自三鵶又募山南驍銳沿河而下復遣北山稽胡絕其并晉之路凡此諸軍仍令各募關河之外勁勇之士厚其爵賞使爲前驅岳動川移雷駭電激百道俱進並趨虜庭必當望旗奔潰所向摧殄一戎大定實在此機其第二策曰若國家更爲後圖未卽大舉宜與陳人分其兵勢三鵶以北萬春以南廣事屯田預爲貯積募其驍悍立爲部伍彼旣東南有敵戎馬相持我出奇兵破其疆埸彼若興師赴援我則堅壁清野待其去遠還復出師常以邊外之軍引其腹心之衆我無宿舂之費彼有奔命之勞一二年中必自離叛且齊氏昏暴政出多門鬻獄賣官唯利是視荒淫酒色忌害忠良闔境熬然不勝其弊以此而觀覆亡可待然後乘間電掃事等摧枯其第三策曰竊以大周土宇跨據關河蓄席卷之威持建瓴之勢太祖受天明命與物更新是以二紀之中大功克舉南清江漢西龕巴蜀塞表無虞河右底定唯彼趙魏獨爲榛梗者正以有事三方未遑東略遂使漳滏遊魂更存餘晷昔勾踐亡吳尚期十載武王取亂猶煩再舉今若更存遵養且復相時臣謂宜還崇隣好申其盟約安人和衆通商惠工蓄銳養威觀釁而動斯則長策遠馭坐自兼并也書奏武帝遣小司寇淮南公元衞開府伊婁謙等重幣聘齊爾後遂大舉再駕而定山東卒如孝寬之策孝寬每以年迫懸車屢請致仕帝以海內未平優詔弗許至是復稱疾乞骸骨帝曰往已面申本懷何煩重請也五年帝東伐過幸玉壁觀禦敵之所深歎美之移時乃去孝寬自以習練齊人虛實請爲先驅帝以玉壁要衝非孝寬無以鎮之乃不許及趙王招率兵出稽胡與大軍掎角乃敕孝寬爲行軍總管圍守華谷以應接之孝寬克其四城武帝平晉州復令孝寬還舊鎮及帝凱還復幸玉壁從容謂孝寬曰世稱老人多智善爲軍謀然朕唯共少年一舉平賊公以爲何如孝寬對曰臣今衰耄唯有誠心而已然昔在少壯亦曾輸力先朝以定關右帝大笑曰實如公言乃詔孝寬隨駕還京拜大司空出爲延州總管進位上柱國大象元年除徐兗等十一州十五鎮諸軍事徐州總管又爲行軍元帥徇地淮南乃分遣杞公宇文亮攻黃城郕公梁士彥攻廣陵孝寬率衆攻壽陽並拔之初孝寬到淮南所在皆密送誠款然彼五門尤爲險要陳人若開塘放水卽津濟路絕孝寬遽令分兵據守之陳刺史吳文育果遣決堰已無及於是陳人退走江北悉平軍還至豫州宇文亮舉兵反潛以數百騎襲孝寬營時亮國官茹寬密白其狀孝寬有備亮不得入遁走孝寬追獲之詔以平淮南之功別封一子滑國公及宣帝崩隋文帝輔政時尉遲迥先爲相州總管詔孝寬代之又以小司徒叱列長文爲相州刺史先令赴鄴孝寬續進至朝歌迥遣大都督賀蘭貴齎書候孝寬孝寬留貴與語以察之疑其有變遂稱疾徐行又使人至相州求醫藥密以伺之旣到湯陰逢長文奔還孝寬兄子魏郡守藝又棄郡南走孝寬審知其狀乃馳還所經橋道皆令毀撤驛馬悉擁以自隨又勒驛將曰蜀公將至可多備餚酒及芻粟以待之迥果遣儀同梁子康將數百騎追孝寬驛司供設豐厚所經之處皆輒停留由是不及時或勸孝寬以爲洛京虛弱素無守備河陽鎮防悉是關東鮮卑迥若先往據之則爲禍不小乃入保河陽河陽城內舊有鮮卑八百人家並在鄴見孝寬輕來謀欲應迥孝寬知之遂密造東京官司詐稱遣行分人詣洛陽受賜旣至洛陽並留不遣因此離解其謀不成六月詔發關中兵以孝寬爲元帥東伐七月軍次河陽迥所署儀同薛公禮等圍逼懷州孝寬遣兵擊破之進次懷縣永城橋之東南其城旣在要衝雉堞牢固迥已遣兵據之諸將士以此城當路請先攻取孝寬曰城小而固若攻而不拔損我兵威今破其大軍此亦何能爲也於是引軍次于武陟大破迥子惇惇輕騎奔鄴軍次於鄴西門豹祠之南迥自出戰又破之迥窮迫自殺兵士在小城中者盡坑於遊豫園諸有未服皆隨機討之關東悉平十月凱還京師十一月薨時年七十二贈太傅十二州諸軍事雍州牧謚曰襄孝寬在邊多載屢抗强敵所有經略布置之初人莫之解見其成事方乃驚服雖在軍中篤意文史政事之餘每自披閱末年患眼猶令學士讀而聽之又早喪父母事兄嫂甚謹所得俸祿不入私房親族有孤遺者必加振贍朝野以此稱焉長子諶年已十歲魏文帝欲以女妻之孝寬辭以兄子世康年長帝嘉之遂以妻世康孝寬有六子總壽霽津知名

韋夐字敬遠志尚夷簡澹於榮利弱冠被召拜雍州中從事非其好也遂謝疾去職前後十見徵辟皆不應命屬太祖經綸王業側席求賢聞夐養高不仕虛心敬悅遣使辟之備加禮命雖情諭甚至而竟不能屈彌以重之亦弗之奪也所居之宅枕帶林泉夐對翫琴書蕭然自樂時人號爲居士焉至有慕其閑素者或載酒從之夐亦爲之盡歡接對忘倦明帝卽位禮敬逾厚乃爲詩以貽之曰六爻貞遯世三辰光少微潁陽讓逾遠滄州去不歸香動秋蘭佩風飄蓮葉衣坐石窺仙洞乘槎下釣磯嶺松千仞直巖泉百丈飛聊登平樂觀遠望首陽薇詎能同四隱來參余萬機夐荅帝詩願時朝謁帝大悅敕有司日給河東酒一斗號之曰逍遙公時晉公護執政廣營第宅嘗召夐至宅訪以政事夐仰視其堂徐而歎曰酣酒嗜音峻宇雕牆有一於此未或弗亡護不悅有識者以爲知言陳遣其尚書周弘正來聘素聞夐名請與相見朝廷許之弘正乃造夐談讌盈日恨相遇之晚後請夐至賓館夐時赴弘正仍贈詩曰德星猶未動眞車詎肯來其爲時所欽挹如此武帝嘗與夐夜宴大賜之縑帛令侍臣數人負以送出夐唯取一疋示承恩旨而已帝以此益重之孝寬爲延州總管夐至州與孝寬相見將還孝寬以所乘馬及轡勒與夐夐以其華飾心弗欲之笑謂孝寬曰昔人不棄遺簪墜屨者惡與之同出不與同歸吾雖不逮前烈然捨舊錄新亦非吾志也於是乃乘舊馬以歸武帝又以佛道儒三教不同詔夐辨其優劣夐以三教雖殊同歸於善其迹似有深淺其致理殆無等級乃著三教序奏之帝覽而稱善時宣帝在東宮亦遺夐書并令以帝所乘馬迎之問以立身之道夐對曰傳不云乎儉爲德之恭侈爲惡之大欲不可縱志不可滿並聖人之訓也願殿下察之夐子瓘行隨州刺史因疾物故孝寬子總復於并州戰歿一日

之中凶問俱至家人相對悲慟而負神色自若謂之曰死生命也去來常事亦何足悲援琴撫之如舊負又雅好名義虛襟善誘雖耕夫牧豎有一介可稱者皆接引之特與族人處玄及安定梁曠爲放逸之友少愛文史留情著述手自抄錄數十萬言晚年虛靜唯以體道會眞爲務舊所製述咸削其藁故文筆多並不存建德中負以年老預戒其子等曰昔士安以籧篨束體王孫以布囊繞尸二賢高達非庸才能繼吾死之日可斂舊衣勿更新造使棺足周尸牛車載柩墳高四尺壙深一丈其餘煩雜悉無用也朝晡奠食於事彌煩吾不能頓絕汝輩之情可朔望一奠而已仍薦素蔬勿設牲牢親友欲以物弔祭者並不得爲受吾常恐臨終恍惚故以此言預戒汝輩瞑目之日勿違吾志也宣政元年二月卒於家時年七十七武帝遣使祭賻賵有加其喪制葬禮諸子等並遵其遺戒子世康

梁士彥字相如安定烏氏人也少任俠好讀兵書頗涉經史周武帝將平東夏聞其勇決自扶風郡守除爲九曲鎭將進位上開府封建威縣公齊人甚憚之後以熊州刺史從武帝拔晉州進位大將軍除晉州刺史及帝還齊後主親攻圍之樓堞皆盡短兵相接士彥慷慨自若謂將士曰死在今日吾爲爾先於是勇猛齊奮號聲動天無不一當百齊兵少却乃令妻及軍人子女晝夜修城三日而就武帝大軍亦至齊師圍解士彥見帝持帝鬚泣帝亦爲之流涕時帝欲班師士彥叩馬諫帝從之執其手曰朕有晉州爲平齊之基宜善守之及齊平封郕國公位上柱國雍州總管宣帝卽位除徐州總管與烏丸軌禽陳將吳明徹裴忌於呂梁略定淮南地隋文帝作相轉亳州總管尉遲迥反爲行軍總管及韋孝寬擊之令家僮梁默等爲前鋒士彥繼之所當皆破及迥平除相州刺史深見忌乃代還京師閑居無事恃功懷怨與宇文忻劉昉等謀反將率僮僕候上享廟之際以發機復欲於蒲州起事略取河北捉黎陽關塞河陽路劫調布爲牟甲募盜賊爲戰士其甥裴通知而奏之帝未發其事授晉州刺史欲觀其志士彥欣然謂昉等曰天也又請儀同薛摩兒爲長史帝從之後與公卿朝謁帝令執士彥忻昉等於行間詰之狀猶不伏捕薛摩兒至對之摩兒具論始末云第二子剛垂泣苦諫第三子叔諧曰作猛獸須成班士彥失色顧曰汝殺我於是伏誅年七十二有子五人操字孟德位上開府義鄉縣公早卒剛字永固位大將軍通政縣公涇州刺史以諫父獲免徙瓜州叔諧坐士彥誅梁默者士彥之蒼頭也驍武絕人士彥每從征伐常與默陷陣仕周位開府開皇末以行軍總管從楊素征突厥進位大將軍又從平楊諒授柱國大業五年從煬帝征吐谷渾力戰死之贈光祿大夫

周書卷三十一考證

韋孝寬傳時獨孤信爲新野郡守司荊州○北史云同隸荊州司字疑同字之譌幷脫一隸字

城外又縛松於竿○通鑑云縛松麻于竿 臣文淳按下文有松麻俱落句知此脫一麻字北史亦脫

周文後見○下文云周文北巡又云周孝閔帝踐阼 臣文淳按北史總記數代之事故皆書國號以別之此書祇紀北周不應復加周字

周書卷三十二

唐 令 狐 德 棻 等 撰

列傳等二十四

申徽
陸通 弟逞
柳敏 子昂
盧柔
唐瑾

申徽字世儀魏郡人也六世祖鍾爲後趙司徒冉閔末中原喪亂鍾子邃避地江左曾祖爽仕宋位雍州刺史祖隆道宋北兗州刺史父明仁郡功曹早卒徽少與母居盡心孝養及長好經史性審慎不妄交遊遭母憂喪畢乃歸於魏元顥入洛以元邃爲東徐州刺史邃引徽爲主簿顥敗邃被檻車送洛陽故吏賓客並委去唯徽送之及邃得免乃廣集賓友歎徽有古人風尋除太尉府行參軍孝武初徽以洛陽兵難未已遂間行入關見文帝文帝與語奇之薦之於賀拔岳岳亦雅相敬待引爲賓客文帝臨夏州以徽爲記室參軍兼府主簿文帝察徽沉密有度量每事信委之乃爲大行臺郎中時軍國草創幕府務殷四方書檄皆徽之辭也以迎孝武功封博平縣子本州大中正大統初進爵爲侯四年拜中書舍人修起居注河橋之役大軍不利近侍之官分散者衆徽獨不離左右魏帝稱歎之十年遷給事黃門侍郎先是東陽王元榮爲瓜州刺史其女壻劉彥隨焉及榮死瓜州首望表榮子康爲刺史彥遂殺康而取其位屬四方多難朝廷不遑問罪因授彥刺史頻徵不奉詔又南通吐谷渾將圖叛逆文帝難於動衆欲以權略致之乃以徽爲河西大使密令圖彥徽輕以五十騎行既至止於賓館彥見徽單使不以爲疑徽乃遣一人微勸彥歸朝以揣其意彥不從徽又使贊成其住計彥便從之遂來至館徽先與瓜州豪右密謀執彥遂叱而縛之彥辭無罪徽數之曰君無尺寸之功濫居方嶽之重恃遠背誕不恭貢職戮辱使人輕忽詔命計君之咎實不容誅但授詔之日本令相送歸闕所恨不得申明罰以謝邊遠耳於是宣詔慰勞吏人及彥所部復云大軍續至城內無敢動者使還遷都官尚書十二年瓜州刺史成慶爲城人張保所殺都督令狐延等起義逐保啓請刺史以徽信洽西土拜假節瓜州刺史徽在州五稔儉約率下邊人樂而安之十六年徵兼尚書右僕射加侍中驃騎大將軍開府儀同三司廢帝二年進爵爲公正右僕射賜姓宇文氏徽性勤敏凡所居官案牘無大小皆親自省覽以是事無稽滯吏不得爲姦後雖歷公卿此志不懈出爲襄州刺史時南方初附舊俗官人皆通餉遺徽性廉慎乃畫楊震像於寢室以自戒及代還人吏送者數十里不絕徽自以無德於人慨然懷愧因賦詩題於清水亭長幼聞之競來就讀遞相謂曰此是申使君手迹並寫誦之明帝以御正任總絲綸更崇其秩爲上大夫員四人號大御正又以徽爲之歷小司空少保出爲荊州刺史入爲小司徒小宗伯天和六年上疏乞骸骨詔許之薨贈泗州刺史諡曰章子康嗣位瀘州刺史司織下大夫上開府康弟敦汝南郡守敦弟靜齊安郡守靜弟處上開府同昌縣侯卒

陸通字仲明吳郡人也曾祖載從宋武帝平關中軍還留載隨其子義眞鎭長安遂沒赫連氏魏太武平赫連氏載仕魏任中山郡守父政性至孝其母吳人好食魚北土魚少政求之常苦難後宅側忽有泉出而有魚遂得以供膳時人以爲孝感所致因謂其泉爲孝魚泉初從爾朱天光討伐及天光敗歸文帝文帝爲行臺以政爲行臺左丞原州長史賜爵中都縣伯大統中卒通少敦敏好學有志節幼從在河西遂逢寇難與政相失通乃自拔東歸從爾朱榮榮死又從爾朱兆及爾朱氏滅乃入關文帝時在夏州引爲帳內督頃之賀拔岳爲侯莫陳悅所害時有傳兵軍府已亡散者文帝憂之通以爲不然居數日問至果如所策自是愈見親禮遂晝夜陪侍家人罕見其面通雖處機密愈自恭謹文帝以此重之後以迎孝武功封都昌縣伯大統元年進爵爲侯從禽竇泰復弘農沙苑之役力戰有功又從解洛陽圍軍還屬趙青雀反於長安文帝將討之以人馬疲弊不可速行又謂青雀等一時陸梁不足爲慮乃云我到長安但輕騎臨之必當面縛通進曰青雀等既以大軍不利謂朝廷傾危同惡相求遂成反亂然其逆謀久定必無遷善之心且其詐言大軍敗績東寇將至若以輕騎往百姓謂爲信然更沮兆庶之望大兵雖疲弊精銳猶多以明公之威率思歸之衆以順討逆何慮不平文帝深納之因從平青雀錄前後功進爵爲公徐州刺史以寇難未平留不之部與于謹討劉平伏加大都督從文帝援玉壁進儀同三司九年高仲密以地來附通從若干惠戰於邙山衆軍皆退唯惠與通率所部力戰至夜中乃陰引還敵亦不敢逼進授驃騎大將軍開府儀同三司太僕卿賜姓步六孤氏進爵綏德郡公周孝閔踐阼拜小司空保定五年累遷大司寇通性柔謹雖久處列位常清慎自守所得祿賜盡與親故共之家無餘財常曰凡人患貧而不貴不患貴而貧也建德元年轉大司馬其年薨通弟逞

逞字季明初名彥字世雄魏文帝常從容謂之曰爾既溫裕何因乃字世雄且爲世之雄非所宜也於爾兄弟又復不類遂改焉逞少謹密早有名譽兄通先以軍功別受茅土乃讓父爵中都縣伯令逞襲之起家羽林監文帝內親信時輩皆以驍勇自達唯逞獨兼文雅文帝由此加禮遇焉大統十四年參大丞相府軍事尋兼記室保定初累遷吏部中大夫歷藩部御伯中大夫進驃騎大將軍開府儀同三司從授司宗中大夫轉軍司馬天和三年齊遣侍中斛斯文略中書侍郎劉逖來聘初修隣好盛選行人詔逞爲使主尹公正爲副以報之逞美容止善辭令敏而有禮齊人稱焉還居近畿詔令路車飾服郊迎而入時人榮之四年除京兆尹都界有豕生數子經旬而死其家又有豬遂乳養之諸豚賴之以活時論以逞仁政所致俄遷司會中大夫出爲河州刺史晉公護雅重其才表爲中外府司馬頗委任之尋復

爲司會兼納言遷小司馬及護誅坐免官頃之起爲納言又以疾不堪劇任乃除宜州刺史故事刺史奉辭例備鹵簿遣以時屬農要奏請停之武帝深嘉焉詔遂其所請以彰雅操遣在州有惠政吏人稱之東宮初建授太子太保卒贈大將軍子操嗣

柳敏字白澤河東解縣人晉太常純之七世孫也父懿魏車騎大將軍儀同三司汾州刺史敏九歲而孤事母以孝聞性好學涉獵經史陰陽卜筮之術靡不習焉年未弱冠起家員外散騎侍郎累遷河東郡丞朝議以敏之本邑故有此授敏雖統御鄉里而處物平允甚得時譽及文帝尅復河東見而器異之乃謂之曰今日不喜得河東喜得卿也即拜丞相府參軍事俄轉戶曹參軍掌記室每有四方賓客恒令接之爰及吉凶禮儀亦令監綜又與蘇綽等修撰新制爲朝廷政典遷禮部郎中封武城縣子加帥都督領本鄉兵俄進大都督遭母憂居喪旬日之間鬢髮半白尋起爲吏部郎中毀瘠過禮杖而後起文帝見而歎異之特加廩賜及尉遲迥伐蜀以敏爲行軍司馬軍中籌略並以委之益州平進驃騎大將軍開府儀同三司加侍中遷尚書賜姓宇文氏六官建拜禮部中大夫孝閔帝踐阼進爵爲公又除河東郡守尋復徵拜禮部出爲郢州刺史甚得物情及將還朝夷夏士人感其惠政並齎酒餚及土產候之於路敏乃從他道而還復拜禮部後改禮部爲司宗仍以敏爲之敏操履方正性又恭勤每日將朝必夙興待旦又久處臺閣明練故事近議或乖先典者皆按據舊章刊正取中遷小宗伯監修國史轉小司馬又監修律令進位大將軍出爲鄜州刺史以疾不之部武帝平齊進爵武德郡公敏自建德以後寢疾積年武帝及宣帝並親幸其第問疾焉開皇元年進位上大將軍太子太保其年卒贈五州諸軍事晉州刺史臨終誡其子等喪事所須務從簡約其子等並涕泣奉行少子昂

昂字千里幼聰穎有器識幹局過人武帝時爲內史中大夫開府儀同三司賜爵文城郡公當途用事百寮皆出其下昂竭誠獻替知無不爲謙虛自處未嘗驕物時論以此重之武帝崩受遺輔政稍被宣帝疎然不離本職隋文帝爲丞相深自結納文帝以爲大宗伯拜日遂得偏風不能視事文帝受禪疾愈加上開府拜潞州刺史昂見天下無事上表請勸學行禮上覽而善之優詔荅昂自是天下州縣皆置博士習禮焉昂在州甚有惠政卒官子調嗣

盧柔字子剛少孤爲叔母所養撫視甚於其子柔盡心溫凊亦同己親宗族歎重之性聰敏好學未弱冠解屬文但口吃不能持論頗使酒誕節爲世所譏司徒臨淮王彧見而器之以女妻焉及魏孝武與齊神武有隙詔賀拔勝出牧荊州柔謂因此可著功績遂從勝之荊州以柔爲大行臺郎中掌書記軍中機務柔多預之及勝爲太保以柔爲掾加冠軍將軍孝武後召勝引兵赴洛勝以問柔曰高歡託晉陽之甲意實難知公宜席卷赴都與決勝負存沒以之此忠之上策也若北阻魯陽南并舊楚東連兗豫西接關中帶甲十萬觀釁而動亦中策也舉三荊之地通款梁國可以身免功名去矣策之下者勝輕柔年少笑而不應及孝武西遷東魏遣侯景襲穰勝敗遂南奔梁柔亦從之勝頻表梁求歸武帝覽表嘉其辭彩既知柔所製因遣舍人勞問并遺縑錦後與勝俱還行至襄陽齊神武懼勝西入遣侯景以輕騎邀之勝及柔懼乃棄船山行贏糧冒險經數百里時屬秋霖徒侶凍餒死者太半至豐陽界柔迷失道獨宿僵木之下寒雨衣濕殆至於死大統二年至長安封容城縣男邑二百戶太祖重其才引爲行臺郎中加平東將軍除從事中郎與蘇綽對掌機密時沙苑之後大軍屢捷汝潁之間多舉義來附書翰往反日百餘牒柔隨機報荅皆合事宜進爵爲子增邑三百戶除中書舍人遷司農少卿轉郎兼著作撰起居注後拜黃門侍郎文帝知其貧解衣賜之魏廢帝元年加車騎大將軍儀同三司散騎常侍中書監孝閔帝踐阼拜小內史遷內史大夫進位開府卒於位所作詩頌碑銘檄表啓行於世者數十篇子愷嗣愷字長仁涉獵經史有當世幹能起家齊王記室歷吏部內史上士禮部下大夫尋爲聘陳副使大象初拜東京吏部下大夫

唐瑾字附璘父永性溫恭有器量博涉經史雅好屬文身長八尺二寸容貌甚偉年十七周文聞其名乃貽永書曰聞公有二子曰陵從橫多武略瑾雍容富文雅可並遣入朝孤欲委以文武之任因召拜尚書員外郎相府記室參軍事軍書羽檄瑾多掌之從破沙苑戰河橋並有功封姑臧縣子累遷尚書右丞吏部郎中于時魏室播遷庶務草創朝章國典瑾並參之遷戶部尚書進位驃騎大將軍開府儀同三司賜姓宇文氏時燕公于謹勳高望重朝野所屬白文帝言瑾學行兼修願與之同姓結爲兄弟庶子孫承其餘論有益義方文帝歎異者久之更賜瑾姓萬紐于氏瑾乃深相結納敦長幼之序謹亦庭羅子孫行弟姪之敬其爲朝望所宗如此進爵臨淄縣伯轉吏部尚書銓綜衡流雅有人倫之鑒以父憂去職尋起令視事時六尚書皆一時之秀周文自謂得人號爲六俊然瑾尤見器重于謹南伐江陵以瑾爲元帥府長史軍中謀略多出瑾焉江陵既平衣冠仕伍並沒爲僕隸瑾察其才行有片善者輒議免之賴瑾獲濟者甚衆時論多焉及軍還諸將多因虜掠大獲財物瑾一無所取唯得書兩車載之以歸或白文帝曰唐瑾大有輜重悉是梁朝珍玩文帝初不信之然欲明其虛實密遣使檢閱之唯見墳籍而已乃歎曰孤知此人來二十許年明其不以利干義向若不令檢視恐常人有投杼之疑所以益明之耳凡受人委任當如此也論平江陵功進爵爲公六官建授禮部中大夫出爲蔡州刺史歷柘州硤州所在皆有德化人吏稱之轉荊州總管府長史入爲吏部中大夫歷御正納言中大夫曾未十旬遂遷四職搢紳以爲榮久之除司宗中大夫兼內史尋卒于位贈小宗伯謚曰方瑾性方重有風格退朝休暇恒著衣冠以對妻子遇迅雷烈風雖閑夜宴寢必起冠帶端笏危坐又好施與家無餘財所得祿賜常散之宗族其尤貧者又割膏腴田宇以賑之所留遺子孫者並墝埆之地朝野以此稱之撰新儀十篇所著賦頌碑誄二十餘萬言孫大智嗣瑾次子令則性好篇章兼解音律文多輕豔爲時人所傳天和中以齊馭下大夫使於陳大象中官至樂部下大夫仕隋位太子左庶子皇太子勇廢被誅

周書卷三十三

唐　令狐德棻等撰

列傳第二十五

厙狄峙

楊荐

趙剛

王慶

趙昶

王悅

趙文表

厙狄峙其先遼東人本姓段氏匹磾之後也因避難改爲後徙居代世爲豪右祖淩武威郡守父貞上洛郡守峙少以弘厚知名善騎射有謀略仕魏位高陽郡守爲政仁恕百姓頗悅之孝武西遷峙乃棄官從入關大統元年拜中書舍人參掌機密以恭謹見稱遷黃門侍郎時與東魏爭衡戎馬不息蠕蠕乘虛屢爲邊患朝議欲結和親乃使峙往峙狀貌魁梧善於辭令蠕蠕主雅信重之自是不復爲寇太祖謂峙曰昔魏絳和戎見稱前史以君方之彼有愧色封高邑縣公邑八百戶遷驃騎將軍岐州刺史加散騎常侍增邑二百戶開府儀同三司恭帝元年徵拜侍中蠕蠕滅後突厥強盛雖與文帝通好而外連齊氏太祖又令峙銜命喻之突厥感悟即執齊使歸諸京師錄前後功拜大將軍安豐郡公邑通前二千戶尋除小司空孝閔踐阼轉小司寇世宗初爲都督益潼等三十一州諸軍事益州刺史峙性寬和尚清靜甚爲夷獠所安保定四年除宣州刺史天和三年入爲少師峙以年老表乞骸骨手詔許之五年卒贈同州刺史謚曰定子嶷嗣少知名起家吏部上士歷小內史小納言授開府階遷職方中大夫爲蔡州刺史卒於官子授嗣

楊荐字承略秦郡寧夷人也父賓昌平郡守荐幼孤早有名譽性廉謹喜怒不形於色魏永安中隨爾朱天光入關討羣賊封高邑縣男文帝臨夏州補帳內都督及平侯莫陳悅使荐入洛陽請事魏孝武帝授文帝關西大行臺仍除荐直閤將軍時馮翊長公主嫠居孝武意欲歸諸文帝乃令武衞元毗喻旨荐歸白文帝又遣荐入洛陽請之孝武即許焉孝武欲向關中荐贊成其計孝武曰卿歸語行臺迎我文帝又遣荐與長史宇文測出關候接孝武至長安進爵清水縣子魏大統元年蠕蠕請和親文帝遣荐與楊寬使幷結婚而還進爵爲侯又使荐納幣於蠕蠕魏文帝郁久閭后崩文帝遣僕射趙善使蠕蠕更請婚善至夏州聞蠕蠕貳於東魏欲執使者善懼乃還文帝乃使荐往賜黃金十斤雜綵三百疋荐至蠕蠕責其背惠食言幷論結婚之意蠕蠕感悟乃遣使隨荐報命焉及侯景來附文帝令荐與鎮遏荐知景譎覆遂求還具陳事實文帝乃遣使密追助景之兵尋而景叛十六年大軍東討文帝恐蠕蠕乘虛寇掠乃遣荐往更論和好以安慰之進使持節驃騎大將軍開府儀同三司加侍中孝閔帝踐阼除御伯大夫進爵姚谷縣公仍使突厥結婚突厥可汗弟地頭可汗阿史

郙庫頭居東面與齊通和說其兄欲背先約計謀已定將以荐等送齊荐知其意乃正色責之辭氣慷慨涕泗橫流可汗慘然良久曰幸無所疑當共平東賊然後發遣我女乃令荐先報命仍請東討以奉使稱旨遷大將軍保定四年又納幣於突厥還行小司馬又行大司徒從陳公純等逆女於突厥進爵南安郡公天和三年遷總管梁州刺史後以疾卒

趙剛字僧慶河南洛陽人也曾祖蔚魏并州刺史祖寧高平太守父和太平中陵江將軍南討度淮聞父喪輒還所司將致之於法和曰罔極之恩終天莫報若許安厝禮畢而即罪戮死且無恨言訖號慟悲感傍人主司以聞遂宥之喪畢除寧遠將軍大統初追贈右將軍膠州刺史剛少機辯有幹能起家奉朝請累遷鎮東將軍銀青光祿大夫歷大行臺郎中征東將軍加金紫階領司徒府從事中郎加閤內都督及魏孝武與齊神武搆隙剛密奉旨召東荊州刺史馮景昭率兵赴闕未及發而神武已逼洛陽孝武西遷景昭集府僚文武議其去就司馬馮道和請據州待北方處分剛曰公宜勒兵赴行在所久之更無言者剛抽刀投地曰公若爲忠臣可斬道和如欲從賊可見殺景昭感悟遂率衆赴關右屬侯景逼穰城東荊州人楊祖歡等起兵應景以其衆邀景昭於路景昭戰敗剛遂沒於蠻後自贖免乃見東魏東荊州刺史李魔憐勸令歸關西魔憐納之使剛至并州密觀事勢神武引剛內宴因令剛齎書申勅荊州剛還報魔憐仍說魔憐斬祖歡等以州歸西魔憐乃使剛入朝大統初剛於霸上見太祖具陳關東情實太祖嘉之封陽邑縣子邑三百戶除車騎將軍左光祿大夫論復東荊州功進爵臨汝縣伯邑五百戶初賀拔勝獨孤信以孝武西遷之後並流寓江左至是剛言於魏文帝請追而復之乃以剛爲兼給事黃門侍郎使梁魏與齊移書與其梁州刺史杜懷寶等論鄰好并致請勝等移書寶卽與剛盟歃受移赴建康仍遣行人隨剛報命是年又詔剛使三荊聽在所便宜從事使還稱旨進爵武城縣侯除大丞相府帳內都督復使魏與重申前命尋而梁人禮送賀拔勝獨孤信等頃之御史中尉董紹進策請圖梁漢以紹爲行臺梁州刺史率士馬向漢中剛以爲不可而朝議已決遂出軍紹竟無功而還免爲庶人除剛潁川郡守加通直散騎常侍衞大將軍從復弘農進拜大都督東道軍司節度開府李延孫等七軍攻復陽城擒太守王智納轉陳留郡守東魏行臺吉寧率衆三萬攻陷郡城剛突出還保潁川重行郡事復爲侯景所破乃率餘衆赴洛陽大行臺元海遣剛還郡徵糧時景衆已入潁川剛於西界招復陽翟二萬戶轉輸送洛明年洛陽不守剛遠隔敵中連戰破東魏廣州刺史李仲偘時侯景別帥陸太潁川郡守高沖等衆八千人寇襄城等五郡剛簡步騎五百大破沖等開府李延孫爲長史楊伯簡所害剛擊斬之又攻拔廣州進軍陽翟侯景自鄴入魯陽與剛接戰旬有三日旋軍宜陽時河南城邑一彼一此剛復出軍伊洛侯景亦度河築城剛前後下景三郡獲郡守一人別破其行臺梅遷斬首千餘級除尚書金部郎中高仲密以北豫州來附兼大行臺左丞持節赴潁川節度義軍師還剛別破侯景前驅於南陸復獲其郡守二人時有流言傳剛東叛齊神武因設反間聲遣迎接剛乃率騎襲其下塢拔之露板言狀太祖知剛無貳乃加賞賚焉除營州刺史進爵爲公增邑二百戶加大都督車騎大將軍儀同三司散騎常侍澧州民鄭五醜搆逆與叛羌傍乞鐵忽相應令剛往鎭之將發魏文帝引見內寢舉觴屬剛曰昔侯景在東爲卿所困黠羌小豎豈足勞卿謀慮也時五醜已剋定夷鎭所在立柵剛至竝攻破之散其黨與五醜於是西奔鐵忽剛又進破鐵忽僞廣寧郡屬宇文貴等西討詔以剛行渭州事賫給糧餼鐵忽平所獲羌卒千人配剛軍中教以戎旅皆盡其力用加驃騎大將軍開府儀同三司入爲光祿卿六官建拜膳部中大夫孝閔帝踐阼進爵浮陽郡公出爲利州總管利沙方渠四州諸軍事沙州氐恃險逆命剛再討服之方州生獠自此始從賦役剛以僞信州濱江負阻遠連殊俗蠻左强獷歷世不賓乃表請討之詔剛率利沙等十四州兵兼督儀同十人馬步一萬往經略焉仍加授渠州刺史剛初至渠帥憚其軍威相次降款後以剛師出踰年士卒疲弊尋復亡叛後遂以無功而還又與所部儀同尹才失和被徵赴闕遇疾卒於路年五十七贈忠淅涿三州刺史謚曰成子元卿嗣

王慶字興慶太原祁人也父因魏靈州刺史懷德縣公慶少開悟有才略初從文帝征伐復弘農破沙苑竝有戰功每獲殊賞大統十年授殿中將軍孝閔帝踐阼晉公護引爲典籤慶樞機明辯漸見親待授大都督武成元年以前後功賜爵始安縣男二年行小賓部保定二年使吐谷渾與共分疆仍論和好之事渾主悅服遣所親隨慶貢獻初突厥與周和親許納女爲后而齊人知之懼成合從之勢亦遣使求婚財饋甚厚突厥貪其重賂便許之朝議以魏氏昔與蠕蠕結婚遂爲齊人離貳今者復恐改變欲遣使結之遂授慶左武伯副楊荐爲使是歲遂與入幷之役慶乃引突厥騎與隋公楊忠至太原而還以齊人許送皇姑及世母朝廷遂與通和突厥聞之復致疑阻於是又遣慶往喻之可汗感悅結好如初五年復與宇文貴使突厥逆女自此以慶信著北蕃頻歲出使後更至突厥屬其可汗暴殂突厥謂慶曰前後使來逢我國喪者皆務面表哀況今二國和親豈得不行此事慶抗辭不從突厥見其守正卒不敢逼武帝聞而嘉之錄慶前後使功遷開府儀同三司兵部大夫進爵爲公歷丹中二州刺史爲政嚴肅吏不敢欺大象元年授小司徒加上大將軍總管汾石二州五鎭諸軍事汾州刺史又除延州總管進位柱國開皇元年進爵平昌郡公卒于鎭贈上柱國謚曰莊子淹嗣

趙昶字長舒天水南安人也曾祖襄仕魏至中山郡守因家於代祖泓廣武令父琛上洛郡守昶少聰敏有志節弱冠以材力聞孝昌中起家拜都督鎭小平津魏北中郎將高千甚敬重之千牧兗州以昶行臨潁北梁二郡事大統初千還鎭陝又以昶爲長史中軍都督太祖平弘農擢爲相府典籤大統九年大軍失律於邙山淸水氐酋李鼠仁自軍逃還憑險作亂隴右大都督獨孤信頻遣軍擊之不克太祖將討之欲先遣觀其勢顧問誰可爲左右莫對昶曰此小豎爾以公威孰不聽命太祖壯之遂令昶使焉昶見鼠仁喻以禍福羣凶聚議或從或否其逆命者復將加刃於昶而昶神色自若志氣彌厲鼠仁感悟遂相率降氐梁道顯叛攻南田太祖復遣昶慰諭之道顯等皆卽款附東秦州刺史魏光因從其豪帥四十餘人幷部落於華州太祖卽以昶爲都督領之先是汾州胡叛再遣昶慰勞之皆知其虛實及大軍往討昶爲先驅遂破之以功封章武縣伯邑五百戶十五年拜安夷郡守帶長虵鎭將氐族荒獷世號難治昶威懷以禮莫不悅服期歲之後樂從軍者千餘人加授帥都督時屬軍機科發切急氐情難之復相率謀叛昶又潛遣誘說離間其情因其攜貳遂輕往臨之羣氐不知所爲咸來見昶乃收其首逆者二十餘人斬之餘衆遂定朝廷嘉之除大都督行南秦州事時氐帥蓋閙等反昶復討擒之進撫軍將軍加通直散騎常侍又與史寧破宕昌羌獠二十餘萬拜武州刺史車騎大將軍儀同三司諸州軍事魏恭帝初加驃騎大將軍開府儀同三司潭水羌叛殺武陵潭水二郡守昶率儀同駱天乂等騎步五千討平之世宗初鳳州人仇周貢魏興等反自號周公有衆八千人破廣化郡攻沒諸縣分兵西入圍廣業修城二郡廣業郡守薛爽修城郡守杜杲等請昶爲援昶遣使報杲爲周貢黨樊伏興等所獲與等知昶將至解修城圍據泥功嶺設六伏以待昶昶至遂遇其伏合戰破之廣業之圍亦解昶追之至泥陽川而還與州人段吒及氐酋羌多復反攻沒郡縣昶討斬之語在氐傳昶自以被拔擢居將帥之任傾心下士虜獲氐羌撫而使之皆爲昶盡力太祖常曰不煩國家士馬而能威服氐羌者趙昶有之矣至是世宗錄前後功進爵長道郡公賜姓宇文氏賞勞甚厚二年徵拜賓部中大夫行吏部尋以疾卒

王悅字衆喜京兆藍田人也少有氣幹爲州里所稱魏永安中爾朱天光西討引悅爲其府騎兵參軍除石安令太祖初定關隴悅率募鄉里從軍屢有戰功大統元年除平東將軍相府刑獄參軍封藍田縣伯邑六百戶四年東魏將侯景攻圍洛陽太祖赴援悅又率鄉里千餘人從軍至洛陽將戰之夕悅罄其行資市牛饗戰士及戰悅所部盡力斬獲居多六年加通直散騎常侍遷大行臺右丞十年轉左丞久居管轄頗獲時譽十二年齊神武親率諸軍圍玉壁大都督韋孝寬拒守累旬敵方引退朝廷以寬動重遣尚書長孫紹遠爲大使悅爲副使勞問寬等并校定勳人十三年侯景據河南來附仍請兵爲援太祖先遣韋法保賀蘭願德等帥衆助之悅言於太祖曰侯景之於高歡始則篤鄉黨之情末乃定君臣之契位居上將職重台司論其分義有同魚水今歡始死景便離貳豈不知君臣之道有虧忠義之禮不足蓋其所圖旣大不卹小嫌然尚能背德於高氏豈肯盡節於朝廷今若益之以勢援之以兵非唯侯景不爲池中之物亦恐朝廷貽笑將來也太祖納之乃遣行臺郎中趙士憲追法保等而景尋叛十四年授雍州大中正帥都督加衞將軍右光祿大夫都督率所部兵從大將軍楊忠征隨郡安陸竝平之時懸兵深入悅支度路程勒其部伍節減糧食及至竟陵諸軍多有匱乏悅出粟米六百石分給之太祖聞而嘉焉尋拜京兆郡守加使持節車騎大將軍儀同三司散騎常侍遷大行臺尚書又領所部兵從達奚武征梁漢軍出武令悅說其城主楊賢悅乃貽之書曰夫惟德是輔天道之常也見機而作人事之會也梁主內虧刑政外闕藩籬疋夫擴

秩舉國傾覆非直下民離心抑亦上玄所棄我相公膺千齡之運創三分之業道洽區中威振方外聲教所被風行草偃兵車所指雲除霧廓斯固天下所共聞無俟二談也大將軍高陽公韞韜略之祕總熊羆之旅受脤廟堂威懷巴漢先附者必賞後服者必誅君兵糧旣寡救援路絶欲守則城池無縈帶之險欲戰則士卒有土崩之勢以此求安未見其可昔韓信背項前典以爲美談黄權歸魏良史稱其盛烈事有變通今其則也賢於是遂降悅白武云白馬要衝是必爭之地今城守寡弱易可圖也若蜀兵更至攻之實難武然之令悅率輕騎七百徑趣白馬悅先示其禍福其將梁深遂以城降梁武陵王紀果遣其將任奇率步騎六千欲先據白馬行次闕城聞已降乃還及梁州平太祖即以悅行刺史事招攜初附民吏安之魏廢帝二年徵還本任屬改行臺爲中外府尚書員廢以儀同領兵還鄉里悅旣久居顯職及此之還私懷怏怏猶陵駕鄉里失宗黨之情其長子康恃悅舊望遂自驕縱所部軍人將有婚禮康乃非理凌辱軍人訴之悅及康並坐除名仍配流遠防及于謹伐江陵平悅從軍展効因留鎭之孝閔踐阼依例復官授郢州尋拜使持節驃騎大將軍開府儀同三司大都督司水中大夫進爵藍田縣侯遷司憲中大夫賜姓宇文氏又進爵河北縣公悅性儉約不營生業雖出入榮顯家徒四壁而已世宗手勅勞勉之賜粟六百石保定元年卒於位康嗣官至司邑下大夫

趙文表其先天水西人也後徙居南鄭累世爲二千石父江性方嚴有度量歷官東巴州刺史計部中大夫驃騎大將軍開府儀同三司御伯中大夫封昌國縣伯贈虞絳二州刺史謚曰貞文表少而修謹志存忠節便弓馬能左右馳射好讀左氏春秋略舉大義起家爲太祖親信魏恭帝元年從開府田弘征山南以功授都督復從平南巴州及信州遷帥都督又從許國公宇文貴鎭蜀行昌城郡事加中軍將軍左金紫光祿大夫保定元年除許國公府司馬轉大都督五年授畿伯下大夫又爲許國公府長史尋拜車騎大將軍儀同三司仍從宇文貴使突厥迎皇后進止儀注皆令文表典之文表斟酌而行皆合禮度及皇后將入境突厥託以馬瘦行徐文表慮其爲變遂說突厥使羅莫緣曰后自發彼蕃已淹時序途經沙漠人馬疲勞且東寇每伺間隙吐谷渾亦能爲變今君以可汗之愛女結姻上國曾無防慮豈人臣之體乎莫緣然之遂倍道兼行數日至甘州以迎后功别封伯陽縣伯邑六百戸天和三年除梁州總管府長史所管地名恒陵者方數百里並生獠所居恃其險固常懷不軌文表率衆討平之遷蓬州刺史政尚仁恕夷獠懷之加驃騎大將軍開府儀同三司又進位大將軍爵爲公大象中拜吳州總管時開府于顗爲吳州刺史及隋文帝執政尉遲迥等舉兵遠近騷然人懷異望顗自以族大且爲國家肺腑懼文表圖已謀欲先之乃稱疾不出文表往問之顗遂手刃文表因令吏人告云文表謀反仍馳啓其狀隋文以諸方未定恐顗爲變遂授顗吳州總管以安之後知文表無異志雖不罪顗而聽其子仁海襲爵

周書卷三十三考證

王悅傳斯固天下所共聞無俟二談也○二字上疑脫一字

悅先示其禍福其將梁深遂以城降○北史作梁將深悟

果遣其將任奇○任奇北史作任珍奇

授郢州○北史云授郢州刺史脫刺史二字

趙文表傳父江○北史云父汪

周書卷三十四

唐 令 狐 德 棻 等 撰

列傳第二十六

趙善

元定

楊摽

韓盛

裴寬 弟漢 尼 鴻

楊敷

趙善字僧慶太傅楚國公貴之從祖兄也祖國魏龍驤將軍洛州刺史父更安樂太守善少好學涉獵經史美容儀沉毅有遠量永安初爾朱天光爲肆州刺史辟爲主簿深器重之天光討邢杲及万俟醜奴以善爲長史軍中謀議每參預之天光爲關右行臺表善爲行臺左丞加都督征虜將軍普泰初賞平關隴之功拜驃騎將軍大行臺散騎常侍封山北縣伯邑五百戸俄除持節東雍州諸軍事雍州刺史天光東拒齊神武於韓陵善又以長史從及天光敗見殺善請收葬其屍齊神武義而許之賀拔岳總關中兵乃遣迎善復以爲長史岳爲侯莫陳悅所害善共諸將翊戴太祖仍從平悅魏孝武西遷除都官尚書改封襄城縣伯增邑五百戸頃之爲北道行臺與儀同李虎等討曹泥克之還車騎大將軍儀同三司尚書右僕射進爵爲公增邑并前一千五百戸大統三年轉左僕射兼侍中監著作領太子詹事善性溫恭有器局雖位居端右而逾自謙退其職務克舉則曰某官之力若有罪責則曰善之咎也時人稱其公輔之量太祖亦雅敬重焉九年從戰邙山屬大軍不利善爲敵所獲遂卒於東魏建德初朝廷與齊通好齊人乃歸其柩其子絢表請贈謚詔贈大將軍大都督岐宜寧豳四州諸軍事岐州刺史謚曰敬子度字幼濟車騎大將軍儀同三司度弟絢字會續驃騎大將軍開府儀同三司淅資二州刺史

元定字願安河南洛陽人也祖比頹魏安西將軍務州刺史父道龍征虜將軍鉅鹿郡守定惇厚少言內沉審而外剛毅永安初從爾朱天光討關隴羣賊並破之除襄威將軍及賀拔岳被害定從太祖討侯莫陳悅以功拜平遠將軍步兵校尉魏孝武西遷封高邑縣男邑二百戸從擊潼關拔回洛城進爵爲伯增邑三百戸加前將軍太中大夫從擒竇泰復弘農破沙苑戰河橋定皆先鋒當其前者無不披靡以前後功累遷都督征東將軍金紫光祿大夫帥都督增邑三百戸邙山之役敵人如堵定奮矟衝之殺傷甚衆無敢當者太祖親觀之論功爲最賞物甚厚十三年授河北郡守加大都督通直散騎常侍增邑通前一千戸定有勇略每戰必陷陣然未嘗自言其功太祖深重之諸將亦稱其長者十五年遷使持節車騎大將軍開府儀同三司進爵爲公魏廢帝二年以宗室進封建城郡王二年行周禮爵隨例改封長湖郡公世宗初拜岷州刺史威恩兼濟甚得羌豪之情先時生羌據險不賓者至是並出山谷從征賦焉及定代還羌豪等感戀之保定中授左宮伯中大夫久之轉左武伯中大夫進位大將軍天和二年陳湘州刺史華皎舉州歸梁梁主欲因其隙更圖攻取乃遣使請兵詔定從衛公直率衆赴之梁人與華皎皆爲水軍定爲陸軍直總督之俱至夏口而陳郢州堅守不下直令定率步騎數千圍之陳遣其將淳于量徐度吳明徹等水陸來拒量等以定已度江勢分遂先與水軍交戰而華皎所統之兵更懷疑貳遂爲陳人所敗皎得脫身歸梁定旣孤軍懸隔進退路絶陳人乘勝水陸逼之定乃率所部斫竹開路且行且戰欲趣湘州而湘州已陷徐度等知定窮迫遣使僞與定通和重爲盟誓許放還國定疑其詭詐欲力戰死之而定長史孫隆及諸將等多勸定和定乃許之於是與度等刑牲歃血解仗就船遂爲度等所執衆軍亦被囚虜送詣丹陽居數月憂憤發病卒子樂嗣

楊摽字顯進正平高涼人也祖貴父猛並爲縣令摽少豪俠有志氣魏孝昌中爾朱榮殺害朝士大司馬城陽王元徽逃難投摽摽藏而免之孝莊帝立徽乃出復爲司州牧由是摽以義烈聞擢拜伏波將軍給事中元顥入洛孝莊欲往晉陽就爾朱榮詔摽率其宗人收船馬渚摽未至帝已北度太行摽遂匿所收船不以資敵及爾朱榮奉帝南討至馬渚摽乃具船以濟王師顥平封肥如五百戸加鎭遠將軍步兵校尉行濟北郡事進都督平東將軍太中大夫從魏孝武入關進爵爲侯增邑八百戸加撫軍銀青光祿大夫時東魏遷鄴太祖欲知其所爲乃遣摽間行詣鄴以觀察之使還稱旨授通直散騎常侍車騎將軍稽胡恃險不賓屢行抄竊以摽兼黄門侍郎往慰撫之摽頗有權略能得邊情誘化酋渠多來款附乃有隨摽入朝者時弘農爲東魏守摽從太祖攻拔之然自河以北猶附東魏摽父猛先爲邵郡白水令摽與其豪右相知請微行詣邵郡奉兵以應朝廷太祖許之摽遂行與土豪王覆憐等陰謀舉事密相應會者三千人內外俱發遂拔邵郡擒郡守程保及令四人並斬之衆議推摽行郡事摽以因覆憐成事遂表覆憐爲邵郡守以功授大行臺左丞率義徒更爲經略於是遣諜人誘說東魏城堡旬月之間正平河北南涉二絳建州大寧等城並有請爲內應者大軍因攻而拔之以摽行正平郡事左丞如故齊神武敗於沙苑其將韓軌潘洛可朱渾元等爲殿摽分兵要截殺傷甚衆東雍州刺史馬恭懼摽威聲棄城遁走摽遂移據東雍州太祖以摽有謀略堪委邊任乃表行建州事時建州遠在敵境三百餘里然摽威恩夙著所經之處多並贏糧附之比至建州衆已一萬東魏刺史車折於洛出兵逆戰摽擊敗之又破其行臺斛律俱步騎二萬於州西大獲甲仗及軍資以給義士由是威名大振東魏遣太保侯景攻陷正平復遣行臺薛循義率兵與斛律俱相會於是敵衆漸盛摽以孤軍無援且腹背受敵謀欲拔還恐義徒背叛遂僞爲太祖書遣人若從外送來者云已遣軍四道赴援因令人漏泄使所在知之又分土人義首令領所部四出抄掠擬供軍費摽分遣訖遂於夜中拔還邵郡朝廷嘉其權以全軍即授建州刺史時東魏以

正平爲東雍州遣薛榮祖鎭之摽將謀取之乃先遣奇兵急攻汾橋榮祖果盡出城中戰士於汾橋拒守其夜摽率步騎二千從他道濟遂襲克之進驃騎將軍既而邵郡民以郡東叛郡守郭武安脫身走免摽又率兵攻而復之轉正平郡守又擊破東魏南絳郡虜其郡守屈僧珍錄前後功別封邵陽縣伯邑五百戶邙山之戰摽攻拔柏谷塢因即鎭之及大軍不利摽亦拔還而東魏將侯景率騎追摽摽與儀同韋法保同心抗禦且前經十數里景乃引退太祖嘉之賜帛三百疋復授建州刺史鎭車箱摽久從軍役未及葬父至是表請還葬詔贈其父車騎大將軍儀同三司晉州刺史贈其母夏陽縣君並給儀衞州里榮之及齊神武圍玉壁別令侯景趣齊子嶺摽恐入寇邵郡率騎禦之景聞摽至斫木斷路者六十餘里猶驚而不安遂退還河陽其見憚如此十二年進授大都督加晉建二州諸軍事又攻破蓼塢獲魏將李顯進儀同三司尋遷開府復除建州邵郡河內汲郡黎陽等諸軍事領邵郡十六年大軍東討授大行臺尚書率義衆先驅敵境攻其四戍拔之時以齊軍不出乃追摽還併肥如郡陽二邑合一千八百戶改封華陽縣侯又於邵郡置邵州以摽爲刺史率所部兵鎭之保定四年遷少師其年大軍圍洛陽詔摽率義兵萬餘人出軹關然摽自鎭東境二十餘年數與齊人戰每常克獲以此遂有輕敵之心時洛陽未下而摽深入敵境又不設備齊人奄至大破摽軍摽以衆敗遂降於齊摽之立勳也有慷慨壯烈之志及軍敗遂就虜以求苟免時論以此鄙之朝廷猶錄其功不以爲罪令其子襲爵摽之敗也新平郡守韓盛亦於洛陽戰沒

盛字文熾南陽堵陽人也五世祖遠爲鄭縣令因徙居京兆之渭南焉曾祖艮舉秀才奉朝請姑臧令祖與魏儻城郡守贈直州刺史父先藻安夷鄜城二郡守贈鎭遠將軍義州刺史盛幼有操行涉獵經史兼善騎射膂力過人魏大統初起家開府行參軍轉參軍事從李遠積年征討每有戰功累遷至都督輔國將軍中散大夫帥都督持節平東將軍太中大夫銀青光祿大夫大都督明帝二年封臨湍縣子邑三百戶保定四年授使持節車騎大將軍儀同三司虞部下大夫出爲新平郡守居官清靜嚴而不殘矜恤孤貧抑挫豪右賊盜止息郡治肅然尋以本官從晉公護東討於洛陽戰沒贈淅洛義三州刺史謚曰壯子謙嗣官至大都督盛二兄德與仲恭德與姿貌魁傑有異常人歷官持節車騎大將軍儀同三司通洛慈澗防主邵州刺史任城縣男仲恭美容儀濟於榮利郡累辟爲功曹中正仲恭答曰第五之號豈減驃騎乎後歷廣原靈原新豐三縣令所在皆有聲績有八子並有志操少子紉約後最知名

裴寬字長寬河東聞喜人也祖德歡魏中書郎河內郡守父靜慮銀青光祿大夫贈汾州刺史寬儀貌瓌偉博涉羣書弱冠爲州里所稱與二弟漢尼是和知名親歿撫弟以篤友聞榮陽鄭孝穆常謂從弟文直曰裴長寬兄弟天倫篤睦人之師表吾愛之重之汝可與之遊處年十三以選爲魏孝明帝挽郎釋褐員外散騎侍郎魏孝武末除廣陵王府直兵參軍加寧朔將軍員外散騎常侍及孝武西遷寬謂其諸弟曰權臣擅命乘輿播越戰爭方始當何所依諸弟咸不能對寬曰君臣逆順大義昭然今天子西幸理無東面以虧臣節乃將家屬避難於大石巖獨孤信鎭洛陽始出見焉時汾州刺史韋子粲降於東魏子粲兄弟在關中者咸已從坐其季弟子爽先在洛窘急乃投寬寬開懷納之遇有大赦或傳子爽合免因爾遂出子爽卒以伏法獨孤信召而責之寬曰窮來見歸義無執送今日獲罪是所甘心以經赦宥罪得不坐大統五年授都督同軌防長史加征虜將軍十三年從防主韋法保向潁川解侯景圍景密圖南叛軍中頗有知者以其事計未成外示無貳往來諸軍間侍從寡少軍中名將必躬自造至於法保尤被親附寬謂法保曰侯景狡猾必不肯入關雖託款於公恐未可信若仗兵以斬之亦一時之計也如曰不然便須深加嚴警不得信其誑誘自貽後悔法保納之然不能圖景但自固而已十四年與東魏將彭樂恂戰於新城因傷被擒至河陰見齊文襄寬舉止詳雅善於占對文襄甚賞異之謂寬曰卿三河冠蓋材識如此我必使卿富貴關中貧校何足可依勿懷異圖也因解鏁付館厚加其禮寬乃裁臥氈夜縋而出因得遁還見於太祖太祖顧謂諸公曰被堅執銳或有其人疾風勁草歲寒方驗裴長寬爲高澄如此厚遇乃能冒死歸我雖古之竹帛所載何以加之乃手書署寬名下授持節帥都督封夏陽縣男邑三百戶并賜馬一疋衣一襲即除孔城城主十六年遷河南郡守仍鎭孔城尋加撫軍大都督通直散騎常侍魏廢帝元年進使持節車騎大將軍儀同三司散騎常侍孝閔帝踐阼進爵爲子寬在孔城十三年與齊洛州刺史獨孤永業相對永業有計謀多譎詐或聲言春發秋乃出兵掩蔽消息倏忽而至寬每揣知其情用兵邀擊無不克之永業常戒其所部曰但好鎭孔城自外無足慮其見憚如此齊伊川郡守梁鮓常在境首抄掠太祖患之命寬經略焉鮓行過妻家椎牛宴飲既醉之後不復自防寬密知之遣兵往襲遂斬之太祖嘉焉賜奴婢金帶粟帛等武成二年徵拜司士中大夫保定元年出爲汾州刺史尋轉魯山防主四年加驃騎大將軍開府儀同三司天和二年行復州事三年除溫州刺史初陳氏與國通和每脩聘好自華皎附後乃圖寇掠汾州既接敵境事資守備於是復以寬爲汾州刺史而州城埤狹器械又少寬知其難守深以爲憂又恐秋水暴長陳人得乘其便即白襄州總管請戍兵幷請移城於羊蹄山權以避水總管府許增兵守禦不許遷移城寬乃量度年常水至之處豎大木於岸以備船行襄州所遣兵未至陳將程靈洗已率衆至於城下遂分布戰艦四面攻之水勢猶小靈洗未得近城寬每簡募驍兵令夜掩擊頻挫其銳相持旬日靈洗無如之何俄而雨水暴長所豎木上皆通船過靈洗乃以大艦臨逼拍干打樓應即摧碎弓弩大石晝夜攻之苦戰三十餘日死傷過半女垣崩盡陳人遂得上城短兵相拒猶經二日外無繼援力屈城陷之後水便退縮陳人乃執寬至揚州尋被送嶺外經數載後還建業遂卒於江左時年六十七子義宣後從御正杜杲使於陳始得將寬柩還開皇元年隋文帝詔贈襄郢二州刺史義宣起家譙王儉府記室轉司金二命士合江令寬弟漢

漢字仲霄操尚弘雅聰敏好學嘗見人作百字詩一覽便誦魏孝武初解褐員外散騎侍郎大統五年除大丞相府士曹行參軍補墨曹參軍漢善尺牘尤便簿領理識明贍決斷如流相府爲之語曰日下粲爛有裴漢十一年李遠出鎭弘農啓漢爲司馬遠特相器遇尋加安東將軍銀青光祿大夫成都上士尋轉司車路下大夫與工部郭彥大府高賓等參議格令每較量時事必有條理彥等咸敬異之加帥都督天和中復與司宗孫恕典祀薛愼同爲八使巡察風俗五年加車騎大將軍儀同三司漢少有宿疾恒帶虛羸劇職煩官非其好也時晉公護擅權搢紳等多諂附之以圖仕進唯漢直道固守八年不徙職性不飲酒而雅好賓遊每良辰美景必招引時彥宴賞留連間以篇什當時人物以此重之自寬沒後遂斷絕遊從不聽琴瑟歲時伏臘哀慟而已撫養兄弟子情甚篤至借人異書必躬自錄本至于疹疾彌年亦未嘗釋卷建德元年卒時年五十九贈晉州刺史子鏡民少聰敏涉獵經史爲大將軍譚公會記室參軍後歷宋王寔侍讀轉記室遷司錄宣政初吏部上士大象末春官府都上士漢弟尼

尼字景尼性弘雅有器局起家奉朝請除梁王東閤祭酒遷從事中郎加通直散騎常侍隴西李際范陽盧誕並有高名於世與尼結忘年之交魏恭帝元年以本官從于謹平江陵大獲軍實謹恣諸將校取之餘人皆競取珍玩尼唯取梁元帝素琴一張而已謹深歎美之六官建拜御正下大夫尋以疾卒贈輔國將軍隨州刺史子之隱趙王招府記室參軍之隱弟師民好學有識度見稱於時起家秦王贄府記室參軍仍兼侍讀寬族弟鴻

鴻少恭謹有幹略歷官內外孝閔帝踐阼拜輔城公司馬加儀同三司爲晉公護雍州治中累遷御正中大夫進位開府儀同三司轉民部中大夫保定末出爲中州刺史九曲城主鎭守邊鄙甚有扞禦之能衞公直出鎭襄州以鴻爲襄州司馬天和初拜郢州刺史轉襄州總管府長史賜爵高邑縣侯從直南征軍敗遂沒尋卒於陳朝廷哀之贈豐賚遂三州刺史

楊敷字文衍華山公寬之兄子也父暄字景和性朗悟有識學弱冠拜奉朝請歷員外散騎侍郎華州別駕尚書右中兵郎中輔國將軍諫議大夫以別將從魏廣陽王深征葛榮爲榮所害贈殿中尚書華夏二州諸軍事鎭西將軍華州刺史敷少有志操重然諾每覽書傳見忠臣烈士之事常慨然景慕之魏建義初襲祖鈞爵臨貞縣伯邑四百戶除員外羽林監大統元年拜奉車都尉歷尚書左士郎中祠部郎中大丞相府墨曹參軍帥都督平東將軍太中大夫加撫軍將軍通直散騎常侍魏恭帝二年遷廷尉少卿所斷之獄號稱平允孝閔帝踐阼進爵爲侯增邑并前八百戶除小載師下大夫使北豫州迎司馬消難還授使持節蒙州諸軍事蒙州刺史先是蠻左等多受齊假署數爲亂逆敷推誠布信隨方慰撫蠻左等感之相率歸附敷乃送其首四十餘人赴闕請因齊所假而授之諸蠻等愈更感悅州境獲寧特降璽書勞問加車騎大將軍儀同三司保定中徵爲司水中大夫夷夏吏民及荊州總管長孫儉並表請留之時議欲東討將委敷以舟艦轉輸之事故弗許焉陳公純鎭陝西以敷爲總管長史五年轉司木中大夫軍器副監敷明習吏事所在以勤察著名每歲奏課居最累獲優賞進位驃騎大將軍開府儀同三司天和六年

出爲汾州諸軍事汾州刺史進爵爲公增邑一千五百戶齊將段孝先率衆五萬來寇梯衝地道晝夜攻城敷親當矢石隨事扞禦拒守累旬孝先攻之愈急時城中兵不滿二千戰死者已十四五糧儲又盡公私窮蹙齊公憲總兵赴救憚孝先不敢進軍敷知必陷沒乃召其衆謂之曰吾與卿等俱在邊鎮實願同心戮力破賊全城但彊寇四面攻圍日久吾等糧食已盡救援斷絕守死窮城非丈夫也今勝兵之士猶數百人欲突圍出戰死生一決儻或得免猶冀生還受罪闕庭孰與死於寇乎吾計決矣於諸君意何如衆咸涕泣從命敷乃率見兵夜出擊殺齊軍數十人齊軍衆稍却俄而孝先率諸軍盡銳圍之敷殊死戰矢盡爲孝先所擒齊人方欲任用之敷不爲之屈遂以憂憤卒於鄴高祖平齊贈使持節大將軍淮廣復三州諸軍事三州刺史諡曰忠壯葬於華陰舊塋子素有文武材略大象末上柱國清河郡公

史臣曰自三方鼎峙羣雄競逐俊能馳騖各吠非主爭奮厲其智勇思赴蹈於仁義臨危不顧前哲所難趙善等或行彰於孝友或誠顯於忠槩咸竭志力俱徇功名兵凶戰危城孤援絕楊敷趙善類麗德之勢窮元定裴寬同黃權之無路王旅不振非其罪也敷少而慷慨終能立節仁而有勇其最優乎楊摽屢有奇功狃於數勝輕敵無備兵破身囚未能遠謀良可嗟矣易曰師出以律否臧凶傳曰不備不虞不可以師其楊摽之謂也

周書卷三十四考證

楊摽傳加撫軍○北史云加撫軍將軍脫將軍二字

周書卷三十五

唐 令 狐 德 棻 等 撰

列傳第二十七

鄭孝穆子譯

崔謙弟說

崔猷

裴俠

薛端子冑 弟裕

薛善弟慎 敬珍敬祥

鄭孝穆字道和榮陽開封人魏將作大匠渾之十一世孫祖敬叔魏潁川濮陽郡守本邑中正父瓊范陽郡守贈安東將軍青州刺史孝穆幼而謹厚以清約自居年未弱冠涉獵經史父叔四人並早歿昆季之中孝穆居長撫訓諸弟有如同生閨庭之中怡怡如也魏孝昌初解褐太尉行參軍轉司徒主簿屬盜賊蜂起除假節龍驤將軍別將屢有戰功永安中遷冠軍將軍持節都督從元天穆討平邢杲進驃騎將軍左光祿大夫太師咸陽王長史及魏孝武西遷從入關除司徒左長史領臨洮王友賜爵永寧縣侯大統五年行武功郡事遷使持節大將軍行岐州刺史當州都督在任未幾有能名就加通直散騎常侍王羆時爲雍州刺史欽其善政遺使貽書盛相稱述先是所部百姓久遭離亂饑饉相仍逃散殆盡孝穆下車之日戶止三千留情綏撫遠近咸至數年之內有四萬家每歲考績爲天下最太祖嘉之賜書曰知卿莅職近畿留心治術凋弊之俗禮教興行厭亂之民襁負而至昔郭伋政成并部賈琮譽重冀方以古方今彼有慙德於是徵拜京兆尹十五年梁雍州刺史岳陽王蕭詧稱藩來附時議欲遣使盛選行人太祖歷觀內外無逾孝穆者十六年乃假孝穆散騎常侍持節策拜詧爲梁王使還稱旨進車騎大將軍儀同三司加散騎常侍是年太祖總戎東討除大丞相府右長史封金鄉縣男邑二百戶軍次潼關命孝穆與左長史長孫儉司馬楊寬尚書蘇亮諮議劉孟良等分掌衆務仍令孝穆引接關東歸附人士并品藻才行而任用之孝穆撫納銓敘咸得其宜大將軍達奚武率衆經略漢中以孝穆爲梁州刺史以疾不之部拜中書令賜姓宇文氏尋以疾免孝閔帝踐阼加驃騎大將軍開府儀同三司進爵爲子增邑通一千戶晉公護爲雍州牧辟爲別駕又以疾固辭武成二年徵拜御伯中大夫徙授御正保定三年出爲宜州刺史轉華州刺史五年除虞州刺史轉陝州刺史頻歷數州皆有政績復以疾篤屢乞骸骨入爲少司空卒於位時年六十贈本官加鄭梁北豫三州刺史諡曰貞子詡嗣歷位納言爲聘陳使後至開府儀同三司大將軍邵州刺史詡弟譯於隋文帝有翊贊功開皇初又追贈孝穆大將軍徐兗等六州刺史改諡曰文

譯幼聰敏涉獵羣書尤善音樂有名於時世宗詔令事輔城公及高祖即位除都督稍遷御正下大夫頗被顧待東宮建以譯爲宮尹下大夫特被太子親愛建德二年爲聘齊使副及太子西征多有失德王軌宇文孝伯等以聞高祖大怒宮臣親幸者咸被譴責譯坐除名後例復官仍拜吏部下大夫宣帝嗣位授開府儀同大將軍內史中大夫封歸昌縣公邑千戶既以恩舊任遇甚重朝政機密並得參詳尋遷內史上大夫進爵沛國公上大夫之官自譯始也及宣帝大漸御正下大夫劉昉乃與譯謀以隋公受遺輔少主隋文帝執政拜柱國大丞相府長史內史如故尋進位上柱國

崔謙字士遜博陵安平人也祖辯魏平遠將軍武邑郡守父楷散騎常侍光祿大夫殷州刺史贈侍中都督冀定相三州諸軍事驃騎大將軍儀同三司冀州刺史謙幼聰敏神彩嶷然及長深沉有識量歷觀經史不持章句志在博聞而已每覽經國緯民之事心常好之未嘗不撫卷歎息孝昌中解褐著作佐郎從太宰元天穆討邢杲破之以功授輔國將軍太中大夫遷平東將軍尚書殿中郎賀拔勝出鎮荊州以謙爲行臺左丞勝雖居方岳之任至於安輯夷夏綱紀衆務皆委謙焉謙亦盡其智能以相匡弼勝有聲南州謙之力也及魏孝武將備齊神武之逼乃詔勝引兵赴洛軍至廣州帝已西遷勝乃遲疑將旋所鎮謙謂勝曰昔周室不造諸侯釋位漢道中微列藩盡節今皇家多故主上蒙塵寔忠臣枕戈之時義士立功之日也公受方面之重總宛葉之衆若杖義而動首唱勤王天下聞風孰不感激誠宜順義勇之志副遐邇之心倍道兼行謁帝關右然後與宇文行臺同心協力電討不庭則桓文之勳復興於茲日矣捨此不爲中道而退便恐人皆解體士各有心一失事機後悔何及勝不能用而人情果大騷動還未至州州民鄧誕引侯景軍奄至勝與戰敗績遂將麾下數百騎南奔於梁謙亦與勝俱行及至梁每乞師赴援梁武帝雖不爲出軍而嘉勝等志節並許其還國乃令謙先還且通隣好魏文帝見謙甚悅謂之曰卿出萬死之中投身江外今得生還本朝豈非忠貞之報也太祖素聞謙名甚禮之乃授征西將軍金紫光祿大夫賜爵千乘縣男及勝至拜太師以謙有毗輔之功又授太師長史大統三年從太祖擒竇泰戰沙苑並有功進爵爲子還車騎大將軍右光祿大夫拜尚書右丞謙明練時事及居樞轄時論以爲得人四年從太祖解洛陽圍仍經河橋戰加定州大中正瀛州刺史十五年授車騎大將軍儀同三司又破柳仲禮於隨郡討平李遷哲於魏興並有功進驃騎大將軍開府儀同三司直州刺史賜姓宇文氏魏恭帝初轉利州刺史謙性明悟深曉政術又勤於理務民訟雖繁未嘗有懈倦之色吏民以是敬而愛之時有蜀人賈晃遷舉兵作亂率其黨圍逼州城謙倉卒分部纔得千許人便率拒戰會梁州援兵至遂擒晃遷餘人乃散謙誅其渠帥餘並原之旬日之間遂得安輯世宗初進爵作唐縣公保定二年遷安州總管隨應等十一州甑山上明魯山三鎮諸軍事安州刺史四年加大將軍進爵武康郡公天和元年授江陵總管三年遷荊州總管荊淅等十四州南陽平陽等八防諸軍事荊州刺史州既統攝遐長俗兼夷夏又南接陳境東隣齊寇謙外禦彊敵內撫軍民風化大行號稱良牧每年考績常爲天下最屢有詔襃美焉謙隨賀拔勝之在荊州也雖被親遇而名位未顯及踐其位朝野以爲榮四年卒於州闔境痛惜之乃共立祠堂四時祭饗子曠嗣謙性至孝少喪父殆將滅性與弟訦特相友愛雖復年事並高名位各重所有貲產皆無私焉其居家嚴肅動遵禮度曠與訦子弘度等並奉其遺訓云曠少溫雅仁而汎愛釋褐中外府記室大象末位至開府儀同大將軍淅州刺史

訦本名士約少鯁直有節槩膂力過人尤工騎射釋褐領軍府錄事轉諮議參軍及賀拔勝出牧荊州以訦爲假節冠軍將軍防城都督又隨勝奔梁復自梁歸國授衞將軍都督封安昌縣子邑三百戶從太祖復弘農戰沙苑皆有功進爵爲侯增邑八百戶除京兆郡守累遷帥都督撫軍將軍通直散騎常侍大都督車騎大將軍儀同三司都官尚書定州大中正改封安固縣侯增邑三百戶賜姓宇文氏并賜名訦焉進爵驃騎大將軍開府儀同三司加侍中進爵萬年縣公增邑通前二千四百戶除隴州刺史遷總管涼甘瓜三州諸軍事涼州刺史訦莅政彊毅百姓畏之齊王憲東征以訦爲行軍長史軍還除使持節崇德安義等十三防熊和忠等三州諸軍事崇德防主加授大將軍改封安平縣公建德四年卒時年六十四贈鄜延丹綏長五州刺史諡曰壯子弘度猛毅有父風大象末上柱國武鄉郡公

崔猷字宣猷博陵安平人漢尚書寔之十二世孫也祖挺魏光州刺史泰昌縣子贈輔國將軍幽州刺史諡曰景父孝芬左光祿大夫儀同三司兼吏部尚書爲齊神武所害猷少好學風度閑雅性鯁正有軍國籌略釋褐員外散騎侍郎領大行臺郎中尋爲吏部尚書李神儁所薦拜通直散騎侍郎攝尚書駕部郎中普泰初除征虜將軍司徒從事中郎既遭家難遂間行入關及謁魏

孝武哀慟左右帝爲之改容既退帝目送之曰忠孝之道萃此一門即以本官奏門下事大統初兼給事黃門侍郎封平原縣伯邑八百戶二年除正黃門加中軍將軍擒竇泰復弘農破沙苑猷常以本官從軍典文翰五年除司徒左長史加驃騎將軍時太廟初成四時祭祀猶設俳優角抵之戲其郊廟祭官多有假兼猷屢上疏諫書奏並納焉遷京兆尹時婚姻禮廢嫁娶之辰多舉音樂又廛里富室衣服奢淫乃有織成文繡者猷又請禁斷事亦施行與盧辯等刪修六官十二年除大都督驃騎將軍淅州刺史加車騎大將軍儀同三司十四年侯景據河南歸款遣行臺王思政赴之太祖與思政書曰崔宣猷智略明贍有應變之才若有所疑宜與量其可不思政初領兵襄城後欲於潁川爲行臺治所遣使人魏仲奉啓陳之幷致書於猷論將移之意猷復書曰夫兵者務在先聲後實故能百戰百勝以弱爲彊也但襄城控帶京洛寔當今之要地如有動靜易相應接潁川既隣寇境又無山川之固賊若充斥徑至城下輒以愚情權其利害莫若頓兵襄城爲行臺治所潁川置州遣郭賢鎭守則表裏膠固人心易安縱有不虞豈能爲患仲見太祖具以啓聞太祖即遣仲還令依猷之策思政重啓求與朝廷立約賊若水攻乞一周爲斷陸攻請三歲爲期限內有事不煩赴援過此以往惟朝廷所裁太祖以思政既親其事兼復固請遂許之及潁川沒後太祖深追悔焉十六年以疾去職屬大軍東征太祖賜以馬輿命隨軍與之籌議十七年進侍中驃騎大將軍開府儀同三司本州大中正賜姓宇文氏魏恭帝元年太祖欲開梁漢舊路乃命猷督儀同劉道通陸騰等五人率衆開通車路鑿山堙谷五百餘里至于梁州即以猷爲都督梁利等十二州白馬儻城二防諸軍事梁州刺史及太祖崩始利沙興等諸州阻兵爲逆信合開楚四州亦叛唯梁州境內民無貳心利州刺史崔謙請援猷遣兵六千赴之信州糧盡猷又送米四千斛二鎭獲全猷之力也進爵固安縣公邑二千戶猷深爲晉公護所重護乃養猷第三女爲己女封富平公主世宗即位徵拜御正中大夫時依周禮稱天王又不建年號猷以爲世有澆淳運有治亂故帝王以之沿革聖哲因時制宜今天子稱王不足以威天下請遵秦漢稱皇帝建年號朝議從之武成二年除司會中大夫御正如故世宗崩遺詔立高祖晉公護謂猷曰魯國公稟性寬仁太祖諸子之中年又居長今奉遵遺旨翊戴爲主君以爲何如猷對曰殷道尊尊周道親親今朝廷既遵周禮無容輒違此義護曰天下事大但恐畢公沖幼耳猷曰昔周公輔成王以朝諸侯況明公親賢莫二若行周公之事方爲不負顧託事雖不行當時稱其守正保定元年重授總管梁利開等十四州白馬儻成二防諸軍事梁州刺史尋復爲司會天和二年陳將華皎來附晉公護議欲南伐公卿莫敢正言猷獨進曰前歲東征死傷過半比雖加撫循而瘡痍未復近者長星爲災乃上玄所以垂鑒誡也誠宜修德以禳天變豈可窮兵極武而重其譴負哉今陳氏保境息民共敦隣好無容違盟約之重納其叛臣興無名之師利其土地詳觀前載非所聞也護不從其後水軍果敗而裨將元定等遂沒江南建德四年出爲同州司會六年徵拜小司徒加上開府儀同大將軍隋文帝踐極以猷前代舊齒授大將軍進爵汲郡公增邑通前三千戶開皇四年卒謚曰明子仲方字不齊早知名機神穎悟文學優敏大象末儀同大將軍司玉下大夫

裴俠字嵩和河東解人也祖思齊舉秀才拜議郎父欣博涉經史魏昌樂王府司馬西河郡守贈晉州刺史俠幼而聰慧有異常童年十三遭父憂哀毀有若成人州辟主簿舉秀才魏正光中解巾奉朝請稍遷員外散騎侍郎義陽郡守元顥入洛俠執其使人焚其赦書魏孝莊嘉之授輕車將軍東郡太守帶防城別將及魏孝武與齊神武有隙徵河南兵以備之俠率所部赴洛陽授建威將軍左中郎將俄而孝武西遷俠將行而妻子猶在東郡滎陽鄭偉謂俠曰天下方亂未知烏之所集何如東就妻子徐擇木焉俠曰忠義之道庸可忽乎吾既食人之祿寧以妻子易圖也遂從入關賜爵清河縣伯除丞相府士曹參軍大統三年領鄉兵從戰沙苑先鋒陷陣俠本名協至是太祖嘉其勇決乃曰仁者必有勇因命改焉以功進爵爲侯邑八百戶拜行臺郎中王思政鎭玉壁以俠爲長史未幾爲齊神武所攻神武以書招思政思政令俠草報辭甚壯烈太祖善之曰雖魯連無以加也除河北郡守俠躬履儉素愛民如子所食唯菽麥鹽菜而已吏民莫不懷之此郡舊制有漁獵夫三十人以供郡守俠曰以口腹役人吾所不爲也乃悉罷之又有丁三十人供郡守役使俠亦不以入私並收庸直爲官市馬歲月既積馬遂成羣去職之日一無所取民歌之曰肥鮮不食丁庸不取裴公貞惠爲世規矩俠嘗與諸牧守俱謁太祖太祖命俠別立謂諸牧守曰裴俠清慎奉公爲天下之最今衆中有如俠者可與之俱立衆皆默然無敢應者太祖乃厚賜俠朝野歎服號爲獨立君俠又撰九世伯祖貞侯潛傳以爲裴氏清公自此始也欲使後生奉而行之宗室中知名者咸付一通從弟伯鳳世彥時並爲丞相府佐笑曰人生仕進須身名並裕清苦若此竟欲何爲俠曰夫清者莅職之本儉者持身之基況我大宗世濟其美故能存見稱於朝廷沒流芳於典策今吾幸以凡庸濫蒙殊遇固其窮困非慕名也志在自修懼辱先也飜被嗤笑知復何言伯鳳等慙而退九年入爲大行臺郎中居數載出爲郢州刺史加儀同三司尋轉祁州刺史徵拜雍州別駕孝閔帝踐阼除司邑下大夫加驃騎大將軍開府儀同三司進爵爲公增邑通前一千六百戶遷民部中大夫時有姦吏主守倉儲積年隱沒至千萬者及俠在官勵精發擿數旬之內姦盜略盡轉工部中大夫有大司空掌錢物典李貴乃於府中悲泣或問其故對曰所掌官物多有費用裴公清嚴有名懼遭罪責所以泣耳俠聞之許其自首貴言隱費錢五百萬俠之肅遏姦伏皆此類也初俠嘗遇疾沉頓大司空許國公宇文貴小司空北海公申徽並來伺候俠俠所居第屋不免風霜貴等還言之於帝帝矜其貧苦乃爲起宅幷賜良田十頃奴隸耕牛糧粟莫不備足搢紳咸以爲榮武成元年卒於位贈太子少師蒲州刺史謚曰貞河北郡前功曹張回及吏民等感俠遺愛乃作頌紀其清德焉子祥性忠謹有治劇才少爲成都令清不及俠斷決過之後除長安令爲權貴所憚遷司倉下大夫俠之終也遂以毀卒祥弟肅貞亮有才藝天和中舉秀才拜給事中士稍遷御正大夫賜爵胡原縣子

薛端字仁直河東汾陰人也本名沙陁魏雍州刺史汾陰侯辨之六世孫代爲河東著姓高祖謹秦州刺史內都坐大官涪陵公曾祖洪隆河東太守以隆兄洪祚尚魏文帝女西河公主有賜田在馮翊洪隆子驎駒徙居之遂家於馮翊之夏陽焉驎駒舉秀才拜中書博士兼主客郎中贈河東太守父英集通直散騎常侍端少有志操遭父憂居喪合禮與弟裕勵精篤學不交人事年十七司空高乾辟爲參軍賜爵汾陰縣男端以天下擾亂遂弃官歸鄉里魏孝武西遷太祖令大都督薛崇禮據龍門引端同行崇禮尋失守遂降東魏東魏遣行臺薛循義都督乙干貴率衆數千西度據楊氏壁端與宗親及家僮等先在壁中循義乃令其兵逼端等東度方欲濟河會日暮端密與宗室及家僮等叛之循義遣騎追端且戰且馳遂入石城柵得免柵中先有百家端與幷力固守貴等數來慰喻知端無降意遂拔還河東東魏又遣其將賀蘭懿南汾州刺史薛琰達守楊氏壁端率其屬幷招喻村民等多設奇以臨之懿等疑有大軍便即東遁爭船溺死者數千人端收其器械復還楊氏壁太祖遣南汾州刺史蘇景恕鎭之降書勞問徵端赴闕以爲大丞相府戶曹參軍從擒竇泰復弘農戰沙苑並有功加冠軍將軍中散大夫進爵爲伯轉丞相東閤祭酒加本州大中正遷兵部郎中改封文城縣伯加使持節平東將軍吏部郎中端性彊直每有奏請不避權貴太祖嘉之故賜名端欲令名質相副自居選曹先盡賢能雖貴遊子弟才劣行薄者未嘗升擢之每啓太祖云設官分職本康時務苟非其人不如曠職太祖深然之大統十六年大軍東討柱國李弼爲別道元帥妙簡首僚數日不定太祖謂弼曰爲公思得一長史無過薛端弼對曰眞其才也乃遣之加授車騎大將軍儀同三司轉尚書左丞仍掌選事進授吏部尚書賜姓宇文氏端久處選曹雅有人倫之鑒其所擢用咸得其才六官建拜軍司馬加侍中驃騎大將軍開府儀同三司進爵爲侯孝閔帝踐阼除工部中大夫轉民部中大夫進爵爲公增邑通前一千八百戶晉公護將廢帝召羣官議之端頗有同異護不悅出爲蔡州刺史爲政寬惠民吏愛之尋轉基州刺史基州地接梁陳事藉鎭撫總管史寧遣司馬梁榮催令赴任蔡州父老訴榮請留端者千餘人至基州未幾卒時年四十三遺誡薄葬府州贈遺勿有所受贈本官加大將軍追封文城郡公謚曰質子胄字紹玄幼聰敏涉獵羣書雅達政事起家帥都督累遷上儀同歷司金中大夫徐州總管府長史合州刺史大象中位至開府儀同大將軍端弟裕字仁友少以孝悌聞於州里初爲太學生時黌中多是貴遊好學者少唯裕躭翫不倦弱冠辟丞相參軍事是時京兆韋敻志安放逸不干世務裕慕其恬靜數載酒餚候之談宴終日敻遂以從孫女妻之裕嘗謂親友曰大丈夫當聖明之運而無灼然文武之用爲世所知雖復栖栖遑遑徒爲勞苦耳至如韋居士退不丘壑進不市朝怡然守道榮辱不及何其樂也尋遇疾而卒時年四十一文章之士誄之者數人太祖傷惜之贈洛州刺史

薛善字仲良河東汾陰人也祖瑚魏河東郡守父和南青州刺史善少爲司空府參軍事遷儻城郡守轉鹽池

都將魏孝武西遷東魏攻河東圍秦州以善爲別駕善家素富僮僕數百人兄元信仗氣豪侈每食方丈坐客恒滿絃歌不絕而善獨供己率素愛樂閑靜大統三年齊神武敗於沙苑留善族兄崇禮守河東太祖遣李弼圍之崇禮固守不下善密謂崇禮曰高氏戎車犯順致令主上播越與兄忝是衣冠緒餘荷國榮寵今大軍已臨而兄尚欲爲高氏盡力若城陷之日送首長安云逆賊某甲之首死而有靈豈不殁有餘愧不如早歸誠欵雖未足以表奇節庶獲全首領而崇禮猶持疑不決會善從弟褭妹夫高子信爲防城都督守城南面遣褭來詣善云意欲應接西軍但恐力所不制善卽令弟濟將門生數十人與信褭等斬關引弼軍入時預謀者竝賞五等爵善以背逆歸順臣子常情豈容闔門大小俱叨封邑遂與弟愼竝固辭不受太祖嘉之以善爲汾陰令善幹用彊明一郡稱最太守王羆美之令善兼督六縣事尋徵爲行臺郎中時欲廣置屯田以供軍費乃除司農少卿領同州夏陽縣二十屯監又於夏陽諸山置鐵冶復令善爲冶監每月役八千人營造軍器善親自督課兼加慰撫甲兵精利而皆忘其勞苦焉加通直散騎常侍遷大丞相府從事中郎追論屯田功賜爵龍門縣子遷黃門侍郎加車騎大將軍儀同三司除河東郡守進驃騎大將軍開府儀同三司賜姓宇文氏六官建拜工部中大夫進爵博平縣公尋除御正中大夫轉民部中大夫時晉公護執政儀同齊軏語善云兵馬萬機須歸天子何因猶在權門善白之護乃殺軏以善忠於己引爲中外府司馬遷司會中大夫副總六府事加授京兆尹仍治司會出爲隆州刺史兼治益州總管府長史徵拜少傅卒於位時年六十七贈蒲虞勲三州刺史高祖以善告齊軏事謚曰繆公子裒嗣官至高陽守善弟愼

愼字佛護好學能屬文善草書少與同郡裴叔逸裴諏之柳虯范陽盧柔隴西李璨竝相友善起家丞相府墨曹參軍太祖於行臺省置學取丞郎及府佐德行明敏者充生悉令旦理公務晚就講習先六經後子史又於諸生中簡德行淳懿者侍太祖讀書愼與李璨及隴西李伯良辛韶武功蘇衡譙郡夏侯裕安定梁曠梁禮河南長孫璋河東裴舉薛同滎陽鄭朝等十二人竝應其選又以愼爲學師以知諸生課業太祖雅好談論幷簡名僧深識玄宗者一百人於第內講說又命愼等十二人兼學佛義使內外俱通由是四方競爲大乘之學數年復以愼爲宜都公侍讀轉丞相府記室魏東宮建除太子舍人遷庶子仍領舍人加通直散騎常侍兼中書舍人轉禮部郎中六官建拜膳部下大夫愼兄善又任工部竝居清顯時人榮之孝閔帝踐阼除御正下大夫進車騎大將軍儀同三司封淮南縣子邑八百戶歷師氏御伯中大夫保定初出爲湖州刺史州界既雜蠻左恒以刼掠爲務愼乃集諸豪帥具宣朝旨仍令首領每月一參或須言事者不限時節愼每引見必殷勤勸誡及賜酒食一年之間翕然從化諸蠻乃相謂曰今日始知刺史眞民父母也莫不欣悅自是襁負而至者千有餘戶蠻俗婚娶之後父母雖在卽與別居愼謂守令曰牧守令長是化民者也豈有其子娶妻便與父母離析非唯氓俗之失亦是牧守之罪愼乃親自誘導示以孝慈幷遣守令各喻所部有數戶蠻別居數年遂還侍養及行得果膳歸奉父母愼感其從善之速具以狀聞有詔蠲其賦役於是風化大行有同華俗尋入爲蕃部中大夫以疾去職卒於家有文集頗爲世所傳薛善之以河東應李弼也敬珍敬祥亦率屬縣歸附

敬珍字國寶河東蒲坂人也漢楊州刺史韶之十世孫父伯樂州主簿安邑令珍偉容儀有氣俠學業騎射俱爲當時所稱祥卽珍從祖兄也亦慷慨有大志唯以交結英豪爲務珍與之深相友愛每同遊處及齊神武趨沙苑珍謂祥曰高歡迫逐乘輿播遷關右有識之士孰不欲推刃於其腹中但力未能制耳今復稱兵內侮將逞凶逆此誠志士効命之日當與兄圖之祥聞其言甚悅曰計將安出珍曰宇文丞相寬仁大度有霸王之略挾天子而令諸侯已數年矣觀其政刑備舉將士用命歡雖有衆固非其儔況逆順理殊將不戰而自潰矣我若招集義勇斷其歸路殲馘凶徒使隻輪不反非直雪朝廷之耻亦壯士封侯之業祥深然之遂與同郡豪右張小白樊昭賢王玄略等舉兵數日之中衆至萬餘將襲歡後軍兵未進而齊神武已敗珍與祥邀之多所尅獲及李弼軍至河東珍與小白等率猗氏南解北解安邑溫泉虞鄉等六縣戶十餘萬歸附太祖嘉之卽拜珍平陽太守領永寧防主祥龍驤將軍行臺郎中領相里防主竝賜鼓吹以寵異之太祖仍執珍手曰國家有河東之地者卿兄弟之力還以此地付卿我無東顧之憂矣久之遷絳州刺史以疾免卒於家子元約性貞正有識學位至布憲中大夫小白等既與珍歸闕太祖嘉其立効竝任用之後咸至郡守刺史、

史臣曰鄭孝穆撫寧離散幽岐多襁負之人崔謙鎭禦邊垂江漢流載清之詠崔説居家理治以嚴肅見稱莅職當官以猛毅爲政崔猷立朝贊務則嘉謀屢陳出撫宣條則威恩具舉裴俠忠勤奉上廉約治身吏不能欺民懷其惠薛端歷居顯要以彊直知名薛善任惟繁劇以弘益流譽竝當時之良將也而善陷齊詔護以要權寵易名爲繆斯不謬乎

周書卷三十五考證

崔謙傳崔謙字士遜○北史作崔士謙

薛端傳司空高乾○北史作高乾邕

周書卷三十六

唐 令狐德棻等 撰

列傳第二十八

鄭偉 族人頂

楊纂

段永

王士良

崔彥穆

令狐整 子熙 弟休

司馬裔 子偘

裴果 劉志

鄭偉字子直滎陽開封人也小名闍提魏將作大匠渾之十一世孫祖思明少勇悍仕魏至直閤將軍贈濟州刺史父先護亦以武勇聞起家員外散騎侍郎魏孝莊帝在藩先護早自結託及卽位歷通直散騎常侍平南將軍廣州刺史賜爵平昌縣侯元顥入洛以禦扞之功累遷都督二豫郢雍四州諸軍征東將軍豫州刺史兼尚書右僕射進爵郡公尋入爲車騎將軍左衛將軍及爾朱榮死徐州刺史爾朱仲遠擁兵將入洛詔先護以本官假驃騎將軍大都督率所部與行臺楊昱及都督賀拔勝同討之勝於陣降仲遠又聞京師不守衆遂潰先護奔梁尋自梁歸爲仲遠所害魏孝武初贈使持節都督青齊兗豫四州刺史偉少倜儻有大志每以功名自許善騎射膽力過人爾朱氏滅後自梁歸魏起家通直散騎侍郎及孝武西遷偉亦歸鄉里不求仕進大統三年河內公獨孤信既復洛陽偉乃謂其親族曰今嗣主中興鼎業據有崤函河內公親董衆軍克復瀍洛率土之內孰不延首望風況吾等世荷朝恩家傳忠義誠宜以此時効臣子之節成富貴之資豈可碌碌爲懦夫之事也於是與宗人榮業糺合州里建義於陳留信宿間衆有萬餘人遂攻拔梁州擒東魏刺史鹿永吉及鎭城令狐德幷獲陳留郡守趙季和乃率衆來附因是梁陳之間相次降欵偉馳入朝太祖與語歎美之拜龍驤將軍北徐州刺史封武陽縣伯邑六百戶從戰河橋及解玉壁圍偉常先鋒陷陣侯景歸欵太祖命偉率所部應接之及景後叛偉亦全軍而還錄前後功除中軍將軍滎陽郡守加散騎常侍大都督進爵襄城郡公邑二千戶加車騎大將軍開府儀同三司魏恭帝二年進位大將軍除江陵防主都督十五州諸軍事偉性麤獷不遵法度睚眦之間便行殺戮朝廷以其有立義之効每優容之及在江陵乃專戮副防主杞賓王坐除名保定元年詔復官爵仍除宜州刺史天和六年轉華州刺史偉前後莅職皆以威猛爲治吏民莫敢犯禁盜賊亦爲之休止雖無仁政然頗以此見稱其年卒於州時年五十七贈本官加少傅都督司豫洛相冀五州諸軍事司州刺史謚曰肅偉性吃少時嘗逐鹿於野失之遇牧豎而問焉牧豎答之其言亦吃偉怒謂其効已遂射殺之其忍暴如此子大士嗣偉族人頂字寧伯少有幹用起家員外散騎侍郎稍遷行臺左丞陽城陳留二郡守與偉同謀立義後隨偉入朝賜爵魏昌縣伯除太府少卿出爲扶風郡守復爲太府少卿轉衞尉少卿歷職內外竝有恪勤之稱尋卒官贈儀同三司豫州刺史子常字子元頗涉學有當官譽歷撫軍將軍通直散騎常侍司皮下大夫遷信東徐南兗三州刺史以立義及累戰功授上開府儀同大將軍賜爵饒陽侯卒贈本官加郢鄀陝三州諸軍事郢州刺史子神符

楊纂廣寧人也父安仁魏北道都督朔州鎭將纂少習軍旅慷慨有志略尤工騎射勇力兼人年二十從齊神武起兵於信都以軍功稍遷安西將軍武州刺史自以功高賞薄志懷怨憤每歎曰大丈夫富貴何必故鄉若

以妻子撓懷豈不沮人雄志大統初乃間行歸款太祖執纂手曰人所貴者忠義也所儷者危亡也其能不憚危亡蹈兹忠義者今方見之於卿耳卽授征南將軍大都督封永興縣侯邑八百戶加通直散騎常侍從太祖解洛陽圍經河橋邙山之戰纂每先登軍中咸推其敢勇累遷使持節車騎大將軍儀同三司散騎常侍驃騎大將軍開府儀同三司加侍中進爵爲公增邑通前一千戶賜姓莫胡盧氏俄授岐州刺史孝閔帝踐阼進爵宋熙郡公保定元年進位大將軍改封隴東郡公除隴州刺史三年從隋公楊忠東伐至并州而還天和六年進授柱國大將軍轉華州刺史纂性質樸又不識文字前後莅職但推誠信而已吏以其忠恕頗亦懷之尋卒於州時年六十七子睿嗣位至上柱國漁陽郡公

段永字永賓其先遼西石城人晉幽州刺史匹磾之後也曾祖恨仕魏黃龍鎭將因徙高陸之河陽焉永幼有志操閭里稱之魏正光末六鎭擾亂遂擕老幼避地中山後赴洛陽拜殿中將軍稍遷平東將軍封沃陽縣伯邑五百戶靑州人崔社客舉兵反永討平之進爵爲侯除左光祿大夫時有賊魁元伯生率數百騎西自崤潼東至鞏洛屠陷塢壁所在爲患魏孝武遣京畿大都督匹婁昭討之昭請以五千人行永進曰此賊旣無城柵唯以寇抄爲資安則蟻聚窮則鳥散取之在速不在衆也若星馳電發出其不虞精騎五百自足平殄若徵兵而後往彼必遠竄雖有大衆無所用之帝然其計於是命永代昭以五百騎討之永覘知所在倍道兼進遂破平之帝西遷永時不及從大統初乃結宗人潛謀歸款密與都督趙業等襲斬西中郎將慕容顥和傳首京師以功別封昌平縣子邑三百戶除北徐州刺史從擒竇泰復弘農破沙苑竝有戰功進爵爲公河橋之役永力戰先登授南汾州刺史累遷大都督車騎大將軍儀同三司散騎常侍驃騎大將軍開府儀同三司賜姓爾綿氏魏廢帝元年授恒州刺史于時朝貴多其部人謁永之日冠蓋盈路當時榮之孝閔帝踐阼進爵廣城郡公轉文州刺史入爲工部中大夫遷軍司馬保定四年拜大將軍永歷任內外所在頗有聲稱輕財好士朝野以此重焉前後累增凡三千九百戶天和四年授小司寇尋爲右二軍總管率兵北道講武遇疾卒於賀葛城年六十八喪還高祖親臨贈使持節柱國大將軍同華等五州刺史謚曰基子岌嗣官至儀同三司兵部下大夫

王士良字君明其先太原晉陽人也後因晉亂避地涼州魏太武平沮渠氏曾祖景仁歸魏爲敦煌鎭將祖公禮平城鎭司馬因家於代父延蘭陵郡守士良少修謹不妄交遊魏建明初爾朱仲遠啓爲府參軍事歷大行臺郎中諫議大夫封石門縣男邑二百戶後與紇豆陵步藩交戰軍敗爲步藩所擒遂居河右僞行臺紇豆陵伊利欽其才擢授右丞妻以孫女士良旣爲姻好便得盡言遂曉以禍福伊利等竝卽歸附朝廷嘉之太昌初進爵晉陽縣子邑四百戶尋進爵琅邪縣侯授太中大夫右將軍出爲殷州車騎府司馬東魏徙鄴之後置京畿府專典兵馬時齊文襄爲大都督以士良爲司馬領外兵參軍尋遷長史加安西將軍從封符壘縣侯增邑七百戶武定初除行臺左中兵郎中又轉大將軍府屬從事中郎仍攝外兵事王思政鎭潁川齊文襄率衆攻之授士良大行臺右丞加鎭西將軍增邑一千戶進爵爲公令輔其弟演於并州居守齊文宣卽位入爲給事黃門侍郎領中書舍人仍總知并州兵馬事加征西將軍別封新豐縣子邑三百戶俄除驃騎將軍尚書吏部郎中齊文宣自晉陽赴鄴宮復士良爲尚書左丞統留後事仍遷御史中丞轉七兵尚書未幾入爲侍中轉殿中尚書頃之復爲侍中除吏部尚書士良頓首固讓文宣不許久之還爲侍中又攝度支五兵二曹尚書士良少孤事繼母梁氏以孝聞及卒居喪合禮文宣尋起令視事士良屢表陳誠再三不許方應命文宣見其毁瘠乃許之因此臥疾歷年文宣每自臨視疾愈除滄州刺史乾明初徵還鄴授儀同三司孝昭卽位遣三道使搜揚人物士良與尚書令趙郡王高叡太常卿崔昂分行郡國但有一介之善者無不以聞齊武成初除太子少傅少師復除侍中轉太常卿尋加開府儀同三司出爲豫州道行臺豫州刺史保定四年晉公護東伐權景宣以山南兵圍豫州士良舉城降授大將軍小司徒賜爵廣昌郡公尋除荆州總管行荆州刺史復入爲小司徒俄除鄜州刺史轉金州總管七州諸軍事金州刺史建德六年授并州刺史士良去鄉旣久忽臨本州耆舊故人猶有存者遠近咸以爲榮加授上大將軍以老疾乞骸骨優詔許之隋開皇元年卒時年八十二子德衡大象末儀同大將軍

崔彥穆字彥穆清河東武城人也魏司空安陽侯林之九世孫曾祖顗魏平東府諮議祖蔚遭從兄司徒浩之難南奔江左仕宋爲給事黃門侍郎汝南義陽二郡守延興初復歸於魏拜潁川郡守因家焉後終於郢州刺史父稚篤志經史不以世事嬰心起家祕書郎稍遷永昌郡守隋開皇初以獻后外曾祖追贈上開府儀同三司新州刺史彥穆幼明悟神彩卓然年十五與河間邢子才京兆韋孝寬俱入中書學偏相友愛伏膺儒業爲時輩所稱魏吏部尚書隴西李神儁有知人之鑒見而歎曰王佐才也永安末除司徒府參軍事轉記室遷大司馬從事中郎魏孝武西遷彥穆時不得從大統三年乃與兄彥珍於成皋舉義因攻拔滎陽擒東魏郡守蘇淑仍與鄭郡王元洪威攻潁川斬其刺史李景道孝武嘉之拜鎭東將軍金紫光祿大夫滎陽郡守四年兼行右民郎中潁川邑中正賜爵千乘縣侯十四年加使持節車騎大將軍儀同三司散騎常侍司農卿時軍國草刱衆務殷繁太祖乃詔彥穆入幕府兼掌文翰及于謹平江陵彥穆以本官從平之世宗初進驃騎大將軍開府儀同三司俄拜安州總管十一州諸軍事安州刺史入爲御正中大夫陳氏請敦鄰好詔彥穆使焉彥穆風韻閑曠器度方雅善玄言解談謔甚爲江陵所稱轉民部中大夫進爵爲公天和三年復爲使主聘於齊使還除金州總管七州諸軍事金州刺史進位大將軍尋徵拜小司徒大象二年宣帝崩隋文帝輔政三方兵起以彥穆爲行軍總管率兵與襄州總管王誼討司馬消難軍次荆州彥穆疑荆州總管獨孤永業有異志遂收而戮之及事平隋文帝徵王誼入朝卽以彥穆爲襄州總管六州諸軍事襄州刺史加授上大將軍進爵東郡公邑二千戶頃之永業家自理得雪彥穆坐除名尋復官爵隋開皇元年卒子君綽嗣君綽性夷簡博覽經史有父風大象末丞相府賓曹參軍君綽弟君肅解巾爲道王侍讀大象末潁川郡守

令狐整字延保燉煌人也本名延世爲西土冠冕曾祖嗣祖詔安竝官至郡守咸爲良二千石父虬早以名德著聞仕歷瓜州司馬燉煌郡守郢州刺史封長城縣子大統末卒於家太祖傷悼之遣使者監護喪事又勑鄉人爲營墳壟贈龍驤將軍瓜州刺史整幼聰敏沉深有識量學藝騎射竝爲河右所推刺史魏東陽王元榮辟整爲主簿加盪寇將軍整進趨詳雅對揚辨暢謁見之際州府傾目榮器整德望嘗謂僚屬曰令狐延保西州令望方城重器豈州郡之職所可縶維但一日千里必基武步寡人當委以庶務書諾而已頃之魏孝武西遷河右擾亂榮仗整防扞州境獲寧及鄧彥竊瓜州拒不受代整與開府張穆等密應使者申徵執彥送京師太祖嘉其忠節表爲都督尋而城民張保又殺刺史成慶與涼州刺史宇文仲和搆逆規據河西晉昌人呂興等復害郡守郭肆以郡應保初保等將圖爲亂慮整守義不從旣殺成慶因欲及整以整人之望也復恐其下叛之遂不敢害雖外加禮敬內甚忌整整亦僞若親附而密欲圖之陰令所親說保曰君與仲和結爲脣齒今東軍漸逼涼州彼勢孤危恐不能敵若或摧衂則禍及此土宜分遣銳師星言救援二州合勢則東軍可圖然後保境息人計之上者保然之而未知所任整又令說保曰歷觀成敗在於任使所擇不善旋致傾危令狐延保兼資文武才堪統御若使爲將蔑不濟矣保納其計具以整父兄等竝在城中弗之疑也遂令整行整至玉門郡召集豪傑說保罪逆馳還襲之先定晉昌斬呂興進軍擊保州人素服整威名竝棄保來附保遂奔吐谷渾衆議推整爲刺史整曰本以張保肆逆毒害無辜闔州之人俱陷不義今者同心戮力務在除兇若其自相推薦復恐効尤致禍於是乃推波斯使主張道義行州事具以狀聞詔以申徵爲刺史徵整赴闕授壽昌郡守封襄武縣男邑二百戶太祖謂整曰卿少懷英略早建殊勳今者官位未足酬賞方當與卿共平天下同取富貴遂立爲瓜州義首仍除持節撫軍將軍通直散騎常侍大都督整以國難未寧常願舉宗效力遂率鄉親二千餘人入朝隨軍征討整善於撫馭躬同豐約是以人衆竝忘羇旅盡其力用遷使持節車騎將軍儀同三司散騎常侍太祖常從容謂整曰卿遠祖立忠而去卿今立忠而來可謂積善餘慶世濟其美者也整遠祖漢建威將軍邁不爲王莽屈其子稱避地河右故太祖稱之云尋除驃騎大將軍開府儀同三司加侍中太祖又謂整曰卿勳同婁項義等骨肉立身敦雅可以範人遂賜姓宇文氏幷賜名整焉宗人二百餘戶竝列屬籍孝閔帝踐阼拜司憲中大夫處法平允爲當時所稱進爵彭陽縣公增邑一千戶初梁興州刺史席固以州來附太祖以固爲豐州刺史固莅職旣久猶習梁法凡所施爲多虧治典朝議密欲代之而難其選遂令整權鎭豐州委以代固之略整廣布威恩傾身撫接數月之間化洽州府於是除整豐州刺史以固爲湖州豐州舊治不居人民賦役參集勞逸不均整請移治武當詔可其奏獎勵撫導遷者如歸旬月之間城府周備固之遷也其部曲多願留爲整左右整諭以朝制弗之許也流涕而去及整秩滿代至民吏戀之老幼送整遠近畢集數日停留

方得出界其得人心如此拜御正中大夫出為中華郡守轉同州司會遷始州刺史整雅識情偽尤明政術恭謹廉慎常懼盈滿故歷居內外所在見稱天和六年進位大將軍增邑通前二千一百戶晉公護之初執政也欲委整以腹心整辭不敢當頗迕其意護以此疏之及護誅附會者咸伏法而整獨保全時人稱其先覺建德二年卒時年六十一贈本官加鄜宜幽鹽四州諸軍事鄜州刺史謚曰襄子熙嗣熙字長熙性方雅有度量雖在私室容止儼然非一時賢俊未嘗與之遊處善騎射解音律涉羣書尤明三禮累遷居職任並有能名大象中位至吏部中大夫儀同大將軍整弟休幼聰敏有文武材起家太學生後與整同起兵逐張保授都督累遷大都督樂安郡守入為中外府樂曹參軍時諸功臣多為本州刺史晉公護謂整曰以公勳望應得本州但朝廷藉公委任無容遠出然公門之內須有衣錦之榮乃以休為燉煌郡守在郡十餘年甚有政績進位儀同三司遷合州刺史尋卒官

司馬裔字遵胤河內溫人也晉宣帝弟太常馗之後曾祖楚之屬宋武帝誅晉氏戚屬避難歸魏位至使持節侍中鎮西大將軍開府儀同三司朔州刺史封琅邪王裔少孤有志操州郡辟召並不應命起家司徒府參軍事後以軍功授中堅將軍員外散騎常侍及魏孝武西遷裔時在鄴潛歸鄉里志在立功大統三年大軍復弘農乃於溫城起義遣使送款與東魏將高永洛王陵等晝夜交戰衆寡不敵義徒死傷過半及大軍東征裔率所部從戰河橋又別攻懷縣獲其將吳輔叔自此頻與東魏交戰每有克獲六年授河內郡守尋加持節平東將軍北徐州刺史八年率其義衆入朝太祖嘉之特蒙賞勞頃之河內有四千餘家歸附並裔之鄉舊乃授前將軍太中大夫領河內郡守令安集流民十三年攻拔東魏平齊柳泉蓼塢三城獲其鎮將李熙之加授都督十五年太祖令山東立義諸將等能率衆入關者並加重賞裔領戶千室先至太祖欲以封裔固辭曰立義之士辭鄉里捐親戚遠歸皇化者皆是誠心內發豈裔能率之乎今以封裔便是賣義士以求榮非所願也太祖善而從之授帥都督拜其妻元為襄城郡公主十六年大軍東伐裔請為前鋒遂入建州破東魏將劉雅與拔其五城魏廢帝元年徵裔令以本兵鎮漢中除白馬城主帶華陽郡守加授撫軍將軍大都督通直散騎常侍二年轉鎮宋熙郡尋率所部兵從尉遲迥伐蜀與叱羅協破叛兵趙雄傑於槐林平鄧胐於梓潼以功賜爵龍門縣子行蒲州刺史尋行新城郡事魏恭帝元年授使持節車騎大將軍儀同三司散騎常侍本郡中正孝閔帝踐阼除巴州刺史進使持節驃騎大將軍開府儀同三司進爵琅邪縣伯邑五百戶保定二年入為御伯中大夫增邑通前一千五百戶四年轉御正中大夫進爵為公大軍東討裔率義兵與少師楊摽守軹關即授懷州刺史東道慰勞大使五年轉始州刺史天和初信州蠻酋冉令賢等反連結二千餘里裔隨上庸公陸騰討之裔自開州道入先遣使宣示禍福蠻酋冉三公等三十餘城皆來降附進次雙城蠻酋向寶勝等率其種落據險自固向天王之徒為其外援裔晝夜攻圍腹背受敵自春至秋五十餘戰寶勝糧仗俱竭力屈乃降時尚有籠東一城未下尋亦拔之又獲賊帥冉西梨向天王等出師再朞羣蠻率服拜信州刺史五年遷潼州刺史六年徵拜大將軍除西寧州刺史未及之部卒於京師裔性清約不事生業所得俸祿並散之親戚身死之日家無餘財宅宇卑陋喪庭無所有詔為起祠堂焉贈大將軍加懷邵汾晉四州刺史謚曰定子侃嗣侃字道遷少敢勇未弱冠便從戎旅保定四年隨少師楊摽東征與齊人交戰摽為敵所擒侃力戰得免天和二年授右侍上士加都督進大都督從大軍攻晉州以功授使持節車騎將軍儀同三司又從平并鄴除樂安郡守後更論晉州及平齊勳加驃騎大將軍開府儀同三司遷兗州刺史未之部而卒贈本官加豫州刺史謚曰惠子運嗣

裴果字戎昭河東聞喜人也祖思賢魏青州刺史父遵齊州刺史果少慷慨有志略魏太昌初起家前將軍乾河軍主除陽平郡丞太祖曾使并州與果相遇果知非常人密託附焉永安末盜賊蜂起果從軍征討乘黃驄馬衣青袍每先登陷陣時人號為黃驄年少永熙中授河北郡守及齊神武敗於沙苑果乃率其宗黨歸闕太祖嘉之賜田宅奴婢牛馬衣服什物等從戰河橋解玉壁圍並摧鋒奮擊所向披靡大統九年又從戰邙山於太祖前挺身陷陣生擒東魏都督賀婁烏蘭勇冠當時人莫不歎服以此太祖愈親待之補帳內都督遷平東將軍後從開府楊忠平隨郡安陸以功加大都督除正平郡守正平果本郡也以威猛為政百姓畏之盜賊亦為之屏息遷使持節車騎大將軍儀同三司散騎常侍司農卿又從大將軍尉遲迥伐蜀果率所部為前軍開劍閣破李慶保降楊乾運皆有功魏廢帝三年授龍州刺史封冠軍縣侯邑五百戶俄而州民張道李祏驅率百姓圍逼州城時糧仗皆闕兵士又寡果設方略以拒之賊便退走於是出兵追擊累戰破之旬月之間州境清晏轉陵州刺史孝閔帝踐阼除隆州刺史加使持節驃騎大將軍開府儀同三司進爵為公增邑一千戶武成末轉眉州刺史保定五年授復州刺史果性嚴猛能斷決每抑挫豪右申理屈滯歷牧數州號為稱職天和二年卒於位贈本官加絳晉建三州刺史謚曰質子孝仁嗣孝仁幼聰敏涉獵經史有譽於時起家舍人上士累遷大都督儀同三司出為長寧鎮將扞禦齊人甚有威邊之略建德末遷建州刺史轉譙州刺史大象末又遷亳州刺史鄭偉等之以梁州歸款時劉志亦以廣州來附

志弘農華陰人本名思漢太尉寬之十世孫也高祖隆宋武帝平姚泓以宗室首望召拜馮翊郡守後屬赫連氏入寇避地河洛因家于汝潁祖善魏大安中舉秀才拜中書博士後至弘農郡守北雍州刺史父褒汝南郡守贈徐州刺史志少好學博涉羣書植性方重兼有武略魏正光中以明經徵拜國子助教除行臺郎中永安初加宣威將軍給事中二年轉東中郎府司馬征虜將軍永熙二年除安北將軍銀青光祿大夫廣州別駕三年齊神武舉兵入洛魏孝武西遷志據城不從東魏潛遣間使奉表長安魏孝武嘉之授缺二字長史襄城郡守後齊神武遣兵攻圍志力屈城陷潛遁得免大統三年太祖遣領軍將軍獨孤信復洛陽志糺合義徒舉廣州歸國拜大丞相府墨曹參軍封華陰縣男邑二百戶加大都督撫軍將軍轉中外府屬遷國子祭酒世宗出牧宜州太祖以志為幕府司錄世宗雅愛儒學特欽重之事無大小咸委於志志亦忠恕謹慎甚得匡贊之體太祖嘉之嘗謂之曰卿之所為每會吾志於是遂賜名志焉仍於宜州賜田宅令徙居之世宗遷蒞岐州又令志以本官翊從及世宗即位除右金紫光祿大夫車騎大將軍儀同三司進爵武鄉縣公增邑通前一千戶仍賜姓宇文氏高祖時為魯公詔又以志為其府司馬高祖嗣位進授驃騎大將軍開府儀同三司拜刑部中大夫志執法平允甚得時譽蓮芍界內數有羣盜攻劫行旅郡縣不能制乃以志為延壽郡守以督之志示以恩信羣盜相率請罪志表陳其狀詔並免之自是郡界肅清寇盜屏息遷使持節成州諸軍事成州刺史政存寬恕民吏愛之天和五年卒贈大將軍揚州刺史謚曰文子子明嗣子明弘雅有父風歷官右侍上士大都督絳州別駕隋文帝踐極除行臺郎中順陽郡守子明弟子陵司右中士帥都督涼州別駕隋開皇初拜姑臧郡守尋加儀同三司歷衛州蔚州長史幽州總管府長史

史臣曰昔陽貨外叛庶其竊邑而春秋譏之韓信背項陳平歸漢而史遷美之蓋以運屬既安君道已著則狥利忘德者罪也時逢擾攘臣禮未備則轉禍為福者可也鄭偉崔彥穆等之在山東並以不羈之才邅回於鷙雀終能翻然豹變自致龜組其知機之士歟王士良之仕于齊班職上卿出為牧伯而臨危苟免失忠與義其背叛之徒歟令狐整器幹確然雅望重於河右處州里則勳著方隅升朝廷則績宣中外而畏避權寵克保終吉不如是亦何以立譽名取高位乎

周書卷三十六考證

王士良傳復士良為尚書左丞○北史復以士良為尚書左丞此脫以字

裴果傳俄而州民張道○北史作張遁臣文淳按本書宇文貴傳作張遁北史又作張道未知孰是

周書卷三十七

唐 令狐德棻等撰

列傳第二十九

寇儁
韓褒
趙肅 徐招
張軌
李彥
郭彥
裴文舉 高賓 寮允

寇儁字祖儁上谷昌平人也祖讚魏南雍州刺史父臻安遠將軍郢州刺史儁性寬雅幼有識量好學強記兄祖訓祖禮及儁並有志行閨門雍睦白首同居父亡雖久而猶於平生所處堂宇備設帷帳几杖以時節列拜垂涕陳薦若宗廟焉吉凶之事必先啓告遠行往返亦如之性又廉恕不以財利為心家人曾賣物與人而剩得絹五匹儁於後知之乃曰惡木之陰不可暫息盜泉之水無容悞飲得財失行吾所不取遂訪主還之其雅志如此以選為魏孝文帝挽郎除奉朝請大乘賊起燕齊擾亂儁參護軍事東討以功授員外散騎侍郎遷尚

書左民郎中以母憂不拜正光三年拜輕騎將軍遷揚烈將軍司空府功曹參軍轉主簿時靈太后臨朝減食祿官十分之一造永寧佛寺令儁典之資費巨萬主吏不能欺隱寺成又極壯麗靈太后嘉之除左軍將軍孝昌中朝議以國用不足乃置鹽池都將秩比上郡前後居職者多有侵隱乃以儁爲之加龍驤將軍仍主簿丞安初華州民史底與司徒楊椿訟田長史以下以椿勢貴皆言椿直欲以田給椿儁曰史底窮民楊公橫奪其地若欲損不足以給有餘見使雷同未敢聞命遂以地還史底孝莊帝後知之嘉儁守正不撓卽拜司馬賜帛百匹其附椿者咸譴責焉二年出爲左將軍涼州刺史民俗荒獷多爲盜賊儁乃令郡縣立庠序勸其耕桑敦以禮讓數年之中風俗頓革梁遣其將曹琰之鎮魏興繼日版築琰之屢擾疆埸邊人患之儁遣長史杜休道率兵攻克其城幷擒琰之琰之卽梁大將軍景宗之季弟也於是梁人憚焉屬魏室多故州又僻遠梁人知無外援遂遣大兵頓魏興志圖攻取儁撫勵將士人思効命梁人知其得衆心也弗之敢逼儁在州清苦不治產業秩滿其子等竝徒步而還吏人送儁留連於道久之乃得出界大統二年東魏授儁洛州刺史儁因此乃謀歸闕五年將家及親屬四百餘口入關拜祕書監時軍國草創墳典散逸儁始選置令史抄集經籍四部羣書稍得周備加鎮東將軍封西安縣男邑二百戶十七年除車騎大將軍儀同三司加散騎常侍儁以年老乞骸骨太祖弗許遂稱疾篤不復朝覲魏恭帝三年賜姓若口引氏孝閔帝踐阼進爵爲子增邑五百戶武成元年進驃騎大將軍開府儀同三司增邑幷前二千戶儁年齒雖邁而志識未衰教授子孫必先禮典世宗尚儒重道特欽賞之數加恩錫思與相見儁不得已乃入朝世宗與同席而坐因顧訪洛陽故事儁身長八尺鬚鬢皓然容止端詳音韻清朗帝與之談論不覺屢爲前膝及儁辭還帝親執其手曰公年德俱尊朕所欽尚乞言之事所望於公宜數相見以慰虛想以御輿令於帝前乘出顧謂左右曰如此之事唯積善者可以致之何止見重於今亦將傳之萬古時人咸以爲榮保定三年卒時年八十高祖歎惜之贈本官加冀定瀛三州諸軍事冀州刺史謚曰元儁篤於仁義期功之有孤者衣食豐約俱與之同少爲司徒崔光所知光命其子勵與儁結友儁每造光常清言移日小宗伯盧辯以儁業行俱崇待以師友之禮每有閑暇輒詣儁讌語彌日恒謂人曰不見西安君煩憂不遣其爲通人所敬重如此子奉位至儀同三司大將軍順陽郡守洵州刺史昌國縣公奉弟顒少好學最知名居喪哀毀歷官儀同大將軍掌朝布憲典祀下大夫小納言濩澤郡公

韓褒字弘業其先潁川潁陽人也徙居昌黎祖瓌魏鎮西將軍平涼郡守安定郡公父演征虜將軍中散大夫恒州刺史褒少有志尚好學而不守章句其師怪而問之對曰文字之間常奉訓誘至於商較異同請從所好師因此大奇之及長涉獵經史深沉有遠略魏建明中起家奉朝請加彊弩將軍遷大中大夫屬魏室喪亂褒避地於夏州時太祖爲刺史素聞其名待以客禮及賀拔岳爲侯莫陳悅所害諸將遣使迎太祖太祖問以去留之計褒曰方今王室凌遲海內鼎沸使君天資英武恩結士心賀拔公奄及於難物情危駭寇洛自知庸懦委身而託使君若總兵權據有關中之地此天授也何疑乎且侯莫陳悅亂常速禍乃不乘勝進取平涼反自遁逃屯營洛水斯乃井中蛙耳使君往必擒之不世之勳在斯一舉時者難得而易失誠願使君圖之太祖納焉太祖爲丞相引褒爲錄事參軍賜姓侯呂陵氏大統初遷行臺左丞賜爵三水縣伯尋轉丞相府屬加中軍將軍銀青光祿大夫二年梁人北寇商洛東魏復侵樊鄧於是以褒爲鎮南將軍丞相府從事中郎出鎮淅酈居二年徵拜丞相府司馬進爵爲侯出爲北雍州刺史加衞大將軍州帶北山多有盜賊褒密訪之竝豪右所爲也而陽不之知厚加禮遇謂之曰刺史起自書生安知督盜所賴卿等共分其憂耳乃悉詔桀黠少年素爲鄉里患者署爲主帥分其地界有盜發而不獲者以故縱論於是諸被署者莫不惶懼皆首伏曰前盜發者竝某等爲之所有徒侶皆列其姓名或亡命隱匿者亦悉言其所在褒乃取盜名簿藏之因大牓州門曰自知行盜者可急來首卽除其罪盡今月不首者顯戮其身籍沒妻子以賞前首者旬日之間諸盜咸悉首盡褒取名簿勘之一無差異竝原其罪許以自新由是羣盜屛息入爲給事黃門侍郎九年遷侍中十二年除都督西涼州刺史羌胡之俗輕貧弱尚豪富豪富之家侵漁小民同於僕隸故貧者日削豪者益富褒乃悉募貧人以充兵士優復其家蠲免徭賦又調富人財物以振給之每西域商貨至又先盡貧者市之於是貧富漸均戶口殷實十六年加大都督涼州諸軍事魏廢帝元年轉會州刺史二年進位車騎大將軍儀同三司尋加驃騎大將軍開府儀同三司進爵爲公武成三年徵拜御伯中大夫保定二年轉司會三年出爲汾州刺史州界北接太原當千里徑先是齊寇數入民廢耕桑前後刺史莫能防扞褒至適會寇來褒乃不下屬縣人既不及設備以故多被抄掠齊人喜相謂曰汾州不覺吾至先未集兵今者之還必莫能追躡我矣由是益懈不爲營壘褒已先勒精銳伏北山中分據險阻邀其歸路乘其衆怠縱伏擊之盡獲其衆故事獲生口者竝囚送京師褒因是奏曰所獲賊衆不足爲多俘而辱之但益其忿耳請一切放還以德報怨有詔許焉自此抄兵頗息四年遷河洮封三州諸軍事河州總管天和三年轉鳳州刺史尋以年老請致仕詔許之五年拜少保褒歷事三帝以忠厚見知高祖深相敬重常以師道處之每入朝見必有詔令坐然後始與論政事七年卒贈涇岐燕三州刺史謚曰貞子繼伯嗣

趙肅字慶雍河南洛陽人也世居河西及沮渠氏滅曾祖武始歸於魏賜爵金城侯祖興中書博士父申侯舉秀才後軍府主簿肅早有操行知名於時魏正光五年酈元爲河南尹辟肅爲主簿孝昌中起家殿中侍御史加威烈將軍奉朝請員外散騎侍郎尋除直後轉直寢永安初授廷尉天平二年轉監後以母憂去職起爲廷尉正以疾免久之授征虜將軍中散大夫遷左將軍大中大夫東魏天平初除新安郡守秩滿還洛大統三年獨孤信東討肅率宗人爲鄉導授司州治中轉別駕監督糧儲軍用不匱太祖聞之謂人曰趙肅可謂洛陽主人也七年加鎮南將軍金紫光祿大夫都督仍別駕領所部義徒據守大塢又兼行臺左丞東道尉勞九年行華山郡事十三年除廷尉少卿明年元日當行朝禮非有封爵者不得預焉肅時未有茅土左僕射長孫儉白太祖請之太祖乃召肅謂曰歲初行禮豈得使卿不預然何爲不早言也於是令肅自選封名肅曰河清乃太平之應竊所願也於是封清河縣子邑三百戶十六年除廷尉卿加征東將軍肅久在理官執心平允凡所處斷咸得其情廉慎自居不營產業時人以此稱之十七年進位車騎大將軍儀同三司散騎常侍賜姓乙弗氏先是太祖命肅撰定法律肅積思累年遂感心疾去職卒於家子正禮齊王憲府屬大都督新安郡守時有高平徐招少好法律發言措筆常欲辨析秋毫歷職內外有當官之譽從魏孝武入關爲給事黃門侍郎尚書右丞時朝廷播遷典章有闕至於臺閣軌儀多招所參定論者稱之尋遷侍中度支尚書大統初卒

張軌字元軌濟北臨邑人也父崇高平令軌少好學志識開朗初在洛陽家貧與樂安孫樹仁爲莫逆之友每易衣而出以此見稱永安中隨爾朱榮擊元顥除討寇將軍奉朝請軌常謂所親曰秦雍之間必有王者爾朱氏敗後遂杖策入關賀拔岳以軌爲記室參軍典機務尋轉倉曹加鎮遠將軍時穀糴湧貴或有請貸官倉者軌曰以私害公非吾宿志濟人之難詎得相違乃賣所服衣物糴粟以賑其乏及岳被害太祖以軌爲都督從征侯莫陳悅悅平使於洛陽見領軍斛斯椿椿曰高歡逆謀已傳行路人情西望以日爲年未知宇文何如賀拔也軌曰宇文公文足經國武可定亂至於高識遠度非愚管所測椿曰誠如卿言眞可恃也太祖爲行臺授軌郎中魏孝武西遷除中書舍人封壽張縣子邑三百戶加左將軍濟州大中正兼著作佐郎修起居注遷給事黃門侍郎兼吏部郎中六年出爲河北郡守在郡三年聲績甚著臨人治術有循吏之美大統間宰人者多推尚之入爲丞相府從事中郎行武功郡事章武公導出鎮秦州以軌爲長史加撫軍將軍大都督通直散騎常侍魏廢帝元年進車騎大將軍儀同三司散騎常侍二年賜姓宇文氏行南秦州事魏恭帝二年徵拜度支尚書復除隴右府長史卒於位時年五十五謚曰質軌性清素臨終之日家無餘財唯有素書數百卷子肅世宗初爲宣納上士轉中外府記室參軍中山公訓侍讀早有才名性頗輕猾時人比之魏諷卒以罪考竟終

李彥字彥士梁郡下邑人也祖先之魏淮南郡守父靜南青州刺史彥少有節操好學慕古爲鄉閭之所敬憚孝昌中解褐奉朝請加輕車將軍從魏孝武入關兼著作佐郎修起居注加寧朔將軍進號冠軍將軍中散大夫遷平東將軍大中大夫大統初除通直散騎侍郎三年拜安東將軍銀青光祿大夫太保轉太傅長史儀曹郎中左民郎中十二年省三十六曹爲十二部改授民部郎中封平陽縣子邑三百戶十五年進號中軍將軍兼尚書左丞領選部大軍東討加持節大都督通直散騎常侍掌留臺事魏廢帝初拜尚書左丞轉左丞彥在尚書十有五載屬軍國草創庶務殷繁留心省閱未嘗懈怠斷決如流略無疑滯臺閣莫不歎其公勤服其明察遷給事黃門侍郎仍左丞尋進車騎大將軍儀同三司賜姓宇文氏出爲鄜州刺史彥以東夏未平固辭州任詔許之拜兵部尚書加驃騎大將軍開府儀同三司

仍兼著作六官建改授軍司馬進爵爲伯彥性謙恭有禮節雖居顯要於親黨之間恂恂如也輕財重義好施愛士時論以此稱之然素多疾而勤於莅職雖沉頓枕席猶理務不輟遂至於卒時年四十六謚曰敬彥臨終遺誡其子等曰昔人以窾木爲櫝葛藟爲緘下不亂泉上不泄臭此實吾平生之志也但事旣矯枉恐爲世士所譏今可斂以時服葬於墝埆之地勿用明器芻塗及儀衞等爾其念之朝廷嘉焉不奪其志子昇明嗣少歷顯職大象末太府中大夫儀同大將軍

郭彥太原陽曲人也其先從宦關右遂居馮翊父肩郡功曹靈武令彥少知名太祖臨雍州辟爲西曹書佐尋除開府儀同主簿轉司空記室太尉府屬遷虞部郎中大統十一年初選當州首望統領鄉兵除帥都督持節平東將軍以居郎官著稱封龍門縣子邑三百戶進大都督遷車騎大將軍儀同三司司農卿是時岷州羌酋傍乞鐵怱與鄭五醜等寇擾西服彥從大將軍宇文貴討平之魏恭帝元年除兵部尚書仍以本兵從柱國于謹南伐江陵進驃騎大將軍開府儀同三司增邑五百戶進爵爲伯六官建拜民部中大夫孝閔帝踐祚出爲澧州刺史蠻左生梗未遵朝憲至於賦稅違命者多聚散無恒不營農業彥勸以耕稼禁共遊獵民皆務本家有餘糧亡命之徒咸從賦役先是以澧州糧儲乏少每令荊州遞送自彥蒞職倉庾充實無復轉輸之勞齊南安城主馮顯密遣使歸降其衆未之知也柱國宇文貴令彥率兵應接齊人先令顯率所部送糧南下彥懼其衆不從命乃於路邀之顯因得自拔其衆果拒戰彥縱兵奮擊並虜獲之以南安無備卽引軍掩襲顯外兵參軍鄒紹旣爲彥所獲因請爲鄉導彥遂夜至城下令紹詐稱顯歸門者開門待之彥引兵而入遂有其城俘獲三千餘人晉公護嘉之進爵懷德縣公邑一千戶以南安懸遠尋令班師及秩滿還朝民吏號泣送彥二百餘里尋爲東道大使觀省風俗除蒲州總管府長史入爲工部中大夫保定四年護東討彥從尉遲迥攻洛陽迥復令彥與權景宣南出汝潁及軍次豫州彥請攻之景宣以城守旣嚴卒難攻取將欲南轅更圖經略彥以奉命出師須與大軍相接若向江畔立功更非朝廷本意固執不從兼畫攻取之計會其刺史王士良妻弟董遠秀密遣送款景宣乃從於是引軍圍之士良遂出降仍以彥鎭豫州增邑六百戶尋以洛陽班師亦棄而不守屬純州刺史樊舍卒其地旣東接陳境俗兼蠻左初喪州將境內騷然朝議以彥威信著於東南便令鎭撫彥至吏人畏而愛之天和元年除益州總管府長史轉隴右總管府長史四年卒於位贈小司空宜鄜丹三州刺史

裴文舉字道裕河東聞喜人也祖秀業魏中散大夫天水郡守贈平州刺史父邃性方嚴爲州里所推挹解褐散騎常侍奉車都尉累遷諫議大夫司空從事中郎大統三年東魏來寇邃乃糾合鄉人分據險要以自固時東魏以正平爲東雍州遣其將司馬恭鎭之每遣間人扇動百姓邃密遣都督韓僧明入城喻其將士卽有五百餘人許爲內應期日未至恭知之乃棄城夜走因是東雍遂內屬及李弼略地東境邃爲之鄉導多所降下太祖嘉之特賞衣物封澄城縣子邑三百戶進安東將軍銀青光祿大夫加散騎常侍太尉府司馬除正平郡守尋卒官贈儀同三司定州刺史文舉少忠謹涉獵經史大統十年起家奉朝請遷丞相府墨曹參軍時太祖諸子年幼盛簡賓友文舉以選與諸公子遊雅相欽敬未嘗戲狎遷威烈將軍著作郎中外府參軍事魏恭帝二年賜姓賀蘭氏孝閔帝踐阼襲爵澄城縣子齊公憲初開幕府以文舉爲司錄世宗初累遷帥都督寧遠將軍大都督及憲出鎭劍南復以文舉爲益州總管府中郎武成二年就加使持節車騎大將軍儀同三司蜀土沃饒商販百倍或有勸文舉以利者文舉答之曰利之爲貴莫若安身身安則道隆非貨之謂是以不爲非惡財也憲矜其貧窶每欲資給之文舉恒自謙遜辭多受少保定三年遷絳州刺史邃之往正平也以廉約自守每行春省俗單車而已及文舉臨州一遵其法百姓美而化之總管韋孝寬特相欽重每與談論不覺膝前於席天和初進驃騎大將軍開府儀同三司尋爲孝寬柱國府司馬六年入爲司憲中大夫進爵爲公增邑通前一千戶俄轉軍司馬建德二年又增邑七百戶文舉少喪父其兄又在山東唯與弟璣幼相訓養友愛甚篤璣又早亡文舉撫視遺孤逾於己子時人以此稱之初文舉叔父季和爲曲沃令卒於聞喜川而叔母韋氏卒於正平縣屬東西分隔韋氏墳壠在齊境及文舉在本州每加賞募齊人感其孝義潛相要結以韋氏柩西歸竟得合葬六年除南青州刺史宣政元年卒於位子冑嗣官至大都督早卒時有高賓者歷官內外亦以幹用見稱

賓渤海修人也其先因官北邊遂沒於遼左祖暠以魏太和初自遼東歸魏官至安定郡守衞尉卿父季安撫軍將軍兗州刺史賓少聰穎有文武幹用仕東魏歷官至龍驤將軍諫議大夫立義都督同列有忌其能者譖之於齊神武賓懼及於難大統六年乃棄家屬間行歸闕太祖嘉之授安東將軍銀青光祿大夫稍遷通直散騎常侍撫軍將軍大都督世宗初除咸陽郡守政存簡惠甚得民和世宗聞其能賜田園於郡境賓旣羇旅歸國親屬在齊常慮見疑無以取信乃於所賜田內多蒔竹木盛構堂宇幷鑿池沼以環之有終焉之志朝廷以此知無貳焉加使持節車騎大將軍儀同三司散騎常侍賜姓獨孤氏武成元年除御正下大夫兼小載師出爲益州總管府長史保定初徵拜計部中大夫治中外府從事中郎賜爵武陽縣伯賓敏於從政果敢決斷案牘雖繁綽有餘裕轉太府中大夫齊公憲府長史天和二年除鄀州諸軍事鄀州刺史進位驃騎大將軍開府儀同三司治襄州總管府司錄六年卒於州時年六十八子頍爲隋文帝佐命開皇中贈賓禮部尚書武陽公謚曰簡又有安定猝允本性牛氏亦有器幹知名於時歷官侍中驃騎大將軍開府儀同三司工部尚書臨涇縣公賜姓宇文氏失其事故不爲傳允子弘博學洽聞宣政中內史下大夫儀同大將軍大象末復姓牛氏

史臣曰寇儁委質兩朝以儒素見重韓褒奉事三帝以忠厚知名趙肅平允當官張軌循良播美李彥譽流省閣郭彥信著蠻陬歷官外內並當時之選也文舉之在絳州世載清德辭多受少有廉讓之風焉

周書卷三十七考證

史臣論○此下南北監本俱有注云附高賓贊缺臣文淳按賓乃附傳不必有贊今刪之

周書卷三十八

唐　令　狐　德　棻　等　撰

列傳第三十

蘇亮字景順武功人也祖權魏中書侍郎玉門郡守父祐泰山郡守亮少通敏博學好屬文善章奏初舉秀才至洛陽遇河內常景景深器之退而謂人曰秦中才學可以抗山東者將此人乎魏齊王蕭寶夤引爲參軍後寶夤開府復爲其府主簿從寶夤西征轉記室參軍寶夤遷大將軍仍爲之掾寶夤雅知重亮凡有文檄謀議皆以委之尋行武功郡事甚著聲績寶夤作亂以亮爲黃門侍郎亮善處人間與物無忤及寶夤敗從之者還禍唯亮獲全及長孫稚爾朱天光等西討並以亮爲郎中專典文翰累遷鎭軍將軍光祿大夫散騎常侍岐州大中正賀拔岳爲關西行臺引亮爲左丞典機密魏孝武西遷除吏部郎中加衞將軍右光祿大夫大統二年拜給事黃門侍郎領中書舍人魏文帝子宜都王式爲秦州刺史以亮爲司馬帝謂亮曰黃門侍郎豈可爲秦州司馬直以朕愛子出蕃故以心腹相委勿以爲恨臨辭賜以御馬七年復爲黃門郎加驃騎將軍八年遷都官尚書使持節行北華州刺史封臨涇縣子邑三百戶除中書監領著作修國史亮有機辯善談笑太祖甚重之有所籌議率多會旨記人之善忘人之過薦達後進常如弗及故當世敬慕焉十四年除祕書監車騎大將軍儀同三司尋拜大行臺尚書出爲岐州刺史朝廷以其作牧本州特給路車鼓吹先還其宅幷給騎士三千列羽儀遊鄉黨經過故人歡飲旬日然後入州世以爲榮十七年徵拜侍中卒於位贈本官亮少與從弟綽俱知名然綽文章少不逮亮至於經畫進趣亮又減之故世稱二蘇焉亮自大統以來無歲不轉官一年或至三遷僉曰才至不怪其速也所著文筆數十篇頗行於世子師嗣以亮名重於時起家爲黃門侍郎

亮弟湛字景儁少有志行與亮俱著名西土年二十餘舉秀才除奉朝請領侍御史加員外散騎侍郎蕭寶夤西討以湛爲行臺郎中深見委任及寶夤將謀叛逆湛時臥疾於家寶夤乃令湛從母弟天水姜儉謂湛曰吾不能坐受死亡今便爲身計不復作魏臣也與卿死生榮辱方當共之故以相報湛聞之舉聲大哭儉遽止之曰何得便爾湛曰闔門百口卽時屠滅云何不哭哭數十聲徐謂儉曰爲我白齊王王本以窮而歸人賴朝廷假王羽翼遂得榮寵至此旣屬國步多虞不能竭誠報德豈可乘人間隙便有問鼎之心乎今魏德雖衰天命未改王之恩義未洽於民破亡之期必不旋踵蘇湛終不能以積世忠貞之基一旦爲王族滅也寶夤復令儉

謂湛曰此是救命之計不得不爾湛復曰凡舉大事當得天下奇士今但共長安博徒小兒輩爲此計豈有辦哉湛不忍見荆棘生王戸庭也願賜骸骨還舊里庶歸全地下無愧先人寶夤素重之知必不爲已用遂聽還武功寶夤後果敗孝莊帝卽位徵拜尚書郎帝嘗謂之曰聞卿答蕭寶夤甚有美辭可爲我說之也湛頓首謝曰臣自惟言辭不如伍被遠矣然始終不易竊謂過之但臣與寶夤周旋契闊言得盡心而不能令其守節此臣之罪也孝莊大悅加授散騎侍郎尋遷中書侍郎孝武初以疾還鄉里終於家贈散騎常侍鎭西將軍雍州刺史

湛弟讓字景恕幼聰敏好學頗有人倫鑒識初爲本州主簿稍遷別駕武都郡守鎭遠將軍金紫光祿大夫及太祖爲丞相引爲府屬甚見親待出爲衞將軍南汾州刺史治有善政尋卒官贈車騎大將軍儀同三司涇州刺史

柳虯字仲蟠司會慶之兄也年十三便專精好學時貴遊子弟就學者竝車服華盛唯虯不事容飾遍授五經略通大義兼博涉子史雅好屬文孝昌中揚州刺史李憲舉虯秀才兗州刺史馮儁引虯爲府主簿既而樊子鵠爲吏部尚書其兄義爲揚州治中加鎭遠將軍非其好也遂棄官還洛陽屬天下喪亂乃退耕於陽城有終焉之志大統三年馮翊王元季海領軍獨孤信鎭洛陽于時舊京荒廢人物罕極唯有虯在陽城裴諏在潁川信等乃俱徵之以虯爲行臺郎中諏爲都督府屬竝掌文翰時人爲之語曰北府裴諏南省柳虯時軍旅務殷虯勵精從事或通夜不寢季海嘗云柳郎中判事我不復重看四年入朝太祖欲官之虯辭母老乞侍醫藥太祖許焉久之爲獨孤信開府從事中郎信出鎭隴右因爲秦州刺史以虯爲二府司馬雖處元僚不綜府事唯在信左右談論而已因使見太祖被留爲丞相府記室追論歸朝功封美陽縣男邑二百戸虯以史官密書善惡未足懲勸乃上疏曰古者人君立史官非但記事而已蓋所以爲監誡也動則左史書之言則右史書之彰善癉惡以樹風聲故南史抗節表崔杼之罪董狐書法明趙盾之愆是知直筆於朝其來久矣而漢魏已還密爲記注徒聞後世無益當時非所謂將順其美匡救其惡者也且著述之人密書其事縱能直筆人莫之知何止物生橫議亦自異端互起故班固致受金之名陳壽有求米之論著漢魏者非一氏造晉史者至數家後代紛紜莫知准的伏惟陛下則天稽古勞心庶政開誹謗之路納忠讜之言諸史官記事者請皆當朝顯言其狀然後付之史閣庶令是非明著得失無隱使聞善者日修有過者知懼敢以愚管輕冒上聞乞以瞽言訪之衆議事遂施行十四年除祕書丞祕書雖領著作不參史事自虯爲丞始令監掌焉十六年遷中書侍郎修起居注仍領丞事時人論文體者有古今之異虯又以爲時有今古非文有今古乃爲文質論文多不載魏廢帝初遷祕書監加車騎大將軍儀同三司虯脫略人間不事小節弊衣疏食未嘗改操人或譏之虯曰衣不過適體食不過充饑孜孜營求徒勞思慮耳魏恭帝元年冬卒時年五十四贈兗州刺史謚曰孝有文章數十篇行於世子鴻漸嗣

呂思禮東平壽張人也性溫潤不雜交遊年十四受學於徐遵明長於論難諸生爲之語曰講書論易其鋒難敵十九舉秀才對策高第除相州功曹參軍葛榮圍鄴思禮有守禦勳賜爵平陸縣伯除樂城令普泰中僕射司馬子如薦爲尚書二千戸郎中尋以地寒被出兼國子博士乃求爲關西大行臺賀拔岳所重專掌機密甚得時譽岳爲侯莫陳悅所害趙貴等議遣赫連達迎太祖思禮預其謀及太祖爲關西大都督以思禮爲府長史尋除行臺右丞以迎魏孝武功封汝陽縣子邑四百戸加冠軍將軍拜黃門侍郎魏文帝卽位領著作郎除安東將軍都官尚書兼七兵殿中二曹事從擒竇泰進爵爲侯邑八百戸大統四年以謗訕朝政賜死思禮好學有文才雖務兼軍國而手不釋卷晝理政事夜則讀書令蒼頭執燭燭燼夜有數升沙苑之捷命爲露布食項便成太祖歎其工而且速所爲碑誄表頌竝傳於世七年追贈車騎大將軍定州刺史子亶嗣大象末位至駕部下大夫時有博陵崔騰新蔡董紹竝早有名譽歷職清顯騰爲丞相府長史紹爲御史丞俱以投書謗議賜死

薛憕字景猷河東汾陰人也曾祖弘敞値赫連之亂率宗人避地襄陽憕早喪父家貧躬耕以養祖母有暇則覽文籍時人未之奇也江表取人多以世族憕旣羇旅不被擢用然負才使氣未嘗趣世祿之門左中郎將京兆韋潛度謂憕曰君門地非下身材不劣何不䰄裾數參吏部憕曰世冑躡高位英俊沉下僚古人以爲歎息竊所未能也潛度告人曰此年少極慷慨但不遇時耳孝昌中杖策還洛陽先是憕從祖眞度與族祖安都擁徐兗歸魏其子懷儁見憕甚相親善屬爾朱榮廢立遂還河東止懷儁家不交人物終日讀書手自抄略將二百卷唯郡守元襲時相要屈與之抗禮懷儁每曰汝還鄉里不營產業不肯取妻豈復欲南乎憕亦恬然自處不改其舊普泰中拜給事中加伏波將軍及齊神武起兵憕乃東遊陳梁間謂族人孝通曰高歡阻兵陵上喪亂方始關中形勝之地必有霸王居之乃與孝通俱遊長安侯莫陳悅聞之召爲行臺郎中除鎭遠將軍步兵校尉及悅害賀拔岳軍人咸相慶慰憕獨謂所親曰悅才略本寡輒害良將敗亡之事其則不遠吾屬今卽爲人所虜何慶慰之有乎聞者以憕言爲然乃有憂色尋而太祖平悅引憕爲記室參軍魏孝武西遷授征虜將軍中散大夫封夏陽縣男邑二百戸魏文帝卽位拜中書侍郎加安東將軍增邑百戸進爵爲伯大統四年宣光清徽殿初成憕爲之頌魏文帝又造二欹器一爲二仙人共持一鉢同處一盤鉢蓋有山山有香氣一仙人又持金瓶以臨器上以水灌山則出於瓶而注乎器煙氣通發山中謂之仙人欹器一爲二荷同處一盤相去盈尺中有蓮下垂器上以水注荷則出於蓮而盈乎器爲鳧鴈蟾蜍以飾之謂之水芝欹器二盤各處一牀鉢圓而牀方中有人言三才之象也皆置淸徽殿前器形似觥而方滿則平溢則傾憕各爲作頌大統初儀制多闕太祖令憕與盧辯檀翥等參定之自以流離世故不聽音樂雖幽室獨處嘗有慼容後坐事死子舒嗣官至禮部下大夫儀同大將軍聘陳使副

薛寘河東汾陰人也祖遵彥魏平遠將軍河東郡守安邑侯父乂尚書吏部郎淸河廣平二郡守寘幼覽篇籍好屬文年未弱冠爲州主簿郡功曹起家奉朝請稍遷左將軍太中大夫從魏孝武西遷封郃陽縣子邑四百戸進號中軍將軍魏廢帝元年領著作佐郎修國史尋拜中書侍郎修起居注遷中書令車騎大將軍儀同三司燕公于謹征江陵以寘爲司錄軍中謀略寘竝參之江陵平進爵爲伯增邑五百戸朝廷方改物刱制欲行周禮乃令寘與小宗伯盧辯斟酌古今共詳定之六官建授內史下大夫孝閔帝踐阼進爵爲侯增邑五百戸轉御正中大夫時前中書監盧柔學業優深文藻華贍而寘與之方駕故世號曰盧薛焉久之進位驃騎大將軍開府儀同三司出爲淅州刺史卒於位吏民哀惜之贈虞州刺史謚曰理所著文筆二十餘卷行於世又撰西京記三卷引據該洽世稱其博閎焉寘性至孝雖年齒已衰職務繁廣至於溫凊之禮朝夕無違當時以此稱之子明嗣大象末儀同大將軍淸水郡守

李昶頓丘臨黃人也小名那祖彪名重魏朝爲御史中尉父遊亦有才行爲當世所稱遊兄志爲南荆州刺史遊隨從至州屬爾朱之亂與志俱奔江左昶性峻急不雜交遊幼年已解屬文有聲洛下時洛陽刱置明堂昶年十數歲爲明堂賦雖優洽未足而才制可觀見者咸曰有家風矣初謁太祖太祖深奇之厚加資給令入太學太祖每見學生必問才行於昶昶神情淸悟應對明辨太祖每稱歎之綏德公陸通盛選僚寀請以昶爲司馬太祖許之昶雖年少通特加接待公私之事咸取決焉又兼二千石郎中典儀注累遷都官郎中相州大中正丞相府東閤祭酒中軍將軍銀靑光祿大夫昶雖處郎官太祖恒欲以書記委之於是以昶爲丞相府記室參軍著作郎修國史轉大行臺郎中中書侍郎頃之轉黃門侍郎封臨黃縣伯邑五百戸太祖嘗謂昶曰卿祖昔在中朝爲御史中尉卿操尚貞固理應不墜家風但孤以中尉彈劾之官愛憎所在故未卽授卿耳然此職久曠無以易卿乃奏昶爲御史中尉歲餘加使持節車騎大將軍儀同三司賜姓宇文氏六官建拜內史下大夫進爵爲侯增邑五百戸遷內史中大夫世宗初行御伯中大夫武成元年除中外府司錄保定初進驃騎大將軍開府儀同三司二年轉御正中大夫時以近侍清要盛選國華乃以昶及安昌公元則中都公陸逞臨淄公唐瑾等竝爲納言尋進爵爲公增邑通前一千三百戸五年出爲昌州刺史在州遇疾啓求入朝詔許之還未至京卒於路時年五十贈相瀛二州刺史昶於太祖世已當樞要兵馬處分專以委之詔冊文筆皆昶所作也及晉公護執政委任如舊昶常曰文章之事不足流於後世經邦致治庶及古人故所作文筆了無藳草唯留心政事而已又以父在江南身寓關右自少及終不飲酒聽樂時論以此稱焉子丹嗣時有高平檀翥字鳳翔好讀書善屬文能鼓瑟早爲瑯邪王誦所知年十九爲魏孝明帝挽郎其後司州牧城陽王元徽以翥爲從事非其好也尋謝病客遊三輔時毛遐爲行臺鎭北雍州表翥爲行臺郎中會爾朱天光東拒齊神武翥隨赴洛除西兗州錄事參軍歷司空田曹參軍加鎭遠將軍兼殿中侍御史臺中表奏皆翥爲之尋副毛鴻賓鎭潼關加前將軍太中大夫魏孝武西遷賜爵高唐縣子兼中書舍人修國史加鎭軍將軍後坐談論輕躁爲黃門

侍郎徐招所駁死於廷尉獄

元偉字猷道河南洛陽人也魏昭成之後曾祖忠尚書左僕射陽城王祖盛通直散騎常侍陽城公父順以左衞將軍從魏孝武西遷拜中書監雍州刺史開府儀同三司封濮陽王偉少好學有文雅弱冠授員外散騎侍郎以侍從之勞賜爵高陽縣伯大統初拜伏波將軍度支郎中領太子舍人十一年遷太子庶子領兵部郎中尋拜東南道行臺右丞十六年進位車騎大將軍儀同三司以魏氏宗室進爵南安郡王邑五百戶十七年除幽州都督府長史及尉遲迥伐蜀以偉爲司錄書檄文記皆偉之所爲蜀平以功增邑五百戶六官建拜師氏下大夫爵隨例降改封淮南縣公孝閔帝踐祚除晉公護府司錄世宗初拜師氏中大夫受詔於麟趾殿刊正經籍尋除隴右總管府長史加驃騎大將軍開府儀同三司保定二年遷成州刺史偉政尚清靜百姓悅附流民復業者三千餘口天和元年入爲匠師中大夫轉司宗中大夫六年出爲隨州刺史偉辭以母老不拜還爲司宗尋以母憂去職建德二年復爲司宗轉司會中大夫兼民部中大夫還小司寇四年以偉爲使主報聘于齊是秋高祖親戎東討偉遂爲齊人所執六年齊平偉方見釋高祖以其久被幽縶加授上開府大象二年除襄州刺史進位大將軍偉性溫柔好虛靜居家不治生業篤學愛文政事之暇未嘗棄書謹慎小心與物無忤時人以此稱之初自鄴還也庾信贈其詩曰虢亡垂棘反齊平寶鼎歸其爲辭人所重如此後以疾卒太祖天縱寬仁性罕猜忌元氏戚屬竝保全之內外任使布於列職孝閔踐祚無替前緒明武纘業亦遵先志雖天厭魏德鼎命已遷枝葉榮茂足以逾於前代矣然簡牘散亡事多湮沒今錄其名位可知者附於此云

柱國大將軍太傅大司徒廣陵王元欣
柱國大將軍特進尚書令少師義陽王元子孝
尚書僕射馮翊王元季海
七兵尚書陳郡王元玄
大將軍淮安王元育
大將軍梁王元儉
大將軍尚書令少保小司徒廣平郡公元贊
大將軍納言小司空荆州總管安昌郡公元則
侍中驃騎大將軍開府儀同三司少師韓國公元羅
侍中驃騎大將軍開府儀同三司吏部尚書魯郡公元正
侍中驃騎大將軍開府儀同三司中書監洵州刺史宜都郡公元頵子
侍中驃騎大將軍開府儀同三司鄀州刺史安樂縣公元壽
侍中驃騎大將軍開府儀同三司武衞將軍遂州刺史房陵縣公元審

史臣曰太祖除暴寧亂創業開基旲食求賢共康庶政既焚林而訪阮亦傍道以求孫可謂野無遺才朝多君子蘇亮等竝學稱該博文擅雕龍或揮翰鳳池或著書麟閣咸居祿位各逞琳琅擬彼陳徐慙後生之可畏論其任遇實當時之良選也魏文帝有言古今文人類不護細行其呂思禮薛憕之謂也

周書卷三十八考證

蘇亮傳祖權○北史作祖雅字天祜

呂思禮傳乃求爲關西大行臺賀拔岳所重○北史云乃求爲關西大行臺郎中與姚幼瑜茹文就俱入關爲行臺賀拔岳所重此脫十五字

周書卷三十九

唐 令狐德棻等 撰

列傳第三十一

韋瑱
梁昕 弟榮
皇甫璠
辛慶之 族子昂 族人仲景
王子直
杜杲

韋瑱字世珍京兆杜陵人也世爲三輔著姓曾祖惠度姚泓尚書郎隨劉義眞過江仕宋爲鎭西府司馬順陽太守行南雍州事後於襄陽歸魏拜中書侍郎贈安西將軍洛州刺史祖千雄略陽郡守父英代郡守贈兗州刺史瑱幼聰敏有夙成之量閭里咸敬異之篤志好學兼善騎射魏孝昌三年起家太尉府法曹參軍稍遷直後除明威將軍雍州治中假鎭遠將軍防城州將累遷諫議大夫冠軍將軍太祖爲丞相加前將軍太中大夫封長安縣男食邑三百戶轉行臺左丞加撫軍將軍銀青光祿大夫遷使持節都督南郢州諸軍事南郢州刺史復入爲行臺左丞瑱明察有幹局再居左轄時論榮之從復弘農戰沙苑加衞大將軍左光祿大夫又從戰河橋進爵爲子增邑二百戶大統八年齊神武侵汾絳瑱從太祖禦之軍還令瑱以本官鎭蒲津關帶中潬城主尋除蒲州總管府長史頃之徵拜鴻臚卿以望族兼領鄉兵加帥都督遷大都督通直散騎常侍行京兆郡事進車騎大將軍儀同三司散騎常侍魏恭帝二年賜姓宇文氏三年除瓜州諸軍事瓜州刺史州通西域蕃夷往來前後刺史多受賂遺胡寇犯邊又莫能禦瑱雅性清儉兼有武略蕃夷贈遺一無所受胡人畏威不敢爲寇公私安靜夷夏懷之孝閔帝踐阼進爵平齊縣伯增邑五百戶秩滿還京吏民戀慕老幼追送留連十數日方得出境世宗嘉之進授侍中驃騎大將軍開府儀同三司武成三年卒時年六十一贈岐宜二州刺史謚曰惠天和二年又追封爲公增邑通前三千戶仍詔其子峻襲峻後位至車騎大將軍儀同三司峻弟師起家中外府記室歷兵部小府下大夫建德末蒲州總管府中郎行河東郡事

梁昕字元明安定烏氏人也世爲關中著姓其先因官徙居京兆之盩厔焉祖重耳漳縣令父勸儒州主簿冠軍將軍中散大夫贈涇州刺史昕少溫恭見稱州里正光五年秦隴搆亂蕭寶夤爲大都督統兵出討以昕爲行臺參軍孝昌初拜盪寇將軍稍遷驤威將軍給事中仍從寶夤征万俟醜奴相持二年前後數十戰以功封征西將軍爾朱天光入關復引爲外兵參軍從天光征討拜右將軍太中大夫太祖迎魏孝武軍次雍州昕以三輔望族上謁太祖見昕容貌瓌偉深賞異之卽授右府長流參軍大統初加鎭南將軍金紫光祿大夫轉丞相府戶曹參軍從復弘農戰沙苑皆有功除車騎將軍丞相府主簿出爲洛安郡守徵拜大將軍行臺兵部郎中加帥都督十二年除河南郡守鎭大塢尋又移鎭閻韓式過邊壘甚著誠信遷東荆州刺史昕撫以仁惠蠻夷悅之流民歸附者相繼而至封安定縣子邑三百戶累遷大都督車騎大將軍散騎常侍儀同三司孝閔帝踐阼進位驃騎大將軍開府儀同三司世宗初進爵胡城縣伯邑五百戶三年除九曲城主保定元年遷中州刺史增邑八百戶轉邵州刺史二年以母喪去職尋起復本任天和初徵拜工部中大夫出爲陝西總管府長史昕性溫裕有幹能歷官內外咸著聲稱尋卒於位贈大將軍謚曰貞

昕弟榮歷位匠師下大夫中外府中郎蕃部郡伯司倉計部下大夫開府儀同三司朔郙縣伯贈涇寧豳三州刺史謚曰靜

皇甫璠字景瑜安定三水人也世爲西州著姓後徙居京兆焉父和本州治中大統末追贈散騎常侍儀同三司涇州刺史璠少忠謹有幹略永安中辟州都督太祖爲牧補主簿以勤事被知每蒙賞大統四年引爲丞相府行參軍尋轉田曹參軍東閤祭酒加散騎侍郎稍遷兼太常少卿都水使者歷蕃部兵部虞部民部吏部等諸曹郎中六官建拜計部下大夫孝閔帝踐阼轉守廟下大夫以選爲東道大使撫巡州防尋加車騎大將軍儀同三司封長樂縣子邑五百戶出爲玉壁總管府長史保定中遷鴻州刺史入爲小納言俄除隴右總管府司馬轉陝州總管府長史徵拜蕃部中大夫進驃騎大將軍開府儀同三司復出爲隴右總管府長史璠性平和小心奉法安分守志恒以清白自處當時號爲善人建德元年除民部中大夫三年授隨州刺史政存簡惠百姓安之其年增邑并前二千戶六年卒於位贈交渭二州刺史謚曰恭子諒少知名大象中位至吏部下大夫

辛慶之字慶之隴西狄道人也世爲隴右著姓父顯崇馮翊郡守贈雍州刺史慶之少以文學徵詣洛陽對策第一除祕書郎屬爾朱氏作亂魏孝莊帝令司空楊津爲北道行臺節度山東諸軍以討之津啓慶之爲行臺左丞典參謀議至鄴聞孝莊帝暴崩遂出兗冀間謀結義徒以赴國難尋而節閔帝立乃還洛陽普泰二年遷平北將軍太中大夫及賀拔岳爲行臺復啓慶之爲行臺吏部郎中開府掾尋除雍州別駕大統初加車騎將軍俄遷衞大將軍左光祿大夫後太祖東討爲行臺左丞時初復河東以本官兼鹽池都將四年東魏攻正平郡陷之遂欲經略鹽池慶之守禦有備乃引軍退河橋之役大軍不利河北守令棄城走慶之獨因鹽池抗拒彊敵時論稱其仁勇六年行河東郡事九年入爲丞相府右長史兼給事黃門侍郎除度支尚書復行河東郡事遷通直散騎常侍南荆州刺史加儀同三司慶之位遇雖隆而率性儉素車馬衣服亦不尚華侈志量淹和有儒者風度特爲當時所重又以其經明行修令與盧誕等教授諸王魏廢帝二年拜祕書監尋卒於位子加陵主寢上士慶之族子昂

昂字進君年數歲便有成人志行有善相人者謂其父仲略曰公家雖世載冠冕然名德富貴莫有及此兒者

仲略亦重昂志氣深以爲然年十八侯景辟爲行臺郎中加鎮遠將軍景後來附昂遂入朝除丞相府行參軍大統十四年追論歸朝之勳封襄城縣男邑二百戶轉丞相府田曹參軍及尉遲迥伐蜀昂召募從軍蜀平以功授輔國將軍魏都督迥仍表昂爲龍州長史領龍安郡事州帶山谷舊俗生梗昂威惠洽著吏民畏而愛之成都一方之會風俗舛雜迥以昂達於從政復表昂行成都令昂到縣即與諸生祭文翁學堂因共歡宴謂諸生曰子孝臣忠師嚴友信立身之要如斯而已若不事斯語何以成名各宜自勉克成令譽昂言切理至諸生等並深感悟歸而告其父老曰辛君教誡如此不可違之於是井邑肅然咸從其化遷梓潼郡守進位帥都督加通直散騎常侍六官建入爲司隸上士襲爵繁昌縣公世宗初授天官府上士加大都督武成二年授小職方下大夫治小兵部保定二年進車騎大將軍儀同三司轉小吏部四年大軍東討昂與大將軍權景宣下豫州以功賞布帛二百匹時益州殷阜軍國所資經塗艱險每苦劫盜詔昂使於梁益軍民之務皆委決焉昂撫導荒梗安置城鎮數年之中頗得寧靜天和初陸騰討信州羣蠻歷時未克高祖詔昂便於通渠等諸州運糧饋之時臨信楚合等諸州民庶亦多從逆昂諭以禍福赴者如歸乃令老弱負糧壯夫拒戰咸願爲用莫有怨者使還屬巴州萬榮郡民反叛攻圍郡城遏絕山路昂謂其同侶曰凶奴狂悖一至於此若待上聞或淹旬月孤城無援必淪寇黨欲救近溺寧暇遠求越人苟利百姓專之可也於是遂募開通二州得三千人倍道兼行出其不意又令其衆皆作中國歌直趣賊壘賊既不以爲虞謂有大軍赴救於是望風瓦解郡境獲寧朝廷嘉其權以濟事詔梁州總管杞國公亮即於軍中賞昂奴婢二十口繒綵四百匹亮又以昂威信布於宕渠遂表爲渠州刺史俄轉通州刺史昂推誠布信甚得夷獠歡心秩滿還京首領皆隨昂詣闕朝覲以昂化洽夷華進位驃騎大將軍開府儀同三司時晉公護執政昂稍被護親待高祖以是頗銜之及護誅加之捶楚因此遂卒

昂族人仲景好學有雅量其高祖欽後趙吏部尚書雍州刺史子孫因家焉父歡魏隴州刺史宋陽公仲景年十八舉文學對策高第拜司空府主簿遷員外散騎侍郎建德中位至內史下大夫開府儀同三司卒於官子衡

王子直字孝正京兆杜陵人也世爲郡右族父琳州主簿東雍州長史子直性節儉有幹能魏正光中州辟主簿起家奉朝請除太尉府水曹行參軍加明威將軍時梁人圍壽春臨淮王元彧率軍赴援子直以本官參彧軍事與梁人戰斬其軍主夏侯景超梁人乃退淮南民庶因兵寇之後猶聚爲盜彧令子直招撫之旬日之間咸來復業自合肥以北安堵如舊永安初拜員外散騎常侍鴻臚少卿普泰初進後軍將軍大中大夫賀拔岳入關以子直爲開府主簿遷行臺郎中魏孝武西遷封山北縣男邑二百戶大統初漢熾屠各阻兵於南山與隴東屠各共爲脣齒太祖令子直率涇州步騎五千討破之南山平太祖嘉之賜書勞問除尚書左外兵郎中三年進車騎將軍兼中書舍人四年從太祖解洛陽圍經河橋戰兼尚書左丞出爲秦州總管府司馬時涼州刺史宇文仲和據州逆命子直從隴右大都督獨孤信討平之復入爲大行臺郎中兼丞相府記室吐谷渾寇西平以子直兼尚書兵部郎中出隴右經略之大破渾衆於長寧川渾賊遁走十五年進車騎將軍左光祿大夫除太子中庶子領齊王友尋行馮翊郡事十六年魏齊王廓出牧秦隴復以子直爲秦州別駕仍領王友隴陸初平授安州長史領別駕加帥都督轉幷州長史魏廢帝元年拜使持節大都督行瓜州事子直性清靜務以德政化民西土悅附魏恭帝初徵拜黃門侍郎卒於位子宣禮杜國府參軍事

杜杲字子暉京兆杜陵人也祖建魏輔國將軍贈豫州刺史父皎儀同三司武都郡守杲學涉經史有當世幹略其族父瓚清貞有識鑒深器重之常曰吾家千里駒也瓚時仕魏爲黃門侍郎兼度支尚書衞大將軍西道行臺尚孝武妹新豐公主因薦之於朝廷永熙二年起家奉朝請累遷輔國將軍成州長史漢陽郡守世宗初轉脩城郡守屬鳳州人仇周貢等搆亂攻逼修城杲信洽於民部內遂無叛者尋而開府趙昶諸軍進討杲率郡兵與昶合勢遂破平之入爲司命上士初陳文帝弟安成王頊爲質於梁及江陵平頊隨例遷長安陳人請之太祖許而未遣至是帝欲歸之命杲使焉陳文帝大悅即遣使報聘幷賂黔中數州之地仍請畫野分疆永敦隣好以杲奉使稱旨進授都督治小御伯更往分界焉陳人於是以魯山歸我帝乃拜頊柱國大將軍詔杲送之還國陳文帝謂杲曰家弟今蒙禮遣實是周朝之惠然不還彼魯山亦恐未能及此杲答曰安成之在關中乃咸陽一布衣耳然是陳之介弟其價豈止一城本朝親睦九族恕己及物上遵太祖遺旨下思繼好之義所以發德音者蓋爲此也若知止侔魯山固當不貪一鎮況魯山梁之舊地梁即本朝蕃臣若以始末言之魯山自合歸國云以尋常之土易己骨肉之親使臣猶謂不可何以聞諸朝廷陳文帝慚恧久之乃曰前言戲之耳自是接遇有加常禮及杲還命引升殿親降御座執手以別朝廷嘉之授大都督小載師下大夫治小納言復聘於陳中山公訓爲蒲州總管以杲爲府司馬州治中兼知州府事加使持節車騎大將軍儀同三司及華皎來附詔令衞公直督元定等援之與陳人交戰我師不利元定等竝沒自是連兵不息東南騷動高祖患之乃授杲御正中大夫後四年遷溫州刺史賜爵義興縣伯大象元年徵拜御正中大夫復使於陳二年除申州刺史加開府儀同大將軍進爵爲侯邑一千三百戶除同州司會隋開皇元年以杲爲同州總管進爵爲公俄遷工部尚書二年除西南道行臺兵部尚書尋以疾卒子運大象末宣納上士杲兄長暉位至儀同三司

史臣曰韋辛皇甫之徒竝關右之舊族也或紆組登朝獲當官之譽或張旃出境有專對之才既茂國猷克隆家業美矣夫

周書卷三十九考證

辛慶之傳辛慶之字慶之○北史云字餘慶

周書卷四十

唐 令 狐 德 棻 等 撰

列傳第三十二

尉遲運

王軌

宇文神舉

宇文孝伯

顏之儀 樂運

尉遲運大司空吳國公綱之子也少彊濟志在立功魏大統十六年以父勳封安喜縣侯邑一千戶孝閔帝踐阼授使持節車騎大將軍儀同三司俄而帝廢朝議欲尊立世宗乃令運奉迎於岐州以預定策勳進爵周城縣公增邑五百戶保定元年進驃騎大將軍開府儀同三司三年從楊忠攻齊之幷州以功別封第二子端保城縣侯邑一千戶四年出爲隴州刺史地帶汧渭民俗難治運垂情撫納甚得時譽天和五年入爲小右武伯六年遷左武伯中大夫尋加軍司馬武伯如故運既職兼文武甚見委任齊將斛律明月寇汾北運從齊公憲禦之攻拔其伏龍城進爵廣業郡公增邑八百戶建德元年授右侍伯轉右司衞時宣帝在東宮親狎諂佞數有罪失高祖於朝臣內選忠諒鯁正者以匡弼之於是以運爲右宮正二年帝幸雲陽宮又令運以本官兼司武與長孫覽輔皇太子居守俄而衞剌王直作亂率其黨襲肅章門覽懼走行在所運時偶在門中直兵奄至不暇命左右乃手自闔門直黨與運爭門斫傷運手指僅而得閉直既不得入乃縱火燒門運懼火盡直黨得進乃取宮中材木及牀等以益火更以膏油灌之火勢轉熾久之直不得進乃退運率留守兵因其退以擊之直大敗而走是日微運宮中已不守矣高祖嘉之授大將軍賜以直田宅妓樂金帛車馬及什物等不可勝數四年出爲同州蒲津潼關等六防諸軍事同州刺史高祖將伐齊召運參議東夏底定頗有力焉五年拜柱國進爵盧國公邑五千戶宣政元年轉司武上大夫總宿衞軍事高祖崩於雲陽宮祕未發喪運總侍衞兵還京師宣帝即位授上柱國運之爲宮正也數進諫於帝帝不能納反疏忌之時運又與王軌宇文孝伯等皆爲高祖所親待軌屢言帝失於高祖帝謂運預其事愈更銜之及軌被誅運懼及於禍問計於宇文孝伯語在孝伯傳尋而得出爲秦州總管秦渭等六州諸軍事秦州刺史然運至州猶懼不免大象元年二月遂以憂薨於州時年四十一贈大後丞秦渭河鄯成洮文等七州諸軍事秦州刺史謚曰忠子靖嗣大象末儀同大將軍

王軌太原祁人也小名沙門漢司徒允之後世爲州郡冠族累葉仕魏賜姓烏丸氏父光少雄武有將帥才略每從征討頻有戰功太祖知其勇決遇之甚厚位至驃騎大將軍開府儀同三司平原縣公軌性質直慷慨有遠量臨事彊正人不敢干起家事輔城公及高祖即位授前侍下士俄轉左侍上士頗被識顧累遷內史上士內史下大夫加授儀同三司自此親遇彌重遂處腹心之任時晉公護專政高祖密欲圖之以軌沉毅有識度

堪屬以大事遂問以可否軌贊成之建德初轉內史中大夫加授開府儀同三司又拜上開府儀同大將軍封上黃縣公邑一千戶軍國之政皆參預焉五年高祖總戎東伐六軍圍晉州刺史崔景嵩守城北面夜中密遣送款詔令軌率衆應之未明士皆登城鼓噪齊人駭懼因卽退走遂克晉州擒其城主特進海昌王尉相貴俘甲士八千人於是遂從平并鄴以功進位上大將軍進爵郯國公邑三千戶及陳將吳明徹入寇呂梁徐州總管梁士彥頻與戰不利乃退保州城不敢復出明徹遂堰清水以灌之列船艦於城下以圖攻取詔以軌爲行軍總管率諸軍赴救軌潛於清水入淮口多豎大木以鐵鎖貫車輪橫截水流以斷其船路方欲密決其堰以斃之明徹知之懼乃破堰遽退冀乘決水之勢以得入淮比至清口川流已闊水勢亦衰船艦並礙於車輪不復得過軌因率兵圍而蹙之唯有騎將蕭摩訶以二千騎先走得免明徹及將士三萬餘人并器械輜重並就俘獲陳之銳卒於是殲焉高祖嘉之進位柱國仍拜徐州總管七州十五鎮諸軍事軌性嚴重多謀略兼有呂梁之捷威振敵境陳人甚憚之宣帝之征吐谷渾也高祖令軌與宇文孝伯並從軍中進取皆委軌等帝仰成而已時宮尹鄭譯王端等並得幸帝在軍中頗有失德譯等皆預焉軍還軌等言之於高祖高祖大怒乃撻帝除譯等名仍加捶楚帝因此大銜之軌又嘗與小內史賀若弼言及此事且言皇太子必不克負荷弼深以爲然勸軌陳之軌後因侍坐乃謂高祖曰皇太子仁孝無聞復多涼德恐不了陛下家事愚臣短暗不足以論是非陛下恒以賀若弼有文武奇才識度宏遠而弼比每對臣深以此事爲慮高祖召弼問之弼乃詭對曰皇太子養德春宮未聞有過未審陛下何從得聞此言既退軌誚弼曰平生言論無所不道今者對揚何得乃爾翻覆弼曰此公之過也皇太子國之儲副豈易攸言事有蹉跌便至滅門之禍本謂公密陳臧否何得遂至昌言軌默然久之乃曰吾專心國家遂不存私計向者對衆良寔非宜後軌因內宴上壽又捋高祖鬚曰可愛好老公但恨後嗣弱耳高祖深以爲然但漢王次長又不才此外諸子並幼故不能用其說及宣帝卽位追鄭譯等復爲近侍軌自知必及於禍謂所親曰吾昔在先朝寔申社稷至計今日之事斷可知矣此州控帶淮南鄰接彊寇欲爲身計易同反掌但忠義之節不可虧違況荷先帝厚恩每思以死自効豈以獲罪於嗣主便欲背德於先朝止可於此待死義不爲他計冀千載之後知吾此心大曆元年帝令內史杜虔信就徐州殺軌御正中大夫顏之儀切諫帝不納遂誅之軌立朝忠恕兼有大功忽以無罪被戮天下知與不知無不傷惜

宇文神舉太祖之族子也高祖晉陵曾祖求男仕魏位並顯達祖金殿魏鎮遠將軍兗州刺史安吉縣侯父顯和少而襲爵性矜嚴頗涉經史膂力絕人彎弓數百斤能左右馳射魏孝武之在藩也顯和早蒙眷遇時屬多難嘗問計於顯和顯和具陳宜杜門晦迹相時而動孝武深納焉及卽位擢授冠軍將軍閤內都督封城陽縣公邑五百戶孝武以顯和藩邸之舊遇之甚厚時顯和所居宅隘陋乃撤殿省賜爲寢室其見重如此及齊神武專政帝每不自安謂顯和曰天下洶洶將若之何對曰當今之計莫若擇善而從之因誦詩云彼美人兮西方之人兮帝曰是吾心也遂定入關之策帝以顯和母老家累又多令預爲計對曰今日之事忠孝不可並立然臣不密則失身安敢預爲私計帝愴然改容曰卿卽我之王陵也遷朱衣直閤閤內大都督改封長廣縣公邑一千五百戶從帝入關至溱水太祖素聞其善射而未之見也俄而水傍有一小鳥顯和射而中之太祖笑曰我知卿工矣其後引爲帳內大都督俄出爲持節衞將軍東夏州刺史以疾去職深爲吏民所懷尋進位車騎大將軍儀同三司加散騎常侍魏恭帝元年卒時年五十七太祖親臨之哀動左右建德二年追贈使持節驃騎大將軍開府儀同三司延丹綏三州諸軍事延州刺史神舉早歲而孤有夙成之量族兄安化公深器異之及長神情倜儻志略英贍眉目疎朗儀貌魁梧有識欽之莫不許以遠大世宗初起家中侍上士世宗留意翰林而神舉雅好篇什帝每有遊幸神舉恒得侍從保定元年襲爵長廣縣公邑二千三百戶尋授帥都督遷大都督使持節車騎大將軍儀同三司拜右大夫四年進驃騎大將軍開府儀同三司治小宮伯天和元年遷右宮伯中大夫進爵清河郡公增邑一千戶高祖將誅晉公護也神舉得預其謀建德元年遷京兆尹三年出爲熊州刺史神舉威名素重齊人甚憚之五年攻拔齊陸渾等五城及高祖東伐詔神舉從軍并州平卽授并州刺史加上開府儀同大將軍州既齊氏別都控帶要重平定甫爾民俗澆訛豪右之家多爲姦猾神舉勵精爲治示以威恩旬月之間遠邇悅服尋加上大將軍改封武德郡公增邑二千戶俄進柱國大將軍改封東平郡公增邑通前六千九百戶所部東壽陽縣土人相聚爲盜率其黨五千人來襲州城神舉以州兵討平之宣政元年轉司武上大夫高祖親戎北伐令神舉與原國公如願等率兵五道俱入高祖至雲陽疾甚乃班師幽州人盧昌期祖英伯等聚衆據范陽反詔神舉率兵擒之齊黃門侍郎盧思道亦在反中賊平見獲解衣將伏法神舉素欽其才名乃釋而禮之卽令草露布其待士禮賢如此屬稽胡反叛入寇西河神舉又率衆與越王盛討平時突厥與稽胡連和遣騎赴救神舉以奇兵擊之突厥敗走稽胡於是款服卽授并潞肆石等四州十二鎮諸軍事并州總管初神舉見待於高祖遂處心腹之任王軌宇文孝伯等屢言皇太子之短神舉亦頗與焉及宣帝卽位荒淫無度神舉懼及於禍懷不自安初定范陽之後威聲甚振帝亦忌其名望兼以宿憾遂使人齎鴆酒賜之薨於馬邑時年四十八神舉偉風儀善辭令博涉經史性愛篇章尤工騎射臨戎對寇勇而有謀蒞職當官每著聲績兼好施愛士以雄豪自居故得任兼文武聲彰中外百僚無不仰其風則先輩舊齒至于今而稱之子同嗣位至儀同大將軍神舉弟神慶少有壯志武藝絕倫大象末位至柱國汝南郡公

宇文孝伯字胡三吏部安化公深之子也其生與高祖同日太祖甚愛之養於第內及長又與高祖同學武成元年拜宗師上士時年十六孝伯性沉正謇諤好直言高祖卽位欲引置左右時政在冢臣不得專制乃託言少與孝伯同業受經思相啓發由是晉公護弗之猜也得入爲右侍上士恒侍讀書天和元年遷小宗師領右侍儀同及遭父憂詔令於服中襲爵高祖嘗從容謂之曰公之於我猶漢高之與盧綰也乃賜以十三環金帶自是恒侍左右出入臥內朝之機務皆得預焉孝伯亦竭心盡力無所迴避至於時政得失及外間細事皆以奏聞高祖深委信之當時莫與爲比及高祖將誅晉公護密與衞王直圖之唯孝伯及王軌宇文神舉等頗得參預護誅授開府儀同三司歷司會中大夫左右小宮伯東宮左宮正建德之後皇太子稍長既無令德唯昵近小人孝伯白高祖曰皇太子四海所屬而德聲未聞臣忝宮官寔當其責且春秋尚少志業未成請妙選正人爲其師友調護聖質猶望日就月將如或不然悔無及矣帝斂容曰卿世載鯁直竭誠所事觀卿此言有家風矣孝伯拜謝曰非言之難受之難也深願陛下思之帝曰正人豈復過君於是以尉遲運爲右宮正孝伯仍爲左宮正尋拜宗師中大夫及吐谷渾入寇詔皇太子征之軍中之事多決於孝伯俄授京兆尹入爲左宮伯轉右宮伯嘗因侍坐帝問之曰我兒比來漸長進不答曰皇太子比懼天威更無罪失及王軌因內宴捋帝鬚言太子之不善帝罷酒責孝伯曰公常語我云太子無過今軌有此言公爲誑矣孝伯再拜曰臣聞父子之際人所難言臣知陛下不能割情忍愛遂爾結舌帝知其意默然久之乃曰朕已委公矣公其勉之五年大軍東討拜內史下大夫令掌留臺事軍還帝曰居守之重無忝戰功於是加授大將軍進爵廣陵郡公邑三千戶并賜金帛及女妓等六年復爲宗師每車駕巡幸常令居守其後高祖北討至雲陽宮遂寢疾驛召孝伯赴行在所帝執其手曰吾自量必無濟理以後事付君是夜授司衞上大夫總宿衞兵馬事又令馳驛入京鎮守以備非常宣帝卽位授小冢宰帝忌齊王憲意欲除之謂孝伯曰公能爲朕圖齊王當以其官位相授孝伯叩頭曰先帝遺詔不許濫誅骨肉齊王陛下之叔父戚近功高社稷重臣棟梁所寄陛下若妄加刑戮微臣又順旨曲從則臣爲不忠之臣陛下爲不孝之子也帝不懌因漸疎之乃與于智王端鄭譯等密圖其事後令智告憲謀逆遣孝伯召憲入遂誅之帝之西征也在軍有過行鄭譯時亦預焉軍還孝伯及王軌盡以白高祖高祖怒撻帝數十仍除譯名至是譯又被帝親暱帝既追憾被杖乃問譯曰我腳上杖痕誰所爲也譯答曰事由宇文孝伯及王軌譯又因說王軌捋鬚事帝乃誅軌尉遲運懼私謂孝伯曰吾徒必不免禍爲之奈何孝伯對曰今堂上有老母地下有武帝爲臣爲子知欲何之且委質事人本狥名義諫而不入將焉逃死足下若爲身計宜且遠之於是各行其志運尋出爲秦州總管然帝荒淫日甚誅戮無度朝章弛紊無復綱紀孝伯又頻切諫皆不見從由是益疎斥之後稽胡反令孝伯爲行軍總管從越王盛討平之及軍還帝將殺之乃託以齊王之事誚之曰公知齊王謀反何以不言孝伯對曰臣知齊王忠於社稷爲羣小媒孽加之以罪臣以言必不用所以不言且先帝付囑微臣唯令輔導陛下今諫而不從寔負顧託以此爲罪是所甘心帝大慙俛首不語乃命將出賜死于家時年三十六及隋文帝踐極以孝伯及王軌忠而獲罪並令收葬復其官爵又嘗謂高熲曰宇文孝伯寔有周之良臣若使此人在朝我輩無措手處也子歆嗣

顏之儀字子升琅邪臨沂人也晉侍中含九世孫祖見

遠齊御史治書正色立朝有當官之稱及梁武帝執政遂以疾辭尋而齊和帝暴崩見遠慟哭而絕梁武帝深恨之謂朝臣曰我自應天從人何預天下人事而顏見遠乃至於此當時嘉其忠烈咸稱歎之父協以見遠蹈義忤時遂不仕進梁元帝爲湘東王引協爲其府記室參軍協不得已乃應命梁元帝後著懷舊志及詩竝稱贊其美之儀幼穎悟三歲能讀孝經及長博涉羣書好爲詞賦嘗獻神州頌辭致雅贍梁元帝手勑報曰枚乘二葉俱得遊梁應貞兩世竝稱文學我求才子鯁慰良深江陵平之儀隨例遷長安世宗以爲麟趾學士稍遷司書上士高祖初建儲宮盛選師傅以之儀爲侍讀太子後征吐谷渾在軍有過行鄭譯等竝以不能匡弼坐譴唯之儀以累諫獲賞即拜小宮尹封平陽縣男邑二百戶宣帝即位遷上儀同大將軍御正中大夫進爵爲公增邑一千戶帝後刑政乖僻昏縱日甚之儀犯顏驟諫雖不見納終亦不止深爲帝所忌然以恩舊每優容之及帝殺王軌之儀固諫帝怒欲幷致之於法後以其諒直無私乃舍之宣帝崩劉昉鄭譯等矯遺詔以隋文帝爲丞相輔少主之儀知非帝旨拒而弗從昉等草詔署記逼之儀連署之儀厲聲謂昉等曰主上升遐嗣子沖幼阿衡之任宜在宗英方今賢戚之內趙王最長以親以德合膺重寄公等備受朝恩當思盡忠報國奈何一旦欲以神器假人之儀有死而已不能誣罔先帝於是昉等知不可屈乃代之儀署而行之隋文帝後索符璽之儀又正色曰此天子之物自有主者宰相何故索之於是隋文帝大怒命引出將戮之然以其民之望也乃止出爲西疆郡守隋文帝踐極詔徵還京師進爵新野郡公開皇五年拜集州刺史在州清靜夷夏悅之明年代還遂優遊不仕十年正月之儀隨例入朝隋文帝望而識之命引至御坐謂之曰見危授命臨大節而不可奪古人所難何以加卿乃賜錢十萬米一百石十一年冬卒年六十九有文集十卷行於世時京兆郡丞樂運亦以直言數諫於帝

運字承業南陽清陽人晉尚書令廣之八世孫祖文素齊南郡守父均梁義陽郡守運少好學涉獵經史而不持章句年十五而江陵滅運隨例遷長安其親屬等多被籍而運積年爲人傭保皆贖免之又事母及寡嫂甚謹由是以孝義聞梁故都官郎琅邪王澄美之爲次其行事爲孝義傳性方直未嘗求媚於人天和初起家夏州總管府倉曹參軍轉柱國府記室參軍尋而臨淄公唐瑾薦爲露門學士前後犯顏屢諫高祖多被納用建德二年除萬年縣丞抑挫豪右號稱彊直高祖嘉之特許通籍事有不便於時者令巨細奏聞高祖嘗幸同州召運赴行在所既至高祖謂運曰卿來日見太子不運曰臣來日奉辭高祖曰卿言太子何如人運曰中人也時齊王憲以下竝在帝側高祖顧謂憲等曰百官佞我皆云太子聰明睿知唯運獨云中人方驗運之忠直耳於是因問運中人之狀運對曰班固以齊桓公爲中人管仲相之則霸豎貂輔之則亂謂可與爲善亦可與爲惡也高祖曰我知之矣遂妙選宮官以匡弼之仍超拜運京兆郡丞太子聞之意甚不悅及高祖崩宣帝嗣位葬訖詔天下公除帝及六宮便議即吉運上疏曰三年之喪自天子達于庶人先王制禮安可誣之禮天子七月而葬以俟天下畢至今葬期既促事訖便除文軌之內奔赴未盡隣境遠聞使猶未至若以喪服受弔不可既吉更凶如以玄冠對使未知此出何禮進退無據愚臣竊所未安書奏帝不納自是德政不修數行赦宥運又上疏曰臣謹案周官曰國君之過市刑人赦此謂市者交利之所君子無故不遊觀焉若遊觀則施惠以悅之也尚書曰眚災肆赦此謂過誤爲害罪雖大當緩赦之呂刑云五刑之疑有赦此謂赦疑從罰罰疑從免論語曰赦小過舉賢才謹尋經典未有罪無輕重溥天大赦之文逮茲末葉不師古始無益於治未可則之故管仲曰有赦者奔馬之委轡不赦者痤疽之礪石又曰惠者民之仇讎法者民之父母吳漢遺言猶云唯願無赦王符著論亦云赦者非明世之所宜豈可數施非常之惠以肆姦宄之惡乎帝亦不納而昏暴滋甚運乃輿櫬詣朝堂陳帝八失一曰內史御正職在弼諧皆須參議共治天下大尊比來小大之事多獨斷之堯舜至聖尚資輔弼比大尊未爲聖主而可專恣己心凡諸刑罰爵賞爰及軍國大事請參諸宰輔與衆共之二曰內作色荒古人重誡大尊初臨四海德惠未洽先搜天下美女用實後宮又詔儀同以上女不許輒嫁貴賤同怨聲溢朝野請姬媵非幸御者放還本族欲嫁之女勿更禁之三曰天子未明求衣日旰忘食猶恐萬機不理天下擁滯大尊比來一入後宮數日不出所須聞奏多附內豎傳言失實是非可懼事由宦者亡國之徵請准高祖居外聽政四曰變故易常乃爲政之大忌嚴刑酷罰非致治之弘規若罰無定刑則天下皆懼政無常法則民無適從豈有削嚴刑之詔未及半祀便即追改更嚴前制政令不定乃至於是今宿衞之官有一人夜不直者罪至削除因而逃亡者遂便籍沒此則大逆之罪與十杖同科雖爲法愈嚴恐人情愈散一人心散尚或可止若天下皆散將如之何秦網密而國亡漢章疏而祚永請遵輕典竝依大律則億兆之民手足有所措矣五曰高祖斲雕爲朴本欲傳之萬世大尊朝夕趨庭親承聖旨豈有崩未踰年而遽窮奢麗成父之志義豈然乎請興造之制務從卑儉雕文刻鏤一切勿營六曰都下之民徭賦稍重必是軍國之要不敢憚勞豈容朝夕徵求唯供魚龍爛漫士民從役祇爲俳優角觝紛紛不已財力俱竭業業相顧無復聊生凡此無益之事請竝停罷七曰近見有詔上書字誤者即治其罪假有忠讜之人欲陳時事尺有所短文字非工不密失身義無假手脫有舛謬便陷嚴科嬰徑尺之鱗其事非易下不諱之詔猶懼未來更加刑戮能無鉗口大尊縱不能採誹謗之言無宜杜獻書之路請停此詔則天下幸甚八曰昔桑穀生朝殷王因之獲福今玄象垂誡此亦興周之祥大尊雖減膳撤懸未盡銷譴之理誠願諮諏善道修布德政解兆民之慍引萬方之罪則天變可除鼎業方固大尊若不革茲八事臣見周廟不血食矣帝大怒將戮之內史元巖紿帝曰樂運知書奏必死所以不顧身命者欲取後世之名陛下若殺之乃成其名也帝然之因而獲免翌日帝頗感悟召運謂之曰朕昨夜思卿所奏實是忠臣先皇明聖卿數有規諫朕既昏暗卿復能如此乃賜御食以賞之朝之公卿初見帝盛怒莫不爲運寒心後見獲宥皆相賀以爲幸免虎口內史鄭譯嘗以私事請託運而弗之許因此銜之及隋文帝爲丞相譯爲長史遂左遷運爲廣州滍陽令開皇五年轉毛州高唐令頻歷二縣竝有聲績運常願處一諫官從容諷議而性訐直爲人所排抵遂不被任用乃發憤錄夏殷以來諫諍事集而部之凡六百三十九條合四十一卷名曰諫苑奏上之隋文帝覽而嘉焉

史臣曰士有不因學藝而重不待爵祿而貴者何亦云忠孝而已若乃竭力以奉其親者人子之行也致身以事其君者人臣之節也斯固彌綸三極囊括百代當宣帝之在東朝凶德方兆王軌宇文孝伯神舉志惟無隱盡言於父子之間淫刑既逞相繼夷滅隋文之將登庸人懷去就顏之儀風烈懍然正辭以明節崎嶇雷電之下僅而獲濟斯數子者豈非社稷之臣歟或人以爲不忠則天下莫之信也自古以外戚而居重任多藉一時之恩至若尉遲運者可謂位以才升爵由功進美矣哉

周書卷四十考證

史臣論孝伯神舉○臣文淳按當云神舉孝伯蓋神舉於孝伯爲族父傳又在孝伯前敘次當爾

周書卷四十一

唐 令狐德棻 等撰

列傳第三十三

王褒

庾信

王褒字子淵琅邪臨沂人也曾祖儉齊侍中太尉南昌文憲公祖騫梁侍中金紫光祿大夫南昌安侯父規梁侍中左民尚書南昌章侯竝有重名於江左褒識量淵通志懷沉靜美風儀善談笑博覽史傳尤工屬文梁國子祭酒蕭子雲褒之姑夫也特善草隸褒少以姻戚去來其家遂相模範俄而名亞子雲竝見重於世梁武帝喜其才藝遂以弟鄱陽王恢之女妻之起家祕書郎轉太子舍人襲爵南昌縣侯稍遷祕書丞宣成王大器簡文帝之冢嫡即褒之姑子也于時盛選僚佐乃以褒爲文學尋遷安成郡守及侯景渡江建業擾亂褒輯寧所部見稱於時梁元帝承制轉智武將軍南平內史及嗣位於江陵欲待褒以不次之位褒時猶在郡敕王僧辯以禮發遣褒乃將家西上元帝與褒有舊相得甚歡拜侍中累遷吏部尚書左僕射褒既世冑名家文學優贍當時咸相推挹故旬月之間位升端右寵遇日隆而褒愈自謙虛不以位地矜人時論稱之初元帝平侯景及擒武陵王紀之後以建業彫殘方須修復江陵殷盛便欲安之又其故府臣寮皆楚人也竝願即都荊郢嘗召羣臣議之領軍將軍胡僧祐吏部尚書宗懍太府卿黃羅漢御史中丞劉瑴等曰建業雖是舊都王氣已盡且與北寇鄰接止隔一江若有不虞悔無及矣臣等又嘗聞之荊南之地有天子氣今陛下龍飛纘業其應斯乎天時人事徵祥如此臣等所見遷徙非宜元帝深以爲然時褒及尚書周弘正咸侍座乃顧謂褒等曰卿意以爲何如褒性謹慎知元帝多猜忌弗敢公言其非當時

唯唯而已後因清閒密諫言辭甚切元帝頗納之然其意好荊楚已從僧祐等策明日乃於衆中謂褒曰卿昨日勸還建業不爲無理褒以宣室之言豈宜顯之於衆知其計之不用也於是止不復言及大軍征江陵元帝授褒都督城西諸軍事褒本以文雅見知一旦委以總戎深自勉勵盡忠勤之節被圍之後上下猜懼元帝唯於褒深相委信朱買臣率衆出宣陽之西門與王師戰買臣大敗褒督進不能禁乃貶爲護軍將軍王師攻其外柵城陷褒從元帝入子城猶欲固守俄而元帝出降褒遂與衆俱出見柱國于謹謹甚禮之褒曾作燕歌行妙盡關塞寒苦之狀元帝及諸文士並和之而競爲淒切之詞至此方驗焉褒與王克劉瑴宗懍殷不害等數十人俱至長安太祖喜曰昔平吳之利二陸而已今定楚之功羣賢畢至可謂過之矣又謂褒及王克曰吾卽王氏甥也卿等並吾之舅氏當以親戚爲情勿以去鄉介意於是授褒及克殷不害等車騎大將軍儀同三司常從容上席資餼甚厚褒等亦並荷恩眄忘其羈旅焉孝閔帝踐阼封石泉縣子邑三百戶世宗卽位篤好文學時褒與庾信才名最高特加親待帝每遊宴命褒等賦詩談論常在左右尋加開府儀同三司保定中除內史中大夫高祖作象經令褒注之引據該洽甚見稱賞褒有器局雅識治體既累世在江東爲宰輔高祖亦以此重之建德以後頗參朝議凡大詔冊皆令褒具草東宮既建授太子少保遷小司空仍掌綸誥乘輿行幸褒常侍從初褒與梁處士汝南周弘讓相善及弘讓兄弘正自陳來聘高祖許褒等通親知音問褒贈弘讓詩并致書曰嗣宗窮途楊朱歧路征蓬長逝流水不歸舒慘殊方炎涼異節木皮春厚桂樹冬榮想攝衛惟宜動靜多豫賢兄入關敬承款曲猶依杜陵之水尚保池陽之田鏟迹幽蹊銷聲穹谷何期愉樂幸甚幸甚弟昔因多疾亟覽九仙之方晚涉世途常懷五嶽之舉同夫關令物色異人譬彼客卿服膺高士上經說道屢聽玄牝之談中藥養神每稟丹沙之說頃年事遒盡容髮衰謝芸其黃矣零落無時還念生涯繁憂總集視陰愒日猶趙孟之徂年負杖行吟同劉琨之積慘河陽北臨空思鞏縣霸陵南望還見長安所冀書生之魂來依舊壤射聲之鬼無恨他鄉白雲在天長離別矣會見之期邈無日矣援筆攬紙龍鍾橫集弘讓復書曰甚矣悲哉此之爲別也雲飛泥沉金鑠蘭滅玉音不嗣瑤華莫因家兄至自鎬京致書於穹谷故人之跡有如對面開題申紙流臉沾膝江南燠熱橘柚冬青渭北沍寒楊榆晚葉土風氣候各集所安餐衞適時寢興多福甚善甚善與弟分袂西陝言反東區雖保周陵還依蔣徑三姜離析二仲不歸麋鹿爲曹更多悲緒丹經在握貧病莫諸芝朮可求恒爲採掇昔吾壯日及弟富年俱值邕熙並歡衡泌南風雅操清商妙曲絃琴促坐無乏名晨玉瀝金華冀獲難老不虞一旦翻覆波瀾吾已愒陰弟非茂齒禽尚之契各在天涯永念生平難爲胷臆且當視陰數箭排愁破涕人生樂耳憂戚何爲豈能遽悲次房遊魂不反遠（歟二字）產骸柩無託但願愛玉體珍金箱保期頤享黃髮猶冀蒼膺頳鯉時傳尺素清風朗月俱寄相思子淵子淵長爲別矣握管操觚聲淚俱咽尋出爲宣州刺史卒於位時年六十四子鼒嗣

庾信字子山南陽新野人也祖易齊徵士父肩吾梁散騎常侍中書令信幼而俊邁聰敏絕倫博覽羣書尤善春秋左氏傳身長八尺腰帶十圍容止頹然有過人者起家湘東國常侍轉安南府參軍時肩吾爲梁太子中庶子掌管記東海徐摛爲左衞率摛子陵及信並爲抄撰學士父子在東宮出入禁闥恩禮莫與比隆既有盛才文並綺豔故世號爲徐庾體焉當時後進競相模範每有一文京都莫不傳誦累遷尚書度支郎中通直正員郎出爲郢州別駕尋兼通直散騎常侍聘于東魏文章辭令盛爲鄴下所稱還爲東宮學士領建康令侯景作亂梁簡文帝命信率宮中文武千餘人營於朱雀航及景至信以衆先退臺城陷後信奔于江陵梁元帝承制除御史中丞及卽位轉右衞將軍封武康縣侯加散騎常侍來聘于我屬大軍南討遂留長安江陵平拜使持節撫軍將軍右金紫光祿大夫大都督尋進車騎大將軍儀同三司孝閔帝踐阼封臨清縣子邑五百戶除司水下大夫出爲弘農郡守遷驃騎大將軍開府儀同三司司憲中大夫進爵義城縣侯俄拜洛州刺史信多識舊章爲政簡靜吏民安之時陳氏與朝廷通好南北流寓之士各許還其舊國陳氏乃請王褒及信等十數人高祖唯放王克殷不害等信及褒並留而不遣尋徵爲司宗中大夫世宗高祖並雅好文學信特蒙恩禮至於趙滕諸王周旋款至有若布衣之交羣公碑誌多相請託唯王褒頗與信相埒自餘文人莫有逮者信雖位望通顯常有鄉關之思乃作哀江南賦以致其意云其辭曰粵以戊辰之年建亥之月大盜移國金陵瓦解余乃竄身荒谷公私塗炭華陽奔命有去無歸中興道消窮於甲戌三日哭於都亭三年囚於別館天道周星物極不反傅燮之但悲身世無所求生袁安之每念王室自然流涕昔桓君山之志事杜元凱之生平並有著書咸能自序潘岳之文彩始述家風陸機之詞賦多陳世德信年始二毛卽逢喪亂藐是流離至于暮齒燕歌遠別悲不自勝楚老相逢泣將何及畏南山之雨忽踐秦庭讓東海之濱遂飡周粟下亭漂泊皐橋羇旅楚歌非取樂之方魯酒無忘憂之用追惟此賦聊以記言不無危苦之辭唯以悲哀爲主日暮途遠人間何世將軍一去大樹飄零壯士不還寒風蕭瑟荊璧睨柱受連城而見欺載書橫階捧珠盤而不定鍾儀君子入就南冠之四季孫行人留守西河之館申包胥之頓地碎之以首蔡威公之淚盡加之以血釣臺移柳非玉關之可望華亭唳鶴豈河橋之可聞孫策以天下爲三分衆裁一旅項羽用江東之子弟人唯八千遂乃分裂山河宰割天下豈有百萬義師一朝卷甲芟夷斬伐如草木焉江淮無涯岸之阻亭壁無藩籬之固頭會箕斂者合從締交鉏耰棘矜者因利乘便將非江表王氣應終三百年乎是知并吞六合不免軹道之災混一車書無救平陽之禍嗚呼山嶽崩頹既履危亡之運春秋迭代必有去故之悲天意人事可以悽愴傷心者矣況復舟檝路窮星漢非乘槎可上風飇道阻蓬萊無可到之期窮者欲達其言勞者須歌其事陸士衡聞而撫掌是所甘心張平子見而陋之固其宜矣我之掌庾承周以世功而爲族經邦佐漢用論道而當官稟嵩華之玉石潤河洛之波瀾居負洛而重世邑臨河而晏安逮永嘉之艱虞始中原之乏主民枕倚於牆壁路交橫於豺虎值五馬之南奔逢三星之東聚彼凌江而建國此播遷於吾祖分南陽而賜田裂東嶽而胙土誅茅宋玉之宅穿徑臨江之府水木交運山川崩竭家有直道人多全節訓子見於純深事君彰於義烈新野有生祠之廟河南有胡書之碣況乃少微真人天山逸民階庭空谷門巷蒲輪移談講樹就簡書筠降生世德載誕貞臣文詞高於甲觀模楷盛於漳濱嗟有道而無鳳歎非時而有麟既姦回之贔匿終不悅於仁人王子洛濱之歲蘭成射策之年始含香於建禮仍矯翼於崇賢游洊雷之講肆齒明離之冑筵既傾蠡而酌海遂側管以窺天方塘水白釣渚池圓侍戎韜於武帳聽雅曲於文絃乃解懸而通籍遂崇文而會武居笠轂而掌兵出蘭池而典午論兵於江漢之君拭圭於西河之主于時朝野歡娛池臺鍾鼓里爲冠蓋門成鄒魯連茂苑於海陵跨橫塘於江浦東門則鞭石成橋南極則鑄銅爲柱樹則園植萬株竹則家封千戶西贐浮玉南琛沒羽吳歈越吟荊豔楚舞草木之藉春陽魚龍之得風雨五十年中江表無事王歙爲和親之侯班超爲定遠之使馬武無預於兵甲馮唐不論於將帥豈知山嶽闇然江湖潛沸漁陽有閭左戍卒離石有將兵都尉天子方刪詩書定禮樂設重雲之講開士林之學談劫燼之灰飛辯常星之夜落地平魚齒城危獸角臥刁斗於滎陽絆龍媒於平樂宰衡以干戈爲兒戲縉紳以清談爲廟略乘漬水而膠船馭奔駒以朽索小人則將及水火君子則方成猨鶴敝箄不能救鹽池之鹹阿膠不能止黃河之濁既而鮒魚頳尾四郊多壘殿狎江鷗宮鳴野雉湛盧去國艅皇失水見被髮於伊川知其時爲戎矣彼姦逆之熾盛久遊魂而放命大則有鯨有鯢小則爲梟爲獍負其牛羊之力凶其水草之性非玉燭之能調豈璿璣之可正值天下之無爲尚有欲於羈縻飲其琉璃之酒賞其虎豹之皮見胡桐於大夏識鳥卵於條支豺牙密厲虺毒潛吹輕九鼎而欲問闚三川而遂窺始則王子召戎姦臣介胄既官政而離逷遂師言而泄漏望廷尉之逋囚反淮南之窮寇飛狄泉之蒼鳥起橫江之困獸地則石鼓鳴山天則金精動宿北闕龍吟東陵麟鬭爾乃桀黠構扇馮陵畿甸擁狼望於黃圖填盧山於赤縣青袍如草白馬如練天子履端廢朝單于長圍高宴兩觀當戟千門受箭白虹貫日蒼鷹擊殿競遭夏臺之禍遂視堯城之變官守無奔問之人干戚非平戎之戰陶侃則空裝米船顧榮則虛搖羽扇將軍死綏路絕重圍烽隨星落書逐鳶飛遂乃韓分趙裂鼓臥旗折失羣班馬迷輪亂轍猛士嬰城謀臣卷舌昆陽之戰象走林常山之陣蛇奔穴五郡則兄弟相悲三州則父子離別護軍慷慨忠能死節三世爲將終於此滅濟陽忠壯身參末將兄弟三人義聲俱唱主辱臣死名存身喪狄人歸元三軍悽愴尚書多算守備是長雲梯可拒地道能防有齊將之閉壁無燕帥之臥墻大事去矣人之云亡申子奮發勇氣咆勃實總元戎身先士卒冑落魚門兵塡馬窟屢犯通中頻遭刮骨功業夭枉身名埋沒或以隼翼鷃披虎威狐假霑漬鋒鏑脂膏原野兵弱虜彊城孤氣寡聞鶴唳而虛驚聽胡笳而淚下據神亭而亡戟臨橫江而棄馬崩於鉅鹿之沙碎於長平之瓦於是桂林顛覆長洲麋鹿潰潰沸騰茫茫慘黷天地離阻人神怨酷晉鄭靡依魯衞不睦競

動天關爭回地軸採雀鷇而未飽待熊蹯而詎熟乃有車側郭門筋懸廟屋鬼同曹社之謀人有秦庭之哭余乃假刻璽於關塞稱使者之詶對逢鄂坂之譏嫌値彤門之征稅乘白馬而不前策靑騾而轉礙吹落葉之扁舟飄長颿於上游彼鋸牙而勾爪又巡江而習流排靑龍之戰艦鬬飛鷁之船樓張遼臨於赤壁王濬下於巴丘乍風驚而射火或箭重而回舟未辨聲於黃蓋已先沈於杜侯落帆黃鶴之浦藏船鸚鵡之洲路已分於湘漢星猶看於斗牛若乃陰陵失路釣臺斜趣望赤岸而霑衣艤烏江而不度雷池柵浦鵲陵焚戍旅舍無烟巢禽失樹謂荆衡之杞梓庶江漢之可恃淮海維揚三千餘里過漂渚而寄食託蘆中而度水屆于七澤濱于十死嗟天保之未定見殷憂之方始本不達於危行又無情於祿仕謬掌衞於中軍濫尸丞於御史信生世等於龍門辭親同於河洛奉立身之遺訓受成書之顧託昔三世而無慙今七葉而始落泣風雨於梁山惟枯魚之銜索入歆斜之小徑掩蓬藋之荒扉就汀洲之杜若待蘆葦之單衣于時西楚霸王劒及繁陽鏖兵金匱校戰玉堂蒼鷹赤雀鐵舳牙檣沈白馬而誓衆負黃龍而度湘海潮迎艦江萍送王戎車屯于石城戈船掩乎淮泗諸侯則鄭伯前驅盟主則荀罃暮至剖巢燻穴奔魑走魅埋長狄於駒門斬蚩尤於中冀然腹爲燈飲頭爲器直虹貫壘長星屬地昔之虎據龍盤加以黃旗紫氣莫不隨狐兎而窟穴與風塵而殄瘁西瞻博望北臨玄圃月榭風臺池平樹古倚弓於玉女窻扉繫馬於鳳凰樓柱仁壽之鏡徒懸茂陵之書空聚若夫立德立言謨明寅亮聲超於繫表道高於河上旣不遇於浮丘遂無言於師曠指愛子而託人知西陵而誰望非無北闕之兵猶有雲臺之仗司徒之表裏經綸狐偃之惟王實勤橫琱戈而對霸主執金鼓而問賊臣平吳之功壯於杜元凱王室是賴深於溫太眞始則地名全節終以山稱枉人南陽校書去之已遠上蔡逐獵知之何晚鎭北之負譽矜前風颷懍然水神遭箭山靈見鞭是以蟄熊傷馬浮蛟沒船才子幷命俱非百年中宗之夷凶靜亂大雪冤恥去代邸而承基遷唐郊而纂祀反舊章於司隸歸餘風於正始沈猜則方逞其欲藏疾則自矜於己天下之事沒焉諸侯之心搖矣既而齊交北絕秦患西起況背關而懷楚異端委而開吳驅綠林之散卒拒驪山之叛徒營軍梁溠蒐乘巴渝問諸淫昏之鬼求諸厭劾之巫荆門遭廩延之戮夏首濫逵泉之誅蔑因親於教愛恐和樂於彎弧慨無謀於肉食非所望於論都未深思於五難先自擅於二端登陽城而避險臥底柱而求安旣言多於忌刻實志勇於刑殘但坐觀於時變本無情於急難地爲黑子城猶彈丸其怨則黷其盟則寒豈冤禽之能塞海非愚叟之可移山況以沴氣朝浮妖精夜殞赤烏則三朝夾日蒼雲則七重圍軫亡吳之歲旣窮入郢之年斯盡周含鄭怒楚結秦冤有南風之不競値西鄰之責言俄而梯衝亂舞冀馬雲屯棧秦車於暢轂沓漢鼓於雷門下陳倉而連弩度臨晉而橫船雖復楚有七澤人稱三戶箭不麗於六麋雷無驚於九虎辭洞庭兮落木去涔陽兮極浦熾火兮焚旗貞風兮害蠱乃使玉軸揚灰龍文斫柱下江餘城長林故營徒思箝馬之秣未見燒牛之兵章曼支以轂走宮之奇以族行河無氷而馬度關未曉而雞鳴忠臣解骨君子吞聲章華望祭之所雲夢僞遊之地荒谷縊於莫敖冶父囚乎羣帥硎穽摺拉鷹鸇批攢兔霜夏零憤泉秋沸城崩杞婦之哭竹染湘妃之淚水毒秦涇山高趙陘十里五里長亭短亭饑隨蟄鷰闇逐流螢秦中水黑關上泥靑于時瓦解氷泮風飛電散渾然千里淄澠一亂雪暗如沙氷橫似岸逢赴洛之陸機見離家之王粲莫不聞隴水而掩泣向關山而長歎況復君在交河妾在清波石望夫而逾遠山望子而逾多才人之憶代郡公主之去清河栩陽亭有離別之賦臨江王有愁思之歌別有飄颻武威羈旅金微班超生而望反溫序死而思歸李陵之雙鳧永去蘇武之一鴈空飛昔江陵之中否乃金陵之禍始雖借人之外力實蕭牆之內起撥亂之主忽焉中興之宗不祀伯兮叔兮同見戮於猶子荆山鵲飛而玉碎隨岸蛇生而珠死鬼火亂於平林殤魂驚於新市梁故豐徒楚實秦亡不有所廢其何以昌有媯之後遂育于姜輸我神器居爲讓王天地之大德曰生聖人之大寶曰位用無賴之子孫舉江東而全棄惜天下之一家遭東南之反氣以鶉首而賜秦天何爲而此醉且夫天道回旋民生預焉余烈祖於西晉始流播於東川泊余身而七葉又遭時而北遷提挈老幼關河累年死生契闊不可問天況復零落將盡靈光巋然日窮于紀歲將復始逼切危慮端憂暮齒踐長樂之神皐望宣平之貴里渭水貫於天門驪山回於地市幕府大將軍之愛客丞相平津侯之待士見鍾鼎於金張聞絃歌於許史豈知灞陵夜獵猶是故時將軍咸陽布衣非獨思歸王子大象初以疾去職卒隋文帝深悼之贈本官加荆淮二州刺史子立嗣

史臣曰兩儀定位日月揚暉天文彰矣八卦以陳書契有作人文詳矣若乃墳索所紀莫得而云典謨以降遺風可述是以曲阜多才多藝鑒二代以正其本闕里性與天道修六經以維其末故能範圍天地綱紀人倫窮神知化稱首於千古經邦緯俗藏用於百代至矣哉斯固聖人之述作也逮乎兩周道喪七十義乖淹中稷下八儒三墨辯博之論蜂起漆園黍谷名法兵農宏放之詞霧集雖雅誥奧義或未盡善考其所長蓋賢達之源流也其後逐臣屈平作離騷以敘志宏才豔發有惻隱之美宋玉南國詞人追逸轡而亞其迹大儒荀況賦禮智以陳其情含章鬱起有諷論之義賈生洛陽才子繼清景而奮其暉並陶鑄性靈組織風雅詞賦之作實爲其冠自是著述滋繁體制匪一孝武之後雅尚斯文揚葩振藻者如林而二馬王揚爲之傑東京之朝茲道愈扇咀徵含商者成市而班傅張蔡爲之雄當塗受命尤好蟲篆金行勃興無替前烈曹王陳阮負宏衍之思挺棟幹於鄧林潘陸張左擅侈麗之才飾羽儀於鳳穴斯並高視當世連衡孔門雖時運推移質文屢變譬猶六代並奏易俗之用無爽九流競逐一致之理同歸歷選前英於茲爲盛旣而中州版蕩戎狄交侵僭僞相屬士民塗炭故文章黜焉其潛思於戰爭之間揮翰於鋒鏑之下亦往往而間出矣若乃魯徽杜廣徐光尹弼之疇知名於二趙宋諺封奕朱彤梁讜之屬見重於燕秦然皆迫於倉卒牽於戰爭競奏符檄則粲然可觀體物緣情則寂寥於世非其才有優劣時運然也至朔漠之地蕞爾夷俗胡義周之頌國都足稱宏麗區區河右而學者埒於中原劉延明之銘酒泉可謂清典子曰十室之邑必有忠信豈徒言哉洎乎有魏定鼎沙朔南包河淮西呑關隴當時之士有許謙崔宏崔浩高允高閭游雅等先後之間聲實俱茂詞義典正有永嘉之遺烈焉及太和之辰雖復崇尚文雅方驂並路多乖往轍涉海登山罕値良寶其後袁翻才稱澹雅常景思摽沉鬱彬彬焉蓋一時之俊秀也周氏創業運屬陵夷纂遺變於旣喪聘奇士如弗及是以蘇亮蘇綽盧柔唐瑾元偉李昶之徒咸奮鱗翼自致青紫然綽建言務存質朴遂糠粃魏晉憲章虞夏雖屬詞有師古之美矯枉非適時之用故莫能常行焉旣而革車電邁渚宮雲撤爾其荆衡杞梓東南竹箭備器用於廟堂者衆矣唯王褒庾信奇才秀出牢籠於一代是時世宗雅詞雲委滕趙二王雕章間發咸築宮虛館有如布衣之交由是朝廷之人閭閻之士莫不忘味於遺韻眩精於末光猶丘陵之仰嵩岱川流之宗溟渤也然則子山之文發源於宋末盛行於梁季其體以淫放爲本其詞以輕險爲宗故能誇目侈於紅紫蕩心逾於鄭衞昔楊子雲有言詩人之賦麗以則詞人之賦麗以淫若以庾氏方之斯又詞賦之罪人也原夫文章之作本乎情性覃思則變化無方形言則條流遂廣雖詩賦與奏議異軫銘誄與書論殊塗而撮其指要舉其大抵莫若以氣爲主以文傳意考其殿最定其區域摭六經百氏之英華探屈宋卿雲之祕奧其調也尚遠其旨也在深其理也貴當其辭也欲巧然後瑩金璧播芝蘭文質因其宜繁約適其變權衡輕重斟酌古今和而能壯麗而能典煥乎若五色之成章紛乎猶八音之繁會夫然則魏文所謂通才足以備體矣士衡所謂難能足以逮意矣

周書卷四十一考證

庾信傳過漂渚而寄食○日知錄云漂渚當是溧渚之訛張勃吳錄曰子胥乞食處在丹陽溧陽縣金陵志曰江上有渚曰瀨渚是也古溧瀨同字

周書卷四十二

唐　令狐德棻等撰

列傳第三十四

蕭撝子濟

蕭世怡

蕭圓肅

蕭大圜

宗懍

劉璠子祥

柳霞子靖　莊

蕭撝字智遐蘭陵人也梁武帝弟安成王秀之子也性溫裕有儀表年十二入國學博觀經史雅好屬文在梁封永豐縣侯邑一千戶初爲給事中歷太子洗馬中舍人東魏遣李諧盧元明使於梁梁武帝以撝辭令可觀令兼中書侍郎受幣於賓館尋遷黃門侍郎出爲寧遠將軍宋寧宋興二郡守轉輕車將軍巴西梓潼二郡守及侯景作亂武陵王紀承制授撝使持節忠武將軍又遷平北將軍散騎常侍領益州刺史軍防事紀稱尊號於成都除侍中中書令封秦郡王邑三千戶給鼓吹一部紀率衆東下以撝爲中書令征西大將軍都督益梁

秦潼安遣青戎寧華信渠萬江新邑楚義十八州諸軍事益州刺史守成都又令梁州刺史楊乾運守潼州太祖知蜀兵寡弱遣大將軍尉遲迥總衆討之及迥入劒閣乾運以州降蜀中因是大駭無復抗拒之志迥長驅至成都撝見兵不滿萬人而倉庫空竭軍無所資遂爲城守之計迥圍之五旬撝屢遣其將出城挑戰多被殺傷外援雖至又爲迥所破語在迥傳撝遂請降迥許之撝於是率文武於益州城北共迥升壇歃血立盟以城歸國魏恭帝元年授侍中驃騎大將軍開府儀同三司封歸善縣公邑一千戶孝閔帝踐阼進爵黃臺郡公增邑一千戶武成中世宗令諸文儒於麟趾殿校定經史仍撰世譜撝亦預焉尋以母老兼有疾疹五日番上便隔晨昏請在外著書有詔許焉保定元年授禮部中大夫又以撝有歸款之功別賜食多陵縣五百戶收其租賦三年出爲上州刺史爲政仁恕以禮讓爲本嘗至元日獄中所有囚繫悉放歸家聽三日然後赴獄主者固執不可撝曰昔王長虞延見稱前史吾雖寡德竊懷景行導民以信方自此始以之獲罪彌所甘心幸勿慮也諸囚荷恩並依限而至吏民稱其惠化秩滿當還部民李漆等三百餘人上表乞更留兩載詔雖弗許甚嘉美之及撝入朝屬置露門學高祖以撝與唐瑾元偉王褒等四人俱爲文學博士撝以母老表請歸養私門曰臣聞出忠入孝理深人紀昏定晨省事切天經伏惟陛下握鏡臨朝垂衣御宇孝治天下仁覃草木是以微臣冒陳至願臣母妾褚年過養禮乞解今職侍奉私庭伏願天慈特垂矜許臣披款歸朝十有六載恩深海岳報淺涓埃肆師掌禮竟無稱職斯隈督察空妨能官方辭違闕庭屏迹閭里低佪係慕戀悚兼深高祖未許詔曰開府梁之宗英今則任等三事所謂楚雖有材周實用之方藉謀猷匡朕不逮然進思盡忠退安侍養者義在公私兼濟豈容全欲徇已虧此至公乘所望也尋以母憂去職天和六年授少保建德元年轉少傅後改封蔡陽郡公增邑通前三千四百戶二年卒時年五十九高祖舉哀於正武殿賜穀麥三百石布帛三百匹贈使持節大將軍大都督少傅益新始信四州諸軍事益州刺史諡曰襄撝善草隸名亞於王褒算數醫方咸亦留意所著詩賦雜文數萬言頗行于世子濟嗣濟字德成少仁厚頗好屬文蕭紀承制授貞威將軍蜀郡太守遷東中郎將從紀東下至巴東聞迥圍成都紀命濟率所部赴援比至撝已降仍從撝入朝孝閔帝踐阼除中外府記室參軍後至蒲陽郡守車騎大將軍儀同三司

蕭世怡梁武帝弟鄱陽王恢之子也以名犯太祖諱故稱字焉幼而聰慧頗涉經史梁大同元年封豐城縣侯邑五百戶除給事中轉太子洗馬尋入直殿省轉太子中舍人出爲持節仁威將軍譙州刺史及侯景爲亂路由城下襲而陷之世怡遂被執尋遁逃得免至于江陵梁元帝承制授侍中及平侯景以世怡爲兼太宰太常卿與中衞長史樂子雲拜謁山陵承聖二年授使持節平西將軍臨川內史旣以陸納據湘川道路擁塞改授平南將軍桂陽內史未至郡屬于謹平江陵遂隨兄修在郢州及修卒卽以世怡爲刺史湘州刺史王琳率舟師襲世怡世怡以州輸琳時陳武帝執政徵爲侍中世怡疑而不就乃奔于齊除車騎大將軍散騎常侍尋出爲永州刺史保定四年晉公護東伐大將軍權景宣略地河南世怡聞豫州刺史王士良已降遂來歸款五年拜使持節驃騎大將軍開府儀同三司封義興郡公邑一千三百戶天和二年授蔡州刺史政存簡惠不尚苛察深爲吏民所安三年卒於州贈本官加井洛永三州刺史子子寶嗣子寶美風儀善談笑年未弱冠名重一時隋文帝輔政引爲丞相府典籤深被識遇開皇中官至吏部侍郎後坐事被誅

蕭圓肅字明恭梁武帝之孫武陵王紀之子也風度淹雅敏而好學紀稱尊號封宜都郡王邑三千戶除侍中寧遠將軍紀率兵下峽令蕭撝守成都以圓肅爲之副及尉遲迥至圓肅與撝俱降授驃騎大將軍開府儀同三司侍中封安化縣公邑一千戶世宗初進封棘城郡公增邑一千戶以圓肅有歸款之勳別賜食思君縣五百戶收其租賦保定三年除畿伯中大夫五年拜咸陽郡守圓肅寬猛相濟甚有政績天和四年遷陵州刺史尋詔令隨衞國公直鎭襄陽遂不之部建德三年授太子少傅增邑九百戶圓肅以任當師傅調護是職乃作少傅箴曰惟王建國辨方正位左史記言右史記事莫不援立太子爲皇之貳是以易稱明兩禮云上嗣東序養德震方主器束髮就學宵雅更肄朝讀百篇乙夜乃寐愛日惜力寸陰無棄視膳再飯寢門三至小心翼翼大孝蒸蒸謀謨計慮問對疑丞安樂必敬無忘戰兢夫天道益謙人道惡盈漢嗣不絕乎馳道魏儲回環於鄴城前史攸載後世揚名三善旣備萬國以貞姬周長久實賴元良嬴秦短祚誠由少陽雖卜年七百有德過歷而昌數世萬一無德不及而亡敬之敬之天惟顯思光副皇極永固洪基觀德審諭授告職司太子見而悅之致書勞問六年授豐州刺史增邑通前三千七百戶尋進位上開府儀同大將軍宣政元年入爲司宗中大夫俄授洛州刺史大象末進位大將軍隋開皇初授貝州刺史以母老請歸就養隋文帝許之四年卒時年四十六有文集十卷又撰時人詩筆爲文海四十卷廣堪十卷淮海亂離志四卷行於世

蕭大圜字仁顯梁簡文帝之子也幼而聰敏神情俊悟年四歲能誦三都賦及孝經論語七歲居母喪便有成人之性梁大寶元年封樂梁郡王邑二千戶除宣惠將軍丹陽尹屬侯景肆虐簡文見弒大圜潛遁獲免明年景平大圜歸建康時旣喪亂之後無所依託乃寓居善覺佛寺人有以告王僧辯者僧辯乃給船餼得往江陵梁元帝見之甚悅賜以越衫胡帶等改封晉熙郡王邑二千戶除寧遠將軍琅邪彭城二郡太守時梁元帝旣有克復之功而大圜兄汝南王大封等猶未通謁梁元帝性旣忌刻甚恨望之乃謂大圜曰汝兩兄久不出汝可以意召之大圜卽日曉諭兩兄相繼出謁元帝乃安之大圜以世多故恐讒愬生焉乃屏絕人事門客左右不過三兩人不妄遊狎兄姊之間止牋疏而已恒以讀詩禮書易爲事元帝嘗自問五經要事數十條大圜辭約指明應答無滯元帝甚歎美之因曰昔河間好學爾旣有之臨淄好文爾亦兼之然有東平爲善彌高前載吾重之愛之爾當效焉及于謹軍至元帝乃令大封充使請和大圜副焉其實質也出至軍所信宿元帝降魏恭帝二年客長安太祖以客禮待之保定二年詔曰梁汝南王蕭大封晉熙王蕭大圜等梁國子孫宜存優禮式遺茅土寔允舊章大封可封晉陵縣公大圜封始寧縣公邑各一千戶尋加大圜車騎大將軍儀同三司井賜田宅奴婢牛馬粟帛等俄而開麟趾殿招集學士大圜預焉梁武帝集四十卷簡文集九十卷各止一本江陵平後並藏祕閣大圜旣入麟趾方得見之乃手寫二集一年並畢識者稱歎之大圜深信因果心安閑放嘗言之曰拂衣褰裳無吞舟之漏網挂冠懸節慮我志之未從儻獲展禽之免有美慈明之進如蒙北叟之放實勝濟南之徵其故何哉夫閭閻者有優遊之美朝廷者有簪佩之累蓋由來久矣留侯追蹤於松子陶朱成術於辛文良有以焉況乎智不逸羣行不高物而欲辛苦一生何其僻也豈如知足知止蕭然無累北山之北棄絕人間南山之南超踰世網面修原而帶流水倚郊甸而枕平皐築蝸舍於叢林構環堵於幽薄近瞻煙霧遠睇風雲藉纖草以蔭長松結幽蘭而援芳桂仰翔禽於百仞俯泳鱗於千潯果園在後開窻以臨花卉蔬圃居前坐簷而看灌甽二頃以供饘粥十畝以給絲麻侍兒五三可充紝織家僮數四足代耕耘沽酪牧羊協潘生之志畜鷄種黍應莊叟之言穫菽尋汜氏之書露葵徵尹君之錄烹羔豚而介春酒迎伏臘而候歲時披良書探至賾歌纂纂唱烏烏可以娛神可以散慮有朋自遠揚搉古今田畯相過劇談稼穡斯亦足矣樂不可支永保性命何畏憂責豈若蹙足入絆申脰就羈遊帝王之門趨宰衡之勢不知飄塵之少選寧覺年祀之斯須萬物營營靡存其意天道昧昧安可問哉嗟乎人生若浮雲朝露寧俟長繩繫景寔不願之執燭夜遊驚其迅邁百年何幾擎跽曲拳四時如流俛眉躡足出處無成語默奚當非直丘明所恥抑亦宣尼恥之建德四年除滕王逌友逌嘗問大圜曰吾聞湘東王作梁史有之乎餘傳乃可抑揚帝紀奚若隱則非實記則攘羊對曰言者之妄也如使有之亦不足怪昔漢明爲世祖紀章帝爲顯宗紀殷鑒不遠足爲成例且君子之過如日月之蝕彰於四海安得而隱之如有不彰亦安得而不隱蓋子爲父隱直在其中諱國之惡抑又禮也逌乃大笑其後大軍東討攻拔晉州或問大圜曰齊遂克不對曰高歡昔以晉州肇基僞迹今本旣拔矣能無亡乎所謂以此始者必以此終也居數日齊氏果滅聞者以爲知言宣政元年增邑通前二千二百戶隋開皇初拜內史侍郎出爲西河郡守尋卒大圜性好學務於著述撰梁舊事三十卷寓記三卷士喪儀注五卷要決兩卷并文集二十卷大封位至開府儀同三司大象末爲陳州刺史

宗懍字元懍南陽涅陽人也八世祖承永嘉之亂討陳敏有功封柴桑縣侯除宜都郡守尋卒官子孫因居江陵父高之梁山陰令懍少聰敏好讀書晝夜不倦語輒引古事鄉里呼爲小兒學士梁普通六年舉秀才以不及二宮元會例不對策及梁元帝鎭荊州謂長史劉之遴曰貴鄉多士爲舉一有意少年之遴以懍應命卽日引見令兼記室嘗夕被召宿省使制龍川廟碑一夜便就詰朝呈上梁元帝歎美之及移鎭江州以懍爲刑獄參軍兼掌書記歷臨汝建成廣晉三縣令遭母憂去職哭輒歐血兩旬之內絕而復蘇者三每有羣烏數千集於廬舍候哭而來哭止而去時論稱之以爲孝感所致梁元帝重牧荊州以懍爲別駕江陵令及帝卽位擢爲

尚書侍郎又手詔曰昔扶柳開國止曰故人西鄉昨土本由賓客況事涉勳庸而無爵賞尚書侍郎宗懍亟有帷幄之謀誠深股肱之寄從我於邁多歷歲時可封信安縣侯邑一千戶累遷吏部郎中五兵尚書吏部尚書初侯景平後梁元帝議還建業唯懍勸都渚宮以其鄉里在荊州故也及江陵平與王褒等入關太祖以懍名重南土甚禮之孝閔帝踐阼拜車騎大將軍儀同三司世宗卽位又與王褒等在麟趾殿刊定羣書數蒙宴賜保定中卒年六十四有集二十卷行於世

劉璠字寶義沛國沛人也六世祖敏以永嘉喪亂徙居廣陵父臧性方正篤志好學居家以孝聞梁天監初爲著作郎璠九歲而孤居喪合禮少好讀書兼善文筆年十七爲上黃侯蕭曄所器重范陽張綰梁之外戚才高口辯見推於世以曄之懿貴亦假借之璠年少未仕而負才使氣不爲之屈綰嘗於新渝侯坐因酒後詬京兆杜騫曰寒士不遜璠厲色曰此坐誰非寒士璠本意在綰而曄以爲屬己辭色不平璠曰何王之門不可曳長居也遂拂衣而去曄辭謝之乃止後隨曄在淮南璠母在建康遘疾璠弗之知嘗忽一日舉身楚痛尋而家信至云其母病璠卽號泣戒道絕而又蘇當身痛之辰卽母死之日也居喪毀瘠遂感風氣服闋後一年猶杖而後起及曄終於毗陵故吏多分散璠獨奉曄喪還都墳成乃退梁簡文時在東宮遇曄素重諸不送者皆被劾責唯璠獨被優賞解褐王國常侍非其好也璠少慷慨好功名志欲立事邊城不樂隨牒平進會宜豐侯蕭循出爲北徐州刺史卽請爲其輕車府主簿兼記室參軍又領刑獄循爲梁州除信武府記室參軍領南鄭令又板爲中記室補華陽太守屬侯景度江梁室大亂循以璠有才略甚親委之時寇難繁興未有所定璠乃喟然賦詩以見志其末章曰隨會平王室夷吾匡霸功虛薄無時用徒然慕昔風循開府置佐史以璠爲諮議參軍仍領記室梁元帝承制授樹功將軍鎭西府諮議參軍賜書曰鄧禹文學尚或執戈葛洪書生且云破賊前修無遠屬望良深梁元帝尋又以循紹鄱陽之封且爲雍州刺史復以璠爲循平北府司馬及武陵王紀稱制於蜀以璠爲中書侍郎屢遣召璠使者八返乃至蜀又以爲黃門侍郎令長史劉孝勝深布腹心使工畫陳平度河歸漢圖以遺之璠苦求還中記室韋登私曰殿下忍而蓄憾足下不留將至大禍脫使盜遮於葭萌則卿殆矣孰若共構大廈使身名俱美哉璠正色曰卿欲緩頰於我耶我與府侯分義已定豈以寵辱夷險易其心乎丈夫立志當死生以之耳殿下方布大義於天下終不逞志於一人紀知必不爲己用乃厚其贈而遣之臨別紀又解其佩刀贈璠曰想見物思人璠對曰敢不奉揚威靈剋翦姦宄紀於是遣使就拜循爲益州刺史封隋郡王以璠爲循府長史加蜀郡太守還至白馬西屬達奚武軍已至南鄭璠不得入城遂降於武太祖素聞其名先誡武曰勿使劉璠死也故武先令璠赴闕璠至太祖見之如舊謂僕射申徽曰劉璠佳士古人何以過之徽曰昔晉主滅吳利在二陸明公今平梁漢得一劉璠也時南鄭尚拒守未下達奚武請屠之太祖將許焉唯令全璠一家而已璠乃請之於朝太祖怒而不許璠泣而固請移時不退柳仲禮侍側曰此烈士也太祖曰事人當如此遂許之城竟獲全璠之力也太祖旣納蕭循之降又許其反國循至長安累月未之遣也璠因侍宴太祖曰我於古誰比對曰常以公命世英主湯武莫逮今日所見曾齊桓晉文之不若太祖曰我不得比湯武望與伊周爲匹何桓文之不若乎對曰齊桓存三亡國晉文不失信於伐原語未終太祖撫掌曰我解爾意欲激我耳於是卽命遣循循請與璠俱還太祖不許以璠爲中外府記室尋遷黃門侍郎儀同三司嘗臥疾居家對雪興感乃作雪賦以遂志云其詞曰天地否閉凝而成雪應乎玄冬之辰在於沍寒之節蒼雲暮同嚴風曉別散亂徘徊雰霏皎潔違朝陽之暄照就陵陰之慘烈若乃雪山峙於流沙之右雪宮建於偶石之東混二儀而並色覆萬有而皆空埋沒河山之上籠罩寰宇之中日馭潛於濛汜地險失於華嵩旣奪朱而成素實矯異而爲同始飄颻而稍落遂紛糅而無窮縈回兮瑣散皛皓兮溟濛綏綏兮颯颯瀌瀌兮瀰瀰因高兮累仞藉少兮成豐曉分光而映淨夜合影而通朧似北荒之明月若西崑之閬風爾乃憑集異區遭隨所適遇物淪形觸途湮跡何淨穢之可分豈高卑之能擇體不常消質無定白深谷夏凝小山春積偶仙宮而爲絳值河濱而成赤廣則彌綸而交四海小則淅瀝而緣間隙淺則不過二寸大則平地一尺乃爲五谷之精寔長泉川之魄大壑所以朝宗洪波資其消釋家有趙王之璧人聚漢帝之金旣藏牛而沒馬又冰木而凋林已墮白登之指實愴黃竹之心楚客埋魂於樹裏漢使遷飢於海陰斃雲中之狡獸落海上之驚禽庚辰有七尺之厚甲子有一丈之深無復垂霙與雲合唯有變白作泥沉本爲白雪唱翻作白頭吟吟曰昔從天山來忽與狂風閱逈河陰而散漫望衡陽而委絕朝朝自消盡夜夜空凝結徒云雪之可賦竟何賦之能雪初蕭循在漢中與蕭紀牋及答國家書移襄陽文皆璠之辭也世宗初授內史中大夫掌綸誥尋封平陽縣子邑九百戶在職清白簡亮不合於時左遷同和郡守璠善於撫御蒞職未朞生羌降附者五百餘家前後郡守多經營以致貲產唯璠秋毫無所取妻子並隨羌俗食麥衣皮始終不改洮陽洪和二郡羌民常越境詣璠訟理焉其德化爲他界所歸仰如此蔡公廣時鎭隴右嘉璠善政及遷鎭陝州欲取璠自隨羌人樂從者七百人聞者莫不歎異陳公純作鎭隴右引爲總管府司錄甚禮敬之天和三年卒時年五十九著梁典三十卷有集二十卷行於世子祥嗣

祥字休徵幼而聰慧占對俊辯賓客見者皆號神童事嫡母以至孝聞其伯父黃門郎璆有名江左在嶺南聞而奇之乃令名祥字休徵後以字行於世年十歲能屬文十二通五經解褐梁宜豐侯主簿遷記室參軍江陵平隨例入國齊公憲以其善於詞令召爲記室府中書記皆令掌之尋授都督封漢安縣子食邑七百戶轉從事中郎憲進爵爲王以休徵爲王友俄除內史上士高祖東征休徵陪侍帷幄平齊露布卽休徵之文也累遷車騎大將軍儀同大將軍尋以去官領萬年令未朞月轉長安令頻宰二縣頗獲時譽大象二年卒於官時年四十七初璠所撰梁典始就未及刊定而卒臨終謂休徵曰能成我志其在此書乎休徵始定繕寫勒成一家行於世

柳霞字子昇河東解人也曾祖卓晉汝南太守始自本郡徙居襄陽祖叔珍宋員外散騎常侍義陽內史父季遠梁臨川王諮議參軍宜都太守霞幼而爽邁神彩嶷然髫歲便有成人之量篤好文學動合規矩其世父慶遠特器異之謂霞曰吾昔逮事伯父太尉公嘗語吾云我昨夢汝登一樓樓甚峻麗吾以坐席與汝汝後名宦必達恨吾不及見耳吾向聊復晝寢又夢將昔時座席還以賜汝汝之官位當復及吾特宜勉勵以應嘉祥也梁西昌侯深藻鎭雍州霞時年十二以民禮修謁風儀端肅進止詳雅深藻美之試遣左右踐霞衣裾欲觀其舉措霞徐步稍前曾不顧眄廬陵王續爲雍州刺史辟霞爲主簿起家平西邵陵王綸府法曹參軍仍轉外兵除尚書工部郎謝舉時爲僕射引霞與語甚嘉之顧謂人曰江漢英靈見於此矣岳陽王蕭詧莅雍州選爲治中尋遷別駕及詧於襄陽承制授霞吏部郎員外散騎常侍俄遷車騎大將軍儀同三司大都督賜爵聞喜縣公詧進位持節侍中驃騎大將軍開府儀同三司及蕭詧踐帝位於江陵以襄陽歸于我霞乃辭詧曰陛下中興鼎運龍飛舊楚臣昔因幸會早奉名節理當以身許國期之始終自晉氏南遷臣宗族蓋寡從祖太尉世父儀同從父司空並以位望隆重遂家于金陵唯留先臣獨守墳柏常誡臣等使不違此志今襄陽旣入北朝臣若陪隨鑾蹕進則無益塵露退則有虧先旨伏願曲垂照鑒亮臣此心詧重違其志遂許之因留鄉里以經籍自娛太祖世宗頻有徵命霞固辭以疾及詧殂霞舉哀行舊君之服保定中又徵之霞始入朝授使持節驃騎大將軍開府儀同三司霍州諸軍事霍州刺史霞導民務先以德再三不用命者乃微加貶異示之恥而已其下感而化之不復爲過咸曰我君仁惠如此其可欺乎天和中卒時年七十二宣政初贈蹤安二州刺史霞有志行初爲州主簿其父卒於揚州霞自襄陽奔赴六日而至哀感行路毀瘁殆不可識後奉喪泝江西歸中流風起舟中之人相顧失色霞抱棺號慟愬天求哀俄頃之間風浪止息其母嘗乳間發疽醫云此病無可救之理唯得人吮膿或望微止其痛霞應聲卽吮旬日遂瘳咸以爲孝感所致性又溫裕略無喜慍之容弘獎名敎未嘗論人之短尤好施與家無餘財臨終遺誡薄葬其子等並奉行之有十子靖莊最知名

靖字思休少方雅博覽墳籍梁大同末釋褐武陵王國左常侍轉法曹行參軍大定初除尚書度支郎遷正員郎隨霞入朝授大都督歷河南德廣二郡守靖雅達政事所居皆有治術吏民畏而愛之然性愛閑素其於名利澹如也及秩滿還便有終焉之志隋文帝踐極特詔徵之靖遂以疾固辭優游不仕閉門自守所對惟琴書而已足不歷園庭殆將十載子弟等奉之若嚴君焉其有過者靖必下帷自責於是長幼相率拜謝於庭靖然後見之勗以禮法鄉里亦慕而化之或有不善者皆曰唯恐柳德廣知也時論方之王烈前後總管到官皆親至靖家問疾遂以爲故事秦王俊臨州賚以几杖并致衣物靖唯受几杖餘並固辭其爲當時所重如此開皇中以壽終

莊字思敬器量貞固有經世之才初仕梁歷中書舍人尚書右丞給事黃門侍郎尚書吏部郎中鴻臚太府卿入隋位至開府儀同三司給事黃門侍郎饒州刺史

史臣曰蕭撝世怡圓肅大圓竝有梁之令望也雖羈旅異國而終享榮名非有茲基夙懷文質亦何能至於此平方武陵擁衆東下任撝以蕭何之事君臣之道既篤家國之情亦隆金石不足比其心河山不足盟其誓及魏安之至城下旬日而智力俱竭委金湯而不守舉庸蜀而來王若乃見機而作誠有之矣守節沒齒則未可焉宗懍幹局才辭見稱於梁元之世逮乎俘囚楚甸播越秦中屬太祖思治之辰遇世宗好士之日在朝不預政事就列幾忝戎章豈懷道圖全優遊卒歲將用與不用留滯當年乎梁氏據有江東五十餘載挾策紀事勒成不朽者非一家焉劉璠學思通博有著述之譽雖傳疑傳信頗有詳略而屬辭比事足爲清典蓋近代之佳史歟柳霞立身之道進退有節觀其眷戀墳隴其孝可移於朝廷盡禮舊王其忠可事於新君夫能推此類以求賢則知人幾於易矣

周書卷四十二考證

宗懍傳梁普通六年○普通北史作大同

柳霞傳柳霞○北史作柳遐

梁西昌侯深藻○北史無深字

周書卷四十三

唐　令狐德棻等撰

列傳第三十五

李延孫

韋祐

韓雄

陳忻

魏玄

李延孫伊川人也祖伯扶魏太和末從征懸瓠有功爲汝南郡守父長壽性雄豪有武藝少與蠻酋結託屢相招引侵滅關南孝昌中朝議恐其爲亂乃以長壽爲防蠻都督給其鼓節以慰其意長壽冀因此遂得任用亦盡其智力防遏羣蠻伊川左右寇盜爲之稍息永安之後盜賊蜂起長壽乃招集叛亡徒侶日盛魏帝藉其力用因而撫之乃授持節大都督轉鎮張白塢後爲河北郡守轉河內郡守所歷之處咸以猛烈聞討捕諸賊頻有功授衛大將軍北華州刺史賜爵清河郡公及魏孝武西遷長壽率勵義士拒東魏孝武嘉之復授潁川郡守遷廣州刺史東魏遣行臺侯景率兵攻之長壽衆少城陷遂遇害大統元年追贈太尉使持節侍中驃騎大將軍冀定等十二州諸軍事定州刺史延孫亦雄武有將帥才略少從長壽征討以勇敢聞初爲直閤將軍賀拔勝爲荆州刺史表延孫爲都督肅清鵶路頗有功力焉及長壽被害延孫乃還收集其父之衆自魏孝武西遷之後朝士流亡廣陵王欣錄尚書長孫稚潁川王斌之安昌王子均及建寧江夏隴東諸王并百官等攜持妻子來投延孫者延孫卽率衆衛送并贈以珍玩咸達關中齊神武深患之遣行臺慕容紹宗等數道攻之延孫獎勵所部出戰遂大破之臨陣斬其揚州刺史薛喜於是義軍更振乃授延孫京南行臺節度河南諸軍事廣州刺史尋進車騎大將軍儀同三司大都督賜爵華山郡公延孫既荷重委每以剋清伊洛爲己任頻以少擊衆威振敵境大統四年爲其長史楊伯蘭所害後贈司空冀定等六州刺史子人傑有祖父風官至開府儀同三司和州刺史改封潁川郡公延孫弟義孫亦官至開府儀同三司

韋祐字法保京兆山北人也少以字行於世世爲州郡著姓祖駢雍州主簿舉秀才拜中書博士父義前將軍上洛郡守魏大統時以法保著勳追贈秦州刺史法保少好遊俠而質直少言所與交遊皆輕猾亡命人有急難投之者多保存之雖屢被追捕終不改其操父沒事母兄以孝敬聞慕李長壽之爲人遂娶長壽女因寓居關南正光末四方雲擾王公被難者或依之多得全濟以此爲貴遊所德乃拜員外散騎侍郎加輕車將軍及魏孝武西遷法保從山南赴行在所除右將軍太中大夫封固安縣男邑二百戶及長壽被害其子延孫收長壽餘衆守禦東境朝廷恐延孫兵少不能自固乃除法保東洛州刺史配兵數百人以援延孫法保至潼關弘農郡守韋孝寬謂法保曰恐子此役難以吉還也法保曰古人稱不入虎穴不得虎子安危之事未可預量縱爲國殞身亦非所恨遂倍道兼行東魏陝州刺史劉貴以步騎千餘邀之法保命所部爲圓陣且戰且前數日得與延孫兵接乃并勢置柵於伏流未幾太祖追法保與延孫率衆還朝賞勞甚厚乃授法保大都督四年除河南尹及延孫被害法保乃率所部據延孫舊柵頻與敵人交兵每身先士卒單馬陷陣是以戰必被傷嘗至關南與東魏人戰流矢中頸從口中出當時氣絕輿至營久之乃蘇九年拜車騎大將軍儀同三司鎭九曲城及侯景以豫州來附法保率兵赴景景欲留之法保疑其有貳心乃固辭還所鎭十五年加驃騎大將軍開府儀同三司尋進爵爲公會東魏遣軍送糧饋宜陽法保潛邀之轉戰數十里兵少不敵爲流矢所中卒於陣謚曰莊子初嗣建德末位至開府儀同大將軍閻韓防主

韓雄字木蘭河南東垣人也祖景魏孝文時爲赭陽郡守雄少敢勇膂力絕人工騎射有將率材略及魏孝武西遷雄便慷慨有立功之志大統初遂與其屬六十餘人於洛西舉兵數日間衆至千人與河南行臺楊琚共爲犄角每抄掠東魏所向尅獲徒衆日盛州縣不能禦之東魏洛州刺史韓賢以狀聞鄴乃遣其軍司慕容紹宗率兵與賢合勢討雄戰數十合雄兵略盡兄及妻子皆爲賢所獲將以爲戮乃遣人告雄曰若雄至皆免之雄與其所親謀曰奮不顧身以立功名者本望上申忠義下榮親戚今若忍而不赴人謂我何旣免之後更思其計未爲晚也於是遂詣賢軍卽隨賢還洛乃潛引賢黨謀欲襲之事泄遁免時大祖在弘農雄至上謁太祖嘉之封武陽縣侯邑八百戶遣雄還鄉里更圖進取雄乃招集義衆進逼洛州東魏洛州刺史元湛委州奔河陽其長史孟彥舉城欵附俄而領軍獨孤信大軍繼至雄遂從信入洛陽時東魏將侯景等圍蓼塢雄擊走之又從太祖戰於河橋軍還仍鎭洛西拜假平東將軍東郡守遷北中郎將邙山之役太祖命雄率衆邀齊神武於隘道神武怒命三軍併力取雄雄突圍得免除東徐州刺史太祖以雄勠勞積年乃徵入朝屢加賞勞復遣還州東魏東雍州刺史郭叔略與雄接境頗爲邊患雄密圖之乃輕將十騎夜入其境伏於道側遣都督韓仕於略城東服東魏人衣服詐若自河陽叛投關西者略出馳之雄自後射之再發咸中遂斬略首除河南尹進爵爲公加車騎大將軍儀同三司大都督散騎常侍尋進驃騎大將軍開府儀同三司侍中河南邑中正孝閔帝踐阼進爵親義郡公增邑通前三千八百戶賜姓宇文氏世宗二年除使持節都督中徐虞洛四州諸軍事中州刺史雄久在邊具知敵人虛實每率衆深入不避艱難前後經四十五戰雖時有勝負而雄志氣益壯東魏深憚之天和三年卒于鎭贈大將軍中華宜義和五州諸軍事中州刺史謚曰威子禽嗣

陳忻字永怡宜陽人也少驍勇有氣俠姿貌魁岸同類咸敬憚之魏孝武西遷之後忻乃於辟惡山招集勇敢少年數十人寇掠東魏仍密遣使歸附大統元年授持節伏波將軍羽林監立義大都督賜爵霸城縣男三年太祖復弘農東魏揚州刺史叚琛拔城遁走忻率義徒於九曲道邀之殺傷甚衆擒其新安令張祗太祖嘉其忠欵使行新安縣事及獨孤信入洛忻舉李延孫爲前鋒仍從信守金墉城及河橋戰不利隨軍西還復行新安縣事東魏遣土人牛道恒爲揚州刺史忻率兵擊破之進爵爲子常隨崤東諸將鎭遏伊洛間每有功効九年與李遠迎高仲密仍從戰邙山及大軍西還復與韓雄等依山合勢破東魏三城斬其金門郡守方臺洛增邑六百戶尋行宜陽郡事東魏復遣劉盆生爲金門郡守忻又斬之除鎭遠將軍魏郡守俄授使持節平東將軍顯州刺史太祖以忻威著敵境仍留靜邊弗令之任十年侯景築九曲城忻率衆邀之擒其宜陽郡守趙嵩金門郡守樂敬賓十三年從李遠平九曲城授帥都督東魏將爾朱渾願率精騎三千來向宜城忻與諸將輕兵邀之願遂退走十五年除宜陽郡守加大都督撫軍將軍十六年進車騎大將軍儀同三司散騎常侍與齊將東方老戰於石泉破之俘獲甚衆時東魏每歲遣兵送米饋宜陽忻輙與諸軍邀擊之每多尅獲魏恭帝元年又與開府斛斯瑾等共齊將叚孝先戰于九曲大破之二年進位驃騎大將軍開府儀同三司加侍中其年授宜陽邑大中正賜姓尉遲氏太祖以忻著績累載贈其祖昆及父興孫俱爲儀同三司昆齊州刺史興孫徐州刺史東魏洛州刺史獨孤永業號有智謀往來境上倚伏難測忻與韓雄等恒令間諜覘其動靜齊兵每至輙擊破之故永業深憚忻等不敢爲寇孝閔帝踐阼徵忻入朝進爵爲伯尋又進爵許昌郡公增邑一千戶武成元年除熊州刺史增邑通前二千六百戶又與開府敕勒慶破齊將王鸞嵩仍從柱國陸通復石泉城天和元年卒於位忻與韓雄里閈姻婭少相親昵俱總兵境上三十餘載每有禦扞二人相赴常若影響故得數對勍敵而常保功名雖竝有武力至於挽彊射中忻不如雄散財施惠得士衆心則雄不如忻身死之日將吏荷其恩德莫不感慟焉子萬敵嗣朝廷以忻雅得士心還令萬敵領其部曲

魏玄字僧智任城人也六世祖休仕晉爲魯郡守永嘉南遷遂居江左父承祖魏景明中自梁歸魏家於新安玄少慷慨有膽略普泰中除奉朝請頻從軍與梁人交戰永安初以功授征虜將軍中散大夫及魏孝武西遷東魏北從人情騷動各懷去就玄遂率募鄉曲立義於關南卽從韋法保與東魏司徒高敖曹戰於關口及獨孤信入洛陽隸行臺楊琚防馬渚復與高敖曹接戰自

是每率鄉兵抗拒東魏前後十餘戰皆有功邙山之役大軍不利宜陽洛州皆爲東魏守崤東立義者咸懷異望而玄母及弟並在宜陽玄以爲忠孝不兩立乃率義徒還關南鎮撫太祖手書勞之除洛陽令封廣宗縣子邑四百戶十三年與開府李義孫攻拔伏流城又剋孔城仍與義孫鎮之尋移鎮伏流十四年授帥都督東平郡守轉河南郡守加大都督十六年洛安民雍方雋據郡外叛率步騎一千自號行臺攻破郡縣囚執守令玄率弘農九曲孔城伏流四城士馬討平之魏恭帝二年拜車騎大將軍儀同三司孝閔帝踐阼進爵爲伯增邑通前九百戶保定元年移鎮鐵谷四年進位驃騎大將軍開府儀同三司從鎮閻韓仍從尉遲迥圍洛陽天和元年陝西總管尉遲綱遣玄率儀同宇文能趙乾等步騎五百於鹿盧交南邀擊東魏洛州刺史獨孤永業永業有衆二萬餘人玄輕將五騎行前覘之卒與之遇便即交戰殺傷數十人獲馬并甲矟等永業遂退二年進爵爲侯除白超防主三年遷熊州刺史政存簡惠百姓悅之四年轉和州刺史伏流防主進爵爲公五年齊將斛律明月率衆向宜陽兵威甚盛玄率兵禦之每戰輒剋後以疾卒於位

史臣曰二國爭彊四郊多壘鎮守要害義屬武臣李延孫等以勇略之姿受扞城之寄灌瓜贈藥雖有愧於昔賢禦侮折衝足方駕於前烈用能覯兵伊洛保據崤函齊人沮西略之謀周朝緩東顧之慮者數將之力也

周書卷四十三考證

陳忻傳及獨孤信入洛忻舉李延孫爲前鋒○舉疑當作與　臣文淳　此事李延孫傳不載當是史有遺漏也

周書卷四十四

唐　令狐德棻　等撰

列傳第三十六

泉企　子元禮　仲遵

李遷哲

楊乾運

扶猛

陽雄

席固　子世雅

任果

泉企字思道上洛豐陽人也世雄商洛曾祖景言魏建節將軍假宜陽郡守世襲本縣令封丹水侯父安志復爲建節將軍宜陽郡守領本縣令降爵爲伯企九歲喪父哀毀類於成人服闋襲爵年十二鄉人皇平陳合等三百餘人詣州請企爲縣令州爲申上時吏部尚書郭祚以企年少未堪宰民請別選遣終此一限令企代之魏宣武帝詔曰企向成立且爲本鄉所樂何爲捨此世襲更求一限遂依所請企雖童幼而好學恬靜百姓安之尋以母憂去職縣中父老復表請殷勤詔許之起復本任加討寇將軍孝昌初又加龍驤將軍假節防洛州別將尋除上洛郡守及蕭寶夤反遣其黨郭子恢襲據潼關企率鄉兵三千人拒之連戰數日子弟死者二十許人遂大破子恢以功拜征虜將軍寶夤又遣兵萬人趣青泥誘動巴人圖取上洛上洛豪族泉杜二姓密應之企與刺史董紹宗潛兵掩襲二姓散走寶夤軍亦退遷左將軍淅州刺史別封涇陽縣伯邑五百戶永安中梁將王玄眞入寇荆州加企持節都督率衆援之遇玄眞於順陽與戰大破之除撫軍將軍使持節假鎮南將軍東雍州刺史進爵爲侯部民楊羊皮太保椿之從弟恃託椿勢侵害百姓守宰多被其凌侮皆畏而不敢言企收而治之將加極法於是楊氏慚懼宗族詣闕請恩自此豪右屏迹無敢犯者性又清約纖毫不擾於民在州五年每於鄉里運米以自給梁魏興郡與洛州接壤表請與屬詔企爲行臺尚書以撫納之大行臺賀拔岳以企昔莅東雍爲吏民所懷乃表企復爲刺史詔許之蜀民張國雋聚黨剽劫州郡不能制企命收而戮之闔境清肅魏孝武初加車騎大將軍左光祿大夫及齊神武專政魏帝有西顧之心欲委企以山南之事乃除洛州刺史當州都督未幾帝西遷齊神武率衆至潼關企遣其子元禮督鄉里五千人北出大谷以禦之齊神武不敢進上洛人都督泉岳其弟猛略與順陽人杜窋等謀翻洛州以應東軍企知之殺岳及猛略等傳首詣闕而窋亡投東魏錄前後勳授車騎大將軍儀同三司大統初加開府儀同三司兼尚書右僕射進爵上洛郡公增邑通前千戶企志尚廉慎每除一官憂見顏色至是頻讓魏帝手詔不許三年高敖曹率衆圍逼州城杜窋爲其鄉導企拒守旬餘矢盡援絕城乃陷焉企謂敖曹曰泉企力屈志不服也及竇泰被擒敖曹退走遂執企而東以窋爲刺史企臨發密誡子元禮仲遵曰吾生平志願不過令長耳幸逢聖運位亞台司今爵祿既隆年齒又暮前途夷險抑亦可知汝等志業方彊堪立功效且忠孝之道不可兩全宜各爲身計勿相隨寇手但得汝等致力本朝吾無餘恨不得以我在東遂虧臣節也爾其勉之乃揮涕而訣餘無所言聞者莫不憤歎尋卒於鄴元禮少有志氣好弓馬頗閑草隸有士君子之風釋褐奉朝請本州別駕累遷員外散騎侍郎洛州大中正員外散騎常侍安東將軍持節都督賜爵臨洮縣伯進征東將軍金紫光祿大夫加散騎常侍及洛州陷與企俱被執而東元禮於路逃歸時杜窋雖爲刺史然巴人素輕杜而重泉及元禮至與仲遵相見感父臨別之言潛與豪右結託信宿之間遂率鄉人襲州城斬窋傳首長安朝廷嘉之拜衞將軍車騎大將軍世襲洛州刺史從太祖戰於沙苑爲流矢所中遂卒子貞嗣官至儀同三司仲遵少謹實涉獵經史年十三州辟主簿十四爲本縣令及長有武藝遭世離亂每從父征討以勇決聞高敖曹攻洛州企令仲遵率五百人出戰時以衆寡不敵乃退入城復與企力戰拒守矢盡以杖棒扞之遂爲流矢中目不堪復戰及城陷士卒歎曰若二郎不傷豈至於此企之東也仲遵以被傷不行後與元禮斬窋以功封豐陽縣伯邑五百戶加授征東將軍豫州刺史及元禮於沙苑戰沒復以仲遵爲洛州刺史仲遵宿稱幹略爲鄉里所歸及爲本州頗得嘉譽東魏北豫州刺史高仲密舉成皋入附太祖率軍應之別遣仲遵隨于謹攻栢谷塢仲遵力戰先登擒其將王顯明栢谷既拔復會大軍戰於邙山十三年王思政改鎮潁川以仲遵行荆州刺史事十五年加授大都督俄進車騎大將軍儀同三司梁司州刺史栁仲禮每爲邊寇太祖令仲遵率鄉兵從開府楊忠討之梁隨郡守桓和拒守不降忠謂諸將曰本圖仲禮不在隨郡如即攻守恐引日勞師今若先取仲禮則桓和可不攻自服諸君以爲何如仲遵對曰蜂蠆有毒何可輕也若棄和深入遂擒仲禮和之降不尚未可知如仲禮未獲和爲之援首尾受敵此危道也若先攻和指麾可剋剋和而進更無反顧之憂忠從之仲遵以計由己出乃率先登城遂擒和仍從忠擊仲禮又獲之進驃騎大將軍開府儀同三司領本州大中正復爲三荆二廣南雍平信江隨二郢淅等十三州諸軍事行荆州刺史尋遭母憂請終喪制不許大將軍王雄南征上津魏興仲遵率所部兵從雄討平之遂於上津置南洛州以仲遵爲刺史仲遵留情撫接百姓安之流民歸附者相繼而至初蠻帥杜清和自稱巴州刺史以州入附朝廷因其所據授之仍隸東梁州都督清和以仲遵善於撫御請隸仲遵朝議以山川非便弗之許也清和遂結安康酋帥黃衆寶等舉兵共圍東梁州復遣王雄討平之改巴州爲洵州隸於仲遵先是東梁州刺史劉孟良在職貪婪民多背叛仲遵以廉簡處之羣蠻率服仲遵雖出自巴夷而有方雅之操歷官之處皆以清白見稱朝廷又以其父臨危抗節乃令襲爵上洛郡公舊封聽回授一子魏恭帝初徵拜左衞將軍尋出爲都督金興等六州諸軍事金州刺史武成初卒官時年四十五贈大將軍華洛等三州刺史謚曰莊子暅嗣起家本縣令入爲左侍上士保定中授帥都督累遷儀同三司出爲純州防主建德末位至開府儀同大將軍

李遷哲字孝彥安康人也世爲山南豪族仕於江左祖方達齊末爲本州治中父元眞仕梁歷東宮左衞率東梁衡二州刺史散騎常侍沌陽侯遷哲少修立有識度慷慨善謀畫起家文德主帥轉直閤將軍武賁中郎將及其父爲衡州留遷哲本鄉監統部曲事時年二十撫馭羣下甚得其情大同二年除安康郡守三年加超武將軍太清二年移鎮魏興郡都督魏興上庸等八郡諸軍事襲爵沌陽侯邑一千五百戶四年遷持節信武將軍散騎常侍都督東梁洵興等七州諸軍事東梁州刺史及侯景篡逆諸王爭帝遷哲外禦邊寇自守而已大統十七年太祖遣達奚武王雄等略地山南遷哲率其所部拒戰軍敗遂降於武然猶意氣自若武乃執送京師太祖謂之曰何不早歸國家乃勞師旅今爲俘虜不亦愧乎荅曰世荷梁恩未有報効又不能死節實以此爲愧耳太祖深嘉之即拜使持節車騎大將軍散騎常侍封沌陽縣伯邑千戶魏恭帝初直州人樂熾洋州人田越金州人黃國等連結爲亂太祖遣鴈門公田弘出梁漢開府賀若敦趣直谷熾聞官軍至乃燒絕棧道據守直谷敦衆不得前太祖以遷哲信著山南乃令與敦同往經略熾等或降或獲尋並平蕩仍與賀若敦南出徇地遷哲先至巴州入其郛郭梁巴州刺史牟安民惶懼開門請降安民子宗徽等猶據琵琶城招諭不下遷哲攻而尅之斬獲九百餘人軍次鹿城城主遣使請降遷哲謂其衆曰納降如受敵吾觀其使視瞻猶高得無詐也遂不許之梁人果於道左設伏以邀遷哲遷哲進擊破之遂屠其城虜獲千餘口自此巴濮之民降款相繼軍還太祖嘉之以所服紫袍玉帶及所乘馬以賜之

并賜奴婢三十口加授侍中驃騎大將軍開府儀同三司除直州刺史卽本州也仍給軍儀鼓節令與田弘同討信州魏恭帝三年正月軍次并州梁并州刺史杜滿各望風送款進圍疊州尅之獲刺史冉助國等遷哲每率驍勇爲前鋒所在攻戰無不身先士卒凡下十八州拓地三千餘里時信州爲蠻酋向五子王等所圍弘又遣遷哲赴援比至信州已陷五子王等聞遷哲至狼狽遁走遷哲入據白帝賀若敦等復至遂共追擊五子王等破之及田弘旋軍太祖令遷哲留鎭白帝更配兵千人馬三百匹信州先無倉儲軍糧匱乏遷哲乃收葛根造粉兼米以給之遷哲亦自取供食時有異膳卽分賜兵士有疾患者又親加醫藥以此軍中感之人思效命黔陽蠻田烏度田都唐等每抄掠江中爲百姓患遷哲隨機出討殺獲甚多由是諸蠻畏威各送糧餼又遣子弟入質者千有餘家遷哲乃於白帝城外築城以處之并置四鎭以靜峽路自此寇抄頓息軍糧贍給焉世宗初授都督信臨等七州諸軍事信州刺史時蠻酋蒲微爲隣州刺史舉兵反遷哲將討之諸將以途路阻遠竝不欲行遷哲怒曰蒲微蕞爾之賊勢何能爲擒獲之畧已在吾度中矣諸君見此小寇便有憚心後遇大敵將何以戰遂率兵七千人進擊之拔其五城虜獲二千餘口二年進爵西城縣公增邑通前二千五百戶武城元年朝于京師世宗甚禮之賜甲第一區及莊田等保定中授平州刺史天和三年進位大將軍四年詔遷哲率金上等諸州兵鎭襄陽五年陳將章昭達攻逼江陵梁主蕭巋告急於襄州衞公直令遷哲往救焉遷哲率其所部守江陵外城與陳將程文季交戰兵稍却遷哲乃親自陷陣手殺數人會江陵總管陸騰出助之陳人乃退陳人又因水汎長壞龍川寧朔隄引水灌城城中驚擾遷哲乃先塞北堤以止水又募驍勇出擊之頻有斬獲衆心稍定俄而敵入郭內焚燒民家遷哲自率騎出南門又令步兵自北門出兩軍合勢首尾邀之陳人復敗多投水而死是夜陳人又竊於城西堞以梯登者已數百人遷哲又率驍勇扞之陳人復潰俄而大風暴起遷哲乘闇出兵擊其營陳人大亂殺傷甚衆陸騰復破之於西隄陳人乃遁建德二年進爵安康郡公三年卒於襄州時年六十四贈金州總管諡曰壯武遷哲累世雄豪爲鄉里所率服性復華侈能厚自奉養妾媵至有百數男女六十九人緣漢千餘里間第宅相次姬人之有子者分處其中各有僮僕侍婢奄閽守之遷哲每鳴笳導從往來其間縱酒飲醼盡生平之樂子孫泰見或忘其年名者披簿以審之長子敬仁先遷哲卒第六子敬猷嗣還統父兵起家大都督建德六年從譙王討稽胡有功進爵儀同大將軍遷哲弟顯位至上儀同大將軍

楊乾運字玄邈儻城興勢人也爲方隅豪族父天興齊安康郡守乾運少雄武爲鄉閭所信服弱冠州辟主簿孝昌初除宣威將軍奉朝請尋爲本州治中轉別駕除安康郡守大統初梁州民皇甫圓姜晏聚衆南叛梁將蘭欽率兵應接之以是漢中遂陷乾運亦入梁梁大同元年除飄武將軍西益潼刺史尋轉信武將軍黎州刺史太清末遷潼南梁二州刺史加鼓吹一部及達奚武圍南鄭武陵王蕭紀遣乾運率兵援之爲武所敗紀時已稱尊號以乾運威服巴渝欲委方面之任乃拜車騎將軍十三州諸軍事梁州刺史鎭潼州封萬春縣公邑四千戶時紀與其兄湘東王繹爭帝遂連兵不息乾運兄子畧說乾運曰自侯景逆亂江左沸騰今大賊初平生民離散理宜同心戮力保國寧民今乃兄弟親尋取敗之道也可謂朽木不雕世衰難佐古人有言危邦不入亂邦不居又云見機而作不俟終日今若適彼樂土送款關中必當功名兩全貽慶於後乾運深然之乃令畧將二千人鎭劒閣又遣其婿樂廣鎭安州仍誡畧等曰吾欲歸附關中但未有由耳若有使來卽宜盡禮迎接會太祖令乾運孫法洛及使人牛伯友等至畧卽夜送乾運乃令使人李若等入關送款太祖乃密賜乾運鐵券授使持節驃騎大將軍開府儀同三司侍中梁州刺史安康郡公及尉遲迥令開府侯呂陵始爲前軍至劒南畧卽退就樂廣謀欲翻城恐其軍將任電等不同先執之然後出城見始始乃入據安州令廣畧等往報乾運乾運遂降迥迥因此進軍成都數旬尅之魏廢帝三年乾運至京師太祖嘉其忠款禮遇隆渥尋卒於長安贈本官加直巴集三州刺史尚書右僕射子端嗣朝廷以乾運歸附之功卽拜端梁州刺史車騎大將軍儀同三司畧亦以歸附功拜車騎大將軍儀同三司頻從征討建德末位至開府儀同大將軍封上庸縣伯樂廣亦授車騎大將軍儀同三司安州刺史封安康縣公邑一千戶

扶猛字宗畧上甲黃土人也其種落號曰獸蠻世爲渠帥猛梁大同中以直後出爲持節厲鋒將軍青州刺史轉上庸新城二郡守南洛北司二州刺史封宕渠縣男及侯景作亂猛乃擁衆自守未有所從魏大統十七年大將軍王雄拓定魏興猛率其衆據險爲堡時遣使微通餉饋而已魏廢帝元年魏興叛雄擊破之猛遂以衆降太祖以其世據本鄉乃厚加撫納授車騎大將軍儀同三司加散騎常侍復爵宕渠縣男割二郡爲羅州以猛爲刺史令率所部千人從開府賀若敦南討信州敦令猛別道直趣白帝所由之路人跡不通猛乃梯山捫葛備歷艱阻雪深七尺糧運不繼猛獎勵士卒兼夜而行遂至白帝城刺史向鎭侯列陣拒猛猛與戰破之乘勝而進遂入白帝城撫慰民夷莫不悅附譙淹與官軍戰敗率舟師浮江東下欲歸於梁猛與敦等邀擊破之語在敦傳師還以功進開府儀同三司俄而信州蠻反猛復從賀若敦討平之又率水軍破蠻帥文子榮於汶陽進爵臨江縣公增邑一千戶武成中陳將侯瑱等逼湘州又從賀若敦赴救除武州刺史後隨敦自拔還復爲羅州刺史保定三年轉綏州刺史從衞公直援陳將華皎時大軍不利唯猛所部獨全又從田弘破漢南諸蠻前後十餘戰每有功進位大將軍後以疾卒

陽雄字元畧上洛邑陽人也世爲豪族祖斌上庸太守父猛魏正光中万俟醜奴作亂關右朝廷以猛商洛首望乃擢爲襄威將軍大谷鎭將帶胡城令以禦醜奴及元顥入洛魏孝莊帝度河范陽王誨脫身投猛猛保藏之及孝莊反正由是知名俄而廣陵王恭僞痞疾復來歸猛猛亦深相保護魏孝武卽位甚嘉之授征虜將軍行河北郡守尋轉安西將軍華山郡守頻典三郡頗有聲績及孝武西遷猛率所領移鎭潼關封邵陽縣伯邑七百戶俄而潼關不守猛於善渚谷立柵收集義徒授征東將軍揚州刺史大都督武衞將軍仍鎭善渚大統三年爲竇泰所襲猛脫身得免太祖以衆寡不敵弗之責也仍配兵千人守牛尾堡尋而太祖擒竇泰猛亦別獲東魏弘農郡守淳于業後以疾卒贈華洛揚三州刺史雄起家奉朝請累遷至都督直後明威將軍積射將軍從于謹攻盤豆柵復從李遠經沙苑陣竝力戰有功封安平縣侯邑八百戶加冠軍將軍中散大夫賞賜甚厚後入洛陽戰河橋解玉壁圍迎高仲密援侯景竝預有戰功前後增邑四百五十戶世襲邑陽郡守從大將軍宇文虬攻剋上津遷通直散騎常侍大都督進儀同三司陳將侯方兒潘純陁寇江陵雄從豆盧寧擊走之除洵州刺史俗雜賨渝民多輕猾雄威惠相濟夷夏安之蠻帥文子榮竊據荊州之汶陽郡又侵陷南郡之當陽臨沮等數縣詔遣開府賀若敦潘招等討平之卽以其地置平州以雄爲刺史進爵玉城縣公增邑通前一千六百戶加驃騎大將軍開府儀同三司時寇亂之後戶多逃散雄在所慰撫民竝安輯徵爲載師中大夫遷西寧州總管以疾不拜除通洛防主雄處疆場務在保境息民接待敵人必推誠仗信齊洛州刺史獨孤永業深相欽尚移書稱美之入爲京兆尹尋拜民部中大夫進位大將軍俄轉中外府長史遷江陵總管四州五防諸軍事改封魯陽縣公宣政元年卒於鎭大象初追封魯陽郡公邑三千五百戶贈陳曹莒汴四州刺史諡曰懷雄善附會能自謀身故得任兼出納保全爵祿子長寬嗣官至儀同大將軍

席固字子堅其先安定人也高祖衡因後秦之亂寓居於襄陽仕晉爲建威將軍遂爲襄陽著姓固少有遠志內明敏而外質朴梁大同中爲齊興郡守屬侯景渡江梁室大亂固久居郡職士多附之遂有親兵千餘人梁元帝嗣位江陵遷興州刺史於是軍民慕從者至五千餘人固遂欲自據一州以觀時變後懼王師進討方圖內屬密謂其腹心曰今梁氏失政揚都覆沒湘東不能復讎雪恥而骨肉相殘宇文丞相撥啓霸基招攜以禮吾欲決意歸之與卿等共圖富貴左右聞固言未有應者固更諭以禍福諸人然後同之魏大統十六年以地來附是時太祖方欲南取江陵西定蜀漢聞固之至甚禮遇之乃遣使就拜使持節驃騎大將軍開府儀同三司大都督侍中豐州刺史封新豐縣公邑二千戶後轉湖州刺史固以未經朝謁遂蒙榮授心不自安啓求入覲太祖許之及固至太祖與之歡醼賞賜甚厚進爵靜安郡公增邑并前三千三百戶尋拜昌歸憲三州諸軍事昌州刺史固居家孝友爲州里所稱蒞官之處頗有聲績保定四年卒於州時年六十一贈大將軍襄唐豐郢復五州刺史諡曰肅仍勑襄州賜其墓田子世雅嗣

世雅字彥文性方正少以孝聞初以固功授車騎大將軍儀同三司除賛城郡守累遷開府儀同三司順直二州刺史大象末位至大將軍世雅弟世英亦以固功授儀同三司後至上開府儀同大將軍

任果字靜鸞南安人也世爲方隅豪族仕於江左祖安東梁益州別駕新巴郡守閬中伯父褒龍驤將軍新巴南安廣漢三郡守沙州刺史新巴縣公果性勇決志在立功魏廢帝元年率所部來附太祖嘉其遠至待以優禮果因面陳取蜀之策太祖深納之乃授使持節車騎

大將軍儀同三司大都督散騎常侍沙州刺史南安縣公邑一千戶及尉遲迥伐蜀果時在京師乃遣其弟岱及子悛從軍太祖以益州未下復令果乘傳歸南安率鄉兵二千人從迥征蜀尋進授驃騎大將軍開府儀同三司蕭紀遣趙拔扈等率衆三萬來援成都果從大軍擊破之及成都平除始州刺史在任未久果請入朝太祖許之以其方隅首望早立忠節乃進爵安樂郡公賜以鐵券聽世相傳襲幷賜路車駟馬及儀衞等以光寵之尋爲刺客所害時年五十六

史臣曰古人稱仁義豈有常蹈之則爲君子背之則爲小人信矣泉企長自山谷素無月旦之譽而臨難慷慨有人臣之節豈非蹈仁義歟元禮仲遵事逢其志卒成功業庶乎克負荷矣李遷哲楊乾運席固之徒屬方隅擾攘咸翩然而委質遂享爵位以保終始觀遷哲之對太祖有尚義之辭乾運受任武陵乖事人之道若乃校長短比優劣故不可同年而語矣陽雄任兼文武聲著中外抑亦志能之士乎

周書卷四十四考證

李遷哲傳緣漢千餘里間第宅相次○北史同千字當是十字之訛

席固傳子世雅嗣○北史作子雅又下文世雅弟世英北史亦作雅弟英俱無世字臣文淳按北史避唐諱故去世字猶韓禽虎作韓禽也然此書作於文皇時不知何以不避豈亦後人所加耶

周書卷四十五

唐 令狐德棻等撰

列傳第三十七

儒林

盧誕

盧光

沈重

樊深

熊安生

樂遜

自書契之興先哲可得而紀者莫不備乎經傳若乃選君德於列辟觀遺烈於風聲帝莫高於堯舜王莫顯於文武是以聖人祖述其道垂文於六學憲章其教作範於百王自玆以降三微驟遷五紀遞襲損益異術治亂殊塗秦承累世之基任刑法而殄滅漢無尺土之業崇經術而長久彫蟲是貴魏道所以陵夷玄風既興晉綱於焉大壞考九流之殿最校四代之興衰正君臣明貴賤美教化移風俗莫尚於儒故皇王以之致刑措而反淳朴賢達以之鏤金石而彫竹素儒之時義大矣哉自有魏道消海內版蕩彝倫攸斁戎馬生郊先王之舊章往聖之遺訓掃地盡矣及太祖受命雅好經術求闕文於三古得至理於千載黜魏晉之制度復姬旦之茂典盧景宣學通羣藝修五禮之缺長孫紹遠才稱洽聞正六樂之壞由是朝章漸備學者向風世宗纂曆敦尚學藝內有崇文之觀外重成均之職握素懷鉛重席解頤之士間出於朝廷圓冠方領執經負笈之生著錄於京邑濟濟焉足以踰於向時矣洎高祖保定三年乃下詔尊太傅燕公爲三老帝於是服袞冕乘碧輅陳文物備禮容清蹕而臨太學袒割以食之奉觴以酳之斯固一世之盛事也其後命輶軒以致玉帛徵沈重於南荆及定山東降至尊而勞萬乘待熊生以殊禮是以天下慕嚮文教遠覃衣儒者之服挾先王之道開黌舍延學徒者比肩勵從師之志守專門之業辭親戚甘勤苦者成市雖遺風盛業不逮魏晉之辰而風移俗變抑亦近代之美也其儒者自有別傳及終於隋之中年者則不兼錄自餘撰於此篇云

盧誕范陽涿人也本名恭祖曾祖晏博學善隸書有名於世仕燕爲給事黃門侍郎營丘成周二郡守祖壽太子洗馬燕滅入魏爲魯郡守父叔仁年十八州辟主簿舉秀才除員外郎以親老乃辭歸就養父母既歿哀毀六年躬營墳壠遂有終焉之志魏景明中被徵入洛授威遠將軍武賁中郎將非其好也尋除鎭遠將軍通直散騎常侍竝稱疾不朝乃出爲幽州司馬又辭歸鄉里當時咸稱其高尚焉誕幼而通亮博學有詞彩郡辟功曹州舉秀才不行起家侍御史累遷輔國將軍太中大夫幽州別駕北豫州都督府長史時刺史高仲密以州歸朝朝廷遣大將軍李遠率軍赴援誕與文武二千餘人奉候大軍以功授鎭東將軍金紫光祿大夫封固安縣伯邑五百戶尋加散騎侍郎拜給事黃門侍郎魏帝詔曰經師易求人師難得朕諸兒稍長欲令卿爲師於是親幸晉王第敕晉王以下皆拜之於帝前因賜名曰誕加征東將軍散騎常侍太祖又以誕儒宗學府爲當世所推乃拜國子祭酒進車騎大將軍儀同三司魏恭帝二年除祕書監後以疾卒

盧光字景仁小字伯范陽公辯之弟也性溫謹博覽羣書精於三禮善陰陽解鍾律又好玄言孝昌初釋褐司空府參軍事稍遷明威將軍員外侍郎及魏孝武西遷光於山東立義遙授大都督晉州刺史安西將軍銀青光祿大夫大統六年攜家西入太祖深禮之除丞相府記室參軍賜爵范陽縣伯俄拜行臺郎中專掌書記十年改封安息縣伯邑五百戶遷行臺右丞出爲華州長史尋徵拜將作大匠魏廢帝元年加車騎大將軍儀同三司除京兆郡守遷侍中六官建授小匠師下大夫進授開府儀同三司匠師中大夫進爵爲侯增邑五百戶轉工部中大夫大司馬賀蘭祥討吐谷渾以光爲長史進爵燕郡公武成二年詔光監營宗廟既成增邑四百戶出爲虞州刺史尋治陝州總管府長史重論討渾之功增邑幷前一千九百戶天和二年卒時年六十二高祖少時嘗受業於光故贈賻有加恒典贈少傅諡曰簡光性崇佛道至誠信敬嘗從太祖狩於檀臺山時獵圍既合太祖遙指山上謂羣公等曰公等有所見不咸曰無所見光獨曰見一桑門太祖曰是也即解圍而還令光於桑門立處造浮圖掘基一丈得瓦鉢錫杖各一太祖稱歎因立寺焉及爲京兆而郡舍先是數有妖怪前後郡將無敢居者光曰吉凶由人妖不妄作遂入居之未幾光所乘馬忽升廳事登牀南首而立又食器無故自破光並不以介懷其精誠守正如此撰道德經章句行於世子賁嗣大象中開府儀同大將軍

沈重字德厚吳興武康人也性聰悟有異常童弱歲而孤居喪合禮及長專心儒學從師不遠千里遂博覽羣書尤明詩禮及左氏春秋梁大通三年起家王國常侍梁武帝欲高置學官以崇儒教中大通四年乃革選以重補國子助教大同二年除五經博士梁元帝之在藩也甚歎異之及即位乃遣主書何武迎重西上及江陵平重乃留事梁主蕭詧除中書侍郎兼中書舍人累遷員外散騎侍郎廷尉卿領江陵令還拜通直散騎常侍都官尚書領羽林監詧又令重於合歡殿講周禮高祖以重經明行修遣宣納上士柳裘至梁徵之仍致書曰皇帝問梁都官尚書沈重觀夫八聖六君七情十義殊方所以會軌異代於是率由莫不趣大順之遥塗履中和之盛致及青緗起焰素篆從風文逐世疏義隨運舛大禮存於玉帛之間至樂形於鐘鼓之外雖分蛇聚緯郁郁之辭蓋闕當塗典午抑抑之旨無聞有周開基爰蹤聖哲拯蒼生之已淪補文物之將墜天爵具修人紀咸理朕寅奉神器恭惟寶闕常思復禮殷周之年還化唐虞之世懼三千尚乖於治俗九變未叶於移風欲定畫一之文思杜二家之說知卿學冠儒宗行標士則卞寶復潤於荆陰隨照更明於漢浦是用寤寐增勞瞻望彰念爰致束帛之聘命輶車之招所望鳳舉鴻翻俄而萃止明斯隱滯合彼異同上庠弗墜於微言中經罔闕於逸義近取無獨善之譏遠應有兼濟之美可不盛歟昔申涪鮐背方辭東國公孫黃髮始造西京遂使道爲藝基功參治本今者一徵諒兼其二若居形聲而去影響尚迷邪而忘覲國非所謂也又敕襄州總管衞公直敦喻遣之在途供給務從優厚保定末重至于京師詔令討論五經幷校定鍾律天和中復於紫極殿講三教義朝士儒生桑門道士至者二千餘人重辭義優洽樞機明辯凡所解釋咸爲諸儒所推六年授驃騎大將軍開府儀同三司露門博士仍於露門館爲皇太子講論建德末重自以入朝既久且年過時制表請還梁高祖優詔答之曰開府漢南杞梓每軫虛衿江東竹箭亟疲延首故束帛聘申蒲輪徵伏加以梁朝舊齒結綬三世沐浴榮光祗承寵渥不忘戀本深足嘉尚而楚材晉用豈無先哲方事求賢義乖來肅重固請乃許焉遣小司門上士楊汪送之梁主蕭巋拜重散騎常侍太常卿大象二年來朝京師開皇三年卒年八十四隋文帝遣舍人蕭子寶祭以少牢贈使持節上開府儀同三司許州刺史重學業該博爲當世儒宗至於陰陽圖緯道經釋典靡不畢綜又多所撰述咸得其指要其行於世者周禮義三十一卷儀禮義三十五卷禮記義三十卷毛詩義二十八卷喪服經義五卷周禮音一卷儀禮音一卷禮記音二卷毛詩音二卷

樊深字文深河東猗氏人也早喪母事繼母甚謹弱冠好學負書從師於三河講習五經晝夜不倦魏永安中隨軍征討以功除蕩寇將軍累遷伏波征虜將軍中散大夫嘗讀書見吾丘子遂歸侍養魏孝武西遷樊王二姓舉義爲東魏所誅深父保周叔父歡周並被害深因避難墜崖傷足絕食再宿於後遇得一簞餅欲食之然念繼母年老患痺或免虜掠乃弗食夜中匍匐尋母偶得相見因以饋母還復遁去改易姓名遊學於汾晉之

問習天文及筭曆之術後爲人所告囚送河東屬魏將韓軌長史張曜重其儒學延深至家因是更得逃隱太祖平河東贈保周南郢州刺史歡周儀同三司深歸葬其父負土成墳尋而于謹引爲其府參軍令在館教授子孫除撫軍將軍銀青光祿大夫遷開府屬轉從事中郎謹拜司空以深爲諮議大統十五年行下邽縣事太祖置學東館教諸將子弟以深爲博士深經學通贍每解書嘗多引漢魏以來諸家義而說之故後生聽其言者不能曉悟皆背而譏之曰樊生講書多門戶不可解然儒者推其博物性好學老而不怠朝暮還往常據鞍讀書至馬驚墜地損折支體終亦不改後除國子博士賜姓萬紐于氏六官建拜太學助教遷博士加車騎大將軍儀同三司天和二年遷縣伯中大夫加開府儀同三司建德元年表乞骸骨詔許之朝廷有疑議常召問焉後以疾卒深既專經又讀諸史及蒼雅篆籀陰陽卜筮之書學雖博贍訥於辭辯故不爲當時所稱撰孝經喪服問疑各一卷撰七經異同說三卷義經畧論并月錄三十一卷並行於世

熊安生字植之長樂阜城人也少好學勵精不倦初從陳達受三傳又從房虬受周禮並通大義後事徐遵明服膺歷年東魏天平中受禮於李寶鼎遂博通五經然專以三禮教授弟子自遠方至者千餘人乃討論圖緯捃摭異聞先儒所未悟者皆發明之齊河清中陽休之特奏爲國子博士時朝廷既行周禮公卿以下多習其業有宿疑碩滯者數十條皆莫能詳辯天和三年齊請通好兵部尹公正使焉與齊人語及周禮齊人不能對乃令安生至賓館與公正言公正有口辯安生語所未至者便撮機要而驟問之安生曰禮義弘深自有條貫必欲昇堂覩奧寧可汨其先後但能留意當爲次第陳之公正於是具問所疑安生皆爲一一演說咸究其根本公正深所嗟服還具言之於高祖高祖大欽重之及高祖入鄴安生遽令掃門家人怪而問之安生曰周帝重道尊儒必將見我矣俄而高祖幸其第詔不聽拜親執其手引與同坐謂之曰朕未能去兵以此爲愧安生曰黃帝尚有阪泉之戰況陛下龔行天罰乎高祖又曰齊氏賦役繁興竭民財力朕救焚拯溺思革其弊欲以府庫及三臺雜物散之百姓公以爲何如安生曰昔武王克商散鹿臺之財發鉅橋之粟陛下此詔異代同美高祖又曰朕何如武王安生曰武王伐紂縣首白旗陛下平齊兵不血刃愚謂聖畧爲優高祖大悅賜帛三百匹米三百石宅一區并賜象笏及九環金帶自餘什物稱是又詔所司給安車駟馬隨駕入朝并敕所在供給至京敕令於大乘佛寺參議五禮宣政元年拜露門學博士下大夫其時年已八十餘尋致仕卒於家安生既學爲儒宗當時受其業擅名於後者有馬榮伯張黑奴竇士榮孔籠劉焯劉炫等皆其門人焉所撰周禮義疏二十卷禮記義疏四十卷孝經義疏一卷並行於世

樂遜字遵賢河東猗氏人也年在幼童便有成人之操弱冠爲郡主簿魏正光中聞碩儒徐遵明領徒趙魏乃就學孝經喪服論語詩書禮易左氏春秋大義尋而山東寇亂學者散逸遜於擾攘之中猶志道不倦永安中釋褐安西府長流參軍大統七年除子都督九年太尉李弼請遜教授諸子既而太祖盛選賢良授以守令相府戶曹柳敏行臺郎中盧光河東郡丞辛粲相繼舉遜稱有牧民之才弼請留不遣十六年加授建忠將軍左中郎將遷輔國將軍中散大夫都督歷弼府西閤祭酒功曹諮議參軍魏廢帝二年太祖召遜教授諸子在館六年與諸儒分授經業遜講孝經論語毛詩及服虔所注春秋左氏傳魏恭帝二年授太學助教孝閔帝踐阼以遜有理務材除秋官府上士其年治太學博士轉治小師氏下大夫自譙王儉以下並束脩行弟子之禮遜以經術教授甚有訓導之方及衛公直鎮蒲州以遜爲直府主簿加車騎將軍左光祿大夫武成元年六月以霖雨經時詔百官上封事遜陳時宜一十四條其五條切於政要其一崇治方曰竊惟今之在官者多求清身克濟不至惠民愛物何者比來守令年期既促歲責有成蓋謂猛濟爲賢未甚優養此政既代後者復然夫政之於民過急則刻薄傷緩則弛慢是以周失舒緩秦敗急酷民非赤子當以赤子遇之宜在舒疾得衷不使勞擾頃承魏之衰政人習逋違先王朝憲備行民咸識法但可宜風正俗納民軌訓而已自非軍旅之中何用過爲迫切至於興邦致治事由德教漸以成之非在倉卒竊謂姬周盛德治興文武政穆成康自斯厥後不能無事昔申侯將奔楚子誨之曰無適小國言以政狹法峻將不汝容敬仲入齊稱曰幸若獲宥及於寬政然關東諸州淪陷日久人在塗炭當慕息肩若不布政優優聞諸境外將何以使彼勞民歸就樂土其二省造作曰頃者魏都洛陽一時殷盛貴勢之家各營第宅車服器玩皆尚奢靡世逐浮競人習澆薄終使禍亂交興天下喪敗比來朝貢器服稍華百工造作務盡奇巧臣誠恐物逐好移有損政俗如此等事頗宜禁省記言無作淫巧以蕩上心傳稱宮室崇侈民力彫弊漢景有云黃金珠玉饑不可食寒不可衣彫文刻鏤傷農事者也錦繡纂組害女功者也以二者爲饑寒之本源矣然國家非爲軍戎器用時事要須而造者皆徒費功力損國害民未如廣勸農桑以衣食爲務使國儲豐積大功易舉其三明選舉曰選曹賞錄勳賢補擬官爵必宜與衆共之有明揚之授使人得盡心如覩白日其材有升降其功有厚薄祿秩所加無容不審卽如州郡選置猶集鄉閭況天下選曹不取物以下缺州郡自可內除此外付曹銓者既非機事何足可密人生處世以榮祿爲重修身履行以纂身爲名然逢時既難失時爲易其選置之日宜令衆心明白然後呈奏使功勤見知品物稱悅其四重戰伐曰魏祚告終天睠在德而高洋稱僭先迷未敗擁逼山東事切肘腋譬猶棊劫相持爭行先後若一行非當或成彼利誠應捨小營大先保封域不宜貪利在邊輕爲興動捷則勞兵分守敗則所損已多國家雖彊洋不受弱詩云德則不競何憚於病唯德可以庇民非恃彊也夫力均勢敵則進德者勝君子道長則小人道消故昔之善戰者先爲不可勝以待敵之可勝彼行暴戾我則寬仁彼爲刻薄我必惠化使德澤旁流人思有道然後觀釁而作可以集事其五禁奢侈曰按禮人有貴賤物有等差使用之有節品類之有度馬后爲天下母而身服大練所以率下也季孫相三君矣家無衣帛之妾所以勵俗也比來富貴之家爲意稍廣無不資裝婢隸作車後容儀服飾華美眩曜街衢仍使行者輟足路人傾蓋論其輸力公家未若介冑之士然其坐受優賞自踰攻戰之人縱令不惜功費豈不有虧厥德必有儲蓄之餘孰與務恤軍士魯莊公有云衣食所安不敢愛也必以分人詩言豈曰無衣與子同袍皆所以取人力也又陳事上議之徒亦應不少當有上徹天聽者未聞是非陛下雖念存物議欲盡天下之情而天下之情猶爲未盡何者取人受言貴在顯用若納而不顯是而不用則言之者或寡矣保定二年以訓導有方頻加賞賜遷遂伯中大夫授驃騎將軍大都督四年進車騎大將軍儀同三司五年詔魯公贇畢公賢等俱以束修之禮同受業焉天和元年岐州刺史陳公純舉遜爲賢良五年遜以年在懸車上表致仕優詔不許於是賜以粟帛及錢等授湖州刺史封安邑縣子邑四百戶民多蠻左未習儒風遜勸勵生徒加以課試數年之間化洽州境蠻俗生子長大多與父母別居遜每加勸導多革前弊在任數載頻被褒錫秩滿還朝拜皇太子諫議復在露門教授皇子增邑一百戶宣政元年進位上儀同大將軍大象初進爵崇業郡公增邑通前二千戶又爲露門博士二年進位開府儀同三司大將軍出爲汾陰郡守遜以老病固辭詔許之乃改授東揚州刺史仍賜安車衣服及奴婢等又於本郡賜田十頃儒者以爲榮隋開皇元年卒於家年八十二贈本官加蒲陝二州刺史遜性柔謹寡於交游立身以忠信爲本不自矜尚每在衆中言論未嘗爲人之先學者以此稱之所著孝經論語毛詩左氏春秋序論十餘篇又著春秋序義通賈服說發杜氏違辭理並可觀

史臣曰前世通六藝之士莫不兼達政術故云拾青紫如地芥近代守一經之儒多暗於時務故有貧且賤之恥雖通塞有命而大抵皆然嘗論之曰夫金之質也至剛鑄之可以成器水之性也柔弱壅之可以壞山況乎肖天地之貌含五常之德朱藍易染薰蕕可變固以隨鄒俗而好長纓化齊風而貴紫服若乃進趣矜尚中庸之常情高秩厚禮上智之所欲是以兩漢之朝重經術而輕律令其聰明特達者咸勵精於專門以通賢之質挾黼藻之美大則必至公卿小則不失守令近代之政先法令而後經術其沉默孤微者亦篤志於章句以先王之道飾腐儒之姿達則不過侍講訓冑窮則終於弊衣簞食由斯言之非兩漢棟梁之所育近代薪樗之所產哉蓋好尚之道殊遭遇之時異也史臣每聞故老稱沈重所學非止六經而已至於天官律曆陰陽緯候流畧所載釋老之典靡不博綜窮其幽賾故能馳聲海內爲一代儒宗雖前世徐廣何承天之儔不足過也

周書卷四十五考證

沈重傳沈重字德厚○北史云字子厚

熊安生傳並行於世○北史安生傳末尚有數十行此書不載

周書卷四十六

唐　令狐德棻等撰

列傳第三十八

孝義

李棠

柳檜

杜叔毗

荆可

秦族弟榮先

皇甫遐

張元

夫塞天地而横四海者其唯孝乎奉大功而立顯名者其唯義乎何則孝始事親惟后資於致治義在合宜惟人賴以成德上智禀自然之性中庸有企及之美其大也則隆家光國盛烈與河海爭流授命滅親峻節與竹帛俱茂其小也則溫枕扇席無替於晨昏損己利物有助於名教是以堯舜湯武居帝王之位垂至德以敦其風孔墨荀孟禀聖賢之資弘正道以勵其俗觀其所由在此而已矣然而淳源既往澆風愈扇禮義不樹廉讓莫脩若乃綰銀黃列鐘鼎立於朝廷之間非一族也其出忠入孝輕生蹈節者則蓋寡焉積龜貝實倉廩居於闤巷之內非一家也其悅禮敦詩守死善道者則又鮮焉斯固仁人君子所以興歎哲后賢宰所宜屬心如令明教化以救其弊優爵賞以勸其善布懇誠以誘其進積歲月以求其終則今之所謂少者可以爲多矣古之所謂爲難者可以爲易矣故博採與聞網羅遺逸錄其可以垂範方來者爲孝義篇云

李棠字長卿勃海蓨人也祖伯貴魏宣武時官至魯郡守有孝行居父喪哀感過禮遂以毁卒宣武嘉之贈勃海相父元胄員外散騎侍郎棠幼孤好學有志操年十七屬爾朱之亂與司空高乾兄弟舉兵信都魏中興初辟衞軍府功曹參軍太昌中以軍功除征虜將軍行東萊郡事魏孝武西遷棠時在凹北遂仕東魏及高仲密爲北豫州刺史請棠爲掾先是仲密與吏部郎中崔暹有隙暹時被齊文襄委任仲密恐其搆已每不自安將圖來附時東魏又遣鎭城奚壽興典兵事仲密但知民務而已既至州遂與棠謀執壽興以成其計仲密乃置酒延壽興陰伏壯士欲因此執之壽興辭而不赴棠遂往見之曰君與高公義符昆季今日之席以公爲首豈有賓客總萃而公無事不行將恐遠近聞之竊有疑怪壽興遂與俱赴便發伏執之乃帥其士衆據城遣棠詣闕歸欵太祖嘉之拜棠衞將軍右光祿大夫封廣宗縣公邑一千戶棠固辭曰臣世荷朝恩義當奉國而往者見拘逆命不獲陪駕西巡今日之來免罪爲幸何敢以此微庸冒受天爵如此者再三優詔不許俄遷給事黄門侍郎加車騎大將軍儀同三司散騎常侍魏廢帝二年從魏安公尉遲迥伐蜀蜀人未卽降棠乃應募先使諭之既入成都蕭撝問迥軍中委曲棠不對撝乃苦辱之冀獲其實棠曰爾亡國餘燼不識安危奉命諭爾反見頓我王者忠臣有死而已義不爲爾移志也撝不能得其要指遂害之子敞嗣

柳檜字季華祕書監虬之次弟也性剛簡任氣少文善騎射果於斷決年十八起家奉朝請居父喪毁瘠骨立服闋除陽城郡丞防城都督大統四年從太祖戰於河橋先登有功授都督鎭鄯州八年拜湟河郡守仍典軍事尋加平東將軍太中大夫吐谷渾入寇郡境時檜兵少人懷憂懼檜撫而勉之衆心乃安因率數十人先擊之潰亂餘衆乘之遂大敗而走以功封萬年縣子邑三百戶時吐谷渾强盛數侵疆埸自檜鎭鄯州屢戰必破之數年之後不敢爲寇十四年遷河州别駕轉帥都督俄拜使持節撫軍將軍大都督居三載徵還京師時檜兄虬爲祕書丞弟慶爲尚書左丞檜嘗謂兄弟曰兄則職典簡牘褒貶人倫弟則管轄羣司股肱朝廷可謂榮寵矣然而四方未靜車書不一檜唯當蒙矢石履危難以報國恩耳頃之太祖謂檜曰卿昔在鄯州忠勇顯著今西境肅清無勞經畧九曲國之東鄙當勞君守之遂令檜鎭九曲尋從大將軍王雄討上津魏興平之卽除魏興華陽二郡守安康人黄衆寶謀反連結黨與攻圍州城乃相謂曰嘗聞柳府君勇悍其鋒不可當今既在外方爲吾徒腹心之疾也不如先擊之遂圍檜郡郡城卑下士衆寡弱又無守禦之備連戰積十餘日士卒僅有存者於是力屈城陷身被十數創遂爲賊所獲既而衆寶等進圖東梁州乃縛檜置城下欲令檜誘說城中檜乃大呼曰羣賊烏合糧食已罄行卽退散各宜勉之衆寶大怒乃臨檜以兵曰速更汝辭不爾便就戮矣檜守節不變遂害之棄屍水中城中人皆爲之流涕衆寶解圍之後檜兄子止戈方收檜屍還長安贈東梁州刺史子斌嗣斌字伯達年十七齊公憲召爲記室早卒斌弟雄亮字信誠幼有志節好學不倦年十二遭父艱幾至滅性終喪之後志在復讎柱國蔡國公廣欽其名行引爲記室參軍年始弱冠府中文筆頗亦委之後竟手刃衆寶於京城朝野咸重其志節高祖特恕之由是知名大象末位至賓部下大夫

杜叔毗字子弼其先京兆杜陵人也徙居襄陽祖乾光齊司徒右長史父漸梁邊城太守叔毗早歲而孤事母以孝聞性慷慨有志節勵精好學尤善左氏春秋仕梁爲宜豐侯蕭循府中直兵參軍大統十七年太祖令大將軍達奚武經畧漢州明年武圍循於南鄭循令叔毗詣闕請和太祖見而禮之使未反而循中直兵參軍曹策參軍劉曉謀以城降武時叔毗兄君錫爲循中記室參軍從子映錄事參軍映弟晰中直兵參軍竝有文武材畧各領部曲數百人策等忌之懼不同已遂誣以謀叛擅加害焉循尋討策等擒之斬曉而免策及循降策至長安叔毗朝夕號泣具申寃狀朝議以事在歸附之前不可追罪叔毗內懷憤惋志在復讎然恐違朝憲坐及其母遂沉吟積時母知其意謂叔毗曰汝兄横罹禍酷痛切骨髓若曹策朝死吾以夕殁亦所甘心汝何疑焉叔毗拜受母言愈更感勵後遂白日手刃策於京城斷首刳腹解其肢體然後面縛請就戮焉太祖嘉其志氣特命赦之尋拜都督輔國將軍中散大夫遭母憂哀毁骨立殆不勝喪服闋晉公護辟爲中外府樂曹參軍加授大都督遷使持節車騎大將軍儀同三司行義歸郡守自君錫及宗室等爲曹策所害猶殯梁州至是表請迎喪歸葬高祖許之葬事所須詔令官給在梁舊田宅經外配者竝追還之仍賜田二百頃尋除硤州刺史天和二年從衞國公直南討軍敗爲陳人所擒陳人將降之叔毗辭色不撓遂被害子廉卿

荆可河東猗氏人也性質朴容止有異於人能苦身勤力供養其母隨時甘旨終無匱乏及母喪水漿不入口三日悲號擗踊絶而復蘇者數四葬母之後遂廬於墓側晝夜悲哭負土成墳蓬髮不櫛沐菜食飲水而已然可家舊墓塋域極大榛蕪至深去家十餘里而可獨宿其中與禽獸雜處哀感遠近邑里稱之大統中鄉人以可孝行之至足以勸勵風俗乃上言焉太祖令州縣表異之及服終之後猶若居喪大冢宰晉公護聞可孝行特引見焉與可言論時有會於護意而護亦至孝其母閻氏没於敵境不測存亡每見可自傷久乖膝下重可至性及可卒之後護猶思其純孝收可妻子於京城恒給其衣食

秦族上郡洛川人也祖白父萑竝有至性聞於閭里魏太和中板白頴州刺史大統中板萑鄜城郡守族性至孝事親竭力爲鄉里所稱及其父喪哀毁過禮每一痛哭酸感行路既以母在恒抑割哀情以慰其母意四時珍羞未嘗匱乏與弟榮先復相友愛閨門之中怡怡如也尋而其母又没哭泣無時唯飲水食菜而已終喪之後猶蔬食不入房室二十許年鄉里咸歎異之其邑人王元達等七十餘人上其狀有詔表其門閭榮先亦至孝遭母喪哀慕不已遂以毁卒邑里化其孝行世宗嘉之乃下詔曰孝爲政本德乃化先既表天經又明地義榮先居喪致疾至感過人窮號不反迄乎滅性行標當世理鏡幽明此而不顯道將何述可贈滄洲刺史以旌厥異

皇甫遐字永覽河東汾陰人也累世寒微而鄉里稱其和睦遐性純至少喪父事母以孝聞保定末又遭母喪乃廬於墓側負土爲墳後於墓南作一禪窟陰雨則穿窟晴霽則營墓曉夕勤力未嘗暫停積以歲年墳高數丈周回五十餘步禪窟重臺兩匝總成十有二室中間行道可容百人遐食粥枕凷櫛風沐雨形容枯顇家人不識當其營墓之初乃有鵄烏各一徘徊悲鳴不離墓側若助遐者經月餘日乃去遠近聞其至孝競以米麵遺之遐皆受而不食悉以營佛齋焉郡縣表上其狀有詔旌異之

張元字孝始河北芮城人也祖成假平陽郡守父延儁仕州郡累爲功曹主簿竝以純至爲鄉里所推元性謙謹有孝行微涉經史然精脩釋典年六歲其祖以夏中熱甚欲將元就井浴元固不肯從祖謂其貪戲乃以杖擊其頭曰汝何爲不肯洗浴元對曰衣以蓋形爲覆其褻元不能褻露其體於白日之下祖異而捨之南鄰有二杏樹杏熟多落元園中諸小兒競取而食之元所得者送還其主村陌有狗子爲人所棄者元見卽收而養之其叔父怒曰何用此爲將欲更棄之元對曰有生之類莫不重其性命若天生天殺自然之理今爲人所棄而死非其道也若見而不收養無仁心也是以收而養之叔父感其言遂許焉未幾乃有狗母銜一死兎置元前而去及元年十六其祖喪明三年元恒憂泣晝夜讀佛經禮拜以祈福祐後讀藥師經見盲者得視之言遂請七僧然七燈七日七夜轉藥師經行道每言天人師乎元爲孫不孝使祖喪明今以燈光普施法界願祖目見明元求代闇如此經七日其夜夢見一老公以金鎞治其祖目謂元曰勿憂悲也三日之後汝祖目必差元

於夢中喜躍遂卽驚覺乃遍告家人居三日祖果目明其後祖臥疾再周元恒隨祖所食多少衣冠不解旦夕扶侍及祖歿號踴絕而復蘇復喪其父水漿不入口三日鄉里咸歎異之縣博士楊軌等二百餘人上其狀有詔表其門閭

史臣曰李棠柳檜竝臨危不撓視死如歸其壯志貞情可與青松白玉比質也然檜恩隆加等棠禮闕飾終有周之政於是乎偏矣雄亮銜戴天之痛叔毗切同氣之悲援白刃而不顧雪家冤於輦轂觀其志節處死固爲易也荆可秦族之徒生自隴畝曾無師資之訓因心而成孝友乘理而蹈禮節如使舉世若茲則義農何遠之有若乃誠感天地孝通神明見之於張元矣

周書卷四十七

令狐德棻等撰

列傳第三十九

藝術

冀儁

蔣昇

姚僧垣 子最

黎景熙

趙文深

褚該 强練 衞元嵩

太祖受命之始屬天下分崩于時戎馬交馳而學術之士蓋寡故曲藝末技咸見引納至若冀儁蔣昇趙文深之徒雖才愧昔人而名著當世及剋定鄢郢俊異畢集樂茂雅蕭吉以陰陽顯庾季才以天官稱史元華相術擅奇許奭姚僧垣方藥特妙斯皆一時之美也茂雅元華許奭史失其傳季才蕭吉官成於隋自餘紀於此篇以備遺闕云爾

冀儁字僧儁太原陽邑人也性沈謹善隸書特工模寫魏太昌初爲賀拔岳墨曹參軍及岳被害太祖引爲記室時侯莫陳悅阻兵隴右太祖志在平之乃令儁僞爲魏帝勑書與費也頭令將兵助太祖討悅儁依舊勑摸寫及代舍人主書等署與眞無異太祖大悅費也頭已曾得魏帝勑書及見此勑不以爲疑遂遣步騎一千受太祖節度大統初除丞相府城局參軍封長安縣男邑二百戶從復弘農戰沙苑進爵爲子出爲華州中正十三年遷襄樂郡守尋徵教世宗及宋獻公等隸書時俗入書學者亦行束修之禮謂之謝章儁以書字所興起自蒼頡若同常俗未爲合禮遂啓太祖釋奠蒼頡及先聖先師除黃門侍郎本州大中正累遷撫軍將軍右金紫光祿大夫都督通直散騎常侍車騎大將軍儀同三司世宗二年以本官爲大使巡歷州郡察風俗理冤滯還拜小御正尋出爲湖州刺史性退靜每以清約自處前後所歷頗有聲稱尋加驃騎大將軍開府儀同三司改封昌樂縣伯又進爵爲侯增邑并前一千六百戶後以疾卒

蔣昇字鳳起楚國平河人也父儁魏南平王府從事中郎趙興郡守昇性恬靜少好天文玄象之學太祖雅信待之常侍左右以備顧問大統二年東魏將竇泰入寇濟自風陵頓軍潼關太祖出師馬牧澤時西南有黃紫氣抱日從未至酉太祖謂昇曰此何祥也昇曰西南未地主土土王四季秦之分也今大軍旣出喜氣下臨必有大慶於是進軍與竇泰戰擒之自後遂降河東剋弘農破沙苑由此愈被親禮九年高仲密以北豫州來附太祖欲遣兵援之又以問昇昇對曰春王在東熒惑又在井鬼之分行軍非便太祖不從軍遂東行至邙山不利而還太師賀拔勝怒白太祖曰蔣昇罪合萬死太祖曰蔣昇固諫云出師不利此敗也孤自取之非昇過也魏恭帝元年以前後功授車騎大將軍儀同三司封高城縣子邑五百戶保定二年增邑三百戶除河東郡守尋入爲太史中大夫以老請致仕詔許之加定州刺史卒於家

姚僧垣字法衞吳興武康人吳太常信之八世孫也曾祖郢宋員外散騎常侍五城侯父菩提梁高平令嘗嬰疾歷年乃留心醫藥梁武帝性又好之每召菩提討論方術言多會意由是頗禮之僧垣幼通洽居喪盡禮年二十四卽傳家業梁武帝召入禁中面加討試僧垣酬對無滯梁武帝甚奇之大通六年解褐臨川嗣王國左常侍大同五年除驃騎廬陵王府田曹參軍九年還領殿中醫師時武陵王所生葛修華宿患積時方術莫効梁武帝乃令僧垣視之還具說其狀并記增損時候梁武帝歎曰卿用意綿密乃至於此以此候疾何疾可逃朕常以前代名人多好此術是以每恒留情頗識治體今聞卿說益開人意十一年轉領大醫正加文德主帥直閤將軍梁武帝嘗因發熱欲服大黃僧垣曰大黃乃是快藥然至尊年高不宜輕用帝弗從遂至危篤梁簡文帝在東宮甚禮之四時伏臘每有賞賜太清元年轉鎭西湘東王府中記室參軍僧垣少好文史不留意於章句時商畧今古則爲學者所稱及侯景圍建業僧垣乃棄妻子赴難梁武帝嘉之授戎昭將軍湘東王府記室參軍及宮城陷百官逃散僧垣假道歸至吳興謁郡守張嵊嵊見僧垣流涕曰吾過荷朝恩今報之以死君是此邦大族又朝廷舊臣今日得君吾事辨矣俄而景兵大至攻戰累日郡城遂陷僧垣竄避久之乃被拘執景將侯子鑒素聞其名深相器遇因此獲免及梁簡文嗣位僧垣還建業以本官兼中書舍人子鑒尋鎭廣陵僧垣又隨至江北梁元帝平侯景召僧垣赴荆州改授晉安王府諮議其時雖剋平大亂而任用非才朝政混淆無復綱紀僧垣每深憂之謂故人曰吾觀此形勢禍敗不久今時上策莫若近關間者皆掩口竊笑梁元帝嘗有心腹疾乃召諸醫議治療之方咸謂至尊至貴不可輕脫宜用平藥可漸宣通僧垣曰脉洪而實此有宿食非用大黃必無差理梁元帝從之進湯訖果下宿食因而疾愈梁元帝大喜時初鑄錢一當十乃賜錢十萬實百萬也及大軍剋荆州僧垣猶侍梁元帝不離左右爲軍人所止方泣涕而去尋而中山公護使人求僧垣僧垣至其營復爲燕公于謹所召大相禮接太祖又遣使馳驛徵僧垣謹故留不遣謂使人曰吾年時衰暮疹疾嬰沉今得此人望與之偕老太祖以謹勳德隆重乃止焉明年隨謹至長安武成元年授小畿伯下大夫金州刺史伊婁穆以疾還京請僧垣省疾乃云自腰至臍似有三縛兩脚緩縱不復自持僧垣爲診脉處湯三劑穆初服一劑上縛卽解次服一劑中縛復解又服一劑三縛悉除而兩脚疼痺猶自攣弱更爲合散一劑稍得屈申僧垣曰終待霜降此患當愈及至九月遂能起行大將軍襄樂公賀蘭隆先有氣疾加以水腫喘息奔急坐臥不安或有勸其服決命大散者其家疑未能決乃問僧垣僧垣曰意謂此患不與大散相當若欲自服不煩賜問因而委去其子殷勤拜請曰多時抑屈今日始來竟不可治意實未盡僧垣知其可差卽爲處方勸使急服便卽氣通更服一劑諸患悉愈天和元年加授車騎大將軍儀同三司大將軍樂平公竇集暴感風疾精神瞀亂無所覺知諸醫先視者皆云已不可救僧垣後至曰困則困矣終當不死若專以見付相爲治之其家忻然請受方術僧垣爲合湯散所患卽瘳大將軍永世公叱伏列椿苦利積時而不廢朝謁燕公謹嘗問僧垣曰樂平永世俱有痼疾若如僕意永世差輕對曰夫患有深淺時有尅殺樂平雖困終當保全永世雖輕必不免死謹曰君言必死當在何時對曰不出四月果如其言謹歎異之六年遷遂伯中大夫建德三年文宣太后寢疾醫巫雜說各有異同高祖御內殿引僧垣同坐曰太后患勢不輕諸醫竝云無慮朕人子之情可以意得君臣之義言在無隱公爲何如對曰臣無聽聲視色之妙特以經事已多准之常人竊以憂懼帝泣曰公旣決之矣知復何言尋而太后崩其後復因召見帝問僧垣曰姚公爲儀同幾年對曰臣忝荷朝恩於茲九載帝曰勤勞有日朝命宜隆乃授驃騎大將軍開府儀同三司又勑曰公年過縣車可停朝謁若非別勑不勞入見四年高祖親戎東討至河陰遇疾口不能言瞼垂覆目不復瞻視一足短縮又不得行僧垣以爲諸藏俱病不可竝治軍中之要莫先於語乃處方進藥帝遂得言次又治目目疾便愈末乃治足足疾亦瘳比至華州帝已痊復卽除華州刺史仍詔隨入京不令在鎭宣政元年表請致仕優詔許之是歲高祖行幸雲陽遂寢疾乃詔僧垣赴行在所內史柳昇私問曰至尊貶膳日久脉候何如對曰天子上應天心或當非愚所及若凡庶如此萬無一全尋而帝崩宣帝初在東宮常苦心痛乃令僧垣治之其疾卽愈帝甚悅及卽位恩禮彌隆常從容謂僧垣曰常聞先帝呼公爲姚公有之乎對曰臣曲荷殊私實如聖旨帝曰此是尚齒之辭非爲貴爵之號朕當爲公建國開家爲子孫永業乃封長壽縣公邑一千戶冊命之日又賜以金帶及衣服等大象二年除太醫下大夫帝尋有疾至于大漸僧垣宿直侍帝謂隋公曰今日性命唯委此人僧垣知帝診候危殆必不全濟乃對曰臣荷恩旣重思在効力但恐庸短不逮敢不盡心帝頷之及靜帝嗣位遷上開府儀同大將軍隋開皇初進爵北絳郡公三年卒時年八十五遺誡衣白帢入棺朝服勿斂靈上唯置香奩每日設清水而已贈本官加荆湖三州刺史僧垣醫術高妙爲當世所推前後効驗不可勝記聲譽旣盛遠聞邊服至於諸蕃外域咸請託之僧垣乃搜採奇異參校徵効者爲集驗方十二卷又撰行

記三卷行於世長子察在江南

次子最字士會幼而聰敏及長博通經史尤好著述年十九隨僧垣入關世宗盛聚學徒校書於麟趾殿最亦預爲學士俄授齊王憲府水曹參軍掌記室事特爲憲所禮接賞賜隆厚宣帝嗣位憲以嫌疑被誅隋文帝作相追復官爵最以陪遊積歲恩顧過隆乃錄憲功績爲傳送上史局最幼在江左迄于入關未習醫術天和中齊王憲奏高祖遣最習之憲又謂最曰爾博學高才何如王褒庾信王庾名重兩國吾視之蔑如接待資給非爾家比也爾宜深識此意勿不存心且天子有敕須彌勉勵最於是始受家業十許年中畧盡其妙每有人造請効驗甚多隋文帝踐極除太子門大夫以父憂去官哀毀骨立既免喪襲爵北絳郡公復爲太子門大夫俄轉蜀王秀友秀鎮益州遷秀府司馬及平陳察至最自以非嫡讓封於察隋文帝許之秀後陰有異謀隋文帝令公卿窮治其事開府慶整郝偉等並推過於秀最獨曰凡有不法皆最所爲王實不知也搒訊數百卒無異辭最竟坐誅時年六十七論者義之撰梁後畧十卷行於世

黎景熙字季明河間鄚人也少以字行於世曾祖嶷魏太武時從破平涼有功賜爵容城縣男加鷹揚將軍後爲燕郡守祖鎮襲爵爲員外散騎侍郎父瓊太和中襲爵歷員外郎魏縣令後至鄚城郡守季明少好讀書性强記默識而無應對之能其從祖廣太武時爲尚書郎善古學嘗從吏部尚書清河崔玄伯受字義又從司徒崔浩學楷篆自是家傳其法季明亦傳習之頗與許氏有異又好占玄象頗知術數而落魄不事生業有書千餘卷雖窮居獨處不以飢寒易操與范陽盧道源爲莫逆之友永安中道源勸令入仕始爲威烈將軍魏孝武初遷鎮遠將軍尋除步兵校尉及孝武西遷季明乃寓居伊洛侯景徇地河外召季明從軍尋授銀青光祿大夫加中軍將軍拜行臺郎中除黎陽郡守季明從至懸瓠察景終不足恃遂去之客於潁川以世路未清欲優遊卒歲時王思政鎮潁川累使召季明不得已出與相見留於內館月餘太祖又徵之遂入關乃令季明正定古今文字於東閣大統末除安西將軍尋拜著作佐郎於時倫輩皆位兼常伯車服華盛唯季明獨以貧素居之而無愧色又勤於所職著述不怠然性尤專固不合於時是以一爲史官遂十年不調魏恭帝元年進號平南將軍右銀青光祿大夫六官建爲外史上士孝閔帝踐阼加征南將軍右金紫光祿大夫時大司馬賀蘭祥討吐谷渾詔季明從軍還除驃騎將軍右光祿大夫武成末遷外史下大夫保定三年盛營宮室春夏大旱詔公卿百寮極言得失季明上書曰臣聞成湯遭旱以六事自陳宣王太甚而珪璧斯竭豈非遠慮元元俯哀兆庶方今農要之月時雨猶愆率土之心有懷渴仰陛下垂情萬類子愛羣生覲禮百神猶未豐洽者豈或作事不節有違時令舉措失中儻邀斯旱春秋君舉必書動爲典禮水旱陰陽莫不應行而至孔子曰言行君子之所以動天地可不慎乎春秋莊公三十一年冬不雨五行傳以爲是歲一年而三築臺奢侈不恤民也僖公二十一年夏大旱五行傳以爲時作南門勞民興役漢惠帝二年夏大旱五年夏大旱江河水少谿澗水絕五行傳以爲先是發民十四萬六千人城長安漢武帝元狩三年夏大旱五行傳以爲是歲發天下故吏穿昆明池然則土木之功動民興役天輒應之以異典籍作誡儻或可思上天譴告改之則善今若息民省役以答天譴庶靈澤時降嘉穀有成則年登可覬子來非晚詩云民亦勞止迄可小康惠此中國以綏四方或恐極陽生陰秋多雨水年復不登民將無覬如又薦飢爲慮更甚時豪富之家競爲奢麗季明又上書曰臣聞寬大所以兼覆慈愛可以懷衆故天地稱其高厚者萬物得其容養焉四時著其寒暑者庶類資其忠信焉是以帝王者寬大象天地忠信則四時招搖東指天下識其春人君布德率土懷其惠伏惟陛下資乾御寓品物咸亨時乘六龍自强不息好問受規天下幸甚自古至治之君亦皆廣延博訪詢採芻蕘置鼓樹木以求其過頃年亢旱踰時人懷望歲陛下爰發明詔廣求人瘼同禹湯之罪己高宋景之守正澍雨應時年穀斯稔剋己節用慕質惡華此則尚矣然而朱紫仍耀於衢路綺縠猶侈於豪家裋褐未充於細民糟糠未厭於編戶此則勸導之理有所未周故也今雖導之以政齊之以刑風俗固難以一矣昔文帝集上書之囊以作帷帳惜十家之產不造露臺後宮所幸衣不曳地方之今日富室之飾曾不如婢隸之服然而以身率下國富刑清廟稱太宗良有以也臣聞聖人久於其道而天下化成今承魏氏喪亂之後貞信未興宜先遵五美屏四惡革浮華之俗抑流競之風察鴻都之小藝焚雉頭之異服無益之貨勿重於時虧德之器勿陳於側則民知德矣臣又聞之爲治之要在於選舉若差之毫釐則有千里之失後來居上則致積薪之譏是以古之善爲治者貫魚以次任必以能爵人於朝不以私愛簡材以授其官量能以任其用官得其材用當其器六轡既調坐致千里虞舜選衆不仁者遠則庶事康哉民知其化矣帝覽而嘉之時外史廨宇屢移未有定所季明又上言曰外史之職漢之東觀儀等石渠司同天祿是乃廣內祕府藏言之奧帝王所寶此焉攸在自魏及周公館不立臣雖愚瞽猶知其非是以去年十一月中敢冒陳奏將降中旨卽遣修營荏苒一周未加功力臣職思其憂敢不重請帝納焉於是廨宇方立天和三年進車騎大將軍儀同三司後以疾卒

趙文深字德本南陽宛人也父遐以醫術進仕魏爲尚藥典御文深少學楷隸年十一獻書於魏帝立義歸朝除大丞相府法曹參軍文深雅有鍾王之則筆勢可觀當時碑牓唯文深及冀儁而已大統十年追論立義功封白石縣男邑二百戶太祖以隸書紕繆命文深與黎季明沈遐等依說文及字林刊定六體成一萬餘言行於世及平江陵之後王褒入關貴遊等翕然並學褒書文深之書遂被遐棄文深慚恨形於言色後知好尚難反亦攻習褒書然竟無所成轉被譏議謂之學步邯鄲焉至於碑牓餘人猶莫之逮王褒亦每推先之宮殿樓閣皆其迹也遷縣伯下大夫加儀同三司世宗令至江陵書景福寺碑漢南人士亦以爲工梁主蕭詧觀而美之賞遺甚厚天和元年露寢等初成文深以題牓之功增邑二百戶除趙興郡守文深雖外任每須題牓輒復追之後以疾卒

褚該字孝通河南陽翟人也晉末遷居江左祖長樂齊竟陵王錄事參軍父義昌梁鄱陽王中記室該幼而謹厚有譽鄉曲尤善醫術見稱於時仕梁歷武陵王府參軍隨府西上後與蕭撝同歸國授平東將軍左銀青光祿大夫轉驃騎將軍右光祿大夫武成元年除醫正上士自許奭死後該稍爲時人所重賓客迎候亞於姚僧垣天和初遷縣伯下大夫五年進授車騎大將軍儀同三司該性淹和不自矜尚但有請之者皆爲盡其藝術時論稱其長者焉後以疾卒子士則亦傳其家業時有强練不知何許人亦不知其名字魏時有李順興者語默不恒好言未然之事當時號爲李練世人以强類練故亦呼爲練焉容貌長壯有異於人神精憹悅莫之能測意欲有所論說逢人輒言若値其不欲言縱苦加祈請亦不相酬答初聞其言畧不可解事過之後往往有驗恒寄住諸佛寺好遊行民家兼歷造王公邸第所至之處人皆敬而信之晉公護未誅之前曾手持一大瓠到護第門外抵而破之乃大言曰瓠破子苦時柱國平高公侯伏侯龍恩早依隨護深被任委强練至龍恩宅呼其妻元氏及其妾媵并婢僕等並令連席而坐諸人以逼夫人苦辭不肯强練曰汝等一例人耳何有貴賤遂逼就坐未幾而護誅諸子並死龍恩亦伏法仍籍沒其家建德中每夜上街衢邊樹大哭釋迦牟尼佛或至申旦如此者累日聲甚哀怜俄而廢佛道二教大象末又以一無底囊歷長安市肆告乞市人爭以米麥遺之强練張囊投之隨卽漏之於地人或問之曰汝何爲也强練曰此亦無餘但欲使諸人見盛空耳至隋開皇初果移都於龍首山長安城遂空廢後亦莫知其所終又有蜀郡衞元嵩者亦好言將來之事蓋江左寶誌之流天和中著詩預論周隋廢興及皇家受命並有徵驗性尤不信釋教嘗上疏極論之史失其事故不爲傳

史臣曰仁義之於教大矣術藝之於用博矣狥於是者不能無非厚於利者必有其害詩書禮樂所失也淺故先王重其德方術技巧所失也深故往哲輕其藝夫能通方術而不詭於俗習技巧而必蹈於禮者豈非大雅君子乎姚僧垣診候精審名冠於一代其所全濟固亦多焉而弘茲義方皆爲令器故能享眉壽縻好爵老聃云天道無親常與善人於是信矣

周書卷四十八

唐　令狐德棻等撰

列傳第四十

蕭詧　子巋　巋子琮　詧長子嶚　第五子巖　第六子岌　第八子岑　巋第三子瓛　蔡大寶　大寶弟大業　王操　魏益德　尹正　薛暉　許孝敬　甄元成　劉盈　岑善方　傅準　宗如周　蕭欣　柳洋　徐岳　王淀　范迪　沈君游　袁敞

蕭詧字理孫蘭陵人也梁武帝之孫昭明太子統之第三子幼而好學善屬文尤長佛義特爲梁武帝所嘉賞梁普通六年封曲江縣公中大通三年進封岳陽郡王歷官宣惠將軍知石頭戍事琅邪彭城二郡太守東揚

州刺史初昭明卒梁武帝舍詧兄弟而立簡文內常愧之寵亞諸子以會稽人物殷阜一都之會故有此授以慰其心詧既以其昆弟不得爲嗣常懷不平又以梁武帝衰老朝多秕政有敗亡之漸遂蓄聚貨財交通賓客招募輕俠折節下之其勇敢者多歸附左右遂至數千人皆厚加資給中大同元年除持節都督雍梁東益南北秦五州郢州之竟陵司州之隨郡諸軍事西中郎將領寧蠻校尉雍州刺史詧以襄陽形勝之地又是梁武創基之所時平足以樹根本世亂可以圖霸功遂克己勵節樹恩於百姓務修刑政志存綏養乃下教曰昔之善爲政者不獨師所見藉聽衆賢則所聞自遠資鑒外物故在矚致明是以麗參郵民蓋訪言於高逸馬援居政每責成於掾史王沉爰加厚賞呂虔功有所由故能顯美政於當年流芳塵於後代吾以陋識來牧盛藩每慮德不被民政道或紊中宵拊枕對案忘饑思納良謨以匡弗逮雍州部內有不便於民不利於政長吏貪殘戍將𠎝弱關市恣其裒刻豪猾多所苞藏竝密以名聞當加釐正若刺史治道之要弛張未允循酷乖理任用違才或愛狎邪佞或斥廢忠謇彌思啓告用祛未悟盬梅舟檝允屬良規苦口惡石想勿余隱并廣示鄉閭知其款意於是境內稱治太清二年梁武帝以詧兄河東王譽爲湘州刺史徙湘州刺史張纘爲雍州以代詧纘侍其才望志氣矜驕輕譽少年州府迎候有闕譽深銜之及至鎭遂託疾不與纘相見後聞侯景作亂頗凌蹙纘纘懼爲所擒乃輕舟夜遁將之雍部復慮詧拒之梁元帝時鎭江陵與纘有舊纘將因之以斃詧兄弟會梁元帝與譽及信州刺史桂陽王慥各率所領入援金陵慥下峽至江津譽次江口梁元帝居郢州之武成屬侯景已請和梁武帝詔罷援軍譽自江口將旋湘鎭慥欲侍梁元帝至謁督府方還州纘時在江陵乃貽梁元帝書曰河東戴檣上水欲襲江陵岳陽在雍共謀不逞江陵遊軍主朱榮又遣使報云桂陽住此欲應譽詧梁元帝信之乃鑿船沉米斬纜而歸至江陵收慥殺之令其子方等王僧辯等相繼攻譽於湘州譽又告急於詧詧聞之大怒初梁元帝將援建業令所督諸州竝發兵下赴國難詧遣府司馬劉方貴領兵爲前軍出漢口及將發元帝又使諮議參軍劉瑴喻詧令自行詧辭頗不順元帝又怒而方貴先與詧不協潛與元帝相知尅期襲詧未及發會詧以他事召方貴方貴疑謀泄遂據樊城拒命詧遣使魏益德杜岸等衆軍攻之方貴窘急令其子遷超乞師於江陵元帝乃厚資遣纘若將述職而密援方貴纘次大隄樊城已陷詧擒方貴兄弟及黨與竝斬之纘因進至州詧遷延不受代乃以西城居之待之以禮軍民之政猶歸於詧詧以搆其兄弟事始於纘將密圖之纘懼請元帝召之元帝乃徵纘於詧詧留不遣杜岸兄弟紿纘曰民觀岳陽殿下勢不仰容不如且往西山以避此禍使君既得物情遠近必當歸集以此義舉事無不濟纘深以爲然因與岸等結盟誓纘又要雍州人席引等於西山聚衆纘乃服婦人衣乘青布轝與親信十餘人出奔引等與杜岸馳告詧詧令中兵參軍尹正共岸等率兵追討竝擒之纘懼不免因請爲沙門詧時以譽危急乃留諮議參軍蔡大寶守襄陽率衆二萬騎千匹伐江陵以救之于時江陵立柵周遶郭邑而北面未就詧因攻之元帝大懼乃遣參軍庾奐謂詧曰正德肆亂天下崩離汝復效尤將欲何謂吾蒙先帝愛顧以汝兄弟見屬今以姪伐叔逆順安在詧謂奐曰家兄無罪累被攻圍同氣之情豈可坐觀成敗七父若顧先恩豈應若是如能退兵湘水吾便旋旆襄陽詧既攻柵不尅退而築城又盡銳攻之會大雨暴至平地水四尺詧軍中霑潰衆頗離心其將杜岸岸弟幼安及其兄子龕懼詧不振以其屬降於江陵詧衆大駭其夜遁歸襄陽器械輜重多沒於湕水初詧因張纘於軍至是先殺纘而後退焉杜岸之降也請以五百騎襲襄陽去城三十里城中覺之蔡大寶乃輔詧母保林龔氏登陴閉門拒戰會詧夜至龔氏不知其敗謂爲賊也至曉見詧乃納之岸等以詧至遂奔其兄巘於廣平詧遣將尹正薛暉等攻拔之獲巘岸等并其母妻子女竝於襄陽北門殺之盡誅諸杜宗族親者其幼稚疏屬下蠶室又發掘其墳墓燒其骸骨灰而揚之詧既與江陵搆隙恐不能自固大統十五年乃遣使稱藩請爲附庸太祖令丞相府東閤祭酒榮權使焉詧大悅是歲梁元帝令柳仲禮率衆進圖襄陽詧懼乃遣其妻王氏及世子嶚爲質以請救太祖又令榮權報命仍遣開府楊忠率兵援之十六年楊忠擒仲禮平漢東詧乃獲安時朝議欲令詧發喪嗣位詧以未有璽命辭不敢當榮權時在詧所乃馳還具言其狀太祖遂令假散騎常侍鄭穆及榮權持節策命詧爲梁王詧乃於襄陽置百官承制封拜十七年詧留蔡大寶居守乃自襄陽來朝太祖謂詧曰王之來此頗由榮權王欲見之乎詧曰幸甚太祖乃召權與詧相見仍謂之曰榮權吉士也寡人與之從事未嘗見其失信詧曰榮常侍通二國之言無私故詧今者得歸誠魏闕耳魏恭帝元年太祖令柱國于謹伐江陵詧以兵會之及江陵平太祖立詧爲梁主居江陵東城資以江陵一州之地其襄陽所統盡歸於我詧乃稱皇帝於其國年號大定追尊其父統爲昭明皇帝廟號高宗統妃蔡氏爲昭德皇后又尊其所生母龔氏爲皇太后立妻王氏爲皇后子巋爲皇太子其慶賞刑威官方制度竝同王者唯上疏則稱臣奉朝廷正朔至於爵命其下亦依梁氏之舊其戎章勳級則又兼用柱國等官又追贈叔父邵陵王綸太宰謚曰壯武贈兄河東王譽丞相謚曰武桓太祖乃置江陵防主統兵居於西城名曰助防外示助詧備禦內實兼防詧也初江陵滅梁元帝將王琳據湘州志圖匡復及詧立琳乃遣其將潘純陁侯方兒來寇詧出師禦之純陁等退歸夏口詧之四年詧遣其大將軍王操率兵畧取王琳之長沙武陵南平等郡五年王琳又遣其將雷又柔襲陷監利郡太守蔡大有死之尋而琳與陳人相持稱藩乞師於詧詧許之師未出而琳軍敗附於齊是歲其太子歸來朝京師詧之六年夏震其前殿崩壓殺二百餘人初江陵平詧將尹德毅說詧曰臣聞人主之行與匹夫不同匹夫者飾小行競小廉以取名譽人主者定天下安社稷以成大功今魏虜貪惏罔顧弔民伐罪之義必欲肆其殘忍多所誅夷俘囚士庶竝爲軍實然此等戚屬咸在江東念其充餌豺狼見拘異域痛心疾首何日能忘殿下方清宇宙紹茲鴻緒悠悠之人不可門到戶說其塗炭至此咸謂殿下爲之殿下既殺人父兄孤人子弟人盡讎也誰與爲國但魏之精銳盡萃於此犒師之禮非無故事若殿下爲設享會因請于謹等爲歡彼無我虞當相率而至預伏武士因而斃之分命果毅掩其營壘斬馘逋醜俾無遺噍江陵百姓撫而安之文武官寮隨卽詮授既荷更生之惠孰不忻戴聖明魏人懾息未敢送死王僧辯之徒折簡可致然後朝服濟江入踐皇極纘堯復禹萬世一時晷刻之間大功可立古人云天與不取反受其咎時至不行反受其殃願殿下恢弘遠畧勿懷匹夫之行詧不從謂德毅曰卿之此策非不善也然魏人待我甚厚未可背德若遽爲卿計則鄧祁侯所謂人將不食吾餘也既而闔城長幼被虜入關又失襄陽之地詧乃追悔曰恨不用尹德毅之言以至於是又見邑居殘毀干戈日用恥其威畧不振常懷憂憤乃著愍時賦以見意其詞曰嗟余命之舛薄實賦運之逢屯既殷憂而彌歲復坎壈以相隣晝營營而至晚夜耿耿而通晨否極而云泰何杳杳而無津悲晉璽之遷趙痛漢鼎之移新無田范之明畧愧夷齊之得仁遂胡顏而苟免謂小屈而或申豈妖沴之無已何國步之長淪恨少生而輕弱本無志於爪牙謝兩章之雄勇恧二東之英豈三石於杜鄠異五馬於瑯邪直受性而好善類蓬生在麻冀無咎而霑慶將保靜而獨邪何昊穹之弗惠值上帝之紆奢神州鞠爲茂草赤縣遶於長蛇徒仰天而太息空撫衿而吝嗟惟古人之有懷尚或感於知己況託蔦於霄極寵渥流於無已或小善而必褒時片言而見美昔待罪於禹川歷三考而無紀獲免戾於明時遂超隆於宗子始解印於稽山卽驅傳於湘水彼南陽之舊國實天漢之嘉祉既川岳之形勝復龍躍之基趾此首賞之謬及謂維城之足恃值諸侯之攜貳遂留滯於樊川等勾踐之絕望同重耳之終焉望南枝而灑泣或東顧而潺湲歸歟之情何極首丘之思邈然忽值魏師入討于彼南荊既車徒之赩赫遂一鼓而陵城同宿生之舍許等小白之全邢伊社稷之不泯實有感於恩靈矧吾人之固陋迥飄薄於流萍忽沉滯於茲土復朞月而無成昔方千而畿甸今七里而磐縈寡田邑而可賦闕丘井而求兵無河內之資待同滎陽之未平夜騷騷而擊柝晝孑孑而揚旌烽凌雲而迥照馬伏櫪而悲鳴既有懷於斯日亦焉得而云寧彼雲夢之舊都乃標奇於昔者驗往記而瞻今何名高而實寡寂寥井邑荒涼原野徒揄揚於宋玉空稱嗟於司馬南方卑而歎屈長沙濕而悲賈余家國之一匡庶興周而祀夏忽縈憂而北屆豈年華之天假加以狗盜鼠竊蜂蠆狐狸羣圉隸而爲寇聚臧獲而成師窺覦津渚跋扈江眉屢征發而殷歲頻戰起於軒時有扈興於夏典採芑著於周詩方叔振於蠻貊伯禽捷於淮夷在逋穢其能幾會斬馘而搴旗彼積惡之必稔豈天靈之我欺交川路之云擁理惆悵而未怡詧在位八載年四十四保定二年二月薨其羣臣等葬之於平陵謚曰宣皇帝廟號中宗詧少有大志不拘小節雖多猜忌而知人善任使撫將士有恩能得其死力性不飲酒安於儉素事其母以孝聞又不好聲色尤惡見婦人雖相去數步遙聞其臭經御婦人之衣不復更着又惡見人髮白事者必方便以避之其在東揚州頗放誕省覽薄領好爲戲論之言以此獲譏於世篤好文義所著文集十五卷內典華嚴般若法華金光明義疏四十六卷竝行於世詧疆土既狹居常怏

怏每誦老馬伏櫪志在千里烈士暮年壯心不已未嘗不盱衡扼腕歎咤者久之遂以憂憤發背而殂高祖又命其太子巋嗣位年號天保

巋字仁遠詧之第三子也機辯有文學善於撫御能得其下歡心嗣位之元年尊其祖母龔太后曰太皇太后嫡母王皇后曰皇太后所生曹貴嬪曰皇太妃其年五月其太皇太后龔薨謚曰元太后九月其太妃又薨謚曰孝皇太妃二年皇太后薨謚曰宣靜皇后五年陳湘州刺史華皎巴州刺史戴僧朔竝來附皎送其子玄響爲質於巋仍請兵伐陳巋上言其狀高祖詔衞公直督荊州總管權景宣大將軍元定等赴之巋亦遣其柱國王操率水軍二萬會皎於巴陵既而與陳將吳明徹等戰於沌口直軍不利元定遂沒巋大將軍李廣等亦爲陳人所虜長沙巴陵竝陷於陳衞公直乃歸罪於巋之柱國殷亮巋雖以退敗不獨在亮然不敢違命遂誅之吳明徹乘勝攻剋巋河東郡獲其守將許孝敬明年明徹進寇江陵引江水灌城巋出頓紀南以避其銳江陵副總管高琳與其尚書僕射王操拒守巋馬軍主馬武吉徹等擊明徹敗之明徹退保公安巋乃還江陵巋之八年陳又遣其司空章昭達來寇江陵總管陸騰及巋之將士擊走之昭達又寇章陵之青泥巋令其大將軍許世武赴援大爲昭達所破初華皎戴僧朔從衞公直與陳人戰敗率其麾下數百人歸於巋巋以皎爲司空封江夏郡公以僧朔爲車騎將軍封吳興縣侯巋之十年皎來朝至襄陽請衞公直曰梁主既失江南諸郡民少國貧朝廷興亡繼絕理宜資贍豈使齊桓楚莊獨擅救衞復陳之美望借數州以裨梁國直然之乃遣使言狀高祖高祖許之詔以基平都三州歸之於巋及高祖平齊巋朝於鄴高祖雖以禮接之然未之重也巋知之後因宴承間乃陳其父荷太祖拯救之恩并敘二國艱虞脣齒掎角之事詞理辯暢因涕泗交流高祖亦爲之歔欷自是大加賞異禮遇日隆後高祖復與之宴齊氏故臣吒列長乂亦預焉高祖指謂巋曰是登陴罵朕者也巋曰長乂未能輔桀翻敢吠堯高祖大笑及酒酣高祖又命琵琶自彈之仍謂巋曰當爲梁主盡歡巋乃起請舞高祖曰梁主乃能爲朕舞乎巋曰陛下既親撫五絃臣何敢不同百獸高祖大悅賜雜繒萬段良馬數十匹并賜齊後主妓妾及常所乘五百里駿馬以遺之及隋文帝執政尉遲迥王謙司馬消難等各起兵時巋將帥皆密請興師與迥等爲連衡之勢進可以盡節於周氏退可以席卷山南巋固以爲不可俄而消難奔陳迥等相次破滅隋文帝既踐極恩禮彌厚遣使賜金三百兩銀一千兩布帛萬段馬五百匹開皇二年隋文帝備禮納巋女爲晉王妃又欲以其子瑒尚蘭陵公主由是罷江陵總管巋專制其國四年巋來朝長安隋文帝甚敬待之詔巋位在王公之上賜縑萬匹珍玩稱是及還親執其手謂之曰梁主久滯荊楚未復舊都故鄉之念良軫懷抱朕當振旅長江相送旋反耳巋在位二十三載年四十四五年五月薨其羣臣葬之於顯陵謚曰孝文皇帝廟號世宗巋孝悌慈仁有君人之量四時祭享未嘗不悲慕流涕性尤儉約御下有方境內稱治所著文集及孝經周易義記及大小乘幽微竝行於世隋文帝又命其太子蕭琮嗣位年號廣運

琮字溫文性倜儻不羈博學有文義兼善弓馬初封東陽王尋立爲皇太子及嗣位隋文帝徵琮叔父岑入朝因留不遣復置江陵總管以監之琮之二年隋文帝又徵琮入朝琮率其臣下二百餘人朝於長安隋文帝仍遣武鄉公崔弘度將兵戍江陵軍至都州琮叔父巖及弟瓛等懼弘度掩襲之遂虜居民奔於陳隋文帝於是廢梁國曲赦江陵死罪給民復十年梁二主各給守墓十戶尋拜琮爲柱國封莒國公自詧初即位歲在乙亥至是歲在丁未凡三十有三歲矣詧子嶚追謚孝惠太子巖封安平王岌東平王岑河間王後改封吳郡王巋子瓛義興王瑑晉陵王璟臨海王珣南海王瑒義安王瑀新安王詧之在藩及居帝位以蔡大寶爲股肱王操爲腹心魏益德尹正薛暉許孝敬薛宣爲爪牙甄玄成劉盈岑善方傅准褚珪蔡大業典衆務張綰以舊齒處顯位沈重以儒學蒙厚禮自餘多所獎拔咸盡其器能及巋纂業親賢竝用將相則華皎殷亮劉忠義宗室則蕭欣蕭翼民望則蕭確謝溫柳洋王湜徐岳外戚則王凝王誦殷璉文章則劉孝勝范迪沈君游君公柳信言政事則袁敞柳莊蔡延壽甄詡皇甫玆故能保其疆土而和其民人焉今載詧子嶚等及蔡大寶以下尤著者附於左其在梁陳隋已有傳及巋諸子未任職者則不兼錄

嶚字道遠詧之長子也母曰宣靜皇后幼聰敏有成人之量詧之爲梁主立爲世子尋病卒及詧稱帝追謚焉

巖字義遠詧第五子也性仁厚善於撫接歷侍中荊州刺史尚書令太尉太傅入陳授平東將軍東揚州刺史及陳亡百姓推巖爲主以禦隋師爲總管宇文述所破伏法於長安

岌詧第六子也性淳和幼而好學位至侍中中衞將軍巋之五年卒贈侍中司空謚曰孝

岑字智遠詧第八子也位至太尉性簡貴御下嚴整及琮嗣位自以望重屬尊頗有不法故隋文徵入朝拜大將軍封懷義郡公

瓛字欽文巋第三子也幼有令譽能屬文特爲巋所愛位至荊州刺史初隋師至都州梁之百寮咸恐懼計無所出唯瓛建議南奔入陳授侍中安東將軍吳州刺史及陳亡吳人推爲主以禦隋師戰而敗與巖同時伏法

蔡大寶字敬位濟陽考城人祖履齊尚書祠部郎父點梁尚書儀曹郎南兗州別駕大寶少孤而篤學不倦善屬文初以明經對策第一解褐武陵王國左常侍嘗以書干僕射徐勉大爲勉所賞異乃令與其子遊處所有墳籍盡以給之遂博覽羣書學無不綜詧初出第勉仍薦大寶爲侍讀兼掌記室尋除尚書儀曹郎出鎮會稽大寶爲記室領長流詧涖襄陽遷諮議參軍及梁元帝與河東王譽結隙詧令大寶使江陵以觀之梁元帝素知大寶見之甚悅乃示所制玄覽賦令注解焉三日而畢元帝大嗟賞之贈遺甚厚大寶還白詧云湘東必有異圖禍亂將作不可下援臺城詧納之及爲梁主除中書侍郎兼吏部掌大選事領襄陽太守遷員外散騎常侍吏部郎俄轉吏部尚書軍國之事咸委決焉加授大將軍遷尚書僕射進號輔國將軍又除使持節宣惠將軍雍州刺史詧於江陵稱帝徵爲侍中尚書令參掌選事又加雲麾將軍荊州刺史進位柱國軍師將軍領太子少傅轉安前將軍封安豐縣侯邑一千戶從巋入朝領太子少傅巋嗣位冊授司空中書監中權大將軍領吏部尚書固讓司空許之加特進巋之三年卒巋哭之慟自卒及葬三臨其喪贈司徒進爵爲公謚曰文凱配食詧廟大寶性嚴整有智謀雅達政事文詞贍速詧之章表書記教令詔冊竝大寶專掌之詧推心委任以爲謀主時人以詧之有大寶猶劉先主之有孔明焉所著文集三十卷及尚書義疏竝行於世有四子次子延壽有器識博涉經籍尤善當世之務尚詧女宣成公主歷中書郎尚書右丞吏部郎御史中丞從琮入隋授開府儀同三司祕書丞終於成州刺史大寶弟大業

大業字敬道有至行父没居喪過禮性寬恕學涉經史有將命材屢充使詣闕初以西中郎府參軍隨詧之鎮詧稱帝歷尚書左丞開遠將軍監利郡守散騎常侍衞尉卿巋嗣位遷都官尚書除貞毅將軍漳川太守入爲左民尚書太常卿巋之七年卒贈金紫光祿大夫謚曰簡有五子允恭最知名起家著作佐郎太子舍人梁滅入陳拜尚書庫部郎陳亡入隋授起居舍人

王操字子高其先太原晉陽人也詧母龔氏之外弟也祖靈慶海鹽令父景休臨川內史操性敦厚有籌畧博涉經史在公恪勤初爲詧外兵參軍親任亞於蔡大寶詧承制除尚書左丞及稱帝遷五兵尚書大將軍郢州刺史尋進位柱國封新康縣侯巋嗣位授鎮右將軍尚書僕射及吳明徹爲寇巋出頓紀南操撫循將士莫不用命明徹既退江陵獲全操之力也遷侍中中衞將軍尚書令開府儀同三司參掌選事領荊州刺史操既位居朝右每自挹損深得當時之譽巋之十四年卒巋舉哀於朝堂流涕謂其羣臣曰天不使吾平蕩江表何奪吾賢相之速也及葬親祖於苑官門贈司空進爵爲公謚曰康節有七子次子衡最知名有才學起家祕書郎歷太子洗馬中書黃門侍郎

魏益德襄陽人也有才幹膽勇過人數從軍征討以功累遷至郡守詧莅襄陽以益德爲其府司馬詧承制拜將軍尋加大將軍及詧稱帝進位柱國封上黃縣侯邑千戶加車騎將軍詧之二年卒贈司空謚曰忠壯進爵爲公巋之五年以益德配食詧廟

尹正其先天水人詧莅雍州正爲其府中兵參軍擒張纘獲杜岸皆正之力詧承制以爲將軍尋拜大將軍及稱帝除護軍將軍進位柱國封新野縣侯邑千戶詧之三年卒贈開府儀同三司謚曰剛巋之五年以正配食詧廟子德毅多權畧位至大將軍後以見疑賜死

薛暉河東人也有才畧身長八尺形貌甚偉嘗督禁旅爲詧爪牙當禦侮之任與尹正攻獲杜岸於南陽詧承制拜將軍尋加大將軍進位柱國除領軍將軍巋之二年卒贈開府儀同三司有六子子建子尚知名

許孝敬吳人小名洞兒勁勇過人爲詧驍將以大將軍守河東既無救援爲吳明徹所擒遂戮於建康市贈車騎大將軍子世武嗣少襲父大將軍好勇不拘行檢重賓客施與不節貲產既盡鬱鬱不得志遂謀奔陳事覺伏誅又有大將軍李廣會稽人早事詧以敢勇聞沌口之役先登力戰及華皎軍敗爲吳明徹所擒將降之廣辭色不屈遂被害贈太尉追封建興縣公謚曰忠武

甄玄成字敬平中山人博達經史善屬文少爲簡文所知以錄事參軍隨詧鎮襄陽轉中記室參軍掌書記頗

參政事以江陵甲兵殷盛遂懷貳心密書與梁元帝申其誠款遂有得其書者進之於詧詧深信佛法常願不殺誦法華經人玄成素誦法華經遂以此獲免詧後見之常曰甄公好得法華經力歷位中書侍郎御史中丞祠部尚書吏部尚書詧之六年卒贈侍中護軍將軍有文集二十卷子詡少沈敏閑習政事歷中書舍人尚書右丞從琮入隋授開府儀同三司終於太府少卿

劉盈彭城人以西中郎府錄事參軍隨詧之鎮有器度勤於在公詧之軍國經謀頗得參預歷黃門郎中書監雍州刺史尚書僕射巋之七年卒贈本官第三子然于時頗知名隋鷹擊郎將

岑善方字思義南陽棘陽人漢征南大將軍彭之後也祖惠甫給事中父昶散騎侍郎善方有器局博綜經史善於辭令以刑獄參軍隨詧至襄陽詧初請內附以善方兼記室充使詣闕應對閑敏深爲太祖所嘉自此往來凡數十反魏恭帝二年授驃騎大將軍開府儀同三司封長寧縣公詧之承制也授中書舍人遷襄陽郡守及稱帝徵爲太府卿領中書舍人轉太府領舍人如故尋遷散騎常侍起部尚書善方性清慎有當世幹能故詧委以機密詧之七年卒贈太常卿謚曰敬所著文集十卷有七子竝有操行之元之利之象最知名之元太子舍人早卒高祖錄善方充使之功追之利之象入朝授之利帥都督代王記室參軍後仕隋歷安固令郴義江三州司馬零陵郡丞之象掌式中士隋文帝相府參軍事後仕隋歷尚書虞部員外郎邵陵上宜渭南鄠四縣令

傅准北地人祖照金紫光祿大夫父諝湘東王外兵參軍准有文才善詞賦以西中郎參軍隨詧之鎮官至度支尚書巋之七年卒贈太常卿謚曰敬康所著文集二十卷有二子曰秉曰執竝材兼文史秉尚書右丞執中書舍人尚書左丞

宗如周南陽人有才學容止詳雅以府僚隨詧歷黃門散騎列卿後至度支尚書巋之九年卒如周面狹長以法華經云聞經隨喜面不狹長嘗戲之曰卿何爲謗經如周踧踖自陳不謗詧又謂之如初如周懼出告蔡大寶大寶知其旨笑謂之曰君當不謗餘經政應不信法華耳如周乃悟又嘗有人訴事於如周謂爲經作如州官也乃曰某有屈滯故來訴如州官如周曰爾何小人敢呼我名其人慙謝曰秪言如州官作如州不知如州官名如周早知如州官名如周不敢嗅如州官作如周如周乃笑曰命卿自責見侮反深衆咸服其寬雅有七子希顏希華知名希顏有文學仕至中書舍人希華博通經術爲荆楚儒宗

蕭欣梁武帝弟安成康王秀之孫煬王機之子也幼聰警博綜墳籍善屬文詧踐位以欣襲機封歷侍中中書令尚書僕射尚書令巋之二十三年卒贈司空欣與柳信言當巋之世俱爲一時文宗有集三十卷又著梁史百卷遭亂失本

柳洋河東解人祖惔尚書左僕射父昭中書侍郎洋少有文學以禮度自拘與王湜俱以風範方正爲當時所重位至吏部尚書出爲上黃郡守梁國廢以郡歸隋授開府儀同三司尋卒

徐岳東海人尚書左僕射開府儀同三司簡肅公勉之少子也少方正博通經史初爲東陽王琮師琮爲皇太子授詹事及嗣位除侍中左民尚書俄遷尚書僕射從琮入隋授上開府儀同三司終於陳州刺史子凱祕書郎岳兄矩有文學善吏事頗黷於貨賄位至度支尚書子敬鴻臚卿

王淀琅邪臨沂人祖琳侍中太府卿父錫侍中淀少有令譽尚詧妹廬陵長公主歷祕書郎太子舍人宣成王友廬陵內史詧踐位授侍中吏部尚書巋之四年使詣闕卒於賓館贈侍中右光祿大夫子瓘有文詞黃門侍郎淀弟湜方雅有器識位至都官尚書巋之二十年卒子懷祕書郎隋沔陽令

范迪順陽人祖縝尚書左丞父胥鄱陽內史迪少機辯善屬文歷中書黃門侍郎尚書右丞散騎常侍巋之十七年卒有文集十卷子裒迪弟遹文采劣於迪而經術過之位至中衛東平王長史

沈君游吳興人祖僧旻左民尚書父巡東陽太守君游博學有詞采位至散騎常侍巋之十二年卒有文集十卷弟君公有幹局美風儀文章典正特爲巋所重歷中書黃門侍郎御史中丞自都官尚書爲義興王瓛師從瓛奔陳授侍中太子詹事隋平陳以瓛同謀度江伏誅

袁敞陳郡人祖昂司空父士俊安成內史敞少有器量博涉文史以吏部郎使詣闕時主者以敞班在陳使之後敞固不從命主者詰之敞對曰昔陳之祖父乃梁諸侯之下吏也棄忠與義盜有江東今大周朝宗萬國招攜以禮若使梁之行人在陳人之後便恐彝倫失序豈使臣之所望焉主者不能屈遂以狀奏高祖善之乃詔敞與陳使異日而進還以稱旨遷侍中轉左民尚書從琮入隋授開府儀同三司終於譙州刺史子謐謙

史臣曰梁王任術好謀知賢養士蓋有英雄之志霸王之略焉及淮海版蕩骨肉猜貳擁衆自固稱藩內款終能據有全楚中興頹運雖土宇殊於舊邦而位號同於曩日貽厥自遠享國數世可不謂賢哉嗣子纂承舊業增修遺構賞罰得衷舉厝有方密邇寇讐則威略具舉朝宗上國則聲猷遠振豈非繼世之令主乎

周書卷四十九

唐　令　狐　德　棻　等　撰

列傳第四十一

異域上

高麗　百濟　蠻　獠　宕昌　鄧至　白蘭　氐　稽胡　庫莫奚

蓋天地之所覆載至大矣日月之所臨照至廣矣然則萬物之內民人寡而禽獸多兩儀之間中土局而庶俗曠求之鄒說詭怪之迹實繁考之山經奇譎之詞匪一周孔存而不論是非紛而莫辯秦皇鞭笞天下黷武於遐方漢武士馬彊盛肆志於遠略匈奴既却其國已虛天馬既來其民亦困是知鴈海龍堆天所以絕夷夏也炎方朔漠地所以限內外也況乎時非秦漢志甚嬴劉違天道以求其功殫民力而從所欲顛墜之釁固不旋踵是以先王設教內諸夏而外夷狄往哲垂範美樹德而鄙廣地雖禹迹之東漸西被不過海及流沙王制之自北徂南裁稱穴居交阯豈非道貫三古義高百代者乎有周承喪亂之後屬戰爭之日定四表以武功安三邊以權道趙魏尚梗則結姻於北狄厩庫未實則通好於西戎由是德刑具舉聲名遐洎卉服氈裘輻湊於屬國商胡販客塡委於旗亭雖東略漏三吳之地南巡阻百越之境而國威之所肅服風化之所覃被亦足爲弘矣其四夷來朝聘者今竝紀之於後至於道路遠近物產風俗詳諸前史或有不同斯皆錄其當時所記以備遺闕云爾

高麗者其先出於夫餘自言始祖曰朱蒙河伯女感日影所孕也朱蒙長而有材畧夫餘人惡而逐之土于紇斗骨城自號曰高句麗仍以高爲氏其孫莫來漸盛擊夫餘而臣之莫來裔孫璉始通使於後魏其地東至新羅西渡遼水二千里南接百濟北鄰靺鞨千餘里治平壤城其城東西六里南臨浿水城內唯積倉儲器備寇賊至日方入固守王則別爲宅於其側不常居之其外有國內城及漢城亦別都也復有遼東玄菟等數十城皆置官司以相統攝大官有大對盧次有太大兄大兄小兄意俟奢烏拙太大使者大使者小使者褥奢翳屬仙人并褥薩凡十三等分掌內外事焉其大對盧則以彊弱相陵奪而自爲之不由王之署置也其刑法謀反及叛者先以火焚爇然後斬首籍沒其家盜者十餘倍徵贓若貧不能備及負公私債者皆聽評其子女爲奴婢以償之丈夫衣同袖衫大口袴白韋帶黃革履其冠曰骨蘇多以紫羅爲之雜以金銀爲飾其有官品者又插二鳥羽於其上以顯異之婦人服裙襦裾袖皆爲襈書籍有五經三史三國志晉陽秋兵器有甲弩弓箭戟矟矛鋋賦稅則絹布及粟隨其所有量貧富差等輸之土田塉薄居處節儉然尚容止多詐僞言辭鄙穢不簡親疎乃至同川而浴共室而寢風俗好淫不以爲愧有遊女者夫無常人婚娶之禮畧無財幣若受財者謂之賣婢俗甚恥之父母及夫喪其服制同於華夏兄弟則限以三月敬信佛法尤好淫祀又有神廟二所一曰夫餘神刻木作婦人之象一曰登高神云是其始祖夫餘神之子竝置官司遣人守護蓋河伯女與朱蒙云璉五世孫成大統十二年遣使獻其方物成死子湯立建德六年湯又遣使來貢高祖拜湯爲上開府儀同大將軍遼東郡開國公遼東王

百濟者其先蓋馬韓之屬國夫餘之別種有仇台者始國於帶方故其地界東極新羅北接高句麗西南俱限大海東西四百五十里南北九百餘里治固麻城其外更有五方中方曰古沙城東方曰得安城南方曰久知下城西方曰刀先城北方曰熊津城王姓夫餘氏號於羅瑕民呼爲鞬吉支夏言竝王也妻號於陸夏言妃也官有十六品左平五人一品達率三十人二品恩率三品德率四品扞率五品奈率六品六品已上冠飾銀華

將德七品紫帶施德八品皂帶固德九品赤帶李德十品青帶對德十一品文督十二品皆黃帶武督十三品佐軍十四品振武十五品克虜十六品皆白帶自恩率以下官無常員各有部司分掌衆務內官有前內部穀部內部內涼部外掠部馬部刀部功德部藥部木部法部後官部外官有司軍部司徒部司空部司寇部黠口部客部外舍部綱部日官部都市部都下有萬家分爲五部日上部前部中部下部後部統兵五百人五方各有方領一人以達率爲之郡將三人以德率爲之方統兵一千二百人以下七百人以上城之內外民庶及餘小城咸分肄焉其衣服男子畧同於高麗若朝拜祭祀其冠兩廂加翅戎事則不拜謁之禮以兩手據地爲敬婦人衣以袍而袖微大在室者編髮盤於首後垂一道爲飾出嫁者乃分爲兩道焉兵有弓箭刀矟俗重騎射兼愛墳史其秀異者頗解屬文又解陰陽五行用宋元嘉曆以建寅月爲歲首亦解醫藥卜筮占相之術有投壺樗蒲等雜戲然尤尙奕棊僧尼寺塔甚多而無道士賦稅以布絹絲麻及米等量歲豐儉差等輸之其刑罰反叛退軍及殺人者斬盜者流其贓兩倍徵之婦人犯姦者沒入夫家爲婢婚娶之禮畧同華俗父母及夫死者三年治服餘親則葬訖除之土田下濕氣候溫暖五穀雜果菜蔬及酒醴餚饌藥品之屬多同於內地唯無駝驢騾羊鵝鴨等其王以四仲之月祭天及五帝之神又每歲四祠其始祖仇台之廟自晉宋齊梁據江左後魏宅中原並遣使稱藩兼受封拜齊氏擅東夏其王隆亦通使焉隆死子昌立建德六年齊滅昌始遣使獻方物宣政元年又遣使來獻

蠻者盤瓠之後族類蕃衍散處江淮之間汝豫之郡憑險作梗世爲寇亂逮魏人失馭其暴滋甚有冉氏向氏田氏者陬落尤盛餘則大者萬家小者千戶更相崇樹僭稱王侯屯據三峽斷遏水路荊蜀行人至有假道者太祖畧定伊瀍聲教南被諸蠻畏威靡然向風矣大統五年蔡陽蠻王魯超明內屬以爲南雍州刺史仍世襲焉十一年蠻首梅勒特來貢其方物尋而蠻帥田杜清及沔漢諸蠻擾動大將軍楊忠擊破之其後蠻帥杜青和自稱巴州刺史以州入附朝廷因其所稱而授之青和後遂反攻圍東梁州其唐州蠻田魯嘉亦叛自號豫州伯王雄權景宣等前後討平之語在泉仲遵及景宣傳魏廢帝初蠻酋樊舍舉落內附以爲淮北三州諸軍事淮州刺史淮安郡公于謹等平江陵諸蠻騷動詔豆盧寧蔡祐等討破之魏恭帝二年蠻酋宜民王田興彥北荊州刺史梅季昌等相繼款附以興彥季昌竝爲開府儀同三司加季昌洛州刺史賜爵石臺縣公其後巴西人譙淹扇動羣蠻以附於梁蠻帥向鎮侯向日彪等應之向五子王又攻陷信州田烏度田都唐等抄斷江路文子榮復據荊州之汶陽郡自稱仁州刺史并隣州刺史蒲微亦舉兵逆命詔田弘賀若敦潘招李遷哲討破之語在敦及遷哲楊雄等傳武成初文州蠻叛州遣軍討定之尋而冉令賢向五子王等又攻陷白帝殺開府楊長華遂相率作亂前後遣開府元契趙剛等總兵出討雖頗翦其族類而元惡未除天和元年詔開府陸騰督王亮司馬裔等討之騰水陸俱進次于湯口先遣喻之而令賢方增浚城池嚴設扞禦遣其長子西黎次子南王領其支屬於江南險要之地置立十城遠結涔陽蠻爲其聲援令賢率其精卒固守水邏城騰乃總集將帥謀其進趣咸欲先取水邏然後經畧江南騰言於衆曰令賢內恃水邏金湯之險外託涔陽輔車之援兼復資糧充實器械精新以我懸軍攻其嚴壘脫一戰不尅更成其氣不如頓軍湯口先取江南翦其羽毛然後進軍水邏此制勝之計也衆皆然之乃遣開府王亮率衆渡江旬日攻拔其八城凶黨奔散獲賊帥冉承公并生口三千人降其部衆一千戶遂簡募驍勇數道入攻水邏路經石壁城此城峻嶮四面壁立故以名焉唯有一小路緣梯而上蠻蜑以爲峭絕非兵衆所行騰被甲先登衆軍繼進備經危阻累月乃得舊路且騰先任隆州總管雅知蠻帥冉伯犁冉安西與令賢有隙騰乃招誘伯犁等結爲父子又多遺其金帛伯犁等悅遂爲鄉導水邏側又有石勝城者亦是險要令賢使兄子龍眞據之騰又密誘龍眞云若平水邏使其代令賢處龍眞大悅密遣其子詣騰騰乃厚加禮接賜以金帛蠻貪利既深仍請立効乃謂騰曰欲翻所據城恐人力寡少騰許以三百兵助之既而遣二千人銜枚夜進龍眞力不能禦遂平石勝城晨至水邏蠻衆大潰斬首萬餘級虜獲一萬口令賢遁走追而獲之并其子弟等皆斬之司馬裔又別下其二十餘城獲蠻帥冉三公等騰乃積其骸骨於水邏城側爲京觀後蠻蜑望見輒大號哭自此狠戾之心輟矣時向五子王據石默城令其子寶勝據雙城水邏平後頻遣喻之而五子王猶不從命騰又遣王亮屯牢坪司馬裔屯雙城以圖之騰慮雙城孤峭攻未易拔賊若委城奔散又難追討乃令諸軍周回立柵遏其走路賊乃大駭於是縱兵擊破之擒五子王於石默獲寶勝於雙城悉斬諸向首領生擒萬餘口信州舊治白帝騰更於劉備故宮城南八陣之北臨江岸築城移置信州又以巫縣信陵秭歸竝是硤中要險於是築城置防以爲襟帶焉天和六年蠻渠冉祖喜冉龍驤又反詔大將軍趙誾討平之自此羣蠻慴息不復爲寇矣

獠者蓋南蠻之別種自漢中達于邛笮川洞之間在所皆有之俗多不辨姓氏又無名字所生男女唯以長幼次第呼之其丈夫稱阿謩阿段婦人阿夷阿第之類皆其語之次第稱謂也喜則羣聚怒則相殺雖父子兄弟亦手刃之遞相掠賣不避親戚被賣者號叫不服逃竄避之乃將買人指撝捕逐若追亡叛獲便縛之但經被縛者即服爲賤隸不敢更稱良矣俗畏鬼神尤尙淫祀巫祝至有賣其昆季妻孥盡者乃自賣以祭祀焉往往推一酋帥爲王亦不能遠相統攝自江左及中州遞有巴蜀多恃險不賓太祖平梁益之後令所在撫慰其與華民雜居者亦頗從賦役然天性暴亂旋至擾動每歲命隨近州鎭出兵討之獲其口以充賤隷謂之爲壓獠焉後有商旅往來者亦資以爲貨公卿逮于民庶之家有獠口者多矣魏恭帝三年陵州木籠獠反詔開府陸騰討破之俘斬萬五千人保定二年鐵山獠又反抄斷江路陸騰復攻拔其三城虜獲三千人降其種三萬落語在騰傳天和三年梁州恒稜獠叛總管長史趙文表討之軍次巴州文表欲率衆徑進軍吏等曰此獠旅拒日久部衆甚彊討之者皆四面攻之以分其勢今若大軍直進不遣奇兵恐併力於我未可制勝文表曰往者既不能制之今須別爲進趣若四面遣兵則獠降走路絕理當相率以死拒戰如從一道則吾得示威恩分遣使人以理曉諭爲惡者討之歸善者撫之善惡既分易爲經畧事有變通奈何欲遵前轍也文表遂以此意遍令軍中時有從軍熟獠多與恒稜親識即以實報之恒稜獠相與聚議猶豫之間文表軍已至其界獠中先有二路一路稍平一路極險俄有生獠酋帥數人來見文表曰我恐官軍不悉山川請爲鄉導文表謂之曰此路寬平不須導引卿但先去好慰諭子弟也乃遣之文表謂其衆曰向者獠帥語吾從寬路而行必當設伏要我若從險路出其不虞獠衆自離散矣於是勒兵從險道進其有不通之處隨即治之乘高而望果見其伏兵獠既失計爭攜妻子退保險要文表頓軍大蓬山下示以禍福遂相率來降文表皆慰撫之仍徵其稅租無敢動者後除文表爲蓬州刺史又大得獠和建德初李暉爲梁州總管諸獠亦竝從附然其種類滋蔓保據巖壑依林走險若履平地雖屢加兵弗可窮討性又無知殆同禽獸諸夷之中最難以道義招懷者也

宕昌羌者其先蓋三苗之胤周時與庸蜀微盧等八國從武王滅商漢有先零燒當等世爲邊患其地東接中華西通西域南北數千里姓別自爲部落各立酋帥皆有地分不相統攝宕昌即其一也俗皆土著居有棟宇其屋織犛牛尾及羖羊毛覆之國無法令又無徭賦唯征伐之時乃相屯聚不然則各事生業不相往來皆衣裘褐牧養犛牛羊豕以供其食父子伯叔兄弟死者即以其繼母世叔母及嫂弟婦等爲妻俗無文字但候草木榮落以記歲時三年一相聚殺牛羊以祭天有梁勤者世爲酋帥得羌豪心乃自稱王焉其界自仇池以西東西千里帶水以南南北八百里地多山阜部衆二萬餘落勤孫彌忽始通使於後魏太武因其所稱而授之自彌忽至仚定九世每修職貢不絕後見兩魏分隔遂懷背誕永熙末仚定乃引吐谷渾寇金城大統初又率其種人入寇詔行臺趙貴督儀同侯莫陳順等擊破之仚定懼稱藩請罪太祖捨之拜撫軍將軍四年以仚定爲南洮州刺史要安蕃王後改洮州爲岷州仍以仚定爲刺史是歲秦州濁水羌反州軍討平之七年仚定又舉兵入寇獨孤信時鎭隴右詔信率衆便討之軍未至而仚定爲其下所殺信進兵破其餘黨朝廷方欲招懷殊俗乃更以其弟彌定爲宕昌王十六年彌定宗人獠甘襲奪其位彌定來奔先是羌酋傍乞鐵怱等因仚定反叛之際遂擁衆據渠林川與渭州民鄭五醜扇動諸羌阻兵逆命至是詔大將軍宇文貴豆盧寧涼州刺史史寧等率兵討獠甘等竝擒斬之納彌定而還語在貴等傳其後羌酋東念姐罕廉俱和等反大將軍豆盧寧王勇等前後討平之保定初彌定遣使獻方物三年又遣使獻生猛獸四年彌定寇洮州總管李賢擊走之是歲彌定又引吐谷渾寇石門戍賢復破之高祖怒詔大將軍田弘討滅之以其地爲宕州

鄧至羌者羌之別種也有像舒治者世爲白水酋帥自稱王焉其地北與宕昌相接風俗物產亦與宕昌畧同自舒治至檐桁十一世魏恭帝元年檐桁失國來奔太祖令章武公導率兵送復之

白蘭者羌之別種也其地東北接吐谷渾西北至利模徒南界郍鄂風俗物產與宕昌畧同保定元年遣使獻

犀甲鐵鎧

氐者西夷之別種三代之際蓋自有君長而世一朝見故詩稱自彼氐羌莫敢不來王也漢武帝滅之以其地爲武都郡自汧渭抵於巴蜀種類實繁漢末有氐帥楊駒始據仇池百頃最爲彊族其後漸盛乃自稱王至裔孫纂爲符堅所滅堅敗其族人定又自稱王定爲乞伏乾歸所殺定從弟盛代有其國世受魏氏封拜亦通使於江左然其種落分散叛服不恒隴漢之閒屢被其害盛之苗裔曰集始魏封爲武興王集始死子紹先立遂僭稱大號魏將傅豎眼滅之執紹先歸諸京師以其地爲武興鎮魏氏洛京末定天下亂紹先奔還武興復自立爲王太祖定秦隴紹先稱藩送妻子爲質大統元年紹先請其妻子太祖奏魏帝還之紹先死子辟邪立四年南岐州氐符安壽反攻陷武都自號太白王詔大都督侯莫陳順與渭州刺史長孫澄討破之安壽以其衆降九年淸水氐酋李鼠仁據險作亂氐帥梁道顯叛攻南由太祖遣典籤趙昶慰諭之鼠仁等相繼歸附語在昶傳十一年於武興置東益州以辟邪爲刺史十五年安夷氐復叛趙昶時爲郡守收其首逆者二十餘人斬之餘衆乃定於是以昶行南秦州事氐帥蓋鬧等相率作亂鬧據北谷其黨覃洛聚洮中楊興德符雙圍平氏城姜樊噲亂武階西結宕昌羌獠甘共推蓋鬧爲主昶分道遣使宣示禍福然後出兵討之擒蓋鬧散其餘黨興州叛氐復侵逼南岐州刺史叱羅協遣使告急昶率兵赴救又大破之先是氐首楊法深據陰平自稱亦盛之苗裔也魏孝昌中舉衆內附自是職貢不絕廢帝元年以法深爲黎州刺史二年楊辟邪據州反羣氐復與同逆詔叱羅協與趙昶討平之太祖乃以大將軍宇文貴爲大都督六州諸軍事興州刺史貴威名先著羣氐頗畏服之是歲楊法深從尉遲迥平蜀軍回法深旋鎮尋與其種人楊崇集楊陳侳各擁其衆遞相攻討趙昶時督成武沙三州諸軍事成州刺史遣使和解之法深等從命乃分其部落更置州郡以處之魏恭帝末武興氐反圍利州鳳州固道氐魏天王等亦聚衆響應大將軍豆盧寧等討平之世宗時興州人段吒及下辯柏樹二縣民反相率破蘭皐戍氐酋姜多復率厨中氐蜀攻陷落叢郡以應之趙昶率衆討平二縣并斬段吒而陰平盧北二郡氐復往往屯聚與厨中相應昶乃簡擇精騎出其不意徑入厨中至大竹坪連破七柵誅其渠率二郡竝降及昶還厨中生氐復爲寇掠昶又遣儀同劉崇義宇文琦率兵入厨中討之大破氐衆斬姜多及符肆王等於是羣氐竝平及王謙舉兵沙州氐帥開府楊永安又據州應謙大將軍達奚儒討平之

稽胡一曰步落稽蓋匈奴別種劉元海五部之苗裔也或云山戎赤狄之後自離石以西安定以東方七八百里居山谷閒種落繁熾其俗土著亦知種田地少桑蠶多麻布其丈夫衣服及死亡殯葬與中夏畧同婦人則多貫蜃貝以爲耳及頸飾又與華民錯居其渠帥頗識文字然語類夷狄因譯乃通蹲踞無禮貪而忍害俗好淫穢處女尤甚將嫁之夕方與淫者敘離夫氏聞之以多爲貴既嫁之後頗亦防閑有犯姦者隨事懲罰又兄弟死皆納其妻雖分統郡縣列於編戶然輕其徭賦有異齊民山谷阻深者又未盡役屬而凶悍恃險數爲寇亂魏孝昌中有劉蠡升者居雲陽谷自稱天子立年號署百官屬魏氏政亂力不能討蠡升遂分遣部衆抄掠居民汾晉之間畧無寧歲齊神武遷鄴後始密圖之僞許以女妻蠡升太子蠡升信之遂遣其子詣鄴齊神武厚爲之禮緩以婚期蠡升既恃和親不爲之備大統元年三月齊神武潛師襲之蠡升率輕騎出外徵兵爲其北部王所殺斬首送於齊神武其衆復立蠡升第三子南海王爲主率兵拒戰齊神武擊滅之獲其僞主及其弟西海王并皇后夫人王公以下四百餘人歸於鄴居河西者多恃險不賓時方與齊神武爭衡未遑經畧太祖乃遣黃門郎楊忠就安撫之五年黑水部衆先叛七年別帥夏州刺史劉平伏又據上郡反自是北山諸部連歲寇暴太祖前後遣李遠于謹侯莫陳崇李弼等相繼討平之武成初延州稽胡郝阿保郝狼皮率其種人附於齊氏阿保自署丞相狼皮自署柱國并與其別部劉桑德共爲影響柱國豆盧寧督諸軍與延州刺史高琳擊破之二年狼皮等餘黨復叛詔大將軍韓果討之俘斬甚衆保定中離石生胡數寇汾北勳州刺史韋孝寬於險要築城置兵糧以遏其路及楊忠與突厥伐齊稽胡等復懷旅拒不供糧餼忠乃詐其酋帥云與突厥欲回兵討之酋帥等懼乃相率供饋焉語在忠傳其後丹州綏州銀州等部內諸胡與蒲川別帥郝三郎等又頻年逆命復詔達奚震辛威于寔等前後窮討散其種落天和二年延州總管宇文盛率衆城銀州稽胡白郁久同喬是羅等欲邀襲盛軍盛竝討斬之又破其別帥喬三勿同等五年開府劉雄出綏州巡檢北邊川路稽胡帥喬白郎喬素勿同等度河逆戰雄復破之建德五年高祖敗齊師於晉州乘勝逐北齊人所棄甲仗未暇收斂稽胡乘閒竊出竝盜而有之乃立蠡升孫沒鐸爲主號聖武皇帝年曰石平六年高祖定東夏將討之議欲窮其巢穴齊王憲以爲種類既多又山谷阻絕王師一舉未可盡除且當翦其魁首餘加慰撫高祖然之乃以憲爲行軍元帥督行軍總管趙王招譙王儉滕王逌等討之憲軍次馬邑乃分道俱進沒鐸遣其黨天柱守河東又遣其大帥穆支據河西規欲分守險要掎角憲軍憲命譙王儉攻天柱滕王逌擊穆支竝破之斬首萬餘級趙王招又擒沒鐸餘衆盡降宣政元年汾州稽胡帥劉受羅千復反越王盛督諸軍討擒之自是寇盜頗息

庫莫奚鮮卑之別種也其先爲慕容晃所破竄於松漠之間後種類漸多分爲五部一曰辱紇主二曰莫賀弗三曰契箇四曰木昆五曰室得每部置俟斤一人有阿會氏者最爲豪帥五部皆受其節度役屬於突厥而數與契丹相攻虜獲財畜因而行賞死者則以葦薄裹尸懸之樹上大統五年遣使獻其方物

史臣曰凡民肖形天地稟靈陰陽愚智本於自然剛柔繫於水土故雨露所會風流所通九川爲紀五嶽作鎭此之謂諸夏生其地者則仁義出焉昧谷嵎夷孤竹北戶限以丹徼紫塞隔以滄海交河此之謂荒裔感其氣者則凶德成焉若夫九夷八狄種落繁熾七戎六蠻充牣邊鄙雖風土殊俗嗜欲不同至於貪而無厭很而好亂彊則旅拒弱則稽服其揆一也斯蓋天之所命使其然乎

周書卷四十九考證

高麗傳土于紇斗骨城○魏書作紇升骨城

宕昌羌傳有梁勤者世爲酋帥○勤魏書作懃

氐傳有氐帥楊駒始據仇池百頃○楊駒魏書作楊騰

周書卷五十

唐　令狐德棻等撰

列傳第四十二

異域下

突厥　吐谷渾　高昌　鄯善　焉耆　龜茲　于闐　嚈噠　粟特　安息　波斯

突厥者蓋匈奴之別種姓阿史那氏別爲部落後爲鄰國所破盡滅其族有一兒年且十歲兵人見其小不忍殺之乃刖其足棄草澤中有牝狼以肉飼之及長與狼合遂有孕焉彼王聞此兒尚在重遣殺之使者見狼在側并欲殺狼狼遂逃于高昌國之北山山有洞穴穴內有平壤茂草周回數百里四面俱山狼匿其中遂生十男十男長大外託妻孕其後各有一姓阿史那卽一也子孫蕃育漸至數百家經數世相與出穴臣於茹茹居金山之陽爲茹茹鐵工金山形似兜鍪其俗謂兜鍪爲突厥遂因以爲號焉或云突厥之先出於索國在匈奴之北其部落大人曰阿謗步兄弟十七人其一曰伊質泥師都狼所生也謗步等性竝愚癡國遂被滅泥師都既別感異氣能徵召風雨娶二妻云是夏神冬神之女也一孕而生四男其一變爲白鴻其一國於阿輔水劍水之間號爲契骨其一國於處折水其一居踐斯處折施山卽其大兒也山上仍有阿謗步種類竝多寒露大兒爲出火溫養之咸得全濟遂共奉大兒爲主號爲突厥卽訥都六設也訥都六有十妻所生子皆以母族爲姓阿史那是其小妻之子也訥都六死十母子內欲擇立一人乃相率於大樹下共爲約曰向樹跳躍能最高者卽推立之阿史那子年幼而跳最高者諸子遂奉以爲主號阿賢設此說雖殊然終狼種也其後曰土門部落稍盛始至塞上市繒絮願通中國大統十一年太祖遣酒泉胡安諸槃陀使焉其國皆相慶曰今大國使至我國將興也十二年土門遂遣使獻方物時鐵勒將伐

茹茹土門率所部邀擊破之盡降其衆五萬餘落恃其
彊盛乃求婚於茹茹茹茹主阿那瓌大怒使人罵辱之
日爾是我鍛奴何敢發是言也土門亦怒殺其使者遂
與之絶而求婚於我太祖許之十七年六月以魏長樂
公主妻之是歲魏文帝崩土門遣使來弔贈馬二百匹
魏廢帝元年正月土門發兵擊茹茹大破之於懷荒北
阿那瓌自殺其子菴羅辰奔齊餘衆復立阿那瓌叔父
鄧叔子爲主土門遂自號伊利可汗猶古之單于也號
其妻爲可賀敦亦猶古之閼氏也土門死子科羅立科
羅號乙息記可汗又破叔子於沃野北木賴山二年三
月科羅遣使獻馬五萬匹科羅死弟俟斤立號木汗可
汗俟斤一名燕都狀貌多奇異面廣尺餘其色甚赤眼
若瑠璃性剛暴務於征伐乃率兵擊鄧叔子滅之叔子
以其餘燼來奔俟斤又西破嚈噠東走契丹北并契骨
威服塞外諸國其地東自遼海以西西至西海萬里南
自沙漠以北北至北海五六千里皆屬焉其俗被髪左
衽穹廬氈帳隨水草遷徙以畜牧射獵爲務賤老貴壯
寡廉恥無禮義猶古之匈奴也其主初立近侍重臣等
輿之以氈隨日轉九回每一回臣下皆拜拜訖乃扶令
乘馬以帛絞其頸使纔不至絶然後釋而急問之曰你
能作幾年可汗其主既神情瞀亂不能詳定多少臣下
等隨其所言以驗修短之數大官有葉護次設次特勒
次俟利發次吐屯發及餘小官凡二十八等皆世爲之
兵器有弓矢鳴鏑甲矟刀劍其佩飾則兼有伏突旗纛
之上施金狼頭侍衛之士謂之附離夏言亦狼也蓋本
狼生志不忘舊其徵發兵馬科稅雜畜輒刻木爲數并
一金鏃箭蠟封印之以爲信契其刑法反叛殺人及姦
人之婦盜馬絆者皆死姦人女者重責財物即以其女
妻之鬬傷人者隨輕重輸物盜馬及雜物者各十餘倍
徵之死者停屍於帳子孫及諸親屬男女各殺羊馬陳
於帳前祭之繞帳走馬七匝一詣帳門以刀務面且哭
血淚俱流如此者七度乃止擇日取亡者所乘馬及經
服用之物并屍俱焚之收其餘灰待時而葬春夏死者
候草木黃落秋冬死者候華葉榮茂然始坎而瘞之葬
之日親屬設祭及走馬務面如初死之儀葬訖於墓所
立石建標其石多少依平生所殺人數又以祭之羊馬
頭盡懸挂於標上是日也男女咸盛服飾會於葬所男
有悅愛於女者歸即遣人娉問其父母多不違也父伯
叔死者子弟及姪等妻其後母世叔母及嫂唯尊者不
得下淫雖移徙無常而各有地分可汗恒處於都斤山

牙帳東開蓋敬日之所出也每歲率諸貴人祭其先窟
又以五月中旬集他人水拜祭天神於都斤四五百里
有高山迥出上無草樹謂其爲勃登凝黎夏言地神也
其書字類胡而不知年曆唯以草青爲記俟斤部衆既
盛乃遣使請誅鄧叔子等太祖許之收叔子以下三千
人付其使者殺之於青門外三年俟斤襲擊吐谷渾破
之語在吐谷渾傳明帝二年俟斤遣使來獻方物保定
元年又三輩遣使貢其方物時與齊人交爭戎車歲動
故每連結之以爲外援初魏恭帝世俟斤許進女於太
祖契未定而太祖崩尋而俟斤又以他女許高祖未及
結納齊人亦遣求婚俟斤貪其幣厚將悔之至是詔遣
涼州刺史楊荐武伯王慶等往結之慶等至諭以信義
俟斤遂絶齊使而定婚焉仍請舉國東伐語在荐等傳
三年詔隋公楊忠率衆一萬與突厥伐齊忠軍度陘嶺
俟斤率騎十萬來會明年正月攻齊主於晉陽不尅俟
斤遂縱兵大掠而還忠言於高祖曰突厥甲兵惡爵賞
輕首領多而無法令何謂難制馭正由比者使人妄道
其彊盛欲令國家厚其使者身往重取其報朝廷受其
虛言將士望風畏懼但虜態詐健而實易與耳今以臣
觀之前後使人皆可斬也高祖不納是歲俟斤復遣使
來獻更請東伐詔楊忠率兵出沃野晉公護趣洛陽以
應之會護戰不利俟斤引還五年詔陳公純大司徒宇
文貴神武公竇毅南安公楊荐等往逆女天和二年俟
斤又遣使來獻陳公純等至俟斤復貳於齊會有風雷
變乃許純等以后歸語在皇后傳四年俟斤又遣使獻
馬俟斤死弟他鉢可汗立自俟斤以來其國富彊有凌
轢中夏志朝廷既與和親歲給繒絮錦綵十萬段突厥
在京師者又待以優禮衣錦食肉者常以千數齊人懼
其寇掠亦傾府藏以給之他鉢彌復驕傲至乃率其徒
屬曰但使我在南兩箇兒孝順何憂無物邪建德二年
他鉢遣使獻馬及齊滅齊定州刺史范陽王高紹義自
馬邑奔之他鉢立紹義爲齊帝召集所部云爲之復讐
宣政元年四月他鉢遂入寇幽州殺畧居民柱國劉雄
率兵拒戰兵敗死之高祖親總六軍將北伐會帝崩乃
班師是冬他鉢復寇邊圍酒泉大掠而去大象元年他
鉢復請和親帝冊趙王招女爲千金公主以嫁之并遣
執紹義送闕他鉢不奉詔仍寇并州大象二年始遣使
奉獻且逆公主而紹義尚留不遣帝又令賀若誼往諭
之始送紹義云

吐谷渾本遼東鮮卑慕容廆之庶兄也初吐谷渾馬與
廆馬鬬而廆馬傷廆遣讓之吐谷渾怒率其部落去之
止于枹罕自爲君長及孫葉延頗覩書傳以古有王父
字爲氏遂以吐谷渾爲氏焉自吐谷渾至伏連籌一十
四世伏連籌死子夸呂立始自號爲可汗治伏俟城在
青海西十五里雖有城郭而不居之恒處穹廬隨水草
畜牧其地東西三千里南北千餘里官有王公僕射尚
書及郎中將軍之號夸呂椎髻毦珠以皁爲帽坐金師
子床號其妻爲恪尊衣織成裙披錦大袍辮髮於後首
戴金花其俗丈夫衣服畧同於華夏多以羃䍦爲冠亦
以繒爲帽婦人皆貫珠束髮以多爲貴兵器有弓刀甲
矟國無常賦須則稅富室商人以充用焉其刑罰殺人
及盜馬者死餘則徵物量事決杖刑人必以氈蒙頭持
石從高擊殺之父兄亡後妻後母及嫂等與突厥俗同
至于婚姻貧不能備財物者輒盜女將去死者亦皆埋
殯其服制葬訖則除之性貪婪忍於殺害好射獵以肉
酪爲糧亦知種田然其北界氣候多寒唯得蕪菁大麥
故其俗貧多富少青海周回千餘里海內有小山每冬
冰合後以良牝馬置此山至來冬收之馬皆有孕所生
得駒號爲龍種必多駿異世傳青海駿者也土出犛牛
鳥多鸚鵡大統中夸呂再遣使獻馬及羊牛等然猶寇
抄不止緣邊多被其害魏廢帝二年太祖勒大兵至姑
臧夸呂震懼遣使貢方物是歲夸呂又通使於齊氏涼
州刺史史寧覘知其還率輕騎襲之於州西赤泉獲其
僕射乞伏觸扳將軍翟潘密商胡二百四十人駝騾六
百頭雜綵絲絹以萬計魏恭帝二年史寧又與突厥木
汗可汗襲擊夸呂破之虜其妻子大獲珍物及雜畜語
在史寧傳武成初夸呂復寇涼州刺史是云寶戰沒詔
賀蘭祥宇文貴率兵討之夸呂遣其廣定王鍾留王拒
戰祥等破之廣定等遁走又攻拔其洮陽洪和二城置
洮州以還保定中夸呂前後三輩遣使獻方物天和初
其龍涸王莫昌率衆降以其地爲扶州二年五月復遣
使來獻建德五年其國大亂高祖詔皇太子征之軍渡
青海至伏俟城夸呂遁走虜其餘衆而還明年又再遣
奉獻宣政初其趙王他婁屯來降自是朝獻遂絶

高昌者車師前王之故地東去長安四千九百里漢西
域長史及戊己校尉並治於此晉以其地爲高昌郡張
軌呂光沮渠蒙遜據河西皆置太守以統之其後有闞
爽及沮渠無諱並自署爲太守無諱死茹茹殺其弟安
周以闞伯周爲高昌王高昌之稱王自此始也伯周之
從子首歸爲高車所滅次有張孟明馬儒相繼王之並
爲國人所害乃更推立麴嘉爲王嘉字靈鳳金城榆中
人本爲儒右長史魏大和末立嘉死子堅立其地東西
三百里南北五百里國內總有城一十六官有令尹一
人比中夏相國次有公二人皆其王子也一爲交河公
一爲田地公次有左右衛次有八長史曰吏部祠部庫
部倉部主客禮部民部兵部等長史也次有建武威遠
陵江殿中伏波等將軍次有八司馬長史之副也次有
侍郎校書郎主簿從事階位相次分掌諸事次有省事
專掌導引其大事決之於王小事則世子及二公隨狀
斷決平章錄記事訖即除籍書之外無久掌文按官人
雖有列位並無曹府唯每旦集於牙門評議衆事諸城
各有戶曹水曹田曹每城遣司馬侍郎相監檢校名爲
城令服飾丈夫從胡法婦人畧同華夏兵器有弓箭刀
楯甲矟文字亦同華夏兼用胡書有毛詩論語孝經置
學官弟子以相教授雖習讀之而皆爲胡語賦稅則計
輸銀錢無者輸麻布其刑法風俗婚姻喪葬與華夏小
異而大同地多石磧氣候溫暖穀麥再熟宜蠶多五果
有草曰羊刺其上生蜜焉自嘉以來世修蕃職於魏大
統十四年詔以其世子玄喜爲王恭帝二年又以其田
地公茂嗣位武成元年其王遣使獻方物保定初又遣
使來貢自燉煌向其國多沙磧道里不可准記唯以人
畜骸骨及駝馬糞爲驗又有魍魎怪異故商旅來往多
取伊吾路云

鄯善古樓蘭國也東去長安五千里所治城方一里地
多沙鹵少水草北即白龍堆路魏太武時爲沮渠安周
所攻其王西奔且末西北有流沙數百里夏日有熱風
爲行旅之患風之欲至唯老駝知之即鳴而聚立埋其
口鼻於沙中人每以爲候亦即將氈擁蔽鼻口其風迅
駛斯須過盡若不防者必至危斃大統八年其兄鄯米
率衆內附

焉耆國在白山之南七十里東去長安五千八百里其
王姓龍即前涼張軌所封龍熙之亂所治城方二里部
內凡有九城國小民貧無綱紀法令兵有弓刀甲矟婚
姻畧同華夏死亡者皆焚而後葬其服制滿七日則除
之丈夫並翦髮以爲首飾文字與婆羅門同俗事天神
並崇信佛法尤重二月八日四月八日是日也其國咸
依釋教齋戒行道焉氣候寒土田良沃穀有稻粟菽麥
畜有駝馬牛羊養蠶不以爲絲唯充綿纊俗尚蒲桃酒
兼愛音樂南去海十餘里有魚鹽蒲葦之饒保定四年
其王遣使獻名馬

龜茲國在白山之南一百七十里東去長安六千七百里其王姓白即後涼呂光所立白震之後所治城方五六里其刑法殺人者死刼賊則斷其一臂并刖一足賦稅准地徵租無田者則稅銀錢婚姻喪葬風俗物產與焉支畧同唯氣候少溫爲異又出細氈麖皮氍毹鐃多鹽綠雌黃胡粉及良馬封牛等東有輪臺即漢貳師將軍李廣利所屠其南三百里有大水東流號計戍水即黃河也保定元年其王遣使來獻

于闐國在葱嶺之北二百餘里東去長安七千七百里所治城方八九里部內有大城五小城數十其刑法殺人者死餘罪各隨輕重懲罰之自外風俗物產與龜茲畧同俗重佛法寺塔僧尼甚衆王尤信向每設齋日必親自洒掃饋食焉城南五十里有贊摩寺即昔羅漢比丘比盧旃爲其王造覆盆浮圖之所石上有辟支佛趺處雙跡猶存自高昌以西諸國人等多深目高昌以東此一國貌不甚胡頗類華夏城東二十里有大水北流號樹枝水即黃河也城西十五里亦有大水名達利水與樹枝俱北流同會於計戍建德三年其王遣使獻名馬

囐噠國大月氏之種類在于闐之西東去長安一萬百里其王治拔底延城蓋王舍城也其城方十餘里刑法風俗與突厥畧同其俗又兄弟共娶一妻夫無兄弟者其妻戴一角帽若有兄弟者依其多少之數更加帽角焉其人兇悍能戰鬭于闐安息等大小二十餘國皆役屬之大統十二年遣使獻其方物魏廢帝二年明帝二年竝遣使來獻後爲突厥所破部落分散職貢遂絕

粟特國在葱嶺之西蓋古之庵蔡一名溫那沙治於大澤在康居西北保定四年其王遣使獻方物

安息國在葱嶺之西治蔚搜城北與康居西與波斯相接東去長安一萬七百五十里天和二年其王遣使來獻

波斯國大月氏之別種治蘇利城古條支國也東去長安一萬五千三百里城方十餘里戶十餘萬王姓波斯氏坐金羊床戴金花冠衣錦袍織成帔皆飾以珍珠寶物其俗丈夫剪髮戴白皮帽貫頭衫兩廂近下開之并有巾帔緣以織成婦女服大衫披大帔其髮前爲髻後被之飾以金銀華仍貫五色珠絡之於膊王於其國內別有小牙十餘所猶中國之離宮也每年四月出遊處之十月乃還王即位以後擇諸子內賢者密書其名封之於庫諸子及大臣皆莫之知也王死乃衆共發書視之其封內有名者即立以爲王餘子各出就邊任兄弟更不相見也國人號王曰醫囋妃曰防步率王之諸子曰殺野大官有摸胡壇掌國內獄訟泥忽汗掌庫藏關禁地卑勃掌文書及衆務次有遏羅訶地掌王之內事薩波勃掌四方兵馬其下皆有屬官分統其事兵器有甲矟圓排劍弩弓箭戰竝乘象每象百人隨之其刑法重罪懸諸竿上射而殺之次則繫獄新王立乃釋之輕罪則劓刖若髡或翦半鬚及繫排於項上以爲恥辱犯彊盜者禁之終身姦貴人妻者男子流婦人割其耳鼻賦稅則准地輸銀錢俗事火祆神婚合亦不擇尊卑諸夷之中最爲醜穢矣民女年十歲以上有姿貌者王收養之有功勳人即以分賜死者多棄屍於山一月治服城外有人別居唯知喪葬之事號爲不淨人若入城市搖鈴自別以六月爲歲首尤重七月七日十二月一日其日民庶以上各相命召設會作樂以極歡娛又以每年正月二十日各祭其先死者氣候暑熱家自藏冰地多沙磧引水溉灌其五穀及禽獸等與中夏畧同唯無稻及黍稷土出名馬及驢富室至有數千頭者又出白象師子大鳥卵珍珠離珠頗黎珊瑚琥珀瑠璃馬瑙水晶瑟瑟金銀鍮石金剛火齊鑌鐵銅錫朱沙水銀綾錦白疊毼氍毹毾㲪赤麞皮及薰六鬱金蘇合青木等香胡椒蓽撥石蜜千牛棗香附子訶黎勒無食子鹽綠雌黃等物魏廢帝二年其王遣使來獻方物

史臣曰四夷之爲中國患也久矣而北狄尤甚焉昔嚴尤班固咸以周及秦漢未有得其上策雖通賢之宏議而史臣嘗以爲疑夫步驟之來綿自今古澆淳之變無隔華戎是以反道德棄仁義凌替之風歲廣至涇陽入北地亢斥之釁日深爰自金行逮乎水運戎夏離錯風俗混并夷裔之情僞中國畢知之矣中國之得失夷裔備聞之矣若乃不與約誓不就攻伐來而禦之去而守之夫然則敵有餘力我無寧歲將士疲於奔命疆埸苦其交侵欲使偃伯靈臺歐世仁壽其可得乎是知秩宗之雅旨護軍之誠說實有會於當時而未允於後伐也然則易稱見幾而作傳云相時而動夫時者得失之所繫幾者吉凶之所由況乎諸夏之朝治亂之運代有戎狄之地彊弱之勢無恒若使臣畜之與羈縻和親之與征伐因其時而制變觀其幾而立權則舉無遺策謀多上算獸心之虜革面匪難沙幕之北雲撤何遠安有周秦漢魏優劣在其間哉

周書卷五十考證

囐噠○魏書作嚈噠

波斯國傳王姓波斯氏○魏書西域傳王姓波氏名斯

編修今授奉天錦州府知府臣文淳謹言北周書五十卷本紀列傳四十二唐秘書丞令狐德棻等撰當武德時棻建言近代無正史即詔與諸臣論撰歷年不能成而罷貞觀二年復詔德棻與岑文本崔仁師撰次周書陳叔達唐儉共成之宋仁宗時出太清樓本合史館秘閣本又募天下書而取夏竦李巽家本下館閣正其文字其後王安國林希始上焉當周隋時柳虯牛弘各有撰述德棻等撰次不外柳牛兩家然其中頗有可議者虯爲周臣多諱周惡弘入隋代便文隋過在虯與弘初無足怪德棻等身居異代而史不直書其失甚矣宇文氏建國倣周禮爲六官府兵之制開唐一代良法而是書不爲紀錄使後人無從參考識小遺大識者譏焉臣等奉

勅校勘南北監本字句錯訛悉爲改正但宋版不可得見文義可疑祗以北史參訂北史之文旣與是書不同未便補入故字有不同從其是者文之遺脫祗加詳注不妄參入以附於闕文之義云

臣謹識

原任詹事臣陳浩洗馬臣陸宗楷編修臣孫人龍編修今授奉天錦州府知府臣金文淳拔貢生臣費應泰楊茂遷奉

勅恭校刊